Kennzeichnung unregelmäßiger Verben durch [*irr.*]. (Liste der unregelmäßigen Verben auf den Seiten 23 und 24.)	**go** [gəʊ] ... **III** *v/i* [*irr.*] **10.** gehen...
Unregelmäßige Verbformen an alphabetischer Stelle.	**went** [went] *pret. von* **go**. **gone** [gɒn] **I** *p.p. von* **go** ...
Bei unregelmäßigen Steigerungsformen Hinweis auf die Grundform.	**bet·ter¹** ['betə] **I** *comp. von* **good** *adj.* ... **III** *comp. von* **well** *adv.* ... **best** [best] **I** *sup. von* **good** *adj.* ... **II** *sup. von* **well** *adv.* ...
Kennzeichnung des Lebens-, Arbeits- und Fachbereiches durch Symbole und Abkürzungen.	**fuse** [fju:z] **I** *s.* ... **2.** ⚡ (Schmelz)Sicherung *f*... ... '**learn·er** [-nə] *s.* **1.** Anfänger(in); **2.** (*a. mot.* Fahr)Schüler(in)...
Kennzeichnung der Stilebene durch Abkürzungen und einfache Anführungszeichen.	**cock·y** ['kɒkɪ] *adj.* Ⓕ großspurig, anmaßend. **loon·y** ['lu:nɪ] *sl.* **I** *adj.* ‚bekloppt' ... **~ bin** *s. sl.* ‚Klapsmühle' *f.*
Kennzeichnung des britischen und amerikanischen Sprachgebrauchs	... '**pave·ment** [-mənt] *s.* **1.** (Straßen-)Pflaster *n*; **2.** *Brit.* Bürgersteig *m*... '**side**| ... '**~·walk** *s. bsd. Am.* Bürgersteig *m*...
bzw. der amerikanischen Schreibung.	**cen·ter** *etc. Am.* → **centre** *etc.*
Erläuterungen zur Übersetzung.	**leap** [li:p] ... **2.** ... c) *a.* **~ up** (auf)lodern (*Flammen*), d) *a.* **~ up** hochschnellen (*Preise etc.*)...
Objektangabe zum Verb.	**leap** [li:p] ... **II** *v/t.* ... **4.** *Pferd etc.* springen lassen...
Präpositionen und ihre deutschen Entsprechungen (mit Rektionsangabe).	**lean²** [li:n] ... **4.** lehnen (**against** gegen, an *acc.*), (auf)stützen (**on, upon** auf *acc.*)...
Anwendungsbeispiele und idiomatische Ausdrücke in Auszeichnungsschrift.	**heart** [hɑ:t] *s.* ... **3.** Herz *n*, (*das*) Innere, Kern *m*, Mitte *f*: **in the ~ of** inmitten (*gen.*) ... **~ and soul** mit Leib u. Seele...

Mehr über den Umgang mit diesem Wörterbuch auf den Seiten 10–22. Die oben und im Hauptteil des Wörterbuchs verwendeten Abkürzungen finden Sie auf den Seiten 28 und 29.

LANGENSCHEIDTS
HANDWÖRTERBÜCHER

Langenscheidts Handwörterbuch Englisch

Teil I
Englisch-Deutsch

von

Heinz Messinger

Herausgegeben von der Langenscheidt-Redaktion

LANGENSCHEIDT
BERLIN · MÜNCHEN · WIEN · ZÜRICH · NEW YORK

Ergänzende Hinweise, für die wir jederzeit dankbar sind, bitten wir zu richten an:
Langenscheidt-Verlag, Postfach 40 11 20, 80711 München

Auflage:	*1.*	*Letzte Zahlen*
Jahr:	*2000*	*maßgeblich*

Druck: C. H. Beck'sche Buchdruckerei, Nördlingen
Printed in Germany

Vorwort

Langenscheidt-Wörterbücher, seien es Neuentwicklungen oder Neubearbeitungen, sind unverwechselbar. Hinter ihnen steht eine lange Tradition, die vor allem geprägt ist von der sprachlichen und lexikographischen Kompetenz erfahrener und qualifizierter Wörterbuchredakteure. So sind Lexikographenteams der Redaktion Wörterbücher des Langenscheidt-Verlags stets bemüht, bei der Entwicklung oder Neubearbeitung von Wörterbüchern den Wünschen und Bedürfnissen der Wörterbuchbenutzer Rechnung zu tragen und dabei gleichermaßen die Forderungen moderner Lexikographie zu erfüllen sowie die sich immer rascher vollziehende Entwicklung der Sprachen, insbesondere der englischen, zu berücksichtigen.

Diese Zielsetzung galt auch für die vorliegende Neubearbeitung von „Langenscheidts Handwörterbuch Englisch-Deutsch“, deren wichtigste Merkmale hier kurz umrissen seien:

Aktualität

Es versteht sich von selbst, daß bei dieser Neubearbeitung viele neue Wörter aufgenommen wurden, die den augenblicklichen Stand der Sprache widerspiegeln. Dabei wurde Wert darauf gelegt, ein breites Spektrum der Allgemeinsprache zu bieten. Diese Auswahl reicht daher von Ausdrücken der Vulgärsprache wie *narco*, *rozzer*, *party pooper*, *bollocking* und *bonk* über umgangssprachliche Wörter wie *crummy*, *foodie*, *wimp*, über griffige allgemeinsprachliche Ausdrücke wie *kinky*, *yuppie*, *rumpie* oder *woopie* bis zur gehobenen Schriftsprache mit Ausdrücken wie *synergetic effect* und *tokenism*.

Fachwortschatz

Die Vielgestaltigkeit des neuen Wortschatzes zeigt sich auch beim Fachwortschatz. Hier haben wir uns besonders auf die folgenden Fachbereiche konzentriert: Computeranwendung und -technik, z. B. *add-on board*, *computaholic*, *number-crunching*, *teleworker*, *user prompting*, Gesellschaft und Politik, z. B. *baby boomer generation*, *bugging affair*, *come out*, *sleaze*, *sexual harassment*, Wirtschaft, z. B. *chronic unemployment*, *customize*, *economic migrant*, *entertainment expenses*, *up-market*, Technik, z. B. *anti-lock braking system*, *lean-burn engine*, *mobile phone*, *stealth bomber*, Umwelt, z. B. *biodegradation*, *biofuel*, *greenhouse effect*, *global warming*, *waste separation*.

Kontext

Wörter werden nicht isoliert, sondern jeweils in ihrem typischen sprachlichen Zusammenhang verwendet. Damit in jedem Falle die richtige Übersetzung der verschiedenen Bedeutungen eines

Wortes gewährleistet ist, enthält dieses Wörterbuch eine Vielzahl von Beispielsätzen und charakteristischen Verbindungen eines Wortes (z. B. *full house*, *pitch-dark*, *hard work*, *talk big*, *freak of nature*, *peace of mind* usw.) oder Redewendungen (z. B. *keep one's shirt on*, *see which way the cat jumps*, *be in a blue funk*).

Lautschrift und Silbentrennung

Durchweg findet die dem Lernenden heute vertraute Internationale Lautschrift (*English Pronouncing Dictionary*, 14. Auflage) Verwendung. Die Angabe der Silbentrennungsmöglichkeiten in den englischen Stichwörtern wurde – da oft sehr hilfreich – beibehalten.

Great dictionaries don't change – they mature! Wir hoffen, daß dies auch auf die vorliegende Neubearbeitung zutrifft: benutzerfreundliche Neuerungen und Modernität unter Beibehaltung der bewährten Grundstruktur.

LANGENSCHEIDT

Preface

Langenscheidt dictionaries are unmistakable whether they are completely new developments or revised editions. They have a long tradition behind them formed by the linguistic and lexicographical skills of experienced dictionary compilers and editors. The teams of lexicographers in the Dictionaries Division of our publishing house have a clear goal in mind: the development or revision of dictionaries which address the needs of the dictionary user, whilst satisfying the demands of modern lexicography, at the same time as doing justice to the changes which are taking place in all languages, but especially in English.

This aim also guided the preparation of the present revised and enlarged edition of "Langenscheidts Handwörterbuch Englisch-Deutsch". Some of its most important features are described below.

Modern everyday language

Updating this dictionary has naturally meant taking up many new words which reflect the present state of language usage. Special importance has been attached to offering a broad range of general or everyday language. The words and expressions selected range then from slang with entries such as *narco*, *rozzer*, *party pooper*, *bollocking* and *bonk* to colloquial expressions like *crummy*, *foodie*, *wimp*. The user will also find a spectrum of entries covering popular expressions such as *kinky*, *yuppie*, *rumpie* or *woopie* and the elevated registers of written usage with expressions such as *synergetic effect* und *tokenism*.

Specialized vocabulary

The variety and range of the new entries is also visible in the specialized vocabulary which has been included. We have concentrated on the following areas: computers, for example, with *add-on board*, *computaholic*, *number-crunching*, *teleworker*, *user prompting*; society and politics with such entries as *baby boomer generation*, *bugging affair*, *come out*, *sleaze*, *sexual harassment*; business and economics with expressions such as *chronic unemployment*, *customize*, *economic migrant*, *entertainment expenses*, *up-market*; technology with, for example, *anti-lock braking system*, *lean-burn engine*, *mobile phone*, *stealth bomber*; and last but by no means least the environment with expressions such as *biodegradation*, *biofuel*, *greenhouse effect*, *global warming*, *waste separation*.

Contextualization

Words are rarely used in a vacuum, but appear in specific contexts. To help the user find the right translation for the right context, this dictionary also contains a host of examples of modern usage with collocations (e.g. *full house*, *pitch-dark*, *hard work*, *talk big*, *freak of nature*, *peace of mind*) and idiomatic expressions (e.g. *keep one's shirt on*, *see which way the cat jumps*, *be in a blue funk*).

Pronunciation and word division

The phonetic transcriptions which follow the entry words are based on the now well-known International Phonetic Alphabet (*English Pronouncing Dictionary*, 14th edition). Syllabification marks in the English entry words have been retained as a useful guide to word division.

Great dictionaries don't change – they mature! We trust this goes for the present dictionary too, whose endeavour has been to integrate practical innovations and the latest developments in language into a traditional and well-tried framework.

LANGENSCHEIDT

Inhaltsverzeichnis
Contents

Hinweise für die Benutzung des Wörterbuchs
How to use this dictionary

Keine Angst vor unbekannten Wörtern!

Das Wörterbuch tut alles, um Ihnen das Nachschlagen und Kennenlernen eines gesuchten Wortes so leicht wie möglich zu machen. Legen Sie diese Einführung daher bitte nicht gleich zur Seite. Folgen Sie uns Schritt für Schritt. Wir versprechen Ihnen, daß Sie mit uns am Ende sagen werden "It isn't as bad as all that, is it?"

Und damit Sie in Zukunft von Ihrem Wörterbuch den besten Gebrauch machen können, wollen wir Ihnen zeigen, wie und wo Sie all die Informationen finden können, die Sie für Ihre Übersetzungen in der Schule und privat, im Beruf, in Briefen oder zum Sprechen brauchen.

This dictionary endeavours to do everything it can to help you find the words and translations you are looking for as quickly and as easily as possible. All the more reason, then, to take a little time to read through these guidelines carefully. We promise that in the end you will agree that using a dictionary properly isn't as bad as all that.

To enable you to get the most out of your dictionary in the long term, you will be shown exactly where and how to find the information that will help you choose the right translation in every situation – whether at school or at home, in your profession, when writing letters, or in everyday conversation.

Wie und wo finden Sie ein Wort?

Sie suchen ein bestimmtes Wort. Und wir sagen Ihnen erst einmal, daß das Wörterbuch in die Buchstaben von A–Z unterteilt ist. Auch innerhalb der einzelnen Buchstaben sind die Wörter **alphabetisch geordnet:**

ha**y** – ha**z**e
se·cre·tar·**i**·al – sec·re·tar·**y**

Neben den Stichwörtern mit ihren Ableitungen und Zusammensetzungen finden Sie an ihrem alphabetischen Platz auch noch

a) die unregelmäßigen Formen des Komparativs und Superlativs (z. B. **better**, **worst**),
b) die verschiedenen Formen der Pronomina (z. B. **her**, **them**),
c) das Präteritum und Partizip Perfekt der unregelmäßigen Verben (z. B. **came**, **bitten**).

Eigennamen und Abkürzungen haben wir für Sie am Schluß des Buches in einem besonderen Verzeichnis zusammengestellt.

Wenn Sie nun ein bestimmtes englisches Wort suchen, wo fangen Sie damit an? – Sehen Sie sich einmal die fettgedruckten Wörter über den Spalten in den oberen äußeren Ecken auf jeder Seite an. Das sind die sogenannten **Leitwörter**, an de-

How to find a word

When you are looking for a particular word it is important to know that the dictionary entries are arranged in strict **alphabetical order:**

ha**y** – ha**z**e
se·cre·tar·**i**·al – sec·re·tar·**y**

Besides the entry words and their derivatives and compounds, the following are also given as individual entries, in alphabetical order:

a) irregular comparative and superlative forms (e. g. **better**, **worst**),
b) the various pronoun forms (e. g. **her**, **them**),
c) the past tense and past participle of irregular verbs (e. g. **came**, **bitten**).

Proper names and abbreviations are given in separate lists at the end of the dictionary.

How then do you go about finding a particular word? Take a look at the words in bold print at the top of each page. These are so-called **catchwords** and they serve as a guide to tracing your word as quickly as possible. The catchword on

nen Sie sich orientieren können. Diese Leitwörter geben Ihnen jeweils (links) das ***erste*** fettgedruckte Stichwort auf der linken Seite des Wörterbuches an bzw. (rechts) das ***letzte*** fettgedruckte Stichwort auf der rechten Seite, z. B.

flower – fly

Wollen Sie nun das Wort ***fluff***, zum Beispiel, suchen, so muß es in unserem Beispiel im Alphabet zwischen ***flower*** und ***fly*** liegen. Suchen Sie jetzt z. B. das Wort ***arise***. Blättern Sie dazu schnell das Wörterbuch durch, und achten Sie dabei auf die linken und rechten Leitwörter. Welches Leitwort steht Ihrem gesuchten Wort ***arise*** wohl am nächsten? Dort schlagen Sie das Wörterbuch auf (in diesem Fall zwischen ***areal*** und ***around***). Sie werden so sehr bald die gewünschte Spalte mit *Ihrem Stichwort* finden.

Wie ist das aber nun, wenn Sie auch einmal ein Stichwort nachschlagen wollen, das aus zwei einzelnen Wörtern besteht? Nehmen Sie z. B. ***evening classes*** oder einen Begriff, bei dem die Wörter mit einem Bindestrich (hyphen) miteinander verbunden sind, wie in ***baby-sit(ter)***. Diese Wörter werden wie ein einziges Wort behandelt und dementsprechend alphabetisch eingeordnet. Sollten Sie einmal ein solches zusammengesetztes Wort nicht finden, so zerlegen Sie es einfach in seine Einzelbestandteile und schlagen dann bei diesen an ihren alphabetischen Stellen nach. Sie werden sehen, daß Sie sich auf diese Weise viele Wörter selbst erschließen können.

Beim Nachschlagen werden Sie auch merken, daß viele sogenannte „Wortfamilien" entstanden sind. Das sind Stichwortartikel, die von einem gemeinsamen Stamm oder Grundwort ausgehen und deshalb – aus Gründen der Platzersparnis – in einem Artikel zusammengefaßt sind:

de·pend–de·pend·a·bil·i·ty–de·pend·a·ble – de·pend·ance etc.
door – '~·bell – ~ han·dle – '~ˌkeep·er etc.

Wie schreiben Sie ein Wort?

Sie können in Ihrem Wörterbuch wie in einem Rechtschreibwörterbuch nachschlagen, wenn Sie wissen wollen, wie ein Wort richtig geschrieben wird. Sind die **britische** und die **amerikanische Schreibung** eines Stichwortes verschieden, so wird von der amerikanischen Form auf die britische verwiesen:

a·ne·mi·a, **a·ne·mic** *Am.* → ***anaemia, anaemic***
cen·ter *etc. Am.* → ***centre*** *etc.*
col·or *etc. Am.* → ***colour*** *etc.*

the top left gives you the first word on the left-hand page, while that on the top right gives you the last word on the right-hand page, e. g.

flower – fly

If you are looking for the word ***fluff***, for example, you will find it somewhere on this double page between ***flower*** and ***fly***. Let us take the word ***arise***: flick through the dictionary, keeping an eye open for the catchwords on the top right and left. Find the catchwords which come closest to ***arise*** and look for the word on these pages (in this case those covering ***areal*** to ***around***). With a little practice you will be able to find the words you are looking for quite quickly.

What about entries comprising two words, such as ***evening classes***, or hyphenated expressions like ***baby-sit(ter)***? Expressions of this kind are treated in the same way as single words and thus appear in strict alphabetical order. Should you be unable to find a compound in the dictionary, just break it down into its components and look these up separately. In this way the meaning of many compound expressions can be derived indirectly.

When using the dictionary you will notice many 'word families', or groups of words stemming from a common root, which have been collated within one article in order to save space:

de·pend–de·pend·a·bil·i·ty–de·pend·a·ble – de·pend·ance etc.
door – '~·bell – ~ han·dle – '~ˌkeep·er etc.

Spelling

Where the British and American spelling of a word differs, a cross reference is given from the American to the British form, where the word is treated in full:

a·ne·mi·a, **a·ne·mic** *Am.* → ***anaemia, anaemic***
cen·ter *etc. Am.* → ***centre*** *etc.*
col·or *etc. Am.* → ***colour*** *etc.*

Ein eingeklammertes u oder l in einem Stichwort oder Anwendungsbeispiel kennzeichnet ebenfalls den Unterschied zwischen britischer und amerikanischer Schreibung:

col·o(u)red bedeutet: britisch ***coloured***, amerikanisch ***colored***; **trav·el·(l)er** bedeutet: britisch ***traveller***, amerikanisch ***traveler***.

In seltenen Fällen bedeutet ein eingeklammerter Buchstabe aber auch ganz allgemein zwei Schreibweisen für ein und dasselbe Wort: **lan·o·lin(e)** wird entweder ***lanolin*** oder ***lanoline*** geschrieben.

Für die Abweichungen in der Schreibung geben wir Ihnen für das amerikanische Englisch ein paar einfache Regeln:

Die amerikanische Rechtschreibung

weicht von der britischen hauptsächlich in folgenden Punkten ab:

1. Für **...our** tritt **...or** ein, z. B. hon*or* = honour, lab*or* = labour.
2. **...re** wird zu **...er**, z. B. cent*er* = centre, meag*er* = meagre; ausgenommen sind og*re* und die Wörter auf ...cre, z. B. massa*cre*, a*cre*.
3. Statt **...ce** steht **...se**, z. B. defen*se* = defence, licen*se* = licence.
4. Bei den meisten Ableitungen der Verben auf **...l** und einigen wenigen auf **...p** unterbleibt die Verdoppelung des Endkonsonanten, also travel – trave*l*ed – trave*l*ing – trave*l*er, worship – worshi*p*ed – worshi*p*ing – worshi*p*er. Auch in einigen anderen Wörtern wird der Doppelkonsonant durch einen einfachen ersetzt, z. B. woo*l*en = woollen, carbure*t*or = carburettor.
5. Ein stummes **e** wird in gewissen Fällen weggelassen, z. B. ax = ax*e*, goodby = goodby*e*.
6. Bei einigen Wörtern mit der Vorsilbe **en...** gibt es auch noch die Schreibung **in...**, z. B. *in*close = enclose, *in*snare = ensnare.
7. Der Schreibung **ae** und **oe** wird oft diejenige mit **e** vorgezogen, z. B. an*e*mia = anaemia, diarrh*e*a = diarrhoea.
8. Aus dem Französischen stammende stumme Endsilben werden meist weggelassen, z. B. catalog = catalog*ue*, program = program*me*, prolog = prolog*ue*.
9. Einzelfälle sind: st*a*nch = staunch, m*o*ld = mould, m*o*lt = moult, gr*a*y = grey, pl*ow* = plough, ski*ll*ful = skilful, t*i*re = tyre etc.

A 'u' or 'l' in parentheses in an entry word or phrase also indicates variant spellings:

col·o(u)red means: British ***coloured***, American ***colored***; **trav·el·(l)er** means: British ***traveller***, American ***traveler***.

In a few rare cases a letter in parentheses indicates that there are two interchangeable spellings of the word: thus **lan·o·lin(e)** may be written ***lanolin*** or ***lanoline***.

Here are a few basic guidelines to help you distinguish between British and American spelling:

American spelling

differs from British spelling in the following respects:

1. **...our** becomes **...or** in American, e. g. hon*or* = honour, lab*or* = labour.
2. **...re** becomes **...er**, e. g. cent*er* = centre, meag*er* = meagre; exceptions are og*re* and words ending in ...cre, such as massa*cre*, a*cre*.
3. **...ce** becomes **...se**, e. g. defen*se* = defence, licen*se* = licence.
4. Most derivatives of verbs ending in **...l** and some of verbs ending in **...p** do not double the final consonant: travel – trave*l*ed – trave*l*ing – trave*l*er, worship – worshi*p*ed – worshi*p*ing – worshi*p*er. In certain other words, too, the double consonant is replaced by a single consonant: woo*l*en = woollen, carbure*t*or = carburettor.
5. A silent **e** is sometimes omitted, as in ax = ax*e*, goodby = goodby*e*.
6. Some words with the prefix **en...** have an alternative spelling with **in...**, e. g. *in*close = enclose, *in*snare = ensnare.
7. **ae** and **oe** are often simplified to **e**, e. g. an*e*mia = anaemia, diarrh*e*a = diarrhoea.
8. Silent endings of French origin are usually omitted, e. g. catalog = catalog*ue*, program = program*me*, prolog = prolog*ue*.
9. Further differences are found in the following words: st*a*nch = staunch, m*o*ld = mould, m*o*lt = moult, gr*a*y = grey, pl*ow* = plough, ski*ll*ful = skilful, t*i*re = tyre, etc.

Wie trennen Sie ein Wort?

Die Silbentrennung im Englischen ist für uns Deutsche ein heikles Kapitel. Aus diesem Grunde haben wir Ihnen die Sache erleichtert und geben Ihnen für jedes mehrsilbige englische Wort die Aufteilung in Silben an. Bei mehrsilbigen Stichwörtern müssen Sie nur darauf achten, wo zwischen den Silben ein halbhoher Punkt oder ein Betonungsakzent steht, z. B. **ex·pect**, **ex'pect·ance**. Bei alleinstehenden Wortbildungselementen, wie z. B. **electro-**, entfällt die Angabe der Silbentrennung, weil diese sich je nach der weiteren Zusammensetzung ändern kann.

Die Silbentrennungspunkte haben für Sie den Sinn, zu zeigen, an welcher Stelle im Wort Sie am Zeilenende trennen können. Sie sollten es aber vermeiden, nur einen Buchstaben abzutrennen, wie z. B. in **a·mend** oder **cit·y**. Hier nehmen Sie besser das ganze Wort auf die neue Zeile.

Was bedeuten die verschiedenen Schriftarten?

Sie finden **fettgedruckt** alle englischen Stichwörter, alle römischen Ziffern zur Unterscheidung der Wortarten (Substantiv, transitives und intransitives Verb, Adjektiv, Adverb etc.) und alle arabischen Ziffern zur Unterscheidung der einzelnen Bedeutungen eines Wortes:

feed ... **I** *v/t.* [*irr.*] **1.** Nahrung zuführen (*dat.*) ...; **II** *v/i.* [*irr.*] **10.** a) fressen (*Tier*) ...; **III** *s.* **12.** Fütterung *f* ...

Sie finden *kursiv*

a) alle Grammatik- und Sachgebietsabkürzungen:
s., *v/t.*, *v/i.*, *adj.*, *adv.*, *hist.*, *pol.* etc.;

b) alle Genusangaben (Angaben des Geschlechtswortes): *m*, *f*, *n*;

c) alle Zusätze, die entweder als Dativ- oder Akkusativobjekt der Übersetzung vorangehen oder ihr als erläuternder Hinweis vor- oder nachgestellt sind:

e·lect ... **1.** *j-n in ein Amt* wählen ...
cut ... **19.** ... *Baum* fällen ...
byte ... *Computer*: Byte *n*
bike ... ‚Maschine' *f* (*Motorrad*) ...

d) alle Erläuterungen bei Wörtern, die keine genaue deutsche Entsprechung haben:

cor·o·ner ... ⚖ Coroner *m* (*richterlicher Beamter zur Untersuchung der Todesursache in Fällen unnatürlichen Todes*) ...

Sie finden in ***halbfetter kursiver Auszeichnungsschrift*** alle Wendungen und Hinweise zur Konstruktion mit Präpositionen:

gain ... ***~ experience*** ...
de·pend ... ***it ~s on you*** ...
de·part ... **1.** (***for*** nach) weg-, fortgehen ...
glance ... **6.** flüchtiger Blick (***at*** auf *acc.*) ...

Word division

Word division in English can be a somewhat tricky matter. To make things easier we have marked the divisions of each word containing more than one syllable with a centred dot or an accent, as in **ex·pect**, **ex'pect·ance**. Combining forms which appear as individual entries (e. g. **electro-**) do not have syllabification marks since these depend on the subsequent element(s) of the compound.

Syllabification marks indicate where a word can be divided at the end of a line. The separation of a single letter from the rest of the word, as in **a·mend** or **cit·y**, should, however, be avoided if at all possible. In such cases it is better to bring the entire word forward to the new line.

The different typefaces and their functions

Bold type is used for the English entry words, for Roman numerals separating different parts of speech (nouns, transitive and intransitive verbs, adjectives and adverbs, etc.) and for Arabic numerals distinguishing various senses of a word:

feed ... **I** *v/t.* [*irr.*] **1.** Nahrung zuführen (*dat.*) ...; **II** *v/i.* [*irr.*] **10.** a) fressen (*Tier*) ...; **III** *s.* **12.** Fütterung *f* ...

Italics are used for

a) grammatical abbreviations and subject labels:
s., *v/t.*, *v/i.*, *adj.*, *adv.*, *hist.*, *pol.* etc.;

b) gender labels (masculine, feminine and neuter): *m*, *f*, *n*;

c) any additional information preceding or following a translation (including dative or accusative objects, which are given before the translation):

e·lect ... **1.** *j-n in ein Amt* wählen ...
cut ... **19.** ... *Baum* fällen ...
byte ... *Computer*: Byte *n*
bike ... ‚Maschine' *f* (*Motorrad*) ...

d) definitions of English words which have no direct correspondence in German:

cor·o·ner ... ⚖ Coroner *m* (*richterlicher Beamter zur Untersuchung der Todesursache in Fällen unnatürlichen Todes*) ...

Boldface italics are used for phraseology and for prepositions taken by the entry word:

gain ... ***~ experience*** ...
de·pend ... ***it ~s on you*** ...
de·part ... **1.** (***for*** nach) weg-, fortgehen ...
glance ... **6.** flüchtiger Blick (***at*** auf *acc.*) ...

Sie finden in normaler Schrift
a) alle Übersetzungen;
b) alle kleinen Buchstaben zur weiteren Bedeutungsdifferenzierung eines Wortes oder einer Wendung:

Goth·ic ... **4.** ... a) ba'rock, ro'mantisch, b) Schauer...
give in ... **2.** (***to*** *dat.*) a) nachgeben (*dat.*), b) sich anschließen (*dat.*) ...

Wie sprechen Sie ein Wort aus?

Sie haben das gesuchte Stichwort mit Hilfe der Leitwörter gefunden. Hinter dem Stichwort sehen Sie nun eine Reihe von Zeichen in einer eckigen Klammer. Dies ist die sogenannte Lautschrift. Die Lautschrift beschreibt, wie Sie ein Wort aussprechen sollen. So ist das „th" in ***thin*** ein ganz anderer Laut als das „th" in ***these***. Da die normale Schrift für solche Unterschiede keine Hilfe bietet, ist es nötig, diese Laute mit anderen Zeichen zu beschreiben. Damit *jeder* genau weiß, welches Zeichen welchem Laut entspricht, hat man sich international auf eine Lautschrift geeinigt. Da die Zeichen von der **I**nternational **P**honetic **A**ssociation als verbindlich angesehen werden, nennt man sie auch **IPA-Lautschrift**.

Hier sind nun die Zeichen, ohne die Sie bei unbekannten englischen Wörtern nicht auskommen werden.

Normal type is used for
a) translations of the entry words;
b) small letters marking subdivisions of meaning:

Goth·ic ... **4.** ... a) ba'rock, ro'mantisch, b) Schauer...
give in ... **2.** (***to*** *dat.*) a) nachgeben (*dat.*), b) sich anschließen (*dat.*) ...

Pronunciation

When you have found the entry word you are looking for, you will notice that it is followed by certain symbols enclosed in square brackets. This is the phonetic transcription of the word, which tells you how it is pronounced. As our normal alphabet cannot distinguish between certain crucial differences in sounds (e. g. that between 'th' in ***thin*** and in ***these***), a different system of symbols has to be used. To avoid the confusion of conflicting systems, one phonetic alphabet has come to be used internationally, namely that of the International Phonetic Association. This phonetic system is known by the abbreviation **IPA**. The symbols used in this dictionary are listed and illustrated in the table below:

Die englischen Laute in der Internationalen Lautschrift

[ʌ]	much [mʌtʃ], come [kʌm]	kurzes *a* wie in *Matsch*, *Kamm*
[ɑː]	after ['ɑːftə], park [pɑːk]	langes *a*, etwa wie in *Bahn*
[æ]	flat [flæt], madam ['mædəm]	mehr zum *a* hin als *ä* in *Wäsche*
[ə]	after ['ɑːftə], arrival [ə'raɪvl]	wie das End-*e* in *Berge*, *mache*, *bitte*
[e]	let [let], men [men]	*ä* wie in *hätte*, *Mäntel*
[ɜː]	first [fɜːst], learn [lɜːn]	etwa wie *ir* in *flirten*, aber offener
[ɪ]	in [ɪn], city ['sɪtɪ]	kurzes *i* wie in *Mitte*, *billig*
[iː]	see [siː], evening ['iːvnɪŋ]	langes *i* wie in *nie*, *lieben*
[ɒ]	shop [ʃɒp], job [dʒɒb]	wie *o* in *Gott*, aber offener
[ɔː]	morning ['mɔːnɪŋ], course [kɔːs]	wie in *Lord*, aber ohne *r*
[ʊ]	good [gʊd], look [lʊk]	kurzes *u* wie in *Mutter*
[uː]	too [tuː], shoot [ʃuːt]	langes *u* wie in *Schuh*, aber offener
[aɪ]	my [maɪ], night [naɪt]	etwa wie in *Mai*, *Neid*
[aʊ]	now [naʊ], about [ə'baʊt]	etwa wie in *blau*, *Couch*
[əʊ]	home [həʊm], know [nəʊ]	von [ə] zu [ʊ] gleiten
[eə]	air [eə], square [skweə]	wie *är* in *Bär*, aber kein *r* sprechen
[eɪ]	eight [eɪt], stay [steɪ]	klingt wie *äi*
[ɪə]	near [nɪə], here [hɪə]	von [ɪ] zu [ə] gleiten
[ɔɪ]	join [dʒɔɪn], choice [tʃɔɪs]	etwa wie *eu* in *neu*
[ʊə]	sure [ʃʊə], tour [tʊə]	wie *ur* in *Kur*, aber kein *r* sprechen

[j]	yes [jes], tube [tjuːb]	wie *j* in *jetzt*
[w]	way [weɪ], one [wʌn], quick [kwɪk]	sehr kurzes *u* – kein deutsches *w*!
[ŋ]	thing [θɪŋ], English [ˈɪŋglɪʃ]	wie *ng* in *Ding*
[r]	room [ruːm], hurry [ˈhʌrɪ]	nicht rollen!
[s]	see [siː], famous [ˈfeɪməs]	stimmloses *s* wie in *lassen*, *Liste*
[z]	zero [ˈzɪərəʊ], is [ɪz], runs [rʌnz]	stimmhaftes *s* wie in *lesen*, *Linsen*
[ʃ]	shop [ʃɒp], fish [fɪʃ]	wie *sch* in *Scholle*, *Fisch*
[tʃ]	cheap [tʃiːp], much [mʌtʃ]	wie *tsch* in *tschüs*, *Matsch*
[ʒ]	television [ˈtelɪvɪʒn]	stimmhaftes *sch* wie in *Genie*, *Etage*
[dʒ]	just [dʒʌst], bridge [brɪdʒ]	wie in *Job*, *Gin*
[θ]	thanks [θæŋks], both [bəʊθ]	wie *ß* in *Faß*, aber gelispelt
[ð]	that [ðæt], with [wɪð]	wie *s* in *Sense*, aber gelispelt
[v]	very [ˈverɪ], over [ˈəʊvə]	etwa wie deutsches *w*, aber Oberzähne auf Oberkante der Unterlippe
[x]	loch [lɒx]	wie *ch* in *ach*

[ː] bedeutet, daß der vorhergehende Vokal lang zu sprechen ist.

[ː] indicates that the preceding vowel is long.

Lautsymbole der nichtanglisierten Stichwörter

In nichtanglisierten Stichwörtern, d.h. in Fremdwörtern, die noch nicht als eingebürgert empfunden werden, werden gelegentlich einige Lautsymbole der französischen Sprache verwandt, um die nichtenglische Lautung zu kennzeichnen. Die nachstehende Liste gibt einen Überblick über diese Symbole:

[ɑ̃] ein nasaliertes, offenes a wie im französischen Wort *enfant*.

[ɛ̃] ein nasaliertes, offenes ä wie im französischen Wort *fin*.

[ɔ̃] ein nasaliertes, offenes o wie im französischen Wort *bonbon*.

[œ] ein offener ö-Laut wie im französischen Wort *jeune*.

[ø] ein geschlossener ö-Laut wie im französischen Wort *feu*.

[y] ein kurzes ü wie im französischen Wort *vu*.

[ɥ] ein kurzer Reibelaut, Zungenstellung wie beim deutschen ü („gleitendes ü"). Wie im französischen Wort *muet*.

[ɲ] ein j-haltiges n, noch zarter als in *Champagner*. Wie im französischen Wort *Allemagne*.

Phonetic symbols for foreign loan-words

Occasionally French phonetic symbols have been used to transcribe foreign loan-words whose pronunciation has not been Anglicized:

[ɑ̃] like the e or a in the French *enfant*.

[ɛ̃] like the *in* in the French *fin*.

[ɔ̃] like the *on* in the French *bonbon*.

[œ] like the *eu* in the French *jeune*.

[ø] like the *eu* in the French *feu*.

[y] like the *u* in the French *vu*.

[ɥ] like the *u* in the French *muet*.

[ɲ] like the *gn* in the French *Champagne*.

Kursive phonetische Zeichen

Ein kursives phonetisches Zeichen bedeutet, daß der Buchstabe gesprochen oder nicht gesprochen werden kann. Beide Aussprachen sind dann im Englischen gleich häufig. Z.B. das kursive *ʊ* in

Phonetic symbols in italics

If a phonetic symbol appears in italics, this means that it may be spoken or not. In such cases, both pronunciations are more or less equally common. The italic *ʊ*, for example, in the phonetic

der Umschrift von molest [məʊ'lest] bedeutet, daß die Aussprache des Wortes mit [ə] oder mit [əʊ] etwa gleich häufig ist.

transcription of molest [məʊ'lest] means that it can be pronounced with [ə] or [əʊ].

Die **Betonung** der englischen Wörter wird durch das Zeichen ' für den Hauptakzent bzw. ˌ für den Nebenakzent vor der zu betonenden Silbe angegeben:

on·ion ['ʌnjən] – **dis·loy·al** [ˌdɪs'lɔɪəl]

Primary (or strong) stress is indicated by ' preceding the stressed syllable, and secondary (or weak) stress by ˌ preceding the stressed syllable:

on·ion ['ʌnjən] – **dis·loy·al** [ˌdɪs'lɔɪəl]

Bei den zusammengesetzten Stichwörtern ohne Lautschriftangabe wird der Betonungsakzent im zusammengesetzten Stichwort selbst gegeben, z. B. **ˌup'stairs**. Die Betonung erfolgt auch dann im Stichwort, wenn nur ein Teil der Lautschrift gegeben wird, z. B. **ad'min·is·tra·tor** [-treɪtə], **'dog·ma·tism** [-ətɪzəm].

In the case of compounds without phonetic transcription, the accents are given in the entry word itself, as in **ˌup'stairs**. Stress is also indicated in the entry word if only part of the phonetic transcription is given, as in **ad'min·is·tra·tor** [-treɪtə], **'dog·ma·tism** [-ətɪzəm].

Bei einem Stichwort, das aus zwei oder mehreren einzelnen Wörtern besteht, können Sie die Aussprache bei dem jeweiligen Einzelwort nachschlagen, z. B. **school leav·ing cer·tif·i·cate**.

For the pronunciation of entries consisting of more than one word, each individual word should be looked up, as with **school leav·ing cer·tif·i·cate**.

Einige Worte noch zur **amerikanischen Aussprache**:

Amerikaner sprechen viele Wörter anders aus als die Briten. In diesem Wörterbuch geben wir Ihnen aber meistens nur die britische Aussprache, wie Sie sie auch in Ihren Lehrbüchern finden. Ein paar Regeln für die Abweichungen in der amerikanischen Aussprache wollen wir Ihnen hier aber doch geben.

Die amerikanische Aussprache weicht hauptsächlich in folgenden Punkten von der britischen ab:

1. ɑː wird zu (gedehntem) æ(ː) in Wörtern wie *ask* [æ(ː)sk = ɑːsk], *castle* ['kæ(ː)sl = 'kɑːsl], *grass* [græ(ː)s = grɑːs], *past* [pæ(ː)st = pɑːst] etc.; ebenso in *branch* [bræ(ː)ntʃ = brɑːntʃ], *can't* [kæ(ː)nt = kɑːnt], *dance* [dæ(ː)ns = dɑːns] etc.
2. ɒ wird zu ɑ in Wörtern wie *common* ['kɑmən = 'kɒmən], *not* [nɑt = nɒt], *on* [ɑn = ɒn], *rock* [rɑk = rɒk], *bond* [bɑnd = bɒnd] und vielen anderen.
3. juː wird zu uː, z. B. *due* [duː = djuː], *duke* [duːk = djuːk], *new* [nuː = njuː].
4. r zwischen vorhergehendem Vokal und folgendem Konsonanten wird stimmhaft gesprochen, indem die Zungenspitze gegen den harten Gaumen zurückgezogen wird, z. B. *clerk* [klɜːrk = klɑːk], *hard* [hɑːrd = hɑːd]; ebenso im Auslaut, z. B. *far* [fɑːr = fɑː], *her* [hɜːr = hɜː].
5. Anlautendes p, t, k in unbetonter Silbe (nach betonter Silbe) wird zu b, d, g abgeschwächt, z. B. in *property*, *water*, *second*.
6. Der Unterschied zwischen stark- und schwachbetonten Silben ist viel weniger ausgeprägt; längere Wörter haben einen deutlichen Nebenton, z. B. *dictionary* ['dɪkʃəˌnerɪ = 'dɪkʃənrɪ], *ceremony* ['serəˌməʊnɪ = 'serɪmənɪ], *inventory* ['ɪnvənˌtɔːrɪ = 'ɪnvəntrɪ], *secretary* ['sekrəˌterɪ = 'sekrətrɪ].
7. Vor, oft auch nach nasalen Konsonanten (m, n, ŋ) sind Vokale und Diphthonge nasal gefärbt, z. B. *stand*, *time*, *small*.

Was sagen Ihnen die Symbole und Abkürzungen?

Wir geben Ihnen die Symbole und Abkürzungen im Wörterbuch, um Sie davor zu bewahren, durch falsche Anwendung einer Übersetzung in das berühmte „Fettnäpfchen" zu treten.

Die Liste mit den **Abkürzungen** zur Kennzeichnung des Grammatik- und Sachgebietsbereiches finden Sie auf den Seiten 28 und 29.

Die **Symbole** zeigen Ihnen, in welchem Lebens-, Arbeits- und Fachbereich ein Wort am häufigsten benutzt wird.

- ~ ≈ Tilde; siehe Seite 18.
- ⚘ Botanik, *botany.*
- ⚙ Handwerk, *handicraft*; Technik, *engineering.*
- ⚒ Bergbau, *mining.*
- ⚔ militärisch, *military term.*
- ⚓ Schiffahrt, *nautical term.*
- ☤ Handel u. Wirtschaft, *commercial term.*
- 🚂 Eisenbahn, *railway, railroad.*
- ✈ Flugwesen, *aviation.*
- 📯 Postwesen, *post and telecommunications.*
- ♪ Musik, *musical term.*
- ⌂ Architektur, *architecture.*
- ϟ Elektrotechnik, *electrical engineering.*
- ⚖ Rechtswissenschaft, *legal term.*
- A Mathematik, *mathematics.*
- ⚘ Landwirtschaft, *agriculture.*
- ⚗ Chemie, *chemistry.*
- ⚕ Medizin, *medicine.*
- → Verweiszeichen; siehe Seite 20.

Ein weiteres Symbol ist das Kästchen: □. Steht es nach einem englischen Adjektiv, so bedeutet das, daß das Adverb regelmäßig durch Anhängung von ***-ly*** an das Adjektiv oder durch Umwandlung von ***-le*** in ***-ly*** oder von ***-y*** in ***-ily*** gebildet wird, z. B.

bald □ = ***baldly***
change·a·ble □ = ***changeably***
bus·y □ = ***busily***

Es gibt auch noch die Möglichkeit, ein Adverb durch Anhängen von ***-ally*** an das Stichwort zu bilden. In diesen Fällen haben wir auch das angegeben:

his·tor·ic (□ ***~ally***) = ***historically***

Bei Adjektiven, die auf ***-ic*** und ***-ical*** enden können, wird die Adverbbildung auf folgende Weise gekennzeichnet:

phil·o·soph·ic, phil·o·soph·i·cal *adj.* □

d. h. ***philosophically*** ist das Adverb zu beiden Adjektivformen.

Wird bei der Adverbangabe auf das Adverb selbst verwiesen, so bedeutet dies, daß unter diesem Stichwort vom Adjektiv abweichende Übersetzungen zu finden sind:

a·ble □ → ***ably***

Symbols and abbreviations

Symbols and abbreviations indicating subject areas are designed to aid the user in choosing the appropriate translation of a word.

A list of **abbreviations** of grammatical terms and subject areas is given on pp. 28–29.

The pictographic **symbols** indicate the field in which a word is most commonly used.

- ~ ≈ tilde; see p. 18.
- ⚘ Botanik, *botany.*
- ⚙ Handwerk, *handicraft*; Technik, *engineering.*
- ⚒ Bergbau, *mining.*
- ⚔ militärisch, *military term.*
- ⚓ Schiffahrt, *nautical term.*
- ☤ Handel u. Wirtschaft, *commercial term.*
- 🚂 Eisenbahn, *railway, railroad.*
- ✈ Flugwesen, *aviation.*
- 📯 Postwesen, *post and telecommunications.*
- ♪ Musik, *musical term.*
- ⌂ Architektur, *architecture.*
- ϟ Elektrotechnik, *electrical engineering.*
- ⚖ Rechtswissenschaft, *legal term.*
- A Mathematik, *mathematics.*
- ⚘ Landwirtschaft, *agriculture.*
- ⚗ Chemie, *chemistry.*
- ⚕ Medizin, *medicine.*
- → cross-reference mark; see p. 20.

A square box □ after an English adjective indicates that the adverb is formed regularly by adding ***-ly***, changing ***-le*** into ***-ly***, or ***-y*** into ***-ily***:

bald □ = ***baldly***
change·a·ble □ = ***changeably***
bus·y □ = ***busily***

Some adverbs are formed by adding ***-ally*** to the adjective. This is indicated by a box followed by the adverbial ending:

his·tor·ic (□ ***~ally***) = ***historically***

Adverb forms deriving from adjectives which may end in ***-ic*** or ***-ical*** are given as follows:

phil·o·soph·ic, phil·o·soph·i·cal *adj.* □

i. e., ***philosophically*** is the adverb derived from both adjective forms.

If an adjective is followed by a cross-reference to the adverb, this means that the adverb is used in a sense quite different from that of the adjective:

a·ble □ → ***ably***

Was bedeutet das Zeichen ~, die Tilde?

Ein Symbol, das Ihnen ständig in den Stichwortartikeln begegnet, ist ein Wiederholungszeichen, die Tilde (~ ♀).

Zusammengehörige oder verwandte Wörter sind häufig zum Zwecke der Raumersparnis unter Verwendung der Tilde zu Gruppen vereinigt. Die Tilde vertritt dabei entweder das ganze Stichwort oder den vor dem senkrechten Strich (|) stehenden Teil des Stichworts.

drink·ing ... **~ wa·ter** = ***drinking water***
'head|·light ... **'~·line** = ***headline***

Bei den in halbfetter kursiver Auszeichnungsschrift gesetzten Redewendungen vertritt die Tilde stets das unmittelbar vorhergehende Stichwort, das selbst schon mit Hilfe der Tilde gebildet worden sein kann:

ˌdou·ble|-'act·ing ... **ˌ~-'edged** ...: ***~ sword*** = ***double-edged sword***

Wechselt die Schreibung von klein zu groß oder von groß zu klein, steht statt der einfachen Tilde (~) die Kreistilde (♀):

mid·dle| age ... **♀ Ag·es** = ***Middle Ages***
Ren·ais·sance ... **2.** ♀ 'Wiedergeburt *f* ... = ***renaissance***

The swung dash, or tilde (~)

A symbol you will repeatedly come across in the dictionary articles is the so-called tilde (~ ♀), which serves as a replacement mark. For reasons of space, related words are often combined in groups with the help of the tilde. In these cases, the tilde replaces either the entire entry word or that part of it which precedes a vertical bar (|):

drink·ing ... **~ wa·ter** = ***drinking water***
'head|·light ... **'~·line** = ***headline***

In the case of the phrases in boldface italics, the tilde replaces the entry word immediately receding, which itself may also have been formed with the help of a tilde:

ˌdou·ble|-'act·ing ... **ˌ~-'edged** ...: ***~ sword*** = ***double-edged sword***

If there is a switch from a small initial letter to a capital or vice-versa, the standard tilde (~) appears with a circle (♀):

mid·dle| age ... **♀ Ag·es** = ***Middle Ages***
Ren·ais·sance ... **2.** ♀ 'Wiedergeburt *f* ... = ***renaissance***

Einige Worte zu den Übersetzungen und Wendungen

Nach dem fettgedruckten Stichwort, der Ausspracheangabe in eckigen Klammern und der Bezeichnung der Wortart kommt als nächstes das, was für Sie wahrscheinlich das Wichtigste ist: **die Übersetzung**.

Die Übersetzungen haben wir folgendermaßen untergliedert: römische Ziffern zur Unterscheidung der Wortarten (Substantiv, Verb, Adjektiv, Adverb etc.), arabische Ziffern zur Unterscheidung der einzelnen Bedeutungen, kleine Buchstaben zur weiteren Bedeutungsdifferenzierung, z. B.

face ... **I** *s.* **1.** Gesicht *n* ...; ***in (the) ~ of*** a) angesichts (*gen.*), gegenüber (*dat.*), b) trotz (*gen. od. dat.*) ...; **II** *v/t.* **11.** ansehen ...; **III** *v/i.* ...

Weist ein Stichwort grundsätzlich verschiedene Bedeutungen auf, so wird es mit einer hochgestellten Zahl, dem Exponenten, als eigenständiges Stichwort wiederholt:

chap¹ [tʃæp] *s.* F Bursche *m*, Junge *m* ...
chap² [tʃæp] *s.* Kinnbacken *m* ...
chap³ [tʃæp] **I** *v/t. u. v/i.* rissig machen *od.* werden ...; **II** *s.* Riß *m*, Sprung *m*.

Dies geschieht aber nicht in Fällen, in denen sich die zweite Bedeutung aus der Hauptbedeutung des Grundwortes entwickelt hat.

Translations and phraseology

After the boldface entry word, its phonetic transcription in square brackets, and its part of speech label, we finally come to the most important part of the entry: **the translation(s)**.

Where an entry word has several different meanings, the translations have been arranged as follows: different parts of speech (nouns, verbs, adjectives, adverbs etc.) separated by Roman numerals, different senses by Arabic numerals, and related senses by small letters:

face ... **I** *s.* **1.** Gesicht *n* ...; ***in (the) ~ of*** a) angesichts (*gen.*), gegenüber (*dat.*), b) trotz (*gen. od. dat.*) ...; **II** *v/t.* **11.** ansehen ...; **III** *v/i.* ...

Where a word has fundamentally different meanings, it appears as two or more separate entries distinguished by exponents, or raised figures:

chap¹ [tʃæp] *s.* F Bursche *m*, Junge *m* ...
chap² [tʃæp] *s.* Kinnbacken *m* ...
chap³ [tʃæp] **I** *v/t. u. v/i.* rissig machen *od.* werden ...; **II** *s.* Riß *m*, Sprung *m*.

This does not apply to senses which have directly evolved from the primary meaning of the word.

Anwendungsbeispiele in halbfetter kursiver Auszeichnungsschrift werden meist unter den zugehörigen Ziffern aufgeführt. Sind es sehr viele Beispiele, so werden sie in einem eigenen Abschnitt „*Besondere Redewendungen*" zusammengefaßt (siehe Stichwort ***heart***). Eine Übersetzung der Beispiele wird nicht gegeben, wenn diese sich aus der Grundübersetzung von selbst ergibt:

a·like ... **II** *adv.* gleich, ebenso, in gleichem Maße: ***she helps enemies and friends ~.***

Illustrative phrases in boldface italics are generally given within the respective categories of the dictionary article. Where there are a lot of examples, these are found in a separate section entitled "*Besondere Redewendungen*" (see for example the entry ***heart***).

Illustrative phrases whose meaning is self-evident are not translated:

a·like ... **II** *adv.* gleich, ebenso, in gleichem Maße: ***she helps enemies and friends ~.***

Bei sehr umfangreichen Stichwortartikeln werden auch die Zusammensetzungen von **Verben mit Präpositionen oder Adverbien** an das Ende der betreffenden Artikel angehängt, z. B. ***come across***, ***get up***.

In the case of particularly long articles, **verbal phrases** such as ***come across***, ***get up*** etc. are given separately at the end of the main part of the article.

Bei den Übersetzungen wird in Fällen, in denen die Aussprache Schwierigkeiten verursachen könnte, die Betonung durch **Akzent(e)** vor der zu betonenden Trennsilbe gegeben. Akzente werden gesetzt bei Wörtern, die nicht auf der ersten Silbe betont werden, z. B. „Bäcke'rei", „je'doch", außer wenn es sich um eine der stets unbetonten Vorsilben handelt, sowie bei Zusammensetzungen mit Vorsilben, deren Betonung wechselt, z. B. „'Mißtrauen", „miß'trauen". Grundsätzlich entfällt der Akzent jedoch bei Verben auf „-ieren" und deren Ableitungen. Bei kursiven Erläuterungen und bei den Übersetzungen von Anwendungsbeispielen werden keine Akzente gesetzt.

Where the pronunciation of a German translation could be ambiguous or problematical, **accents** are placed before the stressed syllable(s). Accents are also given in words whose initial syllable is unstressed (e. g. 'Bäcke'rei', 'je'doch'), unless it is a generally unstressed prefix. They are further given in compounds in which the accent shifts (e. g. ''Mißtrauen', 'miß'trauen'). Accentuation is not provided for verbs ending in '-ieren' and their derivatives, nor in definitions in italics or translations of phraseology.

Der **verkürzte Bindestrich** (-) steht zwischen zwei Konsonanten, um anzudeuten, daß sie getrennt auszusprechen sind, z. B. „Häus-chen", ebenso in Fällen, die zu Mißverständnissen führen können, z. B. „Erb-lasser".

A **hyphen** is inserted between two consonants to indicate that they are pronounced separately (e. g. 'Häus-chen') and in words which might be misinterpreted (e. g. 'Erb-lasser').

Wie Sie sicher wissen, gibt es im **britischen und amerikanischen Englisch** hier und da unterschiedliche Bezeichnungen für dieselbe Sache. Ein Engländer sagt z. B. ***pavement***, wenn er den „Bürgersteig" meint, der Amerikaner spricht dagegen von ***sidewalk***. Im Wörterbuch finden Sie die Wörter, die hauptsächlich im britischen Englisch gebraucht werden, mit *Brit.* gekennzeichnet. Die Wörter, die typisch für den amerikanischen Sprachgebrauch sind, werden mit *Am.* gekennzeichnet.

British and American English occasionally differ in the way they describe things. For ***pavement***, for example, an American would say ***sidewalk***. In the dictionary, words which are predominantly used in British English are marked *Brit.*, and those which are typically American are marked *Am.*

Auf die verschiedenen Wortarten haben wir bereits hingewiesen. Der Eintrag ***dependence*** z. B. ist ein Substantiv (Hauptwort). Dies können Sie daran erkennen, daß hinter der Lautschriftklammer ein kursives *s.* steht. Dementsprechend steht hinter der deutschen Übersetzung „Abhängigkeit" ein kursives *f*, bzw. hinter „Angewiesensein" ein kursives *n*. Diese Buchstaben geben – wie auch das kursive *m* – das **Genus** (Geschlecht) des deutschen Wortes an und kennzeichnen es damit als Substantiv. Die Genusangabe unterbleibt, wenn

We have already mentioned the different parts of speech. The entry word ***dependence***, for example, is a noun. This is indicated by the letter *s.* in italics following the phonetic transcription in square brackets. The German translations 'Abhängigkeit' and 'Angewiesensein' are followed by an italic *f* and *n* respectively. These letters, together with the italic *m*, indicate the gender of the German noun, i. e. they show whether it is masculine, feminine or neuter. The gender is not given if it can be inferred from the context, e. g. from the

das Genus aus dem Zusammenhang ersichtlich ist, z. B. „scharfes Durchgreifen", und wenn die weibliche Endung in Klammern steht, z. B. „Verkäufer (-in)". Sie unterbleibt auch bei Erläuterungen in kursiver Schrift, wird aber in den Anwendungsbeispielen dann gegeben, wenn sich das Genus der Übersetzungen hier nicht aus der Grundübersetzung ergibt.

Oft wird Ihnen aber auch die folgende Abweichung begegnen:

Unter ***dependant*** finden Sie die Übersetzung „(Fa'milien)Angehörige(r *m*) *f*". „Angehörige" ist weiblich; deshalb steht hinter der Klammer ein *f*. Es besteht aber auch die Möglichkeit, ***dependant*** als „Angehöriger" zu übersetzen – und das ist männlich. Genau das steht in der Klammer: (r *m*), das Endungs-r und *m* = maskulin.

Sie werden bereits gemerkt haben, daß es selten vorkommt, daß nur eine Übersetzung hinter dem jeweiligen Stichwort steht. Meist ist es so, daß ein Stichwort mehrere sinnverwandte Übersetzungen hat, die durch **Komma** voneinander getrennt werden.

Die Bedeutungsunterschiede in den Übersetzungen werden gekennzeichnet:

a) durch das **Semikolon** und die Unterteilung in **arabische Ziffern**:

bal·ance ... **1.** Waage *f* ...; **2.** Gleichgewicht *n* ...

b) durch Unterteilung in **kleine Buchstaben** zur weiteren Bedeutungsdifferenzierung,

c) durch **Erläuterungen** in kursiver Schrift,

d) durch vorangestellte **bildliche Zeichen** und **abgekürzte Begriffsbestimmungen** (siehe das Verzeichnis auf Seite 17 und die Liste mit den Abkürzungen auf den Seiten 28 und 29).

Siehe auch das Kapitel über die verschiedenen Schriftarten auf Seite 13.

Einfache Anführungszeichen bedeuten, daß eine Übersetzung entweder einer niederen Sprachebene angehört:

gov·er·nor ... **4.** F *der* ‚Alte'

oder in figurativer (bildlicher) Bedeutung gebraucht wird:

land·slide ... **1.** Erdrutsch *m*; **2.** ... *fig.* ‚Erdrutsch' *m*

Häufig finden Sie auch bei einem Stichwort oder einem Stichwortartikel ein **Verweiszeichen** (→). Es hat folgende Bedeutungen:

a) Verweis von Stichwort zu Stichwort bei Bedeutungsgleichheit, z. B.

gaun·try → ***gantry***

adjective ending in 'scharfes Durchgreifen', or if the feminine ending is added in brackets, as in 'Verkäufer(in)'. Definitions in italics do not contain gender indications, and they are only given in phraseology where they cannot be derived from the primary translations.

Frequently you will come across translations such as '(Familien)Angehörige(r *m*) *f*' in the article ***dependant***. Here 'Angehörige' is feminine, as indicated by the *f* after the parentheses. But ***dependant*** can also be translated 'Angehöriger', which is masculine. This is indicated by (r *m*) in parentheses, which gives the ending -r and the gender indication *m* to show that it is masculine.

It is quite rare for an entry word to be given just one translation. Usually a word will have several related translations, which are separated by a **comma**.

Different senses of a word are indicated by

a) **semicolons** and **Arabic numerals**:

bal·ance ... **1.** Waage *f* ...; **2.** Gleichgewicht *n* ...

b) **small letters** for related senses,

c) italics for **definitions**,

d) **pictographic symbols** and **abbreviations of subject areas** (see p. 17 and the list of abbreviations on pp. 28–29).

See also the section on p. 13 concerning the different typefaces.

Single quotation marks mean that a translation is either very informal:

gov·er·nor ... **4.** F *der* ‚Alte'

or used in figurative sense:

land·slide ... **1.** Erdrutsch *m*; **2.** ... *fig.* ‚Erdrutsch' *m*

Frequently you will come across an **arrow** (→) after an entry word or elsewhere in a dictionary article. It is used

a) as a cross reference to another entry:

gaun·try → ***gantry***

b) Verweis innerhalb eines Stichwortartikels, z. B.

dice [daɪs] **I** *s. pl. von* ***die***² 1 Würfel *pl.*, Würfelspiel *n*: ***play*** ***(at)*** ~ → II ... **II** *v/i.* würfeln, knobeln

c) oft wurde an Stelle eines Anwendungsbeispiels auf ein anderes Stichwort verwiesen, das ebenfalls in dem Anwendungsbeispiel enthalten ist:

square ... **15.** ⩲ a) den Flächeninhalt berechnen von (*od. gen.*), b) *Zahl* quadrieren, ins Qua'drat erheben, c) *Figur* quadrieren; → ***circle*** 1

Das heißt, daß die Wendung ***square the circle*** unter dem Stichwort ***circle*** aufgeführt und dort übersetzt ist.

Runde Klammern werden verwendet

a) zur Vereinfachung der Übersetzung, z. B.

cov·er ... **4.** ... (Bett-, Möbel- *etc.*)Bezug *m* ...

b) zur Raumersparnis bei gekoppelten Anwendungsbeispielen, z. B.

make **(break)** **contact** Kontakt herstellen (unterbrechen) = ***make contact/break contact*** ...

Grammatik auch im Wörterbuch?

Etwas Grammatik wollen wir Ihnen zumuten. Mit diesem letzten Punkt sind Sie, wie wir glauben, für die Arbeit mit *Ihrem Wörterbuch* bestens gerüstet.

Den grammatisch richtigen Gebrauch eines Wortes können Sie häufig den „Zusätzen" entnehmen.

Die **Rektion** von deutschen Präpositionen wird dann angegeben, wenn sie verschiedene Fälle regieren können, z. B. „vor", „über".

Die Rektion von Verben wird nur dann angegeben, wenn sie von der des Grundwortes abweicht oder wenn das englische Verb von einer bestimmten Präposition regiert wird. Folgende Anordnungen sind möglich:

a) wird ein Verb, das im Englischen transitiv ist, im Deutschen intransitiv übersetzt, so wird die abweichende Rektion angegeben:

con·tra·dict ... *v/t.* **1.** ... wider'sprechen (*dat.*) ...

b) gelten für die deutschen Übersetzungen verschiedene Rektionen, so steht die englische Präposition in halbfetter kursiver Auszeichnungsschrift in Klammern vor der ersten Übersetzung, die deutschen Rektionsangaben stehen hinter jeder Einzelübersetzung:

de·scend ... **4.** (***to***) zufallen (*dat.*), 'übergehen, sich vererben (auf *acc.*) ...

b) as a reference within an article:

dice [daɪs] **I** *s. pl. von* ***die***² 1 Würfel *pl.*, Würfelspiel *n*: ***play*** ***(at)*** ~ → II ... **II** *v/i.* würfeln, knobeln

c) as a cross reference to another entry which provides an illustrative phrase containing the initial entry word:

square ... **15.** ⩲ a) den Flächeninhalt berechnen von (*od. gen.*), b) *Zahl* quadrieren, ins Qua'drat erheben, c) *Figur* quadrieren; → ***circle*** 1

This tells you that the expression ***square the circle*** and its translation are found in the entry ***circle***.

Parentheses are used

a) to help present the translations as simply as possible:

cov·er ... **4.** ... (Bett-, Möbel- *etc.*)Bezug *m* ...

b) to combine related phrases in order to save space:

make **(break)** **contact** Kontakt herstellen (unterbrechen) = ***make contact/break contact*** ...

Grammar in a dictionary?

A little bit of grammar, we feel, is not amiss in a dictionary, and knowing what to do with the grammatical information available will enable the user to get the most out of this dictionary.

Information on the correct grammatical use of a word is usually appended to the translation(s).

Where a German preposition can govern either the dative or accusative case, the appropriate case is indicated, as with 'vor' and 'über'.

The cases governed by verbs are given only if they deviate from those of the English verb or where an English verb takes a preposition. The following arrangements are possible:

a) where an English transitive verb is rendered intransitively in German, the required case is given:

con·tra·dict ... *v/t.* **1.** ... wider'sprechen (*dat.*) ...

b) where the German translations take varying cases, the appropriate English preposition is given in boldface italics and in brackets preceding the first translation, while the German grammatical indicators follow each individual translation:

de·scend ... **4.** (***to***) zufallen (*dat.*), 'übergehen, sich vererben (auf *acc.*) ...

c) stimmen Präposition und Rektion für alle Übersetzungen überein, so stehen sie in Klammern hinter der letzten Übersetzung:

ob·serve ... **4.** Bemerkungen machen, sich äußern (***on, upon*** über *acc.*) ...

Außerdem finden Sie bei den Stichwörtern noch die folgenden **besonderen Grammatikpunkte** aufgeführt:

a) unregelmäßiger Plural:

child ... *pl.* **chil·dren** ...

a·nal·y·sis ... *pl.* **-ses** ... (= *pl.* ***analyses***)

b) unregelmäßige Verben:

give ... **II** *v/t.* [*irr.*] ... **III** *v/i.* [*irr.*] ...

out·grow ... [*irr.* → ***grow***] ...

Der Hinweis *irr.* bedeutet: in der Liste der unregelmäßigen englischen Verben auf Seite 23 und 24 finden Sie die unregelmäßigen Formen.

c) auslautendes ***-c*** wird zu ***-ck*** vor ***-ed***, ***-er***, ***-ing*** und ***-y***:

frol·ic ... **II** *v/i. pret. u. p.p.* **'frol·icked** ...

d) bei unregelmäßigen Steigerungsformen Hinweis auf die Grundform:

bet·ter ... **I** *comp. von* ***good*** ... **III** *comp. von* ***well*** ...

best ... **I** *sup. von* ***good*** ... **II** *sup. von* ***well*** ...

Die vorausgegangenen Seiten zeigen, daß Ihnen das Wörterbuch mehr bietet als nur einfache Wort-für-Wort-Gleichungen, wie Sie sie in den Vokabelspalten von Lehrbüchern finden.

Und nun viel Erfolg bei der Suche nach den lästigen, aber doch so notwendigen Vokabeln!

c) where the English preposition and the German case apply to all translations, they are given in brackets after the final translation:

ob·serve ... **4.** Bemerkungen machen, sich äußern (***on, upon*** über *acc.*) ...

The following grammatical information is also provided:

a) irregular plurals:

child ... *pl.* **chil·dren** ...

a·nal·y·sis ... *pl.* **-ses** ... (= *pl.* ***analyses***)

b) irregular verbs:

give ... **II** *v/t.* [*irr.*] ... **III** *v/i.* [*irr.*] ...

out·grow ... [*irr.* → ***grow***] ...

The abbreviation *irr.* means that the principal parts of the verb can be found in the list of irregular verbs on pp. 23–24.

c) final ***-c*** becomes ***-ck*** before ***-ed***, ***-er***, ***-ing*** and ***-y***:

frol·ic ... **II** *v/i. pret. u. p.p.* **'frol·icked** ...

d) irregular comparative and superlative forms include a reference to the base form:

bet·ter ... **I** *comp. von* ***good*** ... **III** *comp. von* ***well*** ...

best ... **I** *sup. von* ***good*** ... **II** *sup. von* ***well*** ...

We hope that this somewhat lengthy introduction has shown you that this dictionary contains a great deal more than simple one-to-one translations, and that you are now well-equipped to make the most of all it has to offer.

Happy word-hunting!

Unregelmäßige Verben
Irregular Verbs

Die an erster Stelle stehende Form in Fettdruck bezeichnet den Infinitiv (infinitive), nach dem ersten Gedankenstrich steht das Präteritum (past), nach dem zweiten das Partizip Perfekt (past participle).

abide – abode, abided – abode, abided
arise – arose – arisen
awake – awoke, awaked – awoken, awaked

be – was, were – been
bear – bore – borne
beat – beat – beaten, beat
become – became – become
beget – begot – begotten
begin – began – begun
bend – bent – bent
bereave – bereft, bereaved – bereft, bereaved
beseech – besought, beseeched – besought, beseeched
bet – bet, betted – bet, betted
bid – bad(e), bid – bid, bidden
bide – bode, bided – bided
bind – bound – bound
bite – bit – bitten, bit
bleed – bled – bled
blow – blew – blown
break – broke – broken
breed – bred – bred
bring – brought – brought
broadcast – broadcast, broadcasted – broadcast, broadcasted
build – built – built
burn – burnt, burned – burnt, burned
burst – burst – burst
buy – bought – bought

cast – cast – cast
catch – caught – caught
chide – chid, chided – chidden, chid, chided
choose – chose – chosen
cleave – cleft, clove, cleaved – cleft, cloven, cleaved
cling – clung – clung
come – came – come
cost – cost – cost
creep – crept – crept
cut – cut – cut

deal – dealt – dealt
deepfreeze – deepfroze, -freezed – deepfrozen, -freezed
dig – dug – dug
dive – dived, *Am. a.* dove – dived
do – did – done
draw – drew – drawn
dream – dreamt, dreamed – dreamt, dreamed
drink – drank – drunk
drive – drove – driven
dwell – dwelt, dwelled – dwelt, dwelled

eat – ate – eaten

fall – fell – fallen
feed – fed – fed
feel – felt – felt
fight – fought – fought
find – found – found
flee – fled – fled
fling – flung – flung
fly – flew – flown
forbid – forbade, forbad – forbidden
forget – forgot – forgotten, forgot
forgive – forgave – forgiven
forsake – forsook – forsaken
freeze – froze – frozen

get – got – got, *Am.* gotten
gild – gilded, gilt – gilded, gilt
gird – girded, girt – girded, girt
give – gave – given
go – went – gone
grind – ground – ground
grow – grew – grown

hang – hung, hanged – hung, hanged
have – had – had
hear – heard – heard
heave – heaved, hove – heaved, hove
hew – hewed – hewn, hewed
hide – hid – hidden, hid
hit – hit – hit
hold – held – held
hurt – hurt – hurt

inset – inset – inset

keep – kept – kept
kneel – knelt, kneeled – knelt, kneeled
knit – knitted, knit – knitted, knit
know – knew – known

lade – laded – laded, laden
lay – laid – laid
lead – led – led
lean – leant, leaned – leant, leaned
leap – leapt, leaped – leapt, leaped
learn – learnt, learned – learnt, learned
leave – left – left
lend – lent – lent
let – let – let
lie – lay – lain
light – lit, lighted – lit, lighted
lose – lost – lost

make – made – made
mean – meant – meant
meet – met – met
mow – mowed – mown, mowed

outbid – outbid – outbid, outbidden

pay – paid – paid
put – put – put

read – read – read
rend – rent – rent
rid – rid – rid
ride – rode – ridden
ring – rang – rung
rise – rose – risen
rive – rived – rived, riven
run – ran – run

saw – sawed – sawn, sawed
say – said – said
see – saw – seen
seek – sought – sought
sell – sold – sold
send – sent – sent
set – set – set
sew – sewed – sewn, sewed
shake – shook – shaken
shave – shaved – shaved, shaven
shed – shed – shed
shine – shone – shone
shit – shit, shat – shit

shoe – shod, shoed – shod, shoed
shoot – shot – shot
show – showed – shown, showed
shrink – shrank, shrunk – shrunk
shut – shut – shut
sing – sang – sung
sink – sank, sunk – sunk
sit – sat – sat
slay – slew – slain
sleep – slept – slept
slide – slid – slid, slidden
sling – slung – slung
slink – slunk – slunk
slit – slit – slit
smell – smelt, smelled – smelt, smelled
smite – smote – smitten
sow – sowed – sown, sowed
speak – spoke – spoken
speed – sped, speeded – sped, speeded
spell – spelt, spelled – spelt, spelled
spend – spent – spent
spill – spilt, spilled – spilt, spilled
spin – spun, span – spun
spit – spat, *Am. a.* spit – spat, *Am. a.* spit
split – split – split
spoil – spoilt, spoiled – spoilt, spoiled
spread – spread – spread
spring – sprang, *Am. a.* sprung – sprung
stand – stood – stood
stave – staved, stove – staved, stove
steal – stole – stolen
stick – stuck – stuck
sting – stung – stung
stink – stank, stunk – stunk
strew – strewed – strewn, strewed
stride – strode – stridden
strike – struck – struck
string – strung – strung
strive – strove – striven
swear – swore – sworn
sweat – sweat, sweated – sweat, sweated
sweep – swept – swept
swell – swelled – swollen, swelled
swim – swam – swum
swing – swung – swung

take – took – taken
teach – taught – taught
tear – tore – torn
tell – told – told
think – thought – thought
thrive – thrived, throve – thrived, thriven
throw – threw – thrown
thrust – thrust – thrust
tread – trod – trodden, trod

wake – woke, waked – woken, waked
wear – wore – worn
weave – wove – woven
wed – wedded, wed – wedded, wed
weep – wept – wept
wet – wetted, wet – wetted, wet
win – won – won
wind – wound – wound
wring – wrung – wrung
write – wrote – written

Zahlwörter
Numerals

Grundzahlen

0 nought, zero, cipher; *teleph.* 0 [əʊ] *null*
1 one *eins*
2 two *zwei*
3 three *drei*
4 four *vier*
5 five *fünf*
6 six *sechs*
7 seven *sieben*
8 eight *acht*
9 nine *neun*
10 ten *zehn*
11 eleven *elf*
12 twelve *zwölf*
13 thirteen *dreizehn*
14 fourteen *vierzehn*
15 fifteen *fünfzehn*
16 sixteen *sechzehn*
17 seventeen *siebzehn*
18 eighteen *achtzehn*
19 nineteen *neunzehn*
20 twenty *zwanzig*
21 twenty-one *einundzwanzig*
22 twenty-two *zweiundzwanzig*
30 thirty *dreißig*
31 thirty-one *einunddreißig*
40 forty *vierzig*
41 forty-one *einundvierzig*
50 fifty *fünfzig*
51 fifty-one *einundfünfzig*
60 sixty *sechzig*
61 sixty-one *einundsechzig*
70 seventy *siebzig*
71 seventy-one *einundsiebzig*
80 eighty *achtzig*
81 eighty-one *einundachtzig*
90 ninety *neunzig*
91 ninety-one *einundneunzig*
100 a *od.* one hundred *hundert*
101 a hundred and one *hundert(und)eins*
200 two hundred *zweihundert*
300 three hundred *dreihundert*
572 five hundred and seventy-two *fünfhundert-(und)zweiundsiebzig*
1000 a *od.* one thousand *(ein)tausend*
1066 ten sixty-six *tausendsechsundsechzig*
1992 nineteen (hundred and) ninety-two *neunzehnhundertzweiundneunzig*
2000 two thousand *zweitausend*
5044 *teleph.* five 0 double four *fünfzig vierundvierzig*
1,000,000 a *od.* one million *eine Million*
2,000,000 two million *zwei Millionen*
1,000,000,000 a *od.* one billion *eine Milliarde*

Ordnungszahlen

1st first *erste*
2nd second *zweite*
3rd third *dritte*
4th fourth *vierte*
5th fifth *fünfte*
6th sixth *sechste*
7th seventh *siebente*
8th eighth *achte*
9th ninth *neunte*
10th tenth *zehnte*
11th eleventh *elfte*
12th twelfth *zwölfte*
13th thirteenth *dreizehnte*
14th fourteenth *vierzehnte*
15th fifteenth *fünfzehnte*
16th sixteenth *sechzehnte*
17th seventeenth *siebzehnte*
18th eighteenth *achtzehnte*
19th nineteenth *neunzehnte*
20th twentieth *zwanzigste*
21st twenty-first *einundzwanzigste*
22nd twenty-second *zweiundzwanzigste*
23rd twenty-third *dreiundzwanzigste*
30th thirtieth *dreißigste*

Ordnungszahlen

31st thirty-first *einunddreißigste*
40th fortieth *vierzigste*
41st forty-first *einundvierzigste*
50th fiftieth *fünfzigste*
51st fifty-first *einundfünfzigste*
60th sixtieth *sechzigste*
61st sixty-first *einundsechzigste*
70th seventieth *siebzigste*
71st seventy-first *einundsiebzigste*
80th eightieth *achtzigste*
81st eighty-first *einundachtzigste*
90th ninetieth *neunzigste*
100th (one) hundredth *hundertste*
101st hundred and first *hundertunderste*
200th two hundredth *zweihundertste*
300th three hundredth *dreihundertste*
572nd five hundred and seventy-second *fünfhundertundzweiundsiebzigste*
1000th (one) thousandth *tausendste*
1950th nineteen hundred and fiftieth *neunzehnhundertfünfzigste*
2000th two thousandth *zweitausendste*
1,000,000th millionth *millionste*
2,000,000th two millionth *zweimillionste*

Bruchzahlen und andere Zahlenwerte

½ one *od.* a half *ein halb*
1½ one and a half *anderthalb*
2½ two and a half *zweieinhalb*
⅓ one *od.* a third *ein Drittel*
⅔ two thirds *zwei Drittel*
¼ one *od.* a quarter, one fourth *ein Viertel*
¾ three quarters, three fourths *drei Viertel*
⅕ one *od.* a fifth *ein Fünftel*
3⅘ three and four fifths *drei vier Fünftel*
⅝ five eighths *fünf Achtel*
12/20 twelve twentieths *zwölf Zwanzigstel*
75/100 seventy-five hundredths *fünfundsiebzig Hundertstel*

0.45 (nought [nɔːt]) point four five *null Komma vier fünf*
2.5 two point five *zwei Komma fünf*

once *einmal*
twice *zweimal*
three (four) times *drei- (vier)mal*
twice as much (many) *zweimal* od. *doppelt so viel(e)*
firstly (secondly, thirdly), in the first (second, third) place *erstens* (*zweitens*, *drittens*)

$7 + 8 = 15$ seven and *od.* plus eight are fifteen *sieben und* od. *plus acht ist fünfzehn*
$9 - 4 = 5$ nine minus *od.* less four is five *neun minus* od. *weniger vier ist fünf*
$2 \times 3 = 6$ twice three is *od.* makes six *zweimal drei ist sechs*
$20 \div 5 = 4$ twenty divided by five is four *zwanzig dividiert* od. *geteilt durch fünf ist vier*

Britische und amerikanische Maße und Gewichte
British and American Weights and Measures

Längenmaße

1 inch	= 2,54 cm
1 foot	= 12 inches = 30,48 cm
1 yard	= 3 feet = 91,44 cm
1 (statute) mile	= 1760 yards = 1,609 km
1 hand	= 4 inches = 10,16 cm
1 rod (perch, pole)	= 5½ yards = 5,029 m
1 chain	= 4 rods = 20,117 m
1 furlong	= 10 chains = 201,168 m

Nautische Maße

1 fathom	= 6 feet = 1,829 m
1 cable's length	= 100 fathoms = 182,9 m ⚓⚔ *Brit.* = 608 feet = 185,3 m ⚓⚔ *Am.* = 720 feet = 219,5 m
1 nautical mile	= 10 cables' length = 1,852 km

Flächenmaße

1 square inch	= 6,452 cm²
1 square foot	= 144 square inches = 929,029 cm²
1 square yard	= 9 square feet = 8361,26 cm²
1 acre	= 4840 square yards = 4046,8 m²
1 square mile	= 640 acres = 259 ha = 2,59 km²
1 square rod (square pole, square perch)	= 30¼ square yards = 25,293 m²
1 rood	= 40 square rods = 1011,72 m²
1 acre	= 4 roods = 4046,8 m²

Handelsgewichte

1 grain	= 0,0648 g
1 dram	= 27.3438 grains = 1,772 g
1 ounce	= 16 drams = 28,35 g
1 pound	= 16 ounces = 453,59 g
1 hundredweight	= 1 quintal *Brit.* = 112 pounds = 50,802 kg *Am.* = 100 pounds = 45,359 kg
1 long ton	*Brit.* = 20 hundredweights = 1016,05 kg
1 short ton	*Am.* = 20 hundredweights = 907,185 kg
1 stone	= 14 pounds = 6,35 kg
1 quarter	*Brit.* = 28 pounds = 12,701 kg *Am.* = 25 pounds = 11,339 kg

Troygewichte

1 grain	= 0,0648 g
1 pennyweight	= 24 grains = 1,5552 g
1 ounce	= 20 pennyweights = 31,1035 g
1 pound	= 12 ounces = 373,2418 g

Raummaße

1 cubic inch	= 16,387 cm³
1 cubic foot	= 1728 cubic inches = 0,02832 m³
1 cubic yard	= 27 cubic feet = 0,7646 m³

Britische Hohlmaße

Trocken- und Flüssigkeitsmaße

1 gill	= 0,142 l	
1 pint	= 4 gills	= 0,568 l
1 quart	= 2 pints	= 1,136 l
1 gallon	= 4 quarts	= 4,5459 l
1 quarter	= 64 gallons	= 290,935 l

Trockenmaße

1 peck	= 2 gallons	= 9,092 l
1 bushel	= 4 pecks	= 36,368 l

Flüssigkeitsmaße

1 barrel	= 36 gallons	= 163,656 l

Amerikanische Hohlmaße

Trockenmaße

1 pint	= 0,5506 l	
1 quart	= 2 pints	= 1,1012 l
1 gallon	= 4 quarts	= 4,405 l
1 peck	= 2 gallons	= 8,8096 l
1 bushel	= 4 pecks	= 35,2383 l

Flüssigkeitsmaße

1 gill	= 0,1183 l	
1 pint	= 4 gills	= 0,4732 l
1 quart	= 2 pints	= 0,9464 l
1 gallon	= 4 quarts	= 3,7853 l
1 barrel	= 31.5 gallons = 119,228 l	
1 hogshead	= 2 barrels	= 238,456 l
1 barrel petroleum	= 42 gallons	= 158,97 l

Im Wörterbuch verwendete Abkürzungen
Abbreviations used in the dictionary

a.	auch, *also*.
abbr.	*abbreviation*, Abkürzung.
acc.	*accusative* (*case*), Akkusativ.
act.	*active voice*, Aktiv.
adj.	*adjective*, Adjektiv.
adv.	*adverb*, Adverb.
allg.	allgemein, *generally*.
Am.	*(originally) American English*, (ursprünglich) amerikanisches Englisch.
amer. amer.	amerikanisch, *American*.
anat.	*anatomy*, Anatomie.
antiq.	*antiquity*, Antike.
Arab.	*Arabic*, arabisch.
ast.	*astronomy*, Astronomie.
art.	*article*, Artikel.
attr.	*attributive*(*ly*), attributiv.
bibl.	*biblical*, biblisch.
biol.	*biology*, Biologie.
Brit.	*in British usage only*, nur im britischen Englisch gebräuchlich.
brit. brit.	britisch, *British*.
b.s.	*bad sense*, im schlechten Sinne.
bsd.	besonders, *particularly*.
cj.	*conjunction*, Konjunktion.
coll.	*collectively*, als Sammelwort.
comp.	*comparative*, Komparativ.
contp.	*contemptuously*, verächtlich.
dat.	*dative* (*case*), Dativ.
dem.	*demonstrative*, Demonstrativ…
dial.	*dialectal*, dialektisch.
eccl.	*ecclesiastical*, kirchlich, geistlich.
e-e, *e-e*	eine, *a* (*an*).
e-m, *e-m*	einem, *to a* (*an*).
e-n, *e-n*	einen, *a* (*an*).
engS.	im engeren Sinne, *in the narrower sense*.
e-r, *e-r*	einer, *of a* (*an*), *to a* (*an*).
e-s, *e-s*	eines, *of a* (*an*).
et., *et.*	etwas, *something*.
etc.	*et cetera*, usw.
euphem.	*euphemistically*, beschönigend.
F	*familiar*, umgangssprachlich.
f	*feminine*, weiblich.
fenc.	*fencing*, Fechten.
fig.	*figuratively*, im übertragenen Sinne, bildlich.
Fr.	*French*, französisch.
gen.	*genitive* (*case*), Genitiv.
geogr.	*geography*, Geographie.
geol.	*geology*, Geologie.
Ger.	*German*, deutsch.
ger.	*gerund*, Gerundium.
Ggs.	Gegensatz, *antonym*.
her.	*heraldry*, Heraldik, Wappenkunde.
hist.	*historical*, historisch; inhaltlich veraltet.
humor.	*humorously*, scherzhaft.
hunt.	*hunting*, Jagd.
ichth.	*ichthyology*, Ichthyologie, Fischkunde.
impers.	*impersonal*, unpersönlich.
ind.	*indicative* (*mood*), Indikativ.
inf.	*infinitive* (*mood*), Infinitiv.
int.	*interjection*, Interjektion.
interrog.	*interrogative*, Interrogativ…
Ir.	*Irish*, irisch.
iro.	*ironically*, ironisch.
irr.	*irregular*, unregelmäßig.
Ital.	*Italian*, italienisch.
j-d, *j-d*	jemand, *someone*.
j-m, *j-m*	jemandem, *to someone*.
j-n, *j-n*	jemanden, *someone*.
j-s, *j-s*	jemandes, *someone's*.
konkr.	konkret, *concretely*.
konstr.	konstruiert, *construed*.

Lat.	*Latin*, lateinisch.
ling.	*linguistics*, Linguistik, Sprachwissenschaft.
lit.	*literary*, literarisch.
m	*masculine*, männlich.
m-e, *m-e*	meine, *my*.
metall.	*metallurgy*, Metallurgie.
meteor.	*meteorology*, Meteorologie.
min.	*mineralogy*, Mineralogie.
m-m, *m-m*	meinem, *to my*.
m-n, *m-n*	meinen, *my*.
mot.	*motoring*, Auto, Verkehr.
mount.	*mountaineering*, Bergsteigen.
m-r, *m-r*	meiner, *of my*, *to my*.
m-s, *m-s*	meines, *of my*.
mst	meistens, *mostly*, *usually*.
myth.	*mythology*, Mythologie.
n	*neuter*, sächlich.
neg.	*negative*, verneinend.
nom.	*nominative* (*case*), Nominativ.
npr.	*proper name*, Eigenname.
obs.	*obsolete*, veraltet.
od., *od.*	oder, *or*.
opt.	*optics*, Optik.
orn.	*ornithology*, Ornithologie, Vogelkunde.
o.s.	*oneself*, sich.
paint.	*painting*, Malerei.
parl.	*parliamentary term*, parlamentarischer Ausdruck.
pass.	*passive voice*, Passiv.
ped.	*pedagogy*, Pädagogik; Schülersprache.
pers.	*personal*, Personal...
pharm.	*pharmacy*, Pharmazie.
phls.	*philosophy*, Philosophie.
phot.	*photography*, Fotografie.
phys.	*physics*, Physik.
physiol.	*physiology*, Physiologie.
pl.	*plural*, Plural.
poet.	*poetically*, dichterisch.
pol.	*politics*, Politik.
poss.	*possessive*, Possessiv...
p.p.	*past participle*, Partizip Perfekt.
pred.	*predicative*(*ly*), prädikativ.
pres.	*present*, Präsens.
pres.p.	*present participle*, Partizip Präsens.
pret.	*preterit*(*e*), Präteritum.
pron.	*pronoun*, Pronomen.
prp.	*preposition*, Präposition.
psych.	*psychology*, Psychologie.
R.C.	*Roman-Catholic*, römisch-katholisch.
Redew.	Redewendung, *phrase*.
refl.	*reflexive*, reflexiv.
rel.	*relative*, Relativ...
rhet.	*rhetoric*, Rhetorik.
s.	*substantive*, *noun*, Substantiv.
Scot.	*Scottish*, schottisch.
sculp.	*sculpture*, Bildhauerei.
s-e, *s-e*	seine, *his*, *one's*.
sg.	*singular*, Singular.
sl.	*slang*, Slang.
s m, *s m*	seinem, *to his*, *to one's*.
s-n, *s-n*	seinen, *his*, *one's*.
s.o., *s.o.*	*someone*, jemand(en).
sociol.	*sociology*, Soziologie.
sport	*sports*, Sport.
s-r, *s-r*	seiner, *of his*, *of one's*, *to his*, *to one's*.
s-s, *s-s*	seines, *of his*, *of one's*.
s.th., *s.th.*	*something*, etwas.
subj.	*subjunctive* (*mood*), Konjunktiv.
sup.	*superlative*, Superlativ.
surv.	*surveying*, Landvermessung.
tel.	*telegraphy*, Telegrafie.
teleph.	*telephone system*, Fernsprechwesen.
thea.	*theatre*, Theater.
TM	*trademark*, Warenzeichen.
TV	*television*, Fernsehen.
typ.	*typography*, Buchdruck.
u., *u.*	und, *and*.
univ.	*university*, Hochschulwesen; Studentensprache.
V	*vulgar*, vulgär, unanständig.
v/aux.	*auxiliary verb*, Hilfsverb.
vet.	*veterinary medicine*, Tiermedizin.
v/i.	*intransitive verb*, intransitives Verb.
v/refl.	*reflexive verb*, reflexives Verb.
v/t.	*transitive verb*, transitives Verb.
weitS.	im weiteren Sinne, *more widely taken*.
z.B.	zum Beispiel, *for instance*.
zo.	*zoology*, Zoologie.
Zs.-, zs.-	zusammen, *together*.
Zssg(*n*)	Zusammensetzung(en), *compound word*(*s*).

A

A, a [eɪ] **I** *s.* **1.** A *n*, a *n* (*Buchstabe,* ♪ *Note*): ***from A to Z*** von A bis Z; **2.** ***A*** *ped. Am.* Eins *f* (*Note*); **II** *adj.* **3.** ***A*** erst; **4.** ***A*** *Am.* ausgezeichnet.

A 1 [ˌeɪˈwʌn] *adj.* **1.** ⚓ erstklassig (*Schiff*); **2.** F I a, ˈprima.

a [eɪ; ə], *vor vokalischem Anlaut* **an** [æn; ən] **1.** ein, eine (*unbestimmter Artikel*): ***a woman***; *manchmal vor pl.*: ***a barracks*** eine Kaserne; ***a bare five minutes*** knappe fünf Minuten; **2.** der-, die-, dasˈselbe: ***two of a kind*** zwei (von jeder Art); **3.** per, pro, je: ***twice a week*** zweimal wöchentlich *od.* in der Woche; ***fifty pence a dozen*** fünfzig Pence pro *od.* das Dutzend; **4.** einzig: ***at a blow*** auf ˈeinen Schlag.

Aar·on's rod [ˌeərənz-] *s.* ⚘ **1.** Königskerze *f*; **2.** Goldrute *f.*

a·back [əˈbæk] *adv.* **1.** ⚓ back, gegen den Mast; **2.** nach hinten, zurück; **3.** *fig.* ***taken ~*** bestürzt, verblüfft, sprachlos.

ab·a·cus [ˈæbəkəs] *pl.* **-ci** [-saɪ] *u.* **-cus·es** *s.* ˈAbakus *m*: a) Rechenbrett *n*, -gestell *n*, b) △ Kapiˈtelldeckplatte *f.*

a·baft [əˈbɑːft] ⚓ **I** *prp.* achter, hinter; **II** *adv.* achteraus.

a·ban·don [əˈbændən] **I** *v/t.* **1.** auf-, preisgeben, verzichten auf (*acc.*) (*a.* ⚚), entsagen (*dat.*), *Hoffnung* fahrenlassen; **2.** (*a.* ⚓ *Schiff*) aufgeben, verlassen; *Aktion* einstellen; *sport* Spiel abbrechen; **3.** im Stich lassen; *Ehefrau* böswillig verlassen; *Kinder* aussetzen; **4.** (***s.th. to s.o.*** j-m et.) überˈlassen, ausliefern; **5.** ***~ o.s.*** (***to***) sich ˈhingeben, sich überˈlassen (*dat.*); **II** *s.* [abɑ̃dɔ̃] **6.** Hemmungslosigkeit *f*, Wildheit *f*; ***with ~*** mit Hingabe, wie toll; **aˈban·doned** [-nd] *adj.* **1.** verlassen, aufgegeben; herrenlos; **2.** liederlich; **3.** hemmungslos, wild; **aˈban·don·ment** [-mənt] *s.* **1.** Auf-, Preisgabe *f*, Verzicht *m*; (***to*** an *acc.*) Überˈlassung *f*, Abtretung *f*; **2.** (⚖ böswilliges) Verlassen; (Kindes-) Aussetzung *f*; **3.** → ***abandon*** 6.

a·base [əˈbeɪs] *v/t.* erniedrigen, demütigen, entwürdigen; **aˈbase·ment** [-mənt] *s.* Erniedrigung *f*, Demütigung *f*, Verfall *m.*

a·bash [əˈbæʃ] *v/t.* beschämen; in Verlegenheit *od.* aus der Fassung bringen.

a·bate [əˈbeɪt] **I** *v/t.* **1.** vermindern, verringern; *Preis etc.* herˈabsetzen, ermäßigen; **2.** *Schmerz* lindern; *Stolz, Eifer* mäßigen; **3.** ⚖ *Mißstand* beseitigen; *Verfügung* aufheben; *Verfahren* einstellen; **II** *v/i.* **4.** abnehmen, nachlassen; sich legen (*Wind, Schmerz*); fallen (*Preis*); **aˈbate·ment** [-mənt] *s.* **1.** Abnehmen *n*, Nachlassen *n*, Verminderung *f*, Linderung *f*; (*Lärm- etc.*)Bekämpfung *f*; **2.** Abzug *m*, (*Preis- etc.*)Nachlaß *m*; **3.** ⚖ Beseitigung *f*, Aufhebung *f.*

ab·a·tis [ˈæbətɪs] *s. sg. u. pl.* [*pl.* -tiːz] ⚔ Baumverhau *m.*

ab·at·toir [ˈæbətwɑː] (*Fr.*) *s.* Schlachthaus *n.*

ab·ba·cy [ˈæbəsɪ] *s.* Abtswürde *f*; **ab·bess** [ˈæbes] *s.* Äbˈtissin *f*; **ab·bey** [ˈæbɪ] *s.* **1.** Abˈtei *f*: ***the ℒ*** *Brit.* die Westminsterabtei; **2.** *Brit.* herrschaftlicher Wohnsitz (*frühere Abtei*); **ab·bot** [ˈæbət] *s.* Abt *m.*

ab·bre·vi·ate [əˈbriːvɪeɪt] *v/t.* (ab)kürzen; **ab·bre·vi·a·tion** [əˌbriːvɪˈeɪʃn] *s.* (*bsd. ling.* Ab)Kürzung *f.*

ABC, Abc [ˌeɪbiːˈsiː] **I** *s.* **1.** *Am. oft pl.* Abc *n*, Alphaˈbet *n*; **2.** *fig.* Anfangsgründe *pl.*; **3.** alphaˈbetisch angeordnetes Handbuch; **II** *adj.* **4.** ***the ~ powers*** die ABC-Staaten (*Argentinien, Brasilien, Chile*); **5.** ***~ weapons*** ABC-Waffen, atomare, biologische u. chemische Waffen; ***~ warfare*** ABC-Kriegführung *f.*

ab·di·cate [ˈæbdɪkeɪt] **I** *v/t. Amt, Recht etc.* aufgeben, niederlegen; verzichten auf (*acc.*), entsagen (*dat.*); **II** *v/i.* abdanken; **ab·di·ca·tion** [ˌæbdɪˈkeɪʃn] *s.* Abdankung *f*, Verzicht *m* (***of*** auf *acc.*); freiwillige Niederlegung (*e-s Amtes etc.*): ***~ of the throne*** Thronverzicht *m.*

ab·do·men [ˈæbdəmen] *s.* **1.** *anat.* Abˈdomen *n*, ˈUnterleib *m*, Bauch *m*; **2.** *zo.* (ˈHinter)Leib *m* (*von Insekten etc.*); **ab·dom·i·nal** [æbˈdɒmɪnl] *adj.* **1.** *anat.* Unterleibs…, Bauch…; **2.** *zo.* Hinterleibs…

ab·duct [æbˈdʌkt] *v/t. gewaltsam* entführen; **abˈduc·tion** [-kʃn] *s.* Entführung *f.*

a·beam [əˈbiːm] *adv. u. adj.* ⚓, ✈ querab, dwars.

a·be·ce·dar·i·an [ˌeɪbiːsiːˈdeərɪən] **I** *s.* **1.** Abc-Schütze *m*; **II** *adj.* **2.** alphaˈbetisch (geordnet); **3.** *fig.* elemenˈtar.

a·bed [əˈbed] *adv.* zu *od.* im Bett.

Ab·er·don·i·an [ˌæbəˈdəʊnjən] **I** *adj.* aus Aberˈdeen stammend; **II** *s.* Einwohner (-in) von Aberdeen.

ab·er·ra·tion [ˌæbəˈreɪʃn] *s.* **1.** Abweichung *f*; **2.** *fig.* a) Verirrung *f*, Fehltritt *m*, b) (geistige) Verwirrung; **3.** *phys., ast.* Aberratiˈon *f.*

a·bet [əˈbet] *v/t.* begünstigen, Vorschub leisten (*dat.*); aufhetzen; anstiften; ⚖ → ***aid*** 1; **aˈbet·ment** [-mənt] *s.* Beihilfe *f*, Vorschub *m*; Anstiftung *f*; **aˈbet·tor** [-tə] *s.* Anstifter *m*, (Helfers)Helfer *m*, ⚖ *a.* Gehilfe *m.*

a·bey·ance [əˈbeɪəns] *s.* Unentschiedenheit *f*, Schwebe *f*: ***in ~*** a) *bsd.* ⚖ in der Schwebe, schwebend unwirksam, b) ⚖ herrenlos (*Grund u. Boden*); ***fall into ~*** zeitweilig außer Kraft treten.

ab·hor [əbˈhɔː] *v/t.* verˈabscheuen; **ab·hor·rence** [əbˈhɒrəns] *s.* **1.** Abscheu *m* (***of*** vor *dat.*); **2.** → ***abomination*** 2; **ab·hor·rent** [əbˈhɒrənt] *adj.* □ verabscheuungswürdig; abstoßend; verhaßt (***to*** *dat.*).

a·bide [əˈbaɪd] [*irr.*] **I** *v/i.* **1.** bleiben, fortdauern; **2.** ***~ by*** treu bleiben (*dat.*), bleiben bei, festhalten an (*dat.*); sich halten an (*acc.*); sich abfinden mit; **II** *v/t.* **3.** erwarten; **4.** F (*mst neg.*) (v)ertragen, ausstehen: ***I can't ~ him***; **aˈbid·ing** [-dɪŋ] *adj.* □ dauernd, beständig.

Ab·i·gail [ˈæbɪgeɪl] (*Hebrew*) **I** *npr.* **1.** *bibl.* Abiˈgail *f*; **2.** *weiblicher Vorname*; **II** *s.* **3.** ℒ (Kammer)Zofe *f.*

a·bil·i·ty [əˈbɪlətɪ] *s.* **1.** Fähigkeit *f*, Befähigung *f*; Können *n*; *psych.* Aˈbility *f*: ***to the best of one's ~*** nach besten Kräften; ***~ to pay*** ⚚ Zahlungsfähigkeit; ***~ test*** Eignungsprüfung *f*; **2.** *mst pl.* geistige Anlagen *pl.*

ab·ject [ˈæbdʒekt] *adj.* □ **1.** niedrig, gemein; elend; kriecherisch; **2.** *fig.* tiefst, höchst, äußerst: ***~ despair***, ***~ misery.***

ab·ju·ra·tion [ˌæbdʒʊəˈreɪʃn] *s.* Abschwörung *f*; **ab·jure** [əbˈdʒʊə] *v/t.* abschwören, (feierlich) entsagen (*dat.*); aufgeben; widerˈrufen.

ab·lac·ta·tion [ˌæblækˈteɪʃn] *s.* Abstillen *n e-s Säuglings.*

ab·la·ti·val [ˌæbləˈtaɪvl] *adj. ling.* Ablativ…; **ab·la·tive** [ˈæblətɪv] **I** *s.* ˈAblativ *m*; **II** *adj.* Ablativ…

ab·laut [ˈæblaʊt] (*Ger.*) *s. ling.* Ablaut *m.*

a·blaze [əˈbleɪz] *adv. u. adj.* **1.** *a. fig.* in Flammen, *a. fig.* lodernd: ***set ~*** entflammen; **2.** *fig.* (***with***) a) entflammt (von), b) glänzend (vor *dat.*, von): ***all ~*** Feuer und Flamme.

a·ble [ˈeɪbl] *adj.* □ → ***ably***; **1.** fähig, geschickt, tüchtig: ***be ~ to*** können, imstande sein zu; ***he was not ~ to get up*** er konnte nicht aufstehen; ***~ to work*** arbeitsfähig; ***~ to pay*** ⚚ zahlungsfähig; ***~ seaman*** → ***able-bodied*** 1; **2.** begabt, befähigt; **3.** (vor)ˈtrefflich: ***an ~ speech***; **4.** ⚖ befähigt, fähig; **ˌable-ˈbod·ied** *adj.* **1.** körperlich leistungsfähig, kräftig: ***~ seaman*** *Brit.* Vollmatrose (*abbr.* ***A.B.***); **2.** ⚔ wehrfähig, (dienst)tauglich.

ab·let [ˈæblɪt] *s. ichth.* Weißfisch *m.*

a·bloom [əˈbluːm] *adv. u. adj.* in Blüte (stehend), blühend.

ab·lu·tion [əˈbluːʃn] *s. eccl. u. humor.* Waschung *f.*

a·bly ['eɪblɪ] *adv.* geschickt, mit Geschick, gekonnt.

A-B meth·od *s.* ⚡ A-B-Betrieb *m.*

ab·ne·gate ['æbnɪgeɪt] *v/t.* (ab-, ver-) leugnen; aufgeben, verzichten auf (*acc.*); **ab·ne·ga·tion** [ˌæbnɪ'geɪʃn] *s.* **1.** Ab-, Verleugnung *f*; **2.** Verzicht *m* (**of** auf *acc.*); **3.** *mst* **self-~** Selbstverleugnung *f.*

ab·nor·mal [æb'nɔːml] *adj.* □ **1.** 'abnorˌmal, 'anomal, ungewöhnlich; geistig behindert; mißgebildet; **2.** ⚙ 'normwidrig; **ab·nor·mal·i·ty** [ˌæbnɔː'mælətɪ] *s.*, **ab'nor·mi·ty** [-mətɪ] *s.* Abnormi'tät *f*; Anoma'lie *f.*

a·board [ə'bɔːd] *adv. u. prp.* ⚓, ✈ an Bord; in (*e-m od. e-n Bus etc.*): **go ~** an Bord gehen, ⚓ *a.* sich einschiffen; **all ~!** a) alle Mann *od.* alle Reisenden an Bord!, b) 🚂 *etc.* alles einsteigen!

a·bode [ə'bəʊd] **I** *pret. u. p.p. von* **abide**; **II** *s.* Aufenthalt *m*; Wohnort *m*, -sitz *m*; Wohnung *f*: **take one's ~** s-n Wohnsitz aufschlagen; **of no fixed ~** ⚖ ohne festen Wohnsitz.

a·boil [ə'bɔɪl] *adv. u. adj.* siedend, kochend, in Wallung (*alle a. fig.*).

a·bol·ish [ə'bɒlɪʃ] *v/t.* **1.** abschaffen, aufheben; **2.** vernichten; **ab·o·li·tion** [ˌæbəʊ'lɪʃn] *s.* Abschaffung *f* (*Am. bsd. der Sklaverei*), Aufhebung *f*, Beseitigung *f*; ⚖ Niederschlagung *f* (*e-s Verfahrens*); ˌ**ab·o'li·tion·ism** [-ʃənɪzəm] *s.* Abolitio'nismus *m*: a) *hist.* (Poli'tik *f* der) Sklavenbefreiung *f*, b) Bekämpfung *f* e-r bestehenden Einrichtung; ˌ**ab·o'li·tion·ist** [-ʃənɪst] *s. hist.* Abolitio'nist(in).

'**A-bomb** *s.* A'tombombe *f.*

a·bom·i·na·ble [ə'bɒmɪnəbl] *adj.* □ abscheulich, scheußlich; **a'bom·i·nate** [-neɪt] *v/t.* ver'abscheuen; **a·bom·i·na·tion** [əˌbɒmɪ'neɪʃn] *s.* **1.** Abscheu *m* (**of** vor *dat.*); **2.** Greuel *m*, Gegenstand *m* des Abscheus: **smoking is her pet ~** F das Rauchen ist ihr ein wahrer Greuel.

ab·o·rig·i·nal [ˌæbə'rɪdʒənl] **I** *adj.* □ eingeboren, ureingesessen, ursprünglich, einheimisch; **II** *s.* Ureinwohner *m*; **ab·o'rig·i·nes** [-dʒəniːz] *s. pl.* **1.** Ureinwohner *pl.*, Urbevölkerung *f*; **2.** *die* ursprüngliche Flora und Fauna.

a·bort [ə'bɔːt] **I** *v/i.* **1.** ⚕ e-e Fehl- *od.* Frühgeburt haben; **2.** *biol.* verkümmern; **3.** fehlschlagen; **II** *v/t.* **4.** *Raumflug etc.* abbrechen; **a'bort·ed** [-tɪd] *adj.* → **abortive** 1, 3, 4; **aˌbor·ti'fa·cient** [-tɪ'feɪʃənt] *s.* Abtreibungsmittel *n*; **a·bor·tion** [ə'bɔːʃn] *s.* **1.** ⚕ a) Ab'ort *m*, Fehl- *od.* Frühgeburt *f*, b) Abtreibung *f*, 'Schwangerschaftsunterˌbrechung *f*: **procure an ~** e-e Abtreibung vornehmen (**on s.o.** bei j-m); **2.** 'Mißgeburt *f* (*a. fig.*); Verkümmerung *f*; **3.** *fig.* Fehlschlag *m*; **a·bor·tion·ist** [ə'bɔːʃnɪst] *s.* Abtreiber(in); **a'bor·tive** [-tɪv] *adj.* □ **1.** zu früh geboren; **2.** vorzeitig; **3.** miß'lungen, erfolg-, fruchtlos: **prove ~** sich als Fehlschlag erweisen; **4.** *biol.* verkümmert; **5.** ⚕ Frühgeburt verursachend; abtreibend.

a·bound [ə'baʊnd] *v/i.* **1.** im 'Überfluß *od.* reichlich vor'handen sein; **2.** 'Überfluß haben (**in** an *dat.*); **3.** voll sein, wimmeln (**with** von); **a'bound·ing** [-dɪŋ] *adj.* reichlich (vor'handen); reich (**in** an *dat.*), voll (**with** von).

a·bout [ə'baʊt] **I** *prp.* **1.** um, um … herum; **2.** umher in (*dat.*): **wander ~ the streets**; **3.** bei, auf (*dat.*), an (*dat.*), um, in (*dat.*): (**somewhere**) **~ the house** irgendwo im Haus; **have you any money ~ you?** haben Sie Geld bei sich?; **look ~ you!** sieh dich um!; **there is nothing special ~ him** an ihm ist nichts Besonderes; **4.** wegen, über (*acc.*), um (*acc.*), von: **talk ~ business** über Geschäfte sprechen; **I'll see ~ it** ich werde danach sehen *od.* mich darum kümmern; **what is it ~?** worum handelt es sich?; **5.** im Begriff, da'bei: **he was ~ to go out**; **6.** beschäftigt mit: **what is he ~?** was macht er (da)?; **he knows what he is ~** er weiß, was er tut *od.* was er will; **II** *adv.* **7.** um'her, ('rings-, 'rund)herˌum: **drive ~** umher-*od.* herumfahren; **the wrong way ~** falsch herum; **three miles ~** drei Meilen im Umkreis; **all ~** überall; **a long way ~** ein großer Umweg; **~ face!** *Am.*, **~ turn!** *Brit.* ⚔ (ganze Abteilung) kehrt!; **8.** ungefähr, etwa, um, gegen: **~ three miles** etwa drei Meilen; **~ this time** ungefähr um diese Zeit; **~ noon** um die Mittagszeit, gegen Mittag; **that's just ~ enough!** das reicht (mir gerade)!; **9.** auf, in Bewegung: **be** (**up and**) **~** auf den Beinen sein; **there is no one ~** es ist niemand in der Nähe *od.* da; **smallpox is ~** die Pocken gehen um; **10.** → **bring about** *etc.*; **~-face**, **~-turn** *s.* Kehrtwendung *f*, *fig. a.* (völliger) 'Umschwung.

a·bove [ə'bʌv] **I** *prp.* **1.** über (*dat.*), oberhalb (*gen.*): **~ sea level** über dem Meeresspiegel; **~** (**the**) **average** über dem Durchschnitt; **2.** *fig.* über, mehr als; erhaben über (*acc.*): **~ all** vor allem; **you, ~ all others** von allen Menschen gerade du; **he is ~ that** er steht über der Sache, er ist darüber erhaben; **she was ~ taking advice** sie war zu stolz, Rat anzunehmen; **he is not ~ accepting a bribe** er scheut sich nicht, Bestechungsgelder anzunehmen; **~ praise** über alles Lob erhaben; **be ~ s.o.** j-m überlegen sein; **it is ~ me** es ist mir zu hoch, es geht über m-n Verstand; **II** *adv.* **3.** oben, oberhalb; **4.** *eccl.* droben im Himmel: **from ~** von oben, vom Himmel; **the powers ~** die himmlischen Mächte; **5.** über, dar'über (hin'aus): **over and ~** obendrein, überdies; **6.** weiter oben, oben…: **~-mentioned**; **7.** nach oben; **III** *adj.* **8.** obig, obenerwähnt: **the ~ remarks**; **IV** *s.* **9.** *das* Obige, *das* Obenerwähnte.

aˌbove|-'board *adv. u. adj.* **1.** offen, ehrlich; **2.** einwandfrei; **~'ground** *adj.* **1.** ⚙, ⚒ über Tage, oberirdisch; **2.** *fig.* (noch) am Leben.

A-B pow·er pack *s.* ⚡ Netzteil *n* für Heiz- u. An'odenleistung.

ab·ra·ca·dab·ra [ˌæbrəkə'dæbrə] *s.* **1.** Abraka'dabra *n* (*Zauberwort*); **2.** *fig.* Kauderwelsch *n.*

ab·rade [ə'breɪd] *v/t.* abschürfen, ab-, aufscheuern; abnutzen, verschleißen (*a. fig.*); ⚙ *a.* abschleifen.

A·bra·ham ['eɪbrəhæm] *npr. bibl.* 'Abraham *m*: **in ~'s bosom** (sicher wie) in Abrahams Schoß.

ab·ra·sion [ə'breɪʒn] *s.* **1.** Abreiben *n*, Abschleifen *n* (*a.* ⚙); **2.** ⚙ Abrieb *m*; Abnützung *f*, Verschleiß *m*; **3.** ⚕ (Haut)Abschürfung *f*, Schramme *f*; **ab'ra·sive** [-sɪv] **I** *adj.* □ abreibend, abschleifend, Schleif…, Schmirgel…; *fig.* ätzend; **II** *s.* ⚙ Schleifmittel *n.*

ab·re·act [ˌæbrɪ'ækt] *v/t. psych.* abreagieren; ˌ**ab·re'ac·tion** [-kʃn] *s.* 'Abreaktiˌon *f.*

a·breast [ə'brest] *adv.* Seite an Seite, nebenein'ander: **four ~**; **~ of** *od.* **with** auf der Höhe *gen. od.* von, neben; **keep ~ of** (*od.* **with**) *fig.* Schritt halten mit.

a·bridge [ə'brɪdʒ] *v/t.* **1.** (ab-, ver)kürzen; zs.-ziehen; **2.** *fig.* beschränken, beschneiden; **a'bridged** [-dʒd] *adj.* (ab-) gekürzt, Kurz…; **a'bridg(e)·ment** [-mənt] *s.* **1.** (Ab-, Ver)Kürzung *f*; **2.** Abriß *m*, Auszug *m*; gekürzte (Buch-) Ausgabe; **3.** Beschränkung *f.*

a·broad [ə'brɔːd] *adv.* **1.** im *od.* ins Ausland, auswärts, draußen: **go ~** ins Ausland reisen; **from ~** aus dem Ausland; **2.** draußen, im Freien: **be ~ early** schon früh aus dem Haus sein; **3.** weit um'her, überall'hin: **spread ~** (weit) verbreiten; **the matter has got ~** die Sache ist ruchbar geworden; **a rumo(u)r is ~** es geht das Gerücht; **4.** *fig.* **all ~** a) ganz im Irrtum, b) völlig verwirrt.

ab·ro·gate ['æbrəʊgeɪt] *v/t.* abschaffen, *Gesetz etc.* aufheben; **ab·ro·gation** [ˌæbrəʊ'geɪʃn] *s.* Abschaffung *f*, Aufhebung *f.*

ab·rupt [ə'brʌpt] *adj.* □ **1.** abgerissen, zs.-hanglos (*a. fig.*); **2.** jäh, steil; **3.** kurz angebunden, schroff; **4.** plötzlich, ab'rupt, jäh; **ab'rupt·ness** [-nɪs] *s.* **1.** Abgerissenheit *f*, Zs.-hangslosigkeit *f*; **2.** Steilheit *f*; **3.** Schroffheit *f*; **4.** Plötzlichkeit *f.*

ab·scess ['æbsɪs] *s.* ⚕ Ab'szeß *m*, Geschwür *n*, Eiterbeule *f.*

ab·scis·sion [æb'sɪʒn] *s.* Abschneiden *n*, Abtrennung *f.*

ab·scond [əb'skɒnd] *v/i.* **1.** sich heimlich da'vonmachen, flüchten (**from** vor *dat.*); *a.* **~ from justice** sich den Gesetzen *od.* der Festnahme entziehen: **~ing debtor** flüchtiger Schuldner; **2.** sich verstecken.

ab·sence ['æbsəns] *s.* **1.** Abwesenheit *f* (**from** von): **~ of mind** → **absent-mindedness**; **2.** (**from**) Fernbleiben *n* (von), Nichterscheinen *n* (in *dat.*, bei, zu): **~ without leave** ⚔ unerlaubte Entfernung von der Truppe; **3.** (**of**) Fehlen *n* (*gen. od.* von), Mangel *m* (an *dat.*): **in the ~ of** in Ermangelung von (*od. gen.*).

ab·sent I *adj.* □ ['æbsənt] **1.** abwesend, fehlend, nicht vor'handen *od.* zu'gegen: **be ~** fehlen; **2.** geistesabwesend, zerstreut; **II** *v/t.* [æb'sent] **3. ~ o.s.** (**from**) fernbleiben (*dat. od.* von), sich entfernen (von, aus); **ab·sen·tee** [ˌæbsən'tiː] *s.* **1.** Abwesende(r *m*) *f*: **~ ballot**, **~ vote** *pol.* Briefwahl *f*; **~ voter** Briefwähler(in); **2.** (unentschuldigt) Fehlende(r *m*) *f*; **3.** Eigentümer, der nicht auf s-m Grundstück lebt; **ab·sen·tee·ism** [ˌæbsən'tiːɪzəm] häufiges *od.* längeres (unentschuldigtes) Fehlen (am Arbeitsplatz, in der Schule); ˌ**ab·sent-'mind·ed** *adj.* □ geistesabwesend, zerstreut; ˌ**ab·sent-'mind·ed·ness** [-nɪs] *s.* Geistesabwesenheit *f*, Zerstreutheit *f.*

ab·sinth(e) ['æbsınθ] *s.* **1.** ⚘ Wermut *m*; **2.** Ab'sinth *m* (*Branntwein*).

ab·so·lute ['æbsəlu:t] **I** *adj.* □ **1.** abso'lut (*a.* 𝔄, *ling., phys., phls.*): ~ **altitude** ✈ absolute (Flug)Höhe; ~ **majority** *pol.* absolute Mehrheit; ~ **temperature** absolute (*od.* Kelvin)Temperatur; ~ **zero** absoluter Nullpunkt; **2.** unbedingt, unbeschränkt: ~ **monarchy** absolute Monarchie; ~ **ruler** unumschränkter Herrscher; ~ **gift** Schenkung *f*; **3.** ⚗ rein, unvermischt: ~ **alcohol** absoluter Alkohol; **4.** rein, völlig, abso'lut, voll'kommen: ~ **nonsense**; **5.** bestimmt, wirklich; 'positiv: ~ **fact** nackte Tatsache; **become** ~ ⚖ rechtskräftig werden; **II** *s.* **6. the** ~ das Absolute; **'ab·so·lute·ly** [-lı] *adv.* **1.** abso'lut, völlig, vollkommen, 'durchaus; **2.** F abso'lut(!), unbedingt(!), ganz recht(!); **ab·so·lu·tion** [ˌæbsə'lu:ʃn] *s.* **1.** *eccl.* Absoluti'on *f*, Sündenerlaß *m*; **2.** ⚖ Freisprechung *f*; **ab·so·lu·tism** ['æbsəlu:tızəm] *s. pol.* Absolu'tismus *m*, unbeschränkte Regierungsform *od.* Herrschergewalt.

ab·solve [əb'zɒlv] *v/t.* **1.** frei-, lossprechen (**of** von *Sünde*, **from** von *Verpflichtung*), entbinden (**from** von *od. gen.*); **2.** *eccl.* Absoluti'on erteilen (*dat.*)

ab·sorb [əb'sɔ:b] *v/t.* **1.** absorbieren, auf-, einsaugen, (ver)schlucken; *a. fig. Wissen etc.* (in sich) aufnehmen; vereinigen (**into** mit); **2.** sich einverleiben, trinken; **3.** *fig.* aufzehren, verschlingen, schlucken; ☤ *Kaufkraft* abschöpfen; **4.** *fig.* ganz in Anspruch nehmen *od.* beschäftigen, fesseln; **5.** *phys.* absorbieren, resorbieren, in sich aufnehmen, auffangen, *Schall* schlucken, *Schall, Stoß* dämpfen; **ab'sorbed** [-bd] *adj.* □ *fig.* (**in**) gefesselt (von), vertieft *od.* versunken (in *acc.*): ~ **in thought**; **ab'sorb·ent** [-bənt] **I** *adj.* absorbierend, aufsaugend: ~ **cotton** ⚕ Verbandwatte *f*; **II** *s.* Absorpti'onsmittel *n*; **ab'sorbing** [-bıŋ] *adj.* □ **1.** aufsaugend; *fig.* fesselnd, packend; **2.** ⚙, *biol.* Absorptions..., Aufnahme... (*a.* ☤); **ab·sorption** [əb'sɔ:pʃn] *s.* **1.** *a.* ϟ, ⚘, ⚙, *biol., phys.* Auf-, Einsaugung *f*, Aufnahme *f*, Absorpti'on *f*; Vereinigung *f*; **2.** Verdrängung *f*, Verbrauch *m*; (*Schall-, Stoß*)Dämpfung *f*; **3.** *fig.* (**in**) Vertieftsein *n* (in *acc.*), gänzliche In'anspruchnahme (durch); **ab·sorp·tive** [əb'sɔ:ptıv] *adj.* absorp'tiv, Absorptions..., absorbierend, (auf)saug-, aufnahmefähig.

ab·stain [əb'steın] *v/i.* **1.** sich enthalten (**from** *gen.*); **2.** *a.* ~ **from voting** sich der Stimme enthalten; **ab'stain·er** [-nə] *s. mst* **total** ~ Absti'nenzler *m*.

ab·ste·mi·ous [æb'sti:mjəs] *adj.* □ enthaltsam, mäßig, fru'gal (*a. Essen*).

ab·sten·tion [æb'stenʃn] *s.* **1.** Enthaltung *f* (**from** von); **2.** *a.* ~ **from voting** *pol.* Stimmenthaltung *f*.

ab·sti·nence ['æbstınəns] *s.* Absti'nenz *f*, Enthaltung *f* (**from** von), Enthaltsamkeit *f*: **total** ~ (völlige) Abstinenz, vollkommene Enthaltsamkeit; **day of** ~ *R.C.* Abstinenztag *m*; **'ab·sti·nent** [-nt] *adj.* □ enthaltsam, mäßig, absti'nent.

ab·stract¹ ['æbstrækt] **I** *adj.* □ **1.** ab'strakt, theo'retisch, rein begrifflich; **2.** *ling.* ab'strakt (*Ggs. konkret*); **3.** 𝔄 ab'strakt, rein (*Ggs. angewandt*): ~ **number** abstrakte Zahl; **4.** → **abstruse**; **5.** *paint.* ab'strakt; **II** *s.* **6.** *das* Ab'strakte: **in the** ~ rein theoretisch (betrachtet), an u. für sich; **7.** *ling.* Ab'straktum *n*, Begriffs(haupt)wort *n*; **8.** Auszug *m*, Abriß *m*, Inhaltsangabe *f*, 'Übersicht *f*: ~ **of account** ☤ Konto-, Rechnungsauszug; ~ **of title** ⚖ Besitztitel *m*, Eigentumsnachweis *m*.

ab·stract² [æb'strækt] *v/t.* **1.** *Geist etc.* ablenken; (ab)sondern, trennen; **2.** abstrahieren; für sich *od.* (ab)gesondert betrachten; **3.** e-n Auszug machen von, kurz zs.-fassen; **4.** ⚗ destillieren; **5.** entwenden; **ab'stract·ed** [-tıd] *adj.* □ **1.** (ab)gesondert, getrennt; **2.** zerstreut, geistesabwesend; **ab'strac·tion** [-kʃn] *s.* **1.** Abstrakti'on *f*, *a.* ⚗ Absonderung *f*; **2.** *a.* ⚖ Wegnahme *f*, Entwendung *f*; **3.** *phls.* Abstrakti'on *f*, ab'strakter Begriff; **4.** Versunkenheit *f*, Zerstreutheit *f*; **5.** ab'straktes Kunstwerk.

ab·struse [æb'stru:s] *adj.* □ dunkel, schwerverständlich, ab'strus.

ab·surd [əb'sɜ:d] *adj.* □ ab'surd (*a. thea.*), unsinnig, lächerlich; **ab'surd·i·ty** [-dətı] *s.* Absurdi'tät *f*, Sinnlosigkeit *f*, Albernheit *f*, Unsinn *m*: **reduce to** ~ ad absurdum führen.

a·bun·dance [ə'bʌndəns] *s.* **1.** (**of**) 'Überfluß *m* (an *dat.*), Fülle *f* (von), (große) Menge (von): **in** ~ in Hülle und Fülle; **2.** 'Überschwang *m der Gefühle*; **3.** Wohlstand *m*, Reichtum *m*; **a'bun·dant** [-nt] *adj.* □ **1.** reichlich (vor'handen); **2.** (**in** *od.* **with**) im 'Überfluß besitzend (*acc.*), reich (an *dat.*), reichlich versehen (mit); **3.** 𝔄 abun'dant; **a'bun·dant·ly** [-ntlı] *adv.* reichlich, völlig, in reichem Maße.

a·buse I *v/t.* [ə'bju:z] **1.** miß'brauchen; 'übermäßig beanspruchen; **2.** grausam behandeln, miß'handeln; *Frau* miß'brauchen; **3.** beleidigen, beschimpfen; **II** *s.* [ə'bju:s] **4.** 'Mißbrauch *m*, -stand *m*, falscher Gebrauch; 'Übergriff *m*: ~ **of authority** ⚖ Amts-, Ermessensmißbrauch; **5.** Miß'handlung *f*; **6.** Kränkung *f*, Beschimpfung *f*, Schimpfworte *pl.*; **a'bu·sive** [-ju:sıv] *adj.* □ **1.** 'mißbräuchlich; **2.** beleidigend, ausfallend: **he became** ~; ~ **language** Schimpfworte *pl.*; **3.** falsch (angewendet).

a·but [ə'bʌt] *v/i.* angrenzen, -stoßen, (sich) anlehnen (**on, upon, against** an *acc.*); **a'but·ment** [-mənt] *s.* △ Strebepfeiler *m*, 'Widerlager *n e-r Brücke etc.*; **a'but·tals** [-tlz] *s. pl.* (Grundstücks-) Grenzen *pl*; **a'but·ter** [-tə] *s.* ⚖ Anlieger *m*, Anrainer *m*.

a·bysm [ə'bızəm] *s. poet.* Abgrund *m*; **a'bys·mal** [-zml] *adj.* □ abgrundtief, bodenlos, unergründlich (*a. fig.*): ~ **ignorance** grenzenlose Dummheit; **a·byss** [ə'bıs] *s.* **1.** *a. fig.* Abgrund *m*, Schlund *m*; **2.** Hölle *f*.

Ab·ys·sin·i·an [ˌæbı'sınjən] **I** *adj.* abes'sinisch; **II** *s.* Abes'sinier(in).

a·ca·cia [ə'keıʃə] *s.* **1.** ⚘ a) A'kazie *f*, b) *a.* **false** ~ Gemeine Ro'binie; **2.** A'kazienˌgummi *m, n*.

ac·a·dem·i·a [ˌækə'di:mıə] *s.* die akademische Welt; **ac·a·dem·ic** [ˌækə'demık] **I** *adj.* (□ **~ally**) **1.** aka'demisch, Universitäts...: ~ **dress** *od.* **costume** akademische Tracht; ~ **year** Studienjahr *n*; **2.** (geistes)wissenschaftlich: ~ **achievement**; **an** ~ **course**; **3.** a) aka'demisch, (rein) theo'retisch: **an** ~ **question**, b) unpraktisch, nutzlos; **4.** konventio'nell, traditio'nell; **II** *s.* **5.** Aka'demiker(in); **6.** Universi'tätsmitglied *n* (*Dozent, Student etc.*); **ˌac·a'dem·i·cal** [-kl] **I** *adj.* □ → **academic** 1, 2; **II** *s. pl.* aka'demische Tracht; **a·cad·e·mi·cian** [əˌkædə'mıʃn] *s.* Akade'miemitglied *n*; **a·cad·e·my** [ə'kædəmı] *s.* **1.** ≈ Akade'mie *f* (*Platos Philosophenschule*); **2.** a) Hochschule *f*, b) höhere Lehranstalt (*allgemeiner od. spezieller Art*): **military** ~ Militärakademie *f*, Kriegsschule *f*; **riding** ~ Reitschule *f*; **3.** Akade'mie *f der Wissenschaften etc.*, gelehrte Gesellschaft.

ac·a·jou ['ækəʒu:] → **cashew**.

a·can·thus [ə'kænθəs] *s.* **1.** ⚘ Bärenklau *m, f*; **2.** △ A'kanthus *m*, Laubverzierung *f*.

ac·cede [æk'si:d] *v/i.* ~ **to** **1.** *e-m Vertrag, Verein etc.* beitreten; *e-m Vorschlag* beipflichten, in *et.* einwilligen; **2.** zu *et.* gelangen; *Amt* antreten; *Thron* besteigen.

ac·cel·er·ant [æk'selərənt] **I** *adj.* beschleunigend; **II** *s.* ⚗ 'positiver Kataly'sator; **ac·cel·er·ate** [æk'selərеıt] **I** *v/t.* **1.** beschleunigen, die Geschwindigkeit erhöhen von (*od. gen.*); *fig. Entwicklung etc.* beschleunigen, fördern; *et.* ankurbeln; **2.** *Zeitpunkt* vorverlegen; **II** *v/i.* **3.** schneller werden; **ac'cel·er·at·ing** [-reıtıŋ] *adj.* Beschleunigungs...: ~ **grid** ϟ Beschleunigungs-, Schirmgitter *n*; **ac·cel·er·a·tion** [ækˌselə'reıʃn] *s.* **1.** *bsd.* ⚙, *phys., ast.* Beschleunigung *f*: ~ **lane** *mot.* Beschleunigungsspur *f*; **2.** ⚕ Akzelerati'on *f*, Entwicklungsbeschleunigung *f*; **ac'cel·er·a·tor** [-reıtə] *s.* **1.** *bsd.* ⚙ Beschleuniger *m*, *mot. a.* Gashebel *m*, 'Gaspeˌdal *n*: **step on the** ~ Gas geben; **2.** *anat.* Sym'pathikus *m*.

ac·cent I *s.* ['æksənt] Ak'zent *m*: a) *ling.* Ton *m*, Betonung *f*, b) *ling.* Tonzeichen *n*, c) Tonfall *m*, Aussprache *f*, d) ♪ Ak'zent(zeichen *n*) *m*, e) *fig.* Nachdruck (**on** auf *dat.*); **II** *v/t.* [æk'sent] → **ac·cen·tu·ate** [æk'sentjʊeıt] *v/t.* akzentuieren, betonen: a) her'vorheben (*a. fig.*), b) mit e-m Ak'zent(zeichen) versehen; **ac·cen·tu·a·tion** [ækˌsentjʊ'eıʃn] *s. allg.* Betonung *f*.

ac·cept [ək'sept] **I** *v/t.* **1.** annehmen: a) entgegennehmen: ~ **a gift**, b) akzeptieren: ~ **a proposal**; **2.** *fig.* akzeptieren: a) *j-n od. et.* anerkennen, *bsd. et.* gelten lassen, b) *et.* 'hinnehmen, sich mit *et.* abfinden; **3.** *j-n* aufnehmen (**into** in *acc.*); **4.** auffassen, verstehen: → **accepted**; **5.** ☤ *Auftrag* annehmen; *Wechsel* akzeptieren: ~ **the tender** den Zuschlag erteilen; **II** *v/i.* **6.** annehmen, zusagen, einverstanden sein; **ac·cept·a·bil·i·ty** [əkˌseptə'bılətı] *s.* **1.** Annehmbarkeit *f*, Eignung *f*; **2.** Erwünschtheit *f*; **ac'cept·a·ble** [-təbl] *adj.* □ **1.** akzep'tabel, annehmbar, tragbar (**to** für); **2.** angenehm, will'kommen; **3.** ☤ beleihbar, lom'bardfähig; **ac'cept·ance** [-təns] *s.* **1.** Annahme *f*, Empfang *m*; **2.** Aufnahme *f* (**into**

in *acc.*); **3.** Zusage *f*, Billigung *f*, Anerkennung *f*; **4.** 'Übernahme *f*; **5.** 'Hinnahme *f*; **6.** *bsd.* ⚚ Abnahme *f von Waren*: ~ ***test*** Abnahmeprüfung *f*; **7.** ⚚ a) Annahme *f od.* Anerkennung *f e-s Wechsels*, b) Ak'zept *n*, angenommener Wechsel; **ac·cep·ta·tion** [ˌæksep'teɪʃn] *s. ling.* gebräuchlicher Sinn, landläufige Bedeutung; **ac'cept·ed** [-tɪd] *adj.* allgemein anerkannt; üblich, landläufig: ***in the ~ sense***; ~ ***text*** offizieller Text; **ac'cept·er**, **ac'cep·tor** [-tə] *s.* **1.** Annehmer *m*, Abnehmer *m etc.*; **2.** ⚚ Akzep'tant *m*, Wechselnehmer *m*.

ac·cess ['ækses] *s.* **1.** Zugang *m* (*Weg*): ~ ***hatch*** ⚓, ✈ Einsteigluke *f*; ~ ***road*** *Am.* a) Zufahrtsstraße *f*, b) (Autobahn-)Zubringerstraße *f*; **2.** *fig.* (***to***) Zugang *m* (zu), Zutritt *m* (zu, bei); Gehör *n* (bei); *Computer*: Zugriff (auf *acc*): ~ ***time*** *Computer*: Zugriffszeit *f*; ~ ***to means of education*** Bildungsmöglichkeiten *pl.*; ***easy of ~*** leicht zugänglich; **3.** (Wut-, Fieber- *etc.*)Anfall *m*, Ausbruch *m*; **ac'ces·sa·ry** → ***accessory***; **ac·ces·si·bil·i·ty** [ækˌsesə'bɪlətɪ] *s.* Erreichbarkeit *f*, Zugänglichkeit *f* (*a. fig.*); **ac·ces·si·ble** [æk'sesəbl] *adj.* □ **1.** zugänglich, erreichbar (***to*** für); **2.** *fig.* 'um-, zugänglich; **3.** zugänglich, empfänglich (***to*** für); **ac·ces·sion** [æk'seʃn] *s.* **1.** (***to***) Gelangen *n* (zu *e-r Würde*): ~ ***to power*** Machtübernahme *f*; **2.** (***to***) Anschluß *m* (an *acc.*), Beitritt *m* (zu); Antritt *m* (*e-s Amtes*): ~ ***to the throne*** Thronbesteigung *f*; **3.** (***to***) Zuwachs *m* (an *dat.*), Vermehrung *f* (*gen.*): ***recent ~s*** Neuanschaffungen; **4.** Wertzuwachs *m*, Vorteil *m*; **5.** (***to***) Erreichung *f e-s Alters*.

ac·ces·so·ry [æk'sesərɪ] **I** *adj.* **1.** zusätzlich, beitragend, Hilfs…, Neben…, Begleit…; **2.** nebensächlich, 'untergeordnet; **3.** teilnehmend, mitschuldig (***to*** an *dat.*); **II** *s.* **4.** Zusatz *m*, Anhang *m*; **5.** *pl.* ⚙ Zubehör(teile *pl.*) *n*, *m*; **6.** *oft pl.* Hilfsmittel *n*, Beiwerk *n*; **7.** ⚖ Teilnehmer *m an e-m Verbrechen*: ~ ***after the fact*** Begünstiger *m*, *z. B.* Hehler *m*; ~ ***before the fact*** a) Anstifter *m*, b) (Tat-)Gehilfe *m*.

ac·ci·dence ['æksɪdəns] *s. ling.* Formenlehre *f*.

ac·ci·dent ['æksɪdənt] *s.* **1.** Zufall *m*, zufälliges Ereignis: ***by ~*** zufällig; **2.** zufällige Eigenschaft, Nebensächlichkeit *f*; **3.** Unfall *m*, Unglücksfall *m*: ***in an ~*** bei e-m Unfall; ~ ***benefit*** Unfallentschädigung *f*; ***~-free*** unfallfrei; ***~-prone*** unfallgefährdet; **4.** Mißgeschick *n*; **ac·ci·den·tal** [ˌæksɪ'dentl] **I** *adj.* □ **1.** zufällig, unbeabsichtigt; nebensächlich; **2.** Unfall…: ~ ***death*** Tod *m* durch Unfall; **II** *s.* **3.** ♪ Vorzeichen *n*; **4.** *mst pl. paint.* Nebenlichter *pl.*

ac·claim [ə'kleɪm] **I** *v/t.* **1.** *j-n*, *fig. et.* mit (lautem) Beifall *od.* Jubel begrüßen; *j-m* zujubeln; **2.** jauchzend ausrufen: ***they ~ed him*** (***as***) ***king*** sie riefen ihn zum König aus; **3.** sehr loben; **II** *s.* **4.** Beifall *m*.

ac·cla·ma·tion [ˌæklə'meɪʃn] *s.* **1.** lauter Beifall; **2.** hohes Lob; **3.** *pol.* Abstimmung *f* durch Zuruf: ***by ~*** durch Akklamation.

ac·cli·mate [ə'klaɪmət] *bsd. Am.* → ***acclimatize***; **ac·cli·ma·tion** [ˌæklaɪ'meɪʃn] *s.*, **ac·cli·ma·ti·za·tion** [əˌklaɪmətaɪ'zeɪʃn] *s.* Akklimatisierung *f*, Eingewöhnung *f* (*beide a. fig.*); ⚘ *zo.* Einbürgerung *f*; **ac·cli·ma·tize** [ə'klaɪmətaɪz] *v/t. u. v/i.* (sich) akklimatisieren, (sich) gewöhnen (***to*** an *acc.*) (*a. fig.*).

ac·cliv·i·ty [ə'klɪvətɪ] *s.* Steigung *f*.

ac·co·lade ['ækəʊleɪd] *s.* **1.** Akko'lade *f*: a) Ritterschlag *m*, b) (feierliche) Um'armung. **2.** *fig. Am.* Auszeichnung *f*. **3.** ♪ Klammer *f*.

ac·com·mo·date [ə'kɒmədeɪt] **I** *v/t.* **1.** (***to***) a) anpassen (*dat.*, an *acc.*): ~ ***o.s. to circumstances***, b) in Einklang bringen (mit): ~ ***facts to theory***; **2.** *j-n* versorgen, *j-m* aushelfen *od.* gefällig sein (***with*** mit): ~ ***s.o. with money***; **3.** *Streit* schlichten, beilegen; **4.** 'unterbringen, Platz haben für, fassen; **II** *v/i.* **5.** sich einstellen (***to*** auf *acc.*); **6.** ⚕ sich akkommodieren; **ac'com·mo·dat·ing** [-tɪŋ] *adj.* □ gefällig, entgegenkommend; anpassungsfähig; **ac·com·mo·da·tion** [əˌkɒmə'deɪʃn] *s.* **1.** Anpassung *f* (***to*** an *acc.*); Über'einstimmung *f*; **2.** Über'einkommen *n*, gütliche Einigung; **3.** Gefälligkeit *f*, Aushilfe *f*, geldliche Hilfe; **4.** Versorgung *f* (***with*** mit); **5.** *a. pl.* Einrichtung(en *pl.*) *f*; Bequemlichkeit(en *pl.*) *f*; Räumlichkeit (-en *pl.*) *f*: ***seating ~*** Sitzgelegenheit *f*; **6.** *Brit. sg.*, *Am. mst pl.* (Platz *m* für) 'Unterkunft *f*, -bringung *f*, Quar'tier *n*; **7.** *a.* ~ ***train*** *Am.* Per'sonenzug *m*.

ac·com·mo·da·tion| ad·dress *s.* 'Deckaˌdresse *f*; ~ **bill**, ~ **draft** *s.* ⚚ Gefälligkeitswechsel *m*; ~ **lad·der** *s.* ⚓ Fallreep *n*; ~ **road** *s.* Hilfs-, Zufahrtsstraße *f*.

ac·com·pa·ni·ment [ə'kʌmpənɪmənt] *s.* **1.** ♪ Begleitung *f*, *a. fig. iro.* Begleitmusik *f*; **2.** *fig.* Begleiterscheinung *f*; **ac'com·pa·nist** [-pənɪst] *s.* ♪ Begleiter (-in); **ac·com·pa·ny** [ə'kʌmpənɪ] *v/t.* **1.** *a.* ♪ *u. fig.* begleiten; **2.** *fig.* e-e Begleiterscheinung sein von *od. gen.*: ***accompanied by*** *od.* ***with*** begleitet von, verbunden mit; ***~ing address*** (***phenomenon***) Begleitadresse *f* (-erscheinung *f*); **3.** verbinden (***with*** mit): ~ ***the advice with a warning***.

ac·com·plice [ə'kʌmplɪs] *s.* Kom'plice *m*, 'Mittäter(in).

ac·com·plish [ə'kʌmplɪʃ] *v/t.* **1.** *Aufgabe* voll'bringen, voll'enden, erfüllen, *Absicht* ausführen, *Zweck* erreichen, erfüllen, *Ziel* erreichen; **2.** leisten; **3.** ver'vollkommnen, schulen; **ac'com·plished** [-ʃt] *adj.* **1.** 'vollständig ausgeführt; **2.** kultiviert, (fein *od.* vielseitig) gebildet; **3.** voll'endet, per'fekt (*a. iro.*): ***an ~ liar*** ein Erzlügner; **ac'com·plish·ment** [-mənt] *s.* **1.** Ausführung *f*, Voll'endung *f*; Erfüllung *f*; **2.** Ver'vollkommnung *f*; **3.** Voll'kommenheit *f*; Könnerschaft *f*; **4.** *mst pl.* Fertigkeiten *pl.*, Ta'lente *pl.*, Künste *pl.*; **5.** Leistung *f*.

ac·cord [ə'kɔːd] **I** *v/t.* **1.** bewilligen, gewähren, *Lob* spenden; **II** *v/i.* **2.** über'einstimmen, harmonieren, passen; **III** *s.* **3.** Über'einstimmung *f*, Einklang *m*; **4.** Zustimmung *f*; **5.** Über'einkommen *n*, *pol.* Abkommen *n*; ⚖ Vergleich *m*: ***with one ~*** einstimmig, einmütig; ***of one's own ~*** aus eigenem Antrieb, freiwillig; **ac'cord·ance** [-dəns] *s.* Über'einstimmung *f*: ***to be in ~ with*** übereinstimmen mit; ***in ~ with*** in Übereinstimmung mit, gemäß; **ac'cord·ing** [-dɪŋ] **I** ~ ***as*** *cj.* je nach'dem (wie *od.* ob), so wie; **II** ~ ***to*** *prp.* gemäß, nach, laut (*gen.*): ~ ***to taste*** (je) nach Geschmack; ~ ***to directions*** vorschriftsmäßig; **ac'cord·ing·ly** [-dɪŋlɪ] *adv.* demgemäß, folglich; entsprechend.

ac·cor·di·on [ə'kɔːdjən] *s.* Ak'kordeon *n*, 'Zieh-, 'Handharˌmonika *f*.

ac·cost [ə'kɒst] *v/t.* her'antreten an (*acc.*), *j-n* ansprechen.

ac·couche·ment [ə'kuːʃmɑ̃ːŋ] (*Fr.*) *s.* Entbindung *f*, Niederkunft *f*; **ac·cou·cheur** [ˌækuː'ʃɜː; akuʃœːr] *s.* Geburtshelfer *m*; **ac·cou·cheuse** [ˌækuː'ʃɜːz; akuʃøːz] *s.* Hebamme *f*.

ac·count [ə'kaʊnt] **I** *v/t.* **1.** ansehen als, erklären für, betrachten als: ~ ***s.o.*** (***to be***) ***guilty***; ~ ***o.s. happy*** sich glücklich schätzen; **II** *v/i.* ~ ***for*** **2.** Rechenschaft ablegen über *acc.*; verantwortlich sein für; **3.** (er)klären, begründen: ***how do you ~ for that?*** wie erklären Sie das?; ***Henry ~s for ten of them*** zehn davon kommen auf H.; ***there is no ~ing for it*** das ist nicht zu begründen, das ist Ansichtssache; (***not***) ***~ed for*** (un)geklärt; **4.** *hunt.* (ab)schießen; *fig. sport* ‚erledigen'; **III** *s.* **5.** Rechnung *f*, Ab-, Berechnung *f*; ⚚ *pl.* (Geschäfts)Bücher *pl.*, (Rechnungs-, Jahres)Abschluß *m*; 'Konto *n*: ***~-book*** Konto-, Geschäftsbuch *n*; ***current*** *od.* ***current ~*** laufende Rechnung, Kontokorrent *n*; ~ ***movements*** Kontobewegungen *pl*; ~ ***sales*** Verkaufsabrechnung; ***~s payable*** Verbindlichkeiten, Kreditoren; ***~s receivable*** Außenstände, Debitoren; ***on ~*** auf Abschlag, a conto, als Teilzahlung; ***for ~ only*** nur zur Verrechnung; ***for one's own ~*** auf eigene Rechnung; ***payment on ~*** Anzahlung *f*; ***on one's own ~*** auf eigene Rechnung (u. Gefahr), für sich selber; ***balance an ~*** e-e Rechnung bezahlen, ein Konto ausgleichen; ***carry to a new ~*** auf neue Rechnung vortragen; ***charge to s.o.'s ~*** j-s Konto belasten mit, j-m in Rechnung stellen; ***keep an ~*** Buch führen; ***open an ~*** ein Konto eröffnen; ***place to s.o.'s ~*** j-m in Rechnung stellen; ***render an ~*** (***for***) Rechnung (vor)legen (für); ~ ***rendered*** vorgelegte Rechnung; ***settle an ~*** e-e Rechnung begleichen; ***settle*** *od.* ***square ~s with***, ***make up one's ~ with*** *a. fig.* abrechnen mit; ***square an ~*** ein Konto ausgleichen; → ***statement*** 5; **6.** Rechenschaft(sbericht *m*) *f*: ***bring to ~*** *fig.* abrechnen mit; ***call to ~*** zur Rechenschaft ziehen; ***give*** *od.* ***render an ~ of*** Rechenschaft ablegen über (*acc.*) → 7; ***give a good ~ of*** *et.* gut erledigen, *Gegner* abfertigen; ***give a good ~ of o.s.*** s-e Sache gut machen, sich bewähren; **7.** Bericht *m*, Darstellung *f*, Beschreibung *f*: ***by all ~s*** nach allem, was man hört; ***give*** *od.* ***render an ~ of*** Bericht erstatten über (*acc.*) → 6; **8.** Liste *f*, Verzeichnis *n*; **9.** 'Umstände *pl.*, Erwägung *f*: ***on ~ of*** um … willen, wegen; ***on his ~*** seinetwegen; ***on no ~*** keineswegs, unter keinen Umständen; ***leave out of ~*** außer Betracht lassen; ***take ~ of***, ***take into ~*** Rechnung tragen (*dat.*), in Betracht ziehen, berücksichtigen; **10.** Wichtigkeit *f*, Wert *m*: ***of no ~*** ohne Bedeutung; **11.** Vorteil *m*: ***find one's ~ in*** bei *et.* profitieren *od.* auf s-e Kosten kommen; ***turn to (good) ~*** (gut) (aus)nutzen, Kapital schlagen aus; **ac·count·a·bil·i·ty** [əˌkaʊntəˈbɪlətɪ] *s.* Verantwortlichkeit *f*; **acˈcount·a·ble** [-təbl] *adj.* □ **1.** verantwortlich, rechenschaftspflichtig (***to*** *dat.*); **2.** erklärlich; **acˈcount·an·cy** [-tənsɪ] *s.* Buchhaltung *f*; Buchführung *f*, Rechnungswesen *n*; *Brit.* Steuerberatung *f*; **acˈcount·ant** [-tənt] *s.* **1.** (*a.* Bilanz)Buchhalter *m*, Rechnungsführer *m*; **2.** (***chartered*** *od.* ***certified ~*** amtlich zugelassener) Buchprüfer *od.* Steuerberater; ***certified public ~*** *Am.* Wirtschaftsprüfer *m*; **3.** *Brit.* Steuerberater *m*; **acˈcount·ing** [-tɪŋ] *s.* **1.** → ***accountancy***; **2.** Abrechnung *f*: ***~ period*** Abrechnungszeitraum *m*; ***~ year*** Geschäftsjahr *n*.

ac·cou·tred [əˈkuːtəd] *adj.* ausgerüstet, **acˈcou·tre·ment** [-təmənt] *s. mst pl.* **1.** Kleidung *f*, Ausstattung *f*; **2.** ⚔ Ausrüstung *f* (*außer Uniform u. Waffen*).

ac·cred·it [əˈkredɪt] *v/t.* **1.** *bsd. e-n Gesandten* akkreditieren, beglaubigen (***to*** bei); **2.** bestätigen, als berechtigt anerkennen; **3.** ***~ s.th. to s.o.*** *od.* ***s.o. with s.th.*** j-m et. zuschreiben.

ac·cre·tion [æˈkriːʃn] *s.* **1.** Zuwachs *m*, Zunahme *f*, Anwachsen *n*; **2.** ⚖ Anwachsung *f* (*Erbschaft*); (Land)Zuwachs *m*; **3.** ⚕ Zs.-wachsen *n*.

ac·cru·al [əˈkruːəl] *s.* ☿, ⚖ Anfall *m* (*Dividende, Erbschaft etc.*); Entstehung *f* (*Anspruch etc.*); Auflaufen *n* (*Zinsen*); Zuwachs *m*.

ac·crue [əˈkruː] *v/i.* erwachsen, entstehen, zufallen, zukommen (***to*** *dat.*, ***from, out of*** aus): ***~d interest*** aufgelaufene Zinsen *pl*.

ac·cu·mu·late [əˈkjuːmjʊleɪt] **I** *v/t.* ansammeln, anhäufen, aufspeichern (*a.* ⚙), aufstauen; **II** *v/i.* anwachsen, sich anhäufen *od.* ansammeln *od.* akkumulieren, ⚙ sich summieren; auflaufen (*Zinsen*); **ac·cu·mu·la·tion** [əˌkjuːmjʊˈleɪʃn] *s.* Ansammlung *f*, Auf-, Anhäufung *f*, Akkumulation *f*, *a.* ⚙ (Auf-)Speicherung *f*, *a. psych.* (Auf)Stauung *f*: ***~ of capital*** ☿ Kapitalansammlung *f*; ***~ of interest*** Auflaufen *n* von Zinsen; ***~ of property*** Vermögensanhäufung *f*; **acˈcu·mu·la·tive** [-lətɪv] *adj.* (sich) anhäufend *etc.*; Häufungs…, Zusatz…, Sammel…; **acˈcu·mu·la·tor** [-tə] *s.* ϟ Akkumuˈlator *m*, ˈAkku *m*, (Strom-)Sammler *m*.

ac·cu·ra·cy [ˈækjʊrəsɪ] *s.* Genauigkeit *f*, Sorgfalt *f*, Präzisiˈon *f*; Richtigkeit *f*, Exˈaktheit *f*; **ˈac·cu·rate** [-rət] *adj.* □ **1.** genau; sorgfältig; pünktlich; **2.** richtig, zutreffend, exˈakt.

ac·curs·ed [əˈkɜːsɪd] *adj.*, *a.* **acˈcurst** [-st] *adj.* verflucht, verwünscht, F *a.* ‚verflixt'.

ac·cu·sa·tion [ˌækjuːˈzeɪʃn] *s.* Anklage *f*, An-, Beschuldigung *f*: ***bring an ~ against s.o.*** e-e Anklage gegen j-n erheben; **ac·cu·sa·ti·val** [əˌkjuːzəˈtaɪvl] *adj.* □ *ling.* ˈakkusativisch; **ac·cu·sa·tive** [əˈkjuːzətɪv] *s. a.* ***~ case*** ˈAkkusativ *m*, 4. Fall.

ac·cuse [əˈkjuːz] *v/t. a.* ⚖ anklagen, beschuldigen (***of*** *gen.*; ***before, to*** bei); **acˈcused** [-zd] *s.* a) Angeklagte(r *m*) *f*, b) *die* Angeklagten *pl*; **acˈcus·ing** [-zɪŋ] *adj.* □ anklagend.

ac·cus·tom [əˈkʌstəm] *v/t.* gewöhnen (***to*** an *acc.*): ***be ~ed to do(ing) s.th.*** gewohnt sein, et. zu tun, et. zu tun pflegen; ***get ~ed to s.th.*** sich an et. gewöhnen; **acˈcus·tomed** [-md] *adj.* **1.** gewohnt, üblich; **2.** gewöhnt (***to*** an *acc.*, zu *inf.*).

ace [eɪs] **I** *s.* **1.** As *n* (*Spielkarte*): ***an ~ in the hole*** *Am.* F ein Trumpf in petto; **2.** Eins *f* (*Würfel*); **3.** *fig.* ***he came within an ~ of losing*** um ein Haar hätte er verloren; **4.** ⚔ (Flieger)As *n*; **5.** *bsd. sport* ‚Kaˈnone' *f*, As *n*; **6.** *Tennis:* (Aufschlag)As *n*. **II** *adj.* **7.** herˈvorragend, Spitzen…, Star…: ***~ reporter***.

ac·er·bate [ˈæsəbeɪt] *v/t.* er-, verbittern; **a·cer·bi·ty** [əˈsɜːbətɪ] *s.* **1.** Herbheit *f*, Bitterkeit *f* (*a. fig.*); **2.** saurer Geschmack, Säure *f*; **3.** *fig.* Schärfe *f*, Heftigkeit *f*.

ac·e·tate [ˈæsɪteɪt] *s.* **1.** ⚗ Aceˈtat *n*; **2.** *a.* ***~ rayon*** Acetatseide *f*; **a·ce·tic** [əˈsiːtɪk] *adj.* ⚗ essigsauer: ***~ acid*** Essigsäure *f*; **a·cet·i·fy** [əˈsetɪfaɪ] **I** *v/t.* in Essig verwandeln, säuern; **II** *v/i.* sauer werden; **a·cet·y·lene** [əˈsetɪliːn] *s.* ⚗ Acetyˈlen *n*: ***~ welding*** ⚙ Autogenschweißen *n*.

ache [eɪk] **I** *v/i.* **1.** schmerzen, weh tun; Schmerzen haben: ***I am aching all over*** mir tut alles weh; **2.** F sich sehnen (***for*** nach), darˈauf brennen (***to do*** *et.* zu tun); **II** *s.* **3.** (*anhaltender*) Schmerz.

a·chieve [əˈtʃiːv] *v/t.* **1.** zuˈstande bringen, vollˈbringen, schaffen, leisten; **2.** erlangen; *Ziel* erreichen, *Erfolg* erzielen; **aˈchieve·ment** [-mənt] *s.* **1.** Vollˈbringung *f*, Schaffung *f*, Zuˈstandebringen *n*; **2.** Erzielung *f*, Erreichen *n*; **3.** Erringung *f*; **4.** (Groß)Tat *f*, (große) Leistung, Errungenschaft *f*: ***~-oriented*** leistungsorientiert; ***~ test*** *psych.* Leistungstest *m*; **aˈchiev·er** [-və] *s.* j-d, der es zu et. bringt.

A·chil·les [əˈkɪliːz] *npr.* Aˈchill(es) *m*: ***~ heel*** *fig.* Achillesferse *f*; ***~ tendon*** *anat.* Achillessehne *f*.

ach·ing [ˈeɪkɪŋ] *adj.* schmerzend.

ach·ro·mat·ic [ˌækrəʊˈmætɪk] *adj.* (□ ***~ally***) **1.** *phys.*, *biol.* achroˈmatisch, farblos: ***~ lens***; **2.** ♪ diaˈtonisch.

ac·id [ˈæsɪd] **I** *adj.* □ **1.** sauer, scharf (*Geschmack*): ***~ drops*** *Brit.* saure (Frucht)Bonbons, Drops; **2.** *fig.* bissig, beißend: ***~ remark***; **3.** ⚗, ⚙ säurehaltig, Säure…: ***~ bath*** Säurebad *n*; ***~ rain*** saurer Regen; **II** *s.* **4.** ⚗ Säure *f*: ***~-proof*** ⚙ säurefest; **5.** *sl.* LSˈD *n*: ***~-head*** LSD-Süchtiger *m*; **a·cid·i·fy** [əˈsɪdɪfaɪ] *v/t.* (an)säuern; in Säure verwandeln; **a·cid·i·ty** [əˈsɪdətɪ] *s.* **1.** Säure *f*, Schärfe *f*, Säuregehalt *m*; **2.** (ˈüberschüssige) Magensäure; **ac·id re·sist·ance** *s.* Säurefestigkeit *f*; **ac·id test** *s.* **1.** ⚗, ϟ Scheide-, Säureprobe *f*; **2.** *fig.* strengste Prüfung, Feuerprobe *f*: ***put to the ~*** auf Herz u. Nieren prüfen.

a·cid·u·lat·ed [əˈsɪdjʊleɪtɪd] *adj.* (an-)gesäuert: ***~ drops*** saure Bonbons; **aˈcid·u·lous** [-ləs] *adj.* säuerlich; *fig.* → ***acid*** 2.

ack-ack [ˌækˈæk] *s* ⚔ *sl.* Flak(feuer *n*, -kanone[n *pl.*] *f*) *f*.

ack·em·ma [ækˈemə] *Funkerwort für* ***a.m.*** *Brit. sl.* **I** *adv.* vormittags; **II** *s.* ˈFlugzeugmeˌchaniker *m*.

ac·knowl·edge [əkˈnɒlɪdʒ] *v/t.* **1.** anerkennen; **2.** zugeben, einräumen; **3.** sich bekennen zu; **4.** (dankbar) anerkennen; sich erkenntlich zeigen für; **5.** *Empfang* bestätigen, quittieren; *Gruß* erwidern; **6.** ⚖ *Urkunde* beglaubigen; **acˈknowl·edged** [-dʒd] *adj.* anerkannt; **acˈknowl·edg(e)·ment** [-mənt] *s.* **1.** Anerkennung *f*; **2.** Ein-, Zugeständnis *n*; **3.** Bekenntnis *n*; **4.** (lobende) Anerkennung; Erkenntlichkeit *f*, Dank *m* (***of*** für); **5.** (Empfangs)Bestätigung *f*; **6.** ⚖ Beglaubigungsklausel *f* (*Urkunde*).

ac·me [ˈækmɪ] *s.* **1.** Gipfel *m*; *fig. a.* Höhepunkt *m*; **2.** ⚕ ˈKrisis *f*.

ac·ne [ˈæknɪ] *s.* ⚕ ˈAkne *f*.

ac·o·lyte [ˈækəʊlaɪt] *s.* **1.** *eccl.* Meßgehilfe *m*, Alˈtardiener *m*; **2.** Gehilfe *m*; Anhänger *m*.

a·corn [ˈeɪkɔːn] *s.* ✿ Eichel *f*.

a·cous·tic *adj.*, **a·cous·ti·cal** [əˈkuːstɪk(l)] *adj.* □ ⚙, *phys.* aˈkustisch, Schall…, *a.* ⚕ Gehör…, Hör…: ***~ engineering*** Tontechnik *f*; ***~ frequency*** Hörfrequenz *f*; ***~ nerve*** Gehörnerv *m*; **aˈcous·tics** [-ks] *s. pl. phys.* **1.** *mst sg. konstr.* Aˈkustik *f*, Lehre *f* vom Schall; **2.** *pl. konstr.* Aˈkustik *f e-s Raumes*.

ac·quaint [əˈkweɪnt] *v/t.* **1.** (***o.s.*** sich) bekannt (*fig. a.* vertraut) machen (***with*** mit); → ***acquainted***; **2.** *j-m* mitteilen (***with a th.*** et., ***that*** daß); **acˈquaint·ance** [-təns] *s.* **1.** (***with***) Bekanntschaft *f* (mit), Kenntnis *f* (von *od. gen.*): ***make s.o.'s ~*** j-n kennenlernen; ***on closer ~*** bei näherer Bekanntschaft; **2.** Bekanntschaft *f*: a) Bekannte(r *m*) *f*, b) Bekanntenkreis *m*: ***an ~ of mine*** eine(r) meiner Bekannten; **acˈquaint·ed** [-tɪd] *adj.* bekannt: ***be ~ with*** kennen; ***become ~ with*** *j-n od. et.* kennenlernen.

ac·qui·esce [ˌækwɪˈes] *v/i.* **1.** (***in***) sich fügen (in *acc.*), hinnehmen (*acc.*), dulden (*acc.*); **2.** einwilligen; **ˌac·quiˈes·cence** [-sns] *s.* (***in***) Ergebung *f* (in *acc.*); Einwilligung *f* (in *acc.*); Nachgiebigkeit *f* (gegenüber); **ˌac·quiˈes·cent** [-snt] *adj.* □ ergeben, fügsam.

ac·quire [əˈkwaɪə] *v/t.* (käuflich *etc.*) erwerben; erlangen, erreichen, gewinnen; *fig. a. Wissen etc.* erwerben, (er-)lernen, sich aneignen: ***~d taste*** anerzogener *od.* angewöhnter Geschmack; **acˈquire·ment** [-mənt] *s.* **1.** Erwerbung *f*; **2.** (erworbene) Fähig- *od.* Fertigkeit; *pl.* Kenntnisse *pl*.

ac·qui·si·tion [ˌækwɪˈzɪʃn] *s.* **1.** Erwerbung *f*, Erwerb *m*; Kauf *m*, (Neu-)Anschaffung *f*; Errungenschaft *f*; **2.** Gewinn *m*, Bereicherung *f*.

ac·quis·i·tive [əˈkwɪzɪtɪv] *adj.* **1.** auf Erwerb gerichtet, gewinnsüchtig, Erwerbs…; **2.** (lern)begierig; **acˈquis·i·tive·ness** [-nɪs] *s.* Gewinnsucht *f*, Erwerbstrieb *m*.

ac·quit [əˈkwɪt] *v/t.* **1.** *Schuld* bezahlen, *Verbindlichkeit* erfüllen; **2.** entlasten; ⚖ freisprechen (***of*** von); **3.** (***of***) *j-n e-r Verpflichtung* entheben; **4.** ***~ o.s.*** (***of***) *Pflicht etc.* erfüllen; sich *e-r Aufgabe* entledigen: ***~ o.s. well*** s-e Sache gut machen; **ac'quit·tal** [-tl] *s.* **1.** ⚖ Freisprechung *f*, Freispruch *m*; **2.** Erfüllung *f e-r Pflicht*; **ac'quit·tance** [-təns] *s.* **1.** Erfüllung *f e-r Verpflichtung*, Begleichung *f*, Tilgung *f e-r Schuld*; **2.** Quittung *f*.

a·cre ['eɪkə] *s.* Acre *m* (*4047 qm*): ***~s and ~s*** weite Flächen; **a·cre·age** ['eɪkərɪdʒ] *s.* Fläche(ninhalt *m*) *f* (nach Acres).

ac·rid ['ækrɪd] *adj.* □ scharf, ätzend, beißend (*alle fig.*).

ac·ri·mo·ni·ous [ˌækrɪ'məʊnjəs] *adj.* □ *fig.* scharf, bitter, beißend; **ac·ri·mo·ny** ['ækrɪmənɪ] *s.* Schärfe *f*, Bitterkeit *f*.

ac·ro·bat ['ækrəbæt] *s.* Akro'bat *m*; **ac·ro·bat·ic**, **ac·ro·bat·i·cal** [ˌækrəʊ'bætɪk(l)] *adj.* □ akro'batisch: ***acrobatic flying*** Kunstfliegen *n*; **ac·ro·bat·ics** [ˌækrəʊ'bætɪks] *s. pl. mst sg. konstr.* Akro'batik *f*; akro'batische Kunststücke *pl.*; Kunstflug *m*.

ac·ro·nym ['ækrəʊnɪm] *s. ling.* Akro'nym *n*, Initi'alwort *n*.

a·cross [ə'krɒs] **I** *prp.* **1.** (quer *od.* mitten) durch; **2.** a) (quer) über (*acc.*), b) jenseits (*gen.*), auf der anderen Seite (*gen.*): ***~ the street*** über die Straße *od.* auf der gegenüberliegenden Straßenseite; ***from ~ the lake*** von jenseits des Sees; **II** *adv.* **3.** kreuzweise, über Kreuz; verschränkt; **4.** ***ten feet ~*** zehn Fuß im Durchmesser *od.* breit; **5.** (quer) hin- *od.* herüber, (quer) durch; → ***come across*** *etc.*; **6.** drüben, auf der anderen Seite; **aˌcross-the-'board** *adj.* glo'bal, line'ar: ***~ tax cut***.

a·cros·tic [ə'krɒstɪk] *s.* A'krostichon *n*.

act [ækt] **I** *s.* **1.** Tat *f*, Werk *n*, Handlung *f*, Maßnahme *f*, Akt *m*: ***~ of force*** Gewaltakt; ***~ of God*** ⚖ höhere Gewalt; ***~ of grace*** Gnadenakt; ***~ of state*** (staatlicher) Hoheitsakt; ***~ of war*** kriegerische Handlung; (***sexual***) ***~*** Geschlechts-, Liebesakt; ***catch s.o. in the ~*** j-n auf frischer Tat ertappen; **2.** ⚖ a) *a.* ***~ and deed*** Urkunde *f*, Akte *f*, Willenserklärung *f*, b) Rechtshandlung *f*, c) Tathandlung *f*, d) (Straf)Tat *f*: → ***bankruptcy*** 1; **3.** *mst* 2 Verordnung *f*, Gesetz *n*: ***2 of Parliament*** *Brit.*, ***2 of Congress*** *Am.* (verabschiedetes) Gesetz; **4.** ***2s*** (***of the Apostles***) *pl. bibl.* Apostelgeschichte *f*; **5.** *thea.* Aufzug *m*, Akt *m*; **6.** Stück *n*, (Zirkus)Nummer *f*; **7.** F *fig.* Pose *f*, ‚Tour' *f*: ***put on an ~*** ‚Theater spielen'; **II** *v/t.* **8.** aufführen, spielen; darstellen: ***~ a part*** e-e Rolle spielen; ***~ the fool*** a) sich wie ein Narr benehmen, b) sich dumm stellen; ***~ one's part*** s-e Pflicht tun; ***~ out*** F *et.* durchspielen; **III** *v/i.* **9.** (The'ater) spielen, auftreten; *fig.* ‚The'ater spielen'; **10.** handeln, tätig sein *od.* werden, eingreifen: ***~ as*** fungieren *od.* amtieren *od.* dienen als; ***~ in a case*** in e-r Sache vorgehen; ***~ for s.o.*** für j-n handeln, j-n vertreten; ***~*** (***up***)***on*** handeln *od.* sich richten nach; **11.** (***towards***) sich (*j-m* gegenüber) verhalten; **12.** *a.* ⚗, ⚙ (***on***) (ein)wirken (auf *acc.*); **13.** funktionieren, gehen, arbeiten; **14.** ***~ up*** F a) verrückt spielen (*Person od. Sache*), b) sich aufspielen; **'act·a·ble** [-təbl] *adj. thea.* bühnengerecht; **'act·ing** [-tɪŋ] **I** *adj.* **1.** handelnd, tätig: ***~ on your instructions*** gemäß Ihren Anweisungen; **2.** stellvertretend, amtierend, geschäftsführend: ***the 2 Consul***; **3.** *thea.* spielend, Bühnen...: ***~ version*** Bühnenfassung *f*; **II** *s.* **4.** Handeln *n*, A'gieren *n*; **5.** *thea.* Spiel(en) *n*, Aufführung *f*; Schauspielkunst *f*.

ac·tion ['ækʃn] *s.* **1.** Handeln *n*, Handlung *f*, Tat *f*, Akti'on *f*: ***man of ~*** Mann *m* der Tat; ***full of ~*** → ***active*** 1; ***course of ~*** Handlungsweise *f*; ***for further ~*** zur weiteren Veranlassung; ***~ committee*** *pol.* Aktionskomitee *n*, (Bürger)Initiative *f*; ***put into ~*** in die Tat umsetzen; ***take ~*** Schritte unternehmen, handeln, et. *in e-r Angelegenheit* tun; ***take ~ against*** vorgehen gegen; → 9; **2.** *a.* ⚙ a) Tätigkeit *f*, Gang *m*, Funktionieren *n*, b) Mecha'nismus *m*, Werk *n*: ***~ of the bowels*** (***heart***) ⚕ Stuhlgang *m* (Herztätigkeit *f*); ***put out of ~*** unfähig *od.* unbrauchbar machen, außer Betrieb setzen; → 10; ***~!*** *Film*: Aufnahme!; **3.** *a.* ⚗, ⚙, *phys.* (Ein)Wirkung *f*, Einfluß *m*; Vorgang *m*, Pro'zeß *m*: ***the ~ of acid on metal*** die Einwirkung der Säure auf Metall; **4.** Handlung *f e-s Dramas*; **5.** Verhalten *n*, Benehmen *n*; **6.** Bewegung *f*, Gangart *f e-s Pferdes*; **7.** *rhet., thea.* Vortragsweise *f*, Ausdruck *m*; **8.** *Kunst u. fig.*: Action *f*, (dra'matisches) Geschehen: ***~ painting*** Action-painting *n*; ***where the ~ is*** F wo was los ist; **9.** ⚖ Klage *f*, Prozeß *m*: ***bring an ~ against*** *j-n* verklagen; ***take ~*** Klage erheben; → 1; **10.** ⚔ Gefecht *n*, Kampf *m*, Einsatz *m*: ***killed*** (***wounded***) ***in ~*** gefallen (verwundet); ***go into ~*** eingreifen, in Aktion treten (*a. fig.*); ***put out of ~*** außer Gefecht setzen (*a. sport etc.*; → 2); ***~ station*** Gefechtsstation *f*; ***~ stations!*** Alarm!; ***he saw ~*** er war im Einsatz *od.* an der Front; **'ac·tion·able** [-ʃnəbl] *adj.* ⚖ (ein-, ver)klagbar; strafbar.

ac·ti·vate ['æktɪveɪt] *v/t* **1.** ⚗, ⚙ aktivieren, in Betrieb setzen, (*a.* radio)ak'tiv machen: ***~d carbon*** Aktivkohle *f*; **2.** ⚔ a) *Truppen* aufstellen, b) *Zünder* scharf machen; **ac·ti·va·tion** [ˌæktɪ'veɪʃn] *s.* Aktivierung *f*.

ac·tive ['æktɪv] *adj.* □ **1.** tätig, emsig, geschäftig, rührig, lebhaft, tatkräftig, ak'tiv: ***an ~ mind*** ein reger Geist; ***~ volcano*** tätiger Vulkan; ***become ~*** in Aktion treten, aktiv werden; **2.** wirklich, tatsächlich: ***take an ~ interest*** reges Interesse zeigen; **3.** *a.* ⚗, ⚕, *biol.*, *phys.* (schnell) wirkend, wirksam, ak'tiv: ***~ current*** Wirkstrom *m*; **4.** ☤ produk'tiv, zinstragend (*Wertpapiere*); rege, lebhaft (*Markt*): ***~ balance*** Aktivsaldo *m*; **5.** ⚔ ak'tiv: ***on ~ service***, ***on the ~ list*** im aktiven Dienst; **6.** *ling.* ak'tiv(isch): ***~ verb*** aktivisch konstruiertes Verb; ***~ voice*** Aktiv *n*, Tatform *f*; **'ac·ti·vist** [-vɪst] *s. pol.* Akti'vist *m*; **ac·tiv·i·ty** [æk'tɪvətɪ] *s.* **1.** Tätigkeit *f*, Betätigung *f*; Rührigkeit *f*; *pl.* Leben *n* u. Treiben *n*, Unter'nehmungen *pl.*, Veranstaltungen *pl.*: ***social activities***; ***political activities*** politische Betätigung(en *pl.*) *f od.* Aktivitäten *od. b.s.* Umtriebe *pl.*; ***in full ~*** in vollem Gang; ***~ holiday*** Aktivurlaub *m*; **2.** Lebhaftigkeit *f*, Beweglichkeit *f*; Betrieb(samkeit *f*) *m*, Aktivi'tät *f*; **3.** Wirksamkeit *f*.

ac·tor ['æktə] *s.* **1.** Schauspieler *m*; **2.** *fig.* Ak'teur *m*, Täter *m* (*a.* ⚖); **'~-ˌman·ag·er** *s.* The'aterdiˌrektor, der selbst Rollen über'nimmt.

ac·tress ['æktrɪs] *s.* Schauspielerin *f*.

ac·tu·al ['æktʃʊəl] *adj.* □ **1.** wirklich, tatsächlich, eigentlich: ***an ~ case*** ein konkreter Fall; ***~ power*** ⚙ effektive Leistung; **2.** gegenwärtig, jetzig: ***~ cost*** ☤ Ist-Kosten *pl.*; ***~ inventory*** (*od.* ***stock***) Ist-Bestand *m*; **ac·tu·al·i·ty** [ˌæktʃʊ'ælətɪ] *s.* **1.** Wirklichkeit *f*; **2.** *pl.* Tatsachen *pl.*, Gegebenheiten *pl.*; **ac·tu·a·lize** ['æktʃʊəlaɪz] **I** *v/t.* **1.** verwirklichen; **2.** rea'listisch darstellen; **II** *v/i.* **3.** sich verwirklichen; **'ac·tu·al·ly** [-lɪ] *adv.* **1.** wirklich, tatsächlich; **2.** augenblicklich, jetzt; **3.** so'gar, tatsächlich (*obwohl nicht erwartet*); **4.** F eigentlich (*unbetont*): ***what time is it ~?***

ac·tu·ar·i·al [ˌæktjʊ'eərɪəl] *adj.* ver'sicherungsstaˌtistisch; **ac·tu·ar·y** ['æktjʊərɪ] *s.* Ver'sicherungsstaˌtistiker *m*, -matheˌmatiker *m*.

ac·tu·ate ['æktjʊeɪt] *v/t.* **1.** in Gang bringen; **2.** antreiben, anreizen; **3.** ⚙ betätigen, auslösen; **ac·tu·a·tion** [ˌæktjʊ'eɪʃn] *s.* Anstoß *m*, Antrieb *m* (*a.* ⚙); ⚙ Betätigung *f*.

a·cu·i·ty [ə'kju:ətɪ] *s.* Schärfe *f* (*a. fig.*); → ***acuteness*** 2.

a·cu·men [ə'kju:men] *s.* Scharfsinn *m*.

ac·u·pres·sure ['ækjʊˌpreʃə] *s.* ⚕ Akupres'sur *f*; **'ac·uˌpunc·ture** [-ˌpʌŋktʃə] ⚕ **I** *s.* Akupunk'tur *f*; **II** *v/t.* akupunktieren; **ˌac·u'punc·tur·ist** [-'pʌŋktʃərɪst] *s.* Akupunk'teur *m*.

a·cute [ə'kju:t] *adj.* □ **1.** scharf; *bsd.* A spitz: ***~ triangle*** spitzwink(e)liges Dreieck; → ***angle***[1] 1; **2.** scharf (*Sehvermögen*); heftig (*Schmerz, Freude etc.*); fein (*Gehör*); a'kut, brennend (*Frage*); bedenklich: ***~ shortage***; **3.** scharfsinnig, schlau; **4.** schrill, 'durchdringend; **5.** ⚕ a'kut, heftig; **6.** *ling.* ***~ accent*** A'kut *m*; **a'cute·ness** [-nɪs] *s.* **1.** Schärfe *f*, Heftigkeit *f*, A'kutheit *f* (*a.* ⚕); **2.** Scharfsinnigkeit *f*.

ad [æd] *s. abbr. für* ***advertisement***: ***small ~*** Kleinanzeige *f*.

ad·age ['ædɪdʒ] *s.* Sprichwort *n*.

Ad·am ['ædəm] *npr.* 'Adam *m*: ***I don't know him from ~*** F ich kenne ihn überhaupt nicht; ***cast off the old ~*** F den alten Adam ausziehen; ***~'s ale*** F ‚Gänsewein' *m*; ***~'s apple*** Adamsapfel *m*.

ad·a·mant ['ædəmənt] *adj.* **1.** steinhart; **2.** *fig.* unerbittlich, unnachgiebig, eisern (***to*** gegenüber).

a·dapt [ə'dæpt] **I** *v/t.* **1.** anpassen, angleichen (***for***, ***to*** an *acc.*), *a.* ⚙ 'umstellen (***to*** auf *acc.*), zu'rechtmachen: ***~ the means to the end*** die Mittel dem Zweck anpassen; **2.** anwenden (***to*** auf *acc.*); **3.** *Text* bearbeiten: ***~ed from English*** nach dem Englischen bearbeitet; ***~ed from*** (frei) nach; **II** *v/i.* **4.** sich anpassen (***to*** *dat. od.* an *acc.*); **a·dapt·a·bil·i·ty** [əˌdæptə'bɪlətɪ] *s.* **1.** Anpassungsfähigkeit *f* (***to*** an *acc.*); **2.** (***to***) Anwendbarkeit *f* (auf *acc.*), Verwendbarkeit *f* (für, zu); **a'dapt·a·ble** [-təbl] *adj.* **1.** anpassungsfähig (***to*** an *acc.*); **2.** anwendbar (***to*** auf *acc.*); **3.** verwendbar (***to*** für); **ad·ap·ta·tion** [ˌædæp'teɪʃn] *s.* **1.** *a. biol.* Anpassung *f* (***to*** an *acc.*); **2.** Anwendung *f*; **3.** *thea. etc.* Bearbeitung *f* (***from*** nach, ***to*** für);

a'dapt·er [-tə] *s.* **1.** *thea. etc.* Bearbeiter *m*; **2.** *phys.* A'dapter *m*, Anpassungsvorrichtung *f*; **3.** ⚙ Zwischen-, Paß-, Anschlußstück *n*, Vorsatzgerät *n*; ⚡ Zwischenstecker *m*; **a'dap·tive** [-tɪv] *adj.* → ***adaptable*** 1; **a'dap·tor** [-tə] → ***adapter***.

add [æd] **I** *v/t.* **1.** (***to***) hin'zufügen, -rechnen (zu); ⚗ beimischen, zufügen (*dat.*): ***he ~ed that ...*** er fügte hinzu, daß ...; ***~ to this that ...*** hinzu kommt, daß ...; **2.** *a.* ***~ up*** *od.* ***together*** addieren, zs.-zählen; **3.** ☤, Ⱥ, ⚙ aufschlagen: ***~ 5% to the price*** 5% auf den Preis aufschlagen; **II** *v/i.* **4.** ***~ to*** hin'zukommen zu, beitragen zu, vermehren (*acc.*); **5.** ***~ up*** a) Ⱥ aufgehen, stimmen (*a. fig.*), b) *fig.* e-n Sinn ergeben, ‚hinhauen'; ***~ up to*** a) sich belaufen auf (*acc.*), b) *fig.* hinauslaufen auf (*acc.*), bedeuten; **add·ed** ['ædɪd] *adj.* vermehrt, erhöht, zusätzlich; ***~ val·ue*** *s* ☤ Wertschöpfung *f*.

ad·den·dum [ə'dendəm] *pl.* **-da** [-də] *s.* Zusatz *m*, Nachtrag *m*.

ad·der ['ædə] *s. zo.* Natter *f*, Otter *f*, 'Viper *f*: ***common ~*** Gemeine Kreuzotter.

ad·dict I *s.* ['ædɪkt] **1.** Süchtige(r *m*) *f*: ***alcohol*** (***drug***) ***~***; **2.** *humor.* (*Fußball- etc.*)Fan *m*; (*Film- etc.*)Narr *m*; **II** *v/t.* [ə'dɪkt] **3.** ***~ o.s.*** sich hingeben (***to s.th.*** e-r Sache); **4.** *j-n* süchtig machen, *j-n* gewöhnen (***to*** an *Rauschgift etc.*); **III** *v/i.* **5.** süchtig machen; **ad'dic·ted** [-tɪd] *adj.* süchtig, abhängig (***to*** von), verfallen (***to*** *dat.*): ***~ to drugs*** (***television***) drogen- *od.* rauschgift- (fernseh-) süchtig; ***be ~ to films*** (***football***) ein Filmnarr (Fußballfanatiker) sein; **ad·dic·tion** [ə'dɪkʃən] *s.* **1.** Hingabe *f* (to an *acc.*); **2.** Sucht *f*, (*Zustand*) *a.* Süchtigkeit *f*: ***~ to drugs*** (***television***) Drogen- *od.* Rauschgift- (Fernseh)Sucht *f*; **ad·dic·tive** [ə'dɪktɪv] *adj.* suchterzeugend: ***be ~*** süchtig machen; ***~ drug*** Suchtmittel *n*.

add·ing ma·chine ['ædɪŋ] *s.* Ad'dier-, Additi'onsma͵schine *f*.

ad·di·tion [ə'dɪʃn] *s.* **1.** Hin'zufügung *f*, Ergänzung *f*, Zusatz *m*, Beigabe *f*: ***in ~*** noch dazu, außerdem; ***in ~ to*** außer (*dat.*), zusätzlich zu; **2.** Vermehrung *f* (***to*** *gen.*), (*Familien-, Vermögens- etc.*) Zuwachs *m*: ***recent ~s*** Neuerwerbungen; **3.** Ⱥ Additi'on *f*, Zs.-zählen *n*: ***~ sign*** Pluszeichen *n*; **4.** ☤ Auf-, Zuschlag *m*; **5.** ⚗, ⚙ Zusatz *m*, Beimischung *f*; ⚙ Anbau *m*, Zusatz *m*; **6.** *Am.* neuerschlossenes Baugelände; **ad'di·tion·al** [-ʃənl] *adj.* □ **1.** zusätzlich, ergänzend, weiter(er, -e, -es); **2.** Zusatz..., Mehr..., Extra..., Über..., Nach...: ***~ charge*** ☤ Auf-, Zuschlag *m*; ***~ charges*** ☤ Mehrkosten; ***~ postage*** Nachporto *n*; **ad'di·tion·al·ly** [-ʃnəlɪ] *adv.* zusätzlich, in verstärktem Maße, außerdem; **ad·di·tive** ['ædɪtɪv] **I** *adj.* zusätzlich; **II** *s.* Zusatz *m* (*a.* ⚗).

ad·dle ['ædl] **I** *v/i.* **1.** faul werden, verderben (*Ei*); **II** *v/t.* **2.** *Ei* verderben; **3.** *Verstand* verwirren; **III** *adj.* **4.** unfruchtbar, faul (*Ei*); **5.** verwirrt, kon'fus; '**~-brain** *s.* Hohlkopf *m*; '**~-͵head·ed**, '**~-͵pat·ed** *adj.* **1.** hohlköpfig; **2.** → ***addle*** 5.

add-on board *s. Computer*: Erweiterungsplatine *f*.

ad·dress [ə'dres] **I** *v/t.* **1.** *Worte etc.* richten (***to*** an *acc.*), *j-n* anreden (***as*** als); *Brief* adressieren, richten, schreiben (***to*** an *acc.*); **2.** e-e Ansprache halten an (*acc.*); **3.** *Waren* (ab)senden (***to*** an *acc.*); **4.** ***~ o.s. to*** sich zuwenden (*dat.*), sich an *et.* machen; sich anschikken zu; sich an *j-n* wenden; **II** *s.* **5.** Anrede *f*; Ansprache *f*, Rede *f*; **6.** A'dresse *f*, Anschrift *f*: ***change one's ~*** s-e Adresse ändern, umziehen; ***~ tag*** Kofferanhänger *m*; **7.** Eingabe *f*, Bitt-, Dankschrift *f*, Er'gebenheitsa͵dresse *f*: ***the 𝔄 Brit. parl.*** die Erwiderung des Parlaments auf die Thronrede; **8.** Lebensart *f*, Manieren *pl.*; **9.** Geschick *n*, Gewandtheit *f*; **10.** *pl.* Huldigungen *pl.*: ***pay one's ~es to a lady*** e-r Dame den Hof machen; **ad·dress·ee** [͵ædre'si:] *s.* Adres'sat *m*, Empfänger(in).

ad·duce [ə'dju:s] *v/t. Beweis etc.* beibringen.

ad·e·noid ['ædɪnɔɪd] ⚕ **I** *adj.* die Drüsen betreffend, Drüsen..., drüsenartig; **II** *mst pl.* Po'lypen *pl.* (*in der Nase*); (Rachenmandel)Wucherungen *pl.*

ad·ept ['ædept] **I** *s.* **1.** Meister *m*, Ex'perte *m* (***at, in*** in *dat.*); **2.** A'dept *m*, Anhänger *m* (*e-r Lehre*); **II** *adj.* **3.** erfahren, geschickt (***at, in*** in *dat.*).

ad·e·qua·cy ['ædɪkwəsɪ] *s.* Angemessenheit *f*, Zulänglichkeit *f*; **ad·e·quate** ['ædɪkwət] *adj.* □ **1.** angemessen, entsprechend (***to*** *dat.*); **2.** aus-, 'hinreichend, genügend.

ad·here [əd'hɪə] *v/i.* (***to***) **1.** kleben, haften (an *dat.*); **2.** *fig.* festhalten (an *dat.*), *Regel etc.* einhalten, sich halten (an *e-e Regel etc.*), bleiben (bei *e-r Meinung, e-r Gewohnheit, e-m Plan*), *j-m, e-r Partei, e-r Sache etc.* treu bleiben, halten (zu *j-m*); **3.** angehören (*dat.*); **ad'her·ence** [-ərəns] *s.* (***to***) **1.** (An-, Fest)Haften *n* (an *dat.*); **2.** Anhänglichkeit *f* (an *dat.*); **3.** Festhalten *n* (an *dat.*), Befolgung *f*, Einhaltung (*e-r Regel*); **ad'her·ent** [-ərənt] **I** *adj.* **1.** (an-) haftend, (an)klebend; **2.** *fig.* festhaltend, (fest)verbunden (***to*** mit), anhänglich; **II** *s.* **3.** Anhänger(in).

ad·he·sion [əd'hi:ʒn] *s.* **1.** (An-, Fest)Haften *n*; ⚙ *phys.* Haftvermögen *n*, Klebkraft *f*, Adhäsi'on *f*; **2.** *fig.* → ***adherence*** 2, 3; **3.** Beitritt *m*; Einwilligung *f*; **ad'he·sive** [-sɪv] **I** *adj.* □ **1.** (an)haftend, klebend, gummiert, Klebe...: ***~ foil*** Selbstklebefolie *f*; ***~ plaster*** Heftpflaster *n*; ***~ powder*** Haftpulver *n*; ***~ tape*** a) Heftpflaster *n*, b) Klebstreifen *m*; ***~ rubber*** Klebgummi *m*, *n*; **2.** gar zu anhänglich, aufdringlich; **3.** ⚙, *phys.* haftend, Adhäsions...: ***~ power*** → ***adhesion*** 1; **II** *s.* **4.** Bindemittel *n*, Klebstoff *m*.

ad hoc [͵æd'hɒk] (*Lat.*) *adv. u. adj.* ad hoc, (eigens) zu diesem Zweck (gemacht), spezi'ell; Augenblicks..., Ad-hoc-...

a·dieu, **a·dieux** [ə'dju:z] *pl.* Lebe'wohl *n*: ***make one's ~*** Lebewohl sagen.

ad in·fi·ni·tum [͵æd ɪnfɪ'naɪtəm] (*Lat.*) *adv.* endlos, ad infi'nitum.

ad·i·pose ['ædɪpəʊs] **I** *adj.* fett(haltig), Fett...: ***~ tissue*** Fettgewebe *n*; **II** *s.* (Körper)Fett *n*.

ad·it ['ædɪt] *s.* **1.** *bsd.* ⚒ Zugang *m*, Stollen *m*; **2.** *fig.* Zutritt *m*.

ad·ja·cent [ə'dʒeɪsənt] *adj.* □ angrenzend, -liegend, -stoßend (***to*** an *acc.*); benachbart (*dat.*), Nachbar..., Neben...: ***~ angle*** Ⱥ Nebenwinkel *m*.

ad·jec·ti·val [͵ædʒek'taɪvl] *adj.* □ 'adjektivisch; **ad·jec·tive** ['ædʒɪktɪv] **I** *s.* **1.** 'Adjektiv *n*, Eigenschaftswort *n*; **II** *adj.* □ **2.** 'adjektivisch; **3.** abhängig; **4.** *Färberei*: 'adjektiv: ***~ dye*** Beizfarbe *f*; **5.** ⚖ for'mell (*Recht*).

ad·join [ə'dʒɔɪn] **I** *v/t.* **1.** (an)stoßen *od.* (an)grenzen an (*acc.*); **2.** beifügen (***to*** *dat.*); **II** *v/i.* **3.** angrenzen; **ad'join·ing** [-nɪŋ] *adj.* angrenzend, benachbart, Nachbar..., Neben...

ad·journ [ə'dʒɜ:n] **I** *v/t.* **1.** aufschieben, vertagen: ***~ sine die*** ⚖ auf unbestimmte Zeit vertagen; **2.** *Sitzung etc.* schließen; **II** *v/i.* **3.** *a.* ***stand ~ed*** sich vertagen; **4.** den Sitzungsort verlegen (***to*** nach): ***~ to the sitting-room*** F sich ins Wohnzimmer zurückziehen; **ad'journ·ment** [-mənt] *s.* **1.** Vertagung *f*, Verschiebung *f*; **2.** Verlegung *f* des Sitzungsortes.

ad·judge [ə'dʒʌdʒ] *v/t.* **1.** ⚖ entscheiden (über *acc.*), erkennen (für), für *schuldig etc.* erklären, *ein Urteil* fällen: ***~ s.o. bankrupt*** über j-s Vermögen den Konkurs eröffnen; **2.** ⚖, *a. sport* zuerkennen; zusprechen; **3.** verurteilen (***to*** zu).

ad·ju·di·cate [ə'dʒu:dɪkeɪt] **I** *v/t.* **1.** gerichtlich *od.* als Schiedsrichter entscheiden, ein Urteil fällen über (*acc.*): ***~d bankrupt*** Gemeinschuldner *m*; **II** *v/i.* **2.** (zu Recht) erkennen, entscheiden (***upon*** über *acc.*); **3.** als Schieds- *od.* Preisrichter fungieren (***at*** bei); **ad·ju·di·ca·tion** [ə͵dʒu:dɪ'keɪʃn] *s.* **1.** richterliche Entscheidung, Urteil *n*; **2.** Zuerkennung *f*; **3.** Kon'kurseröffnung *f*.

ad·junct ['ædʒʌŋkt] *s.* **1.** Zusatz *m*, Beigabe *f*, Zubehör *n*; **2.** *ling.* Attri'but *n*, Beifügung *f*; **ad·junc·tive** [ə'dʒʌŋktɪv] *adj.* □ beigeordnet, verbunden.

ad·ju·ra·tion [͵ædʒʊ'reɪʃn] *s.* **1.** Beschwörung *f*, inständige Bitte; **2.** Auferlegung *f* des Eides; **ad·jure** [ə'dʒʊə] *v/t.* **1.** beschwören, inständig bitten; **2.** *j-m* den Eid auferlegen.

ad·just [ə'dʒʌst] **I** *v/t.* **1.** in Ordnung bringen, ordnen, regulieren, abstimmen; berichtigen; **2.** anpassen (*a. psych.*), angleichen (***to*** *dat.*, an *acc.*); **3.** ***~ o.s.*** (***to***) sich anpassen (*dat.*, an *acc.*) *od.* einfügen (in *acc.*) *od.* einstellen (auf *acc.*); **4.** ☤ *Konto etc.* bereinigen; *Schaden etc.* berechnen, festsetzen; **5.** *Streit* schlichten; **6.** ⚙ an-, einpassen, (ein-, ver-, nach)stellen, richten, regulieren; *a. Gewehr etc.* justieren; **7.** *Maße* eichen; **II** *v/i.* **8.** sich anpassen; **9.** sich einstellen lassen; **ad'just·a·ble** [-təbl] *adj.* □ *bsd.* ⚙ regulierbar, ein-, nach-, verstellbar, Lenk..., Dreh..., Stell...: ***~ speed*** regelbare Drehzahl; **ad'just·er** [-tə] *s.* **1.** j-d der *od.* et. was regelt, ausgleicht, ordnet; Schlichter *m*; **2.** *Versicherung*: Schadenssachverständige(r) *m*; **ad'just·ing** [-tɪŋ] *adj. bsd.* ⚙ (Ein)Stell..., Richt..., Justier...: ***~ balance*** Justierwaage *f*; ***~ lever*** (Ein)Stellhebel *m*; ***~ screw*** Stellschraube *f*; ***~ entry*** Berichtigungsbuchung *f;* ~ ***payment*** Ausgleichszahlung *f;* **ad'just·ment** [-tmənt] *s.* **1.** *a.* ✝, *psych. etc.* Anpassung *f* (***to*** an *acc.*); **2.** Regelung *f*, Berichtigung *f;* Abstimmung *f*, Ausgleich *m;* **3.** Schlichtung *f*, Beilegung *f* (*e-s Streits*); **4.** ⚙ Ein-, Nach-, Verstellung *f;* Einstellvorrichtung *f;* Berichtigung *f;* Regulierung *f;* Eichung *f;* **5.** Berechnung *f* von Schadens(ersatz)ansprüchen.

ad·ju·tant ['ædʒʊtənt] *s.* ⚔ Adju'tant *m;* **'~-ˌgen·er·al** *pl.* **'~s-ˌgen·er·al** *s.* ⚔ Gene'raladjuˌtant *m.*

ad-lib [ˌæd'lɪb] **I** *v/i. u. v/t.* F improvisieren, aus dem Stegreif sagen; **II** *adj.* Stegreif…, improvisiert.

ad lib·i·tum [ˌæd 'lɪbɪtəm] (*Lat.*) *adj. u. adv.* ad libitum: a) nach Belieben, b) aus dem Stegreif.

ad·man ['ædmæn] *s.* [*irr.*] F **1.** Anzeigen-, Werbetexter *m;* **2.** Anzeigenvertreter *m;* **3.** *typ.* Akzi'denzsetzer *m;* **ad·mass** ['ædmæs] *s.* **1.** Kon'sumbeeinflussung *f;* **2.** werbungsmanipulierte Gesellschaft.

ad·min ['ædmɪn] *s.* F Verwaltung *f.*

ad·min·is·ter [əd'mɪnɪstə] **I** *v/t.* **1.** verwalten; **2.** ausüben, handhaben: ~ ***justice*** (*od.* ***the law***) Recht sprechen; ~ ***punishment*** Strafe(n) verhängen; **3.** verabreichen, erteilen (***to*** *dat.*): ~ ***medicine*** Arznei (ein)geben; ~ ***a shock*** e-n Schrecken einjagen; ~ ***an oath*** e-n Eid abnehmen; ~ ***the Blessed Sacrament*** das heilige Sakrament spenden; **II** *v/i.* **4.** als Verwalter fungieren; **5.** *obs.* beitragen (***to*** zu); **ad·min·is·trate** [əd'mɪnɪstreɪt] *v/t. u. v/i.* verwalten; **ad·min·is·tra·tion** [ədˌmɪnɪ'streɪʃn] *s.* **1.** (*Betriebs-, Vermögens-, Nachlaß-, etc.*)Verwaltung *f;* **2.** Verwaltung(sbehörde) *f*, Mini'sterium *n;* Staatsverwaltung *f*, Regierung *f;* **3.** *Am.* 'Amtsperiˌode *f* (*bsd. e-s Präsidenten*); **4.** Handhabung *f*, 'Durchführung *f:* ~ ***of justice*** Rechtsprechung *f;* ~ ***of an oath*** Eidesabnahme *f;* **5.** Aus-, Erteilung *f;* Verabreichung *f* (*Arznei*); Spendung *f* (*Sakrament*); **ad'min·is·tra·tive** [-trətɪv] *adj.* □ verwaltend, Verwaltungs…, Regierungs…: ~ ***body*** Behörde *f*, Verwaltungskörper *m;* **ad'min·is·tra·tor** [-treɪtə] *s.* **1.** Verwalter *m*, Verwaltungsbeamte(r) *m;* **2.** ⚖ Nachlaß-, Vermögensverwalter *m;* **ad'min·is·tra·trix** [-treɪtrɪks] *pl.* **-trices** [-trɪsiːz] *s.* (Nachlaß)Verwalterin *f.*

ad·mi·ra·ble ['ædmərəbl] *adj.* □ bewundernswert, großartig.

ad·mi·ral ['ædmərəl] *s.* **1.** Admi'ral *m:* 𝔖 ***of the Fleet*** Großadmiral; **2.** *zo.* Admi'ral *m* (*Schmetterling*); **'ad·mi·ral·ty** [-tɪ] *s.* **1.** Admi'ralsamt *n*, -würde *f;* **2.** Admirali'tät *f:* ***Lords Commissioners of*** 𝔖 (*od.* ***Board of*** 𝔖) *Brit.* Marineministerium *n;* ***First Lord of the*** 𝔖 (britischer) Marineminister; ~ ***law*** ⚖ Seerecht *n;* **3.** 𝔖 *Brit.* Admiralitätsgebäude *n* (*in London*).

ad·mi·ra·tion [ˌædmə'reɪʃn] *s.* Bewunderung *f* (***of, for*** für): ***she was the*** ~ ***of everyone*** sie wurde von allen bewundert.

ad·mire [əd'maɪə] *v/t.* **1.** bewundern (***for*** wegen); **2.** hochschätzen, verehren; **ad'mir·er** [-ərə] *s.* Bewunderer *m;* Verehrer *m;* **ad'mir·ing** [-ərɪŋ] *adj.* □ bewundernd.

ad·mis·si·bil·i·ty [ədˌmɪsə'bɪlətɪ] *s.* Zulässigkeit *f;* **ad·mis·si·ble** [əd'mɪsəbl] *adj.* **1.** *a.* ⚖ zulässig; statthaft; **2.** würdig, zugelassen zu werden; **ad·mis·sion** [əd'mɪʃn] *s.* **1.** Einlaß *m*, Ein-, Zutritt *m:* ***gain*** ~ Einlaß finden; ~ ***free*** Eintritt frei; ~ ***ticket*** Eintrittskarte *f;* **2.** Eintrittserlaubnis *f;* *a.* ~ ***fee*** Eintritt(sgeld *n*, -gebühr *f*) *m;* **3.** Zulassung *f*, Aufnahme *f* (*als Mitglied etc.*; *Am. a. e-s Staates in die Union*): 𝔖 ***Day*** Jahrestag *m* der Aufnahme in die Union; **4.** Ernennung *f;* **5.** Eingeständnis *n*, Einräumung *f:* ***by*** (*od.* ***on***) ***his own*** ~ wie er selbst zugibt *od.* zugab; **6.** ⚙ Eintritt *m*, -laß *m*, Zufuhr *f:* ~ ***stroke*** Einlaßhub *m.*

ad·mit [əd'mɪt] **I** *v/t.* **1.** zu-, ein-, vorlassen: ~ ***bearer*** dem Inhaber *dieser Karte* ist der Eintritt gestattet; ~ ***s.o. into one's confidence*** j-n ins Vertrauen ziehen; **2.** Platz haben für, fassen: ***the theatre*** ~***s 800 persons***; **3.** *als Mitglied in e-e Gemeinschaft, Schule etc.* aufnehmen; *in ein Krankenhaus* einliefern, *zu e-m Amt etc.* zulassen: → ***bar*** 10; **4.** gelten lassen, anerkennen, zugeben: ***I*** ~ ***this to be wrong*** *od.* ***that this is wrong*** ich gebe zu, daß dies falsch ist; ~ ***a claim*** e-e Reklamation anerkennen; **5.** ⚖ a) für amtsfähig erklären, b) als rechtsgültig anerkennen; **6.** ⚙ zuführen, einlassen; **II** *v/i.* **7.** ~ ***of*** gestatten, *a. weitS. Zweifel etc.* zulassen: ***it*** ~***s of no excuse*** es läßt sich nicht entschuldigen; **ad'mit·tance** [-təns] *s.* **1.** Zulassung *f*, Einlaß *m*, Zutritt *m:* ***no*** ~ (***except on business***) Zutritt (für Unbefugte) verboten; **2.** Aufnahme *f;* **3.** ⚡ Admit'tanz *f*, Scheinleitwert *m;* **ad'mit·ted** [-tɪd] *adj.* □ anerkannt, zugegeben: ***an*** ~ ***fact***; ***an*** ~ ***thief*** anerkanntermaßen ein Dieb; **ad'mit·ted·ly** [-tɪdlɪ] *adv.* anerkanntermaßen, zugegeben(ermaßen).

ad·mix [əd'mɪks] *v/t.* beimischen (***with*** *dat.*); **ad'mix·ture** [-tʃə] *s.* Beimischung *f*, Mischung *f;* Zusatz(stoff) *m.*

ad·mon·ish [əd'mɒnɪʃ] **1.** *v/t.* (er-) mahnen, *j-m* dringend raten (***to*** *inf.* zu *inf.*, ***that*** daß); **2.** *j-m* Vorhaltungen machen (***of*** *od.* ***about*** wegen *gen.*); **3.** warnen (***not to*** *inf.* davor, zu *inf. od.* ***of*** vor *dat.*): ***he was*** ~***ed not to go*** er wurde davor gewarnt zu gehen; **ad·mo·ni·tion** [ˌædmə'nɪʃn] *s.* **1.** Ermahnung *f;* **2.** Warnung *f*, Verweis *m;* **ad'mon·i·to·ry** [-ɪtərɪ] *adj.* ermahnend, warnend.

ad nau·se·am [ˌæd 'nɔːzɪæm] (*Lat.*) *adv.* (bis) zum Erbrechen.

ad·noun ['ædnaʊn] *s. ling.* Attri'but *n.*

a·do [ə'duː] *s.* Getue *n*, Wirbel *m*, Mühe *f:* ***much*** ~ ***about nothing*** viel Lärm um nichts; ***without more*** ~ ohne weitere Umstände.

a·do·be [ə'dəʊbɪ] *s.* Lehmstein(haus *n*) *m*, Luftziegel *m*, A'dobe *m.*

ad·o·les·cence [ˌædəʊ'lesns] *s.* jugendliches Alter, Adoles'zenz *f;* **ˌad·o'les·cent** [-nt] **I** *s.* Jugendliche(r *m*) *f*, Her'anwachsende(r *m*) *f;* **II** *adj.* her'anwachsend, jugendlich; Jünglings…

A·do·nis [ə'dəʊnɪs] *npr. antiq. u. s. fig.* A'donis *m.*

a·dopt [ə'dɒpt] *v/t.* **1.** adoptieren, (an Kindes Statt) annehmen: ~ ***out*** *Am.* zur Adoption freigeben; **2.** *fig.* annehmen, über'nehmen, einführen, sich *ein Verfahren etc.* zu eigen machen; *Handlungsweise* wählen; *Maßregeln* ergreifen; **3.** *pol. e-r Gesetzesvorlage* zustimmen; **4.** ~ ***a town*** die Patenschaft für e-e Stadt über'nehmen; **5.** *pol. e-n Kandidaten* (*für die nächste Wahl*) annehmen; **6.** F sti'bitzen; **a'dopt·ed** [-tɪd] *adj.* an Kindes Statt angenommen, Adoptiv…: ***his*** ~ ***country*** s-e Wahlheimat; **a'dop·tion** [-pʃn] *s.* **1.** Adopti'on *f*, Annahme *f* (an Kindes Statt); **2.** Aufnahme *f in e-e Gemeinschaft*; **3.** *fig.* Annahme *f*, Aneignung *f*, 'Übernahme *f*, Wahl *f;* **a'dop·tive** [-tɪv] → ***adopted***: ~ ***parents*** Adoptiveltern.

a·dor·a·ble [ə'dɔːrəbl] *adj.* □ **1.** anbetungswürdig; liebenswert; **2.** allerliebst, entzückend; **ad·o·ra·tion** [ˌædə'reɪʃn] *s.* **1.** *a. fig.* Anbetung *f*, Verehrung *f;* **2.** *fig.* (innige) Liebe, (tiefe) Bewunderung; **a·dore** [ə'dɔː] *v/t.* **1.** anbeten (*a. fig.*); **2.** *fig.* (innig) lieben, (heiß) verehren, (tief) bewundern; **3.** schwärmen für; **a'dor·er** [-rə] *s.* Anbeter(in); Verehrer(in); Bewunderer *m;* **a'dor·ing** [-rɪŋ] *adj.* □ anbetend, bewundernd, schmachtend.

a·dorn [ə'dɔːn] *v/t.* **1.** schmücken, zieren (*a. fig.*); **2.** *fig.* verschöne(r)n, Glanz verleihen (*dat*); **a'dorn·ment** [-mənt] *s.* Schmuck *m*, Verzierung *f;* Zierde *f*, Verschönerung *f.*

ad·re·nal [ə'driːnl] *anat.* **I** *adj.* Nebennieren…: ~ ***gland*** → **II** *s.* Nebennierendrüse *f;* **ad·ren·al·in** [ə'drenəlɪn] *s.* Adrena'lin *n.*

A·dri·at·ic [ˌeɪdrɪ'ætɪk] *geogr.* **I** *adj.* adri'atisch: ~ ***Sea*** → **II** *s.* ***the*** ~ das Adriatische Meer, die 'Adria.

a·drift [ə'drɪft] *adv. u. adj.* **1.** (um'her-) treibend, Wind und Wellen preisgegeben: ***cut*** ~ treiben lassen; **2.** *fig.* aufs Geratewohl; hilflos: ***be all*** ~ weder aus noch ein wissen; ***cut o.s.*** ~ sich losreißen *od.* frei machen *od.* lossagen; ***turn s.o.*** ~ j-n auf die Straße setzen.

a·droit [ə'drɔɪt] *adj.* □ geschickt, gewandt; schlagfertig, pfiffig.

ad·u·late ['ædjʊleɪt] *v/t. j-m* schmeicheln, lobhudeln; **ad·u·la·tion** [ˌædjʊ'leɪʃn] *s. niedere* Schmeiche'lei, Lobhude'lei *f;* **'ad·u·la·tor** [-tə] *s.* Schmeichler *m*, Speichellecker *m;* **'ad·u·la·to·ry** [-tərɪ] *adj.* schmeichlerisch, lobhudelnd.

a·dult ['ædʌlt] **I** *adj.* **1.** erwachsen; reif, *fig. a.* mündig; **2.** (nur) für Erwachsene: ~ ***film***; ~ ***education*** Erwachsenenbildung *f*, *engS.* Volkshochschule *f;* **3.** ausgewachsen (*Tier, Pflanze*); **II** *s.* **4.** Erwachsene(r *m*) *f.*

a·dul·ter·ant [ə'dʌltərənt] *s.* Verfälschungsmittel *n;* **a·dul·ter·ate** [ə'dʌltəreɪt] *v/t.* **1.** *Nahrungsmittel* verfälschen; **2.** *fig.* verschlechtern, verderben; **a·dul·ter·a·tion** [əˌdʌltə'reɪʃn] *s.* Verfälschung *f*, verfälschtes Pro'dukt, Fälschung *f;* **a'dul·ter·er** [-rə] *s.* Ehebrecher *m;* **a'dul·ter·ess** [-rɪs] *s.* Ehebrecherin *f;* **a'dul·ter·ous** [-tərəs] *adj.* □ ehebrecherisch; **a'dul·ter·y** [-rɪ] *s.* Ehebruch *m.*

a·dult·hood ['ædʌlthʊd] *s.* Erwachsensein *n*, Erwachsenenalter *n.*

ad·um·brate ['ædʌmbreɪt] *v/t.* **1.** skizzieren, um'reißen, andeuten; **2.** 'hindeuten auf (*acc.*), vor'ausahnen lassen; **ad·um·bra·tion** [ˌædʌm'breɪʃn] *s.* Andeutung *f*: a) flüchtiger Entwurf, Skizze *f*, b) Vorahnung *f*.

ad va·lo·rem [ˌædvə'lɔːrem] (*Lat.*) *adj. u. adv.* dem Wert entsprechend: ***~ duty*** Wertzoll *m*.

ad·vance [əd'vɑːns] **I** *v/t.* **1.** vorwärtsbringen, vorrücken (lassen), vorschieben; **2.** a) *Uhr, Fuß* vorstellen, b) *Zeitpunkt* vorverlegen, c) hin'aus-, aufschieben; **3.** *Meinung, Grund, Anspruch* vorbringen, geltend machen; **4.** a) fördern, verbessern: ***~ one's position***, b) beschleunigen: ***~ growth***; **5.** *pol. Am.* als Wahlhelfer fungieren in (*dat.*); **6.** erheben (*im Amt od. Rang*), befördern (***to the rank of general*** zum General); **7.** *Preis* erhöhen; **8.** *Geld* vor'ausbezahlen; vorschießen, leihen; im voraus liefern; **II** *v/i.* **9.** vor-, vorwärtsgehen, vordringen, vormarschieren, vorrücken (*a. fig. Zeit*); **10.** vor'ankommen, Fortschritte machen: ***~ in knowledge***; **11.** *im Rang* aufrücken, befördert werden; **12.** a) zunehmen (***in*** an *dat.*), steigen, b) † steigen (*Preis*); teurer werden (*Ware*); **13.** *pol. Am.* a) als Wahlhelfer fungieren, b) Wahlveranstaltungen vorbereiten (***for*** für); **III** *s.* **14.** Vorwärtsgehen *n*, Vor-, Anrükken *n*, Vormarsch *m* (*a. fig.*); Vorrükken *n des Alters*; **15.** Aufrücken *n* (*im Amt*), Beförderung *f*; **16.** Fortschritt *m*, Verbesserung *f*; **17.** Vorsprung *m*: ***in ~*** a) voraus, b) vorn, c) im voraus, vorher; ***~ section*** vorderer Teil; ***be in ~*** (e-n) Vorsprung haben (***of*** vor *dat.*); ***arrive in ~ of the others*** vor den anderen ankommen; ***order*** (*od.* ***book***) ***in ~*** vor(aus)bestellen; ***~ booking*** a) Vor(aus)bestellung *f*, b) Vorverkauf *m*; ***~ censorship*** Vorzensur *f*; ***~ copy*** *typ.* Vorausexemplar *n*; ***~ publication*** *typ.* Vorabdruck *m*; **18.** *a.* ***~ payment*** Vorschuß *m*, Vor'auszahlung *f*: ***in ~*** in pränumerando; **19.** (Preis)Erhöhung *f*; Mehrgebot *n* (*Versteigerung*); **20.** *mst pl.* Entgegenkommen *n*, Vorschlag *m*, erster Schritt (*zur Verständigung*): ***make ~s to s.o.*** a) j-m entgegenkommen, b) sich an j-n heranmachen, *bsd. e-r Frau* Avancen machen; **21.** ⚔ *Am.* Vorhut *f*, Spitze *f*: ***~ guard*** *a. Brit.* Vorhut *f*; **22.** *pol. Am.* Wahlhilfe *f*: ***~ man*** Wahlhelfer *m*; **ad'vanced** [-st] *adj.* **1.** vorgerückt (*Alter, Stunde*), vorgeschritten: ***~ in pregnancy*** hochschwanger; **2.** fortgeschritten (*Stadium etc.*); fortschrittlich, modern: ***~ opinions***; ***~ students***; ***~ English*** Englisch für Fortgeschrittene; ***highly ~*** hochentwickelt (*Kultur, Technik*); **3.** gar zu fortschrittlich, ex'trem, kühn; **4.** ⚔ vorgeschoben, Vor(aus)…; **ad'vancement** [-mənt] *s.* **1.** Förderung *f*; **2.** Beförderung *f*; **3.** Em'por-, Weiterkommen *n*, Aufstieg *m*, Fortschritt *m*, Wachstum *n*.

ad·van·tage [əd'vɑːntɪdʒ] **I** *s.* **1.** Vorteil *m*: a) Über'legenheit *f*, Vorsprung *m*, b) Vorzug *m*: ***to ~*** günstig, vorteilhaft; ***have an ~ over*** *j-m* gegenüber im Vorteil sein; ***you have the ~ of me*** ich kenne leider Ihren (werten) Namen nicht; **2.** Nutzen *m*, Gewinn *m*: ***take ~ of s.o.*** j-n übervorteilen *od.* ausnutzen; ***take ~ of s.th.*** et. ausnutzen; ***derive*** *od.* ***gain ~ from s.th.*** aus et. Nutzen ziehen; **3.** günstige Gelegenheit; **4.** *Tennis etc.*: Vorteil *m*; **II** *v/t.* **5.** fördern, begünstigen; **ad·van·ta·geous** [ˌædvən'teɪdʒəs] *adj.* □ vorteilhaft, günstig, nützlich.

Ad·vent ['ædvənt] *s.* **1.** *eccl.* Ad'vent *m*, Ad'ventszeit *f*; **2.** ℒ Kommen *n*, Erscheinen *n*, Ankunft *f*; **'Ad·vent·ist** [-tɪst] *s.* Adven'tist *m*; **ˌad·ven'ti·tious** [-'tɪʃəs] *adj.* □ **1.** (zufällig) hin'zugekommen; zufällig, nebensächlich: ***~ causes*** Nebenursachen; **2.** ⚕, ⚖ zufällig erworben.

ad·ven·ture [əd'ventʃə] **I** s. **1.** Abenteuer *n*: a) Wagnis *n*: ***life of ~*** Abenteurerleben *n*, b) (tolles) Erlebnis, c) † Spekulati'onsgeschäft *n*; ***~ playground*** Abenteuerspielplatz *m*; **II** *v/t.* **2.** wagen, gefährden; **3.** ***~ o.s.*** sich wagen (***into*** in *acc.*); **III** *v/i.* **4.** sich wagen (***on, upon*** in, auf *acc.*); **ad'ven·tur·er** [-tʃərə] *s.* Abenteurer *m*: a) Wagehals *m*, b) Glücksritter *m*, Hochstapler *m*, c) Speku'lant *m*; **ad'ven·ture·some** [-tʃəsəm] *adj.* → ***adventurous***; **ad'ven·tur·ess** [-tʃərɪs] *s.* Abenteu(r)erin *f* (*a. fig. b.s.*); **ad'ven·tur·ism** [-tʃərɪzəm] *s.* Abenteurertum *n*; **ad'ven·tur·ous** [-tʃərəs] *adj.* □ **1.** abenteuerlich: a) waghalsig, verwegen, b) gewagt, kühn (*Sache*); **2.** abenteuerlustig.

ad·verb ['ædvɜːb] *s.* Ad'verb *n*, Umstandswort *n*; **ad·ver·bi·al** [əd'vɜːbjəl] *adj.* □ adverbi'al: ***~ phrase*** adverbiale Bestimmung.

ad·ver·sar·y ['ædvəsərɪ] *s.* **1.** Gegner (-in), 'Widersacher(in); **2.** ℒ *eccl.* Teufel *m*; **ad·ver·sa·tive** [əd'vɜːsətɪv] *adj.* □ *ling.* gegensätzlich, adversa'tiv: ***~ word***; **ad·verse** ['ædvɜːs] *adj.* □ **1.** entgegenwirkend, zu'wider, widrig (***to*** *dat.*): ***~ winds*** widrige Winde; **2.** gegnerisch, feindlich: ***~ party*** Gegenpartei *f*; **3.** ungünstig, nachteilig (***to*** für): ***~ decision***; ***~ balance of trade*** passive Handelsbilanz; ***have an ~ effect*** (***up***)***on***, ***affect ~ly*** sich nachteilig auswirken auf (*acc.*); **4.** ⚖ entgegenstehend: ***~ claim***; **ad·ver·si·ty** [əd'vɜːsətɪ] *s.* Mißgeschick *n*, Not *f*, Unglück *n*.

ad·vert I *v/i.* [əd'vɜːt] hinweisen, sich beziehen (***to*** auf *acc.*); **II** *s.* ['ædvɜːt] *Brit.* F *für* ***advertisement***.

ad·ver·tise, *Am. a.* **ad·ver·tize** ['ædvətaɪz] **I** *v/t.* **1.** ankündigen, anzeigen, *durch die Zeitung etc.* bekanntmachen: ***~ a post*** eine Stellung *öffentlich* ausschreiben; **2.** *fig.* ausposaunen: ***you need not ~ the fact*** *a.* du brauchst es nicht an die große Glocke zu hängen; **2.** *durch Zeitungsanzeige etc.* Re'klame machen für, werben für; **II** *v/i.* **3.** inserieren, annoncieren, öffentlich ankündigen: ***~ for*** durch Inserat suchen; **4.** werben, Reklame machen; **ad·ver·tise·ment** [əd'vɜːtɪsmənt] *s.* **1.** *öffentliche* Anzeige, Ankündigung *f in e-r Zeitung*, Inse'rat *n*, An'nonce *f*: ***put an ~ in a paper*** ein Inserat in e-r Zeitung aufgeben; **2.** Re'klame *f*, Werbung *f*; **'ad·ver·tis·er** [-zə] *s.* **1.** Inse'rent(in); **2.** Werbeträger *m*; **3.** Werbefachmann *m*; **4.** Anzeiger *m*, Anzeigenblatt *n*; **'ad·ver·tis·ing** [-zɪŋ] **I** *s.* **1.** Inserieren *n*; Ankündigung *f*; **2.** Reklame *f*, Werbung *f*; **II** *adj.* **3.** Reklame…, Werbe…: ***~ agency*** Werbeagentur *f*; ***~ agent*** a) Anzeigenvertreter *m*, b) Werbeagent *m*; ***~ appeal*** Werbekraft *f*; ***~ campaign*** Werbefeldzug *m*; ***~ expert*** Werbefachmann *m*; ***~ media*** Werbeträger, -medien *pl.*; ***~ message*** Werbebotschaft *f*; ***~ space*** Reklamefläche *f*; **'ad·ver·tize** *etc.* → ***advertise*** *etc.*

ad·vice [əd'vaɪs] *s.* **1.** (*a.* ***piece of***) Rat(schlag) *m*; Ratschläge *pl.*: ***at*** (*od.* ***on***) ***s.o.'s ~*** auf j-s Rat hin; ***take medical ~*** e-n Arzt zu Rate ziehen; ***take my ~*** folge meinem Rat; **2.** Nachricht *f*, Anzeige *f*, (schriftliche) Mitteilung; **3.** † A'vis *m*, Bericht *m*: ***letter of ~*** Benachrichtigungsschreiben *n*; ***as per ~*** laut Aufgabe *od.* Bericht.

ad·vis·a·bil·i·ty [ədˌvaɪzə'bɪlətɪ] *s.* Ratsamkeit *f*; **ad·vis·a·ble** [əd'vaɪzəbl] *adj.* □ ratsam; **ad·vis·a·bly** [əd'vaɪzəblɪ] *adv.* ratsamerweise.

ad·vise [əd'vaɪz] **I** *v/t.* **1.** *j-m* raten *od.* empfehlen (***to*** *inf.* zu *inf.*); *et.* (an)raten; *j-n* beraten: ***he was ~d to go*** man riet ihm zu gehen; **2.** ***~ against*** warnen vor (*dat.*); *j-m* abraten von; **3.** † benachrichtigen (***of*** von, ***that*** daß), avisieren (***s.o. of s.th.*** j-m et.); **II.** *v/i.* **4.** sich beraten (***with*** mit); **ad'vised** [-zd] *adj.* □ **1.** beraten: ***badly ~***; **2.** wohlbedacht, über'legt; → ***ill-advised***; ***well-advised***; **ad'vis·ed·ly** [-zɪdlɪ] *adv.* **1.** mit Bedacht *od.* Über'legung; **2.** vorsätzlich, absichtlich; **ad'vis·er** *od.* **ad'vi·sor** [-zə] *s.* **1.** Berater *m*, Ratgeber *m*; **2.** *ped. Am.* 'Studienberater *m*; **ad'vi·so·ry** [-zərɪ] *adj.* beratend, Beratungs…: ***~ board***, ***~ committee*** Beratungsausschuß *m*, Beirat *m*, Gutachterkommission *f*; ***~ body***, ***~ council*** Beirat *m*; → ***capacity*** 6.

ad·vo·ca·cy ['ædvəkəsɪ] *s.* (***of***) Befürwortung *f*, Empfehlung *f* (*gen.*), Eintreten *n* (für); **ad·vo·cate I** *s.* ['ædvəkət] **1.** Verfechter *m*, Befürworter *m*, Verteidiger *m*, Fürsprecher *m*: ***an ~ of peace***; **2.** *Scot. u. hist.* Advo'kat *m*, (plädierender) Rechtsanwalt: ***Lord ℒ*** Oberster Staatsanwalt; **3.** *Am.* Rechtsbeistand *m*; **II** *v/t.* ['ædvəkeɪt] **4.** verteidigen, befürworten, eintreten für.

adze [ædz] *s.* Breitbeil *n*.

Ae·ge·an [iː'dʒiːən] *geogr.* **I** *adj.* ä'gäisch: ***~ Sea*** Ägäisches Meer; **II** *s.* ***the ~*** die Ä'gäis.

ae·gis ['iːdʒɪs] *s. myth.* 'Ägis *f*; *fig.* Ä'gide *f*, Schirmherrschaft *f*: ***under the ~ of***.

Ae·o·li·an [iː'əʊljən] *adj.* ä'olisch: ***~ harp*** Äolsharfe *f*.

ae·on ['iːən] *s.* Ä'one *f*, Ewigkeit *f*.

aer·ate ['eəreɪt] *v/t.* **1.** (*a.* ⚙ be- *od.* 'durch- *od.* ent)lüften; **2.** a) mit Kohlensäure sättigen, b) zum Sprudeln bringen; **3.** ⚕ *dem Blut* Sauerstoff zuführen.

aer·i·al ['eərɪəl] **I** *adj.* □ **1.** Luft…, in der Luft lebend *od.* befindlich, fliegend, hoch: ***~ advertising*** Luftwerbung *f*, Himmelsschrift *f*; ***~ cableway*** Seilschwebebahn *f*; ***~ camera*** Luftbildkamera *f*; ***~ railway*** Hänge-, Schwebebahn *f*; ***~ spires*** hochragende Kirchtürme; **2.** aus Luft bestehend, leicht, gasförmig, flüchtig; **3.** ä'therisch, zart: **~ fancies** Phantastereien; **4.** ✈ Flug(zeug)…, Luft…, Flieger…: **~ attack** Luft-, Fliegerangriff *m*; **~ barrage** a) (Luft)Sperr-, Flakfeuer *n*, b) Ballonsperre *f*; **~ combat** Luftkampf *m*; **~ map** Luftbildkarte *f*; **~ navigation** Luftschiffahrt *f*; **~ survey** Luftbildvermessung *f*; **~ view** Flugzeugaufnahme *f*, Luftbild *n*; **5.** ⚙ oberirdisch, Ober…, Frei…, Luft…: **~ cable** Luftkabel *n*; **~ wire** ⚡ Ober-, Freileitung *f*; **6.** ⚡, *Radio, TV*: Antennen…: **~ wire**; **II** *s.* **7.** ⚡, *Radio, TV*: An'tenne *f*; **'aer·i·al·ist** [-lɪst] *s.* Tra'pezkünstler *m*.

aer·ie, *Am. a.* **aër·ie** ['eərɪ] *s.* **1.** Horst *m* (*Raubvogelnest*); **2.** *fig.* Adlerhorst *m* (*hochgelegener Wohnsitz etc.*).

aer·o ['eərəʊ] **I** *pl.* **-os** *s.* Flugzeug *n*, Luftschiff *n*; **II** *adj.* Luft(schiffahrt)…, Flug(zeug)…: **~ engine**.

aero- [eərəʊ] *in Zssgn*: Aëro…, Luft…

aer·o·bat·ics [ˌeərəʊ'bætɪks] *s. pl. sg. konstr.* Kunstflug *m*; **'aer·o·drome** [-ədrəʊm] *s. bsd. Brit.* Flugplatz *m*.

aer·o|·dy·nam·ic [ˌeərəʊdaɪ'næmɪk] **I** *adj.* □ aerody'namisch, Stromlinien…; **II** *s. pl. sg. konstr.* Aerody'namik *f*; **'~·dyne** [-əʊdaɪn] *s.* Luftfahrzeug *n* schwerer als Luft; **'~·foil** [-əʊfɔɪl] *s. Brit.* Tragfläche *f*, *a.* Höhen-, Kiel- *od.* Seitenflosse *f*; **'~·gram** [-əʊgræm] *s.* **1.** Funkspruch *m*; **2.** Luftpostleichtbrief *m*; **'~·lite** [-əʊlaɪt] *s.* Aero'lith *m*, Mete'orstein *m*.

aer·ol·o·gy [eə'rɒlədʒɪ] *s. phys.* **1.** Aerolo'gie *f*, Erforschung *f* der höheren Luftschichten; **2.** aero'nautische Wetterkunde; **aer·o·med·i·cine** [ˌeərəʊ'medsɪn] *s.* 'Aero-, 'Luftfahrtmediˌzin *f*; **aer'om·e·ter** [-'ɒmɪtə] *s. phys.* Aero'meter *m*, Luftdichtemesser *m*.

aer·o|·naut ['eərənɔːt] *s.* Aero'naut *m*, Luftschiffer *m*; **~·nau·tic**, **~·nau·ti·cal** [ˌeərə'nɔːtɪk(l)] *adj.* □ aero'nautisch, Flug…; **~·nau·tics** [ˌeərə'nɔːtɪks] *s. pl. sg. konstr.* Aero'nautik *f*: a) *obs.* Luftfahrt *f*, b) Luftfahrtkunde *f*; **~·plane** ['eərəpleɪn] *s. bsd. Brit.* Flugzeug *n*; **~·sol** ['eərəʊsɒl] *s.* **1.** ⚗ Aero'sol *n*; **2.** Spraydose *f*; **~·space** ['eərəʊspeɪs] **I** *s.* Weltraum *m*; **II** *adj.* a) Raumfahrt…, b) (Welt)Raum…; **~·stat** ['eərəʊstæt] *s.* Luftfahrzeug *n* leichter als Luft; **~·stat·ic**, **~·stat·i·cal** [ˌeərəʊ'stætɪk(l)] *adj.* □ aero'statisch; **~·stat·ics** [ˌeərəʊ'stætɪks] *s. pl. sg. konstr.* Aero'statik *f*.

Aes·cu·la·pi·an [ˌiːskjʊ'leɪpjən] *adj.* **1.** Äskulap…; **2.** ärztlich.

aes·thete ['iːsθiːt] *s.* Äs'thet *m*; **aes·thet·ic**, **aes·thet·i·cal** [iːs'θetɪk(l)] *adj.* □ äs'thetisch; **aes·thet·i·cism** [iːs'θetɪsɪzəm] *s.* **1.** Ästheti'zismus *m*; **2.** Schönheitssinn *m*; **aes·thet·ics** [iːs'θetɪks] *s. pl. sg. konstr.* Äs'thetik *f*.

aes·ti·val [iː'staɪvl] *adj.* sommerlich.

ae·ther *etc.* → **ether** *etc.*

a·far [ə'fɑː] *adv.* fern: **~ off** in der Ferne; **from ~** von fern, weither.

af·fa·bil·i·ty [ˌæfə'bɪlətɪ] *s.* Leutseligkeit *f*, Freundlichkeit *f*; **af·fa·ble** ['æfəbl] *adj.* □ leutselig, freundlich, 'umgänglich.

af·fair [ə'feə] *s.* **1.** Angelegenheit *f*, Sache *f*: **a disgraceful ~**; **that is his ~** das ist seine Sache; **that is not my ~** das geht mich nichts an; **make an ~ of s.th.** et. aufbauschen; **my own ~** meine (eigene) Angelegenheit, meine Privatsache; **~ of honour** Ehrensache *f*, -handel *m*; **2.** *pl.* Angelegenheiten *pl.*, Verhältnisse *pl.*: **public ~s** öffentliche Angelegenheiten; **state of ~s** Lage *f* der Dinge, Sachlage *f*; → **foreign** 1; **3.** Af'färe *f*: a) Ereignis *n*, b) Skan'dal *m*, c) (Liebes)Verhältnis *n*; **4.** F Ding *n*, Sache *f*, ‚Appa'rat' *m*: **the car was a shiny ~**.

af·fect¹ [ə'fekt] *v/t.* **1.** lieben, e-e Vorliebe haben für, neigen zu, be'vorzugen: **~ bright colo(u)rs** lebhafte Farben bevorzugen; **much ~ed by** sehr beliebt bei; **2.** zur Schau tragen, erkünsteln, nachahmen: **he ~s an Oxford accent** er redet mit gekünstelter Oxforder Aussprache; **he ~s the freethinker** er spielt den Freidenker; **3.** vortäuschen: **~ ignorance**; **~ a limp** so tun, als hinke man; **4.** bewohnen, vorkommen in (*dat.*) (*Tiere u. Pflanzen*).

af·fect² [ə'fekt] *v/t.* **1.** betreffen: **that does not ~ me**; **2.** (ein- *od.* sich aus-) wirken auf (*acc.*), beeinflussen, beeinträchtigen, in Mitleidenschaft ziehen, ✱ *a.* angreifen, befallen: **~ the health**; **3.** bewegen, rühren, ergreifen.

af·fec·ta·tion [ˌæfek'teɪʃn] *s.* **1.** Affektiertheit *f*, Gehabe *n*; **2.** Verstellung *f*; **3.** Vorliebe (**of** für).

af·fect·ed¹ [ə'fektɪd] *adj.* □ **1.** affektiert, gekünstelt, geziert; **2.** angenommen, vorgetäuscht; **3.** geneigt, gesinnt.

af·fect·ed² [ə'fektɪd] *adj.* **1.** ✱ befallen (**with** von *Krankheit*), angegriffen (*Augen etc.*); **2.** betroffen, berührt; **3.** gerührt, bewegt, ergriffen.

af·fect·ing [ə'fektɪŋ] *adj.* □ ergreifend; **af'fec·tion** [-kʃn] *s.* **1.** *oft pl.* Liebe *f*, (Zu)Neigung *f* (**for**, **towards** zu); **2.** Gemütsbewegung *f*, Stimmung *f*; **3.** ✱ Erkrankung *f*, Leiden *n*; **4.** Einfluß *m*, Einwirkung *f*; **af'fec·tion·ate** [-kʃnət] *adj.* □ gütig, liebevoll, herzlich, zärtlich; **af'fec·tion·ate·ly** [-kʃnətlɪ] *adv.*: **yours ~** Dein Dich liebender (*Briefschluß*); **~ known as Pat** unter dem Kosenamen Pat bekannt.

af·fi·ci·o·na·do → **aficionado**.

af·fi·ance [ə'faɪəns] **I** *s.* **1.** Vertrauen *n*; **2.** Eheversprechen *n*; **II** *v/t.* **3.** *j-n od. sich* verloben (**to** mit).

af·fi·ant [ə'faɪənt] *s. Am.* Aussteller (-in) e-s **affidavit**.

af·fi·da·vit [ˌæfɪ'deɪvɪt] *s.* ⚖ *schriftliche* beeidigte Erklärung: **~ of means** Offenbarungseid *m*.

af·fil·i·ate [ə'fɪlɪeɪt] **I** *v/t.* **1.** *als Mitglied* aufnehmen; **2.** *j-m* die Vaterschaft *e-s Kindes* zuschreiben: **~ a child on** (*od.* **to**); **3.** (**on**, **upon**) zu'rückführen (auf *acc.*), zuschreiben (*dat.*); **4.** (**to**) verknüpfen, verbinden (mit); angliedern, anschließen (*dat.*, an *acc.*); **II** *v/i.* **5.** sich anschließen (**with** an *acc.*); **III** *s.* [-ɪɪt] **6.** *Am.* 'Zweigorganisatiˌon *f*, Tochtergesellschaft *f*; **af'fil·i·at·ed** [-tɪd] *adj.* angeschlossen: **~ company** Tochter-, Zweiggesellschaft *f*; **af·fil·i·a·tion** [əˌfɪlɪ'eɪʃn] *s.* **1.** Aufnahme *f* (*als Mitglied etc.*); **2.** Zuschreibung *f* der Vaterschaft; **3.** Zu'rückführung *f* (*auf den Ursprung*); **4.** Angliederung *f*; **5.** *oft eccl.* Zugehörigkeit *f*, Mitgliedschaft *f*.

af·fin·i·ty [ə'fɪnətɪ] *s.* **1.** ⚖ Schwägerschaft *f*; **2.** *fig.* a) (Wesens)Verwandtschaft *f*, Affini'tät *f*, b) (Wahl-, Seelen-) Verwandtschaft *f*, gegenseitige Anziehung; **3.** ⚗ Affini'tät *f*, stofflich-'chemische Verwandtschaft.

af·firm [ə'fɜːm] *v/t.* **1.** versichern, beteuern; **2.** bekräftigen; ⚖ *Urteil* bestätigen; **3.** ⚖ an Eides Statt versichern; **af·fir·ma·tion** [ˌæfɜː'meɪʃn] *s.* **1.** Versicherung *f*, Beteuerung *f*; **2.** Bestätigung *f*, Bekräftigung *f*; **3.** ⚖ Versicherung *f* an Eides Statt; **af'firm·a·tive** [-mətɪv] **I** *adj.* □ **1.** bejahend, zustimmend, positiv; **2.** positiv, bestimmt: **~ action** *Am.* Aktion *f* gegen die Diskriminierung von Minderheitsgruppen; **II** *s.* **3.** Bejahung *f*: **answer in the ~** bejahen.

af·fix **I** *v/t.* [ə'fɪks] **1.** (**to**) befestigen, anbringen (an *dat.*), anheften, ankleben (an *acc.*); **2.** (**to**) beilegen, -fügen (*dat.*), hin'zufügen (zu); *Siegel* anbringen (an *dat.*); *Unterschrift* setzen (unter *acc.*); **II** *s.* ['æfɪks] **3.** *ling.* Af'fix *n*, Anhang *m*, Hin'zufügung *f*.

af·flict [ə'flɪkt] *v/t.* betrüben, quälen, plagen, heimsuchen; **af'flict·ed** [-tɪd] *adj.* **1.** niedergeschlagen, betrübt; **2.** (**with**) leidend (an *dat.*); belastet, behaftet (mit), geplagt (von); **af'flic·tion** [-kʃn] *s.* **1.** Betrübnis *f*, Kummer *m*; **2.** a) Gebrechen, b) *pl.* Beschwerden; **3.** Elend *n*, Not *f*; Heimsuchung *f*.

af·flu·ence ['æflʊəns] *s.* **1.** Fülle *f*, 'Überfluß *m*; **2.** Reichtum *m*, Wohlstand *m*: **demoralization by ~** Wohlstandsverwahrlosung *f*; **'af·flu·ent** [-nt] **I** *adj.* □ **1.** reichlich; **2.** wohlhabend, reich (**in** an *dat.*): **~ society** Wohlstandsgesellschaft *f*; **II** *s.* **3.** Nebenfluß *m*; **af·flux** ['æflʌks] *s.* **1.** Zufluß *m*, Zustrom *m* (*a. fig.*); **2.** ✱ (Blut-) Andrang *m*.

af·ford [ə'fɔːd] *v/t.* **1.** gewähren, bieten; *Schatten* spenden; *Freude* bereiten; **2.** *als Produkt* liefern; **3.** sich leisten, sich erlauben, die Mittel haben für; *Zeit* erübrigen: **I can't ~ it** ich kann es mir nicht leisten (*a. fig.*); **af'ford·a·ble** *adj.* erschwinglich.

af·for·est·a·tion [æˌfɒrɪ'steɪʃn] *s.* Aufforstung *f*.

af·fran·chise [ə'fræntʃaɪz] *v/t.* befreien (**from** aus).

af·fray [ə'freɪ] *s.* **1.** Schläge'rei *f*, Kra'wall *m*; **2.** ⚖ Raufhandel *m*.

af·freight [ə'freɪt] *v/t.* ⚓ chartern, befrachten.

af·fri·cate ['æfrɪkət] *s. ling.* Affri'kata *f* (*Verschlußlaut mit folgendem Reibelaut*).

af·front [ə'frʌnt] **I** *v/t.* **1.** beleidigen, beschimpfen; **2.** trotzen (*dat.*); **II** *s.* **3.** Beleidigung *f*, Af'front *m*.

Af·ghan ['æfgæn] **I** *s.* **1.** Af'ghane *m*, Af'ghanin *f*; **2.** Af'ghan *m* (*Teppich*); **II** *adj.* **3.** af'ghanisch.

afi·ci·o·na·do [əˌfɪsjə'nɑːdəʊ] *s.* (*Span.*) begeisterter Anhänger *m*, ‚Fan' *m*.

a·field [ə'fiːld] *adv.* **1.** a) im *od.* auf dem Feld, b) ins *od.* aufs Feld; **2.** in der *od.* in die Ferne, draußen, hin'aus: **far ~** weit entfernt; **3.** *bsd. fig.* in die Irre: **lead s.o. ~**; **quite ~** a) auf dem Holzwege (*Person*), b) ganz falsch (*Sache*).

a·fire [ə'faɪə] *adv. u. adj.* brennend, in Flammen: **all ~** *fig.* Feuer und Flamme.

a·flame [əˈfleɪm] → ***afire***.

a·float [əˈfləʊt] *adv. u. adj.* **1.** flott, schwimmend: ***keep*** **~** (sich) über Wasser halten (*a. fig.*); **2.** an Bord, auf See; **3.** in ˈUmlauf; **4.** im Gange; **5.** überˈschwemmt.

a·foot [əˈfʊt] *adv. u. adj.* **1.** zu Fuß, auf den Beinen; **2.** *fig.* a) im Gange, b) im Anzug, im Kommen.

a·fore [əˈfɔː] *obs.* **I** *prp.* vor; **II** *adv.* (nach) vorn; **III** *cj.* ehe, bevor; **~·men·tioned** [əˌfɔːˈmenʃənd], **~·said** [əˈfɔːsed] *adj.* obenerwähnt *od.* -genannt; **~·thought** [əˈfɔːθɔːt] *adj.* vorbedacht; → ***malice*** 3.

a·fraid [əˈfreɪd] *adj.*: ***be*** **~** Angst haben, sich fürchten (***of*** vor *dat.*); ***I am*** **~** (***that***) ***he will not come*** ich fürchte, er wird nicht kommen; ***I am*** **~** ***I must go*** F leider muß ich gehen; ***I'm*** **~** ***so*** leider ja!; ***I shall tell him, don't be*** **~*!*** F (nur) keine Angst, ich werde es ihm sagen!; **~** ***of hard work*** F arbeitsscheu; ***be*** **~** ***to do*** sich scheuen zu tun.

a·fresh [əˈfreʃ] *adv.* von neuem, von vorn: ***start*** **~**.

Af·ri·can [ˈæfrɪkən] **I** *s.* **1.** Afriˈkaner (-in); **2.** Neger(in) (*in Amerika lebend*); **II** *adj.* **3.** afriˈkanisch; **4.** afriˈkanischer Abstammung, Neger...

Af·ri·kaans [ˌæfrɪˈkɑːns] *s. ling.* Afriˈkaans(ch) *n*, Kapholländisch *n*; ˌ**Af·ri·ˈkan·(d)er** [-ˈkæn(d)ə] *s.* Afriˈkander *m* (*Weißer mit Afrikaans als Muttersprache*).

Af·ro [ˈæfrəʊ] *pl.* **-ros** *s.* **1.** Afro-Look *m*; **2.** *a.* **~** ***hairdo*** ˈAfro-Friˌsur *f*.

ˌ**Af·ro|-A'mer·i·can** [ˌæfrəʊ-] *s.* Afroameriˈkaner(in); ˌ**~-ˈA·sian** *adj.* ˈafroasiˈatisch.

aft [ɑːft] *adv.* ⚓ (nach) achtern.

aft·er [ˈɑːftə] **I** *prp.* **1.** nach: **~** ***lunch***; **~** ***a week***; ***day*** **~** ***day*** Tag für Tag; ***the day*** **~** ***tomorrow*** übermorgen; ***the month*** **~** ***next*** der übernächste Monat; **~** ***all*** schließlich, im Grunde, immerhin, (also) doch; **~** ***all my trouble*** nach *od.* trotz all meiner Mühe; → ***look after*** *etc.*; **2.** hinter ... (*dat.*) (her): ***I came*** **~** ***you***; ***shut the door*** **~** ***you***; ***the police are*** **~** ***you*** die Polizei ist hinter dir her; **~** ***you, sir!*** nach Ihnen!; ***one*** **~** ***another*** nacheinander; **3.** nach, gemäß: ***named*** **~** ***his father*** nach s-m Vater genannt; **~** ***my own heart*** ganz nach m-m Herzen *od.* Wunsch; ***a picture*** **~** ***Rubens*** ein Gemälde nach (*im Stil von*) Rubens; **II** *adv.* **4.** nachˈher, hinterˈher, daˈnach, später: ***follow*** **~** nachfolgen; ***for months*** **~** noch monatelang; ***shortly*** **~** kurz danach; **III** *adj.* **5.** später, künftig, Nach...: ***in*** **~** ***years***; **6.** ⚓ Achter...; **IV** *cj.* **7.** nachˈdem: **~** ***he*** (***had***) ***sat down***; **V** *s. pl.* **8.** *Brit.* F Nachspeise *f*: ***for*** **~*s*** zum Nachtisch; ˈ**~·birth** *s.* ⚕ Nachgeburt *f*; ˈ**~ˌburn·er** *s.* ✈ Nachbrenner *m*; ˈ**~-ˌcab·in** *s.* ⚓ ˈHeckkaˌbine *f*; ˈ**~-care** *s.* **1.** ⚕ Nachbehandlung *f*; **2.** ⚖ Resozialisierungshilfe *f*; ˈ**~-crop** *s.* Nachernte *f*; ˈ**~·death** → ***afterlife*** 1; ˈ**~·deck** *s.* ⚓ Achterdeck *n*; ˈ**~-ˌdin·ner** *adj.* nach Tisch: **~** ***speech*** Tischrede *f*; ˈ**~-efˌfect** [-ərɪ-] *s.* Nachwirkung *f* (*a.* ⚕), Folge *f*; ˈ**~·glow** *s.* **1.** Nachglühen *n* (*a.* ⚙ *u. fig.*); **2.** a) Abendrot *n*, b) Alpenglühen *n*; ˈ**~·hold** *s.* ⚓ Achterraum *m*; ˈ**~-hours** *s. pl.* Zeit *f* nach Dienstschluß: **~** ***dealing*** Nachbörse *f*; ˈ**~·life** *s.* **1.** Leben *n* nach dem Tode; **2.** (zu)künftiges Leben; ˈ**~·math** [-mæθ] *s.* **1.** ✓ Grummet *n*, Spätheu *n*; **2.** *fig.* Nachwirkungen *pl.*; ˌ**~ˈnoon** *s.* Nachmittag *m*: ***in the*** **~** am Nachmittag, nachmittags; ***this*** **~** heute nachmittag; **~** ***of life*** Herbst *m* des Lebens; → ***good*** 1; ˈ**~·pains** *s. pl.* ⚕ Nachwehen *pl.*; ˈ**~·play** *s.* (sexuˈelles) Nachspiel; ˈ**~-sales ser·vice** *s.* ✝ Kundendienst *m*; ˈ**~-ˌsea·son** *s.* ˈNachsaiˌson *f*; ˈ**~-shave lo·tion** *s.* After-shave-Lotion *f*, Rasierwasser *n*; ˈ**~·shock** *s.* Nachbeben *n*; ˈ**~·taste** *s.* Nachgeschmack *m* (*a. fig.*); **~** ***tax*** *adj.* ✝ nach Abzug der Steuern, *a.* Netto...; ˈ**~·thought** *s.* nachträglicher Einfall: ***as an*** **~** nachträglich; ˈ**~-ˌtreat·ment** *s.* ⚕, ⚙ Nachbehandlung *f*.

aft·er|·ward [ˈɑːftəwəd] *Am.*, ˈ**~·wards** [-dz] *adv.* später, nachˈher, hinterˈher; ˈ**~·years** *s. pl.* Folgezeit *f*.

a·gain [əˈgen] *adv.* **1.** ˈwieder(um), von neuem, aber-, nochmals: ***come*** **~*!*** komm wieder!; **~** ***and*** **~** immer wieder; ***now and*** **~** hin und wieder; ***be o.s.*** **~** wieder gesund *od.* der alte sein; **2.** schon wieder: ***that fool*** **~** schon wieder dieser Narr!; ***what's his name*** **~*?*** F wie heißt er doch schnell?; **3.** außerdem, ferner; **4.** noch einmal: ***as much*** **~** noch einmal so viel; ***half as much*** **~** anderthalbmal so viel; **5.** *a.* ***then*** **~** andererseits, daˈgegen, aber: ***these*** **~** ***are more expensive***.

a·gainst [əˈgenst] *prp.* **1.** gegen, wider, entgegen: **~** ***the law***; ***to run*** (***up***) **~** ***s.o.*** j-n zufällig treffen; **2.** gegen, gegenˈüber: ***my rights*** **~** ***the landlord***; ***over*** **~** ***the town hall*** gegenüber dem Rathaus; **3.** auf ... (*acc.*) zu, an (*dat. od. acc.*), vor (*dat. od. acc.*), gegen: **~** ***the wall***; **4.** *a.* ***as*** **~** verglichen mit, gegenüber; **5.** in Erwartung (*gen.*), für.

a·gamic [ˌeɪˈgæmɪk] *adj. biol.* aˈgam, geschlechtslos.

a·gape [əˈgeɪp] *adv. u. adj.* gaffend, mit offenem Munde (*vor Staunen*).

a·gar·ic [ˈægərɪk] *s.* ⚘ Blätterpilz *m*, -schwamm *m*; → ***fly agaric***.

ag·ate [ˈægət] *s.* **1.** *min.* Aˈchat *m*; **2.** *Am.* bunte Glasmurmel; **3.** *typ. Am.* Paˈriser Schrift *f*.

a·ga·ve [əˈgeɪvɪ] *s.* ⚘ Aˈgave *f*.

age [eɪdʒ] **I** *s.* **1.** (Lebens)Alter *n*, Altersstufe *f*: ***what is his*** **~** *od.* ***what*** **~** ***is he?*** wie alt ist er?; ***ten years of*** **~** 10 Jahre alt; ***at the*** **~** ***of*** im Alter von; ***at his*** **~** in seinem Alter; ***be over*** **~** über der Altersgrenze liegen; ***act one's*** **~** sich s-m Alter entsprechend benehmen; ***be your*** **~*!*** sei kein Kindskopf!; ***a girl your*** **~** ein Mädchen deines Alters; ***he does not look his*** **~** man sieht ihm sein Alter nicht an; **2.** (Zeit *f* der) Reife: ***full*** **~** Volljährigkeit *f*; (***come***) ***of*** **~** mündig *od.* volljährig (werden); ***under*** **~** minderjährig; **3.** *a.* ***old*** **~** Alter *n*: **~** ***before beauty*** Alter kommt vor Schönheit; **4.** Zeit *f*, Zeitalter *n*; Menschenalter *n*, Generatiˈon *f*: ***Ice*** ♀ Eiszeit; ***the*** **~** ***of Queen Victoria***; ***in our*** **~** in unserer (*od.* der heutigen) Zeit; ***down the*** **~*s*** durch die Jahrhunderte; **5.** *oft pl.* F lange Zeit, Ewigkeit *f*: ***I haven't seen him for*** **~*s*** ich habe ihn seit e-r Ewigkeit nicht gesehen; **II** *v/t.* **6.** alt machen; **7.** *j-n* um Jahre älter machen; **8.** ⚙ altern, vergüten; *Wein etc.* ablagern lassen; *Käse etc.* reifen lassen; **III** *v/i.* **9.** alt werden, altern; **age brack·et** → ***age group***; **aged** [eɪdʒd] *adj.* ... Jahre alt: **~** ***twenty***; **a·ged** [ˈeɪdʒɪd] *adj.* bejahrt, betagt; **age group** *s.* Altersklasse *f*, Jahrgang *m*; **age·ing** → ***aging***; **age·ism** [ˈeɪdʒɪzəm] *s.* Altersdiskriminierung *f*; **age·less** [ˈeɪdʒlɪs] *adj.* nicht alternd, zeitlos; **age lim·it** *s.* Altersgrenze *f*; ˈ**age·long** *adj.* lebenslänglich, dauernd.

a·gen·cy [ˈeɪdʒənsɪ] *s.* **1.** (wirkende) Kraft *f*, (ausführendes) Orˈgan, Werkzeug *n* (*fig.*); **2.** Tätigkeit *f*, Wirkung *f*; **3.** Vermittlung *f*, Mittel *n*, Hilfe *f*: ***by*** *od.* ***through the*** **~** ***of***; **4.** ✝ Agenˈtur *f*: a) (Handels)Vertretung *f*, b) Büˈro *n od.* Amt *n* e-s Aˈgenten; **5.** ⚖ (ˈHandlungs)ˌVollmacht *f*; **6.** (ˈNachrichten-) Agenˌtur *f*; **7.** Geschäfts-, Dienststelle *f*; Amt *n*, Behörde *f*; **~** **busi·ness** *s.* Kommissiˈonsgeschäft *n*.

a·gen·da [əˈdʒendə] *s.* Tagesordnung *f*.

a·gent [ˈeɪdʒənt] *s.* **1.** Handelnde(r *m*) *f*, Urheber(in): ***free*** **~** selbständig Handelnde(r), *weitS. ein* freier Mensch; **2.** ⚗, ⚕, *biol.*, *phys.* ˈAgens *n*, Wirkstoff *m*, (be)wirkende Kraft *od.* Ursache, Mittel *n*, Werkzeug *n*: ***protective*** **~** Schutzmittel; **3.** a) ✝ (Handels)Vertreter *m*, Aˈgent *m*, *a.* Makler *m*, Vermittler *m*, b) ⚖ (Handlungs)Bevollmächtigte(r *m*) *f*, (Stell)Vertreter(in); **4.** *pol.* (Geheim)Agent(in).

a·gent pro·vo·ca·teur *pl.* **a·gents pro·vo·ca·teurs** [ˈæʒɑ̃ːŋ prəˌvɒkəˈtɜː] (*Fr.*) *s.* Lockspitzel *m*.

ˈ**age|-old** *adj.* uralt; ˈ**~-worn** *adj.* altersschwach.

ag·glom·er·ate **I** *v/t. u. v/i.* [əˈglɒməreɪt] **1.** (sich) zs.-ballen, (sich) an- *od.* aufhäufen; **II** *s.* [-rət] **2.** angehäufte Masse, Ballung *f*; **3.** ⚙, *geol.*, *phys.* Agglomeˈrat *n*; **III** *adj.* [-rət] **4.** zs.-geballt, gehäuft; **ag·glom·er·a·tion** [əˌglɒməˈreɪʃn] *s.* Zs.-ballung *f*; Anhäufung *f*; (wirrer) Haufen.

ag·glu·ti·nate **I** *adj.* [əˈgluːtɪnət] **1.** zs.-geklebt, verbunden; **2.** *ling.* agglutiniert; **II** *v/t.* [-neɪt] **3.** zs.-kleben, verbinden; **4.** *biol.*, *ling.* agglutinieren; **ag·glu·ti·na·tion** [əˌgluːtɪˈneɪʃn] *s.* **1.** Zs.-kleben *n*; aneinˈanderklebende Masse; **2.** *biol.*, *ling.* Agglutinatiˈon *f*.

ag·gran·dize [əˈgrændaɪz] *v/t.* **1.** *Macht, Reichtum* vermehren, -größern, erhöhen; **2.** verherrlichen, ausschmücken, *j-n* erhöhen; **agˈgran·dize·ment** [-dɪzmənt] *s.* Vermehrung *f*, Vergrößerung *f*, Erhöhung *f*, Aufstieg *m*.

ag·gra·vate [ˈægrəveɪt] *v/t.* **1.** erschweren, verschärfen, verschlimmern; verstärken: **~*d*** ***larceny*** ⚖ schwerer Diebstahl; **2.** F erbittern, ärgern; ˈ**ag·gra·vat·ing** [-tɪŋ] *adj.* ☐ **1.** erschwerend *etc.*, graˈvierend; **2.** F ärgerlich, aufreizend; **ag·gra·va·tion** [ˌægrəˈveɪʃn] *s.* **1.** Erschwerung *f*, Verschlimmerung *f*, erschwerender ˈUmstand; **2.** F Ärger *m*.

ag·gre·gate [ˈægrɪgət] **I** *adj.* ☐ **1.** angehäuft, vereinigt, gesamt, Gesamt...: **~** ***amount*** → II; **2.** zs.-gesetzt, Sammel...; **II** *s.* **3.** Anhäufung *f*; (Gesamt-) Menge *f*; Summe *f*: ***in the*** **~** insgesamt;

4. ϟ, ⚙, *biol.* Aggre'gat *n*; **III** *v/t.* [-geɪt] **5.** anhäufen, ansammeln; vereinigen (**to** mit); **6.** sich insgesamt belaufen auf (*acc.*); **ag·gre·ga·tion** [ˌægrɪ'geɪʃn] *s.* **1.** Anhäufung *f*, Ansammlung *f*; Zs.-fassung *f*; **2.** *phys.* Aggre'gat *n*: ***state of*** ~ Aggregatzustand *m*.

ag·gres·sion [ə'greʃn] *s.* Angriff *m*, 'Überfall *m*; Aggressi'on *f* (*a. pol. u. psych.*); **ag'gres·sive** [-esɪv] *adj.* □ aggres'siv: a) streitsüchtig, angriffslustig, b) e'nergisch, draufgängerisch, dy'namisch, forsch; **ag'gres·sor** [-esə] *s.* Angreifer *m*.

ag·grieved [ə'gri:vd] *adj.* **1.** bedrückt, betrübt; **2.** *bsd.* ⚖ geschädigt, beschwert, benachteiligt.

ag·gro ['ægrəʊ] *s. sl.* Ärger *m*, Zoff *m*.

a·ghast [ə'gɑ:st] *adj.* entgeistert, bestürzt, entsetzt (**at** über *acc.*).

ag·ile ['ædʒaɪl] *adj.* □ flink, be'hend(e) (*Verstand etc.*); **a·gil·i·ty** [ə'dʒɪlətɪ] *s.* Flinkheit *f*, Be'hendigkeit *f*; Aufgewecktheit *f*.

ag·ing ['eɪdʒɪŋ] **I** *s.* **1.** Altern *n*; **2.** ⚙ Alterung *f*, Vergütung *f*; **II** *pres. p. u. adj.* **3.** alternd.

ag·i·o ['ædʒəʊ] *pl.* **ag·i·os** *s.* ✝ 'Agio *n*, Aufgeld *n*; **ag·i·o·tage** ['ædʒətɪdʒ] *s.* Agio'tage *f*.

ag·i·tate ['ædʒɪteɪt] **I** *v/t.* **1.** hin und her bewegen, schütteln; (um)rühren; **2.** *fig.* beunruhigen, auf-, erregen; **3.** aufwiegeln; **4.** erwägen, lebhaft erörtern; **II** *v/i.* **5.** agitieren, wühlen, hetzen; Propa'ganda machen (**for** für, **against** gegen); **'ag·i·tat·ed** [-tɪd] *adj.* □ aufgeregt; **ag·i·ta·tion** [ˌædʒɪ'teɪʃn] *s.* **1.** Erschütterung *f*, heftige Bewegung; **2.** Aufregung *f*, Unruhe *f*; **3.** Agitati'on *f*, Hetze'rei *f*; Bewegung *f*, Gärung *f*; **'ag·i·ta·tor** [-tə] *s.* **1.** Agi'tator *m*, Aufwiegler *m*, Wühler *m*, Hetzer *m*; **2.** ⚙ 'Rührappaˌrat *m*, -werk *n*, -arm *m*;

ag·it·prop [ˌædʒɪt'prɒp] **1.** Agit'prop *f* (*kommunistische Agitation u. Propaganda*); **2.** Agit'propredner *m*.

a·glow [ə'gləʊ] *adv. u. adj. a. fig.* glühend (**with** von, vor *dat.*).

ag·nate ['ægneɪt] **I** *s.* **1.** A'gnat *m* (*Verwandter väterlicherseits*); **II** *adj.* **2.** väterlicherseits verwandt; **3.** stamm-, wesensverwandt; **ag·nat·ic** *adj.*; **ag·nat·i·cal** [æg'nætɪk(l)] *adj.* □ → **agnate** 2, 3.

ag·nos·tic [æg'nɒstɪk] **I** *s.* A'gnostiker *m*; **II** *adj.* → **agnostical**; **ag'nos·ti·cal** [-kl] *adj.* a'gnostisch; **ag'nos·ti·cism** [-tɪsɪzəm] *s.* Agnosti'zismus *m*.

a·go [ə'gəʊ] *adv. u. adj.* vor'über, her, vor: ***ten years*** ~ vor zehn Jahren; ***long*** ~ vor langer Zeit; ***long, long*** ~ lang, lang ist's her; ***no longer*** ~ ***than last month*** erst vorigen Monat.

a·gog [ə'gɒg] *adv. u. adj.* gespannt, erpicht (**for** auf *acc.*): ***all*** ~ ganz aus dem Häuschen, ‚gespannt wie ein Regenschirm'.

ag·o·nize ['ægənaɪz] **I** *v/t.* **1.** quälen, martern; **II** *v/i.* **2.** mit dem Tode ringen; **3.** Höllenqualen leiden; **4.** sich (ab-) quälen, verzweifelt ringen; **'ag·o·niz·ing** [-zɪŋ] *adj.* □ qualvoll, herzzerreißend; **'ag·o·ny** [-nɪ] *s.* **1.** heftiger Schmerz, Höllenqualen *pl.*, Qual *f*, Pein *f*, Seelenangst *f*: ~ ***of despair***; ~ ***column*** F *Zeitung*: Seufzerspalte *f*; ***pile on the*** ~ F ‚dick auftragen'; **2.** ♀ Ringen *n* Christi mit dem Tode; **3.** Todeskampf *m*, Ago'nie *f*.

ag·o·ra·pho·bi·a [ˌægərə'fəʊbjə] *s.* ⚕ Platzangst *f*.

a·grar·i·an [ə'greərɪən] **I** *adj.* **1.** a'grarisch, landwirtschaftlich, Agrar...: ~ ***unrest*** Unruhe in der Landwirtschaft; **2.** gleichmäßige Landaufteilung betreffend; **II** *s.* **3.** Befürworter *m* gleichmäßiger Aufteilung des (Acker)Landes.

a·gree [ə'gri:] **I** *v/i.* **1.** (**to**) zustimmen (*dat.*), einwilligen (in *acc.*), beipflichten (*dat.*), genehmigen (*acc.*), einverstanden sein (mit), eingehen (auf *acc.*), gutheißen (*acc.*): ~ ***to a plan***; ***I*** ~ ***to come with you*** ich bin bereit mitzukommen; ***you will*** ~ ***that*** du mußt zugeben, daß; **2.** (**on**, **upon**, **about**) sich einigen *od.* verständigen (über *acc.*); vereinbaren, verabreden (*acc.*): ***they*** ~***d about the price***; ~ ***to differ*** sich auf verschiedene Standpunkte einigen; ***let us*** ~ ***to differ!*** ich fürchte, wir können uns da nicht einigen!; **3.** über'einkommen, vereinbaren (**to** *inf.* zu *inf.*, **that** daß): ***it is*** ~***d*** es ist vereinbart, es steht fest; → **agreed** 2; **4.** (**with** mit) über'einstimmen (*a. ling.*), (sich) einig sein, gleicher Meinung sein: ***I*** ~ ***that your advice is best*** auch ich bin der Meinung, daß Ihr Rat der beste ist; → **agreed** 1; **5.** sich vertragen, auskommen, zs.-passen, sich vereinigen (lassen); **6.** ~ ***with j-m*** bekommen, zuträglich sein: ***wine does not*** ~ ***with me***; **II** *v/t.* **7.** ✝ *Konten etc.* abstimmen.

a·gree·a·ble [ə'grɪəbl] *adj.* □ → **agreeably**; **1.** angenehm; gefällig, liebenswürdig; **2.** einverstanden (**to** mit): ~ ***to the plan***; **3.** F bereit, gefügig; **4.** (**to**) über'einstimmend (mit), entsprechend (*dat.*): ~ ***to the rules***; **a'gree·a·ble·ness** [-nɪs] *s.* angenehmes Wesen; Annehmlichkeit *f*; **a'gree·a·bly** [-lɪ] *adv.* **1.** angenehm: ~ ***surprised***; **2.** einverstanden (**to** mit); entsprechend (**to** *dat.*): ~ ***to his instructions***.

a·greed [ə'gri:d] *adj.* **1.** einig (**on** über *acc.*); einmütig: ~ ***decisions***; **2.** vereinbart: ***the*** ~ ***price***; ~***!*** abgemacht!, einverstanden!; **a'gree·ment** [-mənt] *s.* **1.** a) Abkommen *n*, Vereinbarung *f*, Einigung *f*, Verständigung *f*, Über'einkunft *f*, b) Vertrag *m*, c) (gütlicher) Vergleich: ***by*** ~ wie vereinbart; ***come to an*** ~ sich einigen, sich verständigen; ***by mutual*** ~ in gegenseitigem Einvernehmen; ~ ***country*** (***currency***) ✝ Verrechnungsland *n* (-währung *f*); **2.** Einigkeit *f*, Eintracht *f*; **3.** Über'einstimmung *f* (*a. ling.*), Einklang *m*; **4.** Genehmigung *f*, Zustimmung *f*.

ag·ri·cul·tur·al [ˌægrɪ'kʌltʃərəl] *adj.* □ landwirtschaftlich, Landwirtschaft(s)...: ~ ***labo(u)rer*** Landarbeiter *m*; ~ ***levy*** *EU* Abschöpfung *f*; ~ ***show*** Landwirtschaftsausstellung *f*; **ˌag·ri'cul·tur·al·ist** [-rəlɪst] → **agriculturist**; **ag·ri·cul·ture** ['ægrɪkʌltʃə] *s.* Landwirtschaft *f*, Ackerbau *m* (u. Viehzucht *f*); **ˌag·ri'cul·tur·ist** [-tʃərɪst] *s.* (Dip'lom)Landwirt *m*.

ag·ro·nom·ics [ˌægrə'nɒmɪks] *s. pl. sg. konstr.* Agrono'mie *f*, Ackerbaukunde *f*; **a·gron·o·mist** [ə'grɒnəmɪst] *s.* Agro'nom *m*, (Dip'lom)Landwirt *m*; **a·gron·o·my** [ə'grɒnəmɪ] → **agronomics**.

a·ground [ə'graʊnd] *adv. u. adj.* ⚓ gestrandet: ***run*** ~ a) auflaufen, stranden, b) auf Grund setzen; ***be*** ~ a) aufgelaufen sein, b) *fig.* auf dem trocknen sitzen.

a·gue ['eɪgju:] *s.* Schüttelfrost *m*; (Wechsel)Fieber *n*.

ah [ɑ:] *int.* ah, ach, oh, ha, ei!

a·ha [ɑ:'hɑ:] **I** *int.* a'ha, ha'ha!; **II** *adj.*: ~ ***experience*** Aha-Erlebnis *n*.

a·head [ə'hed] *adv. u. adj.* **1.** vorn; vor'aus, vor'an; vorwärts, nach vorn; einen Vorsprung habend, an der Spitze; be'vorstehend: ***right*** (*od.* ***straight***) ~ geradeaus; ***the years*** ~ (***of us***) die bevorstehenden (*od.* vor uns liegenden) Jahre; ***look*** (***think***, ***plan***) ~ vorausschauen (-denken, -planen); ***look*** ~***!*** a) sieh dich vor!, b) *fig.* denk an die Zukunft!; → ***get ahead***, ***go ahead***, ***speed*** 1; **2.** ~ ***of*** vor (*dat.*), vor'aus (*dat.*): ***be*** ~ ***of the others*** vor den anderen sein *od.* liegen, den anderen voraus sein, (e-n) Vorsprung vor den anderen haben, die anderen übertreffen; ***get*** ~ ***of s.o.*** j-n überholen *od.* überflügeln; ~ ***of the times*** der *od.* s-r Zeit voraus.

a·hem [m'mm] *int.* hm!

a·hoy [ə'hɔɪ] *int.* ⚓ ho!, a'hoi!

aid [eɪd] **I** *v/t.* **1.** unter'stützen, fördern; *j-m* helfen, behilflich sein (**in** bei, **to** *inf.* zu *inf.*): ~ ***and abet*** ⚖ a) Beihilfe leisten (*dat.*), b) begünstigen (*acc.*); **II** *s.* **2.** Hilfe *f* (**to** für), -leistung *f* (**in** bei), Unter'stützung *f*: ***he came to her*** ~ er kam ihr zu Hilfe; ***by*** *od.* ***with*** (***the***) ~ ***of*** mit Hilfe von; ***in*** ~ ***of*** zugunsten von (*od. gen.*); **3.** Helfer(in), Beistand *m*, Assis'tent(in); **4.** Hilfsmittel *n*, (Hilfs-) Gerät *n*, Mittel *n*: → ***hearing*** 2.

aide [eɪd] *s.* **1.** Berater *m*; **2.** → **aid(e)-de-camp** [ˌeɪddə'kɑ̃:ŋ] *pl.* **ˌaid(e)s-de-'camp** [ˌeɪdz-] *s.* ⚔ Adju'tant *m*.

aide-mé·moire [ˌeɪdmem'wɑ:] (*Fr.*) *s. sg. u. pl.* **1.** Gedächtnisstütze *f*, No'tiz *f*; **2.** *pol.* Denkschrift *f*.

AIDS, Aids [eɪdz] *s.* **Aids** *n*: ~ ***risk*** Aidsgefahr *f*; ~ ***sufferer*** Aidskranke *m*.

ai·grette ['eɪgret] *s.* **1.** *orn.* kleiner, weißer Reiher; **2.** Ai'grette *f*, Kopfschmuck *m* (*aus Federn etc.*).

ail [eɪl] **I** *v/t.* schmerzen: ***what*** ~***s you?*** *a. fig.* was hast du denn?; **II** *v/i.* kränkeln.

ai·ler·on ['eɪlərɒn] (*Fr.*) *s.* ✈ Querruder *n*.

ail·ing ['eɪlɪŋ] *adj.* kränklich, leidend; **ail·ment** ['eɪlmənt] *s.* Unpäßlichkeit *f*, Leiden *n*.

aim [eɪm] **I** *v/i.* **1.** zielen (**at** auf *acc.*, nach); **2.** *mst* ~ ***at*** *fig. et.* beabsichtigen, an-, erstreben, bezwecken: ~***ing to please*** zu gefallen suchend; ***be*** ~***ing to do*** *Am.* vorhaben *et.* zu tun; **3.** abzielen (**at** auf *acc.*): ***that was not*** ~***ed at you*** das war nicht auf dich gemünzt; **II** *v/t.* (**at**) **4.** *Waffe etc.*, *a. Bestrebungen* richten (auf *acc.*); **5.** *Bemerkungen* richten (gegen); **III** *s.* **6.** Ziel *n*, Richtung *f*: ***take*** ~ ***at*** zielen auf (*acc.*) *od.* nach; **7.** Ziel *n*, Zweck *m*, Absicht *f*; **'aim·less** [-lɪs] *adj.* □ ziel-, zweck-, planlos.

ain't [eɪnt] V *abbr. für*: ***am not***, ***is not***, ***are not***, ***has not***, ***have not***.

air¹ [eə] **I** *s.* **1.** Luft *f*, Atmo'sphäre *f*,

Luftraum *m*: **by ~** auf dem Luftwege, mit dem Flugzeug; **in the open ~** im Freien; **hot ~** *sl.* leeres Geschwätz, blauer Dunst; → **beat** 11; **clear the ~** die Luft (*fig.* die Atmosphäre) reinigen; **vanish into thin ~** *fig.* sich in nichts auflösen; **change of ~** Luftveränderung *f*; **be in the ~** *fig.* a) in der Luft liegen, b) in der Schwebe sein (*Frage etc.*), c) im Umlauf sein (*Gerücht etc.*); **be up in the ~** *fig.* a) (völlig) in der Luft hängen, b) völlig ungewiß sein, c) F ganz aus dem Häuschen sein (**about** wegen); **take the ~** a) frische Luft schöpfen, b) ✈ abheben, aufsteigen; **walk on ~** sich wie im Himmel fühlen, selig sein; **in the ~** *fig.* (völlig) ungewiß; **give s.o. the ~** *Am.* j-n an die (frische) Luft setzen; **2.** Brise *f*, Luftzug *m*, Lüftchen *n*; **3.** ⚒ Wetter *n*: **foul ~** schlagende Wetter *pl.*; **4.** *Radio, TV*: 'Äther *m*: **on the ~** im Rundfunk *od.* Fernsehen; **be on the ~** a) senden, b) gesendet werden, c) auf Sendung sein (*Person*), d) zu hören *od.* zu sehen sein (*Person*); **go off the ~** a) die Sendung beenden (*Person*), b) sein Programm beenden (*Sender*); **put on the ~** senden, übertragen; **stay on the ~** auf Sendung bleiben; **5.** Art *f*, Stil *m*; **6.** Miene *f*, Aussehen *n*, Wesen *n*: **an ~ of importance** e-e gewichtige Miene; **7.** *mst pl.* Getue *n*; ‚Gehabe' *n*, Pose *f*: **~s and graces** affektiertes Getue; **put on** (*od.* **give o.s**) **~s** vornehm tun; **II** *v/t.* **8.** der Luft aussetzen, lüften; **9.** *Wäsche* trocknen, zum Trocknen aufhängen; **10.** *Getränke* abkühlen; **11.** an die Öffentlichkeit *od.* zur Sprache bringen, äußern: **~ one's grievances**; **12. ~ o.s.** frische Luft schöpfen; **III** *adj.* **13.** Luft…, pneu'matisch.

air² [eə] *s.* ♪ **1.** Lied *n*, Melo'die *f*, Weise *f*; **2.** Arie *f*.

air| a·lert *s.* 'Flieger-, 'Lufta͵larm *m*; **~ arm** *s.* ✈ *Brit.* Luftwaffe *f*; **~ bag** *s. mot.* Luftsack *m*; **~ bar·rage** *s.* ✈ Luftsperre *f*; **'~·base** *s.* ✈ Luft-, Flugstützpunkt *m*, Fliegerhorst *m*; **'~·bath** *s.* Luftbad *n*; **~ bea·con** *s.* ✈ Leuchtfeuer *n*; **'~·bed** *s.* 'Luftma͵tratze *f*; **'~͵blad·der** *s. ichth.* Schwimmblase *f*; **'~·borne** *adj.* **1.** a) im Flugzeug befördert *od.* eingebaut, Bord…: **~ transmitter** Bordfunkgerät *n*, b) Luftlande…: **~ troops**, c) auf dem Luftwege; **2.** in der Luft befindlich, aufgestiegen: **be ~**; **~ brake** *s.* **1.** ⚙ Luft(druck)bremse *f*; **2.** ✈ Landeklappe *f*: **~ parachute** Landefallschirm *m*; **'~·brick** *s.* ⚙ Luftziegel *m*; **'~·bridge** *s.* ✈ **1.** Luftbrücke *f*; **2.** Fluggastbrücke *f*; **~ bub·ble** *s.* Luftblase *f*; **~ bump** *s.* ✈ Bö *f*, aufsteigender Luftstrom; **~ bus** *s.* ✈ Airbus *m*; **~ car·go** *s.* Luftfracht *f*; **~ car·ri·er** *s.* ✈ **1.** Fluggesellschaft *f*; **2.** Charterflugzeug *n*; **~ cas·ing** *s.* ⚙ Luftmantel *m*; **~ cham·ber** *s.* ⚘, *zo.*, ⚙ Luftkammer *f*; **~ com·pres·sor** *s.* ⚙ Luftverdichter *m*; **'~-con͵di·tion** *v/t.* ⚙ mit Klimaanlage versehen, klimatisieren; **'~-con͵di·tion·ing** *s.* ⚙ Klimatisierung *f*; *a.* **~ plant** Klimaanlage *f*; **'~-cooled** *adj.* luftgekühlt; **♀ Corps** *s. hist. Am.* Luftwaffe *f*; **~ cor·ri·dor** *s.* 'Luft͵korridor *m*, Einflugschneise *f*; **~ cov·er** *s.* Luftsicherung *f*.

'air·craft *s.* Flugzeug *n*; *coll.* Luftfahr-, Flugzeuge *pl.*; **~ car·ri·er** *s.* Flugzeugträger *m*; **~ en·gine** *s.* 'Flug͵motor *m*; **~ in·dus·try** *s.* 'Luftfahrt-, 'Flugzeugindu͵strie *f*; **'~·man** [-mən] *s.* [*irr.*] *Brit.* Flieger *m* (*Dienstgrad*); **~ weap·ons** *s. pl.* Bordwaffen *pl.*

air| crash *s.* Flugzeugabsturz *m*; **~ crew** *s.* (Flugzeug)Besatzung *f*; **~ cush·ion** *s. a.* ⚙ Luftkissen *n*; **'~-͵cush·ion ve·hic·le** *s.* ⚙ Luftkissenfahrzeug *n*; **~ de·fence**, *Am.* **~ de·fense** *s.* ⚔ Luftschutz *m*, -verteidigung *f*, Fliegerabwehr *f*.

air·drome ['eədrəʊm] *s. Am.* Flugplatz *m*.

'air|·drop I *s.* a) Fallschirmabwurf *m*, b) ⚔ Luftlandung *f*; **II** *v/t.* a) mit dem Fallschirm abwerfen, b) ⚔ *Fallschirmjäger etc.* absetzen; **'~·dry** *v/t. u. v/i.* lufttrocknen; **'~·field** *s.* Flugplatz *m*; **~ flap** *s.* ⚙ Luftklappe *f*; **'~·foil** *s.* ✈ Tragfläche *f*; **~ force**, **♀ Force** *s.* ✈ Luftwaffe *f*, Luftstreitkräfte *pl.*; **'~·frame** *s.* ✈ Flugwerk *n*, (Flugzeug-)Zelle *f*; **'~·freight** *s.* Luftfracht *f*; **'~͵freight·er** *s.* **1.** Luftfrachter *m*; **2.** 'Luftspediti͵on *f*; **'~·graph** [-grɑːf] *s.* 'Fotoluftpostbrief *m*; **͵~-'ground** *adj.* ✈ Bord-Boden-…; **'~·gun** *s.* Luftgewehr *n*; **~ host·ess** *s.* ✈ ('Luft)͵Stewardeß *f*; **'~·house** *s.* Traglufthalle *f*.

air·i·ly ['eərɪlɪ] *adv.* 'leicht'hin, unbekümmert; **'air·i·ness** [-nɪs] *s.* **1.** Luftigkeit *f*; luftige Lage; **2.** Leichtigkeit *f*; Munterkeit *f*; **3.** Leichtfertigkeit *f*; **'air·ing** [-rɪŋ] *s.* **1.** (Be)Lüftung *f*, Trocknen *n*: **give s.th. an ~** et. lüften; **2.** Spaziergang *m*: **take an ~** frische Luft schöpfen; **3.** Äußerung *f*; Erörterung *f*.

air| in·take *s.* ⚙ **1.** Lufteinlaß *m*; **2.** Zuluftstutzen *m*; **~ jack·et** *s.* **1.** Schwimmweste *f*; **2.** ⚙ Luftmantel *m*; **~ jet** *s.* ⚙ Luftstrahl *m*, -düse *f*; **~ lane** *s.* Luftroute *f*.

air·less ['eəlɪs] *adj.* **1.** ohne Luft(zug); **2.** dumpf, stickig.

air| let·ter *s.* **1.** Luftpostbrief *m* (*auf Formular*); **2.** *Am.* Luftpostleichtbrief *m*; **~ lev·el** *s.* ⚙ Li'belle *f*, Setzwaage *f*; **'~·lift I** *s.* Luftbrücke *f*; **II** *v/t.* über e-e Luftbrücke befördern; **'~·line** *s.* Luft-, Flugverkehrsgesellschaft *f*; **~ lin·er** *s.* ✈ Verkehrs-, Linienflugzeug *n*; **'~·lock** *s.* ⚙ **1.** Luftschleuse *f*; **2.** Druckstauung *f*; **~ mail** *s.* (**by ~** mit *od.* per) Luftpost *f*; **'~·man** [-mən] *s.* [*irr.*] Flieger *m*; **'~-me͵chan·ic** *s.* ✈ 'Bordmon͵teur *m*; **'~-͵mind·ed** *adj.* ✈ luft(fahrt)-, flug(sport)begeistert; **'~-͵op·er·at·ed** *adj.* ⚙ preßluftbetätigt; **~ par·cel** *Brit.* 'Luftpostpa͵ket *n*; **~ pas·sage** *s.* **1.** *anat.*, *biol.*, Luft-, Atemweg *m*; **2.** ⚙ Luftschlitz *m*; **~ pas·sen·ger** *s.* ✈ Fluggast *m*; **~ pho·to(·graph)** *s.* ✈ Luftbild *n*, -aufnahme *f*; **~ pi·ra·cy** *s.* 'Luftpirate͵rie *f*; **~ pi·rate** *s.* 'Luftpi͵rat *m*; **'~·plane** *s.* ✈ *bsd. Am.* Flugzeug *n*; **'~·plane car·ri·er** *bsd. Am.* → **aircraft carrier**; **~ pock·et** *s.* Fallbö *f*, Luftloch *n*; **~ pol·lu·tion** *s.* Luftverschmutzung *f*; **'~·port** *s.* ✈ Flughafen *m*; **'~·proof** *adj.* luftbeständig, -dicht; **~ pump** *s.* ⚙ Luftpumpe *f*; **~ raft** *s.* Schlauchboot *n*; **~ raid** *s.* Luftangriff *m*.

'air-raid| pre·cau·tions *s. pl.* Luftschutz *m*; **~ shel·ter** *s.* Luftschutzraum *m*, -bunker *m*, -keller *m*; **~ ward·en** *s.* Luftschutzwart *m*; **~ warn·ing** *s.* Luft-, Fliegerwarnung *f*, 'Fliegera͵larm *m*.

air| ri·fle *s.* Luftgewehr *n*; **~ route** *s.* ✈ Flugroute *f*; **~ sched·ule** *s.* Flugplan *m*; **'~·screw** *s.* ✈ Luftschraube *f*; **'~·seal** *v/t.* ⚙ luftdicht verschließen; **'~·ship** *s.* Luftschiff *n*; **'~·sick** *adj.* luftkrank; **'~-͵sick·ness** *s.* Luftkrankheit *f*; **'~·space** *s.* Luftraum *m*; **~ speed** *s.* ✈ (Flug)Eigengeschwindigkeit *f*; **'~·strip** *s.* ✈ **1.** Behelfslandeplatz *m*; **2.** *Am.* Roll-, Start-, Landebahn *f*; **~ tax·i** *s.* ✈ Lufttaxi *n*; **~ tee** *s.* ✈ Landekreuz *n*; **~ ter·mi·nal** *s.* ✈ **1.** Großflughafen *m*; **2.** Terminal *m*, *n*: a) (Flughafen)Abfertigungsgebäude, b) *Brit.* 'Endstati͵on *f* der 'Zubringer͵linie zum und vom Flughafen; **'~·tight** *adj.* **1.** luftdicht; **2.** *fig.* todsicher, völlig klar; **͵~-to-'air** *adj.* ✈ Bord-Bord-…; **͵~-to-'ground** *adj.* ✈ Bord-Boden-…; **~ traf·fic** *s.* Luft-, Flugverkehr *m*; **'~͵traf·fic con·trol** *s.* ✈ Flugsicherung *f*; **'~-͵traf·fic con·trol·ler** *s.* ✈ Fluglotse *m*; **'~·tube** *s.* **1.** ⚙ Luftschlauch *m*; **2.** *anat.* Luftröhre *f*; **~ um·brel·la** *s.* ✈ Luftschirm *m*; **'~·way** *s.* **1.** ⚙, ⚒ Wetterstrecke *f*, Luftschacht *m*; **2.** ✈ a) Luft(verkehrs)weg *m*, Luftroute *f*, b) → **airline**; **'~͵wom·an** *s.* [*irr.*] Fliegerin *f*; **'~͵wor·thi·ness** *s.* ✈ Lufttüchtigkeit *f*.

air·y ['eərɪ] *adj.* ☐ → **airily**; **1.** Luft…; **2.** luftig, *a.* windig; **3.** körperlos; **4.** grazi'ös; **5.** lebhaft, munter; **6.** über'spannt, verstiegen: **~ plans**; **7.** lässig: **an ~ manner**; **8.** vornehmtuerisch.

aisle [aɪl] *s.* **1.** △ a) Seitenschiff *n*, -chor *m* (*e-r Kirche*), b) Schiff *n*, Abteilung *f* (*e-r Kirche od. e-s Gebäudes*); **2.** (Mittel)Gang *m* (*zwischen Bänken etc.*); **3.** *fig.* Schneise *f*.

aitch [eɪtʃ] *s.* H *n*, h *n* (*Buchstabe*): **drop one's ~es** das H nicht aussprechen (*Zeichen der Unbildung*); **'aitch·bone** *s.* **1.** Lendenknochen *m*; **2.** Lendenstück *n* (*vom Rind*).

a·jar [ə'dʒɑː] *adv. u. adj.* **1.** halb offen, angelehnt (*Tür*); **2.** *fig.* im Zwiespalt.

a·kim·bo [ə'kɪmbəʊ] *adv. die Arme* in die Seite gestemmt.

a·kin [ə'kɪn] *adj.* **1.** (bluts- *od.* stamm-) verwandt (**to** mit); **2.** verwandt; sehr ähnlich (**to** *dat.*).

al·a·bas·ter ['æləbɑːstə] **I** *s. min.* Ala'baster *m*; **II** *adj.* ala'bastern, ala'basterweiß, Alabaster…

a·lac·ri·ty [ə'lækrətɪ] *s.* **1.** Munterkeit *f*; **2.** Bereitwilligkeit *f*, Eifer *m*.

A·lad·din's lamp [ə'lædɪnz] *s.* 'Aladins Wunderlampe *f*; *fig.* wunderwirkender 'Talisman.

à la mode [͵ɑːlɑː'məʊd] (*Fr.*) *adj.* **1.** à la mode, modisch; **2.** gespickt u. geschmort u. mit Gemüse zubereitet: **beef ~**; **3.** *Am.* mit (Speise)Eis (serviert): **cake ~**.

a·larm [ə'lɑːm] **I** *s.* **1.** A'larm *m*, Warnruf *m*, Warnung *f*: **false ~** blinder Alarm, falsche Meldung; **give** (**raise**, **sound**) **the ~** Alarm geben *od. fig.* schlagen; **2.** a) Weckvorrichtung *f*, b) Wecker *m*; **3.** A'larmvorrichtung *f*; **4.** Lärm *m*, Aufruhr *m*; **5.** Angst *f*, Unruhe *f*, Bestürzung *f*; **II** *v/t.* **6.** alarmieren, warnen; **7.** beunruhigen, erschrecken (**at** über *acc.*, **by** durch): **be ~ed** sich ängstigen, bestürzt sein; **~ bell** *s.* A'larm-, Sturmglocke *f*; **~ clock** *s.* Wecker *m* (*Uhr*).

a·larm·ing [ə'lɑːmɪŋ] *adj.* □ beunruhigend, beängstigend; **a'larm·ist** [-mɪst] **I** *s.* Bangemacher *m*, Schwarzseher *m*, ‚Unke' *f*; **II** *adj.* schwarzseherisch.

a·las [ə'læs] *int.* ach!, leider!

alb [ælb] *s. eccl.* Albe *f*, Chorhemd *n*.

Al·ba·ni·an [æl'beɪnjən] **I** *adj.* al'banisch; **II** *s.* Al'ban(i)er(in).

al·ba·tross ['ælbətrɒs] *s. orn.* 'Albatros *m*, Sturmvogel *m*.

al·be·it [ɔːl'biːɪt] *cj.* ob'gleich, wenn auch.

al·bert ['ælbət] *s. a.* **~ chain** *Brit.* (kurze) Uhrkette.

al·bi·no [æl'biːnəʊ] *pl.* **-nos** *s.* Al'bino *m*, 'Kakerlak *m*.

Al·bion ['ælbjən] *npr. poet.* 'Albion *n* (*Britannien od. England*).

al·bum ['ælbəm] *s.* **1.** 'Album *n*, Stammbuch *n*; **2.** (Briefmarken-, Foto-, Schallplatten- *etc.*)Album *n*; **3.** a) 'Schallplattenkasˌsette *f*, b) Album *n* (*Langspielplatte*[*n*]); **4.** Gedichtsammlung *etc.* (in Buchform).

al·bu·men ['ælbjʊmɪn] *s.* **1.** *zo.* Eiweiß *n*, Al'bumen *n*; **2.** ♀, ⚗, ⚘ Eiweiß(stoff *m*) *n*, Albu'min *n*; **al·bu·min** ['ælbjʊmɪn] → **albumen** 2; **al·bu·mi·nous** [æl'bjuːmɪnəs] *adj.* eiweißartig, -haltig.

al·chem·ic *adj.*; **al·chem·i·cal** [æl'kemɪk(l)] *adj.* □ alchi'mistisch; **al·che·mist** ['ælkɪmɪst] *s.* Alchi'mist *m*, Goldmacher *m*; **al·che·my** ['ælkɪmɪ] *s.* Alchi'mie *f*.

al·co·hol ['ælkəhɒl] *s.* 'Alkohol *m*: a) Sprit *m*, 'Spiritus *m*, Weingeist *m*: **ethyl ~** Äthylalkohol *m*, b) geistige *od.* alko'holische Getränke *pl.*; **al·co·hol·ic** [ˌælkə'hɒlɪk] **I** *adj.* **1.** alko'holisch, 'alkoholartig, -haltig, Alkohol…: **~ drinks**; **~ strength** Alkoholgehalt *m*; **II** *s.* **2.** (Gewohnheits)Trinker(in), Alko'holiker(in); **3.** *pl.* Alko'holika *pl.*, alkoholische Getränke *pl.*; **'al·co·hol·ism** [-lɪzəm] *s.* Alkoho'lismus *m*: a) Trunksucht *f*, b) *durch Trunksucht verursachte Organismusschädigungen.*

al·cove ['ælkəʊv] *s.* Al'koven *m*, Nische *f*; (Garten)Laube *f*, Grotte *f*.

al·de·hyde ['ældɪhaɪd] *s.* ⚗ Alde'hyd *m*.

al·der ['ɔːldə] *s.* ♀ Erle *f*.

al·der·man ['ɔːldəmən] *s.* [*irr.*] Ratsherr *m*, Stadtrat *m*; **'al·der·man·ry** [-rɪ] *s.* **1.** (von e-m Ratsherrn vertretener) Stadtbezirk; **2.** → **'al·der·man·ship** [-ʃɪp] *s.* Amt *n* e-s Ratsherrn; **al·der·wom·an** ['ɔːldəˌwʊmən] *s.* [*irr.*] Stadträtin *f*.

ale [eɪl] *s.* Ale *n* (*helles, obergäriges Bier*).

a·leck ['ælɪk] *s. Am.* F → **smart aleck**.

a·lee [ə'liː] *adv. u. adj.* leewärts.

'ale-house *s.* 'Bierloˌkal *n*.

a·lem·bic [ə'lembɪk] *s.* **1.** Destillierkolben *m*; **2.** *fig.* Re'torte *f*.

a·lert [ə'lɜːt] **I** *adj.* □ **1.** wachsam, auf der Hut; achtsam: **~ to** klar bewußt (*gen.*); **2.** rege, munter; **3.** aufgeweckt, forsch, a'lert; **II** *s.* **4.** (A'larm-) Bereitschaft *f*: **on the ~** auf der Hut, in Alarmbereitschaft; **5.** A'larm(siˌgnal *n*) *m*, Warnung *f*; **III** *v/t.* **6.** alarmieren, warnen, ⚔ *a.* in A'larmzustand versetzen, *weitS.* mobilisieren: **~ s.o. to s.th.** *fig.* j-m et. zum Bewußtsein bringen; **a'lert·ness** [-nɪs] *s.* **1.** Wachsamkeit *f*; **2.** Munterkeit *f*, Flinkheit *f*; **3.** Aufgewecktheit *f*, Forschheit *f*.

A lev·el *s. Brit. ped.* (*etwa*) Abi'tur *n*: **he has three ~s** er hat das Abitur in drei Fächern gemacht.

Al·ex·an·drine [ˌælɪg'zændraɪn] *s.* Alexan'driner *m* (*Versart*).

al·fal·fa [æl'fælfə] *s.* ♀ Lu'zerne *f*.

al·fres·co [æl'freskəʊ] (*Ital.*) *adj. u. adv.* im Freien: **~ lunch**.

al·ga ['ælgə] *pl.* **-gae** [-dʒiː] *s.* ♀ Alge *f*, Tang *m*.

al·ge·bra ['ældʒɪbrə] *s.* ⩓ Algebra *f*; ˌ**alge'bra·ic** [-reɪk] *adj.* □ alge'braisch: **~ calculus** Algebra *f*.

Al·ge·ri·an [æl'dʒɪərɪən] **I** *adj.* al'gerisch; **II** *s.* Al'gerier(in).

Al·gol ['ælgɒl] *s.* ALGOL *n* (*Computersprache*).

a·li·as ['eɪlɪæs] **I** *adv.* 'alias, sonst (… genannt); **II** *s. pl.* **-as·es** angenommener Name, Deckname *m*.

al·i·bi ['ælɪbaɪ] *s.* **1.** ⚖ 'Alibi *n*: **establish one's ~** sein Alibi erbringen; **3.** F Ausrede *f*, 'Alibi *n*.

al·ien ['eɪljən] **I** *adj.* **1.** fremd; ausländisch: **~ subjects** ausländische Staatsangehörige; **2.** außerirdisch (*Wesen*); **3.** *fig.* andersartig, fernliegend, fremd (**to** *dat.*); **4.** *fig.* zu'wider, 'unsymˌpathisch (**to** *dat.*); **II** *s.* **5.** Fremde(r *m*) *f*, Ausländer(in): **enemy ~** feindlicher Ausländer; **~s police** Fremdenpolizei *f*; **6.** nicht naturalisierter Bewohner des Landes; **7.** *fig.* Fremdling *m*; **8.** außerirdisches Wesen; **9.** *ling.* Fremdwort *n*; **'al·ien·a·ble** [-nəbl] *adj.* veräußerlich; über'tragbar; **'al·ien·age** [-nɪdʒ] *s.* Ausländertum *n*; **'al·ien·ate** [-neɪt] *v/t.* **1.** ⚖ veräußern, über'tragen; **2.** entfremden, abspenstig machen (**from** *dat.*); **al·ien·a·tion** [ˌeɪljə'neɪʃn] *s.* **1.** ⚖ Veräußerung *f*, Über'tragung *f*; **2.** Entfremdung *f* (*a. psych., pol.*) (**from** von), Abwendung *f*, Abneigung *f*: **~ of affections** ⚖ Entfremdung (ehelicher Zuneigung); **3.** *a.* **mental ~** Alienati'on *f*, Psy'chose *f*; **4.** *literarische* Verfremdung: **~ effect** Verfremdungs-, V-Effekt *m*; **'al·ien·ist** [-nɪst] *s. obs.* Nervenarzt *m*.

a·light¹ [ə'laɪt] *v/i.* **1.** ab-, aussteigen; **2.** sich niederlassen, sich setzen (*Vogel*), fallen (*Schnee*): **~ on one's feet** auf die Füße fallen; **3.** ✈ niedergehen, landen; **4.** (**on**) (zufällig) stoßen (auf *acc.*), antreffen (*acc.*).

a·light² [ə'laɪt] *adj.* **1.** → **ablaze**; **2.** erleuchtet (**with** von).

a·lign [ə'laɪn] **I** *v/t.* **1.** ausfluchten, in e-e (gerade) 'Linie bringen; in gerader Linie *od.* in Reih und Glied aufstellen; ausrichten (**with** nach); **2.** *fig.* zu e-r Gruppe (*Gleichgesinnter*) zs.-schließen; **3.** **~ o.s.** (**with**) sich anschließen, sich anpassen (an *acc.*); **II** *v/i.* **4.** sich in gerader Linie *od.* in Reih und Glied aufstellen; sich ausrichten (**with** nach); **a'lign·ment** [-mənt] *s.* **1.** Anordnung *f* in 'einer Linie, Ausrichten *n*; Anpassung *f*: **in ~ with** in 'einer Linie *od.* Richtung mit (*a. fig.*); **2.** ⚙ a) Ausfluchten *n*, Ausrichten *n*, b) 'Linien-, Zeilenführung *f*, c) 'Absteckungsˌlinie *f*, Trasse *f*, Flucht *f*, Gleichlauf *m*; **3.** *fig.* Ausrichtung *f*, Gruppierung *f*: **~ of political forces**.

a·like [ə'laɪk] **I** *adj.* gleich, ähnlich; **II** *adv.* gleich, ebenso, in gleichem Maße: **she helps enemies and friends ~**.

al·i·ment ['ælɪmənt] *s.* Nahrung(smittel *n*) *f*; **2.** *et.* Lebensnotwendiges; **al·i·men·ta·ry** [ˌælɪ'mentərɪ] *adj.* **1.** nahrhaft; **2.** Nahrungs…, Ernährungs…: **~ canal** Verdauungskanal *m*; **al·i·men·ta·tion** [ˌælɪmen'teɪʃn] *s.* Ernährung *f*, Unterhalt *m*.

al·i·mo·ny ['ælɪmənɪ] *s.* ⚖ 'Unterhalt(szahlung *f*) *m*.

a·line *etc.* → **align** *etc.*

al·i·quant ['ælɪkwənt] *adj.* ⩓ ali'quant, mit Rest teilend; **'al·i·quot** [-kwɒt] *adj.* ⩓ ali'quot, ohne Rest teilend.

a·live [ə'laɪv] *adj.* **1.** lebend, (noch) am Leben: **the proudest man ~** der stolzeste Mann der Welt; **no man ~** kein Sterblicher; **man ~!** F Menschenskind!; **2.** tätig, in voller Kraft *od.* Wirksamkeit, im Gange: **keep ~** a) aufrechterhalten, bewahren, b) am Leben bleiben; **3.** lebendig, lebhaft, belebt: **~ and kicking** F gesund u. munter; **look ~!** F (mach) fix!, paß auf!; **4.** (**to**) empfänglich (für), bewußt (*gen.*), achtsam (auf *acc.*); **5.** voll, belebt, wimmelnd (**with** von); **6.** ⚡ stromführend, geladen, unter Strom stehend.

al·ka·li ['ælkəlaɪ] ⚗ **I** *pl.* **-lies** *od.* **-lis** *s.* **1.** Al'kali *n*; **2.** (in wäßriger Lösung) stark al'kalisch reagierende Verbindung: **caustic ~** Ätzalkali; **mineral ~** kohlensaures Natron; **3.** *geol.* kalzinierte Soda; **II** *adj.* **4.** al'kalisch: **~ soil**; **'al·ka·line** [-laɪn] *adj.* ⚗ al'kalisch, al'kalihaltig, basisch; **al·ka·lin·i·ty** [ˌælkə'lɪnətɪ] *s.* ⚗ Alkalini'tät *f*, al'kalische Eigenschaft; **'al·ka·lize** [-laɪz] *v/t.* ⚗ alkalisieren, auslaugen; **'al·ka·loid** [-lɔɪd] ⚗ **I** *s.* Alkalo'id *n*; **II** *adj.* al'kaliartig, laugenhaft.

all [ɔːl] **I** *adj.* **1.** all, sämtlich, vollständig, ganz: **~ the wine** der ganze Wein; **~ day** (**long**) den ganzen Tag; **for ~ that** dessenungeachtet, trotzdem; **~ the time** die ganze Zeit; **for ~ time** für immer; **~ the way** die ganze Strecke, *fig.* völlig, rückhaltlos; **with ~ respect** bei aller Hochachtung; **2.** jeder, jede, jedes (beliebige); alle *pl.*: **at ~ hours** zu jeder Stunde; **beyond ~ question** fraglos; → **event** 3, **mean**³ 3; **3.** ganz, rein: **~ wool** reine Wolle; → **all-American**; **II** *s.* **4.** das Ganze, alles; Gesamtbesitz *m*: **his ~** a) sein Hab u. Gut, b) sein ein u. alles; **III** *pron.* **5.** alles: **~ of it** alles; **~ of us** wir alle; **~'s well that ends well** Ende gut, alles gut; **when ~ is said** (**and done**) F letzten Endes, im Grunde genommen; **what is it ~ about?** um was handelt es sich?; **the best of ~ would be** das allerbeste wäre; **in ~** insgesamt; **~ in ~** alles in allem; **is that ~?** a) sonst noch et.?, b) F schöne Geschichte!; **IV** *adv.* **6.** ganz, gänzlich, völlig, höchst: **~ wrong** ganz falsch, völlig im Irrtum; **that is ~ very well, but …** das ist ja ganz schön u. gut, aber …; **he was ~ ears** (**eyes**) er war ganz Ohr (Auge); **she is ~ kindness** sie ist die Güte selber; **~ the better** um so besser; **~ one** einerlei, gleichgültig; **~ the same** a) ganz gleich, gleichgültig,

b) gleichwohl, trotzdem, immerhin; → ***above*** 2, ***after*** 1, ***at*** 7, ***but*** 13, ***once*** 4b; **7.** *Sport:* ***two*** ~ zwei beide, zwei zu zwei;

Zssgn mit adv. u. prp.:

all| a·long a) der ganzen Länge nach, b) F die ganze Zeit, schon immer; ~ **in** *sl.* ‚fertig', ganz ‚erledigt'; ~ **out** a) ‚auf dem Holzweg', b) völlig ‚ka'putt', c) mit aller Macht: ***be ~ for s.th.*** mit aller Macht auf et. aussein; → ***go*** 16; ~ **o·ver** a) *es ist* alles aus, b) gänzlich: ***that is Max ~*** F das sieht Max ähnlich, das ist typisch Max, c) am ganzen Körper, d) über'all(hin); ~ **right** ganz richtig; in Ordnung(!), schön!, (na) gut!; ~ **round** 'ringsum'her, über'all; ~ **there**: ***he is not ~*** F er ist nicht ganz bei Trost; ~ **up**: ***it's ~ with him*** mit ihm ist's aus; **for ~** a) trotz: ***~ his smartness***; ***~ that*** trotzdem, b) so'viel: ***~ I know***; ***~ I care*** F das ist mir doch egal!, meinetwegen!; **in ~** insgesamt.

ˌall|-A'mer·i·can *adj.* rein ameri'kanisch, die ganzen USA vertretend; *Sport*: National…; **ˌ~-a'round** *Am.* → ***all-round***; **'all-ˌau·to'mat·ic** *adj.* ⚙ 'vollautoˌmatisch.

al·lay [ə'leɪ] *v/t.* beschwichtigen, beruhigen; *Streit* schlichten; mildern, lindern, *Hunger, Durst* stillen.

ˌall|-'clear *s.* **1.** Ent'warnung(ssiˌgnal *n*) *f*; **2.** *fig.* ‚grünes Licht'; **'~-ˌdu·ty** *adj.* ⚙ Allzweck…

al·le·ga·tion [ˌælɪ'geɪʃn] *s. unerwiesene* Behauptung, Aussage *f*, Vorbringen *n*; Darstellung *f*.

al·lege [ə'ledʒ] *v/t.* **1.** *Unerwiesenes* behaupten, erklären, vorbringen; **2.** vorgeben, vorschützen; **al'leged** [-dʒd] *adj*; **al'leg·ed·ly** [-dʒɪdlɪ] *adv.* an-, vorgeblich.

al·le·giance [ə'li:dʒəns] *s.* **1.** 'Untertanenpflicht *f*, -treue *f*, -gehorsam *m*: ***oath of ~*** Treu-, ⚔ Fahneneid *m*; ***change one's ~*** s-e Staats- *od.* Parteiangehörigkeit wechseln; **2.** (***to***) Treue *f* (zu), Loyali'tät *f*; Bindung *f* (an *acc.*); Ergebenheit *f*, Gefolgschaft *f*.

al·le·gor·ic, al·le·gor·i·cal [ˌælɪ'gɒrɪk(l)] *adj.* □ alle'gorisch, (sinn)bildlich; **al·le·go·rize** ['ælɪgəraɪz] **I** *v/t.* allegorisch darstellen; **II** *v/i.* in Gleichnissen reden; **al·le·go·ry** ['ælɪgərɪ] *s.* Allego'rie *f*, Sinnbild *n*, sinnbildliche Darstellung, Gleichnis *n*.

al·le·lu·ia [ˌælɪ'lu:jə] **I** *s.* Halle'luja *n*, Loblied *n*; **II** *int.* halleluja!

al·ler·gic [ə'lɜ:dʒɪk] *adj.* ⚕ *u.* F *fig.* all'ergisch, äußerst empfindlich (***to*** gegen); **al·ler·gist** ['ælədʒɪst] *s.* Allergologe *m*; **al·ler·gy** ['ælədʒɪ] *s.* **1.** ⚘, ⚕, *zo.* Aller'gie *f*, 'Überempfindlichkeit *f*; **2.** F ‚Aller'gie' *f*, 'Widerwille *m* (***to*** gegen).

al·le·vi·ate [ə'li:vɪeɪt] *v/t.* erleichtern, lindern, mildern, (ver)mindern; **al·le·vi·a·tion** [əˌli:vɪ'eɪʃn] *s.* Erleichterung *f etc.*

al·ley ['ælɪ] *s.* **1.** (schmale) Gasse, Verbindungsgang *m*, 'Durchgang *m* (*a. fig.*): ***that's down*** (*od.* ***up***) ***my ~*** F das ist et. für mich, das ist ganz mein Fall; → ***blind alley***; **2.** Spielbahn *f*; → ***bowling-alley*** *etc.*; **'~·way** *s.* → ***alley*** 1.

All| Fools' Day [ˌɔ:l'fu:lzdeɪ] *s.* der 1. A'pril; ⁓ **fours** alle vier (*Kartenspiel*); → ***four*** 2; ~ **Hal·lows** [ˌɔ:l'hæləʊz] *s.* Aller'heiligen *n*.

al·li·ance [ə'laɪəns] *s.* **1.** Verbindung *f*, Verknüpfung *f*; **2.** Bund *m*, Bündnis *n*: ***offensive and defensive ~*** Schutz- und Trutzbündnis; ***form an ~*** ein Bündnis schließen; **3.** Heirat *f*, Verwandtschaft *f*, Verschwägerung *f*; **4.** *weitS.* Verwandtschaft *f*; **5.** *fig.* Bund *m*, (Inter'essen)Gemeinschaft *f*; **6.** Über'einkunft *f*; **al·lied** [ə'laɪd; *attr.* 'ælaɪd] *adj.* **1.** verbündet, alliiert (***with*** mit): ***the ⁓ Powers***; **2.** *fig.* (art)verwandt (***to*** mit); **Al·lies** ['ælaɪz] *s. pl.*: ***the ~*** die Alliierten, die Verbündeten.

al·li·ga·tor ['ælɪgeɪtə] *s. zo.* Alli'gator *m*; 'Kaiman *m*; ~ **pear** *s.* → ***avocado***; ~ **skin** *s.* Kroko'dilleder *n*.

'all|-imˌpor·tant *adj.* äußerst wichtig; **ˌ~-'in, 'all-inˌclu·sive** *adj. bsd. Brit.* alles inbegriffen, Gesamt…, Pauschal…: ***~ insurance*** Generalversicherung *f*; ***~ wrestling*** *sport* Catchen *n*.

al·lit·er·ate [ə'lɪtəreɪt] *v/t.* **1.** alliterieren; **2.** im Stabreim dichten; **al·lit·er·a·tion** [əˌlɪtə'reɪʃn] *s.* Alliterati'on *f*, Stabreim *m*; **al'lit·er·a·tive** [-rətɪv] *adj.* □ alliterierend.

ˌall|-'mains *adj.* ϟ Allstrom…, mit Netzanschluß; **ˌ~-'met·al** *adj.* Ganzmetall…

al·lo·cate ['æləʊkeɪt] *v/t.* **1.** ver-, zuteilen, an-, zuweisen (***to*** *dat.*): ***~ duties***; ***~ shares*** Aktien zuteilen; **2.** → ***allot*** 3; **3.** den Platz bestimmen für; **al·lo·ca·tion** [ˌæləʊ'keɪʃn] *s.* **1.** Zu-, Verteilung *f*; An-, Zuweisung *f*, Kontin'gent *n*; Aufschlüsselung *f*; **2.** ✝ Bewilligung *f*, Zahlungsanweisung *f*.

al·lo·cu·tion [ˌæləʊ'kju:ʃn] *s.* feierliche *od.* ermahnende Ansprache.

al·lo·path ['æləʊpæθ] *s.* ⚕ Allo'path *m*; **al·lop·a·thy** [ə'lɒpəθɪ] *s.* ⚕ Allopa'thie *f*.

al·lot [ə'lɒt] *v/t.* **1.** zu-, aus-, verteilen; auslosen; **2.** bewilligen, abtreten; **3.** bestimmen (***to, for*** für *j-n od. e-n Zweck*); **al'lot·ment** [-mənt] *s.* **1.** Ver-, Zuteilung *f*; Anteil *m*; zugeteilte 'Aktien *pl.*; **2.** *Brit.* Par'zelle *f*; (*a.* ***~ garden***) Schrebergarten *m*; **3.** Los *n*, Schicksal *n*.

ˌall-'out *adj.* **1.** to'tal, um'fassend, Groß…: ***~ effort***; **2.** kompro'mißlos, radi'kal.

al·low [ə'laʊ] **I** *v/t.* **1.** erlauben, gestatten, zulassen: ***he is not ~ed to go there*** er darf nicht hingehen; **2.** gewähren, bewilligen, gönnen, zuerkennen: ***~ more time***; ***we are ~ed two ounces a day*** uns stehen täglich zwei Unzen zu; ***~ an item of expenditure*** e-n Ausgabeposten billigen; **3.** a) zugeben: ***I ~ I was rather nervous***, b) gelten lassen, *Forderung* anerkennen: ***~ a claim***; **4.** lassen, dulden, ermöglichen: ***you must ~ the soup to get cold*** du mußt die Suppe abkühlen lassen; **5.** *Summe für gewisse Zeit* zuwenden, geben: ***my father ~s me £100 a year*** mein Vater gibt mir jährlich £ 100 (*Zuschuß od. Unterhaltsgeld*); **6.** ab-, anrechnen, abziehen, nachlassen, vergüten: ***~ a discount*** e-n Rabatt gewähren; ***~ 10% for inferior quality***; **7.** *Am.* a) meinen, b) beabsichtigen; **II** *v/i.* **8.** ~ ***of*** erlauben, zulassen, ermöglichen (*acc.*): ***it ~s of no excuse*** es läßt sich nicht entschuldigen; **9.** ~ ***for*** berücksichtigen, bedenken, in Betracht ziehen, anrechnen (*acc.*): ***~ for wear and tear***; **al'low·a·ble** [-əbl] *adj.* □ **1.** erlaubt, zulässig, rechtmäßig; **2.** abziehbar, -zugsfähig: ***~ expenses*** ✝ abzugsfähige Ausgaben; **al'low·ance** [-əns] **I** *s.* **1.** Erlaubnis *f*, Be-, Einwilligung *f*, Anerkennung *f*; **2.** *geldliche* Zuwendung; Zuteilung *f*, Rati'on *f*, Maß *n*; Zuschuß *m*, Beihilfe *f*, Taschengeld *n*: ***weekly ~***; ***family ~*** Familienunterstützung *f*; ***dress ~*** Kleidergeld *n*; **3.** Nachsicht *f*: ***make ~ for*** berücksichtigen, bedenken, in Betracht ziehen; **4.** Entschädigung *f*, Vergütung *f*: ***expense ~*** Aufwandsentschädigung; **5.** ✝ Nachlaß *m*, Ra'batt *m*: ***~ for cash*** Skonto *m, n*; ***tax ~*** Steuerermäßigung *f*; **6.** ⚙, ⚒ Tole'ranz *f*, Spiel(raum *m*) *n*, zulässige Abweichung; **7.** *sport* Vorgabe *f*; **II** *v/t.* **8.** a) *j-n* auf Rationen setzen, b) *Waren* rationieren.

al·loy I *s.* ['ælɔɪ] **1.** Me'tallegierung *f*; **2.** ⚙ Legierung *f*, Gemisch *n*; **3.** [ə'lɔɪ] *fig.* (Bei)Mischung *f*: ***pleasure without ~*** ungetrübte Freude; **II** *v/t.* [ə'lɔɪ] **4.** *Metalle* legieren, mischen; **5.** *fig.* beeinträchtigen, verschlechtern.

ˌall|-'par·ty *adj. pol.* Allparteien…; **ˌ~-'pur·pose** *adj.* für jeden Zweck verwendbar, Allzweck…, Universal…: ***~ outfit***; **ˌ~-'red** *adj. bsd. geogr.* rein 'britisch; **ˌ~-'round** *adj.* all-, vielseitig, Allround…; **ˌ~-'round·er** *s.* Alleskönner *m*; *sport* All'roundsportler *m*, -spieler *m*; ⁓ **Saints' Day** [ˌɔ:l'seɪntsdeɪ] *s.* Aller'heiligen *n*; ⁓ **Souls' Day** [ˌɔ:l'səʊlzdeɪ] *s.* Aller'seelen *n*; **ˌ~-'star** *adj. thea., sport* nur mit ersten Kräften besetzt: ***~ cast*** Star-, Galabesetzung *f*; **ˌ~-'steel** *adj.* Ganzstahl…; **ˌ~-ter'rain** *adj. mot.* geländegängig, Gelände…; **ˌ~-'time** *adj.* **1.** bisher unerreicht, *der (die, das) beste etc.* aller Zeiten: ***~ high*** Höchstleistung *f*, -stand *m*; ***~ low*** Tiefststand *m*; **2.** hauptberuflich, Ganztags…: ***~ job***.

al·lude [ə'lu:d] *v/i.* (***to***) anspielen, hinweisen (auf *acc.*); *et.* andeuten, erwähnen.

al·lure [ə'ljʊə] **I** *v/t.* **1.** (an-, ver)locken, gewinnen (***to*** für); abbringen (***from*** von); **2.** anziehen, reizen; **II** *s.* **3.** → **al'lure·ment** [-mənt] *s.* **1.** (Ver)Lokkung *f*; **2.** Lockmittel *n*, Köder *m*; **3.** Anziehungskraft *f*, Zauber *m*, Reiz *m*; **al'lur·ing** [-ərɪŋ] *adj.* □ verlockend, verführerisch.

al·lu·sion [ə'lu:ʒn] *s.* (***to***) Anspielung *f*, Hinweis *m* (auf *acc.*); Erwähnung *f*, Andeutung *f* (*gen.*); **al'lu·sive** [-u:sɪv] *adj.* □ anspielend, verblümt, vielsagend.

al·lu·vi·al [ə'lu:vjəl] *adj. geol.* angeschwemmt, alluvi'al; **al'lu·vi·on** [-ən] *s.* **1.** *geol.* Anschwemmung *f*; **2.** Alluvi'on *f*, angeschwemmtes Land; **al'lu·vi·um** [-əm] *pl.* **-vi·ums** *od.* **-vi·a** [-vjə] *s. geol.* Al'luvium *n*, Schwemmland *n*.

ˌall|-'wave *adj.* ϟ: ***~ receiving set*** Allwellenempfänger *m*; **ˌ~-'weath·er** *adj.* ⚙ Allwetter…; **ˌ~-'wheel** *adj.* ⚙, *mot.* Allrad…

al·ly [ə'laɪ] **I** *v/t.* **1.** (*durch Heirat, Verwandtschaft, Ähnlichkeit*) vereinigen, verbinden (***to, with*** mit); **2.** ~ ***o.s.*** sich verbinden *od.* verbünden (***with*** mit); **II** *v/i.* **3.** sich vereinigen, sich verbinden, sich verbünden (***to, with*** mit); → ***al-***

lied; **III** *s.* [ˈælaɪ] **4.** Alliierte(r *m*) *f*, Verbündete(r *m*) *f*, Bundesgenosse *m*, Bundesgenossin *f* (*a. fig.*); **5.** ⚘, *zo.* verwandte Sippe.

al·ma·nac [ˈɔːlmənæk] *s.* ˈAlmanach *m*, Kaˈlender *m*, Jahrbuch *n*.

al·might·y [ɔːlˈmaɪtɪ] *adj.* **1.** allmächtig: ***the*** ♀ der Allmächtige; **2.** *a. adv.* F ‚riesig', ‚mächtig'.

al·mond [ˈɑːmənd] *s.* ⚘ Mandel *f*; Mandelbaum *m*; ˈ**~-eyed** *adj.* mandeläugig.

al·mon·er [ˈɑːmənə] *s.* **1.** *hist.* ˈAlmosenpfleger *m*; **2.** *Brit.* Soziˈalarbeiter(in) im Krankenhaus.

al·most [ˈɔːlməʊst] *adv.* fast, beinahe.

alms [ɑːmz] *s. sg. u. pl.* ˈAlmosen *n*; ˈ**~·house** *s.* **1.** *Brit.* a) priˈvates Altenheim, b) privates Wohnheim für soziˈal Schwache; **2.** *hist.* Armenhaus *n*; ˈ**~·man** [-mən] *s.* [*irr.*] *hist.* ˈAlmosenempfänger *m*.

al·oe [ˈæləʊ] *s.* **1.** ⚘ ˈAloe *f*; **2.** *pl. sg. konstr.* ⚕ Aloe *f* (*Abführmittel*).

a·loft [əˈlɒft] *adv.* **1.** *poet.* hoch (oben *od.* hinˈauf), emˈpor, droben, in der *od.* die Höhe; **2.** ⚓ oben, in der *od.* die Takelung.

a·lone [əˈləʊn] **I** *adj.* alˈlein, einsam; → ***leave alone***, ***let alone***, ***let***[1] *Redew.*; **II** *adv.* allein, bloß, nur.

a·long [əˈlɒŋ] **I** *prp.* **1.** entlang, längs; **II** *adv.* **2.** entlang, längs; **3.** vorwärts, weiter: → ***get along***; **4.** zuˈsammen (mit), mit, bei sich: ***take ~*** mitnehmen; ***come ~*** komm mit!, ‚komm doch schon!'; ***I'll be ~ in a few minutes*** ich werde in ein paar Minuten da sein; **5.** → ***all along***; **a͵longˈshore** *adv.* längs der Küste; **a͵longˈside** **I** *adv.* **1.** ⚓ längsseits; **2.** *fig.* (***of, with***) verglichen (mit), im Vergleich (zu); **II** *prp.* **3.** längsseits (*gen.*); neben (*dat.*).

a·loof [əˈluːf] **I** *adv.* fern, abseits, von fern: ***keep ~*** sich fernhalten (***from*** von), Distanz wahren; ***stand ~*** für sich bleiben; **II** *adj.* zuˈrückhaltend, reserˈviert; **aˈloof·ness** [-nɪs] *s.* Zuˈrückhaltung *f*, Reserˈviertheit *f*, Disˈtanz *f*.

a·loud [əˈlaʊd] *adv.* laut, mit lauter Stimme.

alp [ælp] *s.* Alp(e) *f*, Alm *f*.

al·pac·a [ælˈpækə] *s.* **1.** *zo.* ˈPako *n*, Alˈpaka *n*; **2.** a) Alˈpakawolle *f*, b) Alˈpakastoff *m*.

ˈ**al·pen|·glow** [ˈælpən-] *s.* Alpenglühen *n*; ˈ**~·horn** (*Ger.*) *s.* Alphorn *n*; ˈ**~·stock** [ˈælpɪn-] (*Ger.*) *s.* Bergstock *m*.

al·pha [ˈælfə] *s.* **1.** ˈAlpha *n*: ***the ~ and omega*** *fig.* das A u. O; **2.** ***~ particles*** (***rays***) *pl. phys.* ˈAlphateilchen (-strahlen) *pl.*; **3.** *univ. Brit.* Eins *f* (*beste Note*): ***~ plus*** hervorragend.

al·pha·bet [ˈælfəbɪt] *s.* **1.** Alphaˈbet *n*, Abc *n*; **2.** *fig.* Anfangsgründe *pl.*, Abc *n*; **al·pha·bet·ic**, **al·pha·bet·i·cal** [͵ælfəˈbetɪk(l)] *adj.* □ alphaˈbetisch: ***~ order*** alphabetische Reihenfolge.

Al·pine [ˈælpaɪn] *adj.* **1.** Alpen…; **2.** alˈpin, Hochgebirgs…: ***~ sun*** ⚕ Höhensonne *f*; ***~ combined*** *sport* Alpine Kombination; ˈ**Al·pin·ism** [-pɪnɪzəm] *s.* **1.** Alpiˈnismus *m*; **2.** alˈpiner Skisport; ˈ**Al·pin·ist** [-pɪnɪst] *s.* Alpiˈnist(in); **Alps** [ælps] *s. pl. die* Alpen *pl.*

al·read·y [ɔːlˈredɪ] *adv.* schon, bereits.

al·right [͵ɔːlˈraɪt] *adv. Brit.* F *od. Am.* für ***all right***.

Al·sa·tian [ælˈseɪʃjən] **I** *adj.* **1.** elsässisch; **II** *s.* **2.** Elsässer(in); **3.** *a.* ***~ dog*** (deutscher) Schäferhund.

al·so [ˈɔːlsəʊ] *adv.* auch, ferner, außerdem, ebenfalls; ˈ**al·so-ran** *s.* **1.** *sport Rennteilnehmer* (*a. Pferd*), *der sich nicht plazieren kann*: ***she was an ~*** sie kam unter ‚ferner liefen' ein; **2.** F Versager *m*, Niete *f*.

al·tar [ˈɔːltə] *s.* Alˈtar *m*: ***lead to the ~*** zum Altar führen, heiraten; ***~ boy*** *s.* Miniˈstrant *m*; ***~ cloth*** *s.* Alˈtardecke *f*; ˈ**~-piece** *s.* Alˈtarblatt *n*, -gemälde *n*; ˈ**~-screen** *s.* *reichverzierte* Alˈtarrückwand, Reˈtabel *n*.

al·ter [ˈɔːltə] **I** *v/t.* **1.** (ver)ändern, ab-, ˈumändern; **2.** *Am. dial. Tiere* kastrieren; **II** *v/i.* **3.** sich (ver)ändern; ˈ**al·ter·a·ble** [-tərəbl] *adj.* veränderlich, wandelbar; **al·ter·a·tion** [͵ɔːltəˈreɪʃn] *s.* **1.** (Ab-, ˈUm-, Ver)Änderung *f*; **2.** *a. pl.* ˈUmbau *m*.

al·ter·ca·tion [͵ɔːltəˈkeɪʃn] *s.* heftige Auseinˈandersetzung.

al·ter e·go [͵æltərˈegəʊ] (*Lat.*) *s.* Alter ego *n*: a) *das* andere Ich, b) *j-s* Busenfreund(in).

al·ter·nate [ɔːlˈtɜːnət] **I** *adj.* □ → ***alternately***; **1.** (miteinˈander) abwechselnd, wechselseitig: ***on ~ days*** jeden zweiten Tag; **2.** ⚔ Ausweich…: ***~ position***; **II** *s.* **3.** *pol. Am.* Stellvertreter *m*; **III** *v/t.* [ˈɔːltəneɪt] **4.** wechselweise tun; abwechseln lassen, *miteinander* vertauschen; **5.** ⚡, ⚙ periˈodisch verändern; **IV** *v/i.* [ˈɔːltəneɪt] **6.** abwechseln, alternieren; **7.** ⚡ wechseln; **alˈter·nate·ly** [-lɪ] *adv.* abwechselnd, wechselweise; **al·ter·nat·ing** [ˈɔːltəneɪtɪŋ] *adj.* abwechselnd, Wechsel…: ***~ current*** ⚡ Wechselstrom *m*; ***~ voltage*** ⚡ Wechselspannung *f*; **al·ter·na·tion** [͵ɔːltəˈneɪʃn] *s.* Abwechslung *f*, Wechsel *m*; **alˈter·na·tive** [-nətɪv] **I** *adj.* □ → ***alternatively***; **1.** alternaˈtiv, die Wahl lassend, einˈander ausschließend, nur ˈeine Möglichkeit lassend; **2.** ander(er, e, es) (*von zweien*), Ersatz…, Ausweich…: ***~ airport*** Ausweichflughafen *m*; **II** *s.* **3.** Alternaˈtive *f*, Wahl *f*: ***have no*** (***other***) ***~*** keine andere Möglichkeit *od.* Wahl *od.* keinen anderen Ausweg haben; **alˈter·na·tive·ly** [-nətɪvlɪ] *adv.* im anderen Falle, ersatz-, hilfsweise; **al·ter·na·tor** [ˈɔːltəneɪtə] *s.* ⚡ ˈWechselstromma͵schine *f*.

al·tho [ɔːlˈðəʊ] *Am.* → ***although***.

alt-horn [ˈælthɔːn] *s.* ♪ Althorn *n*.

al·though [ɔːlˈðəʊ] *cj.* obˈwohl, obˈgleich, wenn auch.

al·tim·e·ter [ˈæltɪmiːtə] *s. phys.* Höhenmesser *m*.

al·ti·tude [ˈæltɪtjuːd] *s.* **1.** Höhe *f* (*bsd. über dem Meeresspiegel, a.* ⚗, ✈, *ast.*): ***~ control*** Höhensteuerung *f*; ***~ flight*** Höhenflug *m*; ***~ of the sun*** Sonnenstand *m*; **2.** *mst pl.* hochgelegene Gegend, (Berg)Höhen *pl.*; **3.** *fig.* Erhabenheit *f*.

al·to [ˈæltəʊ] *pl.* ˈ**al·tos** (*Ital.*) *s.* ♪ **1.** Alt *m*, Altstimme *f*; **2.** Alˈtist(in), Altsänger(in).

al·to·geth·er [͵ɔːltəˈgeðə] **I** *adv.* **1.** völlig, gänzlich, ganz u. gar *schlecht etc.*; **2.** insgesamt, im ganzen genommen; **II** *s.* **3.** ***in the ~*** splitternackt.

al·to-re·lie·vo [͵æltəʊrɪˈliːvəʊ] (*Ital.*) *s.* ˈHochreli͵ef *n*.

al·tru·ism [ˈæltrʊɪzəm] *s.* Altruˈismus *m*, Nächstenliebe *f*, Uneigennützigkeit *f*; ˈ**al·tru·ist** [-ɪst] *s.* Altruˈist(in); **al·tru·is·tic** [͵æltrʊˈɪstɪk] *adj.* (□ ***~ally***) altruˈistisch, uneigennützig, selbstlos.

al·um [ˈæləm] *s.* ⚗ Aˈlaun *m*.

a·lu·mi·na [əˈljuːmɪnə] *s.* ⚗ Tonerde *f*.

al·u·min·i·um [͵æljʊˈmɪnjəm], *Am.* **a·lu·mi·num** [əˈluːmɪnəm] *s.* ⚗ Aluˈminium *n*.

a·lum·na [əˈlʌmnə] *pl.* **-nae** [-niː] *s.* ehemalige Stuˈdentin *od.* Schülerin; **aˈlum·nus** [-nəs] *pl.* **-ni** [naɪ] *s.* ehemaliger Stuˈdent *od.* Schüler.

al·ve·o·lar [ælˈvɪələ] *adj.* **1.** *anat.* alveoˈlär, das Zahnfach betreffend; **2.** *ling.* alveoˈlar, am Zahndamm artikuliert; **al·ve·o·lus** [ælˈvɪələs] *pl.* **-li** [-laɪ] *s. anat.* Alveˈole *f*: a) Zahnfach *n*, b) Zungenbläs-chen *n*.

al·ways [ˈɔːlweɪz] *adv.* **1.** immer, stets, jederzeit; **2.** F auf jeden Fall, immerˈhin.

a·lys·sum [ˈælɪsəm] *s.* ⚘ Steinkraut *n*.

am [æm; əm] *1. sg. pres. von* ***be***.

a·mal·gam [əˈmælgəm] *s.* **1.** Amalˈgam *n*; **2.** *fig.* Mischung *f*, Gemenge *n*, Verschmelzung *f*; **aˈmal·gam·ate** [-meɪt] **I** *v/t.* **1.** amalgamieren; **2.** *fig.* vereinigen, verschmelzen; zs.-legen, zs.-schließen, ✝ fusionieren; **II** *v/i.* **3.** sich amalgamieren; **4.** sich vereinigen, verschmelzen, sich zs.-schließen, ✝ fusionieren; **a·mal·gam·a·tion** [ə͵mælgəˈmeɪʃn] *s.* **1.** Amalgamieren *n*; **2.** Vereinigung *f*, Verschmelzung *f*, Mischung *f*; **3.** *bsd.* ✝ Zs.-schluß *m*, Fusiˈon *f*.

a·man·u·en·sis [ə͵mænjʊˈensɪs] *pl.* **-ses** [-siːz] *s.* Amanuˈensis *m*, (Schreib)Gehilfe *m*, Sekreˈtär(in).

am·a·ranth [ˈæmərænθ] *s.* **1.** ⚘ Amaˈrant *m*, Fuchsschwanz *m*; **2.** *poet.* unverwelkliche Blume; **3.** Amaˈrantfarbe *f*, Purpurrot *n*.

am·a·ryl·lis [͵æməˈrɪlɪs] *s.* ⚘ Amaˈryllis *f*, Narˈzissenlilie *f*.

a·mass [əˈmæs] *v/t. bsd. Geld etc.* an-, aufhäufen, ansammeln.

am·a·teur [ˈæmətə] *s.* Amaˈteur *m*: a) (Kunst- *etc.*)Liebhaber *m*, b) Amateursportler(in): ***~ flying*** Sportfliegerei *f*, c) Nichtfachmann *m*, *contp.* Diletˈtant *m*, Stümper *m* (***at painting*** im Malen), d) Bastler *m*; **am·a·teur·ish** [͵æməˈtɜːrɪʃ] *adj.* □ diletˈtantisch; ˈ**am·a·teur·ism** [-ərɪzəm] *s.* **1.** *sport* Amateuˈrismus *m*; **2.** Diletˈtantentum *n*.

am·a·tive [ˈæmətɪv] *adj.*, ˈ**am·a·to·ry** [-tərɪ] → ***amorous***.

a·maze [əˈmeɪz] *v/t.* in Staunen setzen, verblüffen, überˈraschen; **aˈmazed** [-zd] *adj.*; **aˈmaz·ed·ly** [-zɪdlɪ] *adv.* erstaunt, verblüfft (***at*** über *acc.*); **aˈmaze·ment** [-mənt] *s.* (Er)Staunen *n*, Verblüffung *f*, Verwunderung *f*; **aˈmaz·ing** [-zɪŋ] *adj.* □ erstaunlich, verblüffend; unglaublich, ‚toll'.

Am·a·zon [ˈæməzən] *s.* **1.** *antiq.* Amaˈzone *f*; **2.** ♀ *fig.* Amaˈzone *f*, Mannweib *n*; **Am·a·zo·ni·an** [͵æməˈzəʊnjən] *adj.* **1.** amaˈzonenhaft, Amazonen…; **2.** *geogr.* Amazonas…

am·bas·sa·dor [æmˈbæsədə] *s.* **1.** *pol.* a) Botschafter *m* (*a. fig.*), b) Gesandte(r) *m*; **2.** Abgesandte(r) *m*, Bote *m* (*a. fig.*): ***~ of peace***; **am·bas·sa·do·ri·al** [æm͵bæsəˈdɔːrɪəl] *adj.* Botschafts…; **am'bas·sa·dress** [-drɪs] *s.* **1.** Botschafterin *f*; **2.** Gattin *f* e-s Botschafters.

am·ber ['æmbə] **I** *s.* **1.** *min.* Bernstein *m*; **2.** Gelb *n*, gelbes Licht (*Verkehrsampel*): ***at ~*** bei Gelb; ***the lights were at ~*** die Ampel stand auf Gelb; **II** *adj.* **3.** Bernstein…; **4.** bernsteinfarben.

am·ber·gris ['æmbəgri:s] *s.* (graue) Ambra.

am·bi·dex·trous [ˌæmbɪ'dekstrəs] *adj.* □ **1.** beidhändig; **2.** mit beiden Händen gleich geschickt, *weitS.* ungewöhnlich geschickt; **3.** doppelzüngig, 'hinterhältig.

am·bi·ence ['æmbɪəns] *s. Kunst*: Ambi'ente *n*, *fig. a.* a) Mili'eu *n*, 'Umwelt *f*, b) Atmo'sphäre *f*; **'am·bi·ent** [-nt] *adj.* um'gebend, um'kreisend; ⚙ Umgebungs…(*-temperatur etc.*), Neben…(*-geräusch*).

am·bi·gu·i·ty [ˌæmbɪ'gju:ɪtɪ] *s.* Zwei-, Vieldeutigkeit *f*, Doppelsinn *m*; Unklarheit *f*; **am·big·u·ous** [æm'bɪgjʊəs] *adj.* □ zweideutig; unklar.

am·bit ['æmbɪt] *s.* **1.** 'Umkreis *m*; **2.** a) Um'gebung *f*, b) Grenzen *pl.*; **3.** *fig.* Bereich *m*.

am·bi·tion [æm'bɪʃn] *s.* Ehrgeiz *m*, Ambiti'on *f* (*beide a. Gegenstand des Ehrgeizes*); Streben *n*, Begierde *f*, Wunsch *m* (***of*** nach *od. inf.*), Ziel *n*, *pl.* Bestrebungen *pl.*; **am'bi·tious** [-ʃəs] *adj.* □ **1.** ehrgeizig (*a. Plan etc.*); **2.** strebsam; begierig (***of*** nach); **3.** ambiti'ös, anspruchsvoll.

am·bi·va·lence [ˌæmbɪ'veɪləns] *s. psych., phys.* Ambiva'lenz *f*, Doppelwertigkeit *f*; *fig.* Zwiespältigkeit *f*; **ˌam·bi'va·lent** [-nt] *adj. bes. psych.* ambiva'lent.

am·ble ['æmbl] **I** *v/i.* im Paßgang gehen *od.* reiten; *fig.* schlendern; **II** *s.* Paß(-gang) *m* (*Pferd*); *fig.* gemächlicher (Spazier)Gang, Schlendern *n*.

am·bro·si·a [æm'brəʊzjə] *s. antiq.* Am'brosia *f*, Götterspeise *f* (*a. fig.*); **am'bro·si·al** [-əl] *adj.* □ am'brosisch; *fig.* köstlich (duftend).

am·bu·lance ['æmbjʊləns] *s.* **1.** Ambu'lanz *f*, Kranken-, Sani'tätswagen *m*; **2.** ⚔ 'Feldlazaˌrett *n*; **~ bat·tal·ion** *s.* ⚔ 'Krankentransˌportbataiˌlon *n*; **~ box** *s.* Verbandskasten *m*; **~ sta·tion** *s.* Sani'tätswache *f*, 'Unfallstatiˌon *f*.

am·bu·lant ['æmbjʊlənt] *adj.* ambu'lant: a) wandernd: ***~ trade*** Wandergewerbe *n*, b) ⚕ gehfähig: ***~ patients***; ***~ treatment*** ambulante Behandlung; **'am·bu·la·to·ry** [-ətərɪ] **I** *adj.* **1.** beweglich, (orts)veränderlich; **2.** → ***ambulant***; **II** *s.* **3.** Ar'kade *f*, Wandelgang *m*.

am·bus·cade [ˌæmbəs'keɪd], **am·bush** ['æmbʊʃ] **I** *s.* **1.** 'Hinterhalt *m*; **2.** im 'Hinterhalt liegende Truppen *pl.*; **II** *v/i.* **3.** im 'Hinterhalt liegen; **III** *v/t.* **4.** in e-n 'Hinterhalt legen; **5.** aus dem 'Hinterhalt über'fallen, auflauern (*dat.*).

a·me·ba, **a·me·bic** *Am.* → ***amoeba***, ***amoebic***.

a·mel·io·rate [ə'mi:ljəreɪt] **I** *v/t.* verbessern (*bsd.* ✓); **II** *v/i.* besser werden, sich bessern; **a·mel·io·ra·tion** [əˌmi:ljə'reɪʃn] *s.* (✓ Boden)Verbesserung *f*.

a·men [ˌɑ:'men; ˌeɪ'men] **I** *int.* 'amen!; **II** *s.* 'Amen *n*.

a·me·na·ble [ə'mi:nəbl] *adj.* □ (***to***) **1.** zugänglich (*dat.*): ***~ to flattery***; **2.** gefügig; **3.** unter'worfen (*dat.*): ***~ to a fine***; **4.** verantwortlich (*dat.*).

a·mend [ə'mend] **I** *v/t.* **1.** (ver)bessern, berichtigen; **2.** *Gesetz etc.* (ab)ändern, ergänzen; **II** *v/i.* **3.** sich bessern (*bsd. Betragen*).

a·mende ho·no·ra·ble [amɑ̃:d ɔnɔrabl] (*Fr.*) *s.* öffentliche Ehrenerklärung *od.* Abbitte.

a·mend·ment [ə'mendmənt] *s.* **1.** (*bsd. sittliche*) Besserung; **2.** Verbesserung *f*, Berichtigung *f*, Neufassung *f*; **3.** *bsd.* ⚖, *parl.* (Ab)Änderungs-, Ergänzungsantrag *m* (*zu e-m Gesetz*), *Am.* 'Zusatzarˌtikel *m* zur Verfassung, Nachtragsgesetz *n*: ***the Fifth*** ♀.

a·mends [ə'mendz] *s. pl. sg. konstr.* (Schaden)Ersatz *m*, Genugtuung *f*: ***make ~*** Schadenersatz leisten, es wiedergutmachen.

a·men·i·ty [ə'mi:nətɪ] *s.* **1.** Annehmlichkeit *f*, angenehme Lage; **2.** Anmut *f*, Liebenswürdigkeit *f*; **3.** *pl.* Konventi'on *f*, Eti'kette *f*; Höflichkeiten *pl.*; **4.** *pl.* (na'türliche) Vorzüge *pl.*, Reize *pl.*, Annehmlichkeiten *pl.*

Am·er·a·sian [ˌæmə'reɪʃjən] *adj. u. s.* (Per'son *f*) ameri'kanisch-asi'atischer Abstammung.

A·mer·i·can [ə'merɪkən] **I** *adj.* **1.** a) ameri'kanisch, b) die USA betreffend: ***the ~ navy***; **II** *s.* **2.** a) Ameri'kaner(in), b) Bürger(in) der USA; **3.** Ameri'kanisch *n* (*Sprache der USA*); **A·mer·i·ca·na** [əˌmerɪ'kɑ:nə] *s. pl.* Ameri'kana *pl.* (*Schriften etc. über Amerika*).

A·mer·i·can| cloth *s.* Wachstuch *n*; **~ foot·ball** *s. sport* American Football *m* (*rugbyähnliches Spiel*); **~ In·di·an** *s.* Indi'aner(in).

A·mer·i·can·ism [ə'merɪkənɪzəm] *s.* **1.** Ameri'kanertum *n*; **2.** Amerika'nismus *m*: a) ameri'kanische Spracheigentümlichkeit, b) ameri'kanischer Brauch;

A·mer·i·can·i·za·tion [əˌmerɪkənaɪ'zeɪʃən] *s.* Amerikanisierung *f*; **A·mer·i·can·ize** [ə'merɪkənaɪz] **I** *v/t.* amerikanisieren; **II** *v/i.* Ameri'kaner *od.* ameri'kanisch werden.

A·mer·i·can| leath·er → ***American cloth***; **~ Le·gion** *s. Am.* Frontkämpferbund *m*; **~ or·gan** *s.* ♪ Har'monium *n*; **~ plan** *s. Am.* 'Vollpensiˌon *f*.

Am·er·ind ['æmərɪnd], **Am·er·in·di·an** [ˌæmər'ɪndjən] *s.* ameri'kanischer Indi'aner *od.* 'Eskimo.

am·e·thyst ['æmɪθɪst] *s. min.* Ame'thyst *m*.

a·mi·a·bil·i·ty [ˌeɪmjə'bɪlətɪ] *s.* Freundlichkeit *f*, Liebenswürdigkeit *f*; **a·mi·a·ble** ['eɪmjəbl] *adj.* □ liebenswürdig, freundlich, gewinnend, reizend.

am·i·ca·ble ['æmɪkəbl] *adj.* □ freund(schaft)lich, friedlich: ***~ settlement*** gütliche Einigung; **'am·i·ca·bly** [-lɪ] *adv.* freundschaftlich, in Güte, gütlich.

a·mid [ə'mɪd] *prp.* in'mitten (*gen.*), (mitten) in *od.* unter (*dat. od. acc.*); **a'mid·ship(s)** [-ʃɪp(s)] ⚓ **I** *adv.* mittschiffs; **II** *adj.* in der Mitte des Schiffes (befindlich); **a'midst** [-st] → ***amid***.

a·mine ['æmaɪn] *s.* ⚗ A'min *n*.

amino- [əmi:nəʊ] ⚗ *in Zssgn* Amino…: ***~ acid***.

a·miss [ə'mɪs] **I** *adv.* verkehrt, verfehlt, schlecht: ***take ~*** übelnehmen; **II** *adj.* unpassend, verkehrt, falsch, übel: ***there is s.th. ~*** etwas stimmt nicht; ***it would not be ~*** es würde nicht schaden.

am·i·ty ['æmətɪ] *s.* Freundschaft *f*, gutes Einvernehmen.

am·me·ter ['æmɪtə] *s.* ⚡ Am'pereˌmeter *n*, Strom(stärke)messer *m*.

am·mo ['æməʊ] *s. sl.* Muniti'on *f*.

am·mo·ni·a [ə'məʊnjə] *s.* ⚗ Ammoni'ak *n*: ***liquid ~*** (*od.* ***~ solution***) Salmiakgeist *m*; **am'mo·ni·ac** [-nɪæk] *adj.* ammonia'kalisch: (***gum***) ***~*** Ammoniakgummi *m*, *n*; → ***sal***.

am·mo·ni·um [ə'məʊnjəm] s. ⚗ Am'monium *n*; **~ car·bon·ate** *s.* ⚗ Hirschhornsalz *n*; **~ chlo·ride** *s.* ⚗ Am'moniumchloˌrid *n*, 'Salmiak *m*; **~ ni·trate** *s.* ⚗ Am'moniumniˌtrat *n*, Ammoni'aksalˌpeter *m*.

am·mu·ni·tion [ˌæmjʊ'nɪʃn] *s.* Muniti'on *f* (*a. fig.*): **~ belt** Patronengurt *m*; ***~ carrier*** Munitionswagen *m*; ***~ dump*** Munitionslager *n*.

am·ne·si·a [æm'ni:zjə] *s.* ⚕ Amne'sie *f*, Gedächtnisschwund *m*.

am·nes·ty ['æmnɪstɪ] **I** *s.* Amne'stie *f*, allgemeiner Straferlaß; **II** *v/t.* begnadigen, amnestieren.

a·moe·ba [ə'mi:bə] *s. zo.* A'möbe *f*; **a'moe·bic** [-bɪk] *adj.* a'möbisch: ***~ dysentery*** Amöbenruhr *f*.

a·mok [ə'mɒk] → ***amuck***.

a·mong(st) [ə'mʌŋ(st)] *prp.* (mitten) unter (*dat. od. acc.*), in'mitten (*gen.*), zwischen (*dat. od. acc.*), bei: ***who ~ you?*** wer von euch?; ***a custom ~ the savages*** e-e Sitte bei den Wilden; ***be ~ the best*** zu den Besten gehören; ***~ other things*** unter anderem; ***from among*** aus der Zahl (derer), aus … heraus; ***they had two pounds ~ them*** sie hatten zusammen zwei Pfund.

a·mor·al [ˌeɪ'mɒrəl] *adj.* 'amoˌralisch.

am·o·rist ['æmərɪst] *s.* E'rotiker *m*: a) Herzensbrecher *m*, b) Verfasser *m* von 'Liebesroˌmanen *etc.*

am·o·rous ['æmərəs] *adj.* □ amou'rös: a) e'rotisch, sinnlich, Liebes…, b) liebebedürftig, verliebt (***of*** in *acc.*); **'am·o·rous·ness** [-nɪs] *s.* amou'röse Art, Verliebtheit *f*.

a·mor·phous [ə'mɔ:fəs] *adj.* a'morph: a) formlos, b) ungestalt, c) *min.* 'unkristalˌlinisch.

a·mor·ti·za·tion [əˌmɔ:tɪ'zeɪʃn] *s.* **1.** Amortisierung *f*, Tilgung *f* (*von Schulden*); **2.** Abschreibung *f* (*von Anlagewerten*); **3.** ⚖ Veräußerung *f* (*von Grundstücken*) an die tote Hand; **a·mor·tize** [ə'mɔ:taɪz] *v/t.* **1.** amortisieren, tilgen, abzahlen; **2.** ⚖ an die tote Hand veräußern.

a·mount [ə'maʊnt] **I** *v/i.* **1.** (***to***) sich belaufen (auf *acc.*), betragen (*acc.*): ***his debts ~ to £120***; **2.** hin'auslaufen (***to*** auf *acc.*), bedeuten: ***it ~s to the same thing*** es läuft *od.* kommt auf dasselbe hinaus; ***that doesn't ~ to much*** das ist unbedeutend; ***you'll never ~ to much*** F aus dir wird nie etwas werden; **II** *s.* **3.** Betrag *m*, Summe *f*, Höhe *f* (*e-r Summe*); Menge *f*: ***to the ~ of*** bis zur *od.* in Höhe von, im Betrag *od.* Wert von; ***net ~*** Nettobetrag; ***~ carried forward*** Übertrag *m*; **4.** *fig.* Inhalt *m*, Ergebnis *n*, Wert *m*, Bedeutung *f*.

a·mour [əˈmʊə] (*Fr.*) *s.* Liebschaft *f*, Aˈmour *f*, ‚Verhältnis' *n*; **~-pro·pre** [ˌæmʊəˈprɒprə] (*Fr.*) *s.* Eigenliebe *f*, Eitelkeit *f*.

amp [æmp] *s.* F **1.** a) → ***ampere***, b) → ***amplifier***; **2.** ♪ ˈE-Giˌtarre *f*.

am·per·age [æmˈpeərɪdʒ] *s.* ⚡ Stromstärke *f*, Amˈperezahl *f*; **am·pere, am·père** [ˈæmpeə] (*Fr.*) *s.* ⚡ Amˈpere *n*; **~me·ter** → ***ammeter***.

am·per·sand [ˈæmpəsænd] *s. typ.* das Zeichen & (*abbr. für* ***and***).

am·phet·a·mine [æmˈfetəmɪn] *s.* ⚗ Amphetaˈmin *n*.

amphi- [æmfɪ] *in Zssgn* doppelt, zwei…, zweiseitig, beiderseitig, umher…

Am·phib·i·a [æmˈfɪbɪə] *s. pl. zo.* Amˈphibien *pl.*, Lurche *pl.*; **amˈphibi·an** [-ən] **I** *adj.* **1.** *zo.*, *a.* ⚔, ⚙ amˈphibisch, Amphibien…; **II** *s.* **2.** *zo.* Amˈphibie *f*, Lurch *m*; **3.** a) Amˈphibienflugzeug *n*, b) Amˈphibien-, Schwimmfahrzeug *n*, c) ⚔ Schwimmkampfwagen *m*; **amˈphib·i·ous** [-əs] *adj.* **1.** → ***amphibian*** 1: **~ *landing*** amphibische Landung *od.* Operation; **~ *tank*** → ***amphibian*** 3 c; **~ *vehicle*** → ***amphibian*** 3 b; **3.** von gemischter Naˈtur, zweierlei Wesen habend.

am·phi·the·a·tre, *Am.* **am·phi·the·a·ter** [ˈæmfɪˌθɪətə] *s.* Amˈphitheˌater *n* (*a. fig. Gebäudeteil od. Tal etc. in der Form e-s Amphitheaters*).

am·pho·ra [ˈæmfərə] *pl.* **-rae** [-riː] *od.* **-ras** (*Lat.*) *s.* Amˈphore *f*.

am·ple [ˈæmpl] *adj.* ☐ → ***amply***; **1.** weit, groß, geräumig; weitläufig; stattlich (*Figur*), üppig (*Busen*); **2.** ausführlich, umˈfassend; **3.** reich(lich), mehr als genug, (vollauf) genügend: **~ *means*** reich(lich)e Mittel; **ˈam·ple·ness** [-nɪs] *s.* **1.** Weite *f*, Geräumigkeit *f*; **2.** Reichlichkeit *f*, Fülle *f*.

am·pli·fi·ca·tion [ˌæmplɪfɪˈkeɪʃn] *s.* **1.** Erweiterung *f*, Vergrößerung *f*, Ausdehnung *f*; **2.** weitere Ausführung, Weitschweifigkeit *f*, Ausschmückung *f*; **3.** ⚡, *Radio, phys.* Vergrößerung *f*, Verstärkung *f*.

am·pli·fi·er [ˈæmplɪfaɪə] *s.* **1.** *phys.* Vergrößerungslinse *f*; **2.** *Radio, phys.* Verstärker *m*: **~ *tube*** (*od.* ***valve***) Verstärkerröhre *f*; **am·pli·fy** [ˈæmplɪfaɪ] **I** *v/t.* **1.** erweitern, vergrößern, ausdehnen; **2.** ausmalen, -schmücken; weitläufig darstellen; näher ausführen *od.* erläutern; **3.** *Radio, phys.* verstärken; **II** *v/i.* **4.** sich weitläufig ausdrükken *od.* auslassen; **ˈam·pli·tude** [-tjuːd] *s.* **1.** Weite *f*, ˈUmfang *m* (*a. fig.*), Reichlichkeit *f*, Fülle *f*; **2.** *phys.* Ampliˈtude *f*, Schwingungsweite *f* (*Pendel etc.*).

am·ply [ˈæmplɪ] *adv.* reichlich.

am·poule [ˈæmpuːl] *s.* Amˈpulle *f*.

am·pul·la [æmˈpʊlə] *pl.* **-lae** [-liː] *s.* **1.** *antiq.* Amˈpulle *f*, Phiˈole *f*, Salbengefäß *n*; **2.** Blei- *od.* Glasflasche *f der Pilger*; **3.** *eccl.* Krug *m* für Wein u. Wasser (*Messe*); Gefäß *n* für das heilige Öl (*Salbung*).

am·pu·tate [ˈæmpjʊteɪt] *v/t.* **1.** *Bäume* stutzen; **2.** ⚕ amputieren (*a. fig.*), *ein Glied* abnehmen; **am·pu·ta·tion** [ˌæmpjʊˈteɪʃn] *s.* Amputatiˈon *f*; **ˈam·pu·tee** [-tiː] *s.* Ampuˈtierte(r *m*) *f*.

a·muck [əˈmʌk] *adv.*: ***run* ~** Amok laufen, *fig. a.* blindwütig rasen (***at***, ***on***, ***against*** gegen *et.*).

am·u·let [ˈæmjʊlɪt] *s.* Amuˈlett *n*.

a·muse [əˈmjuːz] *v/t.* (***o.s.*** sich) amüsieren, unterˈhalten, belustigen: ***you* ~ *me!*** da muß ich (über dich) lachen!; ***be* ~*d*** sich freuen (***at***, ***by***, ***in***, ***with*** über *acc.*); ***it* ~*s them*** es macht ihnen Spaß; ***he* ~*s himself with gardening*** er gärtnert zu s-m Vergnügen; **aˈmused** [-zd] *adj.* amüsiert, belustigt, erfreut; **aˈmuse·ment** [-mənt] *s.* Unterˈhaltung *f*, Belustigung *f*, Vergnügen *n*, Freude *f*, Zeitvertreib *m*: ***to the* ~ *of*** zur Belustigung (*gen.*); **~ *arcade*** *Brit.* Spielsalon *m*; **~ *park*** Vergnügungspark *m*; **aˈmus·ing** [-zɪŋ] *adj.* ☐ amüˈsant, unterˈhaltsam; ˈkomisch.

am·yl [ˈæmɪl] *s.* ⚗ Aˈmyl *n*; **am·y·la·ceous** [ˌæmɪˈleɪʃəs] *adj.* stärkemehlartig, stärkehaltig.

an [æn; ən] *unbestimmter Artikel* (*vor Vokalen od. stummem h*) ein, eine.

an·a·bap·tism [ˌænəˈbæptɪzəm] *s.* Anabapˈtismus *m*; **ˌan·aˈbap·tist** [-ɪst] *s.* Wiedertäufer *m*.

an·a·bol·ic [ˌænəˈbɒlɪk] *s.* ⚕ Anaˈbolikum *n*.

a·nach·ro·nism [əˈnækrənɪzəm] *s.* Anachroˈnismus *m*; **a·nach·ro·nis·tic** [əˌnækrəˈnɪstɪk] *adj.* (☐ **~*ally***) anachroˈnistisch.

a·nae·mi·a [əˈniːmjə] *s.* ⚕ Anäˈmie *f*, Blutarmut *f*, Bleichsucht *f*; **aˈnae·mic** [-mɪk] *adj.* **1.** ⚕ blutarm, bleichsüchtig, anˈämisch; **2.** *fig.* farblos, blaß.

an·aes·the·si·a [ˌænɪsˈθiːzjə] *s.* ⚕ **1.** Anästheˈsie *f*, Narˈkose *f*, Betäubung *f*; **2.** Unempfindlichkeit *f* (*gegen Schmerz*); **ˌan·aesˈthet·ic** [-ˈθetɪk] **I** *adj.* (☐ **~*ally***) narˈkotisch, betäubend, Narkose…; **II** *s.* Betäubungsmittel *n*; **an·aes·the·tist** [æˈniːsθətɪst] *s.* Anästheˈsist *m*, Narˈkosearzt *m*; **an·aes·the·tize** [æˈniːsθətaɪz] *v/t.* betäuben, narkotisieren.

an·a·gram [ˈænəgræm] *s.* Anaˈgramm *n*.

a·nal [ˈeɪnl] *adj. anat.* aˈnal, Anal…

an·a·lects [ˈænəlekts] *s. pl.* Anaˈlekten *pl.*, Lesefrüchte *pl.*

an·al·ge·si·a [ˌænælˈdʒiːzjə] *s.* ⚕ Unempfindlichkeit *f* gegen Schmerz, Schmerzlosigkeit *f*; **ˌan·alˈge·sic** [-ˈdʒesɪk] **I** *adj.* schmerzlindernd; **II** *s.* schmerzlinderndes Mittel.

an·a·log·ic, an·a·log·i·cal [ˌænəˈlɒdʒɪk(l)] *adj.* ☐, **a·nal·o·gous** [əˈnæləgəs] *adj.* ☐ anaˈlog, ähnlich, entsprechend, paralˈlel (***to*** *dat.*); **an·a·logue** [ˈænəlɒg] *s.* Aˈnalogon *n*, Entsprechung *f*: **~ *computer*** Analogrechner *m*; **a·nal·o·gy** [əˈnælədʒɪ] *s.* **1.** *a. ling.* Analoˈgie *f*, Entsprechung *f*: ***on the* ~ *of*** (*od.* ***by* ~ *with***) analog, nach, gemäß (*dat.*); **2.** ✎ Proportiˈon *f*.

an·a·lyse [ˈænəlaɪz] *v/t.* **1.** analysieren: a) ⚗, ✎, *psych. etc.* zergliedern, zerlegen, b) *fig.* genau unterˈsuchen, c) erläutern, darlegen; **a·nal·y·sis** [əˈnæləsɪs] *pl.* **-ses** [-siːz] *s.* **1.** Anaˈlyse *f*: a) ⚗ *etc.* Zerlegung *f*, (ˈkritische) Zergliederung, b) *fig.* gründliche Unterˈsuchung, Darlegung *f*, Deutung *f*: ***in the last* ~** im Grunde, letzten Endes; **2.** ✎ Aˈnalysis *f*; **3.** (Psycho)Anaˈlyse *f*; **ˈan·a·lyst** [-lɪst] *s.* **1.** ⚗, ✎ Anaˈlytiker(in); *fig.* Unterˈsucher(in): ***public* ~** (behördlicher) Lebensmittelchemiker; **2.** Psychoanaˈlytiker *m*; **3.** Staˈtistiker *m*; **an·a·lyt·ic, an·a·lyt·i·cal** [ˌænəˈlɪtɪk(l)] *adj.* ☐ **1.** anaˈlytisch: ***analytical chemist*** Chemiker(in); **2.** psychoanaˈlytisch; **an·a·lyt·ics** [ˌænəˈlɪtɪks] *s. pl. sg. konstr.* Anaˈlytik *f*.

an·a·lyze *bsd. Am.* → ***analyse***.

an·am·ne·sis [ˌænæmˈniːsɪs] *pl.* **-ses** [-siːz] *s.* Anamˈnese *f*: a) Wiedererinnerung *f*, b) ⚕ Vorgeschichte *f*.

an·aph·ro·dis·i·ac [æˌnæfrəʊˈdɪzɪæk] ⚕ **I** *adj.* den Geschlechtstrieb hemmend; **II** *s.* Anaphrodiˈsiakum *n*.

an·ar·chic, an·ar·chi·cal [æˈnɑːkɪk(l)] *adj.* ☐ anˈarchisch, anarˈchistisch, gesetzlos, zügellos.

an·arch·ism [ˈænəkɪzəm] *s.* **1.** Anarˈchie *f*, Regierungs-, Gesetzlosigkeit *f*; **2.** Anarˈchismus *m*; **ˈan·arch·ist** [-ɪst] **I** *s.* Anarˈchist(in), ˈUmstürzler *m*; **II** *adj.* anarˈchistisch, ˈumstürzlerisch.

an·ar·cho- [ænɑːkəʊ] *in Zssgn* Anarcho…: **~-*scene***; **~-*situationist*** Chaote *m*.

an·arch·y [ˈænəkɪ] *s.* **1.** → ***anarchism***; **2.** *fig.* ˈChaos *n*.

an·as·tig·mat·ic [əˌnæstɪgˈmætɪk] *adj. phys.* anastigˈmatisch (*Linse*).

a·nath·e·ma [əˈnæθəmə] (*Greek*) *s.* **1.** *eccl.* Aˈnathema *n*, Kirchenbann *m*; *fig.* Fluch *m*, Verwünschung *f*; **2.** *eccl.* Exkommunizierte(r *m*) *f*, Verfluchte(r *m*) *f*; **3.** *fig. etwas* Verhaßtes, Greuel *m*; **aˈnath·e·ma·tize** [-ətaɪz] *v/t.* in den Bann tun, verfluchen.

an·a·tom·ic, an·a·tom·i·cal [ˌænəˈtɒmɪk(l)] *adj.* ☐ anaˈtomisch.

a·nat·o·mist [əˈnætəmɪst] *s.* **1.** Anaˈtom *m*; **2.** Zergliederer *m* (*a. fig.*); **aˈnat·o·mize** [-maɪz] *v/t.* **1.** ⚕ zerlegen, sezieren; **2.** *fig.* zergliedern; **aˈnat·o·my** [-mɪ] *s.* **1.** Anatoˈmie *f* (*Aufbau, Wissenschaft, Abhandlung*); **2.** F a) ‚Wanst' *m*, Körper *m*, b) ‚Gerippe' *n*, Gestell *n*.

an·ces·tor [ˈænsestə] *s.* **1.** Vorfahr *m*, Ahn(herr) *m*, Stammvater *m* (*a. fig.*): **~ *worship*** Ahnenkult *m*; **2.** *fig.* Vorläufer *m*; **3.** ⚖ Vorbesitzer *m*; **an·ces·tral** [ænˈsestrəl] *adj.* der Vorfahren, Ahnen…, angestammt, Erb…, Ur…; **ˈan·ces·tress** [-trɪs] *s.* Ahnfrau *f*, Stammmutter *f*; **ˈan·ces·try** [-trɪ] *s.* Abstammung *f*, *hohe* Geburt; Ahnen(reihe *f*) *pl*; *fig.* Vorgänger *pl.*: **~ *research*** Ahnenforschung *f*.

an·chor [ˈæŋkə] **I** *s.* **1.** ⚓ Anker *m*: ***at* ~** vor Anker; ***weigh* ~** a) den Anker lichten, b) abfahren; ***cast*** (*od.* ***drop***) **~** ankern, vor Anker gehen; ***ride at* ~** vor Anker liegen; **2.** *fig.* Rettungsanker *m*, Zuflucht *f*; **3.** ⚙ Anker *m*, Schließe *f*, Klammer *f*; **4.** *Radio, TV*: *Am.* a) Modeˈrator *m*, Moderaˈtorin *f e-r Nachrichtensendung*, b) Diskussiˈonsleiter (-in); **5.** *sport*: a) Schlußläufer(in), b) Schlußschwimmer(in); **II** *v/t.* **6.** verankern, vor Anker legen; **7.** ⚙ *u. fig.* verankern; **8.** *Radio, TV*: *Am.* a) *e-e Nachrichtensendung* moderieren, b) *e-e Diskussion* leiten; **9.** Schlußläufer(in) *od.* -schwimmer(in) *e-r Staffel* sein; **III** *v/i.* **10.** ankern, vor Anker gehen *od.* liegen; **11.** *Radio, TV*: *Am.* Moderator (-in) *od.* Diskussiˈonsleiter(in) sein.

an·chor·age [ˈæŋkərɪdʒ] *s.* **1.** Ankerplatz *m*; **2.** *a.* **~-*dues*** Anker-, Liegegebühr *f*; **3.** fester Halt, Verankerung *f*; **4.** *fig.* → ***anchor*** 2.

an·cho·ress ['æŋkərɪs] *s.* Einsiedlerin *f*; '**an·cho·ret** [-ret], '**an·cho·rite** [-raɪt] *s.* Einsiedler *m.*

'**an·chor|·man** [-mən] *s.* [*irr.*], '**~,wo·man** *s* [*irr.*] → ***anchor*** 4, 5.

an·cho·vy ['æntʃəvɪ] *s. ichth.* An'(s)chovis *f*, Sar'delle *f.*

an·cient ['eɪnʃənt] **I** *adj.* ☐ **1.** alt, aus alter Zeit, das Altertum betreffend, an'tik: ***~ Rome***; **2.** uralt (*a. humor.*), altberühmt; **3.** altertümlich; ehemalig; **II** *s.* **4.** ***the ~s*** a) die Alten (*Griechen u. Römer*), b) die (antiken) Klassiker; **5.** Alte(r *m*) *f*, Greis(in); F ‚Olle(r' *m*) *f*; '**an·cient·ly** [-lɪ] *adv.* vor'zeiten.

an·cil·lar·y [æn'sɪlərɪ] *adj.* 'untergeordnet (***to*** *dat.*), Hilfs…, Neben…: ***~ agreement*** Nebenabrede *f*; ***~ equipment*** Zusatz-, Hilfsgerät *n*; ***~ industries*** Zulieferbetriebe; ***~ road*** Nebenstraße *f.*

and [ænd; ən(d)] *cj.* und: ***~ so forth*** und so weiter; ***there are books ~ books*** es gibt gute und schlechte Bücher; ***nice ~ warm*** schön warm; ***~ all*** F und so weiter; ***skin ~ all*** mitsamt der Haut; ***a little more ~ …*** es fehlte nicht viel, so …; ***try ~ come*** versuchen Sie zu kommen.

and·i·ron ['ændaɪən] *s.* Feuer-, Brat-, Ka'minbock *m.*

An·drew ['ændruː] *npr.* An'dreas *m*: ***St. ~'s cross*** Andreaskreuz *n.*

an·drog·y·nous [æn'drɒdʒɪnəs] *adj.* zwitterartig, zweigeschlechtig; ⚘ zwitterblütig.

an·droid ['ændrɔɪd] *s.* Andro'id(e) *m* (*Kunstmensch*).

an·droph·a·gous [æn'drɒfəgəs] *adj.* menschenfressend.

an·dro·pho·bi·a [ˌændrəʊ'fəʊbjə] *s.* Andropho'bie *f*, Männerscheu *f.*

an·ec·do·tal [ˌænek'dəʊtl] → ***anecdotic***; **an·ec·dote** ['ænɪkdəʊt] *s.* Anek'dote *f*; **an·ec·dot·ic, an·ec·dot·i·cal** [ˌænek'dɒtɪk(l)] *adj.* ☐ anek'dotenhaft, anek'dotisch.

a·ne·mi·a, a·ne·mic *Am.* → ***anaemia, anaemic.***

an·e·mom·e·ter [ˌænɪ'mɒmɪtə] *s. phys.* Windmesser *m.*

a·nem·o·ne [ə'nemənɪ] *s.* **1.** ⚘ Ane'mone *f*; **2.** *zo.* 'Seeaneˌmone *f.*

an·er·oid ['ænərɔɪd] *s. phys. a.* ***~ barometer*** Anero'idbaroˌmeter *n.*

an·es·the·si·a *etc. Am.* → ***anaesthesia etc.***

a·new [ə'njuː] *adv.* von neuem, aufs neue; auf neue Art und Weise.

an·gel ['eɪndʒəl] *s.* **1.** Engel *m*: ***~ of death*** Todesengel; ***rush in where ~s fear to tread*** sich törichter- *od.* anmaßenderweise in Dinge einmischen, an die sich sonst niemand heranwagt; **2.** *fig.* Engel *m* (*Person*): ***be an ~ and …*** sei doch so lieb und …; **3.** *sl.* Geldgeber *m*, fi'nanzkräftiger 'Hintermann.

'**an·gel|·food** *Am.*, '**~-cake** *s. Art* Bis'kuitkuchen *m.*

an·gel·ic [æn'dʒelɪk] *adj.* (☐ ***~ally***) engelhaft, -gleich, Engels…

an·gel·i·ca [æn'dʒelɪkə] *s.* **1.** ⚘ Brustwurz *f* (*als Gewürz*); **2.** kandierte An'gelikawurzel.

an·gel·i·cal [æn'dʒelɪkl] *adj.* ☐ → ***angelic.***

An·ge·lus ['ændʒɪləs] *s. eccl.* 'Angelus (-gebet *n*, -läuten *n*) *m.*

an·ger ['æŋgə] **I** *s.* Ärger *m*, Zorn *m*, Wut *f* (***at*** über *acc.*); **II** *v/t.* erzürnen, ärgern.

An·ge·vin ['ændʒɪvɪn] **I** *adj.* **1.** aus An'jou (*in Frankreich*); **2.** die Plan'tagenets betreffend; **II** *s.* **3.** Mitglied *n* des Hauses Plan'tagenet.

an·gi·na [æn'dʒaɪnə] *s.* ⚕ An'gina *f* 'pectoris; ***~ pec·to·ris*** ['pektərɪs] *s.* ⚕ An'gina *f* 'pectoris.

an·gle¹ ['æŋgl] **I** *s.* **1.** *bsd.* Ѧ Winkel *m*: ***acute*** (***obtuse***, ***right***) ***~*** spitzer (stumpfer, rechter) Winkel; ***~ of incidence*** Einfallswinkel; ***at right ~s to*** im rechten Winkel zu; **2.** ⚙ a) Knie(stück) *n*, b) *pl.* Winkeleisen *pl.*; **3.** Ecke *f*, Vorsprung *m*, spitze Kante; **4.** *fig.* a) Standpunkt *m*, Gesichtswinkel *m*, b) As'pekt *m*, Seite *f*: ***consider all ~s of a question***; **5.** *Am.* Me'thode *f* (*et. zu erreichen*); **6.** *sl.* Trick *m*, ‚Tour' *f*, ‚Masche' *f*; **II** *v/t.* **7.** 'umbiegen; **8.** *fig.* tendenzi'ös färben, verdrehen.

an·gle² ['æŋgl] *v/i.* angeln (*a. fig.* ***for*** nach).

an·gled ['æŋgld] *adj.* **1.** winklig, *mst in Zssgn*: ***right-~*** rechtwinklig; **2.** *fig.* tendenzi'ös.

'**an·gle|-ˌdo·zer** [-ˌdəʊzə] *s.* ⚙ Pla'nierraupe *f*, Winkelräumer *m*; '**~-park** *v/t. u. v/i. mot.* schräg parken.

an·gler ['æŋglə] *s.* **1.** Angler(in); **2.** *ichth.* Seeteufel *m.*

An·gles ['æŋglz] *s. pl. hist.* Angeln *pl.*; '**An·gli·an** [-glɪən] **I** *adj.* englisch; **II** *s.* Angehörige(r *m*) *f* des Volksstammes der Angeln.

An·gli·can ['æŋglɪkən] *eccl.* **I** *adj.* angli'kanisch, hochkirchlich; **II** *s.* Angli'kaner(in).

An·gli·cism ['æŋglɪsɪzəm] *s.* **1.** *ling.* Angli'zismus *m*; **2.** englische Eigenart; '**An·gli·cist** [-ɪst] *s.* An'glist(in); '**An·gli·cize** [-saɪz], *a.* ℒ *v/t. u. v/i.* (sich) anglisieren, englisch machen (werden).

an·gling ['æŋglɪŋ] *s.* Angeln *n.*

An·glist ['æŋglɪst] *s.* An'glist(in); **An·gli·stics** [æŋ'glɪstɪks] *s. pl. sg. konstr.* An'glistik *f.*

Anglo- [æŋgləʊ] *in Zssgn* Anglo…, anglo…, englisch, englisch und …

'**An·glo|-A'mer·i·can** [-əʊ-] **I** *s.* 'Anglo-Ameri'kaner(in); **II** *adj.* anglo-ameri'kanisch; '**~-'In·di·an** [-əʊ-] **I** *s.* Anglo-'inder(in); **II** *adj.* anglo'indisch; ˌ**~'ma·ni·a** [-əʊ-] *s.* Angloma'nie *f*; '**~-'Nor·man** [-əʊ-] **I** *s.* **1.** Anglonor'manne *m*; **2.** *ling.* Anglonor'mannisch *n*; **II** *adj.* **3.** anglonor'mannisch; '**~phile** [-əʊfaɪl] **I** *s.* Anglo'phile *m*, Englandfreund *m*; **II** *adj.* anglo'phil, englandfreundlich; '**~phobe** [-əʊfəʊb] **I** *s.* Anglo'phobe *m*, Englandfeind *m*; **II** *adj.* englandfeindlich; ˌ**~'pho·bi·a** [-əʊ'fəʊbjə] *s.* Anglopho'bie *f*; ˌ**~-'Sax·on** [-əʊ-] **I** *s.* **1.** Angelsachse *m*; **2.** *ling.* Altenglisch *n*, Angelsächsisch *n*; **3.** F urwüchsiges u. einfaches Englisch; **II** *adj.* **4.** angelsächsisch; ˌ**~-'Scot** [-əʊ-] *s.* dauernd in England lebender Schotte.

an·go·ra [æŋ'gɔːrə], *a.* ℒ *s.* Gewebe *n* aus An'gorawolle; ***~ cat*** *s. zo.* An'gorakatze *f*; ***~ goat*** *s. zo.* An'goraziege *f*; ***~ wool*** *s.* An'gorawolle *f*; Mo'här *m.*

an·gry ['æŋgrɪ] *adj.* ☐ **1.** (***at***, ***about***) ärgerlich, ungehalten (über *acc.*), zornig, böse (auf *j-n*, über *et.*, ***with*** mit *j-m*): ***~ young man*** *Literatur*: ‚zorniger junger Mann'; **2.** ⚕ entzündet, schlimm; **3.** *fig.* drohend, stürmisch; finster.

angst [æŋst] *s. psych.* Angst *f.*

ang·strom, *a.* ℒ ['æŋstrəm] *s. phys. a.* ***~ unit*** Angström(einheit *f*) *n.*

an·guish ['æŋgwɪʃ] *s.* Qual *f*, Pein *f*, Angst *f*, Schmerz *m*: ***~ of mind*** Seelenqual(en *pl.*) *f.*

an·gu·lar ['æŋgjʊlə] *adj.* ☐ **1.** winklig, winkelförmig, eckig; Winkel…; **2.** *fig.* knochig, hager; **3.** *fig.* eckig, steif; barsch; **an·gu·lar·i·ty** [ˌæŋgjʊ'lærətɪ] *s.* **1.** Winkligkeit *f*; **2.** *fig.* Eckigkeit *f*, Steifheit *f.*

an·hy·drous [æn'haɪdrəs] *adj.* ⚗, *biol.* kalziniert, wasserfrei; getrocknet, Dörr… (*Obst etc.*).

an·il ['ænɪl] *s.* ⚘ 'Indigopflanze *f*; Indigo (-farbstoff) *m.*

an·i·line ['ænɪliːn] *s.* Ani'lin *n*: ***~ dye*** Anilinfarbstoff *m*, *weitS.* chemisch hergestellte Farbe.

an·i·mad·ver·sion [ˌænɪmæd'vɜːʃn] *s.* Tadel *m*, Rüge *f*, Kri'tik *f*; ˌ**an·i·mad'vert** [-'vɜːt] *v/i.* (***on***, ***upon***) kritisieren; tadeln, rügen (*acc.*).

an·i·mal ['ænɪml] **I** *s.* **1.** Tier *n*, ‚Vierfüß(l)er' *m*; tierisches Lebewesen (*Ggs. Pflanze*, F *a. Ggs. Vogel*): ***there's no such ~!*** F so was gibt's ja gar nicht!; **2.** *fig.* Tier *n*, viehischer Mensch, 'Bestie *f*; **II** *adj.* **3.** ani'malisch, tierisch (*beide a. fig.*); Tier…: ***~ kingdom*** Tierreich *n*; ***~ magnetism*** a) tierischer Magnetismus, b) *bsd. humor.* erotische Anziehungskraft; ***~ spirits*** *pl.* Lebenskraft *f*, -geister *pl.*, Vitalität *f*; ***~ welfarist*** Tierschützer *m.*

an·i·mal·cu·le [ˌænɪ'mælkjuːl] *s.* mikro'skopisch kleines Tierchen: ***infusorial ~s.***

an·i·mal·ism ['ænɪməlɪzəm] *s.* **1.** Vertiertheit *f*; **2.** Sinnlichkeit *f*; **3.** Lebenstrieb *m*, -kraft *f*; '**an·i·mal·ist** [-ɪst] *s.* Tiermaler(in), -bildhauer(in).

an·i·mate **I** *v/t.* ['ænɪmeɪt] **1.** beseelen, beleben, mit Leben erfüllen (*alle a. fig.*); anregen, aufmuntern; **2.** lebendig gestalten: ***~ a cartoon*** e-n Zeichentrickfilm herstellen; **II** *adj.* [-mət] **3.** belebt, lebend; lebhaft, munter; '**an·i·mat·ed** [-tɪd] *adj.* ☐ **1.** lebendig, beseelt (***with***, ***by*** von), voll Leben: ***~ cartoon*** Zeichentrickfilm *m*; **2.** ermutigt; **3.** lebhaft, angeregt; **an·i·ma·tion** [ˌænɪ'meɪʃn] *s.* **1.** Leben *n*, Feuer *n*, Lebhaftigkeit *f*, Munterkeit *f*; Leben *n* und Treiben *n*; **2.** a) Herstellung *f* von Zeichentrickfilmen, b) (Zeichen)Trickfilm *m*; '**an·i·ma·tor** [-tə] *s.* Zeichner *m* von Trickfilmen.

an·i·mos·i·ty [ˌænɪ'mɒsətɪ] *s.* Feindseligkeit *f*, Erbitterung *f*, Animosi'tät *f.*

an·i·mus ['ænɪməs] *s.* **1.** (innewohnender) Geist; **2.** *psych.* Animus *m*; **3.** ⚖ Absicht *f*; **4.** → ***animosity.***

an·ise ['ænɪs] *s.* ⚘ A'nis *m*; '**an·i·seed** [-siːd] *s.* A'nis(samen) *m.*

an·i·sette [ˌænɪ'zet] *s.* Ani'sett *m*, A'nisliˌkör *m.*

an·kle ['æŋkl] **I** *s. anat.* **1.** (Fuß)Knöchel *m*: ***sprain one's ~*** sich den Fuß verstauchen; **2.** Knöchelgegend *f des*

Beins; **II** *v/i.* **3.** F marschieren; **'~·bone** *s.* Sprungbein *n*; **~ boot** *s.* Halbstiefel *m*; **ˌ~-'deep** *adj.* knöcheltief, bis zu den Knöcheln; **ˌ~-'length** *adj.* knöchellang; **'~·sock** *s.* Knöchelsocke *f*, Söckchen *n*; **'~-strap** *s.* Schuhspange *f*: ***~ shoes*** Spangenschuhe.

an·klet ['æŋklɪt] *s.* **1.** Fußkettchen *n*, -spange *f* (*als Schmuck od. Fessel*); **2.** → ***anklesock***.

an·na ['ænə] *s.* An'na *m* (*ind. Münze*).

an·nal·ist ['ænəlɪst] *s.* Chro'nist *m*; **an·nals** ['ænlz] *s. pl.* **1.** An'nalen *pl.*, Jahrbücher *pl.*; **2.** hi'storischer Bericht; **3.** *regelmäßig erscheinende* wissenschaftliche Berichte *pl.*; **4.** *a. sg. konstr.* (Jahres)Bericht *m*.

an·neal [ə'ni:l] *v/t.* **1.** ⚙ *Metall* ausglühen, anlassen, vergüten, tempern; *Glas* kühlen; **2.** *fig.* härten, stählen.

an·nex I *v/t.* [ə'neks] **1.** (***to***) beifügen (*dat.*), anhängen (an *acc.*); **2.** annektieren, (sich) einverleiben: ***the province was ~ed to France*** Frankreich verleibte sich das Gebiet ein; **3. ~ *to*** verknüpfen mit; **4.** F sich aneignen, ‚sich unter den Nagel reißen'; **II** *s.* ['æneks] **5.** Anhang *m*, Nachtrag *m*; Anlage *f zum Brief*; **6.** Nebengebäude *n*, Anbau *m*; **an·nex·a·tion** [ˌænek'seɪʃn] *s.* **1.** Hin'zufügung *f* (***to*** zu); **2.** Annexi'on *f*, Einverleibung *f* (***to*** in *acc.*); **3.** Aneignung *f*; **an·nexe** ['æneks] (*Fr.*) → ***annex*** 6; **an'nexed** [-kst] *adj.* ⚜ beifolgend, beigefügt.

an·ni·hi·late [ə'naɪəleɪt] *v/t.* **1.** vernichten (*a. fig.*); **2.** ⚔ aufreiben; **3.** *sport* vernichtend schlagen; **4.** *fig.* zu'nichte machen, aufheben; **an·ni·hi·la·tion** [əˌnaɪə'leɪʃn] *s.* Vernichtung *f*; Aufhebung *f*.

an·ni·ver·sa·ry [ˌænɪ'vɜ:sərɪ] *s.* Jahrestag *m*, -feier *f*, jährlicher Gedenktag, Jubi'läum *n*: ***wedding ~*** Hochzeitstag *m*; ***the 50th ~ of his death*** die 50. Wiederkehr s-s Todestages.

an·no Dom·i·ni [ˌænəʊ'dɒmɪnaɪ] (*Lat.*) im Jahre des Herrn, Anno Domini.

an·no·tate ['ænəʊteɪt] **I** *v/t. e-e Schrift* mit Anmerkungen versehen, kommentieren; **II** *v/i.* (***on***) Anmerkungen machen (zu), einen Kommen'tar schreiben (über *acc.*); **an·no·ta·tion** [ˌænəʊ'teɪʃn] *s.* Kommentieren *n*; Anmerkung *f*, Kommen'tar *m*; **'an·no·ta·tor** [-tə] *s.* Kommen'tator *m*.

an·nounce [ə'naʊns] **I** *v/t.* **1.** ankündigen; **2.** bekanntgeben, verkünden; **3.** a) *Radio, TV*: ansagen, b) (*über Lautsprecher*) 'durchsagen; **4.** *Besucher etc.* melden; **5.** *Geburt etc.* anzeigen, bekanntgeben; **II** *v/i.* **6.** *pol. Am.* seine Kandida'tur bekanntgeben (***for*** für das Amt *gen.*); **7. ~ *for*** *Am.* sich aussprechen für; **an'nounce·ment** [-mənt] *s.* **1.** Ankündigung *f*; **2.** Bekanntgabe *f*; (*Geburts- etc.*)Anzeige *f*; **3.** a) *Radio, TV*: Ansage *f*, b) ('Lautsprecher-)ˌDurchsage *f*; **an'nounc·er** [-sə] *s.* *Radio, TV*: Ansager(in), Sprecher(in).

an·noy [ə'nɔɪ] *v/t.* **1.** ärgern: ***be ~ed*** sich ärgern (***at s.th.*** über et., ***with s.o.*** über j-n); **2.** belästigen, stören; schikanieren; **an'noy·ance** [-ɔɪəns] *s.* **1.** Störung *f*, Belästigung *f*, Ärgernis *n*; Ärger *m*; **2.** Plage(geist *m*) *f*; **an'noyed** [-ɔɪd] *adj.* ärgerlich; **an'noy·ing** [-ɔɪɪŋ] *adj.* □ ärgerlich (*Sache*), lästig; **an'noy·ing·ly** [-ɔɪŋlɪ] *adv.* ärgerlicherweise.

an·nu·al ['ænjʊəl] **I** *adj.* □ **1.** jährlich, Jahres...; ***~ accounts*** Jahresabschluß *m*; **2.** *bsd.* ⚘ einjährig: ***~ ring*** Jahresring *m*; **II** *s.* **3.** jährlich erscheinende Veröffentlichung, Jahrbuch *n*; **4.** einjährige Pflanze; → ***hardy*** 2.

an·nu·i·tant [ə'nju:ɪtənt] *s.* Empfänger (-in) e-r Jahresrente, Rentner(in); **an'nu·i·ty** [-tɪ] *s.* **1.** (Jahres)Rente *f*; **2.** Jahreszahlung *f*; **3.** ⚜ *a.* ***~ bond*** Rentenbrief *m*; **4.** *pl.* 'Rentenpaˌpiere *pl.*

an·nul [ə'nʌl] *v/t.* aufheben, für ungültig erklären, annullieren.

an·nu·lar ['ænjʊlə] *adj.* □ ringförmig; **'an·nu·late** [-leɪt], **'an·nu·lat·ed** [-leɪtɪd] *adj.* geringelt, aus Ringen bestehend, Ring...

an·nul·ment [ə'nʌlmənt] *s.* Aufhebung *f*, Nichtigkeitserklärung *f*, Annullierung *f*; ***action for ~*** Nichtigkeitsklage *f*.

an·nun·ci·ate [ə'nʌnʃɪeɪt] *v/t.* verkünden, ankündigen; **an·nun·ci·a·tion** [əˌnʌnsɪ'eɪʃn] *s.* **1.** An-, Verkündigung *f*; **2.** ℒ, *a.* ***ℒ Day*** *eccl.* Ma'riä Verkündigung *f*; **an'nun·ci·a·tor** [-tə] *s.* ⚡ Si'gnalanlage *f*, -tafel *f*.

an·ode ['ænəʊd] *s.* ⚡ An'ode *f*, 'positiver Pol: ***~ potential*** Anodenspannung *f*; ***DC ~*** Anodenruhestrom *m*; **an·od·ize** ['ænəʊdaɪz] *v/t.* eloxieren.

an·o·dyne ['ænəʊdaɪn] **I** *adj.* schmerzstillend; *fig.* a) lindernd, beruhigend, b) verwässert, kraftlos; **II** *s.* schmerzstillendes Mittel; *fig.* Beruhigungspille *f*.

a·noint [ə'nɔɪnt] *v/t.* **1.** einölen, einschmieren; **2.** *bsd. eccl.* salben; **a'noint·ment** [-mənt] *s.* Salbung *f*.

a·nom·a·lous [ə'nɒmələs] *adj.* □ 'anomal, ab'norm; ungewöhnlich, abweichend; **a'nom·a·ly** [-lɪ] *s.* Anoma'lie *f*.

a·non [ə'nɒn] *adv.* bald, so'gleich: ***ever and ~*** immer wieder.

an·o·nym·i·ty [ˌænə'nɪmətɪ] *s.* Anonymi'tät *f*; **a·non·y·mous** [ə'nɒnɪməs] *adj.* □ ano'nym, namenlos, ungenannt; unbekannten Ursprungs.

a·noph·e·les [ə'nɒfɪli:z] *s. zo.* Fiebermücke *f*.

a·no·rak ['ænəræk] *s.* Anorak *m*.

an·oth·er [ə'nʌðə] *adj. u. pron.* **1.** ein anderer, eine andere, ein anderes (***than*** als): ***~ thing*** etwas anderes; ***one ~*** a) einander, b) uns (euch, sich) gegenseitig; ***one after ~*** einer nach dem andern; ***he is ~ man now*** jetzt ist er ein (ganz) anderer Mensch; **2.** ein zweiter *od.* weiterer *od.* neuer, eine zweite *od.* weitere *od.* neue, ein zweites *od.* weiteres *od.* neues; **3.** *a.* ***yet ~*** noch ein(er, e, es): ***~ cup of tea*** noch eine Tasse Tee; ***~ five weeks*** weitere *od.* noch fünf Wochen; ***tell us ~!*** F das glaubst du doch selbst nicht!; ***you are ~!*** F *iro.* danke gleichfalls!; ***~ Shakespeare*** ein zweiter Shakespeare; ***A.N.Other*** *sport* ein ungenannter (Ersatz)Spieler.

An·schluss ['ɑ:nʃlʊs] (*Ger.*) *s. pol.* Anschluß *m*.

an·swer ['ɑ:nsə] **I** *s.* **1.** Antwort *f*, Entgegnung *f* (***to*** auf *acc.*): ***in ~ to*** a) in Beantwortung (*gen.*), b) auf *et.* hin; **2.** *fig.* Antwort *f*, Erwiderung *f*; Reakti'on *f* (*alle*: ***to*** auf *acc.*); **3.** Gegenmaßnahme *f*, -mittel *n*; **4.** ⚖ Klagebeantwortung *f*, Gegenschrift *f*; *weitS.* Rechtfertigung *f*; **5.** Lösung *f* (***to*** *e-s Problems etc.*); ♗ Auflösung *f*: ***he knows all the ~s*** a) ‚er blickt voll durch', b) *contp.* er weiß immer alles besser; **II** *v/i.* **6.** antworten (***to*** *j-m*, auf *acc.*): ***~ back*** a) freche Antworten geben, b) widersprechen, sich (*mit Worten*) verteidigen *od.* wehren; **7.** sich verantworten, Rechenschaft ablegen (***for*** für); **8.** verantwortlich sein, haften, bürgen (***for*** für); **9.** die Folgen tragen, büßen (***for*** für): ***you have much to ~ for*** du hast viel auf dem Kerbholz; **10.** *fig.* (***to***) reagieren (auf *acc.*), hören (auf *e-n Namen*); gehorchen, Folge leisten (*dat.*); **11. ~ *to*** *e-r Beschreibung* entsprechen; **12.** sich eignen, taugen; gelingen (*Plan*); **III** *v/t.* **13.** a) *j-m* antworten, b) *et.* beantworten, antworten auf (*acc.*); **14.** a) sich *j-m gegenüber* verantworten, *j-m* Rechenschaft ablegen (***for*** für), b) sich gegen *e-e Anklage etc.* verteidigen; **15.** reagieren *od.* eingehen auf (*acc.*); *e-m Befehl etc.* Folge leisten; sich auf *eine Anzeige etc.* hin melden: ***~ the bell*** (*od.* ***door***) auf das Läuten *od.* Klopfen die Tür öffnen; ***~ the telephone*** den Anruf entgegennehmen, ans Telefon gehen; **16.** *dem Steuer* gehorchen; *Gebet* erhören; *Zweck, Wunsch etc.* erfüllen; *Auftrag etc.* ausführen: ***~ the call of duty*** dem Ruf der Pflicht folgen; **17.** *bsd. Aufgabe* lösen; **18.** *e-r Beschreibung, e-m Bedürfnis* entsprechen; **19.** *j-m* genügen, *j-n* zu'friedenstellen; **'an·swer·a·ble** [-sərəbl] *adj.* **1.** verantwortlich (***for*** für): ***to be ~ to s.o. for s.th.*** j-m für et. bürgen, sich vor j-m für et. verantworten müssen; **2.** (***to***) entsprechend, angemessen, gemäß (*dat.*); **3.** zu beantworten(d).

an·swer·ing ma·chine *s.* Anrufbeantworter *m*.

ant [ænt] *s. zo.* Ameise *f*.

an't [ɑ:nt; ænt] → ***ain't***.

ant·ac·id [ˌænt'æsɪd] *adj. u. s.* ⚕ gegen Magensäure wirkend(es Mittel).

an·tag·o·nism [æn'tægənɪzəm] *s.* **1.** 'Widerstreit *m*, Gegensatz *m*, 'Widerspruch *m* (***between*** zwischen *dat.*); **2.** Feindschaft *f* (***to*** gegen); 'Widerstand *m* (***against, to*** gegen); **an'tag·o·nist** [-ɪst] *s.* Gegner(in), 'Widersacher(in); **an·tag·o·nis·tic** [ænˌtægə'nɪstɪk] *adj.* (□ ***~ally***) gegnerisch, feindlich (***to*** gegen); wider'streitend (***to*** *dat.*); **an'tag·o·nize** [-naɪz] *v/t.* ankämpfen gegen; sich *j-n* zum Feind machen, *j-n* gegen sich aufbringen.

ant·arc·tic [ænt'ɑ:ktɪk] **I** *adj.* ant'arktisch, Südpol...: ***ℒ Circle*** südlicher Polarkreis; ***ℒ Ocean*** südliches Eismeer; **II** *s.* Ant'arktis *f*.

'ant-bear *s. zo.* Ameisenbär *m*.

an·te ['æntɪ] (*Lat.*) **I** *adv.* vorn, vo'ran, b) *zeitlich*: vorher, zu'vor; **II** *prp.* vor; **III** *s.* F *Poker*: Einsatz *m*: ***raise the ~*** a) den Einsatz (*weitS.* den Preis *etc.*) erhöhen, b) F (das nötige) Geld beschaffen; **IV** *v/t. u. v/i. mst* ***~ up*** (ein)setzen; *fig. Am.* a) (be)zahlen, ‚blechen', b) (dazu) beisteuern.

'ant-ˌeat·er *s. zo.* Ameisenfresser *m*.

an·te·ced·ence [ˌæntɪ'si:dəns] *s.* **1.** Vortritt *m*, -rang *m*; **2.** *ast.* Rückläufigkeit *f*; **ˌan·te'ced·ent** [-nt] **I** *adj.* **1.**

vor'hergehend, früher (***to*** als); **II** *s.* **2.** *pl.* Vorgeschichte *f*: ***his ~s*** sein Vorleben; **3.** *fig.* Vorläufer *m*; **4.** *ling.* Beziehungswort *n*.

an·te|·cham·ber ['æntɪˌtʃeɪmbə] *s.* Vorzimmer *n*; **~·date** [ˌæntɪ'deɪt] *v/t.* **1.** vor- *od.* zu'rückdatieren, ein früheres Datum setzen auf (*acc.*); **2.** vor'wegnehmen; **3.** *zeitlich* vor'angehen (*dat.*); **~·di·lu·vi·an** [ˌæntɪdɪ'lu:vjən] **I** *adj.* vorsintflutlich (*a. fig.*); **II** *s.* vorsintflutliches Wesen; *contp.* a) rückständige Per'son, b) ‚Fos'sil' *n* (*sehr alte Person*).

an·te·lope ['æntɪləʊp] *s.* **1.** *zo.* Anti'lope *f*; **2.** Anti'lopenleder *n*.

an·te me·rid·i·em [ˌæntɪmə'rɪdɪəm] (*Lat.*) *abbr.* ***a.m.*** vormittags.

an·te·na·tal [ˌæntɪ'neɪtl] **I** *adj.* präna'tal: ***~ care*** Mutterschaftsfürsorge *f*; **II** *s.* F Mutterschaftsvorsorgeuntersuchung *f*.

an·ten·na [æn'tenə] *s.* **1.** *pl.* **-nae** [-ni:] *zo.* Fühler *m*; Fühlhorn *n*; *fig.* Gespür *n*, ‚An'tenne' *f*; **2.** *pl.* **-nas** *bsd. Am.* ⚡ Antenne *f*.

an·te|·nup·tial [ˌæntɪ'nʌpʃl] *adj.* vorhochzeitlich; **~·pe·nul·ti·mate** [ˌæntɪpɪ'nʌltɪmət] **I** *adj.* drittletzt (*bsd. Silbe*); **II** *s.* drittletzte Silbe.

an·te·ri·or [æn'tɪərɪə] *adj.* **1.** vorder; **2.** vor'hergehend, früher (***to*** als).

an·te·room ['æntɪrʊm] *s.* Vor-, Wartezimmer *n*.

an·them ['ænθəm] *s.* 'Hymne *f*, Cho'ral *m*: ***national ~*** Nationalhymne.

an·ther ['ænθə] *s.* ⚘ Staubbeutel *m*.

'ant-hill *s. zo.* Ameisenhaufen *m*.

an·thol·o·gy [æn'θɒlədʒɪ] *s.* Antholo'gie *f*, (Gedicht)Sammlung *f*.

an·thra·cite ['ænθrəsaɪt] *s. min.* Anthra'zit *m*, Glanzkohle *f*.

an·thrax ['ænθræks] *s.* ⚕ 'Anthrax *m*, Milzbrand *m*.

an·thro·poid ['ænθrəʊpɔɪd] *zo.* **I** *adj.* menschenähnlich, Menschen…; **II** *s.* Menschenaffe *m*; **an·thro·po·log·i·cal** [ˌænθrəpə'lɒdʒɪk(l)] *adj.* □ anthropo'logisch; **an·thro·pol·o·gist** [ˌænθrə'pɒlədʒɪst] *s.* Anthropo'loge *m*; **anthro·pol·o·gy** [ˌænθrə'pɒlədʒɪ] *s.* Anthropolo'gie *f*; **an·thro·po·mor·phous** [ˌænθrəpəʊ'mɔ:fəs] *adj.* anthropo'morph(isch), von menschlicher *od.* menschenähnlicher Gestalt; **an·thro·poph·a·gi** [ˌænθrəʊ'pɒfəgaɪ] *s. pl.* Menschenfresser *pl.*; **an·thro·poph·a·gous** [ˌænθrəʊ'pɒfəgəs] *adj.* menschenfressend.

an·ti ['æntɪ] F **I** *prp.* gegen; **II** *adj.*: ***be ~*** dagegen sein; **III** *s.* Gegner(in).

ˌan·ti|-'air·craft [ˌæntɪ-] *adj.* ⚔ Fliegerabwehr…: ***~ gun*** Flakgeschütz *n*, Fliegerabwehrkanone *f*; **'~·auˌthor·i·'tar·i·an** *adj.* antiautori'tär; **ˌ~·'ba·by pill** *s.* ⚕ Anti'babypille *f*; **ˌ~·bal'lis·tic** *adj.* ⚔ antibal'listisch; **ˌ~·bi'ot·ic** [-baɪ'ɒtɪk] **I** *s.* Antibi'otikum *n*; **II** *adj.* antibi'otisch; **'~ˌbod·y** *s.* ⚗, *biol.* 'Antikörper *m*, Abwehrstoff *m*; **ˌ~·'cath·ode** *s.* ⚡ Antika'thode *f*; **'~·christ** *s. eccl.* 'Antichrist *m*; **ˌ~'chris·tian** **I** *adj.* christenfeindlich; **II** *s.* Christenfeind(in).

an·tic·i·pate [æn'tɪsɪpeɪt] *v/t.* **1.** vor'ausempfinden, -sehen, -ahnen; **2.** erwarten, erhoffen: ***~d profit*** voraussichtlicher Verdienst; **3.** im vor'aus tun *od.* erwähnen, vor'wegnehmen; *Ankunft* beschleunigen; vor'auseilen (*dat.*); **4.** *j-m od. e-m Wunsch etc.* zu'vorkommen; **5.** *e-r Sache* vorbauen, verhindern; **6.** *bsd.* † vorzeitig bezahlen *od.* verbrauchen; **an·tic·i·pa·tion** [ænˌtɪsɪ'peɪʃn] *s.* **1.** Vorgefühl *n*, Vorahnung *f*, Vorgeschmack *m*; **2.** Ahnungsvermögen *n*, Vor'aussicht *f*; **3.** Erwartung *f*, Hoffnung *f*, Vorfreude *f*; **4.** Zu'vorkommen *n*, Vorgreifen *n*, Vor'wegnahme *f*: ***in ~*** im voraus; **5.** Verfrühtheit *f*: ***payment by ~*** Vorauszahlung *f*; **an'tic·i·pa·to·ry** [-tərɪ] *adj.* **1.** vor'wegnehmend, vorgreifend, erwartend, Vor…; **2.** *ling.* vor'ausdeutend; **3.** *Patentrecht*: neuheitsschädlich: ***~ reference*** Vorwegnahme *f*.

ˌan·ti|'cler·i·cal *adj.* kirchenfeindlich; **ˌ~'cli·max** *s.* (enttäuschendes) Abfallen, Abstieg ɱ; *a.* ***sense of ~*** plötzliches Gefühl der Leere *od.* Enttäuschung; **ˌ~'clock·wise** *adv. u. adj.* entgegen dem Uhrzeigersinn: ***~ rotation*** Linksdrehung *f*; **ˌ~·cor'ro·sive** *adj.* rostfest; Rostschutz…

an·tics ['æntɪks] *s. pl.* Possen *pl.*, *fig.* Mätzchen *pl.*, (tolle) Streiche *pl.*

ˌan·ti|'cy·cli·cal *adj.* † anti'zyklisch, konjunk'turdämpfend; **ˌ~'cy·clone** *s. meteor.* Hoch(druckgebiet) *n*; **ˌ~-'dazzle** *adj.* Blendschutz…: ***~ switch*** Abblendschalter *m*; **ˌ~·de'pres·sant** *s.* ⚕ Antidepres'sivum *n*; **'~-dim** *adj.* ⚙ Klar(sicht)…; **ˌ~·dis'tor·tion** *s.* ⚡ Entzerrung *f*; **'~·dot·al** [-dəʊtl] *adj.* als Gegengift dienend (*a. fig.*); **'~·dote** [-dəʊt] *s.* Gegengift *n*, -mittel *n* (***against, for, to*** gegen); **ˌ~·'fad·ing** ⚡ **I** *s.* Schwundausgleich *m*; **II** *adj.* schwundmindernd; **ˌ~-'Fas·cist** *pol.* **I** *s.* Antifa'schist(in); **II** *adj.* antifa'schistisch; **ˌ~'fe·brile** *s.* ⚕ Fiebermittel *n*; **ˌ≗'fed·er·al·ist** *s. Am. hist.* Antifödera'list *m*; **'~-freeze** **I** *adj.* Gefrier-, Frostschutz…; **II** *s.* Frostschutzmittel *n*; **'~-ˌfric·tion** *s.* Schmiermittel *n*: ***~ metal*** Lagermetall *n*; **'~-gas** *adj.* Gasschutz…

an·ti·gen ['æntɪdʒən] *s.* ⚕ Anti'gen *n*, Abwehrstoff *m*.

ˌan·ti|-'glare → ***anti-dazzle***; **ˌ~'ha·lo** *adj. phot.* lichthoffrei; **'~-ˌhe·ro** *s.* Antiheld *m*; **ˌ~·im'pe·ri·al·ist** *s.* Gegner *m* des Imperia'lismus; **'~-ˌin·ter'fer·ence** *adj.* ⚡ Entstörungs…, Störschutz…; **'~·jam** *v/t. u. v/i.* *Radio* entstören; **ˌ~'knock** ⚗, *mot.* **I** *adj.* klopffest; **II** *s.* Anti'klopfmittel *n*; **ˌ~-lock 'brak·ing sys·tem** *s.* Antiblockiersystem *n*.

an·ti|·ma·cas·sar [ˌæntɪmə'kæsə] **I** *s.* Sofa- *od.* Sesselschoner *m*; **II** *adj. fig.* altmodisch; **ˌ~-ma'lar·i·al** *s.* ⚕ Ma'lariamittel *n*; **'~ˌmat·ter** *s. phys.* 'Antimaˌterie *f*; **ˌ~'mis·sile** *s.* ⚔ Antira'ketenraˌkete *f*.

an·ti·mo·ny ['æntɪmənɪ] *s.* ⚗, *min.* Anti'mon *n*.

an·tin·o·my [æn'tɪnəmɪ] *s.* Antino'mie *f*, 'Widerspruch *m*.

ˌan·ti·pa'thet·ic, ˌan·ti·pa'thet·i·cal [-pə'θetɪk(l)] *adj.* □ (***to***) **1.** zu'wider (*dat.*); **2.** abgeneigt (*dat.*); **an·tip·a·thy** [æn'tɪpəθɪ] *s.* Antipa'thie *f*, Abneigung *f* (***against, to*** gegen).

ˌan·ti|-per·son'nel *adj.*: ⚔ ***~ bomb*** Splitterbombe *f*; ***~ mine*** Schützen-, Tretmine *f*; **ˌ~·phlo'gis·tic** [-fləʊ'dʒɪstɪk] **I** *adj.* **1.** ⚗ antiphlo'gistisch; **2.** ⚕ entzündungshemmend; **II** *s.* **3.** ⚕ Antiphlo'gistikum *n*.

an·tiph·o·ny [æn'tɪfənɪ] *s.* Antipho'nie *f*, Wechselgesang *m*.

an·tip·o·dal [æn'tɪpədl] *adj.* anti'podisch, *fig. a.* genau entgegengesetzt; **an·tip·o·de·an** [ænˌtɪpə'di:ən] *s.* Anti'pode *m*, Gegenfüßler *m*; **an·tip·o·des** [æn'tɪpədi:z] *s. pl.* **1.** die diame'tral gegen'überliegenden Teile *pl.* der Erde; **2.** *sg. u. pl.* Gegenteil *n*, -satz *m*, -seite *f*.

ˌan·ti|·pol'lu·tion *adj.* umweltschützend; **ˌ~·pol'lu·tion·ist** [-pə'lu:ʃənɪst] *s.* Umweltschützer *m*; **'~·pope** *s.* Gegenpapst *m*; **ˌ~·py'ret·ic** ⚕ **I** *adj.* fieberverhütend; **II** *s.* Fiebermittel *n*; **ˌ~'py·rin(e)** [-'paɪərɪn] *s.* ⚕ Antipy'rin *n*.

an·ti·quar·i·an [ˌæntɪ'kweərɪən] **I** *adj.* altertümlich; **II** *s.* → **an·ti·quar·y** ['æntɪkwərɪ] *s.* **1.** Altertumskenner *m*, -forscher *m*; **2.** Antiqui'tätensammler *m*, -händler *m*; **an·ti·quat·ed** ['æntɪkweɪtɪd] *adj.* veraltet, altmodisch, über'holt, anti'quiert.

an·tique [æn'ti:k] **I** *adj.* □ **1.** an'tik, alt; **2.** altmodisch, veraltet; **II** *s.* **3.** Antiqui'tät *f*: ***~ dealer*** Antiquitätenhändler *m*; **4.** *typ.* Egypti'enne *f*; **an·tiq·ui·ty** [æn'tɪkwətɪ] *s.* **1.** Altertum *n*, Vorzeit *f*; **2.** die Alten *pl.* (*bsd. Griechen u. Römer*); **3.** *die* Antike; **4.** *pl.* Antiqui'täten *pl.*, Altertümer *pl.*; **5.** (ehrwürdiges) Alter.

ˌan·ti|-'rust *adj.* Rostschutz…; **'~-ˌsab·ba'tar·i·an** *adj. u. s.* der strengen Sonntagsheiligung abgeneigt(e Per'son); **ˌ~-'Sem·ite** *s.* Antise'mit(in); **ˌ~-Se'mit·ic** *adj.* antise'mitisch; **ˌ~-'Sem·i·tism** *s.* Antisemi'tismus *m*; **ˌ~'sep·tic** ⚕ **I** *adj.* (□ ***~ally***) anti'septisch; **II** *s.* Anti'septikum *n*; **ˌ~-'skid** *adj.* ⚙, *mot.* gleit-, schleudersicher, Gleitschutz…; rutschfest; **ˌ~'so·cial** *adj.* 'unsoziˌal, gesellschaftsfeindlich; ungesellig; **ˌ~-'tank** *adj.* ⚔ Panzerabwehr… (*-kanone etc.*), Panzer… (*-sperre etc.*); Panzerjäger…: ***~ battalion***.

an·tith·e·sis [æn'tɪθɪsɪs] *pl.* **-ses** [-si:z] *s.* Anti'these *f*: a) Gegensatz *m*, b) 'Widerspruch *m*; **an·ti·thet·ic, an·ti·thet·i·cal** [ˌæntɪ'θetɪk(l)] *adj.* □ im Widerspruch stehend, gegensätzlich, anti'thetisch; **an'tith·e·size** [-saɪz] *v/t.* in Gegensätzen ausdrücken; in 'Widerspruch bringen.

ˌan·ti|'tox·in *s.* ⚕ Antito'xin *n*, Gegengift *n*; **ˌ~-'trust** *adj.* kar'tell- u. mono'polfeindlich, Antitrust…; **ˌ~'un·ion** *adj.* gewerkschaftsfeindlich; **'~·world** *s.* Antiwelt *f*.

ant·ler ['æntlə] *s. zo.* **1.** Geweihsprosse *f*; **2.** *pl.* Geweih *n*.

an·to·nym ['æntənɪm] *s. ling.* Anto'nym *n*.

a·nus ['eɪnəs] *s.* After *m*, Anus *m*.

an·vil ['ænvɪl] *s.* Amboß *m* (*a. anat. u. fig.*).

anx·i·e·ty [æŋ'zaɪətɪ] *s.* **1.** Angst *f*, Unruhe *f*; Bedenken *n*, Besorgnis *f*, Sorge *f* (***for*** um); **2.** ⚕ Angst(gefühl *n*) *f*, Beklemmung *f*: ***~ neurosis*** Angstneurose *f*; ***~ state*** Angstzustand *m*; **3.** starkes Verlangen, eifriges (Be)Streben *n* (***for*** nach); **anx·ious** ['æŋkʃəs] *adj.* □ **1.** ängstlich, bange, besorgt, unruhig (***about*** um, wegen): ***~ about his health***

um s-e Gesundheit besorgt; **2.** *fig.* (***for**, **to** inf.*) begierig (auf *acc.*, nach, zu *inf.*), bestrebt (zu *inf.*), bedacht (auf *acc.*): ***~ for his report*** auf s-n Bericht begierig *od.* gespannt; ***he is ~ to please*** er gibt sich alle Mühe(, es recht zu machen); ***I am ~ to see him*** mir liegt daran, ihn zu sehen; ***I am ~ to know*** ich möchte zu gern wissen, ich bin begierig zu wissen.

an·y ['enɪ] **I** *adj.* **1.** (*fragend, verneinend od. bedingend*) (irgend)ein, (irgend)welch; etwaig; einige *pl.*; etwas: ***have you ~ money on you?*** haben Sie Geld bei sich?; ***if I had ~ hope*** wenn ich irgendwelche Hoffnung hätte; ***not ~*** kein; ***there was not ~ milk in the house*** es war keine Milch im Hause; ***I cannot eat ~ more*** ich kann nichts mehr essen; **2.** (*bejahend*) jeder, jede, jedes (beliebige): ***~ cat will scratch*** jede Katze kratzt; ***~ amount*** jede beliebige Menge, ein ganzer Haufen; ***in ~ case*** auf jeden Fall; ***at ~ rate*** jedenfalls, wenigstens; ***at ~ time*** jederzeit; **II** *pron. sg. u. pl.* **3.** irgendein; irgendwelche *pl.*; etwas: ***no money and no prospect of ~*** kein Geld und keine Aussicht auf welches; ***I'm not having ~!*** *sl.* ich pfeife drauf!; ***it doesn't help ~*** *sl.* es hilft einen Dreck; **III** *adv.* **4.** irgend(wie), (noch) etwas: ***~ more?*** noch (etwas) mehr?; ***not ~ more than*** ebensowenig wie; ***is he ~ happier now?*** ist er denn jetzt glücklicher?; → ***if*** 1; **'~ˌbod·y** *pron.* irgend jemand, irgendeine(r), ein beliebiger, eine beliebige: ***~ but you*** jeder andere eher als du; ***is he ~ at all?*** ist er überhaupt jemand (von Bedeutung)?; ***ask ~ you meet*** frage den ersten besten, den du triffst; ***it's ~'s match*** F das Spiel ist (noch) völlig offen; → ***guess*** 7; **'~·how** *adv.* **1.** irgendwie; so gut wie's geht, schlecht und recht; **2.** a) trotzdem, jedenfalls, b) sowie'so, ohne'hin, c) immer'hin: ***you won't be late ~*** jedenfalls wirst du nicht zu spät kommen; ***who wants him to come ~?*** wer will denn überhaupt, daß er kommt?; ***I am going there ~*** ich gehe ohnehin dorthin; **'~·one** → ***anybody***; **'~·place** *Am.* → ***anywhere***; **'~·thing** *pron.* **1.** (irgend) etwas, etwas Beliebiges: ***not ~*** gar nichts; ***not for ~*** um keinen Preis; ***take ~ you like*** nimm, was du willst; ***my head aches like ~*** F mein Kopf schmerzt wie toll; ***for ~ I know*** soviel ich weiß; ***~ goes!*** F alles ist ‚drin'!; **2.** alles: ***~ but*** alles andere (eher) als; **'~·way** *adv.* **1.** irgendwie; **2.** → ***anyhow*** 2; **'~·where** *adv.* **1.** irgendwo (-hin): ***not ~*** nirgendwo; **2.** über'all: ***from ~*** von überall her.

A one → ***A 1***.

a·o·rist ['eərɪst] *s. ling.* Ao'rist *m.*

a·or·ta [eɪ'ɔːtə] *s. anat.* A'orta *f*, Hauptschlagader *f.*

a·pace [ə'peɪs] *adv.* schnell, rasch, zusehends.

A·pach·e *pl.* **-es** *od.* **-e** *s.* **1.** [ə'pætʃɪ] A'pache *m* (*Indianer*); **2.** ♀ [ə'pæʃ] A'pache *m*, 'Unterweltler *m.*

ap·a·nage → ***appanage***.

a·part [ə'pɑːt] *adv.* **1.** einzeln, für sich, (ab)gesondert (***from*** von): ***keep ~*** getrennt *od.* auseinanderhalten; ***take ~*** zerlegen, auseinandernehmen (*a. fig.* F *j-n*); ***~ from*** abgesehen von; **2.** abseits, bei'seite: ***joking ~*** Scherz beiseite.

a·part·heid [ə'pɑːtheɪt] *s.* A'partheid *f*, (Poli'tik *f* der) Rassentrennung *f in Südafrika.*

a·part·ho·tel [əˌpɑːthəʊ'tel] *s. Brit. Eigentumswohnanlage, deren Wohneinheiten bei Abwesenheit der Eigentümer als Hotelsuiten vermietet werden.*

a·part·ment [ə'pɑːtmənt] *s.* **1.** Zimmer *n*; **2.** *Am.* (E'tagen)Wohnung *f*; **3.** *Brit.* große Luxuswohnung; **~ block** *s.*, **~ build·ing** *s.* Mietshaus *n*; **~ ho·tel** *s. Am.* A'parthoˌtel *n* (*das Appartements mit Bedienung u. Verpflegung vermietet*); **~ house** *s.* Mietshaus *n.*

ap·a·thet·ic, ap·a·thet·i·cal [ˌæpə'θetɪk(l)] *adj.* ☐ a'pathisch, teilnahmslos; **ap·a·thy** ['æpəθɪ] *s.* Apa'thie *f*, Teilnahmslosigkeit *f*; Gleichgültigkeit *f* (***to*** gegen).

ape [eɪp] **I** *s. zo.* (*bsd.* Menschen)Affe *m*; *fig.* a) Nachäffer(in), b) ‚Affe' *m*, ‚Go'rilla' *m*: ***go ~*** ‚überschnappen'; **II** *v/t.* nachäffen.

a·pe·ri·ent [ə'pɪərɪənt] ⚕ **I** *adj.* abführend; **II** *s.* Abführmittel *n.*

a·pé·ri·tif [ɑːˌperɪ'tiːf] *s.* Aperi'tif *m.*

ap·er·ture ['æpəˌtjʊə] *s.* **1.** Öffnung *f*, Schlitz *m*, Loch *n*; **2.** *phot.*, *phys.* Blende *f.*

a·pex ['eɪpeks] *pl.* **'a·pex·es** *od.* **'a·pi·ces** [-pɪsiːz] *s.* **1.** (*a. anat. Lungen- etc.*) Spitze *f*, Gipfel *m*, Scheitelpunkt *m*; **2.** *fig.* Gipfel *m*, Höhepunkt *m.*

a·phe·li·on [æ'fiːljən] *s.* **1.** *ast.* A'phelium *n*; **2.** *fig.* entferntester Punkt.

a·phid ['eɪfɪd], *a.* **a·phis** ['eɪfɪs] *pl.* **'aph·i·des** [-diːz] *s. zo.* Blattlaus *f.*

aph·o·rism ['æfərɪzəm] *s.* Apho'rismus *m*, Gedankensplitter *m*; **'aph·o·rist** [-ɪst] *s.* Apho'ristiker *m.*

aph·ro·dis·i·ac [ˌæfrəʊ'dɪzɪæk] ⚕ **I** *adj.* aphro'disisch, den Geschlechtstrieb steigernd; *weitS.* erotisierend, erregend; **II** *s.* Aphrodi'siakum *n.*

a·pi·ar·i·an [ˌeɪpɪ'eərɪən] *adj.* Bienen-(zucht)...; **a·pi·a·rist** ['eɪpjərɪst] *s.* Bienenzüchter *m*, Imker *m*; **a·pi·ar·y** ['eɪpjərɪ] *s.* Bienenhaus *n.*

ap·i·cal ['æpɪkl] *adj.* ☐ Spitzen...: ***~ angle*** ⩓ Winkel *m* an der Spitze; ***~ pneumonia*** ⚕ Lungenspitzenkatarrh *m.*

a·pi·cul·ture ['eɪpɪkʌltʃə] *s.* Bienenzucht *f.*

a·piece [ə'piːs] *adv.* für jedes Stück, je; pro Per'son, pro Kopf.

ap·ish ['eɪpɪʃ] *adj.* ☐ **1.** affenartig; **2.** nachäffend; albern, läppisch.

a·plomb [ə'plɒm] (*Fr.*) *s.* **1.** A'plomb *m*, (selbst)sicheres Auftreten, Selbstbewußtsein *n*; **2.** Fassung *f.*

A·poc·a·lypse [ə'pɒkəlɪps] *s.* **1.** *bibl.* Apoka'lypse *f*, Offen'barung *f* Jo'hannis; **2.** ♀ a) Enthüllung *f*, Offen'barung *f*, b) Apoka'lypse *f*, ('Welt)kataˌstrophe *f*; **a·poc·a·lyp·tic** [əˌpɒkə'lɪptɪk] *adj.* (☐ ***~ally***) **1.** apoka'lyptisch (*a. fig.*); **2.** *fig.* dunkel, rätselhaft; **3.** *fig.* unheilkündend.

a·poc·ry·pha [ə'pɒkrɪfə] *s. bibl.* Apo'kryphen *pl.*; **a'poc·ry·phal** [-fl] *adj.* apo'kryphisch, von zweifelhafter Verfasserschaft; zweifelhaft; unecht.

ap·o·gee ['æpəʊdʒiː] *s.* **1.** *ast.* Apo'gäum *n*, Erdferne *f*; **2.** *fig.* Höhepunkt *m*, Gipfel *m.*

a·po·lit·i·cal [ˌeɪpə'lɪtɪkl] *adj.* 'apolitisch.

A·pol·lo [ə'pɒləʊ] *npr. myth. u. s. fig.* A'poll(o) *m.*

a·pol·o·get·ic [əˌpɒlə'dʒetɪk] **I** *s.* **1.** Entschuldigung *f*, Verteidigung *f*; **2.** *mst pl. eccl.* Apolo'getik *f*; **II** *adj.* **3.** → **aˌpol·o'get·i·cal** [-kl] *adj.* ☐ **1.** entschuldigend, rechtfertigend; **2.** kleinlaut, reumütig, schüchtern; **ap·o·lo·gi·a** [ˌæpə'ləʊdʒɪə] *s.* Verteidigung *f*, (Selbst-) Rechtfertigung *f*, Apolo'gie *f*; **a·pol·o·gist** [ə'pɒlədʒɪst] *s.* **1.** Verteidiger(in); **2.** *eccl.* Apolo'get *m*; **a·pol·o·gize** [ə'pɒlədʒaɪz] *v/i.* : ***~ to s.o.*** (***for s.th.***) sich bei j-m (für et.) entschuldigen, j-n (für et.) um Verzeihung bitten; **a·pol·o·gy** [ə'pɒlədʒɪ] *s.* **1.** Entschuldigung *f*, Abbitte *f*; Rechtfertigung *f*: ***make an ~ to s.o.*** (***for s.th***) → ***apologize***; **2.** Verteidigungsrede *f*, -schrift *f*; **3.** F minderwertiger Ersatz: ***an ~ for a meal*** ein armseliges Essen.

ap·o·phthegm → ***apothegm***.

ap·o·plec·tic, ap·o·plec·ti·cal [ˌæpə'plektɪk(l)] *adj.* ☐ apo'plektisch: a) Schlaganfall..., b) zum Schlaganfall neigend; *fig.* e-m Schlaganfall nahe (vor Wut): ***~ fit***, ***~ stroke*** → **ap·o·plex·y** ['æpəpleksɪ] *s.* ⚕ Apople'xie *f*, Schlaganfall *m*, (Gehirn)Schlag *m.*

a·pos·ta·sy [ə'pɒstəsɪ] *s.* Abfall *m*, Abtrünnigkeit *f* (*vom Glauben, von e-r Partei etc.*); **a'pos·tate** [-teɪt] **I** *s.* Abtrünnige(r *m*) *f*, Rene'gat *m*; **II** *adj.* abtrünnig; **a'pos·ta·tize** [-tətaɪz] *v/i.* **1.** (***from***) abfallen (von), abtrünnig *od.* untreu werden (*dat.*); **2.** 'übergehen (***from ... to*** von ... zu).

a·pos·tle [ə'pɒsl] *s.* **1.** *eccl.* A'postel *m*: ***♀s' Creed*** Apostolisches Glaubensbekenntnis; **2.** *fig.* A'postel *m*, Verfechter *m*, Vorkämpfer *m*: ***~ of Free Trade***; **a·pos·to·late** [ə'pɒstəʊlət] *s.* Aposto'lat *n*, A'postelamt *n*, -würde *f*; **ap·os·tol·ic**, *oft* ♀ [ˌæpə'stɒlɪk] *adj.* (☐ ***~ally***) apo'stolisch: ***~ succession*** apostolische Nachfolge; ***♀ See*** Heiliger Stuhl.

a·pos·tro·phe [ə'pɒstrəfɪ] *s.* **1.** (feierliche) Anrede; **2.** *ling.* Apo'stroph *m*; **a'pos·tro·phize** [-faɪz] *v/t.* apostrophieren: a) mit e-m Apo'stroph versehen, b) *j-n besonders* ansprechen, sich wenden an (*acc.*).

a·poth·e·car·y [ə'pɒθəkərɪ] *s. obs. bsd. Am.* Apo'theker *m.*

ap·o·thegm ['æpəʊθem] *s.* Denk-, Kern-, Lehrspruch *m*; Ma'xime *f.*

a·poth·e·o·sis [əˌpɒθɪ'əʊsɪs] *s.* **1.** Apothe'ose *f*: a) Vergöttlichung *f*, b) *fig.* Verherrlichung *f*, Vergötterung *f*; **2.** *fig.* Ide'al *n.*

Ap·pa·lach·i·an [ˌæpə'leɪtʃjən] *adj.*: ***~ Mountains*** *die* Appalachen (*Gebirge im Nordosten der USA*).

ap·pal, *Am. a.* **ap·pall** [ə'pɔːl] *v/t.* erschrecken, entsetzen: ***be ~led*** entsetzt sein (***at*** über *acc.*); **ap'pal·ling** [-lɪŋ] *adj.* ☐ erschreckend, entsetzlich, beängstigend.

ap·pa·nage ['æpənɪdʒ] *s.* **1.** Apa'nage *f e-s Prinzen*; *fig.* Erbteil *n*; Einnahme (-quelle) *f*; **2.** abhängiges Gebiet; **3.** *fig.* Merkmal *n*, Zubehör *n.*

ap·pa·ra·tus [ˌæpə'reɪtəs] *pl.* **-tus** [-təs],

-tus·es *s.* **1.** Appa'rat *m*, Gerät *n*, Vorrichtung *f*; *coll.* Apparat(e *pl.*) *m* (*a. fig.*), Appara'tur *f*, Maschine'rie *f* (*a. fig.*): **~ work** Geräteturnen *n*; **2.** ⚕ Sy'stem *n*, Appa'rat *m*: **respiratory ~** Atmungsapparat, Atemwerkzeuge *pl.*

ap·par·el [ə'pærəl] *s.* **1.** Kleidung *f*, Tracht *f*; **2.** *fig.* Gewand *n*, Schmuck *m*.

ap·par·ent [ə'pærənt] *adj.* □ → **apparently**; **1.** sichtbar; **2.** augenscheinlich, offenbar; ersichtlich, einleuchtend: → **heir**; **3.** scheinbar, anscheinend, Schein...; **ap'par·ent·ly** [-lɪ] *adv.* anscheinend, wie es scheint; **ap·pa·ri·tion** [ˌæpə'rɪʃən] *s.* **1.** (plötzliches) Erscheinen; **2.** Erscheinung *f*, Gespenst *n*, Geist *m*.

ap·peal [ə'pi:l] **I** *v/i.* **1.** (**to**) appellieren, sich wenden (an *acc.*); *j-n od. et.* (als Zeugen) anrufen, sich berufen (auf *acc.*): **~ to the law** das Gesetz anrufen; **~ to history** die Geschichte als Zeugen anrufen; **~ to the country** *pol. Brit.* (das Parlament auflösen u.) Neuwahlen ausschreiben; **2.** (**to s.o. for s.th.**) (j-n) dringend (um et.) bitten, (j-n um et.) anrufen; **3.** Einspruch erheben; *bsd.* ⚖ Berufung *od.* Revisi'on *od.* Beschwerde einlegen (**against**, ⚖ *mst* **from** gegen); **4.** (**to**) wirken (auf *acc.*), reizen (*acc.*), gefallen, zusagen (*dat.*), Anklang finden (bei); **II** *s.* **5.** (**to**) dringende Bitte (an *acc.*, **for** um); Aufruf *m*, Mahnung *f* (an *acc.*); Werbung *f* (bei); Aufforderung *f* (*gen.*); **6.** (**to**) Ap'pell *m* (an *acc.*), Anrufung *f* (*gen.*): **~ to reason** Appell an die Vernunft; **7.** (**to**) Verweisung *f* (an *acc.*), Berufung *f* (auf *acc.*); **8.** ⚖ Rechtsmittel *n* (**from** *od.* **against** gegen): a) Berufung *f*, Revisi'on *f*, b) (Rechts)Beschwerde *f*, Einspruch *m*: **Court of** ℒ Berufungs- *od.* Revisionsgericht *n*; **9.** (**to**) Wirkung *f*, Anziehung(skraft) *f* (auf *acc.*); ✝, *thea. etc.* Zugkraft *f*; Anklang *m*, Beliebtheit *f* (bei); **ap'peal·ing** [-lɪŋ] *adj.* □ **1.** flehend; **2.** ansprechend, reizvoll, gefällig.

ap·pear [ə'pɪə] *v/i.* **1.** erscheinen (*a. von Büchern*), sich zeigen; *öffentlich* auftreten; **2.** erscheinen, sich stellen (*vor Gericht etc.*); **3.** scheinen, den Anschein haben, aussehen, *j-m* vorkommen: **it ~s to me you are right** mir scheint, Sie haben recht; **he ~s to be tired**; **it does not ~ that** es liegt kein Anhaltspunkt dafür vor, daß; **4.** sich her'ausstellen: **it ~s from this** hieraus ergibt sich *od.* geht hervor; **ap·pearance** [ə'pɪərəns] *s.* **1.** Erscheinen *n*, *öffentliches* Auftreten, Vorkommen *n*: **make one's ~** sich einstellen, sich zeigen; **put in an ~** (persönlich) erscheinen; **2.** (äußere) Erscheinung, Aussehen *n*, *das* Äußere: **at first ~** beim ersten Anblick; **3.** äußerer Schein, (An)Schein *m*: **there is every ~ that** es hat ganz den Anschein, daß; **in ~** anscheinend; **to all ~(s)** allem Anschein nach; **~s are against him** der (Augen)Schein spricht gegen ihn; **keep up** (*od.* **save**) **~s** den Schein wahren.

ap·pease [ə'pi:z] *v/t.* **1.** *j-n od. j-s Zorn etc.* beruhigen, beschwichtigen; *Streit* schlichten, beilegen; *Leiden* mildern; *Durst etc.* stillen; *Neugier* befriedigen; **2.** *bsd. pol.* (durch Nachgiebigkeit *od.* Zugeständnisse) beschwichtigen; **ap'pease·ment** [-mənt] *s.* Beruhigung *f* *etc.*; Be'schwichtigung(spoliˌtik) *f*; **ap'peas·er** [-zə] *s. pol.* Be'schwichtigungspoˌlitiker *m*.

ap·pel·lant [ə'pelənt] **I** *adj.* appellierend; **II** *s.* Appel'lant *m*, Berufungskläger(in); Beschwerdeführer(in); **ap'pel·late** [-lət] *adj.* Berufungs...: **~ court** Berufungsinstanz *f*, Revisions-, Appellationsgericht *n*.

ap·pel·la·tion [ˌæpə'leɪʃn] *s.* Benennung *f*, Name *m*; **ap·pel·la·tive** [ə'pelətɪv] **I** *adj.* □ *ling.* appella'tiv: **~ name** Gattungsname *m*; **II** *s. ling.* Gattungsname *m*.

ap·pel·lee [ˌæpe'li:] *s.* ⚖ Berufungsbeklagte(r *m*) *f*.

ap·pend [ə'pend] *v/t.* **1.** (**to**) befestigen, anbringen (an *dat.*), anhängen (an *acc.*); **2.** hin'zu-, beifügen (**to** *dat.*, zu): **to ~ the signature**; **to ~ a price-list**; **ap'pend·age** [-dɪdʒ] *s.* **1.** Anhang *m*, Anhängsel *n*, Zubehör *n*, *m*; **2.** *fig.* Anhängsel *n*: a) Beigabe *f*, b) (ständiger) Begleiter; **ap·pen·dec·to·my** [ˌæpen'dektəmɪ] *s.* 'Blinddarmoperatiˌon *f*; **ap·pen·di·ces** *pl. von* **appendix**; **ap·pen·di·ci·tis** [əˌpendɪ'saɪtɪs] *s.* ⚕ Blinddarmentzündung *f*; **ap·pen·dix** [ə'pendɪks] *pl.* **-dix·es**, **-di·ces** [-dɪsi:z] *s.* **1.** Anhang *m e-s Buches*; **2.** ⚙ Ansatz *m*; **3.** *anat.* Fortsatz *m*: (**vermiform**) **~** Wurmfortsatz *m*, Blinddarm *m*.

ap·per·tain [ˌæpə'teɪn] *v/i.* (**to**) gehören (zu), (zu)gehören (*dat.*); *j-m* zustehen, gebühren (*dat.*).

ap·pe·tence ['æpɪtəns], **'ap·pe·ten·cy** [-sɪ] *s.* **1.** Verlangen *n* (**of**, **for**, **after** nach); **2.** instink'tive Neigung; (Na'tur) Trieb *m*.

ap·pe·tite ['æpɪtaɪt] *s.* **1.** (**for**) Verlangen *n*, Gelüst *n* (nach); Neigung *f*, Trieb *m*, Lust *f* (zu), ‚Appe'tit' (auf *acc.*); **2.** Appe'tit *m* (**for** auf *acc.*), Eßlust *f*: **have an ~** Appetit haben; **take away** (*od.* **spoil**) **s.o.'s ~** j-m den Appetit nehmen *od.* verderben; **loss of ~** Appetitlosigkeit *f*; **~ suppressant** Appetitzügler *m*; **'ap·pe·tiz·er** [-aɪzə] *s.* appe'titanregendes Mittel *od.* Getränk *od.* Gericht, Aperi'tif *m*; **'ap·pe·tiz·ing** [-aɪzɪŋ] *adj.* □ appe'titanregend; appe'titlich, lecker (*beide a. fig.*); *fig.* reizvoll, ‚zum Anbeißen'.

ap·plaud [ə'plɔ:d] **I** *v/i.* applaudieren, Beifall spenden; **II** *v/t.* beklatschen, *j-m* Beifall spenden; *fig.* loben, billigen; *j-m* zustimmen; **ap·plause** [ə'plɔ:z] *s.* **1.** Ap'plaus *m*, Beifall(klatschen *n*) *m*: **break into ~** in Beifall ausbrechen; **2.** *fig.* Zustimmung *f*, Anerkennung *f*, Beifall *m*.

ap·ple ['æpl] *s.* Apfel *m*: **~ of discord** *fig.* Zankapfel; **~ of one's eye** *anat.* Augapfel (*a. fig.*); **'~-cart** *s.* Apfelkarren *m*: **upset the** *od.* **s.o.'s ~** *fig.* alle *od.* j-s Pläne über den Haufen werfen; **~ char·lotte** ['ʃɑ:lət] *s.* 'Apfelcharˌlotte *f* (*e-e Apfelspeise*); **~ dump·ling** *s.* Apfel *m* im Schlafrock; **~ frit·ters** *s. pl.* (in Teig gebackene) Apfelschnitten *pl.*; **'~-jack** *s. Am.* Apfelschnaps *m*; **'~-pie** *s.* (warmer) gedeckter Apfelkuchen; **'~-pie or·der** *s.* F schönste Ordnung: **everything is in ~** alles ‚in Butter' *od.* in bester Ordnung; **~ pol·ish·er** *s. Am.* F Speichellecker *m*; **'~-sauce** *s.* **1.** Apfelmus *n*; **2.** *Am. sl.* a) ‚Schmus' *m*, Schmeiche'lei *f*, b) *int.* Quatsch!; **'~-tree** *s.* ⚘ Apfelbaum *m*.

ap·pli·ance [ə'plaɪəns] *s.* Gerät *n*, Vorrichtung *f*, Appa'rat *m*.

ap·pli·ca·bil·i·ty [ˌæplɪkə'bɪlətɪ] *s.* (**to**) Anwendbarkeit *f* (auf *acc.*), Eignung *f* (für); **ap·pli·ca·ble** ['æplɪkəbl] *adj.* □ (**to**) anwendbar (auf *acc.*), passend, geeignet (für): **not ~** *in Formularen*: nicht zutreffend, entfällt; **ap·pli·cant** ['æplɪkənt] *s.* (**for**) Bewerber(in) (um), Besteller(in) (*gen.*); Antragsteller(in); (Pa'tent)Anmelder(in); **ap·pli·ca·tion** [ˌæplɪ'keɪʃn] *s.* **1.** ⚕ Auf-, Anlegen *n e-s Verbandes etc.*; Anwendung *f* (**to** auf *acc.*); **2.** (**to** für) An-, Verwendung *f*, Gebrauch *m*: **~ of poison**; **~ of drastic measures**; **3.** (**to**) Anwendung *f*, Anwendbarkeit *f* (auf *acc.*); Beziehung *f* (zu); **~ software** Anwendersoftware *f*; **have no ~** keine Anwendung finden, unangebracht sein, nicht zutreffen; **4.** (**for**) Gesuch *n*, Bitte *f* (um); Antrag *m* (auf *acc.*): **an ~ for help**; **make an ~** ein Gesuch einreichen, e-n Antrag stellen; **~ for a patent** Anmeldung *f* zum Patent; **samples on ~** Muster auf Verlangen *od.* Wunsch; **5.** Bewerbung *f* (**for** um): (**letter of**) **~** Bewerbungsschreiben *n*; **6.** Fleiß *m*, Eifer *m* (**in** bei): **~ in one's studies**; **ap·plied** [ə'plaɪd] *adj.* angewandt: **~ chemistry** (**psychology** *etc.*); **~ art** Kunstgewerbe *n*, Gebrauchsgraphik *f*.

ap·pli·qué [æ'pli:keɪ] *adj.* aufgelegt, -genäht, appliziert: **~ work** Applikation (-sstickerei) *f*.

ap·ply [ə'plaɪ] **I** *v/t.* **1.** (**to**) auflegen, -tragen, legen (auf *acc.*), anbringen (an, auf *dat.*): **~ a plaster to a wound**; **2.** (**to**) a) verwenden (auf *acc.*, für), b) anwenden (auf *acc.*): **~ a rule**; **applied to modern conditions** auf moderne Verhältnisse angewandt, c) gebrauchen (für): **~ the brakes** bremsen, d) verwerten (zu, für); **3.** *Sinn* richten (**to** auf *acc.*); **4. ~ o.s.** sich widmen (**to** *dat.*): **~ o.s. to a task**; **II** *v/i.* **5.** (**to**) sich wenden (an *acc.*, **for** wegen), sich melden (bei): **~ to the manager**; **6.** (**for**) beantragen (*acc.*); sich bewerben, sich bemühen, ersuchen (um): **~ for a job**; **7.** (**for**) (*bsd.* zum Pa'tent) anmelden (*acc.*); **8.** (**to**) Anwendung finden (bei, auf *acc.*), passen, zutreffen (auf *acc.*), gelten (für): **cross out that which does not ~** Nichtzutreffendes bitte streichen.

ap·point [ə'pɔɪnt] *v/t.* **1.** ernennen, berufen, an-, bestellen: **~ a teacher** e-n Lehrer anstellen; **~ an heir** e-n Erben einsetzen; **~ s.o. governor** j-n zum Gouverneur ernennen, j-n als Gouverneur berufen; **~ s.o. to a professorship** j-m e-e Professur übertragen; **2.** festsetzen, bestimmen; vorschreiben; verabreden: **~ a time**; **the ~ed day** der festgesetzte Tag *od.* Termin, der Stichtag; **the ~ed task** die vorgeschriebene Aufgabe; **3.** einrichten, ausrüsten: **a well-~ed house**; **ap·point·ee** [əpɔɪn'ti:] *s.* Ernannte(r *m*) *f*; **ap'point·ment** [-mənt] *s.* **1.** Ernennung *f*, Anstellung *f*, Berufung *f*, Einsetzung *f* (*a. e-s Erben*), Bestellung *f* (*bsd. e-s Vormunds*); ℒ(**s**) **Board** Behörde *f* zur Besetzung höherer Posten; **by special ~ to the King**

Königlicher Hoflieferant; **2.** Amt *n*, Stellung *f*; **3.** Festsetzung *f bsd. e-s Termins*; **4.** Verabredung *f*; Zs.-kunft *f*; *geschäftlich, beim Arzt etc.*: Ter'min *m*: ***by ~*** nach Vereinbarung; ***make an ~*** e-e Verabredung treffen; ***keep*** (***break***) ***an ~*** eine Verabredung (nicht) einhalten; ***~ book*** Terminkalender *m*; **5.** *pl.* Ausstattung *f*, Einrichtung *f e-r Wohnung etc.*

ap·por·tion [ə'pɔ:ʃn] *v/t. e-n Anteil* zuteilen, (proportio'nal *od.* gerecht) ein-, verteilen; *Lob* erteilen, zollen; *Aufgabe* zuteilen; *Schuld* beimessen; *Kosten* 'umlegen; **ap'por·tion·ment** [-mənt] *s.* (gleichmäßige *od.* gerechte) Ver-, Zuteilung, Einteilung *f*; ('Kosten),Umlage *f*.

ap·po·site ['æpəʊzɪt] *adj.* □ (***to***) passend (für), angemessen (*dat.*), geeignet (für); angebracht, treffend; **'ap·po·site·ness** [-nɪs] *s.* Angemessenheit *f*; **ap·po·si·tion** [ˌæpə'zɪʃn] *s.* **1.** Bei-, Hin'zufügung *f*; **2.** *ling.* Appositi'on *f*, Beifügung *f*.

ap·prais·al [ə'preɪzl] *s.* (Ab)Schätzung *f*, Taxierung *f*; Schätzwert *m*, *a. ped.* Bewertung *f*; *fig.* Beurteilung *f*, Würdigung *f*; **ap·praise** [ə'preɪz] *v/t.* (ab-, ein)schätzen, taxieren, bewerten, beurteilen, würdigen; **ap'praise·ment** [-mənt] → ***appraisal***; **ap'prais·er** [-zə] *s.* (Ab)Schätzer *m*.

ap·pre·ci·a·ble [ə'pri:ʃəbl] *adj.* □ merklich, spürbar, nennenswert; **ap·pre·ci·ate** [ə'pri:ʃɪeɪt] **I** *v/t.* **1.** (hoch-)schätzen; richtig einschätzen, würdigen, zu schätzen *od.* würdigen wissen; **2.** aufgeschlossen sein für, Gefallen finden an (*dat.*), Sinn haben für: ***~ music***; **3.** dankbar sein für: ***I ~ your kindness***; **4.** (richtig) beurteilen, einsehen, (klar) erkennen: ***~ a danger***; **5.** *bsd. Am.* a) den Wert *e-r Sache* erhöhen, b) aufwerten; **II** *v/i.* **6.** im Wert steigen; **ap·pre·ci·a·tion** [əˌpri:ʃɪ'eɪʃn] *s.* **1.** Würdigung *f*, (Wert-, Ein)Schätzung *f*, Anerkennung *f*; **2.** Verständnis *n*, Aufgeschlossenheit *f*, Sinn *m* (***of*** für): ***~ of music***; **3.** richtige Beurteilung, Einsicht *f*; **4.** (kritische) Würdigung, *bsd. günstige* Kri'tik; **5.** (***of***) Dankbarkeit *f* (für), (dankbare) Anerkennung (*gen.*); **6.** ✝ a) Wertsteigerung *f*, b) Aufwertung *f*; **ap'pre·ci·a·tive** [-ʃjətɪv] *adj.*; **ap'pre·ci·a·to·ry** [-ʃjətərɪ] *adj.* □ (***of***) **1.** anerkennend, würdigend (*acc.*); **2.** verständnisvoll, empfänglich, dankbar (für): ***be ~ of*** zu schätzen wissen.

ap·pre·hend [ˌæprɪ'hend] *v/t.* **1.** ergreifen, festnehmen, verhaften: ***~ a thief***; **2.** *fig.* wahrnehmen, erkennen; begreifen, erfassen; **3.** *fig.* (be)fürchten, ahnen, wittern; **ˌap·pre'hen·sion** [-nʃn] *s.* **1.** Festnahme *f*, Verhaftung *f*; **2.** *fig.* Begreifen *n*, Erfassen *n*; Verstand *m*, Fassungskraft *f*; **3.** Begriff *m*, Ansicht *f*: ***according to popular ~***; **4.** (Vor)Ahnung *f*, Besorgnis *f*: ***in ~ of*** *et.* befürchtend; **ˌap·pre'hen·sive** [-sɪv] *adj.* □ besorgt (***for*** um; ***of*** wegen; ***that*** daß), ängstlich: ***~ for one's life*** um sein Leben besorgt; ***be ~ of dangers*** sich vor Gefahren fürchten.

ap·pren·tice [ə'prentɪs] **I** *s.* Lehrling *m*, Auszubildende(r) *m*; Prakti'kant(in); *fig.* Anfänger *m*, Neuling *m*; **II** *v/t.* in die Lehre geben: ***be ~d to*** in die Lehre kommen zu, in der Lehre sein bei; **ap'pren·tice·ship** [-tɪʃɪp] *s.* a) *a. fig.* Lehrjahre *pl.*, -zeit *f*, Lehre *f*: ***serve one's ~*** (***with***) in die Lehre gehen (bei), b) Lehrstelle *f*.

ap·prise [ə'praɪz] *v/t.* in Kenntnis setzen, unter'richten (***of*** von).

ap·pro ['æprəʊ] *s.*: ***on ~*** ✝ F zur Ansicht, zur Probe.

ap·proach [ə'prəʊtʃ] **I** *v/i.* **1.** sich nähern; (her'an)nahen, bevorstehen; **2.** *fig.* nahekommen, ähnlich sein (***to*** *dat.*); **3.** ✈ an-, einfliegen; **II** *v/t.* **4.** sich nähern (*dat.*): ***~ the city***; ***~ the end***; **5.** *fig.* nahekommen (*dat.*), (fast) erreichen: ***~ the required sum***; **6.** her'angehen an (*acc.*): ***~ a task***; **7.** her'antreten *od.* sich her'anmachen an (*acc.*): ***~ a customer***; ***~ a girl***; **8.** *j-n* angehen, bitten; sich an *j-n* wenden (***for*** um, ***on*** wegen); **9.** auf *et.* zu sprechen kommen; **III** *s.* **10.** (Heran)Nahen *n* (*a. e-s Zeitpunktes etc.*); Annäherung *f*, Anmarsch *m* (*a.* ⚔), ✈ Anflug *m*; **11.** *fig.* (***to***) Nahekommen *n*, Annäherung *f* (an *acc.*); Ähnlichkeit *f* (mit): ***an ~ to truth*** annähernd die Wahrheit; **12.** Zugang *m*, Zufahrt *f*, Ein-, Auffahrt *f*; *pl.* ⚔ Laufgräben *pl.*; **13.** (***to***) Einführung *f* (in *acc.*), erster Schritt (zu), Versuch *m* (*gen.*): ***a good ~ to philosophy***; ***an ~ to a smile*** der Versuch e-s Lächelns; **14.** *oft pl.* Herantreten *n* (***to*** an *acc.*), Annäherungsversuche *pl.*; **15.** *a.* ***method*** *od.* ***line of ~*** (***to***) a) Art *f* und Weise *f et.* anzupacken, Me'thode *f*, Verfahren *n*: (***basic***) ***~*** Ansatz *m*, b) Auffassung *f* (*gen.*), Haltung *f*, Einstellung *f* (zu), Stellungnahme *f* (zu); Behandlung *f e-s Themas etc.*; **ap'proach·a·ble** [-tʃəbl] *adj.* zugänglich (*a. fig.*).

ap·pro·ba·tion [ˌæprəʊ'beɪʃn] *s.* Billigung *f*, Genehmigung *f*; Bestätigung *f*; Zustimmung *f*, Beifall *m*.

ap·pro·pri·ate **I** *adj.* [ə'prəʊprɪət] □ **1.** (***to***, ***for***) passend, geeignet (für, zu), angemessen (*dat.*), entsprechend (*dat.*), richtig (für); **2.** eigen, zugehörig (***to*** *dat.*); **II** *v/t.* [-ɪeɪt] **3.** verwenden, bereitstellen; *parl. bsd. Geld* bewilligen (***to*** zu, ***for*** für); **4.** sich *et.* aneignen (*a. widerrechtlich*); **ap·pro·pri·a·tion** [əˌprəʊprɪ'eɪʃn] *s.* **1.** Aneignung *f*, Besitzergreifung *f*; **2.** Verwendung *f*, Bereitstellung *f*; *parl.* (Geld)Bewilligung *f*.

ap·prov·a·ble [ə'pru:vəbl] *adj.* zu billigen(d), anerkennenswert; **ap'prov·al** [-vl] *s.* **1.** Billigung *f*, Genehmigung *f*: ***the plan has my ~***; ***on ~*** zur Ansicht, auf Probe; **2.** Anerkennung *f*, Beifall *m*: ***meet with ~*** Beifall finden; **ap·prove** [ə'pru:v] **I** *v/t.* **1.** billigen, gutheißen, anerkennen, annehmen; bestätigen, genehmigen; **2.** ***~ o.s.*** sich erweisen *od.* bewähren (***as*** als); **II** *v/i.* **3.** billigen, anerkennen, gutheißen, genehmigen (***of*** *acc.*): ***~ of s.o.*** j-n akzeptieren; ***be ~d of*** Anklang finden; **ap'proved** [-vd] *adj.* **1.** erprobt, bewährt: ***an ~ friend***; ***in the ~ manner***; **2.** anerkannt: ***~ school*** *Brit. hist.* (staatliche) Erziehungsanstalt; **ap'prov·er** [-və] *s.* ⚖ *Brit.* Kronzeuge *m*; **ap'prov·ing·ly** [-vɪŋlɪ] *adv.* zustimmend, beifällig.

ap·prox·i·mate **I** *adj.* [ə'prɒksɪmət] □ → ***approximately***; **1.** annähernd, ungefähr; Näherungs… (*-formel*, *-rechnung*, *-wert*); **2.** *fig.* sehr ähnlich; **II** *v/t.* [-meɪt] **3.** sich *e-r Menge od. e-m Wert* nähern, nahe- *od.* näherkommen (*dat.*); **III** *v/i.* [-meɪt] **4.** nahe- *od.* näherkommen (*oft mit* ***to*** *dat.*); **ap'prox·i·mate·ly** [-lɪ] *adv.* annähernd, ungefähr, etwa; **ap·prox·i·ma·tion** [əˌprɒksɪ'meɪʃn] *s.* **1.** Annäherung *f* (***to*** an *acc.*): ***an ~ to the truth*** annähernd die Wahrheit; **2.** ⅌ a) (An)Näherung *f* (***to*** an *acc.*), b) Näherungswert *m*; annähernde Gleichheit; **ap'prox·i·ma·tive** [-ətɪv] *adj.* □ annähernd.

ap·pur·te·nance [ə'pɜ:tɪnəns] *s.* **1.** Zubehör *n*, *m*; **2.** *pl.* ⚖ Re'alrechte *pl.* (*aus Eigentum an Liegenschaften*); **ap'pur·te·nant** [-nt] *adj.* zugehörig (***to*** *dat.*).

a·pri·cot ['eɪprɪkɒt] *s.* Apri'kose *f*.

A·pril ['eɪprəl] *s.* A'pril *m*: ***in ~*** im April; ***~ fool*** Aprilnarr *m*; ***~ Fools Day*** der 1. April; ***make an ~ fool of s.o.***, ***~-fool s.o.*** j-n in den April schicken.

a pri·o·ri [ˌeɪpraɪ'ɔ:raɪ] *adv. u. adj. phls.* **1.** a pri'ori, deduk'tiv; **2.** F mutmaßlich, ohne (Über)'Prüfung.

a·pron ['eɪprən] *s.* **1.** Schürze *f*; Schurz (-fell *n*) *m*; **2.** Schurz *m von Freimaurern od. engl. Bischöfen*; **3.** ⚙ a) Schutzblech *n*, -haube *f*, b) *mot.* Blech-, Windschutz *m*, c) Schutzleder *n*, Kniedecke *f an Fahrzeugen*; **4.** ✈ (betoniertes) (Hallen)Vorfeld; **5.** *a.* ***~-stage*** *thea.* Vorbühne *f*; **'~-strings** *s. pl.* Schürzenbänder *pl.*; *fig.* Gängelband *n*: ***tied to one's mother's ~*** an Mutters Schürzenzipfel hängend; ***tied to s.o.'s ~*** unter j-s Fuchtel stehend.

ap·ro·pos ['æprəpəʊ] **I** *adv.* **1.** angemessen, zur rechten Zeit: ***he arrived very ~*** er kam wie gerufen; **2.** 'hinsichtlich (***of*** *gen.*): ***~ of our talk***; **3.** apro'pos, nebenbei bemerkt; **II** *adj.* **4.** passend, angemessen, treffend: ***his remark was very ~***.

apse [æps] *s.* ⛪ 'Apsis *f*.

apt [æpt] *adj.* □ **1.** passend, geeignet; treffend: ***an ~ remark***; **2.** geneigt, neigend (***to*** *inf.* zu *inf.*): ***he is ~ to believe it*** er wird es wahrscheinlich glauben; ***~ to be overlooked*** leicht zu übersehen; ***~ to rust*** leicht rostend; **3.** (***at***) geschickt (in *dat.*), begabt (für): ***an ~ pupil***.

ap·ter·ous ['æptərəs] *adj.* **1.** *zo.* flügellos; **2.** ⚘ ungeflügelt.

ap·ti·tude ['æptɪtju:d] *s.* (*ped.* Sonder-)Begabung *f*, Befähigung *f*, Ta'lent *n*; Fähigkeit *f*; Auffassungsgabe *f*; Eignung *f* (***for*** für, zu): ***~ test*** *Am.* Eignungsprüfung *f*; **apt·ness** ['æptnɪs] *s.* **1.** Angemessenheit *f*, Tauglichkeit *f* (***for*** für, zu); **2.** (***for***, ***to***) Neigung *f* (zu), Eignung *f* (für, zu), Geschicklichkeit *f* (in *dat.*).

aq·ua·cul·ture ['ækwəkʌltʃə] *s.* 'Aquakulˌtur *f*.

aq·ua for·tis [ˌækwə'fɔ:tɪs] *s.* ⚗ Scheidewasser *n*, Sal'petersäure *f*.

aq·ua·lung ['ækwəlʌŋ] *s.* Taucherlunge *f*, Atmungsgerät *n*; **'aq·ua·lun·ger** [-ŋə] *s.* Tiefsee-, Sporttaucher(in).

aq·ua·ma·rine [ˌækwəmə'ri:n] *s.* **1.** *min.* Aquama'rin *m*; **2.** Aquama'rinblau *n*.

aq·ua·plane ['ækwəpleɪn] **I** *s.* **1.** *Wassersport*: Monoski *m*; **II** *v/i.* **2.** Monoski

laufen; **3.** *mot.* a) aufschwimmen (*Reifen*), b) ‚schwimmen', die Bodenhaftung verlieren; **'aq·ua·plan·ing** *s.* **1.** Monoskilauf *m*; **2.** *mot.* Aqua'planing *n*.
aq·ua·relle [ˌækwə'rel] *s.* Aqua'rell(maleˌrei *f*) *n*; **ˌaq·ua'rel·list** [-lɪst] *s.* Aqua'rellmaler(in).
A·quar·i·an [ə'kweərɪən] *s. ast.* Wassermann *m* (*Person*).
a·quar·i·um [ə'kweərɪəm] *pl.* **-i·ums** *od.* **-i·a** [-ɪə] *s.* A'quarium *n*.
A·quar·i·us [ə'kweərɪəs] *s. ast.* Wassermann *m*.
aq·ua show ['ækwə] *s. Brit.* 'Wasserbalˌlett *n*.
a·quat·ic [ə'kwætɪk] **I** *adj.* **1.** Wasser…: **~ plants**; **~ sports** Wassersport *m*; **II** *s.* **2.** *biol.* Wassertier *n*, -pflanze *f*; **3.** *pl.* Wassersport *m*.
aq·ua·tint ['ækwətɪnt] *s.* Aqua'tinta *f*, 'Tuschmaˌnier *f*.
aq·ua vi·tae [ˌækwə'vaɪtiː] *s.* **1.** ⚗ *hist.* 'Alkohol *m*; **2.** Branntwein *m*.
aq·ue·duct ['ækwɪdʌkt] *s.* Aquä'dukt *m*, *n*.
a·que·ous ['eɪkwɪəs] *adj.* wässerig, wäßrig (*a. fig.*), wasserartig, -haltig.
Aq·ui·la ['ækwɪlə] *s. ast.* Adler *m*.
aq·ui·le·gi·a [ˌækwɪ'liːdʒjə] *s.* ⚘ Ake'lei *f*.
aq·ui·line ['ækwɪlaɪn] *adj.* gebogen, Adler…, Habichts…: **~ nose.**
Ar·ab ['ærəb] **I** *s.* **1.** Araber(in); **2.** Araber *m* (*Pferd*); **3.** → **street Arab**; **II** *adj.* **4.** a'rabisch; **ar·a·besque** [ˌærə'besk] **I** *s.* Ara'beske *f*; **II** *adj.* ara'besk; **A·ra·bi·an** [ə'reɪbjən] **I** *adj.* **1.** a'rabisch: **The ~ Nights** Tausendundeine Nacht; **II** *s.* **2.** → **Arab** 1; **3.** → **Arab** 2; **'Ar·a·bic** [-bɪk] **I** *adj.* a'rabisch: **~ figures** (*od.* **numerals**) arabische Ziffern *od.* Zahlen; **II** *s. ling.* A'rabisch *n*; **'Ar·ab·ist** [-bɪst] *s.* Ara'bist *m*.
ar·a·ble ['ærəbl] **I** *adj.* pflügbar, anbaufähig; **II** *s.* Ackerland *n*.
Ar·a·by ['ærəbɪ] *s. poet.* A'rabien *n*.
ar·au·ca·ri·a [ˌærɔː'keərɪə] *s.* ⚘ Zimmertanne *f*, Arau'karie *f*.
ar·bi·ter ['ɑːbɪtə] *s.* **1.** Schiedsrichter *m*; **2.** *fig.* Richter *m* (**of** über *acc.*); **3.** *fig.* Herr *m*, Gebieter *m*; **ar·bi·trage** [ˌɑːbɪ'trɑːʒ] *s.* † Arbi'trage *f*; **ar·bi·tral** ['ɑːbɪtrəl] *adj.* schiedsrichterlich: **~ award** Schiedsspruch *m*; **~ body** *od.* **court** Schiedsgericht *n*, -stelle *f*; **~ clause** Schiedsklausel *f*; **ar·bi·trar·i·ness** ['ɑːbɪtrərɪnɪs] *s.* Willkür *f*, Eigenmächtigkeit *f*; **ar·bi·trar·y** ['ɑːbɪtrərɪ] *adj.* ☐ **1.** willkürlich, eigenmächtig, -willig; **2.** launenhaft; **3.** ty'rannisch; **ar·bi·trate** ['ɑːbɪtreɪt] **I** *v/t.* **1.** (als Schiedsrichter *od.* durch Schiedsspruch) entscheiden, schlichten, beilegen; **2.** e-m Schiedsspruch unter'werfen; **II** *v/i.* **3.** Schiedsrichter sein; **ar·bi·tra·tion** [ˌɑːbɪ'treɪʃn] *s.* **1.** Schieds(gerichts)verfahren *n*; Schiedsspruch *m*; Schlichtung *f*: **court of ~** Schiedsgericht *n*, -hof *m*; **~ board** Schiedsstelle *f*; **submit to ~** e-m Schiedsgericht unterwerfen; **settle by ~** schiedsgerichtlich beilegen; **2.** † (**~ of exchange** Wechsel)Arbitrage *f*; **'ar·bi·tra·tor** [-reɪtə] *s.* ⚖ Schiedsrichter *m*, -mann *m*.
ar·bor¹ *Am.* → **arbour**; ♀ **Day** *Am.* Tag *m* des Baums.
ar·bor² ['ɑːbə] *s.* ⚙ Achse *f*, Welle *f*; (Aufsteck)Dorn *m*, Spindel *f*.
ar·bo·re·al [ɑː'bɔːrɪəl] *adj.* baumartig; Baum…; auf Bäumen lebend; **ar'bo·re·ous** [-ɪəs] *adj.* **1.** baumreich, waldig; **2.** baumartig; Baum…; **ar·bo·res·cent** [ˌɑːbə'resnt] *adj.* baumartig, verzweigt; **ar·bo·re·tum** [ˌɑːbə'riːtəm] *pl.* **-ta** [-tə] *s.* Arbo'retum *n*; **ar·bo·ri·cul·ture** ['ɑːbərɪkʌltʃə] *s.* Baumzucht *f*.
ar·bor vi·tae [ˌɑːbə'vaɪtɪ] *s.* ⚘ Lebensbaum *m*.
ar·bour ['ɑːbə] *s.* Laube *f*.
arc [ɑːk] **I** *s.* **1.** *a.* ✈, ⚙, *ast.* Bogen *m*; **2.** ⚡ (Licht)Bogen *m*: **~ welding** Lichtbogenschweißen *n*; **II** *v/i. a.* **~ over** ⚡ e-n (Licht)Bogen bilden, ‚funken'.
ar·cade [ɑː'keɪd] *s.* Ar'kade *f*: a) Säulen-, Bogen-, Laubengang *m*, b) Pas'sage *f*; **ar'cad·ed** [-dɪd] *adj.* mit Arkaden (versehen).
Ar·ca·di·a [ɑː'keɪdjə] *s.* Ar'kadien *n*, ländliches Para'dies *od.* I'dyll; **Ar'ca·di·an** [-ən] *adj.* ar'kadisch, i'dyllisch.
ar·cane [ɑː'keɪn] *adj.* geheimnisvoll; **ar'ca·num** [-nəm] *pl.* **-na** [-nə] *s.* **1.** *hist.* ⚕ Ar'kanum *n*; Eli'xier *n*; **2.** *mst pl.* Geheimnis *n*, My'sterium *n*.
arch¹ [ɑːtʃ] **I** *s.* **1.** *mst* △ (Brücken-, Fenster- *etc.*)Bogen *m*; über'wölbter (Ein-, 'Durch)Gang; ('Eisenbahn- *etc.*) Überˌführung *f*; Tri'umphbogen *m*; **2.** Wölbung *f*, Gewölbe *n*: **~ of the instep** (Fuß)Rist *m*, Spann *m*; **~ support** Senkfußeinlage *f*; **fallen ~es** Senkfuß *m*; **II** *v/t.* **3.** *a.* **~ over** mit Bogen versehen, über'wölben; **4.** wölben, krümmen: **~ the back** e-n Buckel machen (*Katze*); **III** *v/i.* **5.** sich wölben; sich krümmen.
arch² [ɑːtʃ] *adj. oft* **arch-** erst, oberst, Haupt…, Erz…; schlimmst, Riesen…: **~ rogue** Erzschurke *m*.
arch³ [ɑːtʃ] *adj.* ☐ schalkhaft, schelmisch: **an ~ look.**
arch- [ɑːtʃ] *Präfix bei Titeln etc.*: erst, oberst, Haupt…, Erz…
ar·chae·o·log·ic, **ar·chae·o·log·i·cal** [ˌɑːkɪə'lɒdʒɪk(l)] *adj.* ☐ archäo'logisch, Altertums…; **ar·chae·ol·o·gist** [ˌɑːkɪ'ɒlədʒɪst] *s.* Archäo'loge *m*, Altertumsforscher *m*; **ar·chae·ol·o·gy** [ˌɑːkɪ'ɒlədʒɪ] *s.* Archäolo'gie *f*, Altertumskunde *f*.
ar·cha·ic [ɑː'keɪɪk] *adj.* (☐ **~ally**) ar'chaisch: a) altertümlich, b) *bsd. ling.* veraltet, altmodisch; **ar·cha·ism** ['ɑːkeɪɪzəm] *s.* **1.** *ling.* Archa'ismus *m*, veralteter Ausdruck; **2.** *et.* Veraltetes.
arch·an·gel ['ɑːkˌeɪndʒəl] *s.* Erzengel *m*.
ˌarch|'bish·op [ˌɑːtʃ-] *s.* Erzbischof *m*; **ˌ~'bish·op·ric** *s.* **1.** Erzbistum *n*; **2.** Amt *n* e-s Erzbischofs; **ˌ~'dea·con** *s.* Archidia'kon *m*; **ˌ~'di·o·cese** *s.* 'Erzdiöˌzese *f*; **ˌ~'du·cal** *adj.* erzherzoglich; **ˌ~'duch·ess** *s.* Erzherzogin *f*; **ˌ~'duch·y** *s.* Erzherzogtum *n*; **ˌ~'duke** *s.* Erzherzog *m*.
arched [ɑːtʃt] *adj.* gewölbt, gebogen, gekrümmt.
ˌarch-'en·e·my *s.* → **arch-fiend.**
arch·er ['ɑːtʃə] *s.* **1.** Bogenschütze *m*; **2.** ♀ *ast.* Schütze *m*; **'arch·er·y** [-ərɪ] *s.* **1.** Bogenschießen *n*; **2.** *coll.* Bogenschützen *pl.*
ar·che·typ·al ['ɑːkɪtaɪpl] *adj.* arche'typisch; **'ar·che·type** [-taɪp] *s.* Urform *f*, -bild *n*, Arche'typ(us) *m*.
ˌarch-'fiend [ˌɑːtʃ-] *s.* Erzfeind *m*: a) Todfeind *m*, b) 'Satan *m*, Teufel *m*.
ar·chi·e·pis·co·pal [ˌɑːkɪɪ'pɪskəpl] *adj.* erzbischöflich; **ˌar·chi·e'pis·co·pate** [-pɪt] *s.* Amt *n od.* Würde *f* e-s Erzbischofs.
Ar·chi·pel·a·go [ˌɑːkɪ'pelɪgəʊ] **I** *npr.* Ä'gäisches Meer; **II** ♀ *pl.* **-gos** *s.* Archi'pel *m*, Inselmeer *n*, -gruppe *f*.
ar·chi·tect ['ɑːkɪtekt] **I** *s.* **1.** Archi'tekt (-in); **2.** *fig.* Schöpfer(in), Urheber(in), Archi'tekt *m*: **the ~ of one's fortunes** des eigenen Glückes Schmied; **II** *v/t.* **3.** bauen, entwerfen; **ar·chi·tec·ton·ic** [ˌɑːkɪtek'tɒnɪk] **I** *adj.* (☐ **~ally**) **1.** architek'tonisch, baulich; **2.** aufbauend, konstruk'tiv, planvoll, schöpferisch, syste'matisch; **II** *s. mst pl. sg. konstr.* **3.** Architek'tonik *f*: a) Baukunst *f* (*als Fach*), b) künstlerischer Aufbau; **ar·chi·tec·tur·al** [ˌɑːkɪ'tektʃərəl] *adj.* ☐ architek'tonisch, Architektur…, Bau…; **'ar·chi·tec·ture** [-tʃə] *s.* Architek'tur *f*: a) Baukunst *f*; Bauart *f*, Baustil *m*, b) Konstrukti'on *f*; (Auf)Bau *m*, Struk'tur *f*, Anlage *f* (*a. fig.*), c) Bau (-werk *n*) *m*, *coll.* Gebäude *pl.*, Bauten *pl.*
ar·chi·trave ['ɑːkɪtreɪv] *s.* △ Archi'trav *m*, Tragbalken *m*.
ar·chive ['ɑːkaɪv] *s. mst pl.* Ar'chiv *n*; Urkundensammlung *f*; **ar·chi·vist** ['ɑːkɪvɪst] *s.* Archi'var *m*.
arch·ness ['ɑːtʃnɪs] *s.* Schalkhaftigkeit *f*, Durch'triebenheit *f*.
ˌarch'priest [ˌɑːtʃ-] *s. eccl. hist.* Erzpriester *m*.
'arch|·way ['ɑːtʃ-] *s.* △ Bogengang *m*, über'wölbter Torweg; **'~·wise** [-waɪz] *adv.* bogenartig.
'arc|-lamp *s.* ⚡ Bogenlampe *f*; **'~-light** *s.* Bogenlicht *n*, -lampe *f*.
arc·tic ['ɑːktɪk] **I** *adj.* **1.** 'arktisch, nördlich, Nord…, Polar…: ♀ **Circle** Nördlicher Polarkreis; ♀ **Ocean** Nördliches Eismeer; **~ fox** Polarfuchs *m*; **2.** *fig.* sehr kalt, eisig; **II** *s.* **3.** *die* 'Arktis; **4.** *pl. Am.* gefütterte, wasserdichte 'Überschuhe *pl.*
ar·dent ['ɑːdənt] *adj.* ☐ **1.** *bsd. fig.* heiß, glühend, feurig: **~ eyes**; **~ love**; **~ spirits** hochprozentige Spirituosen; **2.** *fig.* feurig, heftig, inbrünstig, leidenschaftlich: **~ wish**; **~ admirer** glühender Verehrer; **3.** *fig.* begeistert; **ar·dour**, *Am.* **ar·dor** ['ɑːdə] *s. fig.* **1.** Feuer *n*, Glut *f*, Inbrunst *f*, Leidenschaft *f*; **2.** Eifer *m*, Begeisterung *f* (**for** für).
ar·du·ous ['ɑːdjʊəs] *adj.* ☐ **1.** schwierig, anstrengend, mühsam: **an ~ task**; **2.** ausdauernd, zäh, e'nergisch: **an ~ worker**; **3.** steil, jäh (*Berg etc.*); **'ar·du·ous·ness** [-nɪs] *s.* Schwierigkeit *f*, Mühsal *f*.
are¹ [ɑː; ə] *pres. pl. u. 2 sg. von* **be.**
are² [ɑː] *s.* Ar *n* (*Flächenmaß*).
a·re·a ['eərɪə] *s.* **1.** (begrenzte) Fläche, Flächenraum *m od.* -inhalt *m*; Grundstück *n*, Are'al *n*; Ober-, Grundfläche *f*; **2.** Raum *m*, Gebiet *n*, Gegend *f*: **danger ~** Gefahrenzone *f*; **prohibited** (*od.* **restricted**) **~** Sperrzone *f*; **~ code** *teleph. Am.* Vorwahl *f*, Vorwählnummer *f*; **in the Chicago ~** im (Groß-) Raum (von) Chikago; **3.** *fig.* Bereich *m*, Gebiet *n*; **4.** *a.* **~way** Kellervorhof *m*; **5.** ⚔ Operati'onsgebiet *n*: **~ bombing** Bombenflächenwurf *m*; **back ~** Etappe *f*; **forward ~** Kampfgebiet *n*; **6.**

anat. (*Seh- etc.*)Zentrum *n*; **a·re·al** [-əl] *adj.* Flächen(inhalts)…

a·re·na [əˈriːnə] *s.* Aˈrena *f*: a) Kampfplatz *m*, b) ˈStadion *n*, c) *fig.* Schauplatz *m*, Bühne *f*: ***political ~***.

aren't [ɑːnt] F *für* ***are not***.

a·rête [æˈreɪt] (*Fr.*) *s.* (Fels)Grat *m*.

ar·gent [ˈɑːdʒənt] **I** *s.* Silber(farbe *f*) *n*; **II** *adj.* silberfarbig.

Ar·gen·tine [ˈɑːdʒəntaɪn], **Ar·gen·tin·e·an** [ˌɑːdʒənˈtɪnɪən] **I** *adj.* argenˈtinisch; **II** *s.* Argenˈtinier(in).

ar·gil [ˈɑːdʒɪl] *s.* Ton *m*, Töpfererde *f*; **ar·gil·la·ceous** [ˌɑːdʒɪˈleɪʃəs] *adj.* tonartig, Ton…

ar·gon [ˈɑːgɒn] *s.* ⚗ ˈArgon *n*.

Ar·go·naut [ˈɑːgənɔːt] *s.* **1.** *myth.* Argoˈnaut *m*; **2.** *Am.* Goldsucher *m* in Kaliˈfornien (*1848/49*).

ar·got [ˈɑːgəʊ] *s.* Arˈgot *n*, Jarˈgon *m*, Slang *m*, *bsd.* Gaunersprache *f*.

ar·gu·a·ble [ˈɑːgjʊəbl] *adj.* □ diskuˈtabel, vertretbar: ***it is ~*** man könnte mit Recht behaupten; **ˈar·gu·a·bly** [-lɪ] *adv.* vertretbarerweise; **ar·gue** [ˈɑːgjuː] **I** *v/i.* **1.** argumentieren; Gründe (für *od.* wider) anführen: ***~ for s.th.*** a) für et. eintreten, b) für et. sprechen (*Sache*); ***~ against s.th.*** a) gegen et. Einwände machen, b) gegen et. sprechen (*Sache*); ***don't ~!*** keine Widerrede!; **2.** streiten, rechten (***with*** mit); disputieren (***about*** über *acc.*, ***for*** für, ***against*** gegen, ***with*** mit); **II** *v/t.* **3.** *e-e Angelegenheit* erörtern, diskutieren; **4.** *j-n* überˈreden *od.* (durch Arguˈmente) bewegen: ***~ s.o. into s.th.*** j-n zu et. überreden; ***~ s.o. out of s.th.*** j-n von et. abbringen; **5.** geltend machen, behaupten: ***~ that black is white***; **6.** begründen, beweisen; folgern (***from*** aus); **7.** verraten, (an)zeigen, beweisen: ***his clothes ~ poverty***; **ar·gu·ment** [ˈɑːgjʊmənt] *s.* **1.** Arguˈment *n*, (Beweis)Grund *m*; Beweisführung *f*, Schlußfolgerung *f*; **2.** Behauptung *f*; Entgegnung *f*, Einwand *m*; **3.** Erörterung *f*, Besprechung *f*: ***hold an ~*** diskutieren; **4.** F (Wort)Streit *m*, Auseinˈandersetzung *f*; Streitfrage *f*; **5.** ˈThema *n*, (Haupt)Inhalt *m*; **ar·gu·men·ta·tion** [ˌɑːgjʊmenˈteɪʃn] *s.* **1.** Beweisführung *f*, Schlußfolgerung *f*; **2.** Erörterung *f*; **ar·gu·men·ta·tive** [ˌɑːgjʊˈmentətɪv] *adj.* □ **1.** streitlustig; **2.** strittig, umˈstritten; **3.** ˈkritisch; **4.** ***~ of*** hindeutend auf (*acc.*).

Ar·gus [ˈɑːgəs] *npr. myth.* ˈArgus *m*; **ˈ~-eyed** *adj.* ˈargusäugig, wachsam, mit ˈArgusaugen.

a·ri·a [ˈɑːrɪə] *s.* ♪ ˈArie *f*.

Ar·i·an [ˈeərɪən] *eccl.* **I** *adj.* ariˈanisch; **II** *s.* Ariˈaner *m*.

ar·id [ˈærɪd] *adj.* □ dürr, trocken, unfruchtbar; *fig.* trocken, öde; **a·rid·i·ty** [æˈrɪdətɪ] *s.* Dürre *f*, Trockenheit *f*, Unfruchtbarkeit *f* (*a. fig.*).

A·ri·es [ˈeəriːz] *s. ast.* Widder *m*.

a·right [əˈraɪt] *adv.* recht, richtig: ***set ~*** richtigstellen.

a·rise [əˈraɪz] *v/i.* [*irr.*] **1.** (***from***, ***out of***) entstehen, entspringen, herˈvorgehen (aus), herrühren, stammen (von); **2.** entstehen, sich ergeben (***from*** aus); sich erheben, erscheinen, auftreten; **3.** aufstehen, sich erheben; **a·ris·en** [əˈrɪzn] *p.p. von* ***arise***.

ar·is·toc·ra·cy [ˌærɪˈstɒkrəsɪ] *s.* **1.** Aristokraˈtie *f*, *coll. a.* Adel *m*; **2.** *fig.* Eˈlite *f*, Adel *m*; **a·ris·to·crat** [ˈærɪstəkræt] *s.* Aristoˈkrat(in); Adlige(r *m*) *f*; *fig.* Paˈtrizier(in); **a·ris·to·crat·ic**, **a·ris·to·crat·i·cal** [ˌærɪstəˈkrætɪk(l)] *adj.* □ aristoˈkratisch, Adels…; *fig.* adlig, vornehm.

a·rith·me·tic [əˈrɪθmətɪk] *s.* Arithˈmetik *f*, Rechnen *n*, Rechenkunst *f*; **ar·ith·met·ic**, **ar·ith·met·i·cal** [ˌærɪθˈmetɪk(l)] *adj.* □ arithˈmetisch, Rechen…; **a·rith·me·ti·cian** [əˌrɪθməˈtɪʃn] *s.* Rechner(in), Rechenmeister(in).

ark [ɑːk] *s.* **1.** Arche *f*: ***Noah's ~*** Arche Noah(s); **2.** Schrein *m*: ***℞ of the Covenant*** *bibl.* Bundeslade *f*.

arm¹ [ɑːm] *s.* **1.** *anat.* Arm *m*: ***keep s.o. at ~'s length*** *fig.* sich j-n vom Leibe halten; ***within ~'s reach*** in Reichweite; ***with open ~s*** *fig.* mit offenen Armen; ***fly into s.o.'s ~s*** j-m in die Arme fliegen; ***take s.o. in one's ~s*** j-n in die Arme nehmen; ***infant*** (*od.* ***babe***) ***in ~s*** Säugling *m*; **2.** Fluß-, Meeresarm *m*; **3.** Arm-, Seitenlehne *f*; **4.** Ast *m*, großer Zweig; **5.** Ärmel *m*; **6.** ⚙ Arm *m e-r Maschine etc.*: ***~ of a balance*** Waagebalken *m*; **7.** *fig.* Arm *m des Gesetzes etc.*

arm² [ɑːm] **I** *s.* **1.** ⚔ *mst pl.* Waffe(n *pl.*) *f*: ***do ~s drill*** Gewehrgriffe üben; ***in ~s*** bewaffnet; ***rise in ~s*** zu den Waffen greifen, sich empören; ***up in ~s*** a) in Aufruhr, b) *fig.* in Harnisch, in hellem Zorn; ***by force of ~s*** mit Waffengewalt; ***bear ~s*** a) Waffen tragen, b) als Soldat dienen; ***lay down ~s*** die Waffen strecken; ***take up ~s*** zu den Waffen greifen (*a. fig.*); ***~s dealer*** Waffenhändler *m*; ***~s control*** Rüstungskontrolle *f*; ***~s race*** Wettrüsten *n*; ***ground ~s!*** Gewehr nieder!; ***order ~s!*** Gewehr ab!; ***pile ~s!*** setzt die Gewehre zusammen!; ***port ~s!*** fällt das Gewehr!; ***present ~s!*** präsentiert das Gewehr!; ***slope ~s!*** das Gewehr über!; ***shoulder ~s!*** das Gewehr an Schulter!; ***to ~s!*** zu den Waffen!, ans Gewehr!; → ***passage at arms***; **2.** Waffengattung *f*, Truppe *f*: ***the naval ~*** die Kriegsmarine; **3.** *pl.* Wappen *n*; → ***coat*** 1; **II** *v/t.* **4.** bewaffnen: ***~ed to the teeth*** bis an die Zähne bewaffnet; **5.** ⚙ armieren, bewehren, befestigen, verstärken, *mit Metall* beschlagen; **6.** ⚔ *Munition, Mine* scharf machen; **7.** (aus)rüsten, bereit machen, versehen: ***be ~ed with an umbrella***; ***be ~ed with arguments***; **III** *v/i.* **8.** sich bewaffnen, sich (aus)rüsten.

ar·ma·da [ɑːˈmɑːdə] *s.* **1.** ℞ *hist.* Arˈmada *f*; **2.** Kriegsflotte *f*, Luftflotte *f*, Geschwader *n*.

ar·ma·dil·lo [ˌɑːməˈdɪləʊ] *s. zo.* **1.** Armaˈdill *n*, Gürteltier *n*; **2.** Apoˈthekerassel *f*.

Ar·ma·ged·don [ˌɑːməˈgedn] *s. bibl. u. fig.* Entscheidungskampf *m*.

ar·ma·ment [ˈɑːməmənt] *s.* ⚔ **1.** Kriegsstärke *f*, -macht *f e-s Landes*: ***naval ~*** Kriegsflotte *f*; **2.** Bewaffnung *f*, Bestückung *f e-s Kriegsschiffes etc.*; **3.** (Kriegsaus)Rüstung *f*: ***~ race*** Wettrüsten *n*; **ar·ma·ture** [ˈɑːməˌtjʊə] *s.* **1.** Rüstung *f*, Panzer *m*; **2.** ⚙ Panzerung *f*, Beschlag *m*, Bewehrung *f*, Armierung *f*, Armaˈtur *f*; **3.** ⚡ Anker *m* (*a. e-s Magneten etc.*), Läufer *m*: ***~ shaft*** Ankerwelle *f*; **4.** ⚘, *zo.* Bewehrung *f*.

ˈarm|·band *s.* Armbinde *f*; **ˌ~-ˈchair I** *s.* Lehnstuhl *m*, (Lehn)Sessel *m*; **II** *adj.* vom (*od.* am) grünen Tisch; Stammtisch…, Salon…: ***~ strategists***.

armed [ɑːmd] *adj.* **1.** bewaffnet: ***~ conflict***; ***~ neutrality***; ***~ forces*** (Gesamt-)Streitkräfte; ***~ robbery*** schwerer Raub; **2.** ⚔ a) scharf, zündfertig (*Munition etc.*), b) *a.* ⚙ → ***armoured***.

Ar·me·ni·an [ɑːˈmiːnjən] **I** *adj.* arˈmenisch; **II** *s.* Arˈmenier(in).

ˈarm·ful [-fʊl] *s.* Armvoll *m*.

arm·ing [ˈɑːmɪŋ] *s.* **1.** Bewaffnung *f*, (Aus)Rüstung *f*; **2.** ⚙ Armierung *f*, Armaˈtur *f*; **3.** Wappen *n*.

ar·mi·stice [ˈɑːmɪstɪs] *s.* Waffenstillstand *m* (*a. fig.*); ℞ **Day** *s.* Jahrestag *m* des Waffenstillstandes vom 11. November 1918.

arm·let [ˈɑːmlɪt] *s.* **1.** Armbinde *f als Abzeichen*; Armspange *f*; **2.** kleiner Meeres- *od.* Flußarm.

ar·mor *etc. Am.* → ***armour*** *etc.*

ar·mo·ri·al [ɑːˈmɔːrɪəl] **I** *adj.* Wappen…, heˈraldisch: ***~ bearings*** Wappen(schild *m*, *n*) *n*; **II** *s.* Wappenbuch *n*; **ar·mor·y** [ˈɑːmərɪ] *s.* **1.** Heˈraldik *f*, Wappenkunde *f*; **2.** *Am.* → ***armoury***.

ar·mour [ˈɑːmə] *s.* **1.** Rüstung *f*, Panzer *m* (*a. fig.*); **2.** ⚔, ⚙ Panzer(ung *f*) *m*, Armierung *f*; *coll.* Panzerfahrzeuge *pl.*, -truppen *pl.*; **3.** ⚘, *zo.* Panzer *m*, Schutzdecke *f*; **ˈ~-clad** → ***armour-plated***.

ar·moured [ˈɑːməd] *adj.* ⚔, ⚙ gepanzert, Panzer…: ***~ cable*** armiertes Kabel, Panzerkabel *n*; ***~ car*** a) Panzerkampfwagen *m*, b) gepanzerter (Geld-)Transportwagen; ***~ infantry*** Panzergrenadiere *pl*; ***~ train*** Panzerzug *m*; **ˈar·mour·er** [-ərə] *s.* Waffenschmied *m*; ⚔, ⚓ Waffenmeister *m*.

ˈar·mour|-ˌpierc·ing *adj.* panzerbrechend, Panzer…: ***~ ammunition***; **ˈ~-ˌplat·ed** *adj.* gepanzert, Panzer…

ar·mour·y [ˈɑːmərɪ] *s.* **1.** Rüst-, Waffenkammer *f* (*a. fig.*), Arseˈnal *n*, Zeughaus *n*; **2.** *Am.* a) ˈWaffenfaˌbrik *f*, b) Exerzierhalle *f*.

ˈarm|·pit *s.* Achselhöhle *f*; **ˈ~·rest** *s.* Armlehne *f*, -stütze *f*; **ˈ~-ˌtwist·ing** *s.* F Druckausübung *f*.

ar·my [ˈɑːmɪ] *s.* **1.** Arˈmee *f*, Heer *n*; Miliˈtär *n*: ***~ contractor*** Heereslieferant *m*; ***join the ~*** Soldat werden; ***~ of occupation*** Besatzungsarmee; ***~ issue*** *die* dem Soldaten gelieferte Ausrüstung, Heereseigentum *n*; **2.** Arˈmee *f* (*als militärische Einheit*); **3.** *fig.* Heer *n*, Menge *f*: ***a whole ~ of workmen***; ***~ chap·lain*** *s.* Miliˈtärgeistliche(r) *m*; ***~ corps*** *s.* Arˈmeekorps *n*.

ar·ni·ca [ˈɑːnɪkə] *s.* ⚘ ˈArnika *f*.

a·ro·ma [əˈrəʊmə] *s.* **1.** Aˈroma *n*, Duft *m*, Würze *f*; Blume *f* (*Wein*); **2.** *fig.* Würze *f*, Reiz *m*; **ar·o·mat·ic** *adj.* [ˌærəʊˈmætɪk] *adj.* (□ ***~ally***) aroˈmatisch, würzig, duftig: ***~ bath*** Kräuterbad *n*.

a·rose [əˈrəʊz] *pret. von* ***arise***.

a·round [əˈraʊnd] **I** *adv.* **1.** ˈringsherˈum, im Kreise; rundum, nach *od.* auf allen Seiten, überˈall: ***I've been ~*** F *fig.* ich kenn' mich aus; **2.** *bsd. Am.* F umˈher, (in der Gegend) herum; in der Nähe, daˈbei; **II** *prp.* **3.** um, um … her(um), rund um; **4.** *bsd. Am.* F a) (rings- *od.* in der Gegend) herum; durch, hin und her, b) (nahe) bei, in, c) ungefähr, etwa; **aˌround-the-ˈclock** *adj.* den ganzen Tag dauernd, 24stündig; Dauer…

a·rouse [əˈraʊz] *v/t.* **1.** *j-n* (auf-) wecken; **2.** *fig.* aufrütteln; *Gefühle etc.* erregen.

ar·que·bus [ˈɑːkwɪbəs] → ***harquebus***.

ar·rack [ˈærək] *s.* ˈArrak *m.*

ar·raign [əˈreɪn] *v/t.* **1.** ⚖ a) vor Gericht stellen, b) zur Anklage vernehmen; **2.** *öffentlich* beschuldigen, rügen; **3.** *fig.* anfechten; **arˈraign·ment** [-mənt] *s.* ⚖ Vernehmung *f* zur Anklage; *bsd. fig.* Anklage *f.*

ar·range [əˈreɪndʒ] **I** *v/t.* **1.** (an)ordnen; aufstellen; einteilen; ein-, ausrichten; erledigen: ***~ one's ideas*** s-e Gedanken ordnen; ***~ one's affairs*** s-e Angelegenheiten regeln; **2.** verabreden, vereinbaren; festsetzen, planen: ***everything had been ~d beforehand***; ***an ~d marriage*** e-e (von den Eltern) arrangierte Ehe; **3.** *Streit etc.* beilegen, schlichten; **4.** ♪, *thea.* einrichten, bearbeiten; **II** *v/i.* **5.** sich verständigen (***about*** über *acc.*); **6.** Anordnungen *od.* Vorkehrungen treffen (***for***, ***about*** für, zu, ***to*** *inf.* zu *inf.*); es einrichten, dafür sorgen, veranlassen (***that*** daß): ***~ for the car to be ready***; **7.** sich einigen (***with s.o. about s.th.*** mit j-m über et.); **arˈrange·ment** [-mənt] *s.* **1.** (An)Ordnung *f*, Einrichtung *f*, Einteilung *f*, Auf-, Zs.-stellung *f*; Syˈstem *n*; **2.** Vereinbarung *f*, Verabredung *f*, Abmachung *f*: ***make an ~ with s.o.*** mit j-m e-e Verabredung treffen; **3.** Ab-, Überˈeinkommen *n*; Schlichtung *f*: ***come to an ~*** e-n Vergleich schließen; **4.** *pl.* ***make ~s*** Vorkehrungen *od.* Vorbereitungen *od.* s-e Dispositionen treffen; ***today's ~s*** die heutigen Veranstaltungen; **5.** *thea.* Bearbeitung *f*, ♪ *a.* Arrangeˈment *n.*

ar·rant [ˈærənt] *adj.* □ völlig, ausgesprochen, ‚komˈplett': ***an ~ fool***; ***~ nonsense***; ***an ~ rogue*** ein Erzgauner.

ar·ray [əˈreɪ] **I** *v/t.* **1.** ordnen, aufstellen (*bsd. Truppen*); **2.** ⚖ *Geschworene* aufrufen; **3.** *fig.* aufbieten; **4.** (***o.s.*** sich) kleiden, putzen; **II** *s.* **5.** Ordnung *f*; Schlachtordnung *f*; **6.** ⚖ Geschworenen(liste *f*) *pl.*; **7.** ˈPhalanx *f*, stattliche Reihe, Menge *f*, Aufgebot *n*; **8.** Kleidung *f*, Staat *m*, Aufmachung *f.*

ar·rear [əˈrɪə] *s.* a) *mst pl.* Rückstand *m*, *bsd.* Schulden *pl.*: ***~s of rent*** rückständige Miete; ***in ~(s)*** im Rückstand *od.* Verzug, b) *et.* Unerledigtes, Arbeitsrückstände *pl.*

ar·rest [əˈrest] **I** *s.* **1.** Aufhalten *n*, Hemmung *f*, Stockung *f*; **2.** ⚖ a) Verhaftung *f*, Haft *f*: ***under ~*** verhaftet, in Haft, b) Beschlagnahme *f*, c) *a.* ***~ of judgment*** Urteilssistierung *f*; **II** *v/t.* **3.** an-, aufhalten, hemmen, hindern: ***~ progress***; ***~ed growth*** *biol.* gehemmtes Wachstum; ***~ed tuberculosis*** ⚕ inaktive Tuberkulose; **4.** ⚙ feststellen, sperren, arretieren; **5.** ⚖ a) verhaften, b) beschlagnahmen, c) ***~ judgment*** das Urteil vertagen; **6.** *Geld etc.* einbehalten, konfiszieren; **7.** *Aufmerksamkeit etc.* fesseln, festhalten; **arˈrest·ing** [-tɪŋ] *adj.* fesselnd, interesˈsant; **arˈrestment** [-mənt] *s.* Beschlagnahme *f.*

ar·rière-pen·sée [ˌærɪeə(r)ˈpɒnseɪ] (*Fr.*) *s.* ˈHintergedanke *m.*

ar·riv·al [əˈraɪvl] *s.* **1.** Ankunft *f*, Eintreffen *n*; *fig.* Gelangen *n* (***at*** zu); **2.** Erscheinen *n*, Auftreten *n*; **3.** a) Ankömmling *m*: ***new ~*** Neuankömmling, Familienzuwachs *m*, b) *et.* Angekommenes; **4.** *pl.* ankommende Züge *pl. od.* Schiffe *pl. od.* Flugzeuge *pl. od.* Perˈsonen *pl.*; Zufuhr *f*; ✝ (Waren)Eingänge *pl.*; **ar·rive** [əˈraɪv] *v/i.* **1.** (an-) kommen, eintreffen; **2.** erscheinen, auftreten; **3.** *fig.* (***at***) erreichen (*acc.*), gelangen (zu): ***~ at a decision***; **4.** kommen, eintreten (*Zeit*, *Ereignis*); **5.** Erfolg haben.

ar·ro·gance [ˈærəgəns] *s.* Arroˈganz *f*, Anmaßung *f*, Überˈheblichkeit *f*; **ˈar·ro·gant** [-nt] *adj.* □ arroˈgant, anmaßend, überˈheblich; **ar·ro·gate** [ˈærəʊgeɪt] *v/t.* **1.** ***~ to o.s.*** sich *et.* anmaßen, *et.* für sich in Anspruch nehmen; **2.** zuschreiben, zuschieben (***s.th. to s.o.*** j-m et.); **ar·ro·ga·tion** [ˌærəʊˈgeɪʃn] *s.* Anmaßung *f.*

ar·row [ˈærəʊ] *s.* **1.** Pfeil *m*; ***~ keys*** *Computer*: Pfeiltasten *pl*; **2.** Pfeil (-zeichen *n*) *m*; **3.** *surv.* Zähl-, Markierstab *m*; **ˈar·rowed** [-əʊd] *adj.* mit Pfeilen *od.* Pfeilzeichen (versehen).

ˈar·row|·head *s.* **1.** Pfeilspitze *f*; **2.** (Zeichen *n* der) Pfeilspitze *f* (*brit. Regierungsgut kennzeichnend*); **ˈ~·root** *s.* ♀ a) Pfeilwurz *f*, b) Pfeilwurzstärke *f.*

arse [ɑːs] **I** *s.* V Arsch *m*; **II** *v/i. sl.* ***~ around*** ‚herumspinnen'; **ˈ~·hole** *s.* V ‚Arschloch' *n* (*a. fig. contp.*); **~ lick·er** *s.* V ‚Arschkriecher' *m.*

ar·se·nal [ˈɑːsənl] *s.* **1.** Arseˈnal *n* (*a. fig.*), Zeughaus *n*, Waffenlager *n*; **2.** ˈWaffen-, Munitiˈonsfaˌbrik *f.*

ar·se·nic **I** *s.* [ˈɑːsnɪk] Arˈsen(ik) *n*; **II** *adj.* [ɑːˈsenɪk] arˈsenhaltig; Arsen…

ar·sis [ˈɑːsɪs] *s.* **1.** *poet.* Hebung *f*, betonte Silbe; **2.** ♪ Aufschlag *m.*

ar·son [ˈɑːsn] *s.* ⚖ Brandstiftung *f*; **ˈar·son·ist** [-nɪst] *s.* Brandstifter *m.*

art¹ [ɑːt] **I** *s.* **1.** (*bsd.* bildende) Kunst: ***the fine ~s*** die schönen Künste; ***brought to a fine ~*** *fig.* zu e-r wahren Kunst entwickelt; ***work of ~*** Kunstwerk *n*; **2.** Kunst(fertigkeit) *f*, Geschicklichkeit *f*: ***the ~ of the painter***; ***the ~ of cooking***; ***industrial ~(s)*** (*od.* ***~s and crafts***) Kunstgewerbe *n*, -handwerk *n*; ***the black ~*** die Schwarze Kunst, die Zauberei; **3.** *pl. univ.* Geisteswissenschaften *pl.*: ***Faculty of 2s***, *Am.* ***2s Department*** philosophische Fakultät; ***liberal ~s*** humanistische Fächer; → ***master*** 10, ***bachelor*** 2; **4.** *mst pl.* Kunstgriff *m*, Kniff *m*, List *f*, Tücke *f*; **5.** *Patentrecht*: a) Fach(gebiet) *n*, b) Fachkenntnis *f*, c) (***state of the ~*** Stand *m* der) Technik; → ***prior*** 1; **II** *adj.* **6.** Kunst…: ***~ critic***; ***~ director*** a) *thea. etc.* Bühnenmeister *m*, b) *Werbung*: Art-director *m*, künstlerischer Leiter; **7.** künstlerisch, dekoraˈtiv: ***~ pottery***; **III** *v/t.* **8.** ***~ up*** *sl.* (künstlerisch) ‚aufmöbeln'.

art² [ɑːt] *obs. 2. pres. sg. von* ***be***.

ar·te·fact → ***artifact***.

ar·te·ri·al [ɑːˈtɪərɪəl] *adj.* **1.** ⚕ arteriˈell, Arterien…: ***~ blood*** Pulsaderblut *n*; **2.** *fig.* ***~ road*** Hauptverkehrsader *f*, Ausfall-, Durchgangs-, Hauptverkehrs-, *a.* Fernverkehrsstraße *f.*

ar·te·ri·o·scle·ro·sis [ɑːˌtɪərɪəʊsklɪəˈrəʊsɪs] *s.* ⚕ Arteriosklеˈrose *f*, Arˈterienverkalkung *f.*

ar·ter·y [ˈɑːtərɪ] *s.* **1.** Arˈterie *f*, Puls-, Schlagader *f*; **2.** *fig.* Verkehrsader *f*, *bsd.* Hauptstraße *f*, -fluß *m*: ***~ of traffic***; ***~ of trade*** Haupthandelsweg *m.*

ar·te·sian well [ɑːˈtiːzjən] *s.* arˈtesischer (*Am.* tiefer) Brunnen.

art·ful [ˈɑːtfʊl] *adj.* □ schlau, listig, verschlagen; **ˈart·ful·ness** [-nɪs] *s.* List *f*, Schläue *f*, Verschlagenheit *f.*

ar·thrit·ic, **ar·thrit·i·cal** [ɑːˈθrɪtɪk(l)] *adj.* ⚕ arˈthritisch, gichtisch; **ar·thri·tis** [ɑːˈθraɪtɪs] *s.* ⚕ Arˈthritis *f*; **ar·thro·sis** [ɑːˈθrəʊsɪs] *s.* Arˈthrose *f.*

Ar·thu·ri·an [ɑːˈθʊərɪən] *adj.* (König) Arthur *od.* Artus betreffend, Arthur…, Artus…

ar·ti·choke [ˈɑːtɪtʃəʊk] *s.* ♀ **1.** *a.* ***globo ~*** Artiˈschocke *f*; **2.** ***Jerusalem ~*** ˈErdartiˌschocke *f.*

ar·ti·cle [ˈɑːtɪkl] **I** *s.* **1.** (ˈZeitungs- *etc.*) Arˌtikel *m*, Aufsatz *m*; **2.** Arˈtikel *m*, Gegenstand *m*, Sache *f*; Posten *m*, Ware *f*: ***~ of trade*** Handelsware; ***the genuine ~*** F der ‚wahre Jakob'; **3.** Abschnitt *m*, Paraˈgraph *m*, Klausel *f*, Punkt *m*: ***~s of apprenticeship*** Lehrvertrag *m*; ***~s*** (***of association***, *Am.* ***incorporation***) ✝ Satzung *f*; ***the Thirty-nine 2s*** die 39 Glaubensartikel *der Anglikanischen Kirche*; ***according to the ~s*** ✝ satzungsgemäß; **4.** *ling.* Arˈtikel *m*, Geschlechtswort *n*; **II** *v/t.* **5.** vertraglich binden; in die Lehre geben (***to*** bei); **ˈar·ti·cled** [-ld] *adj.* **1.** vertraglich gebunden; **2.** in der Lehre (***to*** bei): ***~ clerk*** *Brit.* Anwaltsgehilfe *m.*

ar·tic·u·late **I** *v/t.* [ɑːˈtɪkjʊleɪt] **1.** artikulieren, deutlich (aus)sprechen; **2.** gliedern; **3.** *Knochen* zs.-fügen; **II** *adj.* [-lət] **4.** klar erkennbar, deutlich (gegliedert), artikuliert, verständlich (*Wörter etc*); **5.** fähig, sich klar auszudrücken, sich klar ausdrückend; **6.** sich Gehör verschaffend; **7.** ⚕, ♀, *zo.* gegliedert; **arˈtic·u·lat·ed** [-tɪd] *adj.* ⚙ Gelenk…, Glieder…: ***~ train***; ***~ lorry*** *Brit.* Sattelschlepper *m*; **ar·tic·u·la·tion** [ɑːˌtɪkjʊˈleɪʃn] *s.* **1.** *bsd. ling.* Artikulatiˈon *f*, deutliche Aussprache; Verständlichkeit *f*; **2.** Aneinˈanderfügung *f*; **3.** ⚙ Gelenk(verbindung *f*) *n*; **4.** Gliederung *f.*

ar·ti·fact [ˈɑːtɪfækt] *s.* Arteˈfakt *n*: a) Werkzeug *n od.* Gerät *n bsd. primitiver od. prähistorischer Kulturen*, b) ⚕ ˈKunstproˌdukt *n*; **ˈar·ti·fice** [-fɪs] *s.* Kunstgriff *m*; Kniff *m*, List *f*; **ar·tif·i·cer** [ɑːˈtɪfɪsə] *s.* **1.** → ***artisan***; **2.** ⚔ a) Feuerwerker *m*, b) Handwerker *m*; **3.** Urheber(in).

ar·ti·fi·cial [ˌɑːtɪˈfɪʃl] *adj.* □ **1.** künstlich, Kunst…: ***~ silk***; ***~ leg*** Beinprothese *f*; ***~ teeth*** künstliche Zähne; ***~ person*** ⚖ juristische Person; ***~ turf*** *sport* Kunststoffrasen *m*; **2.** *fig.* gekünstelt, falsch; **ar·ti·fi·ci·al·i·ty** [ˌɑːtɪfɪʃɪˈælətɪ] *s.* Künstlichkeit *f*; *et.* Gekünsteltes.

ar·til·ler·ist [ɑːˈtɪlərɪst] *s.* Artilleˈrist *m*, Kanoˈnier *m.*

ar·til·ler·y [ɑːˈtɪlərɪ] *s.* **1.** Artilleˈrie *f*; **2.** *sl.* ‚Artilleˈrie' *f*, Schießeisen *n od. pl.*

ar·ti·san [ˌɑːtɪˈzæn] *s.* (Kunst)Handwerker *m.*

art·ist [ˈɑːtɪst] *s.* **1.** a) Künstler(in), *bsd.* Kunstmaler(in), b) → ***artiste***; **2.** *fig.* Künstler(in), Könner(in); **ar·tiste** [ɑːˈtiːst] (*Fr.*) *s.* Arˈtist(in), Künstler (-in), Sänger(in), Schauspieler(in), Tänzer(in); **ar·tis·tic**, **ar·tis·ti·cal** [ɑːˈtɪstɪk(l)] *adj.* □ **1.** künstlerisch, Künstler…, Kunst…; **2.** kunstverständig; **3.** kunst-, geschmackvoll; **ˈart·ist·ry** [-trɪ] *s.* **1.** Künstlertum *n*, *das* Künstlerische; **2.** künstlerische Wirkung *od.* Vollˈendung; **3.** Kunstfertigkeit *f.*

art·less [ˈɑːtlɪs] *adj.* □ **1.** ungekünstelt, naˈtürlich, schlicht, unschuldig, naˈiv; **2.** offen, arglos, ohne Falsch; **3.** unkünstlerisch, stümperhaft.

Art Nou·veau [ˌɑːrnuːˈvəʊ] (*Fr.*) *s. Kunst*: Art *f* nouˈveau, Jugendstil *m.*

ar·tsy [ˈɑːtsɪ] → ***arty***.

ˈart·work *s.* Artwork *n*: a) künstlerische Gestaltung, Illustratiˈon(en *pl.*) *f*, Grafik *f*, b) (grafische *etc.*) Gestaltungsmittel *pl.*

art·y [ˈɑːtɪ] *adj.* F **1.** (gewollt) künstlerisch *od.* bohemiˈenhaft; **2.** ‚kunstbeflissen'; **ˌ~(-and)-ˈcraft·y** *adj.* **1.** *iro.* ‚künstlerisch', moˈdern-verrückt; **2.** → ***arty*** 1.

Ar·y·an [ˈeərɪən] **I** *s.* **1.** Arier *m*, Indogerˈmane *m*; **2.** *ling.* arische Sprachengruppe; **3.** Arier *m*, Nichtjude *m* (*in der Nazi-Ideologie*); **II** *adj.* **4.** arisch; **5.** arisch, nichtjüdisch.

as [æz; əz] **I** *adv.* **1.** (ebenso) wie, so: ***~ usual*** wie gewöhnlich *od.* üblich; ***~ soft ~ butter*** weich wie Butter; ***twice ~ large*** zweimal so groß; ***just ~ good*** ebenso gut; **2.** als: ***he appeared ~ Macbeth***; ***I knew him ~ a child***; ***~ prose style this is bad*** für Prosa ist das schlecht; **3.** wie (z. B.): ***cathedral cities, ~ Ely***; **II** *cj.* **4.** wie, so wie: ***~ follows***; ***do ~ you are told!*** tu, wie man dir sagt!; ***~ I said before***; ***~ you were!*** ⚔ Kommando zurück!; ***~ it is*** unter diesen Umständen, ohnehin; ***~ it were*** sozusagen, gleichsam; **5.** als, inˈdem, während: ***~ he entered*** als er eintrat, bei s-m Eintritt; **6.** obˈgleich, wenn auch; wie, wie sehr, so sehr: ***old ~ I am*** so alt wie ich bin; ***try ~ he would*** so sehr er (es) auch versuchte; **7.** da, weil: ***~ you are sorry I'll forgive you***; **III** *pron.* **8.** was, wie: ***~ he himself admits***; → ***such*** 7;
Zssgn mit adv. u. prp.:
as| … **as** (eben)so … wie: ***as fast as I could*** so schnell ich konnte; ***as sweet as can be*** so süß wie möglich; ***as cheap as five pence a bottle*** schon für (*od.* für nur) fünf Pence die Flasche; ***as recently as last week*** noch (*od.* erst) vorige Woche; ***as good as*** so gut wie, sozusagen; ***not as bad as*** (***all***) ***that*** gar nicht so schlimm; ***as fine a song as I ever heard*** ein Lied, wie ich kein schöneres je gehört habe; **~ far as** soˈweit (wie), soˈviel: ***~ I know*** soviel ich weiß; ***~ Cologne*** bis (nach) Köln; ***as far back as 1890*** schon im Jahre 1890; **~ for** was … (an)betrifft, bezüglich (*gen.*); **~ from** *vor Zeitangaben*: von … an, ab, mit Wirkung vom…; **~ if** *od.* **though** als ob, als wenn: ***he talks ~ he knew them all***; **~ long as** a) soˈlange (wie): ***~ he stays***, b) wenn (nur); vorˈausgesetzt, daß: ***~ you have enough money***; **~ much** gerade (*od.* eben) das: ***I thought ~***; ***~ again*** doppelt soviel; **~ much as** (*neg. mst* ***not so much as***) a) (eben)soviel wie: ***~ my son***, b) so sehr, so viel: ***did he pay ~ that?*** hat er so viel (dafür) bezahlt?, c) soˈgar, überˈhaupt (*neg.* nicht einmal): ***without ~ looking at him*** ohne ihn überhaupt *od.* auch nur anzusehen; **~ per** laut, gemäß (*dat.*); **~ soon as** → ***soon*** 3; **~ to 1.** → ***as for***; **2.** (als *od.* so) daß: ***be so kind ~ come*** sei so gut und komm; **3.** nach, gemäß (*dat.*); **~ well** → ***well***[1] 11; **~ yet** → ***yet*** 2.

as·bes·tos [æzˈbestɒs] *s. min.* Asˈbest *m*: ***~ board*** Asbestpappe *f*; ***~-contaminated*** asbestbelastet.

as·bes·to·sis [æsbeˈstəʊsɪs] *s.* Asbeststaublunge *f.*

as·cend [əˈsend] **I** *v/i.* **1.** (auf-, emˈpor-, hinˈauf)steigen; **2.** ansteigen, (schräg) in die Höhe gehen: ***the path ~s here***; **3.** *zeitlich* hinˈaufreichen, zuˈrückgehen (***to*** bis in *acc.*, bis auf *acc.*); **4.** ♪ steigen (*Ton*); **II** *v/t.* **5.** be-, ersteigen: ***~ a river*** e-n Fluß hinauffahren; ***~ the throne*** den Thron besteigen; **asˈcend·an·cy**, **asˈcend·en·cy** [-dənsɪ] *s.* (***over***) Überˈlegenheit *f*, Herrschaft *f*, Gewalt *f* (über *acc.*); (bestimmender) Einfluß (auf *acc.*); **asˈcend·ant**, **asˈcend·ent** [-dənt] **I** *s.* **1.** *ast.* Aufgangspunkt *m e-s Gestirns*: ***in the ~*** *fig.* im Kommen *od.* Aufstieg; **2.** → ***ascendancy***; **3.** Verwandte(r *m*) *f* (*in aufsteigender Linie*); Vorfahr *m*; **II** *adj.* **4.** aufgehend, aufsteigend; **5.** überˈlegen, (vor)herrschend; **asˈcend·ing** [-dɪŋ] *adj.* (auf-) steigend (*a. fig.*): ***~ air current*** Aufwind *m*; **asˈcen·sion** [-nʃn] *s.* **1.** Aufsteigen *n* (*a. ast.*), Besteigung *f*; **2.** ***the*** ♀ die Himmelfahrt Christi: ***♀ Day*** Himmelfahrtstag *m*; **asˈcent** [-nt] *s.* **1.** Aufstieg *m* (*a. fig.*), Besteigung *f*; **2.** *bsd.* ⚒, ⚙ Steigung *f*, Gefälle *n*, Abhang *m*; **3.** Auffahrt *f*, Rampe *f*, (Treppen)Aufgang *m.*

as·cer·tain [ˌæsəˈteɪn] *v/t.* feststellen, ermitteln; in Erfahrung bringen; **ˌascerˈtain·a·ble** [-nəbl] *adj.* feststellbar, zu ermitteln(d); **ˌas·cerˈtain·ment** [-mənt] *s.* Feststellung *f*, Ermittlung *f.*

as·cet·ic [əˈsetɪk] **I** *adj.* (□ ***~ally***) asˈketisch, Asketen…; **II** *s.* Asˈket *m*; **asˈcet·i·cism** [-ɪsɪzəm] *s.* Asˈkese *f*; Kaˈsteiung *f.*

as·cor·bic ac·id [əˈskɔːbɪk] *s.* Askorˈbinsäure *f*, Vitamin C *n.*

as·crib·a·ble [əˈskraɪbəbl] *adj.* zuzuschreiben(d), beizumessen(d); **as·cribe** [əˈskraɪb] *v/t.* (***to***) zuschreiben, beimessen, beilegen (*dat.*); zuˈrückführen (auf *acc.*).

a·sep·sis [æˈsepsɪs] *s.* ⚕ Aˈsepsis *f*; keimfreie Wundbehandlung; **aˈsep·tic** [-ptɪk] *adj.* (□ ***~ally***) aˈseptisch, keimfrei, steˈril.

a·sex·u·al [eɪˈseksjʊəl] *adj.* □ *biol.* asexual: a) geschlechtslos (*a. fig.*), b) ungeschlechtlich: ***~ reproduction*** ungeschlechtliche Fortpflanzung.

ash[1] [æʃ] *s.* ⚘ **1.** *a.* ***~-tree*** Esche *f*: ***weeping ~*** Traueresche; **2.** *a.* ***~ wood*** Eschenholz *n.*

ash[2] [æʃ] *s.* **1.** Asche *f* (*a.* ⚗): ***~ bin*** (*Am.* ***can***) Aschen-, Mülleimer *m*; ***~ furnace*** Glasschmelzofen *m*; **2.** *mst pl.* Asche *f*: ***lay in ~es*** niederbrennen; **3.** *pl. fig.* sterbliche ˈÜberreste *pl.*; Trümmer *pl.*, Staub *m*: ***rise from the ~es*** *fig.* (wie ein Phönix) aus der Asche aufsteigen; **4.** ***win the ♀es*** (*Kricket*) gegen Australien gewinnen.

a·shamed [əˈʃeɪmd] *adj.* □ sich schämend, beschämt: ***be*** (*od.* ***feel***) ***~ of*** sich *e-r Sache od. j-s* schämen; ***be ~ to*** (*inf.*) sich schämen zu (*inf.*); ***I am ~ that*** es ist mir peinlich, daß; ***you ought to be ~ of yourself!*** du solltest dich schämen!

ash·en[1] [ˈæʃn] *adj.* ⚘ eschen, aus Eschenholz.

ash·en[2] [ˈæʃn] *adj.* Aschen…; *fig.* aschfahl, -grau.

Ash·ke·naz·im [ˌæʃkɪˈnæzɪm] (*Hebrew*) *s. pl.* As(ch)keˈnasim *pl.*

ash·lar [ˈæʃlə] *s.* ⚠ Quaderstein *m.*

a·shore [əˈʃɔː] *adv. u. adj.* ans *od.* am Ufer *od.* Land: ***go ~*** an Land gehen; ***run ~*** a) stranden, auflaufen, b) auf Strand setzen.

ˈash|·pit *s.* Aschengrube *f*; **ˈ~·tray** *s.* Aschenbecher *m*; **♀ Wednes·day** *s.* Ascherˈmittwoch *m.*

ash·y [ˈæʃɪ] *adj.* **1.** aus Asche (bestehend); mit Asche bedeckt; **2.** → ***ashen***[2].

A·sian [ˈeɪʃn], **A·si·at·ic** [ˌeɪʃɪˈætɪk] **I** *adj.* asiˈatisch; **II** *s.* Asiˈat(in).

a·side [əˈsaɪd] **I** *adv.* **1.** beiˈseite, auf die *od.* zur Seite, seitwärts; abseits: ***step*** (***set***) ***~***; **2.** *thea.* beiseite: ***speak ~***; **3.** ***~ from*** *Am.* abgesehen von; **II** *s.* **4.** *thea.* Aˈparte *n*, beiseite gesprochene Worte *pl.*; **5.** a) Nebenbemerkung *f*, b) geflüsterte Bemerkung.

as·i·nine [ˈæsɪnaɪn] *adj.* eselartig, Esels…; *fig.* eselhaft, dumm.

ask [ɑːsk] **I** *v/t.* **1.** a) *j-n* fragen: ***~ the policeman***, b) nach *et.* fragen: ***~ the way***; ***~ the time*** fragen, wie spät es ist; ***~ a question of s.o.*** e-e Frage an j-n stellen; **2.** *j-n* nach *et.* fragen, sich bei *j-m* nach *et.* erkundigen: ***~ s.o. the way***; ***may I ~ you a question?*** darf ich Sie (nach) etwas fragen?; ***~ me another!*** F keine Ahnung!; **3.** *j-n* bitten (***for*** um, ***to*** *inf.* zu *inf.*, ***that*** daß): ***~ s.o. for advice***; ***we were ~ed to believe*** man wollte uns glauben machen; **4.** bitten um, erbitten: ***~ his advice***; ***be there for the ~ing*** umsonst *od.* mühelos zu haben sein; → ***favour*** 2; **5.** einladen, bitten: ***~ s.o. to lunch***; ***~ s.o. in*** j-n hereinbitten; **6.** fordern, verlangen: ***~ a high price***; ***that is ~ing too much!*** das ist zuviel verlangt!; **7.** → ***banns***; **II** *v/i.* **8.** (***for***) bitten (um), verlangen (*acc. od.* nach); fragen (nach), *j-n* zu sprechen wünschen; *et.* erfordern: ***~ (s.o.) for help*** (j-n) um Hilfe bitten; ***s.o. has been ~ing for you*** es hat jemand nach Ihnen gefragt; ***the matter ~s for great care*** die Angelegenheit erfordert große Sorgfalt; **9.** *fig.* herˈbeiführen: ***you ~ed for it*** (*od.* ***for trouble***) du wolltest es ja so haben; **10.** fragen, sich erkundigen (***after***, ***about*** nach, wegen).

a·skance [əˈskæns] *adv.* von der Seite; *fig.* schief, scheel, mißtrauisch: ***look ~ at s.o.*** (*od.* ***s.th.***).

a·skew [əˈskjuː] *adv.* schief, schräg (*a. fig.*).

a·slant [əˈslɑːnt] **I** *adv. u. adj.* schräg, quer; **II** *prp.* quer über *od.* durch.

a·sleep [əˈsliːp] *adv. u. adj.* **1.** schlafend, im *od.* in den Schlaf: ***be ~*** schlafen; ***fall ~*** einschlafen; **2.** *fig.* entschlafen, leblos; **3.** *fig.* schlafend, unaufmerksam; **4.** *fig.* eingeschlafen (*Glied*).

a·slope [əˈsləʊp] *adv. u. adj.* abschüssig, schräg.

a·so·cial [æˈsəʊʃəl] *adj.* □ **1.** ungesellig, konˈtaktfeindlich; **2.** → ***antisocial***.

asp¹ [æsp] *s. zo.* Natter *f.*

asp² [æsp] → ***aspen***.

as·par·a·gus [əˈspærəgəs] *s.* ⚘ Spargel *m*: ***~ tips*** Spargelspitzen.

as·pect [ˈæspekt] *s.* **1.** Aussehen *n*, Äußere(s) *n*, Erscheinung *f*, Anblick *m*, Gestalt *f*; **2.** Gebärde *f*, Miene *f*; **3.** Aˈspekt *m* (*a. ast.*), Gesichtspunkt *m*, Seite *f*; Hinsicht *f*, (Be)Zug *m*: ***in its true ~*** im richtigen Licht; **4.** Aussicht *f*, Lage *f*: ***the house has a southern ~*** das Haus liegt nach Süden.

as·pen [ˈæspən] ⚘ **I** *s.* Espe *f*, Zitterpappel *f*; **II** *adj.* espen: ***tremble like an ~ leaf*** wie Espenlaub zittern.

as·per·gill [ˈæspədʒɪl], **as·per·gil·lum** [ˌæspəˈdʒɪləm] *s. eccl.* Weihwedel *m*.

as·per·i·ty [æˈsperətɪ] *s. bsd. fig.* Rauheit *f*, Schroffheit *f*; Schärfe *f*, Strenge *f*, Herbheit *f*.

as·perse [əˈspɜːs] *v/t.* verleumden, in schlechten Ruf bringen, schlechtmachen, schmähen; **asˈper·sion** [-ɜːʃn] *s.* **1.** *eccl.* Besprengung *f*; **2.** Verleumdung *f*, Anwurf *m*, Schmähung *f*: ***cast ~s on*** *j-n* verleumden *od.* mit Schmutz bewerfen.

as·phalt [ˈæsfælt] **I** *s. min.* Asˈphalt *m*; **II** *v/t.* asphaltieren.

as·phyx·i·a [æsˈfɪksɪə] *s.* ⚕ a) Erstikkung(stod *m*) *f*, b) Scheintod *m*; **as·phyx·i·ant** [əsˈfɪksɪənt] **I** *adj.* erstikkend; **II** *s.* erstickender (⚔ Kampf-)Stoff *m*; **as·phyx·i·ate** [əsˈfɪksɪeɪt] *v/t.* ersticken: ***be ~d*** ersticken; **as·phyx·i·a·tion** [əsˌfɪksɪˈeɪʃn] *s.* Erstickung *f*.

as·pic [ˈæspɪk] *s.* Aˈspik *m*, Geˈlee *n*.

as·pir·ant [əˈspaɪərənt] *s.* (***to, after, for***) Aspiˈrant(in), Kandiˈdat(in) (für); (eifriger) Bewerber (um): ***~ officer*** Offiziersanwärter *m*.

as·pi·rate [ˈæspərət] *ling.* **I** *s.* Hauchlaut *m*; **II** *adj.* aspiriert; **III** *v/t.* [-pəreɪt] aspirieren; **as·pi·ra·tion** [ˌæspəˈreɪʃn] *s.* **1.** Bestrebung *f*, Aspiratiˈon *f*, Trachten *n*, Sehnen *n* (***for, after*** nach); **2.** *ling.* Aspiratiˈon *f*; Hauchlaut *m*; **3.** ⚙, ⚕ An-, Absaugung *f*; **as·pi·ra·tor** [ˈæspəreɪtə] *s.* ⚙, ⚕ ˈSaugappaˌrat *m*; **as·pire** [əsˈpaɪə] *v/i.* **1.** streben, trachten, verlangen (***to, after*** nach, ***to*** *inf.* zu *inf.*); **2.** *fig.* sich erheben.

as·pi·rin [ˈæspərɪn] *s.* ⚕ Aspiˈrin *n*: ***two ~s*** zwei Aspirintabletten.

as·pir·ing [əsˈpaɪərɪŋ] *adj.* □ hochstrebend, ehrgeizig.

ass¹ [æs] *s. zo.* Esel *m*; *fig.* Esel *m*, Dummkopf *m*: ***make an ~ of o.s.*** sich lächerlich machen.

ass² [æs] *s. Am.* ∨ Arsch *m*.

as·sail [əˈseɪl] *v/t.* **1.** angreifen, überˈfallen, bestürmen (*a. fig.*): ***~ a city***; ***~ s.o. with blows***; ***~ s.o. with questions*** j-n mit Fragen überschütten; ***~ed by fear*** von Furcht ergriffen; ***~ed by doubts*** von Zweifeln befallen; **2.** (eifrig) in Angriff nehmen; **asˈsail·a·ble** [-ləbl] *adj.* angreifbar (*a. fig.*); **asˈsail·ant** [-lənt], **asˈsail·er** [-lə] *s.* Angreifer(in), Gegner(in); *fig.* ˈKritiker *m*.

as·sas·sin [əˈsæsɪn] *s.* (Meuchel)Mörder (-in); poˈlitischer Mörder, Attenˈtäter (-in); **asˈsas·si·nate** [-neɪt] *v/t.* (meuchlings) (er)morden; **as·sas·si·na·tion** [əˌsæsɪˈneɪʃn] *s.* Meuchelmord *m*, Ermordung *f*, (politischer) Mord, Attenˈtat *n*.

as·sault [əˈsɔːlt] **I** *s.* **1.** Angriff *m* (*a. fig.*), ˈÜberfall *m* (***upon, on*** auf *acc.*); **2.** ⚔ Sturm *m*: ***carry*** (*od.* ***take***) ***by ~*** erstürmen; ***~ boat*** a) Sturmboot *n*, b) Landungsfahrzeug *n*; ***~ troops*** Stoßtruppen; **3.** ⚖ tätliche Bedrohung *od.* Beleidigung: ***~ and battery*** schwere tätliche Beleidigung, Mißhandlung *f*; ***indecent*** *od.* ***criminal ~*** unzüchtige Handlung (*Belästigung*), Sittlichkeitsvergehen *n*; **II** *v/t.* **4.** angreifen, überˈfallen (*a. fig.*); anfallen, tätlich werden gegen; **5.** ⚔ bestürmen (*a. fig.*); **6.** ⚖ tätlich *od.* schwer beleidigen; **7.** vergewaltigen.

as·say [əˈseɪ] **I** *s.* **1.** ⚙, ⚗ Probe *f*, Anaˈlyse *f*, Prüfung *f*, Unterˈsuchung *f*, *bsd.* Meˈtall-, Münzprobe *f*: ***~ office*** Prüfungsamt *n*; **II** *v/t.* **2.** *bsd.* (*Edel*)*Metalle* prüfen, unterˈsuchen; **3.** *fig.* versuchen, probieren; **III** *v/i.* **4.** *Am.* ˈEdelmeˌtall enthalten; **asˈsay·er** [-eɪə] *s.* (Münz-)Prüfer *m*.

as·sem·blage [əˈsemblɪdʒ] *s.* **1.** Zs.-kommen *n*, Versammlung *f*; **2.** Ansammlung *f*, Schar *f*, Menge *f*; **3.** ⚙ Zs.-setzen *n*, Monˈtage *f*; **4.** *Kunst*: Assemˈblage *f*; **as·sem·ble** [əˈsembl] **I** *v/t.* **1.** versammeln, zs.-berufen; *Truppen* zs.-ziehen; **2.** ⚙ *Teile* zs.-setzen, -bauen, montieren; *Computer*: assemblieren; **II** *v/i.* **3.** sich versammeln, zs.-kommen; *parl.* zs.-treten; **asˈsem·bler** [-lə] *s.* **1.** ⚙ Monˈteur *m*; **2.** *Computer*: Asˈsembler *m*; **asˈsem·bly** [-lɪ] *s.* **1.** Versammlung *f*, Zs.-kunft *f*, Gesellschaft *f*: ***~ hall***, ***~ room*** Gesellschafts-, Ballsaal *m*; **2.** *oft* ♀ *pol.* beratende *od.* gesetzgebende Körperschaft; *Am.* ♀, *a.* ***General*** ♀ ˈUnterhaus *n* (*in einigen Staaten*): ***~ man*** Abgeordnete(r) (→ 3); **3.** ⚙ Zs.-bau *m*, Monˈtage *f*; *a. Computer*: Baugruppe *f*: ***~ line*** Montage-, Fließband *n*, (Fertigungs)Straße *f*, laufendes Band; ***~ man*** Fließbandarbeiter *m* (→ 2); ***~ plant*** Montagewerk *n*; ***~ shop*** Montagehalle *f*; **4.** ⚔ a) Bereitstellung *f*, b) ˈSammelsiˌgnal *n*: ***~ area*** Bereitstellungsraum *m*.

as·sent [əˈsent] **I** *v/i.* (***to***) zustimmen (*dat.*), beipflichten (*dat.*), billigen (*acc.*); genehmigen (*acc.*); **II** *s.* Zustimmung *f*: ***royal ~*** *pol. Brit.* königliche Genehmigung.

as·sert [əˈsɜːt] *v/t.* **1.** behaupten, erklären; **2.** *Anspruch, Recht* behaupten, geltend machen; ˈdurchsetzen; bestehen auf (*acc.*); verteidigen, einstehen für: ***~ one's liberties***; **3.** ***~ o.s.*** a) sich behaupten, sich geltend machen *od.* ˈdurchsetzen, b) sich zuˈviel anmaßen; **as·ser·tion** [əˈsɜːʃn] *s.* **1.** Behauptung *f*, Erklärung *f*: ***make an ~*** e-e Behauptung aufstellen; **2.** Geltendmachung *f od.* ˈDurchsetzung *f e-s Anspruches etc.*; **asˈser·tive** [-tɪv] *adj.* □ **1.** ˈpositiv, zur Geltung kommend, ausdrücklich; **2.** anspruchsvoll, anmaßend.

as·sess [əˈses] *v/t.* **1.** besteuern, zur Steuer einschätzen *od.* veranlagen (***in*** *od.* ***at*** [***the sum of***] mit); **2.** *Steuer, Geldstrafe etc.* auferlegen (***upon*** *dat.*): ***~ed value*** Einheitswert *m*; **3.** *bsd. Wert zur Besteuerung od. e-s Schadens* schätzen, veranschlagen, festsetzen; **4.** *fig. Leistung etc.* bewerten, einschätzen, beurteilen, würdigen; **asˈsess·a·ble** [-səbl] *adj.* □ **1.** (ab)schätzbar; **2.** (***~ to income tax*** einkommens)steuerpflichtig; **asˈsess·ment** [-mənt] *s.* **1.** (Steuer)Veranlagung *f*, Einschätzung *f*, Besteuerung *f*: ***~ notice*** Steuerbescheid *m*; ***rate of ~*** Steuersatz *m*; **2.** Festsetzung *f* e-r Zahlung (*als Entschädigung etc.*), (*Schadens*)Feststellung *f*; **3.** (*Betrag der*) Steuer *f*, Abgabe *f*, Zahlung *f*; **4.** *fig.* Bewertung *f*, Beurteilung *f*, Würdigung *f*; **asˈses·sor** [-sə] *s.* **1.** Steuereinschätzer *m*; **2.** ⚖ (sachverständiger) Beisitzer *m*, Sachverständige(r) *m*.

as·set [ˈæset] *s.* **1.** ✝ Vermögen(swert *m*, -gegenstand *m*) *n*; *Bilanz*: Akˈtivposten *m*, *pl.* Akˈtiva *pl.*, (Aktiv-, Betriebs)Vermögen *n*; (Kapital)Anlagen *pl.*; Guthaben *n u. pl.*: ***~s and liabilities*** Aktiva u. Passiva; ***concealed*** (*od.* ***hidden***) ***~s*** stille Reserven; **2.** *pl.* ⚖ Vermögen(smasse *f*) *n*, Nachlaß *m*; (***bankrupt's***) ***~s*** Konˈkursmasse *f*; **3.** *fig.* a) Vorzug *m*, -teil *m*, Plus *n*, Wert *m*, b) Gewinn (***to*** für), wertvolle Kraft, guter Mitarbeiter *etc.*

as·sev·er·ate [əˈsevəreɪt] *v/t.* beteuern; **as·sev·er·a·tion** [əˌsevəˈreɪʃn] *s.* Beteuerung *f*.

as·si·du·i·ty [ˌæsɪˈdjuːətɪ] *s.* Emsigkeit *f*, (unermüdlicher) Fleiß; Dienstbeflissenheit *f*; **as·sid·u·ous** [əˈsɪdjʊəs] *adj.* □ **1.** emsig, fleißig, eifrig, beharrlich; **2.** aufmerksam, dienstbeflissen.

as·sign [əˈsaɪn] **I** *v/t.* **1.** *Aufgabe etc.* zu-, anweisen, zuteilen, überˈtragen (***to s.o.*** j-m); **2.** *j-n zu e-r Aufgabe etc.* bestimmen, *j-n mit et.* beauftragen; *e-m Amt*, ⚔ *e-m Regiment* zuteilen; **3.** *fig. et.* zuordnen (***to*** *dat.*); **4.** *Zeit, Aufgabe* festsetzen, bestimmen; **5.** *Grund etc.* angeben, anführen; **6.** zuschreiben (***to*** *dat.*); **7.** ⚖ (***to***) überˈtragen (auf *acc.*), abtreten (an *acc.*); **II** *s.* **8.** ⚖ Rechtsnachfolger(in), Zessioˈnar *m*; **asˈsign·a·ble** [-nəbl] *adj.* bestimmbar, zuweisbar; zuzuschreiben(d); anführbar; ⚖ überˈtragbar; **as·sig·na·tion** [ˌæsɪgˈneɪʃn] *s.* **1.** → ***assignment*** 1, 2, 4; **2.** *et.* Zugewiesenes, (Geld)Zuwendung *f*; **3.** Stelldichein *n*; **as·sign·ee** [ˌæsɪˈniː] *s.* ⚖ **1.** → ***assign*** 8; **2.** Bevollmächtigte(r *m*) *f*; Treuhänder *m*: ***~ in bankruptcy*** Konkursverwalter *m*; **asˈsign·ment** [-mənt] *s.* **1.** An-, Zuweisung *f*; **2.** Bestimmung *f*, Festsetzung *f*; **3.** Aufgabe *f*, Arbeit *f* (*a. ped.*); Auftrag *m*; *bes. Am.* Stellung *f*, Posten *m*; **4.** ⚖ a) Übertragung *f*, Abtretung *f*, b) Abtretungsurkunde *f*; **as·sign·or** [ˌæsɪˈnɔː] *s.* ⚖ Zeˈdent(in), Abtretende(r *m*) *f*.

as·sim·i·late [əˈsɪmɪleɪt] **I** *v/t.* **1.** assimilieren: a) angleichen (*a. ling.*), anpassen (***to, with*** *dat.*), b) *bsd. sociol.* aufnehmen, absorbieren, *a.* gleichsetzen (***to, with*** mit), c) *biol. Nahrung* einverleiben, 'umsetzen; **2.** vergleichen (***to, with*** mit); **II** *v/i.* **3.** sich assimilieren, gleich *od.* ähnlich werden, sich anpassen, sich angleichen; **4.** aufgenommen werden; **as·sim·i·la·tion** [əˌsɪmɪ'leɪʃn] *s.* (***to***) Assimilati'on *f* (an *acc.*): a) *a. sociol.* Angleichung *f* (an *acc.*), Gleichsetzung *f* (mit), b) *biol., sociol.* Aufnahme *f*, Einverleibung *f*, c) *bot.* Photosyn'these *f*, d) *ling.* Assimilierung *f.*

as·sist [ə'sɪst] **I** *v/t.* **1.** *j-m* helfen, beistehen; *j-n od. et.* unter'stützen: ***~ed take-off*** Abflug *m* mit Starthilfe; **2.** fördern, (*mit Geld*) unter'stützen: ***~ed immigration*** Einwanderung mit (staatlicher) Beihilfe; **II** *v/i.* **3.** Hilfe leisten, mithelfen (***in*** bei): ***~ in doing a job*** bei e-r Arbeit (mit)helfen; **4.** (***at***) beiwohnen (*dat.*), teilnehmen (an *dat.*); **III** *s.* **5.** F → ***assistance***; **6.** *Eishockey etc.*: Vorlage *f*; **as'sist·ance** [-təns] *s.* Hilfe *f*, Unter'stützung *f*, Beistand *m*: ***economic*** (***judicial***) ***~*** Wirtschafts- (Rechts)Hilfe; ***social ~*** Sozialhilfe *f*; ***afford*** (*od.* ***lend***) ***~*** Hilfe gewähren *od.* leisten; **as'sist·ant** [-tənt] **I** *adj.* **1.** behilflich (***to*** *dat.*); **2.** Hilfs…, Unter…, stellvertretend, zweite(r): ***~ driver*** Beifahrer *m*; ***~ judge*** ⚖ Beisitzer *m*; **II** *s.* **3.** Assi'stent(in), Gehilfe *m*, Gehilfin *f*, Mitarbeiter(in); Angestellte(r *m*) *f*; **4.** Ladengehilfe *m*, -gehilfin *f*, Verkäufer(in).

as·size [ə'saɪz] *s. hist.* **1.** ⚖ (Schwur-) Gerichtssitzung *f*, Gerichtstag *m*; **2.** ***2s*** *pl.* ⚖ *Brit.* As'sisen *pl.*, peri'odische (Schwur)Gerichtssitzungen *pl.* des ***High Court of Justice*** in den einzelnen Grafschaften (*bis 1971*).

as·so·ci·a·ble [ə'səʊʃjəbl] *adj.* (gedanklich) vereinbar (***with*** mit).

as·so·ci·ate [ə'səʊʃɪeɪt] **I** *v/t.* **1.** (***with***) vereinigen, verbinden, verknüpfen (mit); hin'zufügen, angliedern, -schließen, zugesellen (*dat.*): ***~d company*** ✝ *Brit.* Schwestergesellschaft *f*; **2.** *bsd. psych.* assoziieren, (gedanklich) verbinden, in Zs.-hang bringen, verknüpfen; **3.** ***~ o.s.*** sich anschließen (***with*** *dat.*); **II** *v/i.* (***with*** mit) **4.** 'Umgang haben, verkehren; **5.** sich verknüpfen, sich verbinden; **III** *adj.* [-ʃɪət] **6.** eng verbunden, verbündet; verwandt (***with*** mit); **7.** beigeordnet, Mit…: ***~ editor*** Mitherausgeber *m*; ***~ judge*** beigeordneter Richter; **8.** außerordentlich: ***~ member***; ***~ professor***; **IV** *s.* [-ʃɪət] **9.** ✝ Teilhaber *m*, Gesellschafter *m*; **10.** Gefährte *m*, Genosse *m*, Kol'lege *m*, Mitarbeiter *m*; **11.** außerordentliches Mitglied, Beigeordnete(r *m*) *f*; **12.** *Am. univ.* Lehrbeauftragte(r *m*) *f.*

as·so·ci·a·tion [əˌsəʊsɪ'eɪʃn] *s.* **1.** Vereinigung *f*, Verbindung *f*, An-, Zs.-schluß *m*; **2.** Verein(igung *f*) *m*, Gesellschaft *f*; Genossenschaft *f*, Handelsgesellschaft *f*, Verband *m*; **3.** Freundschaft *f*, Kame'radschaft *f*; 'Umgang *m*, Verkehr *m*; **4.** Zs.-hang *m*, Beziehung *f*, Verknüpfung *f*; (Gedanken)Verbindung *f*, (I'deen)Assoziatiˌon *f*: ***~ of ideas***; ***~ foot·ball*** *s. sport* (Verbands-) Fußball(spiel *n*) *m* (*Ggs. Rugby*).

as·so·nance ['æsənəns] *s.* Asso'nanz *f*, vo'kalischer Gleichklang; **'as·so·nant** [-nt] **I** *adj.* anklingend; **II** *s.* Gleichklang *m.*

as·sort [ə'sɔːt] **I** *v/t.* **1.** sortieren, gruppieren, (passend) zs.-stellen; **2.** ✝ assortieren; **II** *v/i.* **3.** (***with***) passen (zu), über'einstimmen (mit); **4.** verkehren, 'umgehen (***with*** mit); **as'sort·ed** [-tɪd] *adj.* **1.** sortiert, geordnet; **2.** ✝ assortiert, *a. fig.* gemischt, verschiedenartig, allerlei; **as'sort·ment** [-mənt] *s.* **1.** Sortieren *n*, Ordnen *n*; **2.** Zs.-stellung *f*, Sammlung *f*; **3.** *bsd.* ⚖ Sorti'ment *n*, Auswahl *f*, Mischung *f*, Kollekti'on *f.*

as·suage [ə'sweɪdʒ] *v/t.* **1.** erleichtern, lindern, mildern; **2.** besänftigen, beschwichtigen; **3.** *Hunger etc.* stillen.

as·sume [ə'sjuːm] *v/t.* **1.** annehmen, vor'aussetzen, unter'stellen: ***assuming that*** angenommen, daß; **2.** *Amt, Pflicht, Schuld etc.* über'nehmen, (*a. Gefahr*) auf sich nehmen: ***~ office***; **3.** *Gestalt, Eigenschaft etc.* annehmen, bekommen; sich zulegen, sich geben, sich angewöhnen; **4.** sich anmaßen *od.* aneignen: ***~ power*** die Macht ergreifen; **5.** vorschützen, vorgeben, (er)heucheln; **6.** *Kleider etc.* anziehen; **as'sumed** [-md] *adj.* □ **1.** angenommen, vor'ausgesetzt; **2.** vorgetäuscht, unecht: ***~ name*** Deckname *m*; **as'sum·ed·ly** [-mɪdlɪ] *adv.* vermutlich; **as'sum·ing** [-mɪŋ] *adj.* □ anmaßend.

as·sump·tion [ə'sʌmpʃn] *s.* **1.** Annahme *f*, Vor'aussetzung *f*; Vermutung *f*: ***on the ~ that*** in der Annahme, daß; **2.** 'Übernahme *f*, Annahme *f*; **3.** ('widerrechtliche) Aneignung; **4.** Anmaßung *f*; **5.** Vortäuschung *f*; **6.** ***2*** (***Day***) *eccl.* Mariä Himmelfahrt *f.*

as·sur·ance [ə'ʃʊərəns] *s.* **1.** Ver-, Zusicherung *f*; **2.** Bürgschaft *f*, Garan'tie *f*; **3.** ✝ (*bsd.* Lebens)Versicherung *f*; **4.** Sicherheit *f*, Gewißheit *f*; Sicherheitsgefühl *n*, Zuversicht *f*; **5.** Selbstsicherheit *f*, -vertrauen *n*; sicheres Auftreten; *b.s.* Dreistigkeit *f*; **as·sure** [ə'ʃʊə] *v/t.* **1.** sichern, sicherstellen, bürgen für: ***this will ~ your success***; **2.** ver-, zusichern: ***~ s.o. of s.th.*** j-n e-r Sache versichern, j-m et. zusichern; ***~ s.o. that*** j-m versichern, daß; **3.** beruhigen; **4.** (***o.s.*** sich) über'zeugen *od.* vergewissern; **5.** *Leben* versichern: ***~ one's life with*** e-e Lebensversicherung abschließen bei *e-r Gesellschaft*; **as·sured** [ə'ʃʊəd] **I** *adj.* □ **1.** ge-, versichert; **2.** a) sicher, über'zeugt, b) selbstsicher, c) beruhigt, ermutigt; **3.** gewiß, zweifellos; **II** *s.* **4.** Versicherte(r *m*) *f*; **as'sur·ed·ly** [-rɪdlɪ] *adv.* ganz gewiß; **as·sured·ness** [ə'ʃʊədnɪs] *s.* Gewißheit *f*; Selbstvertrauen *n*; *b.s.* Dreistigkeit *f*; **as'sur·er** [-rə] *s.* Versicherer *m.*

As·syr·i·an [ə'sɪrɪən] **I** *adj.* as'syrisch; **II** *s.* As'syrer(in).

as·ter ['æstə] *s.* ⚘ Aster *f.*

as·ter·isk ['æstərɪsk] *s. typ.* Sternchen *n.*

a·stern [əs'tɜːn] *adv.* ⚓ **1.** achtern, hinten; **2.** achteraus.

as·ter·oid ['æstərɔɪd] *s. ast.* Astero'id *m* (*kleiner Planet*).

asth·ma ['æsmə] *s.* ⚕ 'Asthma *n*, Atemnot *f*; **asth·mat·ic** [æs'mætɪk] **I** *adj.* (□ ***~ally***) asth'matisch; **II** *s.* Asth'matiker (-in); **asth·mat·i·cal** [æs'mætɪkl] → ***asthmatic*** I.

as·tig·mat·ic [ˌæstɪg'mætɪk] *adj.* (□ ***~ally***) *phys.* astig'matisch; **a·stig·ma·tism** [æ'stɪgmətɪzəm] *s.* Astigma'tismus *m.*

a·stir [ə'stɜː] *adv. u. adj.* **1.** auf den Beinen: a) in Bewegung, rege, b) auf(gestanden), aus dem Bett, munter; **2.** in Aufregung (***with*** über *acc.*, wegen).

as·ton·ish [ə'stɒnɪʃ] *v/t.* **1.** in Erstaunen *od.* Verwunderung setzen; **2.** über'raschen, befremden: ***be ~ed*** erstaunt *od.* überrascht sein (***at*** über *acc.*, ***to*** *inf.* zu *inf.*), sich wundern (***at*** über *acc.*); **as'ton·ish·ing** [-ʃɪŋ] *adj.* □ erstaunlich, überraschend; **as'ton·ish·ing·ly** [-ʃɪŋlɪ] *adv.* erstaunlich(erweise); **as'ton·ish·ment** [-mənt] *s.* Verwunderung *f*, (Er)Staunen *n*, Befremden *n* (***at*** über *acc.*): ***to fill*** (*od.* ***strike***) ***with ~*** in Erstaunen setzen.

as·tound [ə'staʊnd] *v/t.* verblüffen, in Erstaunen setzen, äußerst über'raschen; **as'tound·ing** [-dɪŋ] *adj.* □ verblüffend, höchst erstaunlich.

as·tra·chan → ***astrakhan.***

a·strad·dle [ə'strædl] *adv.* rittlings.

as·tra·khan [ˌæstrə'kæn] *s.* 'Astrachan *m*, Krimmer *m* (*Pelzart*).

as·tral ['æstrəl] *adj.* Stern(en)…, Astral…: ***~ body*** Astralleib *m*; ***~ lamp*** Astrallampe *f.*

a·stray [ə'streɪ] **I** *adv.*: ***go ~*** a) vom Weg abkommen, b) *fig.* auf Abwege geraten, c) *fig.* irre-, fehlgehen, d) das Ziel verfehlen (*Schuß etc.*); ***lead ~*** *fig.* irreführen, verleiten; **II** *adj.* irregehend, abschweifend (*a. fig.*); irrig, falsch.

a·stride [ə'straɪd] *adv., adj. u. prp.* rittlings (***of*** auf *dat.*), mit gespreizten Beinen: ***ride ~*** im Herrensattel reiten; ***~*** (***of***) ***a horse*** zu Pferde; ***~*** (***of***) ***a road*** quer über die Straße.

as·tringe [ə'strɪndʒ] *v/t.* (*a.* ⚕) zs.-ziehen, adstringieren; **as'trin·gent** [-dʒənt] **I** *adj.* □ **1.** ⚕ adstringierend, zs.-ziehend; **2.** *fig.* streng, hart; **II** *s.* **3.** ⚕ Ad'stringens *n.*

as·tri·on·ics [ˌæstrɪ'ɒnɪks] *s. pl. sg. konstr.* Astri'onik *f*, 'Raumfahrtelekˌtronik *f.*

as·tro·dome ['æstrəʊdəʊm] *s.* ✈ Kuppel *f* für astro'nomische Navigati'on; **as·tro·labe** ['æstrəʊleɪb] *s. ast.* Astro'labium *n.*

as·trol·o·ger [ə'strɒlədʒə] *s.* Astro'loge *m*, Sterndeuter *m*; **as·tro·log·ic, as·tro·log·i·cal** [ˌæstrə'lɒdʒɪk(l)] *adj.* □ astro'logisch; **as·trol·o·gy** [ə'strɒlədʒɪ] *s.* Astrolo'gie *f*, Sterndeutung *f.*

as·tro·naut ['æstrənɔːt] *s.* (Welt-) Raumfahrer *m*, Astro'naut *m*; **as·tro·nau·tics** [ˌæstrə'nɔːtɪks] *s. pl. sg. konstr.* Raumfahrt *f.*

as·tron·o·mer [ə'strɒnəmə] *s.* Astro'nom *m*; **as·tro·nom·ic, as·tro·nom·i·cal** [ˌæstrə'nɒmɪk(l)] *adj.* □ **1.** astro'nomisch, Stern…, Himmels…; **2.** *fig.* riesengroß: ***~ figures*** astronomische Zahlen; **as·tron·o·my** [ə'strɒnəmɪ] *s.* Astrono'mie *f*, Sternkunde *f.*

as·tro·phys·i·cist [ˌæstrəʊ'fɪzɪsɪst] *s.* Astro'physiker *m*; **as·tro·phys·ics** [ˌæstrəʊ'fɪzɪks] *s. pl. sg. konstr.* Astrophy'sik *f.*

as·tute [ə'stjuːt] *adj.* □ **1.** scharfsinnig; **2.** schlau, gerissen, raffiniert; **as'tute·ness** [-nɪs] *s.* Scharfsinn *m*; Schlauheit *f.*

a·sun·der [əˈsʌndə] **I** *adv.* ausein'ander, ent'zwei, in Stücke: ***cut s.th. ~***; **II** *adj.* ausein'ander(liegend); *fig.* verschieden.

a·sy·lum [əˈsaɪləm] *s.* **1.** A'syl *n*, Heim *n*, (Pflege)Anstalt *f*: (***insane*** *od.* ***lunatic***) **~** Irrenanstalt *f*; **2.** A'syl *n*: a) Freistätte *f*, Zufluchtsort *m*, b) *fig.* Zuflucht *f*, Schutz *m*, c) po'litisches A'syl: ***right of ~*** Asylrecht *n*; ***~ camp*** Asylantenlager *n*; ***~-seeker*** Asylbewerber *m*.

a·sym·met·ric, a·sym·met·ri·cal [ˌæsɪˈmetrɪk(l)] *adj.* □ asym'metrisch, 'unsymˌmetrisch, ungleichmäßig: ***asymmetrical bars*** *Turnen*: Stufenbarren *m*; **a·sym·me·try** [æˈsɪmətrɪ] *s.* Asymme'trie *f*, Ungleichmäßigkeit *f*.

a·syn·chro·nous [æˈsɪŋkrənəs] *adj.* □ 'asynchron, Asynchron…

at[1] [æt; *unbetont* ət] *prp.* **1.** (*Ort*) an (*dat.*), bei, zu, auf (*dat.*), in (*dat.*): ***~ the corner*** an der Ecke; ***~ the door*** an *od.* vor der Tür; ***~ home*** zu Hause; ***~ the baker's*** beim Bäcker; ***~ school*** in der Schule; ***~ a ball*** bei (*od.* auf) e-m Ball; ***~ Stratford*** in Stratford (***at*** *vor dem Namen jeder Stadt außer London u. dem eigenen Wohnort; vor den beiden letzteren* ***in***); **2.** (*Richtung*) auf (*acc.*), nach, gegen, zu, durch: ***point ~ s.o.*** auf j-n zeigen; **3.** (*Art u. Weise, Zustand*) in (*dat.*), bei, zu, unter (*dat.*), auf (*acc.*): ***~ work*** bei der Arbeit; ***~ your service*** zu Ihren Diensten; ***good ~ Latin*** gut in Latein; ***~ my expense*** auf meine Kosten; ***~ a gallop*** im Galopp; ***he is still ~ it*** er ist noch dabei *od.* dran *od.* damit beschäftigt; **4.** (*Zeit*) um, bei, zu, auf (*dat.*): ***~ 3 o'clock*** um 3 Uhr; ***~ dawn*** bei Tagesanbruch; ***~ Christmas*** zu Weihnachten; ***~*** (***the age of***) ***21*** im Alter von 21 Jahren; **5.** (*Grund*) über (*acc.*), von, bei: ***alarmed ~*** beunruhigt über; **6.** (*Preis, Maß*) für, um, zu: ***~ 6 dollars***; ***charged ~*** berechnet mit; **7.** ***~ all*** *in neg. od. Fragesätzen*: über'haupt, gar *nichts etc.*: ***is he suitable ~ all?*** ist er überhaupt geeignet?; ***not ~ all*** überhaupt nicht; ***not ~ all!*** F nichts zu danken!, gern geschehen!

At[2] [æt] *s. Brit.* ⚔ *hist.* F Angehörige *f* der Streitkräfte.

at·a·vism [ˈætəvɪzəm] *s. biol.* Ata'vismus *m*, (Entwicklungs)Rückschlag *m*; **at·a·vis·tic** [ˌætəˈvɪstɪk] *adj.* ata'vistisch.

a·tax·i·a [əˈtæksɪə], **a'tax·y** [-ksɪ] *s.* Ata'xie *f*, Bewegungsstörung *f*.

ate [et] *pret. von eat.*

at·el·ier [ˈætəlɪeɪ] (*Fr.*) *s.* Ateli'er *n*.

a·the·ism [ˈeɪθɪɪzəm] *s.* Athe'ismus *m*, Gottesleugnung *f*; **'a·the·ist** [-ɪst] *s.* **1.** Athe'ist(in); **2.** gottloser Mensch; **a·the·is·tic** *adj.*; **a·the·is·ti·cal** [ˌeɪθɪˈɪstɪk(l)] *adj.* □ **1.** athe'istisch; **2.** gottlos.

A·the·ni·an [əˈθiːnjən] **I** *adj.* a'thenisch; **II** *s.* A'thener(in).

a·thirst [əˈθɜːst] *adj.* **1.** durstig; **2.** begierig (***for*** nach).

ath·lete [ˈæθliːt] *s.* **1.** Ath'let *m*: a) Sportler *m*, Wettkämpfer *m*, b) *fig.* Hüne *m*; **2.** *Brit.* 'Leichtathˌlet *m*; ***~'s foot*** *s.* ⚕ Fußpilz *m*; ***~'s heart*** *s.* Sportlerherz *n*.

ath·let·ic [æθˈletɪk] *adj.* (□ ***~ally***) ath'letisch: a) Sport…, b) von athletischem Körperbau, musku'lös, c) sportlich (gewandt); ***~ heart*** *s.* ⚕ Sportherz *n*.

ath·let·i·cism [æθˈletɪsɪzəm] *s.* → ***athletics*** 2; **ath'let·ics** [-ɪks] *s. pl. sg. konstr.* **1.** a) Sport *m*, b) *Brit.* 'Leichtathˌletik *f*; **2.** sportliche Betätigung *od.* Gewandtheit, Sportlichkeit *f*.

at-home [ətˈhəʊm] *s.* (zwangloser) Empfang(stag), At-'home *n*.

a·thwart [əˈθwɔːt] **I** *adv.* **1.** quer, schräg hin'durch; ⚓ dwars (über); **2.** *fig.* verkehrt, ungelegen, in die Quere; **II** *prp.* **3.** (quer) über (*acc.*) *od.* durch; ⚓ dwars (über *acc.*); **4.** *fig.* (ent)gegen.

a·tilt [əˈtɪlt] *adv. u. adj.* **1.** vorgebeugt, kippend; **2.** mit eingelegter Lanze: ***run*** (*od.* ***ride***) ***~ at s.o.*** *fig.* gegen j-n e-e Attacke reiten.

At·lan·tic [ətˈlæntɪk] **I** *adj.* at'lantisch; **II** *s.*: ***the ~*** der At'lantik, der Atlantische Ozean; **~ Char·ter** *s. pol.* At'lantikˌCharta *f*; **~** (**standard**) **time** *s.* At'lantische ('Standard)Zeit (*im Osten Kanadas*).

at·las [ˈætləs] *s.* **1.** Atlas *m* (*Buch*); **2.** △ At'lant *m*, Atlas *m* (*Gebälkträger*); **3.** *fig.* Hauptstütze *f*; **4.** *anat.* Atlas *m* (*oberster Halswirbel*); **5.** *großes Papierformat*; **6.** Atlas(seide *f*) *m*.

at·mos·phere [ˈætməˌsfɪə] *s.* **1.** Atmo'sphäre *f*, Lufthülle *f*; **2.** Luft *f*: ***a moist ~***; **3.** ⚙ Atmo'sphäre *f* (*Druckeinheit*); **4.** *fig.* Atmo'sphäre *f*: a) Um'gebung *f*, b) Stimmung *f*.

at·mos·pher·ic [ˌætməsˈferɪk] *adj.* (□ ***~ally***) **1.** atmo'sphärisch, Luft…: ***~ pressure*** *phys.* Luftdruck; **2.** Witterungs…, Wetter…; **3.** ⚙ mit (Luft-) Druck betrieben; **4.** *fig.* stimmungsvoll, Stimmungs…; **at·mos'pher·ics** [-ks] *s. pl.* **1.** ⚙ atmo'sphärische Störungen *pl.*; **2.** *fig.* (*bsd.* opti'mistische) Atmo'sphäre.

at·oll [ˈætɒl] *s. geogr.* A'toll *n*.

at·om [ˈætəm] *s.* **1.** *phys.* A'tom *n*: ***~ bomb*** Atombombe *f*; ***~ smashing*** Atomzertrümmerung *f*; ***~ splitting*** Atom(kern)spaltung *f*; **2.** *fig.* A'tom *n*, winziges Teilchen, bißchen *n*: ***not an ~ of truth*** kein Körnchen Wahrheit.

a·tom·ic [əˈtɒmɪk] *adj. phys.* (□ ***~ally***) ato'mar, a'tomisch, Atom…: ***~ age*** Atomzeitalter *n*; ***~ bomb*** Atombombe *f*; ***~ clock*** Atomuhr *f*; ***~ decay***, ***~ disintegration*** Atomzerfall *m*; ***~ energy*** Atomenergie *f*; ***~ fission*** Atomspaltung *f*; ***~ fuel*** Kernbrennstoff *m*; ***~ index***, ***~ number*** Atomzahl *f*; ***~ nucleus*** Atomkern *m*; ***~ pile*** Atombatterie *f*, -säule *f*, -meiler *m*; ***~-powered*** mit Atomkraft getrieben, Atom…; ***~ power plant*** Atomkraftwerk *n*; ***~ weight*** Atomgewicht *n*.

a·tom·i·cal [əˈtɒmɪkl] → ***atomic.***

a·tom·ics [əˈtɒmɪks] *s. pl. mst sg. konstr.* A'tomphyˌsik *f*.

at·om·ism [ˈætəmɪzəm] *s. phls.* Ato'mismus *m*; **at·om·is·tic** [ˌætəʊˈmɪstɪk] *adj.* (□ ***~ally***) ato'mistisch.

at·om·ize [ˈætəʊmaɪz] *v/t.* **1.** in A'tome auflösen; **2.** *Flüssigkeit* zerstäuben; **3.** in s-e Bestandteile auflösen, atomisieren; **4.** ⚔ mit Atombomben belegen; **'at·om·iz·er** [-maɪzə] *s.* ⚙ Zerstäuber *m*.

at·o·my[1] [ˈætəmɪ] *s.* **1.** A'tom *n*; **2.** *fig.* Zwerg *m*, Knirps *m*.

at·o·my[2] [ˈætəmɪ] *s.* F ‚Gerippe' *n*.

a·tone [əˈtəʊn] *v/i.* (***for***) büßen (für); sühnen, wieder'gutmachen (*acc.*); **a'tone·ment** [-mənt] *s.* **1.** Buße *f*, Sühne *f*, Genugtuung *f* (***for*** für): ***Day of ♀*** *eccl.* a) Buß- und Bettag *m*, b) Versöhnungstag *m* (*jüd. Feiertag*); **2.** ***the ♀*** *eccl.* das Sühneopfer Christi.

a·ton·ic [æˈtɒnɪk] *adj.* **1.** ⚕ a'tonisch, schlaff, schwächend; **2.** *ling.* a) unbetont, b) stimmlos; **at·o·ny** [ˈætənɪ] *s.* ⚕ Ato'nie *f*.

a·top [əˈtɒp] **I** *adv.* oben(auf), zu'oberst; **II** *prp. a.* ***~ of*** (oben) auf (*dat.*); *fig.* besser als.

a·trip [əˈtrɪp] *adj.* ⚓ **1.** gelichtet (*Anker*); **2.** steifgeheißt (*Segel*).

a·tri·um [ˈɑːtrɪəm] *pl.* **-a** [-ə] *s.* 'Atrium *n*: a) *antiq.* Hauptraum *m*, b) △ Lichthof *m*, c) *anat.* (*bsd.* Herz)Vorhof *m*, Vorkammer *f*.

a·tro·cious [əˈtrəʊʃəs] *adj.* □ scheußlich, gräßlich, grausam, *fig.* F *a.* mise'rabel; **a·troc·i·ty** [əˈtrɒsətɪ] *s.* **1.** Scheußlichkeit *f*; **2.** Greuel(tat *f*) *m*; **3.** F a) Ungeheuerlichkeit *f*, (grober) Verstoß, b) ‚Greuel' *m*, *et.* Scheußliches.

at·ro·phied [ˈætrəfɪd] *adj.* ⚕ atrophiert, geschrumpft, verkümmert (*a. fig.*); **'at·ro·phy** [-fɪ] ⚕ **I** *s.* Atro'phie *f*, Abzehrung *f*, Schwund *m*, Verkümmerung *f* (*a. fig.*); **II** *v/t.* abzehren *od.* verkümmern lassen; **III** *v/i.* schwinden, verkümmern (*a. fig.*).

Ats [æts] *s. pl. Brit. hist.* F *statt* ***A.T.S.*** [ˈeɪˈtiːˈes] *abbr. für* (***Women's***) ***Auxiliary Territorial Service*** *Organisation der weiblichen Angehörigen der Streitkräfte.*

at sign *s. E-Mail etc.* ‚Klammeraffe' *m*.

at·ta·boy [ˈætəbɔɪ] *int. Am.* F bravo!

at·tach [əˈtætʃ] **I** *v/t.* **1.** (***to***) befestigen, anbringen (an *dat.*), beifügen (*dat.*), anheften, -binden, -kleben (an *acc.*), verbinden (mit); **2.** *fig.* (***to***) *Sinn etc.* verknüpfen, verbinden (mit); *Wert, Wichtigkeit, Schuld* beimessen (*dat.*), *Namen* beilegen (*dat.*): ***~ conditions*** (***to***) Bedingungen knüpfen (an *acc.*); → ***importance*** 1; **3.** *fig. j-n* fesseln, gewinnen, für sich einnehmen: ***be ~ed to s.o.*** an j-m hängen; ***be ~ed*** ‚in festen Händen sein' (*Mädchen etc.*); ***~ o.s.*** sich anschließen (***to*** *dat.*, an *acc.*); **4.** (***to***) *j-n* angliedern, zuteilen (*dat.*); **5.** ⚖ a) *j-n* verhaften, b) *et.* beschlagnahmen, *Forderung, Konto etc.* pfänden; **II** *v/i.* **6.** (***to***) anhaften (*dat.*), verknüpft *od.* verbunden sein (mit): ***no blame ~es to him*** ihn trifft keine Schuld; **7.** ⚖ als Rechtsfolge eintreten: ***liability ~es***; **at'tach·a·ble** [-tʃəbl] *adj.* **1.** anfügbar, an-, aufsteckbar; **2.** *fig.* verknüpfbar (***to*** mit); **3.** ⚖ zu beschlagnahmen(d); beschlagnahmefähig, pfändbar.

at·ta·ché [əˈtæʃeɪ] (*Fr.*) *s.* Atta'ché *m*: ***commercial ~*** Handelsattaché; ***~ case*** *s.* Aktenkoffer *m*.

at·tached [əˈtætʃt] *adj.* **1.** befestigt, fest, da'zugehörig: ***with collar ~*** mit festem Kragen; **2.** angeschlossen, zugeteilt; **3.** anhänglich, *j-m* zugetan; **at'tach·ment** [-tʃmənt] *s.* **1.** Befestigung *f*, Anbringung *f*, Anschluß *m*; **2.** Verbindung *f*, Verknüpfung *f*; **3.** Anhängsel *n*, Beiwerk *n*; ⚙ Zusatzgerät *n*; **4.** *fig.* (***to, for***) Bindung *f* (an *acc.*); Zugehörigkeit *f* (zu); Anhänglichkeit *f* (an *acc.*), Neigung *f*, Liebe *f* (zu); **5.** ⚖ a) Verhaftung *f*, b) Beschlagnahme *f*,

Pfändung *f*, dinglicher Ar'rest: *~ of a debt* Forderungspfändung; *order of ~* Beschlagnahmeverfügung *f*.

at·tack [ə'tæk] **I** *v/t*. **1.** angreifen, über'fallen; **2.** *fig*. angreifen, scharf kritisieren; **3.** *fig*. *Arbeit etc*. in Angriff nehmen, sich über *Essen etc*. hermachen; **4.** *fig*. befallen (*Krankheit*); angreifen: *acid ~s metals*; **II** *s*. **5.** Angriff *m* (*on* auf *acc*.) (*a*. ⚗ *Einwirkung*), 'Überfall *m*; **6.** *fig*. Angriff *m*, At'tacke *f*, (scharfe) Kri'tik: *be under ~* unter Beschuß stehen; **7.** ⚕ Anfall *m*, At'tacke *f*; **8.** In'angriffnahme *f*; **at'tack·er** [-kə] *s*. Angreifer *m*.

at·tain [ə'teɪn] **I** *v/t*. *Zweck etc*. erreichen; erzielen; **II** *v/i*. (*to*) gelangen (zu), erreichen (*acc*.): *after ~ing the age of 18 years* nach Vollendung des 18. Lebensjahres; **at'tain·a·ble** [-nəbl] *adj*. erreichbar; **at'tain·der** [-ndə] *s*. ⚖ Verlust *m* der bürgerlichen Ehrenrechte u. Einziehung *f* des Vermögens; **at'tain·ment** [-mənt] *s*. **1.** Erreichung *f*, Erwerbung *f*; **2.** *pl*. Kenntnisse *pl*., Fertigkeiten *pl*.; **at'taint** [-nt] **I** *v/t*. **1.** zum Tode und zur Ehrlosigkeit verurteilen; **2.** befallen (*Krankheit*); **3.** *fig*. beflecken, entehren; **II** *s*. **4.** Makel *m*, Schande *f*.

at·tar ['ætə] *s*. 'Blumenes,senz *f*, *bsd*. *~ of roses* Rosenöl *n*.

at·tempt [ə'tempt] **I** *v/t*. **1.** versuchen, probieren; **2.** *~ s.o.'s life* e-n Mordanschlag auf j-n verüben; *~ed murder* Mordversuch *m*; **3.** in Angriff nehmen, sich wagen *od*. machen an (*acc*.); **II** *s*. **4.** Versuch *m*, Bemühung *f* (*to inf*. zu *inf*.): *~ at explanation* Erklärungsversuch; **5.** Angriff *m*: *~ on s.o.'s life* (Mord)Anschlag *m*, Attentat *n* auf j-n.

at·tend [ə'tend] **I** *v/t*. **1.** *j-m* aufwarten; als Diener *od*. dienstlich begleiten; **2.** *bsd*. *Kranke* pflegen; *ärztlich* behandeln; **3.** *fig*. begleiten: *~ed by od. with* begleitet von, verbunden mit (*Schwierigkeiten etc*.); **4.** beiwohnen (*dat*.), teilnehmen an (*dat*.); *Vorlesung, Schule, Kirche etc*. besuchen; **5.** ⚙ a) bedienen, b) warten, pflegen, über'wachen; **II** *v/i*. **6.** (*to*) beachten (*acc*.), hören, achten (auf *acc*.): *~ to what I am saying*; **7.** (*to*) sich kümmern (um), sich widmen (*dat*.); ✝ *j-n* bedienen (*im Laden*), abfertigen; **8.** (*to*) sorgen (für); besorgen, erledigen (*acc*.); **9.** ([*up*]*on*) *j-m* aufwarten, zur Verfügung stehen; *j-n* bedienen; **10.** erscheinen, zu'gegen sein (*at* bei); **11.** *obs*. achtgeben; **at'tend·ance** [-dəns] *s*. **1.** Bedienung *f*, Aufwartung *f*, Pflege *f* (*on*, *upon* *gen*.), Dienst(leistung *f*) *m*: *medical ~* ärztliche Hilfe; *hours of ~* Dienststunden; *in ~* diensthabend, -tuend; → *dance* 3; **2.** (*at*) Anwesenheit *f*, Erscheinen *n* (bei), Beteiligung *f*, Teilnahme *f* (an *dat*.), Besuch *m* (*gen*.): *~ list* Anwesenheitsliste *f*; *hours of ~* Besuchszeit *f*; **3.** ⚙ Bedienung *f*; Wartung *f*; **4.** Begleitung *f*, Dienerschaft *f*, Gefolge *n*; **5.** a) Besucher(zahl *f*) *pl*., b) Besuch *m*, Beteiligung *f*: *in ~ at* anwesend bei; **at'tend·ant** [-dənt] **I** *adj*. **1.** (*on*, *upon*) begleitend (*acc*.), diensttuend (bei); **2.** anwesend (*at* bei); **3.** *fig*. (*upon*) verbunden (mit), zugehörig (*dat*.), Begleit...: *~ circumstances* Begleitumstände; *~ expenses* Nebenkosten; **II** *s*. **4.** Begleiter(in), Gefährte *m*, Gesellschafter(in); **5.** Diener(in), Bediente(r *m*) *f*; Aufseher(in), Wärter (-in); **6.** *pl*. Dienerschaft *f*, Gefolge *n*; **7.** ⚙ Bedienungsmann *m*; **8.** Begleiterscheinung *f*, Folge *f*.

at·ten·tion [ə'tenʃn] *s*. **1.** Aufmerksamkeit *f*, Beachtung *f*: *call ~ to* die Aufmerksamkeit lenken auf (*acc*.); *come to s.o.'s ~* j-m zur Kenntnis gelangen; *pay ~ to j-m od. et.* Beachtung schenken; **2.** Berücksichtigung *f*, Erledigung *f*: (*for the*) *~ of* zu Händen von (*od*. *gen*.); *for immediate ~* zur sofortigen Erledigung; **3.** Aufmerksamkeit *f*, Freundlichkeit *f*; *pl*. Aufmerksamkeiten *pl*.: *pay one's ~s to s.o.* j-m den Hof machen; **4.** *~!* Achtung!, ⚔ *a*. stillgestanden!; *stand at od. to ~* ⚔ stillstehen, Haltung annehmen; **5.** Bedienung *f*, Wartung *f*; **at'ten·tive** [-ntɪv] *adj*. □ (*to*) aufmerksam: a) achtsam (auf *acc*.), b) *fig*. höflich (zu).

at·ten·u·ate **I** *v/t*. [ə'tenjʊeɪt] **1.** dünn *od*. schlank machen; verdünnen; ⚡ dämpfen; **2.** *fig*. vermindern, abschwächen; **II** *adj*. [-jʊət] **3.** verdünnt, vermindert, abgeschwächt, abgemagert; **at·ten·u·a·tion** [ə,tenjʊ'eɪʃn] *s*. Verminderung *f*, Verdünnung *f*, Schwächung *f*, Abmagerung *f*; ⚡ Dämpfung *f*.

at·test [ə'test] **I** *v/t*. **1.** a) beglaubigen, bescheinigen, b) amtlich begutachten *od*. attestieren: *to ~ cattle*; **2.** bestätigen, beweisen; **3.** ⚔ *Br*. vereidigen; **II** *v/i*. **4.** zeugen (*to* für); **at·tes·ta·tion** [,ætes'teɪʃn] *s*. **1.** Bezeugung *f*, Zeugnis *n*, Beweis *m*, Bescheinigung *f*, Bestätigung *f*; **2.** Eidesleistung *f*, Vereidigung *f*.

at·tic[1] ['ætɪk] *s*. **1.** Dachstube *f*, Man'sarde *f*; *pl*. Dachgeschoß *n*; **2.** F *fig*. ‚Oberstübchen' *n*, Kopf *m*.

At·tic[2] ['ætɪk] *adj*. 'attisch: *~ salt*, *~ wit* attisches Salz, feiner Witz.

at·tire [ə'taɪə] **I** *v/t*. **1.** kleiden, anziehen; **2.** putzen; **II** *s*. **3.** Kleidung *f*, Gewand *n*; **4.** Schmuck *m*.

at·ti·tude ['ætɪtju:d] *s*. **1.** Stellung *f*, Haltung *f*: *strike an ~* e-e Pose annehmen; **2.** *fig*. Haltung *f*: a) Standpunkt *m*, Verhalten *n*: *~ of mind* Geisteshaltung, b) Stellung(nahme) *f*, Einstellung *f* (*to*, *towards* zu, gegenüber); **3.** (*a*. ✈) Lage *f*; **at·ti·tu·di·nize** [,ætɪ'tju:dɪnaɪz] *v/i*. **1.** sich in Posi'tur setzen, posieren; **2.** affektiert tun.

at·tor·ney [ə'tɜ:nɪ] *s*. ⚖ (Rechts)Anwalt *m* (*Am*. *a*. *~ at law*); Bevollmächtigte(r *m*) *f*, (Stell)Vertreter *m*: *letter* (*od*. *warrant*) *of ~* schriftliche Vollmacht; *power of ~* Vollmacht(surkunde) *f*; *by ~* im Auftrag; **At,tor·ney-'Gen·er·al** *s*. ⚖ *Brit*. Kronanwalt *m*, Gene'ralstaatsanwalt *m*; *Am*. Ju'stizmi,nister *m*.

at·tract [ə'trækt] *v/t*. **1.** anziehen (*a*. *phys*.); **2.** *fig*. anziehen, anlocken, fesseln, reizen; *Mißfallen etc*. auf sich lenken (*od*. ziehen): *~ attention* Aufmerksamkeit erregen; *~ new members* neue Mitglieder gewinnen; *~ed by the music* von der Musik angelockt; *be ~ed* (*to*) eingenommen sein (für), liebäugeln (mit), sich hingezogen fühlen (zu); **at'trac·tion** [-kʃn] *s*. **1.** *phys*. Anziehungskraft *f*: *~ of gravity* Gravitationskraft *f*; **2.** *fig*. Anziehungskraft *f*, -punkt *m*, Reiz *m*, Attrakti'on *f*; *thea*. ('Haupt)Attrakti,on *f*, Zugstück *n*, -nummer *f*; **at'trac·tive** [-tɪv] *adj*. □ anziehend, *fig*. *a*. attrak'tiv, reizvoll, fesselnd, verlockend; zugkräftig; **at'trac·tive·ness** [-tɪvnɪs] *s*. Reiz *m*, *das* Attrak'tive.

at·trib·ut·a·ble [ə'trɪbjʊtəbl] *adj*. 'zuzuschreiben(d), beizumessen(d); **at·trib·ute** **I** *v/t*. [ə'trɪbju:t] (*to*) **1.** zuschreiben, beilegen, -messen (*dat*.); *b.s*. *a*. unter'stellen (*dat*.); **2.** zu'rückführen (auf *acc*.); **II** *s*. ['ætrɪbju:t] **3.** Attri'but *n* (*a*. *ling*.), Eigenschaft *f*, Merkmal *n*; **4.** (Kenn)Zeichen *n*, Sinnbild *n*; **at·tri·bu·tion** [,ætrɪ'bju:ʃn] *s*. **1.** Zuschreibung *f*; **2.** beigelegte Eigenschaft; **3.** zuerkanntes Recht; **at'trib·u·tive** [-tɪv] **I** *adj*. □ **1.** zugeschrieben, beigelegt; **2.** *ling*. attribu'tiv; **II** *s*. **3.** *ling*. Attri'but *n*.

at·trit·ed [ə'traɪtɪd] *adj*. abgenutzt; **at·tri·tion** [ə'trɪʃn] *s*. **1.** Abrieb *m*, Abnutzung *f*, ⚙ *a*. Verschleiß *m*; **2.** Zermürbung *f*: *war of ~* Zermürbungs-, Abnutzungskrieg *m*.

at·tune [ə'tju:n] *v/t*. ♪ stimmen; *fig*. (*to*) in Einklang bringen (mit), anpassen (*dat*.); abstimmen (auf *acc*.).

a·typ·i·cal [,eɪ'tɪpɪkl] *adj*. □ 'atypisch.

au·ber·gine ['əʊbəʒi:n] *s*. ⚘ Auber'gine *f*.

au·burn ['ɔ:bən] *adj*. ka'stanienbraun (*Haar*).

auc·tion ['ɔ:kʃn] **I** *s*. Aukti'on *f*, Versteigerung *f*: *sell by* (*Am*. *at*) *~*, *put up for* (*od*. *to*, *Am*. *at*) *~* verauktionieren, versteigern; *Dutch ~* Auktion, bei der der Preis so lange erniedrigt wird, bis sich ein Käufer findet; *sale by* (*od*. *at*) *~* Versteigerung; *~ bridge* *Kartenspiel*: Auktionsbridge *n*; *~ room* Auktionslokal *n*; **II** *v/t*. *mst ~ off* versteigern; **auc·tion·eer** [,ɔ:kʃə'nɪə] **I** *s*. Auktio'nator *m*, Versteigerer *m*, *pl*. *a*. Aukti'onshaus *n*; **II** *v/t*. → *auction* II.

au·da·cious [ɔ:'deɪʃəs] *adj*. □ kühn: a) verwegen, b) keck, dreist, unverfroren; **au·dac·i·ty** [ɔ:'dæsətɪ] *s*. Kühnheit *f*: a) Verwegenheit *f*, Waghalsigkeit *f*, b) Dreistigkeit *f*, Unverfrorenheit *f*.

au·di·bil·i·ty [,ɔ:dɪ'bɪlətɪ] *s*. Hörbarkeit *f*, Vernehmbarkeit *f*; Lautstärke *f*; **au·di·ble** ['ɔ:dəbl] *adj*. □ hör-, vernehmbar, vernehmlich; ⚙ a'kustisch: *~ signal*.

au·di·ence ['ɔ:djəns] *s*. **1.** Anhören *n*, Gehör *n* (*a*. ⚖): *give ~ to s.o.* j-m Gehör schenken, j-n anhören; *right of ~* ⚖ rechtliches Gehör; **2.** Audi'enz *f* (*of*, *with* bei), Gehör *n*; **3.** 'Publikum *n*: a) Zuhörer(schaft *f*) *pl*., b) Zuschauer *pl*., c) Besucher *pl*., d) Leser(kreis *m*) *pl*.: *~ rating* *Radio*, *TV* Einschaltquote *f*.

audio- [ɔ:dɪəʊ] *in Zssgn* Hör..., Ton..., Audio...: *~ frequency* Tonfrequenz *f*; *~ range* Tonfrequenzbereich *m*.

au·di·on ['ɔ:dɪən] *s*. *Radio*: 'Audion *n*: *~ tube Am*., *~ valve Brit*. Verstärkerröhre *f*.

au·di·o·phile ['ɔ:dɪəʊfaɪl] *s*. Hi-Fi-Fan *m*.

au·di·o|·tape ['ɔ:dɪəʊteɪp] *s*. (besprochenes) Tonband; *~·typ·ist* ['ɔ:dɪəʊ,taɪpɪst] *s*. Phonoty'pistin *f*; *~·vis·u·al* [,ɔ:dɪəʊ'vɪzjʊəl] **I** *adj*. *ped*. audiovisu-

'ell: *~ **aids*** → **II** *s. pl.* audiovisu'elle 'Unterrichtsmittel *pl.*

au·dit ['ɔːdɪt] **I** *s.* **1.** † (Rechnungs-, Wirtschafts)Prüfung *f*, 'Bücherrevisiˌon *f*: *~ **year*** Prüfungs-, Rechnungsjahr *n*; **2.** *fig.* Rechenschaftslegung *f*; **II** *v/t.* **3.** *Geschäftsbücher* (amtlich) prüfen, revidieren; **'au·dit·ing** [-tɪŋ] *s.* → ***audit*** 1.

au·di·tion [ɔː'dɪʃn] **I** *s.* **1.** ✱ Hörvermögen *n*, Gehör *n*; **2.** *thea.*, ♪ a) Vorsprechen *n od.* -singen *n od.* -spielen *n*, b) Anhörprobe *f*; **II** *v/t.* **3.** *thea. etc. j-n* vorsprechen *od.* vorsingen *od.* vorspielen lassen.

au·di·tor ['ɔːdɪtə] *s.* **1.** Rechnungs-, Wirtschaftsprüfer *m*, 'Bücherreˌvisor *m*; **2.** *Am. univ.* Gasthörer(in); **au·di·to·ri·um** [ˌɔːdɪ'tɔːrɪəm] *s.* Audi'torium *n*, Zuhörer-, Zuschauerraum *m*, Hörsaal *m*; *Am.* Vortragssaal *m*, Festhalle *f*; **'au·di·to·ry** [-tərɪ] **I** *adj.* **1.** Gehör…, Hör…; **II** *s.* **2.** Zuhörer(schaft *f*) *pl.*; **3.** → ***auditorium***.

au fait [ˌəʊ 'feɪ] (*Fr.*) *adj.* auf dem laufenden, vertraut (***with*** mit).

au fond [ˌəʊ 'fɔ̃ːŋ] (*Fr.*) *adv.* im Grunde.

Au·ge·an [ɔː'dʒiːən] *adj.* Augias…, 'überaus schmutzig: ***cleanse the ~ stables*** *fig.* die Augiasställe reinigen.

au·ger ['ɔːgə] *s.* ⚙ *großer* Bohrer, Löffel-, Schneckenbohrer *m*; Förderschnecke *f*.

aught [ɔːt] *pron.* (irgend) etwas: ***for ~ I care*** meinetwegen; ***for ~ I know*** soviel ich weiß.

aug·ment [ɔːg'ment] **I** *v/t.* vermehren, vergrößern; **II** *v/i.* sich vermehren, zunehmen; **III** *s.* ['ɔːgmənt] *ling.* Aug'ment *n* (*Vorsilbe in griech. Verben*); **aug·men·ta·tion** [ˌɔːgmen'teɪʃn] *s.* Vergrößerung *f*, Vermehrung *f*, Zunahme *f*, Wachstum *n*, Zuwachs *m*; Zusatz *m*; **aug'ment·a·tive** [-tətɪv] **I** *adj.* vermehrend, verstärkend; **II** *s. ling.* Verstärkungsform *f*.

au gra·tin [ˌəʊ 'grætæ̃ŋ] (*Fr.*) *adj. Küche*: au gra'tin, über'krustet.

au·gur ['ɔːgə] **I** *s. antiq.* 'Augur *m*, Wahrsager *m*; **II** *v/t. u. v/i.* prophe'zeien, ahnen (lassen), verheißen: ***~ ill*** (***well***) ein schlechtes (gutes) Zeichen sein (***for*** für), Böses (Gutes) ahnen lassen; **au·gu·ry** ['ɔːgjʊrɪ] *s.* **1.** Weissagung *f*, Prophe'zeiung *f*; **2.** Vorbedeutung *f*, Anzeichen *n*, Omen *n*; Vorahnung *f*.

au·gust[1] [ɔː'gʌst] *adj.* □ erhaben, hehr, maje'stätisch.

Au·gust[2] ['ɔːgəst] *s.* Au'gust *m*: ***in ~*** im August.

Au·gus·tan age [ɔː'gʌstən] *s.* **1.** Zeitalter *n* des (Kaisers) Au'gustus; **2.** Blütezeit *f* e-r Nati'on.

Au·gus·tine [ɔː'gʌstɪn], *a.* ***~ fri·ar*** *s.* Augu'stiner(mönch) *m*.

auld [ɔːld] *adj. Scot.* alt; ***~ lang syne*** [ˌɔːldlæŋ'saɪn] *s. Scot.* die gute alte Zeit.

aunt [ɑːnt] *s.* Tante *f*; **'aunt·ie** [-tɪ] *s.* F Tantchen *n*; **Aunt Sal·ly** ['sælɪ] *s.* **1.** volkstümliches Wurfspiel; **2.** *fig.* (gute) Zielscheibe *f*, *a.* Haßobjekt *n*.

au pair [ˌəʊ 'peə] **I** *adv.* als Au-'pair-Mädchen (*arbeiten etc.*); **II** *s. a.* ***~ girl*** Au-'pair-Mädchen *n*; **III** *v/i.* als Au-'pair-Mädchen arbeiten.

au·ra ['ɔːrə] *pl.* **-rae** [-riː] *s.* **1.** Hauch *m*, Duft *m*; A'roma *n*; **2.** ✱ Vorgefühl *n* vor Anfällen; **3.** *fig.* Aura *f*: a) Fluidum *n*, Ausstrahlung *f*, b) Atmo'sphäre *f*, c) 'Nimbus *m*.

au·ral ['ɔːrəl] *adj.* □ Ohr…, Ohren…, Gehör…; Hör…, a'kustisch: ***~ surgeon*** Ohrenarzt *m*.

au·re·o·la [ɔː'rɪəʊlə], **au·re·ole** ['ɔːrɪəʊl] *s.* **1.** Strahlenkrone *f*, Aure'ole *f*; **2.** *fig.* 'Nimbus *m*; **3.** *ast.* Hof *m*.

au·ri·cle ['ɔːrɪkl] *s. anat.* **1.** äußeres Ohr, Ohrmuschel *f*; **2.** Herzvorhof *m*; Herzohr *n*.

au·ric·u·la [ə'rɪkjʊlə] *s.* ♀ Au'rikel *f*.

au·ric·u·lar [ɔː'rɪkjʊlə] *adj.* □ **1.** Ohren…, Hör…: ***~ confession*** Ohrenbeichte *f*; ***~ tradition*** mündliche Überlieferung; ***~ witness*** Ohrenzeuge *m*; **2.** *anat.* zu den Herzohren gehörig.

au·rif·er·ous [ɔː'rɪfərəs] *adj.* goldhaltig.

au·rist ['ɔːrɪst] *s.* ✱ Ohrenarzt *m*.

au·rochs ['ɔːrɒks] *s. zo.* Auerochs *m*, Ur *m*.

au·ro·ra [ɔː'rɔːrə] *s.* **1.** *poet.* Morgenröte *f*; **2.** 2 *myth.* Au'rora *f*; ***~ bo·re·a·lis*** *s. phys.* Nordlicht *n*.

aus·cul·tate ['ɔːskəlteɪt] *v/t.* ✱ *Lunge, Herz etc.* abhorchen; **aus·cul·ta·tion** [ˌɔːskəl'teɪʃn] *s.* ✱ Abhorchen *n*.

aus·pice ['ɔːspɪs] *s.* **1.** (günstiges) Vor-, Anzeichen; **2.** *pl. fig.* Au'spizien *pl.*; Schutzherrschaft *f*: ***under the ~s of …*** unter der Schirmherrschaft von …; **aus·pi·cious** [ɔː'spɪʃəs] *adj.* □ günstig, verheißungsvoll, glücklich; **aus·pi·cious·ness** [ɔː'spɪʃəsnɪs] *s.* günstige Aussicht, Glück *n*.

Aus·sie ['ɒzɪ] F **I** *s.* Au'stralier(in); **II** *adj.* aus'tralisch.

aus·tere [ɒ'stɪə] *adj.* □ **1.** streng, herb; rauh, hart; **2.** einfach, nüchtern; mäßig, enthaltsam, genügsam; **3.** dürftig, karg; **aus·ter·i·ty** [ɒ'sterətɪ] *s.* **1.** Strenge *f*, Ernst *m*; **2.** As'kese *f*, Enthaltsamkeit *f*; **3.** Herbheit *f*; **4.** Nüchternheit *f*, Strenge *f*, Schmucklosigkeit *f*; **5.** Einfachheit *f*, Nüchternheit *f*; **6.** Mäßigung *f*, Genügsamkeit *f*; *Brit.* strenge (wirtschaftliche) Einschränkung, Sparmaßnahmen *pl.* (*in Notzeiten*): ***~ program(me)*** Sparprogramm *n*.

aus·tral ['ɔːstrəl] *adj. ast.* südlich.

Aus·tral·a·sian [ˌɒstrə'leɪʒn] **I** *adj.* au'stralˌasisch; **II** *s.* Au'stralˌasier(in), Bewohner(in) Oze'aniens.

Aus·tral·ian [ɒ'streɪljən] **I** *adj.* au'stralisch; **II** *s.* Au'stralier(in).

Aus·tri·an ['ɒstrɪən] **I** *adj.* österreichisch; **II** *s.* Österreicher(in).

Austro- [ɒstrəʊ] *in Zssgn* österreichisch: ***~-Hungarian Monarchy*** österreichisch-ungarische Monarchie.

au·tar·chic, au·tar·chi·cal [ɔː'tɑːkɪk(l)] *adj.* **1.** selbstregierend; **2.** → ***autarkic***; **au·tarch·y** ['ɔːtɑːkɪ] *s.* **1.** Selbstregierung *f*, volle Souveräni'tät; **2.** → ***autarky*** 1.

au·tar·kic, au·tar·ki·cal [ɔː'tɑːkɪk(l)] *adj.* au'tark, wirtschaftlich unabhängig; **au·tar·ky** ['ɔːtɑːkɪ] *s.* **1.** Autar'kie *f*, wirtschaftliche Unabhängigkeit; **2.** → ***autarchy***.

au·then·tic [ɔː'θentɪk] *adj.* (□ ***~ally***) **1.** au'thentisch: a) echt, verbürgt, b) glaubwürdig, zuverlässig, c) origi'nal, urschriftlich: ***~ text*** maßgebender Text, authentische Fassung; **2.** ⚖ rechtskräftig, -gültig, beglaubigt; **au'then·ti·cate** [-keɪt] *v/t.* **1.** die Echtheit (*gen.*) bescheinigen; **2.** beglaubigen, beurkunden, rechtskräftig machen; **au·then·ti·ca·tion** [ɔːˌθentɪ'keɪʃn] *s.* Beglaubigung *f*, Legalisierung *f*; **au·then·tic·i·ty** [ˌɔːθen'tɪsətɪ] *s.* **1.** Authentizi'tät *f*: a) Echtheit *f*, b) Glaubwürdigkeit *f*; **2.** ⚖ (Rechts)Gültigkeit *f*.

au·thor ['ɔːθə] *s.* **1.** Urheber(in); **2.** 'Autor *m*, Au'torin *f*, Schriftsteller(in), Verfasser(in); **au·thor·ess** ['ɔːθərɪs] *s.* Au'torin *f*, Schriftstellerin *f*, Verfasserin *f*.

au·thor·i·tar·i·an [ɔːˌθɒrɪ'teərɪən] *adj.* autori'tär; **auˌthor·i'tar·i·an·ism** [-nɪzəm] *s. pol.* autori'täres Re'gierungssyˌstem; **au·thor·i·ta·tive** [ɔː'θɒrɪtətɪv] *adj.* □ **1.** gebieterisch, herrisch; **2.** autorita'tiv, maßgebend, -geblich.

au·thor·i·ty [ɔː'θɒrətɪ] *s.* **1.** Autori'tät *f*, (Amts)Gewalt *f*: ***by ~*** mit amtlicher Genehmigung; ***on one's own ~*** aus eigener Machtbefugnis; ***be in ~*** die Gewalt in Händen haben; **2.** 'Vollmacht *f*, Ermächtigung *f*, Befugnis *f* (***for***, ***to*** *inf.* zu *inf.*): ***on the ~ of …*** im Auftrage *od.* mit Genehmigung von (*od. gen.*) …; → 4; **3.** Ansehen *n* (***with*** bei), Einfluß *m* (***over*** auf *acc.*); Glaubwürdigkeit *f*: ***of great ~*** von großem Ansehen; **4.** a) Zeugnis *n e-r Persönlichkeit*, b) Gewährsmann *m*, Quelle *f*, Beleg *m*: ***on good ~*** aus glaubwürdiger Quelle; ***on the ~ of …*** a) nach Maßgabe *od.* auf Grund von (*od. gen.*) …, b) mit … als Gewährsmann; → 2; **5.** Autori'tät *f*, Sachverständige(r *m*) *f*, Fachmann *m* (***on*** auf *e-m Gebiet*): ***he is an ~ on the subject of Law***; **6.** *mst pl.* Behörde *f*, Obrigkeit *f*: ***the local authorities*** die Ortsbehörde(n); **au·thor·i·za·tion** [ˌɔːθəraɪ'zeɪʃn] *s.* Ermächtigung *f*, Genehmigung *f*, Befugnis *f*; **au·thor·ize** ['ɔːθəraɪz] *v/t.* **1.** *j-n* ermächtigen, bevollmächtigen, berechtigen, autorisieren; **2.** *et.* gutheißen, billigen, genehmigen; *Handlung* rechtfertigen; **au·thor·ized** ['ɔːθəraɪzd] *adj.* **1.** autorisiert, bevollmächtigt, befugt; zulässig: ***~ capital*** † autorisiertes Kapital; ***~ person*** Befugte(r *m*) *f*; ***~ to sign*** unterschriftsberechtigt; 2 ***Version*** *eccl.* engl. Bibelübersetzung von 1611; **2.** ⚖ rechtsverbindlich; **au·thor·ship** ['ɔːθəʃɪp] *s.* **1.** 'Autorschaft *f*, Urheberschaft *f*; **2.** Schriftstellerberuf *m*.

au·tism ['ɔːtɪzm] *s. psych.* Au'tismus *m*.

au·to ['ɔːtəʊ] *Am.* F **I** *pl.* **-tos** *s.* Auto *n*: ***~ graveyard*** Autofriedhof *m*; **II** *v/i.* (mit dem Auto) fahren.

auto- [ɔːtəʊ] *in Zssgn* a) selbsttätig, selbst…, Selbst…, auto…, Auto…, b) Auto…, Kraftfahr…

au·to·bahn ['ɔːtəʊbɑːn] *pl.* **-bahnen** [-nən] (*Ger.*) *s.* Autobahn *f*.

au·to·bi·og·ra·pher [ˌɔːtəʊbaɪ'ɒgrəfə] *s.* Autobio'graph(in); **au·to·bi·o·graph·ic** ['ɔːtəʊˌbaɪəʊ'græfɪk] *adj.* (□ ***~ally***) autobio'graphisch; **ˌau·to·bi'og·ra·phy** [-fɪ] *s.* Autobiogra'phie *f*, 'Selbstbiograˌphie *f*.

au·to·bus ['ɔːtəʊbʌs] *s. Am.* Autobus *m*.

au·to·cade ['ɔːtəʊkeɪd] → ***motorcade***.

au·to·car ['ɔːtəʊkɑː] *s.* Auto(mo'bil) *n*, Kraftwagen *m*.

'au·to-ˌchang·er *s.* Plattenwechsler *m*.

au·toch·thon [ɔː'tɒkθən] *s.* Auto-

'chthone *m*, Ureinwohner *m*; **au'toch·tho·nous** [-θənəs] *adj.* auto'chthon, ureingesessen, bodenständig.

au·to·cide ['ɔːtəʊsaɪd] *s.* **1.** Selbstvernichtung *f*; **2.** Selbstmord *m* mit dem Auto.

au·to·clave ['ɔːtəʊkleɪv] *s.* **1.** Schnell-, Dampfkochtopf *m*; **2.** ⚗, ⚙ Auto'klav *m.*

au·to·code ['ɔːtəʊkəʊd] *s. Computer*: Autocode *m.*

au·toc·ra·cy [ɔː'tɒkrəsɪ] *s.* Autokra'tie *f*, Selbstherrschaft *f*; **au·to·crat** ['ɔːtəʊkræt] *s.* Auto'krat(in), unumschränkter Herrscher; **au·to·crat·ic**, **au·to·crat·i·cal** [ˌɔːtəʊ'krætɪk(l)] *adj.* □ auto'kratisch, selbstherrlich, unumschränkt.

au·to·cue ['ɔːtəʊkjuː] *s. TV* ‚Neger' *m.*

au·to·da-fé [ˌɔːtəʊdɑː'feɪ] *pl.* **au·tos-da-fé** [ˌɔːtəʊzdɑː'feɪ] *s.* **1.** *hist.* Autoda'fé *n*, Ketzergericht *n*, -verbrennung *f*; **2.** *pol.* (Bücher- *etc.*)Verbrennung *f.*

au·to·di·dact ['ɔːtəʊdɪˌdækt] *s.* Autodi'dakt(in).

au·to·e·rot·ic [ˌɔːtəʊɪ'rɒtɪk] *adj. psych.* autoe'rotisch.

au·tog·a·mous [ɔː'tɒgəməs] *adj.* ⚘ auto'gam, selbstbefruchtend.

au·tog·e·nous [ɔː'tɒdʒɪnəs] *adj. allg.* auto'gen: ~ ***training***; ~ ***welding*** ⚙ Autogenschweißen *n.*

au·to·gi·ro [ˌɔːtəʊ'dʒaɪərəʊ] *pl.* **-ros** *s.* ✈ Auto'giro *n*, Tragschrauber *m.*

au·to·graph ['ɔːtəgrɑːf] **I** *s.* **1.** Auto'gramm *n*, eigenhändige 'Unterschrift; **2.** eigene Handschrift; **3.** Urschrift *f*; **II** *adj.* **4.** eigenhändig unter'schrieben: ~ ***letter*** Handschreiben *n*; **III** *v/t.* **5.** eigenhändig (unter)'schreiben; mit s-m Auto'gramm versehen: ~***ing session*** Autogrammstunde *f*; **6.** ⚙ autographieren, 'umdrucken; **au·to·graph·ic** [ˌɔːtəʊ'græfɪk] *adj.* (□ ~***ally***) auto'graphisch, eigenhändig geschrieben; **au·tog·ra·phy** [ɔː'tɒgrəfɪ] *s.* **1.** ⚙ Autogra'phie *f*, 'Umdruck *m*; **2.** Urschrift *f.*

au·to·ig·ni·tion [ˌɔːtəʊɪg'nɪʃn] *s.* ⚙ Selbstzündung *f.*

au·to·ist ['ɔːtəʊɪst] *s. Am.* F Autofahrer(in).

au·to·mat ['ɔːtəʊmæt] *s.* **1.** Auto'matenrestauˌrant *n*; **2.** (Ver'kaufs)Autoˌmat *m*; **3.** ⚙ Auto'mat *m* (*Maschine*); **'au·to·mate** [-meɪt] *v/t.* automatisieren; **au·to·mat·ic** [ˌɔːtə'mætɪk] **I** *adj.* □ → ***automatically***; **1.** auto'matisch: a) selbsttätig, ⚙ *a.* Selbst…, zwangsläufig, ⚔ *a.* Selbstlade…: ~ ***re-dial*** *teleph.* automatische Wahlwiederholung, b) *fig.* unwillkürlich, me'chanisch; **II** *s.* **2.** 'Selbstladepiˌstole *f*, -gewehr *n*; **3.** → ***automat*** 3; **4.** *mot.* Auto *n* mit Auto'matik; **au·to·mat·i·cal** [ˌɔːtə'mætɪkl] → ***automatic*** 1; **au·to·mat·i·cal·ly** [ˌɔːtə'mætɪkəlɪ] *adv.* auto'matisch; ohne weiteres.

au·to·mat·ic| lathe *s.* ⚙ 'Drehautoˌmat *m*; ~ **ma·chine** → ***automat*** 2; ~ **pi·lot** *s.* ✈ → ***autopilot***; ~ **pis·tol** *s.* 'Selbstladepiˌstole *f*; ~ **start·er** *s.* ⚙ Selbstanlasser *m.*

au·to·ma·tion [ˌɔːtə'meɪʃn] *s.* ⚙ Automati'on *f*; **au·tom·a·ton** [ɔː'tɒmətən] *pl.* **-ta** [-tə], **-tons** *s.* Auto'mat *m*, 'Roboter *m* (*beide a. fig.*).

au·to·mo·bile ['ɔːtəməʊbiːl] *s. bsd. Am.* Auto *n*, Automo'bil *n*, Kraftwagen *m*; **au·to·mo·bil·ism** [ˌɔːtə'məʊbɪlɪzəm] *s.* Kraftfahrwesen *n*; **au·to·mo·bil·ist** [ˌɔːtə'məʊbɪlɪst] *s.* Kraftfahrer *m*; **au·to·mo·tive** [ˌɔːtə'məʊtɪv] *adj.* selbstbewegend, -fahrend; *bsd. Am.* 'kraftfahrˌtechnisch, Auto(mobil)…, Kraftfahrzeug…

au·ton·o·mous [ɔː'tɒnəməs] *adj.* auto'nom, sich selbst regierend; **au'ton·o·my** [-mɪ] *s.* Autono'mie *f*, Selbständigkeit *f.*

au·to·pi·lot ['ɔːtəʊˌpaɪlət] *s.* ✈ Autopi'lot *m*, auto'matische Steuervorrichtung.

au·top·sy ['ɔːtəpsɪ] **I** *s.* **1.** ⚕ Autop'sie *f*, Obdukti'on *f*; **2.** *fig.* kritische Ana'lyse; **II** *v/t.* **3.** ⚕ e-e Autop'sie vornehmen an (*dat.*).

au·to·sug·ges·tion [ˌɔːtəʊsə'dʒestʃən] *s.* Autosuggesti'on *f.*

au·to·tell·er ['ɔːtəʊˌtelə] *s.* 'BankautoˌMat *m.*

au·to·type ['ɔːtətaɪp] **I** *s. typ.* Autoty'pie *f*: a) Rasterätzung *f*, b) Fak'simileabdruck *m*; **II** *v/t.* mittels Autotypie vervielfältigen.

au·tumn ['ɔːtəm] *s. bsd. Brit.* Herbst *m* (*a. fig.*): ***the ~ of life***; **au·tum·nal** [ɔː'tʌmnəl] *adj.* herbstlich, Herbst… (*a. fig.*).

aux·il·ia·ry [ɔːg'zɪljərɪ] **I** *adj.* **1.** helfend, mitwirkend, Hilfs…: ~ ***engine*** Hilfsmotor *m*; ~ ***troops*** Hilfstruppen; ~ ***verb*** Hilfszeitwort *n*; **2.** ⚔ Behelfs…, Ausweich…; **II** *s.* **3.** Helfer *m*, Hilfskraft *f*, *pl. a.* Hilfspersonal *n*; **4.** *pl.* ⚔ Hilfstruppen *pl.*; **5.** *ling.* Hilfszeitwort *n.*

a·vail [ə'veɪl] **I** *v/t.* **1.** nützen (*dat.*), helfen (*dat.*), fördern; **2.** ~ ***o.s. of s.th.*** sich e-r Sache bedienen, et. benutzen, Gebrauch von et. machen; **II** *v/i.* **3.** nützen, helfen; **III** *s.* **4.** Nutzen *m*, Vorteil *m*, Gewinn *m*: ***of no*** ~ nutzlos; ***of what ~ is it?*** was nützt es?; ***to no*** ~ vergeblich; **5.** *pl.* ☤ *Am.* Ertrag *m*; **a·vail·a·bil·i·ty** [əˌveɪlə'bɪlətɪ] *s.* **1.** Vor'handensein *n*; **2.** Verfügbarkeit *f*; **3.** *Am.* verfügbare Per'son *od.* Sache; **4.** ⚖ Gültigkeit *f*; **a'vail·a·ble** [-ləbl] *adj.* □ **1.** verfügbar, erhältlich, vor'handen, vorrätig, zu haben(d): ***make*** ~ bereitstellen, verfügbar machen; **2.** anwesend, abkömmlich; **3.** benutzbar; statthaft; **4.** ⚖ a) gültig, b) zulässig.

av·a·lanche ['ævəlɑːnʃ] *s.* La'wine *f*, *fig. a.* Unmenge *f.*

av·ant-garde [ˌævɑ̃ːŋ'gɑːd] (*Fr.*) **I** *s. fig.* A'vantgarde *f*; **II** *adj.* avantgar'distisch; **ˌav·ant-'gard·ist(e)** [-dɪst] *s.* Avantgar'dist(in).

av·a·rice ['ævərɪs] *s.* Geiz *m*, Habsucht *f*; **av·a·ri·cious** [ˌævə'rɪʃəs] *adj.* □ geizig (***of*** mit), habgierig.

a·ve ['ɑːvɪ] **I** *int.* **1.** sei gegrüßt!; **2.** leb wohl!; **II** *s.* **3.** ≈ 'Ave(-Ma'ria) *n.*

a·venge [ə'vendʒ] *v/t.* **1.** rächen (***on, upon*** an *dat.*): ~ ***one's friend*** s-n Freund rächen; ~ ***o.s.***, ***be ~d*** sich rächen; **2.** *et.* rächen, ahnden; **a'veng·er** [-dʒə] *s.* Rächer(in); **a'veng·ing** [-dʒɪŋ] *adj.*: ~ ***angel*** Racheengel *m.*

av·e·nue ['ævənjuː] *s.* **1.** *mst fig.* Zugang *m*, Weg *m* (***to, of*** zu): ~ ***to fame*** Weg zum Ruhm; **2.** Al'lee *f*; **3.** a) Haupt-, Prachtstraße *f*, Ave'nue *f*, b) (Stadt)Straße *f.*

a·ver [ə'vɜː] *v/t.* **1.** behaupten, als Tatsache hinstellen (***that*** daß); **2.** ⚖ beweisen.

av·er·age ['ævərɪdʒ] **I** *s.* **1.** 'Durchschnitt *m*: ***on an*** (*od.* ***the***) ~ im Durchschnitt, durchschnittlich; ***strike an*** ~ den Durchschnitt schätzen *od.* nehmen; **2.** ⚓, ⚖ Hava'rie *f*, Seeschaden *m*: ~ ***adjuster*** Dispacheur *m*; ***general*** ~ große Havarie; ***particular*** ~ besondere (*od.* partikulare) Havarie; ***petty*** ~ kleine Havarie; ***under*** ~ havariert; **3.** *Börse*: *Am.* 'Aktienindex *m*; **II** *adj.* □ **4.** 'durchschnittlich; Durchschnitts…: ~ ***access time*** *Computer*: mittlere Zugriffszeit; ~ ***amount*** Durchschnittsbetrag *m*; ~ ***Englishman*** Durchschnittsengländer *m*; ~ ***useful life*** durchschnittliche Nutzungsdauer; ***be only*** ~ nur Durchschnitt sein; **III** *v/t.* **5.** den 'Durchschnitt schätzen (***at*** auf *acc.*) *od.* nehmen von (*od. gen.*); **6.** ☤ anteilsmäßig auf-, verteilen: ~ ***one's losses***; **7.** 'durchschnittlich betragen, haben, erreichen, verlangen, tun *etc.*: ***I ~ £60 a week*** ich verdiene durchschnittlich £ 60 die Woche; **IV** *v/i.* **8.** ~ ***out at*** sich im Durchschnitt belaufen auf (*acc.*).

a·ver·ment [ə'vɜːmənt] *s.* **1.** Behauptung *f*; **2.** ⚖ Beweisangebot *n*, Tatsachenbehauptung *f.*

a·verse [ə'vɜːs] *adj.* □ **1.** abgeneigt (***to, from*** *dat.*, ***to*** *inf.* zu *inf.*): ***not ~ to a drink***; ~ ***from such methods***; **2.** zu'wider (***to*** *dat.*); **a·ver·sion** [ə'vɜːʃn] *s.* **1.** (***to, for, from***) 'Widerwille *m*, Abneigung *f* (gegen), Abscheu *m* (vor *dat.*): ***take an ~ (to)*** e-e Abneigung fassen (gegen); **2.** Unlust *f*, Abgeneigtheit *f* (***to*** *inf.* zu *inf.*); **3.** Gegenstand *m* des Abscheus: ***beer is my pet*** (*od.* ***chief***) ~ Bier ist mir ein Greuel.

a·vert [ə'vɜːt] *v/t.* **1.** abwenden, -kehren: ~ ***one's face***; **2.** *fig.* abwenden, -wehren, verhüten.

a·vi·ar·y ['eɪvjərɪ] *s.* Vogelhaus *n*, Voli'ere *f.*

a·vi·ate ['eɪvɪeɪt] *v/i.* ✈ fliegen; **a·vi·a·tion** [ˌeɪvɪ'eɪʃn] *s.* ✈ Luftfahrt *f*, Flugwesen *n*, Fliegen *n*, Flugsport *m*: ~ ***industry*** Flugzeugindustrie *f*; ***Ministry of*** ≈ Ministerium *n* für zivile Luftfahrt; **a·vi·a·tor** ['eɪvɪeɪtə] *s.* Flieger *m.*

a·vi·cul·ture ['eɪvɪkʌltʃə] *s.* Vogelzucht *f.*

av·id ['ævɪd] *adj.* □ (be)gierig (***of*** nach, ***for*** auf *acc.*); *weitS.* leidenschaftlich, begeistert; **a·vid·i·ty** [ə'vɪdətɪ] *s.* Gier *f*, Begierde *f*, Habsucht *f.*

a·vi·on·ics [ˌeɪvɪ'ɒnɪks] *s. pl. sg. konstr.* Avi'onik *f*, 'Flugelekˌtronik *f.*

a·vi·ta·min·o·sis [ˌeɪˌvaɪtəmɪ'nəʊsɪs] *s.* Vita'minmangel(krankheit *f*) *m.*

av·o·ca·do [ˌævəʊ'kɑːdəʊ] *s.* ⚘ Avo'cato(birne) *f.*

av·o·ca·tion [ˌævəʊ'keɪʃn] *s. obs.* **1.** (Neben)Beschäftigung *f*; **2.** F (Haupt)Beruf *m.*

a·void [ə'vɔɪd] **1.** (ver)meiden, ausweichen (*dat.*), aus dem Wege gehen (*dat.*), *Pflicht etc.* um'gehen, *e-r Gefahr* entgehen: ~ ***s.o.*** j-n meiden; ~ ***doing s.th.*** es vermeiden, et. zu tun; **2.** ⚖ a) aufheben, ungültig machen, b) anfechten; **a'void·a·ble** [-dəbl] *adj.* **1.** vermeidbar; **2.** ⚖ a) annullierbar, b) anfechtbar; **a'void·ance** [-dəns] *s.* **1.** Vermeidung *f* (*Sache*), Meidung *f* (*Person*); Um'gehung *f*; **2.** ⚖ a) Aufhebung *f*, Nichtigkeitserklärung *f*, b) Anfechtung *f*.

av·oir·du·pois [ˌævədə'pɔɪz] *s.* **1.** ✝ *a.* ~ ***weight*** Handelsgewicht *n* (*1 Pfund = 16 Unzen*): ~ ***pound*** Handelspfund *n*; **2.** F ‚Lebendgewicht' *n e-r Person*.

a·vow [ə'vaʊ] *v/t.* (offen) bekennen, (ein)gestehen; rechtfertigen; anerkennen: ~ ***o.s.*** sich bekennen, sich erklären; **a·vow·al** [ə'vaʊəl] *s.* Bekenntnis *n*, Geständnis *n*, Erklärung *f*; **a·vowed** [ə'vaʊd] *adj.* □ erklärt: ***his*** ~ ***principle***; ***he is an*** ~ ***Jew*** er bekennt sich offen zum Judentum; **a·vow·ed·ly** [ə'vaʊɪdlɪ] *adv.* eingestandenermaßen.

a·vun·cu·lar [ə'vʌŋkjʊlə] *adj.* **1.** Onkel…; **2.** *iro.* onkelhaft.

a·wait [ə'weɪt] *v/t.* **1.** erwarten (*acc.*), entgegensehen (*dat.*); **2.** *fig.* *j-n* erwarten: ***a hearty welcome*** ~***s you***.

a·wake [ə'weɪk] **I** *v/t.* [*irr.*] **1.** wecken; **2.** *fig.* erwecken, aufrütteln (***from*** aus): ~ ***s.o. to s.th.*** j-m et. zum Bewußtsein bringen; **II** *v/i.* [*irr.*] **3.** auf-, erwachen; **4.** *fig. zu neuer Tätigkeit etc.* erwachen: ~ ***to s.th.*** sich e-r Sache bewußt werden; **III** *adj.* **5.** wach; **6.** *fig.* munter, wach(sam), auf der Hut: ***be*** ~ ***to s.th.*** sich e-r Sache bewußt sein; **a'wak·en** [-kən] → ***awake*** 1–4; **a'wak·en·ing** [-knɪŋ] *s.* Erwachen *n*: ***a rude*** ~ *fig.* ein unsanftes Erwachen.

a·ward [ə'wɔːd] **I** *v/t.* **1.** zuerkennen, zusprechen, ⚖ *a.* (*durch Urteil od. Schiedsspruch*) zubilligen: ***he was*** ~***ed the prize*** der Preis wurde ihm zuerkannt; **2.** gewähren, verleihen, zuwenden, zuteilen; **II** *s.* **3.** ⚖ Urteil *n*, (Schieds)Spruch *m*; **4.** Belohnung *f*, Auszeichnung *f*, (*a.* Film- *etc.*)Preis *m*, (Ordens)Verleihung *f*, ✝ 'Prämie *f*; **5.** ✝ Zuschlag *m* (*auf ein Angebot*), (Auftrags)Vergabe *f*.

a·ware [ə'weə] *adj.* **1.** gewahr (***of*** *gen.*, ***that*** daß): ***be*** ~ sich bewußt sein, wissen, (er)kennen; ***become*** ~ ***of s.th.*** et. gewahr werden *od.* merken, sich e-r Sache bewußt werden; ***not that I am*** ~ ***of*** nicht, daß ich wüßte; **2.** aufmerksam, ‚hellwach'; **a'ware·ness** [-nɪs] *s.* Bewußtsein *n*, Kenntnis *f*.

a·wash [ə'wɒʃ] *adv. u. adj.* ⚓ **1.** über'flutet; **2.** über'füllt (***with*** von).

a·way [ə'weɪ] **I** *adv.* **1.** weg, hin'weg, fort: ***go*** ~ weg-, fortgehen; ~ ***with you!*** fort mit dir!; **2.** (***from***) entfernt, (weit) weg (von), fern, abseits (*gen.*): ~ ***from the question*** nicht zur Frage *od.* Sache gehörend; **3.** fort, abwesend, verreist: ~ ***from home*** nicht zu Hause; ~ ***on leave*** auf Urlaub; **4.** *bei Verben oft* (drauf)'los: ***chatter*** ~; ***work*** ~; **5.** *bsd. Am.* bei weitem: ~ ***below the average***; **II** *adj.* **6.** *sport* Auswärts…: ~ ***match*** → **III** *s.* **7.** *sport* Auswärtsspiel *n*.

awe [ɔː] **I** *s.* **1.** Ehrfurcht *f*, (heilige) Scheu (***of*** vor *dat.*): ***hold s.o. in*** ~ Ehrfurcht vor j-m haben; ***stand in*** ~ ***of*** a) e-e heilige Scheu haben *od.* sich fürchten vor (*dat.*), b) e-n gewaltigen Respekt haben vor (*dat.*); **2.** *fig.* Macht *f*, Maje'stät *f*; **II** *v/t.* **3.** (Ehr)Furcht einflößen (*dat.*), einschüchtern; **'awe-inˌspir·ing** *adj.* ehrfurchtgebietend, eindrucksvoll; **awe·some** ['ɔːsəm] *adj.* □ **1.** furchteinflößend, schrecklich; **2.** → ***awe-inspiring***; **'awe·struck** *adj.* von Ehrfurcht *od.* Scheu *od.* Schrecken ergriffen.

aw·ful ['ɔːfʊl] *adj.* □ **1.** → ***awe-inspiring***; **2.** furchtbar, schrecklich; **3.** F ['ɔːfl] furchtbar: a) riesig, kolos'sal: ***an*** ~ ***lot*** e-e riesige Menge, b) scheußlich, schrecklich: ***an*** ~ ***noise***; **aw·ful·ly** ['ɔːflɪ] *adv.* F furchtbar, schrecklich, äußerst: ~ ***cold***; ~ ***nice*** furchtbar *od.* riesig nett; ***I am*** ~ ***sorry*** es tut mir schrecklich leid; ***thanks*** ~***!*** tausend Dank!; **'aw·ful·ness** [-nɪs] *s.* **1.** Schrecklichkeit *f*; **2.** Erhabenheit *f*.

a·while [ə'waɪl] *adv.* ein Weilchen.

awk·ward ['ɔːkwəd] *adj.* □ **1.** ungeschickt, unbeholfen, linkisch, tölpelhaft: ***feel*** ~ verlegen sein; → ***squad*** 1; **2.** peinlich, mißlich, unangenehm: ***an*** ~ ***silence*** (***matter***); **3.** unhandlich, schwer zu behandeln, schwierig, lästig, ungünstig, ‚dumm': ***an*** ~ ***door to open*** e-e schwer zu öffnende Tür; ***an*** ~ ***customer*** ein unangenehmer Zeitgenosse; ***it's a bit*** ~ ***on Sunday*** am Sonntag paßt es (mir) nicht so recht; **'awk·ward·ness** [-nɪs] *s.* **1.** Ungeschicklichkeit *f*, Unbeholfenheit *f*; **2.** Peinlichkeit *f*, Unannehmlichkeit *f*; **3.** Lästigkeit *f*.

awl [ɔːl] *s.* ⚙ Ahle *f*, Pfriem *m*.

awn [ɔːn] *s.* ⚘ Granne *f*.

awn·ing ['ɔːnɪŋ] *s.* **1.** ⚓ Sonnensegel *n*; **2.** Wagendecke *f*, Plane *f*; **3.** Mar'kise *f*; 'Baldachin *m*; Vorzelt *n*.

a·woke [ə'wəʊk] *pret. von* ***awake*** I *u.* II; **a'wok·en** *p.p. von* ***awake*** I *u.* II.

a·wry [ə'raɪ] *adv. u. adj.* **1.** schief, krumm: ***look*** ~ *fig.* schief *od.* scheel blicken; **3.** *fig.* verkehrt: ***go*** ~ fehlgehen (*Person*), schiefgehen (*Sache*).

ax, *mst* **axe** [æks] **I** *s.* **1.** Axt *f*, Beil *n*: ***have an*** ~ ***to grind*** eigennützige Zwekke verfolgen, es auf et. abgesehen haben; **2.** F *fig.* a) rücksichtslose Sparmaßnahme, b) Abbau *m*, Entlassung *f*: ***get the*** ~ entlassen werden, ‚rausfliegen'; **3.** ♪ *Am. sl.* Instru'ment *n*; **II** *v/t.* **4.** F *fig.* drastisch kürzen *od.* zs.-streichen; *Beamte etc.* abbauen, *Leute* entlassen, ‚feuern'.

ax·i·al ['æksɪəl] *adj.* □ ⚙ Achsen…, axi'al.

ax·il ['æksɪl] *s.* ⚘ Blattachsel *f*.

ax·i·om ['æksɪəm] *s.* Ax'iom *n*, allgemein anerkannter Grundsatz: ~ ***of law*** Rechtsgrundsatz; **ax·i·o·mat·ic** [ˌæksɪəʊ'mætɪk] *adj.* (□ ~***ally***) axio'matisch, 'unumˌstößlich, selbstverständlich.

ax·is ['æksɪs] *pl.* **'ax·es** [-siːz] *s.* **1.** ⚗, ⚙, *phys.* Achse *f*, 'Mittelˌlinie *f*: ~ ***of the earth*** Erdachse; **2.** *pol.* Achse *f*: ***the*** ***2*** die Achse Berlin-Rom-Tokio (*vor dem u. im 2. Weltkrieg*); ***the*** ***2*** ***powers*** die Achsenmächte.

ax·le ['æksl] *s.* ⚙ **1.** *a.* ~***-tree*** (Rad-) Achse *f*, Welle *f*; **2.** Angel(zapfen *m*) *f*.

ay → ***aye***.

a·yah ['aɪə] *s. Brit. Ind.* 'Aja *f*, indisches Kindermädchen.

aye [aɪ] **I** *int. bsd.* ⚓ *u. parl.* ja: ~, ~, ***Sir!*** zu Befehl!; **II** *s. parl.* Ja *n*, Jastimme *f*: ***the*** ~***s have it*** die Mehrheit ist dafür.

a·za·le·a [ə'zeɪljə] *s.* ⚘ Aza'lee *f*.

az·i·muth ['æzɪməθ] *s. ast.* Azi'mut *m*, Scheitelkreis *m*.

a·zo·ic [ə'zəʊɪk] *adj. geol.* a'zoisch (*ohne Lebewesen*): ***the*** ~ ***age***.

Az·tec ['æztek] s. Az'teke *m*.

az·ure ['æʒə] **I** *adj.* a'zur-, himmelblau; **II** *s.* a) A'zur(blau *n*) *m*, b) *poet.* das blaue Himmelszelt.

B

B, b [biː] *s.* **1.** B *n*, b *n* (*Buchstabe*); **2.** ♪ H *n*, h *n* (*Note*): ***B flat*** B *n*, b *n*; ***B sharp*** His *n*, his *n*; **3.** *ped. Am.* Zwei *f* (*Note*); **4.** ***B flat*** *Brit. sl.* Wanze *f*.

baa [bɑː] **I** *s.* Blöken *n*; **II** *v/i.* blöken; **III** *int.* bäh!

Ba·al [ˈbeɪəl] **I** *npr. bibl. Gott* Baal *m*; **II** *s.* Abgott *m*, Götze *m*; **ˈBa·al·ism** [-lɪzəm] *s.* Götzendienst *m*.

baas [bɑːs] *s. S. Afr.* Herr *m*.

Bab·bitt [ˈbæbɪt] *s.* **1.** *Am.* (selbstzufriedener) Spießer; **2.** ♀ (***metal***) ⚙ ˈLagerweißmeˌtall *n*.

bab·ble [ˈbæbl] **I** *v/t. u. v/i.* **1.** stammeln; plappern, schwatzen; nachschwatzen, ausplaudern; **2.** plätschern, murmeln (*Bach*); **II** *s.* **3.** Geplapper *n*, Geschwätz *n*; **ˈbab·bler** [-lə] *s.* **1.** Schwätzer(in); **2.** *orn. e-e* Drossel *f*.

babe [beɪb] *s.* **1.** kleines Kind, Baby *n*, *fig. a.* Naˈivling *m*; → ***arm***[1] 1; **2.** *Am. sl.* ‚Puppe' *f* (*Mädchen*).

Ba·bel [ˈbeɪbl] **I** *npr. bibl.* Babel *n*; **II** *s.* ♀ *fig.* Babel *n*, Wirrwarr *m*, Stimmengewirr *n*.

ba·boo [ˈbɑːbuː] *s. Brit.-Ind.* **1.** Herr *m* (*bei den Hindus*); **2.** Inder *m* mit oberflächlicher engl. Bildung.

ba·boon [bəˈbuːn] *s. zo.* ˈPavian *m*.

ba·by [ˈbeɪbɪ] **I** *s.* **1.** Baby *n*: a) Säugling *m*, b) jüngstes Kind: ***be left holding the ~*** F der Dumme sein, die Sache am Hals haben; **2.** a) ‚Kindskopf' *m*, b) ‚Heulsuse' *f*; **3.** *sl.* ‚Schatz' *m*, ‚Kindchen' *n* (*Mädchen*); **4.** *sl.* Sache *f*: ***it's your ~***; **II** *adj.* **5.** Säuglings…, Baby…, Kinder…; **6.** kindlich, kindisch: ***plead the ~ act*** *Am.* F auf Unreife plädieren; **7.** klein; **~ bond** *s.* ✝ *Am.* Baby-Bond *m*, Kleinschuldverschreibung *f*; **~ boom·er gen·er·a·tion** *s.* geburtenstarke Jahrgänge *pl.*; **~ bot·tle** *s.* (Saug)Flasche *f*; **~ car** *s.* Klein(st)wagen *m*; **~ car·riage** *s. Am.* Kinderwagen *m*; **~ farm·er** *s. mst contp.* Frau, die gewerbsmäßig Kinder in Pflege nimmt; **~ grand** *s.* ♪ Stutzflügel *m*.

ba·by·hood [ˈbeɪbɪhʊd] *s.* Säuglingsalter *n*; **ˈba·by·ish** [-ɪɪʃ] *adj.* **1.** kindlich; **2.** kindisch.

Bab·y·lon [ˈbæbɪlən] **I** *npr.* ˈBabylon *n*; **II** *s. fig.* (Sünden)Babel *n*; **Bab·y·lo·ni·an** [ˌbæbɪˈləʊnjən] **I** *adj.* babyˈlonisch; **II** *s.* Babyˈlonier(in).

ˈba·by|-ˌmind·er *s. Brit.* Tagesmutter *f*; **ˈ~-sit** *v/i.* [*irr.* → ***sit***] babysitten; **ˈ~-ˌsit·ter** *s.* Babysitter *m*; **~ snatch·er** *s. ältere Person* (*Mann od. Frau*), *die mit einem blutjungen Mädchen od. Mann ein Verhältnis hat*: ***I'm no ~*** ich vergreif' mich doch nicht an kleinen Kindern!; **~ spot** *s.* Baby-Spot *m* (*kleiner Suchscheinwerfer*); **~ talk** *s.* Babysprache *f*.

bac·ca·lau·re·ate [ˌbækəˈlɔːrɪət] *s. univ.* Bakkalaureˈat *n*; **2.** *a.* ***~ sermon*** *Am.* Predigt *f* an die promovierten Stuˈdenten.

bac·ca·ra(t) [ˈbækərɑː] *s.* ˈBakkarat *n* (*Glücksspiel*).

bac·cha·nal [ˈbækənl] **I** *s.* **1.** Bacˈchant (-in); **2.** ausgelassener *od.* trunkener Zecher; **3.** *a. pl.* Bacchaˈnal *n* (*wüstes Gelage*); **II** *adj.* **4.** ˈbacchisch; **5.** bacˈchantisch; **bac·cha·na·li·a** [ˌbækəˈneɪljə] → ***bacchanal*** 3; **bac·cha·na·li·an** [ˌbækəˈneɪljən] **I** *adj.* bacˈchantisch, ausschweifend; **II** *s.* Bacˈchant(in);

bac·chant [ˈbækənt] **I** *s.* Bacˈchant *m*; *fig.* wüster Trinker *od.* Schwelger; **II** *adj.* bacˈchantisch; **bac·chan·te** [bəˈkæntɪ] *s.* Bacˈchantin *f*; **bac·chic** [ˈbækɪk] → ***bacchanal*** 4 *u.* 5.

bac·cy [ˈbækɪ] *s.* F *abbr. für* **tobacco**.

bach [bætʃ] F **I** *s.* → ***bachelor*** 1; **II** *v/i. mst* ***~ it*** ein Strohwitwerdasein führen.

bach·e·lor [ˈbætʃələ] *s.* **1.** Junggeselle *m*; *in Urkunden*: ledig (*dem Namen nachgestellt*); **2.** *univ.* Bakkaˈlaureus *m* (*Grad*): ♀ ***of Arts*** (*abbr.* ***B.A.***) Bakkalaureus der philosophischen Fakultät; ♀ ***of Science*** (*abbr.* ***B.Sc.***) Bakkalaureus der Naturwissenschaften; **~ girl** *s.* Junggesellin *f*.

bach·e·lor·hood [ˈbætʃələhʊd] *s.* **1.** Junggesellenstand *m*; **2.** *univ.* Bakkalaureˈat *n*.

ba·cil·lar·y [bəˈsɪlərɪ] *adj.* **1.** stäbchenförmig; **2.** ⚕ Bazillen…; **ba·cil·lus** [bəˈsɪləs] *pl.* **-li** [-laɪ] *s.* ⚕ Baˈzillus *m* (*a. fig.*).

back[1] [bæk] **I** *s.* **1.** Rücken *m* (*Mensch, Tier*); **2.** ˈHinter-, Rückseite *f* (*Kopf, Haus, Tür, Bild, Brief, Kleid etc*); (Rücken)Lehne *f* (*Stuhl*); **3.** *untere od. abgekehrte Seite*: (*Hand-, Buch-, Messer*)Rücken *m*, ˈUnterseite *f* (*Blatt*), linke Seite (*Stoff*), Kehrseite *f* (*Münze*), Oberteil *m*, *n* (*Bürste*); → ***beyond*** 6; **4.** *rückwärtiger od. entfernt gelegener Teil*: hinterer Teil (*Mund, Schrank, Wald etc.*), ˈHintergrund *m*; Rücksitz *m* (*Wagen*); **5.** Rumpf *m* (*Schiff*); **6.** ***the ♀s*** die Parkanlagen *pl.* hinter den Colleges in Cambridge; **7.** *sport* Verteidiger *m*;

Besondere Redewendungen:

(***at the***) ***~ of*** hinter (*dat.*), hinten in (*dat.*); ***be at the ~ of s.th.*** *fig.* hinter e-r Sache stecken; ***~ to front*** die Rückseite nach vorn, falsch herum; ***have s.th. at the ~ of one's mind*** a) insgeheim an et. denken, b) sich dunkel an et. erinnern; ***turn one's ~ on*** *fig. j-m* den Rücken kehren, *et.* aufgeben; ***behind s.o.'s ~*** hinter j-s Rücken; ***on one's ~*** a) auf dem Körper (*Kleidungsstück*), b) bettlägerig, c) am Boden, hilflos, verloren; ***have one's ~ to the wall*** mit dem Rücken zur Wand stehen; ***break s.o.'s ~*** a) j-m das Kreuz brechen (*a. fig.*), b) j-n ‚fertigmachen' *od.* zugrunde richten; ***break the ~ of s.th.*** das Schwierigste e-r Sache hinter sich bringen; ***put one's ~ into s.th.*** sich bei e-r Sache ins Zeug legen, sich in et. hineinknien; ***put s.o.'s ~ up*** j-n ‚auf die Palme bringen';

II *adj.* **8.** rückwärtig, letzt, hinter, Rück…, Hinter…, Nach…: ***the ~ left-hand corner*** die hintere linke Ecke; **9.** rückläufig; **10.** rückständig (*Zahlung*); **11.** zuˈrückliegend, alt (*Zeitung etc.*); **12.** fern, abgelegen; *fig.* finster; **III** *adv.* **13.** zuˈrück, rückwärts; zurückliegend; (wieder) zurück: ***he is ~ again*** er ist wieder da; ***he is ~ home*** er ist wieder zu Hause; ***~ home*** *Am.* bei uns (zulande); ***~ and forth*** hin und her; **14.** zuˈrück, ˈvorher: ***20 years ~*** vor 20 Jahren; ***~ in 1900*** (schon) im Jahre 1900; **IV** *v/t.* **15.** *Buch* mit e-m Rücken *od. Stuhl* mit e-r Lehne *od.* Rückenverstärkung versehen; **16.** hinten grenzen an (*acc.*), den Hintergrund *e-r Sache* bilden; **17.** *a.* ***~ up*** *j-m* den Rücken decken *od.* stärken, *j-n* unterˈstützen, eintreten für; **18.** *a.* ***~ up*** zuˈrückbewegen; *Wagen, Pferd, Maschine* rückwärts fahren *od.* laufen lassen: ***~ one's car up*** mit dem Auto zurückstoßen; ***~ a car out of the garage*** e-n Wagen rückwärts aus der Garage fahren; ***~ water*** (*od.* ***the oars***) rückwärts rudern; ***~ed up*** (***with traffic***) *Am.* verstopft (*Straße*); **19.** auf der Rückseite beschreiben; *Wechsel* verantwortlich gegenzeichnen, avalieren; **20.** wetten *od.* setzen auf (*acc.*); **V** *v/i.* **21.** *a.* ***~ up*** sich rückwärts bewegen, zuˈrückgehen *od.* -fahren; **22.** ***~ and fill*** a) ⚓ lavieren, b) *Am.* F unschlüssig sein; **~ down** (**from**), **~ out** (**of**) *v/i.* zuˈrücktreten *od.* sich zuˈrückziehen (von), aufgeben (*acc.*); F sich drücken (vor *dat.*), abspringen (von), ‚aussteigen' (bei), kneifen (vor *dat.*); klein beigeben, ‚den Schwanz einziehen'.

back[2] [bæk] *s.* ⚙, *Brauerei, Färberei etc.*: Bottich *m*.

ˈback|·ache *s.* Rückenschmerzen *pl.*; **~ al·ley** *s. Am.* finsteres Seitengäßchen; **ˌ~-ˈbench·er** *s. parl.* ˈHinterbänkler *m*; **ˈ~·bend** *s. sport* Brücke *f* (aus dem Stand); **ˈ~·bite** *v/t. u. v/i.* [*irr.* → ***bite***] *j-n* verleumden; **ˈ~ˌbit·er** *s.* Verleumder (-in); **ˈ~·bone** *s.* **1.** Rückgrat *n*: ***to the***

~ bis auf die Knochen, ganz u. gar; **2.** *fig.* Rückgrat *n*: a) (Cha'rakter)Stärke *f*, Mut *m*, b) Hauptstütze *f*; **'~-ˌbreak·ing** *adj.* ‚mörderisch', zermürbend: ***a ~ job***; **'~-ˌburn·er** *adj.* F nebensächlich, zweitrangig; **'~·chat** *s. sl.* **1.** freche Antwort(en *pl.*); **2.** *Brit.* schlagfertiges Hin und Her; **~·cloth** → ***backdrop***; **'~-ˌcou·pled** *adj.* ϟ rückgekoppelt; **ˌ~-'date** *v/t.* **1.** zu'rückdatieren; **2.** rückwirkend in Kraft setzen; **~ door** *s.* 'Hintertür *f* (*a. fig. Ausweg*); **ˌ~-'door** *adj.* heimlich, geheim; **'~·down** *s. Am.* F ‚Rückzieher' *m*; **'~·drop** *s.* **1.** *thea.* Pro'spekt *m*; **2.** 'Hintergrund *m*, 'Folie *f*.

backed [bækt] *adj.* **1.** mit Rücken, Lehne *etc.* (versehen); **2.** gefüttert: ***a curtain ~ with satin***; **3.** *in Zssgn*: ***straight-~*** mit geradem Rücken, geradlehnig.

back·er ['bækə] *s.* **1.** Unter'stützer(in), Helfer(in), Förderer *m*; **2.** ✝ a) (Wechsel)Bürge *m*, b) 'Hintermann *m*, Geldgeber *m*; **3.** Wetter(in).

ˌback|'fire I *v/i.* **1.** *mot.* früh-, fehlzünden; **2.** *fig.* fehlschlagen, ‚ins Auge gehen': ***the plan ~d*** der Schuß ging nach hinten los; **II** *s.* **3.** ⚙ Früh-, Fehlzündung *f*; **~ for·ma·tion** *s. ling.* Rückbildung *f*; **~'gam·mon** *s.* Back'gammon *n*, Puffspiel *n*; **'~·ground** *s.* **1.** 'Hintergrund *m*: ***keep in the ~***; **2.** *fig.* 'Hintergrund *m*, 'Hintergründe *pl.*, 'Umstände *pl.*; 'Umwelt *f*, Mili'eu *n*; 'Herkunft *f*; Werdegang *m*, Vorgeschichte *f*; Bildung *f*, Erfahrung *f*, Wissen *n*: ***educational ~*** Vorbildung *f*; **'~·hand I** *s.* **1.** nach links geneigte Handschrift; **2.** *sport* Rückhand(schlag *m*) *f*; **II** *adj.* **3.** *sport* Rückhand...: ***~ stroke*** Rückhandschlag *m*; **ˌ~'hand·ed** *adj.* **1.** nach links geneigt (*Schrift*); **2.** Rückhand...; **3.** zweideutig; unredlich, 'indiˌrekt; **'~·hand·er** *s.* **1.** a) → ***backhand*** 2, b) Schlag *m* mit dem Handrücken; **2.** F 'indiˌrekter Angriff; **3.** F ‚Schmiergeld' *n*.

back·ing ['bækıŋ] *s.* **1.** Unter'stützung *f*, Hilfe *f*; Beifall *m*; *coll.* Unter'stützer *pl.*, Förderer *pl.*, 'Hintermänner *pl.*; **2.** rückwärtige Verstärkung; (*Rock- etc.*) Futter *n*; Stützung *f*; **3.** ✝ a) Wechselbürgschaft *f*, b) Gegenzeichnen *n*, c) Deckung *f*.

'back|·lash *s.* **1.** ⚙ toter Gang, Flankenspiel *n*; **2.** (heftige) Reakti'on, Rückwirkung *f*; **'~·log** *s.* **1.** großes Scheit hinten im Ka'min; **2.** (*Arbeits-, Auftrags- etc.*)Rückstand *m*, 'Überhang *m* (***of*** an *dat.*): ***~ demand*** Nachholbedarf *m*; **3.** Rücklage *f*, Re'serve *f* (***of*** an *dat.*, von); **~ num·ber** *s.* **1.** alte Nummer *e-r Zeitung etc.*; **2.** *fig.* rückständige *od.* altmodische Per'son *od.* Sache; **'~-pack I** *s.* Rucksack *m*, Back-Pack *m*; **II** *v/i.* ***~ it*** F (mit dem Rucksack) trampen; **'~-pack·er** *s.* Rucksacktourist *m*; **'~·pack·ing** *s.* Rucksacktourismus *m*; **~ pay** *s.* Lohn-, Gehaltsnachzahlung *f*; **ˌ~-'ped·al** *v/i.* **1.** rückwärtstreten (*Radfahrer*); **2.** F *fig.* e-n ‚Rückzieher' machen; **'~ˌped·al brake** *s.* Rücktrittbremse *f*; **'~·rest** *s.* Rückenstütze *f*; **~ room** *s.* 'Hinterzimmer *n*; **'~-room boy** *s. Brit.* F Wissenschaftler, der an Ge'heimproˌjekten arbeitet; **~ sal·a·ry** → ***back pay***; **~ scratch·ing** *s.* F gegenseitige Unter'stützung; **~ seat** *s.* Rücksitz *m*: ***back-seat driver*** *fig.* Besserwisser(in); ***take a ~*** *fig.* in den Hintergrund treten.

back·sheesh → ***baksheesh***.

ˌback|'side *s.* **1.** F Hintern *m*; **2.** *mst* ***back side*** Kehr-, Rückseite *f*, hintere *od.* linke Seite; **'~·sight** *s.* **1.** ⚙ Visier *n*; **2.** ⚔ (Visier)Kimme *f*; **~ slang** *s.* 'Umkehrung *f* der Wörter (*beim Sprechen*); **ˌ~'slap·per** *s. Am.* jovi'aler *od.* plump-vertraulicher Mensch; **ˌ~'slide** *v/i.* [*irr.* → ***slide***] **1.** rückfällig werden; **2.** auf die schiefe Bahn geraten, abtrünnig werden; **ˌ~'slid·er** *s.* Rückfällige(r *m*) *f*; **'~·space con·trol** *s.* Rückholtaste *f* (*Tonbandgerät*); **ˌ~'spac·er** *s.* Rücktaste *f* (*Schreibmaschine*); **~·stage I** *s.* ['bæksteıdʒ] **1.** *thea.* Garde'robenräume *pl.* u. Bühne *f* hinter dem Vorhang; **II** *adv.* [ˌbæk'steıdʒ] **2.** (hinten) auf der Bühne; **3.** hinter dem *od.* den Vorhang, hinter den *od.* die Ku'lissen (*a. fig.*); **ˌ~'stairs** *s.* 'Hintertreppe *f*: ***~ talk*** (bösartige) Anspielungen *pl.*; ***~ influence*** Protektion *f*; **'~·stop** *s.* **1.** *Kricket*: Feldspieler *m*, Fänger *m*; **2.** *Baseball*: Gitter *n* (*hinter dem Fänger*); **3.** *Am. Schießstand*: Kugelfang *m*; **'~·stroke** *s. sport* **1.** Rückschlag *m des Balls*; **2.** Rückenschwimmen *n*; **'~·swept** *adj.* **1.** ⚙, ✈ nach hinten verjüngt, pfeilförmig; **2.** zu'rückgekämmt (*Haar*); **~ talk** *s. sl.* unverschämte Antwort(en *pl.*); **'~·track** *v/i. Am.* **1.** denselben Weg zu'rückgehen; **2.** *fig.* a) → ***back down*** (***from***), b) e-e Kehrtwendung machen; **'~·up I** *s.* **1.** Unter'stützung *f*; **2.** → ***backing*** 2; **3.** *mot. Am.* (Rück)Stau *m*; **4.** *fig.* ‚Rückzieher' *m*; **5.** ⚙ Ersatzgerät *n*; **6.** *Computer*: a) Datensicherung *f*, b) → ***back-up copy***; **II** *adj.* **7.** Unterstützungs..., Hilfs...; ⚙ Ersatz..., Reserve...; ***~ copy*** Sicherungskopie *f*.

back·ward ['bækwəd] **I** *adj.* **1.** rückwärts gerichtet, Rück(wärts)...; 'umgekehrt; **2.** hinten gelegen, Hinter...; **3.** langsam, schwerfällig, schleppend; **4.** zu'rückhaltend, schüchtern; **5.** *in der Entwicklung* zu'rückgeblieben (*Kind etc.*), rückständig (*Land, Arbeit*); **6.** vergangen; **II** *adv.* **7.** *a.* ***backwards*** [-dz] rückwärts, zu'rück: ***~ and forwards*** vor u. zurück; **8.** *fig.* 'umgekehrt; zum Schlechten; **back·ward·a·tion** [ˌbækwə'deıʃn] *s. Brit.* ✝ De'port *m*, Kursabschlag *m*; **'back·ward·ness** [-nıs] *s.* **1.** Rückständigkeit *f*; **2.** Langsamkeit *f*, Trägheit *f*; **3.** Wider'streben *n*; **'back·wards** [-dz] → ***backward*** 7.

'back|·wash *s.* **1.** Rückströmung *f*; Kielwasser *n*; **2.** *fig.* Nachwirkung *f*; **'~ˌwa·ter** *s.* **1.** totes Wasser, Stauwasser *n*; **2.** Seitenarm *m e-s Flusses*; **3.** *fig.* a) tiefste Provinz, (kultu'relles) Notstandsgebiet, b) Rückständigkeit *f*, Stagnati'on *f*; **'~·woods I** *s. pl.* **1.** 'Hinterwälder *pl.*, abgelegene Wälder; *fig.* (tiefste) Pro'vinz; **II** *adj.* **2.** 'hinterwäldlerisch (*a. fig.*), Provinz...; **3.** *fig.* rückständig; **'~·woods·man** [-mən] *s.* [*irr.*] **1.** 'Hinterwäldler *m* (*a. fig.*); **2.** *Brit. parl.* Mitglied *n* des Oberhauses, das selten erscheint; **~ yard** *s.* 'Hinterhof *m*; *Am. a.* Garten *m* hinter dem Haus.

ba·con ['beıkən] *s.* Speck *m*: ***~ and eggs*** Speck mit (Spiegel)Ei; ***he brought home the ~*** F er hat es geschafft; ***save one's ~*** F a) mit heiler Haut davonkommen, b) s-e Haut retten.

Ba·co·ni·an [beı'kəʊnjən] *adj.* Sir Francis Bacon betreffend; **~ the·o·ry** *s.* 'Bacon-Theoˌrie *f* (*daß Francis Bacon Shakespeares Werke verfaßt habe*).

bac·te·ri·a [bæk'tıərıə] *s. pl.* Bak'terien *pl.*; **bac'te·ri·al** [-əl] *adj.* Bakterien...; **bac·te·ri·cid·al** [bækˌtıərı'saıdl] *adj.* bakteri'zid, bak'terientötend; **bac·te·ri·cide** [bæk'tıərısaıd] *s.* Bakteri'zid *n*; **bac·te·ri·o·log·i·cal** [bækˌtıərıə'lɒdʒıkl] *adj.* □ bakterio'logisch; **bac·te·ri·ol·o·gist** [bækˌtıərı'ɒlədʒıst] *s.* Bakterio'loge *m*; **bac·te·ri·ol·o·gy** [bækˌtıərı'ɒlədʒı] *s.* Bak'terienkunde *f*; **bac·te·ri·um** [bæk'tıərıəm] *sg. von* ***bacteria***.

Bac·tri·an cam·el ['bæktrıən] *s. zo.* Trampeltier *n*, zweihöckriges Ka'mel.

bad [bæd] **I** *adj.* □ → ***badly***; **1.** *allg.* schlecht, schlimm: ***~ manners*** schlechte Manieren; ***from ~ to worse*** immer schlimmer; **2.** böse, ungezogen: ***a ~ boy***; ***a ~ lot*** F ein schlimmes Pack; **3.** lasterhaft, schlecht: ***a ~ woman***; **4.** anstößig, häßlich: ***a ~ word***; ***~ language*** a) häßliche Ausdrücke *pl.*, b) lästerliche Reden *pl.*; **5.** unbefriedigend, ungünstig, schlecht: ***~ lighting*** schlechte Beleuchtung; ***~ name*** schlechter Ruf; ***in ~ health*** kränkelnd; ***his ~ German*** sein schlechtes Deutsch; ***he is ~ at mathematics*** er ist in Mathematik schwach; ***~ debts*** ✝ zweifelhafte Forderungen; ***~ debt losses*** ✝ Forderungsausfälle *pl.*; ***~ title*** mangelhafter Rechtstitel; **6.** unangenehm, schlecht: ***a ~ smell***; ***~ news***; (***that's***) ***too ~!*** F (das ist doch) zu dumm *od.* schade!; ***not*** (***half*** *od.* ***too***) ***~*** (gar) nicht übel; **7.** schädlich: ***~ for the eyes***; ***~ for you***; **8.** schlecht, verdorben (*Fleisch, Ei etc.*): ***go ~*** schlecht werden; **9.** ungültig, falsch (*Münze etc.*); **10.** unwohl, krank: ***he is*** (*od.* ***feels***) ***~***; ***a ~ finger*** ein schlimmer *od.* böser Finger; ***he is in a ~ way*** es geht ihm nicht gut, er ist schlecht d(a)ran; **11.** heftig, schlimm, arg: ***a ~ cold***; ***a ~ crime*** ein schweres Verbrechen; **II** *s.* **12.** *das* Schlechte: ***go to the ~*** F auf die schiefe Bahn geraten; → ***worse*** 4; **13.** ✝ 'Defizit *n*, Verlust *m*: ***be £5 to the ~*** £5 Defizit haben; **14.** ***be in ~ with s.o.*** *Am.* F bei j-m in Ungnade sein; **III** *adv.* **15.** → ***badly***.

bad·die ['bædı] *s.* F *Film etc.*: Bösewicht *m*, Schurke *m*.

bad·dish ['bædıʃ] *adj.* ziemlich schlecht.

bad·dy → ***baddie***.

bade [beıd] *pret. von* ***bid*** 7, 8, 9.

badge [bædʒ] *s.* Ab-, Kennzeichen *n* (*a. fig.*); (*Dienst- etc.*)Marke *f*; ⚔ (Ehren)Spange *f*; *fig.* Merkmal *n*, Stempel *m*.

badg·er ['bædʒə] **I** *s.* **1.** *zo.* Dachs *m*; **2.** *Am.* F Bewohner(in) von Wis'consin; **II** *v/t.* **3.** hetzen; **4.** *fig.* plagen, ‚piesaken', *j-m* zusetzen.

bad·i·nage ['bædınɑːʒ] *s.* Necke'rei *f*, Schäke'rei *f*.

'bad·lands *s. pl. Am.* Ödland *n*.

bad·ly ['bædlı] *adv.* **1.** schlecht, schlimm: ***he is ~*** (*Am. a.* ***bad***) ***off*** es geht ihm schlecht (*mst finanziell*); ***do*** (*od.* ***come off***) ~ schlecht fahren (***in*** bei, mit); ***be in ~ with*** (*od.* ***over***) *Am.* F über Kreuz stehen mit; ***feel ~*** (*Am. a.* ***bad***) (***about it***) ein ‚mieses' Gefühl haben (deswegen); **2.** dringend, heftig, sehr: ***~ needed*** dringend nötig; ***~ wounded*** schwerverwundet.

bad·min·ton ['bædmɪntən] *s.* **1.** *sport* Badminton *n*; **2.** Federballspiel *n*.

'**bad·mouth** *v/t.* F *j-n* übel beschimpfen.

bad·ness ['bædnɪs] *s.* **1.** schlechte Beschaffenheit; **2.** Schlechtigkeit *f*, Verderbtheit *f*; Bösartigkeit *f*.

ˌ**bad-'tem·pered** *adj.* schlechtgelaunt, übellaunig.

Bae·de·ker ['beɪdɪkə] *s.* Baedeker *m*, Reiseführer *m*; *weitS.* Handbuch *n*.

baf·fle ['bæfl] *v/t.* **1.** *j-n* verwirren, verblüffen, narren, täuschen, *j-m* ein Rätsel aufgeben: ***be ~d*** vor e-m Rätsel stehen; **2.** *Plan etc.* durch'kreuzen, unmöglich machen: ***it ~s description*** es spottet jeder Beschreibung; ***~ paint*** *s.* ⚔ Tarnungsanstrich *m*; ***~ plate*** *s.* Ablenk-, Prallplatte *f*; Schlingerwand *f* (*im Kraftstoffbehälter*).

baf·fling ['bæflɪŋ] *adj.* ☐ **1.** verwirrend, vertrackt, rätselhaft; **2.** vereitelnd, hinderlich; **3.** 'umspringend (*Wind*).

bag [bæg] **I** *s.* **1.** Sack *m*, Beutel *m*, Tüte *f*, (Schul-, Hand- *etc.*)Tasche *f*; *engS.* a) Reisetasche *f*, b) Geldbeutel *m*: ***mixed ~*** *fig.* Sammelsurium *n*; ***~ and baggage*** (mit) Sack u. Pack, mit allem Drum und Dran; ***the whole ~ of tricks*** alles, der ganze Krempel; ***give s.o. the ~*** F j-m den Laufpaß geben; ***be left holding the ~*** *Am.* F die Sache ausbaden müssen; ***that's*** (***just***) ***my ~*** *sl.* das ist genau mein Fall; ***that's not my ~*** *sl.* das ist nicht ‚mein Bier'; ***that's in the ~*** das haben wir (so gut wie) sicher; → ***bone*** 1; **2.** *hunt.* a) Jagdtasche *f*, b) Jagdbeute *f*, Strecke *f*; **3.** (***pair of***) ***~s*** F Hose *f*; **4.** (***old***) ***~*** *sl.* Weibsbild *n*, ‚alte Ziege'; **II** *v/t.* **5.** in e-n Sack *etc.* tun, ⚙ einsacken, abfüllen; **6.** *hunt.* zur Strekke bringen, fangen (*a. fig.*); **7.** *sl.* a) sich *et.* schnappen, b) ‚klauen', c) *j-n* ‚in die Tasche stecken', besiegen; **8.** bauschen; **III** *v/i.* **9.** sich bauschen.

bag·a·telle [ˌbægə'tel] *s.* **1.** Baga'telle *f* (*a.* ♪), Kleinigkeit *f*; **2.** 'Tivolispiel *n*.

bag·gage ['bægɪdʒ] *s.* **1.** *bsd. Am.* (Reise)Gepäck *n*; **2.** ⚔ Ba'gage *f*, Gepäck *n*, Troß *m*; **3.** V ‚Flittchen' *n*; **4.** F ‚Fratz' *m*, (kleiner) Racker (*Mädchen*); ***~ al·low·ance*** *s.* ✈ Freigepäck *n*; ***~ car*** *s. Am.* Gepäckwagen *m*; ***~ check*** *s. Am.* Gepäckschein *m*; ***~ claim*** *s.* ✈ Gepäckausgabe *f*; ***~ hold*** *s. Am.* Gepäckraum *m*; ***~ in·sur·ance*** *s. Am.* (Reise)Gepäckversicherung *f*.

bag·ging ['bægɪŋ] **I** *s.* **1.** Sack-, Packleinwand *f*; **II** *adj.* **2.** sich bauschend; **3.** → **bag·gy** ['bægɪ] *adj.* bauschig, zu weit, sackartig herabhängend; ausgebeult (*Hose*).

'**bag**|**·pipe** *s.* ♪ Dudelsack(pfeife *f*) *m*; '**~ˌpip·er** *s.* Dudelsackpfeifer *m*; '**~ˌsnatch·er** *s.* Handtaschenräuber *m*.

bah [bɑ(:)] *int.* pah! (*Verachtung*).

bail[1] [beɪl] ⚖ **I** *s.* (*nur sg.*) **1.** a) Bürge *m*: ***find ~*** sich e-n Bürgen verschaffen, b) Bürgschaft *f*, Sicherheitsleistung *f*, Kauti'on *f*: ***admit to ~*** → 4; ***allow*** (*od.* ***grant***) ***~*** a) → 4, b) Kaution zulassen; ***be out on ~*** gegen Kaution auf freiem Fuß sein; ***forfeit one's ~*** (*bsd. wegen Nichterscheinens*) die Kaution verlieren; ***go*** (*od.* ***stand***) ***~ for s.o.*** für j-n Sicherheit leisten *od.* Kaution stellen; ***jump ~*** *Am.* F die Kaution ‚sausenlassen' (u. verschwinden); ***release on ~*** → 4; ***surrender to*** (*od.* ***save***) ***one's ~*** vor Gericht erscheinen; **2.** *a.* ***release on ~*** Freilassung *f* gegen Kauti'on *od.* Sicherheitsleistung *f*; **II** *v/t.* **3.** *mst* ***~ out*** *j-s* Freilassung gegen Kauti'on erwirken; **4.** *j-n* gegen Kauti'on freilassen; **5.** *Güter* (*zur treuhänderischen Verwahrung*) übergeben (***to s.o.*** j-m); **6.** ***~ out*** *fig. j-n* retten, *j-m* her'aushelfen (***of*** aus *dat.*).

bail[2] [beɪl] **I** *v/t.* ⚓ ausschöpfen: ***~ out water*** (***a boat***); **II** *v/i.* ***~ out*** ‚aussteigen': a) ✈ mit dem Fallschirm abspringen, b) *fig.* nicht mehr mitmachen.

bail[3] [beɪl] *s.* Bügel *m*, Henkel *m*.

bail·a·ble ['beɪləbl] *adj.* ⚖ kauti'onsfähig.

bail·ee [ˌbeɪ'li:] *s.* ⚖ Verwahrer *m* (*e-r beweglichen Sache*), *z.B.* Spedi'teur *m*.

bai·ley ['beɪlɪ] *s. hist.* Außenmauer *f*, Außenhof *m e-r Burg*: ***Old*** ♀ *Hauptkriminalgericht in London.*

bail·iff ['beɪlɪf] *s.* **1.** ⚖ a) Gerichtsvollzieher *m*, b) Gerichtsdiener *m*, c) *Am.* Jus'tizwachtmeister *m*; **2.** *bsd. Brit.* (Guts)Verwalter *m*; **3.** *hist. Brit.* königlicher Beamter.

bail·i·wick ['beɪlɪwɪk] *s.* ⚖ Amtsbezirk *m* e-s ***bailiff***.

bail·ment ['beɪlmənt] *s.* ⚖ (vertragliche) Hinter'legung (*e-r beweglichen Sache*), Verwahrung(svertrag *m*) *f*.

bail·or ['beɪlə] *s.* ⚖ Hinter'leger *m*.

bairn [beən] *s. Scot.* Kind *n*.

bait [beɪt] **I** *s.* **1.** Köder *m*; *fig. a.* Lokkung *f*, Reiz *m*: ***take*** (*od.* ***rise to***) ***the ~*** anbeißen, den Köder schlucken, *fig. a.* auf den Leim gehen; **2.** Rast *f*, Imbiß *m*; **3.** Füttern *n* (*Pferde*); **II** *v/t.* **4.** mit Köder versehen; **5.** *fig.* ködern, (an-) locken; **6.** *obs. Pferde unterwegs* füttern; **7.** mit Hunden hetzen; **8.** *fig. j-n* reizen, quälen, peinigen; '**bait·er** [-tə] *s.* Hetzer *m*, Quäler *m*; '**bait·ing** [-tɪŋ] *s.* **1.** *fig.* Hetze *f*, Quäle'rei *f*; **2.** Rast *f*.

baize [beɪz] *s.* Boi *m*, *mst grüner* Fries (*Wollstoff für Tischüberzug*).

bake [beɪk] **I** *v/t.* **1.** backen, im (Back-) Ofen braten: ***~d potatoes*** Folien-, Ofenkartoffeln *pl.*; **2.** a) dörren, austrocknen, härten: ***sun-baked ground***, b) *Ziegel* brennen, c) ⚙ *Lack* einbrennen; **II** *v/i.* **3.** backen, braten (*a. fig. in der Sonne*); gebacken werden (*Brot etc.*); **4.** dörren, hart werden; **III** *s.* **5.** *Am.* gesellige Zs.-kunft; '**~·house** *s.* Backhaus *n*, -stube *f*.

ba·ke·lite ['beɪkəlaɪt] *s.* ⚙ Bake'lit *n*.

bak·er ['beɪkə] *s.* **1.** Bäcker *m*: ***~'s dozen*** dreizehn; **2.** *Am.* tragbarer Backofen; '**bak·er·y** [-ərɪ] *s.* Bäcke'rei *f*.

bakh·shish → ***baksheesh***.

bak·ing ['beɪkɪŋ] **I** *s.* Backen *n*; Brennen *n* (*Ziegel*); **II** *adv. u. adj.* glühend heiß; '**~-pow·der** *s.* Backpulver *n*.

bak·sheesh, **bak·shish** ['bækʃi:ʃ] *s.* 'Bakschisch *n*, Trinkgeld *n*; Bestechungsgeld *n* (*im Orient*).

Ba·la·kla·va (**hel·met**) [ˌbælə'klɑ:və] *s.* ⚔ *Brit.* (wollener) Kopfschützer.

bal·a·lai·ka [ˌbælə'laɪkə] *s.* Bala'laika *f* (*russ. Zupfinstrument*).

bal·ance ['bæləns] **I** *s.* **1.** Waage *f* (*a. fig.*); **2.** Gleichgewicht *n* (*a. fig.*): ***~*** (***of mind***) inneres Gleichgewicht, Gelassenheit *f*; ***~ of nature*** Gleichgewicht der Natur; ***~ of power*** (politisches) Gleichgewicht der Kräfte; ***loss of ~*** ⚕ Gleichgewichtsstörungen *pl.*; ***hold the ~*** *fig.* das Zünglein an der Waage bilden; ***turn the ~*** den Ausschlag geben; ***lose one's ~*** das Gleichgewicht *od. fig.* die Fassung verlieren; ***in the ~*** in der Schwebe; ***tremble*** (*od.* ***hang***) ***in the ~*** auf Messers Schneide stehen; **3.** Gegengewicht *n*, Ausgleich *m*; **4.** ***on ~*** alles in allem, ‚unterm Strich'; **5.** → ***balance-wheel***; **6.** ✝ 'Saldo *m*, Ausgleichsposten *m*, 'Überschuß *m*, Guthaben *n*, 'Kontostand *m*; Bi'lanz *f*; Rest (-betrag) *m*: ***adverse ~*** Unterbilanz; ***~ brought*** (*od.* ***carried***) ***forward*** Übertrag *m*, Saldovortrag *m*; (***un***)***favo***(***u***)***rable ~ of trade*** aktive (passive) Handelsbilanz; ***~ due*** Debetsaldo; ***~ at the bank*** Bankguthaben; ***~ in hand*** Kassenbestand *m*; ***~ of payments*** Zahlungsbilanz; ***strike a ~*** den Saldo *od.* (*a. fig.*) die Bilanz ziehen; **7.** Bestand *m*; F ('Über)Rest *m*; **II** *v/t.* **8.** *fig.* (er-, ab)wägen; **9.** (*a.* ***o.s.*** sich) im Gleichgewicht halten; ins Gleichgewicht bringen, ausgleichen; ausbalancieren; ✝ *Rechnung od. Konto* ausgleichen, aufrechnen, saldieren, abschließen: ***~ the cash*** Kasse(nsturz) machen; → ***account*** 5; **10.** *Kunstwerk* har'monisch gestalten; **III** *v/i.* **11.** balancieren, *fig. a.* ***~ out*** sich im Gleichgewicht halten (*a. fig.*); **12.** sich (hin u. her) wiegen; *fig.* schwanken; **13.** ✝ sich ausgleichen; **14.** *a.* ***~ out*** ⚙ (sich) einspielen; ***~ beam*** *s. Turnen*: Schwebebalken *m*.

bal·anced ['bælənst] *adj. fig.* (gut) ausgewogen, wohlerwogen, ausgeglichen (*a.* ✝ *u.* ⚡), gleichmäßig: ***~ diet*** ausgeglichene Kost; ***~ judg***(***e***)***ment*** wohlerwogenes Urteil.

'**bal·ance**|**-ˌi·tem** *s.* Bi'lanzposten *m*; '**~-sheet** *s* ✝ Bi'lanz *f*, Rechnungsabschluß *m*: ***first*** (*od.* ***opening***) ***~*** Eröffnungsbilanz; '**~-wheel** *s.* ⚙ Hemmungsrad *n*, Unruh *f* (*Uhr*).

bal·co·ny ['bælkənɪ] *s.* Bal'kon *m* (*a. thea.*).

bald [bɔ:ld] *adj.* ☐ **1.** kahl (*ohne Haar*, *Federn*, *Laub*, *Pflanzenwuchs*): ***as ~ as a coot*** völlig kahl; **2.** *fig.* kahl, schmucklos, nüchtern, armselig, dürftig; **3.** *fig.* nackt, unverhüllt, trocken, unverblümt: ***a ~ statement***; **4.** *zo.* weißköpfig (*Vögel*), mit Blesse (*Pferde*).

bal·da·chin, **bal·da·quin** ['bɔ:ldəkɪn] *s.* 'Baldachin *m*, Thron-, Traghimmel *m*.

bal·der·dash ['bɔ:ldədæʃ] *s.* ‚Quatsch' *m*, Unsinn *m*.

'**bald**|**·head** *s.* Kahlkopf *m*; ˌ**~-'head·ed** *adj.* kahlköpfig: ***go ~ into*** *sl.* blindlings hineinrennen in (*acc.*).

bald·ing ['bɔ:ldɪŋ] *adj.* kahl werdend; **bald·ness** ['bɔ:ldnɪs] *s.* Kahlheit *f*; *fig.* Dürftigkeit *f*, Nacktheit *f*; '**bald·pate** *s.* **1.** Kahl-, Glatzkopf *m*; **2.** *orn.* Pfeifente *f*.

bale¹ [beɪl] **I** *s.* ✝ Ballen *m*: ~ ***goods*** Ballengüter *pl.*, Ballenware *f*; **II** *v/t.* in Ballen verpacken.
bale² → ***bail²***.
'**bale·fire** *s.* **1.** Si'gnalfeuer *n*; **2.** Freudenfeuer *n*.
bale·ful ['beɪlfʊl] *adj.* □ **1.** unheilvoll (*Einfluß*); **2.** a) bösartig, rachsüchtig, b) haßerfüllt (*Blick*); **3.** niedergeschlagen.
balk [bɔːk] **I** *s.* **1.** Hindernis *n*; **2.** Enttäuschung *f*; **3.** *dial. u. Am.* Auslassung *f*, Fehler *m*, Schnitzer *m*; **4.** (Furchen-) Rain *m*; **5.** Hindernis *n*, Hemmnis *n*; **6.** ⚠ Hauptbalken *m*; **7.** *Billard*: Quartier *n*; **8.** *Am. Baseball*: vorgetäuschter Wurf; **II** *v/i.* **9.** stocken, stutzen; scheuen (***at*** bei, vor. *dat.*) (*Pferd*); *Reitsport*: verweigern (*acc.*); **10.** ~ ***at*** *fig.* a) sich sträuben gegen, b) zu'rückschrecken vor (*dat.*); **III** *v/t.* **11.** (ver)hindern, vereiteln: ~ ***s.o. of s.th.*** j-n um et. bringen; **12.** ausweichen (*dat.*), um'gehen; **13.** sich entgehen lassen.
Bal·kan ['bɔːlkən] **I** *adj.* Balkan…; **II** *s.*: ***the*** ~***s*** *pl.* die 'Balkanstaaten, der 'Balkan; '**Bal·kan·ize** [-naɪz] *v/t. Gebiet* balkanisieren.
ball¹ [bɔːl] **I** *s.* **1.** Ball *m*, Kugel *f*; Knäuel *m, n*, Klumpen *m*, Kloß *m*, Ballen *m*: ***three*** ~***s*** drei Kugeln (*Zeichen des Pfandleihers*); **2.** Kugel *f* (*zum Spiel*); **3.** *sport* a) Ball *m*, b) *Am.* Ballspiel *n*, *bsd.* Baseball(spiel *n*) *m*, c) *Tennis*: Ball *m*, Schlag *m*, d) *Fußball*: Ball *m*, Schuß *m*, e) Wurf *m*: ***be on the*** ~ F ‚auf Draht' sein; ***have a lot on the*** ~ *Am.* F ‚schwer was los' haben; ***have the*** ~ ***at one's feet*** s-e große Chance haben; ***keep the*** ~ ***rolling*** das Gespräch *od.* die Sache in Gang halten; ***the*** ~ ***is with you*** *od.* ***in your court!*** jetzt bist 'du dran!; ***play*** ~ F mitmachen, ‚spuren'; **4.** ⚔ *etc.* Kugel *f*; **5.** (Abstimmungs)Kugel *f*; → ***black ball***; **6.** *ast.* Himmelskörper *m*, Erdkugel *f*; **7.** ~ ***of the eye*** Augapfel *m*; ~ ***of the foot*** Fußballen *m*; ~ ***of the thumb*** Handballen; **8.** *pl.* V → ***balls***; **II** *v/t.* **9.** (*v/i.* sich) zs.-ballen; **10.** ~ ***up*** *Am. sl.* a) (völlig) durchein'anderbringen, b) ‚vermasseln': **11.** (*a. v/i.*) V ‚bumsen'.
ball² [bɔːl] *s.* (Tanz- *etc.*)Ball *m*: ***open the*** ~ a) den Ball (*mst fig.* den Reigen) eröffnen, b) *fig.* die Sache in Gang bringen; ***have a*** ~ *Am.* F sich (prima) amüsieren; ***get a*** ~ ***out of s.th.*** *Am.* F an et. Spaß haben.
ball³ [bɔːl] *s.* große Arz'neipille (*für Pferde etc.*).
bal·lad ['bæləd] *s.* Bal'lade *f*; '**bal·lad·,mon·ger** *s.* Bänkelsänger *m*; Dichterling *m*; '**bal·lad·ry** [-drɪ] *s.* Bal'ladendichtung *f*.
,ball-and-'sock·et joint *s.* ⚙, *anat.* Kugel-, Drehgelenk *n*.
bal·last ['bæləst] **I** *s.* **1.** ⚓, ✈ Ballast *m*, Beschwerung *f*: ***in*** ~ in Ballast; **2.** *fig.* (sittlicher) Halt; **3.** ⚙ Schotter *m*, 'Bettungsmateri,al *n*; **II** *v/t.* **4.** ⚓, ✈ mit Ballast beladen; **5.** *fig. j-m* Halt geben; **6.** ⚙ beschottern.
ball| bear·ing(s *pl.*) *s.* ⚙ Kugellager *n*; '~**-boy** *s. Tennis*: Balljunge *m*.
bal·le·ri·na [,bælə'riːnə] *s.* **1.** (Prima-) Balle'rina *f*; **2.** Bal'lettänzerin *f*.
bal·let ['bæleɪ] *s.* **1.** *allg.* Bal'lett *n*; **2.** Bal'lettkorps *n*; ~ **danc·er** ['bælɪ] *s.* Bal'lettänzer(in); ~ **danc·ing** ['bælɪ] *s.* Bal'lettanzen *n*; Tanzen *n*.
bal·let·o·mane ['bælɪtəʊmeɪn] *s.* Bal'lettfa,natiker(in).
'**ball|-,flow·er** *s.* ⚠ Ballenblume *f* (*gotische Verzierung*); ~ **game** *s.* **1.** *sport* (*Am.* Base)Ballspiel *n*; **2.** *Am.* F a) Situati'on *f*, b) Sache *f*.
bal·lis·tic [bə'lɪstɪk] *adj.* (□ ~***ally***) *phys.*, ⚔ bal'listisch; → ***missile*** 2; **bal·'lis·tics** [-ks] *s. pl. mst sg. konstr. phys.*, ⚔ Bal'listik *f*.
ball joint *s. anat.*, ⚙ Kugelgelenk *n*.
bal·lon d'es·sai [balɔ̃ desɛ] (*Fr.*) *s. bsd. fig.* Ver'suchsbal,lon *m*.
bal·loon [bə'luːn] **I** *s.* **1.** ✈ Bal'lon *m*: ~ ***barrage*** ⚔ Ballonsperre *f*; ***when the*** ~ ***goes up*** F wenn es losgeht; **2.** Luftballon *m* (*Spielzeug*); **3.** ⚠ (Pfeiler)Kugel *f*; **4.** ⚗ Bal'lon *m*, Rezipi'ent *m*; **5.** *in Comics etc.*: (Sprech-, Denk)Blase *f*; **6.** ~ (***glass***) 'Kognakschwenker *m*; **7.** *sl. sport* ‚Kerze' *f* (*Hochschuß*); **II** *v/i.* **8.** im Ballon aufsteigen; **9.** sich blähen; **III** *v/t.* **10.** *sl. sport den Ball* ‚in die Wolken jagen'; **11.** aufblasen; *fig.* aufblähen, über'treiben, steigern; **12.** ✝ *Am. Preise* in die Höhe treiben; **IV** *adj.* **13.** aufgebläht: ~ ***sleeve*** Puffärmel *m*; **bal·loon·ist** [bə'luːnɪst] *s.* Bal'lonfahrer *m*; **bal·loon tire** (*Brit.* **tyre**) *s.* ⚙ Bal'lonreifen *m*.
bal·lot ['bælət] **I** *s.* **1.** *hist.* Wahlkugel *f*; *weitS.* Stimmzettel *m*; **2.** (geheime) Wahl: ***voting is by*** ~ die Wahl ist geheim; ***at the first*** ~ im ersten Wahlgang; **3.** Zahl *f* der abgegebenen Stimmen, *weitS.* Wahlbeteiligung *f*; **II** *v/i.* **4.** (geheim) abstimmen; **5.** losen (***for*** um); ~ **box** *s.* Wahlurne *f*; ~ **pa·per** *s.* Stimmzettel *m*; ~ **vote** *s.* Urabstimmung *f* (*bei Lohnkämpfen*).
'**ball|(-point) pen** *s.* Kugelschreiber *m*; ~ **race** *s.* ⚙ Kugellager-, Laufring *m*; ~ **re·cep·tion** *s. TV* Ball-, Re'laisempfang *m*; '~**-room** *s.* Ball-, Tanzsaal *m*: ~ ***dancing*** Gesellschaftstanz *m*, -tänze *pl.*
balls [bɔːlz] **I** *s. pl.* V **1.** ‚Eier' *pl.* (*Hoden*); **II** *int.* ‚Quatsch'!, Blödsinn!
'**ball·up** *s. Am. sl.* Durchein'ander *n*.
bal·ly·hoo [,bælɪ'huː] F **I** *s.* (Re'klame)Rummel *m*, Ballyhoo *n*, *a. weitS.* ‚Tam'tam' *n*, ‚Wirbel' *m*; **II** *v/i. u. v/t.* e-n Rummel machen (um), marktschreierisch anpreisen.
bal·ly·rag ['bælɪræg] *v/t.* mit *j-m* Possen *od.* Schindluder treiben.
balm [bɑːm] *s.* **1.** 'Balsam *m*: a) aro'matisches Harz, b) wohlriechende Salbe, c) *fig.* Trost *m*, *a.* Wohltat *f*; **2.** *fig.* bal'samischer Duft; **3.** ⚘ ♎ ***of Gilead*** 'Balsamstrauch *m od.* -harz *n*.
bal·mor·al [bæl'mɒrəl] *s.* Schottenmütze *f*.
balm·y ['bɑːmɪ] *adj.* □ **1.** bal'samisch; **2.** *fig.* mild; heilend; **3.** *Brit. sl.* ‚bekloppt'.
bal·ne·ol·o·gy [,bælnɪ'ɒlədʒɪ] *s.* ⚕ Balneolo'gie *f*, Bäderkunde *f*.
ba·lo·ney [bə'ləʊnɪ] → ***boloney***.
bal·sam ['bɔːlsəm] *s.* **1.** → ***balm*** 1; **2.** ⚘ a) Springkraut *n*, b) Balsa'mine *f*; **bal·sam·ic** [bɔːl'sæmɪk] *adj.* (□ ~***ally***) **1.** 'balsamartig, Balsam…; **2.** bal'samisch (duftend); **3.** *fig.* mild, sanft; lindernd, heilend.
Balt [bɔːlt] *s.* Balte *m*, Baltin *f*; '**Bal·tic** [-tɪk] **I** *adj.* **1.** baltisch; **2.** Ostsee…; **II** *s.* **3.** *a.* ~ ***Sea*** Ostsee *f*.
bal·us·ter ['bæləstə] → ***banister***; **bal·us·trade** [,bælə'streɪd] *s.* Balu'strade *f*, Brüstung *f*; Geländer *n*.
bam·boo [bæm'buː] *s.* **1.** ⚘ 'Bambus *m*: ~ ***curtain*** *pol.* Bambusvorhang *m* (*von Rotchina*); ~ ***shoot*** Bambussprosse *f*; **2.** 'Bambusrohr *n*, -stock *m*.
bam·boo·zle [bæm'buːzl] *v/t. sl.* **1.** beschwindeln (***out of*** um), übers Ohr hauen; **2.** foppen, verwirren.
ban [bæn] **I** *v/t.* **1.** verbieten: ~ ***a play***; ~ ***s.o. from speaking*** j-m verbieten zu sprechen; **2.** *sport j-n* sperren; **II** *s.* **3.** (amtliches) Verbot, Sperre *f* (*a. sport*): ***travel*** ~ Reiseverbot; ***lift a*** ~ ein Verbot aufheben; **4.** Ablehnung *f* durch die öffentliche Meinung: ***under a*** ~ allgemein mißbilligt, geächtet; **5.** ⚖, *eccl.* Bann *m*, Acht *f*: ***under the*** ~ in die Acht erklärt, exkommuniziert.
ba·nal [bə'nɑːl] *adj.* ba'nal, abgedroschen, seicht; **ba·nal·i·ty** [bə'nælətɪ] *s.* Banali'tät *f*; **ba·na·lize** [bə'nɑːlaɪz] *v/t.* banalisieren.
ba·nan·a [bə'nɑːnə] *s.* ⚘ Ba'nane *f*: ***go*** ~***s*** *sl.* ‚überschnappen'; ~ **plug** *s.* ⚡ Ba'nanenstecker *m*; ~ **re·pub·lic** *s. iro.* Ba'nanenrepu,blik *f*.
band¹ [bænd] **I** *s.* **1.** Schar, *f*, Gruppe *f*; Bande *f*: ~ ***of robbers*** Räuberbande; **2.** Band *f*, (Mu'sik)Ka,pelle *f*, ('Tanz-) Or,chester *n*: ***big*** ~ Big Band; → ***beat*** 12; **II** *v/t.* **3.** ~ ***together*** (zu e-r Gruppe *etc.*) vereinigen; **III** *v/i.* **4.** ~ ***together*** sich zs.-tun, *b.s.* sich zs.-rotten.
band² [bænd] **I** *s.* **1.** (flaches) Band; (Heft)Schnur *f*: ***rubber*** ~ Gummiband; **2.** Band *n* (*an Kleidern*), Gurt *m*, Binde *f*, (Hosen- *etc.*)Bund *m*, Einfassung *f*; **3.** Band *n*, Ring *m* (*als Verbindung od. Befestigung*); Bauchbinde *f* (*Zigarre*); **4.** ⚕ (Gelenk)Band *n*; Verband *m*; **5.** (Me'tall)Reifen *m*; Ring *m*; Streifen *m*; **6.** ⚙ Treibriemen *m*; **7.** *pl.* Beffchen *n der Geistlichen u. Richter*; **8.** *andersfarbiger od. andersartiger* Streifen, Querstreifen *m*; Schicht *f*; **9.** *Radio*: (Fre'quenz)Band *n*; **II** *v/t.* **10.** mit e-m Band *od.* e-r Binde versehen, zs.-binden; *Am. Vogel* beringen; **11.** mit (e-m) Streifen versehen; **band·age** ['bændɪdʒ] **I** *s.* **1.** ⚕ Verband *m*, Binde *f*, Ban'dage *f*: ~ ***case*** Verbandskasten *m*; **2.** Binde *f*, Band *n*; **II** *v/t.* **3.** *Wunde etc.* verbinden, *Bein etc.* bandagieren.
'**band-aid** *Am.* **I** *s.* Heftpflaster *n*; **II** *adj.* F Behelfs…
ban·dan·(n)a [bæn'dænə] *s.* buntes Taschen- *od.* Halstuch.
band|·box ['bændbɒks] *s.* Hutschachtel *f*: ***as if he*** (***she***) ***came out of a*** ~ wie aus dem Ei gepellt; '~**-brake** *s.* ⚙ Band-, Riemenbremse *f*.
ban·deau ['bændəʊ] *pl.* **-deaux** [-dəʊz] (*Fr.*) *s.* Haar- *od.* Stirnband *n*.
ban·de·rol(e) ['bændərəʊl] *s.* **1.** langer Wimpel, Fähnlein *n*; **2.** Inschriftenband *n*.
ban·dit ['bændɪt] *pl. a.* **-ti** [bæn'dɪtɪ] *s.* Ban'dit *m*, (Straßen)Räuber *m*, *weitS.* Gangster *m*: ***a banditti*** *coll.* e-e Räuberbande; → ***one-armed***; '**ban·dit·ry** [-trɪ] *s.* Ban'ditentum *n*.

band·mas·ter ['bænd,mɑːstə] *s.* ♪ Ka'pellmeister *m.*
'**ban·dog** *s. Brit.* Kettenhund *m.*
ban·do·leer, **ban·do·lier** [,bændəʊ'lɪə] *s.* ⚔ (*um die Brust geschlungener*) Pa'tronengurt.
'**band|-pass fil·ter** *s. Radio*: Bandfilter *n, m*; **~ pul·ley** *s.* ⚙ Riemenscheibe *f*, Schnurrad *n*; **~ saw** *s.* ⚙ Bandsäge *f*; **~ shell** *s.* (muschelförmiger) Or'chester-,pavillon.
bands·man ['bændzmən] *s.* [*irr.*] ♪ 'Musiker *m*, Mitglied *n* e-r (Mu'sik)Ka,pelle.
'**band|·stand** *s.* Mu'sik,pavillon *m*; Podium *n*; **~ switch** *s. Radio*: Fre'quenz(band),umschalter *m*; '**~,wag·on** *s.* **1.** Wagen *m* mit e-r Mu'sikka,pelle; **2.** F *pol.* erfolgreiche Seite *od.* Par'tei: ***climb on the ~*** mit ‚einsteigen', sich der erfolgversprechenden Sache anschließen; '**~·width** *s. Radio*: Bandbreite *f.*
ban·dy ['bændɪ] **I** *v/t.* **1.** sich *et.* zuwerfen; **2.** sich *et.* erzählen; **3.** sich (gegenseitig) *Vorwürfe, Komplimente etc.* machen, *Blicke, böse Worte, Schläge etc.* tauschen: ***~ words*** sich streiten; **4.** *a.* ***~ about*** *Gerüchte* in 'Umlauf setzen *od.* weitertragen; **5.** *a.* ***~ about*** *j-s Namen* immer wieder erwähnen: ***his name was bandied about*** *a.* er war ins Gerede gekommen; **II** *s.* **6.** *sport* Bandy *n* (*Abart des Eishockey*).
'**bandy-legged** [-legd] *adj.* O- *od.* säbelbeinig.
bane [beɪn] *s.* Verderben *n*, Ru'in *m*: ***the ~ of his life*** der Fluch s-s Lebens; '**bane·ful** [-fʊl] *adj.* □ verderblich, tödlich, schädlich.
bang¹ [bæŋ] **I** *s.* **1.** Bums *m*, Schlag *m*, Krach *m*, Knall *m*: ***go over with a ~*** *Am.* F ein Bombenerfolg sein; **2.** V ‚Nummer' *f* (*Koitus*); **3.** *sl.* ‚Schuß' *m* (*Rauschgift*); **II** *v/t.* **4.** dröhnend schlagen, knallen mit, *Tür etc.* zuknallen: ***~ one's head against*** sich den Kopf anschlagen an (*dat.*); ***~ one's fist on the table*** mit der Faust auf den Tisch schlagen; ***~ sense into s.o.*** j-m Vernunft einbleuen; ***~ up*** kaputtmachen, -schlagen, *Auto* zu Schrott fahren; ***~ed(-)up*** zerbeult, (arg) mitgenommen, demoliert; **5.** ***~ about*** *fig. j-n* he'rumstoßen; **6.** V ‚bumsen', ‚vögeln'; **III** *v/i.* **7.** knallen: a) krachen, b) zuschlagen (*Tür etc.*), c) ballern, schießen: ***~ at*** an *die Tür etc.* schlagen; ***~ away*** drauflosballern; ***~ into*** bumsen *od.* knallen gegen; **8.** V ‚bumsen', ‚vögeln'; **IV** *adv.* **9.** bums: a) mit e-m Knall *od.* Krach, b) F *fig.* ‚zack', genau: ***~ in the eye***, c) F *fig.* plötzlich: ***~ off*** *sl.* sofort, ‚zack'; ***~ on*** *sl.* (haar)genau; **V** *int.* **10.** bums!, peng!
bang² [bæŋ] *s. mst pl.* Pony *m*; 'Ponyfri,sur *f.*
bang·er ['bæŋə] *s.* **1.** et., das knallt, *z.B.* Knallkörper *m*; ‚Klapperkiste' *f* (*Auto*); **2.** (Brat)Würstchen *n*: ***~s pl. and mash*** Würstchen *pl.* mit Kartoffelbrei.
ban·gle ['bæŋgl] *s.* Armring *m*, -reif *m*; Fußring *m*, -spange *f.*
'**bang|-on** *adv.* F haargenau; genau (richtig); '**~-up** *adv. u. adj. Am. sl.* ‚prima'.
ban·ish ['bænɪʃ] *v/t.* **1.** verbannen, ausweisen (***from*** aus); **2.** *fig.* (ver)bannen, verscheuchen, vertreiben: ***~ care***; '**banish·ment** [-mənt] *s.* **1.** Verbannung *f*, Ausweisung *f*; **2.** *fig.* Vertreiben *n*, Bannen *n.*
ban·is·ter ['bænɪstə] *s.* Geländersäule *f*; *pl.* Treppengeländer *n.*
ban·jo ['bændʒəʊ] *pl.* **-jos, -joes** *s.* ♪ Banjo *n*; '**ban·jo·ist** [-əʊɪst] *s.* Banjospieler *m.*
bank¹ [bæŋk] **I** *s.* **1.** ☤ Bank *f*, Bankhaus *n*: ***the*** ♀ *Brit.* die Bank von England; ***~ of deposit*** Depositenbank; ***~ of issue*** (*od.* ***circulation***) Noten-, Emissionsbank; **2.** (Spiel)Bank *f*: ***break*** (***keep***) ***the ~*** die Bank sprengen (halten); ***go*** (***the***) ***~*** Bank setzen; **3.** Vorrat *m*, Re'serve *f*, Bank *f*: → ***blood bank*** *etc.*; **II** *v/i.* **4.** ☤ Geld auf e-r Bank haben: ***I ~ with ...*** ich habe mein Bankkonto bei ...; **5.** *Glücksspiel*: die Bank halten; **6.** ***~ on*** *fig.* bauen *od.* s-e Hoffnung setzen auf (*acc.*); **III** *v/t.* **7.** *Geld* bei e-r Bank einzahlen *od.* hinter'legen.
bank² [bæŋk] **I** *s.* **1.** (Erd)Wall *m*, Damm *m*, (Straßen- *etc.*)Böschung *f*; Über'höhung *f e-r Straße*; **2.** Ufer *n*; **3.** (Sand)Bank *f*, Untiefe *f*: ***Dogger*** ♀ Doggerbank; **4.** Bank *f*, Wand *f*, Wall *m*; Zs.-ballung *f*: ***~ of clouds*** Wolkenbank; ***snow ~*** Schneewall; **5.** ✈ Querneigung *f in der Kurve*; **II** *v/t.* **6.** eindämmen, mit e-m Wall um'geben; *fig.* dämpfen; **7.** *e-e Straße in der Kurve* über'höhen; **8.** *a.* ***~ up*** aufhäufen, zs.-ballen; **9.** ✈ in die Kurve legen, in Schräglage bringen; **10.** *a.* ***~ up*** *ein Feuer* mit Asche belegen; **III** *v/i.* **11.** *a.* ***~ up*** sich aufhäufen, sich zs.-ballen; **12.** ✈ in die Kurve gehen; **13.** e-e Über'höhung haben (*Straße in der Kurve*).
bank³ [bæŋk] *s.* **1.** Ruderbank *f od.* (Reihe *f* der) Ruderer *pl. in e-r Galeere*; **2.** ⚙ Reihe *f*, Gruppe *f*, Reihenanordnung *f.*
bank·a·ble ['bæŋkəbl] *adj.* ☤ bankfähig, diskontierbar; *fig.* verläßlich, zuverlässig.
bank| ac·count *s.* ☤ 'Bank,konto *n*; **~ bill** → ***bank draft***; **~ book** *s.* Sparbuch *n*; **~ clerk** *s.* Bankangestellte(r *m*) *f*, -beamte(r) *m*, -beamtin *f*; **~ code num·ber** *s.* Bankleitzahl *f*; **~ dis·count** *s.* 'Bankdis,kont *m*; **~ draft** *s.* Bankwechsel *m* (*von e-r Bank auf e-e andere gezogen*).
bank·er ['bæŋkə] *s.* **1.** ☤ Banki'er *m*: ***~'s discretion*** Bankgeheimnis *n*; ***~'s order*** Dauerauftrag *m*; **2.** *Kartenspiel etc.*: Bankhalter *m.*
bank hol·i·day *s.* Bankfeiertag *m.*
bank·ing¹ ['bæŋkɪŋ] ☤ **I** *s.* Bankwesen *n*; **II** *adj.* Bank...
bank·ing² ['bæŋkɪŋ] *s.* ✈ Schräglage *f.*
bank·ing| ac·count *s.* ☤ 'Bank,konto *n*; **~ charg·es** *s. pl.* Bankgebühren *pl.*; **~ house** *s.* Bankhaus *n*; **~ hours** *s.* Banköffnungszeiten *pl.*
bank| ~ lend·ing rate *s.* Kreditzinssatz *m*; **~ man·ag·er** *s.* 'Bankdi,rektor *m*; **~ note** *s.* ☤ Banknote *f*; **~ rate** *s.* ☤ Dis'kontsatz *m*; **~ re·turn** *s.* Bankausweis *m*; '**~-,rob·ber·y** *s.* Bankraub *m*; '**~·roll** *s. Am.* **1.** Bündel *n* Banknoten; **2.** Geld(mittel *pl.*) *n.*
bank·rupt ['bæŋkrʌpt] **I** *s.* **1.** ⚖ Kon'kurs-, Gemeinschuldner *m*, Bankrot'teur *m*: ***~'s certificate*** Dokument *n* über Einstellung des Konkursverfahrens; ***~'s creditor*** Konkursgläubiger *m*; ***~'s estate*** Konkursmasse *f*; ***declare o.s. a ~*** (s-n) Konkurs anmelden; **2.** *fig.* bank'rotter *od.* her'untergekommener Mensch; **II** *adj.* **3.** ⚖ bank'rott: ***go ~*** in Konkurs geraten, Bankrott machen; **4.** *fig.* bank'rott (*a. Politik, Politiker etc.*), ruiniert: ***morally ~*** moralisch bankrott, sittlich verkommen; ***~ in intelligence*** bar aller Vernunft; **III** *v/t.* **5.** ⚖ bank'rott machen; **6.** *fig.* zu'grunde richten; '**bank·rupt·cy** [-rəptsɪ] *s.* **1.** ⚖ Bank'rott *m*, Kon'kurs *m*: ***act of ~*** Konkurshandlung *f*; ♀ ***Act*** Konkursordnung *f*; ***declaration of ~*** Konkursanmeldung *f*; ***petition in ~*** Konkursantrag *m*; ***referee in ~*** Konkursrichter *m*; **2.** *fig.* Ru'in *m*, Bank'rott *m.*
bank state·ment *s.* ☤ **1.** Bankausweis *m*; **2.** *Brit.* Kontoauszug *m.*
ban·ner ['bænə] **I** *s.* **1.** Banner *n*, Fahne *f*, Heeres-, Kirchen-, Reichsfahne *f*; **2.** *fig.* Banner *n*, Fahne *f*: ***the ~ of freedom***; **3.** Spruchband *n*, Transpa'rent *n bei politischen Umzügen*; **4.** *a.* ***~ headline*** 'Balken,überschrift *f*, Schlagzeile *f*; **II** *adj. Am.* **5.** führend, 'prima: ***~ class*** beste Sorte; '**~,bear·er** *s.* **1.** Fahnenträger *m*; **2.** Vorkämpfer *m.*
banns [bænz] *s. pl. eccl.* Aufgebot *n des Brautpaares vor der Ehe*: ***ask the ~*** das Aufgebot bestellen; ***publish*** (*od.* ***put up***) ***the ~*** (***of***) (*das Brautpaar*) kirchlich aufbieten.
ban·quet ['bæŋkwɪt] **I** *s.* Ban'kett *n*, Festessen *n*; **II** *v/t.* festlich bewirten; **III** *v/i.* tafeln; '**ban·quet·er** [-tə] *s.* Ban'ketteilnehmer(in).
ban·shee [bæn'ʃiː] *s. Ir., Scot.* Todesfee *f.*
ban·tam ['bæntəm] **I** *s.* **1.** *zo.* 'Bantam-, Zwerghuhn *n*, -hahn *m*; **2.** *fig.* Zwerg *m*, Knirps *m*; **II** *adj.* **3.** klein, ⚙ Klein..., *a.* handlich; '**~·weight** *s. sport* 'Bantamgewicht(ler *m*) *n.*
ban·ter ['bæntə] **I** *v/t.* necken, hänseln; **II** *v/i.* necken, scherzen; **III** *s.* Necke'rei *f*, Scherz(e *pl.*) *m*; '**ban·ter·er** [-ərə] *s.* Spaßvogel *m.*
Ban·tu [,bæn'tuː] **I** *pl.* **-tu, -tus** *s.* **1.** 'Bantu(neger) *m*; **2.** 'Bantusprache *f*; **II** *adj.* **3.** Bantu...
ban·zai [,bɑːn'zaɪ] *int.* Banzai! (*japanischer Hoch- od. Hurraruf*).
ba·o·bab ['beɪəʊbæb] *s.* ♀ 'Baobab *m*, Affenbrotbaum *m.*
bap·tism ['bæptɪzəm] *s.* **1.** *eccl.* Taufe *f*: ***~ of blood*** Märtyrertod *m*; **2.** *fig.* Taufe *f*, Einweihung *f*, Namensgebung *f*: ***~ of fire*** ⚔ Feuertaufe; **bap·tis·mal** [bæp'tɪzml] *adj. eccl.* Tauf...; '**bap·tist** [-ɪst] *s. eccl.* **1.** Bap'tist(in); **2.** Täufer *m*: ***John the*** ♀; '**bap·tis·ter·y** [-ɪstərɪ], '**bap·tist·ry** [-ɪstrɪ] *s.* **1.** 'Taufka,pelle *f*; **2.** Taufbecken *n*; **bap·tize** [bæp'taɪz] *v/t. u. v/i. eccl. u. fig.* taufen.
bar [bɑː] **I** *s.* **1.** Stange *f*, Stab *m*: ***~s*** Gitter *n*; ***prison ~s*** Gefängnis *n*; ***behind ~s*** *fig.* hinter Schloß u. Riegel; **2.** Riegel *m*, Querbalken *m*, -holz *n*, -stange *f*; Schranke *f*, Sperre *f*; **3.** *fig.* (***to***) Hindernis *n* (für) (*a.* ⚖), Verhinderung *f* (*gen.*), Schranke *f* (gegen); ⚖

Ausschließungsgrund *m*: **~ to progress** Hemmnis *n* für den Fortschritt; **~ to marriage** Ehehindernis *n*; **as a ~ to, in ~ of** ⚖ zwecks Ausschlusses (*gen.*); **4.** Riegel *m*, Stange *f*: **a ~ of soap** ein Riegel Seife; **~ soap** Stangenseife *f*; **a chocolate ~** ein Riegel (*a.* e-e Tafel) Schokolade; **gold ~** Goldbarren *m*; **5.** Barre *f*, Sandbank *f* (*am Hafeneingang*); **6.** Strich *m*, Streifen *m*, Band *n*, Strahl *m* (*Farbe, Licht*): **~ chart** Säulendiagramm *n*; **~ code** Strichcode *m*; **7.** ♮ La'melle *f*; **8.** ♪ a) Taktstrich *m*, b) *ein* Takt; **9.** Streifen *m*, Band *n an e-r Medaille*; Spange *f am Orden*; **10.** ⚖ a) Schranke *f vor der Richterbank*: **prisoner at the ~** Angeklagte(r *m*) *f*; **trial at ~** *Brit.* Verhandlung *f* vor dem vollen Strafsenat des **High Court of Justice** (*z.B. bei Landesverrat*), b) Schranke *f* in den **Inns of Court**: **be called** (*Am.* **admitted**) **to the ~** als Anwalt *od. Brit.* als Barrister (*plädierender Anwalt*) zugelassen werden; **be at the ~** Barrister sein; **read for the ~** Jura studieren, c) **the ~** die (gesamte) Anwaltschaft, *Brit.* die Barristers *pl.*: **♀ Association** *Am.* (halbamtliche) Anwaltsvereinigung, -kammer; **11.** *parl.*: **the ~ of the House** Schranke im brit. Unterhaus (*bis zu der geladene Zeugen vortreten dürfen*); **12.** *fig.* Gericht *n*, Tribu'nal *n*: **the ~ of public opinion** das Urteil der Öffentlichkeit; **13.** Bar *f*: a) Bü'fett *n*, Theke *f*, b) Schankraum *m*, Imbißstube *f*; → **ice-cream bar**; **II** *v/t.* **14.** verriegeln: **~ in** (**out**) ein- (aus-) sperren; **15.** *a.* **~ up** vergittern, mit Schranken um'geben: **~red window** Gitterfenster *n*; **16.** versperren: **~ the way** (*a. fig.*); **17.** hindern (**from** an *dat.*); hemmen, auf-, abhalten; **18.** ausschließen (**from** von; *a.* ⚖), verbieten; → **barred** 4; **19.** absehen von; **20.** *Brit. sl.* nicht leiden können; **21.** mit Streifen versehen; **III** *prp.* **22.** außer, abgesehen von: **~ one** außer einem; **~ none** (alle) ohne Ausnahme.

barb[1] [bɑːb] *s.* **1.** 'Widerhaken *m*; **2.** *fig.* a) Stachel *m*, b) Spitze *f*, spitze Bemerkung, Pfeil *m* des Spottes; **3.** *zo.* Bart (-faden) *m*; Fahne *f e-r Feder.*

barb[2] [bɑːb] *s.* Berberpferd *n*.

bar·bar·i·an [bɑː'beərɪən] **I** *s.* **1.** Bar'bar *m*; **2.** *fig.* Bar'bar *m*, roher u. ungesitteter Mensch; Unmensch *m*; **II** *adj.* **3.** bar'barisch, unzivilisiert; **4.** *fig.* roh, ungesittet, grausam; **bar·bar·ic** [bɑː'bærɪk] *adj.* (☐ **~ally**) bar'barisch, wild, roh, ungesittet; **bar·ba·rism** ['bɑːbərɪzəm] *s.* **1.** Barba'rismus *m*, Sprachwidrigkeit *f*; **2.** Barba'rei *f*, 'Unkulˌtur *f*; **bar·bar·i·ty** [bɑː'bærətɪ] *s.* Barba'rei *f*, Roheit *f*, Grausamkeit *f*, Unmenschlichkeit *f*; **bar·ba·rize** ['bɑːbəraɪz] **I** *v/t.* **1.** verrohen *od.* verwildern lassen; **2.** *Sprache, Kunst etc.* barbarisieren, verderben; **II** *v/i.* **3.** verrohen; **bar·ba·rous** ['bɑːbərəs] *adj.* ☐ bar'barisch, roh, ungesittet, grausam.

bar·be·cue ['bɑːbɪkjuː] **I** *s.* **1.** Barbecue *n*: a) Grillfest *n* (*bei dem ganze Tiere gebraten werden*), b) Bratrost *m*, Grill *m*, c) gegrilltes *od.* gebratenes Fleisch; **2.** *Am.* in Essigsoße zubereitete Fleisch- *od.* Fischstückchen; **II** *v/t.* **3.** (auf dem Rost *od.* am Spieß) im ganzen *od.* in großen Stücken) braten; **2.** braten, grillen; **3.** *Am.* in stark gewürzter (Essig)Soße zubereiten; **4.** *Am.* a) dörren, b) räuchern.

barbed [bɑːbd] *adj.* **1.** mit 'Widerhaken *od.* Stacheln (versehen), Stachel...; **2.** *fig.* bissig, spitz: **~ remarks**; **~ wire** *s.* Stacheldraht *m*.

bar·bel ['bɑːbəl] *s. ichth.* Barbe *f*.

'bar·bell *s. sport* Hantel *f mit langer Stange*, Kugelstange *f*.

bar·ber ['bɑːbə] **I** *s.* Bar'bier *m*, ('Herren)Friˌseur *m*; **II** *v/t. Am.* rasieren; frisieren.

bar·ber·ry ['bɑːbərɪ] *s.* ⚘ Berbe'ritze *f*.

'bar·ber·shop *s.* **1.** *bsd. Am.* Fri'seurgeschäft *n*; **2.** *a.* **~ singing** *Am.* F (zwangloses) Singen im Chor.

bar·ber's| itch ['bɑːbəz] *s.* ⚕ Bartflechte *f*; **~ pole** *s. spiralig bemalte Stange als Geschäftszeichen der Friseure.*

bar·bi·tal ['bɑːbɪtæl] *s. pharm. Am.* Barbi'tal *n*; **~ so·di·um** *s. pharm.* 'Natriumsalz *n* von Barbi'tal.

bar·bi·tone ['bɑːbɪtəʊn] *s. Brit.* → **barbital**; **bar·bi·tu·rate** [bɑː'bɪtjʊrət] *s. pharm.* ☐ Barbitu'rat *n*; **bar·bi·tu·ric** [ˌbɑːbɪ'tjʊərɪk] *adj. pharm.*: **~ acid** Barbitursäure *f*.

bar·ca·rol(l)e ['bɑːkərəʊl] *s.* ♪ Barka'role *f* (*Gondellied*).

bar cop·per *s.* ⚙ Stangenkupfer *n*.

bard [bɑːd] *s.* **1.** Barde *m* (*keltischer Sänger*); **2.** *fig.* Barde *m*, Sänger *m* (*Dichter*): **♀ of Avon** Shakespeare; **'bard·ic** [-dɪk] *adj.* Barden...; **bard·ol·a·try** [bɑː'dɒlətrɪ] *s.* Shakespeareverötterung *f*.

bare [beə] **I** *adj.* ☐ → **barely**; **1.** nackt, unbekleidet, bloß: **in one's ~ skin** splitternackt; **2.** kahl, leer, nackt, unbedeckt: **~ walls** kahle Wände; **the ~ boards** der nackte Fußboden; **the larder was ~** *fig.* es war nichts zu essen im Hause; **~ sword** bloßes *od.* blankes Schwert; **3.** ⚘, *zo.* kahl; **4.** unverhüllt, klar: **lay ~** zeigen, enthüllen (*a. fig.*); **the ~ facts** die nackten Tatsachen; **~ nonsense** barer *od.* reiner Unsinn; **5.** (**of**) entblößt (von), arm (an *dat.*), ohne; **6.** knapp, kaum hinreichend: **~ majority** a) knappe Mehrheit, b) (**of votes**) einfache Stimmenmehrheit; **a ~ ten pounds** gerade noch 10 Pfund; **7.** bloß, al'lein, nur: **the ~ thought** der bloße (*od.* allein der) Gedanke; **II** *v/t.* **8.** entblößen, entkleiden; **9.** *fig.* bloßlegen, enthüllen: **~ one's heart** sein Herz öffnen (**to** *j-m*); **'~·back(ed)** [-bæk(t)] *adj. u. adv.* ungesattelt; **'~-faced** [-feɪst] *adj.* ☐ schamlos, frech; **'~·foot** *adj. u. adv.* barfuß; **ˌ~'foot·ed** [-'fʊtɪd] *adj.* barfuß, barfüßig; **ˌ~-'head·ed** [-'hedɪd] *adj. u. adv.* mit bloßem Kopf, barhäuptig; **ˌ~-'legged** [-'legd] *adj.* mit nackten Beinen.

bare·ly ['beəlɪ] *adv.* **1.** kaum, knapp, gerade (noch): **~ enough time**; **2.** ärmlich, spärlich; **bare·ness** ['beənɪs] *s.* **1.** Nacktheit *f*, Blöße *f*, Kahlheit *f*; **2.** Dürftigkeit *f*.

bare·sark ['beəsɑːk] **I** *s.* Ber'serker *m*; **II** *adv.* ohne Rüstung.

bar·gain ['bɑːgɪn] **I** *s.* **1.** (geschäftliches) Abkommen, Handel *m*, Geschäft *n*: **a good** (**bad**) **~**; **2.** *a.* **good ~** vorteilhaftes Geschäft, günstiger Kauf, Gelegenheitskauf *m* (*a. die gekaufte Sache*): **at £10 it is a** (**dead**) **~** für £10 ist es spottbillig; **it's a ~!** abgemacht!, topp!; **into the ~** obendrein, noch dazu; **strike** *od.* **make a ~** ein Abkommen treffen, e-n Handel abschließen; **make the best of a bad ~** sich so gut wie möglich aus der Affäre ziehen; **drive a hard ~** hart feilschen, ‚mächtig rangehen'; **3.** *Brit. Börse*: (*einzelner*) Abschluß: **~ for account** Termingeschäft *n*; **II** *v/i.* **4.** handeln, feilschen (**for, about** um); **5.** verhandeln, über'einkommen (**for** über *acc.*, **that** daß): **~ing point** Verhandlungspunkt *m*; **~ing position** Verhandlungsposition *f*; **6.** **~ for** rechnen mit, erwarten (*acc.*) (*mst neg.*): **I did not ~ for that** darauf war ich nicht gefaßt; **it** was more than we had **~ed** for damit hatten wir nicht gerechnet; **7.** **~ on** *fig.* zählen auf (*acc.*); **III** *v/t.* **8.** (ein)tauschen (**for** gegen); **9.** **~ away** verschachern, *fig. a.* verschenken; **~ base·ment** *s.* Niedrigpreisabteilung *f* im Tiefgeschoß *e-s Warenhauses*; **~ count·er** *s.* **1.** ✝ Wühltisch *m*; **2.** *fig. pol.* 'Tauschobˌjekt *n*.

bar·gain·er ['bɑːgɪnə] *s.* **1.** Feilscher (-in); **2.** Verhandler *m*; **'bar·gain·ing** [-nɪŋ] *s.* Handeln *n*, Feilschen *n*; Verhandeln *n*: → **collective bargaining**.

bar·gain| price *s.* Spott-, Schleuderpreis *m*; **~ sale** *s.* (Ramsch)Ausverkauf *m*.

barge [bɑːdʒ] **I** *s.* **1.** ⚓ a) flaches Flußod. Ka'nalboot, Lastkahn *m*, b) Bar'kasse *f*, c) Hausboot *n*; **II** *v/i.* **2.** F ungeschickt gehen *od.* fahren *od.* sich bewegen, torkeln, stürzen, prallen (**into** in *acc.*, **against** gegen); **3.** **~ in** F her'einplatzen, sich einmischen; **bar·gee** [bɑː'dʒiː] *s. Brit.* Kahnführer *m*: **swear like a ~** fluchen wie ein Landsknecht.

'barge|·man [-mən] *s.* [*irr.*] *Am.* Kahnführer *m*; **'~·pole** *s.* Bootsstange *f*: **I wouldn't touch him** (**it**) **with a ~** *Brit.* F a) den (das) würde ich nicht mal mit e-r Feuerzange anfassen, b) mit dem (damit) will ich nichts zu tun haben.

bar·ic ['beərɪk] *adj.* ⚗ Barium...

bar i·ron *s.* ⚙ Stabeisen *n*.

bar·i·tone ['bærɪtəʊn] *s.* ♪ 'Bariton *m* (*Stimme u. Sänger*).

bar·i·um ['beərɪəm] *s.* ⚗ 'Barium *n*; **~ meal** *s.* ⚕ Kon'trastmittel *n*, -brei *m*.

bark[1] [bɑːk] **I** *s.* **1.** ⚘ (Baum)Rinde *f*, Borke *f*; **2.** → **Peruvian** I; **3.** ⚙ (Gerber)Lohe *f*; **II** *v/t.* **4.** abrinden; **5.** abschürfen: **~ one's knees**.

bark[2] [bɑːk] **I** *v/i.* **1.** bellen, kläffen (*a. fig.*): **~ at s.o.** *fig.* j-n anschnauzen; **~ing dogs never bite** Hunde, die bellen, beißen nicht; **~ up the wrong tree** a) auf dem Holzweg sein, b) an der falschen Adresse sein; **2.** *fig.* ‚bellen' (*husten*); ‚bellen', krachen (*Schußwaffe*); **3.** F *Ware* marktschreierisch anpreisen; **II** *s.* **4.** Bellen *n*: **his ~ is worse than his bite** er kläfft nur (aber beißt nicht); **5.** *fig.* ‚Bellen' *n* (*Husten*); Krachen *n*.

bark[3] [bɑːk] *s.* **1.** ⚓ Bark *f*; **2.** *poet.* Schiff *n*.

'bar|·keep *Am.* F → **'~ˌkeep·er** *s.* **1.** Barkellner *m*, -mixer *m*; **2.** Barbesitzer *m*.

bark·er ['bɑːkə] *s.* **1.** Beller *m*, Kläffer *m*; **2.** F ‚Anreißer' *m* (*Kundenwerber*); Marktschreier *m*; *Am. a.* Fremdenführer *m*.
bark| pit *s. Gerberei*: Lohgrube *f*; **~ tree** *s.* ⚘ 'Chinarindenbaum *m*.
bar·ley ['bɑːlɪ] *s.* ⚘ Gerste *f*: ***French ~***, ***pearl ~*** Perlgraupen *pl.*; ***pot ~*** ungeschälte Graupen *pl.*; '**~·corn** *s.* Gerstenkorn *n*: ***John 2*** *scherzhafte Personifikation* (*der Gerste als Grundstoff*) *von Bier* (‚*Gerstensaft*') *od. Whisky*; **~ sugar** *s.* Gerstenzucker *m*; **~ wa·ter** *s. aromatisiertes Getränk aus Gerstenextrakt*; **~ wine** *s. ein Starkbier.*
bar line *s.* ♪ Taktstrich *m*.
barm [bɑːm] *s.* Bärme *f*, (Bier)Hefe *f*.
'**bar|·maid** *s. bsd. Brit.* Bardame *f*, -kellnerin *f*; '**~·man** [-mən] *s.* [*irr.*] → ***barkeeper*** 1.
barm·y ['bɑːmɪ] *adj.* **1.** heftig, gärend, schaumig; **2.** *Brit. sl.* ‚bekloppt': ***go ~*** überschnappen.
barn [bɑːn] *s.* **1.** Scheune *f*; **2.** *Am.* (Vieh)Stall *m*.
bar·na·cle¹ ['bɑːnəkl] *s.* **1.** *orn.* Ber'nikel-, Ringelgans *f*; **2.** *zo.* Entenmuschel *f*; **3.** *fig.* a) ‚Klette' *f* (*lästiger Mensch*), b) (lästige) Fessel.
bar·na·cle² ['bɑːnəkl] *s.* **1.** *mst pl.* Nasenknebel *m für unruhige Pferde*; **2.** *pl. Brit.* F Kneifer *m*, Zwicker *m*.
barn| dance *s. Am.* ländlicher Tanz; ˌ**~-'door** *s.*: ***as big as a ~*** F (so) groß wie ein Scheunentor, nicht zu verfehlen; ˌ**~-'door fowl** *s.* Haushuhn *n*; '**~-owl** *s.* Schleiereule *f*; '**~·storm** *v/i.* F ‚auf die Dörfer gehen': a) *thea. etc.* auf Tour'nee (durch die Pro'vinz) gehen, b) *pol.* überall Wahlreden halten; '**~ˌstorm·er** *s.* F **1.** Wander- *od.* Schmierenschauspieler *m*; **2.** her'umreisender Wahlredner; **~ swal·low** *s.* Rauchschwalbe *f*.
bar·o·graph ['bærəʊgrɑːf] *s. phys., meteor.* Baro'graph *m* (*selbstaufzeichnender Luftdruckmesser*).
ba·rom·e·ter [bə'rɒmɪtə] *s.* Baro'meter *n*: a) Wetterglas *n*, Luftdruckmesser *m*, b) *fig.* Grad-, Stimmungsmesser *m*; **bar·o·met·ric** [ˌbærəʊ'metrɪk] *adj.* (□ ***~ally***) *phys.* baro'metrisch, Barometer...: ***~ maximum*** Hoch(druckgebiet) *n*; ***~ pressure*** Luftdruck *m*; ˌ**bar·o·'met·ri·cal** [-'metrɪkl] *adj.* → ***barometric***.
bar·on ['bærən] *s.* **1.** *hist.* Pair *m*, Ba'ron *m*; *jetzt*: Ba'ron *m* (*brit. Adelstitel*); **2.** *nicht-Brit.* Ba'ron *m*, Freiherr *m*; **3.** *fig.* (Indu'strie- *etc.*)BaˌRon *m*, Ma'gnat *m*; **4.** ***~ (of beef)*** *Küche*: doppeltes Lendenstück.
bar·on·age ['bærənɪdʒ] *s.* **1.** *coll. die* Ba'rone *pl.*; **2.** Verzeichnis *n* der Ba'rone; **3.** Rang *m* e-s Ba'rons; '**bar·on·ess** [-nɪs] *s.* **1.** *Brit.* Ba'ronin *f*; **2.** *nicht-Brit.* Ba'ronin *f*, Freifrau *f*; '**bar·on·et** [-nɪt] **I** *s.* Baronet *m* (*brit. Adelstitel*; *abbr.* ***Bart.***); **II** *v/t.* zum Baronet ernennen; '**bar·on·et·age** [-nɪtɪdʒ] *s.* **1.** *coll.* die Baronets *pl.*; **2.** Verzeichnis *n* der Baronets; '**bar·on·et·cy** [-nɪtsɪ] *s.* Titel *m od.* Rang *m* e-s Baronet; **ba·ro·ni·al** [bə'rəʊnjəl] *adj.* **1.** Barons..., freiherrlich; **2.** prunkvoll, großartig; '**bar·o·ny** [-nɪ] *s.* Baro'nie *f* (*Gebiet od. Würde*).
ba·roque [bə'rɒk] **I** *adj.* **1.** ba'rock (*a. von Perlen u. fig.*); **2.** *fig.* prunkvoll; über'steigert; bi'zarr, verschnörkelt; **II** *s.* **3.** *allg.* Ba'rock *n*, *m*.
'**bar-ˌpar·lour** *s. Brit.* Schank-, Gaststube *f*.
barque → ***bark³***.
bar·rack ['bærək] **I** *s.* **1.** *mst pl.* Ka'serne *f*: ***a ~s*** e-e Kaserne; → ***confine*** 3; **2.** *mst pl. fig.* 'MietskaˌSerne *f*; **II** *v/t.* **3.** in Ka'sernen *od.* Ba'racken 'unterbringen; **4.** F *sport*, *pol.* auspfeifen, -buhen; **III** *v/i.* **5.** F buhen, pfeifen: ***~ for*** (lautstark) anfeuern; **~ square** *s.* ⚔ Ka'sernenhof *m*.
bar·rage¹ ['bærɑːʒ] *s.* **1.** ⚔ Sperrfeuer *n*; **2.** ⚔ Sperre *f*: ***creeping ~*** Feuerwalze *f*; ***~ balloon*** Sperrballon *m*; **3.** *fig.* über'wältigende Menge: ***a ~ of questions*** ein Schwall *od.* Kreuzfeuer von Fragen.
bar·rage² ['bærɑːʒ] *s.* Talsperre *f*, Staudamm *m*.
bar·ra·try ['bærətrɪ] *s.* **1.** ⚖, ⚓ Baratte'rie *f* (*Veruntreuung*); **2.** ⚖ schika'nöses Prozessieren (*od.* Anstiftung *f* dazu); **3.** Ämterschacher *m*.
barred [bɑːd] *adj.* **1.** (ab)gesperrt, verriegelt; **2.** gestreift; **3.** ♪ durch Taktstriche abgeteilt; **4.** ⚖ verjährt.
bar·rel ['bærəl] **I** *s.* **1.** Faß *n*, Tonne *f*; *im Ölhandel*: Barrel *n*: ***have s.o. over a ~*** F j-n in s-r Gewalt haben; ***scrape the ~*** F den letzten, schäbigen Rest zs.-kratzen; **2.** ⚙ Walze *f*, Rolle *f*, Trommel *f*, Zy'linder *m*, (rundes) Gehäuse; (Gewehr)Lauf *m*, (Geschütz)Rohr *n*; Kolbenrohr *n*; Rumpf *m e-s Dampfkessels*; Tintenbehälter *m e-r Füllfeder*; Walze *f der Drehorgel*; Kiel *m e-r Feder*; Zylinder *m e-r Spritze*; **3.** Rumpf *m e-s Pferdes etc.*; **II** *v/t.* **4.** in Fässer füllen *od.* packen; **III** *v/i.* **5.** F rasen, sausen; **~ chair** *s.* Lehnstuhl *m* mit hoher runder Lehne; '**~-drain** *s.* ⚙, △ gemauerter runder 'AbzugskaˌNal; **~ house** *s. Am. sl.* Spe'lunke *f*, Kneipe *f*.
bar·rel(l)ed ['bærəld] *adj.* **1.** faßförmig; **2.** in Fässer gefüllt; **3.** ...läufig (*Gewehr*).
'**bar·rel|ˌmak·er** *s.* Faßbinder *m*; '**~-ˌor·gan** *s.* ♪ Drehorgel *f*; **~ roll** *s.* ✈ Rolle *f* (*im Kunstflug*); **~ roof** *s.* △ Tonnendach *n*; **~ vault** *s.* △ Tonnengewölbe *n*.
bar·ren ['bærən] **I** *adj.* □ **1.** unfruchtbar (*Lebewesen, Pflanze etc.*; *a. fig.*); **2.** öde, kahl, dürr; **3.** *fig.* trocken, langweilig, seicht; dürftig; **4.** 'unprodukˌtiv (*Geist*); tot (*Kapital*); **5.** leer, arm (***of*** an *dat.*); **II** *s.* **6.** *mst pl.* Ödland *n*; '**bar·ren·ness** [-nɪs] *s.* **1.** Unfruchtbarkeit *f* (*a. fig.*); **2.** *fig.* Trockenheit *f*, geistige Leere, Dürftigkeit *f*, Dürre *f*.
bar·ri·cade [ˌbærɪ'keɪd] **I** *s.* **1.** Barri'kade *f*: ***mount*** (*od.* ***go to***) ***the ~s*** auf die Barrikaden steigen (*a. fig.*); **2.** *fig.* Hindernis *n*; **II** *v/t.* **3.** (ver)barrikadieren, (ver)sperren (*a. fig.*).
bar·ri·er ['bærɪə] *s.* **1.** Schranke *f* (*a. fig.*), Barri'ere *f*, Sperre *f*: ***~ cream*** Schutzcreme *f*; **2.** Schlag-, Grenzbaum *m*; **3.** *sport* 'StartmaˌSchine *f*; **4.** *fig.* Hindernis *n* (***to*** für); Mauer *f*; (*Sprach- etc.*)Barri'ere *f*; **5.** 2 'EisbarriˌEre *f* der Ant'arktis: ***2 Reef*** Barriereriff *n*.
bar·ring ['bɑːrɪŋ] *prp.* abgesehen von, ausgenommen: ***~ errors*** Irrtümer vorbehalten; ***~ a miracle*** wenn kein Wunder geschieht.
bar·ris·ter ['bærɪstə] *s.* ⚖ **1.** *a.* ***~-at-law*** *Brit.* Barrister *m*, *plädierender* Rechtsanwalt (vor höheren Gerichten); **2.** *Am. allg.* Rechtsanwalt *m*.
'**bar-room** *s.* Schankstube *f*.
bar·row¹ ['bærəʊ] *s.* **1.** 'Tumulus *m*, Hügelgrab *n*; **2.** Hügel *m*.
bar·row² ['bærəʊ] *s.* (Hand-, Schub-, Gepäck-, Obst)Karre(n *m*) *f*.
bar·row³ ['bærəʊ] *s.* ⚕ Bork *m* (*im Ferkelalter kastriertes Schwein*).
bar·row| boy *s.*, '**~·man** [-mən] *s.* [*irr.*] Straßenhändler *m*, ‚fliegender Händler'.
bar| steel *s.* ⚙ Stangenstahl *m*; '**~ˌtend·er** *s.* → ***barkeeper*** 1.
bar·ter ['bɑːtə] **I** *v/i.* Tauschhandel treiben; **II** *v/t. im Handel* (ein-, 'um)tauschen, austauschen (***for***, ***against*** gegen): ***~ away*** verschachern, -kaufen (*a. fig. Ehre etc.*); **III** *s.* Tauschhandel *m*, Tausch *m* (*a. fig.*): ***~ shop*** Tauschladen *m*; **~ trans·ac·tion** *s.* ✝ Tausch(handels)-, Kompensati'onsgeschäft *n*.
bar·y·tone → ***baritone***.
bas·al ['beɪsl] *adj.* □ **1.** an der Basis *od.* Grundfläche befindlich; **2.** *mst fig.* grundlegend: ***~ metabolism*** ⚕ Grundstoffwechsel *m*; ***~ metabolic rate*** ⚕ Grundumsatz *m*; ***~ cell*** *biol.* Basalzelle *f*.
ba·salt ['bæsɔːlt] *s. geol.* Ba'salt *m*; **ba·sal·tic** [bə'sɔːltɪk] *adj.* ba'saltisch, Basalt...
base¹ [beɪs] **I** *s.* **1.** Basis *f*, 'Unterteil *m*, *n*, Boden *m*; 'Unterbau *m*, -lage *f*; Funda'ment *n*; **2.** Fuß *m*, Sockel *m*; Sohle *f*; **3.** *fig.* Basis *f*: a) Grund(lage *f*) *m*, b) Ausgangspunkt *m*, c) *a.* ***~ camp*** *mount.* Basislager *n*; **4.** Grundstoff *m*, Hauptbestandteil *m*; **5.** ⚕ Grundlinie *f*, -fläche *f*, -zahl *f*; **6.** ⚗ Base *f*; *Färberei*: Beize *f*; **7.** *sport* a) Grund-, Startlinie *f*, b) Mal *n*: ***not to get to first ~*** (***with s.o.***) F *fig.* keine Chance haben (bei j-m); **8.** ⚔, ⚓ a) Standort *m*, Stati'on *f*, b) (Operati'ons)Basis *f*, Stützpunkt *m*, c) (Flug)Basis *f*, *Am.* (Flieger)Horst *m*: ***naval ~*** Flottenstützpunkt, d) E'tappe *f*; **II** *v/t.* **9.** stützen, gründen (***on***, ***upon*** auf *acc.*): ***be ~d on*** beruhen auf (*dat.*), sich stützen auf (*acc.*); ***~ o.s. on*** sich verlassen auf (*acc.*); **10.** *a.* ⚔ stationieren; → ***based*** 2.
base² [beɪs] *adj.* □ **1.** gemein, niedrig, niederträchtig; **2.** minderwertig; unedel: ***~ metals***; **3.** falsch, unecht (*Geld*): ***~ coin*** falsche Münze, *coll.* Falschgeld *n*, *Am.* Scheidemünze *f*; **4.** *ling.* unrein, unklassisch.
'**base·ball** *s. sport* **1.** Baseball(spiel *n*) *m*; **2.** Baseball *m*.
based [beɪst] *adj.* **1.** (***on***) gegründet (auf *acc.*), beruhend (auf *dat.*), mit e-r Grundlage (von); **2.** ⚔ *in Zssgn* mit ... als Stützpunkt, stationiert in (*dat.*), *a.* (land- *etc.*)gestützt; **3.** *in Zssgn* mit Sitz in (*dat.*): ***a London-~ company***.
base·less ['beɪslɪs] *adj.* grundlos, unbegründet.
base| line *s.* **1.** Grundlinie *f* (*a. sport*); **2.** *surv.* Standlinie *f*; **3.** ⚔ Basislinie *f*; **~ load** *s.* ⚡ Grundlast *f*, -belastung *f*; '**~·man** [-mən] *s.* [*irr.*] *Baseball*: Malhüter *m*.
base·ment ['beɪsmənt] *s.* △ **1.** Kellergeschoß *n*; **2.** Grundmauer(n *pl.*) *f*.

base·ness ['beɪsnɪs] *s.* **1.** Gemeinheit *f*, Niederträchtigkeit *f*; **2.** Minderwertigkeit *f*; **3.** Unechtheit *f*.

ba·ses ['beɪsi:z] *pl. von basis*.

base wal·lah *s.* ⚔ *Brit. sl.* E'tappenschwein *n*.

bash [bæʃ] F **I** *v/t.* **1.** heftig schlagen, einhauen auf (*acc.*) (*a.* F *fig.*): **~ in** a) einschlagen, b) verbeulen; **~ up** a) *j-n* zs.-schlagen, b) *Auto* zu Schrott fahren; **II** *s.* **2.** heftiger Schlag: ***have a ~ at s.th.*** es mit et. probieren; **3.** Beule *f* (*am Auto etc.*); **4.** *Brit.* (tolle) Party.

bash·ful ['bæʃfʊl] *adj.* □ schüchtern, verschämt, scheu; zu'rückhaltend; '**bash·ful·ness** [-nɪs] *s.* Schüchternheit *f*, Scheu *f*.

bash·ing ['bæʃɪŋ] *s.* F ,Senge' *f*, Prügel *pl.*: ***get*** (*od.* ***take***) ***a ~*** Prügel beziehen (*a. fig.*).

bas·ic ['beɪsɪk] **I** *adj.* (□ **~ally**) **1.** grundlegend, die Grundlage bildend; elemen'tar; Einheits..., Grund...; **2.** ⚗, *geol.*, *min.* basisch; **3.** ↯ ständig (*Belastung*); **II** *s.* **4.** *pl.* a) Grundlagen *pl.*, b) *das* Wesentliche; **5.** → ***Basic English***; '**bas·i·cal·ly** [-kəlɪ] *adv.* im Grunde, grundsätzlich.

Bas·ic| Eng·lish *s.* Basic English *n* (*vereinfachte Form des Englischen von C. K. Ogden*); **≈ for·mu·la** *s.* ⩚ Grundformel *f*; **≈ in·dus·try** *s.* 'Grund(stoff)-, 'Schlüsselindu,strie *f*; **≈ i·ron** *s.* ⚙ Thomaseisen *n*; **≈ load** *s.* ↯ ständige Grundlast; **≈ ma·ter·i·als** *s. pl.* Grund-, Ausgangsstoffe *pl.*; **≈ ra·tion** *s.* ⚔ Mindestverpflegungssatz *m*; **≈ re·search** *s.* Grundlagenforschung *f*; **≈ sal·a·ry** *s.* ✝ Grundgehalt *n*; **≈ size** *s.* ⚙ Sollmaß *n*; **≈ slag** *s.* ⚗ Thomasschlacke *f*; **≈ steel** *s.* ⚙ Thomasstahl *m*; **≈ trai·ning** *s. a.* ⚔ Grundausbildung *f*; **≈ wage** *s.* ✝ Grundlohn *m*.

bas·il ['bæzl] *s.* ⚘ Ba'silienkraut *n*, Ba'silikum *n*.

ba·sil·i·ca [bə'zɪlɪkə] *s.* ⩓ Ba'silika *f*.

bas·i·lisk ['bæzɪlɪsk] **I** *s.* **1.** Basi'lisk *m* (*Fabeltier*); **2.** *zo.* Legu'an *m*; **II** *adj.* **3.** Basilisken...: **~ eye**.

ba·sin ['beɪsn] *s.* **1.** (Wasser-, Wasch- *etc.*)Becken *n*, Schale *f*, Schüssel *f*; **2.** Fluß-, Hafenbecken *n*; Schwimmbekken *n*, Bas'sin *n*; **3.** a) Stromgebiet *n*, b) (kleine) Bucht; **4.** Wasserbehälter *m*; **5.** Becken *n*, Einsenkung *f*, Mulde *f*; **6.** (Kohlen- *etc.*)Lager *n od.* Revier *n*.

ba·sis ['beɪsɪs] *pl.* **-ses** [-si:z] *s.* **1.** Basis *f*, Grundlage *f*, Funda'ment *n*: ***~ of discussion*** Diskussionsbasis *f*; ***take as a ~*** zugrunde legen; **2.** Hauptbestandteil *m*; **3.** ⩚ Basis *f*, Grundlinie *f*, -fläche *f*; **4.** ⚔, ⚓ (Operati'ons)Basis *f*, Stützpunkt *m*.

bask [bɑ:sk] *v/i.* sich aalen, sich sonnen (*a. fig.*): ***~ in the sun*** ein Sonnenbad nehmen.

bas·ket ['bɑ:skɪt] *s.* **1.** Korb *m*: ✝ ***~ of commodities*** Warenkorb *m*; **2.** Korb (-voll) *m*; **3.** *Basketball*: a) Korb *m*, b) Treffer *m*, Korb *m*; **4.** (Passa'gier)Korb *m*, Gondel *f* (*e-s Luftballons od. Luftschiffes*); **5.** Säbelkorb *m*; **6.** Tastenfeld *n* (*der Schreibmaschine*); '**~·ball** *s. sport* **1.** Basketball(spiel *n*) *m*; **2.** Basketball *m*; **~ case** *Am.* F **1.** Arm- u. Beinamputierte(r *m*) *f*; **2.** to'tales ,Wrack'; **~ chair** *s.* Korbsessel *m*; **~ din·ner** *s. Am.* Picknick *n*.

bas·ket·ful ['bɑ:skɪtfʊl] *pl.* **-fuls** *s. ein* Korb(voll) *m*.

bas·ket| hilt *s.* Säbelkorb *m*; **~ lunch** *s. Am.* Picknick *n*.

bas·ket·ry ['baskɪtrɪ] *s.* Korbwaren *pl.*

Basque [bæsk] **I** *s.* Baske *m*, Baskin *f*; **II** *adj.* baskisch.

bas-re·lief ['bæsrɪ,li:f] *s. sculp.* 'Bas-, 'Flachreli,ef *n*.

bass¹ [beɪs] ♪ **I** *adj.* Baß...; **II** *s.* Baß *m* (*Stimme, Sänger, Instrument u. Partie*).

bass² [bæs] *pl. mst* **bass** *s. ichth.* Barsch *m*.

bass³ [bæs] *s.* **1.** (Linden)Bast *m*; **2.** Bastmatte *f*.

bas·set ['bæsɪt] *s. zo.* Basset *m* (*ein Dachshund*).

bas·si·net [,bæsɪ'net] *s.* **1.** Korbwiege *f*; Stubenwagen *m*; Korb(kinder)wagen *m* (*mit Verdeck*).

bas·soon [bə'su:n] *s.* ♪ Fa'gott *n*.

bas·so| pro·fun·do ['bæsəʊ prə'fʌndəʊ] (*Ital.*) *s.* ♪ tiefster Baß (*Stimme od. Sänger*); **,~-re'lie·vo** [-rɪ'li:vəʊ] *pl.* **-vos** → ***bas-relief***.

'**bass-re,lief** ['bæs-] → ***bas-relief***.

bass vi·ol [beɪs] *s.* ♪ 'Cello *n*.

'**bass-wood** ['bæs-] *s.* ⚘ **1.** Linde *f*; **2.** Lindenholz *n*.

bast [bæst] *s.* (Linden)Bast *m*.

bas·tard ['bæstəd] **I** *s.* **1.** Bastard *m*, *a.* ⚖ uneheliches Kind; **2.** *biol.* Bastard *m*, Mischling *m*; **3.** *fig.* a) Fälschung *f*, Nachahmung *f*, b) Scheußlichkeit *f*; **4.** a) V ,Schwein' *n*, ,Scheißkerl' *m*, b) *iro.* alter Ha'lunke, c) Kerl *m*; **II** *adj.* **5.** unehelich, Bastard...; **6.** *biol.* Bastard...; **7.** *fig.* unecht, falsch; **8.** ab'norm; '**bas·tard·ize** [-daɪz] **I** *v/t.* **1.** ⚖ für unehelich erklären; **2.** verschlechtern, verfälschen; **II** *v/i.* **3.** entarten; '**bas·tard·ized** [-daɪzd] *adj.* entartet, Mischlings..., Bastard...

bas·tard| slip → ***bastard*** 1; **~ ti·tle** *s. typ.* Schmutztitel *m*.

bas·tar·dy ['bæstədɪ] *s.* uneheliche Geburt: **~ *procedure*** Verfahren *n* zur Feststellung der (unehelichen) Vaterschaft u. Unterhaltspflicht.

baste¹ [beɪst] *v/t.* **1.** ,(ver)hauen', verprügeln; **2.** *fig.* beschimpfen, herfallen über (*acc.*).

baste² [beɪst] *v/t.* **1.** *Braten etc.* mit Fett begießen; **2.** *Docht der Kerze* mit geschmolzenem Wachs begießen.

baste³ [beɪst] *v/t.* lose (an)heften.

bast·ing ['beɪstɪŋ] *s.* (Tracht *f*) Prügel *pl.*

bas·tion ['bæstɪən] *s.* ⚔ Ba'stei *f*, Basti'on *f*, Bollwerk *n* (*a. fig.*).

bat¹ [bæt] **I** *s.* **1.** *sport* a) Schlagholz *n*, Schläger *m* (*bsd. Baseball u. Kricket*): ***carry one's ~*** *Kricket*: noch im Spiel sein; ***off one's own ~*** *Kricket u. fig.* selbständig, ohne Hilfe, auf eigene Faust; ***right off the ~*** F auf Anhieb; ***be at*** (***the***) **~** am Schlagen sein, dran sein; ***go to ~ for s.o.*** *Baseball*: für j-n einspringen, *fig.* → 6, b) → ***batsman***; **2.** F Stockhieb *m*; **3.** *Brit. sl.* (Schritt)Tempo *n*: ***at a rare ~*** mit e-m ,Affenzahn'; **4.** *Am. sl.* ,Saufe'rei' *f*: ***go on a ~*** e-e ,Sauftour' machen; **II** *v/i.* **5.** a) (mit dem Schlagholz) schlagen, b) am Schlagen sein; → ***batting*** 3; **6. ~ *for s.o.*** *fig.* für j-n eintreten.

bat² [bæt] *s.* **1.** *zo.* Fledermaus *f*: ***have ~s in the belfry*** verrückt sein, ,e-n Vogel haben'; → ***blind*** 1; **2.** ✈, ⚔ 'radargelenkte Bombe.

bat³ [bæt] *v/t.*: **~ *the eyes*** mit den Augen blinzeln *od.* zwinkern; ***without ~ting an eyelid*** (*Am.* ***eyelash***) ohne mit der Wimper zu zucken; ***I never ~ted an eyelid*** ich habe kein Auge zugetan.

ba·ta·ta [bə'tɑ:tə] *s.* ⚘ Ba'tate *f*, 'Süßkar,toffel *f*.

batch [bætʃ] *s.* **1.** Schub *m* (*die auf einmal gebackene Menge Brot*): ***a ~ of bread***; **2.** ⚙ a) Schub *m*, b) Satz *m* (*Material*), Charge *f*, Füllung *f*; **3.** Schub *m*; ,Schwung' *m*: a) Gruppe *f* (*von Personen*), Trupp *m* (*Gefangener*), b) Schicht *f*, Satz *m* (*Muster*), Stapel *m*, Stoß *m* (*Briefe etc.*), Par'tie *f*, Posten *m* (*gleicher Dinge*), *Computer*: Stapel *m*: ***in ~es*** schubweise; '**~-,pro·cess** *v/t. Computer*: stapelweise verarbeiten; **~ pro·duc·tion** *s.* Serienfertigung *f*.

bate¹ [beɪt] **I** *v/i.* abnehmen, nachlassen; **II** *v/t.* schwächen, *Hoffnung etc.* vermindern, *Neugier etc.* mäßigen, *Forderung etc.* her'absetzen: ***with ~d breath*** mit verhaltenem Atem, gespannt.

bate² [beɪt] *s.* ⚙ *Gerberei*: Ätzlauge *f*.

bate³ [beɪt] *s. Brit. sl.* Wut *f*.

ba·teau [bɑ:'təʊ] *pl.* **-teaux** [-'təʊz] (*Fr.*) *s. Am.* leichtes langes Flußboot; **~ bridge** *s.* Pon'tonbrücke *f*.

bath [bɑ:θ] **I** *pl.* **baths** [-ðz] *s.* **1.** (Wannen)Bad *n*: ***take a ~*** ein Bad nehmen, baden, *Am. sl.* (*bsd. finanziell*) ,baden gehen'; **2.** Badewasser *n*; **3.** Badewanne *f*: ***enamelled ~***; **4.** Badezimmer *n*; **5.** *mst pl.* a) Badeanstalt *f*, b) Badeort *m*; **6.** ⚗ *phot.* a) Bad *n* (*Behandlungsflüssigkeit*), b) Behälter *m dafür*; **7.** *Brit.*: ***order of the ≈*** Bathorden *m*; ***Knight of the ≈*** Ritter *m* des Bathordens; ***Knight Commander of the ≈*** Komtur *m* des Bathordens; **II** *v/t.* **8.** *Kind etc.* baden; **III** *v/i.* **9.** baden, ein Bad nehmen.

Bath| brick *s.* Me'tallputzstein *m*; **~ bun** *s.* über'zuckertes Kuchenbrötchen; **~ chair** *s.* Rollstuhl *m*.

bathe [beɪð] **I** *Auge, Hand,* (*verletzten*) *Körperteil* baden, in Wasser *etc.* tauchen; **2. *~d in sunlight*** (***perspiration***) in Sonne (Schweiß) gebadet; ***~d in tears*** in Tränen aufgelöst; **3.** *poet.* bespülen; **II** *v/i.* **4.** (sich) baden; **5.** schwimmen; **6.** (Heil)Bäder nehmen; **7.** *fig.* sich baden *od.* schwelgen (***in*** in *dat.*); **III** *s.* **8.** *bsd. Brit.* Bad *n im Freien*; '**bath·er** [-ðə] *s.* **1.** Badende(r *m*) *f*; **2.** Badegast *m*.

'**bath·house** *s. Am.* **1.** Badeanstalt *f*; **2.** 'Umkleideka,binen *pl.*

bath·ing ['beɪðɪŋ] *s.* Baden *n*; **~ beau·ty** *s.*, **~ belle** *s.* F Badeschönheit *f*; '**~-,cos·tume** → ***bathing-suit***; '**~-,draw·ers** *s. pl.* Badehose *f*; '**~-dress** → ***bathing-suit***; '**~-gown** *s.* Bademantel *m*; '**~-ma,chine** *s. hist.* Badekarren *m* (*fahrbare Umkleidekabine*); '**~-suit** *s.* Badeanzug *m*.

Bath met·al *s.* ⚙ 'Tombak *m*.

ba·thos ['beɪθɒs] *s.* **1.** Abgleiten *n* vom Erhabenen zum Lächerlichen; **2.** Gemeinplatz *m*, Plattheit *f*; **3.** falsches Pathos; **4.** a) Null-, Tiefpunkt *m*, b) Gipfel *m der Dummheit etc.*

'bath|·robe *s.* Bademantel *m*; **'~·room** [-rʊm] *s.* Badezimmer *n*; *weitS.* Klo'sett *n*; **~ salts** *s. pl.* Badesalz *n*; **≗ stone** *s.* Muschelkalkstein *m*; **~ tow·el** *s.* Badetuch *n*; **'~·tub** *s.* Badewanne *f* (*a.* F *Skisport*).

ba·thym·e·try [bəˈθɪmɪtrɪ] *s.* Tiefen- *od.* Tiefseemessung *f.*

bath·y·sphere [ˈbæθɪˌsfɪə] *s.* ⚙ Tiefseetaucherkugel *f.*

ba·tik [ˈbætɪk] *s.* ˈBatik(druck) *m.*

ba·tiste [bæˈtiːst] *s.* Baˈtist *m.*

bat·man [ˈbætmən] *s.* [*irr.*] ⚔ *Brit.* Offiˈziersbursche *m.*

ba·ton [ˈbætən] *s.* **1.** (Amts-, Komˈmando)Stab *m*: ***Field-Marshal's ~*** Marschallsstab; **2.** ♪ Taktstock *m*, Stab *m*; **3.** *sport* (Staffel)Stab *m*; **4.** *Brit.* Schlagstock *m*, (Poliˈzei)Knüppel *m.*

ba·tra·chi·an [bəˈtreɪkjən] *zo.* **I** *adj.* frosch-, krötenartig; **II** *s.* Baˈtrachier *m*, Froschlurch *m.*

bats·man [ˈbætsmən] *s.* [*irr.*] *Kricket, Baseball etc.*: Schläger *m*, Schlagmann *m.*

bat·tal·ion [bəˈtæljən] *s.* ⚔ Batailˈlon *n.*

bat·tels [ˈbætlz] *s. pl.* (*Universität Oxford*) College-Rechnungen *pl.* für Lebensmittel *etc.*

bat·ten¹ [ˈbætn] *v/i.* **1.** fett werden (***on*** von *dat.*), gedeihen; **2.** (***on***) *a. fig.* sich mästen (mit), sich gütlich tun (an *dat.*): ***~ on others*** auf Kosten anderer dick u. fett werden.

bat·ten² [ˈbætn] **I** *s.* **1.** Latte *f*, Leiste *f*; **2.** Diele *f*, (Fußboden)Brett *n*; **II** *v/t.* **3.** mit Latten verkleiden *od.* befestigen; **4.** ***~ down the hatches*** a) ⚓ die Luken schalken, b) *fig.* dichtmachen.

bat·ter¹ [ˈbætə] ⚠ **I** *v/i.* sich nach oben verjüngen; **II** *s.* Böschung *f*, Verjüngung *f*, Abdachung *f.*

bat·ter² [ˈbætə] **I** *v/t.* **1.** mit heftigen Schlägen traktieren; (zer)schlagen, demolieren; *Ehefrau, Kind* (ständig) mißhandeln *od.* schlagen *od.* prügeln: ***~ed wives*** mißhandelte (Ehe)Frauen; ***~ down*** (*od.* ***in***) *Tür* einschlagen; **2.** ⚔ *u. weitS.* bombardieren: ***~ down*** zs.-schießen; **3.** beschädigen, zerbeulen, *a. j-n* böse zurichten, arg mitnehmen; **II** *v/i.* **4.** heftig *od.* wiederholt schlagen: ***~ at the door*** gegen die Tür hämmern; **'bat·tered** [-təd] *adj.* **1.** zerschlagen, zerschmettert, demoliert; **2.** a) abgenutzt, zerbeult, beschädigt, b) *a. fig.* arg mitgenommen, übel zugerichtet, c) mißˈhandelt (*Kind etc.*).

'bat·ter·ing-ram [ˈbætərɪŋ-] *s.* ⚔ *hist.* (Belagerungs)Widder *m*, Sturmbock *m.*

bat·ter·y [ˈbætərɪ] *s.* **1.** a) ⚔ Batteˈrie *f*, b) ⚓ Geschützgruppe *f*; **2.** ϟ, ⚙ Batteˈrie *f*, Eleˈment *n*: **3.** *fig.* Reihe *f*, Satz *m*, Batteˈrie *f* (*von Maschinen, Flaschen etc.*); **4.** ✓ ˈLegebatteˌrie *f*; **5.** ♪ Batteˈrie *f*, Schlagzeuggruppe *f*; **6.** *Baseball*: Werfer *m* u. Fänger *m*; **7.** ⚖ Tätlichkeit *f*, *a.* Körperverletzung *f*; → ***assault*** 3; **~ cell** *s.* Sammlerzelle *f*; **'~-ˌcharg·ing sta·tion** *s.* ϟ ˈLadestatiˌon *f*; **'~-ˌop·er·at·ed** *adj.* batteriebetrieben, Batterie...; **~ hen** *s.* Batteˈriehenne *f.*

bat·ting [ˈbætɪŋ] *s.* **1.** Schlagen *n bsd. der Rohbaumwolle zu Watte*; **2.** (Baumwoll)Watte *f*; **3.** *Kricket, Baseball etc.*: Schlagen *n*, Schlägerspiel *n*: ***~ average*** *a. fig.* Durchschnitt(sleistung *f*) *m.*

bat·tle [ˈbætl] **I** *s.* **1.** Schlacht *f* (***of*** *mst* bei), Gefecht *n*: ***~ of Britain*** Schlacht um England (*2. Weltkrieg*); **2.** *fig.* Kampf *m*, Ringen *n* (***for*** um, ***against*** gegen): ***do ~*** kämpfen, sich schlagen; ***fight a ~*** e-n Kampf führen; ***fight a losing ~ against*** e-n aussichtslosen Kampf führen gegen; ***fight s.o.'s ~*** j-s Sache vertreten; ***give*** (*od.* ***join***) ***~*** e-e Schlacht liefern, sich zum Kampf stellen; ***that is half the ~*** damit ist es schon halb gewonnen; ***line of ~*** Schlachtlinie *f*; ***~ of words*** Wortgefecht *n*; ***~ of wits*** geistiges Duell; **II** *v/i.* **3.** *mst fig.* kämpfen, streiten, fechten (***with*** mit, ***for*** um, ***against*** gegen); **~ ar·ray** *s.* ⚔ Schlachtordnung *f*; **'~-ax(e)** *s.* **1.** ⚔ *hist.* Streitaxt *f*; **2.** F ‚alter Drachen' (*Frau*); **'~-ˌcruis·er** *s.* ⚔ Schlachtkreuzer *m*; **'~-cry** *s.* Schlachtruf *m* (*a. fig.*).

bat·tle·dore [ˈbætldɔː] *s.* **1.** Waschschlegel *m*; **2.** *sport hist.* a) Federballschläger *m*, b) *a.* ***~ and shuttle-cock*** *Art* Federballspiel *n.*

bat·tle| dress *s. Brit.* ⚔ Dienst-, Feldanzug *m*; **~ fa·tigue** *s.* ˈKriegsneuˌrose *f*; **'~·field**, **'~·ground** *s.* Schlachtfeld *n* (*a. fig.*).

bat·tle·ment [ˈbætlmənt] *s. mst pl.* (Brustwehr *f* mit) Zinnen *pl.*

bat·tle| or·der *s.* **1.** Schlachtordnung *f*; **2.** Gefechtsbefehl *m*; **~ piece** *s.* Schlachtenszene *f* (*in Malerei od. Literatur*); **~ roy·al** *s.* erbitterter Kampf (*a. fig.*); Massenschlägeˈrei *f*; **'~·ship** *s.* ⚔ Schlachtschiff *n.*

bat·tue [bæˈtuː] (*Fr.*) *s.* **1.** Treibjagd *f*; **2.** (auf e-r Treibjagd erlegte) Strecke; **3.** *fig.* Masˈsaker *n.*

bat·ty [ˈbætɪ] *adj. sl.* ‚bekloppt'.

bau·ble [ˈbɔːbl] *s.* **1.** Nippsache *f*; **2.** (protziger) Schmuck; **3.** (Kinder)Spielzeug *n*; **4.** *fig.* Spieleˈrei *f*, Tand *m.*

baulk [bɔːk] → ***balk***.

Ba·var·i·an [bəˈveərɪən] **I** *adj.* bay(e)risch; **II** *s.* Bayer(in).

bawd [bɔːd] *s. obs.* Kupplerin *f*; **'bawd·ry** [-drɪ] *s.* **1.** Kuppeˈlei *f*; **2.** Unzucht *f*; **3.** Obszöniˈtät *f.*

bawd·y [ˈbɔːdɪ] *adj.* unzüchtig, unflätig (*Rede*); **'~·house** *s.* Borˈdell *n.*

bawl [bɔːl] **I** *v/i.* schreien, grölen, brüllen, *Am. a.* ‚heulen' (*weinen*): ***~ at s.o.*** j-n anbrüllen; **II** *v/t. a.* ***~ out*** F *j-n* anbrüllen, zs.-stauchen.

bay¹ [beɪ] *s.* **1.** ⚘ *a.* ***~ tree*** Lorbeer(-baum) *m*; **2.** *pl.* a) Lorbeerkranz *m*, b) *fig.* Lorbeeren *pl.*, Ehren *pl.*

bay² [beɪ] *s.* **1.** Bai *f*, Bucht *f*, Meerbusen *m*; **2.** Talbucht *f.*

bay³ [beɪ] *s.* **1.** ⚠ Fach *n*, Abteilung *f*, Feld *n zwischen Pfeilern, Balken etc.*; Brückenglied *n*, Joch *n*; **2.** ⚠ Fensternische *f*, Erker *m*; **3.** ✈ Abteilung *f od.* Zelle *f* im Flugzeugrumpf; **4.** ⚓ ˈSchiffslazaˌrett *n*; **5.** 🚂 *Brit.* Seitenbahnsteig *m*, *bsd.* ˈEndstatiˌon *f* e-s Nebengeleises.

bay⁴ [beɪ] **I** *v/i.* **1.** (dumpf) bellen (*bsd. Jagdhund*): ***~ at s.o. od. s.th.*** j-n *od.* et. anbellen; **II** *v/t.* **2.** *obs.* anbellen: ***~ the moon***; **III** *s.* **3.** dumpfes Gebell *der Meute*: ***be*** (*od.* ***stand***) ***at ~*** gestellt sein (*Wild*), *fig.* in die Enge getrieben sein; ***bring to ~*** *Wild* stellen, *fig.* in die Enge treiben; ***keep*** (*od.* ***hold***) ***at ~*** a) sich *j-n* vom Leibe halten, b) *j-n* in Schach halten, fernhalten; *Seuche, Feuer etc.* unter Kontrolle halten; ***turn to ~*** sich stellen (*a. fig.*).

bay⁵ [beɪ] **I** *adj.* kaˈstanienbraun (*Pferd*): ***~ horse*** → **II** *s.* Braune(r) *m.*

bay leaf *s.* Lorbeerblatt *n.*

bay·o·net [ˈbeɪənɪt] ⚔ **I** *s.* Bajoˈnett *n*, Seitengewehr *n*: ***at the point of the ~*** mit dem Bajoˈnett, im Sturm; ***fix the ~*** das Seitengewehr aufpflanzen; **II** *v/t.* mit dem Bajoˈnett angreifen *od.* niederstechen; **III** *adj.* ⚙ Bajonett... (*-fassung, -verschluß*).

bay·ou [ˈbaɪuː] *s. Am.* sumpfiger Flußarm (*Südstaaten der USA*).

bay| rum *s.* ˈBayrum *m*, Piˈmentrum *m*; **~ salt** *s.* Seesalz *n*; **≗ State** *s. Am.* (*Beiname von*) Massachusetts; **~ window** *s.* **1.** Erkerfenster *n*; **2.** *Am. sl.*, ‚Vorbau' *m*, Bauch *m*; **'~·work** *s.* ⚠ Fachwerk *n.*

ba·zaar [bəˈzɑː] *s.* **1.** (*Orient*) Baˈsar *m*; **2.** ✝ Warenhaus *n*; **3.** ˈWohltätigkeitsbaˌsar *m.*

ba·zoo·ka [bəˈzuːkə] *s.* ⚔ Baˈzooka *f* (*Panzerabwehrwaffe*).

B bat·ter·y *s.* ϟ Anˈodenbatteˌrie *f.*

be [biː; bɪ] [*irr.*] **I** *v/aux.* **1.** *bildet das Passiv transitiver Verben*: ***I was cheated*** ich wurde betrogen; ***I was told*** man sagte mir; **2.** *lit., bildet das Perfekt einiger intransitiver Verben*: ***he is come*** er ist gekommen *od.* da; **3.** *bildet die umschriebene Form* (*continuous od. progressive form*) *der Verben*: ***he is reading*** er liest gerade; ***the house was being built*** das Haus war im Bau; ***what I was going to say*** was ich sagen wollte; **4.** *drückt die* (*nahe*) *Zukunft aus*: ***I am leaving for Paris tomorrow*** ich reise morgen nach Paris (ab); **5.** *mit inf. zum Ausdruck der Absicht, Pflicht, Möglichkeit etc.*: ***I am to go*** ich soll gehen; ***the house is to let*** das Haus ist zu vermieten; ***he is to be pitied*** er ist zu bedauern; ***it was not to be found*** es war nicht zu finden; **6.** *Kopula*: ***trees are green*** (die) Bäume sind grün; ***the book is mine*** (***my brother's***) das Buch gehört mir (m-m Bruder); **II** *v/i.* **7.** (vorˈhanden *od.* anwesend) sein, bestehen, sich befinden, geschehen; werden: ***I think, therefore I am*** ich denke, also bin ich; ***to be or not to be*** sein oder nicht sein; ***it was not to be*** es hat nicht sollen sein; ***so ~ it!*** so sei es!, gut so!; ***how is it that ...?*** wie kommt es, daß ...?; ***what will you be when you grow up?*** was willst du werden, wenn du erwachsen bist?; ***there is no substitute for wool*** für Wolle gibt es keinen Ersatz; **8.** stammen (***from*** aus): ***he is from Liverpool***; **9.** gleichkommen, bedeuten: ***seeing is believing*** was man (selbst) sieht, glaubt man; ***that is nothing to me*** das bedeutet mir nichts; **10.** kosten: ***the picture is £10*** das Bild kostet 10 Pfund; **11.** ***been*** (*p.p.*): ***have you been to Rome?*** sind Sie (je) in Rom gewesen?; ***has anyone been?*** F ist j-d dagewesen?

beach [biːtʃ] **I** *s.* Strand *m*; **II** *v/t.* ⚓ *Schiff* auf den Strand setzen *od.* ziehen;

~ ball *s.* Wasserball *m*; **~ bug·gy** *s. mot.* Strandbuggy *m*; **'~,comb·er** *s.* **1.** ⚓ F a) Strandgutjäger *m*, b) Her'umtreiber *m*, c) *fig.* Nichtstuer *m*; **2.** breite Strandwelle; **'~·head** *s.* **1.** ⚔ Lande-, Brückenkopf *m*; **2.** *fig.* Ausgangsbasis *f*; **~ wear** *s.* Strandkleidung *f*.

bea·con ['bi:kən] **I** *s.* **1.** Leucht-, Si'gnalfeuer *n*; (Feuer)Bake *f*, Seezeichen *n*; **2.** Leuchtturm *m*; **3.** ✈ Funkfeuer *n*, -bake *f*, Landelicht *n*; **4.** (***traffic***) ~ Verkehrsampel *f*, *bsd.* Blinklicht *n* an Zebrastreifen; **5.** *fig.* a) Fa'nal *n*, b) Leitstern *m*, c) 'Warnsig,nal *n*; **II** *v/t.* **6.** mit Baken versehen; **7.** *fig.* a) erleuchten, b) *j-n* leiten.

bead [bi:d] **I** *s.* **1.** (Glas-, Stick-, Holz-)Perle *f*; **2.** (*Blei- etc.*)Kügelchen *n*; **3.** *pl. eccl.* Rosenkranz *m*: ***tell one's ~s*** den Rosenkranz beten; **4.** (Schaum-)Bläs-chen *n*, (Tau-, Schweiß- *etc.*)Perle *f*, Tröpfchen *n*; **5.** △ perlartige Verzierung; **6.** ⚙ Wulst *m*; **7.** ⚔ (Perl)Korn *n am Gewehr*: ***draw a ~ on*** zielen auf (*acc.*); **II** *v/t.* **8.** mit Perlen *od.* perlartiger Verzierung *etc.* versehen; **9.** *wie Perlen* aufziehen, aufreihen; **III** *v/i.* **10.** perlen, Perlen bilden; **'bead·ed** [-dɪd] *adj.* **1.** mit Perlen versehen *od.* verziert; **2.** ⚙ mit Wulst; **'bead·ing** [-dɪŋ] *s.* **1.** 'Perlsticke,rei *f*; **2.** △ Rundstab *m*; **3.** ⚙ Wulst *m*.

bea·dle ['bi:dl] *s.* **1.** *bsd. Brit.* Kirchendiener *m*; **2.** *univ. Brit.* Pe'dell *m*, (Fest- *etc.*)Ordner *m*; **3.** *obs.* Büttel *m*, Gerichtsdiener *m*; **'bea·dle·dom** [-dəm] *s.* büttelhaftes Wesen.

bead mo(u)ld·ing *s.* △ Perl-, Rundstab *m*, Perlleiste *f*.

bead·y ['bi:dɪ] *adj.* **1.** mit Perlen verziert; **2.** perlartig; **3.** perlend; **4.** ***~ eyes*** glänzende Knopfaugen.

bea·gle ['bi:gl] *s.* **1.** *zo.* Beagle *m* (*Hunderasse*); **2.** *fig.* Spi'on *m*.

beak¹ [bi:k] *s.* **1.** *zo.* Schnabel *m*; **2.** F (scharfe) Nase, ‚Zinken' *m*; **3.** ⚙ a) Tülle *f*, Ausguß *m*, b) Schnauze *f*, Nase *f*, Röhre *f*.

beak² [bi:k] *s. Brit. sl.* **1.** ‚Kadi' *m* (*Richter*); **2.** *ped.* ‚Rex' *m* (*Direktor*).

beaked [bi:kt] *adj.* **1.** geschnäbelt, schnabelförmig; **2.** vorspringend, spitz.

beak·er ['bi:kə] *s.* **1.** Becher *m*; **2.** ⚗ Becherglas *n*.

'be-all: ***the ~ and end-all*** F das A und O, das Wichtigste; *j-s* ein und alles.

beam [bi:m] **I** *s.* **1.** △ Balken *m*; Tragbalken *m* (*Haus, Brücke*); *a.* ✈ Holm *m*; **2.** ⚓ a) Deckbalken *m*, b) größte Schiffsbreite: ***in the ~*** in der Breite; ***on the starboard ~*** querab an Steuerbord; **3.** *fig.* F Körperbreite *f e-s Menschen*: ***broad in the ~*** breit (gebaut); **4.** ⚙ a) (Waage)Balken *m*, b) Weberbaum *m*, c) Pflugbaum *m*, d) Spindel *f der Drehbank*; **5.** *zo.* Stange *f am Geweih*; **6.** (Licht)Strahl *m*; (Strahlen)Bündel *n*; *mot.* Fernlicht *n*; **7.** *Funk*: Richt-, Peil-, Leitstrahl *m*: ***ride the ~*** ✈ genau auf dem Leitstrahl steuern; ***on the ~*** a) auf dem richtigen Kurs, b) *fig.* F ‚auf Draht'; ***off the ~*** *fig.* auf dem Holzweg, (völlig) daneben (*abwegig*); **8.** strahlender Blick, Glanz *m*; **II** *v/t.* **9.** ⚙ *Weberei*: *Kette* aufbäumen; **10.** *a. phys.* (aus-)strahlen; **11.** a) ϟ *Funkspruch* mit Richtstrahler senden, b) *Radio, TV*: ausstrahlen; **III** *v/i.* **12.** strahlen, glänzen (*a. fig.*): ~ (***up***)***on s.o.*** j-n anstrahlen; ***~ing with joy*** freudestrahlend; **~ aer·i·al**, *bsd. Am.* **~ an·ten·na** *s. Radio*: 'Richtstrahler *m*, -an,tenne *f*; **,~-'ends** *s. pl.* **1.** ⚓ ***on her ~*** mit starker Schlagseite, in Gefahr; **2.** *fig.*: ***on one's ~*** ‚pleite'; **~ trans·mis·sion** *s.* Richtsendung *f*; **~ trans·mit·ter** *s.* Richt(strahl)sender *m*.

bean [bi:n] **I** *s.* **1.** ⚘ Bohne *f*: ***full of ~s*** F ‚putzmunter', ‚aufgekratzt'; ***give s.o. ~s*** *sl.* j-m ‚Saures geben' (*j-n schlagen, strafen, schelten*); ***not to know ~s*** *Am. sl.* keine Ahnung haben; ***I haven't a ~*** *sl.* ich habe keinen roten Heller; ***spill the ~s*** *sl.* alles ausplaudern, ‚auspakken'; **2.** bohnenförmiger Samen, (*Kaffee- etc.*)Bohne *f*; **3.** *sl.* a) Kerl *m*, b) ‚Birne' *f* (*Kopf*), c) ‚Grips' *m* (*Verstand*); **II** *v/t.* **4.** *Am. sl. j-m* ‚auf die Rübe hauen'; **~ curd** *s.* 'Bohnengal,lerte *f* (*Ostasien*); **'~·feast** *s. Brit.* F **1.** *jährliches Festessen für die Belegschaft*; **2.** (feucht)fröhliches Fest.

bean·o ['bi:nəʊ] F → ***beanfeast*** 2.

bean| pod *s.* Bohnenhülse *f*; **~ pole** *s.* Bohnenstange *f* (*a.* F *Person*).

bean·y ['bi:nɪ] *adj.* F ‚putzmunter', tempera'mentvoll.

bear¹ [beə] **I** *v/t.* [*irr.*] [*p.p.* ***borne***; ***born*** (*bei Geburt*; → *a.* ***borne*** 2)] **1.** *Lasten etc.* tragen, befördern: ***~ a message*** e-e Nachricht überbringen; → ***borne*** 1; **2.** *fig. Waffen, Namen etc.* tragen, führen; *Datum* tragen; **3.** *fig. Kosten, Verlust, Verantwortung, Folgen etc.* tragen, über'nehmen; → ***blame*** 4, ***palm²*** 2, ***penalty*** 1; **4.** *fig. Zeichen, Stempel etc.* tragen, zeigen; → ***resemblance***; **5.** zur Welt bringen, gebären: ***~ children***; ***he was born into a rich family*** er kam als Kind reicher Eltern zur Welt; → ***born***; **6.** *fig.* her'vorbringen: ***~ fruit*** Früchte tragen (*a. fig.*); ***~ interest*** Zinsen tragen; **7.** *fig. Schmerzen etc.* ertragen, (er)dulden, (er)leiden, aushalten; *e-r Prüfung etc.* standhalten: ***~ comparison*** den Vergleich aushalten; *mst neg. od. interrog.*: ***I cannot ~ him*** ich kann ihn nicht leiden *od.* ausstehen; ***I cannot ~ it*** ich kann es nicht ausstehen *od.* aushalten; ***his words won't ~ repeating*** s-e Worte lassen sich unmöglich wiederholen; ***it does not ~ thinking about*** daran mag man gar nicht denken; **8.** *fig.*: ***~ a hand*** zur Hand gehen, helfen (*dat.*); ***~ love*** (***a grudge***) Liebe (Groll) hegen; ***~ a part in*** e-e Rolle spielen bei; **9.** ***~ o.s.*** sich betragen: ***~ o.s. well***; **II** *v/i.* [*irr.*] **10.** tragen, halten (*Balken, Eis etc.*): ***will the ice ~ today?*** wird das Eis heute tragen?; **11.** Früchte tragen; **12.** Richtung annehmen: ***~*** (***to the***) ***left*** sich links halten; ***~ to the north*** sich nach Norden erstrekken; **13.** → ***bring*** 1.

Zssgn mit prp.:

bear| a·gainst *v/i.* drücken gegen; 'Widerstand leisten (*dat.*); **~ on** *od.* **up·on** *v/i.* **1.** sich beziehen auf (*acc.*), betreffen (*acc.*); **2.** einwirken *od.* zielen auf (*acc.*); **3.** drücken *od.* sich stützen auf (*acc.*), lasten auf (*dat.*); **4.** ***bear hard on*** *j-m* sehr zusetzen, *j-n* bedrükken; **5.** ⚔ beschießen; **~ with** *v/i.* Nachsicht üben mit, Geduld haben mit;

Zssgn mit adv.:

bear| a·way I *v/t.* forttragen, -reißen (*a. fig.*); **II** *v/i.* ⚓ absegeln, abfahren; **~ down I** *v/t.* über'winden, über'wältigen; **II** *v/i.*: ***~ on*** a) sich wenden gegen, sich stürzen auf (*acc.*), überwältigen (*acc.*), b) sich (schnell) nähern (*dat.*), zusteuern auf (*acc.*); **~ in** *v/t.*: ***it was borne in upon him*** es wurde ihm klar, es drängte sich ihm auf; **~ out** *v/t.* **1.** bestätigen, bekräftigen: ***bear s.o. out*** j-m recht geben; **2.** unter'stützen; **~ up I** *v/t.* **1.** stützen, ermutigen; **II** *v/i.* **2.** (***against***) (tapfer) standhalten (*dat.*), die Stirn bieten (*dat.*), mutig ertragen (*acc.*), *weitS.* sich fabelhaft halten; **3.** *Brit.* Mut fassen: ***~!*** Kopf hoch!

bear² [beə] **I** *s.* **1.** *zo.* Bär *m*; **2.** *fig.* a) Bär *m*, Tolpatsch *m*, b) ‚Brummbär' *m*, Ekel *n*; **3.** ✝ 'Baissespeku,lant *m*, Baissi'er *m*: ***~ market*** Baissemarkt *m*; **4.** *ast.*: ***Great***(***er***) ♌ Großer Bär; ***Little*** *od.* ***Lesser*** ♌ Kleiner Bär; **II** *v/i.* **5.** ✝ auf Baisse spekulieren; **III** *v/t.* **6.** ✝ ***~ the market*** die Kurse drücken (wollen).

bear·a·ble ['beərəbl] *adj.* □ tragbar, erträglich, zu ertragen(d).

'bear-bait·ing *s. hist.* Bärenhetze *f*.

beard [bɪəd] **I** *s.* **1.** Bart *m* (*a. von Tieren*); → ***grow*** 6; **2.** ⚘ Grannen *pl.*; **3.** ⚙ 'Widerhaken *m* (*an Pfeil, Angel etc.*); **II** *v/t.* **4.** *fig.* mutig entgegentreten, Trotz bieten (*dat.*): ***~ the lion in his den*** sich in die Höhle des Löwen wagen; **'beard·ed** [-dɪd] *adj.* **1.** bärtig; **2.** ⚘ mit Grannen; **3.** ⚙ mit (e-m) 'Widerhaken; **'beard·less** [-lɪs] *adj.* **1.** bartlos; **2.** ⚘ ohne Grannen; **3.** *fig.* jugendlich, unreif.

bear·er ['beərə] *s.* **1.** Träger(in); **2.** Über'bringer(in) *e-s Briefes, Schecks etc.*; **3.** ✝ Inhaber(in) *e-s Wechsels etc.*: ***~ bond*** Inhaberobligation *f*; ***~ cheque*** (***Am. check***) Inhaberscheck *m*; ***~ securities*** Inhaberpapiere; ***~ share*** (*od.* ***stock***) Inhaberaktie *f*; → ***payable*** 1; **4.** ⚘ ***a good ~*** ein Baum, der gut trägt; **5.** *her.* Schildhalter *m*.

bear| gar·den *s.* **1.** Bärenzwinger *m*; **2.** *fig.* ‚Tollhaus' *n*; **~ hug** *s.* F heftige Um'armung.

bear·ing ['beərɪŋ] **I** *adj.* **1.** tragend; **2.** ⚗, *min.* … enthaltend, …haltig; **II** *s.* **3.** (Körper)Haltung *f*: ***of noble ~***; **4.** Betragen *n*, Verhalten *n*: ***his kindly ~***; **5.** (***on***) Bezug *m* (auf *acc.*), Beziehung *f* (zu), Verhältnis *n* (zu), Zs.-hang *m* (mit); Tragweite *f*, Bedeutung *f*: ***have no ~ on*** keinen Einfluß haben auf (*acc.*), nichts zu tun haben mit; ***consider it in all its ~s*** es in s-r ganzen Tragweite *od.* von allen Seiten betrachten; **6.** *pl.* ⚓, ✈, *surv.* Richtung *f*, Lage *f*; Peilung *f*; *fig.* Orientierung *f*: ***take the ~s*** die Richtung *od.* Lage feststellen, peilen; ***take one's ~s*** sich orientieren; ***find*** (*od.* ***get***) ***one's ~s*** sich zurechtfinden; ***lose one's ~s*** die Orientierung verlieren, *fig.* in Verlegenheit *od.* ‚ins Schwimmen' geraten; **7.** Ertragen *n*, Erdulden *n*, Nachsicht *f*: ***beyond*** (***all***) ***~*** unerträglich; ***there is no ~ with such a fellow*** solch ein Kerl ist unerträglich; **8.** *mst pl.* ⚙ a) (Zapfen-, Achsen- *etc.*)Lager *n*, b) Stütze *f*; **9.** *pl. her.* → ***armorial*** I; **10.** (Früchte)Tragen *n*: ***beyond ~*** ⚘ nicht mehr tragend.

bear·ing| com·pass *s.* ⚓ 'Peil͵kompaß *m*; **~ line** *s.* ⚓, ✈ 'Peil-, Vi'sier͵linie *f*; **~ met·al** *s.* ⚙ 'Lagerme͵tall *n*; **~ pin** *s.* ⚙ Lagerzapfen *m*.

bear·ish ['beərɪʃ] *adj.* **1.** bärenhaft; **2.** *fig.* plump; brummig, unfreundlich; **3.** ☤ flau, Baisse...: ***~ operation*** Baissespekulation *f*.

bear lead·er *s. hist.* Bärenführer *m* (*a. fig. Reisebegleiter*).

'bear|·skin *s.* **1.** Bärenfell *n*; **2.** ⚔ Bärenfellmütze *f*; **'~·wood** *s.* ⚘ Kreuz-, Wegdorn *m*.

beast [bi:st] *s.* **1.** *bsd. vierfüßiges u. wildes* Tier: ***~ of burden*** Lasttier; ***~s of the forest*** Waldtiere; ***~ of prey*** Raubtier; ***the ~ in us*** *fig.* das Tier(ische) in uns; **2.** ⚒ Vieh *n* (*Rinder*), *bsd.* Mastvieh *n*; **3.** *fig.* a) bru'taler Mensch, Rohling *m*, 'Bestie *f*, b) ‚Biest' *n*, Ekel *n*; **beast·li·ness** ['bi:stlɪnɪs] *s.* **1.** Brutali'tät *f*, Roheit *f*; **2.** F a) Scheußlichkeit *f*, b) Gemeinheit *f*; **beast·ly** ['bi:stlɪ] **I** *adj.* **1.** *fig.* viehisch, bru'tal, roh, gemein; **2.** F ab'scheulich, garstig, eklig, *Person*: *a.* ekelhaft, gemein; **II** *adv.* **3.** F scheußlich, ‚verdammt': ***it was ~ hot***.

beat [bi:t] **I** *s.* **1.** (*regelmäßig wiederholter*) Schlag; Herz-, Puls-, Trommelschlag *m*; Ticken *n* (*Uhr*); **2.** ♪ a) Takt(-schlag) *m*, b) *Jazz*: Beat *m*, 'rhythmischer Schwerpunkt, c) → ***beat music***; **3.** *Versmaß*: Hebung *f*; **4.** *phys., Radio*: Schwebung *f*; **5.** Runde *f od.* Re'vier *n e-s Schutzmanns etc.*: ***be on one's ~*** die Runde machen; ***be off*** (*od.* ***out of***) ***one's ~*** *fig.* nicht in s-m Element sein; ***that is outside my ~*** *fig.* das schlägt nicht in mein Fach *od.* ist mir ungewohnt; **6.** *Am.* (Verwaltungs)Bezirk *m*; **7.** *Am.* F a) *wer od. was alles übertrifft*: ***I've never seen his ~*** der schlägt alles, was ich je gesehen habe, b) (sensatio'nelle) Erst- *od.* Al'leinmeldung *e-r Zeitung*, c) → ***deadbeat***, d) → ***beatnik***; **8.** *hunt.* Treibjagd *f*; **II** *adj.* **9.** F (wie) erschlagen: a) ‚ganz ka'putt', erschöpft, b) verblüfft; **10.** *Am. sl.* 'antikonfor͵mistisch, illusi'onslos: ***the ℒ Generation*** die Beat generation; **III** *v/t.* [*irr.*] **11.** (*regelmäßig od. häufig*) schlagen; *Teppich etc.* klopfen; *Metall* hämmern *od.* schmieden; *Eier, Sahne* (zu Schaum *od.* Schnee) schlagen; *Takt, Trommel* schlagen: ***~ a horse*** ein Pferd schlagen; ***~ a path*** e-n Weg (durch Stampfen *etc.*) bahnen; ***~ the wings*** mit den Flügeln schlagen; ***~ the air*** *fig.* vergebliche Versuche machen, gegen Windmühlen kämpfen; ***~ a charge*** *Am. sl.* e-r Strafe entgehen; ***~ s.th. into s.o.'s head*** j-m et. einbleuen; ***~ one's brains*** sich den Kopf zerbrechen; ***~ it*** *sl.* ‚abhauen', ‚verduften'; → ***retreat*** 1; **12.** *Gegner* schlagen, besiegen; über'treffen, -'bieten; zu'viel sein für *j-n*: ***~ s.o. at tennis*** j-n im Tennis schlagen; ***~ the record*** den Rekord brechen; ***to ~ the band*** (*Wendung*) mit aller Macht, wie toll; ***~ s.o. hollow*** j-n vernichtend schlagen; ***~ s.o. to it*** j-m zuvorkommen; ***that ~s me!*** F das ist mir zu hoch!, da komme ich nicht mit!; ***this poster takes some ~ing*** dieses Plakat ist schwer zu überbieten; ***that ~s everything!*** F a) das ist die Höhe!, b) ist ja sagenhaft!; ***can you ~ that!*** F das darf doch nicht wahr sein!; ***the journey ~ me*** die Reise hat mich völlig erschöpft; ***hock ~s claret*** Weißwein ist besser als Rotwein; **13.** *Wild* aufstöbern, treiben: ***~ the woods*** e-e Treibjagd *od.* Suche durch die Wälder veranstalten; **14.** schlagen, verprügeln, (ver)hauen; **15.** abgehen, ‚abklopfen', e-n Rundgang machen um; **IV** *v/i.* [*irr.*] **16.** schlagen (*a. Herz etc.*); ticken (*Uhr*): ***~ at*** (*od.* ***on***) ***the door*** (fest) an die Tür pochen; ***rain ~ on the windows*** der Regen schlug *od.* peitschte gegen die Fenster; ***the hot sun was ~ing down on us*** die heiße Sonne brannte auf uns nieder; **17.** *hunt.* treiben; → ***bush***[1] 1; **18.** ⚓ lavieren: ***~ against the wind*** gegen den Wind kreuzen;
Zssgn mit adv.:

beat| back *v/t.* zu'rückschlagen, -treiben, abwehren; **~ down I** *v/t.* **1.** *fig.* niederschlagen, unter'drücken; **2.** ☤ a) *den Preis* drücken, b) *j-n* her'unterhandeln (***to*** auf *acc.*); **II** *v/i.* **3.** a) her'unterbrennen (*Sonne*), b) niederprasseln (*Regen*); **~ off** *v/t. Angriff, Gegner* abschlagen, -wehren; **~ out** *v/t.* **1.** *Metall* (aus)schmieden, hämmern: ***~ s.o.'s brains*** j-m den Schädel einschlagen; **2.** *Feuer* ausschlagen; **3.** *fig. et.* ‚ausknobeln', her'ausarbeiten; **4.** F *j-n* ausstechen; **~ up** *v/t.* **1.** *Eier, Sahne* (zu Schaum *od.* Schnee) schlagen; **2.** ⚔ *Rekruten* werben; **3.** *j-n* zs.-schlagen, verprügeln; **4.** *fig.* aufrütteln; **5.** *et.* auftreiben.

beat·en ['bi:tn] *p.p. u. adj.* geschlagen; besiegt; erschöpft; ausgetreten, vielbegangen (*Weg*): ***~ gold*** Blattgold *n*; ***the ~ track*** *fig.* das ausgefahrene Geleise; ***off the ~ track*** a) abgelegen, b) *fig.* ungewohnt; ***~ biscuit*** *Am. ein* Blätterteiggebäck *n*.

beat·er ['bi:tə] *s.* **1.** Schläger *m*, Klopfer *m* (*Person od. Gerät*); Stößel *m*, Stampfe *f*; **2.** *hunt.* Treiber *m*.

be·a·tif·ic [͵bi:ə'tɪfɪk] *adj.* **1.** glück'selig; **2.** seligmachend; **be·at·i·fi·ca·tion** [bi:͵ætɪfɪ'keɪʃn] *s. eccl.* Seligsprechung *f*; **be·at·i·fy** [bi:'ætɪfaɪ] *v/t.* **1.** beseligen, selig machen; **2.** *eccl.* seligsprechen, beatifizieren.

beat·ing ['bi:tɪŋ] *s.* **1.** Schlagen *n* (*a. Herz, Flügel etc.*); **2.** Prügel *pl.*: ***give s.o. a good ~*** j-m e-e tüchtige Tracht Prügel verabreichen, *fig.* j-m e-e böse Schlappe bereiten; ***give the enemy a good ~*** den Feind aufs Haupt schlagen; ***take a ~*** Prügel beziehen, e-e Schlappe erleiden.

be·at·i·tude [bi:'ætɪtju:d] *s.* (Glück)'Seligkeit *f*: ***the ℒs*** *bibl.* die Seligpreisungen.

beat mu·sic *s.* 'Beatmu͵sik *f*.

beat·nik ['bi:tnɪk] *s. hist.* Beatnik *m*, junger 'Antikonfor͵mist.

beau [bəʊ] *pl.* **beaus** *od.* **beaux** [bəʊz] (*Fr.*) *s. obs.* **1.** Beau *m*, Geck *m*; **2.** Liebhaber *m*, ‚Kava'lier' *m*.

beau i·de·al *s.* **1.** ('Schönheits)Ide͵al *n*, Vorbild *n*; **2.** vollkommene Schönheit.

beaut [bju:t] *s. sl.* → ***beauty*** 3.

beau·te·ous ['bju:tjəs] *adj. mst poet.* (*äußerlich*) schön.

beau·ti·cian [bju:'tɪʃn] *s.* Kos'metiker (-in).

beau·ti·ful ['bju:təfʊl] **I** *adj.* □ **1.** schön: ***the ~ people*** F die ‚Schickeria'; **2.** wunderbar; **II** *s.* **3.** ***the ~*** das Schöne; die Schönen *pl.*; **'beau·ti·ful·ly** [-təflɪ] *adv.* F schön, wunderbar, ausgezeichnet: ***~ warm*** schön warm; **'beau·ti·fy** [-tɪfaɪ] *v/t.* verschönern, verzieren.

beau·ty ['bju:tɪ] *s.* **1.** Schönheit *f*; **2.** *das* Schön(st)e, *et.* Schönes: ***that is the ~ of it*** das ist das Schönste daran; **3.** a) Prachtstück *n*: ***a ~ of a vase*** ein Gedicht von e-r Vase, b) F ‚tolles Ding' schicke Sache: ***that goal was a ~!*** das Tor war Klasse!; **4.** Schönheit *f*, schöne Per'son (*mst Frau*; *a. Tier*): ***~ queen*** Schönheitskönigin *f*; **5.** *iro.*: ***you are a ~!*** du bist mir ein Schöner *od.* ein Schlimmer!; **~ con·test** *s.* Schönheitswettbewerb *m*; **~ par·lo(u)r**, **~ sa·lon**, **~ shop** *s.* 'Schönheitssa͵lon *m*; **~ sleep** *s.* Schlaf *m* vor Mitternacht; **~ spot** *s.* **1.** Schönheitspflästerchen *n*; **2.** schönes Fleckchen Erde, lohnendes Ausflugsziel.

beaux *pl. von* ***beau***.

bea·ver[1] ['bi:və] **I** *s.* **1.** *zo.* Biber *m*: ***work like a ~*** → 5; **2.** Biberpelz *m*; **3.** ☤ Biber *m* (*filziger Wollstoff*); **4.** *sl.* a) Bart(träger) *m*, b) *Am.* ‚Muschi' *f*; **II** *v/i.* **5.** *mst* ***~ away*** (schwer) schuften.

bea·ver[2] ['bi:və] *s.* ⚔ *hist.* Vi'sier *n*, Helmsturz *m*.

be·bop ['bi:bɒp] *s.* ♪ Bebop *m* (*Jazz*).

be·calm [bɪ'kɑ:m] *v/t.* **1.** beruhigen; **2.** ***be ~ed*** ⚓ in e-e Flaute geraten.

be·came [bɪ'keɪm] *pret. von* ***become***.

be·cause [bɪ'kɒz] **I** *cj.* weil, da; **II ~ of** *prp.* wegen (*gen.*), in'folge von (*od. gen.*).

bêche-de-mer [͵beɪʃdə'meə] (*Fr.*) *s. zo.* eßbare Seewalze, 'Trepang *m*.

beck[1] [bek] *s.* Wink *m*, Nicken *n*: ***be at s.o.'s ~ and call*** j-m auf den (leisesten) Wink gehorchen, nach j-s Pfeife tanzen.

beck[2] [bek] *s. Brit.* (Wild)Bach *m*.

beck·on ['bekən] **I** *v/t. j-m* (zu)winken, zunicken, *j-n* her'anwinken, *j-m* ein Zeichen geben; **II** *v/i.* winken, *fig. a.* locken.

be·cloud [bɪ'klaʊd] *v/t.* um'wölken, verdunkeln, *fig. a.* vernebeln.

be·come [bɪ'kʌm] [*irr.* → ***come***] **I** *v/i.* **1.** werden: ***~ an actor***, ***~ warmer***, ***what has ~ of him?*** a) was ist aus ihm geworden?, b) F wo steckt er nur?; **II** *v/t.* **2.** sich schicken für, sich (ge)ziemen für: ***it does not ~ you***; **3.** *j-m* stehen, passen zu, *j-n* kleiden (*Hut etc.*); **be'com·ing** [-mɪŋ] *adj.* □ **1.** schicklich, geziemend, anständig; **2.** kleidsam.

bed [bed] **I** *s.* **1.** Bett *n*: ***~ and breakfast*** Übernachtung *f* mit Frühstück; ***his life is no ~ of roses*** er ist nicht auf Rosen gebettet; ***marriage is not always a ~ of roses*** die Ehe hat nicht nur angenehme Seiten; ***die in one's ~*** e-s natürlichen Todes sterben; ***get out of ~ on the wrong side*** mit dem verkehrten *od.* linken Fuß zuerst aufstehen; ***go to ~*** zu Bett *od.* schlafen gehen; ***keep one's ~*** das Bett hüten; ***make the ~*** das Bett machen; ***as you make your ~, so you must lie upon it*** wie man sich bettet, so schläft man; ***put to ~*** *j-n* zu Bett bringen; ***take to one's ~*** sich (krank) ins Bett legen; **2.** Federbett *n*; **3.** Ehebett *n*: ***~ and board*** Tisch *m* u. Bett (*Ehe*); **4.** Lager(statt *f*) *n* (*a. e-s Tieres*): **~ *of straw*** Strohlager; **5.** *fig.* letzte Ruhestätte; **6.** ˈUnterkunft *f*: **~ *and breakfast*** Zimmer *n* mit Frühstück; **7.** (Fluß- *etc.*)Bett *n*; **8.** ⚘ Beet *n*; **9.** ⚙, ⚠ Bett *n* (*a. e-r Werkzeugmaschine*), Bettung *f*, ˈUnterlage *f*, Schicht *f*: **~ *of concrete*** Betonunterlage *f*; **10.** *geol.*, ⚒ Bett *n*, Schicht *f*, Lage *f*, Lager *n*, Flöz *n* (*Kohle*); **11.** 🚂 ˈUnterbau *m*; **II** *v/t.* **12.** zu Bett bringen; **13.** ***be bedded*** bettlägerig sein; **14.** *mst* **~ *down*** a) *j-m* das Bett machen, b) *j-n* für die Nacht ˈunterbringen, d) *Pferd etc.* mit Streu versorgen; **15.** *mst* **~ *out*** in ein Beet pflanzen, auspflanzen; **III** *v/i.* **16.** *a.* **~ *down*** a) ins *od.* zu Bett gehen, b) sein Nachtlager aufschlagen; **17.** (sich ein)nisten (*a. fig.*).

be·dad [bɪˈdæd] *int. Ir.* bei Gott!

be·daub [bɪˈdɔːb] *v/t.* beschmieren.

be·daz·zle [bɪˈdæzl] *v/t.* blenden.

ˈbed|·bug *s. zo.* Wanze *f*; **~ bun·ny** *s.* F ‚Betthäschen' *n*; **ˈ~ˌcham·ber** *s.* (königliches) Schlafgemach: ***Gentleman*** *od.* ***Groom of the*** **2** königlicher Kammerherr; ***Lady of the*** **2** königliche Kammerzofe; **ˈ~·clothes** *s. pl.* Bettwäsche *f*.

bed·ding [ˈbedɪŋ] **I** *s.* **1.** Bettzeug *n*, Bett *n* u. ˈZubehör *n*, *m*; **2.** (Lager-)Streu *f für Tiere*; **3.** ⚙ Bettung *f*, ˈUnterschicht *f*, -lage *f*, Lager *n*; **II** *adj.* **4.** **~ *plants*** Beetpflanzen (*Blumen etc.*).

be·deck [bɪˈdek] *v/t.* (ver)zieren, schmücken.

be·del(l) [beˈdel] *s. Brit. univ.* Herold *m*.

be·dev·il [bɪˈdevl] *v/t. fig.* **1.** *fig.* verhexen; **2.** a) plagen, peinigen, b) bedrücken, belasten; **3.** *fig.* verwirren, durcheinˈanderbringen.

be·dew [bɪˈdjuː] *v/t.* betauen, benetzen.

ˈbed|·fast *adj.* bettlägerig; **ˈ~ˌfel·low** *s.* **1.** ˈSchlafkameˌrad *m*, Bettgenosse *m*; **2.** *fig.* Genosse *m*; **ˈ~·gown** *s.* (Frauen)Nachthemd *n*.

be·dim [bɪˈdɪm] *v/t.* trüben.

be·diz·en [bɪˈdaɪzn] *v/t.* (überˈtrieben) herˈausputzen.

bed·lam [ˈbedləm] *s. fig.* Tollhaus *n*: ***cause a*** **~** e-n Tumult auslösen; **ˈbed·lam·ite** [-maɪt] *s. obs.* Irre(r *m*) *f*.

Bed·ou·in [ˈbedʊɪn] **I** *s.* Beduˈine *m*; **II** *adj.* Beduinen…

ˈbed|·pan *s.* ⚕ Stechbecken *n*, Bettschüssel *f*; **ˈ~·plate** *s.* ⚙ ˈUnterlagsplatte *f*, -gestell *n od.* -rahmen *m*; **ˈ~·post** *s.* Bettpfosten *m*: ***between you and me and the*** **~** F unter uns *od.* im Vertrauen (gesagt).

be·drag·gled [bɪˈdrægld] *adj.* **1.** a) verdreckt, b) durchˈnäßt; **2.** *fig.* verwahrlost.

ˈbed|ˌrid·den *adj.* bettlägerig; **ˈ~·rock I** *s.* **1.** *geol.* unterste Felsschicht, Grundgestein *n*; **2.** (*mst fig.*) Grundlage *f*: ***get down to*** **~** der Sache auf den Grund gehen; **3.** *fig.* Tiefpunkt *m*; **II** *adj.* **4.** F a) grundlegend, b) (felsen)fest, c) ☤ äußerst, niedrigst: **~ *price***; **ˈ~·roll** *s.* zs.-gerolltes Bettzeug; **ˈ~·room** [-rʊm] *s.* Schlafzimmer *n*: **~ *eyes*** F ‚Schlafzimmeraugen'; **~ *suburb*** Schlafstadt *f*; **ˈ~·setˌtee** *s.* Schlafcouch *f*; **ˈ~·sheet** *s.* Bettlaken *n*.

ˈbed·side *s.*: ***at the*** **~** am (Kranken-)Bett; ***good*** **~ *manner*** gute Art, mit Kranken umzugehen; **~ lamp** *s.* Nachttischlampe *f*; **~ read·ing** *s.* ˈBettlekˌtüre *f*; **~ rug** *s.* Bettvorleger *m*; **~ stor·y** *s.* Gutenachtgeschichte *f*; **~ ta·ble** *s.* Nachttisch *m*.

ˈbed|-sit *Brit.* **I** *v/i.* [*irr.*] ein möbliertes Zimmer bewohnen; **II** *s.* → **ˈ~-ˌsit·ter** *s.*, **ˈ~-ˌsit·ting-room** *s. Brit.* **1.** möbliertes Zimmer; **2.** Einˈzimmerapparteˌment *n*; **ˈ~·sore** *s.* ⚕ wundgelegene Stelle; **ˈ~·space** *s.* (An)Zahl *f* der Betten (*in Klinik etc.*); **ˈ~·spread** *s.* (Zier-)Bettdecke *f*; Tagesdecke *f*; **ˈ~·stead** *s.* Bettstelle *f*, -gestell *n*; **ˈ~·straw** *s.* ⚘ Labkraut *n*; **ˈ~·tick** *s.* Inlett *n*; **ˈ~·time** *s.* Schlafenszeit *f*; **ˈ~-ˌwet·ting** *s.* Bettnässen *n*.

bee[1] [biː] *s.* **1.** *zo.* Biene *f*: ***have a*** **~ *in one's bonnet*** F ‚e-n Vogel haben'; **2.** *fig.* Biene *f*, fleißiger Mensch; → ***busy*** 2; **3.** *bsd. Am.* a) Treffen *n von Freunden* zur Gemeinschaftshilfe *od.* Unterˈhaltung: ***sewing*** **~** Nähkränzchen *n*, b) Wettbewerb *m*.

bee[2] [biː] *s.* B, b *n* (*Buchstabe*).

Beeb [biːb] *s.*: ***the*** **~** *Brit.* F die BBˈC.

beech [biːtʃ] *s.* ⚘ Buche *f*; Buchenholz *n*; **beech·en** [ˈbiːtʃən] *adj.* aus Buchenholz, Buchen…

beech| mar·ten *s. zo.* Steinmarder *m*; **ˈ~·mast** *s.* Bucheckern *pl.*; **ˈ~·nut** *s.* Buchecker *f*.

beef [biːf] *pl.* **beeves** [biːvz], *a.* **beefs I** *s.* **1.** Mastrind *n*, -ochse *m*, -bulle *m*; **2.** Rindfleisch *n*; **3.** F a) Fleisch *n* (*am Menschen*), b) (Muskel)Kraft *f*; **4.** *sl.* ‚Meckeˈrei' *f*, Beschwerde *f*; **5.** *Am. sl.* ‚dufte Puppe'; **II** *v/i.* **6.** *sl.* nörgeln, ‚mekkern', sich beschweren; **III** *v/t.* **7.** **~ *up*** F *et.* ‚aufmöbeln'; **ˈ~·cake** *s. Am. sl.* Bild *n* e-s Muskelprotzen; **ˈ~ˌeat·er** *s. Brit.* Beefeater *m*, Tower-Wächter *m* (*in London*); **ˌ~ˈsteak** *s.* ˈBeefsteak *n*; **~ tea** *s.* (Rind)Fleisch-, Kraftbrühe *f*, Bouilˈlon *f*.

beef·y [ˈbiːfɪ] *adj.* **1.** fleischig; **2.** F bullig, kräftig.

ˈbee|·hive *s.* **1.** Bienenstock *m*, -korb *m*; **2.** *fig.* ‚Taubenschlag' *m*; **ˈ~ˌkeep·er** *s.* Bienenzüchter *m*, Imker *m*; **ˈ~ˌkeep·ing** *s.* Bienenzucht *f*, Imkeˈrei *f*; **ˈ~·line** *s.*: ***make a*** **~ *for*** schnurgerade auf *et.* losgehen.

Be·el·ze·bub [biːˈelzɪbʌb] **I** *npr.* Beˈelzebub *m*; **II** *s.* Teufel *m*.

ˈbee-ˌmas·ter *s.* → ***beekeeper***.

been [biːn; bɪn] *p.p. von* **be**.

beep [biːp] *s.* **1.** ⚡ Piepton *m*; **2.** *mot.* ˈHupsigˌnal *n*.

beer [bɪə] *s.* **1.** Bier *n*: ***two*** **~*s*** zwei Glas Bier; ***life is not all*** **~ *and skittles*** *Brit.* F das Leben besteht nicht nur aus Vergnügen; → ***small beer***; **2.** bierähnliches Getränk (*aus Pflanzen*); **~ can** *s.* Bierdose *f*; **ˈ~-ˌen·gine** *s.* ˈBierˌdruckappaˌrat *m*; **ˈ~-ˌgar·den** *s.* Biergarten *m*; **ˈ~·house** *s. Brit.* Bierschenke *f*; **ˈ~-mat** *s.* Bierfilz *m*, -deckel *m*; **ˈ~-pull** *s.* (Griff *m* der) Bierpumpe *f*.

beer·y [ˈbɪərɪ] *adj.* **1.** bierartig; **2.** bierselig; **3.** nach Bier riechend.

beest·ings [ˈbiːstɪŋz] *s.* Biestmilch *f* (*erste Milch nach dem Kalben*).

bees·wax [ˈbiːzwæks] *s.* Bienenwachs *n*.

beet [biːt] *s.* ⚘ **1.** Runkelrübe *f*, Mangold *m*, Bete *f*: **~ *greens*** Mangoldgemüse *n*; **2.** *Am.* rote Bete.

bee·tle[1] [ˈbiːtl] *s. zo.* Käfer *m*; → ***blind*** 1.

bee·tle[2] [ˈbiːtl] **I** *s.* **1.** Holzhammer *m*, Schlegel *m*; **2.** ⚙ a) Erdstampfe *f*, b) ˈStampfkaˌlander *m*; **II** *v/t.* **3.** mit e-m Schlegel bearbeiten, (ein)stampfen; **4.** ⚙ kaˈlandern.

bee·tle[3] [ˈbiːtl] **I** *adj.* ˈüberhängend; **II** *v/i.* vorstehen, ˈüberhängen.

ˈbee·tle|-browed *adj.* **1.** mit buschigen Augenbrauen; **2.** finster blickend; **ˈ~ˌcrush·ers** *s. pl.* ‚Elbkähne' *pl.* (*riesige Schuhe*).

ˈbeet|·root *s.* ⚘ **1.** *Brit.* Wurzel *f* der roten Bete; **2.** *Am.* → ***beet*** 1; **~ sug·ar** *s.* ⚘ Rübenzucker *m*.

beeves [biːvz] *pl. von* ***beef***.

be·fall [bɪˈfɔːl] [*irr.* → ***fall***] *obs. od. poet.* **I** *v/i.* sich ereignen; **II** *v/t.* zustoßen, widerˈfahren (*dat.*).

be·fit [bɪfɪt] *v/t.* sich ziemen *od.* schicken für; **beˈfit·ting** [-tɪŋ] *adj.* □ geziemend, schicklich.

be·fog [bɪˈfɒg] *v/t.* **1.** in Nebel hüllen; **2.** *fig.* a) umˈnebeln, b) verwirren.

be·fool [bɪˈfuːl] *v/t.* zum Narren haben, täuschen.

be·fore [bɪfɔː] **I** *prp.* **1.** *räumlich*: vor: ***he sat*** **~ *me***; **~ *my eyes***; ***the question*** **~ *us*** die (uns) vorliegende Frage; **2.** vor, in Gegenwart von: **~ *witnesses***; **3.** *Reihenfolge*, *Rang*: vorˈaus: ***be*** **~ *the others in class*** den anderen in der Klasse voraus sein; **4.** *zeitlich*: vor, früher als: **~ *lunch*** vor dem Mittagessen; ***an hour*** **~ *the time*** e-e Stunde früher *od.* zu früh; **~ *long*** in Kürze, bald; **~ *now*** schon früher *od.* vorher; ***the day*** **~ *yesterday*** vorgestern; ***the month*** **~ *last*** vorletzten Monat; ***to be*** **~ *one's time*** s-r Zeit voraus sein; **II** *cj.* **5.** beˈvor, ehe: ***he died*** **~ *I was born***; ***not*** **~** nicht früher *od.* eher als bis, erst als *od.* wenn; **6.** lieber … als daß: ***I would die*** **~ *I lied***; **III** *adv.* **7.** *räumlich*: vorn, voˈran: ***go*** **~** vorangehen; **~ *and behind*** vorn u. hinten; **8.** *zeitlich*: ˈvorher, vormals, früher, zuˈvor; (schon) früher: ***the year*** **~** das vorige *od.* vorhergehende Jahr, das Jahr zuvor; ***an hour*** **~** e-e Stunde vorher *od.* früher *od.* zuvor; ***long*** **~** lange vorher; ***never*** **~** noch nie (-mals), nie zuvor; **beˈfore·hand** *adv.* zuˈvor, (im) voraus: ***know s.th.*** **~** *et.* im voraus wissen; ***be*** **~ *in one's suspicions*** zu früh e-n Verdacht äußern; **beˈfore-ˌmen·tioned** *adj.* vorerwähnt; **beˈfore-tax** *adj.* ☤ vor Abzug der Steuern, Brutto…

be·foul [bɪˈfaʊl] *v/t.* besudeln, beschmutzen (*a. fig.*).

be·friend [bɪˈfrend] *v/t.* *j-m* Freundschaft erweisen; *j-m* behilflich sein, sich *j-s* annehmen.

be·fud·dle [bɪˈfʌdl] *v/t.* ‚benebeln', berauschen.

beg [beg] **I** *v/t.* **1.** *et.* erbitten (***of s.o.*** von j-m), bitten um: ***to*** **~ *leave*** um Erlaubnis bitten; → ***pardon*** 4; **2.** betteln *od.* bitten um: ***to*** **~ *a meal***; **3.** *j-n* bitten (***to do s.th.*** *et.* zu tun); **II** *v/i.* **4.** betteln: ***go*** **~*ging*** a) betteln (gehen), b) keinen Interessenten finden; **5.** (dringend) bitten (***for*** um, ***of s.o. to*** *inf.* j-n zu *inf.*): **~ *off*** sich entschuldigen, absagen; **6.** sich erlauben: ***I*** **~ *to differ*** ich erlaube mir, anderer Meinung zu sein; ***I***

~ to inform you † *obs.* ich erlaube mir, Ihnen mitzuteilen; **7.** schönmachen, Männchen machen (*Hund*); **8.** → ***question*** 1.

be·gad [bɪˈgæd] *int.* F bei Gott!

be·gan [bɪˈgæn] *pret. von* ***begin***.

be·gat [bɪˈgæt] *obs. pret. von* ***beget***.

be·get [bɪˈget] *v/t.* [*irr.*] **1.** zeugen; **2.** *fig.* erzeugen, herˈvorbringen; **beˈget·ter** [-tə] *s.* **1.** Erzeuger *m*, Vater *m*; **2.** *fig.* Urheber *m*.

beg·gar [ˈbegə] **I** *s.* **1.** Bettler(in); Arme(r *m*) *f*: ***~s must not be choosers*** arme Leute dürfen nicht wählerisch sein; **2.** F Kerl *m*, Bursche *m*: ***lucky ~*** Glückspilz *m*; ***a naughty little ~*** ein kleiner Schelm; **II** *v/t.* **3.** an den Bettelstab bringen; **4.** *fig.* erschöpfen; überˈsteigen: ***it ~s description*** a) es spottet jeder Beschreibung, b) es läßt sich nicht mit Worten beschreiben; **ˈbeg·gar·ly** [-lɪ] *adj.* **1.** (sehr) arm; **2.** *fig.* armselig, lumpig; **ˌbeg·gar-my-ˈneigh·bo(u)r** [-mɪ-] *s.* Bettelmann *m* (*Kartenspiel*); **ˈbeg·gar·y** [-ərɪ] *s.* Bettelarmut *f*: ***reduce to ~*** an den Bettelstab bringen.

be·gin [bɪˈgɪn] [*irr.*] **I** *v/t.* **1.** beginnen, anfangen: ***to ~ a new book***; **2.** (be-)gründen; **II** *v/i.* **3.** beginnen, anfangen: ***~ with s.o.*** *od.* ***s.th*** mit *od.* bei j-m *od.* et. anfangen; ***to ~ with*** (*Wendung*) a) zunächst, b) erstens (einmal); ***~ on s.th.*** et. in Angriff nehmen; ***he began by asking*** zuerst fragte er; ***... began to be put into practice*** … wurde bald in die Praxis umgesetzt; ***he does not even ~ to try*** er versucht es nicht einmal; ***it doesn't ~ to do him justice*** F es wird ihm nicht annähernd gerecht; **4.** entstehen; **beˈgin·ner** [-nə] *s.* Anfänger(in), Neuling *m*: ***~'s luck*** Anfängerglück *n*; **beˈgin·ning** [-nɪŋ] *s.* **1.** Anfang *m*, Beginn *m*: ***from the*** (***very***) ***~*** (ganz) von Anfang an; ***the ~ of the end*** der Anfang vom Ende; **2.** Ursprung *m*; **3.** *pl.* a) Anfangsgründe *pl.*, b) Anfänge *pl.*

be·gone [bɪˈgɒn] *int.* fort (mit dir)!

be·go·ni·a [bɪˈgəʊnjə] *s.* Beˈgonie *f*.

be·got [bɪˈgɒt] *pret. von* ***beget***.

be·got·ten [bɪˈgɒtn] *p.p. von* ***beget***: ***God's only ~ son*** Gottes eingeborener Sohn.

be·grime [bɪˈgraɪm] *v/t.* (*mit Ruß, Rauch etc.*) beschmutzen.

be·grudge [bɪˈgrʌdʒ] *v/t.* **1.** ***~ s.o. s.th.*** j-m et. mißgönnen; **2.** *et.* nur ungern geben.

be·guile [bɪˈgaɪl] *v/t.* **1.** täuschen; betrügen (***of*** *od.* ***out of*** um); **2.** verleiten (***into doing*** zu tun); **3.** *Zeit* (angenehm) vertreiben; **4.** betören; **beˈguil·ing** [-lɪŋ] *adj.* □ verführerisch, betörend.

be·gun [bɪˈgʌn] *p.p. von* ***begin***.

be·half [bɪˈhɑːf] *s.*: ***on*** (*od.* ***in***) ***~ of*** zugunsten *od.* im Namen *od.* im Auftrag von (*od. gen*), für *j-n*; ***on*** (*od.* ***in***) ***my ~*** zu m-n Gunsten, für mich; ***act on one's own ~*** im eigenen Namen handeln.

be·have [bɪˈheɪv] **I** *v/i.* **1.** sich (gut) benehmen, sich zu benehmen wissen: ***please ~!*** bitte benimm dich!; ***he doesn't know how to ~, he can't ~*** er kann sich nicht (anständig) benehmen; **2.** sich verhalten; funktionieren (*Maschine etc.*); **II** *v/t.* **3.** ***~ o.s.*** sich (gut) benehmen: ***~ yourself!*** benimm dich!; **beˈhaved** [-vd] *adj.*: ***he is well-~*** er hat ein gutes Benehmen.

be·hav·io(u)r [bɪˈheɪvjə] *s.* Benehmen *n*, Betragen *n*; Verhalten *n* (*a.* ⚗, ⚙, *phys.*): ***~ pattern*** *psych.* Verhaltensmuster *n*; ***~ therapy*** *psych.* Verhaltenstherapie *f*; ***during good ~*** *Am.* auf Lebenszeit (*Ernennung*); ***be in office on one's good ~*** ein Amt auf Bewährung innehaben; ***be on one's best ~*** sich von seiner besten Seite zeigen; ***put s.o. on his good ~*** j-m einschärfen, sich gut zu benehmen; **beˈhav·io(u)r·al** [-ərəl] *adj. psych.* Verhaltens…: ***~ science*** Verhaltensforschung *f*; **beˈhav·io(u)r·ism** [-ərɪzəm] *s. psych.* Behavioˈrismus *m*.

be·head [bɪˈhed] *v/t.* enthaupten.

be·held [bɪˈheld] *pret. u. p.p. von* ***behold***.

be·he·moth [bɪˈhiːmɒθ] **1.** *Bibl.* Behemoth; **2.** *fig.* Koˈloß *m*, Ungeheuer *n*.

be·hest [bɪˈhest] *s. poet.* Geheiß *n*: ***at s.o.'s ~*** auf j-s Geheiß *od.* Befehl *od.* Veranlassung.

be·hind [bɪˈhaɪnd] **I** *prp.* **1.** hinter: ***~ the tree*** hinter dem *od.* den Baum; ***he looked ~ him*** er blickte hinter sich; ***be ~ s.o.*** a) hinter j-m stehen, j-n unterstützen, b) j-m nachstehen, hinter j-m zurück sein; ***what is ~ all this?*** was steckt dahinter?; **II** *adv.* **2.** hinten, daˈhinter, hinterˈher: ***walk ~*** hinterhergehen; **3.** nach hinten, zuˈrück: ***to look ~*** zurückblicken; **4.** zuˈrück, im Rückstand: ***~ with one's work*** mit s-r Arbeit im Rückstand; ***my watch is ~*** meine Uhr geht nach; → ***time*** 7; **5.** *fig.* daˈhinter, verborgen: ***there is more ~*** da steckt (noch) mehr dahinter; **III** *s.* **6.** F ‚Hintern' *m*, Gesäß *n*; **beˈhind·hand** *adv. u. pred. adj.* **1.** → ***behind*** 4; **2.** *fig.* rückständig; altmodisch.

be·hold [bɪˈhəʊld] **I** *v/t.* [*irr.* → ***hold***] erblicken, anschauen; **II** *int.* siehe da!; **beˈhold·en** [-dən] *adj.* verpflichtet, dankbar (***to*** *dat.*); **beˈhold·er** [-də] *s.* Beschauer(in), Betrachter(in).

be·hoof [bɪˈhuːf] *s. lit.*: ***in*** (*od.* ***to, for, on***) (***the***) ***~ of*** um … willen; ***on her ~*** zu ihren Gunsten.

be·hoove [bɪˈhuːv] *Am.*, **beˈhove** [-ˈhəʊv] *Brit. v/t. impers.*: ***it ~s you*** (***to*** *inf.*), a) es obliegt dir *od.* ist deine Pflicht (zu *inf.*), b) es gehört sich für dich (zu *inf.*).

beige [beɪʒ] **I** *s.* Beige *f* (*Wollstoff*); **II** *adj.* beige(farben).

be·ing [ˈbiːɪŋ] *s.* **1.** (Da)Sein *n*: ***in ~*** existierend, wirklich (vorhanden); ***come into ~*** entstehen; ***call into ~*** ins Leben rufen; **2.** *j-s* Wesen *n od.* Sein, Naˈtur *f*; **3.** Wesen *n*; Geschöpf *n*: ***living ~*** Lebewesen.

be·la·bo(u)r [bɪˈleɪbə] *v/t.* **1.** (mit den Fäusten *etc.*) bearbeiten, ˈdurchprügeln; **2.** *fig. j-n* ‚bearbeiten', *j-m* zusetzen.

be·lat·ed [bɪˈleɪtɪd] *adj.* **1.** verspätet; **2.** von der Nacht überˈrascht.

be·laud [bɪˈlɔːd] *v/t.* preisen.

be·lay [bɪˈleɪ] *v/t.* [*irr.* → ***lay***] **1.** ⚓ festmachen, *Tau* belegen; **2.** *mount. j-n* sichern.

belch [beltʃ] **I** *v/i.* **1.** aufstoßen, rülpsen; **II** *v/t.* **2.** *Rauch etc.* ausspeien; **III** *s.* **3.** Rülpsen *n*; **4.** *fig.* Ausbruch *m* (*Rauch etc.*).

bel·dam(e) [ˈbeldəm] *s. obs.* Ahnfrau *f*; alte Frau; Vettel *f*, Hexe *f*.

be·lea·guer [bɪˈliːgə] *v/t.* **1.** belagern (*a. fig.*); **2.** *fig.* a) heimsuchen, b) umˈgeben.

bel es·prit [ˌbel esˈpriː] *pl.* **beaux es·prits** [ˌbəʊz esˈpriː] (*Fr.*) *s.* Schöngeist *m*.

bel·fry [ˈbelfrɪ] *s.* **1.** Glockenturm *m*; → ***bat***[2] 1; **2.** Glockenstuhl *m*.

Bel·gian [ˈbeldʒən] **I** *adj.* belgisch; **II** *s.* Belgier(in).

be·lie [bɪˈlaɪ] *v/t.* **1.** Lügen erzählen über (*acc.*), *et.* falsch darstellen; **2.** *j-n od. et.* Lügen strafen; **3.** widerˈsprechen (*dat.*); **4.** hinˈwegtäuschen über (*acc.*); **5.** *Hoffnung etc.* enttäuschen, *e-r Sache* nicht entsprechen.

be·lief [bɪˈliːf] *s.* **1.** *eccl.* Glaube *m*, Religiˈon *f*: ***the*** ♀ das apostolische Glaubensbekenntnis; **2.** (***in***) a) Glaube *m* (an *acc.*): ***beyond ~*** unglaublich, b) Vertrauen *n* (auf *et. od.* zu *j-m*); **3.** Meinung *f*, Anschauung *f*, Überˈzeugung *f*: ***to the best of my ~*** nach bestem Wissen u. Gewissen.

be·liev·a·ble [bɪˈliːvəbl] *adj.* glaubhaft;

be·lieve [bɪˈliːv] **I** *v/i.* **1.** glauben (***in*** an *acc.*); **2.** (***in***) Vertrauen haben (zu), viel halten (von): ***I do not ~ in sports*** F ich halte nicht viel von Sport; **II** *v/t.* **3.** glauben, meinen, denken: ***~ it or not*** ob Sie es glauben *od.* nicht!, ganz sicher; ***do not ~ it*** glaube es nicht; ***would you ~ it!*** nicht zu glauben!; ***he is ~d to be a miser*** man hält ihn für e-n Geizhals; **4.** Glauben schenken, glauben (*dat.*): ***~ me*** glaube mir; ***not to ~ one's eyes*** s-n Augen nicht trauen; **beˈliev·er** [-və] *s.* **1.** ***be a great*** *od.* ***firm ~ in*** fest glauben an (*acc.*), viel halten von; **2.** *eccl.* Gläubige(r *m*) *f*: ***a true ~*** ein Rechtgläubiger; **beˈliev·ing** [-vɪŋ] *adj.* □ gläubig: ***a ~ Christian***.

Be·lish·a bea·con [bɪˈliːʃə] *s. Brit.* (gelbes) Blinklicht *n* an ˈFußgängerˌüberwegen.

be·lit·tle [bɪˈlɪtl] *v/t.* **1.** verkleinern; **2.** herˈabsetzen, schmälern; **3.** herabsetzen, schmähen; **4.** verharmlosen.

bell[1] [bel] **I** *s.* **1.** Glocke *f*, Klingel *f*, Schelle *f*: ***carry away*** (*od.* ***bear***) ***the ~*** Sieger sein; ***does that name ring a*** (*od.* ***the***) ***~?*** erinnert dich der Name an et.?; ***the ~ has rung*** es hat geklingelt; → ***clear*** 5, ***sound***[1] 1; **2.** *pl.* ⚓ (halbstündige Schläge *pl.* der) Schiffsglocke *f*; **3.** Taucherglocke *f*; **4.** ⚘ glockenförmige Blumenkrone, Kelch *m*; **5.** △ Glocke *f*, Kelch *m* (*am Kapitell*); **II** *v/t.* **6.** ***~ the cat*** *fig.* der Katze die Schelle umhängen.

bell[2] [bel] *v/i.* röhren (*Hirsch*).

bel·la·don·na [ˌbeləˈdɒnə] *s.* ⚘ Bellaˈdonna *f* (*a. pharm.*), Tollkirsche *f*.

ˈbell|-ˌbot·tomed *adj.* unten weit ausladend: ***~ trousers***; **ˈ~·boy** *s. Am.* Hoˈtelpage *m*; **~ buoy** *s.* ⚓ Glockenboje *f*; **~ but·ton** *s.* ⚡ Klingelknopf *m*.

belle [bel] (*Fr.*) *s.* Schöne *f*, Schönheit *f*: ***~ of the ball*** Ballkönigin *f*.

belles-let·tres [ˌbelˈletrə] (*Fr.*) *s. pl. sg. konstr.* Belleˈtristik *f*, Unterˈhaltungsliteraˌtur *f*.

ˈbell|ˌflow·er *s.* ⚘ Glockenblume *f*; **~ found·ry** *s.* Glockengieße'rei *f*; **~ glass** *s.* Glasglocke *f*; **ˈ~·hop** *s. Am.* Ho'telpage *m.*

bel·li·cose [ˈbelɪkəʊs] *adj.* □ kriegslustig, kriegerisch; **bel·li·cos·i·ty** [ˌbelɪˈkɒsətɪ] *s.* **1.** Kriegslust *f*; **2.** → ***belligerence*** 2.

bel·lied [ˈbelɪd] *adj.* bauchig; *in Zssgn* …bauchig, …bäuchig.

bel·lig·er·ence [bɪˈlɪdʒərəns] *s.* **1.** Kriegführung *f*; **2.** Kampfeslust *f*, Streitsucht *f*; **belˈlig·er·en·cy** [-rənsɪ] *s.* **1.** Kriegszustand *m*; **2.** → ***belligerence***; **belˈlig·er·ent** [-nt] **I** *adj.* □ **1.** kriegführend: ***the ~ powers***; ***~ rights*** Rechte der Kriegführenden; **2.** *fig.* streitlustig; **II** *s.* **3.** kriegführender Staat.

bell| lap *s. sport* letzte Runde; **ˈ~·man** [-mən] *s.* [*irr.*] öffentlicher Ausrufer; **~ met·al** *s.* ⚙ ˈGlockenmeˌtall *n*, -speise *f*; **ˈ~-mouthed** *adj.* (*a.* ⚔) mit trichterförmiger Öffnung.

bel·low [ˈbeləʊ] **I** *v/t. u. v/i.* brüllen; **II** *s.* Gebrüll *n.*

bel·lows [ˈbeləʊz] *s. pl.* (*a. sg. konstr.*) **1.** ⚙ a) Gebläse *n*, b) *a.* ***pair of ~*** Blasebalg *m*; **2.** Lunge *f*; **3.** *phot.* Balg *m.*

bell| pull *s.* Klingelzug *m*; **~ push** *s.* Klingelknopf *m*; **~ ring·er** *s.* Glöckner *m*; **~ rope** *s.* **1.** Glockenstrang *m*; **2.** Klingelzug *m*; **ˈ~-shaped** *adj.* glockenförmig; **~ tent** *s.* Rundzelt *n*; **ˈ~ˌweth·er** *s.* Leithammel *m* (*a. fig.*, *mst contp.*).

bel·ly [ˈbelɪ] **I** *s.* **1.** Bauch *m* (*a. fig.*); ˈUnterleib *m*: ***go ~ up*** → 8; **2.** Magen *m*; **3.** *fig.* a) Appe'tit *m*, b) Schlemme'rei *f*; **4.** Bauch *m*, Ausbauchung *f*, Höhlung *f*; **5.** ˈUnterseite *f*; **6.** ♪ Reso'nanzboden *m*; Decke *f* (*Saiteninstrument*); **II** *v/i.* **7.** sich (aus)bauchen, (an)schwellen; **8.** ***~ up*** a) ‚abkratzen' (*sterben*), b) ‚Pleite' machen, ‚eingehen'; **ˈ~·ache I** *s.* Bauchweh *n*; **II** *v/i.* F ‚meckern', nörgeln; **ˈ~-band** *s.* Bauch-, Sattelgurt *m*; **~ but·ton** *s.* F (Bauch-)Nabel *m*; **~ danc·er** *s.* Bauchtänzerin *f*; **~ flop** *s.* F ‚Bauchklatscher' *m*; ✈ Bauchlandung *f*; **ˈ~·ful** *s.*: ***have had a ~ (of)*** F die Nase voll haben (von); **ˈ~·hold** *s.* ✈ Frachtraum *m*; **~ land·ing** *s.* ✈ Bauchlandung *f*; **~ laugh** *s.* F dröhnendes Lachen; **~ tank** *s.* Rumpfabwurfbehälter *m.*

be·long [bɪˈlɒŋ] *v/i.* **1.** gehören (***to*** *dat.*): ***this ~s to me***; **2.** gehören (***to*** zu), da'zugehören, am richtigen Platz sein: ***this lid ~s to another pot*** dieser Dekkel gehört zu e-m anderen Topf; ***where does this book ~?*** wohin gehört dieses Buch?; ***he does not ~*** er gehört nicht dazu *od.* hierher; **3.** (***to***) sich gehören (für), *j-m* ziemen; **4.** *Am.* a) verbunden sein (***with*** mit), gehören *od.* passen (***with*** zu), b) wohnen (***in*** in *dat.*); **5.** an-, zugehören (***to*** *dat*): ***~ to a club***; **beˈlong·ings** [-ŋɪŋz] *s. pl.* a) Habseligkeiten *pl.*, Habe *f*, Gepäck *n*, b) Zubehör *n*, c) F Angehörige *pl.*

be·lov·ed [bɪˈlʌvd] **I** *adj.* [*attr. a.* -vɪd] (innig) geliebt (***of, by*** von); **II** *s.* [*mst* -vɪd] Geliebte(r *m*) *f.*

be·low [bɪˈləʊ] **I** *adv.* **1.** unten: ***he is ~*** er ist unten (*im Haus*); ***as stated ~*** wie unten erwähnt; **2.** hin'unter; **3.** *poet.* hie'nieden; **4.** in der Hölle; **5.** (dar-)ˈunter, niedriger: ***the class ~***; **6.** strom'ab; **II** *prp.* **7.** unter, ˈunterhalb, tiefer als: ***~ the line*** unter der *od.* die Linie; ***~ cost*** unter dem Kostenpreis; ***~ s.o.*** unter j-s Rang, Würde, Fähigkeit *etc.*; ***20 ~*** F 20 Grad Kälte.

belt [belt] **I** *s.* **1.** Gürtel *m*, Gurt *m*: ***hit below the ~*** *Boxen u. fig. j-m* e-n Tiefschlag versetzen; ***that was below the ~*** *a. fig.* das war unter der Gürtellinie *od.* unfair; ***tighten one's ~*** *fig.* den Gürtel enger schnallen; ***the Black* 𝔅 *Judo***: der Schwarze Gürtel (→ 5); ***under one's ~*** F a) im Magen, b) *fig.* ‚in der Tasche', c) hinter sich; **2.** ⚔ Koppel *n*; Gehenk *n*; **3.** ⚓ Panzergürtel *m* (*Kriegsschiff*); **4.** Gürtel *m*, Gebiet *n*, Zone *f*: ***green ~*** Grüngürtel (*um e-e Stadt*); ***cotton ~*** *Am. geogr.* Baumwollgürtel; **5.** *Am.* Gebiet *n* (*in dem ein Typus vorherrscht*): ***the black ~*** vorwiegend von Negern bewohnte Staaten der USA; **6.** ⚙ a) (ˈTreib)Riemen *m*: ***~ drive*** Riemenantrieb *m*, b) *a.* ***conveyer ~*** Förderband *n*, c) Streifen *m*, d) ⚔ (Maˈschinengewehr)Gurt *m*; **II** *v/t.* **7.** umˈgürten, mit Riemen befestigen; zs.-halten; **8.** ˈdurchprügeln; *j-m* ‚eine knallen'; **9.** ***~ out*** *sl. Lied* schmettern; **10.** *a.* ***~ down*** *Schnaps etc.* ‚kippen'; **III** *v/i.* **11.** ***~ up!*** *sl.* (halt die) Schnauze!; **12.** *sl.* rasen: ***~ down the road***; **~ con·vey·er** *s.* ⚙ Bandförderer *m*; **~ drive** *s.* ⚙ Riemenantrieb *m*; **~ line** *s. Am.* Verkehrsgürtel *m um e-e Stadt*; **~ pul·ley** *s.* ⚙ Riemenscheibe *f*; **~ saw** *s.* Bandsäge *f*; **~ trans·mis·sion** *s.* ⚙ ˈRiementransmissiˌon *f*; **ˈ~·way** *s. Am.* Um'gehungsstraße *f.*

be·lu·ga [bɪˈluːgɑː] *s. ichth.* Be'luga *f*: a) Weißwal *m*, b) Hausen *m.*

be·moan [bɪˈməʊn] *v/t.* beklagen, betrauern, beweinen.

be·muse [bɪˈmjuːz] *v/t.* verwirren, benebeln, betäuben; nachdenklich stimmen; **beˈmused** [-zd] *adj.* **1.** verwirrt *etc.*; **2.** nachdenklich; gedankenverloren.

bench [bentʃ] *s.* **1.** Bank *f* (*zum Sitzen*); **2.** ⚖ (*oft* 𝔅) a) Richterbank *f*, b) Gerichtshof *m*, c) *coll.* Richter *pl.*: ***raised to the ~*** zum Richter ernannt; ***~ and bar*** die Richter u. die Anwälte; ***be on the ~*** Richter sein; **3.** *parl. etc.* Platz *m*, Sitz *m*; **4.** ⚙ a) Werkbank *f*, -tisch *m*, Experimentiertisch *m*: ***carpenter's ~*** Hobelbank, b) Bank *f*, Reihe *f von Geräten*; **5.** *geogr. Am.* a) Riff *n*, b) terˈrassenförmiges Flußufer; **6.** *sport* a) (Teilnehmer-, Auswechsel-, Re'serve-)Bank *f*, b) Ruderbank *f*; **ˈbench·er** [-tʃə] *s.* **1.** *Brit.* Vorstandsmitglied *n* e-r Anwaltsinnung; **2.** *parl.* → ***backbencher***, ***front-bencher***.

bench| lathe *s.* ⚙ Me'chanikerdrehbank *f*; **ˈ~·mark** *s.* **1.** *surv.* Abrißpunkt *m*; **2.** *fig.* Bezugsgröße *f*, Maßstab *m*; **3.** *Computer*: ***~ test*** Leistungstest *m*; **~ sci·en·tist** *s.* La'borwissenschaftler *m*; **ˈ~ˌwar·rant** *s.* ⚖ richterlicher Haftbefehl.

bend [bend] **I** *v/t.* [*irr.*] **1.** biegen, krümmen: ***~ out of shape*** verbiegen; **2.** beugen, neigen: ***~ the knee*** a) das Knie beugen, *fig.* sich unterwerfen, b) beten; **3.** *Bogen, Feder* spannen; **4.** ⚓ *Tau, Segel* festmachen; **5.** *fig.* beugen: ***~ the law*** das Recht beugen; ***~ s.o. to one's will*** sich j-n gefügig machen; **6.** richten, (zu)wenden: ***~ one's steps towards home*** s-e Schritte heimwärts lenken; ***~ o.s.*** (***one's mind***) ***to a task*** sich (s-e Aufmerksamkeit) e-r Sache zuwenden, sich auf e-e Sache konzentrieren; **II** *v/i.* [*irr.*] **7.** sich biegen, sich krümmen, sich winden: ***the road ~s here*** die Straße macht hier e-e Kurve; **8.** sich neigen, sich beugen: ***~ down*** sich niederbeugen, sich bücken; **9.** (***to***) *fig.* sich beugen, sich fügen (*dat.*); **10.** (***to***) sich zuwenden, sich widmen (*dat.*); **III** *s.* **11.** Biegung *f*, Krümmung *f*, Windung *f*, Kurve *f*; **12.** Knoten *m*, Schlinge *f*; **13.** ***drive s.o. round the ~*** *sl.* j-n verrückt machen; **14.** ***the ~s*** *pl.* ⚕ Cais'sonkrankheit *f*; **ˈbend·ed** [-dɪd] *adj.* gebeugt: ***on ~ knees*** kniefällig; **ˈbend·er** [-də] *s. sl.* ‚Saufe'rei' *f*, ‚Bummel' *m*; **ˈbend·ing** [-dɪŋ] *adj.* ⚙ Biege…: ***~ pressure***; ***~ test.***

bend sin·is·ter *s. her* Schrägbalken *m.*

be·neath [bɪˈniːθ] **I** *adv.* dar'unter, ˈunterhalb, (weiter) unten; **II** *prp.* unter, unterhalb (*gen.*): ***~ a tree*** unter e-m Baum; ***it is ~ him*** es ist unter s-r Würde; ***~ notice*** nicht der Beachtung wert; ***~ contempt*** unter aller Kritik.

Ben·e·dic·tine *s.* **1.** [ˌbenɪˈdɪktɪn] Benedik'tiner *m* (*Mönch*); **2.** [-tiːn] Benedik'tiner *m* (*Likör*).

ben·e·dic·tion [ˌbenɪˈdɪkʃn] *s. eccl.* Segnung *f*, Segen(sspruch) *m.*

ben·e·fac·tion [ˌbenɪˈfækʃn] *s.* **1.** Wohltat *f*; **2.** Spende *f*, Geschenk *n*; Zuwendungen *pl.*; **3.** wohltätige Stiftung; **ben·e·fac·tor** [ˈbenɪfæktə] *s.* **1.** Wohltäter *m*; **2.** Gönner *m*; Stifter *m*; **ben·e·fac·tress** [ˈbenɪfæktrɪs] *s.* Wohltäterin *f etc.*

ben·e·fice [ˈbenɪfɪs] *s. eccl.* Pfründe *f*; **ˈben·e·ficed** [-st] *adj.* im Besitz e-r Pfründe; **be·nef·i·cence** [bɪˈnefɪsns] *s.* Wohltätigkeit *f*; **be·nef·i·cent** [bɪˈnefɪsnt] *adj.* □ wohltätig, gütig, wohltuend.

ben·e·fi·cial [ˌbenɪˈfɪʃl] *adj.* □ **1.** (***to***) nützlich, wohltuend, förderlich (*dat.*); vorteilhaft (für); **2.** ⚖ nutznießend: ***~ owner*** unmittelbarer Besitzer, Nießbraucher *m*; **ˌben·eˈfi·ci·ar·y** [-ˈfɪʃərɪ] *s.* **1.** Nutznießer(in); Begünstigte(r *m*) *f*; Empfänger(in); **2.** Pfründner *m.*

ben·e·fit [ˈbenɪfɪt] **I** *s.* **1.** Vorteil *m*, Nutzen *m*, Gewinn *m*: ***for the ~ of*** zum Besten *od.* zugunsten (*gen.*); ***derive ~ from*** Nutzen ziehen aus *od.* haben von; ***give s.o. the ~ of*** j-n in den Genuß *e-r Sache* kommen lassen, j-m *et.* gewähren; ***~ of the doubt*** Rechtswohltat *f* des Grundsatzes ‚im Zweifel für den Angeklagten'; ***give s.o. the ~ of the doubt*** im Zweifelsfalle zu j-s Gunsten entscheiden; **2.** ✝ Zuwendung *f*, Beihilfe *f*: a) (*Sozial-, Versicherungs- etc.*)Leistung *f*, b) (*Alters- etc.*)Rente *f*, c) (*Arbeitslosen- etc.*)Unter'stützung *f*, d) (*Kranken-, Sterbe- etc.*)Geld *n*; **3.** Bene'fiz(vorstellung *f*, *sport* -spiel *n*) *n*, Wohltätigkeitsveranstaltung *f*; **4.** Wohltat *f*, Gefallen *m*, Vergünstigung *f*; **II** *v/t.* **5.** nützen (*dat.*), zu'gute kommen (*dat.*), fördern (*acc.*), begünstigen (*acc.*), *a. j-m* (gesundheitlich) guttun; **III** *v/i.* **6.** (***by, from***) Vorteil haben (von, durch), Nutzen ziehen (aus).

Ben·e·lux ['benɪlʌks] *s.* Benelux-Länder *pl.* (*Belgien, Niederlande, Luxemburg*).

be·nev·o·lence [bɪ'nevələns] *s.* Wohlwollen *n*, Güte *f*; Wohltätigkeit *f*, Wohltat *f*; **be'nev·o·lent** [-nt] *adj.* □ wohl-, mildtätig, gütig; wohlwollend: ~ ***fund*** Unterstützungsfonds *m*; ~ ***society*** Hilfsverein *m* (auf Gegenseitigkeit).

Ben·gal [ˌbeŋ'gɔ:l] *npr.* Ben'galen *n*: ~ ***light*** bengalisches Feuer; **Ben'ga·li** [-lɪ] **I** *s.* **1.** Ben'gale *m*, Ben'galin *f*; **2.** *ling.* das Ben'galische; **II** *adj.* **3.** ben'galisch.

be·night·ed [bɪ'naɪtɪd] *adj.* **1.** von der Dunkelheit über'rascht; **2.** *fig.* a) ‚geistig um'nachtet', ‚verblödet', b) unbedarft.

be·nign [bɪ'naɪn] *adj.* □ **1.** gütig; **2.** günstig, mild, zuträglich; **3.** ⚕ gutartig; **be·nig·nant** [bɪ'nɪgnənt] *adj.* □ **1.** gütig, freundlich; **2.** günstig, wohltuend; **3.** → ***benign*** 3; **be·nig·ni·ty** [bɪ'nɪgnətɪ] *s.* Güte *f*, Freundlichkeit *f*.

ben·i·son ['benɪzn] *s. poet.* Segen *m*, Gnade *f*.

bent[1] [bent] **I** *pret. u. p.p. von* **bend** I *u.* II; **II** *adj.* a) entschlossen (***on doing*** zu tun), b) erpicht (***on*** auf *acc.*), darauf aus (***on doing*** zu tun); **III** *s.* Neigung *f*, Hang *m*, Trieb *m* (***for*** zu); Veranlagung *f*: ***to the top of one's*** ~ nach Herzenslust; ***allow full*** ~ freien Lauf lassen (*dat.*).

bent[2] [bent] *s.* ⚘ **1.** *a.* ~ ***grass*** Straußgras *n*; **2.** Sandsegge *f*.

'bent·wood *s.* Bugholz *n*: ~ ***chair*** Wiener Stuhl *m*.

be·numb [bɪ'nʌm] *v/t.* betäuben: a) gefühllos machen, b) *fig.* lähmen; **be'numbed** [-md] *adj.* betäubt, gelähmt (*a. fig.*), starr, gefühllos.

ben·zene ['benzi:n] *s.* ⚗ Ben'zol *n*.

ben·zine ['benzi:n] *s.* ⚗ Ben'zin *n*.

ben·zo·ic [ben'zəʊɪk] *adj.* ⚗ Benzoe...: ~ ***acid*** Benzoesäure *f*; **ben·zo·in** ['benzəʊɪn] *s.* Ben'zoeˌgummi *n, m*, -harz *n*, Ben'zoe *f*.

ben·zol(e) ['benzɒl] *s.* ⚗ Ben'zol *n*; **'ben·zo·line** [-zəʊli:n] → ***benzine***.

be·queath [bɪ'kwi:ð] *v/t.* **1.** *Vermögen* hinter'lassen, vermachen (***to s.o.*** j-m); **2.** über'liefern, vererben (*fig.*).

be·quest [bɪ'kwest] *s.* Vermächtnis *n*, Hinter'lassenschaft *f*.

be·rate [bɪ'reɪt] *v/t.* heftig ausschelten, auszanken.

Ber·ber ['bɜ:bə] **I** *s.* **1.** Berber(in); **2.** *ling.* Berbersprache(n *pl.*) *f*; **II** *adj.* **3.** Berber...

Ber·ber·is ['bɜ:bərɪs], **ber·ber·ry** ['bɜ:bərɪ] → ***barberry***.

be·reave [bɪ'ri:v] *v/t.* [*irr.*] **1.** berauben (***of*** *gen.*); **2.** hilflos zu'rücklassen; **be'reaved** [-vd] *adj.* durch den Tod beraubt, hinter'blieben: ***the*** ~ die (trauernden) Hinterbliebenen; **be'reavement** [-mənt] *s.* schmerzlicher Verlust (*durch Tod*); Trauerfall *m*.

be·reft [bɪ'reft] **I** *pret. u. p.p. von* ***bereave***; **II** *adj.* beraubt (***of*** *gen.*) (*mst fig.*): ~ ***of hope*** aller Hoffnung beraubt; ~ ***of reason*** von Sinnen.

be·ret ['bereɪ] *s.* **1.** Baskenmütze *f*; **2.** ⚔ *Brit.* 'Felduniˌformmütze *f*.

berg [bɜ:g] → ***iceberg***.

ber·ga·mot ['bɜ:gəmɒt] *s.* **1.** ⚘ Berga'mottenbaum *m*; **2.** Berga'mottöl *n*; **3.** Berga'motte *f* (*Birnensorte*).

be·rib·boned [bɪ'rɪbənd] *adj.* mit (Ordens)Bändern geschmückt.

ber·i·ber·i [ˌberɪ'berɪ] *s.* ⚕ Beri'beri *f*, Reisesserkrankheit *f*.

Ber·lin| black [bɜ:'lɪn] *s.* schwarzer Eisenlack; ~ **wool** *s.* feine Strickwolle.

ber·ry ['berɪ] **I** *s.* **1.** ⚘ a) Beere *f*, b) Korn *n*, Kern *m* (*beim Getreide*); **2.** *zo.* Ei *n* (*vom Hummer od. Fisch*); **II** *v/i.* **3.** a) ⚘ Beeren tragen, b) Beeren sammeln.

ber·serk [bə'sɜ:k] *adj. u. adv.* wütend, rasend: ***go*** ~ (***with***) rasend werden (vor), *fig. a.* wahnsinnig werden (vor); **ber'serk·er** [-kə] *s. hist.* Ber'serker *m* (*a. fig. Wüterich*): ~ ***rage*** Berserkerwut *f*; ***go*** ~ wild werden, Amok laufen.

berth [bɜ:θ] **I** *s.* **1.** ⚓ (genügend) Seeraum (*an der Küste od. zum Ausweichen*): ***give a wide*** ~ ***to*** a) weit abhalten von (*Land, Insel etc.*), b) *fig.* um *j-n* e-n Bogen machen; **2.** ⚓ Liegeplatz *m* (*e-s Schiffes am Kai*); **3.** a) ⚓ (Schlaf-) Koje *f*, b) Bett *n* (*Schlafwagen*); **4.** *Brit.* F Stellung *f*, ‚Pöstchen' *n*: ***he has a good*** ~; **II** *v/t.* **5.** ⚓ am Kai festmachen; vor Anker legen, docken; **6.** *Brit j-m* einen (Schlaf)Platz anweisen; *j-n* 'unterbringen; **III** *v/i.* **7.** ⚓ anlegen.

ber·yl ['berɪl] *s. min.* Be'ryll *m*; **be·ryl·li·um** [be'rɪljəm] *s.* ⚗ Be'ryllium *n*.

be·seech [bɪ'si:tʃ] *v/t.* [*irr.*] *j-n* dringend bitten (***for*** um), ersuchen, anflehen (***to*** *inf.* zu *inf.*, ***that*** daß); **be'seech·ing** [-tʃɪŋ] *adj.* □ flehend, bittend; **be'seech·ing·ly** [-tʃɪŋlɪ] *adv.* flehentlich.

be·seem [bɪ'si:m] *v/t.* sich ziemen *od.* schicken für.

be·set [bɪ'set] [*irr.* → ***set***] *v/t.* **1.** um'geben, (von allen Seiten) bedrängen, verfolgen: ~ ***with difficulties*** mit Schwierigkeiten überhäuft; **2.** *Straße* versperren; **be'set·ting** [-tɪŋ] *adj.* **1.** hartnäkkig, unausrottbar: ~ ***sin*** Gewohnheitslaster *n*; **2.** ständig drohend (*Gefahr*).

be·side [bɪ'saɪd] *prp.* **1.** neben, dicht bei: ***sit*** ~ ***me*** setz dich neben mich; **2.** *fig.* außerhalb (*gen.*), außer, nicht gehörend zu: ~ ***the point*** nicht zur Sache gehörig; ~ ***o.s.*** außer sich (***with*** vor *dat.*); **3.** im Vergleich zu; **be'sides** [-dz] **I** *adv.* **1.** außerdem, ferner, über'dies, noch da'zu; **2.** *neg.* sonst; **II** *prp.* **3.** außer, neben (*dat.*); **4.** über ... hin'aus.

be·siege [bɪ'si:dʒ] *v/t.* **1.** belagern (*a. fig.*); **2.** *fig.* bestürmen, bedrängen.

be·slav·er [bɪ'slævə] *v/t.* **1.** begeifern; **2.** *fig. j-m* lobhudeln.

be·slob·ber [bɪ'slɒbə] *v/t.* **1.** → ***beslaver***; **2.** ‚abschlecken', abküssen.

be·smear [bɪ'smɪə] *v/t.* beschmieren.

be·smirch [bɪ'smɜ:tʃ] *v/t.* besudeln (*bsd. fig.*).

be·som ['bi:zəm] *s.* (Reisig)Besen *m*.

be·sot·ted [bɪ'sɒtɪd] *adj.* □ **1.** töricht, dumm; **2.** (***on, about***) vernarrt (in *acc.*), verrückt (auf *acc.*); **3.** berauscht (***with*** von).

be·sought [bɪ'sɔ:t] *pret. u. p.p. von* ***beseech***.

be·spat·ter [bɪ'spætə] *v/t.* **1.** (mit Kot *etc.*) bespritzen, beschmutzen; **2.** *fig.* (mit Vorwürfen *etc.*) über'schütten.

be·speak [bɪ'spi:k] [*irr.* → ***speak***] *v/t.* **1.** (vor'aus)bestellen, im voraus bitten um: ~ ***a seat*** e-n Platz bestellen; ~ ***s.o.'s help*** j-n um Hilfe bitten; **2.** zeigen, zeugen von; **3.** *poet.* anreden.

be·spec·ta·cled [bɪ'spektəkld] *adj.* bebrillt.

be·spoke [bɪ'spəʊk] **I** *pret. von* ***bespeak***; **II** *adj. Brit.* auf Bestellung *od.* nach Maß angefertigt, Maß...: ~ ***tailor*** Maßschneider *m*; **be'spo·ken** [-kən] *p.p. von* ***bespeak***.

be·sprin·kle [bɪ'sprɪŋkl] *v/t.* besprengen, bespritzen, bestreuen.

Bes·se·mer steel ['besɪmə] *s.* ⚙ Bessemerstahl *m*.

best [best] **I** *sup. von* ***good*** *adj.* **1.** best: ***the*** ~ ***of wives*** die beste aller (Ehe-) Frauen; ***be*** ~ ***at*** hervorragend sein in (*dat.*); **2.** geeignetst; höchst; ~-***before date*** Mindesthaltbarkeitsdatum *n*; **3.** größt, meist: ***the*** ~ ***part of*** der größte Teil (*gen.*); **II** *sup. von* ***well*** *adv.* **4.** am besten (meisten, passendsten): ***as*** ~ ***I can*** so gut ich kann; ***the*** ~ ***hated man of the year*** der meist- *od.* bestgehaßte Mann des Jahres; ~ ***used*** meistgebraucht; ***you had*** ~ ***go*** es wäre das beste, Sie gingen; **III** *v/t.* **5.** über'treffen; **6.** F über'vorteilen; **IV** *s.* **7.** *der* (*die, das*) Beste (Passendste *etc.*): ***at*** ~ bestenfalls, höchstens; ***with the*** ~ mindestens so gut wie jeder andere; ***for the*** ~ zum besten; ***do one's*** (***level***) ~ sein Bestes geben, sein möglichstes tun; ***be at one's*** ~ in bester Verfassung (*od.* Form) sein, *a.* in seinem Element sein; ***that is the*** ~ ***of ...*** das ist der Vorteil (*gen. od.* wenn ...); ***give s.o.*** ~ sich vor j-m beugen; ***look one's*** ~ am vorteilhaftesten *od.* blendend aussehen; ***have*** (*od.* ***get***) ***the*** ~ ***of it*** am besten dabei wegkommen; ***make the*** ~ ***of*** a) bestens ausnutzen, b) sich abfinden mit, c) *e-r Sache* die beste Seite abgewinnen, das Beste machen aus; ***all the*** ~***!*** alles Gute!, viel Glück!; → ***ability*** 1, ***belief*** 3, ***job***[1] 5.

bes·tial ['bestjəl] *adj.* □ **1.** tierisch (*a. fig.*); *fig.* besti'alisch, entmenscht, viehisch; **2.** *fig.* gemein, verderbt; **bes·ti·al·i·ty** [bestɪ'ælətɪ] *s.* **1.** Bestiali'tät *f*: a) tierisches Wesen, b) *fig.* besti'alische Grausamkeit; **2.** ⚖ Sodo'mie *f*.

be·stir [bɪ'stɜ:] *v/t.*: ~ ***o.s.*** sich rühren, sich aufraffen; sich bemühen: ~ ***yourself!*** tummle dich!

best man *s.* [*irr.*] *Freund des Bräutigams, der bei der Ausrichtung der Hochzeit e-e wichtige Rolle spielt.*

be·stow [bɪ'stəʊ] *v/t.* **1.** schenken, gewähren, geben, spenden, erweisen, verleihen (***s.th.*** [***up***]***on s.o.*** j-m et.): ~ ***one's hand on s.o.*** j-m die Hand fürs Leben reichen; **2.** *obs.* 'unterbringen; **be'stow·al** [-əʊəl] *s.* **1.** Gabe *f*, Schenkung *f*, Verleihung *f*; **2.** *obs.* 'Unterbringung *f*.

be·strew [bɪ'stru:] [*irr.* → ***strew***] *v/t.* **1.** bestreuen; **2.** verstreut liegen auf (*dat.*).

be·strid·den [bɪ'strɪdn] *p.p. von* ***bestride***; **be·stride** [bɪ'straɪd] *v/t.* [*irr.*] **1.** rittlings sitzen auf (*dat.*), reiten; **2.** mit gespreizten Beinen stehen auf *od.* über (*dat.*); **3.** über'spannen, über'brücken; **4.** sich (schützend) breiten über (*acc.*); **be·strode** [bɪ'strəʊd] *pret. von* ***bestride***.

best|sell·er *s.* 'Bestseller *m*, Verkaufsschlager *m* (*Buch etc.*); **'~-ˌsell·ing** *adj.* meistgekauft, Erfolgs…, Bestseller…

bet [bet] **I** *s.* Wette *f*; Wetteinsatz *m*; gewetteter Betrag *od.* Gegenstand: ***the best ~*** F das Beste(, was man tun kann), die sicherste Methode; ***that's a better ~ than*** das ist viel besser *od.* sicherer als…; **II** *v/t. u. v/i.* [*irr.*] wetten, (ein)setzen: ***I ~ you ten pounds*** ich wette mit Ihnen um zehn Pfund; (***I***) ***you ~!*** *sl.* aber sicher!; ***~ one's bottom dollar*** *Am. sl.* den letzten Heller wetten, *a.* sich s-r Sache völlig sicher sein.

be·ta ['bi:tə] *s.* 'Beta *n*: a) *griech. Buchstabe*, b) ✈, *ast., phys. Symbol für 2. Größe*, c) *ped. Brit.* Zwei *f* (*Note*): ***~ rays*** *phys.* Betastrahlen *pl.*

be·take [bɪ'teɪk] [*irr.* → ***take***] *v/t.*: ***~ o.s.*** (***to***) sich begeben (nach); s-e Zuflucht nehmen (zu).

be·tel ['bi:tl] *s.* 'Betel *m*; **'~-nut** *s.* ♀ 'Betelnuß *f.*

bête noire [ˌbeɪt'nwɑ:] (*Fr.*) *s. fig.* Schreckgespenst *n.*

beth·el ['beθl] *s.* **1.** *Brit.* Dis'senterkaˌpelle *f*; **2.** *Am.* Kirche *f* für Ma'trosen.

be·think [bɪθɪŋk] *v/t.* [*irr.* → ***think***]: ***~ o.s.*** sich über'legen, sich besinnen; sich vornehmen; ***~ o.s. to do*** sich in den Kopf setzen zu tun.

be·thought [bɪ'θɔ:t] *pret. u. p.p. von* ***bethink***.

be·tide [bɪ'taɪd] *v/i. u. v/t.* (*nur 3. sg. pres. subj.*) (*j-m*) geschehen; *v/t. j-m* zustoßen; → ***woe*** II.

be·times [bɪ'taɪmz] *adv.* **1.** bei'zeiten, rechtzeitig; **2.** früh(zeitig).

be·to·ken [bɪ'təʊkən] *v/t.* **1.** bezeichnen, bedeuten; **2.** anzeigen.

be·took [bɪ'tʊk] *pret. von* ***betake***.

be·tray [bɪ'treɪ] *v/t.* **1.** Verrat begehen an (*dat.*), verraten (***to*** an *acc.*); **2.** *j-n* hinter'gehen; *j-m* die Treue brechen: ***~ s.o.'s trust*** j-s Vertrauen mißbrauchen; **3.** *fig.* offen'baren; (*a.* ***o.s.*** sich) verraten; **4.** verleiten (***into***, ***to*** zu); **be'tray·al** [-eɪəl] *s.* Verrat *m*, Treubruch *m.*

be·troth [bɪ'trəʊð] *v/t. j-n* (*od.* ***o.s.*** sich) verloben (***to*** mit); **be'troth·al** [-ðl] *s.* Verlobung *f*; **be'trothed** [-ðd] *s.* Verlobte(r *m*) *f.*

bet·ter[1] ['betə] **I** *comp. von* ***good*** *adj.* **1.** besser: ***I am ~*** es geht mir (*gesundheitlich*) besser; ***get ~*** a) besser werden, b) sich erholen; ***~ late than never*** besser spät als nie; ***go one ~ than s.o.*** j-n (noch) übertreffen; ***~ off*** a) besser daran, b) wohlhabender; ***be ~ than one's word*** mehr tun als man versprach; ***my ~ half*** m-e bessere Hälfte; ***on ~ acquaintance*** bei näherer Bekanntschaft; **II** *s.* **2.** *das* Bessere: ***for ~ for worse*** a) in Freud u. Leid (*Trauformel*), b) was auch geschehe; ***get the ~ (of)*** die Oberhand gewinnen (über *acc.*), *j-n* besiegen *od.* ausstechen, *et.* überwinden; **3.** *pl. mit pers. pron.* Vorgesetzte *pl.*, Höherstehende *pl.*, Über'legene *pl.*; **III** *comp. von* ***well*** *adv.* **4.** besser: ***I know ~*** ich weiß es besser; ***think ~ of it*** sich e-s Besseren besinnen, es sich anders überlegen; ***think ~ of s.o.*** e-e bessere Meinung von j-m haben; ***so much the ~*** desto besser; ***you had ~*** (*od.* F *mst* ***you ~***) ***go*** es wäre besser, wenn du gingest; ***you'd ~ not!*** F laß das lieber sein!; ***know ~ than to …*** gescheit genug sein, nicht zu …; **5.** mehr: ***like ~*** lieber haben; ***~ loved***; **IV** *v/t.* **6.** *allg.* verbessern; **7.** über'treffen; **8.** ***~ o.s.*** sich (*finanziell*) verbessern, vorwärtskommen; *a.* sich weiterbilden; **V** *v/i.* **9.** besser werden.

bet·ter[2] ['betə] *s.* Wetter(in).

bet·ter·ment ['betəmənt] *s.* **1.** (Ver-) Besserung *f*; **2.** Wertzuwachs *m* (*bei Grundstücken*), Meliorati'on *f.*

bet·ting ['betɪŋ] *s. sport* Wetten *n*; **~ man** *s.* [*irr.*] (regelmäßiger) Wetter; **~ of·fice** *s.*, **~ shop** *s.* 'Wettbüˌro *n.*

bet·tor → ***better***[2].

be·tween [bɪ'twi:n] **I** *prp.* **1.** zwischen: ***~ the chairs*** a) zwischen den Stühlen, b) zwischen die Stühle; ***~ nine and ten at night*** abends zwischen neun und zehn; **2.** unter: ***they shared the money ~ them*** sie teilten das Geld unter sich; ***~ ourselves***, ***~ you and me*** unter uns (gesagt); ***we had fifty pence ~ us*** wir hatten zusammen fünfzig Pence; **II** *adv.* **3.** da'zwischen: ***the space ~*** der Zwischenraum; ***in ~*** dazwischen, zwischendurch; **~ decks** *s. pl. sg. konstr.* ⚓ Zwischendeck *n*; **be'tween·times**; **be'tween·whiles** *adv.* zwischendurch.

be·twixt [bɪ'twɪkst] **I** *adv.* da'zwischen: ***~ and between*** halb u. halb, weder das e-e noch das andere; **II** *prp. obs.* zwischen.

bev·el ['bevl] ⚙ **I** *s.* **1.** Abschrägung *f*, Schräge *f*; **2.** Fase *f*, Fa'cette *f*; **2.** Schrägmaß *n*; **3.** Kegel *m*, Konus *m*; **II** *v/t.* **4.** abschrägen: ***~(l)ed edge*** abgeschrägte Kante; ***~(l)ed glass*** facettiertes Glas; **III** *adj.* **5.** abgeschrägt; **~ cut** *s.* Schrägschnitt *m*; **~ gear** *s.* ⚙ Kegelrad(getriebe) *n*, konisches Getriebe; **~ plane** *s.* ⚙ Schräghobel *m*; **~ wheel** *s.* ⚙ Kegelrad *n.*

bev·er·age ['bevərɪdʒ] *s.* Getränk *n.*

bev·y ['bevɪ] *s.* Schar *f*, Schwarm *m* (*Vögel*; *a. fig. Mädchen etc.*).

be·wail [bɪ'weɪl] **I** *v/t.* beklagen, betrauern; **II** *v/i.* wehklagen.

be·ware [bɪ'weə] *v/i.* sich in acht nehmen, sich hüten (***of*** vor *dat.*, ***lest*** daß nicht): ***~!*** Achtung!; ***~ of pickpockets!*** vor Taschendieben wird gewarnt!; ***~ of the dog!*** Warnung vor dem Hunde!

be·wil·der [bɪ'wɪldə] *v/t.* **1.** irreführen; **2.** verwirren, verblüffen; **3.** bestürzen; **be'wil·dered** [-əd] *adj.* verwirrt; verblüfft, bestürzt, verdutzt; **be'wil·der·ing** [-dərɪŋ] *adj.* □ verwirrend; **be'wil·der·ment** [-mənt] *s.* Verwirrung *f*, Bestürzung *f.*

be·witch [bɪ'wɪtʃ] *v/t.* berücken, betören, bezaubern; **be'witch·ing** [-tʃɪŋ] *adj.* □ berückend *etc.*

bey [beɪ] *s.* Bei *m* (*Titel e-s höheren türkischen Beamten*).

be·yond [bɪ'jɒnd] **I** *prp.* **1.** jenseits: ***~ the seas*** in Übersee; **2.** außer, abgesehen von: ***~ dispute*** außer allem Zweifel, unstreitig; **3.** über … (*acc.*) hin'aus; mehr als, weiter als: ***~ the time*** über die Zeit hinaus; ***~ belief*** unglaublich; ***~ all blame*** über jeden Tadel erhaben; ***~ endurance*** unerträglich; ***~ hope*** hoffnungslos; ***~ measure*** über die Maßen; ***it is ~ my power*** es übersteigt m-e Kraft; ***~ praise*** über alles Lob erhaben; ***~ repair*** nicht mehr zu reparieren; ***~ reproach*** untadelig; ***that is ~ me*** das ist mir zu hoch, das geht über m-n Verstand; ***~ me in Latin*** weiter als ich in Latein; **II** *adv.* **4.** da'rüber hin'aus, jenseits; **5.** weiter weg; **III** *s.* **6.** Jenseits *n*: ***at the back of ~*** im entlegensten Winkel, am Ende der Welt.

'B-girl *s. Am.* Animierdame *f.*

bi·an·nu·al [ˌbaɪ'ænjʊəl] *adj.* □ halbjährlich, zweimal jährlich.

bi·as ['baɪəs] **I** *s.* **1.** schiefe Seite, schräge Richtung; **2.** schräger Schnitt: ***cut on the ~*** diagonal geschnitten; **3.** *Bowling:* 'Überhang *m* der Kugel; **4.** (***towards***) *fig.* Hang *m*, Neigung *f* (zu); Vorliebe *f* (für); **5.** *fig.* a) Ten'denz *f*, b) Vorurteil *n*, c) ⚖ Befangenheit *f*: ***free from ~*** unvoreingenommen; ***challenge a judge for ~*** e-n Richter wegen Befangenheit ablehnen; **6.** *Statistik etc.*: Verzerrung *f*: ***cause ~ to the figures*** die Zahlen verzerren; **7.** ⚡ (Gitter-) Vorspannung *f*; **II** *adj u. adv.* **8.** schräg, schief; **III** *v/t.* **9.** (*mst* ungünstig) beeinflussen; gegen *j-n* einnehmen; **'bi·as(s)ed** [-st] *adj.* voreingenommen; ⚖ befangen; tendenzi'ös.

bi·ath·lete [ˌbaɪ'æθli:t] *s. sport* 'Biathˌlet *m*, 'Biathlonkämpfer *m*; **bi'ath·lon** [-'æθlɒn] *s.* 'Biathlon *n.*

bi·ax·i·al [ˌbaɪ'æksɪəl] *adj.* zweiachsig.

bib [bɪb] **I** *s.* **1.** Lätzchen *n*; **2.** Schürzenlatz *m*; → ***tucker*** 2; **II** *v/i.* **3.** (unmäßig) trinken.

Bi·ble ['baɪbl] *s.* **1.** Bibel *f*; **2.** ♀ *fig.* Bibel *f* (*maßgebendes Buch*); **~ clerk** *s.* (*in Oxford*) *Student, der in der College-Kapelle während des Gottesdienstes die Bibeltexte verliest*; **~ thump·er** *s.* Mo'ralprediger *m.*

bib·li·cal ['bɪblɪkl] *adj.* □ biblisch, Bibel…

bib·li·og·ra·pher [ˌbɪblɪ'ɒgrəfə] *s.* Biblio'graph *m*; **bib·li·o·graph·ic**, **bib·li·o·graph·i·cal** [ˌbɪblɪəʊ'græfɪk(l)] *adj.* □ biblio'graphisch; **bib·li'og·ra·phy** [-fɪ] *s.* Bibliogra'phie *f*; **bib·li·o·ma·ni·a** [ˌbɪblɪəʊ'meɪnjə] *s.* Biblioma'nie *f*, (krankhafte) Bücherleidenschaft; **bib·li·o·ma·ni·ac** [ˌbɪblɪəʊ'meɪnɪæk] *s.* Büchernarr *m*; **bib·li·o·phil** ['bɪblɪəʊfɪl], **bib·li·o·phile** ['bɪblɪəʊfaɪl] *s.* Biblio'phile *m*, Bücherliebhaber(in); **bib·li·o·the·ca** [ˌbɪblɪəʊ'θi:kə] *s.* **1.** Biblio'thek *f*; **2.** 'Bücherkataˌlog *m.*

bib·u·lous ['bɪbjʊləs] *adj.* □ **1.** trunksüchtig; **2.** weinselig.

bi·cam·er·al [baɪ'kæmərəl] *adj. pol.* Zweikammer…

bi·car·bon·ate [baɪ'kɑ:bənɪt] *s.* ⚗ Bikarbo'nat *n*: ***~ of soda*** doppel(t)kohlensaures Natrium.

bi·cen·te·nar·y [ˌbaɪsen'ti:nərɪ] **I** *adj.* zweihundertjährig; **II** *s.* Zweihundertjahrfeier *f*; **ˌbi·cen'ten·ni·al** [-'tenjəl] **I** *adj.* zweihundertjährig; alle zweihundert Jahre eintretend; **II** *s. bsd. Am.* → ***bicentenary*** II.

bi·ceph·a·lous [ˌbaɪ'sefələs] *adj.* zweiköpfig.

bi·ceps ['baɪseps] *s. anat.* 'Bizeps *m.*

bick·er ['bɪkə] *v/i.* **1.** (sich) zanken; quengeln; **2.** plätschern (*Fluß*, *Regen*); **3.** zucken; **'bick·er·ing** [-ərɪŋ] *s. a. pl.* Gezänk *n.*

bi·cy·cle ['baɪsɪkl] **I** *s.* Fahrrad *n*, Zweirad *n*; **II** *v/i.* radfahren, radeln; **'bi·cy·cler** [-lə] *Am.*, **'bi·cy·clist** [-lɪst] *Brit. s.* Radfahrer(in).

bid [bɪd] **I** *s.* **1.** a) Gebot *n* (*bei Versteigerungen*), b) ✝ Angebot *n* (*bei öffentlichen Ausschreibungen*), c) *Börse*: Geld *n* (*Nachfrage*): **~ and asked** Geld u. Brief; ***higher ~*** Mehrgebot; ***highest ~*** Meistgebot; ***invitation for ~s*** Ausschreibung *f*; **2.** *Kartenspiel*: Reizen *n*, Melden *n*: ***no ~*** ich passe; **3.** Bemühung *f*, Bewerbung *f* (***for*** um); Versuch *m* (***to*** *inf.* zu *inf.*): ***~ for power*** Versuch, an die Macht zu kommen; ***make a ~ for*** sich bemühen um *et. od.* zu *inf.*; **4.** *Am.* F Einladung *f*; **II** *v/t.* [*irr.*] 5 *u.* 6 *pret. u. p.p.* **bid**; 7–9 *pret.* **bade** [beɪd], *p.p. mst* **bid·den** ['bɪdn] **5.** bieten (*bei Versteigerungen*): ***~ up** den Preis* in die Höhe treiben; **6.** *Kartenspiel*: melden, reizen; **7.** *Gruß* entbieten; wünschen: ***~ good morning*** e-n guten Morgen wünschen; ***~ farewell*** Lebewohl sagen; **8.** *lit. j-m et.* gebieten, befehlen; *j-n et. tun* lassen, heißen: ***~ him come in*** laß ihn hereinkommen; **9.** *obs.* einladen (***to*** zu); **III** *v/i.* [*irr., pret. u. p.p.* **bid**] **10.** ✝ ein (Preis)Angebot machen; **11.** *Kartenspiel*: melden, reizen; **12.** (***for***) werben, sich bemühen (um); **'bid·den** [-dn] *p.p. von **bid***; **'bid·der** [-də] *s.* **1.** Bieter *m* (*bei Versteigerungen*): ***highest ~*** Meistbietende(r); **2.** Bewerber *m bei Ausschreibungen*; **'bid·ding** [-dɪŋ] *s.* **1.** Gebot *n*, Bieten *n* (*bei Versteigerungen*); **2.** Geheiß *n*: ***do s.o.'s ~*** tun, was j-d will.

bide [baɪd] *v/t.* [*irr.*] er-, abwarten: ***~ one's time*** (den rechten Augenblick) abwarten.

bi·en·ni·al [baɪ'enɪəl] **I** *adj.* □ **1.** alle zwei Jahre eintretend; **2.** ⚘ zweijährig; **II** *s.* **3.** ⚘ zweijährige Pflanze; **bi'en·ni·al·ly** [-lɪ] *adv.* alle zwei Jahre.

bier [bɪə] *s.* (Toten)Bahre *f*.

biff [bɪf] *sl.* **I** *v/t.* ‚hauen', schlagen; **II** *s.* Schlag *m*, Hieb *m*.

bif·fin ['bɪfɪn] *s.* roter Kochapfel.

bi·fo·cal [ˌbaɪ'fəʊkl] **I** *adj.* **1.** Bifokal-, Zweistärken...; **II** *s.* **2.** Bifo'kal-, Zweistärkenlinse *f*; **3.** *pl.* Bifo'kal-, Zweistärkenbrille *f*.

bi·fur·cate ['baɪfəkeɪt] **I** *v/t.* gabelförmig teilen; **II** *v/i.* sich gabeln; **III** *adj.* gegabelt, gabelförmig; **bi·fur·ca·tion** [ˌbaɪfə'keɪʃn] *s.* Gabelung *f*.

big [bɪg] **I** *adj.* **1.** groß, dick; stark, kräftig (*a. fig.*): ***the ~ toe*** der große Zeh; ***~ business*** Großunternehmertum *n*, Großindustrie *f*; ***~ ideas*** F ‚große Rosinen im Kopf'; ***~ money*** ein Haufen Geld; ***a ~ voice*** e-e kräftige Stimme; **2.** groß, weit: ***get too ~ for one's boots*** (*od.* ***breeches***) *fig.* ‚üppig' *od.* größenwahnsinnig werden; **3.** groß, hoch: ***~ game*** Großwild *n*, *fig.* hochgestecktes Ziel; **4.** groß, erwachsen: ***my ~ brother***; **5.** schwanger; *fig.* voll: ***~ with child*** hochschwanger; ***~ with fate*** schicksalsschwer; **6.** hochmütig, eingebildet: ***~ talk*** ‚große Töne', Angeberei *f*; **7.** F groß, bedeutend, wichtig, führend: ***the*** ***℘ Three*** (***Five***) die großen Drei (Fünf) (*führende Staaten, Banken etc.*); **8.** großmütig, edel: ***a ~ heart***; ***that's ~ of you*** F das ist sehr anständig von dir; **II** *adv.* **9.** großspurig: ***talk ~*** ‚große Töne spucken', angeben; **10.** *sl.* a) ‚mächtig', b) *Am.* tapfer.

big·a·mist ['bɪgəmɪst] *s.* Biga'mist(in); **'big·a·mous** [-məs] *adj.* □ biga'mistisch; **'big·a·my** [-mɪ] *s.* Biga'mie *f*, Doppelehe *f*.

big| bang *s. phys.* Urknall *m*; **~ game** *s.* Großwild *n*; **~ gun** *s.* F **1.** ‚schweres Geschütz'; **2.** → ***bigwig***.

bight [baɪt] *s.* **1.** Bucht *f*; Einbuchtung *f*; **2.** Krümmung *f*; **3.** ⚓ Bucht *f* (*im Tau*).

'big·mouth *s.* F Großmaul *n*.

big·ness ['bɪgnɪs] *s.* Größe *f*.

big·ot ['bɪgət] *s.* **1.** blinder Anhänger, Fa'natiker *m*; **2.** Betbruder *m*, -schwester *f*, Frömmler(in); **'big·ot·ed** [-tɪd] *adj.* bi'gott, fa'natisch, frömmlerisch; **'big·ot·ry** [-trɪ] *s.* **1.** blinder Eifer, Fana'tismus *m*, Engstirnigkeit *f*; **2.** Bigotte'rie *f*, Frömme'lei *f*.

big| shot *s.* → ***bigwig***; **~ stick** *s.* F *pol.* ‚großer Knüppel': ***~ policy*** Politik *f* des Säbelrasselns; **'~-time** *adj. sl.* ‚groß', Spitzen...; **'~-ˌtim·er** *s.* ‚Spitzenmann' *m*, ‚großer Macher'; **~ top** *s. Am.* **1.** großes 'Zirkuszelt; **2.** 'Zirkus *m* (*a. fig.*).

'big·wig *s.* ‚großes' *od.* ‚hohes Tier', Bonze *m*.

bike [baɪk] F **I** *s.* a) (Fahr)Rad *n*, b) ‚Maschine' *f* (*Motorrad*); **II** *v/i.* a) radeln, b) (mit dem) Motorrad fahren.

bi·lat·er·al [ˌbaɪ'lætərəl] *adj.* □ zweiseitig, bilate'ral: a) ⚖ beiderseitig verbindlich, gegenseitig (*Vertrag etc.*), b) *biol.* beide Seiten betreffend, c) ⚙ doppelseitig (*Antrieb*).

bil·ber·ry ['bɪlbərɪ] *s.* ⚘ Heidel-, Blaubeere *f*.

bile [baɪl] *s.* **1.** ⚕ a) Galle *f*, b) Gallenflüssigkeit *f*; **2.** *fig.* Galle *f*, Ärger *m*.

bilge [bɪldʒ] *s.* **1.** ⚓ Kielraum *m*, Bilge *f*, Kimm *f*; **2.** → ***bilge water***; **3.** *sl.* ‚Quatsch' *m*, ‚Mist' *m*, Unsinn *m*; **~ pump** *s.* ⚓ Lenzpumpe *f*; **~ wa·ter** *s.* ⚓ Bilgenwasser *n*.

bi·lin·e·ar [ˌbaɪ'lɪnɪə] *adj.* doppellinig; ⅋ biline'ar.

bi·lin·gual [baɪ'lɪŋgwəl] *adj.* zweisprachig.

bil·ious ['bɪljəs] *adj.* □ **1.** ⚕ Gallen...: ***~ complaint*** Gallenleiden *n*; **2.** *fig.* gallig, gereizt, reizbar; **'bil·ious·ness** [-nɪs] *s.* **1.** Gallenkrankheit *f*; **2.** *fig.* Gereiztheit *f*.

bilk [bɪlk] **I** *v/t.* prellen, betrügen; **II** *s.*, *a.* **'bilk·er** [-kə] *s.* Betrüger *m*.

bill¹ [bɪl] **I** *s.* **1.** *zo.* a) Schnabel *m*, b) schnabelähnliche Schnauze; **2.** Spitze *f am Anker, Zirkel etc.*; **3.** *geogr.* spitz zulaufende Halbinsel; **4.** *hist.* ⚔ Pike *f*; **5.** → ***billhook***; **II** *v/i.* **6.** (sich) schnäbeln; **7.** *fig.*, *a.* ***~ and coo*** (mitein'ander) turteln.

bill² [bɪl] **I** *s.* **1.** *pol.* (Gesetzes)Vorlage *f*, Gesetzentwurf *m*: ***~ of Rights*** a) *Brit.* Staatsgrundgesetz *n*, Freiheitsurkunde *f* (*von 1689*), b) *USA*: die ersten 10 Zusatzartikel zur Verfassung; ***bring in a ~*** e-n Gesetzentwurf einbringen; **2.** ⚖ *a.* ***~ of indictment*** Anklageschrift *f*: ***find a true ~*** die Anklage für begründet erklären; **3.** ✝ *a.* ***~ of exchange*** Wechsel *m*, Tratte *f*: ***~s payable*** Wechselschulden; ***~s receivable*** Wechselforderungen; ***long(-dated) ~*** langfristiger Wechsel; ***~ after date*** Datowechsel *m*; ***~ after sight*** Nachsichtwechsel *m*; ***~ at sight*** Sichtwechsel *m*; ***~ of lading*** Seefrachtbrief *m*, Konnossement *n*, *Am. a.* Frachtbrief *m*; **4.** Rechnung *f*: ***~ of costs*** Kostenberechnung *f*; ***~ of sale*** Kauf-, Übereignungsvertrag *m*; F *fig.* ***fill the ~*** den Ansprüchen genügen; ***sell s.o. a ~ of goods*** F j-n ‚verschaukeln'; **5.** Liste *f*, Schein *m*, Zettel *m*, Pla'kat *n*: ***~ of fare*** Speisekarte *f*; (***theatre***) ***~*** Theaterzettel *m*, -programm *n*; (***clean***) ***~ of health*** Gesundheitszeugnis *n*, -paß *m*, *fig.* Unbedenklichkeitsbescheinigung *f*; **6.** *Am.* Banknote *f*, (Geld)-Schein *m*; **II** *v/t.* **7.** ***~ s.o. for s.th.*** j-m et. in Rechnung stellen *od.* berechnen; **8.** (durch Pla'kate) ankündigen, *thea. etc. a. Am. Darsteller etc.* ‚bringen'.

'bill|·board *s.* Anschlagbrett *n*, Re'klamefläche *f*, -tafel *f*: ***~ advertising*** Plakatwerbung *f*; **~ case** *s.* ✝ 'Wechselporteˌfeuille *n e-r Bank*; **~ dis·count** *s.* ✝ 'Wechseldisˌkont *m*.

bil·let¹ ['bɪlɪt] **I** *s.* **1.** ⚔ a) Quartierzettel *m*, b) Quartier *n*: ***in ~s*** privat einquartiert; **2.** 'Unterkunft *f*; **3.** F ‚Job' *m*, Posten *m*; **II** *v/t.* **4.** 'unterbringen, einquartieren (***on*** bei).

bil·let² ['bɪlɪt] *s.* **1.** Holzscheit *n*, -klotz *m*; **2.** *metall.* Knüppel *m*.

bil·let-doux [ˌbɪleɪ'du:] (*Fr.*) *s. humor.* Liebesbrief *m*.

'bill|·fold *s. Am.* Scheintasche *f*; **'~·head** *s.* gedrucktes 'Rechnungsformuˌlar; **'~·hook** *s.* ⚒ Hippe *f*.

bil·liard ['bɪljəd] **I** *s.* **1.** *pl. mst sg. konstr.* Billard(spiel) *n*; **2.** *Billard*: Karambo'lage *f*; **II** *adj.* **3.** Billard...; **~ ball** *s.* Billardkugel *f*; **~ cue** *s.* Queue *n*, Billardstock *m*.

bill·ing ['bɪlɪŋ] *s.* **1.** ✝ a) Rechnungsschreibung *f*, b) Buchung *f*, *a.* (Vor'aus)Bestellung *f*; **2.** *thea.* a) Ankündigung *f*, b) Re'klame *f*.

Bil·lings·gate ['bɪlɪŋzgɪt] **I** *npr. Fischmarkt in London*; **II** ℘ *s.* wüstes Geschimpfe, Unflat *m*: ***talk ~*** keifen wie ein Fischweib.

bil·lion ['bɪljən] *s.* **1.** Milli'arde *f*; **2.** *Brit. obs.* Billi'on *f*.

'bill|-ˌjob·ber *s.* ✝ *Brit.* Wechselreiter *m*; **'~-ˌjob·bing** *s.* ✝ *Brit.* Wechselreite'rei *f*.

bil·low ['bɪləʊ] **I** *s.* **1.** Woge *f* (*a. fig.*); **2.** (Nebel- *etc.*)Schwaden *m*; **II** *v/i.* **3.** wogen; **4.** *a.* ***~ out*** sich bauschen *od.* blähen; **III** *v/t.* bauschen, blähen; **'bil·low·y** [-əʊɪ] *adj.* **1.** wogend; **2.** gebauscht, gebläht.

'bill|-ˌpost·er, **'~-ˌstick·er** *s.* Pla'kat-, Zettelankleber *m*.

bil·ly ['bɪlɪ] *s. Am.* (Poli'zei)Knüppel *m*; **'~·cock** (**hat**) *s. Brit.* F ‚Me'lone' *f* (*steifer Filzhut*); **~ goat** *s.* F Ziegenbock *m*.

bim·bo ['bɪmbəʊ] *s. sl.* ‚Knülch' *m*.

bi·met·al·lism [ˌbaɪ'metəlɪzəm] Bimetal'lismus *m*, Doppelwährung *f* (*Gold u. Silber*).

bi·month·ly [ˌbaɪ'mʌnθlɪ] **I** *adj. u. adv.* **1.** a) zweimonatlich, alle zwei Monate ('wiederkehrend *od.* erscheinend), b) zweimal im Monat (erscheinend); **II** *s.* **2.** zweimonatlich erscheinende Veröffentlichung; **3.** Halbmonatsschrift *f*.

bi·mo·tored [ˌbaɪ'məʊtəd] *adj.* ✈ 'zweimoˌtorig.

bin [bɪn] *s.* **1.** (großer) Behälter, Kasten *m*; *a.* Silo *m*, *n*; **2.** Verschlag *m*; **3.** *sl.* ‚Klapsmühle' *f.*

bi·na·ry ['baɪnərɪ] *adj.* ⚗, ⚙, ⩓, *phys.* bi'när, aus zwei Einheiten bestehend: ~ ***digit*** Binärziffer *f*; ~ (***number***) ⩓ Binär-, Dualzahl *f*; ~ (***star***) *ast.* Doppelstern *m*; ~ ***fission*** *biol.* Zellteilung *f.*

bind [baɪnd] **I** *s.* **1.** Band *n*; **2.** ♪ Halte- *od.* Bindebogen *m*; **3.** F ***be in a*** ~ in ‚Schwulitäten' sein; ***be in a*** ~ ***for*** *et. od. j-n* dringend brauchen, verlegen sein um; **II** *v/t.* [*irr.*] **4.** binden, an-, 'um-, festbinden, verbinden: ~ ***to a tree*** an e-n Baum binden; ***bound hand and foot*** *fig.* an Händen u. Füßen gebunden; **5.** *Buch* (ein)binden; **6.** *Saum etc.* einfassen; **7.** *Rad etc.* (mit Me'tall) beschlagen; **8.** *Sand etc.* fest *od.* hart machen; zs.-fügen; **9.** (***o.s.*** sich) binden (*a. vertraglich*), verpflichten; zwingen: ~ ***an apprentice*** *j-n* in die Lehre geben (***to*** bei); ~ ***a bargain*** e-n Handel (durch Anzahlung) verbindlich machen; → ***bound***[1] 1; **10.** ⚗, ⚙ binden; **11.** ⚕ verstopfen; **II** *v/i.* **12.** binden, fest *od.* hart werden, zs.-halten; ~ ***o·ver*** *v/t.* ⚖ **1.** zum Erscheinen verpflichten (***to*** vor *e-m Gericht*); **2.** *Brit. j-n* auf Bewährung entlassen; ~ ***up*** *v/t.* **1.** vereinigen, zs.-binden; *Wunde* verbinden; **2.** *pass.* ***be bound up*** (***in*** *od.* ***with***) a) eng verknüpft sein (mit), b) ganz in Anspruch genommen werden (von).

bind·er ['baɪndə] *s.* **1.** a) (*Buch-, Garben*)Binder(in), b) Garbenbinder *m* (*Maschine*); **2.** Binde *f*, Band *n*, Schnur *f*; **3.** Aktendeckel *m*, 'Umschlag *m*; **4.** ⚙ Bindemittel *n*; **5.** ✝ Vorvertrag *m*; '**bind·er·y** [-ərɪ] *s.* Buchbinde'rei *f.*

bind·ing ['baɪndɪŋ] **I** *adj.* **1.** *fig.* bindend, (rechts)verbindlich ([***up***]***on*** für): ~ ***force*** bindende Kraft; ~ ***law*** zwingendes Recht; **II** *s.* **2.** (Buch)Einband *m*; **3.** a) Einfassung *f*, Borte *f*, b) (Me'tall-) Beschlag *m* (*Rad*), c) (Ski)Bindung *f*; ~ ***a·gent*** → ***binder*** 4; ~ ***post*** *s.* ϟ (Pol-, Anschluß)Klemme *f.*

'**bind·weed** *s.* ⚘ *e-e* Winde *f.*

bine [baɪn] *s.* ⚘ Ranke *f.*

binge [bɪndʒ] *s.* F ‚Sauf- *od.* Freßgelage' *n*: ***go on a*** ~ ‚einen draufmachen'.

bin·go ['bɪŋgəʊ] *s.* Bingo *n* (*ein Glücksspiel*): ~ ***!*** F Zack!, Volltreffer!

bin·na·cle ['bɪnəkl] *s.* ⚓ 'Kompaßhaus *n.*

bin·oc·u·lar I *adj.* [ˌbaɪ'nɒkjʊlə] binoku'lar, für beide *od.* mit beiden Augen; **II** *s.* [bɪ'n-] *mst pl.* Fernglas *n*; Opernglas *n.*

bi·no·mi·al [ˌbaɪ'nəʊmjəl] *adj.* **1.** ⩓ bi'nomisch, zweigliedrig; **2.** ⚘, *zo.* → ***binominal.***

bi·nom·i·nal [ˌbaɪ'nɒmɪnl] *adj.* ⚘, *zo.* binomi'nal, zweinamig: ~ ***system*** (System *n* der) Doppelbenennung *f.*

bi·nu·cle·ar [ˌbaɪ'nju:klɪə], **bi'nu·cle·ate** [-ɪət] *adj. phys.* zweikernig.

bi·o·chem·i·cal [ˌbaɪəʊ'kemɪkl] *adj.* □ bio'chemisch; ˌ**bi·o'chem·ist** [-ɪst] *s.* Bio'chemiker *m*; ˌ**bi·o'chem·is·try** [-ɪstrɪ] *s.* Bioche'mie *f.*

bi·o·de·gra·dab·le [ˌbaɪəʊdɪ'greɪdəbl] *adj.* ⚗ (bio'logisch) abbaubar; **bi·o·deg·ra·da·tion** ['baɪəʊˌdegrə'deɪʃn] *s.* biologischer Abbau, Rotte *f.*

bi·o·di·ver·si·ty ['baɪəʊˌdaɪ'vɜ:sətɪ] *s.* Artenvielfalt *f*; ~ ***con·ven·tion*** *s.* Artenschutzabkommen *n.*

bi·o·en·er·get·ics ['baɪəʊˌenə'dʒetɪks] *s. pl. sg. konstr.* Bioener'getik *f.*

bi·o·en·gi·neer·ing ['baɪəʊˌendʒɪ'nɪərɪŋ] *s.* Biotechnik *f.*

bi·o·fu·el ['baɪəʊˌfjuəl] *s.* Bio-Treibstoff *m.*

bi·og·ra·pher [baɪ'ɒgrəfə] *s.* Bio'graph *m*; **bi·o·graph·ic**, **bi·o·graph·i·cal** [ˌbaɪəʊ'græfɪk(l)] *adj.* □ bio'graphisch; **bi'og·ra·phy** [-fɪ] *s.* Biogra'phie *f*, Lebensbeschreibung *f.*

bi·o·log·ic [ˌbaɪəʊ'lɒdʒɪk] *adj.* (□ ***~ally***) → **bi·o'log·i·cal** [-kl] *adj.* □ bio'logisch: ~ ***warfare*** Bakterienkrieg *m*; **bi·ol·o·gist** [baɪ'ɒlədʒɪst] *s.* Bio'loge *m*; **bi·ol·o·gy** [baɪ'ɒlədʒɪ] *s.* Biolo'gie *f.*

bi·ol·y·sis [baɪ'ɒləsɪs] *s. biol.* Bio'lyse *f.*

bi·on·ics [baɪ'ɒnɪks] *s. pl. sg. konstr. phys.* Bi'onik *f.*

bi·o·nom·ics [ˌbaɪəʊ'nɒmɪks] *s. pl. sg. konstr. biol.* Ökolo'gie *f*; **bi·o·phys·ics** [ˌbaɪəʊ'fɪzɪks] *s. pl. sg. konstr.* Biophy'sik *f.*

bi·op·ic [baɪ'ɒpɪk] *s.* biographisches Filmepos.

bi·o·tope [ˌbaɪəʊ'təʊp] *s. biol. geogr.* Bio'top *m*, *n.*

bi·par·ti·san [ˌbaɪpɑ:tɪ'zæn] *adj.* zwei Par'teien vertretend, Zweiparteien...; ˌ**bi·par·ti'san·ship** [-ʃɪp] *s.* Zugehörigkeit *f* zu zwei Parteien; **bi·par·tite** [ˌbaɪ'pɑ:taɪt] *adj.* **1.** zweiteilig; **2.** *pol.*, ⚖ a) zweiseitig (*Vertrag etc.*), b) in doppelter Ausfertigung (*Dokumente*).

bi·ped ['baɪped] *s. zo.* Zweifüß(l)er *m.*

bi·plane ['baɪpleɪn] *s.* ✈ Doppel-, Zweidecker *m.*

birch [bɜ:tʃ] **I** *s.* **1.** a) ⚘ Birke *f*, b) Birkenholz *n*; **2.** (Birken)Rute *f*; **II** *v/t.* **3.** mit der Rute züchtigen; '**birch·en** [-tʃən] *adj.* birken, Birken...; '**birch·ing** [-tʃɪŋ] *s.* (Ruten)Schläge *pl.*; '**birch-rod** → ***birch*** 2.

bird [bɜ:d] *s.* **1.** Vogel *m*: ~ ***of paradise*** Paradiesvogel; ~ ***of passage*** Zugvogel (*a. fig.*); ~ ***of prey*** Raub-, Greifvogel; F ***early*** ~ Frühaufsteher *m*, wer früh kommt; ***the early*** ~ ***catches the worm*** Morgenstund hat Gold im Mund; ***~s of a feather flock together*** gleich u. gleich gesellt sich gern; ***kill two ~s with one stone*** zwei Fliegen mit e-r Klappe schlagen; ***a*** ~ ***in the hand is worth two in the bush*** ein Sperling in der Hand ist besser als e-e Taube auf dem Dach; ***fine feathers make fine ~s*** Kleider machen Leute; ***the*** ~ ***is*** (*od.* ***has***) ***flown*** *fig.* der Vogel ist ausgeflogen; ***give s.o. the*** ~ j-n auspfeifen *od.* ‚abfahren lassen', j-m den Laufpaß geben; F ***a little*** ~ ***told me*** mein kleiner Finger hat es mir gesagt; ***tell a child about the ~s and the bees*** ein Kind aufklären; ***that's for the ~s*** F das ist ‚für die Katz'; **2.** a) F ‚Knülch' *m*, Kerl *m*, b) *Brit. sl.* ‚Puppe' *f* (*Mädchen*): ***queer*** ~ komischer Kauz; ***old*** ~ alter Knabe; ***gay*** ~ lustiger Vogel; **3.** *sl.* a) ‚Vogel' *m* (*Flugzeug*), b) *Am.* Rangabzeichen *n e-s Colonel etc.*; '**~·brain** *s.* F ‚Spatzen(ge)hirn' *n*; ~ ***cage*** *s.* Vogelbauer *n*, -käfig *m*; '**~·call** *s.* Vogelruf *m*; Lockpfeife *f*; ~ ***dog*** *s.* Hühnerhund *m*; '**~-ˌfan·ci·er** *s.* Vogelliebhaber(in), -züchter(in), -händler(in).

bird·ie ['bɜ:dɪ] *s.* **1.** Vögelchen *n*; **2.** ‚Täubchen' *n* (*Kosewort*); **3.** *Golf*: 'Birdie *n* (*1 Schlag unter Par*).

bird| life *s.* Vogelleben *n*, -welt *f*; '**~·lime** *s.* Vogelleim *m*; '**~·man** *s.* [*irr.*] **1.** Vogelkenner *m*; **2.** ✈ F Flieger *m*; '**~-ˌnest·ing** *s.* Ausnehmen *n* von Vogelnestern; '**~·seed** *s.* Vogelfutter *n.*

'**bird's|-eye** [bɜ:dz] **I** *s.* **1.** ⚘ A'donisröschen *n*; **2.** Feinschnittabak *m*; **3.** ✝ Pfauenauge(nmuster) *n*; **II** *adj.* **4.** ~ ***view*** (Blick *m* aus der) Vogelperspektive *f*, allgemeiner Überblick; ~ ***nest*** *s.* (*a. eßbares*) Vogelnest.

bird watch·er *s.* Vogelbeobachter *m.*

bi·ro ['baɪərəʊ] *s.* (*TM*) *Brit.* Kugelschreiber *m.*

birth [bɜ:θ] *s.* **1.** Geburt *f*; Wurf *m* (*Hunde etc.*): ***give*** ~ ***to*** gebären, zur Welt bringen, *fig.* hervorbringen, -rufen; ***by*** ~ von Geburt; **2.** Abstammung *f*, Herkunft *f*; *engS.* edle Herkunft; **3.** Ursprung *m*, Entstehung *f*; ~ ***cer·tif·i·cate*** *s.* Geburtsurkunde *f*; ~ ***con·trol*** *s.* Geburtenregelung *f*, -beschränkung *f*; '**~·day** *s.* Geburtstag *m*: ~ ***honours*** *Brit.* Titelverleihungen zum Geburtstag des Königs *od.* der Königin; ***in one's*** ~ ***suit*** im Adams- *od.* Evaskostüm; ~ ***party*** Geburtstagsparty *f*; '**~·mark** *s.* Muttermal *n*; '**~·place** *s.* Geburtsort *m*; ~ ***rate*** *s.* Geburtenziffer *f*: ***falling*** ~ Geburtenrückgang *m*; '**~·right** *s.* (Erst-) Geburtsrecht *n.*

bis·cuit ['bɪskɪt] **I** *s.* **1.** *Brit.* Keks *m*: ***that takes the ~!*** F a) das ist doch das Allerletzte!, b) das ist (einsame) Spitze!; **2.** *Am.* weiches Brötchen; **3.** → ***biscuit ware***; **II** *adj.* **4.** a) blaßbraun, b) graugelb; ~ ***ware*** *s.* ⚙ Bis'kuit *n* (*Porzellan*).

bi·sect [baɪ'sekt] *v/t.* **1.** in zwei Teile zerschneiden; **2.** ⩓ halbieren; **bi·sec·tion** [ˌbaɪ'sekʃn] *s.* ⩓ Halbierung *f.*

bi·sex·u·al [ˌbaɪ'seksjʊəl] *adj. allg.* bisexu'ell.

bish·op ['bɪʃɒp] *s.* **1.** Bischof *m*; **2.** *Schach*: Läufer *m*; **3.** Bischof *m* (*Getränk*); '**bish·op·ric** [-rɪk] *s.* Bistum *n*, Diö'zese *f.*

bi·son ['baɪsn] *s. zo.* **1.** Bison *m*, amer. Büffel *m*; **2.** euro'päischer Wisent.

bis·sex·tile [bɪ'sekstaɪl] **I** *s.* Schaltjahr *n*; **II** *adj.* Schalt...: ~ ***day*** Schalttag *m.*

bit[1] [bɪt] *s.* **1.** Gebiß *n* (*am Pferdezaum*): ***take the*** ~ ***between one's teeth*** a) durchgehen (*Pferd*), b) störrisch werden (*a. fig.*), c) *fig.* ‚rangehen'; → ***champ***[1]; **2.** *fig.* Zaum *m*, Zügel *m u. pl.*; **3.** ⚙ a) Bohrerspitze *f*, b) Hobeleisen *n*, c) Maul *n* der Zange *etc.*, d) Bart *m* des Schlüssels.

bit[2] [bɪt] *s.* **1.** Stückchen *n*: ***a*** ~ ***of bread***; ***a*** ~ ein bißchen, ein wenig, leicht; ***a*** ~ ***of a ...*** so et. wie ein(e) ...; ***a*** ~ ***of a fool*** etwas närrisch; ~ ***by*** ~ Stück für Stück, allmählich; ***after a*** ~ nach e-m Weilchen; ***every*** ~ ***as good*** ganz genauso gut; ***not a*** ~ ***better*** kein bißchen besser; ***not a*** ~ (***of it***) ‚keine Spur', ganz und gar nicht; ***do one's*** ~ a) s-e Pflicht tun, b) s-n Beitrag leisten; ***give s.o. a*** ~ ***of one's mind*** j-m (gehörig) die Meinung sagen; **2.** kleine Münze: a) *Brit.* F ***threepenny*** ~, b) *Am.* F ***two ~s*** 25

Cent; **3.** F ‚Mieze' *f* (*Mädchen*); **4.** *a.* ~ ***part*** *thea.* F kleine Rolle: ~ ***player***.

bit³ [bɪt] *s. Computer*: Bit *n*.

bit⁴ [bɪt] *pret. von* ***bite***.

bitch [bɪtʃ] **I** *s.* **1.** Hündin *f*; **2.** *a.* ~ ***fox*** Füchsin *f*; *a.* ~ ***wolf*** Wölfin *f*; **3.** V *contp.* a) Schlampe *f*, b) ‚Miststück' *n*; **4.** *sl.* ‚Scheißding' *n*; **II** *v/t.* **5.** *sl. a.* ~ ***up*** ‚versauen'; **III** *v/i.* **6.** *sl.* ‚meckern';

bitch·y [ˈbɪtʃɪ] *adj.* F ‚gemein'.

bite [baɪt] **I** *s.* **1.** Beißen *n*, Biß *m*; Stich *m* (*Insekt*): ***put the ~ on s.o.*** *Am. sl.* j-n unter Druck setzen; **2.** Bissen *m*, Happen *m*: ***not a ~ to eat***; **3.** (An-)Beißen *n* (*Fisch*); **4.** ⚙ Fassen *n*, Greifen *n*; **5.** *fig.* a) Bissigkeit *f*, Schärfe *f*, Spitze *f*, b) ‚Biß' *m* (*Aggressivität*): ***the ~ was gone***; **6.** *fig.* Würze *f*, Geist *m*; **II** *v/t.* [*irr.*] **7.** beißen: ~ ***one's lips*** sich auf die Lippen (*fig.* auf die Zunge) beißen; ~ ***one's nails*** an den Nägeln kauen; ***bitten with a desire*** *fig.* von e-m Wunsch gepackt; ***what's biting you?*** *Am. sl.* was ist mit dir los?; → ***dust*** 1; **8.** beißen, stechen (*Insekt*); **9.** ⚙ fassen, greifen; schneiden in (*acc.*); **10.** ⚗ beizen, zerfressen, angreifen; beschädigen; **11.** F *pass.*: ***be bitten*** hereingefallen sein; ***once bitten twice shy*** gebranntes Kind scheut das Feuer; **III** *v/i.* [*irr.*] **12.** beißen; **13.** (an-)beißen; *fig.* sich verlocken lassen; **14.** ⚙ fassen, greifen (*Rad*, *Bremse*, *Werkzeug*); **15.** *fig.* beißen, schneiden, brennen, stechen, scharf sein (*Kälte*, *Wind*, *Gewürz*, *Schmerz*); **16.** *fig.* beißend *od.* verletzend sein; ~ **off** *v/t.* abbeißen: ~ ***more than one can chew*** sich zuviel zumuten.

bit·er [ˈbaɪtə] *s.*: ***the ~ bit*** der betrogene Betrüger; ***the ~ will be bitten*** wer andern e-e Grube gräbt, fällt selbst hinein.

bit·ing [ˈbaɪtɪŋ] *adj.* □ *a. fig.* beißend, scharf, schneidend.

bit·ten [ˈbɪtn] *p.p. von* ***bite***.

bit·ter [ˈbɪtə] **I** *adj.* □ → *a.* 4; **1.** bitter (*Geschmack*); **2.** *fig.* bitter (*Schicksal*, *Wahrheit*, *Tränen*, *Worte etc.*), schmerzlich, hart: ***to the ~ end*** bis zum bitteren Ende; **3.** *fig.* verärgert, böse, verbittert; streng, unerbittlich; rauh, unfreundlich (*a. Wetter*); **II** *adv.* **4.** *nur*: ~ ***cold*** bitter kalt; **III** *s.* **5.** Bitterkeit *f* (*a. fig.*): ***take the ~ with the sweet*** das Leben (so) nehmen, wie es ist; **6.** *a.* ~ ***beer*** *Brit. stark gehopftes Faßbier*; **7.** *pl.* Magenbitter *m*.

bit·tern¹ [ˈbɪtən] *s. orn.* Rohrdommel *f*.

bit·tern² [ˈbɪtən] *s.* **1.** ⚗ Mutterlauge *f*; **2.** Bitterstoff *m* (*für Bier*).

bit·ter·ness [ˈbɪtənɪs] *s.* **1.** Bitterkeit *f*; **2.** *fig.* Bitterkeit *f*, Schmerzlichkeit *f*; **3.** *fig.* Verbitterung *f*, Härte *f*, Grausamkeit *f*.

ˈbit·ter·sweet **I** *adj.* bittersüß; halbbitter; **II** *s.* ⚘ Bittersüß *n*.

bi·tu·men [ˈbɪtjʊmɪn] *s.* **1.** *min.* Biˈtumen *n*, Erdpech *n*, Asˈphalt *m*; **2.** *geol.* Bergteer *m*.

bi·tu·mi·nous [bɪˈtju:mɪnəs] *adj. min.* bitumiˈnös, asˈphalt-, pechhaltig; ~ **coal** *s.* Stein-, Fettkohle *f*.

bi·va·lent [ˈbaɪˌveɪlənt] *adj.* ⚗ zweiwertig.

bi·valve [ˈbaɪvælv] *s. zo.* zweischalige Muschel (*z.B. Auster*).

biv·ouac [ˈbɪvʊæk] **I** *s.* ˈBiwak *n*; **II** *v/i.* biwakieren.

bi·week·ly [ˌbaɪˈwi:klɪ] **I** *adj. u. adv.* **1.** zweiwöchentlich, vierzehntägig, halbmonatlich; **2.** zweimal die Woche; **II** *s.* **3.** Halbmonatsschrift *f*.

biz [bɪz] *s.* F *für* ***business***.

bi·zarre [bɪˈzɑ:] *adj.* biˈzarr, phanˈtastisch, abˈsonderlich.

blab [blæb] **I** *v/t.* ausplaudern; **II** *v/i.* schwatzen; **III** *s.* Schwätzer(in), Klatschbase *f*, -weib *n*; **ˈblab·ber** [-bə] *s.* Schwätzer(in).

black [blæk] **I** *adj.* **1.** schwarz (*a. Tee*, *Kaffee*): ~ ***as coal*** (*od.* ***the devil*** *od.* ***ink*** *od.* ***night*** *od.* ***pitch***) kohlraben-, pechschwarz; → ***black eye***, ***belt*** 1, 5, ***diamond*** 1; **2.** dunkel: ~ ***in the face*** dunkelrot im Gesicht (*vor Aufregung etc.*); **3.** dunkel(häutig): ~ ***man*** Schwarzer *m*, Neger *m*; **4.** schwarz, schmutzig: ~ ***hands***; **5.** *fig.* dunkel, trübe, düster (*Gedanken*, *Wetter*); **6.** böse, schlecht: ~ ***soul*** schwarze Seele; ***not so ~ as he is painted*** besser als sein Ruf; **7.** ‚schwarz', ungesetzlich: ~ ***economy*** Schattenwirtschaft *f*; **8.** ärgerlich, böse: ~ ***look(s)*** böser Blick; ***look ~ at s.o.*** j-n böse anblicken; **9.** schlimm: ~ ***despair*** völlige Verzweiflung; **10.** *Am.* eingefleischt; **11.** ‚schwarz' (*makaber*): ~ ***humo(u)r***; **12.** *TV* schwarzˈweiß; **II** *s.* **13.** Schwarz *n*; **14.** *et.* Schwarzes, schwarzer Fleck: ***wear ~*** Trauer(kleidung) tragen; **15.** Schwarze(r *m*) *f*, Neger(in); **16.** Schwärze *f*, schwarze Schuhkrem; **17.** ***be in the ~*** *bsd.* ☿ a) mit Gewinn arbeiten, b) aus den roten Zahlen heraus sein; **III** *v/t.* **18.** schwärzen, *Schuhe* wichsen; ~ **out** **I** *v/t.* **1.** (völlig) abdunkeln, *a.* ⚔ verdunkeln; **2.** ⚙ *u. fig.* ausschalten, außer Betrieb setzen; *Funkstation* (durch Störgeräusche) ausschalten; **3.** *j-n* bewußtlos machen; **4.** *fig.* (*a. durch Zensur*) unterˈdrücken; **II** *v/i.* **5.** sich verdunkeln; **6.** a) das Bewußtsein verlieren, b) e-n ‚Blackout' haben; **7.** ⚙ *etc.* ausfallen.

black Af·ri·ca *s. pol.* Schwarzafrika *n*.

black·a·moor [ˈblækəˌmʊə] *s. obs.* Neger(in *f*) *m*, Mohr(in *f*) *m*.

black| and blue *adj.*: ***beat s.o. ~*** j-n grün und blau schlagen; ~ **and tan** *adj.* schwarz mit braunen Flecken; ~ **and white** *s.* **1.** Schwarzˈweißzeichnung *f*; **2.** ***in ~*** schwarz auf weiß, schriftlich, gedruckt; **3.** *TV etc.* schwarzˈweiß; ~ **art** → ***black magic***; ~ **ball** *s.* schwarze (Wahl)Kugel; *fig.* Gegenstimme *f*; **ˈ~·ball** *v/t.* gegen *j-n* stimmen, *j-n* ausschließen; ~ **bee·tle** *s. zo.* Küchenschabe *f*; **ˈ~·ber·ry** [-bərɪ] *s.* ⚘ Brombeere *f*; **ˈ~·bird** *s. orn.* Amsel *f*; **ˈ~·board** *s.* (Schul-, Wand)Tafel *f*; ~ **box** *s.* ✈ Flugschreiber *m*; ~ **cap** *s.* schwarze Kappe (*des Richters bei Todesurteilen*); **ˈ~·cap** *s. orn.* a) Kohlmeise *f*, b) Schwarzköpfige Grasmücke; ~ **cat·tle** *s. zo.* schwarze Rinderrasse; **ˈ~-ˌcoat(·ed)** *adj. Brit.*: ~ ***worker*** Büroangestellte(r) *m* (*Ggs. Arbeiter*); **ˈ~·cock** *s. orn.* Schwarzes Schottisches Moorhuhn (*Hahn*); ♀ **Coun·try** *s.* Induˈstriegebiet *n* von Staffordshire u. Warwickshire; ♀ **Death** *s. der* Schwarze Tod, Pest *f*; ~ **dog** *s.* F schlechte Laune.

black·en [ˈblækən] **I** *v/t.* **1.** schwärzen; wichsen; **2.** *fig.* anschwärzen: ***~ing the memory of the deceased*** ⚖ Verunglimpfung *f* Verstorbener; **II** *v/i.* **3.** schwarz werden.

black| eye *s.* ‚blaues Auge': ***get away with a ~*** mit e-m blauen Auge davonkommen; **ˈ~·face** *s. typ.* (halb)fette Schrift; ~ **flag** *s.* schwarze (Piˈraten-)Flagge; ♀ **Fri·ar** *s. eccl.* Dominiˈkaner *m*; ~ **frost** *s.* strenge, aber trockene Kälte; ~ **game** *s. orn.* schwarzes Rebhuhn; ~ **grouse** *s. orn.* Birkhuhn *n*.

black·guard [ˈblægɑ:d] **I** *s.* Lump *m*, Schuft *m*; **II** *v/t.* *j-n* beschimpfen; **ˈblack·guard·ly** [-lɪ] *adj.* gemein; unflätig.

ˈblack|·head *s.* ⚕ Mitesser *m*; ~ **ice** *s.* Glatteis *n*.

black·ie [ˈblækɪ] *s.* → ***blacky***.

black·ing [ˈblækɪŋ] *s.* **1.** schwarze (Schuh)Wichse; **2.** (Ofen)Schwärze *f*.

black·ish [ˈblækɪʃ] *adj.* schwärzlich.

ˈblack|·jack **I** *s.* **1.** → ***black flag***; **2.** *Am.* Totschläger *m* (*Waffe*); **3.** ˈSiebzehnundˈvier *n* (*Kartenspiel*); **II** *v/t.* **4.** *Am.* mit e-m Totschläger zs.-schlagen; ~ **lead** [led] *s. min.* Graˈphit *m*, Reißblei *n*; **ˌ~-ˈlead pen·cil** *s.* Graphitstift *m*; **ˈ~·leg** **I** *s.* **1.** a) Falschspieler *m*, b) Wettbetrüger *m*; **2.** *Brit.* Streikbrecher *m*; **II** *v/i.* **3.** als Streikbrecher auftreten; ~ **let·ter** *s. typ.* Frakˈtur *f*, gotische Schrift; **ˌ~-ˈlet·ter** *adj.*: ~ ***day*** schwarzer Tag, Unglückstag *m*; **ˈ~·list** **I** *s.* schwarze Liste; **II** *v/t.* *j-n* auf die schwarze Liste setzen; ~ **mag·ic** *s.* Schwarze Maˈgie; **ˈ~·mail** **I** *s.* **1.** ⚖ Erpressung *f*; **2.** Erpressungsgeld *n*; **II** *v/t.* **3.** *j-n* erpressen, von *j-m* Geld erpressen: ~ ***s.o. into s.th*** j-n durch Erpressung zu et. zwingen; **ˈ~ˌmail·er** *s.* Erpresser *m*; ♀ **Ma·ri·a** [məˈraɪə] *s.* F ‚Grüne Minna', (Poliˈzei)Gefangenenwagen *m*; ~ **mark** *s.* schlechte Note, Tadel *m*; ~ **mar·ket** *s.* schwarzer Markt, Schwarzmarkt *m*, -handel *m* (***in*** mit); ~ **mar·ket·eer** *s.* Schwarzhändler(in); ~ **mass** *s.* Schwarze Messe, Teufelsmesse *f*; ~ **monk** *s.* Benedikˈtiner(mönch) *m*.

black·ness [ˈblæknɪs] *s.* **1.** Schwärze *f*, Dunkelheit *f*; **2.** *fig.* Verderbtheit *f*, Abˈscheulichkeit *f*.

ˈblack|·out *s.* **1.** *bsd.* ⚔ Verdunkelung *f*; **2.** (*Nachrichten- etc.*)Sperre *f*: ***news ~***; **3.** ⚕ a) Blackout *n*, *m* (*kurze Ohnmacht*, *Bewußtseinsstörung etc.*), b) Bewußtlosigkeit *f*, Ohnmacht *f*; **4.** ⚙ *u. fig.* Ausfall *m*; ⚡ toˈtaler Stromausfall; **5.** *TV* a) Austasten *n*, b) Proˈgramm- *od.* Bildausfall *m*; **6.** *phys. etc.*, *a. thea.* Blackout *n*, *m*; ♀ **Prince** *s. der* Schwarze Prinz (*Eduard*, *Prinz von Wales*); ~ **pud·ding** *s. Brit.* Blutwurst *f*; ♀ **Rod** *s.* **1.** oberster Dienstbeamter des brit. Oberhauses; **2.** erster Zereˈmonienmeister des Hosenbandordens; ~ **sheep** *s.* *fig.* schwarzes Schaf; **ˈ~·shirt** *s.* Schwarzhemd *n* (*italienischer Faschist*); **ˈ~·smith** *s.* (Grob-, Huf)Schmied *m*; ~ **spot** *s. mot.* schwarzer Punkt, Gefahrenstelle *f*; **ˈ~·strap** *s. Am.* **1.** *Getränk aus Rum u. Sirup*; **2.** F Rotwein *m* aus dem Mittelmeergebiet; **ˈ~·thorn** *s.* ⚘ Schwarz-, Schlehdorn *m*; ~ **tie** *s.* **1.** schwarze Fliege; **2.** Smoking *m*; **ˈ~·top**

s. Asphaltbelag *m od.* -straße *f*; **'~,wa·ter fe·ver** *s.* ⚕ Schwarzwasserfieber *n*; **~ wid·ow** *s. zo.* Schwarze Witwe (*Spinne*).

black·y ['blækɪ] *s.* F Schwarze(r *m*) *f* (*Neger od. Schwarzhaarige*[*r*]).

blad·der ['blædə] *s.* **1.** *anat.* (Gallen-, *engS.* Harn)Blase *f*; **2.** (*Fußball- etc.*) Blase *f*; **3.** *zo.* Schwimmblase *f*; **~ wrack** *s.* ⚘ Blasentang *m*.

blade [bleɪd] *s.* **1.** ⚘ Blatt *n* (*mst poet.*), Spreite *f* (*e-s Blattes*), Halm *m*: ***in the ~*** auf dem Halm; ***~ of grass*** Grashalm; **2.** ⚙ Blatt *n* (*Säge*, *Axt*, *Schaufel*, *Ruder*); **3.** ⚙ a) Flügel *m* (*Propeller*); *Hubschrauber*: Rotor *m*, Drehflügel *m*, b) Schaufel *f* (*Schiffsrad*, *Turbine*); **4.** ⚙ Klinge *f* (*Messer*, *Degen etc.*); **5.** → ***shoulder-blade***; **6.** *poet.* a) Degen *m*, Klinge *f*, b) Kämpfer *m*; **7.** F (forscher) Kerl, Bursche *m*.

blae·ber·ry ['bleɪbərɪ] → ***bilberry***.

blah¹ [blɑː] *a.* **,blah-'blah** F **I** *s.* ‚Bla'bla' *n*, Geschwafel *n*; **II** *v/i.* schwafeln.

blah² [blɑː] F **I** *adj.* (stink)fad; **II** *s. pl. Am.* a) Langeweile *f*, b) ‚mieses Gefühl'.

blain [bleɪn] *s.* ⚕ Pustel *f*.

blam·a·ble ['bleɪməbl] *adj.* □ zu tadeln(d), schuldig; **blame** [bleɪm] **I** *v/t.* **1.** tadeln, rügen, *j-m* Vorwürfe machen (***for*** wegen); **2.** (***for***) verantwortlich machen (für), *j-m* die Schuld geben (an *dat.*): ***he is to ~ for it*** er ist daran schuld; ***he has only himself to ~*** das hat er sich selbst zuzuschreiben; ***I cannot ~ him for it*** ich kann es ihm nicht verübeln; **II** *s.* **3.** Tadel *m*, Vorwurf *m*, Rüge *f*; **4.** Schuld *f*, Verantwortung *f*: ***lay*** (*od.* ***put***) ***the ~ on s.o.*** j-m die Schuld geben; ***bear*** (*od.* ***take***) ***the ~*** die Schuld auf sich nehmen; **'blame·less** [-lɪs] *adj.* □ untadelig, schuldlos (***of*** an *dat.*); **'blame·less·ness** [-lɪsnɪs] *s.* Schuldlosigkeit *f*, Unschuld *f*; **'blame,wor·thy** *adj.* tadelnswert, schuldig.

blanch [blɑːntʃ] **I** *v/t.* **1.** bleichen, weiß machen; *fig.* erbleichen lassen; **2.** ⚘ (*durch Ausschluß von Licht*) bleichen; **3.** *Küche*: *Mandeln etc.* blanchieren, brühen; **4.** ⚙ weiß sieden; brühen; **5.** ***~ over*** *fig.* beschönigen; **II** *v/i.* **6.** erbleichen.

blanc·mange [blə'mɒnʒ] *s. Küche*: Pudding *m*.

bland [blænd] *adj.* □ **1.** a) mild, sanft, b) höflich, verbindlich, c) (ein)schmeichelnd; **2.** a) kühl, b) i'ronisch.

blan·dish ['blændɪʃ] *v/t.* schmeicheln, zureden (*dat.*); **'blan·dish·ment** [-mənt] *s.* Schmeiche'lei *f*, Zureden *n*; *pl.* Über'redungskünste *pl*.

blank [blæŋk] **I** *adj.* □ **1.** leer, nicht ausgefüllt, unbeschrieben; Blanko… (*bsd.* ✝): ***a ~ page***; ***a ~ space*** ein leerer Raum; ***~ tape*** Leerband *n*; ***in ~*** blanko; ***leave ~*** frei lassen; ***~ acceptance*** Blankoakzept *n*; ***~ signature*** Blankounterschrift *f*; → ***cheque***; **2.** leer, unbebaut; **3.** blind (*Fenster*, *Tür*); **4.** leer, ausdruckslos; **5.** verdutzt, verblüfft, verlegen: ***a ~ look***; **6.** bar, rein, völlig: ***~ astonishment*** sprachloses Erstaunen; ***~ despair*** helle Verzweiflung; **7.** → ***cartridge*** 1, ***fire*** 13, ***verse*** 3; **II** *s.* **8.** Formblatt *n*, Formu'lar *n*, Vordruck *m*; unbeschriebenes Blatt (*a. fig.*); **9.** leerer *od.* freier Raum (*bsd. für Wort*[*e*] *od. Buchstaben*); Lücke *f*, Leere *f* (*a. fig.*): ***leave a ~*** e-n freien Raum lassen (*beim Schreiben etc.*); ***his mind was a ~*** a) er hatte alles vergessen, b) in s-m Kopf herrschte völlige Leere; **10.** *Lotterie*: Niete *f*: ***draw a ~*** a) e-e Niete ziehen, b) *fig.* kein Glück haben; **11.** *bsd. sport* Null *f*; **12.** *das* Schwarze (*Zielscheibe*); **13.** Öde *f*, Nichts *n*; **14.** ⚙ unbearbeitetes Werkstück, Rohling *m*; ungeprägte Münzplatte; **15.** Gedankenstrich *m* (*an Stelle e-s* [*unanständigen*] *Wortes*), ‚Pünktchen' *pl.*; **III** *v/t.* **16.** *mst* ***~ out*** a) verhüllen, auslöschen, b) *fig.* ‚erledigen', abtun; **17.** ***~ out*** *typ.* gesperrt drucken; **18.** *Wort* durch e-n Gedankenstrich *od.* Pünktchen ersetzen; **19.** *TV Brit.* austasten; **20.** *sport* zu Null schlagen.

blan·ket ['blæŋkɪt] **I** *s.* **1.** (wollene) Decke, Bettdecke *f*: ***to get between the ~s*** F in die Federn kriechen; ***born on the wrong side of the ~*** F unehelich; → ***wet*** 1; **2.** *fig.* Decke *f*, Hülle *f*: ***~ of snow*** Schneedecke; **3.** ⚙ 'Filz,unterlage *f*; **II** *v/t.* **4.** zudecken; **5.** ⚓ den Wind abfangen (*dat.*); **6.** *fig.* verdecken, unter'drücken, ersticken, vertuschen; **7.** ⚡, ⚔ abschirmen; **8.** *Radio*: stören, über'lagern; **9.** prellen; **10.** *Am.* zs.-fassen, um'fassen; **III** *adj.* **11.** alles einschließend, gene'rell: ***~ clause*** Generalklausel *f*; ***~ insurance*** Kollektivversicherung *f*; ***~ mortgage*** Gesamthypothek *f*; ***~ policy*** Pauschalpolice *f*; ***~ sheet*** *Am.* Zeitung *f* in Großfolio.

blan·ket·ing ['blæŋkɪtɪŋ] *s.* Stoff *m* für Wolldecken.

blare [bleə] **I** *v/i. u. v/t.* a) schmettern (*Trompete*), b) brüllen, plärren (*a. Radio etc.*); **II** *s.* a) Schmettern *n*, b) Brüllen *n*, Plärren *n*, c) Lärm *m*.

blar·ney ['blɑːnɪ] F **I** (plumpe) Schmeiche'lei, ‚Schmus' *m*; **II** *v/t. u. v/i.* (*j-m*) schmeicheln.

bla·sé ['blɑːzeɪ] (*Fr.*) *adj.* gleichgültig, gelangweilt.

blas·pheme [blæs'fiːm] **I** *v/t.* (*engS. Gott*) lästern; schmähen; **II** *v/i.*: ***~ against*** *j-m* fluchen, *j-n* lästern; **blas'phem·er** [-mə] *s.* (Gottes)Lästerer *m*; **blas·phe·mous** ['blæsfəməs] *adj.* □ blas'phemisch; **blas·phe·my** ['blæsfəmɪ] *s.* **1.** Blasphe'mie *f*, (Gottes)Lästerung *f*; **2.** Fluchen *n*.

blast [blɑːst] **I** *s.* **1.** (heftiger) Windstoß *m*; **2.** ♪ Schmettern *n*, Schall *m*: ***~ of a trumpet*** Trompetenstoß *m*; **3.** Si'gnal *n*, (Heul-, Pfeif)Ton *m*; Tuten *n*; **4.** *fig.* Pesthauch *m*, Fluch *m*; **5.** ⚘ Brand *m*, Mehltau *m*; Verdorren *n*; **6.** ⚙ a) Sprengladung *f*, b) Sprengung *f*; **7.** a) Explosi'on *f*, Detonati'on *f*, b) *a.* ***~ wave*** Druckwelle *f*; **8.** ⚙ Gebläse(luft *f*) *n*: (***at***) ***full ~*** *a. fig.* auf Hochtouren, *a.* mit voller Lautstärke; **9.** F a) heftige At'tacke, b) ‚Anschiß' *m*; **10.** *Am. sl.* Party *f*; **II** *v/t.* **11.** sprengen; **12.** *a.* ⚘ vernichten (*a.* F *sport*), *fig. a.* zu'nichte machen; **13.** ⚔ unter Beschuß nehmen, *fig. a.* heftig attackieren, F ‚anscheißen'; *Science Fiction*: durch Strahler(schuß) töten; **14.** verfluchen: ***~ed*** verflucht; ***~ it!*** verdammt!; ***~ him!*** der Teufel soll ihn holen!; **15.** ***~ off*** in den Weltraum schießen; **III** *v/i.* **16.** sprengen; **17.** ‚knallen': ***~ away at*** ballern auf (*acc.*), *fig.* heftig attackieren; **18.** ***~ off*** abheben (*Rakete*); ***~ furnace*** *s.* ⚙ Hochofen *m*; **'~-hole** *s.* ⚙ Sprengloch *n*; **'~-off** *s.* (Ra'keten)Start *m*.

bla·tan·cy ['bleɪtənsɪ] *s.* lärmendes Wesen, Angebe'rei *f*; **'bla·tant** [-nt] *adj.* □ **1.** brüllend; **2.** marktschreierisch, lärmend; **3.** aufdringlich; **4.** offenkundig, ekla'tant: ***~ lie***.

blath·er ['blæðə] **I** *v/i.* ‚(blöd) quatschen'; **II** *s.* ‚Gewäsch' *n*; Quatsch *m*; **'~·skite** [-skaɪt] *s.* F **1.** ‚Quatschkopf' *m*; **2.** → ***blather*** II.

blaze [bleɪz] **I** *s.* **1.** *lodernde* Flamme, Feuer *n*, Glut *f*: ***be in a ~*** in Flammen stehen; **2.** *pl.* Hölle *f*: ***go to ~s!*** *sl.* scher dich zum Teufel!; ***like ~s*** F wie verrückt *od.* toll; ***what the ~s is the matter?*** F was zum Teufel ist denn los?; **3.** Leuchten *n*, Glanz *m* (*a. fig.*): ***~ of noon*** Mittagshitze *f*; ***~ of fame*** Ruhmesglanz *m*; ***~ of colo(u)r*** Farbenpracht *f*; ***~ of publicity*** volles Licht der Öffentlichkeit; **4.** *fig.* (plötzlicher) Ausbruch, Auflodern *n* (*Gefühl*): ***~ of anger*** Wutanfall *m*; **5.** Blesse *f* (*bei Rind od. Pferd*); **6.** Anschalmung *f*, Markierung *f an Waldbäumen*; **II** *v/i.* **7.** (auf)flammen, (auf)lodern, (ent)brennen (*alle a. fig.*): ***~ into prominence*** *fig.* e-n kometenhaften Aufstieg erleben; ***~ with anger*** vor Zorn glühen; ***in a blazing temper*** in heller Wut; **8.** leuchten, strahlen (*a. fig.*); **III** *v/t.* **9.** Bäume anschalmen; → ***trail*** 15;

Zssgn mit adv.:

blaze| a·broad *v/t.* verkünden, 'auspo,saunen; ***~ a·way*** *v/i.* drauf'losschießen; *fig.* F loslegen (***at*** mit *et.*), herziehen (***about*** über *acc.*); **~ out**, **~ up** *v/i.* **1.** auflodern, -flammen; **2.** *fig.* in Wut geraten, (wütend) auffahren.

blaz·er ['bleɪzə] *s.* Blazer *m*, Klub-, Sportjacke *f*.

blaz·ing ['bleɪzɪŋ] *adj.* **1.** lodernd (*a. fig.*); **2.** *fig.* a) schreiend, auffallend: ***~ colo(u)rs***, b) offenkundig, ekla'tant: ***~ lie***, c) *hunt.* warm (*Fährte*); → ***scent*** 3; **3.** F verteufelt; ***~ star*** *s.* Gegenstand *m* allgemeiner Bewunderung.

bla·zon ['bleɪzn] **I** *s.* **1.** a) Wappenschild *m, n* b) Wappenkunde *f*; **2.** lautes Lob; **II** *v/t.* **3.** *Wappen* ausmalen; **4.** *fig.* schmücken, zieren; **5.** *fig.* her'ausstreichen, rühmen; **6.** *mst* ***~ abroad***, ***~ out*** 'auspo,saunen; **'bla·zon·ry** [-rɪ] *s.* **1.** a) Wappenzeichen *n*, b) He'raldik *f*; **2.** *fig.* Farbenschmuck *m*.

bleach [bliːtʃ] **I** *v/t.* bleichen (*a. fig.*); **II** *s.* Bleichmittel *n*; **'bleach·er** [-tʃə] *s.* **1.** Bleicher(in); **2.** *mst pl. Am. sport* 'unüber,dachte Tri'büne.

bleak [bliːk] *adj.* □ **1.** kahl, öde; **2.** ungeschützt, windig (gelegen); **3.** rauh (*Wind*, *Wetter*); **4.** *fig.* trost-, freudlos, trübe, düster: ***~ prospects*** trübe Aussichten.

blear [blɪə] **I** *adj.* verschwommen, trübe (*a. Augen*); **II** *v/t.* trüben; **~-eyed** ['blɪəraɪd] *adj.* **1.** a) mit trüben Augen, b) verschlafen; **2.** kurzsichtig, *fig. a.* einfältig.

bleat [bliːt] *v/i.* **1.** blöken (*Schaf*, *Kalb*), meckern (*Ziege*); **2.** in weinerlichem

Ton reden; **II** *s.* **3.** Blöken *n*, Gemecker *n* (*a. fig.*).

bled [bled] *pret. u. p.p. von* ***bleed***.

bleed [bli:d] [*irr.*] **I** *v/i.* **1.** (ver)bluten (*a. Pflanze*): ***~ to death*** verbluten; **2.** sein Blut vergießen, sterben (***for*** für); **3.** *fig.* (***for***) bluten (um) (*Herz*), (tiefes) Mitleid empfinden (mit); **4.** F ‚bluten' (*zahlen*): ***~ for s.th.*** für et. schwer bluten müssen; **5.** auslaufen, ‚bluten' (*Farbe*); zerlaufen (*Teer etc.*); leck sein, lekken; **6.** *typ.* angeschnitten *od.* bis eng an den Druck beschnitten sein (*Buch, Bild*); **II** *v/t.* **7.** ⚕ zur Ader lassen; **8.** *Flüssigkeit, Dampf etc.* ausströmen lassen, abzapfen: ***~ valve*** Ablaßventil *n*; **9.** ⚙, *bsd. mot. Bremsleitung* entlüften; **10.** F ‚bluten lassen', schröpfen: ***~ white*** *j-n* bis zum Weißbluten auspressen; **'bleed·er** [-də] *s.* **1.** ⚕ Bluter *m*; **2.** F a) Erpresser *m*, b) (blöder *etc.*) Kerl, c) ‚Scheißding' *n*; **3.** ⚙ 'Ablaßven͵til *n*; **4.** ↯ 'Vorbelastungs͵widerstand *m*.

bleed·ing ['bli:dɪŋ] **I** *s.* **1.** Blutung *f*, Aderlaß *m* (*a. fig.*): ***~ of the nose*** Nasenbluten *n*; **2.** ⚙ ‚Bluten' *n*, Auslaufen *n* (*Farbe, Teer*); **3.** ⚙ Entlüften *n*; **II** *adj.* **4.** *sl.* verdammt; ***~ heart*** *s.* ⚘ F Flammendes Herz.

bleep [bli:p] **I** *s.* **1.** Piepton *m*; **2.** → ***bleeper***; **II** *v/i.* **3.** piepen; **'bleep·er** [-pə] *s.* F ‚Piepser' *m* (*Funkrufempfänger*).

blem·ish ['blemɪʃ] **I** *v/t.* verunstalten, schaden (*dat.*); *fig.* beflecken; **II** *s.* Fehler *m*, Mangel *m*; Makel *m*, Schönheitsfehler *m*.

blench¹ [blentʃ] **I** *v/i.* **1.** verzagen; **2.** zu'rückschrecken (***at*** vor *dat.*); **II** *v/t.* (ver)meiden.

blench² [blentʃ] → ***blanch*** 6.

blend [blend] **I** *v/t.* **1.** (ver)mengen, (ver)mischen, verschmelzen; **2.** mischen, mixen; e-e (*Tee-, Tabak-, Whisky*)Mischung zs.-stellen; *Wein etc.* verschneiden; **II** *v/i.* **3.** (***with***) sich mischen *od.* har'monisch verbinden (mit); **4.** verschmelzen, inein'ander 'übergehen (*Farben*); **III** *s.* **5.** Mischung *f*, (harmonische) Zs.-stellung (*Getränke, Tabak, Farben*); (*Wein*)Verschnitt *m*; ***~ word*** *s. ling.* Misch-, Kurzwort *n*.

blende [blend] *s. min.* Blende *f*, *engS.* Zinkblende *f*.

Blen·heim or·ange ['blenɪm] *s. Brit. eine Apfelsorte.*

blent [blent] *obs. pret. u. p.p. von* ***blend***.

bless [bles] *v/t.* **1.** segnen; **2.** segnen, preisen; glücklich machen: ***~ed with*** gesegnet mit (*Talent, Reichtum etc.*); ***I ~ the day I met you*** ich segne *od.* preise den Tag, an dem ich dich kennenlernte; ***~ one's stars*** sich glücklich schätzen; **3.** ***~ o.s.*** sich bekreuzigen; *Besondere Redewendungen*: (***God***) ***~ you!*** a) alles Gute!, b) *beim Niesen*: Gesundheit!; ***well, I'm ~ed!*** F na, so was!; ***I'm ~ed if I know*** F ich weiß es wirklich nicht; ***Mr. Brown, ~ him*** Herr Brown, der Gute; ***~ my soul!*** F du meine Güte!; ***not at all, ~ you!*** *iro.* o nein, mein Verehrtester! *od.* meine Beste!; ***~ that boy, what is he doing there?*** F was zum Kuckuck stellt der Junge dort an?; ***not to have a penny to ~ o.s. with*** keinen roten Heller besitzen.

bless·ed ['blesɪd] **I** *adj.* **1.** gesegnet, selig, glücklich: ***of ~ memory*** seligen Angedenkens; ***~ event*** freudiges Ereignis (*Geburt e-s Kindes*); **2.** gepriesen, selig, heilig: ***the* ♀ *Virgin*** die Heilige Jungfrau (Maria); **3.** ***the whole ~ day*** F den lieben langen Tag; ***not a ~ soul*** keine Menschenseele; **II** *s.* **4.** ***the ~*** (***ones***) die Seligen; **'bless·ed·ness** [-nɪs] *s.* Glück'seligkeit *f*, Glück *n*; Seligkeit *f*: ***live in single ~*** Junggeselle sein; **'blessing** [-sɪŋ] *s.* Segen *m*, Segnung *f*, Wohltat *f*, Gnade *f*: ***ask a ~*** a) Segen erbitten, b) das Tischgebet sprechen; ***what a ~ that ...*** welch ein Segen, daß ...; ***it turned out to be a ~ in disguise*** es stellte sich im nachhinein als Segen heraus; ***count one's ~s*** dankbar sein für das, was e-m beschert ist; ***give one's ~ to*** s-n Segen geben zu, *fig. a. et.* absegnen.

blest [blest] **I** *poet. pret. u. p.p. von* ***bless***; **II** *pred. adj. poet.* → ***blessed***; **III** *s.*: ***the Isles of the*** ♀ die Inseln der Seligen.

bleth·er ['bleðə] → ***blather***.

blew [blu:] *pret. von* ***blow¹*** II *u.* III *u.* ***blow³***.

blight [blaɪt] **I** *s.* **1.** ⚘ Mehltau *m*, Fäule *f*, Brand *m* (*Pflanzenkrankheit*); **2.** *fig.* Gift-, Pesthauch *m*; Vernichtung *f*; Fluch *m*; Enttäuschung *f*, Schatten *m*; **3.** Verwahrlosung *f e-r Wohngegend*; **II** *v/t.* **4.** *fig.* im Keim ersticken, zu'nichte machen, vereiteln; **'blight·er** [-tə] *s. Brit.* F a) Kerl *m*, ‚Knülch' *m*, b) ‚Mistkerl' *m*, c) ‚Mistding' *n*.

Blight·y ['blaɪtɪ] *s.* ⚔ *Brit. sl.* **1.** die Heimat, England *n*; **2.** a) *a.* ***a ~ one*** ‚Heimatschuß' *m*, b) Heimaturlaub *m*.

bli·mey ['blaɪmɪ] *int.* F *Brit.* a) ich werd' verrückt! (*überrascht*), b) verdammt!

blimp¹ [blɪmp] *s.* F **1.** unstarres Kleinluftschiff; **2.** *phot.* schalldichte Kamerahülle.

Blimp² [blɪmp] *s.*: (***Colonel***) ***~*** *Brit.* selbstgefälliger Erzkonservativer.

blind [blaɪnd] **I** *adj.* □ → *a.* 9 **1.** blind: ***~ in one eye*** auf 'einem Auge blind; ***struck ~*** mit Blindheit geschlagen; ***as ~ as a bat*** (*od.* ***beetle***) stockblind; **2.** *fig.* blind, verständnislos (***to*** gegen['über]): ***~ to s.o.'s faults*** j-s Fehlern gegenüber blind; ***~ chance*** blinder Zufall; ***~ with rage*** blind vor Wut; ***~ side*** *fig.* schwache Seite; ***turn a ~ eye*** *fig.* ein Auge zudrücken, *et.* absichtlich übersehen; **3.** unbesonnen: ***~ bargain***; **4.** zweck-, ziellos, leer: ***~ excuse*** Ausrede *f*; **5.** verborgen, geheim: ***~ staircase*** Geheimtreppe; **6.** schwererkennbar: ***~ corner*** unübersichtliche Ecke *od.* Kurve; ***~ copy*** *typ.* unleserliches Manuskript; **7.** ⚠ blind: ***~ window***; **8.** ⚘ blütenlos, taub; **II** *adv.* **9.** ***~ drunk*** sinnlos betrunken, ‚blau'; *fig.* ***go it ~*** blindlings handeln; **III** *v/t.* **10.** blenden, blind machen; *j-m* die Augen verbinden: ***~ing rain*** alles verhüllender Regen; **11.** verblenden, täuschen; blind machen (***to*** gegen); **12.** *fig.* verdunkeln, verbergen, vertuschen, verwischen; **IV** *v/i.* **13.** *Brit. sl.* blind drauf'lossausen; **V** *s.* **14.** ***the ~*** die Blinden *pl.*; **15.** a) Rolladen *m*, b) Rou'leau *n*, Rollo *n*, c) Mar'kise *f*; → ***Venetian*** I; **16.** *pl.* Scheuklappen *pl.*; **17.** *fig.* a) Vorwand *m*, b) (Vor)Täuschung *f*, c) Tarnung *f*, d) F Strohmann *m*; **18.** *hunt.* Deckung *f*; **19.** *Brit. sl.* Saufe'rei *f*; ***~ al·ley*** *s.* Sackgasse *f* (*a. fig.*); **͵~-'al·ley** *adj.*: ***~ occupation*** Stellung *f* ohne Aufstiegsmöglichkeit; ***~ coal*** *s.* Anthra'zit *m*; ***~ date*** *s.* F a) Verabredung *f* mit e-r *od.* e-m Unbekannten, b) unbekannter Partner bei e-m solchen Rendezvous.

blind·er ['blaɪndə] *s. Am.* Scheuklappe *f* (*a. fig.*).

blind| flight *s.* ✈ Blindflug *m*; **'~·fold I** *adj. u. adv.* **1.** mit verbundenen Augen: ***~ chess*** Blindschach *n*; **2.** blind (-lings) (*a. fig.*): ***~ rage*** blinde Wut; **II** *v/t.* **3.** *j-m* die Augen verbinden; **4.** *fig.* blind machen; ***~ gut*** *s. anat.* Blinddarm *m*; **͵~-man's-'buff** [͵blaɪndmænz-] *s.* Blindekuh(spiel *n*) *f*.

blind·ness ['blaɪndnɪs] *s.* **1.** Blindheit *f* (*a. fig.*); **2.** *fig.* Verblendung *f*.

blind| shell *s.* ⚔ Blindgänger *m*; ***~ spot*** *s.* **1.** ⚕ blinder Fleck *auf der Netzhaut;* **2.** *fig.* schwacher *od.* wunder Punkt; **3.** *mot.* toter Winkel *im Rückspiegel*; **4.** *Radio*: Empfangsloch *n*; ***~ stitch*** *s.* blinder (*unsichtbarer*) Stich; **'~·worm** *s. zo.* Blindschleiche *f*.

blink [blɪŋk] **I** *v/i.* **1.** blinken, blinzeln, zwinkern: ***~ at*** a) *j-m* zublinzeln, b) → 2 *u.* 5; **2.** erstaunt *od.* verständnislos dreinblicken: ***~ at*** *fig.* sich maßlos wundern über (*acc.*); **3.** flimmern, schimmern; **II** *v/t.* **4.** ***~ one's eyes*** mit den Augen zwinkern; **5.** *et.* ignorieren, die Augen verschließen vor (*dat.*): ***there is no ~ing the fact*** (***that***) es ist nicht zu leugnen (, daß); **6.** *Meldung* blinken; **III** *s.* **7.** Blinzeln *n*; **8.** (Licht)Schimmer *m*; **9.** flüchtiger Blick; **10.** Augenblick *m*; **11.** ***on the ~*** *sl.* a) de'fekt, nicht in Ordnung, b) ‚am Eingehen' (*Gerät etc.*); **'blink·er** [-kə] **I** *s.* **1.** *pl.* Scheuklappen *pl.* (*a. fig.*); **2.** *pl.* F Schutzbrille *f*; **3.** F ‚Gucker' *pl.* (*Augen*); **4.** a) Blinklicht *n*, b) *mot.* Blinker *m*; **5.** a) Blinkgerät *n*, b) Blinkspruch *m*; **II** *v/t.* **6.** *e-m Pferd* Scheuklappen anlegen: ***~ed*** mit Scheuklappen (*a. fig.*); **7.** → ***blink*** 6.

'blink·ing [-kɪŋ] *adj. u. adv. Brit. sl.* verdammt.

blip [blɪp] *s.* **1.** Klicken *n*; **2.** *Radar*: 'Echoim͵puls *m*, -zeichen *n*.

bliss [blɪs] *s.* Freude *f*, Entzücken *n*, (Glück)'Seligkeit *f*, Wonne *f*; **'bliss·ful** [-fʊl] *adj.* □ (glück)'selig, völlig glücklich; **'bliss·ful·ness** [-fʊlnɪs] *s.* Wonne *f*.

blis·ter ['blɪstə] **I** *s.* **1.** ⚕ (*Haut*)Blase *f*, Pustel *f*; **2.** Blase *f* (*auf bemaltem Holz, in Glas etc.*); **3.** ⚕ Zugpflaster *n*; **4.** ⚔, ✈ a) Bordwaffen- *od.* Beobachterstand *m*, b) Radarkuppel *f*; **II** *v/t.* **5.** Blasen her'vorrufen auf (*dat.*); **6.** *fig.* scharf kritisieren, ‚fertigmachen'; **7.** brennenden Schmerz her'vorrufen auf (*dat.*): ***~ing heat*** glühende Hitze; **III** *v/i.* **8.** Blasen ziehen *od.* ⚙ werfen.

blithe [blaɪð] *adj.* □ vergnügt.

blith·er·ing ['blɪðərɪŋ] *adj. Brit.* F verdammt: ***~ idiot*** Vollidiot *m*.

blitz [blɪts] ⚔ **I** *s.* **1.** Blitzkrieg *m*; **2.** schwerer Luftangriff; schwere Luftangriffe *pl.*; **II** *v/t.* **3.** schwer bombardieren: ***~ed area*** zerbombtes Gebiet; **'~·krieg** [-kri:g] → ***blitz*** 1.

bliz·zard ['blɪzəd] *s.* Schneesturm *m.*

bloat¹ [bləʊt] **I** *v/t. a.* ***~ up*** aufblasen, -blähen (*a. fig.*); **II** *v/i. a.* ***~ out*** auf-, anschwellen; **'bloat·ed** [-tɪd] *adj.* aufgebläht (*a. fig.*), (auf)gedunsen.

bloat·er ['bləʊtə] *s.* Räucherhering *m.*

blob [blɒb] *s.* **1.** Tropfen *m*, Klümpchen *n*, Klecks *m*; **2.** *Kricket*: null Punkte; **3.** F ‚Kloß' (*Person*).

bloc [blɒk] *s. pol.* Block *m*: ***sterling ~*** ✝ Sterlingblock

block [blɒk] **I** *s.* **1.** Block *m*, Klotz *m* (*mst Holz, Stein*): ***on the ~*** zur Versteigerung anstehend, unterm Hammer; **2.** Hackklotz *m*; **3.** ***the ~*** der Richtblock: ***go to the ~*** das Schafott besteigen; **4.** ⚙ Block *m*, Rolle *f*; ***pulley*** 1, ***tackle*** 3; **5.** *typ.* Kli'schee *n*, Druckstock *m*; Prägestempel *m*; **6.** a) *a.* ***~ of flats*** *Brit.* Wohnhaus *n*, b) → ***office block***, c) *Am.* Zeile *f* (*Reihenhäuser*), d) *bsd. Am.* Häuserblock *m*: ***three ~s from here*** drei Straßen weiter; **7.** Block *m*, Masse *f*, Gruppe *f*; *attr.* Gesamt…: ***~ of shares*** Aktienpaket *n*; (***data***) ***~*** *Computer*: (Daten)Block *m*; **8.** Abreißblock *m*: ***scribbling ~*** Notiz-, Schmierblock; **9.** *fig.* Klotz *m*, Tölpel *m*; **10.** a) Verstopfung *f*, Hindernis *n*, Stockung *f*, b) Sperre *f*, Absperrung *f*: ***traffic ~*** Verkehrsstockung *f*; ***mental ~*** *fig.* ‚geistige Ladehemmung'; **11.** 🚂 Blockstrecke *f*; **12.** *sport:* a) Sperren *n*, b) *Volleyball etc.*: Block *m*; **II** *v/t.* **13.** (auf e-m Block) formen: ***~ a hat***; **14.** hemmen, hindern, blockieren, *fig. a.* durch'kreuzen: ***~ a bill*** *Brit. pol.* die Beratung e-s Gesetzentwurfs verhindern; **15.** *oft* ***~ up*** (ab-, ver)sperren, verstopfen, blokkieren: ***road ~ed*** Straße ge-, versperrt; **16.** ✝ *Konto*, ⚡ *Röhre*, *Leitung* sperren; ✝ *Kredit etc.* einfrieren: ***~ed account*** Sperrkonto *n*; **17.** *sport* a) *Gegner* sperren, *a. Schlag etc.* abblocken, b) *Ball* stoppen, halten; ***~ in*** *v/t.* skizzieren, entwerfen; ***~ out*** *v/t.* **1.** → ***block in***; **2.** *Licht* nehmen (*Bäume etc.*); **3.** *phot. Negativteil* abdecken; ***~ up*** *v/t.* → ***block*** 15.

block·ade [blɒ'keɪd] **I** *s.* Bloc'kade *f*, (Hafen)Sperre *f*: ***impose a ~*** e-e Blokkade verhängen; ***raise a ~*** e-e Blockade aufheben; ***run the ~*** die Blockade brechen; **II** *v/t.* blockieren, absperren; **block'ad·er** [-də] *s.* Bloc'kadeschiff *n*; **block'ade-ˌrun·ner** *s.* Bloc'kadebrecher *m.*

block| brake *s.* Backenbremse *f*; **'~·buster** *s.* F **1.** ⚔ Minenbombe *f*; **2.** *fig.* ‚Knüller' *m*, ‚Hammer' *m*, tolles Ding; ***~ di·a·gram*** *s.* ⚙, ⚡ 'Blockdiaˌgramm *n*, -schaltbild *n*; **'~·head** *s.* Dummkopf *m*; **'~·house** *s.* Blockhaus *n*; ***~ let·ters*** *s. pl. typ.* Blockschrift *f*; ***~ print·ing*** *s.* Handdruck *m*; ***~ sys·tem*** *s.* **1.** 🚂 'Blocksyˌstem *n*; **2.** ⚡ Blockschaltung *f*; ***~ vote*** *s.* Sammelstimme *f* (*e-e ganze Organisation vertretend*).

bloke [bləʊk] *s.* F Kerl *m.*

blond [blɒnd] *adj.* **1.** blond (*Haar*), hell (*Gesichtsfarbe*); **2.** blond(haarig); **blonde** [blɒnd] *s.* **1.** Blon'dine *f*; **2.** ✝ Blonde *f* (*seidene Spitze*).

blood [blʌd] *s.* **1.** Blut *n*: ***spill ~*** Blut vergießen; ***give one's ~*** (***for***) sein Blut (*od.* Leben) lassen (für); ***taste ~*** *fig.* Blut lecken; ***fresh ~*** *fig.* frisches Blut; ***~-and-thunder*** (***story***) *Brit.* F ‚Reißer' *m* (*Roman*); Schauergeschichte *f*; **2.** *fig.* Blut *n*, Tempera'ment *n*, Wesen *n*: ***it made his ~ boil, his ~ was up*** er kochte vor Wut; ***his ~ froze*** (*od.* ***ran cold***) das Blut erstarrte ihm in den Adern; ***breed*** (*od.* ***make***) ***bad ~*** böses Blut machen; → ***cold blood***, ***curdle*** II; **3.** (edles) Blut, Geblüt; *n* Abstammung *f*; Rasse *f* (*Mensch*), 'Vollblut *n* (*bes. Pferd*): ***prince of the ~ royal*** Prinz *m* von königlichem Geblüt; ***noble ~*** → ***blue blood***; ***related by ~*** blutsverwandt; ***it runs in the ~*** es liegt im Blut *od.* in der Familie; ***~ will out*** Blut bricht sich Bahn; ***~ al·co·hol*** (***con·cen·tra·tion***) *s.* Blutalkohol(gehalt) *m*; ***~ bank*** *s.* ⚕ Blutbank *f*; ***~ broth·er*** *s.* **1.** leiblicher Bruder; **2.** Blutsbruder *m*; ***~ cir·cu·la·tion*** *s.* ⚕ Blutkreislauf *m*; ***~ clot*** *s.* ⚕ Blutgerinnsel *n*; **'~ˌcur·dler** *s.* F ‚Reißer' *m* (*Roman etc.*); **'~ˌcur·dling** *adj.* grauenhaft; ***~ do·nor*** *s.* ⚕ Blutspender *m.*

blood·ed ['blʌdɪd] *adj.* **1.** Vollblut…; **2.** *in Zssgn* …blütig.

blood| feud *s.* Blut-, Todfehde *f*; ***~ group*** *s.* ⚕ Blutgruppe *f*; ***~ group·ing*** *s.* ⚕ Blutgruppenbestimmung *f*; **'~·guilt** *s.* Blutschuld *f*; ***~ heat*** *s.* ⚕ Blutwärme *f*, 'Körpertemperaˌtur *f*; ***~ horse*** *s.* 'Vollblut(pferd) *n*; **'~·hound** *s.* **1.** Schweiß-, Bluthund *m*; **2.** F ‚Schnüffler' *m* (*Detektiv*).

blood·less ['blʌdlɪs] *adj.* ☐ **1.** blutlos, -leer (*a. fig.*); **2.** bleich; **3.** *fig.* kalt; **4.** unblutig (*Kampf etc.*).

'blood|ˌlet·ting *s.* **1.** Aderlaß *m* (*a. fig.*); **2.** → ***bloodshed***; ***~ mon·ey*** *s.* Blutgeld *n*; ***~ poi·son·ing*** *s.* ⚕ Blutvergiftung *f*; ***~ pres·sure*** *s.* ⚕ Blutdruck *m*; ***~ re·la·tion*** *s.* Blutsverwandte(r *m*) *f*; ***~ sam·ple*** *s.* ⚕ Blutprobe *f*; **'~·shed** *s.* Blutvergießen *n*; **'~·shot** *adj.* 'blutunterˌlaufen; ***~ spec·i·men*** *s.* ⚕ Blutprobe *f*; ***~ sports*** *s.* Hetz-, *bsd.* Fuchsjagd *f*; **'~·stained** *adj.* blutbefleckt (*a. fig.*); **'~·stock** *s.* 'Vollblutpferde *pl.*; ***~ stream*** *s.* **1.** ⚕ Blut(kreislauf *m*) *n*; **2.** *fig.* Lebensstrom *m*; **'~ˌsuck·er** *s.* Blutsauger *m* (*a. fig.*); ***~ sug·ar*** *s.* ⚕ Blutzucker *m*; ***~ test*** *s.* ⚕ Blutprobe *f*, 'Blutunterˌsuchung *f*; **'~ˌthirst·i·ness** *s.* Blutdurst *m*; **'~ˌthirst·y** *adj.* blutdürstig; ***~ trans·fu·sion*** *s.* ⚕ 'Blutüberˌtragung *f*; ***~ typ·ing*** *s.* → ***blood grouping***; ***~ ves·sel*** *s. anat.* Blutgefäß *n.*

blood·y ['blʌdɪ] **I** *adj.* ☐ **1.** blutig, blutbefleckt: ***~ flux*** ⚕ rote Ruhr; **2.** blutdürstig, mörderisch, grausam: ***a ~ battle*** e-e blutige Schlacht; **3.** *Brit. sl.* verdammt, saumäßig, Scheiß… (*oft nur verstärkend*): ***not a ~ soul*** kein Schwanz; ***a ~ fool*** ein Vollidiot *m*; ***~ thing*** ‚Scheißding' *n*; **II** *adv.* **4.** *Brit. sl.* mordsmäßig, verdammt: ***~ awful*** ‚beschissen'; ***you ~ well know*** du weißt ganz genau; ♀ **Ma·ri·a** [mə'raɪə; mə'rɪə] *s. Am. Getränk aus Tequila u. Tomatensaft*; ♀ **Mar·y** ['meərɪ] *s. Getränk aus Wodka u. Tomatensaft*; **ˌ~-'mind·ed** *adj. Br.* F **1.** gemein, ekelhaft; **2.** störrisch, stur.

bloom¹ [blu:m] **I** *s.* **1.** Blüte *f*, Blume *f*: ***in full ~*** in voller Blüte; **2.** *fig.* Blüte (-zeit) *f*, Jugendfrische *f*; **3.** Flaum *m* (*auf Pfirsichen etc.*); **4.** *fig.* Schmelz *m*, Glanz *m*; **II** *v/i.* **5.** (er)blühen (*a. fig.*).

bloom² [blu:m] *metall.* **I** *s.* **1.** Walzblock *m*; **2.** Puddelluppe *f*: ***~ steel*** Puddelstahl *m*; **II** *v/t.* **3.** luppen: ***~ing mill*** Luppenwalzwerk *n.*

bloom·er ['blu:mə] *s. sl.* grober Fehler, Schnitzer *m*, (Stil)Blüte *f.*

bloom·ers ['blu:məz] *s. pl.* a) *obs.* (Damen)Pumphose *f*, b) Schlüpfer *m* mit langem Bein, ‚Liebestöter' *m.*

bloom·ing ['blu:mɪŋ] *pres. p. u. adj.* **1.** blühend (*a. fig.*); **2.** *sl.* → ***bloody*** 3.

blos·som ['blɒsəm] **I** *s.* (*bsd.* Obst)Blüte *f*; Blütenfülle *f*: ***in ~*** in (voller) Blüte; **II** *v/i. a. fig.* blühen, Blüten treiben: ***~*** (***out***) (***into***) erblühen, gedeihen (zu).

blot [blɒt] **I** *s.* **1.** (Tinten)Klecks *m*, Fleck *m*; **2.** *fig.* Schandfleck *m*, Makel *m*; → ***escutcheon*** 1; **3.** Verunstaltung *f*, Schönheitsfehler *m*; **II** *v/t.* **4.** *mit Tinte* beschmieren, beklecksen; **5.** ***~ out*** *Schrift* ausstreichen; **6.** ***~ out*** *fig.* a) *Erinnerungen etc.* auslöschen, b) verdunkeln, verhüllen: ***fog ~ted out the view*** Nebel verhüllte die Aussicht; **7.** *mit Löschpapier* (ab)löschen.

blotch [blɒtʃ] **I** *s.* **1.** Fleck *m*, Klecks *m*; **2.** *fig.* → ***blot*** 2; **3.** ⚕ Hautfleck *m*; **II** *v/t.* **4.** beklecksen; **III** *v/i.* **5.** klecksen; **'blotch·y** [-tʃɪ] *adj.* **1.** klecksig; **2.** ⚕ fleckig.

blot·ter ['blɒtə] *s.* **1.** (Tinten)Löscher *m*; **2.** *Am.* Kladde *f*, Berichtsliste *f* (*bsd. der Polizei*).

blot·ting| pad ['blɒtɪŋ] *s.* 'Schreibˌunterlage *f od.* Block *m* aus 'Löschpaˌpier; ***~ pa·per*** *s.* Löschpapier *n.*

blot·to ['blɒtəʊ] *adj. sl.* ‚sternhagelvoll', ‚stinkbesoffen'.

blouse [blaʊz] *s.* **1.** Bluse *f*; **2.** ⚔ a) Uni'formjacke *f*, b) Feldbluse *f.*

blow¹ [bləʊ] **I** *s.* **1.** Blasen *n*, Luftzug *m*, Brise *f*: ***go for a ~*** an die frische Luft gehen; **2.** Blasen *n*, Schall *m*: ***a ~ on a whistle*** ein Pfiff; **3.** *Am.* F a) Angebe'rei *f*, b) Angeber *m*; **II** *v/i.* [*irr.*] **4.** blasen, wehen, pusten: ***it is ~ing hard*** es weht ein starker Wind; ***~ hot and cold*** *fig.* ‚mal so, mal so' *od.* wetterwendisch sein; **5.** ertönen: ***the horn is ~ing***; **6.** keuchen, schnaufen; **7.** spritzen, blasen (*Wal*); **8.** *Am.* F ‚angeben'; **9.** a) explodieren, b) platzen (*Reifen*), c) ⚡ 'durchbrennen (*Sicherung*), d) ausbrechen (*Erdöl etc.*); **III** *v/t.* [*irr.*] **10.** wehen, treiben (*Wind*): ***~n ashore*** auf Strand geworfen; **11.** anfachen: ***~ the fire***; **12.** (an)blasen: ***~ the soup***; **13.** blasen, ertönen lassen: ***~ the horn*** ins Horn stoßen; **14.** auf-, ausblasen: ***~ bubbles*** Seifenblasen machen; ***~ glass*** Glas blasen; ***~ one's nose*** sich die Nase putzen, sich schnauben; ***~ an egg*** ein Ei ausblasen; **15.** *sl. Geld* ‚verpulvern'; **16.** zum Platzen bringen: ***blew itself to pieces*** zersprang in Stücke; → ***top*** 4; **17.** F (*p.p.* ***blowed***) verfluchen: ***~ it!*** verflucht!; ***I'll be ~ed*** (***if***) ***…!*** zum Teufel (wenn) …!; **18.** *sl.* a) ‚verpfeifen', verraten, b) aufdecken, c) ‚verduften' aus (*dat.*); **19.** *sl.* ‚vermasseln'; **20.** V *j-m* ‚e-n blasen'; *Zssgn mit adv.*:

blow| a·way *v/t.* **1.** wegblasen; **2.** F *j-n* ‚wegpusten' (*töten*); **~ down** *v/t.* her'unter-, 'umwehen; **~ in I** *v/i. fig.* auftauchen, her'einschneien; **II** *v/t. Scheiben* eindrücken; **~ off I** *v/i.* **1.** fortwehen; **2.** abtreiben (*Schiff*); **II** *v/t.* **3.** fortblasen; verjagen; **4.** *Dampf etc.* ablassen; → ***steam*** 1; **~ out I** *v/i.* **1.** verlöschen; **2.** platzen; **3.** ⚡ 'durchbrennen (*Sicherung*); **II** *v/t.* **4.** *Licht* ausblasen, *Feuer* (aus)löschen; **5.** her'ausblasen, -treiben: ***~ one's brains*** sich e-e Kugel durch den Kopf jagen; **6.** sprengen, zertrümmern; **~ o·ver I** *v/i. fig.* vor'beigehen, sich legen; **II** *v/t.* 'umwehen; **~ up I** *v/t.* **1.** a) (in die Luft) sprengen, b) vernichten, *fig. a.* ruinieren; **2.** aufblasen, -pumpen; *fig. et.* aufbauschen; **3.** *Foto* (stark) vergrößern; **4.** F *j-n* ‚anschnauzen'; **II** *v/i.* **5.** a) in die Luft fliegen, b) explodieren (*a.* F *fig. Person*): ***~ at s.o.*** j-m ‚ins Gesicht springen'; **6.** aus-, losbrechen; **7.** *fig.* eintreten, auftauchen.

blow² [bləʊ] *s.* **1.** Schlag *m*, Streich *m*, Stoß *m*: ***at a*** (*od.* ***one***) **~** mit 'einem Schlag *od.* Streich; ***without striking a ~*** *fig.* ohne jede Gewalt(anwendung), mühelos; ***come to ~s*** handgemein werden; ***strike a ~ at*** e-n Schlag führen gegen (*a. fig.*); ***strike a ~*** (***for***) sich einsetzen (für), helfen (*dat.*); **2.** *fig.* (Schicksals)Schlag *m*, Unglück *n*: ***it was a ~ to his pride*** es traf ihn schwer in s-m Stolz.

blow³ [bləʊ] *v/i.* [*irr.*] (auf)blühen, sich entfalten (*a. fig.*).

'blow|·ball *s.* ⚘ Pusteblume *f*; **'~·dry** *v/t.* (*j-m* die Haare) fönen; **~ dry·er** *s.* Haartrockner *m*.

blowed [bləʊd] *p.p. von* ***blow¹*** 17.

blow·er ['bləʊə] *s.* **1.** Bläser *m*: ***glass-~***; ***~ of a horn***; **2.** ⚙ a) Gebläse *n*, b) *mot.* Vorverdichter *m*; **3.** F Telefon *n*.

'blow|·fly *s. zo.* Schmeißfliege *f*; **'~·gun** *s.* **1.** Blasrohr *n*; **2.** ⚙ 'Spritzpisˌtole *f*; **'~·hard** *s. Am.* F Angeber *m*; **'~·hole** *s.* **1.** Luft-, Zugloch *n*; **2.** Nasenloch *n* (*Wal*); **'~·lamp** *s.* ⚙ Lötlampe *f*.

blown¹ [bləʊn] **I** *p.p. von* ***blow¹*** II *u.* III; **II** *adj.* **1.** *oft* ***~ up*** aufgeblasen, -gebläht (*a. fig.*); **2.** außer Atem.

blown² [bləʊn] **I** *p.p. von* ***blow³***; **II** *adj. a. fig.* blühend, aufgeblüht.

'blow|-out *s.* **1.** a) Zerplatzen *n*, b) Reifenpanne *f*; **2.** F Koller *m*, (Wut)Ausbruch *m*; **3.** *sl.* a) große Party, b) ('Freß)ˌOrgie *f*; **'~·pipe** *s.* **1.** ⚙ Lötrohr *n*, Schweißbrenner *m*; **2.** Puste-, Blasrohr *n*; **'~·torch** *s.* ⚙ *Am.* Lötlampe *f*; **'~·up** *s.* **1.** Explosi'on *f*; **2.** *fig.* a) ‚Krach' *m*, b) Koller *m*; **3.** *phot.* Vergrößerung *f*, Großfoto *n*.

blow·y ['bləʊɪ] *adj.* windig, luftig.

blowz·y ['blaʊzɪ] *adj.* **1.** schlampig (*bsd. Frau*); **2.** rotgesichtig (*Frau*).

blub·ber ['blʌbə] **I** *s.* Tran *m*, Speck *m*; **II** *v/i.* heulen, ‚flennen'.

bludg·eon ['blʌdʒən] **I** *s.* **1.** Knüppel *m*, Keule *f*; **II** *v/t.* **2.** 'niederknüppeln; **3.** *j-n* zwingen (***into*** zu).

blue [bluː] **I** *adj.* **1.** blau: ***till you are ~ in the face*** F bis Sie schwarz werden; → ***moon*** 1; **2.** F trübe, schwermütig, traurig: ***feel ~*** niedergeschlagen sein; ***look ~*** trübe aussehen (*Person*, *Umstände*); **3.** *pol. Brit.* ‚schwarz', konserva'tiv; **4.** *Brit.* F nicht sa'lonfähig, ordi'när: ***~ jokes***; ***~ movie*** Pornofilm *m*; **5.** F schrecklich; → ***funk*** 1, ***murder*** 1; **II** *s.* **6.** Blau *n*, blaue Farbe; **7.** Waschblau *n*; **8.** blaue Kleidung; **9.** *mst poet.* ***the ~*** a) der Himmel, b) das Meer: ***out of the ~*** aus heiterem Himmel, völlig unerwartet; **10.** *pol. Brit.* Konserva'tive(r *m*) *f*; **11.** ***the dark*** (***light***) ***~s*** *pl. Studenten von Oxford* (*Cambridge*), *die bei Wettkämpfen ihre Universität vertreten*: ***get one's ~*** in die Universitätsmannschaft aufgenommen werden; **12.** *pl.* F Trübsinn *m*: ***have the ~s*** ‚den Moralischen haben'; **13.** *pl.* ♪ Blues *m*; **III** *v/t.* **14.** *Wäsche* bläuen; **15.** *sl. Geld* ‚verjuxen'; **~ ba·by** *s.* ⚕ Blue baby *n* (*mit angeborenem Herzfehler*); **'~ˌbeard** *s.* (Ritter) Blaubart *m* (*Frauenmörder*); **'~·bell** *s.* ⚘ **1.** 'Sternhyaˌzinthe *f* (*England*); **2.** *e-e* Glockenblume *f* (*Schottland*); **~ be·rets** *s. pl.* Blauhelme *pl.*; **'~·ber·ry** [-bərɪ] *s.* ⚘ Blau-, Heidelbeere *f*; **~ blood** *s.* **1.** blaues Blut, alter Adel; **2.** Aristo'krat(in), Adlige(r *m*) *f*; **~ book** *s.* Blaubuch *n*: a) *Brit. amtliche politische Veröffentlichung*, b) F *Am. Verzeichnis prominenter Persönlichkeiten*; **'~ˌbot·tle** *s.* **1.** *zo.* Schmeißfliege *f*; **2.** ⚘ Kornblume *f*; **3.** F *Brit.* ‚Bulle' *m* (*Polizist*); **~ chips** *s. pl.* ✝ Spitzenwerte *pl.*; **ˌ~-'col·lar work·er** *s.* Fa'brikarbeiter *m*; **'~-eyed** *adj.* blauäugig (*a. fig.*): ***~ boy*** F ‚Liebling' *m des Chefs etc.*; **'~ˌjack·et** *s. fig.* Blaujacke *f*, Ma'trose *m*; **~ laws** *s. pl. Am.* strenge puri'tanische Gesetze *pl.* (*bsd. gegen die Entheiligung des Sonntags*).

blue·ness ['bluːnɪs] *s.* Bläue *f*.

blue| pen·cil *s.* **1.** Blaustift *m*; **2.** *fig.* Zen'sur *f*; **ˌ~-'pen·cil** *v/t.* **1.** *Manuskript etc.* (mit Blaustift) korrigieren *od.* (zs.-, aus)streichen; **2.** *fig.* zensieren, unter'sagen; **~ print** *s.* **1.** Blaupause *f*; **2.** *fig.* Plan *m*, Entwurf *m*: ***do you need a ~?*** *iro.* ‚brauchst du e-e Zeichnung'?; **'~-print I** *v/t.* entwerfen, planen; **II** *adj.*: ***~ stage*** Planungsstadium *n*; **~ rib·bon** *s.* blaues Band: a) *des Hosenbandordens*, b) *als Auszeichnung für e-e Höchstleistung*, *bsd.* ⚓ *das* Blaue Band des 'Ozeans; **'~ˌstock·ing** *s. fig.* Blaustrumpf *m*; **'~-stone** *s.* ⚗ 'Kupfervitriˌol *n*; **'~-throat** *s. orn.* Blaukehlchen *n*; **~ tit** (**-mouse**) *s. orn.* Blaumeise *f*.

bluff¹ [blʌf] **I** *v/t.* **1.** a) *j-n* bluffen, b) ***~ it out*** sich (kühn) herausreden *od.* ‚durchmogeln'; **2.** *et.* vortäuschen; **II** *v/i.* **3.** bluffen; **III** *s.* **4.** Bluff *m*: ***call s.o.'s ~*** j-n zwingen, Farbe zu bekennen.

bluff² [blʌf] **I** *adj.* **1.** ⚓ breit (*Bug*); **2.** schroff, steil (*Felsen*, *Küste*); **3.** rauh, aber herzlich; gutmütig-derb; **II** *s.* **4.** Steilufer *n*, Klippe *f*.

bluff·er ['blʌfə] *s.* Bluffer *m*.

blu·ish ['bluːɪʃ] *adj.* bläulich.

blun·der ['blʌndə] **I** *s.* **1.** (grober) Fehler, Schnitzer *m*; **II** *v/i.* **2.** e-n (groben) Fehler *od.* Schnitzer machen, e-n Bock schießen; **3.** pfuschen, unbesonnen handeln; **4.** stolpern (*a. fig.*): ***~ into a dangerous situation***; ***~ about*** umhertappen; ***~ on*** *fig.* weiterwursteln; ***~ upon s.th.*** zufällig auf et. stoßen; **III** *v/t.* **5.** verpfuschen, verpatzen; **6.** ***~ out*** her'ausplatzen mit.

blun·der·buss ['blʌndəbʌs] *s.* ⚔ *hist.* Donnerbüchse *f*.

blun·der·er ['blʌndərə] *s.* Stümper *m*, Pfuscher *m*, Tölpel *m*; **'blun·der·ing** [-dərɪŋ] *adj.* stümper-, tölpelhaft, ungeschickt.

blunt [blʌnt] **I** *adj.* ☐ **1.** stumpf: ***~ instrument*** ⚖ stumpfer Gegenstand (*Mordwaffe*); **2.** *fig.* unempfindlich (***to*** gegen); **3.** *fig.* ungeschliffen, derb, ungehobelt (*Manieren etc.*); **4.** schonungslos, offen; schlicht; **II** *v/t.* **5.** stumpf machen, abstumpfen (*a. fig.*); **6.** *Gefühle etc.* mildern, schwächen; **III** *s.* **7.** *pl.* kurze Nähnadeln *pl.*; **'blunt·ly** [-lɪ] *adv. fig.* frei her'aus, grob: ***to put it ~*** um es ganz offen zu sagen; ***refuse ~*** glatt ablehnen; **'blunt·ness** [-nɪs] *s.* **1.** Stumpfheit *f* (*a. fig.*); **2.** *fig.* Grobheit *f*; schonungslose Offenheit.

blur [blɜː] **I** *v/t.* **1.** *Schrift* verwischen, verschmieren; *Bild* verschwommen machen; verschleiern; **2.** verdunkeln, verwischen, *Sinne* trüben; **3.** *fig.* besudeln, entstellen; **II** *v/i.* **4.** verschwimmen; **III** *s.* **5.** Fleck *m*, verwischte Stelle; **6.** *fig.* Makel *m*; **7.** undeutlicher *od.* nebelhafter Eindruck; **8.** (huschender) Schatten; **9.** Schleier *m* (*vor den Augen*).

blurb [blɜːb] *s.* F *Buchhandel*: a) ‚Waschzettel' *m*, Klappentext *m*, b) ‚Bauchbinde' *f* (*Reklamestreifen*).

blurred [blɜːd] *adj.* unscharf, verschwommen, verwischt; schattenhaft; *fig.* nebelhaft.

blurt [blɜːt] *v/t.* ***~ out*** ('voreilig *od.* unbesonnen) her'ausplatzen mit, ausschwatzen.

blush [blʌʃ] **I** *v/i.* erröten, rot werden, in Verwirrung geraten (***at***, ***for*** über *acc.*); sich schämen (***to do*** zu tun); **II** *s.* Erröten *n*, (Scham)Röte *f*: ***at first ~*** *obs.* auf den ersten Blick; ***put to*** (***the***) ***~*** *j-n* zum Erröten bringen; **'blush·er** [-ʃə] *s.* F Rouge *n*; **'blush·ing** [-ʃɪŋ] *adj.* ☐ errötend; *fig.* züchtig.

blus·ter ['blʌstə] **I** *v/i.* **1.** brausen, tosen, stürmen; **2.** *fig.* poltern, toben, schimpfen; **3.** prahlen, bramarbasieren: ***~ing fellow*** Bramarbas *m*, Großmaul *n*; **II** *s.* **4.** Brausen *n*, Getöse *f*, Toben *n* (*a. fig.*); **5.** Schimpfen *n*; **6.** Prahlen *n*, ‚große Töne' *pl.*

bo [bəʊ] *int.* hu!: ***he can't say ~ to a goose*** er ist ein Hasenfuß.

bo·a ['bəʊə] *s.* **1.** *zo.* Boa *f*, Riesenschlange *f*; **2.** *Mode*: Boa *f*.

boar [bɔː] *s. zo.* Eber *m*, Keiler *m*: ***wild ~*** Wildschwein *n*.

board [bɔːd] **I** *s.* **1.** Brett *n*, Planke *f*; **2.** (*Schach-*, *Bügel*)Brett *n*: ***~ game*** Brettspiel *n*; ***sweep the ~*** alles gewinnen; **3.** Anschlagbrett *n*; **4.** *ped.* → ***blackboard***; **5.** *sport* a) (Surf)Board *n*, b) *pl.* ‚Bretter' *pl.*, Skier *pl.*; **6.** *pl. fig.* Bretter *pl.*, Bühne *f*: ***tread*** (*od.* ***walk***) ***the ~s*** auf den Brettern stehen, Schauspieler sein; **7.** Tisch *m*, Tafel *f* (*nur in festen Ausdrücken*): → ***above-board***, ***bed*** 3, ***groan*** 2; **8.** Kost *f*, Verpflegung *f*: ***~ and lodging*** Kost und Logis, Wohnung u. Verpflegung; **9.** *fig. oft* ***2*** Ausschuß *m*, Behörde *f*, Amt *n*: ***2 of Admiralty*** Admiralität *f*; ***2 of Examiners*** Prüfungskommission *f*; ***2 of Governors*** Verwaltungsrat *m*, (Schul- *etc.*)Behörde *f*; ≗ ***of Trade*** a) *Brit.* Handelsministerium *n*, b) *Am.* Handelskammer *f*; **10.** ~ ***of directors***, (*the*) ≗ ✝ Verwaltungsrat *m*, Direkti'on *f* (*Vorstand u. Aufsichtsrat in einem*); ~ ***of management*** ✝ Vorstand *m e-r AG*; **11.** ⚓ Bord *m*, Bordwand *f* (*nur in festen Ausdrücken*): ***on*** ~ a) an Bord *e-s Schiffs, Flugzeugs*, b) im Zug *od.* Bus; ***on*** ~ ***a ship*** an Bord e-s Schiffes; ***free on*** ~ (*abbr.* ***f.o.b.***) ✝ frei an Bord (geliefert); ***go by the*** ~ über Bord gehen *od.* fallen, *fig. a.* zugrunde gehen, verlorengehen, scheitern; **12.** Pappe *f*: ***in*** ~***s*** kartoniert (*Buch*); **II** *v/t.* **13.** täfeln; mit Brettern bedecken *od.* absperren, dielen, verschalen; **14.** beköstigen, in Kost nehmen *od.* geben (***with*** bei); **15.** a) an Bord *e-s Schiffs od. Flugzeugs* gehen, b) in *e-n Zug etc.* einsteigen, c) ⚔, ⚓ entern; **III** *v/i.* **16.** sich in Kost *od.* Pensi'on befinden, wohnen (***with*** bei); ~ **out I** *v/t.* außerhalb in Kost geben; **II** *v/i.* auswärts essen; ~ **up** *v/t* mit Brettern vernageln.

board·er ['bɔːdə] *s.* **1.** a) Kostgänger (-in), b) Pensi'onsgast *m*; **2.** Inter'natsschüler(in).

board·ing ['bɔːdɪŋ] *s.* **1.** Bretterverschalung *f*, Dielenbelag *m*, Täfelung *f*; **2.** Kost *f*, Verpflegung *f*; ~ **card** *s.* ✈ Bordkarte *f*; '~**·house** *s.* Pensi'on *f*; ~ **school** *s.* Inter'nat *n*, Pensio'nat *n*.

board| **meet·ing** *s.* Vorstandssitzung *f*; ~ **room** *s.* Sitzungssaal *m*; ~ **wag·es** *s. pl.* Kostgeld *n des Personals*; '~**·walk** *s. Am.* Plankenweg *m*, (hölzerne) 'Strandprome,nade.

boast [bəʊst] **I** *s.* **1.** Prahle'rei *f*, Großtue'rei *f*; **2.** Stolz *m* (*Gegenstand des Stolzes*): ***it was his proud*** ~ ***that ...*** es war sein ganzer Stolz, daß ...; ***he was the*** ~ ***of his age*** er war der Stolz s-r Zeit; **II** *v/i.* **3.** (***of, about***) prahlen, großtun (mit): ***he*** ~***s of his riches***; ***it is not much to*** ~ ***of*** damit ist es nicht weit her; **4.** (***of***) sich rühmen (*gen.*), stolz sein (auf *acc.*): ***our village*** ~***s of a fine church***; **III** *v/t.* **5.** sich (des Besitzes) *e-r Sache* rühmen, aufzuweisen haben: ***our street*** ~***s the tallest house in the town***; '**boast·er** [-tə] *s.* Prahler(in); '**boast·ful** [-fʊl] *adj.* □ prahlerisch, über'heblich.

boat [bəʊt] **I** *s.* **1.** Boot *n*, Kahn *m*; *allg.* Schiff *n*; Dampfer *m*: ***we are all in the same*** ~ *fig.* wir sitzen alle in 'einem Boot; ***miss the*** ~ *fig.* den Anschluß verpassen; ***burn one's*** ~***s*** alle Brücken hinter sich abbrechen; **2.** bootförmiges Gefäß, (*bsd.* Soßen)Schüssel *f*; **II** *v/i.* **3.** (in e-m) Boot fahren: ***go*** ~***ing*** e-e Bootsfahrt machen (*mst* rudern).

boat·er ['bəʊtə] *s. Brit.* steifer Strohhut, ‚Kreissäge' *f*.

boat·ing ['bəʊtɪŋ] *s.* Bootfahren *n*; Rudersport *m*; Bootsfahrt *f*.

'**boat**|**·man** [-mən] *s.* [*irr.*] Bootsführer *m*, -verleiher *m*; ~ **race** *s.* 'Ruderre,gatta *f*; ~**·swain** ['bəʊsn] *s.* ⚓ Bootsmann *m*; ~ **train** *s.* Zug *m* mit Schiffsanschluß.

bob[1] [bɒb] **I** *s.* **1.** Haarschopf *m*, Büschel *n*; Bubikopf(haarschnitt) *m*; gestutzter Pferdeschwanz; Quaste *f*; **2.** Ruck *m*; Knicks *m*; **3.** *sg. u. pl. obs. Brit.* F Schilling *m*: ***five*** ~; ~ ***a job*** e-n Schilling für jede Arbeit; **4.** *abbr. für* ***bobsled***; **II** *v/t.* **5.** ruckweise (hin u. her, auf u. ab) bewegen; **6.** *Haare, Pferdeschwanz etc.* kurz schneiden, stutzen: ~***bed hair*** Bubikopf *m*; **III** *v/i.* **7.** sich auf u. ab *od.* hin u. her bewegen, baumeln, tänzeln; **8.** schnappen (***for*** nach); **9.** knicksen; **10.** Bob fahren; **11.** ~ ***up*** (plötzlich) auftauchen: ~ ***up like a cork*** *fig.* immer wieder hochkommen, sich nicht unterkriegen lassen.

Bob[2] [bɒb] *npr., abbr. für* ***Robert***: ~***'s your uncle*** ‚fertig ist die Laube'.

bob·bin ['bɒbɪn] *s.* **1.** ⚙ Spule *f*, (Garn-) Rolle *f*; **2.** ⚡ Indukti'onsspule *f*; **3.** Klöppel(holz *n*) *m*; '~**·lace** *s.* Klöppelspitze *f*.

bob·by ['bɒbɪ] *s. Brit.* F ‚Bobby' *m* (*Polizist*); ~ **pin** *s.* Haarklemme *f* (*aus Metall*); ~ **socks** *s. pl. Am.* F Söckchen *pl.*; '~,**sox·er** [-,sɒksə] *s. Am.* F *hist.* ‚Backfisch' *m*.

'**bob**|**·sled**, '~**·sleigh** *s.* Bob *m* (*Rennschlitten*); '~**·tail** *s.* **1.** Stutzschwanz *m*; **2.** Pferd *n od.* Hund *m* mit Stutzschwanz.

bock (**beer**) [bɒk] *s.* Bockbier *n*.

bode[1] [bəʊd] **I** *v/t.* ahnen lassen: ***this*** ~***s you no good*** das bedeutet nichts Gutes für dich; **II** *v/i.*: ~ ***well*** Gutes versprechen: ~ ***ill*** Schlimmes ahnen lassen.

bode[2] [bəʊd] *pret. von* ***bide***.

bod·ice ['bɒdɪs] *s.* **1.** *allg.* Mieder *n*; **2.** Oberteil *n*.

bod·ied ['bɒdɪd] *adj. in Zssgn* ...gebaut, von ... Körperbau *od.* Gestalt: ***small-***~ klein von Gestalt.

bod·i·less ['bɒdɪlɪs] *adj.* **1.** körperlos; **2.** unkörperlich, wesenlos; '**bod·i·ly** [-ɪlɪ] **I** *adj.* körperlich, leiblich: ~ ***injury*** (⚖ ***harm***) Körperverletzung *f*; **II** *adv.* leib'haftig, per'sönlich.

bod·kin ['bɒdkɪn] *s.* **1.** ⚙ Ahle *f*, Pfriem *m*: ***sit*** ~ eingepfercht sitzen; **2.** 'Durchzieh-, Schnürnadel *f*; **3.** *obs.* lange Haarnadel.

bod·y ['bɒdɪ] **I** *s.* **1.** Körper *m*, Leib *m*: ***heir of one's*** ~ Leibeserbe *m*; ***in the*** ~ lebend; ~ ***and soul*** mit Leib u. Seele; ***keep*** ~ ***and soul together*** Leib u. Seele zs.-halten; **2.** *engS.* Rumpf *m*, Leib *m*: ***one wound in the leg and one in the*** ~; **3.** *oft dead* ~ Leiche *f*; **4.** Hauptteil *m*, *das* Wesentliche, Kern *m*, Stamm *m*, Rahmen *m*, Gestell *n*; Rumpf *m* (*Schiff, Flugzeug*); eigentlicher Inhalt, Sub'stanz *f* (*Schriftstück, Rede*): ***car*** ~ Karosserie *f*; ***hat*** ~ Hutstumpen *m*; **5.** Gesamtheit *f*, Masse *f*: ***in a*** ~ zusammen, geschlossen, wie 'ein Mann; ~ ***of water*** Wassermasse *f*, -fläche *f*, Gewässer *n*; ~ ***of facts*** Tatsachenmaterial *n*; ~ ***of laws*** Gesetz(es)-sammlung *f*; **6.** Körper(schaft *f*) *m*, Gesellschaft *f*, Gruppe *f*, Gremium *n*: ~ ***politic*** a) juristische Person, b) Gemeinwesen *n*; ***diplomatic*** ~ diplomatisches Korps; ***governing*** ~ Verwaltungskörper *m*; ***a*** ~ ***of unemployed*** e-e Gruppe Arbeitsloser; ***student*** ~ Studentenschaft *f*; **7.** ⚔ Truppenkörper *m*, Trupp *m*, Ab'teilung *f*; **8.** *phys.* Körper *m*: ***solid*** ~ fester Körper; ***heavenly*** ~ *ast.* Himmelskörper; **9.** ⚗ Masse *f*, Sub'stanz *f*; **10.** F Bursche *m*, Kerl *m*; **11.** *fig.* Güte *f*, Stärke *f*, Festigkeit *f*, Gehalt *m*, Körper *m* (*Wein*), (Klang-) Fülle *f*; **II** *v/t.* **12.** *mst* ~ ***forth*** *fig.* verkörpern; ~ **blow** *s. Boxen*: Körperschlag *m*; *fig.* harter Schlag; ~ **build** *s. biol.* Körperbau *m*; ~ **build·er** *s.* Bodybuilder *m*; ~ **build·ing** *s.* Bodybuilding *n*; '~**·check** *s. sport* Bodycheck *m*; '~**·guard** *s.* **1.** Leibwächter *m*; **2.** Leibgarde *f*; ~ **lan·guage** *s. psych.* Körpersprache *f*; '~,**mak·er** *s.* ⚙ Karosse'riebauer *m*; ~ **o·do(u)r** *s.* Körpergeruch *m*; ~ **plasm** *s. biol.* 'Körper,plasma *n*; ~ **search** *s.* 'Leibesvisitati,on *f*; ~ **seg·ment** *s. biol.* 'Rumpfseg,ment *n*; ~ **serv·ant** *s.* Leib-, Kammerdiener *m*; ~ **snatch·er** *s.* ⚖ Leichenräuber *m*; ~ **stock·ing**, ~ **suit** *s.* Bodystocking *m* (*einteilige Unterkleidung* [*mit Strümpfen*]); '~**·work** *s.* ⚙ Karosse'rie *f*.

bof·fin ['bɒfɪn] *s. Brit. sl.* (Geheim)Wissenschaftler *m*.

Boer ['bəʊə] **I** *s.* Bur(e) *m*, Boer *m* (*Südafrika*); **II** *adj.* burisch: ~ ***War*** Burenkrieg *m*.

bog [bɒg] **I** *s.* **1.** Sumpf *m*, Mo'rast *m* (*a. fig.*); Moor *n*; **2.** V Scheißhaus *n*; **II** *v/t.* **3.** im Sumpf versenken; *fig. a.* ~ ***down*** zum Stocken bringen, versanden lassen; **III** *v/i.* **4.** *a.* ~ ***down*** im Sumpf *od.* Schlamm versinken; *a. fig.* steckenbleiben, sich festfahren, versanden.

bo·gey ['bəʊgɪ] *s.* **1.** *Golf*: a) Par *n*, b) Bogey *n* (*1 Schlag über Par*); **2.** → ***bogy***.

bog·gle ['bɒgl] *v/i.* **1.** (***at***) zu'rückschrecken (vor *dat.*): ***imagination*** ~***s at the thought*** es wird einem schwindlig bei dem Gedanken; **2.** stutzen (***at*** vor, bei *dat.*); zögern (***at doing*** zu tun); **3.** pfuschen.

bog·gy ['bɒgɪ] *adj.* sumpfig.

bo·gie ['bəʊgɪ] *s.* **1.** ⚙ *Brit.* a) Blockwagen *m*, b) 🚂 Dreh-, Rädergestell *n*; **2.** ⚒ *Art* Förderkarren *m*; **3.** → ***bogy***; ~ **wheel** *s.* ⚔ (Ketten)Laufrad *n*.

'**bog,trot·ter** *s. contp.* Ire *m*.

bo·gus ['bəʊgəs] *adj.* falsch, unecht, Schein..., Schwindel...

bo·gy ['bəʊgɪ] *s.* **1.** 'Kobold *m*, 'Popanz *m* **2.** (*a. fig.* Schreck)Gespenst *n*; ~ **man** *s.* [*irr.*] **1.** Butzemann *m*, *der* Schwarze Mann (*Kindersprache*); **2.** *fig.* ‚Buhmann' *m*.

Bo·he·mi·an [bəʊ'hiːmjən] **I** *s.* **1.** Böhme *m*, Böhmin *f*; **2.** Bohemi'en *m* (*bsd. Künstler*); **II** *adj.* **3.** böhmisch; **4.** *fig.* bo'hemehaft; **bo'he·mi·an·ism** [-nɪzəm] *s.* Bo'heme *f*, ‚Künstlerleben' *n*.

boil[1] [bɔɪl] *s.* ⚕ Geschwür *n*, Fu'runkel *m*; Eiterbeule *f*.

boil[2] [bɔɪl] **I** *s.* **1.** Kochen *n*, Sieden *n*: ***bring to the*** ~ zum Kochen bringen; ***come to the*** ~ zu kochen anfangen, *fig.* F sich zuspitzen, s-n Höhepunkt erreichen; ***come off the*** ~ F sich ‚legen' *od.* beruhigen; **2.** Wallen *n*, Wogen *n*, Schäumen *n* (*Gewässer*); **3.** *fig.* Erregung *f*, Wut *f*, Wallung *f*; **II** *v/i.* **4.** kochen, sieden; **5.** wallen, wogen, brausen, schäumen; **6.** *fig.* kochen, schäumen (***with*** vor *Wut*); **III** *v/t.* **7.** kochen (lassen), zum Kochen bringen, ab-, einkochen: ~ ***eggs*** Eier kochen; ***to*** ~ ***clothes*** Wäsche kochen; ***go*** ~ ***your head!*** F häng dich doch auf!; ~ **a·way** *v/i.* **1.** verdampfen; **2.** weiterkochen; ~ **down I** *v/t.* verdampfen, einkochen;

fig. zs.-fassen, kürzen; **II** *v/i.*: **~ to** hin'auslaufen auf (*acc.*); **~ o·ver** *v/i.* 'überkochen, -laufen, -schäumen (*alle a. fig.*).
boiled| din·ner [bɔɪld] *s. Am.* Eintopf (-gericht *n*) *m*; **~ po·ta·toes** *s. pl.* Salzkartoffeln *pl.*; **~ shirt** *s.* F Frackhemd *n*; **~ sweet** *s.* Bon'bon *m, n*.
boil·er ['bɔɪlə] *s.* **1.** Sieder *m*: **soap ~**; **2.** ⚙ Dampfkessel *m*; **3.** 'Boiler *m*, Heißwasserspeicher *m*; **4.** Siedepfanne *f*; **5. be a good ~** sich (gut) zum Kochen eignen; **6.** Suppenhuhn *n*; **~ suit** *s.* 'Overall *m*.
boil·ing ['bɔɪlɪŋ] **I** *adj.* kochend, heiß; *fig.* kochend, schäumend (**with rage** vor Wut); **II** *adv.*: **~ hot** kochend heiß; **~ point** *s.* Siedepunkt *m* (*a. fig.*).
bois·ter·ous ['bɔɪstərəs] *adj.* □ **1.** stürmisch, ungestüm, rauh; **2.** ausgelassen, lärmend, turbu'lent; **'bois·ter·ous·ness** [-nɪs] *s.* Ungestüm *n*.
bold [bəʊld] *adj.* □ **1.** kühn, zuversichtlich, mutig, unerschrocken; **2.** keck, verwegen, dreist, frech; anmaßend: **make ~ to ...** sich erdreisten *od.* es wagen zu ...; **make ~ (with)** sich Freiheiten herausnehmen (gegen); **as ~ as brass** F frech wie Oskar, unverschämt; **3.** kühn, gewagt: **a ~ plan 4.** a) kühn (*Entwurf etc.*), b) scharf her'vortretend, ins Auge fallend: **in ~ outline** in deutlichen Umrissen; **a few ~ strokes of the brush** ein paar kühne Pinselstriche; **5.** steil (*Küste*); **6.** → **'bold-face** *adj. typ.* (halb)fett; **'~-faced** *adj.* **1.** kühn, frech; **2.** *typ.* → **bold-face**.
bold·ness ['bəʊldnɪs] *s.* **1.** Kühnheit *f*: a) Mut *m*, Beherztheit *f*, b) Keckheit *f*, Dreistigkeit *f*; **2.** scharfes Her'vortreten.
bole [bəʊl] *s.* starker Baumstamm.
bo·le·ro[1] [bə'leərəʊ] *s.* Bo'lero *m* (*spanischer Tanz*).
bo·le·ro[2] ['bɒlərəʊ] *s.* Bo'lero *m* (*kurzes Jäckchen*).
boll [bəʊl] *s.* ⚘ Samenkapsel *f*.
bol·lard ['bɒləd] *s.* ⚓ Poller *m* (*a. weitS. Sperrpfosten an Verkehrsinseln etc.*).
bol·lock·ing ['bɒləkɪŋ] *s. sl.* Anschiß *m*.
bol·locks ['bɒləks] *s. pl.* V ‚Eier' *pl.* (*Hoden*).
Bo·lo·gna sau·sage [bə'ləʊnjə] *s. bsd. Am.* Morta'della *f*.
bo·lo·ney [bə'ləʊnɪ] *s.* **1.** *sl.* ‚Quatsch' *m*, Geschwafel *n*; **2.** *bsd. Am.* Morta'della *f*; → **polony**.
Bol·she·vik ['bɒlʃɪvɪk] **I** *s.* Bolsche'wik *m*; **II** *adj.* bolsche'wistisch; **'Bol·she·vism** [-ɪzəm] *s.* Bolsche'wismus *m*; **'Bol·she·vist** [-ɪst] **I** *s.* Bolsche'wist *m*; **II** *adj.* bolsche'wistisch; **'Bol·she·vize** [-vaɪz] *v/t.* bolschewisieren.
bol·ster ['bəʊlstə] **I** *s.* **1.** Kopfpolster *n* (*unter dem Kopfkissen*), Keilkissen *n*; **2.** Polster *n*, Polsterung *f*, 'Unterlage *f* (*a.* ⚙); **II** *v/t.* **3.** *j-m* Kissen 'unterlegen; **4.** (aus)polstern; **5. ~ up** unter'stützen, stärken, künstlich aufrechterhalten.
bolt[1] [bəʊlt] **I** *s.* **1.** Schraube *f* (mit Mutter), Bolzen *m*: **~ nut** Schraubenmutter *f*; **2.** Bolzen *m*, Pfeil *m*: **shoot one's ~** e-n (letzten) Versuch machen; **he has shot his ~** er hat sein Pulver verschossen; **~ upright** kerzengerade; **3.** ⚙ (Tür-, Schloß)Riegel *m*: **behind ~ and bar** hinter Schloß u. Riegel; **4.** Schloß *n* *an Handfeuerwaffen*; **5.** Blitzstrahl *m*: **a ~ from the blue** ein Blitz aus heiterem Himmel; **6.** plötzlicher Sprung, Flucht *f*: **he made a ~ for the door** er machte e-n Satz zur Tür; **he made a ~ for it** F er machte sich aus dem Staube; **7.** *pol. Am.* Abtrünnigkeit *f* von der Poli'tik der eigenen Par'tei; **8.** ✝ a) (Stoff)Ballen *m*, b) (Ta'peten- *etc.*)Rolle *f*; **II** *v/t.* **9.** *Tür etc.* ver-, zuriegeln; **10.** *Essen* hin'unterschlingen; **11.** *Am. pol.* sich von *s-r Partei* lossagen; **III** *v/i.* **12.** 'durchgehen (*Pferd*); **13.** da'vonlaufen, ausreißen, ‚'durchbrennen'.
bolt[2] [bəʊlt] *v/t. Mehl* sieben.
bolt·er ['bəʊltə] *s.* **1.** 'Durchgänger *m* (*Pferd*); **2.** *pol. Am.* Abtrünnige(r *m*) *f*.
bo·lus ['bəʊləs] *s.* ⚕ Bolus *m*, große Pille.
bomb [bɒm] **I** *s.* **1.** Bombe *f*: **the** ☢ die (Atom)Bombe; **2.** ⚙ a) Gasflasche *f*, b) Zerstäuberflasche *f*; **3.** F a) Bombenerfolg *m*, b) Heidengeld *n*, c) *thea. etc. Am.* ‚'Durchfall' *m*, ‚Flop' *m*; **II** *v/t.* **4.** mit Bomben belegen, bombardieren; zerbomben: **~ed out** ausgebombt; **~ed site** Ruinengrundstück *n*; **5. ~ up** ✈ mit Bomben beladen; **III** *v/i.* **6.** *sl.* e-e ‚Pleite' sein, *thea.* ‚'durchfallen', *bsd. Am.* (*im Examen*) ‚'durchrasseln'.
bom·bard [bɒm'bɑːd] *v/t.* **1.** ⚔ bombardieren, Bomben werfen auf (*acc.*), beschießen; **2.** *fig.* (**with**) bombardieren, bestürmen (mit); **3.** *phys.* bombardieren, beschießen; **bom·bard·ier** [ˌbɒmbə'dɪə] *s.* ⚔ **1.** *Brit.* Artille'rieˌunteroffiˌzier *m*; **2.** Bombenschütze *m* (*im Flugzeug*); **bom'bard·ment** [-mənt] *s.* Bombarde'ment *n*, Beschießung *f* (*a. phys.*), Belegung *f* mit Bomben, Bombardierung *f*.
bom·bast ['bɒmbæst] *s. fig.* Bom'bast *m*, (leerer) Wortschwall, Schwulst *m*; **bom·bas·tic** [bɒm'bæstɪk] *adj.* (□ **~ally**) bom'bastisch, schwülstig.
bomb| at·tack *s.* Bombenanschlag *m*; **~ bay** *s.* ✈ Bombenschacht *m*; **~ dis·pos·al** *s.* ⚔ Bombenräumung *f*: **~ squad** Bombenräumungs-, Sprengkommando *n*.
bom·be [bɔ̃ːmb] (*Fr.*) *s.* Eisbombe *f*.
bombed [bɒmd] *adj. sl.* **1.** ‚besoffen'; **2.** ‚high' (*im Drogenrausch*).
bomb·er ['bɒmə] *s.* **1.** Bomber *m*, Bombenflugzeug *n*; **2.** Bombenleger *m*.
bomb·ing ['bɒmɪŋ] *s.* Bombenabwurf *m*: **~ raid** Bombenangriff *m*.
'bomb|·proof ⚔ **I** *adj.* bombensicher; **II** *s.* Bunker *m*; **~ scare** *s.* Bombendrohung *f*; **'~·shell** *s. fig.* Bombe *f*: **the news came like a ~** die Nachricht schlug ein wie e-e Bombe.
bo·na fi·de [ˌbəʊnə'faɪdɪ] *adj. u. adv.* **1.** in gutem Glauben, auf Treu u. Glauben: **~ owner** ⚖ gutgläubiger Besitzer; **2.** ehrlich; echt; **ˌbo·na 'fi·des** [-diːz] *s. pl.* guter Glaube, Treu *f* und Glauben *m*, ehrliche Absicht; Rechtmäßigkeit *f*.
bo·nan·za [bəʊ'nænzə] **I** *s.* **1.** *min.* reiche Erzader (*bsd. Edelmetalle*); **2.** F Goldgrube *f*, Glücksquelle *f*, *a.* Fundgrube *f*; **3.** Fülle *f*, Reichtum *m*; **II** *adj.* **4.** sehr einträglich *od.* lukra'tiv.
bon·bon ['bɒnbɒn] *s.* Bon'bon *m, n*; *fig.* Zuckerl *n*.
bond [bɒnd] **I** *s.* **1.** *pl. obs.* Fesseln *pl.*: **in ~s** in Fesseln, gefangen, versklavt; **burst one's ~s** s-e Ketten sprengen; **2.** *sg. od. pl. fig.* Bande *pl.*: **~s of love**; **3.** Verpflichtung *f*; Bürgschaft *f*; (*a.* 'Haft)Kautiˌon *f*; Vertrag *m*; Urkunde *f*; Garan'tie(schein *m*) *f*: **enter into a ~** e-e Verpflichtung eingehen; **his word is as good as his ~** er ist ein Mann von Wort; **4.** ✝ a) Schuldschein *m*, b) *öffentliche* Schuldverschreibung, (festverzinsliches) 'Wertpaˌpier *n*, Obligati'on *f*, (Schuld-, Staats)Anleihe *f*: **industrial ~** Industrieobligation, -anleihe; → **mortgage bond**; **5.** ✝ Zollverschluß *m*: **in ~** unter Zollverschluß; **6.** ⚠ Verband *m*, Verbindungsstück *n*; **7.** ⚗ a) Bindung *f*, b) Bindemittel *n*, c) Wertigkeit *f*; **8.** → **bond paper**; **II** *v/t.* **9.** verpfänden; **10.** ✝ unter Zollverschluß legen; **11.** ⚙ *Lack etc.* binden (*a. v/i.*): **~ing agent** Bindemittel *n*; **'bond·age** [-dɪdʒ] *s. hist.* Knechtschaft *f*, Sklave'rei *f* (*a. fig.*); *fig. a.* Hörigkeit *f*: **in the ~ of vice** dem Laster verfallen; **'bond·ed** [-dɪd] *adj.* ✝: **~ debt** fundierte Schuld; **~ goods** Waren unter Zollverschluß; **~ warehouse** Zollspeicher *m*.
'bond|ˌhold·er *s.* Obligati'onsinhaber *m*; **'~·man** [-mən] *s.* [*irr.*] Sklave *m*, Leibeigene(r) *m*; **~ mar·ket** *s.* ✝ Rentenmarkt *m*; **~ pa·per** *s.* Bankpost *f*, 'Post-, 'Banknotenpaˌpier *n*; **~ slave** *s. fig.* Sklave *m*.
bonds·man ['bɒndzmən] *s.* [*irr.*] **1.** → **bondman**; **2.** ⚖ a) Bürge *m*, b) *Am.* gewerblicher Kauti'onssteller.
bone [bəʊn] **I** *s.* **1.** Knochen *m*; Bein *n*: **~ of contention** Zankapfel *m*; **to the ~** bis auf die Knochen *od.* die Haut, durch u. durch (*naß od. kalt*); **price cut to the ~** aufs äußerste reduzierter Preis, Schleuderpreis; **I feel it in my ~s** *fig.* ich spüre es in den Knochen (*ahne es*); **a bag of ~s** F nur (noch) Haut u. Knochen, ein Skelett; **my old ~s** m-e alten Knochen; **bred in the ~** angeboren; **make no ~s about it** nicht viel Federlesens machen, nicht lange (damit) fackeln; **have a ~ to pick with s.o.** ein Hühnchen mit j-m zu rupfen haben; **2.** *pl.* Gebeine *pl.*; **3.** (Fisch-)Gräte *f*; **4.** *pl.* Kor'settstangen *pl.*; **5.** *pl. Am.* a) Würfel *pl.*, b) 'Dominosteine *pl.*; **II** *v/t.* **6.** die Knochen her'ausnehmen aus (*dat.*), *Fisch* entgräten; **III** *v/i.* **7.** *oft* **~ up on** *sl. et.* ‚büffeln', ‚ochsen', ‚pauken'; **IV** *adj.* **8.** beinern, knöchern, aus Bein *od.* Knochen; **'~·black** *s.* **1.** ⚗ Knochenkohle *f*; **2.** Beinschwarz *n* (*Farbe*); **~ chi·na** *s.* 'Knochenporzelˌlan *n*.
boned [bəʊnd] *adj.* **1.** *in Zssgn* ...knochig: **strong-~** starkknochig; **2.** *Küche*: a) ohne Knochen: **~ chicken**, b) entgrätet: **~ fish**.
ˌbone|-'dry *adj.* **1.** staubtrocken; **2.** F völlig ‚trocken': a) streng 'antialkoˌholisch, b) ohne jeden Alko'hol (*Party etc.*); **~ glue** *s.* Knochenleim *m*; **'~·head** *s. sl.* Holz-, Dummkopf *m*; **'~ˌhead·ed** *adj. sl.* dumm; **~ lace** *s.* Klöppelspitze *f*; **ˌ~'la·zy** *adj.* F ‚stinkfaul'; **~ meal** *s.* Knochenmehl *n*.
bon·er ['bəʊnə] *s. Am. sl.* Schnitzer *m*, (grober) Fehler.
'boneˌshak·er *s. sl.* ‚Klapperkasten' *m* (*Bus etc.*); **'~·yard** *s. Am.* **1.** Schindanger *m*; **2.** F (*a.* Auto- *etc.*)Friedhof *m*.

bon·fire ['bɒnfaɪə] *s.* **1.** Freudenfeuer *n*; **2.** Feuer *n* im Freien (*zum Unkrautverbrennen etc.*); **3.** *allg.* Feuer *n*, ‚Scheiterhaufen' *m*: ***make a ~ of s.th.*** et. vernichten.

bon·ho·mie ['bɒnɒmi:] (*Fr.*) *s.* Gutmütigkeit *f*, Joviali'tät *f*.

bonk [bɒŋk] V *v/i. u. v/t.* V vögeln.

bon·kers ['bɒŋkəz] *adj. sl.* verrückt.

bon·net ['bɒnɪt] **I** *s.* **1.** (*bsd.* Schotten)Mütze *f*, Kappe *f*; → ***bee***[1] 1; **2.** (Damen)Hut *m*, (Damen- *od.* Kinder-) Haube *f* (*mst randlos*); **3.** Kopfschmuck *m* der Indi'aner; **4.** ⚙ Schornsteinkappe *f*; **5.** *mot. Brit.* 'Motorhaube *f*; **6.** ⚙ Schutzkappe *f* (*für Ventil, Zylinder etc.*); **II** *v/t.* **7.** *j-m* den Hut über die Augen drücken; '**bon·net·ed** [-tɪd] *adj.* e-e Mütze *etc.* tragend.

bon·ny ['bɒnɪ] *adj. bsd. Scot.* **1.** hübsch, nett (*a. iron.*), *fig.* ‚prima'; **2.** F drall.

bo·nus ['bəʊnəs] *s.* † **1.** 'Bonus *m*, 'Prämie *f*, Gratifikati'on *f*, Sondervergütung *f*, (Sonder)Zulage *f*, Tanti'eme *f*: ***Christmas ~*** Weihnachtsgratifikation; **2.** 'Prämie *f*, 'Extradivi,dende *f*, Sonderausschüttung *f*: ***~ share*** Gratisaktie *f*; **3.** *Am.* Dreingabe *f* (*beim Kauf*); **4.** Vergünstigung *f*.

bon·y ['bəʊnɪ] *adj.* **1.** knöchern, Knochen…; **2.** starkknochig; **3.** voll Knochen *od.* Gräten; **4.** knochendürr.

bonze [bɒnz] *s.* Bonze *m* (*buddhistischer Mönch od. Priester*).

boo [bu:] **I** *int.* **1.** huh! (*um j-n zu erschrecken*); → *a.* ***bo***; **2.** buh!, pfui! (*Ausruf der Verachtung*); **II** *s.* **3.** Buh (-ruf *m*) *n*, Pfui(ruf *m*) *n*; **III** *v/i.* **4.** buh! *od.* pfui! schreien, buhen; **IV** *v/t.* **5.** durch Pfui- *od.* Buhrufe verhöhnen; auspfeifen, ausbuhen, niederbrüllen.

boob [bu:b] *sl.* **I** *s.* **1.** ‚Schnitzer' *m*, Fehler *m*; **2.** → ***booby*** 1; **3.** *pl.* ‚Titten' *pl.* (*Brüste*); **II** *v/i.* **4.** e-n ‚Schnitzer' machen, ‚Mist bauen'.

boo-boo ['bu:bu:] *s. Am. sl.* → ***boob*** 1.

boob tube *s. Am. sl. TV* ‚Röhre' *f*, ‚Glotze' *f* (*Fernseher*).

boo·by ['bu:bɪ] *s.* **1.** ‚Dussel' *m*, Trottel *m*; **2.** Letzte(r *m*) *f*, Schlechteste(r *m*) *f* (*in Wettkämpfen etc.*); **3.** *orn.* Tölpel *m*, Seerabe *m*; **~ hatch** *s. Am. sl.* ‚Klapsmühle' *f* (*Irrenanstalt*); **~ prize** *s.* Trostpreis *m*; **~ trap** *s.* (versteckte) Sprengladung *od.* Bombe; *allg.* (*bsd.* Todes)Falle *f*; '**~-trap** *v/t.* a) e-e Bombe *etc.* verstecken in (*dat.*), b) durch e-e versteckte Bombe *etc.* e-n Anschlag verüben auf (*acc.*).

boo·dle ['bu:dl] *s. Am. sl.* **1.** → ***caboodle***; **2.** Falschgeld *n*; **3.** Schmiergelder *pl.*

boo·gie-woo·gie ['bu:gɪ,wu:gɪ] *s.* ♪ Boogie-Woogie *m* (*Tanz*).

boo·hoo [,bu:'hu:] **I** *s.* lautes Geschluchze; **II** *v/i.* laut schluchzen, plärren.

book [bʊk] **I** *s.* **1.** Buch *n*: ***be at one's ~s*** über s-n Büchern sitzen; ***without the ~*** auswendig; ***he talks like a ~*** er redet sehr gestelzt; ***the ~ of life*** (***nature***) *fig.* das Buch des Lebens (der Natur); ***a closed ~*** a) ein Buch mit sieben Siegeln, b) e-e erledigte Sache; ***the*** **ℬ** (***of*** **ℬ*s***) die Bibel; ***kiss the*** **ℬ** die Bibel küssen; ***swear on the*** **ℬ** bei der Bibel schwören; ***suit s.o.'s ~*** *fig.* j-m passen *od.* recht sein; ***throw the ~ at s.o.*** F a) j-n (zur Höchststrafe) ‚verdonnern', b) j-n wegen sämtlicher einschlägigen Delikte belangen; ***by the ~*** a) ganz korrekt *od.* genau, b) ‚nach allen Regeln der Kunst'; ***in my ~*** F wie 'ich es sehe; → ***leaf*** 3; **2.** Buch *n* (*Teil e-s Gesamtwerkes*); **3.** † Geschäfts-, Handelsbuch *n*: ***close the ~s*** die Bücher abschließen; ***keep ~s*** Bücher führen; ***be deep in s.o.'s ~s*** bei j-m tief in der Kreide stehen; ***bring to ~*** a) *j-n* zur Rechenschaft ziehen, b) † (ver)buchen; ***be in s.o.'s good*** (***bad*** *od.* ***black***) ***~s*** bei j-m gut (schlecht) angeschrieben sein; **4.** (Schreib)Heft *n*, No'tizblock *m*; **5.** (Namens)Liste *f*, Verzeichnis *n*, Buch *n*: ***visitors' ~*** Gästebuch; ***be on the ~s*** auf der Mitgliedsliste (*univ.* Liste der Immatrikulierten) stehen; **6.** Heft(chen) *n*, Block *m*: ***~ of stamps*** Briefmarkenheft; **7.** Wettbuch *n*: ***you can make a ~ on that!*** F darauf kannst du wetten!; **8.** a) *thea.* Text *m*, b) ♪ Textbuch *n*, Lib'retto *n*; **II** *v/t.* **9.** † (ver)buchen, eintragen; **10.** *j-n* verpflichten, engagieren; **11.** *j-n als (Fahr)Gast, Teilnehmer etc.* einschreiben, vormerken; **12.** *Platz, Zimmer* bestellen, *a. Überfahrt etc.* buchen; *Eintritts-, Fahrkarte* lösen; *Auftrag* notieren; *Güter, Gepäck* (*zur Beförderung*) aufgeben; *Ferngespräch* anmelden; → ***booked***; **13.** *j-n polizeilich* aufschreiben *od. sport* notieren (***for*** wegen); **III** *v/i.* **14.** eine Fahrkarte *etc.* lösen *od.* nehmen: ***~ through*** (***to***) durchlösen (bis, nach); **15.** Platz *etc.* bestellen; **16.** ***~ in*** sich (*im Hotel*) eintragen: ***~ in at*** absteigen in (*dat.*); '**book·a·ble** [-kəbl] *adj.* im Vorverkauf erhältlich (*Karten etc.*).

'**book**|,**bind·er** *s.* Buchbinder *m*; '**~**,**binding** *s.* Buchbinderhandwerk *n*, Buchbinde'rei *f*; '**~·case** *s.* 'Bücherschrank *m*, -re,gal *n*; **~ cloth** *s.* Buchbinderleinwand *f*; **~ club** *s.* Buchgemeinschaft *f*; **~ cov·er** *s.* 'Buchdecke *f*, -,umschlag *m*; **~ debt** *s.* † Buchschuld *f*.

booked [bʊkt] *adj.* **1.** gebucht, eingetragen; **2.** vorgemerkt, bestimmt, bestellt: ***all ~*** (***up***) voll besetzt *od.* belegt, ausverkauft.

book end *s. mst pl.* Bücherstütze *f*.

book·ie ['bʊkɪ] *sl.* → ***bookmaker***.

book·ing ['bʊkɪŋ] *s.* **1.** Buchung *f*, Eintragung *f*; **2.** Bestellung *f*; **~ clerk** *s.* Schalterbeamte(r) *m*, Fahrkartenverkäufer *m*; **~ hall** *s.* Schalterhalle *f*; **~ of·fice** *s.* **1.** Fahrkartenschalter *m*; **2.** *thea. etc.* Kasse *f*; Vorverkaufsstelle *f*; **3.** *Am.* Gepäckschalter *m*.

book·ish ['bʊkɪʃ] *adj.* □ **1.** belesen, gelehrt; **2.** voll Bücherweisheit: ***~ person*** a) Büchernarr *m*, b) Stubengelehrte(r) *m*; ***~ style*** papierener Stil; '**book·ish·ness** [-nɪs] *s.* trockene Gelehrsamkeit.

'**book**|,**keep·er** *s.* Buchhalter(in); '**~**,**keep·ing** *s.* Buchhaltung *f*, -führung *f*: ***~ by single*** (***double***) ***entry*** einfache (doppelte) Buchführung; **~ knowl·edge**, **~ learn·ing** *s.* Buchwissen *n*, Bücherweisheit *f*.

book·let ['bʊklɪt] *s.* Büchlein *n*, Bro'schüre *f*.

'**book**|,**mak·er** *s.* Buchmacher *m*; '**~·man** [-mən] *s.* [*irr.*] Büchermensch *m*, Gelehrte(r) *m*; '**~·mark** *s.* Lesezeichen *n*; '**~·mo**,**bile** [-məʊ,bi:l] *s. Am.* 'Auto-, 'Wanderbüche,rei *f*; '**~·plate** *s.* Ex'libris *n*; **~ post** *s. Brit.* (***by ~*** als) Büchersendung *f*; **~ prof·it** *s.* † Buchgewinn *m*; '**~-rack** *s.* 'Büchergestell *n*, -re,gal *n*; '**~-rest** *s.* **1.** Buchstütze *f*; **2.** (kleines) Lesepult; **~ re·view** *s.* Buchbesprechung *f*; **~ review·er** *s.* 'Buch,kritiker *m*; '**~**,**sell·er** *s.* Buchhändler (-in); '**~·shelf** *s.* Bücherbrett *n*, -gestell *n*; '**~·shop** *s.* Buchhandlung *f*; '**~·stack** *s.* Bücherregal *n*; '**~·stall** *s.* **1.** Bücher(verkaufs)stand *m*; **2.** Zeitungsstand *m*; '**~·stand** → ***book-rack***; '**~·store** *s. Am.* Buchhandlung *f*.

book·sy ['bʊksɪ] *adj. Am.* F ‚hochgestochen'.

book| **to·ken** *s. Brit.* Büchergutschein *m*; **~ trade** *s.* Buchhandel *m*; **~ val·ue** *s.* † Buchwert *m*; '**~·worm** *s. zo. u. fig.* Bücherwurm *m*.

boom[1] [bu:m] **I** *s.* Dröhnen *n*, Donnern *n*, Brausen *n*, **II** *v/i.* dröhnen, donnern, brausen; **III** *v/t. a.* ***~ out*** dröhnen(d äußern).

boom[2] [bu:m] *s.* **1.** ⚓ Baum *m* (*Hafen- od. Flußsperrgerät*); **2.** ⚓ Baum *m*, Spiere *f* (*Stange am Segel*); **3.** *Am.* Schwimmbaum *m* (*zum Auffangen des Floßholzes*); **4.** *Film, TV*: (Mikro'phon)Galgen *m*.

boom[3] [bu:m] **I** *s.* **1.** Aufschwung *m*; Berühmtheit *f*, *das* Berühmtwerden, Blüte(zeit) *f*; **2.** † Boom *m*: a) ('Hoch-) Konjunk,tur *f*: ***building ~*** Bauboom, b) Aufschwung *m*, c) *Börse*: Hausse *f*; **3.** Re'klamerummel *m*, aufdringliche Propa'ganda; **II** *v/i.* **4.** e-n (ra'piden) Aufschwung nehmen, in die Höhe schnellen, anziehen (*Preise, Kurse*), blühen: ***~ing*** florierend, blühend; **III** *v/t.* **5.** die Werbetrommel rühren für; *Preise* in die Höhe treiben; **,~-and-'bust** *s. Am.* F außergewöhnlicher Aufstieg, dem e-e ernste Krise folgt.

boom·er·ang ['bu:məræŋ] **I** *s.* Bumerang *m* (*a. fig.*); **II** *v/i. fig.* (***on***) sich als Bumerang erweisen (für), zurückschlagen (auf *acc.*).

boon[1] [bu:n] *s.* **1.** Wohltat *f*, Segen *m*; **2.** Gefälligkeit *f*.

boon[2] [bu:n] *adj. lit.* freundlich, munter: ***~ companion*** lustiger Kumpan *od.* Zechbruder.

boon·docks ['bu:ndɒks] *s. pl. Am. sl. die* Pro'vinz.

boor [bʊə] *s. fig.* a) ‚Bauer' *m*, ungehobelter Kerl, b) Flegel *m*; **boor·ish** ['bʊərɪʃ] *adj.* □ *fig.* ungehobelt, flegelhaft; **boor·ish·ness** ['bʊərɪʃnɪs] *s.* ungehobeltes Benehmen *od.* Wesen.

boost [bu:st] **I** *v/t.* **1.** hochschieben, -treiben; nachhelfen (*dat.*) (*a. fig.*); **2.** † F a) fördern, Auftrieb geben (*dat.*) (*a. fig.*), *Produktion etc.* ‚ankurbeln', *Preise* in die Höhe treiben: ***~ the morale*** die (*Arbeits- etc.*)Moral heben, b) anpreisen, Re'klame machen für; **3.** ⚙, ⚡ *Druck, Spannung* erhöhen, verstärken; **II** *s.* **4.** Förderung *f*, Erhöhung *f*; Auftrieb *m*; **5.** *fig.* Re'klame *f*.

boost·er ['bu:stə] *s.* **1.** F Förderer *m* Re'klamemacher *m*; Preistreiber *m*; **2.** ⚙, ⚡ 'Zusatz(aggre,gat *n*, -dy,namo *m*, -verstärker *m*) *m*; Kom'pressor *m*; Servomotor *m*; *Rakete*: a) 'Antriebsaggre-

ˌgat *n*, b) Zündstufe *f*, c) ˈTrägerraˌkete *f*; **~ bat·ter·y** *s.* ⚡ ˈZusatzbatteˌrie *f*; **~ rock·et** *s.* ˈStartraˌkete *f*; **~ shot** *s.* ⚕ Wiederˈholungsimpfung *f*.

boot¹ [bu:t] **I** *s.* **1.** (*Am.* Schaft)Stiefel *m*; *pl. Mode*: Boots *pl.*: ***the ~ is on the other leg*** a) der Fall liegt umgekehrt, b) die Verantwortung liegt bei der anderen Seite; ***die in one's ~s*** a) in den Sielen sterben, b) e-s plötzlichen *od.* gewaltsamen Todes sterben; ***get the ~*** *sl.* ‚rausgeschmissen' (*entlassen*) werden; → ***big*** 2; **2.** *Brit. mot.* Kofferraum *m*; **3.** ⚙ Schutzkappe *f*, -hülle *f*; **II** *v/t.* **4.** *sl. j-m* e-n Fußtritt geben; **5.** *sl. fig. j-n* ‚rausschmeißen' (*entlassen*); **6.** F *Fußball* treten; **7.** *Computer*: *Programm* booten, starten.

boot² [bu:t] *s. nur noch in*: ***to ~*** obendrein, noch dazu.

ˈboot·black *s. Am.* Schuhputzer *m*.

boot·ed [ˈbu:tɪd] *adj.* Stiefel tragend: ***~ and spurred*** gestiefelt u. gespornt.

booth [bu:ð] *s.* **1.** (Markt)Bude *f*; (Messe)Stand *m*; **2.** (Fernsprech-, *pol.* Wahl)Zelle *f*; **3.** a) *Radio, TV*: (Überˈtragungs)KaˌbIne *f*, b) (ˈAbhör-)Kaˌbine *f* (*Schallplattengeschäft*); **4.** Nische *f*, Sitzgruppe *f im Restaurant*.

ˈboot|·jack *s.* Stiefelknecht *m*; **ˈ~·lace** *s. bsd. Brit.* Schnürsenkel *m*.

boot·leg [ˈbu:tleg] *v/t. u. v/i. Am. sl. bsd. Spirituosen* ˈillegal herstellen, schwarz verkaufen, schmuggeln; **ˈboot·ˌleg·ger** [-gə] *s. Am. sl.* (ˈAlkohol-)Schmuggler *m*, (-)Schwarzhändler *m*; **ˈbootˌleg·ging** [-gɪŋ] *s. Am. sl.* (ˈAlkohol)Schmuggel *m*.

boot·less [ˈbu:tlɪs] *adj.* ☐ nutzlos, vergeblich.

ˈboot|·lick *v/t. u. v/i.* F (vor *j-m*) kriechen; **ˈ~ˌlick·er** *s.* F ‚Kriecher' *m*.

boots [bu:ts] *s. sg.* Hausdiener *m* (*im Hotel*).

ˈboot|·strap *s.* Stiefelstrippe *f*, -schlaufe *f*: ***pull o.s. up by one's own ~s*** sich aus eigener Kraft hocharbeiten; **~ top** *s.* Stiefelstulpe *f*; **~ tree** *s.* Schuh-, Stiefelleisten *m*.

boot·y [ˈbu:tɪ] *s.* **1.** (Kriegs)Beute *f*, Raub *m*; **2.** *fig.* Beute *f*, Fang *m*.

booze [bu:z] F **I** *v/i.* ‚saufen'; **II** *s.* a) Schnaps *m*, ˈAlkohol *m*, b) ‚Saufeˈrei' *f*, Besäufnis *n*: ***go on*** (*od.* ***hit***) ***the ~*** → I; **boozed** [-zd] *adj.* F ‚blau', ‚voll', besoffen; **ˈbooz·er** [-zə] *s.* **1.** F Säufer *m*; **2.** *Brit. sl.* Kneipe *f*.

ˈbooze-up → ***booze*** II b.

booz·y [ˈbu:zɪ] *adj.* F **1.** → ***boozed***; **2.** versoffen.

bo·rac·ic [bəˈræsɪk] *adj.* ⚗ ˈboraxhaltig, Bor…: **~ acid** Borsäure *f*.

bor·age [ˈbɒrɪdʒ] *s.* ✿ Borretsch *m*, Gurkenkraut *n*.

bo·rax [ˈbɔ:ræks] *s.* ⚗ ˈBorax *m*.

bor·der [ˈbɔ:də] **I** *s.* **1.** Rand *m*, Kante *f*; **2.** (*Landes- od. Gebiets*)Grenze *f*; *a.* ***~ area*** Grenzgebiet *n*: ***the*** ***B~*** Grenze *od.* Grenzgebiet zwischen England u. Schottland; ***north of the B~*** in Schottland; ***~ incident*** Grenzzwischenfall *m*; **3.** Umˈrandung *f*, Borte *f*, Einfassung *f*, Saum *m*; Zierleiste *f*; **4.** Randbeet *n*, Raˈbatte *f*; **II** *v/t.* **5.** einfassen, besetzen; **6.** begrenzen, (um)ˈsäumen: ***a lawn ~ed by trees***; **7.** grenzen an (*acc.*): ***my park ~s yours***; **III** *v/i.* **8.** grenzen (***on*** an *acc.*) (*a. fig.*); **ˈbor·der·er** [-ərə] *s.* **1.** Grenzbewohner *m*; **2.** **B~s** *pl.* ⚔ ˈGrenzregiˌment *n*.

ˈbor·der|·land *s.* Grenzgebiet *n* (*a. fig.*); **ˈ~·line I** *s.* ˈGrenzˌlinie *f*; *fig.* Grenze *f*; **II** *adj.* auf *od.* an e-r Grenze: ***~ case*** Grenzfall *m*.

bor·dure [ˈbɔ:ˌdjʊə] *s. her.* ˈSchild-, ˈWappenumˌrandung *f*.

bore¹ [bɔ:] **I** *v/t.* **1.** (durch)ˈbohren: ***~ a well*** e-n Brunnen bohren; ***to ~ one's way*** *fig.* sich (mühsam) e-n Weg bahnen; **II** *v/i.* **2.** (***for***) bohren, Bohrungen machen (nach); ⚒ schürfen (nach); **3.** ⚙ *bei Holz*: (ins Volle) bohren; *bei Metall*: (aus-, auf)bohren; **4.** sich einbohren (***into*** in *acc.*); **III** *s.* **5.** ⚒ Bohrung *f*, Bohrloch *n*; **6.** ⚔, ⚙ Bohrung *f*, Seele *f*, Kaˈliber *n* (*e-r Schußwaffe*).

bore² [bɔ:] **I** *s.* **1.** *et.* Langweiliges *od.* Lästiges *od.* Stumpfsinniges: ***what a ~*** a) wie langweilig, b) wie dumm; ***the book is a ~ to read*** das Buch ist ‚stinkfad'; **2.** a) fader Kerl, b) unangenehmer Kerl, (altes) Ekel; **II** *v/t.* **3.** langweilen: ***be ~d*** sich langweilen; ***look ~d*** gelangweilt aussehen.

bore³ [bɔ:] *s.* Springflut *f*.

bore⁴ [bɔ:] *pret. von* ***bear¹***.

bo·re·al [ˈbɔ:rɪəl] *adj.* nördlich, Nord…; **bo·re·a·lis** [bɔ:rɪˈeɪlɪs] → ***aurora borealis***; **Bo·re·as** [ˈbɒrɪæs] **I** *npr.* ˈBoreas *m*; **II** *s. poet.* Nordwind *m*.

bore·dom [ˈbɔ:dəm] *s.* **1.** Langeweile *f*, Gelangweiltsein *n*; **2.** Langweiligkeit *f*, Stumpfsinn *m*.

bor·er [ˈbɔ:rə] *s.* **1.** ⚙ Bohrer *m*; **2.** *zo.* Bohrer *m* (*Insekt*).

bo·ric [ˈbɔ:rɪk] *adj.* ⚗ Bor…: ***~ acid*** Borsäure *f*.

bor·ing [ˈbɔ:rɪŋ] *adj.* **1.** bohrend, Bohr…; **2.** langweilig.

born [bɔ:n] **I** *p.p. von* ***bear¹***; **II** *adj.* geboren: ***~ of …*** geboren von …, Kind des *od.* der …; ***a ~ poet***, ***a poet ~*** ein geborener Dichter, zum Dichter geboren; ***a ~ fool*** ein völliger Narr; ***an Englishman ~ and bred*** ein echter Engländer; ***never in all my ~ days*** mein Lebtag (noch) nie; **~-a·gain** *adj. relig. u. fig.* spätberufen.

borne [bɔ:n] *p.p. von* ***bear¹*** **1.** getragen *etc.*: ***lorry-~*** mit (e-m) Lastwagen befördert; **2.** geboren (*in Verbindung mit* ***by*** *und dem Namen der Mutter*): ***Elizabeth I was ~ by Anne Boleyn***.

bor·né [ˈbɔ:neɪ] (*Fr.*) *adj.* borniert.

bo·ron [ˈbɔ:rɒn] *s.* ⚗ Bor *n*.

bor·ough [ˈbʌrə] *s.* **1.** *Brit.* a) Stadt *f od.* im Parlaˈment vertretener städtischer Wahlbezirk, b) Stadtteil *m* (*von Groß-London*): ***B~ Council*** Stadtrat *m*; **2.** *Am.* a) Stadt- *od.* Dorfgemeinde *f*, b) Stadtbezirk *m* (*in New York*).

bor·row [ˈbɒrəʊ] *v/t.* **1.** (aus)borgen, (ent)leihen (***from***, ***of*** von): ***~ed funds*** ✝ Fremdmittel *pl.*; **2.** *fig.* entlehnen, *humor.* ‚borgen': ***~ed word*** Lehnwort *n*; **ˈbor·row·er** [-əʊə] *s.* **1.** Entleiher (-in), Borger(in); **2.** ✝ Kreˈditnehmer (-in); **ˈbor·row·ing** [-əʊɪŋ] *s.* (Aus)Borgen *n*; Darlehns-, Kreˈditaufnahme *f*, Anleihe *f*: ***~ power*** ✝ Kreditfähigkeit *f*.

Bor·stal (**In·sti·tu·tion**) [ˈbɔ:stl] *s. Brit. erzieherisch gestaltete Jugendstrafanstalt*: ***Borstal training*** Strafvollzug *m* in e-m ***Borstal***.

bosh [bɒʃ] *s.* F ‚Quatsch' *m*.

bos·om [ˈbʊzəm] *s.* **1.** Busen *m*, Brust *f*, *fig. a.* Herz *n*: ***~ friend*** Busenfreund (-in); ***keep*** (*od.* ***lock***) ***in one's*** (***own***) ***~*** in s-m Busen verschließen; ***take s.o. to one's ~*** j-n ans Herz drücken; **3.** *fig.* Schoß *m*: ***in the ~ of one's family*** (***the Church***); → ***Abraham***; **4.** Brustteil *m* (*Kleid etc.*); *bsd. Am.* Hemdbrust *f*; **5.** Tiefe *f*, *das* Innere: ***in the ~ of the earth*** im Erdinnern; **ˈbos·omed** [-md] *adj. in Zssgn* …busig; **ˈbos·om·y** [-mɪ] *adj.* vollbusig.

boss¹ [bɒs] **I** *s.* Beule *f*, Buckel *m*, Knauf *m*, Knopf *m*, erhabene Verzierung; ⚙ (*Rad-, Schiffsschrauben*)Nabe *f*; **II** *v/t.* mit Buckeln *etc.* verzieren, bosseln, treiben.

boss² [bɒs] F **I** *s.* **1.** *a.* ***~-man*** Chef *m*, Vorgesetzte(r) *m*, ‚Boß' *m*; **2.** *fig.* ‚Macher' *m*, ‚Boß' *m*, Tonangebende(r) *m*; **3.** *Am. pol.* (Parˈtei)Bonze *m*, (-)Boß *m*; **II** *v/t.* **4.** Herr sein über (*acc.*): ***~ the show*** der Chef vom Ganzen sein; **III** *v/i.* **5.** den Chef *od.* Herrn spielen, kommandieren; **6.** ***~ about*** herumkommandieren; **boss·y** [ˈbɒsɪ] *adj.* F **1.** herrisch, diktaˈtorisch; **2.** rechthaberisch.

bo·sun [ˈbəʊsn] → ***boatswain***.

bo·tan·ic, **bo·tan·i·cal** [bəˈtænɪk(l)] *adj.* ☐ boˈtanisch.

bot·a·nist [ˈbɒtənɪst] *s.* Boˈtaniker *m*, Pflanzenkenner *m*; **ˈbot·a·nize** [-naɪz] *v/i.* botanisieren; **ˈbot·a·ny** [-nɪ] *s.* Boˈtanik *f*, Pflanzenkunde *f*.

botch [bɒtʃ] **I** *s.* Flickwerk *n*, *fig. a.* Pfuscharbeit *f*: ***make a ~ of s.th*** et. verpfuschen; **II** *v/t.* zs.-schustern *od.* -stoppeln; verpfuschen; **III** *v/i.* pfuschen, stümpern; **ˈbotch·er** [-tʃə] *s.* **1.** Flickschneider *m*, -schuster *m* (*a. fig.*); **2.** Pfuscher *m*, Stümper *m*.

both [bəʊθ] **I** *adj. u. pron.* beide, beides: ***~ my sons*** m-e beiden Söhne; ***~ parents*** beide Eltern; ***~ of them*** sie (*od.* alle) beide; ***you can't have it ~ ways*** du kannst nicht beides *od.* nur eins von beiden haben; **II** *adv. od. cj.*: ***~ … and*** sowohl … als (auch): ***~ boys and girls***.

both·er [ˈbɒðə] **I** *s.* **1.** a) Last *f*, Plage *f*, Mühe *f*, Ärger *m*, Schereˈrei *f*, b) Aufregung *f*, ‚Wirbel' *m*, Getue *n*: ***this boy is a great ~*** dieser Junge ist e-e große Plage; **II** *v/t.* **2.** belästigen, quälen, stören, beunruhigen, ärgern: ***don't ~ me!*** laß mich in Frieden!; ***be ~ed about s.th.*** über et. beunruhigt sein; ***I can't be ~ed with it*** ich kann mich nicht damit abgeben; ***~ one's head about s.th.*** sich über et. den Kopf zerbrechen; ***~*** (***it***)***!*** F verflixt!; **III** *v/i.* **3.** (***about***) sich sorgen (um), sich aufregen (über *acc.*); **4.** sich Mühe geben: ***don't ~!*** bemüh dich nicht!; **5.** (***about***) sich kümmern (um), sich befassen (mit), sich Gedanken machen (wegen): ***I shan't ~ about it***; **both·er·a·tion** [ˌbɒðəˈreɪʃn] F **I** *s.* Belästigung *f*; **II** *int.* ‚Mist'!

bo-tree [ˈbəʊtri:] *s. der* heilige Feigenbaum (*Buddhas*).

bot·tle [ˈbɒtl] **I** *s.* **1.** Flasche *f* (*a.* ⊙ ***wine in ~s*** Flaschenwein *m*; ***bring up on the ~*** *Säugling* mit der Flasche aufziehen; ***be fond of the ~*** gern ‚einen heben'; **II** *v/t.* **2.** in Flaschen abfüllen; **3.** *bsd. Brit. Früchte etc.* in Gläsern einmachen; **~ up** *v/t.* **1.** *fig. Gefühle etc.*

unter'drücken: ***bottled-up*** aufgestaut; **2.** einschließen: ***~ the enemy's fleet***.

bot·tle bank *s.* (Alt)Glascontainer *m.*

bot·tled ['bɒtld] *adj.* in Flaschen *od.* (Einmach)Gläser (ab)gefüllt: ***~ beer*** Flaschenbier *n*; → ***bottle up*** 1.

'bot·tle|-feed *v/t.* [*irr.*] mit der Flasche aufziehen, aus der Flasche ernähren: ***bottle-fed child***; **~ gourd** *s.* ♀ Flaschenkürbis *m*; **'~-green** *adj.* flaschen-, dunkelgrün; **'~-ˌhold·er** *s.* **1.** *Boxen*: Sekun'dant *m*; **2.** *fig.* Helfershelfer *m*; **~ imp** *s.* Flaschenteufelchen *n*; **'~·neck** *s.* Engpaß *m* (*a. fig.*); **'~-nosed** *adj.* mit e-r Säufernase; **'~ˌpar·ty** *s.* Bottle-Party *f* (*zu der jeder Gast e-e Flasche Wein etc. mitbringt*); **~ post** *s.* Flaschenpost *f.*

bot·tler ['bɒtlə] *s.* 'Abfüllmaˌschine *f od.* -betrieb *m.*

'bot·tle-ˌwash·er *s.* **1.** Flaschenreiniger *m*; **2.** *humor.* Fak'totum *n*, ‚Mädchen *n* für alles'.

bot·tom ['bɒtəm] **I** *s.* **1.** *der* unterste Teil, 'Unterseite *f*, Boden *m* (*Gefäß etc.*), Fuß *m* (*Berg, Treppe, Seite etc.*), Sohle *f* (*Brunnen, Tal etc.*): ***~s up!*** *sl.* ex! (*beim Trinken*); **2.** Boden *m*, Grund *m* (*Gewässer*): ***go to the ~*** versinken; ***send to the ~*** versenken; ***touch ~*** a) auf Grund geraten, b) *fig.* den Tiefpunkt erreichen; ***the ~ has fallen out of the market*** der Markt hat e-n Tiefstand erreicht; **3.** *fig.* Grund(lage *f*) *m*: ***what is at the ~ of it?*** was ist der Grund dafür?, was steckt dahinter?; ***knock the ~ out of s.th.*** et. gründlich widerlegen; ***get to the ~ of s.th.*** e-r Sache auf den Grund gehen *od.* kommen: ***from the ~ up*** von Grund auf; **4.** *fig. das* Innere, Tiefe *f*: ***from the ~ of my heart*** aus tiefstem Herzen; ***at ~*** im Grunde; **5.** ⚓ Schiffsboden *m*; Schiff *n*: ***~ up(wards)*** kieloben; ***shipped in British ~s*** in brit. Schiffen verladen; **6.** (*Stuhl*)Sitz *m*; **7.** F *der* Hintern, ‚Po (-'po)' *m*: ***smack the boy's ~*** den Jungen ‚versohlen'; ***smooth as a baby's ~*** glatt wie ein Kinderpopo; **8.** (unteres) Ende (*Tisch, Klasse, Garten*); **II** *adj.* **9.** unterst, letzt, äußerst: ***~ shelf*** unterstes (*Bücher*)Brett; ***~ drawer*** a) unterste Schublade (*a. fig.*), b) *Brit.* Aussteuer (-truhe) *f*; ***~ price*** äußerster Preis; ***~ line*** letzte Zeile; **III** *v/t.* **10.** mit e-m Boden *od.* Sitz versehen; **11.** ergründen; **IV** *v/i.* ***~ out*** *Rezession*: die Talsohle durchschritten haben; **'bot·tomed** [-md] *adj.*: ***~ on*** beruhend auf (*dat.*); ***double-~*** mit doppeltem Boden; ***cane-~*** mit Rohrsitz (*Stuhl*); **'bot·tom·less** [-lɪs] *adj.* bodenlos (*a. fig.*); unergründlich; unerschöpflich; **'bot·tom·ry** [-rɪ] *s.* ⚓ Bodme'rei(geld *n*) *f.*

bot·u·lism ['bɒtjʊlɪzəm] *s.* ⚕ Botu'lismus *m* (*Fleischvergiftung etc.*).

bou·doir ['bu:dwɑ:] (*Fr.*) *s.* Bou'doir *n.*

bough [baʊ] *s.* Ast *m*, Zweig *m.*

bought [bɔ:t] *pret. u. p.p. von* ***buy***.

boul·der ['bəʊldə] *s.* Fels-, Geröllblock *m*; *geol.* er'ratischer Block: ***~ period*** Eiszeit *f.*

bou·le·vard ['bu:lvɑ:] *s.* Boule'vard *m*, Prachtstraße *f*, *Am. a.* Hauptverkehrsstraße *f.*

boult → ***bolt***[2].

bounce [baʊns] **I** *v/i.* **1.** springen, (hoch)schnellen, hüpfen: ***the ball ~d***; ***he ~d out of his chair***; ***~ about*** herumhüpfen; **2.** stürzen, stürmen: ***~ into a room***; **3.** auf-, anprallen (***against*** gegen): ***~ off*** abprallen; **4.** ✝ ‚platzen' (*Scheck*); **II** *v/t.* **5.** *Ball* (auf)springen lassen; **6.** *Brit.* F *j-n* drängen (***into*** zu); **7.** *Am. sl. j-n* ‚rausschmeißen' (*a. fig. entlassen*); **III** *s.* **8.** Sprungkraft *f*; **9.** Sprung *m*, Schwung *m*, Stoß *m*; **10.** Unverfrorenheit *f*; **11.** F ‚Schwung' *m*, E'lan *m*; **12.** *Am. sl.* ‚Rausschmiß' *m* (*Entlassung*); **'bounc·er** [-sə] *s.* F **1.** a) Angeber *m*, b) Lügner *m*; **2.** freche Lüge; **3.** a) ‚Mordskerl' *m*, b) ‚Prachtweib' *n*, c) ‚Mordssache' *f*; **4.** *Am.* ‚Rausschmeißer' *m* (*in Nachtlokalen etc.*); **5.** ungedeckter Scheck; **'bounc·ing** [-sɪŋ] *adj.* **1.** stramm (*kräftig*): ***~ baby***; ***~ girl***; **2.** munter, lebhaft; **3.** Mords…

bound[1] [baʊnd] **I** *pret. u. p.p. von* ***bind***; **II** *adj.* **1.** ***be ~ to do*** zwangsläufig *et.* tun müssen; ***he is ~ to tell me*** er ist verpflichtet, es mir zu sagen; ***he is ~ to be late*** er muß ja zu spät kommen; ***he is ~ to come*** er kommt bestimmt; ***I'll be ~*** ich bürge dafür, ganz gewiß; **2.** *in Zssgn* festgehalten *od.* verhindert durch: ***ice-~***; ***storm~***.

bound[2] [baʊnd] *adj.* (***for***) bestimmt, unter'wegs (nach): ***~ for London***; ***homeward*** (***outward***) ***~*** ⚓ auf der Heimreise (Hin-, Ausreise) (befindlich); ***where are you ~ for?*** wohin reisen *od.* gehen Sie?

bound[3] [baʊnd] **I** *s.* **1.** Grenze *f*, Schranke *f*, Bereich *m*: ***beyond all ~s*** maß-, grenzenlos; ***keep within ~s*** in vernünftigen Grenzen halten; ***set ~s to*** Grenzen setzen (*dat.*), in Schranken halten; ***within the ~s of possibility*** im Bereich des Möglichen; ***out of ~s*** a) *sport* aus, im Aus, b) (***to***) Zutritt verboten (für); **II** *v/t.* **2.** be-, abgrenzen, die Grenze von *et.* bilden; **3.** *fig.* beschränken, in Schranken halten.

bound[4] [baʊnd] **I** *v/i.* **1.** (hoch)springen, hüpfen (*a. fig.*); **2.** lebhaft gehen, laufen; **3.** an-, abprallen; **II** *s.* **4.** Sprung *m*, Satz *m*, Schwung *m*: ***at a single ~*** mit 'einem Satz; ***on the ~*** beim Aufspringen (*Ball*).

bound·a·ry ['baʊndərɪ] *s.* **1.** *a. fig.* Grenze *f*, *a.* ***~ line*** 'Grenzˌlinie *f*; **2.** *fig.* Bereich *m*; **4.** ⩘, *phys.* a) Begrenzung *f*, b) Rand *m*, c) 'Umfang *m.*

bound·en ['baʊndən] *adj.*: ***my ~ duty*** m-e Pflicht u. Schuldigkeit.

bound·er ['baʊndə] *s. sl.* ‚Stromer' *m*, Kerl *m.*

bound·less ['baʊndlɪs] *adj.* ☐ grenzenlos, unbegrenzt, *fig. a.* 'übermäßig.

boun·te·ous ['baʊntɪəs] *adj.* ☐ **1.** freigebig, großzügig; **2.** (allzu) reichlich; **'boun·ti·ful** [-tɪfʊl] *adj.* ☐ → ***bounteous***; **boun·ty** ['baʊntɪ] *s.* **1.** Freigebigkeit *f*; **2.** (milde) Gabe; Spende *f* (*bsd. e-s Herrschers*); **3.** ⚔ Handgeld *n*; **4.** ✝ (*bsd.* Ex'port)ˌPrämie *f*, Zuschuß *m* (***on*** auf, für); **5.** Belohnung *f.*

bou·quet [bʊ'keɪ] *s.* **1.** Bu'kett *n*, (Blumen)Strauß *m*; **2.** A'roma *n*; Blume *f* (*Wein*); **3.** *bsd. Am.* Kompli'ment *n.*

Bour·bon ['bʊəbən] *s.* **1.** *pol. Am.* Reaktio'när *m*; **2.** ~ ['bɜ:bən] 'Bourbon *m* (*amer. Whiskey aus Mais*).

bour·geois[1] ['bʊəʒwɑ:] *contp.* **I** *s.* Bour'geois *m*; **II** *adj.* bour'geois, (spieß)bürgerlich.

bour·geois[2] [bɜ:'dʒɔɪs] *typ.* **I** *s.* 'Borgis *f*; **II** *adj.* in 'Borgisˌlettern gedruckt.

bourn(e)[1] [bʊən] *s.* (Gieß)Bach *m.*

bourn(e)[2] [bʊən] *s.* **1.** *obs.* Grenze *f*; **2.** *poet.* Ziel *n*; Gebiet *n*, Bereich *m.*

bourse [bʊəs] *s.* ✝ Börse *f.*

bout [baʊt] *s.* **1.** Arbeitsgang *m*; *Fechten, Tanz*: Runde *f*: ***drinking ~*** Zecherei *f*; **2.** (Krankheits)Anfall *m*, At'tacke *f*; **3.** Zeitspanne *f*; **4.** Kraftprobe *f*, Kampf *m*; **5.** (*bsd.* Box-, Ring)Kampf *m.*

bo·vine ['bəʊvaɪn] *adj.* **1.** *zo.* Rinder…; **2.** *fig.* (*a. geistig*) träge, schwerfällig, dumm.

bov·ver ['bɒvə] *s. Brit. sl.* Schläge'rei *f bsd.* zwischen Rockern: ***~ boots*** Rokker-Stiefel *pl.*

bow[1] [baʊ] **I** *s.* **1.** Verbeugung *f*, Verneigung *f*: ***make one's ~*** a) sich vorstellen, b) sich verabschieden; ***take a ~*** sich verbeugen, sich für den Beifall bedanken; **II** *v/t.* **2.** beugen, neigen: ***~ one's head*** den Kopf neigen; ***~ one's neck*** *fig.* den Nacken beugen; ***~ one's thanks*** sich dankend verneigen; ***~ed with grief*** gramgebeugt; → ***knee*** 1; **3.** biegen: ***the wind has ~ed the branches***; **III** *v/i.* **4.** (***to***) sich verbeugen *od.* verneigen (vor *dat.*), grüßen (*acc.*): ***a ~ing acquaintance*** e-e Grußbekanntschaft; ***on ~ing terms*** auf dem Grußfuße, flüchtig bekannt; ***~ and scrape*** Kratzfüße machen, *fig.* katzbuckeln; **5.** *fig.* sich beugen *od.* unter'werfen (***to*** *dat.*): ***~ to the inevitable*** sich in das Unvermeidliche fügen; **~ down** *v/i.* (***to***) **1.** verehren, anbeten (*acc.*); **2.** sich unter'werfen (*dat.*); **~ in** *v/t. j-n* unter Verbeugungen hin'eingeleiten; **~ out I** *v/t. j-n* hin'auskomplimentieren; **II** *v/i.* sich verabschieden.

bow[2] [bəʊ] **I** *s.* **1.** (Schieß)Bogen *m*: ***have more than one string to one's ~*** *fig.* mehrere Eisen im Feuer haben; ***draw the long ~*** *fig.* aufschneiden, übertreiben; **2.** ♪ (*Violin- etc.*)Bogen *m*; **3.** ⩘, ⚙ a) Bogen *m*, Kurve *f*, b) *pl.* 'Bogenˌzirkel *m*; **4.** Bügel *m* (*der Brille*); **5.** Knoten *m*, Schleife *f*; **II** *v/i.* **6.** ♪ den Bogen führen.

bow[3] [baʊ] *s.* ⚓ **1.** *a. pl.* Bug *m*; **2.** Bugmann *m* (*im Ruderboot*).

Bow| bells [bəʊ] *s. pl.* Glocken *pl.* der Kirche ***St. Mary le Bow*** (*London*): ***be born within the sound of ~*** ein echter Cockney sein; **~ com·pass(·es)** *s. sg. od. pl.* ⩘, ⚙ → ***bow***[2] 3b.

bowd·ler·ize ['baʊdləraɪz] *v/t. Bücher* (von anstößigen Stellen) säubern; *fig.* verwässern.

bow·els ['baʊəlz] *s. pl.* **1.** *anat.* Darm *m*; Gedärm *n*, Eingeweide *pl.*: ***open ~*** ⚕ offener Leib; ***have open ~*** regelmäßig Stuhlgang haben; **2.** *das* Innere, Mitte *f*: ***the ~ of the earth*** das Erdinnere.

bow·er[1] ['baʊə] *s.* (Garten)Laube *f*, schattiges Plätzchen; *obs.* (Frauen)Gemach *n.*

bow·er[2] ['baʊə] *s.* ⚓ Buganker *m.*

bow·er·y ['baʊərɪ] *s. hist. Am.* Farm *f*, Pflanzung *f*: ***the ~*** die Bowery (*heruntergekommene Straße u. Gegend in New York City*).

ˈbow-head [ˈbəʊ-] *s. zo.* Grönlandwal *m.*
ˈbow·ie-knife [ˈbəʊɪ-] *s.* [*irr.*] ˈBowiemesser *n* (*langes Jagdmesser*).
bowl¹ [bəʊl] *s.* **1.** Napf *m*, Schale *f*; Bowle *f* (*Gefäß*); **2.** Schüssel *f*, Becken *n*; **3.** *poet.* Gelage *n*; **4.** a) (Pfeifen-) Kopf *m*, b) Höhlung *f* (*Löffel etc.*); **5.** *Am.* ˈStadion *n.*
bowl² [bəʊl] **I** *s.* **1.** a) (*Bowling-, Bowls-, Kegel*)Kugel *f*, b) → ***bowls*** 1, c) Wurf *m*; **II** *v/t.* **2.** *allg.* rollen (lassen); *Bowling etc*: *die Kugel* werfen; *Ball* rollen, werfen (*a. Kricket*); *Reifen* schlagen, treiben; **III** *v/i.* **3.** a) bowlen, Bowls spielen, b) bowlen, Bowling spielen, c) kegeln, d) werfen; **4.** *mst* **~ *along*** ‚(daˈhin)gondeln' (*Wagen*); **~ out** *v/t. Kricket*: *den Schläger* (durch Treffen des Dreistabes) ‚ausmachen'; *fig. j-n* ‚erledigen', schlagen; **~ o·ver** *v/t.* ˈumwerfen (*a. fig.*).
ˈbow-legged [ˈbəʊ-] *adj.* säbel-, O-beinig; **ˈbow-legs** *s. pl.* Säbel-, O-Beine *pl.*
bowl·er [ˈbəʊlə] *s.* **1.** a) Bowls-Spieler (-in), b) Bowling-Spieler(in), c) Kegler (-in); **2.** *Kricket*: Werfer *m*; **3.** *a.* **~ *hat*** *Brit.* ‚Meˈlone' *f.*
bow·line [ˈbəʊlɪn] *s.* ⚓ Buˈlin *f.*
bowl·ing [ˈbəʊlɪŋ] *s.* **1.** Bowling *n*; **2.** Kegeln *n*; **~ al·ley** *s.* **1.** Bowlingbahn *f*; **2.** Kegelbahn *f*; **~ green** *s. Bowls etc*: Rasenplatz *m.*
bowls [bəʊlz] *s. pl. sg. konstr.* **1.** Bowls (-Spiel) *n*; **2.** Kegeln *n.*
bow|·man [ˈbəʊmən] *s.* [*irr.*] Bogenschütze *m*; **ˈ~·shot** *s.* Bogenschußweite *f*; **ˈ~·sprit** *s.* ⚓ Bugspriet *m*; **≈ Street** *npr. Straße in London mit dem Polizeigericht*; **ˈ~·string I** *s.* Bogensehne *f*; **II** *v/t.* erdrosseln; **~ tie** *s.* (Frack)Schleife *f*, Fliege *f*; **~ win·dow** *s.* Erkerfenster *n.*
bow-wow I *int.* [ˌbaʊˈwaʊ] wauˈwau!; **II** *s.* [ˈbaʊwaʊ] *Kindersprache*: ‚Wauˈwau *m* (*Hund*).
box¹ [bɒks] **I** *s.* **1.** Kasten *m*, Kiste *f*; *Brit. a.* Koffer *m*; **2.** Büchse *f*, Schachtel *f*, Etuˈi *n*, Dose *f*, Kästchen *n*; **3.** Behälter *m*, (*a. Buch-, Film- etc.*)Kasˈsette *f*, Hülse *f*, Gehäuse *n*, Kapsel *f*; **4.** Häus-chen *n*; Abˈteil *n*, Abˈteilung *f*, Loge *f* (*Theater etc.*); ⚖ a) Zeugenstand *m*, b) (Geschworenen)Bank *f*; **5.** Box *f*: a) *Pferdestand*, b) *mot. Einstellplatz in e-r Großgarage*; **6.** Fach *n* (*a. für Briefe etc.*); **7.** Kutschbock *m*; **8.** *Am.* Wagenkasten *m*; **9.** *Baseball*: Standplatz *m* (*des Schlägers*); **10.** a) Postfach *n*, b) → ***box number***, c) Briefkasten *m*; **11.** *pol.* (Wahl)Urne *f*; **12.** *typ.* Kasten *m*, Kästchen (*eingeschobener, umrandeter Text*), Rubˈrik *f*; **13.** F ‚Kasten' *m* (*Fernsehapparat, Fußballtor etc.*); **II** *v/t.* **14.** in Schachteln, Kasten *etc.* legen, packen, einschließen; **15. ~ *the compass*** a) ⚓ alle Kompaßpunkte aufzählen, b) *fig.* alle Gesichtspunkte vorbringen u. schließlich zum Ausgangspunkt zurückkehren, e-e völlige Kehrtwendung machen; **~ in** *v/t.* **1.** → ***box¹*** 14; **2.** → **~ up** *v/t.* einschließen, -klemmen.
box² [bɒks] **I** *s.* **1.** Schlag *m* mit der Hand: **~ *on the ear*** Ohrfeige *f*; **II** *v/t.* **2. ~ *s.o.'s ears*** j-n ohrfeigen; **3.** gegen *j-n* boxen; **III** *v/i.* **4.** *sport* boxen.
box³ [bɒks] *s.* ⚘ Buchsbaum(holz *n*) *m.*
box| bar·rage *s.* ⚔ Abriegelungsfeuer *n*; **ˈ~·calf** *s.* ˈBoxkalf *n* (*Leder*); **~ cam·er·a** *s. phot.* ˈBox(ˌkamera) *f*; **ˈ~·car** *s.* 🚃 *Am.* geschlossener Güterwagen.
box·er [ˈbɒksə] *s.* **1.** *sport* Boxer *m*; **2.** *zo.* Boxer *m* (*Hunderasse*); **3.** ≈ *hist.* Boxer *m* (*Anhänger e-s chinesischen Geheimbundes um 1900*).
box·ing [ˈbɒksɪŋ] *s.* **1.** *sport* Boxen *n*; **2.** Ver-, Einpacken *n*; **≈ Day** *s. Brit.* der zweite Weihnachtsfeiertag; **~ gloves** *s. pl.* Boxhandschuhe *pl.*; **~ match** *s. sport* Boxkampf *m.*
ˈbox|-ˌi·ron *s.* Bolzen(bügel)eisen *n*; **~ junc·tion** *s. Brit. markierte Kreuzung, in die bei stehendem Verkehr nicht eingefahren werden darf*; **ˈ~ˌkeep·er** *s. thea.* ˈLogenschließer(in); **~ num·ber** *s.* ˈChiffre(nummer) *f* (*in Zeitungsanzeigen*); **~ of·fice** *s.* **1.** (Theˈater- *etc.*) Kasse *f*; **2. *be good* ~** ein Kassenerfolg *od.* -schlager sein; **3.** Einspielergebnis *n*; **ˈ~-ˌof·fice** *adj.* Kassen...: **~ *success*** *od.* ***draw*** Kassenschlager *m*; **~ ra·di·o** *s.* F Dampfradio *n*; **ˈ~·room** *s.* Abstellraum *m*; **ˈ~ˌwal·lah** *s. Brit.-Ind.* **1.** F indischer Hausierer; **2.** *contp.* Handlungsreisende(r) *m*; **ˈ~·wood** →***box³***.
boy [bɔɪ] **1.** Knabe *m*, Junge *m*, Bursche *m*, ‚Mann' *m*: ***the*** (*od.* ***our***) **~*s*** unsere Jung(en)s (*z. B. Soldaten*); ***old* ~** a) ‚alter Knabe', b) → ***old boy***; ***a* ~ *child*** ein Kind männlichen Geschlechts, ein Junge; **~ *singer*** Sängerknabe; **~ *wonder*** *oft iro.* Wunderknabe; **2.** Laufbursche *m*; **3.** Boy *m*, (*bsd.* eingeborener) Diener.
boy·cott [ˈbɔɪkət] **I** *v/t.* boykottieren; **II** *s.* Boyˈkott *m.*
ˈboy·friend *s.* Freund *m* (*e-s Mädchens*).
boy·hood [ˈbɔɪhʊd] *s.* Knabenalter *n*, Kindheit *f*, Jugend *f.*
boy·ish [ˈbɔɪɪʃ] *adj.* □ a) jungenhaft: **~ *laughter***, b) knabenhaft.
boy scout *s.* Pfadfinder *m.*
bo·zo [ˈbəʊzəʊ] *s. Am. sl.* Kerl *m.*
B pow·er sup·ply *s.* ⚡ Enerˈgieversorgung *f* des Anˈodenkreises.
bra [brɑː] *s.* F *für* ***brassière***: BˈH *m.*
brace [breɪs] **I** *s.* **1.** ⚙ Stütze *f*, Strebe *f*, (*a.* ⚕ Zahn)Klammer *f*, Anker *m*, Versteifung *f*; (Trag)Band *n*, Gurt *m*; ⚕ Stützband *n*; **2.** ⚙ Griff *m* der Bohrkurbel: **~ *and bit*** Bohrkurbel *f*; **3.** △, ♪, ✎, *typ.* (geschweifte) Klammer *f*; **4.** ⚓ Brasse *f*; **5.** (***a pair of***) **~*s*** *pl. Brit.* Hosenträger *m od. pl.*; **6.** (*pl.* ***brace***) ein Paar, zwei (*bsd. Hunde, Kleinwild, Pistolen*; *contp. Personen*); **II** *v/t.* **7.** ⚙ versteifen, -streben, stützen, verankern, befestigen; **8.** ⚙, ♪, *typ.* klammern; **9.** ⚓ brassen; **10.** *fig.* stärken, erfrischen; **11.** *a.* **~ *up*** *s-e Kräfte*, *s-n Mut* zs.-nehmen; **12. ~ *o.s.*** (***up***) a) → 11, b) ***for s.th.*** sich auf et. gefaßt machen; **brace·let** [ˈbreɪslɪt] *s.* **1.** Armband *n*, -reif *m*, -spange *f*; **2.** *pl. humor.* Handschellen *pl.*; **ˈbrac·er** [-sə] *s. Am.* F Stärkung *f*, *bsd.* Schnäpschen *n*; *fig.* Ermunterung *f.*
bra·chi·al [ˈbreɪkjəl] *adj.* Arm...; **ˈbra·chi·ate** [-kɪeɪt] *adj.* ⚘ paarweise gegenständig.
brach·y·ce·phal·ic [ˌbrækɪkeˈfælɪk] *adj.* kurzköpfig.
brac·ing [ˈbreɪsɪŋ] *adj.* stärkend, kräftigend, erfrischend (*bsd. Klima*).
brack·en [ˈbrækən] *s.* **1.** Farnkraut *n*; **2.** farnbewachsene Gegend.
brack·et [ˈbrækɪt] **I** *s.* **1.** ⚙ Träger *m*, Halter *m*; **2.** Konˈsole *f*, Krag-, Tragstein *m*, Stützbalken *m*, Winkelstütze *f*; **3.** Wandarm *m*; **4.** ⚔ Gabel *f* (*Einschießen*); **5.** ✎, *typ.* (*Am. mst* eckige) Klammer: ***in* ~*s***; ***square* ~*s*** eckige Klammern; **6.** Gruppe *f*, Klasse *f*, Stufe *f*: ***lower income* ~** niedrige Einkommensstufe; **II** *v/t.* **7.** einklammern; **8.** *a.* **~ *together*** in dieselbe Gruppe einordnen; auf gleiche Stufe stellen; **9.** ⚔ eingabeln.
brack·ish [ˈbrækɪʃ] *adj.* brackig.
bract [brækt] *s.* ⚘ Deckblatt *n.*
brad [bræd] *s.* ⚙ Nagel *m* ohne Kopf; (Schuh)Zwecke *f.*
Brad·shaw [ˈbrædʃɔː] *s. Brit.* (Eisenbahn)Kursbuch *n* (*1839–1961*).
brae [breɪ] *s. Scot.* Abhang *m*, Böschung *f.*
brag [bræg] **I** *s.* **1.** Prahleˈrei *f*; **2.** → ***braggart*** I; **II** *v/i.* **3.** (***about, of***) prahlen (mit), sich rühmen (*gen.*).
brag·ga·do·ci·o [ˌbrægəˈdəʊtʃɪəʊ] *s.* Prahleˈrei *f*, Aufschneideˈrei *f.*
brag·gart [ˈbrægət] **I** *s.* Prahler *m*, Aufschneider *m*; **II** *adj.* prahlerisch.
Brah·man [ˈbrɑːmən] *s.* Brahˈmane *m*; **ˈBrah·ma·ni** [-nɪ] *s.* Brahˈmanin *f*; **Brah·man·ic, Brah·man·i·cal** [brɑːˈmænɪk(l)] *adj.* brahˈmanisch.
Brah·min [ˈbrɑːmɪn] *s.* **1.** → ***Brahman***; **2.** gebildete, kultivierte Perˈson; **3.** *Am. iro.* dünkelhafte(r) Intellektuˈelle(r).
braid [breɪd] **I** *v/t.* **1.** *bsd. Haar, Bänder* flechten; **2.** mit Litze, Band, Borte besetzen, schmücken; **3.** ⚙ umˈspinnen; **II** *s.* **4.** (*Haar*)Flechte *f*; **5.** Borte *f*, Litze *f*, Tresse *f* (*bsd.* ⚔): ***gold* ~** goldene Tresse(n); **ˈbraid·ed** [-dɪd] *adj.* geflochten; mit Litze *etc.* besetzt; umˈsponnen; **ˈbraid·ing** [-dɪŋ] *s.* Litzen *pl.*, Borten *pl.*, Tressen *pl.*, Besatz *m.*
braille [breɪl] *s.* Blindenschrift *f.*
brain [breɪn] **I** *s.* **1.** Gehirn *n*; → ***blow out*** 5; **2.** *fig.* (*oft pl.*) a) ‚Köpfchen' *n*, ‚Grips' *m*, Verstand *m*, b) Kopf *m* (*Leiter*), *b.s.* ‚Drahtzieher' *m*: ***a clear* ~** ein klarer Kopf; ***who is the* ~ *behind it?*** wessen Idee ist das?; ***have* ~*s*** intelligent sein, ‚Köpfchen' haben; ***have*** (***got***) ***s.th on the* ~** et. dauernd im Kopf haben; ***cudgel*** (*od.* ***rack***) ***one's* ~*s*** sich den Kopf zerbrechen, sich das Hirn zermartern; ***pick s.o.'s* ~*s*** a) geistigen Diebstahl an j-m begehen, b) j-n ‚ausholen'; **II** *v/t.* **3.** *j-m* den Schädel einschlagen; **~ child** *s.* ˈGeistesproˌdukt *n*; **~ drain** *s.* Abwanderung *f* von Wissenschaftlern, Brain-Drain *m.*
brained [breɪnd] *adj.*, *nur in Zssgn* ...köpfig, mit e-m ... Gehirn: ***feeble-*~** schwachköpfig.
ˈbrain|·fag *s.* geistige Erschöpfung; **~ fe·ver** *s.* ⚕ Gehirnentzündung *f.*
brain·less [ˈbreɪnlɪs] *adj.* **1.** hirnlos, dumm; **2.** gedankenlos.
ˈbrain|·pan *s. anat.* Hirnschale *f*, Schädeldecke *f*; **ˈ~·storm** *s.* **1.** geistige Verwirrung; **2.** verrückter Einfall; **3.** *Am.* F → ***brain wave*** 2 ; **ˈ~ˌstorm·ing** *s.* Brainstorming *n* (*Problemlösung durch Sammeln spontaner Einfälle*).

brains trust [breɪnz] *s.* **1.** *Brit.* Teilnehmer *pl.* an e-r ˈPodiumsdiskussiˌon; **2.** → ***brain trust***.

brain| trust *s. Am.* F poˈlitische *od.* wirtschaftliche Beratergruppe, Brain Trust *m*; **~ trust·er** *s. Am.* F Brain-Truster *m*, Mitglied *n* e-s ***brain trust***; **~ twist·er** *s.* ‚(harte) Nuß', schwierige Aufgabe; **ˈ~·wash** *v/t. bsd. pol. j-n* e-r Gehirnwäsche unterˈziehen; *weitS.* verdummen; **ˈ~ˌwash·ing** *s. pol.* Gehirnwäsche *f*; **~ wave** *s.* **1.** Hirn(strom)welle *f*; **2.** F Geistesblitz *m*, ‚tolle Iˈdee'; **ˈ~-ˌwork·er** *s.* Kopf-, Geistesarbeiter *m*.

brain·y [ˈbreɪnɪ] *adj.* gescheit.

braise [breɪz] *v/t. Küche*: schmoren: ***~d beef*** Schmorbraten *m*.

brake¹ [breɪk] **I** *s.* ⚙ Bremse *f*, Hemmschuh *m* (*a. fig.*): ***put on*** (*od.* ***apply***) ***the ~*** bremsen, die Bremse ziehen, *fig. a.* der Sache Einhalt gebieten; **II** *v/t.* bremsen.

brake² [breɪk] ⚙ **I** *s.* (*Flachs- etc.*)Breche *f*; **II** *v/t. Flachs etc.* brechen.

brake³ → ***break*** 11.

brake| block → ***brake shoe***; **~ horse·pow·er** *s.* ⚙ (*abbr.* ***b.h.p.***) Nutz-, Bremsleistung *f*; **~ flu·id** *s.* Bremsflüssigkeit *f*; **~ lin·ing** *s.* Bremsbelag *m*; **ˈ~·man** *Am.* → ***brakesman***; **~ par·a·chute** *s.* ✈ Bremsfallschirm *m*; **~ shoe** *s.* ⚙ Bremsbacke *f*, -klotz *m*.

brakes·man [ˈbreɪksmən] *s.* [*irr.*] 🚂 *Brit.* Bremser *m*.

brak·ing dis·tance [ˈbreɪkɪŋ] *s. mot.* Bremsweg *m*.

bra·less [ˈbrɑːlɪs] *adj.* F ohne BˈH.

bram·ble [ˈbræmbl] *s.* **1.** ⚘ Brombeerstrauch *m*: **~ *jelly*** Brombeergelee *n*; **2.** Dornenstrauch *m*, -gestrüpp *n*; **~ *rose*** *s.* ⚘ Hundsrose *f*.

bram·bly [ˈbræmblɪ] *adj.* dornig.

bran [bræn] *s.* Kleie *f*.

branch [brɑːntʃ] **I** *s.* **1.** ⚘ Zweig *m*; **2.** *fig.* a) Zweig *m*, (ˈUnter)Abteilung *f*, Sparte *f*, b) Branche *f*, Wirtschafts-, Geschäftszweig *m*, c) *a.* ***~ of service*** ⚔ Waffen-, Truppengattung *f*; **3.** *fig.* Zweig *m*, ˈLinie *f* (*Familie*); **4.** *a.* ***~ establishment*** ✝ Außen-, Zweig-, Nebenstelle *f*, Filiˈale *f*, Niederlassung *f*: ***~ bank*** Filialbank *f*; **5.** 🚂 Zweigbahn *f*; ˈNebenˌlinie *f*; **6.** *geogr.* a) Arm *m* (*Gewässer*), b) Ausläufer *m* (*Gebirge*), c) *Am.* Nebenfluß *m*, Flüßchen *n*; **II** *adj.* **7.** Zweig..., Tochter..., Filial..., Neben...; **III** *v/i.* **8.** Zweige treiben; **9.** *oft* ***~ off*** (*od.* ***out***) sich verzweigen, sich ausbreiten; abzweigen: ***here the road ~es*** hier gabelt sich die Straße; **~ *out*** *v/i.* s-e Unterˈnehmungen ausdehnen, sich vergrößern; → ***branch*** 9.

bran·chi·a [ˈbræŋkɪə] *pl.* **-chi·ae** [-kɪiː] *s. zo.* Kieme *f*; **ˈbran·chi·ate** [-kɪeɪt] *adj. zo.* kiementragend.

branch| line *s.* **1.** 🚂 ˈZweig-, ˈNebenˌlinie *f*, **2.** ˈSeitenˌlinie *f* (*Familie*); **~ man·ag·er** *s.* Filiˈal-, Zweigstellenleiter *m*; **~ of·fice** *s.* Filiˈale *f*; **~ road** *s. Am.* Nebenstraße *f*.

brand [brænd] **I** *s.* **1.** Feuerbrand *m*; *fig.* Fackel *f*; **2.** Brandmal *n* (*auf Tieren, Waren etc.*); **3.** *fig.* Schandmal *n*, -fleck *m*: ***~ of Cain*** Kainszeichen *n*; **4.** Brand-, Brenneisen *n*; **5.** a) ✝ (Handels-, Schutz)Marke *f*, Warenzeichen *n*, Markenbezeichnung *f*, Sorte *f*, Klasse *f*; ***~ awareness*** Markenbewußtsein *n*; ***~ leader*** Markenführer *m*; ***~ loyalty*** Markentreue *f*; ***~ name*** Markenname *m*; ***best ~ of tea*** beste Sorte Tee, b) *fig.* ‚Sorte' *f*, Art *f*: ***his ~ of humour***; **6.** ⚘ Brand *m* (*Getreidekrankheit*); **II** *v/t.* **7.** mit e-m Brandmal *od.* -zeichen *od.* ✝ mit e-r Schutzmarke *etc.* versehen: ***~ed goods*** Markenartikel; **8.** *fig.* brandmarken; **9.** einprägen (***on s.o.'s mind*** j-m).

brand·ing i·ron [ˈbrændɪŋ] → ***brand*** 4.

bran·dish [ˈbrændɪʃ] *v/t.* (*bsd.* drohend) schwingen.

brand·ling [ˈbrændlɪŋ] *s. ichth.* junger Lachs.

brand-new [ˌbrændˈnjuː] *adj.* (funkel-) nagelneu.

bran·dy [ˈbrændɪ] *s.* Weinbrand *m*, Kognak *m*; **ˈ~·ball** *s. Brit.* ˈWeinbrandbonˌbon *m, n*.

bran-new [ˌbrænˈnjuː] → ***brand-new***.

brant [brænt] *s. orn.* e-e Wildgans *f*.

brash [bræʃ] **I** *s.* **1.** *geol.* Trümmergestein *n*; **2.** ⚓ Eistrümmer *pl.*; **II** *adj. Am.* **3.** brüchig, bröckelig; **4.** *fig.* a) (naß)forsch, frech, unverfroren, b) ungestüm, c) grell, aufdringlich.

brass [brɑːs] **I** *s.* **1.** Messing *n*; **2.** *Brit.* ziselierte Gedenktafel (*aus Messing od. Bronze, bsd. in Kirchen*); **3.** Messingzierat *m*; **4.** ♪ ***the ~*** die ˈBlechinstruˌmente *pl.* (*e-s Orchesters*), Blechbläser *pl.*; **5.** F *coll.* ‚hohe Tiere' *pl.*, *a.* hohe Offiˈziere *pl.*: ***top ~*** die höchsten ‚Tiere' (*e-s Konzerns etc.*) *od.* Offiziere; **6.** *Brit. sl.* ‚Moos' *n*, ‚Kies' *m* (*Geld*); **7.** F Unverschämtheit *f*, Frechheit *f*; → ***bold*** 2; **II** *adj.* **8.** Messing...; **III** *v/t.* **9.** mit Messing überˈziehen.

bras·sard [ˈbræsɑːd] *s.* Armbinde *f* (*als Abzeichen*).

brass band *s.* ♪ ˈBlaskaˌpelle *f*; ˈBlechmuˌsik *f*; Miliˈtärkaˌpelle *f*.

bras·se·rie [ˈbræsərɪ] (*Fr.*) *s.* ˈBierstube *f*, -loˌkal *n*; Restauˈrant *n*.

brass| far·thing *s.* F ‚roter Heller': ***I don't care a ~*** das kümmert mich e-n Dreck; **~ hat** *s.* ⚔ *sl.* ‚hohes Tier', hoher Offiˈzier.

bras·sière [ˈbræsɪə] (*Fr.*) *s.* Büstenhalter *m*, F BˈH *m*.

brass| knuck·les *s. pl. Am.* Schlagring *m*; **~ plate** *s.* Messingschild *n* (*mit Namen*), Türschild *n*; **~ tacks** *s. pl.*: ***get down to ~*** zur Sache kommen; **ˈ~·ware** *s.* Messinggeschirr *n*, -gegenstände *pl.*; **~ winds** *bsd. Am.* → ***brass*** 4.

brass·y [ˈbrɑːsɪ] *adj.* ☐ **1.** messingartig, -farbig; **2.** blechern (*Klang*); **3.** *fig.* unverschämt, frech.

brat [bræt] *s.* Balg *m, n*, Gör *n*, Racker *m* (*Kind*).

bra·va·do [brəˈvɑːdəʊ] *s.* gespielte Tapferkeit, herˈausforderndes Benehmen.

brave [breɪv] **I** *adj.* ☐ **1.** tapfer, mutig, unerschrocken: ***as ~ as a lion*** mutig wie ein Löwe; **2.** *obs.* stattlich, ansehnlich; **II** *s.* **3.** *poet.* Tapfere(r) *m*: ***the ~*** *coll.* die Tapferen; **III** *v/t.* **4.** mutig begegnen, trotzen, die Stirn bieten (*dat.*): ***~ death***; ***~ it out*** es (trotzig) durchstehen; **5.** herˈausfordern; **ˈbrav·er·y** [-vərɪ] *s.* **1.** Tapferkeit *f*, Mut *m*; **2.** Pracht *f*, Putz *m*, Staat *m*.

bra·vo¹ [ˌbrɑːˈvəʊ] **I** *int.* ˈbravo!; **II** *pl.* **-vos** *s.* ˈBravo(ruf *m*) *n*.

bra·vo² [ˈbrɑːvəʊ] *s.* ˈBravo *m*, Banˈdit *m*.

bra·vu·ra [brəˈvʊərə] *s.* ♪ *od. fig.* **1.** Braˈvour *f*, Meisterschaft *f*; **2.** Braˈvourstück *n*.

brawl [brɔːl] **I** *s.* **1.** Streiteˈrei *f*, Kraˈkeel *m*, Lärm *m*; **2.** Raufeˈrei *f*, Kraˈwall *m*, ⚖ Raufhandel *m*; **II** *v/i.* **3.** kraˈkeelen, zanken, keifen, lärmen; **4.** rauschen (*Fluß*); **ˈbrawl·er** [-lə] *s.* Raufbold *m*, Kraˈkeeler(in); **ˈbrawl·ing** [-lɪŋ] *s.* **1.** → ***brawl*** 1, 2; **2.** ⚖ *Brit.* Ruhestörung *f bsd. in Kirchen.*

brawn [brɔːn] *s.* **1.** Muskeln *pl.*; **2.** *fig.* Muskelkraft *f*, Stärke *f*; **3.** Preßkopf *m*, (Schweine)Sülze *f*; **ˈbrawn·y** [-nɪ] *adj.* muskuˈlös; *fig.* kräftig, stämmig, stark.

bray¹ [breɪ] **I** *s.* **1.** (*bsd.* Esels)Schrei *m*; **2.** Schmettern *n* (*Trompete*); gellender *od.* ˈdurchdringender Ton; **II** *v/i.* **3.** schreien (*bsd. Esel*); **4.** schmettern; kreischen, gellen.

bray² [breɪ] *v/t.* zerstoßen, -reiben, -stampfen (*im Mörser*).

braze [breɪz] *v/t.* ⚙ (hart)löten.

bra·zen [ˈbreɪzn] **I** *adj.* ☐ **1.** ehern, bronzen, Messing...; **2.** *fig.* meˈtallisch, grell (*Ton*); **3.** *a.* ***~-faced*** *fig.* unverschämt, frech, schamlos; **II** *v/t.* **4.** ***~ it out*** die Sache ‚frech wie Oskar' durchstehen; **ˈbra·zen·ness** [-nɪs] *s.* Unverschämtheit *f*.

bra·zier [ˈbreɪzjə] *s.* **1.** Kupferschmied *m*, Gelbgießer *m*; **2.** große Kohlenpfanne.

Bra·zil [brəˈzɪl] → ***brazilwood***; **Braˈzil·ian** [-ljən] **I** *adj.* brasiliˈanisch; **II** *s.* Brasiliˈaner(in).

Bra·zil| nut *s.* ⚘ ˈParanuß *f*; **ꝛ·wood** *s.* ✝ Braˈsil-, Rotholz *n*.

breach [briːtʃ] **I** *s.* **1.** *fig.* Bruch *m*, Überˈtretung *f*, Verletzung *f*, Verstoß *m*: ***~ of contract*** Vertragsbruch; ***~ of duty*** Pflichtverletzung; ***~ of etiquette*** Verstoß gegen den guten Ton; ***~ of faith*** (*od.* ***trust***) Vertrauensbruch, Untreue *f*; ***~ of the law*** Übertretung des Gesetzes; ***~ of the peace*** öffentliche Ruhestörung, Aufruhr *m*, *oft* grober Unfug; ***~ of promise*** (***to marry***) ⚖ Bruch des Eheversprechens; ***~ of prison*** Ausbruch *m* aus dem Gefängnis; **2.** *fig.* Bruch *m*, Riß *m*, Zwist *m*; **3.** ⚔ *u. fig.* Bresche *f*, Lücke *f*: ***stand in*** (*od.* ***step into***) ***the ~*** in die Bresche springen, (aus)helfen; **4.** ⚓ Einbruch *m* der Wellen; **5.** ⚙ ˈDurchbruch *m*; **II** *v/t.* **6.** ⚔ e-e Bresche schlagen in (*acc.*), durchˈbrechen; **7.** *Vertrag etc.* brechen.

bread [bred] **I** *s.* **1.** Brot *n*; **2.** *fig.*, *a.* ***daily ~*** (tägliches) Brot, ˈLebensˌunterhalt *m*: ***earn one's ~*** sein Brot verdienen; ***~ and butter*** a) Butterbrot, b) Lebensunterhalt, ‚Brötchen' *pl.*; ***quarrel with one's ~ and butter*** a) mit s-m Los hadern, b) sich ins eigene Fleisch schneiden; ***~ buttered both sides*** großes Glück, Wohlstand *m*; ***know which side one's ~ is buttered*** s-n Vorteil (er)kennen; ***take the ~ out of s.o.'s mouth*** j-n brotlos machen; ***cast one's ~ upon the waters*** et. ohne Aussicht auf Erfolg tun; ***~ and water*** Wasser u. Brot; ***~ and wine*** *eccl.* Abendmahl *n*; **3.** *sl.* ‚Kies' *m*, ‚Kohlen' *pl.* (*Geld*); **II** *v/t.* **4.** *Am. Küche*: panieren.

ˌbread|-and-ˈbut·ter *adj.* F **1.** einträglich, Brot…: ~ ***education*** Brotstudium *n*; **2.** praktisch, sachlich; **3.** ~ ***letter*** Dankesbrief *m* für erwiesene Gastfreundschaft; '~ˌ**bas·ket** *s.* **1.** Brotkorb *m*; **2.** *sl.* Magen *m*; ~ **bin** *s.* Brotkasten *m*; '~**·board** *s. Brit.* Brotschneidebrett *n*: ~ ***circuit*** ⚡ Brettschaltung *f*; '~**·crumb I** *s.* **1.** Brotkrume *f*; **2.** *das* Weiche des Brotes (*ohne Rinde*); **II** *v/t.* **3.** *Küche*: panieren; '~**·fruit** *s.* ⚘ **1.** Brotfrucht *f*; **2.** → ***bread tree***; '~**·grain** *s.* Brotgetreide *n*; '~**·line** *s.* Schlange *f* von Bedürftigen (*an die Nahrungsmittel verteilt werden*): ***live on the*** ~ an der Armutsgrenze leben; ~ **sauce** *s.* Brottunke *f*; '~**·stuffs** *s. pl.* Brotgetreide *n*.

breadth [bredθ] *s.* **1.** Breite *f*, Weite *f*; **2.** ⚙ Bahn *f*, Breite *f* (*Stoff*); **3.** *fig.* Ausdehnung *f*, Größe *f*; **4.** *fig.*, *a. Kunst*: Großzügigkeit *f*.

bread| tree *s.* ⚘ Brotfruchtbaum *m*; '~ˌ**win·ner** *s.* Ernährer *m*, Geldverdiener *m* (*e-r Familie*).

break [breɪk] **I** *s.* **1.** (Ab-, Zer-, 'Durch)Brechen *n*, Bruch *m* (*a. fig.*), Abbruch *m* (*a. fig. von Beziehungen*), Bruchstelle *f*: ~ ***in the voice*** Umschlagen *n* der Stimme; ~ ***of day*** Tagesanbruch *m*; ***a*** ~ ***with tradition*** ein Bruch mit der Tradition; ***make a*** ~ ***for it*** (sich) flüchten, das Weite suchen; **2.** Lücke *f* (*a. fig.*), Zwischenraum *m*; Lichtung *f*; **3.** Pause *f*, Ferien *pl.*; Unter'brechung *f* (*a.* ⚡), Aufhören *n*, *fig. u. Metrik*: *a.* Zä'sur *f*: ***without a*** ~ ununterbrochen; ***tea*** ~ Teepause; **4.** Wechsel *m*, Abwechslung *f*; 'Umschwung *m*; Sturz *m* (*Wetter*, *Preis*); **5.** *typ.* Absatz *m*; **6.** *Billard*: Serie *f*; **7.** *Tennis*: Break *m*, *n* (*Durchbrechen des gegnerischen Aufschlagspiels*); **8.** *Jazz*: Break *m*, *n*; **9.** *Am. sl.* Chance *f*, Gelegenheit *f*: ***bad*** ~ ‚Pech' *n*; ***give s.o. a*** ~ j-m e-e Chance geben; **10.** *Am. sl.* Schnitzer *m*, Faux'pas *m*; **11.** a) Kremser *m*, b) Wagen *m* zum Einfahren von Pferden; **12.** ⚙ → ***brake***[1]; **II** *v/t.* [*irr.*] **13.** brechen (*a. fig.*), auf-, 'durch-, zerbrechen, ent'zweibrechen: ~ ***one's arm*** (sich) den Arm brechen; ~ ***s.o.'s heart*** j-m das Herz brechen; ~ ***jail*** aus dem Gefängnis ausbrechen; ~ ***a seal*** ein Siegel erbrechen; ~ ***s.o.'s resistance*** j-s Widerstand brechen; **14.** *Geldschein* kleinmachen, wechseln; **15.** zerreißen, -schlagen, -trümmern, ka'puttmachen: ***I've broken my watch*** m-e Uhr ist kaputt; **16.** unter'brechen (*a.* ⚡), aufheben, -geben: ~ ***a journey*** e-e Reise unterbrechen; ~ ***the circuit*** ⚡ den Stromkreis unterbrechen; ~ ***the silence*** das Schweigen brechen; ~ ***a custom*** e-e Gewohnheit aufgeben; **17.** *Vorrat etc.* anbrechen; **18.** *fig.* brechen, verletzen, verstoßen gegen, nicht (ein-) halten: ~ ***a contract*** e-n Vertrag brechen; ~ ***the law*** das Gesetz übertreten; **19.** *fig.* zu'grunde richten, ruinieren, *a. j-n* ka'puttmachen: ~ ***the bank*** die Bank sprengen; **20.** vermindern, abschwächen; **21.** *Tier* zähmen, abrichten; gewöhnen (***to*** an *acc.*): ~ ***a horse to harness*** ein Pferd einfahren *od.* zureiten; **22.** *Nachricht* eröffnen: ~ ***that news gently to her*** bring ihr diese (*schlechte*) Nachricht schonend bei; **23.** ⚒ pflügen, urbar machen; → ***ground***[1] 1; **24.** *Flagge* aufziehen; **III** *v/i.* [*irr.*] **25.** brechen, zerbrechen, -springen, -reißen, platzen, ent'zweika'puttgehen: ***glass*** ~***s easily*** Glas bricht leicht; ***the rope broke*** das Seil zerriß; **26.** *fig.* brechen (*Herz*, *Kraft*); **27.** sich brechen (*Wellen*); **28.** unter'brochen werden; **29.** sich (zer)teilen (*Wolken*); sich auflösen (*Heer*); **30.** nachlassen (*Gesundheit*); zu'grunde gehen (*Geschäft*); vergehen, aufhören; **31.** anbrechen (*Tag*); aufbrechen (*Wunde*); aus-, losbrechen (*Sturm*, *Gelächter*); **32.** brechen (*Stimme*): ***his voice broke*** *a.* er befand sich im Stimmwechsel, er mutierte; **33.** sich verändern, 'umschlagen (*Wetter*); **34.** ✝ im Preise fallen; **35.** bekannt(gegeben) werden (*Nachricht*); **36.** *Boxen*: brechen;

Zssgn mit adv. u. prp.:

break| a·way *v/i.* **1.** ab-, losbrechen; **2.** sich losreißen, ausreißen; **3.** sich trennen, sich lossagen, absplittern; **4.** *sport* a) sich absetzen (***from***, ***of*** von), ausreißen, b) *Am.* e-n Fehlstart verursachen; ~ **down I** *v/t.* **1.** niederreißen, abbrechen; **2.** *fig. j-n, j-s Widerstand* brechen; **3.** zerlegen (*a.* ⚙); auflösen; *Statistik*: aufgliedern, -schlüsseln; **II** *v/i.* **4.** zs.-brechen (*a. fig.*); **5.** zerbrechen (*a. fig.*); **6.** versagen, scheitern; steckenbleiben; *mot. a.* e-e Panne haben; **7.** *fig.* zerfallen (*in einzelne Gruppen etc.*); ~ **e·ven** *v/i.* ✝ kostendeckend arbeiten; ~ **forth** *v/i.* **1.** her'vorbrechen; **2.** sich erheben (*Geschrei etc.*); ~ **in I** *v/t.* **1.** einschlagen; **2.** *Tier* abrichten; *Pferd* zureiten; *Auto etc.* einfahren; *Person* einarbeiten; *j-n* gewöhnen (***to*** an *acc.*); **II** *v/i.* **3.** einbrechen: ~ ***on*** sich einmischen in (*acc.*), *Unterhaltung etc.* unterbrechen; ~ **in·to** *v/i.* **1.** einbrechen *od.* -dringen in (*acc.*); **2.** *fig.* in *Gelächter etc.* ausbrechen; **3.** *Vorrat etc.* anbrechen; ~ **off** *v/t. u. v/i.* abbrechen (*a. fig.*); ~ **out** *v/i.* ausbrechen (*a. fig.*): ~ ***in a rash*** ⚕ e-n Ausschlag bekommen; ~ **through I** *v/t.* (durch)'brechen, über'winden; **II** *v/i.* 'durchbrechen, erscheinen; ~ **up I** *v/t.* **1.** zer-, aufbrechen; zerlegen (*a. hunt. Wild*); *weitS.* zerstören, ka'puttmachen, *fig. a.* zerrütten: ***that breaks me up!*** F ich lach' mich tot!; **2.** abbrechen, *Sitzung etc.* aufheben, *Versammlung*, *Menge*, *a. Haushalt* auflösen; **II** *v/i.* **3.** aufgehoben werden, sich auflösen (*Versammlung etc.*, *a. Nebel etc.*); **4.** aufhören; schließen (*Schule etc.*); **5.** zerbrechen (*Ehe etc.*); sich trennen, Schluß machen (*Paar*); zerfallen (*Reich etc.*); **6.** *fig.* zs.-brechen (*Person*); **7.** aufklaren (*Wetter*, *Himmel*); **8.** aufbrechen (*Straße*, *Eis*); ~ **with** *v/i.* brechen *od.* Schluß machen mit (*e-m Freund*, *e-r Gewohnheit*).

break·a·ble ['breɪkəbl] **I** *adj.* zerbrechlich; **II** *s. pl.* zerbrechliche Ware *sg.*; '**break·age** [-kɪdʒ] *s.* **1.** Bruch(stelle *f*) *m*; **2.** Bruchschaden *m*; '**break·a·way** *s.* **1.** (***from***) *pol.* Absplitterung *f*, Lossagung *f* (von), Bruch *m* (mit): ~ ***group*** Splittergruppe *f*; **2.** *sport* a) Ausreißen *n*, b) 'Durchbruch *m*, c) *Am.* Fehlstart *m*.

'**break·down** *s.* **1.** Zs.-bruch *m*, Scheitern *n*: ***nervous*** ~ Nervenzusammenbruch; ~ ***of marriage*** ⚖ Zerrüttung *f* der Ehe; **2.** Panne *f*, (Ma'schinen)Schaden *m*, (Betriebs)Störung *f*; ⚡ 'Durchschlag *m*; **3.** Zerlegung *f*, *bsd. statistische* Aufgliederung, Aufschlüsselung *f*, Ana'lyse *f* (*a.* ⚗); ~ **ser·vice** *s. mot. Brit.* Pannendienst *m*; ~ **truck**, ~ **van** *s. Brit.* Abschleppwagen *m*; ~ **volt·age** *s.* ⚡ 'Durchschlagspannung *f*.

break·er ['breɪkə] *s.* **1.** Brecher *m* (*bsd. in Zssgn Person od. Gerät*); 'Abbruchsunterˌnehmer *m*, Verschrotter *m*; **2.** Abrichter *m*, Dres'seur *m*; **3.** Brecher *m*, Sturzwelle *f*: ~***s*** Brandung *f*.

ˌ**break-'e·ven|point** *s.* ✝ Rentabili'tätsgrenze *f*, Gewinnschwelle *f*; ~ **price** *s.* Selbstkostenpreis *m*.

break·fast ['brekfəst] **I** *s.* Frühstück *n*: ~ ***television*** Frühstücksfernsehen *n* (*am frühen Morgen*); ***have*** ~ → **II** *v/i.* frühstücken.

'**break-in** → ***breaking-in***.

break·ing ['breɪkɪŋ] *s.* Bruch *m*: ~ ***of the voice*** Stimmbruch, -wechsel *m*; ~ ***and entering*** ⚖ Einbruch *m*; '~**-in** *s.* **1.** ⚖ Einbruch *m*; **2.** Abrichten *n*; Zureiten *n*; *mot.* Einfahren *n*; Einarbeitung *f*, Anlernen *n von Personen*; ~ **point** *s.* ⚙, *phys.* Bruch-, Festigkeitsgrenze *f*: ***to*** ~ *fig.* bis zur (totalen) Erschöpfung; ***have reached*** ~ kurz vor dem Zs.-bruch stehen; ~ **strength** *s.* ⚙, *phys.* Bruch-, Reißfestigkeit *f*.

'**break|·neck** *adj.* halsbrecherisch; '~**·out** *s.* Ausbruch *m* (*aus Gefängnis etc.*); '~**·through** *s. bsd.* ⚔ 'Durchbruch *m* (*a. fig. Erfolg*); '~**·up** *s.* **1.** Zerbrechen *n*, -bersten *n*; Bersten *n* (*von Eis*); **2.** *fig.* Zerrüttung *f*, Zs.-bruch *m*, Zerfall *m*; **3.** Bruch *m* (*e-r Freundschaft etc.*); **4.** Auflösung *f* (*e-r Versammlung etc.*); '~ˌ**wa·ter** *s.* Wellenbrecher *m*.

bream[1] [bri:m] *s. ichth.* Brassen *m*.

bream[2] [bri:m] *v/t.* ⚓ den Schiffsboden reinkratzen u. -brennen.

breast [brest] **I** *s.* **1.** Brust *f*; (*weibliche*) Brust, Busen *m*; **2.** *fig.* Brust *f*, Herz *n*, Busen *m*: ***make a clean*** ~ ***of s.th.*** et. gestehen; **3.** Brust(stück *n*) *f e-s Kleides etc.*; **4.** Wölbung *f e-s Berges*; **II** *v/t.* **5.** mutig auf *et.* losgehen; gegen *et.* ankämpfen, mühsam bewältigen: ~ ***the waves*** gegen die Wellen ankämpfen; **6.** *sport das Zielband* durch'reißen; '~**·bone** ['brest-] *s.* Brustbein *n*; ˌ~-'**deep** *adj.* brusthoch.

breast·ed ['brestɪd] *adj. in Zssgn* …brüstig.

'**breast|-feed** *v/t. u. v/i.* [*irr.*] stillen: ***breast-fed child*** Brustkind *n*; '~**·pin** ['brest-] *s.* Ansteck-, Kra'wattennadel *f*; '~**·stroke** *s. sport* Brustschwimmen *n*; '~**·work** *s.* ⚔, ⚠ Brustwehr *f*.

breath [breθ] *s.* **1.** Atem(zug) *m*: ***bad*** ~ (übler) Mundgeruch; ***draw one's first*** ~ das Licht der Welt erblicken; ***draw one's last*** ~ den letzten Atemzug tun (*sterben*); ***it took my*** ~ ***away*** *fig.* es verschlug mir den Atem; ***take*** ~ Atem schöpfen (*a. fig.*); ***catch one's*** ~ den Atem anhalten; ***save your*** ~***!*** spar dir die Worte!; ***waste one's*** ~ *fig.* in den Wind reden; ***out of*** ~ außer Atem; ***under one's*** ~ leise, im Flüsterton; ***with his last*** ~ mit s-m letzten Atemzug, als letztes; ***in the same ~*** im gleichen Atemzug; **2.** *fig.* Spur *f*, Anflug *m*; **3.** Hauch *m*, Lüftchen *n*: ***a ~ of air***; **4.** Duft *m*.

breath·a·lyz·er [ˈbreθəlaɪzə] *s. mot.* Alkoholtestgerät *n*.

breathe [briːð] **I** *v/i.* **1.** atmen; *fig.* leben; **2.** Atem holen; *fig.* sich verschnaufen: ***~ again*** (*od.* ***freely***) (erleichtert) aufatmen; **3.** ***~ upon*** anhauchen; *fig.* besudeln; **4.** duften (***of*** nach); **II** *v/t.* **5.** (ein- u. aus)atmen; *fig.* ausströmen: ***~ a sigh*** seufzen; **6.** hauchen, flüstern: ***not to ~ a word*** kein Sterbenswörtchen sagen; **ˈbreath·er** [-ðə] *s.* **1.** Atem-, Verschnaufpause *f* (*a. fig.*): ***take a ~*** sich verschnaufen; **2.** *sport* F ‚Spaˈziergang' *m*; **3.** F Straˈpaze *f*; **ˈbreath·ing** [-ðɪŋ] *s.* **1.** Atmen *n*, Atmung *f*; **2.** (Luft)Hauch *m*: ***~ space*** Atempause *f*.

breath·less [ˈbreθlɪs] *adj.* □ **1.** außer Atem; atemlos (*a. fig.*); **2.** *fig.* atemberaubend; **3.** windstill.

ˈbreath|ˌtak·ing *adj.* □ atemberaubend; **~ test** *s. Brit.* (*an e-m Verkehrsteilnehmer vorgenommener*) Alkoholtest.

bred [bred] *pret. u. p.p. von* ***breed***.

breech [briːtʃ] *s.* **1.** Hosenboden *m*; **2.** ⚔ Verschluß *m* (*Geschütz, Hinterlader*); **~ de·liv·er·y** *s.* ⚕ Steißgeburt *f*.

breech·es [ˈbrɪtʃɪz] *s. pl.* Knie-, Reithose(n *pl.*) *f*, Breeches *pl.*; → ***big*** 1, ***wear*** 1.

ˈbreechˌload·er *s.* ⚔ ˈHinterlader *m*.

breed [briːd] **I** *v/t.* [*irr.*] **1.** herˈvorbringen, gebären; **2.** *Tiere* züchten; *Pflanzen* züchten, ziehen: ***French-bred*** in Frankreich gezüchtet; **3.** *fig.* herˈvorrufen, verursachen, erzeugen: ***war ~s misery***; **4.** auf-, erziehen; ausbilden; **II** *v/i.* [*irr.*] **5.** zeugen, brüten, sich paaren, sich fortpflanzen, sich vermehren; **6.** entstehen; **III** *s.* **7.** Rasse *f*, Zucht *f*, Stamm *m*; **8.** Art *f*, Schlag *m*, Herkunft *f*; **ˈbreed·er** [-də] *s.* **1.** Züchter(in); **2.** Zuchttier *n*; **3.** *a.* ***~ reactor*** *phys.* Brüter *m*, ˈBrutreˌaktor *m*; **ˈbreed·ing** [-dɪŋ] *s.* **1.** Fortpflanzung *f*; Züchtung *f*, Zucht *f*: ***~ place*** *fig.* Brutstätte *f*; **2.** Erziehung *f*, Ausbildung *f*; **3.** Benehmen *n*; Bildung *f*, (gute) Lebensart *od.* ‚Kinderstube'.

breeze[1] [briːz] **I** *s.* **1.** Brise *f*, leichter Wind; **2.** F Krach *m*: a) Lärm *m*, b) Streit *m*; **3.** *Am.* ‚Kinderspiel' *n*, ‚Spaziergang' *m*; **II** *v/i.* **4.** wehen; **5.** F a) ‚schweben' (*Person*), b) sausen.

breeze[2] [briːz] *s.* ⚙ Kohlenlösche *f*.

breez·y [ˈbriːzɪ] *adj.* □ **1.** luftig, windig; **2.** F a) forsch, flott, unbeschwert, b) oberflächlich.

Bren gun [bren] *s.* leichtes Maˈschinengewehr.

brent goose [brent] → ***brant***.

breth·ren [ˈbreðrən] *pl. von* ***brother*** 2.

Bret·on [ˈbretən] **I** *adj.* breˈtonisch; **II** *s.* Breˈtone *m*, Breˈtonin *f*.

breve [briːv] *s. typ.* Kürzezeichen *n*.

bre·vet [ˈbrevɪt] ⚔ **I** *s.* Breˈvet *n* (*Offizierspatent zu e-m Titularrang*): ***~ major*** Hauptmann *m* im Range e-s Majors (*ohne entsprechendes Gehalt*); **II** *adj.* Brevet…: ***~ rank*** Titularrang *m*.

bre·vi·ar·y [ˈbriːvjərɪ] *s.* Breˈvier *n*.

bre·vier [brəˈvɪə] *s. typ.* Peˈtitschrift *f*.

brev·i·ty [ˈbrevətɪ] *s.* Kürze *f*.

brew [bruː] **I** *v/t.* **1.** *Bier* brauen; **2.** *Getränke* (*a. Tee*) (zu)bereiten; **3.** *fig.* aushecken, -brüten; **II** *v/i.* **4.** brauen, Brauer sein; **5.** sich zs.-brauen, in der Luft liegen, im Anzuge sein (*Gewitter, Unheil*); **III** *s.* **6.** Gebräu *n* (*a. fig.*); **brew·age** [ˈbruːɪdʒ] *s.* Gebräu *n* (*a. fig.*); **brew·er** [ˈbruːə] *s.* Brauer *m*: ***~'s yeast*** Bierhefe *f*; **brew·er·y** [ˈbrʊərɪ] *s.* Braueˈrei *f*.

bri·ar → ***brier***.

brib·a·ble [ˈbraɪbəbl] *adj.* bestechlich; **bribe** [braɪb] **I** *v/t.* **1.** bestechen; **2.** *fig.* verlocken; **II** *s.* **3.** Bestechung *f*; **4.** Bestechungsgeld *n*, -geschenk *n*: ***taking*** (***of***) ***~s*** ⚖ Bestechlichkeit *f*, passive Bestechung, *pol.* Vorteilsnahme *f*; **ˈbrib·er** [-bə] *s.* Bestecher *m*; **ˈbrib·er·y** [-bərɪ] *s.* Bestechung *f*.

bric-à-brac [ˈbrɪkəbræk] *s.* **1.** Antiquiˈtäten *pl.*; **2.** Nippsachen *pl.*

brick [brɪk] **I** *s.* **1.** Ziegel-, Backstein *m*: ***drop a ~*** F ‚ins Fettnäpfchen treten'; ***swim like a ~*** wie e-e bleierne Ente schwimmen; **2.** (Bau)Klötzchen *n* (*Spielzeug*): ***box of ~s*** Baukasten *m*; **3.** F prima Kerl; **II** *adj.* **4.** Ziegel…, Backstein…: ***red-~ university*** *Brit.* moderne Universität (*ohne jahrhundertealte Tradition*); **III** *v/t.* **5.** mit Ziegelsteinen belegen *od.* pflastern: ***to ~ in*** (*od.* ***up***) zumauern; **ˈ~·bat** *s.* Ziegelbrocken *m* (*bsd. als Wurfgeschoß*); **ˈ~ˌlay·er** *s.* Maurer *m*; **ˈ~ˌlay·ing** *s.* Maureˈrei *f*; **ˈ~ˌmak·er** *s.* Ziegelbrenner *m*; **~ tea** *s.* (*chinesischer*) Ziegeltee; **~ wall** *s.* Backsteinmauer *f*; *fig.* Wand *f*: ***see through a ~*** das Gras wachsen hören; **ˈ~·work** *s.* **1.** Mauerwerk *n*; **2.** *pl. sg. konstr.* Ziegeˈlei *f*.

brid·al [ˈbraɪdl] **I** *adj.* □ bräutlich, Braut…; Hochzeits…; **II** *s. poet.* Hochzeit *f*.

bride [braɪd] *s.* Braut *f* (*am u. kurz vor u. nach dem Hochzeitstage*), Neuvermählte *f*: ***give away the ~*** Brautvater sein.

bride·groom [ˈbraɪdgrʊm] *s.* Bräutigam *m*; **brides·maid** [ˈbraɪdzmeɪd] *s.* Brautjungfer *f*.

bride·well [ˈbraɪdwəl] *s.* Gefängnis *n*, Besserungsanstalt *f*.

bridge[1] [brɪdʒ] **I** *s.* **1.** Brücke *f*: ***burn one's ~s*** (***behind one***) *fig.* alle Brükken hinter sich abbrechen; ***don't cross your ~s before you come to them*** *fig.* laß doch die Dinge einfach auf dich zukommen; **2.** ⚓ Komˈmandobrücke *f*; **3.** ♪ (Vioˈlinen- *etc.*)Steg *m*; ⚕ (Zahn-) Brücke *f*; (Brillen)Steg *m*; **4.** *a.* ***~ of the nose*** Nasenrücken *m*; **5.** (ˈStraßen)Überˌführung *f*; **6.** *Turnen, Ringen*: Brücke *f*; **7.** ⚡ (Meß)Brücke *f*; Brückenschaltung *f*; **II** *v/t.* **8.** e-e Brükke schlagen über (*acc.*); **9.** *fig.* überˈbrücken: ***bridging loan*** ✝ Überbrükkungskredit *m*.

bridge[2] [brɪdʒ] *s.* Bridge *n* (*Kartenspiel*).

ˈbridge|·head *s.* ⚔ Brückenkopf *m*; **~ toll** *s.* Brückenmaut *f*; **ˈ~·work** *s.* ⚕ (Zahn)Brücke *f*.

bri·dle [ˈbraɪdl] **I** *s.* **1.** Zaum *m*, Zaumzeug *n*; **2.** Zügel *m*: ***give a horse the ~*** e-m Pferd die Zügel schießen lassen; **II** *v/t.* **3.** *Pferd* (auf)zäumen; **4.** *Pferd* (*a. fig. Leidenschaft etc.*) zügeln, im Zaum halten; **III** *v/i.* **5.** *a.* ***~ up*** (*verächtlich od. stolz*) den Kopf zuˈrückwerfen, *weitS.* hochfahren, ärgerlich werden; **6.** Anstoß nehmen (***at*** an *dat.*); **~ hand** *s.* Zügelhand *f* (*Linke des Reiters*); **~ path** *s.* schmaler Reitweg, Saumpfad *m*; **~ rein** *s.* Zügel *m*.

brief [briːf] **I** *adj.* □ **1.** kurz: ***be ~!*** fasse dich kurz!; **2.** kurz, gedrängt: ***in ~*** kurz (gesagt); **3.** kurz angebunden, schroff; **II** *s.* **4.** (päpstliches) Breve; **5.** ⚖ a) Schriftsatz *m*, b) *Brit.* Beauftragung *f* u. Informierung *f* (*des* ***barrister*** *durch den* ***solicitor***) zur Vertretung vor Gericht, *weitS.* Manˈdat *n*, c) *Am.* (schriftliche) Informierung des Gerichts (*durch den Anwalt*): ***abandon*** (*od.* ***give up***) ***one's ~*** sein Mandat niederlegen; ***hold a ~ for s.o.*** ⚖ j-s Sache vertreten, *fig.* für j-n e-e Lanze brechen; ***I hold no ~ for*** ich halte nichts von …; ***hold a watching ~*** j-s Interessen (*bei Gericht*) als Beobachter vertreten; **6.** → ***briefing***; **III** *v/t.* **7.** *j-n* instruieren *od.* einweisen, *j-m* genaue Anweisungen geben; **8.** ⚖ a) *e-m Anwalt* e-e Darstellung des Sachverhalts geben, b) *e-n Anwalt* mit s-r Vertretung beauftragen; **ˈ~·case** *s.* Aktentasche *f*.

brief·ing [ˈbriːfɪŋ] *s.* **1.** ⚖ Beauftragung *f e-s Anwalts*; **2.** *a.* ⚔ (genaue) Anweisung, Instruktiˈon *f*, Einweisung *f*; **3.** ⚔ Lage-, Einsatzbesprechung *f*, Befehlsausgabe *f*; **ˈbrief·less** [-lɪs] *adj.* unbeschäftigt (*Anwalt*); **ˈbrief·ness** [-nɪs] *s.* Kürze *f*.

briefs [briːfs] *s. pl.* Slip *m* (*kurze Unterhose*).

bri·er [ˈbraɪə] *s.* ♀ **1.** Dornstrauch *m*; **2.** wilde Rose: ***sweet ~*** Weinrose; **3.** Bruyˈèreholz *n*: ***~*** (***pipe***) Bruyèrepfeife *f*.

brig [brɪg] *s.* **1.** ⚓ Brigg *f*; **2.** ⚔ F ‚Bau' *m*.

Bri·gade [brɪˈgeɪd] *s.* **1.** ⚔ Briˈgade *f*; **2.** (*mst uniformierte*) Vereinigung; *contp.* ‚Verein' *m*; **brig·a·dier** [ˌbrɪgəˈdɪə] *s.* ⚔ a) *Brit.* Briˈgadekommanˌdeur *m*, -geneˌral *m*, b) *Am. a.* ***~ general*** Brigadegeneral *m*.

brig·and [ˈbrɪgənd] *s.* Banˈdit *m*, (Straßen)Räuber *m*; **ˈbrig·and·age** [-dɪdʒ] *s.* Räuberunwesen *n*.

bright [braɪt] *adj.* □ **1.** hell, glänzend, blank, leuchtend; strahlend (*Wetter, Augen*): ***~ red*** leuchtend rot; **2.** klar, ˈdurchsichtig; heiter (*Wetter*); **3.** *fig.* ‚hell', gescheit, klug; **4.** munter, fröhlich; **5.** glänzend, berühmt; **6.** günstig; **7.** ⚙ blank, Blank…: ***~ wire***; **ˈbright·en** [-tn] **I** *v/t.* **1.** hell(er) machen; *a. fig.* auf-, erhellen; **2.** *fig.* a) heiter(er) machen, beleben, b) fröhlich stimmen; **3.** polieren, blank putzen; **II** *v/i.* *oft* ***~ up*** **4.** sich aufhellen (*Gesicht, Wetter etc.*), aufleuchten (*Gesicht*); **5.** *fig.* a) sich beleben, b) besser werden (*Aussichten etc.*); **ˈbright·ness** [-nɪs] *s.* **1.** Glanz *m*, Helle *f*, Klarheit *f*: ***~ control*** *TV* Helligkeitssteuerung *f*; **2.** Aufgewecktheit *f*, Gescheitheit *f*; **3.** Munterkeit *f*.

Bright's dis·ease [braɪts] *s.* ⚕ Brightsche Krankheit *f*, Nierenentzündung *f*.

bril·liance [ˈbrɪljəns], **ˈbril·lian·cy** [-sɪ] *s.* **1.** Leuchten *n*, Glanz *m*; Helligkeit *f* (*a. TV*); **2.** *fig.* a) Scharfsinn *m*, b) Bril-

'lanz *f*, (*das*) Her'vorragende; '**bril·liant** [-nt] **I** *adj.* □ **1.** leuchtend, glänzend; **2.** *fig.* bril'lant, glänzend, her'vorragend; **II** *s.* **3.** Bril'lant *m* (*Diamant*); **4.** *typ.* Bril'lant *f* (*Schriftgrad*).
bril·lian·tine [ˌbrɪljən'tiːn] *s.* **1.** Brillan'tine *f*, 'Haarpoˌmade *f*; **2.** *Am.* al'paka-artiger Webstoff.
brim [brɪm] **I** *s.* **1.** Rand *m* (*bsd. Gefäß*); **2.** (Hut)Krempe *f*; **II** *v/i.* **3.** voll sein (***with*** von; *a. fig.*): **~ *over*** übervoll sein, überfließen, -sprudeln; ˌ**brim'ful** [-'fʊl] *adj.* rand-, 'übervoll (*a. fig.*); **brimmed** [-md] *adj.* mit Rand, mit Krempe.
brim·stone ['brɪmstən] *s.* **1.** Schwefel *m*; **2.** → **~ but·ter·fly** *s. zo.* Zi'tronenfalter *m*.
brin·dled ['brɪndld] *adj.* gestreift, scheckig.
brine [braɪn] *s.* **1.** Sole *f*, (Salz)Lake *f*; **2.** *poet.* Meer(wasser) *n*; '**~-pan** *s.* Salzpfanne *f*.
bring [brɪŋ] *v/t.* [*irr.*] **1.** bringen, mit-, herbringen, her'beischaffen: **~ *him*** (***it***) ***with you*** bring ihn (es) mit; **~ *before the judge*** vor den Richter bringen; **~ *good luck*** Glück bringen; **~ *to bear*** *Einfluß etc.* zur Anwendung bringen, geltend machen, *Druck etc.* ausüben; **2.** *Gründe, Beschuldigung etc.* vorbringen; **3.** her'vorbringen; *Gewinn* einbringen; mit sich bringen, her'beiführen: **~ *into being*** ins Leben rufen, entstehen lassen; **~ *to pass*** zustande bringen; **4.** *j-n* veranlassen, bewegen, dazu bringen (***to*** *inf.* zu *inf.*): ***I can't ~ myself to do it*** ich kann mich nicht dazu durchringen (, es zu tun);
Zssgn mit adv.:
bring| a·bout *v/t.* **1.** zu'stande bringen; **2.** bewirken, verursachen; **3.** ⚓ wenden; **~ a·long** *v/t.* **1.** → ***bring*** 1; **2.** *fig.* mit sich bringen; **~ back** *v/t.* zu'rück-, *a. fig.* wiederbringen; *fig.* a) *Erinnerungen* wachrufen (***of*** an *acc.*), b) Erinnerungen wachrufen an (*acc.*); **~ down** *v/t.* **1.** *a. Flugzeug* her'unterbringen; **2.** *hunt. Wild* erlegen; **3.** ⚔ *Flugzeug* abschießen; **4.** *sport j-n* ‚legen'; **5.** *Regierung etc.* stürzen, zu Fall bringen; **6.** *Preise* drücken; **7.** **~ *on one's head*** sich *j-s Zorn* zuziehen; **8.** **~ *the house*** F a) stürmischen Beifall auslösen, b) Lachstürme entfesseln; **~ forth** *v/t.* **1.** her'vorbringen, gebären; **2.** verursachen, zeitigen; **~ for·ward** *v/t.* **1.** *Wunsch etc.* vorbringen; **2.** ✝ *Betrag* über'tragen: (***amount***) ***brought forward*** Übertrag *m*; **~ in** *v/t.* **1.** hereinbringen; **2.** *Ernte, a.* ✝ *Gewinn, Kapital, a. parl. Gesetzesentwurf* einbringen; **3.** a) *j-n* einschalten, b) *j-n* beteiligen (***on*** an *dat.*); **4.** ⚖ *Schuldspruch etc.* fällen: **~ *a verdict of guilty***; **~ off** *v/t.* **1.** retten; **2.** ‚schaffen', fertigbringen; **~ on** *v/t.* **1.** her'beibringen; **2.** her'beiführen, verursachen; **3.** in Gang bringen; **4.** zur Sprache bringen; **5.** *thea. Stück* ‚bringen', aufführen; **~ out** *v/t.* **1.** a) *Buch, Theaterstück* her'ausbringen, b) ✝ *Waren* auf den Markt bringen; **2.** *Sinn etc.* her'ausarbeiten; **3.** ***bring s.o. out of himself*** j-n dazu bringen, mehr aus sich her'auszugehen; **4.** *j-n* in die Gesellschaft einführen; **~ o·ver** *v/t.* 'umstimmen, bekehren; **~ round** *v/t.* **1.** *Ohnmächtigen* wieder zu sich bringen, *Patienten* 'durchbringen; **2.** *j-n* umstimmen, ‚her'umkriegen'; **3.** *das Gespräch* bringen (***to*** auf *acc.*); **~ through** *v/t.* *Kranken od. Prüfling* 'durchbringen; **~ to** *v/t.* **1.** *Ohnmächtigen* wieder zu sich bringen; **2.** ⚓ stoppen; **~ up** *v/t.* **1.** *Kind* auf-, erziehen; **2.** zur Sprache bringen; **3.** ⚔ *Truppen* her'anführen; **4.** zum Stillstand bringen; **5.** *et.* (er-) brechen: **~ *one's lunch***; **6.** **~ *short*** zum Halten bringen; **7.** → ***date***² 5, ***rear***² 3.
bring·ing-up [ˌbrɪŋɪŋ'ʌp] *s.* **1.** Auf-, Großziehen *n*; **2.** Erziehung *f*.
brink [brɪŋk] *s.* Rand *m* (*mst fig.*): ***on the ~ of*** am Rande (*e-s Krieges, des Ruins etc.*); ***be on the ~ of the grave*** mit e-m Fuß im Grabe stehen; '**~·man·ship** [-mənʃɪp] *s. pol.* Poli'tik *f* des äußersten 'Risikos.
brin·y ['braɪnɪ] **I** *adj.* salzig, solehaltig; **II** *s. Brit.* F: ***the ~*** die See.
bri·oche [briː'ɒʃ] (*Fr.*) *s.* Bri'oche *f* (*süßes Hefegebäck*).
bri·quet(te) [brɪ'ket] (*Fr.*) *s.* Bri'kett *n*.
brisk [brɪsk] **I** *adj.* □ **1.** lebhaft, flott, flink; **2.** frisch (*Wind*), lustig (*Feuer*); schäumend (*Wein*); **3.** a) lebhaft, munter, b) forsch, e'nergisch; **4.** ✝ lebhaft, flott; **II** *v/t.* **5.** *mst* **~ *up*** anfeuern, beleben.
bris·ket ['brɪskɪt] *s. Küche*: Brust(stück *n*) *f* (*Rind*).
bris·ling ['brɪslɪŋ] *s. ichth.* Sprotte *f*.
bris·tle ['brɪsl] **I** *s.* **1.** Borste *f*; (Bart-) Stoppel *f*; **II** *v/i.* **2.** sich sträuben (*Haar*); **3.** *a.* **~ *up*** (***with anger***) hochfahren, zornig werden: **~ *with anger***; **4.** (***with***) strotzen, starren, voll sein (von).
bris·tling → ***brisling***.
bris·tly ['brɪslɪ] *adj.* stachelig, rauh; struppig; stoppelig, Stoppel...
Brit [brɪt] *s.* F Brite *m*, Britin *f*.
Bri·tan·nic [brɪ'tænɪk] *adj.* bri'tannisch.
Brit·i·cism ['brɪtɪsɪzəm] *s.* Angli'zismus *m*; '**Brit·ish** [-tɪʃ] **I** *adj.* britisch: **~ *subject*** britischer Staatsangehöriger; **II** *s.*: ***the ~*** die Briten *pl.*; '**Brit·ish·er** [-tɪʃə] *s.* Brite *m*; '**Brit·on** [-tn] *s.* **1.** Brite *m*, Britin *f*; **2.** *hist.* Bri'tannier(in)
brit·tle ['brɪtl] *adj.* **1.** spröde, zerbrechlich; bröckelig; brüchig (*metall etc.*; *a. fig.*); **2.** reizbar.
broach [brəʊtʃ] **I** *s.* **1.** Stecheisen *n*; Räumnadel *f*; **2.** Bratspieß *m*; **3.** Turmspitze *f*; **II** *v/t.* **4.** *Faß* anstechen; **5.** ⚙ räumen; **6.** *fig. Thema* anschneiden.
broad [brɔːd] **I** *adj.* □ → ***broadly***; **1.** breit: ***it is as ~ as it is long*** *fig.* es ist gehüpft wie gesprungen; **2.** weit, ausgedehnt; weitreichend, um'fassend, voll: **~ *jump*** *sport* Weitsprung *m*; ***in the ~est sense*** im weitesten Sinne; ***in ~ daylight*** am hellichten Tage; **3.** deutlich, ausgeprägt; breit (*Akzent, Dialekt*); → ***hint*** 1; **4.** ungeschminkt, offen, derb: ***a ~ joke*** ein derber Witz; **5.** allgemein, einfach: ***the ~ facts*** die allgemeinen Tatsachen; ***in ~ outline*** in groben Umrissen, in großen Zügen; **6.** großzügig: ***a ~ outlook*** e-e tolerante Auffassung; **7.** *Radio*: unscharf; **II** *s.* **8.** *sl.* a) ‚Weib(sbild)' *n*, b) ‚Nutte' *f*; **~ ar·row** *s.* breitköpfiger Pfeil (*amtliches Zeichen auf brit. Regierungsgut u. auf Sträflingskleidung*); '**~-ax(e)** *s.* **1.** Breitbeil *n*; **2.** *hist.* Streitaxt *f*; **~ beam** *s.* ⚡ Breitstrahler *m*; **~ bean** *s.* ⚘ Saubohne *f*.
broad·cast ['brɔːdkɑːst] **I** *v/t.* [*irr.* → ***cast***; *pret. u. p.p. a.* **~*ed***] **1.** breitwürfig säen; **2.** *fig. Nachricht* verbreiten, *iro.* 'auspoˌsaunen; **3.** durch Rundfunk *od.* Fernsehen verbreiten, über'tragen, senden, ausstrahlen; **II** *v/i.* **4.** im Rundfunk *od.* Fernsehen auftreten; **5.** senden; **III** *s.* **6.** Rundfunk-, Fernsehsendung *f*, Über'tragung *f*; **IV** *adj.* **7.** Rundfunk..., Fernseh...; '**broad·cast·er** [-tə] *s.* **1.** Rundfunk-, Fernsehsprecher(in); **2.** → ***broadcasting station***.
broad·cast·ing ['brɔːdkɑːstɪŋ] **I** *s.* **1.** → ***broadcast*** 6; **2.** a) Rundfunk *m od.* Fernsehen *n*: **~ *area*** Sendebereich *m*, b) Sendebetrieb *m*; **II** *adj.* **3.** Rundfunk..., Fernseh...; **~ sta·tion** *s.* 'Rundfunk-, 'Fernsehstatiˌon *f*, Sender *m*; **~ stu·di·o** *s.* Senderaum *m*, 'Studio *n*.
Broad| Church *s. liberale Richtung in der anglikanischen Kirche*; '**♀·cloth** *s.* feiner Wollstoff.
broad·en ['brɔːdn] *v/t. u. v/i.* (sich) verbreitern, (sich) erweitern: **~ *one's mind*** *fig.* sich bilden, s-n Horizont erweitern; ***travel(l)ing ~s the mind*** Reisen bildet.
'**broad-ga(u)ge** *adj.* 🚂 Breitspur...
broad·ly ['brɔːdlɪ] *adv.* **1.** weitgehend (*etc.*, → ***broad*** I); **2.** allgemein (gesprochen), in großen Zügen.
ˌ**broad'mind·ed** *adj.* großzügig, tole'rant.
'**broad|·sheet** *s.* **1.** *typ.* Planobogen *m*; **2.** *hist.* große, einseitig bedruckte Flugschrift; Flugblatt *n*; '**~·side** *s.* **1.** ⚓ Breitseite *f* (*Geschütze u. Salve*): ***fire a ~*** e-e Breitseite abgeben; **2.** F ‚Breitseite' *f*, mas'sive At'tacke; **3.** → ***broadsheet***; '**~·sword** *s.* breites Schwert, 'Pallasch *m*.
bro·cade [brəʊ'keɪd] *s.* ✝ **1.** Bro'kat *m*; **2.** Broka'tell(e *f*) *m*.
bro·chure ['brəʊʃə] *s.* Bro'schüre *f*.
brock·et ['brɒkɪt] *s. hunt.* Spießer *m*, zweijähriger Hirsch.
brogue [brəʊg] *s.* **1.** a) irischer Ak'zent (des Englischen), b) dia'lektisch gefärbte Aussprache; **2.** derber Straßenschuh.
broil¹ [brɔɪl] **I** *v/t.* auf dem Rost braten, grillen; **II** *v/i.* schmoren, braten, kochen (*alle a. fig.*).
broil² [brɔɪl] *s.* Krach *m*, Streit *m*.
broil·er¹ ['brɔɪlə] *s.* **1.** Bratrost *m*; Bratofen *m* mit Grillvorrichtung; **2.** Brathühnchen *n* (*bratfertig*); **3.** F glühend heißer Tag.
broil·er² ['brɔɪlə] *s.* Streithammel *m*.
broil·ing ['brɔɪlɪŋ] *adj. a.* **~ *hot*** glühend heiß.
broke¹ [brəʊk] *pret. von* ***break***.
broke² [brəʊk] *adj.* F pleite: a) bank'rott, ruiniert, b) ‚abgebrannt', ‚blank': ***go ~*** pleite gehen; ***go for ~*** alles riskieren.
bro·ken ['brəʊkən] **I** *p.p. von* ***break***; **II** *adj.* □ → ***brokenly***; **1.** zerbrochen, entzwei, ka'putt; zerrissen; **2.** gebrochen; **3.** unter'brochen (*Schlaf*); angebrochen, unvollständig: **~ *line*** gestrichelte *od.* punktierte Linie; **4.** *fig.* (see-

lisch) gebrochen: ***a ~ man***; **5.** zerrüttet (*Ehe*, *Gesundheit*): ***~ home*** zerrüttete Familienverhältnisse *pl.*; **6.** uneben, holperig (*Boden*); zerklüftet (*Gelände*); bewegt (*Meer*); **7.** *ling.* gebrochen: ***~ German***; **ˌ~-ˈdown** *adj.* **1.** ruiniert, unbrauchbar; **2.** erschöpft, geschwächt, zerrüttet, ‚kaˈputt'; **3.** zs.-gebrochen (*a. fig.*); **ˌ~-ˈheart·ed** *adj.* unˈtröstlich, (ganz) gebrochen.

bro·ken·ly [ˈbrəʊkənlɪ] *adv.* **1.** stoßweise, mit Unterˈbrechungen; **2.** mit gebrochener Stimme.

bro·ken| num·ber *s.* 𝔄 gebrochene Zahl, Bruch *m*; **~ stone** *s.* Splitt *m*, Schotter *m*; **ˌ~-ˈwind·ed** *adj.* dämpfig, kurzatmig (*Pferd*).

bro·ker [ˈbrəʊkə] *s.* a) (Handels)Makler *m*, (*weitS. a.* Heirats)Vermittler *m*: ***honest ~*** *pol.*, *fig.* ehrlicher Makler, b) (Börsen)Makler *m*, Broker *m* (*der im Kundenauftrag Geschäfte tätigt*); **ˈbro·ker·age** [-ərɪdʒ] *s.* **1.** Maklergebühr *f*, Courˈtage *f*; **2.** Maklergeschäft *n*.

brol·ly [ˈbrɒlɪ] *s. Brit.* F Schirm *m*.

bro·mide [ˈbrəʊmaɪd] *s.* **1.** ⚗ Broˈmid *n*: ***~ paper*** *phot.* Bromsilberpapier *n*; **2.** *fig.* a) Plattheit *f*, Banaliˈtät *f*, b) langweiliger Mensch; **ˈbro·mine** [-miːn] *s.* ⚗ Brom *n*.

bron·chi [ˈbrɒŋkaɪ], **ˈbron·chi·a** [-kɪə] *s. pl. anat.* ˈBronchien *pl.*; **ˈbron·chi·al** [-kjəl] *adj.* Bronchial…; **bron·chi·tis** [brɒŋˈkaɪtɪs] *s.* ✱ Bronˈchitis *f*, Bronchiˈalkaˌtarrh *m*.

bron·co [ˈbrɒŋkəʊ] *pl.* **-cos** *s.* kleines, halbwildes Pferd (*Kalifornien*): ***~ buster*** Zureiter *m* (von wilden Pferden).

Bronx cheer [brɒŋks] *s. Am. sl.* ‚ˈPfeifkonˌzert' *n*.

bronze [brɒnz] **I** *s.* **1.** Bronze *f*: ***~ age*** Bronzezeit *f*; ***~ medal(l)ist*** Bronzemedaillengewinner(in); **2.** (ˈStatue *f etc.* aus) Bronze *f*; **II** *v/t.* **3.** bronzieren; **III** *adj.* **4.** bronzefarben, Bronze…; **bronzed** [-zd] *adj.* **1.** bronziert; **2.** (sonnen)gebräunt.

brooch [brəʊtʃ] *s.* Brosche *f*, Spange *f*.

brood [bruːd] **I** *s.* **1.** Brut *f*; **2.** Nachkommenschaft *f*; **3.** *contp.* Brut *f*, Horde *f*; **II** *v/i.* **4.** brüten; **5.** *fig.* (***on***, ***over***) brüten (über *dat.*), grübeln (über *acc.*); **6.** brüten, lasten (*Hitze etc.*); **III** *adj.* **7.** Brut…, Zucht…: ***~ mare*** Zuchtstute *f*; **ˈbrood·er** [-də] *s.* **1.** Bruthenne *f*; **2.** Brutkasten *m*; **ˈbrood·y** [-dɪ] *adj.* **1.** brütig (*Henne*); **2.** *fig.* brütend, grüblerisch; trübsinnig.

brook¹ [brʊk] *s.* Bach *m*.

brook² [brʊk] *v/t.* erdulden: ***it ~s no delay*** es duldet keinen Aufschub.

broom [bruːm] *s.* **1.** Besen *m*: ***a new ~ sweeps clean*** neue Besen kehren gut; **2.** ⚘ (Besen)Ginster *m*; **ˈ~·stick** [ˈbrʊm-] *s.* Besenstiel *m*.

broth [brɒθ] *s.* (Fleisch-, Kraft)Brühe *f*, Suppe *f*.

broth·el [ˈbrɒθl] *s.* Borˈdell *n*.

broth·er [ˈbrʌðə] *s.* **1.** Bruder *m*: ***~s and sisters*** Geschwister; ***Smith 2s*** ✝ Gebrüder Smith; **2.** *eccl. pl.* ***brethren*** Bruder *m*, Nächste(r) *m*, Mitglied *n* e-r (religiˈösen) Gemeinschaft; **3.** Amtsbruder *m*, Kolˈlege *m*: ***~ in arms*** Waffenbruder; ***~ student*** Kommilitone, Studienkollege *m*; ***~ officer*** Regimentskamerad *m*; ***~!*** F Mann!, Mensch!; **ˌbroth·er-ˈger·man** *s.* leiblicher Bruder; **ˈbroth·er·hood** [-hʊd] *s.* **1.** Bruderschaft *f*; **2.** Brüderlichkeit *f*; **broth·er-in-law** [ˈbrʌðərɪnlɔː] *s.* Schwager *m*.

broth·er·ly [ˈbrʌðəlɪ] *adj.* brüderlich.

brough·am [ˈbruːəm] *s.* **1.** Brougham *m* (*geschlossener*, *vierrädriger*, *zweisitziger Wagen*); **2.** *hist. mot.* Limouˈsine *f* mit offenem Fahrersitz.

brought [brɔːt] *pret. u. p.p. von* ***bring***.

brou·ha·ha [bruːˈhɑːhɑː] *s.* Getue *n*, Wirbel *m*, Lärm *m*.

brow [braʊ] *s.* **1.** (Augen)Braue *f*: ***knit*** (*od.* ***gather***) ***one's ~s*** die Stirn runzeln; **2.** Stirn *f*; **3.** Vorsprung *m*, Abhang *m*, (Berg)Kuppe *f*; **ˈ~·beat** *v/t.* [*irr.* → ***beat***] einschüchtern, tyrannisieren.

brown [braʊn] **I** *adj.* braun: ***do s.o.*** (***up***) ***~*** F j-n ‚anschmieren' *od.* ‚reinlegen'; **II** *s.* Braun *n*; **III** *v/t. Haut etc.* bräunen, *Fleisch etc.* (an)bräunen; ⚙ brünieren: ***~ed off*** F ‚restlos bedient', ‚sauer'; **IV** *v/i.* braun werden; ***~ bear*** *s. zo.* Braunbär *m*; ***~ bread*** *s.* Vollkorn- *od.* Schwarzbrot *n*; ***~ coal*** *s.* Braunkohle *f*.

brown·ie [ˈbraʊnɪ] *s.* **1.** Heinzelmännchen *n*; **2.** *Am.* kleiner Schokoˈladenkuchen mit Nüssen; **3.** ‚Wichtel' *m* (*junge Pfadfinderin*).

Brown·ing [ˈbraʊnɪŋ] *s.* Browning *m* (*e-e Pistole*).

ˈbrown|-nose *Am.* V **I** *s.* ‚Arschkriecher' *m*; **II** *v/t. j-m* ‚in den Arsch kriechen'; **~ pa·per** *s.* ˈPackpaˌpier *n*; **ˈ2·shirt** *s. hist.* Braunhemd *n* (*SA-Mann od. Nazi*); **ˈ~·stone** *Am.* **I** *s.* brauner Sandstein; **II** *adj.* F wohlhabend, vornehm.

browse [braʊz] *v/i.* **1.** grasen, weiden; *fig.* naschen (***on*** von); **2.** *in Büchern* blättern *od.* schmökern; **3.** *a.* ***~ around*** sich (unverbindlich) ˈumsehen (*in e-m Laden*).

bru·in [ˈbruːɪn] *s. poet.* (Meister) Petz *m* (*Bär*).

bruise [bruːz] **I** *v/t.* **1.** *Körperteil* quetschen; *Früchte* anstoßen; **2.** zerstampfen, schroten; **3.** *j-n* grün u. blau schlagen; **II** *v/i.* **4.** e-e Quetschung *od.* e-n blauen Fleck bekommen; **III** *s.* **5.** ✱ Quetschung *f*, Bluterguß *m*; blauer Fleck; **6.** Druckstelle *f* (*auf Obst*); **ˈbruis·er** [-zə] *s.* **1.** F Boxer *m*; **2.** a) ‚Schläger' *m*, b) ‚Schrank' *m* (*Hüne*).

bruit [bruːt] *v/t.*: ***~ about*** *obs. Gerücht* verbreiten.

Brum·ma·gem [ˈbrʌmədʒəm] F **I** *s.* **1.** *npr.* Birmingham (*Stadt*); **2.** 2 Schund(-ware *f*) *m* (*bsd. in Birmingham hergestellt*); **II** *adj.* **3.** billig, kitschig, Schund…, unecht.

brunch [brʌntʃ] *s.* F (*aus* ***breakfast*** *u.* ***lunch***) Brunch *m*.

bru·nette [bruːˈnet] **I** *adj.* brüˈnett, dunkelbraun; **II** *s.* Brüˈnette *f*.

brunt [brʌnt] *s.* Hauptstoß *m*, -last *f*, volle Wucht *des Angriffs* (*a. fig.*): ***bear the ~*** die Hauptlast tragen.

brush [brʌʃ] **I** *s.* **1.** Bürste *f*; Besen *m*: ***tooth-~*** Zahnbürste *f*; **2.** Pinsel *m*: ***shaving-~***; **3.** a) Pinselstrich *m* (*Maler*), b) Maler *m*, c) ***the ~*** die Malerei; **4.** Bürsten *n*: ***give a ~*** (***to***) *et.* abbürsten; **5.** buschiger Schwanz (*bsd. Fuchs*); **6.** ⚡ (Konˈtakt)Bürste *f*; **7.** *phys.* Strahlenbündel *n*; **8.** ⚔ Feindberührung *f*; Scharˈmützel *n* (*a. fig.*): ***have a ~ with s.o.*** mit j-m aneinandergeraten; **9.** → ***brushwood***; **II** *v/t.* **10.** bürsten; **11.** fegen: ***~ away*** (*od.* ***off***) abwischen, -streifen (*a. mit der Hand*); ***~ off*** *fig. j-n* abwimmeln *od.* abweisen; ***~ aside*** *fig.* beiseite schieben, abtun; **12.** ***~ up*** *fig.* ‚aufpolieren', auffrischen; **13.** streifen, leicht berühren; **III** *v/i.* **14.** ***~ against*** streifen (*acc.*); **15.** daˈhinrasen: ***~ past*** vorbeisausen; **ˈbrush·ing** [-ʃɪŋ] *s. mst pl.* Kehricht *m*, *n*; **ˈbrush·less** [-lɪs] *adj.* **1.** ohne Bürste; **2.** ohne Schwanz (*Fuchs*); **ˈbrush·off** *s.* F Abfuhr *f*; **ˈbrush·wood** *s.* **1.** ˈUnterholz *n*, Gestrüpp *n*; Busch *m* (*USA u. Australien*); **2.** Reisig *n*.

brusque [brʊsk] *adj.* □ brüsk, barsch, schroff.

Brus·sels [ˈbrʌslz] *npr.* Brüssel *n*; **~ lace** *s.* Brüsseler Spitzen *pl.*; **~ sprouts** [ˌbrʌslˈspraʊts] *s. pl.* Rosenkohl *m*.

bru·tal [ˈbruːtl] *adj.* □ **1.** viehisch, bruˈtal, roh, unmenschlich; **2.** scheußlich; **bru·tal·i·ty** [bruːˈtælətɪ] *s.* Brutaliˈtät *f*, Roheit *f*; **ˈbru·tal·ize** [-təlaɪz] **I** *v/t.* **1.** zum Tier machen, verrohen lassen; **2.** brutal behandeln; **II** *v/i.* verrohen, zum Tier werden.

brute [bruːt] **I** *s.* (*unvernünftiges*) Tier, Vieh *n*, *fig. a.* Untier *n*, Scheusal *n*: ***the ~ in him*** das Tier in ihm; **II** *adj.* tierisch (*a.* = *triebhaft*, *unvernünftig*, *brutal*); viehisch, roh; hirnlos, dumm; gefühllos: ***~ force*** rohe Gewalt; **ˈbrut·ish** [-tɪʃ] *adj.* □ → ***brute*** II.

Bry·thon·ic [brɪˈθɒnɪk] *s.* Ursprache *f* der Kelten in Wales, ˈCornwall u. der Breˈtagne.

bub·ble [ˈbʌbl] **I** *s.* **1.** (*Luft-*, *Gas-*, *Seifen*)Blase *f*; **2.** *fig.* Seifenblase *f*; Schwindel(geschäft *n*) *m*: ***prick the ~*** den Schwindel aufdecken; ***~ company*** Schwindelfirma *f*; **3.** Sprudeln *n*, Brodeln *n*, (Auf)Wallen *n*; **4.** *Am.* Traglufthalle *f*; **II** *v/i.* sprudeln, brodeln, wallen; perlen: ***~ over*** übersprudeln (*a. fig.* ***with*** vor *dat.*); ***~ up*** aufsprudeln, in Blasen aufsteigen; ***~ bath*** *s.* Schaumbad *n*; ***~ car*** *s.* **1.** Kleinstauto *n*, Kaˈbinenroller *m*; **2.** Wagen *m* mit kugelsicherer Kuppel; ***~ gum*** *s.* Balˈlon-, Knallkaugummi *m*.

bu·bo [ˈbjuːbəʊ] *pl.* **-boes** *s.* ✱ ˈBubo *m* (*Drüsenschwellung*); Beule *f*; **bu·bon·ic** [bjuːˈbɒnɪk] *adj.*: ***~ plague*** ✱ Beulenpest *f*.

buc·ca·neer [ˌbʌkəˈnɪə] **I** *s.* Seeräuber *m*, Freibeuter *m*; **II** *v/i.* Seeräubeˈrei betreiben.

buck¹ [bʌk] **I** *s.* **1.** *zo.* Bock *m* (*Hirsch*, *Reh*, *Ziege etc.*; *a. Turnen*); Rammler *m* (*Hase*, *Kaninchen*); *engS.* Rehbock *m*; **2.** *obs.* Stutzer *m*, Geck *m*; Lebemann *m*; **3.** *Am. obs. contp.* a) Rothaut *f*, b) Nigger *m*; **4.** *Am. Poker*: *Spielmarke*, *die e-n Spieler daran erinnern soll*, *daß er am Geben ist*: ***pass the ~ to*** F *j-m* ‚den Schwarzen Peter (*die Verantwortung*) zuschieben'; **II** *v/i.* **5.** bocken (*Pferd*, *Esel etc.*); **6.** *Am.* F ‚meutern', sich sträuben (***at***, ***against*** bei, gegen); **7.** ***~ up*** F a) sich ranhalten, b) sich zs.-reißen: ***~ up!*** Kopf hoch!; **III** *v/t.* **8.** *Reiter* durch Bocken abwerfen (wollen); **9.** *Am.* wütend angreifen; angehen gegen; **10.** *a.* ~ **up** F aufmuntern: **greatly ~ed** hocherfreut; **IV** *adj.* **11.** männlich; **12.** ~ **private** ⚔ *Am.* F einfacher Soldat.

buck² [bʌk] *s. Am.* F Dollar *m.*

buck·et [ˈbʌkɪt] **I** *s.* **1.** Eimer *m*, Kübel *m*: **champagne ~** Sektkühler *m*; **kick the ~** F ‚abkratzen' (*sterben*); **2.** ⚙ a) Schaufel *f e-s Schaufelrades*, b) Eimer *m od.* Löffel *m e-s Baggers*, c) (Pumpen)Kolben *m*; **II** *v/t.* **3.** (aus)schöpfen; **4.** *Pferd* zu'schanden reiten; **III** *v/i.* **5.** F (da'hin)rasen; ~ **con·vey·or** *s.* Becherwerk *n*; ~ **dredg·er** *s.* Löffelbagger *m*; ˈ**~·ful** [-fʊl] *pl.* **-fuls** *s. ein* Eimer(voll) *m.*

buck·et| seat *s.* **1.** *mot.*, ✈ Klapp-, Notsitz *m*; **2.** *mot.* Schalensitz *m*; ~ **shop** *s.* **1.** ˈunreˌelle Maklerfirma; **2.** ‚Klitsche' *f*, kleiner ‚Laden'.

ˈ**buck|·eye** *s. Am.* **1.** ⚘ *e-e* ˈRoßkaˌstanie *f*; **2.** ♀ F Bewohner(in) von Ohio; ˈ**~·horn** *s.* Hirschhorn *n*; ˈ**~·hound** *s. zo.* Jagdhund *m*; ˈ**~ˌjump·er** *s.* störrisches Pferd.

buck·le [ˈbʌkl] **I** *s.* **1.** Schnalle *f*, Spange *f*; **2.** ⚔ Koppelschloß *n*; **3.** ⚙ verbogene *od.* verzogene Stelle; **II** *v/t.* **4.** *a.* ~ **on**, ~ **up** an-, ˈum-, zuschnallen; **5.** ⚙ (ver)biegen, krümmen; **6.** ~ **o.s. to** → 9; **III** *v/i.* **7.** ⚙ sich (ver)biegen *od.* verziehen, sich wölben *od.* krümmen; **8.** nachgeben *unter e-r Last*: ~ (**under**) *fig.* zs.-brechen; **9.** ~ **down to** F sich hinter *e-e Aufgabe* ‚klemmen'.

buck·ling [ˈbʌklɪŋ] (*Ger.*) *s.* Bückling *m* (*geräucherter Hering*).

buck·ling strength [ˈbʌklɪŋ] *s.* ⚙ Knickfestigkeit *f.*

buck·ram [ˈbʌkrəm] **I** *s.* **1.** Steifleinen *n*; **2.** *fig.* Steifheit *f*, Förmlichkeit *f*; **II** *adj.* **3.** *fig.* steif, for'mell.

ˈ**buck|·saw** *s. Am.* Bocksäge *f*; ˈ**~·shot** *s. hunt.* grober Schrot, Rehposten *m*; ˈ**~·skin** *s.* **1.** a) Wildleder *n*, b) *pl.* Lederhose *f*; **2.** Buckskin *m* (*Wollstoff*); ˈ**~·thorn** *s.* ⚘ Kreuzdorn *m*; ˈ**~·tooth** *s.* [*irr.*] vorstehender Zahn; ˈ**~·wheat** *s.* ⚘ Buchweizen *m.*

bu·col·ic [bjuːˈkɒlɪk] **I** *adj.* (□ **~ally**) **1.** bu'kolisch: a) Hirten…, b) ländlich, i'dyllisch; **II** *s.* **2.** I'dylle *f*, Hirtengedicht *n*; **3.** *humor.* Landmann *m.*

bud [bʌd] **I** *s.* **1.** ⚘ Knospe *f*; Auge *n* (*Blätterknospe*): **be in ~** knospen; **2.** Keim *m*; **3.** *fig.* Keim *m*, Ursprung *m*; → **nip¹** 2; **4.** unentwickeltes Wesen; **5.** *Am.* F Debü'tantin *f*; **II** *v/i.* **6.** knospen, sprossen; **7.** sich entwickeln *od.* entfalten: **~ding lawyer** angehender Jurist; **III** *v/t.* **8.** ⚘ okulieren.

Bud·dha [ˈbʊdə] *s.* ˈBuddha *m*; ˈ**Bud·dhism** [-dɪzəm] *s.* Bud'dhismus *m*; ˈ**Bud·dhist** [-dɪst] **I** *s.* Bud'dhist *m*; **II** *adj.* → **Bud·dhis·tic** [bʊˈdɪstɪk] *adj.* bud'dhistisch.

bud·dy [ˈbʌdɪ] *s.* F **1.** ‚Kumpel' *m*, ‚Spezi' *m*, Kame'rad *m*; **2.** *Anrede*: Freundchen *n.*

budge [bʌdʒ] *mst neg.* **I** *v/i.* sich (von der Stelle) rühren, sich (im geringsten) bewegen: ~ **from** *fig.* von *et.* abrücken; **II** *v/t.* (vom Fleck) bewegen.

budg·er·i·gar [ˈbʌdʒərɪgɑː] *s. orn.* Wellensittich *m.*

budg·et [ˈbʌdʒɪt] **I** *s.* **1.** *bsd. pol.* Bud'get *n*, (Staats)Hauhalt *m*, E'tat *m*, (*a.* pri'vater) Haushaltsplan: **open the ~** das Budget vorlegen; ~ **cut** Etatkürzung *f*; **for the low ~** für den schmalen Geldbeutel; **~(-priced)** preisgünstig; **2.** *fig.* Vorrat *m*: **a ~ of news** ein Sack voll Neuigkeiten; **II** *v/t.* **3.** a) *Mittel* bewilligen, vorsehen, *Ausgaben* einplanen; **III** *v/i.* **4.** planen, ein Bud'get machen: ~ **for s.th.** et. im Haushaltsplan vorsehen, die Kosten für et. veranschlagen; ˈ**budg·et·ar·y** [-tərɪ] *adj.* Budget…, Etat…, Haushalts…: ~ **deficit**.

bud·gie [ˈbʌdʒɪ] *s.* F *für* **budgerigar**.

buff¹ [bʌf] *s.* **1.** starkes Ochsen- *od.* Büffelleder; **2.** F bloße Haut: **in the ~** im Adams- *od.* Evaskostüm (*nackt*); **3.** Lederfarbe *f*; **4.** F ‚Fex' *m*, Fan *m*: **hi-fi ~**; **II** *adj.* **5.** lederfarben.

buff² [bʌf] *v/t.* ⚙ schwabbeln, polieren.

buf·fa·lo [ˈbʌfələʊ] *pl.* **-loes**, *Am. a.* **-los** **I** *s.* **1.** *zo.* Büffel *m*; nordamer. ˈBison *m*; **2.** ⚔ am'phibischer Panzerwagen; **II** *v/t.* **3.** *Am.* F *j-n* täuschen *od.* einschüchtern.

buf·fer [ˈbʌfə] **I** *s.* ⚙ a) Stoßdämpfer *m*, b) Puffer *m* (*a.* ⚗, *Computer u. fig.*), c) Prellbock (*a. fig.*): ~ **solution** ⚗ Pufferlösung *f*; ~ **state** *pol.* Pufferstaat *m*; **3.** *a.* ~ **memory** *Computer*: Pufferspeicher *m*; **II** *v/t.* **4.** als Puffer wirken gegen; **5.** *Computer*: puffern, zwischenspeichern.

buf·fet¹ [ˈbʌfɪt] **I** *s.* **1.** Puff *m*, Stoß *m*; Schlag *m* (*a. fig.*); **II** *v/t.* **2.** a) *j-m* e-n Schlag versetzen, b) *j-n od. et.* her'umstoßen: ~ (**about**) durchrütteln; **3.** gegen *Wellen etc.* (an)kämpfen.

buf·fet² *s.* **1.** [ˈbʌfɪt] Bü'fett *n*, Anrichte *f*; **2.** [ˈbʊfeɪ] Bü'fett *n*: a) Theke *f*, b) *Tisch mit Speisen*, c) Erfrischungsbar *f*, Imbißstube *f*: ~ **car** 🚂 Büfettwagen *m*; ~ **dinner** kaltes Büfett.

buf·foon [bʌˈfuːn] *s.* **1.** Possenreißer *m*, Hans'wurst *m* (*a. fig. contp.*); **2.** derber Witzbold; **buf'foon·er·y** [-nərɪ] *s.* Possen(reißen *n*) *pl.*

bug [bʌg] **I** *s.* **1.** *zo.* (Bett)Wanze *f*; **2.** *zo. bsd. Am. allgemein* In'sekt *n* (*Ameise, Fliege, Spinne, Käfer*); **3.** F Ba'zillus *m* (*a. fig.*): **the golf ~** die Golfleidenschaft; **4.** ⚙ *Am.* F De'fekt *m*, *mst pl.* ‚Mucken' *pl.*; **5.** **big ~** F ‚großes' *od.* ‚hohes Tier' (*Person*); **6.** *Am.* F Fan *m*, Fa'natiker *m*: **baseball ~**; **7.** *sl.* ‚Wanze' *f* (*Abhörgerät*); **II** *v/t. sl.* **8.** a) ‚Wanzen' anbringen in *e-m Raum etc.*, b) (heimlich) abhören; **9.** *Am.* F *j-n* nerven: **what's ~ging you?** was hast du denn?

bug·a·boo [ˈbʌgəbuː] *s.* **1.** → **bugbear**; **2.** ‚Quatsch' *m.*

ˈ**bug|·bear** *s.* a) ‚Buhmann' *m*, b) Schreckgespenst *n*; ˈ**~-eyed** *adj.* mit her'vorquellenden Augen.

bug·ger [ˈbʌgə] **I** *s.* **1.** a) Sodo'mit *m*, b) Homosexu'elle(r) *m*; **2.** V a) ‚Scheißkerl' *m*, b) Kerl *m*, ‚Knülch' *m*, c) ‚Scheißding' *n*; **II** *v/t.* **3.** a) Sodo'mie treiben mit, b) a'nal verkehren mit: ~ (**it**)**!** V Scheiße!; ~ **you!** V leck mich!; **4.** a) *j-n* ‚fertigmachen', b) *j-n* ‚nerven'; **5.** ~ (**up**) V *et.* versauen *od.* vermasseln; **III** *v/i.* **6.** ~ **around** V he'rumgammeln; **7.** ~ **off** V ‚abhauen'; ˈ**bug·ger·y** [-ərɪ] *s.* **1.** Sodo'mie *f*, ˈwidernaˌtürliche Unzucht; **2.** Homosexuali'tät *f*; ˈ**bug·ging** [-gɪŋ] **af·fair** *s.* Abhöraffäre *f*; ~ **sys·tem** *s.* Abhöranlage *f.*

bug·gy¹ [ˈbʌgɪ] *s.* **1.** leichter (Pferde-)Wagen; **2.** *mot.* Buggy *m* (*geländegängiges, offenes Freizeitauto*); **3.** *Am.* Kinderwagen *m.*

bug·gy² [ˈbʌgɪ] *adj.* **1.** verwanzt; **2.** *Am. sl.* ‚bekloppt', verrückt.

ˈ**bug|·house** *Am. sl.* **I** *s.* ‚Klapsmühle' *f* (*Nervenheilanstalt*); **II** *adj.* verrückt; ˈ**~-ˌhunt·er** *s. sl.* In'sektensammler *m.*

bu·gle [ˈbjuːgl] *s.* **1.** Wald-, Jagdhorn *n*; **2.** ⚔ Si'gnalhorn *n*: **sound the ~** ein Hornsignal blasen; ˈ**bu·gle-call** *s.* ˈHornsiˌgnal *n*; ˈ**bu·gler** [-lə] *s.* Hor'nist *m.*

buhl [buːl] *s.* Einlege-, Boulearbeit *f.*

build [bɪld] **I** *v/t.* [*irr.*] **1.** (er)bauen, errichten: ~ **a fire** (ein) Feuer machen; ~ **in** a) einbauen (*a. fig.*), b) zubauen; **2.** ⚙ bauen: a) konstruieren, b) herstellen: ~ **cars**; **3.** *mst* ~ **up** aufbauen, gründen, (er)schaffen: ~ **up a business** ein Geschäft aufbauen; ~ **up one's health** s-e Gesundheit festigen; ~ **up a reputation** sich e-n Namen machen; ~ **up a case** *bsd.* ⚖ (Beweis)Material zs.-tragen; **4.** ~ **up** a) zubauen, vermauern: ~ **up a window**, b) *Gelände* aus-, bebauen; **5.** ~ **up** *fig. j-n* ‚aufbauen' *od.* groß her'ausstellen, Re'klame machen für; **6.** *fig.* gründen, setzen: ~ **one's hopes on s.th.**; **II** *v/i.* [*irr.*] **7.** bauen; gebaut werden: **the house is ~ing** das Haus ist im Bau; **8.** *fig.* bauen, sich verlassen (**on** auf *acc.*); **9.** ~ (**up**) a) sich entwickeln, b) zunehmen, wachsen; **III** *s.* **10.** Bauart *f*, Gestalt *f*; **11.** Körperbau *m*, Fi'gur *f*; **12.** Schnitt *m* (*Kleid*); ˈ**build·er** [-də] *s.* **1.** Erbauer *m*; **2.** Baumeister *m*; **3.** ˈBauunterˌnehmer *m*, Bauhandwerker *m*: **~'s merchant** Baustoffhändler *m.*

build·ing [ˈbɪldɪŋ] *s.* **1.** Bauen *n*, Bauwesen *n*; **2.** Gebäude *n*, Bau *m*, Bauwerk *n*; ~ **block** *s.* **1.** ⚙ *u. fig.* Baustein *m*; **2.** Bauklötzchen *n für Kinder*; ~ **con·trac·tor** *s.* ˈBauunterˌnehmer *m*; ~ **lease** *s.* ⚖ *Brit.* Baupacht(vertrag *m*) *f*; ~ **line** *s.* ⚙ ˈBauflucht(ˌlinie) *f*; ~ **lot**, ~ **plot**, ~ **site** *s.* **1.** Bauplatz *m*, -stelle *f*; **2.** Baugrundstück *n*, Baugelände *n*; ~ **own·er** *s.* Bauherr *m*; ~ **so·ci·e·ty** *s. Brit.* Bausparkasse *f.*

ˈ**build-up** *s.* **1.** Aufbau *m*, Zs.-stellung *f*; **2.** Zunahme *f*; **3.** ‚Aufbauen' *n*, Re'klame *f*, Propa'ganda *f*; **4.** dra'matische Steigerung.

built [bɪlt] **I** *pret. u. p.p. von* **build** I *u.* II; **II** *adj.* gebaut, geformt: **he is ~ that way** F so ist er eben; ˌ**~-'in** *adj.* eingebaut (*a. fig.*), Einbau…; ˈ**~-up a·re·a** *s.* **1.** bebautes Gelände; **2.** *Verkehr*: geschlossene Ortschaft.

bulb [bʌlb] **I** *s.* **1.** ⚘ Knolle *f*, Zwiebel *f* (*e-r Pflanze*); **2.** Zwiebelgewächs *n*; **3.** (*Glas- etc.*)Bal'lon *m od.* Kolben *m*; Kugel *f* (*Thermometer*); **4.** ⚡ Glühbirne *f*, -lampe *f*; **II** *v/i.* **5.** rundlich anschwellen; Knollen bilden; **bulbed** [-bd] *adj.* knollenförmig; ˈ**bulb·ous** [-bəs] *adj.* knollig, Knollen…: ~ **nose**.

Bul·gar [ˈbʌlgɑː] *s.* Bul'gare *m*, Bul'garin *f*; **Bul·gar·i·an** [bʌlˈgeərɪən] **I** *adj.* bul'garisch; **II** *s.* → **Bulgar**.

bulge [bʌldʒ] **I** *s.* **1.** (Aus)Bauchung *f*, (*a.* ⚔ Front)Ausbuchtung *f*; Anschwellung *f*, Beule *f*; Vorsprung *m*, Buckel *m*; Rundung *f*, Bauch *m*, Wulst *m*:

Battle of the ***2*** Ardennenschlacht *f* (*1944*); **2.** ⚓ → ***bilge*** 1; **3.** Anschwellen *n*, Zunahme *f*, plötzliches Steigen (*bsd. der Börsenkurse*); **4.** *a.* ***~ age-group*** geburtenstarker Jahrgang; **5.** ***have a ~ on s.o.*** *sl.* j-m gegenüber im Vorteil sein; **II** *v/i.* **6.** sich (aus)bauchen, her'vortreten, -ragen, -quellen, sich blähen *od.* bauschen; **'bulg·ing** [-dʒɪŋ] *adj.* (zum Bersten) voll (***with*** von).

bu·lim·i·a [bjuː'lɪmɪə] *s.* Bulimie *f*, Freßsucht *f*.

bulk [bʌlk] **I** *s.* **1.** 'Umfang *m*, Größe *f*, Masse *f*; **2.** große *od.* massige Gestalt; 'Körperˌumfang *m*, -fülle *f*; **3.** Hauptteil *m*, -masse *f*, Großteil *m*, Mehrheit *f*; **4.** † (gekaufte) Gesamtheit; ⚓ (unverpackte) Schiffsladung: ***in ~*** a) unverpackt, lose, b) in großen Mengen, en gros; ***break ~*** ⚓ zu löschen anfangen; ***~ cargo***, ***~ goods*** † Schüttgut *n*, Massengüter *pl.*; ***~ buying*** † Mengeneinkauf *m*; ***~ mail*** Postwurfsendung *f*; ***~ mortgage*** *Am.* Fahrnishypothek *f*; **II** *v/i.* **5.** 'umfangreich *od.* sperrig sein; **6.** *fig.* wichtig sein: ***~ large*** e-e große Rolle spielen; **III** *v/t.* **7.** *bsd. Am.* aufstapeln; **'~·head** *s.* **1.** ⚓ Schott *n*; **2.** ⚙ a) Schutzwand *f*, b) Spant *m*.

bulk·y ['bʌlkɪ] *adj.* **1.** (sehr) 'umfangreich, massig; **2.** sperrig: ***~ goods*** † Sperrgut *n*.

bull¹ [bʊl] **I** *s.* **1.** *zo.* Bulle *m*, Stier *m*: ***like a ~ in a china shop*** wie ein Elefant im Porzellanladen; ***take the ~ by the horns*** den Stier bei den Hörnern packen; **2.** *zo.* (*Elefanten-, Elch-, Wal- etc.*)Bulle *m*; **3.** † Haussi'er *m*, 'Haussespekuˌlant *m*; **4.** *Am. sl.* ‚Bulle' *m* (*Polizist*); **5.** *ast.* Stier *m*; **6.** → ***bull's-eye*** 3 *u.* 4; **II** *v/t.* **7.** † Preise in die Höhe treiben für *et.*: ***~ the market*** auf Hausse kaufen; **III** *v/i.* **8.** † auf Hausse spekulieren; **IV** *adj.* **9.** männlich; **10.** † steigend, Hausse…: ***~ market***.

bull² [bʊl] *s.* (päpstliche) Bulle.

bull³ [bʊl] *s. sl.* **1.** *a.* ***Irish ~*** ungereimtes Zeug, 'widersprüchliche Behauptung; **2.** Schnitzer *m*, Faux'pas *m*; **3.** *Am.* Quatsch *m*, Blödsinn *m*.

'bull|-ˌbait·ing *s.* Stierhetze *f*; **'~·dog I** *s.* **1.** *zo.* Bulldogge *f*; **2.** *Brit. univ.* Begleiter *m* des 'Proctors; **3.** *e-e* Pi'stole *f*; **II** *adj.* **4.** mutig, zäh, hartnäckig; **'~·doze** *v/t.* **1.** planieren, räumen; **2.** F ‚über'fahren', einschüchtern, terrorisieren; zwingen (***into*** zu); **'~ˌdoz·er** [-ˌdəʊzə] *s.* **1.** ⚙ Planierraupe *f*, Bulldozer *m*; **2.** *fig.* F → ***bully²*** 1.

bul·let ['bʊlɪt] *s.* (Gewehr- *etc.*)Kugel *f*, Geschoß *n*: ***bite the ~ fig.*** die bittere Pille schlucken; **'~-head** *s.* **1.** Rundkopf *m*; **2.** *Am.* F Dickkopf *m*.

bul·le·tin ['bʊlɪtɪn] *s.* **1.** Bulle'tin *n*: a) Tagesbericht *m* (*a.* ⚔), b) Krankenbericht *m*, c) offizi'elle Bekanntmachung: ***~ board*** *Am.* schwarzes Brett (*für Anschläge*); **2.** Mitteilungsblatt *n*; **3.** *Am.* Kurznachricht *f*.

'bul·let-proof *adj.* kugelsicher.

'bull|·fight *s.* Stierkampf *m*; **'~ˌfight·er** *s.* Stierkämpfer *m*; **'~·finch** *s.* **1.** *orn.* Dompfaff *m*; **2.** hohe Hecke; **'~·frog** *s. zo.* Ochsenfrosch *m*; **ˌ~'head·ed** *adj.* starrköpfig.

bul·lion ['bʊljən] *s.* **1.** ungemünztes Gold *od.* Silber: ***~ point*** † Goldpunkt *m*; **2.** Gold *n od.* Silber *n* in Barren; **3.** Gold-, Silberlitze *f*, -schnur *f*, -troddel *f*.

bull·ish ['bʊlɪʃ] *adj.* **1.** dickköpfig; **2.** † steigend, Hausse…

ˌbull-'necked *adj.* stiernackig.

bull·ock ['bʊlək] *s. zo.* Ochse *m*.

bull| pen *s. Am.* **1.** *sl.* Ba'racke *f* für Holzfäller; **2.** F a) ‚Kittchen' *n*, b) große (Gefängnis)Zelle; **3.** *Baseball*: Übungsplatz *m* für Re'servewerfer; **'~·ring** *s.* 'Stierkampfaˌrena *f*.

bull's-eye ['bʊlzaɪ] *s.* **1.** ⚓, ⚠ Bullauge *n*, rundes Fensterchen; **2.** *a.* ***~ pane*** Ochsenauge *n*, Butzenscheibe *f*; **3.** Zentrum *n od. das* Schwarze *der Zielscheibe*; **4.** *a. fig.* Schuß *m* ins Schwarze, 'Volltreffer *m*; **5.** 'Blendlaˌterne *f*; **6.** großer runder 'Pfefferminzbonˌbon.

'bull|·shit *s. u. int.* V Scheiß(dreck) *m*; **~ ter·ri·er** *s. zo.* 'Bullˌterrier *m*.

bul·ly¹ ['bʊlɪ] *s. a.* ***~ beef*** Rinderpökelfleisch *n* (in Büchsen).

bul·ly² ['bʊlɪ] **I** *s.* **1.** bru'taler Kerl, ‚Schläger' *m*; Ty'rann *m*; Maulheld *m*; **2.** *obs.* Zuhälter *m*; **3.** *Hockey*: Bully *n*, Anspiel *n*; **II** *v/t.* **4.** tyrannisieren, schikanieren, einschüchtern, piesacken; **III** *adj.* **5.** F ‚prima' (*a. int.*); **IV** *int.* **6.** F bravo!, Klasse!

bul·ly| beef → ***bully¹***; **'~·rag** → ***ballyrag***.

bul·rush ['bʊlrʌʃ] *s.* ⚘ *große* Binse.

bul·wark ['bʊlwək] *s.* **1.** Bollwerk *n*, Wall *m* (*beide a. fig.*); **2.** ⚓ a) Hafendamm *m*, b) Schanzkleid *n*.

bum¹ [bʌm] *bsd. Brit.* F **1.** ‚Hintern' *m*; **2.** ‚Niete' *f*, ‚Flasche' *f*.

bum² [bʌm] *bsd. Am.* F **I** *s.* **1.** a) ‚Stromer' *m*, ‚Gammler' *m*, He'rumtreiber *m*, b) Tippelbruder *m*, c) Schnorrer *m*, d) Mistkerl *m*; **II** *v/i.* **2.** *mst* ***~ around*** ‚he'rumgammeln'; **3.** schnorren (***off*** bei); **III** *v/t.* **4.** *et.* schnorren (***of*** bei, von); **IV** *adj.* **5.** a) ‚mies', schlecht, b) ka'putt.

bum·ble-bee ['bʌmblbiː] *s. zo.* Hummel *f*.

bum·ble·dom ['bʌmbldəm] *s.* Wichtigtue'rei *f* der kleinen Beamten.

bumf [bʌmf] *s. Brit. sl.* **1.** *contp.* ‚Pa'pierkram' *m* (*Akten, Formulare etc.*); **2.** ‚'Klopaˌpier' *n*.

bum·mer ['bʌmə] → ***bum²*** 1.

bump [bʌmp] **I** *v/t.* **1.** (heftig) stoßen, (an)prallen: ***~ one's head*** sich den Kopf anstoßen; ***I ~ed my head against*** (*od.* ***on***) ***the door*** ich stieß *od.* rannte mit dem Kopf gegen die Tür; ***~ a car*** auf ein Auto auffahren; **2.** *Rudern*: *Boot* über'holen u. anstoßen; **3.** ***~ off*** *sl.* ‚'umlegen', ‚kaltmachen'; **4.** ***~ up*** F *Preise etc.* hochtreiben, *Gehalt etc.* aufbessern; **II** *v/i.* **5.** (***against***, ***into***) stoßen, prallen, bumsen (gegen), zs.-stoßen (mit): ***~ into*** *fig.* *j-n* zufällig treffen, zufällig stoßen auf (*acc.*); **6.** rütteln, holpern (*Wagen*); **III** *s.* **7.** heftiger Stoß, Bums *m*; **8.** ⚕ Beule *f*, Höcker *m*; **9.** Unebenheit *f* (*Straße*); **10.** Sinn *m* (*für et.*): ***~ of locality*** Ortssinn; **11.** ✈ (Steig)Bö *f*; **IV** *adv.* **12.** bums!

bump·er ['bʌmpə] *s.* **1.** randvolles Glas (*Wein etc.*); **2.** F *et.* Riesiges: ***~ crop*** Rekordernte *f*; ***~ house*** *thea.* volles Haus; **3.** 🚗 *Am.* Puffer *m*; **4.** *mot.* Stoßstange *f*: ***~ car*** (Auto)Skooter *m*; ***~ guard*** Stoßstangenhorn *n*; ***~ sticker*** Autoaufkleber *m*.

bump·kin ['bʌmpkɪn] *s.* Bauernlackel *m*.

'bump-start *s. Brit. mot.* **I** *s.* Anschieben *n*; **II** *v/t.* *Auto* anschieben.

bump·tious ['bʌmpʃəs] *adj.* □ aufgeblasen.

bump·y ['bʌmpɪ] *adj.* **1.** holperig, uneben; **2.** ✈ ‚bockig', böig.

bum| steer *s. Am. sl.*: ***give s.o. the ~*** j-n ‚verschaukeln'; **'~ˌsuck·er** *s.* V ‚Arschkriecher' *m*.

bun¹ [bʌn] *s.* **1.** süßes Brötchen: ***she has a ~ in the oven*** *sl.* bei ihr ist was unterwegs; **2.** (Haar)Knoten *m*.

bun² [bʌn] *s. Brit.* Ka'ninchen *n*.

bunch [bʌntʃ] **I** *s.* **1.** Bündel *n* (*a.* ⚡), Bund *n*, Büschel *n*: ***~ of flowers*** Blumenstrauß *m*; ***~ of grapes*** Weintraube *f*; ***~ of keys*** Schlüsselbund; **2.** F a) Haufen *m*, b) ‚Verein' *m*: ***the best of the ~*** der Beste von allen; **II** *v/t.* **3.** bündeln (*a.* ⚡), zs.-fassen, -binden; falten: ***~ed circuit*** ⚡ Leitungsbündel *n*; **III** *v/i.* **4.** sich zs.-legen, -schließen; **5.** sich bauschen; **'bunch·y** [-tʃɪ] *adj.* büschelig, bauschig, in Bündeln.

bun·co ['bʌŋkəʊ] *v/t. Am. sl.* ‚reinlegen', betrügen.

bun·dle ['bʌndl] **I** *s.* **1.** Bündel *n*, Bund *n*; Pa'ket *n*; Ballen *m*: ***~ of energy*** (***nerves***) *fig.* Kraft-(Nerven)Bündel *n*; **2.** *fig.* a) Menge *f*, Haufen *m*, b) F ‚Batzen' *m* Geld; **II** *v/t.* **3.** in Bündel zs.-binden, -packen; **4.** *et. wohin* stopfen; **5.** *mst* ***~ off*** (*od.* ***out***) *j-n* abschieben, (eilig) fortschaffen: ***he was ~d into a taxi*** er wurde in ein Taxi verfrachtet *od.* gepackt; **III** *v/i.* **6.** ***~ off*** (*od.* ***out***) sich packen *od.* da'vonmachen.

bung [bʌŋ] **I** *s.* **1.** Spund(zapfen) *m*, Stöpsel *m*; **2.** ⚔ Mündungspfropfen *m* (*Geschütz*); **II** *v/t.* **3.** verspunden, verstopfen; zupfropfen; **4.** F ‚schmeißen', werfen; **5.** ***~ up*** *Röhre, Öffnung* verstopfen (*mst pass.*): ***~ed up*** verstopft; **6.** *mst* ***~ up*** *Am.* F *Auto etc.* schwer beschädigen, verbeulen.

bun·ga·low ['bʌŋgələʊ] *s.* 'Bungalow *m*.

'bung·hole *s.* Spund-, Zapfloch *n*.

bun·gle ['bʌŋgl] **I** *v/i.* **1.** stümpern, pfuschen; **II** *v/t.* **2.** verpfuschen; **III** *s.* **3.** Stümpe'rei *f*; **4.** Fehler *m*, ‚Schnitzer' *m*; **'bun·gler** [-lə] *s.* Stümper *m*, Pfuscher *m*; **'bun·gling** [-lɪŋ] *adj.* □ ungeschickt, stümperhaft.

bun·ion ['bʌnjən] *s.* ⚕ entzündeter Fußballen.

bunk¹ [bʌŋk] **I** *s.* a) ⚓ (Schlaf)Koje *f*, b) Schlafstelle *f*, Bett *n*, ‚Falle' *f*: ***~ bed*** Etagenbett *n*; **II** *v/i.* a) in e-r Koje schlafen, b) *oft* ***~ down*** F ‚kampieren'.

bunk² [bʌŋk] *abbr. für* ***bunkum***.

bunk³ [bʌŋk] *Brit.* F **I** *s.*: ***do a ~*** → **II** *v/i.* ‚ausreißen', ‚türmen'.

bunk·er ['bʌŋkə] **I** *s.* **1.** ⚓ (Kohlen)Bunker *m*; **2.** ⚔ Bunker *m*, bombensicherer 'Unterstand; **3.** *Golf*: Bunker *m* (*Hindernis*); **II** *v/t.* **4.** ⚓ bunkern; **5.** *Golf*: *Ball* in e-n Bunker schlagen; **'bunk·ered** [-əd] *adj.* F in der Klemme.

bun·kum ['bʌŋkəm] *s.* ‚Blech' *n*, Blödsinn *m*, Quatsch *m*.

bun·ny ['bʌnɪ] *s.* Häs-chen *n* (*a.* F ***süßes Mädchen***).

bun·ting¹ ['bʌntɪŋ] *s.* **1.** Flaggentuch *n*; **2.** *coll.* Flaggen *pl.*

bun·ting² ['bʌntɪŋ] *s. orn.* Ammer *f.*

buoy [bɔɪ] **I** *s.* **1.** ⚓ Boje *f*, Bake *f*, Seezeichen *n*; **II** *v/t.* **2.** *a.* **~ out** *Fahrrinne* durch Bojen markieren; **3.** *mst* **~ up** flott erhalten; **4.** *fig.* Auftrieb geben (*dat.*), beleben: **~ed up** hoffnungsvoll; **buoy·an·cy** ['bɔɪənsɪ] *s.* **1.** *phys.* Schwimm-, Tragkraft *f*; **2.** ✈ Auftrieb *m* (*a. fig.*); **3.** *fig.* Schwung *m*, Spann-, Lebenskraft *f*; **buoy·ant** ['bɔɪənt] *adj.* ☐ **1.** schwimmend, tragend (*Wasser etc.*); **2.** *fig.* schwungvoll, lebhaft; **3.** ✝ steigend; lebhaft.

bur [bɜː] *s.* **1.** ⚘ Klette *f* (*a. fig.*): **cling to s.o. like a ~** *fig.* wie e-e Klette an j-m hängen; **2.** → **burr¹** I.

bur·ble ['bɜːbl] **I** *v/i.* **1.** brodeln, sprudeln; **2.** plappern; **II** *s.* **3.** ⚙, ✈ Wirbel *m.*

bur·bot ['bɜːbət] *s. ichth.* Quappe *f.*

bur·den¹ [bɜːdn] *s.* **1.** Re'frain *m*, Kehrreim *m*; **2.** Hauptgedanke *m*, Kern *m.*

bur·den² ['bɜːdn] **I** *s.* **1.** Last *f*, Ladung *f*; **2.** *fig.* Last *f*, Bürde *f*, (*a.* finanzi'elle) Belastung, Druck *m*: **~ of proof** ⚖ Beweislast; **~ of years** Last der Jahre; **he** is a **~** on me er fällt mir zur Last; **3.** ⚙ Traglast *f*; **4.** ⚓ Tragfähigkeit *f*; Ladung *f*; **II** *v/t.* **5.** belasten: **~ s.o. with s.th.** j-m et. aufbürden; **'bur·den·some** [-səm] *adj.* lästig, drückend.

bur·dock ['bɜːdɒk] *s.* ⚘ Große Klette.

bu·reau ['bjʊərəʊ] *pl.* **-reaus**, **-reaux** [-rəʊz] *s.* **1.** Bü'ro *n*; Geschäfts-, Amtszimmer *n*; **2.** Behörde *f*; **3.** *Brit.* Schreibpult *n*; **4.** *Am.* ('Spiegel)Kom‚mode *f*; **bu·reauc·ra·cy** [bjʊə'rɒkrəsɪ] *s.* **1.** Bürokra'tie *f*; **2.** *coll.* Beamtenschaft *f*; **'bu·reau·crat** [-əʊkræt] *s.* Büro'krat *m*; **bu·reau·crat·ic** [‚bjʊərəʊ'krætɪk] *adj.* (☐ **~ally**) büro'kratisch; **bu·reauc·ra·tize** [bjʊə'rɒkrətaɪz] *v/t.* bürokratisieren.

bu·rette [bjʊə'ret] *s.* ⚗ Bü'rette *f.*

burg [bɜːg] *s. Am.* F Stadt *f.*

bur·geon ['bɜːdʒən] **I** *s.* ⚘ Knospe *f*; **II** *v/i.* knospen, (her'vor)sprießen (*a. fig.*).

bur·gess ['bɜːdʒɪs] *s. hist.* **1.** Bürger *m*; **2.** Abgeordnete(r) *m.*

burgh ['bʌrə] *s. Scot.* Stadt *f* (= *Brit.* **borough**); **burgh·er** ['bɜːgə] *s.* **1.** (konserva'tiver) Bürger; **2.** Städter *m.*

bur·glar ['bɜːglə] *s.* Einbrecher: **we had ~s last night** bei uns wurde letzte Nacht eingebrochen; **~ a·larm** *s.* A'larmanlage *f.*

bur·glar·i·ous [bɜː'gleərɪəs] *adj.* ☐ Einbruchs…, einbrecherisch; **bur·glar·ize** ['bɜːgləraɪz] → **burgle.**

'bur·glar-proof *adj.* einbruchsicher.

bur·gla·ry ['bɜːglərɪ] *s.* (nächtlicher) Einbruch; Einbruchdiebstahl *m*; **bur·gle** ['bɜːgl] *v/t.* einbrechen in (*acc.*).

bur·go·mas·ter ['bɜːgəʊ‚mɑːstə] *s.* Bürgermeister *m* (*in Deutschland, Holland etc.*).

bur·gun·dy ['bɜːgəndɪ] *s. a.* **~ wine** Bur'gunder *m.*

bur·i·al ['berɪəl] *s.* **1.** Begräbnis *n*, Beerdigung *f*; **2.** Leichenfeier *f*; **3.** Ein-, Vergraben *n*; **~ ground** *s.* Begräbnisplatz *m*, Friedhof *m*; **~ mound** *s.* Grabhügel *m*; **~ place** *s.* Grabstätte *f*; **~ ser·vice** *s.* Trauerfeier *f.*

burke [bɜːk] *v/t. fig.* a) vertuschen, b) vermeiden.

bur·lap ['bɜːlæp] *s.* Sackleinwand *f*, Rupfen *m*, Juteleinen *n.*

bur·lesque [bɜː'lesk] **I** *adj.* **1.** bur'lesk, possenhaft; **II** *s.* **2.** Bur'leske *f*, Posse *f*; **3.** *Am.* Varie'té *n.*

bur·ly ['bɜːlɪ] *adj.* stämmig.

Bur·man ['bɜːmən] *s.* Bir'mane *m*, Bir'manin *f*; **Bur·mese** [‚bɜː'miːz] **I** *adj.* bir'manisch; **II** *s.* a) → **Burman**, b) Bir'manen *pl.*

burn¹ [bɜːn] **I** *s.* **1.** verbrannte Stelle; **2.** Brandwunde *f*, -mal *n*; **II** *v/i.* [*irr.*] **3.** (ver)brennen, in Flammen stehen, in Brand geraten: **the house is ~ing** das Haus brennt; **the stove ~s well** der Ofen brennt gut; **all the lights were ~ing** alle Lichter brannten; **4.** *fig.* (ent)brennen, dar'auf brennen (**to** *inf.* zu *inf.*): **~ing with anger** wutentbrannt; **~ing with love** von Liebe entflammt; **5.** an-, verbrennen, versengen: **the meat is ~t** das Fleisch ist angebrannt; **6.** brennen (*Gesicht, Zunge etc.*); **7.** verbrannt werden, in den Flammen 'umkommen; → 9; **III** *v/t.* [*irr.*] **8.** (ver)brennen: **our boiler ~s coke**; **his house was ~t** sein Haus brannte ab; **9.** ver-, anbrennen, versengen, durch Feuer *od.* Hitze verletzen: **~ a hole** ein Loch brennen; **the soup is ~t** die Suppe ist angebrannt; **I have ~t my fingers** ich habe mir die Finger verbrannt (*a. fig.*); **~ to death** verbrennen; → 7; **10.** ⚙ *Porzellan*, (*Holz*)*Kohle*, *Ziegel* brennen; **~ down** *v/t. u. v/i.* ab-, niederbrennen; **~ out I** *v/i.* ausbrennen; ⚡ 'durchbrennen; **II** *v/t.* ausbrennen, -räuchern: **~ o.s. out** *fig.* sich kaputtmachen *od.* völlig verausgaben; **~ up I** *v/t.* **1.** ganz verbrennen; **2.** *Am.* F *j-n* wütend machen; **II** *v/i.* **3.** auflodern; **4.** a) ab-, aus-, verbrennen, b) verglühen (*Rakete etc.*).

burn² [bɜːn] *s. Scot.* Bach *m.*

burn·er ['bɜːnə] *s.* Brenner *m* (*Person u. Gerät*): **gas-~.**

burn·ing ['bɜːnɪŋ] *adj.* brennend, heiß, glühend (*a. fig.*): **a ~ question** e-e brennende Frage; **~ glass** *s.* Brennglas *n.*

bur·nish ['bɜːnɪʃ] **I** *v/t.* **1.** polieren, blank reiben; **2.** ⚙ brünieren; **II** *v/i.* **3.** blank *od.* glatt werden; **'bur·nish·er** [-ʃə] *s.* Polierer *m*, Brünierer *m*;

bur·nouse [bɜː'nuːz] *s.* 'Burnus *m.*

'burn·out *s.* **1.** ⚡ 'Durchbrennen *n*; **2.** Brennschluß *m* (*e-r Rakete*).

burnt| al·monds [bɜːnt] *s. pl.* gebrannte Mandeln *pl.*; **~ lime** *s.* ⚙ gebrannter Kalk; **~ of·fer·ing** *s. bibl.* Brandopfer *n.*

burp [bɜːp] **I** rülpsen, aufstoßen, ein ‚Bäuerchen' machen (*Baby*); **II** *v/t. Baby* ein ‚Bäuerchen' machen lassen.

burr¹ [bɜː] **I** *s.* **1.** ⚙ Grat *m* (*rauhe Kante*); **2.** ⚙ Schleif-, Mühlstein *m*; **3.** ⚕ (Zahn)Bohrer *m*; **II** *v/t.* **4.** ⚙ abgraten.

burr² [bɜː] **I** *s.* **1.** Zäpfchenaussprache *f* des R; **II** *v/t. u. v/i.* **2.** (das R) schnarren; **3.** undeutlich sprechen.

burr³ [bɜː] → **bur** 1.

'burr-drill *s.* ⚙, ⚕ Drillbohrer *m.*

bur·row ['bʌrəʊ] **I** *s.* **1.** (*Fuchs- etc.*)Bau *m*, Höhle *f*; **II** *v/i.* **2.** sich eingraben; **3.** *fig.* sich verkriechen *od.* verbergen; sich vertiefen (**into** in *acc.*); **III** *v/t.* **4.** *Bau* graben.

bur·sar ['bɜːsə] *s. univ.* **1.** 'Quästor *m*, Fi'nanzverwalter *m*; **2.** Stipendi'at *m*; **'bur·sa·ry** [-ərɪ] *s. univ.* **1.** Quä'stur *f*; **2.** Sti'pendium *n.*

bur·si·tis [bɜː'saɪtɪs] *s.* ⚕ Schleimbeutelentzündung *f.*

burst [bɜːst] **I** *v/i.* [*irr.*] **1.** bersten, (auf-*od.* zer)platzen, (auf-, zer)springen; explodieren; sich entladen (*Gewitter*); aufspringen (*Knospe*); aufgehen (*Geschwür*): **~ open** aufplatzen, -springen; **2.** **~ in** (**out**) herein-(hinaus)stürmen: **~ in** (**up**)**on** a) hereinplatzen bei *j-m*, b) sich einmischen in (*acc.*); **3.** *fig.* ausbrechen, her'ausplatzen: **~ into tears** in Tränen ausbrechen; **~ into laughter**, **~ out laughing** in Gelächter ausbrechen; **~ out** herausplatzen (*sagen*); **4.** *fig.* platzen, bersten (**with** vor *dat.*); gespannt sein, brennen: **~ with envy** vor Neid platzen; **I am ~ing to tell you** ich brenne darauf, es dir zu sagen; **5.** zum Bersten voll sein (**with** von): **a larder ~ing with food**; **~ with health** (**energy**) vor Gesundheit (Kraft) strotzen; **6.** *a.* **~ up** zs.-brechen, bank'rott gehen; **7.** plötzlich sichtbar werden: **~ into view**; **~ forth** hervorbrechen, -sprudeln; **~ upon s.o.** j-m plötzlich klarwerden; **II** *v/t.* [*irr.*] **8.** sprengen, auf-, zerbrechen, zum Platzen bringen (*a. fig.*): **~ open** sprengen, aufbrechen; **I have ~ a bloodvessel** mir ist e-e Ader geplatzt; **the river ~ its banks** a) der Fluß trat über die Ufer, b) der Fluß durchbrach die Dämme; **the car ~ a tyre** ein Reifen am Wagen platzte; **~ one's sides with laughter** sich vor Lachen ausschütten; **9.** *fig.* zum Scheitern bringen, auffliegen lassen, ruinieren; **III** *s.* **10.** Bersten *n*, Platzen *n*, Explosi'on *f*; ⚔ Feuerstoß *m* (*Maschinengewehr*); Auffliegen *n*, Ausbruch *m*: **~ of laughter** Lachsalve *f*; **~ of applause** Beifallssturm *m*; **~ of hospitality** plötzliche Anwandlung von Gastfreundschaft; **11.** Bruch *m*, Riß *m*, Sprung *m* (*a. fig.*); **12.** plötzliches Erscheinen; **13.** *sport* (Zwischen)Spurt *m.*

'burst-up *s. sl.* **1.** Bank'rott *m*, Zs.-bruch *m*, Pleite *f*; **2.** Krach *m*, Streit *m*; **3.** Saufe'rei *f.*

bur·y ['berɪ] *v/t.* **1.** begraben, beerdigen; **2.** ein-, vergraben, verschütten, versenken (*a. fig.*): **buried cable** ⚙ Erdkabel *n*; **3.** verbergen; **4.** *fig.* begraben, vergessen; **5.** **~ o.s.** sich verkriechen; *fig.* sich vertiefen.

bus [bʌs] **I** *pl.* **'bus·es** [-sɪz] *s.* **1.** Omnibus *m*, (Auto)Bus *m*: **miss the ~** F den Anschluß (*Gelegenheit*) verpassen; **2.** *sl.* ‚Kiste' *f* (*Auto od. Flugzeug*); **II** *v/i.* **3.** *a.* **~ it** mit dem Omnibus fahren; **III** *v/t.* **4.** mit dem Bus transportieren; **~ bar** *s.* ⚡ Sammel-, Stromschiene *f*; **~ boy** *s. Am.* 'Pikkolo *m*, Hilfskellner *m.*

bus·by ['bʌzbɪ] *s.* ⚔ Bärenmütze *f.*

bush¹ [bʊʃ] *s.* **1.** Busch *m*, Strauch *m*: **beat about the ~** *fig.* wie die Katze um den heißen Brei herumgehen, um die Sache herumreden; **2.** Gebüsch *n*, Dikkicht *n*; **3.** Busch *m*, Urwald *m*; **4.** (Haar)Schopf *m.*

bush² [bʊʃ] *s.* ⚙ Lagerfutter *n.*

bushed [bʊʃt] *adj.* ‚erledigt', erschöpft.
bush·el[1] [ˈbʊʃl] *s.* Scheffel *m* (*36,37 l*); → ***light***[1] 1.
bush·el[2] [ˈbʊʃl] *v/t. Am. Kleidung* ausbessern, flicken, ändern.
ˈ**bush**|-ˌ**fight·er** *s.* Gueˈrillakämpfer *m*; ~ **league** *s. bsd. Baseball*: *Am.* F a) untere Spielklasse, b) Proˈvinzliga *f*; ˈ**~-league** *adj. Am.* F Schmalspur...; Provinz...; ˈ**~·man** [-mən] *s.* [*irr.*] **1.** Buschmann *m*; **2.** ˈHinterwäldler *m*.
bush·y [ˈbʊʃɪ] *adj.* buschig.
busi·ness [ˈbɪznɪs] *s.* **1.** Geschäft *n*, Tätigkeit *f*, Arbeit *f*, Beruf *m*, Gewerbe *n*: ***what is his ~?*** was ist er von Beruf?; → *a.* 5; ***on ~*** beruflich, geschäftlich; ***~ of the day*** Tagesordnung *f*; **2.** a) Handel *m*, Kaufmannsberuf *m*, Geschäftsleben *n*, b) *a.* ***~ activity*** Geˈschäftsvoˌlumen *n*, ˈUmsatz *m*: ***go into ~*** Kaufmann werden; ***be in ~*** Kaufmann sein; ***go out of ~*** das Geschäft *od.* den Beruf aufgeben; ***do good ~*** (***with***) gute Geschäfte machen (mit); ***lose ~*** Kundschaft *od.* Aufträge verlieren; ***~ as usual!*** nichts Besonderes!; → ***big*** 1; **3.** Geschäft *n*, Firma *f*, Unterˈnehmen *n*, Laden *m*, Geˈschäftsloˌkal *n*; **4.** Aufgabe *f*, Pflicht *f*; Recht *n*: ***make it one's ~*** (***to*** *inf.*) es sich zur Aufgabe machen (zu *inf.*); ***have no ~*** (***to*** *inf.*) kein Recht haben (zu *inf.*); ***what ~ had you*** (***to*** *inf.*)***?*** wie kamst du dazu (zu *inf.*)?; ***send s.o. about his ~*** j-m heimleuchten; ***he means ~*** er meint es ernst; **5.** Sache *f*, Angelegenheit *f*: ***that is none of your ~*** das geht dich nichts an; ***mind your own ~*** kümmere dich um d-e eigenen Angelegenheiten; ***what is your ~?*** was ist dein Anliegen?; → *a.* 1; ***what a ~ it is!*** das ist ja e-e schreckliche Geschichte!; ***like nobody's ~*** F ‚wie nichts', ‚ganz toll'; ***get down to ~*** zur Sache kommen; ~ **ad·dress** *s.* Geˈschäftsaˌdresse *f*; ~ **ad·min·is·tra·tion** → ***business economics***; ~ **al·low·ance** *s.* Werbungskosten *pl.*; ~ **cap·i·tal** *s.* Beˈtriebskapiˌtal *n*; ~ **card** *s.* Geschäftskarte *f*; ~ **col·lege** *s.* Wirtschaftsoberschule *f*; ~ **con·fi·dence** *s.* optimistische Grundhaltung der Wirtschaft; ~ **con·sult·ant** *s.* Betriebsberater *m*; ~ **cy·cle** *s.* Konjunkˈtur(zyklus *m*) *f*; ~ **down·turn** *s.* Konjunkturrückgang *m*; ~ **e·co·nom·ics** *s. pl. sg. konstr. Brit.* Betriebswirtschaft (-slehre) *f*; ~ **end** *s.* F wesentlicher Teil, *z.B.* Spitze *f e-s Bohrers od. Dolches*, Mündung *f e-s Gewehres*; ~ **hours** *s. pl.* Geschäftsstunden *pl.*, -zeit *f*; ~ **let·ter** *s.* Geschäftsbrief *m*; ˈ**~·like** *adj.* **1.** geschäftsmäßig, sachlich, nüchtern; **2.** (geschäfts)tüchtig; ~ **line** *s.* Branche *f*; ~ **lunch** *s.* Arbeitsessen *n*; ˈ**~·man** *s.* [*irr.*] Geschäfts-, Kaufmann *m*; ~ **prac·tic·es** *s. pl.* Geschäftsmethoden *pl.*, -gebaren *n*; ~ **prem·is·es** *s. pl.* Geschäftsräume *pl.*; ~ **re·search** *s.* Konjunkˈturforschung *f*; ~ **re·viv·al** *s.* Konjunkturbelebung *f*; ~ **suit** *Am.* → ***lounge suit***; ~ **trip** *s.* Geschäfts-, Dienstreise *f*; ˈ**~ˌwom·an** *s.* [*irr.*] Geschäftsfrau *f*; ~ **year** *s.* Geschäftsjahr *n*.
busk[1] [bʌsk] *s.* Korˈsettstäbchen *n*.
busk[2] [bʌsk] *v/i. Brit.* F auf der Straße musizieren *etc.*; ˈ**busk·er** [-kə] *s. Brit.* ˈStraßenmusiˌkant *m od.* -akroˌbat *m*.
bus·kin [ˈbʌskɪn] *s.* **1.** Halbstiefel *m*; **2.** Koˈthurn *m*; **3.** *fig.* Traˈgödie *f*.
ˈ**bus·man** [-mən] *s.* [*irr.*] Omnibusfahrer *m*: ***~'s holiday*** mit der üblichen Berufsarbeit verbrachter Urlaub.
bus·sing [ˈbʌsɪŋ] *s. Am. Beförderung von Schülern mit Bussen in andere Schulen, um Rassenintegration zu erreichen.*
bust[1] [bʌst] *s.* Büste *f*: a) Brustbild *n*, Kopf *m* (*aus Marmor, Bronze etc.*), b) *anat.* Busen *m*.
bust[2] [bʌst] *sl.* **I** *v/i.* **1.** *oft* ***~ up*** ‚kaˈputtgehen', ‚eingehen', ✝ *a.* ‚pleite' gehen; **2.** ‚auffliegen', ‚platzen'; **II** *v/t.* **3.** ‚kaˈputtmachen': a) sprengen, b) ruinieren; **4.** ‚auffliegen' lassen, zerschlagen; **5.** *Am.* ‚knallen', hauen; **6.** einbrechen in (*acc.*); **7.** einsperren; **8.** ⚔ degradieren; **III** *s.* **9.** Sauftour *f*: ***go on the ~*** ‚einen draufmachen'; **10.** ‚Pleite' *f*, Bankˈrott *m*; **11.** Razzia *f*; **IV** *adv.* **12.** ***go ~*** → 1.
bus·tard [ˈbʌstəd] *s. orn.* Trappe *f*.
bust·er [ˈbʌstə] *s.* **1.** *sl.* a) ‚Mordsding' *n*, b) Kerl *m*, Bursche *m*, ‚Kumpel' *m*; **2.** *in Zssgn* ...knacker *m*: ***safe ~*** Geldschrankknacker; **3.** → ***bust***[2] 9.
bus·tle[1] [ˈbʌsl] *s. hist.* Turˈnüre *f*.
bus·tle[2] [ˈbʌsl] **I** *v/i. a.* ***~ about*** geschäftig hin u. her rennen, ‚herˈumfuhrwerken', hasten, sich tummeln; **II** *v/t.* ***~ up*** hetzen; **III** *s.* Geschäftigkeit *f*, geschäftiges Treiben, Getriebe *n*, Gewühl *n*; Gehetze *n*; Getue *n*; ˈ**bus·tler** [-lə] *s.* geschäftiger Mensch; ˈ**bus·tling** [-lɪŋ] *adj.* geschäftig.
ˈ**bust-up** *s.* F ‚Krach' *m*.
bus·y [ˈbɪzɪ] **I** *adj.* ☐ **1.** beschäftigt, tätig: ***be ~ packing*** mit Packen beschäftigt sein; ***get ~*** F sich ‚ranmachen'; **2.** geschäftig, rührig, fleißig: ***as ~ as a bee*** bienenfleißig; **3.** belebt (*Straße etc.*); ereignis-, arbeitsreich (*Zeit*); **4.** auf-, zudringlich; **5.** *teleph. Am.* besetzt (*Leitung*): ***~ signal*** Besetztzeichen *n*; **II** *v/t.* **6.** (***o.s.*** sich) beschäftigen (***with***, ***in***, ***at***, ***about*** *ger.* mit); ˈ**~ˌbod·y** *s.* ‚Gschaftlhuber' *m*, ˈÜbereifrige(r) *m*, Wichtigtuer *m*.
bus·y·ness [ˈbɪzɪnɪs] *s.* Geschäftigkeit *f*.
but [bʌt; bət] **I** *cj.* **1.** aber, jeˈdoch, sondern: ***small ~ select*** klein, aber fein; ***I wished to go ~ I couldn't*** ich wollte gehen, aber ich konnte nicht; ***not only ... ~ also*** nicht nur ..., sondern auch; **2.** außer, als: ***what could I do ~ refuse*** was blieb mir übrig, als abzulehnen; ***he couldn't ~ laugh*** er mußte einfach lachen; **3.** ohne daß: ***justice was never done ~ someone complained***; **4.** ***~ that*** a) wenn nicht: ***I would do it ~ that I am busy***, b) daß: ***you cannot deny ~ that it was you***, c) daß nicht: ***I am not so stupid ~ that I can learn it*** ich bin nicht so dumm, daß ich es nicht lernen könnte; **5.** ***~ then*** andererseits, immerˈhin; **6.** ***~ yet***, ***~ for all that*** (aber) trotzdem; **II** *prp.* **7.** außer: ***~ that*** außer daß; ***all ~ me*** alle außer mir; → 13; ***anything ~ clever*** alles andere als klug: ***the last ~ one*** der vorletzte; ***the last ~ two*** der drittletzte; **8.** ***~ for*** ohne, wenn nicht: ***~ for the war*** ohne den Krieg, wenn der Krieg nicht (gewesen *od.* gekommen) wäre; **III** *adv.* **9.** nur, bloß: ***~ a child***; ***I did ~ glance*** ich blickte nur flüchtig hin; ***~ once*** nur ˈeinmal; **10.** erst, gerade: ***he left ~ an hour ago***; **11.** immerhin, wenigstens: ***you can ~ try***; **12.** ***nothing ~***, ***none ~*** nur; **13.** ***all ~*** fast: ***he all ~ died*** er wäre fast gestorben; → 7; **IV** *neg. rel. pron.* **14.** ***few of them ~ rejoiced*** es gab wenige, die sich nicht freuten; **V** *s.* **15.** Aber *n*; → ***if*** 5.
bu·tane [ˈbju:teɪn] *s.* ⚗ Buˈtan *n*.
butch [bʊtʃ] *s. sl.* Mannweib, (*Lesbierin*) kesser Vater.
butch·er [ˈbʊtʃə] **I** *s.* **1.** Fleischer *m*, Schlachter *m*, Metzger *m*: ***~'s meat*** Schlachtfleisch *n*; **2.** *fig.* Mörder *m*, Schlächter *m*; **3.** 🚂 *Am.* (Süßwaren- *etc.*)Verkäufer *m*; **II** *v/t.* **4.** schlachten; **5.** *fig.* morden, abschlachten; ˈ**butch·er·ly** [-lɪ] *adj.* blutdürstig; ˈ**butch·er·y** [-ərɪ] *s.* **1.** Schlachterhandwerk *n*; **2.** Schlachthaus *n*, -hof *m*; **3.** *fig.* Gemetzel *n*.
but·ler [ˈbʌtlə] *s.* **1.** Butler *m*; **2.** Kellermeister *m*.
butt [bʌt] **I** *s.* **1.** (dickes) Ende (*e-s Werkzeugs etc.*); **2.** (*Gewehr*)Kolben *m*; **3.** (*Zigaretten- etc.*)Stummel *m*; **4.** ⚘ unteres Ende (*von Stiel od. Stamm*); **5.** ⚙ Stoß *m*; → ***butt joint***; **6.** ⚔ Kugelfang *m*; *pl.* Schießstand *m*; **7.** *fig.* Zielscheibe *f* (*des Spottes etc.*); **8.** (Kopf- *etc.*)Stoß *m*; **9.** *sl.* ‚Hintern' *m*; **II** *v/t.* **10.** (*bsd.* mit dem Kopf) stoßen; **11.** ⚙ aneinˈanderfügen; **III** *v/i.* **12.** (an-)stoßen, angrenzen (***on***, ***against*** an *acc.*); **13.** ***~ in*** F sich einmischen: ***~ in on***, ***~ into*** sich einmischen in (*acc.*); ~ **end** *s.* **1.** (Gewehr)Kolben *m*; **2.** dickes Endstück; Ende *n*.
but·ter [ˈbʌtə] **I** *s.* **1.** Butter *f*: ***melted ~*** zerlassene Butter; ***he looks as if ~ would not melt in his mouth*** er sieht aus, als könnte er nicht bis drei zählen; **2.** (*Erdnuß-, Kakao- etc.*)Butter *f*; **3.** F ‚Schmus' *m*, Schmeicheˈlei(en *pl.*) *f*; **II** *v/t.* **4.** mit Butter bestreichen *od.* zubereiten; **5.** ***~ up*** F *j-n* ‚einwickeln', *j-m* schmeicheln; ~ **bean** *s.* ⚘ Wachsbohne *f*; ~ **churn** *s.* Butterfaß *n* (*zum Buttern*); ˈ**~·cup** *s.* ⚘ Butterblume *f*; ~ **dish** *s.* Butterdose *f*; ˈ**~ˌfin·gers** *s. pl. sg. konstr.* F Tolpatsch *m*, ‚Tapps' *m*.
but·ter·fly [ˈbʌtəflaɪ] *s.* **1.** *zo.* Schmetterling *m* (*a. fig. flatterhafter Mensch*); **2.** *sport a.* ***~ stroke*** Schmetterlingsstil *m*; ~ **nut** *s.* ⚙ Flügelmutter *f*; ~ **valve** *s.* ⚙ Drosselklappe *f*.
but·ter·ine [ˈbʌtəri:n] *s.* Kunstbutter *f*.
ˈ**but·ter**|**·milk** *s.* Buttermilch *f*; ˈ**~·scotch** *s.* Karaˈmelbonˌbon *m*, *n*.
but·ter·y [ˈbʌtərɪ] **I** *adj.* **1.** butterartig, Butter...; **2.** F schmeichlerisch; **II** *s.* **3.** Speisekammer *f*; **4.** *Brit. univ.* Kanˈtine *f*.
butt joint *s.* ⚙ Stoßfuge *f*, -verbindung *f*.
but·tock [ˈbʌtək] *s.* **1.** *anat.* ˈHinterbacke *f*; *mst pl.* ˈHinterteil *n*, Gesäß *n*; **2.** *Ringen*: Hüftschwung *m*.
but·ton [ˈbʌtn] **I** *s.* **1.** (Kleider)Knopf *m*: ***not worth a ~*** keinen Pfifferling wert; ***not to care a ~*** (***about***) F sich nichts machen (aus); ***a ~ short*** F ‚leicht beknackt'; (***boy in***) ***~s*** (Hotel)Page *m*; ***take by the ~*** a) *j-n* fest-, aufhalten, b) sich *j-n* vorknöpfen; **2.** (*Klingel-, Licht- etc.*)Knopf *m*; → ***press*** 2; **3.** Knopf *m*

(*Gegenstand*), *z.B.* a) Abzeichen *n*, Pla'kette *f*, b) (Mikro'phon)Kapsel *f*; **4.** ⚘ Knospe *f*, Auge *n*; **5.** *sport sl.* ‚Punkt' *m*, Kinnspitze *f*; **II** *v/t.* **6.** *a.* **~ up** (zu-)knöpfen: **~ one's mouth** den Mund halten; **~ed up** *fig.* a) ‚zugeknöpft' (*Person*), b) ‚in der Tasche', unter Dach und Fach (*Sache*); **III** *v/i.* **7.** sich knöpfen lassen, geknöpft werden; '**~·hole I** *s.* **1.** Knopfloch *n*; **2.** *Brit.* Knopflochsträußchen *n*, Blume *f* im Knopfloch; **II** *v/t.* **3.** *j-n* festhalten (u. auf ihn einreden); **4.** mit Knopflöchern versehen.

but·tress ['bʌtrɪs] **I** *s.* **1.** ⚠ Strebepfeiler *m*, -bogen *m*; **2.** Stütze *f* (*a. fig.*); **II** *v/t.* *a.* **~ up 3.** (durch Strebepfeiler) stützen; **4.** *fig.* stützen.

'**butt-weld** *v/t.* ⚙ stumpfschweißen.

bu·tyl ['bju:tɪl] *s.* ⚗ Bu'tyl *n*.

bu·tyr·ic [bju:'tɪrɪk] *adj.* ⚗ Butter…

bux·om ['bʌksəm] *adj.* drall.

buy [baɪ] **I** *s.* **1.** F Kauf *m*, *das* Gekaufte: **a good ~** ein günstiger Kauf; **II** *v/t.* [*irr.*] **2.** (an-, ein)kaufen (**of, from** von, **at** bei): **money cannot ~ it** es ist für Geld nicht zu haben; **~ing habit** Kaufgewohnheit *f*; **~ing power** (überschüssige) Kaufkraft; **3.** *fig.* erkaufen: **dearly bought** teuer erkauft; **4.** *j-n* kaufen, bestechen; **5.** loskaufen, auslösen; **6.** *Am. sl. et.* ‚abkaufen', glauben; **7. ~ it** *Brit. sl.* ‚dran glauben müssen'; **III** *v/i.* [*irr.*] **8.** kaufen; **9. ~ into** ✝ sich einkaufen in (*acc.*);

Zssgn mit adv.:

buy| in *v/t.* **1.** sich eindecken mit; **2.** (*auf Auktionen*) zu'rückkaufen; **3. buy o.s. in** ✝ sich einkaufen; **~ off** *v/t.* → **buy** 4; **~ out** *v/t.* **1.** *Teilhaber etc.* auszahlen, abfinden; **2.** *Firma etc.* aufkaufen; **~ o·ver** *v/t.* → **buy** 4; **~ up** *v/t.* aufkaufen.

buy·er ['baɪə] *s.* **1.** Käufer(in), Abnehmer(in): **~-up** Aufkäufer; **~s' market** ✝ Käufermarkt *m*; **~s' strike** Käuferstreik *m*; **2.** ✝ Einkäufer(in).

buy-out ['baɪaʊt] *s. a.* **management ~** Aufkauf *m* e-r Firma durch deren Manager (*der damit neuer Eigentümer wird*).

buzz [bʌz] **I** *v/i.* **1.** summen, brummen, surren, schwirren: **~ about** (*od.* **around**) herumschwirren (*a. fig.*); **~ing with excitement** in heller Aufregung; **~ off** *sl.* ‚abschwirren', ‚abhauen'; **2.** säuseln, sausen; **3.** murmeln, durcheinanderreden; **II** *v/t.* **4.** F a) *j-n* mit dem Summer rufen, b) *teleph. j-n* anrufen; **5.** ✈ a) in geringer Höhe über'fliegen, b) (bedrohlich) anfliegen; **III** *s.* **6.** Summen *n*, Brummen *n*, Schwirren *n*; **7.** Stimmengewirr *n*; **8.** Gerücht *n*.

buz·zard ['bʌzəd] *s. orn.* Bussard *m*.

buzz·er ['bʌzə] *s.* **1.** Summer *m*, *bsd.* summendes In'sekt; **2.** Summer *m*, Summpfeife *f*; **3.** ⚡ Summer *m*; **4.** ⚔ a) 'Feldtele͵graph *m*, b) *sl.* Telegra'phist *m*; **5.** *Am. sl.* Poli'zeimarke *f*.

buzz saw *s. Am.* Kreissäge *f*.

buzz·word ['bʌzwɜ:d] *s.* **1.** Modewort *n*; **2.** Parole *f*.

by [baɪ] **I** *prp.* **1.** (*Raum*) (nahe) bei *od.* an (*dat.*), neben (*dat.*): **~ the window** beim *od.* am Fenster; **2.** durch (*acc.*), über (*acc.*), via, an (*dat.*) … entlang *od.* vor'bei: **he came ~ Park Road** er kam über *od.* durch die Parkstraße; **we drove ~ the park** wir fuhren am Park entlang; **~ land** zu Lande; **3.** (*Zeit*) während, bei: **~ day** bei Tage; **day ~ day** Tag für Tag; **~ lamplight** bei Lampenlicht; **4.** bis (zu *od.* um *od.* spätestens): **be here ~ 4.30** sei um 4 Uhr 30 hier; **~ the allotted time** bis zum festgesetzten Zeitpunkt; **~ now** nunmehr, inzwischen, schon; **5.** (*Urheber*) von, durch: **a book ~ Shaw** ein Buch von Shaw; **settled ~ him** durch ihn *od.* von ihm geregelt; **~ nature** von Natur (aus); **~ oneself** aus eigener Kraft, selbst, allein; **6.** (*Mittel*) durch, mit, vermittels: **~ listening** durch Zuhören; **driven ~ steam** mit Dampf betrieben; **~ rail** per Bahn; **~ letter** brieflich; **7.** gemäß, nach: **~ my watch it is now ten** nach m-r Uhr ist es jetzt zehn; **8.** (*Menge*) um, nach: **too short ~ an inch** um einen Zoll zu kurz; **sold ~ the metre** meterweise verkauft; **9.** ℞ a) mal: **3** (**multiplied**) **~ 4**; **the size is 9 feet ~ 6** die Größe ist 9 mal 6 Fuß, b) durch: **6** (**divided**) **~ 2**; **10. ~ the way** *od.* **~ the ~(e)** übrigens; **II** *adv.* **11.** da'bei: **close ~, hard ~** dicht dabei; **12. ~ and large** im großen u. ganzen; **~ and ~** demnächst, nach u. nach; **13.** vor'bei, -'über: **pass ~** vorübergehen; **14.** bei'seite: **put ~**.

by- [baɪ] *Vorsilbe* **1.** Neben…, Seiten…; **2.** geheim.

bye [baɪ] **I** *s. sport* a) *Kricket*: durch einen vor'beigelassenen Ball ausgelöster Lauf, b) Freilos *n*: **draw a ~** ein Freilos ziehen; **II** *adj.* 'untergeordnet, Neben…

bye- → **by-**.

bye-bye I *s.* ['baɪbaɪ] *Kindersprache*: ‚Heia' *f*, Bett *n*, Schlaf *m*; **II** *int.* [͵baɪ'baɪ] F Wiedersehen!, Tschüs!

'**bye-law** → **bylaw**.

'**by|-e͵lec·tion** *s.* Ersatz-, Nachwahl *f*; '**~·gone I** *adj.* vergangen; **II** *s. das* Vergangene: **let ~s be ~s** laß(t) das Vergangene ruhen; '**~·law** *s.* **1.** Gemeindeverordnung *f*, -satzung *f*; **2.** *pl.* Sta'tuten *pl.*, Satzung *f*; **3.** 'Durchführungsverordnung *f*; '**~·line** *s.* **1.** 🚂 'Neben͵linie *f*; **2.** Verfasserangabe *f* (*unter der Überschrift e-s Zeitungsartikels*); **3.** Nebenbeschäftigung *f*; '**~·name** *s.* **1.** Beiname *m*; **2.** Spitzname *m*; '**~·pass I** *s.* **1.** 'Umleitung *f*, Um'gehungsstraße *f*; **2.** Nebenleitung *f*; **3.** *Gasbrenner*: Dauerflamme *f*; **4.** ⚡ Nebenschluß *m*; **5.** ✱ Bypass *m*; **II** *v/t.* **6.** 'umleiten; **7.** um'gehen (*a. fig.*); **8.** vermeiden, über'gehen; '**~·path** *s.* Seitenweg *m* (*a. fig.*); '**~·play** *s. thea.* Nebenhandlung *f*; '**~͵prod·uct** *s.* 'Nebenpro͵dukt *n*, *fig. a.* Nebenerscheinung *f*.

byre ['baɪə] *s. Brit.* Kuhstall *m*.

'**by|·road** *s.* Seiten-, Nebenstraße *f*; '**~͵stand·er** *s.* Zuschauer(in); '**~·street** → **byroad**.

byte [baɪt] *s. Computer*: Byte *n*.

'**by|·way** *s.* **1.** Seiten-, Nebenweg *m*; **2.** *fig.* 'Nebenas͵pekt *m*; '**~·word** *s.* **1.** Sprichwort *n*; **2.** (**for**) Inbegriff *m* (*gen.*), Musterbeispiel *n* (für); **3.** Schlagwort *n*.

By·zan·tine [bɪ'zæntaɪn] *adj.* byzan'tinisch.

C

C, c [siː] *s.* **1.** C *n*, c *n* (*Buchstabe*); **2.** ♪ C *n*, c *n* (*Note*); **3.** *ped. Am.* Drei *f*, Befriedigend *n* (*Note*); **4.** *Am. sl.* ‚Hunderter' *m* (*Banknote*).

cab [kæb] **I** *s.* **1.** a) Droschke *f*, b) Taxi *n*; **2.** a) 🚂 Führerstand *m*, b) Führersitz *m* (*Lastauto*), c) Lenkerhäus-chen *n* (*Kran*); **II** *v/i.* **3.** mit e-r Droschke *od.* e-m Taxi fahren.

ca·bal [kəˈbæl] **I** *s.* **1.** Kaˈbale *f*, Inˈtrige *f*; **2.** Clique *f*, Klüngel *m*; **II** *v/i.* **3.** intrigieren, Ränke schmieden, sich verschwören.

cab·a·ret [ˈkæbəreɪ] *s.* **1.** (*a. politisches*) Kabaˈrett, Kleinkunstbühne *f*: **~ *performer*** Kabarettist(in); **2.** Restauˈrant *n od.* Nachtklub *m* mit Varieˈtédarbietungen.

cab·bage [ˈkæbɪdʒ] *s.* 🌱 **1.** Kohl(pflanze *f*) *m*: ***become a* ~** F verblöden, dahinvegetieren; **2.** Kohlkopf *m*; **~ but·ter·fly** *s. zo.* Kohlweißling *m*; **ˈ~·head** *s.* **1.** Kohlkopf *m*; **2.** F Dummkopf *m*; **ˈ~-white** → ***cabbage butterfly***.

ca(b)·ba·la [kəˈbɑːlə] *s.* ˈKabbala *f*, Geheimlehre *f* (*a. fig.*).

cab·by [ˈkæbɪ] F → ***cab driver***.

cab driv·er *s.* **1.** Droschkenkutscher *m*; **2.** Taxifahrer *m*.

ca·ber [ˈkeɪbə] *s. Scot.* Baumstamm *m*: ***tossing the* ~** Baumstammwerfen *n*.

cab·in [ˈkæbɪn] *s.* **1.** Häus-chen *n*, Hütte *f*; **2.** ⚓ Kaˈbine *f*, Kaˈjüte *f*; **3.** ✈ Kaˈbine *f*: a) Fluggastraum *m*, b) Kanzel *f*; **4.** *Brit.* 🚂 Stellwerk *n*; **~ boy** *s.* ⚓ Kaˈbinenˌsteward *m*; **~ class** *s.* ⚓ Kaˈjütenklasse *f*; **~ cruis·er** *s.* Kaˈbinenkreuzer *m*.

cab·i·net [ˈkæbɪnɪt] *s.* **1.** *oft* ꝛ *pol.* Kabiˈnett *n*: **~ *council*, ~ *meeting*** Kabinettssitzung *f*; **~ *crisis*** Regierungskrise *f*; **2.** (Schau-, Sammlungs-, *a.* Büˈro-, Karˈtei- *etc.*)Schrank *m*, (Wand-)Schränkchen *n*, Viˈtrine *f*; **3.** *Radio etc.*: Gehäuse *n*; **4.** *phot.* Kabiˈnettforˌmat *n*; **ˈ~ˌmak·er** *s.* **1.** Kunsttischler *m*; **2.** *humor.* Miˈnisterpräsiˌdent *m* bei der Regierungsbildung; **ˈ~ˌmak·ing** *s.* ˈKunsttischleˌrei *f*; ꝛ **Min·is·ter** *s. pol.* Kabiˈnettsmiˌnister *m*; **~ size** → ***cabinet*** 4.

cab·in scoot·er *s. mot.* Kaˈbinenroller *m*.

ca·ble [ˈkeɪbl] **I** *s.* **1.** Kabel *n*, Tau *n*, (Draht)Seil *n*; **2.** ⚓ Trosse *f*, Ankertau *n*, -kette *f*; **3.** ⚡ (Leitungs)Kabel *n*; **4.** → ***cablegram***; **II** *v/t. u. v/i.* **5.** kabeln, telegraphieren; **~ car** *Seilbahn*: a) Kaˈbine *f*, b) Wagen *m*; **ˈ~·cast I** *v/t.* [*irr.* → ***cast***] per Kabelfernsehen überˈtragen; **II** *s.* Sendung *f* im Kabelfernsehen.

ca·ble·gram [ˈkeɪblgræm] *s.* Kabel *n*, (ˈÜbersee)Teleˌgramm *n*.

ca·ble rail·way *s.* **1.** Drahtseilbahn *f*; **2.** *Am.* Drahtseil-Straßenbahn *f*.

ca·blese [keɪˈbliːz] *s.* Teleˈgrammstil *m*.

ˈca·ble's-length [ˈkeɪblz-] *s.* ⚓ Kabellänge *f* (*100 Faden*).

ca·ble tel·e·vi·sion *s.* Kabelfernsehen *n*; **ˈ~·way** *s.* Drahtseilbahn *f*.

ˈcab·man [-mən] *s.* [*irr.*] → ***cab driver***.

ca·boo·dle [kəˈbuːdl] *s. sl.*: ***the whole* ~** a) der ganze Klimbim, b) die ganze Sippschaft.

ca·boose [kəˈbuːs] *s.* **1.** ⚓ Komˈbüse *f*, Schiffsküche *f*; **2.** 🚂 *Am.* Dienst-, Bremswagen *m*.

cab rank *s. Brit.* Taxi-, Droschkenstand *m*.

cab·ri·o·let [ˈkæbrɪəleɪ] *s. a. mot.* Kabrioˈlett *n*.

ca'can·ny [ˌkɑːˈkænɪ] *s. Scot.* ⚚ Bummelstreik *m*.

ca·ca·o [kəˈkɑːəʊ] *s.* **1.** 🌱 *a.* **~-*tree*** Kaˈkaobaum *m*; **2.** Kaˈkaobohnen *pl.*; **~ bean** *s.* Kaˈkaobohne *f*; **~ but·ter** *s.* Kaˈkaobutter *f*.

cache [kæʃ] **I** *s.* geheimes (Waffen- *od.* Proviˈant- *etc.*)Lager, Versteck *n*; **II** *v/t.* verstecken.

ca·chet [ˈkæʃeɪ] *s.* **1.** a) Siegel *n*, b) *fig.* Stempel *m*, Merkmal *n*; **2.** ⚕ Kapsel *f*.

cack·le [ˈkækl] **I** *v/i.* gackern (*a. fig. lachen*), schnattern (*a. fig. schwatzen*); **II** *s.* (*a. fig.*) Gegacker *n*, Geschnatter *n*: ***cut the* ~!** F quatsch nicht!

ca·coph·o·nous [kæˈkɒfənəs] *adj.* ˈmißtönend; **caˈcoph·o·ny** [-nɪ] *s.* Kakophoˈnie *f* (*Mißklang*).

cac·tus [ˈkæktəs] *pl.* **-ti** [-taɪ], **-tus·es** *s.* 🌱 ˈKaktus *m*.

cad [kæd] *s.* **1.** ordiˈnärer Kerl; **2.** gemeiner Kerl.

ca·das·tral [kəˈdæstrəl] *adj.*: **~ *survey*** Katasteraufnahme *f*.

ca·dav·er·ous [kəˈdævərəs] *adj.* leichenhaft.

cad·die [ˈkædɪ] *s.* a) ˈCaddie *m* (*Golfjunge*), b) → **ˈ~-cart** *s.* ˈCaddie *m* (*Golfschlägerwagen*).

cad·dish [ˈkædɪʃ] *adj.* **1.** proˈletenhaft, **2.** gemein, niederträchtig.

cad·dy[1] → ***caddie***.

cad·dy[2] [ˈkædɪ] *s.* Teedose *f*; **~ spoon** *s.* Tee-, Meßlöffel *m*.

ca·dence [ˈkeɪdəns] *s.* **1.** (ˈVers-, ˈSprech)ˌRhythmus *m*; **2.** ♪ Kaˈdenz *f*; **3.** Tonfall *m* (*am Satzende*); **ˈca·denced** [-st] *adj.* ˈrhythmisch.

ca·det [kəˈdet] *s.* **1.** ⚔ Kaˈdett *m*; **2.** (Poliˈzei- *etc.*)Schüler *m*; **3.** jüngerer Sohn *od.* Bruder; **4.** *in Zssgn a.* Nachwuchs…: **~ *researcher*, ~ *nurse*** Lernschwester *f*.

cadge [kædʒ] *v/i. u. v/t.* ‚schnorren'; **ˈcadg·er** [-dʒə] *s.* ‚Schnorrer' *m*, ‚Nassauer' *m*.

ca·di [ˈkɑːdɪ] *s.* Kadi *m*, Bezirksrichter *m* (*im Orient*).

cad·mi·um [ˈkædmɪəm] *s.* ⚗ ˈKadmium *n*; **ˈ~ˌplate** *v/t.* ⚙ kadmieren.

ca·dre [ˈkɑːdə] *s.* **1.** Kader *m*: a) ⚔ (Truppen)Stamm *m*, b) *pol.* Führungsgruppe *f*, c) ˈRahmenorganisatiˌon *f*; **2.** *fig.* Grundstock *m*.

ca·du·ce·us [kəˈdjuːsjəs] *pl.* **-ce·i** [-sjaɪ] *s.* Merˈkurstab *m* (*a. ärztliches Abzeichen*).

cae·cum [ˈsiːkəm] *s. anat.* Blinddarm *m*.

Cae·sar [ˈsiːzə] *s.* **1.** ˈCäsar *m* (*Titel römischer Kaiser*); **2.** Autoˈkrat *m*.

Cae·sar·e·an, Cae·sar·i·an [siːˈzeərɪən] *adj.* cäˈsarisch: **~ (*operation od. section*)** ⚕ Kaiserschnitt *m*.

Cae·sar·ism [ˈsiːzərɪzəm] *s.* Diktaˈtur *f*; Herrschsucht *f*.

cae·su·ra [siːˈzjʊərə] *s.* Zäˈsur *f*: a) (Vers)Einschnitt *m*, b) ♪ Ruhepunkt *m*.

ca·fé [ˈkæfeɪ] *s.* **1.** a) Caˈfé *n*, b) Restauˈrant *n*; **2.** *Am.* Bar *f*.

caf·e·te·ri·a [ˌkæfɪˈtɪərɪə] *s.* ˈSelbstbedienungsrestauˌrant *n*, Cafeteˈria *f*.

caf·fe·ine [ˈkæfiːn] *s.* ⚗ Koffeˈin *n*; **ˈ~-free** *adj.* koffeˈinfrei.

caf·tan [ˈkæftæn] *s.* ˈKaftan *m* (*a. Damenmode*).

cage [keɪdʒ] **I** *s.* **1.** Käfig *m* (*a. fig.*); (Vogel)Bauer *n*; **2.** Gefängnis *n* (*a. fig.*); **3.** Kriegsgefangenenlager *n*; **4.** Kaˈbine *f e-s Aufzuges*; **5.** ⚒ Förderkorb *m*; **6.** *a.* ⛰ Stahlgerüst *n*; **7.** a) *Baseball*: abgegrenztes Trainingsfeld, b) *Eishockey*: Tor *n*, c) *Basketball*: Korb *m*; **II** *v/t.* **8.** (in e-n Käfig) einsperren; **9.** *Eishockey*: *den Puck* ins Tor schießen; **~ aer·i·al** *s. Brit.*, **~ an·ten·na** *s. Am.* ⚡ ˈKäfiganˌtenne *f*.

ca·gey [ˈkeɪdʒɪ] *adj.* F **1.** verschlossen; **2.** vorsichtig, berechnend; **3.** ‚gerissen', schlau.

ca·hoot [kəˈhuːt] *s.*: ***be in ~s* (*with*)** F unter e-r Decke stecken (mit).

Cain [keɪn] *s.*: ***raise* ~** F Krach schlagen.

cairn [keən] *s.* **1.** Steinhaufen *m* (*als Grenz- od. Grabmal*); **2.** *mount.* Steinmann *m*; **3.** *a.* **~ *terrier*** *zo.* ˈCairn-ˌTerrier *m* (*Hund*).

cais·son [kəˈsuːn] *s.* **1.** ⚙ Caisˈson *m*, Senkkasten *m*; **2.** ⚔ Munitiˈonswagen *m*; **~ dis·ease** *s.* ⚕ Caisˈsonkrankheit *f*.

ca·jole [kəˈdzəʊl] *v/t.* *j-m* schmeicheln

od. schöntun; *j-n* beschwatzen, verleiten (***into*** zu): ***~ s.th. out of s.o.*** j-m et. abbetteln; **ca'jol·er·y** [-ləri] *s.* Schmeiche'lei *f*, gutes Zureden; Liebediene'rei *f*.

cake [keɪk] **I** *s.* **1.** Kuchen *m* (*a. fig.*): ***parcel out the ~*** *fig.* den (*finanziellen*) Kuchen verteilen; ***take the ~*** den Preis davontragen, *fig.* den Vogel abschießen; ***that takes the ~!*** F a) das ist (einsame) Spitze!, b) *contp.* das ist die Höhe!; ***be selling like hot ~s*** weggehen wie warme Semmeln; ***you can't eat your ~ and have it!*** du kannst nur eines von beiden tun *od.* haben!, entweder – oder!; ***~s and ale*** Lustbarkeit(en *pl.*) *f*, ‚süßes Leben'; **2.** Kuchen *m* (*Masse*); Tafel *f Schokolade*, Riegel *m Seife etc.*; **3.** (Schmutz- *etc.*)Kruste *f*; **II** *v/i.* **4.** zs.-backen, -ballen, verkrusten: ***~d with filth*** mit e-r Schmutzkruste (überzogen *od.* bedeckt); **~ mix** *s.* Backmischung *f*; **'~-walk** *s.* 'Cakewalk *m* (*Tanz*).

cal·a·bash ['kæləbæʃ] *s.* ⚘ Kale'basse *f*: a) Flaschenkürbis *m*, b) *daraus gefertigtes Trinkgefäß*.

ca·lam·i·tous [kə'læmɪtəs] *adj.* ☐ katastro'phal, unheilvoll, Unglücks…

ca·lam·i·ty [kə'læmətɪ] *s.* **1.** Unglück *n*, Unheil *n*, Kata'strophe *f*; **2.** Elend *n*, Mi'sere *f*; **~ howl·er** *s. bsd. Am.* Schwarzseher *m*, 'Panikmacher *m*; **♀ Jane** *s.* F Pechmarie *f*, Unglückswurm *m*.

cal·car·e·ous [kæl'keərɪəs] *adj.* ⚗ kalkartig, Kalk…; kalkhaltig.

cal·cif·er·ous [kæl'sɪfərəs] *adj.* ⚗ kalkhaltig; **cal·ci·fi·ca·tion** [ˌkælsɪfɪ'keɪʃn] *s.* **1.** ✱ Verkalkung *f*; **2.** *geol.* Kalkablagerung *f*; **cal·ci·fy** ['kælsɪfaɪ] *v/t. u. v/i.* verkalken; **cal·ci·na·tion** [ˌkælsɪ'neɪʃn] *s.* ⚙ Kalzinierung *f*, Glühen *n*; **cal·cine** ['kælsaɪn] *v/t.* ⚙ kalzinieren, (aus)glühen, zu Asche verbrennen.

cal·ci·um ['kælsɪəm] *s.* ⚗ 'Kalzium *n*; **~ car·bide** *s.* ⚗ ('Kalzium)Karˌbid *n*; **~ chlo·ride** *s.* ⚗ Chlor'kalzium *n*; **~ light** *s.* Kalklicht *n*.

cal·cu·la·ble ['kælkjʊləbl] *adj.* berechenbar, kalkulierbar (*Risiko*).

cal·cu·late ['kælkjʊleɪt] **I** *v/t.* **1.** aus-, er-, berechnen; † kalkulieren; **2.** *mst pass.* berechnen, planen; → ***calculated***; **3.** *Am.* F vermuten, glauben; **II** *v/i.* **4.** rechnen; † kalkulieren; **5.** über'legen; **6.** (***upon***) rechnen (mit, auf *acc.*), sich verlassen (auf *acc.*); **'cal·cu·lat·ed** [-tɪd] *adj.* berechnet, gewollt, beabsichtigt: **~ *indiscretion*** gezielte Indiskretion; **~ *risk*** kalkuliertes Risiko; **~ *to deceive*** darauf angelegt zu täuschen; ***not ~ for*** nicht geeignet *od.* bestimmt für; **'cal·cu·lat·ing** [-tɪŋ] *adj.* **1.** (schlau) berechnend, (kühl) über'legend; **2.** Rechen…: **~ *machine***; **cal·cu·la·tion** [ˌkælkjʊ'leɪʃn] *s.* **1.** Kalkulati'on *f*, Berechnung *f*: ***be out in one's ~*** sich verrechnet haben; **2.** Voranschlag *m*; **3.** Über'legung *f*; **4.** *fig.* a) Berechnung *f*, b) Schläue *f*; **'cal·cu·la·tor** [-tə] *s.* **1.** Kalku'lator *m*; **2.** 'Rechentaˌbelle *f*; **3.** 'Rechenmaˌschine *f*, Rechner *m*.

cal·cu·lus ['kælkjʊləs] *pl.* **-li** [-laɪ] *s.* **1.** ✱ (*Blasen-, Gallen-, Nieren- etc.*)Stein *m*; **2.** ✗ a) (*bsd. Differential-, Integral-*) Rechnung *f*, Rechnungsart *f*, b) höhere A'nalysis: **~ *of probabilities*** Wahrscheinlichkeitsrechnung.

cal·dron ['kɔ:ldrən] → ***cauldron***.

Cal·e·do·ni·an [ˌkælɪ'dəʊnjən] *poet.* **I** *adj.* kale'donisch (*schottisch*); **II** *s.* Kale'donier *m* (*Schotte*).

cal·e·fac·tion [ˌkælɪ'fækʃn] *s.* Erwärmung *f*, Erhitzung *f*.

cal·en·dar ['kælɪndə] **I** *s.* **1.** Ka'lender *m*; **2.** *fig.* Zeitrechnung *f*; **3.** Jahrbuch *n*; **4.** Liste *f*, Re'gister *n*; **5.** *Brit. univ.* Vorlesungsverzeichnis *n*; **6.** †, *Am.* § Ter'minkaˌlender *m*; **II** *v/t.* **7.** registrieren; **~ month** *s.* Ka'lendermonat *m*.

cal·en·der ['kælɪndə] ⚙ **I** *s.* Ka'lander *m*; **II** *v/t.* ka'landern.

cal·ends ['kælɪndz] *s. pl. antiq.* Ka'lenden *pl.*: ***on the Greek ~*** am St. Nimmerleinstag.

calf¹ [kɑ:f] *pl.* **calves** [-vz] *s.* **1.** Kalb *n* (*der Kuh, a. von Elefant, Wal, Hirsch etc.*): ***with*** (*od.* ***in***) **~** trächtig (*Kuh*); **2.** Kalbleder *n*: ***~-bound*** in Kalbleder gebunden (*Buch*); **3.** F ‚Kalb' *n*, ‚Schaf' *n*; **4.** treibende Eisscholle.

calf² [kɑ:f] *pl.* **calves** [-vz] *s.* Wade *f* (*Bein, Strumpf etc.*).

'calf|·love *s.* F erste, junge Liebe; **'~'s-foot jel·ly** ['kɑ:vz-] *s.* Kalbsfußsülze *f*; **'~-skin** *s.* Kalbleder *n*.

cal·i·ber *Am.* → ***calibre***; **'cal·i·bered** *Am.* → ***calibred***; **cal·i·brate** ['kælɪbreɪt] *v/t.* ⚙ kalibrieren: a) mit e-r Gradeinteilung versehen, b) eichen; **cal·i·bra·tion** [ˌkælɪ'breɪʃn] *s.* ⚙ Kalibrierung *f*, Eichung *f*; **cal·i·bre** ['kælɪbə] *s.* **1.** ⚔ Ka'liber *n*; **2.** ⚙ a) ('Innen)Durchmesser *m*, b) Ka'liberlehre *f*; **3.** *fig.* Ka'liber *n*, For'mat *n*; **'cal·i·bred** [-bəd] *adj.* …kalibrig.

cal·i·ces ['kælɪsi:z] *pl. von* ***calix***.

cal·i·co ['kælɪkəʊ] **I** *pl.* **-coes**, *Am. a.* **-cos** *s.* **1.** 'Kaliko *m*, (bedruckter) Kat'tun; **2.** *Brit.* weißer *od.* ungebleichter Baumwollstoff; **II** *adj.* **3.** Kattun…; **4.** F bunt.

ca·lif, **cal·if·ate** → ***caliph***, ***caliphate***.

Cal·i·for·ni·an [kælɪ'fɔ:njən] **I** *adj.* kali'fornisch; **II** *s.* Kali'fornier(in).

cal·i·pers ['kælɪpəz] *s. pl.* Greif-, Tastzirkel *m*; ‡ Tast(er)lehre *f*.

ca·liph ['kælɪf] *s.* Ka'lif *m*; **'cal·iph·ate** [-feɪt] *s.* Kali'fat *n*.

cal·is·then·ics → ***callisthenics***.

ca·lix ['keɪlɪks] *pl.* **cal·i·ces** ['kælɪsi:z] *s. anat., zo., eccl.* Kelch *m*; → ***calyx***.

calk¹ [kɔ:k] **I** *s.* **1.** Stollen *m* (*am Hufeisen*); **2.** Gleitschutzbeschlag *m* (*an der Schuhsohle*); **II** *v/t.* **3.** mit Stollen *od.* Griffeisen versehen.

calk² [kɔ:k] *v/t.* ('durch)pausen.

calk³ [kɔ:k] → ***caulk***.

cal·kin ['kælkɪn] *Brit.* → ***calk¹*** I.

call [kɔ:l] **I** *s.* **1.** Ruf *m* (*a. fig.*); Schrei *m*: ***within ~*** in Rufweite; ***the ~ of duty***; ***the ~ of nature*** *humor.* ‚ein dringendes Bedürfnis'; **2.** (Tele'fon)Anruf *m*, (-)Gespräch *n*: ***give s.o. a ~*** j-n anrufen; → ***local*** 1, ***personal*** 1; **3.** *thea.* Her'vorruf *m*; **4.** Lockruf *m* (*Tier*); *fig.* Ruf *m*, Lockung *f*: ***the ~ of the East***; **5.** Namensaufruf *m*; **6.** Ruf *m*, Berufung *f* (***to*** in *ein Amt etc.*, auf *e-n Lehrstuhl*); **7.** (innere) Berufung, Drang *m*, Missi'on *f*; **8.** Si'gnal *n*; **9.** (Auf)Ruf *m*; († Zahlungs)Aufforderung *f*; † Abruf *m*, Kündigung *f von Geldern*; 'Kaufopti̩on *f*; *Brit.* Vorprämie *f*, Vorprämiengeschäfte *pl.*; *a.* Nachfrage *f* (***for*** nach): **~ *on shares*** Aufforderung zur Einzahlung auf Aktien; ***at ~***, ***on ~*** auf Abruf *od.* sofort bereit(stehend), † *a.* jederzeit kündbar; ***money at ~*** † Tagesgeld *n*; **10.** a) Veranlassung *f*, Grund *m*, b) Recht *n*: ***he had no ~ to do that***; **11.** In'anspruchnahme *f*: ***many ~s on my time*** starke Beanspruchung m-r Zeit; ***have the first ~*** den Vorrang haben; **12.** kurzer Besuch (***at*** in *e-m Ort*, ***on*** bei *j-m*); ⚓ Anlaufen *n*: ***port of ~*** Anlaufhafen *m*; **II** *v/t.* **13.** *j-n* (her'bei)rufen; *et.* (*a. weitS. Streik*) ausrufen; *Versammlung* einberufen; *teleph.* anrufen; *thea. Schauspieler* her'vorrufen: **~ *into being*** *fig.* ins Leben rufen; **14.** berufen (***to*** in *ein Amt*); **15.** § a) *Zeugen*, *Sache* aufrufen, b) *als Zeugen* vorladen; **16.** *Arzt*, *Auto* kommen lassen; **17.** nennen, bezeichnen als; **18.** *pass.* heißen (***after*** nach): ***he is ~ed Max***; ***what is it ~ed in English?*** wie heißt es auf englisch?; **19.** nennen, heißen (*lit.*), halten für: ***I ~ that a blunder***; ***we'll ~ it a pound*** wir wollen es bei einem Pfund bewenden lassen; **20.** wecken: **~ *me at 6 o'clock***; **21.** *Kartenspiel*: a) *Farbe* ansagen, b) **~ *s.o.'s hand*** *Poker*: j-n auffordern, s-e Karten vorzuzeigen; **III** *v/i.* **22.** rufen: ***you must come when I ~***; ***duty ~s***; ***he ~ed for help*** er rief um Hilfe; → ***call for***; **23.** *teleph.* anrufen: ***who is ~ing?*** wer ist dort?; **24.** (kurz) vor'beischauen (***on s.o.*** bei j-m);

Zssgn mit prp. u. adv.:

call| at *v/i.* **1.** besuchen (*acc.*), vorsprechen bei *od.* in (*dat.*), gehen *od.* kommen zu; **2.** ⚓ *Hafen* anlaufen; anlegen in (*dat.*); 🚆 halten in (*dat.*); **~ a·way** *v/t.* ab-, wegrufen; *fig.* ablenken; **~ back I** *v/t.* **1.** zu'rückrufen; **2.** wider'rufen; **II** *v/i.* **3.** *teleph.* zu'rückrufen; **~ down** *v/t.* **1.** *Segen etc.* her'abrufen, -flehen; *Zorn etc.* auf sich ziehen; **2.** *Am.* F ‚zs.-stauchen'; **~ for** *v/i.* **1.** nach *j-m* rufen; *Waren* abrufen; *thea.* her'ausrufen; **2.** *et.* erfordern, verlangen: **~ *courage***; ***your remark was not called for*** Ihre Bemerkung war unnötig; **3.** *j-n od. et.* abholen: ***to be called for*** a) abzuholen(d), b) postlagernd; **~ forth** *v/t.* **1.** her'vorrufen, auslösen; **2.** *Kraft* aufbieten; **~ in I** *v/t.* **1.** her'ein-, her'beirufen; hin'zu-, zu Rate ziehen; **2.** zu'rückfordern; *Geld* kündigen; *Schulden* einfordern; *Banknoten etc.* einziehen; **II** *v/i.* **3.** vorsprechen (***on*** bei *j-m*; ***at*** in *dat.*); **~ off** *v/t.* **1.** ab(be)rufen: **~ *goods*** Waren abrufen; **2.** *fig. et.* abbrechen, absagen, abblasen: **~ *a strike***; **3.** *Aufmerksamkeit*, *Gedanken* ablenken; **~ on** *od.* **up·on** *v/i.* **1.** *j-n* besuchen; bei *j-m* vorsprechen; **2.** *j-n* auffordern; **3.** **~ *s.o. for s.th.*** et. von j-m fordern, sich an j-n um et. wenden; ***I am*** (*od.* ***I feel***) ***called upon*** ich bin *od.* fühle mich genötigt (***to*** *inf.* zu *inf.*); **~ out I** *v/t.* **1.** her'ausrufen; **2.** *Polizei*, *Militär* aufbieten; **3.** *zum Kampf* her'ausfordern; *zum Streik* auffordern; **II** *v/i.* **4.** aufschreien; laut rufen; **~ o·ver** *v/t.* **1.** *Namen* verlesen; **2.** *Zahlen*, *Text* kollationieren; **~ to** *v/i. j-m* zurufen, *j-n* anrufen; **~ up** *v/t.* **1.** auf-, her'beirufen; *teleph.* anrufen; **2.** ⚔ einberufen; **3.**

fig. her'vor-, wachrufen, her'aufbeschwören; **4.** sich ins Gedächtnis zu'rückrufen; **~ up·on** → ***call on.***

call·a·ble ['kɔːləbl] *adj.* ✝ kündbar (*Geld, Kredit*); einziehbar (*Forderungen etc.*).

'call|·back *s.* ✝, ⚙ 'Rückrufaktiˌon *f in die Werkstatt*; **~ box** *s.* **1.** *Brit.* Fernsprechzelle *f*; **2.** *Am.* a) Postfach *n*, b) Notrufsäule *f*; **'~·boy** *s.* **1.** Ho'telpage *m*; **2.** *thea.* Inspizi'entengehilfe *m*; **~ but·ton** *s.* Klingelknopf *m*; **~ charge** *s. teleph.* Anrufgebühr *f*.

called [kɔːld] *adj.* genannt, namens.

call·er ['kɔːlə] *s.* **1.** *teleph.* Anrufer(in); **2.** Besucher(in); **3.** Abholer(in).

call| girl *s.* Callgirl *n* (*Prostituierte*); **~ house** *s. Am.* Bor'dell *n*.

cal·lig·ra·phy [kə'lɪgrəfɪ] *s.* Kalligra'phie *f*, Schönschreibkunst *f*.

'call-in *s. Radio, TV*: Sendung *f* mit tele'fonischer Publikumsbeteiligung.

call·ing ['kɔːlɪŋ] *s.* **1.** Beruf *m*, Geschäft *n*, Gewerbe *n*; **2.** *eccl.* Berufung *f*; **3.** Einberufung *f e-r Versammlung*; **~ card** *s.* Vi'sitenkarte *f*.

cal·li·pers → ***calipers.***

cal·lis·then·ics [ˌkælɪs'θenɪks] *s. pl. mst sg. konstr.* Freiübungen *pl.*

call| loan *s.* ✝ täglich kündbares Darlehen; **~ mon·ey** *s.* ✝ Tagesgeld *n*; **~ num·ber** *s. teleph.* Rufnummer *f*; **~ of·fice** *s.* Fernsprechstelle *f*, -zelle *f*.

cal·los·i·ty [kæ'lɒsətɪ] *s.* Schwiele *f*, Hornhautbildung *f*; **cal·lous** ['kæləs] **I** *adj.* □ schwielig; *fig.* abgebrüht, gefühllos; **II** *v/i.* sich verhärten, schwielig werden; *fig.* abstumpfen; **cal·lous·ness** ['kæləsnɪs] *s.* Schwieligkeit *f*; *fig.* Abgebrühtheit *f*, Gefühllosigkeit *f*.

cal·low ['kæləʊ] *adj.* **1.** ungefiedert, nackt; **2.** *fig.* ‚grün', unreif.

call| sign, ~ sig·nal *s. teleph. etc.* Rufzeichen *n*; **~ u·nit** *s. teleph.* Gesprächseinheit *f*; **'~-up** *s.* ✕ a) Einberufung, b) Mobilisierung *f*.

cal·lus ['kæləs] *pl.* **-li** [-laɪ] *s.* ⚕ **1.** Knochennarbe *f*; **2.** Schwiele *f*.

calm [kɑːm] **I** *s.* **1.** Stille *f*, Ruhe *f* (*a. fig.*); **2.** Windstille *f*, Flaute *f*; **II** *adj.* □ **3.** still, ruhig; friedlich; **4.** windstill; **5.** *fig.* ruhig, gelassen: **~ *and collected*** ruhig u. gefaßt; **6.** F unverfroren, ‚kühl'; **III** *v/t.* **7.** beruhigen, besänftigen; **IV** *v/i.* **8.** *a.* **~ *down*** sich beruhigen; **'calm·ness** [-nɪs] *s.* **1.** Ruhe *f*, Stille *f*; **2.** Gemütsruhe *f*, Gelassenheit *f*.

ca·lor·ic [kə'lɒrɪk] *phys.* **I** *s.* Wärme *f*; **II** *adj.* ka'lorisch, Wärme…: **~ *engine*** Heißluftmaschine *f*; **cal·o·rie** ['kælərɪ] *s.* Kalo'rie *f*, Wärmeeinheit *f*; **cal·o·rif·ic** [ˌkælə'rɪfɪk] *adj.* (□ **~*ally***) Wärme erzeugend; Wärme…, Heiz…; **cal·o·ry** → ***calorie.***

cal·u·met ['kæljʊmet] *s.* Kalu'met *n*, (indi'anische) Friedenspfeife.

ca·lum·ni·ate [kə'lʌmnɪeɪt] *v/t.* verleumden; **ca·lum·ni·a·tion** [kəˌlʌmnɪ'eɪʃn] *s.* Verleumdung *f*; **ca'lum·ni·a·tor** [-tə] *s.* Verleumder(in); **ca'lum·ni·ous** [-ɪəs] *adj.* □ verleumderisch; **cal·um·ny** ['kæləmnɪ] *s.* Verleumdung *f*.

Cal·va·ry ['kælvərɪ] *s.* **1.** *bibl.* 'Golgatha *n*; **2.** *eccl.* Kal'varienberg *m*; **3.** ♀ Bildstock *m*, Marterl *n*; **4.** ♀ *fig.* Mar'tyrium *n*.

calve [kɑːv] *v/i.* **1.** *zo.* kalben; **2.** kalben, Eisstücke abstoßen (*Eisberg, Gletscher*).

calves [kɑːvz] *pl. von* ***calf***; **'~-foot jel·ly** → ***calf's-foot jelly.***

Cal·vin·ism ['kælvɪnɪzəm] *s. eccl.* Kalvi'nismus *m*; **'Cal·vin·ist** [-ɪst] *s.* Kalvi'nist(in).

ca·lyx ['keɪlɪks] *pl.* **'ca·lyx·es** [-ɪksɪz], **'ca·ly·ces** [-ɪsiːz] *s.* ⚘ (*Blüten*)Kelch *m*; → ***calix.***

cam [kæm] *s.* ⚙ Nocken *m*, Mitnehmer *m*, (Steuer)Kurve *f*: **~ *gear*** Nockensteuerung *f*, Kurvengetriebe *n*; **~*shaft*** Nocken-, Steuerwelle *f*; **~*-control(l)ed*** nockengesteuert.

ca·ma·ra·de·rie [ˌkæmə'rɑːdərɪ] *s.* Kame'radschaft(lichkeit) *f*; *b.s.* Kumpa'nei *f*.

cam·a·ril·la [ˌkæmə'rɪlə] *s.* Kama'rilla *f*; 'Hofkaˌbale *f*.

cam·ber ['kæmbə] **I** *v/t. u. v/i.* (sich) wölben; **II** *s.* leichte Wölbung, Krümmung *f*; *mot.* (Rad)Sturz *m*; **'cam·bered** [-əd] *adj.* **1.** gewölbt, geschweift; **2.** gestürzt (*Achse, Rad*).

Cam·bo·di·an [kæm'bəʊdjən] **I** *s.* Kambo'dschaner(in); **II** *adj.* kambo'dschanisch.

Cam·bri·an ['kæmbrɪən] **I** *s.* **1.** Wa'liser (-in); **2.** *geol.* 'Kambrium *n*; **II** *adj.* **3.** wa'lisisch; **4.** *geol.* 'kambrisch.

cam·bric ['keɪmbrɪk] *s.* Ba'tist *m*.

came [keɪm] *pret. von* ***come.***

cam·el ['kæml] *s.* **1.** *zo.* Ka'mel *n*: ***Arabian* ~** Dromedar *n*; → ***Bactrian camel***; **2.** ⚓, ⚙ Ka'mel *n*, Hebeleichter *m*; **cam·el·eer** [ˌkæmɪ'lɪə] *s.* Ka'meltreiber *m*; **cam·el hair** → ***camel's hair.***

ca·mel·li·a [kə'miːljə] *s.* ⚘ Ka'melie *f*.

cam·el's| hair ['kæmlz] *s.* Ka'melhaar (-stoff *m*) *n*; **'~-hair** *adj.* Kamelhaar…

cam·e·o ['kæmɪəʊ] **I** *s.* Ka'mee *f*; **II** *adj. fig.* Miniatur…

cam·er·a ['kæmərə] *s.* **1.** 'Kamera *f*: a) 'Fotoappaˌrat *m*, b) 'Film- *od.* 'Fernsehˌkamera *f*: ***be on* ~** a) auf Sendung *od.* im Bild sein, b) vor der Kamera stehen; **2. *in* ~** ⚖ unter Ausschluß der Öffentlichkeit, nicht öffentlich; *fig.* geheim; **'~·man** [-mæn] *s.* [*irr.*] **1.** 'Pressefotoˌgraf *m*; **2.** *Film*: 'Kameramann *m*; **~ ob·scu·ra** [ɒb'skjʊərə] *s. opt.* 'Lochˌkamera *f*, 'Camera *f* ob'scura; **'~-shy** *adj.* 'kamerascheu.

cam·i·knick·ers ['kæmɪˌnɪkəz] *s. pl. Brit.* (Damen)Hemdhose *f*.

cam·i·sole ['kæmɪsəʊl] *s.* **1.** Bett-, Morgenjäckchen *n*; **2.** (Trachten- *etc.*)Mieder *n*.

cam·o·mile ['kæməʊmaɪl] *s.* ⚘ Ka'mille *f*: **~ *tea*** Kamillentee *m*.

cam·ou·flage ['kæmʊflɑːʒ] **I** *s.* ✕ Tarnung *f* (*a. fig.*): **~ *paint*** Tarnanstrich *m*; **II** *v/t.* tarnen, *fig. a.* verschleiern.

camp[1] [kæmp] **I** *s.* **1.** (Zelt-, Ferien)Lager *n*, Lagerplatz *m*, Camp *n*: ***break od. strike* ~** das Lager abbrechen, aufbrechen; **2.** ✕ Feld-, Heerlager *n*; **3.** *fig.* Lager *n*, Par'tei *f*, Anhänger *pl. e-r Richtung*: ***the rival* ~** das gegnerische Lager; **II** *adj.* **4.** Lager…, Camping…: **~ *bed*** a) Feldbett *n*, b) Campingliege *f*; **III** *v/i.* **5.** *a.* **~ *out*** zelten, campen, kampieren.

camp[2] [kæmp] F **I** *adj.* **1.** a) ‚schwul', ‚tuntenhaft', b) über'zogen, über'trieben, ‚irr', c) verkitscht; **II** *v/i.* **2.** → 4; **III** *v/t.* **3.** *et.* ‚aufmotzen', *thea. etc. a.* über'ziehen, über'trieben darstellen, *a.* verkitschen; **4. ~ *it up*** a) die Sache ‚aufmotzen', *thea. etc. a.* über'ziehen, b) sich ‚tuntenhaft' benehmen.

cam·paign [kæm'peɪn] **I** *s.* **1.** ✕ Feldzug *m*; **2.** *pol. u. fig.* Schlacht *f*, Kam'pagne *f*, (*a.* Werbe)Feldzug *m*, Akti'on *f*; **3.** *pol.* 'Wahlkampf *m*, -kamˌpagne *f*: **~ *button*** Wahlkampfplakette *f*; **II** *v/i.* **4.** ✕ an e-m Feldzug teilnehmen, kämpfen; **5.** *fig.* kämpfen, zu Felde ziehen (***for*** für; ***against*** gegen); **6.** *pol.* a) sich am Wahlkampf beteiligen, im Wahlkampf stehen, b) Wahlkampf machen (***for*** für), c) *Am.* kandidieren; **cam'paign·er** [-nə] *s.* **1.** Feldzugteilnehmer *m*: ***old* ~** *fig.* alter Praktikus *od.* Hase; **2.** *fig.* Kämpfer *m* (***for*** für).

cam·pan·u·la [kəm'pænjʊlə] *s.* ⚘ Glokkenblume *f*.

camp·er ['kæmpə] *s.* **1.** Camper(in); **2.** *Am.* a) Wohnanhänger *m*, -wagen *m*, b) 'Wohnmoˌbil *n*.

camp| fe·ver *s.* ⚕ 'Typhus *m*; **'~ˌfire** *s.* Lagerfeuer *n*: **~ *girl*** Pfadfinderin *f*; **~ fol·low·er** *s.* **1.** Sol'datenprostituierte *f*; **2.** *pol. etc.* Sympathi'sant(in), Mitläufer(in); **'~·ground** → ***camping ground.***

cam·phor ['kæmfə] *s.* ⚗ Kampfer *m*; **'cam·phor·at·ed** [-əreɪtɪd] *adj.* mit Kampfer behandelt, Kampfer…

cam·phor| ball *s.* Mottenkugel *f*; **'~·wood** *s.* Kampferholz *n*.

camp·ing ['kæmpɪŋ] *s.* Camping *n*, Zelten *n*; Kampieren *n*; **~ ground, ~ site** *s.* Zelt-, Campingplatz *m*.

cam·pi·on ['kæmpjən] *s.* ⚘ Lichtnelke *f*.

camp meet·ing *s. Am.* religi'öse Versammlung im Freien; 'Zeltmissiˌon *f*.

cam·po·ree [ˌkæmpə'riː] *s. Am.* regio'nales Pfadfindertreffen.

cam·pus ['kæmpəs] *s.* Campus *m* (*Gesamtanlage e-r Universität od. Schule*), *weitS.* ‚Uni' *f od.* Gym'nasium *n*.

'cam·wood *s.* Kam-, Rotholz *n*.

can[1] [kæn; kən] *v/aux.* [*irr.*], *pres. neg.* **'can·not 1.** können: **~ *you do it?***; ***he cannot read***; ***we could do it now*** wir könnten es jetzt tun; ***how could you?*** wie konntest du nur (so etwas tun)?; **~ *do!*** *sl.* (wird) gemacht!; ***no* ~ *do!*** *sl.* das geht nicht!; **2.** dürfen, können: ***you* ~ *go away now.***

can[2] [kæn] **I** *s.* **1.** (Blech)Kanne *f*; (*Öl-*) Kännchen *n*: ***carry the* ~** *sl.* der Sündenbock sein, dran sein; **2.** (Kon'serven)Dose *f*, (-)Büchse *f*: **~ *opener*** Büchsenöffner *m*; ***in the* ~** F ‚abgedreht', ‚im Kasten' (*Film*), *allg.* unter Dach u. Fach; **3.** (Blech)Trinkgefäß *n*; **4.** Ka'nister *m*; **5.** *Am. sl.* a) ‚Kittchen' *n*, ‚Knast' *m*, b) ‚Klo' *n*, c) ‚Arsch' *m*; **II** *v/t.* **6.** in Büchsen konservieren, eindosen; **7.** F auf Schallplatte *od.* Band aufnehmen; **8.** *Am sl.* a) ‚rausschmeißen', entlassen, b) ‚einlochen', c) aufhören mit.

Ca·na·di·an [kə'neɪdjən] **I** *adj.* ka'nadisch; **II** *s.* Ka'nadier(in).

ca·naille [kə'nɑːɪː] (*Fr.*) *s.* Pöbel *m*.

ca·nal [kə'næl] *s.* **1.** Ka'nal *m* (*für Schifffahrt etc.*): **~*s of Mars*** Marskanäle; **2.** *anat., zo.* Ka'nal *m*, Gang *m*, Röhre *f*; **ca·nal·i·za·tion** [ˌkænəlaɪ'zeɪʃn] *s.* Ka-

nalisierung *f*; Ka'nalnetz *n*; **ca·nal·ize** ['kænəlaɪz] *v/t.* **1.** kanalisieren, schiffbar machen; **2.** *fig.* (in bestimmte Bahnen) lenken, kanalisieren.
can·a·pé ['kænəpeɪ] (*Fr.*) *s.* Appe'tithappen *m*, belegtes Brot.
ca·nard [kæ'nɑ:d] (*Fr.*) *s.* (Zeitungs)Ente *f*, Falschmeldung *f*.
ca·nar·y [kə'neərɪ] **I** *s.* **1.** *a.* ~ ***bird*** *orn.* Ka'narienvogel *m*; **2.** *a.* **ℒ *wine*** Ka'narienwein *m*; **II** *adj.* **3.** hellgelb.
can·cel ['kænsl] **I** *v/t.* **1.** (durch-, aus-) streichen; **2.** wider'rufen, aufheben (*a.* ♪), annullieren (*a.* ✝), rückgängig machen, absagen; ✝ stornieren; **3.** ungültig machen, tilgen; erlassen; *Briefmarke*, *Fahrschein etc.* entwerten; *fig.* zu'nichte machen; *a.* ~ ***out*** ausgleichen, kompensieren; **4.** 𝔄 heben, streichen; **II** *v/i.* **5.** *mst* ~ ***out*** sich (gegenseitig) aufheben *od.* ausgleichen **6.** ~ ***out*** absagen, die Sache abblasen; **III** *s.* **7.** Streichung *f*; **can·cel·la·tion** [ˌkænsə'leɪʃn] *s.* **1.** Streichung *f*; Aufhebung *f*; 'Widerruf *m*; Absage *f*; **2.** ✝ Annullierung *f*, Stornierung *f*: ~ ***clause*** Rücktrittsklausel *f*; ~ ***charge***, ~ ***fee*** Rücktrittsgebühr *f*; **3.** Entwertung *f* (*Briefmarke etc.*).
can·cer ['kænsə] *s.* **1.** ⚕ Krebs *m*; Karzi'nom *n*; **2.** *fig.* Krebsgeschwür *n*, Übel *n*; **3.** ℒ *ast.* Krebs *m*; **'can·cer·ous** [-sərəs] *adj.* ⚕ a) krebsbefallen: ~ ***lung***, b) Krebs…: ~ ***tumo(u)r***, c) krebsartig: ~ ***growth*** *fig.* Krebsgeschwür *n*.
can·de·la·bra [ˌkændɪ'lɑ:brə] *pl.* **-bras**, **can·de'la·brum** [-brəm] *pl.* **-bra**, *Am. a.* **-brums** *s.* Kande'laber *m*; (Arm-, Kron)Leuchter *m*.
can·des·cence [kæn'desns] *s.* Weißglut *f*.
can·did ['kændɪd] *adj.* ☐ **1.** offen (u. ehrlich), freimütig; **2.** aufrichtig, unvoreingenommen, objek'tiv; **3.** freizügig, (ta'bu)frei: ***a*** ~ ***film***; **4.** *phot.* ungestellt, unbemerkt aufgenommen: ~ ***camera*** a) Kleinstbildkamera *f*, b) versteckte Kamera; ~ ***shot*** Schnappschuß *m*.
can·di·da·cy ['kændɪdəsɪ] *s.* Kandida'tur *f*, Bewerbung *f*, Anwartschaft *f*; **can·di·date** ['kændɪdət] *s.* **1.** (***for***) Kandi'dat *m* (für) (*a. fig.*), Bewerber *m* (um), Anwärter (auf *acc.*); **2.** ('Prüfungs-) Kandiˌdat(in); **'can·di·da·ture** [-dətʃə] → ***candidacy***.
can·died ['kændɪd] *adj.* **1.** kandiert, über'zuckert: ~ ***peel*** Zitronat *n*; **2.** *fig. contp.* ‚honigsüß'.
can·dle ['kændl] *s.* **1.** (Wachs- *etc.*)Kerze *f*, Licht *n*: ***burn the*** ~ ***at both ends*** *fig.* Raubbau mit s-r Gesundheit treiben; ***not to be fit to hold a*** ~ ***to*** das Wasser nicht reichen können (*dat.*); → ***game***[1] 4; **2.** → ***candlepower***; **'~ˌber·ry** [-ˌbərɪ] *s.* ♀ Wachsmyrtenbeere *f*; **'~·end** *s.* **1.** Kerzenstummel *m*; **2.** *pl. fig.* Abfälle *pl.*, Krimskrams *m*; **'~·light** *s.* **1.** (***by*** ~ bei) Kerzenlicht *n*; **2.** Abenddämmerung *f*.
Can·dle·mas ['kændlməs] *s. R.C.* (Ma'riä) Lichtmeß *f*.
'can·dle|ˌpow·er *s. phys.* (Nor'mal)Kerze *f* (*Lichteinheit*); **'~·stick** *s.* (Kerzen-) Leuchter *m*; **'~·wick** *s.* Kerzendocht *m*.
can·do(u)r ['kændə] *s.* **1.** Offenheit *f*, Aufrichtigkeit *f*; **2.** 'Unparˌteilichkeit *f*, Objektivi'tät *f*.

can·dy ['kændɪ] **I** *s.* **1.** Kandis(zucker) *m*; **2.** *Am.* a) Süßigkeiten *pl.*, Kon'fekt *n*, b) *a.* ***hard*** ~ Bon'bon *m*, *n*; **II** *v/t.* **3.** kandieren, glacieren; mit Zucker einmachen; **4.** *Zucker* kristallisieren lassen; **III** *v/i.* **5.** kristallisieren (*Zucker*); **'~·floss** *s.* Zuckerwatte *f*; ~ **store** *s. Am.* Süßwarengeschäft *n*.
cane [keɪn] **I** *s.* **1.** ♀ (*Bambus-*, *Zucker-*, *Schilf*)Rohr *n*; **2.** spanisches Rohr; **3.** Rohrstock *m*; **4.** Spazierstock *m*; **II** *v/t.* **5.** (mit dem Stock) züchtigen *od.* prügeln; **6.** *Stuhl* mit Rohrgeflecht versehen: ~***-bottomed*** mit Sitz aus Rohr; ~ **chair** *s.* Rohrstuhl *m*; ~ **sug·ar** *s.* Rohrzucker *m*; **'~·work** *s.* Rohrgeflecht *n*.
ca·nine **I** *adj.* ['keɪnaɪn] Hunde…; *fig. contp.* hündisch; **II** *s.* ['kænaɪn] *anat. a.* ~ ***tooth*** Eckzahn *m*.
can·ing ['keɪnɪŋ] *s.*: ***give s.o. a*** ~ → ***cane*** 5.
can·is·ter ['kænɪstə] *s.* **1.** Ka'nister *m*, Blechdose *f*; **2.** ⚔ *a.* ~ ***shot*** Kar'tätsche *f*.
can·ker ['kæŋkə] **I** *s.* **1.** ⚕ Mund- *od.* Lippengeschwür *n*; **2.** *vet.* Strahlfäule *f*; **3.** ♀ Rost *m*, Brand *m*; **4.** *fig.* Krebsgeschwür *n*; **II** *v/t.* **5.** *fig.* an-, zerfressen, verderben; **III** *v/i.* **6.** angefressen werden, verderben; **'can·kered** [-əd] *adj.* **1.** ♀ a) brandig, b) (von Raupen) zerfressen; **2.** *fig.* a) bösartig, b) mürrisch; **'can·ker·ous** [-ərəs] *adj.* **1.** → ***cankered*** 1; **2.** fressend, schädlich, vergiftend.
can·na·bis ['kænəbɪs] *s.* 'Cannabis *m*: a) ♀ Hanf *m*, b) Haschisch *n*.
canned [kænd] *adj.* **1.** konserviert, Dosen…, Büchsen…: ~ ***food*** Konserven *pl.*; ~ ***meat*** Büchsenfleisch *n*; **2.** F ‚aus der Konserve': ~ ***music***; ~ ***film*** *TV* Aufzeichnung *f*; **3.** *sl.* ‚blau', betrunken; **4.** stereo'typ, scha'blonenhaft; **can·ner** ['kænə] *s.* **1.** Kon'servenfabriˌkant *m*; **2.** Arbeiter(in) in e-r Kon'servenfaˌbrik; **'can·ner·y** [-ərɪ] *s.* Kon'servenfaˌbrik *f*.
can·ni·bal ['kænɪbl] **I** *s.* Kanni'bale *m*, Menschenfresser *m*; **II** *adj.* kanni'balisch (*a. fig.*); **'can·ni·bal·ism** [-bəlɪzəm] *s.* Kanniba'lismus *m* (*a. zo.*); *fig.* Unmenschlichkeit *f*; **can·ni·bal·is·tic** [ˌkænɪbə'lɪstɪk] *adj.* (☐ ~***ally***) kanni'balisch (*a. fig.*); **'can·ni·bal·ize** [-bəlaɪz] *v/t. altes Auto etc.* ‚ausschlachten'.
can·ning ['kænɪŋ] *s.* Kon'servenfabrikaˌtion *f*: ~ ***factory*** *od.* ***plant*** → ***cannery***.
can·non ['kænən] **I** *s.* **1.** ⚔ a) Ka'none *f*, Geschütz *n*, b) *coll.* Ka'nonen *pl.*, Artille'rie *f*; **2.** Wasserwerfer *m*; **3.** ⚙ Zy'linder *m* um e-e Welle; **4.** *Billard*: *Brit.* Karambo'lage *f*; **II** *v/i.* **5.** *Billard*: *Brit.* karambolieren; **6.** (***against***, ***into***, ***with***) rennen, prallen (gegen), karambolieren (mit); **can·non·ade** [ˌkænə'neɪd] **I** *s.* **1.** Kano'nade *f*; **2.** *fig.* Dröhnen *n*; **II** *v/t.* **3.** beschießen.
'can·non|·ball *s.* **1.** Ka'nonenkugel *f*; **2.** *Fußball*: F Bombe(nschuß *m*) *f*; **'~·bone** *s. zo.* Ka'nonenbein *n* (*Pferd*); **'~ˌfod·der** *s. fig.* Ka'nonenfutter *n*.
can·not ['kænɒt] → ***can***[1].
can·nu·la ['kænjʊlə] *s.* ⚕ Ka'nüle *f*.
can·ny ['kænɪ] *adj.* ☐ *Scot.* **1.** schlau, gerissen; **2.** nett.
ca·noe [kə'nu:] **I** *s.* Kanu *n* (*a. sport*), Paddelboot *n*: ~ ***slalom*** Kanu-, Wildwasserslalom *m*; ***paddle one's own*** ~ auf eigenen Füßen stehen, selbständig sein; **II** *v/i.* Kanu fahren, paddeln; **ca'noe·ist** [-u:ɪst] *s.* Ka'nute *m*, Ka'nutin *f*.

can·on[1] ['kænən] *s.* **1.** Regel *f*, Richtschnur *f*, Grundsatz *m*, 'Kanon *m*; **2.** *eccl.* 'Kanon *m*: a) ka'nonische Bücher *pl.*, b) 'Meßˌkanon *m*, c) Ordensregeln *pl.*, d) → ***canon law***; **3.** ♪ 'Kanon *m*; **4.** *typ.* 'Kanon(schrift) *f*.
can·on[2] ['kænən] *s. eccl.* Ka'noniker *m*, Dom-, Stiftsherr *m*.
ca·ñon ['kænjən] → ***canyon***.
can·on·ess ['kænənɪs] *s. eccl.* Kano'nissin *f*, Stiftsdame *f*.
ca·non·i·cal [kə'nɒnɪkl] **I** *adj.* ☐ ka'nonisch, vorschriftsmäßig; *bibl.* au'thentisch; **II** *s. pl. eccl.* kirchliche Amtstracht; ~ **books** → ***canon***[1] 2 a; ~ **hours** *s. pl.* a) regelmäßige Gebetszeiten *pl.*, b) *Brit.* Zeiten *pl.* für Trauungen.
can·on·ist ['kænənɪst] *s.* Kirchenrechtslehrer *m*; **can·on·i·za·tion** [ˌkænənaɪ'zeɪʃn] *s. eccl.* Heiligsprechung *f*; **'can·on·ize** [-naɪz] *v/t. eccl.* heiligsprechen; **can·on law** *s.* ka'nonisches Recht, Kirchenrecht *n*.
ca·noo·dle [kə'nu:dl] *v/t. u. v/i. sl.* ‚schmusen', ‚knutschen'.
can·o·py ['kænəpɪ] **I** *s.* **1.** 'Baldachin *m*, (Bett-, Thron-, Trag)Himmel *m*: ~ ***of heaven*** Himmelszelt *n*; **2.** Schutz-, Ka'binendach *n*, Verdeck *n*; **3.** Fallschirm (-kappe *f*) *m*; **4.** △ Über'dachung *f*; **II** *v/t.* **5.** über'dachen; *fig.* bedecken.
canst [kænst; kənst] *obs. 2. sg. pres. von* ***can***[1].
cant[1] [kænt] **I** *s.* **1.** Fach-, Zunftsprache *f*; **2.** Jar'gon *m*, Gaunersprache *f*; **3.** Gewäsch *n*; **4.** Frömme'lei *f*, scheinheiliges Gerede; **5.** (leere) Phrase(n *pl.*) *f*; **II** *v/i.* **6.** frömmeln, scheinheilig reden; **7.** Phrasen dreschen.
cant[2] [kænt] **I** *s.* **1.** (Ab)Schrägung *f*, schräge Lage; **2.** Ruck *m*, Stoß *m*; plötzliche Wendung; **II** *v/t.* **3.** (ver)kanten, kippen; **4.** ⚙ abschrägen; **III** *v/i.* **5.** *a.* ~ ***over*** sich neigen, sich auf die Seite legen; 'umkippen.
can't [kɑ:nt] F *für* ***cannot***; → ***can***[1].
Can·tab ['kæntæb] *abbr. für* **Can·ta·brig·i·an** [ˌkæntə'brɪdʒɪən] *s.* Stu'dent (-in) *od.* Absol'vent(in) der Universi'tät Cambridge (*England*) *od.* der Harvard University (*USA*).
can·ta·loup(e) ['kæntəlu:p] *s.* ♀ Kanta'lupe *f*, 'Warzenmeˌlone *f*.
can·tan·ker·ous [kæn'tæŋkərəs] *adj.* ☐ streitsüchtig.
can·ta·ta [kæn'tɑ:tə] *s.* ♪ Kan'tate *f*.
can·teen [kæn'ti:n] *s.* **1.** (Mili'tär-, Be'triebs- *etc.*)Kanˌtine *f*; **2.** ⚔ a) Feldflasche *f*, b) Kochgeschirr *n*; **3.** Besteck-, Silberkasten *m*.
can·ter ['kæntə] **I** *s.* 'Kanter *m*, kurzer Ga'lopp: ***win in a*** ~ mühelos siegen; **II** *v/i.* im kurzen Galopp reiten.
can·ti·cle ['kæntɪkl] *s. eccl.* Lobgesang *m*: **ℒs** *bibl. das* Hohelied (Salo'monis).
can·ti·le·ver ['kæntɪli:və] **I** *s.* **1.** △ Kon'sole *f*; **2.** ⚙ freitragender Arm, vorspringender Träger, Ausleger *m*; **II** *adj.* **3.** freitragend; ~ **bridge** *s.* Auslegerbrücke *f*; ~ **wing** *s.* ✈ unverspreizte Tragfläche.

can·to ['kæntəʊ] *pl.* **-tos** *s.* Gesang *m* (*Teil e-r größeren Dichtung*).

can·ton¹ ['kæntɒn] **I** *s.* Kan'ton *m*, (Verwaltungs)Bezirk *m*; **II** *v/t.* in Kan'tone *od.* Bezirke einteilen.

can·ton² ['kæntən] **I** *s.* **1.** *her.* Feld *n*; **2.** Gösch *f* (*Obereck an Flaggen*); **II** *v/t.* **3.** *her.* in Felder einteilen.

can·ton³ [kæn'tu:n] *v/t.* ⚔ einquartieren.

Can·ton·ese [ˌkæntə'ni:z] **I** *adj.* kanto'nesisch; **II** *s.* Bewohner(in) 'Kantons.

can·ton·ment [kæn'tu:nmənt] *s.* ⚔ *oft pl.* Quar'tier *n*, 'OrtsˌunterkunftJ *f*.

Ca·nuck [kə'nʌk] *s.* a) Ka'nadier(in) (*französischer Abstammung*), b) *Am. contp.* Ka'nadier(in).

can·vas ['kænvəs] *s.* **1.** a) Segeltuch *n*: **~ shoes** Segeltuchschuhe, b) *coll.* (*alle*) Segel *pl.*: **under ~** unter Segel; **2.** Pack-, Zeltleinwand *f*: **under ~** in Zelten; **3.** 'Kanevas *m*, Stra'min *m* (*zum Sticken*); **4.** a) (Maler)Leinwand *f*, b) (Öl)Gemälde *n*.

can·vass ['kænvəs] **I** *v/t.* **1.** gründlich erörtern *od.* prüfen; **2.** a) *pol. Stimmen* werben, b) *Am. Wahlresultate* prüfen, c) ✝ *Aufträge* her'einholen, *Abonnenten*, *Inserate* sammeln; **3.** *Wahlkreis od. Geschäftsbezirk* bereisen, bearbeiten; **4.** um *et.* werben, *j-n od. et.* anpreisen; **II** *v/i.* **5.** e-n Wahlfeldzug veranstalten; **6.** *Am.* 'WahlresulˌtateJ prüfen; **7.** werben (**for** um); **III** *s.* **8.** *pol.* a) Stimmenwerbung *f*, Wahlfeldzug *m*, b) *Am.* Wahl(stimmen)prüfung *f*; **9.** ✝ Kundenwerbung *f*; He'reinholen *n* von Aufträgen; **'can·vass·er** [-sə] *s.* **1.** ✝ Kundenwerber *m*; **2.** *pol.* a) Wahleinpeitscher *m*, b) *Am.* Wahl(stimmen)prüfer *m*; **'can·vass·ing** [-sɪŋ] *s.* **1.** 'WahlpropaˌgandaJ *f*; **2.** ✝ Kundenwerbung *f*.

can·yon ['kænjən] *s.* 'Cañon *m*, Felsschlucht *f*.

caou·tchouc ['kaʊtʃʊk] *s.* 'Kautschuk *m*, 'Gummi *n*, *m*.

cap¹ [kæp] **I** *s.* **1.** Mütze *f*, Kappe *f*, Haube *f*: **~ and bells** Schellen-, Narrenkappe; **~ in hand** mit der Mütze in der Hand, demütig; ***if the ~ fits wear it*** *fig.* wen's juckt, der kratze sich; ***set one's ~ at s.o.*** F hinter j-m her sein, sich j-n zu angeln suchen (*Frau*); **2.** *univ.* Ba'rett *n*: **~ and gown** *univ.* Barett u. Talar; **3.** (Sport-, Stu'denten-, Klub-, Dienst)Mütze *f*; **4.** *sport Brit.* Auswahl-, Natio'nalspieler(in): **get** *od.* **win one's ~** in die Nationalmannschaft berufen werden; **5.** (Schutz-, Verschluß)Kappe *f od.* (-)Kapsel *f*, Deckel *m*, Aufsatz *m*; ⚔ Zündkapsel *f*; **6.** *mot.* (Reifen)Auflage *f*: **full ~** Runderneuerung *f*; **7.** ⚕ Pes'sar *n*; **8.** Spitze *f*, Gipfel *m*; **II** *v/t.* **9.** (mit *od.* wie mit e-r Kappe) bedecken; **10.** mit (Schutz-) Kappe, Kapsel, Deckel, Aufsatz *etc.* versehen; *mot. Reifen* runderneuern; **11.** *Brit. univ. j-m* e-n aka'demischen Grad verleihen; **12.** oben liegen auf (*dat.*), krönen (*a. fig. abschließen*); **13.** *fig.* über'treffen, -'trumpfen; **14.** *sport Brit. j-n* in die Natio'nalmannschaft berufen.

cap² [kæp] *abbr. für* ***capital¹*** 2.

ca·pa·bil·i·ty [ˌkeɪpə'bɪlətɪ] *s.* **1.** Fähigkeit *f* (**of** zu); **2.** Tauglichkeit *f* (**for** zu); **3.** *a. pl.* Ta'lent *n*, Begabung *f*; **ca·pable** ['keɪpəbl] *adj.* □ **1.** (*Personen*) a) fähig, tüchtig, b) (**of**) fähig (zu *od. gen.*), im'stande (zu *inf.*) (*mst b.s.*): **legally ~** rechts-, geschäftsfähig; **2.** (*Sachen*) a) geeignet, tauglich (**for** zu), b) (**of**) (*et.*) zulassend, (zu *et.*) fähig: ***~ of being divided*** teilbar.

ca·pa·cious [kə'peɪʃəs] *adj.* □ geräumig, weit; um'fassend (*a. fig.*).

ca·pac·i·tance [kə'pæsɪtəns] *s.* ⚡ kapazi'tiver ('Blind)ˌWiderstand, Kapazi'tät *f*; **ca'pac·i·tate** [-teɪt] *v/t.* befähigen, ermächtigen (*a.* ⚖); **ca'pac·i·tor** [-tə] *s.* ⚡ Konden'sator *m*; **ca'pac·i·ty** [-sətɪ] **I** *s.* **1.** (Raum)Inhalt *m*, Fassungsvermögen *n*; Kapazi'tät *f* (*a.* ⚡, *phys.*): ***measure of ~*** Hohlmaß *n*; ***seating ~*** Sitzgelegenheit *f* (**of** für); ***full to ~*** ganz voll, *thea. etc.* ausverkauft; **2.** Leistungsfähigkeit *f*, Vermögen *n*; **3.** ✝, ⚙ Kapazi'tät *f*, Leistungsfähigkeit *f*, (Nenn)Leistung *f*: ***~ utilization*** Kapazitätsauslastung *f*; ***working to ~*** mit Höchstleistung arbeitend, voll ausgelastet; **4.** *fig.* Auffassungsgabe *f*, *geistige* Fähigkeit; **5.** ⚖ (Geschäfts-, Tes'tier- *etc.*)Fähigkeit *f*: ***~ to sue and to be sued*** Prozeßfähigkeit; **6.** Eigenschaft *f*, Stellung *f*: ***in my ~ as*** in m-r Eigenschaft als; ***in an advisory ~*** in beratender Funktion; **II** *adj.* **7.** maxi'mal, Höchst...: ***~ business*** Rekordgeschäft *n*; **8.** *thea. etc.* voll, ausverkauft: ***~ house***; ***~ crowd*** *sport* ausverkauftes Stadion.

ca·par·i·son [kə'pærɪsn] *s.* **1.** Scha'brake *f*; **2.** *fig.* Aufputz *m*.

cape¹ [keɪp] *s.* Cape *n*, 'Umhang *m*; Schulterkragen *m*.

cape² [keɪp] *s.* Kap *n*, Vorgebirge *n*: ***the ♀*** das Kap der Guten Hoffnung; ***♀ Dutch*** Kapholländisch *n*; ***♀ wine*** Kapwein *m*.

ca·per¹ ['keɪpə] **I** *s.* **1.** Kapri'ole *f*: a) Freuden-, Luftsprung *m*, b) Streich *m*, Schabernack *m*: ***cut ~s*** → 3; **2.** F *fig.* ‚Ding' *n*, ‚Spaß' *m*, Sache *f*; **II** *v/i.* **3.** a) Luftsprünge machen, b) he'rumtollen.

ca·per² ['keɪpə] *s.* **1.** ♀ Kapernstrauch *m*; **2.** Kaper *f*.

cap·er·cail·lie [ˌkæpə'keɪlɪ], **ˌcap·er'cail·zie** [-lɪ] *s. orn.* Auerhahn *m*.

ca·pi·as ['keɪpɪæs] *s.* ⚖ Haftbefehl *m* (*bsd. im Vollstreckungsverfahren*).

cap·il·lar·i·ty [ˌkæpɪ'lærətɪ] *s. phys.* Kapillari'tät *f*; **cap·il·lar·y** [kə'pɪlərɪ] **I** *adj.* haarförmig, -fein, kapil'lar: ***~ attraction*** Kapillaranziehung *f*; ***~ tube*** → II; **II** *s. anat.* Kapil'largefäß *n*.

cap·i·tal¹ ['kæpɪtl] **I** *s.* **1.** Hauptstadt *f*; **2.** Großbuchstabe *m*; **3.** ✝ Kapi'tal *n*: a) Vermögen *n*, b) Unter'nehmer(tum *n*) *pl.*: ***♀ and Labo(u)r***; **4.** Vorteil *m*, Nutzen *m*: ***make ~ out of*** aus *et.* Kapital schlagen; **II** *adj.* **5.** ⚖ a) kapi'tal, todeswürdig: ***~ crime*** Kapitalverbrechen *n*, b) Todes...: ***~ punishment*** Todesstrafe *f*; **6.** größt, wichtigst, Haupt...: ***~ city*** Hauptstadt *f*; ***~ ship*** Großkampfschiff *n*; **7.** verhängnisvoll: ***a ~ error*** ein Kapitalfehler *m*; **8.** großartig: ***a ~ joke***; ***a ~ fellow*** ein Prachtkerl *m*; **9.** ✝ Kapital...: ***~ fund*** Stamm-, Grundkapital *n*; **10.** ***~ letter*** → 2; ***~ B*** großes B.

cap·i·tal² ['kæpɪtl] *s.* △ Kapi'tell *n*.

cap·i·tal| ac·count *s.* ✝ Kapi'talkonto *n*; **~ ac·cu·mu·la·tion** *s.* Kapi'talakkumulatiˌon *f*; **~ as·sets** *s. pl.* Anlagevermögen *n*; **~ ex·pend·i·ture** *s.* Investiti'onsaufwand *m*; **~ flight** *s.* Kapi'talflucht *f*; **~ gains tax** *s.* Kapi'talertragssteuer *f*; **~ gen·er·a·tion** *s.* Kapi'talbeschaffung *f*; **~ goods** *s. pl.* Investiti'onsgüter *pl.*; **'~-inˌten·sive** *adj.* kapi'talintenˌsiv; **~ in·vest·ment** *s.* Kapi'talanlage *f*.

cap·i·tal·ism ['kæpɪtəlɪzəm] *s.* Kapita'lismus *m*; **'cap·i·tal·ist** [-ɪst] **I** Kapita'list *m*; **II** *adj.* → **cap·i·tal·is·tic** [ˌkæpɪtə'lɪstɪk] *adj.* (□ **~ally**) kapita'listisch; **cap·i·tal·i·za·tion** [ˌkæpɪtəlaɪ'zeɪʃn] *s.* **1.** ✝ *allg.* Kapitalisierung *f*; **2.** Großschreibung *f*; **'cap·i·tal·ize** [-laɪz] **I** *v/t.* **1.** ✝ kapitalisieren; **2.** *fig.* sich *et.* zu'nutze machen; **3.** groß (*mit Großbuchstaben od. mit großen Anfangsbuchstaben*) schreiben; **II** *v/i.* **4.** Kapi'tal anhäufen; **5.** e-n Kapi'talwert haben (**at** von); **6.** *fig.* Kapital schlagen (**on** aus).

cap·i·tal| lev·y *s.* ✝ Vermögensabgabe *f*; **~ mar·ket** *s.* Kapi'talmarkt *m*; **~ re·quire·ments** *s. pl.* Kapitalbedarf *m*; **~ re·serves** *s. pl.* Kapitalrücklagen *pl.*; **~ stock** *s.* ✝ 'AktienkapiˌtalJ *n*; **~ tie-up** *s.* Kapitalbindung *f*.

cap·i·ta·tion [ˌkæpɪ'teɪʃn] *s.* **1.** *a.* ***~ tax*** Kopfsteuer *f*; **2.** Zahlung *f* pro Kopf: ***~ grant*** Zuschuß *m* pro Kopf.

Cap·i·tol ['kæpɪtl] *s.* Kapi'tol *n*: a) *im alten Rom*, b) *in Washington*.

ca·pit·u·lar [kə'pɪtjʊlə] *eccl.* **I** *adj.* kapitu'lar, zum Ka'pitel gehörig; **II** *s.* Kapitu'lar *m*, Domherr *m*.

ca·pit·u·late [kə'pɪtjʊleɪt] *v/i.* ⚔ *u. fig.* kapitulieren (**to** vor *dat*); **ca·pit·u·la·tion** [kəˌpɪtjʊ'leɪʃn] *s.* ⚔ a) Kapitulati'on *f*, 'Übergabe *f*, b) Kapitulati'onsurkunde *f*.

ca·pon ['keɪpən] *s.* Ka'paun *m*; **'ca·pon·ize** [-naɪz] *v/t. Hahn* kastrieren, ka'paunen.

capped [kæpt] *adj.* mit e-r Kappe *od.* Mütze bedeckt: ***~ and gowned*** in vollem Ornat.

ca·price [kə'pri:s] *s.* Ka'price *f*, Laune *f*, Grille *f*; Launenhaftigkeit *f*; **ca'pri·cious** [-ɪʃəs] *adj.* □ launenhaft, launisch; kaprizi'ös; **ca'pri·cious·ness** [-ɪʃəsnɪs] *s.* Launenhaftigkeit *f*; kaprizi'öse Art.

Cap·ri·corn ['kæprɪkɔ:n] *s. ast.* Steinbock *m*.

cap·ri·ole ['kæprɪəʊl] **I** *s.* Kapri'ole *f* (*a. Reiten*), Bock-, Luftsprung *m*; **II** *v/i.* Kapri'olen machen.

cap·si·cum ['kæpsɪkəm] *s.* ♀ 'Paprika *m*, Spanischer Pfeffer.

cap·size [kæp'saɪz] **I** *v/i.* **1.** ⚓ kentern; **2.** *fig.* 'umschlagen; **II** *v/t.* **3.** ⚓ zum Kentern bringen.

cap·stan ['kæpstən] *s.* ⚓ Gangspill *n*, Ankerwinde *f*; **~ lathe** *s.* ⚙ Re'volverdrehbank *f*.

cap·su·lar ['kæpsjʊlə] *adj.* kapselförmig, Kapsel...; **cap·sule** ['kæpsju:l] **I** *s.* **1.** *anat.* (Gelenk- *etc.*)Kapsel *f*, Hülle *f*, Schale *f*; **2.** ♀ a) Kapselfrucht *f*, b) Sporenkapsel *f*; **3.** *pharm.* (Arz'nei-) Kapsel *f*; **4.** (Me'tall-, Verschluß)Kapsel *f*; **5.** (Raum)Kapsel *f*; **6.** ⚗ Abdampfschale *f*; **7.** *fig.* kurze 'Übersicht *od.* Beschreibung *etc.*; **II** *adj.* **8.** *fig.* kurz, gedrängt, Kurz...

cap·tain ['kæptɪn] **I** *s.* **1.** Führer *m*, Oberhaupt *n*: ~ ***of industry*** Industriekapitän *m*; **2.** ⚔ a) Hauptmann *m*, b) *Kavallerie*: *hist.* Rittmeister *m*; **3.** ⚓ a) Kapi'tän *m*, Komman'dant *m*, b) *Kriegsmarine*: Kapitän *m* zur See; **4.** 'Flugkapi,tän *m*; **5.** *sport* ('Mannschafts)Kapi,tän *m*; **6.** *ped.* Klassensprecher(in); **7.** Vorarbeiter *m*; ⚒ Obersteiger *m*; **8.** *Am.* (Poli'zei-),Hauptkommis,sar *m*; **II** *v/t.* **9.** (an)führen; **'cap·tain·cy** [-sɪ], **'cap·tain·ship** [-ʃɪp] *s.* **1.** ⚔ Hauptmanns-, Kapi'tänsposten *m*, -rang *m*; **2.** Führerschaft *f*.

cap·tion ['kæpʃn] **I** *s.* **1.** a) 'Überschrift *f*, Titel *m*, b) ('Bild),Unterschrift *f*, c) *Film*: 'Untertitel *m*; **2.** ⚖ a) Prä'ambel *f*, b) *Prozeßrecht*: 'Rubrum *n*; **II** *v/t.* **3.** mit e-r Überschrift *etc.* versehen; *Film* unter'titeln.

cap·tious ['kæpʃəs] *adj.* □ **1.** verfänglich; **2.** spitzfindig; **3.** krittelig, pe'dantisch.

cap·ti·vate ['kæptɪveɪt] *v/t. fig.* gefangennehmen, fesseln, bestricken, bezaubern; **'cap·ti·vat·ing** [-tɪŋ] *adj. fig.* fesselnd, bezaubernd; **cap·ti·va·tion** [,kæptɪ'veɪʃn] *s. fig.* Bezauberung *f*.

cap·tive ['kæptɪv] **I** *adj.* **1.** gefangen, in Gefangenschaft: ***be held*** ~ gefangengehalten werden; ***take*** ~ gefangennehmen (*a. fig.*); **2.** festgehalten, ‚gefangen': ~ ***balloon*** Fesselballon *m*; ~ ***market*** ✝ monopolistisch beherrschter Markt; **3.** *fig.* gefangen, gefesselt (***to*** von); **II** *s.* **4.** Gefangene(r) *m*, *fig. a.* Sklave *m* (***to*** *gen.*); **cap·tiv·i·ty** [kæp'tɪvətɪ] *s.* **1.** Gefangenschaft *f*; **2.** *fig.* Knechtschaft *f*.

cap·tor ['kæptə] *s.* **1.** ***his*** ~ der ihn gefangennahm; **2.** ⚓ Kaper *m*; **'cap·ture** [-tʃə] **I** *v/t.* **1.** fangen; gefangennehmen; **2.** ⚔ erobern; erbeuten; **3.** ⚓ kapern, aufbringen; **4.** *fig.* (*a. Stimmung etc., a. phys. Neutronen*) einfangen; erobern, für sich einnehmen, gewinnen, erlangen; an sich reißen; **II** *s.* **5.** Gefangennahme *f*, Fang *m*; **6.** ⚔ Eroberung *f* (*a. fig.*); Erbeutung *f*; Beute *f*; **7.** ⚓ a) Kapern *n*, Aufbringung *f*, b) Prise *f*.

Cap·u·chin ['kæpjʊʃɪn] *s.* **1.** *eccl.* Kapu'ziner(mönch) *m*; **2.** ♀ 'Umhang *m* mit Ka'puze; **3.** *a.* ~ ***monkey*** *zo.* Kapu'zineraffe *m*.

car [kɑ:] *s.* **1.** Auto *n*, Wagen *m*: ***by*** ~ mit dem (*od.* im) Auto; **2.** (Eisenbahn *etc.*)Wagen *m*, Wag'gon *m*; **3.** Wagen *m*, Karren *m*; **4.** (*Luftschiff- etc.*)Gondel *f*; **5.** Ka'bine *f e-s Aufzuges*; **6.** *poet.* Kriegs- *od.* Tri'umphwagen *m*.

ca·rafe [kə'ræf] *s.* Ka'raffe *f*.

car·a·mel ['kærəmel] *s.* **1.** Kara'mel *m*, gebrannter Zucker; **2.** Kara'melle *f* (*Bonbon*).

car·a·pace ['kærəpeɪs] *s. zo.* Rückenschild *m* (*Schildkröte, Krebs*).

car·at ['kærət] *s.* Ka'rat *n*: a) *Juwelen- od. Perlengewicht*, b) *Goldfeingehalt*: ***18-~ gold*** 18karätiges Gold.

car·a·van ['kærəvæn] **I** *s.* **1.** Kara'wane *f* (*a. fig.*); **2.** a) Wohnwagen *m* (*von Schaustellern etc.*), b) *Brit.* Caravan *m*, Wohnwagen *m*, -anhänger *m*: ~ ***park*** *od.* ***site*** Campingplatz *m* für Wohnwagen; **II** *v/i.* **3.** im Wohnwagen *etc.* reisen; **'car·a·van·ner** [-nə] *s.* **1.** Reisende(r) in e-r Kara'wane; **2.** *mot. Brit.* Caravaner *m*; **,car·a'van·sa·ry** [-sərɪ], **,car·a'van·se·rai** [-səraɪ] *s.* Karawanse'rei *f*.

car·a·vel ['kærəvəl] *s.* ⚓ Kara'velle *f*.

car·a·way ['kærəweɪ] *s.* ⚘ Kümmel *m*; ~ **seeds** *s. pl.* Kümmelkörner *pl.*

car·bide ['kɑ:baɪd] *s.* ⚗ Kar'bid *n*.

car·bine ['kɑ:baɪn] *s.* ⚔ Kara'biner *m*.

car bod·y *s.* ⚙ Karosse'rie *f*.

car·bo·hy·drate [,kɑ:bəʊ'haɪdreɪt] *s.* ⚗ 'Kohle(n)hy,drat *n*.

car·bol·ic ac·id [kɑ:'bɒlɪk] *s.* ⚗ Kar'bol(säure *f*) *n*, Phe'nol *n*.

car·bo·lize ['kɑ:bəlaɪz] *v/t.* ⚗ mit Kar'bolsäure behandeln.

car·bon ['kɑ:bən] *s.* **1.** ⚗ Kohlenstoff *m*; **2.** ⚡ 'Kohle(elek,trode) *f*; **3.** a) 'Kohlepa,pier *n*, b) 'Durchschlag *m*; **car·bo·na·ceous** [,kɑ:bəʊ'neɪʃəs] *adj.* kohlenstoff-, kohleartig; Kohlen…; **'car·bon·ate** ⚗ **I** *s.* [-nɪt] **1.** kohlensaures Salz: ~ ***of lime*** Kalziumkarbonat *n*, Kreide *f*; ~ ***of soda*** Natriumkarbonat *n*, kohlensaures Natrium, Soda *f*; **II** *v/t.* [-neɪt] **2.** mit Kohlensäure *od.* Kohlen'dio,xyd behandeln: **~*d water*** kohlensäurehaltiges Wasser, Sodawasser; **3.** karbonisieren, verkohlen.

car·bon| brush *s.* ⚡ Kohlebürste *f*; ~ **cop·y** *s.* **1.** 'Durchschlag *m*, -schrift *f*, Ko'pie *f*; **2.** *fig.* Abklatsch *m*, Dupli'kat *n*; ~ **dat·ing** *s.* Radiokar'bonme,thode *f*, 'C-'14-Me,thode *f* (*zur Altersbestimmung*); ~ **di·ox·ide** *s.* ⚗ Kohlen'dio,xyd *n*; ~ **fil·a·ment** *s.* ⚡ Kohlefaden *m*.

car·bon·ic [kɑ:'bɒnɪk] *adj.* ⚗ kohlenstoffhaltig; Kohlen…; ~ **ac·id** *s.* ⚗ Kohlensäure *f*; **~-'ac·id gas** *s.* ⚗ Kohlen'dio,xyd *n*, Kohlensäuregas *n*; ~ **ox·ide** *s.* ⚗ Kohlen('mon)o,xyd *n*.

car·bon·if·er·ous [,kɑ:bə'nɪfərəs] *adj.* kohlehaltig, kohleführend: ♀ ***Period*** *geol.* Karbon *n*, Steinkohlenzeit *f*; **car·bon·i·za·tion** [,kɑ:bənaɪ'zeɪʃn] *s.* **1.** Verkohlung *f*; **2.** Verkokung *f*: ~ ***plant*** Kokerei *f*; **'car·bon·ize** [-naɪz] *v/t.* **1.** verkohlen; **2.** verkoken.

car·bon| mi·cro·phone *s.* 'Kohlemikro,phon *n*; ~ **pa·per** *s.* 'Kohlepa,pier *n* (*a. phot.*); ~ **print** *s. typ.* Kohle-, Pig'mentdruck *m*; ~ **steel** *s.* Kohlenstoff-, Flußstahl *m*.

car·bo·run·dum [,kɑ:bə'rʌndəm] *s.* ⚙ Karbo'rundum *n* (*Schleifmittel*).

car·boy ['kɑ:bɔɪ] *s.* Korbflasche *f*, ('Glas)Bal,lon *m* (*bsd. für Säuren*).

car·bun·cle ['kɑ:bʌŋkl] *s.* **1.** ⚕ Kar'bunkel *m*; **2.** Kar'funkel *m*, geschliffener Gra'nat.

car·bu·ret ['kɑ:bjʊret] *v/t.* ⚙ karburieren; *mot.* vergasen; **'car·bu·ret·(t)ed** [-tɪd] *adj.* karburiert; **'car·bu·ret·ter, -ret·tor** [-tə], *Am. mst* **-ret·or** [-reɪtə] *s.* ⚙, *mot.* Vergaser *m*.

car·bu·rize ['kɑ:bjʊraɪz] *v/t.* **1.** ⚗ a) mit Kohlenstoff verbinden, b) karburieren; **2.** ⚙ einsatzhärten.

car·cass, car·case ['kɑ:kəs] *s.* **1.** Ka'daver *m*, (Tier-, Menschen)Leiche *f*; *humor.* ‚Leichnam' *m* (*Körper*); **2.** Rumpf *m* (*e-s geschlachteten Tieres*): ~ ***meat*** frisches Fleisch (*Ggs. konserviertes*); **3.** Gerippe *n*, Ske'lett *n*, ⚠ *a.* Rohbau *m*; **4.** ⚙ Kar'kasse *f e-s Gummireifens*; **5.** *fig.* Ru'ine *f*.

car·cin·o·gen [kɑ:'sɪnədʒən] *s.* Karzino'gen *n*, Krebserreger *m*; **car·cin·o·gen·ic** [,kɑ:sɪnə'dʒenɪk] *adj.* karzino'gen, krebserzeugend; **car·ci·nol·o·gy** [,kɑ:sɪ'nɒlədʒɪ] *s.* ⚕, *a. zo.* Karzinolo'gie *f*; **car·ci·no·ma** [,kɑ:sɪ'nəʊmə] *pl.* **-ma·ta** [-mətə] *od.* **-mas** *s.* ⚕ Karzi'nom *n*, Krebsgeschwür *n*.

card[1] [kɑ:d] *s.* **1.** (*Spiel*)Karte *f*: ***play*** (***at***) **~*s*** Karten spielen; ***game of ~s*** Kartenspiel *n*; ***a pack of ~s*** ein Spiel Karten; ***house of ~s*** *fig.* Kartenhaus *n*; ***a safe ~*** *fig.* eine sichere Sache, et., auf das (*a.* j-d, auf den) man sich verlassen kann; ***play one's ~s well*** *fig.* geschickt vorgehen; ***put one's ~s on the table*** *fig.* s-e Karten auf den Tisch legen; ***show one's ~s*** *fig.* s-e Karten aufdekken; ***on the ~s*** *fig.* (durchaus) möglich, ‚drin'; **2.** (*Post-, Glückwunsch etc., Geschäfts-, Visiten-, Eintritts-, Einladungs*)Karte *f*; **3.** Mitgliedskarte *f*: **~-*carrying member*** eingeschriebenes Mitglied; **4.** *pl.* ('Arbeits)Pa,piere *pl.*: ***get one's ~s*** F entlassen werden; **5.** ⚙ (Loch)Karte *f*; **6.** *sport* Pro'gramm *n*; **7.** Windrose *f* (*Kompaß*); **8.** F ‚Type' *f*, Witzbold *m*.

card[2] [kɑ:d] ⚙ **I** *s.* Wollkratze *f*, Krempel *f*; **II** *v/t.* *Wolle* krempeln, kämmen: **~*ed yarn*** Streichgarn *n*.

car·dan| joint ['kɑ:dən] *s.* ⚙ Kar'dangelenk *n*; ~ **shaft** *s.* ⚙ Kar'dan-, Gelenkwelle *f*.

'card|-,bas·ket *s.* Vi'sitenkartenschale *f*; **'~·board I** *s.* **1.** Kar'ton(pa,pier *n*) *m*, Pappe *f*; **II** *adj.* **2.** Karton…, Papp…: ~ ***box*** Pappschachtel *f*, Karton *m*; **3.** *fig. contp.* ‚nachgemacht', Pappmaché-…; ~ **cat·a·logue** → ***card index***.

card·er ['kɑ:də] *s.* ⚙ **1.** Krempler *m*, Wollkämmer *m*; **2.** 'Krempelma,schine *f*.

car·di·ac ['kɑ:dɪæk] ⚕ **I** *adj.* **1.** Herz…: ~ ***arrest*** Herzstillstand *m*; **II** *s.* **2.** Herzmittel *n*; **3.** 'Herzpati,ent *m*.

car·di·gan ['kɑ:dɪgən] *s.* Strickjacke *f*.

car·di·nal ['kɑ:dɪnl] **I** *adj.* **1.** grundsätzlich, grundlegend, hauptsächlich, Haupt…, Kardinal…: ~ ***points*** *die* vier (Haupt)Himmelsrichtungen; ~ ***principles*** Grundprinzipien; ~ ***number*** Kardinalzahl *f*; **2.** *eccl.* Kardinals…; **3.** scharlachrot, hochrot: **~-*flower*** ⚘ hochrote Lobelie; **II** *s.* **4.** *eccl.* Kardi'nal *m*; **5.** *orn. a.* **~-*bird*** Kardi'nal *m*; **'car·di·nal·ship** [-ʃɪp] *s.* Kardi'nalswürde *f*.

card in·dex *s.* Karto'thek *f*, Kar'tei *f*; **'card-,in·dex** *v/t.* **1.** e-e Kartei anlegen von, verzetteln; **2.** in e-e Kartei eintragen.

card·ing ['kɑ:dɪŋ] *s.* ⚙ Krempeln *n*, Kratzen *n* (*Wolle*): ~ ***machine*** Krempel-, Kratzmaschine *f*.

cardio- [kɑ:dɪəʊ] *in Zssgn* Herz…

car·di·o·gram ['kɑ:dɪəʊgræm] *s.* ⚕ Kardio'gramm *n*; **car·di·ol·o·gy** [,kɑ:dɪ'ɒlədʒɪ] *s.* Kardiolo'gie *f*, Herz(heil)kunde *f*.

card| room *s.* (Karten)Spielzimmer *n*; **'~-sharp, '~,sharp·er** *s.* Falschspieler *m*; ~ **ta·ble** *s.* Spieltisch *m*; ~ **trick** *s.* Kartenkunststück *n*; ~ **vote** *s. Brit.* (*mst gewerkschaftliche*) Abstimmung durch Wahlmänner.

care [keə] **I** *s.* **1.** Sorge *f*, Kummer *m*: ***be free from ~(s)*** keine Sorgen haben;

without a ~ in the world völlig sorgenfrei; **2.** Sorgfalt *f*, Aufmerksamkeit *f*, Vorsicht *f*: ***ordinary ~*** ⚖ verkehrsübliche Sorgfalt; ***with due ~*** mit der erforderlichen Sorgfalt; ***have a ~!*** *Brit.* F a) paß doch auf!, b) ich bitte dich!; ***take ~*** a) vorsichtig sein, aufpassen, b) sich Mühe geben, c) darauf achten *od.* nicht vergessen (***to do*** zu tun; ***that*** daß); ***take ~ not to do s.th.*** sich hüten, et. zu tun; et. ja nicht tun; ***take ~ not to drop it!*** laß es ja nicht fallen; ***take ~!*** F mach's gut!; **3.** a) Obhut *f*, Schutz *m*, Fürsorge *f*, Betreuung *f*, (*Kinder- etc., a. Körper- etc.*)Pflege *f*, b) Aufsicht *f*, Leitung *f*: ***~ and custody*** (*od.* ***control***) ⚖ Sorgerecht *n* (***of*** für *j-n*); ***take ~ of*** a) → 6, b) aufpassen auf (*acc.*), c) *et.* erledigen *od.* besorgen; ***take ~ of yourself!*** paß auf dich auf!, mach's gut!; ***that takes ~ of that!*** F das wäre (damit) erledigt!; **4.** Pflicht *f*: ***his special ~s***; **II** *v/i.* **5.** sich sorgen (***about*** über *acc.*, um); **6.** ***~ for*** sorgen für, sich kümmern um, betreuen, pflegen: (***well***) ***~d-for*** (gut)gepflegt; **7.** (***for***) (*j-n*) gern haben *od.* mögen: ***he doesn't ~ for her*** er macht sich nichts aus ihr, er mag sie nicht; ***he does ~*** (***for her***) er mag sie wirklich; **8.** sich etwas daraus machen: ***I don't ~ for whisky*** ich mache mir nichts aus Whisky; ***he ~s a great deal*** es ist ihm sehr daran gelegen, es macht ihm schon etwas aus; ***she doesn't really ~*** in Wirklichkeit liegt ihr nicht viel daran: ***I don't ~ a damn*** (*od.* ***fig, pin, straw***), ***I couldn't ~ less*** es ist mir völlig gleich(gültig) *od.* egal *od.* ‚schnuppe'; ***who ~s?*** na, und?, (und) wenn schon?; ***for all I ~*** meinetwegen, von mir aus; ***for all you ~*** wenn es nach dir ginge; ***I don't ~ to do it now*** ich habe keine Lust, es jetzt zu tun; ***I don't ~ to be seen with you*** ich lege keinen Wert darauf, mit dir gesehen zu werden; ***would you ~ for a drink?*** möchtest du et. zu trinken?; ***we don't ~ if you stay here*** wir haben nichts dagegen *od.* es macht uns nichts aus, wenn du hierbleibst; ***I don't ~ if I do!*** F von mir aus!

ca·reen [kəˈriːn] **I** *v/t.* **1.** ⚓ *Schiff* kielholen; **II** *v/i.* **2.** ⚓ krängen, sich auf die Seite legen; **3.** *fig.* (hin u. her) schwanken, torkeln.

ca·reer [kəˈrɪə] **I** *s.* **1.** Karriˈere *f*, Laufbahn *f*, Werdegang *m*: ***enter upon a ~*** e-e Laufbahn einschlagen; **2.** (*erfolgreiche*) Karriˈere: ***make a ~ for o.s.*** Karriere machen; **3.** (Lebens)Beruf *m*: ***~ diplomat*** Berufsdiplomat *m*; ***~ girl*** *od.* ***woman*** Karrierefrau *f*; ***~ prospects*** Aufstiegsmöglichkeiten *pl.*; ***~s guidance*** *Brit.* Berufsberatung *f*; ***~s officer*** *Brit.* Berufsberater *m*; **4.** gestreckter Gaˈlopp, Karriˈere *f*: ***in full ~*** in vollem Galopp (*a. weitS.*); **II** *v/i.* **5.** galoppieren; **6.** rennen, rasen, jagen; **ca·reer·ist** [kəˈrɪərɪst] *s.* Karriˈeremacher *m.*

ˈcare·free *adj.* sorgenfrei.

care·ful [ˈkeəfʊl] *adj.* □ **1.** vorsichtig, achtsam: ***be ~!*** nimm dich in acht!; ***be ~ to*** *inf.* darauf achten zu *inf.*, nicht vergessen zu *inf.*; ***be ~ not to*** *inf.* sich hüten zu *inf.*; aufpassen, daß nicht; ***be ~ of your clothes!*** gib acht auf deine Kleidung!; **2.** bedacht, achtsam (***of, for, about*** auf *acc.*), ˈumsichtig; **3.** sorgfältig, genau, gründlich: ***a ~ study***; **4.** *Brit.* sparsam; **ˈcare·ful·ness** [-nɪs] *s.* Vorsicht *f*, Sorgfalt *f*; Gründlichkeit *f*; ˈUmsicht *f.*

care·less [ˈkeəlɪs] *adj.* □ **1.** nachlässig, unvorsichtig, unachtsam; leichtsinnig; **2.** (***of, about***) unbekümmert (um), unbesorgt (um), gleichgültig (gegenˈüber): ***~ of danger***; **3.** unbedacht, unbesonnen: ***a ~ remark***; ***a ~ mistake*** ein Flüchtigkeitsfehler; **4.** sorgenfrei, fröhlich: ***~ youth***; **ˈcare·less·ness** [-nɪs] *s.* Nachlässigkeit *f*; Unbedachtheit *f*; Sorglosigkeit *f*, Unachtsamkeit *f.*

ca·ress [kəˈres] **I** *s.* Liebkosung *f*; *pl. a.* Zärtlichkeiten *pl.*; **II** *v/t.* liebkosen; streicheln; *fig. der Haut etc.* schmeicheln; **caˈress·ing** [-sɪŋ] *adj.* □ zärtlich; schmeichelnd.

car·et [ˈkærət] *s.* Einschaltungszeichen *n* (*für Auslassung im Text*).

ˈcare|-ˌtak·er *s.* **1.** a) Hausmeister *m*, b) (Haus- *etc.*)Verwalter *m*; **2.** ***~ government*** geschäftsführende Regierung, ˈÜbergangskabiˌnett *n*; **ˈ~·worn** *adj.* vergrämt, abgehärmt.

Ca·rey Street [ˈkeərɪ] *s.*: ***in ~*** *Brit.* F ‚pleite', bankrott.

ˈcar·fare *s. Am.* Fahrgeld *n*, -preis *m.*

car·go [ˈkɑːgəʊ] *pl.* **-goes**, *Am. a.* **-gos** *s.* ⚓, ✈ Ladung *f*, Fracht(gut *n*) *f*; **~ boat** *s.* ⚓ Frachtschiff *n*; **ˈ~-ˌcar·ry·ing** *adj.* Fracht…, Transport…: **~ glider** Lastensegler *m*; **~ hold** *s.* Laderaum *m*; **~ par·a·chute** *s.* Lastenfallschirm *m*; **~ plane** *s.* ✈ Transˈportflugzeug *n.*

ˈcar·hop *s. Am.* Kellner(in) in e-m Drive-ˈin-Restauˌrant.

Car·ib·be·an [ˌkærɪˈbiːən] **I** *adj.* kaˈribisch; **II** *s. geogr.* Kaˈribisches Meer.

car·i·bou, car·i·boo [ˈkærɪbuː] *s. zo.* ˈKaribu *m.*

car·i·ca·ture [ˈkærɪkəˌtjʊə] **I** *s.* Karikaˈtur *f* (*a. fig.*); **II** *v/t.* karikieren; **ˈcar·i·caˌtur·ist** [-ʊərɪst] *s.* Karikatuˈrist *m.*

car·i·es [ˈkeəriːz] *s.* ⚕ ˈKaries *f*: a) Knochenfraß *m*, b) Zahnfäule *f.*

car·il·lon [ˈkærɪljən] *s.* (Turm)Glockenspiel *n*, ˈGlockenspielmuˌsik *f.*

car·ing [ˈkeərɪŋ] *adj.* liebevoll, mitfühlend; soziˈal (engagiert).

Ca·rin·thi·an [kəˈrɪnθɪən] **I** *adj.* kärntnerisch; **II** *s.* Kärntner(in).

car·i·ous [ˈkeərɪəs] *adj.* ⚕ kariˈös, angefressen, faul.

car| jack *s.* ⚙ Wagenheber *m*; **ˈ~·load** *s.* **1.** Wagenladung *f*; **2.** *Am.* a) Güterwagenladung *f*, b) Mindestladung *f* (*für Frachtermäßigung*); **3.** *Am. fig.* ‚Haufen' *m*, Menge *f*; **ˈ~·man** [-mən] *s.* [*irr.*] **1.** Fuhrmann *m*; **2.** (Kraft)Fahrer *m*; **3.** Spediˈteur *m.*

car·mine [ˈkɑːmaɪn] **I** *s.* Karˈminrot *n*; **II** *adj.* karˈminrot.

car·nage [ˈkɑːnɪdʒ] *s.* Blutbad *n*, Gemetzel *n.*

car·nal [ˈkɑːnl] *adj.* □ fleischlich, sinnlich; geschlechtlich: ***~ knowledge*** ⚖ Geschlechtsverkehr (***of*** mit); **car·nal·i·ty** [kɑːˈnælətɪ] *s.* Fleischeslust *f*, Sinnlichkeit *f.*

car·na·tion [kɑːˈneɪʃn] *s.* **1.** ⚘ (Garten-)Nelke *f*; **2.** Blaßrot *n.*

car·net [ˈkɑːneɪ] *s. mot.* Carˈnet *n*, ˈZollpasˌsierschein *m.*

car·ni·val [ˈkɑːnɪvl] *s.* **1.** ˈKarneval *m*, Fasching *m*; **2.** Volksfest *n*; **3.** ausgelassenes Feiern; **4.** *Am.* (Sport- *etc.*)Veranstaltung *f.*

car·niv·o·ra [kɑːˈnɪvərə] *s. pl. zo.* Fleischfresser *pl.*; **car·ni·vore** [ˈkɑːnɪvɔː] *s. zo.* Fleischfresser *m*, *bsd.* Raubtier *n*; **carˈniv·o·rous** [-rəs] *adj. zo.* fleischfressend.

car·ob [ˈkærəb] *s.* ⚘ Joˈhannisbrot(baum *m*) *n.*

car·ol [ˈkærəl] **I** *s.* **1.** Freuden-, *bsd.* Weihnachtslied *n*; **II** *v/i.* **2.** Weihnachtslieder singen; **3.** jubilieren.

Car·o·lin·gi·an [ˌkærəʊˈlɪndʒɪən] *hist.* **I** *adj.* ˈkarolingisch; **II** *s.* ˈKarolinger *m.*

car·om [ˈkærəm] *bsd. Am.* **I** *s.* **1.** *Billard*: Karamboˈlage *f*; **II** *v/i.* **2.** karambolieren; **3.** abprallen.

ca·rot·id [kəˈrɒtɪd] *s. u. adj. anat.* (die) Halsschlagader (betreffend).

ca·rous·al [kəˈraʊzl] *s.* Trinkgelage *n*, Zecheˈrei *f*; **ca·rouse** [kəˈraʊz] **I** *v/i.* (lärmend) zechen; **II** *s.* → ***carousal.***

carp[1] [kɑːp] *v/i.* (***at***) nörgeln (an *dat.*), kritteln (über *acc.*).

carp[2] [kɑːp] *s. ichth.* Karpfen *m.*

car·pal [ˈkɑːpl] *anat.* **I** *adj.* Handwurzel…; **II** *s.* Handwurzelknochen *m.*

car park *s.* Parkplatz *m*, -haus *n*: ***underground ~*** Tiefgarage *f.*

car·pel [ˈkɑːpel] *s.* ⚘ Fruchtblatt *n.*

car·pen·ter [ˈkɑːpəntə] **I** *s.* Zimmermann *m*; **II** *v/t. u. v/i.* zimmern; **~ ant** *s. zo.* Holzameise *f*; **~ bee** *s. zo.* Holzbiene *f.*

car·pen·ter's| bench [ˈkɑːpəntəz] *s.* Hobelbank *f*; **~ lev·el** *s.* ⚙ Setzwaage *f.*

car·pen·try [ˈkɑːpəntrɪ] *s.* Zimmerhandwerk *n*; Zimmerarbeit *f.*

car·pet [ˈkɑːpɪt] **I** *s.* **1.** Teppich *m* (*a. fig.*), (*Treppen- etc.*)Läufer *m*: ***be on the ~*** *fig.* a) zur Debatte stehen, auf dem Tapet sein, b) F ‚zs.-gestaucht' werden; ***sweep under the ~*** *a. fig.* unter den Teppich kehren; → ***red carpet***; **II** *v/t.* **2.** mit (*od.* wie mit) e-m Teppich belegen; **3.** *Brit.* F ‚zs.-stauchen'; **~ bag** *s.* Reisetasche *f*; **ˈ~ˌbag·ger** *s. Am.* F **1.** (poˈlitischer) Abenteurer (*ursprünglich nach dem Bürgerkrieg*); **2.** *allg.* Schwindler *m*; **~ bomb·ing** *s.* ⚔ Bombenteppichwurf *m*; **~ dance** *s.* zwangloses Tänzchen; **ˈ~·knight** *s. Brit.* Saˈlonlöwe *m*; **~ sweep·er** *s.* ˈTeppichkehrmaˌschine *f.*

car·phone [ˈkɑːfəʊn] *s.* Autotelefon *n.*

carp·ing [ˈkɑːpɪŋ] **I** *s.* Kritteˈlei *f*; **II** *adj.* □ krittelig: ***~ criticism*** → I.

car| pool *s.* **1.** Fuhrpark *m*; **2.** Fahrgemeinschaft *f*; **ˈ~·port** *s.* Einstellplatz *m* (*im Freien*).

car·pus [ˈkɑːpəs] *pl.* **-pi** [-paɪ] *s. anat.* Handgelenk *n*, -wurzel *f.*

car·rel [ˈkærəl] *s.* Lesenische *f* (*in e-r Bibliothek*).

car·riage [ˈkærɪdʒ] *s.* **1.** Wagen *m*, Kutsche *f*: ***~ and pair*** Zweispänner *m*; **2.** *Brit.* Eisenbahnwagen *m*; **3.** Beförderung *f*, Transˈport *m*: ***~ by sea*** Seetransport; **4.** ✝ Transˈportkosten *pl.*, Fracht(gebühr) *f*; Fuhrlohn *m*, Rollgeld *n*: ***~ paid*** frachtfrei, franko; ***~ forward*** *Brit.* Fracht gegen Nachnahme; **5.** ⚔ Laˈfette *f*; **6.** ✈ Fahrgestell *n*; **7.** a) Karren *m*, Laufbrett *n* (*e-r Druckerpresse*), b) Wagen *m* (*e-r Schreibma-*

schine etc.), c) Schlitten *m* (*e-r Werkzeugmaschine*); **8.** (Körper)Haltung *f*, Gang *m*: ***a graceful ~***; **9.** *pol.* 'Durchbringen *n*, Annahme *f* (*Gesetz etc.*); **'car·riage·a·ble** [-dʒəbl] *adj.* befahrbar.

car·riage| bod·y *s.* Wagenkasten *m*, Karosse'rie *f*; **'~·drive** *s.* Fahrweg *m*; **'~·road**, **'~·way** *s. Brit.* Fahrbahn *f*.

car·ri·er ['kærɪə] *s.* **1.** Über'bringer *m*, Bote *m*; **2.** Spedi'teur *m*, *a.* **~s** *pl.* Spediti'onsfirma *f*: ***common ~*** † Frachtführer *m*, Transportunternehmer *m*, -unternehmen *n* (*a.* 🚂, ⚓ *etc.*); **3.** ☤ ('Krankheits)Über͵träger *m*; Keimträger *m*; **4.** ⚗ (Über)'Träger *m*, Kataly'sator *m*; **5.** ϟ Träger(strom *m*, -welle *f*) *m*; **6.** Träger *m*, Tragbehälter *m*, -netz *n*, -kiste *f*, -gestell *n*; Gepäckhalter *m am Fahrrad*; *mot.* Dachgepäckträger *m*; **7.** ⚙ a) Schlitten *m*, Trans'port *m*, b) Mitnehmer *m*; **8.** *abbr. für* ***aircraft carrier***; **'~·bag** *s.* Tragtasche *f*, -tüte *f*; **~ pi·geon** *s.* Brieftaube *f*; **~ rock·et** *s.* 'Trägerra͵kete *f*.

car·ri·on ['kærɪən] *s.* **1.** Aas *n*; **2.** verdorbenes Fleisch; **3.** *fig.* Unrat *m*, Schmutz *m*; **~ bee·tle** *s. zo.* Aaskäfer *m*.

car·rot ['kærət] *s.* **1.** ⚘ Ka'rotte *f*, Mohrrübe *f*: ***~ or stick*** *fig.* Zuckerbrot oder Peitsche; ***hold out a ~ to s.o.*** *fig.* j-n zu ködern versuchen; **2.** F a) *pl.* rotes Haar, b) Rotkopf *m*; **'car·rot·y** [-tɪ] *adj.* **1.** gelbrot; **2.** rothaarig.

car·rou·sel [͵kærʊ'zel] *s. bsd. Am.* Karus'sell *n*.

car·ry ['kærɪ] **I** *s.* **1.** Trag-, Schußweite *f*; **2.** Flugstrecke *f* (*Golfball*); **3.** → ***portage*** 2; **II** *v/t.* **4.** tragen: ***~ a burden***; ***~ o.s.*** (*od.* ***one's body***) ***well*** e-e gute (Körper)Haltung haben; **5.** bei sich haben, (an sich) haben: ***~ money about one*** Geld bei sich haben; ***~ in one's head*** im Kopf haben *od.* behalten; ***~ authority*** großen Einfluß ausüben; ***~ conviction*** überzeugen(d sein *od.* klingen); ***~ a moral*** e-e Moral (zum Inhalt) haben; **6.** befördern, bringen; mit sich bringen *od.* führen; (ein)bringen: ***railways ~ goods*** die Eisenbahnen befördern Waren; ***~ a message*** e-e Nachricht überbringen; ***~ interest*** Zinsen tragen *od.* bringen; ***~ insurance*** versichert sein; ***~ consequences*** Folgen haben; **7.** (hin'durch-, he'rum)führen; fortsetzen, ausdehnen: ***~ a wall around the park*** e-e Mauer um den Park ziehen; ***~ to excess*** übertreiben; ***you ~ things too far*** du treibst die Dinge zu weit; **8.** erlangen, gewinnen; erobern (*a.* ⚔): ***~ all before one*** auf der ganzen Linie siegen, vollen Erfolg haben; ***~ the audience with one*** die Zuhörer mitreißen; ***~ an election*** e-e Wahl gewinnen; ***~ a district*** *Am.* e-n Wahlkreis *od.* -bezirk erobern, den Wahlsieg in e-m Bezirk davontragen; **9.** 'durchbringen, -setzen: ***~ a motion*** e-n Antrag durchbringen; ***carried unanimously*** einstimmig angenommen; ***~ one's point*** s-e Ansicht durchsetzen, sein Ziel erreichen; **10.** *Waren* führen; *Zeitungsmeldung* bringen; **11.** *Rechnen*: über'tragen, ‚sich merken': ***~ two*** gemerkt zwei; ***~ to a new account*** † auf neue Rechnung vortragen; **III** *v/i.* **12.** *weit* tragen, reichen (*Stimme*, *Schall*; *Schußwaffen*);

Zssgn mit adv.:

car·ry| a·way *v/t.* **1.** wegtragen; fortreißen (*a. fig.*); **2.** *fig.* hinreißen: a) begeistern, b) verleiten: ***get carried away*** a) in Verzückung geraten, b) die Selbstkontrolle verlieren, sich hinreißen lassen (***into doing*** *et.* zu tun); **~ for·ward** *v/t.* **1.** fortsetzen, vor'anbringen; **2.** † *Summe od. Saldo* vortragen: ***amount carried forward*** a) Vor-, Übertrag *m*, b) *Rechnen*: Transport *m*; **~ off** *v/t.* forttragen, -schaffen; ab-, entführen, verschleppen; *j-n* hinwegraffen (*Krankheit*); *Preis etc.* gewinnen, erringen; **~ on I** *v/t.* **1.** *fig.* fortführen, -setzen; *Plan* verfolgen; *Geschäft* betreiben; *Gespräch* führen; **II** *v/i.* **2.** fortfahren; weitermachen; **3.** fortbestehen; **4.** F a) ein ‚The'ater' *od.* e-e Szene machen, sich schlecht aufführen, es wild *od.* wüst treiben, b) ‚es (*ein Verhältnis*) haben' (***with*** mit); **~ out** *v/t.* aus-, 'durchführen, erfüllen; **~ o·ver** *v/t.* † **1.** → ***carry forward*** 2; **2.** *Waren* übrigbehalten; **3.** *Börse*: prolongieren; **~ through** *v/t.* 'durchführen; *j-m* 'durchhelfen, *j-n* 'durchbringen.

'car·ry|-all *s. Am.* **1.** Per'sonen͵auto *n* mit Längssitzen; **2.** große (Einkaufs-, Reise)Tasche; **'~·cot** *s.* (Baby)Tragetasche *f*; **'~-͵for·ward** *s.* † *Brit.* ('Saldo-)Vortrag *m*, 'Übertrag *m*.

car·ry·ing ['kærɪɪŋ] *s.* Beförderung *f*; Trans'port *m*; **~ a·gent** *s.* Spedi'teur *m*; **~ ca·pac·i·ty** *s.* Lade-, Tragfähigkeit *f*; **͵~-'on** *pl.* **͵~s-'on** *s.* F **1.** ‚The'ater' *n*: a) Getue *n*, b) Af'färe *f*; **2.** schlechtes Benehmen; **~ trade** *s.* Spediti'onsgewerbe *n*.

͵car·ry'o·ver *s.* † **1.** → ***carry-forward***; **2.** *Brit. Börse*: Prolongati'on *f*: ***~ rate*** Reportsatz *m*.

'car|·sick *adj.* eisenbahn- *od.* autokrank; **'~-͵sick·ness** *s.* Autokrankheit *f*, Übelkeit *f* beim Autofahren.

cart [kɑːt] **I** *s.* (Fracht)Karren *m*, Lieferwagen *m*; Handwagen *m*: ***put the ~ before the horse*** *fig.* das Pferd beim Schwanz aufzäumen; ***in the ~*** *Brit.* F in der Klemme; **II** *v/t.* karren, fördern, fahren: ***~ about*** umherschleppen; **'cart·age** [-tɪdʒ] *s.* Fuhrlohn *m*, Rollgeld *n*.

carte blanche [͵kɑːt'blɑ̃ːnʃ] *s.* **1.** † Blan'kett *n*; **2.** *fig.* unbeschränkte Vollmacht: ***have ~*** (völlig) freie Hand haben.

car·tel [kɑː'tel] *s.* **1.** †, *a. pol.* Kar'tell *n*; **2.** ⚔ Abkommen *n* über den Austausch von Kriegsgefangenen; **car·tel·i·za·tion** [͵kɑːtəlaɪ'zeɪʃn] *s.* † Kartellierung *f*; **car·tel·ize** ['kɑːtəlaɪz] *v/t. u. v/i.* † kartellieren.

cart·er ['kɑːtə] *s.* ('Roll)Fuhrunter͵nehmer *m*.

Car·te·sian [kɑː'tiːzjən] **I** *adj.* kartesi'anisch; **II** *s.* Kartesi'aner *m*, Anhänger *m* der Lehre Des'cartes'.

'cart-horse *s.* Zugpferd *n*.

Car·thu·sian [kɑː'θjuːzjən] *s.* **1.** Kar'täuser(mönch) *m*; **2.** Schüler *m* der Charterhouse-Schule (*in England*).

car·ti·lage ['kɑːtɪlɪdʒ] *s. anat., zo.* Knorpel *m*; **car·ti·lag·i·nous** [͵kɑːtɪ'lædʒɪnəs] *adj.* knorpelig.

'cart·load *s.* Wagenladung *f*, Fuhre *f*; *fig.* Haufen *m*.

car·tog·ra·pher [kɑː'tɒgrəfə] *s.* Karto'graph *m*, Kartenzeichner *m*; **car'tog·ra·phy** [-fɪ] *s.* Kartogra'phie *f*.

car·ton ['kɑːtən] *s.* **1.** (Papp)Schachtel *f*, Kar'ton *m*: ***a ~ of cigarettes*** e-e Stange Zigaretten; **2.** das ‚Schwarze' (*der Zielscheibe*).

car·toon [kɑː'tuːn] *s.* **1.** Karika'tur *f*: **~** (***film***) Zeichentrickfilm *m*; **2.** *mst pl.* Cartoon(s *pl.*) *m*, Comics-Serie *f*, Bilder(fortsetzungs)geschichte *f*; **3.** *paint.* Kar'ton *m*, Entwurf *m* (*in natürlicher Größe*); **car'toon·ist** [-nɪst] *s.* Karika'tu'rist *m*.

car·touch(e) [kɑː'tuːʃ] *s.* △ Kar'tusche *f* (*Ornament*).

car·tridge ['kɑːtrɪdʒ] *s.* **1.** ⚔ a) Pa'trone *f*, b) *Artillerie*: Kar'tusche *f*: ***blank ~*** Platzpatrone *f*; **2.** *phot.* ('Film)Pa͵trone *f* (*Kleinbildkamera*), (-)Kas͵sette *f* (*Film- od. Kassettenkamera*); **3.** Tonabnehmer *m*; **4.** ('Füllhalter)Pa͵trone *f*; **~ belt** *s.* ⚔ Pa'tronengurt *m*; **~ case** *s.* Pa'tronenhülse *f*; **~ clip** *s.* Ladestreifen *m*; **~ pa·per** *s.* 'Zeichenpa͵pier *n*; **~ pen** *s.* Pa'tronenfüllhalter *m*.

'cart|·wheel *s.* **I** *s.* **1.** Wagenrad *n*; **2.** ***turn a ~*** *sport* radschlagen; **II** *v/i.* **3.** radschlagen; **4.** sich mehrmals (seitlich) über'schlagen; **'~·wright** *s.* Stellmacher *m*, Wagenbauer *m*.

carve [kɑːv] **I** *v/t.* **1.** (*in*) *Holz* schnitzen, (*in*) *Stein* meißeln: ***~ out of stone*** aus Stein meißeln *od.* hauen; ***~ one's name on a tree*** s-n Namen in e-n Baum einritzen *od.* -schneiden; **2.** mit Schnitze'reien *etc.* verzieren: ***~ the leg of a table***; **3.** *Fleisch* vorschneiden, zerlegen, tranchieren; **4.** *fig. oft* ***~ out*** gestalten: ***~ out a fortune*** ein Vermögen machen; ***~ out a career for o.s.*** sich e-e Karriere aufbauen; **5.** ***~ up*** aufteilen, zerstückeln; **6.** ***~ up*** F *j-n* mit dem Messer übel zurichten; **II** *v/i.* **7.** schnitzen, meißeln; **8.** (Fleisch) vorschneiden.

car·vel ['kɑːvl] → ***caravel***; **'~-built** *adj.* ⚓ kra'weelgebaut.

carv·er ['kɑːvə] *s.* **1.** (Holz)Schnitzer *m*, Bildhauer *m*; **2.** Tranchierer *m*; **3.** a) Tranchiermesser *n*, b) *pl.* Tranchierbesteck *n*; **'carv·er·y** [-ərɪ] *s. Lokal, in dem man für e-n Einheitspreis soviel Fleisch essen kann, wie man will.*

carv·ing ['kɑːvɪŋ] *s.* Schnitze'rei *f*, Schnitzwerk *n*; **~ knife** → ***carver*** 3 a.

'car·wash *s.* **1.** Autowäsche *f*; **2.** (Auto)Waschanlage *f*.

car·y·at·id [͵kærɪ'ætɪd] *s.* △ Karya'tide *f*.

cas·cade [kæ'skeɪd] **I** *s.* **1.** Kas'kade *f*, Wasserfall *m*; **2.** *fig.* Kas'kade *f*, *z.B.* Feuerregen *m* (*Feuerwerk*), Faltenbesatz *m*, Faltenwurf *m* (*Kleidung*), *chem. Tandemanordnung von Gefäßen od. Geräten*; **3.** ϟ *a.* ***~ connection*** Kas'kade(nschaltung) *f*; **II** *adj.* **4.** ϟ Kaskaden…(*-motor, -verstärker etc.*); **III** *v/i.* **5.** kas'kadenartig her'abstürzen; wellig fallen.

case[1] [keɪs] **I** *s.* **1.** Fall *m*, 'Umstand *m*, Vorfall *m*, Sache *f*, Frage *f*: ***a ~ in point*** ein typischer Fall, ein treffendes Beispiel; ***a ~ of fraud*** ein Fall von Betrug; ***a ~ of conscience*** e-e Gewissensfrage; ***a hard ~*** a) ein schwieriger Fall, b) ein schwerer Gegner, c) F ein ‚schwerer Junge‘; ***that alters the ~*** das ändert die Sache *od.* Lage; ***in ~*** im Falle, falls; ***in ~ of*** im Falle von (*od. gen.*); ***in ~ of need*** im Notfall; ***in any ~*** auf jeden Fall, jedenfalls; ***in that ~*** in dem Falle; ***if that is the ~*** wenn das der Fall ist, wenn das zutrifft; ***as the ~ may be*** je nachdem; ***it is a ~ of*** es handelt sich um; ***the ~ is this*** die Sache liegt so; ***state one's ~*** s-e Sache *od.* s-n Standpunkt vortragen *od.* vertreten (*a.* ⚖); → 3; ***come down to ~s*** zur Sache kommen; **2.** ⚖ (Rechts)Fall *m*, Pro'zeß *m*: ***leading ~*** Präzedenzfall; **3.** ⚖ Sachverhalt *m*; Begründung *f*, Be'weismateri,al *n*; (*a.* begründeter) Standpunkt *e-r Partei*: ***~ for the Crown*** Anklage *f*; ***~ for the defence*** Verteidigung *f*; ***make out a*** (*od.* ***one's***) ***~ for*** (***against***) alle Rechtsgründe *od.* Argumente vorbringen für (gegen); ***he has a strong ~*** er hat schlüssige Beweise, s-e Sache steht günstig; ***he has no ~*** s-e Sache ist unbegründet; ***there is a ~ for s.th.*** et. ist begründet *od.* berechtigt, es gibt triftige Gründe für et.; **4.** *ling.* 'Kasus *m*, Fall *m*,; **5.** ⚕ (Krankheits)Fall *m*; Pati'ent(in): ***two ~s of typhoid*** zwei Typhusfälle *od.* Typhuskranke; ***a mental ~*** F ein Geisteskranker; **6.** *Am.* F komischer Kauz; **II** *v/t.* **7.** ***~ the joint*** *sl.* ‚den Laden ausbaldowern‘.

case² [keɪs] **I** *s.* **1.** Kiste *f*, Kasten *m*; Koffer *m*; (*Schmuck*)Kästchen *n*; Schachtel *f*; Behälter *m*; **2.** (*Bücher-, Glas*)Schrank *m*; (*Uhr*)Gehäuse *n*; (*Patronen*)Hülse *f*, (*Samen*)Kapsel *f*; (*Zigaretten*)E'tui *n*; (*Brillen-, Messer*)Futte'ral *n*; (Schutz)Hülle *f* (*für Bücher, Messer etc.*); (*Akten*)Tasche *f*; (*Schreib*)Mappe *f*; (*Kissen*)Bezug *m*, 'Überzug *m*: ***pencil ~*** Federmäppchen *n*; **3.** ⚙ Verkleidung *f*, Einfassung *f*, Mantel *m*, Rahmen *m*; Scheide *f*: ***lower*** (***upper***) ***~*** *typ.* (Setzkasten *m* für) kleine (große) Buchstaben *pl.*; **II** *v/t.* **4.** in ein Gehäuse *od.* Futte'ral *etc.* stecken; **5.** ver-, um'kleiden, um'geben (***in, with*** mit); **6.** *Buchbinderei*: *Buch* einhängen.

'case|·book *s.* **1.** ⚖ kommentierte Entscheidungssammlung; **2.** ⚕ Pati'entenbuch *n*; **~ end·ing** *s. ling.* 'Kasusendung *f*; **'~-,hard·ened** *adj.* **1.** *metall.* schalenhart, im Einsatz gehärtet; **2.** *fig.* abgehärtet, hartgesotten; **~ his·to·ry** *s.* **1.** Vorgeschichte *f* (*e-s Falles*); **2.** ⚕ Krankengeschichte *f*, Ana'mnese *f*; **3.** typisches Beispiel.

ca·se·in ['keɪsiːɪn] *s.* Kase'in *n*.

case law *s.* ⚖ ‚Fallrecht‘ *n* (*auf Präzedenzfällen beruhend*).

case·mate ['keɪsmeɪt] *s.* ⚔ Kase'matte *f*.

case·ment ['keɪsmənt] *s.* a) Fensterflügel *m*, b) *a.* **~-window** Flügelfenster *n*.

ca·se·ous ['keɪsɪəs] *adj.* käsig, käseartig.

case| shot *s.* ⚔ Schrap'nell *n*, Kar'tätsche *f*; **~ stud·y** *s.* (Einzel)Fallstudie *f*; **'~·work** *s. sociol.* Einzelfallhilfe *f*, sozi'ale Einzelarbeit; **'~,work·er** *s.* Sozi'alarbeiter(in) (für Individu'albetreuung).

cash¹ [kæʃ] **I** *s.* **1.** (Bar)Geld *n*; **2.** ☤ Barzahlung *f*, Kasse *f*: ***~ down, for ~*** gegen Barzahlung, in bar; ***~ in advance*** gegen Vorauszahlung; → ***cash and carry***; ***~ at bank*** Bankguthaben *n*; ***~ in hand*** Bar-, Kassenbestand *m*; ***~ on delivery*** per Nachnahme, zahlbar bei Lieferung; ***~ with order*** zahlbar bei Bestellung; ***be in*** (***out of***) ***~*** bei (nicht bei) Kasse sein; ***he is rolling in ~*** er hat Geld wie Heu; **II** *v/t.* **3.** *Scheck etc.* einlösen, -kassieren; **~ in I** *v/t.* **1.** *Poker etc.*: *s-e Spielmarken* einlösen; **II** *v/i.* **2.** F ‚abkratzen‘, sterben; **3.** F **~** (***on***) ‚absahnen‘ (bei), profitieren (von).

cash² [kæʃ] *s. sg. u. pl.* Käsch *n* (*kleine Münze in Indien u. China*).

cash| ac·count *s.* ☤ Kassenkonto *n*; **~ ad·vance** *s.* Barkredit *m*; **~ and car·ry I** *s.* **1.** Selbstabholung *f* gegen Barzahlung; **2.** Cash-and-carry-Geschäft *n*; **II** *adv.* **3.** (nur) gegen Barzahlung u. Selbstabholung; **,~-and-'car·ry** *adj.* Cash-and-carry-…; **~ au·dit** *s.* Kassenprüfung *f*; **~ bal·ance** *s.* Kassenbestand *m*; Darguthaben *n*; **~ book** *s.* Kassenbuch *n*; **~ card** *s.* Geldautomatenkarte *f*; **~ cheque** *s. Brit.* Barscheck *m*; **~ crop** *s.* für den Verkauf bestimmte Anbaufrucht; **~ desk** *s.* Kasse *f im Warenhaus etc.*; **~ dis·count** *s.* 'Barzahlungsra,batt *m*; **~ dis·pens·er** *s.* 'Geldauto,mat *m*; **~ div·i·dend** *s.* Barausschüttung *f*.

ca·shew [kæ'ʃuː] *s.* **1.** Aca'joubaum *m*; **2.** *a.* ***~ nut*** Aca'jou-, 'Cashewnuß *f*.

cash flow *s.* ☤ Cash-flow *m*, Kassenzufluß *m*.

cash·ier¹ [kæ'ʃɪə] *s.* Kassierer(in): ***~'s check*** *Am.* Bankscheck *m*; ***~'s desk*** *od.* ***office*** Kasse *f*.

cash·ier² [kə'ʃɪə] *v/t.* ⚔ (unehrenhaft) entlassen.

cash·less ['kæʃlɪs] *adj.* ☤ bargeldlos.

cash·mere [kæʃ'mɪə] *s.* **1.** 'Kaschmir *m* (*feiner Wollstoff*); **2.** 'Kaschmirwolle *f*.

cash·o·mat ['kæʃəʊmæt] → ***cash dispenser***.

cash| pay·ment *s.* Barzahlung *f*; **~ price** *s.* Bar(zahlungs)preis *m*; **~ prob·lem** *s.* Liquiditätsproblem *n*; **~ po·si·tion** *s.* Liquiditätslage *f*; **~ re·ceipts** *s. pl.* Bareinnahmen *pl*; **~ reg·is·ter** *s.* Registrierkasse *f*; **~ sale** *s.* Barverkauf *m*; **~ sur·ren·der val·ue** *s.* Rückkaufswert *m* (*e-r Police*); **~ vouch·er** *s.* Kassenbeleg *m*.

cas·ing ['keɪsɪŋ] *s.* **1.** Be-, Um'kleidung *f*, Um'hüllung *f*; **2.** (Fenster)Futter *n*; (Tür)Verkleidung *f*; **3.** Gehäuse *n*, Futte'ral *n*; *mot.* Mantel *m e-s Reifens*; **4.** (Wurst)Darm *m*, (-)Haut *f*.

ca·si·no [kə'siːnəʊ] *pl.* **-nos** *s.* ('Spiel-, Unter'haltungs)Ka,sino *n*.

cask [kɑːsk] *s.* Faß *n*; (hölzerne) Tonne: ***a ~ of wine*** ein Faß Wein.

cas·ket ['kɑːskɪt] *s.* **1.** (Schmuck)Kästchen *n*; **2.** (Bestattungs)Urne *f*; **3.** *Am.* Sarg *m*.

Cas·pi·an ['kæspɪən] *adj.* kaspisch: ***~ Sea*** Kaspisches Meer.

Cas·san·dra [kə'sændrə] *s. fig.* Kas'sandra *f* (*Unglücksprophetin*).

cas·sa·tion [kæ'seɪʃn] *s.* ⚖ Kassati'on *f*: ***Court of*** ♀ Kassationshof *m*.

cas·se·role ['kæsərəʊl] *s.* Kasse'rolle *f*, Schmortopf *m* (mit Griff).

cas·sette [kæ'set] *s.* ('Film-, 'Tonband-*etc.*)Kas,sette *f*; **~ re·cord·er** *s.* Kas'settenre,corder *m*.

cas·sock ['kæsək] *s. eccl.* Sou'tane *f*.

cast [kɑːst] **I** *s.* **1.** Wurf *m* (*a. mit Würfeln*); **2.** a) Auswerfen *n* (*Angel, Netz, Lot*), b) Angelhaken *m*; **3.** a) Auswurf *m* (*gewisser Tiere*), *bsd.* Gewölle *n* (*von Raubvögeln*), b) abgestoßene Haut (*Schlange, Insekt*); **4.** ***~ in the eye*** Schielen *n*; **5.** Aufrechnung *f*, Additi'on *f*; **6.** ⚙ Gußform *f*, Abguß *m*, -druck *m*; ⚕ Gipsverband *m*; *fig.* Zuschnitt *m*, Anordnung *f*; **7.** *thea.* (Rollen)Besetzung *f*; Mitwirkende *pl.*; Truppe *f*; **8.** Farbton *m*; *fig.* Anflug *m*; **9.** Typ *m*, Art *f*, Schlag *m*: ***~ of mind*** Geistesart *f*; ***~ of features*** Gesichtsausdruck *m*; **II** *v/t.* [*irr.*] **10.** werfen: ***the die is ~*** die Würfel sind gefallen; ***~ s.th. in s.o.'s teeth*** j-m et vorwerfen; **11.** *Angel, Netz, Anker, Lot* (aus)werfen; **12.** *zo.* a) *Haut, Geweih* abwerfen, b) *Junge* vorzeitig werfen; **13.** *fig. Blick, Licht, Schatten* werfen; *Horoskop* stellen: ***~ the blame*** die Schuld zuschieben (***on*** *dat.*); ***~ a slur*** (***on***) verunglimpfen (*acc.*); ***~ one's vote*** s-e Stimme abgeben; ***~ lots*** losen; **14.** *thea.* a) *Stück* besetzen: ***the play is well ~***, b) *Rollen* besetzen, verteilen: ***he was badly ~*** er war e-e Fehlbesetzung; **15.** *Metall, Statue etc.* gießen; *fig.* formen, bilden, anordnen; **16.** ⚖ *pass.* ***be ~ in costs*** zu den Kosten verurteilt werden; **17.** *a.* ***~ up*** aus-, zs.-rechnen: ***to ~ accounts*** Abrechnung machen; **III** *v/i.* [*irr.*] **18.** sich werfen, sich (ver)ziehen; **19.** die Angel auswerfen.

Zssgn mit adv.:

cast| a·bout, ~ a·round *v/i.* **1.** ***~ for*** suchen nach, *fig. a.* sich 'umsehen nach; **2.** ⚓ um'herlavieren; **~ a·way** *v/t.* **1.** wegwerfen; **2.** verschwenden; **3.** ***be ~*** ⚓ verschlagen werden; **~ back** *v/t.*: ***~ one's mind*** (***to***) zu'rückdenken (an *acc.*); **~ down** *v/t.* **1.** *fig.* entmutigen: ***be ~*** niedergeschlagen sein; **2.** *die Augen* niederschlagen; **~ in** *v/t.*: ***~ one's lot with s.o.*** sein Los mit j-m teilen, sich j-m anschließen; **~ off I** *v/t.* **1.** ab-, wegwerfen; *Kleider etc.* ablegen, ausrangieren; **2.** sich befreien von, sich entledigen (*gen.*); **3.** *Freund etc.* fallenlassen; **4.** *Stricken*: *Maschen* abketten; **5.** *typ.* den 'Umfang (*gen.*) berechnen; **II** *v/i.* **6.** ⚓ ablegen, losmachen; **~ on** *v/t. u. v/i.* *Stricken*: *die ersten Maschen* aufnehmen; **~ out** *v/t.* vertreiben, ausstoßen; **~ up** *v/t.* **1.** *die Augen* aufschlagen; **2.** anspülen; **3.** → ***cast*** 17.

cas·ta·net [,kæstə'net] *s.* Kasta'gnette *f*.

'cast·a·way I *s.* **1.** Ausgestoßene(r *m*) *f*; **2.** ⚓ Schiffbrüchige(r *m*) *f* (*a. fig.*); **3.** *et.* Ausrangiertes, *bsd.* abgelegtes Kleidungsstück; **II** *adj.* **4.** ausgestoßen; **5.** ausrangiert (*Möbel etc.*), abgelegt (*Kleider*); **6.** ⚓ schiffbrüchig.

caste [kɑːst] *s.* **1.** (*indische*) Kaste: ***~ feeling*** Kastengeist *m*; **2.** Kaste *f*, Gesellschaftsklasse *f*; **3.** Rang *m*, Stellung *f*, Ansehen *n*: ***lose ~*** an gesellschaftlichem Ansehen verlieren (***with*** bei).

cas·tel·lan ['kæstələn] *s.* Kastel'lan *m*; **'cas·tel·lat·ed** [-leɪtɪd] *adj.* **1.** mit Türmen u. Zinnen; **2.** burgenreich.

cast·er ['kɑːstə] *s.* → ***castor³***.

cas·ti·gate ['kæstɪgeɪt] *v/t.* **1.** züchtigen; **2.** *fig.* geißeln; **3.** *fig. Text* verbessern; **cas·ti·ga·tion** [,kæstɪ'geɪʃn] *s.* **1.** Züchtigung *f*; **2.** Geißelung *f*; scharfe Kri'tik; **3.** Textverbesserung *f*.

cast·ing ['kɑ:stɪŋ] *s.* **1.** ⚙ a) Guß *m*, Gießen *n*, b) Gußstück *n*; *pl.* Gußwaren *pl.*; **2.** Δ (roher) Bewurf; **3.** *thea.* Rollenverteilung *f*; **4.** *a.* **~-up** Additi'on *f*; **5.** Fischen *n* (*mit dem Netz*); **~ net** *s.* Wurfnetz *n*; **~ vote** *s.* entscheidende Stimme.

cast| i·ron *s.* Gußeisen *n*; **ˌ~-'i·ron** *adj.* **1.** gußeisern; **2.** *fig.* eisern (*Konstitution, Wille etc.*); hart (*Gesetze etc.*); hieb- u. stichfest (*Alibi*), 'unumˌstößlich, unbeugsam: **~ constitution** eiserne Gesundheit.

cas·tle ['kɑ:sl] **I** *s.* **1.** Burg *f*, Schloß *n*: **~s in the air** (*od.* **in Spain**) *fig.* Luftschlösser; **2.** *Schach*: Turm *m*; **II** *v/i.* **3.** *Schach*: rochieren; **~ nut** *s.* ⚙ Kronenmutter *f*.

cas·tling ['kɑ:slɪŋ] *s. Schach*: Ro'chade *f*.

'cast|·off *s.* **1.** ausrangiertes Kleidungsstück; **2.** *typ.* 'Umfangsberechnung *f*; **ˌ~-'off** *adj.* **1.** abgelegt, ausrangiert: **~** clothes; **2.** *et.* Abgelegtes *od.* Weggeworfenes.

Cas·tor¹ ['kɑ:stə] *s. ast.* 'Kastor *m*.

cas·tor² ['kɑ:stə] *s. vet.* Spat *m*.

cas·tor³ ['kɑ:stə] *s.* **1.** (*Salz- etc.*)Streuer *m*; **2.** *pl.* Me'nage *f*, Gewürzständer *m*; **3.** (schwenkbare) Laufrolle.

cas·tor| oil *s.* ⚕ 'Rizinus-, 'Kastoröl *n*; **~ sug·ar** *s.* 'Kastorzucker *m*.

cas·trate [kæ'streɪt] *v/t.* **1.** ⚕, *vet.* kastrieren (*a. fig. iro.*); **2.** *Buch* zensieren; **cas'tra·tion** [-eɪʃn] *s.* Kastrierung *f*, Kastrati'on *f*.

cast steel *s.* Gußstahl *m*.

cas·u·al ['kæʒjʊəl] **I** *adj.* □ **1.** zufällig, unerwartet; **2.** gelegentlich, unregelmäßig: **~ labo(u)r(er)** Gelegenheitsarbeit(er *m*) *f*; **3.** unbestimmt, ungenau; **4.** lässig: a) nachlässig, gleichgültig, b) ungezwungen, zwanglos, *bsd. Mode*: sa'lopp, sportlich: **~ wear** Freizeitkleidung *f*; **5.** beiläufig: **a ~ remark**; **~ glance** flüchtiger Blick; **II** *s.* **6.** a) sportliches Kleidungsstück, Straßenanzug *m*, b) *pl.* Slipper *pl.* (*flache Schuhe*); **7.** *Brit.* a) Gelegenheitsarbeiter *m*, b) gelegentlicher Kunde *od.* Besucher; **'cas·u·al·ism** [-lɪzəm] *s. philos.* Kasua'lismus *m*; **'cas·u·al·ness** [-nɪs] *s.* (Nach)Lässigkeit *f*, Gleichgültigkeit *f*.

cas·u·al·ty ['kæʒjʊəltɪ] *s.* **1.** Unfall *m* (*e-r Person*); **2.** a) Verunglückte(r *m*) *f*, (Unfall)Opfer *n*, b) ⚔ Verwundete(r) *m od.* Gefallene(r) *m*: **casualties** Opfer *pl. e-r Katastrophe etc.*, ⚔ *mst* Verluste *pl.*; **~ list** Verlustliste *f*; **3.** *a.* **~ ward** ⚕ 'Unfallstatiˌon *f*.

cas·u·ist ['kæzjʊɪst] *s.* Kasu'ist *m*; **cas·u·is·tic, cas·u·is·ti·cal** [ˌkæzjʊ'ɪstɪk(l)] *adj.* □ **1.** kasu'istisch; **2.** spitzfindig; **'cas·u·ist·ry** [-trɪ] *s.* **1.** Kasu'istik *f*; **2.** Spitzfindigkeit *f*.

cat [kæt] *s.* **1.** *zo.* Katze *f*: ***let the ~ out of the bag*** die Katze aus dem Sack lassen; ***it's raining ~s and dogs*** F es gießt wie mit Kübeln; ***has the ~ got your tongue?*** hat es dir die Sprache verschlagen?; ***wait for the ~ to jump*** *od.* ***see which way the ~ jumps*** *fig.* sehen, wie der Hase läuft; ***that ~ won't jump!*** F so geht's nicht!; ***set the ~ among the pigeons*** für helle Aufregung sorgen; ***think one is the cat's whiskers*** *od.* ***pyjamas*** sich für was Besonderes halten; ***not room to swing a ~*** *sl.* kaum Platz zum Umdrehen; ***they lead a ~-and-dog life*** sie leben wie Hund u. Katze; ***it's enough to make a ~ laugh*** F da lachen ja die Hühner; **2.** *zo. bsd. pl.* (Fa'milie *f* der) Katzen *pl.*; **3.** *fig.* falsche Katze (*Frau*): ***old ~*** alte Hexe; **4.** *Am. sl.* a) 'Jazzfaˌnatiker *m*, b) *a.* ***cool ~*** ‚dufter Typ'; **5.** ⚓ Kattanker *m*.

cat·a·clysm ['kætəklɪzəm] *s.* **1.** *geol.* Kata'klysmus *m*, erdgeschichtliche Kata'strophe; **2.** Über'schwemmung *f*; **3.** *fig.* (gewaltige) 'Umwälzung.

cat·a·comb ['kætəku:m] *s.* Kata'kombe *f*.

cat·a·falque ['kætəfælk] *s.* **1.** Kata'falk *m*; **2.** offener Leichenwagen.

Cat·a·lan ['kætələn] **I** *adj.* kata'lanisch; **II** *s.* Kata'lane *m*, Kata'lanin *f*.

cat·a·lep·sis [ˌkætə'lepsɪs], **cat·a·lep·sy** ['kætəlepsɪ] *s.* ⚕ Starrkrampf *m*.

cat·a·logue, *Am. a.* **cat·a·log** ['kætəlɒg] **I** *s.* **1.** Kata'log *m*; **2.** Verzeichnis *n*, (Preis- *etc.*)Liste *f*; **3.** *Am. univ.* Vorlesungsverzeichnis *n*; **II** *v/t.* **4.** katalogisieren.

ca·tal·y·sis [kə'tælɪsɪs] *s.* ⚗ Kata'lyse *f*; **cat·a·lyst** ['kætəlɪst] *s.* ⚗ *u. fig.* Kata'ly'sator *m*; **cat·a·lyt·ic** [ˌkætə'lɪtɪk] **I** *adj.* ⚗ kata'lytisch: **~ converter** Kataly'sator *m*; **II** *s.* → ***catalyst***; **cat·a·lyze** ['kætəlaɪz] *v/t.* katalysieren (*a. fig.*); **cat·a·lyz·er** ['kætəlaɪzə] → ***catalyst***.

cat·a·ma·ran [ˌkætəmə'ræn] *s.* **1.** ⚓ a) Floß *n*, b) Auslegerboot *n*; **2.** F ‚Kratzbürste' *f*, Xan'thippe *f*.

cat·a·mite ['kætəmaɪt] *s.* Lustknabe *m*.

cat·a·plasm ['kætəplæzəm] *s.* ⚕ 'Breiˌumschlag *m*, Kata'plasma *n*.

cat·a·pult ['kætəpʌlt] **I** *s.* **1.** Kata'pult *m*, *n*: a) *hist.* 'Wurfmaˌschine *f*, b) (Spiel)Schleuder *f*, c) ✈ Startschleuder *f*; **II** *adj.* **2.** ✈ Schleuder…(*-sitz, -start*); **III** *v/t.* **3.** schleudern, katapultieren (*a.* ✈); **4.** mit e-r Schleuder beschießen.

cat·a·ract ['kætərækt] *s.* **1.** Kata'rakt *m*: a) Wasserfall *m*, b) Stromschnelle *f*, c) *fig.* Flut *f*; **2.** ⚕ grauer Star.

ca·tarrh [kə'tɑ:] *s.* ⚕ Ka'tarrh *m*; Schnupfen *m*; **ca'tarrh·al** [-ɑ:rəl] *adj.* katar'rhalisch: **~ syringe** Nasenspritze *f*.

ca·tas·tro·phe [kə'tæstrəfɪ] *s.* Kata'strophe *f* (*a. im Drama u. geol.*), Verhängnis *n*, Unheil *n*, Unglück *n*; **cat·a·stroph·ic, cat·a·stroph·i·cal** [ˌkætə'strɒfɪk(l)] *adj.* katastro'phal.

'cat|·bird *s. orn.* amer. Spottdrossel *f*; **'~·boat** *s.* ⚓ kleines Segelboot (*mit einem Mast*); **~ bur·glar** *s.* Fas'sadenkletterer *m*, Einsteigdieb *m*; **'~·call I** *s.* a) Buh(ruf *m*) *n*, b) Pfiff *m*; **II** *v/i.* buhen, pfeifen; **III** *v/t. j-n* ausbuhen, -pfeifen.

catch [kætʃ] **I** *s.* **1.** Fangen *n*, Fang *m*; *fig.* Fang *m*, Beute *f*, Vorteil *m*: ***a good ~*** a) ein guter Fang (*beim Fischen u. fig.*), b) e-e gute Partie (*Heirat*); ***no ~*** kein gutes Geschäft; **2.** *Kricket, Baseball*: a) Fang *m*, b) Fänger *m*; **3.** Halter *m*, Griff *m*, Klinke *f*; Haken *m*; **4.** Sperr-, Schließhaken *m*, Schnäpper *m*; Sicherung *f*; Verschluß *m*; **5.** Stocken *n*, Anhalten *n*; **6.** *fig.* a) Haken *m*, Schwierigkeit *f*, b) Falle *f*, Trick *m*, Kniff *m*: ***there is a ~ in it*** die Sache hat e-n Haken; ***~-22*** F gemeiner Trick; **II** *v/t.* [*irr.*] **7.** *Ball, Tier etc.* fangen; *Dieb etc. a.* fassen, ‚schnappen', *a. Blick* erhaschen; *Tropfendes* auffangen; *allg.* erwischen, ‚kriegen': ***~ a train*** e-n Zug erreichen *od.* kriegen; → ***glimpse*** 1, ***sight*** 3; **8.** ertappen, über'raschen (***s.o. at*** j-n bei): ***~ me (doing that)!*** F ich denke (ja) nicht dran!, ‚denkste'!; ***I caught myself lying*** ich ertappte mich beim Lügen; ***caught in a storm*** vom Unwetter überrascht; **9.** ergreifen, pakken, *Gewohnheit, Aussprache* annehmen; → ***hold²*** 1; **10.** *fig.* fesseln, pakken, gewinnen; einfangen; → ***eye*** 2, ***fancy*** 5; **11.** *fig.* ‚mitkriegen', verstehen: ***I didn't ~ what you said***; **12.** einholen: ***I soon caught him***; → ***catch up*** 2; **13.** sich holen *od.* zuziehen, angesteckt werden von (*Krankheit etc.*); → ***cold*** 8, ***fire*** 1; **14.** sich zuziehen, *Strafe, Tadel* bekommen: ***~ it*** F ‚sein Fett bekommen'; **15.** streifen, mit *et.* hängenbleiben: ***a nail caught my dress*** mein Kleid blieb an e-m Nagel hängen; ***~ one's finger in the door*** sich den Finger in der Tür klemmen; **16.** a) schlagen: ***~ s.o. a blow*** j-m e-n Schlag versetzen, b) *mit e-m Schlag* treffen *od.* ‚erwischen': ***the blow caught him on the chin***; **III** *v/i.* [*irr.*] **17.** greifen: ***~ at*** greifen *od.* schnappen nach, (*fig. Gelegenheit* gern) ergreifen; → ***straw*** 1; **18.** ⚙ (ein)greifen (*Räder*), einschnappen (*Schloß etc.*); **19.** sich verfangen, hängenbleiben: ***the plane caught in the trees***; **20.** klemmen; **21.** *mot.* anspringen;

Zssgn mit adv.:

catch| on *v/i.* F **1.** ‚kapieren' (***to s.th.*** et.); **2.** Anklang finden, einschlagen; **~ out** *v/t.* **1.** ertappen; **2.** *Kricket*: (durch Fangen des Balles) *den Schläger* ‚ausmachen'; **~ up I** *v/t.* **1.** *j-n* unter'brechen; **2.** *j-n* einholen; **3.** *et.* schnell ergreifen; *Kleid* aufraffen; **4.** ***be caught up in*** a) vertieft sein in (*acc.*), b) verwickelt sein in (*acc.*); **II** *v/i.* **5.** aufholen: ***~ with*** einholen (*a. fig.*); ***~ on*** *od.* ***with*** *et.* auf- *od.* nachholen.

'catch|·all *s. Am.* **1.** Tasche *f od.* Behälter *m* für alles mögliche; **2.** *fig.* Sammelbezeichnung *f*, -begriff *m*; **'~-as-ˌcatch-'can** *s. sport* Catchen *n*; **~ wrestler** Catcher *m*.

catch·er ['kætʃə] *s.* Fänger *m*; **'catching** [-tʃɪŋ] *adj.* **1.** ⚕ ansteckend (*a. fig.*); **2.** *fig.* anziehend, fesselnd; **3.** eingängig (*Melodie*); **4.** verfänglich; arglistig.

catch·ment ['kætʃmənt] *s.* **1.** Auffangen *n von Wasser etc.*; **2.** *geol.* Reservo'ir *n*; **~ a·re·a** *s.* Einzugsgebiet *n* (*e-s Flusses; a. fig.*).

'catch|ˌpen·ny I *adj.* Schund…; auf Kundenfang berechnet, Lock…, Schleuder…: **~ title** reißerischer Titel; **II** *s.* Schundware *f*, 'Ramscharˌtikel *m*; **'~-phrase** *s.* Schlagwort *n*, (hohle) Phrase; **'~·pole, '~·poll** *s.* Gerichtsdiener *m*; **~ ques·tion** *s.* Fangfrage *f*; **'~·up** → ***ketchup***; **'~·weight** *s. sport* durch keinerlei Regeln beschränktes Gewicht e-s Wettkampfteilnehmers; **'~·word** *s.* **1.** *bsd. thea.* Stichwort *n*; **2.** Schlagwort *n*; **3.** *typ.* a) *hist.* 'Kustos *m*, b) Ko'lumnentitel *m*.

catch·y ['kætʃɪ] *adj.* F **1.** → ***catching*** 2, 3; **2.** unregelmäßig; **3.** schwierig.

cat·e·chism ['kætɪkɪzəm] *s.* **1.** ✝ *eccl.* Kate'chismus *m*; **2.** *fig.* Reihe *f od.* Folge *f* von Fragen; '**cat·e·chist** [-kɪst] *s.* Kate'chet *m*, Religi'onslehrer *m*; '**cat·e·chize** [-kaɪz] *v/t.* **1.** *eccl.* katechisieren; **2.** gründlich ausfragen, examinieren.

cat·e·chu ['kætɪtʃuː] *s.* ⚗ 'Katechu *n*.

cat·e·chu·men [ˌkætɪ'kjuːmen] *s.* **1.** *eccl.* Konfir'mand(in); **2.** *fig.* Neuling *m*.

cat·e·gor·i·cal [ˌkætɪ'gɒrɪkl] *adj.* □ kate'gorisch, bestimmt, unbedingt; **cat·e·go·ry** ['kætɪgərɪ] *s.* Katego'rie *f*, Klasse *f*, Gruppe *f*.

ca·ter ['keɪtə] **I** *v/i.* **1.** (***for***) Speisen u. Getränke liefern (für): **~*ing industry*** *od.* ***trade*** Gaststättengewerbe *n*; **2.** sorgen (***for*** für); **3.** *fig.* befriedigen (***for***, ***to*** *acc.*); etwas bieten (***to*** *dat.*); **II** *v/t.* **4.** mit Speisen u. Getränken beliefern; '**ca·ter·er** [-ərə] *s.* Liefe'rant *m* für Speisen u. Getränke.

cat·er·pil·lar ['kætəpɪlə] *s.* **1.** *zo.* Raupe *f*; **2.** ⚙ (*Warenzeichen*) Raupenfahrzeug *n*.

cat·er·waul ['kætəwɔːl] **I** *v/i.* **1.** jaulen (*Katze etc.*); **2.** kreischen; keifen; **II** *s.* **3.** Jaulen *n*; **4.** Keifen *n*, Kreischen *n*.

'**cat|-eyed** *adj.* katzenäugig; *weitS.* im Dunkeln sehend; '**~·fish** *s. ichth.* Katzenfisch *m*, Wels *m*; '**~-foot** *v/i. a.* **~ *it*** F schleichen; '**~·gut** *s.* **1.** Darmsaite *f*; **2.** ⚕ 'Katgut *n*; **3.** *Art* Steifleinen *n*.

ca·thar·sis [kə'θɑːsɪs] *s.* **1.** *Ästhetik, a. psych.*: 'Katharsis *f*; **2.** ⚕ Abführung *f*.

ca·the·dral [kə'θiːdrəl] **I** *s.* Kathe'drale *f*, Dom *m*; **II** *adj.* Dom…: **~ *church*** → I; **~ *town*** → ***city*** 2.

Cath·er·ine-wheel ['kæθərɪnwiːl] *s.* **1.** ⌂ Katha'rinenrad *n* (*Radfenster*); **2.** *Feuerwerk*: Feuerrad *n*; **3.** *sport* ***turn* ~*s*** radschlagen.

cath·e·ter ['kæθɪtə] *s.* ⚕ Ka'theter *m*.

cath·ode ['kæθəʊd] *s.* ⚡ Ka'thode *f*; **~ ray** *s.* Ka'thodenstrahl *m*; '**~-ray tube** *s.* Ka'thodenstrahlröhre *f*.

cath·o·lic ['kæθəlɪk] **I** *adj.* (□ **~*ally***) **1.** ('all)umˌfassend, univer'sal: **~ *interests*** vielseitige Interessen; **2.** großzügig, tole'rant; **3.** ✝ ka'tholisch; **II** *s.* **4.** ✝ Katho'lik(in); **Ca·thol·i·cism** [kə'θɒlɪsɪzəm] *s.* Katholi'zismus *m*; **cath·o·lic·i·ty** [ˌkæθəʊ'lɪsətɪ] *s.* **1.** Universali'tät *f*; **2.** Großzügigkeit *f*, Tole'ranz *f*; **3.** a) ka'tholischer Glaube, b) ✝ Katholizi'tät *f* (*Gesamtheit der katholischen Kirche*).

cat ice *s.* dünne Eisschicht.

cat·kin ['kætkɪn] *s.* ⚘ (Blüten)Kätzchen *n* (*an Weiden etc.*).

'**cat|·lick** *s.* F ‚Katzenwäsche' *f*; '**~·nap** *s.* ‚Nickerchen' *n*, kurzes Schläfchen.

cat-o'-nine-tails [ˌkætə'naɪnteɪlz] *s.* neunschwänzige Katze (*Peitsche*).

'**cat's|-eye** ['kæts-] *s.* **1.** *min.* Katzenauge *n*; **2.** a) Katzenauge *n*, Rückstrahler *m*, b) Leuchtnagel *m*; '**~-paw** *s. fig.* Handlanger *m*, *j-s* Werkzeug *n*.

cat suit *s.* einteiliger Hosenanzug, Overall *m*.

cat·sup ['kætsəp] → ***ketchup***.

cat·tish ['kætɪʃ] *adj.* katzenhaft; *fig.* boshaft, gehässig, gemein.

cat·tle ['kætl] *s. coll.* (*mst pl. konstr.*) **1.** (Rind)Vieh *n*, Rinder *pl.*; **2.** *contp.* Viehzeug *n* (*Menschen*); **~ car** *s.* 🚃 *Am.* Viehwagen *m*; '**~-ˌfeed·er** *s.* ⚒ 'Futtermaˌschine *f*; '**~-ˌlead·er** *s.* Nasenring *m*; '**~-ˌlift·er** *s.* Viehdieb *m*; **~ plague** *s. vet.* Rinderpest *f*; **~ ranch**, **~ range** *s.* Viehweide(land *n*) *f*.

cat·ty ['kætɪ] → ***cattish***.

'**cat|·walk** *s.* **1.** ⚙ Laufplanke *f*, Steg *m*; **2.** *Mode*: Laufsteg *m*; **~ whisk·er** *s.* ⚡ De'tektornadel *f*.

Cau·ca·sian [kɔː'keɪzjən] **I** *adj.* kau'kasisch; **II** *s.* Kau'kasier(in).

cau·cus ['kɔːkəs] *s. pol. bsd. Am.* **1.** Par'teiausschuß *m* zur Wahlvorbereitung; **2.** Par'teikonfeˌrenz *f*, -tag *m*; **3.** Par'teiclique *f*.

cau·dal ['kɔːdl] *adj. zo.* Schwanz…; '**cau·date** [-deɪt] *adj.* geschwänzt.

caught [kɔːt] *pret. u. p.p. von* ***catch***.

caul·dron ['kɔːldrən] *s.* (großer) Kessel.

cau·li·flow·er ['kɒlɪflaʊə] *s.* ⚘ Blumenkohl *m*; **~ ear** *s. Boxen*: ‚Blumenkohlohr' *n*.

caulk [kɔːk] *v/t.* ⚓ kal'fatern, *a. allg.* abdichten; '**caulk·er** [-kə] *s.* ⚓, ⚙ Kal'faterer *m*.

caus·al ['kɔːzl] *adj.* □ ursächlich, kau'sal: **~ *connection*** → ***causality*** 2; **cau·sal·i·ty** [kɔː'zælətɪ] *s.* **1.** Ursächlichkeit *f*, Kausali'tät *f*: ***law of* ~** Kausalgesetz *n*; **2.** Kau'salzuˌsammenhang *m*; **cau·sa·tion** [kɔː'zeɪʃn] *s.* **1.** Verursachung *f*; **2.** Ursächlichkeit *f*; **3.** Kau'salprinˌzip *n*; '**caus·a·tive** [-zətɪv] *adj.* □ **1.** kau'sal, begründend, verursachend; **2.** *ling.* 'kausativ.

cause [kɔːz] **I** *s.* **1.** Ursache *f*: **~ *of death*** Todesursache; **2.** Grund *m*; Veranlassung *f*, Anlaß *m*: **~ *for complaint*** Grund *od.* Anlaß zur Klage; **~ *to be thankful*** Grund zur Dankbarkeit; ***without* ~** ohne (triftigen) Grund, grundlos (*entlassen etc.*); **3.** (gute) Sache: ***fight for one's* ~** für s-e Sache kämpfen; ***make common* ~ *with*** gemeinsame Sache machen mit; **4.** ⚖ a) (Streit)Sache *f*, Rechtsstreit *m*, Pro'zeß *m*, b) Gegenstand *m*; Rechtsgründe *pl.*: **~-*list*** Terminliste *f*; ***show* ~** s-e Gründe darlegen *od.* dartun (***why*** warum); ***upon good* ~ *shown*** bei Vorliegen von triftigen Gründen; **~ *of action*** Klagegrund *m*; **5.** Sache *f*, Angelegenheit *f*, Gegenstand *m*, 'Thema *n*, Frage *f*, Pro'blem *n*: ***lost* ~** verlorene *od.* aussichtslose Sache; ***in the* ~ *of*** um … (*gen.*) willen, für; **II** *v/t.* **6.** veranlassen, (*j-n et.*) lassen: ***I* ~*ed him to sit down*** ich ließ ihn sich setzen; ***he* ~*ed the man to be arrested*** er ließ den Mann verhaften, er veranlaßte, daß der Mann verhaftet wurde; **7.** verursachen, bewirken, her'vorrufen, her'beiführen: **~ *a fire*** e-n Brand verursachen; **8.** bereiten, zufügen: **~ *s.o. a loss*** j-m e-n Verlust zufügen; **~ *s.o. trouble*** j-m Schwierigkeiten bereiten.

cause cé·lè·bre [ˌkəʊz se'lebrə] (*Fr.*) *s.* Cause *f* célèbre.

cause·less ['kɔːzlɪs] *adj.* □ grundlos.

cau·se·rie ['kəʊzərɪ] (*Fr.*) *s.* Plaude'rei *f*.

cause·way ['kɔːzweɪ], *Brit. a.* '**cau·sey** [-zeɪ] *s.* erhöhter Fußweg, Damm *m* (*durch e-n See od. Sumpf*).

caus·tic ['kɔːstɪk] **I** *adj.* (□ **~*ally***) **1.** ⚗ kaustisch, ätzend, beizend, brennend: **~ *potash*** Ätzkali *n*; **~ *soda*** Ätznatron *n*; **~-*soda solution*** Ätzlauge *f*; **2.** *fig.* ätzend, beißend, sar'kastisch (*Worte etc.*); **II** *s.* **3.** ⚗ Beiz-, Ätzmittel *n*: ***lunar* ~** ⚕ Höllenstein *m*; **caus·tic·i·ty** [kɔː'stɪsətɪ] *s.* **1.** Ätz-, Beizkraft *f*; **2.** *fig.* Sar'kasmus *m*, Schärfe *f*.

cau·ter·i·za·tion [ˌkɔːtəraɪ'zeɪʃn] *s.* ⚕, ⚙ (Aus)Brennen *n*; Ätzen *n*; **cau·ter·ize** ['kɔːtəraɪz] *v/t.* **1.** ⚕, ⚙ (aus)brennen, ätzen; **2.** *fig.* *Gefühl etc.* abstumpfen; **cau·ter·y** ['kɔːtərɪ] *s.* Brenneisen *n*; Ätzmittel *n*.

cau·tion ['kɔːʃn] **I** *s.* **1.** Vorsicht *f*, Behutsamkeit *f*: ***proceed with* ~** Vorsicht walten lassen; **2.** Warnung *f*; *a. sport* Verwarnung; **3.** ⚖ Eides- *od.* Rechtsmittelbelehrung *f*; **4.** ⚔ 'Ankündigungskomˌmando *n*; **5.** F a) *et.* Origi'nelles, ‚tolles Ding', b) ulkige ‚Nummer' (*Person*), c) unheimlicher Kerl; **II** *v/t.* **6.** warnen (***against*** vor *dat.*); **7.** verwarnen; **8.** ⚖ belehren (***as to*** über *acc.*); '**cau·tion·ar·y** [-ʃnərɪ] *adj.* warnend, Warnungs…: **~ *tale*** Geschichte *f* mit e-r Moral.

cau·tious ['kɔːʃəs] *adj.* □ vorsichtig, behutsam, auf der Hut; '**cau·tious·ness** [-nɪs] → ***caution*** 1.

cav·al·cade [ˌkævl'keɪd] *s.* Kaval'kade *f*, Reiterzug *m*, *a.* Zug *m* von Autos *etc.*

cav·a·lier [ˌkævə'lɪə] **I** *s.* **1.** *hist.* Ritter *m*; **2.** Kava'lier *m*; **3.** ✝ *hist.* Roya'list *m* (*Anhänger Karls I. von England*); **II** *adj.* □ **4.** anmaßend, rücksichtslos; **5.** unbekümmert, ‚eiskalt', keck.

cav·al·ry ['kævlrɪ] *s.* ⚔ Kavalle'rie *f*, Reite'rei *f*; '**~·man** [-mən] *s.* [*irr.*] Kavalle'rist *m*.

cave[1] [keɪv] **I** *s.* **1.** Höhle *f*; **2.** *pol. Brit.* a) Abspaltung *f e-s Teils e-r Partei*, b) Sezessi'onsgruppe *f*; **II** *v/t.* **3.** *mst* **~ *in*** eindrücken, zum Einsturz bringen; **III** *v/i.* **4.** *mst* **~ *in*** einstürzen, -sinken; **5.** *mst* **~ *in*** F a) nachgeben, klein beigeben (***to*** *dat.*), b) zs.-brechen, ‚zs.-klappen'; **6.** *pol. Brit.* sich *von der Partei* absondern.

ca·ve[2] ['keɪvɪ] (*Lat.*) *ped. sl.* **I** *int.* Vorsicht!, Achtung!; **II** *s.*: ***keep* ~** ‚Schmiere stehen', aufpassen.

ca·ve·at ['kævɪæt] *s.* **1.** ⚖ Einspruch *m*, Verwahrung *f*: ***enter a* ~** Verwahrung einlegen; **~ *emptor*** Mängelausschluß *m*; **2.** Warnung *f*.

cave| bear [keɪv] *s. zo.* Höhlenbär *m*; **~ dwell·er** → ***caveman*** 1; '**~·man** [-mæn] *s.* [*irr.*] **1.** Höhlenbewohner *m*, -mensch *m*; **2.** F a) Na'turbursche *m*, ‚Bär' *m*, b) ‚Tier' *n*.

cav·ern ['kævən] *s.* **1.** Höhle *f*; **2.** ⚕ Ka'verne *f*; '**cav·ern·ous** [-nəs] *adj.* **1.** voller Höhlen; **2.** po'rös; **3.** tiefliegend, hohl (*Augen*); eingefallen (*Wangen*); tief (*Dunkelheit*); **4.** ⚕ kaver'nös.

cav·i·ar(e) ['kævɪɑː] *s.* 'Kaviar *m*: **~ *to the general*** Kaviar fürs Volk.

cav·il ['kævɪl] **I** *v/i.* nörgeln, kritteln (***at*** an *dat.*); **II** *s.* Nörge'lei *f*; '**cav·il·(l)er** [-lə] *s.* Nörgler(in).

cav·i·ty ['kævətɪ] *s.* **1.** (Aus)Höhlung *f*, Hohlraum *m*; **2.** *anat.* Höhle *f*, Raum *m*, Grube *f*: ***abdominal* ~** Bauchhöhle; ***mouth* ~** Mundhöhle; **3.** ⚕ Loch *n* (*im Zahn*).

ca·vort [kə'vɔːt] *v/i.* F he'rumtollen, -tanzen.

ca·vy ['keɪvɪ] *s. zo.* Meerschweinchen *n.*

caw [kɔ:] **I** *s.* Krächzen *n* (*Rabe, Krähe etc.*); **II** *v/i.* krächzen.

cay·enne [keɪ'en], *a.* ~ **pep·per** ['keɪən] *s.* Cay'ennepfeffer *m.*

cay·man ['keɪmən] *pl.* **-mans** *s. zo.* 'Kaiman *m.*

cease [si:s] **I** *v/i.* **1.** aufhören, enden: ***the noise ~d***; **2.** (***from***) ablassen (von), aufhören (mit): ~ ***and desist order*** ⚖ *Am.* Unterlassungsanordnung *f*; **II** *v/t.* **3.** aufhören (***doing*** *od.* ***to do*** mit *et. od. et.* zu tun); **4.** einstellen: ~ ***fire*** ⚔ das Feuer einstellen; ~ ***payment*** ✝ die Zahlungen einstellen; ,**cease'fire** *s.* ⚔ **1.** (Befehl *m* zur) Feuereinstellung *f*; **2.** Waffenruhe *f*; '**cease·less** [-lɪs] *adj.* □ unaufhörlich.

ce·dar ['si:də] *s.* **1.** ⚘ Zeder *f*; **2.** Zedernholz *n.*

cede [si:d] **I** *v/t.* (***to***) abtreten (*dat. od.* an *acc.*), über'lassen (*dat.*); **II** *v/i.* nachgeben, weichen.

ce·dil·la [sɪ'dɪlə] *s.* Ce'dille *f.*

cee [si:] *s.* C *n*, c *n* (*Buchstabe*).

ceil·ing ['si:lɪŋ] *s.* **1.** Decke *f e-s Raumes*; **2.** ⚓ Innenbeplankung *f*; **3.** Höchstmaß *n*, -grenze *f*, ✝ *a.* Pla'fond *m e-s Kredits*: ~ ***price*** ✝ Höchstpreis *m*; **4.** ✈ a) Gipfelhöhe *f*, b) Wolkenhöhe *f.*

cel·e·brant ['selɪbrənt] *s. eccl.* Zele'brant *m*; **cel·e·brate** ['selɪbreɪt] **I** *v/t.* **1.** *Fest etc.* feiern, begehen; **2.** *j-n* feiern (*preisen*); **3.** *R. C. Messe* zelebrieren, lesen; **II** *v/i.* **4.** feiern; *R. C.* zelebrieren; '**cel·e·brat·ed** [-breɪtɪd] *adj.* gefeiert, berühmt (***for*** für, wegen); **cel·e·bra·tion** [,selɪ'breɪʃn] *s.* **1.** Feier *f*; Feiern *n*: ***in ~ of*** zur Feier (*gen.*); **2.** *R. C.* Zelebrieren *n*, Lesen *n* (*Messe*); **ce·leb·ri·ty** [sɪ'lebrətɪ] *s.* **1.** Berühmtheit *f*, Ruhm *m*; **2.** Berühmtheit *f* (*Person*).

ce·ler·i·ac [sɪ'lerɪæk] *s.* ⚘ Knollensellerie *m, f.*

ce·ler·i·ty [sɪ'lerɪtɪ] *s.* Geschwindigkeit *f.*

cel·er·y ['selərɪ] *s.* ⚘ (Stauden)Sellerie *m, f.*

ce·les·tial [sɪ'lestjəl] **I** *adj.* □ **1.** himmlisch, Himmels…, göttlich; selig; **2.** *ast.* Himmels…: ~ ***body*** Himmelskörper *m*; ~ ***map*** Himmelskarte *f*; **3.** ♀ chi'nesisch: ♀ ***Empire*** China (*alter Name*); **II** *s.* **4.** Himmelsbewohner(in), Selige(r *m*) *f*; **5.** ♀ F Chi'nese *m*, Chi'nesin *f*; ♀ **Cit·y** *s. das* Himmlische Je'rusalem.

cel·i·ba·cy ['selɪbəsɪ] *s.* Zöli'bat *n, m*, Ehelosigkeit *f*; '**cel·i·bate** [-bət] **I** *s.* Unverheiratete(r *m*) *f*, Zöliba'tär *m*; **II** *adj.* unverheiratet, zöliba'tär.

cell [sel] *s.* **1.** (*Kloster-, Gefängnis- etc.*) Zelle *f*: ***condemned ~*** Todeszelle; **2.** *allg., a. biol., phys., pol.* Zelle *f*, *a.* Kammer *f*, Fach *n*: ~ ***division*** Zellteilung *f*; **3.** ⚡ Zelle *f*, Ele'ment *n.*

cel·lar ['selə] *s.* **1.** Keller *m*; **2.** Weinkeller *m*: ***he keeps a good ~*** er hat e-n guten Keller; '**cel·lar·age** [-ərɪdʒ] *s.* **1.** Keller(räume *pl.*) *m*; **2.** Einkellerung *f*; **3.** Kellermiete *f*; '**cel·lar·er** [-ərə] *s.* Kellermeister *m.*

-celled [seld] *adj. in Zssgn* …zellig.

cel·list ['tʃelɪst] *s.* ♪ Cel'list(in); **cel·lo** ['tʃeləʊ] *pl.* **-los** *s.* (Violon)'Cello *n.*

cel·lo·phane ['seləʊfeɪn] *s.* ⚙ Zello'phan *n*, Zellglas *n.*

cel·lu·lar ['seljʊlə] *adj.* **1.** zellig, Zell(en)…: ~ ***tissue*** Zellgewebe *n*; ~ ***therapy*** ⚕ Zelltherapie *f*; **2.** netzartig: ~ ***shirt*** Netzhemd *n*; '**cel·lule** [-ju:l] *s.* kleine Zelle.

cel·lu·loid ['seljʊlɔɪd] *s.* ⚙ Zellu'loid *n.*

cel·lu·lose ['seljʊləʊs] *s.* Zellu'lose *f*, Zellstoff *m.*

Cel·si·us ['selsjəs], ~ **ther·mom·e·ter** *s. phys.* 'Celsiusthermo,meter *n.*

Celt [kelt] *s.* Kelte *m*, Keltin *f*; '**Celt·ic** [-tɪk] **I** *adj.* keltisch; **II** *s. ling. das* Keltische; '**Celt·i·cism** [-tɪsɪzəm] *s.* Kelti'zismus *m* (*Brauch od. Spracheigentümlichkeit*).

ce·ment [sɪ'ment] **I** *s.* **1.** Ze'ment *m*, (Kalk)Mörtel *m*; **2.** Klebstoff *m*, Kitt *m*; Bindemittel *n*; **3.** a) *biol.* 'Zahnze,ment *m*, b) ⚕ Ze'ment *m* zur Zahnfüllung; **4.** *fig.* Band *n*, Bande *pl.*; **II** *v/t.* **5.** a) zementieren, b) kitten; **6.** *fig.* festigen, ‚zementieren'; **ce·men·ta·tion** [,si:men'teɪʃn] *s.* **1.** Zementierung *f* (*a. fig.*); **2.** Kitten *n*; **3.** *metall.* Einsatzhärtung *f*; **4.** *fig.* Bindung *f.*

cem·e·ter·y ['semɪtrɪ] *s.* Friedhof *m.*

cen·o·taph ['senəʊtɑ:f] *s.* (leeres) Ehren(grab)mal: ***the*** ♀ *das brit. Ehrenmal in London für die Gefallenen beider Weltkriege.*

cense [sens] *v/t.* (mit Weihrauch) beräuchern; '**cen·ser** [-sə] *s.* (Weih-) Rauchfaß *n.*

cen·sor ['sensə] **I** *s.* **1.** ('Kunst-, 'Schrifttums),Zensor *m*; **2.** 'Brief,zensor *m*; **3.** *antiq.* 'Zensor *m*, Sittenrichter *m*; **II** *v/t.* **4.** zensieren; **cen·so·ri·ous** [sen'sɔ:rɪəs] *adj.* □ **1.** 'kritisch, streng; **2.** tadelsüchtig, krittelig; '**cen·sor·ship** [-ʃɪp] *s.* **1.** Zen'sur *f*; **2.** 'Zensoramt *n*; **cen·sur·a·ble** ['senʃərəbl] *adj.* tadelnswert, sträflich; **cen·sure** ['senʃə] **I** *s.* Tadel *m*, Verweis *m*; Kri'tik *f*, 'Mißbilligung *f*: ***motion of ~*** *parl.* Mißtrauensantrag *m*; → ***vote*** 1; **II** *v/t.* tadeln, miß'billigen, kritisieren.

cen·sus ['sensəs] *s.* 'Zensus *m*, (*bsd.* Volks)Zählung *f*, Erhebung *f*: ***livestock ~*** Viehzählung *f*; **~-*taker*** Volkszähler *m*; ***take a ~*** e-e (Volks- *etc.*) Zählung vornehmen.

cent [sent] *s.* **1.** Hundert *n* (*nur noch in*): ***per ~*** Prozent, vom Hundert; **2.** *Am.* Cent *m* (1⁄100 *Dollar*): ***not worth a ~*** keinen (roten) Heller wert.

cen·taur ['sentɔ:] *s.* **1.** *myth.* Zen'taur *m*; **2.** *fig.* Zwitterwesen *n*; **Cen·tau·rus** [sen'tɔ:rəs] *s. ast.* Zen'taur *m.*

cen·te·nar·i·an [,sentɪ'neərɪən] **I** *adj.* hundertjährig; **II** *s.* Hundertjährige(r *m*) *f*; **cen·te·nar·y** [sen'ti:nərɪ] **I** *adj.* **1.** hundertjährig; **2.** hundert betragend; **II** *s.* **3.** Jahr'hundert *n*; **4.** Hundert'jahrfeier *f.*

cen·ten·ni·al [sen'tenjəl] **I** *adj.* hundertjährig; **II** *s. bsd. Am.* Hundert'jahrfeier *f.*

cen·ter *etc. Am.* → ***centre*** *etc.*

cen·tes·i·mal [sen'tesɪml] *adj.* □ zentesi'mal, hundertteilig.

cen·ti·grade ['sentɪgreɪd] *adj.* hundertteilig, -gradig: ~ ***thermometer*** Celsiusthermometer *n*; ***degree(s) ~*** Grad Celsius; '**cen·ti·gram(me)** [-græm] *s.* Zenti'gramm *n*; '**cen·ti,me·tre**, *Am.* '**cen·ti,me·ter** [-,mi:tə] *s.* Zenti'meter *m, n*; '**cen·ti·pede** [-pi:d] *s. zo.* Hundertfüßer *m.*

cen·tral ['sentrəl] **I** *adj.* □ **1.** zen'tral (gelegen); **2.** Haupt…, Zentral…: ~ ***office*** Hauptbüro *n*, Zentrale *f*; ~ ***idea*** Hauptgedanke *m*; **II** *s.* **3.** *Am.* a) (Tele'fon)Zen,trale *f*, b) Telefo'nist(in) (*in e-r Zentrale*); ♀ **A·mer·i·can** *adj.* 'mittelameri,kanisch; ~ **cit·y** *s. Am.* Stadtkern *m*, Innenstadt *f*; ♀ **Eu·ro·pe·an time** *s.* 'mitteleuro,päische Zeit (*abbr. MEZ*); ~ **heat·ing** *s.* Zen'tralheizung *f.*

cen·tral·ism ['sentrəlɪzəm] *s.* Zentra'lismus *m*, (Sy'stem *n* der) Zentralisierung *f*; '**cen·tral·ist** [-ɪst] *s.* Verfechter *m* der Zentralisierung; **cen·tral·i·za·tion** [,sentrəlaɪ'zeɪʃn] *s.* Zentralisierung *f*; '**cen·tral·ize** [-laɪz] *v/t.* (*v/i.* sich) zentralisieren.

cen·tral| lock·ing *s. mot.* Zen'tralverriegelung *f*; ~ **nerv·ous sys·tem** *s. anat.* Zen'tral,nervensy,stem *n*; ~ **point** *s.* ⟑ Mittelpunkt *m*; ⚡ Nullpunkt *m*; ♀ **Pow·ers** *s. pl. pol. hist.* Mittelmächte *pl.*; ~ **pro·cess·ing u·nit** *s. Computer*: Zen'traleinheit *f*; ~ **re·serve** *s. mot. Brit.* Mittelstreifen *m*; ~ **sta·tion** *s.* **1.** ⚓ ('Bord)Zen,trale *f*, Kom'mandostand *m*; **2.** Haupt-, Zen'tralbahnhof *m*; **3.** ⚡ Zen'trale *f.*

cen·tre ['sentə] **I** *s.* **1.** 'Zentrum *n*, Mittelpunkt *m* (*a. fig.*): ~ ***of attraction*** *fig.* Hauptanziehungspunkt *m*; ~ ***of gravity*** *phys.* Schwerpunkt *m*; ~ ***of motion*** *phys.* Drehpunkt *m*; ~ ***of trade*** Handelszentrum; **2.** Hauptstelle *f*, -gebiet *n*, Sitz *m*, Herd *m*: ***amusement ~*** Vergnügungszentrum *n*; ~ ***of interest*** Hauptinteresse *n*; → ***shopping, training centre***; **3.** *pol.* Mitte *f*, 'Mittelpar,tei *f*; **4.** ⚙ Spitze *f*: ~ ***lathe*** Spitzendrehbank *f*; **5.** *sport* Flanke *f*; **6.** (Pra'linen- *etc.*)Füllung *f*; **II** *v/t.* **7.** in den Mittelpunkt stellen (*a. fig.*); konzentrieren, vereinigen (***on, in*** auf *acc.*); ⚙ einmitten, zentrieren; ankörnen: ~ ***the bubble*** die Libelle einspielen lassen; **III** *v/i.* **8.** im Mittelpunkt stehen (*a. fig.*); *fig.* sich drehen (***round*** um); **9.** (***in, on***) sich konzentrieren, sich gründen (auf *acc.*); **10.** ***Fußball***: flanken; '**~-bit** *s.* ⚙ 'Zentrumsbohrer *m*; '**~-board** *s.* ⚓ (Kiel)Schwert *n*; ~ **cir·cle** *s. Fußball*: Anstoßkreis *m*; ~ **court** *s. Tennis*: 'Centre Court *m*; ~ **for·ward** *s. Fußball*: Mittelstürmer *m*; ~ **half** *s. Fußball*: 'Vor,stopper *m*; ~ **par·ty** *s. pol.* 'Mittelpar,tei *f*, 'Zentrum *n*; '**~-piece** *s.* **1.** Mittelstück *n*; **2.** (mittlerer) Tafelaufsatz; **3.** *fig.* Hauptstück *n*; ~ **punch** *s.* ⚙ (An)Körner *m*; ~ **sec·ond** *s.* Zen'tralse,kundenzeiger *m.*

cen·tric, **cen·tri·cal** ['sentrɪk(l)] *adj.* □ zen'tral, zentrisch.

cen·trif·u·gal [sen'trɪfjʊgl] *adj. phys.* zentrifu'gal; Schleuder…, Schwung…: ~ ***force*** Zentrifugal-, Fliehkraft *f*; ~ ***governor*** Fliehkraftregler *m*; **cen·tri·fuge** ['sentrɪfju:dʒ] **I** *s.* Zentri'fuge *f*, Trennschleuder *f*; **II** *v/t.* zentrifugieren, schleudern.

cen·trip·e·tal [sen'trɪpɪtl] *adj.* zentripe'tal: ~ ***force*** Zentripetalkraft *f.*

cen·tu·ple ['sentjʊpl], **cen·tu·pli·cate** [sen'tju:plɪkət] **I** *adj.* hundertfach; **II** *v/t.* verhundertfachen; **III** *s.* (*das*) Hundertfache.

cen·tu·ri·on [sen'tjʊərɪən] *s. antiq.* (*Rom*) ⚔ Zen'turio *m.*

cen·tu·ry ['sentʃʊrɪ] *s.* **1.** Jahr'hundert *n*: ***centuries-old*** jahrhundertealt; **2.** Satz *m od.* Gruppe *f* von hundert; *bsd. Kricket*: 100 Läufe *pl.*; **3.** *Am. sl.* hundert Dollar *pl.*; **4.** *antiq.* (*Rom*) Zen'turie *f*, Hundertschaft *f*.

ce·phal·ic [ke'fælɪk] *adj. anat., zo.* Schädel…, Kopf…; **ceph·a·lo·pod** ['sefələʊpɒd] *s. zo.* Kopffüßer *m*; **ceph·a·lous** ['sefələs] *adj. zo.* mit e-m … Kopf, …köpfig.

ce·ram·ic [sɪ'ræmɪk] **I** *adj.* **1.** ke'ramisch; **II** *s.* **2.** Ke'ramik *f* (*einzelnes Produkt*); **3.** *pl. mst sg. konstr.* Ke'ramik *f* (*Technik*); **4.** *pl.* Ke'ramik *f*, ke'ramische Erzeugnisse; **cer·a·mist** ['serəmɪst] *s.* Ke'ramiker *m*.

Cer·ber·us ['sɜːbərəs] *s. fig.* 'Zerberus *m* (*a. ast.*), grimmiger Wächter: ***sop to ~*** Beschwichtigungsmittel *n*.

ce·re·al ['sɪərɪəl] **I** *adj.* **1.** Getreide…; **II** *s.* **2.** *mst pl.* Zere'alien *pl.*, Getreidepflanzen *pl.*, -früchte *pl.*; **3.** Frühstückskost *f aus Weizen, Hafer etc.*

cer·e·bel·lum [ˌserɪ'beləm] *s. anat.* Kleinhirn *n*; **cer·e·bral** ['serɪbrəl] *adj.* **1.** *anat.* Gehirn…: ***~ death*** ⚕ Hirntod *m*; **2.** *ling.* alveo'lar; ˌ**cer·e'bra·tion** [-'breɪʃn] *s.* Gehirntätigkeit *f*; Denken *n*, 'Denkproˌzeß *m*; **cer·e·brum** ['serɪbrəm] *s. anat.* Großhirn *n*, Ze'rebrum *n*.

cere·cloth ['sɪəklɒθ] *s.* Wachsleinwand *f*, *bsd. als* Leichentuch *n*.

cere·ment ['sɪəmənt] *s. mst pl.* Leichentuch *n*, Totenhemd *n*.

cer·e·mo·ni·al [ˌserɪ'məʊnjəl] **I** *adj.* ☐ **1.** feierlich, förmlich; **2.** ritu'ell; **II** *s.* **3.** Zeremoni'ell *n*; ˌ**cer·e'mo·ni·ous** [-jəs] *adj.* ☐ **1.** → ***ceremonial*** 1 *u.* 2; **2.** 'umständlich, steif; **cer·e·mo·ny** ['serɪmənɪ] *s.* **1.** Zeremo'nie *f*, Feierlichkeit *f*, feierlicher Brauch; Feier *f*; → ***master*** 12; **2.** Förmlichkeit(en *pl.*) *f*: ***without ~*** ohne Umstände; ***stand on ~*** a) sehr förmlich sein, b) Umstände machen; **3.** Höflichkeit *f*.

ce·rise [sə'riːz] *adj.* kirschrot, ce'rise.

cert [sɜːt] *s. a.* ***dead ~*** *Brit. sl.* ‚todsichere Sache'.

cer·tain ['sɜːtn] *adj.* ☐ **1.** (*von Sachen*) sicher, gewiß, bestimmt: ***it is ~ to happen*** es wird gewiß geschehen; ***I know for ~*** ich weiß ganz bestimmt; **2.** (*von Personen*) über'zeugt, sicher, gewiß: ***to make ~ of s.th.*** sich e-r Sache vergewissern; **3.** bestimmt, zuverlässig, sicher: ***a ~ cure*** e-e sichere Kur; ***a ~ day*** ein (ganz) bestimmter Tag; **4.** gewiß: ***a ~ Mr. Brown*** ein gewisser Herr Brown; ***for ~ reasons*** aus bestimmten Gründen; '**cer·tain·ly** [-lɪ] *adv.* **1.** sicher, zweifellos, bestimmt; **2.** sicherlich, (aber) sicher *od.* na'türlich; '**cer·tain·ty** [-tɪ] *s.* **1.** Sicherheit *f*, Bestimmtheit *f*, Gewißheit *f*: ***know for a ~*** mit Sicherheit wissen; **2.** Über'zeugung *f*.

cer·ti·fi·a·ble [ˌsɜːtɪ'faɪəbl] *adj.* ☐ **1.** feststellbar; **2.** ⚕ *Brit.* a) meldepflichtig (*Krankheit*), b) geisteskrank, c) F verrückt.

cer·tif·i·cate I *s.* [sə'tɪfɪkət] Bescheinigung *f*, At'test *n*, Zeugnis *n*, Schein *m*, Urkunde *f*: ***death ~*** Sterbeurkunde; ***school ~*** Schul(abgangs)zeugnis; ***~ of baptism*** Taufschein; ***~ of identification*** † Nämlichkeitsbescheinigung *f*; ***~ of origin*** † Ursprungszeugnis; ***share*** (*Am.* ***stock***) ***~*** Aktienzertifikat *n*; → ***health*** 1, ***master*** 7, ***medical*** 1; **II** *v/t.* [-keɪt] *j-m* e-e Bescheinigung *od.* ein Zeugnis geben; *et.* attestieren, bescheinigen: ***~d*** amtlich anerkannt *od.* zugelassen; ***~d bankrupt*** rehabilitierter Konkursschuldner; ***~ engineer*** Diplomingenieur *m*; **cer·ti·fica·tion** [ˌsɜːtɪfɪ'keɪʃn] *s.* **1.** Bescheinigung *f*; Bestätigung *f* (*Am.* † *a. e-s Schecks*); **2.** (amtliche) Beglaubigung *od.* beglaubigte Erklärung.

cer·ti·fied ['sɜːtɪfaɪd] *adj.* **1.** bescheinigt, beglaubigt, garantiert: ***~ copy*** beglaubigte Abschrift; **2.** staatlich zugelassen *od.* anerkannt, *Am.* Diplom…; **3.** ⚕ *Brit.* für geisteskrank erklärt; ***~ accountant*** *s.* † *Brit.* konzessionierter Buch- *od.* Steuerprüfer; ***~ cheque***, *Am.* ***check*** *s.* (*als gedeckt*) bestätigter Scheck; ***~ mail*** *s. Am.* eingeschriebene Sendung(en *pl.*) *f*; ***~ milk*** *s.* amtlich geprüfte Milch; ***~ pub·lic ac·count·ant*** *s.* † *Am.* amtlich zugelassener 'Bücherreˌvisor *od.* Wirtschaftsprüfer.

cer·ti·fy ['sɜːtɪfaɪ] **I** *v/t.* **1.** bescheinigen: ***this is to ~*** hiermit wird bescheinigt; **2.** beglaubigen; **3.** *Scheck* (als gedeckt) bestätigen (*Bank*); **4.** ***~ s.o.*** (***insane***) ⚖ *Brit.* j-n für geisteskrank erklären; **5.** ⚖ *Sache* verweisen (***to*** an *ein anderes Gericht*); **II** *v/i.* **6.** (***to***) bezeugen (*acc.*).

cer·ti·tude ['sɜːtɪtjuːd] *s.* Sicherheit *f*, Gewißheit *f*.

ce·ru·men [sɪ'ruːmen] *s.* Ohrenschmalz *n*.

ce·ruse ['sɪəruːs] *s.* **1.** ⚗ Bleiweiß *n*; **2.** weiße Schminke.

cer·vi·cal [sɜː'vaɪkl] *anat.* **I** *adj.* Hals…, Nacken…; **II** *s.* Halswirbel *m*.

Ce·sar·e·vitch [sɪ'zɑːrəvɪtʃ] *s. hist.* Za'rewitsch *m*.

ces·sa·tion [se'seɪʃn] *s.* Aufhören *n*, Ende *n*; Stillstand *m*, Einstellung *f*.

ces·sion ['seʃn] *s.* Abtretung *f*, Zessi'on *f*.

cess·pit ['sespɪt], '**cess·pool** [-puːl] *s.* **1.** Jauche-, Senkgrube *f*; **2.** *fig.* (Sünden)Pfuhl *m*.

ce·ta·cean [sɪ'teɪʃjən] *zo.* **I** *s.* Wal (-fisch) *m*; **II** *adj.* Wal(fisch)…

ce·tane ['siːteɪn] *s.* ⚗ Ce'tan *n*: ***~ number*** Cetanzahl *f*.

chafe [tʃeɪf] **I** *v/t.* **1.** warmreiben, frottieren; **2.** ('durch)reiben, wund reiben, scheuern; **3.** *fig.* ärgern, reizen; **II** *v/i.* **4.** sich ('durch)reiben, sich wund reiben, scheuern (***against*** an *dat.*); **5.** ⚙ verschleißen; **6.** a) sich ärgern, b) toben, wüten.

chaf·er ['tʃeɪfə] *s. zo.* Käfer *m*.

chaff [tʃɑːf] **I** *s.* **1.** Spreu *f*: ***separate the ~ from the wheat*** die Spreu vom Weizen scheiden; ***as ~ before the wind*** wie Spreu im Winde; **2.** Häcksel *m, n*; **3.** ⚔ 'Störˌfolie *f* (*Radar*); **4.** *fig.* wertloses Zeug; **5.** Necke'rei *f*; **II** *v/t.* **6.** zu Häcksel schneiden; **7.** *fig.* necken, aufziehen; '**~-cut·ter** *s.* ✓ Häckselbank *f*.

chaf·fer ['tʃæfə] **I** *s.* Feilschen *n*; **II** *v/i.* feilschen, schachern.

chaf·finch ['tʃæfɪntʃ] *s.* Buchfink *m*.

chaf·ing dish ['tʃeɪfɪŋ] *s.* Re'chaud *m, n*.

cha·grin ['ʃægrɪn] **I** *s.* **1.** Ärger *m*, Verdruß *m*; **2.** Kränkung *f*; **II** *v/t.* **3.** ärgern, verdrießen: ***~ed*** ärgerlich, gekränkt.

chain [tʃeɪn] **I** *s.* **1.** Kette *f* (*a.* ⚗, ϟ, ⚙, *phys.*): ***~ of office*** Amtskette; **2.** *fig.* Kette *f*, Fessel *f*: ***in ~s*** in Ketten, gefangen; **3.** *fig.* Kette *f*, Reihe *f*: ***~ of events***; **4.** *a.* ***~ of mountains*** Gebirgskette *f*; **5.** † (Laden- *etc.*)Kette *f*; **6.** ⚙ Meßkette *f* (*66 engl. Fuß*); **II** *v/t.* **7.** (an)ketten, mit e-r Kette befestigen: ***~ (up) a dog*** e-n Hund an die Kette legen; ***~ a prisoner*** e-n Gefangenen in Ketten legen; ***~ a door*** e-e Tür durch e-e Kette sichern; **8.** *fig.* (***to***) verketten (mit), ketten *od.* fesseln (an *acc.*); **9.** *Land* mit der Meßkette messen; ***~ armo(u)r*** *s.* Kettenpanzer *m*; ***~ belt*** *s.* ⚙ endlose Kette, 'Kettentransmissiˌon *f*; ***~ bridge*** *s.* Hängebrücke *f*; ***~ drive*** *s.* ⚙ Kettenantrieb *m*; ***~ gang*** *s.* Trupp *m* anein'andergeketteter Sträflinge; '**~·less** ['tʃeɪnlɪs] *adj.* ⚙ kettenlos; ***~ let·ter*** *s.* Kettenbrief *m*; ***~ mail*** → ***chain armo(u)r***; ***~ pump*** *s.* Pater'nosterwerk *n*; ***~ re·ac·tion*** *s. phys. u. fig.* 'Kettenreaktiˌon *f*; '**~-smoke** *v/i. u. v/t.* Kette rauchen; '**~-ˌsmok·er** *s.* Kettenraucher *m*; ***~ stitch*** *s. Nähen*: Kettenstich *m*; ***~ store*** *s.* † Kettenladen *m*.

chair [tʃeə] **I** *s.* **1.** Stuhl *m*, Sessel *m*: ***take a ~*** sich setzen; **2.** *fig.* Vorsitz *m*: ***be in*** (***take***) ***the ~*** den Vorsitz führen (übernehmen); ***address the ~*** sich an den Vorsitzenden wenden; ***leave the ~*** die Sitzung aufheben; ***~! ~!*** *parl. Brit.* zur Ordnung!; **3.** Lehrstuhl *m*, Profes'sur *f* (***of German*** für Deutsch); **4.** *Am.* F *der* e'lektrische Stuhl; **5.** 🚂 Schienenstuhl *m*; **6.** Sänfte *f*; **II** *v/t.* **7.** (in ein Amt) einsetzen, auf *e-n Lehrstuhl etc.* berufen; **8.** den Vorsitz führen von (*od. gen.*); **9.** ***~ s.o. off*** j-n (im Tri'umph) auf den Schultern (da'von-)tragen; ***~ back*** *s.* Stuhllehne *f*; ***~ bottom*** *s.* Stuhlsitz *m*; '**~-car** *s.* 🚂 Sa'lonwagen *m*; ***~ lift*** *s.* Sesselbahn *f*, -lift *m*.

chair·man ['tʃeəmən] *s.* [*irr.*] **1.** Vorsitzende(r) *m*, Präsi'dent *m*; **2.** Sänftenträger *m*; '**chair·man·ship** [-ʃɪp] *s.* Vorsitz *m*.

chair·o·plane ['tʃeərəpleɪn] *s.* 'Kettenkarusˌsell *n*.

'**chair|ˌper·son** *s.* Vorsitzende(r *m*) *f*; '**~ˌwom·an** *s.* [*irr.*] Vorsitzende *f*.

chaise [ʃeɪz] *s.* Chaise *f*, Halbkutsche *f*; ***~ longue*** [lɔ̃ːŋg] *s.* Chaise'longue *f*, Liegesofa *n*.

chal·cog·ra·pher [kæl'kɒgrəfə] *s.* Kupferstecher *m*.

cha·let ['ʃæleɪ] *s.* Cha'let *n*: a) Sennhütte *f*, b) Landhaus *n*.

chal·ice ['tʃælɪs] *s.* **1.** *poet.* (Trink)Becher *m*; **2.** *eccl.* (Abendmahls)Kelch *m*; **3.** ⚘ Blütenkelch *m*.

chalk [tʃɔːk] **I** *s.* **1.** *min.* Kreide *f*; **2.** (Zeichen)Kreide *f*, Kreidestift *m*: ***colo(u)red ~*** Buntstift; ***red ~*** a) Rötel *m*, b) Rotstift; ***as different as ~ and cheese*** grundverschieden; **3.** Kreidestrich *m*: a) (Gewinn)Punkt *m* (*bei Spielen*), b) *Brit.* (angekreidete) Schuld: ***by a long ~*** bei weitem; **II** *v/t.* **4.** mit Kreide (be)zeichnen; **5.** ***~ out*** entwerfen; *fig. Weg* vorzeichnen; **6.** ***~ up*** anschreiben; ankreiden, auf die

Rechnung setzen: *~ **it up to s.o.*** es j-m ankreiden; *~* **mark** *s.* Kreidestrich *m*; ˈ*~***-pit** *s.* Kreidegrube *f*; ˈ*~***-stone** *s.* ⚕ Gichtknoten *m*.
chalk·y [ˈtʃɔːkɪ] *adj.* kreidig; kreidehaltig.
chal·lenge [ˈtʃælɪndʒ] **I** *s.* **1.** Herˈausforderung *f* (*a. sport u. fig.*), Forderung *f* (*zum Duell etc.*); (Auf-, An)Forderung *f*; Aufruf *m*; **2.** ⚔ Anruf *m* (*Wachtposten*); **3.** *hunt.* Anschlagen *n* (*Hund*); **4.** *bsd.* ⚖ a) Ablehnung *f* (*e-s Geschworenen od. Richters*), b) Anfechtung *f* (*e-s Beweismittels*); **5.** ˈWiderspruch *m*, Kriˈtik *f*, Bestreitung *f*, Kampfansage *f*; Angriff *m*; Streitfrage *f*; **6.** Herˈausforderung *f*: a) Bedrohung *f*, kritische Lage, b) Schwierigkeit *f*, Proˈblem *n*, c) (schwierige *od.* lockende) Aufgabe; **7.** ⚕ Immuniˈtätstest *m*; **II** *v/t.* **8.** herˈausfordern (*a. sport u. fig.*); zur Rede stellen; aufrufen, -fordern; ⚔ anrufen; **9.** Anforderungen an *j-n* stellen; auf die Probe stellen; **10.** bestreiten, anzweifeln; *bsd.* ⚖ anfechten, *Geschworenen etc.* ablehnen; → ***bias*** 5; **11.** trotzen (*dat.*); angreifen; **12.** *j-n* reizen, locken, fordern (*Aufgabe*); **13.** *j-m Bewunderung etc.* abnötigen; ˈ**chal·lenge·a·ble** [-dʒəbl] *adj.* herˈauszufordern(d); anfechtbar; **chal·lenge cup** *s. sport* ˈWanderpoˌkal *m*; ˈ**chal·leng·er** [-dʒə] *s.* Herˈausforderer *m*; **chal·lenge tro·phy** *s.* Wanderpreis *m*; ˈ**chal·leng·ing** [-dʒɪŋ] *adj.* ☐ **1.** herˈausfordernd; **2.** *fig.* lockend *od.* schwierig (*Aufgabe*).
cha·lyb·e·ate [kəˈlɪbɪət] *min.* **I** *adj.* stahl-, eisenhaltig: *~* ***spring*** Stahlquelle *f*; **II** *s.* Stahlwasser *n*.
cham·ber [ˈtʃeɪmbə] *s.* **1.** *obs.* Zimmer *n*, Kammer *f*, Gemach *n*; **2.** *pl. Brit.* a) (*zu vermietende*) Zimmer *pl.*: ***live in ~s*** privat wohnen, b) Geschäftsräume *pl.*; **3.** (*Empfangs*)Zimmer *n* (*im Palast etc.*); **4.** *parl.* a) Pleˈnarsaal *m*, b) Kammer *f*; **5.** *pl. Brit.* a) ˈAnwaltsbüˌro *n*, b) Amtszimmer *n* des Richters: ***in ~s*** in nichtöffentlicher Sitzung; **6.** ⚙ Kammer *f*; Raum *m*; (Gewehr)Kammer *f*; *~* **con·cert** *s.* ˈKammerkonˌzert *n*; *~* **coun·sel** *s. Brit.* (nur) beratender Anwalt.
cham·ber·lain [ˈtʃeɪmbəlɪn] *s.* **1.** Kammerherr *m*; **2.** Schatzmeister *m*.
ˈ**cham·ber|·maid** *s.* Zimmermädchen *n* (*in Hotels*); *~* **mu·sic** *s.* ˈKammermuˌsik *f*; ℒ **of Com·merce** *s.* Handelskammer *f*; *~* **pot** *s.* Nachtgeschirr *n*.
cha·me·le·on [kəˈmiːljən] *s. zo.* Chaˈmäleon *n* (*a. fig.*).
cham·fer [ˈtʃæmfə] **I** *s.* **1.** △ Auskehlung *f*; **2.** ⚙ Schrägkante *f*, Fase *f*; **II** *v/t.* **3.** △ auskehlen; **4.** ⚙ abfasen, abschrägen.
cham·ois [ˈʃæmwɑː] *pl.* *~* [-ɑːz] *s.* **1.** *zo.* Gemse *f*; **2.** *a.* *~* ***leather*** [*mst* ˈʃæmɪ] a) Sämischleder *n*, b) ⚙ Polierleder *n*.
champ¹ [tʃæmp] *v/i. u. v/t.* (heftig *od.* geräuschvoll) kauen: *~* ***at the bit*** a) am Gebiß kauen (*Pferd*), b) *fig.* vor Ungeduld (fast) platzen, c) mit den Zähnen knirschen.
champ² [tʃæmp] *sl.* → ***champion*** 3.
cham·pagne [ˌʃæmˈpeɪn] *s.* **1.** Chamˈpagner *m*, Sekt *m*, Schaumwein *m*: *~* ***cup*** Sektkelch *m*, -schale *f*; **2.** Chamˈpagnerfarbe *f*.
cham·pi·on [ˈtʃæmpjən] **I** *s.* **1.** Kämpe *m*, (Turˈnier)Kämpfer *m*; **2.** *fig.* Vorkämpfer *m*, Verfechter *m*, Fürsprecher *m*; **3.** a) *sport* Meister *m*, Titelhalter *m*, b) Sieger *m* (*Wettbewerb*); **II** *v/t.* **4.** verfechten, eintreten für, verteidigen; **III** *adj.* **5.** Meister…, best, preisgekrönt; ˈ**cham·pi·on·ship** [-ʃɪp] *s.* **1.** Meisterschaft *f*, -titel *m*; **2.** *pl.* Meisterschaftskämpfe *pl.*, Meisterschaften *pl.*; **3.** Verfechten *n*, Eintreten *n für etwas*.
chance [tʃɑːns] **I** *s.* **1.** Zufall *m*: ***by ~*** zufällig; **2.** Glück *n*; Schicksal *n*; ˈRisiko *n*: ***game of ~*** Glücksspiel *n*; ***take one's ~*** sein Glück versuchen; ***take a*** (*od.* ***one's***) *~* es darauf ankommen lassen, es riskieren; ***take no ~s*** nichts riskieren (wollen); **3.** Chance *f*: a) Glücksfall *m*, (günstige) Gelegenheit: ***the ~ of his lifetime*** die Chance s-s Lebens, e-e einmalige Gelegenheit; ***give him a ~!*** gib ihm e-e Chance!, versuch's mal mit ihm!; → ***main chance***, b) Aussicht *f* (***of*** auf *acc.*): ***stand a ~*** Aussichten haben, c) Möglichkeit *f*, Wahrscheinlichkeit *f*: ***the ~s are that*** aller Wahrscheinlichkeit nach; ***the ~s are against you*** die Umstände sind gegen dich; ***on the*** (***off***) *~* auf gut Glück, ‚auf Verdacht', für den Fall (*daß*); **II** *v/t.* **4.** riskieren: *~* ***it*** es darauf ankommen lassen, es wagen; **III** *v/i.* **5.** (unerwartet) geschehen: ***I ~ed to meet her*** zufällig traf ich sie; **6.** *~* ***upon*** auf *j-n od. et.* stoßen; **IV** *adj.* **7.** zufällig, Zufalls…, gelegentlich, ✝ *a.* Gelegenheits…; unerwartet: *~* ***customers*** Laufkundschaft *f*.
chan·cel [ˈtʃɑːnsl] *s.* △ Alˈtarraum *m*, hoher Chor.
chan·cel·ler·y [ˈtʃɑːnsələrɪ] *s.* ˈBotschafts- *od.* Konsuˈlatskanzˌlei *f*.
chan·cel·lor [ˈtʃɑːnsələ] *s.* **1.** Kanzler *m* (*a. univ.*); *univ. Am.* Rektor *m*; ℒ ***of the Exchequer*** *Brit.* Schatzkanzler *m*, Finanzminister *m*; → ***Lord*** ℒ; **2.** Kanzˈleivorstand *m*; ˈ**chan·cel·lor·ship** [-ʃɪp] *s.* Kanzleramt *n*, -würde *f*.
chan·cer·y [ˈtʃɑːnsərɪ] *s.* Kanzˈleigericht *n* (*Brit. Gerichtshof des Lordkanzlers*; *Am. Billigkeitsgericht*): ***in ~*** a) unter gerichtlicher Verwaltung, b) 𝔉 in der Klemme; ***ward in ~*** Mündel *n* unter Amtsvormundschaft; ℒ **Di·vi·sion** *s.* ⚖ *Brit.* Kammer *f* für Billigkeitsrechtsprechung des ***High Court of Justice***.
chan·cre [ˈʃæŋkə] *s.* ⚕ Schanker *m*.
chan·de·lier [ˌʃændəˈlɪə] *s.* Arm-, Kronleuchter *m*, Lüster *m*.
chan·dler [ˈtʃɑːndlə] *s.* Krämer *m*; ℒ **Act** *s. Am.* Konˈkursordnung *f*.
change [tʃeɪndʒ] **I** *v/t.* **1.** (ver)ändern, ˈumändern, verwandeln (***into*** in *acc.*): *~* ***one's lodgings*** umziehen; *~* ***the subject*** das Thema wechseln, von et. anderem reden; *~* ***one's position*** die Stellung wechseln, sich beruflich verändern; → ***mind*** 4, ***colour*** 3; **2.** (ˈum-, ver)tauschen (***for*** gegen), wechseln: *~* ***one's shirt*** ein anderes Hemd anziehen; *~* ***hands*** den Besitzer wechseln; *~* ***places with s.o.*** den Platz mit j-m tauschen; *~* ***trains*** umsteigen; → ***side*** 9; **3.** *Geld, Banknoten* (ein)wechseln; *Scheck* einlösen; **4.** *j-m* andere Kleider anziehen; *Säugling* trockenlegen; *Bett* frisch überˈziehen *od.* beziehen; **5.** ⚙ schalten: *~* ***up*** (***down***) hinauf- (herunter)schalten; *~* ***over*** *Betrieb, Maschinen etc.* umstellen (***to*** auf *acc.*); **II** *v/i.* **6.** sich (ver)ändern, wechseln; **7.** sich verwandeln (***to*** *od.* ***into*** in *acc.*); **8.** 🚆 *etc.* ˈumsteigen: ***all ~!*** alles umsteigen *od.* aussteigen!; **9.** sich ˈumziehen: *~* ***into evening dress*** sich für den Abend umziehen; **10.** *~* ***to*** ˈübergehen zu: *~* ***to cigars***; **III** *s.* **11.** (Ver)Änderung *f*, Wechsel *m*; Wandlung *f*, Wendung *f*, ˈUmschwung *m*: ***no ~*** unverändert; *~* ***for the better*** Besserung *f*; *~* ***of heart*** Sinnesänderung *f*; *~* ***of life*** Wechseljahre *pl.*; *~* ***of moon*** Mondwechsel; *~* ***of voice*** Stimmwechsel; *~* ***in the weather*** Witterungsumschlag *m*; **12.** Abwechs(e)lung *f*, *et.* Neues; Tausch *m*: ***for a ~*** zur Abwechs(e)lung; ***a ~ of clothes*** Wäsche zum Wechseln; ***you need a ~*** Sie müssen mal ausspannen; **13.** Wechselgeld *n*: (***small***) *~* Kleingeld; *~* ***dispenser*** (*od.* ***machine***) Wechselautomat *m*; ***can you give me ~ for a pound?*** a) können Sie mir auf ein Pfund herausgeben?, b) können Sie mir ein Pfund wechseln?; ***get no ~ out of s.o.*** *fig.* nichts (*keine Auskunft od. keinen Vorteil*) aus j-m herausholen können, bei j-m nicht ‚landen' können; **14.** ℒ *Brit.* Börse *f*; **change·a·bil·i·ty** [ˌtʃeɪndʒəˈbɪlətɪ] *s.* Veränderlichkeit *f*; *fig.* Wankelmut *m*; ˈ**change·a·ble** [-dʒəbl] *adj.* ☐ **1.** veränderlich; **2.** wankelmütig; ˈ**change·ful** [-fʊl] *adj.* ☐ veränderlich, wechselvoll; **change gear** *s.* ⚙ Wechselgetriebe *n*; ˈ**change·less** [-lɪs] *adj.* unveränderlich, beständig; ˈ**change·ling** [-lɪŋ] *s.* Wechselbalg *m*; ˈuntergeschobenes Kind; ˈ**changeˌo·ver** *s.* **1.** (***to***) ˈÜbergang *m* (zu), Wechsel *m* (zu), ˈUmstellung *f* (auf *acc.*) (*a.* ⚙ *von Maschinen, e-s Betriebs etc.*); **2.** ⚙ ˈUmschaltung *f*; **3.** *sport* (Stab)Wechsel *m*; ˈ**chang·er** [-dʒə] *s. in Zssgn* …wechsler *m* (*Person od. Gerät*); ˈ**chang·ing** [-dʒɪŋ] *s.* Wechsel *m*, Veränderung *f*: *~* ***of the guard*** ⚔ Wachablösung *f*; *~* ***room*** Umkleidezimmer *n*; *~* ***cubicle*** Umkleidekabine *f*.
chan·nel [ˈtʃænl] **I** *s.* **1.** Flußbett *n*; **2.** Fahrrinne *f*, Kaˈnal *m*; **3.** Rinne *f*; ˈDurchlaßröhre *f*; **4.** breite Wasserstraße: ***the*** (***English***) ℒ *geogr.* der (Ärmel-)Kanal; **5.** Rille *f*, Riefe *f*; △ Auskehlung *f*; **6.** *fig.* Weg *m*, Kaˈnal *m*: ***~s of distribution*** Vertriebswege *pl.*; ***~s of trade*** Handelswege, *a.* Absatzgebiete; ***official ~s*** Dienstweg; ***through the usual ~s*** auf dem üblichen Wege; **7.** *Radio, TV*: Proˈgramm *n*, Kaˈnal *m*: *~* ***selector*** Kanalwähler *m*; **II** *v/t.* **8.** *fig.* leiten, lenken; **9.** ⚙ furchen, riefeln; △ kannelieren, auskehlen.
chant [tʃɑːnt] **I** *s.* **1.** *eccl.* Kirchengesang *m*, -lied *n*; **2.** Singsang *m*, eintöniger Gesang *od.* Tonfall; **3.** Sprechchor *m* (*als Geschrei*); **II** *v/t.* **4.** *Kirchenlied* singen; **5.** absingen, ˈherleiern; **6.** im Sprechchor rufen.
chan·te·relle [ˌtʃæntəˈrel] *s.* ⚘ Pfifferling *m*.
chan·ti·cleer [ˌtʃæntɪˈklɪə] *s. poet.* Hahn *m*.
chan·try [ˈtʃɑːntrɪ] *s. eccl.* **1.** Stiftung *f* von Seelenmessen; **2.** Voˈtivkaˌpelle *f od.* -alˌtar *m*.

chant·y [ˈtʃɑːntɪ] *s.* Maˈtrosenlied *n*, Shanty *n*.
cha·os [ˈkeɪɒs] *s.* ˈChaos *n*, *fig. a.* Wirrwarr *m*, Durcheinˈander *n*; **cha·ot·ic** [keɪˈɒtɪk] *adj.* (☐ **~ally**) chaˈotisch, wirr.
chap¹ [tʃæp] *s.* F Bursche *m*, Junge *m*: ***a nice ~*** ein netter Kerl; ***old ~*** ‚alter Knabe'.
chap² [tʃæp] *s.* Kinnbacken *m* (*bsd. Tier*), *pl.* Maul *n*.
chap³ [tʃæp] **I** *v/t. u. v/i.* rissig machen *od.* werden: ***~ped hands*** aufgesprungene Hände; **II** *s.* Riß *m*, Sprung *m*.
chap·el [ˈtʃæpl] *s.* **1.** Kaˈpelle *f*; Gotteshaus *n* (der Disˈsenters): ***I am ~*** F ich bin ein Dissenter; **2.** (ˈSeiten)Kaˌpelle *f* in e-r Katheˈdrale; **3.** Gottesdienst *m*; **4.** *typ.* betriebliche Geˈwerkschaftsorganisatiˌon der Drucker; ˈ**chap·el·ry** [-rɪ] *s. eccl.* Sprengel *m*.
chap·er·on [ˈʃæpərəʊn] **I** *s.* **1.** Anstandsdame *f*; **2.** Beˈgleitperˌson *f*; **II** *v/t.* (als Anstandsdame) begleiten.
ˈ**chapˌfall·en** *adj.* niedergeschlagen.
chap·lain [ˈtʃæplɪn] *s.* **1.** Kaˈplan *m*, Geistliche(r) *m* (*an e-r Kapelle*); **2.** Hof-, Haus-, Anstalts-, Miliˈtär-, Maˈrinegeistliche(r) *m*; ˈ**chap·lain·cy** [-sɪ] *s.* Kaˈplans-amt *n*, -pfründe *f*.
chap·let [ˈtʃæplɪt] *s.* **1.** Kranz *m*; **2.** *eccl.* Rosenkranz *m*.
chap·py [ˈtʃæpɪ] *adj.* rissig, aufgesprungen: ***~ hands***.
chap·ter [ˈtʃæptə] *s.* **1.** Kaˈpitel *n* (*Buch u. fig.*): ***~ and verse*** a) *bibl.* Kapitel u. Vers, b) genaue Einzelheiten; ***give ~ and verse*** *a.* genau zitieren; ***to the end of the ~*** bis ans Ende; **2.** *eccl.* ˈDom-, ˈOrdenskaˌpitel *n*; **3.** *Am.* Orts-, ˈUntergruppe *f e-r Vereinigung*; **~ house** *s.* **1.** *eccl.* ˈDomkaˌpitel *n*, Stiftshaus *n*; **2.** *Am.* Verbindungshaus *n* (*Studenten*).
char¹ [tʃɑ] *v/t. u. v/i.* verkohlen.
char² [tʃɑː] *s. ichth.* ˈRotfoˌrelle *f*.
char³ [tʃɑː] *Brit.* **I** *v/i.* **1.** als Putzfrau *od.* Raumpflegerin arbeiten; **II** *s.* **2.** Putzen *n* (*als Lebensunterhalt*); **3.** → ***charwoman***.
char-à-banc [ˈʃærəbæŋ] *pl.* **-bancs** [-z] *s.* **1.** Kremser *m* (*Kutsche*); **2.** Ausflugsautobus *m*.
char·ac·ter [ˈkærəktə] *s.* **1.** Chaˈrakter *m*, Wesen *n*, Naˈtur *f* (*e-s Menschen*): ***a bad ~*** a) ein schlechter Charakter, b) ein schlechter Kerl; ***a strange ~*** ein eigenartiger Mensch; ***quite a ~*** ein Original; **2.** Chaˈrakter(stärke *f*) *m*, (ausgeprägte) Perˈsönlichkeit: ***a man of ~***; ***a public ~*** e-e bekannte Persönlichkeit; **~ actor** *thea.* Charakterdarsteller *m*; **~ part** *thea.* Charakterrolle *f*; **~ assassination** Rufmord *m*; **~ building** Charakterbildung *f*; **~ defect** Charakterfehler *m*; **3.** Chaˈrakter *m*, Gepräge *n*, Eigenart *f*; Merkmal *n*, Kennzeichen *n*; **4.** Stellung *f*, Rang *m*, Eigenschaft *f*: ***he came in the ~ of a friend*** er kam (in s-r Eigenschaft) als Freund; **5.** Leumund *m*, Ruf *m*, Name *m*: ***have a good ~*** in gutem Ruf stehen; **~ witness** ⚖ Leumundszeuge *m*; **6.** Zeugnis *n* (*für Personal*): ***give s.o. a good ~*** a) j-m ein gutes Zeugnis geben, b) gut von j-m sprechen; **7.** *thea.* Perˈson *f*, Rolle *f*: ***in ~*** a) der Rolle gemäß, b) (zs.-)passend; ***it is out of ~*** es paßt nicht (dazu, zu ihm *etc.*); **8.** *Roman*: Fiˈgur *f*, Gestalt *f*; **9.** Schriftzeichen *n* (*a. Computer*), Schrift *f*; Handschrift *f*.
char·ac·ter·is·tic [ˌkærəktəˈrɪstɪk] **I** *adj.* ☐ → ***characteristically***; charakteˈristisch, bezeichnend, typisch (***of*** für): ***~ curve*** ⚙ Leistungskurve *f*; **II** *s.* charakteˈristisches Merkmal, Eigentümlichkeit *f*, Kennzeichen *n*, Eigenschaft *f*: (***performance***) ***~*** ⚙ (Leistungs)Angabe *f*, (-)Kennwert *m*; ˌ**char·ac·terˈis·ti·cal** [-kl] → ***characteristic*** I; ˌ**char·ac·terˈis·ti·cal·ly** [-kəlɪ] *adv.* bezeichnenderweise; **char·ac·ter·i·za·tion** [ˌkærəktəraɪˈzeɪʃn] *s.* Charakterisierung *f*, Kennzeichnung *f*; **char·ac·ter·ize** [ˈkærəktəraɪz] *v/t.* charakterisieren: a) beschreiben, b) kennzeichnen, charakteˈristisch sein für; **char·ac·ter·less** [ˈkærəktəlɪs] *adj.* nichtssagend.
cha·rade [ʃəˈrɑːd] *s.* **1.** Schaˈrade *f* (*Ratespiel mit Verkleidungsszenen*); **2.** *fig.* Farce *f*.
ˈ**char·broil** *v/t.* auf Holzkohle grillen.
char·coal [ˈtʃɑːkəʊl] *s.* **1.** Holzkohle *f*; **2.** (Zeichen)Kohle *f*, Kohlestift *m*; **3.** Kohlezeichnung *f*; **~ burn·er** *s.* Köhler *m*, Kohlenbrenner *m*; **~ draw·ing** *s.* Kohlezeichnung *f*.
chard [tʃɑːd] *s.* ♀ Mangold(gemüse *n*) *m*.
charge [tʃɑːdʒ] **I** *v/t.* **1.** belasten, beladen, beschweren (***with*** mit) (*mst fig.*); **2.** *Gewehr etc.* laden; *Batterie* aufladen: (***emotionally***) ***~d atmosphere*** *fig.* geladene (*od.* angeheizte) Stimmung; **3.** (an)füllen; ⚙, ⚒ beschicken; ⚗ sättigen; **4.** beauftragen, betrauen: ***~ s.o. with a task***; **5.** ermahnen: ***I ~d him not to forget*** ich schärfte ihm ein, es nicht zu vergessen; **6.** Weisungen geben (*dat.*); belehren: ***~ the jury*** ⚖ den Geschworenen Rechtsbelehrung geben; **7.** zur Last legen, vorwerfen, anlasten (***on*** *dat.*): ***he ~d the fault on me*** er schrieb mir die Schuld zu; **8.** beschuldigen, anklagen (***with*** *gen.*): ***~ s.o. with murder***; **9.** angreifen, *sport a.* ‚angehen', rempeln; anstürmen gegen: ***~ the enemy***; **10.** *Preis etc.* fordern, berechnen: ***he ~d*** (***me***) ***a dollar for it*** er berechnete (mir) e-n Dollar dafür; **11.** ☤ *j-n* mit *et.* belasten, *j-m et.* in Rechnung stellen: ***~ these goods to me*** (*od.* ***to my account***); **II** *v/i.* **12.** angreifen; stürmen: ***the lion ~d at me*** der Löwe fiel mich an; **13.** (e-n Preis) fordern, (Kosten) berechnen: ***~ too much*** zuviel berechnen; ***I shall not ~ for it*** ich werde es nicht berechnen; **III** *s.* **14.** ⚔, ⚡, *mot.* Ladung *f*; ⚙ (Spreng)Ladung *f*; Füllung *f*, Beschickung *f*; *metall.* Einsatz *m*; **15.** Belastung *f*, Forderung *f* (*beide a.* ☤), Last *f*, Bürde *f*; Anforderung *f*, Beanspruchung *f*: ***~*** (***on an estate***) (Grundstücks)Belastung; ***real ~*** Grundschuld *f*; ***be a ~ on s.o.*** j-m zur Last fallen; ***a first ~ on s.th.*** e-e erste Forderung an et. (*acc.*); **16.** (*a. pl.*) Preis *m*, Kosten *pl.*, Spesen *pl.*, Unkosten *pl.*; Gebühr *f*: ***no ~***, ***free of ~*** kostenlos, gratis; ***~s forward*** per Nachnahme; ***~s*** (***to be***) ***deducted*** abzüglich der Unkosten; **17.** Aufgabe *f*, Amt *n*, Pflicht *f*, Verantwortung *f*; **18.** Aufsicht *f*, Obhut *f*, Pflege *f*, Sorge *f*; Verwahrung *f*; Verwaltung *f*: ***person in ~*** verantwortliche Person, Verantwortliche(r), Leiter(in); ***be in ~ of*** verantwortlich sein für, die Aufsicht *od.* den Befehl führen über (*acc.*), leiten; ***have ~ of*** in Obhut *od.* Verwahrung haben, betreuen, versorgen; ***put s.o. in ~ of*** j-m die Leitung *od.* Aufsicht *etc.* übertragen (*gen.*); ***take ~*** die Leitung *etc.* übernehmen, die Sache in die Hand nehmen; **19.** Gewahrsam *m*: ***give s.o. in ~*** j-n der Polizei übergeben; ***take s.o. in ~*** j-n festnehmen; **20.** ⚖ Mündel *m*; Pflegebefohlene(r *m*) *f*, Schützling *m*; *a.* anvertraute Sache; **21.** Befehl *m*, Anweisung *f*, Mahnung *f*; ⚖ Rechtsbelehrung *f*; **22.** Vorwurf *m*, Beschuldigung *f*; ⚖ (Punkt *m* der) Anklage *f*: ***on a ~ of murder*** wegen Mord; ***return to the ~*** *fig.* noch einmal ‚einhaken' (*Diskussion*); **23.** Angriff *m*, (An)Sturm *m*; **24.** ***get a ~ out of*** *Am. sl.* an *e-r Sache* mächtig Spaß haben; **~ ac·count** *s.* ☤ **1.** (ˈKunden)Kreˌditkonto *n*; **2.** Abzahlungskonto *n*.
charge·a·ble [ˈtʃɑːdʒəbl] *adj.* ☐ **1.** anzurechnen(d), zu Lasten gehen(d) (***to*** von); zu berechnen(d) (***on*** *dat.*); zu belasten(d) (***with*** mit); *teleph.* gebührenpflichtig; **2.** zahlbar; **3.** strafbar.
char·gé (**d'af·faires**) [ˌʃɑːʒeɪ(dæˈfeə)] *pl.* **char·gés** (**d'af·faires**) [-ʒeɪdæˈfeəz] (*Fr.*) *s. pol.* Geschäftsträger *m*.
ˈ**charge-nurse** *s.* ⚕ Statiˈons-, Oberschwester *f*.
charg·er [ˈtʃɑːdʒə] *s.* **1.** ⚔ Dienstpferd *n* (*es Offiziers*); **2.** *poet.* Schlachtroß *n*; **3.** ⚙ Aufgeber *m*.
ˈ**charge-sheet** *s. Brit.* **1.** polizeiliches Aktenblatt über den Beschuldigten u. die ihm zur Last gelegte Tat; **2.** ⚔ Tatbericht *m*.
char·i·ness [ˈtʃeərɪnɪs] *s.* **1.** Behutsamkeit *f*; **2.** Sparsamkeit *f*.
char·i·ot [ˈtʃærɪət] *s. antiq.* zweirädriger Streit- *od.* Triˈumphwagen; **char·i·ot·eer** [ˌtʃærɪəˈtɪə] *s. poet.* Wagen-, Rosselenker *m*.
cha·ris·ma [kəˈrɪzmə] *pl.* **-ma·ta** [-mətə] *s. eccl.* ˈCharisma *n* (*a. fig. persönliche Ausstrahlung*); **char·is·mat·ic** [ˌkærɪzˈmætɪk] *adj.* charisˈmatisch.
char·i·ta·ble [ˈtʃærətəbl] *adj.* ☐ **1.** mild-, wohltätig, karitaˈtiv, Wohltätigkeits...; **2.** mild, nachsichtig; ˈ**char·i·ta·ble·ness** [-nɪs] *s.* Wohltätigkeit *f*; Güte *f*, Milde *f*, Nachsicht *f*; **char·i·ty** [ˈtʃærətɪ] *s.* **1.** Nächstenliebe *f*; **2.** Wohltätigkeit *f*; Freigebigkeit *f*: ***~ performance*** Wohltätigkeits-, Benefizveranstaltung *f*; ***~ stamp*** Wohlfahrtsmarke *f*; ***~ begins at home*** zuerst kommt die eigene Familie *od.* das eigene Land; → ***cold*** 3; **3.** Güte *f*; Milde *f*, Nachsicht *f*; **4.** Almosen *n*, milde Gabe; Wohltat *f*, gutes Werk; **5.** Wohlfahrtseinrichtung *f*.
cha·ri·va·ri [ˌʃɑːrɪˈvɑːrɪ] *s.* **1.** ˈKatzenmuˌsik *f*; **2.** Lärm *m*, Getöse *n*.
char·la·dy [ˈtʃɑːˌleɪdɪ] → ***charwoman***.
char·la·tan [ˈʃɑːlətən] *s.* ˈScharlatan *m*: a) Quacksalber *m*, Marktschreier *m*, b) Schwindler *m*; ˈ**char·la·tan·ry** [-tənrɪ] *s.* Scharlataneˈrie *f*.
Charles's Wain [ˌtʃɑːlzɪzˈweɪn] *s. ast.* Großer Bär.
char·ley horse [ˈtʃɑːlɪ] *s. Am.* F Muskelkater *m*.

char·lock ['tʃɑːlɒk] *s.* ⚘ Hederich *m.*

charm [tʃɑːm] **I** *s.* **1.** Anmut *f*, Charme *m*, (Lieb)Reiz *m*, Zauber *m*: (***feminine***) **~s** weibliche Reize; **~ *of style*** reizvoller Stil; ***turn on the old*** **~** s-n Charme spielen lassen; **2.** Zauber *m*, Bann *m*; Zauberformel *f*: ***it worked like a*** **~** *fig.* es klappte phantastisch; **3.** Amu'lett *n*, 'Talisman *m*; **II** *v/t.* **4.** bezaubern, reizen, entzücken: ***be ~ed to meet s.o.*** entzückt *od.* erfreut sein, j-n zu treffen; ***~ed with*** entzückt von; **5.** be-, verzaubern: ***~ed against*** gefeit gegen; **~ *away*** wegzaubern; **III** *v/i.* **6.** bezaubern(d wirken), entzücken; **'charm·er** [-mə] *s.* **1.** *fig.* Zauberer *m*, Zauberin *f*; **2.** a) bezaubernder Mensch, Char'meur *m*, b) reizvolles Geschöpf, ‚Circe' *f*; **'charm·ing** [-mɪŋ] *adj.* □ char'mant; *a. Sache*: bezaubernd, entzückend, reizend.

char·nel house ['tʃɑːnl] *s.* Leichen-, Beinhaus *n.*

chart [tʃɑːt] **I** *s.* **1.** (*bsd.* See-, Himmels)Karte *f*: ***~room*** ⚓ Kartenhaus *n*; **2.** Ta'belle *f*; **3.** a) graphische Darstellung, *z.B.* (Farb)Skala *f*, (Fieber)Kurve *f*, (Wetter)Karte *f*, b) *bsd.* ⚙ Dia'gramm *n*, Schaubild *n*, Kurve(nblatt *n*) *f*; **II** *v/t.* **4.** auf e-r (See- *etc.*)Karte einzeichnen; **5.** graphisch darstellen, skizzieren; **6.** *fig.* planen, entwerfen.

char·ta ['tʃɑːtə] → ***Magna C(h)arta***.

char·ter ['tʃɑːtə] **I** *s.* **1.** Urkunde *f*; Freibrief *m*; Privi'leg *n*; **2.** a) Gründungsurkunde *f*, b) *Am.* Satzung *f* (*e-r AG etc.*), c) Konzessi'on *f*; **3.** *pol.* Charta *f*; **4.** ⚓, ✈ a) Chartern *n*, b) → ***charter party***; **II** *v/t.* **5.** *Bank etc.* konzessionieren: ***~ed company*** zugelassene Gesellschaft; → ***accountant*** 2; **6.** chartern: a) ⚓, ✈ mieten, b) befrachten; **'char·ter·er** [-ərə] *s.* ⚓ Befrachter *m.*

char·ter| flight *s.* Charterflug *m*; **~ *party*** *s.* 'Charterpar,tie *f*, Miet-, Frachtvertrag *m.*

char·wom·an ['tʃɑːˌwʊmən] *s.* [*irr.*] Reinemach-, Putzfrau *f*, Raumpflegerin *f.*

char·y ['tʃeərɪ] *adj.* □ **1.** vorsichtig, behutsam (***in***, ***of*** in *dat.*, bei); **2.** sparsam, zu'rückhaltend (***of*** mit).

chase[1] [tʃeɪs] **I** *v/t.* **1.** jagen, nachjagen (*dat.*), verfolgen; **2.** *hunt.* hetzen, jagen; **3.** *fig.* verjagen, vertreiben; **II** *v/i.* **4.** nachjagen (***after*** *dat.*); F sausen, rasen; **III** *s.* **5.** Verfolgung *f*: ***give*** **~** die Verfolgung aufnehmen; ***give ~ to*** → 1; **6.** *hunt.* ***the*** **~** die Jagd; **7.** *Brit.* 'Jagdreˌvier *n*; **8.** gejagtes Wild (*a. fig.*) *od.* Schiff *etc.*

chase[2] [tʃeɪs] **I** *s.* **1.** *typ.* Formrahmen *m*; **2.** Rinne *f*, Furche *f*; **II** *v/t.* **3.** ziselieren, ausmeißeln, punzen: ***~d work*** getriebene Arbeit; **4.** ⚙ *Gewinde* strehlen, schneiden.

chas·er[1] ['tʃeɪsə] *s.* **1.** Jäger *m*; Verfolger *m*; **2.** ⚓ a) Verfolgungsschiff *n*, (*bsd.* U-Boot-)Jäger *m*, b) Jagdgeschütz *n*; **3.** ✈ Jagdflugzeug *n*; **4.** F ‚Schluck *m* zum Nachspülen'; **5.** *sl.* a) Schürzenjäger *m*, b) mannstolles Weib.

chas·er[2] ['tʃeɪsə] *s.* ⚙ **1.** Zise'leur *m*; **2.** Gewindestahl *m*; Treibpunzen *m.*

chasm ['kæzəm] *s.* **1.** Kluft *f*, Abgrund *m* (*beide a. fig.*) **2.** Schlucht *f*; **3.** Riß *m*, Spalte *f*; **4.** Lücke *f.*

chas·sis ['ʃæsɪ] *pl.* **'chas·sis** [-sɪz] *s.* **1.** Chas'sis *n*: a) ✈, *mot.* Fahrgestell *n*, b) *Radio*: Grundplatte *f*; **2.** ⚔ La'fette *f.*

chaste [tʃeɪst] *adj.* □ **1.** keusch (*a. fig. schamhaft; anständig, tugendhaft*); rein, unschuldig; **2.** rein, von edler Schlichtheit: **~ *style***.

chas·ten ['tʃeɪsn] *v/t.* **1.** züchtigen, strafen; **2.** läutern; **3.** mäßigen, dämpfen; ernüchtern.

chas·tise [tʃæ'staɪz] *v/t.* **1.** züchtigen, strafen; **2.** geißeln, tadeln; **chas·tise·ment** ['tʃæstɪzmənt] *s.* Züchtigung *f*, Strafe *f.*

chas·ti·ty ['tʃæstətɪ] *s.* **1.** Keuschheit *f*: **~ *belt*** Keuschheitsgürtel *m*; **2.** Reinheit *f*; **3.** Schlichtheit *f.*

chas·u·ble ['tʃæzjʊbl] *s. eccl.* Meßgewand *n.*

chat [tʃæt] **I** *v/i.* plaudern, schwatzen; **II** *v/t.* **~ *s.o.*** (***up***) F a) auf j-n einreden, b) j-n ‚anquatschen'; **III** *s.* Plaude'rei *f*: **~ *show*** *Brit.* Talk-Show *f*; ***have a*** **~** → I.

chat·e·laine ['ʃætəleɪn] *s.* **1.** Schloßherrin *f*; **2.** Kastel'lanin *f*; **3.** (Gürtel)Kette *f* (*für Schlüssel etc.*).

chat·tel ['tʃætl] *s.* **1.** *mst pl.* bewegliches Eigentum, Habe *f*: **~ *mortgage*** Mobiliarhypothek *f*; **~ *paper*** *Am.* Verkehrspapier *n*; → ***good*** 18; **2.** *mst* **~ *slave*** Leibeigene(r) *m.*

chat·ter ['tʃætə] **I** *v/i.* **1.** plappern, schwatzen; **2.** schnattern; **3.** klappern (*a. Zähne*), rattern; **4.** plätschern; **II** *s.* **5.** Geplapper *n*, Geschnatter *n*; Klappern *n*; **'chat·ter·box** *s.* Plappermaul *n*; **'chat·ter·er** [-ərə] *s.* Schwätzer(in).

chat·ty ['tʃætɪ] *adj.* **1.** gesprächig; **2.** unter'haltsam (*Person, Brief*), im Plauderton (geschrieben *etc.*).

chauf·feur ['ʃəʊfə] (*Fr.*) *s.* Chauf'feur *m*, Fahrer *m*; **chauf·feuse** [ʃəʊ'fɜːz] *s.* Fahrerin *f.*

chau·vie ['ʃəʊvɪ] *s.* F ‚Chauvie' *m* (→ ***chauvinist*** 2).

chau·vin·ism ['ʃəʊvɪnɪzəm] *s.* Chauvi'nismus *m*; **'chau·vin·ist** [-ɪst] *s.* **1.** Chauvi'nist *m*; **2.** ***male*** **~** *sociol.* männlicher Chauvinist; **chau·vin·is·tic** [ˌʃəʊvɪ'nɪstɪk] *adj.* (□ ***~ally***) chauvi'nistisch.

cheap [tʃiːp] **I** *adj.* □ **1.** billig, preiswert: ***get off*** **~** mit e-m blauen Auge davonkommen; ***hold*** **~** wenig halten von; **~ *as dirt*** spottbillig; **2.** billig, minderwertig; schlecht, kitschig: **~ *and nasty*** billig u. schlecht; **3.** verbilligt, ermäßigt: **~ *fare***; **~ *money*** billiges Geld; **4.** *fig.* billig, mühelos; **5.** *fig.* ‚billig', schäbig: ***feel*** **~** a) sich ‚billig' *od.* ärmlich vorkommen, b) *sl.* sich elend fühlen; **II** *adv.* **6.** billig; **III** *s.* **7.** ***on the*** **~** F billig; **'cheap·en** [-pən] *v/t.* (*v/i.* sich) verbilligen; her'absetzen (*a. fig.*): **~ *o.s.*** sich herabwürdigen; **'cheap·jack** **I** *s.* billiger Jakob; **II** *adj.* Ramsch...; **'cheap·ness** [-nɪs] *s.* Billigkeit *f* (*a. fig.*); **'cheap·skate** *s. Am. sl.* ‚Knikker' *m*, Geizhals *m.*

cheat [tʃiːt] **I** *s.* **1.** Betrüger(in), Schwindler(in); ‚Mogler(in)'; **2.** Betrug *m*, Schwindel *m*; Moge'lei *f*; **II** *v/t.* **3.** betrügen (***of***, ***out of*** um); **4.** durch List bewegen (***into*** zu); **5.** sich entziehen (*dat.*), ein Schnippchen schlagen (*dat.*): **~ *justice***; **III** *v/i.* **6.** betrügen, schwindeln, mogeln.

check [tʃek] **I** *s.* **1.** Schach(stellung *f*) *n*: ***in*** **~** im Schach (stehend); ***give*** **~** Schach bieten; ***hold*** (*od.* ***keep***) ***in*** **~** *fig.* in Schach halten; **2.** Hemmnis *n*, Hindernis *n* (***on*** für): ***put a ~ upon s.o.*** j-m e-n Dämpfer aufsetzen, j-n zurückhalten; **3.** Unter'brechung *f*, Rückschlag *m*: ***give a ~ to*** Einhalt gebieten (*dat.*); **4.** Kon'trolle *f*, Über'prüfung *f*, Nachprüfung *f*, Über'wachung *f*: ***keep a ~ upon s.th.*** etwas unter Kontrolle halten; **5.** Kon'trollzeichen *n*, *bsd.* Häkchen *n* (*auf Listen etc.*); **6.** ☤ *Am.* Scheck *m* (***for*** über *acc.*); **7.** *bsd. Am.* Kassenschein *m*, -zettel *m*, Rechnung *f* (*im Kaufhaus od. Restaurant*); **8.** Kon'trollabschnitt *m*, -marke *f*, -schein *m*; **9.** *bsd. Am.* Aufbewahrungsschein *m*: a) Garde'robenmarke *f*, b) Gepäckschein *m*; **10.** (*Essens- etc.*)Bon *m*, Gutschein *m*; **11.** a) Schachbrett-, Würfel-, Karomuster *n*, b) Karo *n*, Viereck *n*, c) karierter Stoff; **12.** Spielmarke *f*: ***to pass*** (*od.* ***hand***) ***in one's ~s*** *Am.* F ‚abkratzen' (*sterben*); **13.** *Eishockey*: Check *m*; **II** *v/t.* **14.** Schach bieten (*dat.*): ***~!*** Schach!; **15.** hemmen, hindern, aufhalten, eindämmen; **16.** ⚙, *a. fig.* ☤ *etc.* drosseln, bremsen; **17.** zu'rückhalten, bremsen, zügeln, dämpfen: **~ *o.s.*** (plötzlich) innehalten, sich e-s anderen besinnen; **18.** *Eishockey*: *Gegner* checken; **19.** kontrollieren, über'prüfen, nachprüfen, ‚checken' (***for*** auf *e-e Sache* hin): **~ *against*** vergleichen mit; **20.** *Am.* (*auf e-r Liste etc.*) abhaken, ankreuzen; **21.** *bsd. Am.* a) (zur Aufbewahrung *od.* in der Garde'robe) abgeben, b) (als Reisegepäck) aufgeben; **22.** *bsd. Am.* a) (zur Aufbewahrung) annehmen, b) zur Beförderung (als Reisegepäck) über'nehmen *od.* annehmen; **23.** karieren, mit e-m Karomuster versehen; **III** *v/i.* **24.** a) stimmen, b) (***with***) über'einstimmen (mit); **25.** *oft* **~ *up*** (***on***) nachprüfen, (*e-e Sache od. j-n*) über'prüfen: ***~!*** *Am.* F klar!; **26.** *Am.* e-n Scheck ausstellen (***for*** über *acc.*); **27.** (plötzlich) inne- *od.* anhalten, stutzen.

Zssgn mit adv.:

check| back *v/i.* rückfragen (***with*** bei); **~ *in*** **I** *v/i.* **1.** sich anmelden; **2.** ☤ einstempeln; **3.** ✈ einchecken; **II** *v/t.* **4.** anmelden; **5.** ✈ einchecken, abfertigen; **~ *off*** → ***check*** 20; **~ *out*** **I** *v/t.* **1.** → ***check*** 19; **II** *v/i.* **2.** (*aus e-m Hotel*) abreisen; **3.** ☤ ausstempeln; **4.** *Am. sl.* ‚abkratzen'; **~ *o·ver*** → ***check*** 19; **~ *up*** → ***check*** 25.

'check|·back *s.* Rückfrage *f*; **~ *bit*** *s. Computer*: Kon'trollbit *n*; **'~·book** → ***chequebook***; **'~·card** *s. Am.* Scheckkarte *f*; **~ *clock*** *s.* Stechuhr *f.*

checked [tʃekt] *adj.* kariert: **~ *pattern*** Karomuster *n.*

check·er ['tʃekə] *etc. Am.* → ***chequer*** *etc.*

'check·in *s.* **1.** Anmeldung *f in e-m Hotel*; **2.** ☤ Einstempeln *n*; **3.** ✈ Einchekken *n*: **~ *counter*** Abfertigungsschalter *m*; **~ *time*** Eincheckzeit *f.*

check·ing ac·count ['tʃekɪŋ] *s. econ. Am.* Girokonto *n.*

check| list *s.* Kon'trolliste *f*; **~ *lock*** *s.* kleines Sicherheitsschloß; **'~·mate** **I** *s.* **1.** (Schach)'Matt *n*, Mattstellung *f*; **2.**

fig. Niederlage *f*; **II** *v/t.* **3.** (schach)'matt setzen (*a. fig.*); **III** *int.* **4.** schach'matt!; **~ nut** *s.* ⚙ Gegenmutter *f*; **'~-out** *s.* **1.** Abreise *f aus e-m Hotel*; **2.** ✝ Ausstempeln *n*; **3.** *a.* **~ counter** Kasse *f im Kaufhaus*; **'~-out test** *s.* ✝ Tauglichkeitstest *m für ein Produkt*; **'~-ˌo·ver** → **checkup** 1; **'~·point** *s. pol.* Kon'trollpunkt *m* (*an der Grenze*); **'~·room** *s. Am.* **1.** 🚂 Gepäckaufbewahrung(sstelle) *f*; **2.** Garde'robe(nraum *m*) *f*; **'~·up** *s.* **1.** Über'prüfung *f*, Kon'trolle *f*; **2.** ⚕ 'Vorsorgeunterˌsuchung *f*, Check-up *m*; **~ valve** *s.* ⚙ 'Absperr- *od.* 'Rückschlagvenˌtil *n*.

Ched·dar (cheese) ['tʃedə] *s.* 'Cheddarkäse *m*.

cheek [tʃi:k] **I** *s.* **1.** Backe *f*, Wange *f*: **~ by jowl** dicht *od.* vertraulich beisammen; **2.** ⚙ Backe *f*; **3.** F Frechheit *f*, Unverfrorenheit *f*: **have the ~** die Frechheit *od.* Stirn besitzen (**to** *inf.* zu *inf.*); **II** *v/t.* **4.** frech sein zu; **'cheek·bone** *s.* Backenknochen *m*; **cheeked** [-kt] *adj.* ...wangig, ...bäckig; **'cheek·i·ness** [-kɪnɪs] *s.* F Frechheit *f*; **'cheek·y** [-kɪ] *adj.* ☐ frech.

cheep [tʃi:p] **I** *v/t. u. v/i.* piep(s)en; **II** *s.* Pieps(er) *m* (*a. fig.*).

cheer [tʃɪə] **I** *s.* **1.** Beifall(sruf) *m*, Hur'ra(ruf *m*) *n*, Hoch(ruf *m*) *n*: **three ~s for him!** ein dreifaches Hoch auf ihn!, er lebe hoch, hoch, hoch!; **to the ~s of** unter dem Beifall *etc.* (*gen.*); **2.** Ermunterung *f*, Trost *m*: **~s!** a) prosit!, b) *Brit.* F danke!, c) *Brit.* F tschüs!; **3.** a) gute Laune, vergnügte Stimmung, Fröhlichkeit *f*, b) Stimmung *f*: **good ~** → a); **be of good ~** guter Laune *od.* Dinge sein, vergnügt sein; **be of good ~!** sei guten Mutes!; **make good ~** sich amüsieren, *a.* gut essen u. trinken; **II** *v/t.* **4.** Beifall spenden (*dat.*), zujubeln (*dat.*), mit Hoch- *od.* Bravorufen begrüßen, hochleben lassen; **5.** *a.* **~ on** anspornen, anfeuern; **6.** *a.* **~ up** *j-n* er-, aufmuntern, aufheitern; **III** *v/i.* **7.** Beifall spenden, hoch *od.* hur'ra rufen, jubeln; **8.** *meist* **~ up** Mut fassen, (wieder) fröhlich werden: **~ up!** Kopf hoch!

cheer·ful ['tʃɪəfʊl] *adj.* ☐ **1.** heiter, fröhlich; (*iro.* quietsch)vergnügt; **2.** erfreulich, freundlich; **3.** freudig, gern; **'cheer·ful·ness** [-nɪs], **cheer·i·ness** ['tʃɪərɪnɪs] *s.* Heiterkeit *f*, Frohsinn *m*; **cheer·i·o** [ˌtʃɪərɪ'əʊ] *int.* F *bsd. Brit.* a) mach's gut!, tschüs!, b) 'prosit!; **'cheer-ˌlead·er** *s. sport Am.* Einpeitscher *m* (*beim Anfeuern*); **cheer·less** ['tʃɪəlɪs] *adj.* ☐ freudlos, trüb, trostlos; unfreundlich (*Zimmer, Wetter etc.*); **cheer·y** ['tʃɪərɪ] *adj.* ☐ fröhlich, heiter, vergnügt.

cheese [tʃi:z] **I** *s.* **1.** Käse *m*; → **chalk** 2; **2.** käseartige Masse; Ge'lee *n*, *m*; **3. big ~** *sl.* ‚hohes Tier'; **4.** *sl. das* Richtige *od.* einzig Wahre: **that's the ~!** so ist's richtig!; **hard ~!** schöne Pleite!; **II** *v/t.* **5.** *sl.*: **~ it!** ‚hau ab'!; **'~·cake** *s.* **1.** Käsekuchen *m*, -törtchen *n*; **2.** *Am.* Pin-up-Girl *n*, Sexbombe *f* (*Bild*); **'~·cloth** *s.* Mull *m*, Gaze *f*; **'~ˌmon·ger** *s.* Käsehändler *m*; **'~ˌpar·ing I** *s.* **1.** wertlose Sache; **2.** Knause'rei *f*; **II** *adj.* **3.** knauserig; **~ straws** *s. pl.* Käsestangen *pl.*

chee·tah ['tʃi:tə] *s. zo.* 'Gepard *m*.

chef [ʃef] (*Fr.*) *s.* Küchenchef *m*.

chem·i·cal ['kemɪkl] **I** *adj.* ☐ chemisch, Chemie...: **~ agent** ⚔ Kampfstoff *m*; **~ engineer** Chemotechniker *m*; **~ fibre** Chemie-, Kunstfaser *f*; **~ warfare** chemische Kriegführung; **II** *s.* Chemi'kalie, chemisches Präpa'rat.

che·mise [ʃɪ'mi:z] **1.** (Damen)Hemd *n*; **2.** *a.* **~ dress** Hängekleid *n*.

chem·ist ['kemɪst] *s.* **1.** *a.* **analytical ~** Chemiker *m*; **2.** *Brit. a.* **dispensing ~** Apo'theker *m*: **~'s shop** *Brit.* Apotheke *f*, Drogerie *f*; **'chem·is·try** [-trɪ] *s.* **1.** Che'mie *f*; **2.** chemische Zs.-setzung; **3.** *fig.* Na'tur *f*, Wirken *n*.

cheque [tʃek] *s.* ✝ *Brit.* Scheck *m* (**for** über *e-e Summe*): **blank ~** Blankoscheck, *fig.* unbeschränkte Vollmacht; **crossed ~** Verrechnungsscheck; **~ account** *s.* ✝ *Brit.* 'Giroˌkonto *n*; **'~·book** *s. Brit.* Scheckbuch *n*; **~ fraud** *s.* Scheckbetrug *m*.

cheq·uer ['tʃekə] *Brit.* **I** *s.* **1.** Schach-, Karomuster *n*; **2.** *pl. sg. konstr.* Damespiel *n*; **II** *v/t.* **3.** karieren; **4.** bunt *od.* unregelmäßig gestalten; **'cheq·uer·board** *s. Brit.* Damebrett *n*; **'chequered** [-əd] *adj. Brit.* kariert; *fig.* bunt; wechselvoll, bewegt.

cher·ish ['tʃerɪʃ] *v/t.* **1.** schätzen, hochhalten; **2.** sorgen für, pflegen; **3.** *Gefühle etc.* hegen; bewahren; **4.** *fig.* festhalten an (*dat.*).

che·root [ʃə'ru:t] *s.* Stumpen *m* (*Zigarre*).

cher·ry ['tʃerɪ] **I** *s.* **1.** ⚘ Kirsche *f* (*Frucht od. Baum*); **2.** *sl.* a) Jungfräulichkeit *f*, b) Jungfernhäutchen *n*; **II** *adj.* **3.** kirschrot; **~ bran·dy** *s.* Cherry Brandy *m*, 'Kirschliˌkör *m*; **~ pie** *s.* **1.** Kirschtorte *f*; **2.** ⚘ Helio'trop *n*; **~ stone** *s.* Kirschkern *m*; **'~·wood** *s.* Kirschbaumholz *n*.

cher·ub ['tʃerəb] *pl.* **-ubs, -u·bim** [-əbɪm] *s.* **1.** *bibl.* 'Cherub *m*, Engel *m*; **2.** geflügelter Engelskopf; **3.** a) pausbäckiges Kind, b) *fig.* Engel(chen *n*) *m* (*Kind*).

cher·vil ['tʃɜ:vɪl] *s.* ⚘ Kerbel *m*.

Chesh·ire| cat ['tʃeʃə] *s.*: **grin like a ~** grinsen wie ein Affe; **~ cheese** *s.* 'Chesterkäse *m*.

chess [tʃes] *s.* Schach(spiel) *n*: **a game of ~** e-e Partie Schach; **'~·board** *s.* Schachbrett *n*; **'~·man** [-mæn] *s.* [*irr.*] 'Schachfiˌgur *f*; **~ prob·lem** *s.* Schachaufgabe *f*.

chest [tʃest] *s.* **1.** Kiste *f*, Kasten *m*, Truhe *f*: **~ of drawers** Kommode *f*; **2.** kastenartiger Behälter; **3.** Brust(kasten *m*) *f*: **have a weak ~** schwach auf der Brust sein; **~ expander** Expander *m*; **~ note** Brustton *m*; **~ trouble** Lungenleiden; **beat one's ~** *fig.* sich reuig an die Brust schlagen; **get s.th. off one's ~** F sich et. von der Seele schaffen; **play (one's cards) close to one's ~** *a. fig.* sich nicht in die Karten gucken lassen; **4.** Kasse *f*, Kassenverwaltung *f*; **'chest·ed** [-tɪd] *adj. in Zssgn* ...brüstig.

ches·ter·field ['tʃestəfi:ld] *s.* **1.** Chesterfield *m* (*Herrenmantel*); **2.** 'Polsterˌsofa *n*.

chest·nut ['tʃesnʌt] **I** *s.* **1.** ⚘ Ka'stanie *f* (*Frucht, Baum od. Holz*); **2.** Braune(r) *m* (*Pferd*); **3.** alter Witz, ‚alte Ka'melle'; **II** *adj.* **4.** ka'stanienbraun.

chest·y ['tʃestɪ] *adj.* **1.** F tief(sitzend) (*Husten*); **2.** F dickbusig; **3.** *sl.* eingebildet, arro'gant.

chev·a·lier [ˌʃevə'lɪə] *s.* **1.** (Ordens)Ritter *m*; **2.** *fig.* Kava'lier *m*.

chev·ron ['ʃevrən] *s.* **1.** *her.* Sparren *m*; **2.** ⚔ Winkel *m* (*Rangabzeichen*); **3.** △ Zickzackleiste *f*.

chev·y ['tʃevɪ] → **chiv(v)y**.

chew [tʃu:] **I** *v/t.* **1.** kauen: **~ the rag** *od.* **fat** a) ‚quatschen', plaudern, b) ‚meckern'; → **cud**; **2.** *fig.* sinnen auf (*acc.*), über'legen, brüten; **3.** **~ over** F *et.* besprechen; **4.** **~ up** *Am. sl. j-n* ‚anscheißen'; **II** *v/i.* **5.** kauen; **6.** F 'Tabak kauen; **7.** nachsinnen, grübeln (**on, over** über *acc.*); **III** *s.* **8.** Kauen *n*; **9.** Priem *m*; **'chew·ing-gum** ['tʃu:ɪŋ-] *s.* 'Kauˌgummi *m*.

chi·a·ro·scu·ro [kɪˌɑ:rəs'kʊərəʊ] *pl.* **-ros** (*Ital*) *s. paint.* Helldunkel *n*.

chic [ʃi:k] **I** *s.* Schick *m*, Ele'ganz *f*, Geschmack *m*; **II** *adj.* schick, ele'gant.

chi·cane [ʃɪ'keɪn] **I** *s.* **1.** Schi'kane *f* (*a. Motorsport*); **2.** *Bridge*: Blatt *n* ohne Trümpfe; **II** *v/t. u. v/i.* **3.** schikanieren; **4.** betrügen (**out of** um); **chi'can·er·y** [-nərɪ] *s.* Schi'kane *f*, (*bsd.* Rechts-) Kniff *m*.

chi·chi ['ʃi:ʃi:] *adj.* F **1.** (tod)schick; **2.** *contp.* auf schick gemacht.

chick [tʃɪk] *s.* **1.** Küken *n* (*a. fig. Kind*); junger Vogel; **2.** *sl.* ‚Biene' *f*, ‚Puppe' *f*.

chick·en ['tʃɪkɪn] **I** *s.* **1.** Küken *n*; Hühnchen *n*, Hähnchen *n*: **count one's ~s before they are hatched** das Fell des Bären verkaufen, ehe man ihn hat; **2.** Huhn *n*; **3.** Hühnerfleisch *n*; **4.** F ‚Küken' *n*: **she is no ~** sie ist auch nicht mehr die Jüngste; **5.** *sl.* Mutprobe-Spiel *n*; **6. give s.o. ~** ⚔ *sl.* ‚mit j-m Schlitten fahren'; **II** *adj.* **7.** *sl.* feig(e); **III** *v/i.* **8.** *sl.* ‚Schiß' bekommen: **~ out** ‚kneifen'; **'~-ˌbreast·ed** *adj.* hühnerbrüstig; **~ broth** *s.* Hühnerbrühe *f*; **'~-feed** *s.* **1.** Hühnerfutter *n*; **2.** *sl.* ‚ein paar Groschen', lächerliche Summe: **no ~** kein Pappenstiel; **'~-ˌheart·ed, '~-ˌliv·ered** *adj.* feig(e); **~ pox** *s.* ⚕ Windpocken *pl.*; **~ run** *s.* Hühnerauslauf *m*.

'chick·pea *s.* ⚘ Kichererbse *f*.

chic·le ['tʃɪkl], *a.* **~ gum** *s.* (Rohstoff *m* von) 'Kauˌgummi *m*.

chic·o·ry ['tʃɪkərɪ] *s.* ⚘ **1.** Zi'chorie *f*; **2.** Chicorée *m*, *f*.

chid [tʃɪd] *pret. u. p.p. von* **chide**; **chidden** [-dn] *p.p. von* **chide**; **chide** [tʃaɪd] *v/t. u. v/i.* [*irr.*] schelten, tadeln, (aus-) schimpfen.

chief [tʃi:f] **I** *s.* **1.** Haupt *n*, Oberhaupt *n*, Anführer *m*; Chef *m*, Vorgesetzte(r) *m*; Leiter *m*: **2 of Staff** ⚔ (General-) Stabschef *m*; **2 of State** Staatschef *m*, -oberhaupt *n*; **in ~** hauptsächlich; **2.** Häuptling *m*; **3.** *her.* Schildhaupt *n*; **II** *adj.* ☐ → **chiefly**; **4.** erst, oberst, höchst; bedeutendst, Ober..., Höchst..., Haupt...: **~ designer** Chefkonstrukteur *m*; **~ mourner** Hauptleidtragende(r *m*) *f*; **~ part** Hauptrolle *f*; **~ clerk** *s.* **1.** Bü'rovorsteher *m*; erster Buchhalter; **2.** *Am.* erster Verkäufer; **2 Con·sta·ble** *s.* Poli'zeipräsiˌdent *m*; **~ en·gi·neer** *s.* **1.** 'Chefingeniˌeur *m*; **2.** ⚓ erster Maschi'nist; **2 Ex·ec·u·tive** *s. Am.* Leiter *m* der Verwaltung, *bsd.* Präsi'dent *m* der U.S.A.; **2 Jus·tice** *s.* Oberrichter *m*.

chief·ly ['tʃiːflɪ] *adv.* hauptsächlich.

chief·tain ['tʃiːftən] *s.* Häuptling *m* (*Stamm*); Anführer *m* (*Bande*); '**chief·tain·cy** [-sɪ] *s.* Stellung *f* e-s Häuptlings.

chif·fon ['ʃɪfɒn] Chif'fon *m.*

chil·blain ['tʃɪlbleɪn] *s.* Frostbeule *f.*

child [tʃaɪld] *pl.* **chil·dren** ['tʃɪldrən] *s.* **1.** Kind *n*: ***with ~*** schwanger; ***from a ~*** von Kindheit an; ***be a good ~!*** sei artig!; ***~'s play*** *fig.* ein Kinderspiel (***to*** für); **2.** *fig.* Kind *n*, kindische *od.* kindliche Per'son; **3.** Kind *n*, Nachkomme *m*: ***the children of Israel***; **4.** *fig.* Kind *n*, Pro'dukt *n*; **5.** Jünger *m*; **~ al·low·ance** *s.* Kinderfreibetrag *m*; '**~·bear·ing** *s.* Gebären *n*; '**~·bed** *s.* Kind-, Wochenbett *n*; **~ ben·e·fit** *s. Brit.* Kindergeld *n*; '**~·birth** *s.* Geburt *f*, Entbindung *f*, Niederkunft *f*; **~ care** *s.* Jugendfürsorge *f*; **~ guid·ance** *s.* 'heilpädaˌgogische Betreuung (des Kindes).

child·hood ['tʃaɪldhʊd] *s.* Kindheit *f*: ***second ~*** zweite Kindheit (*Senilität*); '**child·ish** [-dɪʃ] *adj.* ☐ **1.** kindisch; **2.** kindlich; '**child·ish·ness** [-dɪʃnɪs] *s.* **1.** Kindlichkeit *f*; **2.** kindisches Wesen; '**child·less** [-lɪs] *adj.* kinderlos; '**child·like** *adj.* kindlich; **child mind·er** *s.* Tagesmutter *f*; **child prod·i·gy** *s.* Wunderkind *n.*

chil·dren ['tʃɪldrən] *pl. von* ***child***: ***~'s allowance*** Kindergeld; *Radio, TV*: ***~'s hour*** Kinderstunde *f.*

child| wel·fare *s.* Jugendfürsorge *f*: ***~ worker*** Jugendfürsorger(in), Jugendpfleger(in); **~ wife** *s.* Kindweib *n*, sehr junge Ehefrau.

chil·e → ***chilli.***

Chil·e·an ['tʃɪlɪən] **I** *s.* Chi'lene *m*, Chi'lenin *f*; **II** *adj.* chi'lenisch.

Chil·e| pine ['tʃɪlɪ] *s.* ⚘ Chiletanne *f*, Arau'karie *f*; **~ salt·pe·tre**, *Am.* **salt·pe·ter** *s.* ⚗ 'Chilesalˌpeter *m.*

chil·i *Am.* → ***chilli.***

chill [tʃɪl] **I** *s.* **1.** Kältegefühl *n*, Frösteln *n*; (*a.* Fieber)Schauer *m*: ***~ of fear*** eisiges Gefühl der Angst; **2.** Kälte *f*: ***take the ~ off*** leicht anwärmen, überschlagen lassen; **3.** Erkältung *f*: ***catch a ~*** sich erkälten; **4.** *fig.* Kälte *f*, Lieblosigkeit *f*, Entmutigung *f*: ***cast a ~ upon*** → 9; **5.** ⚙ Ko'kille *f*, Gußform *f*; **II** *adj.* **6.** kalt, frostig, kühl (*a. fig.*); entmutigend; **III** *v/i.* **7.** abkühlen; **IV** *v/t.* **8.** (ab)kühlen; erstarren lassen: ***~ed meat*** Kühlfleisch *n*; **9.** *fig.* abkühlen, dämpfen, entmutigen; **10.** ⚙ abschrecken, härten: ***~ed (cast) iron*** Hartguß *m.*

chil·li ['tʃɪlɪ] *s.* ⚘ Chili *m.*

chill·i·ness ['tʃɪlɪnɪs] *s.* Kälte *f*, Frostigkeit *f* (*beide a. fig.*); **chill·ing** ['tʃɪlɪŋ] *adj.* kalt, frostig; *fig.* niederdrückend; **chill·y** ['tʃɪlɪ] *adj.* a) kalt, frostig, kühl (*alle a. fig.*), b) fröstelnd: ***feel ~*** frösteln.

Chil·tern Hun·dreds ['tʃɪltən] *s. Brit. parl.*: ***apply for the ~*** s-n Sitz im Unterhaus aufgeben.

chi·mae·ra [kaɪ'mɪərə] *s.* **1.** *zo.* a) Chi'märe *f*, Seehase *m*, b) Seedrachen *m*; **2.** → ***chimera.***

chime [tʃaɪm] **I** *s.* **1.** *oft pl.* Glockenspiel *n*, Geläut(e) *n*; **2.** *fig.* Einklang *m*, Harmo'nie *f*; **II** *v/i.* **3.** läuten; ertönen; schlagen (*Uhr*); **4.** *fig.* über'einstimmen, harmonieren: **~ *in*** einfallen, -stimmen, *weitS.* sich (ins Gespräch) einmischen; **~ *in with*** a) beipflichten (*dat.*), b) übereinstimmen mit; **III** *v/t.* **5.** läuten, ertönen lassen; *die Stunde* schlagen.

chi·me·ra [kaɪ'mɪərə] *s.* **1.** *myth.* Chi'mära *f*; **2.** Schi'märe *f*: a) Schreckgespenst *n*, b) Hirngespinst *n*; **chi'mer·i·cal** [-'merɪkl] *adj.* ☐ schi'märisch, phan'tastisch.

chim·ney ['tʃɪmnɪ] *s.* **1.** Schornstein *m*, Schlot *m*, Ka'min *m*; Rauchfang *m*: ***smoke like a ~*** F rauchen wie ein Schlot; **2.** (*Lampen*)Zy'linder *m*; **3.** a) *geol.* Vul'kanschlot *m*, b) *mount.* Ka'min *m*; **~ cor·ner** *s.* Sitzecke *f* am Ka'min; **~ piece** *s.* Ka'minsims *m*, *n*; **~ pot** *s.* Schornsteinaufsatz *m*: ***~ hat*** F ,Angströhre' *f* (*Zylinderhut*); **~ stack** *s.* Schornstein(kasten) *m*; **~ sweep (-er)** *s.* Schornsteinfeger *m.*

chimp [tʃɪmp] *s.* F, **chim·pan·zee** [ˌtʃɪmpən'ziː] *s. zo.* Schim'panse *m.*

chin [tʃɪn] **I** *s.* Kinn *n*: ***up to the ~*** *fig.* bis über die Ohren; ***take it on the ~*** *fig.* a) schwer einstecken müssen, b) e-e böse ,Pleite' erleben, c) es standhaft ertragen; (***keep your***) ***~ up!*** halt die Ohren steif!; **II** *v/i. sl.* ,quasseln'; **III** *v/t.* **~ *o.s.*** (***up***) *Am.* e-n Klimmzug *od.* Klimmzüge machen.

chi·na ['tʃaɪnə] **I** *s.* **1.** Porzel'lan *n*; **2.** (Porzel'lan)Geschirr *n*; **II** *adj.* **3.** Porzellan…; **Ձ bark** *s.* ⚘ Chinarinde *f*; **~ clay** *s. min.* Kao'lin *n*, Porzel'lanerde *f*; '**Ձ·man** [-mən] *s.* [*irr.*] Chi'nese *m*; **Ձ tea** *s.* chi'nesischer Tee; '**Ձ·town** *s.* Chi'nesenviertel *n*; '**~·ware** *s.* Porzel'lan(waren *pl.*) *n.*

chinch [tʃɪntʃ] *s. Am.* Wanze *f.*

chin-chin [ˌtʃɪn'tʃɪn] *int.* (*Pidgin-English*) **1.** a) (guten) Tag!, b) tschüs!; **2.** 'prosit!, prost!

chine [tʃaɪn] *s.* **1.** Rückgrat *n*, Kreuz *n* (*Tier*); **2.** *Küche*: Kammstück *n*; **3.** (Berg)Grat *m*, Kamm *m.*

Chi·nese [ˌtʃaɪ'niːz] **I** *adj.* **1.** chi'nesisch; **II** *s.* **2.** Chi'nese *m*, Chi'nesin *f*, Chi'nesen *pl.*; **3.** *ling.* Chi'nesisch *n*; **~ cab·bage** *s.* ⚘ Chinakohl *m*; **~ lan·tern** *s.* **1.** Lampi'on *m*, *n*; **2.** ⚘ Lampi'onpflanze *f*; **~ puz·zle** *s.* **1.** Ve'xier-, Geduldspiel *n*; **2.** *fig.* schwierige Sache.

Chink[1] [tʃɪnk] *s. sl.* Chi'nese *m.*

chink[2] [tʃɪŋk] *s.* **1.** Riß *m*, Ritz *m*, Ritze *f*, Spalt *m*, Spalte *f*: ***the ~ in his armo(u)r*** *fig.* sein schwacher Punkt; **2.** ***~ of light*** dünner Lichtstrahl.

chink[3] [tʃɪŋk] **I** *v/i. u. v/t.* klingen *od.* klirren (lassen), klimpern (mit) (*Geld etc.*); **II** *s.* Klirren *n*, Klang *m.*

chin strap *s.* Kinnriemen *m.*

chintz [tʃɪnts] *s.* Chintz *m*, buntbedruckter 'Möbelkatˌtun; '**chintz·y** [-sɪ] *adj.* **1.** Plüsch…; **2.** *fig.* kleinbürgerlich, spießig.

'**chin·wag I** *s.* **1.** Plausch *m*; **2.** Tratsch *m*; **II** *v/i.* **3.** plauschen; **2.** tratschen.

chip [tʃɪp] **I** *s.* **1.** (*Holz- od. Metall*)Splitter *m*, Span *m*, Schnitzel *n*, *m*; Scheibchen *n*; abgebrochenes Stückchen; *pl.* Abfall *m*: ***dry as a ~*** fade, *fig. a.* trokken, ledern; ***a ~ of the old block*** ganz (wie) der Vater; ***have a ~ on one's shoulder*** F sehr empfindlich sein; **2.** angeschlagene Stelle; **3.** *pl.* a) *Brit.* Pommes 'frites *pl.*: ***fish and ~s***, b) *Am.* (Kar'toffel)Chips *pl.*; **4.** Spielmarke *f*: ***when the ~s are down*** *fig.* wenn es hart auf hart geht; ***hand in one's ~s*** *Am. sl.* ,abkratzen'; ***have had one's ~s*** *sl.* ,fertig' sein; **5.** *pl. sl.* ,Zaster' *m* (*Geld*): ***in the ~s*** (gut) bei Kasse; **6.** *Computer*: Chip *m* (*Mikrobaustein*); **II** *v/t.* **7.** (ab)schnitzeln; abraspeln; **8.** *Kante von Geschirr etc.* ab-, anschlagen; *Stückchen* ausbrechen; **9.** F hänseln; **III** *v/i.* **10.** (leicht) abbrechen; **~ in** *v/i.* **1.** sich (in ein Gespräch) einmischen; **2.** F beisteuern (*a. v/t.*); **~ off** *v/i.* abblättern, abbröckeln.

chip| bas·ket *s.* Spankorb *m*; **~ hat** *s.* Basthut *m*; '**~·board** *s.* (Holz)Spanplatte *f.*

chip·muck ['tʃɪpmʌk], '**chip·munk** [-mʌŋk] *s. zo.* amer. gestreiftes Eichhörnchen.

'**chip-pan** *s. Küche*: Fri'teuse *f.*

Chip·pen·dale ['tʃɪpəndeɪl] *s.* Chippendale(stil *m*) *n* (*Möbelstil*).

chip·per ['tʃɪpə] *Am.* **I** *v/i.* zwitschern; schwatzen; **II** *adj.* F munter, vergnügt.

chip·ping ['tʃɪpɪŋ] *s.* Schnitzel *n*, *m*, abgeschlagenes Stück, angestoßene Ecke; Span *m*; *pl.* Splitt *m.*

chip·py ['tʃɪpɪ] **I** *adj.* **1.** angeschlagen (*Geschirr etc.*); schartig; **2.** *fig.* trokken, fade; **3.** *sl.* verkatert; **II** *s.* **4.** *Am. sl.* ,Flittchen' *n.*

chi·ro·man·cer ['kaɪərəʊmænsə] *s.* Handleser *m*; '**chi·ro·man·cy** [-sɪ] *s.* Handlesekunst *f.*

chi·rop·o·dist [kɪ'rɒpədɪst] *s.* Fußpfleger(in), Pedi'küre *f*; **chi·rop·o·dy** [-dɪ] *s.* Fußpflege *f*, Pedi'küre *f.*

chirp [tʃɜːp] **I** *v/i. u. v/t.* zirpen, zwitschern; schilpen (*Spatz*); **II** *s.* Gezirp *n*, Zwitschern *n*; '**chirp·y** [-pɪ] *adj.* F munter, vergnügt.

chirr [tʃɜː] *v/i.* zirpen (*Heuschrecke*).

chir·rup ['tʃɪrəp] *v/i.* **1.** zwitschern; **2.** schnalzen.

chis·el ['tʃɪzl] **I** *s.* **1.** Meißel *m*; **2.** ⚙ Beitel *m*, Grabstichel *m*; **II** *v/t.* **3.** meißeln; **4.** *fig.* sti'listisch ausfeilen; **5.** *sl.* a) betrügen, ,reinlegen', b) ergaunern, her'ausschinden; '**chis·el(l)ed** [-ld] *adj. fig.* **1.** ausgefeilt: ***~ style***; **2.** scharf geschnitten: ***~ face***; '**chis·el·(l)er** [-lə] *s.* F Gauner(in); ,Nassauer' *m.*

chit[1] [tʃɪt] *s.* Kindchen *n*: ***a ~ of a girl*** ein junges Ding, ein Fratz.

chit[2] [tʃɪt] *s.* **1.** kurzer Brief; Zettel *m*; **2.** vom Gast abgezeichnete (Speise-) Rechnung.

chit·chat ['tʃɪttʃæt] → ***chinwag.***

chit·ter·ling ['tʃɪtəlɪŋ] *s. mst pl.* Gekröse *n*, Inne'reien *pl.* (*bsd. Schwein*).

chiv·al·rous ['ʃɪvlrəs] *adj.* ☐ ritterlich, ga'lant; '**chiv·al·ry** [-rɪ] *s.* **1.** Ritterlichkeit *f*; **2.** Tapferkeit *f*; **3.** Rittertum *n*; **4.** Ritterdienst *m.*

chive[1] [tʃaɪv] *s.* ⚘ Schnittlauch *m.*

chive[2] [tʃaɪv] *sl.* **I** *s.* Messer *n*; **II** *v/t.* (er)stechen.

chiv·(v)y ['tʃɪvɪ] *v/t.* **1.** *j-n* her'umjagen, hetzen; **2.** schikanieren.

chlo·ral ['klɔːrəl] *s.* ⚗ Chlo'ral *n*: ***~ hydrate*** Chloralhydrat *n*; '**chlo·rate** [-reɪt] *s.* ⚗ chlorsaures Salz; '**chlo·ric** [-rɪk] *adj.* ⚗ Chlor…: ***~ acid*** Chlorsäure *f*; '**chlo·ride** [-raɪd] *s.* ⚗ Chlo'rid *n*, Chlorverbindung *f*: ***~ of lime*** Chlorkalk *m*; '**chlo·rin·ate** [-rɪneɪt] *v/t.* chloren, chlorieren; **chlo·rin·a·tion** [ˌklɔːrɪˈneɪʃn] *s.* Chloren *n*; ˈ**chlo·rine** [-riːn] *s.* ⚗ Chlor *n*.

chlo·ro·flu·o·ro·car·bon [ˈklɔːrəʊˌfluərəʊˈkɑːbən] *s.* Fluorchlorkohlenwasserstoff *m*, FCKW.

chlo·ro·form [ˈklɒrəfɔːm] **I** *s.* ⚗, ⚕ Chloroˈform *n*; **II** *v/t.* chloroformieren; ˈ**chlo·ro·phyll** [-fɪl] *s.* ♀ Chloroˈphyll *n*, Blattgrün *n*.

chlo·ro·sis [kləˈrəʊsɪs] *s.* ⚕, ♀ Bleichsucht *f*; **chlo·rous** [ˈklɔːrəs] *adj.* chlorig.

choc [tʃɒk] *s.* F *abbr. für* ***chocolate***: **~ *ice*** Eis *n* mit Schokoladenüberzug.

chock [tʃɒk] **I** *s.* **1.** (Brems-, Hemm-)Keil *m*; **2.** ⚓ Klampe *f*; **II** *v/t.* **3.** festkeilen; **4.** *fig.* vollpfropfen; **III** *adv.* **5.** dicht; **~-a-block** [ˌtʃɒkəˈblɒk] *adj.* vollgepfropft; ˌ**~-ˈfull** *adj.* zum Bersten voll.

choc·o·late [ˈtʃɒkələt] **I** *s.* **1.** Schokoˈlade *f* (*a. als Getränk*); **2.** Praˈline *f*: **~s** Pralinen, Konfekt *n*; **II** *adj.* **3.** schokoˈladenbraun; **~ cream** *s.* ˈCremepraˌline *f*.

choice [tʃɔɪs] **I** *s.* **1.** Wahl *f*: ***make a* ~** wählen, e-e Wahl treffen; ***take one's* ~** s-e Wahl treffen; ***this is my* ~** dies habe ich gewählt; **2.** freie Wahl: ***at* ~** nach Belieben; ***by*** (*od.* ***for***) **~** vorzugsweise; ***from* ~** aus Vorliebe; **3.** (große) Auswahl; Sortiˈment *n*: ***a* ~ *of colours***; **4.** Wahl *f*, Möglichkeit *f*: ***I have no* ~** ich habe keine (andere) Wahl, *a.* es ist mir einerlei; **5.** Auslese *f*, *das* Beste; **II** *adj.* ☐ **6.** auserlesen, vorˈzüglich; † Qualitäts…: **~ *fruit*** feinstes Obst; **~ *words*** a) gewählte Worte, b) *humor.* deftige Sprache; **~ *quality*** † ausgesuchte Qualität; ˈ**choice·ness** [-nɪs] *s.* Erlesenheit *f*.

choir [ˈkwaɪə] **I** *s.* **1.** (Kirchen-, Sänger-)Chor *m*; **2.** Chor *m*, (ˈChor)Emˌpore *f*; **II** *v/i. u. v/t.* **3.** im Chor singen; ˈ**~·boy** *s.* Chor-, Sängerknabe *m*; ˈ**~ˌmas·ter** *s.* Chorleiter *m*; **~ stalls** *s. pl.* Chorgestühl *n*.

choke [tʃəʊk] **I** *s.* **1.** Würgen *n*; **2.** *mot.* Luftklappe *f*, Choke *m*: ***pull out the* ~** den Choke ziehen; **3.** → ***choke coil***; **4.** → ***chokebore***; **II** *v/i.* **5.** würgen; ersticken (*a. fig.*): ***with a choking voice*** mit erstickter Stimme; **III** *v/t.* **6.** ersticken (*a. fig.*); erwürgen; würgen (*a. weitS. Kragen etc.*); **7.** hindern; dämpfen, drosseln (*a.* ϟ, ⚙); **8.** *a.* **~ *up*** a) verstopfen, b) ˈvollstopfen; **~ back** *v/t.* **1.** *Lachen etc.* ersticken, unterˈdrücken; **2.** → ***choke off***; **~ down** *v/t.* **1.** hinˈunterwürgen (*a. fig.*); **2.** → ***choke back*** 1; **~ off** *v/t. fig.* ‚abwürgen', nicht aufkommen lassen; *Konjunktur etc.* drosseln; **~ up** → ***choke*** 8.

ˈ**choke|·bore** *s.* ⚙ Chokebohrung *f*; **~ coil** *s.* ϟ Drosselspule *f*; ˈ**~·damp** *s.* ⚒ Nachschwaden *m*.

chok·er [ˈtʃəʊkə] *s.* F enger Kragen *od.* Schal; enge Halskette.

chol·er [ˈkɒlə] *s.* **1.** *obs.* Galle *f*; **2.** *fig.* Zorn *m*.

chol·er·a [ˈkɒlərə] *s.* ⚕ ˈCholera *f*.

chol·er·ic [ˈkɒlərɪk] *adj.* choˈlerisch.

cho·les·ter·ol [kəˈlestərɒl] *s. physiol.* Cholesteˈrin *n*; **~ lev·el** *s.* Cholesterinspiegel *m*.

choose [tʃuːz] **I** *v/t.* [*irr.*] **1.** (aus)wählen, aussuchen: ***to* ~ *a hat***; ***he was chosen king*** er wurde zum König gewählt; ***the chosen people*** *bibl.* das auserwählte Volk; **2.** belieben (*a. iro.*), (es) vorziehen, lieber wollen; beschließen: ***he chose to go*** er zog es vor *od.* er beschloß fortzugehen; ***do as you* ~** tu, wie *od.* was du willst; **II** *v/i.* [*irr.*] **3.** wählen: ***not much to* ~** kaum ein Unterschied; ***he cannot* ~ *but come*** er hat keine andere Wahl als zu kommen; ˈ**choos·er** [-zə] *s.* (Aus)Wählende(r *m*) *f*; → ***beggar*** 1; ˈ**choos·y** [-zɪ] *adj.* F wählerisch.

chop¹ [tʃɒp] **I** *s.* **1.** Hieb *m*, Schlag *m* (*a. Karate*); *Boxen, Tennis*: Chop *m*; **2.** *Küche*: Koteˈlett *n*; **3.** *pl.* a) (Kinn)Backen *pl.*: ***lick one's* ~*s*** sich die Lippen lecken, b) *fig.* Maul *n*, Rachen *m*; **II** *v/t.* **4.** (zer)hacken, hauen, spalten: **~ *wood*** Holz hacken; **~ *one's words*** abgehackt sprechen; **5.** *Tennis*: *den Ball* choppen; **~ down** *v/t.* fällen; **~ in** *v/i.* sich einmischen; **~ off** *v/t.* abhauen; **~ up** *v/t.* zer-, kleinhacken.

chop² [tʃɒp] **I** *v/i. a.* **~ *about***, **~ *round*** sich drehen, ˈumschlagen (*Wind*): **~ *and change*** s-n Standpunkt dauernd ändern, hin u. her schwanken; **II** *v/t.* *Worte* wechseln; **III** *s. pl.* **~*s and changes*** ewiges Hin und Her.

chop³ [tʃɒp] *s.* (*Indien u. China*) **1.** Stempel *m*, Siegel *n*; **2.** Urkunde *f*; **3.** (Handels)Marke *f*; **4.** Qualiˈtät *f*: ***first-~*** erste Sorte, erstklassig.

ˈ**chop·house** *s.* Steakhaus *n*.

chop·per [ˈtʃɒpə] *s.* **1.** Hackmesser *n*, -beil *n*; **2.** ϟ Zerhacker *m*; **3.** *Am. sl.* Hubschrauber *m*; **4.** *pl. sl.* Zähne *pl.*

chop·ping¹ [ˈtʃɒpɪŋ] *adj.* stramm (*Kind*).

chop·ping² [ˈtʃɒpɪŋ] *s.* Wechsel *m*: **~ *and changing*** ewiges Hin und Her.

chop·ping| block [ˈtʃɒpɪŋ] *s.* Hackblock *m*, -klotz *m*; **~ board** *s.* Hackbrett *n*; **~ knife** *s.* [*irr.*] Hackmesser *n*.

chop·py [ˈtʃɒpɪ] *adj.* **1.** kabbelig (*Meer*); **2.** böig (*Wind*); **3.** *fig.* wechselnd; **4.** *fig.* abgehackt.

ˈ**chop|·stick** *s.* Eßstäbchen *n* (*China etc.*); ˌ**~-ˈsu·ey** [-ˈsuːɪ] *s.* Chop-suey *n* (*chinesisches Mischgericht*).

cho·ral [ˈkɔːrəl] *adj.* ☐ Chor…, im Chor gesungen: **~ *service*** Gottesdienst *m* mit Chorgesang; **~ *society*** Chor *m*; **cho·rale** [kɒˈrɑːl] *s.* Choˈral *m*.

chord [kɔːd] *s.* **1.** ♪, *poet.*, *fig.* Saite *f*; **2.** ♪ Akˈkord *m*; *fig.* Ton *m*: ***break into a* ~** e-n Tusch spielen; ***strike the right* ~** *bei j-m* die richtige Saite anschlagen; ***does that strike a* ~?** erinnert *dich* das an etwas?; **3.** ⩘ Sehne *f*; **4.** *anat.* Band *n*, Strang *m*; **5.** ✈ Proˈfilsehne *f*; **6.** ⚙ Gurt *m*.

chore [tʃɔː] *s.* **1.** (Haus)Arbeit *f*; **2.** schwierige Aufgabe.

cho·re·a [kɒˈrɪə] *s.* ⚕ Veitstanz *m*.

cho·re·og·ra·pher [ˌkɒrɪˈɒgrəfə] *s.* Choreoˈgraph *m*; **cho·reˈog·ra·phy** [-fɪ] *s.* Choreograˈphie *f*.

chor·is·ter [ˈkɒrɪstə] *s.* **1.** Chorsänger (-in), *bsd.* Chorknabe *m*; **2.** *Am.* Kirchenchorleiter *m*.

chor·tle [ˈtʃɔːtl] **I** *v/i.* glucksen(d lachen); **II** *s.* Glucksen *n*.

cho·rus [ˈkɔːrəs] **I** *s.* **1.** Chor *m* (*a. antiq.*), Sängergruppe *f*; **2.** Tanzgruppe *f* (*e-r Revue*); **3.** *a. thea.* Chor *m*, gemeinsames Singen: **~ *of protest*** Protestgeschrei *n*; ***in* ~** im Chor (*a. fig.*); **4.** Chorsprecher *m* (*im elisabethanischen Theater*); **5.** (im Chor gesungener) Kehrreim; **6.** Chorwerk *n*; **II** *v/i. u. v/t.* **7.** im Chor singen *od.* sprechen *od.* rufen; **~ girl** *s.* (Reˈvue)Tänzerin *f*.

chose [tʃəʊz] *pret. von* ***choose***.

cho·sen [ˈtʃəʊzn] *p.p. von* ***choose***.

chough [tʃʌf] *s. orn.* Dohle *f*.

chow [tʃaʊ] *s.* **1.** *zo.* Chow-ˈChow *m* (*Hund*); **2.** *sl.* ‚Futter' *n*, Essen *n*.

chow·chow [ˌtʃaʊˈtʃaʊ] (*Pidgin-Englisch*) *s.* **1.** chiˈnesische Mixed Pickles *pl. od.* ˈFruchtkonfiˌtüre *f*; **2.** → ***chow*** 1.

chow·der [ˈtʃaʊdə] *s. Am. dicke Suppe aus Meeresfrüchten.*

Christ [kraɪst] **I** *s.* der Gesalbte, ˈChristus *m*: ***before* ~ (*B.C.*)** vor Christi Geburt (*v. Chr.*); **II** *int. sl.* verdammt noch mal!; **~ child** *s.* Christkind *n*.

chris·ten [ˈkrɪsn] *v/t. eccl.*, ⚓ *u. fig.* taufen; ˈ**Chris·ten·dom** [-dəm] *s.* Christenheit *f*; ˈ**chris·ten·ing** [-nɪŋ] **I** *s.* Taufe *f*; **II** *adj.* Tauf…

Chris·tian [ˈkrɪstjən] **I** *adj.* ☐ **1.** christlich; **2.** F anständig; **II** *s.* **3.** Christ(in); **4.** guter Mensch; **5.** Mensch *m* (*Ggs. Tier*); **~ e·ra** *s.* christliche Zeitrechnung.

Chris·ti·an·i·ty [ˌkrɪstɪˈænətɪ] *s.* Christentum *n*; **Chris·tian·ize** [ˈkrɪstjənaɪz] *v/t.* zum Christentum bekehren, christianisieren.

Chris·tian| name *s.* Tauf-, Vorname *m*; **~ Sci·ence** *s.* Christian Science *f*; **~ Sci·en·tist** *s.* Anhänger(in) der Christian Science.

Christ·mas [ˈkrɪsməs] *s.* Weihnachten *n u. pl.*: ***at* ~** zu *od.* an Weihnachten; ***merry* ~!** frohe Weihnachten!; **~ bo·nus** *s.* † ˈWeihnachtsgratifikatiˌon *f*; **~ card** *s.* Weihnachtskarte *f*; **~ car·ol** *s.* Weihnachtslied *n*; **~ Day** *s.* der erste Weihnachtsfeiertag; **~ Eve** *s.* der Heilige Abend; **~ pud·ding** *s. Brit.* Plumpudding *m*; ˈ**~·tide**, ˈ**~·time** *s.* Weihnachtszeit *f*; ˈ**~·tree** *s.* Weihnachts-, Christbaum *m*.

Christ·mas·y [ˈkrɪsməsɪ] *adj.* F weihnachtlich.

chro·mate [ˈkrəʊmeɪt] *s.* ⚗ Chroˈmat *n*, chromsaures Salz.

chro·mat·ic [krəʊˈmætɪk] *adj.* (☐ **~*ally***) **1.** *phys.* chroˈmatisch, Farben…; **2.** ♪ chromatisch; **chroˈmat·ics** [-ks] *s. pl. sg. konstr.* **1.** Farbenlehre *f*; **2.** ♪ Chroˈmatik *f*.

chrome [krəʊm] **I** *s.* **1.** ⚗ a) Chrom *n*, b) Chromgelb *n*; **2.** Chromleder *n*; **II** *v/t.* **3.** *a.* **~-*plate*** verchromen.

chro·mi·um [ˈkrəʊmjəm] *s.* ⚗ Chrom *n*; ˌ**~-ˈplat·ed** *adj.* verchromt; ˌ**~-ˈplat·ing** *s.* Verchromung *f*; **~ steel** *s.* Chromstahl *m*.

chro·mo·lith·o·graph [ˌkrəʊməʊˈlɪθəʊgrɑːf] *s.* Chromolithograˈphie *f*, Mehrfarbensteindruck *m* (*Bild*); ˌ**chro·mo·liˈthog·ra·phy** [-lɪˈθɒgrəfɪ] *s.* Mehrfarbensteindruck *m* (*Verfahren*).

chro·mo·some [ˈkrəʊməsəʊm] *s. biol.* Chromoˈsom *n*; ˈ**chro·mo·type** [-məʊtaɪp] *s.* **1.** Farbdruck *m*; **2.** Chromotyˈpie *f*.

chron·ic [ˈkrɒnɪk] *adj.* (☐ **~*ally***) **1.**

ständig, (an)dauernd, ‚chronisch': **~ unemployment** Dauerarbeitslosigkeit *f*; **2.** *mst* ⚕ chronisch, langwierig; **3.** *sl.* scheußlich.
chron·i·cle ['krɒnɪkl] **I** *s.* **1.** Chronik *f*; **2.** ≈**s** *pl. bibl.* (*das* Buch der) Chronik *f*; **II** *v/t.* **3.** aufzeichnen; '**chron·i·cler** [-lə] *s.* Chro'nist *m.*
chron·o·gram ['krɒnəʊgræm] *s.* Chrono'gramm *n*; '**chron·o·graph** [-grɑ:f] *s.* Chrono'graph *m*, Zeitmesser *m*; **chron·o·log·i·cal** [ˌkrɒnə'lɒdʒɪkl] *adj.* ☐ chrono'logisch: **~ order** zeitliche Reihenfolge; **chro·nol·o·gize** [krə'nɒlədʒaɪz] *v/t.* chronologisieren; **chro·nol·o·gy** [krə'nɒlədʒɪ] *s.* **1.** Chronolo'gie *f*, Zeitbestimmung *f*; **2.** Zeittafel *f*; **chro·nom·e·ter** [krə'nɒmɪtə] *s.* Chrono'meter *n*; **chro·nom·e·try** [krə'nɒmɪtrɪ] *s.* Zeitmessung *f.*
chrys·a·lis ['krɪsəlɪs] *pl.* **-lis·es** [-lɪsɪz], **chry·sal·i·des** [krɪ'sælɪdi:z] *s. zo.* (*Insekten*)Puppe *f.*
chrys·an·the·mum [krɪ'sænθəməm] *s.* ⚘ Chrysan'theme *f.*
chub [tʃʌb] *s. ichth.* Döbel *m.*
chub·by ['tʃʌbɪ] *adj.* a) pausbäckig, b) rundlich.
chuck[1] [tʃʌk] **I** *s.* **1.** F Wurf *m*; **2.** zärtlicher Griff unters Kinn; **3. give s.o. the ~** F j-n ‚rausschmeißen' (*entlassen*); **II** *v/t.* **4.** F schmeißen, werfen; **5. ~ s.o. under the chin** j-n unters Kinn fassen; **6.** F a) Schluß machen mit: **~ it!** laß das!, b) → **chuck up**; **~ a·way** *v/t.* F **1.** ‚wegschmeißen'; **2.** *Geld* verschwenden; **3.** *Gelegenheit* ‚verschenken'; **~ out** *v/t.* F ‚rausschmeißen'; **~ up** *v/t.* F *Job etc.* ‚hinschmeißen'.
chuck[2] [tʃʌk] **I** *s.* **1.** Glucken *n* (*Henne*); **2.** F ‚Schnuckie' *m* (*Kosewort*); **II** *v/i. u. v/t.* **3.** glucken; **III** *int.* **4.** put, put! (*Lockruf für Hühner*).
chuck[3] [tʃʌk] ⚙ **I** *s.* Spann- *od.* Bohrfutter *n*; **II** *v/t.* (in das Futter) einspannen.
chuck·er-out [ˌtʃʌkər'aʊt] *s.* F ‚Rausschmeißer' *m* (*in Lokalen etc.*).
chuck·le ['tʃʌkl] **I** *v/i.* **1.** glucksen, in sich hin'einlachen; **2.** sich (insgeheim) freuen (**at, over** über *acc.*); **3.** glucken (*Henne*); **II** *s.* **4.** leises Lachen, Glucksen *n*; '**~·head** *s.* Dummkopf *m.*
chuffed [tʃʌft] *adj. Brit.* F froh.
chug [tʃʌg], **chug-chug** [ˌtʃʌg'tʃʌg] **I** *s.* Tuckern *n* (*Motor*); **II** *v/i.* tuckern(d fahren).
chuk·ker ['tʃʌkə] *s. Polospiel*: Chukker *m* (*Spielabschnitt*).
chum [tʃʌm] F **I** *s.* **1.** ‚Kumpel' *m*, ‚Spezi' *m*, Kame'rad *m*: **be great ~s** dicke Freunde sein; **2.** Stubengenosse *m*; **II** *v/i.* **3.** gemeinsam wohnen (**with** mit); **4. ~ up with s.o.** sich mit j-m anfreunden; '**chum·my** [-mɪ] *adj.* **1.** ‚dick' befreundet; **2.** gesellig; **3.** *contp.* plump-vertraulich.
chump [tʃʌmp] *s.* **1.** Holzklotz *m*; **2.** dickes Ende (*bsd. Hammelkeule*); **3.** F Dummkopf *m*; **4.** *bsd. Brit. sl.* ‚Kürbis' *m*, ‚Birne' *f* (*Kopf*): **off one's ~** (total) verrückt.
chunk [tʃʌŋk] *s.* F **1.** (Holz)Klotz *m*; Klumpen *m*, dickes Stück (*Fleisch etc.*), ‚Runken' *m* (*Brot*); *weitS.* ‚großer Brocken'; **2.** *Am.* a) unter'setzter Mensch, b) kleines, stämmiges Pferd; '**chunk·y** [-kɪ] *adj.* **1.** *Am.* unter'setzt, stämmig; **2.** klobig, klotzig.
church [tʃɜ:tʃ] **I** *s.* **1.** Kirche *f*: **in ~** in der Kirche, beim Gottesdienst; **~ is over** die Kirche ist aus; **2.** Kirche *f*, Religi'onsgemeinschaft *f*, *bsd.* Christenheit *f*; **3.** Geistlichkeit *f*: **enter the ~** Geistlicher werden; **II** *adj.* **4.** Kirch(en)…; kirchlich; '**~ˌgo·er** *s.* Kirchgänger(in); ≈ **of Eng·land** *s.* englische Staatskirche, anglikanische Kirche; **~ rate** *s.* Kirchensteuer *f*; **ˌ~'ward·en** *s.* **1.** *Brit.* Kirchenvorsteher *m*: **~ pipe** langstielige Tonpfeife; **2.** *Am.* Verwalter *m* der weltlichen Angelegenheiten e-r Kirche; **~ wed·ding** *s.* kirchliche Trauung.
church·y ['tʃɜ:tʃɪ] *adj.* F kirchlich (gesinnt).
'**church·yard** *s.* Kirchhof *m.*
churl [tʃɜ:l] *s.* **1.** Flegel *m*, Grobian *m*; **2.** Geizhals *m*, Knauser *m*; '**churl·ish** [-lɪʃ] *adj.* ☐ **1.** grob, ungehobelt, flegelhaft; **2.** geizig, knauserig; **3.** mürrisch.
churn [tʃɜ:n] **I** *s.* **1.** Butterfaß *n* (*Maschine*); **2.** *Brit.* (große) Milchkanne; **II** *v/t.* **3.** verbuttern; **4.** ('durch)schütteln, aufwühlen; **5.** *fig.* **~ out** am laufenden Band produzieren, ausstoßen; **III** *v/i.* **6.** buttern; **7.** schäumen; **8.** sich heftig bewegen.
chute [ʃu:t] *s.* **1.** Stromschnelle *f*, starkes Gefälle; **2.** ⚙ a) Rutsche *f*, b) Schacht *m*, c) Müllschlucker *m*; **3.** Rutsche *f*, Rutschbahn *f* (*auf Spielplätzen etc.*); **4.** Rodelbahn *f*; **5.** F → **parachute** 1; **ˌ~-the-'chute(s)** → **chute** 3.
chutz·pa(h) ['hʊtspə] *s.* F Chuzpe *f*, Frechheit *f.*
ci·bo·ri·um [sɪ'bɔ:rɪəm] *s. eccl.* **1.** 'Hostienkelch *m*, Zi'borium *n*; **2.** Al'tarˌbaldachin *m.*
ci·ca·da [sɪ'kɑ:də], **ci'ca·la** [-ɑ:lə] *s. zo.* Zi'kade *f.*
cic·a·trice ['sɪkətrɪs] *s.* Narbe *f*; ⚘ Blattnarbe *f*; '**cic·a·triced** [-st] *adj.* ⚕ vernarbt; '**cic·a·trize** [-raɪz] *v/i. u. v/t.* vernarben (lassen).
cic·er·o ['sɪsərəʊ] *s. typ.* Cicero *f* (*Schriftgrad*).
ci·ce·ro·ne [ˌtʃɪtʃə'rəʊnɪ] *pl.* **-ni** [-ni:] *s.* Cice'rone *m*, Fremdenführer *m.*
ci·der ['saɪdə] *s.* (*Am.* **hard ~**) Apfelwein *m*: (**sweet**) **~** *Am.* Apfelmost *m.*
ci·gar [sɪ'gɑ:] *s.* Zi'garre *f*; **~ box** *s.* Zi'garrenkiste *f*; **~ case** *s.* Zi'garreneˌtui *n*, -tasche *f*; **~ cut·ter** *s.* Zi'garrenabschneider *m.*
cig·a·ret(te) [ˌsɪgə'ret] *s.* Ziga'rette *f*; **~ case** *s.* Ziga'retteneˌtui *n*; **~ end** *s.* Ziga'rettenstummel *m*; **~ hold·er** *s.* Ziga'rettenspitze *f* (*Halter*).
cil·i·a ['sɪlɪə] *s. pl.* **1.** (Augen)Wimpern *pl.*; **2.** ⚘, *zo.* Wimper-, Flimmerhärchen *pl.*; '**cil·i·ar·y** [-ərɪ] *adj.* Wimper…; '**cil·i·at·ed** [-ɪeɪtɪd] *adj.* ⚘, *zo.* bewimpert.
cinch [sɪntʃ] *s.* **1.** *Am.* Sattelgurt *m*; **2.** *sl.* a) ‚todsichere Sache', ‚klarer Fall', b) ‚Kinderspiel' *n.*
cin·cho·na [sɪŋ'kəʊnə] *s.* **1.** ⚘ 'Chinarindenbaum *m*; **2.** 'Chinarinde *f.*
cinc·ture ['sɪŋktʃə] **I** *s.* **1.** Gürtel *m*, Gurt *m*; **2.** (Säulen)Kranz *m*; **II** *v/t.* **3.** um'gürten, um'geben.
cin·der ['sɪndə] *s.* **1.** Schlacke *f*: **burnt to a ~** verkohlt, völlig verbrannt; **2.** *pl.* Asche *f.*
Cin·der·el·la [ˌsɪndə'relə] *s.* Aschenbrödel *n*, -puttel *n* (*a. fig.*).
cin·der| path *s.* **1.** Schlackenweg *m*; **2.** → **~ track** *s. sport* Aschenbahn *f.*
cine- [sɪnɪ] *in Zssgn* Kino…, Film…: **~ camera** (Schmal)Filmkamera *f*; **~ film** Schmalfilm *m*; **~-record** filmen, mit der Schmalfilmkamera aufnehmen.
cin·e·aste ['sɪnɪæst] *s.* Cine'ast *m*, Filmliebhaber(in).
cin·e·ma ['sɪnɪmə] *s.* **1.** 'Lichtspieltheˌater *n*, 'Kino *n*; **2. the ~** Film(kunst *f*) *m*; '**~ˌgo·er** *s.* 'Kinobesucher(in).
cin·e·mat·ic [ˌsɪnɪ'mætɪk] *adj.* (☐ **~ally**) filmisch, Film…; **cin·e·mat·o·graph** [ˌsɪnə'mætəgrɑ:f] **I** *s.* Kinemato'graph *m*; **II** *v/t.* (ver)filmen; **cin·e·ma·tog·ra·pher** [ˌsɪnəmə'tɒgrəfə] *s.* 'Kameramann *m*; **cin·e·mat·o·graph·ic** [ˌsɪnəmætə'græfɪk] (☐ **~ally**) kinematogra'phisch; **cin·e·ma·tog·ra·phy** [ˌsɪnəmə'tɒgrəfɪ] *s.* Kinematogra'phie *f.*
cin·e·rar·i·um [ˌsɪnə'reərɪəm] *s.* Urnennische *f od.* -friedhof *m.*
cin·er·ar·y ['sɪnərərɪ] *adj.* Aschen…; **~ urn** *s.* Totenurne *f.*
cin·er·a·tor ['sɪnəreɪtə] *s.* Feuerbestattungsofen *m.*
cin·na·bar ['sɪnəbɑ:] *s.* Zin'nober *m.*
cin·na·mon ['sɪnəmən] **I** *s.* **1.** Zimt *m*, Ka'neel *m*; **2.** Zimtbaum *m*; **II** *adj.* **3.** zimtfarbig.
cinque [sɪŋk] (*Fr.*) *s.* Fünf *f* (*Würfel od. Spielkarten*); '**~·foil** [-fɔɪl] *s.* **1.** ⚘ Fingerkraut *n*; **2.** △ Fünfpaß *m*; ≈ **Ports** ['sɪŋkpɔ:ts] *s. pl. Gruppe von ursprünglich fünf südenglischen Seestädten.*
ci·on ['saɪən] → **scion.**
ci·pher ['saɪfə] **I** *s.* **1.** ∡ *die Ziffer* Null *f*; **2.** (a'rabische) Ziffer, Zahl *f*; **3.** *fig.* a) Null *f* (*Person*), b) Nichts *n*; **4.** Chiffre *f*, Geheimschrift *f*: **in ~** chiffriert; **5.** *fig.* Schlüssel *m*, Kennwort *n*; **6.** Mono'gramm *n*; **II** *v/i.* **7.** rechnen; **III** *v/t.* **8.** chiffrieren; **9.** *a.* **~ out** be-, ausrechnen; entziffern; *Am.* F ‚ausknobeln'; **~ code** *s.* Codechiffre *f*, Tele'gramm-, Chiffrierschlüssel *m.*
cir·ca ['sɜ:kə] *prp.* um (*vor Jahreszahlen*).
Cir·ce ['sɜ:sɪ] *npr. myth.* 'Circe *f* (*a. fig. Verführerin*).
cir·cle ['sɜ:kl] **I** *s.* **1.** ∡ Kreis *m*: **full ~** im Kreise herum, volle Wendung, wieder da, wo *man* angefangen hat; **run** (*a.* **talk**) **in ~s** *fig.* sich im Kreis bewegen; **square the ~** ∡ den Kreis quadrieren (*a. fig. das Unmögliche vollbringen*); → **vicious circle**; **2.** *ast.*, *geogr.* Kreis *m*; **3.** Kreis *m*, Gruppe *f*: **~ of friends** Freundeskreis; → **upper** I; **4.** Ring *m*, Kranz *m*, Reif *m*; **5.** Kreislauf *m*, 'Umlauf *m*, Runde *f*; Wiederkehr *f*, 'Zyklus *m*; **6.** *thea.* Rang *m*; **7.** Kreis *m*, Gebiet *n*; **8.** a) *Turnen*: Welle *f*, b) *Hockey*: (Schuß)Kreis *m*; **II** *v/t.* **9.** um'kreisen; um'zingeln; **10.** um'winden; **III** *v/i.* **11.** sich im Kreise bewegen, kreisen; die Runde machen; **12.** ⚔ schwenken.
cir·clet ['sɜ:klɪt] *s.* **1.** kleiner Kreis, Reif, Ring; **2.** Dia'dem *n.*
circs [sɜ:ks] *s. pl.* F *für* **circumstances.**
cir·cuit ['sɜ:kɪt] **I** *s.* **1.** 'Kreisˌlinie *f*, 'Um-, Kreislauf *m*; Bahn *f*; **2.** 'Umkreis *m*; **3.** 'Umweg *m*; **4.** Rundgang *m*, -flug *m*; *mot.* Rennstrecke *f*; **5.** ⚖ a) *Brit. hist.* Rundreise *f* der Richter e-s Be-

zirks (*zur Abhaltung der **assizes***), b) Anwälte *pl.* e-s Gerichtsbezirks, c) Gerichtsbezirk *m*; **6.** ϟ a) Strom-, Schaltkreis *m*: → ***short*** (***closed***) ***circuit***, b) Schaltung *f*, 'Schaltsyˌstem *n*; **7.** *Am.* (Per'sonen)Kreis *m*; **8.** *sport* ‚Zirkus' *m*: ***the tennis ~***; **II** *v/t.* **9.** um'kreisen; **III** *v/i.* **10.** kreisen; **~ break·er** *s.* ϟ Ausschalter *m*; **~ di·a·gram** *s.* ϟ Schaltbild *n*, -plan *m*.

cir·cu·i·tous [sə'kju:ɪtəs] *adj.* □ weitschweifig, -läufig: ***~ route*** Umweg *m*; **cir·cuit·ry** ['sɜ:kɪtrɪ] *s.* ϟ **1.** 'Schaltsyˌstem *n*; **2.** Schaltungen *pl.*; **3.** Schaltbild *n*.

cir·cu·lar ['sɜ:kjʊlə] **I** *adj.* □ **1.** (kreis-)rund, kreisförmig; **2.** Rund…, Kreis…, Ring…; **II** *s.* **3.** a) Rundschreiben *n*, b) (Post)Wurfsendung *f*; **'cir·cu·lar·ize** [-əraɪz] *v/t.* *a.* (Post)Wurfsendungen verschicken an (*acc.*); Fragebogen schicken an (*acc.*); durch (Post)Wurfsendungen werben für.

cir·cu·lar| let·ter → ***circular*** 3a; **~ let·ter of cred·it** *s.* ✝ 'Reisekreˌditbrief *m*; **~ note** *s.* **1.** *pol.* Zirku'larnote *f*; **2.** 'Reisekreˌditbrief *m*; **~ saw** *s.* ⚙ Kreissäge *f*; **~ skirt** *s.* Glockenrock *m*; **~ tick·et** *s.* Rundreisekarte *f*; **~ tour**, **~ trip** *s.* Rundreise *f*, -fahrt *f*.

cir·cu·late ['sɜ:kjʊleɪt] **I** *v/i.* **1.** zirkulieren: a) 'umlaufen, kreisen, b) im 'Umlauf sein, kursieren (*Geld, Gerücht etc.*); **2.** her'umreisen, -gehen; **II** *v/t.* **3.** in Umlauf setzen, zirkulieren lassen.

cir·cu·lat·ing ['sɜ:kjʊleɪtɪŋ] *adj.* zirkulierend, 'umlaufend; **~ cap·i·tal** *s.* 'Umlauf-, Be'triebskapiˌtal *n*; **~ dec·i·mal** *s.* Ɐ peri'odischer Dezi'malbruch; **~ li·brar·y** *s.* 'Leihbücheˌrei *f*.

cir·cu·la·tion [ˌsɜ:kjʊ'leɪʃn] *s.* **1.** Kreislauf *m*, Zirkulati'on *f*; **2.** *physiol.* ('Blut)Zirkulatiˌon *f*, (-)Kreislauf *m*; **3.** ✝ a) 'Umlauf *m*, Verkehr *m*, b) Verbreitung *f*, Absatz *m*, c) Auflage(nziffer) *f* (*Zeitung etc.*), d) 'Zahlungsmittelˌumlauf *m*: ***out of ~*** außer Kurs (gesetzt); ***put into ~*** in Umlauf setzen; ***withdraw from ~*** aus dem Verkehr ziehen (*a. fig.*); **4.** Strömung *f*, 'Durchzug *m*, -fluß *m*; **cir·cu·la·tor** ['sɜ:kjʊleɪtə] *s.* Verbreiter(in); **cir·cu·la·to·ry** [ˌsɜ:kjʊ'leɪtərɪ] *adj.* zirkulierend, 'umlaufend; *physiol.* Kreislauf…: ***~ collapse***; ***~ system*** (Blut)Kreislauf *m*.

cir·cum·cise ['sɜ:kəmsaɪz] *v/t.* **1.** ⚕, *eccl.* beschneiden; **2.** *fig.* läutern; **cir·cum·ci·sion** [ˌsɜ:kəm'sɪʒn] *s.* **1.** ⚕, *eccl.* Beschneidung *f*; **2.** *fig.* Läuterung *f*; **3.** ♀ Fest *n* der Beschneidung Christi; **4.** ***the ~*** *bibl.* die Beschnittenen *pl.* (*Juden*).

cir·cum·fer·ence [sə'kʌmfərəns] *s.* 'Umkreis *m*, 'Umfang *m*, Periphe'rie *f*; **cir·cum·flex** ['sɜ:kəmfleks] *s. a.* ***~ accent*** *ling.* Zirkum'flex *m*; **cir·cum·ja·cent** [ˌsɜ:kəm'dʒeɪsənt] *adj.* 'umliegend.

cir·cum·lo·cu·tion [ˌsɜ:kəmlə'kju:ʃn] *s.* **1.** Um'schreibung *f*; **2.** a) 'Umschweife *pl.*, b) Weitschweifigkeit *f*; **cir·cum·loc·u·to·ry** [ˌsɜ:kəm'lɒkjʊtərɪ] *adj.* weitschweifig.

cir·cum·nav·i·gate [ˌsɜ:kəm'nævɪgeɪt] *v/t.* um'schiffen, um'segeln; **cir·cum·nav·i·ga·tion** ['sɜ:kəmˌnævɪ'geɪʃn] *s.* Um'segelung *f*; **ˌcir·cum'nav·i·ga·tor** [-tə] *s.* Um'segler *m*.

cir·cum·scribe ['sɜ:kəmskraɪb] *v/t.* **1.** a) um'schreiben (*a.* Ɐ), b) definieren; **2.** begrenzen, einschränken; **cir·cum·scrip·tion** [ˌsɜ:kəm'skrɪpʃn] *s.* **1.** Um'schreibung *f* (*a.* Ɐ) **2.** 'Umschrift *f* (*Münze etc.*); **3.** Begrenzung *f*, Beschränkung *f*.

cir·cum·spect ['sɜ:kəmspekt] *adj.* □ 'um-, vorsichtig; **cir·cum·spec·tion** [ˌsɜ:kəm'spekʃn] *s.* 'Um-, Vorsicht *f*, Behutsamkeit *f*.

cir·cum·stance ['sɜ:kəmstəns] *s.* **1.** 'Umstand *m*, Tatsache *f*; Ereignis *n*; Einzelheit *f*: ***a fortunate ~*** ein glücklicher Umstand; **2.** *pl.* 'Umstände *pl.*, Lage *f*, Sachverhalt *m*, Verhältnisse *pl.*: ***in*** (*od.* ***under***) ***the ~s*** unter diesen Umständen; ***under no ~s*** auf keinen Fall; **3.** *pl.* Verhältnisse *pl.*, Lebenslage *f*: ***in good ~s*** gut situiert; **4.** 'Umständlichkeit *f*, Weitschweifigkeit *f*; **5.** Förmlichkeit(en *pl.*) *f*, Umstände *pl.*: ***without ~*** ohne (alle) Umstände; **'cir·cum·stanced** [-st] *adj.* in e-r … Lage; …situiert; gelagert (*Sache*): ***poorly ~*** in ärmlichen Verhältnissen; ***well timed and ~*** zur rechten Zeit u. unter günstigen Umständen; **cir·cum·stan·tial** [ˌsɜ:kəm'stænʃl] *adj.* □ **1.** 'umständlich; **2.** ausführlich, genau; **3.** zufällig; **4.** ***~ evidence*** ⚖ Indizienbeweis *m*; **cir·cum·stan·ti·ate** [ˌsɜ:kəm'stænʃɪeɪt] *v/t.* **1.** genau beschreiben; **2.** ⚖ durch In'dizien beweisen.

cir·cum·vent [ˌsɜ:kəm'vent] *v/t.* **1.** über'listen; **2.** vereiteln, verhindern; **3.** um'gehen; **ˌcir·cum'ven·tion** [-nʃn] *s.* **1.** Vereitelung *f*; **2.** Um'gehung *f*.

cir·cum·vo·lu·tion [ˌsɜ:kəmvə'lju:ʃn] *s.* **1.** 'Umdrehung *f*; 'Umwälzung *f*; **2.** Windung *f*.

cir·cus ['sɜ:kəs] *s.* **1.** a) 'Zirkus *m*, b) 'Zirkustruppe *f*, c) ('Zirkus)Vorstellung *f*, d) A'rena *f*; **2.** *Brit. runder Platz mit Straßenkreuzungen*; **3.** *Brit. sl.* ⚔ a) im Kreis fliegende Flugzeugstaffel, b) ‚fliegende' Einheit; **4.** F ‚'Zirkus' *m*, Rummel *m*.

cir·rho·sis [sɪ'rəʊsɪs] *s.* ⚕ Zir'rhose *f*, (*Leber*)Schrumpfung *f*.

cir·rose [sɪ'rəʊs], **cir·rous** ['sɪrəs] *adj.* **1.** ♀ mit Ranken; **2.** *zo.* mit Haaren *od.* Fühlern; **3.** federartig.

cir·rus ['sɪrəs] *pl.* **-ri** [-raɪ] *s.* **1.** ♀ Ranke *f*; **2.** *zo.* Rankenfuß *m*; **3.** 'Zirrus *m*, Federwolke *f*.

cis·al·pine [sɪs'ælpaɪn] *adj.* diesseits der Alpen; **cis·at·lan·tic** [sɪsət'læntɪk] *adj.* diesseits des At'lantischen 'Ozeans.

cis·sy → ***sissy***.

Cis·ter·cian [sɪ'stɜ:ʃjən] **I** *s.* Zisterzi'enser(mönch) *m*; **II** *adj.* Zisterzienser…

cis·tern ['sɪstən] *s.* **1.** Wasserbehälter *m*; **2.** Zi'sterne *f*, ('unterirdischer) Regenwasserspeicher.

cit·a·del ['sɪtədəl] *s.* **1.** Zita'delle *f* (*a. fig.*); **2.** Burg *f*; *fig.* Zuflucht *f*.

ci·ta·tion [saɪ'teɪʃn] *s.* **1.** Anführung *f*; **2.** a) Zi'tat *n* (*zitierte Stelle*), b) ⚖ (***of***) Berufung *f* (auf *acc.*), Her'anziehung *f* (*gen.*), c) ⚖ Vorladung *f*; **3.** *bsd.* ⚔ ehrenvolle Erwähnung.

cite [saɪt] *v/t.* **1.** zitieren; **2.** (als Beispiel *od.* Beweis) anführen; **3.** ⚖ vorladen; **4.** ⚔ lobend erwähnen.

cith·er ['sɪθə] *poet.* → ***zither***.

cit·i·fy ['sɪtɪfaɪ] *v/t.* verstädtern.

cit·i·zen ['sɪtɪzn] *s.* **1.** Bürger *m*, Staatsangehörige(r *m*) *f*: ***~ of the world*** Weltbürger; **2.** Städter(in); **3.** Einwohner(in): ***~s' band*** CB-Funk *m*; **4.** Zivi'list *m*; **'cit·i·zen·ry** [-rɪ] *s.* Bürgerschaft *f* (*e-s Staates*); **'cit·i·zen·ship** [-ʃɪp] *s.* **1.** Staatsangehörigkeit *f*; **2.** Bürgerrecht *n*.

cit·rate ['sɪtreɪt] *s.* ⚗ Zi'trat *n*.

cit·ric ac·id ['sɪtrɪk] *s.* ⚗ Zi'tronensäure *f*.

cit·ri·cul·ture ['sɪtrɪkʌltʃə] *s.* Anbau *m* von 'Zitrusfrüchten.

cit·rus ['sɪtrəs] *s.* ♀ 'Zitrusgewächs *n*, -frucht *f*.

cit·y ['sɪtɪ] *s.* **1.** (Groß)Stadt *f*: ***♀ of God*** *fig.* Himmelreich *n*; **2.** *Brit.* inkorporierte Stadt (*mst mit Kathedrale*); **3.** ***the ♀*** die (Londoner) City (*Altstadt od. Geschäftsviertel od. Geschäftswelt*); **4.** *Am.* inkorporierte Stadtgemeinde; **♀ ar·ti·cle** *s.* Börsenbericht *m*; **♀ Com·pa·ny** *s. Brit.* e-e der großen Londoner Gilden; **~ coun·cil** *s.* Stadtrat *m*; **~ desk** *s. Brit.* 'Wirtschafts-, *Am.* Lo'kalredaktiˌon *f*; **~ ed·i·tor** *s.* **1.** *Am.* Lo'kalredakˌteur *m*; **2.** *Brit.* Redak'teur *m* des Handelsteiles; **~ fa·ther** *s.* Stadtrat *m*; *pl.* Stadtväter *pl.*; **~ hall** *s.* Rathaus *n*; **♀ man** *s. Brit.* Fi'nanz-, Geschäftsmann *m* der City; **~ man·ag·er** *s. Am.* 'Stadtdiˌrektor *m*; **~ state** *s.* Stadtstaat *m*.

civ·et (**cat**) ['sɪvɪt] *s. zo.* 'Zibetkatze *f*.

civ·ic ['sɪvɪk] *adj.* (□ ***~ally***) **1.** städtisch, Stadt…; **2.** → ***civil*** 2; **~ cen·tre**, *Am.* **cen·ter** *s.* Behördenviertel *n*, Verwaltungszentrum *n*.

civ·ics ['sɪvɪks] *s. pl. sg. konstr.* Staatsbürgerkunde *f*.

civ·ies ['sɪvɪz] *bsd. Am.* → ***civvies***.

civ·il ['sɪvl] *adj.* (□ *nur für* 6.) **1.** staatlich: ***~ affairs*** Verwaltungsangelegenheiten; **2.** (staats)bürgerlich, Bürger…: ***~ duty***; ***~ commotion*** Aufruhr *m*, innere Unruhen *pl.*; ***~ death*** bürgerlicher Tod; ***~ liberties*** bürgerliche Freiheiten; ***~ list*** *Brit.* Zivilliste *f*; ***~ rights*** Bürgerrechte, bürgerliche Ehrenrechte; ***~ rights activist*** Bürgerrechtler(in); ***~ rights movement*** Bürgerrechtsbewegung *f*; ***♀ Servant*** Staatsbeamte(r); ***♀ Service*** Staats-, Verwaltungsdienst *m*; ***~ war*** Bürgerkrieg *m*; → ***disobedience*** 1; **3.** zi'vil (*Ggs. militärisch*): ***~ aviation*** Zivilluftfahrt *f*; ***~ defence***, *Am.* ***~ defense*** Zivilverteidigung *f*, -schutz *m*; ***~ government*** Zivilverwaltung *f*; ***~ life*** Zivilleben *n*; **4.** zi'vil (*Ggs. kirchlich*): ***~ marriage*** Ziviltrauung *f*; **5.** ⚖ zi'vil(rechtlich), bürgerlich: ***~ case*** *od.* ***suit*** Zivilprozeß *m*; ***~ code*** Bürgerliches Gesetzbuch; ***~ year*** bürgerliches Jahr; ***~ law*** a) römisches *od.* kontinentales Recht, b) Zivilrecht *n*, bürgerliches Recht; **6.** höflich: ***~-spoken*** höflich; **~ en·gi·neer** *s.* 'Bauingeniˌeur *m*; **~ en·gi·neer·ing** *s.* Tiefbau *m*.

ci·vil·ian [sɪ'vɪljən] **I** *s.* Zivi'list *m*; **II** *adj.* zi'vil, Zivil…: ***~ life***; ***~ casualties*** Verluste unter der Zivilbevölkerung; **ci'vil·i·ty** [-lətɪ] *s.* Höflichkeit *f*, Artigkeit *f*.

civ·i·li·za·tion [ˌsɪvɪlaɪ'zeɪʃn] *s.* Zivilisati'on *f*, Kul'tur *f*; **civ·i·lize** ['sɪvɪlaɪz] *v/t.* zivilisieren; **civ·i·lized** ['sɪvɪlaɪzd] *adj.* **1.** zivilisiert: ***~ nations*** Kulturvölker; **2.** gebildet, kultiviert.

civ·vies ['sɪvɪz] *s. pl. sl.* Zi'vil(klaˌmotten *pl.*) *n*; **civ·vy street** ['sɪvɪ] *s. sl.* Zi'villeben *n.*

clack [klæk] **I** *v/i.* **1.** klappern, knallen; **2.** plappern; **II** *s.* **3.** Klappern *n*; **4.** Plappern *n*; **5.** ⚙ (Ven'til)Klappe *f.*

clad [klæd] *adj.* gekleidet.

claim [kleɪm] **I** *v/t.* **1.** fordern, verlangen: **~ *damages*** Schadenersatz fordern; **2.** a) Anspruch erheben auf (*acc.*), beanspruchen: **~ *the crown***, b) *fig.* in Anspruch nehmen, erfordern: **~ *attention***; **3.** für sich in Anspruch nehmen: **~ *victory***; **4.** (*a.* von sich) behaupten (*a.* ***to*** *inf.* zu *inf.*, ***that*** daß): **~ *accuracy*** die Richtigkeit behaupten; ***the club ~s 200 members*** der Klub behauptet, 200 Mitglieder zu haben; **5.** zu'rück-, einfordern; *Opfer, Leben* fordern: ***death ~ed him*** der Tod ereilte ihn; **II** *v/i.* **6.** ✝ reklamieren; **7.** **~ *against s.o.*** j-n verklagen; **III** *s.* **8.** Forderung *f* (***on s.o.*** gegen *od.* an j-n), (*a.* Rechts- *od.* Pa'tent)Anspruch *m*: **~ *for damages*** Schadensersatzanspruch; **~ *under a contract*** Anspruch aus e-m Vertrag; ***lay*** (*od.* ***make a***) **~ *to*** Anspruch erheben auf (*acc.*); ***put in a ~ for*** e-e Forderung auf *et.* stellen; ***make ~s upon*** *fig. j-n od. j-s Zeit* (stark) in Anspruch nehmen; **9.** (An)Recht *n* (***to*** auf *acc.*); **10.** Behauptung *f*; **11.** ✝ Reklamati'on *f*; **12.** Versicherungssumme *f*; Schaden(sfall) *m*; **13.** ⚖ Klage(begehren *n*) *f*; → ***statement*** 4; **14.** ⚒ Mutung *f*; *bsd. Am.* zugeteiltes *od.* beanspruchtes Stück Land; **'claim·a·ble** [-məbl] *adj.* zu beanspruchen(d); **'claim·ant** [-mənt] *s.* **1.** Antragsteller (-in), ⚖ *a.* Kläger(in); (Pa'tent)Anmelder(in); **2.** (***for***) Anwärter(in) (auf *acc.*), Bewerber(in) (für): ***rightful ~*** Anspruchsberechtigte(r).

clair·voy·ance [kleə'vɔɪəns] *s.* Hellsehen *n*; **clair'voy·ant** [-nt] **I** *adj.* hellseherisch; **II** *s.* Hellseher(in).

clam [klæm] *s.* **1.** *zo.* eßbare Muschel: ***hard*** *od.* ***round ~*** 'Venusmuschel *f*; **2.** *Am.* F ‚zugeknöpfter' Mensch; **'~·bake** *s. Am.* **1.** Picknick *n*; **2.** große Party; **3.** ‚Gaudi' *f.*

cla·mant ['kleɪmənt] *adj.* **1.** lärmend, schreiend (*a. fig.*); **2.** dringend.

clam·ber ['klæmbə] *v/i.* (mühsam) klettern, klimmen.

clam·my ['klæmɪ] *adj.* □ feuchtkalt (u. klebrig), klamm.

clam·or·ous ['klæmərəs] *adj.* □ lärmend, schreiend, laut; tobend; *fig.* lautstark; **clam·o(u)r** ['klæmə] **I** *s.* **1.** *a. fig.* Lärm *m*, (zorniges) Geschrei, Tu'mult *m*; **2.** *bsd. fig.* (Auf)Schrei *m* (***for*** nach); Schimpfen; **3.** Tu'mult *m*; **II** *v/i.* **4.** (laut) schreien (***for*** nach; *a. fig. wütend verlangen*); heftig protestieren; toben; **III** *v/t.* **5.** **~ *down*** niederbrüllen.

clamp¹ [klæmp] *s.* **1.** Haufen *m*; **2.** (Kar'toffel- *etc.*)Miete *f.*

clamp² [klæmp] **I** *s.* **1.** ⚙ Klammer *f*, Krampe *f*, Klemmschraube *f*, Zwinge *f*, ⚡ Erdungsschelle *f*; **2.** *sport* Strammer *m* (*Ski*); **II** *v/t.* **3.** festklammern, -klemmen; befestigen; **4.** *fig. a.* **~ *down*** als Strafe auferlegen; **III** *v/i.* **5.** **~ *down*** *fig.* zuschlagen, einschreiten, scharf vorgehen (***on*** gegen); **'clamp·down** *s.* F scharfes Vorgehen (***on*** gegen).

clan [klæn] *s.* **1.** *Scot.* Clan *m*, Stamm *m*, Sippe *f*; **2.** *fig.* Clan *m*, Sippschaft *f*, Clique *f.*

clan·des·tine [klæn'destɪn] *adj.* □ heimlich, verstohlen, Schleich…

clang [klæŋ] **I** *v/i.* schallen, klingen, klirren; **II** *v/t.* laut schallen *od.* erklingen lassen; **III** *s.* → ***clango(u)r***; **clang·er** ['klæŋə] *s. sl.* Faux'pas *m*: ***drop a ~*** ‚ins Fettnäpfchen treten'; **clang·or·ous** ['klæŋgərəs] *adj.* □ schallend, schmetternd; klirrend; **clang·o(u)r** ['klæŋgə] → ***clank.***

clank [klæŋk] **I** *s.* Klirren *n*, Gerassel *n*, harter Klang; **II** *v/i. u. v/t.* rasseln *od.* klirren (mit).

clan·nish ['klænɪʃ] *adj.* **1.** Sippen…; **2.** stammesbewußt; **3.** (unter sich) zs.-haltend, *contp.* cliquenhaft; **'clan·nish·ness** [-nɪs] *s.* **1.** Stammesbewußtsein *n*; **2.** Zs.-halten *n*, *contp.* Cliquenwesen *n*; **clan·ship** ['klænʃɪp] *s.* **1.** Vereinigung *f* in e-m Clan; **2.** → ***clannishness*** 1; **clans·man** ['klænzmən] *s.* [*irr.*] Mitglied *n* e-s Clans.

clap¹ [klæp] **I** *s.* **1.** (Hände)Klatschen *n*; **2.** (Beifall)Klatschen *n*; **3.** Klaps *m*; **4.** Knall *m*, Krach *m*: **~ *of thunder*** Donnerschlag *m*; **II** *v/t.* **5.** a) klatschen: **~ *one's hands*** in die Hände klatschen, b) schlagen: **~ *the wings*** mit den Flügeln schlagen; **6.** klopfen; **7.** *j-m* Beifall klatschen; **8.** hastig an-, auflegen *od.* ausführen: **~ *eyes on*** erblicken; **~ *a hat on one's head*** den Hut auf den Kopf stülpen; **9.** **~ *on*** F *j-m et.* ‚aufbrummen'; **III** *v/i.* **10.** (Beifall) klatschen.

clap² [klæp] *s.* V (*a.* ***dose of ~***) Tripper *m.*

'clap|·board **I** *s.* **1.** *Brit.* Faßdaube *f*; **2.** *Am.* Verschalungsbrett *n*; **II** *v/t.* **3.** *Am.* verschalen; **'~-net** *s.* Fangnetz *n* (*für Vögel etc.*).

clap·per ['klæpə] *s.* **1.** Klöppel *m* (*Glokke*); **2.** Klapper *f*; **3.** Beifallsklatscher *m*; **'~·board** *s. Am. Film*: Klappe *f.*

clap·trap ['klæptræp] **I** *s.* Ef'fekthascheˌrei *f*; Klim'bim *m*; Re'klame(rummel *m*) *f*; Gewäsch *n*, Unsinn *m*; **II** *adj.* ef'fekthaschend; hohl.

claque [klæk] *s.* Claque *f.*

clar·en·don ['klærəndən] *s. typ.* halbfette Egypti'enne.

clar·et ['klærət] *s.* **1.** roter Bor'deaux (-wein); *weitS.* Rotwein *m*; **2.** Weinrot *n*; **3.** *sl.* Blut *n*; **~ *cup*** *s.* Rotweinbowle *f.*

clar·i·fi·ca·tion [ˌklærɪfɪ'keɪʃn] *s.* **1.** ⚙ (Ab)Klärung *f*, Läuterung *f*; **2.** Aufklärung *f*, Klarstellung *f*; **clar·i·fy** ['klærɪfaɪ] **I** *v/t.* **1.** ⚙ (ab)klären, läutern, reinigen; **2.** (auf-, er)klären; **II** *v/i.* **3.** ⚙ sich (ab)klären; **4.** sich (auf)klären, klar werden.

clar·i·net [ˌklærɪ'net] *s.* ♪ Klari'nette *f*; **ˌclar·i'net·(t)ist** [-tɪst] *s.* Klarinet'tist *m.*

clar·i·on ['klærɪən] **I** *s.* **1.** ♪ Cla'rino *n*; **2.** *poet.* Trom'petenschall *m*: **~ *call*** *fig.* Auf-, Weckruf *m*; Fan'fare *f*; **~ *voice*** Trompetenstimme *f*; **II** *v/t.* **3.** laut verkünden, 'ausposˌaunen.

clar·i·ty ['klærətɪ] *s. allg.* Klarheit *f.*

clash [klæʃ] **I** *v/i.* **1.** klirren, rasseln; **2.** prallen (***into*** gegen), (*a. feindlich u. fig.*) zs.-prallen, -stoßen (***with*** mit); **3.** *fig.* (***with***) kollidieren: a) (zeitlich) zs.-fallen (mit), b) im 'Widerspruch stehen (zu), unvereinbar sein (mit); **4.** nicht zs.-passen (***with*** mit), sich ‚beißen' (*Farben*); **II** *v/t.* **5.** klirren *od.* rasseln mit; klirrend zs.-schlagen; **III** *s.* **6.** Geklirr *n*, Getöse *n*, Krach *m*; **7.** Zs.-prall *m*, Kollisi'on *f*; **8.** (feindlicher) Zs.-stoß; **9.** (zeitliches) Zs.-fallen; **10.** Kon'flikt *m*, 'Widerstreit *m.*

clasp [klɑːsp] **I** *v/t.* **1.** ein-, zuhaken, zuschnallen; **2.** fest ergreifen, um'klammern, fest um'fassen; um'ranken: **~ *s.o.'s hand*** j-m die Hand drücken; **~ *s.o. in one's arms*** j-n umarmen; **~ *one's hands*** die Hände falten; **II** *v/i.* **3.** sich die Hand reichen; **III** *s.* **4.** Klammer *f*, Haken *m*; Schnalle *f*, Spange *f*, Schließe *f*; Schloß *n* (*Buch etc.*); **5.** Um'klammerung *f*, Um'armung *f*; Händedruck *m*; **6.** ⚔ (Ordens)Spange *f*; **~ *knife*** *s.* [*irr.*] Klapp-, Taschenmesser *n.*

class [klɑːs] **I** *s.* **1.** Klasse *f* (*a.* 🚂 *etc.*, ⚘, *zo.*), Gruppe *f*; **2.** Klasse *f*, Sorte *f*, Güte *f*, Quali'tät *f*; *engS.* Erstklassigkeit *f*: ***in the same ~ with*** gleichwertig mit; ***in a ~ of one's*** (*od.* ***its***) ***own*** e-e Klasse für sich (*überlegen*); ***no ~*** F minderwertig; **3.** Stand *m*, Rang *m*, Schicht *f*: ***the*** (***upper***) ***~es*** die oberen (Gesellschafts)Klassen; ***pull ~ on s.o.*** F j-n s-e gesellschaftliche Überlegenheit fühlen lassen; **4.** *ped., univ.* a) Klasse *f*: ***top of the ~*** Klassenerste(r), b) 'Unterricht *m*, Stunde *f*: ***a ~ in cookery*** Kochstunde, c) *pl.* 'Kurs(us) *m*, d) Semi'nar *n*, e) *Brit.* Stufe *f* bei der Universi'tätsprüfung: ***take a ~*** e-n ***honours degree*** erlangen; **5.** *univ. Am.* Jahrgang *m*; **II** *v/t.* **6.** klassifizieren: a) in Klassen einteilen, b) einordnen, einstufen: **~ *with*** gleichstellen mit; ***be ~ed as*** angesehen werden als; **'~-book** *s. ped.* **1.** *Brit.* Lehrbuch *n*; **2.** *Am.* Klassenbuch *n*; **'~-ˌcon·scious** *adj.* klassenbewußt; **~ *dis·tinc·tion*** *s. sociol.* 'Klassenˌunterschied *m*; **~ *ha·tred*** *s.* Klassenhaß *m.*

clas·sic ['klæsɪk] **I** *adj.* (□ ***~ally***) **1.** erstklassig, ausgezeichnet; **2.** klassisch, mustergültig, voll'endet; **3.** klassisch: a) griechisch-römisch, b) die klassische Litera'tur *od.* Kunst *etc.* betreffend, c) berühmt, d) edel (*Stil etc.*); **4.** klassisch: a) 'herkömmlich, b) zeitlos; **II** *s.* **5.** Klassiker *m*; **6.** klassisches Werk; **7.** Jünger(in) der Klassik; **8.** *pl.* a) klassische Litera'tur, b) *die* alten Sprachen; **'clas·si·cal** [-kl] *adj.* □ **1.** → ***classic*** 1, 2, 3: **~ *music*** klassische Musik; **2.** a) altsprachlich, b) huma'nistisch (gebildet): **~ *education*** humanistische Bildung; ***the ~ languages*** die alten Sprachen; **~ *scholar*** Altphilologe *m*, Humanist *m*; **'clas·si·cism** [-ɪsɪzəm] *s.* **1.** Klassi'zismus *m*; **2.** klassische Redewendung; **'clas·si·cist** [-ɪsɪst] *s.* Kenner *m od.* Anhänger *m* des Klassischen u. der Klassiker.

clas·si·fi·ca·tion [ˌklæsɪfɪ'keɪʃn] *s.* Klassifizierung *f* (*a.* ⚓), Einteilung *f*, -stufung *f*, Anordnung *f*; Ru'brik *f*: (***security***) **~** *pol.* a) Geheimhaltungseinstufung *f*, b) Geheimhaltungsstufe *f*; **clas·si·fied** ['klæsɪfaɪd] *adj.* **1.** klassifiziert, eingeteilt: **~ *advertisements*** Kleinanzeigen (*Zeitung*); **~ *directory*** Branchenverzeichnis *n*; **2.** ⚔, *pol.* geheim, Geheim…: **~ material**; **~ information** Verschlußsache(n *pl.*) *f*; **clas·si·fy** ['klæsɪfaɪ] *v/t.* klassifizieren, einteilen; einstufen; ⚔, *pol.* für geheim erklären.

class·less ['klɑːslɪs] *adj.* klassenlos: **~ society**.

'class|·mate *s.* 'Klassenkameˌrad(in); **~ room** *s.* Klassenzimmer *n*; **~ war** *s. pol.* Klassenkampf *m*.

class·y ['klɑːsɪ] *adj. sl.* ‚Klasse', ‚Klasse…'.

clat·ter ['klætə] **I** *v/i.* **1.** klappern, rasseln; **2.** trappeln, trampeln; **II** *v/t.* **3.** klappern *od.* rasseln mit; **III** *s.* **4.** Klappern *n*, Rasseln *n*, Krach *m*; **5.** Getrappel *n*; **6.** Lärm *m*; Stimmengewirr *n*.

clause [klɔːz] *s.* **1.** *ling.* Satz(teil *m*, -glied *n*) *m*; **2.** *jur.* a) 'Klausel *f*, Bestimmung *f*, Vorbehalt *m*, b) Absatz *m*, Para'graph *m*.

claus·tro·pho·bi·a [ˌklɔːstrə'fəʊbjə] *s.* Klaustropho'bie *f*.

clav·i·chord ['klævɪkɔːd] *s.* ♪ Clavi'chord *n*.

clav·i·cle ['klævɪkl] *s. anat.* Schlüsselbein *n*.

claw [klɔː] **I** *s.* **1.** *zo.* a) Klaue *f*, Kralle *f* (*beide a. fig.*), b) Schere *f* (*Krebs etc.*), c) Pfote *f* (*a. fig.* F *Hand*): **get one's ~s into s.o.** *fig.* j-n in s-e Klauen bekommen; **pare s.o.'s ~s** *fig.* j-m die Krallen beschneiden; **2.** ⚙ Klaue *f*, (Greif)Haken *m*; **II** *v/t.* **3.** (zer)kratzen, zerreißen, zerren; **4.** *a.* **~ hold of** um'krallen, packen; **5. ~ back** *fig.* a) zurückgewinnen, b) zurücknehmen; **III** *v/i.* **6.** kratzen; **7.** reißen, zerren (**at** an); **8.** pakken, greifen (**at** nach); **9.** ⚓ **~ off** vom Ufer abhalten; **'~ˌham·mer** *s.* **1.** ⚙ Klauenhammer *m*; **2.** *a.* **~ coat** F Frack *m*.

clay [kleɪ] *s.* **1.** Ton *m*, Lehm *m*: **~ hut** Lehmhütte *f*; **feet of ~** *fig.* tönerne Füße; → **potter²** 1; **2.** *fig.* Erde *f*, Staub *m* u. Asche *f*; **3.** → **clay pipe**; **~ court** *s. Tennis*: Rotgrantplatz *m*.

clay·ey ['kleɪɪ] *adj.* lehmig, Lehm…

clay·more ['kleɪmɔː] *s. hist.* schottisches Breitschwert.

clay| pi·geon *s. sport* Wurf-, Tontaube *f*; **~ pipe** *s.* Tonpfeife *f*; **~ pit** *s.* Lehmgrube *f*.

clean [kliːn] **I** *adj.* ☐ **1.** rein, sauber; → **breast** 2; **2.** sauber, frisch, neu (*Wäsche*); unbeschrieben (*Papier*); **3.** reinlich; stubenrein; **4.** einwandfrei, makellos (*a. fig.*); astfrei (*Holz*); fast fehlerlos (*Korrekturbogen*); → **copy** 1; **5.** (*moralisch*) lauter, sauber; anständig, gesittet; schuldlos: **~ record** tadelloser Ruf; **keep it ~!** keine Ferkeleien!; **~ living!** bleib sauber!; **Mr.** ☺ Saubermann *m*; **6.** ebenmäßig, von schöner Form; glatt (*Schnitt, Bruch*); **7.** sauber, geschickt (ausgeführt), tadellos; **8.** F ‚sauber' (*ohne Waffen, Schmuggelware etc.*); **II** *adv.* **9.** rein, sauber: **sweep ~** rein ausfegen; **come ~** F alles gestehen; **10.** rein, glatt, völlig, to'tal: **I ~ forgot** ich vergaß ganz; **~ gone** a) spurlos verschwunden, b) *sl.* total übergeschnappt; **~ through the wall** glatt durch die Wand; **III** *v/t.* **11.** reinigen, säubern; *Kleider* ('chemisch) reinigen; **12.** *Fenster, Schuhe, Zähne* putzen; **IV** *v/i.* **13.** sich reinigen lassen; **~ down** *v/t.* gründlich reinigen; abwaschen; **~ out** *v/t.* **1.** reinigen; **2.** auslesen, -räumen; räumen; **3.** *sl.* a) ‚ausnehmen', ‚schröpfen', b) *Am. a. j-n* ‚fertigmachen'; **4.** F *Kasse etc.* leer machen; *Laden etc.* leer kaufen; **5.** F *Bank etc.* ‚ausräumen'; **~ up** *v/t.* **1.** gründlich reinigen; **2.** aufräumen (mit *fig.*); in Ordnung bringen, erledigen, *fig. a.* bereinigen; *Stadt etc.* säubern; **3.** *sl.* (*v/i.* schwer) einheimsen.

clean| and jerk *s. Gewichtheben*: Stoßen *n*; **~ bill of lad·ing** *s.* ⚚ reines Konosse'ment; **ˌ~-'bred** *adj.* reinrassig; **ˌ~-'cut** *adj.* **1.** klar um'rissen; klar, deutlich; **2.** regelmäßig; wohlgeformt; **3.** scharf geschnitten: **~ face**.

clean·er ['kliːnə] *s.* **1.** Reiniger *m* (*Person, Gerät od. Mittel*); Reinemachfrau *f*, Raumpflegerin *f*; (Fenster- *etc.*)Putzer *m*; **2.** *pl.* Reinigung(sanstalt) *f*: **take s.o. to the ~s** *sl.* a) j-n total ‚ausnehmen', b) j-n ‚fertigmachen'.

ˌclean|-'hand·ed *adj.* schuldlos; **ˌ~-'limbed** *adj.* wohlproportioniert.

clean·li·ness ['klenlɪnɪs] *s.* Reinlichkeit *f*; **clean·ly** ['klenlɪ] *adj.* ☐ reinlich.

cleanse [klenz] *v/t.* **1.** (*a. fig.*) reinigen, säubern, reinwaschen (**from** von); **2.** läutern; **'cleans·er** [-zə] *s.* Reinigungsmittel *n*; **'cleans·ing** [-zɪŋ] *adj.* Reinigungs…: **~ cream**.

ˌclean|-'shav·en *adj.* glattrasiert; **'~·up** *s.* **1.** (gründliche) Reinigung *f*; **2.** F 'Säuberungsaktiˌon *f*; Ausmerzung *f*; **3.** *Am. sl.* ‚Schnitt' *m*, (großer) Pro'fit.

clear [klɪə] **I** *adj.* ☐ → **clearly**; **1.** klar, hell, 'durchsichtig, rein (*a. fig.*): **a ~ day** ein klarer Tag; **as ~ as day**(**light**), **~ as mud** F sonnenklar; **a ~ conscience** ein reines Gewissen; **2.** klar, deutlich; 'übersichtlich; scharf (*Photo, Sprache, Verstand*): **a ~ head** ein klarer Kopf; **~ judgment** gesundes Urteil; **be ~ in one's mind** sich klar darüber sein; **make o.s. ~** sich verständlich machen; **3.** klar, offensichtlich; sicher, zweifellos: **I am quite ~** (**that**) ich bin ganz sicher (daß); **4.** klar, rein; unvermischt; ⚚ netto: **~ amount** Nettobetrag *m*; **~ profit** Reingewinn *m*; **~ loss** reiner Verlust; **~ skin** reine Haut; **~ soup** klare Suppe; **~ water** (nur) reines Wasser; **5.** klar, hell (*Ton*): **as ~ as a bell** glokkenrein; **6.** frei (**of** von), offen; unbehindert; ohne: **keep the roads ~** die Straßen offenhalten; **~ of debt** schuldenfrei; **~ title** *jur.* unbestrittenes Recht; **see one's way ~** freie Bahn haben; **keep ~ of** a) (ver)meiden, b) sich fernhalten von; **keep ~ of the gates!** Eingang (*Tor*) freihalten!; **be ~ of s.th.** et. los sein; **get ~ of** loskommen von; **7.** ganz, voll: **a ~ month** ein voller Monat; **8.** ⚙ licht (*Höhe, Weite*); **II** *adv.* **9.** hell; klar, deutlich; **10.** frei, los, fort; **11.** völlig, glatt: **~ over the fence** glatt über den Zaun; **III** *s.* **12.** ⚙ lichte Weite; **13. in the ~** a) frei, her'aus, b) *sport* freistehend, c) aus der Sache heraus, vom Verdacht gereinigt, d) *Funk etc.*: im Klartext; **IV** *v/t.* **14.** *a.* **~ up** (auf)klären, erläutern; **15.** säubern, reinigen (*a. fig.*), befreien; losmachen (**of** von): **~ the street of snow** die Straße von Schnee reinigen; **16.** *Saal etc.* räumen, leeren; ⚚ *Waren*(*lager*) räumen (→ 23); *Tisch* abräumen, abdecken; *Straße* freimachen; *Land, Wald* roden: **~ the way** Platz machen, den Weg bahnen; **~ out of the way** *fig.* beseitigen; **17.** reinigen, säubern: **~ the air** *a. fig.* die Atmosphäre reinigen; **~ one's throat** sich räuspern; **18.** frei-, lossprechen; entlasten (**of**, **from** von *e-m Verdacht etc.*); *Am. j-m* (po'litische) Unbedenklichkeit bescheinigen; *Am.* die Genehmigung für *et.* einholen (**with** bei): **~ one's conscience** sein Gewissen entlasten; **~ one's name** s-n Namen reinwaschen; **19.** (knapp *od.* heil) vor'beikommen an (*dat.*): **my car just ~ed the bus**; **20.** *Hindernis* nehmen, glatt springen über (*acc.*): **~ the hedge**; **~ 6 feet** 6 Fuß hoch springen; **21.** Gewinn erzielen, einheimsen: **~ expenses** die Unkosten einbringen; **22.** ⚓ a) *Schiff* klarmachen (**for action** zum Gefecht), b) *Schiff* ausklarieren, c) *Ladung* löschen, d) *aus e-m Hafen* auslaufen; **23.** ⚚ bereinigen, bezahlen; verrechnen; *Scheck* einlösen; *Hypothek* tilgen; *Ware* verzollen (→ 16); abfertigen; **V** *v/i.* **24.** sich klären, klar werden; **25.** sich aufklären (*Wetter*): **~** (**away**) sich verziehen (*Nebel etc.*); **26.** sich klären (*Wein etc.*); **27.** ⚓ a) die 'Zollformaliˌtäten erledigen, b) ausklarieren;

Zssgn mit adv.:

clear| a·way I *v/t.* **1.** wegräumen; beseitigen; **II** *v/i.* **2.** verschwinden; → **clear** 25; **3.** (den Tisch) abdecken; **~ off I** *v/t.* **1.** beseitigen, loswerden; **2.** erledigen; **II** *v/i.* **3.** → **clear out** 3; **~ out I** *v/t.* **1.** ausräumen, reinigen; **2.** ⚚ ausverkaufen; **II** *v/i.* **3.** verschwinden, ‚sich verziehen', ‚abhauen'; **~ up I** *v/t.* **1.** ab-, forträumen; **2.** bereinigen, erledigen; **3.** aufklären, lösen; **II** *v/i.* **4.** sich aufklären (*Wetter*).

clear·ance ['klɪərəns] *s.* **1.** Räumung *f* (*a.* ⚚), Beseitigung *f*; Leerung *f*; Freilegung *f*; **2.** a) Rodung *f*, b) Lichtung *f*; **3.** ⚙ lichter Raum, Zwischenraum *m*; Spiel(raum *m*) *n*; *mot. etc.* Bodenfreiheit *f*; **4.** *allg.* Abfertigung *f*, *bsd.* a) ✈ Freigabe *f*, Start- *od.* 'Durchflugerlaubnis *f*, b) ⚓ Auslaufgenehmigung *f* (→ 7); **5.** ⚚ a) Tilgung *f*, volle Bezahlung *f*, b) Verrechnung *f* (→ **clearing** 2), c) → **clearance sale**; **6.** ⚓ a) (Ein-, Aus-) Klarierung *f*, Zollabfertigung *f*, b) Zollschein *m*: **~** (**papers**) Zollpapiere; **7.** *pol. etc.* Unbedenklichkeitsbescheinigung *f*; **~ sale** *s. Brit.* (Räumungs)Ausverkauf *m*.

ˌclear|-'cut *adj.* scharf um'rissen; klar, eindeutig; **ˌ~-'head·ed** *adj.* klardenkend, intelli'gent.

clear·ing ['klɪərɪŋ] *s.* **1.** Lichtung *f*, Rodung *f*; **2.** ⚚ Clearing *n*, Verrechnungsverkehr *m* (*Bank*); **~ bank** *s.* 'Girobank *f*; ☺ **Hos·pi·tal** *s.* ⚔ *Brit.* 'Feldlazaˌrett *n*; **~ house** *s.* ⚚ 'Clearinginstiˌtut *n*, Verrechnungsstelle *f*; **~ of·fice** *s.* Verrechnungsstelle *f*; **~ sys·tem** *s.* ⚚ Clearingverkehr *m*.

clear·ly ['klɪəlɪ] *adv.* **1.** klar, deutlich; **2. ~, that is wrong** offensichtlich ist das falsch; **3.** zweifellos, ‚klar'; **clear·ness** ['klɪənɪs] *s.* **1.** Klarheit *f*, Deutlichkeit *f*; **2.** *fig.* Reinheit *f*; Schärfe *f*.

ˌclear|-'sight·ed *adj.* **1.** scharfsichtig; **2.**

fig. klardenkend, hellsichtig, klug; **'~starch** *v/t. Wäsche* stärken; **'~way** *s. Brit.* Schnellstraße *f.*

cleat [kli:t] *s.* **1.** ⚓ Klampe *f*; **2.** Keil *m*, Pflock *m*; **3.** ↯ Isolierschelle *f*; **4.** ⚙ Querleiste *f*; **5.** breiter Schuhnagel.

cleav·age ['kli:vɪdʒ] *s.* **1.** Spaltung *f* (*a.* ⚗ *u. fig.*); Spaltbarkeit *f*; **2.** Zwiespalt *m*; **3.** *biol.* (Zell)Teilung *f*; **4.** Brustansatz *m*, Dekolleté *n*.

cleave¹ [kli:v] *v/i.* **1.** kleben (**to** an *dat.*); **2.** *fig.* (**to**) festhalten (an *dat.*), halten (zu *j-m*), treu bleiben (*dat.*), anhängen (*dat.*).

cleave² [kli:v] **I** *v/t.* [*irr.*] **1.** (zer)spalten; **2.** hauen, reißen; *Weg* bahnen; **3.** *Wasser, Luft etc.* durch'schneiden, (zer)teilen; **II** *v/i.* [*irr.*] **4.** sich spalten, bersten; **'cleav·er** [-və] *s.* Hackmesser *n*, -beil *n*.

clef [klef] *s.* ♪ (Noten)Schlüssel *m*.

cleft¹ [kleft] *pret. u. p.p. von* **cleave²**.

cleft² [kleft] **I** *s.* Spalte *f*, Kluft *f*, Riß *m*; **II** *adj.* gespalten, geteilt; **~ pal·ate** *s.* Gaumenspalte *f*, Wolfsrachen *m*; **~ stick** *s.*: **be in a ~** ,in der Klemme' sitzen.

clem·a·tis ['klemətɪs] *s.* ⚘ Kle'matis *f*.

clem·en·cy ['klemənsɪ] **I** *s.* Milde *f* (*a. Wetter*), Nachsicht *f*; **II** *adj.* Gnaden… (*-behörde etc.*); **'clem·ent** [-nt] *adj.* □ mild (*a. Wetter*), nachsichtig, gnädig.

clench [klentʃ] **I** *v/t.* **1.** *bsd. Lippen* zs.-pressen; *Zähne* zs.-beißen; *Faust* ballen: **~ one's fist**; **2.** fest anpacken; (an)spannen (*a. fig.*); **3.** → **clinch** 1, 2, 3; **II** *v/i.* **4.** sich fest zs.-pressen; sich ballen.

cler·gy ['klɜ:dʒɪ] *s. eccl.* Geistlichkeit *f*, Klerus *m*, *die* Geistlichen *pl.*: **20 ~** 20 Geistliche; **'~·man** [-mən] *s.* [*irr.*] Geistliche(r) *m*.

cler·ic ['klerɪk] *s.* Kleriker *m*; **'cler·i·cal** [-kl] **I** *adj.* □ **1.** geistlich: **~ collar** Kragen *m* des Geistlichen; **2.** *pol.* kleri'kal; **3.** Schreib…, Büro…: **~ error** Schreibfehler *m*; **~ work** Büroarbeit *f*; **II** *s.* **4.** *pol.* Kleri'kale(r) *m*; **'cler·i·cal·ism** [-kəlɪzəm] *s. pol.* Klerika'lismus *m*, kleri'kale Poli'tik.

cler·i·hew ['klerɪhju:] *s.* 'Clerihew *n* (*witziger Vierzeiler*).

clerk [klɑ:k] **I** *s.* **1.** Sekre'tär *m*; Schriftführer *m*; (Bü'ro)Schreiber *m*: **~ of the court** Urkundsbeamte(r) *m*; → **articled** 2, **town clerk**; **2.** Bü'roangestellte(r *m*) *f*; Buchhalter(in); (Bank)Beamte(r) *m*, (-)Beamtin *f*; **3.** *Brit.* Vorsteher *m*, Leiter *m*: **~ of (the) works** Bauleiter; **~ of the weather** *fig.* Wettergott, Petrus; **4.** *Am.* a) Verkäufer(in) *im Laden*, b) (Ho'tel)Porti͵er *m*, Empfangschef *m*, -dame *f*; **5. ~ in holy orders** *eccl.* Geistliche(r) *m*; **II** *v/i.* **6.** als Schreiber *etc. od. Am.* als Verkäufer (-in) tätig sein; **'clerk·ship** [-ʃɪp] *s.* Stellung *f* e-s Bü'roangestellten *etc. od. Am.* Verkäufers.

clev·er ['klevə] *adj.* □ **1.** geschickt, raffiniert (*Person u. Sache*); gewandt: **~ dick** F ,Klugscheißer' *m*; **2.** klug, gescheit; begabt (**at** in); **3.** geistreich (*Worte, Buch*); **4.** *a.* **'~-'~** *contp.* ,superklug'; **'clev·er·ness** [-nɪs] *s.* Geschicklichkeit *f*; Klugheit *f etc.*

clew [klu:] **I** *s.* **1.** Knäuel *m*, *n* (*Garn*); **2.** → **clue** 1, 2; **3.** ⚓ Schothorn *n*; **II** *v/t.* **4. ~ up** *Segel* aufgeien; **~ gar·net** *s.* ⚓ Geitau *n*.

cli·ché ['kli:ʃeɪ] *s.* Kli'schee *n*: a) *typ.* Druckstock *m*, b) *fig.* Gemeinplatz *m*, abgedroschene Phrase.

click [klɪk] **I** *s.* **1.** Klicken *n*, Knipsen *n*, Knacken *n*, Ticken *n*; Einschnappen *n*; **2.** ⚙ Schnapp-, Sperrvorrichtung *f*; Sperrhaken *m*, Klinke *f*; **3.** Schnalzen *n*; **II** *v/i.* **4.** klicken, knacken, ticken; **5.** schnalzen; **6.** (zu-, ein)schnappen: **~ into place** einrasten, *fig.* sein (richtiges) Plätzchen finden; **7.** *sl.* F ,einschlagen', Erfolg haben (**with** mit); **8.** sofort Gefallen anein'ander finden, *engS.* sich inein'ander ,verknallen'; **9.** F über'einstimmen (**with** mit); **10. it ~ed** F bei *mir etc.* ,klingelte' es (*als ich hörte etc.*); **III** *v/t.* **11.** klicken *od.* ticken *od.* knakken *od.* einschnappen lassen: **~ the door (to)** die Tür zuklinken; **~ one's heels** die Hacken zs.-schlagen; **12.** schnalzen mit: **~ one's tongue**.

cli·ent ['klaɪənt] *s.* **1.** ⚖ Kli'ent(in), Man'dant(in): **~ (state)** *pol.* abhängiger Staat; **2.** ✝ Kunde *m*, Kundin *f*; **3.** Pati'ent(in) (*e-s Arztes*); **cli·en·tele** [͵kli:ɑ̃:n'tel] *s.* **1.** Klien'tel *f*, Kli'enten *pl.*; **2.** Pa'tienten(kreis *m*) *pl.*; **3.** Kunden(kreis *m*) *pl.*, Kundschaft *f*.

cliff [klɪf] *s.* Klippe *f*, Felsen *m*: **go over the ~** F *fig.* ,eingehen', pleite gehen; **~ dwell·ing** *s.* Felsenwohnung *f*; **'~͵hang·er** *s.* F **1.** 'Fortsetzungsro͵man *m* (*etc.*), der jeweils im spannendsten Mo'ment abbricht; **2.** äußerst spannende Sache.

cli·mac·ter·ic [klaɪ'mæktərɪk] **I** *adj.* **1.** entscheidend, 'kritisch; **2.** ⚕ klimak'terisch; **II** *s.* **3.** ⚕ Klimak'terium *n*, Wechseljahre *pl.*; **4.** a) kritische Zeit, b) (Lebens)Wende *f*.

cli·mate ['klaɪmɪt] *s.* **1.** 'Klima *n*; **~ change** Klimaveränderung *f*; **2.** Gegend *f*; **3.** *fig.* (*politisches, Betriebs- etc.*)'Klima *n*, Atmo'sphäre *f*; **cli·mat·ic** [klaɪ'mætɪk] *adj.* (□ **~ally**) kli'matisch; **cli·ma·to·log·ic, cli·ma·to·log·i·cal** [͵klaɪmətə'lɒdʒɪk(l)] *adj.* □ klimato'logisch; **cli·ma·tol·o·gy** [͵klaɪmə'tɒlədʒɪ] *s.* Klimatolo'gie *f*, 'Klimakunde *f*.

cli·max ['klaɪmæks] **I** *s.* **1.** Steigerung *f*; **2.** Gipfel *m*, Höhepunkt *m*; 'Krisis *f*; **3.** (sexu'eller) Höhepunkt, Or'gasmus *m*; **II** *v/t.* **4.** auf e-n Höhepunkt bringen; *Laufbahn etc.* krönen; **III** *v/i.* **5.** e-n Höhepunkt erreichen; **6.** e-n Or'gasmus haben.

climb [klaɪm] **I** *s.* **1.** Aufstieg *m*, Besteigung *f*; 'Kletterpar͵tie *f*; **2.** ✈ Steigen *n*, Steigflug *m*; **II** *v/i.* **3.** klettern; **4.** steigen (*Straße, Flugzeug*); **5.** (auf-, em'por)steigen, (hoch)klettern (*a. fig. Preise etc.*); **6.** ⚘ sich hin'aufranken; **III** *v/t.* **7.** be-, ersteigen; steigen *od.* klettern auf (*acc.*), erklettern; **~ down** *v/i.* **1.** hin'untersteigen, -klettern; **2.** *fig.* e-n ,Rückzieher' machen, klein beigeben; **~ up** *v/t. u. v/i.* hin'aufsteigen, -klettern.

climb·a·ble ['klaɪməbl] *adj.* ersteigbar; **'climb-down** *s.* F ,Rückzieher' *m*, Nachgeben *n*; **'climb·er** [-mə] *s.* **1.** Kletterer *m*; Bergsteiger(in); **2.** ⚘ Kletter-, Schlingpflanze *f*; **3.** *orn.* Klettervogel *m*; **4.** F (gesellschaftlicher) Streber, Aufsteiger *m*.

climb·ing| a·bil·i·ty ['klaɪmɪŋ] *s.* **1.** ✈ Steigvermögen *n*; **2.** *mot.* Bergfreudigkeit *f*; **~ i·rons** *s. pl. mount.* Steigeisen *pl.*

clime [klaɪm] *s. poet.* Gegend *f*, Landstrich *m*; *fig.* Gebiet *n*, Sphäre *f*.

clinch [klɪntʃ] **I** *v/t.* **1.** entscheiden, zum Abschluß bringen; *Handel* festmachen: **that ~ed it** damit war die Sache entschieden; **~ an argument** den Streit für sich entscheiden; **2.** ⚙ a) sicher befestigen, b) vernieten; **3.** *Boxen*: um'klammern; **II** *v/i.* **4.** *Boxen*: clinchen; **III** *s.* **5.** fester Griff *od.* Halt; **6.** *Boxen*: Clinch *m* (*a. sl. Umarmung*); **7.** ⚙ Vernietung *f*; Niet *m*; **'clinch·er** [-tʃə] *s.* F entscheidender 'Umstand *od.* Beweis *etc.*, Trumpf *m*.

cling [klɪŋ] *v/i.* [*irr.*] **1.** (**to**) *a. fig.* kleben, haften (an *dat.*); anhaften (*dat.*): **~ together** zs.-halten; **2.** (**to**) *a. fig.* sich klammern (an *j-n*, *e-e Hoffnung etc.*), festhalten (an *e-r Sitte, Meinung etc.*): **~ to the text** am Text kleben; **3.** sich (an)schmiegen (**to** an *acc.*); **4.** *fig.* (**to**) hängen (an *dat.*), anhängen (*dat.*); **'cling·ing** [-ŋɪŋ] *adj.* enganliegend, hauteng (*Kleid*).

clin·ic ['klɪnɪk] *s.* **1.** Klinik *f*, (Pri'vat- *od.* Universi'täts)Krankenhaus *n*; **2.** Klinikum *n*, klinischer 'Unterricht; **3.** 'Poliklinik *f*, Ambu'lanz *f*; **4.** *Am.* Fachkurs(us) *m*, Semi'nar *n*; **'clin·i·cal** [-kl] *adj.* □ **1.** klinisch: **~ instruction** Unterweisung *f* am Krankenbett; **~ thermometer** Fieberthermometer *n*; **2.** *fig.* nüchtern, kühl analysierend; **clin·i·car** ['klɪnɪkɑ:] *s.* Notarztwagen *m*; **cli·ni·cian** [klɪ'nɪʃn] *s.* Kliniker *m*.

clink¹ [klɪŋk] **I** *v/i.* klingen, klimpern, klirren; **II** *v/t.* klingen *od.* klirren lassen: **~ glasses** (mit den Gläsern) anstoßen; **III** *s.* Klingen *n etc.*

clink² [klɪŋk] *s. sl.* ,Knast' *m*, ,Kittchen' *n* (*Gefängnis*): **in ~**.

clink·er¹ ['klɪŋkə] *s.* **1.** Klinker *m*, Hartziegel *m*; **2.** Schlacke *f*.

clink·er² ['klɪŋkə] *bsd. Am. sl.* **1.** ,Patzer' *m*; **2.** ,Pleite' *f* (*Mißerfolg*).

'clink·er-built *adj.* ⚓ klinkergebaut.

cli·nom·e·ter [klaɪ'nɒmɪtə] *s.* Neigungs-, Winkelmesser *m*.

Cli·o ['klaɪəʊ] *s. Am. alljährlicher Preis für die beste Leistung im Werbefernsehen.*

clip¹ [klɪp] **I** *v/t.* **1.** abschneiden; *a. fig.* beschneiden; *Schwanz, Flügel, Hecke* stutzen: **~ s.o.'s wings** *fig.* j-m die Flügel beschneiden; **2.** *Haare* (*mit der Maschine*) schneiden; *Tiere* scheren; **3.** *aus der Zeitung* ausschneiden; *Fahrschein* lochen; **4.** *Silben od. Buchstaben* verschlucken: **~ped speech** a) undeutliche (Aus)Sprache, b) knappe *od.* schneidige Sprechweise; **5.** *j-m* e-n Schlag ,verpassen'; **6.** F a) *j-n* ,erleichtern' (**for** um), b) *j-n* ,neppen'; **II** *s.* **7.** Haarschnitt *m*; **8.** Schur *f*; **9.** Wollertrag *m e-r Schur*; **10.** F Hieb *m*; **11.** F Tempo *n*: **at a good ~** in scharfem Tempo.

clip² [klɪp] **I** *s.* **1.** (Bü'ro-, Heft)Klammer *f*, Klemme *f*, Spange *f*, Halter *m*; **2.** ⚔ (*Patronen*)Rahmen *m*, Ladestreifen *m*; **II** *v/t.* **3.** festhalten; befestigen, (an)klammern.

'clip-joint *s. sl.* 'Nepplo͵kal *n*.

clip·per ['klɪpə] *s.* **1.** ⚓ Klipper *m*, Schnellsegler *m*; **2.** ✈ Clipper *m*; **3.** Renner *m* (*schnelles Pferd*); **4.** *pl.* 'Haarschneide-, 'Scherma,schine *f*, Schere *f*.
clip·pie ['klɪpɪ] *s.* F *Brit.* Busschaffnerin *f*.
clip·ping ['klɪpɪŋ] *s.* **1.** *Am.* (Zeitungs-)Ausschnitt *m*: **~ bureau** Zeitungsausschnittsdienst *m*; **2.** *mst pl.* Schnitzel *pl.*, Abfälle *pl.*
clique [kliːk] *s.* Clique *f*, Klüngel *m*; **'cli·quish** [-kɪʃ] *adj.* cliquenhaft.
clit [klɪt] *sl. für* **cli·to·ris** ['klɪtərɪs] *s. anat.* 'Klitoris *f*, Kitzler *m*.
clo·a·ca [kləʊ'eɪkə] *pl.* **-s, -cae** [-kiː] *s.* Klo'ake *f* (*a. zo.*; *a. fig. Sündenpfuhl*).
cloak [kləʊk] **I** *s.* **1.** (loser) Mantel, 'Umhang *m*; **2.** *fig.* Deckmantel *m*: ***under the ~ of night*** im Schutz der Nacht; **II** *v/t.* **3.** (wie) mit e-m Mantel bedekken; **4.** *fig.* bemänteln, verhüllen; **,~-and-'dag·ger** *adj.* **1.** ‚Mantel-und-Degen-...‘: **~ drama**; **2.** Spionage...: **~ story**; **'~·room** *s.* **1.** Garde'robe *f*; **2.** *Brit.* F Toi'lette *f*.
clob·ber ['klɒbə] *v/t. sl.* **1.** verprügeln, *fig.* ‚fertigmachen‘; **2.** *sport* ‚über'fahren‘, ‚vernaschen‘.
cloche [kləʊʃ] *s.* **1.** Glasglocke *f* (*für Pflanzen*); **2.** Glocke *f* (*Damenhut*).
clock[1] [klɒk] **I** *s.* **1.** (*Wand-, Turm-, Stand*)Uhr *f*: ***five o'clock*** fünf Uhr; ***(a)round the ~*** rund um die Uhr, den ganzen Tag (*arbeiten etc.*); ***put the ~ back*** *fig.* das Rad zurückdrehen; **2.** F a) Kon'troll-, Stoppuhr *f*, b) Fahrpreisanzeiger *m* (*Taxi*); **3.** *Computer*: Taktgeber *m*; **4.** F ⚘ Pusteblume *f*; **II** *v/t.* **5.** *bsd. sport* a) (*mit der Uhr*) (ab)stoppen, b) *Zeit* nehmen, c) *Zeit* erreichen; **6.** *a.* **~ up** F *Zeit, Zahlen etc.* registrieren; **III** *v/i.* **7. ~ in** *od.* **on** (**off** *od.* **out**) einstempeln (ausstempeln) (*Arbeitnehmer*).
clock[2] [klɒk] *s.* (Strumpf)Verzierung *f*.
'clock|-face *s.* Zifferblatt *n*; **~ ra·di·o** *s.* 'Radiowecker *m*; **'~-,watch·er** *s.* F Angestellte(r), der *od.* die immer nach der Uhr sieht; **'~·wise** *adj. u. adv.* im Uhrzeigersinn; rechtsläufig, Rechts...: **~ rotation**; **'~·work** *s.* Uhrwerk *n*: ***like ~*** a) wie am Schnürchen, b) (pünktlich) wie die Uhr; **~ toy** mechanisches Spielzeug; **~ fuse** ⚔ Uhrwerkzünder *m*.
clod [klɒd] *s.* **1.** Erdklumpen *m*, Scholle *f*; **2.** *fig.* ‚Heini‘ *m*, Trottel *m*; **'~,hop·per** *s.* Bauerntölpel *m*; **'~,hop·ping** *adj.* F ungehobelt.
clog [klɒg] **I** *s.* **1.** Holzklotz *m*; **2.** Pan'tine *f*, Holzschuh *m*; **3.** *fig.* Hemmnis *n*, Hindernis *n*; **II** *v/t.* **4.** (be)hindern, hemmen; **5.** verstopfen; **6.** *fig.* belasten, 'vollpfropfen; **III** *v/i.* **7.** sich verstopfen; stocken; **8.** klumpig werden, sich zs.-ballen; **~ dance** *s.* Holzschuhtanz *m*.
clois·ter ['klɔɪstə] **I** *s.* **1.** Kloster *n*; **2.** ⌂ a) Kreuzgang *m*, b) *oft pl.* gedeckter (Säulen)Gang *um e-n Hof*; **II** *v/t.* **3.** in ein Kloster stecken; **4.** *fig.* (*a.* **o.s.** sich) von der Welt abschließen; **'clois·tered** [-əd] *adj.* zu'rückgezogen, abgeschieden; **'clois·tral** [-trəl] *adj.* klösterlich.
clone [kləʊn] *n biol.* **I** *s.* Klon *m*; **II** *v/t.* klonen.
close[1] [kləʊs] **I** *adj.* □ → ***closely***; **1.** geschlossen (*a. ling.*): **~ formation** (*od.* **order**) ⚔ (Marsch)Ordnung *f*; **~ company** *Brit.*, **~ corporation** ⚚ *Am.* GmbH *f*; **2.** zu'rückgezogen, abgeschlossen; **3.** verschlossen, verschwiegen, zu'rückhaltend; **4.** verborgen, geheim; **5.** geizig; sparsam; **6.** knapp (*Geld*; *Sieg*): **~ election** knapper Wahlsieg; **~ price** ⚚ scharf kalkulierter Preis; **7.** eng, beschränkt (*Raum*); **8.** nahe, dicht; *fig.* eng, vertraut: **~ friend**; **~ combat** ⚔ Nahkampf *m*; **~ proximity** nächste Nähe; **~ fight** zähes Ringen, Handgemenge *n*; **~ finish** scharfer Endkampf; **~ shave** (*od.* **call**) F knappes Entrinnen; ***that was ~!*** F das war knapp!; **~ shot** *phot.* Nahaufnahme *f*; → **quarter** 10; **9.** dicht, eng; fest; enganliegend (*Kleid*): **~ texture** dichtes Gewebe; **~ writing** gedrängte Schrift; **10.** genau, gründlich, streng, eingehend (*Prüfung, Verhör etc.*); scharf (*Aufmerksamkeit, Bewachung*); streng (*Haft*); scharf (*Wettbewerb*); stark (*Ähnlichkeit*); (wort)getreu (*Übersetzung, Abschrift*); **11.** schwül, dumpf; **II** *adv.* **12.** nahe, eng, dicht, gedrängt: **~ by** nahe (da)bei; **~ at hand** nahe bevorstehend; **~ to the ground** dicht am Boden; **~ on 40** beinahe 40; ***come ~ to*** *fig.* dicht herankommen an (*acc.*); ***cut ~*** sehr kurz schneiden; ***keep ~*** in der Nähe bleiben; ***keep o.s. ~*** sich zurückhalten; ***press s.o. ~*** j-n (be)drängen; ***run s.o. ~*** j-m fast gleichkommen; **III** *s.* **13.** Einfriedigung *f*, (eingefriedetes) Grundstück; **14.** (Schul)Hof *m*; **15.** Sackgasse *f*; **16.** *Scot.* 'Haus,durchgang *m zum Hof*.
close[2] [kləʊz] **I** *s.* **1.** (Ab)Schluß *m*, Ende *n*: ***bring to a ~*** beendigen; ***draw to a ~*** sich dem Ende nähern; **2.** a) Schlußwort *n*, b) Briefschluß *m*; **3.** ♪ Ka'denz *f*; **II** *v/t.* **4.** *Augen, Tür etc.* schließen, zumachen (→ **door** 2, **eye** 2); *Straße* sperren; *Loch* verstopfen: **~ a shop** a) e-n Laden schließen, b) ein Geschäft aufgeben; **~ about s.o.** j-n umschließen *od.* umgeben; **5.** beenden, ab-, beschließen; zum Abschluß bringen, erledigen: **~ the books** ⚚ die Bücher abschließen; **~ an account** ein Konto auflösen; **III** *v/i.* **6.** schließen, geschlossen werden; sich schließen; **7.** enden, aufhören; **8.** sich nähern, her'anrücken; **9. ~ with** a) (handels)einig werden mit *j-m*, sich mit *j-m* einigen (**on** über *acc.*), b) handgemein mit *j-m* werden; **~ down I** *v/t.* **1.** schließen; *Geschäft* aufgeben; *Betrieb* stillegen; **II** *v/i.* **2.** schließen; stillgelegt werden; **3.** *Radio, TV*: Sendeschluß haben; **4. ~ on** scharf vorgehen gegen; **~ in** *v/i.* (**upon**) her'einbrechen (über *acc.*), sich her'anarbeiten (an *acc.*); **~ out** *v/t.* **1.** ⚚ a) *Lager* räumen, b) → **wind up** 4; **2.** *fig. Am.* abwickeln, erledigen; **~ up I** *v/t.* (ver)schließen, verstopfen, ausfüllen; **II** *v/i.* näher rücken, aufschließen; sich schließen *od.* füllen.
,close|-'bod·ied [,kləʊs-] *adj.* enganliegend (*Kleider*); **,~-'cropped** *adj.* kurzgeschoren.
closed| cir·cuit [kləʊzd] *s.* ⚡ geschlossener Stromkreis; **'~-,cir·cuit tel·e·vi·sion** *s.* Kurzschluß-, Betriebsfernsehen *n*.
'close-down ['kləʊz-] *s.* **1.** Schließung *f*, Stillegung *f*; **2.** *Radio, TV*: Sendeschluß *m*.
closed shop *s.* gewerkschaftspflichtiger Betrieb.
,close|-'fist·ed [,kləʊs-] *adj.* geizig, knauserig; **~ fit** *s.* enge Paßform; ⚙ Edelpassung *f*; **,~-'fit·ting** *adj.* enganliegend; **,~-'grained** *adj.* feinkörnig (*Holz etc.*); **,~-'hauled** *adj.* ⚓ hart am Winde; **,~-'knit** *adj. fig.* engverbunden; **,~-'lipped** *adj.* verschlossen.
close·ly ['kləʊslɪ] *adv.* **1.** dicht, eng, fest; **2.** aus der Nähe; **3.** genau; **4.** scharf, streng; **'close·ness** [-snɪs] *s.* **1.** Nähe *f*; **2.** Enge *f*, Knappheit *f*; **3.** Dichte *f*, Festigkeit *f*; **4.** Genauigkeit *f*, Schärfe *f*, Strenge *f*; **5.** Verschlossenheit *f*; **6.** Schwüle *f*; **7.** Geiz *m*.
'close|-out ['kləʊz-] *s. a.* **~ sale** Ausverkauf *m* wegen Geschäftsaufgabe; **'~-range** ['kləʊs-] *adj.* aus nächster Nähe, Nah...; **~ sea·son** [kləʊs] *s. hunt.* Schonzeit *f*.
clos·et ['klɒzɪt] **I** *s.* **1.** kleine Kammer; Gelaß *n*, Kabi'nett *n*; Geheimzimmer *n*: **~ drama** Lesedrama *n*; **2.** *Am.* (Wand)Schrank *m*; **3.** ('Wasser)Klo,sett *n*; **II** *adj.* **4.** pri'vat, geheim; **III** *v/t.* **5.** einschließen: ***be ~ed together with s.o.*** e-e vertrauliche Besprechung mit j-m haben.
close| time [kləʊs] *s. hunt.* Schonzeit *f*; **,~-'tongued** *adj.* verschlossen; **'~-up** *s.* **1.** *Film*: Nah-, Großaufnahme *f*; **2.** *fig.* genaue Betrachtung, scharfes Bild.
clos·ing| date ['kləʊzɪŋ] *s.* letzter Ter'min; **,~-'down sale** *s.* Räumungsverkauf *m*; **~ price** *s. Börse*: 'Schlußno,tierung *f*; **~ speech** *s.* Schlußrede; ⚖ 'Schlußplädo,yer *n*; **~ time** *s.* **1.** Geschäftsschluß *m*; **2.** Poli'zeistunde *f*.
clo·sure ['kləʊʒə] **I** *s.* **1.** Verschluß *m* (*a. Vorrichtung*); **2.** Schließung *f e-s Betriebs*, Stillegung *f*; **3.** *parl.* Schluß *m* der De'batte: ***apply*** (*od.* ***move***) ***the ~*** Antrag auf Schluß der Debatte stellen; **II** *v/t.* **4.** *Debatte etc.* schließen.
clot [klɒt] **I** *s.* **1.** Klumpen *m*, Klümpchen *n*: **~ of blood** Blutgerinnsel *n*; **2.** F ‚Blödmann‘ *m*; **II** *v/i.* **3.** gerinnen, Klumpen bilden: **~ted hair** verklebtes Haar.
cloth [klɒθ] *pl.* **cloths** [-θs] *s.* **1.** Tuch *n*, Stoff *m*; *engS.* Wollstoff *m*: **~ of gold** Goldbrokat *m*; → **coat** 1, **whole** 3; **2.** Tuch *n*, Lappen *m*: ***lay the ~*** den Tisch decken; **3.** geistliche Amtstracht: ***the ~*** die Geistlichkeit; **4.** ⚓ a) Segeltuch *n*, b) Segel *pl.*; **5.** (Buchbinder)Leinwand *f*: **~ binding** Leinenband *m*; **~-bound** in Leinen gebunden; **~-cap** *adj.* F Arbeiterklassen ..., Proleten ...
clothe [kləʊð] *v/t.* **1.** (an- be)kleiden; **2.** einkleiden, mit Kleidung versehen; **3.** *fig. in Worte* kleiden; **4.** *fig.* einhüllen; um'hüllen.
clothes [kləʊðz] *s. pl.* **1.** Kleider *pl.*, Kleidung *f*; **2.** (Leib-, Bett)Wäsche *f*; **~ hang·er** *s.* Kleiderbügel *m*; **'~·horse** *s.* Wäscheständer *m*; **~ line** *s.* Wäscheleine *f*; **'~-peg**, **'~-pin** *s.* Wäscheklammer *f*; **'~·press** *s.* Wäsche-, Kleiderschrank *m*; **~ tree** *s.* Kleiderständer *m*.
cloth hall *s. hist.* Tuchbörse *f*.
cloth·ier ['kləʊðɪə] *s.* Tuch-, Kleiderhändler *m*; **'cloth·ing** [-ðɪŋ] *s.* Klei-

dung *f*: ***article of ~*** Kleidungsstück *n*; ***~ industry*** Bekleidungsindustrie *f*.
clo·ture ['kləʊtʃə] *Am.* → ***closure*** 3.
cloud [klaʊd] **I** *s.* **1.** Wolke *f* (*a. fig.*); Wolken *pl.*: ***~ of dust*** Staubwolke; ***have one's head in the ~s*** *fig.* a) in höheren Regionen schweben, b) geistesabwesend sein; ***be on ~ nine*** F im siebten Himmel schweben; → ***silver lining***; **2.** *fig.* Schwarm *m*, Haufen *m*: ***a ~ of flies***; **3.** dunkler Fleck, Fehlstelle *f*; **4.** *fig.* Schatten *m*: ***~ of title*** ⚖ (geltend gemachter) Fehler im Besitz; ***cast a ~ on s.th.*** e-n Schatten auf et. werfen; ***under the ~ of night*** im Schatten der Nacht; ***under a ~*** a) unter Verdacht, b) in Ungnade, c) in Verruf; **II** *v/t.* **5.** be-, um'wölken; **6.** *fig.* verdunkeln, trüben: ***~ the issue*** die Sache vernebeln; **7.** ädern, flecken; **8.** ⚙ *Stoff* moirieren; **III** *v/i.* **9.** *a.* ***~ over*** sich be- *od.* um'wölken, sich trüben (*a. fig.*); '**~-burst** *s.* Wolkenbruch *m*; '**~-ˌcuck·oo-land** *s.* Wolken'kuckucksheim *n*.
cloud·ed ['klaʊdɪd] *adj.* **1.** be-, um'wölkt; *fig.* nebelhaft; **2.** trübe, wolkig (*Flüssigkeit etc.*); beschlagen (*Glas*); **3.** gefleckt, geädert; '**cloud·ing** [-dɪŋ] *s.* **1.** Wolkigkeit *f*; Trübung *f* (*a. fig.*); **2.** Wolken-, Moirémuster *n*; '**cloud·less** [-lɪs] *adj.* □ **1.** wolkenlos; **2.** *fig.* ungetrübt; '**cloud·y** [-dɪ] *adj.* □ **1.** wolkig, bewölkt; **2.** geädert; moiriert (*Stoff*); **3.** trübe (*Flüssigkeit*); unklar, verschwommen; **4.** düster.
clout [klaʊt] F **I** *s.* **1.** Schlag *m*; **2.** *fig.* a) Macht *f*, Einfluß *m*, b) Wucht *f*; **II** *v/t.* **3.** hauen, schlagen; **~ nail** *s.* (Schuh)Nagel *m*.
clove¹ [kləʊv] *s.* ⚘ Gewürznelke *f*.
clove² [kləʊv] *s.* ⚘ Brut-, Nebenzwiebel *f*: ***~ of garlic*** Knoblauchzehe *f*.
clove³ [kləʊv] *pret. von* ***cleave²***.
clove⁴ [kləʊv] *s. Am.* Bergschlucht *f*.
clo·ven ['kləʊvn] **I** *p.p. von* ***cleave²***; **II** *adj.* gespalten; **~ foot** → **~ hoof** *s.* **1.** Huf *m* der Paarhufer; **2.** *fig.* ‚Pferdefuß' *m*: ***show the ~*** *fig.* den Pferdefuß *od.* sein wahres Gesicht zeigen; ˌ**~-'hoofed** *adj.* **1.** *zo.* paarzehig, -hufig; **2.** teuflisch.
clove pink *s.* ⚘ Gartennelke *f*.
clo·ver ['kləʊvə] *s.* ⚘ Klee *m*: ***be*** (*od.* ***live***) ***in ~*** ‚in der Wolle' sitzen, üppig leben; '**~·leaf** *s.* Kleeblatt *n*: **~** (***intersection***) Kleeblatt (*Autobahnkreuzung*).
clown [klaʊn] **I** *s.* **1.** Clown *m*, Hans'wurst *m*, Kasper *m* (*alle a. fig.*); **2.** Bauernlümmel *m*, 'Grobian *m*; **II** *v/i.* **3.** *a.* ***~ around*** he'rumkaspern; '**clown·er·y** [-nərɪ] *s.* **1.** Clowne'rie *f*; **2.** Posse *f*; '**clown·ish** [-nɪʃ] *adj.* □ **1.** bäurisch, tölpelhaft; **2.** närrisch.
cloy [klɔɪ] *v/t.* **1.** über'sättigen; **2.** anwidern; **cloy·ing** ['klɔɪɪŋ] *adj.* widerlich.
club [klʌb] **I** *s.* **1.** Keule *f*, Knüppel *m*; **2.** *sport* a) Schlagholz *n*, Schläger *m*, b) *a.* ***Indian ~*** (Schwing)Keule *f*; **3.** Klub *m*: a) Verein *m*, Gesellschaft *f*, b) Klub-, Vereinshaus *n*, c) *fig.*, *a. pol.* Klub *m*; **4.** *Spielkarten*: Treff *n*, Kreuz *n*, Eichel *f*; **II** *v/t.* **5.** mit e-r Keule *od.* mit dem Gewehrkolben schlagen; **6.** *Geld* zs.-legen, -schießen; sich teilen in (*acc.*); **III** *v/i.* **7.** *mst* ***~ together*** (Geld) zs.-legen, sich zs.-tun; **club·(b)a·ble** ['klʌbəbl] *adj.* **1.** klub-, gesellschaftsfähig; **2.** → '**club·by** [-bɪ] *adj.* gesellig.
club| car *s.* 🚃 *Am.* Sa'lonwagen *m*; ˌ**~-'foot** *s.* ⚕ Klumpfuß *m*; ˌ**~-'foot·ed** *adj.* klumpfüßig; '**~·house** → ***club*** 3b; '**~·land** *s.* Klubviertel *n* (*bsd. in London*); '**~·man** [-mən] *s.* [*irr.*] **1.** Klubmitglied *n*; **2.** Klubmensch *m*; **~ sandwich** *s. Am.* 'Sandwich *n* (*aus drei Lagen bestehend*); **~ steak** *s.* Clubsteak *n*.
cluck [klʌk] **I** *v/i.* **1.** glucken, locken: ***~ing hen*** Glucke *f*; **II 2.** Glucken *n*; **3.** *Am. sl.* ‚Blödmann' *m*.
clue [klu:] **I 1.** Anhaltspunkt *m*, Fingerzeig *m*, Spur *f*: ***I haven't a ~!*** keine Ahnung!; **2.** *fig.* a) Faden *m*, b) Schlüssel *m* (*e-s Rätsels etc.*); **3.** → ***clew*** 1, 3; **II** *v/t.* **4.** **~ s.o.** (***in*** *od.* ***up***) *sl.* j-n ins Bild setzen *od.* informieren.
clump [klʌmp] **I** *s.* **1.** Klumpen *m* (*Erde*), (*Holz*)Klotz *m*; **2.** (Baum)Gruppe *f*; **3.** Doppelsohle *f*; **4.** schwerer Tritt; **II** *v/i.* **5.** trampeln; **III** *v/t.* **6.** zs.-ballen; **7.** doppelt besohlen; **8.** F *j-m* e-n Schlag ‚verpassen'.
clum·si·ness ['klʌmzɪnɪs] *s.* Plumpheit *f*: a) Ungeschicklichkeit *f*, b) Unbeholfenheit *f*, Schwerfälligkeit *f*, c) Taktlosigkeit *f*, d) Unförmigkeit *f*; **clum·sy** ['klʌmzɪ] *adj.* □ plump: a) ungeschickt, unbeholfen, schwerfällig (*a. Stil*), b) taktlos, c) unförmig.
clung [klʌŋ] *pret. u. p.p. von* ***cling***.
clus·ter ['klʌstə] **I** *s.* **1.** ⚘ Büschel *n*, Traube *f*; **2.** Haufen *m* (*a. ast.*), Menge *f*, Schwarm *m*, Gruppe *f*; *a.* ⚙ Bündel *n*, traubenförmige Anordnung; **3.** ⚔ *Am.* (Ordens)Spange *f*; **II** *v/i.* **4.** in Büscheln *od.* Trauben wachsen; **5.** sich sammeln *od.* häufen *od.* drängen *od.* ranken (***round*** um); in Gruppen stehen.
clutch¹ [klʌtʃ] **I** *v/t.* **1.** fest (er)greifen, packen; drücken; **2.** ⚙ kuppeln; **II** *v/i.* **3.** (gierig) greifen (***at*** nach); **III** *s.* **4.** fester Griff: ***make a ~ at*** (gierig) greifen nach; **5.** *pl.*, *mst. fig.* Klauen *pl.*; Gewalt *f*, Macht *f*, Bande *pl.*: ***in*** (***out of***) ***s.o.'s ~es*** in (aus) j-s Klauen *od.* Gewalt; **6.** ⚙ (Schalt-, Ausrück)Kupplung *f*; Kupplungshebel *m*: ***let in the ~*** einkuppeln; ***disengage the ~*** auskuppeln; **7.** ⚙ Greifer *m*.
clutch² [klʌtʃ] *s.* **1.** Gelege *n*; Brut *f*; **2.** *fig.* F Schwarm *m von Leuten*.
clutch| disk *s.* Kupplungsscheibe *f*; **~ le·ver** *s.*, **~ ped·al** *s.* 'Kupplungspeˌdal *n*, -hebel *m*.
clut·ter ['klʌtə] **I** *v/t.* **1.** *a.* ***~ up*** in Unordnung bringen; **2.** 'vollstopfen, anfüllen, über'häufen; um'herstreuen; **II** *s.* **3.** Wirrwarr *m*.
clys·ter ['klɪstə] *s.* ⚕ *obs.* Kli'stier *n*.
coach [kəʊtʃ] **I** *s.* **1.** Kutsche *f*: ***~ and four*** Vierspänner *m*; **2.** 🚃 *Brit.* (*Personen*)Wagen *m*; **3.** *mot.* a) (Fern-, Reise)Omnibus *m*, b) *Am.* Limou'sine *f*, c) → ***coachwork***; **4.** Nachhilfe-, Pri'vatlehrer *m*, Einpauker *m*; **5.** *sport* 'Trainer *m*, Betreuer *m*; **II** *v/t.* **6.** 'Nachhilfeˌunterricht *od.* Anweisungen geben (*dat.*), instruieren, einarbeiten: ***~ s.o. in s.th.*** j-m et. einpauken; **7.** *sport* trainieren; **III** *v/i.* **8.** in e-r Kutsche reisen; **9.** Nachhilfeunterricht erteilen; **~ box** *s.* Kutschbock *m*; '**~-ˌbuild·er** *s.* **1.** Stellmacher *m*; **2.** *mot. Brit.* Karosse'riebauer *m*; **~ horse** *s.* Kutschpferd *n*; '**~-house** *s.* Wagenschuppen *m*.
coach·ing ['kəʊtʃɪŋ] *s.* **1.** Reisen *n* in e-r Kutsche; **2.** 'Nachhilfeˌunterricht *m*; **3.** Unter'weisung *f*, Anleitung *f*.
'**coach·work** *s. mot.* Karosse'rie *f*.
co·ac·tion [kəʊ'ækʃn] *s.* **1.** Zs.-wirken *n*; **2.** Zwang *m*.
co·ag·u·late [kəʊ'ægjʊleɪt] **I** *v/i.* **1.** gerinnen; **2.** flockig *od.* klumpig werden; **II** *v/t.* **3.** gerinnen lassen; **co·ag·u·la·tion** [kəʊˌægjʊ'leɪʃn] *s.* Gerinnen *n*; Flockenbildung *f*.
coal [kəʊl] **I** *s.* **1.** Kohle *f*; *engS.* Steinkohle *f*; *a* (ein) Stück Kohle; **2.** *pl. Brit.* Kohle *f*, Kohlen *pl.*, Kohlenvorrat *m*: ***lay in ~s*** sich mit Kohlen eindecken; ***carry ~s to Newcastle*** *fig.* Eulen nach Athen tragen; ***call*** (*od.* ***haul***) ***s.o. over the ~s*** j-n ‚fertigmachen'; ***heap ~s of fire on s.o.'s head*** *fig.* feurige Kohlen auf j-s Haupt sammeln; **3.** glimmendes Stück Kohle *od.* Holz; **II** *v/t.* **4.** 🚃, ⚓ bekohlen, mit Kohle versorgen, **III** *v/i.* **5.** 🚃, ⚓ Kohle einnehmen, bunkern; '**~·bed** *s. geol.* Kohlenflöz *n*; '**~·box** *s.* Kohlenkasten *m*; **~ car** *s.* 🚃 *Am.* Kohlenwagen *m*; '**~·dust** *s.* Kohlengrus *m*.
coal·er ['kəʊlə] *s.* Kohlenschiff *n*; 'Kohlenzug *m*, -wagˌgon *m*.
co·a·lesce [ˌkəʊə'les] *v/i.* **1.** verschmelzen, sich verbinden *od.* vereinigen; **2.** *fig.* zs.-passen; ˌ**co·a'les·cence** [-sns] *s.* Verschmelzung *f*, Vereinigung *f*.
'**coal|·field** *s.* 'Kohlenreˌvier *n*; **~ gas** *s.* Leuchtgas *n*.
coal·ing sta·tion ['kəʊlɪŋ] *s.* ⚓ 'Bunker-, 'Kohlenstatiˌon *f*.
co·a·li·tion [ˌkəʊə'lɪʃn] *s.* Zs.-schluß *m*, Vereinigung *f*; *pol.* Koaliti'on *f*; **~ partner** *s. pol.* Koaliti'onspartner *m*.
coal| mine *s.* Kohlenbergwerk *n*, Kohlengrube *f*, -zeche *f*; **~ min·er** *s.* Grubenarbeiter *m*, Bergmann *m*; **~ min·ing** *s.* Kohlenbergbau *m*; **~ oil** *s. Am.* Pe'troleum *n*; '**~·pit** *s.* Kohlengrube *f*; **~ seam** *s. geol.* Kohlenflöz *n*; **~ tar** *s.* Steinkohlenteer *m*; **~ wharf** *s.* ⚓ Bunkerkai *m*.
coarse [kɔ:s] *adj.* □ **1.** grob (*Ggs. fein*): ***~ texture*** grobes Gewebe; **2.** grobkörnig: ***~ bread*** Schrotbrot *n*; **3.** *fig.* grob, derb, ungehobelt; unanständig, anstößig; **4.** einfach, gemein: ***~ fare*** grobe *od.* einfache Kost; '**~-grained** *adj.* **1.** grobkörnig, -faserig; grob (*Gewebe*); **2.** → ***coarse*** 3.
coars·en ['kɔ:sn] **I** *v/t.* grob machen, vergröbern (*a. fig.*); **II** *v/i.* grob werden (*bsd. fig.*); '**coarse·ness** [-nɪs] *s.* **1.** grobe Quali'tät; **2.** *fig.* Grob-, Derbheit *f*; Unanständigkeit *f*.
coast [kəʊst] **I** *s.* **1.** Küste *f*, Meeresufer *n*: ***the ~ is clear*** *fig.* die Luft ist rein, die Bahn ist frei; **2.** Küstenlandstrich *m*; **3.** *Am.* a) Rodelbahn *f*, b) (Rodel-)Abfahrt *f*; **II** *v/i.* **4.** ⚓ a) die Küste entlangfahren, b) Küstenschiffahrt treiben; **5.** *Am.* rodeln; **6.** *mit e-m Fahrzeug* (berg'ab) rollen; im Freilauf (*Fahrrad*) *od.* im Leerlauf (*Auto*) fahren: ***~ on*** *sl.* auf *e-n Trick etc.* ‚reisen'; **7.** *sl.* mühelos vor'ankommen; '**coast·al** [-tl] *adj.* Küsten...
coast·er ['kəʊstə] *s.* **1.** ⚓ Küstenfahrer *m* (*bsd. Schiff*); **2.** *Am.* Rodelschlitten *m*; **3.** *Am.* Achterbahn *f*; **4.** Ta'blett *n*,

bsd. Serviertischchen *n*; ~ **brake** *s. Am.* Rücktrittbremse *f*.

coast guard *s.* **1.** *Brit.* Küstenwache *f* (*a.* ⚔); Küstenzollwache *f*; **2.** *Am.* ♎ (staatlicher) Küstenwach- u. Rettungsdienst; **3.** Angehörige(r) *m* von 1 u. 2.

coast·ing [ˈkəʊstɪŋ] *s.* **1.** Küstenschifffahrt *f*; **2.** *Am.* Rodeln *n*; **3.** Bergˈabfahren *n* (*im Freilauf od. bei abgestelltem Motor*); ~ **trade** *s.* Küstenhandel *m*.

ˈ**coast|·line** *s.* Küstenlinie *f*, -strich *m*; ˈ**~·wise** *adj. u. adv.* längs der Küste; Küsten…

coat [kəʊt] **I** *s.* **1.** Jacˈkett *n*, Jacke *f*: ***wear the king's ~*** *hist.* des Königs Rock tragen (*Soldat sein*); ***~ and skirt*** (Schneider)Kostüm *n*; ***~ of arms*** Wappen *n*; ***~ armo(u)r*** Familienwappen *n*; ***~ of mail*** Panzerhemd *n*; ***cut one's ~ according to one's cloth*** sich nach der Decke strecken; **2.** Mantel *m*: ***turn one's ~*** sein Mäntelchen nach dem Winde hängen; **3.** Fell *n*, Pelz *m* (*Tier*); **4.** Schicht *f*, Lage *f*; Decke *f*, Hülle *f*, (*a. Farb-, Metall- etc.*)ˈÜberzug *m*, Belag *m*, Anstrich *m*; Bewurf *m*: ***a second ~ of paint*** ein zweiter Anstrich; **II** *v/t.* **5.** anstreichen, überˈstreichen, -ˈziehen, beschichten: ***~ with silver*** plattieren; **6.** umˈhüllen, -ˈkleiden, bedecken; auskleiden (***with*** mit); ˈ**coat·ed** [-tɪd] *adj.* **1.** mit e-m (…) Rock *od.* Mantel *od.* Fell (versehen): ***black-~*** schwarzgekleidet; **2.** mit … überˈzogen *od.* gestrichen *od.* bedeckt: ***sugar-~*** mit Zuckerüberzug; **3.** ⚕ belegt (*Zunge*); **coat·ee** [ˈkəʊtiː] *s.* kurzer (Waffen)Rock.

ˈ**coat-ˌhang·er** *s.* Kleiderbügel *m*.

coat·ing [ˈkəʊtɪŋ] *s.* **1.** Mantelstoff *m*; **2.** ⚙ Anstrich *m*, ˈÜberzug *m*, Schicht *f*; Bewurf *m*; **3.** ⚙ Auskleidung *f*, Futter *n*.

coat| stand *s.* Gardeˈrobenständer *m*; ˈ**~-tail** *s.* Rockschoß *m*; ˈ**~-ˌtrail·ing** *adj.* provokaˈtiv.

co·au·thor [kəʊˈɔːθə] *s.* Mitverfasser *m*, -autor *m*.

coax [kəʊks] **I** *v/t.* **1.** schmeicheln (*dat.*); gut zureden (*dat.*), beschwatzen (***to do*** *od.* ***into doing*** zu tun): ***~ s.th. out of s.o.*** j-m et. abschwatzen; **2.** *et.* mit Gefühl *od.* ‚mit Geduld und Spucke' bringen (***into*** in *acc.*); **II** *v/i.* **3.** schmeicheln.

co·ax·al [ˌkəʊˈæksl], ˌ**co'ax·i·al** [-sɪəl] ⚡, ⚙ koaxiˈal, konˈzentrisch.

cob [kɒb] *s.* **1.** *a.* ***~ swan*** *orn.* männlicher Schwan; **2.** *zo.* kleineres Reitpferd; **3.** Klumpen *m*, Stück *n* (*z. B.* Kohle); **4.** Maiskolben *m*; **5.** *Brit.* Strohlehm *m* (*Baumaterial*); **6.** → ***cobloaf***; **7.** → ***cobnut***.

co·balt [kəʊˈbɔːlt] *s. min.*, ⚗ Kobalt *m*; ~ **blue** *s.* Kobaltblau *n*; ~ **bomb** *s.* **1.** ⚔ Kobaltbombe *f*; **2.** ⚕ ˈKobaltkaˌnone *f*.

cob·ble¹ [ˈkɒbl] **I** *s.* **1.** runder Pflasterstein, Kopfstein *m*; **2.** *pl.* → ***cob coal***; **II** *v/t.* **3.** mit Kopfsteinen pflastern.

cob·ble² [ˈkɒbl] *v/t. Schuhe* flicken; *fig.* zs.-flicken, zs.-schustern; ˈ**cob·bler** [-lə] *s.* **1.** (Flick)Schuster *m*: ***~'s wax*** Schusterpech *n*; **2.** *fig.* Stümper *m*; **3.** *Am.* Cobbler *m* (*ein Cocktail*).

ˈ**cob·ble·stone** → ***cobble¹*** 1.

cob coal *s.* Nuß-, Stückkohle *f*.

Cob·den·ism [ˈkɒbdənɪzəm] *s.* ✝ ˈManchestertum *n*, Freihandelslehre *f*.

co·bel·lig·er·ent [ˌkəʊbɪˈlɪdʒərənt] *s.* mitkriegführender Staat.

ˈ**cob|·loaf** *s.* rundes Brot; ˈ**~·nut** *s.* ⚘ Haselnuß *f*.

Co·bol [ˈkəʊbɒl] *s.* COBOL *n* (*Computersprache*).

co·bra [ˈkəʊbrə] *s. zo.* Brillenschlange *f*, ˈKobra *f*.

cob·web [ˈkɒbweb] *s.* **1.** Spinn(en)gewebe *n*; Spinnenfaden *m*; **2.** feines, zartes Gewebe; **3.** *fig.* Hirngespinst *n*: ***blow away the ~s*** sich e-n klaren Kopf schaffen; **4.** *fig.* Netz *n*, Schlinge *f*; **5.** *fig.* alter Staub; ˈ**cob·webbed** [-bd], ˈ**cobˌweb·by** [-bɪ] *adj.* voller Spinnweben.

co·ca [ˈkəʊkə] *s.* ˈKoka(blätter *pl.*) *f*.

co·cain(e) [kəʊˈkeɪn] *s.* ⚗ Kokaˈin *n*; **coˈcain·ism** [-nɪzəm] *s.* **1.** Kokaˈinvergiftung *f*; **2.** Kokaˈinsucht *f*.

coc·cus [ˈkɒkəs] *pl.* **-ci** [-kaɪ] *s.* ⚕ ˈKokkus *m*, ˈKokke *f* (*a.* ⚘).

coch·i·neal [ˈkɒtʃɪniːl] *s.* Koscheˈnille (-laus) *f*; Koscheˈnille(rot *n*) *f*.

coch·le·a [ˈkɒklɪə] *s. anat.* Cochlea *f*, Schnecke *f* (*im Ohr*).

cock¹ [kɒk] **I** *s.* **1.** *orn.* Hahn *m*: ***old ~*** F alter Knabe; ***that ~ won't fight*** F a) so geht das nicht, b) das zieht nicht; **2.** Vogelmännchen *n*: ***~ sparrow*** Sperlingsmännchen; **3.** Wetterhahn *m*; **4.** ⚙ (*Absperr*)Hahn *m*; **5.** (*Gewehr- etc.*) Hahn *m*: ***full ~*** Hahn gespannt; ***half ~*** Hahn in Ruh; **6.** Anführer *m*: ***~ of the roost*** (*od.* ***walk***) *oft contp.* der Größte; ***~ of the school*** Anführer *m* unter den Schülern; **7.** Aufrichten *n*: ***~ of the eye*** (bedeutsames) Augenzwinkern; ***give one's hat a saucy ~*** s-n Hut keck aufs Ohr setzen; **8.** V ‚Schwanz' *m* (*Penis*); **9.** F Quatsch *m*; **II** *v/t.* **10.** *Gewehrhahn* spannen; **11.** aufrichten: ***~ one's ears*** die Ohren spitzen; ***~ one's eye at s.o.*** j-n vielsagend *od.* verächtlich ansehen; ***~ one's hat*** den Hut schief *od.* keck aufsetzen; → ***cocked hat***; **12.** ***~ up*** *sl.* ‚versauen'.

cock² [kɒk] *s.* kleiner Heuhaufen.

cock·ade [kɒˈkeɪd] *s.* Koˈkarde *f*.

cock·a·doo·dle·doo [ˌkɒkəduːdlˈduː] *s.* a) Kikeriˈki *n* (*Hahnenschrei*), b) *humor.* Kikeriˈki *m* (*Hahn*).

Cock·aigne [kɒˈkeɪn] *s.* Schlaˈraffenland *n*.

ˌ**cock-and-ˈbull sto·ry** *s.* Ammenmärchen *n*, Lügengeschichte *f*.

cock·a·too [ˌkɒkəˈtuː] *s.* ˈKakadu *m*.

cock·a·trice [ˈkɒkətraɪs] *s.* Basiˈlisk *m*.

Cock·ayne → ***Cockaigne***.

ˈ**cock|·boat** *s.* ⚓ Jolle *f*; ˈ**~ˌchaf·er** *s.* Maikäfer *m*; ˈ**~·crow** *s.* Hahnenschrei *m*; *fig.* Tagesanbruch *m*.

cocked hat [kɒkt] *s.* Zwei-, Dreispitz *m* (*Hut*): ***knock into a ~*** a) zu Brei schlagen, b) (restlos) ‚fertigmachen'.

cock·er¹ [ˈkɒkə] → ***cocker spaniel***.

cock·er² [ˈkɒkə] *v/t.* verhätscheln, verwöhnen: ***~ up*** aufpäppeln.

Cock·er³ [ˈkɒkə] *npr.*: ***according to ~*** nach Adam Riese, genau.

cock·er·el [ˈkɒkərəl] *s.* Hähnchen *n*.

cock·er span·iel *s.* ˈCockerˌspaniel *m*.

ˈ**cock|·eyed** *adj. sl.* **1.** schielend; **2.** (krumm u.) schief; **3.** ‚doof'; **4.** ‚blau' (*betrunken*); ˈ**~ˌfight·ing** *s.* Hahnenkampf *m*: ***that beats ~!*** F das ist 'ne Wucht!

cock·i·ness [ˈkɒkɪnɪs] *s.* F Großspurigkeit *f*, Anmaßung *f*.

cock·le¹ [ˈkɒkl] **I** *s.* **1.** *zo.* (eßbare) Herzmuschel: ***that warms the ~s of my heart*** das tut mir gut; **2.** → ***cockleshell***; **II** *v/i.* **3.** sich bauschen *od.* kräuseln *od.* werfen; **III** *v/t.* **4.** kräuseln.

cock·le² [ˈkɒkl] → ***corncockle***.

ˈ**cock·le|·boat** → ***cockboat***; ˈ**~·shell** *s.* **1.** Muschelschale *f*; **2.** ‚Nußschale' *f*, kleines Boot.

cock·ney [ˈkɒknɪ] *s. oft* ♎ **1.** Cockney *m*, (waschechter) Londoner; **2.** ˈCockney (-diaˌlekt *m*, -aussprache *f*) *n*; ˈ**cock·ney·dom** [-dəm] *s.* **1.** Cockneybezirk *m*; **2.** *coll.* die Cockneys *pl.*; ˈ**cock·ney·ism** [-ɪɪzəm] *s.* Cockneyausdruck *m*.

ˈ**cock|·pit** *s.* **1.** Hahnenkampfplatz *m*; **2.** *fig.* Kampfplatz *m*; **3.** ⚓, ✈, *mot.* Cockpit *n*; ˈ**~·roach** *s.* (Küchen)Schabe *f*.

cocks·comb [ˈkɒkskəʊm] *s.* **1.** *zo.* Hahnenkamm *m*; **2.** ⚘ Hahnenkamm *m*; **3.** → ***coxcomb*** 1.

ˈ**cock|-shy** Wurfziel *n*; *fig.* Zielscheibe *f*; ˈ**~·spur** *s.* **1.** *zo.* Hahnensporn *m*; **2.** ⚘ Hahnen-, Weißdorn *m*; ˌ**~ˈsure** *adj.* **1.** todsicher, ˈvollkommen überˈzeugt; **2.** überˈtrieben selbstsicher, anmaßend; ˈ**~·tail** *s. allg.* Cocktail *m*: ***~ cabinet*** Hausbar *f*; ***~ dress*** Cocktailkleid *n*.

ˈ**cock-up** *s. Brit. sl.* ˈDurcheinander *n*: ***make a ~ of s.th.*** et. vermasseln.

cock·y [ˈkɒkɪ] *adj.* F großspurig, anmaßend.

co·co [ˈkəʊkəʊ] *pl.* **-cos** **I** *s. mst in Zssgn* ⚘ ˈKokospalme *f*; **II** *adj.* Kokos…; aus ˈKokosfasern.

co·coa [ˈkəʊkəʊ] *s.* **1.** Kaˈkao(pulver *n*) *m*; **2.** Kaˈkao *m* (*Getränk*); ~ **bean** *s.* Kaˈkaobohne *f*.

co·co·nut [ˈkəʊkənʌt] *s.* **1.** ⚘ ˈKokosnuß *f*: ***that accounts for the milk in the ~*** F daher der Name!; **2.** *sl.* ‚Kürbis' *m* (*Kopf*); ~ **but·ter** *s.* ˈKokosbutter *f*; ~ **milk** *s.* ˈKokosmilch *f*; ~ **palm**, ~ **tree** *s.* ˈKokospalme *f*.

co·coon [kəˈkuːn] **I** *s. zo.* Koˈkon *m*, Puppe *f der Seidenraupe*; *weitS.* Gespinst *n*; ⚔, ⚙ Schutzhülle *f*; **II** *v/t. u. v/i.* (sich) einspinnen *od.* (*fig.*) einhüllen; *Gerät etc.* ‚einmotten'.

co·cotte [kɒˈkɒt] *s.* Koˈkotte *f*.

cod¹ [kɒd] *s. ichth.* Kabeljau *m*, Dorsch *m*: ***dried ~*** Stockfisch *m*; ***cured ~*** Klippfisch *m*.

cod² [kɒd] *v/t. j-n* foppen.

co·da [ˈkəʊdə] *s.* ♪ ˈKoda *f*.

cod·dle [ˈkɒdl] *v/t.* verhätscheln, verzärteln, verwöhnen: ***~ up*** aufpäppeln.

code [kəʊd] **I** *s.* **1.** *bsd.* ⚖ ˈKodex *m*, Gesetzbuch *n*; *weitS.* Regeln *pl.*: ***~ of hono(u)r*** Ehrenkodex; **2.** ⚓, ⚔ Siˈgnalbuch *n*; **3.** (Teleˈgraphen)Kode *m*, (-)Schlüssel *m*; **4.** a) Code *m* (*a. Computer*), Schlüssel(schrift *f*) *m*, b) Chiffre *f*: ***~ name*** Deckname *m*; ***~ number*** Code-, Kennzahl *f*; ***~ word*** Codewort *n*; **II** *v/t.* **5.** codieren, chiffrieren, verschlüsseln: ***~d message***; ***coding device*** → ***coder***.

co·de·ine [ˈkəʊdiːn] *s. pharm.* Kodeˈin *n*.

cod·er [ˈkəʊdə] *s.* Codiergerät *n*, Codierer *m*, Verschlüßler *m*.

co·de·ter·mi·na·tion [ˈkəʊdɪˌtɜːmɪˈneɪʃn] *s.* ✝ (***parity*** ~ pari'tätische) Mitbestimmung.
co·dex [ˈkəʊdeks] *pl.* **ˈco·di·ces** [-dɪsiːz] *s.* ˈKodex *m*, alte Handschrift (*Bibel, Klassiker*).
ˈcod|·fish → ***cod***¹; **ˈ~·fish·er** *s.* Kabeljaufischer *m*.
codg·er [ˈkɒdʒə] *s.* F alter Kauz.
co·di·ces *pl. von* ***codex***.
cod·i·cil [ˈkɒdɪsɪl] *s.* ⚖ Kodiˈzill *n*.
cod·i·fi·ca·tion [ˌkəʊdɪfɪˈkeɪʃn] *s.* Kodifizierung *f*; **cod·i·fy** [ˈkəʊdɪfaɪ] *v/t.* **1.** *bsd.* ⚖ kodifizieren; **2.** *Nachricht* verschlüsseln.
cod·ling¹ [ˈkɒdlɪŋ] *s.* junger Dorsch.
cod·ling² [ˈkɒdlɪŋ] *s. ein* Kochapfel *m*; ~ **moth** *s. zo.* Obstmade *f*.
cod-liv·er oil [ˌkɒdlɪvərˈɔɪl] *s.* Lebertran *m*.
co·driv·er [ˈkəʊˌdraɪvə] *s.* Beifahrer *m*.
co·ed [ˌkəʊˈed] *s. ped.* Stuˈdentin *f od.* Schülerin *f* e-r gemischten Schule; **co·ed·u·ca·tion** [ˌkəʊedjuːˈkeɪʃn] *s. ped.* Koedukatiˈon *f*, Gemeinschaftserziehung *f*.
co·ef·fi·cient [ˌkəʊɪˈfɪʃnt] **I** *s.* **1.** ⩫, *phys.* Koeffiziˈent *m*; **2.** mitwirkende Kraft, ˈFaktor *m*; **II** *adj.* **3.** mitwirkend.
coe·li·ac [ˈsiːlɪæk] *adj. anat.* Bauch…
co·erce [kəʊˈɜːs] *v/t.* **1.** nötigen, zwingen (***into*** zu); **2.** erzwingen; **coˈer·ci·ble** [-sɪbl] *adj.* □ zu (er)zwingen(d); **coˈer·cion** [-ˈɜːʃn] *s.* **1.** Zwang *m*; Gewalt *f*; ⚖ Nötigung *f*; **2.** *pol.* Zwangsherrschaft *f*; **coˈer·cive** [-sɪv] **I** *adj.* □ zwingend (*a. fig.*), Zwangs…; **II** *s.* Zwangsmittel *n*.
co·es·sen·tial [ˌkəʊɪˈsenʃl] *adj.* wesensgleich.
co·e·val [kəʊˈiːvl] *adj.* □ **1.** gleichzeitig; **2.** gleichaltrig; **3.** von gleicher Dauer.
co·ex·ist [ˌkəʊɪgˈzɪst] *v/i.* gleichzeitig *od.* nebeneinˈander bestehen *od.* leben, koexistieren; **ˌco·exˈist·ence** [-təns] *s.* Koexiˈstenz *f*; **ˌco·exˈist·ent** [-tənt] *adj.* gleichzeitig *od.* nebeneinˈander bestehend, koexiˈstent.
cof·fee [ˈkɒfɪ] *s.* **1.** ˈKaffee *m* (*Getränk, Bohnen od. Baum*): ***black*** ~ schwarzer Kaffee; ***white*** ~ Milchkaffee; **2.** ˈKaffeebraun *n*; ~ **bar** *s.* **1.** Caˈfé *n*; **2.** Imbißstube *f*; ~ **bean** *s.* ˈKaffeebohne *f*; ~ **break** *s.* ˈKaffeepause *f*; ~ **grounds** *s. pl.* ˈKaffeesatz *m*; **ˈ~·house** *s.* ˈKaffeehaus *n*; **ˈ~ˌmak·er** *s. Am.* ˈKaffeemaˌschine *f*; ~ **mill** *s.* ˈKaffeemühle *f*; **ˈ~·pot** *s.* ˈKaffeekanne *f*; ~ **set** *s.* ˈKaffeeserˌvice *n*; ~ **shop** *s. Am. für* ***coffee bar***; ~ **ta·ble** *s.* Couchtisch *m*; ~ ***book*** prächtiger Bildband; ~ **urn** *s.* (ˈGroß)ˌKaffeemaˌschine *f*.
cof·fer [ˈkɒfə] **I** *s.* **1.** Kasten *m*, Kiste *f*, Truhe *f*, Kasˈsette *f* (*für Wertsachen*); **2.** *pl.* a) Schatz *m*, Gelder *pl.*, b) Schatzkammer *f*, Treˈsor *m*; **3.** ⚠ Deckenfeld *n*, Kasˈsette *f*; **4.** → ***cofferdam***; **II** *v/t.* **5.** verwahren; **ˈ~·dam** *s.* ⚙ Kastendamm *m*, Senkkasten *m*, Caisˈson *m*.
cof·fin [ˈkɒfɪn] **I** *s.* Sarg *m* (*a.* F *schlechtes Schiff*); **II** *v/t.* einsargen; ~ **bone** *s. zo.* Hufbein *n* (*Pferd*); ~ **joint** *s.* Hufgelenk *n* (*Pferd*).
cog¹ [kɒg] *s.* **1.** ⚙ (Rad)Zahn *m*; **2.** *fig.* ***he's just a ~ in the machine*** er ist nur ein Rädchen im Getriebe.
cog² [kɒg] **I** *v/t.* *Würfel* beschweren: ~ ***the dice*** beim Würfeln mogeln; **II** *v/i.* betrügen.
co·gen·cy [ˈkəʊdʒənsɪ] *s.* Schlüssigkeit *f*, Triftigkeit *f*; **ˈco·gent** [-nt] *adj.* □ zwingend, triftig.
cogged [kɒgd] *adj.* ⚙ gezahnt, Zahn(rad)…: ~ ***railway*** Zahnradbahn *f*.
cog·i·tate [ˈkɒdʒɪteɪt] **I** *v/i.* **1.** (nach-)denken, (nach)sinnen (***upon*** über *acc.*); **2.** *phls.* denken; **II** *v/t.* **3.** ersinnen; **cog·i·ta·tion** [ˌkɒdʒɪˈteɪʃn] *s.* **1.** (Nach)Denken *n*; **2.** Denkfähigkeit *f*; **3.** Gedanke *m*.
co·gnac [ˈkɒnjæk] *s.* ˈKognak *m*.
cog·nate [ˈkɒgneɪt] **I** *adj.* **1.** (*selten*) (bluts)verwandt; **2.** verwandt (*Wörter etc.*); **3.** *ling.* (sinn)verwandt: ~ ***object*** Objekt *n* des Inhalts; **II** *s.* **4.** ⚖ Blutsverwandte(r *m*) *f*; **5.** verwandtes Wort.
cog·ni·tion [kɒgˈnɪʃn] *s. bsd. phls.* Erkennen *n*, Wahrnehmung *f*; Kenntnis *f*; **cog·ni·tive** [ˈkɒgnɪtɪv] *adj.* kogniˈtiv, erkenntnismäßig.
cog·ni·za·ble [ˈkɒgnɪzəbl] *adj.* □ **1.** erkennbar; **2.** ⚖ a) der Gerichtsbarkeit unterˈworfen, b) gerichtlich verfolgbar, c) zu verhandeln(d); **ˈcog·ni·zance** [-zəns] *s.* **1.** Kenntnis *f*, Erkenntnis *f*; **2.** ⚖ a) Zuständigkeit *f*, b) (richterliche) Verhandlung, c) (richterliches) Erkenntnis, d) *Brit.* Anerkenntnis *n*: ***take ~ of*** sich zuständig mit *e-m Fall* befassen, *weitS.* zur Kenntnis nehmen; ***beyond my ~*** außerhalb m-r Befugnis; **3.** *her.* Ab-, Kennzeichen *n*; **ˈcog·ni·zant** [-zənt] *adj.* **1.** unterˈrichtet (***of*** über *acc. od.* von); **2.** *phls.* erkennend.
cog·no·men [kɒgˈnəʊmen] *s.* **1.** Faˈmilien-, Zuname *m*; **2.** Bei-, *bsd.* Spitzname *m*.
ˈcog·wheel *s.* ⚙ Zahnrad *n*; ~ **drive** *s.* ⚙ Zahnradantrieb *m*; ~ **rail·way** *s.* Zahnradbahn *f*.
co·hab·it [kəʊˈhæbɪt] *v/i.* (*bsd.* unverheiratet) zs.-leben; **co·hab·i·ta·tion** [ˌkəʊhæbɪˈteɪʃn] *s.* **1.** Zs.-leben *n*; **2.** Beischlaf *m*, Beiwohnung *f*.
co·heir [ˌkəʊˈeə] *s.* Miterbe *m*; **co·heir·ess** [ˌkəʊˈeərɪs] *s.* Miterbin *f*.
co·here [kəʊˈhɪə] *v/i.* **1.** zs.-hängen (*a. fig.*); **2.** *fig.* in Zs.-hang stehen; **3.** zs.-halten; **4.** zs.-passen, überˈeinstimmen (***with*** mit); **5.** *Radio*: fritten; **coˈher·ence** [-ɪərəns], **coˈher·en·cy** [-ɪərənsɪ] *s.* **1.** *phys.* Kohäsiˈon *f*; **2.** *fig.* a) Zs.-hang *m*, b) Klarheit *f*, c) Überˈeinstimmung *f*; **3.** *Radio*: Frittung *f*; **coˈher·ent** [-ɪərənt] *adj.* □ **1.** zs.-hängend (*a. fig.*), -haftend; *phys.* kohäˈrent; **2.** einheitlich, verständlich, klar; **3.** überˈeinstimmend, zs.-passend; **coˈher·er** [-ɪərə] *s. Radio*: Fritter(empfänger) *m*.
co·he·sion [kəʊˈhiːʒn] *s.* **1.** Zs.-halt *m*, -hang *m* (*a. fig.*); **2.** Bindekraft *f*; **3.** *phys.* Kohäsiˈon *f*; **coˈhe·sive** [-iːsɪv] *adj.* □ **1.** zs.-haltend *od.* -hängend, *fig. a.* bindend; **2.** Kohäsions…; **coˈhe·sive·ness** [-iːsɪvnɪs] *s.* **1.** *phys.* Kohäsiˈons-, Bindekraft *f*; **2.** Festigkeit *f*.
co·hort [ˈkəʊhɔːt] *s.* **1.** *antiq.* ⚔ Koˈhorte *f*; **2.** Schar *f*, Haufen *m*.
coif [kɔɪf] *s.* Kappe *f*, Haube *f*.
coif·feur [kwɑːˈfɜː] (*Fr.*) *s.* Friˈseur *m*; **coif·fure** [kwɑːˈfjʊə; kwafyːr] (*Fr.*) *s.* Friˈsur *f*.
coil¹ [kɔɪl] **I** *v/t.* **1.** *a.* ~ ***up*** auf-, zs.-rollen, winden; **2.** ϟ wickeln; **II** *v/i.* **3.** *a.* ~ ***up*** sich winden, sich zs.-rollen; **4.** sich schlängeln; **III** *s.* **5.** Rolle *f*, Spiˈrale *f* (*a. Pessar*), Knäuel *m, n*; **6.** ϟ Wicklung *f*; Spule *f*; **7.** Windung *f*; **8.** ⚙ (Rohr)Schlange *f*; **9.** Locke *f*, Wickel *m* (*Haar*).
coil² [kɔɪl] *s. poet.* Tuˈmult *m*, Wirrwarr *m*; Plage *f*: ***mortal ~*** Drang *m od.* Mühsal *f* des Irdischen.
coil| ig·ni·tion *s.* ϟ Abreißzündung *f*; ~ **spring** *s.* ⚙ Spiˈralfeder *f*.
coin [kɔɪn] **I** *s.* **1.** a) Münze *f*, Geldstück *n*, b) Münzgeld *n*, c) Geld *n*: ***the other side of the ~*** *fig.* die Kehrseite (der Medaille); ***pay s.o. back in his own ~*** *fig.* es j-m mit gleicher Münze heimzahlen; **II** *v/t.* **2.** a) *Metall* münzen, b) *Münzen* prägen: ***be ~ing money*** F Geld wie Heu verdienen; **3.** *fig. Wort* prägen; **ˈcoin·age** [-nɪdʒ] *s.* **1.** Prägen *n*; **2.** *coll.* Münzgeld *n*; **3.** ˈMünzsyˌstem *n*; **4.** *fig.* Prägung *f* (*Wörter*); **ˈcoin-box tel·e·phone** *s.* Münzfernsprecher *m*.
co·in·cide [ˌkəʊɪnˈsaɪd] *v/i.* (***with***) **1.** *örtlich od. zeitlich* zs.-treffen, -fallen (mit); **2.** überˈeinstimmen, sich decken (mit); genau entsprechen (*dat.*); **co·in·ci·dence** [kəʊˈɪnsɪdəns] *s.* **1.** Zs.-treffen *n* (*Raum od. Zeit*); **2.** zufälliges Zs.-treffen: ***mere ~*** bloßer Zufall; **3.** Überˈeinstimmung *f*; **co·in·ci·dent** [kəʊˈɪnsɪdənt] *adj.* □ (***with*** mit); **1.** zs.-fallend, -treffend; **2.** überˈeinstimmend, sich deckend; **co·in·ci·den·tal** [kəʊˌɪnsɪˈdentl] *adj.* **1.** → ***coincident*** 2; **2.** zufällig; **3.** *bsd.* ⚙ gleichzeitig.
coin·er [ˈkɔɪnə] *s.* **1.** Münzer *m*; **2.** *bsd. Brit.* Falschmünzer *m*; **3.** *fig.* Präger *m*, (Wort)Schöpfer *m*.
coin|-op [ˈkɔɪnɒp] F **1.** ˈWaschsaˌlon *m*; **2.** Münztankstelle *f*; **ˈ~-ˌop·er·at·ed** *adj.* Münz…
coir [ˈkɔɪə], *a.* ~ **fi·bre** *s.* ˈKokosfaser *f*; ~ **mat** *s.* ˈKokosmatte *f*.
co·i·tal [ˈkəʊɪtl] *adj.* (den) Geschlechtsverkehr betreffend; **co·i·tion** [kəʊˈɪʃn], **ˈco·i·tus** [-təs] *s.* ˈKoitus *m*, Geschlechtsverkehr *m*.
coke¹ [kəʊk] **I** *s.* **1.** Koks *m*; **2.** *sl.* ‚Koks' *m*, Kokaˈin *n*; **II** *v/t.* **3.** verkoken.
coke² [kəʊk] *s.* F a) ℒ ‚Cola' *f, n*, (*Coca-Cola*), b) Limoˈnade *f etc.*
co·ker [ˈkəʊkə] *s.* ✝ *Brit.* → ***coco***; **ˈ~·nut** *s. sl.* ˈKokosnuß *f*.
col [kɒl] *s.* Gebirgspaß *m*, Joch *n*.
co·la [ˈkəʊlə] *s.* ⚘ ˈKolabaum *m*.
col·an·der [ˈkʌləndə] *s.* Sieb *n*, ˈDurchschlag *m*.
co·la nut *s.* ˈKolanuß *f*.
col·chi·cum [ˈkɒltʃɪkəm] *s.* **1.** ⚘ Herbstzeitlose *f*; **2.** *pharm.* ˈColchicum *n*.
cold [kəʊld] **I** *adj.* □ **1.** kalt: ***as ~ as ice*** eiskalt; ~ ***meat*** *od.* ***cuts*** kalte Platte, Aufschnitt *m*; ***I feel*** (*od.* ***am***) ~ mir ist kalt, mich friert; **2.** kalt, kühl, ruhig, gelassen; trocken: ***that leaves me ~*** das läßt mich kalt; ~ ***reason*** kalter Verstand; ***the ~ facts*** die nackten Tatsachen; ~ ***scent*** kalte Fährte (*a. fig.*); → ***comfort*** 6, ***print*** 12; **3.** kalt (*Blick, Herz etc.*; *a. Frau*), kühl, frostig, unfreundlich, gefühllos: ***a ~ reception*** ein kühler Empfang; ***give s.o. the ~ shoulder*** → ***cold-shoulder***; ***have*** (***get***) ~ ***feet*** F kalte Füße (*Angst*) haben (kriegen); ***as ~ as charity*** hart wie

Stein, lieblos; **4.** kalt (*noch nicht in Schwung*): **~ player**, **~ motor**, **5.** ‚kalt' (*im Suchspiel u. fig.*); **6.** *Am. sl.* a) bewußtlos, b) (tod)sicher; **II** *s.* **7.** Kälte *f*; Frost *m*: ***leave s.o. out in the ~*** *fig.* a) j-n übergehen *od.* ignorieren *od.* kaltstellen, b) j-n im Stich lassen; **8.** ⚕ Erkältung *f*: ***common ~***, ***~ in the head*** Schnupfen *m*; ***~ on the chest*** Bronchialkatarrh *m*; ***catch*** (***a***) **~** sich erkälten.

cold| blood *s. fig.* kaltes Blut, Kaltblütigkeit *f*: ***murder s.o. in ~*** j-n kaltblütig *od.* kalten Blutes ermorden; **ˌ~-ˈblood·ed** *adj.* ☐ **1.** *zo.* kaltblütig; **2.** kälteempfindlich; **3.** *fig.* kaltblütig (begangen): **~ murder**, **~ cream** *s.* Cold Cream *f, n*; **ˌ~-ˈdrawn** *adj.* ⚙ kaltgezogen; kaltgepreßt; **~ duck** *s.* kalte Ente (*Getränk*); **~ front** *s.* Kaltfront *f*; **ˌ~-ˈham·mer** *v/t.* ⚙ kalthämmern, -schmieden; **ˌ~-ˈheart·ed** *adj.* ☐ kalt-, hartherzig.

cold·ish [ˈkəʊldɪʃ] *adj.* ziemlich kalt.

cold·ness [ˈkəʊldnɪs] *s.* Kälte *f* (*a. fig.*).

ˌcold|-ˈshoul·der *v/t.* *j-m* die kalte Schulter zeigen, *j-n* kühl behandeln *od.* abweisen; **~ steel** *s.* blanke Waffe (*Bajonett etc.*); **~ stor·age** *s.* Kühllagerung *f*; Kühlraum *m*: ***put in ~*** *fig.* ‚auf Eis legen' (*aufschieben*); **ˌ~-ˈstor·age** *adj.* Kühl(haus)...; **~ store** *s.* Kühlhalle *f*; Kühlanlage *f*; **2 War** *s. pol.* kalter Krieg; **2 War·ri·or** *s. pol.* kalter Krieger; **~ wave** *s.* **1.** Kältewelle *f*; **2.** Kaltwelle *f* (*Frisur*); **ˌ~-ˈwork·ing** *s.* ⚙ Kaltverformung *f*.

cole [kəʊl] *s.* ♀ **1.** (*Blätter*)Kohl *m*; **2.** Raps *m*.

co·le·op·ter·a [ˌkɒlɪˈɒptərə] *s. pl. zo.* Käfer *pl.*

ˈcole|-seed *s.* ♀ Rübsamen *m*; **ˈ~·slaw** *s. Am.* ˈKohlsaˌlat *m*.

col·ic [ˈkɒlɪk] *s.* ⚕ ˈKolik *f*; **ˈcol·ick·y** [-ɪkɪ] *adj.* ⚕ ˈkolikartig.

col·i·se·um [ˌkɒlɪˈsɪəm] *s.* **1.** a) Sporthalle *f*, b) ˈStadion *n*; **2.** 2 Kolosˈseum *n* (*Rom*).

co·li·tis [kɒˈlaɪtɪs] *s.* ⚕ Koˈlitis *f*, ˈDickdarmkaˌtarrh *m*.

col·lab·o·rate [kəˈlæbəreɪt] *v/i.* **1.** zs.-, mitarbeiten; **2.** behilflich sein; **3.** *pol.* mit dem Feind zs.-arbeiten, kollaborieren; **col·lab·o·ra·tion** [kəˌlæbəˈreɪʃn] *s.* **1.** Zs.-arbeit *f*: ***in ~ with*** gemeinsam mit; **2.** *pol.* Kollaboratiˈon *f*; **col·lab·o·ra·tion·ist** [kəˌlæbəˈreɪʃnɪst] *s. pol.* Kollaboraˈteur *m*; **colˈlab·o·ra·tor** [-tə] *s.* **1.** Mitarbeiter *m*; **2.** *pol.* Kollaboraˈteur *m*.

col·lage [kɒˈlɑːʒ] *s. Kunst*: Colˈlage *f*.

col·lapse [kəˈlæps] **I** *v/i.* **1.** zs.-brechen, einfallen, einstürzen; **2.** *fig.* zs.-brechen, scheitern, versagen; **3.** (körperlich *od.* seelisch) zs.-brechen, ‚zs.-klappen'; **II** *s.* **4.** Zs.-fallen *n*, Einsturz *m*; **5.** Zs.-bruch *m*, Versagen *n*; Sturz *m*: ***~ of a bank*** Bankkrach *m*; ***~ of prices*** Preissturz *m*; **6.** ⚕ Kolˈlaps *m*, Zs.-bruch *m*; **colˈlaps·i·ble** [-səbl] *adj.* zs.-klappbar, Klapp..., Falt...: ***~ boat*** Faltboot *n*; ***~ chair*** Klappstuhl *m*; ***~ hood***, ***~ roof*** Klappverdeck *n*.

col·lar [ˈkɒlə] **I** *s.* **1.** Kragen *m*: ***double ~***, ***turn-down ~*** (Steh)Umlegekragen; ***stand-up ~*** Stehkragen; ***wing ~*** Eckenkragen; ***get hot under the ~*** F wütend werden; **2.** Halsband *n* (*Tier*); **3.** Kummet *n* (*Pferd etc.*): ***against the ~*** *fig.* angestrengt; **4.** Kolliˈer *n*, Halskette *f*; Amts-, Ordenskette *f*; **5.** *zo.* Halsstreifen *m*; **6.** ⚙ Ring *m*, Bund *m*, Manˈschette *f*, Muffe *f*; **II** *v/t.* **7.** *sport den Gegner* aufhalten; **8.** *j-n* beim Kragen packen; fassen, festnehmen; **9.** F *et.* ergattern, sich aneignen; **10.** *Fleisch etc.* rollen u. zs.-binden; **ˈ~·bone** *s.* Schlüsselbein *n*; **~ stud** *s.* Kragenknopf *m*.

col·late [kɒˈleɪt] *v/t.* **1.** *Texte* vergleichen, kollationieren; zs.-stellen (u. vergleichen); **2.** *typ. Fahnen* kollationieren, auf richtige Anzahl prüfen.

col·lat·er·al [kɒˈlætərəl] **I** *adj.* ☐ **1.** seitlich, Seiten...; **2.** begleitend, paralˈlel, zusätzlich, Neben...: ***~ acceptance*** † Avalakzept *n*; ***~ circumstances*** Begleitumstände; ***~ credit*** Lombardkredit *m*; **3.** ˈindirekt; **4.** in der Seitenlinie verwandt; **II** *s.* **5.** *a.* ***~ security*** zusätzliche Sicherheit, Nebenbürgschaft *f*; **6.** Seitenverwandte(r *m*) *f*.

col·la·tion [kɒˈleɪʃn] *s.* **1.** Vergleichung *f von Texten*, Überˈprüfung *f*; **2.** leichte (Zwischen)Mahlzeit: ***cold ~*** kalter Imbiß.

col·league [ˈkɒliːg] *s.* Kolˈlege *m*, Kolˈlegin *f*; Mitarbeiter(in).

col·lect¹ [kəˈlekt] **I** *v/t.* **1.** *Briefmarken, Bilder etc.* sammeln: ***~ed work***(***s***) gesammelte Werke; **2.** versammeln; **3.** einsammeln, auflesen; zs.-bringen, ansammeln; auffangen; **4.** *Sachen od. Personen* (ab)holen: ***we ~ and deliver*** † wir holen ab und bringen zurück; **5.** *fig.* ***~ one's thoughts*** s-e Gedanken sammeln *od.* zs.-nehmen; ***~ courage*** Mut fassen; **6.** ***~ o.s.*** sich fassen; **7.** *Geld etc.* einziehen, (ein)kassieren; **8.** *Pferd* versammeln; **II** *v/i.* **9.** sich versammeln; sich ansammeln; **10.** ***~ on delivery*** † *Am.* per Nachnahme; **III** *adj.* **11.** *Am.* Nachnahme...: ***~ call*** *teleph.* R-Gespräch *n*; **IV** *adv.* **12.** *Am.* gegen Nachnahme: ***telegram sent ~*** Nachnahmetelegramm *n*; ***call ~*** *Am.* ein R-Gespräch führen.

col·lect² [ˈkɒlekt] *s. eccl.* Kolˈlekte *f*, *ein Kirchengebet n*.

col·lect·ed [kəˈlektɪd] *adj.* ☐ *fig.* gefaßt; → ***calm*** 5; **colˈlect·ed·ness** [-nɪs] *s. fig.* Sammlung *f*, Gefaßtheit *f*.

col·lect·ing| a·gent [kəˈlektɪŋ] *s.* † Inˈkassovertreter *m*; **~ bar** *s.* ϟ Sammelschiene *f*; **~ cen·tre** (*Am.* **cen·ter**) *s.* Sammelstelle *f*.

col·lec·tion [kəˈlekʃn] *s.* **1.** Sammeln *n*; **2.** Sammlung *f*; **3.** Kolˈlekte *f*, (Geld-)Sammlung *f*; **4.** *bsd.* † Einziehung *f*, Inˈkasso *n*; (Steuer-, *a.* staˈtistische) Erhebung(en *pl.*) *f*: ***forcible ~*** Zwangsbeitreibung *f*; **5.** † Kollektiˈon *f*, Auswahl *f*; **6.** Abholung *f*, Leerung *f* (*Briefkasten*); **7.** Ansammlung *f*, Anhäufung *f*; **8.** *Brit.* Steuerbezirk *m*; **9.** *pl. Brit. univ.* Prüfung *f* am Ende des Triˈmesters.

col·lec·tive [kəˈlektɪv] **I** *adj.* ☐ → ***collectively***; **1.** gesammelt, vereint, zs.-gefaßt; gesamt, kollekˈtiv, Sammel..., Gemeinschafts...: ***~*** (***wage***) ***agreement*** Kollektiv-, Tarifvertrag *m*; ***~ guilt*** *pol.* Kollektivschuld *f*; ***~ interests*** Gesamtinteressen; ***~ name*** Sammelbegriff *m*; ***~ order*** † Sammelbestellung *f*; ***~ ownership*** gemeinsamer Besitz *m*; ***~ security*** kollektive Sicherheit; ***~ subscription*** Sammelabonnement *n*; **II** *s.* **2.** *ling. a.* ***~ noun*** Kollekˈtivum *n*, Sammelwort *n*; **3.** Gemeinschaft *f*, Gruppe *f*; **4.** *pol.* a) Kollekˈtiv *n*, Produktiˈonsgemeinschaft *f*, b) → ***collective farm***; **~ bar·gain·ing** *s.* Taˈrifverhandlungen *pl.* (*zwischen Arbeitgeber*[*n*] *u. Gewerkschaften*); **~ con·sign·ment** *s.* † Sammelladung *f*; **~ farm** *s.* Kolˈchose *f*.

col·lec·tive·ly [kəˈlektɪvlɪ] *adv.* insgesamt, gemeinschaftlich, zuˈsammen, kollekˈtiv.

col·lec·tiv·ism [kəˈlektɪvɪzəm] *s.* †, *pol.* Kollektiˈvismus *m*; **colˈlec·tiv·ist** [-ɪst] *s.* Anhänger *m* des Kollektiˈvismus; **col·lec·tiv·i·ty** [ˌkɒlekˈtɪvətɪ] *s.* **1.** *das* Ganze; **2.** Gesamtheit *f* des Volkes; **3.** → ***collectedness***; **col·lec·tiv·i·za·tion** [kəˌlektɪvaɪˈzeɪʃn] *s.* Kollektivierung *f*.

col·lec·tor [kəˈlektə] *s.* **1.** Sammler *m*: ***~'s item*** Sammlerstück *n*; ***~'s value*** Liebhaberwert *m*; **2.** † (Ein)Kassierer *m*, Einnehmer *m*: ***~ of taxes*** Steuereinnehmer; **3.** Einsammler *m*, Abnehmer *m* (*Fahrkarten*); **4.** ϟ Stromabnehmer *m*, ˈAuffangelekˌtrode *f*; **5.** ϟ ˈSammelappaˌrat *m*.

col·leen [ˈkɒliːn] *s. Ir.* Mädchen *n*.

col·lege [ˈkɒlɪdʒ] *s.* **1.** College *n* (*Wohngemeinschaft von Dozenten u. Studenten innerhalb e-r Universität*): ***~ of education*** *Brit.* Pädagogische Hochschule; **2.** höhere Lehranstalt, College *n*; Instiˈtut *n*, Akadeˈmie *f* (*oft für besondere Studienzweige*): ***Naval*** **2** Marineakademie; **3.** (*anmaßender*) *Name mancher Schulen*; **4.** College(gebäude) *n*; **5.** Kolˈlegium *n*; Vereinigung *f*: ***~ of cardinals*** Kardinalskollegium; ***electoral ~*** Wahlausschuß *m*; **~ pud·ding** *s.* kleiner ˈPlumpudding.

col·leg·er [ˈkɒlɪdʒə] *s.* **1.** *Brit.* (im College wohnender) Stipendiˈat (*in Eton*); **2.** *Am.* → **col·le·gi·an** [kəˈliːdʒjən] *s.* Mitglied *n od.* Stuˈdent *m* e-s College; höherer Schüler.

col·le·gi·ate [kəˈliːdʒɪət] *adj.* ☐ **1.** College..., Universitäts..., akaˈdemisch: ***~ dictionary*** Schulwörterbuch *n*; **2.** Kollegial...; **~ church** *s.* **1.** *Brit.* Kollegiˈat-, Stiftskirche *f*; **2.** *Am.* Vereinigung *f* mehrerer Kirchen (*unter gemeinsamem Pastorat*); **~ school** *s. Brit.* höhere Schule.

col·lide [kəˈlaɪd] *v/i.* (***with***) kollidieren (mit): a) zs.-stoßen (mit) (*a. fig.*), stoßen (gegen), b) *fig.* im ˈWiderspruch stehen (zu).

col·lie [ˈkɒlɪ] *s. zo.* Collie *m*, schottischer Schäferhund.

col·lier [ˈkɒlɪə] *s.* **1.** Kohlenarbeiter *m*, Bergmann *m*; **2.** ⚓ a) Kohlenschiff *n*, b) Maˈtrose *m* auf e-m Kohlenschiff; **col·lier·y** [ˈkɒljərɪ] *s.* Kohlengrube *f*, (Kohlen)Zeche *f*.

col·li·mate [ˈkɒlɪmeɪt] *v/t. ast., phys.* **1.** *zwei Linien* zs.-fallen lassen; **2.** *Fernrohr* einstellen.

col·li·sion [kəˈlɪʒn] *s.* **1.** Zs.-stoß *m*, Kollisiˈon *f*: ***be on*** (***a***) ***~ course*** auf Kollisionskurs sein (*a. fig.*); **2.** *fig.* ˈWiderspruch *m*, Gegensatz *m*, Konˈflikt *m*.

col·lo·cate [ˈkɒləʊkeɪt] *v/t.* zs.-stellen,

ordnen; **col·lo·ca·tion** [ˌkɒləʊ'keɪʃn] *s.* **1.** Zs.-stellung *f*; **2.** *ling.* Kollokati'on *f*.
col·loc·u·tor ['kɒləkjuːtə] *s.* Gesprächspartner(in).
col·lo·di·on [kə'ləʊdjən] *s.* ⚗ Kol'lodium *n*.
col·loid ['kɒlɔɪd] ⚗ **I** *s.* Kollo'id *n*; **II** *adj.* kolloi'dal, gallertartig.
col·lop ['kɒləp] *s. Scot.* Klops *m*.
col·lo·qui·al [kə'ləʊkwɪəl] *adj.* □ 'umgangssprachlich, famili'är: **~ *English*** Umgangsenglisch *n*; **~ *expression*** → **col'lo·qui·al·ism** [-lɪzəm] *s.* Ausdruck *m* der 'Umgangssprache.
col·lo·quy ['kɒləkwɪ] *s.* (förmliches) Gespräch; Konfe'renz *f*.
col·lo·type ['kɒləʊtaɪp] *s. phot.* **1.** Lichtdruckverfahren *n od.* -platte *f*; **2.** Farbenlichtdruck *m*.
col·lude [kə'luːd] *v/i. obs.* in geheimem Einverständnis stehen; unter 'einer Decke stecken; **col'lu·sion** [-uːʒn] *s.* ⚖ **1.** Kollusi'on *f*, geheimes *od.* betrügerisches Einverständnis; **2.** Verdunkelung *f des Sachverhalts*: ***danger of* ~** Verdunkelungsgefahr *f*; **3.** abgekartete Sache, Schwindel *m*; **col'lu·sive** [-uːsɪv] *adj.* □ geheim *od.* betrügerisch verabredet.
col·ly·wob·bles ['kɒlɪˌwɒblz] *s. pl.*: ***have the* ~** F ein flaues Gefühl in der Magengegend haben.
Co·lom·bi·an [kə'lɒmbɪən] **I** *adj.* ko'lumbisch; **II** *s.* Ko'lumbier(in).
co·lon[1] ['kəʊlən] *s.* Dickdarm *m*.
co·lon[2] ['kəʊlən] *s.* Doppelpunkt *m*.
colo·nel ['kɜːnl] *s.* ⚔ Oberst *m*; **'colo·nel·cy** [-sɪ] *s.* Stelle *f od.* Rang *m* e-s Obersten.
co·lo·ni·al [kə'ləʊnjəl] **I** *adj.* □ **1.** koloni'al, Kolonial...: **ℒ *Office*** *Brit.* Kolonialministerium *n*; **ℒ *Secretary*** Kolonialminister *m*; **2.** *Am. hist.* die ersten 13 Staaten der heutigen USA *od.* die Zeit vor 1776 *od.* des 18. Jahrhunderts betreffend; **II** *s.* **3.** Bewohner(in) e-r Kolo'nie; **co'lo·ni·al·ism** [-lɪzəm] *s.* **1.** Kolonia'lismus *m*; **2.** koloni'aler (Wesens)Zug *od.* Ausdruck.
col·o·nist ['kɒlənɪst] *s.* Kolo'nist(in), (An)Siedler(in); **col·o·ni·za·tion** [ˌkɒlənaɪ'zeɪʃn] *s.* Kolonisati'on *f*, Besiedlung *f*; **'col·o·nize** [-naɪz] **I** *v/t.* **1.** kolonisieren, besiedeln; **2.** ansiedeln; **II** *v/i.* **3.** sich ansiedeln; **4.** e-e Kolo'nie bilden; **'col·o·niz·er** [-naɪzə] *s.* Koloni'sator *m*, An-, Besiedler *m*.
col·on·nade [ˌkɒlə'neɪd] *s.* **1.** Kolon'nade *f*, Säulengang *m*; **2.** Al'lee *f*.
col·o·ny ['kɒlənɪ] *s.* **1.** Kolo'nie *f* (*Siedlungsgebiet*): ***the Colonies*** *Am.* die ersten 13 Staaten der heutigen USA; **2.** Gruppe *f* von Ansiedlern: ***the German* ~ *in Rome*** die deutsche Kolonie in Rom; ***a* ~ *of artists*** e-e Künstlerkolonie; **3.** *biol.* (*Pflanzen-, Bakterien-, Zellen*)Kolo'nie *f*.
co·loph·o·ny [kə'lɒfənɪ] *s.* Kolo'phonium *n*, Geigenharz *n*.
col·or *etc. Am.* → ***colour*** *etc.*
Col·o·ra·do bee·tle [ˌkɒlə'rɑːdəʊ] *s. zo.* Kar'toffelkäfer *m*.
col·o·ra·tu·ra [ˌkɒlərə'tʊərə] *s.* ♪ **1.** Kolora'tur *f*; **2.** Kolora'tursängerin *f*; **~ so·pran·o** *s.* ♪ Kolora'turso̩pran *m* (*Stimme u. Sängerin*).
col·or·if·ic [ˌkɒlə'rɪfɪk] *adj.* farbgebend; ˌ**col·or'im·e·ter** [-'rɪmɪtə] *s. phys.* Farbmesser *m*, Kolori'meter *n*.
co·los·sal [kə'lɒsl] *adj.* □ **1.** kolos'sal, riesig, Riesen..., ungeheuer (*alle a.* F *fig.*); riesenhaft; **2.** F kolos'sal, e'norm;
col·os·se·um [ˌkɒlə'sɪəm] → ***coliseum***; **Co'los·sians** [-ɒʃənz] *s. pl. bibl.* (Brief *m* des Paulus an die) Ko'losser *pl.*; **co'los·sus** [-səs] *s.* **1.** Ko'loß *m*: a) Riese *m*, b) *et.* Riesengroßes; **2.** Riesenstandbild *n*.
col·our ['kʌlə] **I** *s.* **1.** Farbe *f*, Färbung *f*; ***what* ~ *is ...?*** welche Farbe hat ...?; **2.** *mst pl. Malerei*: Farbe *f*, Farbstoff *m*: ***lay on the* ~*s too thickly*** *fig.* zu dick auftragen; ***paint in bright*** (***dark***) **~*s*** *fig.* in rosigen (düsteren) Farben schildern; **3.** (*a.* gesunde) Gesichtsfarbe: ***she has little* ~** sie ist blaß; ***change*** (***lose***) **~** die Farbe wechseln (verlieren); → ***off-colo(u)r***; **4.** Hautfarbe *f*: **~ *problem*** Rassenfrage *f*; **5.** Anschein *m*, Anstrich *m*, Vorwand *m*, Deckmantel *m*: **~ *of law*** ⚖ Amtsmißbrauch *m*; **~ *of title*** ⚖ unzureichender Eigentumsanspruch; ***give* ~ *to*** den Anstrich der Wahrscheinlichkeit geben (*dat.*); ***under* ~ *of*** unter dem Vorwand *od.* Anschein von; **6.** a) Färbung *f*, Ton *m*, b) Farbe *f*, Lebendigkeit *f*, Kolo'rit *n*: ***lend*** (*od.* ***add***) **~ *to*** beleben, lebendig gestalten, *e-r Sache* Farbe verleihen; ***in one's true* ~*s*** in s-m wahren Licht; ***local* ~** Lokalkolorit; **7.** ♪ Klangfarbe *f*; **8.** *pl.* Farben *pl.*, Abzeichen *n* (*Klub, Schule, Partei, Jockei*): ***show one's* ~*s*** a) sein wahres Gesicht zeigen, b) Farbe bekennen; ***to get one's* ~*s*** sein Mitgliedsabzeichen bekommen; **9.** *pl.* bunte Kleider; **10.** *oft pl.* ⚔ *od. fig.* Fahne *f*, Flagge *f*: ***call to the* ~*s*** einberufen; ***join the* ~*s*** Soldat werden; ***with flying* ~*s*** *fig.* mit fliegenden Fahnen; ***come off with flying* ~*s*** e-n glänzenden Sieg *od.* Erfolg erzielen; ***nail one's* ~*s to the mast*** nicht kapitulieren (wollen), standhaft bleiben; ***sail under false* ~*s*** unter falscher Flagge segeln; ***stick to one's* ~*s*** e-r Sache treu bleiben; → ***troop*** 6; **11.** *Kartenspiel*: rote u. schwarze Farbe; **II** *v/t.* **12.** färben, kolorieren; anstreichen; **13.** *fig.* färben, e-n Anstrich geben (*dat.*); **14.** a) schönfärben, b) entstellen; **III** *v/i.* **15.** sich (ver)färben; e-e Farbe annehmen; *a.* **~ *up*** erröten.
col·o(u)r·a·ble ['kʌlərəbl] *adj.* □ *fig.* **1.** vor-, angeblich; fingiert: **~ *title*** ⚖ unzureichender Eigentumsanspruch; **2.** glaubhaft, plau'sibel; **'col·o(u)r·ant** [-rənt] *s.* Farbstoff *m*.
col·o(u)r·a·tion [ˌkʌlə'reɪʃn] *s.* Färben *n*; Färbung *f*, Farbgebung *f*.
col·o(u)r| bar *s.* Rassenschranke *f*; **'~-blind** *adj.* farbenblind; **~ chart** *s.* Farbenskala *f*; **'~-code** *v/t.* mit Kennfarben versehen.
col·o(u)red ['kʌləd] *adj.* **1.** farbig, bunt (*beide a. fig.*), koloriert; *in Zssgn* ...farbig: **~ *pencil*** Bunt-, Farbstift *m*; **~ *plate*** → ***colo(u)r plate***; **2.** farbig, *Am. bsd.* Neger...: ***a* ~ *man*** ein Farbiger; **3.** *fig.* gefärbt: a) beschönigt, b) tendenzi'ös entstellt; **4.** *fig.* angeblich, falsch; **'col·o(u)r·fast** *adj.* farbecht; **'col·o(u)r·ful** [-fʊl] *adj.* **1.** farbenfreudig; **2.** *fig.* farbig, bunt, lebhaft, abwechslungsreich; **'col·o(u)r·ing** [-ərɪŋ] **I** *s.* **1.** Farbe *f*, Farbton *m*; **2.** Farbgebung *f*; **3.** Gesichts- (u. Haar)farbe *f*; **4.** *fig.* Anstrich *m*, Färbung *f*; **II** *adj.* **5.** Farb...: **~ *matter*** Farbstoff *m*; **'col·o(u)r·ist** [-ərɪst] *s.* Farbenkünstler *m*, *engS.* Kolo'rist *m*; **'col·o(u)r·less** [-əlɪs] *adj.* □ farblos (*a. fig.*).
col·o(u)r| line *s.* Rassenschranke *f*; **~ pho·tog·ra·phy** *s.* 'Farbfotogra̩fie *f*; **~ plate** *s.* Farben(kunst)druck *m*; **~ print** *s. ein* Farbendruck *m*; **~ print·er** *s.* Farbdrucker *m*; **~ print·ing** *s.* Bunt-, Farbendruck *m* (*Verfahren*); **~ scheme** *s.* Farbgebung *f*, Farbenanordnung *f*; **~ screen** *s.* Farbbildschirm *m*; **~ ser·geant** *s.* ⚔ (*etwa*) Oberfeldwebel *m*; **~ set** *s.* Farbfernseher *m*; **~ sup·ple·ment** *s.* Farbbeilage *f* (*Zeitung*); **~ tel·e·vi·sion** *s.* Farbfernsehen *n*; **'~-wash** **I** *s.* farbige Tünche; **II** *v/t.* farbig tünchen.
colt[1] [kəʊlt] **I** *s.* **1.** Füllen *n*, Fohlen *n*; **2.** *fig.* ‚Grünschnabel' *m*, *sport* F *a.* ‚Fohlen' *n*; **3.** ⚓ Tauende *n*; **II** *v/t.* **4.** mit dem Tauende prügeln.
colt[2] [kəʊlt] *s.* Colt *m* (*Revolver*).
col·ter ['kəʊltə] *Am.* → ***coulter***.
'colts·foot *s.* ⚘ Huflattich *m*.
col·um·bine ['kɒləmbaɪn] *s.* **1.** ⚘ Ake'lei *f*; **2.** ℒ *thea.* Kolom'bine *f*.
col·umn ['kɒləm] *s.* **1.** ⌂ Säule *f*, Pfeiler *m*; **2.** (*Rauch-, Wasser-, Luft- etc.*)Säule *f*; **3.** *typ.* (Zeitungs-, Buch)Spalte *f*; Ru'brik *f*: ***in double* ~*s*** zweispaltig; **4.** Spalte *f*, Ko'lumne *f* (*regelmäßig erscheinender Meinungsbeitrag*); **5.** ⚔ Ko'lonne *f*; → ***fifth column***; **6.** Ko'lonne *f*, senkrechte Zahlenreihe; **co·lum·nar** [kə'lʌmnə] *adj.* säulenartig, -förmig; Säulen...; **'col·um·nist** [-mnɪst] *s.* *Zeitung*: Kolum'nist(in).
col·za ['kɒlzə] *s.* ⚘ Raps *m*: **~ *oil*** Rüb-, Rapsöl *n*.
co·ma[1] ['kəʊmə] *pl.* **-mae** [-miː] *s.* **1.** ⚘ Haarbüschel *n* (*an Samen*); **2.** *ast.* Nebelhülle *f e-s Kometen*.
co·ma[2] ['kəʊmə] *s.* ⚕ Koma *n*, tiefe Bewußtlosigkeit: ***be in*** (***fall into***) ***a* ~** im Koma liegen (ins Koma fallen); **'co·ma·tose** [-ətəʊs] *adj.* koma'tös, im Koma (befindlich).
comb [kəʊm] **I** *s.* **1.** Kamm *m*; **2.** ⚙ a) (Wollweber)Kamm *m*, b) (Flachs)Hechel *f*, c) Gewindeschneider *m*, d) ⚡ (Kamm)Stromabnehmer *m*; **3.** *zo.* Hahnenkamm *m*; **4.** Kamm *m* (*Berg; Woge*); **5.** → ***honeycomb*** 1; **II** *v/t.* **6.** *Haar* kämmen; **7.** ⚙ a) *Wolle* kämmen, krempeln, b) *Flachs* hecheln; **8.** *Pferd* striegeln; **9.** *fig.* 'durchkämmen, durch'kämmen, absuchen; **10.** *fig. a.* **~ *out*** a) sieben, sichten, b) aussondern, c) ⚔ ausmustern.
com·bat ['kɒmbæt] **I** *v/t.* bekämpfen, kämpfen gegen; **II** *v/i.* kämpfen; **III** *s.* Kampf *m*; Streit *m*; ⚔ *a.* Einsatz *m*: ***single* ~** Zweikampf; **'com·bat·ant** [-bətənt] **I** *s.* **1.** Kämpfer *m*; **2.** ⚔ Frontkämpfer *m*; **II** *adj.* **3.** kämpfend; **4.** ⚔ zur Kampftruppe gehörig; Kampf...
com·bat| car *s.* ⚔ *Am.* Kampfwagen *m*; **~ fa·tigue** *s.* ⚔ *psych.* 'Kriegsneu̩rose *f*.
com·ba·tive ['kɒmbətɪv] *adj.* □ **1.** kampfbereit; **2.** kampflustig, streitsüchtig.

com·bat| plane *s.* ✈ *Am.* Kampfflugzeug *n*; **~ sport** *s.* Kampfsport *m*; **~ train·ing** *s.* Gefechtsausbildung *f*; **~ troops** *s. pl.* Kampftruppen *pl.*; **~ u·nit** *s.* ⚔ *Am.* Kampfverband *m.*

combe [kuːm] → ***coomb(e)***.

comb·er [ˈkəʊmə] *s.* **1.** ⚙ a) ˈKrempelmaˌschine *f*, b) ˈHechelmaˌschine *f*; **2.** Sturzwelle *f.*

comb hon·ey *s.* Scheibenhonig *m.*

com·bi·na·tion [ˌkɒmbɪˈneɪʃn] *s.* **1.** Verbindung *f*, Vereinigung *f*; Zs.-setzung *f*; Kombinatiˈon *f* (*a. sport*, ♞ *etc.*); **2.** Zs.-schluß *m*, Bündnis *n*; *b.s.* Komˈplott *n*; **3.** ✝ *etc.* → ***combine*** 6, 7, 8; **4.** ⚗ Verbindung *f*; **5.** *mot.* Gespann *n*, ˈMotorrad *n* mit Beiwagen; **6.** *mst. pl.* Kombinatiˈon *f*: a) Hemdhose *f*, b) Monˈtur *f*; **7.** ♪ → ***combo***; **~ lock** *s.* ⚙ Kombinatiˈons-, Veˈxierschloß *n*; **~ room** *s. Brit. univ.* Gemeinschaftsraum *m.*

com·bine [kəmˈbaɪn] **I** *v/t.* **1.** verbinden (*a.* ⚗), vereinigen, kombinieren; **2.** in sich vereinigen; **II** *v/i.* **3.** sich verbinden (*a.* ⚗), sich vereinigen; **4.** sich zs.-schließen; **5.** zs.-wirken; **III** *s.* [ˈkɒmbaɪn] **6.** Verbindung *f*, Vereinigung *f*; **7.** ✝ Konˈzern *m*, Verband *m*; **8.** poˈlitische *od.* wirtschaftliche Interˈessengemeinschaft; **9.** *a.* **~ *harvester*** ⚘ Mähdrescher *m.*

com·bined [kəmˈbaɪnd] *adj.* vereinigt, verbunden; vereint, gemeinsam, Gemeinschafts…; kombiniert: **~ *arms*** ⚔ gemischte Verbände; **~ *event*** *sport* Mehrkampf *m.*

comb·ings [ˈkəʊmɪŋz] *s. pl.* ausgekämmte Haare *pl.*

com·bo [ˈkɒmbəʊ] *s.* Combo *f*, kleine Jazzband.

ˈcomb-out *s.* Auskämmen *n*; *fig.* Siebung *f*, Sichtung *f.*

com·bus·ti·bil·i·ty [kəmˌbʌstəˈbɪlətɪ] *s.* Brennbarkeit *f*, Entzündlichkeit *f*; **com·bus·ti·ble** [kəmˈbʌstəbl] **I** *adj.* **1.** brennbar, leichtentzündlich; **2.** *fig.* erregbar; **II** *s.* **3.** Brenn-, Zündstoff *m*; ˈBrennmateriˌal *n.*

com·bus·tion [kəmˈbʌstʃən] *s.* Verbrennung *f* (*a.* ⚗, *biol.*): ***spontaneous*** **~** Selbstentzündung *f*; **~ cham·ber** *s.* ⚙ Verbrennungsraum *m*; **~ en·gine**, **~ mo·tor** *s.* ⚙ Verˈbrennungsˌmotor *m.*

come [kʌm] **I** *v/i.* [*irr.*] **1.** kommen: ***be long in coming*** lange auf sich warten lassen; ***he came to see us*** er besuchte uns, er suchte uns auf; ***that ~s on page 4*** das kommt auf Seite 4; **~ *what may!*** komme, was da wolle!; ***a year ago ~ March*** im März vor e-m Jahr; ***as stupid as they ~*** dumm wie Bohnenstroh; ***the message has ~*** die Nachricht ist gekommen *od.* eingetroffen; ***I was coming to that*** darauf wollte ich gerade hinaus; **~ *to that*** was das betrifft; **~ *again!*** F sag's noch mal!; **2.** (dran)kommen, an die Reihe kommen: ***who ~s first?***; **3.** kommen, erscheinen, auftreten: **~ *and go*** a) kommen u. gehen, b) erscheinen u. verschwinden; ***love will ~ in time*** mit der Zeit wird die Liebe sich einstellen; **~ (*to pass*)** geschehen, sich ereignen, kommen; ***how ~?*** wie kommt das?, wieso (denn)?; **4.** kommen, gelangen (***to*** zu): **~ *to the throne*** den Thron besteigen; **~ *into danger*** in Gefahr geraten; **5.** kommen, abstammen (***of, from*** von): ***he ~s of a good family*** er kommt *od.* stammt aus gutem Hause; ***I ~ from Leeds*** ich stamme aus Leeds; **6.** kommen, ˈherrühren (***of*** von): ***that's what ~s of your hurry*** das kommt von deiner Eile; ***nothing came of it*** es wurde nichts daraus; **7.** sich erweisen: ***it ~s expensive*** es kommt teuer; ***the expenses ~ rather high*** die Kosten kommen recht hoch; ***it ~s to this that*** es läuft darauf hinaus, daß; ***it ~s to the same thing*** es läuft auf dasselbe hinaus; → *a.* ***come to*** 4; **8.** *fig.* ankommen (***to s.o.*** j-n): ***it ~s hard (easy) to me*** es fällt mir schwer (leicht); **9.** werden, sich entwickeln, dahin *od.* dazu kommen: ***he has ~ to be a good musician*** er ist ein guter Musiker geworden; ***it has ~ to be the custom*** es ist Sitte geworden; **~ *to know s.o.*** j-n kennenlernen; ***I have ~ to believe that*** ich bin zu der Überzeugung gekommen, daß; ***how did you ~ to do that?*** wie kamen Sie dazu, das zu tun?; **~ *true*** wahr werden, sich erfüllen; **~ *undone*** auf-, ab-, losgehen, sich lösen: **10.** ⚘ (herˈaus)kommen, sprießen, keimen; **11.** erhältlich *od.* zu haben sein: ***these shirts ~ in three sizes***; **12.** ***to ~*** (*als adj. gebraucht*) (zu)künftig, kommend: ***the life to ~*** das zukünftige Leben; ***for all time to ~*** für alle Zukunft; ***in the years to ~*** in den kommenden Jahren; **13.** *sport etc.* ‚kommen' (*angreifen, stärker werden*); **14.** *sl.* ‚kommen' (*e-n Orgasmus haben*); **II** *v/t.* **15.** F sich aufspielen als, *j-n od. etwas* spielen, herˈauskehren: ***don't try to ~ the great scholar over me!*** versuche nicht, mir gegenüber den großen Gelehrten zu spielen!; **III** *int.* **16.** na (hör mal)!, komm!, bitte!: **~, ~!** a) *a.* **~ *now!*** nanu!, nicht so wild!, immer langsam!, b) (*ermutigend*) na komm schon!, auf geht's!; **IV** *s.* **17.** V ‚Saft' *m* (*Sperma*);

Zssgn mit prp.:

come| a·cross *v/i.* zufällig treffen *od.* finden, stoßen auf (*acc.*); **~ af·ter** *v/i.* **1.** *j-m* folgen; **2.** *et.* holen kommen; **3.** suchen, sich bemühen um; **~ at** *v/i.* **1.** erreichen, bekommen; **2.** angreifen, auf *j-n* losgehen; **~ by** *v/i.* zu *et.* kommen, bekommen; **~ for** *v/i.* **1.** abholen kommen; **2.** → ***come at*** 2; **~ in·to** *v/i.* **1.** eintreten in (*acc.*); **2.** *e-m Klub etc.* beitreten; **3.** (*rasch od. unerwartet*) zu *et.* kommen: **~ *a fortune*** ein Vermögen erben; **~ near** *v/i.* **1.** *fig.* nahekommen (*dat.*); **2.** **~ *doing (s.th.)*** beinahe (et.) tun; **~ on** → ***come upon***; **~ o·ver** *v/i.* **1.** überˈkommen, beschleichen, befallen: ***what has ~ you?*** was ist mit dir los?, was fällt dir ein?; **2.** *sl. j-n* reinlegen; **3.** → ***come*** 15; **~ to** *v/i.* **1.** *j-m* zufallen (*bsd. durch Erbschaft*); **2.** *j-m* zukommen, zustehen: ***he had it coming to him*** F er hatte das längst verdient; **3.** zum *Bewußtsein etc.* kommen; **4.** kommen *od.* gelangen zu: ***what are things coming to?*** wohin sind wir (*od.* ist die Welt) geraten?; ***when it comes to paying*** wenn es ans Bezahlen geht; **5.** sich belaufen auf (*acc.*): ***it comes to £100***; → *a.* ***come*** 7; **~ un·der** *v/i.* **1.** kommen *od.* fallen unter (*acc.*): **~ *a law***; **2.** geraten unter (*acc.*); **~ up·on** *v/i.* **1.** *j-n* befallen, überˈkommen, *j-m* zustoßen; **2.** über *j-n* ˈherfallen; **3.** (*zufällig*) treffen, stoßen auf (*acc.*); **4.** *j-m* zur Last fallen; **~ with·in** → ***come under***.

Zssgn mit adv.:

come| a·bout *v/i.* **1.** geschehen, pasˈsieren; **2.** entstehen; **3.** ⚓ ˈumspringen (*Wind*); **~ a·cross** *v/i.* **1.** herˈüberkommen; **2.** a) verstanden werden, b) ‚ankommen' (*Rede etc.*), c) ‚rüberkommen' (*Filmszene etc.*); **3.** **~ *with*** F ‚rüberkommen' mit, *Geld etc.* herˈausrükken; **~ a·long** *v/i.* **1.** mitkommen, -gehen: **~!** F ‚dalli'!, komm schon!; **2.** sich ergeben (*Chance etc.*); **3.** F vorankommen, Fortschritte machen; **~ a·part** *v/i.* auseinˈanderfallen, in Stücke gehen; **~ a·way** *v/i.* **1.** ab-, losgehen (*Knopf etc.*); **2.** weggehen (*Person*); **~ back** *v/i.* **1.** zuˈrückkommen, *a. fig.* ˈwiederkehren: **~ *to s.th.*** auf e-e Sache zurückkommen; **2.** *sl.* ein ‚Comeback' feiern; **3.** wieder einfallen (***to s.o.*** j-m); **4.** (*bsd.* schlagfertig) antworten (***at s.o.*** j-m); **~ by** *v/i.* vorˈbeikommen, ‚reinschauen'; **~ down** *v/i.* **1.** herˈab-, herˈunterkommen; **2.** (ein)stürzen, fallen; **3.** ✈ niedergehen; **4.** *a.* **~ *in the world*** *fig.* herˈunterkommen (*Person*); **5.** *ped. univ. Brit.* a) die Universiˈtät verlassen, b) in die Ferien gehen; **6.** überˈliefert werden; **7.** herˈuntergehen, sinken (*Preis*), billiger werden (*Dinge*); **8.** nachgeben, kleinlaut werden; **9.** **~ *on*** a) sich stürzen auf (*acc.*), b) ˈherfallen über (*acc.*), *j-m* ‚aufs Dach steigen'; **10.** **~ *with*** F herˈausrücken mit: **~ *handsome(ly)*** sich spendabel zeigen; **11.** **~ *with*** erkranken an (*dat.*); **12.** **~ *to*** hinˈauslaufen auf (*acc.*); **~ forth** *v/i.* herˈvorkommen; **~ for·ward** *v/i.* **1.** herˈvortreten; **2.** sich melden (*Zeuge etc.*); **~ home** *v/i.* **1.** nach Hause kommen; **2.** *fig.* Eindruck machen, wirken, ‚einschlagen', ‚ziehen'; **~ in** *v/i.* **1.** herˈeinkommen: **~!** a) herein!, b) (*Funk*) bitte kommen!; **2.** eingehen, -treffen (*Nachricht, Geld etc.*), ⚓, 🚂 *sport* einlaufen: **~ *second*** den zweiten Platz belegen; **3.** aufkommen, in Mode kommen: ***long skirts ~ again***; **4.** an die Macht kommen; **5.** sich *als nützlich etc.* erweisen: ***this will ~ useful***; **6.** Berücksichtigung finden: ***where do I ~?*** wo bleibe ich?; ***that's were you ~*** da bist dann du dran; ***where does the joke ~?*** was ist daran so witzig?; **7.** **~ *for*** a) bekommen, ‚kriegen', b) *Bewunderung etc.* erregen: **~ *for it*** F ‚sein Fett kriegen'; **~ off** *v/i.* **1.** ab-, losgehen, sich lösen; **2.** *fig.* stattfinden, ‚über die Bühne gehen'; **3.** a) abschneiden: ***he came off best***, b) erfolgreich verlaufen, glükken; **4.** **~ *it!*** F hör schon auf damit!; **~ on** *v/i.* **1.** herˈankommen: **~!** a) komm (mit)!, b) komm her!, c) na, komm schon!, los!, d) F na, na!; **2.** beginnen, einsetzen: ***it came on to rain*** es begann zu regnen; **3.** an die Reihe kommen; **4.** *thea.* a) auftreten, b) aufgeführt werden; **5.** stattfinden; ⚖ verhandelt werden; **6.** a) wachsen, gedeihen, b) vorˈankommen, Fortschritte machen; **~ out** *v/i.* **1.** herˈaus-, herˈvorkommen, sich zeigen; **2.** *a.* **~ *on strike*** streiken; **3.** herˈauskommen: a) erscheinen (*Bücher*), b) bekanntwerden, ans Licht kommen; **4.** ausgehen (*Haare*), her'ausgehen (*Farbe*); **5.** F werden, sich *gut etc.* entwickeln; *phot. etc. gut etc.* werden (*Bild*); **6.** debü'tieren: a) zum ersten Male auftreten (*Schauspieler*), b) in die Gesellschaft eingeführt werden; **7.** sich outen (*Homosexueller*); **8.** *~ with* F mit *et.* her'ausrücken (*sagen*); **9.** *~ against* sich aussprechen gegen, den Kampf ansagen (*dat.*); *~* **o·ver** *v/i.* **1.** her'überkommen; **2.** 'übergehen (*to* zu); **3.** verstanden werden; *~* **round** *v/i.* **1.** ‚vor'beikommen' (*Besucher*); **2.** 'wiederkehren (*Fest, Zeitabschnitt*); **3.** *~ to s.o.'s way of thinking* sich zu j-s Meinung bekehren; **4.** → *come to* 1; *~* **through** *v/i.* **1.** 'durchkommen (*a. allg. fig. Kranker, Meldung etc.*); **2.** *fig.* a) es ‚schaffen', b) → *come across* 3; *~* **to** *v/i.* **1.** a) wieder zu sich kommen, das Bewußtsein 'wiedererlangen, b) sich erholen; **2.** ⚓ vor Anker gehen; *~* **up** *v/i.* **1.** her'aufkommen; **2.** her'ankommen: *~ to s.o.* an j-n herantreten; *coming up!* kommt gleich!; **3.** ⚖ zur Verhandlung kommen; **4.** *a. ~ for discussion* zur Sprache kommen, angeschnitten werden; **5.** *~ for* zur *Abstimmung, Entscheidung* kommen; **6.** aufkommen, Mode werden; **7.** *Brit.* sein Studium aufnehmen; **8.** *Brit.* nach London kommen; **9.** *~ to* a) reichen bis an (*acc.*) *od.* zu, b) erreichen (*acc.*), c) *fig.* her'anreichen an (*acc.*); **10.** *~ with* a) *j-n* einholen, b) *fig.* es *j-m* gleichtun; **11.** *~ with* ‚da'herkommen' mit, *e-e Idee etc.* präsentieren.

come-at-a·ble [ˌkʌm'ætəbl] *adj.* F **1.** zugänglich; **2.** erreichbar.

'**come·back** *s.* **1.** *sport, thea. etc.* Come'back *n*: *make od. stage a ~* ein Comeback feiern; **2.** (schlagfertige) Antwort.

co·me·di·an [kə'mi:djən] *s.* **1.** a) Ko'mödienschauspieler *m*, b) Komiker *m* (*a. contp.*); **2.** Lustspieldichter *m*; **3.** Witzbold *m* (*a. contp.*); **co·me·di·enne** [kəˌmi:dɪ'en] *s.* a) Ko'mödienschauspielerin *f*, b) Komikerin *f*.

com·e·do ['kɒmədəʊ] *pl.* **-dos** *s.* ⚕ Mitesser *m*.

'**come·down** *s.* **1.** *fig.* Abstieg *m*, Abfall *m* (*from* gegenüber); **2.** F Enttäuschung *f*.

com·e·dy ['kɒmɪdɪ] *s.* **1.** Ko'mödie *f*: a) Lustspiel *n*: *light ~* Schwank *m*, b) *fig.* komische Sache; **2.** Komik *f*.

ˌ**come-'hith·er** *adj.*: *~ look* F einladender Blick.

come·li·ness ['kʌmlɪnɪs] *s.* Anmut *f*, Schönheit *f*; '**come·ly** ['kʌmlɪ] *adj.* attrak'tiv, hübsch.

'**come-on** *s. Am. sl.* **1.** Köder *m* (*bsd. für Käufer*); **2.** Schwindler *m*; **3.** Gimpel *m* (*einfältiger Mensch*).

com·er ['kʌmə] *s.* **1.** Ankömmling *m*: *first ~* wer zuerst kommt, *weitS.* (*der od. die*) erste beste; *all ~s* jedermann; **2.** *he is a ~* F er ist der kommende Mann.

co·mes·ti·ble [kə'mestɪbl] **I** *adj.* genießbar; **II** *s. pl.* Nahrungs-, Lebensmittel *pl.*

com·et ['kɒmɪt] *s. ast.* Ko'met *m*.

come·up·pance [ˌkʌm'ʌpəns] *s.* F wohlverdiente Strafe.

com·fit ['kʌmfɪt] *s. obs.* Zuckerwerk *n*, kan'dierte Früchte *pl.*

com·fort ['kʌmfət] **I** *v/t.* **1.** trösten, *j-m* Trost spenden; **2.** beruhigen; **3.** erfreuen; **4.** *j-m* Mut zusprechen; **5.** *obs.* unter'stützen, *j-m* helfen; **II** *s.* **6.** Trost *m*, Erleichterung *f* (*to* für): *derive od. take ~ from s.th.* aus etwas Trost schöpfen; *what a ~!* Gott sei Dank!; welch ein Trost!; *he was a great ~ to her* er war ihr ein großer Trost *od.* Beistand; *cold ~* ein schwacher *od.* schlechter Trost; **7.** Wohltat *f*, Labsal *n*, Erquickung *f* (*to* für); **8.** Behaglichkeit *f*, Wohlergehen *n*: *live in ~* ein behagliches u. sorgenfreies Leben führen; **9.** *a. pl.* Kom'fort *m*: *with all modern ~s*; **10.** *a. soldiers' ~s pl.* Liebesgaben *pl.* (für Sol'daten); **11.** *obs.* Hilfe *f*.

com·fort·a·ble ['kʌmfətəbl] *adj.* (*adv. comfortably*) **1.** komfor'tabel, bequem, behaglich, gemütlich: *make o.s. ~* es sich bequem machen; *are you ~?* haben Sie es bequem?, sitzen *od.* liegen *etc.* Sie bequem?; *feel ~* sich wohl fühlen; **2.** bequem, sorgenfrei: *live in ~ circumstances* in guten Verhältnissen leben; **3.** gut, reichlich: *a ~ income*; **4.** *bsd. sport* beruhigend (*Vorsprung etc.*); **5.** ohne Beschwerden (*Patient*); '**com·fort·er** [-tə] *s.* **1.** Tröster *m*: → *Job*[2]; **2.** *the* ♀ *eccl.* der Heilige Geist; **3.** *bsd. Brit.* Wollschal *m*; **4.** *Am.* Steppdecke *f*; **5.** *bsd. Brit.* Schnuller *m* (*für Babys*); '**com·fort·ing** [-tɪŋ] *adj.* tröstlich; '**com·fort·less** [-lɪs] *adj.* **1.** unbequem; **2.** trostlos; **3.** unerfreulich.

com·frey ['kʌmfrɪ] *s.* ⚘ Schwarzwurz *f*.

com·fy ['kʌmfɪ] F → *comfortable* 1.

com·ic ['kɒmɪk] **I** *adj.* □ → *comically*; **1.** komisch, Lustspiel...: *~ actor* Komiker *m*; *~ opera* komische Oper; *~ writer* Lustspieldichter *m*; **2.** komisch, humo'ristisch: *~ paper* Witzblatt *n*; *~ strips* Comic strips, Comics; **3.** drollig, spaßig; **II** *s.* **4.** Komiker *m*; **5.** Witzblatt *n*; *pl. Zeitung*: Comics *pl.*; **6.** 'Filmkoˌmödie *f*; '**com·i·cal** [-kəl] *adj.* □ **1.** komisch, ulkig; **2.** F komisch, sonderbar; **com·i·cal·i·ty** [ˌkɒmɪ'kælətɪ] *s.* Spaßigkeit *f*; '**com·i·cal·ly** [-kəlɪ] *adv.* komisch(erweise).

com·ing ['kʌmɪŋ] **I** *adj.* kommend, (zu)künftig: *the ~ man* der kommende Mann; *~ week* nächste Woche; **II** *s.* Kommen *n*, Ankunft *f*; Beginn *m*: *~ of age* Mündigwerden *n*; *the Second* ♀ (*of Christ*) die Wiederkunft Christi.

com·i·ty ['kɒmɪtɪ] *s.* **1.** Höflichkeit *f*; **2.** *~ of nations* gutes Einvernehmen der Nationen.

com·ma ['kɒmə] *s.* Komma *n*; *~* **ba·cil·lus** *s.* [*irr.*] ⚕ 'Kommabaˌzillus *m*.

com·mand [kə'mɑ:nd] **I** *v/t.* **1.** *j-m* befehlen, gebieten; **2.** gebieten, fordern, verlangen: *~ silence* Ruhe gebieten; **3.** beherrschen, gebieten über (*acc.*): *the hill ~s the plain* der Hügel beherrscht die Ebene; **4.** ⚔ kommandieren: a) *j-m* befehlen, b) *Truppe* befehligen, führen; **5.** *Gefühle, die Lage* beherrschen: *~ o.s.* sich beherrschen; **6.** verfügen über (*acc.*) (*Dienste, Gelder*); **7.** *Vertrauen, Liebe* einflößen: *~ respect* Achtung gebieten; *~ admiration* Bewunderung abnötigen *od.* verdienen; **8.** *Aussicht* gewähren, bieten; **9.** ✝ *Preis* erzielen; *Absatz* finden; **II** *v/i.* **10.** befehlen, herrschen; **11.** ⚔ kommandieren; **III** *s.* **12.** *allg.* Befehl *m*: *by ~* auf Befehl; *~ key Computer*: Befehlstaste *f*; *~ menu* Befehlsmenü *n*; **13.** ⚔ Kom'mando *n*: a) Befehl *m*: *word of ~* Kommando(wort) *n*, b) (Ober)Befehl *m*, Befehlsgewalt *f*, Führung *f*: *be in ~* a) (*of*) das Kommando führen (über *acc.*), b) *sport* den Gegner beherrschen; *take ~* das Kommando übernehmen; **14.** ⚔ a) Oberkom'mando *n*, Führungsstab *m*, b) Befehls-, Kom'mandobereich *m*; **15.** *fig.* Gewalt *f*, Herrschaft *f* (*of* über *acc.*); Beherrschung *f*, Meisterung *f* (*Gefühle*): *have ~ of Fremdsprache etc.* beherrschen; *his ~ of English* s-e Englischkenntnisse *pl.*; **16.** Verfügung *f* (*of* über *acc.*): *at your ~* zu Ihrer Verfügung; *be* (*have*) *at ~* zur Verfügung stehen (haben).

com·man·dant [ˌkɒmən'dænt] *s.* ⚔ Komman'dant *m*, Befehlshaber *m*.

com·mand car *s.* ⚔ *Am.* Befehlsfahrzeug *n*.

com·man·deer [ˌkɒmən'dɪə] *v/t.* **1.** zum Mili'tärdienst zwingen; **2.** ⚔ requirieren, beschlagnahmen; **3.** F ‚organisieren', sich aneignen.

com·mand·er [kə'mɑ:ndə] *s.* **1.** ⚔ Komman'dant *m* (*e-r Festung, e-s Flugzeugs etc.*), Befehlshaber *m*; Komman'deur *m* (*e-r Einheit*), Führer *m*; *Am.* ⚓ Fre'gattenkapiˌtän *m*: *~-in-chief* Oberbefehlshaber; **2.** ♀ *of the Faithful hist.* Beherrscher *m* der Gläubigen (*Sultan*); **3.** *hist.* (*Ordens*)Kom'tur *m*; **com'mand·ing** [-dɪŋ] *adj.* □ **1.** herrschend, gebietend; **2.** *die Gegend* beherrschend: *~ point* strategischer Punkt; **3.** ⚔ kommandierend, befehlshabend; **4.** imponierend, eindrucksvoll; **5.** gebieterisch; **com'mand·ment** [-dmənt] *s.* Gebot *n*, Vorschrift *f*: *the Ten* ♀*s bibl.* die Zehn Gebote.

com·mand mod·ule *s. Raumfahrt*: Kom'mandokapsel *f*.

com·man·do [kə'mɑ:ndəʊ] *pl.* **-dos** *s.* ⚔ **1.** Kom'mando(truppe *f*, -einheit *f*) *n*: *~ squad*; *~ raid* Kommandoüberfall *m*; **2.** Angehörige(r) *m* e-s Kom'mandos.

com·mand| pa·per *s. pol. Brit.* (*dem Parlament vorgelegter*) Kabi'nettsbeschluß *m*; *~* **per·form·ance** *s. thea.* Aufführung *f* auf königlichen Befehl *od.* Wunsch; *~* **post** *s.* ⚔ Befehls-, Gefechtsstand *m*.

com·mem·o·rate [kə'meməreɪt] *v/t.* (ehrend) gedenken (*gen.*); erinnern an (*acc.*): *a monument to ~ a victory* ein Denkmal zur Erinnerung an e-n Sieg; **com·mem·o·ra·tion** [kəˌmemə'reɪʃn] *s.* **1.** Gedenk-, Gedächtnisfeier *f*: *in ~ of* zum Gedächtnis an (*acc.*); **2.** *Brit. univ.* Stiftergedenkfest *n* (*Oxford*); **com'mem·o·ra·tive** [-rətɪv] *adj.* Gedächtnis..., Erinnerungs...: *~ issue* Gedenkausgabe *f* (*Briefmarken etc.*); *~ plaque* Gedenktafel *f*.

com·mence [kə'mens] *v/t. u. v/i.* **1.** beginnen, anfangen; ⚖ *Klage* anhängig machen; **2.** *Brit. univ.* promovieren (*M.A.* zum M.A.); **com'mence·ment** [-mənt] *s.* **1.** Anfang *m*, Beginn *m*; **2.** *Am.* (Tag *m* der) Feier *f* der Verleihung aka'demischer Grade; **com'menc·ing** [-sɪŋ] *adj.* Anfangs...: *~ salary*.

com·mend [kəˈmend] *v/t.* **1.** empfehlen, loben: *~ me to ...* F da lobe ich mir ...; **2.** empfehlen, anvertrauen (*to dat.*); **3.** *~ o.s.* sich (*als geeignet*) empfehlen; **comˈmend·a·ble** [-dəbl] *adj.* □ empfehlens-, lobenswert; **com·men·da·tion** [ˌkɒmenˈdeɪʃn] *s.* **1.** Empfehlung *f*; **2.** Lob *n*; **comˈmend·a·to·ry** [-dətərɪ] *adj.* **1.** empfehlend, Empfehlungs...; **2.** lobend.

com·men·sal [kəˈmensəl] *s.* **1.** Tischgenosse *m*; **2.** *biol.* Kommenˈsale *m*.

com·men·su·ra·ble [kəˈmenʃərəbl] *adj.* □ **1.** kommensuˈrabel, vergleichbar (*with, to* mit); **2.** angemessen, im richtigen Verhältnis; **comˈmen·su·rate** [-rət] *adj.* □ **1.** gleich groß, von gleicher Dauer (*with* wie); **2.** (*with, to*) im Einklang stehend (mit), angemessen *od.* entsprechend (*dat.*).

com·ment [ˈkɒment] **I** *s.* **1.** Be-, Anmerkung *f*, Stellungnahme *f*, Kommenˈtar *m* (*on* zu): *no ~!* kein Kommentar!; **2.** Erläuterung *f*, Kommenˈtar *m*, Deutung *f*; Kriˈtik *f*; **3.** Gerede *n*; **II** *v/i.* **4.** (*on*) kommentieren (*acc.*), Erläuterungen *od.* Anmerkungen machen (zu); **5.** sich (kritisch) äußern (*on* über *acc.*); **ˈcom·men·tar·y** [-tərɪ] *s.* Kommenˈtar *m* (*on* zu): *radio ~* Rundfunkkommentar; **ˈcom·men·tate** [-teɪt] *v/i.* → *comment* 4; **ˈcom·men·ta·tor** [-teɪtə] *s.* *allg., a. TV etc.*: Kommenˈtator *m*.

com·merce [ˈkɒmɜːs] *s.* **1.** Handel *m*, Handelsverkehr *m*; **2.** Verkehr *m*, ˈUmgang *m*.

com·mer·cial [kəˈmɜːʃl] **I** *adj.* □ **1.** kommerziˈell (*a. Theaterstück etc.*), kaufmännisch, geschäftlich, gewerblich, Handels..., Geschäfts...; *~ enterprise* gewerbliches Unternehmen; *~ practice* kaufmännische Praxis; *~ station* kommerzieller Sender; **2.** handeltreibend; **3.** für den Handel bestimmt, Handels...; **4.** a) in großen Mengen erzeugt, b) mittlerer *od.* niederer Qualiˈtät, c) nicht (ganz) rein (*Chemikalien*); **5.** handelsüblich: *~ quality*; **6.** *Radio, TV*: Werbe...: *~ television* a) Werbefernsehen *n*, b) kommerzielles Fernsehen; **II** *s.* **7.** *Radio, TV*: a) von e-m Sponsor finanzierte Sendung, b) Werbespot *m*; *~ **al·co·hol*** *s.* handelsüblicher Alkohol, Sprit *m*; *~ **art*** *s.* Werbegraphik *f*; *~ **a·vi·a·tion*** *s.* Verkehrsluftfahrt *f*; *~ **code*** *s.* Handelsgesetzbuch *n*; *~ **col·lege*** *s.* Wirtschafts-(ober)schule *f*; *~ **cor·re·spond·ence*** *s.* ˈHandelskorresponˌdenz *f*; *~ **court*** *s.* ⚖ Handelsgericht *n*; *~ **ge·og·ra·phy*** *s.* ˈWirtschaftsgeograˌphie *f*.

com·mer·cial·ism [kəˈmɜːʃəlɪzəm] *s.* **1.** Handels-, Geschäftsgeist *m*; **2.** Handelsgepflogenheit *f*; **3.** kommerziˈelle Ausrichtung; **com·mer·cial·i·za·tion** [kəˌmɜːʃəlaɪˈzeɪʃn] *s.* Kommerzialisierung *f*, Vermarktung *f*, kaufmännische Verwertung *od.* Ausnutzung; **com·mer·cial·ize** [kəˈmɜːʃəlaɪz] *v/t.* kommerzialisieren, vermarkten, verwerten, ein Geschäft machen aus; in den Handel bringen.

com·mer·cial| let·ter of cred·it *s.* Akkrediˈtiv *n*; *~ **loan*** *s.* ˈWarenkreˌdit *m*; *~ **man*** *s.* [*irr.*] Geschäftsmann *m*; *~ **pa·per*** *s.* ˈInhaberpaˌpier *n* (*bsd. Wechsel*); *~ **plane*** *s.* Verkehrsflugzeug *n*; *~ **room*** *s. Brit. Hotelzimmer, in dem Handlungsreisende Kunden empfangen können*; *~ **school*** *s.* Handelsschule *f*; *~ **trav·el·(l)er*** *s.* Handlungsreisende(r) *m*; *~ **trea·ty*** *s.* Handelsvertrag *m*; *~ **val·ue*** *s.* Handels-, Marktwert *m*; *~ **ve·hi·cle*** *s.* Nutzfahrzeug *n*.

com·mie [ˈkɒmɪ] *s.* F Kommuˈnist(in).

com·mi·na·tion [ˌkɒmɪˈneɪʃn] *s.* Drohung *f*; *bsd. eccl.* Androhung *f* göttlicher Strafe; *a. ~ **service*** Bußgottesdienst *m*.

com·mi·nute [ˈkɒmɪnjuːt] *v/t.* zerkleinern, zerstückeln; zerreiben: *~d fracture* ⚕ Splitterbruch *m*; **com·mi·nu·tion** [ˌkɒmɪˈnjuːʃn] *s.* **1.** Zerkleinerung *f*; Zerreibung *f*; **2.** ⚕ Splitterung *f*; **3.** Abnutzung *f*.

com·mis·er·ate [kəˈmɪzəreɪt] **I** *v/t. j-n* bemitleiden, bedauern; **II** *v/i.* Mitleid haben (*with* mit); **com·mis·er·a·tion** [kəˌmɪzəˈreɪʃn] *s.* Mitleid *n*, Erbarmen *n*.

com·mis·sar [ˌkɒmɪˈsɑː] *s.* Kommisˈsar *m* (*bsd. Rußland*): *People's* ♀ Volkskommissar; **ˌcom·misˈsar·i·at** [-ˈseərɪət] *s.* ⚔ a) Intendanˈtur *f*, b) Verˈpflegungsorganisatiˌon *f*; **com·mis·sar·y** [ˈkɒmɪsərɪ] *s.* **1.** Kommisˈsar *m*, Beauftragte(r) *m*; **2.** *eccl.* bischöflicher Kommisˈsar; **3.** ˈVolkskommisˌsar *m*; **4.** *Am.* a) ⚔ Verpflegungsstelle *f*, b) Restauˈrant *n im Filmstudio etc.*

com·mis·sion [kəˈmɪʃn] **I** *s.* **1.** Auftrag *m*, Vollmacht *f*; **2.** Bestallung *f*; Bestallungsurkunde *f*; **3.** ⚔ Offiˈzierspaˌtent *n*: *hold a ~* Offizier sein; *receive one's ~* Offizier werden; **4.** (An)Weisung *f*, Aufgabe *f*; **5.** Auftrag *m*, Bestellung *f*; **6.** Amt *n*, Dienst *m*, Tätigkeit *f*, Betrieb *m*: *put into ~ Schiff* in Dienst stellen (F *a. Maschine etc.*); *in ~* im Dienst, in Betrieb; *out of ~* a) außer Dienst (*bsd. Schiff*), b) außer Betrieb, nicht funktionierend, kaputt; **7.** † a) Kommissiˈon *f*: *have on ~* in Kommission *od.* Konsignation haben, b) Provisiˈon *f*, Vergütung *f*: *~ agent* Kommissionär *m*, Provisionsvertreter *m*; *goods on ~* Kommissionswaren; *on a ~ basis* in Kommission, auf Provisionsgrundlage; *sell on ~* gegen Provision verkaufen; **8.** Ausführung *f*, Verübung *f*; → *sin* 1; **9.** Kommissiˈon *f*, Ausschuß *m*; Vorstand *m* (*Klub*): *Royal* ♀ *Brit.* Untersuchungsausschuß; **II** *v/t.* **10.** beauftragen, beˈvollmächtigen; **11.** *j-m* e-e Bestellung *od.* e-n Auftrag geben; **12.** in Auftrag geben, bestellen: *~ a statue*; *~ed work* Auftragsarbeit *f*; **13.** ⚔ zum Offiˈzier ernennen: *~ed officer* (durch Patent bestallter) Offizier; **14.** *Schiff* in Dienst stellen.

com·mis·sion·aire [kəˌmɪʃəˈneə] *s.* **1.** *Brit.* (livrierter) Portiˈer; **2.** † *Am.* Vertreter *m*, Einkäufer *m*.

com·mis·sion·er [kəˈmɪʃnə] *s.* **1.** Beˈvollmächtigte(r) *m*, Beauftragte(r) *m*: ♀ *for data protection* Datenschutzbeauftragte *m*; **2.** (Reˈgierungs)Kommisˌsar *m*: *High* ♀ Hochkommissar; **3.** Leiter *m* des Amtes: *~ of police* Polizeichef *m*; ♀ *for Oaths* (*etwa*) Notar *m*; **4.** ⚖ beauftragter Richter; **5.** a) Mitglied *n* e-r (Reˈgierungs)Kommissiˌon, Kommisˈsar *m*, b) *pl.* Kommissiˈon *f*, Behörde *f*.

com·mis·sure [ˈkɒmɪˌsjʊə] *s.* **1.** Naht *f*; Band *n* (*bsd. anat.*); **2.** *anat.* Nervenstrang *m*.

com·mit [kəˈmɪt] *v/t.* **1.** anvertrauen, überˈgeben, überˈtragen: *~ to the ground* beerdigen; *~ to memory* auswendig lernen; *~ to paper* zu Papier bringen; ⚖ *~ s.o. to prison* (*to an institution*) j-n in e-e Strafanstalt (Heil- u. Pflegeanstalt) einweisen; *~ for trial* dem zuständigen Gericht zur Hauptverhandlung überstellen; **2.** anvertrauen, empfehlen; **3.** *pol.* an e-n Ausschuß überˈweisen; **4.** (*to*) *pol. etc.* verpflichten (zu), binden (an *acc.*); festlegen (auf *acc.*) (*alle a. o.s.* sich): *be ~ted* sich festgelegt haben, gebunden sein; *~ted writer* engagierter Schriftsteller; **5.** *Verbrechen etc.* begehen, verüben; **6.** (*o.s.* sich) kompromittieren; **comˈmit·ment** [-mənt] *s.* **1.** (*to*) Verpflichtung *f* (zu), Bindung *f* (an *acc.*): *without ~* unverbindlich; **2.** † Verbindlichkeit *f*; *Am. engS.* Börsengeschäft *n*; **3.** → *committal* 2; **4.** *fig.* Engageˈment *n*; **comˈmit·tal** [-tl] *s.* **1.** → *commitment* 1; **2.** ˈÜbergabe *f*, Überˈweisung *f* (*to* an *acc.*): *~ to prison* (*an institution*) Einlieferung *f* in e-e Strafanstalt (Einweisung *f* in e-e Heil- und Pflegeanstalt); *~ order* Haftbefehl *m*, Einweisungsbeschluß *m*; *~ service* Bestattung(sfeier) *f*; **3.** Verübung *f*, Begehung *f* (*von Verbrechen etc.*).

com·mit·tee [kəˈmɪtɪ] *s.* Komiˈtee *n*, Ausschuß *m*, Kommissiˈon *f*: *be* (*od. sit*) *on a ~* in e-m Ausschuß sein; *the House goes into* (*od. resolves itself into a*) ♀ *parl.* das Haus konstituiert sich als Ausschuß; *~ stage parl.* Stadium *n* der Ausschußberatung (*zwischen 2. u. 3. Lesung e-s Gesetzentwurfes*); *~man, ~woman* Komiteemitglied *n*.

com·mo·di·ous [kəˈməʊdjəs] *adj.* □ geräumig.

com·mod·i·ty [kəˈmɒdətɪ] *s.* † Ware *f*, (ˈHandels-, *bsd.* Geˈbrauchs)Arˌtikel *m*; *oft pl.* Waren *pl.*: *~ value* Waren-, Sachwert *m*; *~ **dol·lar*** *s. Am.* Warendollar *m*; *~ **ex·change*** *s.* Warenbörse *f*; *~ **mar·ket*** *s.* **1.** Warenmarkt *m*; **2.** Rohstoffmarkt *m*; *~ **pa·per*** *s.* Dokuˈmententratte *f*.

com·mo·dore [ˈkɒmədɔː] *s.* ⚓ **1.** *allg.* Kommoˈdore *m*; **2.** Präsiˈdent *m* e-s Jachtklubs; **3.** Leitschiff *n* (*Geleitzug*).

com·mon [ˈkɒmən] **I** *adj.* □ → *commonly*; **1.** gemeinsam (*a.* ⩘), gemeinschaftlich: *make ~ cause* gemeinsame Sache machen; *~ ground* gleiche Grundlage, Gemeinsamkeit *f* (der Interessen *etc.*); *that's ~ ground* darüber besteht Einigkeit; *~ pricing* Preisabsprache *f*; **2.** allgemein, öffentlich: *~ knowledge* allgemein bekannt; *~ rights* Menschenrechte; *~ talk* Stadtgespräch *n*; *~ usage* allgemein üblich; **3.** gewöhnlich, üblich, häufig, alltäglich: *~ coin of the realm* übliche Landesmünze; *~ event* normales Ereignis; *~ sight* alltäglicher Anblick; *a very ~ name* ein sehr häufiger Name; *~ as dirt* häufig, gewöhnlich; **4.** einfach, gewöhnlich: *~ looking* von gewöhnlichem Aussehen; *the ~ people* das (einfache) Volk; *~ salt* Kochsalz *n*; *~ soldier* einfacher Soldat; **~ or garden ...** F Feld-Wald-u.-Wiesen-…; → **cold** 8; **5.** gewöhnlich, gemein: **~ accent** ordinäre Aussprache; **the ~ herd** die große Masse; **~ manners** schlechtes Benehmen; **6.** *ling.* **~ gender** doppeltes Geschlecht; **~ noun** Gattungsname *m*; **II** *s.* **7.** Gemeindeland *n* (*heute oft mit Parkanlage*): (**right of**) **~** Mitbenutzungsrecht *n*; **~ of pasturage** Weiderecht *n*; **8.** *fig.* **in ~** gemeinsam; **in ~ with** (genau) wie; **have s.th. in ~ with** et. gemein haben mit; **out of the ~** außergewöhnlich, besonders; **9.** → **commons**.

com·mon·al·ty ['kɒmənltɪ] *s. das* gemeine Volk, Allgemeinheit *f*.

com·mon| car·ri·er → **carrier** 2; **~ chord** *s.* ♪ Dreiklang *m*; **~ de·nom·i·na·tor** *s.* Ꝛ gemeinsamer Nenner (*a. fig.*).

com·mon·er ['kɒmənə] *s.* **1.** Bürger(licher) *m*; **2.** *Brit.* Stu'dent (*Oxford*), der s-n 'Unterhalt selbst bezahlt; **3.** *Brit.* a) Mitglied *n* des 'Unterhauses, b) Mitglied *n* des Londoner Stadtrats.

com·mon| frac·tion *s.* Ꝛ gemeiner Bruch; **~ law** *s.* a) *das gesamte angloamerikanische Rechtssystem* (*Ggs.* **civil law**), b) *obs. das engl. Gewohnheitsrecht*; ,**~-'law** *adj.* gewohnheitsrechtlich: **~ marriage** Konsensehe *f*, eheähnliches Zs.-leben; **~ wife** Lebensgefährtin *f*.

com·mon·ly ['kɒmənlɪ] *adv.* gewöhnlich, im allgemeinen.

Com·mon Mar·ket *s.* ✝ Gemeinsamer Markt.

com·mon·ness ['kɒmənnɪs] *s.* **1.** All'täglichkeit *f*, Häufigkeit *f*; **2.** Gewöhnlichkeit *f*, ordi'näre Art.

'**com·mon|·place I** *s.* **1.** Gemeinplatz *m*, Plati'tüde *f*; **2.** *et.* All'tägliches; **II** *adj.* all'täglich, 'uninteres,sant, abgedroschen, platt; **2 Prayer** *s. eccl.* **1.** die angli'kanische Litur'gie; **2.** (**Book of**) **~** Gebetbuch *n* der angli'kanischen Kirche; **~ room** [rʊm] *s.* **1.** *univ.* Gemeinschaftsraum *m*: a) **junior ~** für Studenten, b) **senior ~** für Dozenten; **2.** *Schule*: Lehrerzimmer *n*.

com·mons ['kɒmənz] *s. pl.* **1.** *das* gemeine Volk, *die* Bürgerlichen: **the 2** *parl. Brit.* das Unterhaus; **2.** *bsd. Brit. univ.* Gemeinschaftskost *f*, -essen *n*: **kept on short ~** auf schmale Kost gesetzt.

com·mon| school *s.* staatliche Volksschule; **~ sense** *s.* gesunder Menschenverstand; ,**~-'sen·si·cal** [-'sensɪkl] *adj.* vernünftig; **~ ser·geant** *s.* Richter *m* u. Rechtsberater *m* des Magi'strats der **City of London**; **~ stock** *s.* ✝ *Am.* 'Stamm,aktie(n *pl.*) *f*; '**~·weal** *s.* **1.** Gemeinwohl *n*; **2.** → '**~·wealth** *s.* **1.** Gemeinwesen *n*, Staat *m*; **2.** Repu'blik *f*: **the 2** *Brit. hist.* die engl. Republik unter Cromwell; **3. British 2** (**of Nations**) *das* Commonwealth, *die* Britische Nationengemeinschaft; **2 of Australia** *der* Australische Staatenbund; **4.** *Am. Bezeichnung für einige Staaten der USA*.

com·mo·tion [kə'məʊʃn] *s.* **1.** Erschütterung *f*, Aufregung *f*; Aufsehen *n*; **2.** Aufruhr *m*, Tu'mult *m*; → **civil** 2; **3.** Wirrwarr *m*.

com·mu·nal ['kɒmjʊnl] *adj.* **1.** Gemeinde…, Kommunal…: **~ tax**; **2.** Gemeinschafts…; Volks…: **~ aerial** (*bsd. Am.* **antenna**) *TV* Gemeinschaftsantenne *f*; **~ kitchen** Volksküche *f*; **3.** *Indien*: Volksgruppen betreffend; '**com·mu·nal·ism** [-nəlɪzəm] *s.* Kommuna'lismus *m* (*Regierungssystem nach Gemeindegruppen*); '**com·mu·nal·ize** [-nəlaɪz] *v/t.* in Gemeindebesitz über'führen, kommunalisieren.

com·mu·nard ['kɒmjʊnəd] *s. sociol.* Kommu'narde *m*.

com·mune[1] [kə'mju:n] *v/i.* **1.** sich vertraulich besprechen: **~ with o.s.** mit sich zu Rate gehen; **2.** *eccl.* kommunizieren, die (heilige) Kommuni'on *od.* das Abendmahl empfangen.

com·mune[2] ['kɒmju:n] *s.* Kom'mune *f* (*a. sociol.*).

com·mu·ni·ca·ble [kə'mju:nɪkəbl] *adj.* □ **1.** mitteilbar; **2.** ✱ über'tragbar, ansteckend; **com'mu·ni·cant** [-ənt] **I** *s.* **1.** *eccl.* Kommuni'kant(in); **2.** Gewährsmann *m*, Informant(in); **II** *adj.* **3.** mitteilend; **4.** teilhabend; **com'mu·ni·cate** [-keɪt] **I** *v/t.* **1.** mitteilen (**to** *dat.*); **2.** (*a.* ✱) über'tragen (**to** auf *acc.*); **II** *v/i.* **3.** sich besprechen, Gedanken *etc.* austauschen, in Verbindung stehen, kommunizieren (**with** mit), sich mitteilen (**with** *dat.*); **4.** sich in Verbindung setzen (**with** mit); **5.** in Verbindung stehen, zs.-hängen (**with** mit): **these two rooms ~** diese beiden Räume haben e-e Verbindungstür; **6.** sich mitteilen (*Erregung etc.*) (**to** *dat.*); **7.** *eccl.* → **commune**[1] 2.

com·mu·ni·ca·tion [kə,mju:nɪ'keɪʃn] *s.* **1.** (**to**) *allg.* Mitteilung *f* (an *acc.*): a) Verständigung *f* (*gen. od.* von), b) Über'mittlung *f e-r Nachricht* (an *acc.*), c) Nachricht *f* (an *acc.*), d) Kommunikati'on *f* (*e-r Idee etc.*); **2.** Kommunikati'on *f*, Gedankenaustausch *m*, Verständigung *f*; (Brief-, Nachrichten)Verkehr *m*; Verbindung *f*: **be in ~ with s.o.** mit j-m in Verbindung stehen; **3.** (*a. phys.*) Über'tragung *f*, Fortpflanzung *f* (**to** auf *acc.*); **4.** Kommunikati'on *f*, Verkehrsweg *m*, Verbindung *f*, 'Durchgang *m*; **5.** *pl.* a) Fernmelde-, Nachrichtenwesen *n* (*a.* ⚔): **~ net** Fernmeldenetz *n*; **~ officer** Fernmeldeoffizier *m*, b) Verbindungswege *pl.*, Nachschublinien *pl.*; **6.** *pl.* Kommunikati'onswissenschaft *f*; **~ cen·tre** (*Am.* **cen·ter**) *s.* ⚔ 'Fernmeldezen,trale *f*; **~ cord** *s.* 🚂 Notleine *f*, -bremse *f*; **~ en·gi·neer·ing** *s.* 'Nachrichten,technik *f*; **~s gap** *s.* Kommunikati'onslücke *f*; **~s sat·el·lite** *s.* 'Nachrichtensatel,lit *m*; **~ trench** *s.* ⚔ Verbindungs-, Laufgraben *m*.

com·mu·ni·ca·tive [kə'mju:nɪkətɪv] *adj.* □ mitteilsam, kommunika'tiv; **com'mu·ni·ca·tor** [-keɪtə] *s.* **1.** Mitteilende(r *m*) *f*; **2.** *tel.* (Zeichen)Geber *m*.

com·mun·ion [kə'mju:njən] *s.* **1.** Gemeinschaft *f*; **2.** enge Verbindung; 'Umgang *m*: **hold ~ with o.s.** Einkehr bei sich selbst halten; **3.** Religi'onsgemeinschaft *f*; **4.** *eccl.* **2**, *a.* **Holy 2** (heilige) Kommuni'on, (heiliges) Abendmahl: **2 cup** Abendmahlskelch *m*; **2 table** Abendmahlstisch *m*.

com·mu·ni·qué [kə'mju:nɪkeɪ] (*Fr.*) *s.* Kommuni'qué *n*.

com·mu·nism ['kɒmjʊnɪzəm] *s.* Kommu'nismus *m*; '**com·mu·nist** [-nɪst] **I** *s.* Kommu'nist(in); **II** *adj.* → **com·mu·nis·tic** [,kɒmjʊ'nɪstɪk] *adj.* kommu'nistisch.

com·mu·ni·ty [kə'mju:nətɪ] *s.* **1.** Gemeinschaft *f*: **~ aerial** (*bsd. Am.* **antenna**) Gemeinschaftsantenne *f*; **~ spirit** Gemeinschaftsgeist *m*; **~ singing** Gemeinschaftssingen *n*; **2.** Gemeinde *f*, Körperschaft *f*: **the mercantile ~** die Kaufmannschaft; **~ centre** (*Am.* **center**) Gemeindezentrum *n*; **~ chest**, **~ fund** *Am.* Wohlfahrtsfonds *m*; **~ home** *Brit.* Erziehungsheim *n*; **3.** Gemeinwesen *n*: **the ~** a) die Allgemeinheit, das Volk, b) der Staat; **~ ownership** öffentliches Eigentum; **4.** Gemeinschaft *f*, Gemeinsamkeit *f*; Gleichheit *f*: **~ of goods** *od.* **property** (eheliche) Gütergemeinschaft; **~ of interest** Interessengemeinschaft; **~ of goods acquired during marriage** Errungenschaftsgemeinschaft; **~ of heirs** ⚖ Erbengemeinschaft.

com·mu·nize ['kɒmjʊnaɪz] *v/t.* **1.** in Gemeineigentum 'überführen, sozialisieren; **2.** kommu'nistisch machen.

com·mut·a·ble [kə'mju:təbl] *adj.* **1.** austauschbar, 'umwandelbar; **2.** *durch Geld* ablösbar; **com·mu·tate** ['kɒmjʊteɪt] *v/t.* ⚡ *Strom* a) wenden, b) gleichrichten; **com·mu·ta·tion** [,kɒmju:'teɪʃn] *s.* **1.** 'Um-, Austausch *m*, 'Umwandlung *f*; **2.** Ablösung *f*, Abfindung *f*; **3.** ⚖ 'Straf,umwandlung *f*, -milderung *f*; **4.** ⚡ 'Umschaltung *f*, Stromwendung *f*; **5.** 🚂 *etc.* Pendelverkehr *m*: **~ ticket** Zeitkarte *f*; **com'mu·ta·tive** [-ətɪv] *adj.* □ **1.** auswechselbar, Ersatz…, Tausch…; **2.** wechselseitig; **com·mu·ta·tor** ['kɒmjʊteɪtə] *s.* ⚡ a) Kommu'tator *m*, Pol-, Stromwender *m*, b) Kol'lektor *m*, c) *mot.* Zündverteiler *m*; Gleichrichter *m*; **com·mute** [kə'mju:t] **I** *v/t.* **1.** ein-, 'umtauschen, auswechseln; **2.** *Zahlung* 'umwandeln (**into** in *acc.*), ablösen (**for**, **into** durch); **3.** ⚖ *Strafe* umwandeln (**to**, **into** in *acc.*); **4.** → **commutate**; **II** *v/i.* **5.** 🚂 *etc.* pendeln; **com'mut·er** [-tə] *s.* **1.** 🚂 *etc.* Zeitkarteninhaber(in), Pendler *m*: **~ belt** Einzugsbereich *m* (*e-r Stadt*); **~ train** Nahverkehrszug *m*; **2.** → **commutator**.

com·pact[1] ['kɒmpækt] *s.* Pakt *m*, Vertrag *m*.

com·pact[2] [kəm'pækt] **I** *adj.* □ **1.** kom'pakt, fest, dicht (zs.-)gedrängt; mas'siv: **~ car** → 6; **~ cassette** Kompaktkassette *f*; **2.** gedrungen; **3.** knapp, gedrängt (*Stil*); **II** *v/t.* **4.** zs.-drängen, -pressen, fest verbinden; zs.-fügen: **~ed of** zs.-gesetzt aus; **III** *s.* ['kɒmpækt] **5.** Kom'paktpuder(dose *f*) *m*; **6.** *Am.* Kom'paktwagen *m*; **com'pact·ness** [-nɪs] *s.* **1.** Kom'paktheit *f*, Festigkeit *f*; **2.** *fig.* Knappheit *f*, Gedrängtheit *f* (*Stil*).

com·pan·ion[1] [kəm'pænjən] **I** *s.* **1.** Begleiter(in), Gesellschafter(in); *engS.* Gesellschafterin *f e-r Dame*; **2.** Kame'rad(in), Genosse *m*, Genossin *f*, Ge'fährte *m*, Gefährtin *f*: **~-in-arms** Waffenbruder *m*; **~ in misfortune** Leidensgefährte; **constant ~** ‚ständiger Begleiter' (*e-r Dame*); **3.** Gegen-, Seitenstück *n*, Pen'dant *n*: **~ volume** Begleitband *m*; **4.** Handbuch *n*; **5.** Ritter *m*: **~ of the Bath** Ritter des Bath-Ordens; **II** *v/t.* **6.** begleiten; **III** *v/i.* **7.** verkehren (**with** mit); **IV** *adj.* **8.** (dazu) passend, da'zugehörig.

com·pan·ion² [kəm'pænjən] *s.* ⚓ **1.** → ***companion hatch***; **2.** Ka'jütstreppe *f*; **3.** Deckfenster *n*.

com·pan·ion·a·ble [kəm'pænjənəbl] *adj.* □ 'umgänglich, gesellig; **com·'pan·ion·a·ble·ness** [-nɪs] *s.* 'Umgänglichkeit *f*; **com'pan·ion·ate** [-nɪt] *adj.* kame'radschaftlich: **~ marriage** Kameradschaftsehe *f*.

com·pan·ion| hatch *s.* ⚓ Ka'jütsklappe *f*, -luke *f*; **~ lad·der** → ***companion²*** 2.

com·pan·ion·ship [kəm'pænjənʃɪp] *s.* **1.** Kame'radschaft *f*; Gesellschaft *f*; **2.** *typ. Brit.* Ko'lonne *f* von Setzern.

com'pan·ion·way → ***companion²*** 2.

com·pa·ny ['kʌmpənɪ] *s.* **1.** Gesellschaft *f*, Begleitung *f*: **for ~** zur Gesellschaft; **in ~ with** in Gesellschaft von, zusammen mit; **he is good ~** man ist gern mit ihm zusammen; **I am** (*od.* **err**) **in good ~** ich bin in guter Gesellschaft (*wenn ich das tue*); **keep** (*od.* **bear**) **s.o. ~** j-m Gesellschaft leisten; **part ~** a) sich trennen (**with** von), b) uneinig werden; **2.** Gesellschaft *f*, Besuch *m*, Gäste *pl.*: **have ~** Besuch haben; **be fond of ~** die Geselligkeit lieben; **see much ~** a) viel Besuch haben, b) oft in Gesellschaft gehen; **3.** Gesellschaft *f*, 'Umgang *m*: **avoid bad ~** schlechte Gesellschaft meiden; **keep ~ with** verkehren mit; **4.** ✝ (Handels)Gesellschaft *f*, Firma *f*: **~ assets** Betriebsvermögen *n*; **~ car** Firmenwagen *m*; **~ failure** Insolvenz *f*; **~ law** Gesellschaftsrecht *n*; **~ pension plan** betriebliche Altersversorgung; **~ store** *Am.* betriebseigenes (Laden)Geschäft; **~ union** *Am.* Betriebsgewerkschaft *f*; **~'s water** Leitungswasser *n*; → ***private*** 2, ***public*** 3; **5.** Innung *f*, Zunft *f*, Gilde *f*; **6.** *thea.* Truppe *f*; **7.** ⚔ Kompa'nie *f*; **8.** ⚓ Mannschaft *f*.

com·pa·ra·ble ['kɒmpərəbl] *adj.* □ (**to**, **with**) vergleichbar (mit): **~ period** Vergleichszeitraum *m*; **com·par·a·tive** [kəm'pærətɪv] **I** *adj.* □ **1.** vergleichend: **~ literature** vergleichende Literaturwissenschaft; **2.** Vergleichs…; **3.** verhältnismäßig, rela'tiv; **4.** beträchtlich, ziemlich: **with ~ speed**; **5.** *ling.* komparativ, Komparativ…; **II** *s.* **6.** *a.* **~ degree** Komparativ *m*; **com·par·a·tive·ly** [kəm'pærətɪvlɪ] *adv.* verhältnismäßig, ziemlich.

com·pare [kəm'peə] **I** *v/t.* **1.** vergleichen (**with** mit): **as ~d with** im Vergleich zu; → ***note*** 2; **2.** vergleichen, gleichstellen, -setzen: **not to be ~d to** (*od.* **with**) nicht zu vergleichen mit; **3.** *ling.* steigern; **II** *v/i.* **4.** sich vergleichen (lassen), e-n Vergleich aushalten (**with** mit): **~ favo(u)rably with** den Vergleich mit … nicht zu scheuen brauchen; besser sein als; **III** *s.* **5. beyond ~** unvergleichlich; **com'par·i·son** [-'pærɪsn] *s.* **1.** Vergleich *m*: **by ~** vergleichsweise; **in ~ with** im Vergleich mit *od.* zu; **bear ~ with** e-n Vergleich aushalten mit; **beyond** (**all**) **~** unvergleichlich; **2.** Ähnlichkeit *f*; **3.** *ling.* Steigerung *f*; **4.** Gleichnis *n*.

com·part·ment [kəm'pɑːtmənt] *s.* **1.** Ab'teilung *f*; Fach *n*, Feld *n*; **2.** 🚃 (Wagen)Abteil *n*; **3.** ⚓ Schott *n*: → ***watertight***; **4.** *parl. Brit.* Punkt *m* der Tagesordnung; **com·part·men·tal·ize** [ˌkɒmpɑːt'mentəlaɪz] *v/t. bsd. fig.* (auf)teilen.

com·pass ['kʌmpəs] **I** *s.* **1.** *phys.* Kompaß *m*: **mariner's ~** ⚓ Schiffskompaß; **points of the ~** *die* Himmelsrichtungen; **2.** *pl. oft* **pair of ~es** Zirkel *m*; **3.** 'Umkreis *m*, 'Umfang *m*, Ausdehnung *f* (*a. fig.*): **within the ~ of** innerhalb; **it is beyond my ~** es geht über m-n Horizont; **4.** Bereich *m*, Gebiet *n*; **5.** ♪ 'Umfang *m* (*Stimme etc.*); **6.** Grenzen *pl.*, Schranken *pl.*: **to keep within ~** in Schranken halten; **II** *v/t.* **7.** erreichen, zu'stande bringen; **8.** planen; *b.s.* anzetteln; **9.** → ***encompass***; **~ bear·ing** *s.* ⚓ Kompaßpeilung *f*; **~ box** *s.* ⚓ Kompaßgehäuse *n*; **~ card** *s.* ⚓ Kompaßscheibe *f*, Windrose *f*.

com·pas·sion [kəm'pæʃn] *s.* Mitleid *n*, Erbarmen *n* (**for** mit); **to have** (*od.* **take**) **~** (**on**) Mitleid haben (mit), sich erbarmen (*gen.*); **com'pas·sion·ate** [-ʃənət] *adj.* □ mitleidsvoll: **~ allowance** (gesetzlich nicht verankerte Beihilfe als) Härteausgleich *m*; **~ leave** ⚔ Sonderurlaub *m* aus familiären Gründen.

com·pass| nee·dle *s.* Kompaßnadel *f*; **~ plane** *s.* ⚙ Rundhobel *m*; **~ rose** *s.* ⚓ Windrose *f*; **~ saw** *s.* Stichsäge *f*; **~ win·dow** *s.* △ Rundbogenfenster *n*.

com·pat·i·bil·i·ty [kəmˌpætə'bɪlətɪ] *s.* **1.** Vereinbarkeit *f*; **2.** Verträglichkeit *f*; **3.** *Nachrichtentechnik*: Kompatibili'tät *f*; **com·pat·i·ble** [kəm'pætəbl] *adj.* □ **1.** (mitein'ander) vereinbar, im Einklang (**with** mit); **2.** angemessen (**with** *dat.*); **3.** ⚕ verträglich; **4.** *Nachrichtentechnik*: kompa'tibel.

com·pa·tri·ot [kəm'pætrɪət] *s.* Landsmann *m*, -männin *f*.

com·peer [kɒm'pɪə] *s.* **1.** Standesgenosse *m*; Gleichgestellte(r *m*) *f*: **have no ~** nicht seinesgleichen haben; **2.** Kame'rad(in).

com·pel [kəm'pel] *v/t.* **1.** zwingen, nötigen; **2.** *et.* erzwingen; *a. Bewunderung etc.* abnötigen (**from s.o.** j-m); **3. ~ s.o. to s.th.** j-m et. aufzwingen; **com'pel·ling** [-lɪŋ] *adj.* **1.** zwingend, stark; **2.** 'unwiderˌstehlich; verlockend.

com·pen·di·ous [kəm'pendɪəs] *adj.* □ kurz(gefaßt), gedrängt; **com'pen·di·um** [-əm] *pl.* **-ums**, **-a** [-ə] *s.* **1.** Kom'pendium *n*, Handbuch *n*; **2.** Zs.-fassung *f*, Abriß *m*.

com·pen·sate ['kɒmpenseɪt] **I** *v/t.* **1.** *j-n* entschädigen (**for** für, **by** durch), *Am. a.* bezahlen, entlohnen; **2.** *et.* ersetzen, vergüten (**to s.o.** j-m); **3.** aufwiegen, ausgleichen (*a.* ⚙), *bsd. psych. u.* ⚙ kompensieren; **II** *v/i.* **4.** (**for**) ersetzen (*acc.*); Ersatz leisten (für); wettmachen (*acc.*); **5. ~ for** → 3; **6.** sich ausgleichen *od.* aufheben; **com·pen·sa·tion** [ˌkɒmpen'seɪʃn] *s.* **1.** Entschädigung *f*, (Schaden)Ersatz *m*; **2.** *Am.* Vergütung *f*, Entgelt *n*; **3.** Belohnung *f*; **4.** *pl.* Vorteile *pl.*; **5.** ⚖ Abfindung *f*; Aufrechnung *f*; **6.** ⚗, ϟ, ⚙, *psych.* Kompensati'on *f*; **com·pen·sa·tive** [kəm'pensətɪv] *adj.* **1.** entschädigend, Entschädigungs…; vergütend; **2.** Ersatz…; **3.** kompensierend, ausgleichend; **'com·pen·sa·tor** [-tə] *s.* ⚙ Kompen'sator *m*, Ausgleichsvorrichtung *f*; **com·pen·sa·to·ry** [kəm'pensətərɪ] → ***compensative***.

com·père ['kɒmpeə] (*Fr.*) *bsd. Brit.* **I** *s.* Conférenci'er *m*, Ansager(in); **II** *v/t. u. v/i.* konferieren, ansagen (bei).

com·pete [kəm'piːt] *v/i.* **1.** in Wettbewerb treten, sich (mit)bewerben (**for** um); **2.** konkurrieren (*a.* ✝), wetteifern, sich messen (**with** mit); sich behaupten; **3.** *sport* am Wettkampf teilnehmen; kämpfen (**for** um).

com·pe·tence ['kɒmpɪtəns], **'com·pe·ten·cy** [-sɪ] *s.* **1.** (**for**) Befähigung *f* (zu), Tauglichkeit *f* (für); **2.** ⚖ a) Kompe'tenz *f*, Zuständigkeit *f*, Befugnis *f*, b) Zurechnungsfähigkeit *f*; **3.** Auskommen *n*; **'com·pe·tent** [-nt] *adj.* □ **1.** (leistungs)fähig, tüchtig; fachkundig, qualifiziert; **2.** ausreichend, angemessen; **3.** ⚖ a) zuständig, befugt, b) zulässig (*Zeuge*), c) zurechnungs-, geschäftsfähig; **4.** statthaft.

com·pe·ti·tion [ˌkɒmpɪ'tɪʃn] *s.* **1.** Wettbewerb *m*, -kampf *m* (**for** um), *sport a.* Ver'anstaltung *f*, Konkur'renz *f*; **2.** ✝ Konkur'renz *f*: a) Wettbewerb *m*: **open** (**unfair**) **~** freier (unlauterer) Wettbewerb; **destructive ~** ruinöser Wettbewerb, b) Konkur'renzkampf *m*, c) Konkur'renzfirmen *pl.*; **3.** Preisausschreiben *n*; **4.** Gegner *pl.*, Ri'valen *pl.*, Konkur'renz *f*; **com·pet·i·tive** [kəm'petətɪv] *adj.* □ **1.** konkurrierend, Konkurrenz…, Wettbewerbs…: **~ capacity** ✝ Konkurrenzfähigkeit *f*; **~ edge** Wettbewerbsvorteil *m*; **~ pressure** Wettbewerbsdruck *m*; **~ sport(s)** Kampfsport *m*; **2.** konkur'renz-, wettbewerbsfähig (*Preise etc.*); **com·pet·i·tive·ness** [kəm'petətɪvnɪs] *s.* ✝ Konkur'renz-, Wettbewerbsfähigkeit *f*; **com·pet·i·tor** [kəm'petɪtə] *s.* **1.** Mitbewerber(in) (**for** um); **2.** ✝ Konkur'rent(in); **3.** *sport* Teilnehmer(in), Ri'vale *m*, Ri'valin *f*.

com·pi·la·tion [ˌkɒmpɪ'leɪʃn] *s.* Kompilati'on *f*: a) Zs.-stellung *f*, b) Sammelwerk *n* (*Buch*); **com·pile** [kəm'paɪl] *v/t.* **1.** zs.-stellen, kompilieren; **2.** *Material* zs.-tragen; **com·pil·er** [kəm'paɪlə] *s.* **1.** Bearbeiter(in), Verfasser(in); **2.** *Computer*: Com'piler *m*.

com·pla·cence [kəm'pleɪsns], **com·'pla·cen·cy** [-sɪ] *s.* 'Selbstzuˌfriedenheit *f*, -gefälligkeit *f*; **com'pla·cent** [-nt] *adj.* □ 'selbstzuˌfrieden, -gefällig.

com·plain [kəm'pleɪn] *v/i.* **1.** sich beklagen, sich beschweren (**of**, **about** über *acc.*, **to** bei, **that** daß); **2.** klagen (**of** über *acc.*); **3.** ✝ reklamieren: **~ about** *a. et.* beanstanden; **4.** ⚖ a) klagen, b) (Straf)Anzeige erstatten (**of** gegen); **com'plain·ant** [-nənt] *s.* ⚖ Kläger(in); Beschwerdeführer *m*; **com'plaint** [-nt] *s.* **1.** Klage *f*, Beschwerde *f*, Beanstandung *f*: **make a ~ about** Klage führen über (*acc.*); **2.** ⚖ Klage *f*, *a.* Strafanzeige *f*; **3.** ✝ Reklamati'on *f*, Beanstandung *f*; **4.** ⚕ Beschwerde *f*, Leiden *n*.

com·plai·sance [kəm'pleɪzəns] *s.* Gefälligkeit *f*, Willfährigkeit *f*, Höflichkeit *f*; **com'plai·sant** [-nt] *adj.* □ gefällig, entgegenkommend.

com·ple·ment I *v/t.* ['kɒmplɪment] **1.** ergänzen, ver'vollständigen: **~ each**

other sich (gegenseitig) ergänzen; **II** *s.* [-mənt] **2.** Ergänzung *f*, Ver'vollständigung *f*; **3.** 'Vollständigkeit *f*, -zähligkeit *f*; **4.** *a.* ***full ~*** volle Anzahl *od.* Menge; ⚓ volle Besatzung; **5.** *ling.* Ergänzung *f*; **6.** ⩚ Komple'ment *n*; **com·ple·men·tal** [ˌkɒmplɪ'mentl] *adj.* □, **com·ple·men·ta·ry** [ˌkɒmplɪ'mentərɪ] *adj.* Ergänzungs..., Komplementär... (*a.* ⩚, *Farben*); (sich) ergänzend.

com·plete [kəm'pli:t] **I** *adj.* □ **1.** 'vollständig, voll'kommen, völlig, ganz, kom'plett: ***~ with ...*** samt (*dat.*), ... eingeschlossen; **2.** 'vollzählig, sämtlich; **3.** beendet, fertig; **4.** völlig: ***a ~ surprise***; **5.** *obs.* per'fekt; **II** *v/t.* **6.** ver'vollständigen, ergänzen; **7.** beenden, abschließen, fertigstellen, erledigen; **8.** voll'enden, ver'vollkommnen; *Formular* ausfüllen; **com'plete·ly** [-lɪ] *adv.*: ***~ automatic*** vollautomatisch; **com'plete·ness** [-nɪs] *s.* 'Vollständigkeit *f*, Voll'kommenheit *f*; **com'ple·tion** [-i:ʃn] *s.* **1.** Voll'endung *f*, Fertigstellung *f*, Abschluß *m*, Ablauf *m*: ***(up)on ~ of*** nach Vollendung *od.* Ablauf von *od. gen.*; ***bring to ~*** zum Abschluß bringen, fertigstellen; ***~ date*** Fertigstellungstermin *m*; **2.** Ver'vollständigung *f*; **3.** (Vertrags- *etc.*)Erfüllung *f*; **4.** Ausfüllung *f* (*e-s Formulars*).

com·plex ['kɒmpleks] **I** *adj.* □ **1.** zs.-gesetzt (*a. ling.*); **2.** kompliziert, verwickelt; **II** *s.* **3.** Kom'plex *m* (*a. psych.*), Gesamtheit *f*, *das* Ganze; **4.** (Ge'bäude- *etc.*)Komˌplex *m*; **5.** ⚗ Kom'plexverbindung *f*; **com·plex·ion** [kəm'plekʃn] *s.* **1.** Gesichtsfarbe *f*, Teint *m*; **2.** *fig.* Aussehen *n*, Anstrich *m*, Cha'rakter *m*: ***that puts a different ~ on it*** das gibt der Sache ein (ganz) anderes Gesicht; **3.** *fig.* Cou'leur *f*, (po'litische) Richtung; **com·plex·i·ty** [kəm'pleksɪtɪ] *s.* **1.** Komplexi'tät *f* (*a.* ⩚), Kompliziertheit *f*, Vielschichtigkeit *f*; **2.** *et.* Kom'plexes.

com·pli·ance [kəm'plaɪəns] *s.* **1.** Einwilligung *f*, Erfüllung *f*; Befolgung *f* (***with*** *gen.*): ***in ~ with*** gemäß; **2.** Willfährigkeit *f*; **com'pli·ant** [-nt] *adj.* □ willfährig.

com·pli·ca·cy ['kɒmplɪkəsɪ] *s.* Kompliziertheit *f*; **com·pli·cate** ['kɒmplɪkeɪt] *v/t.* komplizieren; **'com·pli·cat·ed** [-keɪtɪd] *adj.* kompliziert; **com·pli·ca·tion** [ˌkɒmplɪ'keɪʃn] *s.* **1.** Komplikati'on *f* (*a.* ⚕); **2.** Kompliziertheit *f*.

com·plic·i·ty [kəm'plɪsətɪ] *s.* Mitschuld *f*, Mittäterschaft *f*: ***look of ~*** komplizenhafter Blick.

com·pli·ment I *s.* ['kɒmplɪmənt] **1.** Kompli'ment *n*: ***pay s.o. a ~*** j-m ein Kompliment machen; → ***fish*** 8; **2.** Ehrenbezeigung *f*, Lob *n*: ***do s.o. the ~*** j-m die Ehre erweisen (***of*** zu *inf. od. gen.*); **3.** Empfehlung *f*, Gruß *m*: ***my best ~s*** m-e Empfehlung; ***with the ~s of the season*** mit den besten Wünschen zum Fest; **II** *v/t.* [-ment] **4.** (***on***) beglückwünschen (zu); *j-m* Kompli'mente machen (über *acc.*); **com·pli·men·ta·ry** [ˌkɒmplɪ'mentərɪ] *adj.* **1.** höflich, Höflichkeits...; schmeichelhaft: ***~ close*** Gruß-, Schlußformel *f* (*in Briefen*); **2.** Ehren...: ***~ ticket*** Ehren-, Freikarte *f*; ***~ dinner*** Festessen *n*; **3.** Frei..., Gratis...: ***~ copy*** Freiexemplar *n*; ***~ meals*** kostenlose Mahlzeiten.

com·plot ['kɒmplɒt] **I** *s.* Kom'plott *n*, Verschwörung *f*; **II** *v/i.* sich verschwören.

com·ply [kəm'plaɪ] *v/i.* (***with***) *e-r Bitte etc.* nachkommen *od.* entsprechen, erfüllen (*acc.*), *Regel etc.* befolgen, einhalten: ***he would not ~*** er wollte nicht einwilligen.

com·po ['kɒmpəʊ] (*abbr. für* ***composition***) *s.* Putz *m*, Gips *m*, Mörtel *m etc.*

com·po·nent [kəm'pəʊnənt] **I** *adj.* e-n Teil bildend, Teil...: ***~ part*** → **II** *s.* (Bestand)Teil *m*, ⚙ *a.* 'Baueleˌment *n*.

com·port [kəm'pɔ:t] **I** *v/t.* ***~ o.s.*** sich betragen; **II** *v/i.* ***~ with*** passen zu.

com·pos ['kɒmpəs] → ***compos mentis.***

com·pose [kəm'pəʊz] **I** *v/t.* **1.** *mst pass.* zs.-setzen: ***be ~d of*** bestehen aus; **2.** bilden; **3.** entwerfen, ordnen, zurechtlegen; **4.** aufsetzen, verfassen; **5.** ♪ komponieren; **6.** *typ.* setzen; **7.** *Streit* schlichten; *s-e Gedanken* sammeln; **8.** besänftigen: ***~ o.s.*** sich beruhigen, sich fassen; **9.** ***~ o.s.*** sich anschicken (***to*** zu); **II** *v/i.* **10.** schriftstellern, dichten; **11.** komponieren; **com'posed** [-zd] *adj.*, **com'pos·ed·ly** [-zɪdlɪ] *adv.* ruhig, gelassen; **com'pos·ed·ness** [-zɪdnɪs] *s.* Gelassenheit *f*, Ruhe *f*; **com'pos·er** [-zə] *s.* **1.** ♪ Kompo'nist(in); **2.** Verfasser(in).

com·pos·ing [kəm'pəʊzɪŋ] *adj.* **1.** beruhigend, Beruhigungs...; **2.** *typ.* Setz...: ***~ machine***; ***~ room*** Setzerei *f*; ***~ stick*** Winkelhaken *m*.

com·pos·ite ['kɒmpəzɪt] **I** *adj.* □ **1.** zs.-gesetzt (*a.* ⩚), gemischt; vielfältig; Misch...: ***~ construction*** ⚠ Gemischtbauweise *f*; ***~ metal*** Verbundmetall *n*; **2.** ⚘ Korbblütler...; **II** *s.* **3.** Zs.-setzung *f*, Mischung *f*; **4.** ⚘ Korbblütler *m*; ***~ pho·to·graph*** *s.* 'Fotomonˌtage *f*.

com·po·si·tion [ˌkɒmpə'zɪʃn] *s.* **1.** Zs.-setzung *f* (*a. ling.*), Bildung *f*; **2.** Abfassung *f*, Entwurf *m*, Anordnung *f*, Gestaltung *f*, Aufbau *m*; **3.** Satzbau *m*; Stilübung *f*, Aufsatz *m*, *a.* Über'setzung *f*: ***English ~***; **4.** Schrift(werk *n*) *f*, Dichtung *f*; **5.** ♪ Kompositi'on *f*, Mu'sikstück *n*; **6.** *typ.* Setzen *n*, Satz *m*; **7.** *a.* ⚙, ⚗ Zs.-setzung *f*, Verbindung *f*, 'Mischmateriˌal *n*; **8.** Über'einkunft *f*, Abkommen *n*; **9.** ⚖, ✝ Vergleich *m mit Gläubigern*: ***~ proceedings*** (Konkurs)Vergleichsverfahren *n*; **10.** Wesen *n*, Na'tur *f*, Anlage *f*; **com·pos·i·tor** [kəm'pɒzɪtə] *s. typ.* (Schrift)Setzer *m*.

com·pos men·tis [ˌkɒmpəs'mentɪs] (*Lat.*) *adj.* ⚖ bei klarem Verstand, geschäftsfähig.

com·post ['kɒmpɒst] **I** *s.* Mischdünger *m*, Kom'post *m*; **II** *v/t.* kompostieren.

com·po·sure [kəm'pəʊʒə] *s.* (Gemüts-) Ruhe *f*, Gelassenheit *f*, Fassung *f*.

com·pote ['kɒmpɒt] *s.* **1.** Kom'pott *n*; **2.** Kom'pottschale *f*.

com·pound[1] ['kɒmpaʊnd] *s.* **1.** Lager *n*; **2.** Gefängnishof *m*; **3.** (Tier)Gehege *n*.

com·pound[2] [kəm'paʊnd] **I** *v/t.* **1.** mischen, mengen; zs.-setzen, vereinigen, verbinden; **2.** (zu)bereiten, herstellen; **3.** in Güte *od.* durch Vergleich beilegen; erledigen; **4.** ⚖, ✝ a) in Raten abzahlen, b) durch einmalige Zahlung regeln: ***~ creditors*** Gläubiger befriedigen; **5.** gegen Schadloshaltung auf Strafverfolgung (*gen.*) verzichten; **6.** verschlimmern, steigern; **II** *v/i.* **7.** *a.* ⚖, ✝ sich (durch Abfindung) einigen *od.* vergleichen (***with*** mit, ***for*** über *acc.*); **III** *s.* ['kɒmpaʊnd] **8.** Zs.-setzung *f*, Mischung *f*; Masse *f*; Präpa'rat *n*; **9.** ⚗ Verbindung *f*; **10.** *ling.* Kom'positum *n*; **IV** *adj.* ['kɒmpaʊnd] **11.** zs.-gesetzt (*a.* ⚘, ⩚, *ling.*); ϟ, ⚙ Verbund...(*-dynamo*, *-motor*, *-stahl etc.*): ***~ eye*** *zo.* Netz-, Facettenauge *n*; ***~ fracture*** ⚕ komplizierter Bruch; ***~ fruit*** ⚘ Sammelfrucht *f*; ***~ interest*** Staffel-, Zinseszinsen *pl.*; ***~ sentence*** *ling.* zs.-gesetzter Satz.

com·pre·hend [ˌkɒmprɪ'hend] *v/t.* **1.** um'fassen, einschließen; **2.** begreifen, verstehen; **ˌcom·pre'hen·si·ble** [-nsəbl] *adj.* begreiflich, verständlich; **ˌcom·pre'hen·sion** [-nʃən] *s.* **1.** 'Umfang *m*; **2.** Einbeziehung *f*; **3.** Begriffsvermögen *n*; Verstand *m*; Verständnis *n*, Einsicht *f*: ***quick (slow) of ~*** schnell (schwer) von Begriff; **4.** *bsd. eccl.* Duldung *f* (*anderer Ansichten*); **ˌcom·pre'hen·sive** [-nsɪv] **I** *adj.* □ **1.** um'fassend; inhaltsreich: ***(fully) ~ insurance*** *mot.* Vollkaskoversicherung *f*; ***~ school*** Gesamtschule *f*; ***go ~*** F a) die Gesamtschule einführen, b) in e-e Gesamtschule umgewandelt werden; **2.** verstehend: ***~ faculty*** Begriffsvermögen *n*; **II** *s.* **3.** *Brit.* Gesamtschule *f*; **ˌcom·pre'hen·sive·ness** [-nsɪvnɪs] *s.* 'Umfang *m*, Weite *f*; Reichhaltigkeit *f*; *das* Um'fassende.

com·press I *v/t.* [kəm'pres] zs.-drükken, -pressen, komprimieren; **II** *s.* ['kɒmpres] ⚕ Kom'presse *f*, 'Umschlag *m*; **com'pressed** [-st] *adj.* **1.** komprimiert, zs.-gepreßt: ***~ air*** Preß-, Druckluft *f*; **2.** *fig.* zs.-gefaßt, gedrängt, gekürzt; **com'press·i·ble** [-səbl] *adj.* komprimierbar; **com'pres·sion** [-eʃn] *s.* **1.** Zs.-pressen *n*, -drücken *n*; Verdichtung *f*, Druck *m*; **2.** *fig.* Zs.-drängung *f*; **3.** ⚙ Druck *m*, Kompressi'on *f*: ***~ mo(u)lding*** Formpressen *n*; ***~-mo(u)lded*** formgepreßt (*Plastik*); **com'pres·sive** [-sɪv] *adj.* zs.-pressend, Preß..., Druck...; **com'pres·sor** [-sə] *s.* **1.** ⚙ Kom'pressor *m*, Verdichter *m*; ✈ Lader *m*; **2.** *anat.* Schließmuskel *m*; **3.** ⚕ Druckverband *m*.

com·prise [kəm'praɪz] *v/t.* einschließen, um'fassen, enthalten, beinhalten.

com·pro·mise ['kɒmprəmaɪz] **I** *s.* **1.** Kompro'miß *m*, (gütlicher) Vergleich; Über'einkunft *f*; **II** *v/t.* **2.** durch Kompro'miß regeln; **3.** gefährden, aufs Spiel setzen; beeinträchtigen; **4.** (*a.* ***o.s.*** sich) bloßstellen *od.* kompromittieren; **III** *v/i.* **5.** e-n Kompro'miß schließen, zu e-r Über'einkunft gelangen (***on*** über *acc.*).

comp·trol·ler [kən'trəʊlə] *s.* (staatlicher) Rechnungsprüfer: ***2 General*** *Am.* Präsident *m* des Rechnungshofes.

com·pul·sion [kəm'pʌlʃn] *s.* Zwang *m* (*a. psych.*): ***under ~*** unter Zwang *od.* Druck, gezwungen; **com'pul·sive** [-lsɪv] *adj.* □ zwingend, (*a. psych.*) Zwangs...; **com'pul·so·ry** [-lsərɪ] *adj.* □ obliga'torisch, zwangsmäßig, Zwangs...; bindend; Pflicht...: ***~ auction*** ⚖ Zwangsversteigerung *f*; ***~ education*** allgemeine Schulpflicht; ***~ in-***

surance Pflichtversicherung *f*; ~ ***military service*** allgemeine Wehrpflicht; ~ ***purchase*** ⚖ Enteignung *f*; ~ ***subject*** *ped.* Pflichtfach *n*.

com·punc·tion [kəmˈpʌŋkʃn] *s.* a) Gewissensbisse *pl.*, b) Reue *f*, c) Bedenken *pl.*: ***without*** ~.

com·put·a·ble [kəmˈpjuːtəbl] *adj.* berechenbar; **com·put·a·hol·ic** [kəmˌpjuːtəˈhɒlɪk] *s.* Computerfreak *m*; **com·pu·ta·tion** [ˌkɒmpjuːˈteɪʃn] *s.* Berechnung *f*, ˈÜberschlag *m*, Schätzung *f*; **com·pute** [kəmˈpjuːt] **I** *v/t.* berechnen, schätzen, veranschlagen (***at*** auf *acc.*); **II** *v/i.* rechnen; **comˈput·er** [-tə] *s.* **1.** (Be)Rechner *m*; **2.** ⚡ Comˈputer *m*: ~ ***centre*** (*Am.* ***center***) Rechenzentrum *n*; ~ ***science*** Informatik *f*; ~***-aided*** computergestützt; ~***-control(l)ed*** computergesteuert; **comˈput·er·ize** [-təraɪz] *v/t.* a) auf Comˈputer ˈumstellen, b) mit Comˈputern betreiben.

com·rade [ˈkɒmrɪd] *s.* **1.** Kameˈrad *m*, Genosse *m*, Gefährte *m*: ~***-in-arms*** Waffenbruder *m*; **2.** *pol.* Genosse *m*; **ˈcom·rade·ly** [-lɪ] *adj.* kameˈradschaftlich; **ˈcom·rade·ship** [-ʃɪp] *s.* Kameˈradschaft *f*.

com·sat [ˈkɒmsæt] → ***communications satellite***.

con¹ [kɒn] *v/t.* (auswendig) lernen, sich (*dat.*) *et.* einprägen.

con² → ***conn***.

con³ [kɒn] **I** *s.* **1.** Neinstimme *f*; **2.** ˈGegenarguˌment *n*; → ***pro¹*** I; **II** *adv.* (da-) ˈgegen.

con⁴ [kɒn] *sl.* **I** *adj.* **1.** betrügerisch: ~ ***game*** → ***confidence game***; ~ ***man*** → 3; **II** *v/t.* **2.** ‚reinlegen': ~ ***s.o. out of*** j-n betrügen um; ~ ***s.o. into doing s.th.*** j-n (durch Schwindel) dazu bringen, et. zu tun; **III** *s.* **3.** Betrüger *m*; Hochstapler *m*; Gaˈnove *m*; **4.** Sträfling *m*.

con·cat·e·nate [kɒnˈkætɪneɪt] *v/t.* verketten, verknüpfen; **con·cat·e·na·tion** [kɒnˌkætɪˈneɪʃn] *s.* **1.** Verkettung *f*; **2.** Kette *f*.

con·cave [ˌkɒnˈkeɪv] **I** *adj.* □ **1.** konˈkav, hohl, ausgehöhlt; **2.** ⚙ hohlgeschliffen, Hohl…: ~ ***lens*** Zerstreuungslinse *f*; ~ ***mirror*** Hohlspiegel *m*; **II** *s.* **3.** (Aus)Höhlung *f*, Wölbung *f*; **con·cav·i·ty** [kɒnˈkævətɪ] → ***concave*** 3.

con·ceal [kənˈsiːl] *v/t.* (***from*** vor *dat.*) verbergen: a) (*a.* ⚙) verdecken, kaschieren, b) verhehlen, verschweigen, verheimlichen, *a.* ⚔ verschleiern, tarnen, c) verstecken: ~***ed assets*** ✝ verschleierte Vermögenswerte, *Bilanz*: unsichtbare Aktiva; **conˈceal·ment** [-mənt] *s.* **1.** Verbergung *f*, Verheimlichung *f*, Geheimhaltung *f*; **2.** Verborgenheit *f*; **3.** Versteck *n*.

con·cede [kənˈsiːd] **I** *v/t.* **1.** zugestehen, einräumen, zugeben, anerkennen (*a.* ***that*** daß); **2.** gewähren, einräumen: ~ ***a point*** a) in e-m Punkt nachgeben, b) (***to***) *sport dem Gegner* e-n Punkt abgeben; ~ ***a goal*** ein Tor zulassen; **II** *v/i.* **3.** *sport, pol.* F sich geschlagen geben; **conˈced·ed·ly** [-dɪdlɪ] *adv.* zugestandenermaßen.

con·ceit [kənˈsiːt] *s.* **1.** Eingebildetheit *f*, Einbildung *f*, (Eigen)Dünkel *m*: ***in my own*** ~ nach m-r Ansicht; ***out of*** ~ ***with*** überdrüssig (*gen.*); **2.** *obs.* guter *od.* seltsamer Einfall; **conˈceit·ed** [-tɪd] *adj.* □ eingebildet, dünkelhaft, eitel.

con·ceiv·a·ble [kənˈsiːvəbl] *adj.* □ denkbar, erdenklich, begreiflich, vorstellbar: ***the best plan*** ~ der denkbar beste Plan; **conˈceiv·a·bly** [-blɪ] *adv.* es ist denkbar, daß; **con·ceive** [kənˈsiːv] **I** *v/t.* **1.** *biol. Kind* empfangen; **2.** begreifen; sich denken *od.* vorstellen: ~ ***an idea*** auf e-n Gedanken kommen; **3.** er-, ausdenken, ersinnen; **4.** *in Worten* ausdrücken; **5.** *Wunsch* hegen, *(Ab)Neigung* fassen, entwickeln; **II** *v/i.* **6.** (***of***) sich *et.* vorstellen; **7.** empfangen (*schwanger werden*); *zo.* aufnehmen (*trächtig werden*).

con·cen·trate [ˈkɒnsəntreɪt] **I** *v/t.* **1.** konzentrieren (***on***, ***upon*** auf *acc.*): a) zs.-ziehen, -ballen, massieren, b) *Gedanken etc.* richten; **2.** *fig.* zs.-fassen (***in*** in *dat.*); **3.** ⚗ a) sättigen, konzentrieren, b) verstärken, *bsd. Metall* anreichern; **II** *v/i.* **4.** sich konzentrieren (*etc.*; → 1); **5.** sich *an e-m Punkt* sammeln; **III** *s.* **6.** ⚗ Konzenˈtrat *n*; **ˈcon·cen·trat·ed** [-tɪd] *adj.* konzentriert; **con·cen·tra·tion** [ˌkɒnsənˈtreɪʃn] *s.* **1.** Konzentrierung *f*, Konzentratiˈon *f*: a) Zs.-ziehung *f*, -fassung *f*, (Zs.-)Ballung *f*, Massierung *f*, (An)Sammlung *f* (*alle a.* ⚔): ~ ***camp*** Konzentrationslager *n*, b) Hinlenkung *f* auf ˈeinen Punkt, c) (geistige) Sammlung, gespannte Aufmerksamkeit; **2.** ⚗ Konzentratiˈon *f*, Dichte *f*, Sättigung *f*.

con·cen·tric [kɒnˈsentrɪk] *adj.* (□ ~***ally***) konˈzentrisch.

con·cept [ˈkɒnsept] *s.* **1.** Begriff *m*; **2.** Gedanke *m*, Auffassung *f*, Konzeptiˈon *f*; **con·cep·tion** [kənˈsepʃn] *s.* **1.** *biol.* Empfängnis *f*; **2.** Begriffsvermögen *n*, Verstand *m*; **3.** Begriff *m*, Auffassung *f*, Vorstellung *f*: ***no*** ~ ***of …*** keine Ahnung von …; **4.** Gedanke *m*, Iˈdee *f*; **5.** Plan *m*, Anlage *f*, Konˈzept *n*, Entwurf *m*; Schöpfung *f*; **con·cep·tion·al** [kənˈsepʃənl] *adj.* begrifflich, abˈstrakt; **con·cep·tive** [kənˈseptɪv] *adj.* **1.** begreifend, Begriffs…; **2.** ⚕ empfängnisfähig; **con·cep·tu·al** [kənˈseptjʊəl] → ***conceptive*** 1.

con·cern [kənˈsɜːn] **I** *v/t.* **1.** betreffen, angehen; interessieren, von Belang sein für: ***it does not*** ~ ***me*** *od.* ***I am not*** ~***ed*** es geht mich nichts an; ***to whom it may*** ~ an alle, die es angeht; Bescheinigung (*Überschrift auf Urkunden*); ***his hono(u)r is*** ~***ed*** es geht um s-e Ehre; → ***concerned*** 1; **2.** beunruhigen: ***don't let that*** ~ ***you*** mache dir deswegen keine Sorgen!; → ***concerned*** 4; **3.** ~ ***o.s.*** (***with***, ***about***) sich beschäftigen *od.* befassen (mit); sich kümmern (um); **II** *s.* **4.** Angelegenheit *f*, Sache *f*: ***that is no*** ~ ***of mine*** das ist nicht meine Sache, das geht mich nichts an; **5.** ✝ Geschäft *n*, Unterˈnehmen *n*, Betrieb *m*; → ***going*** 4; **6.** Beziehung *f*: ***have no*** ~ ***with*** nichts zu tun haben mit; **7.** Interˈesse *n* (***for*** für, ***in*** an *dat.*); **8.** Wichtigkeit *f*, Bedeutung *f*; **9.** Unruhe *f*, Sorge *f*; Bedenken *pl.* (***at***, ***about***, ***for*** um, wegen); **10.** F Ding *n*, Geschichte *f*; **conˈcerned** [-nd] *adj.* □ **1.** betroffen, berührt; **2.** (***in***) beteiligt, interessiert (an *dat.*); verwickelt (in *acc.*): ***the parties*** ~ die Beteiligten; **3.** (***with***, ***in***) beschäftigt (mit); handelnd (von); **4.** besorgt (***about***, ***at***, ***for*** um, ***that*** daß), *a.* (poˈlitisch *od.* soziˈal) engagiert; **5.** betrübt, sorgenvoll; **conˈcern·ing** [-nɪŋ] *prp.* betreffend, betreffs, hinsichtlich (*gen.*), was … betrifft, über (*acc.*), wegen.

con·cert I *s.* [ˈkɒnsət] **1.** ♪ Konˈzert *n*: ~ ***hall*** Konzertsaal *m*; ~ ***pitch*** Kammerton *m*; ***at*** ~ ***pitch*** *fig.* in Höchstform; ***screw o.s. up to*** ~ ***pitch*** *fig.* sich enorm steigern; ***up to*** ~ ***pitch*** *fig.* auf der Höhe, in Form; **2.** [-sɜːt] Einvernehmen *n*, Überˈeinstimmung *f*, Harmoˈnie *f*: ***in*** ~ ***with*** im Einvernehmen *od.* gemeinsam mit; ≗ ***of Europe*** *pol. hist.* Europäisches Konzert; **II** *v/t.* [kənˈsɜːt] **3.** *et.* verabreden, vereinbaren; *Kräfte etc.* vereinigen; **4.** planen; **III** *v/i.* [kənˈsɜːt] **5.** zs.-arbeiten; **con·cert·ed** [kənˈsɜːtɪd] *adj.* **1.** gemeinsam, gemeinschaftlich: ~ ***action*** gemeinsames Vorgehen, konzertierte Aktion; **2.** ♪ mehrstimmig arrangiert.

ˈcon·cert|ˌgo·er *s.* Konˈzertbesucher *m*; ~ **grand** *s.* Konˈzertflügel *m*.

con·cer·ti·na [ˌkɒnsəˈtiːnə] *s.* Konzerˈtina *f* (*Ziehharmonika*): ~ ***door*** Falttür *f*; **con·cer·to** [kənˈtʃeətəʊ] *pl.* **-tos** *s.* ♪ (ˈSolo)Konˌzert *n*.

con·ces·sion [kənˈseʃn] *s.* **1.** Zugeständnis *n*, Entgegenkommen *n*; **2.** Genehmigung *f*, Erlaubnis *f*, Gewährung *f*; **3.** amtliche *od.* staatliche Konzessiˈon, Priviˈleg *n*: a) Genehmigung *f*: ***mining*** ~ Bergwerkskonzession, b) *Am.* Gewerbeerlaubnis *f*, c) überˈlassenes Siedlungs- *od.* Ausbeutungsgebiet; **con·ces·sion·aire** [kənˌseʃəˈneə] *s.* ✝ Konzessiˈonsinhaber *m*; **conˈces·sion·ar·y** [-ʃnərɪ] *adj.* Konzessions…; bewilligt; **conˈces·sive** [-esɪv] *adj.* **1.** einräumend; **2.** *ling.* ~ ***clause*** Konzesˈsivsatz *m*.

conch [kɒŋk] *s. zo.* (Schale *f* der) See- *od.* Schneckenmuschel *f*; **con·cha** [ˈkɒŋkə] *pl.* **-chae** [-kiː] *s.* **1.** *anat.* Ohrmuschel *f*; **2.** △ Kuppeldach *n*.

con·chy [ˈkɒntʃɪ] *s. Brit. sl.* Kriegs-, Wehrdienstverweigerer *m* (*von* ***conscientious objector***).

con·cil·i·ate [kənˈsɪlɪeɪt] *v/t.* **1.** aus-, versöhnen; beschwichtigen; **2.** *Gunst etc.* gewinnen; **3.** ausgleichen; in Einklang bringen; **con·cil·i·a·tion** [kənˌsɪlɪˈeɪʃn] *s.* **1.** Versöhnung *f*, Schlichtung *f*: ~ ***board*** Schlichtungsausschuß *m*; **2.** Ausgleich *m*: ***debt*** ~ Schuldenausgleich; **conˈcil·i·a·tor** [-tə] *s.* Vermittler *m*, Schlichter *m*; **conˈcil·i·a·to·ry** [-ətərɪ] *adj.* versöhnlich, vermittelnd, Versöhnungs…

con·cin·ni·ty [kənˈsɪnətɪ] *s.* Feinheit *f*, Eleˈganz *f* (*Stil*).

con·cise [kənˈsaɪs] *adj.* □ kurz, gedrängt, knapp, präˈgnant: ~ ***dictionary*** Handwörterbuch *n*; **conˈcise·ness** [-nɪs] *s.* Kürze *f*, Präˈgnanz *f*.

con·clave [ˈkɒnkleɪv] *s.* **1.** *R.C.* Konˈklave *n*; **2.** geheime Sitzung.

con·clude [kənˈkluːd] **I** *v/t.* **1.** beenden, zu Ende führen; (be-, ab)schließen: ***to be*** ~***d*** Schluß folgt; ***he*** ~***d by saying*** zum Schluß sagte er (noch); **2.** *Vertrag etc.* (ab)schließen; **3.** schließen, folgern (***from*** aus); **4.** beschließen, entscheiden; **II** *v/i.* **5.** schließen, enden, aufhören (***with*** mit); **con'clud·ing** [-dɪŋ] *adj.* (ab)schließend, End…, Schluß…; **con'clu·sion** [-u:ʒn] *s.* **1.** (Ab)Schluß *m*, Ende *n*: ***bring to a ~*** zum Abschluß bringen; ***in ~*** zum Schluß, schließlich; **2.** (*Vertrags- etc.*)Abschluß *m*: ***~ of peace*** Friedensschluß *m*; **3.** Schluß *m*, (Schluß)Folgerung *f*: ***come to the ~*** zu dem Schluß *od.* der Überzeugung kommen; ***draw a ~*** e-n Schluß ziehen; ***jump*** *od.* ***rush to ~s*** voreilige Schlüsse ziehen; **4.** Beschluß *m*, Entscheidung *f*; **5.** Ausgang *m*, Folge *f*, Ergebnis *n*; **6.** ***try ~s with*** sich *od.* s-e Kräfte messen mit; **con'clu·sive** [-u:sɪv] *adj.* □ schlüssig, endgültig, entscheidend, über'zeugend, maßgebend: ***~ evidence*** ⚖ schlüssiger Beweis; **con'clu·sive·ness** [-u:sɪvnɪs] *s.* Endgültigkeit *f*, Triftigkeit *f*; Schlüssigkeit *f*, Beweiskraft *f*.

con·coct [kən'kɒkt] *v/t.* zs.-brauen (*a. fig.*); *fig.* aushecken, sich ausdenken; **con'coc·tion** [-kʃn] *s.* **1.** (Zs.-)Brauen *n*, Bereiten *n*; **2.** Mischung *f*, Trank *m*; Gebräu *n*; **3.** *fig.* Aushecken *n*, Ausbrüten *n*; **4.** *fig.* Gebräu *n*; Erfindung *f*: ***~ of lies*** Lügengewebe *n*.

con·com·i·tance [kən'kɒmɪtəns], **con'com·i·tan·cy** [-sɪ] *s.* **1.** Zs.-bestehen *n*, Gleichzeitigkeit *f*; **2.** *eccl.* Konkomi'tanz *f*; **con'com·i·tant** [-nt] **I** *adj.* □ begleitend, Begleit…, gleichzeitig; **II** *s.* Begleiterscheinung *f*, -umstand *m*.

con·cord ['kɒŋkɔ:d] *s.* **1.** Eintracht *f*, Einklang *m*; Über'einstimmung *f* (*a. ling.*); **2.** ♪ Zs.-klang *m*, Harmo'nie *f*.

con·cord·ance [kən'kɔ:dəns] *s.* **1.** Über'einstimmung *f*; **2.** Konkor'danz *f*; **con·cord·ant** [kən'kɔ:dənt] *adj.* □ (***with***) über'einstimmend (mit), entsprechend (*dat.*); har'monisch (*a.* ♪); **con·cor·dat** [kɒn'kɔ:dæt] *s. eccl.* Konkor'dat *n*.

con·course ['kɒŋkɔ:s] *s.* **1.** Zs.-treffen *n*; **2.** Ansammlung *f*, Auflauf *m*, Menge *f*; **3.** a) *Am.* Fahrweg *m od.* Prome'nadeplatz *m* (*im Park*), b) Bahnhofshalle *f*, c) freier Platz.

con·crete [kən'kri:t] **I** *v/t.* **1.** zu e-r festen Masse verbinden, zs.-ballen *od.* vereinigen; **2.** ['kɒnkri:t] ⚙ betonieren; **II** *v/i.* **3.** sich zu e-r festen Masse verbinden; **III** *adj.* □ ['kɒnkri:t] **4.** kon'kret (*a. ling., phls.,* ♪ *etc.*), greifbar, wirklich, dinglich; **5.** fest, dicht, kom'pakt; **6.** A benannt; **7.** ⚙ betoniert, Beton…; **IV** *s.* ['kɒnkri:t] **8.** kon'kreter Begriff: ***in the ~*** im konkreten Sinne, in Wirklichkeit; **9.** ⚙ Be'ton *m*: ***~ jungle*** Betonwüste *f*; **con'cre·tion** [-i:ʃn] *s.* **1.** Zs.-wachsen *n*, Verwachsung *f*; **2.** Festwerden *n*; Verhärtung *f*, feste Masse; **3.** Häufung *f*; **4.** ⚕ Absonderung *f*, Stein *m*, Knoten *m*; **con·cre·tize** ['kɒnkri:taɪz] *v/t.* konkretisieren.

con·cu·bi·nage [kɒn'kju:bɪnɪdʒ] *s.* Konkubi'nat *n*, wilde Ehe; **con·cu·bine** ['kɒŋkjʊbaɪn] *s.* **1.** Konku'bine *f*, Mä'tresse *f*; **2.** Nebenfrau *f*.

con·cu·pis·cence [kən'kju:pɪsns] *s.* Begierde *f*, Lüsternheit *f*; **con'cu·pis·cent** [-nt] *adj.* lüstern.

con·cur [kən'kɜ:] *v/i.* **1.** zs.-treffen, -fallen; **2.** mitwirken, beitragen (***to*** zu); **3.** (***with s.o., in s.th.***) über'einstimmen, gleicher Meinung sein (mit j-m, in e-r Sache), beipflichten (j-m, e-r Sache); **con'cur·rence** [-'kʌrəns] *s.* **1.** Zs.-treffen *n*; **2.** Mitwirkung *f*; **3.** Zustimmung *f*, Einverständnis *n*; **4.** A Schnittpunkt *m*; **con'cur·rent** [-'kʌrənt] **I** *adj.* □ **1.** gleichzeitig: ***~ condition*** ✝ Zug um Zug zu erfüllende Bedingung; ***~ sentence*** ⚖ gleichzeitige Verbüßung zweier Freiheitsstrafen; **2.** gemeinschaftlich; **3.** mitwirkend; **4.** über'einstimmend; **5.** A durch 'einen Punkt laufend; **II** *s.* **6.** Be'gleitˌumstand *m*.

con·cuss [kən'kʌs] *v/t. mst fig.* erschüttern; **con'cus·sion** [-ʌʃn] *s.* (*a.* ⚕ Gehirn)Erschütterung *f*: ***~ fuse*** ✕ Aufschlagzünder *m*; ***~ spring*** ⚙ Stoßdämpfer *m*.

con·demn [kən'dem] *v/t.* **1.** verdammen, verurteilen, miß'billigen, tadeln: ***his looks ~ him*** sein Aussehen verrät ihn; **2.** ⚖ verurteilen (***to death*** zum Tode); *fig. a.* verdammen (***to*** zu): ***~ed cell*** Todeszelle *f*; → ***cost*** 4; **3.** ⚖ als verfallen erklären, beschlagnahmen; *Am.* (zu öffentlichen Zwecken) enteignen; **4.** verwerfen; für gebrauchsunfähig *od.* unbewohnbar *od.* gesundheitsschädlich *od.* seeuntüchtig erklären; *Schwerkranke* aufgeben: ***~ed building*** abbruchreifes Gebäude; **con'dem·na·ble** [-mnəbl] *adj.* verdammenswert, verwerflich, sträflich; **con·dem·na·tion** [ˌkɒndem'neɪʃn] *s.* **1.** Verurteilung *f* (*a.* ⚖), Verdammung *f*, 'Mißbilligung *f*; **2.** Verwerfung *f*; Untauglichkeitserklärung *f*; **3.** Beschlagnahme *f*; *Am.* Enteignung *f*; **con'dem·na·to·ry** [-mnətərɪ] *adj.* verurteilend; verdammend.

con·den·sa·ble [kən'densəbl] *adj. phys.* kondensierbar; **con·den·sa·tion** [ˌkɒnden'seɪʃn] *s.* **1.** *bsd. phys.* Verdichtung *f*, Kondensati'on *f* (*Gase etc.*); Konzentrati'on *f* (*Licht*); **2.** Zs.-drängung *f*, Anhäufung *f*; **3.** *fig.* Zs.-fassung *f*, (Ab-)Kürzung *f*; **con·dense** [kən'dens] **I** *v/t.* **1.** *bsd. phys. Gase etc.* verdichten, kondensieren, niederschlagen; eindicken: ***~d milk*** Kondensmilch *f*; **2.** *fig.* zs.-drängen, -fassen; zs.-streichen, kürzen; **II** *v/i.* **3.** sich verdichten; flüssig werden; **con·dens·er** [kən'densə] *s.* **1.** ⚡, ⚙, *phys.* Konden'sator *m*; **2.** Kühlrohr *n*.

con·dens·ing| coil [kən'densɪŋ] *s.* ⚙ Kühlschlange *f*; **~ lens** *s. opt.* Sammel-, Kondensati'onslinse *f*.

con·de·scend [ˌkɒndɪ'send] *v/i.* **1.** sich her'ablassen, geruhen (***to*** [*mst inf.*] zu [*mst inf.*]); **2.** *b.s.* sich (soweit) erniedrigen (***to do*** zu tun); **3.** leutselig sein (***to*** gegen); **ˌcon·de'scend·ing** [-dɪŋ] *adj.* □ her'ablassend, gönnerhaft; **ˌcon·de'scen·sion** [-nʃn] *s.* Her'ablassung *f*, gönnerhaftes Wesen.

con·dign [kən'daɪn] *adj.* □ gebührend, angemessen (*Strafe*).

con·di·ment ['kɒndɪmənt] *s.* Würze *f*, Gewürz *n*.

con·di·tion [kən'dɪʃn] **I** *s.* **1.** Bedingung *f*; Vor'aussetzung *f*: ***on ~ that*** unter der Bedingung, daß; vorausgesetzt, daß; ***on no ~*** unter keinen Umständen, keinesfalls; ***to make it a ~*** es zur Bedingung machen; **2.** ⚖, ✝ (*Vertrags- etc.*) Bedingung *f*, Bestimmung *f*; Vorbehalt *m*, Klausel *f*; **3.** Zustand *m*, Verfassung *f*, Beschaffenheit *f*; *sport* Kondi'tion *f*, Form *f*: ***out of ~*** in schlechter Verfassung; ***in good ~*** gut in Form (*Person, Pferd etc.*), in gutem Zustand (*Sachen*); **4.** (*a.* Fa'milien)Stand *m*, Stellung *f*, Rang *m*: ***change one's ~*** heiraten; **5.** *pl.* 'Umstände *pl.*, Verhältnisse *pl.*, Lage *f*: ***weather ~s*** Witterung *f*; ***working ~s*** Arbeitsbedingungen; **6.** *Am. ped.* (Gegenstand *m* der) Nachprüfung *f*; **II** *v/t.* **7.** bedingen, bestimmen; regeln, abhängig machen: → ***conditioned***; **8.** *fig.* formen, gestalten; **9.** gewöhnen (***to*** an *acc.*, zu *tun*); **10.** *Tiere* in Form bringen; *Sachen* herrichten, in'stand setzen; ⚙ konditionieren, in *od.* e-n (*gewünschten*) Zustand bringen; *fig.* *j-n* programmieren (***to, for*** auf *acc.*); **11.** ✝ (*bsd. Textil*)*Waren* prüfen; **12.** *Am. ped.* e-e Nachprüfung auferlegen (*dat.*); **con'di·tion·al** [-ʃənl] **I** *adj.* □ **1.** (***on***) bedingt (durch), abhängig (von), eingeschränkt (durch); unverbindlich; ✝ unter Eigentumsvorbehalt (*Verkauf*): ***~ discharge*** ⚖ bedingte Entlassung; ***make ~ on*** abhängig machen von; **2.** *ling.* konditio'nal: ***~ clause*** → 3 a; ***~ mood*** → 3 b; **II** *s.* **3.** *ling.* a) Bedingungs-, Konditio'nalsatz *m*, b) Bedingungsform *f*, Konditio'nalis *m*, c) Be'dingungsparˌtikel *f*; **con'di·tion·al·ly** [-ʃnəlɪ] *adv.* bedingungsweise; **con'di·tioned** [-nd] *adj.* **1.** (***by***) bedingt (durch), abhängig (von): ***~ reflex*** *psych.* bedingter Reflex; **2.** (so) beschaffen *od.* geartet; in … Verfassung.

con·do ['kɒndəʊ] *s. Am.* F Eigentumswohnung *f*.

con·do·la·to·ry [kən'dəʊlətərɪ] *adj.* Beileids…, Kondolenz…; **con·dole** [kən'dəʊl] *v/i.* Beileid bezeigen, kondolieren (***with s.o. on s.th.*** j-m zu et.); **con'do·lence** [-əns] *s.* Beileid *n*, Kondo'lenz *f*.

con·dom ['kɒndəm] *s.* Kon'dom *n, m*, Präserva'tiv *n*.

con·do·min·i·um [ˌkɒndə'mɪnɪəm] *s.* **1.** *pol.* Kondo'minium *n*; **2.** *Am.* a) Eigentumswohnanlage *f*, b) *a.* ***~ apartment*** Eigentumswohnung *f*.

con·do·na·tion [ˌkɒndəʊ'neɪʃn] *s.* Verzeihung *f* (*bsd. ehelicher Untreue*); stillschweigende Duldung; **con·done** [kən'dəʊn] *v/t.* verzeihen.

con·dor ['kɒndɔ:] *s. orn.* 'Kondor *m*.

con·duce [kən'dju:s] *v/i.* (***to***) dienen, führen, beitragen (zu); förderlich sein (*dat.*); **con'du·cive** [-sɪv] *adj.* dienlich, förderlich (***to*** *dat.*).

con·duct **I** *v/t.* [kən'dʌkt] **1.** führen, (ge)leiten; → ***tour*** 1; **2.** (be)treiben, handhaben; führen, leiten, verwalten; **3.** *Feldzug, Krieg, Prozeß etc.* führen; **4.** ♪ dirigieren; **5.** ⚡, *phys.* leiten; **6.** ***~ o.s.*** sich betragen *od.* benehmen, sich (auf)führen; **II** *s.* ['kɒndʌkt] **7.** Führung *f*, Leitung *f*, Verwaltung *f*; Handhabung *f*; **8.** *fig.* Führung *f*, Betragen *n*; Verhalten *n*, Haltung *f*: ***~ sheet*** Strafregister(auszug *m*) *n*; **con'duct·ance** [-təns], **con·duct·i·bil·i·ty** [kənˌdʌktɪ'bɪlətɪ] *s.* ⚡, *phys.* Leitfähigkeit *f*; **con'duct·i·ble** [-tɪbl] *adj.* ⚡, *phys.* leitfähig; **con'duct·ing** [-tɪŋ] *adj.* ⚡, *phys.* Leit…, Leitungs…: ***~ wire*** Leitungsdraht *m*; **con'duc·tion** [-kʃn] *s. oft* ⚙, *phys.* Leitung *f*, (Zu)Führung *f*, Über'tragung *f*; **con'duc·tive** [-tɪv] *adj.*

phys. leitend, leitfähig; **con·duc·tiv·i·ty** [ˌkɒndʌkˈtɪvətɪ] *s.* ⚡, *phys.* speˈzifische Leitfähigkeit; **conˈduc·tor** [-tə] *s.* **1.** Führer *m*, Leiter *m*; **2.** ♪ Diriˈgent *m*; **3.** (Bus- *etc.*)Schaffner *m*; *Am.* 🚂 Zugbegleiter *m*; **4.** ⚡, *phys.* Leiter *m*; Ader *f* (*Kabel*); *Am. a.* Blitzableiter *m*; **conˈduc·tress** [-trɪs] *s.* Schaffnerin *f.*

con·duit [ˈkɒndɪt] *s.* **1.** Rohrleitung *f*, Röhre *f*; Kaˈnal *m* (*a. fig.*); **2.** Leitung *f* (*a. fig.*); **3.** ⚡ a) Rohrkabel *n*, b) Isolierrohr *n* (*für Leitungsdrähte*); **~ pipe** *s.* Leitungsrohr *n.*

cone [kəʊn] *s.* **1.** ⚔ *u. fig.* Kegel *m*: **~ *of fire*** Feuergarbe *f*; **~ *of rays*** Strahlenbündel *n*; **~ *sugar*** Hutzucker *m*; **2.** ⚙ Kegel *m*, Konus *m* (*a.* ⚡): **~ *drive*** Stufen(scheiben)antrieb *m*; **~ *friction clutch*** Reibungskupplung *f*; **~ *valve*** Kegelventil *n*; **3.** Bergkegel *m*; **4.** ⚘ (Tannen- *etc.*)Zapfen *m*; **5.** Waffeltüte *f für Speiseeis*; **coned** [-nd] *adj.* kegelförmig.

con·fab [ˈkɒnfæb] F *abbr. für* ***confabulation*** *u.* ***confabulate***; **con·fab·u·late** [kənˈfæbjʊleɪt] *v/i.* plaudern; **con·fab·u·la·tion** [kənˌfæbjʊˈleɪʃn] *s.* **1.** Plaudeˈrei *f*; **2.** *psych.* Konfabulatiˈon *f.*

con·fec·tion [kənˈfekʃn] *s.* **1.** Konˈfekt *n*, Süßwaren *pl.*, *mit Zucker* Eingemachtes *n*; **2.** ˈDamenˌmodearˌtikel *m* (*Kleid, Hut etc.*); **conˈfec·tion·er** [-nə] *s.* Konˈditor *m*: **~*'s sugar*** *Am.* Puderzucker *m*; **conˈfec·tion·er·y** [-nərɪ] *s.* **1.** Süßigkeiten *pl.*, Konˈditorwaren *pl.*; **2.** Süßwarengeschäft *n*, Konditoˈrei *f.*

con·fed·er·a·cy [kənˈfedərəsɪ] *s.* **1.** Bündnis *n*, Bund *m*; **2.** Staatenbund *m*; **3.** 2 *Am.* Konföderatiˈon *f* (*der Südstaaten im Bürgerkrieg*); **4.** Verschwörung *f*; **conˈfed·er·ate** [-rət] **I** *adj.* **1.** verbündet, verbunden, Bundes…: 2 *Am.* zur Konföderation der Südstaaten gehörig; **2.** mitschuldig; **II** *s.* **3.** Verbündete(r) *m*, Bundesgenosse *m*: 2 *Am. hist.* Konföderierte(r) *m*, Südstaatler *m*; **4.** Komˈplize *m*, Helfershelfer *m*; **III** *v/t. u. v/i.* [-dəreɪt] **5.** (sich) verbünden *od.* vereinigen *od.* zs.-schließen; **con·fed·er·a·tion** [kənˌfedəˈreɪʃn] *s.* **1.** Bund *m*, Bündnis *n*; Zs.-schluß *m*; **2.** Staatenbund *m*: ***Swiss*** 2 (Schweizer) Eidgenossenschaft *f.*

con·fer [kənˈfɜː] **I** *v/t.* **1.** *Titel etc.* verleihen, er-, zuteilen, überˈtragen, *Gunst* erweisen (***on, upon*** *dat.*); **2.** *nur noch Imperativ, abbr.* ***cf.*** vergleiche; **II** *v/i.* **3.** sich beraten, Rücksprache nehmen, verhandeln (***with*** mit); **con·fer·ee** [ˌkɒnfəˈriː] *s. Am.* **1.** Konfeˈrenzteilnehmer *m*; **2.** Empfänger *m e-s Titels etc.*; **con·fer·ence** [ˈkɒnfərəns] *s.* **1.** Konfeˈrenz *f*: a) Tagung *f*, Sitzung *f*, Zs.-kunft *f*, b) Besprechung *f*, Beratung *f*, Verhandlung *f*: ***at the ~*** auf der Konferenz *od.* Tagung; ***in ~*** bei e-r Besprechung (***with*** mit); **~ *call*** *teleph.* Sammel-, Konferenzgespräch *n*; **2.** Verband *m*; *Am. sport* Liga *f*; **conˈfer·ment** [-mənt] *s.* Verleihung *f* (***on, upon*** an *acc.*).

con·fess [kənˈfes] **I** *v/t.* **1.** *Schuld etc.* bekennen, (ein)gestehen; anerkennen, zugeben (*a.* ***that*** daß); **2.** *eccl.* a) beichten, b) *j-m* die Beichte abnehmen; **II** *v/i.* **3.** (***to***) (ein)gestehen (*acc.*), sich schuldig bekennen (*gen. od.* an *dat.*); **4.** *eccl.* beichten; **conˈfessed** [-st] *adj.* ☐ zugestanden; erklärt: ***a ~ enemy*** ein erklärter Gegner; **conˈfess·ed·ly** [-sɪdlɪ] *adv.* zugestandenermaßen; **conˈfes·sion** [-eʃn] *s.* **1.** Geständnis *n* (*a.* ⚖), Bekenntnis *n*: ***by*** (*od.* ***on***) ***his own ~*** nach (s-m) eigenen Geständnis; **2.** Einräumung *f*, Zugeständnis *n*; **3.** ⚖ *Zivilrecht*: Anerkenntnis *n*; **4.** *eccl.* Beichte *f*: ***dying ~*** Geständnis *n* auf dem Sterbebett; **5.** *eccl.* Konfessiˈon *f*: a) Glaubensbekenntnis *n*, b) Glaubensgemeinschaft *f*; **conˈfes·sion·al** [-eʃənl] **I** *adj.* konfessioˈnell, Bekenntnis…; Beicht…; **II** *s.* Beichtstuhl *m*; **conˈfes·sor** [-sə] *s.* **1.** (Glaubens)Bekenner *m*; **2.** *eccl.* Beichtvater *m.*

con·fet·ti [kənˈfetɪ] (*Ital.*) *s. pl. sg. konstr.* Konˈfetti *n.*

con·fi·dant [ˌkɒnfɪˈdænt] *s.* Vertraute(r) *m*, Mitwisser *m*; **ˌcon·fiˈdante** [-ˈdænt] *s.* Vertraute *f*, Mitwisserin *f.*

con·fide [kənˈfaɪd] **I** *v/i.* **1.** sich anvertrauen; (ver)trauen (***in*** *dat.*); **II** *v/t.* (***to***) **2.** vertraulich mitteilen, anvertrauen (*dat.*); **3.** *j-n* betrauen mit.

con·fi·dence [ˈkɒnfɪdəns] *s.* **1.** (***in***) Vertrauen *n* (auf *acc.*, zu), Zutrauen *n* (zu): ***have*** (*od.* ***place***) ***~ in s.o.*** zu j-m Vertrauen haben; ***take s.o. into one's ~*** j-n ins Vertrauen ziehen; ***be in s.o.'s ~*** j-s Vertrauen genießen; ***in ~*** vertraulich; **2.** Selbstvertrauen *n*, Zuversicht *f*; Überˈzeugung *f*; **3.** vertrauliche Mitteilung, Geheimnis *n*; → ***vote*** 1; **~ game** *s.*, **~ trick** *s.* **1.** a) (aufgelegter) Schwindel, b) Hochstapeˈlei *f*; **~ man** *s.* [*irr.*], **~ trick·ster** *s.* **1.** a) Betrüger *m*, b) Hochstapler *m*; **2.** *weitS.* Gaˈnove *m.*

con·fi·dent [ˈkɒnfɪdənt] *adj.* ☐ **1.** (***of, that***) überˈzeugt (von, daß), gewiß, sicher (*gen.*, daß); **2.** vertrauensvoll; **3.** zuversichtlich, getrost; **4.** selbstsicher; **5.** eingebildet, kühn; **con·fi·den·tial** [ˌkɒnfɪˈdenʃəl] *adj.* ☐ **1.** vertraulich, geheim; **2.** inˈtim, vertraut, Vertrauens…: **~ *agent*** Geheimagent *m*; **~ *clerk*** ✝ Prokurist *m*; **~ *secretary*** Privatsekretär(in); **con·fi·den·tial·ly** [ˌkɒnfɪˈdenʃəlɪ] *adv.* im Vertrauen: **~ *speaking*** unter uns gesagt; **con·fid·ing** [kənˈfaɪdɪŋ] *adj.* ☐ vertrauensvoll, zutraulich.

con·fig·u·ra·tion [kənˌfɪgjʊˈreɪʃn] *s.* **1.** Gestalt(ung) *f*, Bau *m*, Strukˈtur *f*; Anordnung *f*, Stellung *f*; **2.** *ast.* Konfiguratiˈon *f*, Aˈspekt *m.*

con·fine I *s.* [ˈkɒnfaɪn] *mst pl.* **1.** Grenze *f*, Grenzgebiet *n*; *fig.* Rand *m*, Schwelle *f*; **II** *v/t.* [kənˈfaɪn] **2.** begrenzen; be-, einschränken (***to*** auf *acc.*): **~ *o.s. to*** sich beschränken auf; ***be ~d to*** beschränkt sein auf (*acc.*); **3.** einsperren, einschließen: ***~d to bed*** bettlägerig; ***~d to one's room*** ans Zimmer gefesselt; ***be ~d to barracks*** Kasernenarrest haben, die Kaserne nicht verlassen dürfen; **4.** *pass.* (***of***) niederkommen (mit), entbunden werden (von); **conˈfined** [-nd] *adj.* **1.** beschränkt *etc.* (→ ***confine*** 2, 3); **2.** ⚕ verstopft; **conˈfine·ment** [-mənt] *s.* **1.** Beschränkung *f* (***to*** auf *acc.*); Beengtheit *f*; Gebundenheit *f*; **2.** Haft *f*, Gefangenschaft *f*; Arˈrest *m*: ***close ~*** strenge Haft; ***solitary ~*** Einzelhaft; **3.** Niederkunft *f*, Wochenbett *n.*

con·firm [kənˈfɜːm] *v/t.* **1.** *Nachricht, Auftrag, Wahrheit etc.* bestätigen; **2.** *Entschluß* bekräftigen; bestärken (***s.o. in s.th.*** j-n in e-r Sache); **3.** *Macht etc.* festigen; **4.** *eccl.* konfirmieren; *R.C.* firmen; **conˈfirm·a·ble** [-məbl] *adj.* zu bestätigen(d); **con·firm·and** [ˈkɒnfəmænd] *s. eccl.* a) Konfirˈmand(in), b) *R.C.* Firmling *m*; **con·fir·ma·tion** [ˌkɒnfəˈmeɪʃn] *s.* **1.** Bestätigung *f*; Bekräftigung *f*; **2.** Festigung *f*; **3.** *eccl.* Konfirmatiˈon *f*; *R.C.* Firmung *f*; **conˈfirm·a·tive** [-mətɪv] *adj.* ☐, **conˈfirm·a·to·ry** [-mətərɪ] *adj.* bestätigend: **~ *letter*** Bestätigungsschreiben *n*; **conˈfirmed** [-md] *adj.* fest, hartnäckig, eingewurzelt, unverbesserlich, Gewohnheits…; chronisch: **~ *bachelor*** eingefleischter Junggeselle.

con·fis·cate [ˈkɒnfɪskeɪt] *v/t.* beschlagnahmen, einziehen, konfiszieren; **con·fis·ca·tion** [ˌkɒnfɪˈskeɪʃn] *s.* Einziehung *f*, Beschlagnahme *f*, Konfiszierung *f*; F Plünderung *f*; **con·fis·ca·to·ry** [kənˈfɪskətərɪ] *adj.* konfiszierend, Beschlagnahme…; F räuberisch.

con·fla·gra·tion [ˌkɒnfləˈgreɪʃn] *s.* Feuersbrunst *f*, (großer) Brand.

con·flict I *s.* [ˈkɒnflɪkt] **1.** Konˈflikt *m*: a) Zs.-prall *m*, Zs.-stoß *m*, Kampf *m*, Auseinˈandersetzung *f*, Kollisiˈon *f*, Streit *m*, b) ˈWiderstreit *m*, -spruch *m*: ***armed ~*** bewaffnete Auseinandersetzung; ***inner ~*** innerer (*od.* seelischer) Konflikt; **~ *of interests*** Interessenkonflikt, -kollision; **~ *of laws*** Gesetzeskollision, *weitS.* internationales Privatrecht; **II** *v/i.* [kənˈflɪkt] **2.** (***with***) kollidieren, im ˈWiderspruch *od.* Gegensatz stehen (zu); **3.** sich widerˈsprechen; **con·flict·ing** [kənˈflɪktɪŋ] *adj.* widerˈstreitend, gegensätzlich; *a.* ⚖ entgegenstehend, kollidierend.

con·flu·ence [ˈkɒnflʊəns] *s.* **1.** Zs.-fluß *m*; **2.** Zustrom *m*, Zulauf *m* (*Menschen*); **3.** (Menschen)Menge *f*; **ˈcon·flu·ent** [-nt] **I** *adj.* zs.-fließend, -laufend; **II** *s.* Nebenfluß *m*; **con·flux** [ˈkɒnflʌks] → ***confluence.***

con·form [kənˈfɔːm] **I** *v/t.* **1.** (*a.* ***o.s.*** sich) anpassen (***to*** *dat. od.* an *acc.*); **II** *v/i.* **2.** (***to***) sich anpassen (*dat.*), sich richten (nach); sich fügen (*dat.*); entsprechen (*dat.*); **3.** *eccl. Brit.* sich der engl. Staatskirche unterˈwerfen; **conˈform·a·ble** [-məbl] *adj.* ☐ (***to***) **1.** konˈform, gleichförmig (mit); entsprechend, gemäß (*dat.*); **2.** vereinbar (mit); **3.** fügsam, nachgiebig; **conˈform·ance** [-məns] *s.* Anpassung *f* (***to*** an *acc.*); Überˈeinstimmung *f* (***with*** mit): ***in ~ with*** gemäß (*dat.*); **con·for·ma·tion** [ˌkɒnfɔːˈmeɪʃn] *s.* **1.** Anpassung *f*, Angleichung *f* (***to*** an *acc.*); **2.** Gestalt(-ung) *f*, Anordnung *f*, Bau *m*; **conˈform·ism** [-mɪzəm] *s.* Konforˈmismus *m*; **conˈform·ist** [-mɪst] *s.* Konforˈmist (-in): a) Angepaßte(r *m*) *f*, b) Anhänger(in) der engl. Staatskirche; **conˈform·i·ty** [-mətɪ] *s.* **1.** Gleichförmigkeit *f*, Ähnlichkeit *f*, Überˈeinstimmung *f*: ***in ~ with*** in Übereinstimmung mit, gemäß (*dat.*); **2.** (***to***) Anpassung *f* (an *acc.*); Befolgung *f* (*gen.*); **3.** *hist.* Zugehörigkeit *f* zur englischen Staatskirche.

con·found [kənˈfaʊnd] *v/t.* **1.** vermengen, verwechseln (***with*** mit); **2.** in

Unordnung bringen, verwirren; **3.** bestürzen, verblüffen; **4.** vernichten, vereiteln; **5.** [*a.* ˌkɒn-] F **~ *him!*** zum Teufel mit ihm!; **~ *it!*** verdammt!; **con'found·ed** [-dɪd] F **I** *adj.* □ (*a. int.*) verwünscht, verflixt; scheußlich; **II** *adv.*, *a.* **~*ly*** ‚verdammt' (*kalt, etc.*).

con·fra·ter·ni·ty [ˌkɒnfrə'tɜːnətɪ] *s.* **1.** *bsd. eccl.* Bruderschaft *f*, Gemeinschaft *f*; **2.** Brüderschaft *f*; **con·frère** ['kɒnfreə] (*Fr.*) *s.* Amtsbruder *m*, Kol'lege *m*.

con·front [kən'frʌnt] *v/t.* **1.** (*oft* feindlich) gegen'übertreten, -stehen (*dat.*); **2.** mutig begegnen (*dat.*); **3. ~ *s.o. with*** j-n konfrontieren mit, j-m *et.* entgegenhalten; ***be ~ed with*** sich gegenübersehen, gegenüberstehen (*dat.*); **con·fron·ta·tion** [ˌkɒnfrən'teɪʃn] *s.* Gegen'überstellung *f*, (*a. feindliche*) Konfrontati'on.

Con·fu·cian [kən'fjuːʃjən] **I** *adj.* konfuzi'anisch; **II** *s.* Konfuzi'aner(in); **Con'fu·cian·ism** [-nɪzəm] *s.* Konfuzia'nismus *m*.

con·fuse [kən'fjuːz] *v/t.* **1.** verwechseln, durchein'anderbringen (***with*** mit); **2.** verwirren: a) verlegen machen, aus der Fassung bringen, b) in Unordnung bringen; **3.** verworren *od.* undeutlich machen; **con'fused** [-zd] *adj.* □ **1.** verwirrt: a) kon'fus, verworren, wirr, b) verlegen, bestürzt; **2.** undeutlich, verworren: **~ *sounds***; **con'fus·ing** [-zɪŋ] *adj.* verwirrend; **con'fu·sion** [-uːʒn] *s.* **1.** Verwirrung *f*, Durchein'ander *n*, Unordnung *f*, Wirrwarr *m*; **2.** Aufruhr *m*, Lärm *m*; **3.** Bestürzung *f*: ***put s.o. to ~*** j-n in Verlegenheit bringen; **4.** Verworrenheit *f*; **5.** geistige Verwirrung; **6.** Verwechslung *f*.

con·fut·a·ble [kən'fjuːtəbl] *adj.* wider'legbar; **con·fu·ta·tion** [ˌkɒnfjuː'teɪʃn] *s.* Wider'legung *f*; **con·fute** [kən'fjuːt] *v/t.* **1.** *et.* wider'legen; **2.** *j-n* wider'legen, e-s Irrtums über'führen.

con·geal [kən'dʒiːl] **I** *v/t.* gefrieren *od.* gerinnen *od.* erstarren lassen (*a. fig.*); **II** *v/i.* gefrieren, gerinnen, erstarren (*a. fig.*); fest werden; **con'geal·ment** [-mənt] → ***congelation*** 1.

con·ge·la·tion [ˌkɒndʒɪ'leɪʃn] *s.* **1.** Gefrieren *n*, Gerinnen *n*, Erstarren *n*, Festwerden *n*; **2.** gefrorene (*etc.*) Masse.

con·ge·ner ['kɒndʒɪnə] *bsd. biol.* **I** *s.* gleichartiges *od.* verwandtes Ding *od.* Wesen; **II** *adj.* (art- *od.* stamm)verwandt (***to*** mit); **con·gen·er·ous** [kən'dʒenərəs] *adj.* gleichartig, verwandt.

con·gen·ial [kən'dʒiːnjəl] *adj.* □ **1.** (***with***) kongeni'al (*dat.*), (geistes)verwandt (mit *od. dat.*); **2.** sym'pathisch, zusagend, angenehm (***to*** *dat.*): ***be ~*** zusagen; **3.** zuträglich (***to*** *dat.*); **4.** freundlich; **5.** passend, angemessen, entsprechend (***to*** *dat.*); **con·ge·ni·al·i·ty** [kənˌdʒiːnɪ'ælətɪ] *s.* **1.** Geistesverwandtschaft *f*; **2.** Zuträglichkeit *f*.

con·gen·i·tal [kən'dʒenɪtl] *adj.* □ angeboren: **~ *defect*** Geburtsfehler *m*; **con'gen·i·tal·ly** [-təlɪ] *adv.* von Geburt (an); von Na'tur.

con·ger ['kɒŋgə], **~ eel** [ˌkɒŋgər'iːl] *s.* Meeraal *m*.

con·ge·ries [kɒn'dʒɪəriːz] *s. sg. u. pl.* Anhäufung *f*, (wirre) Masse.

con·gest [kən'dʒest] **I** *v/t.* **1.** zs.-drängen, über'füllen, anhäufen, stauen; **2.** *fig.* über'schwemmen; **3.** verstopfen; **II** *v/i.* **4.** sich ansammeln, sich stauen, sich verstopfen; **con'gest·ed** [-tɪd] *adj.* **1.** über'füllt (***with*** von); über'völkert: **~ *area*** Ballungsraum *m*; **2.** ⚕ mit Blut über'füllt; **con'ges·tion** [-tʃn] *s.* **1.** Anhäufung *f*, Andrang *m*, Stauung *f*, Über'füllung *f*: **~ *of population*** Übervölkerung *f*; ***traffic ~*** Verkehrsstauung; **2.** ⚕ Blutandrang *m* (***of the brain*** zum Gehirn), (Gefäß)Stauung *f*.

con·glo·bate ['kɒngləʊbeɪt] **I** *adj.*(zs.-)geballt, kugelig; **II** *v/t. u. v/i.* (sich) zs.-ballen (***into*** zu).

con·glom·er·ate [kən'glɒməreɪt] **I** *v/t. u. v/i.* (sich) zs.-ballen, verbinden, anhäufen; **II** *adj.* [-rət] zs.-geballt; *fig.* zs.-gewürfelt; **III** *s.* [-rət] *fig.* (An)Häufung *f*, Gemisch *n*, zs.-gewürfelte Masse, Konglome'rat *n* (*a. geol.*); **con·glom·er·a·tion** [kənˌglɒmə'reɪʃn] → ***conglomerate*** III.

con·glu·ti·nate [kən'gluːtɪneɪt] **I** *v/t.* zs.-leimen, -kitten; **II** *v/i.* zs.-kleben, -haften; **con·glu·ti·na·tion** [kənˌgluːtɪ'neɪʃn] *s.* Zs.-kleben *n*; Verbindung *f*.

Con·go·lese [ˌkɒŋgəʊ'liːz] *hist.* **I** *adj.* Kongo…, kongo'lesisch; **II** *s.* Kongo'lese *m*, Kongo'lesin *f*.

con·grat·u·late [kən'grætjʊleɪt] *v/t. j-m* gratulieren, Glück wünschen; *j-n* beglückwünschen (***on*** zu) (*alle a.* ***o.s.*** sich); **con·grat·u·la·tion** [kənˌgrætjʊ'leɪʃn] *s.* Glückwunsch *m*: **~*s!*** ich gratuliere!; **con'grat·u·la·tor** [-tə] *s.* Gratu'lant(in); **con'grat·u·la·to·ry** [-lətərɪ] *adj.* Glückwunsch…, Gratulations…

con·gre·gate ['kɒŋgrɪgeɪt] *v/t. u. v/i.* (sich) (ver)sammeln.

con·gre·ga·tion [ˌkɒŋgrɪ'geɪʃn] *s.* **1.** (Kirchen)Gemeinde *f*; **2.** Versammlung *f*; **3.** *Brit. univ.* Versammlung *f* des Lehrkörpers *od.* des Se'nats; **ˌcon·gre'ga·tion·al** [-ʃənl] *adj. eccl.* **1.** Gemeinde…; **2.** ℒ unabhängig: ℒ ***chapel*** Kapelle *f* der ‚freien' Gemeinden; **ˌCon·gre'ga·tion·al·ism** [-ʃnəlɪzəm] *s. eccl.* Selbstverwaltung *f* der ‚freien' Kirchengemeinden, Independen'tismus *m*; **ˌCon·gre'ga·tion·al·ist** [-ʃnəlɪst] *s.* Mitglied *n* e-r ‚freien' Kirchengemeinde.

con·gress ['kɒŋgres] *s.* **1.** Kon'greß *m*, Tagung *f*; **2.** *pol. Am.* ℒ Kon'greß *m*, gesetzgebende Versammlung; **3.** Geschlechtsverkehr *m*.

con·gres·sion·al [kəŋ'greʃənl] *adj.* **1.** Kongreß…; **2.** *pol. Am.* ℒ Kongreß…: ℒ ***medal*** Verdienstmedaille *f*.

'Con·gress·man [-mən] *s.* [*irr.*] *pol.* Mitglied *n* des amer. Repräsen'tantenhauses, Kon'greßabgeordnete(r) *m*.

con·gru·ence ['kɒŋgrʊəns] *s.* **1.** Über'einstimmung *f*; **2.** A Kongru'enz *f*; **'con·gru·ent** [-nt] *adj.* kongru'ent: a) (***with***) über'einstimmend (mit), entsprechend (*dat.*), b) A deckungsgleich; **con·gru·i·ty** [kɒŋ'gruːətɪ] *s.* **1.** Über'einstimmung *f*; Angemessenheit *f*; **2.** Folgerichtigkeit *f*; **3.** A Kongru'enz *f*; **'con·gru·ous** [-ʊəs] *adj.* □ **1.** (***to, with***) übereinstimmend (mit), entsprechend (*dat.*); **2.** folgerichtig; passend.

con·ic ['kɒnɪk] **I** *adj.* → ***conical***; **II** *s. a.* **~ *section*** A a) Kegelschnitt *m*, b) *pl.* → ***conics***; **'con·i·cal** [-kl] *adj.* □ 'konisch, kegelförmig: **~ *frustrum*** A Kegelstumpf *m*; **co·nic·i·ty** [kə'nɪsətɪ] *s.* Konizi'tät *f*, Kegelform *f*; **'con·ics** [-ks] *s. pl. sg. konstr.* A Lehre *f* von den Kegelschnitten.

co·ni·fer ['kɒnɪfə] *s.* ⚘ Koni'fere *f*, Nadelbaum *m*; **co·nif·er·ous** [kəʊ'nɪfərəs] *adj.* ⚘ a) zapfentragend, b) Nadel…: **~ *tree***.

con·jec·tur·a·ble [kən'dʒektʃərəbl] *adj.* □ zu vermuten(d); **con'jec·tur·al** [-rəl] *adj.* □ mutmaßlich; **con·jec·ture** [kən'dʒektʃə] **I** *s.* **1.** Vermutung *f*, Mutmaßung *f*; (vage) I'dee; **II** *v/t.* **2.** vermuten, mutmaßen; **III** *v/i.* **3.** Mutmaßungen anstellen, mutmaßen.

con·join [kən'dʒɔɪn] *v/t. u. v/i.* (sich) verbinden *od.* vereinigen.

con·joint ['kɒndʒɔɪnt] *adj.* □ verbunden, vereinigt, gemeinsam, Mit…; **'con·joint·ly** [-lɪ] *adv.* zu'sammen, gemeinsam.

con·ju·gal ['kɒndʒʊgl] *adj.* □ ehelich, Ehe…, Gatten…

con·ju·gate ['kɒndʒʊgeɪt] **I** *v/t.* **1.** *ling.* konjugieren, beugen; **II** *v/i.* **2.** *biol.* sich paaren; **III** *adj.* [-gɪt] **3.** verbunden, gepaart; **4.** *ling.* wurzelverwandt; **5.** A zugeordnet; **6.** ⚘ paarig; **IV** *s.* [-gɪt] **7.** *ling.* wurzelverwandtes Wort; **con·ju·ga·tion** [ˌkɒndʒʊ'geɪʃn] *s. ling., biol.,* ⚙ Konjugati'on *f*, *ling. a.* Beugung *f*.

con·junct [kən'dʒʌŋkt] *adj.* □ verbunden, vereint, gemeinsam; **con'junc·tion** [-kʃən] *s.* **1.** Verbindung *f*: ***in ~ with*** zusammen mit; **2.** Zs.-treffen *n*; **3.** *ast., ling.* Konjunkti'on *f*; **con·junc·ti·va** [ˌkɒndʒʌŋk'taɪvə] *s. anat.* Bindehaut *f*; **con'junc·tive** [-tɪv] **I** *adj.* □ **1.** verbindend, Verbindungs…: **~ *tissue*** *anat.* Bindegewebe *n*; **2.** *ling.* 'konjunktivisch: **~ *mood*** Konjunktiv *m*; **II** *s.* **3.** *ling.* 'Konjunktiv *m*; **con'junc·tive·ly** [-tɪvlɪ] *adv.* gemeinsam; **con·junc·ti·vi·tis** [kənˌdʒʌŋktɪ'vaɪtɪs] *s.* ⚕ Bindehautentzündung *f*; **con'junc·ture** [-tʃə] *s.* **1.** Zs.-treffen *n* (*von Umständen*); **2.** 'Umstände *pl.*; **3.** Krise *f*; **4.** *ast.* Konjunkti'on *f*.

con·ju·ra·tion [ˌkɒndʒʊə'reɪʃn] *s.* **1.** feierliche Anrufung; Beschwörung *f*; **2.** a) Zauberformel *f*, b) Zaube'rei *f*.

con·jure¹ [kən'dʒʊə] *v/t.* beschwören, inständig bitten (***to*** *inf.* zu *inf.*).

con·jure² ['kʌndʒə] **I** *v/t.* **1.** *Geist etc.* beschwören: **~ *up*** heraufbeschwören (*a. fig.*), zitieren, hervorzaubern; **2.** behexen, (be)zaubern: **~ *away*** wegzaubern, bannen; **II** *v/i.* **3.** zaubern, hexen: ***a name to ~ with*** ein Name, der Wunder wirkt; **'con·jur·er, 'con·jur·or** [-dʒərə] *s.* **1.** Zauberer *m*, Zauberin *f*; **2.** Zauberkünstler *m*, Taschenspieler *m*; **'con·jur·ing trick** [-dʒərɪŋ] *s.* Zauberkunststück *n*.

conk¹ [kɒŋk] *s. sl.* ‚Riecher' *m* (*Nase*); *Am. a.* ‚Birne' (*Kopf*).

conk² [kɒŋk] *v/i. sl. mst* **~ *out*** **1.** ‚streiken', ‚den Geist aufgeben' (*Fernseher etc.*), ‚absterben' (*Motor*); **2.** ‚umkippen', ohnmächtig werden; **3.** ‚abkratzen', sterben.

con·ker ['kɒŋkə] *s.* F Ka'stanie *f*.

conn [kɒn] *v/t.* ⚓ *Schiff* steuern.

con·nate ['kɒneɪt] *adj.* **1.** angeboren; **2.** *biol.* verwachsen.

con·nat·u·ral [kə'nætʃrəl] *adj.* ☐ **1.** (*to*) gleicher Na'tur (wie); verwandt (*dat.*); **2.** angeboren.

con·nect [kə'nekt] **I** *v/t.* **1.** verbinden, verknüpfen (*mst* ***with*** mit): ***be ~ed*** (***with***) in Verbindung (mit) *od.* in Beziehungen (zu) treten *od.* stehen; ***be well ~ed*** *fig.* gute Beziehungen haben; **2.** ⚡ (***to***) anschließen (an *acc.*), verbinden (mit) (*a. teleph.*), zuschalten (*dat.*), Kon'takt herstellen zwischen (*dat.*); **3.** ⚙ (***to***) verbinden, zs.-fügen, koppeln (mit), ankuppeln (an *acc.*); **II** *v/i.* **4.** in Verbindung *od.* Zs.-hang treten *od.* stehen; **5.** 🚂 *etc.* Anschluß haben (***with*** an *acc.*); **6.** *Boxen*: ‚landen' (***with a blow*** e-n Schlag); **con'nect·ed** [-tɪd] *adj.* ☐ **1.** zs.-hängend; **2.** verwandt: ***~ by marriage*** verschwägert; → ***connect*** 1; **3.** (***with***) beteiligt (an *dat.*, bei), verwickelt (in *acc.*); **con'nect·ed·ly** [-tɪdlɪ] *adv.* zs.-hängend; logisch; **con'nect·ing** [-tɪŋ] *adj.* Binde…, Verbindungs…, Anschluß…: ***~ link*** Bindeglied *n*; ***~ rod*** ⚙ Kurbel-, Pleuelstange *f*; ***~ shaft*** ⚙ Transmissionswelle *f*; ***~ train*** Anschlußzug *m*.

con·nec·tion [kə'nekʃn] *s.* **1.** Verbindung *f*; **2.** ⚙ Verbindung *f*, Bindeglied *n*: ***hot-water ~s*** Heißwasseranlage *f*; **3.** Zs.-hang *m*, Beziehung *f*: ***in this ~*** in diesem Zs.-hang; ***in ~ with*** mit Bezug auf; **4.** per'sönliche Beziehung *od.* Verbindung; Verwandtschaft *f*, Verwandte(r *m*) *f*; **5.** *pl.* gute *od.* nützliche Beziehungen; Bekannten-, Kundenkreis *m*; **6.** ⚙ *allg.* Verbindung *f*, Anschluß *m* (*beide a.* ⚡, 🚂, *teleph. etc.*), Verbindungs-, Bindeglied *n*, ⚡ Schaltung *f*, Schaltverbindung *f*: ***~ fee*** Anschlußgebühr *f*; ***~ plug*** Anschlußstecker *m*; ***catch one's ~*** 🚂 den Anschluß erreichen; ***run in ~ with*** Anschluß haben an (*acc.*); **7.** (*bsd. religiöse*) Gemeinschaft; **con'nec·tive** [-ktɪv] **I** *adj.* verbindend: ***~ tissue*** *anat.* Binde-, Zellgewebe *n*; **II** *s. ling.* Bindewort *n*.

con·nex·ion → ***connection***.

con·ning tow·er ['kɒnɪŋ] *s.* ⚓, ⚔ Kom'mandoturm *m*.

con·niv·ance [kə'naɪvəns] *s.* stillschweigende Duldung *od.* Einwilligung (*a.* ⚖), bewußtes Über'sehen (***at, in*** *gen.*); ⚖ Begünstigung *f*; **con·nive** [kə'naɪv] *v/i.* (***at***) stillschweigend dulden (*acc.*), ein Auge zudrücken (bei), Vorschub leisten (*dat.*).

con·nois·seur [ˌkɒnə'sɜː] (*Fr.*) *s.* (Kunst- *etc.*)Kenner *m*: ***~ of*** (*od.* ***in***) ***wines*** Weinkenner.

con·no·ta·tion [ˌkɒnəʊ'teɪʃn] *s.* **1.** Mitbezeichnung *f*; (Neben)Bedeutung *f*; **2.** *phls.* Begriffsinhalt *m*; **con·note** [kɒ'nəʊt] *v/t.* mitbezeichnen, (zu'gleich) bedeuten.

con·nu·bi·al [kə'njuːbjəl] *adj.* ☐ ehelich, Ehe…; **con·nu·bi·al·i·ty** [kəˌnjuːbɪ'ælətɪ] *s.* **1.** Ehestand *m*; **2.** eheliche Zärtlichkeiten *pl.*

co·noid ['kəʊnɔɪd] **I** *adj.* kegelförmig; **II** *s.* ⛛ a) Kono'id *n*, b) Kono'ide *f* (*Fläche*).

con·quer ['kɒŋkə] **I** *v/t.* **1.** erobern, einnehmen, Besitz ergreifen von; **2.** *fig.* erobern, gewinnen; **3.** besiegen, über'winden; unter'werfen; **4.** *fig.* über'winden, bezwingen, Herr werden über (*acc.*); **II** *v/i.* **5.** siegen; Eroberungen machen; **'con·quer·ing** [-kərɪŋ] *adj.* siegreich; **'con·quer·or** [-kərə] *s.* **1.** Eroberer *m*; Sieger *m*: ***the* 2** *hist.* Wilhelm der Eroberer; **2.** F Entscheidungsspiel *n*.

con·quest ['kɒŋkwest] *s.* **1.** Eroberung *f*: a) Einnahme *f*: ***the* 2** *hist.* die normannische Eroberung, b) erobertes Gebiet, c) *fig.* Erringung *f*; **2.** Bezwingung *f*; **3.** *fig.* ‚Eroberung' *f*: ***make a ~ of s.o.*** j-n erobern.

con·san·guine [kɒn'sæŋgwɪn] *adj.* blutsverwandt; **con·san·guin·i·ty** [ˌkɒnsæŋ'gwɪnətɪ] *s.* Blutsverwandtschaft *f*.

con·science ['kɒnʃəns] *s.* Gewissen *n*: ***guilty ~*** schlechtes Gewissen; ***for ~ sake*** um das Gewissen zu beruhigen; ***in all ~*** F wahrhaftig; ***have s.th. on one's ~*** ein schlechtes Gewissen haben wegen e-r Sache; ***~ clause*** *s.* ⚖ Gewissensklausel *f*; ***~ mon·ey*** *s.* ano'nyme Steuernachzahlung; **'~-proof** *adj.* ‚abgebrüht'; **'~-ˌstrick·en** *adj.* von Gewissensbissen gepeinigt, reuevoll.

con·sci·en·tious [ˌkɒnʃɪ'enʃəs] *adj.* ☐ gewissenhaft, Gewissens…: ***~ objector*** Kriegs-, Wehrdienstverweigerer *m* (*aus Gewissensgründen*); **ˌcon·sci'en·tious·ness** [-nɪs] *s.* Gewissenhaftigkeit *f*.

-conscious [kɒnʃəs] *adj. in Zssgn* …bewußt; …freudig, …begeistert.

con·scious ['kɒnʃəs] *adj.* ☐ **1.** *pred.* bei Bewußtsein; **2.** bewußt: ***be ~ of*** sich bewußt sein (*gen.*), wissen von; ***be ~ that*** wissen *od.* überzeugt sein, daß; ***she became ~ that*** es kam ihr zum Bewußtsein, daß; **3.** wissentlich, bewußt: ***a ~ liar*** ein bewußter Lügner; **4.** (selbst)bewußt, über'zeugt: ***a ~ artist*** ein überzeugter Künstler; **5.** denkend: ***man is a ~ being***; **'con·scious·ly** [-lɪ] *adv.* bewußt, wissentlich; gewollt; **'con·scious·ness** [-nɪs] *s.* **1.** Bewußtsein *n*: ***lose ~*** das Bewußtsein verlieren; ***regain ~*** wieder zu sich kommen; **2.** (***of***) Bewußtsein *n* (*gen.*), Wissen *n* (um), Kenntnis *f* (von *od. gen.*): ***~-expanding*** bewußtseinserweiternd (*Droge*); ***~-raising*** Bewußtwerdung *f od.* -machung *f*; **3.** Denken *n*, Empfinden *n*.

con·script ['kɒnskrɪpt] **I** *adj.* zwangsweise eingezogen (*Soldat etc.*) *od.* verpflichtet (*Arbeiter*); **II** *s.* ⚔ Dienst-, Wehrpflichtige(r) *m*; ausgehobener Re'krut; **III** *v/t.* [kən'skrɪpt] *bsd.* ⚔ (zwangsweise) ausheben, einziehen; **con·scrip·tion** [kən'skrɪpʃn] *s.* **1.** *bsd.* ⚔ Zwangsaushebung *f*, Wehrpflicht *f*: ***industrial ~*** Arbeitsverpflichtung *f*; **2.** *a.* ***~ of wealth*** (Her'anziehung *f* zur) Vermögensabgabe *f*.

con·se·crate ['kɒnsɪkreɪt] **I** *v/t.* **1.** *eccl.* weihen; **2.** widmen; **3.** heiligen; **II** *adj.* **4.** geweiht, geheiligt; **con·se·cra·tion** [ˌkɒnsɪ'kreɪʃn] *s.* **1.** *eccl.* Weihung *f*, Einsegnung *f*; **2.** Heiligung *f*; **3.** Widmung *f*, Hingabe *f* (***to*** an *acc.*).

con·se·cu·tion [ˌkɒnsɪ'kjuːʃn] *s.* **1.** (Aufein'ander)Folge *f*, Reihe *f*; logische Folge; **2.** *ling.* Wort-, Zeitfolge *f*; **con·sec·u·tive** [kən'sekjʊtɪv] *adj.* ☐ **1.** aufein'anderfolgend, fortlaufend: ***six ~ days*** sechs Tage hintereinander; **2.** *ling.* ***~ clause*** Konsekutiv-, Folgesatz *m*; **con·sec·u·tive·ly** [kən'sekjʊtɪvlɪ] *adv.* nachein'ander, fortlaufend.

con·sen·sus [kən'sensəs] *s.* **1.** Über'einstimmung *f* (der Meinungen): ***~ of opinion*** übereinstimmende Meinung, allseitige Zustimmung; **2.** ✗ Wechselwirkung *f* (*Organe*).

con·sent [kən'sent] **I** *v/i.* **1.** (***to***) zustimmen (*dat.*), einwilligen (in *acc.*); **2.** sich bereit erklären (***to*** *inf.* zu *inf.*); **II** *s.* **3.** (***to***) Zustimmung *f* (zu), Einwilligung *f* (in *acc.*), Genehmigung *f* (für), Einverständnis *n* (zu): ***age of ~*** ⚖ (*bsd.* Ehe-)Mündigkeit *f*; ***with one ~*** einstimmig; ***by common ~*** mit allgemeiner Zustimmung; → ***silence*** 1; **con'sen·tient** [-nʃənt] *adj.* zustimmend.

con·se·quence ['kɒnsɪkwəns] *s.* **1.** Konse'quenz *f*, Folge *f*, Resul'tat *n*, Wirkung *f*: ***in ~*** folglich, daher; ***in ~ of*** infolge von (*od. gen.*), wegen; ***in ~ of which*** weswegen; ***take the ~s*** die Folgen tragen; ***with the ~ that*** mit dem Ergebnis, daß; **2.** (Schluß)Folgerung *f*, Schluß *m*; **3.** Wichtigkeit *f*, Bedeutung *f*, Einfluß *m*: ***of no ~*** ohne Bedeutung, unwichtig; ***a man of ~*** ein bedeutender *od.* einflußreicher Mann; **4.** *pl. mst sg. konstr.* ein Erzählspiel; **'con·se·quent** [-nt] **I** *adj.* ☐ → ***consequently***; **1.** (***on***) folgend (auf *acc.*), sich ergebend (aus); **2.** *phls.* logisch (richtig); **II** *s.* **3.** Folge(-erscheinung) *f*, Folgerung *f*, Schluß *m*; **4.** *ling.* Nachsatz *m*; **con·se·quen·tial** [ˌkɒnsɪ'kwenʃl] *adj.* ☐ **1.** sich ergebend (***on*** aus): ***~ damage*** ⚖ Folgeschaden *m*; **2.** logisch (richtig); **3.** 'indiˌrekt; **4.** wichtigtuerisch; **'con·se·quent·ly** [-ntlɪ] *adv.* **1.** folglich, deshalb; **2.** als Folge.

con·serv·an·cy [kən'sɜːvənsɪ] *s.* **1.** Aufsichtsbehörde *f* für Flüsse, Häfen *etc.*; **2.** Forstbehörde *f*: ***nature ~*** Naturschutz(amt *n*) *m*; **con·ser·va·tion** [ˌkɒnsə'veɪʃn] *s.* **1.** Erhaltung *f*, Bewahrung *f*; Instandhaltung *f*, Schutz *m* (*von Forsten, Flüssen, Boden*); Na'tur-, Umweltschutz *m*: ***~ of energy*** *phys.* Erhaltung der Energie; **2.** Haltbarmachung *f*, Konservierung *f*; **con·ser·va·tion·ist** [ˌkɒnsə'veɪʃənɪst] *s.* Na'tur- *od.* 'Umweltschützer *m*.

con·serv·a·tism [kən'sɜːvətɪzəm] *s.* Konserva'tismus *m* (*a. pol.*); **con'serv·a·tive** [-tɪv] **I** *adj.* **1.** erhaltend, konservierend; **2.** konserva'tiv (*a. pol.*, *mst* 2); **3.** zu'rückhaltend, vorsichtig (*Schätzung etc.*); **4.** unauffällig: ***~ dress***; **II** *s.* **5.** 2 *pol.* Konserva'tive(r) *m*.

con·ser·va·toire [kən'sɜːvətwɑː] (*Fr.*) *s. bsd. Brit.* Konserva'torium *n*, Hochschule *f* für Mu'sik (*etc.*).

con·ser·va·tor [kən'sɜːvətə] *s.* **1.** Konser'vator *m*, Mu'seumsdiˌrektor *m*; **2.** ⚖ *Am.* Vormund *m*; **con'serv·a·to·ry** [-trɪ] *s.* **1.** Treib-, Gewächshaus *n*, Wintergarten *m*; **2.** → ***conservatoire***; **con·serve** [kən'sɜːv] **I** *v/t.* **1.** erhalten, bewahren; beibehalten; **2.** schonen, sparsam 'umgehen mit; **3.** einmachen, konservieren; **II** *s.* **4.** *mst pl.* Eingemachtes *n*, Konfi'türe *f*.

con·sid·er [kən'sɪdə] **I** *v/t.* **1.** nachdenken über (*acc.*), (sich) über'legen, erwägen: ***~ a plan***; **2.** in Betracht ziehen, berücksichtigen, beachten, bedenken: ***~ his age!*** bedenken Sie sein Alter!; ***all things ~ed*** wenn man alles in Betracht zieht; → ***considered, considering***; **3.** Rücksicht nehmen auf (*acc.*): ***he never ~s others***; **4.** betrachten *od.* ansehen als, halten für: ***~ s.o.*** (***to be***) ***a fool*** j-n für e-n Narren halten; ***be ~ed rich*** als reich gelten; ***you may ~ yourself lucky*** du kannst dich glücklich schätzen; ***~ yourself at home*** tun Sie, als ob Sie zu Hause wären; ***~ yourself dismissed!*** betrachten Sie sich als entlassen!; **5.** denken, meinen, annehmen, finden (*a.* ***that*** daß); **II** *v/i.* **6.** nachdenken, über'legen; **con'sid·er·a·ble** [-dərəbl] **I** *adj.* □ beträchtlich, erheblich; bedeutend (*a. Person*); **II** *s. bsd. Am.* F e-e Menge, viel.

con·sid·er·ate [kən'sɪdərət] *adj.* □ rücksichtsvoll, aufmerksam (***towards, of*** gegen): ***be ~ of*** Rücksicht nehmen auf (*acc.*); **con'sid·er·ate·ness** [-nɪs] *s.* Rücksichtnahme *f*; **con·sid·er·a·tion** [kənˌsɪdə'reɪʃn] *s.* **1.** Erwägung *f*, Über'legung *f*: ***take into ~*** in Betracht *od.* Erwägung ziehen; ***leave out of ~*** außer Betracht lassen, ausklammern; ***the matter is under ~*** die Sache wird (noch) erwogen *od.* geprüft; ***upon ~*** nach Prüfung; **2.** Berücksichtigung *f*; Begründung *f*: ***in ~ of*** in Anbetracht (*gen.*); ***on*** (*od.* ***under***) ***no ~*** unter keinen Umständen; ***that is a ~*** das ist ein triftiger Grund; ***money is no ~*** Geld spielt keine Rolle; **3.** Rücksicht (-nahme) *f* (***for*** auf *acc.*): ***lack of ~*** Rücksichtslosigkeit *f*; **4.** Entgelt *n*, Entschädigung *f*; (vertragliche) Gegenleistung: ***for a ~*** gegen Entgelt; **con'sid·ered** [-dəd] *adj. a.* ***well-~*** 'wohlüberˌlegt; **con'sid·er·ing** [-rɪŋ] **I** *prp.* in Anbetracht (*gen.*); **II** *adv.* F den 'Umständen nach.

con·sign [kən'saɪn] *v/t.* **1.** über'geben, über'liefern; **2.** anvertrauen; **3.** bestimmen (***for, to*** für); **4.** ✝ *Waren* a) (***to***) versenden (an *acc.*), zu-, über'senden (*dat.*), verfrachten (an *acc.*), b) in Kommissi'on *od.* Konsignati'on geben, konsignieren; **con·sign·ee** [ˌkɒnsaɪ'ni:] *s.* ✝ **1.** Empfänger *m*, Adres'sat *m*; **2.** *Überseehandel*: Konsigna'tar *m*; **con'sign·ment** [-mənt] *s.* ✝ **1.** a) Über'sendung *f*, b) *Überseehandel*: Konsignati'on *f*: ***~ note*** Frachtbrief *m*; ***in ~*** in Konsignation *od.* Kommission; **2.** a) (Waren)Sendung *f*, b) *Überseehandel*: Konsignati'onsware(n *pl.*) *f*; **con'sign·or** [-nə] *s.* ✝ **1.** Über'sender *m*; **2.** *Überseehandel*: Konsi'gnant *m*.

con·sist [kən'sɪst] *v/i.* **1.** bestehen, sich zs.-setzen (***of*** aus); **2.** bestehen (***in*** in *dat.*); **con'sist·ence** [-təns] → ***consistency*** 1 *u.* 2; **con'sist·en·cy** [-tənsɪ] *s.* **1.** Konsi'stenz *f*, Beschaffenheit *f*; **2.** Festigkeit *f*, Dichtigkeit *f*, Dicke *f*; **3.** Konse'quenz *f*, Folgerichtigkeit *f*; **4.** Stetigkeit *f*; **5.** Über'einstimmung *f*, Vereinbarkeit *f*; **con'sist·ent** [-tənt] *adj.* □ **1.** konse'quent: a) folgerichtig, logisch, b) gleichmäßig, stetig, unbeirrbar (*a. Person*); **2.** über'einstimmend, vereinbar, im Einklang stehend (***with*** mit); **3.** beständig, kon'stant (*Leistung etc.*); **con'sist·ent·ly** [-təntlɪ] *adv.* **1.** im Einklang (***with*** mit); **2.** 'durchweg; **3.** logischerweise.

con·sis·to·ry [kən'sɪstərɪ] *s. eccl.* Konsi'storium *n*.

con·so·la·tion [ˌkɒnsə'leɪʃn] *s.* Trost *m*, Tröstung *f*: ***poor ~*** schwacher Trost; ***~ goal*** *sport* Ehrentor *n*; ***~ prize*** Trostpreis *m*.

con·sole¹ [kən'səʊl] *v/t. j-n* trösten: ***~ o.s.*** sich trösten (***with*** mit).

con·sole² ['kɒnsəʊl] *s.* **1.** Kon'sole *f*: a) ⚠ Krag-, Tragstein *m*, b) Wandgestell *n*: ***~ (table)*** Wandtischchen *n*; **2.** (Fernseh-, Mu'sik)Truhe *f*, (Radio)Schrank *m*; **3.** ⚙, ⚡ Schalt-, Steuerpult *n*, Kon'sole *f*.

con·sol·i·date [kən'sɒlɪdeɪt] **I** *v/t.* **1.** (ver)stärken, festigen, *fig. a.* konsolidieren; **2.** vereinigen: a) zs.-legen, zs.-schließen, b) *Truppen* zs.-ziehen; **3.** ✝ a) *Schulden* konsolidieren, fundieren, b) *Aktien*, *a.* ⚖ *Klagen* zs.-legen, c) *Gesellschaften* zs.-schließen; **4.** ⚙ verdichten; **II** *v/i.* **5.** fest werden; sich festigen (*a. fig.*); **con'sol·i·dat·ed** [-tɪd] *adj.* **1.** fest, dicht, kom'pakt; **2.** *bsd.* ✝ vereinigt, konsolidiert: ***~ annuities*** → ***consols***; ***~ debt*** fundierte Schuld; ***~ Fund*** *Brit.* konsolidierter Staatsfonds; **con·sol·i·da·tion** [kənˌsɒlɪ'deɪʃn] *s.* **1.** (Ver)stärkung *f*, Festigung *f* (*beide a. fig.*); **2.** ⚔ a) Zs.-ziehung *f*, b) Ausbau *m*; **3.** ✝ a) Konsolidierung *f*, b) Zs.-legung *f*, Vereinigung *f*, c) Zs.-schluß *m*; **4.** ⚙ Verdichtung *f*; **5.** ✓ Flurbereinigung *f*.

con·sols ['kɒnsəlz] *s. pl.* ✝ *Brit.* Kon'sols *pl.*, konsolidierte Staatsanleihen *pl.*

con·som·mé [kən'sɒmeɪ] (*Fr.*) *s.* Consom'mé *f*, *n* (*klare Kraftbrühe*).

con·so·nance ['kɒnsənəns] *s.* **1.** Zs.-, Gleichklang *m*; **2.** ♪ Konso'nanz *f*; **3.** *fig.* Über'einstimmung *f*, Harmo'nie *f*; **'con·so·nant** [-nt] **I** *adj.* □ **1.** ♪ konso'nant; **2.** über'einstimmend, vereinbar (***with*** mit); **3.** gemäß (***to*** *dat.*); **II** *s.* **4.** *ling.* Konso'nant *m*; **con·so·nan·tal** [ˌkɒnsə'næntl] *adj. ling.* konso'nantisch.

con·sort I *s.* ['kɒnsɔ:t] **1.** Gemahl(in); **2.** ⚓ Geleitschiff *n*; **II** *v/i.* [kən'sɔ:t] **3.** (***with***) verkehren (mit), sich gesellen (zu); **4.** (***with***) über'einstimmen (mit), passen (zu); **con·sor·ti·um** [kən'sɔ:tjəm] *s.* **1.** Vereinigung *f*, Gruppe *f*, Kon'sortium *n* (*a.* ✝): ***~ of banks*** Bankenkonsortium; **2.** ⚖ eheliche Gemeinschaft.

con·spi·cu·i·ty [ˌkɒnspɪ'kju:ətɪ] → ***conspicuousness***; **con·spic·u·ous** [kən'spɪkjʊəs] *adj.* □ **1.** deutlich sichtbar; **2.** auffallend: ***be ~*** in die Augen fallen; ***be ~ by one's absence*** durch Abwesenheit glänzen; ***make o.s. ~*** sich auffällig benehmen, auffallen; ***render o.s. ~*** sich hervortun; ***~ consumption*** Prestigekonsum *m*; **3.** *fig.* bemerkenswert, her'vorragend; **con·spic·u·ous·ness** [kən'spɪkjʊəsnɪs] *s.* **1.** Deutlichkeit *f*; **2.** Auffälligkeit *f*, Augenfälligkeit *f*.

con·spir·a·cy [kən'spɪrəsɪ] *s.* Verschwörung *f*, Kom'plott *n*: ***~ of silence*** verabredetes Stillschweigen; ***~ (to commit a crime)*** (*strafbare*) Verabredung zur Verübung e-r Straftat; **con'spir·a·tor** [-ətə] *s.* Verschwörer *m*; **con·spir·a·to·ri·al** [kənˌspɪrə'tɔ:rɪəl] *adj.* verschwörerisch, Verschwörungs…; **con·spire** [kən'spaɪə] **I** *v/i.* **1.** sich verschwören; sich (heimlich) zs.-tun; ⚖ sich *zu e-r Tat* verabreden; **2.** *fig.* zs.-wirken, (insgeheim) dazu beitragen, sich verschworen haben; **II** *v/t.* **3.** (heimlich) planen, anzetteln.

con·sta·ble ['kʌnstəbl] *s. bsd. Brit.* Poli'zist *m*, Wachtmeister *m*: ***special ~*** Hilfspolizist; → ***Chief Constable***; **con·stab·u·lar·y** [kən'stæbjʊlərɪ] *s.* Poli'zei(truppe) *f*.

con·stan·cy ['kɒnstənsɪ] *s.* **1.** Beständigkeit *f*, Unveränderlichkeit *f*; **2.** Bestand *m*, Dauer *f*; **3.** *fig.* Standhaftigkeit *f*; Treue *f*; **'con·stant** [-nt] **I** *adj.* □ **1.** (be)ständig, unveränderlich, gleichbleibend, kon'stant; **2.** dauernd, unaufhörlich; stetig, regelmäßig: ***~ rain*** anhaltender Regen; → ***companion¹*** 2; **3.** standhaft, beharrlich, fest; **4.** verläßlich, treu; **5.** 𝔄, ⚡, *phys.* kon'stant; **II** *s.* **6.** 𝔄, *phys.* kon'stante Größe, Kon'stante *f*.

con·stel·la·tion [ˌkɒnstə'leɪʃn] *s.* **1.** Konstellati'on *f*: a) *ast.* Sternbild *n*, b) *fig.* Gruppierung *f*; **2.** glänzende Versammlung.

con·ster·nat·ed ['kɒnstəneɪtɪd] *adj.* bestürzt, konsterniert; **con·ster·na·tion** [ˌkɒnstə'neɪʃn] *s.* Bestürzung *f*.

con·sti·pate ['kɒnstɪpeɪt] *v/t.* ⚕ verstopfen; **con·sti·pa·tion** [ˌkɒnstɪ'peɪʃn] *s.* ⚕ Verstopfung *f*.

con·stit·u·en·cy [kən'stɪtjʊənsɪ] *s.* **1.** Wählerschaft *f*; **2.** Wahlkreis *m*; **3.** *Am.* F Kundenkreis *m*; **con'stit·u·ent** [-nt] **I** *adj.* **1.** e-n (Bestand)Teil bildend: ***~ part*** Bestandteil *m*; **2.** *pol.* Wähler…, Wahl…: ***~ body*** Wählerschaft *f*; **3.** *pol.* konstituierend, verfassunggebend: ***~ assembly*** verfassunggebende Versammlung; **II** *s.* **4.** Bestandteil *m*; **5.** ⚖ Vollmachtgeber(in); **6.** *pol.* Wähler (-in); **7.** *ling.* Satzteil *m*; **8.** 𝔄, *phys.* Kompo'nente *f*.

con·sti·tute ['kɒnstɪtju:t] *v/t.* **1.** ernennen, einsetzen: ***~ s.o. president*** j-n als Präsidenten einsetzen; **2.** *Gesetz* in Kraft setzen; **3.** *oft pol.* gründen, einsetzen, konstituieren: ***~ a committee*** e-n Ausschuß einsetzen; ***the ~d authorities*** die verfassungsmäßigen Behörden; **4.** ausmachen, bilden: ***~ a precedent*** e-n Präzedenzfall bilden; ***be so ~d that*** so geartet sein, daß.

con·sti·tu·tion [ˌkɒnstɪ'tju:ʃn] *s.* **1.** Zs.-setzung *f*, (Auf)Bau *m*, Beschaffenheit *f*; **2.** Einsetzung *f*, Bildung *f*, Gründung *f*; **3.** Konstituti'on *f*, Körperbau *m*, Na'tur *f*: ***by ~*** von Natur; ***strong ~*** starke Konstitution; **4.** Gemütsart *f*, Wesen *n*, Veranlagung *f*; **5.** *pol.* Verfassung *f*, Grundgesetz *n*, Satzung *f*; **ˌcon·sti'tu·tion·al** [-ʃənl] **I** *adj.* □ **1.** körperlich bedingt, angeboren, veranlagungsgemäß; **2.** *pol.* verfassungsmäßig, rechtsstaatlich, Verfassungs…: ***~ monarchy*** konstitutionelle Monarchie; ***~ state*** Rechtsstaat *m*; **II** *s.* **3.** F (Verdauungs-) Spaziergang *m*; **ˌcon·sti'tu·tion·al·ism** [-ʃnəlɪzəm] *s. pol.* verfassungsmäßige Regierungsform; **ˌcon·sti'tu·tion·al·ist** [-ʃnəlɪst] *s. pol.* Anhänger *m* der verfassungsmäßigen Regierungsform.

con·strain [kən'streɪn] *v/t.* **1.** zwingen, nötigen, drängen: ***be*** (*od.* ***feel***) ***~ed***

sich genötigt sehen; **2.** erzwingen; **3.** einzwängen; einsperren; **con'strained** [-nd] *adj.* □ gezwungen, steif, verkrampft, verlegen, befangen; **con'strain·ed·ly** [-nɪdlɪ] *adv.* gezwungen; **con'straint** [-nt] *s.* **1.** Zwang *m*, Nötigung *f*: ***under*** ~ unter Zwang, zwangsweise; **2.** Beschränkung *f*; **3.** a) Befangenheit *f*, b) Gezwungenheit *f*; **4.** Zu'rückhaltung *f*.

con·strict [kən'strɪkt] *v/t.* zs.-ziehen, -pressen, -schnüren, einengen; **con'strict·ed** [-tɪd] *adj.* eingeengt; beschränkt; **con'stric·tion** [-kʃn] *s.* Zs.-ziehung *f*, Einschnürung *f*; Beengtheit *f*; **con'stric·tor** [-tə] *s.* **1.** *anat.* Schließmuskel *m*; **2.** *zo.* 'Boa *f*, Riesenschlange *f*.

con·strin·gent [kən'strɪndʒənt] *adj.* zs.-ziehend.

con·struct [kən'strʌkt] *v/t.* **1.** bauen, errichten; **2.** ⚙, 𝔄, *ling.* konstruieren; **3.** *fig.* aufbauen, gestalten, formen; ausarbeiten, entwerfen, ersinnen; **con'struc·tion** [-kʃn] *s.* **1.** (Er)Bauen *n*, Bau *m*, Errichtung *f*: ***under*** ~ im Bau; **2.** Bauwerk *n*, Bau *m*, Gebäude *n*; **3.** Bauweise *f*; *fig.* Aufbau *m*, Anlage *f*, Gestaltung *f*, Form *f*; **4.** ⚙, 𝔄 Konstrukti'on *f*; **5.** *ling.* Konstrukti'on *f*, Satzbau *m*, Wortfügung *f*; **6.** Auslegung *f*, Deutung *f*: ***put a wrong*** ~ ***on s.th.*** et. falsch auslegen *od.* auffassen; **con'struc·tion·al** [-kʃənl] *adj.* Bau…, Konstruktions…, baulich; **con'struc·tive** [-tɪv] *adj.* □ **1.** aufbauend, schaffend, schöpferisch, konstruk'tiv; **2.** konstruk'tiv, positiv: ~ ***criticism***; **3.** Bau…, Konstruktions…; **4.** a) *a.* ⚖ abgeleitet, angenommen, b) ⚖ mittelbar: ~ ***dismissal*** unfreiwillige Kündigung seitens des Arbeitnehmers; **con'struc·tor** [-tə] *s.* Erbauer *m*, Konstruk'teur *m*.

con·strue [kən'stru:] **I** *v/t.* **1.** *ling.* a) *Satz* zergliedern, konstruieren, b) (Wort für Wort) über'setzen; **2.** auslegen; deuten; auffassen; **II** *v/i.* **3.** *ling.* sich konstruieren *od.* zergliedern lassen.

con·sub·stan·ti·al·i·ty ['kɒnsəbˌstænʃɪ'ælətɪ] *s. eccl.* Wesensgleichheit *f* (*der drei göttlichen Personen*); **con·sub·stan·ti·ate** [ˌkɒnsəb'stænʃɪeɪt] *v/t.* (*v/i.* sich) zu e-m einzigen Wesen vereinigen; **'con·subˌstan·ti'a·tion** [-ɪ'eɪʃn] *s. eccl.* Konsubstantiati'on *f* (*Mitgegenwart des Leibes u. Blutes Christi beim Abendmahl*).

con·sue·tude ['kɒnswɪtju:d] *s.* Gewohnheit *f*, Brauch *m*; **con·sue·tu·di·nar·y** [ˌkɒnswɪ'tju:dɪnərɪ] *adj.* gewohnheitsmäßig, Gewohnheits…

con·sul ['kɒnsəl] *s.* Konsul *m*: ~***-general*** Generalkonsul; **'con·su·lar** [-sjʊlə] Konsulats…, Konsular…, konsu'larisch: ~ ***invoice*** ⚹ Konsulatsfaktura *f*; **'con·su·late** [-sjʊlət] *s.* Konsu'lat *n* (*a. Gebäude*): ~***-general*** Generalkonsulat; **'con·sul·ship** [-ʃɪp] *s.* Amt *n* e-s Konsuls.

con·sult [kən'sʌlt] **I** *v/t.* **1.** um Rat fragen, befragen, *Arzt etc.* zu Rate ziehen, konsultieren: ~ ***one's watch*** auf die Uhr sehen; ~ ***the dictionary*** im Wörterbuch nachschlagen; **2.** beachten, berücksichtigen: ~ ***s.o.'s wishes***; **II** *v/i.* **3.** sich beraten *od.* besprechen (***with*** mit, ***about*** über *acc.*); **con'sult·ant** [-tənt] *s.* **1.** (*Fach-, Betriebs- etc.*)Berater *m*; **2.** ⚕ a) Facharzt *m*, b) fachärztlicher Berater; **con·sul·ta·tion** [ˌkɒnsəl'teɪʃn] *s.* Beratung *f*, Rücksprache *f* (***on*** über *acc.*), Konsultati'on *f* (*a.* ⚕): ~ ***hour*** ⚕ Sprechstunde *f*; **con'sult·a·tive** [-tətɪv] *adj.* beratend; **con'sult·ing** [-tɪŋ] *adj.* beratend: ~ ***engineer*** technischer (Betriebs)Berater; ~ ***room*** ⚕ Sprechzimmer *n*.

con·sum·a·ble [kən'sju:məbl] **I** *adj.* verzehrbar, verbrauchbar, zerstörbar; **II** *s. mst pl.* Ver'brauchsarˌtikel *m*; **con·sume** [kən'sju:m] **I** *v/t.* **1.** verzehren (*a. fig.*), verbrauchen: ***be*** ~***d with*** *fig.* erfüllt sein von, von *Haß*, *Verlangen* verzehrt werden, vor *Neid* vergehen; ***consuming desire*** brennende Begierde; **2.** zerstören: ~***d by fire*** ein Raub der Flammen; **3.** (auf)essen, trinken; **4.** verschwenden; *Zeit* rauben *od.* benötigen; **II** *v/i.* **5.** *a.* ~ ***away*** sich verzehren (*a. fig.*); sich verbrauchen *od.* abnutzen; **con'sum·er** [-mə] *s.* Verbraucher *m*, Abnehmer *m*, Konsu'ment *m*: ~ ***counselling*** Verbraucherberatung *f*; ~ ***goods*** Konsumgüter; ~ ***protection*** Verbraucherschutz *m*; ~ ***resistance*** Kaufunlust *f*; ~ ***society*** Konsumgesellschaft *f*; ~ ***spending*** Ausgaben der Privathaushalte; ~ ***survey*** Konsumentenbefragung *f*; ***ultimate*** ~ Endverbraucher *m*; **con'sum·er·ism** [-mərɪzəm] *s.* **1.** Verbraucherschutzbewegung *f*; **2.** kritische Verbraucherhaltung.

con·sum·mate **I** *v/t.* ['kɒnsəmeɪt] voll'enden; *bsd. Ehe* voll'ziehen; **II** *adj.* □ [kən'sʌmɪt] voll'endet, 'vollkommen, völlig: ~ ***skill*** höchste Geschicklichkeit; **con·sum·ma·tion** [ˌkɒnsə'meɪʃn] *s.* **1.** Voll'endung *f*, Ziel *n*, Ende *n*; **2.** Erfüllung *f*; **3.** ⚖ Voll'ziehung *f* (*Ehe*).

con·sump·tion [kən'sʌmpʃn] *s.* **1.** Verbrauch *m*, Kon'sum *m* (***of*** an *dat. od.* von); **2.** Verzehrung *f*; Zerstörung *f*; **3.** Verzehr *m*: ***unfit for human*** ~ für menschlichen Verzehr ungeeignet; ***for public*** ~ *fig.* für die Öffentlichkeit bestimmt; **4.** ⚕ *obs.* Schwindsucht *f*; **con'sump·tive** [-ptɪv] **I** *adj.* □ **1.** verbrauchend, Verbrauchs…; **2.** (ver)zehrend; **3.** ⚕ *obs.* schwindsüchtig; **II** *s.* **4.** ⚕ *obs.* Schwindsüchtige(r *m*) *f*.

con·tact ['kɒntækt] **I** *s.* **1.** Berührung *f* (*a.* 𝔄), Kon'takt *m*; ✕ Feindberührung *f*; **2.** *fig.* Kon'takt *m*: a) Verbindung *f*, Beziehung *f*, Fühlung *f* (*a.* ✕), b) Verbindungs-, Gewährsmann *m*, c) *pol.* Kon'taktmann *m* (*Agent*): ***make*** ~***s*** Verbindungen anknüpfen; ***business*** ~ Geschäftsverbindung; **3.** ⚡ Kon'takt *m*: a) Anschluß *m*, b) Kon'taktstück *n*: ***make*** (***break***) ~ Kontakt herstellen (unterbrechen); **4.** ⚕ Kon'taktperˌson *f*; **II** *v/t.* **5.** in Berührung kommen mit; Kon'takt haben mit, berühren; **6.** *fig.* sich in Verbindung setzen mit, Beziehungen *od.* Kon'takt aufnehmen zu, sich an *j-n* wenden; ~ **box** *s.* ⚡ Anschlußdose *f*; ~ **break·er** *s.* ⚡ ('Strom-)Unterˌbrecher *m*; ~ **flight** *s.* ✈ Sichtflug *m*; ~ **lens** *s.* Haft-, Kon'taktschale *f*, Kon'taktlinse *f*; ~ **light** *s.* ✈ Lande(bahn)feuer *n*; '~-ˌ**mak·er** *s.* ⚡ Einschalter *m*, Stromschließer *m*; ~ **man** *s.* [*irr.*] → ***contact*** 2 b, c; ~ **mine** *s.* ✕ Tretmine *f*.

con·tac·tor ['kɒntæktə] *s.* ⚡ (Schalt-)Schütz *n*: ~ ***switch*** Schütz(schalter *m*).

con·tact| **print** *s. phot.* Kon'taktabzug *m*; ~ **rail** *s.* ⚡ Kon'taktschiene *f*.

con·ta·gion [kən'teɪdʒən] *s.* **1.** ⚕ a) Ansteckung *f* (*durch Berührung*), b) ansteckende Krankheit; **2.** *fig.* Vergiftung *f*; verderblicher Einfluß; **con'ta·gious** [-dʒəs] *adj.* □ **1.** ⚕ a) ansteckend (*a. fig. Stimmung etc.*), b) infiziert: ~ ***matter*** Krankheitsstoff *m*; **2.** *fig. obs.* verderblich.

con·tain [kən'teɪn] *v/t.* **1.** enthalten; *fig. a.* beinhalten; **2.** (um)'fassen, einschließen, aufnehmen, Raum haben für; **3.** bestehen aus, messen; **4.** zügeln, im Zaum halten, bändigen: ~ ***one's anger***; **5.** ~ ***o.s.*** sich beherrschen *od.* mäßigen: ***be unable to*** ~ ***o.s. for*** sich nicht fassen können vor; **6.** *a.* ✕ fest-, zu'rückhalten; ✕ *Feindkräfte* fesseln, binden; *a. pol.* eindämmen: ~ ***the attack*** den Angriff abriegeln; ~ ***a fire*** e-n Brand unter Kontrolle bringen *od.* eindämmen; **7.** 𝔄 teilbar sein durch; **con'tain·er** [-nə] *s.* **1.** Behälter *m*; Gefäß *n*; Ka'nister *m*; **2.** ⚹ Con'tainer *m* (*Großbehälter*): ~ ***port*** Containerhafen *m*; ~ ***ship*** Containerschiff *n*; **con'tain·er·ize** [-nəraɪz] *v/t.* **1.** auf Con'tainerbetrieb 'umstellen; **2.** in Con'tainern transportieren; **con'tain·ment** [-mənt] *s. fig.* Eindämmung *f*, In-'Schach-Halten *n*: ***policy of*** ~ Eindämmungspolitik *f*.

con·tam·i·nant [kən'tæmɪnənt] *s.* Verseuchungsstoff *m*; **con'tam·i·nate** [-neɪt] *v/t.* **1.** verunreinigen; **2.** *a. fig.* infizieren, vergiften, (*a.* radioak'tiv) verseuchen: ~***d area*** verseuchtes Gelände; **con·tam·i·na·tion** [kənˌtæmɪ'neɪʃn] *s.* **1.** Verunreinigung *f*; **2.** (*a.* radioak'tive *etc.*) Verseuchung: ~ ***meter*** Geigerzähler *m*; **3.** *ling.* Kontaminati'on *f*.

con·tan·go [kən'tæŋgəʊ] *s.* ⚹ *Börse*: Re'port *m* (*Kurszuschlag*).

con·temn [kən'tem] *v/t. poet.* verachten; **con'tem·nor** [-nə] *s.* ⚖ j-d der ***contempt of court*** begeht (→ ***contempt*** 4).

con·tem·plate ['kɒntempleɪt] **I** *v/t.* **1.** (nachdenklich) betrachten; nachdenken über (*acc.*); über'denken; **2.** ins Auge fassen, erwägen, beabsichtigen; **3.** erwarten, rechnen mit; **II** *v/i.* **4.** nachsinnen; **con·tem·pla·tion** [ˌkɒntem'pleɪʃn] *s.* **1.** (nachdenkliche) Betrachtung; **2.** Nachdenken *n*, -sinnen *n*; **3.** *bsd. eccl.* Meditati'on *f*, innere Einkehr, Versunkenheit *f*; **4.** Erwägung *f*: ***have in*** ~ → ***contemplate*** 2; ***be in*** ~ erwogen *od.* geplant werden; **5.** Absicht *f*; **'con·tem·pla·tive** [-tɪv] *adj.* □ **1.** nachdenklich; **2.** beschaulich, besinnlich, kontempla'tiv.

con·tem·po·ra·ne·ous [kənˌtempə'reɪnjəs] *adj.* □ gleichzeitig (***with*** mit); **conˌtem·po'ra·ne·ous·ness** [-nɪs] *s.* Gleichzeitigkeit *f*; **con·tem·po·rar·y** [kən'tempərərɪ] **I** *adj.* **1.** zeitgenössisch: a) heutig, unserer Zeit, b) der damaligen Zeit: ~ ***history*** Zeitgeschichte *f*; **2.** gleichalt(e)rig; **II** *s.* **3.** Zeitgenosse *m*, -genossin *f*; **4.** Altersgenosse *m*, -genossin *f*; **5.** gleichzeitig erscheinende Zeitung, Konkur'renz(blatt *n*) *f*.

con·tempt [kən'tem*p*t] *s.* **1.** Verachtung *f*, Geringschätzung *f*: ***feel ~ for s.o., hold s.o. in ~*** j-n verachten; ***bring into ~*** verächtlich machen; → ***beneath*** II; **2.** Schande *f*, Schmach *f*: ***fall into ~*** in Schande geraten; **3.** 'Mißachtung *f*; **4.** ~ (***of court***) ⚖ 'Mißachtung des Gerichts (*Ungebühr, Nichterscheinen etc.*); **con·tempt·i·bil·i·ty** [kənˌtemptə'bɪlətɪ] *s.* Verächtlichkeit *f*; **con'tempt·i·ble** [-təbl] *adj.* □ **1.** verächtlich, verachtenswert, nichtswürdig: ***Old ✧s*** *brit. Expeditionskorps in Frankreich 1914*; **2.** gemein, niederträchtig; **con'temp·tu·ous** [-tjʊəs] *adj.* □ verachtungsvoll, geringschätzig: ***be ~ of s.th.*** et. verachten; **con'temp·tu·ous·ness** [-tjʊəsnɪs] *s.* Verachtung *f*, Geringschätzigkeit *f*.

con·tend [kən'tend] **I** *v/i.* **1.** kämpfen, ringen (***with*** mit, ***for*** um); **2.** *mit Worten* streiten, disputieren (***about*** über *acc.*, ***against*** gegen); **3.** wetteifern, sich bewerben (***for*** um); **II** *v/t.* **4.** behaupten, geltend machen (***that*** daß); **con'tend·er** [-də] *s.* Kämpfer(in); Bewerber(in) (***for*** um); Konkur'rent(in); **con'tend·ing** [-dɪŋ] *adj.* **1.** streitend, kämpfend; **2.** wider'streitend; **3.** konkurrierend.

con·tent¹ ['kɒntent] *s.* **1.** *mst pl.* (*Raum*)Inhalt *m*, Fassungsvermögen *n*; 'Umfang *m*; **2.** *pl. a. fig.* Inhalt *m* (*Buch etc.*); **3.** *mst* ⚗ Gehalt *m*: ***gold ~*** Goldgehalt.

con·tent² [kən'tent] **I** *pred. adj.* **1.** zu'frieden; **2.** bereit, willens (***to*** *inf.* zu *inf.*); **3.** *parl. Brit.* (*nur House of Lords*) einverstanden: ***not ~*** dagegen; **II** *v/t.* **4.** befriedigen, zu'friedenstellen; **5.** ***~ o.s.*** zu'frieden sein, sich zufrieden geben *od.* begnügen *od.* abfinden (***with*** mit); **III** *s.* **6.** Zu'friedenheit *f*, Befriedigung *f*: ***to one's heart's ~*** nach Herzenslust; **7.** *mst pl. parl. Brit.* Ja-Stimmen *pl.*; **con'tent·ed** [-tɪd] *adj.* □ zu'frieden (***with*** mit); **con'tent·ed·ness** [-tɪdnɪs] *s.* Zu'friedenheit *f*.

con·ten·tion [kən'tenʃn] *s.* **1.** Streit *m*, Zank *m*; **2.** Wortstreit *m*; **3.** Behauptung *f*: ***my ~ is that*** ich behaupte, daß; **4.** Streitpunkt *m*; **con'ten·tious** [-ʃəs] *adj.* □ **1.** streitsüchtig; **2.** streitig (*a.* ⚖), strittig, um'stritten; **con'ten·tious·ness** [-ʃəsnɪs] *s.* Streitsucht *f*.

con·tent·ment [kən'tentmənt] *s.* Zu'friedenheit *f*.

con·test I *s.* ['kɒntest] **1.** Kampf *m*, Streit *m*; **2.** Wettkampf *m*, -streit *m*, -bewerb *m* (***for*** um); **II** *v/t.* [kən'test] **3.** ⚔ *u. fig.* kämpfen um; **4.** konkurrieren *od.* sich bewerben um; **5.** *pol.* ***~ a seat*** *od.* ***an election*** für e-e Wahl kandidieren; **6.** bestreiten; *a.* ⚖ *Aussage, Testament, Wahl*(*ergebnis*) *etc.* anfechten; **III** *v/i.* [kən'test] **7.** wetteifern (***with*** mit); **con·test·a·ble** [kən'testəbl] *adj.* strittig; anfechtbar; **con·test·ant** [kən'testənt] *s.* **1.** (Wett)Bewerber(in); **2.** Wettkämpfer(in); **3.** Kandi'dat(in); **4.** ⚖ a) streitende Par'tei, b) Anfechter(in); **con·tes·ta·tion** [ˌkɒntes'teɪʃn] *s.* Streit *m*; Dis'put *m*.

con·text ['kɒntekst] *s.* **1.** (*inhaltlicher*) Zs.-hang, Kontext *m*: ***out of ~*** aus dem Zs.-hang gerissen; **2.** Um'gebung *f*, Mili'eu *n*; **con·tex·tu·al** [kɒn'tekstjʊəl] *adj.* □ dem Zs.-hang gemäß; **con·tex·ture** [kɒn'tekstʃə] *s.* **1.** (Auf)Bau *m*, Gefüge *n*, Struk'tur *f*; **2.** Gewebe *n*.

con·ti·gu·i·ty [ˌkɒntɪ'gjuːətɪ] *s.* **1.** (***to***) Angrenzen *n* (an *acc.*), Berührung *f* (mit); **2.** Nähe *f*, Nachbarschaft *f*; **con·tig·u·ous** [kən'tɪgjʊəs] *adj.* □ (***to***) **1.** angrenzend (an *acc.*), berührend (*acc.*); **2.** nahe, benachbart (*dat.*).

con·ti·nence ['kɒntɪnəns] *s.* Mäßigkeit *f*, (*bsd. sexuelle*) Enthaltsamkeit; '**con·ti·nent** [-nənt] **I** *adj.* □ **1.** mäßig; enthaltsam, keusch; **II** *s.* **2.** Konti'nent *m*, Erdteil *m*; **3.** Festland *n*: ***the ✧*** *Brit.* das europäische Festland.

con·ti·nen·tal [ˌkɒntɪ'nentl] **I** *adj.* □ **1.** kontinen'tal, Kontinental…: ***~ shelf*** Festlandsockel *m*; **2.** *mst* ✧ *Brit.* kontinen'tal (*das europäische Festland betreffend*); ausländisch: ***~ quilt*** *Brit.* Federbett *n*; ***~ tour*** Europareise *f*; **II** *s.* **3.** Festländer(in); **4.** ✧ *Brit.* Kontinen'taleuroˌpäer(in); **ˌcon·ti'nen·tal·ize** [-təlaɪz] *v/t.* kontinen'talen Cha'rakter geben (*dat.*): ***~d*** *Brit.* ‚europäisiert'.

con·tin·gen·cy [kən'tɪndʒənsɪ] *s.* **1.** Eventuali'tät *f*, Möglichkeit *f*, unvorhergesehener Fall: ***~ insured against*** Versicherungsfall *m*; **2.** Zufälligkeit *f*, Zufall *m*; **3.** *pl.* ⚚ unvorhergesehene Ausgaben *pl.*; **con'tin·gent** [-nt] **I** *adj.* □ **1.** eventu'ell, möglich; zufällig, ungewiß; gelegentlich; **2.** (***on, upon***) abhängig (von), bedingt (durch), verbunden (mit): ***~ fee*** Erfolgshonorar *n*; ***~ reserve*** ⚚ Sicherheitsrücklage *f*; **II** *s.* **3.** Anteil *m*, Beitrag *m*, Quote *f*, (⚔ 'Truppen)KontinˌgentWIDTH *n*; ***~ duty*** *EU* Ausgleichsabgabe *f*; **con'tin·gent·ly** [-ntlɪ] *adv.* möglicherweise.

con·tin·u·al [kən'tɪnjʊəl] *adj.* □ **1.** fortwährend, 'ununterˌbrochen, (an)dauernd, (be)ständig; **2.** immer 'wiederkehrend, (sehr) häufig, oft wieder'holt; **3.** *a.* ⩘ kontinuierlich, stetig; **con'tin·u·al·ly** [-lɪ] *adv.* **1.** fortwährend *etc.*; **2.** immer wieder; **con'tin·u·ance** [-əns] *s.* **1.** → ***continuation*** 1, 2; **2.** Dauer *f*, Beständigkeit *f*; **3.** (Ver)Bleiben *n*; **con'tin·u·ant** [-ənt] *s.* **1.** *ling.* Dauerlaut *m*; **2.** ⩘ Kontinu'ante *f*; **con·tin·u·a·tion** [kənˌtɪnjʊ'eɪʃn] *s.* **1.** Fortsetzung *f* (*a. e-s Romans etc.*), Weiterführung *f*: ***~ school*** Fortbildungsschule *f*; **2.** Fortbestand *m*, -dauer *f*; **3.** Erweiterung *f*; **4.** Verlängerung(sstück *n*) *f*; **5.** ⚚ Prolongati'on *f*; **con·tin·ue** [kən'tɪnjuː] **I** *v/i.* **1.** fortfahren, weitermachen; **2.** fortdauern: a) (an)dauern, anhalten, b) sich fortsetzen, weitergehen, c) (fort)bestehen; **3.** (ver)bleiben: ***~ in office*** im Amt bleiben; **4.** verbeharren (***in*** bei, in *dat.*); **5.** ***~ doing, ~ to do*** weiter *od.* auch weiterhin tun; ***~ talking*** weiterreden; ***~ (to be) obstinate*** eigensinnig bleiben; **II** *v/t.* **6.** fortsetzen, -führen, fortfahren mit: ***to be ~d*** Fortsetzung folgt; **7.** verlängern, weiterführen; **8.** aufrechterhalten; beibehalten, erhalten; belassen; **9.** vertagen; **con'tin·ued** [-juːd] *adj.* □ **1.** → ***continuous*** 1–3: ***~ existence*** Fortbestand *m*; **2.** in Fortsetzungen erscheinend; **con·ti·nu·i·ty** [ˌkɒntɪ'njuːətɪ] *s.* **1.** Fortbestand *m*, Stetigkeit *f*; **2.** Zs.-hang *m*; enge Verbindung; **3.** 'ununterˌbrochene Folge; **4.** *fig.* roter Faden; **5.** *Film*: Drehbuch *n*; *Radio, TV*: Manu'skript *n*: ***~ girl*** Skriptgirl *n*; ***~ writer*** a) Drehbuchautor *m*, b) Textschreiber *m*.

con·tin·u·ous [kən'tɪnjʊəs] *adj.* □ **1.** 'ununterˌbrochen, (fort)laufend; zs.-hängend; **2.** unaufhörlich, andauernd, fortwährend; **3.** kontinuierlich (*a.* ⚙, *phys.*): ***~ function***; **4.** *ling.* progres'siv: ***~ form*** Verlaufsform *f*; ***~ cur·rent*** *s.* ⚡ Gleichstrom *m*; ***~ fire*** *s.* ⚔ Dauerfeuer *n*; ***~ form*** *s.* Endlos-, EDV-Papier *n*; ***~ op·er·a·tion*** *s.* ⚙ Dauerbetrieb *m*; ***~ pap·er*** *s.* 'EndlospaˌpierWIDTH *n*; ***~ per·form·ance*** *s. thea.* Non'stopvorstellung *f*.

con·tin·u·um [kɒn'tɪnjʊəm] **1.** ⩘ Kon'tinuum *n*; **2.** → ***continuity*** 3.

con·tort [kən'tɔːt] *v/t.* **1.** (*a. Worte etc.*) verdrehen; **2.** *Gesicht etc.* verzerren, verziehen; **con'tor·tion** [-ɔːʃn] *s.* **1.** Verzerrung *f*; **2.** Verrenkung *f*; **con'tor·tion·ist** [-ɔːʃnɪst] *s.* **1.** Schlangenmensch *m*; **2.** Wortverdreher(in).

con·tour ['kɒnˌtʊə] **I** *s.* Kon'tur *f*, 'Umriß(linie *f*) *m*; **II** *v/t.* um'reißen, den 'Umriß zeichnen von; profilieren; *Straße* e-r Höhenlinie folgen lassen; ***~ chair*** *s.* körpergerecht gestalteter Sessel; ***~ lathe*** *s.* ⚙ Kopierdrehbank *f*; ***~ line*** *s. surv.* Höhenlinie *f*; ***~ map*** *s.* Höhenlinienkarte *f*.

con·tra ['kɒntrə] **I** *prp.* gegen, kontra (*acc.*); **II** *adv.* da'gegen; **III** *s.* ⚚ Gegen-, 'Kreditseite *f*: ***~ account*** Gegenrechnung *f*.

'con·tra|·band I *s.* **1.** 'Konterbande *f*, Bann-, Schmuggelware *f*: ***~ of war*** Kriegskonterbande; **2.** Schmuggel *m*, Schleichhandel *m*; **II** *adj.* **3.** Schmuggel…, gesetzwidrig; **ˌ~'bass** [-'beɪs] *s.* ♪ 'Kontrabaß *m*; **ˌ~·bas'soon** *s.* ♪ 'KontrafaˌgottWIDTH *n*.

con·tra·cep·tion [ˌkɒntrə'sepʃn] *s.* Empfängnisverhütung *f*; **ˌcon·tra'cep·tive** [-ptɪv] *adj. u. s.* empfängnisverhütend(es Mittel).

con·tract I *s.* ['kɒntrækt] **1.** *a.* ⚖ Vertrag *m*, Kon'trakt *m*: ***by ~*** vertraglich; ***under ~*** a) (***to***) vertraglich verpflichtet (*dat.*), b) ⚚ in Auftrag gegeben (*Arbeit*); ***~ (to kill)*** Mordauftrag *m*; **2.** Vertragsurkunde *f*; **3.** ⚚ (Liefer-, Werk-) Vertrag *m*, (fester) Auftrag: ***~ note*** Schlußschein *m*, -note *f*; ***~ processing*** Lohnveredelung *f*; **4.** Ak'kord(arbeit *f*) *m*; **5.** *a.* ***marriage ~*** Ehevertrag *m*; **6.** a) *a.* ***~ bridge*** Kontrakt-Bridge *n* (*Kartenspiel*), b) höchstes Gebot; **II** *v/t.* [kən'trækt] **7.** *Muskel* zs.-ziehen; *Stirn* runzeln; **8.** *ling.* zs.-ziehen, verkürzen; **9.** ein-, verengen, be-, einschränken; **10.** *Gewohnheit* annehmen, sich *e-e Krankheit* zuziehen; *Vertrag, Ehe, Freundschaft* schließen; *Schulden* machen; **III** *v/i.* [kən'trækt] **11.** sich zs.-ziehen, (ein)schrumpfen; **12.** enger *od.* kürzer *od.* kleiner werden; **13.** e-n Vertrag schließen, sich vertraglich verpflichten (***to*** *inf.* zu *inf.*, ***for*** zu): ***~ for s.th.*** et. vertraglich übernehmen; ***as ~ed*** wie (vertraglich) vereinbart; ***the ~ing parties*** die vertragschließenden Parteien; ***~ in*** *v/i. pol. Brit.* sich zur Bezahlung des Par'teibeitrages (*für die Labour Party*) verpflichten; ***~ out* I** *v/i.* sich freizeichnen, sich von der Verpflichtung befreien; **II** *v/t.* (*Arbeiten*) außer Haus vergeben.

con·tract·ed [kən'træktɪd] *adj.* □ **1.** zs.-gezogen; verkürzt; **2.** *fig.* engherzig; beschränkt; **con'tract·i·ble** [-təbl], **con'trac·tile** [-taɪl] *adj.* zs.-ziehbar.

con·trac·tion [kən'trækʃn] *s.* **1.** Zs.-ziehung *f*; **2.** *ling.* Ver-, Abkürzung *f*; Kurzwort *n*; **3.** Verkleinerung *f*, Einschränkung *f*; **4.** Zuziehung *f* (*Krankheit*); Eingehen *n* (*Schulden*); Annahme *f* (*Gewohnheit*); **con'trac·tive** [-ktɪv] *adj.* zs.-ziehend; **con'trac·tor** [-ktə] *s.* **1.** (*bsd.* 'Bau- *etc.*)Unter,nehmer *m*; **2.** Unter'nehmer *m* (*Dienst-, Werkvertrag*), (Ver'trags)Liefe,rant *m*; **3.** *anat.* Schließmuskel *m*; **con'trac·tu·al** [-ktʃʊəl] *adj.* vertraglich, Vertrags…: **~ capacity** ⚖ Geschäftsfähigkeit *f*.

con·tra·dict [,kɒntrə'dɪkt] *v/t.* **1.** (*a.* **o.s.** sich) wider'sprechen (*dat.*); im 'Widerspruch stehen zu; **2.** *et.* bestreiten, in Abrede stellen; **,con·tra'dic·tion** [-kʃn] *s.* **1.** 'Widerspruch *m*, -rede *f*: **spirit of ~** Widerspruchsgeist *m*; **2.** 'Widerspruch *m*, Unvereinbarkeit *f*: **in ~ to** im Widerspruch zu; **~ in terms** Widerspruch in sich; **3.** Bestreitung *f*; **,con·tra'dic·tious** [-kʃəs] *adj.* □ zum 'Widerspruch geneigt, streitsüchtig; **,con·tra'dic·to·ri·ness** [-tərɪnɪs] *s.* **1.** 'Widerspruch *m*; **2.** 'Widerspruchsgeist *m*; **,con·tra'dic·to·ry** [-tərɪ] **I** *adj.* □ (sich) wider'sprechend, entgegengesetzt, unvereinbar; **II** *s.* 'Widerspruch *m*, Gegensatz *m*.

con·tra·dis·tinc·tion [,kɒntrədɪ'stɪŋkʃn] *s.* Gegensatz *m*: **in ~ to** (*od.* **from**) im Gegensatz zu.

con·trail ['kɒntreɪl] *s.* ✈ Kon'densstreifen *m*.

con·tra·in·di·cate [,kɒntrə'ɪndɪkeɪt] *v/t.* ⚕ kontraindizieren.

con·tral·to [kən'træltəʊ] *pl.* **-tos** *s.* ♪ Alt *m*: a) Altstimme *f*, b) Al'tist(in), c) 'Altpar,tie *f*.

con·trap·tion [kən'træpʃn] *s.* F (neumodischer) Appa'rat, (komisches) Ding(s).

con·tra·pun·tal [,kɒntrə'pʌntl] *adj.* ♪ 'kontrapunktisch.

con·tra·ri·e·ty [,kɒntrə'raɪətɪ] *s.* **1.** Gegensätzlichkeit *f*, Unvereinbarkeit *f*; **2.** 'Widerspruch *m*, Gegensatz *m* (**to** zu); **con·tra·ri·ly** ['kɒntrərəlɪ] *adv.* **1.** entgegen (**to** *dat.*); **2.** andererseits; **con·tra·ri·ness** ['kɒntrərɪnɪs] *s.* **1.** Gegensätzlichkeit *f*, 'Widerspruch *m*; **2.** Widrigkeit *f*, Ungunst *f*; **3.** F [*a.* kən'treər-] 'Widerspenstigkeit *f*, Eigensinn *m*; **con·tra·ri·wise** ['kɒntrərɪwaɪz] *adv.* im Gegenteil; 'umgekehrt; and(e)rerseits.

con·tra·ry ['kɒntrərɪ] **I** *adj.* □ → **contrarily**; **1.** entgegengesetzt, gegensätzlich, -teilig; **2.** (**to**) wider'sprechend (*dat.*), im 'Widerspruch (zu); gegen (*acc.*), entgegen (*dat.*): **~ to expectations** wider Erwarten; **3.** F [*a.* kən'treərɪ] 'widerspenstig, aufsässig; **II** *adv.* **4. ~ to** gegen, wider: **act ~ to nature** wider die Natur handeln; **III** *s.* **5.** Gegenteil *n* (**to** von *od.* *gen.*): **on the ~** im Gegenteil; **unless I hear to the ~** falls ich nichts Gegenteiliges höre; **proof to the ~** Gegenbeweis *m*.

con·trast I *s.* ['kɒntrɑːst] Kon'trast *m*, Gegensatz *m*: **~ control** *TV* Kontrastregler *m*; **by ~ with** im Vergleich mit; **in ~ to** im Gegensatz zu; **be a great ~ to** grundverschieden sein von; **II** *v/t.* [kən'trɑːst] (**with**) entgegensetzen, gegen'überstellen (*dat.*); vergleichen (mit); **III** *v/i.* [kən'trɑːst] (**with**) e-n Gegensatz bilden (zu), sich scharf unter'scheiden (von); sich abheben, abstechen (von): **~ing colo(u)rs** Kontrastfarben; **con·trast·y** [kən'trɑːstɪ] *adj.* kon'trastreich.

con·tra·vene [,kɒntrə'viːn] *v/t.* **1.** zu'widerhandeln (*dat.*), verstoßen gegen, über'treten, verletzen; **2.** im 'Widerspruch stehen zu; **3.** bestreiten; **,con·tra'ven·tion** [-'venʃn] *s.* (**of**) Über'tretung *f* (von *od.* *gen.*); Verstoß *m*, Zu'widerhandlung *f* (gegen): **in ~ of the rules** entgegen den Vorschriften.

con·tre·temps ['kɔ̃ːntrətɑ̃ːŋ] (*Fr.*) *s.* unglücklicher Zufall, Widrigkeit *f*, ‚Panne' *f*.

con·trib·ute [kən'trɪbjuːt] **I** *v/t.* **1.** beitragen, beisteuern (**to** zu) (*beide a. fig.*); spenden (**to** für); ☨ a) *Kapital in e-e Firma* einbringen, b) *Brit. Geld* nachschießen; **2.** *Zeitungsartikel* beitragen; **II** *v/i.* **3.** (**to**) beitragen, e-n Beitrag leisten (zu), mitwirken (an *dat.*, bei): **~ to a newspaper** für e-e Zeitung schreiben; **con·tri·bu·tion** [,kɒntrɪ'bjuːʃn] *s.* **1.** Beitragen *n*; **2.** Beitrag *m* (*a. für Zeitung*), Beisteuer *f*, Beihilfe *f* (**to** zu); Spende *f* (**to** für): **make a ~** e-n Beitrag liefern; **3.** Mitwirkung *f* (**to** an *dat.*); **4.** ☨ a) Einlage *f*: **~ in kind** (**cash**) Sach-(Bar-)einlage, b) Nachschuß *m*, c) Sozi'alversicherungsbeitrag *m*: **employer's ~** Arbeitgeberanteil *m*, Sozialleistung *f*; **con'trib·u·tive** [-jʊtɪv] *adj.* → **contributory** 1, 2; **con'trib·u·tor** [-jʊtə] *s.* **1.** Beitragende(r *m*) *f*; Beisteuernde(r *m*) *f*; **2.** Mitwirkende(r *m*) *f*; Mitarbeiter(in) (*bsd. Zeitung*); **con'trib·u·to·ry** [-jʊtərɪ] **I** *adj.* **1.** beisteuernd, beitragend (**to** zu); Beitrags…; **2.** mitwirkend (**to** an *dat.*, bei); Mit…: **~ causes** ⚖ mitverursachende Umstände; **~ negligence** mitwirkendes Verschulden; **3.** beitragspflichtig; **4.** ☨ *Brit.* nachschußpflichtig; **II** *s.* **5.** Beitrags- *od.* ☨ *Brit.* Nachschußpflichtige(r *m*) *f*.

con·trite ['kɒntraɪt] *adj.* □ zerknirscht, reuevoll; **con·tri·tion** [kən'trɪʃn] *s.* Zerknirschung *f*, Reue *f*.

con·triv·ance [kən'traɪvns] *s.* **1.** Ein-, Vorrichtung *f*; Appa'rat *m*; **2.** Kunstgriff *m*, Erfindung *f*, Plan *m*; **3.** Findigkeit *f*, Scharfsinn *m*; **4.** Bewerkstelligung *f*; **con·trive** [kən'traɪv] **I** *v/t.* **1.** erfinden, ersinnen, (sich) ausdenken, entwerfen; **2.** *Pläne* schmieden, aushecken; **3.** zu'stande bringen; **4.** es fertigbringen, es verstehen, es bewerkstelligen (**to** *inf.* zu *inf.*); **II** *v/i.* **5.** Pläne *od.* Ränke schmieden; **6.** haushalten, auskommen.

con·trol [kən'trəʊl] **I** *v/t.* **1.** beherrschen, die Herrschaft *od.* Kon'trolle haben über (*acc.*), *et.* in der Hand haben *od.* kontrollieren: **~ling company** Muttergesellschaft *f*; **~ling share** (*od.* **interest**) ☨ maßgebliche Beteiligung; **2.** verwalten, beaufsichtigen, über'wachen; *Preise etc.* kontrollieren, nachprüfen; **3.** lenken, steuern, leiten; regeln, regulieren: **radio-~led** funkgesteuert; **~led ventilation** regulierbare Lüftung; **4.** (*a.* **o.s.** sich) beherrschen, meistern, im Zaum halten, Einhalt gebieten (*dat.*); zügeln; **5.** in Schranken halten, bekämpfen; **6.** (staatlich) bewirtschaften, planen, binden: **~led economy** Planwirtschaft *f*; **~led prices** gebundene Preise; **~led rent** preisrechtlich gebundene Miete; **II** *s.* **7.** Macht *f*, Gewalt *f*, Herrschaft *f*, Kon'trolle *f* (**of, over** über *acc.*): **foreign ~** Überfremdung *f*; **bring under ~** Herr werden über (*acc.*); **have the situation under ~** Herr der Lage sein; **get ~ over** in s-e Gewalt bekommen; **get beyond s.o.'s ~** j-m über den Kopf wachsen; **get out of ~** außer Kontrolle geraten; **have ~ over** a) → 1, b) Gewalt haben über (*acc.*); **keep under ~** im Zaume halten; **lose ~ over** die Herrschaft *od.* Gewalt *od.* Kontrolle verlieren über (*acc.*); **circumstances beyond our ~** unvorhersehbare Umstände; **8.** Machtbereich *m*, Verantwortung *f*; **9.** Aufsicht *f*, Kontrolle *f* (**of** über *acc.*); Leitung *f*, Über'wachung *f*, (Nach)Prüfung *f*; ⚖ (**of**) a) Verfügungsgewalt (über *acc.*), b) (Per'sonen)Sorge *f* (für): **be in ~ of s.th.** et. unter sich haben, et. leiten; **be under s.o.'s ~** j-m unterstellt sein *od.* unterstehen; **traffic ~** Verkehrsregelung *f*; **10.** Bekämpfung *f*, Eindämmung *f*: **without ~** uneingeschränkt, frei; **beyond ~** nicht einzudämmen, nicht zu bändigen; **be out of ~** nicht zu halten sein; **get under ~** eindämmen, bewältigen; **noise ~** Lärmbekämpfung *f*; **11.** *mst pl.* ⚙ a) Steuerung *f*, 'Steueror,gan *n*, b) Reguliervorrichtung *f*, Regler *m*, Kon'trollhebel *m*: **be at the ~s** *fig.* an den Hebeln der Macht sitzen; **12.** ϟ, ⚙ Regelung *f*; **13.** *pl.* ✈ Steuerung *f*, Leitwerk *n*; **14.** ☨ a) (*Kapital-, Konsum- etc.*) Lenkung *f*, b) (Zwangs)Bewirtschaftung *f*: **foreign exchange ~** Devisenkontrolle *f*; **15.** a) Kon'trolle *f*, Anhaltspunkt *m*, b) Vergleichswert *m*, c) Kon'troll-, Gegenversuch *m*.

con·trol| board *s.* ϟ Schalttafel *f*; **~ column** *s.* **1.** ✈ Steuersäule *f*; **2.** ⚙ Lenksäule *f*; **~ com·mand** *s.* Computer: Steuerbefehl *m*; **~ desk** *s.* ϟ Steuer-, Schaltpult *n*; *Radio, TV*: Re'giepult *n*; **~ en·gi·neer·ing** *s.* 'Steuerungs-, 'Regel,technik *f*; **~ ex·per·i·ment** → **control** 15 c; **~ knob** *s.* ⚙, ϟ Bedienungsknopf *m*.

con·trol·la·ble [kən'trəʊləbl] *adj.* **1.** kontrollierbar, regulierbar, lenkbar; **2.** zu beaufsichtigen(d); zu beherrschen(d); **con'trol·ler** [-lə] *s.* **1.** Kontrol'leur *m*, Aufseher *m*; Leiter *m*; Kon'trollbe,amte(r) *m*, ✈ *a.* Fluglotse *m*; **2.** Rechnungsprüfer *m* (*Beamter*); **3.** ϟ, ⚙ Regler *m*; *mot.* Fahrschalter *m*; **4.** *sport* Kon'trollposten *m*.

con·trol| le·ver *s.* *mot.* Schalthebel *m*; ✈ Steuerknüppel *m*; **~ pan·el** *s.* ⚙ Bedienungsfeld *n*; **~ post** *s.* ⚔ Kon'trollposten *m*; **~ room** *s.* **1.** Kon'trollraum *m*, (⚔ Be'fehls)Zen,trale *f*; **2.** *Radio, TV*: Re'gieraum *m*; **~ stick** *s.* ✈ Steuerknüppel *m*; **~ sur·face** *s.* Steuerfläche *f*; **~ tow·er** *s.* ✈ Kon'trollturm *m*, Tower *m*.

con·tro·ver·sial [ˌkɒntrəˈvɜːʃl] *adj.* ☐ **1.** strittig, umˈstritten: **~ *subject*** Streitfrage *f*; **2.** poˈlemisch; streitlustig; ˌ**con·troˈver·sial·ist** [-ʃəlɪst] *s.* Poˈlemiker *m*; **con·tro·ver·sy** [ˈkɒntrəvɜːsɪ] *s.* **1.** Kontroˈverse *f*, Meinungsstreit *m*; Debatte *f*; Aussprache *f*: ***beyond*** (*od.* ***without***) **~** fraglos, unstreitig; **2.** Streitfrage *f*; **3.** Streit *m*; **con·tro·vert** [ˈkɒntrəvɜːt] *v/t.* **1.** bestreiten, anfechten; **2.** widerˈsprechen (*dat.*); ˌ**con·troˈvert·i·ble** [-ɜːtəbl] *adj.* ☐ strittig; anfechtbar.

con·tu·ma·cious [ˌkɒntjuːˈmeɪʃəs] *adj.* ☐ **1.** ˈwiderspenstig, halsstarrig; **2.** ⚖ ungehorsam; **con·tu·ma·cy** [ˈkɒntjʊməsɪ] *s.* **1.** ˈWiderspenstigkeit *f*, Halsstarrigkeit *f*; **2.** ⚖ Ungehorsam *m od.* (absichtliches) Nichterscheinen vor Gericht: ***condemn for* ~** gegen *j-n* ein Versäumnisurteil fällen.

con·tu·me·ly [ˈkɒntjuːmlɪ] *s.* **1.** Unverschämtheit *f*; **2.** Beleidigung *f*.

con·tuse [kənˈtjuːz] *v/t.* ⚕ quetschen: **~*d wound*** Quetschwunde *f*; **conˈtu·sion** [-uːʒn] *s.* ⚕ Quetschung *f*.

co·nun·drum [kəˈnʌndrəm] *s.* **1.** Scherzfrage *f*, -rätsel *n*; **2.** *fig.* Rätsel *n*.

con·ur·ba·tion [ˌkɒnɜːˈbeɪʃn] *s.* Ballungsraum *m*, -zentrum *n*, Stadtgroßraum *m*.

con·va·lesce [ˌkɒnvəˈles] *v/i.* gesund werden, genesen; ˌ**con·vaˈles·cence** [-sns] *s.* Rekonvalesˈzenz *f*, Genesung *f*; ˌ**con·vaˈles·cent** [-snt] **I** *adj.* genesend, auf dem Wege der Besserung: **~ *home*** Genesungsheim *n*; **II** *s.* Rekonvalesˈzent(in).

con·vec·tion [kənˈvekʃn] *s. phys.* Konvektiˈon *f*; **conˈvec·tor** [-ktə] *s. phys.* Konvektiˈons(strom)leiter *m*.

con·vene [kənˈviːn] **I** *v/t.* **1.** zs.-rufen, (ein)berufen; versammeln; **2.** ⚖ vorladen; **II** *v/i.* **3.** zs.-kommen, sich versammeln.

con·ven·ience [kənˈviːnjəns] *s.* **1.** Annehmlichkeit *f*, Bequemlichkeit *f*: ***all*** (***modern***) **~*s*** alle Bequemlichkeiten *od.* aller Komfort (der Neuzeit); ***at your* ~** wenn es Ihnen paßt; ***at your earliest* ~** möglichst bald; ***at one's own* ~** nach (eigenem) Gutdünken; ***suit your own* ~** handeln Sie ganz nach Ihrem Belieben; **~ *food*** Fertignahrung *f*; **~ *goods*** † *Am.* bequem erhältliche Waren des täglichen Bedarfs; **2.** Vorteil *m*, Nutzen *m*: ***it is a great* ~** es ist sehr nützlich; → ***flag***[1] 1, ***marriage*** 2; **3.** Angemessenheit *f*, Eignung *f*; **4.** *Brit.* Kloˈsett *n*: ***public* ~** öffentliche Bedürfnisanstalt; **conˈven·ient** [-nt] *adj.* ☐ **1.** bequem, geeignet, günstig, passend: ***if it is* ~ *to you*** wenn es Ihnen paßt; ***it is not* ~ *for me*** (***to*** *inf.*) es paßt mir schlecht (zu *inf.*); ***make it* ~** es (so) einrichten; **2.** (zweck)dienlich, praktisch, brauchbar; **3.** günstig gelegen.

con·vent [ˈkɒnvənt] *s.* (*bsd.* Nonnen-) Kloster *n*: **~ (*school*)** Klosterschule *f*.

con·ven·ti·cle [kənˈventɪkl] *s. eccl.* Konvenˈtikel *n*.

con·ven·tion [kənˈvenʃn] *s.* **1.** Zs.-kunft *f*, (*Am. a.* Parˈtei)Versammlung *f*, Konˈvent *m*, (*a.* Beˈrufs-, ˈFach)Konˌgreß *m*, (-)Tagung *f*; **2.** *a. pol.* Vertrag *m*, Abkommen *n*, Konventiˈon *f* (*a.* ⚔); **3.** *oft pl.* (gesellschaftliche) Konventiˈon, Sitte *f*, Gewohnheits- *od.* Anstandsregel *f*, (stillschweigende) Gepflogenheit *od.* Überˈeinkunft; **conˈven·tion·al** [-ʃənl] *adj.* ☐ **1.** herkömmlich, konventioˈnell (*beide a.* ⚔), üblich, traditioˈnell: **~ *weapons***; **~ *sign*** (*bsd.* Karten)Zeichen *n*, Symbol *n*; **2.** förmlich, forˈmell; **3.** vereinbart, Vertrags…; **4.** *contp.* ˈunorigiˌnell; **conˈven·tion·al·ism** [-ʃnəlɪzəm] *s.* Festhalten *n* am Hergebrachten; **con·ven·tion·al·i·ty** [kənˌvenʃəˈnælətɪ] *s.* **1.** Herkömmlichkeit *f*, Üblichkeit *f*; **2.** Schaˈblonenhaftigkeit *f*; **conˈven·tion·al·ize** [-ʃnəlaɪz] *v/t.* konventioˈnell machen *od.* darstellen, den Konventiˈonen unterˈwerfen.

con·verge [kənˈvɜːdʒ] *v/i.* zs.-laufen, sich (einˈander) nähern, Ⱥ *u. fig.* konvergieren; **conˈver·gence** [-dʒəns], **conˈver·gen·cy** [-dʒənsɪ] *s.* **1.** Zs.-laufen *n*; **2.** Ⱥ a) Converˈgenz *f* (*a. biol.*, *phys.*), b) Annäherung *f*; **conˈver·gent** [-dʒənt] *adj. bsd.* Ⱥ converˈgent; **conˈverg·ing** [-dʒɪŋ] *adj.* zs.-laufend, konvergierend: **~ *lens*** Sammellinse *f*; **~ *point*** Konvergenzpunkt *m*.

con·vers·a·ble [kənˈvɜːsəbl] *adj.* ☐ unterˈhaltend, gesprächig; gesellig; **conˈver·sance** [-səns] *s.* Vertrautheit *f* (***with*** mit); **conˈver·sant** [-sənt] *adj.* **1.** bekannt, vertraut (***with*** mit); **2.** geübt, bewandert, erfahren (***with***, ***in*** in *dat.*).

con·ver·sa·tion [ˌkɒnvəˈseɪʃn] *s.* **1.** Unterˈhaltung *f*, Gespräch *n*, Konversatiˈon *f*: ***enter into a* ~** ein Gespräch anknüpfen; **2.** *obs.* (*a.* Geschlechts-) Verkehr *m*; → ***criminal conversation***; **3.** *a.* **~ *piece*** a) *paint.* Genrebild *n*, b) *thea.* Konversatiˈonsstück *n*; ˌ**con·verˈsa·tion·al** [-ʃənl] *adj.* ☐ → ***conversationally***; **1.** gesprächig; **2.** Unterhaltungs…, Gesprächs…: **~ *grammar*** Konversationsgrammatik *f*; **~ *tone*** Plauderton *m*; ˌ**con·verˈsa·tion·al·ist** [-ʃnəlɪst] *s.* gewandter Unterˈhalter, guter Gesellschafter; ˌ**con·verˈsa·tion·al·ly** [-ʃnəlɪ] *adv.* **1.** gesprächsweise; **2.** im Plauderton.

con·ver·sa·zi·o·ne [ˌkɒnvəsætsɪˈəʊnɪ] *pl.* **-ni** [-niː], **-nes** (*Ital.*) *s.* **1.** ˈAbendunterˌhaltung *f*; **2.** liteˈrarischer Gesellschaftsabend.

con·verse[1] [kənˈvɜːs] *v/i.* sich unterˈhalten, sprechen (***with*** mit, ***on***, ***about*** über *acc.*).

con·verse[2] [ˈkɒnvɜːs] **I** *adj.* ☐ gegenteilig, ˈumgekehrt; wechselseitig; **II** *s.* ˈUmkehrung *f*; Gegenteil *n*; ˈ**con·verse·ly** [-lɪ] *adv.* ˈumgekehrt.

con·ver·sion [kənˈvɜːʃn] *s.* **1.** *allg.* ˈUm-, Verwandlung *f* (***from*** von, ***into*** in *acc.*); **2.** † a) Konvertierung *f*, ˈUmwandlung *f* (*Effekten*, *Schulden*), b) Zs.-legung *f* (*von Aktien*), c) (ˈWährungs)ˌUmstellung *f*, d) (Geˈschäfts-, *a.* Verˈmögens)ˌUmwandlung *f*; **3.** Ⱥ a) ˈUmrechnung *f* (***into*** in *acc.*): **~ *table*** Umrechnungstabelle *f*, b) *a. Computer*: ˈUmwandlung *f*, c) *a. phls.* ˈUmkehrung *f*; **4.** ⚙, *a.* † ˈUmstellung *f* (***to*** auf *e-e andere Produktion etc.*); **5.** ⚙, △ ˈUmbau *m* (***into*** in *acc.*); **6.** ϟ ˈUmformung *f*; **7.** ⚗, *phys.* ˈUmsetzung *f*; **8.** geistige Wandlung; Meinungsänderung *f*; **9.** ˈÜbertritt *m*, *bsd. eccl.* Bekehrung *f* (***to*** zu); **10.** ⚖ *a.* **~ *to one's own use*** ˈwiderrechtliche Aneignung *od.* Verwendung, *a.* Veruntreuung *f*; **11.** *sport* Verwandlung *f* (*Torschuß*).

con·vert **I** *v/t.* [kənˈvɜːt] **1.** *allg.* ˈum-, verwandeln (*a.* ⚗), ˈumformen (*a.* ϟ), ˈumändern (***into*** in *acc.*); **2.** ⚙, △ ˈumbauen (***into*** zu); **3.** †, ⚙ *Betrieb*, *Maschine*, *Produktion* ˈumstellen (***to*** auf *acc.*); **4.** *metall.* frischen; **5.** † a) *Geld* ˈum-, einwechseln, *a.* ˈumrechnen: **~ *into cash*** zu Geld machen, flüssigmachen, b) *Wertpapiere*, *Schulden* konvertieren, ˈumwandeln, c) *Aktien* zs.-legen, d) *Währung* ˈumstellen (***to*** auf *acc.*); **6.** Ⱥ a) ˈumrechnen (***into*** in *acc.*), b) *Gleichung* auflösen, c) *Proportionen* ˈumkehren (*a. phls.*); **7.** *Computer*: ˈumsetzen; **8.** *eccl.* bekehren (***to*** zu); **9.** (***to***) (zu *e-r anderen Ansicht*) bekehren, *a.* zum ˈÜbertritt (in *e-e andere Partei etc.*) veranlassen; **10.** ⚖ *a.* **~ *to one's own use*** sich ˈwiderrechtlich aneignen, veruntreuen; **11.** *sport* (zum Tor) verwandeln; **II** *v/i.* **12.** ˈumgewandelt (*etc.*) werden (→ I); **13.** sich verwandeln *od.* ˈumwandeln (***into*** zu); **14.** sich verwandeln (*etc.*) lassen (***into*** in *acc.*); **III** *s.* [ˈkɒnvɜːt] **15.** *bsd. eccl.* Bekehrte(r *m*) *f*, Konverˈtit(in): ***become a* ~ *to*** sich bekehren zu; **conˈvert·ed** [-tɪd] *adj.* ˈumge-, verwandelt *etc.*: **~ *cruiser*** ⚓ Hilfskreuzer *m*; **~ *flat*** in Teilwohnungen umgebaute große Wohnung; **~ *steel*** Zementstahl *m*; **conˈvert·er** [-tə] *s.* **1.** ⚙ ˈBessemerbirne *f*; **2.** ϟ ˈUmformer *m*; **3.** *TV* Wandler *m*; **4.** ⚙ Bleicher *m*, Appreˈteur *m*; **5.** Bekehrer *m*; **con·vert·i·bil·i·ty** [kənˌvɜːtəˈbɪlətɪ] *s.* **1.** ˈUm-, Verwandelbarkeit *f*; **2.** † Konvertierbar-, ˈUmwandelbarkeit *f*; **conˈvert·i·ble** [-təbl] **I** *adj.* ☐ **1.** ˈum-, verwandelbar; **2.** † konvertierbar, ˈumwandelbar: **~ *bond*** Wandelobligation *f*; **3.** auswechselbar, gleichbedeutend; **4.** bekehrbar; **5.** *mot.* mit Klappverdeck; **II** *s.* **6.** *mot.* Kabrioˈlett *n*.

con·vex [kɒnˈveks] *adj.* ☐ konˈvex, nach außen gewölbt; Ⱥ ausspringend (*Winkel*); **con·vex·i·ty** [kɒnˈveksətɪ] *s.* konˈvexe Form.

con·vey [kənˈveɪ] *v/t.* **1.** *Waren etc.* befördern, (ver)senden, (fort)schaffen, bringen; **2.** *bsd.* ⚙ (zu)führen, fördern; **3.** überˈbringen, -ˈmitteln, bringen, geben: **~ *greetings*** Grüße übermitteln; **4.** *phys. Schall* fortpflanzen, leiten, überˈtragen; **5.** *Nachricht etc.* mitteilen, vermitteln; *Meinung*, *Sinn* ausdrücken; andeuten; (be)sagen: **~ *an idea*** e-n Begriff geben; ***this word* ~*s nothing to me*** dieses Wort sagt mir nichts; **6.** überˈtragen, abtreten (***to*** an *acc.*); **conˈvey·ance** [-eɪəns] *s.* **1.** Beförderung *f*, Überˈsendung *f*, Transˈport *m*, Speditiˈon *f*: ***means of* ~** Transportmittel *n*; **2.** Überˈbringung *f*, -ˈmittlung *f*; Vermittlung *f*, Mitteilung *f*; **3.** *phys.* Fortpflanzung *f*, Überˈtragung *f*; **4.** ⚙ (Zu-) Leitung *f*, Zufuhr *f*; **5.** Beförderungs-, Transˈport-, Verkehrsmittel *n*; **6.** ⚖ a) Überˈtragung *f*, Abtretung *f*, Auflassung *f*, b) Abtretungsurkunde *f*; **conˈvey·anc·er** [-eɪənsə] *s.* ⚖ Noˈtar *m* für ˈEigentumsüberˌtragungen.

con·vey·er, **con·vey·or** [kənˈveɪə] *s.* **1.** Beförderer *m*, (Über)ˈBringer(in); **2.** ⚙ Fördergerät *n*, -band *n*, Förderer *m*;

~ **band**, ~ **belt** *s.* laufendes Band, Förder-, Fließband *n*; ~ **chain** *s.* Becher-, Förderkette *f*; ~ **spi·ral** *s.* Förder-, Trans'portschnecke *f*.

con·vict I *v/t.* [kən'vɪkt] **1.** ⚖ über'führen, für schuldig erklären (***of** gen.*); **2.** verurteilen; **3.** über'zeugen (***of*** von *e-m Unrecht, Fehler etc.*); **II** *s.* ['kɒnvɪkt] **4.** ⚖ a) Verurteilte(r *m*) *f*, b) Strafgefangene(r *m*) *f*, Sträfling *m*: ~ ***colony*** Sträflingskolonie *f*; ~ ***labo(u)r*** Sträflingsarbeit *f*; **con'vic·tion** [-kʃn] *s.* **1.** ⚖ a) Über'führung *f*, Schuldspruch *m*, b) Verurteilung *f*: ***previous*** ~ Vorstrafe *f*; **2.** Über'zeugung *f*: ***carry*** ~ überzeugend wirken *od.* klingen; ***live up to one's ~s*** s-r Überzeugung gemäß leben; **3.** Anschauung *f*, Gesinnung *f*; **4.** (*Schuld- etc.*)Bewußtsein *n*.

con·vince [kən'vɪns] *v/t.* **1.** (*a. **o.s.*** sich) über'zeugen (***of*** von, ***that*** daß); **2.** ~ ***s.o. of s.th.*** j-m et. zum Bewußtsein bringen; **con'vinc·ing** [-sɪŋ] *adj.* □ über'zeugend: ~ ***proof*** schlagender Beweis; ***be*** ~ überzeugen.

con·viv·i·al [kən'vɪvɪəl] *adj.* □ **1.** gastlich, festlich, Fest…; **2.** gesellig, gemütlich, lustig; **con·viv·i·al·i·ty** [kən,vɪvɪ'ælətɪ] *s.* Geselligkeit *f*, Gemütlichkeit *f*, unbeschwerte Heiterkeit.

con·vo·ca·tion [,kɒnvəʊ'keɪʃn] *s.* **1.** Ein-, Zs.-berufung *f*; **2.** *eccl. Brit.* Provinzi'alsy,node *f*; Kirchenversammlung *f*; **3.** *univ.* a) *Brit.* gesetzgebende Versammlung (*Oxford etc.*); außerordentliche Se'natssitzung, b) *Am.* Promoti'ons- *od.* Eröffnungsfeier *f*.

con·voke [kən'vəʊk] *v/t.* (*bsd. amtlich*) ein-, zs.-berufen.

con·vo·lute ['kɒnvəlu:t] *adj. bsd.* ⚘ zs.-gerollt, ringelförmig; **'con·vo·lut·ed** [-tɪd] *adj. bsd. zo.* zs.-gerollt, gebogen, gewunden, spi'ralig; **con·vo·lu·tion** [,kɒnvə'lu:ʃn] *s.* Zs.-rollung *f*, -wicklung *f*, Windung *f*.

con·voy ['kɒnvɔɪ] **I** *s.* **1.** Geleit *n*, (Schutz)Begleitung *f*; **2.** ⚔ a) Es'korte *f*, Bedeckung *f*, b) (bewachter) Trans'port; **3.** ⚓ Geleitzug *m*; **4.** *a.* ⚔ 'Lastwagenko,lonne *f*; **II** *v/t.* **5.** Geleitschutz geben (*dat.*), eskortieren.

con·vulse [kən'vʌls] *v/t.* **1.** erschüttern, in Zuckungen versetzen: ***be ~d with pain*** sich vor Schmerzen krümmen; ***be ~d*** (***with laughter***) e-n Lachkrampf bekommen; **2.** krampfhaft zs.-ziehen *od.* verzerren; **3.** *fig.* erschüttern, in Aufruhr versetzen; **con'vul·sion** [-lʃn] *s.* **1.** ⚕ Krampf *m*, Zuckung *f*: ***be seized with ~s*** Krämpfe bekommen; ***~s*** (***of laughter***) *fig.* Lachkrämpfe; **2.** *pol.*, *fig.* Erschütterung *f* (*a. geol.*), Aufruhr *m*; **con'vul·sive** [-sɪv] *adj.* □ **1.** *a. fig.* krampfhaft, -artig, konvul'siv; **2.** *fig.* erschütternd.

co·ny ['kəʊnɪ] *s.* **1.** *zo.* Ka'ninchen *n*; **2.** Ka'ninchenfell *n*.

coo [ku:] **I** *v/i.* gurren (*a. fig.*); **II** *v/t. fig. et.* gurren; **III** *s.* Gurren *n*; **IV** *int. Brit. sl.* Mann!

cook [kʊk] **I** *s.* **1.** Koch *m*, Köchin *f*: ***too many ~s spoil the broth*** viele Köche verderben den Brei; **II** *v/t.* **2.** *Speisen* kochen, zubereiten, braten, backen: ***be ~ed alive*** F vor Hitze umkommen; **3.** *a.* ~ ***up*** *fig.* a) zs.-brauen, erdichten, b) ‚frisieren', verfälschen: ***~ed account*** ✝ F frisierte Abrechnung; ~ ***up a story*** e-e Geschichte erfinden; ***he is ~ed*** *sl.* der ist ‚erledigt'; **III** *v/i.* **4.** kochen, sich kochen lassen: ~ ***well***; **5.** ***what's ~ing*** F was tut sich?, was ist los?; **'~·book** *s. Am.* Kochbuch *n*.

cook·er ['kʊkə] *s.* **1.** Kocher *m*, Kochgerät *n*; Herd *m*; **2.** Kochgefäß *n*; **3.** *pl.* Kochobst *n*: ***these apples are good ~s*** das sind gute Kochäpfel.

cook·er·y ['kʊkərɪ] *s.* Kochen *n*; Kochkunst *f*; ~ **book** *s. Brit.* Kochbuch *n*.

,**cook|-'gen·er·al** *s. Brit.* Mädchen *n* für alles; **'~-house** *s.* **1.** Küche(ngebäude *n*) *f* (*a.* ⚔); **2.** ⚓ Schiffsküche *f*.

cook·ie ['kʊkɪ] *s. Am.* **1.** (süßer) Keks, Plätzchen *n*; **2.** *sl.* a) Kerl *m*, b) ‚Puppe' *f*.

cook·ing ['kʊkɪŋ] **I** *s.* **1.** Kochen *n*, Kochkunst *f*; **2.** Küche *f*, Kochweise *f*; **II** *adj.* **3.** Koch…: ~ ***apple***; ~ **range** *s.* Kochherd *m*; ~ **so·da** *s.* ⚗ 'Natron *n*.

'cook·out *s. Am.* Abkochen *n* (am Lagerfeuer).

cook·y ['kʊkɪ] → ***cookie***.

cool [ku:l] **I** *adj.* □ **1.** kühl, frisch; **2.** kühl, gelassen, kalt(blütig): ***as ~ as a cucumber*** ‚eiskalt', kaltblütig; ***keep ~!*** reg dich nicht auf!; ♪ ♫ ***Jazz*** ‚Cool Jazz' *m*; **3.** kühl, gleichgültig, lau; **4.** kühl, kalt, abweisend: ***a ~ reception*** ein kühler Empfang; **5.** unverfroren, frech: ~ ***cheek*** Frechheit *f*; ***a ~ customer*** ein geriebener Kunde; **6.** *fig.* glatt, rund: ***a ~ thousand pounds*** glatte *od.* die Kleinigkeit von tausend Pfund; **7.** *sl.* ‚dufte', ‚Klasse', ‚toll': ***that's ~!***; **II** *s.* **8.** Kühle *f*, Frische *f* (*bsd. Luft*): ***the ~ of the evening*** die Abendkühle; **9.** *sl.* (Selbst)Beherrschung *f*: ***blow*** (*od.* ***lose***) ***one's*** ~ hochgehen, die Beherrschung verlieren; ***keep one's*** ~ ruhig bleiben, die Nerven behalten; **III** *v/t.* **10.** (ab)kühlen; → ***heel***[1] *Redew.*; **11.** *fig. Leidenschaften etc.* (ab)kühlen, beruhigen; *Zorn etc.* mäßigen; **IV** *v/i.* **12.** kühl werden, sich abkühlen; **13.** *a.* ~ ***down*** *fig.* sich abkühlen, erkalten, nachlassen, sich beruhigen; **14.** ~ ***down*** F ruhiger werden, sich abregen; **15.** ~ ***it*** *sl.* ruhig bleiben, die Nerven behalten: ~ ***it!*** immer mit der Ruhe!, reg dich ab!; **'cool·ant** [-lənt] *s.* ⚙ Kühlmittel *n*; **'cool·er** [-lə] *s.* **1.** (*Wein- etc.*)Kühler *m*; **2.** Kühlraum *m*; **3.** *sl.* ‚Kittchen' *n*, ‚Knast' *m*; ,**cool-'head·ed** *adj.* **1.** besonnen, kaltblütig; **2.** leidenschaftslos.

coo·lie ['ku:lɪ] *s.* Kuli *m*.

cool·ing ['ku:lɪŋ] **I** *adj.* kühlend, erfrischend; Kühl…; **II** *s.* (Ab)Kühlung *f*; ~ **coil** *s.* Kühlschlange *f*; ,**~-'off pe·ri·od** *s.* Friedenspflicht *f*; ~ **plant** *s.* Kühlanlage *f*.

cool·ness ['ku:lnɪs] *s.* **1.** Kühle *f* (*a. fig.*); **2.** Kaltblütigkeit *f*; **3.** Unfreundlichkeit *f*; **4.** Frechheit *f*.

coomb(e) [ku:m] *s.* Talmulde *f*.

coon [ku:n] *s.* **1.** *zo.* → ***raccoon***; **2.** *Am. sl.* a) Neger(in): ~ ***song*** Negerlied *n*, b) ‚schlauer Hund'.

coop [ku:p] **I** *s.* **1.** Hühnerstall *m*; **2.** Fischkorb *m* (*zum Fangen*); **3.** F ‚Ka'buff' *n*; **4.** F ‚Knast' *m*; **II** *v/t.* **5.** *oft* ~ ***up***, ~ ***in*** einsperren, einpferchen.

co-op ['kəʊɒp] *s.* F Co-op *m* (*Genossenschaft u. Laden*) (*abbr. für **cooperative***).

coop·er ['ku:pə] **I** *s.* **1.** Küfer *m*, Böttcher *m*; **2.** Mischbier *n*; **II** *v/t.* **3.** *Fässer* machen, ausbessern; **'coop·er·age** [-ərɪdʒ] *s.* Böttche'rei *f*.

co·op·er·ate [kəʊ'ɒpəreɪt] *v/t.* **1.** zs.-arbeiten (***with*** mit, ***to*** zu *e-m Zweck*, ***in*** an *dat.*); **2.** (***to***) mitwirken (an *dat.*), beitragen (zu), helfen (bei); **co·op·er·a·tion** [kəʊ,ɒpə'reɪʃn] *s.* **1.** Zs.-arbeit *f*, Mitwirkung *f*; **2.** ✝ a) Kooperati'on *f*, Zs.-arbeit *f*, b) Zs.-schluß *m*, Vereinigung *f* (zu e-r Genossenschaft); **co'op·er·a·tive** [-pərətɪv] **I** *adj.* □ **1.** zs.-arbeitend, mitwirkend; **2.** koopera'tiv, hilfsbereit; **3.** genossenschaftlich: ~ ***movement*** Genossenschaftsbewegung *f*; ~ ***society*** Konsumgenossenschaft *f*; ~ ***store*** → 4; **II** *s.* **4.** Co-op *m*, Kon'sumladen *m*; **co'op·er·a·tive·ness** [-pərətɪvnɪs] *s.* Hilfsbereitschaft *f*; **co'op·er·a·tor** [-tə] *s.* **1.** Mitarbeiter(in), Mitwirkende(r *m*) *f*, Helfer(in); **2.** Mitglied *n* e-r Kon'sumgenossenschaft *f*.

co-opt [kəʊ'ɒpt] *v/t.* hin'zuwählen; **co-op·ta·tion** [,kəʊɒp'teɪʃn] *s.* Zuwahl *f*.

co·or·di·nate I *v/t.* [kəʊ'ɔ:dɪneɪt] **1.** koordinieren, bei-, gleichordnen, gleichschalten; zs.-fassen; **2.** in Einklang bringen, aufein'ander abstimmen; richtig anordnen, anpassen; **II** *adj.* [-dnət] **3.** koordiniert, bei-, gleichgeordnet; gleichrangig, -wertig, -artig: ~ ***clause*** *ling.* beigeordneter Satz; **4.** ⩚ Koordinaten…; **III** *s.* [-dnət] **5.** Beigeordnetes *n*, Gleichwertiges *n*; **6.** ⩚ Koordi'nate *f*; **co·or·di·na·tion** [kəʊ,ɔ:dɪ'neɪʃn] *s.* **1.** Koordinati'on *f* (*a. physiol. der Muskeln etc.*), Gleich-, Beiordnung *f*, Gleichstellung *f*, -schaltung *f*; richtige Anordnung; **2.** Zs.-fassung *f*; Zs.-arbeit *f*; **co'or·di·na·tor** [-tə] *s.* Koordi'nator *m*.

coot [ku:t] *s. orn.* Bläß-, Wasserhuhn *n*; → ***bald*** 1.

cop[1] [kɒp] *s.* Garnwickel *m*.

cop[2] [kɒp] *sl.* **I** *v/t.* **1.** erwischen (***at*** bei): ~ ***it*** ‚sein Fett kriegen'; **2.** klauen; **II** *v/i.* **3.** ~ ***out*** a) ‚aussteigen' (***of***, ***on*** aus), b) ‚sich drücken'; **III** *s.* **4.** ***it's a fair*** ~ jetzt bin ich ‚dran'.

cop[3] [kɒp] *s. sl.* ‚Bulle' *m* (*Polizist*).

co·pal ['kəʊpəl] *s.* Ko'pal(harz *n*) *m*.

co·par·ce·nar·y [,kəʊ'pɑ:sənərɪ] *s.* ⚖ gemeinschaftliches (Grund)Eigentum (gesetzlicher Erben); **co·par·ce·ner** [,kəʊ'pɑ:sənə] *s.* ⚖ Miterbe *m*, -erbin *f*.

co·part·ner [,kəʊ'pɑ:tnə] *s.* Teilhaber *m*, Mitinhaber *m*; ,**co'part·ner·ship** [-ʃɪp] *s.* ✝ **1.** Teilhaberschaft *f*; **2.** a) Gewinnbeteiligung *f*, b) Mitbestimmungsrecht *n* (*der Arbeitnehmer*).

cope[1] [kəʊp] *v/i.* **1.** (***with***) gewachsen sein (*dat.*), fertig werden (mit), bewältigen (*acc.*), meistern (*acc.*); **2.** die Lage meistern, zu Rande kommen, ‚es schaffen'.

cope[2] [kəʊp] **I** *s.* **1.** *eccl.* Chorrock *m*; **2.** *fig.* Mantel *m*, Gewölbe *n*: ~ ***of heaven*** Himmelszelt *n*; **3.** → ***coping***; **II** *v/t.* **4.** bedecken.

co·peck ['kəʊpek] *s.* Ko'peke *f* (*russische Münze*).

cop·er ['kəʊpə] *s.* Pferdehändler *m*.

Co·per·ni·can [kəʊ'pɜ:nɪkən] *adj.* koperni'kanisch.

'cope·stone → ***coping stone***.

cop·i·er ['kɒpɪə] *s.* **1.** → ***copyist*;** **2.** ⚙ Kopiergerät *n*, Kopierer *m*.

co·pi·lot ['kəʊ,paɪlət] *s.* ✈ 'Kopi,lot *m*.

cop·ing ['kəʊpɪŋ] *s.* Mauerkappe *f*, -krönung *f*; **~ saw** *s.* Laubsäge *f*; **~ stone** *s.* **1.** Deck-, Kappenstein *m*; **2.** *fig.* Krönung *f*, Schlußstein *m*.

co·pi·ous ['kəʊpjəs] *adj.* □ **1.** reichlich, aus-, ergiebig, reich, um'fassend; **2.** produk'tiv, fruchtbar: **~ *writer*;** **3.** wortreich; 'überschwenglich; **'co·pi·ous·ness** [-nɪs] *s.* **1.** Fülle *f*; 'Überfluß *m*; **2.** Wortreichtum *m*.

'cop-out *s. sl.* **1.** Vorwand *m*; **2.** ‚Rückzieher' *m*; **3.** a) ‚Aussteigen' *n*, b) *a.* **~ *artist*** ‚Aussteiger(in)'.

cop·per¹ ['kɒpə] **I** *s.* **1.** *min.* Kupfer *n*; **2.** Kupfermünze *f*: **~s** Kupfer-, Kleingeld *n*; **3.** Kupferbehälter *m*, -gefäß *n*, -kessel *m*; *bsd. Brit.* Waschkessel *m*; **II** *adj.* **4.** kupfern, Kupfer…; **5.** kupferrot; **III** *v/t.* **6.** verkupfern; **7.** mit Kupferblech beschlagen.

cop·per² ['kɒpə] → ***cop³***.

cop·per·as ['kɒpərəs] *s.* ⚗ Vitri'ol *n*.

cop·per| beech *s.* ⚘ Blutbuche *f*; **,~-'bot·tomed** *adj.* **1.** ⚓ a) mit Kupferbeschlag, b) seetüchtig; **2.** *fig.* kerngesund; **~ en·grav·ing** *s.* **1.** Kupferstich *m*; **2.** Kupferstechkunst *f*; **~ glance** *s. min.* Kupferglanz *m*; **'~·head** *s. zo.* Mokas'sinschlange *f*; **'~·plate** *s.* ⚙ **1.** Kupferstichplatte *f*; **2.** Kupferstich *m*; **3.** *fig.* gestochene Handschrift; **'~,plat·ed** *adj.* verkupfert; **'~·smith** *s.* Kupferschmied *m*.

cop·per·y ['kɒpərɪ] *adj.* kupferartig, -farbig, -haltig.

cop·pice ['kɒpɪs] *s.* **1.** 'Unterholz *n*, Gestrüpp *n*; Gebüsch *n*, Dickicht *n*; **2.** Gehölz *n*, niedriges Wäldchen.

cop·ra ['kɒprə] *s.* 'Kobra *f*.

copse [kɒps] → ***coppice***.

Copt [kɒpt] *s.* Kopte *m*, Koptin *f*.

'cop·ter ['kɒptə] F *für* ***helicopter***.

cop·u·la ['kɒpjʊlə] *s.* **1.** *ling. u. phls.* 'Kopula *f*; **2.** *anat.* Bindeglied *n*; **'cop·u·late** [-leɪt] *v/i.* kopulieren: a) koitieren, b) *zo.* sich paaren; **cop·u·la·tion** [,kɒpjʊ'leɪʃn] *s.* **1.** *ling. u. phls.* Verbindung *f*; **2.** Kopulati'on *f*: a) 'Koitus *m*, b) Paarung *f*; **'cop·u·la·tive** [-lətɪv] **I** *adj.* □ **1.** verbindend, Binde…; **2.** *ling.* kopula'tiv; **3.** *biol.* Kopulations…; **II** *s.* **4.** *ling.* 'Kopula *f*.

cop·y ['kɒpɪ] **I** *s.* **1.** Ko'pie *f*, Abschrift *f*: ***fair*** (*od.* ***clean***) **~** Reinschrift *f*; ***rough* ~** erster Entwurf, Konzept *n*, Kladde *f*; ***true* ~** (wort)getreue Abschrift; **2.** 'Durchschlag *m*, -schrift *f*; **3.** Abzug *m* (*a. phot.*), Abdruck *m*, Pause *f*; **4.** Nachahmung *f*, -bildung *f*, Reprodukti'on *f*, Ko'pie *f*, 'Wiedergabe *f*; **5.** Muster *n*, Mo'dell *n*, Vorlage *f*; Urschrift *f*; **6.** druckfertiges Manu'skript, lite'rarisches Materi'al; (*Zeitungs- etc.*)Stoff *m*, Text *m*; **7.** Ausfertigung *f*, Exem'plar *n*, Nummer *f* (*Zeitung etc.*); **8.** Urkunde *f*; **II** *v/t.* **9.** abschreiben, -drucken, -zeichnen, e-e Ko'pie anfertigen von; *Computer*: *Daten* über'tragen: **~ *out*** ins reine schreiben, abschreiben; **10.** *phot.* e-n Abzug machen von; **11.** nachbilden, reproduzieren, kopieren; **12.** nachahmen, -machen; **13.** 'wiedergeben, *Zeitungstext* wieder'holen; **III** *v/i.* **14.** kopieren, abschreiben; **15.** (vom Nachbarn) abschreiben (*Schule*); **16.** nachahmen; **'~·book I** *s.* **1.** (Schön-) Schreibheft *n*: ***blot one's* ~** F ‚sich danebenbenehmen'; **2.** † Kopierbuch *n*; **II** *adj.* **3.** alltäglich; **4.** nor'mal; **'~·cat** F **I** *s.* (sklavischer) Nachahmer; **II** *v/t.* (sklavisch) nachahmen; **~ desk** *s.* Redakti'onstisch *m*; **~ ed·i·tor** *s.* a) 'Zeitungsredak,teur(in), b) 'Lektor *m*, Lek'torin *f*; **'~·hold** *s.* ⚖ *Brit.* Zinslehen *n*, -gut *n*; **'~·hold·er** *s.* **1.** ⚖ *Brit.* Zinslehenbesitzer *m*; **2.** *typ.* a) Manu'skripthalter *m*, b) Kor'rektorgehilfe *m*.

cop·y·ing| ink ['kɒpɪɪŋ] *s.* Kopiertinte *f*; **~ ma·chine** *s.* → ***copier*** 2; **~ pa·per** *s.* Ko'pierpa,pier *n*; **~ pen·cil** *s.* Tintenstift *m*; **~ press** *s.* ⚙ Kopierpresse *f*; **~ test** *s.* Copy-test *m* (*werbepsychologischer Test*).

cop·y·ist ['kɒpɪɪst] *s.* **1.** Abschreiber *m*, Ko'pist *m*; **2.** Nachahmer *m*.

'cop·y|pro·tec·tion *s.* Kopierschutz *m*; **~ read·er** *Am.* → ***copy editor*;** **'~·right** ⚖ **I** *s.* 'Copyright *n*, Urheberrecht *n* (***in*** an *dat.*): **~ *in designs*** Musterschutz *m*; **~ *reserved*** alle Rechte vorbehalten; **II** *v/t.* das Urheberrecht erwerben an (*dat.*); urheberrechtlich schützen; **III** *adj.* urheberrechtlich (geschützt); **'~,writ·er** *s.* (*a.* Werbe)Texter *m*.

co·quet [kɒ'ket] **I** *v/i.* kokettieren, flirten; *fig.* liebäugeln (***with*** mit); **II** *adj.* → ***coquettish*;** **co·quet·ry** ['kɒkɪtrɪ] *s.* Kokette'rie *f*; **co·quette** [kɒ'ket] *s.* ko'kette Frau; **co'quet·tish** [-tɪʃ] *adj.* □ ko'kett.

cor·al ['kɒrəl] **I** *s.* **1.** *zo.* Ko'ralle *f*; **2.** Ko'rallenstück *n*; **3.** Ko'rallenrot *n*; **4.** Beißring *m od.* Spielzeug *n* (für Babys) aus Ko'ralle; **II** *adj.* **5.** Korallen…; **6.** ko'rallenrot; **~ bead** *s.* **1.** Ko'rallenperle *f*; **2.** *pl.* Ko'rallenkette *f*; **~ is·land** *s.* Ko'ralleninsel *f*.

cor·al·lin ['kɒrəlɪn] *s.* ⚗ Koral'lin *n*; **'cor·al·line** [-laɪn] **I** *adj.* **1.** ko'rallenartig, -haltig; ko'rallenrot; **II** *s.* **2.** ⚘ Ko'rallenalge *f*; **3.** → ***corrallin*;** **'cor·al·lite** [-laɪt] *s.* **1.** Ko'rallenske,lett *n*; **2.** versteinerte Ko'ralle.

cor·al reef *s.* Ko'rallenriff *n*.

cor an·glais [,kɔːr'ɑ̃ːŋgleɪ] (*Fr.*) *s.* ♪ Englischhorn *n*.

cor·bel ['kɔːbəl] △ **I** *s.* Kragstein *m*, Kon'sole *f*; **II** *v/t.* durch Kragsteine stützen.

cor·bie ['kɔːbɪ] *s. Scot.* Rabe *m*; **'~·steps** *s. pl.* △ Giebelstufen *pl*.

cord [kɔːd] **I** *s.* **1.** Schnur *f*, Kordel *f*, Strick *m*, Strang *m*; **2.** *anat.* Band *n*, Schnur *f*, Strang *m*; → ***spinal cord*** *etc.*; **3.** ↯ (Leitungs-, Anschluß)Schnur *f*; **4.** a) Rippe *f* (*e-s Stoffes*), b) gerippter Stoff, Rips *m*, *bsd.* → ***corduroy*** 1, *pl.* → ***corduroy*** 2; **5.** Klafter *m*, *n* (*Holz*); **II** *v/t.* **6.** (zu)schnüren, (fest)binden, befestigen; **7.** *Bücherrücken* rippen; **'cord·age** [-dɪdʒ] *s.* ⚓ Tauwerk *n*.

cor·date ['kɔːdeɪt] *adj.* ⚘, *zo.* herzförmig (*Blatt, Muschel etc.*).

cord·ed ['kɔːdɪd] *adj.* **1.** ge-, verschnürt; **2.** gerippt (*Stoff*); **3.** Strick…; **4.** in Klaftern gestapelt (*Holz*).

cor·de·lier [,kɔːdɪ'lɪə] *s. eccl.* Franzis'kaner(mönch) *m*.

cor·dial ['kɔːdjəl] **I** *adj.* □ **1.** *fig.* herzlich, freundlich, warm, aufrichtig; **2.** ⚕ belebend, stärkend; **II** *s.* **3.** ⚕ belebendes Mittel, Stärkungsmittel *n*; **4.** Li'kör *m*; **cor·dial·i·ty** [,kɔːdɪ'ælətɪ] *s.* Herzlichkeit *f*, Wärme *f*.

cord·ite ['kɔːdaɪt] *s.* ⚔ Kor'dit *m*.

cord·less *adj. teleph.* schnurlos.

cor·don ['kɔːdn] **I** *s.* **1.** Kor'don *m*: a) ⚔ Postenkette *f*, b) Absperrkette *f*: **~ *of police*;** **2.** Kette *f*, Spa'lier *n* (*Personen*); **3.** Spa'lier(obst)baum *m*; **4.** △ Mauerkranz *m*, -sims *m*, *n*; **5.** Ordensband *n*; **II** *v/t.* **6.** *a.* **~ *off*** (mit Posten *etc.*) absperren, abriegeln; **~ bleu** [,kɔːdɔ̃ːm'blɜː] (*Fr.*) *s.* **1.** Cordon *m* bleu; **2.** hohe Per'sönlichkeit; **3.** *humor.* erstklassiger Koch.

cor·do·van ['kɔːdəvən] *s.* 'Korduan(leder) *n*.

cord| tire *Am.*, **~ tyre** *Brit. s. mot.* Kordreifen *m*.

cor·du·roy ['kɔːdərɔɪ] **I** *s.* **1.** Kord-, Ripssamt *m*; **2.** *pl.* Kordsamthose *f*; **II** *adj.* **3.** Kordsamt…; **~ road** *s. Am.* Knüppeldamm *m*.

cord·wain·er ['kɔːd,weɪnə] *s.* Schuhmacher *m*: ***2s' Company*** Schuhmachergilde *f* (*London*).

'cord·wood *s. bsd. Am.* Klafterholz *n*.

core [kɔː] **I** *s.* **1.** ⚘ Kerngehäuse *n*, Kern *m* (*Obst*); **2.** *fig.* Kern *m* (*a.* ⚙, ↯), *das* Innerste, Herz *n*, Mark *n*; Seele *f* (*a. Kabel, Seil*): ***to the* ~** bis ins Mark *od.* Innerste, durch u. durch; **~ *meltdown*** Kernschmelze *f*; **~ *memory*** *Computer*: Kernspeicher *m*; **~ *time*** Kernzeit *f*; → ***hard core*;** **3.** (Eiter)Pfropf *m* (*Geschwür*); **II** *v/t.* **4.** *Äpfel etc.* entkernen.

co·re·late *etc.* → ***correlate*** *etc.*

co·re·li·gion·ist [,kəʊrɪ'lɪdʒənɪst] *s.* Glaubensgenosse *m*, -genossin *f*.

cor·er ['kɔːrə] *s.* Fruchtentkerner *m*.

co·re·spond·ent, *Am.* **co·re·spond·ent** [,kəʊrɪ'spɒndənt] *s.* ⚖ Mitbeklagte(r *m*) *f* (*im Ehebruchsprozeß*).

core time *s.* Kernzeit *f* (*Ggs. Gleitzeit*).

cor·gi, cor·gy ['kɔːgɪ] → ***Welsh corgi***.

co·ri·a·ceous [,kɒrɪ'eɪʃəs] *adj.* **1.** ledern, Leder…; **2.** lederartig, zäh.

Co·rin·thi·an [kə'rɪnθɪən] **I** *adj.* **1.** ko'rinthisch: **~ *column*** korinthische Säule; **II** *s.* **2.** Ko'rinther(in); **3.** *pl. bibl.* (Brief *m* des Paulus an die) Ko'rinther *pl*.

cork [kɔːk] **I** *s.* **1.** ⚘ Kork *m*, Korkrinde *f*; Korkeiche *f*; **2.** Kork(en) *m*, Stöpsel *m*, Pfropfen *m*; **3.** Angelkork *m*, Schwimmer *m*; **II** *adj.* **4.** Kork…; **III** *v/t.* **5.** ver-, zukorken; **6.** *Gesicht* mit gebranntem Kork schwärzen; **'cork·age** [-kɪdʒ] *s.* **1.** Verkorken *n*; **2.** Entkorken *n*; **3.** Korkengeld *n*; **corked** [-kt] *adj.* **1.** ver-, zugekorkt, verstöpselt; **2.** korkig, nach Kork schmeckend; **3.** mit Korkschwarz gefärbt; **'cork·er** [-kə] *s. sl.* **1.** *das* Entscheidende; **2.** entscheidendes Argu'ment; **3.** a) ‚Knüller', ‚tolles Ding', b) ‚toller Kerl'; **'cork·ing** [-kɪŋ] *adj. sl.* ‚toll', ‚prima'.

cork| jack·et *s.* Kork-, Schwimmweste *f*; **~ oak** *s.* ⚘ Korkeiche *f*; **'~·screw I** *s.* Korkenzieher *m*: **~ *curls*** Korkenzieherlocken; **II** *v/i.* sich schlängeln *od.* winden; **III** *v/t.* 'durchwinden, spi'ralig bewegen; F *fig.* mühsam her'ausziehen (***out of*** aus); **~ sole** *s.* Korkeinlegesohle *f*; **~ tree** → ***cork oak*;** **'~·wood** *s.* **1.** ⚘ Korkholzbaum *m*; **2.** Korkholz *n*.

cork·y ['kɔːkɪ] *adj.* **1.** korkartig, Kork…; **2.** → ***corked*** 2; **3.** F ‚putzmunter'.

cor·mo·rant ['kɔːmərənt] *s.* **1.** *orn.* Kormo'ran *m*, Scharbe *f*, Seerabe *m*; **2.** *fig.* Vielfraß *m*.

corn¹ [kɔːn] **I** *s.* **1.** *coll.* Getreide *n*, Korn *n* (*Pflanze od. Frucht*); *engS.* a) *England*: Weizen *m*, b) *Scot.*, *Ir.* Hafer *m*, c) *Am.* Mais *m*, d) Hafer *m* (*Pferdefutter*): ~ ***on the cob*** Mais *m* am Kolben (*als Gemüse*); **2.** Getreide- *od.* Samenkorn *n*; **3.** *Am.* → ***corn whisky***; **II** *v/t.* **4.** pökeln, einsalzen: ~***ed beef*** Corned beef *n*, Büchsenfleisch *n*.

corn² [kɔːn] *s.* ⚕ Hühnerauge *n*: ***tread on s.o.'s*** ~***s*** *fig.* j-m auf die Hühneraugen treten.

corn| belt *s. Am.* Maisgürtel *m* (*im Mittleren Westen*); '~**·bind** *s.* ⚘ Ackerwinde *f*; ~ **bread** *s. Am.* Maisbrot *n*; ~ **cake** *s. Am.* (Pfann)Kuchen *m* aus Maismehl; ~ **chan·dler** *s. Brit.* Korn-, Saathändler *m*; '~**·cob** *s.* **1.** Maiskolben *m*; **2.** *a.* ~ ***pipe*** Maiskolbenpfeife *f*; '~ˌ**cock·le** *s.* ⚘ Kornrade *f*.

cor·ne·a ['kɔːnɪə] *s. anat.* Hornhaut *f* (*des Auges*), 'Kornea *f*.

cor·nel ['kɔːnəl] *s.* ⚘ Kor'nelkirsche *f*.

cor·ne·ous ['kɔːnɪəs] *adj.* hornig.

cor·ner ['kɔːnə] **I** *s.* **1.** (Straßen-, Häuser)Ecke *f*, *bsd. mot.* Kurve *f*: ***round the*** ~ um die Ecke; ***blind*** ~ unübersichtliche (Straßen)Biegung; ***cut*** ~***s*** a) *mot.* die Kurven schneiden, b) *fig.* die Sache abkürzen; ***take a*** ~ e-e Kurve nehmen (*Auto*); ***cut off a*** ~ ein Stück (Weges) abschneiden; ***turn the*** ~ um die (*Straßen*)Ecke biegen; ***he's turned the*** ~ *fig.* er ist über den Berg; **2.** Winkel *m*, Ecke *f*: ***put a child in the*** ~ ein Kind in die Ecke stellen; ***in a tight*** ~ *fig.* in der Klemme, in Verlegenheit; ***drive s.o. into a*** ~ j-n in die Enge treiben; ***look at s.o. from the*** ~ ***of one's eye*** j-n aus den Augenwinkeln ansehen; **3.** verborgener *od.* geheimer Winkel, entlegene Stelle; **4.** Gegend *f*, ‚Ekke' *f*: ***from the four*** ~***s of the earth*** aus allen Himmelsrichtungen, von überall her; **5.** ☤ a) spekula'tiver Aufkauf, b) (Aufkäufer)Ring *m*, Mono'pol(gruppe *f*) *n*: ~ ***in wheat*** Weizen-Korner *m*; **6.** *sport* a) *Fußball etc.*: Eckball *m*, Ecke *f*, b) *Boxen*: (Ring)Ecke *f*; **II** *v/t.* **7.** in die Enge treiben; in Bedrängnis bringen; **8.** ☤ *Ware* (spekula'tiv) aufkaufen, *fig.* mit Beschlag belegen: ~ ***the market*** den Markt *od.* alles aufkaufen; **III** *v/i.* **9.** *Am.* a) e-e Ecke *od.* e-n Winkel bilden, b) an e-r Ecke gelegen sein; **IV** *adj.* **10.** Eck…: ~ ***house***; '~ˌ**chis·el** *s.* ⚙ Winkelmeißel *m*.

cor·nered ['kɔːnəd] *adj.* **1.** *in Zssgn*: …eckig; **2.** in die Enge getrieben, in der Klemme.

cor·ner| kick *s. Fußball*: Eckstoß *m*; ~ **seat** *s.* Eckplatz *m*; ~ **shop** *s.* Tante-Emma-Laden *m*; '~**·stone** *s.* △ Eck- *od.* Grundstein *m*; *fig.* Eckpfeiler *m*, Grundstein *m*; '~**·ways**, '~**·wise** *adv.* **1.** mit der Ecke nach vorn; **2.** diago'nal.

cor·net ['kɔːnɪt] *s.* **1.** ♪ a) (Pi'ston)Korˌnett *n* (*a. Orgelregister*), b) Kornet'tist *m*; **2.** spitze Tüte; **3.** a) *Brit.* Eistüte *f*, b) Cremerolle *f*; **4.** Schwesternhaube *f*; **5.** ⚔ *hist.* a) Fähnlein *n*, b) Kor'nett *m*, Fähnrich *m*; '**cor·net·(t)ist** [-tɪst] *s.* ♪ Kornet'tist *m*.

corn| ex·change *s.* Getreidebörse *f*; ~ **field** *s.* Getreidefeld *n*; *Am.* Maisfeld *n*; '~**·flakes** *s. pl.* Corn-flakes *pl.*; ~ **flour** *s.* Stärkemehl *n*; '~ˌ**flow·er** *s.* Kornblume *f*.

cor·nice ['kɔːnɪs] *s.* **1.** △ Gesims *n*, Sims *m*, *n*; **2.** Kranz-, Randleiste *f*; **3.** Bilderleiste *f*; **4.** (Schnee)Wächte *f*.

Cor·nish ['kɔːnɪʃ] **I** *adj.* aus Cornwall, kornisch; **II** *s.* kornische Sprache; '~**·man** [-mən] *s.* [*irr.*] Einwohner *m* von Cornwall.

'**corn|·loft** *s.* Getreidespeicher *m*; ~ **pop·py**, ~ **rose** *s.* ⚘ Klatschmohn *m*, -rose *f*; '~**·stalk** *s.* **1.** Getreidehalm *m*; **2.** *Am.* Maisstengel *m*; **3.** F Bohnenstange *f* (*lange, dünne Person*); '~**·starch** *s. Am.* Stärkemehl *n*.

cor·nu·co·pi·a [ˌkɔːnjʊ'kəʊpjə] *s.* **1.** Füllhorn *n* (*a. fig.*); **2.** *fig.* (***of***) Fülle *f* (von), 'Überfluß *m* (an *dat.*).

corn whis·ky *s. Am.* Maiswhisky.

corn·y ['kɔːnɪ] *adj.* **1.** a) *Brit.* Korn…, b) *Am.* Mais…; **2.** getreidereich; **3.** körnig; **4.** *Am. sl.* a) schmalzig, sentimen'tal (*bsd.* ♪), b) kitschig, abgedroschen, c) ländlich.

co·rol·la [kə'rɒlə] *s.* Blumenkrone *f*.

cor·ol·lar·y [kə'rɒlərɪ] *s.* **1.** A, *phls.* Folgesatz *m*; **2.** logische Folge *f* (***of***, ***to*** von *od. gen.*).

co·ro·na [kə'rəʊnə] *pl.* **-nae** [-niː] *s.* **1.** *ast.* a) Krone *f* (*Sternbild*), b) Hof *m*, Ko'rona *f*, Strahlenkranz *m*; **2.** *a.* ~ ***discharge*** ⚡ Glimmentladung *f*, Ko'rona *f*; **3.** △ Kranzleiste *f*; **4.** *anat.* Zahnkrone *f*; **5.** ⚘ Nebenkrone *f*; **6.** Kronleuchter *m*.

cor·o·nach ['kɒrənək] *s. Scot. u. Ir.* Totenklage *f*.

cor·o·nal ['kɒrənl] *s.* **1.** Stirnreif *m*, Dia'dem *n*; **2.** (Blumen)Kranz *m*.

cor·o·nar·y ['kɒrənərɪ] **I** *adj.* **1.** kronen-, kranzartig; **2.** ⚕ koro'nar, (Herz-)Kranz…: ~ ***artery*** Kranzarterie *f*, ˌ~-'***risk*** *adj.* infarktgefährdet; ~ ***thrombosis*** → **II** *s.* **3.** ⚕ Koro'narthromˌbose *f*.

cor·o·na·tion [ˌkɒrə'neɪʃn] *s.* **1.** Krönung *f*; **2.** Krönungsfeier *f*.

cor·o·ner ['kɒrənə] *s.* ⚖ Coroner *m* (*richterlicher Beamter zur Untersuchung der Todesursache in Fällen unnatürlichen Todes*); → ***inquest*** 1.

cor·o·net ['kɒrənɪt] *s.* **1.** kleine Krone; **2.** Adelskrone *f*; **3.** Dia'dem *n*; **4.** *zo.* Hufkrone *f* (*Pferd*); '**cor·o·net·ed** [-tɪd] *adj.* **1.** e-e Adelskrone *od.* ein Dia'dem tragend; **2.** adelig; **3.** mit Adelswappen (*Briefpapier*).

cor·po·ral¹ ['kɔːpərəl] *s.* ⚔ 'Unteroffiˌzier *m*.

cor·po·ral² ['kɔːpərəl] *adj.* □ **1.** körperlich, leiblich: ~ ***punishment*** körperliche Züchtigung; **2.** per'sönlich; **cor·po·ral·i·ty** [ˌkɔːpə'rælətɪ] *s.* Körperlichkeit *f*.

cor·po·rate ['kɔːpərət] *adj.* □ **1.** vereinigt, körperschaftlich, korpora'tiv, Körperschafts…; inkorporiert: ~ ***body*** → ***corporation*** 1; ~ ***seal*** a) *Brit.* Siegel *n* e-r juristischen Person, b) *Am.* Firmensiegel *n*; ~ ***stock*** *Am.* (Gesellschafts)Aktien *pl.*; ~ ***tax*** *Am.* Körperschaftssteuer *f*; ~ ***town*** Stadt *f* mit eigenem Recht; **2.** gemeinsam, kollek'tiv;

cor·po·ra·tion [ˌkɔːpə'reɪʃn] *s.* **1.** ⚖ ju'ristische Per'son: ~ ***tax*** Körperschaftssteuer *f*; **2.** *Brit.* (rechtsfähige) Handelsgesellschaft; **3.** *a.* ***stock*** ~ ☤ *Am.* 'Aktiengesellschaft *f*; **4.** Vereinigung *f*; Gilde *f*, Innung *f*, Zunft *f*; **5.** Stadtbehörde *f*; inkorporierte Stadtgemeinde; **6.** F Schmerbauch *m*; '**cor·po·ra·tive** [-tɪv] *adj.* **1.** korpora'tiv, körperschaftlich; *Am.* ☤ Gesellschafts…; **2.** *pol.* korpora'tiv (*Staat etc.*).

cor·po·re·al [kɔː'pɔːrɪəl] *adj.* □ **1.** körperlich, leiblich; **2.** materi'ell, dinglich, greifbar; **cor·po·re·al·i·ty** [kɔːˌpɔːrɪ'ælətɪ] *s.* Körperlichkeit *f*.

cor·po·sant ['kɔːpəzənt] *s.* ⚡ Elmsfeuer *n*.

corps [kɔː] *pl.* **corps** [kɔːz] *s.* **1.** ⚔ a) (Ar'mee)Korps *n*, b) Korps *n*, Truppe *f*: ***volunteer*** ~ Freiwilligentruppe; **2.** Körperschaft *f*, Korps *n*; **3.** Korps *n*, Korporati'on *f*, (Stu'denten)Verbindung *f*; ~ **de bal·let** [ˌkɔːdə'bæleɪ] (*Fr.*) *s.* Bal'lettgruppe *f*, ♀ **Di·plo·ma·tique** ['kɔːˌdɪpləmæ'tɪk] (*Fr.*) *s.* Diplo'matisches Korps.

corpse [kɔːps] *s.* Leichnam *m*, Leiche *f*.

cor·pu·lence ['kɔːpjʊləns], '**cor·pu·len·cy** [-sɪ] *s.* Korpu'lenz *f*, Beleibtheit *f*; '**cor·pu·lent** [-nt] *adj.* □ korpu'lent, beleibt.

cor·pus ['kɔːpəs] *pl.* '**cor·po·ra** [-pərə] *s.* **1.** Korpus *n*, Sammlung *f* (*Werk, Gesetz etc.*); **2.** Groß-, Hauptteil *m*; **3.** ☤ ('Stamm)Kapiˌtal *n* (*Ggs. Zinsen etc.*); ♀ **Chris·ti** ['krɪstɪ] *s. eccl.* Fron'leichnam(sfest *n*) *m*.

cor·pus·cle ['kɔːpʌsl] *s.* **1.** *biol.* (Blut-)Körperchen *n*; **2.** *phys.* Kor'puskel *n*, *f*, Elemen'tarteilchen *n*; **cor·pus·cu·lar** [kɔː'pʌskjʊlə] *adj. phys.* Korpuskular…; **cor·pus·cule** [kɔː'pʌskjuːl] → ***corpuscle***.

cor·pus| de·lic·ti [dɪ'lɪktaɪ] *s.* ⚖ 'Corpus *n* de'licti: a) ⚖ Tatbestand *m*, b) Beweisstück *n*, *bsd.* Leiche *f* (des Ermordeten); ~ **ju·ris** ['dʒʊərɪs] *s.* ⚖ Corpus *n* juris, Gesetzessammlung *f*.

cor·ral [kɒ'rɑːl] **I** *s.* **1.** Kor'ral *m*, (Vieh)Hof *m*, Pferch *m*, Einzäunung *f*; **2.** Wagenburg *f*; **II** *v/t.* **3.** *Wagen* zu e-r Wagenburg zs.-stellen; **4.** in e-n Pferch treiben; **5.** *fig.* einsperren; **6.** *Am.* F sich *et.* ‚schnappen'.

cor·rect [kə'rekt] **I** *v/t.* **1.** korrigieren, verbessern, berichtigen, richtigstellen; **2.** regulieren, regeln, ausgleichen; **3.** *Mängel* abstellen, beheben; **4.** zu'rechtweisen, tadeln: ***I stand*** ~***ed*** ich gebe m-n Fehler zu; **5.** *j-n od. et.* bestrafen; **II** *adj.* □ **6.** richtig, fehlerfrei: ***be*** ~ a) stimmen, b) recht haben; **7.** kor'rekt, schicklich, einwandfrei: ***it is the*** ~ ***thing*** es gehört sich; ~ ***behavio(u)r*** korrektes Benehmen; **8.** genau, ordentlich; **cor'rec·tion** [-kʃn] *s.* **1.** Verbesserung *f*, Richtigstellung *f*, Berichtigen *n* (*a.* ⚙, *phys.*): ***I speak under*** ~ ich kann mich natürlich (auch) irren; **2.** Korrek'tur *f* (*a.* ⚒, *phys.*, *typ. etc.*), (Fehler)Verbesserung *f*; **3.** Zu'rechtweisung *f*; **4.** Bestrafung *f*, ⚖ *a.* Besserung *f*: ***house of*** ~ ⚖ Strafanstalt *f*; **5.** Bereinigung *f*, Abstellung *f*, Regulierung *f*; **cor'rec·tion·al** [-kʃənl] → ***corrective***; **cor'rect·i·tude** [-tɪtjuːd] *s.* Kor'rektheit *f* (*Benehmen*); **cor'rec-**

tive [-tɪv] **I** *adj.* □ **1.** verbessernd, Verbesserungs..., Berichtigungs..., Korrektur...: ~ ***measure*** Abhilfemaßnahme *f*; **2.** mildernd, lindernd; **3.** ⚖ Besserungs..., Straf...: ~ ***training*** Besserungsmaßregel *f*; **II** *s.* **4.** Korrek'tiv *n*, Abhilfe *f*, Heil-, Gegenmittel *n*: **cor'rect·ness** [-nɪs] *s.* Richtigkeit *f*; Kor'rektheit *f*; **cor'rec·tor** [-tə] *s.* **1.** Verbesserer *m*; **2.** 'Kritiker(in); **3.** *mst* ~ ***of the press*** *Brit. typ.* Kor'rektor *m*; **4.** Besserungsmittel *n*.

cor·re·late ['kɒrəleɪt] **I** *v/t.* in Wechselbeziehung bringen (***with*** mit), aufein'ander beziehen; in Über'einstimmung bringen (***with*** mit); **II** *v/i.* in Wechselbeziehung stehen (***with*** mit), sich aufeinander beziehen; entsprechen (***with*** *dat.*); **III** *s.* Korre'lat *n*, Gegenstück *n*; **cor·re·la·tion** [ˌkɒrə'leɪʃn] *s.* Wechselbeziehung *f*, gegenseitige Abhängigkeit, Entsprechung *f*; **cor·rel·a·tive** [kɒ'relətɪv] **I** *adj.* □ korrela'tiv, in Wechselbeziehung stehend, sich ergänzend; entsprechend; **II** *s.* Korre'lat *n*, Gegenstück *n*, Ergänzung *f*.

cor·re·spond [ˌkɒrɪ'spɒnd] *v/i.* **1.** (***with, to***) entsprechen (*dat.*), über'einstimmen, in Einklang stehen (mit); **2.** (***with, to***) passen (zu), sich eignen (für); **3.** (***to***) entsprechen (*dat.*), das Gegenstück sein (von), ana'log sein (zu); **4.** in Briefwechsel (✝ in Geschäftsverkehr) stehen (***with*** mit).

cor·re·spond·ence [ˌkɒrɪ'spɒndəns] *s.* **1.** Über'einstimmung *f* (***with*** mit, ***between*** zwischen *dat.*); **2.** Angemessenheit *f*, Entsprechung *f*; **3.** Korrespon'denz *f*: a) Briefwechsel *m*, b) Briefe *pl.*; **4.** *Zeitung*: Beiträge *pl.*; ~ **clerk** *s.* ✝ Korrespon'dent(in); ~ **col·umn** *s.* Leserbriefspalte *f*; ~ **chess** *s.* Fernschach *n*; ~ **course** *s.* Fernkurs *m*; ~ **school** *s.* 'Fernlehrinstiˌtut *n*.

cor·re·spond·ent [ˌkɒrɪ'spɒndənt] **I** *s.* Korrespon'dent(in): a) (Brief)Schreiber(in); Briefpartner(in), b) ✝ Geschäftsfreund *m*, c) *Zeitung*: Mitarbeiter(in); Einsender(in): ***foreign*** ~ Auslandskorrespondent; ***special*** ~ Sonderberichterstatter *m*; **II** *adj.* → ˌ**cor·re'spond·ing** [-dɪŋ] *adj.* □ **1.** entsprechend, gemäß (***to*** *dat.*); **2.** in Briefwechsel stehend (***with*** mit): ~ ***member*** korrespondierendes Mitglied; ˌ**cor·re'spond·ing·ly** [-dɪŋlɪ] *adv.* entsprechend, demgemäß.

cor·ri·dor ['kɒrɪdɔː] *s.* **1.** 'Korridor *m*, Gang *m*, Flur *m*; **2.** 🚂 'Korridor *m*, Seitengang *m*: ~ ***train*** D-Zug *m*; **3.** *geogr.*, *pol.* 'Korridor *m* (*Landstreifen durch fremdes Gebiet*).

cor·ri·gen·dum [ˌkɒrɪ'dʒendəm] *pl.* **-da** [-də] *s.* **1.** zu verbessernder Druckfehler; **2.** *pl.* Druckfehlerverzeichnis *n*; **cor·ri·gi·ble** ['kɒrɪdʒəbl] *adj.* **1.** zu verbessern(d); **2.** lenksam, fügsam.

cor·rob·o·rate [kə'rɒbəreɪt] *v/t.* bekräftigen, bestätigen, erhärten; **cor·rob·o·ra·tion** [kəˌrɒbə'reɪʃn] *s.* Bekräftigung *f*, Bestätigung *f*, Erhärtung *f*; **cor'rob·o·ra·tive** [-bərətɪv], **cor'rob·o·ra·to·ry** [-bərətərɪ] *adj.* bestärkend, bestätigend.

cor·rode [kə'rəʊd] **I** *v/t.* **1.** ⚗, ⚙ zer-, anfressen, angreifen, korrodieren; wegätzen, -beizen; **2.** *fig.* zerfressen, zerstören, unter'graben, aushöhlen: ***corroding care*** nagende Sorge; **II** *v/i.* **3.** zerfressen werden, korrodieren; rosten; **4.** sich einfressen; **5.** verderben, verfallen; **cor'ro·dent** [-dənt] *Am.* **I** *adj.* ätzend; **II** *s.* Ätzmittel *n*; **cor'ro·sion** [-əʊʒn] *s.* **1.** ⚗, ⚙ Korrosi'on *f*, An-, Zerfressen *n*; Rostfraß *m*; Ätzen *n*, Beizen *n*; **2.** *fig.* Zerstörung *f*; **cor'ro·sive** [-əʊsɪv] **I** *adj.* □ **1.** ⚗, ⚙ zerfressend, ätzend, beizend, angreifend, Korrosions...; **2.** *fig.* nagend, quälend; **II** *s.* **3.** ⚗, ⚙ Ätz-, Beizmittel *n*; **cor'ro·sive·ness** [-əʊsɪvnɪs] *s.* ätzende Schärfe.

cor·ru·gate ['kɒrʊgeɪt] **I** *v/t.* wellen, riefen; runzeln, furchen; **II** *v/i.* sich wellen *od.* runzeln, runz(e)lig werden; '**cor·ru·gat·ed** [-tɪd] *adj.* runz(e)lig, gefurcht; gewellt, gerieft: ~ ***iron*** (*od.* ***sheet***) Wellblech *n*; ~ ***cardboard***, ~ ***paper*** Wellpappe *f*; **cor·ru·ga·tion** [ˌkɒrʊ'geɪʃn] *s.* **1.** Runzeln *n*, Furchen *n*; Wellen *n*, Riefen *n*; **2.** Furche *f*, Falte *f* (*auf der Stirn*).

cor·rupt [kə'rʌpt] **I** *adj.* □ **1.** (*moralisch*) verdorben, schlecht, verworfen; **2.** unredlich, unlauter; **3.** kor'rupt, bestechlich, käuflich: ~ ***practices*** Bestechungsmanöver *pl.*, Korruption *f*; **4.** faul, verdorben, schlecht; **5.** unrein, unecht, verfälscht, verderbt (*Text*); **II** *v/t.* **6.** verderben, zu'grunde richten: ~***ing influences*** verderbliche Einflüsse; **7.** verleiten, verführen; **8.** korrumpieren, bestechen; **9.** *Texte etc.* verderben, verfälschen, verunstalten; **10.** *fig.* anstecken, infizieren; **III** *v/i.* **11.** (*moralisch*) verderben, verkommen; **12.** schlecht werden, verderben; **cor'rupt·i·ble** [-təbl] *adj.* □ **1.** zum Schlechten neigend; **2.** bestechlich; **3.** verderblich; vergänglich; **cor'rup·tion** [-pʃn] *s.* **1.** Verdorbenheit *f*, Verworfenheit *f*; **2.** verderblicher Einfluß; **3.** Korrupti'on *f*: a) Kor'ruptheit *f*, Bestechlichkeit *f*, Käuflichkeit *f*, b) kor'rupte Me'thoden *pl.*, Bestechung *f*; **4.** Verfälschung *f*, Korrumpierung *f* (*Text etc.*); **5.** Fäulnis *f*; **cor'rup·tive** [-tɪv] *adj.* **1.** zersetzend, verderblich; **2.** *fig.* ansteckend; **cor'rupt·ness** [-nɪs] → ***corruption*** 1, 3 a.

cor·sage [kɔː'sɑːʒ] *s.* **1.** Mieder *n*; **2.** 'Ansteckbuˌkett *n*.

cor·sair ['kɔːseə] *s.* **1.** *hist.* Kor'sar *m*, Seeräuber *m*; **2.** Kaperschiff *n*.

corse·let ['kɔːslɪt] *s.* **1.** *Am. mst* **cor·se·let** [ˌkɔːsə'let] Korse'lett *n*, Mieder *n*; **2.** *hist.* Harnisch *m*.

cor·set ['kɔːsɪt] *s. oft pl.* Kor'sett *n*; '**cor·set·ed** [-tɪd] *adj.* (ein)geschnürt; '**cor·set·ry** [-trɪ] *s.* Miederwaren *pl.*

Cor·si·can ['kɔːsɪkən] **I** *adj.* korsisch; **II** *s.* Korse *m*, Korsin *f*.

cor·tège [kɔː'teɪʒ] (*Fr.*) *s.* **1.** Gefolge *n e-s Fürsten etc.*; **2.** Zug *m*, Prozessi'on *f*: ***funeral*** ~ Leichenzug *m*.

cor·tex ['kɔːteks] *pl.* **-ti·ces** [-tɪsiːz] *s.* ⚘, *zo.*, *anat.* Rinde *f*: ***cerebral*** ~ Großhirnrinde.

cor·ti·sone ['kɔːtɪzəʊn] *s.* ⚕ Korti'son *n*.

co·run·dum [kə'rʌndəm] *s. min.* Ko'rund *m*.

cor·us·cate ['kɒrəskeɪt] *v/i.* (auf)blitzen, funkeln, glänzen (*a. fig.*).

cor·vée ['kɔːveɪ] (*Fr.*) *s.* Fronarbeit *f*, -dienst *m* (*a. fig.*).

cor·vette [kɔː'vet] *s.* ⚓ Kor'vette *f*.

cor·vine ['kɔːvaɪn] *adj.* raben-, krähenartig.

Cor·y·don ['kɒrɪdən] *s.* **1.** *poet.* 'Korydon *m*, Schäfer *m*; **2.** schmachtender Liebhaber.

cor·ymb ['kɒrɪmb] *s.* ⚘ Doldentraube *f*.

cor·y·phae·us [ˌkɒrɪ'fiːəs] *pl.* **-phae·i** [-'fiːaɪ] *s. antiq. u. fig.* Kory'phäe *f*; **co·ry·phée** ['kɒrɪfeɪ] *s.* Primaballe'rina *f*.

cos[1] [kɒs] *s.* ⚘ Lattich *m*.

cos[2] [kəz] *cj.* F weil, da.

co·se·cant [ˌkəʊ'siːkənt] *s.* ⩓ 'Kosekans *m*.

cosh [kɒʃ] *Brit.* F **I** *s.* Totschläger *m*; **II** *v/t.* mit e-m Totschläger schlagen, *j-m* ‚eins über den Schädel hauen'.

cosh·er ['kɒʃə] *v/t.* verhätscheln.

co·sig·na·to·ry [ˌkəʊ'sɪgnətərɪ] *s.* 'Mitunterˌzeichner(in).

co·sine ['kəʊsaɪn] *s.* ⩓ 'Kosinus *m*.

co·si·ness ['kəʊzɪnɪs] *s.* Behaglichkeit *f*, Gemütlichkeit *f*.

cos·met·ic [kɒz'metɪk] **I** *adj.* (□ ~***ally***) **1.** kos'metisch (*a. fig.*): ~ ***treatment*** → 4; ~ (***plastic***) ***surgery*** Schönheitschirurgie *f od.* -operation *f*; **2.** *fig.* kosmetisch, optisch; **II** *s.* **3.** kosmetisches Mittel, Schönheitsmittel *n*, *pl. a.* Kos'metika; **4.** *pl.* Kos'metik *f*, Schönheitspflege *f*; **cos·me·ti·cian** [ˌkɒzmə'tɪʃn] *s.*, **cos·me·tol·o·gist** [ˌkɒzmə'tɒlədʒɪst] Kos'metiker(in).

cos·mic, **cos·mi·cal** ['kɒzmɪk(l)] *adj.* □ kosmisch (*a. fig.*).

cos·mog·o·ny [kɒz'mɒgənɪ] *s.* Kosmogo'nie *f* (*Theorie über die Entstehung des Weltalls*); **cos'mog·ra·phy** [-grəfɪ] *s.* Kosmogra'phie *f*, Weltbeschreibung *f*; **cos'mol·o·gy** [-ɒlədʒɪ] *s.* Kosmolo'gie *f*.

cos·mo·naut ['kɒzmənɔːt] *s.* (Welt-) Raumfahrer *m*, Kosmo'naut *m*.

cos·mo·pol·i·tan [ˌkɒzmə'pɒlɪtən] **I** *adj.* kosmopo'litisch; *weitS.* weltoffen; **II** *s.* Kosmopo'lit *m*, Weltbürger(in); ˌ**cos·mo'pol·i·tan·ism** [-tənɪzəm] *s.* Weltbürgertum *n*; *weitS.* Weltoffenheit *f*.

cos·mos ['kɒzmɒs] *s.* **1.** 'Kosmos *m*: a) Weltall *n*, b) Weltordnung *f*; **2.** Welt *f* für sich; **3.** ⚘ 'Kosmos *m* (*Blume*).

Cos·sack ['kɒsæk] *s.* Ko'sak *m*.

cos·set ['kɒsɪt] *v/t.* verhätscheln.

cost [kɒst] **I** *s.* **1.** *stets sg.* Kosten *pl.*, Preis *m*, Aufwand *m*: ~ ***of living*** Lebenshaltungskosten; ~ ***of-living allowance*** Teuerungszulage *f*; ~***-of-living index*** Lebenshaltungsindex *m*; **2.** ✝ a) *a.* ~ ***price*** (Selbst-, Gestehungs)Kosten *pl.*, Selbstkosten-, (Netto)Einkaufspreis *m*, b) (Un)Kosten *pl.*, Auslagen *pl.*, Spesen *pl.*: ***at*** ~ zum Selbstkostenpreis; ~ ***accounting*** → ***costing***; ~ ***accountant*** (Betriebs)Kalkulator *m*; ~ ***allocation*** Kostenumlage *f*; ~***-benefit analysis*** Kosten-Nutzen-Analyse *f*; ~ ***breakdown*** Kostenaufgliederung *f*; ~***-covering*** kostendeckend; ~ ***free*** kostenlos; ~ ***plus*** Gestehungskosten plus Unternehmergewinn; ~ ***of construction*** Baukosten; **3.** *fig.* Kosten *pl.*, Schaden *m*, Nachteil *m*: ***at my*** ~ auf m-e Kosten; ***at a heavy*** ~ unter schweren Opfern; ***at the*** ~ ***of his health*** auf Kosten s-r Gesundheit; ***to my*** ~ zu m-m Schaden; ***I know to my*** ~ ich weiß aus eigener (bitterer) Erfahrung; ***at all*** ~***s***,

at any* ~** um jeden Preis; **4.** *pl.* ⚖ (Gerichts)Kosten *pl.*, Gebühren *pl.*; ***condemn s.o. in the ~s j-n zu den Kosten verurteilen; ***dismiss with ~s*** kostenpflichtig abweisen; ***allow ~s*** die Kosten bewilligen; **II** *v/t.* [*irr.*] **5.** kosten: ***it ~ me one pound*** es kostete mich ein Pfund; **6.** kosten, bringen um: ***it ~ him his life*** es kostete ihn das Leben; **7.** kosten, verursachen: ***it ~ me a lot of trouble*** es verursachte mir (*od.* kostete mich) große Mühe; **8.** [*pret. u. p.p.* **cost·ed**] † kalkulieren, den Preis berechnen von: ***~ed at*** mit e-m Kostenanschlag von; **III** *v/i.* [*irr.*] **9.** ***it ~ him dearly*** *fig.* es kam ihm teuer zu stehen.

cos·tal [ˈkɒstl] *adj.* **1.** *anat.* Rippen…, kosˈtal; **2.** ⚘ (Blatt)Rippen…; **3.** *zo.* (Flügel)Ader…

co-star [ˈkəʊstɑː] *thea.*, *Film* **I** *s.* e-r der Hauptdarsteller; **II** *v/i.* e-e der Hauptrollen spielen: ***~ring*** in e-r der Hauptrollen.

cos·ter·mon·ger [ˈkɒstəˌmʌŋgə], *a.* **cos·ter** [ˈkɒstə] *s. Brit.* Straßenhändler(in) für Obst u. Gemüse *etc.*

cost·ing [ˈkɒstɪŋ] *s.* † *Brit.* Kosten(be)rechnung *f*, Kalkulatiˈon *f*.

cos·tive [ˈkɒstɪv] *adj.* □ **1.** ⚕ verstopft, hartleibig; **2.** *fig.* geizig; ˈ**cos·tive·ness** [-nɪs] *s.* **1.** ⚕ Verstopfung *f*; **2.** *fig.* Geiz *m.*

cost·li·ness [ˈkɒstlɪnɪs] *s.* **1.** Kostspieligkeit *f*; **2.** Pracht *f*; **cost·ly** [ˈkɒstlɪ] *adj.* **1.** kostspielig, teuer; **2.** kostbar, wertvoll; prächtig.

cost price → ***cost*** 2 a.

cos·tume [ˈkɒstjuːm] *s.* **1.** Koˈstüm *n*, Kleidung *f*, Tracht *f*: ***~ jewel(le)ry*** Modeschmuck *m*; **2.** *obs.* Koˈstüm(kleid) *n* (*für Damen*); **3.** (ˈMasken-, ˈBühnen-) Koˌstüm *n*: ***~ piece*** *thea.* Kostümstück *n*; **4.** Badeanzug *m*; **cos·tum·er** [kɒsˈtjuːmə], **cos·tum·i·er** [kɒsˈtjuːmɪə] *s.* **1.** Koˈstümverleiher(in); **2.** *thea.* Kostümiˈer *m.*

co·sy [ˈkəʊzɪ] **I** *adj.* □ behaglich, gemütlich, traulich, heimelig; **II** *s.* Teehaube *f*, -wärmer *m*; Eierwärmer *m.*

cot¹ [kɒt] *s.* **1.** *Brit.* Kinderbettchen *n*: ***~ death*** ⚕ plötzlicher Kindstod; **2.** Feldbett *n*; **3.** leichte Bettstelle; **4.** ⚓ Schwingbett *n*, Koje *f*.

cot² [kɒt] *s.* **1.** (Schaf- *etc.*)Stall *m*; **2.** *obs.* Häus-chen *n*, Hütte *f*.

co·tan·gent [ˌkəʊˈtændʒənt] *s.* ⩘ ˈKotangens *m.*

cote [kəʊt] *s.* Stall *m*, Hütte *f*, Häuschen *n* (*für Kleinvieh etc.*).

co·te·rie [ˈkəʊtərɪ] *s.* **1.** *contp.* Koteˈrie *f*, Klüngel *m*, ˈClique *f*; **2.** exkluˈsiver Zirkel.

co·thur·nus [kəˈθɜːnəs] *pl.* **-ni** [-naɪ] *s.* **1.** *antiq.* Koˈthurn *m*; **2.** erhabener, paˈthetischer Stil.

co-tid·al lines [kəʊˈtaɪdl] *s. pl.* ⚓ Isorˈrhachien *pl.*

co-trus·tee, *Am.* **co·trus·tee** [ˌkəʊtrʌsˈtiː] *s.* Mittreuhänder *m.*

cot·tage [ˈkɒtɪdʒ] *s.* **1.** (kleines) Landhaus, Cottage *n*; **2.** *Am.* Ferienhaus *n*; **3.** *Am.* Wohngebäude *n* (*bsd. in e-m Heim*); *Hotel*: Depenˈdance *f*; **~ cheese** *s.* Hüttenkäse *m*; **~ hos·pi·tal** *s.* **1.** kleines Krankenhaus; **2.** *Am. aus Einzelgebäuden bestehendes Krankenhaus*; **~ in·dus·try** *s.* ˈHeimindusˌtrie *f*; **~ pi·a·no** *s.* Piaˈnino *n*; **~ pud·ding** *s.* Kuchen *m* mit süßer Soße.

cot·tag·er [ˈkɒtɪdʒə] *s.* **1.** Cottagebewohner(in); **2.** *Am.* Urlauber(in) in e-m Ferienhaus.

cot·ter [ˈkɒtə] *s.* ⚙ a) (Schließ)Keil *m*, b) → **~ pin** *s.* Splint *m.*

cot·ton [ˈkɒtn] **I** *s.* **1.** Baumwolle *f*: ***absorbent ~*** Watte *f*; **2.** Baumwollpflanze *f*; **3.** Baumwollstoff *m*; **4.** *pl.* a) Baumwollwaren *pl.*, b) Baumwollkleidung *f*; **5.** (Näh-, Stick)Garn *n*; **II** *adj.* **6.** baumwollen, Baumwoll…; **III** *v/i.* **7.** *Am.* F (***with***) a) sich anfreunden (mit), b) gut auskommen (mit); **8.** ***~ on to*** F a) *et.* ‚kapieren‘, b) *Am.* → 7 a; **~ belt** *s. Am.* Baumwollzone *f*; **~ bud** *s.* Wattestäbchen *n*; **~ can·dy** *s. Am.* Zuckerwatte *f*; **~ gin** *s.* ⚙ Entˈkörnungsmaˌschine *f* (*für Baumwolle*); **~ grass** *s.* ⚘ Wollgras *n*; **~ mill** *s.* ˈBaumwollspinneˌrei *f*; **~ pick·er** *s.* Baumwollpflücker *m*; **~ press** *s.* Baumwollballenpresse *f*; **~ print** *s.* bedruckter Katˈtun; ˈ**~·seed** *s.* ⚘ Baumwollsamen *m*: ***~ oil*** Baumwollsamenöl *n*; ˈ**~·tail** *s. zo.* amer. ˈWildkaˌninchen *n*; **~ waste** *s.* **1.** Baumwollabfall *m*; **2.** ⚙ Putzwolle *f*; ˈ**~·wood** *s.* ⚘ *e-e* amer. Pappel; **~ wool** *s.* **1.** Rohbaumwolle *f*; **2.** (Verband-)Watte *f*.

cot·ton·y [ˈkɒtnɪ] *adj.* **1.** baumwollartig; **2.** flaumig, weich.

cot·y·le·don [ˌkɒtɪˈliːdən] *s.* ⚘ **1.** Keimblatt *n*; **2.** ⚘ Nabelkraut *n.*

couch¹ [kaʊtʃ] **I** *s.* **1.** Couch *f* (*a. des Psychoanalytikers*), ˈLiege(ˌsofa *n*) *f*; **2.** Bett *n*; Lager *n* (*a. obs. hunt.*), Lagerstätte *f*; **3.** ⚙ Lage *f*, Schicht *f*, erster Anstrich; **II** *v/t.* **4.** *Gedanken etc.* in Worte fassen *od.* kleiden, ausdrücken; **5.** *Lanze* einlegen; **6.** ⚕ *Star* stechen; **7.** ***be ~ed*** liegen; **III** *v/i.* **8.** liegen, lagern (*Tier*); **9.** (sich) kauern *od.* ducken.

couch² [kaʊtʃ] → ***couch grass.***

couch·ant [ˈkaʊtʃənt] *adj. her.* mit erhobenem Kopf liegend.

cou·chette [kuːˈʃet] *s.* 🚂 (Platz *m* in e-m) Liegewagen.

couch grass *s.* ⚘ Quecke *f*.

couch po·ta·to *s.* F Stubenhocker(in), Dauerglotzer(in).

cou·gar [ˈkuːgə] *s. zo.* ˈPuma *m.*

cough [kɒf] **I** *s.* **1.** Husten *m*: ***give a ~*** (einmal) husten; **II** *v/i.* **2.** husten; **3.** *mot.* F ‚stottern‘, husten (*Motor*); **III** *v/t.* **4.** ***~ out*** *od.* ***up*** aushusten; **5.** ***~ up*** *sl.* herˈausrücken mit (*Geld, der Wahrheit etc.*); **~ drop** *s.* ˈHustenbonˌbon *m, n*; **~ mix·ture** *s.* Hustensaft *m.*

could [kʊd] *pret. von* **can¹**.

cou·loir [ˈkuːlwɑː] (*Fr.*) *s.* **1.** Bergschlucht *f*; **2.** ⚙ ˈBaggermaˌschine *f*.

cou·lomb [ˈkuːlɒm] *s.* ⚡ Couˈlomb *n*, Amˈpere-Seˌkunde *f*.

coul·ter [ˈkəʊltə] *s.* ⚒ Kolter *n*, Pflugmesser *n.*

coun·cil [ˈkaʊnsl] *s.* **1.** Rat *m*, Ratsversammlung *f*, beratende Versammlung; Beratung *f*: ***be in ~*** zu Rate sitzen; ***meet in ~*** e-e (Rats)Sitzung abhalten; ***Queen in ~*** *Brit.* Königin und Kronrat; ***~ of war*** Kriegsrat (*a. fig.*); **2.** Rat *m* (*Körperschaft*); *engS.* Gemeinderat *m*: ***municipal ~*** Stadtrat (*Behörde*); ***~ school*** Gemeindeschule *f*; **3.** Kirchenrat *m*, Synˈode *f*, Konˈzil *n*; **4.** Vorstand *m*, Komiˈtee *n*; **~ cham·ber** *s.* Ratszimmer *n*; **~ es·tate** *s. Brit.* städtische (soziˈale Wohn)Siedlung; **~ house** *s. Brit.* stadteigenes (Soziˈal)Wohnhaus.

coun·ci(l)·lor [ˈkaʊnsələ] *s.* Ratsmitglied *n*, -herr *m*, Stadtrat *m*, -rätin *f*.

coun·sel [ˈkaʊnsl] **I** *s.* **1.** Rat(schlag) *m*: ***take ~ of s.o.*** von j-m (e-n) Rat annehmen; **2.** Beratung *f*, Überˈlegung *f*: ***take*** (*od.* ***hold***) ***~ with*** a) sich beraten mit, b) sich Rat holen bei; ***take ~ together*** zusammen beratschlagen; **3.** Plan *m*, Absicht *f*; Meinung *f*, Ansicht *f*: ***divided ~s*** geteilte Meinungen; ***keep one's*** (***own***) ***~*** s-e Meinung *od.* Absicht für sich behalten; **4.** ⚖ (*ohne Artikel*) a) *Brit.* (Rechts)Anwalt *m*, b) *Am.* Rechtsberater *m*, -beistand *m*: ***~ for the defence*** Anwalt des Beklagten, *Strafprozeß*: Verteidiger *m*; ***~ for the prosecution*** Anklagevertreter *m*; **5.** ⚖ *coll.* juˈristische Berater *pl.*; **II** *v/t.* **6.** *j-m* raten *od.* e-n Rat geben; **7.** zu *et.* raten: ***~ delay*** Aufschub empfehlen; ˈ**coun·se(l)·lor** [-lə] *s.* **1.** Berater(in), Ratgeber *m*; **2.** *a.* ***~-at-law*** *Am.* (Rechts)Anwalt *m*; **3.** (Studien-, Berufs)Berater *m.*

count¹ [kaʊnt] **I** *s.* **1.** Zählen *n*, (*a.* Volks- *etc.*)Zählung *f*, (Be)Rechnung *f*: ***keep ~ of s.th.*** et. genau zählen (können); ***lose ~*** a) die Übersicht verlieren (***of*** über), b) sich verzählen; ***by my ~*** nach m-r Schätzung; ***take the ~*** *Boxen*: ausgezählt werden; ***take a ~ of nine*** *Boxen*: bis neun angezählt werden; **2.** (End)Zahl *f*, Anzahl *f*, Ergebnis *n*; *sport* Punktzahl *f*; **3.** Berücksichtigung *f*: ***take*** (***no***) ***~ of*** (nicht) zählen *od.* (nicht) berücksichtigen (*acc.*); **4.** ⚖ (An)Klagepunkt *m*; **II** *v/t.* **5.** (ab-, auf-) zählen, (be)rechnen: ***~ the cost*** a) die Kosten berechnen, b) *fig.* die Folgen bedenken; **6.** (mit)zählen, einschließen, berücksichtigen: ***I ~ him among my friends*** ich zähle ihn zu m-n Freunden; ***~ing those present*** die Anwesenden eingeschlossen; ***not ~ing*** abgesehen von; **7.** erachten, schätzen, halten für: ***~ o.s. lucky*** sich glücklich schätzen; ***~ for*** (*od.* ***as***) ***lost*** als verloren ansehen; ***~ it a great hono(u)r*** es als große Ehre betrachten; **III** *v/i.* **8.** zählen, rechnen: ***he ~s among my friends*** er zählt zu m-n Freunden; ***~ing from today*** von heute an (gerechnet); ***I ~ on you*** ich rechne (*od.* verlasse mich) auf dich; **9.** mitzählen, gelten, von Wert sein: ***~ for nothing*** nichts wert sein, nicht von Belang sein; ***every little ~s*** auf jede Kleinigkeit kommt es an; ***he simply doesn't ~*** er zählt überhaupt nicht;

Zssgn mit adv.:

count| down *v/t.* **1.** *Geld* hinzählen; **2.** *a. v/i.* den Countdown ˈdurchführen (für), *a. weitS.* letzte (Start)Vorbereitungen treffen (für); **~ in** *v/t.* mitzählen, einschließen: ***count me in!*** ich bin dabei *od.* mache mit!; **~ off** *v/t. u. v/i.* abzählen; **~ out** *v/t.* **1.** (langsam) abzählen; **2.** ausschließen: ***count me out!*** ohne mich!; **3.** *Boxen u. Kinderspiel*: auszählen; **4.** *parl. Brit.* a) *Gesetzesvorlage* zu Fall bringen, b) *Unterhaussitzung* wegen Beschlußunfähigkeit vertagen; **~ o·ver** *v/t.* nachzählen; **~ up** *v/t.* zs.-zählen, ˈdurchrechnen.

count² [kaʊnt] *s.* (nichtbrit.) Graf *m*; → ***palatine*¹** 1.

count·down ['kaʊntdaʊn] *s.* 'Countdown *m*, *n* (*a. fig.*).

coun·te·nance ['kaʊntənəns] **I** *s.* **1.** Gesichtsausdruck *m*, Miene *f*: ***his ~ fell*** er machte ein langes Gesicht; ***change one's ~*** s-n Gesichtsausdruck ändern, die Farbe wechseln; **2.** Fassung *f*, Haltung *f*, Gemütsruhe *f*: ***keep one's ~*** die Fassung bewahren; ***keep s.o. in ~*** j-n ermuntern, j-n unterstützen; ***put s.o. out of ~*** j-n aus der Fassung bringen; **3.** Ermunterung *f*, Unter'stützung *f*: ***give*** (*od.* ***lend***) ***~ to*** *j-n* ermutigen, *j-n od. et.* unterstützen, Glaubwürdigkeit verleihen (*dat.*); **II** *v/t.* **4.** *j-n* ermuntern, (unter)'stützen; **5.** *et.* gutheißen.

count·er¹ ['kaʊntə] *s.* **1.** Ladentisch *m*, *a.* Theke *f* (*im Wirtshaus etc.*): ***under the ~*** unter dem Ladentisch (*verkaufen etc.*), unter der Hand, heimlich; **2.** Schalter *m* (*Bank etc.*); **3.** Spielmarke *f*; **4.** Zählperle *f*, -kugel *f* (*Kinder-Rechenmaschine*); **5.** ⚙ Zähler *m*, Zählgerät *n*, -werk *n*.

coun·ter² ['kaʊntə] **I** *adv.* **1.** entgegengesetzt; (***to***) entgegen, zu'wider (*dat.*): ***run*** (*od.* ***go***) ***~ to*** zuwiderlaufen (*dat.*); ***~ to all rules*** entgegen allen *od.* wider alle Regeln; **II** *adj.* **2.** Gegen…, entgegengesetzt; **III** *s.* **3.** Abwehr *f*; *Boxen etc., a. fig.*: Konter(schlag) *m*; *fenc.* Pa'rade *f*; *Eislauf*: Gegenwende *f*; **4.** *zo.* Brustgrube *f* (*Pferd*); **IV** *v/t. u. v/i.* **5.** entgegenwirken, entgegnen; wider'sprechen, zu'widerhandeln (*dat.*); **6.** *Boxen, Fußball etc., a. fig.*: kontern.

ˌcoun·ter|'act [-tə'ræ-] *v/t.* **1.** entgegenwirken (*dat.*); bekämpfen, vereiteln; **2.** kompensieren, neutralisieren; **ˌ~'ac·tion** [-tə'ræ-] *s.* **1.** Gegenwirkung *f*, -maßnahme *f*; **2.** 'Widerstand *m*, Opposiˈtiˈon *f*; **3.** Durch'kreuzung *f*; **ˌ~'ac·tive** [-tə'ræ-] *adj.* □ entgegenwirkend; **'~·atˌtack** [-tərə-] **I** *s.* Gegenangriff *m* (*a. fig.*); **II** *v/i. u. v/t.* e-n Gegenangriff machen (gegen); **'~·atˌtrac·tion** [-tərə-] *s.* **1.** *phys.* entgegengesetzte Anziehungskraft; **2.** *fig.* 'Gegenattraktiˌon *f*; **'~ˌbal·ance I** *s.* Gegengewicht *n* (*a. fig.*); **II** *v/t.* [ˌkaʊntə'bæləns] ein Gegengewicht bilden zu, ausgleichen, aufwiegen; die Waage halten (*dat.*); **'~·blast** *s. fig.* Gegenschlag *m*, heftige Reakti'on; **'~·blow** *s.* Gegenschlag *m* (*a. fig.*); **'~·charge I** *s.* **1.** ⚖ Gegenklage *f*; **2.** ⚔ Gegenangriff *m*; **II** *v/t.* **3.** ⚖ e-e Gegenklage erheben gegen; **4.** ⚔ e-n Gegenangriff führen gegen; **'~·check** *s.* **1.** a) Gegenwirkung *f*, b) Hindernis *n*; **2.** Gegen-, Nachprüfung *f*; **'~·claim** ☤, ⚖ **I** *s.* Gegenforderung *f*; **II** *v/t.* als Gegenforderung verlangen; **ˌ~'clock·wise** → ***anticlockwise***; **ˌ~'cy·cli·cal** *adj.* □ ☤ konjunk'turdämpfend; **ˌ~'es·pi·o·nage** [-tər'e-] *s.* Spio'nageabwehr *f*, Abwehr(dienst *m*) *f*; **'~·feit** [-fɪt] **I** *adj.* **1.** nachgemacht, gefälscht, unecht, falsch: ***~ coin*** Falschgeld *n*; **2.** vorgetäuscht, falsch; verstellt; **II** *s.* **3.** Fälschung *f*; **4.** Falschgeld *n*; **III** *v/t.* **5.** fälschen; **6.** heucheln, vorgeben, vortäuschen; **'~ˌfeit·er** [-ˌfɪtə] *s.* **1.** Fälscher *m*, Falschmünzer *m*; **2.** Heuchler(in); **'~·foil** *s.* **1.** (Kon'troll-)Abschnitt *m* (*Scheckbuch etc.*), Ku'pon *m*; **2.** a) Ku'pon *m*, Zins-, Divi'dendenschein *m*, b) Ta'lon *m* (*Erneuerungsschein*); **'~ˌin·tel·li·gence** [-tərɪn-] Spio'nageabwehr(dienst *m*) *f*; **'~ˌjump·er** *s.* F Ladenschwengel *m* (*Verkäufer*); **'~·man** [-mən] *s.* [*irr.*] Verkäufer *m*; **~·mand** [ˌkaʊntə'mɑːnd] **I** *v/t.* **1.** wider'rufen, rückgängig machen, ☤ stornieren: ***until ~ed*** bis auf Widerruf; **2.** absagen, abbestellen; **II** *s.* **3.** Gegenbefehl *m*; **4.** Wider'rufung *f*, Aufhebung; ☤ Stornierung *f*; **'~·march** *s.* **1.** ⚔ Rückmarsch *m*; **2.** *fig.* völlige 'Umkehr; **'~·mark** *s.* Gegen-, Kon'trollzeichen *n* (*bsd. für die Echtheit*); **'~ˌmeas·ure** *s.* Gegenmaßnahme *f*; **'~ˌmo·tion** *s.* **1.** Gegenbewegung *f*; **2.** *pol.* Gegenantrag *m*; **'~·move** *s.* Gegenzug *m*; **'~ˌof·fer** [-tərˌɒ-] *s.* ☤ Gegenangebot *n*; **'~ˌor·der** [-tərˌɔː-] **1.** ☤ Abbestellung *f*; **2.** ⚔ Gegenbefehl *m*; **'~·pane** *s.* Tagesdecke *f*; **'~·part** *s.* **1.** Gegen-, Seitenstück *n*; **2.** genaue Ergänzung; **3.** Ebenbild *n*; **4.** Dupli'kat *n*; **5.** *fig.* ‚Gegen'über' *n*, Kol'lege *m*: ***his Soviet ~***; **'~·plot** *s.* Gegenanschlag *m*; **'~·point I** *s.* ♪ 'Kontrapunkt *m*; **II** *v/t.* kontrapunktieren; **'~·poise I** *s.* **1.** Gegengewicht *n* (*a. fig.*); Gleichgewicht *n*; **II** *v/t.* **2.** als Gegengewicht wirken zu, ausgleichen; **3.** *fig.* im Gleichgewicht halten, ausgleichen, aufwiegen; **ˌ~·pro'duct·ive** *adj.* 'kontraprodukˌtiv, das Gegenteil bewirkend; **'~·re·forˌma·tion** *s.* 'Gegenreformatiˌon *f*; **'~·rev·oˌlu·tion** *s.* 'Gegenrevolutiˌon *f*; **'~·shaft** *s.* ⚙ Vorlegewelle *f*: ***~ gear*** Vorgelege *n*; **'~·sign I** *s.* **1.** ⚔ Losungswort *n*; **2.** Gegenzeichen *n*; **II** *v/t.* **3.** gegenzeichnen; **4.** *fig.* bestätigen; **ˌ~'sig·na·ture** *s.* Gegenzeichnung *f*; **'~·sink I** *s.* **1.** Versenkbohrer *m*; **2.** Senkschraube *f*; **II** *v/t.* [*irr.* → ***sink***] ⚙ **3.** *Loch* ausfräsen; **4.** *Schraubenkopf* versenken; **ˌ~'ten·or** *s.* ♪ hoher Te'nor (*Stimme u. Sänger*); **~·vail** ['kaʊntəveɪl] **I** *v/t.* aufwiegen, ausgleichen; **II** *v/i.* stark genug sein, ausreichen (***against*** gegen): ***~ing duty*** Ausgleichszoll *m*; **'~·weight** *s.* Gegengewicht *n* (*a. fig.* ***to*** gegen); **'~·word** *s.* Aller'weltswort *n*.

count·ess ['kaʊntɪs] *s.* **1.** Gräfin *f*; **2.** Kom'tesse *f*.

count·ing| glass ['kaʊntɪŋ] *s.* ⚙ Zählglas *n*, -lupe *f*; **'~·house** *s. bsd. Brit.* ☤ Bü'ro *n*; *engS.* Buchhaltung *f*; **~ tube** *s.* Zählrohr *n*.

count·less ['kaʊntlɪs] *adj.* zahllos, unzählig.

'count-out *s. parl. Brit.* Vertagung *f* wegen Beschlußunfähigkeit.

coun·tri·fied ['kʌntrɪfaɪd] *adj.* **1.** ländlich, bäuerlich; **2.** *contp.* bäurisch, verbauert.

coun·try ['kʌntrɪ] **I** *s.* **1.** Land *n*, Staat *m*: ***in this ~*** hierzulande; ***~ of destination*** Bestimmungsland; ***~ of origin*** Ursprungsland; ***~ of adoption*** Wahlheimat *f*; **2.** Nati'on *f*, Volk *n*: ***appeal*** (*od.* ***go***) ***to the ~*** *pol.* an das Volk appellieren, Neuwahlen ausschreiben; **3.** Vaterland *n*, Heimat(land *n*) *f*: ***the old ~*** die alte Heimat; **4.** Gelände *n*, Landschaft *f*; Gebiet *n* (*a. fig.*): ***flat ~*** Flachland *n*; ***wooded ~*** waldige Gegend; ***unknown ~*** unbekanntes Gebiet (*a. fig.*); ***new ~*** *fig.* Neuland *n* (***to me*** für mich); ***go up ~*** ins Innere reisen; **5.** Land *n* (*Ggs. Stadt*), Pro'vinz *f*: ***in the ~*** auf dem Lande; ***go*** (***down***) ***into the ~*** aufs Land *od.* in die Provinz gehen; **6.** *a.* ***~-and-western*** → ***country music***; **II** *adj.* **7.** Land…; Provinz…; ländlich: ***~ life*** Landleben *n*; **~ beam** *s. mot. Am.* Fernlicht *n*; **'~-bred** *adj.* auf dem Lande aufgewachsen; **~ bump·kin** *s.* Bauerntölpel *m*; **~ club** *s. Am.* Klub *m* auf dem Land (*für Städter*); **~ code** *s.* internationale Vorwahl; **~ cous·in** *s.* **1.** Vetter *m od.* Base *f* vom Lande; **2.** ‚Unschuld *f* vom Lande'; **~ dance** *s.* englischer Volkstanz; **'~·folk** *s.* Landbevölkerung *f*; **~ gen·tle·man** *s.* [*irr.*] **1.** Landedelmann *m*; **2.** Gutsbesitzer *m*; **~ house** *s.* Landhaus *n*, Landsitz *m*; **'~·man** [-mən] *s.* [*irr.*] **1.** *a.* ***fellow ~*** Landsmann *m*; **2.** Landmann *m*, Bauer *m*; **~ mu·sic** *s.* Country-Music *f*; **'~·side** *s.* **1.** ländliche Gegend; Land (-schaft *f*) *n*; **2.** (Land)Bevölkerung *f*; **'~-wide** *adj.* landesweit, im ganzen Land; **'~ˌwom·an** *s.* [*irr.*] **1.** *a.* ***fellow ~*** Landsmännin *f*; **2.** a) Landbewohnerin *f*, b) Bäuerin *f*.

coun·ty ['kaʊntɪ] *s.* **1.** *Brit.* a) Grafschaft *f* (*Verwaltungsbezirk*); → ***county palatine***, b) ***the ~*** die Bewohner *pl. od.* die Aristokra'tie e-r Grafschaft; **2.** *Am.* (Land)Kreis *m*, (Verwaltungs)Bezirk *m*; **~ bor·ough** *s.*, **~ cor·po·rate** *s. Brit.* Stadt *f*, die e-e eigene Grafschaft bildet; **~ coun·cil** *s. Brit.* Grafschaftsrat *m* (*Behörde*); **~ court** *s.* ⚖ **1.** *Brit.* Grafschaftsgericht *n* (*erstinstanzliches Zivilgericht*); **2.** *Am.* Kreisgericht *n*; **~ fam·i·ly** *s. Brit.* vornehme Fa'milie mit Ahnensitz in e-r Grafschaft; **~ hall** *s. Brit.* Rathaus *n* e-r Grafschaft; **~ pal·atine** *s. Brit. hist.* Pfalzgrafschaft *f*; **~ seat** *s.*, **~ town** *s. Am.* Kreishauptstadt *f*.

coup [kuː] *s.* Coup *m*: a) Bra'vourstück *n*, Handstreich *m*, b) Staatsstreich *m*, Putsch *m*; **~ de grâce** [ˌkuːdə'grɑːs] (*Fr.*) *s.* Gnadenstoß *m* (*a. fig.*); **~ de main** [ˌkuːdə'mɛ̃ːŋ] (*Fr.*) *s. bsd.* ⚔ Handstreich *m*; **~ d'é·tat** [ˌkuːdeɪ'tɑː] (*Fr.*) → ***coup*** b.

cou·pé ['kuːpeɪ] *s.* **1.** Cou'pé *n*: a) *mst zweisitzige Limousine*, b) *geschlossene Kutsche für zwei Personen*; **2.** 🚂 *Brit.* Halbabteil *n*.

cou·ple ['kʌpl] **I** *s.* **1.** Paar *n*: ***in ~s*** paarweise; ***a ~ of*** ein paar *Tage etc.*; **2.** (Braut-, Ehe-, Liebes)Paar *n*, Pärchen *n*; **3.** Koppel *f* (*Jagdhunde*): ***go*** (*od.* ***hunt***) ***in ~s*** *fig.* stets gemeinsam handeln; **II** *v/t.* **4.** (zs.-, ver)koppeln, verbinden: ***~d with*** *fig.* gepaart (*od.* verbunden, gekoppelt) mit; **5.** ehelich verbinden; paaren; **6.** *in Gedanken* verbinden, zs.-bringen; **7.** ⚙ (an-, ein-, ver-) kuppeln; **8.** ⚡, ♪ koppeln; **III** *v/i.* **9.** heiraten; sich paaren; **cou·pler** ['kʌplə] *s.* **1.** ♪ Kopplung *f* (*Orgel*); **2.** *Radio*: Koppler *m*; **3.** ⚙ Kupplung *f*; **4.** a) Koppel(glied *n*) *f*, b) (Leitungs)Muffe *f*: ***~ plug*** Gerätestecker *m*.

cou·ple skat·ing *s.* Paarlauf(en *n*) *m*.

cou·plet ['kʌplɪt] *s.* Reimpaar *n*.

cou·pling ['kʌplɪŋ] *s.* **1.** Verbindung *f*; **2.** Paarung *f*; **3.** ⚙ (*feste*) Kupplung; **4.** ⚡, *Radio*: Kopplung *f*; **~ box** *s.* ⚙ Kupplungsmuffe *f*; **~ chain** *s.* ⚙ Kupplungskette *f*; *pl.* 🚂 Kettenkupplung *f*; **~ coil** *s.* ⚡, *Radio*: Kopplungsspule *f*.

cou·pon ['ku:pɒn] *s.* **1.** ✝ Cou'pon *m*, Ku'pon *m*, Zinsschein *m*: ***dividend ~*** Dividendenschein; ***~ bond*** *Am.* Inhaberschuldverschreibung *f* mit Zinsschein; ***~ sheet*** Couponbogen *m*; **2.** a) Kassenzettel *m*, Gutschein *m*, Bon *m*, b) Berechtigungs-, Bezugsschein *m*; **3.** Abschnitt *m der Lebensmittelkarte etc.*, Marke *f*; **4.** Kon'trollabschnitt *m*; **5.** *Brit.* Tippzettel *m* (*Fußballtoto*).

cour·age ['kʌrɪdʒ] *s.* Mut *m*, Tapferkeit *f*: ***have the ~ of one's convictions*** stets s-r Überzeugung gemäß handeln, Zivilcourage haben; ***pluck up*** (*od.* ***take***) ***~*** Mut fassen; ***screw up*** (*od.* ***summon up***) ***one's ~, take one's ~ in both hands*** sein Herz in beide Hände nehmen; **cou·ra·geous** [kə'reɪdʒəs] *adj.* □ mutig, beherzt, tapfer.

cour·gette [ˌkʊə'ʒet] *s.* Zuc'chini *f*.

cour·i·er ['kʊrɪə] *s.* **1.** Eilbote *m*, (*a. diplomatischer etc.*) Ku'rier *m*; **2.** Reiseleiter(in); **3.** *Am.* Verbindungsmann *m* (*Agent*).

course [kɔ:s] **I** *s.* **1.** Lauf *m*, Bahn *f*, Weg *m*, Gang *m*; Ab-, Verlauf *m*, Fortgang *m*: ***the ~ of life*** der Lauf des Lebens; ***~ of events*** Gang der Ereignisse, Lauf der Dinge; ***the ~ of a disease*** der Verlauf e-r Krankheit; ***the ~ of nature*** der natürliche (Ver)Lauf; ***a matter of ~*** e-e Selbstverständlichkeit; ***of ~*** natürlich, gewiß, bekanntlich; ***in the ~ of*** im (Ver)Lauf (*gen.*), während (*gen.*); ***in ~ of construction*** im Bau (befindlich); ***in ~ of time*** im Laufe der Zeit; ***in due ~*** zur gegebenen *od.* rechten Zeit; ***in the ordinary ~ of things*** normalerweise; ***let things take*** (*od.* ***run***) ***their ~*** den Dingen ihren Lauf lassen; ***the disease took its ~*** die Krankheit nahm ihren (natürlichen) Verlauf; **2.** (feste) Bahn, Strecke *f*, *sport* (Renn)Bahn *f*, (-)Strekke *f*, Piste *f*: ***golf ~*** Golfbahn *f od.* -platz *m*; ***clear the ~*** die Bahn frei machen; **3.** Fahrt *f*, Weg *m*; Richtung *f*; ⚓, ✈ Kurs *m* (*a. fig.*): ***on*** (***off***) ***~*** (nicht) auf Kurs; ***stand upon the ~*** Kurs halten; ***steer a ~*** e-n Kurs steuern (*a. fig.*); ***change one's ~*** s-n Kurs ändern (*a. fig.*); ***keep to one's ~*** *fig.* beharrlich s-n Weg verfolgen; ***take a new ~*** e-n neuen Weg einschlagen; ***~ computer*** Kursrechner *m*; ***~ recorder*** Kursschreiber *m*; **4.** Lebensbahn *f*, -weise *f*: ***evil ~s*** üble Gewohnheiten; **5.** Handlungsweise *f*, Verfahren *n*: ***a dangerous ~*** ein gefährlicher Weg; → ***action*** 1; **6.** Gang *m*, Gericht *n* (*Speisen*); **7.** Reihe *f*, (Reihen)Folge *f*; 'Zyklus *m*: ***~ of lectures*** Vortragsreihe; ***~ of treatment*** ⚕ längere Behandlung, Kur *f*; **8.** *a.* ***~ of instruction*** Kurs(us) *m*, Lehrgang *m*: ***a German ~*** ein Deutschkursus, ein deutsches Lehrbuch; **9.** ⚠ Schicht *f*, Lage *f* (*Ziegel etc.*); **10.** ⚓ unteres großes Segel: ***main ~*** Großsegel; **11.** (***monthly***) ***~s*** ⚕ Regel *f*, Periode *f*; **II** *v/t.* **12.** *bsd. Hasen* mit Hunden hetzen *od.* jagen; **III** *v/i.* **13.** rennen, eilen, jagen; **14.** an e-r Hetzjagd teilnehmen.

cours·er ['kɔ:sə] *s. poet.* Renner *m*, schnelles Pferd; '**cours·ing** [-sɪŋ] *s.* (*bsd.* Hasen)Hetzjagd *f* mit Hunden.

court [kɔ:t] **I** *s.* **1.** (Vor-, 'Hinter-, Innen)Hof *m*; **2.** 'Hintergäßchen *n*; Sackgasse *f*; kleiner Platz; **3.** *bsd. Brit.* stattliches Wohngebäude; **4.** (abgesteckter) Spielplatz: ***tennis ~*** Tennisplatz; ***grass ~*** Rasentennisplatz; **5.** Hof *m*, Resi'denz *f* (*Fürst etc.*): ***the ♀ of St. James*** der britische Königshof; ***be presented at ~*** bei Hofe vorgestellt werden; **6.** a) fürstlicher Hof *od.* Haushalt, b) fürstliche Fa'milie, c) Hofstaat *m*; **7.** (Empfang *m* bei) Hof *m*: ***hold ~*** Hof halten (*a. fig.*); **8.** fürstliche Regierung; **9.** ⚖ a) *a.* ***~ of justice, law ~*** Gericht(shof *m*) *n*, b) Gerichtshof *m*, *der od. die* Richter, c) Gerichtssitzung *f*, d) Gerichtssaal *m*: ***in ~*** vor Gericht; ***out of ~*** a) außergerichtlich, gütlich, b) nicht zur Sache gehörig, c) indiskutabel; ***bring into ~, take to ~*** vor Gericht bringen; ***go to ~*** klagen; ***laugh out of ~*** *fig.* verlachen; → ***appeal*** 8, ***arbitration*** *etc.*; **10.** *fig.* Hof *m*, Cour *f*, Aufwartung *f*: ***pay*** (***one's***) ***~ to*** a) *e-r Dame* den Hof machen, b) *j-m* s-e Aufwartung machen; **11.** Rat *m*, Versammlung *f*: ***~ of directors*** Direktion *f*, Vorstand *m*; **II** *v/t.* **12.** den Hof machen, huldigen (*dat.*); **13.** um'werben (*a. fig.*), werben *od.* freien um; ‚poussieren' mit: ***~ing couple*** Liebespaar *n*; **14.** *fig.* werben *od.* buhlen *od.* sich bemühen um *et.*; suchen: ***~ disaster*** das Schicksal herausfordern, mit dem Feuer spielen.

court| card *s. Kartenspiel*: Bildkarte *f*; ♀ **Cir·cu·lar** *s.* (*tägliche*) Hofnachrichten *pl.*; ***~ dress*** *s.* Hoftracht *f*.

cour·te·ous ['kɜ:tjəs] *adj.* □ höflich, liebenswürdig.

cour·te·san [ˌkɔ:tɪ'zæn] *s.* Kurti'sane *f*.

cour·te·sy ['kɜ:tɪsɪ] *s.* Höflichkeit *f*, Verbindlichkeit *f*, Liebenswürdigkeit *f* (*alle a. als Handlung*); Gefälligkeit *f*: ***by ~*** aus Höflichkeit *od.* Gefälligkeit; ***by ~ of*** a) mit freundlicher Genehmigung von (*od. gen.*), b) durch, mittels; ***~ light*** *mot.* Innenlampe *f*; ***~ title*** Höflichkeits- *od.* Ehrentitel *m*; ***~ call, ~ visit*** Höflichkeits- *od.* Anstandsbesuch *m*.

cour·te·zan → ***courtesan***.

court| guide *s.* 'Hof-, 'Adelskaˌlender *m* (*Verzeichnis der hoffähigen Personen*); **~ hand** *s.* gotische Kanz'leischrift; **'~·house** *s.* **1.** Gerichtsgebäude *n*; **2.** *Am.* Kreis(haupt)stadt *f*.

cour·ti·er ['kɔ:tjə] *s.* Höfling *m*.

court·ly ['kɔ:tlɪ] *adj.* **1.** vornehm, gepflegt, höflich; **2.** höfisch.

court| mar·tial *pl.* **courts mar·tial** *s.* Kriegsgericht *n*; **ˌ~-'mar·tial** *v/t.* vor ein Kriegsgericht stellen; **~ mourn·ing** *s.* Hoftrauer *f*; **~ or·der** *s.* ⚖ Gerichtsbeschluß *m*; **~ plas·ter** *s. hist.* Heftpflaster *n*; **~ room** *s.* Gerichtssaal *m*.

court·ship ['kɔ:tʃɪp] *s.* **1.** Hofmachen *n*, Werben *n*, Freien *n*; **2.** *fig.* Werben *n* (***of*** um).

court| shoes *s. pl.* Pumps *pl.*; **'~·yard** *s.* Hof(raum) *m*.

cous·in ['kʌzn] *s.* **1.** a) Vetter *m*, Cou'sin *m*, b) Base *f*, Ku'sine *f*: ***first ~, ~ german*** leiblicher Vetter *od.* leibliche Base; ***second ~*** Vetter *od.* Base zweiten Grades; **2.** *weitS.* Verwandte(r *m*) *f*.

cou·tu·rier [ku:'tjʊrɪeɪ] (*Fr.*) *s.* (Haute) Couturi'er *m*, Modeschöpfer *m*; **cou·tu'rière** [-ɪeə] (*Fr.*) *s.* Modeschöpferin *f*.

cove[1] [kəʊv] **I** *s.* **1.** kleine Bucht; **2.** *fig.* Schlupfwinkel *m*; **3.** ⚠ Wölbung *f*; **II** *v/t.* **4.** ⚠ (über)'wölben.

cove[2] [kəʊv] *s. sl.* Bursche *m*, Kerl *m*.

cov·en ['kʌvn] *s.* Hexensabbat *m*.

cov·e·nant ['kʌvənənt] **I** *s.* **1.** Vertrag *m*; feierliches Abkommen; **2.** ⚖ a) Vertrag *m*, b) Ver'tragsˌklausel *f*, c) bindendes Versprechen, Zusicherung *f*, d) Satzung *f*; **3.** *bibl.* a) Bund *m*; → ***ark*** 2, b) Verheißung *f*: ***the land of the ~*** das Gelobte Land; **II** *v/i.* **4.** e-n Vertrag schließen, über'einkommen (***with*** mit, ***for*** über *acc.*); **5.** sich feierlich verpflichten, geloben; **III** *v/t.* **6.** vertraglich zusichern; '**cov·e·nant·ed** [-tɪd] *adj.* **1.** vertragsmäßig; **2.** vertraglich gebunden.

cov·en·trize ['kɒvəntraɪz] *v/t.* to'tal zerbomben, dem Erdboden gleichmachen; **Cov·en·try** ['kɒvəntrɪ] *npr. englische Stadt*: ***send s.o. to ~*** *fig.* j-n gesellschaftlich ächten.

cov·er ['kʌvə] **I** *s.* **1.** Decke *f*; Deckel *m*; **2.** a) (Buch)Decke *f*, Einband *m*, b) 'Umschlag- *od.* Titelseite *f*: ***~ design*** Titelbild *n*; ***~ girl*** Covergirl *n*, Titelblattmädchen *n*; ***from ~ to ~*** von Anfang bis Ende; **3.** a) 'Briefˌumschlag *m*, b) *Philatelie*: Ganzsache *f*: ***under*** (***the***) ***same ~*** beiliegend; ***under separate ~*** mit getrennter Post; ***under ~ of*** unter der (Deck)Adresse von; **4.** 'Schutzˌumschlag *m*, Hülle *f*, Futte'ral *n*; 'Überzug *m*, (Bett-, Möbel- *etc.*)Bezug *m*; ⚙ Schutzhaube *f*, -platte *f*, -mantel *m*; *mot.* (Reifen)Decke *f*, Mantel *m*; **5.** Gedeck *n* (*bei Tisch*): ***~ charge*** (Kosten *pl.* für das) Gedeck; **6.** ⚔ a) Dekkung *f*: ***take ~*** Deckung nehmen, b) Feuerschutz *m*, c) (Luft)Sicherung *f*, Abschirmung *f*: ***air ~***; **7.** *hunt.* Dickicht *n*, Lager *n*: ***break ~*** ins Freie treten; **8.** Ob-, Schutzdach *n*: ***get under ~*** sich unterstellen; **9.** *fig.* Schutz *m*: ***under ~ of night*** im Schutz der Nacht; **10.** *fig.* Deckmantel *m*, Tarnung *f*, Vorwand *m*: ***under ~ of friendship***; ***~ address*** Deckadresse *f*; ***~ name*** Deckname *m*; ***blow one's ~*** ‚auffliegen'; **11.** ✝ Dekkung *f*, Sicherheit *f*; (Schadens-) Deckung *f*, Versicherungsschutz *m*; **II** *v/t.* **12.** be-, zudecken: ***remain ~ed*** den Hut aufbehalten; ***~ o.s. with glory*** *fig.* sich mit Ruhm bedecken; ***~ed with*** voll von, über u. über bedeckt mit; **13.** einhüllen, -wickeln (***with*** in *acc.*); **14.** be-, über'ziehen: ***~ed button*** bezogener Knopf; ***~ed wire*** umsponnener Draht; **15.** *fig.* decken, schützen, sichern (***from*** vor *dat.*, gegen): ***~ o.s.*** sich absichern (***against*** gegen); **16.** ✝ decken: a) *Kosten* bestreiten, b) *Schulden, Verlust* abdecken, c) versichern; **17.** dekken, genügen für; **18.** enthalten, einschließen, um'fassen, be'inhalten; *a. statistisch, durch Werbung etc.* erfassen; *Thema* (erschöpfend) behandeln; → ***ground*** 2; **19.** *Presse, TV etc.*: berichten über (*acc.*); **20.** *Gebiet* bearbeiten, bereisen; **21.** sich über *e-e Fläche od. Zeitspanne* erstrecken; **22.** *e-e Strecke* zu'rücklegen; **23.** a) be-, verdecken, verhüllen, verbergen, b) *fig.* → ***cover up*** 2; **24.** ⚔ decken, schützen, sichern (***from*** vor *dat.* gegen); **25.** ⚔ a) *ein Gebiet* beherrschen, im Schußfeld haben, b) *Gelände* bestreichen, mit Feuer belegen; **26.** *mit e-r Waffe* zielen auf (*acc.*), *j-n* in Schach halten; **27.** *sport den Gegner* decken; **28.** *j-n* ‚beschatten'; **29.** *Hündin etc.* decken, *Stute a.* beschälen; **~ in** *v/t.* **1.** decken, bedachen; **2.** füllen; **~ o·ver** *v/t.* **1.** über'decken; **2.** † *Emission* über'zeichnen; **~ up I** *v/t.* **1.** zu-, verdecken; **2.** *fig.* vertuschen, verheimlichen, verbergen; **II** *v/i.* **3.** **~ for s.o.** j-n decken; **4.** *Boxen*: sich decken.

cov·er·age ['kʌvərɪdʒ] *s.* **1.** Erfassung *f*, Einschluß *m*; erfaßtes Gebiet, erfaßte Menge; *Werbung*: erfaßter Per'sonenkreis; **2.** 'Umfang *m*; Reichweite *f*; Geltungsbereich *m*; **3.** † a) → ***cover*** 11, b) Ver'sicherungsˌumfang *m*; **4.** *Zeitung etc.*: Berichterstattung *f* (***of*** über *acc.*); **5.** ⚔ → ***cover*** 6 c; **'cov·ered** [-əd] *adj.* be-, gedeckt: **~ *court*** *Tennis*: Hallenplatz *m*; **~ *market*** Markthalle *f*; **~ *wag(g)on*** a) Planwagen *m*, b) geschlossener Güterwagen; → ***cover*** 14; **'cov·er·ing** [-ərɪŋ] **I** *s.* **1.** Bedeckung *f*; Be-, Ver-, Um'kleidung *f*; (*Fußboden-*) Belag *m*; → *a.* ***cover*** 4; **2.** *fig.* Schutz *m*, Deckung *f*; **3.** ⚔ → ***cover*** 6; **II** *adj.* **4.** deckend, Deck(ungs)…; **~ *letter*** Begleitbrief *m*; **~ *note*** → ***cover note***; **cov·er·let** ['kʌvəlɪt], *a.* **'cov·er·lid** [-lɪd] *s.* Tagesdecke *f*.

cov·er| note *s.* † Deckungsbrief *m* (*Versicherung*); **~ shot** *s.* *Film*: To'tale *f*; **~ sto·ry** *s.* Titelgeschichte *f*.

cov·ert I *adj.* □ ['kʌvət] **1.** heimlich, versteckt, verborgen; verschleiert; **2.** → ***feme covert***; **II** *s.* ['kʌvə] **3.** Obdach *n*; Schutz *m*; **4.** Versteck *n*; **5.** *hunt.* Dickicht *n*; Lager *n*; **~ coat** ['kʌvət] *s.* Covercoat *m* (*Sportmantel*).

cov·er·ture ['kʌvəˌtjʊə] *s.* ⚖ Ehestand *m der Frau*.

'cov·er-up *s. Am.* Tarnung *f*, Vertuschung *f* (***for*** *gen.*).

cov·et ['kʌvɪt] *v/t.* begehren, trachten nach; **'cov·et·a·ble** [-təbl] *adj.* begehrenswert; **'cov·et·ous** [-təs] *adj.* □ **1.** begehrlich, lüstern (***of*** nach); **2.** habsüchtig; **'cov·et·ous·ness** [-təsnɪs] *s.* **1.** Begehrlichkeit *f*; **2.** Habsucht *f*.

cov·ey ['kʌvɪ] *s.* **1.** *orn.* Brut *f*, Hecke *f*; **2.** *hunt.* Volk *n*, Kette *f*; **3.** Schar *f*, Schwarm *m*, Trupp *m*.

cov·ing ['kəʊvɪŋ] *s.* △ **1.** Wölbung *f*; **2.** 'überhängendes Obergeschoß; **3.** schräge Seitenwände *pl.* (*Kamin*).

cow¹ [kaʊ] *s. zo.* **1.** Kuh *f*; **2.** Weibchen *n* (*bsd. Elefant, Wal etc.*).

cow² [kaʊ] *v/t.* einschüchtern: **~ *s.o. into*** j-n zwingen zu.

cow·ard ['kaʊəd] **I** *s.* Feigling *m*; **II** *adj.* feig(e); **'cow·ard·ice** [-dɪs] *s.* Feigheit *f*; **'cow·ard·li·ness** [-lɪnɪs] *s.* **1.** Feigheit *f*; **2.** Gemeinheit *f*; **'cow·ard·ly** [-lɪ] **I** *adj.* **1.** feig(e); **2.** gemein, 'hinterhältig; **II** *adv.* **3.** feig(e).

'cow|·ber·ry [-bərɪ] *s.* ⚘ Preiselbeere *f*; **'~·boy** *s.* **1.** *Am.* Cowboy *m*; **2.** Kuhjunge *m*; **'~ˌcatch·er** *s.* 🚂 *Am.* Schienenräumer *m*.

cow·er ['kaʊə] *v/i.* **1.** kauern, hocken; **2.** sich ducken (*aus Angst etc.*).

cow| hand → ***cowboy*** 1; **'~·herd** *s.* Kuhhirt *m*; **'~·hide** *s.* **1.** Rindsleder *n*; **2.** Ochsenziemer *m*; **'~·house** *s.* Kuhstall *m*.

cowl [kaʊl] *s.* **1.** Mönchskutte *f* (*mit Kapuze*); **2.** Ka'puze *f*; **3.** ⚙ Schornsteinkappe *f*; **4.** ⚙ a) *mot.* Haube *f*, b) Verkleidung *f*, c) → **'cowl·ing** [-lɪŋ] *s.* ✈ 'Motorhaube *f*.

'cow·man [-mən] *s.* [*irr.*] **1.** *Am.* Rinderzüchter *m*; **2.** Kuhknecht *m*.

'co-ˌwork·er *s.* Mitarbeiter(in).

cow| pars·nip *s.* ⚘ Bärenklau *f*, *m*; **'~·pat** *s.* Kuhfladen *m*; **'~·pox** *s.* ⚕ Kuhpocken *pl.*; **'~ˌpunch·er** *s. Am.* F Cowboy *m*.

cow·rie, cow·ry ['kaʊrɪ] *s.* **1.** *zo.* 'Kaurischnecke *f*; **2.** 'Kauri(muschel *f*) *m*, *f*, Muschelgeld *n*.

'cow|·shed *s.* Kuhstall *m*; **'~·slip** *s.* ⚘ **1.** *Brit.* Schlüsselblume *f*; **2.** *Am.* Sumpfdotterblume *f*.

cox [kɒks] F **I** *s.* → ***coxswain***; **II** *v/t.* *Rennboot* steuern: **~*ed four*** Vierer *m* mit (Steuermann).

cox·comb ['kɒkskəʊm] *s.* **1.** Geck *m*, Stutzer *m*; **2.** → ***cockscomb*** 1, 2.

cox·swain ['kɒksweɪn; ⚓ 'kɒksn] **I** *s.* **1.** *Rudern*: Steuermann *m*; **2.** Bootsführer *m*; **II** *v/t.* **3.** → ***cox*** II.

coy [kɔɪ] *adj.* □ **1.** schüchtern, bescheiden, scheu; **2.** spröde, zimperlich (*Mädchen*); **'coy·ness** [-nɪs] *s.* Schüchternheit *f*; Sprödigkeit *f*.

coy·ote ['kɔɪəʊt] *s. zo.* Ko'jote *m*, Prä'rie-, Steppenwolf *m*.

coz·en ['kʌzn] *v/t. u. v/i.* **1.** betrügen, prellen (***out of*** um); **2.** betören; verleiten (***into doing*** zu tun).

co·zi·ness *etc.* → ***cosiness etc.***

crab¹ [kræb] **I** *s.* **1.** *zo.* a) Krabbe *f*, b) Taschenkrebs *m*: ***catch a ~*** *Rudern*: ‚e-n Krebs fangen', mit dem Ruder im Wasser steckenbleiben; **2.** & *ast.* Krebs *m*; **3.** ⚙ Winde *f*, Hebezeug *n*, Laufkatze *f*; **4.** *pl. Würfeln*: niedrigster Wurf; **5.** → ***crab louse***; **II** *v/t.* **6.** ✈ schieben.

crab² [kræb] **I** *s.* **1.** a) Nörgler *m*, b) Nörge'lei *f*; **II** *v/t.* **2.** F (her'um)nörgeln an (*dat.*); **3.** F verderben, -patzen; **III** *v/i.* **4.** nörgeln.

crab ap·ple *s.* ⚘ Holzapfel(baum) *m*.

crab·bed ['kræbɪd] *adj.* □ **1.** a) mürrisch, b) boshaft, bitter, c) halsstarrig; **2.** verworren; kraus; **3.** kritzelig, unleserlich (*Schrift*); **crab·by** ['kræbɪ] → ***crabbed*** 1, 2.

crab louse *s.* [*irr.*] *zo.* Filzlaus *f*.

crack [kræk] **I** *s.* **1.** Krach *m*, Knall *m* (*Peitsche, Gewehr etc.*): ***the ~ of doom*** die Posaunen des Jüngsten Gerichts; ***~ of dawn*** Morgengrauen *n*; **2.** (heftiger) Schlag: ***in a ~*** im Nu; ***take a ~ at s.th.*** *sl.* es mit et. versuchen; **3.** Riß *m*, Sprung *m*; Spalt(e *f*) *m*, Schlitz *m*; **4.** F ‚Knacks' (*geistiger Defekt*); **5.** *sl.* a) Witz *m*, b) Stiche'lei *f*; **6.** *sport* ‚Ka'none' *f*, ‚As' *n*; **7.** F Crack *n* (*Rauschgift*); **II** *adj.* **8.** F erstklassig, großartig: ***~ shot*** Meisterschütze *m*; ***~ regiment*** Eliteregiment *n*; **III** *int.* **9.** krach!; **IV** *v/i.* **10.** krachen, knallen, knacken, (auf)brechen; **11.** platzen, bersten, (auf-, zer)springen, Risse bekommen, (auf)reißen: ***get ~ing*** F loslegen (*anfangen*); ***~ing pace*** tolles Tempo; **12.** 'überschnappen (*Stimme*): ***his voice is ~ing*** er ist im Stimmbruch; **13.** *fig.* zs.-brechen; **V** *v/t.* **14.** knallen mit (*Peitsche*); knacken mit (*Fingern*): ***~ jokes*** Witze reißen; **15.** zerbrechen, (zer-) spalten, ein-, zerschlagen; **16.** *Nuß* (auf)knacken, *Ei* aufschlagen: ***~ a bottle*** e-r Flasche den Hals brechen; ***~ a code*** e-n Kode ‚knacken'; ***~ a crib*** *sl.* in ein Haus einbrechen; ***~ a safe*** e-n Geldschrank knacken; **17.** a) e-n Sprung machen in (*acc.*), b) sich *e-e Rippe etc.* anbrechen; **18.** *fig.* erschüttern, zerrütten, zerstören; **19.** ⚙ *Erdöl* kracken, spalten; **~ down** *v/i.* F (***on***) a) scharf vorgehen (gegen), 'durchgreifen (bei), b) 'Razzia abhalten (bei); **~ up I** *v/i.* **1.** *fig.* (*körperlich od. seelisch*) zs.-brechen; **2.** ✈ abstürzen; **3.** sein Auto zu Schrott fahren; **4.** *Am.* F sich ‚ka'puttlachen'; **II** *v/t.* **5.** *Fahrzeug* zu Schrott fahren; **6.** F ‚hochjubeln', (an-) preisen.

'crack|-brained *adj.* verrückt; **'~·down** *s.* F (***on***) scharfes Vorgehen (gegen), 'Durchgreifen *n* (bei).

cracked [krækt] *adj.* **1.** zer-, gesprungen, geborsten, rissig: ***the cup is ~*** die Tasse hat e-n Sprung; **2.** F ‚angeknackst' (*Ruf etc.*); **3.** F verrückt.

crack·er ['krækə] *s.* **1.** Cracker *m*, Kräcker *m*: a) (Knusper)Keks *m*, b) Schwärmer *m*, Frosch *m* (*Feuerwerk*), *a.* 'Knallbonˌbon *m*, *n*; **2.** Nußknacker *m*; **'~·jack** *Am.* F **I** *adj.* 'prima, toll; **II** *s.* a) tolle Sache, b) toller Kerl; **'crack·ers** *adj. Brit. sl.* verrückt, 'übergeschnappt: ***go ~*** überschnappen.

'crack·jaw F **I** *adj.* zungenbrecherisch; **II** *s.* Zungenbrecher *m*.

crack·le ['krækl] **I** *v/i.* **1.** knistern, prasseln, knattern; **II** *v/t.* **2.** ⚙ *Glas od. Glasur* krakelieren; **III** *s.* **3.** Knistern *n*, Knattern *n*; **4.** ⚙ Krakelierung *f*, Krake'lee *f*, *n*: **~ *finish*** Eisblumenlackierung *f*; **5.** ⚙ Haarrißbildung *f*; **'crack·ling** [-lɪŋ] *s.* **1.** → ***crackle*** 3; **2.** a) knusprige Kruste des Schweinebratens, b) *mst pl. Am.* Schweinegrieben *pl.*

crack·nel ['kræknl] *s.* **1.** Knusperkeks *m*; **2.** → ***crackling*** 2 a.

'crack·pot *sl.* **I** *s.* ‚Spinner' *m*, Verrückte(r *m*) *f*, **II** *adj.* verrückt.

cracks·man ['kræksmən] *s.* [*irr.*] *sl.* **1.** Einbrecher *m*; **2.** ‚Schränker' *m*, Geldschrankknacker *m*.

'crack-up *s.* F *pol.*, † (*a. körperlicher od. seelischer*) Zs.-bruch.

crack·y ['krækɪ] → ***cracked*** 1, 3.

cra·dle ['kreɪdl] **I** *s.* **1.** Wiege *f* (*a. fig.*): ***the ~ of civilization***; ***from the ~ to the grave*** von der Wiege bis zur Bahre; **2.** *fig.* Wiege *f*, Kindheit *f*, 'Anfangsˌstadium *n*, Ursprung *m*: ***from the ~*** von Kindheit an; ***in the ~*** in den ersten Anfängen (steckend); **3.** *wiegenartiges Gerät, bsd.* ⚙ a) Hängegerüst *n* (*Bau*), b) Gründungseisen *n* (*Graveur*), c) Räderschlitten *m* (*für Arbeiten unter e-m Auto*), d) Schwingtrog *m* (*Goldwäscher*), e) (Tele'fon)Gabel *f*, f) ⚔ Rohrwiege *f*; **4.** ⚓ Stapelschlitten *m*; **5.** ⚕ (Draht-) Schiene *f*, Schutzgestell *n*; **II** *v/t.* **6.** in die Wiege legen; **7.** in (den) Schlaf wiegen; **8.** auf-, großziehen; **9.** *den Kopf in den Armen etc.* bergen, betten.

craft [krɑːft] *s.* **1.** (Hand- *od.* Kunst-) Fertigkeit *f*, Kunst *f*, Geschicklichkeit *f*; → ***gentle*** 2; **2.** a) Gewerbe *n*, Handwerk *n*, b) Zunft *f*: ***film~*** Filmgewerbe; ***be one of the ~*** F vom ‚Bau' sein; **3.** ***the &*** die Königliche Kunst (*Freimaure-*

rei); **4.** List *f*, Verschlagenheit *f*; **5.** ⚓ Fahrzeug *n*, Schiff *n*; *coll.* Fahrzeuge *pl.*, Schiffe *pl.*; **6.** a) ✈ Flugzeug *n*, *coll.* Flugzeuge *pl.*, b) Raumschiff *n*, -fahrzeug *n*; **'craft·i·ness** [-tɪnɪs] *s.* List *f*, Schlauheit *f*.

crafts·man ['krɑːftsmən] *s.* [*irr.*] **1.** gelernter Handwerker; **2.** Kunsthandwerker *m*; **3.** *fig.* Könner *m*; **'crafts·man·ship** [-ʃɪp] *s.* Kunstfertigkeit *f*, handwerkliches Können *od.* Geschick.

craft·y ['krɑːftɪ] *adj.* ☐ listig, schlau, verschlagen.

crag [kræg] *s.* Felsenspitze *f*, Klippe *f*; **'crag·ged** [-gɪd], **'crag·gy** [-gɪ] *adj.* **1.** felsig, schroff; **2.** *fig.* knorrig (*Person*); **crags·man** ['krægzmən] *s.* [*irr.*] geübter Bergsteiger, Kletterer *m*.

cram [kræm] **I** *v/t.* **1.** *a. fig.* 'vollstopfen, -packen, -pfropfen, über'füllen (***with*** mit); **2.** über'füttern, 'vollstopfen; **3.** *Geflügel* stopfen, mästen; **4.** (hin'ein-) stopfen, (-)zwängen (***into*** in *acc.*); **5.** F a) mit *j-m* ‚pauken', b) *et.* ‚pauken' *od.* ‚büffeln'; **II** *v/i.* **6.** sich (gierig) 'vollessen, -stopfen; **7.** F ‚pauken', ‚büffeln': **~ *up on*** → 5 b; **III** *s.* **8.** F Gedränge *n*; **9.** F ‚Pauken' *n*: **~ *course*** Paukkurs *m*.

ˌcram-'full *adj.* zum Bersten voll.

cram·mer ['kræmə] *s.* F **1.** ‚Einpauker' *m*; **2.** ‚Paukstudio' *n*; **3.** ‚Paukbuch' *n*.

cramp¹ [kræmp] **I** *s.* **1.** ⚙ Krampe *f*, Klammer *f*; Schraubzwinge *f*; **2.** *fig.* Zwang *m*, Fessel *f*; Einengung *f*; **II** *v/t.* **3.** ver-, anklammern, befestigen; **4.** *a.* **~ *up*** *fig.* einengen, einzwängen; hemmen: ***be ~ed for space*** (zu) wenig Platz haben; → ***style*** 1 b.

cramp² [kræmp] **I** *s.* ⚕ Krampf *m*; **II** *v/t.* Krämpfe auslösen in (*dat.*); **cramped** [-pt] *adj.* **1.** verkrampft; **2.** eng, beengt.

'cramp|·fish *s.* Zitterrochen *m*; **~ i·ron** *s.* **1.** (Stahl)Klammer *f*, Krampe *f*; **2.** △ Steinanker *m*.

cram·pon ['kræmpən], *Am. a.* **cram·poon** [kræm'puːn] *s. oft pl.* **1.** ⚙ Kanthaken *m*; **2.** *mount.* Steigeisen *n*.

cran·ber·ry ['krænbərɪ] *s.* ♀ Preisel-, Kranbeere *f*.

crane [kreɪn] **I** *s.* **1.** *orn. u.* ♋ *astr.* Kranich *m*; **2.** ⚙ Kran *m*: **~ *truck*** Kranwagen *m*; **II** *v/t.* **3.** mit e-m Kran heben; **4.** **~ *one's neck*** sich den Hals verrenken (***for*** nach); **~ fly** *s. zo.* (Erd)Schnake *f*.

cra·ni·a ['kreɪnjə] *pl. von* ***cranium***; **'cra·ni·al** [-jəl] *adj. anat.* Schädel…; **cra·ni·ol·o·gy** [ˌkreɪnɪ'ɒlədʒɪ] *s.* Schädellehre *f*; **'cra·ni·um** [-jəm] *pl.* **-ni·a** [-jə] *Am. a.* **-ni·ums** *s. anat.* Schädel *m*.

crank [kræŋk] **I** *s.* **1.** ⚙ Kurbel *f*, Schwengel *m*: **~ *case*** Kurbelgehäuse *n*, -kasten *m*; **~ *handle*** Kurbelgriff *m*; **~ *pin*** Kurbelzapfen *m*; **~ *shaft*** Kurbelwelle *f*; **2.** Wortspiel *n*; **3.** Ma'rotte *f*, Grille *f*, fixe I'dee; **4.** ‚Spinner' *m*, (harmloser) Verrückter: **~ *letter*** Brief *m* von e-m ‚Spinner'; **II** *v/t.* **5.** ⚙ kröpfen, krümmen; **6.** *oft* **~ *up*** ankurbeln, *Motor* anlassen; *Maschine* 'durchdrehen; **III** *adj.* **7.** wack(e)lig, schwach; **8.** ⚓ rank; **'crank·i·ness** [-kɪnɪs] *s.* Wunderlichkeit *f*, Verschrobenheit *f*; **'crank·y** [-kɪ] *adj.* ☐ **1.** wunderlich, verschroben; **2.** → ***crank*** 7, 8.

cran·ny ['krænɪ] *s.* **1.** Ritze *f*, Spalte *f*, Riß *m*; **2.** Schlupfwinkel *m*.

crap¹ [kræp] *s. Am.* Fehlwurf *m beim* ***craps***.

crap² [kræp] V **I** *s.* a) Scheiße *f*: ***have a ~*** → II, b) *fig.* ‚Mist' *m*, ‚Scheiß' *m*; **II** *v/i.* scheißen.

crape [kreɪp] *s.* **1.** Krepp *m*; **2.** Trauerflor *m*.

crap·py ['kræpɪ] *adj. sl.* ‚mistig', Scheiß…

craps [kræps] *s. pl. sg. konstr. Am. ein* Würfelspiel *n*: ***shoot ~*** Craps spielen.

crap·u·lence ['kræpjʊləns] *s.* Unmäßigkeit *f*, *bsd.* unmäßiger Alko'holgenuß.

crash¹ [kræʃ] **I** *v/i.* **1.** zs.-krachen, zerbrechen; **2.** (krachend) ab-, einstürzen; **3.** ✈ abstürzen, Bruch machen; *mot.* a) zs.-stoßen, b) verunglücken: **~ *into*** krachen gegen; **4.** poltern, platzen, rasen, stürzen: **~ *in*** hereinplatzen; **~ *in on*** → 9; **5.** *fig. bsd.* † zs.-brechen; **II** *v/t.* **6.** zertrümmern, zerschmettern; **7.** ✈ abstürzen *od.* e-e Bruchlandung machen mit; **8.** *mot.* zu Bruch fahren; **9.** *sl.* uneingeladen kommen zu *e-r Party*; **III** *s.* **10.** Krach(en *n*) *m*; **11.** Zs.-stoß *m*; Unfall *m*; **12.** ✈ Absturz *m*; **13.** † (Börsen)Krach *m*, *allg.* Zs.-bruch; **IV** *adj.* **14.** *fig.* Schnell…, Sofort…

crash² [kræʃ] *s.* grober Leinendrell.

crash| bar·ri·er *s. Brit.* Leitplanke *f*; **~ course** *s.* Schnell-, Inten'sivkurs *m*; **~ di·et** *s.* radi'kale Abmagerungskur *f*; **'~-dive** *v/i.* ⚓ schnelltauchen (*U-Boot*); **~ halt** *s.* 'Vollbremsung *f*; **~ hel·met** *s.* Sturzhelm *m*; **~ job** *s.* brandeilige Arbeit, Eilauftrag *m*; **'~-land** *v/i.* ✈ e-e Bruchlandung machen; **~ land·ing** *s.* ✈ Bruchlandung *f*; **~ test** *s. mot.* 'Crashtest *m*; **~ truck** *s.* Rettungswagen *m*.

crass [kræs] *adj.* ☐ *fig.* kraß, grob; **'crass·ness** [-nɪs] *s.* **1.** Kraßheit *f*; **2.** krasse Dummheit.

crate [kreɪt] **I** *s.* **1.** Lattenkiste *f*, (Bier- *etc.*)Kasten *m*; **2.** großer Packkorb; **3.** *sl.* ‚Kiste' *f* (*Auto od. Flugzeug*); **II** *v/t.* **4.** in e-e Lattenkiste *etc.* verpacken.

cra·ter ['kreɪtə] *s.* **1.** *geol. etc. a.* ⚕ 'Krater *m*; **2.** (Bomben-, Gra'nat)Trichter *m*, -krater *m*.

cra·vat [krə'væt] *s.* Halstuch *n*; Kra'watte *f*.

crave [kreɪv] **I** *v/t.* **1.** flehen *od.* dringend bitten um; **II** *v/i.* **2.** sich (heftig) sehnen (***for*** nach); **3.** flehen, inständig bitten (***for*** um).

cra·ven ['kreɪvən] **I** *adj.* feige, zaghaft; **II** *s.* Feigling *m*, Memme *f*.

crav·ing ['kreɪvɪŋ] *s.* heftiges Verlangen, Sehnsucht *f*, (krankhafte) Begierde (***for*** nach).

craw [krɔː] *s. zo.* Kropf *m* (*Vogel*).

craw·fish ['krɔːfɪʃ] **I** *s. zo.* → ***crayfish***; **II** *v/i. Am.* F sich drücken, ‚kneifen'.

crawl [krɔːl] **I** *v/i.* **1.** kriechen: a) krabbeln, b) sich da'hinschleppen, schleichen (*a. Arbeit, Zeit*), c) im ‚Schneckentempo' gehen *od.* fahren; **2.** *fig.* (unter'würfig) kriechen (***to s.o.*** vor j-m); **3.** wimmeln (***with*** von); **4.** kribbeln, prickeln; **5.** *Schwimmen*: kraulen; **II** *s.* **6.** Kriechen *n*, Schleichen *n*: ***go at a ~*** → 1 c; **7.** *Schwimmen*: Kraulstil *m*, Kraul(en) *n*; **'crawl·er** [-lə] *s.* **1.** Kriechtier *n*, Gewürm *n*; **2.** *fig.* Kriecher(in); **3.** F a) ‚Schnecke' *f*, b) Taxi *n* auf Fahrgastsuche; **4.** *pl.* Krabbelanzug *m für Kleinkinder*; **5.** *a.* **~ *tractor*** ⚙ Raupen-, Gleiskettenfahrzeug *n*; **6.** *Schwimmen*: Krauler(in); **'crawl·y** [-lɪ] *adj.* F grus(e)lig.

cray·fish ['kreɪfɪʃ] *s. zo.* **1.** Flußkrebs *m*; **2.** Lan'guste *f*.

cray·on ['kreɪən] **I** *s.* **1.** Zeichen-, Bunt-, Pa'stellstift *m*: ***blue ~*** Blaustift; **2.** Kreide-, Pa'stellzeichnung *f*; **II** *v/t.* **3.** mit Kreide *etc.* zeichnen; **4.** *fig.* skizzieren.

craze [kreɪz] **I** *v/t.* **1.** verrückt machen; **2.** *Töpferei*: krakelieren; **II** *s.* **3.** a) Ma'nie *f*, fixe I'dee, Verrücktheit *f*, b) ‚Fimmel' *m*: ***be the ~*** die große Mode sein; ***the latest ~*** der letzte Schrei; **crazed** [-zd] *adj.* **1.** wahnsinnig (***with*** vor *dat.*); **2.** (wild) begeistert, hingerissen (***about*** von); **'cra·zi·ness** [-zɪnɪs] *s.* Verrücktheit *f*.

cra·zy ['kreɪzɪ] *adj.* ☐ **1.** verrückt, wahnsinnig: **~ *with pain***; **2.** F (***about***) begeistert (von); versessen (auf *acc.*); **3.** baufällig, wackelig; ⚓ seeuntüchtig; **4.** zs.-gestückelt; **~ bone** *Am.* → ***funny bone***; **~ pav·ing**, **~ pave·ment** *s.* Mosa'ikpflaster *n*; **~ quilt** *s.* Flickendecke *f*.

creak [kriːk] **I** *v/i.* knarren, kreischen, quietschen, knirschen: **~ *along*** *fig.* sich dahinschleppen (*Handlung etc.*); **II** *s.* Knarren *n*, Knirschen *n*, Quietschen *n*; **'creak·y** [-kɪ] *adj.* ☐ knarrend, knirschend.

cream [kriːm] **I** *s.* **1.** Rahm *m*, Sahne *f*; **2.** Creme(speise) *f*; **3.** (*Haut-, Schuh- etc.*)Creme *f*; **4.** Cremesuppe *f*; **5.** *fig.* Creme *f*, Auslese *f*, E'lite *f*: ***the ~ of society***; **6.** Kern *m*, Po'inte *f* (*Witz*); **7.** Cremefarbe *f*; **II** *v/i.* **8.** Sahne bilden; **9.** schäumen; **III** *v/t.* **10.** absahnen, den Rahm abschöpfen von (*a. fig.*); **11.** Sahne bilden lassen; **12.** schaumig rühren; **13.** (*dem Tee od. Kaffee*) Sahne zugießen: ***do you ~ your tea?*** nehmen Sie Sahne?; **14.** *Am. sl. j-n* ‚fertigmachen'; **IV** *adj.* **15.** creme(farben); **~ cake** *s.* Creme- *od.* Sahnetorte *f*; **~ cheese** *s.* Rahm-, Vollfettkäse *m*; **'~-ˌcol·o(u)red** *adj.* creme(farben).

cream·er·y ['kriːmərɪ] *s.* **1.** Molke'rei *f*; **2.** Milchhandlung *f*.

cream| ice *s. Brit.* Sahneeis *n*, Speiseeis *n*; **~ jug** *s.* Sahnekännchen *n*, -gießer *m*; **ˌ~-'laid** *adj.* cremefarben und gerippt (*Papier*); **~ of tar·tar** *s.* ⚗ Weinstein *m*; **ˌ~-'wove** → ***cream-laid***.

cream·y ['kriːmɪ] *adj.* sahnig; *fig.* weich, samten.

crease [kriːs] **I** *s.* **1.** Falte *f*, Kniff *m*; **2.** Bügelfalte *f*; **3.** Eselsohr *n* (*Buch*); **4.** *Eishockey*: Torraum *m*; **II** *v/t.* **5.** falten, knicken, kniffen, 'umbiegen; **6.** zerknittern; **7.** *hunt. etc.* streifen, anschießen; **III** *v/i.* **8.** Falten bekommen *od.* werfen; knittern; **9.** sich falten lassen; **creased** [-st] *adj.* **1.** in Falten gelegt, gefaltet; **2.** mit Bügelfalte, gebügelt; **3.** zerknittert.

'crease|-proof, **'~-reˌsist·ant** *adj.* knitterfrei.

cre·ate [kriː'eɪt] *v/t.* **1.** (er)schaffen; **2.** schaffen, erzeugen: a) her'vorbringen, ins Leben rufen, b) her'vorrufen, verursachen; **3.** *thea.*, *Mode*: kre'ieren, gestalten; **4.** gründen, ein-, errichten; **5.** ⚖ *Recht etc.* begründen; **6.** *j-n* ernennen zu: **~ *s.o. a peer***; **cre'a·tion**

[-'eɪʃn] *s.* **1.** (Er)Schaffung *f*; **2.** Erzeugung *f*, Schaffung *f*: a) Her'vorbringung *f*; ***~ of needs*** Bedarfsweckung *f*, b) Verursachung *f*, c) ***the 2*** *eccl.* die Schöpfung, die Erschaffung (der Welt): ***the whole ~*** alle Geschöpfe, die ganze Welt; **3.** Geschöpf *n*, Krea'tur *f*; **4.** (Kunst-, Mode)Schöpfung *f*, Kreati'on *f*; Werk *n*; **5.** *thea.* Kre'ierung *f*, Gestaltung *f*; **6.** Gründung *f*, Errichtung *f*, Bildung *f*; **7.** Ernennung *f* (*zu e-m Rang*); **cre'a·tive** [-tɪv] *adj.* ☐ **1.** schöpferisch, (er)schaffend, *a.* krea'tiv; **2.** (***of s.th.***) *et.* verursachend; **cre'a·tive·ness** [-tɪvnɪs]; **cre·a·tiv·i·ty** [ˌkriːeɪ'tɪvətɪ] *s.* Kreativi'tät *f*, schöpferische Kraft; **cre'a·tor** [-tə] *s.* Schöpfer *m*, Erschaffer *m*, Erzeuger *m*, Urheber *m*: ***the 2*** der Schöpfer, Gott *m*.

crea·ture ['kriːtʃə] *s.* **1.** Geschöpf *n*, (Lebe)Wesen *n*, Krea'tur *f*: ***fellow ~*** Mitmensch *m*; ***dumb ~*** stumme Kreatur; ***lovely ~*** süßes Geschöpf (*Frau*); ***silly ~*** dummes Ding; ***~ of habit*** Gewohnheitstier *n*; **2.** *fig.* *j-s* Krea'tur *f*, Werkzeug *n*; ***~ com·forts*** *s. pl. die* leiblichen Genüsse, *das* leibliche Wohl.

crèche [kreɪʃ] (*Fr.*) *s.* **1.** Kinderhort *m*, -krippe *f*; **2.** *Am.* (Weihnachts)Krippe *f*.

cre·dence ['kriːdəns] *s.* **1.** Glaube *m*: ***give ~ to*** Glauben schenken (*dat.*); **2.** *a.* ***~ table*** *eccl.* Kre'denz *f*.

cre·den·tials [krɪ'denʃlz] *s. pl.* **1.** Beglaubigungs- *od.* Empfehlungsschreiben *n*; **2.** (Leumunds)Zeugnis *n*; **3.** 'Ausweis(paˌpiere *pl.*) *m*.

cred·i·bil·i·ty [ˌkredɪ'bɪlətɪ] *s.* Glaubwürdigkeit *f*; ***~ gap*** *s.* Glaubwürdigkeitslücke *f*; **cred·i·ble** ['kredəbl] *adj.* ☐ glaubwürdig; zuverlässig: ***show credibly that*** ⚖ glaubhaft machen, daß.

cred·it ['kredɪt] **I** *s.* **1.** † a) Kre'dit *m*, b) Ziel *n*: (***letter of***) ***~*** Akkredi'tiv *n*; ***on ~*** auf Kredit; ***open a ~*** e-n Kredit *od.* ein Akkreditiv eröffnen; ***30 days' ~*** 30 Tage Ziel; **2.** † a) Haben *n*, 'Kredit(seite *f*) *n*, b) Guthaben *n*, 'Kreditposten *m*, *pl. a.* Ansprüche: ***enter*** (*od.* ***place***) ***it to my ~*** schreiben Sie es mir gut; ***~ advice*** Gutschriftsanzeige *f*; (***tax***) ***~*** *Am.* (Steuer)Freibetrag *m*; **3.** † Kre'ditwürdigkeit *f*; **4.** Glaube(n) *m*, Ver-, Zutrauen *n*: ***give ~ to*** → 10; **5.** Glaubwürdigkeit *f*, Zuverlässigkeit *f*; **6.** Ansehen *n*, Achtung *f*, guter Ruf, Ehre *f*: ***be a ~ to s.o., reflect ~ on s.o., do s.o. ~, be to s.o's ~*** j-m Ehre machen *od.* einbringen; ***he does me ~*** mit ihm lege ich Ehre ein; ***to his ~ it must be said*** a) zu s-r Ehre muß man sagen, b) man muß es ihm hoch anrechnen; ***add to s.o.'s ~*** j-s Ansehen erhöhen; ***with ~*** ehrenvoll, mit Lob; **7.** Verdienst *n*, Anerkennung *f*, Lob *n*: ***get ~ for*** Anerkennung finden für; ***very much to his ~*** sehr anerkennenswert von ihm; ***give s.o.*** (***the***) ***~ for s.th.*** a) j-m *et.* hoch anrechnen, b) j-m *et.* zutrauen, c) j-m *et.* verdanken; ***take*** (***the***) ***~ for*** sich *et.* als Verdienst anrechnen, den Ruhm *od.* alle Lorbeeren für *et.* in Anspruch nehmen; **8.** (***title and***) ***~s*** *pl. Film, TV*: Vor- *od.* Abspann *m*, Erwähnungen *pl.*; **9.** *ped. Am.* a) Anrechnungspunkt *m*, b) Abgangszeugnis *n*; **II** *v/t.* **10.** Glauben schenken (*dat.*), *j-m od. et.* glauben; *j-m* trauen; **11.** ***~ s.o. with s.th.*** a) j-m et. zutrauen, b) j-m et. zuschreiben; **12.** † *Betrag* gutschreiben, kreditieren (***to s.o.*** j-m); *j-n* erkennen (***with*** für); **13.** *ped. Am.* (***s.o. with***) (j-m) Punkte anrechnen (für); **'cred·it·a·ble** [-təbl] *adj.* ☐ **1.** rühmlich, lobens-, anerkennenswert, ehrenvoll (***to*** für): ***be ~ to s.o.*** j-m Ehre machen; **2.** glaubwürdig.

cred·it| a·gen·cy *s.* Kre'ditauskunfˌtei *f*; ***~ bal·ance*** *s.* † 'Kreditˌsaldo *m*, Guthaben *n*; ***~ card*** *s.* † Kre'ditkarte *f*; ***~ in·ter·est*** *s.* Habenzinsen *pl.*; ***~ note*** *s.* † Gutschriftsanzeige *f*.

cred·i·tor ['kredɪtə] *s.* † **1.** Gläubiger (-in); **2.** a) *a.* ***~ side*** Haben *n*, 'Kreditseite *f e-s Kontobuchs*, b) *pl. Bilanz*: Verbindlichkeiten *pl.*

cred·it| rat·ing *s. Am.* Kre'ditfähigkeit *f*; ***~ squeeze*** *s.* † Kre'ditzange *f*; ***~ stand·ing*** *s.* Bonität *f*; ***~ tit·les*** *pl.* → ***credit*** 8; **'~ˌwor·thi·ness** *s.* † Kre'ditwürdigkeit *f*; **'~ˌwor·thy** *adj.* † kre'ditwürdig.

cre·do ['kriːdəʊ] *pl.* **-dos** *s.* **1.** *eccl.* 'Credo *n*, Glaubensbekenntnis *n*; **2.** → ***creed*** 2.

cre·du·li·ty [krɪ'djuːlətɪ] *s.* Leichtgläubigkeit *f*; **cred·u·lous** ['kredjuləs] *adj.* ☐ leichtgläubig.

creed [kriːd] *s.* **1.** a) Glaubensbekenntnis *n*, b) Glaube *m*, Konfessi'on *f*; **2.** *fig.* (*a. politische etc.*) Über'zeugung, 'Kredo *n*.

creek [kriːk] *s.* **1.** Flüßchen *n*; kleiner Wasserlauf (*nur von der Flut gespeist*): ***up the ~*** *fig.* in der Klemme (sitzend); **2.** kleine Bucht.

creel [kriːl] *s.* Fischkorb *m*.

creep [kriːp] **I** *v/i.* [*irr.*] **1.** *a. fig.* kriechen, (da'hin)schleichen: ***~ up on*** sich heranschleichen an (*acc.*); ***~ into s.o.'s favo(u)r*** *fig.* sich bei j-m einschmeicheln; ***~ in*** sich einschleichen (*Fehler*); ***old age is ~ing upon me*** das Alter naht heran; **2.** ⚘ kriechen, sich ranken; **3.** ⚙ kriechen; ϟ nacheilen; **4.** kribbeln: ***it made my flesh ~*** dabei überlief es mich kalt, ich bekam eine Gänsehaut dabei; **II** *s.* **5.** → ***crawl*** 6; **6.** → ***creepage***; **7.** Schlupfloch *n*; **8.** *geol.* (Erd-) Rutsch *m*; **9.** *pl.* F Gruseln *n*, Gänsehaut *f*: ***the sight gave me the ~s*** bei dem Anblick überlief es mich kalt; **10.** *sl.* ‚Fiesling' *m*, ‚Scheißtyp' *m*; **'creep·age** [-pɪdʒ] *s.* ⚙, ϟ Kriechen *n*; **'creep·er** [-pə] *s.* **1.** *fig.* Kriecher(in); **2.** Kriechtier *n* (*Insekt, Wurm*); **3.** ⚘ Kriech- *od.* Kletterpflanze *f*; **4.** *orn.* Baumläufer *m*; **5.** *mount.* Steigeisen *n*; **6.** ⚓ Dragganker *m*; **7.** *pl. Am.* (einteiliger) Spielanzug; **8.** F weichsohliger Schuh; **'creep·ing** [-pɪŋ] *adj.* ☐ **1.** kriechend, schleichend (*a. fig.*); **2.** ⚘ kriechend, kletternd; **3.** a) kribbelnd, b) grus(e)lig; **4.** → ***barrage*[1]** 2; **'creep·y** [-pɪ] *adj.* **1.** kriechend: a) krabbelnd, b) schleichend; **2.** grus(e)lig.

cre·mate [krɪ'meɪt] *v/t.* *bsd. Leichen* verbrennen, einäschern; **cre'ma·tion** [-eɪʃn] *s.* Feuerbestattung *f*, Einäscherung *f*; **cre·ma·to·ri·um** [ˌkremə'tɔːrɪəm] *pl.* **-ri·ums, -ri·a** [-rɪə], **cre·ma·to·ry** ['kremətərɪ] *s.* Krema'torium *n*.

crème [kreɪm] (*Fr.*) *s.* Creme *f*; ***~ de menthe*** [ˌkreɪmdə'mɑːnt] *s.* 'Pfefferminzliˌkör *m*; ***~ de la ~*** [-dlɑː-] *s. fig.* a) *das* Beste vom Besten; *die* E'lite (der Gesellschaft), Crème *f* de la Crème.

cre·nate ['kriːneɪt], **'cre·nat·ed** [-tɪd] *adj.* ⚘, 🦓 gekerbt, gefurcht; **cre·na·tion** [kriː'neɪʃn] *s.* ⚘, 🦓 Kerbung *f*, Furchung *f*.

cren·el ['krenl] *s.* Schießscharte *f*; **'cren·el(l)ate** [-nəleɪt] *v/t.* krenelieren, mit Zinnen *od.* zinnenartigem Orna'ment versehen; **cren·el(l)a·tion** [ˌkrenə'leɪʃn] *s.* Krenelierung.

Cre·ole ['kriːəʊl] **I** *s.* Kre'ole *m*, Kre'olin *f*; **II** *adj.* kre'olisch.

cre·o·sote ['krɪəsəʊt] *s.* ⚗ Kreo'sot *n*.

crêpe [kreɪp] *s.* **1.** Krepp *m*; **2.** → ***~ rubber***; ***~ de Chine*** [ˌkreɪpdə'ʃiːn] *s.* Crêpe *m* de Chine; ***~ pa·per*** *s.* 'Krepppaˌpier *n*; ***~ rub·ber*** *s.* 'Kreppˌgummi *n, m*; ***~ su·zette*** [suː'zet] *s.* Crêpe *f* Su'zette.

crep·i·tate ['krepɪteɪt] *v/i.* knarren, knirschen, knacken, rasseln; **crep·i·ta·tion** [ˌkrepɪ'teɪʃn] *s.* Knarren *n*, Knirschen *n*, Knacken *n*, Rasseln *n*.

crept [krept] *pret. u. p.p.* von ***creep***.

cre·pus·cu·lar [krɪ'pʌskjʊlə] *adj.* **1.** Dämmerungs…, dämmerig; **2.** *zo.* im Zwielicht erscheinend.

cre·scen·do [krɪ'ʃendəʊ] (*Ital.*) ♪ **I** *pl.* **-dos** *s.* Cre'scendo *n* (*a. fig.*); **II** *adv.* cre'scendo, stärker werdend.

cres·cent ['kresnt] **I** *s.* **1.** Halbmond *m*, Mondsichel *f*; **2.** *hist. pol.* Halbmond *m* (*Türkei od. Islam*); **3.** halbmondförmiger Gegenstand, Straßenzug *etc.*; **4.** ♪ Schellenbaum *m*; **5.** Hörnchen *n* (*Gebäck*); **II** *adj.* **6.** halbmondförmig; **7.** zunehmend.

cress [kres] *s.* ⚘ Kresse *f*.

crest [krest] **I** *s.* **1.** *zo.* Kamm *m* (*Hahn*); **2.** *zo.* a) (Feder-, Haar)Schopf *m*, Haube *f* (*Vögel*), b) Mähne *f*; **3.** Helmbusch *m*, -schmuck *m*; **4.** Helm *m*; **5.** Bergrücken *m*, Kamm *m*; **6.** Kamm *m* (*Welle*): ***he's riding*** (***along***) ***a ~ of the wave*** *fig.* er schwimmt momentan ganz oben; **7.** Gipfel *m*, Krone *f*, Scheitelpunkt *m*; **8.** Verzierung *f* über dem (Fa'milien)Wappen: ***family ~*** Familienwappen *n*; **9.** ▲ Bekrönung *f*; **II** *v/t.* **10.** erklimmen; **III** *v/i.* **11.** hoch aufwogen; **'crest·ed** [-tɪd] *adj.* mit e-m Kamm *od.* Schopf *od.* e-r Haube (versehen): ***~ lark*** Haubenlerche *f*; **'crestˌfall·en** *adj. fig.* geknickt, niedergeschlagen.

cre·ta·ceous [krɪ'teɪʃəs] *adj.* kreideartig, -haltig: ***~ period*** Kreide(zeit) *f*.

Cre·tan ['kriːtn] **I** *adj.* kretisch, aus Kreta; **II** *s.* Kreter(in).

cre·tin ['kretɪn] *s.* 🦓 Kre'tin *m* (*a. contp.*); **'cre·tin·ism** [-nɪzəm] *s.* Kreti'nismus *m*; **'cre·tin·ous** [-nəs] *adj.* kre'tinhaft.

cre·vasse [krɪ'væs] *s.* **1.** tiefer Spalt *od.* Riß; **2.** Gletscherspalte *f*; **3.** *Am.* Bruch *m* im Deich.

crev·ice ['krevɪs] *s.* Riß *m*, (Fels)Spalte *f*.

crew[1] [kruː] *pret. von* ***crow***[2].

crew[2] [kruː] *s.* **1.** ⚓, ✈ *etc.* Besatzung *f*, (*a. sport* Boots)Mannschaft *f*; **2.** (Arbeits)Gruppe *f*, ('Arbeiter)Koˌlonne *f*; **3.** ⚙ (Bedienungs)Mannschaft *f*; **4.** ('Dienst)Persoˌnal *n*; **5.** *Am.* Pfadfindergruppe *f*; **6.** *contp.* Bande *f*; ~ **cut** *s.* Bürste(nschnitt *m*) *f*.

crib [krɪb] **I** *s.* **1.** a) (Futter)Krippe *f*, b) Hürde *f*, Stall *m*; **2.** Kinderbettchen *n*; **3.** a) Hütte *f*, b) kleiner Raum; **4.** Weidenkorb *m* (*Fischfalle*); **5.** F a) kleiner Diebstahl, b) ‚Anleihe' *f*, Plagi'at *n*; **6.** *ped.* F a) ‚Eselsbrücke' *f*, b) Spickzettel *m*; **7.** *Cribbage*: abgelegte Karten *pl.*; **II** *v/t.* **8.** ein-, zs.-pferchen; **9.** F ‚klauen' (*a. fig. plagiieren*), *ped.* abschreiben; **III** *v/i.* **10.** F abschreiben; '**crib·bage** [-bɪdʒ] *s.* 'Cribbage *n* (*Kartenspiel*).

crick [krɪk] **I** *s.* Muskelkrampf *m*: ~ ***in one's back*** (***neck***) steifer Rücken (Hals); **II** *v/t.* ~ ***one's back*** (***neck***) sich e-n steifen Rücken (Hals) holen.

crick·et[1] ['krɪkɪt] *s. zo.* Grille *f*, Heimchen *n*; → ***merry*** 1.

crick·et[2] ['krɪkɪt] *s. sport* Kricket *n*: ~ ***bat*** Kricketschläger *m*; ~ ***field***, ~ ***ground*** Kricket(spiel)platz *m*; ~ ***pitch*** Feld *n* zwischen den beiden Dreistäben; ***not*** ~ F nicht fair *od.* anständig; '**crick·et·er** [-tə] *s.* Kricketspieler *m*.

cri·er ['kraɪə] *s.* **1.** Schreier *m*; **2.** (öffentlicher) Ausrufer.

cri·key ['kraɪkɪ] *int. sl.* Mann!

crime [kraɪm] **I** *s.* **1.** ⚖ *u. fig.* a) Verbrechen *n*, b) → ***criminality*** 1: ~ ***novel*** Kriminalroman *m*; ~ ***rate*** Verbrechensquote *f*; ~ ***wave*** Welle *f* von Verbrechen; **2.** Frevel *m*, Übeltat *f*, Sünde *f*; **3.** *coll.* Krimi'nalro,mane *f*: ~***-writer*** ‚Krimi-Schreiber(in)'; **4.** F ‚Verbrechen' *n*, ‚Jammer' *m*, ‚Schande' *f*; **II** *v/t.* **5.** ⚔ beschuldigen.

Cri·me·an [kraɪ'mɪən] *adj.* die Krim betreffend: ~ ***War*** Krimkrieg *m*.

crim·i·nal ['krɪmɪnl] **I** *adj.* **1.** verbrecherisch, krimi'nell, strafbar: ~ ***act***; **2.** ⚖ strafrechtlich, Straf…, … in Strafsachen: ~ ***jurisdiction***; ~ ***lawyer*** Strafrechtler *m*, Anwalt *m* für Strafsachen; **II** *s.* **3.** Verbrecher(in); ~ **ac·tion** *s.* 'Strafpro,zeß *m*; ~ **code** *s.* Strafgesetzbuch *n*; ~ **con·ver·sa·tion** *s.* ⚖ *Brit. obs. u. Am.* Ehebruch *m* (*als Schadensersatzgrund*); ℒ **In·ves·ti·ga·tion De·part·ment** *s.* (*abbr. CID*) *Brit.* oberste Krimi'nalpoli,zeibehörde *f*.

crim·i·nal·ist ['krɪmɪnəlɪst] *s.* **1.** Krimina'list *m*, Strafrechtler *m*; **2.** Kriminolo'loge *m*; **crim·i·nal·i·ty** [,krɪmɪ'nælətɪ] *s.* **1.** Kriminali'tät *f*, Verbrechertum *n*; **2.** Schuld *f*; Strafbarkeit *f*; '**crim·i·nal·ize** *v/t.* **1.** *et.* unter Strafe stellen; **2.** *j-n*, *et.* kriminalisieren.

crim·i·nal| law *s.* Strafrecht *n*; ~ **neg·lect** *s.* grobe Fahrlässigkeit; ~ **of·fence**, *Am.* ~ **of·fense** *s.* strafbare Handlung; ~ **pro·ceed·ings** *s. pl.* Strafverfahren *n*.

crim·i·nate ['krɪmɪneɪt] *v/t.* anklagen, (e-s Verbrechens) beschuldigen; **crim·i·na·tion** [,krɪmɪ'neɪʃn] *s.* Anklage *f*, Beschuldigung *f*; **crim·i·nol·o·gist** [,krɪmɪ'nɒlədʒɪst] *s.* Krimino'loge *m*; **crim·i·nol·o·gy** [,krɪmɪ'nɒlədʒɪ] *s.* Kriminolo'gie *f*.

crimp[1] [krɪmp] **I** *v/t.* **1.** kräuseln, knittern, fälteln, wellen; **2.** *Leder* zu'rechtbiegen; **3.** ⚙ bördeln; **4.** *Küche*: *Fisch*, *Fleisch* schlitzen; **5.** *Am. sl.* hindern, stören; **II** *s.* **6.** Kräuselung *f*, Welligkeit *f*; Krause *f*, Falte *f*; **7.** ⚙ Falz *m*; **8.** (Haar)Welle *f*, Locke *f*; **9.** *Am.* F Behinderung *f*.

crimp[2] [krɪmp] *v/t.* ⚓, ⚔ gewaltsam anwerben, pressen.

crim·son ['krɪmzn] **I** *s.* Karme'sin-, Hochrot *n*; **II** *adj.* karme'sin-, hochrot; *fig.* puterrot (***from*** vor *Zorn etc.*); **III** *v/t.* hochrot färben; **IV** *v/i.* puterrot werden; ~ **ram·bler** *s.* ⚘ *blutrote Kletterrose.*

cringe [krɪndʒ] *v/i.* **1.** sich ducken, sich krümmen: ~ ***at*** zurückschrecken vor (*dat.*); **2.** *fig.* kriechen, ‚katzbuckeln' (***to*** vor *dat.*); '**cring·ing** [-dʒɪŋ] *adj.* ☐ kriecherisch, unter'würfig.

crin·kle ['krɪŋkl] **I** *v/i.* **1.** sich kräuseln *od.* krümmen *od.* biegen; **2.** Falten werfen, knittern; **II** *v/t.* **3.** kräuseln, krümmen; **4.** faltig machen, zerknittern; **III** *s.* **5.** Fältchen *n*, Runzel *f*; '**crin·kly** [-lɪ] *adj.* **1.** kraus, faltig; **2.** zerknittert.

crin·o·line ['krɪnəli:n] *s. hist.* Krino'line *f*, Reifrock *m*.

crip·ple ['krɪpl] **I** *s.* **1.** Krüppel *m*; **II** *v/t.* **2.** a) zum Krüppel machen, b) lähmen; **3.** *fig.* lähmen, lahmlegen; **4.** ⚔ akti'ons- *od.* kampfunfähig machen; '**crip·pled** [-ld] *adj.* **1.** verkrüppelt; **2.** *fig.* lahmgelegt; '**crip·pling** [-lɪŋ] *adj. fig.* lähmend.

cri·sis ['kraɪsɪs] *pl.* **-ses** [-si:z] *s.* ⚕, *thea. u. fig.* 'Krise *f*, 'Krisis *f*: ~ ***management*** Krisenmanagement *n*; ~***-prone*** krisenanfällig; ~ ***staff*** Krisenstab *m*.

crisp [krɪsp] **I** *adj.* ☐ **1.** knusp(e)rig, mürbe: ~***bread*** Knäckebrot *n*; **2.** kraus, gekräuselt; **3.** frisch, fest (*Gemüse*); steif, unzerknittert (*Papier*); **4.** a) forsch, schneidig, b) flott, lebhaft; **5.** klar, knapp (*Stil etc.*); **6.** scharf, frisch (*Luft*); **II** *s.* **7.** *pl. bsd. Brit.* (Kar'toffel)Chips *pl.*; **III** *v/t.* **8.** knusp(e)rig machen; **9.** kräuseln; **IV** *v/i.* **10.** knusp(e)rig werden; **11.** sich kräuseln; '**crisp·ness** [-nɪs] *s.* **1.** Knusp(e)rigkeit *f*; **2.** Frische *f*, Schärfe *f*, Le'bendigkeit *f*; '**crisp·y** [-pɪ] → ***crisp*** 1, 2, 4.

criss·cross ['krɪskrɒs] **I** *adj.* **1.** gekreuzt, kreuz u. quer (laufend), Kreuz…; **II** *adv.* **2.** kreuzweise, kreuz u. quer, durchein'ander; **3.** *fig.* in die Quere, verkehrt; **III** *s.* **4.** Gewirr *n* von Linien; **5.** Kreuzzeichen *n* (*als Unterschrift*); **IV** *v/t.* **6.** (wieder'holt 'durch-) kreuzen, kreuz u. quer durch'ziehen; **V** *v/i.* **7.** sich kreuzen; kreuz u. quer verlaufen.

cri·te·ri·on [kraɪ'tɪərɪən] *pl.* **-ri·a** [-rɪə] *s.* **1.** Kri'terium *n*, Maßstab *m*, Prüfstein *m*: ***that is no*** ~ das ist nicht maßgebend (***for*** für); **2.** (Unter'scheidungs)Merkmal *n*.

crit·ic ['krɪtɪk] *s.* **1.** Kritiker(in); **2.** (Kunst- *etc.*)Kritiker(in), Rezen'sent (-in); **3.** Krittler *m*, Tadler *m*; '**crit·i·cal** [-kl] *adj.* ☐ **1.** kritisch, tadelsüchtig (***of s.o.*** j-m gegen'über): ***be*** ~ ***of s.th.*** et. kritisieren *od.* beanstanden, Bedenken gegen et. haben; **2.** kritisch, kunstverständig; sorgfältig: ~ ***edition*** kritische Ausgabe; **3.** kritisch, entscheidend: ***the*** ~ ***moment***; **4.** kritisch, bedenklich, gefährlich: ~ ***situation***; ~ ***supplies*** Mangelgüter; **5.** *phys.* kritisch: ~ ***speed***; ~ ***load*** Grenzbelastung *f*; '**crit·i·cism** [-ɪsɪzəm] *s.* Kri'tik *f*: a) kritische Beurteilung, b) (Buch- *etc.*)Besprechung *f*, Rezensi'on *f*, c) kritische Unter'suchung, d) Tadel *m*: ***textual*** ~ Textkritik; ***open to*** ~ anfechtbar; ***above*** ~ über jede Kritik *od.* jeden Tadel erhaben; '**crit·i·cize** [-ɪsaɪz] *v/t.* kritisieren (*a. v/i.*): a) kritisch beurteilen, b) besprechen, rezensieren; c) Kri'tik üben an (*dat.*), tadeln, rügen; **cri·tique** [krɪ'ti:k] *s.* Kri'tik *f*, kritische Besprechung *od.* Abhandlung.

croak [krəʊk] **I** *v/i.* **1.** quaken (*Frosch*); krächzen (*Rabe*); **2.** unken (*Unglück prophezeien*); **3.** *sl.* ‚abkratzen' (*sterben*); **II** *v/t.* **4.** *et.* krächzen(d sagen); **5.** *sl.* abmurksen (*töten*); **III** *s.* **6.** Quaken *n*; Krächzen *n*; **7.** → ***croaker*** 1; '**croak·er** [-kə] *s.* **1.** Schwarzseher *m*, Miesmacher *m*; **2.** *Am. sl.* Quacksalber *m*; '**croak·y** [-kɪ] *adj.* ☐ krächzend.

Cro·at ['krəʊæt] *s.* Kro'ate *m*, Kro'atin *f*; **Cro·a·tian** [krəʊ'eɪʃjən] *adj.* kro'atisch.

cro·chet ['krəʊʃeɪ] **I** *s. a.* ~ ***work*** Häkelarbeit *f*, Häke'lei *f*: ~ ***hook*** Häkelnadel *f*; **II** *v/t. u. v/i. pret. u. p.p.* '**cro·cheted** [-ʃeɪd] häkeln.

crock[1] [krɒk] **I** *s.* **1.** Klepper *m*, alter Gaul; **2.** *sl.* a) ‚altes Wrack' (*Person od. Sache*), b) *Am.* ‚altes Ekel' *od.* ‚alter Säufer'; **II** *v/i.* **3.** *mst* ~ ***up*** zs.-brechen, -krachen; **III** *v/t.* **4.** ka'puttmachen.

crock[2] [krɒk] *s.* **1.** irdener Topf *od.* Krug; **2.** Topfscherbe *f*; '**crock·er·y** [-kərɪ] *s.* (irdenes) Geschirr, Steingut *n*, Töpferware *f*.

croc·o·dile ['krɒkədaɪl] *s.* **1.** *zo.* Kroko'dil *n*; **2.** Kroko'dilleder *n*; **3.** *Brit.* F Zweierreihe *f* von Schulmädchen; ~ **tears** *s. pl.* Kroko'dilstränen *pl.*

cro·cus ['krəʊkəs] *s.* ⚘ 'Krokus *m*.

Croe·sus ['kri:səs] *s.* 'Krösus *m*.

croft [krɒft] *s. Brit.* **1.** kleines (Acker-) Feld (*beim Haus*); **2.** kleiner Bauernhof; '**croft·er** [-tə] *s. Brit.* Kleinbauer *m*.

crom·lech ['krɒmlek] *s.* 'Kromlech *m*, dru'idischer Steinkreis.

crone [krəʊn] *s.* altes Weib.

cro·ny ['krəʊnɪ] *s.* alter Freund, Kum'pan *m*: ***old*** ~ Busenfreund, Intimus *m*, ‚Spezi' *m*.

crook [krʊk] **I** *s.* **1.** Hirtenstab *m*; **2.** *eccl.* Bischofs-, Krummstab *m*; **3.** Krümmung *f*, Biegung *f*; **4.** Haken *m*; **5.** (*Schirm*)Krücke *f*; **6.** F Gauner *m*, Betrüger *m*, *allg.* Ga'nove *m*: ***on the*** ~ unehrlich, hintenherum; **II** *v/t. u. v/i.* **7.** (sich) krümmen, (sich) biegen; '~**·back** *s.* Buck(e)lige(r *m*) *f*; '~**·backed** *adj.* buck(e)lig.

crooked[1] [krʊkt] *adj.* mit e-r Krücke: ~ ***stick*** Krückstock *m*.

crook·ed[2] ['krʊkɪd] *adj.* ☐ **1.** krumm, gekrümmt; gebeugt; **2.** buck(e)lig, verwachsen; **3.** *fig.* unehrlich, betrügerisch: ~ ***ways*** ‚krumme' Wege.

croon [kru:n] *v/i. u. v/t.* leise *od.* schmachtend singen *od.* summen; '**croon·er** [-nə] *s.* Schlager-, Schnulzensänger *m*.

crop [krɒp] **I** *s.* **1.** Feldfrucht *f*, *bsd.* Getreide *n* auf dem Halm, Saat *f*: ***the*** ~***s*** a) die Saaten, b) die Gesamternte; ~ ***rotation*** Fruchtfolge *f*, -wechsel *m*; **2.** Bebauung *f*: ***in*** ~ bebaut; **3.** Ernte *f*,

Ertrag *m*: ~ ***failure*** Mißernte *f*; **4.** *fig.* Ertrag *m*, Ausbeute *f* (***of*** an *dat.*); **5.** Menge *f*, Haufen *m* (*Sachen od. Personen*); **6.** *zo.* Kropf *m* (*Vögel*); **7.** a) Peitschenstock *m*, b) Reitpeitsche *f*; **8.** kurzer Haarschnitt, kurzgeschnittenes Haar; **II** *v/t.* **9.** abschneiden; *Haar* kurz scheren; *Ohren*, *Schwanz* stutzen; **10.** abbeißen, -fressen; **11.** 🌱 bepflanzen, bebauen; **III** *v/i.* **12.** (Ernte) tragen; **13.** *geol.* ~ ***up***, ~ ***out*** zutage treten; **14.** ~ ***up*** *fig.* plötzlich auftauchen, -treten, sich zeigen; **'crop·eared** *adj.* mit gestutzten Ohren; **'crop·per** [-pə] *s.* **1.** ***a good*** ~ e-e gut tragende Pflanze; **2.** F Fall *m*, Sturz *m*: ***come a*** ~ ‚auf die Nase fallen' (*a. fig.*); **3.** *orn.* Kropftaube *f*.

cro·quet ['krəʊkeɪ] *sport* **I** *s.* 'Krocket *n*; **II** *v/t. u. v/i.* krockieren.

cro·quette [krɒ'ket] *s. Küche*: Kro'kette *f*.

cro·sier ['krəʊʒə] *s. R.C.* Bischofs-, Krummstab *m*.

cross [krɒs] **I** *s.* **1.** Kreuz *n* (*zur Kreuzigung*); **2.** ***the*** ♀ a) das Kreuz Christi, b) das Christentum, c) das Kruzi'fix *n*; **3.** Kreuz *n* (*Zeichen od. Gegenstand*): ***make the sign of the*** ~ sich bekreuzigen; ***sign with a*** ~ mit e-m Kreuz (*statt Unterschrift*) unterzeichnen; ***mark with a*** ~ ankreuzen; **4.** (Ordens)Kreuz *n*; **5.** *fig.* Kreuz *n*, Leiden *n*, Not *f*: ***bear one's*** ~ sein Kreuz tragen; **6.** Querstrich *m* (des Buchstabens t); **7.** Gaune'rei *f*, ‚krumme Tour': ***on the*** ~ unehrlich; **8.** *biol.* Kreuzung *f*, Mischung *f*; *fig.* Mittelding *n*; **9.** Kreuzungspunkt *m*; **10.** *sport* Cross *m*: a) *Fußball etc.*: Schrägpaß *m*, b) *Tennis*: *diagonal geschlagener Ball*, c) *Boxen*: *Schlag über den Arm des Gegners*; **II** *v/t.* **11.** kreuzen, über Kreuz legen: ~ ***one's legs*** die Beine kreuzen *od.* überschlagen; ~ ***swords with s.o.*** die Klingen mit j-m kreuzen (*a. fig.*); ~ ***s.o.'s hand*** (*od.* ***palm***) a) j-m (Trink)Geld geben, b) j-n ‚schmieren'; **12.** e-n Querstrich ziehen durch: ~ ***one's t's*** sehr sorgfältig sein; ~ ***a cheque*** e-n Scheck ‚kreuzen' (*als Verrechnungsscheck kennzeichnen*); → ***cheque***; ~ ***off*** (*od.* ***out***) ausstreichen; ~ ***off*** *fig. et.* ‚abschreiben'; **13.** durch-, über'queren, *Grenze* über'schreiten, *Zimmer* durch'schreiten, (hin'über)gehen, (-)fahren über (*acc.*): ~ ***the ocean*** über den Ozean fahren; ~ ***the street*** über die Straße gehen; ***it*** ~***ed my mind*** es fiel mir ein, es kam mir in den Sinn; ~ ***s.o.'s path*** j-m in die Quere kommen; **14.** sich kreuzen mit: ***your letter*** ~***ed mine*** Ihr Brief kreuzte sich mit meinem; ~ ***each other*** sich kreuzen, sich schneiden, sich treffen; **15.** *biol.* kreuzen; **16.** *fig. Plan* durch'kreuzen, vereiteln; entgegentreten (*dat.*): ***be*** ~***ed in love*** Unglück in der Liebe haben; **17.** das Kreuzzeichen machen auf (*acc.*) *od.* über (*dat.*): ~ ***o.s.*** sich bekreuzigen; **III** *v/i.* **18.** *a.* ~ ***over*** hin'übergehen, -fahren; 'übersetzen; **19.** sich treffen; sich kreuzen (*Briefe*); **IV** *adj.* □ **20.** quer (liegend, laufend), Quer...; schräg; sich (über)'schneidend; **21.** (***to***) entgegengesetzt (*dat.*), im 'Widerspruch (zu), Gegen...; **22.** F ärgerlich, mürrisch, böse (***with*** mit): ***as*** ~ ***as two sticks*** bitterböse; **23.** *sl.* unehrlich.

cross| ac·tion *s.* ⚖ Gegen-, 'Widerklage *f*; ~ **ap·peal** *s.* ⚖ Anschlußberufung *f*; '~**·bar** *s.* **1.** Querholz *n*, -riegel *m*, -stange *f*, -balken *m*; **2.** ⚙ Tra'verse *f*; **3.** a) *Fußball*: Querlatte *f*, b) *Hochsprung*: Latte *f*; '~**·bench** *parl. Brit.* **I** *s.* Querbank *f* der Par'teilosen (*im Oberhaus*); **II** *adj.* par'teilos, unabhängig; '~**·bones** *s. pl.* zwei gekreuzte Knochen unter e-m Totenkopf; '~**·bow** [-bəʊ] *s.* Armbrust *f*; '~**·bor·der** *adj.* grenzüberschreitend; '~**·bred** *adj. biol.* durch Kreuzung erzeugt, gekreuzt; '~**·breed I** *s.* **1.** Mischrasse *f*; **2.** Kreuzung *f*, Mischling *m*; **II** *v/t.* [*irr.* → ***breed***] **3.** kreuzen; ˌ~-'**Chan·nel** *adj.* den ('Ärmel)Kaˌnal über'querend: ~ ***steamer*** Kanaldampfer *m*; '~**·check I** *v/t.* **1.** (von verschiedenen Gesichtspunkten aus) über'prüfen; **2.** *Eishokkey*: crosschecken; **II** *s.* **3.** mehrfache Über'prüfung; **4.** *Eishockey*: 'Crosscheck *m*; ˌ~-'**coun·try I** *adj.* Querfeldein...; Gelände..., *mot. a.* geländegängig: ~ ***skiing*** Skilanglauf *m*; ~ ***race*** → **II** *s. sport* a) Querfeld'ein-, Crosslauf *m*, b) *Radsport*: Querfeld'einrennen *n*; '~ˌ**cur·rent** *s.* Gegenströmung *f* (*a. fig.*); '~**·cut I** *adj.* **1.** a) quer schneidend, Quer..., b) quergeschnitten: ~ ***file*** Doppelfeile *f*; ~ ***saw*** Ablängsäge *f*; **II** *s.* **2.** Querweg *m*; **3.** ⚙ Kreuzhieb *m*.

crosse [krɒs] *s. sport* La'crosse-Schläger *m*.

cross| en·try *s.* ✝ Gegenbuchung *f*; '~-**exˌam·i'na·tion** *s.* ⚖ Kreuzverhör *n*; ˌ~-**ex'am·ine** *v/t.* ⚖ ins Kreuzverhör nehmen; '~**·eyed** *adj.* schielend; '~-**fade** *v/t. Film etc.*: über'blenden; ˌ~-'**fer·ti·lize** *v/i. biol.* sich kreuzweise (*fig.* gegenseitig) befruchten; ~ **fire** *s.* ⚔ Kreuzfeuer *n* (*a. fig.*); '~-**grained** *adj.* **1.** quergefasert; **2.** *fig.* 'widerspenstig, eigensinnig; kratzbürstig; '~ˌ**hatch·ing** *s.* Kreuzschraffierung *f*; ~ **head**, ~ **head·ing** *s. Zeitung*: 'Zwischenˌüberschrift *f*.

cross·ing ['krɒsɪŋ] *s.* **1.** Kreuzen *n*, Kreuzung *f* (*a. biol.*); **2.** Durch-, Über'querung *f*; **3.** 'Überfahrt *f*; ('Straßen *etc.*)ˌÜbergang *m*; **4.** (Straßen-, Eisenbahn)Kreuzung *f*: ***level*** (*Am.* ***grade***) ~ schienengleicher (*oft* unbeschrankter) Bahnübergang; '~ˌ**o·ver** *s. biol.* Crossing-'over *n*, Genaustausch *m* zwischen Chromo'somenpaaren.

'cross|-legged *adj.* mit 'übergeschlagenen Beinen, *a.* im Schneidersitz; '~**·light** *s.* schrägeinfallendes Licht.

cross·ness ['krɒsnɪs] *s.* Verdrießlichkeit *f*, schlechte Laune.

'cross|ˌo·ver *s.* **1.** → ***crossing*** 2–4; **2.** *biol.* ausgetauschtes Gen; **3.** ⚡ a) Über'kreuzung *f*, b) *opt.*, *TV* Bündelknoten *m*; '~**·patch** *s.* F ‚Kratzbürste' *f*; '~-**piece** *s.* ⚙ Querstück *n*, -balken *m*, -holz *n*; '~-**pol·liˌna·tion** *s. bot.* Fremdbestäubung *f*; ˌ~-'**pur·pos·es** *s. pl.* **1.** 'Widerspruch *m*: ***be at*** ~ a) einander entgegenarbeiten, b) sich mißverstehen; ***talk at*** ~ aneinander vorbeireden; **2.** *sg. konstr. ein* Frage- u. Antwort-Spiel *n*; ˌ~-'**ques·tion I** *s.* ⚖ Frage *f* im Kreuzverhör; **II** *v/t.* → ***cross-examine***; ~ **ref·er·ence** *s.* Kreuz-, Querverweis *m*; '~**·road** *s.* **1.** Querstraße *f*; **2.** *pl. mst sg. konstr.* Straßenkreuzung *f*: ***at a*** ~***s*** an e-r Kreuzung; ***at the*** ~***s*** *fig.* am Scheidewege; ~ **sec·tion** *s.* ✗, ⚙ *u. fig.* Querschnitt *m* (***of*** durch); '~-**stitch** *s.* Kreuzstich *m*; ~ **sum** *s.* Quersumme *f*; ~ **talk** *s.* **1.** *teleph. etc.* Nebensprechen *n*; **2.** Ko'piereffˌfekt *m* (*Tonband*); **3.** *Brit.* Wortgefecht *n*; '~**·tie** *s.* Schienenschwelle *f*; '~-**town** *adj. Am.* quer durch die Stadt (gehend *od.* fahrend *od.* reichend); ~ **vot·ing** *s. Brit. pol.* Abstimmung *f* über Kreuz (*wobei einzelne Abgeordnete mit der Gegenpartei stimmen*); '~**·walk** *s. Am.* 'Fußgängerˌüberweg *m*; '~**·ways** → ***crosswise***; ~ **wind** *s.* ✈, ⚓ Seitenwind *m*; '~**·wise** *adv.* quer, kreuzweise; kreuzförmig; '~ **word** (**puz·zle**) *s.* Kreuzworträtsel *n*.

crotch [krɒtʃ] *s.* **1.** Gabelung *f*; **2.** Schritt *m* (*der Hose od. des Körpers*).

crotch·et ['krɒtʃɪt] *s.* **1.** ♪ Viertelnote *f*; **2.** Schrulle *f*, Ma'rotte *f*; **'crotch·et·y** [-tɪ] *adj.* **1.** grillenhaft; **2.** F mürrisch, schrullenhaft, verschroben.

cro·ton ['krəʊtən] *s.* ♀ 'Kroton *m*; ♀ **bug** *s. zo. Am.* Küchenschabe *f*.

crouch [kraʊtʃ] **I** *v/i.* **1.** hocken, sich (nieder)ducken, (sich zs.-)kauern; **2.** *fig.* kriechen, sich ducken (***to*** vor); **II** *s.* **3.** kauernde Stellung, geduckte Haltung; Hockstellung *f*.

croup¹ [kru:p] *s.* ⚕ Krupp *m*, Halsbräune *f*.

croup², **croupe** [kru:p] *s.* Kruppe *f des Pferdes*.

crou·pi·er ['kru:pɪə] *s.* Croupi'er *m*.

crow¹ [krəʊ] *s.* **1.** *orn.* Krähe *f*: ***as the*** ~ ***flies*** a) schnurgerade, b) (in der) Luftlinie; ***eat*** ~ *Am.* F zu Kreuze kriechen, ‚klein und häßlich' sein *od.* werden; ***have a*** ~ ***to pluck*** (*od.* ***pick***) ***with s.o.*** mit j-m ein Hühnchen zu rupfen haben; **2.** rabenähnlicher Vogel; **3.** *Am. contp.* Neger *m*.

crow² [krəʊ] **I** *v/i.* [*irr.*] **1.** krähen (*Hahn*, *a. Kind*); **2.** (vor Freude) quietschen; **3.** (***over***, ***about***) a) triumphieren (über *acc.*), b) protzen, prahlen (mit); **II** *s.* **4.** Krähen *n* (*Hahn*); **5.** (Freuden)Schrei(e *pl.*) *m*.

'crow|·bar *s.* ⚙ Brech-, Stemmeisen *n*; '~**·ber·ry** [-bərɪ] *s.* ♀ Krähenbeere *f*.

crowd [kraʊd] **I** *s.* **1.** (Menschen)Menge *f*, Gedränge *n*: ~***s of people*** Menschenmassen; ~ ***scene*** *Film*: Massenszene *f*; ***he would pass in a*** ~ er ist nicht schlechter als andere; **2.** ***the*** ~ das gemeine Volk; der Pöbel: ***follow the*** ~ mit der Masse gehen; **3.** F ‚Ver'ein' *m*, Bande *f* (*Gesellschaft*): ***a jolly*** ~; **4.** Ansammlung *f*, Haufen *m*: ***a*** ~ ***of books***; **II** *v/i.* **5.** sich drängen, zs.-strömen; vorwärtsdrängen: ~ ***in*** hin'einströmen, sich hin'eindrängen; ~ ***in upon s.o.*** auf j-n einstürmen (*Gedanken etc.*); **III** *v/t.* **6.** über'füllen, 'vollstopfen (***with*** mit); → ***crowded*** 1; **7.** hin'einpressen, -stopfen (***into*** in *acc.*); **8.** (zs.-)drängen: ~ (***on***) ***sail*** ⚓ alle Segel beisetzen; ~ ***out*** verdrängen; ausschalten; (*wegen Platzmangels*) aussperren; **9.** *Am.* a) (vorwärts *etc.*)drängen, b) *Auto etc.* abdrängen, c) *j-m* im Nacken sitzen, d) *j-s Geduld*, *Glück etc.* strapazieren: ~***ing thirty*** an die Dreißig; ~ ***up*** *Preise* in die Höhe treiben; **'crowd·ed** [-dɪd] *adj.* **1.**

(***with***) über'füllt, 'vollgestopft (mit), voll, wimmelnd (von): ***~ to overflowing*** zum Bersten voll; ***~ profession*** überlaufener Beruf; **2.** gedrängt, zs.-gepfercht; **3.** bedrängt, beengt; **4.** voll ausgefüllt, arbeits-, ereignisreich: ***~ hours***.

'crow·foot *pl.* **-foots** *s.* **1.** ⚘ Hahnenfuß *m*; **2.** → ***crow's-feet***.

crown [kraʊn] **I** *s.* **1.** Siegerkranz *m*, Ehrenkrone *f*; **2.** a) (Königs- *etc.*)Krone *f*, b) Herrschermacht *f*, Thron *m*: ***succeed to the ~*** den Thron besteigen, c) ***the*** ***℞*** die Krone, der König *etc.*, *a.* der Staat *od.* Fiskus: ***~ cases*** *Brit.* Strafsachen; **3.** Krone *f* (*Abzeichen*); **4.** *fig.* Krone *f*, Palme *f*, *sport a.* (Meister)Titel *m*; **5.** Gipfel *m*: a) höchster Punkt, b) *fig.* Krönung *f*, Höhepunkt *m*; **6.** Krone *f* (*Währung*): a) *Brit. obs.* Fünfschillingstück *n*: ***half a ~*** 2 Schilling 6 Pence, b) *Währungseinheit von Dänemark, Norwegen, Schweden etc.*; **7.** a) Scheitel *m*, Wirbel *m* (*Kopf*), b) Kopf *m*, Schädel *m*; **8.** ⚘ (Baum)Krone *f*; **9.** a) *anat.* (Zahn)Krone *f*, b) (künstliche) Krone; **10.** a) Haarkrone *f*, b) Schopf *m*, Kamm *m* (*Vogel*); **11.** Kopf *m e-s Hutes*; **12.** △ Krone *f*, Schlußstein *m* (*a. fig.*); **II** *v/t.* **13.** krönen: ***be ~ed king*** zum König gekrönt werden; ***~ed heads*** gekrönte Häupter; **14.** *fig.* krönen, ehren, belohnen; zieren, schmücken; **15.** *fig.* krönen, den Gipfel *od.* Höhepunkt bilden von: ***~ed with success*** von Erfolg gekrönt; **16.** *fig.* die Krone aufsetzen (*dat.*): ***~ all*** allem die Krone aufsetzen (*a. iro.*); ***to ~ all*** (*Redew.*) *iro.* zu allem Überfluß; **17.** *fig.* glücklich voll'enden; **18.** ⚕ *Zahn* über'kronen; **19.** *Damespiel*: zur Dame machen; **20.** *sl. j-m* ‚eins aufs Dach geben'; **~ cap** *s.* Kron(en)korken *m*; **℞ Col·o·ny** *s. Brit.* 'Kronkolo,nie *f*; **~ glass** *s.* **1.** Mondglas *n*, Butzenscheibe *f*; **2.** Kronglas *n*.

crown·ing ['kraʊnɪŋ] *adj.* krönend, alles über'bietend, höchst: ***~ achievement*** Glanzleistung *f*.

crown| jew·els *s. pl.* 'Kronju,welen *pl.*, 'Reichsklein,odien *pl.*; **~ land** *s.* Kron-, Staatsgut *n*; **℞ law** *s.* ⚖ *Brit.* Strafrecht *n*; **~ prince** *s.* Kronprinz *m*; **~ princess** *s.* 'Kronprin,zessin *f*; **~ wheel** *s.* ⚙ Kronrad *n* (*Uhr etc.*); *mot.* Antriebskegelrad *n*.

'crow's|-feet ['krəʊz-] *pl.* ‚Krähenfüße' *pl.*, Fältchen *pl.*; **~ nest** *s.* ⚓ Ausguck *m*, Krähennest *n*.

cru·cial ['kru:ʃl] *adj.* **1.** 'kritisch, entscheidend: ***~ moment***; ***~ point*** springender Punkt; ***~ test*** Feuerprobe *f*; **2.** schwierig; **3.** kreuzförmig, Kreuz…

cru·ci·ble ['kru:sɪbl] *s.* **1.** ⚙ (Schmelz-)Tiegel *m*: ***~ steel*** Tiegelgußstahl *m*; **2.** *fig.* Feuerprobe *f*.

cru·ci·fix ['kru:sɪfɪks] *s.* Kruzi'fix *n*; **cru·ci·fix·ion** [,kru:sɪ'fɪkʃn] *s.* Kreuzigung *f*; **'cru·ci·form** [-fɔ:m] *adj.* kreuzförmig; **'cru·ci·fy** [-faɪ] *v/t.* **1.** kreuzigen (*a. fig.*); **2.** *fig.* a) martern, quälen, b) *Begierden* abtöten, c) *j-n* ‚fertigmachen'.

crud [krʌd] *s.* F Dreck *m*, ‚Mist' *m*.

crude [kru:d] *adj.* ☐ **1.** roh: a) ungekocht, b) unver-, unbearbeitet: ***~ oil*** Rohöl *n*; **2.** primi'tiv: a) plump, grob, b) simpel, c) bar'barisch; **3.** roh, grob, ungehobelt, unfein; **4.** roh, unfertig, unreif; 'undurch,dacht: ***~ figures*** *Statistik*: rohe *od.* nicht aufgeschlüsselte Zahlen; **5.** grell, geschmacklos (*Farbe*); **6.** *fig.* ungeschminkt, nackt: ***~ facts***; **'crude·ness** [-nɪs] *s.* Roheit *f*, Grobheit *f*, Unfertigkeit *f*, Unreife *f* (*a. fig.*); **'cru·di·ty** [-dɪtɪ] *s.* **1.** → ***crudeness***; **2.** *et.* Unfertiges *od.* Unbearbeitetes; **3.** *et.* Geschmackloses.

cru·el ['krʊəl] **I** *adj.* ☐ **1.** grausam (***to*** gegen); **2.** hart, unbarmherzig, roh, gefühllos; **3.** schrecklich, mörderisch: ***~ heat***; **II** *adv.* **4.** F furchtbar, ‚grausam': ***~ hot***; **'cru·el·ty** [-tɪ] *s.* **1.** Grausamkeit *f* (***to*** gegen['über]); → ***mental cruelty***; **2.** Miß'handlung *f*, Quäle'rei *f*: ***~ to animals*** Tierquälerei; **3.** Schwere *f*, Härte *f*.

cru·et ['kru:ɪt] *s.* **1.** Essig-, Ölfläschchen *n*; **2.** *R.C.* Meßkännchen *n*; **3.** *a.* ***~ stand*** Me'nage *f*, Gewürzständer *m*.

cruise [kru:z] **I** *v/i.* **1.** a) ⚓ kreuzen, e-e Kreuzfahrt *od.* Seereise machen, b) her'umfahren: ***cruising taxi*** Taxi *n* auf Fahrgastsuche; **2.** ✈, *mot.* mit Reisegeschwindigkeit fliegen *od.* fahren; **II** *s.* **3.** Seereise *f*, Kreuz-, Vergnügungsfahrt *f*; **~ con·trol** *s. mot.* Temporegler *m*; **~ mis·sile** *s.* ⚔ Marschflugkörper *m*.

cruis·er ['kru:zə] *s.* **1.** ⚓ a) Kreuzer *m*, b) Kreuzfahrtschiff *n*; **2.** *Am.* (Funk-)Streifenwagen *m*; **3.** *Boxen*: ***~ weight*** *Am.* Halbschwergewicht *n*; **'cruis·ing** [-zɪŋ] *adj.* ✈, *mot.* Reise…: ***~ speed***; ***~ gear*** *mot.* Schongang *m*; ***~ radius*** Aktionsradius *m*; ***~ level*** ✈ Reiseflughöhe *f*.

crumb [krʌm] **I** *s.* **1.** Krume *f*: a) Krümel *m*, Brösel *m*, Brosame *m*, b) *weicher Teil des Brotes*; **2.** *fig.* a) Brocken *m*, b) Krümchen *n*, *ein* bißchen; **3.** *sl.* ‚Blödmann' *m*; **II** *v/t.* **4.** *Küche*: panieren; **5.** zerkrümeln; **'crum·ble** [-mbl] **I** *v/t.* **1.** zerkrümeln, -bröckeln; **II** *v/i.* **2.** zerbröckeln, -fallen; **3.** *fig.* a) zerfallen, zu'grunde gehen, b) (langsam) zs.-brechen; **4.** ↑ abbröckeln (*Kurse*); **'crum·bling** [-mblɪŋ], **'crum·bly** [-mblɪ] *adj.* **1.** krüm(e)lig, bröck(e)lig; **2.** zerbröckelnd, -fallend; **crumb·y** ['krʌmɪ] *adj.* **1.** voller Krumen; **2.** weich, krüm(e)lig.

crum·my ['krʌmɪ] *adj.* F lausig, mies.

crum·pet ['krʌmpɪt] *s.* **1.** *Brit.* Sauerteigfladen *m*; **2.** *sl.* ‚Miezen' *pl.*: ***she's a nice piece of ~*** sie ist sehr sexy.

crum·ple ['krʌmpl] **I** *v/t.* **1.** *a.* ***~ up*** zerknittern, zer-, zs.-knüllen; **2.** *fig. j-n* 'umwerfen; **II** *v/i.* **3.** faltig *od.* zerdrückt werden, zs.-schrumpeln; **4.** *oft* ***~ up*** zs.-brechen (*a. fig.*), einstürzen.

crunch [krʌntʃ] **I** *v/t.* **1.** knirschend (zer)kauen; **2.** zermalmen; **II** *v/i.* **3.** knirschend kauen; **4.** knirschen; **III** *s.* **5.** Knirschen *n*; **6.** F *fig.* a) Druck(ausübung *f*) *m*, b) böse Situati'on, c) 'kritischer Mo'ment, 'Krise *f*; ***when it comes to the ~*** wenn es hart auf hart geht.

crup·per ['krʌpə] *s.* a) Schwanzriemen *m*, b) Kruppe *f* (*des Pferdes*).

cru·sade [kru:'seɪd] **I** *s. hist.* Kreuzzug *m* (*a. fig.*); **II** *v/i.* e-n Kreuzzug unter'nehmen; *fig.* zu Felde ziehen, kämpfen; **cru'sad·er** [-də] *s. hist.* Kreuzfahrer *m*; *fig.* Kämpfer *m*.

cruse [kru:z] *s. bibl.* irdener Krug.

crush [krʌʃ] **I** *s.* **1.** (zermalmender) Druck; **2.** Gedränge *n*, Gewühl *n*; **3.** große Gesellschaft *od.* Party; **4.** *sl.* Schwarm *m*: ***have a ~ on s.o.*** in j-n ‚verknallt' sein; **II** *v/t.* **5.** *a.* ***~ up*** *od.* ***down*** zerquetschen, -drücken, -malmen; **6.** zerstoßen, -kleinern, mahlen: ***~ed stone*** Schotter *m*; **7.** *a.* ***~ up*** zerknittern, -knüllen; **8.** drücken, drängen; **9.** *a.* ***~ out*** ausquetschen, -drükken; **10.** *a.* ***~ out*** *od.* ***down*** *fig.* er-, unter'drücken, über'wältigen, zerschmettern, zertreten, vernichten; **III** *v/i.* **11.** zerknittern, sich zerdrücken; **12.** zerbrechen; **13.** sich drängen; **'crush·a·ble** [-ʃəbl] *adj.* **1.** knitterfest; **2.** ***~ zone*** (*od.* ***bin***) *mot.* Knautschzone *f*; **crush bar·ri·er** *s. Brit.* Absperrung *f*; **'crush·er** [-ʃə] *s.* **1.** ⚙ a) Zer'kleinerungsma,schine *f*, Brechwerk *n*, b) Presse *f*, Quetsche *f*; **2.** F a) vernichtender Schlag, b) ‚tolles Ding'; **'crush·ing** [-ʃɪŋ] *adj.* ☐ *fig.* vernichtend, erdrükkend; **crush room** *s. thea.* Foy'er *n*.

crust [krʌst] **I** *s.* **1.** Kruste *f*, Rinde *f* (*Brot, Pastete*); **2.** Knust *m*, Stück *n* hartes Brot; **3.** *geol.* Erdkruste *f*; **4.** ⚕ Schorf *m*; **5.** ⚘, *zo.* Schale *f*; **6.** Niederschlag *m* (*in Weinflaschen*), Ablagerung *f*; **7.** *sl.* Frechheit *f*; **8.** Harsch *m*; **II** *v/t.* **9.** *a.* ***~ over*** mit e-r Kruste über'ziehen; **III** *v/i.* **10.** e-e Kruste bilden; verharschen (*Schnee*); → ***crusted***.

crus·ta·cea [krʌ'steɪʃjə] *s. pl. zo.* Krusten-, Krebstiere *pl.*; **crus'ta·cean** [-'steɪʃjən] **I** *adj.* zu den Krusten- *od.* Krebstieren gehörig, Krebs…; **II** *s.* Krusten-, Krebstier *n*; **crus'ta·ceous** [-'steɪʃjəs] → ***crustacean*** I.

crust·ed ['krʌstɪd] *adj.* **1.** mit e-r Kruste über'zogen: ***~ snow*** Harsch(schnee) *m*; **2.** abgelagert (*Wein*); **3.** *fig.* a) alt'hergebracht, b) eingefleischt, ‚verkrustet'; **'crust·y** [-tɪ] *adj.* ☐ **1.** krustig; **2.** mit e-r Kruste (versehen); **3.** *fig.* barsch.

crutch [krʌtʃ] *s.* **1.** Krücke *f*: ***go on ~es*** auf *od.* an Krücken gehen; **2.** *fig.* Krükke *f*, Stütze *f*.

crux [krʌks] *s.* **1.** springender Punkt; **2.** Schwierigkeit *f*: a) ‚Haken' *m*, b) harte Nuß, (schwieriges) Pro'blem; **3.** ℞ *ast.* Kreuz *n* des Südens.

cry [kraɪ] **I** *s.* **1.** Schrei *m* (*a. Tier*), Ruf *m* (***for*** nach): ***within ~*** (***of***) in Rufweite (von); ***a far ~ from*** *fig.* a) weit entfernt von, b) et. ganz anderes als; ***still a far ~*** *fig.* noch in weiter Ferne; **2.** Geschrei *n*: ***much ~ and little wool*** viel Geschrei um nichts; ***the popular ~*** die Stimme des Volkes; **3.** Weinen *n*, Klagen *n*: ***have a good ~*** sich (ordentlich) ausweinen; **4.** Bitten *n*, Flehen *n*; **5.** (Schlacht)Ruf *m*; Schlag-, Losungswort *n*; **6.** *hunt.* Anschlagen *n*, Gebell *n* (*Meute*): ***in full ~*** *fig.* in voller Jagd *od.* Verfolgung; **7.** *hunt.* Meute *f*; *fig.* Herde *f*, Menge *f*: ***follow in the ~*** mit der Masse gehen; **II** *v/i.* **8.** schreien, laut (aus)rufen: ***~ for help*** um Hilfe rufen; ***~ for vengeance*** nach Rache schreien; **9.** weinen, heulen, jammern; **10.** *hunt.* anschlagen, bellen; **III** *v/t.* **11.** *et.* schreien, (aus)rufen; **12.** *Waren etc.* ausrufen; **13.** flehen um; **14.** weinen: **~**

one's eyes out sich die Augen ausweinen; ~ ***o.s. to sleep*** sich in den Schlaf weinen; ~ **down** *v/t.* her'untersetzen, -machen; ~ **off** *v/t. u. v/i.* (plötzlich) absagen, zu'rücktreten (von); ~ **out I** *v/t.* ausrufen; **II** *v/i.* aufschreien: ~ ***against*** heftig protestieren gegen; ***for crying out loud!*** F verdammt noch mal!; ~ **up** *v/t.* laut rühmen.

'cry,ba·by *s.* kleiner Schreihals; *fig. contp.* Heulsuse *f.*

cry·ing ['kraɪɪŋ] *adj. fig.* a) (himmel-) schreiend: ~ ***shame***, b) dringend: ~ ***need***.

cryo- [kraɪəʊ] *in Zssgn* Kälte..., Kryo...: ***cryogen*** Kältemittel *n*; ***cryogenic*** a) ⚙ kälteerzeugend, b) kryogenisch: ~-***computer***; ***cryosurgery*** ⚕ Kryo-, Kältechirurgie *f.*

crypt [krɪpt] *s.* ⌂ 'Krypta *f*, 'unterirdisches Gewölbe, Gruft *f*; **'cryp·tic** [-tɪk] *adj.* geheim, verborgen; rätselhaft, dunkel: ~ ***colo(u)ring*** *zo.* Schutzfärbung *f*; **'cryp·ti·cal** [-tɪkl] *adj.* → ***cryptic***.

crypto- [krɪptəʊ] *in Zssgn* geheim, krypto...: ~-***communist*** verkappter Kommunist; **'cryp·to·gam** [-gæm] *s.* ⚘ Krypto'game *f*, Sporenpflanze *f*; **cryp·to·gam·ic** [,krɪptəʊ'gæmɪk], **cryp·tog·a·mous** [krɪp'tɒgəməs] *adj.* ⚘ krypto'gamisch; **'cryp·to·gram** [-græm] *s.* Text *m* in Geheimschrift, verschlüsselter Text; **'cryp·to·graph** [-grɑ:f] *s.* **1.** → ***cryptogram***; **2.** Geheimschriftgerät *n*; **cryp·tog·ra·phy** [krɪp'tɒgrəfɪ] *s.* Geheimschrift *f*; **cryp·tol·o·gist** [krɪp'tɒlədʒɪst] *s.* (Ver-, Ent)Schlüsseler *m.*

crys·tal ['krɪstl] **I** *s.* **1.** Kri'stall *m* (*a.* ⚗, *min., phys.*): ***as clear as*** ~ *od.* ~ ***clear*** a) kristallklar, b) *fig.* sonnenklar; **2.** *a.* ~ ***glass*** a) Kri'stall(glas) *n*, b) *coll.* Kri'stall *n*, Glaswaren *pl.*; **3.** Uhrglas *n*; **4.** ⚡ a) (De'tektor)Kri,stall *m*, b) (Kri'stall)De,tektor *m*, c) (Schwing)Quarz *m*: ~ ***set*** Kristallempfänger *m*; **II** *adj.* Kristall..., kri'stallen; **5.** kri'stallklar; ~ **de·tec·tor** → ***crystal*** 4 b; ~ **gaz·er** *s.* Hellseher(in); ~ **gaz·ing** *s.* Hellsehen *n.*

crys·tal·line ['krɪstəlaɪn] *adj. a.* ⚗, *min.* kristal'linisch, kri'stallen, kri'stallartig, Kristall...: ~ ***lens*** *anat.* (Augen)Linse *f*; **'crys·tal·liz·a·ble** [-aɪzəbl] *adj.* kristallisierbar; **crys·tal·li·za·tion** [,krɪstəlaɪ'zeɪʃn] *s.* Kristallisati'on *f*, Kristallisierung *f*, Kri'stallbildung *f*; **'crys·tal·lize** [-aɪz] **I** *v/t.* **1.** kristallisieren; **2.** *fig.* feste Form geben (*dat.*), klären; **3.** *Früchte* kandieren; **II** *v/i.* **4.** kristallisieren; **5.** *fig.* sich kristallisieren, kon'krete *od.* feste Form annehmen; **crys·tal·log·ra·phy** [,krɪstə'lɒgrəfɪ] *s.* Kristallogra'phie *f.*

cub [kʌb] **I** *s.* **1.** *zo. das* Junge (*des Fuchses, Bären etc.*); **2.** *a.* ***unlicked*** ~ grüner Junge; **3.** ,Küken' *n*, Anfänger *m*: ~ ***reporter*** (unerfahrener) junger Reporter; **4.** *a.* ~ ***scout*** Wölfling *m*, Jungpfadfinder *m*; **II** *v/i.* **5.** Junge werfen (*Füchse etc.*).

cub·age ['kju:bɪdʒ] → ***cubature***.

Cu·ban ['kju:bən] **I** *adj.* ku'banisch; **II** *s.* Ku'baner(in).

cu·ba·ture ['kju:bətʃə] *s.* ⩲ **1.** Raum(inhalts)berechnung *f*; **2.** Rauminhalt *m.*

cub·by(·hole) ['kʌbɪ(həʊl)] *s.* **1.** gemütliches Plätzchen; **2.** ,Ka'buff' *n*, winziger Raum.

cube [kju:b] **I** *s.* **1.** ⩲ Würfel *m*, 'Kubus *m*; **2.** (*a.* Eis-, *phot.* Blitz)Würfel *m*: ~ ***sugar*** Würfelzucker *m*; **3.** ⩲ Ku'bikzahl *f*, dritte Po'tenz: ~ ***root*** Kubikwurzel *f*; **4.** Pflasterstein *m* (*in Würfelform*); **II** *v/t.* **5.** ⩲ kubieren: a) zur dritten Po'tenz erheben: ***two*** ~***d*** zwei hoch drei (2^3), b) den Rauminhalt messen von (*od. gen.*); **6.** in Würfel schneiden *od.* pressen.

cu·bic ['kju:bɪk] *adj.* (□ ~***ally***) **1.** Kubik..., Raum...: ~ ***capacity*** *mot.* Hubraum *m*; ~ ***content*** Rauminhalt *m*, Volumen *n*; ~ ***metre***, *Am.* ***meter*** Kubik-, Raum-, Festmeter *m*; **2.** kubisch, würfelförmig, Würfel...; **3.** ⩲ kubisch: ~ ***equation*** kubische Gleichung, Gleichung dritten Grades.

cu·bi·cle ['kju:bɪkl] *s.* kleiner abgeteilter (Schlaf)Raum; Zelle *f*, Nische *f*, Ka'bine *f*; ⚡ Schallzelle *f.*

cub·ism ['kju:bɪzəm] *s.* Ku'bismus *m*; **'cub·ist** [-ɪst] **I** *s.* Ku'bist *m*; **II** *adj.* ku'bistisch.

cu·bit ['kju:bɪt] *s. hist.* Elle *f* (*Längenmaß*); **'cu·bi·tus** [-təs] *s. anat.* a) 'Unterarm *m*, b) Ell(en)bogen *m.*

cuck·old ['kʌkəʊld] **I** *s.* Hahnrei *m*; **II** *v/t.* zum Hahnrei machen, *j-m* Hörner aufsetzen.

cuck·oo ['kʊku:] **I** *s.* **1.** *orn.* Kuckuck *m*; **2.** Kuckucksruf *m*; **3.** *sl.* ,Heini' *m*; **II** *v/i.* **4.** ,kuckuck' rufen; **III** *adj.* **5.** *sl.* ,bekloppt'; ~ **clock** *s.* Kuckucksuhr *f*; **'~,flow·er** *s.* ⚘ Wiesenschaumkraut *n.*

cu·cum·ber ['kju:kʌmbə] *s.* Gurke *f*; → ***cool*** 2; ~ **tree** *s.* e-e amer. Ma'gnolie.

cu·cur·bit [kju:'kɜ:bɪt] *s.* ⚘ Kürbisgewächs *n.*

cud [kʌd] *s.* Klumpen *m*, 'wiedergekäutes Futter: ***chew the*** ~ a) wiederkäuen, b) *fig.* überlegen, nachdenken.

cud·dle ['kʌdl] **I** *v/t.* hätscheln, ,knuddeln', *a.* schmusen mit; **II** *v/i.* ~ ***up*** a) sich kuscheln *od.* schmiegen (***to*** an *acc.*), b) sich (wohlig) zs.-kuscheln: ~ ***up together*** sich aneinanderkuscheln; **III** *s.* enge Um'armung, Lieb'kosung *f*; **'cud·dle·some** [-səm], **'cud·dly** [-lɪ] *adj.* ,knudd(e)lig'.

cudg·el ['kʌdʒəl] **I** *s.* Knüttel *m*, Keule *f*: ***take up the*** ~***s for s.o.*** für j-n eintreten, für j-n e-e Lanze brechen; **II** *v/t.* prügeln: ~ ***one's brains*** *fig.* sich den Kopf zerbrechen (***for*** wegen, ***about*** über *acc.*).

cue¹ [kju:] **I** *s.* **1.** *thea. etc., a. fig.* Stichwort *n*; ♪ Einsatz *m*: ~ ***card*** *TV* ,Neger' *m*; (***dead***) ***on*** ~ (genau) aufs Stichwort, *fig.* wie gerufen; **2.** Wink *m*, Fingerzeig *m*: ***give s.o. his*** ~ j-m die Worte in den Mund legen; ***take the*** ~ ***from s.o.*** sich nach j-m richten; **II** *v/t.* **3.** *j-m* das Stichwort *od.* (♪) den Einsatz geben: ~ ***s.o. in*** *fig.* j-n ins Bild setzen.

cue² [kju:] *s.* **1.** Queue *n*, 'Billardstock *m*; **2.** → ***queue*** 2.

cuff¹ [kʌf] *s.* **1.** Man'schette *f* (*a.* ⚙), Stulpe *f*; Ärmel- (*Am. a.* Hosen)aufschlag *m*: ~ ***link*** Manschettenknopf *m*; ***off the*** ~ *Am.* F aus dem Handgelenk *od.* Stegreif; ***on the*** ~ *Am.* F a) auf Pump, b) gratis; **2.** *pl.* Handschellen *pl.*

cuff² [kʌf] **I** *v/t.* schlagen, *a.* ohrfeigen; **II** *s.* Schlag *m*, Klaps *m.*

cui·rass [kwɪ'ræs] *s.* **1.** *hist.* 'Küraß *m*, Brustharnisch *m*; **2.** ⚕ a) Gipsverband *m* um Rumpf u. Hals, b) *ein* 'Sauerstoffappa,rat *m*; **3.** *zo.* Panzer *m*; **cui·ras·sier** [,kwɪrə'sɪə] *s.* ⚔ Küras'sier *m.*

cui·sine [kwi:'zi:n] *s.* Küche *f* (*Kochkunst*): ***French*** ~.

cul-de-sac [,kʊldə'sæk, 'kʌldəsæk] *pl.* **-sacs** (*Fr.*) *s.* Sackgasse *f* (*a. fig.*).

cu·li·nar·y ['kʌlɪnərɪ] *adj.* Koch..., Küchen...: ~ ***art*** Kochkunst *f*; ~ ***herbs*** Küchenkräuter.

cull [kʌl] **I** *v/t.* **1.** pflücken; **2.** *fig.* auslesen, -suchen; **II** *s.* **3.** *et.* (als minderwertig) Aussortiertes.

culm¹ [kʌlm] *s.* **1.** Kohlenstaub *m*, Grus *m*; **2.** *geol.* Kulm *m*, *n.*

culm² [kʌlm] *s.* (Gras)Halm *m.*

cul·mi·nate ['kʌlmɪneɪt] *v/i.* **1.** *ast.* kulminieren; **2.** *fig.* den Höhepunkt erreichen; gipfeln (***in*** in *dat.*); **cul·mi·na·tion** [,kʌlmɪ'neɪʃn] *s.* **1.** *ast.* Kulminati'on *f*; **2.** *bsd. fig.* Gipfel *m*, Höhepunkt *m*, höchster Stand.

cu·lottes [kju:'lɒts] *s. pl.* Hosenrock *m.*

cul·pa·bil·i·ty [,kʌlpə'bɪlətɪ] *s.* Sträflichkeit *f*, Schuld *f*; **cul·pa·ble** ['kʌlpəbl] *adj.* □ sträflich, schuldhaft; strafbar: ~ ***negligence*** ⚖ grobe Fahrlässigkeit.

cul·prit ['kʌlprɪt] *s.* **1.** Schuldige(r *m*) *f*, *a. iro.* Missetäter(in); **2.** ⚖ a) Angeklagte(r *m*) *f*, b) Täter(in).

cult [kʌlt] *s.* **1.** *eccl.* Kult(us) *m*; **2.** *fig.* Kult *m* (*Verehrung, a. dumme Mode*): ~ ***figure*** a) Idol *n*, b) Kultbild *n.*

cul·ti·va·ble ['kʌltɪvəbl] *adj.* kultivierbar (*a. fig.*).

cul·ti·vate ['kʌltɪveɪt] *v/t.* **1.** ⚒ a) *Boden* bebauen, bestellen, kultivieren, b) *Pflanzen* züchten, ziehen, (an)bauen; **2.** *fig.* entwickeln, verfeinern, fort-, ausbilden, *Kunst etc.* fördern; **3.** zivilisieren; **4.** *Kunst etc.* pflegen, betreiben, sich widmen (*dat.*); **5.** sich befleißigen (*gen.*), Wert legen auf (*acc.*); **6.** a) *e-e Freundschaft etc.* pflegen, b) freundschaftlichen Verkehr suchen *od.* pflegen mit, sich *j-n* ,warmhalten'; **'cul·ti·vat·ed** [-tɪd] *adj.* **1.** bebaut, kultiviert (*Land*); **2.** ⚒ gezüchtet, Kultur...; **3.** kultiviert, gebildet; **cul·ti·va·tion** [,kʌltɪ'veɪʃn] *s.* **1.** Bearbeitung *f*, Bestellung *f*, Bebauung *f*, Urbarmachung *f*: ***under*** ~ bebaut; **2.** Anbau *m*, Ackerbau *m*; **3.** Züchtung *f*; **4.** *fig.* (Aus)Bildung *f*, Pflege *f*; **5.** Kul'tur *f*, Kultiviertheit *f*, Bildung *f*; **'cul·ti·va·tor** [-tə] *s.* **1.** Landwirt *m*; **2.** Züchter *m*; **3.** ⚒ Kulti'vator *m* (*Gerät*).

cul·tur·al ['kʌltʃərəl] *adj.* □ **1.** Kultur..., kultu'rell; **2.** → ***cultivated*** 2;

cul·ture ['kʌltʃə] *s.* **1.** → ***cultivation*** 1, 2, 4; **2.** a) (*Obst- etc.*)Anbau *m*, (*Pflanzen*)Zucht *f*, b) (*Tier*)Zucht *f*, Züchtung *f* (*a. biol.*), c) (*Pflanzen-, a. Bakterien- etc.*)Kul'tur *f*: ~ ***medium*** künstlicher Nährboden; ~ ***pearl*** Zuchtperle *f*; **3.** Kul'tur *f*: a) (Geistes)Bildung *f*, b) Kultiviertheit *f*: ~ ***vulture*** F Kulturbeflissene(r *m*) *f*; **4.** Kul'tur *f*: a) Kul'turkreis *m*, b) Kul'turform *f od.* -stufe *f*: ~ ***lag*** partielle Kulturrückständigkeit; ~ ***shock*** Kulturschock *m*; **'cul·tured** [-tʃəd] *adj.* **1.** kultiviert, gepflegt, gebildet; **2.** gezüchtet: ~ ***pearl*** Zuchtperle *f.*

cul·ver ['kʌlvə] *s.* Ringeltaube *f.*

cul·vert ['kʌlvət] *s.* ⚙ (über'wölbter) 'Abzugska,nal; 'unterirdische (Wasser-) Leitung; ('Bach),Durchlaß *m.*

cum [kʌm] (*Lat.*) *prp.* **1.** mit, samt; **2.** *Brit.* F und gleichzeitig, … in 'einem: ***garage-~-workshop***.

cum·ber·some ['kʌmbəsəm] *adj.* ☐ **1.** lästig, beschwerlich, hinderlich; **2.** schwerfällig, klobig.

Cum·bri·an ['kʌmbrɪən] **I** *adj.* Cumberland betreffend; **II** *s.* Bewohner(in) von Cumberland.

cum·brous ['kʌmbrəs] → ***cumbersome***.

cum·in ['kʌmɪn] *s.* Kreuzkümmel *m.*

cum·mer·bund ['kʌməbʌnd] *s. Mode:* Kummerbund *m.*

cu·mu·la·tive ['kju:mjʊlətɪv] *adj.* ☐ **1.** *a.* ⚚ kumula'tiv: ***~ dividend***; **2.** sich (an)häufend *od.* steigernd *od.* summierend; anwachsend; **3.** zusätzlich, verstärkend; ***~ ev·i·dence*** *s.* ⚖ verstärkender Beweis; ***~ vot·ing*** *s.* Kumulieren *n* (*bei Wahlen*).

cu·mu·lus ['kju:mjʊləs] *pl.* **-li** [-laɪ] *s.* 'Kumulus *m*, Haufenwolke *f.*

cu·ne·ate ['kju:nɪɪt] *adj. bsd.* ⚘ keilförmig; '**cu·ne·i·form** [-ɪɪfɔ:m] **I** *adj.* **1.** keilförmig; **2.** Keilschrift *f*: ***~ characters*** → 3; **II** *s.* **3.** Keilschrift *f*; '**cu·ni·form** [-ɪfɔ:m] → ***cuneiform***.

cun·ning ['kʌnɪŋ] **I** *adj.* ☐ **1.** listig, schlau; **2.** geschickt, klug; **3.** *Am.* F niedlich, ‚süß'; **II** *s.* **4.** Schlauheit *f*, Gerissenheit *f*; **5.** Geschicktheit *f.*

cunt [kʌnt] *s.* V Fotze *f.*

cup [kʌp] **I** *s.* **1.** Tasse *f*, Schale *f*: ***~ and saucer*** Ober- und Untertasse; ***that's not my ~ of tea*** *Brit.* F das ist nicht mein Fall; **2.** Kelch *m* (*a. eccl.*), Becher *m*; **3.** *sport* Cup *m*, Po'kal *m*: ***~ final*** Pokalendspiel *n*; ***~ tie*** Pokalspiel *n*, -paarung *f*; **4.** Weinbecher *m*: ***be fond of the ~*** gern (einen) trinken; ***be in one's ~s*** zu tief ins Glas geschaut haben; **5.** Bowle *f*; **6.** *et.* Schalenförmiges, *z.B.* Büstenhalterschale *f od. sport* 'Unterleibs-, Tiefschutz *m*; **7.** *fig.* Kelch *m* (*der Freude*, *des Leidens*): ***drink the ~ of joy*** den Becher der Freude leeren; ***drain the ~ of sorrow to the dregs*** den Kelch des Leidens bis auf die Neige leeren; ***his ~ is full*** das Maß s-r Leiden (*od.* Freuden) ist voll; **8.** → ***cupful*** 2; **II** *v/t.* **9.** *Kinn* in die (hohle) Hand legen; *Hand* wölben über (*acc.*): ***cupped hand*** hohle Hand; **10.** ⚕ schröpfen; '**~,bear·er** *s.* Mundschenk *m.*

cup·board ['kʌbəd] *s.* (*bsd.* Speise-, Geschirr)Schrank *m*; ***~ bed*** *s.* Schrankbett *n*; ***~ love*** *s.* berechnende Liebe.

cu·pel [kju:pəl] *s.* ⚗, ⚙ Ku'pelle *f.*

cup·ful ['kʌpfʊl] *pl.* **-fuls** *s.* **1.** *e-e* Tasse (-voll); **2.** *Am. Küche:* ½ Pint *n* (*0,235 l*).

Cu·pid ['kju:pɪd] *s.* **1.** *antiq.* 'Kupido *m*, 'Amor *m* (*a. fig. Liebe*); **2.** ♎ Amo'rette *f.*

cu·pid·i·ty [kju:'pɪdətɪ] *s.* (Hab)Gier, Begierde *f*, Begehrlichkeit *f.*

cu·po·la ['kju:pələ] *s.* **1.** Kuppel(dach *n*) *f*; **2.** *a.* ***~ furnace*** ⚙ Ku'polofen *m*; **3.** ⚔, ⚓ Panzerturm *m.*

cu·pre·ous ['kju:prɪəs] *adj.* kupfern; kupferartig, -haltig; '**cu·pric** [-ɪk] *adj.* ⚗ Kupfer…; ,**cu·pro'nick·el** [,kju:prəʊ-] *s.* Kupfernickel *n*; '**cu·prous** [-rəs] → ***cupric***.

cur [kɜ:] *s.* **1.** Köter *m*; **2.** *fig.* ‚Hund' *m*, ‚Schwein' *n.*

cur·a·bil·i·ty [,kjʊərə'bɪlətɪ] *s.* Heilbarkeit *f*; **cur·a·ble** ['kjʊərəbl] *adj.* heilbar (*a.* ⚖ *Rechtsmangel*).

cu·ra·cy ['kjʊərəsɪ] *s. eccl.* Amt *n* e-s → '**cu·rate** [-rət] *s. eccl.* Hilfsgeistliche(r) *m*, Vi'kar *m*, Ku'rat *m.*

cur·a·tive ['kjʊərətɪv] **I** *adj.* heilend, Heil…; **II** *s.* Heilmittel *n.*

cu·ra·tor [,kjʊə'reɪtə] *s.* **1.** Mu'seumsdi,rektor *m*; **2.** *Brit. univ.* (*Oxford*) Mitglied *n* des Kura'toriums; **3.** ⚖ *Scot.* Vormund *m*; **4.** ⚖ Verwalter *m*, Pfleger *m*; ,**cu'ra·tor·ship** [-ʃɪp] *s.* Amt *n od.* Amtszeit *f* e-s ***curator***.

curb [kɜ:b] **I** *s.* **1.** a) Kan'dare *f*, b) Kinnkette *f*; **2.** *fig.* Zaum *m*, Zügel(ung *f*) *m*: ***put a ~ on s.th.*** e-r Sache Zügel anlegen, et. zügeln; **3.** *Am.* → ***kerb***; **4.** *vet.* Spat *m*, Hasenfuß *m*; **II** *v/t.* **5.** an die Kan'dare nehmen; **6.** *fig.* zügeln, im Zaum halten; drosseln, einschränken; ***~ bit*** *s.* Kan'darenstange *f*; ***~ mar·ket*** *Am.* → ***kerb*** 3; '**~·stone** *Am.* → ***kerbstone***.

curd [kɜ:d] *s. oft pl.* geronnene *od.* dikke Milch, Quark *m*: ***~ cheese*** Quark-, Weißkäse *m*; **cur·dle** ['kɜ:dl] **I** *v/t.* *Milch* gerinnen lassen: ***~ one's blood*** einem das Blut in den Adern erstarren lassen; **II** *v/i.* gerinnen, dick werden (*Milch*): ***it made my blood ~*** das Blut erstarrte mir in den Adern; '**curd·y** [-dɪ] *adj.* geronnen; dick, flockig.

cure [kjʊə] **I** *s.* **1.** ⚕ Heilmittel *n*; *fig.* Mittel *n* Re'zept *n* (***for*** gegen); **2.** ⚕ Kur *f*, Heilverfahren *n*, Behandlung *f*; **3.** ⚕ Heilung *f*: ***past ~*** a) unheilbar krank, b) unheilbar (*Krankheit*), c) *fig.* hoffnungslos; **4.** *eccl.* a) *a.* ***~ of souls*** Seelsorge *f*, b) Pfar'rei *f*; **II** *v/t.* **5.** ⚕ *j-n* (***of*** von) *od. Krankheit od. fig. Übel* heilen (*a.* ⚖ *Rechtsmangel etc.*), kurieren: ***~ s.o. of lying*** j-m das Lügen abgewöhnen; **6.** haltbar machen: a) räuchern, b) einpökeln, -salzen, c) trocknen, d) beizen; **7.** ⚙ a) vulkanisieren, b) aushärten (*Kunststoffe*); '**~-all** *s.* All'heilmittel *n.*

cu·ret·tage [kjʊə'retɪdʒ] *s.* ⚕ Ausschabung *f.*

cur·few ['kɜ:fju:] *s.* **1.** *hist.* a) Abendläuten *n*, b) Abendglocke *f*; **2.** Sperrstunde *f*; **3.** ⚔ a) Ausgehverbot *n*, b) Zapfenstreich *m.*

cu·ri·a ['kjʊərɪə] *s. R.C.* 'Kurie *f.*

cu·rie ['kjʊərɪ] *s. phys.* Cu'rie *n.*

cu·ri·o ['kjʊərɪəʊ] *pl.* **-os** *s.* → ***curiosity*** 2 a *u.* c.

cu·ri·os·i·ty [,kjʊərɪ'ɒsətɪ] *s.* **1.** Neugier *f*; Wißbegierde *f*; **2.** Kuriosi'tät *f*: a) Rari'tät *f*, *pl.* Antiqui'täten, b) Sehenswürdigkeit *f*, c) Kuri'osum *n* (*Sache od. Person*); ***~ shop*** *s.* Antiqui'täten-, Rari'tätenladen *m.*

cu·ri·ous ['kjʊərɪəs] *adj.* ☐ **1.** neugierig; wißbegierig: ***I am ~ to know if*** ich möchte gern wissen, ob; **2.** kuri'os, seltsam, merkwürdig: ***~ly enough*** merkwürdigerweise; **3.** F komisch, wunderlich.

curl [kɜ:l] **I** *v/t.* **1.** *Haar* locken *od.* kräuseln; **2.** *Wasser* kräuseln; *Lippen* (verächtlich) schürzen; **3.** ***~ up*** zs.-rollen: ***~ o.s. up*** → 6 a; **II** *v/i.* **4.** sich locken *od.* kräuseln (*Haar*); **5.** wogen, sich wellen *od.* winden; **6.** ***~ up*** a) sich hochringeln (*Rauch*), b) sich zs.-rollen: ***~ up on the sofa*** es sich auf dem Sofa gemütlich machen; **7.** *sport* Curling spielen; **III** *s.* **8.** Locke *f*: ***in ~s*** gelockt; **9.** (Rauch-) Ring *m*, Kringel *m*; **10.** Windung *f*; **11.** Kräuseln *n der Lippen*; **12.** ⚘ Kräuselkrankheit *f*; **curled** [-ld] → ***curly***; '**curl·er** [-lə] *s.* **1.** Lockenwickel *m*; **2.** *sport* Curlingspieler *m.*

cur·lew ['kɜ:lju:] *s.* Brachvogel *m.*

curl·i·cue ['kɜ:lɪkju:] *s.* Schnörkel *m.*

curl·ing ['kɜ:lɪŋ] *s.* **1.** Kräuseln *n*, Ringeln *n*; **2.** *sport* Curling *n*: ***~ stone*** Curlingstein *m*; **3.** ⚙ bördeln; ***~ i·rons***, ***~ tongs*** *s. pl.* (Locken)Brennschere *f.*

'**curl,pa·per** *s.* Pa'pierhaarwickel *m.*

curl·y ['kɜ:lɪ] *adj.* **1.** lockig, kraus, gekräuselt, **2.** wellig; gewunden; '**~-head**, '**~-pate** *s.* F Locken- *od.* Krauskopf *m* (*Person*).

cur·mudg·eon [kɜ:'mʌdʒən] *s.* Brummbär *m.*

cur·rant ['kʌrənt] *s.* **1.** Ko'rinthe *f*; **2.** ***red*** (***white***, ***black***) ***~*** rote (weiße, schwarze) Jo'hannisbeere.

cur·ren·cy ['kʌrənsɪ] *s.* **1.** 'Umlauf *m*, Zirkulati'on *f*: ***give ~ to*** *Gerücht etc.* in Umlauf setzen; **2.** a) (allgemeine) Geltung, (Allge'mein)Gültigkeit *f*, b) Gebräuchlichkeit *f*, Geläufigkeit *f*, c) Verbreitung *f*; **3.** ⚚ a) Währung *f*, Va'luta *f*; → ***foreign*** 1, ***hard currency***, b) Zahlungsmittel *n od. pl.*, c) 'Geld,umlauf *m*, d) 'umlaufendes Geld, e) Laufzeit *f* (*Wechsel*, *Vertrag*); ***~ account*** *s.* ⚚ 'Währungs-, De'visen,konto *n*; ***~ bill*** *s.* De'visenwechsel *m*; ***~ bond*** *s.* Fremdwährungsschuldverschreibung *f*; ***~ crisis*** *s.* Währungskrise *f*; ***~ re·a·lign·ment*** *s.* Neuordnung der Währungsparitäten; ***~ re·form*** *s.* 'Währungsre,form *f*; ***~ up·heav·als*** *s. pl.* 'Währungsturbu,lenzen *pl.*

cur·rent ['kʌrənt] **I** *adj.* ☐ → ***currently***; **1.** laufend (*Jahr*, *Konto*, *Unkosten etc.*); **2.** gegenwärtig, jetzig, aktu'ell: ***~ events*** Tagesereignisse; ***~ price*** ⚚ Tagespreis *m*; **3.** 'umlaufend, kursierend (*Geld*, *Gerücht etc.*); **4.** a) allgemein bekannt *od.* verbreitet, b) üblich, geläufig, gebräuchlich: ***not in ~ use*** nicht allgemein üblich, c) allgemein gültig *od.* anerkannt; **5.** ⚚ a) (markt)gängig (*Ware*), b) gültig (*Geld*), c) verkehrsfähig, d) → 3; **II** *s.* **6.** Strömung *f*, Strom *m* (*beide a. fig.*): ***against the ~*** gegen den Strom; ***~ of air*** Luftstrom; **7.** *fig.* a) Trend *m*, Ten'denz *f*, b) (Ver)Lauf *m*, Gang *m*; **8.** ⚡ Strom *m*; ***~ ac·count*** *s.* ⚚ laufendes Konto, Girokonto *n*; ***~ coin*** *s.* gängige Münze (*a. fig.*); ***~ exchange*** *s.* (***at the ~*** zum) Tageskurs *m.*

cur·rent·ly ['kʌrəntlɪ] *adv.* **1.** jetzt, zur Zeit, gegenwärtig; **2.** *fig.* fließend.

cur·rent| me·ter *s.* ⚡ Stromzähler *m*; ***~ mon·ey*** *s.* ⚚ 'umlaufendes Geld.

cur·ric·u·lum [kə'rɪkjʊləm] *pl.* **-lums**, **-la** [-lə] *s.* Lehr-, Studienplan *m*; ***~ vi·tae*** ['vaɪti:] *s.* Lebenslauf *m.*

cur·ri·er ['kʌrɪə] *s.* Lederzurichter *m.*

cur·ry[1] ['kʌrɪ] **I** *s.* Curry(gericht *n*) *m*, *n*: ***~ powder*** Currypulver *n*; **II** *v/t.* mit Curry(soße) zubereiten: ***curried chicken*** Curryhuhn *n.*

cur·ry² [ˈkʌrɪ] *v/t.* **1.** *Pferd* striegeln; **2.** *Leder* zurichten; **3.** verprügeln; **4.** ***~ fa-vo(u)r with s.o.*** sich bei j-m lieb Kind machen (wollen); **ˈ~·comb** *s.* Striegel *m.*

curse [kɜːs] **I** *s.* **1.** Fluch(wort *n*) *m*; Verwünschung *f*; **2.** *eccl.* Bann(fluch) *m*; Verdammnis *f*; **3.** Fluch *m*, Unglück *n* (***to*** für); **4.** ***the ~*** F die ‚Tage' (*der Frau*); **II** *v/t.* **5.** verfluchen, verwünschen, verdammen: ***~ him!*** der Teufel soll ihn holen!; **6.** fluchen auf (*acc.*), beschimpfen; **7.** *pass.* ***be ~d with s.th.*** mit et. gestraft *od.* geplagt sein; **III** *v/i.* **8.** fluchen, Flüche ausstoßen; **ˈcurs·ed** [-sɪd] *adj.* □ *a.* F verflucht, verdammt, verwünscht.

cur·sive [ˈkɜːsɪv] **I** *adj.* kurˈsiv: ***~ characters*** → **II** *s. typ.* Schreibschrift *f.*

cur·sor [ˈkɜːsə] *s.* A, ⚙ Schieber *m*, ⚙ *a.* Zeiger *m*; *Computer*: Positiˈonsanzeiger *m.*

cur·so·ri·ness [ˈkɜːsərɪnɪs] *s.* Flüchtigkeit *f*, Oberflächlichkeit *f*; **cur·so·ry** [ˈkɜːsərɪ] *adj.* □ flüchtig, oberflächlich.

curst [kɜːst] *obs. pret. u. p.p. von* ***curse***.

curt [kɜːt] *adj.* □ **1.** kurz(gefaßt), knapp; **2.** (***with***) barsch, schroff (gegen), kurz angebunden (mit).

cur·tail [kɜːˈteɪl] *v/t.* **1.** (ab-, ver)kürzen; **2.** *Ausgaben etc.* kürzen, *a. Rechte* be-, einschränken, beschneiden; *Preise etc.* herˈabsetzen; **curˈtail·ment** [-mənt] *s.* **1.** (Ab-, Ver)Kürzung *f*; **2.** Kürzung *f*, Beschneidung *f*; Beschränkung *f.*

cur·tain [ˈkɜːtn] **I** *s.* **1.** Vorhang *m* (*a. fig.*), Garˈdine *f*: ***draw the ~(s)*** den Vorhang (die Gardinen) zuziehen; ***draw the ~ over s.th.*** *fig.* et. begraben; ***lift the ~*** *fig.* den Schleier lüften; ***behind the ~*** hinter den Kulissen; ***~ of fire*** ⚔ Feuervorhang; ***~ of rain*** Regenwand *f*; **2.** *thea.* a) Vorhang *m*, b) Aktschluß *m*: ***the ~ rises*** der Vorhang geht auf; ***the ~ falls*** der Vorhang fällt (*a. fig.*); ***it's ~s for him*** F es ist aus mit ihm; ***now it's ~s!*** F jetzt ist der Ofen aus!, aus ist's!; **3.** *thea.* Herˈvorruf *m*: ***take ten ~s*** zehn Vorhänge haben; **II** *v/t.* **4.** mit Vorhängen versehen; **~ call** → ***curtain*** 3; **~ fall** *s. thea.* Fallen *n* des Vorhanges; **~ lec·ture** *s.* Garˈdinenpredigt *f*; **~ rais·er** *s. thea.* **1.** kurzes Vorspiel; **2.** *fig.* Vorspiel *n*, Auftakt (***to*** zu); **ˈ~-wall** *s.* ⚠ **1.** Blendwand; **2.** Zwischenwand *f.*

curt·s(e)y [ˈkɜːtsɪ] **I** *s.* Knicks *m*: ***drop a ~*** → **II** *v/i.* e-n Knicks machen, knicksen (***to*** vor *dat.*).

cur·va·ceous [kɜːˈveɪʃəs] *adj.* F ‚kurvenreich' (*Frau*); **cur·va·ture** [ˈkɜːvətʃə] *s.* Krümmung *f* (*a.* A, *geol.*): ***~ of the spine*** ⚕ Rückgratverkrümmung *f.*

curve [kɜːv] **I** *s.* **1.** Kurve *f* (*a.* A), Krümmung *f*, Biegung *f*, Bogen *m*; **2.** *pl.* F ‚Kurven' *pl.*, Rundungen *pl.*; **II** *v/t.* **3.** biegen, krümmen; **III** *v/i.* **4.** sich biegen *od.* wölben *od.* krümmen; **curved** [-vd] *adj.* gekrümmt, gebogen; krumm.

cur·vet [kɜːˈvet] **I** *s. Reitkunst*: Kurˈbette *f*, Bogensprung *m*; **II** *v/i.* kurbettieren.

cur·vi·lin·e·ar [ˌkɜːvɪˈlɪnɪə] *adj.* krummlinig (begrenzt).

cush·ion [ˈkʊʃn] **I** *s.* **1.** Kissen *n*, Polster *n* (*a. fig.*); **2.** Wulst *m* (*für die Frisur*); **3.** Bande *f* (*Billard*); **4.** *vet.* Strahl *m* (*Pferdehuf*); **5.** ⚙ Puffer *m*, Dämpfer *m*; **6.** *phys.* ⚙ Luftkissen *n*; **II** *v/t.* **7.** durch Kissen schützen, polstern (*a. fig.*); **8.** *Stoß*, *Fall* dämpfen *od.* auffangen; **9.** weich betten; **10.** ⚙ abfedern; **ˈ~·craft** *s.* Luftkissenfahrzeug(e *pl.*) *n.*

cush·ioned [ˈkʊʃənd] *adj.* **1.** gepolstert, Polster…; **2.** *fig.* bequem, behaglich; **3.** ⚙ stoßgedämpft.

cush·y [ˈkʊʃɪ] *adj. Brit. sl.* ‚gemütlich', bequem, angenehm: ***~ job***.

cusp [kʌsp] *s.* **1.** Spitze *f*; **2.** A Scheitelpunkt *m* (*Kurve*); **3.** *ast.* Horn *n* (*Halbmond*); **4.** ⚠ Nase *f* (*gotisches Maßwerk*); **cusped** [-pt], **ˈcus·pi·dal** [-pɪdl] *adj.* spitz (zulaufend).

cus·pi·dor [ˈkʌspɪdɔː] *s. Am.* **1.** Spucknapf *m*; **2.** ✈ Speitüte *f.*

cuss [kʌs] *s.* F **1.** Fluch *m*: ***~ word*** Fluch *m*, Schimpfwort *n*; → ***tinker*** 1; **2.** Kerl *m*; **ˈcuss·ed** [-sɪd] *adj.* F **1.** verflucht, -flixt; **2.** boshaft, gemein; **ˈcuss·ed·ness** [-sɪdnɪs] *s.* F Bosheit *f*, Gemeinheit *f*, Tücke *f.*

cus·tard [ˈkʌstəd] *s.* Eiercreme *f*: (***running***) ***~*** Vanillesoße *f*; **ˈ~-ap·ple** *s.* ⚘ Zimtapfel *m*; **~ pow·der** *s. ein* ˈPuddingˌpulver *n*; **~ pie** *s.* **1.** Sahnetorte *f*; **2.** *thea.* F Klaˈmauk(komödie *f*) *m.*

cus·to·di·an [kʌˈstəʊdjən] *s.* **1.** Aufseher *m*, Wächter *m*, Hüter *m*; **2.** (⚖ Vermögens)Verwalter *m*, ⚖ *a.* Verwahrer *m*, *Am. a.* Vormund *m*; **cus·to·dy** [ˈkʌstədɪ] *s.* **1.** Aufsicht *f* (***of*** über *acc.*), (Ob)Hut *f*, Schutz *m*; **2.** Verwahrung *f*; Verwaltung *f*; **3.** ⚖ a) Gewahrsam *m*, Haft *f*: ***protective ~*** Schutzhaft *f*; ***take into ~*** verhaften, in Gewahrsam nehmen, b) Gewahrsam *m* (*tatsächlicher Besitz*), c) Sorgerecht *n*; **4.** † *Am.* Deˈpot *n.*

cus·tom [ˈkʌstəm] **I** *s.* **1.** Brauch *m*, Gewohnheit *f*, Sitte *f*; *coll.* Sitten u. Gebräuche *pl.*, *pl.* Brauchtum *n*; **2.** ⚖ Gewohnheitsrecht *n*; **3.** † Kundschaft *f*, Kunden(kreis *m*) *pl.*: ***draw*** (*od.* ***get***) ***a lot of ~ from*** viel Geschäft machen mit; ***take one's custom elsewhere*** anderswo Kunde werden; ***withdraw one's ~ from*** s-e Kundschaft entziehen (*dat.*); **4.** *pl.* a) Zoll *m*, b) Zoll(behörde *f*) *m*, Zollamt *n*; **II** *adj.* **5.** *Am.* a) auf Bestellung *od.* nach Maß arbeitend: ***~ tailor*** Maßschneider *m*, b) → ***custom-made***: ***~-built*** einzeln (*od.* nach Kundenangaben) angefertigt; ***~ shoes*** Maßschuhe; **ˈcus·tom·ar·i·ly** [-mərɪlɪ] *adv.* üblicherweise, herkömmlicherweise; **ˈcus·tom·ar·y** [-mərɪ] *adj.* □ **1.** gebräuchlich, herkömmlich, üblich, gewohnt, Gewohnheits…; **2.** ⚖ gewohnheitsrechtlich; **ˈcus·tom·er** [-mə] *s.* **1.** Kunde *m*, Kundin *f*; Abnehmer(in), Käufer(in): ***~ country*** Abnehmerland *n*; ***~'s check*** *Am.* Barscheck *m*; ***regular ~*** Stammkunde *m od.* -gast *m*; **2.** F Bursche *m*, ‚Kunde' *m*: ***queer ~*** komischer Kauz; ***ugly ~*** übler Kunde; **ˈcus·tom·ize** [-maɪz] *v/t.* **1.** † auf den Kundenbedarf zuschneiden; **2.** *Auto etc.* individuˈell herrichten.

ˈcus·tom|·house *s.* Zollamt *n*; **ˈ~-made** *adj.* nach Maß *od.* auf Bestellung *od.* speziˈell angefertigt, Maß…

cus·tom·ize [ˈkʌstəmaɪz] *v/t.* kundengerecht anfertigen.

cus·toms| clear·ance *s.* Zollabfertigung *f*; **~ dec·la·ra·tion** *s.* ˈZolldeklaratiˌon *f*, -erklärung *f*; **~ ex·am·i·na·tion**, **~ in·spec·tion** *s.* ˈZollkonˌtrolle *f*; **~ of·fi·cer** *s.* Zollbeamte(r) *m*; **~ un·ion** *s.* ˈZollverein *m*, -uniˌon *f*; **~ war·rant** *s.* Zollauslieferungsschein *m*; **~ ware·house** *s.* Zollager *n.*

cut [kʌt] **I** *s.* **1.** Schnitt *m*: ***a ~ above*** e-e Stufe besser als; → ***haircut***; **2.** Schnittwunde *f*; **3.** Hieb *m*, Schlag *m*: ***~ and thrust*** a) *Fechten*: Hieb u. Stoß *m* (*od.* Stich *m*), b) *fig.* (feindseliges) Hin u. Her, ‚Schlagabtausch' *m*; **4.** Schnitte *f*, Stück *n* (*bsd. Fleisch*); Ab-, Anschnitt *m*; Schur *f* (*Wolle*); Schlag *m* (*Holzfällen*); ⚘ Mahd *f* (*Gras*); **5.** F (An)Teil *m*: ***my ~ is 10%***; **6.** (Zu)Schnitt *m*, Fasˈson *f* (*bsd. Kleidung*); *fig.* Art *f*, Schlag *m*; **7.** *typ.* a) Druckstock *m*, b) Holzschnitt *m*, (Kupfer)Stich *m*, c) Kliˈschee *n*; **8.** Schnitt *m*, Schliff *m* (*Edelstein*); **9.** Gesichtsschnitt *m*; **10.** Beschneidung *f*, Kürzung *f*, Streichung *f*, Abzug *m*, Abstrich *m* (*Preis*, *Lohn*, *a. Text etc.*): ***power ~*** ⚡ Stromsperre *f*; → ***short cut***; **11.** ⚙, 🚂 *etc.* Einschnitt *m*, Kerbe *f*, Graben *m*; **12.** a) Stich *m*, Bosheit *f*, b) Grußverweigerung *f*: ***give s.o. the ~ direct*** j-n ostentativ schneiden; **13.** *Kartenspiel*: Abheben *n*; **14.** *Tennis*: Schnitt *m*; **15.** *Film etc.*: Schnitt *m*, (scharfe) Überˈblendung; **II** *adj.* **16.** ge-, beschnitten, behauen: ***~ flowers*** Schnittblumen; ***~ glass*** geschliffenes Glas, Kristall *n*; ***~ prices*** herabgesetzte Preise; ***well-~ features*** feingeschnittene Züge; ***~ and dried*** fix u. fertig, schablonenhaft; ***badly ~ about*** arg zugerichtet; **III** *v/t.* [*irr.*] **17.** (ab-, be-, ˈdurch-, zer)schneiden: ***~ one's finger*** sich in den Finger schneiden; ***~ one's nails*** sich die Nägel schneiden; ***~ a book*** ein Buch aufschneiden; ***~ a joint*** e-n Braten vorschneiden, zerlegen; ***~ to pieces*** zerstückeln; **18.** *Hecke* beschneiden, stutzen; **19.** *Gras*, *Korn* mähen; *Baum* fällen; **20.** schlagen; *Kohlen* hauen; *Weg* aushauen, -graben; *Holz* hacken; *Graben* stechen; *Tunnel* bohren: ***to ~ one's way*** sich e-n Weg bahnen (*a. fig.*); **21.** *Tier* verschneiden, kastrieren: ***~ horse*** Wallach *m*; **22.** *Kleid* zuschneiden; *et.* zuˈrechtschneiden; *Stein* behauen; *Glas*, *Edelstein* schleifen: ***~ it fine*** *fig.* a) es (zu) knapp bemessen, b) es gerade noch schaffen; **23.** einschneiden, -ritzen, schnitzen; **24.** *Tennis*: *Ball* schneiden; **25.** *Text etc.*, *a. Betrag* beschneiden, kürzen, zs.-streichen; *sport Rekord* brechen; **26.** *Film*: a) schneiden, überˈblenden: ***~ to*** hinüberblenden zu, b) abbrechen; **27.** verdünnen, verwässern; **28.** *fig. j-n* schneiden, nicht grüßen: ***~ s.o. dead*** j-n völlig ignorieren; **29.** *fig.* schneiden (*Wind*); verletzen, kränken (*Worte*); **30.** *Verbindung* abbrechen, aufgeben; fernbleiben von, *Vorlesung* ‚schwänzen'; **31.** *Zahn* bekommen; **32.** *Schlüssel* anfertigen; **33.** *Spielkarten* abheben; **IV** *v/i.* [*irr.*] **34.** schneiden (*a. fig.*), hauen: ***it ~s both ways*** es ist ein zweischneidiges Schwert; ***~ and come again*** greifen Sie tüchtig zu! (*beim Essen*); ***it ~s into his time*** es kostet ihn Zeit; ***~ into a con-***

versation in e-e Unterhaltung eingreifen; **35.** sich schneiden lassen; **36.** F ‚abhauen': **~ *and run*** Reißaus nehmen; **37.** (*in der Schule etc.*) ‚schwänzen'; **38.** *Kartenspiel*: abheben; **39.** *sport* (den Ball) schneiden; **40. ~ *across*** a) quer durch *et.* gehen, b) *fig.* hin'ausgehen über (*acc.*), c) *fig.* wider'sprechen, d) *fig. Am.* einbeziehen;
Zssgn mit adv.:
cut| a·long *v/i.* F sich auf die Beine machen; **~ back I** *v/t.* beschneiden, stutzen, *fig. a.* kürzen, zs.-streichen, verringern; **II** *v/i.* (zu)'rückblenden (***to*** auf *acc.*) (*Film, Roman etc.*); **~ down I** *v/t.* **1.** zerschneiden; **2.** *Baum* fällen, *j-n a.* niederschlagen; **3.** *fig.* a) → ***cut back*** I, b) drosseln; **II** *v/i.* **4. ~ *on s.th.*** et. einschränken; **~ in I** *v/t.* **1.** ⚙ einschalten (*a. Filmszene*); **2.** *j-n* beteiligen (***on*** an *dat.*); **II** *v/i.* **3.** unter'brechen, sich einmengen *od.* einschalten (*a. teleph.*); **4.** einspringen; **5.** *mot.* einscheren; **6.** F (*beim Tanzen*) abklatschen; **~ loose I** *v/t.* **1.** trennen, losmachen; **2. *cut o.s. loose*** sich trennen *od.* lossagen; **II** *v/i.* **3.** sich gehenlassen; **4.** sich lossagen; **5.** *sl.* a) loslegen (***with*** mit), b) ‚auf den Putz hauen'; **~ off** *v/t.* **1.** abschneiden, -schlagen, -hauen: **~ *s.o.'s head*** j-n köpfen; **2.** unter'brechen, trennen; **3.** *Strom etc.* absperren, abdrehen; **4.** *Debatte* beenden; **5.** niederschlagen, da'hinraffen; vernichten; **6. *cut s.o. off with a shilling*** j-n enterben; **~ out I** *v/t.* **1.** aus-, zuschneiden: **~ *for a job*** wie geschaffen für e-n Posten; → ***work*** 1; **2.** *j-n* ausstechen; verdrängen; **3.** *Am. sl.* unter'lassen: ***cut it out!*** laß den Quatsch!; **4.** aufgeben; entfernen; *Am. Tier* von der Herde absondern; **5.** ⚙ ausschalten; **II** *v/i.* **6.** ⚙ sich ausschalten, aussetzen; **7.** ausscheren (*Fahrzeug*); **8.** *Kartenspiel*: ausscheiden; **~ short** *v/t.* **1.** unter'brechen; *j-m* ins Wort fallen; **2.** plötzlich beenden, kürzen; *es* kurz machen; **~ un·der** *v/t.* ✝ *j-n* unter'bieten; **~ up I** *v/t.* **1.** in Stücke schneiden, zerhauen; zerlegen; **2.** vernichten; **3.** F ‚verreißen', her'untermachen; **4.** tief betrüben, aufregen: ***be badly ~*** ganz ‚kaputt' sein; **II** *v/i.* **5.** *Brit.* F **~ *fat*** (*od.* ***rich***) reich sterben; **6.** F ‚den wilden Mann' spielen: **~ *rough*** ‚massiv' werden; **7.** *Am. sl.* a) ‚angeben', b) Unsinn treiben.
ˌcut-and-'dried *adj.* **1.** (fix und) fertig, fest(gelegt); **2.** scha'blonenhaft.
cu·ta·ne·ous [kju:'teɪnjəs] *adj.* ⚕ Haut...: **~ *eruption*** Hautausschlag *m.*
'cut·a·way I *s.* Cut(away) *m*; **II** *adj.* ⚙ Schnitt...(*-modell etc.*): **~ *view*** Ausschnitt(darstellung *f*) *m.*
'cut·back *s.* **1.** *Film*: Rückblende *f*; **2.** Kürzung *f*, Beschneidung *f*, Verringerung *f*.
cute [kju:t] *adj.* □ F **1.** schlau, clever; **2.** *Am.* niedlich, ‚süß'.
cu·ti·cle ['kju:tɪkl] *s.* ⚘, *anat.* Oberhaut *f*, Epi'dermis *f*; Nagelhaut *f*: **~ *scissors*** Hautschere *f*.
cu·tie ['kju:tɪ] *s. Am. sl.* ‚dufte Biene' (*Mädchen*).
'cut-in *s. Film*: a) Einschnitt(szene *f*) *m*, b) *a. Zeitung*: Zwischentitel *m.*
cu·tis ['kju:tɪs] *s. anat.* 'Kutis *f*, Lederhaut *f*.
cut·lass ['kʌtləs] *s.* **1.** ⚓ *hist.* Entermesser *n*; **2.** Ma'chete *f*.
cut·ler ['kʌtlə] *s.* Messerschmied *m*; **'cut·ler·y** [-ərɪ] *s.* **1.** Messerwaren *pl.*; **2.** *coll.* Eßbesteck(e *pl.*) *n.*
cut·let ['kʌtlɪt] *s.* Schnitzel *n.*
'cut|·off *s.* **1.** ⚙ (Ab)Sperrung *f*; **2.** ⚙, ⚡ Ab-, Ausschaltung *f* (*a. Vorrichtung*); **3.** *Am.* Abkürzung(sweg *m*) *f*; **'~·out** *s.* **1.** Ausschnitt *m*; 'Ausschneidefiˌgur *f*; **2.** ⚡ a) Ausschalter *m*, Sicherung *f*; **3.** *mot.* Auspuffklappe *f*; **'~·purse** *s.* Taschendieb(in); **'~·rate** *adj.* ✝ ermäßigt, her'abgesetzt, billig (*a. fig.*).
cut·ter ['kʌtə] *s.* **1.** Schneidende(r) *m*; (Blech-, Holz)Schneider *m* (Stein)Hauer *m*; (Glas-, Dia'mant)Schleifer *m*; **2.** Zuschneider *m*; **3.** ⚙ Schneidewerkzeug *n*; **4.** *Film*: Cutter(in); **5.** *Küche*: Ausstechform *f*; **6.** ⚓ a) Kutter *m*, b) Beiboot *n*, c) *Am.* Küstenwachboot *n.*
'cut·throat I *s.* **1.** Mörder *m*; **2.** *fig.* Halsabschneider *m*; **II** *adj.* **3.** *fig.* mörderisch, halsabschneiderisch: **~ *competition.***
cut·ting ['kʌtɪŋ] **I** *s.* **1.** Schneiden *n*; Zuschneiden *n*; **2.** *bsd.* 🚂 Einschnitt *m*, 'Durchstich *m*; **3.** ⚙ a) Fräsen *n*, spanabhebende Bearbeitung, b) Kerbe *f*, Schlitz *m*, c) *pl.* Späne *pl.*, Schnitzel *pl.*; **4.** (Zeitungs)Ausschnitt *m*; **5.** *pl.* Schnitzel *pl.*, Abfälle *pl.*; **6.** ⚘ Ableger *m*, Steckling *m*; **7.** *Film*: Schnitt *m*; **II** *adj.* □ **8.** schneidend, Schneid(e)...; **9.** *fig.* schneidend (*Wind*), scharf (*Worte*), beißend (*Hohn*); **~ die** *s.* ⚙ Schneideisen *n*, 'Stanzschaˌblone *f*; **~ edge** *s.* Schneide *f*; **~ nip·pers** *s. pl.* Kneifzange *f*; **~ torch** *s.* ⚙ Schneidbrenner *m.*
cut·tle ['kʌtl], **'~·fish** *s. zo.* (Gemeiner) Tintenfisch.
cy·a·nate ['saɪəneɪt] *s.* ⚗ Zya'nat *n*; **cy·an·ic** [saɪ'ænɪk] *adj.* Zyan...: **~ *acid*** Zyansäure *f*; **'cy·a·nide** [-naɪd] *s.* Zya'nid *n*: **~ *of potassium*** (*od.* ***potash***) Zyankali *n*; **cy·an·o·gen** [saɪ'ænədʒɪn] *s.* Zy'an *n.*
cy·ber·net·ics [ˌsaɪbə'netɪks] *s. pl.* (*sg. konstr.*) Kyber'netik *f*; **ˌcy·ber'net·ist** [-ɪst] *s.* Kyber'netiker *m.*
cyc·la·men ['sɪkləmən] *s.* ⚘ Alpenveilchen *n.*
cy·cle ['saɪkl] **I** *s.* **1.** 'Zyklus *m*, Kreis(-lauf) *m*, 'Umlauf *m*: ***lunar ~*** Mondzyklus; → ***business cycle***; ***come full ~*** a) e-n ganzen Kreislauf beschreiben, b) *fig.* zum Anfangspunkt zurückkehren; **2.** *a.* ⚡, *phys.* Peri'ode *f*: ***in ~s*** periodisch wiederkehrend; ***~s per second*** (*abbr.* ***cps***) Hertz; **3.** (Gedicht-, Sagen)Kreis *m*; **4.** Folge *f*, Reihe *f*, 'Serie *f*, 'Zyklus *m*; **5.** ⚙ 'Kreisproˌzeß *m*; Arbeitsgang *m*; **6.** *mot.* Takt *m*: ***four-stroke ~*** Viertakt; ***four-~ engine*** Viertaktmotor *m*; **7.** a) Fahrrad *n*, b) Motorrad *n*, c) Dreirad *n*; **II** *v/i.* **8.** radfahren, radeln; **III** *v/t.* **9.** e-n Kreislauf 'durchmachen lassen; **10.** *a.* ⚙ peri'odisch wieder'holen; **'cy·clic, 'cy·cli·cal** [-lɪk(l)] *adj.* □ **1.** zyklisch, peri'odisch, kreisläufig; **2.** ✝ konjunk'turbedingt, -poˌlitisch, Konjunktur...; **'cy·cling** [-lɪŋ] *s.* **1.** Radfahren *n*: **~ *tour*** Radtour *f*; **2.** Rad(renn)sport *m*; **'cy·clist** [-lɪst] *s.* Radfahrer(in).
cy·clo-cross [ˌsaɪklə'krɒs] *s. Radsport*: Querfeld'einfahren *n.*
cy·clom·e·ter [saɪ'klɒmɪtə] *s.* **1.** ⚙ Wegmesser *m*; **2.** ⩓ Zyklo'meter *m.*
cy·cloid ['saɪklɔɪd] **I** *s.* ⩓ Zyklo'ide *f*; **II** *adj. allg.* zyklo'id.
cy·clone ['saɪkləʊn] *s.* **1.** *meteor.* a) Zy'klon *m*, Wirbelsturm *m*, b) Zy'klone *f*, Tief(druckgebiet) *n*; **2.** *fig.* Or'kan *m.*
cy·clo·p(a)e·di·a [ˌsaɪkləʊ'pi:djə] → ***encyclop(a)edia.***
Cy·clo·pe·an [saɪ'kləʊpjən] *adj.* zy'klopisch, riesig; **Cy·clops** ['saɪklɒps] *pl.* **Cy·clo·pes** [saɪ'kləʊpi:z] *s.* Zy'klop *m.*
cy·clo·tron ['saɪklətrɒn] *s. Kernphysik*: 'Zyklotron *n.*
cy·der → ***cider.***
cyg·net ['sɪgnɪt] *s.* junger Schwan.
cyl·in·der ['sɪlɪndə] *s.* **1.** ⩓, ⚙, *typ.* Zy'linder *m*, Walze *f*: ***six-~ car*** Sechszylinderwagen *m*; **2.** ⚙ Trommel *f*, Rolle *f*; 'Meß-, 'Dampfzyˌlinder *m*; Gas-, Stahlflasche *f*; Stiefel *m* (*Pumpe*); **~ block** *s. mot.* Zy'linderblock *m*; **~ bore** *s.* Zy'linderbohrung *f*; **~ es·cape·ment** *s.* Zy'linderhemmung *f* (*Uhr*); **~ head** *s.* Zy'linderkopf *m*; **~ jack·et** *s.* Zy'lindermantel *m*; **~ print·ing** *s. typ.* Walzendruck *m.*
cy·lin·dri·cal [sɪ'lɪndrɪkl] *adj.* zy'lindrisch, Zylinder...
cym·bal ['sɪmbl] *s.* ♪ **1.** Becken *n*; **2.** 'Zimbel *f*; **'cym·bal·ist** [-bəlɪst] *s.* Bekkenschläger *m*; **'cym·ba·lo** [-bələʊ] *pl.* **-los** *s.* ♪ Hackbrett *n.*
Cym·ric ['kɪmrɪk] **I** *adj.* kymrisch, *bsd.* wa'lisisch; **II** *s. ling.* Kymrisch *n.*
cyn·ic ['sɪnɪk] *s.* **1.** Zyniker *m*, bissiger Spötter; **2.** ♀ *antiq. phls.* Kyniker *m*; **'cyn·i·cal** [-kl] *adj.* □ zynisch; **'cyn·i·cism** [-ɪsɪzəm] *s.* **1.** Zy'nismus *m*; **2.** zynische Bemerkung.
cy·no·sure ['sɪnəzjʊə] *s.* **1.** *fig.* Anziehungspunkt *m*, Gegenstand *m* der Bewunderung; **2.** *fig.* Leitstern *m*; **3.** ♀ *ast.* a) Kleiner Bär, b) Po'larstern *m.*
cy·pher → ***cipher.***
cy·press ['saɪprɪs] *s.* Zy'presse *f*.
Cyp·ri·ote ['sɪprɪəʊt], **'Cyp·ri·ot** [-ɪət] **I** *s.* Zypri'ot(in), Zyprer(in); **II** *adj.* zyprisch.
Cy·ril·lic [sɪ'rɪlɪk] *adj.* ky'rillisch.
cyst [sɪst] *s.* **1.** ⚕ Zyste *f*; **2.** Kapsel *f*, Hülle *f*; **'cyst·ic** [-tɪk] *adj.* **1.** ⚕ zystisch; **2.** *anat.* Blasen...; **cys·ti·tis** [sɪs'taɪtɪs] *s.* ⚕ Blasenentzündung *f*; **'cys·to·scope** [-təskəʊp] *s.* ⚕ Blasenspiegel *m*; **cys·tos·co·py** [sɪs'tɒskəpɪ] *s.* ⚕ Blasenspiegelung *f*.
cy·to·blast ['saɪtəʊblæst] *s. biol.* Zyto'blast *m*, Zellkern *m.*
cy·tol·o·gy [saɪ'tɒlədʒɪ] *s. biol.* Zytolo'gie *f*, Zellenlehre *f*.
czar [zɑ:] *s.* Zar *m.*
czar·das ['tʃɑ:dæʃ] *s.* 'Csárdás *m.*
czar·e·vitch ['zɑ:rəvɪtʃ] *s.* Za'rewitsch *m*; **cza·ri·na** [zɑ:'ri:nə] *s.* Zarin *f*; **'czar·ism** [-rɪzəm] *s.* Zarentum *n*; **'czar·ist** [-rɪst], **czar·is·tic** [zɑ:'rɪstɪk] *adj.* za'ristisch; **cza·rit·za** [zɑ:'rɪtsə] → ***czarina.***
Czech [tʃek] **I** *s.* **1.** Tscheche *m*, Tschechin *f*; **2.** *ling.* Tschechisch *n*; **II** *adj.* **3.** tschechisch.

D

D, d [diː] *s.* **1.** D *n*, d *n* (*Buchstabe*); **2.** ♪ D *n*, d *n* (*Note*); **3.** *ped. Am.* Vier *f*, Ausreichend *n* (*Note*).

'd [-d] F *für* ***had, should, would: you'd.***

dab¹ [dæb] **I** *v/t.* **1.** leicht klopfen, antippen; **2.** be-, abtupfen; **3.** bestreichen; **4.** *typ.* abklatschen, klischieren; **5.** *a.* ~ ***on*** *Farbe etc.* auftragen; **6.** *sl.* Fingerabdrücke machen von; **II** *v/i.* **7.** ~ ***at*** → 1, 2; **III** *s.* **8.** (leichter) Klaps, Tupfer *m*; **9.** Klecks *m*, Spritzer *m*; **10.** *Am. sl.* Fingerabdruck *m*.

dab² [dæb] *s.* F Könner *m*, ‚Künstler' *m*, Ex'perte *m*: ***be a ~ at s.th.*** et. aus dem Effeff können.

dab·ber ['dæbə] *s. typ.* a) Farbballen *m*, b) Klopfbürste *f*.

dab·ble ['dæbl] **I** *v/t.* **1.** bespritzen, besprengen; **II** *v/i.* **2.** planschen, plätschern; **3.** *fig.* ~ ***in s.th.*** sich aus Liebhaberei *od.* oberflächlich *od.* dilet'tantisch mit et. befassen, ein bißchen *malen etc.*; **'dab·bler** [-lə] *s.* Ama'teur *m*, *contp.* Dilet'tant(in), Stümper(in).

dab·ster ['dæbstə] *s.* **1.** → ***dab²***; **2.** F *Am.* Stümper *m*.

dace [deɪs] *s. ichth.* Häsling *m*.

da·cha ['dætʃə] *s.* Datscha *f*.

dachs·hund ['dækshʊnd] *s. zo.* Dachshund *m*, Dackel *m*.

dac·tyl ['dæktɪl] *s.* Daktylus *m* (*Versfuß*); **dac·tyl·ic** [dæk'tɪlɪk] *adj. u. s.* dak'tylisch(er Vers).

dac·ty·lo·gram [dæk'tɪləʊgræm] *s.* Fingerabdruck *m*.

dad [dæd] *s.* F ‚Paps' *m*, Vati *m*.

Da·da·ism ['dɑːdɑːɪzəm] *s.* Dada'ismus *m*; **'Da·da·ist** [-ɪst] **I** *s.* Dada'ist *m*; **II** *adj.* dada'istisch.

dad·dy ['dædɪ] → ***dad***; ~ **long·legs** [ˌdædɪ'lɒŋlegz] *s. zo.* **1.** *Brit.* Schnake *f*; **2.** *Am.* Weberknecht *m*.

dae·mon → ***demon***.

daf·fo·dil ['dæfədɪl] *s.* ⚘ gelbe Nar'zisse, Osterblume *f*, -glocke *f*.

daft [dɑːft] *adj.* □ F verrückt, blöde, ‚doof', ‚bekloppt'.

dag·ger ['dægə] *s.* **1.** Dolch *m*: ***be at ~s drawn (with)*** *fig.* auf (dem) Kriegsfuß stehen (mit); ***look ~s at s.o.*** j-n mit Blicken durchbohren; **2.** *typ.* Kreuz (-zeichen) *n* (†).

da·go ['deɪgəʊ] *pl.* **-gos** *od.* **-goes** *s. sl. contp.* = *Spanier, Portugiese od. Italiener*; *weitS.* ‚Ka'nake' *m*, (verdammter) Ausländer.

da·guerre·o·type [də'gerəʊtaɪp] *s. phot.* a) Daguerreoty'pie *f*, b) Daguerreo'typ *n* (*Bild*).

dahl·ia ['deɪljə] *s.* ⚘ Dahlie *f*.

Dail Eir·eann [ˌdaɪl'eərən] *a.* **Dail** *s.* Abgeordnetenhaus *n von Eire*.

dai·ly ['deɪlɪ] **I** *adj.* **1.** täglich, Tage(s)...: ***our ~ bread*** unser täglich(es) Brot; ~ ***wages*** Tagelohn *m*; ~ ***newspaper*** → 5; **2.** alltäglich, häufig, ständig; **II** *adv.* **3.** täglich; **4.** immer, ständig; **III** *s.* **5.** Tageszeitung *f*; **6.** *Brit.* Zugeh-, Putzfrau *f*.

dain·ti·ness ['deɪntɪnɪs] *s.* **1.** Zierlichkeit *f*, Niedlichkeit *f*; **2.** wählerisches Wesen, Verwöhntheit *f*; **3.** Geziertheit *f*, Zimperlichkeit *f*; **4.** Schmackhaftigkeit *f*; **dain·ty** ['deɪntɪ] **I** *adj.* □ **1.** zierlich, niedlich, fein, reizend; **2.** köstlich, exqui'sit; **3.** wählerisch, verwöhnt (*bsd. im Essen*); **4.** geziert, zimperlich; **5.** lecker, schmackhaft; **II** *s.* **6.** *a. fig.* Lekkerbissen *m*, Delika'tesse *f*.

dair·y ['deərɪ] *s.* **1.** Molke'rei *f*; **2.** Milchwirtschaft *f*, Molke'rei(betrieb *m*) *f*; **3.** Milchhandlung *f*; ~ **bar** *s. Am.* Milchbar *f*; ~ **cat·tle** *s. pl.* Milchvieh *n*; ~ **farm** *s.* auf Milchwirtschaft spezialisierter Bauernhof; ~ **lunch** → ***dairy bar***; **'~·maid** *s.* **1.** Melkerin *f*; **2.** Molke'reiangestellte *f*; **'~·man** [-mən] *s.* [*irr.*] **1.** Milchmann *m*; **2.** Melker *m*, Schweizer *m*; ~ **prod·uce** *s.* Molke'reiproˌdukte *pl.*

da·is ['deɪɪs] *pl.* **-is·es** *s.* **1.** Podium *n*, E'strade *f*; **2.** *obs.* Baldachin *m*.

dai·sy ['deɪzɪ] **I** *s.* **1.** ⚘ Gänseblümchen *n*: (***double***) ~ Tausendschön(chen) *n*; ***be pushing up the daisies*** *sl.* ‚sich die Radies-chen von unten betrachten' (*tot sein*); → ***fresh*** 4; **2.** *sl.* a) 'Prachtexemˌplar *n*, b) Prachtkerl *m*, ‚Perle' *f*; **II** *adj.* **3.** *sl.* erstklassig, prima; **'~·chain** *s.* **1.** Gänseblumenkränzchen *n*; **2.** *fig.* Reigen *m*, Kette *f*; **'~·ˌcut·ter** *s. sl.* **1.** Pferd *n* mit schleppendem Gang; **2.** *sport* Flachschuß *m*.

dale [deɪl] *s. poet.* Tal *n*; **dales·man** ['deɪlzmən] *s.* [*irr.*] Talbewohner *m* (*bsd. in Nordengland*).

dal·li·ance ['dælɪəns] *s.* **1.** Tröde'lei *f*, Bumme'lei *f*; **2.** Tände'lei *f*: a) Spiele'rei *f*, b) Schäke'rei *f*, Liebe'lei *f*; **dal·ly** ['dælɪ] **I** *v/i.* **1.** trödeln, Zeit vertändeln; **2.** tändeln, spielen, liebäugeln (***with*** mit); **3.** scherzen, schäkern; **II** *v/t.* **4.** ~ ***away*** *Zeit* vertrödeln; *Gelegenheit* verpassen.

Dal·ma·tian [dæl'meɪʃjən] **I** *adj.* **1.** dalma'tinisch; **II** *s.* **2.** Dalma'tiner(in); **3.** Dalma'tiner *m* (*Hund*).

dal·ton·ism ['dɔːltənɪzəm] *s.* ⚕ Farbenblindheit *f*.

dam¹ [dæm] **I** *s.* **1.** (Stau)Damm *m*, Wehr *n*, Talsperre *f*; **2.** Stausee *m*; **3.** *fig.* Damm *m*; **II** *v/t.* **4.** *a.* ~ ***up*** a) stauen, (ab-, ein-, zu'rück)dämmen (*a. fig.*), b) (ab)sperren, hemmen (*a. fig.*).

dam² [dæm] *s. zo.* Mutter(tier *n*) *f*.

dam·age ['dæmɪdʒ] **I** *s.* **1.** (***to***) Schaden *m* (an *dat.*), (Be)Schädigung *f* (*gen.*): ***do ~*** Schaden anrichten; ***do ~ to*** → 6; ~ ***by sea*** ⚓ Seeschaden *m*, Havarie *f*; **2.** Nachteil *m*, Verlust *m*; ~ ***limitation*** Schadensbegrenzung *f*; **3.** *pl.* ⚖ Schadensersatz *m*: ***for ~s*** auf Schadensersatz *klagen*; **4.** *sl.* Kosten *pl.*: ***what's the ~?*** was kostet es?; **II** *v/t.* **5.** beschädigen; **6.** *j-n, j-s Ruf etc.* schädigen, Schaden zufügen, *j-m* schaden; **'dam·age·a·ble** [-dʒəbl] *adj.* leicht zu beschädigen(d); **'dam·aged** [-dʒd] *adj.* **1.** beschädigt, schadhaft, de'fekt; **2.** verletzt, (körper)geschädigt; **3.** verdorben; **'dam·ag·ing** [-dʒɪŋ] *adj.* □ schädlich, nachteilig (***to*** für).

dam·a·scene(d) ['dæməsiːn(d)] *adj.* Damaszener..., damasziert.

dam·ask ['dæməsk] **I** *s.* **1.** Da'mast *m* (*Stoff*); **2.** *a.* ~ ***steel*** Damas'zenerstahl *m*; **3.** *a.* ~ ***rose*** ⚘ Damas'zenerrose *f*; **II** *adj.* **4.** Damast...; Damaszener...; **5.** rosarot; **III** *v/t.* **6.** *Stahl* damaszieren; **7.** da'mastartig weben; **8.** *fig.* verzieren.

dame [deɪm] *s.* **1.** *Brit.* a) Freifrau *f*, b) *≈ der dem* ***knight*** *entsprechende Titel*: ***≈ Diana X***; **2.** alte Dame: ***≈ Nature*** Mutter *f* Natur; **3.** *ped.* Schul- *od.* Heimleiterin *f*; **4.** *Am. sl.* ‚Frau' *f*, Weibsbild *n*.

damn [dæm] **I** *v/t.* **1.** verdammen (*a. eccl.*); verwünschen, verfluchen: (***oh***) ***~!, ~ it*** (***all***)***!*** *sl.* verflucht!; ***~ you!*** *sl.* hol dich der Teufel!; ***well, I'll be ~ed!*** nicht zu glauben!, das ist die Höhe!; ***I'll be ~ed if*** a) ich freß 'nen Besen, wenn..., b) es fällt mir nicht im Traum ein (*das zu tun*); ***I'll be ~ed if I know!*** ich habe keinen blassen Dunst; **2.** verurteilen, verwerfen, ablehnen; **3.** vernichten, ruinieren; **II** *s.* **4.** Fluch *m*; **5.** ***I don't care a ~*** *sl.* das kümmert mich einen Dreck; ***not worth a ~*** keinen Pfifferling wert; **III** *adj. u. adv.* **6.** → ***damned*** 2, 3; **'dam·na·ble** [-nəbl] *adj.* □ **1.** verdammenswert; **2.** F ab'scheulich; **dam·na·tion** [dæm'neɪʃn] **I** *s.* **1.** Verdammung *f*; **2.** Ru'in *m*; **II** *int.* **3.** verflucht!; **damned** [dæmd] **I** *adj.* **1.** verdammt: ***the ~*** *eccl.* die Verdammten; **2.** *sl.* verflucht: ~ ***fool*** Idiot *m*, ‚Blödmann' *m*; ***do one's ~est*** sein möglichstes tun; **3.** *a. adv. Bekräftigung*: *sl.* verdammt: ***a ~ sight better*** viel besser; ***every ~ one*** jeder einzelne; ~ ***funny*** urkomisch; ***he ~ well ought to know*** das müßte er wahrhaftig wissen; **II** *int.* **4.** verdammt!; **damn·ing** ['dæmɪŋ] *adj. fig.* erdrükkend, vernichtend: ~ ***evidence***.

Dam·o·cles ['dæməkliːz] *npr.* Damokles: ***sword of ~*** Damoklesschwert *n*.

damp [dæmp] **I** *adj.* □ **1.** feucht; dunstig: **~ course** △ Isolierschicht *f*; **II** *s.* **2.** Feuchtigkeit *f*; **3.** Dunst *m*; **4.** → ***fire-damp***; **5.** *fig.* Dämpfer *m*, Entmutigung *f*, Hemmnis *n*: ***cast a ~ over s.th.*** et. dämpfen *od.* lähmen, et. überschatten; **III** *v/t.* **6.** an-, befeuchten; **7.** *a.* **~ *down*** *fig. Eifer etc.* dämpfen (*a.* ♪, ⚡, *phys.*); (ab)schwächen, drosseln (*a.* ⚙); ersticken; **~ course** *s.* △ Sperrbahn *f* (*gegen Nässe*).

damp·en ['dæmpən] **I** *v/t.* **1.** an-, befeuchten; **2.** *fig.* dämpfen, 'niederdrükken; entmutigen; **II** *v/i.* **3.** feucht werden; **'damp·er** [-pə] *s.* **1.** Dämpfer *m* (*bsd. fig.*): ***cast a ~ on*** dämpfen, lähmend wirken auf (*acc.*); **2.** ⚙ Ofen-, Zugklappe *f*, Schieber *m*; **3.** ♪ Dämpfer *m*; **4.** ⚡ Dämpfung *f*; **5.** *Brit.* Stoßdämpfer *m*; **'damp·ish** [-pɪʃ] *adj.* etwas feucht, klamm; **'damp·ness** [-nɪs] *s.* Feuchtigkeit *f*; **'damp·proof** *adj.* feuchtigkeitsbeständig.

dam·sel ['dæmzl] *s. obs. od. iro.* Maid *f.*

dam·son ['dæmzən] *s.* ⚘ Damas'zenerpflaume *f*; **~ cheese** *s.* steifes Pflaumenmus.

dan [dæn] *s. Judo etc.*: Dan *m.*

dance [dɑːns] **I** *v/i.* **1.** tanzen: **~ *to s.o.'s pipe*** (*od.* ***tune***) *fig.* nach j-s Pfeife tanzen; **2.** tanzen: a) (her'um)hüpfen, b) flattern, schaukeln (*Blätter etc.*); **II** *v/t.* **3.** *e-n Tanz* tanzen: **~ *attendance on s.o.*** *fig.* um j-n scharwenzeln; **4.** *Tier* tanzen lassen; *Kind* schaukeln; **III** *s.* **5.** Tanz *m*: ***give a ~*** e-n Ball geben; ***lead s.o. a ~*** a) j-n zum Narren halten, b) j-m das Leben sauer machen; ℒ ***of Death*** Totentanz; **~ hall** *s.* 'Tanzloˌkal *n.*

danc·er ['dɑːnsə] *s.* Tänzer(in).

danc·ing ['dɑːnsɪŋ] *s.* Tanzen *n*, Tanzkunst *f*; **~ girl** *s.* (Tempel)Tänzerin *f* (*in Asien*); **~ les·son** *s.* Tanzstunde *f*; **~ mas·ter** *s.* Tanzlehrer *m.*

dan·de·li·on ['dændɪlaɪən] *s.* ⚘ Löwenzahn *m.*

dan·der ['dændə] *s.*: ***get s.o.'s ~ up*** F j-n ‚auf die Palme' bringen.

dan·di·fied ['dændɪfaɪd] *adj.* stutzer-, geckenhaft, geschniegelt.

dan·dle ['dændl] *v/t.* **1.** *Kind* auf den Armen *od.* auf den Knien schaukeln; **2.** hätscheln; **3.** verhätscheln, verwöhnen.

dan·druff ['dændrəf] *a.* **'dan·driff** [-rɪf] *s.* (Kopf-, Haar)Schuppen *pl.*

dan·dy ['dændɪ] **I** *s.* **1.** Dandy *m*, Stutzer *m*; **2.** F *et.* Großartiges: ***the ~*** genau das Richtige; **3.** ⚓ Scha'luppe *f*; **4.** ⚓ a) Heckmaster *m*, b) Besansegel *n*; **II** *adj.* **5.** stutzerhaft; **6.** F erstklassig, prima, ‚bestens'; **~ brush** *s.* Striegel *m.*

dan·dy·ish ['dændɪɪʃ] → ***dandy*** 5; **'dan·dy·ism** [-ɪzəm] stutzerhaftes Wesen.

Dane [deɪn] *s.* **1.** Däne *m*, Dänin *f*; **2.** → ***Great Dane.***

dan·ger ['deɪndʒə] **I** *s.* **1.** Gefahr *f* (***to*** für): ***in ~ of one's life*** in Lebensgefahr; ***be in ~ of falling*** Gefahr laufen zu fallen; ***the signal is at ~*** 🚂 das Signal steht auf Halt; **2.** Bedrohung *f*, Gefährdung *f* (***to*** *gen.*); **II** *adj.* Gefahren…: **~ *area*** Gefahrenzone *f*; Sperrgebiet *n*; ***be on*** (***off***) ***the ~ list*** in (außer) Lebensgefahr sein; **~ *money*, ~ *pay*** Gefahrenzulage *f*; **~ *point*, ~ *spot*** Gefahrenpunkt *m*; **~ *signal*** Not-, Warnsignal *n*; **'dan·ger·ous** [-dʒərəs] *adj.* □ **1.** gefährlich, gefahrvoll (***to*** für); **2.** bedenklich.

dan·gle ['dæŋgl] **I** *v/i.* **1.** baumeln, (her'ab)hängen; **2.** **~ *after s.o.*** sich an j-n anhängen, j-m nachlaufen: **~ *after girls***; **II** *v/t.* **3.** schlenkern, baumeln lassen: **~ *s.th. before s.o.*** *fig.* j-m et. verlockend in Aussicht stellen.

Dan·iel ['dænjəl] *s. bibl.* (das Buch) Daniel *m.*

Dan·ish ['deɪnɪʃ] **I** *adj.* **1.** dänisch; **II** *s.* **2.** ***the ~*** die Dänen; **3.** *ling.* Dänisch *n*, das Dänische; **~ pas·try** *s. ein* Blätterteiggebäck *n.*

dank [dæŋk] *adj.* feucht, naßkalt, dumpfig.

Da·nu·bi·an [dæ'njuːbjən] *adj.* Donau…

daph·ne ['dæfnɪ] *s.* ⚘ Seidelbast *m.*

dap·per ['dæpə] *adj.* **1.** a'drett, ele'gant, *iro.* geschniegelt; **2.** flink, gewandt.

dap·ple ['dæpl] *v/t.* tüpfeln, sprenkeln; **'dap·pled** [-ld] *adj.* **1.** gesprenkelt, gefleckt, scheckig; **2.** bunt.

ˌdap·ple-'grey (horse) *s.* Apfelschimmel *m.*

dar·bies ['dɑːbɪz] *s. pl. sl.* Handschellen *pl.*

Dar·by and Joan ['dɑːbɪ ən(d) 'dʒəʊn] glückliches älteres Ehepaar: **~ *club*** Seniorenklub *m.*

dare [deə] **I** *v/i.* [*irr.*] **1.** es wagen, sich (ge)trauen; sich erdreisten, sich unter'stehen: ***he ~n't do it*** er wagt es nicht (zu tun); ***how ~ you say that?*** wie können Sie es wagen, das zu sagen?; ***don't*** (***you***) **~ *to touch me!*** untersteh dich nicht, mich anzurühren!; ***how ~ you!*** a) untersteh dich!, b) was fällt dir ein!; ***I ~ say*** a) ich glaube wohl, b) allerdings (*a. iro.*); **II** *v/t.* [*irr.*] **2.** *et.* wagen, riskieren; **3.** mutig begegnen (*dat.*), trotzen (*dat.*); **4.** *j-n* her'ausfordern: ***I ~ you!*** du traust dich ja nicht!; ***I ~ you to deny it*** wage nicht, es abzustreiten; **'~ˌdev·il I** *s.* Wag(e)hals *m*, Draufgänger *m*, Teufelskerl *m*; **II** *adj.* tollkühn, waghalsig; **'~ˌdev·il·(t)ry** *s.* Tollkühnheit *f.*

dar·ing ['deərɪŋ] **I** *adj.* □ **1.** wagemutig, kühn, verwegen; **2.** unverschämt, dreist; **3.** *fig.* gewagt, kühn; **II** *s.* **4.** Wagemut *m.*

dark [dɑːk] **I** *adj.* □ → ***darkly***; **1.** dunkel, finster: ***it is getting ~*** es wird dunkel; **2.** dunkel (*Farbe*): **~ *blue*** dunkelblau; **~ *hair*** braunes *od.* dunkles Haar; → ***horse*** 1; **3.** geheim(nisvoll), dunkel, verborgen, unklar: ***a ~ secret*** ein tiefes Geheimnis; ***keep s.th. ~*** et. geheimhalten; **4.** böse, finster, schwarz: **~ *thoughts***; **5.** düster, trübe, freudlos: ***a ~ future***; ***the ~ side of things*** die Schattenseite der Dinge; **6.** dunkel, unerforscht; kul'turlos; **II** *s.* **7.** Dunkel (-heit *f*) *n*, Finsternis *f*: ***in the ~*** im Dunkel(n); ***at ~*** bei Einbruch der Dunkelheit; **8.** *pl. paint.* Schatten *m*; **9.** *fig.* Dunkel *n*, Ungewißheit *f*, *das* Geheime, Unwissenheit *f*: ***keep s.o. in the ~*** j-n im ungewissen lassen; ***I am in the ~*** ich tappe im dunkeln; ***a leap in the ~*** ein Sprung ins Ungewisse; ℒ **Ages** *s. pl. das* frühe Mittelalter; ℒ **Con·ti·nent** *s. hist. der* dunkle Erdteil, Afrika *n.*

dark·en ['dɑːkən] **I** *v/t.* **1.** verdunkeln (*a. fig.*), verfinstern: ***don't ~ my door again!*** komm mir nie wieder ins Haus!; **2.** dunkel *od.* dunkler färben; **3.** *fig.* verdüstern, trüben; **II** *v/i.* **4.** dunkel werden, sich verdunkeln (*etc.* → I); **'dark·ish** [-kɪʃ] *adj.* **1.** etwas dunkel, schwärzlich; **2.** trübe; **3.** dämmerig.

dark lan·tern *s.* 'Blendlaˌterne *f.*

dark·ling ['dɑːklɪŋ] *adj.* sich verdunkelnd; **'dark·ly** [-lɪ] *adv. fig.* **1.** finster, böse; **2.** dunkel, geheimnisvoll; **3.** undeutlich; **'dark·ness** [-nɪs] *s.* **1.** *a. fig.* Dunkelheit *f*, Finsternis *f*; **2.** dunkle Färbung; **3.** *das* Böse: ***the powers of ~*** die Mächte der Finsternis; **4.** Unwissenheit *f*; **5.** Unklarheit *f*; **6.** Heimlichkeit *f.*

'dark|·room [-rʊm] *s. phot.* Dunkelkammer *f*; **'~-skinned** *adj.* dunkelhäutig; **'~·slide** *s. phot.* Kas'sette *f.*

dark·y ['dɑːkɪ] *s. contp.* Neger(in).

dar·ling ['dɑːlɪŋ] **I** *s.* **1.** Liebling *m*, Schatz *m*: **~ *of fortune*** Glückskind *n*; ***aren't you a ~*** du bist doch ein Engel; **II** *adj.* **2.** lieb, geliebt; Herzens…; **3.** reizend, ‚süß', entzückend.

darn¹ [dɑːn] **I** *v/t. Strümpfe etc.* stopfen, ausbessern; **II** *s. das* Gestopfte.

darn² [dɑːn] *v/t. sl. für* ***damn*** 1; **darned** [-nd] *adj. u. adv. sl. für* ***damned*** 2, 3.

darn·er ['dɑːnə] *s.* **1.** Stopfer(in); **2.** Stopf-ei *n*, -pilz *m.*

darn·ing ['dɑːnɪŋ] *s.* Stopfen *n*; **~ egg** *s.* Stopf-ei *n*; **~ nee·dle** *s.* Stopfnadel *f*; **~ yarn** *s.* Stopfgarn *n.*

dart [dɑːt] **I** *s.* **1.** Wurfspeer *m*, -spieß *m*; **2.** (Wurf)Pfeil *m*; *fig.* Stachel *m des Spotts*; **3.** Satz *m*, Sprung *m*: ***make a ~ for*** losstürzen auf (*acc.*); **4.** *pl. sg. konstr.* Darts *n* (*Wurfpfeilspiel*): **~-*board*** Zielscheibe *f*; **5.** Abnäher *m* (*in Kleidern*); **II** *v/t.* **6.** schleudern, schießen; *Blicke* zuwerfen; **III** *v/i.* **7.** sausen, flitzen: **~ *at s.o.*** auf j-n losstürzen; **~ *off*** davonstürzen; **8.** sich blitzschnell bewegen, zucken, schnellen (*Schlange, Zunge*), huschen (*a. Auge*).

Dart·moor ['dɑːtˌmʊə] *a.* **~ pris·on** *s. englische Strafanstalt.*

Dar·win·ism ['dɑːwɪnɪzəm] *s.* Darwi'nismus *m.*

dash [dæʃ] **I** *v/t.* **1.** schleudern, (heftig) stoßen *od.* schlagen, schmettern: **~ *to pieces*** zerschmettern; **~ *out s.o.'s brains*** j-m den Schädel einschlagen; **2.** (be)spritzen; (über)'schütten, über'gießen (*a. fig.*): **~ *off*** *od.* ***down*** *Schriftliches* hinwerfen, -hauen; **3.** *Hoffnung etc.* zunichte machen, vereiteln; **4.** *fig.* a) niederdrücken, deprimieren, b) aus der Fassung bringen, verwirren; **5.** (ver)mischen (*a. fig.*); **6.** F → ***damn*** 1: **~ *it*** (***all***)***!*** verflixt!; **II** *v/i.* **7.** sausen, flitzen, stürmen; *sport* spurten: **~ *off*** davonjagen, -stürzen; **8.** heftig (auf-) schlagen, prallen, klatschen; **III** *s.* **9.** Sprung *m*, (Vor)Stoß *m*; Anlauf *m*, Ansturm *m*: ***at a*** (*od.* ***one***) **~** mit 'einem Schlag; ***make a ~*** (***for*, *at***) (los-) stürmen, sich stürzen (auf *acc.*); **10.** (Auf)Schlagen *n*, Prallen *n*, Klatschen *n*; **11.** Zusatz *m*; Schuß *m Rum etc.*; Prise *f Salz etc.*; Anflug *m*, Stich *m* (***of red*** ins Rote); Klecks *m* (*Farbe*): ***add a ~ of colo***(***u***)***r*** *fig.* e-n Farbtupfer aufsetzen; **12.** Federstrich *m*; *typ.* Gedankenstrich *m*; ♪, ⚡, *tel.* Strich *m*; **13.** Schneid *m*, Schwung *m*, Schmiß *m*;

Ele'ganz *f*: ***cut a ~*** Aufsehen erregen, e-e gute Figur abgeben; **14.** *sport* a) Kurzstreckenlauf *m*, b) Spurt *m*; **15.** ⚙ F → '**~·board** *s.* ✈, *mot.* Arma'turen-, Instru'mentenbrett *n.*

dashed [dæʃt] *adj. u. adv.* F verflixt; '**dash·er** [-ʃə] *s.* **1.** Butterstößel *m*; **2.** F ele'gante Erscheinung, fescher Kerl; '**dash·ing** [-ʃɪŋ] *adj.* □ **1.** schneidig, forsch, kühn; **2.** ele'gant, flott, fesch.

das·tard ['dæstəd] *s.* (gemeiner) Feigling, Memme *f*; '**das·tard·li·ness** [-lɪnɪs] *s.* **1.** Feigheit *f*; **2.** Heimtücke *f*; '**das·tard·ly** [-lɪ] *adj.* **1.** feig(e); **2.** (heim)tückisch, gemein.

da·ta ['deɪtə] *s. pl. von* **datum** (*oft [fälschlich] sg. konstr.*) (*a. technische*) Daten *pl. od.* Angaben *pl. od.* Einzelheiten *pl. od.* 'Unterlagen *pl.*; Tatsachen *pl.*; ⚙ (Meß-, Versuchs)Werte *pl.*; *Computer*: Daten *pl.*: ***personal ~*** Personalangaben, Personalien; (***electronic***) ***~ processing*** (elektronische) Datenverarbeitung; ***~ abuse*** Datenmißbrauch *m*; ***~ bank*** Datenbank *f*; ***~ carrier*** Datenträger *m*; ***~ collection*** Datenerfassung *f*; ***~ display device*** Datensichtgerät *n*; ***~ editing*** Datenaufbereitung *f*; ***~ exchange*** Datenaustausch *m*; ***~ file*** Datei *f*; ***~ input*** Dateneingabe *f*; ***~ logger*** Datenerfassungssystem *n*; ***~ output*** Datenausgabe *f*; ***~ printer*** Datendrucker *m* (*Gerät*); ***~ protection*** Datenschutz *m*; ***~ protection officer*** Datenschutzbeauftragte *m*; ***~ recall*** Datenabruf *m*; ***~ transfer*** Datenübertragung *f*; ***~ typist*** Datentypist(in).

date¹ [deɪt] *s.* ⚘ **1.** Dattel *f*; **2.** *a.* ***~-tree*** Dattelpalme *f.*

date² [deɪt] **I** *s.* **1.** Datum *n*, Zeitangabe *f*, (Monats)Tag *m*: ***what's the ~ today?*** der Wievielte ist heute?; **2.** Datum *n*, Zeit(punkt *m*) *f*: ***at an early ~*** (recht) bald; ***of recent ~*** neu(eren Datums), modern; ***fix a ~*** e-n Termin festsetzen; **3.** Zeit(raum *m*) *f*, E'poche *f*: ***of Roman ~*** aus der Römerzeit; **4.** ✝ a) Ausstellungstag *m* (*Wechsel*), b) Frist *f*, Ziel *n*: ***~ of delivery*** Liefertermin *m*; ***~ of maturity*** Fälligkeitstag *m*; ***at long ~*** auf lange Sicht; **5.** heutiger Tag: ***of this*** (*od.* ***today's***) ***~*** heutig; ***four weeks after ~*** heute in vier Wochen; ***to ~*** bis heute; ***out of ~*** veraltet, überholt, unmodern; ***go out of ~*** veralten; ***up to ~*** zeitgemäß, modern, auf der Höhe (der Zeit), auf dem laufenden; ***bring up to ~*** auf den neuesten Stand bringen, modernisieren; → ***up-to-date***; **6.** F Verabredung *f*, Rendez'vous *n*: ***have a ~ with s.o.*** mit j-m verabredet sein; ***make a ~*** sich verabreden; **7.** F (Verabredungs)Partner(in): ***who is your ~?*** mit wem bist du verabredet?; **II** *v/t.* **8.** *Brief etc.* datieren: ***~ ahead*** voraus-, vordatieren; **9.** a) ein Datum *od.* e-e Zeit festsetzen *od.* angeben für, b) e-r bestimmten Zeit zuordnen; **10.** herleiten (***from*** aus); **11.** als über'holt *od.* veraltet kennzeichnen; **12.** *a.* ***~ up*** F a) sich verabreden mit, b) (*regelmäßig*) ‚gehen' mit: ***~ a girl***; **III** *v/i.* **13.** datieren, datiert sein (***from*** von); **14.** ***~ from*** (*od.* ***back to***) stammen *od.* sich herleiten aus, entstanden sein in (*dat.*); **15.** ***~ back to*** zu'rückreichen bis, zu'rückgehen auf (*e-e Zeit*); **16.** veralten, sich über'leben.

date block *s.* ('Abreiß)Kaˌlender *m.*

dat·ed ['deɪtɪd] *adj.* **1.** veraltet, über'holt; **2.** ***~ up*** F ‚ausgebucht' (*Person*), voll besetzt (*Tag*); '**date·less** [-lɪs] *adj.* **1.** undatiert; **2.** endlos; **3.** zeitlos (*Mode, Kunstwerk etc.*).

'**date|·line** *s.* **1.** Datumszeile *f* (*e-r Zeitung etc.*); **2.** *geogr.* Datumsgrenze *f*; ***~ palm*** → ***date¹*** 2; ***~ stamp*** *s.* Datums-*od.* Poststempel *m.*

da·ti·val [də'taɪvəl] *adj. ling.* Dativ...

da·tive ['deɪtɪv] **I** *s. a.* ***~ case*** *ling.* Dativ *m*, dritter Fall; **II** *adj.* da'tivisch, Dativ...

da·tum ['deɪtəm] *pl.* **-ta** [-tə] *s.* **1.** *et.* Gegebenes *od.* Bekanntes, Gegebenheit *f*; **2.** Vor'aussetzung *f*, Grundlage *f*; **3.** ⩚ gegebene Größe; **4.** → ***data***; ***~ line*** *s. surv.* Bezugslinie *f*; ***~ point*** *s.* **1.** ⩚, *phys.* Bezugspunkt *m*; **2.** *surv.* Nor'malfixpunkt *m.*

daub [dɔːb] **I** *v/t.* **1.** be-, verschmieren, bestreichen; **2.** (***on***) schmieren, streichen (auf *acc.*); **3.** *Wand* bewerfen, verputzen; **4.** *fig.* besudeln; **II** *v/i.* **5.** *paint.* klecksen, schmieren; **III** *s.* **6.** (Lehm-) Bewurf *m*; **7.** *paint.* Schmiere'rei *f*, Farbenkleckse'rei *f*, schlechtes Gemälde; '**daub·(st)er** [-b(st)ə] *s.* Schmierer(in); Farbenkleckser(in).

daugh·ter ['dɔːtə] *s.* **1.** Tochter *f* (*a. fig.*): ***~ language*** Tochtersprache *f*; → ***Eve¹***; **2.** → ***~ com·pa·ny*** *s.* ✝ Tochter (-gesellschaft) *f*; ***~-in-law*** ['dɔːtərɪnlɔː] *pl.* ***~s-in-law*** [-təz-] *s.* Schwiegertochter *f*; '**daugh·ter·ly** [-lɪ] *adj.* töchterlich.

daunt [dɔːnt] *v/t.* einschüchtern, (er-) schrecken; entmutigen: ***nothing ~ed*** unverzagt; ***a ~ing task*** e-e beängstigende Aufgabe; '**daunt·less** [-lɪs] *adj.* □ unerschrocken.

dav·en·port ['dævnpɔːt] *s.* **1.** kleiner Sekre'tär (*Schreibtisch*); **2.** *Am.* (*bsd.* Bett)Couch *f.*

Da·vy Jones's lock·er ['deɪvɪ'dʒəʊnzɪz] *s.* ⚓ Meeresgrund *m*, nasses Grab: ***go to ~*** ertrinken.

daw [dɔː] *s. orn. obs.* Dohle *f.*

daw·dle ['dɔːdl] **I** *v/i.* trödeln, bummeln; **II** *v/t. a.* ***~ away*** *Zeit* vertrödeln; '**daw·dler** [-lə] *s.* Trödler(in), Bummler(in).

dawn [dɔːn] **I** *v/i.* **1.** tagen, dämmern, anbrechen (*Morgen, Tag*); **2.** *fig.* (her'auf)dämmern, erwachen, entstehen; **3.** ***~ (up)on*** *fig. j-m* dämmern, klarwerden, zum Bewußtsein kommen; **II** *s.* **4.** Morgendämmerung *f*, Tagesanbruch *m*: ***at ~*** beim Morgengrauen, bei Tagesanbruch; **5.** (An)Beginn *m*, Erwachen *n*, Anbruch *m.*

day [deɪ] *s.* **1.** Tag *m* (*Ggs. Nacht*): ***by ~*** bei Tage; ***before ~*** vor Tagesanbruch; ***~ and night*** Tag u. Nacht, immer; **2.** Tag *m* (*Zeitraum*): ***~'s work*** Tagesleistung *f*; ***three ~s from London*** drei Tage(reisen) von London; ***she is 30 if a ~*** sie ist mindestens 30 Jahre alt; **3.** *bestimmter* Tag: ***New Year's &*** Neujahrstag; **4.** festgesetzter Tag: ***~ of payment*** ✝ Zahlungstermin *m*; **5.** *pl.* (Lebens)Zeit *f*, Zeit(en *pl.*) *f*, Tage *pl.*: ***in my young ~s*** in m-r Jugend; ***student ~s*** Studentenzeit; ***~ after ~*** Tag für Tag; ***the ~ after*** tags darauf; ***the ~ after tomorrow*** übermorgen; ***all ~ long*** den ganzen Tag, den lieben langen Tag; ***the ~ before yesterday*** vorgestern; ***~ by ~*** (tag)täglich, Tag für Tag; ***for ~s*** (***on end***) tagelang; ***call it a ~*** F (für heute) Schluß machen; ***have a nice ~!*** *Am.* mach's gut!; ***let's call it a ~!*** F Feierabend!, Schluß für heute!; ***carry*** (*od.* ***win***) ***the ~*** den Sieg davontragen; ***end one's ~s*** s-e Tage beschließen; ***every other ~*** alle zwei Tage, e-n Tag um den andern; ***fall on evil ~s*** ins Unglück geraten; ***he*** (*od.* ***it***) ***has had his*** (*od.* ***its***) ***~*** s-e beste Zeit ist vorüber; ***~ in, ~ out*** tagaus, tagein; ***in his ~*** zu s-r Zeit, einst; ***late in the ~*** reichlich spät; ***that's all in the ~'s work*** *fig.* das gehört alles mit dazu; ***that made my ~*** F damit war der Tag für mich gerettet; ***what's the time of ~?*** wieviel Uhr ist es?; ***know the time of ~*** *fig.* wissen, was die Glocke geschlagen hat; ***pass the time of ~ with s.o.*** j-n grüßen; ***one ~*** eines Tages, einmal; ***the other ~*** neulich; ***save the ~*** die Lage retten; ***some ~*** (***or other***) e-s Tages, nächstens einmal; (***in***) ***these ~s*** heutzutage; ***this ~*** heute; ***this ~ week*** heute in e-r Woche; ***this ~ last week*** heute vor e-r Woche; ***in those ~s*** damals; ***those were the ~s!*** das waren noch Zeiten!; ***to a ~*** auf den Tag genau; ***what ~ of the month is it?*** den Wievielten haben wir heute?; ***~ bed*** *s.* Bettcouch *f*; '**~·book** *s.* **1.** Tagebuch *n*; **2.** ✝ a) Jour'nal *n*, b) Verkaufsbuch *n*, c) Kassenbuch *n*; '**~·boy** *s. Brit.* Ex'terne(r) *m* (*e-s Internats*); '**~·break** *s.* (***at ~*** bei) Tagesanbruch *m*; ˌ**~-by-'day** *adj.* (tag)täglich; '**~-care cen·ter** *s. Am.* Kindertagesstätte *f*; '**~-care moth·er** *s. Am.* Tagesmutter *f*; **~ coach** *s.* 🚂 *Am.* Per'sonenwagen *m*; '**~·dream** **I** *s.* **1.** Wachtraum *m*, Träume'rei *f*; **2.** *fig.* Luftschloß *n*; **II** *v/i.* **3.** (mit offenen Augen) träumen; 'ˌ**~dream·er** *s.* Träumer(in); '**~·fly** *s. zo.* Eintagsfliege *f*; '**~·girl** *s. Brit.* Ex'terne *f* (*e-s Internats*); **~ la·bo(u)r·er** *s.* Tagelöhner *m*; **~ let·ter** *s. Am.* 'Briefteleˌgramm *n.*

'**day·light** *s.* **1.** Tageslicht *n*: ***by*** *od.* ***in ~*** bei Tag(eslicht); → ***broad*** 2; ***let ~ into s.th.*** *fig.* a) et. der Öffentlichkeit zugänglich machen, b) et. aufhellen; ***beat the ~s out of s.o.*** F j-n windelweich schlagen; ***he saw ~ at last*** *fig.* a) endlich ging ihm ein Licht auf, b) endlich sah er Land; **2.** (***at ~*** bei) Tagesanbruch *m*; **3.** (lichter) Zwischenraum; **~ sav·ing time** *s.* Sommerzeit *f.*

'**day|-long** *adj. u. adv.* den ganzen Tag (dauernd); **~ nurs·er·y** *s.* **1.** Kindertagesstätte *f*, -krippe *f*; **2.** Spielzimmer *n*; **~ re·lease** *s.* zur beruflichen Fortbildung freigegebene Zeit; '**~·room** *s.* Tagesraum *m*; **~ school** *s.* **1.** Exter'nat *n*, Schule *f* ohne Inter'nat; **2.** Tagesschule *f*; **~ shift** *s.* Tagschicht *f*: ***be on ~*** Tagschicht haben; **~ stu·dent** Ex'terne(r *m*) *f* e-s *Internats*; **~ tick·et** *s.* 🚂 Tagesrückfahrkarte *f*; '**~·time** *s.* **1.** Tageszeit *f*, (*heller*) Tag: ***in the ~*** bei Tage; **2.** ✝ Arbeitstag *m*; ˌ**~-to-'~** *adj.* (tag)'täglich: ***~ money*** ✝ Tagesgeld *n.*

daze [deɪz] **I** *v/t.* betäuben, lähmen (*a.*

fig.); blenden; verwirren; **II** *s.* Betäubung *f*, Benommenheit *f*: ***in a ~*** benommen, betäubt; **'daz·ed·ly** [-zɪdlɪ] *adv.* betäubt *etc.* (→ ***daze*** I).

daz·zle ['dæzl] **I** *v/t.* **1.** blenden (*a. fig.*); **2.** *fig.* verwirren, verblüffen; **3.** ⚔ *durch Anstrich* tarnen; **II** *s.* **4.** Blenden *n*; Glanz *m*; **5.** *a.* ***~ paint*** ⚔ Tarnanstrich *m*; **'daz·zler** [-lə] *s.* F **1.** ‚Blender' *m*; **2.** ‚tolle Frau'; **'daz·zling** [-lɪŋ] *adj.* □ **1.** blendend, glänzend (*a. fig.*); *fig.* strahlend (schön); **2.** verwirrend.

D-Day ['di:deɪ] *s. Tag der alliierten Landung in der Normandie, 6. Juni 1944.*

dea·con ['di:kən] *s. eccl.* Dia'kon *m*; **'dea·con·ess** [-kənɪs] *s. eccl.* **1.** Dia'konin *f*; **2.** Diako'nisse *f*; **'dea·con·ry** [-rɪ] *s. eccl.* Diako'nat *n*.

de·ac·ti·vate [ˌdi:'æktɪveɪt] *v/t.* **1.** ⚔ a) *Einheit* auflösen, b) *Munition* entschärfen; **2.** außer Akti'on *od.* Betrieb setzen.

dead [ded] **I** *adj.* □ → ***deadly*** II, **1.** tot, gestorben, leblos: ***as ~ as a doornail*** (*od.* ***as mutton***) mausetot; ***~ body*** Leiche *f*, Leichnam *m*; ***he is a ~ man*** *fig.* er ist ein Kind des Todes; ***~ matter*** tote Materie (→ 11); ***~ and gone*** tot u. begraben (*a. fig.*); ***~ to the world*** F ‚total weg' (*bewußtlos, volltrunken*); ***I'm ~!*** F ich bin ‚total fertig'!; ***wait for a ~ man's shoes*** a) auf e-e Erbschaft warten, b) nur darauf warten, daß jemand stirbt (*um seine Position einzunehmen*); **2.** *fig. allg.* tot: a) ausgestorben: ***~ languages*** tote Sprachen, b) über'lebt, veraltet: ***~ customs***, c) matt, stumpf: ***~ colo(u)rs***; ***~ eyes***, d) nichtssagend, farb-, ausdruckslos, e) geistlos, f) leer, öde: ***~ streets***; ***~ land***, g) still, stehend: ***~ water***, h) *sport* nicht im Spiel: ***~ ball*** ‚toter Ball'; **3.** unzugänglich, unempfänglich (***to*** für), taub (***to*** gegen *Ratschläge etc.*); **4.** gefühllos, abgestorben: ***~ fingers***; **5.** *fig.* gefühllos, abgestumpft (***to*** gegen); **6.** erloschen: ***~ fire***; ***~ volcano***; ***~ passions***; **7.** ⚖ ungültig; **8.** *bsd.* ☿ still, ruhig, flau: ***~ season***; **9.** ☿ tot, umsatzlos: ***~ assets*** unproduktive (Kapital)Anlage; ***~ capital*** (***stock***) totes Kapital (Inventar); **10.** ⚙ a) tot, außer Betrieb, b) de'fekt: ***~ valve***; ***~ engine*** ausgefallener *od.* abgestorbener Motor, c) leer, erschöpft: ***~ battery***, d) tot, starr: ***~ axle***, e) ⚡ tot, strom-, spannungslos; **11.** *typ.* abgelegt: ***~ matter*** Ablegesatz *m*; **12.** *bsd.* △ blind, Blend...: ***~ floor***; ***~ window*** totes Fenster; **13.** Sack... (*ohne Ausgang*): ***~ street*** Sackgasse *f*; **14.** schal, abgestanden: ***~ drinks***; **15.** verwelkt, dürr, abgestorben: ***~ flowers***; **16.** völlig, to'tal: ***~ calm*** Flaute *f*, (völlige) Windstille; ***~ certainty*** absolute Gewißheit; ***in ~ earnest*** in vollem Ernst; ***~ loss*** Totalverlust *m*, *fig.* totaler Ausfall (*Person*); ***~ silence*** Totenstille *f*; ***~ stop*** völliger Stillstand; ***come to a ~ stop*** schlagartig stehenbleiben *od.* aufhören; **17.** todsicher, unfehlbar: ***he is a ~ shot***; **18.** äußerst: ***a ~ strain***; ***a ~ push*** ein verzweifelter, aber vergeblicher Stoß; **II** *s.* **19.** stillste Zeit: ***at ~ of night*** mitten in der Nacht; ***the ~ of winter*** der tiefste Winter; **20.** ***the ~*** a) der (die, das) Tote, b) *coll.* die Toten: ***several ~*** mehrere Tote; ***rise from the ~*** von den Toten auferstehen; **III** *adv.* **21.** restlos, völlig, gänzlich, abso'lut, to'tal: ***~ asleep*** in tiefstem Schlaf; ***~ drunk*** sinnlos betrunken; ***~ slow!*** *mot.* Schritt fahren; ***~ straight*** schnurgerade; ***~ tired*** todmüde; ***the facts are ~ against him*** alles spricht gegen ihn; **22.** plötzlich, schlagartig, abrupt: ***stop ~***; **23.** genau: ***~ against*** genau gegenüber von (*od. dat.*); ***~ (set) against*** ganz u. gar *od.* entschieden gegen (*et.* eingestellt); ***~ set on*** scharf auf (*acc.*).

dead| ac·count *s.* ☿ 'umsatzloses Konto; **ˌ~-(and-)a'live** *adj. fig.* (tod)langweilig; **'~-beat** *s.* F **1.** Schnorrer *m*; **2.** Gammler *m*; **ˌ~-'beat** *adj.* F todmüde, völlig ka'putt; **~ cen·ter** *Am.*, **~ cen·tre** *Brit. s.* ⚙ **1.** toter Punkt; **2.** genaue Mitte; **3.** tote Spitze (*der Drehbank*); **~ drop** *s. Spionage*: toter Briefkasten; **~ duck** *s.*: ***be a ~*** F keine Chance mehr haben, passé sein.

dead·en ['dedn] *v/t.* **1.** *Gefühl etc.* (ab-) töten, abstumpfen (***to*** gegen); betäuben; **2.** *Geräusch, Schlag etc.* dämpfen, (ab)schwächen; **3.** ⚙ mattieren.

dead| end *s.* **1.** Sackgasse *f* (*a. fig.*): ***come to a ~*** in e-e Sackgasse geraten; **2.** ⚙ blindes Ende; **'~-end** *adj.* **1.** ohne Ausgang, Sack...: ***~ street*** Sackgasse *f*; ***~ station*** Kopfbahnhof *m*; **2.** *fig.* ausweglos; **3.** ohne Aufstiegschancen: ***~ job***; **4.** verwahrlost, Slum...: ***~ kid*** verwahrlostes Kind; **'~·fall** *s.* Baumfalle *f*; **~ file** *s.* abgelegte Akte; **~ fire** *s.* Elmsfeuer *n*; **~ freight** *s.* ⚓ Fehlfracht *f*; **~ hand** → ***mortmain***; **'~·head** *s.* F a) Freikarteninhaber(in), b) Schwarzfahrer(in), c) *Am. contp.* ‚Blindgänger' *m*, ‚Niete' *f*, d) *Am.* Mitläufer *m*; **~ heat** *s. sport* totes Rennen; **~ let·ter** *s.* **1.** *fig.* toter Buchstabe (*unwirksames Gesetz*); **2.** unzustellbarer Brief; **'~·line** *s.* **1.** letzter *od.* äußerster Termin, Frist(ablauf *m*) *f*; *Zeitung*: Redakti'onsschluß *m*: ***~ pressure*** Termindruck *m*; ***meet the ~*** den Termin *od.* die Frist einhalten; **2.** Stichtag *m*; **3.** äußerste Grenze; **4.** *Am.* Todesstreifen *m* (*Strafanstalt*).

dead·li·ness ['dedlɪnɪs] *s. das* Tödliche; tödliche Wirkung.

dead| load *s.* ⚙ totes Gewicht, tote Last, Eigengewicht *n*; **'~·lock I** *s. fig.* toter Punkt, 'Patt(situatiˌon *f*) *n*: ***break the ~*** den toten Punkt überwinden; ***come to a ~*** → **II** *v/i.* sich festfahren, steckenbleiben, an e-m toten Punkt anlangen: ***~ed*** festgefahren.

dead·ly ['dedlɪ] **I** *adj.* **1.** tödlich, todbringend: ***~ poison***; ***~ precision*** tödliche Genauigkeit; ***~ sin*** Todsünde *f*; ***~ combat*** Kampf *m* auf Leben u. Tod; **2.** *fig.* unversöhnlich, grausam: ***~ enemy*** Todfeind *m*; ***~ fight*** mörderischer Kampf; **3.** totenähnlich: ***~ pallor*** Leichenblässe *f*; **4.** F schrecklich, groß, äußerst: ***~ haste***; **II** *adv.* **5.** totenähnlich: ***~ pale*** leichenblaß; **6.** F schrecklich, tod...: ***~ dull*** sterbenslangweilig.

dead| march *s.* ♪ Trauermarsch *m*; **~ ma·rine** *s. sl.* leere ‚Pulle'.

dead·ness ['dednɪs] *s.* **1.** Leblosigkeit *f*, Erstarrung *f*; *fig. a.* Leere *f*, Öde *f*; **2.** Gefühllosigkeit *f*, Gleichgültigkeit *f*, Kälte *f*; **3.** *bsd.* ☿ Flauheit *f*, Flaute *f*; **4.** Glanzlosigkeit *f*.

dead| net·tle *s.* ⚘ Taubnessel *f*; **~ pan** *s.* F ausdrucksloses Gesicht; **'~-pan** *adj.* **1.** ausdruckslos; **2.** mit ausdruckslosem Gesicht; **3.** *fig.* trocken (*Humor*); **~ point** *s.* ⚙ toter Punkt; **~ reck·on·ing** *s.* ⚓ gegißtes Besteck, Koppeln *n*; **~ set** *s.* **1.** *hunt.* Stehen *n des Hundes*; **2.** verbissene Feindschaft; **3.** hartnäckiges Bemühen *od.* Werben (***at*** um): ***make a ~ at*** sich hartnäckig bemühen um; **~ wa·ter** *s.* **1.** stehendes Wasser; **2.** ⚓ Kielwasser *n*, Sog *m*; **~ weight** *s.* **1.** a) ganze Last, volles Gewicht, b) totes Gewicht, Eigengewicht *n*; **2.** *fig.* schwere Last; **'~-weight ca·pac·i·ty** *s.* Tragfähigkeit *f*; **'~·wood** *s.* **1.** totes Holz, *weitS.* Reisig *n*; **2.** *fig.* Plunder *m*; ☿ Ladenhüter *m*; **3.** *fig. et.* Veraltetes *od.* Über'holtes; (nutzloser) 'Ballast.

de·aer·ate [di:'eɪəreɪt] *v/t.* entlüften.

deaf [def] *adj.* □ **1.** ⚕ taub: ***the ~*** die Tauben *pl.*; ***~ and dumb*** taubstumm; ***~-and-dumb language*** Taubstummensprache *f*; ***~ as a post*** stocktaub; → ***ear***[1] 1; **2.** schwerhörig; **3.** *fig.* (***to***) taub (gegen), unzugänglich (für); **'deaf-aid** *s.* Hörgerät *n*; **'deaf·en** [-fn] *v/t.* **1.** taub machen; betäuben; **2.** *Schall* dämpfen; **3.** *Wände* schalldicht machen; **'deaf·en·ing** [-fnɪŋ] *adj.* ohrenbetäubend; **ˌdeaf-'mute I** *adj.* taubstumm; **II** *s.* Taubstumme(r *m*) *f*; **'deaf·ness** [-nɪs] *s.* **1.** ⚕ Taubheit *f* (*a. fig.* ***to*** gegen); **2.** Schwerhörigkeit *f*.

deal[1] [di:l] **I** *v/i.* [*irr.*] **1.** (***with***) sich befassen *od.* beschäftigen *od.* abgeben (mit); **2.** (***with***) handeln (von), *et.* behandeln *od.* zum Thema haben; **3.** ***~ with*** sich mit *e-m Problem etc.* befassen *od.* ausein'andersetzen; *et.* in Angriff nehmen; **4.** ***~ with*** *et.* erledigen, mit *et. od. j-m* fertigwerden; **5.** ***~ with*** *od.* ***by*** behandeln (*acc.*), 'umgehen mit: ***~ fairly with s.o.*** j-n anständig behandeln, sich fair gegen j-n verhalten; **6.** ***~ with*** ☿ Geschäfte machen *od.* Handel treiben mit, in Geschäftsverkehr stehen mit; **7.** ☿ handeln, Handel treiben (***in*** mit): ***~ in paper***; **8.** dealen (*mit Rauschgift handeln*); **9.** *Kartenspiel*: geben; **II** *v/t.* [*irr.*] **10.** *oft* ***~ out*** *et.* ver-, austeilen: ***~ out rations***; ***~ s.o.*** (***s.th.***) ***a blow***, ***~ a blow at s.o.*** (***s.th.***) j-m (e-r Sache) e-n Schlag versetzen; **11.** *j-m et.* zuteilen; **12.** *Karten od. j-m e-e Karte* geben; **III** *s.* F **13.** Handlungsweise *f*, Verfahren *n*, Poli'tik *f*; → ***New Deal***; **14.** Behandlung *f*; → ***raw*** 10, ***square*** 37; **15.** Geschäft *n*, Handel *m*: ***it's a ~!*** abgemacht!; (***a***) ***good ~!*** gutes Geschäft!, nicht schlecht!; ***no ~!*** F da läuft nichts!; ***big ~!*** *Am. sl.* na und?, pah!; ***no big ~*** *Am. sl.* keine große Sache; **16.** Abkommen *n*, Über'einkunft *f*: ***make*** (*od.* ***do***) ***a ~*** ein Abkommen treffen, sich einigen; **17.** *Kartenspiel*: ***it is my ~*** ich muß geben.

deal[2] [di:l] *s.* **1.** Menge *f*, Teil *m*: ***a great ~*** (***of money***) sehr viel (Geld); ***a good ~*** ziemlich viel, ein gut Teil; ***think a great ~ of s.o.*** sehr viel von j-m halten; **2.** e-e ganze Menge: ***a ~ worse*** F viel schlechter.

deal[3] [di:l] *s.* **1.** Diele *f*, Brett *n*, Planke *f* (*bsd. aus Kiefernholz*); **2.** Tannen- *od.* Kiefernholz *n*.

deal·er ['di:lə] *s.* **1.** ☿ Händler(in), Kaufmann *m*: ***~ in antiques*** Antiquitätenhändler; **plain ~** *fig.* ehrlicher Mensch; **2.** *Brit. Börse*: Dealer *m* (*der auf eigene Rechnung Geschäfte tätigt*); **3.** Dealer *m* (*Rauschgifthändler*); **4.** *Kartenspiel*: Geber(in); **'deal·ing** [-lɪŋ] *s.* **1.** *mst pl.* 'Umgang *m*, Verkehr *m*, Beziehungen *pl.*: **have ~s with s.o.** mit j-m zu tun haben; **there is no ~ with her** mit ihr ist nicht auszukommen; **2.** ☤ a) Handel *m*, Geschäft *n* (**in** in *dat.*, mit), b) Geschäftsverkehr *m*, c) Geschäftsgebaren *n*; **3.** Verhalten *n*, Handlungsweise *f*; **4.** Austeilen *n*, Geben *n* (*von Karten*).

dealt [delt] *pret. u. p.p. von* **deal¹**.

dean [di:n] *s.* **1.** *Brit. univ.* a) De'kan *m* (*Vorstand e-r Fakultät od. e-s College*), b) Fellow *m* mit besonderen Aufgaben (*Oxford, Cambridge*); **2.** *Am. univ.* a) Vorstand *m* e-r Fakul'tät, b) Hauptberater(in), Vorsteher(in) (*der Studenten*); **3.** *eccl.* De'kan *m*, De'chant *m*; **4.** Vorsitzende(r *m*) *f*, Präsi'dent(in): **2 of the Diplomatic Corps** Doyen *m* des Diplomatischen Korps; **'dean·er·y** [-nərɪ] *s.* Deka'nat *n*.

dear [dɪə] **I** *adj.* □ → **dearly**; **1.** teuer, lieb (**to** *dat.*): **~ mother** liebe Mutter; **2 Sir,** (*in Briefen*) Sehr geehrter Herr (*Name*)!; **my ~est wish** mein Herzenswunsch; **for ~ life** als ob es ums Leben ginge; **hold ~** (wert)schätzen; **2.** teuer, kostspielig; **~ money policy** Hochzinspolitik *f*; **II** *adv.* **3.** teuer: **it cost him ~** es kam ihm teuer zu stehen; → **dearly** 2; **III** *s.* **4.** Liebste(r *m*) *f*, Liebling *m*, Schatz *m*: **isn't she a ~?** ist sie nicht ein Engel?; **there's a ~!** sei (so) lieb!; **IV** *int.* **5. oh ~!, ~, ~!, ~ me!** du liebe Zeit!, ach je!; **dear·ie** ['dɪərɪ] → **deary**; **'dear·ly** [-lɪ] *adv.* **1.** innig, herzlich; **2.** teuer; → **buy** 3; **'dear·ness** [-nɪs] *s.* **1.** Kostspieligkeit *f*, hoher Preis *od.* Wert (*a. fig.*); **2.** *das* Liebe(nswerte).

dearth [dɜ:θ] *s.* **1.** Mangel *m* (**of** an *dat.*); **2.** Hungersnot *f*.

dear·y ['dɪərɪ] *s.* F Liebling *m*, Schätzchen *n*.

death [deθ] *s.* **1.** Tod *m*: **~s** Todesfälle; **to (the) ~** zu Tode, bis zum äußersten; **at 2's door** an der Schwelle des Todes; **bleed to ~** (sich) verbluten; **do to ~** a) *j-n* umbringen, b) *fig. et.* ‚kaputtmachen' *od.* ‚zu Tode reiten'; **done to ~** F *Küche*: totgekocht; **frozen to ~** erfroren; **sure as ~** tod-, bombensicher; **tired to ~** todmüde; **catch one's ~** sich den Tod holen (*engS. durch Erkältung*); **be in at the ~** *fig.* das Ende miterleben; **that will be his ~** das wird ihm das Leben kosten; **he'll be the ~ of me** a) er bringt mich noch ins Grab, b) ich lach' mich noch tot über ihn; **hold on like grim ~** verbissen festhalten, sich festkrallen (**to** an *dat.*); **put to ~** zu Tode bringen, *bsd.* hinrichten; **2.** Tod *m*, (Ab)Sterben *n*, Ende *n*, Vernichtung *f*: **united in ~** im Tode vereint; **~ ag·o·ny** *s.* Todeskampf *m*; **'~·bed** *s.* Sterbebett *n*: **~ repentance** Reue *f* auf dem Sterbebett; **~ ben·e·fit** *s.* **1.** Sterbegeld *n*; **2.** bei Todesfall fällige Versicherungsleistung; **'~·blow** *s.* Todesstreich *m*; *fig.* Todesstoß *m* (**to** für); **~ cell** *s.* ⚖ Todeszelle *f*; **~ cer·tif·i·cate** *s.* Sterbeurkunde *f*, Totenschein *m*; **~ du·ty** *s. obs.* Erbschaftssteuer *f*; **~ grant** *s.* Sterbegeld *n*; **~ house** → **~ row**; **~ in·stinct** *s. psych.* Todestrieb *m*; **~ knell** *s.* Totengeläut *n*, -glocke *f* (*a. fig.*).

death·less ['deθlɪs] *adj.* □ *bsd. fig.* unsterblich; **'death·like** *adj.*, **'death·ly** [-lɪ] *adj. u. adv.* totenähnlich, Todes…, Leichen…, toten…: **~ pale** leichenblaß.

death| mask *s.* Totenmaske *f*; **~ pen·al·ty** *s.* Todesstrafe *f*; **~ rate** *s.* Sterblichkeitsziffer *f*; **~ rat·tle** *s.* Todesröcheln *n*; **~ ray** *s.* Todesstrahl *m*; **~ roll** *s.* Zahl *f* der Todesopfer; ⚔ Gefallenen-, Verlustliste *f*; **~ row** *s. Am.* Todestrakt *m* (*e-r Strafanstalt*); **~'s head** *s.* **1.** Totenkopf *m* (*bsd. als Symbol*); **2.** *zo.* Totenkopf *m* (*Falter*); **~ throes** *s. pl.* Todeskampf *m*; **'~·trap** *s. fig.* ‚Mausefalle' *f*; **~ war·rant** *s.* **1.** ⚖ Hinrichtungsbefehl *m*; **2.** *fig.* Todesurteil *n*; **'~·watch** *s. Brit. a.* **~ beetle** *zo.* Klopfkäfer *m*; **~ wish** *s.* Todeswunsch *m*.

deb [deb] *s.* F *abbr. für* **débutante**.

dé·bâ·cle [deɪ'bɑ:kl] (*Fr.*) *s.* **1.** De'bakel *n*, Zs.-bruch *m*, Kata'strophe *f*; **2.** Massenflucht *f*, wildes Durchein'ander; **3.** *geol.* Eisgang *m*.

de·bar [dɪ'bɑ:] *v/t.* **1.** (**from**) *j-n* ausschließen (von), hindern (an *dat. od.* zu *inf.*); **2. ~ s.o. s.th.** j-m et. versagen; **3.** *et.* verhindern.

de·bark [dɪ'bɑ:k] → **disembark**.

de·base [dɪ'beɪs] *v/t.* **1.** (cha'rakterlich) verderben, verschlechtern; **2.** (**o.s.** sich) entwürdigen, erniedrigen; **3.** entwerten; im Wert mindern; *Wert* mindern; **4.** *Münzen* verschlechtern; **5.** verfälschen; **de'based** [-st] *adj.* **1.** verderbt (*etc.*); **2.** minderwertig (*Geld*); **3.** abgegriffen (*Wort*).

de·bat·a·ble [dɪ'beɪtəbl] *adj.* **1.** disku'tabel; **2.** strittig, fraglich, um'stritten; **3.** bestreitbar, anfechtbar; **de·bate** [dɪ'beɪt] **I** *v/i.* **1.** debattieren, diskutieren; **2. ~ with o.s.** hin u. her über'legen; **II** *v/t.* **3.** *et.* debattieren, erörtern, diskutieren; **4.** erwägen, sich *et.* über'legen; **III** *s.* **5.** De'batte *f* (*a. parl.*), Erörterung *f*: **be under ~** zur Debatte stehen; **~ on request** *parl.* aktuelle Stunde; **de'bat·er** [-tə] *s.* **1.** Debat'tierer *m*, Dispu'tant *m*; **2.** *parl.* Redner *m*; **de'bat·ing** [-tɪŋ] *adj.*: **~ club** *od.* **society** Debattierklub *m*.

de·bauch [dɪ'bɔ:tʃ] **I** *v/t.* **1.** *sittlich* verderben; **2.** verführen, verleiten; **II** *s.* **3.** Ausschweifung *f*, Orgie *f*; **4.** Schwelge'rei *f*; **de'bauched** [-tʃt] *adj.* ausschweifend, liederlich, zügellos; **deb·au·chee** [ˌdebɔ:'tʃi:] *s.* Wüstling *m*; **de'bauch·er** [-tʃə] *s.* Verführer *m*; **de'bauch·er·y** [-tʃərɪ] *s.* Ausschweifung (-en *pl.*) *f*, Orgie(n *pl.*) *f*; Schwelge'rei *f*.

de·ben·ture [dɪ'bentʃə] *s.* **1.** Schuldschein *m*; **2.** ☤ a) *a.* **~ bond, ~ certificate** Obligati'on *f*, Schuldverschreibung *f*, b) *Brit.* Pfandbrief *m*: **~ holder** Obligationsinhaber(in); **~ stock** *Brit.* Obligationen *pl.*, Anleiheschuld *f*, *Am.* Vorzugsaktien erster Klasse; **3.** ☤ Rückzollschein *m*.

de·bil·i·tate [dɪ'bɪlɪteɪt] *v/t.* schwächen, entkräften; **de·bil·i·ta·tion** [dɪˌbɪlɪ'teɪʃn] *s.* Schwächung *f*, Entkräftung *f*; **de'bil·i·ty** [-lətɪ] *s.* Schwäche *f*, Kraftlosigkeit *f*, Erschöpfung(szustand *m*) *f*.

deb·it ['debɪt] **I** *s.* ☤ **1.** Debet *n*, Soll *n*, Schuldposten *m*: **~ and credit** Soll *n* u. Haben *n*; **2.** Belastung *f*: **to the ~ of** zu Lasten von; **3.** *a.* **~ side** Debetseite *f*: **charge** (*od.* **carry**) **a sum to s.o.'s ~** j-s Konto mit e-r Summe belasten; **II** *v/t.* **4.** debitieren, belasten (**with** mit); **III** *adj.* **5.** Debet…, Schuld…: **~ account**; **~ balance** Debetsaldo *m*; **your ~ balance** Saldo *m* zu Ihren Lasten; **~ entry** Lastschrift *f*; **~ note** Lastschriftanzeige *f*.

de·block [ˌdi:'blɒk] *v/t.* ☤ *eingefrorene Konten* freigeben.

deb·o·nair(e) [ˌdebə'neə] *adj.* **1.** höflich, gefällig; **2.** heiter, fröhlich; **3.** 'lässig(-eleˌgant).

de·bouch [dɪ'baʊtʃ] *v/i.* **1.** ⚔ her'vorbrechen; **2.** einmünden, sich ergießen (*Fluß*).

De·brett [də'bret] *npr.*: **~'s peerage** *englisches Adelsregister*.

de·brief·ing [ˌdi:'bri:fɪŋ] *s.* ⚔, ✈ Einsatzbesprechung *f* (*nach dem Flug*).

de·bris ['deɪbri:] *s.* Trümmer *pl.*, (Gesteins)Schutt *m* (*a. geol.*).

debt [det] *s.* Schuld *f* (*Geld od. fig.*); Verpflichtung *f*: **~-collecting agency** Inkassobüro *n*; **~ collector** Inkassobeauftragte(r) *m*; **collection of ~s** Inkasso *n*; **~ restructuring** Umschuldung *f*; **bad ~s** zweifelhafte Forderungen *od.* Außenstände; **~ of gratitude** Dankesschuld; **~ of hono(u)r** Ehrenschuld; **pay one's ~ to nature** der Natur s-n Tribut entrichten, sterben; **run into ~** in Schulden geraten; **run up ~s** Schulden machen; **be in ~** verschuldet sein, Schulden haben; **be in s.o.'s ~** *fig.* j-m verpflichtet sein, in j-s Schuld stehen; **'debt·or** [-tə] *s.* Schuldner(in), ☤ Debitor *m*: **common ~** Gemeinschuldner *m*.

de·bug [ˌdi:'bʌg] *v/t.* **1.** ⚙ F (die) ‚Mucken' *e-r Maschine* beseitigen; **~ program** *Computer*: Fehlersuchprogramm *n*; **2.** entwanzen (*a.* F *von Minispionen befreien*).

de·bunk [ˌdi:'bʌŋk] *v/t.* F entlarven.

de·bu·reauc·ra·tize [ˌdi:bjʊə'rɒkrətaɪz] *v/t.* entbürokratisieren.

de·bus [ˌdi:'bʌs] *v/i.* aus dem *od.* e-m Bus aussteigen.

dé·but, *Am.* **de·but** ['deɪbu:] (*Fr.*) *s.* De'büt *n*: a) erstes Auftreten (*thea. od. in der Gesellschaft*), b) Anfang *m*, Antritt *m* (*e-r Karriere etc.*): **make one's ~** sein Debüt geben; **déb·u·tant**, *Am.* **deb·u·tant** ['debju:tɑ̃:ŋ] (*Fr.*) *s.* Debü'tant *m*; **déb·u·tante**, *Am.* **deb·u·tante** ['debju:tɑ:nt] (*Fr.*) *s.* Debü'tantin *f*.

deca- [dekə] *in Zssgn* zehn(mal).

dec·ade ['dekeɪd] *s.* **1.** De'kade *f*: a) Jahr'zehnt *n*, b) Zehnergruppe *f*; **2.** ⚡, ⚙ De'kade *f*.

dec·a·dence ['dekədəns] *s.* Deka'denz *f*, Entartung *f*, Verfall *m*, Niedergang *m*; **'dec·a·dent** [-nt] **I** *adj.* deka'dent, entartet, verfallend; Dekadenz…; **II** *s.* deka'denter Mensch.

de·caf·fein·ate [ˌdi:'kæfɪneɪt] *v/t. Kaffee* koffe'infrei machen.

dec·a·gon ['dekəgən] *s.* A Zehneck *n*; **dec·a·gram(me)** ['dekəgræm] *s.* Deka'gramm *n*.

de·cal [dɪ'kæl] → ***decalcomania***.
de·cal·ci·fy [ˌdiː'kælsɪfaɪ] *v/t.* entkalken.
de·cal·co·ma·ni·a [dɪˌkælkəʊ'meɪnɪə] *s.* Abziehbild(verfahren) *n.*
dec·a|·li·ter *Am.*, **~·li·tre** *Brit.* ['dekəˌliːtə] *s.* Deka'liter *m, n*; **ⓢ·log(ue)** ['dekəlɒg] *s. bibl.* Deka'log *m, die* Zehn Gebote *pl.*; **~·me·ter** *Am.*, **~·me·tre** *Brit.* ['dekəˌmiːtə] *s.* Deka'meter *m, n.*
de·camp [dɪ'kæmp] *v/i.* **1.** ⚔ das Lager abbrechen; **2.** F sich aus dem Staube machen.
de·cant [dɪ'kænt] *v/t.* **1.** ab-, 'umfüllen; **2.** dekantieren, vorsichtig abgießen; **de'cant·er** [-tə] *s.* **1.** Ka'raffe *f*; **2.** Klärflasche *f.*
de·cap·i·tate [dɪ'kæpɪteɪt] *v/t.* **1.** enthaupten, köpfen; **2.** *Am.* F entlassen, ‚absägen'; **de·cap·i·ta·tion** [dɪˌkæpɪ'teɪʃn] *s.* **1.** Enthauptung *f*; **2.** *Am.* F ‚Rausschmiß' *m.*
de·car·bon·ate [ˌdiː'kɑːbəneɪt] *v/t.* Kohlensäure *od.* Kohlen'dioxyd entziehen (*dat.*); **de·car·bon·ize** [ˌdiː'kɑːbənaɪz] *v/t.* dekarbonisieren; **de·car·bu·rize** [ˌdiː'kɑːbjʊəraɪz] → ***decarbonize***.
de·car·tel·i·za·tion ['diːˌkɑːtəlaɪ'zeɪʃn] *s.* ✝ Entkartellisierung *f*, (Kon'zern-) Entflechtung *f*; **de·car·tel·ize** [ˌdiː'kɑːtəlaɪz] *v/t.* entflechten.
de·cath·lete [dɪ'kæθliːt] *s. sport* Zehnkämpfer *m*; **de·cath·lon** [dɪ'kæθlɒn] *s.* Zehnkampf *m.*
dec·a·tize ['dekətaɪz] *v/t.* *Seide* dekatieren.
de·cay [dɪ'keɪ] **I** *v/t.* **1.** verfallen, zerfallen (*a. phys.*), in Verfall geraten, zu'grunde gehen; **2.** verderben, verkümmern, verblühen; **3.** (ver)faulen (*a.* Zahn), (ver)modern, verwesen; **4.** schwinden, abnehmen, schwach werden, (her'ab)sinken: **~ed with age** altersschwach; **II** *s.* **5.** Verfall *m*, Zerfall *m* (*a. phys. von Radium etc.*): ***fall into* ~** → 1; **6.** Nieder-, Rückgang *m*, Verblühen *n*; Ru'in *m*; **7.** ⚕ Karies *f*, (Zahn)Fäule *f*; Schwund *m*; **8.** Fäulnis *f*, Vermodern *n*; **de'cayed** [-eɪd] *adj.* **1.** ver-, zerfallen; kraftlos; zerrüttet; **2.** her'untergekommen; **3.** verblüht; **4.** verfault, morsch; *geol.* verwittert; **5.** ⚕ kari'ös, schlecht (*Zahn*).
de·cease [dɪ'siːs] **I** *v/i.* sterben, verscheiden; **II** *s.* Tod *m*, Ableben *n*; **de'ceased** [-st] **I** *adj.* verstorben; **II** *s.* ***the* ~** a) der *od.* die Verstorbene, b) die Verstorbenen *pl.*
de·ce·dent [dɪ'siːdənt] *s.* ⚖ *Am.* **1.** → ***deceased*** II; **2.** Erb-lasser(in).
de·ceit [dɪ'siːt] *s.* **1.** Betrug *m*, (bewußte) Täuschung; Betrüge'rei *f*; **2.** Falschheit *f*, Tücke *f*; **de'ceit·ful** [-fʊl] *adj.* ☐ betrügerisch; falsch, 'hinterlistig; **de'ceit·ful·ness** [-fʊlnɪs] *s.* Falschheit *f*, 'Hinterlist *f*, Arglist *f.*
de·ceiv·a·ble [dɪ'siːvəbl] *adj.* leicht zu täuschen(d); **de·ceive** [dɪ'siːv] **I** *v/t.* **1.** täuschen (*Person od. Sache*), trügen (*Sache*): ***be* ~d** sich täuschen lassen, sich irren (***in*** in *dat.*); **~ *o.s.*** sich et. vormachen; **2.** *mst pass. Hoffnung etc.* enttäuschen; **II** *v/i.* **3.** trügen, täuschen (*Sache*); **de'ceiv·er** [-və] *s.* Betrüger (-in).
de·cel·er·ate [ˌdiː'seləreɪt] **I** *v/t.* verlangsamen; die Geschwindigkeit verringern von (*od. gen.*); **II** *v/i.* sich verlangsamen; s-e Geschwindigkeit verringern; **de·cel·er·a·tion** ['diːˌselə'reɪʃn] *s.* Verlangsamung *f*; Geschwindigkeitsabnahme *f*: **~ *lane*** *mot.* Verzögerungsspur *f.*
De·cem·ber [dɪ'sembə] *s.* De'zember *m*: ***in* ~** im Dezember.
de·cen·cy ['diːsnsɪ] *s.* **1.** Anstand *m*, Schicklichkeit *f*: ***for* ~'s *sake*** anstandshalber; ***sense of* ~** Anstandsgefühl *n*; **2.** Anständigkeit *f*; **3.** *pl.* Anstand *m*; **4.** *pl.* Annehmlichkeiten *pl. des Lebens.*
de·cen·ni·al [dɪ'senjəl] **I** *adj.* ☐ **1.** zehnjährig; **2.** alle zehn Jahre 'wiederkehrend; **II** *s.* **3.** *Am.* Zehn'jahrfeier *f*; **de'cen·ni·al·ly** [-lɪ] *adv.* alle zehn Jahre; **de'cen·ni·um** [-jəm] *pl.* **-ni·ums**, **-ni·a** [-jə] *s.* Jahr'zehnt *n*, De'zennium *n.*
de·cent ['diːsnt] *adj.* ☐ **1.** anständig: a) schicklich, b) sittsam, c) ehrbar; **2.** de'zent, unaufdringlich; **3.** F ‚anständig': a) annehmbar: ***a* ~ *meal***, b) nett: ***that was* ~ *of him***.
de·cen·tral·i·za·tion [diːˌsentrəlaɪ'zeɪʃn] *s.* Dezentralisierung *f*; **de·cen·tral·ize** [ˌdiː'sentrəlaɪz] *v/t.* dezentralisieren.
de·cep·tion [dɪ'sepʃn] *s.* **1.** Täuschung *f*, Irreführung *f*; **2.** Betrug *m*; **3.** Trugbild *n*; **de'cep·tive** [-ptɪv] *adj.* ☐ täuschend, irreführend, trügerisch: ***appearances are* ~** der Schein trügt.
deci- [desɪ] *in Zssgn* Dezi…
dec·i·bel ['desɪbel] *s. phys.* Dezi'bel *n.*
de·cide [dɪ'saɪd] **I** *v/t.* **1.** *et.* entscheiden; **2.** *j-n* bestimmen, veranlassen; *et.* bestimmen, festsetzen: **~ *the right moment***; ***that* ~d *me*** das gab für mich den Ausschlag, das bestärkte mich in m-m Entschluß; ***the weather* ~d *me against going*** aufgrund des Wetters entschloß ich mich, nicht zu gehen; **II** *v/i.* **3.** entscheiden, bestimmen, den Ausschlag geben; **4.** beschließen; sich entscheiden *od.* entschließen (***in favo[u]r of*** für; ***against doing*** nicht zu tun; ***to do*** zu tun); **5.** zu dem Schluß *od.* der Über'zeugung kommen: ***I* ~d *that it was worth trying***; **6.** feststellen, finden: ***we* ~d *that the weather was too bad***; **7.** **~ (*up*)*on*** sich entscheiden für *od.* über (*acc.*); festsetzen, -legen, bestimmen (*acc.*); **de'cid·ed** [-dɪd] *adj.* ☐ **1.** entschieden, unzweifelhaft, deutlich; **2.** entschieden, entschlossen, fest, bestimmt; **de'cid·ed·ly** [-dɪdlɪ] *adv.* entschieden, fraglos, bestimmt; **de'cid·er** [-də] *s.* **1.** *sport* Entscheidungskampf *m*, Stechen *n*; **2.** *das* Entscheidende, *die* Entscheidung.
de·cid·u·ous [dɪ'sɪdjʊəs] *adj.* **1.** ⚘ jedes Jahr abfallend: **~ *tree*** Laubbaum *m*; **2.** *zo.* abfallend (*Geweih etc.*).
dec·i|·gram(me) ['desɪgræm] *s.* Dezi'gramm *n*; **~·li·ter** *Am.*, **~·li·tre** *Brit.* ['desɪˌliːtə] *s.* Dezi'liter *m, n.*
dec·i·mal ['desɪml] Ⓐ **I** *adj.* ☐ → ***decimally***; dezi'mal, Dezimal…: **~ *fraction***; ***go* ~** das Dezimalsystem einführen; **II** *s.* a) Dezi'malzahl *f*, b) Dezi'male *f*, Dezi'malstelle *f*: ***circulating* (*recurring*) ~** periodische (unendliche) Dezimalzahl; **'dec·i·mal·ize** [-məlaɪz] *v/t.* auf das Dezi'malsyˌstem 'umstellen; **'dec·i·mal·ly** [-məlɪ] *adv.* **1.** nach dem Dezi'malsyˌstem; **2.** in Dezi'malzahlen (ausgedrückt).
dec·i·mal| place *s.* Dezi'malstelle *f*; **~ point** *s.* Komma *n* (*im Englischen ein Punkt*) vor der ersten Dezi'malstelle: ***floating* ~** Fließkomma (*Taschenrechner etc.*); **~ sys·tem** *s.* Dezi'malsyˌstem *n.*
dec·i·mate ['desɪmeɪt] *v/t.* dezimieren, *fig. a.* stark schwächen *od.* vermindern; **dec·i·ma·tion** [desɪ'meɪʃn] *s.* Dezimierung *f.*
dec·i·me·ter *Am.*, **dec·i·me·tre** *Brit.* ['desɪˌmiːtə] *s.* Dezi'meter *m, n.*
de·ci·pher [dɪ'saɪfə] *v/t.* **1.** entziffern; **2.** dechiffrieren; **3.** *fig.* enträtseln; **de'ci·pher·a·ble** [-fərəbl] *adj.* entzifferbar; *fig.* enträtselbar; **de'ci·pher·ment** [-mənt] *s.* Entzifferung *f etc.*
de·ci·sion [dɪ'sɪʒn] *s.* **1.** Entscheidung *f* (*a.* ⚖); Entscheid *m*, Urteil *n*, Beschluß *m*: ***make* (*od. take*) *a* ~** e-e Entscheidung treffen; **2.** Entschluß *m*: ***arrive at a* ~, *come to a* ~, *take a* ~** zu e-m Entschluß kommen; **3.** Entschlußkraft *f*, Entschlossenheit *f*: **~ *of character*** Charakterstärke *f*; **~-ˌmak·er** *s.* Entscheidungsträger *m*; **~-ˌmak·ing** *adj.* entscheidungstragend, entscheidend: **~ *board***.
de·ci·sive [dɪ'saɪsɪv] *adj.* ☐ **1.** entscheidend, ausschlag-, maßgebend; endgültig, schlüssig: ***be* ~ *in*** entscheidend beitragen zu; ***be* ~ *of*** entscheiden (*acc.*); **~ *battle*** Entscheidungsschlacht *f*; **2.** entschlossen, entschieden (*Person*); **de'ci·sive·ness** [-nɪs] *s.* **1.** entscheidende Kraft; **2.** Maßgeblichkeit *f*; **3.** Endgültigkeit *f*; **4.** Entschiedenheit *f.*
deck [dek] **I** *s.* **1.** ⚓ Deck *n*: ***on* ~** a) auf Deck, b) *Am.* F bereit, zur Hand; ***all hands on* ~!** alle Mann an Deck!; ***below* ~** unter Deck; ***clear the* ~s (*for action*)** a) das Schiff klar zum Gefecht machen, b) *fig.* sich bereitmachen; **2.** ✈ Tragdeck *n*, -fläche *f*; **3.** 🚂 (Wag'gon)Dach *n*; **4.** (Ober)Deck *n* (*Bus*); **5.** a) Laufwerk *n* (*e-s Plattenspielers*), b) → ***tape deck***; **6.** *sl.* ‚Briefchen' *n* (*Rauschgift*); Spiel *n*, Pack *m* (Spiel-) Karten; **II** *v/t.* **7.** *oft* **~ *out*** a) (aus-) schmücken, b) *j-n* her'ausputzen; **'~·chair** *s.* Liegestuhl *m.*
-deck·er [dekə] *s. in Zssgn* …decker *m*; → ***three-decker***.
deck| game *s.* Bordspiel *n*; **~ hand** *s.* ⚓ Ma'trose *m.*
deck·le-edged [ˌdekl'edʒd] *adj.* **1.** mit Büttenrand; **2.** unbeschnitten: **~ *book***.
de·claim [dɪ'kleɪm] **I** *v/i.* **1.** reden, e-e Rede halten; **2.** **~ *against*** eifern *od.* wettern gegen; **3.** Phrasen dreschen; **II** *v/t.* **4.** deklamieren, (*contp.* bom'bastisch) vortragen.
dec·la·ma·tion [ˌdeklə'meɪʃn] *s.* **1.** Deklamati'on *f* (*a.* ♪); **2.** bom'bastische Rede; **3.** Ti'rade *f*; **4.** Vortragsübung *f*;
de·clam·a·to·ry [dɪ'klæmətərɪ] *adj.* ☐ **1.** Rede…, Vortrags…; **2.** deklama'torisch; **3.** eifernd; **4.** bom'bastisch, thea'tralisch.
de·clar·a·ble [dɪ'kleərəbl] *adj.* zollpflichtig; **de'clar·ant** [-rənt] *s.* **1.** ⚖ Erschienene(r *m*) *f*; **2.** *Am.* Einbürgerungsanwärter(in).
dec·la·ra·tion [ˌdeklə'reɪʃn] *s.* **1.** Erklärung *f*, Aussage *f*: ***make a* ~** eine Erklärung abgeben; **~ *of intent*** Absichtserklärung; **~ *of war*** Kriegserklärung; **2.**

Mani'fest *n*, Proklamati'on *f*; **3.** ⚖ a) *Am.* Klageschrift *f*, b) Beteuerung *f* (*an Eides Statt*); **4.** Anmeldung *f*, Angabe *f*: *~ of bankruptcy* † Konkursanmeldung; *customs ~* Zolldeklaration *f*, -erklärung *f*; **5.** *Bridge*: Ansage *f*; **de·clar·a·tive** [dɪ'klærətɪv] *adj.*: *~ sentence ling.* Aussagesatz *m*; **de·clar·a·to·ry** [dɪ'klærətərɪ] *adj.* erklärend: *be ~ of* erklären, darlegen, feststellen; *~ judgment* ⚖ Feststellungsurteil *n*.

de·clare [dɪ'kleə] **I** *v/t.* **1.** erklären, aussagen, verkünden, bekanntmachen, proklamieren: *~ war (on) (j-m)* den Krieg erklären, *fig.* (*j-m*) den Kampf ansagen; *he was ~d winner* er wurde zum Sieger erklärt; **2.** erklären, behaupten; **3.** angeben, anmelden; erklären, deklarieren (*Zoll*); † *Dividende* festsetzen; **4.** *Kartenspiel*: ansagen; **5.** *~ o.s.* a) sich erklären (*a. durch Heiratsantrag*), sich offenbaren, s-e Meinung kundtun, b) sich im wahren Licht zeigen; *~ o.s. for s.th.* sich zu e-r Sache bekennen; **II** *v/i.* **6.** erklären, bestätigen: *well, I ~!* ich muß schon sagen!, nanu!; **7.** sich erklären *od.* entscheiden (*for* für; *against* gegen); **8.** *~ off* a) absagen, b) sich lossagen (*from* von); *Kricket*: ein Spiel vorzeitig abbrechen; **de'clared** [-eəd] *adj.* □ *fig.* erklärt (*Feind etc.*); **de'clar·ed·ly** [-eərɪdlɪ] *adv.* erklärtermaßen, ausgesprochen.

de·clas·si·fy [di:'klæsɪfaɪ] *v/t.* die Geheimhaltung (*gen.*) aufheben, *Dokumente etc.* freigeben.

de·clen·sion [dɪ'klenʃn] *s.* **1.** Abweichung *f*, Abfall *m* (*from* von); **2.** Verfall *m*, Niedergang *m*; **3.** *ling.* Deklinati'on *f*; **de'clen·sion·al** [-ʃənl] *adj. ling.* Deklinations…

de·clin·a·ble [dɪ'klaɪnəbl] *adj. ling.* deklinierbar; **dec·li·na·tion** [ˌdeklɪ'neɪʃn] *s.* **1.** Neigung *f*, Abschüssigkeit *f*; **2.** Abweichung *f*; **3.** *ast.*, *phys.* Deklinati'on *f*: *~ compass* ⚓ Deklinationsbussole *f*; *compass ~* Mißweisung *f*.

de·cline [dɪ'klaɪn] **I** *v/i.* **1.** sich neigen, sich senken; **2.** sich neigen, zur Neige *od.* zu Ende gehen: *declining years* Lebensabend *m*; **3.** abnehmen, nachlassen, zu'rückgehen; sich verschlechtern, schwächer werden; verfallen; **4.** sinken, fallen (*Preise*); **5.** (höflich) ablehnen; **II** *v/t.* **6.** neigen, senken; **7.** ablehnen, nicht annehmen, ausschlagen; es ablehnen (*doing od. to do* zu tun); **8.** *ling.* deklinieren, beugen; **III** *s.* **9.** Neigung *f*, Senkung *f*, Abhang *m*; **10.** Neige *f*, Ende *n*: *~ of life* Lebensabend *m*; **11.** Nieder-, Rückgang *m*, Abnahme *f*; Verschlechterung *f*: *be on the ~* a) zur Neige gehen, b) im Niedergang begriffen sein, sinken; *~ of strength* Kräfteverfall *m*; *~ of (od. in) prices* Preisrückgang; *~ in value* Wertminderung *f*; **12.** ⚕ körperlicher *od.* geistiger Verfall, Siechtum *n*.

de·cliv·i·tous [dɪ'klɪvɪtəs] *adj.* abschüssig, steil; **de'cliv·i·ty** [-vətɪ] *s.* **1.** Abschüssigkeit *f*; **2.** Abhang *m*.

de·clutch [ˌdi:'klʌtʃ] *v/i. mot.* auskuppeln.

de·coct [dɪ'kɒkt] *v/t.* auskochen, absieden; **de'coc·tion** [-kʃn] *s.* **1.** Auskochen *n*, Absieden *n*; **2.** Absud *m*; *pharm.* De'kokt *n*.

de·code [ˌdi:'kəʊd] *v/t.* decodieren (*a. ling.*, *Computer*), dechiffrieren, entschlüsseln, über'setzen; **ˌde'cod·er** [-də] *s. a. Radio, Computer*: De'coder *m*.

dé·col·le·té [deɪ'kɒlteɪ] (*Fr.*) *adj.* **1.** (tief) ausgeschnitten (*Kleid*); **2.** dekolletiert (*Dame*).

de·col·o·nize [ˌdi:'kɒlənaɪz] *v/t.* dekolonisieren, in die Unabhängigkeit entlassen.

de·col·or·ant [di:'kʌlərənt] **I** *adj.* entfärbend, bleichend; **II** *s.* Bleichmittel *n*; **de'col·o(u)r·ize** [-raiz] *v/t.* entfärben, bleichen.

de·com·pose [ˌdi:kəm'pəʊz] **I** *v/t.* **1.** zerlegen, spalten; **2.** zersetzen; **3.** ⚗, *phys.* scheiden, abbauen; **II** *v/i.* **4.** sich auflösen, zerfallen; **5.** sich zersetzen, verwesen, verfaulen; **ˌde·com'posed** [-zd] *adj.* verfault, verdorben; **de·com·po·si·tion** [ˌdi:kɒmpə'zɪʃn] *s.* **1.** ⚗, *phys.* Zerlegung *f*, Aufspaltung *f*, Scheidung *f*, Auflösung *f*, Abbau *m*; **2.** Zersetzung *f*, Zerfall *m*; **3.** Verwesung *f*, Fäulnis *f*.

de·com·press [ˌdi:kəm'pres] *v/t.* dekomprimieren, den Druck vermindern in (*dat.*); **ˌde·com'pres·sion** [-eʃn] *s.* Dekompressi'on *f*, Druckverminderung *f*.

de·con·tam·i·nate [ˌdi:kən'tæmɪneɪt] *v/t.* entgiften, -seuchen, -strahlen; **de·con·tam·i·na·tion** ['di:kənˌtæmɪ'neɪʃn] *s.* Entgiftung *f*, -seuchung *f*, -gasung *f*.

de·con·trol [ˌdi:kən'trəʊl] **I** *v/t.* die Zwangsbewirtschaftung aufheben von *od.* für; *Waren, Handel* freigeben; **II** *s.* Aufhebung *f* der Zwangsbewirtschaftung, Freigabe *f*.

dé·cor ['deɪkɔ:] (*Fr.*) *s.* ⚠, *thea. etc.* De'kor *m*, *n*, Ausstattung *f*.

dec·o·rate ['dekəreɪt] *v/t.* **1.** (aus-) schmücken, (ver)zieren, dekorieren; **2.** *Wohnung* a) (neu) tapezieren *od.* streichen, b) einrichten, ausstatten; **3.** *mit e-m Orden* dekorieren, auszeichnen; **dec·o·ra·tion** [ˌdekə'reɪʃn] *s.* **1.** Ausschmückung *f*, Verzierung *f*; **2.** Schmuck *m*, Zierat *m*, Dekorati'on *f*; **3.** Orden *m*, Ehrenzeichen *n*; **4.** *a. interior ~* a) Innenausstattung *f*, b) 'Innenarchitekˌtur *f*.

Dec·o·ra·tion Day → *Memorial Day*.

dec·o·ra·tive ['dekərətɪv] *adj.* □ dekora'tiv, schmückend, ornamen'tal, Zier…, Schmuck…: *~ plant* Zierpflanze *f*; **dec·o·ra·tor** ['dekəreɪtə] *s.* **1.** Dekora'teur *m*; **2.** → *interior* 1; **3.** Maler *m* u. Tapezierer *m*.

dec·o·rous ['dekərəs] *adj.* □ schicklich, anständig.

de·cor·ti·cate [ˌdi:'kɔ:tɪkeɪt] *v/t.* **1.** entrinden; schälen; **2.** enthülsen.

de·co·rum [dɪ'kɔ:rəm] *s.* **1.** Anstand *m*, Schicklichkeit *f*, De'korum *n*; **2.** Eti'kette *f*, Anstandsformen *pl.*

de·coy I *s.* ['di:kɔɪ] **1.** Köder *m*, Lockspeise *f*; **2.** *a. ~ duck* Lockvogel *m* (*a. fig.*); **3.** *hunt.* Entenfang *m*, -falle *f*; **4.** ⚔ Scheinanlage *f*; **II** *v/t.* [dɪ'kɔɪ] **5.** ködern, locken; **6.** *fig.* (ver)locken, verleiten; *~ ship s.* ⚓, ⚔ U-Boot-Falle *f*.

de·crease [di:'kri:s] **I** *v/i.* abnehmen, sich vermindern, kleiner werden: *~ in length* kürzer werden; **II** *v/t.* vermindern, verringern, reduzieren, her'absetzen; **III** *s.* ['di:kri:s] Abnahme *f*, Verminderung *f*, Verringerung *f*; Rückgang *m*: *~ in prices* Preisrückgang; *be on the ~* → I; **de'creas·ing·ly** [-sɪŋlɪ] *adv.* immer weniger: *~ rare*.

de·cree [dɪ'kri:] **I** *s.* **1.** De'kret *n*, Erlaß *m*, Verfügung *f*, Verordnung *f*: *issue a ~* e-e Verfügung erlassen; *by ~* auf dem Verordnungsweg; **2.** ⚖ Entscheid *m*, Urteil *n*: *~ absolute* rechtskräftiges (Scheidungs)Urteil; → *nisi*; **3.** *fig.* Ratschluß *m Gottes*, Fügung *f des Schicksals*; **II** *v/t.* **4.** verfügen, an-, verordnen.

dec·re·ment ['dekrɪmənt] *s.* Abnahme *f*, Verminderung *f*.

de·crep·it [dɪ'krepɪt] *adj.* **1.** altersschwach, klapp(e)rig (*beide a. fig.*); **2.** verfallen, baufällig.

de·cres·cent [dɪ'kresnt] *adj.* abnehmend: *~ moon*.

de·cry [dɪ'kraɪ] *v/t.* schlecht-, her'untermachen, her'absetzen.

dec·u·ple ['dekjʊpl] **I** *adj.* zehnfach; **II** *s. das* Zehnfache; **III** *v/t.* verzehnfachen.

de·cus·sate [dɪ'kʌsət] *adj.* **1.** sich kreuzend *od.* schneidend; **2.** ♆ kreuzgegenständig.

ded·i·cate ['dedɪkeɪt] *v/t.* (*to dat.*) **1.** weihen, widmen; **2.** *s-e Zeit etc.* widmen; **3.** *~ o.s.* sich widmen *od.* hingeben; sich zuwenden; **4.** *Buch etc.* widmen, zueignen; **5.** *Am.* feierlich eröffnen *od.* einweihen; **6.** a) der Öffentlichkeit zugänglich machen, b) dem öffentlichen Verkehr über'geben: *~ a road*; **7.** *dem Feuer, der Erde* über'antworten; **'ded·i·cat·ed** [-tɪd] *adj.* **1.** pflichtbewußt, hingebungsvoll; **2.** engagiert; **ded·i·ca·tion** [ˌdedɪ'keɪʃn] *s.* **1.** Weihung *f*, Widmung *f*; feierliche Einweihung; **2.** 'Hingabe *f* (*to* an *acc.*), Engage'ment *n*; **3.** Widmung *f*, Zueignung *f*; **4.** *Am.* feierliche Einweihung *od.* Eröffnung; **5.** 'Übergabe *f* an den öffentlichen Verkehr; **'ded·i·ca·tor** [-tə] *s.* Widmende(r *m*) *f*; **'ded·i·ca·to·ry** [-kətərɪ] *adj.* (Ein)Weihungs…; Widmungs…, Zueignungs…

de·duce [dɪ'dju:s] *v/t.* **1.** folgern, schließen (*from* aus); **2.** ab-, 'herleiten (*from* von); **de'duc·i·ble** [-səbl] *adj.* **1.** zu folgern(d); **2.** ab-, 'herleitbar, 'herzuleiten(d).

de·duct [dɪ'dʌkt] *v/t. e-n Betrag* abziehen (*from* von), einbehalten; (*von der Steuer*) absetzen: *after ~ing* nach Abzug von *od. gen.*; *~ing expenses* abzüglich (der) Unkosten; **de'duct·i·ble** [-təbl] *adj.* **1.** abzugsfähig; **2.** (*von der Steuer*) absetzbar; **de'duc·tion** [-kʃn] *s.* **1.** Abzug *m*, Abziehen *n*; **2.** † Abzug *m*, Ra'batt *m*, (Preis)Nachlaß *m*; *~ at source* Quellenbesteuerung *f*; **3.** (Schluß)Folgerung *f*, Schluß *m*; **4.** 'Herleitung *f*; **de'duc·tive** [-tɪv] *adj.* □ **1.** deduk'tiv, folgernd, schließend; **2.** → *deducible*.

deed [di:d] **I** *s.* **1.** Tat *f*, Handlung *f*: *in word and ~* in Wort u. Tat; **2.** Helden-, Großtat *f*; **3.** ⚖ (Vertrags-, *bsd.* Über'tragungs)Urkunde *f*, Doku'ment *n*: *~ of donation* Schenkungsurkunde; **II** *v/t.* **4.** *Am.* urkundlich über'tragen (*to* auf *j-n*); *~ poll s.* ⚖ einseitige (gesiegelte) Erklärung (*e-r Vertragspartei*).

dee·jay ['di:dʒeɪ] *s.* F Diskjockey *m*.

deem [diːm] **I** *v/i.* denken, meinen; **II** *v/t.* halten für, erachten für, betrachten als: ***I ~ it advisable.***

de·e·mo·tion·al·ize [ˌdiːɪˈməʊʃnəlaɪz] *v/t.* versachlichen.

de·em·pha·size [ˌdiːˈemfəsaɪz] *v/t.* bagatellisieren.

deem·ster [ˈdiːmstə] *s.* Richter *m* (*auf der Insel Man*).

deep [diːp] **I** *adj.* ☐ → ***deeply***; **1.** tief (*vertikal*): ***~ hole***; ***~ snow***; ***~ sea*** Tiefsee *f*; ***in ~ water(s)*** *fig.* in Schwierigkeiten; ***go off the ~ end*** a) *Brit.* in Rage kommen, b) *Am.* et. unüberlegt riskieren; **2.** tief (*horizontal*): ***~ cupboard***; ***~ forests***; ***~ border*** breiter Rand; ***they marched four ~*** sie marschierten in Viererreihen; ***three men ~*** drei Mann hoch (*zu dritt*); **3.** tief, vertieft, versunken (***in*** in *acc.*): ***~ in thought***; **4.** tief, gründlich, scharfsinnig: ***~ learning*** gründliches Wissen; ***~ intellect*** scharfer Verstand; ***a ~ thinker*** ein tiefer Denker; **5.** tief, heftig, stark, fest, schwer: ***~ sleep*** tiefer *od.* fester Schlaf; ***~ mourning*** tiefe Trauer; ***~ disappointment*** tiefe *od.* bittere Enttäuschung; ***~ interest*** großes Interesse; ***~ grief*** schweres Leid; ***~ in debt*** stark *od.* tief verschuldet; **6.** tief, innig, aufrichtig: ***~ love***; ***~ gratitude***; **7.** tief, dunkel; verborgen, geheim: ***~ night*** tiefe Nacht; ***~ silence*** tiefes *od.* völliges Schweigen; ***~ secret*** tiefes Geheimnis; ***~ designs*** dunkle Pläne; ***he is a ~ one*** *sl.* er hat es faustdick hinter den Ohren; **8.** schwierig: ***~ problem***; ***that is too ~ for me*** das ist mir zu hoch; **9.** tief, dunkel (*Farbe*, *Klang*); **10.** *psych.* un(ter)bewußt; **11.** ⚕ subkuˈtan; **II** *adv.* **12.** tief (*a. fig.*): ***~ into the flesh*** tief ins Fleisch; ***still waters run ~*** stille Wasser sind tief; ***~ into the night*** (bis) tief in die Nacht (hinein); ***drink ~*** unmäßig trinken; **III** *s.* **13.** Tiefe *f* (*a. fig.*); Abgrund *m*: ***in the ~ of night*** in tiefster Nacht; **14.** ***the ~*** *poet.* das Meer.

ˈdeep|-dish pie *s.* ˈNapfpaˌstete *f*; **ˌ~-ˈdraw** *v/t.* [*irr.*] ⚙ tiefziehen; **ˌ~-ˈdrawn** *adj.* **1.** ⚙ tiefgezogen; **2.** ***~ sigh*** tiefer Seufzer.

deep·en [ˈdiːpən] **I** *v/t.* **1.** tiefer machen, vertiefen; verbreitern; **2.** *fig.* vertiefen (*a. Farben*), verstärken, steigern; **II** *v/i.* **3.** tiefer werden, sich vertiefen; **4.** *fig.* sich vertiefen *od.* steigern, stärker werden; **5.** dunkler werden.

ˈdeep|-felt *adj.* tiefempfunden; **ˌ~-ˈfreeze I** *s.* Tiefkühlgerät *n*, -truhe *f*, -schrank *m*; **II** *adj.* Tiefkühl…, Gefrier…; **III** *v/t.* [*irr.*] tiefkühlen, einfrieren; **ˌ~-ˈfro·zen** *adj.* tiefgefroren, Tiefkühl…; **ˈ~-fry** *v/t.* fritieren, in schwimmendem Fett braten; **~ fry·er** *s.*, **ˈ~-ˌfry·ing pan** *s.* Friˈteuse *f*; **ˌ~-ˈlaid** *adj.* schlau (*Plan*).

deep·ly [ˈdiːplɪ] *adv.* tief (*a. fig.*): ***~ indebted*** äußerst dankbar; ***~ hurt*** tief *od.* schwer gekränkt; ***~ interested*** höchst interessiert; ***~ read*** sehr belesen; ***drink ~*** unmäßig trinken; ***go ~ into s.th.*** e-r Sache auf den Grund gehen.

deep·ness [ˈdiːpnɪs] *s.* **1.** Tiefe *f* (*a. fig.*); **2.** Dunkelheit *f*; **3.** Gründlichkeit *f*; **4.** Scharfsinn *m*; **5.** Durchˈtriebenheit *f*.

ˌdeep|-ˈread *adj.* sehr belesen; **ˌ~-ˈroot·ed** *adj. bsd. fig.* tief eingewurzelt, fest verwurzelt; *fig. a.* eingefleischt; **ˌ~-ˈsea** *adj.* Tiefsee…, Hochsee…: ***~ fish*** Tiefseefisch *m*; ***~ fishing*** Hochseefischerei *f*; **ˌ~-ˈseat·ed** → ***deep-rooted***; **ˈ~-set** *adj.* tiefliegend: ***~ eyes***; ***the ♀ South*** *s. Am.* der tiefe Süden (*südlichste Staaten der USA*).

deer [dɪə] *pl.* **deer** *s.* **1.** *zo.* a) Hirsch *m*, b) Reh *n*: ***red ~*** Rot-, Edelhirsch; **2.** Hoch-, Rotwild *n*; **ˈ~-ˌfor·est** *s.* Hochwildgehege *n*; **ˈ~-hound** *s.* schottischer Jagdhund; **ˈ~-lick** *s.* Salzlecke *f*; **ˈ~-park** *s.* Wildpark *m*; **ˈ~-shot** *s.* Rehposten *m* (*Schrot*); **ˈ~-skin** *s.* Hirsch-, Rehleder *n*; **ˈ~ˌstalk·er** *s.* **1.** Pirscher *m*; **2.** Jagdmütze *f*; **ˈ~ˌstalk·ing** *s.* (Rotwild)Pirsch *f*.

de-es·ca·late [ˌdiːˈeskəleɪt] **I** *v/t.* **1.** *Krieg etc.* deeskalieren; **2.** *fig.* herˈunterschrauben; **II** *v/i.* **3.** deeskalieren; **de-es·ca·la·tion** [ˌdiːeskəˈleɪʃn] *s. pol.* Deeskalatiˈon *f* (*a. fig.*).

de·face [dɪˈfeɪs] *v/t.* **1.** entstellen, verunstalten, beschädigen; **2.** ausstreichen, unleserlich machen; **3.** *Briefmarken* entwerten; **deˈface·ment** [-mənt] *s.* Entstellung *f* (*etc.*).

de fac·to [diːˈfæktəʊ] (*Lat.*) **I** *adj.* De-facto-…; **II** *adv.* de ˈfacto, tatsächlich.

de·fal·ca·tion [ˌdiːfælˈkeɪʃn] *s.* **1.** Veruntreuung *f*, Unterˈschlagung *f*; **2.** unterˈschlagenes Geld.

def·a·ma·tion [ˌdefəˈmeɪʃn] *s.* Verleumdung *f*, ⚖ *a.* (verleumderische) Beleidigung; **de·fam·a·to·ry** [dɪˈfæmətərɪ] *adj.* ☐ verleumderisch, Schmäh…: ***be ~ of s.o.*** j-n verleumden; **de·fame** [dɪˈfeɪm] *v/t.* verleumden; **de·fam·er** [dɪˈfeɪmə] *s.* Verleumder(in).

de·fat·ted [diːˈfætɪd] *adj.* entfettet.

de·fault [dɪˈfɔːlt] **I** *s.* **1.** (Pflicht)Versäumnis *n*, Unterˈlassung *f*; **2.** *bsd.* ⚚ Nichterfüllung *f*, Verzug *m*, Versäumnis *n*, Säumnis *f*, Zahlungseinstellung *f*; *engS.* Zahlungsverzug *m*: ***be in ~*** im Verzug sein; **3.** ⚖ Nichterscheinen *n* vor Gericht: ***judg(e)ment by ~*** Versäumnisurteil *n*; **4.** *sport* Nichtantreten *n*; **5.** Fehlen *n*, Mangel *m*: ***in ~ of*** mangels, in Ermangelung (*gen.*); ***in ~ of which*** widrigenfalls; ***go by ~*** unterbleiben; **II** *v/i.* **6.** s-n Verpflichtungen nicht nachkommen: ***~ on s.th.*** et. vernachlässigen, mit et. im Rückstand sein; **7.** ⚚ s-n Verbindlichkeiten nicht nachkommen, im (Zahlungs)Verzug sein: ***~ on a debt*** s-e Schuld nicht bezahlen; **8.** ⚖ nicht vor Gericht erscheinen; **9.** *sport* nicht antreten; **III** *v/t.* **10.** *e-r Verpflichtung* nicht nachkommen, in Verzug geraten mit; **11.** ⚖ wegen Nichterscheinens (vor Gericht) verurteilen; **12.** *sport* nicht antreten (*zu e-m Kampf*); **deˈfault·er** [-tə] *s.* **1.** Säumige(r *m*) *f*; **2.** ⚚ a) säumiger Zahler *od.* Schuldner, b) Zahlungsunfähige(r *m*) *f*; **3.** ⚖ vor Gericht nicht Erscheinende(r *m*) *f*; **4.** ⚔ *Brit.* Delinˈquent *m*.

de·fea·sance [dɪˈfiːzns] *s.* ⚖ **1.** Aufhebung *f*, Annullierung *f*, Nichtigkeitserklärung *f*; **2.** Nichtigkeitsklausel *f*; **deˈfea·si·ble** [-zəbl] *adj.* anfecht-, annullierbar.

de·feat [dɪˈfiːt] **I** *v/t.* **1.** besiegen, schlagen: ***it ~s me to*** *inf.* es geht über m-e Kraft zu *inf.*; **2.** *Angriff etc.* zuˈrückschlagen, abwehren; **3.** *parl. Antrag* zu Fall bringen, ablehnen; **4.** vereiteln, zuˈnichte machen: ***that ~s the purpose*** das verfehlt den Zweck; **II** *s.* **5.** Niederwerfung *f*, Besiegung *f*; **6.** Niederlage *f* (*a. fig.*): ***admit ~*** sich geschlagen geben; **7.** *parl.* Ablehnung *f*; **8.** Vereitelung *f*, Vernichtung *f*; **9.** ˈMißerfolg *m*, Fehlschlag *m*; **deˈfeat·ism** [-tɪzəm] *s.* Defäˈtismus *m*, Miesmacheˈrei *f*; **deˈfeat·ist** [-tɪst] **I** *s.* Defäˈtist *m*; **II** *adj.* defäˈtistisch.

def·e·cate [ˈdefɪkeɪt] **I** *v/t.* reinigen; *fig.* läutern; **II** *v/i.* ⚕ Stuhlgang haben; **def·e·ca·tion** [ˌdefɪˈkeɪʃn] *s.* ⚕ Stuhlgang *m*.

de·fect I *s.* [ˈdiːfekt] **1.** Deˈfekt *m*, Fehler *m* (***in*** an *dat.*, in *dat.*): ***~ in title*** ⚖ Fehler im Recht; **2.** Mangel *m*, Unvollkommenheit *f*, Schwäche *f*; **3.** (*geistiger od. psychischer*) Deˈfekt; ⚕ Gebrechen *n*: ***~ in character*** Charakterfehler *m*; ***~ of vision*** Sehfehler *m*; **II** *v/i.* [dɪˈfekt] **4.** abtrünnig werden; **5.** *zum Feind* ˈübergehen; **de·fec·tion** [dɪˈfekʃn] *s.* **1.** Abfall *m*, Lossagung *f* (***from*** von); **2.** Treubruch *m*; **3.** ˈÜbertritt *m* (***to*** zu); **de·fec·tive** [dɪˈfektɪv] **I** *adj.* ☐ **1.** mangelhaft, unvollkommen: ***mentally ~*** schwachsinnig; ***he is ~ in*** es mangelt ihm an (*dat.*); **2.** schadhaft, deˈfekt; **II** *s.* **3.** ***mental ~*** Schwachsinnige(r *m*) *f*; **de·fec·tive·ness** [dɪˈfektɪvnɪs] *s.* **1.** Mangelhaftigkeit *f*; **2.** Schadhaftigkeit *f*; **de·fec·tor** [dɪˈfektə] *s.* Abtrünnige(r *m*) *f*, ˈÜberläufer(in).

de·fence, *Am.* **de·fense** [dɪˈfens] *s.* **1.** Verteidigung *f*, Schutz *m*, Abwehr *f*: ***come to s.o.'s ~*** j-n verteidigen; ***~ mechanism*** *biol.*, *psych.* Abwehrmechanismus *m*; **2.** ⚖ *allg.* Verteidigung *f*, *a.* Einrede *f*: ***in his ~*** zu s-r Entlastung; ***conduct one's own ~*** sich selbst verteidigen; → ***counsel*** 4; ***witness*** 1; **3.** Verteidigung *f*, Rechtfertigung *f*: ***in his ~*** zu s-r Rechtfertigung; **4.** ⚔ Verteidigung *f*, *sport a.* Abwehr *f* (*Spieler od. deren Spielweise*); *pl.* Verteidigungsanlagen *pl.*: ***~ spending*** Verteidigungsausgaben *pl.*; **deˈfence·less** [-lɪs] *adj.* ☐ **1.** schutz-, wehr-, hilflos; **2.** ⚔ unbefestigt; **deˈfence·less·ness** [-lɪsnɪs] *s.* Schutz-, Wehrlosigkeit *f*.

de·fend [dɪˈfend] *v/t.* **1.** (***from***, ***against***) verteidigen (gegen), schützen (vor *dat.*, gegen); **2.** *Meinung etc.* verteidigen, rechtfertigen; **3.** *Rechte* schützen, wahren; **4.** ⚖ a) *j-n* verteidigen, b) sich auf *e-e Klage* einlassen: ***~ the suit*** den Klageanspruch bestreiten; **deˈfend·a·ble** [-dəbl] *adj.* zu verteidigen(d); **deˈfend·ant** [-dənt] ⚖ **I** *s.* a) *Zivilrecht*: Beklagte(r *m*) *f*, b) *Strafrecht*: Angeklagte(r *m*) *f*; **II** *adj.* a) beklagt, b) angeklagt; **deˈfend·er** [-də] *s.* **1.** Verteidiger *m*, *sport a.* Abwehrspieler *m*; **2.** Beschützer *m*.

de·fense *etc. Am.* → ***defence*** *etc.*

de·fen·si·ble [dɪˈfensəbl] *adj.* ☐ **1.** zu verteidigen(d), haltbar; **2.** zu rechtfertigen(d), vertretbar; **de·fen·sive** [-sɪv] **I** *adj.* ☐ **1.** defenˈsiv, verteidigend, schützend; abwehrend (*a. fig. Geste etc.*); **2.** Verteidigungs…, Schutz…, Abwehr… (*a. biol.*); **II** *s.* **3.** Defenˈsive *f*, Verteidigung *f*: ***on the ~*** in der Defensive.

de·fer[1] [dɪˈfɜː] *v/t.* **1.** auf-, verschieben; **2.** hinˈausschieben; zuˈrückstellen (*Am. a.* ⚔).

de·fer[2] [dɪˈfɜː] *v/i.* (***to***) sich fügen, nachgeben (*dat.*), sich beugen (vor *dat.*); sich *j-s* Wunsche fügen; **def·er·ence** [ˈdefərəns] *s.* **1.** Ehrerbietung *f*, Achtung *f*: ***with all due ~ to*** bei aller Hochachtung vor (*dat.*); **2.** Nachgiebigkeit *f*, Rücksicht(nahme) *f*: ***in ~ to your wishes*** wunschgemäß; **def·er·ent** [ˈdefərənt] *adj.*, **def·er·en·tial** [ˌdefəˈrenʃl] *adj.* □ **1.** ehrerbietig; **2.** rücksichtsvoll.

de·fer·ment [dɪˈfɜːmənt] *s.* **1.** Aufschub *m*; **2.** ⚔ *Am.* Zuˈrückstellung *f* (vom Wehrdienst); **deˈfer·ra·ble** [-ɜːrəbl] *adj.* **1.** aufschiebbar; **2.** ⚔ *Am.* zuˈrückstellbar.

de·ferred| an·nu·i·ty [dɪˈfɜːd] *s.* hinˈausgeschobene Rente; **~ bond** *s. Am.* Obligatiˈon *f* mit aufgeschobener Zinszahlung; **~ pay·ment** *s.* **1.** Zahlungsaufschub *m*, **2.** Ratenzahlung *f*; **~ shares** *s. pl.* ☤ Nachzugsaktien *pl.*; **~ terms** *s. pl. Brit.* ˈAbzahlungssyˌstem *n*: ***on ~*** auf Abzahlung *od.* Raten.

de·fi·ance [dɪˈfaɪəns] *s.* **1.** a) Trotz *m*, ˈWiderstand *m*, b) Hohn *m*, offene Verachtung: ***in ~ of*** ungeachtet (*gen.*), trotz (*gen. od. dat.*), *e-m Gebot etc.* zuwider, *j-m* zum Trotz *od.* Hohn; ***bid ~, set at ~*** Trotz bieten, hohnsprechen (***to*** *dat.*); **2.** Herˈausforderung *f*; **deˈfi·ant** [-nt] *adj.* □ trotzig, herˈausfordernd.

de·fi·cien·cy [dɪˈfɪʃnsɪ] *s.* **1.** (***of***) Mangel *m* (an *dat.*), Fehlen *n* (von): ***~ disease*** ⚕ Mangelkrankheit *f*; **2.** Fehlbetrag *m*, Manko *n*, Ausfall *m*, Defizit *n*; **3.** Mangelhaftigkeit *f*, Schwäche *f*, Lücke *f*, Unzulänglichkeit *f*; **deˈfi·cient** [-nt] *adj.* □ **1.** unzureichend, mangelhaft, ungenügend: ***be ~ in*** ermangeln (*gen.*), es fehlen lassen an (*dat.*), arm sein an (*dat.*); ***he is ~ in courage*** ihm fehlt es an Mut; **2.** fehlend: ***~ amount*** Fehlbetrag *m*.

def·i·cit [ˈdefɪsɪt] *s.* **1.** ☤ Defizit *n*, Fehlbetrag *m*, ˈUnterbiˌlanz *f*; **2.** Mangel (***in*** an *dat.*); **~ spend·ing** *s.* ☤ Deficitspending *n*, Defizitfinanzierung *f*.

de·file[1] **I** *s.* [ˈdiːfaɪl] **1.** Engpaß *m*, Hohlweg *m*; **2.** ⚔ Vorˈbeimarsch *m*; **II** *v/i.* [dɪˈfaɪl] **3.** defilieren, vorˈbeimarschieren.

de·file[2] [dɪˈfaɪl] *v/t.* **1.** beschmutzen, verunreinigen; **2.** *fig.* besudeln, beflecken, verunglimpfen; **3.** schänden; **4.** entweihen; **deˈfile·ment** [-mənt] *s.* Besudelung *f etc.*

de·fin·a·ble [dɪˈfaɪnəbl] *adj.* □ definier-, erklär-, bestimmbar; **de·fine** [dɪˈfaɪn] *v/t.* **1.** *Wort etc.* definieren, (genau) erklären; **2.** (genau) bezeichnen *od.* bestimmen; kennzeichnen, festlegen; klarmachen; **3.** scharf abzeichnen, (klar) umˈreißen, be-, umˈgrenzen.

def·i·nite [ˈdefɪnɪt] *adj.* □ **1.** bestimmt (*a. ling.*), präˈzis, klar, deutlich, eindeutig, genau; **2.** definiˈtiv, endgültig; **ˈdef·i·nite·ly** [-lɪ] *adv.* **1.** bestimmt (*etc.*); **2.** zweifellos, absoˈlut, entschieden; **ˈdef·i·nite·ness** [-nɪs] *s.* Bestimmtheit *f*; **def·i·ni·tion** [ˌdefɪˈnɪʃn] *s.* **1.** Definitiˈon *f*, (genaue) Erklärung; (Begriffs)Bestimmung *f*; **2.** Genauigkeit *f*, Exˈaktheit *f*; **3.** (*a.* Bild-, Ton-) Schärfe *f*, Präzisiˈon *f*; *TV* Auflösung *f*; **de·fin·i·tive** [dɪˈfɪnɪtɪv] **I** *adj.* □ **1.** definiˈtiv, endgültig; maßgeblich (*Buch*); **2.** → ***definite*** 1; **II** *s.* **3.** *ling.* Bestimmungswort *n*.

def·la·grate [ˈdefləgreɪt] *v/i.* (*u. v/t.*) ⚗ rasch abbrennen (lassen); **def·la·gra·tion** [ˌdefləˈgreɪʃn] *s.* ⚗ Verpuffung *f*.

de·flate [dɪˈfleɪt] *v/t.* **1.** (die) Luft ablassen aus, entleeren; **2.** ☤ *Geldumlauf etc.* deflationieren, herˈabsetzen; **3.** *fig.* a) *j-n* ‚klein u. häßlich machen', b) ernüchtern; **deˈfla·tion** [-eɪʃn] *s.* **1.** Ablassen *n* von Luft *od.* Gas; **2.** ☤ Deflatiˈon *f*; **deˈfla·tion·ar·y** [-eɪʃnərɪ] *adj.* ☤ deflatioˈnistisch, Deflations…

de·flect [dɪˈflekt] **I** *v/t.* ablenken, *sport a. Schuß* abfälschen; **II** *v/i.* abweichen (***from*** von); **deˈflec·tion**, *Brit. a.* **deˈflex·ion** [-ekʃn] *s.* **1.** Ablenkung *f* (*a. phys.*); **2.** Abweichung *f* (*a. fig.*); **3.** Ausschlag *m* (*Zeiger etc.*); **deˈflec·tor** [-tə] *s.* Deˈflektor *m*, Ablenkvorrichtung *f*: ***~ coil*** ϟ Ablenkspule *f*.

de·flo·rate [ˈdiːflɔːreɪt] → ***deflower***; **def·lo·ra·tion** [ˌdiːflɔːˈreɪʃn] *s.* Defloratiˈon *f*, Entjungferung *f*.

de·flow·er [ˌdiːˈflaʊə] *v/t.* **1.** deflorieren, entjungfern; **2.** *fig. e-r Sache* den Reiz nehmen.

de·fo·li·ant [ˌdiːˈfəʊlɪənt] *s.* ⚗, ⚔ Entlaubungsmittel *n*; **de·fo·li·ate** [ˌdiːˈfəʊlɪeɪt] *v/t.* entblättern, entlauben; **de·fo·li·a·tion** [ˌdiːfəʊlɪˈeɪʃn] *s.* Entblätterung *f*.

de·for·est·a·tion [diːˌfɒrɪˈsteɪʃn] *s.* Abforstung *f*, -holzung *f*, Entwaldung *f*.

de·form [dɪˈfɔːm] *v/t.* **1.** *a.* ⚙, *phys.* verformen; **2.** verunstalten, entstellen, deformieren; verzerren (*a. fig.*, ⚹, *phys.*); **3.** *Charakter* verderben, ‚verbiegen'; **de·for·ma·tion** [ˌdiːfɔːˈmeɪʃn] *s.* **1.** *a.* ⚙, *phys.* Verformung *f*; **2.** Verunstaltung *f*, Entstellung *f*; ˈMißbildung *f*; **3.** ⚹, *phys.* Verzerrung *f*; **deˈformed** [-md] *adj.* verformt (*etc.* → ***deform***); **deˈform·i·ty** [-mətɪ] *s.* **1.** Entstelltheit *f*, Häßlichkeit *f*; **2.** ˈMißbildung *f*, Auswuchs *m*; **3.** ˈmißgestaltete Perˈson *od.* Sache; **4.** Verderbtheit *f*, moˈralischer Deˈfekt.

de·fraud [dɪˈfrɔːd] *v/t.* betrügen (***of*** um): ***~ the revenue*** Steuern hinterziehen; ***with intent to ~*** in betrügerischer Absicht, arglistig; **de·frau·da·tion** [ˌdiːfrɔːˈdeɪʃn] *s.* Betrug *m*; Hinterˈziehung *f*, Unterˈschlagung *f*; **deˈfraud·er** [-də] *s.* ˈSteuerhinterˌzieher *m*.

de·fray [dɪˈfreɪ] *v/t. Kosten* tragen, bestreiten, bezahlen.

de·frock [ˌdiːˈfrɒk] → ***unfrock***.

de·frost [ˌdiːˈfrɒst] *v/t.* von Eis befreien, *Windschutzscheibe etc.* entfrosten, *Kühlschrank etc.* abtauen, *Tiefkühlkost etc.* auftauen: ***~ing rear window*** *mot.* heizbare Heckscheibe.

deft [deft] *adj.* □ geschickt, gewandt; **ˈdeft·ness** [-nɪs] *s.* Geschicktheit *f*, Gewandtheit *f*.

de·funct [dɪˈfʌŋkt] **I** *adj.* **1.** verstorben; **2.** erloschen, nicht mehr existierend, ehemalig; **II** *s.* **3.** ***the ~*** der *od.* die Verstorbene.

de·fuse [ˌdiːˈfjuːz] *v/t. Bombe etc.*, *fig. a. Lage etc.* entschärfen.

de·fy [dɪˈfaɪ] *v/t.* **1.** trotzen, Trotz *od.* die Stirn bieten (*dat.*); **2.** sich widerˈsetzen (*dat.*); **3.** sich hinˈwegsetzen über (*acc.*), verstoßen gegen; **4.** standhalten, Schwierigkeiten machen (*dat.*): ***~ description*** jeder Beschreibung spotten; ***~ translation*** (fast) unübersetzbar sein; **5.** herˈausfordern: ***I ~ anyone to do it*** den möchte ich sehen, der das fertigbringt; ***I ~ you to do it*** ich weiß genau, daß du es nicht (tun) kannst.

de·gauss [ˌdiːˈgaʊs] *v/t. Schiff* entmagnetisieren.

de·gen·er·a·cy [dɪˈdʒenərəsɪ] *s.* Degeneratiˈon *f*, Entartung *f*, Verderbtheit *f*; **de·gen·er·ate I** *v/i.* [dɪˈdʒenəreɪt] (***into***) entarten: a) *biol. etc.* degenerieren (zu), b) *allg.* ausarten (zu, in *acc.*), herˈabsinken (zu, auf die Stufe *gen.*), *a.* verflachen; **II** *adj.* [-rət] degeneriert, entartet; verderbt; **III** *s.* [-rət] degenerierter Mensch; **de·gen·er·a·tion** [dɪˌdʒenəˈreɪʃn] *s.* Degeneratiˈon *f*, Entartung *f*.

deg·ra·da·tion [ˌdegrəˈdeɪʃn] *s.* **1.** Degradierung *f* (*a.* ⚔), Ab-, Entsetzung *f*; **2.** Verminderung *f*, Schwächung *f*, Verschlechterung *f*; Entartung *f*, Degeneratiˈon *f* (*a. biol.*); **3.** Entwürdigung *f*, Erniedrigung *f*, Herˈabsetzung *f*; **4.** ⚗ Abbau *m*; **5.** *phys.* Degradatiˈon *f*; **6.** *geol.* Verwitterung *f*; **de·grade** [dɪˈgreɪd] **I** *v/t.* **1.** degradieren (*a.* ⚔), (her)ˈabsetzen; **2.** vermindern, herˈuntersetzen, verschlechtern; **3.** erniedrigen, entwürdigen; **4.** ⚗ abbauen; **II** *v/i.* **5.** (ab)sinken, herˈunterkommen; **6.** entarten; **de·grad·ing** [dɪˈgreɪdɪŋ] *adj.* erniedrigend, entwürdigend; herˈabsetzend.

de·gree [dɪˈgriː] *s.* **1.** Grad *m*, Stufe *f*, Maß *n*: ***by ~s*** allmählich; ***by slow ~s*** ganz allmählich; ***in some ~*** einigermaßen; ***in no ~*** keineswegs; ***in the highest ~*** im höchsten Maße *od.* Grad(e), aufs höchste; ***to what ~*** in welchem Maße, wie weit *od.* sehr; ***to a ~*** a) in hohem Maße, b) einigermaßen, c) → ***to a certain ~*** bis zu e-m gewissen Grade, ziemlich; **2.** ⚹, *geogr.*, *phys.* Grad *m*: ***~ of latitude*** Breitengrad; ***32 ~s centigrade*** 32 Grad Celsius; ***~ of hardness*** Härtegrad; ***of high ~*** hochgradig; **3.** *univ.* Grad *m*, Würde *f*: ***doctor's ~*** Doktorwürde; ***take one's ~*** e-n akademischen Grad erwerben, (*zum Doktor*) promovieren; ***~ day*** Promotionstag *m*; **4.** (Verwandtschafts)Grad *m*; **5.** Rang *m*, Stand *m*: ***of high ~*** von hohem Rang; **6.** *ling. a.* ***~ of comparison*** Steigerungsstufe *f*; **7.** ♪ Tonstufe *f*, Interˈvall *n*.

de·gres·sion [dɪˈgreʃn] *s.* ☤ Degressiˈon *f*; **deˈgres·sive** [-esɪv] *adj.* ☤ degresˈsiv: ***~ depreciation*** degressive Abschreibung.

de·hu·man·ize [ˌdiːˈhjuːmənaɪz] *v/t.* entmenschlichen.

de·hy·drate [ˌdiːˈhaɪdreɪt] *v/t.* ⚗ dehyˈdrieren, das Wasser entziehen (*dat.*); dörren, trocknen: ***~d vegetables*** Trocken-, Dörrgemüse *n*; **de·hy·dra·tion** [ˌdiːhaɪˈdreɪʃn] *s.* Dehyˈdrierung *f*, Wasserentzug *m*; Dörren *n*, Trocknen *n*.

de-ice [ˌdiːˈaɪs] *v/t.* enteisen; **ˌde-ˈic·er** [-sə] *s.* Enteisungsmittel *n*, -anlage *f*, -gerät *n*.

de·i·de·ol·o·gize [ˈdiːˌaɪdɪˈɒlədʒaɪz] *v/t.* entideologisieren.

de·i·fi·ca·tion [ˌdiːɪfɪˈkeɪʃn] *s.* **1.** Apotheˈose *f*, Vergötterung *f*; **2.** *et.* Vergöttlichtes; **de·i·fy** [ˈdiːɪfaɪ] *v/t.* **1.** zum Gott erheben; **2.** als Gott verehren, anbeten (*a. fig.*).

deign [deɪn] **I** *v/i.* sich herˈablassen, geruhen, belieben (***to do*** zu tun); **II** *v/t.* sich herˈablassen zu: ***he ~ed no answer.***

de·ism [ˈdiːɪzəm] *s.* Deˈismus *m*; **de·ist** [ˈdiːɪst] *s.* Deˈist(in); **de·is·tic, de·is·ti·cal** [diːˈɪstɪk(l)] *adj.* □ deˈistisch; **de·i·ty** [ˈdiːɪtɪ] *s.* **1.** Gottheit *f*; **2.** ***the 2*** *eccl.* die Gottheit, Gott *m*.

de·ject·ed [dɪˈdʒektɪd] *adj.* □ niedergeschlagen, deprimiert; **deˈjec·tion** [-kʃn] *s.* **1.** Niedergeschlagenheit *f*, Trübsinn *m*; **2.** ⚕ a) Stuhlgang *m*, b) Stuhl *m*, Kot *m*.

de ju·re [ˌdiːˈdʒʊərɪ] (*Lat.*) **I** *adj.* De-jure-…, **II** *adv.* de ˈjure, von Rechts wegen.

dek·ko [ˈdekəʊ] *s. sl.* (kurzer) Blick: ***have a ~*** mal schauen.

de·lac·ta·tion [ˌdiːlækˈteɪʃn] *s.* ⚕ Abstillen *n*, Entwöhnung *f*.

de·lay [dɪˈleɪ] **I** *v/t.* **1.** ver-, auf-, hinˈausschieben, verzögern, verschleppen; **2.** auf-, hinhalten, hindern, hemmen; **II** *v/i.* **3.** zögern, zaudern; Zeit verlieren, sich aufhalten; **III** *s.* **4.** Aufschub *m*, Verzögerung *f*, Verzug *m*: ***without ~*** unverzüglich; ***~ of payment*** † Zahlungsaufschub *m*; **de·layed** [dɪˈleɪd] *adj.* verzögert, verspätet, nachträglich, Spät…: ***~-action bomb*** Bombe *f* mit Verzögerungszünder; ***~ fuse*** Verzögerungszünder *m*; ***~ ignition*** ⚙ Spätzündung *f*; **de·lay·ing** [dɪˈleɪɪŋ] *adj.* aufschiebend, verzögernd; ˈhinhaltend: ***~ action*** Verzögerung(saktion) *f*, Hinhaltung *f*; ⚔ hinhaltendes Gefecht; ***~ tactics*** Hinhaltetaktik *f*.

del cred·er·e [ˌdelˈkredərɪ] *s.* † Delˈkredere *n*, Bürgschaft *f*.

de·le [ˈdiːliː] (*Lat.*) *typ.* **I** *v/t.* tilgen, streichen; **II** *s.* Deleˈatur(zeichen) *n*.

de·lec·ta·ble [dɪˈlektəbl] *adj.* □ köstlich; **de·lec·ta·tion** [ˌdiːlekˈteɪʃn] *s.* Ergötzen *n*, Vergnügen *n*, Genuß *m*.

del·e·ga·cy [ˈdelɪgəsɪ] *s.* Abordnung *f*, Delegatiˈon *f*; **ˈdel·e·gate I** *s.* [-gət] **1.** Delegierte(r *m*) *f*, Vertreter(in), Abgeordnete(r *m*) *f*; **2.** *parl. Am.* Konˈgreßabgeordnete(r *m*) *f* (*e-s Einzelstaats*); **II** *v/t.* [-geɪt] **3.** abordnen, delegieren; bevollmächtigen; **4.** (***to***) *Aufgabe, Vollmacht etc.* überˈtragen, delegieren (an *acc.*); **del·e·ga·tion** [ˌdelɪˈgeɪʃn] *s.* **1.** Abordnung *f*, Ernennung *f*; **2.** Überˈtragung *f* (*Vollmacht etc.*), Delegieren *n*; Überˈweisung *f*; **3.** Delegatiˈon *f*, Abordnung *f*; **4.** *pl. parl. Am. die* (Konˈgreß)Abgeordneten *pl.* (*e-s Einzelstaats*).

de·lete [dɪˈliːt] *v/t.* tilgen, (aus)streichen, ausradieren; **~ key** *s.* Löschtaste *f*.

del·e·te·ri·ous [ˌdelɪˈtɪərɪəs] *adj.* □ schädlich, verderblich, nachteilig.

de·le·tion [dɪˈliːʃn] *s.* Streichung *f*: a) Tilgung *f*, b) *das* Ausgestrichene.

delft [delft] *a.* **delf** [delf] *s.* **1.** Delfter Fayˈencen *pl.*; **2.** *allg.* glasiertes Steingut.

de·lib·er·ate I *adj.* □ [dɪˈlɪbərət] **1.** überˈlegt, wohlerwogen, bewußt, absichtlich, vorsätzlich: ***a ~ lie*** e-e bewußte Lüge; **2.** bedächtig: a) besonnen, vorsichtig, b) gemächlich, langsam; **II** *v/t.* [-bəreɪt] **3.** überˈlegen, erwägen; **III** *v/i.* [-bəreɪt] **4.** nachdenken, überˈlegen; **5.** beratschlagen, sich beraten (***on*** über *acc.*); **deˈlib·er·ate·ness** [-nɪs] *s.* **1.** Vorsätzlichkeit *f*; **2.** Bedächtigkeit *f*; **de·lib·er·a·tion** [dɪˌlɪbəˈreɪʃn] *s.* **1.** Überˈlegung *f*; **2.** Beratung *f*; **3.** Bedachtsam-, Behutsamkeit *f*, Vorsicht *f*; **deˈlib·er·a·tive** [-rətɪv] *adj.* beratend: ***~ assembly.***

del·i·ca·cy [ˈdelɪkəsɪ] *s.* **1.** Zartheit *f*, Feinheit *f*; Zierlichkeit *f*; **2.** Zartheit *f*, Schwächlichkeit *f*; Empfindlichkeit *f*, Anfälligkeit *f*; **3.** Anstand *m*, Zartgefühl *n*, Takt *m*: ***~ of feeling*** Feinfühligkeit *f*; **4.** Feinheit *f*, Genauigkeit *f*; **5.** *fig.* Kitzligkeit *f*: ***negotiations of great ~*** sehr heikle Besprechungen; **6.** (*a. fig.*) Leckerbissen *m*, Delikaˈtesse *f*; **ˈdel·i·cate** [-kət] *adj.* □ **1.** zart, fein, zierlich; **2.** zart (*a. Gesundheit, Farbe*), empfindlich, zerbrechlich, schwächlich: ***she was in a ~ condition*** sie war in anderen Umständen; **3.** fein, leicht, dünn; **4.** sanft, leise: ***~ hint*** zarter Wink; **5.** fein, genau; **6.** fein, anständig; **7.** vornehm; verwöhnt; **8.** heikel, kitzlig, schwierig; **9.** zartfühlend, feinfühlig, taktvoll; **10.** lecker, schmackhaft, deliˈkat; **del·i·ca·tes·sen** [ˌdelɪkəˈtesn] *s. pl.* **1.** Delikaˈtessen *pl.*, Feinkost *f*; **2.** *sg. konstr.* Feinkostgeschäft *n*.

de·li·cious [dɪˈlɪʃəs] *adj.* □ köstlich: a) wohlschmeckend, b) herrlich.

de·lict [ˈdiːlɪkt] *s.* ⚖ Deˈlikt *n*.

de·light [dɪˈlaɪt] **I** *s.* Vergnügen *n*, Freude *f*, Wonne *f*, Entzücken *n*: ***to my ~*** zu m-r Freude; ***take ~ in*** → III; **II** *v/t.* erfreuen, entzücken; **III** *v/i.* ***~ in*** (große) Freude haben an (*dat.*), Vergnügen finden an (*dat.*); sich ein Vergnügen machen aus; **deˈlight·ed** [-tɪd] *adj.* □ entzückt, (hoch)erfreut (***with*** über *acc.*): ***I am*** (*od.* ***shall be***) ***~ to come*** ich komme mit dem größten Vergnügen; **deˈlight·ful** [-fʊl] *adj.* □ entzückend, reizend; herrlich, wunderbar.

de·lim·it [diːˈlɪmɪt], **de·lim·i·tate** [dɪˈlɪmɪteɪt] *v/t.* abgrenzen, die Grenze(n) festsetzen von (*od. gen.*); **de·lim·i·ta·tion** [dɪˌlɪmɪˈteɪʃn] *s.* Abgrenzung *f*.

de·lin·e·ate [dɪˈlɪnɪeɪt] *v/t.* **1.** skizzieren, entwerfen, zeichnen; **2.** beschreiben, schildern, darstellen; **de·lin·e·a·tion** [dɪˌlɪnɪˈeɪʃn] *s.* **1.** Skizze *f*, Entwurf *m*, Zeichnung *f*; **2.** Beschreibung *f*, Schilderung *f*, Darstellung *f*.

de·lin·quen·cy [dɪˈlɪŋkwənsɪ] *s.* **1.** Vergehen *n*; **2.** Pflichtvergessenheit *f*; **3.** ⚖ Kriminaliˈtät *f*; → ***juvenile*** 1; **deˈlin·quent** [-nt] **I** *adj.* **1.** straffällig, krimiˈnell; **2.** pflichtvergessen: ***~ taxes*** *Am.* Steuerrückstände; **II** *s.* **3.** Delinˈquent (-in), Straffällige(r *m*) *f*, (Straf)Täter (-in); → ***juvenile*** 1; **4.** Pflichtvergessene(r *m*) *f*.

del·i·quesce [ˌdelɪˈkwes] *v/i. bsd.* ⚗ zerfließen; wegschmelzen.

de·lir·i·ous [dɪˈlɪrɪəs] *adj.* □ **1.** ⚕ irreredend, phantasierend: ***be ~*** irrereden, phantasieren; **2.** *fig.* rasend, wahnsinnig (***with*** vor *dat.*): ***~ (with joy)*** überglücklich.

de·lir·i·um [dɪˈlɪrɪəm] *s.* **1.** ⚕ Deˈlirium *n*, (Fieber)Wahn *m*; **2.** *fig.* Raseˈrei *f*, Verzückung *f*; **~ tre·mens** [ˈtriːmenz] *s.* Deˈlirium *n* ˈtremens, Säuferwahnsinn *m*.

de·liv·er [dɪˈlɪvə] *v/t.* **1.** befreien, erlösen, retten (***from*** von, aus); **2.** *Frau* entbinden (***of*** von), *Kind* ‚holen' (*Arzt*): ***be ~ed of a child*** entbunden werden, entbinden; **3.** *Meinung* äußern; *Urteil* aussprechen; *Rede etc.* halten; **4.** ***~ o.s.*** äußern (***of*** *acc.*), sich äußern (***on*** über *acc.*); **5.** *Waren* liefern: ***~ (the goods)*** F Wort halten, die Sache ‚schaukeln', ‚es schaffen'; **6.** ab-, ausliefern; überˈgeben, -ˈbringen, -ˈliefern; überˈsenden, (hin)befördern; **7.** *Briefe* zustellen; *Nachricht* bestellen; ⚖ zustellen; **8.** ***~ up*** abgeben, -treten, überˈgeben, -ˈliefern; ⚖ herˈausgeben: ***~ o.s. up*** sich ergeben *od.* stellen (***to*** *dat.*); **9.** *Schlag* versetzen; ⚔ (ab)feuern; **deˈliv·er·a·ble** [-vərəbl] *adj.* † lieferbar, zu liefern(d); **deˈliv·er·ance** [-vərəns] *s.* **1.** Befreiung *f*, Erlösung *f*, (Er)Rettung *f* (***from*** aus, von); **2.** Äußerung *f*, Verkündung *f*; **deˈliv·er·er** [-vərə] *s.* **1.** Befreier *m*, Erlöser *m*, (Er)Retter *m*; **2.** Überˈbringer *m*.

de·liv·er·y [dɪˈlɪvərɪ] *s.* **1.** Lieferung *f*: ***on ~*** bei Lieferung, bei Empfang; ***take ~ (of)*** abnehmen (*acc.*); **2.** 📯 Zustellung *f*; **3.** Ab-, Auslieferung *f*; Aushändigung *f*, ˈÜbergabe *f* (a. ⚖); **4.** Überˈbringung *f*, -ˈsendung *f*, Beförderung *f*; **5.** ⚙ (Zu)Leitung *f*, Zuführung *f*; Förderung *f*; Leistung *f*; **6.** *rhet.* Vortragsweise *f*; **7.** *Baseball, Kricket*: ˈWurf (-ˌtechnik *f*) *m*; **8.** ⚔ Abfeuern *n*; **9.** ⚕ Entbindung *f*; **~ charge** *s.* 📯 Zustellgebühr *f*; **~·man** *s.* [*irr.*] Ausfahrer *m*; Verkaufsfahrer *m*; **~ note** *s.* † Lieferschein *m*; **~ or·der** *s.* † Auslieferungsschein *m*, Lieferschein *m*; **~ pipe** *s.* Leitungsröhre *f*; **~ room** *s.* ⚕ Entbindungssaal *m*, -zimmer *n*, Kreißsaal *m*; **~ ser·vice** *s.* 📯 Zustelldienst *m*; **~ truck** *s. mot. Am.*, **~ van** *s. Brit.* Lieferwagen *m*.

dell [del] *s.* kleines, enges Tal.

de·louse [ˌdiːˈlaʊs] *v/t.* entlausen.

Del·phic [ˈdelfɪk] *adj.* delphisch, *fig. a.* dunkel, zweideutig.

del·phin·i·um [delˈfɪnɪəm] *s.* ⚘ Rittersporn *m*.

del·ta [ˈdeltə] *s. allg.* (*a.* Fluß)Delta *n*; **~ con·nec·tion** *s.* ⚡ Dreieckschaltung *f*; **~ rays** *s. pl. phys.* Deltastrahlen *pl.*; **~ wing** *s.* ✈ Deltaflügel *m*.

del·toid [ˈdeltɔɪd] **I** *adj.* deltaförmig; **II** *s. anat.* Deltamuskel *m*.

de·lude [dɪˈluːd] *v/t.* **1.** täuschen, irreführen; (be)trügen: ***~ o.s.*** sich Illusionen hingeben, sich et. vormachen; **2.** verleiten (***into*** zu).

del·uge [ˈdeljuːdʒ] **I** *s.* **1.** (große) Überˈschwemmung: ***the 2*** *bibl.* die Sintflut; **2.** *fig.* Flut *f*, (Un)Menge *f*; **II** *v/t.* **3.** *a. fig.* überˈschwemmen, -ˈfluten, -ˈschütten.

de·lu·sion [dɪˈluːʒn] *s.* **1.** (Selbst)Täuschung *f*, Verblendung *f*, Wahn *m*, Irrglauben *m*; **2.** Trug *m*, Wahnvorstellung *f*: ***be*** (*od.* ***labo[u]r***) ***under the ~ that*** in dem Wahn leben, daß; → ***gran-***

deur 3; **de'lu·sive** [-u:sɪv] *adj.* ☐ irreführend, trügerisch, Wahn…
de luxe [də'lʊks] *adj.* Luxus…
delve [delv] *v/i. fig.* (***into***) sich vertiefen (in *acc.*), erforschen, ergründen (*acc.*); graben (***for*** nach): **~ *among*** stöbern in (*dat.*).
de·mag·net·ize [ˌdi:'mægnɪtaɪz] *v/t.* entmagnetisieren.
dem·a·gog ['deməgɒg] *Am.* → ***demagogue***; **dem·a·gog·ic, dem·a·gog·i·cal** [ˌdemə'gɒgɪk(l)] *adj.* ☐ dema'gogisch, aufwieglerisch; **'dem·a·gogue** [-gɒg] *s.* Dema'goge *m*; **'dem·a·gog·y** [-gɪ] *s.* Demago'gie *f.*
de·mand [dɪ'mɑ:nd] **I** *v/t.* **1.** *Person*: *et.* verlangen, fordern, begehren (***of, from*** von, *a.* ***that*** daß, ***to do*** zu tun): ***I ~ payment***; **2.** *Sache*: erfordern, verlangen (*acc.*, ***that*** daß), bedürfen (*gen.*): ***the matter ~s great care*** die Sache erfordert große Sorgfalt; **3.** *oft* ⚖ beanspruchen; **4.** wissen wollen, fragen nach: ***the police ~ed his name***; **II** *s.* **5.** Verlangen *n*, Forderung *f*, Ersuchen *n*: ***on ~*** a) auf Verlangen, b) ☤ bei Vorlage, bei Sicht; **6.** ☤ (***for***) Nachfrage *f* (nach), Bedarf *m* (an *dat.*) (*Ggs.* ***supply***): ***in ~*** *a. fig.* gefragt, begehrt, gesucht; **7.** (***on***) Anspruch *m*, Anforderung *f* (an *acc.*); Beanspruchung *f* (*gen.*): ***make great ~s on*** sehr in Anspruch nehmen (*acc.*), große Anforderungen stellen an (*acc.*); **8.** ⚖ (Rechts-) Anspruch *m*, Forderung *f*; **~ bill** *s.* ☤ *Am.* Sichtwechsel *m*; **~ de·pos·it** *s.* ☤ Sichteinlage *f*; **~ draft** → ***demand bill.***
de·mand·ing [dɪ'mɑ:ndɪŋ] *adj.* **1.** anspruchsvoll (*a. fig. Musik etc.*), schwierig; **2.** genau, streng; **3.** fordernd.
de·mand| man·age·ment *s.* Nachfragesteuerung *f*; **~ note** *s.* **1.** *Brit.* Zahlungsaufforderung *f*; **2.** Sichtwechsel *m*; **~ pull** *s.* 'Nachfrageinflatiˌon *f.*
de·mar·cate ['di:mɑ:keɪt] *v/t. a. fig.* abgrenzen (***from*** gegen, von); **de·mar·ca·tion** [ˌdi:mɑ:'keɪʃn] *s.* Abgrenzung *f*, Grenzziehung *f*: ***line of ~*** a) Grenzlinie *f* (*a. fig.*), b) *pol.* Demarkationslinie *f*, c) *fig.* Trennungslinie *f*, -strich *m*; **~ *dispute*** Kompetenzstreit unter Gewerkschaften.
dé·marche ['deɪmɑ:ʃ] (*Fr.*) *s.* De'marche *f*, diplo'matischer Schritt.
de·mean[1] [dɪ'mi:n] *v/t.*: **~ *o.s.*** sich benehmen, sich verhalten.
de·mean[2] [dɪ'mi:n] *v/t.*: **~ *o.s.*** sich erniedrigen; **de'mean·ing** [-nɪŋ] *adj.* erniedrigend.
de·mean·o(u)r [dɪ'mi:nə] *s.* Benehmen *n*, Verhalten *n*, Haltung *f.*
de·ment·ed [dɪ'mentɪd] *adj.* ☐ wahnsinnig, verrückt (F *a. fig.*); **de'men·ti·a** [-nʃɪə] *s.* ⚕ **1.** Schwachsinn *m*; **2.** Wahn-, Irrsinn *m.*
de·mer·it [di:'merɪt] *s.* **1.** Schuld(haftigkeit) *f*, Fehler *m*, Mangel *m*; **2.** Unwürdigkeit *f*; **3.** Nachteil *m*, schlechte Seite; **4.** *mst* **~ *mark*** *ped. Am.* Tadel *m*, Minuspunkt *m.*
de·mesne [dɪ'meɪn] *s.* **1.** ⚖ Eigenbesitz *m*, freier Grundbesitz; Landgut *n*, Do'mäne *f*: ***Royal ~*** Krongut *n*; **2.** *fig.* Do'mäne *f*, Gebiet *n.*
'dem·i|·god ['demɪ-] *s.* Halbgott *m*; **'~·john** [-dʒɒn] *s.* Korbflasche *f*, 'Glasbalˌlon *m.*
de·mil·i·ta·rize [ˌdi:'mɪlɪtəraɪz] *v/t.* entmilitarisieren.
dem·i|-monde [ˌdemɪ'mɔ̃:nd] *s.* Halbwelt *f*; **ˌ~-'pen·sion** *s.* 'Halbpensiˌon *f*; **~·rep** ['demɪrep] *s.* Frau *f* von zweifelhaftem Ruf.
de·mise [dɪ'maɪz] ⚖ **I** *s.* **1.** Be'sitzüberˌtragung *f od.* -verpachtung *f*: **~ *of the Crown*** Übergehen *n* der Krone *an den Nachfolger*; **2.** Ableben *n*, Tod *m*; **II** *v/t.* **3.** *allg. et.* über'tragen, *a.* verpachten *od.* vermachen.
dem·i·sem·i·qua·ver ['demɪsemɪˌkweɪvə] *s.* ♪ Zweiunddreißigstel(note *f*) *n.*
de·mis·sion [dɪ'mɪʃn] *s.* Rücktritt *m*, Abdankung *f*, Demissi'on *f.*
de·mo ['deməʊ] *s.* F **1.** ‚Demo' *f* (*Demonstration*); **2.** a) Vorführband *n*, b) Vorführwagen *m.*
de·mob [ˌdi:'mɒb] *v/t. Brit.* F → ***demobilize*** 1b.
de·mo·bi·li·za·tion ['di:ˌməʊbɪlaɪ'zeɪʃn] *s.* Demobilisierung *f*: a) Abrüstung *f*, b) Entlassung *f* aus dem Wehrdienst; **de·mo·bi·lize** [di:'məʊbɪlaɪz] *v/t.* **1.** demobilisieren: a) abrüsten, b) *Truppen* entlassen, *Heer* auflösen; **2.** *Kriegsschiff* außer Dienst stellen.
de·moc·ra·cy [dɪ'mɒkrəsɪ] *s.* **1.** Demokra'tie *f*; **2.** 2 *pol. Am.* die Demo'kratische Par'tei (*od.* deren Grundsätze);
dem·o·crat ['deməkræt] *s.* **1.** Demo'krat(in); **2.** 2 *Am. pol.* Demo'krat(in), Mitglied *n* der Demo'kratischen Par'tei;
dem·o·crat·ic [ˌdemə'krætɪk] *adj.* (☐ ***~ally***) **1.** demo'kratisch; **2.** 2 *pol. Am.* demo'kratisch (*die Demokratische Partei betreffend*); **de·moc·ra·ti·za·tion** [dɪˌmɒkrətaɪ'zeɪʃn] *s.* Demokratisierung *f*; **de·moc·ra·tize** [dɪ'mɒkrətaɪz] *v/t.* demokratisieren.
dé·mo·dé [ˌdeɪməʊ'deɪ] (*Fr.*), **de·mod·ed** [di:'məʊdɪd] *adj.* altmodisch, außer Mode.
de·mog·ra·pher [di:'mɒgrəfə] *s.* Demo'graph *m*; **de'mog·ra·phy** [-fɪ] *s.* Demogra'phie *f.*
de·mol·ish [dɪ'mɒlɪʃ] *v/t.* **1.** ab-, niederreißen; **2.** *Festung* schleifen; **3.** ⚔ sprengen; **4.** *fig.* (*a. j-n*) vernichten, ka'puttmachen; **5.** *sport* F ‚über'fahren'; **dem·o·li·tion** [ˌdemə'lɪʃn] *s.* **1.** Abbruch *m*, Niederreißen *n*; **2.** Schleifen *n* (*Festung*); **3.** ⚔ Spreng…: **~ *bomb*** Sprengbombe *f*; **~ *squad*** Sprengkommando *n*; **4.** Vernichtung *f.*
de·mon (*myth. oft* ***daemon***) ['di:mən] **I** *s.* **1.** 'Dämon *m*, böser Geist, 'Satan *m* (*a. fig.*); **2.** *fig.* Teufelskerl *m*: **~ *for work*** ‚Wühler' *m*, unermüdlicher Arbeiter; **II** *adj.* **3.** dä'monisch, *fig a.* wild, besessen.
de·mon·e·ti·za·tion [di:ˌmʌnɪtaɪ'zeɪʃn] *s.* Außer'kurssetzung *f*, Entwertung *f*; **de·mon·e·tize** [ˌdi:'mʌnɪtaɪz] *v/t.* außer Kurs setzen.
de·mo·ni·ac [dɪ'məʊnɪæk] **I** *adj.* **1.** dä'monisch, teuflisch; **2.** besessen, rasend, tobend; **II** *s.* **3.** Besessene(r *m*) *f*; **de·mo·ni·a·cal** [ˌdi:məʊ'naɪəkl] *adj.* ☐ → ***demoniac*** 1, 2; **de·mon·ic** [di:'mɒnɪk] *adj.* (☐ ***~ally***) dä'monisch, teuflisch; **de·mon·ism** ['di:mənɪzəm] *s.* Dä'monenglaube *m*; **de·mon·ize** ['di:mənaɪz] *v/t.* dämonisieren, *fig. a.* verteufeln; **de·mon·ol·o·gy** [ˌdi:mə'nɒlədʒɪ] *s.* Dä'monenlehre *f.*
de·mon·stra·ble ['demənstrəbl] *adj.* ☐ beweisbar, nachweislich; **dem·on·strate** ['demənstreɪt] **I** *v/t.* **1.** demonstrieren: a) be-, nachweisen, b) veranschaulichen, darlegen; **2.** vorführen; **II** *v/i.* **3.** demonstrieren, e-e Demonstrati'on veranstalten; **dem·on·stra·tion** [ˌdemən'streɪʃn] *s.* **1.** Demon'strierung *f*, Veranschaulichung *f*, Darstellung *f*; **2.** a) Beweis *m* (***of*** für), b) Beweisführung *f*; **3.** Vorführung *f*, Demonstrati'on *f* (***to*** vor *j-m*): **~ *car*** Vorführwagen *m*; **4.** (Gefühls)Äußerung *f*, Bekundung *f*; **5.** Demonstrati'on *f* (*a. pol. u.* ⚔), Kundgebung *f*; **6.** ⚔ 'Täuschungsmaˌnöver *n*; **de·mon·stra·tive** [dɪ'mɒnstrətɪv] **I** *adj.* ☐ **1.** anschaulich (zeigend); über'zeugend, beweiskräftig: ***be ~ of*** → ***demonstrate*** 1; **2.** demonstra'tiv, ostenta'tiv, auffällig, betont; **3.** ausdrucks-, gefühlvoll; **4.** *ling.* Demonstrativ…, hinweisend: **~ *pronoun***; **II** *s.* **5.** *ling.* Demonstra'tivum *n*; **de·mon·stra·tive·ness** [dɪ'mɒnstrətɪvnɪs] *s.* das Demonstra'tive *od.* Ostenta'tive, Betontheit *f*; **'dem·on·stra·tor** [-reɪtə] *s.* **1.** Beweisführer *m*, Erklärer *m*; **2.** ☤ a) Vorführer(in), b) 'Vorführmoˌdell *n*; **3.** *pol.* Demon'strant(in); **4.** *univ.* a) Assi'stent *m*, b) ⚕ 'Prosektor *m.*
de·mor·al·i·za·tion [dɪˌmɒrəlaɪ'zeɪʃn] *s.* Demoralisati'on *f*: a) Sittenverfall *m*, Zuchtlosigkeit *f*, b) Entmutigung *f*, Demoralisierung *f*; **de·mor·al·ize** [dɪ'mɒrəlaɪz] *v/t.* demoralisieren: a) (sittlich) verderben, b) zersetzen, c) zermürben, entmutigen, d) die ('Kampf)Moˌral *od.* die Diszi'plin *der Truppe* unter'graben; **de·mor·al·iz·ing** [dɪ'mɒrəlaɪzɪŋ] *adj.* demoralisierend.
de·mote [ˌdi:'məʊt] *v/t.* **1.** degradieren; **2.** *ped. Am.* zu'rückversetzen.
de·moth(·ball) [ˌdi:'mɒθ(bɔ:l)] *v/t.* ⚔ *Am. Flugzeuge etc.* ‚entmotten', wieder in Dienst stellen.
de·mo·tion [ˌdi:'məʊʃn] *s.* **1.** Degradierung *f*; **2.** *ped. Am.* Zu'rückversetzung *f.*
de·mo·ti·vate [ˌdi:'məʊtɪveɪt] *v/t.* demotivieren.
de·mount [ˌdi:'maʊnt] *v/t.* abmontieren, abnehmen; zerlegen; **de'mount·a·ble** [-təbl] *adj.* abmontierbar; zerlegbar.
de·mur [dɪ'mɜ:] **I** *v/i.* **1.** Einwendungen machen, Bedenken äußern (***to*** gegen); zögern; **2.** ⚖ e-n Rechtseinwand erheben; **II** *s.* **3.** Einwand *m*, Bedenken *n*, Zögern *n*: ***without ~*** anstandslos, ohne Zögern.
de·mure [dɪ'mjʊə] *adj.* ☐ **1.** zimperlich, spröde; **2.** sittsam, prüde; **3.** zu'rückhaltend; **4.** gesetzt, ernst, nüchtern; **de'mure·ness** [-nɪs] *s.* **1.** Zimperlichkeit *f*; **2.** Zu'rückhaltung *f*; **3.** Gesetztheit *f.*
de·mur·rage [dɪ'mʌrɪdʒ] *s.* ☤ **1.** a) ⚓ 'Überliegezeit *f*, b) 🚃 zu langes Stehen (*bei der Entladung*); **2.** a) ⚓ ('Über-) Liegegeld *n*, b) 🚃 Wagenstandgeld *n*, c) Lagergeld *n.*
de·mur·rer [dɪ'mʌrə] *s.* ⚖ Rechtseinwand *m.*
de·my [dɪ'maɪ] *pl.* **-'mies** [-aɪz] *s.* **1.** Stipendi'at *m* (*Magdalen College, Oxford*); **2.** *ein Papierformat.*
den [den] *s.* **1.** Lager *n*, Bau *m*, Höhle *f*

wilder Tiere: ***lion's ~*** Löwengrube *f*, *fig.* Höhle des Löwen; **2.** *fig.* Höhle *f*, Versteck *n*: ***robber's ~*** Räuberhöhle; ***~ of vice*** Lasterhöhle; **3.** a) (gemütliches) Zimmer, ‚Bude' *f*, b) Arbeitszimmer *n*, c) *contp.* ‚Loch' *n*, Höhle *f*.

de·na·tion·al·ize [ˌdiːˈnæʃnəlaɪz] *v/t.* **1.** entnationalisieren, den natioˈnalen Chaˈrakter nehmen (*dat.*); **2.** *j-m* die Staatsbürgerschaft aberkennen; **3.** ☤ entstaatlichen, reprivatisieren.

de·nat·u·ral·ize [ˌdiːˈnætʃrəlaɪz] *v/t.* **1.** s-r wahren Naˈtur entfremden; **2.** *j-n* denaturalisieren, ausbürgern.

de·na·ture [ˌdiːˈneɪtʃə] *v/t.* ⚗ denaturieren.

de·na·zi·fi·ca·tion [diːˌnɑːtsɪfɪˈkeɪʃn] *s. pol.* Entnazifizierung *f*.

den·dri·form [ˈdendrɪfɔːm] *adj.* baumförmig; **ˈden·droid** [-rɔɪd] *adj.* baumähnlich; **ˈden·dro·lite** [-rəlaɪt] *s.* Pflanzenversteinerung *f*; **den·drol·o·gy** [denˈdrɒlədʒɪ] *s.* Dendroloˈgie *f*, Baumkunde *f*.

dene¹ [diːn] *s. Brit.* (Sand)Düne *f*.

dene² [diːn] *s.* kleines Tal.

de·ni·a·ble [dɪˈnaɪəbl] *adj.* abzuleugnen(d), zu verneinen(d); **de·ni·al** [dɪˈnaɪəl] *s.* **1.** Ablehnung *f*, Verweigerung *f*, -sagung *f*; Absage *f*, abschlägige Antwort: ***take no ~*** sich nicht abweisen lassen; **2.** Verneinung *f*, Leugnen *n*, Ab-, Verleugnung *f*: ***official ~*** Dementi *n*.

de·nic·o·tin·ize [ˌdiːnɪˈkɒtɪnaɪz] *v/t.* entnikotisieren: ***~d*** nikotinfrei, -arm.

de·ni·er¹ [dɪˈnaɪə] *s.* **1.** Leugner(in); **2.** Verweigerer *m*.

de·nier² [ˈdenɪə] *s.* ☤ Deniˈer *m* (*Einheit für die Fadenstärke bei Seidengarn etc.*).

de·nier³ [dɪˈnɪə] *s. hist.* Deniˈer *m* (*Münze*).

den·i·grate [ˈdenɪgreɪt] *v/t.* anschwärzen, verunglimpfen; **den·i·gra·tion** [ˌdenɪˈgreɪʃn] *s.* Anschwärzung *f*, Verunglimpfung *f*.

den·im [ˈdenɪm] *s.* **1.** Köper *m*; **2.** *pl.* Overall *m od.* Jeans *pl.* aus Köper.

den·i·zen [ˈdenɪzn] *s.* **1.** Ein-, Bewohner *m* (*a. fig.*); **2.** *hist. Brit.* (teilweise) eingebürgerter Ausländer; **3.** *et.* Eingebürgertes (*Tier*, *Pflanze*, *Wort*); **4.** Stammgast *m*.

de·nom·i·nate [dɪˈnɒmɪneɪt] *v/t.* (be-)nennen, bezeichnen; **de·nom·i·na·tion** [dɪˌnɒmɪˈneɪʃn] *s.* **1.** Benennung *f*, Bezeichnung *f*; Name *m*; **2.** Gruppe *f*, Klasse *f*; **3.** (Maß- *etc.*)Einheit *f*; Nennwert *m* (*Banknoten*): ***shares in small ~s*** Aktien kleiner Stückelung; **4.** a) Konfessiˈon *f*, Bekenntnis *n*, b) Sekte *f*; **de·nom·i·na·tion·al** [dɪˌnɒmɪˈneɪʃənl] *adj.* konfessioˈnell, Konfessions…, Bekenntnis…: ***~ school***; **de·nom·i·na·tion·al·ism** [dɪˌnɒmɪˈneɪʃnəlɪzəm] *s.* Prinˈzip *n* des konfessioˈnellen ˈUnterrichts; **de·nom·i·na·tor** [dɪˈnɒmɪneɪtə] *s.* 𝔄 Nenner *m*: ***common ~*** gemeinsamer Nenner (*a. fig.*); → ***reduce*** 11.

de·no·ta·tion [ˌdiːnəʊˈteɪʃn] *s.* **1.** Bezeichnung *f*; **2.** Bedeutung *f*; **3.** Beˈgriffsˌumfang *m*; **de·note** [dɪˈnəʊt] *v/t.* **1.** be-, kennzeichnen, anzeigen, andeuten; **2.** bedeuten.

dé·noue·ment [deɪˈnuːmɑ̃ːŋ] (*Fr.*) *s.* **1.** Lösung *f* (des Knotens *im Drama etc.*); **2.** Ausgang *m*.

de·nounce [dɪˈnaʊns] *v/t.* **1.** öffentlich anprangern, brandmarken, verurteilen; **2.** anzeigen, *contp.* denunzieren (**to** bei); **3.** *Vertrag* kündigen; **deˈnounce·ment** [-mənt] *s.* **1.** (öffentliche) Anprangerung *od.* Verurteilung; **2.** Anzeige *f*, *contp.* Denunziatiˈon *f*; **3.** Kündigung *f* (**of** *gen.*), Rücktritt *m* (*vom Vertrag*).

dense [dens] *adj.* ☐ **1.** dicht (*a. phys.*), dick (*Nebel etc.*); **2.** gedrängt, eng; **3.** *fig.* beschränkt, schwer von Begriff; **4.** *phot.* dicht, kräftig (*Negativ*); **ˈdense·ness** [-nɪs] *s.* **1.** Dichtheit *f*, Dichte *f*; **2.** *fig.* Beschränktheit *f*, Schwerfälligkeit *f*; **ˈden·si·ty** [-sətɪ] *s.* **1.** Dichte *f* (*a.* ⚗, *phys.*), Dichtheit *f*: ***traffic ~*** Verkehrsdichte; **2.** Gedrängtheit *f*, Enge *f*; **3.** *fig.* Beschränktheit *f*, Dummheit *f*; **4.** *phot.* Dichte *f*, Schwärzung *f*.

dent [dent] **I** *s.* Beule *f*, Einbeulung *f*: ***make a ~ in*** F a) ein Loch reißen in (*Ersparnisse etc.*), b) *j-s Stolz etc.* ‚anknacksen'; **II** *v/t. u. v/i.* (sich) einbeulen: ***~ s.o.'s image*** *fig.* j-s Image schaden.

den·tal [ˈdentl] **I** *adj.* **1.** ⚕ Zahn…; zahnärztlich: ***~ floss*** Zahnseide *f*; ***~ plate*** Platte *f*, Zahnersatz *m*; ***~ surgeon*** Zahnarzt *m*; ***~ technician*** Zahntechniker(in); **2.** *ling.* Dental…, Zahn…: ***~ sound*** → 3; **II** *s.* **3.** *ling.* Denˈtal(laut) *m*; **den·tate** [ˈdenteɪt] *adj.* ✿, *zo.* gezähnt; **den·ta·tion** [denˈteɪʃn] *s.* ✿, *zo.* Zähnung *f*; **den·ti·cle** [ˈdentɪkl] *s.* Zähnchen *n*; **den·tic·u·lat·ed** [denˈtɪkjʊleɪtɪd] *adj.* **1.** gezähnt; **2.** gezackt; **den·ti·form** [ˈdentɪfɔːm] *adj.* zahnförmig; **den·ti·frice** [ˈdentɪfrɪs] *s.* Zahnputzmittel *n*; **den·tils** [ˈdentɪlz] *s. pl.* △ Zahnschnitt *m*; **den·tine** [ˈdentiːn] *s.* ⚕ Denˈtin *n*, Zahnbein *n*; **den·tist** [ˈdentɪst] *s.* Zahnarzt *m*, -ärztin *f*; **den·tist·ry** [ˈdentɪstrɪ] *s.* Zahnheilkunde *f*; **den·ti·tion** [denˈtɪʃn] *s.* ⚕ **1.** Zahnen *n* (*der Kinder*); **2.** ˈZahnformel *f*, -syˌstem *n*; **den·ture** [ˈdentʃə] *s.* **1.** *anat.* Gebiß *n*; **2.** a) künstliches Gebiß, (ˈVoll)Proˌthese *f*, b) (ˈTeil)Proˌthese *f*.

de·nu·cle·ar·ize [ˌdiːˈnjuːklɪəraɪz] *v/t.* aˈtomwaffenfrei machen, e-e atomwaffenfreie Zone schaffen in (*dat.*).

den·u·da·tion [ˌdiːnjuːˈdeɪʃn] *s.* **1.** Entblößung *f*; **2.** *geol.* Abtragung *f*; **de·nude** [dɪˈnjuːd] *v/t.* **1.** (**of**) entblößen (von), berauben (*gen.*) (*a. fig.*); **2.** *geol.* bloßlegen.

de·nun·ci·a·tion [dɪˌnʌnsɪˈeɪʃn] → ***denouncement***; **de·nun·ci·a·tor** [dɪˈnʌnsɪeɪtə] *s.* Denunziˈant(in); **de·nun·ci·a·to·ry** [dɪˈnʌnsɪətərɪ] *adj.* **1.** denunzierend; **2.** anprangernd, brandmarkend.

de·ny [dɪˈnaɪ] *v/t.* **1.** ab-, bestreiten, in Abrede stellen, dementieren, (ab)leugnen, verneinen: ***it cannot be denied that …, there is no ~ing*** (***the fact***) ***that …*** es läßt sich nicht *od.* es ist nicht zu leugnen *od.* bestreiten, daß; ***I ~ saying so*** ich bestreite, daß ich das gesagt habe; ***~ a charge*** e-e Beschuldigung zurückweisen; **2.** *Glauben*, *Freund* verleugnen; *Unterschrift* nicht anerkennen; **3.** *Bitte etc.* ablehnen; ⚖ *Antrag* abweisen; *j-m et.* abschlagen, verweigern, versagen: ***~ o.s. the pleasure*** sich das Vergnügen versagen; ***he was denied the privilege*** das Vorrecht wurde ihm versagt; ***he was hard to ~*** es war schwer, ihn abzuweisen; ***she denied herself to him*** sie versagte sich ihm; **4.** ***~ o.s. to s.o.*** sich vor j-m verleugnen lassen.

de·o·dor·ant [diːˈəʊdərənt] **I** *s.* De(s)odoˈrant *n*; **II** *adj.* de(s)odorierend; **de·o·dor·i·za·tion** [diːˌəʊdəraɪˈzeɪʃn] *s.* Desodorierung *f*; **de·o·dor·ize** [diːˈəʊdəraɪz] *v/t.* de(s)odorieren; **deˈo·dor·iz·er** [-raɪzə] → ***deodorant*** I.

de·ox·i·dize [diːˈɒksɪdaɪz] *v/t.* ⚗ den Sauerstoff entziehen (*dat.*).

de·part [dɪˈpɑːt] *v/i.* **1.** (**for** nach) weg-, fortgehen, *bsd.* abreisen, abfahren; **2.** 🚂 *etc.* abgehen, abfahren, ✈ abfliegen; **3.** *a.* ***~*** (***from***) ***this life*** ˈhinscheiden, entschlafen, sterben; **4.** (**from**) abweichen (von *e-r Regel*, *der Wahrheit etc.*), *Plan etc.* ändern, aufgeben: ***~ from one's word*** sein Wort brechen; **deˈpart·ed** [-tɪd] *adj.* **1.** vergangen; **2.** verstorben: ***the ~*** der *od.* die Verstorbene, *coll.* die Verstorbenen; **deˈpart·ment** [-mənt] *s.* **1.** Fach *n*, Gebiet *n*, Resˈsort *n*, Geschäftsbereich *m*: ***that's your ~!*** F das ist dein Ressort!; **2.** Abteilung *f*: ***~ of German*** *univ.* germanistische Abteilung; ***export ~*** ☤ Exportabteilung; ***~ store*** Waren-, Kaufhaus *n*; **3.** *pol.* Departeˈment *n* (*in Frankreich*); **4.** Dienst-, Geschäftsstelle *f*, Amt *n*: ***health ~*** Gesundheitsamt; **5.** *pol.* Miniˈsterium *n*: ***℘ of Defense*** *Am.* Verteidigungsministerium; ***℘ of the Interior*** *Am.* Innenministerium; **6.** ⚔ Bereich *m*, Zone *f*; **de·part·men·tal** [ˌdiːpɑːtˈmentl] *adj.* **1.** Abteilungs…; Bezirks…; Fach…; **2.** Ministerial…; **de·part·men·tal·ize** [ˌdiːpɑːtˈmentəlaɪz] *v/t.* in (viele) Abteilungen gliedern.

de·par·ture [dɪˈpɑːtʃə] *s.* **1.** Weggang *m*, *bsd.* ⚔ Abzug *m*: ***take one's ~*** sich verabschieden, weg-, fortgehen; **2.** a) Abreise *f*, b) 🚂 *etc.* Abfahrt *f*, ✈ Abflug *m*: (***time of***) ***~*** Abfahrts- *od.* Abflugzeit *f*; ***~ gate*** Flugsteig *m*; ***~ lounge*** Abflughalle *f*; ***~ platform*** Abfahrtsbahnsteig *m*; **3.** Abweichen *n*, Abweichung *f* (**from** von *e-m Plan*, *e-r Regel etc.*); **4.** *fig.* Anfang *m*, Beginn *m*: ***a new ~*** a) ein neuer Anfang, b) ein neuer Weg, ein neues Verfahren; ***point of ~*** Ausgangspunkt *m*; **5.** ˈHinscheiden *n*, Tod *m*.

de·pend [dɪˈpend] *v/i.* **1.** (**on**, **upon**) abhängen (von), ankommen (auf *acc.*): ***it ~s on the weather***; ***it ~s on you***; ***~ing on the quantity used*** je nach (der zu verwendenden) Menge; ***~ing on whether*** je nachdem, ob; ***that ~s*** F das kommt (ganz) darauf an, je nachdem; **2.** (**on**, **upon**) a) abhängig sein (von), b) angewiesen sein (auf *acc.*): ***he ~s on my help***; **3.** sich verlassen (**on**, **upon** auf *acc.*): ***you may ~ on that man***; ***~ upon it!*** verlaß dich drauf!; **de·pend·a·bil·i·ty** [dɪˌpendəˈbɪlətɪ] *s.* Zuverlässigkeit *f*; **deˈpend·a·ble** [-dəbl] *adj.* ☐ verläßlich, zuverlässig; **de·pend·ance** [-dəns] *Am.* → ***dependence***; **de·pend·ant** [-dənt] **I** *s.* Abhängige(r *m*) *f*, *bsd.* (Faˈmilien)Angehörige(r *m*) *f*; **II** *adj. Am.* → ***dependent*** I; **deˈpend·ence** [-dəns] *s.* **1.** (**on**, **upon**) Abhängigkeit *f* (von), Angewiesensein *n* (auf *acc.*); Bedingtsein *n* (durch); **2.** Vertrauen *n*, Verlaß *m* (***on, upon*** auf *acc.*); **3. *in ~*** ⚖ in der Schwebe; **4.** Nebengebäude *n*, Depen'dance *f*; **de'pend·en·cy** [-dənsɪ] **1.** → ***dependence*** 1; **2.** *pol.* Schutzgebiet *n*, Kolo'nie *f*; **de'pend·ent** [-dənt] **I** *adj.* **1.** (***on, upon***) abhängig (von): a) angewiesen (auf *acc.*), b) bedingt (durch); **2.** vertrauend, sich verlassend (***on, upon*** auf *acc.*); **3.** (***on***) 'untergeordnet (*dat.*), abhängig (von), unselbständig: ***~ clause*** *ling.* Nebensatz *m*; **4.** her'abhängend (***from*** von); **II** *s.* **5.** *Am.* → ***dependant*** I.

de·peo·ple [ˌdiː'piːpl] *v/t.* entvölkern.

de·per·son·al·ize [ˌdiː'pɜːsnəlaɪz] *v/t.* **1.** *psych.* entper'sönlichen; **2.** 'unperˌsönlich machen.

de·pict [dɪ'pɪkt] *v/t.* **1.** (ab)malen, zeichnen, darstellen; **2.** schildern, beschreiben, veranschaulichen.

dep·i·late ['depɪleɪt] *v/t.* enthaaren, depilieren; **dep·i·la·tion** [ˌdepɪ'leɪʃn] *s.* Enthaarung *f*; **de·pil·a·to·ry** [dɪ'pɪlətərɪ] **I** *adj.* enthaarend; **II** *s.* Enthaarungsmittel *n*.

de·plane [ˌdiː'pleɪn] *v/t. u. v/i.* aus dem Flugzeug ausladen (aussteigen).

de·plen·ish [dɪ'plenɪʃ] *v/t.* entleeren.

de·plete [dɪ'pliːt] *v/t.* **1.** (ent)leeren; **2.** Raubbau treiben mit; *Vorräte, Kräfte etc.* erschöpfen; *Bestand etc.* dezimieren: ***~ a lake of fish*** e-n See abfischen; **de·ple·tion** [dɪ'pliːʃn] *s.* **1.** Entleerung *f*; **2.** Raubbau *m*; Erschöpfung *f*; ⚕ *a.* Erschöpfungszustand *m*; ☤ *a.* Sub'stanzverlust *m*; ***~ of the ozone layer*** Ozonabbau *m*.

de·plor·a·ble [dɪ'plɔːrəbl] *adj.* □ **1.** bedauerns-, beklagenswert; **2.** erbärmlich, kläglich; **de·plore** [dɪ'plɔː] *v/t.* beklagen: a) bedauern, b) miß'billigen, c) betrauern.

de·ploy [dɪ'plɔɪ] **I** *v/t.* **1.** ⚔ a) aufmarschieren lassen, entwickeln, entfalten, b) *a. allg.* verteilen, *Raketen etc.* aufstellen; **2.** *Arbeitskräfte etc.* einsetzen; **3.** *fig.* anwenden, einsetzen; **II** *v/i.* **4.** sich entwickeln, sich entfalten, ausschwärmen, Ge'fechtsformatiˌon annehmen; **III** *s.* **5.** → **de'ploy·ment** [-mənt] *s.* **1.** ⚔ Entfaltung *f*, -wicklung *f*, Aufmarsch *m*; Gliederung *f*; Aufstellung *f*; **2.** ☤ *etc.* Einsatz *m*, Verteilung *f*.

de·poi·son [ˌdiː'pɔɪzn] *v/t.* entgiften.

de·po·lar·ize [ˌdiː'pəʊləraɪz] *v/t.* **1.** ϟ, *phys.* depolarisieren; **2.** *fig. Überzeugung etc.* erschüttern.

de·po·lit·i·cize [ˌdiːpə'lɪtɪsaɪz] *v/t.* entpolitisieren.

de·pone [dɪ'pəʊn] → ***depose*** II; **de'ponent** [-nənt] **I** *adj.* **1.** ***~ verb*** *ling.* → 2; **II** *s.* **2.** *ling.* De'ponens *n*; **3.** ⚖ vereidigter Zeuge; *in Urkunden*: *der* (*die*) Erschienene.

de·pop·u·late [ˌdiː'pɒpjʊleɪt] *v/t.* (*v/i.* sich) entvölkern; **de·pop·u·la·tion** [diːˌpɒpjʊ'leɪʃn] *s.* Entvölkerung *f*.

de·port [dɪ'pɔːt] *v/t.* **1.** (zwangsweise) fortschaffen; **2.** *pol.* a) deportieren, b) ausweisen, *Ausländer* abschieben, c) *hist.* verbannen; **3. *~ o.s.*** sich *gut etc.* betragen *od.* benehmen; **de·por·ta·tion** [ˌdiːpɔː'teɪʃn] *s.* Deportati'on *f*, Zwangsverschickung *f*; Ausweisung *f*; *hist.* Verbannung *f*; **de·por·tee** [ˌdiːpɔː'tiː] *s.* Deportierte(r *m*) *f*; **de'port·ment** [-mənt] *s.* **1.** Benehmen *n*, Betragen *n*, Verhalten *n*; **2.** (Körper)Haltung *f*.

de·pos·a·ble [dɪ'pəʊzəbl] *adj.* absetzbar; **de·pos·al** [dɪ'pəʊzl] *s.* Absetzung *f*; **de·pose** [dɪ'pəʊz] **I** *v/t.* **1.** absetzen, entheben (***from*** *gen.*); entthronen; **2.** ⚖ eidlich erklären, unter Eid zu Proto'koll geben; **II** *v/i.* (*bsd.* in Form e-r schriftlichen, beeideten Erklärung) aussagen *od.* bezeugen (***to s.th.*** et., ***that*** daß).

de·pos·it [dɪ'pɒzɪt] **I** *v/t.* **1.** ab-, niedersetzen, ab-, niederlegen; *Eier* (ab)legen; **2.** ⚗, ⚙, *geol.* ablagern, -setzen, anschwemmen; **3.** *Geld* a) einzahlen, *a. Sache* hinter'legen, deponieren; über'geben, b) anzahlen; **II** *v/i.* **4.** ⚗ sich absetzen *od.* ablagern *od.* niederschlagen; **III** *s.* **5.** ⚗, ⚙ Ablagerung *f*, (Boden)Satz *m*, Niederschlag *m*, Sedi'ment *n*; Schicht *f*, Belag *m*; **6.** ⚒, *geol.* Ablagerung *f*, Lager *n*, Flöz *n*; **7.** ☤ a) De'pot *n*: ***place on ~*** einzahlen, hinterlegen, b) Einzahlung *f*, Einlage *f*, Guthaben *n*: ***~s*** Depositen; ***~ account*** Termineinlagekonto *n*; **de'pos·i·tar·y** [-tərɪ] *s.* **1.** Deposi'tar *m*, Verwahrer(in); **2.** → ***depot*** 1.

dep·o·si·tion [ˌdepə'zɪʃn] *s.* **1.** Amtsenthebung *f*; Absetzung *f* (***from*** von); **2.** ⚗, ⚙, *geol.* Ablagerung *f*, Niederschlag *m*; **3.** ⚖ (Proto'koll *n od.* Abgabe *f* e-r beeideten) Erklärung *od.* Aussage; **4.** (Bild *n* der) Kreuzabnahme *f Christi*; **de·pos·i·tor** [dɪ'pɒzɪtə] *s.* ☤ a) Hinter'leger(in), b) Einzahler(in), c) Kontoinhaber(in); **de·pos·i·to·ry** [dɪ'pɒzɪtərɪ] *s.* **1.** a) Aufbewahrungsort *m*, b) → ***depot*** 1; **2.** *fig.* Fundgrube *f*.

de·pot ['depəʊ] *s.* **1.** De'pot *n*, Lagerhaus *n*, -platz *m*, Niederlage *f*; **2.** *Am.* Bahnhof *m*; **3.** ⚔ De'pot *n*: a) Gerätepark *m*, b) (Nachschub)Lager *n*, c) Sammelplatz *m*, d) Ersatztruppenteil *m*; **4.** ⚕ De'pot *n*.

dep·ra·va·tion [ˌdeprə'veɪʃn] → ***depravity***; **de·prave** [dɪ'preɪv] *v/t.* moralisch verderben; **de·praved** [dɪ'preɪvd] *adj.* verderbt, verkommen, verworfen, schlecht; **de·prav·i·ty** [dɪ'prævətɪ] *s.* **1.** Verderbtheit *f*, Verworfenheit *f*; Schlechtigkeit *f*; **2.** böse Tat.

dep·re·cate ['deprɪkeɪt] *v/t.* miß'billigen, verurteilen, verwerfen; **'dep·re·cat·ing** [-tɪŋ] *adj.* □ **1.** miß'billigend, ablehnend; **2.** entschuldigend; **3.** wegwerfend, (bescheiden) abwehrend; **dep·re·ca·tion** [ˌdeprɪ'keɪʃn] *s.* 'Mißbilligung *f*; **'dep·re·ca·tor** [-tə] *s.* Gegner(in); **'dep·re·ca·to·ry** [-kətərɪ] → ***deprecating***.

de·pre·ci·ate [dɪ'priːʃɪeɪt] **I** *v/t.* **1.** a) geringschätzen, b) her'absetzen, -würdigen; **2.** a) *im Preis od. Wert* her'absetzen, b) abschreiben; **3.** ☤ *Währung* abwerten; **II** *v/i.* **4.** im Preis *od.* Wert sinken; **de'pre·ci·at·ing** [-tɪŋ] → ***depreciatory***; **de·pre·ci·a·tion** [dɪˌpriːʃɪ'eɪʃn] *s.* **1.** a) Geringschätzung *f*, b) Her'absetzung *f*, -würdigung *f*; **2.** ☤ a) Wertminderung *f*, Kursverlust *m*, b) Abschreibung *f*, c) Abwertung *f*: ***~ fund*** Abschreibungsfond *m*; **de'pre·ci·a·to·ry** [-ʃjətərɪ] *adj.* geringschätzig, verächtlich, abschätzig.

dep·re·da·tion [ˌdeprɪ'deɪʃn] *s. oft pl.* **1.** Plünderung *f*, Verwüstung *f*; **2.** *fig.* Raubzug *m*; **dep·re·da·tor** ['deprɪdeɪtə] *s.* Plünderer *m*.

de·press [dɪ'pres] *v/t.* **1.** a) *j-n* deprimieren, bedrücken, b) *Stimmung* drücken; **2.** *Tätigkeit, Handel* niederdrücken; *Preis, Wert* (her'ab)drücken, senken: ***~ the market*** ☤ die Kurse drücken; **3.** *Leistung etc.* schwächen, her'absetzen; **4.** *Pedal, Taste etc.* (nieder)drücken; **de'pres·sant** [-snt] ⚕ **I** *adj.* dämpfend, beruhigend; **II** *s.* Depressi'onsmittel *n*.

de·pressed [dɪ'prest] *adj.* **1.** deprimiert, niedergeschlagen, bedrückt (*Person*), gedrückt (*Stimmung*, *a.* ☤ *Börse*); **2.** verringert, geschwächt (*Tätigkeit etc.*); **3.** ☤ flau (*Markt*), gedrückt (*Preis*), notleidend (*Industrie*); ***~ a·re·a*** *s.* Notstandsgebiet *n*.

de·press·ing [dɪ'presɪŋ] *adj.* □ **1.** deprimierend, bedrückend; **2.** kläglich; **de'pres·sion** [-eʃn] *s.* **1.** Depressi'on *f*, Niedergeschlagenheit *f*, Ge-, Bedrücktheit *f*; Melancho'lie *f*; **2.** Senkung *f*, Vertiefung *f*; *geol.* Landsenke *f*; **3.** ☤ Fallen *n* (*Preise*); Wirtschaftskrise *f*, Depressi'on *f*, Flaute *f*, Tiefstand *m*; **4.** *ast.*, *surv.* Depressi'on *f*; **5.** *meteor.* Tief(druckgebiet) *n*; **6.** Abnahme *f*, Schwächung *f*; **7.** ⚕ Schwäche *f*, Entkräftung *f*; **de'pres·sive** [-sɪv] *adj.* deprimiert, *psych.* depres'siv.

dep·ri·va·tion [ˌdeprɪ'veɪʃn] *s.* **1.** Beraubung *f*, Entziehung *f*, Entzug *m*; **2.** (schmerzlicher) Verlust; **3.** Entbehrung *f*, Mangel *m*; **4.** *psych.* Deprivati'on *f*, (Liebes- *etc.*)Entzug *m*; **de·prive** [dɪ'praɪv] *v/t.* **1.** (***of s.th.***) (*j-n od. et.* e-r Sache) berauben, (*j-m* et.) entziehen *od.* rauben *od.* nehmen: ***be ~d of s.th.*** et. entbehren (müssen); ***~d child*** *psych.* an Liebesentzug leidendes Kind; ***~d persons*** benachteiligte *od.* unterprivilegierte Personen; **2.** (***of s.th.***) *j-n* ausschließen (von et.), (*j-m* et.) vorenthalten; **3.** *eccl. j-n* absetzen.

depth [depθ] *s.* **1.** Tiefe *f*: ***eight feet in ~*** acht Fuß tief; ***get out of one's ~*** den (sicheren) Grund unter den Füßen verlieren (*a. fig.*); ***be out of one's ~*** a) *im Wasser* nicht mehr stehen können, b) *fig.* ratlos *od.* unsicher sein, ‚schwimmen'; ***it is beyond my ~*** es geht über m-n Horizont; **2.** Tiefe *f* (*als 3. Dimension*): ***~ of a cupboard***; **3.** a) *a.* ***~ of focus*** *od.* ***field*** Schärfentiefe *f*, b) *bsd. phot.* Tiefenschärfe *f*, c) Tiefe *f* (*von Farben, Tönen*); **4.** *oft pl.* Tiefe *f*, Mitte *f*, (*das*) Innerste (*a. fig.*): ***in the ~ of night*** mitten in der Nacht; ***in the ~ of winter*** mitten im Winter; ***from the ~ of misery*** aus tiefstem Elend; **5.** *fig.* a) Tiefe *f*: ***~ of meaning***, b) tiefer Sinn, c) Tiefe *f*, Intensi'tät *f*: ***~ of grief***; ***in ~*** eingehend, tiefschürfend, d) (Gedanken)Tiefe *f*, Tiefgründigkeit *f*, e) Scharfsinn *m*, f) Dunkelheit *f*, Unklarheit *f*; **6.** ⚒ Teufe *f*; **7.** *psych.* 'Unterbewußtsein *n*: ***~ analysis*** tiefenpsychologische Analyse; ***~ interview*** Tiefeninterview *n*; ***~ psychology*** Tiefenpsychologie *f*; ***~ bomb, ~ charge*** *s.* ⚔ Wasserbombe *f*.

dep·u·rate [ˈdepjʊreɪt] *v/t.* ⚗, ⚕, ⚙ reinigen, läutern.
dep·u·ta·tion [ˌdepjuˈteɪʃn] *s.* Deputatiˈon *f*, Abordnung *f*; **de·pute** [dɪˈpjuːt] *v/t.* **1.** abordnen, delegieren, deputieren; **2.** *Aufgabe etc.* überˈtragen (**to** *dat.*); **dep·u·tize** [ˈdepjʊtaɪz] **I** *v/t.* (als Vertreter) ernennen, abordnen; **II** *v/i.* **~ *for s.o.*** j-n vertreten; **dep·u·ty** [ˈdepjʊtɪ] **I** *s.* **1.** (Stell)Vertreter(in), Beauftragte(r *m*) *f*; **2.** *pol.* Abgeordnete(r *m*) *f*; **II** *adj.* **3.** stellvertretend, Vize...: **~ *chairman*** stellvertretende(r) Vorsitzende(r), Vizepräsident(in).
de·rac·i·nate [dɪˈræsɪneɪt] *v/t.* entwurzeln (*a. fig.*); ausrotten, vernichten.
de·rail [dɪˈreɪl] *v/i. u. v/t.* entgleisen (lassen); **deˈrail·ment** [-mənt] *s.* Entgleisung *f*.
de·range [dɪˈreɪndʒ] *v/t.* **1.** in Unordnung bringen, durcheinˈanderbringen; **2.** stören; **3.** verrückt machen, (geistig) zerrütten; **deˈranged** [-dʒd] *adj.* **1.** in Unordnung, gestört: ***a ~ stomach*** e-e Magenverstimmung; **2.** ⚕ *a.* ***mentally ~*** geistesgestört; **deˈrange·ment** [-mənt] *s.* **1.** Unordnung *f*, Durcheinˈander *n*; **2.** Störung *f*; **3.** ⚕ *a.* ***mental ~*** Geistesgestörtheit *f*.
de·ra·tion [ˌdiːˈræʃn] *v/t.* die Rationierung von ... aufheben, *Ware* freigeben.
Der·by [ˈdɑːbɪ] *s.* **1.** *Rennsport*: a) (*das* englische) Derby (*in Epsom*), b) *allg.* Derby *n* (*Pferderennen*); **2.** ⚽ *sport* (*bsd.* Loˈkal)Derby *n*; **3.** ⚽ *Am.* ‚Meˈlone' *f*.
de·reg·u·la·tion [ˌdiːregjʊˈleɪʃn] *s.* ☿ Deregulierung *f*, Abbau staatlicher Kontrollen.
der·e·lict [ˈderɪlɪkt] **I** *adj.* **1.** herrenlos, aufgegeben, verlassen; **2.** herˈuntergekommen, zerfallen, baufällig; **3.** nachlässig: **~ *in duty*** pflichtvergessen; **II** *s.* **4.** ⚖ herrenloses Gut; **5.** ⚓ a) aufgegebenes Schiff, b) treibendes Wrack; **6.** menschliches Wrack, *a.* Obdachlose(r *m*) *f*; **7.** Pflichtvergessene(r *m*) *f*; **der·e·lic·tion** [ˌderɪˈlɪkʃn] *s.* **1.** Aufgeben *n*, Preisgabe *f*; **2.** Verlassenheit *f*; **3.** Vernachlässigung *f*, Versäumnis *n*: **~ *of duty*** Pflichtversäumnis; **4.** Versagen *n*; **5.** Ver-, Zerfall *m*; **6.** ⚖ a) Besitzaufgabe *f*, b) Verlandung *f*, Landgewinn *m* inˈfolge Rückgangs des Wasserspiegels.
de·re·strict [ˌdiːrɪˈstrɪkt] *v/t.* die Einschränkungsmaßnahmen aufheben für; **ˌde·reˈstric·tion** [-kʃn] *s.* Aufhebung *f* der Einschränkungsmaßnahmen, *bsd.* der Geschwindigkeitsbegrenzung.
de·ride [dɪˈraɪd] *v/t.* verlachen, -höhnen, -spotten; **deˈrid·er** [-də] *s.* Spötter *m*; **deˈrid·ing·ly** [-dɪŋlɪ] *adv.* spöttisch.
de ri·gueur [dərɪˈgɜː] (*Fr.*) *pred. adj.* **1.** streng nach der Etiˈkette; **2.** unerläßlich, ‚ein Muß'.
de·ri·sion [dɪˈrɪʒn] *s.* Hohn *m*, Spott *m*: ***hold in ~*** verspotten; ***bring into ~*** zum Gespött machen; ***be the ~ of s.o.*** j-s Gespött sein; **de·ri·sive** [dɪˈraɪsɪv], **de·ri·so·ry** [dɪˈraɪsərɪ] *adj.* □ höhnisch, spöttisch.
de·riv·a·ble [dɪˈraɪvəbl] *adj.* **1.** ab-, herleitbar (***from*** von); **2.** erreichbar, zu gewinnen(d) (***from*** aus); **der·i·va·tion** [ˌderɪˈveɪʃn] *s.* **1.** Ab-, Herleitung *f* (*a. ling.*); **2.** Ursprung *m*, Herkunft *f*, Abstammung *f*; **de·riv·a·tive** [dɪˈrɪvətɪv] **I** *adj.* **1.** abgeleitet; **2.** sekunˈdär; **II** *s.* **3.** *et.* Ab- *od.* Hergeleitetes; **4.** *ling.* Ableitung *f*, abgeleitete Form (*od.* ∡ Funktiˈon); **5.** ⚗ Deriˈvat *n*, Abkömmling *m*; **de·rive** [dɪˈraɪv] **I** *v/t.* **1.** (***from***) herleiten (von), zuˈrückführen (auf *acc.*), verdanken (*dat.*): ***be ~d from*** → 4; ***~d income*** ☿ abgeleitetes Einkommen; **2.** bekommen, erlangen, gewinnen: ***~d from coffee*** aus Kaffee gewonnen; ***~ profit from*** Nutzen ziehen aus; ***~ pleasure from*** Freude haben an (*dat.*); **3.** ⚗, ∡, *ling.* ableiten; **II** *v/i.* **4.** ***~ from*** (ab)stammen *od.* herrühren *od.* abgeleitet sein *od.* sich ableiten von.
derm [dɜːm], **der·ma** [ˈdɜːmə] *s. anat.* Haut *f*; **der·mal** [ˈdɜːml] *adj. anat.* Haut...; **der·ma·ti·tis** [ˌdɜːməˈtaɪtɪs] *s.* ⚕ Dermaˈtitis *f*, Hautentzündung *f*; **der·ma·tol·o·gist** [ˌdɜːməˈtɒlədʒɪst] *s.* Dermatoˈloge *m*, Hautarzt *m*; **der·ma·tol·o·gy** [ˌdɜːməˈtɒlədʒɪ] *s.* ⚕ Dermatoloˈgie *f*.
der·o·gate [ˈderəgeɪt] **I** *v/i.* (***from***) **1.** Abbruch tun, schaden (*dat.*), beeinträchtigen, schmälern (*acc.*); **2.** abweichen (von *e-r Norm etc.*); **II** *v/t.* **3.** herˈabsetzen; **der·o·ga·tion** [ˌderəˈgeɪʃn] *s.* **1.** Beeinträchtigung *f*, Schmälerung *f*, Nachteil *m*; **2.** Herˈabsetzung *f*; **de·rog·a·to·ry** [dɪˈrɒgətərɪ] *adj.* **1.** (***to***) nachteilig (für), abträglich (*dat.*), schädlich (*dat. od.* für): ***be ~*** schaden, beeinträchtigen; **2.** abfällig, geringschätzig (*Worte*).
der·rick [ˈderɪk] *s.* **1.** ⚙ a) Mastenkran *m*, b) Ausleger *m*; **2.** ⚙ Bohrturm *m*; **3.** ⚓ Ladebaum *m*.
der·ring-do [ˌderɪŋˈduː] *s.* Verwegenheit *f*, Tollkühnheit *f*.
der·vish [ˈdɜːvɪʃ] *s.* Derwisch *m*.
de·sal·i·nate [ˌdiːˈsælɪneɪt] *v/t.* entsalzen.
des·cant **I** *s.* [ˈdeskænt] **1.** *poet.* Lied *n*, Weise *f*; **2.** ♪ a) Disˈkant *m*, b) variierte Meloˈdie; **II** *v/i.* [dɪˈskænt] **3.** sich auslassen (***on*** über *acc.*); **4.** ♪ diskantieren.
de·scend [dɪˈsend] **I** *v/i.* **1.** herˈunter-, hinˈuntersteigen, -gehen, -kommen, -fahren, -fallen, -sinken; ab-, aussteigen; ⚒ einfahren; ✈ niedergehen, landen; **2.** sinken, fallen; sich senken (*Straße*), abfallen (*Gebirge*); **3.** ***mst be ~ed*** abstammen, herkommen (***from*** von, aus); **4.** (***to***) zufallen (*dat.*), ˈübergehen, sich vererben (auf *acc.*); **5.** (***to***) sich hergeben, sich erniedrigen (zu); **6.** (***to***) ˈübergehen (zu), eingehen (auf *ein Thema etc.*); **7.** (***on, upon***) sich stürzen (auf *acc.*), herfallen (über *acc.*), einfallen (in *acc.*); herˈeinbrechen (über *acc.*); *fig. j-n* ‚ˈüberˈfallen' (*Besuch etc.*); **8.** ♪, *ast.* fallen, absteigen; **II** *v/t.* **9.** *Treppe etc.* herˈunter-, hinˈuntersteigen, -gehen *etc.*; **deˈscend·ant** [-dənt] *s.* **1.** Nachkomme *m*, Abkömmling *m*; **2.** *ast.* Deszenˈdent *m*.
de·scent [dɪˈsent] *s.* **1.** Herˈunter-, Hinˈuntersteigen *n*, Abstieg *m*; Talfahrt *f*; ⚒ Einfahrt *f*; ✈ Landung *f*; (*Fallschirm*)Absprung *m*; **2.** Abhang *m*, Abfall *m*, Senkung *f*, Gefälle *n*; **3.** *fig.* Abstieg *m*, Niedergang *m*, Fallen *n*, Sinken *n*; **4.** Abstammung *f*, Herkunft *f*, Geburt *f*; **5.** ⚖ Vererbung *f*, ˈÜbergang *m*, Überˈtragung *f*; **6.** (***on, upon***) ˈÜberfall *m* (auf *acc.*), Einfall *m* (in *acc.*), Angriff *m* (auf *acc.*); **7.** *bibl.* Ausgießung *f* (*des Heiligen Geistes*); **8.** **~ *from the cross*** *paint.* Kreuzabnahme *f*.
de·scrib·a·ble [dɪˈskraɪbəbl] *adj.* zu beschreiben(d); **de·scribe** [dɪˈskraɪb] *v/t.* **1.** beschreiben, schildern; **2.** (***as***) bezeichnen (als), nennen (*acc.*); **3.** *bsd.* ∡ *Kreis, Kurve* beschreiben; **de·scrip·tion** [dɪˈskrɪpʃn] *s.* **1.** Beschreibung *f* (*a.* ∡ *etc.*), Darstellung *f*, Schilderung *f*: ***beautiful beyond ~*** unbeschreiblich *od.* unsagbar schön; **2.** Bezeichnung *f*; **3.** Art *f*, Sorte *f*: ***of the worst ~*** schlimmster Art; **de·scrip·tive** [dɪˈskrɪptɪv] *adj.* □ **1.** beschreibend, schildernd: **~ *geometry*** darstellende Geometrie; ***be ~ of*** beschreiben, bezeichnen; **2.** anschaulich (geschrieben *od.* schreibend).
de·scry [dɪˈskraɪ] *v/t.* gewahren, wahrnehmen, erspähen, entdecken.
des·e·crate [ˈdesɪkreɪt] *v/t.* entweihen, -heiligen, schänden; **des·e·cra·tion** [ˌdesɪˈkreɪʃn] *s.* Entweihung *f*, -heiligung *f*, Schändung *f*.
de·seg·re·gate [ˌdiːˈsegrɪgeɪt] *v/t.* die Rassenschranken aufheben in (*dat.*); **de·seg·re·ga·tion** [ˌdiːsegrɪˈgeɪʃn] *s.* Aufhebung *f* der Rassentrennung.
de·sen·si·tize [ˌdiːˈsensɪtaɪz] *v/t.* **1.** ⚕ desensibilisieren, unempfindlich machen; **2.** *phot.* lichtunempfindlich machen.
de·sert¹ [dɪˈzɜːt] *s. oft pl.* **1.** Verdienst *n*; **2.** verdienter Lohn (*a. iro.*), Strafe *f*: ***get one's ~s*** s-n wohlverdienten Lohn empfangen.
des·ert² [ˈdezət] **I** *s.* **1.** Wüste *f*; **2.** Ödland *n*; **3.** *fig.* Öde *f*; Einöde *f*; **4.** *fig.* Öde *f*, Fadheit *f*; **II** *adj.* **5.** öde, wüst; verödet, verlassen; **6.** Wüsten...
de·sert³ [dɪˈzɜːt] **I** *v/t.* **1.** verlassen; im Stich lassen; ⚖ *Ehepartner* (böswillig) verlassen; **2.** untreu *od.* abtrünnig werden (*dat.*): **~ *the colo(u)rs*** ⚔ fahnenflüchtig werden; **II** *v/i.* **3.** ⚔ desertieren, fahnenflüchtig werden; ˈüberlaufen, -gehen (***to*** zu); **deˈsert·ed** [-tɪd] *adj.* **1.** verlassen, ausgestorben, menschenleer; **2.** verlassen, einsam; **deˈsert·er** [-tə] *s.* **1.** ⚔ a) Fahnenflüchtige(r) *m*, Deserˈteur *m*, b) ˈÜberläufer *m*; **2.** *fig.* Abtrünnige(r *m*) *f*; **deˈser·tion** [-ɜːʃn] *s.* **1.** Verlassen *n*, Imˈstichlassen *n*; **2.** Abtrünnigwerden *n*, Abfall *m* (***from*** von); **3.** ⚖ böswilliges Verlassen; **4.** ⚔ Fahnenflucht *f*.
de·serve [dɪˈzɜːv] **I** *v/t.* verdienen, verdient haben (*acc.*), würdig *od.* wert sein (*gen.*): **~ *praise*** Lob verdienen; **II** *v/i.* **~ *well of*** sich verdient gemacht haben um; **~ *ill of*** e-n schlechten Dienst erwiesen haben (*dat.*); **deˈserv·ed·ly** [-vɪdlɪ] *adv.* verdientermaßen, mit Recht; **deˈserv·ing** [-vɪŋ] *adj.* **1.** verdienstvoll, verdient (*Person*); **2.** verdienstlich, -voll (*Tat*); **3.** ***be ~ of*** → ***deserve*** I.
des·ha·bille [ˈdezæbiːl] → ***dishabille***.
des·ic·cate [ˈdesɪkeɪt] *v/t. u. v/i.* (aus-) trocknen, ausdörren: ***~d milk*** Trockenmilch *f*; ***~d fruit*** Dörrobst *n*; **des·ic·ca·tion** [ˌdesɪˈkeɪʃn] *s.* (Aus)Trocknung *f*, Trockenwerden *n*; **ˈdes·ic·ca·tor** [-tə] *s.* ⚙ ˈTrockenappaˌrat *m*.
de·sid·er·a·tum [dɪˌzɪdəˈreɪtəm] *pl.* **-ta**

[-tə] *s. et.* Erwünschtes, Erfordernis *n*, Bedürfnis *n*.
de·sign [dɪ'zaɪn] **I** *v/t.* **1.** entwerfen, (auf)zeichnen, skizzieren: **~ *a dress*** ein Kleid entwerfen; **2.** gestalten, ausführen, anlegen; **3.** *fig.* entwerfen, ausdenken, ersinnen: ***~ed to do s.th.*** dafür bestimmt *od.* darauf angelegt, et. zu tun (*Sache*); **4.** planen, beabsichtigen: **~ *doing*** (*od.* ***to do***) beabsichtigen zu tun; **5.** bestimmen: a) vorsehen (***for*** für, ***as*** als), b) ausersehen: ***~ed to be a priest*** zum Priester bestimmt; **II** *v/i.* **6.** Zeichner *od.* Konstruk'teur *od.* De'signer sein; **III** *s.* **7.** Entwurf *m*, Zeichnung *f*, Plan *m*, Skizze *f*; **8.** Muster *n*, Zeichnung *f*, Fi'gur *f*, Des'sin *n*: ***floral ~*** Blumenmuster; ***registered ~*** ⚖ Gebrauchsmuster; ***protection of ~s*** ⚖ Musterschutz *m*; **9.** a) Gestaltung *f*, Formgebung *f*, De'sign *n*, b) Bauart *f*, Konstrukti'on *f*, Ausführung *f*, Mo'dell *n*; → ***industrial design***; **10.** Anlage *f*, Anordnung *f*; **11.** Absicht *f*, Plan *m*; Zweck *m*, Ziel *n*: ***by ~*** mit Absicht; **12.** böse Absicht, Anschlag *m*: ***have ~s on*** (*od.* ***against***) et. im Schilde führen gegen, *a. iro.* e-n Anschlag vorhaben auf (*acc.*).
des·ig·nate ['dezɪgneɪt] **I** *v/t.* **1.** bezeichnen, (be)nennen; **2.** kennzeichnen; **3.** berufen, ausersehen, bestimmen, ernennen (***for*** zu); **II** *adj.* **4.** designiert, einstweilig ernannt: ***bishop ~***; **des·ig·na·tion** [ˌdezɪg'neɪʃn] *s.* **1.** Bezeichnung *f*, Name *m*; **2.** Kennzeichnung *f*; **3.** Bestimmung *f*; **4.** einstweilige Ernennung *od.* Berufung.
de·signed [dɪ'zaɪnd] *adj.* □ **1.** (***for***) bestimmt *etc.* (für); → ***design*** 3, 4, 5; **2.** vorsätzlich, absichtlich; **de'sign·ed·ly** [-nɪdlɪ] *adv.* → ***designed*** 2; **de'sign·er** [-nə] *s.* **1.** Entwerfer(in): a) (Muster-)Zeichner(in), b) De'signer(in), (Form-)Gestalter(in), Gebrauchsgraphiker(in), c) ⚙ Konstruk'teur *m*; **2.** Ränkeschmied *m*, Intri'gant(in); **de'sign·ing** [-nɪŋ] *adj.* □ ränkevoll, intri'gant.
de·sir·a·bil·i·ty [dɪˌzaɪərə'bɪlətɪ] *s.* Erwünschtheit *f*; **de·sir·a·ble** [dɪ'zaɪərəbl] *adj.* □ **1.** wünschenswert, erwünscht; **2.** begehrenswert, reizvoll; **de·sire** [dɪ'zaɪə] **I** *v/t.* **1.** wünschen, begehren, verlangen, wollen: ***if ~d*** auf Wunsch; ***leaves much to be ~d*** läßt viel zu wünschen übrig; **2.** *j-n* bitten, ersuchen; **II** *s.* **3.** Wunsch *m*, Verlangen *n*, Begehren *n* (***for*** nach); **4.** Wunsch *m*, Bitte *f*: ***at*** (*od.* ***by***) ***s.o.'s ~*** auf (j-s) Wunsch; **5.** Lust *f*, Begierde *f*; **6.** *das* Gewünschte; **de·sir·ous** [dɪ'zaɪərəs] *adj.* □ (***of***) begierig, verlangend (nach), wünschend (*acc.*): ***I am ~ to know*** ich möchte (sehr) gern wissen; ***the parties are ~ to ...*** (*in Verträgen*) die Parteien beabsichtigen, zu ...
de·sist [dɪ'zɪst] *v/i.* abstehen, ablassen, Abstand nehmen (***from*** von): **~ *from asking*** aufhören zu fragen.
desk [desk] **I** *s.* **1.** Schreibtisch *m*; **2.** (Lese-, Schreib-, Noten-, Kirchen-, ⚙ Schalt)Pult *n*; **3.** ✝ (Zahl)Kasse *f*: ***pay at the ~!*** zahlen Sie an der Kasse!; ***first ~*** ♪ erstes Pult (*Orchester*); **4.** *eccl. bsd. Am.* Kanzel *f*; **5.** *Am.* Redakti'on *f*: ***city ~*** Lokalredaktion; **6.** Auskunft (-sschalter *m*) *f*; **7.** Empfang *m*, Rezepti'on *f* (*im Hotel*): **~ *clerk*** *Am.* Empfangschef *m*; **II** *adj.* **8.** Schreibtisch..., Büro...: **~ *work***; **~ *calender*** Tischkalender *m*; **~ *sergeant*** diensthabender (Polizei)Wachtmeister; **~ *set*** Schreibzeug(garnitur *f*) *n*.
des·o·late I *adj.* □ ['desələt] **1.** wüst, unwirtlich, öde; verwüstet; **2.** verlassen, einsam; **3.** trostlos, *fig. a.* öde; **II** *v/t.* [-leɪt] **4.** verwüsten; **5.** einsam zu'rücklassen; **6.** betrüben, bekümmern; **'des·o·late·ness** [-nɪs] → ***desolation*** 2, 3; **des·o·la·tion** [ˌdesə'leɪʃn] *s.* **1.** Verwüstung *f*, -ödung *f*; **2.** Verlassenheit *f*, Einsamkeit *f*; **3.** Trostlosigkeit *f*, Elend *n*.
de·spair [dɪ'speə] **I** *v/i.* (***of***) verzweifeln (an *dat.*), ohne Hoffnung sein, alle Hoffnung aufgeben *od.* verlieren (auf *acc.*): ***the patient's life is ~ed of*** man bangt um das Leben des Kranken; **II** *s.* Verzweiflung *f* (***at*** über *acc.*), Hoffnungslosigkeit *f*: ***drive s.o. to ~***, ***be s.o.'s ~*** j-n zur Verzweiflung bringen; **de'spair·ing** [-eərɪŋ] *adj.* □ verzweifelt.
des·patch *etc.* → ***dispatch*** *etc.*
des·per·a·do [ˌdespə'rɑːdəʊ] *pl.* **-does, -dos** *s.* Despe'rado *m*.
des·per·ate ['despərət] *adj.* □ **1.** verzweifelt: ***she was ~*** sie war (völlig) verzweifelt; ***a ~ deed*** e-e Verzweiflungstat; **~ *efforts*** verzweifelte *od.* krampfhafte Anstrengungen; **~ *remedy*** äußerstes Mittel; ***be ~ for s.th.*** *od.* ***to get s.th.*** et. verzweifelt *od.* ganz dringend brauchen, et. unbedingt haben wollen; **2.** verzweifelt, hoffnungs-, ausweglos: **~ *situation***; **3.** verzweifelt, despa'rat, zu allem fähig, zum Äußersten entschlossen (*Person*); **4.** F schrecklich: ***a ~ fool***; ***~ly in love*** wahnsinnig verliebt; ***not ~ly*** F a) nicht unbedingt, b) nicht übermäßig (*schön etc.*); **des·per·a·tion** [ˌdespə'reɪʃn] *s.* **1.** (höchste) Verzweiflung, Hoffnungslosigkeit *f*; **2.** Rase'rei *f*, Verzweiflung *f*: ***drive to ~*** rasend machen, zur Verzweiflung bringen.
des·pi·ca·ble ['despɪkəbl] *adj.* □ verächtlich, verachtenswert.
de·spise [dɪ'spaɪz] *v/t.* verachten, *Speise etc. a.* verschmähen: ***not to be ~d*** nicht zu verachten.
de·spite [dɪ'spaɪt] **I** *prp.* trotz (*gen.*), ungeachtet (*gen.*); **II** *s.* Bosheit *f*, Tücke *f*; Trotz *m*, Verachtung *f*: ***in ~ of*** → I.
de·spoil [dɪ'spɔɪl] *v/t.* plündern; berauben (***of*** *gen.*); **de'spoil·ment** [-mənt], **de·spo·li·a·tion** [dɪˌspəʊlɪ'eɪʃn] *s.* Plünderung *f*, Beraubung *f*.
de·spond [dɪ'spɒnd] **I** *v/i.* verzagen; verzweifeln (***of*** an *dat.*); **II** *s. obs.* Verzweiflung *f*; **de'spond·en·cy** [-dənsɪ] *s.* Verzagtheit *f*, Mutlosigkeit *f*; **de'spond·ent** [-dənt] *adj.* □, **de'spond·ing** [-dɪŋ] *adj.* □ verzagt, mutlos, kleinmütig.
des·pot ['despɒt] *s.* Des'pot *m*, Gewaltherrscher *m*; *fig.* Ty'rann *m*; **des·pot·ic**, **des·pot·i·cal** [de'spɒtɪk(l)] *adj.* □ des'potisch, herrisch, ty'rannisch; **'des·pot·ism** [-pətɪzəm] *s.* Despo'tismus *m*, Tyran'nei *f*, Gewaltherrschaft *f*.
des·qua·mate ['deskwəmeɪt] *v/i.* **1.** ⚕ sich abschuppen; **2.** sich häuten.
des·sert [dɪ'zɜːt] *s.* Des'sert *n*, Nachtisch *m*: **~ *spoon*** Dessertlöffel *m*.
des·ti·na·tion [ˌdestɪ'neɪʃn] *s.* **1.** Bestimmungsort *m*; Reiseziel *n*: ***country of ~*** ✝ Bestimmungsland *n*; **2.** Bestimmung *f*, Zweck *m*, Ziel *n*.
des·tine ['destɪn] *v/t.* bestimmen, vorsehen (***for*** für, ***to do*** zu tun); **'des·tined** [-nd] *adj.* bestimmt: **~ *for*** unterwegs nach (*Schiff etc.*); ***he was ~*** (***to*** *inf.*) es war ihm beschieden (zu *inf.*), er sollte (*inf.*); **'des·ti·ny** [-nɪ] *s.* **1.** Schicksal *n*, Geschick *n*, Los *n*: ***he met his ~*** sein Schicksal ereilte ihn; **2.** Vorsehung *f*; **3.** Verhängnis *n*, zwingende Notwendigkeit; **4.** ***the Destinies*** die Parzen (*Schicksalsgöttinnen*).
des·ti·tute ['destɪtjuːt] **I** *adj.* **1.** verarmt, mittellos, notleidend; **2.** (***of***) ermangelnd, entblößt (*gen.*), ohne (*acc.*), bar (*gen.*); **II** *s.* **3.** ***the ~*** die Armen; **des·ti·tu·tion** [ˌdestɪ'tjuːʃn] *s.* **1.** Armut *f*, (bittere) Not, Elend *n*; **2.** (völliger) Mangel (***of*** an *dat.*).
de·stroy [dɪ'strɔɪ] *v/t.* **1.** zerstören, vernichten; **2.** zertrümmern, *Gebäude etc.* niederreißen; **3.** *et.* ruinieren, unbrauchbar machen; **3.** *j-n*, *e-e Armee etc.* vernichten, *Insekten etc. a.* vertilgen; **4.** töten; **5.** *fig. j-n*, *j-s Ruf*, *Gesundheit etc.* ruinieren, zu'grunde richten, *Hoffnungen etc.* zu'nichte machen, zerstören; **6.** F *j-n* ka'putt- *od.* fertigmachen; **de'stroy·er** [-ɔɪə] *s. a.* ⚔, ⚓ Zerstörer *m*.
de·struct [dɪ'strʌkt] **I** *v/t.* **1.** ⚔ (aus Sicherheitsgründen) zerstören; **II** *v/i.* **2.** zerstört werden; **3.** sich selbst zerstören; **de'struct·i·ble** [-təbl] *adj.* zerstörbar; **de'struc·tion** [-kʃn] *s.* **1.** Zerstörung *f*, Vernichtung *f*; **2.** Abriß *m* (*e-s Gebäudes*); **3.** Tötung *f*; **de'struc·tive** [-tɪv] *adj.* □ **1.** zerstörend, vernichtend (*a. fig.*): ***be ~ of*** *et.* zerstören *od.* unter'graben; **2.** zerstörerisch, destruk'tiv, schädlich, verderblich: **~ *to health*** gesundheitsschädlich; **4.** rein negativ, destruk'tiv (*Kritik*); **de'struc·tive·ness** [-tɪvnɪs] *s.* **1.** zerstörende *od.* vernichtende Wirkung; **2.** *das* Destruk'tive, destruk'tive Eigenschaft; **de'struc·tor** [-tə] *s.* ⚙ (Müll)Verbrennungsofen *m*.
des·ue·tude [dɪ'sjuːɪtjuːd] *s.* Ungebräuchlichkeit *f*: ***fall into ~*** außer Gebrauch kommen.
de·sul·fu·rize [ˌdiː'sʌlfəraɪz] *v/t.* ⚗ entschwefeln.
des·ul·to·ri·ness ['desəltərɪnɪs] *s.* **1.** Zs.-hangs-, Plan-, Ziellosigkeit *f*; **2.** Flüchtigkeit *f*, Oberflächlichkeit *f*, Sprunghaftigkeit *f*; **des·ul·to·ry** ['desəltərɪ] *adj.* **1.** 'unzuˌsammenhängend, planlos, ziellos, oberflächlich; **2.** abschweifend, sprunghaft; **3.** unruhig; **4.** vereinzelt, spo'radisch.
de·tach [dɪ'tætʃ] **I** *v/t.* **1.** ab-, loslösen, losmachen, abtrennen, *a.* ⚙ abnehmen; **2.** absondern; befreien; **3.** ⚔ abkommandieren; **II** *v/i.* **4.** sich (los)lösen; **de'tach·a·ble** [-tʃəbl] *adj.* abnehmbar (*a.* ⚙); abtrennbar; lose; **de'tached** [-tʃt] *adj.*, **de'tached·ly** [-tʃtlɪ] *adv.* **1.** getrennt, gesondert; **2.** einzeln, frei-, al'leinstehend (*Haus*); **3.** *fig.* a) objek'tiv, unvoreingenommen, b) uninteressiert, c) distanziert; **4.** *fig.* losgelöst, entrückt; **de'tach·ment** [-mənt] *s.* **1.** Absonderung *f*, Abtrennung *f*, Loslösung *f*; **2.** *fig.* (innerer)

Abstand, Di'stanz *f*, Losgelöstsein *n*, (innere) Freiheit; **3.** *fig.* Objektivi'tät *f*, Unvoreingenommenheit *f*; **4.** Gleichgültigkeit *f* (***from*** gegen); **5.** ⚔ → ***detail*** 5 a u. b.

de·tail ['di:teɪl] **I** *s.* **1.** De'tail *n*: a) Einzelheit *f*, b) *a. pl. coll.* (nähere) Einzelheiten *pl.*: ***in* ~** im einzelnen, ausführlich; ***go*** (*od.* ***enter***) ***into* ~*(s)*** ins einzelne gehen, es ausführlich behandeln; **2.** Einzelteil *n*; **3.** 'Nebensache *f*, -ˌumstand *m*, Kleinigkeit *f*; **4.** *Kunst etc.*: a) De'tail(darstellung *f*) *n*, b) Ausschnitt *m*; **5.** ⚔ a) Ab'teilung *f*, Trupp *m*, b) ('Sonder)Komˌmando *n*, c) 'Abkommanˌdierung *f*, d) Sonderauftrag *m*; **II** *v/t.* **6.** ausführlich berichten über (*acc.*), genau schildern; einzeln aufzählen *od.* -führen; **7.** ⚔ abkommandieren; '**detailed** [-ld] *adj.* ausführlich, genau, eingehend.

de·tain [dɪ'teɪn] *v/t.* **1.** *j-n* auf-, abhalten, zu'rück(be)halten, hindern; **2.** ⚖ *j-n* in (Unter'suchungs)Haft behalten; **3.** *et.* vorenthalten, einbehalten; **4.** *ped.* nachsitzen lassen; **de·tain·ee** [ˌdi:teɪ'ni:] *s.* ⚖ Häftling *m*; **de'tain·er** [-nə] *s.* ⚖ **1.** 'widerrechtliche Vorenthaltung; **2.** Anordnung *f* der Haftfortdauer.

de·tect [dɪ'tekt] *v/t.* **1.** entdecken; (her'aus)finden, ermitteln; **2.** feststellen, wahrnehmen; **3.** aufdecken, enthüllen; **4.** ertappen (***in*** bei); **5.** *Radio*: gleichrichten; **de'tect·a·ble** [-təbl] *adj.* feststellbar; **de'tec·ta·phone** [-təfəʊn] *s. teleph.* Abhörgerät *n*; **de'tec·tion** [-kʃn] *s.* **1.** Ent-, Aufdeckung *f*; Feststellung *f*; **2.** *Radio*: Gleichrichtung *f*; **3.** *coll.* Krimi'nalroˌmane *pl.*; **de'tec·tive** [-tɪv] **I** *adj.* Detektiv..., Kriminal...: **~ *force*** Kriminalpolizei *f*; **~ *story*** Kriminalroman *m*; ***do* ~ *work*** *bsd. fig.* Detektivarbeit leisten; **II** *s.* Detek'tiv *m*, Krimi'nalbeamte(r) *m*, Ge'heimpoliˌzist *m*; **de'tec·tor** [-tə] *s.* **1.** Auf-, Entdecker *m*; **2.** ⚙ a) Sucher *m*, b) Anzeigevorrichtung *f*; **3.** ⚡ a) De'tektor *m*, b) Gleichrichter *m*.

de·tent [dɪ'tent] *s.* ⚙ Sperrhaken *m*, -klinke *f*, Sperre *f*; Auslösung *f*.

dé·tente [deɪ'tɑ̃:nt] (*Fr.*) *s. bsd. pol.* Entspannung *f*.

de·ten·tion [dɪ'tenʃn] *s.* **1.** Festnahme *f*; **2.** (*a.* Unter'suchungs)Haft *f*, Gewahrsam *m*, Ar'rest *m*: **~ *barracks*** Militärgefängnis *n*; **~ *center*** *Am.*, **~ *home*** *Brit.* Jugendstrafanstalt *f*; **~ *colony*** Strafkolonie *f*; **3.** *ped.* Nachsitzen *n*, Arrest *m*; **4.** Ab-, Zu'rückhaltung *f*; **5.** Einbehaltung *f*, Vorenthaltung *f*.

de·ter [dɪ'tɜ:] *v/t.* abschrecken, abhalten (***from*** von).

de·ter·gent [dɪ'tɜ:dʒənt] **I** *adj.* reinigend; **II** *s.* Reinigungs-, Wasch-, Geschirrspülmittel *n*.

de·te·ri·o·rate [dɪ'tɪərɪəreɪt] **I** *v/i.* **1.** sich verschlechtern *od.* verschlimmern, schlecht(er) werden, verderben; **2.** an Wert verlieren; **II** *v/t.* **3.** verschlechtern; **4.** beeinträchtigen; im Wert mindern; **de·te·ri·o·ra·tion** [dɪˌtɪərɪə'reɪʃn] *s.* **1.** Verschlechterung *f*; Verfall *m*; **2.** Wertminderung *f*.

de·ter·ment [dɪ'tɜ:mənt] *s.* **1.** Abschreckung *f*; **2.** → ***deterrent*** II.

de·ter·mi·na·ble [dɪ'tɜ:mɪnəbl] *adj.* bestimmbar; **de'ter·mi·nant** [-nənt] **I** *adj.* **1.** bestimmend, entscheidend; **II** *s.* **2.** entscheidender Faktor; **3.** Ⱥ, *biol.* Determi'nante *f*; **de'ter·mi·nate** [-nət] *adj.* ☐ bestimmt, fest(gesetzt), entschieden; **de·ter·mi·na·tion** [dɪˌtɜ:mɪ'neɪʃn] *s.* **1.** Ent-, Beschluß *m*; **2.** Entscheidung *f*; Bestimmung *f*, Festsetzung *f*; **3.** Bestimmung *f*, Ermittlung *f*, Feststellung *f*; **4.** Bestimmtheit *f*, Entschlossenheit *f*, Zielstrebigkeit *f*; feste Absicht; **5.** Ziel *n*, Begrenzung *f*; Ablauf *m*, Ende *n*; **6.** Richtung *f*, Neigung *f*, Drang *m*; **de'ter·mi·na·tive** [-nətɪv] **I** *adj.* ☐ **1.** (näher) bestimmend, einschränkend; **2.** entscheidend; **II** *s.* **3.** *et.* Entscheidendes *od.* Charakte'ristisches; **4.** *ling.* a) Determina'tiv *n*, b) Bestimmungswort *n*; **de·ter·mine** [dɪ'tɜ:mɪn] **I** *v/t.* **1.** entscheiden; regeln; **2.** *et.* bestimmen, festsetzen; beschließen (*a.* ***to do*** zu tun, ***that*** daß); **3.** feststellen, ermitteln, her'ausfinden; **4.** *j-n* bestimmen, veranlassen (***to do*** zu tun); **5.** *bsd.* ⚖ beendigen, aufheben; **II** *v/i.* **6.** (***on***) sich entscheiden (für), sich entschließen (zu); beschließen (***on doing*** zu tun); **7.** *bsd.* ⚖ enden, ablaufen; **de'ter·mined** [-mɪnd] *adj.* ☐ (fest) entschlossen, fest, entschieden, bestimmt; **de'ter·min·er** [-mɪnə] *s. ling.* Bestimmungswort *n*; **de'ter·min·ism** [-mɪnɪzəm] *s. phls.* Determi'nismus *m*.

de·ter·rence [dɪ'terəns] *s.* Abschreckung *f*; **de'ter·rent** [-nt] **I** *adj.* abschreckend; **II** *s.* Abschreckungsmittel *n*.

de·test [dɪ'test] *v/t.* verabscheuen, hassen; **de'test·a·ble** [-təbl] *adj.* ☐ ab'scheulich, hassenswert; **de·tes·ta·tion** [ˌdi:te'steɪʃn] *s.* (***of***) Verabscheuung *f* (*gen.*), Abscheu *m* (vor *dat.*): ***hold in* ~** verabscheuen.

de·throne [dɪ'θrəʊn] *v/t.* entthronen (*a. fig.*); **de'throne·ment** [-mənt] *s.* Entthronung *f*.

det·o·nate ['detəneɪt] **I** *v/t.* explodieren lassen, zur Explosi'on bringen; **II** *v/i.* explodieren; *mot.* klopfen; '**det·o·nat·ing** [-tɪŋ] *adj.* ⚙ Spreng..., Zünd..., Knall...; **det·o·na·tion** [ˌdetə'neɪʃn] *s.* Detonati'on *f*, Knall *m*; '**det·o·na·tor** [-tə] *s.* ⚙ **1.** Bri'sanzsprengstoff *m*; **2.** Zünd-, Sprengkapsel *f*.

de·tour, dé·tour ['di:ˌtʊə] **I** *s.* **1.** 'Umweg *m*; Abstecher *m*; **2.** a) 'Umleitung *f*, b) Um'gehungsstraße *f*; **3.** *fig.* 'Umschweif *m*; **II** *v/i.* **4.** e-n 'Umweg machen; **III** *v/t.* **5.** e-n 'Umweg machen um; **6.** *Verkehr* 'umleiten.

de·tract [dɪ'trækt] **I** *v/t. Aufmerksamkeit etc.* ablenken; **II** *v/i.* (***from***) a) Abbruch tun (*dat.*), beeinträchtigen, schmälern (*acc.*), b) her'absetzen; **de'trac·tion** [-kʃn] *s.* **1.** a) Beeinträchtigung *f*, Schmälerung *f*, b) Her'absetzung *f*; **2.** Verunglimpfung *f*; **de'trac·tor** [-tə] *s.* **1.** Kritiker *m*, Her'absetzer *m*; **2.** Verunglimpfer *m*.

de·train [ˌdi:'treɪn] 🚂, ⚔ **I** *v/i.* aussteigen; **II** *v/t.* ausladen; ˌ**de'train·ment** [-mənt] *s.* **1.** Aussteigen *n*; **2.** Ausladen *n*.

det·ri·ment ['detrɪmənt] *s.* Schaden *m*, Nachteil *m*: ***to the* ~ *of*** zum Schaden *od.* Nachteil (*gen.*); ***without* ~ *to*** ohne Schaden für; ***be a* ~ *to health*** gesundheitsschädlich sein; **det·ri·men·tal** [ˌdetrɪ'mentl] *adj.* ☐ (***to***) schädlich, nachteilig (für), abträglich (*dat.*).

de·tri·tal [dɪ'traɪtl] *adj. geol.* Geröll..., Schutt...; **de'trit·ed** [-tɪd] *adj.* **1.** abgenützt; abgegriffen (*Münze*); *fig.* abgedroschen; **2.** *geol.* verwittert; **de·tri·tion** [dɪ'trɪʃn] *s. geol.* Ab-, Zerreibung *f*; **de'tri·tus** [-təs] *s. geol.* Geröll *n*, Schutt *m*.

de trop [də'trəʊ] (*Fr.*) *pred. adj.* 'überflüssig, zu'viel (des Guten).

deuce [dju:s] *s.* **1.** *Würfeln, Kartenspiel*: Zwei *f*; **2.** *Tennis*: Einstand *m*; **3.** F Teufel *m*: ***who*** (***what***) ***the* ~?** wer (was) zum Teufel?; ***a* ~ *of a row*** ein Mordskrach (*Lärm od. Streit*); ***there's the* ~ *to pay*** F das dicke Ende kommt noch; ***play the* ~ *with*** Schindluder treiben mit *j-m*; **deuced** [-st] *adj.*, '**deuced·ly** [-sɪdlɪ] *adv.* F verteufelt, verflixt.

deu·te·ri·um [dju:'tɪərɪəm] *s.* Deu'terium *n*, schwerer Wasserstoff.

Deu·ter·on·o·my [ˌdju:tə'rɒnəmɪ] *s. bibl.* Deutero'nomium *n*, Fünftes Buch Mose.

de·val·u·ate [ˌdi:'væljʊeɪt] ✝ abwerten; **de·val·u·a·tion** [ˌdi:væljʊ'eɪʃn] *s.* ✝ Abwertung *f*; **de·val·ue** [ˌdi:'vælju:] → ***devaluate***.

dev·as·tate ['devəsteɪt] *v/t.* verwüsten, vernichten (*beide a. fig.*); '**dev·as·tat·ing** [-tɪŋ] *adj.* ☐ **1.** verheerend, vernichtend (*a. Kritik etc.*); **2.** F e'norm, phan'tastisch, 'umwerfend; **dev·as·ta·tion** [ˌdevə'steɪʃn] *s.* Verwüstung *f*.

de·vel·op [dɪ'veləp] **I** *v/t.* **1.** *allg. Theorie, Kräfte, Tempo etc.* entwickeln (*a.* Ⱥ, ♪, *phot.*), *Muskeln etc. a.* bilden, *Interesse etc. a.* zeigen, an den Tag legen, *Fähigkeiten etc. a.* entfalten, *Gedanken, Plan etc. a.* ausarbeiten, gestalten (***into*** zu); **2.** entwickeln, ausbauen: **~ *an industry***; **3.** *Bodenschätze, a.* Bauland erschließen, nutzbar machen; *Altstadt* sanieren; **4.** sich *e-e Krankheit* zuziehen, *Fieber etc.* bekommen; **II** *v/i.* **5.** sich entwickeln (***from*** aus); sich entfalten: **~ *into*** sich entwickeln zu, zu *et.* werden; **6.** zu'tage treten, sich zeigen; **de'vel·op·er** [-pə] *s.* **1.** *phot.* Entwickler *m*; **2.** ***late* ~** *psych.* Spätentwickler *m*; **3.** (Stadt)Planer *m*; **de'vel·op·ing** [-pɪŋ] *adj.*: **~ *bath*** *phot.* Entwicklungsbad *n*; **~ *company*** Bauträger *m*; **~ *country*** *pol.* Entwicklungsland *n*; **de'vel·op·ment** [-mənt] *s.* **1.** Entwicklung *f* (*a. phot.*); **2.** Entfaltung *f*, Entstehen *n*, Bildung *f*, Wachstum *n*; Schaffung *f*; **3.** Erschließung *f*, Nutzbarmachung *f*; Ausbau *m*, 'Umgestaltung *f*: **~ *area*** Entwicklungs-, Notstandsgebiet *n*; ***ripe for* ~** baureif; **4.** ♀ ✝ Entwicklung(sabteilung) *f*; **5.** Darlegung *f*, Ausarbeitung *f*; 'Durchführung *f* (*a.* ♪); **de·vel·op·men·tal** [dɪˌveləp'mentl] *adj.* Entwicklungs...

de·vi·ate ['di:vɪeɪt] **I** *v/i.* abweichen, abgehen, abkommen (***from*** von); **II** *v/t.* ablenken.

de·vi·a·tion [ˌdi:vɪ'eɪʃn] *s.* **1.** Abweichung *f*, Abweichen *n* (***from*** von); **2.** *bsd. phys., opt.* Ablenkung *f*; **3.** ✈, ⚓ Abweichung *f*, Ablenkung *f*, Abtrieb *m*; ˌ**de·vi'a·tion·ism** [-ʃənɪzəm] *s. pol.* Abweichlertum *n*; ˌ**de·vi'a·tion·ist**

[-ʃənɪst], **de·vi·a·tor** ['di:vɪeɪtə] *s. pol.* Abweichler(in).

de·vice [dɪ'vaɪs] *s.* **1.** Plan *m*, Einfall *m*, Erfindung *f*: ***left to one's own ~s*** sich selbst überlassen; **2.** Anschlag *m*, böse Absicht, Kniff *m*; **3.** ⚙ Vor-, Einrichtung *f*, Gerät *n*; *fig.* Behelf *m*, Kunstgriff *m*; **4.** Wahlspruch *m*, De'vise *f*; **5.** *her.* Sinn-, Wappenbild *n*; **6.** Muster *n*, Zeichnung *f*.

dev·il ['devl] **I** *s.* **1.** ***the ~***, *a.* ***the*** ♀ der Teufel: ***between the ~ and the deep sea*** *fig.* zwischen zwei Feuern, in ausswegloser Lage; ***like the ~*** F wie der Teufel, wie wahnsinnig; ***go to the ~*** *sl.* zum Teufel *od.* vor die Hunde gehen; ***go to the ~!*** scher dich zum Teufel!; ***play the ~ with*** F Schindluder treiben mit; ***the ~ take the hindmost*** den Letzten beißen die Hunde; ***there's the ~ to pay*** F das setzt was ab!; ***the ~!*** F a) (*verärgert*) zum Teufel!, zum Henker!, b) (*erstaunt*) Donnerwetter!; **2.** Teufel *m*, böser Geist, 'Satan *m* (*a. fig.*); → ***due*** 9; ***tattoo***[1] 2; **3.** *fig.* Laster *n*, Übel *n*; **4.** ***poor ~*** armer Teufel *od.* Schlukker; **5.** *a.* ***~ of a fellow*** Teufelskerl *m*, toller Bursche; **6.** ***a*** (*od.* ***the***) ***~*** F e-e verflixte Sache: ***~ of a job*** Heiden-, Mordsarbeit *f*; ***who*** (***what, how***) ***the ~ ...*** wer (was, wie) zum Teufel ...; ***~ a one*** kein einziger; **7.** Handlanger *m*, Laufbursche *m*; → ***printer*** 1; **8.** ⚖ As'sessor m (*bei e-m* ***barrister***); **9.** scharf gewürztes Gericht; **10.** ⚙ Reißwolf *m*; **II** *v/t.* **11.** F schikanieren, piesacken; **12.** scharf gewürzt braten: ***devil(l)ed eggs*** gefüllte Eier; **13.** ⚙ zerfasern, wolfen; **III** *v/i.* **14.** als As'sessor (*bei e-m* ***barrister***) arbeiten; **'~-,dodg·er** *s.* F Prediger *m*; **'~-fish** *s.* Seeteufel *m*.

dev·il·ish ['devlɪʃ] **I** *adj.* □ **1.** teuflisch; **2.** F fürchterlich, höllisch, verteufelt; **II** *adv.* **3.** → 2.

,dev·il-may-'care *adj.* **1.** leichtsinnig; **2.** verwegen.

dev·il·ment ['devlmənt] *s.* **1.** Unfug *m*; **2.** Schurkenstreich *m*; **dev·il·ry** ['devlrɪ] *s.* **1.** Teufe'lei *f*, Untat *f*; **2.** 'Übermut *m*; **3.** Teufelsbande *f*; **4.** Teufelskunst *f*.

dev·il's| ad·vo·cate ['devlz] *s. R.C.* Advo'catus *m* Di'aboli; **'~-bones** *s. pl.* Würfel(spiel *n*) *pl.*; **~ book** *s.* (des Teufels) ‚Gebetbuch' *n* (*Spielkarten*); **~ darn·ing-nee·dle** *s. zo.* Li'belle *f*; **~ food cake** *s. Am.* schwere Schoko'ladentorte.

de·vi·ous ['di:vjəs] *adj.* □ **1.** abwegig, irrig; **2.** gewunden (*a. fig.*): ***~ path*** Ab-, Umweg *m*; **3.** verschlagen, unredlich: ***by ~ means*** auf krummen Wegen, ‚hintenherum'; ***~ step*** Fehltritt *m*; **'de·vi·ous·ness** [-nɪs] *s.* **1.** Abwegigkeit *f*; **2.** Gewundenheit *f*; **3.** Unaufrichtigkeit *f*, Verschlagenheit *f*.

de·vis·a·ble [dɪ'vaɪzəbl] *adj.* **1.** erdenkbar, -lich; **2.** ⚖ vermachbar; **de·vise** [dɪ'vaɪz] **I** *v/t.* **1.** ausdenken, ersinnen, erfinden, konstruieren; **2.** ⚖ *Grundbesitz* vermachen, hinter'lassen (***to*** *dat.*); **II** *s.* **3.** ⚖ Vermächtnis *n*; **dev·i·see** [,devɪ'zi:] *s.* ⚖ Vermächtnisnehmer (-in); **de·vis·er** [dɪ'vaɪzə] *s.* Erfinder (-in); Planer(in); **de·vi·sor** [,devɪ'zɔ:] *s.* ⚖ Erb-lasser(in).

de·vi·tal·ize [,di:'vaɪtəlaɪz] *v/t.* der Lebenskraft berauben, schwächen.

de·void [dɪ'vɔɪd] *adj.*: ***~ of*** ohne (*acc.*), leer an (*dat.*), frei von, bar (*gen.*), ...los: ***~ of feeling*** gefühllos.

de·voir [de'vwɑ:] (*Fr.*) *s. obs.* **1.** Pflicht *f*; **2.** *pl.* Höflichkeitsbezeigungen *pl.*, Artigkeiten *pl.*

dev·o·lu·tion [,di:və'lu:ʃn] *s.* **1.** Ab-, Verlauf *m*; **2.** *bsd.* ⚖ 'Übergang *m*, Über'tragung *f*; Heimfall *m*; *parl.* Über'weisung *f*; **3.** *pol.* ,Dezentralisati'on *f*, Regionalisierung *f*; **4.** *biol.* Entartung *f*.

de·volve [dɪ'vɒlv] **I** *v/t.* **1.** (***upon***) über-'tragen (*dat.*), abwälzen (auf *acc.*); **II** *v/i.* **2.** (***on, upon***) 'übergehen (auf *acc.*), zufallen (*dat.*); sich vererben auf (*acc.*); **3.** *j-m* obliegen.

De·vo·ni·an [de'vəʊnjən] **I** *adj.* **1.** Devonshire betreffend; **2.** *geol.* de'vonisch; **II** *s.* **3.** Bewohner(in) von Devonshire; **4.** *geol.* De'von *n*.

de·vote [dɪ'vəʊt] *v/t.* (***to*** *dat.*) **1.** widmen, opfern, weihen, 'hingeben; **2.** ***~ o.s.*** sich widmen *od.* 'hingeben; sich verschreiben; **de'vot·ed** [-tɪd] *adj.* □ **1.** 'hingebungsvoll: a) aufopfernd, treu, b) anhänglich, liebevoll, zärtlich, c) eifrig, begeistert; **2.** todgeweiht; **dev·o·tee** [,devəʊ'ti:] *s.* **1.** begeisterter Anhänger; **2.** Verehrer *m*; Verfechter *m*; **3.** Frömmler *m*; **4.** Fa'natiker *m*, Eiferer *m*; **de'vo·tion** [-əʊʃn] *s.* **1.** Widmung *f*; **2.** 'Hingabe *f*: a) Ergebenheit *f*, Treue *f*, b) (Auf-) Opferung *f*, c) Eifer *m*, 'Hingebung *f*, d) Liebe *f*, Verehrung *f*, innige Zuneigung; **3.** *eccl.* a) Andacht *f*, Frömmigkeit *f*, b) *pl.* Gebet(e *pl.*) *n*; **de'vo·tion·al** [-əʊʃənl] *adj.* **1.** andächtig, fromm; **2.** Andachts..., Erbauungs...

de·vour [dɪ'vaʊə] *v/t.* **1.** verschlingen, fressen; **2.** wegraffen; verzehren, vernichten; **3.** *fig. Buch* verschlingen; *mit Blicken* verschlingen *od.* verzehren; **4.** j-n verzehren (*Leidenschaft*): ***be ~ed by*** sich verzehren vor (*Gram etc.*); **de'vour·ing** [-ərɪŋ] *adj.* □ **1.** gierig; **2.** *fig.* verzehrend.

de·vout [dɪ'vaʊt] *adj.* □ **1.** fromm; **2.** *a. fig.* andächtig; **3.** innig, herzlich; **4.** sehnlich, eifrig; **de'vout·ness** [-nɪs] *s.* **1.** Frömmigkeit *f*; **2.** Andacht *f*, 'Hingabe *f*; **3.** Eifer *m*, Inbrunst *f*.

dew [dju:] *s.* **1.** Tau *m*; **2.** *fig.* Tau *m*: a) Frische *f*, b) Feuchtigkeit *f*, Tränen *pl.*; **'~·ber·ry** *s.* ⚘ *e-e* Brombeere; **'~-drop** *s.* Tautropfen *m*.

dew·i·ness ['dju:ɪnɪs] *s.* Tauigkeit *f*, (Tau)Feuchtigkeit *f*.

'dew|·lap *s.* **1.** *zo.* Wamme *f*; **2.** F (*altersbedingte*) Halsfalte; **~ point** *s. phys.* Taupunkt *m*; **~ worm** *s. Angeln*: Tauwurm *m*.

dew·y ['dju:ɪ] *adj.* □ **1.** taufeucht; *a. fig.* taufrisch; **2.** feucht; *poet.* um'flort (*Augen*); **3.** frisch, erfrischend; **'~-eyed** *adj. iro.* na'iv, ‚blauäugig'.

dex·ter ['dekstə] *adj.* **1.** recht, rechts (-seitig); **2.** *her.* rechts (*vom Beschauer aus links*); **dex·ter·i·ty** [dek'sterətɪ] *s.* **1.** Geschicklichkeit *f*, Gewandtheit *f*; **2.** Rechtshändigkeit *f*; **'dex·ter·ous** [-tərəs] *adj.* □ **1.** gewandt, geschickt, be-'hend, flink; **2.** rechtshändig; **'dex·tral** [-trəl] *adj.* □ **1.** rechtsseitig; **2.** rechtshändig.

dextro- [dekstrəʊ] *in Zssgn* (nach) rechts.

dex·trose ['dekstrəʊs] *s.* ⚗ Dex'trose *f*, Traubenzucker *m*.

dex·trous ['dekstrəs] → ***dexterous.***

dhoo·ti ['du:tɪ], **dho·ti** ['dəʊtɪ] *pl.* **-tis** [-tɪz] *s.* (*Indien*) Lendentuch *n*.

di·a·be·tes [,daɪə'bi:ti:z] *s.* ⚕ Dia'betes *m*, Zuckerkrankheit *f*; **di·a·bet·ic** [,daɪə'betɪk] **I** *adj.* dia'betisch, zuckerkrank; **II** *s.* Dia'betiker(in), Zuckerkranke(r *m*) *f*.

di·a·ble·rie [dɪ'ɑ:bləri:] *s.* Zaube'rei *f*, Hexe'rei *f*, Teufe'lei *f*.

di·a·bol·ic, **di·a·bol·i·cal** [,daɪə'bɒlɪk(l)] *adj.* □ dia'bolisch, teuflisch; **di·ab·o·lism** [daɪ'æbəlɪzəm] *s.* **1.** Teufe'lei *f*; **2.** Teufelskult *m*.

di·ac·id [daɪ'æsɪd] *adj.* zweisäurig.

di·ac·o·nate [daɪ'ækəneɪt] *s. eccl.* Diako'nat *n*.

di·a·crit·ic [,daɪə'krɪtɪk] **I** *adj.* dia'kritisch, unter'scheidend; **II** *s. ling.* dia-'kritisches Zeichen.

di·ac·tin·ic [,daɪæk'tɪnɪk] *adj. phys.* die ak'tinischen Strahlen 'durchlassend.

di·a·dem ['daɪədem] *s.* **1.** Dia'dem *n*, Stirnband *n*; **2.** Hoheit *f*, Herrscherwürde *f*, -gewalt *f*.

di·aer·e·sis [daɪ'ɪərɪsɪs] *s. ling.* a) Diä-'rese *f*, b) Trema *n*.

di·ag·nose ['daɪəgnəʊz] *v/t.* ⚕ diagnostizieren, *fig. a.* bestimmen, feststellen; **di·ag·no·sis** [,daɪəg'nəʊsɪs] *pl.* **-ses** [-si:z] *s.* ⚕ Dia'gnose *f*, Befund *m*, *fig. a.* Beurteilung *f*, Bestimmung *f*; **di·ag·nos·tic** [,daɪəg'nɒstɪk] ⚕ **I** *adj.* (□ ***~ally***) dia'gnostisch: ***~ of*** *fig.* sympto'matisch für; **II** *s.* a) Sym'ptom *n*, b) *pl. sg. konstr.* Dia'gnostik *f*; **di·ag·nos·ti·cian** [,daɪəgnɒs'tɪʃn] *s.* ⚕ Dia'gnostiker(in).

di·ag·o·nal [daɪ'ægənl] **I** *adj.* □ **1.** diago'nal; schräg(laufend), über Kreuz; **II** *s.* **2.** *a.* ***~ line*** ⚘ Diago'nale *f*; **3.** *a.* ***~ cloth*** Diago'nal *m*, schräggeripptes Gewebe.

di·a·gram ['daɪəgræm] *s.* Dia'gramm *n*, graphische Darstellung, Schaubild *n*, Plan *m*, Schema *n*: ***wiring ~*** ⚡ Schaltbild *n*, -plan *m*: ***you need a ~?*** *iro.* brauchst du e-e Zeichnung (dazu)?; **di·a·gram·mat·ic** [,daɪəgrə'mætɪk] *adj.* (□ ***~ally***) diagram'matisch, graphisch, sche'matisch.

di·al ['daɪəl] **I** *s.* **1.** *a.* ***~ plate*** Zifferblatt *n* (*Uhr*); **2.** *a.* ***~ plate*** ⚙ Skala *f*, Skalen-, Ziffernscheibe *f*; **3.** *teleph.* Wähl-, Nummernscheibe *f*; **4.** *Radio*: Skalenscheibe *f*, Skala *f*: ***~ light*** Skalenbeleuchtung *f*; **5.** → ***sundial***; **6.** *sl.* Vi'sage *f* (*Gesicht*); **II** *v/t.* **7.** *teleph.* wählen: ***~ling code*** *Brit.* Vorwahl(nummer) *f*; ***~ tone*** *Am.*, ***~ling tone*** *Brit.* Amtszeichen *n*.

di·a·lect ['daɪəlekt] *s.* Dia'lekt *m*, Mundart *f*; **di·a·lec·tal** [,daɪə'lektl] *adj.* □ dia'lektisch, mundartlich; **di·a·lec·tic** [,daɪə'lektɪk] **I** *adj.* **1.** *phls.* dia'lektisch; **2.** spitzfindig; **3.** *ling.* → ***dialectal***; **II** *s.* **4.** *oft pl. phls.* Dia'lektik *f*; **5.** Spitzfindigkeit *f*; **di·a·lec·ti·cal** [,daɪə'lektɪkl] *adj.* □ **1.** → ***dialectal***; **2.** → ***dialectic*** 1, 2; **di·a·lec·ti·cian** [,daɪəlek'tɪʃn] *s. phls.* Dia'lektiker *m*.

di·a·logue, *Am. a.* **di·a·log** ['daɪəlɒg] *s.* Dia'log *m*, (Zwie)Gespräch *n*; **~ track** *s. Film*: Sprechband *n*.

di·al·y·sis [daɪˈælɪsɪs] *s.* **1.** ⚗ Diaˈlyse *f*; **2.** ⚕ Diaˈlyse *f*, Blutwäsche *f*.

di·am·e·ter [daɪˈæmɪtə] *s.* **1.** Diaˈmeter *m*, ˈDurchmesser *m*; **2.** ˈDurchmesser *m*, Dicke *f*, Stärke *f*: ***inner* ~** lichte Weite; **di·a·met·ri·cal** [ˌdaɪəˈmetrɪkl] *adj.* □ **1.** diaˈmetrisch; **2.** *fig.* diameˈtral, genau entgegengesetzt.

di·a·mond [ˈdaɪəmənd] **I** *s.* **1.** *min.* Diaˈmant *m*: ***black* ~** a) schwarzer Diamant, b) *fig.* (Stein)Kohle *f*; ***rough* ~** a) ungeschliffener Diamant, b) *fig.* Mensch *m* mit gutem Kern u. rauher Schale; ***it was* ~ *cut* ~** es war Wurst wider Wurst, die beiden standen sich in nichts nach; **2.** ⚙ (ˈGlaser)Diaˌmant *m*; **3.** a) Raute *f*, ˈRhombus *m*, b) spitzgestelltes Viereck; **4.** *Kartenspiel*: Karo *n*; **5.** *Baseball*: a) Spielfeld *n*, b) Innenfeld *n*; **6.** *typ.* Diaˈmant *f* (*Schriftgrad*); **II** *adj.* **7.** diaˈmanten, Diamant…; **8.** rhombisch, rautenförmig; **~ cut·ter** *s.* Diaˈmantschleifer *m*; **~ drill** *s.* ⚙ Diaˈmantbohrer *m*; **~ field** *s.* Diaˈmantenfeld *n*; **~ ju·bi·lee** *s.* diaˈmantenes Jubiˈläum; **~ mine** *s.* Diaˈmantenmine *f*; **~ pane** *s.* rautenförmige Fensterscheibe; **ˈ~-shaped** *adj.* rautenförmig; **~ wed·ding** *s.* diaˈmantene Hochzeit.

di·an·thus [daɪˈænθəs] *s.* ⚘ Nelke *f*.

di·a·per [ˈdaɪəpə] **I** *s.* **1.** Diˈaper *m*, Gänseaugenstoff *m*; **2.** *a.* **~ *pattern*** Rauten-, Karomuster *n*; **3.** *Am.* (Baby-)Windel *f*; **4.** Monatsbinde *f*; **II** *v/t.* **5.** mit Rautenmuster verzieren; **~ rash** *s.* ⚕ Wundsein *n beim Säugling*.

di·aph·a·nous [daɪˈæfənəs] *adj.* ˈdurchsichtig, -scheinend.

di·a·pho·ret·ic [ˌdaɪəfəˈretɪk] *adj. u. s.* ⚕ schweißtreibend(es Mittel).

di·a·phragm [ˈdaɪəfræm] *s.* **1.** *anat.* Scheidewand *f*, *bsd.* Zwerchfell *n*; **2.** ⚕ Diaˈphragma *n* (*Verhütungsmittel*); **3.** *teleph. etc.* Memˈbran(e) *f*; **4.** *opt., phot.* Blende *f*; **~ shut·ter** *s. phot.* Blendenverschluß *m*; **~ valve** *s.* Memˈbranventil *n*.

di·a·rist [ˈdaɪərɪst] *s.* Tagebuchschreiber(in); **ˈdi·a·rize** [-raɪz] **I** *v/i.* Tagebuch führen; **II** *v/t.* ins Tagebuch eintragen.

di·ar·rh(o)e·a [ˌdaɪəˈrɪə] *s.* ⚕ Diarˈrhöe *f*, ˈDurchfall *m*.

di·a·ry [ˈdaɪərɪ] *s.* **1.** Tagebuch *n*: ***keep a* ~** ein Tagebuch führen; **2.** ˈTaschenkaˌlender *m*, (Vor)Merkbuch *n*, Terˈmin-, Noˈtizbuch *n*.

Di·as·po·ra [daɪˈæspərə] *s. allg.* Diˈaspora *f*.

di·as·to·le [daɪˈæstəlɪ] *s.* ⚕ *u. Metrik*: Diaˈstole *f*.

di·a·ther·my [ˈdaɪəθɜːmɪ] *s.* ⚕ Diatherˈmie *f*.

di·ath·e·sis [daɪˈæθɪsɪs] *pl.* **-ses** [-siːz] *s.* ⚕ *u. fig.* Neigung *f*, Anlage *f*.

di·a·to·ma·ceous earth [ˌdaɪətəˈmeɪʃəs] *s. geol.* Kieselgur *f*.

di·a·ton·ic [ˌdaɪəˈtɒnɪk] *adj.* ♪ diaˈtonisch.

di·a·tribe [ˈdaɪətraɪb] *s.* gehässiger Angriff, Hetze *f*, Hetzrede *f od.* -schrift *f*.

di·bas·ic [daɪˈbeɪsɪk] *adj.* ⚗ zweibasisch.

dib·ber [ˈdɪbə] → ***dibble*** I.

dib·ble [ˈdɪbl] **I** *s.* Dibbelstock *m*, Pflanz-, Setzholz *n*; **II** *v/t. a.* **~ *in*** mit e-m Setzholz pflanzen; **III** *v/i.* mit e-m Setzholz Löcher machen, dibbeln.

dibs [dɪbz] *s.* **1.** *pl. sg. konstr. Brit. Kinderspiel mit Steinchen etc.*; **2.** F Recht *n* (***on*** auf *acc.*); **3.** *Am. sl.* (ein paar) ‚Kröten' *pl.* (*Geld*).

dice [daɪs] **I** *s. pl. von* ***die²*** 1 Würfel *pl.*, Würfelspiel *n*: ***play*** (***at***) **~** → II; ***no* ~!** *Am. sl.* ‚da läuft nichts'!; → ***load*** 10; **II** *v/i.* würfeln, knobeln; **III** *v/t. Küche*: in Würfel schneiden.

dic·ey [ˈdaɪsɪ] *adj.* F preˈkär, heikel.

di·chot·o·my [daɪˈkɒtəmɪ] *s.* Dichotoˈmie *f*: a) *bsd. Logik*: Zweiteilung *f e-s Begriffs*, b) ⚘, *zo.* wiederˈholte Gabelung.

di·chro·mat·ic [ˌdaɪkrəʊˈmætɪk] *adj.* **1.** dichroˈmatisch, zweifarbig; **2.** ⚕ dichroˈmat.

dick [dɪk] *s.* **1.** *Brit. sl.* Kerl *m*; **2.** *Am. sl.* ‚Schnüffler' *m*: ***private* ~** Privatdetektiv *m*; **3.** V ‚Schwanz' *m*.

dick·ens [ˈdɪkɪnz] *s. sl.* Teufel *m*: ***what the* ~!** was zum Teufel!; ***a* ~ *of a mess*** ein böser Schlamassel.

dick·er¹ [ˈdɪkə] *v/i.* feilschen, schachern (***for*** um).

dick·er² [ˈdɪkə] *s.* ✝ zehn Stück.

dick·(e)y¹ [ˈdɪkɪ] *s.* F **1.** Hemdbrust *f*; **2.** Bluseneinsatz *m*; **3.** *a.* **~ *bow*** ‚Fliege' *f*, Schleife *f*; **4.** *a.* **~*-bird*** Vögelchen *n*, Piepmatz *m*; **5.** Rück-, Not-, Klappsitz *m*; **6.** *Brit.* F Esel *m*.

dick·(e)y² [ˈdɪkɪ] *adj.* F wack(e)lig, ‚mies': **~ *heart*** schwaches Herz.

di·cot·y·le·don [ˌdaɪkɒtɪˈliːdən] *s.* ⚘ Dikoˈtyle *f*, zweikeimblättrige Pflanze.

dic·ta [ˈdɪktə] *pl. von* ***dictum***.

dic·tate [dɪkˈteɪt] **I** *v/t.* (***to*** *dat.*) **1.** *Brief etc.* diktieren; **2.** diktieren, vorschreiben, gebieten (*a. fig.*); **3.** auferlegen; **4.** eingeben; **II** *v/i.* **5.** diktieren, ein Dikˈtat geben; **6.** diktieren, befehlen: ***he will not be* ~*d to*** er läßt sich keine Vorschriften machen; **III** *s.* [ˈdɪkteɪt] **7.** Gebot *n*, Befehl *m*, Dikˈtat *n*: ***the* ~*s of reason*** das Gebot der Vernunft; **dicˈta·tion** [-eɪʃn] *s.* **1.** Dikˈtat *n*: a) Diktieren *n*, b) Dikˈtatschreiben *n*, c) diktierter Text; **2.** Befehl(e *pl.*) *m*, Geheiß *n*; **dicˈta·tor** [-tə] *s.* Dikˈtator *m*, Gewalthaber *m*; **dic·ta·to·ri·al** [ˌdɪktəˈtɔːrɪəl] *adj.* □ diktaˈtorisch; **dicˈta·tor·ship** [-təʃɪp] *s.* Diktaˈtur *f*; **dicˈta·tress** [-trɪs] *s.* Diktaˈtorin *f*.

dic·tion [ˈdɪkʃn] *s.* **1.** Diktiˈon *f*, Ausdrucksweise *f*, Stil *m*, Sprache *f*; **2.** (deutliche) Aussprache.

dic·tion·ar·y [ˈdɪkʃənrɪ] *s.* **1.** Wörterbuch *n*; **2.** (*bsd.* einsprachiges) enzykloˈpädisches Wörterbuch; **3.** Lexikon *n*, Enzyklopäˈdie *f*: ***a walking*** (*od.* ***living***) **~** *fig.* ein wandelndes Lexikon.

dic·to·graph [ˈdɪktəgrɑːf] *s.* Abhörgerät *n* (*beim Telefon*).

dic·tum [ˈdɪktəm] *pl.* **-ta** [-tə], **-tums** *s.* **1.** Machtspruch *m*; **2.** ⚖ richterliches Diktum, (Aus)Spruch *m*; **3.** Spruch *m*, geflügeltes Wort.

did [dɪd] *pret. von* ***do¹***.

di·dac·tic [dɪˈdæktɪk] *adj.* (□ **~*ally***) **1.** diˈdaktisch, lehrhaft, belehrend: **~ *play*** *thea.* Lehrstück *n*; **~ *poem*** Lehrgedicht *n*; **2.** schulmeisterlich.

did·dle¹ [ˈdɪdl] *v/t. sl.* beschwindeln, betrügen, übers Ohr hauen.

did·dle² [ˈdɪdl] *v/i.* F zappeln.

did·n't [ˈdɪdnt] F *für* ***did not***.

didst [dɪdst] *obs. 2. sg. pret. von* ***do¹***.

die¹ [daɪ] **I** *v/i. pres. p.* **dy·ing** [ˈdaɪɪŋ] **1.** sterben (***of*** an): **~ *of hunger*** Hungers sterben, verhungern; **~ *from a wound*** an e-r Verwundung sterben; **~ *a violent death*** e-s gewaltsamen Todes sterben; **~ *of*** (*od.* ***with***) ***laughter*** *fig.* sich totlachen; **~ *of boredom*** vor Lange(r)weile fast umkommen; **~ *a beggar*** als Bettler sterben; **~ *hard*** a) zählebig sein (*a. Sache*), ‚nicht totzukriegen sein', b) nicht nachgeben (wollen); ***never say* ~!** nur nicht aufgeben!; → ***bed*** 1; ***boot¹*** 1; ***ditch*** 1; ***harness*** 1; **2.** eingehen (*Pflanze, Tier*), verenden (*Tier*); **3.** *fig.* ver-, ˈuntergehen, schwinden, aufhören, sich verlieren, verhallen, erlöschen, vergessen werden; **4.** *mst* ***be dying*** (***for***, ***to*** *inf.*) sich sehnen (nach; danach, zu *inf.*), brennen (auf *acc.*; darauf, zu *inf.*): ***I am dying to …*** ich würde schrecklich gern; **II** *v/t.* **5.** e-s *natürlichen etc.* Todes sterben;

Zssgn mit adv.:

die| a·way *v/i.* **1.** schwächer werden, nachlassen, sich verlieren, schwinden; **2.** ohnmächtig werden; **~ down** *v/i.* **1.** → ***die away*** 1; **2.** ⚘ (von oben) absterben; **~ off** *v/i.* ˈhin-, wegsterben; **~ out** *v/i.* aussterben (*a. fig.*).

die² [daɪ] *s.* **1.** *pl.* ***dice*** Würfel *m*: ***the* ~ *is cast*** die Würfel sind gefallen; ***straight as a* ~** a) pfeilgerade, b) *fig.* grundehrlich; → ***dice***; ***straight*** 4; **2.** Würfelspiel *n*; **3.** *bsd. Küche*: Würfel *m*; **4.** *pl.* ***dies*** Würfel *m e-s Sockels*; **5.** *pl.* ***dies*** ⚙ a) (Preß-, Spritz)Form *f*, Gesenk *n*: ***lower* ~** Matrize *f*; ***upper* ~** Patrize *f*, b) (Münz)Prägestempel *m*, c) Schneideisen *n*, Stanze *f*, d) Gußform *f*.

ˈdie|-a·way *adj.* schmachtend; **ˈ~-cast** *v/t.* ⚙ spritzgießen, spritzen; **~ cast·ing** *s.* ⚙ Spritzguß *m*; **ˈ~-hard** **I** *s.* **1.** unnachgiebiger Mensch, Dickschädel *m*; **2.** *pol.* hartnäckiger Reaktioˈnär; **3.** zählebige Sache; **II** *adj.* **4.** hartnäckig, zäh u. unnachgiebig; **5.** zählebig; **~ head** *s.* ⚙ Schneidkopf *m*.

di·e·lec·tric [ˌdaɪɪˈlektrɪk] ϟ **I** *s.* Diˈelektrikum *n*; **II** *adj.* (□ **~*ally***) diˈelektrisch: **~ *strength*** Spannungs-, Durchschlagfestigkeit *f*.

die·en·ceph·a·lon [ˌdaɪɪnˈsefələn] *s. anat.* Zwischenhirn *n*.

di·er·e·sis → ***diaeresis***.

Die·sel [ˈdiːzl] **I** Diesel *m* (*Motor, Fahrzeug od. Kraftstoff*); **II** *adj.* Diesel…; **die·sel·ize** [ˈdiːzəlaɪz] *v/t.* ⚙ auf Dieselbetrieb ˈumstellen.

ˈdieˌsink·er *s.* ⚙ Werkzeugmacher *m*.

di·e·sis [ˈdaɪɪsɪs] *pl.* **-ses** [-siːz] *s.* **1.** *typ.* Doppelkreuz *n*; **2.** ♪ Kreuz *n*.

di·es non [ˌdaɪiːzˈnɒn] *s.* ⚖ gerichtsfreier Tag.

die stock *s.* ⚙ Schneidkluppe *f*.

di·et¹ [ˈdaɪət] *s.* **1.** *parl.* a) ˈUnterhaus *n* (*in Japan etc.*), b) *hist.* Reichstag *m*; **2.** ⚖ *Scot.* Geˈrichtsterˌmin *m*.

di·et² [ˈdaɪət] **I** *s.* **1.** Nahrung *f*, Ernährung *f*, (*a. fig. geistige*) Kost: ***vegetable* ~** vegetarische Kost; ***full*** (***low***) **~** reichliche (magere) Kost; **2.** ⚕ Diˈät *f*, Schon-, Krankenkost *f*: ***be*** (***put***) ***on a* ~** auf Diät gesetzt sein, diät leben (müssen); **II** *v/t.* **3.** *j-n* auf Diˈät setzen: **~ *o.s.*** → 4; **III** *v/i.* **4.** Diˈät halten; **ˈdi·e·tar·y** [-tərɪ] ⚕ **I** *adj.* **1.** diäˈtetisch,

Diät…; **II** *s.* **2.** Di'ätvorschrift *f*; **3.** 'Speise(rati,on) *f*.

di·e·tet·ic [,daɪə'tetɪk] *adj.* (□ **~ally**) → **dietary** 1; **,di·e'tet·ics** [-ks] *s. pl. sg. od. pl. konstr.* ⚕ Diä'tetik *f*, Di'ätkunde *f*; **,di·e'ti·tian**, **,di·e'ti·cian** [-'tɪʃn] *s.* **1.** Di'ätassis,tent(in); **2.** Diä'tetiker(in).

dif·fer ['dɪfə] *v/i.* **1.** sich unter'scheiden, verschieden sein, abweichen (**from** von); **2.** (*mst* **with**, *a.* **from**) nicht über'einstimmen (mit), anderer Meinung sein (als): ***I beg to ~*** ich bin (leider) anderer Meinung; **3.** uneinig sein (**on** über *acc.*); → **agree** 2; **dif·fer·ence** ['dɪfrəns] *s.* **1.** 'Unterschied *m*, Verschiedenheit *f*: ***~ in price*** Preisunterschied; ***~ of opinion*** Meinungsverschiedenheit; ***that makes a (great) ~*** a) das macht et. (*od.* viel) aus, b) das ändert die Sache; ***it made all the ~*** das änderte die Sache vollkommen; ***it makes no ~ (to me)*** es ist (mir) gleich(gültig); ***what's the ~?*** was macht es schon aus?; **2.** 'Unterschied *m*, unter'scheidendes Merkmal: ***the ~ between him and his brother***; **3.** 'Unterschied *m* (*in Menge*), Diffe'renz *f* (*a.* †, 𝔄): ***split the ~*** a) sich in die Differenz teilen, b) e-n Kompromiß schließen; **4.** Besonderheit *f*: ***a film with a ~*** ein Film (von) ganz besonderer Art *od.* ‚mit Pfiff'; ***holidays with a ~*** Ferien ‚mal anders'; **5.** Meinungsverschiedenheit *f*, Diffe'renz *f*; **dif·fer·ent** ['dɪfrənt] *adj.* □ **1.** (**from**, *a.* **to**) verschieden (von), abweichend (von); anders (*pred.* als), ander (*attr.* als): ***in two ~ countries*** in zwei verschiedenen Ländern; ***that's a ~ matter*** das ist etwas anderes; ***at ~ times*** verschiedentlich, mehrmals; **2.** außergewöhnlich, besonder.

dif·fer·en·tial [,dɪfə'renʃl] **I** *adj.* □ **1.** 'unterschiedlich, charakte'ristisch, Unterscheidungs…; **2.** ⚙, ⚡, 𝔄, *phys.* Differential…; **3.** † gestaffelt, Differential…, Staffel…: ***~ tariff***; **II** *s.* **4.** ⚙, *mot.* Differenti'al-, Ausgleichsgetriebe *n*; **5.** 𝔄 Differenti'al *n*; **6.** ('Preis-, 'Lohn- *etc.*)Gefälle *n*, (-)Diffe,renz *f*; **~ cal·cu·lus** *s.* 𝔄 Differenti'alrechnung *f*; **~ du·ty** *s.* † Differenti'alzoll *m*; **~ gear** *s.* ⚙ Differenti'al-, Ausgleichsgetriebe *n*; **~ rate** *s.* † 'Ausnahmeta,rif *m*.

dif·fer·en·ti·ate [,dɪfə'renʃɪeɪt] **I** *v/t.* **1.** einen 'Unterschied machen zwischen (*dat.*), unter'scheiden; **2.** vonein'ander abgrenzen; unter'scheiden, trennen (**from** von): ***be ~d*** → 4; **II** *v/i.* **3.** e-n 'Unterschied machen, unter'scheiden, differenzieren (**between** zwischen *dat.*); **4.** sich unter'scheiden *od.* entfernen; sich verschieden entwickeln; **dif·fer·en·ti·a·tion** [,dɪfərenʃɪ'eɪʃn] *s.* Differenzierung *f*: a) Unter'scheidung *f*, b) (Auf)Teilung *f*, c) Spezialisierung *f*, d) 𝔄 Ableitung *f*.

dif·fi·cult ['dɪfɪkəlt] *adj.* **1.** schwierig, schwer; **2.** beschwerlich, mühsam; **3.** schwierig, schwer zu behandeln(d); **'dif·fi·cul·ty** [-tɪ] *s.* **1.** Schwierigkeit *f*: a) Mühe *f*: ***with ~*** schwer, mühsam; ***have (od. find) ~ in doing s.th.*** et. schwierig (zu tun) finden, b) schwierige Sache, c) Hindernis *n*, 'Widerstand *m*: ***make difficulties*** Schwierigkeiten bereiten; **2.** *oft pl.* (*a.* Geld)Schwierigkeiten *pl.*, (-)Verlegenheit *f*.

dif·fi·dence ['dɪfɪdəns] *s.* Schüchternheit *f*, mangelndes Selbstvertrauen; **'dif·fi·dent** [-nt] *adj.* □ schüchtern, ohne Selbstvertrauen, scheu: ***be ~ about doing*** sich scheuen zu tun, *et.* nur zaghaft *od.* zögernd tun.

dif·fract [dɪ'frækt] *v/t. phys.* beugen; **dif'frac·tion** [-kʃn] *s. phys.* Beugung *f*, Diffrakti'on *f*.

dif·fuse [dɪ'fju:z] **I** *v/t.* **1.** ausgießen, -schütten; **2.** *bsd. fig.* verbreiten; **3.** ⚗, *phys.*, *opt.* diffundieren: a) zerstreuen, b) vermischen, c) durch'dringen; **II** *v/i.* **4.** sich verbreiten; **5.** ⚗, *phys.* diffundieren: a) sich zerstreuen, b) sich vermischen, c) eindringen; **III** *adj.* [dɪ'fju:s] □ **6.** dif'fus: a) weitschweifig, langatmig, b) unklar (*Gedanken etc.*), c) ⚗, *phys.* zerstreut: ***~ light*** diffuses Licht; **7.** *fig.* verbreitet; **dif·fus·i·bil·i·ty** [dɪ,fju:zə'bɪlətɪ] *s. phys.* Diffusi'onsvermögen *n*; **dif'fus·i·ble** [-zəbl] *adj. phys.* diffusi'onsfähig; **dif·fu·sion** [dɪ'fju:ʒn] *s.* **1.** Ausgießen *n*; **2.** *fig.* Verbreitung *f*; **3.** Weitschweifigkeit *f*; **4.** ⚗, *phys.*, *a. sociol.* Diffusi'on *f*; **dif·fu·sive** [dɪ'fju:sɪv] *adj.* □ **1.** *bsd. fig.* sich verbreitend; **2.** *fig.* weitschweifig; **3.** ⚗, *phys.* Diffusions…; **dif·fu·sive·ness** [dɪ'fju:sɪvnɪs] *s.* **1.** *phys.* Diffusi'onsfähigkeit *f*; **2.** *fig.* Weitschweifigkeit *f*.

dig [dɪg] **I** *s.* **1.** Grabung *f*; **2.** F (archäo'logische) Ausgrabung(sstätte); **3.** F Puff *m*, Stoß *m*: ***~ in the ribs*** Rippenstoß; **4.** F *fig.* (Seiten)Hieb *m* (**at** auf *j-n*); **5.** *Am.* F ‚Büffler' *m*; **6.** *pl. Brit.* F ‚Bude' *f*, (*bsd. Studenten*)Zimmer *n*; **II** *v/t.* [*irr.*] **7.** *Loch etc.* graben; *Boden* 'umgraben; *Bodenfrüchte* ausgraben; **8.** *fig.* ‚ausgraben', ans Tageslicht bringen, her'ausfinden; **9.** F *j-m* e-n Stoß geben: ***~ spurs into a horse*** e-m Pferd die Sporen geben; **10.** F a) ‚kapieren', b) ‚stehen auf', ein ‚Fan' sein von, c) sich ansehen *od.* anhören; **III** *v/i.* [*irr.*] **11.** graben (**for** nach); **12.** *fig.* a) forschen (**for** nach), b) sich gründlich beschäftigen (**into** mit); **13.** ***~ into*** F a) ‚reinhauen' in *e-n Kuchen etc.*, b) sich einarbeiten in (*acc.*); **14.** *Am. sl.* ‚büffeln', ‚ochsen';

Zssgn mit adv.:

dig| in I *v/t.* **1.** eingraben (*a. fig.*); **2.** ***dig o.s. in*** sich eingraben, *fig. a.* sich verschanzen; **II** *v/i.* **3.** ⚔ sich eingraben, sich verschanzen; **~ out** *v/t.* **1.** ausgraben; **2.** → **dig** 8; **~ up** *v/t.* **1.** 'um-, ausgraben; **2.** → **dig** 8.

di·gest [dɪ'dʒest] **I** *v/t.* **1.** *Speisen* verdauen; **2.** *fig.* verdauen: a) (innerlich) verarbeiten, über'denken, in sich aufnehmen, b) ertragen, verwinden; **3.** ordnen, einteilen; **4.** ⚗ digerieren, ausziehen, auflösen; **II** *v/i.* **5.** sich verdauen lassen: ***~ well*** leicht verdaulich sein; **6.** ⚗ sich auflösen; **III** *s.* ['daɪdʒest] **7.** (**of**) a) Auslese *f* (*a. Zeitschrift*), Auswahl *f* (aus), b) Abriß *m* (*gen.*), 'Überblick *m* (über *acc.*); **8.** ⚖ systematisierte Sammlung von Gerichtsentscheidungen; **di'gest·i·ble** [-təbl] *adj.* □ verdaulich, bekömmlich; **di'ges·tion** [-tʃən] *s.* **1.** Verdauung *f*: ***easy of ~*** leichtverdaulich; **2.** *fig.* (innerliche) Verarbeitung; **di'ges·tive** [-tɪv] **I** *adj.* □ **1.** verdauungsfördernd; **2.** bekömmlich; **3.** Verdauungs… (*-apparat, -trakt etc.*); **II** *s.* **4.** verdauungsförderndes Mittel.

dig·ger ['dɪgə] *s.* **1.** Gräber(in); **2.** → **gold digger**; **3.** 'Grabgerät *n*, -ma,schine *f*; **4.** Erdarbeiter *m*; **5.** *a.* ***~ wasp*** Grabwespe *f*; **6.** *sl.* Au'stralier *m od.* Neu'seeländer *m*; **'dig·gings** [-gɪŋz] *s. pl.* **1.** *sg. od. pl. konstr.* Goldbergwerk *n*; **2.** Aushub *m* (*Erde*); **3.** → **dig** 6.

dig·it ['dɪdʒɪt] *s.* **1.** *anat.*, *zo.* Finger *m od.* Zehe *f*; **2.** Fingerbreite *f* (*Maß*); **3.** *ast.* astro'nomischer Zoll (1/12 *des Sonnen- od. Monddurchmessers*); **4.** 𝔄 a) eine der Ziffern von 0 bis 9, Einer *m*, b) Stelle *f*: ***three-~ number*** dreistellige Zahl; **'dig·it·al** [-tl] **I** *adj.* **1.** Finger…; **2.** Digital…: ***~ clock***; ***~ computer*** Digitalrechner *m*; ***~ display*** Digitalanzeige *f*; ***~ recording*** Digitalaufzeichnung *f*; **II** *s.* **3.** ♪ Taste *f*; **dig·i·tal·is** [,dɪdʒɪ'teɪlɪs] *s.* **1.** ⚘ Fingerhut *m*; **2.** ⚕ Digi'talis *n*; **'dig·i·tate**, **'dig·i·tat·ed** [-teɪt(ɪd)] *adj.* **1.** ⚘ gefingert, handförmig; **2.** *zo.* gefingert.

dig·ni·fied ['dɪgnɪfaɪd] *adj.* würdevoll, würdig; **dig·ni·fy** ['dɪgnɪfaɪ] *v/t.* **1.** ehren, auszeichnen; Würde verleihen (*dat.*); **2.** zieren, schmücken; **3.** hochtrabend benennen.

dig·ni·tar·y ['dɪgnɪtərɪ] *s.* **1.** Würdenträger *m*; **2.** *eccl.* Prä'lat *m*; **dig·ni·ty** ['dɪgnɪtɪ] *s.* **1.** Würde *f*, würdevolles Auftreten; **2.** Würde *f*, (hoher) Rang, *a.* Ansehen *n*: ***beneath my ~*** unter m-r Würde; ***stand on one's ~*** sich nichts vergeben wollen; **3.** *fig.* Größe *f*: ***~ of soul*** Seelengröße, -adel *m*.

di·graph ['daɪgrɑ:f] *s. ling.* Di'graph *m* (*Verbindung von zwei Buchstaben zu einem Laut*).

di·gress [daɪ'gres] *v/i.* abschweifen; **di'gres·sion** [-eʃn] *s.* Abschweifung *f*; **di'gres·sive** [-sɪv] *adj.* □ **1.** abschweifend; **2.** abwegig.

digs [dɪgz] → **dig** 6.

di·he·dral [daɪ'hi:drəl] **I** *adj.* **1.** di'edrisch, zweiflächig: ***~ angle*** 𝔄 Flächenwinkel *m*; **2.** ✈ V-förmig; **II** *s.* **3.** 𝔄 Di'eder *m*, Zweiflächner *m*; **4.** ✈ V-Form *f*, V-Stellung *f*.

dike¹ [daɪk] **I** *s.* **1.** Deich *m*, Damm *m*; **2.** Erdwall *m*, erhöhter Fahrdamm; **3.** *a. fig.* Schutzwall *m*, *fig.* Bollwerk *n*; **4.** a) Graben *m*, b) Wasserlauf *m*; **5.** *a.* ***~ rock*** *geol.* Gangstock *m*; **II** *v/t.* **6.** eindämmen, -deichen.

dike² [daɪk] *v/t. a.* ***~ out*** *od.* ***up*** *Am.* F aufputzen.

dike³ [daɪk] *s. sl.* ‚Lesbe' *f*.

dik·tat [dɪk'tɑ:t] *s.* (*Ger.*) *pol.* Dik'tat *n*.

di·lap·i·date [dɪ'læpɪdeɪt] **I** *v/t.* **1.** *Haus etc.* verfallen lassen; **2.** vergeuden; **II** *v/i.* **3.** verfallen, baufällig werden; **di'lap·i·dat·ed** [-tɪd] *adj.* **1.** verfallen, baufällig; **2.** klapp(e)rig (*Auto etc.*); **di·lap·i·da·tion** [dɪ,læpɪ'deɪʃn] *s.* **1.** Verfall *m*, Baufälligkeit *f*; **2.** *geol.* Verwitterung *f*; **3.** *pl. Brit.* notwendige Repara'turen (*zu Lasten des Mieters*).

di·lat·a·bil·i·ty [daɪ,leɪtə'bɪlətɪ] *s. phys.* Dehnbarkeit *f*, (Aus)Dehnungsvermögen *n*; **di·lat·a·ble** [daɪ'leɪtəbl] *adj. phys.* (aus)dehnbar.

dil·a·ta·tion [,daɪleɪ'teɪʃn] *s.* **1.** *phys.* Ausdehnung *f*; **2.** ⚕ Erweiterung *f*.

di·late [daɪ'leɪt] **I** *v/t.* **1.** (aus)dehnen,

(aus)weiten, erweitern: ***with ~d eyes*** mit aufgerissenen Augen; **II** *v/i.* **2.** sich (aus)dehnen *od.* (aus)weiten *od.* erweitern; **3.** *fig.* sich (ausführlich) verbreiten *od.* auslassen ([***up***]***on*** über *acc.*); **di'la·tion** [-eɪʃn] → ***dilatation***; **di'la·tor** [-tə] *s.* Di'lator *m*: a) *anat.* Dehnmuskel *m*, b) ⚕ Dehnsonde *f*.

dil·a·to·ri·ness ['dɪlətərɪnɪs] *s.* Saumseligkeit *f*, Verschleppung *f*; **dil·a·to·ry** ['dɪlətərɪ] *adj.* □ **1.** aufschiebend (*a.* ⚖), verzögernd, 'hinhaltend, Verzögerungs…, Verschleppungs…, Hinhalte…: ***~ tactics***; **2.** langsam, saumselig.

dil·do ['dɪldəʊ] *s.* Godemi'ché *m* (*künstlicher Penis*).

di·lem·ma [dɪ'lemə] *s.* Di'lemma *n*, Zwangslage *f*, Klemme *f*: ***on the horns of a ~*** in e-r Zwickmühle.

dil·et·tan·te [ˌdɪlɪ'tæntɪ] **I** *pl.* **-ti** [-tiː], **-tes** [-tɪz] *s.* **1.** Dilet'tant(in): a) Nichtfachmann *m*, Ama'teur(in), b) *contp.* Stümper(in); **2.** Kunstliebhaber(in); **II** *adj.* **3.** → ˌ**dil·et'tant·ish** [-tɪʃ] *adj.* □ dilet'tantisch; ˌ**dil·et'tant·ism** [-tɪzəm] *s.* Dilettan'tismus *m*.

dil·i·gence¹ ['dɪlɪʒɑ̃ːns] (*Fr.*) *s. hist.* Postkutsche *f*.

dil·i·gence² ['dɪlɪdʒəns] *s.* Fleiß *m*, Eifer *m*; *a.* ⚖ Sorgfalt *f*; **'dil·i·gent** [-nt] *adj.* □ **1.** fleißig, emsig; **2.** sorgfältig, gewissenhaft.

dill [dɪl] *s.* ⚘ Dill *m*, Gurkenkraut *n*.

dil·ly-dal·ly ['dɪlɪdælɪ] *v/i.* F **1.** die Zeit vertrödeln, (her'um)trödeln; **2.** zaudern, schwanken.

dil·u·ent ['dɪljʊənt] **I** *adj.* ⚗ verdünnend; **II** *s.* ⚕ Verdünnungsmittel *n*.

di·lute [daɪ'ljuːt] **I** *v/t.* **1.** verdünnen, *bsd.* wässern; **2.** *Farben* dämpfen; **3.** *fig.* (ab)schwächen, verwässern: ***~ labo(u)r*** *Facharbeit in Arbeitsgänge zerlegen, deren Ausführung nur geringe Fachkenntnisse erfordert*; **II** *adj.* **4.** verdünnt; **5.** *fig.* (ab)geschwächt, verwässert; **di'lut·ed** [-tɪd] *adj.* → ***dilute*** II; **dil·u·tee** [ˌdaɪljuː'tiː] *s. zwischen dem angelernten u. dem Facharbeiter stehender Beschäftigter*; **di·lu·tion** [daɪ'luːʃn] *s.* **1.** Verdünnung *f*, Verwässerung *f*; **2.** verdünnte Lösung; **3.** *fig.* Abschwächung *f*, Verwässerung *f*: ***~ of labo(u)r*** *Zerlegung von Facharbeit in Arbeitsgänge, deren Ausführung nur geringe Fachkenntnisse erfordert*.

di·lu·vi·al [daɪ'luːvjəl], **di'lu·vi·an** [-jən] *adj.* **1.** *geol.* diluvi'al, Eiszeit…; **2.** Überschwemmungs…; **3.** (Sint)Flut…; **di'lu·vi·um** [-jəm] *s. geol.* Di'luvium *n*.

dim [dɪm] **I** *adj.* □ **1.** (halb)dunkel, düster, trübe (*a. fig.*); **2.** undeutlich, verschwommen, schwach; **3.** blaß, matt (*Farbe*); **4.** F schwer von Begriff; **II** *v/t.* **5.** verdunkeln, verdüstern; trüben; **6.** *a.* ***~ out*** *Licht* abblenden, dämpfen; **7.** mattieren; **III** *v/i.* **8.** sich verdunkeln; **9.** matt *od.* trübe werden; **10.** undeutlich werden; verblassen (*a. fig.*).

dime [daɪm] *s. Am.* Zehn'centstück *n*; *fig.* Groschen *m*: ***~ novel*** Groschenroman *m*; ***~ store*** billiges Warenhaus; ***they are a ~ a dozen*** a) sie sind spottbillig, b) es gibt jede Menge davon.

di·men·sion [dɪ'menʃn] **I** *s.* **1.** Dimensi'on *f* (*a.* 𝔄): a) Abmessung *f*, Maß *n*, Ausdehnung *f*, b) *pl. oft fig.* Ausmaß *n*, Größe *f*, 'Umfang *m*: ***of vast ~s*** riesengroß; **II** *v/t.* **2.** bemessen, dimensionieren: ***amply ~ed***; **3.** mit Maßangaben versehen: ***~ed sketch*** Maßskizze *f*; **di'men·sion·al** [-ʃənl] *adj. mst in Zssgn* dimensio'nal.

di·min·ish [dɪ'mɪnɪʃ] **I** *v/t.* **1.** vermindern (*a.* ♪), verringern; **2.** verkleinern (*a.* 𝔄), her'absetzen (*a. fig.*); **3.** (ab-) schwächen; **4.** △ verjüngen; **II** *v/i.* **5.** sich vermindern, abnehmen: ***~ in value*** an Wert verlieren.

dim·i·nu·tion [ˌdɪmɪ'njuːʃn] *s.* **1.** Verminderung *f*, Verringerung *f*; Verkleinerung *f* (*a.* ♪); **2.** Abnahme *f*; **3.** △ Verjüngung *f*; **di·min·u·ti·val** [dɪˌmɪnjʊ'taɪvl] *adj.* □ → ***diminutive*** 2; **di·min·u·tive** [dɪ'mɪnjʊtɪv] **I** *adj.* □ **1.** klein, winzig; **2.** *ling.* Diminutiv…, Verkleinerungs…; **II** *s.* **3.** *ling.* Diminu'tiv(um) *n*, Verkleinerungsform *f od.* -silbe *f*.

dim·i·ty ['dɪmɪtɪ] *s.* Dimity *m*, Barchentköper *m*.

dim·mer ['dɪmə] *s.* **1.** Dimmer *m* (*Helligkeitseinsteller*); **2.** *pl. mot.* a) Abblendlicht *n*, b) Standlicht *n*: ***~ switch*** Abblendschalter *m*; **dim·ness** ['dɪmnɪs] *s.* **1.** Dunkelheit *f*, Düsterkeit *f*; **2.** Mattheit *f*; **3.** Undeutlichkeit *f*.

di·mor·phic [daɪ'mɔːfɪk], **di'mor·phous** [-fəs] *adj.* di'morph, zweigestaltig.

'dim-out *s.* ✕ Teilverdunkelung *f*.

dim·ple ['dɪmpl] **I** *s.* **1.** Grübchen *n* (*Wange*); **2.** Vertiefung *f*; **3.** Kräuselung *f* (*Wasser*); **II** *v/t.* **4.** Grübchen machen in (*acc.*); **5.** *Wasser* kräuseln; **III** *v/i.* **6.** Grübchen bekommen; **7.** sich kräuseln (*Wasser*); **'dim·pled** [-ld], **'dimp·ly** [-lɪ] *adj.* **1.** mit Grübchen; **2.** gekräuselt (*Wasser*).

ˌ**dim'wit·ted** *adj. sl.* ‚dämlich'.

din [dɪn] **I** *s.* **1.** Lärm *m*, Getöse *n*; **2.** Geklirr *n* (*Waffen*), Gerassel *n*; **II** *v/t.* **3.** *durch Lärm* betäuben; **4.** *et.* dauernd (vor)predigen: ***~ s.th. into s.o.('s ears)*** j-m et. einhämmern; **III** *v/i.* **5.** lärmen; **6.** dröhnen (***with*** von).

dine [daɪn] **I** *v/i.* **1.** speisen, essen: ***~ in*** (***out***) zu Hause (auswärts) essen; ***~ off*** (*od.* ***on***) ***roast beef*** Rostbraten essen; **II** *v/t.* **2.** *j-n* bei sich zu Gast haben, bewirten; **3.** für … *Personen* Platz zum Essen haben, fassen (*Zimmer, Tisch*); **'din·er** [-nə] *s.* **1.** Tischgast *m*; **2.** 🚂 Speisewagen *m*; **3.** *Am.* Imbißstube *f*, 'Eßloˌkal *n*.

di·nette [daɪ'net] *s.* Eßecke *f*.

ding [dɪŋ] **I** *v/t.* **1.** läuten; **2.** → ***din*** 4; **II** *v/i.* **3.** läuten.

ding·dong [ˌdɪŋ'dɒŋ] **I** *s.* Bimbam *n*; **II** *adj.*: ***a ~ fight*** ein hin u. her wogender Kampf.

din·ghy ['dɪŋgɪ] *s.* **1.** ⚓ a) Dingi *n*, b) Beiboot *n*; **2.** Schlauchboot *n*.

din·gi·ness ['dɪndʒɪnɪs] *s.* **1.** trübe *od.* schmutzige Farbe; **2.** Schmuddeligkeit *f*; **3.** Schäbigkeit *f* (*a. fig.*); **4.** *fig.* Anrüchigkeit *f*.

din·gle ['dɪŋgl] *s.* Waldschlucht *f*.

din·go ['dɪŋgəʊ] *pl.* **-goes** *s. zo.* Dingo *m* (*Wildhund Australiens*).

ding·us ['dɪŋgəs] *s. Am. sl.* **1.** Dingsda *n*; **2.** ‚Ding' *n* (*Penis*).

din·gy ['dɪndʒɪ] *adj.* □ **1.** schmutzig, schmuddelig; **2.** schäbig (*a. fig.*); **3.** *fig.* anrüchig.

din·ing| car ['daɪnɪŋ] *s.* 🚂 Speisewagen *m*; **~ hall** *s.* Speisesaal *m*; **~ room** *s.* Speise-, Eßzimmer *n*; **~ ta·ble** *s.* Eßtisch *m*.

din·kies ['dɪŋkiːz] *s. pl.* (*double income no kids*) kinderlose Doppelverdiener *pl.*

din·kum ['dɪŋkəm] *adj. Austral.* F re'ell: ***~ oil*** die volle Wahrheit.

dink·y ['dɪŋkɪ] *adj.* F **1.** *Brit.* zierlich, niedlich, nett; **2.** *Am.* klein.

din·ner ['dɪnə] *s.* **1.** Hauptmahlzeit *f*, Mittag-, Abendessen *n*: ***after ~*** nach dem Essen, nach Tisch; ***be at ~*** bei Tisch sein; ***stay for*** (*od.* ***to***) ***~*** zum Essen bleiben; ***~ is ready*** es (*od.* das Essen) ist angerichtet; ***what are we having for ~?*** was gibt es zum Essen?; **2.** Di'ner *n*, Festessen *n*: ***at a ~*** bei *od.* auf e-m Diner; **~ coat** *s. bsd. Am.* Smoking *m*; **~ dance** *s.* Abendgesellschaft *f* mit Tanz; **~ jack·et** *s.* Smoking *m*; **~ pail** *s. Am.* Eßgefäß *n*; **~ par·ty** *s.* Tisch-, Abendgesellschaft *f*; **~ ser·vice, ~ set** *s.* 'Speiseserˌvice *n*, Tafelgeschirr *n*; **~ ta·ble** *s.* Eßtisch *m*; **~ time** *s.* Tischzeit *f*; **~ wag·on** *s.* Servierwagen *m*.

di·no·saur ['daɪnəʊsɔː] *s. zo.* Dino'saurier *m*.

dint [dɪnt] **I** *s.* **1.** Beule *f*, Delle *f*; **2.** Strieme *f*; **3.** ***by ~ of*** kraft, vermöge, mittels (*alle gen.*); **II** *v/t.* **4.** einbeulen.

di·oc·e·san [daɪ'ɒsɪsn] *eccl.* **I** *adj.* Diözesan…; **II** *s.* (Diöze'san)Bischof *m*; **di·o·cese** ['daɪəsɪs] *s.* Diö'zese *f*.

di·ode ['daɪəʊd] *s.* ⚡ **1.** Di'ode *f*, Zweipolröhre *f*; **2.** Kri'stalldiˌode *f*.

Di·o·nys·i·ac [ˌdaɪə'nɪzɪæk], **Di·o'ny·sian** [-zɪən] *adj.* dio'nysisch.

di·op·ter *Am.*, *Brit.* **di·op·tre** [daɪ'ɒptə] *s. phys.* Diop'trie *f*; **di'op·tric** [-trɪk] *phys.* **I** *adj.* **1.** di'optrisch, lichtbrechend; **II** *s.* **2.** → ***diopter***; **3.** *pl. sg. konstr.* Di'optrik *f*, Brechungslehre *f*.

di·o·ra·ma [ˌdaɪə'rɑːmə] *s.* Dio'rama *n* (*plastisch wirkendes Schaubild*).

Di·os·cu·ri [ˌdaɪəʊ'skjʊəraɪ] *s. pl.* Dios'kuren *pl.* (*Castor u. Pollux*).

di·ox·ide [daɪ'ɒksaɪd] *s.* 'Dioˌxyd *n*.

dip [dɪp] **I** *v/t.* **1.** (ein)tauchen (***in, into*** in *acc.*): ***~ one's hand into one's pocket*** in die Tasche greifen (*a. fig. Geld ausgeben*); **2.** färben; **3.** *Schafe etc.* dippen (*Desinfektionsbad*); **4.** *Kerzen* ziehen; **5.** ⚓ *Flagge* (zum Gruß) dippen, auf- u. niederholen; **6.** *a.* ***~ up*** schöpfen (***from, out of*** aus); **7.** *mot. Scheinwerfer* abblenden; **II** *v/i.* **8.** 'unter-, eintauchen; **9.** sich senken *od.* neigen (*Gelände, Waage, Magnetnadel*); **10.** ⚒ ab-, einfallen; **11.** nieder- u. wieder auffliegen; **12.** ✈ vor dem Steigen tiefer gehen; **13.** *fig.* hin'eingreifen: ***~ into*** a) e-n Blick werfen in (*acc.*), sich flüchtig befassen mit, b) *Reserven* angreifen; ***~ into one's purse*** (*od.* ***pocket***) (tief) in die Tasche greifen; ***~ deep into the past*** die Vergangenheit erforschen; **III** *s.* **14.** Eintauchen *n*; **15.** kurzes Bad(en); **16.** ⚙ Farbbad *n*; Tauchbad *n*: ***~ brazing*** Tauchlöten *n*; **17.** Desinfekti'onsbad *n* (*Schafe*); **18.** geschöpfte Flüssigkeit; **19.** *Am.* F Tunke *f*, Soße *f*; **20.** (gezogene) Kerze; **21.** Neigung *f*, Senkung *f*, Gefälle *n*; Neigungswinkel *m*; **22.** *geol.* Abdachung *f*; Einfallen *n*, Versinken *n*; **23.** schnelles Hin'ab(- u. Hin'auf)Fliegen; **24.** ✈

plötzliches Tiefergehen vor dem Steigen; **25.** ⚓ Dippen *n* (*kurzes Niederholen der Flagge*); **26.** *fig.* flüchtiger Blick, ‚Ausflug' *m* (*in die Politik etc.*); **27.** Angreifen *n* (*into e-s Vorrats etc.*); **28.** *sl.* Taschendieb *m*.

diph·the·ri·a [dɪfˈθɪərɪə] *s.* ⚕ Diphtheˈrie *f*.

diph·thong [ˈdɪfθɒŋ] *s. ling.* **1.** Diphˈthong *m*, ˈDoppelvoˌkal *m*; **2.** *die Ligatur* æ *od.* œ; **diph·thon·gal** [dɪfˈθɒŋgl] *adj. ling.* diphˈthongisch; **diph·thong·i·za·tion** [ˌdɪfθɒŋgaɪˈzeɪʃn] *s. ling.* Diphthongierung *f*.

di·ple·gi·a [daɪˈpliːdʒɪə] *s.* ⚕ Dipleˈgie *f*, doppelseitige Lähmung.

di·plo·ma [dɪˈpləʊmə] *s.* Diˈplom *n*, (*a.* Ehren-, Sieger)Urkunde *f*; **diˈplo·ma·cy** [-əsɪ] *s. pol.*, *a. fig.* Diplomaˈtie *f*; **diˈplo·maed** [-məd] *adj.* diplomiert, Diplom…; **dip·lo·mat** [ˈdɪpləmæt] *s. pol.*, *a. fig.* Diploˈmat *m*; **dip·lo·mat·ic** [ˌdɪpləˈmætɪk] *adj.* (□ **~ally**) **1.** *pol.* diploˈmatisch (*a. fig.*): **~ body** (*od.* **corps**) diplomatisches Korps; **~ service** diplomatischer Dienst; **2.** urkundlich; **dip·lo·mat·ics** [ˌdɪpləˈmætɪks] *s. pl. sg. konstr.* Diploˈmatik *f*, Urkundenlehre *f*; **diˈplo·ma·tist** [-ətɪst] → **diplomat**; **diˈplo·ma·tize** [-ətaɪz] *v/i.* diploˈmatisch vorgehen.

di·po·lar [daɪˈpəʊlə] *adj.* ⚡ zweipolig; **di·pole** [ˈdaɪpəʊl] *s.* Dipol *m*.

dip·per [ˈdɪpə] *s.* **1.** *orn.* Taucher *m*; **2.** Schöpflöffel *m*; **3.** ⚙ a) Baggereimer *m*, b) Bagger *m*; **4.** ⚙ Färber *m*, Beizer *m*; **5.** *ast.* ♌, **Big** ♌ *Am.* Großer Bär; **Little** ♌ *Am.* Kleiner Bär; **6.** *s. eccl. obs.* ˈWiedertäufer *m*; **~ dredg·er** *s.* Löffelbagger *m*.

dip·ping [ˈdɪpɪŋ] *s.* **1.** ⚙ (Tauch)Bad *n*; **2.** *in Zssgn* Tauch…: **~ electrode**; **~ compass** Inklinationskompaß *m*; **~ rod** Wünschelrute *f*.

dip·so·ma·ni·a [ˌdɪpsəʊˈmeɪnjə] *s.* ⚕ Dipsomaˈnie *f* (*periodisch auftretende Trunksucht*); **ˌdip·soˈma·ni·ac** [-nɪæk] *s.* Dipsoˈmane *m*, Dipsoˈmanin *f*.

ˈdip|·stick *s. mot.* (Öl- *etc.*)Meßstab *m*; **~ switch** *s. mot. Brit.* Abblendschalter *m*.

dip·ter·a [ˈdɪptərə] *s. pl. zo.* Zweiflügler *pl.*; **ˈdip·ter·al** [-rəl], **ˈdip·ter·ous** [-rəs] *adj.* zweiflügelig.

dip·tych [ˈdɪptɪk] *s.* Diptychon *n*.

dire [ˈdaɪə] *adj.* **1.** gräßlich, entsetzlich, schrecklich; **2.** unheilvoll; **3.** äußerst, höchst: **be in ~ need of** *et.* ganz dringend brauchen.

di·rect [dɪˈrekt] **I** *v/t.* **1.** lenken, leiten, führen; beaufsichtigen; ♪ dirigieren; *Film, TV*: Reˈgie führen bei: **~ed by** unter der Regie von; **2.** *Aufmerksamkeit, Blicke* richten, lenken (**to**, **towards** auf *acc.*): **be ~ed to doing s.th.** darauf abzielen, et. zu tun (*Verfahren etc.*); **3.** *Worte etc.* richten, *Brief* richten, adressieren (**to** an *acc.*); **4.** anweisen, beauftragen; (An)Weisung geben (*dat.*): **~ the jury as to the law** ⚖ den Geschworenen Rechtsbelehrung erteilen; **5.** anordnen, verfügen, bestimmen: **~ s.th. to be done** anordnen, daß et. geschieht; **as ~ed** nach Vorschrift, laut Anordnung; **6.** befehlen; **7.** (**to**) den Weg zeigen (nach, zu), verweisen (an *acc.*); **II** *v/i.* **8.** befehlen, bestimmen; **9.** ♪ dirigieren; *Film, TV*: Reˈgie führen; **III** *adj.* □ → **directly**; **10.** diˈrekt, gerade; **11.** diˈrekt, unmittelbar (*a.* ⚙, ✝, *phys.*, *pol.*): **~ action** *pol.* direkte Aktion; **~ advertising** Werbung *f* beim Konsumenten; **~ costing** ✝ *Am.* Grenzkostenrechnung *f*; **~ current** ⚡ Gleichstrom *m*; **~ dial(l)ing** *teleph.* Durchwahl *f*; **~ debiting** Einzugsverfahren *n*; **~-debit mandate** Einzugsermächtigung *f*; **~ distance dialing** *teleph. Am.* Selbstwählfernverkehr *m*; **~ evidence** ⚖ unmittelbarer Beweis; **~ hit** Volltreffer *m*; **~ line** direkte (Abstammungs)Linie; **~ method** direkte Methode (*Sprachunterricht*); **the ~ opposite** das genaue Gegenteil; **~ responsibility** persönliche Verantwortung; **~ selling** ✝ Direktverkauf *m*; **~ taxes** direkte Steuern; **~ train** durchgehender Zug; **12.** gerade, offen, deutlich: **~ answer**; **~ question**; **13.** *ling.* **~ method** direkte Methode; **~ object** direktes Objekt; **~ speech** direkte Rede; **14.** *ast.* rechtläufig; **IV** *adv.* **15.** diˈrekt, unmittelbar (**to** zu, an *acc.*).

di·rec·tion [dɪˈrekʃn] *s.* **1.** Richtung *f* (*a.* ⚙, *phys.*, *fig.*): **sense of ~** Orts-, Orientierungssinn *m*; **in the ~ of** in (der) Richtung nach *od.* auf (*acc.*); **in all ~s** nach allen Richtungen *od.* Seiten; **in many ~s** in vieler Hinsicht; **2.** Leitung *f*, Führung *f*, Lenkung *f*: **under his ~** unter s-r Leitung; **3.** Leitung *f*, Direktiˈon *f*, Direkˈtorium *n*; **4.** *Film, TV*: Reˈgie *f*; **5.** *mst pl.* (An)Weisung *f*, Anleitung *f*, Belehrung *f*, Anordnung *f*, Vorschrift *f*, Richtlinie *f*: **by ~ of** auf Anordnung von; **give ~s** Anweisungen *od.* Vorschriften geben; **~s for use** Gebrauchsanweisung; **full ~s inside** genaue Anweisung(en) anbei; **6.** Anschrift *f*, Aˈdresse *f* (*Brief*).

di·rec·tion·al [dɪˈrekʃənl] *adj.* **1.** Richtungs…; **2.** ⚡ a) Richt…, b) Peil…; **~ aer·i·al**, *bsd. Am.* **~ an·ten·na** *s.* ⚡ ˈRichtanˌtenne *f*, -strahler *m*; **~ beam** *s.* ⚡ Richtstrahl *m*; **~ ra·di·o** *s.* ⚡ **1.** Richtfunk *m*: **~ beacon** ⚓ Richtfunkfeuer *n*; **2.** Peilfunk *m*; **~ trans·mit·ter** *s.* ⚡ **1.** Richtfunksender *m*; **2.** Peilsender *m*.

diˈrec·tion| find·er *s.* ⚡ (Funk)Peiler *m*, Peilempfänger *m*; **~ find·ing** *s.* a) (Funk)Peilung *f*, Richtungsbestimmung *f*, b) Peilwesen *n*: **~ set** Peilgerät *n*; **~ in·di·ca·tor** *s.* **1.** *mot.* (Fahrt)Richtungsanzeiger *m*, Blinker *m*; **2.** ✈ Kursweiser *m*.

di·rec·tive [dɪˈrektɪv] **I** *adj.* lenkend, leitend, richtungweisend; **II** *s.* Direkˈtive *f*, (An)Weisung *f*, Vorschrift *f*; **di·rect·ly** [dɪˈrektlɪ] **I** *adv.* **1.** gerade, diˈrekt; **2.** unmittelbar, diˈrekt (*a.* ⚙): **~ proportional** direkt proportional; **~ opposed** genau entgegengesetzt; **3.** *bsd. Brit.* [F *a.* ˈdreklɪ] soˈfort, gleich, bald; **II** *cj.* **4.** *bsd. Brit.* [F *a.* ˈdreklɪ] soˈbald (als): **~ he entered** sobald er eintrat; **diˈrect·ness** [-tnɪs] *s.* **1.** Diˈrekt-, Geradheit *f*, gerade Richtung; **2.** Unmittelbarkeit *f*; **3.** Offenheit *f*; **4.** Deutlichkeit *f*.

di·rec·tor [dɪˈrektə] *s.* **1.** Diˈrektor *m*, Leiter *m*, Vorsteher *m*; **2.** ✝ a) Diˈrektor *m*: **~-general** Generaldirektor *m*, b) Mitglied *n* des Verwaltungsrats (*e-r AG*); → **board** 10; **3.** *Film etc.*: Regisˈseur *m*; **4.** ♪ Diriˈgent *m*; **5.** ⚔ Komˈmandogerät *n*; **diˈrec·to·rate** [-tərət] *s.* **1.** → **directorship**; **2.** Direkˈtorium *n*, Leitung *f*; **3.** ✝ a) Direkˈtorium *n*, b) Verwaltungsrat *m*; **diˈrec·tor·ship** [-ʃɪp] *s.* Direkˈtorenposten *m*, -stelle *f*.

di·rec·to·ry [dɪˈrektərɪ] *s.* **1.** a) Aˈdreßbuch *n*, b) Teleˈfonbuch *n*, c) Branchenverzeichnis *n*: **~ enquiries**, *Am.* **~ assistance** Telefonauskunft *f*; **2.** *eccl.* Gottesdienstordnung *f*; **3.** Leitfaden *m*; **4.** Direkˈtorium *n*; **5.** ♌ *hist.* Direkˈtorium *n* (*französische Revolution*).

di·rec·tress [dɪˈrektrɪs] *s.* Direkˈtorin *f*, Vorsteherin *f*, Leiterin *f*.

dire·ful [ˈdaɪəfʊl] → **dire**.

dirge [dɜːdʒ] *s.* Klage-, Trauerlied *n*, Totenklage *f*.

dir·i·gi·ble [ˈdɪrɪdʒəbl] **I** *adj.* lenkbar; **II** *s.* lenkbares Luftschiff.

dirk [dɜːk] *s.* Dolch *m*.

dirn·dl [ˈdɜːndl] (*Ger.*) *s.* Dirndl(kleid) *n*.

dirt [dɜːt] *s.* **1.** Schmutz *m* (*a. fig.*), Kot *m*, Dreck *m*; **2.** Staub *m*, Boden *m*, (lockere) Erde; **3.** *fig.* Plunder *m*, Schund *m*; **4.** *fig.* unflätige Reden *pl.*; Gemeinheit(en *pl.*) *f*: **eat ~** sich widerspruchslos demütigen; **fling** (*od.* **throw**) **~ at s.o.** j-n in den Schmutz ziehen; **do s.o. ~** *sl.* j-n ganz gemein reinlegen; **treat s.o. like ~** j-n wie (den letzten) Dreck behandeln; **ˌ~-ˈcheap** *adj. u. adv.* spottbillig.

dirt·i·ness [ˈdɜːtɪnɪs] *s.* **1.** Schmutz *m*, Schmutzigkeit *f* (*a. fig.*); **2.** Gemeinheit *f*, Niedertracht *f*.

dirt| road *s. Am.* unbefestigte Straße; **~ track** *s. sport mot.* Aschenbahn *f*.

dirt·y [ˈdɜːtɪ] **I** *adj.* □ **1.** schmutzig, dreckig, Schmutz…: **~ brown** schmutzigbraun; **~ work** a) Schmutzarbeit *f*, b) *fig.* unsauberes Geschäft, Schurkerei *f*; **2.** *fig.* gemein, niederträchtig: **a ~ look** ein böser Blick; **a ~ lot** ein Lumpenpack; **~ trick** Gemeinheit *f*; **do the ~ on s.o.** *Brit. sl.* j-n gemein behandeln; **3.** *fig.* schmutzig, unflätig, unanständig: **a ~ mind** schmutzige Gedanken *od.* Phantasie; **4.** schlecht, *bsd.* ⚓ stürmisch (*Wetter*); **II** *v/t.* **5.** beschmutzen, besudeln (*a. fig.*); **III** *v/i.* **6.** schmutzig werden; schmutzen.

dis·a·bil·i·ty [ˌdɪsəˈbɪlətɪ] *s.* **1.** Unvermögen *n*, Unfähigkeit *f*; **2.** ⚖ Rechtsunfähigkeit *f*; **3.** Körperbeschädigung *f*, -behinderung *f*; Gebrechen *n*; Arbeits-, Erwerbsunfähigkeit *f*; Invalidiˈtät *f*; ⚔ → **disablement** 2; **4.** Unzulänglichkeit *f*; **5.** Benachteiligung *f*, Nachteil *m*; **~ ben·e·fit** *s.* Invalidiˈtätsrente *f*; **~ in·sur·ance** *s.* Invaˈlidenversicherung *f*; **~ pen·sion** *s.* (Kriegs)Versehrtenrente *f*.

dis·a·ble [dɪsˈeɪbl] *v/t.* **1.** unfähig machen, außerˈstand setzen (**from doing s.th.** et. zu tun); **2.** unbrauchbar *od.* untauglich machen (**for** für, zu); **3.** ⚔ a) dienstuntauglich machen, b) kampfunfähig machen; **4.** verkrüppeln; **5.** ⚖ geschäfts- *od.* rechtsunfähig machen; **disˈa·bled** [-ld] *adj.* **1.** ⚖ geschäftsunfähig *od.* rechtsunfähig; **2.** arbeits-, erwerbsunfähig, invaˈlide; **3.** ⚔ a) dienstuntauglich, b) kriegsversehrt: **a ~ ex-soldier** ein Kriegsversehrter, c) kampfunfähig; **4.** ⚔ manövrierunfähig, seeuntüchtig; **5.** *mot.* fahruntüchtig: **~ car**; **6.**

unbrauchbar; **7.** (körperlich *od.* geistig) behindert; **dis'a·ble·ment** [-mənt] *s.* **1.** → ***disability*** 2, 3; **2.** ⚔ a) (Dienst-)Untauglichkeit *f*, b) Kampfunfähigkeit *f*.

dis·a·buse [ˌdɪsəˈbjuːz] *v/t.* aus dem Irrtum befreien, e-s Besseren belehren, aufklären (***of s.th.*** über *acc.*): ~ ***o.s.*** (*od.* ***one's mind***) ***of s.th.*** sich von et. (*Irrtümlichem*) befreien, sich et. aus dem Kopf schlagen.

dis·ac·cord [ˌdɪsəˈkɔːd] **I** *v/i.* nicht über'einstimmen; **II** *s.* Uneinigkeit *f*; 'Widerspruch *m*.

dis·ac·cus·tom [ˌdɪsəˈkʌstəm] *v/t.* abgewöhnen (***s.o. to s.th.*** j-m et.).

dis·ad·van·tage [ˌdɪsədˈvɑːntɪdʒ] *s.* Nachteil *m*, Schaden *m*: ***be at a*** ~, ***labo(u)r under a*** ~ im Nachteil sein; ***to s.o.'s*** ~ zu j-s Nachteil *od.* Schaden; ***put s.o. at a*** ~ j-n benachteiligen; ***take s.o. at a*** ~ j-s ungünstige Lage ausnutzen; ***sell to*** (*od.* ***at a***) ~ mit Verlust verkaufen; **dis·ad·van·ta·geous** [ˌdɪsædvɑːnˈteɪdʒəs] *adj.* □ nachteilig, ungünstig, unvorteilhaft, schädlich (***to*** für).

dis·af·fect·ed [ˌdɪsəˈfektɪd] *adj.* □ **1.** (***to, towards***) unzufrieden (mit), abgeneigt (*dat.*); **2.** *pol.* unzuverlässig, untreu; ˌ**dis·af'fec·tion** [-kʃn] *s.* Unzufriedenheit *f* (***for*** mit), (*a. pol.* Staats-)Verdrossenheit *f*.

dis·af·firm [ˌdɪsəˈfɜːm] *v/t.* **1.** (ab)leugnen; **2.** ⚖ aufheben, 'umstoßen.

dis·af·for·est [ˌdɪsəˈfɒrɪst] *v/t.* **1.** ⚖ *e-m Wald* den Schutz durch das Forstrecht nehmen; **2.** abholzen.

dis·ag·i·o [dɪsˈædʒɪəʊ] *s.* ✝ Dis'agio *n*, Abschlag *m*.

dis·a·gree [ˌdɪsəˈgriː] *v/i.* **1.** (***with***) nicht über'einstimmen (mit), im 'Widerspruch stehen (zu, mit); sich wider'sprechen; **2.** (***with***) anderer Meinung sein (als), nicht zustimmen (*dat.*); **3.** (***with***) nicht einverstanden sein (mit), gegen *et.* sein, ablehnen (*acc.*); **4.** (sich) streiten (***on*** über *acc.*); **5.** (***with*** *j-m*) schlecht bekommen, nicht zuträglich sein (*Essen etc.*); ˌ**dis·a'gree·a·ble** [-ˈgrɪəbl] *adj.* □ **1.** unangenehm, widerlich, lästig; **2.** unliebenswürdig, eklig; ˌ**dis·a'gree·a·ble·ness** [-ˈgrɪəblnɪs] *s.* **1.** Widerwärtigkeit *f*; **2.** Lästigkeit *f*; **3.** Unliebenswürdigkeit *f*; ˌ**dis·a'gree·ment** [-mənt] *s.* **1.** Unstimmigkeit *f*, Verschiedenheit *f*, 'Widerspruch *m*; **2.** Meinungsverschiedenheit *f*, 'Mißhelligkeit *f*, Streit *m*.

dis·al·low [ˌdɪsəˈlaʊ] *v/t.* **1.** nicht zulassen (*a.* ⚖) *od.* erlauben, verweigern; **2.** nicht anerkennen, nicht gelten lassen, *sport a.* annullieren, nicht geben; ˌ**dis·al'low·ance** [-ˈlaʊəns] *s.* Nichtanerkennung *f*, *sport a.* Annullierung *f*.

dis·ap·pear [ˌdɪsəˈpɪə] *v/i.* **1.** verschwinden (***from*** von, aus); **2.** verlorengehen, aufhören; ˌ**dis·ap'pear·ance** [-ˈpɪərəns] *s.* **1.** Verschwinden *n*; **2.** ⚙ Schwund *m*; ˌ**dis·ap'pear·ing** [-ˈpɪərɪŋ] *adj.* **1.** verschwindend; **2.** versenkbar.

dis·ap·point [ˌdɪsəˈpɔɪnt] *v/t.* **1.** enttäuschen: ***be ~ed*** enttäuscht sein (***at*** *od.* ***with*** über *acc.*, ***in*** von *dat.*); ***be ~ed of s.th.*** um et. betrogen *od.* gebracht werden; **2.** *Hoffnung* (ent)täuschen, zu'nichte machen; ˌ**dis·ap'point·ed** [-tɪd] *adj.* □ enttäuscht; ˌ**dis·ap'point·ing** [-tɪŋ] *adj.* □ enttäuschend; ˌ**dis·ap'point·ment** [-mənt] *s.* **1.** Enttäuschung *f* (*a. von Hoffnungen etc.*): ***to my*** ~ zu m-r Enttäuschung; **2.** Enttäuschung *f* (*enttäuschende Person od. Sache*).

dis·ap·pro·ba·tion [ˌdɪsæprəʊˈbeɪʃn] *s.* 'Mißbilligung *f*.

dis·ap·prov·al [ˌdɪsəˈpruːvl] *s.* (***of***) 'Mißbilligung *f* (*gen.*), 'Mißfallen *n* (über *acc.*); **dis·ap·prove** [ˌdɪsəˈpruːv] **I** *v/t.* miß'billigen, ablehnen; **II** *v/i.* da'gegen sein: ~ ***of*** → I; ˌ**dis·ap'prov·ing·ly** [-vɪŋlɪ] *adv.* miß'billigend.

dis·arm [dɪsˈɑːm] **I** *v/t.* **1.** entwaffnen (*a. fig.*); **2.** unschädlich machen; *Bomben etc.* entschärfen; **3.** besänftigen; **II** *v/i.* **4.** *pol.*, ⚔ abrüsten; **dis'ar·ma·ment** [-məmənt] *s.* **1.** Entwaffnung *f*; **2.** *pol.*, ⚔ Abrüstung *f*; **dis'arm·ing** [-mɪŋ] *adj.* □ *fig.* entwaffnend.

dis·ar·range [ˌdɪsəˈreɪndʒ] *v/t.* in Unordnung bringen; ˌ**dis·ar'range·ment** [-mənt] *s.* Verwirrung *f*, Unordnung *f*.

dis·ar·ray [ˌdɪsəˈreɪ] **I** *v/t.* in Unordnung bringen, durchein'anderbringen; **II** *s.* Unordnung *f*: ***be in*** ~ a) in Unordnung sein, b) ⚔ in Auflösung begriffen sein; ***throw into*** ~ → I.

dis·as·sem·ble [ˌdɪsəˈsembl] *v/t.* ⚙ ausein'andernehmen, -montieren, zerlegen; ˌ**dis·as'sem·bly** [-blɪ] *s.* Zerlegung *f*, Abbau *m*.

dis·as·ter [dɪˈzɑːstə] *s.* Unglück *n* (***to*** für), Unheil *n*, Kata'strophe *f*: ~ ***area*** Katastrophengebiet *n*; ~ ***relief*** Katastrophenhilfe *f*; **dis'as·trous** [-trəs] *adj.* □ unglückselig, unheil-, verhängnisvoll, katastro'phal, verheerend.

dis·a·vow [ˌdɪsəˈvaʊ] *v/t.* **1.** nicht anerkennen, abrücken *od.* sich lossagen von; **2.** in Abrede stellen, ableugnen; ˌ**dis·a'vow·al** [-ˈvaʊəl] *s.* **1.** Nichtanerkennung *f*; **2.** Ableugnung *f*.

dis·band [dɪsˈbænd] **I** *v/t.* ⚔ *Truppen etc.* entlassen, auflösen; **II** *v/i.* *bsd.* ⚔ sich auflösen; **dis'band·ment** [-mənt] *s.* ⚔ Auflösung *f*.

dis·bar [dɪsˈbɑː] *v/t.* ⚖ aus der Anwaltschaft ausschließen.

dis·be·lief [ˌdɪsbɪˈliːf] *s.* Unglaube *m*, Zweifel *m* (***in*** an *dat.*); ˌ**dis·be'lieve** [-iːv] **I** *v/t.* et. nicht glauben, bezweifeln; *j-m* nicht glauben; **II** *v/i.* nicht glauben (***in*** an *acc.*); ˌ**dis·be'liev·er** [-iːvə] *s. a. eccl.* Ungläubige(r *m*) *f*, Zweifler(in).

dis·bur·den [dɪsˈbɜːdn] *v/t.* *mst fig.* von e-r Bürde befreien, entlasten (***of, from*** von): ~ ***one's mind*** sein Herz erleichtern.

dis·burse [dɪsˈbɜːs] *v/t.* **1.** be-, auszahlen; **2.** *Geld* auslegen; **dis'burse·ment** [-mənt] *s.* **1.** Auszahlung *f*; **2.** Auslage *f*, Verauslagung *f*.

disc [dɪsk] → ***disk***.

dis·card [dɪˈskɑːd] **I** *v/t.* **1.** *Gewohnheit, Vorurteil etc.* ablegen, aufgeben, *Kleider etc.* ausscheiden, ausrangieren; **2.** *Freund* fallenlassen; **3.** *Karten* ablegen *od.* abwerfen; **II** *v/i.* **4.** *Kartenspiel*: Karten ablegen *od.* abwerfen; **III** *s.* [ˈdɪskɑːd] **5.** *Kartenspiel*: a) Ablegen *n*, b) abgeworfene Karte(n *pl.*); **6.** *et.* Abgelegtes, ausrangierte Sache: ***go into the*** ~ *Am.* a) in Vergessenheit geraten, b) außer Gebrauch kommen.

dis·cern [dɪˈsɜːn] *v/t.* **1.** wahrnehmen, erkennen; **2.** feststellen; **3.** *obs.* unter'scheiden (können); **dis'cern·i·ble** [-nəbl] *adj.* □ erkennbar, sichtbar; **dis'cern·ing** [-nɪŋ] *adj.* scharf(sichtig), kritisch (urteilend), klug; **dis'cern·ment** [-mənt] *s.* **1.** Scharfblick *m*, Urteilskraft *f*; **2.** Einsicht *f* (***of*** in *acc.*); **3.** Wahrnehmen *n*; **4.** Wahrnehmungsvermögen *n*.

dis·charge [dɪsˈtʃɑːdʒ] **I** *v/t.* **1.** *Waren, Wagen* ab-, ausladen; *Schiff* aus-, entladen; *Personen* ausladen, absetzen; (*Schiffs*)*Ladung* löschen; **2.** ⚡ entladen; **3.** ausströmen (lassen), aussenden, -stoßen, ergießen; absondern: ~ ***matter*** ⚕ eitern; **4.** ⚔ *Geschütz etc.* abfeuern, abschießen; **5.** entlassen, verabschieden, fortschicken; **6.** *Gefangene* ent-, freilassen; *Patienten* entlassen; **7.** *s-n Gefühlen* Luft machen, *s-n Zorn* auslassen (***on*** an *dat.*); *Flüche* ausstoßen; **8.** freisprechen, entlasten (***of*** von); **9.** befreien, entbinden (***of, from*** von); **10.** *Schulden* bezahlen, tilgen; *Wechsel* einlösen; *Verpflichtungen, Aufgabe* erfüllen; *s-n Verbindlichkeiten* nachkommen; *Schuldner* entlasten; *obs. Gläubiger* befriedigen; ⚖ *Urteil etc.* aufheben: ***~ed bankrupt*** entlasteter Gemeinschuldner; **11.** *Amt* ausüben, versehen; *Rolle* spielen; **12.** ~ ***o.s.*** sich ergießen, münden; **II** *v/i.* **13.** ⚡ sich entladen (*a. Gewehr*); **14.** sich ergießen, abfließen; **15.** ⚕ eitern; **III** *s.* **16.** Ent-, Ausladung *f*, Löschen *n* (*Schiff, Waren*); **17.** ⚡ Entladung *f*: ~ ***current*** Entladestrom *m*; **18.** Ausfließen *n*, -strömen *n*, Abfluß *m*; Ausstoßen *n* (*Rauch*); **19.** Absonderung *f* (*Eiter*), Ausfluß *m*; **20.** Abfeuern *n* (*Geschütz etc.*); **21.** a) (Dienst)Entlassung *f*, b) (Entlassungs)Zeugnis *n*; **22.** Ent-, Freilassung *f*; **23.** ✝, ⚖ Befreiung *f*, Entlastung *f*; Rehabilitati'on *f*: ~ ***of a bankrupt*** Aufhebung *f* des Konkursverfahrens; **24.** Erfüllung *f* (*Aufgabe*), Ausübung *f*, Ausführung *f*; **25.** Bezahlung *f*, Einlösung *f*; **26.** Quittung *f*: ~ ***in full*** vollständige Quittung; **dis'charg·er** [-dʒə] *s.* ⚡ Entlader *m*.

dis·ci·ple [dɪˈsaɪpl] *s.* Jünger *m* (*bsd. bibl.*; *a. fig.*), Schüler *m*; **dis'ci·ple·ship** [-ʃɪp] *s.* Jünger-, Anhängerschaft *f*.

dis·ci·pli·nar·i·an [ˌdɪsɪplɪˈneərɪən] *s.* Zuchtmeister *m*, strenger Lehrer *od.* Vorgesetzter; **dis·ci·pli·nar·y** [ˈdɪsɪplɪnərɪ] *adj.* **1.** erzieherisch, Zucht…; **2.** diszipli'narisch: ~ ***action*** Disziplinarverfahren *n*; ~ ***punishment*** Disziplinarstrafe *f*; ~ ***transfer*** Strafversetzung *f*; **dis·ci·pline** [ˈdɪsɪplɪn] **I** *s.* **1.** Schulung *f*, Erziehung *f*; **2.** Diszi'plin *f* (*a. eccl.*), Zucht *f*; 'Selbstdisziˌplin *f*; **3.** Bestrafung *f*, Züchtigung *f*; **4.** Diszi'plin *f*, Wissenszweig *m*; **II** *v/t.* **5.** schulen, erziehen; **6.** disziplinieren: a) an Diszi'plin gewöhnen, b) bestrafen: ***well ~d*** (wohl)diszipliniert; ***badly ~d*** disziplinlos, undiszipliniert.

dis·claim [dɪsˈkleɪm] *v/t.* **1.** abstreiten, in Abrede stellen; **2.** a) *et.* nicht anerkennen, b) *e-e Verantwortung* ablehnen, c) jede Verantwortung ablehnen für; **3.** wider'rufen, dementieren; verzichten auf (*acc.*), keinen Anspruch erheben auf (*acc.*), ⚖ *a. Erbschaft* ausschlagen; **dis'claim·er** [-mə] *s.* **1.** ⚖ Verzicht(leistung *f*) *m*, Ausschlagung *f* (*e-r Erbschaft*); **2.** 'Widerruf *m*, De'menti *n*.

dis·close [dɪs'kləʊz] *v/t.* **1.** bekanntgeben, -machen; **2.** aufdecken, ans Licht bringen, enthüllen; **3.** zeigen, verraten, offenbaren; **dis'clo·sure** [-əʊʒə] *s.* **1.** Enthüllung *f*; **2.** Bekanntgabe *f*, Verlautbarung *f*; **3.** *Patentrecht*: Offenbarung *f*.

dis·co ['dɪskəʊ] *pl.* **-cos** *s.* F ‚Disko' *f* (*Diskothek*).

dis·cog·ra·phy [dɪs'kɒgrəfɪ] *s.* Schallplattenverzeichnis *n*.

dis·col·o(u)r [dɪs'kʌlə] **I** *v/t.* **1.** verfärben; entfärben; **2.** *fig.* entstellen; **II** *v/i.* **3.** sich verfärben; **4.** verschießen; **dis·col·o(u)r·a·tion** [dɪsˌkʌlə'reɪʃn] *s.* **1.** Verfärbung *f*; Entfärbung *f*; **2.** verschossene Stelle; **3.** Fleck *m*; **dis'col·o(u)red** [-əd] *adj.* verfärbt; verschossen.

dis·com·fit [dɪs'kʌmfɪt] *v/t.* **1.** aus der Fassung bringen, verwirren; **2.** *obs.* schlagen, besiegen; **3.** *j-s* Pläne durch'kreuzen; **dis'com·fi·ture** [-tʃə] *s.* **1.** *obs.* Niederlage *f*; **2.** Durch'kreuzung *f*; **3.** a) Verwirrung *f*, b) Verlegenheit *f*.

dis·com·fort [dɪs'kʌmfət] *s.* **1.** Unbehagen *n*; **2.** Verdruß *m*; **3.** *körperliche* Beschwerde.

dis·com·mode [ˌdɪskə'məʊd] *v/t.* belästigen, *j-m* zur Last fallen.

dis·com·pose [ˌdɪskəm'pəʊz] *v/t.* **1.** in Unordnung bringen; **2.** → ***disconcert*** 1; **ˌdis·com'pos·ed·ly** [-zɪdlɪ] *adj.* verwirrt; **ˌdis·com'po·sure** [-əʊʒə] *s.* Verwirrung *f*, Fassungslosigkeit *f*.

dis·con·cert [ˌdɪskən'sɜːt] *v/t.* **1.** aus der Fassung bringen, verwirren; **2.** beunruhigen; **3.** durchein'anderbringen; **ˌdis·con'cert·ed** [-tɪd] *adj.* verwirrt; beunruhigt; **ˌdis·con'cert·ing** [-tɪŋ] *adj.* beunruhigend, peinlich.

dis·con·nect [ˌdɪskə'nekt] *v/t.* **1.** trennen (***with, from*** von); **2.** ⚙ auskuppeln, *Kupplung* ausrücken; **3.** ϟ trennen; *Gerät* ausstecken; **4.** *Gas, Strom, Telefon* abstellen; *Telefongespräch* unter'brechen, *Teilnehmer* trennen; **ˌdis·con'nect·ed** [-tɪd] *adj.* □ **1.** getrennt, losgelöst; **2.** zs.-hanglos; **ˌdis·con'nect·ing** [-tɪŋ] *adj.* ϟ Trenn…, Ausschalt…; **ˌdis·con'nec·tion** [-kʃn] *s.* **1.** Trennung *f* (*a.* ϟ); **2.** ⚙ Abstellung *f*; *teleph.* Unter'brechung *f*.

dis·con·so·late [dɪs'kɒnsələt] *adj.* □ untröstlich; trostlos (*a. fig.*).

dis·con·tent [ˌdɪskən'tent] *s.* **1.** Unzufriedenheit *f* (***at, with*** mit); **2.** Unzufriedene(r *m*) *f*; **ˌdis·con'tent·ed** [-tɪd] *adj.* □ unzufrieden (***with*** mit); **ˌdis·con'tent·ment** [-mənt] → ***discontent*** 1.

dis·con·tin·u·ance [ˌdɪskən'tɪnjʊəns], **ˌdis·con·tin·u'a·tion** [-njʊ'eɪʃn] *s.* **1.** Unter'brechung *f*; **2.** Einstellung *f* (*a.* ⚖ *des Verfahrens*); **3.** Aufgeben *n*; **dis·con·tin·ue** [ˌdɪskən'tɪnjuː] **I** *v/t.* **1.** unter'brechen, aussetzen; **2.** einstellen (*a.* ⚖), aufgeben; **3.** *Zeitung* abbestellen; **4.** aufhören (***doing*** zu tun); **II** *v/i.* **5.** aufhören; **ˌdis·con·ti'nu·i·ty** [-tɪ'njuːətɪ] *s.* Diskontinui'tät *f*, Zs.-hanglosigkeit *f*; **ˌdis·con'tin·u·ous** [-jʊəs] *adj.* □ **1.** diskontinuierlich, unter'brochen, 'unzuˌsammenhängend; **2.** sprunghaft.

dis·cord ['dɪskɔːd] *s.* **1.** Uneinigkeit *f*, Zwietracht *f*, Streit *m*; → ***apple***; **2.** ♪ Disso'nanz *f*, 'Mißklang *m*; **3.** Lärm *m*; **dis·cord·ance** [dɪ'skɔːdəns] *s.* **1.** Uneinigkeit *f*; **2.** 'Mißklang *m*, Disso'nanz *f*; **dis·cord·ant** [dɪ'skɔːdənt] *adj.* □ **1.** uneinig, sich wider'sprechend; **2.** 'unharˌmonisch; **3.** ♪ disso'nantisch, 'mißtönend.

dis·co·theque ['dɪskəʊtek] *s.* Disko'thek *f*.

dis·count ['dɪskaʊnt] **I** *s.* **1.** ✝ Preisnachlaß *m*, Abschlag *m*, Ra'batt *m*, Skonto *m, n*: ***allow a ~*** (e-n) Rabatt gewähren; **2.** ✝ a) Dis'kont *m*, Wechselzins *m*, b) → ***discount rate***; **3.** ✝ Abzug *m* (*vom Nominalwert*): ***at a ~*** a) unter Pari, b) *fig.* unbeliebt, nicht geschätzt *od.* gefragt; ***sell at a ~*** mit Verlust verkaufen; **4.** *fig.* Abzug *m*, Vorbehalt *m*, Abstriche *pl.*; **II** *v/t.* [*a.* dɪ'skaʊnt] **5.** ✝ e-n Abzug gewähren auf (*acc.*); **6.** *Wechsel* diskontieren; **7.** im Wert vermindern, beeinträchtigen; **8.** unberücksichtigt lassen; **9.** mit Vorsicht aufnehmen, nur teilweise glauben; **dis·count·a·ble** [dɪ'skaʊntəbl] *adj.* ✝ diskontierbar, dis'kontfähig.

dis·count| bank *s.* ✝ Dis'kontbank *f*; **~ bill** *s.* Dis'kontwechsel *m*; **~ bro·ker** *s.* ✝ Dis'kont-, Wechselmakler *m*.

dis·coun·te·nance [dɪ'skaʊntɪnəns] *v/t.* **1.** → ***discomfit*** 1; **2.** (offen) miß'billigen, ablehnen.

dis·count| house *s.* ✝ **1.** *Am.* Dis'count-, Dis'kontgeschäft *n*; **2.** *Brit.* Dis'kontbank *f*; **~ rate** *s.* ✝ Dis'kontsatz *m*; **~ shop, ~ store** → ***discount house*** 1.

dis·cour·age [dɪ'skʌrɪdʒ] *v/t.* **1.** entmutigen; **2.** abschrecken, abhalten, *j-m* abraten (***from*** von; ***from doing*** *et.* zu tun); **3.** hemmen, beeinträchtigen; **4.** miß'billigen; **dis·cour·age·ment** [dɪ'skʌrɪdʒmənt] *s.* **1.** Entmutigung *f*; **2.** a) Abschreckung *f*, b) Abschreckungsmittel *n*; **3.** Hemmung *f*, Hindernis *n*, Schwierigkeit *f* (***to*** für); **dis·cour·ag·ing** [dɪ'skʌrɪdʒɪŋ] *adj.* □ entmutigend.

dis·course I *s.* ['dɪskɔːs] **1.** Unter'haltung *f*, Gespräch *n*; **2.** Abhandlung *f*, *bsd.* Vortrag *m*, Dis'kurs *m*, Predigt *f*; Abhandlung *f*; **II** *v/i.* [dɪ'skɔːs] **3.** e-n Vortrag halten (***on*** über *acc.*), *mst. fig.* predigen *od.* dozieren (***on*** über *acc.*); **4.** sich unter'halten (***on*** über *acc.*).

dis·cour·te·ous [dɪs'kɜːtjəs] *adj.* □ unhöflich; **dis'cour·te·sy** [-tɪsɪ] *s.* Unhöflichkeit *f*.

dis·cov·er [dɪ'skʌvə] *v/t.* **1.** *Land etc.* entdecken; **2.** entdecken, ausfindig machen, erspähen; **3.** entdecken, (her'aus)finden, (plötzlich) erkennen; **4.** aufdecken, enthüllen; **dis·cov·er·a·ble** [dɪ'skʌvərəbl] *adj.* **1.** zu entdecken(d); **2.** wahrnehmbar; **3.** feststellbar; **dis·cov·er·er** [dɪ'skʌvərə] *s.* Entdecker(in); **dis·cov·er·y** [dɪ'skʌvərɪ] *s.* **1.** Entdeckung *f* (*a. fig.*); **2.** Fund *m*; **3.** Feststellung *f*; **4.** Enthüllung *f*; **5.** ***~ of documents*** ⚖ Offenlegung *f* prozeßwichtiger Urkunden.

dis·cred·it [dɪs'kredɪt] **I** *v/t.* **1.** in Verruf *od.* 'Mißkreˌdit bringen (***with*** bei); ein schlechtes Licht werfen auf (*acc.*), diskreditieren; **2.** anzweifeln; keinen Glauben schenken (*dat.*); **II** *s.* **3.** schlechter Ruf, 'Mißkreˌdit *m*, Schande *f*: ***bring s.o. into ~, bring ~ on s.o.*** → 1; **4.** Zweifel *m*: ***throw ~ on*** *et.* zweifelhaft erscheinen lassen; **dis'cred·it·able** [-təbl] *adj.* □ schändlich; **dis'cred·it·ed** [-tɪd] *adj.* **1.** verrufen, diskreditiert; **2.** unglaubwürdig.

dis·creet [dɪ'skriːt] *adj.* □ **1.** 'um-, vorsichtig, besonnen, verständig; **2.** dis'kret, taktvoll, verschwiegen.

dis·crep·an·cy [dɪ'skrepənsɪ] *s.* **1.** Diskre'panz *f*, Unstimmigkeit *f*, Verschiedenheit *f*; **2.** 'Widerspruch *m*, Zwiespalt *m*.

dis·crete [dɪ'skriːt] *adj.* □ **1.** getrennt, einzeln; **2.** unstet, unbeständig; **3.** ⩚ unstetig, dis'kret.

dis·cre·tion [dɪ'skreʃn] *s.* **1.** 'Um-, Vorsicht *f*, Besonnenheit *f*, Klugheit *f*: ***act with ~*** vorsichtig handeln; **2.** Verfügungsfreiheit *f*, Machtbefugnis *f*: ***age*** (*od.* ***years***) ***of ~*** Alter *n* der freien Willensbestimmung, Strafmündigkeit *f* (*14 Jahre*); **3.** Gutdünken *n*, Belieben *n*; (⚖ freies) Ermessen: ***at*** (***your***) ***~*** nach (Ihrem) Belieben; ***it is within your ~*** es steht Ihnen frei; ***use your own ~*** handle nach eigenem Gutdünken *od.* Ermessen; ***surrender at ~*** bedingungslos kapitulieren; **4.** Diskreti'on *f*: a) Takt (-gefühl *n*) *m*, b) Zu'rückhaltung *f*, c) Verschwiegenheit *f*; **5.** Nachsicht *f*: ***ask for ~***; **dis·cre·tion·ar·y** [dɪ'skreʃnərɪ] *adj.* □ dem eigenen Gutdünken über'lassen, ins freie Ermessen gestellt, wahlfrei: ***~ clause*** ⚖ Kannvorschrift *f*; ***~ income*** frei verfügbares Einkommen; ***~ powers*** unumschränkte Vollmacht, Handlungsfreiheit *f*.

dis·crim·i·nate [dɪ'skrɪmɪneɪt] **I** *v/i.* (scharf) unter'scheiden, e-n 'Unterschied machen: ***~ between*** unterschiedlich behandeln (*acc.*); ***~ against s.o.*** j-n benachteiligen *od.* diskriminieren; ***~ in favo(u)r of s.o.*** j-n begünstigen *od.* bevorzugen; **II** *v/t.* (scharf) unter'scheiden; abheben, absondern (***from*** von); **dis·crim·i·nat·ing** [dɪ'skrɪmɪneɪtɪŋ] *adj.* □ **1.** unter'scheidend, charakte'ristisch; **2.** scharfsinnig, klug, urteilsfähig; anspruchsvoll; **3.** diskriminierend, benachteiligend; **4.** ✝ Differential…, Sonder…: ***~ duty*** Differentialzoll *m*; **5.** ϟ Rückstrom…; Selektiv…; **dis·crim·i·na·tion** [dɪˌskrɪmɪ'neɪʃn] *s.* **1.** 'unterschiedliche Behandlung, Diskriminierung *f*: ***~ against*** (***in favo[u]r of***) ***s.o.*** Benachteiligung *f* (Begünstigung *f*) e-r Person; **2.** Scharfblick *m*, Urteilsfähigkeit *f*, Unter'scheidungsvermögen *n*; **dis·crim·i·na·tive** [dɪ'skrɪmɪnətɪv] *adj.* □, **dis·crim·i·na·to·ry** [dɪ'skrɪmɪnətərɪ] *adj.* **1.** charakte'ristisch, unter'scheidend; **2.** 'unterschiedlich (behandelnd); Sonder…, Ausnahme…

dis·cur·sive [dɪ'skɜːsɪv] *adj.* □ **1.** abschweifend, unbeständig; sprunghaft; **2.** weitschweifig, allgemein gehalten; **3.** *phls.* folgernd, diskur'siv.

dis·cus ['dɪskəs] *s. sport* Diskus *m*: ~

throw Diskuswerfen *n*; **~ *thrower*** Diskuswerfer *m*.

dis·cuss [dɪˈskʌs] *v/t*. **1.** diskutieren, besprechen, erörtern; **2.** sprechen *od.* reden über (*acc.*); **3.** F sich *e-e Flasche Wein etc.* zu Gemüte führen; **dis·cus·sion** [dɪˈskʌʃn] *s*. **1.** Diskussiˈon *f*, Erörterung *f*, Besprechung *f*: ***be under ~*** zur Debatte stehen, erörtert werden; ***matter for ~*** Diskussionsthema *n*; **~ *group*** Diskussionsgruppe *f*; **2.** Behandlung *f* (*e-s Themas*).

dis·dain [dɪsˈdeɪn] **I** *v/t*. **1.** verachten; *a. Essen etc.* verschmähen; **2.** es für unter s-r Würde halten (***doing, to do*** zu tun); **II** *s*. **3.** Verachtung *f*, Geringschätzung *f*; **4.** Hochmut *m*; **disˈdain·ful** [-fʊl] *adj*. □ **1.** verachtungsvoll, geringschätzig: ***be ~ of s.th.*** et. verachten; **2.** hochmütig.

dis·ease [dɪˈziːz] *s*. ⚕, *biol. u. fig.* Krankheit *f*, Leiden *n*; **dis·eased** [dɪˈziːzd] *adj*. **1.** krank, erkrankt; **2.** krankhaft.

dis·em·bark [ˌdɪsɪmˈbɑːk] **I** *v/t*. ausschiffen; **II** *v/i*. sich ausschiffen, von Bord *od.* an Land gehen; **dis·em·bar·ka·tion** [ˌdɪsembɑːˈkeɪʃn] *s*. Ausschiffung *f*.

dis·em·bar·rass [ˌdɪsɪmˈbærəs] *v/t*. **1.** *j-m* aus e-r Verlegenheit helfen; **2.** (***o.s.*** sich) befreien (***of*** von).

dis·em·bod·i·ment [ˌdɪsɪmˈbɒdɪmənt] *s*. **1.** Entkörperlichung *f*; **2.** Befreiung *f* von der körperlichen Hülle; **dis·em·bod·y** [ˌdɪsɪmˈbɒdɪ] *v/t*. **1.** entkörperlichen: ***disembodied voice*** geisterhafte Stimme; **2.** *Seele* von der körperlichen Hülle befreien.

dis·em·bow·el [ˌdɪsɪmˈbaʊəl] *v/t*. **1.** ausnehmen, *erlegtes Wild a.* ausweiden; **2.** *j-m* den Bauch aufschlitzen.

dis·en·chant [ˌdɪsɪnˈtʃɑːnt] *v/t*. desillusionieren, ernüchtern: ***be ~ed with*** sich keinen Illusionen mehr hingeben über (*acc.*), enttäuscht sein von; **ˌdis·enˈchant·ment** [-mənt] *s*. Ernüchterung *f*, Enttäuschung *f*; **~ *wirth politics*** Politikverdrossenheit *f*.

dis·en·cum·ber [ˌdɪsɪnˈkʌmbə] *v/t*. **1.** befreien (***of*** von *e-r Last etc.*) (*a. fig.*); **2.** ⚖ entschulden; *Grundstück etc.* hypoˈthekenfrei machen.

dis·en·fran·chise [ˌdɪsɪnˈfræntʃaɪz] → ***disfranchise***.

dis·en·gage [ˌdɪsɪnˈgeɪdʒ] **I** *v/t*. **1.** los-, freimachen, (los)lösen, befreien (***from*** von); **2.** befreien, entbinden (***from*** von); **3.** ⚙ loskuppeln, ausrücken, ausschalten: **~ *the clutch*** auskuppeln; **4.** ⚗ abscheiden, entbinden; **II** *v/i*. **5.** sich freimachen, loskommen (***from*** von); **6.** ⚔ sich absetzen (*vom Feind*); **ˌdis·enˈgaged** [-dʒd] *adj*. frei, nicht besetzt; abkömmlich; **ˌdis·enˈgage·ment** [-mənt] *s*. **1.** Befreiung *f*, Loslösung *f* (*a.* ⚔), Entbindung *f* (*a.* ⚗); **2.** ⚔ Absetzen *n*; *pol.* Disenˈgagement *n*; **ˌdis·enˈgag·ing** [-dʒɪŋ] *adj.*: ⚙ **~ *gear*** Ausrück-, Auskuppelungsvorrichtung *f*; **~ *lever*** Ausrückhebel *m*.

dis·en·tan·gle [ˌdɪsɪnˈtæŋgl] **I** *v/t*. entwirren (*a. fig.*), lösen; *fig.* befreien; **II** *v/i*. sich loslösen; *fig.* sich befreien; **ˌdis·enˈtan·gle·ment** [-mənt] *s*. Loslösung *f*; Entwirrung *f*; Befreiung *f*.

dis·en·ti·tle [ˌdɪsɪnˈtaɪtl] *v/t*. *j-m* e-n Rechtsanspruch nehmen: ***be ~d to*** keinen Anspruch haben auf (*acc.*).

dis·e·qui·lib·ri·um [ˌdɪsekwɪˈlɪbrɪəm] *s*. *bsd. fig.* gestörtes Gleichgewicht, Ungleichgewicht *n*.

dis·es·tab·lish [ˌdɪsɪˈstæblɪʃ] *v/t*. **1.** abschaffen; **2.** *Kirche* vom Staat trennen; **dis·es·tab·lish·ment** [ˌdɪsɪˈstæblɪʃmənt] *s.*: **~ *of the Church*** Trennung *f* von Kirche u. Staat.

dis·fa·vo(u)r [ˌdɪsˈfeɪvə] **I** *s*. ˈMißbilligung *f*, -fallen *n*; Ungnade *f*: ***regard with ~*** mit Mißfallen betrachten; ***be in*** (***fall into***) **~** in Ungnade gefallen sein (fallen); **II** *v/t*. ungnädig behandeln; ablehnen.

dis·fig·ure [dɪsˈfɪgə] *v/t*. **1.** entstellen, verunstalten; **2.** beeinträchtigen; Abbruch tun (*dat.*); **disˈfig·ure·ment** [-mənt] *s*. Entstellung *f*, Verunstaltung *f*.

dis·fran·chise [ˌdɪsˈfræntʃaɪz] *v/t*. *j-m* die Bürgerrechte *od.* das Wahlrecht entziehen; **ˌdisˈfran·chise·ment** [-tʃɪzmənt] *s*. Entziehung *f* der Bürgerrechte *etc.*

dis·gorge [dɪsˈgɔːdʒ] **I** *v/t*. **1.** ausspeien, -werfen, -stoßen, ergießen; **2.** *widerwillig* wieder herˈausgeben; **II** *v/i*. **3.** sich ergießen, sich entladen.

dis·grace [dɪsˈgreɪs] **I** *s*. **1.** Schande *f*, Schmach *f*: ***bring ~ on s.o.*** → 4; **2.** Schande *f*, Schandfleck *m* (***to*** für): ***he is a ~ to the party***; **3.** Ungnade *f*: ***be in ~ with*** in Ungnade gefallen sein bei; **II** *v/t*. **4.** Schande bringen über (*acc.*), *j-m* Schande bereiten; **5.** *j-m* s-e Gunst entziehen; mit Schimpf entlassen: ***be ~d*** in Ungnade fallen; **6. ~ *o.s.*** a) sich blamieren, b) sich schändlich benehmen; **disˈgrace·ful** [-fʊl] *adj*. □ schändlich, schimpflich, schmachvoll.

dis·grun·tle [dɪsˈgrʌntl] *v/t*. *Am.* verärgern, verstimmen; **disˈgrun·tled** [-ld] *adj*. verärgert, verstimmt (***at*** über *acc.*), unwirsch.

dis·guise [dɪsˈgaɪz] **I** *v/t*. **1.** verkleiden, maskieren; tarnen; **2.** *Handschrift, Stimme* verstellen; **3.** *Gefühle, Wahrheit* verhüllen, verbergen, verhehlen; tarnen; **II** *s*. **4.** Verkleidung *f*, *a. fig.* Maske *f*, Tarnung *f*: ***in ~*** maskiert, verkleidet, *fig.* verkappt; → ***blessing***; **5.** Verstellung *f*; **6.** Vorwand *m*, Schein *m*; **disˈguised** [-zd] *adj*. verkleidet, maskiert *etc.*; *fig.* verkappt.

dis·gust [dɪsˈgʌst] **I** *s*. **1.** (***at, for***) Ekel *m* (vor *dat.*), ˈWiderwille *m* (gegen): ***in ~*** mit Abscheu; **II** *v/t*. **2.** anekeln, anwidern; **3.** entrüsten, verärgern, empören; **disˈgust·ed** [-tɪd] *adj*. □ (***with, at***) **1.** angeekelt, angewidert (von): **~ *with life*** lebensüberdrüssig; **2.** emˈpört, entrüstet (über *acc.*); **disˈgust·ing** [-tɪŋ] *adj*. □ **1.** ekelhaft, widerlich, abˈscheulich; **2.** F schrecklich.

dish [dɪʃ] **I** *s*. **1.** Schüssel *f*, Platte *f*, Teller *m*; **2.** Gericht *n*, Speise *f*: ***cold ~es*** kalte Speisen; **3.** *pl.* Geschirr *n*: **~-*cloth*** Spül-, *Brit.* Geschirrtuch *n*; → ***wash*** 16; **4.** F a) ‚dufte Puppe', b) ‚dufter Typ', c) ‚prima Sache'; **II** *v/t*. **5.** *mst* **~ *up*** *Speisen* anrichten, auftragen; **6. ~ *up*** *fig.* auftischen; **7. ~ *out*** a) austeilen, b) *sl.* auftischen, von sich geben; **8.** *sl.* ‚anschmieren', herˈeinlegen; **9.** *sl.* a) *j-n* ‚erledigen', ‚fertigmachen', b) *et.* restlos vermasseln; **10.** ⚙ *schüsselartig* wölben; vertiefen.

dis·ha·bille [ˌdɪsæˈbiːl] *s*. Negliˈgé *n*, Morgenrock *m*: ***in ~*** im Negligé.

dis·har·mo·ni·ous [ˌdɪshɑːˈməʊnjəs] *adj*. □ disharˈmonisch; **dis·har·mo·ny** [ˌdɪsˈhɑːmənɪ] *s*. Disharmoˈnie *f*, ˈMißklang *m*.

dis·heart·en [dɪsˈhɑːtn] *v/t*. entmutigen, deprimieren; **disˈheart·en·ing** [-nɪŋ] *adj*. □ entmutigend, bedrückend.

dished [dɪʃt] *adj*. **1.** konˈkav gewölbt; ⚙ gestürzt (*Räder*); **2.** F ‚erledigt', ‚kaˈputt'.

di·shev·el(l)ed [dɪˈʃevld] *adj*. **1.** zerzaust, wirr, aufgelöst (*Haar*); **2.** unordentlich, ungepflegt, schlampig.

dis·hon·est [dɪsˈɒnɪst] *adj*. □ unehrlich, unredlich; unlauter, betrügerisch; **disˈhon·es·ty** [-tɪ] *s*. Unehrlichkeit *f*, Unredlichkeit *f*.

dis·hon·o(u)r [dɪsˈɒnə] **I** *s*. **1.** Unehre *f*, Schmach *f*, Schande *f* (***to*** für); **2.** Beschimpfung *f*; **II** *v/t*. **3.** entehren (*a. Frau*); Schande bringen über (*acc.*); **4.** schimpflich behandeln; **5.** *sein Wort* nicht einlösen; **6.** ⚚ *Scheck etc.* nicht honorieren, nicht einlösen; **disˈhon·o(u)r·a·ble** [-nərəbl] *adj*. □ **1.** schimpflich, unehrenhaft: **~ *discharge*** ⚔ unehrenhafte Entlassung; **2.** ehrlos; **disˈhon·o(u)r·a·ble·ness** [-nərəblnɪs] *s*. **1.** Schändlichkeit *f*, Gemeinheit *f*; **2.** Ehrlosigkeit *f*.

dish| rack *s*. Geschirrständer *m*; **~ tow·el** *s*. Geschirrtuch *n*; **ˈ~ˌwash·er** *s*. **1.** Tellerwäscher(in); **2.** Geˈschirrˌspülmaˌschine *f*; **ˈ~ˌwa·ter** *s*. Spülwasser *n*.

dish·y [ˈdɪʃɪ] *adj*. *sl.* schick, ‚toll': **~ *girl***.

dis·il·lu·sion [ˌdɪsɪˈluːʒn] **I** *s*. Ernüchterung *f*, Enttäuschung *f*; **II** *v/t*. ernüchtern, desillusionieren, von Illusiˈonen befreien; **ˌdis·ilˈlu·sion·ment** [-mənt] → ***disillusion*** I.

dis·in·cen·tive [ˌdɪsɪnˈsentɪv] **I** *s*. **1.** Abschreckungsmittel *n*: ***be a ~ to*** abschreckend wirken auf (*acc.*); **2.** ⚚ leistungshemmender Faktor; **II** *adj*. **3.** abschreckend; **4.** ⚚ leistungshemmend.

dis·in·cli·na·tion [ˌdɪsɪnklɪˈneɪʃn] *s*. Abneigung *f* (***for, to*** gegen): **~ *to buy*** Kaufunlust *f*; **dis·in·cline** [ˌdɪsɪnˈklaɪn] *v/t*. abgeneigt machen; **ˌdis·inˈclined** [-ˈklaɪnd] *adj*. abgeneigt (***to*** *dat.*, ***to do*** zu tun).

dis·in·fect [ˌdɪsɪnˈfekt] *v/t*. desinfizieren, keimfrei machen; **ˌdis·inˈfect·ant** [-tənt] **I** *s*. Desinfektiˈonsmittel *n*; **II** *adj*. desinfizierend, keimtötend; **ˌdis·inˈfec·tion** [-kʃən] *s*. Desinfektiˈon *f*; **ˌdis·inˈfec·tor** [-tə] *s*. Desinfektiˈonsgerät *n*.

dis·in·fest [ˌdɪsɪnˈfest] *v/t*. von Ungeziefer *etc.* befreien, entwesen, entlausen.

dis·in·fla·tion [ˌdɪsɪnˈfleɪʃn] → ***deflation*** 2.

dis·in·gen·u·ous [ˌdɪsɪnˈdʒenjʊəs] *adj*. □ **1.** unaufrichtig; **2.** ˈhinterhältig, arglistig; **ˌdis·inˈgen·u·ous·ness** [-nɪs] *s*. **1.** Unredlichkeit *f*, Unaufrichtigkeit *f*; **2.** ˈHinterhältigkeit *f*.

dis·in·her·it [ˌdɪsɪnˈherɪt] *v/t*. enterben; **ˌdis·inˈher·it·ance** [-təns] *s*. Enterbung *f*.

dis·in·hi·bi·tion [ˌdɪsɪnhɪˈbɪʃn] *s*. *psych.* Enthemmung *f*.

dis·in·te·grate [dɪsˈɪntɪgreɪt] **I** *v/t*. **1.** (*a.*

phys.) (in s-e Bestandteile) auflösen, aufspalten, zerkleinern; **2.** *fig.* auflösen, zersetzen, zerrütten; **II** *v/i.* **3.** sich (in s-e Bestandteile, *fig. a.* in nichts) auflösen, sich aufspalten, sich zersetzen; **4.** ver-, zerfallen (*a. fig.*); **dis·in·te·gra·tion** [dɪsˌɪntɪˈgreɪʃn] *s.* **1.** (*a. phys.*) Auflösung *f*, Aufspaltung *f*, Zerstückelung *f*, Zertrümmerung *f*, Zersetzung *f*; **2.** Zerfall *m* (*a. fig.*); **3.** *geol.* Verwitterung *f*.

dis·in·ter [ˌdɪsɪnˈtɜː] *v/t. Leiche* exhumieren, ausgraben (*a. fig.*).

dis·in·ter·est·ed [dɪsˈɪntrəstɪd] *adj.* □ **1.** uneigennützig, selbstlos; **2.** objekˈtiv, unvoreingenommen; **3.** unbeteiligt; **disˈin·ter·est·ed·ness** [-nɪs] *s.* **1.** Uneigennützigkeit *f*; **2.** Objektiviˈtät *f*.

dis·in·ter·ment [ˌdɪsɪnˈtɜːmənt] *s.* **1.** Exhumierung *f*; **2.** Ausgrabung *f* (*a. fig.*).

dis·joint [dɪsˈdʒɔɪnt] *v/t.* **1.** auseinˈandernehmen, zerlegen, zerstückeln; **2.** ⚕ ver-, ausrenken; **3.** (ab)trennen; **4.** *fig.* in Unordnung *od.* aus den Fugen bringen; **disˈjoint·ed** [-tɪd] *adj.* □ *fig.* zuˈsammenhanglos, wirr.

dis·junc·tion [dɪsˈdʒʌŋ*k*ʃn] *s.* Trennung *f*; **disˈjunc·tive** [-*k*tɪv] *adj.* □ **1.** (ab-)trennend, ausschließend; **2.** *ling.*, *phls.* disjunkˈtiv.

disk [dɪsk] *s.* **1.** *allg.* Scheibe *f*; **2.** ⚙ Scheibe *f*, Laˈmelle *f*; Siˈgnalscheibe *f*; **3.** ⚘, *anat.*, *zo.* Scheibe *f*, *anat. a.* Bandscheibe *f*: ***slipped ~*** Bandscheibenvorfall *m*; **4.** *teleph.* Wählscheibe *f*; **5.** *sport* a) Diskus *m*, b) *Eishockey*: Scheibe *f*, Puck *m*; **6.** (Schall)Platte *f*; **7.** *Computer*: Platte *f*; **~ brake** *s.* ⚙ Scheibenbremse *f*; **~ clutch** *s. mot.* Scheibenkupplung *f*; **~ drive** *s. Computer*: Plattenlaufwerk *n*; **~ jock·ey** *s.* Diskjockey *m*; **~ pack** *s. Computer*: Plattenstapel *m*; **~ valve** *s.* ⚙ ˈTellervenˌtil *n*.

dis·like [dɪsˈlaɪk] **I** *v/t.* nicht leiden können, nicht mögen; *et.* nicht gern *od.* (nur) ungern tun: ***make o.s. ~d*** sich unbeliebt machen; **II** *s.* Abneigung *f*, ˈWiderwille *m* (***to***, ***of***, ***for*** gegen): ***take a ~ to*** e-e Abneigung fassen gegen.

dis·lo·cate [ˈdɪsləʊkeɪt] *v/t.* **1.** verrücken; *a. Industrie*, *Truppen etc.* verlagern; **2.** ⚕ ver-, ausrenken: ***~ one's arm*** sich den Arm verrenken; **3.** *fig.* erschüttern; **4.** *geol.* verwerfen; **dis·lo·ca·tion** [ˌdɪsləʊˈkeɪʃn] *s.* **1.** Verrückung *f*; Verlagerung *f* (*a.* ⚔); **2.** ⚕ Verrenkung *f*; **3.** *fig.* Erschütterung *f*; **4.** *geol.* Verwerfung *f*.

dis·lodge [dɪsˈlɒdʒ] *v/t.* **1.** entfernen, herˈausnehmen, losreißen; **2.** vertreiben, verjagen, verdrängen; **3.** ⚔ *Feind* aus der Stellung werfen; **4.** ausquartieren.

dis·loy·al [ˌdɪsˈlɔɪəl] *adj.* □ untreu, treulos, verräterisch; ˌ**disˈloy·al·ty** [-tɪ] *s.* Untreue *f*, Treulosigkeit *f*.

dis·mal [ˈdɪzməl] **I** *adj.* □ **1.** düster, trübe, bedrückend, trostlos; **2.** furchtbar, gräßlich; **II** *s.* **3.** ***the ~s*** der Trübsinn: ***be in the ~s*** Trübsinn blasen; **ˈdis·mal·ly** [-məlɪ] *adv.* **1.** düster *etc.*; **2.** schmählich.

dis·man·tle [dɪsˈmæntl] *v/t.* **1.** ab-, demontieren; *Bau* abbrechen, niederreißen; **2.** auseinˈandernehmen, zerlegen; **3.** ⚓ a) abtakeln, b) abwracken; **4.** *Festung* schleifen; **5.** *Haus* (aus)räumen; **6.** unbrauchbar machen; **disˈman·tle·ment** [-mənt] *s.* **1.** Abbruch *m*, Demonˈtage *f*; Zerlegung *f*; **2.** ⚓ Abtakelung *f*; **3.** ⚔ Schleifung *f*.

dis·may [dɪsˈmeɪ] **I** *v/t.* erschrecken, in Schrecken versetzen, bestürzen, entsetzen: ***not ~ed*** unbeirrt; **II** *s.* Schreck(en) *m*, Entsetzen *n*, Bestürzung *f*.

dis·mem·ber [dɪsˈmembə] *v/t.* zergliedern, zerstückeln, verstümmeln (*a. fig.*); **disˈmem·ber·ment** [-mənt] *s.* Zerstückelung *f etc.*

dis·miss [dɪsˈmɪs] *v/t.* **1.** entlassen, gehen lassen, verabschieden: ***~!*** ⚔ weg(ge)treten!; **2.** entlassen (***from*** aus *dem Dienst*), absetzen, abbauen; wegschicken: ***be ~ed from the service*** ⚔ aus dem Heere *etc.* entlassen *od.* ausgestoßen werden; **3.** *Thema etc.* fallenlassen, aufgeben, hinˈweggehen über (*acc.*), *Vorschlag* ab-, zuˈrückweisen, *Gedanken* verbannen, von sich weisen; ⚖ *Klage* abweisen: ***~ from one's mind*** *et.* aus s-n Gedanken verbannen; ***~ as … als …*** abtun, kurzerhand als … betrachten; **disˈmiss·al** [-sl] *s.* **1.** Entlassung *f* (***from*** aus); **2.** Aufgabe *f*, Abtun *n*; **3.** ⚖ Abweisung *f*.

dis·mount [ˌdɪsˈmaʊnt] **I** *v/i.* **1.** absteigen, absitzen (***from*** von); **II** *v/t.* **2.** aus dem Sattel heben; abwerfen (*Pferd*); **3.** (ab)steigen von; **4.** abmontieren, ausbauen, auseinˈandernehmen.

dis·o·be·di·ence [ˌdɪsəˈbiːdjəns] *s.* **1.** Ungehorsam *m* (***to*** gegen), Gehorsamsverweigerung *f*: ***civil ~*** *pol.* ziviler *od.* bürgerlicher Ungehorsam; **2.** Nichtbefolgung *f*; ˌ**dis·oˈbe·di·ent** [-nt] *adj.* □ ungehorsam (***to*** gegen); **dis·o·bey** [ˌdɪsəˈbeɪ] *v/t.* **1.** *j-m* nicht gehorchen, ungehorsam sein gegen *j-n*; **2.** *Gesetz etc.* nicht befolgen, mißˈachten, *Befehl a.* verweigern: ***I will not be ~ed*** ich dulde keinen Ungehorsam.

dis·o·blige [ˌdɪsəˈblaɪdʒ] *v/t.* **1.** ungefällig sein gegen *j-n*; **2.** *j-n* kränken; ˌ**dis·oˈblig·ing** [-dʒɪŋ] *adj.* □ ungefällig, unfreundlich.

dis·or·der [dɪsˈɔːdə] **I** *s.* **1.** Unordnung *f*, Verwirrung *f*; **2.** (Ruhe)Störung *f*; Aufruhr *m*, Unruhe(n *pl.*) *f*; **3.** ungebührliches Betragen; **4.** ⚕ Störung *f*, Erkrankung *f*: ***mental ~*** Geistesstörung; **II** *v/t.* **5.** in Unordnung bringen, durcheinˈanderbringen, stören; **6.** *den Magen* verderben; **disˈor·dered** [-əd] *adj.* **1.** in Unordnung, durcheinˈander (*beide a. fig.*); **2.** gestört, (*a.* geistes)krank: ***my stomach is ~*** ich habe mir den Magen verdorben; **disˈor·der·li·ness** [-lɪnɪs] *s.* **1.** Unordentlichkeit *f*; **2.** Schlampigkeit *f*; **3.** Unbotmäßigkeit *f*; **4.** Liederlichkeit *f*; **disˈor·der·ly** [-lɪ] *adj.* **1.** unordentlich, schlampig; **2.** ordnungs-, gesetzwidrig, aufrührerisch; **3.** Ärgernis erregend: ***~ conduct*** ⚖ ordnungswidriges Verhalten, grober Unfug; ***~ house*** *mst* Bordell *n*, *a.* Spielhölle *f*; ***~ person*** Ruhestörer *m*.

dis·or·gan·i·za·tion [dɪsˌɔːgənaɪˈzeɪʃn] *s.* Desorganisatiˈon *f*, Auflösung *f*, Zerrüttung *f*, Unordnung *f*; **dis·or·gan·ize** [dɪsˈɔːgənaɪz] *v/t.* auflösen, zerrütten, in Unordnung bringen, desorganisieren; **dis·or·gan·ized** [dɪsˈɔːgənaɪzd] *adj.* in Unordnung, desorganisiert.

dis·o·ri·ent [dɪsˈɔːrɪent] *v/t. a. psych.* desorientieren: ***~ed*** desorientiert, *psych. a.* ‚gestört‘, laˈbil; **disˈo·ri·en·tate** [-teɪt] → ***disorient***.

dis·own [dɪsˈəʊn] *v/t.* **1.** nicht (als sein eigen *od.* als gültig) anerkennen, nichts zu tun haben wollen mit; **2.** ableugnen; **3.** *Kind* verstoßen.

dis·par·age [dɪˈspærɪdʒ] *v/t.* **1.** in Verruf bringen; **2.** herˈabsetzen, verächtlich machen; **3.** verachten; **dis·par·age·ment** [dɪˈspærɪdʒmənt] *s.* Herˈabsetzung *f*, Verächtlichmachung *f*: ***no ~*** (***intended***) ohne Ihnen nahetreten zu wollen; **dis·par·ag·ing** [dɪˈspærɪdʒɪŋ] *adj.* □ gering-, abschätzig, verächtlich.

dis·pa·rate [ˈdɪspərət] **I** *adj.* □ ungleich(artig), (grund)verschieden, unvereinbar, dispaˈrat; **II** *s. pl.* unvereinbare Dinge *pl.*; **dis·par·i·ty** [dɪˈspærətɪ] *s.* Verschiedenheit *f*: ***~ in age*** (*zu großer*) Altersunterschied *m*.

dis·pas·sion·ate [dɪˈspæʃnət] *adj.* □ leidenschaftslos, ruhig, gelassen, sachlich, nüchtern.

dis·patch [dɪˈspætʃ] **I** *v/t.* **1.** *j-n od. et.* (ab)senden, *et.* (ab)schicken, versenden, befördern, *Telegramm* aufgeben; **2.** abfertigen (*a.* 🚂); **3.** rasch *od.* prompt erledigen *od.* ausführen; **4.** ins Jenseits befördern, töten; **5.** F ‚wegputzen‘, rasch aufessen; **II** *s.* **6.** Absendung *f*, Versand *m*, Abfertigung *f*, Beförderung *f*; **7.** rasche Erledigung; **8.** Eile *f*, Schnelligkeit *f*: ***with ~*** eilends, prompt; **9.** (*oft* verschlüsselte) (Eil)Botschaft; **10.** Bericht *m* (*e-s Korrespondenten*); **11.** *pl.* Kriegsberichte *pl.*: ***mentioned in ~es*** ⚔ im Kriegsbericht rühmend erwähnt; **12.** Tötung *f*: ***happy ~*** Harakiri *n*; **~ boat** *s.* Kuˈrierboot *n*; **~ box** *s.*, **~ case** *s.* **1.** Kuˈriertasche *f*; **2.** *Brit.* Aktenkoffer *m*.

dis·patch·er [dɪˈspætʃə] *s.* **1.** 🚂 Fahrdienstleiter *m*; **2.** ✝ *Am.* Abteilungsleiter *m* für Produktiˈonsplanung.

dis·patch| goods *s. pl.* Eilgut *n*; **~ note** *s.* Paˈketkarte *f* für ˈAuslandspaˌket; **~ rid·er** *s.* ⚔ Meldereiter *m*, -fahrer *m*.

dis·pel [dɪˈspel] *v/t. Menge etc.*, *a. fig. Befürchtungen etc.* zerstreuen, *Nebel* zerteilen.

dis·pen·sa·ble [dɪˈspensəbl] *adj.* □ entbehrlich, verzichtbar; erläßlich; **dis·pen·sa·ry** [dɪˈspensərɪ] *s.* **1.** ˈWerks- *od.* ˈKrankenhausapoˌtheke *f*; **2.** ⚔ a) Lazaˈrettapoˌtheke *f*, b) (ˈKranken)ReˌVier *n*; **dis·pen·sa·tion** [ˌdɪspenˈseɪʃn] *s.* **1.** Aus-, Verteilung *f*; **2.** Gabe *f*; **3.** göttliche Fügung; Fügung *f* (*des Schicksals*), Walten *n* (*der Vorsehung*); **4.** religiˈöses Syˈstem; **5.** Regelung *f*, Syˈstem *n*; **6.** ⚖, *eccl.* (***with***, ***from***) Disˈpens *m*, Befreiung *f* (von,) Erlaß *m* (*gen.*); **7.** Verzicht *m* (***with*** auf *acc.*); **dis·pense** [dɪˈspens] **I** *v/t.* **1.** aus-, verteilen; *Sakrament* spenden: ***~ justice*** Recht sprechen; **2.** *Arzneien* (nach Reˈzept) zubereiten u. abgeben; **3.** dispensieren, entheben, befreien, entbinden (***from*** von); **II** *v/i.* **4.** Disˈpens erteilen; **5.** ***~ with*** a) verzichten auf (*acc.*), b) ˈüberflüssig machen, auskommen ohne: ***it can be ~d with*** man kann darauf verzichten, es ist entbehrlich; **dis·pens·er** [dɪˈspensə] *s.* **1.** Ver-, Austeiler *m*; **2.** ⚙ Spender *m* (*Gerät*); (*Briefmarken- etc.*)Auto-

'mat *m*; → **dis·pens·ing chem·ist** [dɪ'spensɪŋ] *s.* Apo'theker(in).

dis·per·sal [dɪ'spɜːsl] *s.* **1.** (Zer)Streuung *f*; Verbreitung *f*; Zersplitterung *f*; **2.** ⚔, *a.* ☤ Auflockerung *f*; **~ a·pron** *s.* ✈ (ausein'andergezogener) Abstellplatz; **~ a·re·a** *s.* **1.** ✈ → ***dispersal apron***; **2.** ⚔ Auflockerungsgebiet *n*.

dis·perse [dɪ'spɜːs] **I** *v/t.* **1.** verstreuen; **2.** → ***dispel***; **3.** *Nachrichten etc.* verbreiten; **4.** ⚗, *phys.* dispergieren, zerstreuen; **5.** ⚔ a) *Formation* auflockern, b) versprengen; **II** *v/i.* **6.** sich zerstreuen (*Menge*); **7.** sich auflösen; **8.** sich verteilen *od.* zersplittern; **dis·pers·ed·ly** [dɪ'spɜːsɪdlɪ] *adv.* verstreut, vereinzelt; **dis·per·sion** [dɪ'spɜːʃn] *s.* **1.** Zerstreuung *f* (*a. fig.*); Verteilung *f* (*von Nebel*); **2.** a) Ⓐ, ⚔ Streuung *f*: **~ *pattern*** Trefferbild *n*, b) → ***dispersal*** 2; **3.** ⚗ Dispersi'on(sphase) *f*: **~ *agent*** Dispersionsmittel *n*; **4.** ☩ Zerstreuung *f*, Di'aspora *f der Juden*.

dis·pir·it [dɪ'spɪrɪt] *v/t.* entmutigen, niederdrücken, deprimieren; **dis'pir·it·ed** [-tɪd] *adj.* □ niedergeschlagen, mutlos, deprimiert.

dis·place [dɪs'pleɪs] *v/t.* **1.** versetzen, -rücken, -lagern, -schieben; **2.** verdrängen (*a.* ⚓); **3.** *j-n* ablösen, entlassen; **4.** ersetzen; **5.** verschleppen: **~*d person*** *hist.* Verschleppte(r *m*) *f*; **dis'place·ment** [-mənt] *s.* **1.** Verlagerung *f*, Verschiebung *f*; **2.** Verdrängung *f* (*a.* ⚓, *phys.*); ⚙ Kolbenverdrängung *f*; **3.** Ersetzung *f*, Ersatz *m*; **4.** *psych.* Af'fektverlagerung *f*: **~ *activity*** Übersprunghandlung *f*.

dis·play [dɪ'spleɪ] **I** *v/t.* **1.** entfalten: a) ausbreiten, b) *fig.* an den Tag legen, zeigen: **~ *activity*** (***strength*** *etc.*); **2.** (*contp.* protzig) zur Schau stellen, zeigen; **3.** ☤ ausstellen, -legen; **4.** *typ.* her'vorheben; **II** *s.* **5.** Entfaltung *f* (*a. fig. von Tatkraft, Macht etc.*); **6.** (*a.* protzige) Zur'schaustellung; **7.** ☤ Ausstellung *f*, (Waren)Auslage *f*, Dis'play *n*: ***be on* ~** ausgestellt *od.* zu sehen sein; **8.** Aufwand *m*, Pomp *m*, Prunk *m*: ***make a great* ~** a) großen Prunk entfalten, b) ***of s.th.*** et. (protzig) zur Schau stellen; **9.** *Computer*: Dis'play *n*: a) Sichtanzeige *f*, b) Sichtbildgerät *n*; **10.** *typ.* Her'vorhebung *f*; **III** *adj.* **11.** ☤ Ausstellungs…, Schau…: **~ *advertising*** Displaywerbung *f*; **~ *artist***, **~*man*** (Werbe)Dekorateur *m*; **~ *box***, **~ *pack*** Schaupackung *f*; **~ *case*** Schaukasten *m*, Vitrine *f*; **~ *window*** Auslagefenster *n*; **12.** *Computer*: Display…, Sicht(bild)…: **~ *unit*** → 9 b; **~ *be'havio(u)r*** *s. zo.* Imponiergehabe *n*.

dis·please [dɪs'pliːz] *v/t.* **1.** *j-m* miß'fallen; **2.** *j-n* ärgern, verstimmen; **3.** *das Auge* beleidigen; **dis'pleased** [-zd] *adj.* (***at, with***) unzufrieden (mit), ungehalten (über *acc.*); **dis'pleas·ing** [-zɪŋ] *adj.* □ unangenehm; **dis·pleas·ure** [dɪs'pleʒə] *s.* 'Mißfallen *n* (***at*** über *acc.*): ***incur s.o.'s* ~** j-s Unwillen erregen.

dis·port [dɪ'spɔːt] *v/t.*: **~ *o.s.*** a) sich vergnügen *od.* amüsieren, b) her'umtollen, sich (ausgelassen) tummeln.

dis·pos·a·ble [dɪ'spəʊzəbl] **I** *adj.* **1.** (frei) verfügbar: **~ *income***; **2.** ☤ Einweg…, Wegwerf…: **~ *package***; **II** *s.* **3.** Einweg-, Wegwerfgegenstand *m*; **dis·pos·al** [dɪ'spəʊzl] *s.* **1.** Anordnung *f*, Aufstellung *f* (*a.* ⚔); Verwendung *f*; **2.** Erledigung *f*: a) (endgültige) Regelung *e-r Sache*, b) Vernichtung *f e-s Gegners etc.*; **3.** Verfügung(srecht *n*) *f* (***of*** über *acc.*): ***be at s.o.'s* ~** j-m zur Verfügung stehen; ***place s.th. at s.o.'s* ~** j-m et. zur Verfügung stellen; ***have the* ~ *of*** verfügen (können) über (*acc.*); **4.** ☤, ⚖ a) 'Übergabe *f*, Über'tragung *f*, b) Veräußerung *f*, Verkauf *m*: ***for* ~** zum Verkauf; **5.** Beseitigung *f*, (Müll- *etc.*) Abfuhr *f*, (-)Entsorgung *f*; **dis·pose** [dɪ'spəʊz] **I** *v/t.* **1.** anordnen, aufstellen (*a.* ⚔); zu'rechtlegen, einrichten; ein-, verteilen; **2.** *j-n* bewegen, geneigt machen, veranlassen (***to*** zu; ***to do*** zu tun); **II** *v/i.* **3.** verfügen, Verfügungen treffen; **4.** **~ *of*** a) (frei) verfügen *od.* disponieren über (*acc.*), b) entscheiden über (*acc.*), lenken, c) (endgültig) erledigen: **~ *of an affair***, d) *j-n od. et.* abtun, abfertigen, e) loswerden, sich entledigen (*gen.*), f) wegschaffen, beseitigen: **~ *of trash***, g) *e-n Gegner etc.* erledigen, unschädlich machen, vernichten, h) ⚔ *Bomben etc.* entschärfen, i) verzehren, trinken: **~ *of a bottle***, j) über'geben, -'tragen: **~ *of by will*** testamentarisch vermachen, letztwillig verfügen über (*acc.*); ***disposing mind*** ⚖ Testierfähigkeit *f*, k) verkaufen, veräußern, ☤ *a.* absetzen, abstoßen, l) *s-e Tochter* verheiraten (***to*** an *acc.*); **dis·posed** [dɪ'spəʊzd] *adj.* **1.** geneigt, bereit (***to*** zu; ***to do*** zu tun); **2.** ⚕ anfällig (***to*** für); **3.** gelaunt, gesinnt: ***well-*~** wohlgesinnt, ***ill-*~** übelgesinnt (***towards*** *dat.*); **dis·po·si·tion** [ˌdɪspə'zɪʃn] *s.* **1.** a) Veranlagung *f*, Dispositi'on *f*, b) (Wesens)Art *f*; **2.** a) Neigung *f*, Hang *m* (***to*** zu), b) ⚕ Anfälligkeit *f* (***to*** für); **3.** Stimmung *f*; **4.** Anordnung *f*, Aufstellung *f* (*a.* ⚔); **5.** (***of***) a) Erledigung *f* (*gen.*), b) *bsd.* ⚖ Entscheidung *f* (über *acc.*); **6.** (*bsd.* göttliche) Lenkung; **7.** *pl.* Dispositi'onen *pl.*, Vorkehrungen *pl.*: ***make*** (***one's***) **~*s*** (s-e) Vorkehrungen treffen, disponieren; **8.** → ***disposal*** 3.

dis·pos·sess [ˌdɪspə'zes] *v/t.* **1.** enteignen, aus dem Besitz (***of*** *gen.*) setzen; *Mieter* zur Räumung zwingen; **2.** berauben (***of*** *gen.*); **3.** *sport j-m* den Ball abnehmen; **ˌdis·pos'ses·sion** [-eʃn] *s.* Enteignung *f etc.*

dis·praise [dɪs'preɪz] *s.* Her'absetzung *f*: ***in* ~** geringschätzig.

dis·proof [ˌdɪs'pruːf] *s.* Wider'legung *f*.

dis·pro·por·tion [ˌdɪsprə'pɔːʃn] *s.* 'Mißverhältnis *n*; **ˌdis·pro'por·tion·ate** [-ʃnət] *adj.* □ **1.** unverhältnismäßig (groß *od.* klein), in keinem Verhältnis stehend (***to*** zu); **2.** über'trieben, unangemessen; **3.** unproportioniert.

dis·prove [ˌdɪs'pruːv] *v/t.* wider'legen.

dis·pu·ta·ble [dɪ'spjuːtəbl] *adj.* □ strittig; **dis·pu·tant** [dɪ'spjuːtənt] *s.* Dispu'tant *m*, Gegner *m*.

dis·pu·ta·tion [ˌdɪspjuː'teɪʃn] **1.** Dis'put *m*, Streitgespräch *n*, Wortwechsel *m*; **2.** Disputati'on *f*, wissenschaftliches Streitgespräch; **ˌdis·pu'ta·tious** [-ʃəs] *adj.* □ streitsüchtig; **dis·pute** [dɪ'spjuːt] **I** *v/i.* **1.** streiten, *Wissenschaftler*: *a.* disputieren (***on, about*** über *acc.*); **2.** (sich) streiten, zanken; **II** *v/t.* **3.** streiten *od.* disputieren über (*acc.*); **4.** in Zweifel ziehen, anzweifeln; **5.** kämpfen um, *j-m et.* streitig machen; **III** *s.* **6.** Dis'put *m*, Kontro'verse *f*: ***in*** (*od.* ***under***) **~** umstritten, strittig; ***beyond*** (*od.* ***without***) **~** unzweifelhaft, fraglos; **7.** (heftiger) Streit.

dis·qual·i·fi·ca·tion [dɪsˌkwɒlɪfɪ'keɪʃn] *s.* **1.** Disqualifikati'on *f*, Disqualifizierung *f*; **2.** Untauglichkeit *f*, mangelnde Eignung *od.* Befähigung (***for*** für); **3.** disqualifizierender 'Umstand; **4.** *sport* Disqualifikati'on *f*, Ausschluß *m*; **dis·qual·i·fy** [dɪs'kwɒlɪfaɪ] *v/t.* **1.** ungeeignet *od.* unfähig *od.* untauglich machen (***for*** für): ***be disqualified for*** ungeeignet (*etc.*) sein für; **2.** für unfähig *od.* untauglich *od.* nicht berechtigt erklären (***for*** zu): **~ *s.o. from*** (***holding***) ***public office*** j-m die Fähigkeit zur Ausübung e-s öffentlichen Amtes absprechen *od.* nehmen; **~ *s.o. from driving*** j-m die Fahrerlaubnis entziehen; **3.** *sport* disqualifizieren, ausschließen.

dis·qui·et [dɪs'kwaɪət] **I** *v/t.* beunruhigen; **II** *s.* Unruhe *f*, Besorgnis *f*; **dis'qui·et·ing** [-tɪŋ] *adj.* beunruhigend; **dis'qui·e·tude** [-aɪətjuːd] → ***disquiet*** II.

dis·qui·si·tion [ˌdɪskwɪ'zɪʃn] *s.* ausführliche Abhandlung *od.* Rede.

dis·rate [dɪs'reɪt] *v/t.* ⚓ degradieren.

dis·re·gard [ˌdɪsrɪ'gɑːd] **I** *v/t.* **1.** a) nicht beachten, ignorieren, außer acht lassen, b) absehen von, ausklammern; **2.** nicht befolgen, miß'achten; **II** *s.* **3.** Nichtbeachtung *f*, Ignorierung *f* (***of, for*** *gen.*); **4.** 'Mißachtung *f* (***of, for*** *gen.*); **5.** Gleichgültigkeit *f* (***of, for*** gegen'über); **ˌdis·re'gard·ful** [-fʊl] *adj.* □: ***be* ~ *of*** → ***disregard*** 1 a.

dis·rel·ish [ˌdɪs'relɪʃ] *s.* Abneigung *f*, 'Widerwille *m* (***for*** gegen).

dis·re·mem·ber [ˌdɪsrɪ'membə] *v/t.* F *et.* vergessen (haben).

dis·re·pair [ˌdɪsrɪ'peə] *s.* Verfall *m*; Baufälligkeit *f*, schlechter (baulicher) Zustand: ***in*** (***a state of***) **~** baufällig; ***fall into* ~** baufällig werden.

dis·rep·u·ta·ble [dɪs'repjʊtəbl] *adj.* □ verrufen, anrüchig; **dis·re·pute** [ˌdɪsrɪ'pjuːt] *s.* Verruf *m*, Verrufenheit *f*, schlechter Ruf: ***bring into* ~** in Verruf bringen.

dis·re·spect [ˌdɪsrɪ'spekt] **I** *s.* **1.** Re'spektlosigkeit *f* (***to, for*** gegenüber); **2.** Unhöflichkeit *f* (***to*** gegen); **II** *v/t.* **3.** sich re'spektlos benehmen gegen'über; **4.** unhöflich behandeln; **ˌdis·re'spect·ful** [-fʊl] *adj.* □ **1.** re'spektlos (***to*** gegen); **2.** unhöflich (***to*** zu).

dis·robe [ˌdɪs'rəʊb] **I** *v/t.* entkleiden (*a. fig.*) (***of*** *gen.*); **II** *v/i.* s-e Kleidung *od.* Amtstracht ablegen.

dis·root [ˌdɪs'ruːt] *v/t.* **1.** entwurzeln, ausreißen; **2.** vertreiben.

dis·rupt [dɪs'rʌpt] **I** *v/t.* **1.** zerbrechen, sprengen, zertrümmern; **2.** zerreißen, (zer)spalten; **3.** unter'brechen, stören; **4.** zerrütten; **5.** *Versammlung, Koalition etc.* sprengen; **II** *v/i.* **6.** zerreißen; **7.** ⚡ 'durchschlagen; **dis'rup·tion** [-pʃn] *s.* **1.** Zerreißung *f*, Zerschlagung *f*; Unter'brechung *f*; **2.** Zerrissenheit *f*, Spaltung *f*; **3.** Bruch *m*; **4.** Zerrüttung *f*; **dis'rup·tive** [-tɪv] *adj.* **1.** zerbrechend, zertrümmernd, zerreißend; **2.** zerrüttend; **3.** ⚡ Durchschlags...(*-festigkeit etc.*): **~ *discharge*** Durchschlag *m*.

dis·sat·is·fac·tion [ˈdɪsˌsætɪsˈfækʃn] *s.* Unzufriedenheit *f* (***at***, ***with*** mit); **ˈdis̩sat·isˈfac·to·ry** [-ktərɪ] *adj.* unbefriedigend; **dis·sat·is·fied** [ˌdɪsˈsætɪsfaɪd] *adj.* unzufrieden (***with***, ***at*** mit); **dis·sat·is·fy** [ˌdɪsˈsætɪsfaɪ] *v/t.* nicht befriedigen, *j-n* verdrießen; *j-m* mißˈfallen.

dis·sect [dɪˈsekt] *v/t.* **1.** zergliedern, zerlegen; **2.** a) ⚕ sezieren, b) ⚕, ♀, *zo.* präparieren; **3.** *fig.* zergliedern, analysieren; **disˈsec·tion** [-kʃn] *s.* **1.** Zergliederung *f*, *fig. a.* a) Aufgliederung *f*, b) (genaue) Anaˈlyse; **2.** ⚕ Sezieren *n*; **3.** ⚕, ♀, *zo.* Präpaˈrat *n*; **disˈsec·tor** [-tə] *s.* **1.** ⚕ Sezierer *m*; **2.** ⚕, ♀, *zo.* Präpaˈrator *m*.

dis·seise, **dis·seize** [ˌdɪˈsiːz] *v/t.* ⚖ *j-m* ˈwiderrechtlich den Besitz entziehen; **ˌdisˈsei·sin**, **ˌdisˈsei·zin** [-zɪn] *s.* ⚖ ˈwiderrechtliche Besitzentziehung.

dis·sem·ble [dɪˈsembl] **I** *v/t.* **1.** verhehlen, verbergen, sich *et.* nicht anmerken lassen; **2.** vortäuschen, simulieren; **3.** *obs.* unbeachtet lassen; **II** *v/i.* **4.** sich verstellen, heucheln; **disˈsem·bler** [-lə] *s.* **1.** Heuchler(in); **2.** Simuˈlant (-in).

dis·sem·i·nate [dɪˈsemɪneɪt] *v/t.* **1.** *Saat* ausstreuen (*a. fig.*); **2.** *fig.* verbreiten: **~ *ideas***; **~*d sclerosis*** ⚕ multiple Sklerose; **dis·sem·i·na·tion** [dɪˌsemɪˈneɪʃn] *s.* Ausstreuung *f*; *fig. a.* Verbreitung *f*.

dis·sen·sion [dɪˈsenʃn] *s.* Meinungsverschiedenheit(en *pl.*) *f*, Diffeˈrenz(en *pl.*) *f*.

dis·sent [dɪˈsent] **I** *v/i.* **1.** (***from***) anderer Meinung sein (als), nicht überˈeinstimmen (mit); **2.** *eccl.* von der Staatskirche abweichen; **II** *s.* **3.** Meinungsverschiedenheit *f*, andere Meinung; **4.** *eccl.* Abweichen *n* von der Staatskirche; **disˈsent·er** [-tə] *s.* **1.** Andersdenkende(r *m*) *f*; **2.** *eccl.* a) Dissiˈdent *m*, b) *oft* ♀ Disˈsenter *m*, Nonkonforˈmist (-in); **disˈsen·tient** [-nʃɪənt] **I** *adj.* andersdenkend, abweichend: ***without a ~ vote*** ohne Gegenstimme; **II** *s.* a) Andersdenkende(r *m*) *f*, b) Gegenstimme *f*: ***with no ~*** ohne Gegenstimme.

dis·ser·ta·tion [ˌdɪsəˈteɪʃn] *s.* **1.** (wissenschaftliche) Abhandlung; **2.** Dissertatiˈon *f*.

dis·serv·ice [ˌdɪsˈsɜːvɪs] *s.* (***to***) schlechter Dienst (an *dat.*): ***do a ~*** *j-m* e-n schlechten Dienst erweisen; ***be of ~ to s.o.*** j-m zum Nachteil gereichen.

dis·sev·er [dɪsˈsevə] *v/t.* trennen, absondern, spalten.

dis·si·dence [ˈdɪsɪdəns] *s.* **1.** Meinungsverschiedenheit *f*; **2.** *pol.*, *eccl.* Dissiˈdententum *n*; **ˈdis·si·dent** [-nt] **I** *adj.* **1.** andersdenkend, nicht überˈeinstimmend, abweichend; **II** *s.* **2.** Andersdenkende(r *m*) *f*; **3.** *eccl.* Dissiˈdent(in), *pol. a.* Reˈgimekritiker(in).

dis·sim·i·lar [ˌdɪˈsɪmɪlə] *adj.* □ (***to***) verschieden (von), unähnlich (*dat.*); **dis·sim·i·lar·i·ty** [ˌdɪsɪmɪˈlærətɪ] *s.* Verschiedenartigkeit *f*, Unähnlichkeit *f*; ˈUnterschied *m*.

dis·sim·u·late [dɪˈsɪmjʊleɪt] **I** *v/t.* verbergen, verhehlen; **II** *v/i.* sich verstellen; heucheln; **dis·sim·u·la·tion** [dɪˌsɪmjʊˈleɪʃn] *s.* **1.** Verheimlichung *f*; **2.** Verstellung *f*, Heucheˈlei *f*; **3.** ⚕ Dissimulatiˈon *f*.

dis·si·pate [ˈdɪsɪpeɪt] **I** *v/t.* **1.** zerstreuen (*a. fig. u. phys.*); *Nebel* zerteilen; **2.** a) verschwenden, vergeuden, verzetteln, b) *Geld* ˈdurchbringen, verprassen; **3.** *fig.* verscheuchen, vertreiben; **4.** *phys.* a) *Hitze* ableiten, b) in ˈWärmeenerˌgie ˈumwandeln; **II** *v/i.* **5.** sich zerstreuen (*a. fig.*); sich zerteilen (*Nebel*); **6.** ein ausschweifendes Leben führen; **ˈdis·si·pat·ed** [-tɪd] *adj.* ausschweifend, zügellos; **dis·si·pa·tion** [ˌdɪsɪˈpeɪʃn] *s.* **1.** Zerstreuung *f* (*a. fig. u. phys.*); **2.** Vergeudung *f*; **3.** Verprassen *n*, ˈDurchbringen *n*; **4.** Ausschweifung(en *pl.*) *f*; zügelloses Leben; **5.** *phys.* a) Ableitung *f*, b) Dissipatiˈon *f*.

dis·so·ci·ate [dɪˈsəʊʃɪeɪt] **I** *v/t.* **1.** trennen, loslösen, absondern (***from*** von); **2.** ⚗ dissoziieren; **3. *~ o.s.*** (***from***) sich lossagen *od.* distanzieren *od.* abrücken (von); **II** *v/i.* **4.** sich (ab)trennen *od.* loslösen; **5.** ⚗ dissoziieren; **dis·so·ci·a·tion** [dɪˌsəʊsɪˈeɪʃn] *s.* **1.** (Ab-) Trennung *f*, Loslösung *f*; **2.** Abrücken *n*; **3.** ⚗, *psych.* Dissoziatiˈon *f*.

dis·sol·u·bil·i·ty [dɪˌsɒljʊˈbɪlətɪ] *s.* **1.** Löslichkeit *f*; **2.** Auflösbarkeit *f*, Trennbarkeit *f*; **dis·sol·u·ble** [dɪˈsɒljʊbl] *adj.* **1.** löslich; **2.** ⚖ auflösbar, trennbar.

dis·so·lute [ˈdɪsəluːt] *adj.* □ ausschweifend, zügellos; **ˈdis·so·lute·ness** [-nɪs] *s.* Ausschweifung *f*, Zügellosigkeit *f*.

dis·so·lu·tion [ˌdɪsəˈluːʃn] *s.* **1.** Auflösung *f* (*a. parl.*, ✝; *a. Ehe*); ⚖ *a.* Aufhebung *f*; **2.** Zersetzung *f*; **3.** Zerstörung *f*, Vernichtung *f*; **4.** ⚗ Lösung *f*.

dis·solv·a·ble [dɪˈzɒlvəbl] → ***dissoluble***; **dis·solve** [dɪˈzɒlv] **I** *v/t.* **1.** auflösen (*a. fig.*, *Ehe*, *Parlament*, *Firma etc.*); *Ehe a.* scheiden; lösen (*a.* ⚗): **~*d in tears*** in Tränen aufgelöst; **2.** ⚖ aufheben; **3.** auflösen, zersetzen; **4.** vernichten; **5.** *Geheimnis etc.* lösen; **6.** *Film*: überˈblenden; **II** *v/i.* **7.** sich auflösen (*a. fig.*), zergehen, schmelzen; **8.** zerfallen; **9.** sich (in nichts) auflösen, verschwinden; **10.** *Film*: überˈblenden, ineinˈander ˈübergehen; **III** *s.* **11.** *Film*: Überˈblendung *f*; **disˈsol·vent** [-vənt] **I** *adj.* (auf)lösend; zersetzend; **II** *s.* ⚗ Lösungsmittel *n*.

dis·so·nance [ˈdɪsənəns] *s.* Dissoˈnanz *f*: a) ♪ ˈMißklang *m* (*a. fig.*), b) *fig.* Unstimmigkeit *f*; **ˈdis·so·nant** [-nt] *adj.* □ **1.** ♪ dissoˈnant (*a. fig.*); **2.** ˈmißtönend; **3.** *fig.* unstimmig.

dis·suade [dɪˈsweɪd] *v/t.* **1.** *j-m* abraten (***from*** von); **2.** *j-n* abbringen (***from*** von); **disˈsua·sion** [-eɪʒn] *s.* **1.** Abraten *n*; **2.** Abbringen *n*; **disˈsua·sive** [-eɪsɪv] *adj.* □ abratend.

dis·syl·lab·ic, **dis·syl·la·ble** → ***disyllabic***, ***disyllable***.

dis·sym·met·ri·cal [ˌdɪsɪˈmetrɪkl] *adj.* ˈunsymˌmetrisch; **dis·sym·met·ry** [ˌdɪˈsɪmɪtrɪ] *s.* Asymmeˈtrie *f*.

dis·taff [ˈdɪstɑːf] *s.* (Spinn)Rocken *m*; *fig. das* Reich der Frau: **~ *side*** weibliche Linie *e-r Familie*.

dis·tance [ˈdɪstəns] **I** *s.* **1.** a) Entfernung *f*, b) Ferne *f*: ***at a ~*** a) in einiger Entfernung, b) von weitem; ***in the ~*** in der Ferne; ***from a ~*** aus einiger Entfernung; ***at an equal ~*** gleich weit (entfernt); ***a good ~ off*** ziemlich weit entfernt; ***braking ~*** *mot.* Bremsweg *m*; ***stopping ~*** *mot.* Anhalteweg *m*; ***within striking ~*** handgreiflich nahe, in erreichbarer Nähe; → ***hail*** 7; ***walking*** II; **2.** Zwischenraum *m*, Abstand *m* (***between*** zwischen); **3.** Entfernung *f*, Strecke *f*: **~ *covered*** zurückgelegte Strecke; **4.** *zeitlicher* Abstand, Zeitraum *m*; **5.** *fig.* Abstand *m*, Entfernung *f*, ˈUnterschied *m*; **6.** *fig.* Diˈstanz *f*, Abstand *m*, Reˈserve *f*, Zuˈrückhaltung *f*: ***keep s.o. at a ~*** j-m gegenüber reserviert sein, sich j-n vom Leib halten; ***keep one's ~*** den Abstand wahren, (die gebührende) Distanz halten; **7.** *paint. etc.* a) Perspekˈtive *f*, b) *a. pl.* ˈHintergrund *m*, c) Ferne *f*; **8.** ♪ Interˈvall *n*; **9.** *sport* a) Diˈstanz *f*, Strecke *f*, b) *fenc.*, *Boxen*: Diˈstanz *f*, c) Langstrecke *f*: **~ *race*** Langstreckenlauf *m*; **~ *runner*** Langstreckenläufer(in); **II** *v/t.* **10.** überˈholen, hinter sich lassen, *sport a.* distanzieren: **~*d*** *fig.* distanziert; **11.** *fig.* überˈflügeln; **ˈdis·tant** [-nt] *adj.* □ **1.** entfernt (*a. fig.*), weit (***from*** von); fern (*Ort od. Zeit*): **~ *relation*** entfernte(r) *od.* weitläufige(r) Verwandte(r); **~ *resemblance*** entfernte *od.* schwache Ähnlichkeit; **~ *dream*** vager Traum, schwache Aussicht; **2.** weit voneinˈander entfernt; **3.** zuˈrückhaltend, kühl, distanziert; **4.** ⚙ Fern...: **~ *control*** Fernsteuerung *f*; **~ *reading instrument*** Fernmeßgerät *n*.

dis·taste [ˌdɪsˈteɪst] *s.* (***for***) ˈWiderwille *m*, Abneigung *f* (gegen), Ekel *m*, Abscheu *m* (vor *dat.*); **ˌdisˈtaste·ful** [-fʊl] *adj.* □ **1.** ekelerregend; **2.** *fig.* a) unangenehm, zuˈwider (***to*** *dat.*), b) ekelhaft, widerlich.

dis·tem·per¹ [dɪˈstempə] **I** *s.* **1.** Tempera- *od.* Leimfarbe *f*; **2.** ˈTemperamaleˌrei *f* (*a. Bild*); **II** *v/t.* **3.** mit Temperafarbe(n) (an)malen.

dis·tem·per² [dɪˈstempə] *s.* **1.** *vet.* a) Staupe *f* (*bei Hunden*), b) Druse *f* (*bei Pferden*); **2.** *obs.* a) üble Laune, b) Unpäßlichkeit *f*, c) poˈlitische Unruhe(n *pl.*).

dis·tend [dɪˈstend] **I** *v/t.* (aus)dehnen, weiten; aufblähen; **II** *v/i.* sich (aus)dehnen *etc.*; **dis·ten·si·ble** [dɪˈstensəbl] *adj.* (aus)dehnbar; **dis·ten·sion** [dɪˈstenʃn] *s.* (Aus)Dehnung *f*, Aufblähung *f*.

dis·tich [ˈdɪstɪk] *s.* **1.** Distichon *n* (*Verspaar*); **2.** gereimtes Verspaar.

dis·til, *Am.* **dis·till** [dɪˈstɪl] **I** *v/t.* **1.** ⚗ a) (ˈum)destillieren, abziehen, b) abdestillieren (***from*** aus), c) entgasen: **~(*l*)*ing flask*** Destillierkolben *m*; **2.** *Branntwein* brennen (***from*** aus); **3.** herˈabtropfen lassen: ***be ~led*** sich niederschlagen; **4.** *fig. das Wesentliche* herˈausdestilˌlieren, -arbeiten (***from*** aus); **II** *v/i.* **5.** ⚗ destillieren; **6.** (herˈab)tropfen; **7.** *fig.* sich herˈauskristalliˌsieren; **dis·til·late** [ˈdɪstɪlət] *s.* ⚗ Destilˈlat *n*; **dis·til·la·tion** [ˌdɪstɪˈleɪʃn] *s.* **1.** ⚗ Destillatiˈon *f*; **2.** Brennen *n* (*von Branntwein*); **3.** Exˈtrakt *m*, Auszug *m*; **4.** *fig.* ˈQuintesˌsenz *f*, Kern *m*; **dis·til·ler** [dɪˈstɪlə] *s.* Branntweinbrenner *m*; **dis·til·ler·y** [dɪˈstɪlərɪ] *s.* **1.** ⚗ Destilˈlierappa₍rat *m*; **2.** Destilla'teur *m*, ('Branntwein)Brenne₍rei *f*.

dis·tinct [dɪ'stɪŋkt] *adj.* □ → ***distinctly***; **1.** ver-, unter'schieden: ***as ~ from*** im Unterschied zu, zum Unterschied von; **2.** einzeln, getrennt, (ab)gesondert; **3.** eigen, selbständig; **4.** ausgeprägt, charakte'ristisch; **5.** klar, eindeutig, bestimmt, entschieden, ausgesprochen, deutlich; **dis·tinc·tion** [dɪ'stɪŋkʃn] *s.* **1.** Unter'scheidung *f*: ***a ~ without a difference*** e-e spitzfindige Unterscheidung; **2.** 'Unterschied *m*: ***in ~ from*** (*od.* ***to***) im Unterschied zu, zum Unterschied von; ***draw*** (*od.* ***make***) ***a ~ between*** e-n Unterschied machen zwischen (*dat.*); **3.** Unter'scheidungsmerkmal *n*, Kennzeichen *n*; **4.** her'vorragende Eigenschaft; **5.** Auszeichnung *f*, Ehrung *f*; **6.** (hoher) Rang; **7.** Würde *f*; Vornehmheit *f*; **8.** Ruf *m*, Berühmtheit *f*; **dis·tinc·tive** [dɪ'stɪŋktɪv] *adj.* □ **1.** unter'scheidend, Unterscheidungs...; **2.** kenn-, bezeichnend, charakte'ristisch (***of*** für), besonder; **3.** deutlich, ausgesprochen; **dis·tinc·tive·ness** [dɪ'stɪŋktɪvnɪs] *s.* **1.** Besonderheit *f*; **2.** → ***distinctness*** 1; **dis·tinct·ly** [dɪ'stɪŋktlɪ] *adv.* deutlich, *fig. a.* ausgesprochen; **dis·tinct·ness** [dɪ'stɪŋktnɪs] *s.* **1.** Deutlichkeit *f*, Klarheit *f*; **2.** Verschiedenheit *f*; **3.** Verschiedenartigkeit *f*.

dis·tin·gué [dɪ'stæŋgeɪ] (*Fr.*) *adj.* distingu'iert, vornehm.

dis·tin·guish [dɪ'stɪŋgwɪʃ] **I** *v/t.* **1.** (***between***) unter'scheiden (zwischen), (*zwei Dinge etc.*) ausein'anderhalten: ***as ~ed from*** zum Unterschied von, im Unterschied zu; ***be ~ed by*** sich durch *et.* unterscheiden *od. weitS.* auszeichnen; **2.** wahrnehmen, erkennen; **3.** kennzeichnen, charakterisieren: ***~ing mark*** Merkmal *n*, Kennzeichen *n*; **4.** auszeichnen, rühmend her'vorheben: ***~ o.s.*** sich auszeichnen (*a. iro.*); **II** *v/i.* **5.** unter'scheiden, e-n 'Unterschied machen; **dis·tin·guish·a·ble** [dɪ'stɪŋgwɪʃəbl] *adj.* □ **1.** unter'scheidbar; **2.** wahrnehmbar, erkennbar; **3.** kenntlich (***by*** an *dat.*, durch); **dis·tin·guished** [dɪ'stɪŋgwɪʃt] *adj.* **1.** → ***distinguishable*** 1, 2; **2.** bemerkenswert, berühmt (***for*** wegen, ***by*** durch); **3.** vornehm; **4.** her'vorragend, ausgezeichnet.

dis·tort [dɪ'stɔːt] *v/t.* **1.** verdrehen (*a. fig.*); *a. Gesicht* verzerren (*a.* ⚙, ϟ *u. fig.*); verrenken; ⚙ verformen: ***~ing mirror*** Vexier-, Zerrspiegel *m*; **2.** *fig. Tatsachen etc.* verdrehen, entstellen; **dis·tor·tion** [dɪ'stɔːʃn] *s.* **1.** Verdrehung *f* (*a. phys.*); Verrenkung *f*; Verzerrung *f* (*a.* ϟ, *phot.*); Verziehung *f*, Verwindung *f* (*a.* ⚙); **2.** *fig.* Entstellung *f*, Verzerrung *f*.

dis·tract [dɪ'strækt] *v/t.* **1.** *Aufmerksamkeit, Person etc.* ablenken; **2.** *j-n* zerstreuen; **3.** erregen, aufwühlen; **4.** beunruhigen, stören, quälen; **5.** rasend machen; **dis·tract·ed** [dɪ'stræktɪd] *adj.* □ **1.** verwirrt; **2.** beunruhigt; **3.** außer sich, von Sinnen: ***~ with*** (*od.* ***by***) ***pain*** wahnsinnig vor Schmerzen; **dis·traction** [dɪ'strækʃn] *s.* **1.** Ablenkung *f*, *a.* Zerstreuung *f*; **2.** Zerstreutheit *f*; **3.** Verwirrung *f*; **4.** Wahnsinn *m*, Rase'rei *f*: ***drive s.o. to ~*** j-n zur Raserei bringen; ***love to ~*** bis zum Wahnsinn lieben; **5.** *oft pl.* Ablenkung *f*, Zerstreuung *f*, Unter'haltung *f*.

dis·train [dɪ'streɪn] ⚖ *v/i.*: ***~*** (***up***)***on*** a) *j-n* pfänden, b) *et.* mit Beschlag belegen; **dis·train·ee** [₁dɪstreɪ'niː] *s.* Pfandschuldner(in); **dis·train·er** [dɪ'streɪnə], **dis·train·or** [₁dɪstreɪ'nɔː] *s.* Pfandgläubiger(in); **dis·traint** [dɪ'streɪnt] *s.* Beschlagnahme *f*.

dis·traught [dɪ'strɔːt] → ***distracted***.

dis·tress [dɪ'stres] **I** *s.* **1.** Qual *f*, Pein *f*, Schmerz *m*; **2.** Leid *n*, Kummer *m*, Sorge *f*; **3.** Elend *n*; Not(lage) *f*; **4.** ⚓ Seenot *f*: ***~ call*** Notruf *m*, SOS-Ruf *m*; ***~ rocket*** Notrakete *f*; ***~ signal*** Notsignal *n*; **5.** ⚖ a) Beschlagnahme *f*, b) mit Beschlag belegte Sache; **II** *v/t.* **6.** quälen, peinigen, bedrücken; beunruhigen; betrüben: ***~ o.s.*** sich sorgen (***about*** um); **7.** → ***distrain***; **dis·tressed** [dɪ'strest] *adj.* **1.** (***about***) beunruhigt (über *acc.*, wegen), besorgt (um); **2.** bekümmert, betrübt; unglücklich; **3.** bedrängt, in Not, notleidend: ***~ area*** *Brit.* Notstandsgebiet *n*; ***~ ships*** Schiffe in Seenot; **4.** erschöpft; **dis·tress·ful** [dɪ'stresfʊl], **dis·tress·ing** [dɪ'stresɪŋ] *adj.* □ **1.** quälend; **2.** bedrückend.

dis·trib·ut·a·ble [dɪ'strɪbjʊtəbl] *adj.* **1.** verteilbar; **2.** zu verteilen(d); **dis·tribu·tar·y** [dɪ'strɪbjʊtərɪ] *s. geogr.* abzweigender Flußarm, *bsd.* Deltaarm *m*; **distrib·ute** [dɪ'strɪbjuːt] *v/t.* **1.** ver-, austeilen (***among*** unter *acc.*, ***to*** an *acc.*); **2.** zuteilen (***to*** *dat.*); **3.** ☤ a) *Waren* vertreiben, absetzen, b) *Filme* verleihen, c) *Dividende*, *Gewinne* ausschütten; **4.** *Post* zustellen; **5.** verbreiten; ausstreuen; *Farbe etc.* verteilen; **6.** auf-, einteilen; ⚔ gliedern; **7.** *typ.* a) *Satz* ablegen, b) *Farbe* auftragen; **distrib·u·tee** [dɪ₁strɪbjʊ'tiː] *s.* **1.** Empfänger(in); **2.** ⚖ Erbe *m*, Erbin *f*; **distrib·ut·er** → ***distributor***.

dis·trib·ut·ing| a·gent [dɪ'strɪbjʊtɪŋ] *s.* ☤ (Großhandels)Vertreter *m*; **~ center** *Am.*, *Brit.* **~ cen·tre** *s.* ☤ 'Absatz-, Ver'teilungs₁zentrum *n*.

dis·tri·bu·tion [₁dɪstrɪ'bjuːʃn] *s.* **1.** Ver-, Austeilung *f*; **2.** ⚙, ϟ a) Verteilung *f*, b) Verzweigung *f*; **3.** Ver-, Ausbreitung *f*; **4.** Einteilung *f*, *a.* ⚔ Gliederung *f*; **5.** a) Zuteilung *f*, b) Gabe *f*, Spende *f*; **6.** ☤ a) Vertrieb *m*, Absatz *m*, b) Verleih *m* (*von Filmen*), c) Ausschüttung *f* (*von Dividenden*, *Gewinnen*); **7.** Ausstreuen *n* (*von Samen*); **8.** Verteilen *n* (*von Farben etc.*); **9.** *typ.* a) Ablegen *n* (*des Satzes*), b) Auftragen *n* (*von Farbe*); **distrib·u·tive** [dɪ'strɪbjʊtɪv] **I** *adj.* □ **1.** aus-, zu-, verteilend, Verteilungs...: ***~ share*** ⚖ gesetzlicher Erbteil; ***~ justice*** *fig.* ausgleichende Gerechtigkeit; **2.** jeden einzelnen betreffend; **3.** A, *ling.* distribu'tiv, Distributiv...; **II** *s.* **4.** *ling.* Distribu'tivum *n*; **dis·trib·u·tor** [dɪ'strɪbjʊtə] *s.* **1.** Verteiler *m* (*a.* ⚙, ϟ); **2.** ☤ a) Großhändler *m*, Gene'ralvertreter *m*, b) *pl.* (Film)Verleih *m*; **3.** ⚙ Verteilerdüse *f*.

dis·trict ['dɪstrɪkt] *s.* **1.** Di'strikt *m*, (Verwaltungs)Bezirk *m*, Kreis *m*; **2.** (Stadt)Bezirk *m*, (-)Viertel *n*; **3.** Gegend *f*, Gebiet *n*, Landstrich *m*; ***~ attor·ney*** *s. Am.* Staatsanwalt *m*; **≈ Coun·cil** *s. Brit.* Bezirksamt *n*; **≈ Court** *s.* ⚖ *Am.* (Bundes)Bezirksgericht *n*; **~ heat·ing** *s.* Fernheizung *f*; **~ judge** *s.* ⚖ *Am.* Richter *m* an e-m (Bundes)Bezirksgericht; **~ nurse** *s.* Gemeindeschwester *f*.

dis·trust [dɪs'trʌst] **I** *s.* 'Mißtrauen *n*, Argwohn *m* (***of*** gegen): ***have a ~ of s.o.*** j-m mißtrauen; **II** *v/t.* miß'trauen (*dat.*); **dis'trust·ful** [-fʊl] *adj.* □ 'mißtrauisch, argwöhnisch (***of*** gegen): ***~ of o.s.*** gehemmt, ohne Selbstvertrauen.

dis·turb [dɪ'stɜːb] **I** *v/t.* stören (*a.* ⚙, ϟ, A, *meteor. etc.*): a) behindern, b) belästigen, c) beunruhigen, d) aufschrekken, -scheuchen, e) durchein'anderbringen, in Unordnung bringen: ***~ed at*** beunruhigt über (*acc.*); ***~ the peace*** ⚖ die öffentliche Sicherheit u. Ordnung stören; **II** *v/i.* stören; **dis·turbance** [dɪ'stɜːbəns] *s.* **1.** Störung *f* (*a.* ⚙, ϟ, A, ✱); **2.** Belästigung *f*; Beunruhigung *f*; Aufregung *f*; **3.** Unruhe *f*, Tu'mult *m*, Aufruhr *m*: ***~ of the peace*** ⚖ öffentliche Ruhestörung; ***cause*** (*od.* ***create***) ***a ~*** ⚖ die öffentliche Sicherheit u. Ordnung stören; **4.** Verwirrung *f*; **5.** ***~ of possession*** ⚖ Besitzstörung *f*; **dis·turb·er** [dɪ'stɜːbə] *s.* Störenfried *m*, Unruhestifter(in); **dis·turb·ing** [dɪ'stɜːbɪŋ] *adj.* □ beunruhigend.

dis·un·ion [₁dɪs'juːnjən] *s.* **1.** Trennung *f*, Spaltung *f*; **2.** Uneinigkeit *f*, Zwietracht *f*; **dis·u·nite** [₁dɪsjuː'naɪt] *v/t. u. v/i.* (sich) trennen; *fig.* (sich) entzweien; **dis·u·nit·ed** [₁dɪsjuː'naɪtɪd] *adj.* entzweit, verfeindet; **dis·u·ni·ty** [₁dɪs'juːnətɪ] → ***disunion*** 2.

dis·use I *s.* [₁dɪs'juːs] Nichtgebrauch *m*; Aufhören *n e-s Brauchs*: ***fall into ~*** außer Gebrauch kommen; **II** *v/t.* [₁dɪs'juːz] nicht mehr gebrauchen; **dis·used** [₁dɪs'juːzd] *adj.* **1.** ausgedient, nicht mehr benützt; **2.** stillgelegt (*Bergwerk etc.*), außer Betrieb.

dis·yl·lab·ic [₁dɪsɪ'læbɪk] *adj.* (□ ***~ally***) zweisilbig; **di·syl·la·ble** [dɪ'sɪləbl] *s.* zweisilbiges Wort.

ditch [dɪtʃ] **I** *s.* **1.** (Straßen)Graben *m*: ***last ~*** verzweifelter Kampf, Not(lage) *f*; ***die in the last ~*** bis zum letzten Atemzug kämpfen (*a. fig.*); **2.** Abzugsgraben *m*; **3.** Bewässerungs-, Wassergraben *m*; **4.** ✈ *sl.* ‚Bach' *m* (*Meer*, *Gewässer*); **II** *v/t.* **5.** mit e-m Graben versehen, Gräben ziehen durch; **6.** durch Abzugsgräben entwässern; **7.** F *Wagen* in den Straßengraben fahren: ***be ~ed*** im Straßengraben landen; **8.** *sl.* a) *Wagen etc.* stehenlassen, b) *j-m* entwischen, c) *j-m* den ‚Laufpaß' geben, *j-n* ‚sausen' lassen, d) *et.* ‚wegschmeißen', e) *Am. Schule* schwänzen; **9.** ✈ *sl. Maschine* im ‚Bach' landen; **III** *v/i.* **10.** Gräben ziehen *od.* ausbessern; **11.** ✈ *sl.* notlanden, notwassern; **'ditch·er** [-tʃə] *s.* **1.** Grabenbauer *m*; **2.** Grabbagger *m*; **'ditch₁wa·ter** *s.* abgestandenes, fauliges Wasser; → ***dull*** 4.

dith·er ['dɪðə] **I** *v/i.* **1.** bibbern, zittern; **2.** *fig.* schwanken (***between*** zwischen *dat.*); **3.** aufgeregt sein; **II** *s.* **4.** *fig.* Schwanken *n*; **5.** Aufregung *f*: ***be all of*** (*od.* ***in***) ***a ~*** F aufgeregt sein, ‚bibbern'.

dith·y·ramb ['dɪθɪræmb] *s.* **1.** Dithy'rambus *m*; **2.** Lobeshymne *f*; **dith·yram·bic** [₁dɪθɪ'ræmbɪk] *adj.* dithy'rambisch; enthusi'astisch.

dit·to ['dɪtəʊ] (*abbr.* **do.**) **I** *adv.* dito, des'gleichen: ~ ***marks*** Ditozeichen *n*; ***say ~ to s.o.*** j-m beipflichten; **II** *s.* F Dupli'kat *n*, Ebenbild *n*.
dit·ty ['dɪtɪ] *s.* Liedchen *n*.
di·u·ret·ic [ˌdaɪjʊə'retɪk] **I** *adj.* diu'retisch, harntreibend; **II** *s.* harntreibendes Mittel, Diu'retikum *n*.
di·ur·nal [daɪ'ɜːnl] *adj.* □ **1.** täglich ('wiederkehrend), Tag(es)…; **2.** *zo.* 'tagakˌtiv, bei Tag auftretend.
di·va ['diːvə] *s.* Diva *f*.
di·va·gate ['daɪvəgeɪt] *v/i.* abschweifen; **di·va·ga·tion** [ˌdaɪvə'geɪʃn] *s.* Abschweifung *f*, Ex'kurs *m*.
di·va·lent ['daɪˌveɪlənt] *adj.* ⚗ zweiwertig.
di·van [dɪ'væn] *s.* **1.** a) Diwan *m*, (Liege)Sofa *n*, b) *a.* ~ ***bed*** Bettcouch *f*; **2.** Diwan *m*: a) *orientalischer Staatsrat*, b) *Regierungskanzlei*, c) *Gerichtssaal*, d) *öffentliches Gebäude*; **3.** Diwan *m* (*orientalische Gedichtsammlung*).
di·var·i·cate [daɪ'værɪkeɪt] *v/i.* sich gabeln, sich spalten; abzweigen.
dive [daɪv] **I** *v/i.* **1.** tauchen (***for*** nach, ***into*** in *acc.*); **2.** 'untertauchen; **3.** e-n Kopf- *od.* Hechtsprung (*a. Torwart*) machen; **4.** *Wasserspringen*: springen; **5.** ✈ e-n Sturzflug machen; **6.** (hastig) hin'eingreifen *od.* fahren (***into*** in *acc.*); **7.** sich stürzen, verschwinden (***into*** in *acc.*); **8.** (***into***) sich vertiefen (in *ein Buch etc.*); **9.** fallen (*Thermometer etc.*); **II** *s.* **10.** ('Unter)Tauchen *n*, ⚓ *a.* Tauchfahrt *f*; **11.** Kopfsprung *m*; Hechtsprung *m* (*a. des Torwarts*); ***make a ~*** → 3; ***take a ~ sport sl.*** a) *Fußball*: ‚e-e Schwalbe bauen', b) ‚sich (einfach) hinlegen' (*Boxer*); **12.** *Wasserspringen*: Sprung *m*; **13.** ✈ Sturzflug *m*; **14.** F Spe'lunke *f*, Kneipe *f*; **'~-bomb** *v/t. u. v/i.* im Sturzflug mit Bomben angreifen; ~ **bomb·er** *s.* Sturzkampfflugzeug *n*, Sturzbomber *m*, Stuka *m*.
div·er ['daɪvə] *s.* **1.** Taucher(in); *sport* Wasserspringer(in); **2.** *orn. ein* Tauchvogel *m*, *bsd.* Pinguin *m*.
di·verge [daɪ'vɜːdʒ] *v/i.* **1.** divergieren (*a.* 𝔄, *phys.*), ausein'andergehen, -laufen, sich trennen; abweichen; **2.** abzweigen (***from*** von); **3.** verschiedener Meinung sein; **di'ver·gence** [-dʒəns], **di'ver·gen·cy** [-dʒənsɪ] *s.* **1.** 𝔄, *phys.* etc. Diver'genz *f*; **2.** Ausein'anderlaufen *n*; **3.** Abzweigung *f*; **4.** Abweichung *f*; **5.** Meinungsverschiedenheit *f*; **di'ver·gent** [-dʒənt] *adj.* □ **1.** divergierend (*a.* 𝔄, *phys. etc.*); **2.** ausein'andergehend, -laufend; **3.** abweichend.
di·vers ['daɪvɜːz] *adj. obs.* etliche.
di·verse [daɪ'vɜːs] *adj.* □ **1.** verschieden, ungleich; **2.** mannigfaltig; **di·ver·si·fi·ca·tion** [daɪˌvɜːsɪfɪ'keɪʃn] *s.* **1.** abwechslungsreiche Gestaltung; **2.** ☤ Diversifizierung *f*, Streuung *f*: ~ (***of products***) Verbreiterung *f* des Produktionsprogramms; ~ ***of capital*** Anlagenstreuung *f*; **3.** Verschiedenartigkeit *f*; **di'ver·si·fied** [-sɪfaɪd] *adj.* **1.** verschieden(artig); **2.** ☤ a) verteilt (*Risiko*), b) verteilt angelegt (*Kapital*), c) diversifiziert (*Produktion*); **di'ver·si·fy** [-sɪfaɪ] *v/t.* **1.** verschieden(artig) *od.* abwechslungsreich gestalten, variieren; **2.** ☤ diversifizieren, streuen.
di·ver·sion [daɪ'vɜːʃn] *s.* **1.** Ablenkung *f*; **2.** ⚔ 'Ablenkungsmaˌnöver *n* (*a. fig.*); **3.** *Brit.* 'Umleitung *f* (*Verkehr*); **4.** *fig.* Zerstreuung *f*, Zeitvertreib *m*; **di'ver·sion·ar·y** [-ʃnərɪ] *adj.* ⚔ Ablenkungs…; **di'ver·sion·ist** *pol.* **I** *s.* Diversio'nist(in), Sabo'teur(in); **II** *adj.* diversio'nistisch.
di·ver·si·ty [daɪ'vɜːsətɪ] *s.* **1.** Verschiedenheit *f*, Ungleichheit *f*; **2.** Mannigfaltigkeit *f*.
di·vert [daɪ'vɜːt] *v/t.* **1.** ablenken, ableiten, abwenden (***from*** von, ***to*** nach), lenken (***to*** auf *acc.*); **2.** abbringen (***from*** von); **3.** *Geld etc.* abzweigen (***to*** für); **4.** *Brit. Verkehr* 'umleiten; **5.** zerstreuen, unter'halten; **di'vert·ing** [-tɪŋ] *adj.* □ unter'haltsam, amü'sant.
di·vest [daɪ'vest] *v/t.* **1.** entkleiden (***of*** *gen.*); **2.** *fig.* entblößen, berauben (***of*** *gen.*): ~ ***s.o. of*** j-m *ein Recht etc.* entziehen *od.* nehmen; ~ ***o.s. of*** *et.* ablegen, *et.* ab- *od.* aufgeben, sich *e-s Rechts etc.* entäußern; **di'vest·i·ture** [-tɪtʃə], **di'vest·ment** [-smənt] *s. fig.* Entblößung *f*, Beraubung *f*.
di·vide [dɪ'vaɪd] **I** *v/t.* **1.** (ein)teilen (***in***, ***into*** in *acc.*): ***be ~d into*** zerfallen in (*acc.*); **2.** 𝔄 teilen, dividieren (***by*** durch); **3.** verteilen (***between***, ***among*** unter *acc. od. dat.*): ~ ***s.th. with s.o.*** et. mit j-m teilen; **4.** *a.* ~ ***up*** zerteilen, zerlegen; zerstückeln, spalten; **5.** entzweien, ausein'anderbringen; **6.** trennen, absondern, scheiden (***from*** von); *Haar* scheiteln; **7.** *Brit. parl.* (im Hammelsprung) abstimmen lassen; **II** *v/i.* **8.** sich teilen; zerfallen (***in***, ***into*** in *acc.*); **9.** 𝔄 a) sich teilen lassen (***by*** durch), b) aufgehen (***into*** in *dat.*); **10.** sich trennen *od.* spalten; **11.** *parl.* im Hammelsprung abstimmen; **III** *s.* **12.** *Am.* Wasserscheide *f*; **13.** *fig.* Trennlinie *f*: ***the Great*** 𝔇 der Tod; **di'vid·ed** [-dɪd] *adj.* geteilt (*a. fig.*): ~ ***opinions*** geteilte Meinungen; ~ ***counsel*** Uneinigkeit *f*; ***his mind was ~*** er war unentschlossen; ~ ***against themselves*** unter sich uneins; ~ ***highway*** *Am.* Schnellstraße *f*; ~ ***skirt*** Hosenrock *m*.
div·i·dend ['dɪvɪdend] *s.* **1.** 𝔄 Divi'dend *m*; **2.** ☤ Divi'dende *f*, Gewinnanteil *m*: *Brit.* ***cum*** ~, *Am.* ~ ***on*** einschließlich Dividende; *Brit.* ***ex*** ~, *Am.* ~ ***off*** ausschließlich Dividende; ***pay ~s*** *fig.* sich bezahlt machen; **3.** ⚖ Rate *f*, (Kon'kurs)quote *f*; ~ **cou·pon**, ~ **war·rant** *s.* ☤ Divi'dendenschein *m*.
di·vid·er [dɪ'vaɪdə] *s.* **1.** (Ver)Teiler(in); **2.** *pl.* Stechzirkel *m*; **3.** Trennwand *f*; **di'vid·ing** [-dɪŋ] *adj.* Trennungs…, Scheide…; ⚙ Teil…
div·i·na·tion [ˌdɪvɪ'neɪʃn] *s.* **1.** Weissagung *f*, Wahrsagung *f*; **2.** (Vor)Ahnung *f*.
di·vine [dɪ'vaɪn] **I** *adj.* □ **1.** Gottes…, göttlich, heilig: ~ ***service*** Gottesdienst *m*; ~ ***right of kings*** Königtum *n* von Gottes Gnaden, Gottesgnadentum *n*; **2.** *fig.* F göttlich, himmlisch; **II** *s.* **3.** Geistliche(r) *m*; **4.** Theo'loge *m*; **III** *v/t.* **5.** (vor'aus)ahnen; erraten; **6.** weissagen, prophe'zeien: ***divining rod*** Wünschelrute *f*; **di'vin·er** [-nə] *s.* **1.** Wahrsager *m*; **2.** (Wünschel)Rutengänger *m*.
div·ing ['daɪvɪŋ] *s.* **1.** Tauchen *n*; **2.** *sport* Wasserspringen *n*; ~ **bell** *s.* Taucherglocke *f*; ~ **board** *s.* Sprungbrett *n*; ~ **duck** *s.* Tauchente *f*; ~ **dress** → ***diving suit***; ~ **hel·met** *s.* Taucherhelm *m*; ~ **suit** *s.* Taucheranzug *m*; ~ **tow·er** *s.* Sprungturm *m*.
di·vin·i·ty [dɪ'vɪnətɪ] *s.* **1.** Göttlichkeit *f*, göttliches Wesen; **2.** Gottheit *f*: ***the*** 𝔇 die Gottheit, Gott; **3.** Theolo'gie *f*; **4.** *a.* ~ ***fudge*** *Am. ein Schaumgebäck*;
div·i·nize ['dɪvɪnaɪz] *v/t.* vergöttlichen.
di·vis·i·bil·i·ty [dɪˌvɪzɪ'bɪlətɪ] *s.* Teilbarkeit *f*; **di·vis·i·ble** [dɪ'vɪzəbl] *adj.* □ teilbar; **di·vi·sion** [dɪ'vɪʒn] *s.* **1.** (Auf-, Ein)Teilung *f* (***into*** in *acc.*); Verteilung *f*, Gliederung *f*: ~ ***of labo(u)r*** Arbeitsteilung; ~ ***into shares*** ☤ Stückelung *f*; **2.** Trennung *f*, Grenze *f*, Scheidelinie *f*, -wand *f*; **3.** Teil *m*, Ab'teilung *f* (*a. e-s Amtes etc.*), Abschnitt *m*; **4.** Gruppe *f*, Klasse *f*; **5.** ⚔ Divisi'on *f*; **6.** *sport* 'Liga *f*, (Spiel-, *Boxen etc.*: Gewichts)Klasse *f*; **7.** *pol.* Bezirk *m*; **8.** *parl.* (Abstimmung *f* durch) Hammelsprung *m*: ***go into ~*** zur Abstimmung schreiten; ***upon a ~*** nach Abstimmung; **9.** *fig.* Spaltung *f*, Kluft *f*; Uneinigkeit *f*, Diffe'renz *f*; **10.** 𝔄 Divisi'on *f*, Dividieren *n*; **di·vi·sion·al** [dɪ'vɪʒənl] *adj.* □ **1.** Trenn…, Scheide…: ~ ***line***; **2.** Abteilungs…; **3.** ⚔ Divisions…; **di·vi·sive** [dɪ'vaɪsɪv] *adj.* **1.** teilend; scheidend; **2.** entzweiend; trennend; **di·vi·sor** [dɪ'vaɪzə] *s.* 𝔄 Di'visor *m*, Teiler *m*.
di·vorce [dɪ'vɔːs] **I** *s.* **1.** ⚖ (Ehe)Scheidung *f*: ~ ***action***, ~ ***suit*** Scheidungsklage *f*, -prozeß *m*; ***obtain a ~*** geschieden werden; ***seek a ~*** auf Scheidung klagen; **2.** *fig.* (völlige) Trennung *f* (***from*** von); **II** *v/t.* **3.** ⚖ *Ehegatten* scheiden; **4.** ~ ***one's husband*** (***wife***) ⚖ sich von s-m Manne (s-r Frau) scheiden lassen; **5.** *fig.* (völlig) trennen, scheiden, (los-) lösen (***from*** von); **di·vor·cee** [dɪˌvɔː'siː] *s.* Geschiedene(r *m*) *f*.
div·ot ['dɪvət] *s.* **1.** *Scot.* Sode *f*, Rasenstück *n*; **2.** *Golf*: Divot *n*, Kote'lett *n*.
di·vul·ga·tion [ˌdaɪvʌl'geɪʃn] *s.* Enthüllung *f*, Preisgabe *f*.
di·vulge [daɪ'vʌldʒ] *v/t. Geheimnis etc.* enthüllen, preisgeben; **di'vulge·ment** [-mənt], **di'vul·gence** [-dʒəns] → ***divulgation***.
div·vy ['dɪvɪ] *v/t. oft* ~ ***up*** *Am.* F aufteilen.
dix·ie[1] ['dɪksɪ] *s.* ⚔ *sl.* **1.** Kochgeschirr *n*; **2.** ‚'Gulaschkaˌnone' *f*.
Dix·ie[2] ['dɪksɪ] → ***Dixieland***; **'Dix·ie·crat** [-kræt] *s. Am. pol. Mitglied e-r Splittergruppe der Demokratischen Partei in den Südstaaten*; **'Dix·ie·land** *s.* **1.** *Bezeichnung für den Süden der USA*; **2.** ♪ Dixieland *m*, Dixie *m*.
diz·zi·ness ['dɪzɪnɪs] *s.* Schwindel(anfall) *m*; Benommenheit *f*; **diz·zy** ['dɪzɪ] **I** *adj.* □ **1.** schwindlig: ~ ***spell*** Schwindelanfall *m*; **2.** schwindelnd, schwindelerregend: ~ ***heights***; **3.** verwirrt, benommen; **4.** unbesonnen; **5.** F verrückt; **II** *v/t.* **6.** schwindlig machen; **7.** verwirren.
D-mark ['diːmɑːk] *s.* Deutsche Mark.
do[1] [duː; dʊ] **I** *v/t.* [*irr.*] **1.** tun, machen: ***what can I ~ for you?*** womit kann ich dienen?; ***what does he ~ for a living?*** womit verdient er sein Brot?; ~ ***right*** recht tun; → ***done*** 1; **2.** tun, ausführen, sich beschäftigen mit, verrichten, voll-

ˈbringen, erledigen: ***~ business*** Geschäfte machen; ***~ one's duty*** s-e Pflicht tun; ***~ French*** Französisch lernen; ***~ Shakespeare*** Shakespeare durchnehmen *od.* behandeln; ***~ it into German*** es ins Deutsche übersetzen; ***~ lecturing*** Vorlesungen halten; ***my work is done*** m-e Arbeit ist getan *od.* fertig; ***he had done working*** er war mit der Arbeit fertig; ***~ 60 miles per hour*** 60 Meilen die Stunde fahren; ***he did all the talking*** er führte das große Wort; ***it can't be done*** es geht nicht; ***~ one's best*** sein Bestes tun, sich alle Mühe geben; ***~ better*** a) (et.) Besseres tun *od.* leisten, b) sich verbessern; → ***done***; **3.** herstellen, anfertigen: ***~ a translation*** e-e Übersetzung machen; ***~ a portrait*** ein Porträt malen; **4.** *j-m et.* tun, zufügen, erweisen, gewähren: ***~ s.o. harm*** j-m schaden; ***~ s.o. an injustice*** j-m ein Unrecht zufügen, j-m unrecht tun; ***these pills ~ me (no) good*** diese Pillen helfen mir (nicht); **5.** bewirken, erreichen: ***I did it*** ich habe es geschafft; ***now you've done it!*** *b.s.* nun hast du es glücklich geschafft!; **6.** herrichten, in Ordnung bringen, (zuˈrecht)machen, *Speisen* zubereiten: ***~ a room*** ein Zimmer aufräumen *od.* ‚machen'; ***~ one's hair*** sich das Haar machen, sich frisieren; ***I'll ~ the flowers*** ich werde die Blumen gießen; **7.** *Rolle etc.* spielen, ‚machen': ***~ Hamlet*** den Hamlet spielen; ***~ the host*** den Wirt spielen; ***~ the polite*** den höflichen Mann markieren; **8.** genügen, passen, recht sein (*dat.*): ***will this glass ~ you?*** genügt Ihnen dieses Glas?; **9.** F erschöpfen, ermüden: ***he was pretty well done*** er war ‚erledigt' (*am Ende s-r Kräfte*); **10.** F erledigen, abfertigen: ***I'll ~ you next*** ich nehme Sie als nächsten dran; ***~ a town*** e-e Stadt besichtigen *od.* ‚erledigen'; ***that has done me*** das hat mich ‚fertiggemacht' *od.* ruiniert; ***~ 3 years in prison*** *sl.* drei Jahre ‚abbrummen'; **11.** F ‚reinlegen', ‚übers Ohr hauen', ‚einseifen': ***~ s.o. out of s.th.*** j-n um et. betrügen *od.* bringen; ***you have been done (brown)*** du bist schön angeschmiert worden; **12.** F behandeln, versorgen, bewirten: ***~ s.o. well*** j-n gut versorgen; ***~ o.s. well*** es sich gutgehen lassen, sich gütlich tun; **II** *v/i.* [*irr.*] **13.** handeln, vorgehen, tun, sich verhalten: ***he did well to come*** er tat gut daran zu kommen; ***nothing ~ing!*** a) es ist nichts los, b) F nichts zu machen!, ausgeschlossen!; ***it's ~ or die now!*** jetzt geht's ums Ganze!; ***have done!*** hör auf!, genug davon!; → ***Rome***; **14.** vorˈankommen, Leistungen vollˈbringen: ***~ well*** a) es gut machen, Erfolg haben, b) gedeihen, gut verdienen (→ 15); ***~ badly*** schlecht daran sein, schlecht *mit et.* fahren; ***he did brilliantly at his examination*** er hat ein glänzendes Examen gemacht; **15.** sich befinden: ***~ well*** a) gesund sein, b) in guten Verhältnissen leben, c) sich gut erholen; ***how ~ you ~?*** a) guten Tag!, b) *obs.* wie geht es Ihnen?, c) es freut mich (, Sie kennenzulernen); **16.** genügen, ausreichen, passen, recht sein: ***will this quality ~?*** reicht diese Qualität aus?; ***that will ~*** a) das genügt, b) genug davon!; ***it will ~ tomorrow*** es hat Zeit bis morgen; ***that won't ~*** a) das genügt nicht, b) das geht nicht (an); ***that won't ~ with me*** das verfängt bei mir nicht; ***it won't ~ to be rude*** mit Grobheit kommt man nicht weit(er), man darf nicht unhöflich sein; ***I'll make it ~*** ich werde damit (schon) auskommen *od.* reichen; **III** *v/aux.* **17.** *Verstärkung*: ***I ~ like it*** es gefällt mir sehr; ***~ be quiet!*** sei doch still!; ***he did come*** er ist tatsächlich gekommen; ***they did go, but*** sie sind zwar *od.* wohl gegangen, aber; **18.** *Umschreibung*: a) *in Fragesätzen*: ***~ you know him? No, I don't*** kennst du ihn? Nein (, ich kenne ihn nicht), b) *in mit* **not** *verneinten Sätzen*: ***he did not (od. didn't) come*** er ist nicht gekommen; **19.** *bei Umstellung nach* **hardly**, **little** *etc.*: ***rarely does one see such things*** solche Dinge sieht man selten; **20.** *statt Wiederholung des Verbs*: ***you know as well as I ~*** Sie wissen so gut wie ich; ***did you buy it? – I did!*** hast du es gekauft? – jawohl!; ***I take a bath – so ~ I*** ich nehme ein Bad – ich auch; **21.** ***you learn German, don't you?*** du lernst Deutsch, nicht wahr?; ***he doesn't work too hard, does he?*** er arbeitet sich nicht tot, nicht wahr?;

Zssgn mit prp.:

do| by *v/i.* behandeln, handeln an (*dat.*): ***do well by s.o.*** j-n gut *od.* anständig behandeln; ***do ([un]to others) as you would be done by*** was du nicht willst, daß man dir tu', das füg auch keinem andern zu; **~ for** *v/i.* **1.** passen *od.* sich eignen für *od.* als; ausreichen für; **2.** F *j-m* den Haushalt führen; **3.** sorgen für; **4.** F zuˈgrunde richten, ruinieren: ***he is done for*** er ist ‚erledigt'; **~ to** → ***do by***; **~ with** *v/t. u. v/i.* **1.** : ***I can't do anything with him (it)*** ich kann nichts mit ihm (damit) anfangen; ***I have nothing to ~ it*** ich habe nichts damit zu schaffen, es geht mich nichts an, es betrifft mich nicht; ***I won't have anything to ~ you*** ich will mit dir nichts zu schaffen haben; **2.** auskommen *od.* sich begnügen mit: ***can you ~ bread and cheese for supper?*** genügen dir Brot und Käse zum Abendessen?; **3.** er-, vertragen: ***I can't ~ him and his cheek*** ich kann ihn mit s-r Frechheit nicht ertragen; **4.** *mst* ***could ~*** (gut) gebrauchen können: ***I could ~ the money***; ***he could ~ a haircut*** er müßte sich mal (wieder) die Haare schneiden lassen; **~ with·out** *v/i.* auskommen ohne, *et.* entbehren, verzichten auf (*acc.*): ***we shall have to ~*** wir müssen ohne (es) auskommen;

Zssgn mit adv.:

do| a·way with *v/i.* **1.** beseitigen, abschaffen, aufheben; **2.** *Geld* ˈdurchbringen; **3.** ˈumbringen, töten; **~ down** *v/t.* F **1.** reinlegen, ‚übers Ohr hauen', ‚bescheißen'; **2.** ‚herˈuntermachen'; **~ in** *v/t. sl.* **1.** *j-n* ˈumbringen; **2.** → ***do down*** 1; **3.** *j-n* ‚erledigen', ‚schaffen'; **~ out** *v/t.* F *Zimmer etc.* säubern; **~ up** *v/t.* **1.** a) zs.-schnüren, b) *Päckchen* verschnüren, zuˈrechtmachen, c) einpakken, d) *Kleid etc.* zumachen; **2.** *das Haar* hochstecken; **3.** herrichten, in Ordnung bringen; **4.** → ***do in*** 3.

do² [duː] *pl.* **dos, do's** [-z] *s.* **1.** *sl.* Schwindel *m*, ‚Beschiß' *m*, fauler Zauber; **2.** *Brit.* F Fest *n*, ‚Festiviˈtät' *f*, ‚große Sache'; **3.** ***do's and don'ts*** Gebote *pl. u.* Verbote *pl.*, Regeln *pl.*

do³ [dəʊ] *s.* ♪ do *n* (*Solmisationssilbe*).

do·a·ble [ˈduːəbl] *adj.* ˈdurchführ-, machbar; **ˈdo-all** *s.* Fakˈtotum *n*.

doat [dəʊt] → ***dote***.

doc [dɒk] F *abbr. für* ***doctor***.

do·cent [dəʊˈsent] *s. Am.* Priˈvatdoˌzent *m*.

doc·ile [ˈdəʊsaɪl] *adj.* □ **1.** fügsam, gefügig; **2.** gelehrig; **3.** fromm (*Pferd*); **do·cil·i·ty** [dəʊˈsɪlətɪ] *s.* **1.** Fügsamkeit *f*; **2.** Gelehrigkeit *f*.

dock¹ [dɒk] **I** *s.* **1.** Dock *n*: ***dry ~***, ***graving ~*** Trockendock; ***floating ~*** Schwimmdock; ***wet ~*** Dockhafen *m*; ***put in ~*** → 6; **2.** Hafenbecken *n*, Anlegeplatz *m*: ***~ authorities*** Hafenbehörde *f*; ***~ dues*** → ***dockage¹*** 1; ***~ strike*** Dockarbeiterstreik *m*; **3.** *pl.* Docks *pl.*, Dock-, Hafenanlagen *pl.*; **4.** *Am.* Kai *m*; **5.** 🚂 *Am.* Laderampe *f*; **II** *v/t.* **6.** *Schiff* (ein)docken; **7.** *Raumschiffe* koppeln; **III** *v/i.* **8.** ins Dock gehen, docken; im Dock liegen; **9.** anlegen (*Schiff*); **10.** andocken (*Raumschiffe*).

dock² [dɒk] **I** *s.* **1.** Fleischteil *m* des Schwanzes; **2.** Schwanzstummel *m*; **3.** Schwanzriemen *m*; **4.** (Lohn- *etc.*)Kürzung *f*; **II** *v/t.* **5.** a) stutzen, b) den Schwanz stutzen *od.* kupieren (*dat.*); **6.** *fig.* beschneiden, kürzen.

dock³ [dɒk] *s.* ⚖ Anklagebank *f*: ***be in the ~*** auf der Anklagebank sitzen; ***put in the ~*** *fig.* anklagen.

dock⁴ [dɒk] *s.* ⚘ Ampfer *m*.

dock·age¹ [ˈdɒkɪdʒ] *s.* ⚓ **1.** Dock-, Hafengebühren *pl.*, Kaigebühr *f*; **2.** Dokken *n*; **3.** → ***dock¹*** 3.

dock·age² [ˈdɒkɪdʒ] *s.* Kürzung *f*.

dock·er [ˈdɒkə] *s. Brit.* Dock-, Hafenarbeiter *m*.

dock·et [ˈdɒkɪt] **I** *s.* **1.** ⚖ a) Geˈrichts-, Terˈminkaˌlender *m*, b) *Brit.* ˈUrteilsreˌgister *n*, c) *Am.* Proˈzeßliste *f*; **2.** Inhaltsangabe *f*, -vermerk *m*; **3.** *Am.* Tagesordnung *f*; **4.** ☤ a) Aˈdreßzettel *m*, Etiˈkett *n*, b) *Brit.* Zollquittung *f*, c) *Brit.* Bestell-, Lieferschein *m*; **II** *v/t.* **5.** in e-e Liste eintragen (→ 1 b u. c); **6.** mit Inhaltsangabe *od.* Etiˈkett versehen; **7.** *Am.* auf die Tagesordnung setzen.

dock·ing [ˈdɒkɪŋ] *s. Raumfahrt*: Andokken *n*, Kopp(e)lung *f*.

ˈdock|·land *s.* Hafenviertel *n*; **ˈ~ˌmas·ter** *s.* ˈHafenkapiˌtän *m*, Dockmeister *m*; **ˈ~ˌwar·rant** *s.* ☤ Docklagerschein *m*; **~ work·er** → ***docker***; **ˈ~·yard** *s.* ⚓ **1.** Werft *f*; **2.** *Brit.* Maˈrinewerft *f*.

doc·tor [ˈdɒktə] **I** *s.* **1.** Doktor *m*, Arzt *m*: ***~'s stuff*** F Medizin *f*; ***that's just what the ~ ordered*** das ist genau das richtige; ***doll ~*** F Puppendoktor; **2.** *univ.* Doktor *m*: ***ℒ of Divinity (Laws)*** Doktor der Theologie (Rechte); ***take one's ~'s degree*** (zum Doktor) promovieren; ***Dear ~*** Sehr geehrter Herr Doktor!; **3.** ***ℒ of the Church*** Kirchenvater *m*; **4.** ⚓ *sl.* Smutje *m*, Schiffskoch *m*; **5.** ⚙ Schaber *m*, Abstreichmesser *n*; **6.** *Angeln*: künstliche Fliege; **II** *v/t.* **7.** ‚verarzten', ärztlich behandeln; **8.** F *Tier* kastrieren; **9.** ‚ausbessern', ‚zu-

'rechtflicken'; **10.** *a.* ~ **up** a) *Wein etc.* (ver)panschen, b) *Abrechnungen etc.* ‚frisieren', (ver)fälschen; **III** *v/i.* **11.** F (als Arzt) praktizieren; '**doc·tor·al** [-tərəl] *adj.* Doktor(s)...: ~ ***candidate*** Doktorand(in); ~ ***cap*** Doktorhut *m*; '**doc·tor·ate** [-tərɪt] *s.* Dokto'rat *n*, Doktorwürde *f*.

doc·tri·naire [ˌdɒktrɪ'neə] **I** *s.* Doktri'när *m*, Prin'zipienreiter *m*; **II** *adj.* doktri'när.

doc·tri·nal [dɒk'traɪnl] *adj.* □ lehrmäßig, Lehr...; *weitS* dog'matisch: ~ ***proposition*** Lehrsatz *m*; ~ ***theology*** Dogmatik *f*; **doc·trine** ['dɒktrɪn] *s.* **1.** Dok'trin *f*, Lehre *f*, Lehrmeinung *f*; **2.** *bsd. pol.* Dok'trin *f*, Grundsatz *m*: ***party*** ~ Parteiprogramm *n*.

doc·u·dra·ma ['dɒkjʊˌdrɑːmə] *s. Film, TV*: Dokumen'tarspiel *n*.

doc·u·ment ['dɒkjʊmənt] **I** *s.* **1.** Doku'ment *n*, Urkunde *f*, Schrift-, Aktenstück *n*, 'Unterlage *f*, *pl. a.* Akten *pl.*; **2.** Beweisstück *n*; **3.** (***shipping***) ~***s*** *pl.* ✝ Ver'lade-, 'Schiffspaˌpiere *pl.*: ~***s against acceptance*** (***payment***) Dokumente gegen Akzept (Bezahlung); **II** *v/t.* [-ment] **4.** dokumentieren (*a. fig.*), (urkundlich) belegen; **5.** *Buch etc.* mit (genauen) Beleghinweisen versehen; **6.** ✝ mit den notwendigen Pa'pieren versehen; **doc·u·men·ta·ry** [ˌdɒkjʊ'mentərɪ] **I** *adj.* **1.** dokumen'tarisch, urkundlich: ~ ***bill*** ✝ Dokumententratte *f*; ~ ***evidence*** Urkundenbeweis *m*; **2.** *Film etc.*: Dokumentar..., Tatsachen...: ~ ***film***; ~ ***novel***; **II** *s.* Dokumen'tar-, Tatsachenfilm *m*; **doc·u·men·ta·tion** [ˌdɒkjʊmen'teɪʃn] *s.* Dokumentati'on *f*: a) Urkunden-, Quellenbenutzung *f*, b) dokumen'tarischer Nachweis *od.* Beleg.

dod·der¹ ['dɒdə] *s.* ⚘ Teufelszwirn *m*, Flachsseide *f*.

dod·der² ['dɒdə] *v/i.* F **1.** zittern (*vor Schwäche*); **2.** wack(e)lig gehen, wakkeln; '**dod·dered** [-əd] *adj.* **1.** astlos (*Baum*); **2.** altersschwach, tatterig; '**dod·der·ing** [-ərɪŋ], '**dod·der·y** [-ərɪ] *adj.* F se'nil, tatterig, vertrottelt.

do·dec·a·gon [dəʊ'dekəgən] *s.* ⩓ Zwölfeck *n*.

do·dec·a·he·dron [ˌdəʊdekə'hedrən] *pl.* **-drons, dra** [-drə] *s.* ⩓ Dodeka'eder *n*, Zwölfflächner *m*; ˌ**do·dec·a'syl·la·ble** [-'sɪləbl] *s.* zwölfsilbiger Vers.

dodge [dɒdʒ] **I** *v/i.* **1.** (rasch) zur Seite springen, ausweichen; **2.** a) schlüpfen, b) sich verstecken, c) flitzen; **3.** Ausflüchte gebrauchen, Winkelzüge machen; **4.** sich drücken; **II** *v/t.* **5.** ausweichen (*dat.*); **6.** F sich drücken vor, um'gehen, aus dem Weg gehen (*dat.*), vermeiden; **III** *s.* **7.** Sprung *m* zur Seite, rasches Ausweichen; **8.** Kniff *m*, Trick *m*: ***be up to all the*** ~***s*** mit allen Wassern gewaschen sein; **dodg·em** (**car**) ['dɒdʒəm] *s.* (Auto)Scooter *m*; '**dodg·er** [-dʒə] *s.* **1.** ‚Schlitzohr' *n*; **2.** Gauner *m*, Schwindler *m*; **3.** Drückeberger *m*; **4.** *Am.* Hand-, Re'klamezettel *m*; '**dodg·y** [-dʒɪ] *adj. Brit.* F **1.** vertrackt; **2.** ris'kant; **3.** nicht einwandfrei.

doe [dəʊ] *s. zo.* **1.** a) Damhirschkuh *f*, b) Rehgeiß *f*; **2.** *Weibchen der Hasen, Kaninchen etc.*

do·er ['duːə] *s.* ‚Macher' *m*, Tatmensch *m*.

does [dʌz; dəz] *3. pres. sg. von* **do**¹.

'**doe·skin** *s.* **1.** a) Rehfell *n*, b) Rehleder *n*; **2.** Doeskin *n* (*ein Wollstoff*).

doest [dʌst] *obs. od. poet. 2. pres. sg. von* **do**¹: ***thou*** ~ du tust.

doff [dɒf] *v/t.* **1.** *Kleider* ablegen, ausziehen; *Hut* lüften, ziehen; **2.** *fig. Gewohnheit* ablegen.

dog [dɒg] **I** *s.* **1.** *zo.* Hund *m*; **2.** *engS.* Rüde *m* (*männlicher Hund, Wolf* [*a.* ***dog-wolf***], *Fuchs* [*a.* ***dog-fox***] *etc.*); **3.** *oft* ***dirty*** ~ (gemeiner) Hund *m*, Schuft *m*; **4.** F Bursche *m*, Kerl *m*: ***gay*** ~ lustiger Vogel; ***lucky*** ~ Glückspilz *m*; ***sly*** ~ schlauer Fuchs; **5.** *ast.* a) ***Greater*** (***Lesser***) ♎ Großer (Kleiner) Hund, b) → ***Dog Star***; **6.** ***the*** ~***s*** *Brit.* F das Windhundrennen; **7.** ⚙ a) Klaue *f*, Knagge *f*, b) Anschlag(bolzen) *m*, c) Bock *m*, Gestell *n*; **8.** ⚒ Hund *m*, Förderwagen *m*; **9.** → ***fire-dog***;

Besondere Redewendungen:

not a ~***'s chance*** nicht die geringste Chance; ~ ***in the manger*** Neidhammel *m*; ~***s of war*** Kriegsfurien; ~***'s dinner*** F Pfusch(arbeit *f*) *m*; ~ ***does not eat*** ~ eine Krähe hackt der anderen kein Auge aus; ***go to the*** ~***s*** vor die Hunde gehen; ***every*** ~ ***has his day*** jeder hat einmal Glück im Leben; ***help a lame*** ~ ***over a stile*** j-m in der Not helfen; ***lead a*** ~***'s life*** ein Hundeleben führen; ***lead s.o. a*** ~***'s life*** j-m das Leben zur Hölle machen; ***let sleeping*** ~***s lie*** a) schlafende Hunde soll man nicht wecken, laß die Finger davon, b) laß den Hund begraben sein, rühr nicht alte Geschichten auf; ***put on*** ~ F ‚angeben', vornehm tun; ***throw to the*** ~***s*** wegwerfen, vergeuden, *fig.* den Wölfen (zum Fraß) vorwerfen, opfern;

II *v/t.* **10.** *j-m* auf dem Fuße folgen, *j-n* verfolgen, jagen, *j-m* nachspüren: ~ ***s.o.'s steps*** j-m auf den Fersen bleiben; **11.** *fig.* verfolgen: ~***ged by bad luck***.

dog| **bis·cuit** *s.* Hundekuchen *m*; '~**·cart** *s.* Dogcart *m* (*Wagen*); ˌ~**-'cheap** *adj. u. adv.* F spottbillig; ~ **col·lar** *s.* **1.** Hundehalsband *n*; **2.** F Kol'lar *n*, (steifer) Kragen *e-s Geistlichen*; ~ **days** *s. pl.* Hundstage *pl.*

doge [dəʊdʒ] *s. hist.* Doge *m*.

'**dog|-ear** *s.* Eselsohr *n*; '~**-eared** *adj.* mit Eselsohren (*Buch*); ~ **end** *s. Brit.* F (Ziga'retten)Kippe *f*; '~**·fight** *s.* Handgemenge *n*; ⚔ Einzel-, Nahkampf *m*; ✈ Kurven-, Luftkampf *m*; '~**·fish** *s.* kleiner Hai, *bsd.* Hundshai *m*.

dog·ged ['dɒgɪd] *adj.* □ verbissen, hartnäckig, zäh; '**dog·ged·ness** [-nɪs] *s.* Verbissenheit *f*, Zähigkeit *f*.

dog·ger ['dɒgə] *s.* ⚓ *Dogger m* (*zweimastiges Fischerboot*).

dog·ger·el ['dɒgərəl] **I** *s.* Knittelvers *m*; **II** *adj.* holperig (*Vers etc.*).

dog·gie ['dɒgɪ] → ***doggy*** 1; ~ **bag** *s.* F Beutel *m* zum Mitnehmen von Essensresten (*im Restaurant*).

dog·gish ['dɒgɪʃ] *adj.* □ **1.** hundeartig, Hunde...; **2.** bissig, mürrisch.

dog·go ['dɒgəʊ] *adv.*: ***lie*** ~ a) sich nicht mucksen, b) sich versteckt halten.

dog·gone ['dɒgɒn] *adj. u. int. Am.* F verdammt.

dog·gy ['dɒgɪ] **I** *s.* **1.** Hündchen *n*, Wauwau *m*; **II** *adj.* **2.** hundeartig; **3.** hundeliebend; **4.** *Am.* F todschick.

'**dog|·house** *s.* Hundehütte *f*: ***in the*** ~ *Am.* F in Ungnade; ~ **Lat·in** *s.* 'Küchenlaˌtein *n*; ~ **lead** [liːd] *s.* Hundeleine *f*.

dog·ma ['dɒgmə] *pl.* **-mas**, **-ma·ta** [-mətə] *s.* **1.** *eccl.* Dogma *n*: a) Glaubenssatz *m*, b) 'Lehrsysˌtem *n*; **2.** Lehrsatz *m*; **3.** *fig.* Dogma *n*, Grundsatz *m*; **dog·mat·ic** [dɒg'mætɪk] **I** *adj.* (□ ~***ally***) *eccl. u. fig. contp.* dog'matisch; **II** *s. pl. sg. konstr.* Dog'matik *f*; '**dog·ma·tism** [-ətɪzəm] *s. contp.* Dogma'tismus *m*; '**dog·ma·tist** [-ətɪst] *s. eccl. u. fig.* Dog'matiker *m*; '**dog·ma·tize** [-ətaɪz] **I** *v/i. bsd. contp.* dogmatisieren, dog'matische Behauptungen aufstellen (***on*** über *acc.*); **II** *v/t.* dogmatisieren, zum Dogma erheben.

ˌ**do-'good·er** *s.* F Weltverbesserer *m*, Humani'tätsaˌpostel *m*.

'**dog|-ˌpad·dle** *v/i.* (wie ein Hund) paddeln; ~ **rac·ing** *s.* Hunderennen *n*; '~**-rose** *s.* ⚘ Heckenrose *f*.

'**dogsˌbod·y** ['dɒgz-] *s.* F ‚Kuli' *m* (*der die Dreckarbeit machen muß*).

'**dog's-ear** *etc.* → ***dog-ear*** *etc.*

'**dog|-show** *s.* Hundeausstellung *f*; '~**·skin** *s.* Hundsleder *n*; ♎ **Star** *s. ast.* Sirius *m*, Hundsstern *m*; ~ **tag** *s.* **1.** Hundemarke *f*; **2.** ⚔ *Am. sl.* ‚Hundemarke' *f* (*Erkennungsmarke*); ~ **tax** *s.* Hundesteuer *f*; ˌ~**-'tired** *adj.* F hundemüde; '~**-tooth** *s.* [*irr.*] △ 'Zahnornaˌment *n*; '~**·trot** *s.* leichter Trab; '~**·watch** *s.* ⚓ ‚Plattfuß' *m* (*Wache*); '~**·wood** *s.* ⚘ Hartriegel *m*.

doi·ly ['dɔɪlɪ] *s.* (Zier)Deckchen *n*.

do·ing ['duːɪŋ] *s.* **1.** Tun *n*: ***that was your*** ~ a) das hast du getan, b) es war deine Schuld; ***that will take some*** ~ das will erst getan sein; **2.** *pl.* a) Taten *pl.*, Tätigkeit *f*, b) Vorfälle *pl.*, Begebenheiten *pl.*, c) Treiben *n*, Betragen *n*: ***fine*** ~***s these!*** das sind mir schöne Geschichten!; **3.** *pl. sg. konstr. Brit.* F ‚Dingsbums' *n*.

doit [dɔɪt] *s.* Deut *m*: ***not worth a*** ~ keinen Pfifferling wert.

ˌ**do-it-your'self I** *s.* Heimwerken *n*; **II** *adj.* Do-it-yourself..., Heimwerker...; ˌ**do-it-your'self·er** [-fə] *s.* F Heimwerker *m*.

dol·drums ['dɒldrəmz] *s. pl.* **1.** *geogr.* a) Kalmengürtel *m*, -zone *f*, b) Kalmen *pl.*, äquatori'ale Windstillen *pl.*; **2.** Niedergeschlagenheit *f*, Trübsinn *m*: ***in the*** ~ a) deprimiert, Trübsal blasend, b) e-e Flaute durchmachend (*Geschäft etc.*).

dole [dəʊl] **I** *s.* **1.** milde Gabe, Almosen *n*; **2.** *bsd. Brit.* F ‚Stempelgeld' *n*: ***be*** (*od.* ***go***) ***on the*** ~ stempeln gehen; **II** *v/t.* **3.** *mst* ~ ***out*** sparsam aus-, verteilen.

dole·ful ['dəʊlfʊl] *adj.* □ traurig; trübselig; '**dole·ful·ness** [-nɪs] *s.* Trübseligkeit *f*.

dol·i·cho·ce·phal·ic [ˌdɒlɪkəʊse'fælɪk] *adj.* langköpfig, -schädelig.

'**do-ˌlit·tle** *s.* F Faulpelz *m*.

doll [dɒl] **I** *s.* **1.** Puppe *f*: ~***'s house*** Puppenstube *f*, -haus *n*; ~***'s pram*** *bsd. Brit.* Puppenwagen *m*; ~***'s face*** *fig.* Puppengesicht *n*; **2.** F ‚Puppe' *f* (*Mädchen*); *Am. sl. allg.* Frau *f*; **II** *v/t. u. v/i.*

~ up F (sich) feinmachen: **all ~ed up** aufgedonnert.

dol·lar ['dɒlə] *s.* Dollar *m*: **the almighty ~** das Geld, der Mammon; **~ diplomacy** Dollardiplomatie *f*.

doll·ish ['dɒlɪʃ] *adj.* ☐ puppenhaft.

dol·lop ['dɒləp] *s.* F Klumpen *m*, ‚Klacks' *m*; *Am.* ‚Schuß' *m*: **~ of brandy**.

doll·y ['dɒlɪ] **I** *s.* **1.** Püppchen *n*; **2.** ⚙ a) niedriger Trans'portkarren, b) *Film*: Kamerawagen *m*, c) 'Schmalspurlokomo,tive *f* (*an Baustellen*); **3.** ⚙ Nietkolben *m*; **4.** Wäschestampfer *m*, -stößel *m*; **5.** *Am.* Anhängerbock *m* (*Sattelschlepper*); **6.** *a.* **~ bird** F ‚Püppchen' *n* (*Mädchen*); **II** *adj.* **7.** puppenhaft; **III** *v/t.* **8. ~ in** (**out**) *Film*: *die Kamera* vorfahren (zu'rückfahren); **~ shot** *s. Film*: Fahraufnahme *f*.

dol·man ['dɒlmən] *pl.* **-mans** *s.* **1.** Damenmantel *m* mit capeartigen Ärmeln: **~ sleeve** capeartiger Ärmel; **2.** Dol man *m* (*Husarenjacke*).

dol·men ['dɒlmen] *s.* Dolmen *m* (*vorgeschichtliches Steingrabmal*).

dol·o·mite ['dɒləmaɪt] *s. min.* Dolo'mit *m*: **the Ձs** *geogr.* die Dolomiten.

do·lor *Am.* → **dolour**; **dol·or·ous** ['dɒlərəs] *adj.* ☐ traurig, schmerzlich; **do·lour** ['dɒlə] *s.* Leid *n*, Pein *f*, Qual *f*, Schmerz *m*.

dol·phin ['dɒlfɪn] *s.* **1.** *zo.* a) Del'phin *m*, b) Tümmler *m*; **2.** *ichth.* 'Goldma,krele *f*; **3.** ⚓ a) Ankerboje *f*, b) Dalbe *f*.

dolt [dəʊlt] *s.* Dummkopf *m*, Tölpel *m*; '**dolt·ish** [-tɪʃ] *adj.* ☐ tölpelhaft, dumm.

do·main [dəʊ'meɪn] *s.* **1.** Do'mäne *f*, Staatsgut *n*; **2.** Landbesitz *m*; Herrengut *n*; **3.** (**power of**) **eminent ~** *Am.* Enteignungsrecht *n des Staates*; **4.** *fig.* Do'mäne *f*, Gebiet *n*, Bereich *m*, Sphäre *f*, Reich *n*.

dome [dəʊm] *s.* **1.** *allg.* Kuppel *f*; **2.** Wölbung *f*; **3.** *obs.* Dom *m*, *poet. a.* stolzer Bau; **4.** ⚙ Haube *f*, Deckel *m*; **5.** *Am.* ‚Birne' *f* (*Kopf*); **domed** [-md] *adj.* gewölbt; kuppelförmig.

Domes·day Book ['du:mzdeɪ] *s. Reichsgrundbuch Englands* (*1086*).

'**dome-shaped** → **domed**.

do·mes·tic [dəʊ'mestɪk] **I** *adj.* (☐ **~ally**) **1.** häuslich, Haus..., Haushalts..., Familien..., Privat...: **~ affairs** häusliche Angelegenheiten (→ 4); **~ court** *Am.* Familiengericht *n*; **~ drama** *thea.* bürgerliches Drama; **~ economy** *od.* **science** Hauswirtschaft(slehre) *f*; **~ life** Familienleben *n*; **~ relations law** ⚖ *Am.* Familienrecht *n*; **~ servant** → 6; **2.** häuslich (veranlagt): **a ~ man**; **3.** inländisch, Inland(s)..., einheimisch, Landes...; Innen..., Binnen...: **~ bill** ☤ Inlandswechsel *m*; **~ goods** Inlandswaren; **~ mail** *Am.* Inlandspost *f*; **~ trade** Binnenhandel *m*; **4.** *pol.* inner, Innen...: **~ affairs** innere *od.* innenpolitische Angelegenheiten (→ 1); **~ policy** Innenpolitik *f*; **5.** zahm, Haus...: **~ animal** Haustier *n*; **II** *s.* **6.** Hausangestellte(r *m*) *f*, Dienstbote *m*; **do'mes·ti·cate** [-keɪt] *v/t.* **1.** domestizieren: a) zähmen, zu Haustieren machen, b) zu Kulturpflanzen machen; **2.** an häusliches Leben gewöhnen: **not ~d** a) nichts vom Haushalt verstehend, b) nicht am Familienleben hängend, ‚nicht gezähmt'; **3.** *Wilde* zivilisieren; **do·mes·ti·ca·tion** [dəʊ,mestɪ'keɪʃn] *s.* **1.** Domestizierung *f*: a) Zähmung *f*, b) ⚘ Kultivierung *f*; **2.** Gewöhnung *f* an häusliches Leben; **3.** Einbürgerung *f*; **do·mes·tic·i·ty** [,dəʊme'stɪsətɪ] *s.* **1.** (Neigung *f* zur) Häuslichkeit *f*; **2.** häusliches Leben; **3.** *pl.* häusliche Angelegenheiten *pl.*

dom·i·cile ['dɒmɪsaɪl], *Am. a.* '**dom·i·cil** [-sɪl] **I** *s.* **1.** a) (ständiger *od.* bürgerlichrechtlicher) Wohnsitz, b) Wohnort *m*, c) Wohnung *f*; **2.** ☤ Sitz *m* e-r Gesellschaft; **3.** *a.* **legal ~** ⚖ Gerichtsstand *m*; **II** *v/t.* **4.** ansässig *od.* wohnhaft machen, ansiedeln; **5.** ☤ *Wechsel* domizilieren; '**dom·i·ciled** [-ld] *adj.* **1.** ansässig, wohnhaft; **2. ~ bill** ☤ Domizilwechsel *m*; **dom·i·cil·i·ar·y** [,dɒmɪ'sɪljərɪ] *adj.* Haus..., Wohnungs...: **~ arrest** Hausarrest *m*; **~ visit** Haussuchung *f*; **dom·i·cil·i·ate** [,dɒmɪ'sɪljeɪt] *v/t.* ☤ *Wechsel* domizilieren.

dom·i·nance ['dɒmɪnəns] *s.* **1.** (Vor-)Herrschaft *f*, (Vor)Herrschen *n*; **2.** Macht *f*; **3.** *biol.* Domi'nanz *f*; '**dom·i·nant** [-nt] **I** *adj.* ☐ **1.** dominierend, vorherrschend; **2.** beherrschend: a) bestimmend, entscheidend: **~ factor**, b) em'porragend, weithin sichtbar; **3.** *biol.* domi'nant, überlagernd; **4.** ♪ Dominant...; **II** *s.* **5.** *biol.* vorherrschendes Merkmal; ♪, *a.* ⚘ Domi'nante *f*; '**dom·i·nate** [-neɪt] **I** *v/t.* beherrschen (*a. fig.*): a) herrschen über (*acc.*), b) em'porragen über (*acc.*); **II** *v/i.* dominieren, (vor)herrschen: **~ over** herrschen über (*acc.*).

dom·i·na·tion [,dɒmɪ'neɪʃn] *s.* (Vor-)Herrschaft *f*; ,**dom·i'neer** [-'nɪə] *v/i.* **1.** den Herrn spielen, anmaßend auftreten; **2.** (**over**) des'potisch herrschen (über *acc.*), tyrannisieren (*acc.*); ,**dom·i'neer·ing** [-'nɪərɪŋ] *adj.* ☐ **1.** ty'rannisch, herrisch, gebieterisch; **2.** anmaßend.

do·min·i·cal [də'mɪnɪkl] *adj. eccl.* des Herrn (Jesu): **~ day** Tag *m* des Herrn (*Sonntag*); **~ prayer** *das* Gebet des Herrn (*Vaterunser*); **~ year** Jahr *n* des Herrn.

Do·min·i·can [də'mɪnɪkən] *eccl.* **I** *adj.* **1.** *eccl.* Dominikaner..., domini'kanisch; **2.** *pol.* dominikanisch; **II** *s.* **3.** *a.* **~ friar** Domini'kaner(mönch) *m*; **4.** *pol.* Domini'kaner(in).

dom·i·nie ['dɒmɪnɪ] *s.* **1.** *Scot.* Schulmeister *m*; **2.** (Herr) Pastor *m*.

do·min·ion [də'mɪnjən] *s.* **1.** (Ober-)Herrschaft *f*, (Regierungs)Gewalt *f*; **2.** ⚖ a) Eigentumsrecht *n*, b) (tatsächliche) Gewalt (**over** über *e-e Sache*); **3.** (Herrschafts)Gebiet *n*; **4.** a) *hist.* Ձ Do'minion *n* (*im Brit. Commonwealth*), b) **the** Ձ *Am.* Kanada *n*.

dom·i·no ['dɒmɪnəʊ] *pl.* **-noes** *s.* **1.** a) *pl. sg. konstr.* Domino(spiel) *n*, b) Dominostein *m*; **2.** Domino *m* (*Maskenkostüm od. Person*); **~ the·o·ry** *s. pol.* 'Dominotheo,rie *f*.

don¹ [dɒn] *s.* **1.** Ձ *span. Titel*; *weitS.* Spanier *m*; **2.** *Brit.* Universitätslehrer *m* (*Fellow od. Tutor*); **3.** Fachmann *m* (**at** in *dat.*, für).

don² [dɒn] *v/t. et.* anziehen, *den Hut* aufsetzen.

do·nate [dəʊ'neɪt] *v/t.* schenken (*a.* ⚖), stiften, *a. Blut etc.* spenden (**to s.o.** j-m); **do'na·tion** [-eɪʃn] *s.* Schenkung *f* (*a.* ⚖), Stiftung *f*, Gabe *f*, Geschenk *n*, Spende *f*.

done [dʌn] **I** *p.p. von* **do¹**; **II** *adj.* **1.** getan: **well ~!** gut gemacht!, bravo!; **it isn't ~** so et. tut man nicht, das gehört sich nicht; **what is to be ~?** was ist zu tun?, was soll geschehen?; **~ at ...** *in Urkunden*: gegeben in *der Stadt New York etc.*; **2.** erledigt (*a. fig.*): **get s.th. ~** et. erledigen (lassen); **he gets things ~** er bringt et. zuwege; **3.** gar: **is the meat ~ yet?**; **well ~** durchgebraten; **4.** F fertig: **have ~ with** a) fertig sein mit (*a. fig.*), b) nicht mehr brauchen, c) nichts mehr zu tun haben wollen mit; **5.** *a.* **~ up**, **~ in** erschöpft, ‚erledigt', ‚fertig'; **6. ~!** abgemacht!

do·nee [dəʊ'ni:] *s.* ⚖ Beschenkte(r *m*) *f*, Schenkungsempfänger(in).

dong [dɒŋ] *s. Am.* V ‚Pimmel' *m* (*Penis*).

don·jon ['dɒndʒən] *s.* **1.** Don'jon *m*, Hauptturm *m*; **2.** Bergfried *m*, Burgturm *m*.

don·key ['dɒŋkɪ] **I** *s.* **1.** Esel *m* (*a. fig.*): **~'s years** *Brit.* F e-e ‚Ewigkeit'; **2.** → **donkey engine**; **II** *adj.* **3.** ⚙ Hilfs...: **~ pump**; **~ en·gine** *s.* ⚙ kleine (*transportable*) 'Hilfsma,schine; '**~-work** *s.* F Dreckarbeit *f*.

don·nish ['dɒnɪʃ] *adj.* **1.** gelehrt; **2.** belehrend.

do·nor ['dəʊnə] *s.* Geber *m*; Schenker *m* (*a.* ⚖); Spender *m* (*a.* ⚕), Stifter *m*; **~ card** *s.* Or'ganspenderausweis *m*.

'**do-,noth·ing** **I** *s.* Faulenzer(in); **II** *adj.* faul, nichtstuerisch.

Don Quix·ote [,dɒn'kwɪksət] *s.* Don Qui'chotte *m* (*weltfremder Idealist*).

don't [dəʊnt] **I** a) F *für* **do not**, b) *sl. für* **does not**; **II** *s.* F Verbot *n*; → **do²** 3; **~ know** *s.* a) Unentschiedene(r *m*) *f*, b) j-d, der (*bei e-r Umfrage*) keine Meinung hat.

doo·dah ['du:da:] *s.* F Dingsbums; **all of a ~** durcheinander.

doo·dle ['du:dl] **I** *s.* gedankenlos hingezeichnete Fi'gur(en *pl.*), Gekritzel *n*; **II** *v/i.* et. (gedankenlos) 'hinkritzeln, ‚Männchen malen'.

doom [du:m] **I** *s.* **1.** Schicksal *n*; (*bsd.* böses) Geschick, Verhängnis *n*: **he met his ~** das Schicksal ereilte ihn; **2.** Verderben *n*, 'Untergang *m*, *a.* Tod *m*, *fig.* Todesurteil *n*; **3.** *obs.* Urteilsspruch *m*, Verdammung *f*; **4. the day of ~** das Jüngste Gericht; → **crack** 1; **II** *v/t.* **5.** verurteilen, verdammen (**to** zu): **~ to death**; **doomed** [-md] *adj.* a) verloren, dem 'Untergang geweiht, b) *bsd. fig.* verdammt, verurteilt (**to** zu, **to do** zu tun): **~ to failure** zum Scheitern verurteilt; **the ~ train** der Unglückszug *m*; **dooms·day** ['du:mzdeɪ] *s. das* Jüngste Gericht: **till ~** bis zum Jüngsten Tag; **Dooms·day Book** → **Domesday Book**; **doom·ster** ['du:mstə] *s.* 'Weltuntergangspro,phet *m*.

door [dɔ:] *s.* **1.** Tür *f*: **out of ~s** draußen, im Freien; **within ~s** im Hause, drinnen; **from ~ to ~** von Haus zu Haus; **delivered to your ~** frei Haus (geliefert); **two ~s away** (*od.* **off**) zwei Häuser weiter; → **next** 1; **2.** Ein-, Zugang *m*, Tor *n*, Pforte *f* (*alle a. fig.*): **at death's ~** am Rande des Grabes; **lay s.th. at s.o.'s ~** j-m et. zur Last legen; **lay the blame at s.o.'s ~** j-m die Schuld zuschieben; **close** (*od.* **bang, shut**) **the ~ on** a) *j-n* abweisen, b) *et.* unmöglich machen; **open a ~ to s.th.** et. ermöglichen, *b.s.* e-r Sache Tür u. Tor öffnen; **see** (*od.* **show**) **s.o. to the ~** j-n zur Tür begleiten; **show s.o. the ~** j-m die Tür weisen; **turn out of ~s** *j-n* hinauswerfen; → **darken** 1; **'~·bell** *s.* Türklingel *f*; **~ han·dle** *s.* Türgriff *m*, -klinke *f*; **'~ˌkeep·er** *s.* Pförtner *m*; **'~·key child** *s.* Schlüsselkind *n*; **'~·knob** *s.* Türgriff *m*; **'~ˌknock·er** *s.* Türklopfer *m*; **'~·man** [-mən] *s.* [*irr.*] (livrierter) Porti'er; **'~·mat** *s.* Fußmatte *f*, Fußabstreifer *m* (*a. fig. contp.*); **'~·nail** *s.* Türnagel *m*; → **dead** 1; **'~·plate** *s.* Türschild *n*; **'~·post** *s.* Türpfosten *m*; **'~·step** *s.* (Haus)Türstufe *f*: **on s.o.'s ~** vor j-s Tür (*a. fig.*); **ˌ~-to-'~** *adj.* Haus-zu-Haus-…: **~ selling** Verkauf *m* an der Haustür; **'~·way** *s.* **1.** Torweg *m*; **2.** Türöffnung *f*; **3.** *fig.* Zugang *m*; **'~·yard** *s. Am.* Vorgarten *m*.

dope [dəʊp] **I** *s.* **1.** Schmiere *f*, dicke Flüssigkeit; **2.** ✓ (Spann)Lack *m*, Firnis *m*; **3.** ⚙ Schmiermittel *n*; Zusatz(-stoff) *m*; Ben'zinzusatzmittel *n*; **4.** *sl.* ‚Stoff' *m*, Rauschgift *n*; **5.** *sl.* Reiz-, Aufputschmittel *n*; **6.** *oft* **inside ~** *sl.* Geheimtip(s *pl.*) *m*, Informati'on (-en *pl.*) *f*; **7.** *sl.* Trottel *m*, Idi'ot *m*; **II** *v/t.* **8.** ✓ lackieren, firnissen; **9.** ⚙ *dem Benzin* ein Zusatzmittel beimischen; **10.** *sl. j-m* ‚Stoff' geben; **11.** *sl.* a) *sport* dopen: **doping test** Dopingkontrolle *f*, b) *e-m Pferd* ein leistungshemmendes Präpa'rat geben, c) *ein Getränk etc.* (mit e-m Betäubungsmittel) präparieren, d) *fig.* einschläfern, -lullen; **12.** *mst* **~ out** *sl.* a) her'ausfinden, ausfindig machen, b) ausknobeln; **'~-fiend** *s. sl.* Rauschgiftsüchtige(r *m*) *f*.

dope·y ['dəʊpɪ] *adj. sl.* doof.

dor [dɔː], **dor·bee·tle** ['dɔːˌbiːtl] *s. zo.* **1.** Mist-, Roßkäfer *m*; **2.** Maikäfer *m*.

Do·ri·an ['dɔːrɪən] **I** *adj.* dorisch; **II** *s.* Dorier *m*; **Dor·ic** ['dɒrɪk] **I** *adj.* **1.** dorisch: **~ order** △ dorische (Säulen)Ordnung; **2.** breit, grob (*Mundart*); **II** *s.* **3.** Dorisch *n*, dorischer Dia'lekt; **4.** breiter *od.* grober Dia'lekt.

dorm [dɔːm] *s.* F *für* **dormitory**.

dor·man·cy ['dɔːmənsɪ] *s.* Schlafzustand *m*, Ruhe(zustand *m*) *f* (*a.* ♀); **'dor·mant** [-nt] *adj.* **1.** schlafend (*a. her.*), ruhend (*a.* ♀), untätig (*a. Vulkan*); **2.** *zo.* Winterschlaf haltend; **3.** *fig.* a) schlummernd, la'tent, verborgen, b) unbenutzt, brachliegend: **~ talent**; **~ capital** † totes Kapital: **~ partner** † stiller Teilhaber; **~ title** ⚖ ruhender *od.* nicht beanspruchter Titel; **lie ~** ruhen, brachliegen.

dor·mer ['dɔːmə] *s.* △ **1.** (Dach)Gaupe *f*; **2.** *a.* **~ window** stehendes Dachfenster.

dor·mi·to·ry ['dɔːmɪtrɪ] *s.* **1.** Schlafsaal *m*; **2.** (*bsd.* Stu'denten)Wohnheim *n*; **~ sub·urb** *s.* Schlafstadt *f*.

dor·mouse ['dɔːmaʊs] *pl.* **-mice** [-maɪs] *s. zo.* Haselmaus *f*; → **sleep** 1.

dor·my ['dɔːmɪ] *adj. Golf*: dormy (*mit so viel Löchern führend, wie noch zu spielen sind*): **be ~ two** dormy 2 stehen.

dor·sal ['dɔːsl] *adj.* □ dor'sal (♀, *zo.*, *anat.*, *ling.*), Rücken…

do·ry¹ ['dɔːrɪ] *s.* Dory *n* (*Boot*).

do·ry² ['dɔːrɪ] → **John Dory**.

dos·age ['dəʊsɪdʒ] *s.* **1.** Dosierung *f*; **2.** → **dose** 1, 2; **dose** [dəʊs] **I** *s.* **1.** ⚕ Dosis *f*, (Arz'nei)Gabe *f*; **2.** *fig.* Dosis *f*, ‚Schuß' *m*, Porti'on *f*; **3.** *a.* **~ of clap** V Tripper *m*; **II** *v/t.* **4.** *Arznei* dosieren; **5.** *j-m* Arz'nei geben; **6.** *Wein* zuckern.

doss [dɒs] *Brit. sl.* **I** *s.* ‚Falle' *f*, ‚Klappe' *f*, Schlafplatz *m*; **II** *v/i.* ‚pennen'.

dos·ser¹ ['dɒsə] *s.* Rücken(trag)korb *m*.

dos·ser² ['dɒsə] *s. sl.* **1.** ‚Pennbruder' *m*; **2.** → **dosshouse**.

'doss·house *s. sl.* ‚Penne' *f* (*billige Pension*).

dos·si·er ['dɒsɪeɪ] *s.* Dossi'er *n*, Akten *pl.*, Akte *f*.

dost [dʌst; dəst] *obs. od. poet. 2. pres. sg. von* **do¹**.

dot¹ [dɒt] *s.* ⚖ Mitgift *f*.

dot² [dɒt] **I** *s.* **1.** Punkt *m* (*a.* ♪), Tüpfelchen *n*: **~s and dashes** Punkte u. Striche, *tel.* Morsezeichen; **come on the ~** F auf den Glockenschlag pünktlich kommen; **since the year ~** F seit e-r Ewigkeit; **2.** Tupfen *m*, Fleck *m*; **3.** *et.* Winziges, Knirps *m*; **II** *v/t.* **4.** punktieren (*a.* ♪): **~ted line**; **sign on the ~ted line** (*fig.* ohne weiteres) unterschreiben; **5.** mit dem i-Punkt versehen: **~ the** (*od.* **one's**) **i's** [**and cross the** (*od.* **one's**) **t's**] *fig.* peinlich genau *od.* penibel sein; **6.** tüpfeln; **7.** über'säen, sprenkeln: **~ted with flowers**; **8.** *sl.* **~ s.o. one** j-m eine ‚knallen'.

dot·age ['dəʊtɪdʒ] *s.* **1.** Senili'tät *f*: **he is in his ~** er ist kindisch *od.* senil geworden; **2.** *fig.* Affenliebe *f*, Vernarrtheit *f*; **'do·tard** [-təd] *s.* se'niler Mensch; **dote** [dəʊt] *v/i.* **1.** kindisch *od.* senil sein; **2.** (**on**) vernarrt sein (in *acc.*), abgöttisch lieben (*acc.*).

doth [dʌθ; dəθ] *obs. od. poet. 3. pres. sg. von* **do¹**.

dot·ing ['dəʊtɪŋ] *adj.* □ **1.** vernarrt (**on** in *acc.*): **he is a doting husband** er liebt s-e Frau abgöttisch; **2.** se'nil, kindisch.

dot·ter·el, dot·trel ['dɒtrəl] *s. orn.* Mori'nell(regenpfeifer) *m*.

dot·ty ['dɒtɪ] *adj.* **1.** punktiert, getüpfelt; **2.** F wackelig; **3.** F ‚bekloppt'.

dou·ble ['dʌbl] **I** *adj.* □ **1.** doppelt, Doppel…, zweifach, gepaart: **~ the amount** der doppelte *od.* zweifache Betrag; **~ bottom** doppelter Boden (*Schiff, Koffer*); **~ doors** Doppeltür *f*; **~ taxation** Doppelbesteuerung *f*; **~ width** doppelte Breite, doppelt breit; **~ pneumonia** ⚕ doppelseitige Lungenentzündung; **~ standard of morals** *fig.* doppelte *od.* doppelbödige Moral; **~** (**of**) **what it was** doppelt *od.* zweimal soviel wie vorher; **2.** Doppel…, verdoppelt, verstärkt: **~ ale** Starkbier *n*; **3.** Doppel…, für zwei bestimmt: **~ bed** Doppelbett *n*; **~ room** Doppel-, Zweibettzimmer *n*; **4.** ♀ gefüllt (*Blume*); **5.** ♪ eine Ok'tave tiefer, Kontra…; **6.** zwiespältig, zweideutig, doppelsinnig; **7.** unaufrichtig, falsch: **~ character**; **8.** gekrümmt, gebeugt; **II** *adv.* **9.** doppelt, noch einmal: **~ as long**; **10.** doppelt, zweifach: **see ~** doppelt sehen; **play** (**at**) **~ or quit**(**s**) alles aufs Spiel setzen; **11.** paarweise, zu zweit: **to sleep ~**; **III** *s.* **12.** *das* Doppelte *od.* Zweifache; **13.** Doppel *n*, Dupli'kat *n*: **14.** a) Gegenstück *n*, Ebenbild *n*, b) Double *n*, Doppelgänger *m*; **15.** Windung *f*, Falte *f*; **16.** Haken *m* (*bsd. Hase, a. Person*), plötzliche Kehrtwendung; **17. at the ~** ⚔ im Schnellschritt; **18.** *mst pl. sg. konstr. sport* Doppel *n*: **play a ~s** (**match**); **men's ~s** Herrendoppel; **19.** *sport* a) Doppelsieg *m*, b) Doppelniederlage *f*; **20.** Doppelwette *f*; **21.** *Film*: Double *n*, *thea.* zweite Besetzung; **22.** *Bridge etc.*: Doppel *n*; **IV** *v/t.* **23.** verdoppeln (*a.* ♪); **24.** um das Doppelte über'treffen; **25.** *oft* **~ up** ('um-, zs.-) falten, 'um-, zs.-legen, 'umschlagen; **26.** *Beine* 'überschlagen; *Faust* ballen; **27.** ⚓ um'segeln, -'schiffen; **28.** a) *Film, TV* als Double einspringen für, *j-n* doubeln, b) **~ the parts of A. and B.** *thea. etc.* A. u. B. in e-r Doppelrolle spielen; **29.** *Spinnerei*: doublieren; **30.** *Karten*: *Gebot* doppeln; **V** *v/i.* **31.** sich verdoppeln; **32.** sich falten (lassen); **33.** a) plötzlich kehrtmachen, b) e-n Haken schlagen; **34.** *thea.* a) e-e Doppelrolle spielen, b) **~ for** → 28a; **35.** ♪ zwei Instru'mente spielen; **36.** ⚔ a) im Schnellschritt marschieren, b) F Tempo vorlegen; **37.** a) den Einsatz verdoppeln, b) *Bridge*: doppeln.

Zssgn mit adv.:

dou·ble| back I *v/t.* → **double** 25; **II** *v/i.* kehrtmachen; **~ in** *v/t.* nach innen falten, einbiegen, -schlagen; **~ up I** *v/t.* **1.** → **double** 25; **2.** (zs.-)krümmen; **II** *v/i.* **3.** → **double** 32; **4.** sich krümmen *od.* biegen (*a. fig.* **with** vor *Schmerz, Lachen*); **5.** das Zimmer *etc.* gemeinsam benutzen: **~ on s.th.** sich (in) et. teilen.

ˌdou·ble|-'act·ing, ˌ~-'ac·tion *adj.* ⚙ doppeltwirkend; **~ a·gent** *s. pol.* 'Doppelaˌgent *m*; **'~-ˌbar·rel(l)ed** *adj.* **1.** doppelläufig: **~ gun** Doppelflinte *f*; **2.** zweideutig; **3.** zweifach: **~ name** F Doppelname *m*; **~ bass** [beɪs] → **contrabass**; **'~-ˌbed·ded** *adj.*: **~ room** Zweibettzimmer *n*; **~ bend** *s.* S-Kurve *f*; **~ bill** *s.* Doppelveranstaltung *f*; **ˌ~-'breast·ed** *adj.* zweireihig (*Anzug*); **ˌ~-'check** *v/t.* genau nachprüfen; **~ chin** *s.* Doppelkinn *n*; **~ col·umn** *s.* Doppelspalte *f* (*Zeitung*): **in ~s** zweispaltig; **ˌ~-'cross** *v/t.* ein doppeltes *od.* falsches Spiel treiben mit, *bsd. den Partner* ‚anschmieren'; **~ date** *s.* 'Doppelrendezˌvous *n* (*zweier Paare*); **ˌ~-'deal·er** *s.* falscher *od.* ‚linker' Kerl, Betrüger *m*; **ˌ~-'deal·ing I** *adj.* falsch, betrügerisch; **II** *s.* Betrug *m*, Gemeinheit *f*; **ˌ~-'deck·er** *s.* **1.** Doppeldecker *m* (*Schiff, Flugzeug, Omnibus*); **2.** a) zweistöckiges Haus *etc.*, b) E'tagenbett *n*, c) Ro'man *m* in zwei Bänden, d) *Am.* F Doppelsandwich *n*; **~ Dutch** *s.* F Kauderwelsch *n*; **ˌ~-'dyed** *adj.* **1.** zweimal gefärbt; **2.** *fig.* eingefleischt, Erz…: **~ villain** Erzgauner *m*; **~ ea·gle** *s.* **1.** *her.* Doppeladler *m*; **2.** *Am. goldenes 20-Dollar-Stück*; **ˌ~-'edged** *adj.* zweischneidig (*a. fig.*): **~ sword**; **~ en·ten·dre** [ˌduːblɑ̃ːnˈtɑ̃ːndrə] (*Fr.*) *s.*

allg. Zweideutigkeit *f*; ~ **en·try** *s.* ✝ **1.** doppelte Buchung; **2.** doppelte Buchführung; ~ **ex·po·sure** *s. phot.* Doppelbelichtung *f*; **'~-faced** *adj.* heuchlerisch, scheinheilig, unaufrichtig; ~ **fault** *s. Tennis*: Doppelfehler *m*; ~ **fea·ture** *s. Film*: 'Doppelpro,gramm *n* (*zwei Spielfilme in jeder Vorstellung*); ~ **first** *s. univ. Brit.* mit Auszeichnung erworbener ***honours degree*** in zwei Fächern; **'~,gang·er** [-ˌgæŋə] *s. psych.* Doppelgänger *m*; ~ **har·ness** *s. fig.* Ehestand *m*, -joch *n*; ~ **in·dem·ni·ty** *s. Am.* Verdoppelung *f* der Versicherungssumme (*bei Unfalltod*); **,~-'joint·ed** *adj.* mit ‚Gummigelenken' (*Person*); ~ **life** *s.* Doppelleben *n*; ~ **mean·ing** *s.* Zweideutigkeit *f*; **,~-'mind·ed** *adj.* **1.** wankelmütig, unentschlossen; **2.** unaufrichtig; ~ **mur·der** *s.* Doppelmord *m*.

dou·ble·ness ['dʌblnɪs] *s.* **1.** *das* Doppelte; **2.** Doppelzüngigkeit *f*, Falschheit *f*.

,dou·ble|-'park *v/t. u. v/i. mot.* in zweiter Reihe parken; **,~-'quick** ⚔ **I** *s.* → ***double time***; **II** *adv.* F im Eiltempo; **,~-'spaced** *adj.* zweizeilig, mit doppeltem Zeilenabstand; ~ **star** *s. ast.* Doppelstern *m*; **,~-'stop** ♪ **I** *s.* Doppelgriff *m* (*Streichinstrument*); **II** *v/t.* Doppelgriffe spielen auf (*dat.*).

dou·blet ['dʌblɪt] *s.* **1.** *hist.* Wams *n*; **2.** Paar *n* (*Dinge*); **3.** Du'blette *f*: a) Dupli'kat *n*, b) *typ.* Doppelsatz *m*; **4.** *pl.* Pasch *m* (*beim Würfeln*).

,dou·ble|-'take *s. sl.* ‚Spätzündung' *f* (*verzögerte Reaktion*): ***I did a ~ when*** ich stutzte zweimal, als; ~ **talk** *s.* F doppeldeutiges Gerede, ‚Augenauswische'rei' *f*; ~ **tax·a·tion** *s.* ✝ Doppelbesteuerung *f*; **'~-think** *s.* ‚Zwiedenken' *n*; ~ **time** *s.* ⚔ a) Schnellschritt *m*, b) (langsamer) Laufschritt: ***in ~*** F im Eiltempo, fix; **,~-'tongued** *adj.* doppelzüngig, falsch; **,~-'tracked** *adj.* 🚂 zweigleisig.

dou·bling ['dʌblɪŋ] *s.* **1.** Verdoppelung *f*; **2.** Faltung *f*; **3.** Haken(schlagen *n*) *m*; **4.** Trick *m*; **dou·bly** ['dʌblɪ] *adv.* doppelt.

doubt [daʊt] **I** *v/i.* **1.** zweifeln; schwanken, Bedenken haben; **2.** zweifeln (***of, about*** an *e-r Sache*); (dar'an) zweifeln, (es) bezweifeln (***whether, if*** ob; ***that*** daß; *neg. u. interrog.* ***that, but that, but*** daß): ***I ~ whether he will come*** ich zweifle, ob er kommen wird; **II** *v/t.* **3.** *et.* bezweifeln: ***I ~ his honesty***; ***I ~ it***; **4.** miß'trauen (*dat.*), keinen Glauben schenken (*dat.*): ***~ s.o.***; ***~ s.o's words***; **III** *s.* **5.** Zweifel *m* (***of*** an *dat.*, ***about*** hinsichtlich *gen.*; ***that*** daß): ***no ~, without ~, beyond ~*** zweifellos, fraglos, gewiß; ***I have no ~*** ich zweifle nicht (daran), ich bezweifle es nicht; ***be in ~ about*** Zweifel haben an (*dat.*); ***leave s.o. in no ~ about s.th.*** j-n nicht im ungewissen über et. lassen; → ***benefit*** 1; **6.** a) Bedenken *n*, Besorgnis *f*, (***about*** wegen), b) Argwohn *m*: ***raise ~s*** Zweifel aufkommen lassen; **7.** Ungewißheit *f*: ***be in ~*** unschlüssig sein; **'doubt·er** [-tə] *s.* Zweifler(in); **'doubt·ful** [-fʊl] *adj.* □ **1.** zweifelnd, im Zweifel, unschlüssig: ***be ~ of*** (*od.* ***about***) ***s.th.*** an e-r Sache zweifeln, im Zweifel über et. sein; **2.** zweifelhaft: a) unsicher, fraglich, unklar, b) fragwürdig, bedenklich, c) ungewiß, d) verdächtig, dubi'os; **'doubt·ful·ness** [-fʊlnɪs] *s.* **1.** Zweifelhaftigkeit *f*: a) Unsicherheit *f*, b) Fragwürdigkeit *f*, c) Ungewißheit *f*; **2.** Unschlüssigkeit *f*; **'doubt·ing** [-tɪŋ] *adj.* □ zweifelnd: a) schwankend, unschlüssig, b) 'mißtrauisch: ♀ ***Thomas*** ungläubiger Thomas; **'doubt·less** [-lɪs] *adv.* zweifellos, sicherlich.

dou·ceur [du'sɜː] (*Fr.*) *s.* **1.** (Geld)Geschenk *n*, Trinkgeld *n*; **2.** Bestechungsgeld *n*.

douche [duːʃ] **I** *s.* **1.** Dusche *f*, Brause *f*: ***cold ~*** *a. fig.* kalte Dusche; **2.** ⚕ a) Spülung *f*, Dusche *f*, b) Irri'gator *m*; **II** *v/t. u. v/i.* **3.** (sich) (ab)duschen; **4.** ⚕ (aus)spülen; **III** *v/i.* **5.** ⚕ e-e Spülung machen.

dough [dəʊ] *s.* **1.** Teig *m* (*a. weitS.*); **2.** *bsd. Am. sl.* ‚Zaster' *m* (*Geld*); **'~·boy** *s.* **1.** Mehlkloß *m*; **2.** *a.* **'~·foot** *Am. sl.* Landser *m* (*Infanterist*); **'~·nut** *s.* Krapfen *m*, Ber'liner (Pfannkuchen) *m*.

dough·ty ['daʊtɪ] *adj.* □ *obs. od. poet.* mannhaft, tapfer.

dough·y ['dəʊɪ] *adj.* **1.** teigig (*a. fig.*); **2.** klitschig, nicht 'durchgebacken.

dour ['dʊə] *adj.* □ **1.** mürrisch; **2.** streng, hart; **3.** halsstarrig, stur.

douse [daʊs] *v/t.* **1.** a) ins Wasser tauchen, b) begießen; **2.** F *Licht* auslöschen; **3.** ⚓ a) *Segel* laufen lassen, b) *Tau* loswerfen.

dove [dʌv] *s.* **1.** *orn.* Taube *f*: ***~ of peace*** Friedenstaube; **2.** Täubchen *n*, ‚Schatz' *m*; **3.** *eccl.* Taube *f* (*Symbol des Heiligen Geistes*); **4.** *pol.* ‚Taube' *f*: ***~s and hawks*** Tauben u. Falken; **'~,col·o(u)r** *s.* Taubengrau *n*; **~-cot(e)** ['dʌvkɒt] *s.* Taubenschlag *m*; **'~-eyed** *adj.* sanftäugig; **'~·like** *adj.* sanft.

'dove's-foot ['dʌvz-] *s.* ⚘ Storchschnabel *m*.

'dove·tail I *s.* **1.** ⚙ Schwalbenschwanz *m*, Zinke *f*; **II** *v/t.* **2.** verschwalben, verzinken; **3.** *fig.* fest zs.-fügen, (inein'ander) verzahnen, verquicken; **4.** einfügen, -passen, -gliedern (***into*** in *acc.*); **5.** passend zs.-setzen; einpassen (***into*** in *acc.*); **III** *v/i.* **6.** genau passen (***into*** in *acc.*, zu; ***with*** mit); angepaßt sein (***with*** *dat.*); genau inein'andergreifen, -passen.

dow·a·ger ['daʊədʒə] *s.* **1.** Witwe *f* (von Stande): ***queen ~*** Königinwitwe; ***~ duchess*** Herzoginwitwe; **2.** Ma'trone *f*, würdevolle ältere Dame.

dow·di·ness ['daʊdɪnɪs] *s.* Schäbigkeit *f*, Schlampigkeit *f*; **dow·dy** ['daʊdɪ] **I** *adj.* □ **1.** schlechtgekleidet, 'unele,gant, schäbig, schlampig; **II** *s.* **2.** nachlässig gekleidete Frau; **3.** *Am.* (*ein*) Apfelauflauf *m*.

dow·el ['daʊəl] ⚙ **I** *s.* (Holz-, *a.* Wand-) Dübel *m*, Holzpflock *m*; **II** *v/t.* (ver)dübeln.

dow·er ['daʊə] **I** *s.* **1.** ⚖ Wittum *n*; **2.** *obs.* Mitgift *f*; **3.** Begabung *f*; **II** *v/t.* **4.** ausstatten (*a. fig.*).

Dow-Jones av·er·age *od.* **in·dex** [ˌdaʊ'dʒəʊnz] *s.* ✝ Dow-Jones-Index *m* (*Aktienindex der New Yorker Börse*).

down¹ [daʊn] *s.* **1.** a) Daunen *pl.*, flaumiges Gefieder, b) Daune *f*, Flaumfeder *f*: ~ ***quilt*** Daunendecke *f*; **2.** Flaum *m* (*a.* ⚘), feine Härchen *pl.*

down² [daʊn] *s.* **1.** a) Hügel *m*, b) Düne *f*; **2.** *pl.* waldloses, *bsd.* grasbewachsenes Hügelland.

down³ [daʊn] **I** *adv.* **1.** (*Richtung*) nach unten, her-, hin'unter, her-, hin'ab, abwärts, zum Boden, nieder…: ***~ from*** von … herab, von … an, fort von; ***~ to*** bis (hinunter) zu; ***~ to the last man*** bis zum letzten Mann; ***~ to our times*** bis in unsere Zeit; ***burn ~*** niederbrennen; ***~!*** nieder!, *zum Hund*: leg dich!; ***~ with the capitalists!*** nieder mit den Kapitalisten!; **2.** *Brit.* a) nicht in London, b) nicht an der Universi'tät: ***~ to the country*** aufs Land, in die Provinz; **3.** *Am.* ins Geschäftsviertel, in die Stadt (-mitte); **4.** südwärts; **5.** angesetzt: ***~ for Friday*** für Freitag angesetzt; ***~ for second reading*** *parl.* zur zweiten Lesung angesetzt; **6.** (in) bar, so'fort: ***pay ~*** bar bezahlen; ***one pound ~*** ein Pfund sofort *od.* als Anzahlung; **7.** ***be ~ on s.o.*** F a) j-n ‚auf dem Kieker' haben, b) über j-n herfallen; **8.** (*Lage, Zustand*) unten; unten im Hause: ***~ below*** unten; ***~ there*** dort unten; ***~ under*** F in *od.* nach Australien *od.* Neuseeland; ***~ in the country*** auf dem Lande; ***~ south*** (unten) im Süden; ***he is not ~ yet*** er ist noch nicht unten *od.* (*morgens*) noch nicht aufgestanden; **9.** 'untergegangen (*Gestirne*); **10.** her'abgelassen (*Haare, Vorhänge*); **11.** gefallen (*Preise, Temperatur etc.*); billiger (*Ware*); **12.** ***he was two points ~*** *sport* er lag zwei Punkte zurück; ***he is £10 ~*** *fig.* er hat 10 £ verloren; **13.** a) niedergestreckt, am Boden (liegend), b) *Boxen*: am Boden, ‚unten': ***~ and out*** k.o., *fig.* (*a. physisch u. psychisch*) ‚erledigt', ‚kaputt', ‚fix u. fertig'; ***~ with flu*** mit Grippe im Bett; **14.** niedergeschlagen, deprimiert; **15.** her'untergekommen, in elenden Verhältnissen lebend: ***~ at heels*** abgerissen; **II** *adj.* **16.** abwärts gerichtet, nach unten, Abwärts…: ***~ trend*** fallende Tendenz; **17.** *Brit.* von London abfahrend *od.* kommend: ***~ train***; ***~ platform*** Abfahrtsbahnsteig *m* (*in London*); **18.** *Am.* in Richtung Stadt(mitte), zum Geschäftsviertel (hin); **III** *prp.* **19.** her-, hin'unter, her-, hin'ab, entlang: ***~ the hill*** den Hügel hinunter; ***~ the river*** flußabwärts; ***further ~ the river*** weiter unten am Fluß; ***~ the road*** die Straße entlang; ***~ the middle*** durch die Mitte; ***~ (the) wind*** ⚓ mit dem Wind; → ***downtown***; **20.** (*Zeit*) durch: ***~ the ages*** durch alle Zeiten; **IV** *s.* **21.** Nieder-, Rückgang *m*; Tiefstand *m*; **22.** Depressi'on *f*, (seelischer) Tiefpunkt; **23.** F Groll *m*: ***have a ~ on s.o.*** j-n auf dem ‚Kieker' haben; **V** *v/t.* **24.** zu Fall bringen (*a. sport u. fig.*); niederschlagen; bezwingen; ruinieren; **25.** niederlegen: ***~ tools*** die Arbeit niederlegen, in den Streik treten; **26.** ✈ abschießen, ‚runterholen'; **27.** F *ein Getränk* ‚runterkippen'.

,down|-and-'out I *adj.* völlig ‚erledigt', ‚restlos fertig'; ganz ‚auf den Hund' gekommen; **II** *s.* Pennbruder *m*; **,~-at-(the-)'heels** *adj. allg.* he'runtergekommen; **'~·beat I** *s.* **1.** ♪ erster Schlag (*des Taktes*); **2.** ***on the ~*** *fig.* im Rückgang (begriffen); **II** *adj.* **3.** F pessi'mistisch; **'~·cast I** *adj.* **1.** niedergeschlagen (*a. Augen*), deprimiert; **2.** ⚙ einziehend (*Schacht*); **II** *s.* **3.** ⚙ Wetterschacht *m.*

down·er ['daʊnə] *s. sl.* Beruhigungsmittel *n.*

'down|·fall *s.* **1.** *fig.* Sturz *m*; **2.** starker Regen- *od.* Schneefall; **3.** *fig.* Nieder-, 'Untergang *m*; **'~·grade** *s.* **1.** Gefälle *n*; **2.** *fig.* Niedergang *m*: ***on the ~*** im Niedergang begriffen; **II** *v/t.* **3.** im Rang her'absetzen, degradieren; **4.** niedriger einstufen; **5.** ✝ in der Quali'tät herabsetzen, verschlechtern; **ˌ~-'heart·ed** *adj.* niedergeschlagen, entmutigt; **ˌ~'hill I** *adv.* abwärts, berg'ab (*beide a. fig.*): ***he is going ~*** *fig.* es geht bergab mit ihm; **II** *adj.* abschüssig: ***~ race*** *Skisport*: Abfahrtslauf *m*; **'~ˌhill·er** *s. Skisport*: Abfahrtsläufer(in).

Down·ing Street ['daʊnɪŋ] *s.* Downing Street *f* (*Amtssitz des Premiers od. brit. Regierung*).

down|-'mar·ket *adj.* Billig-, Massen-; **~ pay·ment** *s.* **1.** Barzahlung *f*; **2.** Anzahlung *f*; **'~·pipe** *s.* ⚙ Fallrohr *n*; **'~·pour** *s.* Regenguß *m*, Platzregen *m*; **'~·right I** *adj.* **1.** völlig, abso'lut, to'tal: ***a ~ lie*** e-e glatte Lüge; ***a ~ rogue*** ein Erzschurke; **2.** offen(herzig), gerade, ehrlich, unverblümt, unzweideutig; **II** *adv.* **3.** völlig, ganz u. gar, durch u. durch, ausgesprochen, to'tal; **ˌ~'ri·ver** → ***downstream***; **ˌ~'stairs I** *adv.* **1.** (die Treppe) hin'unter *od.* her'unter, nach unten; **2.** a) unten (im Haus), b) e-e Treppe tiefer; **II** *adj.* **3.** im unteren Stockwerk (gelegen), unter; **III** *s.* **4.** *pl. a. sg. konstr.* unteres Stockwerk, 'Untergeschoß *n*; **ˌ~'state** *Am.* **I** *adv.* in der *od.* die Pro'vinz; **II** *s.* (*bsd.* südliche) Pro'vinz (*e-s Bundesstaates*); **ˌ~'stream I** *adv.* **1.** strom'abwärts; **2.** mit dem Strom; **II** *adj.* **3.** stromabwärts gelegen *od.* gerichtet; **'~·stroke** *s.* **1.** Grundstrich *m beim Schreiben*; **2.** ⚙ Abwärts-, Leerhub *m*; **'~·swing** *s.* Abwärtstrend *m*, Rückgang *m*; **'~·time** *s.* Ausfallzeit *f*; **ˌ~-to-'earth** *adj.* rein sachlich, nüchtern; **ˌ~'town** *Am.* **I** *adv.* **1.** im *od.* ins Geschäftsviertel, in der *od.* die Innenstadt; **II** *adj.* ['daʊntaʊn] **2.** zum Geschäftsviertel, im Geschäftsviertel (gelegen *od.* tätig): ***~ Chicago*** die Innenstadt *od.* City von Chicago; **3.** ins *od.* durchs Geschäftsviertel (fahrend *etc.*); **III** *s.* ['daʊntaʊn] **4.** Geschäftsviertel *n*, Innenstadt *f*, City *f*; **'~ˌtrod·den** *adj.* unter'drückt; **'~·turn** → ***downswing***.

down·ward ['daʊnwəd] **I** *adv.* **1.** abwärts, hin'ab, hin'unter, nach unten; **2.** *fig.* abwärts, berg'ab; **3.** *zeitlich*: abwärts: ***from … ~ to*** von… (herab) bis…; **II** *adj.* **4.** Abwärts… (*a.* ⚙, *phys. u. fig.*); *fig.* sinkend (*Preise etc.*); **'down·wards** [-wədz] → ***downward*** I.

down·y¹ ['daʊnɪ] *adj.* **1.** mit Daunen *od.* Flaum bedeckt; **2.** flaumig, weich; **3.** *sl.* gerieben, ausgekocht.

down·y² ['daʊnɪ] *adj.* sanft gewellt (u. mit Gras bewachsen).

dow·ry ['daʊərɪ] *s.* **1.** Mitgift *f*, Aussteuer *f*; **2.** Gabe *f*, Ta'lent *n.*

dowse¹ [daʊz] → ***douse***.

dowse² [daʊz] *v/i.* mit der Wünschelrute suchen; **'dows·er** [-zə] *s.* (Wünschel-)Rutengänger *m*; **'dows·ing-rod** [-zɪŋ] *s.* Wünschelrute *f.*

doy·en ['dɔɪən] *s.* (*Fr.*) **1.** Rangälteste(r) *m*; **2.** Doy'en *m eines diplomatischen Korps*; **3.** *fig.* Nestor *m*, Altmeister *m.*

doze [dəʊz] **I** *v/i.* dösen, (halb) schlummern: ***~ off*** einnicken; **II** *s.* a) Dösen *n*, b) Nickerchen *n.*

doz·en ['dʌzn] *s.* **1.** *sg. u. pl.* (*vor Haupt- u. nach Zahlwörtern etc. außer nach **some***) Dutzend *n*: ***two ~ eggs*** 2 Dutzend Eier; **2.** Dutzend *n* (*a. weitS.*): ***~s of birds*** Dutzende von Vögeln; ***some ~s of children*** einige Dutzend Kinder; ***~s of people*** F ein Haufen Leute; ***~s of times*** F x-mal, hundertmal; ***by the ~, in ~s*** zu Dutzenden, dutzendweise; ***cheaper by the ~*** im Dutzend billiger; ***do one's daily ~*** Frühgymnastik machen; ***talk nineteen to the ~*** *Brit.* reden wie ein Wasserfall; → ***baker*** 1.

doz·y ['dəʊzɪ] *adj.* □ schläfrig, verschlafen, dösig.

drab¹ [dræb] **I** *adj.* gelbgrau, graubraun; *fig.* grau, trüb(e); düster (*Farben etc.*); freudlos (*Dasein etc.*); langweilig; **II** *s.* Gelbgrau *n*, Graubraun *n.*

drab² [dræb] **1.** Schlampe *f*; **2.** Dirne *f*, Hure *f.*

drab·ble ['dræbl] → ***draggle*** I.

drachm [dræm] *s.* **1.** → ***drachma*** 1; **2.** → ***dram***.

drach·ma ['drækmə] *pl.* **-mas, -mae** [-miː] *s.* **1.** Drachme *f*; **2.** → ***dram***.

Dra·co ['dreɪkəʊ] *s. ast.* Drache *m*; **Dra·co·ni·an** [drə'kəʊnjən], **Dra·con·ic** [drə'kɒnɪk] *adj.* dra'konisch, hart, äußerst streng.

draff [dræf] *s.* **1.** Bodensatz *m*; *engS.* Trester *m*; **2.** Vieh-, Schweinetrank *m.*

draft [drɑːft] **I** *s.* **1.** Skizze *f*, Zeichnung *f*; **2.** Entwurf *m*: a) Skizze *f*, b) ⚙, △ Riß *m*, c) Kon'zept *n*: ***~ agreement*** Vertragsentwurf *m*; **3.** ⚔ a) ('Sonder-)Komˌmando *n*, Abteilung *f*, b) Ersatz (-truppe *f*) *m*, c) Aushebung *f*, Einberufung *f*, Einziehung *f*: ***~ evader*** *Am.* Drückeberger *m*; ***~-exempt*** *Am.* vom Wehrdienst befreit; **4.** ✝ a) Zahlungsanweisung *f*, b) Tratte *f*, (trassierter) Wechsel, c) Scheck *m*, d) Ziehung *f*, Trassierung *f*: ***~ (payable) at sight*** Sichttratte, -wechsel; **5.** ✝ Abhebung *f*, Entnahme *f*: ***to make a ~ on*** *Geld* abheben von; **6.** *fig.* (starke) Beanspruchung: ***make a ~ on*** in Anspruch nehmen (*acc.*); **7.** → ***draught***; *bsd. Am.* → ***draught*** 1, 7, 8; **II** *v/t.* **8.** skizzieren, entwerfen; **9.** *Schriftstück* aufsetzen, abfassen; **10.** ⚔ a) auswählen, abkommandieren, b) ⚔ einziehen, -berufen (***into*** zu); **draft·ee** [drɑː'ftiː] *s.* ⚔ *Am.* Einberufene(r) *m*, Eingezogene(r) *m*; **'draft·er** [-tə] *s.* **1.** Urheber *m*, Verfasser *m*, Planer *m*; **2.** → ***draftsman*** 2.

draft·ing| board ['drɑːftɪŋ] Zeichenbrett *n*; **~ room** *s. Am.* ⚙ 'Zeichensaal, -büˌro *n.*

drafts·man ['drɑːftsmən] *s.* [*irr.*] **1.** (Konstrukti'ons-, Muster)Zeichner *m*; **2.** Entwerfer *m*, Verfasser *m.*

draft·y ['drɑːftɪ] *adj.* zugig.

drag [dræg] **I** *s.* **1.** ⚓ a) Schleppnetz *n*, b) Dregganker *m*; **2.** ✔ a) schwere Egge, b) Mistharke *f*; **3.** ⚙ Baggerschaufel *f*; **4.** ⚙ a) Rollwagen *m*, b) Lastschlitten *m*, Schleife *f*; **5.** vierspännige Kutsche; **6.** Hemmschuh *m* (*a. fig.* ***on*** für); **7.** *aer., phys.* 'Luftˌwiderstand *m*; **8.** *hunt.* a) Fährte *f*, Witterung *f*, b) Schleppe *f* (*künstliche Fährte*), c) Schleppjagd *f*; **9.** *fig.* schleppendes Verfahren; **10.** F mühsame Sache, ‚Schlauch' *m*; **11.** F a) fade Sache, b) unangenehme *od.* ‚blöde' Sache: ***what a ~!*** so ein Mist!, c) fader *od.* ‚mieser' Kerl; **12.** *Am.* F Einfluß *m*, Beziehungen *pl.*; **13.** F Zug *m* (***at, on*** an *e-r Zigarette*); **14.** F (*bsd. von Transvestiten getragene*) Frauenkleidung: ***~ queen*** Homosexuelle(r) *m* in Frauenkleidung; **15.** *Am.* F Straße *f*; **16.** F für ***drag race***; **II** *v/t.* **17.** schleppen, schleifen, zerren, ziehen: ***~ one's feet*** schlurfen, *fig.* ‚langsam tun'; ***~ the anchor*** ⚓ vor Anker treiben; **18.** mit e-m Schleppnetz absuchen (***for*** nach) *od.* fangen *od.* finden; **19.** ausbaggern; **20.** *fig.* hi'neinziehen, -bringen (***into*** in *acc.*); → ***drag in***; **III** *v/i.* **21.** geschleppt werden; **22.** schleppen, schleifen, zerren; schlurfen (*Füße*); **23.** *fig.* zerren, ziehen (***at*** an *dat.*); **24.** mit e-m Schleppnetz suchen, dreggen (***for*** nach); **25.** → ***drag on***; **26.** → ***drag behind***; **27.** ✝ schleppend gehen; **28.** ♪ schleppen; ***~ a·long* I** *v/t.* (weg-) schleppen; **II** *v/i.* sich da'hinschleppen; ***~ a·way*** *v/t.* wegschleppen, -zerren: ***drag o.s. away from*** *iro.* sich losreißen von; ***~ behind*** *v/i. a. fig.* zu'rückbleiben, nachhinken; ***~ down*** *v/t.* **1.** her'unterziehen; **2.** *fig. j-n* ‚fertigmachen', zermürben; ***~ in*** *v/t.* **1.** hin'einziehen; **2.** *fig.* a) *j-n* (mit) hin'einziehen, b) *et.* (krampfhaft) aufs Tapet bringen, bei den Haaren her'beiziehen; ***~ on*** *v/i. fig.* a) sich da'hinschleppen, b) sich in die Länge ziehen, sich hinziehen (*Rede etc.*); ***~ out*** *v/t.* **1.** in die Länge ziehen, hin'ausziehen; **2.** *fig. et.* aus j-m her'ausholen; ***~ up*** *v/t.* **1.** hochziehen; **2.** F *Skandal etc.* ausgraben; **3.** *fig. Kind* recht u. schlecht aufziehen.

drag| an·chor *s.* Treib-, Schleppanker *m*; **~ chain** *s.* Hemmkette *f.*

drag·gle ['drægl] **I** *v/t.* **1.** beschmutzen; **II** *v/i.* **2.** nachschleifen; **3.** nachhinken; **'drag·gle·tail** *s.* Schlampe *f.*

'drag|·hound *s. hunt.* Jagdhund *m* für Schleppjagden; **~ hunt** *s.* Schleppjagd *f*; **'~·lift** *s.* Schlepplift *m*; **'~·line** *s.* **1.** Schleppleine *f*, ✈ -seil *n*; **2.** Schürfkübelbagger *m*; **'~·net** *s.* **1.** a) ⚓ Schleppnetz *n*, b) *hunt.* Streichnetz *n*; **2.** *fig.* (Fahndungs)Netz *n* (*der Polizei*): ***~ operation*** Großfahndung *f.*

drag·o·man ['drægəʊmən] *pl.* **-mans** *od.* **-men** *s. hist.* Dragoman *m*, Dolmetscher *m.*

drag·on ['drægən] *s.* **1.** Drache *m*, Lindwurm *m*, Schlange *f*: ***the old ~*** Satan *m*; **2.** F ‚Drache(n)' *m* (*zänkische Frau etc.*); **'~·fly** *s. zo.* Li'belle *f*; ***~'s teeth*** *s. pl.* **1.** ⚔ (Panzer)Höcker *pl.*; **2.** *fig.* Drachensaat *f*: ***sow ~*** Zwietracht säen.

dra·goon [drə'guːn] **I** *s.* ⚔ Dra'goner *m*; **II** *v/t. fig.* zwingen (***into*** zu).

drag| race *s. mot.* Dragsterrennen *n*; **'~·rope** *s.* **1.** Schleppseil *n*; **2.** ✈ a) Leitseil *n*, b) Vertauungsleine *f*; **~ show** *s.* F Transve'stitenshow *f.*

drag·ster ['drægstə] *s. mot.* Dragster *m* (*formelfreier Spezialrennwagen*).

drain [dreɪn] **I** *v/t.* **1.** *Land* entwässern, dränieren, trockenlegen; **2.** ⚕ a) *Wunde von Eiter* säubern, b) *Eiter* abziehen; **3.** *a.* **~ off**, **~ away** (*Ab*)*Wasser etc.* ableiten, -führen, -ziehen; **4.** austrinken, leeren; → **dreg** 1; **5.** *Ort etc.* kanalisieren; **6.** *fig.* aufzehren, verschlukken; *Vorräte etc.* aufbrauchen, erschöpfen: **~ed** *fig.* erschöpft, *Person: a.* ausgelaugt; **7.** (**of**) berauben (*gen.*), arm machen (an *dat.*); **II** *v/i.* **8.** *a.* **~ off**, **~ away** (langsam) abfließen, -tropfen; versickern; **9.** *a.* **~ away** *fig.* da'hin-, verschwinden; **10.** (langsam) austrocknen; **11.** sich entwässern; **III** *s.* **12.** Ableitung *f*, Abfluß *m*, *fig. a.* Aderlaß *m*: **foreign ~** ✝ Kapitalabwanderung *f*; → **brain drain**; **13.** Abflußrohr *n*, 'Abzugska,nal *m*, Entwässerungsgraben *m*; Gosse *f*: **down the ~** F ‚futsch', ‚im Eimer'; **go down the ~** vor die Hunde gehen; **pour down the ~** *Geld* zum Fenster hinauswerfen; **14.** *pl.* Kanalisati'on *f*; **15.** ⚕ Drän *m*, Ka'nüle *f*; **16.** *fig.* (**on**) Belastung *f*, Beanspruchung *f* (*gen.*): **a great ~ on the purse** e-e schwere finanzielle Belastung.

drain·age ['dreɪnɪdʒ] *s.* **1.** Ableitung *f*, Abfluß *m*; Entleerung *f*; **2.** Entwässerung *f*, Trockenlegung *f*, *a.* ⚕ Drai'nage *f*; **3.** Entwässerungsanlage *f*; **4.** Kanalisati'on *f*; **5.** Abwasser *n*; **~ a·re·a**, **~ ba·sin** *s.* Einzugsgebiet *n e-s Flusses*; '**~-tube** *s.* ⚕ 'Abflußka,nüle *f*.

drain cock *s.* ⚙ Abflußhahn *m*.

drain·er ['dreɪnə] *s.* **1.** Abtropfgefäß *n*, Seiher *m*; **2.** → **draining board**.

drain·ing board ['dreɪnɪŋ] *s.* Abtropfbrett *n*.

'**drain-pipe** *s.* **1.** Abflußrohr *n*; **2.** *pl. a.* **~ trousers** F Röhrenhose(*n pl.*) *f*.

drake [dreɪk] *s. orn.* Enterich *m*.

dram [dræm] *s.* **1.** Drachme *f* (*Gewicht*); **2.** ‚Schluck' *m* (*Whisky etc.*).

dra·ma ['drɑːmə] **I** *s.* **1.** Drama *n*: a) Schauspiel *n*, b) dra'matische Dichtung *od.* Litera'tur, Dra'matik *f*; **2.** Schauspielkunst *f*; **3.** *fig.* Drama *n*; **II** *adj.* **4.** Schauspiel...: **~ school**.

dra·mat·ic [drə'mætɪk] *adj.* (□ **~ally**) **1.** dra'matisch (*a.* ♪), Schauspiel..., Theater...: **~ rights** Aufführungsrechte; **~ school** Schauspielschule *f*; **~ tenor** ♪ Heldentenor *m*; **2.** *fig.* dramatisch, spannend, aufregend, erregend; **3.** *fig.* drastisch: **~ changes**; **dra'mat·ics** [-ks] *s. pl. sg. od. pl. konstr.* **1.** Dramatur'gie *f*; **2.** The'ater-, *bsd.* Liebhaberaufführungen *pl.*; **3.** *contp.* thea'tralisches Benehmen *od.* Getue.

dram·a·tis per·so·nae [ˌdrɑːmətɪs pɜː'səʊnaɪ] *s. pl.* **1.** Per'sonen *pl.* der Handlung; **2.** Rollenverzeichnis *n*.

dram·a·tist ['dræmətɪst] *s.* Dra'matiker *m*; **dram·a·ti·za·tion** [ˌdræmətaɪ'zeɪʃn] *s.* Dramatisierung *f* (*a. fig.*), Bühnenbearbeitung *f*; **dram·a·tize** ['dræmətaɪz] **I** *v/t.* **1.** dramatisieren: a) für die Bühne bearbeiten, b) *fig.* aufbauschen: **~ o.s.** sich aufspielen; **II** *v/i.* **2.** sich für die Bühne *etc.* bearbeiten lassen; **3.** *fig.* über'treiben; **dram·a·tur·gic** [ˌdræmə'tɜːdʒɪk] *adj.* drama'turgisch; **dram·a·tur·gist** ['dræməˌtɜːdʒɪst] *s.* Drama'turg *m*; **dram·a·tur·gy** ['dræməˌtɜːdʒɪ] *s.* Dramatur'gie *f*.

drank [dræŋk] *pret. von* **drink**.

drape [dreɪp] **I** *v/t.* **1.** drapieren: a) (mit Stoff) behängen, b) in (schöne) Falten legen, c) *et.* hängen (**over** über *acc.*), (ein)hüllen (**in** in *acc.*); **II** *v/i.* **2.** schön fallen (*Stoff etc.*); '**drap·er** [-pə] *s.* Tuch-, Stoffhändler *m*: **~'s (shop)** Textilgeschäft *n*; '**dra·per·y** [-pərɪ] *s.* **1.** dekora'tiver Behang, Drapierung *f*; **2.** Faltenwurf *m*; **3.** *coll.* Tex'tilien *pl.*, Tex'til-, Webwaren *pl.*, Stoffe *pl.*; **4.** *Am.* Vorhangstoffe *pl.*, Vorhänge *pl.*

dras·tic ['dræstɪk] *adj.* (□ **~ally**) drastisch (*a.* ⚕), 'durchgreifend, rigo'ros.

drat [dræt] *int.* F: **~ it (you)!** zum Teufel damit (mit dir)!; '**drat·ted** [-tɪd] *adj.* F verdammt.

draught [drɑːft] **I** *s.* **1.** Ziehen *n*, Zug *m*: **~ animal** Zugtier *n*; **2.** Fischzug *m* (*Fischen od. Fang*); **3.** Abziehen *n* (aus dem Faß): **beer on ~** Bier *n* vom Faß; **~ beer** *Brit.* Faßbier *n*; **4.** Zug *m*, Schluck *m*: **a ~ of beer** ein Schluck Bier; **at a** (*od.* **one**) **~** auf 'einen Zug, mit 'einem Male; **5.** ⚕ Arz'neitrank *m*; **6.** ⚓ Tiefgang *m*; **7.** (Luft)Zug *m*, Zugluft *f*: **there is a ~** es zieht; **~ excluder** Dichtungsstreifen *m* (*für Türen etc.*); **feel the ~** F ‚den Wind im Gesicht spüren', in (finanzi'eller) Bedrängnis sein; **8.** ⚙ Zug *m* (*Schornstein etc.*); **9.** *pl. sg. konstr. Brit.* Damespiel *n*; **10.** → **draft** I; **II** *v/t.* **11.** → **draft** II; '**~-board** *s. Brit.* Dame- *od.* Schachbrett *n*.

draughts·man *s.* [*irr.*] **1.** ['drɑːftsmæn] *Brit.* Damestein *m*; **2.** [-mən] → **draftsman**.

draught·y ['drɑːftɪ] *adj.* zugig.

draw [drɔː] **I** *s.* **1.** *a.* ⚙ Ziehen *n*, Zug *m*: **quick on the ~** F a) schnell (mit der Pistole), b) *fig.* ‚fix', schlagfertig; **2.** Ziehung *f*, Verlosung *f*; **3.** *fig.* Zugkraft *f*; **4.** a) Attrakti'on *f*, Glanznummer *f* (*Person od. Sache*), b) *thea.* Zugstück *n*, Schlager *m*; → **box-office** 2; **5.** *sport* Unentschieden *n*: **end in a ~** unentschieden ausgehen; **II** *v/t.* [*irr.*] **6.** *Wagen, Pistole, Schwert, Los,* (*Spiel*)*Karte, Zahn etc.* ziehen; *Gardine* zuziehen *od.* aufziehen; *Bier, Wein* abziehen, -zapfen; *Bogen*(*sehne*) spannen: **~ s.o. into talk** j-n ins Gespräch ziehen; → **conclusion** 3, **bow²** 1, **parallel** 3; **7.** *fig.* anziehen, -locken, fesseln; her'vorrufen; *j-n zu et.* bewegen; *sich et.* zuziehen: **feel ~n to s.o.** sich zu j-m hingezogen fühlen; **~ attention** die Aufmerksamkeit lenken (**to** auf *acc.*); **~ an audience** Zuhörer anlocken; **~ ruin upon o.s.** sich selbst sein Grab graben; **~ tears from s.o.** j-n zu Tränen rühren; **8.** *Gesicht* verziehen; → **drawn** 2; **9.** holen, sich verschaffen; entnehmen: **~ water** Wasser holen *od.* schöpfen; **~ (a) breath** Atem holen, *fig.* aufatmen; **~ a sigh** (auf)seufzen; **~ consolation** Trost schöpfen (**from** aus); **~ inspiration** sich Anregung holen (**from** von, bei, durch); **10.** *Mahlzeiten,* ⚔ *Rationen* in Empfang nehmen, *a. Gehalt, Lohn* beziehen; *Geld* holen, abheben, entnehmen; **11.** ziehen, auslosen: **~ a prize** e-n Preis gewinnen, *fig.* Erfolg haben; **~ bonds** ✝ Obligationen auslosen; **12.** *fig.* her'ausziehen, -bringen, her'aus-, entlocken: **~ applause** Beifall entlocken (**from** *dat.*); **~ information from s.o.** j-n aushorchen; **~ a reply from s.o.** e-e Antwort aus j-m herausholen; **13.** ausfragen, -horchen (**s.o. on s.th** j-n über et.); *j-n* aus s-r Reserve her'auslocken: **he refused to be ~n** er ließ sich nicht aushorchen; **14.** zeichnen: **~ a portrait**; **~ a line** e-e Linie ziehen; **~ it fine** *fig.* es *zeitlich etc.* gerade noch schaffen; → **line¹** 12; **15.** gestalten, darstellen, schildern; **16.** *a.* **~ up** *Schriftstück* entwerfen, aufsetzen: **~ a deed** e-e Urkunde aufsetzen; **~ a cheque** (*Am.* **check**) e-n Scheck ausstellen; **~ a bill** e-n Wechsel ziehen (**on** auf *j-n*); **17.** ⚓ e-n Tiefgang von ... haben; **18.** *Tee* ziehen lassen; **19.** *geschlachtetes Tier* ausnehmen, *Wild a.* ausweiden; **20.** *hunt. Wald, Gelände* durch'stöbern, abpirschen; *Teich* ausfischen; **21.** ⚙ *Draht* ziehen; strecken, dehnen; **22.** **~ the match** *sport* unentschieden spielen; **III** *v/i.* [*irr.*] **23.** ziehen (*a. Tee, Schornstein*); **24.** das Schwert, die Pistole *etc.* ziehen, zur Waffe greifen; **25.** sich (*leicht etc.*) ziehen lassen; **26.** zeichnen, malen; **27.** Lose ziehen, losen (**for** um); **28.** unentschieden spielen; **29.** sich (hin)begeben; sich nähern: **~ close** (**to s.o.** j-m) näherrücken; **~ round the table** sich um den Tisch versammeln; **~ into the station** 🚂 in den Bahnhof einfahren; → **draw near**, **level** 11; **30.** ✝ (e-n Wechsel) ziehen (**on** auf *acc.*); **31.** **~ on** in Anspruch nehmen (*acc.*), her'anziehen (*acc.*), Gebrauch machen von, zu'rückgreifen auf (*acc.*); *Kapital, Vorräte* angreifen: **~ on one's imagination** sich et. einfallen lassen;

Zssgn mit adv.:

draw| a·part I *v/i.* **1.** sich lösen, abrükken (**from** von); **2.** sich ausein'anderleben; **II** *v/t.* **3.** → **~ a·side** *v/t. j-n* bei'seite nehmen, *a. et.* zur Seite ziehen; **~ a·way I** *v/t.* **1.** weg-, zu'rückziehen; **2.** ablenken; **3.** weglocken; **II** *v/i.* **4.** (**from**) sich entfernen (von); abrücken (von); **5.** (**from**) e-n Vorsprung gewinnen (vor *dat.*), sich lösen (von); **~ back I** *v/t.* **1.** *Truppen, Vorhang etc.* zu'rückziehen; **2.** ✝ *Zoll* zu'rückerhalten; **II** *v/i.* **3.** sich zu'rückziehen; **~ down** *v/t.* her'abziehen, *Jalousien* her'unterlassen; **~ in I** *v/t.* **1.** *a. Luft* einziehen; **2.** *fig. j-n* (mit) hin'einziehen; **3.** *Ausgaben etc.* einschränken; **II** *v/i.* **4.** einfahren (*Zug*); **5.** (an)halten (*Auto*); **6.** abnehmen, kürzer werden (*Tage*); **7.** sich einschränken; **~ near** *v/i.* sich nähern (**to** *dat.*), her'anrücken; **~ off I** *v/t.* **1.** ab-, zu'rückziehen; **2.** ⚗ ausziehen; **3.** abzapfen; **4.** *Handschuhe etc.* ausziehen; **5.** *fig.* ablenken; **II** *v/i.* **6.** sich zurückziehen; **~ on I** *v/t.* **1.** anziehen: **~ gloves**; **2.** *fig.* a) anziehen, anlocken, b) verursachen; **II** *v/i.* **3.** sich nähern; **~ out I** *v/t.* **1.** her'ausziehen, -holen; **2.** *fig.* a) *Aussage* her'ausholen, b) *j-n* ausholen, -horchen; **3.** ⚔ *Truppen* a) abkommandieren, b) aufstellen; **4.** *fig.* ausdehnen, hin'ausziehen, in die Länge ziehen; **II** *v/i.* **5.** länger werden (*Tage*); **6.** ausfahren (*Zug*); **~ up I** *v/t.* **1.** her'aufziehen, aufrichten: **draw o.s. up** sich aufrichten; **2.** *Truppen etc.* aufstellen; **3.** a) → ***draw*** 16, b) ✝ *Bilanz* aufstellen, c) *Plan etc.* entwerfen; **4.** *j-n* innehalten lassen; **5.** *Pferd* zum Stehen bringen; **II** *v/i.* **6.** (an)halten; **7.** vorfahren (*Wagen*); **8.** aufmarschieren; **9.** (***with, to***) her'ankommen (an *acc.*), einholen (*acc.*).

'draw|·back *s.* **1.** Nachteil *m*, Hindernis *n*, ‚Haken' *m*; **2.** ✝ Zollrückvergütung *f*; **'~·bridge** *s.* Zugbrücke *f*; **'~·card** → ***drawing card.***

draw·ee [drɔː'iː] *s.* ✝ Bezogene(r) *m*.

draw·er ['drɔːə] *s.* **1.** Zeichner *m*; **2.** ✝ Aussteller *m e-s Wechsels*; **3.** [drɔː] a) Schublade *f*, -fach *n*, b) *pl.* Kom'mode *f*; **4.** *pl.* [drɔːz] *a.* ***pair of ~s*** a) 'Unterhose *f*, b) (Damen)Schlüpfer *m*.

draw·ing ['drɔːɪŋ] *s.* **1.** Ziehen *n*; **2.** Zeichnen *n*: ***out of ~*** verzeichnet; **3.** Zeichnung *f*, Skizze *f*; **4.** Ziehung *f*, Verlosung *f*; **5.** ✝ a) *pl.* Bezüge *pl.*, Einnahmen *pl.*, b) Abhebung *f*, c) Trassierung *f*, Ziehung *f* (*Wechsel*); **~ ac·count** *s.* ✝ **1.** Girokonto *n*; **2.** Spesenkonto *n*; **~ block** *s.* Zeichenblock *m*; **'~·board** *s.* Reiß-, Zeichenbrett *n*: ***back to the ~!*** F wir müssen noch einmal von vorn anfangen!; **~ card** *s. thea. Am.* Zugnummer *f* (*Stück od. Person*); **~ com·pass·es** *s. pl.* (Reiß-, Zeichen-) Zirkel *m*; **~ ink** *s.* (Auszieh)Tusche *f*; **~ pen** *s.* Reißfeder *f*; **~ pen·cil** *s.* Zeichenstift *m*; **~ pin** *s. Brit.* Reiß-, Heftzwecke *f*; **~ pow·er** *s. fig.* Zugkraft *f*; **~ room** *s.* **1.** Gesellschaftszimmer *n*, Sa'lon *m*: ***not fit for a ~*** nicht ‚salonfähig'; ***~ comedy*** Salonkomödie *f*; **2.** Empfang *m* (*Brit. bsd.* bei Hofe); **3.** 🚂 *Am.* Pri'vatabteil *n*: ***~ car*** Salonwagen *m*; **~ set** *s.* Reißzeug *n*.

drawl [drɔːl] **I** *v/t. u. v/i.* gedehnt *od.* schleppend sprechen; **II** *s.* gedehntes Sprechen.

drawn [drɔːn] **I** *p.p. von* ***draw***; **II** *adj.* **1.** gezogen (*a.* ⚙ *Draht*); **2.** *fig.* a) abgespannt, b) verhärmt (*Gesicht*): ***~ with pain*** schmerzverzerrt; **3.** *sport*: unentschieden: ***~ match*** Unentschieden *n*; **~ but·ter (sauce)** *s.* Buttersoße *f*; **~ work** *s.* Hohlsaumarbeit *f*.

draw| po·ker *s. Kartenspiel*: Draw Poker *n*; **'~·string** *s.* Zug- *od.* Vorhangschnur *f*; **~ well** *s.* Ziehbrunnen *m*.

dray [dreɪ] *a.* **~ cart** *s.* Rollwagen *m*; **~ horse** *s.* Zugpferd *n*; **'~·man** [-mən] *s.* [*irr.*] Rollkutscher *m*.

dread [dred] **I** *v/t.* (sehr) fürchten, (große) Angst haben *od.* sich fürchten vor (*dat.*); **II** *s.* Furcht *f*, große Angst, Grauen *n* (***of*** vor *dat.*); **III** *adj. poet.* → ***dreadful*** 1; **'dread·ed** [-dɪd] *adj.* gefürchtet; **'dread·ful** [-fʊl] *adj.* □ **1.** furchtbar, schrecklich (*beide a. fig.* F); → ***penny dreadful***; **2.** F a) gräßlich, scheußlich, b) furchtbar groß *od.* lang, kolos'sal; **'dread·locks** *s. pl.* Rasta--Frisur *f*; **'dread·nought** *s.* **1.** ⚔ Dreadnought *m*, Schlachtschiff *n*; **2.** dicker, wetterfester Stoff *od.* Mantel.

dream [driːm] **I** *s.* **1.** Traum *m*: ***pleasant ~s!*** F träume süß!; ***wet ~*** ‚feuchter Traum' (*Pollution*); **2.** Traum(zustand) *m*, Träume'rei *f*; **3.** *fig.* (Wunsch-) Traum *m*, Sehnsucht *f*, Ide'al *n*: ***~ factory*** ‚Traumfabrik' *f*; ***~ job*** Traumberuf *m*; **4.** *fig.* ‚Gedicht' *n*, Traum *m*: ***a ~ of a hat*** ein traumhaft schöner Hut; ***a perfect ~*** traumhaft schön; **II** *v/i.* [*a. irr.*] **5.** träumen (***of*** von) (*a. fig.*); **6.** träumerisch *od.* verträumt sein; **7.** *mst neg.* ahnen: ***I shouldn't ~ of such a thing*** das würde mir nicht einmal im Traume einfallen; ***I shouldn't ~ of doing that*** ich würde nie daran denken, das zu tun; ***he little dreamt that*** er ahnte kaum, daß; **III** *v/t.* [*a. irr.*] **8.** träumen (*a. fig.*); **9.** ***~ away*** verträumen; **10.** ***~ up*** F sich *et.* einfallen lassen *od.* ausdenken; **'dream·boat** *s. sl.* a) ‚Schatz' *m*, b) ‚dufter Typ', c) Schwarm *m*, Ide'al *n*; **'dream·er** [-mə] *s.* Träumer(in) (*a. fig.*); **'dream·i·ness** [-mɪnɪs] *s.* **1.** Verträumtheit *f*; **2.** Traumhaftigkeit *f*, Verschwommenheit *f*; **'dream·ing** [-mɪŋ] → ***dreamy*** 1.

'dream|·land *s.* Traumland *n*; **'~·like** *adj.* traumhaft; **~ read·er** *s.* Traumdeuter(in).

dreamt [dremt] *pret. u. p.p. von* ***dream.***

dream world *s.* Traumwelt *f*.

dream·y ['driːmɪ] *adj.* □ **1.** verträumt, träumerisch; **2.** traumhaft, verschwommen; **3.** F traumhaft (schön).

drear [drɪə] *adj. poet.* → ***dreary***; **drear·ie** ['drɪərɪ] *s.* F fader *od.* ‚mieser' Typ; **drear·i·ness** ['drɪərɪnɪs] *s.* **1.** Tristheit *f*, Trostlosigkeit *f*; **2.** Langweiligkeit *f*; **drear·y** ['drɪərɪ] *adj.* □ **1.** *allg.* trist, trüb(selig); **2.** langweilig, fad(e); **3.** F ‚mies', ‚blöd'.

dredge[1] [dredʒ] **I** *s.* **1.** ⚙ Bagger *m*; **2.** Schleppnetz *n*; **II** *v/t.* **3.** ausbaggern; **4.** *oft* ***~ up*** mit dem Schleppnetz fangen *od.* her'aufholen; **5.** *fig.* a) ***~ up*** *Tatsachen* ausgraben, b) durch'forschen; **III** *v/i.* **6.** mit dem Schleppnetz fischen (***for*** nach); **7.** ***~ for*** suchen nach.

dredge[2] [dredʒ] *v/t.* (mit Mehl *etc.*) bestreuen.

dredg·er[1] ['dredʒə] *s.* **1.** ⚙ Bagger *m*; **2.** Schwimmbagger *m*; **3.** Schleppnetzfischer *m*.

dredg·er[2] ['dredʒə] *s.* (Mehl- *etc.*)Streuer *m*.

dreg [dreg] *s.* **1.** *mst pl.* (Boden)Satz *m*, Hefe *f*: ***drain*** (*od.* ***drink***) ***to the ~s*** *Glas* bis zur Neige leeren; ***not a ~*** gar nichts; → ***cup*** 7; **2.** *mst pl. fig.* Abschaum *m* (*der Menschheit*), Hefe *f* (*des Volkes*): ***the ~s of mankind.***

drench [drentʃ] **I** *v/t.* **1.** durch'nässen: ***~ed in blood*** blutgetränkt; ***~ed with rain*** vom Regen (völlig) durchnäßt; ***~ed in tears*** in Tränen gebadet; **2.** *vet. Tieren* Arz'nei einflößen; **II** *s.* **3.** (Regen)Guß *m*; **4.** *vet.* Arz'neitrank *m*; **'drench·er** [-tʃə] *s.* **1.** Regenguß *m*; **2.** *vet.* Gerät *n* zum Einflößen von Arz'neien.

Dres·den (chi·na) ['drezdən] *s.* Meißner Porzel'lan *n*.

dress [dres] **I** *s.* **1.** Kleidung *f*, Anzug *m* (*a.* ⚔); **2.** (Damen)Kleid *n*; **3.** Abend-, Gesellschaftskleidung *f*: ***full ~*** Gesellschaftsanzug *m*, Gala *f*; **4.** *fig.* Gewand *n*, Kleid *n*, Gestalt *f*; **II** *v/t.* **5.** be-, ankleiden, anziehen: ***~ o.s.*** → 11; **6.** einkleiden; **7.** *thea.* mit Ko'stümen ausstatten: ***~ it*** Kostümprobe abhalten; **8.** schmücken, *Schaufenster etc.* dekorieren: ***~ ship*** ⚓ über die Toppen flaggen; **9.** zu'rechtmachen, herrichten, zubereiten, behandeln, bearbeiten; *Salat* anmachen; *Huhn etc.* koch- *od.* bratfertig machen; *Haare* frisieren; *Leder* zurichten; *Tuch* glätten, appretieren; *Erz etc.* aufbereiten; *Stein* behauen; *Flachs* hecheln; *Boden* düngen; ⚕ *Wunde* behandeln, verbinden; **10.** ⚔ (aus)richten; **III** *v/i.* **11.** sich ankleiden *od.* anziehen; **12.** Abend- *od.* Festkleidung anziehen, sich ‚in Gala werfen'; **13.** sich (*geschmackvoll etc.*) kleiden: ***~ well*** (***badly***); **14.** ⚔ sich (aus)richten; **~ down** *v/t.* **1.** *Pferd* striegeln; **2.** F *j-m* ‚eins auf den Deckel geben'; **~ up I** *v/t.* **1.** fein anziehen, herausputzen; **II** *v/i.* **2.** sich feinmachen, sich auftakeln; **3.** sich kostümieren *od.* verkleiden.

dres·sage ['dresɑːʒ] **I** *s. sport* Dres'sur (-reiten *n*) *f*; **II** *adj.* Dressur...

dress| cir·cle *s. thea.* erster Rang; **~ clothes** *s. pl.* Gesellschaftskleidung *f*; **~ coat** *s.* Frack *m*; **~ de·sign·er** *s.* Modezeichner(in).

dress·er[1] ['dresə] *s.* **1.** *thea.* a) Kostümi'er *m*, b) Garderobi'ere *f*; **2.** j-d, der sich *sorgfältig etc.* kleidet; **3.** ⚕ Operati'onsassi,stent *m*; **4.** 'Schaufensterdekora,teur *m*; **5.** ⚙ a) Zurichter *m*, Aufbereiter *m*, b) Appretierer *m*.

dress·er[2] ['dresə] *s.* **1.** a) Küchen-, Geschirrschrank *m*, b) Anrichte *f*; **2.** → ***dressing table.***

dress·ing ['dresɪŋ] *s.* **1.** Ankleiden *n*; **2.** ⚙ a) (Nach)Bearbeitung *f*, Aufbereitung *f*, Zurichtung *f*; **3.** ⚙ Appre'tur *f*; **4.** Zubereitung *f von Speisen*; **5.** a) Dressing *n* (*Salatsoße*), b) *Am.* Füllung *f*; **6.** ⚕ a) Verbinden *n* (*Wunde*), b) Verband *m*; **7.** ⚘ Dünger *m*; **~ case** *s.* Toi'lettentasche *f*, 'Reisenecessaire *n*; **,~-'down** *s.* F Standpauke *f*, Rüffel *m*; **~ gown** *s.* Schlaf-, Morgenrock *m*; **~ room** *s.* **1.** Ankleidezimmer *n*; **2.** ('Künstler)Garde,robe *f*; **3.** *sport* ('Umkleide)Ka,bine *f*; **~ sta·tion** *s.* ⚔ (Feld)Verband(s)platz *m*; **~ ta·ble** *s.* Fri'sierkom,mode *f*.

'dress|,mak·er *s.* (Damen)Schneider (-in); **'~,mak·ing** *s.* Schneidern *n*; **~ pa·rade** *s.* **1.** Modevorführung *f*; **2.** Pa'rade *f* in 'Galauni,form; **~ pat·tern** *s.* Schnittmuster *n*; **~ re·hears·al** *s. thea.* Gene'ralprobe *f* (*a. fig.*), Ko'stümprobe *f*; **~ shield** *s.* Schweißblatt *n*; **~ shirt** *s.* Frackhemd *n*; **~ suit** *s.* Frackanzug *m*; **~ u·ni·form** *s.* ⚔ großer Dienstanzug *m*.

dress·y ['dresɪ] *adj.* **1.** ele'gant (gekleidet), *weitS.* modebewußt; **2.** geschniegelt; **3.** F schick, fesch (*Kleid*).

drew [druː] *pret. von* ***draw.***

drib·ble ['drɪbl] **I** *v/i.* **1.** tröpfeln (*a. fig.*); **2.** sabbern, geifern; **3.** *sport* dribbeln; **II** *v/t.* **4.** (her'ab)tröpfeln lassen, träufeln; **5.** *sport* ***~ the ball*** (mit dem Ball) dribbeln.

drib·(b)let ['drɪblɪt] kleine Menge; ***by ~s*** *fig.* in kleinen Mengen, kleckerweise.

dribs and drabs [,drɪbzən'dræbz] *s. pl.*: ***in ~*** F kleckerweise.

dried [draɪd] *adj.* getrocknet: ***~ cod*** Stockfisch *m*; ***~ fruit*** Dörrobst *n*; ***~ milk*** Trockenmilch *f*.

dri·er[1] ['draɪə] *s.* **1.** Trockenmittel *n*, Sikka'tiv *n*; **2.** 'Trockenappa,rat *m*, Trockner *m*: ***hair-~*** Fön *m*.

dri·er[2] ['draɪə] *comp. von* **dry**.

dri·est ['draɪɪst] *sup. von* **dry**.

drift [drɪft] **I** *s.* **1.** Treiben *n*; **2.** *fig.* Abwanderung *f*: **~ from the land** Landflucht *f*; **3.** ⚓, ✈ Abtrift *f*, -trieb *m*; **4.** *Ballistik*: Seitenabweichung *f*; **5.** Drift(strömung) *f* (*im Meer*); (Strömungs)Richtung *f*; **6.** *fig.* a) Strömung *f*, Ten'denz *f*, Lauf *m*, Richtung *f*, b) Absicht *f*, c) Gedankengang *m*, d) Sinn *m*: **the ~ of what he said** was er meinte *od.* sagen wollte; **7.** a) Treibholz *n*, b) Treibeis *n*, c) Schneegestöber *n*; **8.** Treibgut *n*; **9.** (Schnee)Verwehung *f*, (Schnee-, Sand)Wehe *f*; **10.** *geol.* Geschiebe *n*; **11.** *fig.* Einfluß *m*, (treibende) Kraft; **12.** (Sich)'Treibenlassen *n*, Ziellosigkeit *f*: **policy of ~**; **II** *v/i.* **13.** treiben (*a. fig.* **into** in *e-n Krieg etc.*), getrieben werden: **let things ~** den Dingen ihren Lauf lassen; **~ away** a) abwandern, b) sich entfernen (**from** von); **~ apart** *fig.* sich ausein'anderleben; **14.** sich (willenlos) treiben lassen; **15.** *auf et.* zutreiben; **16.** gezogen werden, geraten *od.* (hinein)schlittern (**into** in *acc.*); **17.** sich häufen (*Sand, Schnee*); **III** *v/t.* **18.** (da'hin)treiben, (fort)tragen; **19.** aufhäufen, zs.-tragen; **~ an·chor** *s.* ⚓ Treibanker *m*.

drift·er ['drɪftə] *s.* **1.** zielloser Mensch, ‚Gammler' *m*; **2.** Treibnetzfischer(boot *n*) *m*.

drift| ice *s.* Treibeis *n*; **~ net** *s.* Treibnetz *n*; '**~·wood** *s.* Treibholz *n*.

drill[1] [drɪl] **I** *s.* **1.** ⚙ 'Bohrgerät *n*, -maˌschine *f*, Bohrer *m*: **~ chuck** Bohrfutter *n*; **2.** Drill *m*: a) ⚔ Exerzieren *n*, b) (*Luftschutz- etc.*)Übung *f*, c) *fig.* strenge Schulung, d) 'Ausbildung(smeˌthode) *f*; **II** *v/t.* **3.** *Loch* bohren; **4.** ⚔ *u. fig.* drillen, einexerzieren: **~ him in Latin** ihm Lateinisch einpauken; **5.** *fig.* drillen, gründlich ausbilden; **III** *v/i.* **6.** (⚙ *engS.* ins Volle) bohren: **~ for oil** nach Öl bohren; **7.** ⚔ a) exerzieren (*a. fig.*), b) gedrillt *od.* ausgebildet werden.

drill[2] [drɪl] ⚒ **I** *s.* **1.** (Saat)Rille *f*, Furche *f*; **2.** 'Drill-, 'SämaˌschinE *f*; **II** *v/t.* **3.** *Saat* in Reihen säen; **4.** *Land* in Reihen besäen.

drill[3] [drɪl] *s.* Drill(ich) *m*, Drell *m*.

drill| bit *s.* ⚙ **1.** Bohrspitze *f*; **2.** Einsatzbohrer *m*; **~ ground** *s.* ⚔ Exerzierplatz *m*.

drill·ing ['drɪlɪŋ] *s.* **1.** Bohren *n*; **2.** Bohrung *f* (**for** nach *Öl etc.*); **3.** → **drill**[1] 2; **~ rig** *s.* Bohrinsel *f*.

'**drill|ˌmas·ter** *s.* **1.** ⚔ Ausbilder *m*; **2.** *fig.* ‚Einpauker' *m*; **~ ser·geant** *s.* ⚔ 'Ausbildungsˌunteroffiˌzier *m*.

dri·ly ['draɪlɪ] *adv. von* **dry** (*mst fig.*).

drink [drɪŋk] **I** *s.* **1.** a) Getränk *n*, b) Drink *m*, alko'holisches Getränk, c) *coll.* Getränke *pl.*; **~s machine** Getränkeautomat *m*; **have a ~** et. trinken, e-n Drink nehmen; **have a ~ with s.o.** mit j-m ein Glas trinken; **a ~ of water** ein Schluck Wasser; **food and ~** Essen *n* u. Getränke *pl.*; **2.** das Trinken, der Alkohol: **take to ~** sich das Trinken angewöhnen; **3.** *sl. der* ‚große Teich' (*Meer*); **II** *v/t.* [*irr.*] **4.** *Tee etc.* trinken; *Suppe* essen: **~ s.o. under the table** j-n unter den Tisch trinken; **5.** trinken, saufen (*Tier*); **6.** trinken *od.* anstoßen auf (*acc.*); → **health** 3; **7.** (aus)trinken, leeren; → **cup** 7; **8.** *fig.* → **drink in**; **III** *v/i.* [*irr.*] **9.** trinken; **10.** saufen (*Tier*); **11.** trinken, *weitS. a.* ein Trinker sein; **12.** trinken *od.* anstoßen (**to** auf *acc.*): **~ to s.o.** *a.* j-m zuprosten; **~ a·way** *v/t.* **1.** *sein Geld etc.* vertrinken; **2.** *s-e Sorgen* im Alkohol ersäufen; **~ in** *v/t. fig.* **1.** *Luft etc.* einsaugen, (tief) einatmen; **2.** *fig.* (hingerissen) in sich aufnehmen, verschlingen: **~ s.o.'s words**; **~ off**, **~ up** *v/t.* austrinken.

drink·a·ble ['drɪŋkəbl] *adj.* trinkbar, Trink…; **drink·er** ['drɪŋkə] *s.* **1.** Trinkende(r *m*) *f*: **beer ~** Biertrinker *m*; **2.** Trinker(in): **a heavy ~**.

drink·ing ['drɪŋkɪŋ] *s.* **1.** *allg.* Trinken *n*; **2.** → **~ bout** *s.* Trinkgelage *n*; **~ cup** *s.* Trinkbecher *m*; **~ foun·tain** *s.* Trinkbrunnen *m*; **~ song** *s.* Trinklied *n*; **~ straw** *s.* Trinkhalm *m*; **~ wa·ter** *s.* Trinkwasser *n*.

drip [drɪp] **I** *v/i.* **1.** (her'ab)tropfen, (-)tröpfeln; **2.** tropfen (*Wasserhahn*); **3.** triefen (**with** von, vor *dat.*) (*a. fig.*); **II** *v/t.* **4.** (her'ab)tröpfeln *od.* (her'ab-)tropfen lassen; **III** *s.* **5.** → **dripping** 1, 2; **6.** ⚠ Traufe *f*; **7.** ⚙ Tropfrohr *n*; **8.** ⚕ a) 'Tropfinfusiˌon *f*, b) Tropf *m*: **be on the ~** am Tropf hängen; **9.** F ‚Nulpe' *f*, ‚Blödmann' *m*; **~ cof·fee** *s. Am.* Filterkaffee *m*; ˌ**~-'dry I** *adj.* bügelfrei; **II** *v/t.* tropfnaß aufhängen; '**~-feed** *v/t.* ⚕ parente'ral *od.* künstlich ernähren.

drip·ping ['drɪpɪŋ] **I** *s.* **1.** Tröpfeln *n*, Tropfen *n*; **2.** *a. pl.* her'abtröpfelnde Flüssigkeit; **3.** (abtropfendes) Bratenfett: **~ pan** Fettpfanne *f*; **II** *adj.* **4.** *a. fig.* triefend (**with** von); **5.** *a.* **~ wet** triefend naß, tropfnaß.

'**drip·proof** *adj.* ⚙ tropfwassergeschützt.

drip·py ['drɪpɪ] *adj. sl.* **1.** langweilig, lahm(arschig); **2.** rührselig, kitschig.

drive [draɪv] **I** *s.* **1.** Fahrt *f*, *bsd.* Aus-, Spa'zierfahrt *f*: **take** (*od.* **go for**) **a ~** → **drive out** II; **an hour's ~ away** e-e Autostunde entfernt; **2.** a) Fahrweg *m*, -straße *f*, b) (pri'vate) Auf-, Einfahrt *f*, c) Zufahrtsstraße *f*; **3.** a) (Zs.-)Treiben *n* (*von Vieh etc.*), b) zs.-getriebene Tiere; **4.** Treibjagd *f*; **5.** ⚙ a) Antrieb *m*: **rear(-wheel) ~**, b) *mot. a.* Steuerung *f*: **left-hand ~**; **6.** ⚔ Vorstoß *m*; **7.** *sport* a) Schuß *m*, b) *Golf*, *Tennis*: Drive *m*, Treibschlag *m*; **8.** Tatkraft *f*, Schwung *m*, E'lan *m*, Dy'namik *f*; **9.** Trieb *m*, Drang *m*: **sexual ~** Geschlechtstrieb; **10.** ('Sammel-, Ver'kaufs- *etc.*)Aktiˌon *f*, Kam'pagne *f*, (*bes.* Werbe)Feldzug *m*; **II** *v/t.* [*irr.*] **11.** *Vieh*, *Wild*, *Keil*, *etc.* treiben; *Ball* treiben, (weit) schlagen, schießen; *Nagel* einschlagen, treiben (**into** in *acc.*); *Pfahl* einrammen; *Schwert etc.* stoßen; *Tunnel* bohren, treiben: **~ s.th. into s.o.** *fig.* j-m et. einbleuen; **~ all before one** *fig.* jeden Widerstand überwinden, unaufhaltsam sein; → **home** 13; **12.** vertreiben, -jagen; **13.** *hunt.* jagen, treiben; **14.** (zur Arbeit) antreiben, hetzen: **~ s.o. hard** a) j-n schinden, b) j-n in die Enge treiben; **~ o.s.** (**hard**) sich abschinden *od.* antreiben; **15.** *fig. j-n* dazu bringen *od.* treiben *od.* veranlassen *od.* zwingen (**to** zu; **to do** zu tun): **~ to despair** zur Verzweiflung treiben; **~ s.o. mad** j-n verrückt machen; **driven by hunger** vom Hunger getrieben; **16.** *Wagen* fahren, lenken, steuern; **17.** *j-n od. et.* (im Auto) fahren, befördern; **18.** ⚙ (an-, be)treiben (*mst pass.*): **driven by steam** mit Dampf betrieben, mit Dampfantrieb; **19.** zielbewußt 'durchführen: **~ a hard bargain** hart verhandeln; **he ~s a roaring trade** er treibt e-n schwunghaften Handel; **III** *v/i.* [*irr.*] **20.** (da'hin)treiben, getrieben werden: **~ before the wind** ⚓ vor dem Winde treiben; **21.** eilen, stürmen, jagen; **22.** stoßen, schlagen; **23.** (e-n *od.* den Wagen) fahren: **can you ~?** können Sie Auto fahren?; **24.** **~ at** *fig.* (ab)zielen auf (*acc.*): **what is he driving at?** was will *od.* meint er eigentlich?, worauf will er hinaus?; **25.** schwer arbeiten (**at** an *dat.*);

Zssgn mit adv.:

drive| a·way I *v/t. a. fig.* vertreiben, verjagen; **II** *v/i.* wegfahren; **~ in I** *v/t.* **1.** *Pfahl* einrammen, *Nagel* einschlagen; **2.** *Vieh* eintreiben; **II** *v/i.* **3.** hin'einfahren; **~ on I** *v/t.* vo'rantreiben (*a. fig.*); **II** *v/i.* weiterfahren; **~ out I** *v/t.* aus-, vertreiben; **II** *v/i.* spazieren-, ausfahren; **~ up I** *v/t.* *Preise* in die Höhe treiben; **II** *v/i.* vorfahren (**to** vor *dat.*).

'**drive-in I** *adj.* Auto…, Drive-in-…; **II** *s.* a) Auto-, Drive-in-Kino *n*, -rasthaus *n etc.*, b) Auto-, Drive-in-Schalter *m e-r Bank*.

driv·el ['drɪvl] **I** *v/i.* **1.** sabbern, geifern; **2.** dummes Zeug schwatzen, faseln; **II** *s.* **3.** Geschwätz *n*, Gefasel *n*, Fase'lei *f*; '**driv·el·(l)er** [-lə] *s.* (blöder) Schwätzer.

driv·en ['drɪvn] *p.p. von* **drive**.

driv·er ['draɪvə] *s.* **1.** (An)Treiber *m*; **2.** Fahrer *m*, Lenker *m*, b) (*Kran- etc.*, *Brit. Lokomotiv*)Führer *m*, c) Kutscher *m*; **3.** (Vieh)Treiber *m*; **4.** F Antreiber *m*, (Leute)Schinder *m*; **5.** ⚙ a) Treibrad *n*, Ritzel *n*, b) Mitnehmer *m*, c) Ramme *f*; **6.** *Golf*: Driver *m* (*Holzschläger 1*); **~'s cab** *s.* ⚙ Führerhaus *n*; **~'s li·cense** *s. mot. Am.* Führerschein *m*; **~'s seat** *s.* Fahrer-, Führersitz *m*: **in the ~** *fig.* am Ruder.

drive| shaft → **driving shaft**; '**~·way** *s.* → **drive** 2; '**~-yourˌself** *adj. Am.* Selbstfahrer…: **~ car** Mietwagen *m*.

driv·ing ['draɪvɪŋ] **I** *adj.* **1.** (an)treibend: **~ force** treibende Kraft; **~ rain** stürmischer Regen; **2.** a) ⚙ Antriebs…, Treib…, Trieb…, b) *TV* Treiber…(*-impulse etc.*); **3.** *mot.* Fahr…: **~ comfort**; **~ instructor** Fahrlehrer *m*; **~ lessons** Fahrstunden; **take ~ lessons** Fahrunterricht nehmen, den Führerschein machen; **~ licence** *Brit.* Führerschein *m*; **~ mirror** Rückspiegel *m*; **~ school** Fahrschule *f*; **~ test** Fahrprüfung *f*; **II** *s.* **4.** Treiben *n*; **5.** (Auto)Fahren *n*; **~ ax·le** *s.* Antriebsachse *f*; **~ belt** *s.* Treibriemen *m*; '**~·gear** *s.* Triebwerk *n*, Getriebe *n*; **~ i·ron** *s. Golf*: Driving-Iron *m* (*Eisenschläger Nr. 1*); **~ pow·er** *s.* ⚙ Antriebskraft *f*, -leistung *f*; **~ shaft** *s.* ⚙ Antriebswelle *f*; **~ wheel** *s.* Triebrad *n*.

driz·zle ['drɪzl] **I** *v/i.* nieseln; **II** *s.* Niesel-, Sprühregen *m*; '**driz·zly** [-lɪ] *adj.* Niesel-, Sprüh…: **~ rain**; **it was a ~ day** es nieselte den ganzen Tag.

droll [drəʊl] *adj.* □ drollig, spaßig, komisch; **droll·er·y** ['drəʊlərɪ] *s.* **1.** Posse *f*, Schwank *m*; **2.** Spaß *m*; **3.** Komik *f*, Spaßigkeit *f*.

drome [drəʊm] F *für **aerodrome**, **airdrome***.

drom·e·dar·y ['drɒmədərɪ] *s. zo.* Drome'dar *n*.

drone¹ [drəʊn] **I** *s.* **1.** *zo.* Drohne *f*; **2.** *fig.* Drohne *f*, Schma'rotzer *m*; **3.** ✕ ferngesteuertes Flugzeug *n*; 'Fernlenkra͵kete *f*; **II** *v/i.* **4.** faulenzen; **III** *v/t.* **5.** ***~ away*** vertrödeln.

drone² [drəʊn] **I** *v/i.* **1.** brummen, summen, dröhnen; **2.** *fig.* leiern, eintönig reden; **II** *v/t.* **3.** herleiern; **III** *s.* **4.** ♪ a) Bor'dun *m*, b) Baßpfeife *f des Dudelsacks*; **5.** Brummen *n*, Summen *n*; **6.** *fig.* a) Geleier *n*, b) einschläfernder Redner.

droop [dru:p] **I** *v/i.* **1.** (schlaff) her'abhängen *od.* -sinken; **2.** ermatten, erschlaffen; **3.** sinken, schwinden (*Mut etc.*), erlahmen (*Interesse etc.*); **4.** *fig.* den Kopf hängenlassen (*a. Blume*); **5.** † abbröckeln (*Preise*); **II** *v/t.* **6.** (schlaff) her'abhängen lassen; **III** *s.* **7.** Her'abhängen *n*, Senken *n*; **8.** Erschlaffen *n*; **'droop·ing** [-pɪŋ] *adj.* □ **1.** (her'unter)hängend, schlaff (*a. fig.*); **2.** matt; **3.** welk.

drop [drɒp] **I** *s.* **1.** Tropfen *m*: ***in ~s*** tropfenweise (*a. fig.*); ***a ~ in the bucket*** (*od.* ***ocean***) *fig.* ein Tropfen auf e-n heißen Stein; **2.** ⚕ *mst pl.* Tropfen *pl.*; **3.** *fig.* a) Tropfen *m*, Tröpfchen *n*, b) Glas *n*, ‚Gläs-chen' *n*: ***he has had a ~ too much*** er hat ein Glas *od.* eins über den Durst getrunken; **4.** Bon'bon *m*, *n*: ***fruit ~s*** Drops *pl.*; **5.** a) Fall *m*, Fallen *n*: ***at the ~ of a hat*** F beim geringsten Anlaß; ***get*** *od.* ***have the ~ on s.o.*** F j-m (*beim Ziehen e-r Waffe*) zuvorkommen, *fig.* j-m gegenüber im Vorteil sein, b) Fall(tiefe *f*) *m*, 'Höhen͵unterschied *m*, c) steiler Abfall, Gefälle *n*; **6.** *fig.* Fall *m*, Sturz *m*, Rückgang *m*: ***~ in prices*** Preissturz, -rückgang; ***~ in the temperature*** Temperaturabfall, -sturz; ***~ in the voltage*** ϟ Spannungsabfall; **7.** → ***airdrop*** I; **8.** ⚙ a) (Fall-)Klappe *f*, -vorrichtung *f*, b) Falltür *f*, c) Vorrichtung *f* zum Her'ablassen von Lasten: (***letter***) ***~*** *Am.* (Brief)Einwurf *m*; **9.** *thea.* Vorhang *m*; **II** *v/i.* **10.** (her'ab)tropfen, (-)tröpfeln; **11.** (he'rab-, her'unter)fallen: ***let s.th. ~*** a) et. fallen lassen, b) → 26; **12.** (nieder-)sinken, fallen: ***~ into a chair***; ***~ dead*** tot umfallen; ***~ dead!*** *sl.* geh zum Teufel!; ***ready*** (*od.* ***fit***) ***to ~*** zum Umfallen müde; **13.** *fig.* aufhören, ‚einschlafen': ***our correspondence ~ped***; **14.** (ver-)fallen: ***~ into a habit*** in e-e Gewohnheit verfallen; ***~ asleep*** einschlafen; **15.** a) (ab)sinken, sich senken, b) sinken, fallen, her'untergehen (*Preise*, *Thermometer etc.*); **16.** sich senken (*Stimme*); **17.** sich legen (*Wind*); **18.** zufällig *od.* unerwartet kommen: ***~ into the room***; ***~ across s.o.*** (***s.th.***) zufällig auf j-n (et.) stoßen; **19.** *zo.* (Junge) werfen, *bsd.* a) lammen, b) kalben, c) fohlen; **III** *v/t.* **20.** (her'ab)tropfen *od.* (-)tröpfeln lassen; **21.** senken, her'ablassen; **22.** fallen lassen: ***~ a book***; **23.** (hin'ein)werfen (***into*** in *acc.*); **24.** *Bomben etc.* (ab)werfen; **25.** ⚓ *den Anker* auswerfen; **26.** *e-e Bemerkung* fallenlassen: ***~ a remark***; ***~ me a line!*** schreibe mir ein paar Zeilen!; **27.** *ein Thema*, *e-e Gewohnheit etc.* fallenlassen: ***~ a subject*** (***habit*** *etc.*); **28.** *e-e Tätigkeit* aufgeben, aufhören mit: ***~ the correspondence*** die Korrespondenz einstellen; ***~ it!*** hör auf damit!, laß das!; **29.** *j-n* fallenlassen, nichts mehr zu tun haben wollen mit; **30** *Am.* a) *j-n* entlassen, b) *sport Spieler* aus der Mannschaft nehmen; **31.** *zo. Junge, bsd. Lämmer* werfen; **32.** *e-e Last*, *a. Passagiere* absetzen; **33.** F *Geld* a) loswerden, b) verlieren; **34.** *Buchstaben etc.* auslassen: ***~ one's aitches*** a) das ‚h' nicht sprechen, b) *fig.* e-e vulgäre Aussprache haben; **35.** a) zu Fall bringen, zu Boden schlagen, b) F *j-n* ‚abknallen'; **36.** ab-, her'unterschießen: ***~ a bird***; **37.** *die Augen od. die Stimme* senken; **38.** *sport e-n Punkt, ein Spiel* abgeben (***to*** gegen);

Zssgn mit adv.:

drop| a·round *v/i.* F vor'beikommen, (kurz) ‚her'einschauen'; **~ a·way** *v/i.* **1.** abfallen; **2.** immer weniger werden; (e-r nach dem anderen) weggehen; **~ back**, **~ be·hind** *v/i.* **1.** zu'rückbleiben, -fallen; **2.** sich zu'rückfallen lassen; **~ down** *v/i.* **1.** her'abtröpfeln; **2.** her'unterfallen; **~ in** *v/i.* **1.** her'einkommen (*a. fig. Aufträge etc.*); **2.** (kurz) her'einschauen (***on*** bei), ‚her'einschneien'; **~ off I** *v/i.* **1.** abfallen (*a.* ϟ); **2.** zu'rückgehen (*Umsatz etc.*), nachlassen (*Interesse etc.*); **3.** einschlafen, -nicken; **II** *v/t.* **4.** → ***drop*** 32; **~ out** *v/i.* **1.** her'ausfallen (***of*** aus); **2.** ‚aussteigen' (***of*** aus *der Politik*, *s-m Beruf etc.*), *a.* die Schule, das Studium abbrechen.

drop| ball *s. Fußball*: Schiedsrichterball *m*; **~ cur·tain** *s. thea.* Vorhang *m*; **'~-forge** *v/t.* ⚙ im Gesenk schmieden; **~ forg·ing** *s.* ⚙ **1.** Gesenkschmieden *n*; **2.** Gesenkschmiedestück *n*; **'~-head** *s.* **1.** ⚙ Versenkvorrichtung *f*; **2.** *mot. Brit. a.* **~ coupé** Kabrio'lett *n*; **~ kick** *s. sport* Dropkick *m*.

drop·let ['drɒplɪt] *s.* Tröpfchen *n*.

drop| let·ter *s.* **1.** *Am.* postlagernder Brief; **2.** Ortsbrief *m*; **'~·out** *s.* Dropout *m*: a) ‚Aussteiger' *m aus der Gesellschaft*, b) (Schul-, Studien)Abbrecher *m*, c) *Computer*: Sig'nalausfall *m*, d) *Tonband*: Schadstelle *f*.

drop·per ['drɒpə] *s.* Tropfglas *n*, Tropfenzähler *m*: ***eye ~*** Augentropfer *m*; **'drop·pings** [-pɪŋz] *s. pl.* **1.** Mist *m*, tierischer Kot; **2.** (Ab)Fallwolle *f*.

drop| scene *s.* **1.** *thea.* (Zwischen)Vorhang *m*; **2.** *fig.* Fi'nale *n*, Schlußszene *f*; **~ seat** *s.* Klappsitz *m*; **~ shot** *s. Tennis etc.*: Stoppball *m*; **~ shut·ter** *s. phot.* Fallverschluß *m*.

drop·si·cal ['drɒpsɪkl] *adj.* □ ⚕ **1.** wassersüchtig; **2.** ödema'tös.

'drop-stitch *s.* Fallmasche *f*.

drop·sy ['drɒpsɪ] *s.* ⚕ Wassersucht *f*.

dross [drɒs] *s.* **1.** ⚙ Schlacke *f*; **2.** Abfall *m*, Unrat *m*; *fig.* wertloses Zeug.

drought [draʊt] *s.* Dürre *f* (*a. fig. Mangel **of** an dat.*); (Zeit *f* der) Trockenheit *f*; **'drought·y** [-tɪ] *adj.* **1.** trocken, dürr; **2.** regenlos.

drove¹ [drəʊv] *pret. von **drive***.

drove² [drəʊv] *s.* **1.** (Vieh)Herde *f*; **2.** *fig.* Schar *f*: ***in ~s*** in hellen Scharen; **'dro·ver** [-və] *s.* Viehtreiber *m*.

drown [draʊn] **I** *v/i.* **1.** ertrinken; **II** *v/t.* **2.** ertränken, ersäufen: ***be ~ed*** → 1; ***~ one's sorrows*** s-e Sorgen (im Alkohol) ertränken; **3.** über'schwemmen (*a. fig.*): ***~ed in tears*** tränenüberströmt; **4.** *a.* ***~ out*** *fig.* übertönen.

drowse [draʊz] **I** *v/i.* **1.** dösen: ***~ off*** eindösen; **II** *v/t.* **2.** schläfrig machen; **3.** *mst* ***~ away*** *Zeit etc.* verdösen; **'drow·si·ness** [-zɪnɪs] *s.* Schläfrigkeit *f*; **'drow·sy** [-zɪ] *adj.* □ **1.** a) schläfrig, b) verschlafen (*a. fig.*); **2.** einschläfernd.

drub [drʌb] *v/t.* F **1.** (ver)prügeln: ***~ s.th. into s.o.*** j-m et. einbleuen; **2.** *sport* ‚über'fahren'; **'drub·bing** [-bɪŋ] *s.* F (Tracht *f*) Prügel *pl.*: ***take a ~*** *a. sport* Prügel beziehen, ‚über'fahren werden'.

drudge [drʌdʒ] **I** *s.* **1.** *fig.* F Packesel *m*, Arbeitstier *n*, Kuli *m*; **2.** → ***drudgery***; **II** *v/i.* **3.** sich (ab)placken, sich abschinden, schuften; **'drudg·er·y** [-dʒərɪ] *s.* Placke'rei *f*, Schinde'rei *f*; **'drudg·ing** [-dʒɪŋ] *adj.* □ **1.** mühsam; **2.** stumpfsinnig.

drug [drʌg] **I** *s.* **1.** Arz'nei(mittel *n*) *f*, Medika'ment *n*: ***be on a ~*** ein Medikament (ständig) nehmen; **2.** Rauschgift *n*, Droge *f* (*a. fig.*): ***be on ~s*** → 8; **3.** ***~ on*** (*Am. a.* ***in***) ***the market*** † schwerverkäufliche Ware, *a.* Ladenhüter *m*; **II** *v/t.* **4.** *j-m* Medika'mente geben; **5.** *j-n* unter Drogen setzen; **6.** ein Betäubungsmittel beimischen (*dat.*); **7.** *j-n* betäuben (*a. fig.*): ***~ged with sleep*** schlaftrunken; **III** *v/i.* **8.** Drogen *od.* Rauschgift nehmen; **~ a·buse** *s.* **1.** 'Drogen͵mißbrauch *m*; **2.** Arz'neimittel͵mißbrauch *m*; **~ ad·dict** *s.* Drogen- *od.* Rauschgiftsüchtige(r *m*) *f*; **'~-ad͵dict·ed** *adj.* **1.** drogen- *od.* rauschgiftsüchtig; **2.** arz'neimittelsüchtig; **~ ad·dic·tion** *s.* **1.** Drogen- *od.* Rauschgiftsucht *f*; **2.** Arz'neimittelsucht *f*; **~ de·pend·ence** *s.* Drogenabhängigkeit *f*.

drug·gist ['drʌgɪst] *s. Am.* **1.** Apo'theker *m*; **2.** Inhaber(in) e-s Drugstores.

drug| ped·dler, **'~͵push·er** *s.* Rauschgifthändler *m*, ‚Pusher' *m*; **~ scene** *s.* Drogenszene *f*.

drug·ster ['drʌgstə] → ***drug addict***.

'drug·store *s. Am.* **1.** Apo'theke *f*; **2.** Drugstore *m* (*Drogerie*, *Kaufladen u. Imbißstube*).

'drug-tak·ing *s.* Drogenkonsum *m*.

Dru·id ['dru:ɪd] *s.* Dru'ide *m*; **'Dru·id·ess** [-dɪs] *s.* Dru'idin *f*.

drum [drʌm] **I** *s.* **1.** ♪ Trommel *f*: ***beat the ~*** die Trommel schlagen *od.* (*a. fig.*) rühren, trommeln; **2.** *pl.* Schlagzeug *n*; **3.** Trommeln *n* (*a. fig. des Regens etc.*); **4.** ⚙ Trommel *f*, Walze *f*, Zy'linder *m*; **5.** ✕ Trommel *f* (*am Maschinengewehr etc.*); **6.** Trommel *f*, trommelförmiger Behälter; **7.** *anat.* a) Mittelohr *n*, b) Trommelfell *n*; **8.** △ Säulentrommel *f*; **II** *v/i.* **9.** *a. weitS.* trommeln (***on*** auf *acc.*, ***at*** an *acc.*); **10.** (rhythmisch) dröhnen; **11.** *fig. Am.* die Trommel rühren (***for*** für); **III** *v/t.* **12.** *Rhythmus* trommeln: ***~ s.th. into s.o.*** j-m et. einhämmern; **13.** trommeln auf (*acc.*); **~ out** *v/t. j-n* ausstoßen (***of*** aus); **~ up** *v/t.* a) zs.-trommeln, (an)werben, ‚auf die Beine stellen', b) *Am.* sich *et.* einfallen lassen.

drum| brake *s.* Trommelbremse *f*; **ˈ~-ˌfire** *s.* ⚔ Trommelfeuer *n* (*a. fig.*); **ˈ~·head** *s.* **1.** ♪, *anat.* Trommelfell *n*; **2.** *~ court martial* ⚔ Standgericht *n*; **3.** *~ service* ⚔ Feldgottesdienst *m*; **~ ma·jor** *s.* ⚔ ˈTambourmaˌjor *m*; **~ ma·jor·ette** *s.* ˈTambourmaˌjorin *f*.

drum·mer [ˈdrʌmə] *s.* **1.** ♪ a) Trommler *m*, b) Schlagzeuger *m*; **2.** ☤ *Am.* F Handlungsreisende(r) *m*.

ˈdrum·stick *s.* **1.** Trommelstock *m*, -schlegel *m*; **2.** ˈUnterschenkel *m* (*von zubereitetem Geflügel*).

drunk [drʌŋk] **I** *adj. mst pred.* **1.** betrunken (*on* von): *get ~* sich betrinken; *~ as a lord* (*od. a fish*) total blau; *~ and incapable* volltrunken; *~ driving* ⚖ Trunkenheit *f* am Steuer; **2.** *fig.* (be-)trunken, berauscht (*with* vor, von): *~ with joy* freudetrunken; **II** *s.* **3.** *sl.* a) Betrunkene(r *m*) *f*, b) Säufer(in); **4.** a) Saufeˈrei *f*, Besäufnis *n*, b) ‚Affe' *m*, Rausch *m*, **III** *p.p. von* ***drink***; **ˈdrunk·ard** [-kəd] *s.* Säufer *m*, Trunkenbold *m*; **ˈdrunk·en** [-kən] *adj.* ☐ betrunken; *fig.* → ***drunk*** 2: *a ~ man* ein Betrunkener; *a ~ brawl* ein im Rausch angefangener Streit; *a ~ party* ein Saufgelage *n*; **ˈdrunk·en·ness** [-kənnɪs] *s.* Betrunkenheit *f*.

drupe [dru:p] *s.* ⚘ Steinfrucht *f*, -obst *n*.

dry [draɪ] **I** *adj.* ☐ **1.** trocken: *not yet ~ behind the ears* noch nicht trocken hinter den Ohren; *~ cough* trockener Husten; *run ~* austrocknen, versiegen; → ***dock***¹ 1; **2.** trocken, regenarm, niederschlagsarm: *~ country*; *~ summer*; **3.** dürr, ausgedörrt; **4.** ausgetrocknet; **5.** F durstig; **6.** durstig machend: *~ work*; **7.** trockenstehend (*Kuh*); **8.** F ‚trocken': a) mit Alkoholverbot: *a ~ State*, b) ohne Alkohol: *a ~ party*, c) weg vom Alkohol: *he is now ~*; **9.** antialkoˈholisch: *~ law* Prohibitionsgesetz *n*; *go ~* das Alkoholverbot einführen; **10.** ˈunprodukˌtiv, ‚ausgeschrieben': *~ writer*; **11.** herb, trocken (*Wein etc.*); **12.** *fig.* trocken, langweilig; nüchtern: *~ as dust* strohtrocken, sterbenslangweilig; *~ facts* nüchterne *od.* nackte Tatsachen; **13.** *fig.* trocken: *~ humo(u)r*; **II** *v/t.* **14.** (ab)trocknen: *~ one's hands* sich die Hände abtrocknen; **15.** *Obst* dörren; **16.** *a. ~ up* austrocknen; trockenlegen; **III** *v/i.* **17.** trocknen, trocken werden; **18.** *~ up* a) ein-, ver-, austrocknen, b) F versiegen, aufhören, c) F die ‚Klappe' halten: *~ up!*; **IV** *s.* **19.** Trockenheit *f*.

dry·ad [ˈdraɪəd] *s.* Dryˈade *f*.

dry·as·dust [ˈdraɪəzdʌst] **I** *s.* Stubengelehrte(r) *m*; **II** *adj.* strohtrocken, sterbenslangweilig.

dry| bat·ter·y *s.* ⚡ ˈTrockenbatteˌrie *f*; **~ cell** *s.* ⚡ ˈTrockeneleˌment *n*; **ˌ~-ˈclean** *v/t.* chemisch reinigen; **ˌ~-ˈclean·er('s)** *s.* chemische Reinigung(sanstalt); **ˌ~-ˈclean·ing** *s.* chemische Reinigung; **ˈ~-cure** *v/t. Fleisch etc.* dörren *od.* einsalzen; **ˌ~ˈdock** *v/t.* ⚓ ins Trockendock bringen.

dry·er [ˈdraɪə] → ***drier***¹.

ˈdry|-farm *s.* Trockenfarm *f*; **ˈ~-fly** *s. Angeln*: Trockenfliege *f*; **~ goods** *s. pl.* ☤ *Am.* Texˈtilien *pl.*; **~ ice** *s.* Trockeneis *n*.

dry·ing [ˈdraɪɪŋ] *adj.* Trocken…

dry·ly → ***drily***.

dry meas·ure *s.* Trockenmaß *n*.

dry·ness [ˈdraɪnɪs] *s.* Trockenheit *f*: a) trockener Zustand, b) Dürre *f*, c) Huˈmorlosigkeit *f*, d) Langweiligkeit *f*.

ˈdry|-nurse I *s.* **1.** Säuglingsschwester *f*; **II** *v/t.* **2.** *Säuglinge* pflegen; **3.** F bemuttern (*a. fig.*); **ˈ~-out farm** *s.* F Entziehungsheim *n*; **~ rot** *s.* **1.** Trockenfäule *f*; **2.** ⚘ Hausschwamm *m*; **3.** *fig.* Verfall *m*; **~ run** *s.* **1.** ⚔ *Am.* Übungsschießen *n* ohne scharfe Munitiˈon; **2.** F Probe *f*, Test *m*; **ˈ~-salt** *v/t.* dörren u. einsalzen; **ˌ~-ˈshod** *adv.* trockenen Fußes.

du·al [ˈdju:əl] **I** *adj.* ☐ doppelt, Doppel…, Zwei…, ⚙ *a.* Zwillings…: *~ carriageway Brit.* Schnellstraße *f*; *~-income family* Doppelverdiener *pl.*; *~ nationality* doppelte Staatsangehörigkeit; *~-purpose* ⚙ Doppel…, Zwei…, Mehrzweck…; **II** *s. ling. a. ~ number* ˈDual *m*, Duˈalis *m*; **ˈdu·al·ism** [-lɪzəm] *s.* Duaˈlismus *m*; **du·al·i·ty** [dju:ˈælətɪ] *s.* Dualiˈtät *f*, Zweiheit *f*.

dub [dʌb] *v/t.* **1.** *~ s.o. a knight* j-n zum Ritter schlagen; **2.** *fig. humor.* titulieren, nennen: *they ~bed him Fatty*; **3.** ⚙ zurichten; **4.** *Leder* einfetten; **5.** a) *Film* synchronisieren, b) (nach)synchronisieren, c) *~ in* einsynchronisieren.

dub·bin [ˈdʌbɪn] *s.* Lederfett *n*.

dub·bing [ˈdʌbɪŋ] *s.* **1.** Ritterschlag *m*; **2.** *Film*: (ˈNach)Synchronisatiˌon *f*; **3.** → ***dubbin***.

du·bi·ous [ˈdju:bjəs] *adj.* ☐ **1.** zweifelhaft: a) unklar, zweideutig, b) ungewiß, unbestimmt, c) fragwürdig, dubiˈos, d) unzuverlässig; **2.** a) im Zweifel (*of*, *about* über *acc.*), unsicher, b) unschlüssig; **ˈdu·bi·ous·ness** [-nɪs] *s.* **1.** Zweifelhaftigkeit *f*; **2.** Ungewißheit *f*; **3.** Fragwürdigkeit *f*.

du·cal [ˈdju:kl] *adj.* herzoglich, Herzogs…

duc·at [ˈdʌkət] *s.* **1.** *hist.* Duˈkaten *m*; **2.** *pl. obs. sl.* ‚Moˈneten' *pl.*

duch·ess [ˈdʌtʃɪs] *s.* Herzogin *f*; **duch·y** [ˈdʌtʃɪ] *s.* Herzogtum *n*.

duck¹ [dʌk] *s.* **1.** *pl.* **ducks**, *coll.* **duck** *orn.* (*engS.* weibliche) Ente: *like a dying ~* (*in a thunderstorm*) F völlig verdattert; *take to s.th. like a ~ takes to water* F sich in et. sofort in s-m Element fühlen; *it ran off him like water off a ~'s back* F es ließ ihn völlig kalt; *play ~s and drakes* a) Steine (über das Wasser) hüpfen lassen, b) (*with*) *fig.* aasen (mit); **2.** Ente *f*, Entenfleisch *n*: *roast ~* Entenbraten *m*; **3.** F ‚(Gold-)Schatz' *m*, ‚Süße(r' *m*) *f*; **4.** F a) ‚Vogel' *m*, b) ‚Tante' *f*: *a funny old ~*; **5.** ⚔ Amˈphibien-Lastkraftwagen *m*; **6.** *Kricket*: Null *f*, null Punkte *pl.*

duck² [dʌk] **I** *v/i.* **1.** (rasch) ˈuntertauchen; **2.** (*a. fig.*) sich ducken (*to* vor *dat.*); **3.** *a. ~ out* F ‚verduften', verschwinden; *~ out of* → 5 c; **II** *v/t.* **4.** (ˈunter)tauchen; **5.** a) *den Kopf* ducken *od.* einziehen, b) *e-n Schlag* abducken, ausweichen (*dat.*), c) F sich ‚drücken' vor (*dat.*), ausweichen (*dat.*).

duck³ [dʌk] *s.* **1.** Segeltuch *n*; **2.** *pl.* Segeltuchhose *f*.

ˈduck|·bill *s.* **1.** *zo.* Schnabeltier *n*; **2.** ⚘ *Brit.* roter Weizen; **ˈ~-billed plat·y·pus** → ***duckbill*** 1; **ˈ~-board** *s.* Laufbrett *n*.

duck·ie [ˈdʌkɪ] → ***duck***¹ 3.

duck·ing [ˈdʌkɪŋ] *s.*: *give s.o. a ~* j-n untertauchen; *get a ~* völlig durchnäßt werden.

duck·ling [ˈdʌklɪŋ] *s.* Entchen *n*.

duck shot *s.* Entenschrot *m*, *n*.

duck·y [ˈdʌkɪ] F **I** *s.* → ***duck***¹ 3; **II** *adj.* ‚goldig', ‚süß'.

duct [dʌkt] *s.* **1.** ⚙ Röhre *f*, Leitung *f*; (*a.* ⚡ *Kabel- etc.*)Kaˈnal *m*; **2.** ⚘, *anat.*, *zo.* Gang *m*, Kaˈnal *m*; **ˈduc·tile** [-taɪl] *adj.* **1.** ⚙ dehn-, streck-, schmiedhämmerbar; **2.** biegsam, geschmeidig; **3.** fügsam; **duc·til·i·ty** [dʌkˈtɪlətɪ] *s.* Dehnbarkeit *f etc.*; **ˈduct·less** [-lɪs] *adj.*: *~ gland anat.* endokrine Drüse, Hormondrüse *f*.

dud [dʌd] F **I** *s.* **1.** ⚔ Blindgänger *m* (*a. fig. Person*); **2.** ‚Niete' *f*: a) Versager *m*, b) Reinfall *m*; **3.** *pl.* a) ‚Klaˈmotten' *pl.* (*Kleider*), b) Krempel *m*; **4.** *a. ~ cheque* (*Am. check*) ungedeckter Scheck; **II** *adj.* **5.** ‚mies', schlecht; **6.** gefälscht: *~ note* ‚Blüte' *f*.

dude [dju:d] *s. Am.* a) Dandy *m*, b) Stadtmensch *m*, ‚Stadtfrack' *m*: *~ ranch* Ferienranch *f*.

dudg·eon [ˈdʌdʒən] *s.*: *in high ~* sehr aufgebracht.

due [dju:] **I** *adj.* ☐ → ***duly***; **1.** ☤ fällig, soˈfort zahlbar: *fall* (*od. become*) *~* fällig werden; *when ~* bei Verfall *od.* Fälligkeit; *~ date* Fälligkeitstag *m*; *the balance ~ to us from A.* der uns von A. geschuldete Saldo; **2.** *zeitlich* fällig, erwartet: *the train is ~ at …* der Zug ist um … fällig *od.* soll um … ankommen; *he is ~ to return today* er wird heute zurückerwartet; **3.** gebührend, angemessen, geziemend, gehörig: *it is ~ to him* (*to do*, *to say*) es steht ihm zu (zu tun, zu sagen) (→ *a.* 5); *hono(u)r to whom hono(u)r is ~* Ehre, wem Ehre gebührt; *with all ~ respect to you* bei aller dir schuldigen Achtung; *after ~ consideration* nach reiflicher Überlegung; *in ~ time* zur rechten *od.* gegebenen Zeit; → ***care*** 2, ***course*** 1, ***form*** 3; **4.** verpflichtet: *be ~ to go* gehen müssen *od.* sollen; **5.** *~ to* zuzuschreiben(d) (*dat.*), verursacht durch: *~ to an accident* auf einen Unfall *od.* Zufall zurückzuführen; *death was ~ to cancer* Krebs war die Todesursache; *it is ~ to him* es ist ihm zu verdanken; **6.** *~ to* (*inkorrekt statt owing to*) wegen (*gen.*), auf Grund *od.* inˈfolge von (*od. gen.*): *~ to his poverty*; **7.** *Am.* im Begriff *sein*; **II** *adv.* **8.** genau, gerade: *~ east* genau nach Osten; **III** *s.* **9.** *das* Gebührende, (An-)Recht *n*, Anspruch *m*: *it is my ~* es gebührt mir; *to give you your ~* um dir nicht unrecht zu tun; *give the devil his ~ fig.* selbst dem Teufel *od.* s-m Feind Gerechtigkeit widerfahren lassen; *give him his ~!* das muß man ihm lassen!; **10.** *pl.* Gebühren *pl.*, Abgaben *pl.*, Beitrag *m*.

du·el [ˈdju:əl] **I** *s. a. fig.* Duˈell *n*, (Zwei)Kampf *m*: *students' ~* Mensur *f*; **II** *v/i.* sich duellieren; **ˈdu·el·ist** [-lɪst] *s.* Duelˈlant *m*.

du·en·na [dju:ˈenə] *s.* Anstandsdame *f*.

du·et [dju:ˈet] *s.* **1.** ♪ Duˈett *n*, Duo *n*: *play a ~* ein Duo *od.* (*am Klavier*) vier-

händig spielen; **2.** *fig.* Duo *n*, Paar *n*, ‚Pärchen' *n*.
duf·fel ['dʌfl] *s.* **1.** Düffel *m* (*Baumwollgewebe*): **~ coat** Dufflecoat *m*; **2.** *Am.* F Ausrüstung *f*: **~ bag** Matchbeutel *m*.
duff·er ['dʌfə] *s.* Trottel *m*.
duf·fle → **duffel**.
dug[1] [dʌg] *pret. u. p.p. von* **dig**.
dug[2] [dʌg] *s.* **1.** Zitze *f*; **2.** Euter *n*.
du·gong ['du:gɒŋ] *s. zo.* Seekuh *f*.
'dug·out *s.* **1.** ⚔ 'Unterstand *m*; **2.** Einbaum *m*.
duke [dju:k] *s.* Herzog *m*; **'duke·dom** [-dəm] *s.* **1.** Herzogswürde *f*; **2.** Herzogtum *n*.
dul·cet ['dʌlsɪt] *adj.* **1.** wohlklingend, einschmeichelnd: **in ~ tone** in süßem Ton; **'dul·ci·fy** [-sɪfaɪ] *v/t.* **1.** versüßen; **2.** *fig.* besänftigen; **'dul·ci·mer** [-sɪmə] *s.* ♪ **1.** Hackbrett *n*; **2.** Zimbal *n*.
dull [dʌl] **I** *adj.* □ **1.** dumm, schwer von Begriff; **2.** langsam, schwerfällig, träge; **3.** teilnahmslos, stumpf; **4.** langweilig, fade: **a ~ evening**; **~ as ditchwater** F stinklangweilig; **5.** schwach (*Licht etc., a. Sehkraft, Gehör*); **6.** matt, trübe (*Farbe, Augen*); dumpf (*Klang, Schmerz*); glanz-, leblos; **7.** stumpf (*Klinge*); **8.** trübe (*Wetter*); blind (*Spiegel*); **9.** ge-, betrübt; **10.** ⚓ windstill; ☤ flau, still; *Börse*: lustlos; **II** *v/t.* **11.** *Klinge* stumpf machen; **12.** mattieren, glanzlos machen; trüben; **13.** *fig.* a) abstumpfen, b) dämpfen, schwächen, mildern; *Schmerz* betäuben; **III** *v/i.* **14.** abstumpfen (*a. fig.*); **15.** sich trüben; **16.** abflauen; **'dull·ard** [-ləd] *s.* Dummkopf *m*; **'dull·ish** [-lɪʃ] *adj.* ziemlich dumm *etc.*; **'dul(l)·ness** [-nɪs] *s.* **1.** Dummheit *f*, Dumpfheit *f*; **2.** Langweiligkeit *f*; **3.** Trägheit *f*; **4.** Schwäche *f*; **5.** Mattheit *f*; Trübheit *f*; Stumpfheit *f*; **6.** ☤ Flaute *f*.
du·ly ['dju:lɪ] *adv.* **1.** ordnungsgemäß, vorschriftsmäßig, wie es sich gehört, richtig; **2.** gebührend, gehörig; **3.** rechtzeitig, pünktlich.
dumb [dʌm] *adj.* □ **1.** *allg.* stumm (*a. fig.*): **~ animals** stumme Geschöpfe; **the ~ masses** *fig.* die stumme Masse; **strike s.o. ~** j-m die Sprache verschlagen; **struck ~ with horror** sprachlos vor Entsetzen; → **deaf** 1; **2.** *bsd. Am.* F doof, blöd; **'~-bell** *s.* **1.** *sport* Hantel *f*; **2.** *Am. sl.* Trottel *m*; **~'found** *v/t.* verblüffen; **~'found·ed** *adj.* verblüfft, sprachlos; **~ show** *s.* **1.** Gebärdenspiel *n*, stummes Spiel; **2.** Panto'mime *f*; **,~-'wait·er** *s.* **1.** stummer Diener, Ser'viertisch *m*; **2.** Speisenaufzug *m*.
dum·dum ['dʌmdʌm], *a.* **~ bul·let** *s.* Dum'dum(geschoß) *n*.
dum·found *etc.* → **dumbfound** *etc.*
dum·my ['dʌmɪ] **I** *s.* **1.** *allg.* At'trappe *f*, ☤ *a.* Schau-, Leerpackung *f*; **2.** Kleider-, Schaufensterpuppe *f*; **3.** Puppe *f*, Fi'gur *f* (*als Zielscheibe od. für Crashtests*); **4.** ☤ *etc.* Strohmann *m*; **5.** (Karten-, *bsd.* Whistspiel *n* mit) Strohmann *m*; **6.** *Am.* F ‚Blödmann' *m*; **7.** *Am.* vierseitige (Verkehrs)Ampel; **8.** *Brit.* (Baby)Schnuller *m*; **9.** *typ.* Blindband *m*; **II** *adj.* **10.** Schein…: **~ candidates**; **~ cartridge** ⚔ Exerzierpatrone *f*; **~ gun** Gewehr- *od.* Geschützattrappe *f*; **~ warhead** blinder Gefechtskopf.
dump [dʌmp] **I** *v/t.* **1.** ('hin)plumpsen *od.* ('hin)fallen lassen, 'hinwerfen; **2.** abladen, schütten, auskippen: **~ truck** *mot.* Kipper *m*; **3.** ⚔ lagern, stapeln; **4.** ☤ zu Dumpingpreisen verkaufen, verschleudern; **5.** a) *et.* wegwerfen, ‚abladen', *Auto* loswerden, b) *j-n* abschieben, loswerden; **II** *s.* **6.** Plumps *m*, dumpfer Schlag; **7.** (Schutt-, Müll)Abladeplatz *m*, Müllhalde *f*; **8.** ⚒ Halde *f*; **9.** ⚔ (*Munitions- etc.*)De'pot *n*, Stapelplatz *m*, (Nachschub)Lager *n*; **10.** *sl.* a) Bruchbude *f* (*Haus*); ‚Dreckloch' *n* (*Haus, Wohnung*), b) (elendes) Kaff; **'~·cart** *s.* Kippkarren *m*, -wagen *m*.
dump·er (**truck**) ['dʌmpə] *s. mot.* Kipper *m*.
dump·ing ['dʌmpɪŋ] *s.* **1.** Schuttabladen *n*; **2.** ☤ Dumping *n*, Ausfuhr *f* zu Schleuderpreisen; **~ ground** → **dump** 7.
dump·ling ['dʌmplɪŋ] *s.* **1.** Kloß *m*, Knödel *m*; **2.** F ‚Dickerchen' *n* (*Person*).
dumps [dʌmps] *s. pl.*: **be (down) in the ~** F ‚down' *od.* deprimiert sein.
dump·y ['dʌmpɪ] *adj.* plump, unter'setzt.
dun[1] [dʌn] *v/t.* **1.** *Schuldner* mahnen, drängen: **~ning letter** Zahlungsaufforderung *f*; **2.** bedrängen, belästigen.
dun[2] [dʌn] **I** *adj.* grau-, schwärzlichbraun; dunkel (*a. fig.*); **II** *s.* Braune(r) *m* (*Pferd*).
dunce [dʌns] *s.* **1.** Dummkopf *m*; **2.** *ped.* schlechter Schüler.
dun·der·head ['dʌndəhed] *s.* Schwachkopf *m*; **'dun·der,head·ed** [-dɪd] *adj.* schwachköpfig.
dune [dju:n] *s.* Düne *f*: **~ buggy** *mot.* Strandbuggy *m*.
dung [dʌŋ] **I** *s.* Mist *m*, Dung *m*, Dünger *m*; (Tier)Kot *m*: **~ beetle** Mistkäfer *m*; **~ fork** Mistgabel *f*; **~ heap**, **~ hill** Misthaufen *m*; **~ hill fowl** Hausgeflügel *n*; **II** *v/t.* düngen.
dun·ga·ree [,dʌŋgə'ri:] *s.* **1.** grober Baumwollstoff; **2.** *pl.* Arbeitsanzug *m*, -hose *f*.
dun·geon ['dʌndʒən] *s.* Burgverlies *n*; Kerker *m*.
dunk [dʌŋk] *v/i. u. v/t.* eintunken; *fig.* (ein)tauchen.
dun·no [də'nəʊ] F *für* (**I**) **don't know**.
du·o ['dju:əʊ] *pl.* **-os** → **duet**.
duo- [dju:əʊ] *in Zssgn* zwei.
du·o·dec·i·mal [,dju:əʊ'desɪml] *adj.* ⅌ duodezi'mal; **,du·o'dec·i·mo** [-məʊ] *pl.* **-mos** *s. typ.* **1.** Duo'dezfor,mat *n*; **2.** Duo'dezband *m*.
du·o·de·nal [,dju:əʊ'di:nl] *adj.*: **~ ulcer** ⚕ Zwölffingerdarmgeschwür *n*; **,du·o'de·num** [-nəm] *s. anat.* Zwölf'fingerdarm *m*.
du·o·logue ['djʊəlɒg] *s.* **1.** Zwiegespräch *n*; **2.** Duo'drama *n*.
dupe [dju:p] **I** *s.* **1.** Betrogene(r *m*) *f*, ‚Lackierte(r' *m*) *f*: **be the ~ of s.o.** auf j-n hereinfallen; **2.** Gimpel *m*, Leichtgläubige(r *m*) *f*; **II** *v/t.* **3.** *j-n* ‚reinlegen', ‚anschmieren', hinters Licht führen.
du·ple ['dju:pl] *adj.* zweifach: **~ ratio** ⅌ doppeltes Verhältnis; **~ time** ♪ Zweiertakt *m*; **'du·plex** [-leks] **I** *adj.* *mst* ⚙ doppelt, Doppel…, *a.* ⚡ Duplex…: **~ apartment** → II b; **~ burner** Doppelbrenner *m*; **~ house** → II a; **~ telegraphy** Gegensprech-, Duplextelegraphie *f*; **II** *s. Am.* a) 'Zweifa,milien-, Doppelhaus *n*, b) Maiso'nette *f*.
du·pli·cate ['dju:plɪkət] **I** *adj.* **1.** doppelt, Doppel…: **~ proportion** ⅌ doppeltes Verhältnis; **2.** genau gleich *od.* entsprechend, Duplikat…: **~ key** Nachschlüssel *m*; **~ part** Ersatzteil *n*; **~ production** Reihen-, Serienfertigung *f*; **II** *s.* **3.** Dupli'kat *n*, Doppel *n*, Zweitschrift *f*; **4.** doppelte Ausfertigung: **in ~**; **5.** ☤ a) Se'kundawechsel *m*, b) Pfandschein *m*; **6.** Seitenstück *n*, Ko'pie *f*; **III** *v/t.* [-keɪt] **7.** verdoppeln, im Dupli'kat herstellen; **8.** ein Dupli'kat anfertigen von; **9.** kopieren, abschreiben; **10.** ver'vielfältigen, 'umdrucken; **11.** *fig. et.* 'nachvollziehen; wieder'holen; **du·pli·ca·tion** [,dju:plɪ'keɪʃn] *s.* **1.** Verdoppelung *f*; Ver'vielfältigung *f*; 'Umdruck *m*; **2.** Wieder'holung *f*; **'du·pli·ca·tor** [-keɪtə] *s.* Ver'vielfältigungsappa,rat *m*; **du·plic·i·ty** [dju:'plɪsətɪ] *s.* **1.** Doppelzüngigkeit *f*, Falschheit *f*; **2.** Duplizi'tät *f*.
du·ra·bil·i·ty [,djʊərə'bɪlətɪ] *s.* **1.** Dauer (-haftigkeit) *f*; **2.** Haltbarkeit *f*; **du·ra·ble** ['djʊərəbl] **I** *adj.* □ **1.** dauerhaft; **2.** haltbar, ☤ *a.* langlebig: **~ goods** → **II** *s. pl.* ☤ Gebrauchsgüter *pl.*
du·ral·u·min [djʊə'ræljʊmɪn] *s.* Du'ral *n*, 'Duralu,min *n*.
du·ra·tion [djʊə'reɪʃn] *s.* Dauer *f*: **for the ~** a) bis zum Ende, b) F für die Dauer des Krieges.
du·ress [djʊə'res] *s.* ⚖ **1.** Zwang *m* (*a. fig.*), Nötigung *f*: **act under ~** unter Zwang handeln; **2.** Freiheitsberaubung *f*.
dur·ing ['djʊərɪŋ] *prp.* während: **~ the night** während (*od.* in *od.* im Laufe) der Nacht.
durst [dɜ:st] *pret. obs. von* **dare**.
dusk [dʌsk] **I** *s.* (Abend)Dämmerung *f*: **at ~** bei Einbruch der Dunkelheit; **II** *adj. poet.* düster; **'dusk·y** [-kɪ] *adj.* □ **1.** dunkel (*a. Hautfarbe*); **2.** dunkelhäutig.
dust [dʌst] **I** *s.* **1.** Staub *m*: **bite the ~** *fig.* ins Gras beißen; **raise a ~** a) e-e Staubwolke aufwirbeln, b) *fig.* viel Staub aufwirbeln; **the ~ has settled** *fig.* die Aufregung hat sich gelegt; **shake the ~ off one's feet** *fig.* a) den Staub von seinen Füßen schütteln, b) entrüstet weggehen; **throw ~ in s.o.'s eyes** *fig.* j-m Sand in die Augen streuen; **in the ~** *fig.* a) im Staube, gedemütigt, b) tot; **lick the ~** *fig.* im Staube kriechen; → **dry** 12; **2.** Staub *m*, Asche *f*, sterbliche 'Überreste *pl.*: **turn to ~ and ashes** zu Staub u. Asche werden, zerfallen; **3.** *Brit.* a) Müll *m*, b) Kehricht *m*, *n*; **4.** ⚘ Blütenstaub *m*; **5.** (Gold- *etc.*)Staub *m*; **6.** Bestäubungsmittel *n*, Pulver *n*; **II** *v/t.* **7.** abstauben; **8.** *a.* **~ down** ausbürsten, -klopfen: **~ s.o.'s jacket** F j-n vermöbeln; **9.** bestreuen, (ein)pudern; **10.** *Pulver etc.* stäuben, streuen; **'~·bin** [-st-] *s. Brit.* **1.** Mülleimer *m*; **2.** Mülltonne *f*; **~ liner** Müllbeutel *m*; **~ bowl** *s. Am. geogr.* Trockengebiet *n*; **'~-cart** [-st-] *s. Brit.* Müllwagen *m*; **~ cloth** *s. Am.* Staubtuch *n*; **'~-coat** [-st-] *s.* Staubmantel *m*; **~ cov·er** *s.* **1.** 'Schutz,umschlag *m* (*um Bücher*); **2.** Schonbezug *m*.
dust·er ['dʌstə] *s.* **1.** Staubtuch *n*, -wedel *m*; **2.** Streudose *f*; **3.** Staubmantel *m*.

dust·ing ['dʌstɪŋ] *s.* **1.** Abstauben *n*; **2.** (Ein)Pudern *n*: **~ *powder*** Körperpuder *m*; **3.** *sl.* Abreibung *f*, (Tracht *f*) Prügel *pl.*

dust| jack·et → ***dust cover*** 1; **'~·man** [-tmən] *s.* [*irr.*] *Brit.* Müllmann *m*; **'~·pan** [-st-] *s.* Kehrichtschaufel *f*; **'~·proof** *adj.* staubdicht; **~ trap** *s.* ‚Staubfänger' *m*; **'~·up** *s.* F **1.** ‚Krach' *m*; **2.** (handgreifliche) Ausein'andersetzung.

dust·y ['dʌstɪ] *adj.* ☐ **1.** staubig; **2.** sandfarben; **3.** *fig.* verstaubt, fade: ***not so ~*** F gar nicht so übel; **4.** vage, unklar.

Dutch [dʌtʃ] **I** *adj.* **1.** holländisch, niederländisch: ***talk to s.o. like a ~ uncle*** j-m e-e Standpauke halten; **2.** *sl.* deutsch; **II** *adv.* **3.** ***go ~*** F getrennte Kasse machen; **III** *s.* **4.** *ling.* Holländisch *n*, das Holländische: ***that's all ~ to me*** das sind für mich böhmische Dörfer; **5.** *sl.* Deutsch *n*; **6.** ***the ~*** *pl.* a) die Holländer *pl.*, b) *sl.* die Deutschen *pl.*: ***that beats the ~!*** F das ist ja die Höhe!; **7.** ***be in ~ with s.o.*** F bei j-m ‚unten durch' sein; **8.** ***my old ~*** *sl.* meine ‚Alte' (*Ehefrau*); **~ cour·age** *s.* F angetrunkener Mut.

'Dutch|·man [-mən] *s.* [*irr.*] **1.** Holländer *m*, Niederländer *m*: ***I'm a ~ if*** F ich lass' mich hängen, wenn; ***... or I'm a ~*** F ... oder ich will Hans heißen; **2.** *Am. sl.* Deutsche(r) *m*; **~ tile** *s.* glasierte Ofenkachel *f*; **~ treat** *s.* F Essen *n etc.*, bei dem jeder für sich bezahlt; **'~ˌwom·an** *s.* [*irr.*] Holländerin *f*, Niederländerin *f*.

du·te·ous ['dju:tjəs] → ***dutiful***; **'du·ti·a·ble** [-jəbl] *adj.* zoll- *od.* steuerpflichtig; **'du·ti·ful** [-tɪfʊl] *adj.* ☐ **1.** pflichtgetreu; **2.** gehorsam; **3.** pflichtgemäß.

du·ty ['dju:tɪ] *s.* **1.** Pflicht *f*, Schuldigkeit *f* (***to, towards*** gegen['über]): ***do one's ~*** s-e Pflicht tun (***by s.o.*** an j-m); (***as***) ***in ~ bound*** a) pflichtgemäß, b) *a.* ***~-bound*** verpflichtet (*et. zu tun*); ***~ call*** Pflichtbesuch *m*; **2.** Pflicht *f*, Aufgabe *f*, Amt *n*; **3.** (amtlicher) Dienst: ***on ~*** diensthabend, -tuend, im Dienst; ***be on ~*** Dienst haben, im Dienst sein; ***be off ~*** dienstfrei haben; ***~ chemist*** dienstbereite Apotheke; ***~ doctor*** ⚕ Bereitschaftsarzt *m*: ***~ officer*** ⚔ Offizier *m* vom Dienst; ***~ solicitor*** ⚖ *Brit.* Offizialverteidiger *m*; ***do ~ for*** a) *j-n* vertreten, b) *fig.* dienen *od.* benutzt werden als; **4.** Ehrerbietung *f*; **5.** ⚙ a) (Nutz-)Leistung *f*, b) Arbeitsweise *f*, c) Funkti'on *f*; **6.** ✝ a) Abgabe *f*, b) Gebühr *f*, c) Zoll *m*: ***~ on exports*** Ausfuhrzoll; ***~-free*** zollfrei; ***~-free shop*** Duty-free-Shop *m*; ***~-paid*** verzollt; ***pay ~ on*** *et.* verzollen *od.* versteuern.

du·um·vi·rate [dju:'ʌmvɪrət] *s.* Duumvi'rat *n*.

dwarf [dwɔ:f] **I** *pl.* *mst* **dwarv·es** [-vz] *s.* **1.** Zwerg(in) (*a. fig.*); **2.** ⚘, *zo.* Zwergpflanze *f od.* -tier *n*; **II** *adj.* **3.** *bsd.* ⚘, *zo.* Zwerg…; **III** *v/t.* **4.** verkümmern lassen, in der Entwicklung hindern *od.* hemmen (*beide a. fig.*); **5.** klein erscheinen lassen: ***be ~ed by*** verblassen neben (*dat.*); **6.** *fig.* in den Schatten stellen; **'dwarf·ish** [-fɪʃ] *adj.* ☐ zwergenhaft, winzig.

dwell [dwel] *v/i.* [*irr.*] **1.** wohnen, leben; **2.** *fig.* ***~ on*** verweilen bei, näher eingehen auf (*acc.*), Nachdruck legen auf (*acc.*); **3.** ***~ on*** ♪ *Ton* (aus)halten; **4.** ***~ in*** begründet sein in (*dat.*); **'dwell·er** [-lə] *s.* *mst in Zssgn* Bewohner(in); **'dwell·ing** [-lɪŋ] *s. a.* ***~ place*** Wohnung *f*, Wohnsitz *m*; Aufenthalt *m*: ***~ house*** Wohnhaus *n*; ***~ unit*** Wohneinheit *f*.

dwelt [dwelt] *pret. u. p.p.* von ***dwell***.

dwin·dle ['dwɪndl] *v/i.* abnehmen, schwinden, (zs.-)schrumpfen: ***~ away*** dahinschwinden.

dye [daɪ] **I** *s.* **1.** Farbstoff *m*, Farbe *f*; **2.** ⚙ Färbeflüssigkeit *f*; **3.** (Haar)Färbemittel *n*; **4.** Färbung *f* (*a. fig.*): ***of the deepest ~*** übelster Sorte; **II** *v/t.* **5.** färben: ***~d-in-the-wool*** in der Wolle gefärbt, *fig.* waschecht, *Politiker etc.* durch und durch; **III** *v/i.* **6.** sich färben (lassen); **'dye·house** *s.* Färbe'rei *f*.

dy·er ['daɪə] *s.* Färber *m*; ***~'s oak*** *s.* ⚘ Färbereiche *f*.

'dye|-stuff *s.* Farbstoff *m*; **'~-works** *s. pl. oft sg. konstr.* Färbe'rei *f*.

dy·ing ['daɪɪŋ] *adj.* **1.** sterbend: ***be ~*** im Sterben liegen; ***~ wish*** letzter Wunsch; ***~ words*** letzte Worte; ***to my ~ day*** bis an mein Lebensende; **2.** *a. fig.* aussterbend: ***~ tradition***; **3.** a) ersterbend (*Stimme*), b) verhallend; **4.** schmachtend (*Blick*).

dyke [daɪk] *s.* **1.** → ***dike***[1]; **2.** *sl.* ‚Lesbe' *f* (*Lesbierin*).

dy·nam·ic [daɪ'næmɪk] *adj.* (☐ ***~ally***) dy'namisch (*a. allg. fig.*); **dy'nam·ics** [-ks] *s. pl. sg. konstr.* **1.** Dy'namik *f*: a) *phys. Bewegungslehre*, b) *fig.* Schwung *m*, Kraft *f*; **2.** *fig.* Triebkraft *f*, treibende Kraft; **dy·na·mism** ['daɪnəmɪzəm] *s.* **1.** *phls.* Dyna'mismus *m*; **2.** dy'namische Kraft, Dy'namik *f*.

dy·na·mite ['daɪnəmaɪt] **I** *s.* **1.** Dyna'mit *n*; **2.** F a) Zündstoff *m*, 'hochbriˌsante Sache, b) gefährliche Per'son *od.* Sache, c) ‚tolle' Person *od.* Sache, *e-e* ‚Wucht'; **II** *v/t.* **3.** (mit Dyna'mit) sprengen; **'dy·na·mit·er** [-tə] *s.* Sprengstoffattentäter *m*.

dy·na·mo ['daɪnəməʊ] *s.* **1.** ⚡ Dy'namo (-maˌschine *f*) *m*, 'Gleichstrom-, 'Lichtmaˌschine *f*; **2.** *fig.* ‚Ener'giebündel' *n*; **~-e·lec·tric** [ˌdaɪnəməʊɪ'lektrɪk] *adj.* (☐ ***~ally***) *phys.* e'lektrodyˌnamisch; **ˌdy·na'mom·e·ter** [-'mɒmɪtə] *s.* ⚙ Dynamo'meter *n*, Kraftmesser *m*.

dy·nas·tic [dɪ'næstɪk] *adj.* (☐ ***~ally***) dy'nastisch; **dy·nas·ty** ['dɪnəstɪ] *s.* Dyna'stie *f*, Herrscherhaus *n*.

dyne [daɪn] *s. phys.* Dyn *n* (*Krafteinheit*).

dys·en·ter·y ['dɪsntrɪ] *s.* Dysente'rie *f*, Ruhr *f*.

dys·func·tion [dɪs'fʌŋkʃn] *s.* ⚕ Funkti'onsstörung *f*.

dys·lex·i·a [dɪs'leksɪə] *s.* ⚕ Dysle'xie *f*, Lesestörung *f*.

dys·pep·si·a [dɪs'pepsɪə] *s.* ⚕ Dyspep'sie *f*, Verdauungsstörung *f*; **dys'pep·tic** [-ptɪk] **I** *adj.* **1.** ⚕ dys'peptisch; **2.** *fig.* mißgestimmt; **II** *s.* **3.** Dys'peptiker (-in).

dys·tro·phy ['dɪstrəfɪ] *s.* ⚕ Dystro'phie *f*, Ernährungsstörung *f*.

E

E, e [iː] *s.* **1.** E *n*, e *n* (*Buchstabe*); **2.** ♪ E *n*, e *n* (*Note*); **3.** *ped. Am.* Fünf *f*, Mangelhaft *n* (*Note*).

each [iːtʃ] **I** *adj.* jeder, jede, jedes: **~ *man*** jeder (Mann); **~ *one*** jede(r) einzelne; **~ *and every one*** jeder einzelne, all u. jeder; **II** *pron.* (ein) jeder, (e-e) jede, (ein) jedes: **~ *of us*** jede(r) von uns; **~ *has a car*** jede(r) hat ein Auto; **~ *other*** einander, sich (gegenseitig); **III** *adv.* je, pro Perˈson *od.* Stück: ***a penny* ~** je e-n Penny.

ea·ger [ˈiːgə] *adj.* ☐ **1.** eifrig: **~ *beaver*** F Übereifrige(r) *m*, ‚Arbeitspferd' *n*; **2.** (***for*, *after*, *to*** *inf.*) begierig (auf *acc.*, nach, zu *inf.*), erpicht (auf *acc.*); **3.** begierig, gespannt: ***an* ~ *look***; **4.** heftig (*Begierde etc.*); **ˈea·ger·ness** [-nɪs] *s.* Eifer *m*; Begierde *f*; Ungeduld *f*.

ea·gle [ˈiːgl] *s.* **1.** *orn.* Adler *m*; **2.** *Am.* goldenes Zehnˈdollarstück; **3.** *pl.* ⚔ Adler *m* (*Rangabzeichen e-s Obersten der US-Armee*); **4.** *Golf*: Eagle *n* (*zwei Schläge unter Par*); **ˌ~-ˈeyed** *adj.* adleräugig, scharfsichtig; **~ owl** *s. orn.* Uhu *m*.

ea·glet [ˈiːglɪt] *s. orn.* junger Adler.

ea·gre [ˈeɪgə] *s.* Flutwelle *f*.

ear¹ [ɪə] *s.* **1.** *anat.* Ohr *n*: ***up to the* ~*s*** F bis über die Ohren; ***a word in your* ~** ein Wort im Vertrauen; ***be all* ~*s*** ganz Ohr sein; ***bring s.th. about one's* ~*s*** sich et. einbrocken *od.* auf den Hals laden; ***not to believe one's* ~*s*** s-n Ohren nicht trauen; ***his* ~*s were burning*** ihm klangen die Ohren; ***have one's* ~ *to the ground*** F die Ohren offenhalten; ***set by the* ~*s*** gegeneinander aufhetzen; ***fall on deaf* ~*s*** auf taube Ohren stoßen; ***turn a deaf* ~ *to*** taub sein gegen; ***it came to my* ~*s*** es kam mir zu Ohren; **2.** *fig.* Gehör *n*, Ohr *n*: ***by* ~** nach dem Gehör; ***play by* ~** nach dem Gehör spielen, improvisieren; ***play it by* ~** *fig.* (es) von Fall zu Fall entscheiden, es darauf ankommen lassen; ***have a good* ~** ein feines Gehör haben; ***an* ~ *for music*** musikalisches Gehör, *weitS.* Sinn *m* für Musik; **3.** *fig.* Gehör *n*, Aufmerksamkeit *f*: ***give*** (*od.* ***lend***) ***one's* ~ *to s.o.*** j-m Gehör schenken; ***have s.o.'s* ~** j-s Vertrauen genießen; **4.** Henkel *m*; Öse *f*, Öhr *n*.

ear² [ɪə] *s.* (Getreide)Ähre *f*, (Mais-)Kolben *m*.

ear|·ache [ˈɪəreɪk] *s.* ⚕ Ohrenschmerzen *pl.*; **ˈ~-ˌcatch·er** *s.* eingängige Meloˈdie; **ˈ~·drops** *s. pl.* **1.** Ohrgehänge *n*; **2.** ⚕ Ohrentropfen *pl.*; **ˈ~·drum** *s. anat.* Trommelfell *n*; **ˈ~·ful** [-fʊl] *s.*: ***get an* ~** F ‚et. zu hören bekommen'.

earl [ɜːl] *s.* (brit.) Graf *m*: **2 *Marshal*** Großzeremonienmeister *m*; **ˈearl·dom** [-dəm] *s.* **1.** Grafenwürde *f*; **2.** *hist.* Grafschaft *f*.

ear·li·er [ˈɜːlɪə] *comp. von* ***early***; **I** *adv.* früher, ˈvorher; **II** *adj.* früher, vergangen; **ˈear·li·est** [-ɪɪst] *sup. von* ***early***; **I** *adv.* am frühesten, frühestens; **II** *adj.* frühest: ***at the* ~** frühestens; → ***convenience*** 1; **ˈear·li·ness** [-nɪs] *s.* **1.** Frühe *f*, Frühzeitigkeit *f*; **2.** Frühaufstehen *n*.

ˈear·lobe *s.* Ohrläppchen *n*.

ear·ly [ˈɜːlɪ] **I** *adv.* **1.** früh(zeitig): **~ *in the day*** früh am Tag; ***as* ~ *as May*** schon im Mai; **~ *on*** a) schon früh(zeitig), b) bald; **2.** bald: ***as* ~ *as possible*** so bald wie möglich; **3.** am Anfang; **4.** zu früh: ***he arrived five minutes* ~**; **5.** früher: ***he left five minutes* ~**; **II** *adj.* **6.** früh(zeitig): ***at an* ~ *hour*** zu früher Stunde; ***in his* ~ *days*** in s-r Jugend; ***it's* ~ *days yet*** *fig.* es ist noch früh am Tage; **~ *fruit*** Frühobst *n*; **~ *history*** Frühgeschichte *f*; **~ *riser*** Frühaufsteher(in); → ***bird*** 1; **7.** anfänglich, Früh…: ***the* ~ *Christians*** die ersten Christen; **8.** vorzeitig, zu früh: ***an* ~ *death***; ***you are* ~ *today*** du bist heute (et.) zu früh (dran); **9.** baldig, schnell: ***an* ~ *reply***; **~ morn·ing tea** *s. e-e* Tasse Tee(, die morgens ans Bett gebracht wird); **~ re·tire·ment scheme** *s.* Vorruhestandsregelung *f*; **~ warn·ing sys·tem** *s.* ⚔ ˈFrühwarnsysˌtem *n*.

ˈear|·mark I *s.* **1.** Ohrmarke *f* (*Vieh*); **2.** *fig.* Kennzeichen *n*, Merkmal *n*; **3.** Eselsohr *n*; **II** *v/t.* **4.** kenn-, bezeichnen; **5.** *Geld etc.* bestimmen, vorsehen, zuˈrücklegen (***for*** für): **~*ed*** zweckgebunden (*Mittel etc.*); **ˈ~·muff** *s.* Ohrenschützer *m*.

earn [ɜːn] *v/t.* **1.** *Geld etc.* verdienen (*a. fig.*): **~*ed income*** Arbeitseinkommen *n*; **~*ing capacity*** Ertragsfähigkeit *f*; **~*ing power*** a) Erwerbsfähigkeit *f*, b) Ertragsfähigkeit *f*; **~ *value*** Ertragswert *m*; ***a well-*~*ed rest*** e-e wohlverdiente Ruhepause; **2.** *fig.* (sich) *et.* verdienen, *Lob etc.* ernten.

ear·nest¹ [ˈɜːnɪst] *s.* **1.** *a.* **~ *money*** Handgeld *n*, Anzahlung *f* (***of*** auf *acc.*): ***in* ~** als Anzahlung; **2.** *fig.* Zeichen *n* (*des guten Willens etc.*); **3.** *fig.* Vorgeschmack *m*.

ear·nest² [ˈɜːnɪst] **I** *adj.* ☐ **1.** ernst; **2.** ernst-, gewissenhaft; **3.** ernstlich: a) ernst(gemeint), b) dringend, c) ehrlich, aufrichtig; **II** *s.* **4.** Ernst *m*: ***in good* ~** in vollem Ernst; ***are you in* ~?** ist das Ihr Ernst?; ***be in* ~ *about s.th.*** es ernst meinen mit et.; **ˈear·nest·ness** [-nɪs] *s.* Ernst(haftigkeit *f*) *m*.

earn·ings [ˈɜːnɪŋz] *s. pl.* Verdienst *m*: a) Einkommen *n*, Lohn *m*, Gehalt *n*, b) Einnahmen *pl.*, Gewinn *m*; **~*-related pension*** verdienstbezogene Rente.

ˈear|·phone *s.* **1.** a) Ohrhörer *m od.* -muschel *f*, b) Kopfhörer *m*; **2.** a) Haarschnecke *f*, b) *pl.* ˈSchneckenfriˌsur *f*; **ˈ~·piece** *s.* **1.** Ohrenklappe *f*; **2.** a) *teleph.* Hörmuschel *f*, b) → ***earphone*** 1; **3.** (Brillen)Bügel *m*; **ˈ~-ˌpierc·ing** *adj.* ohrenzerreißend; **ˈ~·ring** *s.* Ohrring *m*; **ˈ~·shot** *s.*: ***within*** (***out of***) **~** in (außer) Hörweite; **ˈ~ˌsplit·ting** *adj.* ohrenzerreißend.

earth [ɜːθ] **I** *s.* **1.** Erde *f*, Erdball *m*, Welt *f*: ***on* ~** auf Erden, auf der Erde; ***why on* ~?** F warum in aller Welt?; ***cost the* ~** *fig.* ein Vermögen kosten; **2.** *das* (trockene) Land; Erde *f*, (Erd-)Boden *m*: ***down to* ~** *fig.* nüchtern, prosaisch, reaˈlistisch; ***come back to* ~** auf den Boden der Wirklichkeit zurückkehren; **3.** ⚒ Erde *f*: ***rare* ~*s*** seltene Erden; **4.** (*Fuchs- etc.*)Bau *m*: ***run to* ~** a) *hunt. Fuchs etc.* bis in s-n Bau verfolgen (*Hund*, *Frettchen*), b) *fig.* aufstöbern, herausfinden, *a. j-n* zur Strecke bringen; ***gone to* ~** *fig.* untergetaucht; **5.** ⚡ *Brit.* a) Erdung *f*, Erde *f*, Masse *f*, b) Erdschluß *m*; **II** *v/t.* **6.** *mst* **~ *up*** ⚘ mit Erde bedecken, häufeln; **7.** ⚡ *Brit.* erden; **ˈ~-born** *adj.* staubgeboren, irdisch, sterblich; **ˈ~-bound** *adj.* erdgebunden.

earth·en [ˈɜːθn] *adj.* irden, tönern, Ton…; **ˈ~·ware I** *s.* Steingut(geschirr) *n*, Töpferware *f*; **II** *adj.* Steingut…, Ton…

earth·i·ness [ˈɜːθɪnɪs] *fig.* Derbheit *f*, Urigkeit *f*.

earth·ling [ˈɜːθlɪŋ] *s.* a) Erdenbürger (-in), b) *Science Fiction*: Erdbewohner (-in); **ˈearth·ly** [-lɪ] *adj.* **1.** irdisch, weltlich: **~ *joys***; **2.** F begreiflich: ***no* ~ *reason*** kein erfindlicher Grund; ***of no* ~ *use*** völlig unnütz; ***you haven't an* ~** (***chance***) du hast nicht die geringste Chance.

earth| moth·er *s. fig.* Urweib *n*; **ˈ~-ˌmov·ing** *adj.* ⚙ Erdbewegungs…: **~ *equipment***; **ˈ~·quake** *s.* **1.** Erdbeben *n*; **2.** *fig.* ˈUmwälzung *f*, Erschütterung *f*; **ˈ~ˌshak·ing** *adj. fig.* welterschütternd; **~ trem·or** *s.* leichtes Erdbeben; **ˈ~·ward(s)** [-wəd(z)] *adv.* erdwärts; **~ wave** *s.* **1.** Bodenwelle *f*; **2.** Erdbebenwelle *f*; **ˈ~·worm** *s.* Regenwurm *m*.

earth·y [ˈɜːθɪ] *adj.* **1.** erdig, Erd…; **2.** weltlich *od.* materiˈell (gesinnt); **3.** *fig.* a) grob, b) derb, roˈbust, urig (*Person*, *Humor etc.*).

ear| trum·pet *s.* ⚕ Hörrohr *n*; **ˈ~·wax** *s.*

Ohrenschmalz *n*; **'~·wig** *s. zo.* Ohrwurm *m*; **ˌ~'wit·ness** *s.* Ohrenzeuge *m*.

ease [i:z] **I** *s.* **1.** Bequemlichkeit *f*, Behagen *n*, Wohlgefühl *n*: **at (one's) ~** a) ruhig, entspannt, gelöst, b) behaglich, c) gemächlich, d) ungeniert, ungezwungen, wie zu Hause; **take one's ~** es sich bequem machen; **be** (*od.* **feel**) **at ~** sich wohl *od.* wie zu Hause fühlen; **2.** Gemächlichkeit *f*, *innere* Ruhe, Sorglosigkeit *f*, Entspannung *f*: **ill at ~** unbehaglich, unruhig; **put** (*od.* **set**) **s.o. at ~** a) j-n beruhigen, b) j-m die Befangenheit nehmen; **3.** Ungezwungenheit *f*, Na'türlichkeit *f*, Zwanglosigkeit *f*, Freiheit *f*: **live at ~** in guten Verhältnissen leben; **at ~!** ⚔ rührt euch!; **4.** Linderung *f*, Erleichterung *f*; **5.** Spielraum *m*, Weite *f*; **6.** Leichtigkeit *f*: **with ~** bequem, mühelos; **7.** ⚕ a) Nachgeben *n* (*Preise*), b) Flüssigkeit *f* (*Kapital*); **II** *v/t.* **8.** erleichtern, beruhigen: **~ one's mind** sich erleichtern *od.* beruhigen; **9.** *Schmerzen* lindern; **10.** lockern, entspannen (*beide a. fig.*); **11.** sacht *od.* vorsichtig bewegen *od.* manövrieren: **~ one's foot into the shoe** vorsichtig in den Schuh fahren; **12.** *mst* **~ down** *die Fahrt etc.* verlangsamen, vermindern; **III** *v/i.* **13.** erleichtern; **14.** *mst* **~ off** *od.* **up** a) nachlassen, sich abschwächen (*a.* ⚕ *Preise*), b) sich entspannen (*Lage*); c) (*bei der Arbeit*) kürzertreten, d) weniger streng sein (**on** zu).

ea·sel ['i:zl] *s. paint.* Staffe'lei *f*.

ease·ment ['i:zmənt] *s.* ⚖ Grunddienstbarkeit *f*.

eas·i·ly ['i:zɪlɪ] *adv.* **1.** leicht, mühelos, bequem, glatt; **2.** a) sicher, durchaus, b) bei weitem; **'eas·i·ness** [-ɪnɪs] *s.* **1.** Leichtigkeit *f*; **2.** Ungezwungenheit *f*, Zwanglosigkeit *f*; **3.** Leichtfertigkeit *f*; **4.** Bequemlichkeit *f*.

east [i:st] **I** *s.* **1.** Osten *m*: (**to the**) **~ of** östlich von; **~ by north** ⚓ Ost zu Nord; **2.** *a.* ♀ Osten *m*: **the** ♀ a) *Brit.* Ostengland *m*, b) *Am.* die Oststaaten *pl.*, c) *pol.* der Osten, d) der Orient, e) *hist.* das Oströmische Reich; **3.** *poet.* Ost (-wind) *m*; **II** *adj.* **4.** Ost…, östlich; **III** *adv.* **5.** nach Osten, ostwärts; **6. ~ of** östlich von (*od. gen.*); **'~·bound** *adj.* nach Osten fahrend *etc.*; ♀ **End** *s.* Eastend *n* (*Stadtteil Londons*); **ˌ♀-'End·er** *s. Bewohner(in) des* **East End**.

East·er ['i:stə] *s.* Ostern *n od. pl.*, Osterfest *n*: **at ~** an *od.* zu Ostern; **~ Day** Oster(sonn)tag *m*; **~ egg** Osterei *n*.

east·er·ly ['i:stəlɪ] **I** *adj.* östlich, Ost…; **II** *adv.* von *od.* nach Osten.

east·ern ['i:stən] *adj.* **1.** östlich, Ost…; **2.** ostwärts, Ost…; ♀ **Church** *s. die* griechisch-ortho'doxe Kirche; ♀ **Empire** *s. hist. das* Oströmische Reich.

east·ern·er ['i:stənə] *s.* **1.** Bewohner (-in) des Ostens e-s Landes; **2.** ♀ *Am.* Oststaatler(in).

'East·er|·tide, ~ time *s.* Osterzeit *f*.

East In·di·a·man *s.* [*irr.*] *hist.* Ost'indienfahrer *m* (*Schiff*).

East Side *s. Am. Ostteil von Manhattan.*

east|·ward ['i:stwəd] *adj. u. adv.* ostwärts, nach Osten, östlich; **'~·wards** [-z] *adv.* → **eastward**.

eas·y ['i:zɪ] **I** *adj.* □ → **easily**; **1.** leicht, mühelos: **an ~ victory**; **~ of access** leicht zugänglich *od.* erreichbar; **2.** leicht, einfach: **an ~ language**; **an ~ task**; **~ money** leichtverdientes Geld (→ 11 c); **3.** *a.* **~ in one's mind** ruhig, unbesorgt (**about** um), unbeschwert, sorglos: **I'm ~** F ich bin mit allem einverstanden; **4.** bequem, leicht, angenehm: **an ~ life**; **live in ~ circumstances**, F **be on ~ street** in guten Verhältnissen leben; **be ~ on the ear** (**eye**) F hübsch anzuhören (anzusehen) sein; **5.** frei von Schmerzen *od.* Beschwerden: **feel easier** sich besser fühlen; **6.** gemächlich, gemütlich: **an ~ walk**; **7.** nachsichtig (**on** mit); **8.** leicht, mäßig, erträglich: **an ~ penalty**; **on ~ terms** zu günstigen Bedingungen; **be ~ on** *et.* schonen *od.* nicht belasten; **9.** a) leichtfertig, b) lokker, frei (*Moral etc.*); **10.** ungezwungen, zwanglos, natürlich, frei: **~ manners**; **~ style** leichter *od.* flüssiger Stil; **11.** ⚕ a) flau, lustlos (*Markt*), b) wenig gefragt (*Ware*), c) billig (*Geld*); **II** *adv.* **12.** leicht, bequem: **~ to clean** leicht zu reinigen(d), pflegeleicht; **go ~, take it ~** a) sich Zeit lassen, langsam tun, b) sich nicht aufregen; **take it ~!** a) immer mit der Ruhe!, b) keine Bange!; **go ~ on** a) *j-n od. et.* sachte anfassen, b) schonend *od.* sparsam umgehen mit; **~!**, F **~ does it!** sachte!, langsam!; **stand ~!** ⚔ rührt euch!; **easier said than done** (das ist) leichter gesagt als getan; **~ come, ~ go** wie gewonnen, so zerronnen; **'~-care** *adj.* pflegeleicht; **~ chair** *s.* Sessel *m*; **'~ˌgo·ing** *adj.* **1.** gelassen; **2.** unbeschwert; **3.** leichtlebig.

eat [i:t] **I** *s.* **1.** *pl.* F ‚Fres'salien' *pl.*, ‚Futter' *n*; **II** *v/t.* [*irr.*] **2.** essen (*Mensch*), fressen (*Tier*): **~ s.o. out of house and home** j-n arm (fr)essen; **~ one's words** alles(, was man gesagt hat,) zurücknehmen; **don't ~ me** F friß mich nur nicht (gleich) auf!; **what's ~ing him?** F was (für e-e Laus) ist ihm über die Leber gelaufen?, was hat er denn?; (*siehe auch die Verbindungen mit anderen Substantiven*); **3.** zerfressen, -nagen, nagen an (*dat.*): **~en by acid** von Säure zerfressen; **4.** fressen, nagen: **~ holes into s.th.**; **5.** → **eat up**; **III** *v/i.* **6.** essen: **~ well**; **7.** fressen (*Tier*); **8.** fressen, nagen (*a. fig.*): **~ into** a) sich (hin)einfressen in (*acc.*), b) *Reserven etc.* angreifen, ein Loch reißen in (*acc.*): **~ through s.th.** sich durch et. hindurchfressen; **9.** sich essen (lassen): **it ~s like beef**;

Zssgn mit adv.:

eat| a·way I *v/t.* **1.** *geol.* a) erodieren, auswaschen, b) abtragen; **II** *v/i.* **2.** (tüchtig) zugreifen; **3. ~ at** → 1; **~ out** *v/i.* auswärts essen, essen gehen; **~ up** *v/t.* **1.** aufessen (*Mensch*), auffressen (*Tier*) (*beide a. v/i.*); **2.** *Reserven etc.* verschlingen, völlig aufbrauchen; **3.** *j-n* verzehren (*Gefühl*): **be eaten up with envy** vor Neid platzen; **4.** F a) ‚fressen', ‚schlucken' (*glauben*), b) *j-s Worte* verschlingen, c) *et.* mit den Augen verschlingen; **5.** F *Kilometer* ‚fressen' (*Auto*).

eat·a·ble ['i:təbl] **I** *adj.* eß-, genießbar; **II** *s. mst pl.* Eßwaren *pl.*; **eat·en** ['i:tn] *p.p. von* **eat**; **eat·er** ['i:tə] *s.* Esser(in): **be a poor ~** ein schwacher Esser sein.

eat·ing ['i:tɪŋ] **I** *s.* **1.** Essen *n*, Speise *f*; **II** *adj.* **2.** Eß…: **~ apple**; **3.** *fig.* nagend; zehrend; **~ house** *s.* 'Eßloˌkal *n*.

eau de Co·logne [ˌəʊdəkə'ləʊn] (*Fr.*) *s.* Kölnischwasser *n*.

eaves [i:vz] *s. pl.* **1.** Dachgesims *n*, -vorsprung *m*; **2.** Traufe *f*; **'~·drop** *v/i.* (heimlich) lauschen *od.* horchen: **~ on** *j-n, ein Gespräch* belauschen; **'~ˌdrop·per** *s.* Horcher(in), Lauscher(in): **~s hear what they deserve** der Lauscher an der Wand hört s-e eigne Schand.

ebb [eb] **I** *s.* **1.** Ebbe *f*: **~ and flow** Ebbe u. Flut, *fig. das* Hin u. Her *der Schlacht etc.*, *das* Auf u. Ab *der Wirtschaft etc.*; **2.** *fig.* Ebbe *f*, Tiefstand *m*: **at a low ~** *fig.* auf e-m Tiefstand; **II** *v/i.* **3.** zu'rückgehen (*a. fig.*): **~ and flow** steigen u. fallen, *fig. a.* kommen u. gehen; **4.** *a.* **~ away** *fig.* verebben, abnehmen; **~ tide** → **ebb** 1 u. 2.

eb·on ['ebən] *poet. für* **ebony**; **'eb·on·ite** [-naɪt] *s.* Ebo'nit *n* (*Hartkautschuk*); **'eb·on·ize** [-naɪz] *v/t.* schwarz beizen; **'eb·on·y** [-nɪ] **I** *s.* Ebenholz(baum *m*) *n*; **II** *adj.* a) aus Ebenholz, b) (tief-) schwarz.

e·bul·li·ence [ɪ'bʌljəns], **e'bul·li·en·cy** [-sɪ] *s.* **1.** Aufwallen *n* (*a. fig.*); **2.** *fig.* 'Überschäumen *n*, -schwenglichkeit *f*; **e'bul·li·ent** [-nt] *adj.* □ *fig.* sprudelnd, 'überschäumend (**with** von), 'überschwenglich; **eb·ul·li·tion** [ˌebə'lɪʃən] → **ebullience**.

ec·cen·tric [ɪk'sentrɪk] **I** *adj.* (□ **~ally**) **1.** ⚙, ⚡ ex'zentrisch; **2.** *ast.* nicht rund; **3.** *fig.* ex'zentrisch: a) wunderlich, über'spannt, verschroben, b) ausgefallen; **II** *s.* **4.** Ex'zentriker(in); **5.** ⚙ Ex'zenter *m*: **~ wheel** Exzenterscheibe *f*; **ec·cen·tric·i·ty** [ˌeksen'trɪsətɪ] *s.* ⚙, ⚡ *u. fig.* Exzentrizi'tät, *fig. a.* Über'spanntheit *f*, Verschrobenheit *f*.

Ec·cle·si·as·tes [ɪˌkli:zɪ'æsti:z] *s. bibl.* Ekklesi'astes *m*, der Prediger Salomo; **ecˌcle·si'as·ti·cal** [-tɪkl] *adj.* □ kirchlich, geistlich: **~ law** Kirchenrecht *n*; **ecˌcle·si'as·ti·cism** [-tɪsɪzəm] *s.* Kirchentum *n*; Kirchlichkeit *f*.

ech·e·lon ['eʃəlɒn] **I** *s.* **1.** ⚔ a) Staffel (-ung) *f*, (Angriffs)Welle *f*: **in ~** staffelförmig, b) ✈ 'Staffelflug *m*, -formatiˌon *f*, c) (Befehls)Ebene *f*; **2.** *fig.* Rang *m*, Stufe *f*: **the upper ~s** die höheren Ränge; **II** *v/t.* **3.** staffeln, (staffelförmig) gliedern.

e·chi·no·derm [e'kaɪnədɜ:m] *s. zo.* Stachelhäuter *m*.

ech·o ['ekəʊ] **I** *pl.* **-oes** *s.* **1.** *a. fig.* Echo *n*, 'Widerhall *m*: (**sympathetic**) **~** Anklang *m*; **find an ~** ein (…) Echo finden, Anklang finden; **to the ~** laut, schallend; **2.** *fig.* Echo *n* (*Person*); **3.** ♪ Wieder'holung *f*; **4.** ⚡, *TV*: Echo *n*, *Radar*: *a.* Schattenbild *n*; **5.** (genaue) Nachahmung *f*; **II** *v/i.* **6.** 'widerhallen (**with** von); **7.** hallen; **III** *v/t.* **8.** *Ton* zu'rückwerfen, 'widerhallen lassen; **9.** *fig.* 'Widerhall erwecken; **10.** *Worte* echoen; (*j-m*) *et.* nachbeten; **11.** echoen, nachahmen; **~ sound·er** *s.* ⚓ Echolot *n*; **~ sound·ing** *s.* ⚓ Echolotung *f*.

é·clair [eɪ'kleə] (*Fr.*) *s.* E'clair *n*.

é·clat ['eɪklɑ:] (*Fr.*) *s.* **1.** glänzender Erfolg, allgemeiner Beifall, öffentliches Aufsehen *n*; **2.** *fig.* Auszeichnung *f*, Geltung *f*.

ec·lec·tic [e'klektɪk] **I** *adj.* (□ **~ally**) ek'lektisch; **II** *s.* Ek'lektiker *m*; **ec·lec·ti·cism** [e'klektɪsɪzəm] *s. phls.* Eklekti'zismus *m*.

e·clipse [ɪ'klɪps] **I** *s.* **1.** *ast.* Verfinsterung *f*, Finsternis *f*: **~ of the moon** Mondfinsternis; **partial ~** partielle Finsternis; **2.** Verdunkelung *f*; **3.** *fig.* Schwinden *n*, Niedergang *m*: **in ~** im Schwinden, *a.* in der Versenkung verschwunden; **II** *v/t.* **4.** *ast.* verfinstern; **5.** verdunkeln; **6.** *fig.* in den Schatten stellen, über'ragen.

ec·logue ['eklɒg] *s.* Ek'loge *f*, Hirtengedicht *n*.

eco- [i:kəʊ] *in Zssgn* öko'logisch, Umwelt..., Öko...; ˌ**e·co·ca'tas·tro·phe** *s.* 'Umweltkataˌstrophe *f*; **e·co·cide** ['i:kəʊsaɪd] *s.* 'Umweltzerstörung *f*.

ec·o·log·i·cal [ˌi:kə'lɒdʒɪkl] *adj.* □ *biol.* öko'logisch, Umwelt...: **~ system** → **ecosystem**; ˌ**ec·o'log·i·cal·ly** [-kəlɪ] *adv.*: **~ harmful** (*od.* **noxious**) umweltfeindlich; **~ beneficial** umweltfreundlich; **e·col·o·gist** [i:'kɒlədʒɪst] *s. biol.* Öko'loge *m*; **e·col·o·gy** [i:'kɒlədʒɪ] *s. biol.* Ökolo'gie *f*.

e·co·no·met·rics [ɪˌkɒnə'metrɪks] *s. pl. sg. konstr.* ♱ Ökonome'trie *f*.

e·co·nom·ic [ˌi:kə'nɒmɪk] **I** *adj.* (□ **~ally**) **1.** (natio'nal)ökoˌnomisch, (volks-)wirtschaftlich, Wirtschafts...: **~ area** Wirtschaftsraum *m*; **~ divide** Wirtschaftsgefälle *n*; **~ geography** Wirtschaftsgeographie *f*; **~ growth** Wirtschaftswachstum *n*; **~ indicators** Konjunkturindikatoren *pl.*; **~ migrant** Wirtschaftsflüchtling *m*; **~ miracle** Wirtschaftswunder *n*; **~ policy** Wirtschaftspolitik *f*; **~ recovery** konjunktureller Aufschwung; **~ science** → 3; **~ slowdown** Konjunkturrückgang *m*; **~ summit** Wirtschaftsgipfel *m*; **2.** wirtschaftlich, ren'tabel; **II** *s. pl. sg. konstr.* **3.** a) Natio'nalökonoˌmie *f*, Volkswirtschaft(slehre) *f*, b) → **economy** 4; ˌ**e·co'nom·i·cal** [-kl] *adj.* □ wirtschaftlich, sparsam, *Person a.* haushälterisch: **be ~ with s.th.** mit et. haushalten *od.* sparsam umgehen.

e·con·o·mist [ɪ'kɒnəmɪst] *s.* **1.** *a.* **political ~** Volkswirt(schaftler) *m*, Natio'nalökoˌnom *m*; **2.** sparsamer Wirtschafter, guter Haushälter; **e'con·o·mize** [-maɪz] **I** *v/t.* **1.** sparsam 'umgehen mit, haushalten mit, sparen; **2.** nutzbar machen; **II** *v/i.* **3.** sparen: a) sparsam wirtschaften, Einsparungen machen: **~ on** → 1, b) sich einschränken (**in** in *dat.*); **e'con·o·miz·er** [-maɪzə] *s.* **1.** haushälterischer Mensch; **2.** ⚙ Sparanlage *f*, *bsd.* Wasser-, Luftvorwärmer *m*; **e·con·o·my** [ɪ'kɒnəmɪ] **I** *s.* **1.** Sparsamkeit *f*, Wirtschaftlichkeit *f*; **2.** *fig.* sparsame Anwendung, Sparsamkeit *f* in den (künstlerischen) Mitteln: **~ of style** knapper Stil; **3.** a) Sparmaßnahme *f*, b) Einsparung *f*, c) Ersparnis *f*; **4.** ♱ 'Wirtschaft(ssyˌstem *n od.* -lehre *f*) *f*: **political ~** → **economic** 3a; **5.** Sy'stem *n*, Aufbau *m*, Gefüge *n*; **II** *adj.* **6.** Spar...: **~ bottle**; **~ class** ✈ Economyklasse *f*; **~ drive** Sparmaßnahmen *pl.*; **~-priced** preisgünstig, billig, Billig...

'**e·co|ˌpol·i·cy** *s.* 'Umweltpoliˌtik *f*; **e·co·sphere** [i:kəʊsfɪə(r)] *s.* Ökosphäre *f*; '**~ˌsys·tem** *s. biol.* 'Ökosyˌstem *n*; '**~·type** *s. biol.* Öko'typus *m*.

ec·ru ['eɪkru:] *adj.* e'krü, na'turfarben, ungebleicht (*Stoff*).

ec·sta·size ['ekstəsaɪz] *v/t.* (*u. v/i.*) in Ek'stase versetzen (geraten).

ec·sta·sy ['ekstəsɪ] *s.* **1.** Ek'stase *f*, Verzückung *f*, Rausch *m*, (Taumel *m* der) Begeisterung *f*: **go into ecstasies over** in Verzückung geraten über (*acc.*), hingerissen sein von; **2.** Aufregung *f*; **3.** ⚕ Ek'stase *f*, krankhafte Erregung; **ec·stat·ic** [ɪk'stætɪk] *adj.* (□ **~ally**) **1.** ek'statisch, verzückt, begeistert, hingerissen; **2.** entzückend, hinreißend.

ec·to·blast ['ektəʊblɑ:st], '**ec·to·derm** [-dɜ:m] *s. biol.* Ekto'derm *n*, äußeres Keimblatt; '**ec·to·plasm** [-plæzəm] *s. biol. u. Spiritismus*: Ekto'plasma *n*.

ec·u·men·i·cal [ˌi:kju:'menɪkl] *adj. bsd. eccl.* öku'menisch: **~ council** a) *R.C.* ökumenisches Konzil, b) Weltkirchenrat *m*.

ec·ze·ma ['eksɪmə] *s.* ⚕ Ek'zem *n*.

E-Day ['i:deɪ] *s. pol. Tag des Beitritts Großbritanniens zur EWG.*

ed·dy ['edɪ] **I** *s.* (*Wasser-*, *Luft*)Wirbel *m*, Strudel *m* (*a. fig.*); **II** *v/i.* (um'her-)wirbeln.

e·del·weiss ['eɪdlvaɪs] *s.* Edelweiß *n*.

e·de·ma [i:'di:mə] → **oedema**.

E·den ['i:dn] *s. bibl.* (der Garten) Eden *n*, das Para'dies (*a. fig.*).

edge [edʒ] **I** *s.* **1.** a) *a.* **cutting ~** Schneide *f*, b) Schärfe *f* (*der Klinge*): **the knife has no ~** das Messer schneidet nicht; **put an ~ on s.th.** et. schärfen *od.* schleifen; **take the ~ off** a) *Messer etc.* stumpf machen, b) *fig.* e-r Sache die Spitze abbrechen, die Schärfe nehmen; **2.** *fig.* Schärfe *f*, Spitze *f*, Heftigkeit *f*: **give an ~ to s.th.** et. verschärfen *od.* in Schwung bringen; **not to put too fine an ~ on it** kein Blatt vor den Mund nehmen; **he is** (*od.* **his nerves are**) **on ~** er ist gereizt *od.* nervös; **3.** Ecke *f*, Zacke *f*, (scharfe) Kante; Grat *m*: **~ of a chair** Stuhlkante; **set** (**up**) **on ~** hochkant stellen; → **tooth** 1; **4.** Rand *m*, Saum *m*, Grenze *f*: **the ~ of the lake** der Rand *od.* das Ufer des Sees; **~ of a page** Rand e-r (Buch)Seite; **on the ~ of** a) am Rande (*der Verzweiflung etc.*), an der Schwelle (*gen.*), kurz vor (*dat.*), b) im Begriff (**of doing** zu tun); **5.** Schnitt *m* (*Buch*); → **gilt-edged** 1; **6.** F Vorteil *m*: **have the ~ on** (*od.* **over**) **s.o.** e-n Vorteil gegenüber j-m haben, j-m ‚voraus' *od.* ‚über' sein; **II** *v/t.* **7.** schärfen, schleifen; **8.** um'säumen, um'randen; begrenzen, einfassen; **9.** ⚙ beschneiden, abkanten; **10.** *langsam* schieben, rücken, drängen: **~ o.s. into s.th.** sich in et. (hinein)drängen; **III** *v/i.* **11.** sich *wohin* schieben *od.* drängen; *Zssgn mit adv.*:

edge| a·way *v/i.* **1.** (langsam) wegrücken; **2.** wegschleichen; **~ in I** *v/t.* einschieben; **II** *v/i.* sich hin'eindrängen *od.* -schieben; **~ off** → **edge away**; **~ on** *v/t. j-n* antreiben; **~ out** *v/t.* (*v/i.* sich) hin'ausdrängen.

edged [edʒd] *adj.* **1.** schneidend, scharf; **2.** *in Zssgn* ...schneidig; **3.** eingefaßt, gesäumt; **4.** *in Zssgn* ...randig; **~ tool** *s.* **1.** → **edge tool**; **2.** **play with edge(d) tools** *fig.* mit dem Feuer spielen.

edge| tool *s.* Schneidewerkzeug *n*; '**~·ways** [-weɪz], '**~·wise** [-waɪz] *adv.* a) seitlich, mit der Kante nach oben *od.* vorn, b) hochkant(ig): **I couldn't get a word in ~** *fig.* ich bin kaum zu Wort gekommen.

edg·ing ['edʒɪŋ] *s.* Rand *m*; Besatz *m*, Einfassung *f*, Borte *f*; **edg·y** ['edʒɪ] *adj.* **1.** kantig, scharf; **2.** *fig.* ner'vös, gereizt; **3.** *paint.* scharflinig.

ed·i·bil·i·ty [ˌedɪ'bɪlətɪ] *s.* Eß-, Genießbarkeit *f*; **ed·i·ble** ['edɪbl] **I** *adj.* eß-, genießbar: **~ oil** Speiseöl *n*; **II** *s. pl.* Eßwaren *pl.*

e·dict ['i:dɪkt] *s.* Erlaß *m*, *hist.* E'dikt *n*.

ed·i·fi·ca·tion [ˌedɪfɪ'keɪʃn] *s. fig.* Erbauung *f*.

ed·i·fice ['edɪfɪs] *s. a. fig.* Gebäude *n*, Bau *m*; '**ed·i·fy** [-faɪ] *v/t. fig.* erbauen, aufrichten; '**ed·i·fy·ing** [-faɪɪŋ] *adj.* □ erbaulich (*a. iro.*).

ed·it ['edɪt] *v/t.* **1.** *Texte etc.* a) her'ausgeben, edieren, b) redigieren, druckfertig machen; **2.** *Zeitung* als Her'ausgeber leiten; **3.** *Buch etc.* bearbeiten, zur Ver'öffentlichung fertigmachen; kürzen; *Film*, *Tonband* schneiden: **~ out** a) herausstreichen, b) herausschneiden; **~ing table** *TV* Schneidetisch *m*; **4.** *Computer*: *Daten* aufbereiten; **5.** *fig.* zu'rechtstutzen; **e·di·tion** [ɪ'dɪʃn] *s.* **1.** Ausgabe *f*: **pocket ~** Taschen(buch)ausgabe; **morning ~** Morgenausgabe (*Zeitung*); **2.** Auflage *f*: **first ~** erste Auflage, Erstdruck *m*, -ausgabe *f* (*Buch*); **run into 20 ~s** 20 Auflagen erleben; **3.** *fig.* (*kleinere etc.*) Ausgabe *f*; '**ed·i·tor** [-tə] *s.* **1.** *a.* **~ in chief** Her'ausgeber(in) (*e-s Buchs etc.*); **2.** *Zeitung*: a) *a.* **~ in chief** 'Chefredakˌteur (-in), b) Redak'teur(in): **the ~s** die Redaktion; **3.** *Film*, *TV*: Cutter(in); **ed·i·to·ri·al** [ˌedɪ'tɔ:rɪəl] **I** *adj.* □ **1.** Herausgeber...; **2.** redaktio'nell, Redaktions...: **~ staff** Redaktion *f*; **II** *s.* **3.** 'Leitarˌtikel *m*; **ed·i·to·ri·al·ize** [ˌedɪ'tɔ:rɪəlaɪz] *v/i.* (e-n) 'Leitarˌtikel schreiben; '**ed·i·tor·ship** [-təʃɪp] *s.* Positi'on *f* e-s Her'ausgebers *od.* ('Chef)Redak'teurs; '**ed·i·tress** [-trɪs] *s.* Her'ausgeberin *f etc.* (→ **editor**).

ed·u·cate ['edju:keɪt] *v/t.* erziehen (*a. weitS.* **to** zu), unter'richten, (aus)bilden: **he was ~d at ...** er besuchte die (Hoch)Schule in ...; '**ed·u·cat·ed** [-tɪd] *adj.* **1.** gebildet; **2.** **an ~ guess** e-e fundierte Annahme.

ed·u·ca·tion [ˌedju:'keɪʃn] *s.* **1.** Erziehung *f* (*a. weitS.* **to** zu *demokratischem Denken etc.*), (Aus)Bildung *f*; **2.** (*erworbene*) Bildung, Bildungsstand *m*: **general ~** Allgemeinbildung *f*; **3.** Bildungs-, Schulwesen *n*; **4.** (Aus)Bildungsgang *m*; **5.** Päda'gogik *f*, Erziehungswissenschaft *f*; ˌ**ed·u'ca·tion·al** [-ʃənl] *adj.* □ **1.** erzieherisch, Erziehungs..., päda'gogisch, Unterrichts...: **~ film** Lehrfilm *m*; **~ psychology** Schulpsychologie *f*; **~ television** Schulfernsehen *n*; **~ toys** pädagogisch wertvolles Spielzeug; **2.** Bildungs...: **~ leave** Bildungsurlaub *m*; **~ level** Bildungsniveau *n*; **~ misery** Bildungsnotstand *m*; ˌ**ed·u'ca·tion·al·ist** [-ʃnəlɪst], *a.* ˌ**ed·u'ca·tion·ist** [-ʃnɪst] *s.* Päda'goge *m*, Päda'gogin *f*: a) Erzieher(in), b) Erziehungswissenschaftler(in); **ed·u-**

ca·tive ['edju:kətɪv] *adj.* **1.** erzieherisch, Erziehungs...; **2.** bildend, Bildungs...; **'ed·u·ca·tor** ['edju:keɪtə] → ***educationalist.***

e·duce [i:'dju:s] *v/t.* **1.** her'ausholen, entwickeln; **2.** *Begriff* ableiten; **3.** ⚗ ausziehen, extrahieren.

ed·u·tain·ment [ˌedju:'teɪnmənt] *s.* bildende Unter'haltung (*pädagogisch wertvolle Spiele etc.*).

Ed·war·di·an [ed'wɔ:djən] *adj.* aus *od.* im Stil der Zeit König Eduards (*bsd.* Eduards VII.).

eel [i:l] *s.* Aal *m*; **~ buck**, **'~·pot** *s.* Aalreuse *f*; **'~·spear** *s.* Aalgabel *f*; **'~·worm** *s. zo.* Älchen *n*, Fadenwurm *m*.

e'en [i:n] *poet.* → ***even***[1, 3].

e'er [eə] *poet.* → ***ever.***

ee·rie, ee·ry ['ɪərɪ] *adj.* □ unheimlich, schaurig; **'ee·ri·ness** [-nɪs] *s.* Unheimlichkeit *f*.

eff [ef] *v/i.*: **~ off** V ‚abhauen'; → ***effing***

ef·face [ɪ'feɪs] *v/t.* **1.** wegwischen, -reiben, löschen; **2.** *bsd. fig.* auslöschen, tilgen; **3.** in den Schatten stellen: **~ o.s.** sich (bescheiden) zurückhalten, sich im Hintergrund halten; **ef'face·a·ble** [-səbl] *adj.* auslöschbar; **ef'face·ment** [-mənt] *s.* Auslöschung *f*, Tilgung *f*, Streichung *f*.

ef·fect [ɪ'fekt] **I** *s.* **1.** Wirkung *f* (**on** auf *acc.*): **take ~** wirken (→ 4); **2.** (Ein-) Wirkung *f*, Einfluß *m*, Erfolg *m*, Folge *f*: **of no ~** nutzlos, vergeblich; **3.** (gesuchte) Wirkung, Eindruck *m*, Ef'fekt *m*: **general ~** Gesamteindruck; **have an ~ on** wirken auf (*acc.*); **calculated** *od.* **meant for ~** auf Effekt berechnet; **straining after ~** Effekthascherei *f*; **4.** Wirklichkeit *f*; ⚖ (Rechts)Wirksamkeit *f*, (-)Kraft *f*, Gültigkeit *f*: **in ~** a) tatsächlich, eigentlich, im wesentlichen, b) ⚖ *etc.* in Kraft, gültig; **with ~ from** mit Wirkung vom; **come into** (*od.* **take**) **~** wirksam werden, in Kraft treten; **carry into ~** ausführen, verwirklichen; **5.** Inhalt *m*, Sinn *m*, Absicht *f*; Nutzen *m*: **to the ~ that** des Inhalts, daß; **to this ~** diesbezüglich, in diesem Sinn; **words to this ~** derartige Worte; **6.** ⚙ Leistung *f*, 'Nutzefˌfekt *m*; **7.** *pl.* ✝ a) Ef'fekten *pl.*, b) Vermögen(swerte *pl.*) *n*, Habe *f*, c) Barbestand *m*, d) (Bank)Guthaben *n*: **no ~s** ohne Deckung (*Scheck*); **II** *v/t.* **8.** be-, erwirken, verursachen; **9.** ausführen, erledigen, voll'ziehen, tätigen, bewerkstelligen: **~ an insurance** ✝ e-e Versicherung abschließen; **~ payment** Zahlung leisten; **ef'fec·tive** [-tɪv] **I** *adj.* □ **1.** wirksam, erfolgreich, wirkungsvoll, kräftig: **~ range** ⚔ wirksame Schußweite; **2.** eindrucks-, ef'fektvoll; **3.** (rechts)wirksam, rechtskräftig, gültig, in Kraft: **~ from** *od.* **as of** mit Wirkung vom; **~ immediately** mit sofortiger Wirkung; **~ date** Tag *m* des Inkrafttretens; **become ~** in Kraft treten; **4.** tatsächlich, effek'tiv, wirklich; **5.** ⚔ dienstfähig, kampffähig, einsatzbereit: **~ strength** → 7b; **6.** ⚙ wirksam, nutzbar, Nutz...: **~ capacity** *od.* **output** Nutzleistung *f*; **II** *s. pl.* **7.** ⚔ a) einsatzfähige Sol'daten *pl.*, b) Ist-Stärke *f*; **ef'fec·tive·ness** [-tɪvnɪs] *s.* Wirksamkeit *f*; **ef'fec·tu·al** [-tʃʊəl] *adj.* □ **1.** wirksam; **2.** → ***effective*** 3; **3.** wirklich, tatsächlich; **ef'fec·tu·ate** [-tjʊeɪt] → ***effect*** 8, 9.

ef·fem·i·na·cy [ɪ'femɪnəsɪ] *s.* **1.** Weichlichkeit *f*, Verweichlichung *f*; **2.** unmännliches Wesen; **ef'fem·i·nate** [-nət] *adj.* □ **1.** weichlich, verweichlicht; **2.** unmännlich, weibisch.

ef·fer·vesce [ˌefə'ves] *v/i.* **1.** (auf)brausen, moussieren, sprudeln, schäumen; **2.** *fig.* ('über)sprudeln, 'überschäumen; **ˌef·fer'ves·cence** [-sns] *s.* **1.** (Auf-) brausen *n*, Moussieren *n*; **2.** *fig.* ('Über)Sprudeln *n*, 'Überschäumen *n*; **ˌef·fer'ves·cent** [-snt] *adj.* **1.** sprudelnd, schäumend; moussierend: **~ powder** Brausepulver *n*; **2.** *fig.* ('über-) sprudelnd, 'überschäumend.

ef·fete [ɪ'fi:t] *adj.* erschöpft, entkräftet, kraftlos, verbraucht.

ef·fi·ca·cious [ˌefɪ'keɪʃəs] *adj.* □ wirksam; **ef·fi·ca·cy** ['efɪkəsɪ] *s.* Wirksamkeit *f*.

ef·fi·cien·cy [ɪ'fɪʃənsɪ] *s. allg.* Effizi'enz *f*: a) Tüchtigkeit *f*, Leistungsfähigkeit *f* (*a. e-s Betriebs etc.*), b) Wirksamkeit *f*, ⚙ (Nutz)Leistung *f*, Wirkungsgrad *m*, c) Tauglichkeit *f*, Brauchbarkeit *f*, d) ✝, ⚙ Wirtschaftlichkeit *f*: **~ engineer**, **~ expert** ✝ Rationalisierungsfachmann *m*; **~ wages** leistungsbezogener Lohn; **~ apartment** *Am.* (Einzimmer)Appartement *n*; **ef'fi·cient** [-nt] *adj.* □ **1.** *allg.* effizi'ent: a) tüchtig, (*a.* ⚙ leistungs)fähig, b) wirksam, c) gründlich, d) zügig, rasch, e) ratio'nell, wirtschaftlich, f) tauglich, gut funktionierend, ⚙ *a.* leistungsstark; **2.** **~ cause** *phls.* wirkende Ursache.

ef·fi·gy ['efɪdʒɪ] *s.* Bild(nis) *n*: **burn s.o. in ~** j-n in effigie *od.* symbolisch verbrennen.

ef·fing ['efɪŋ] *adj.* V verdammt, Scheiß...

ef·flo·resce [ˌeflɔ:'res] *v/i.* **1.** *bsd. fig.* aufblühen, sich entfalten; **2.** ⚗ ausblühen, -wittern; **ˌef·flo'res·cence** [-sns] *s.* **1.** *bsd. fig.* (Auf)Blühen *n*; **2.** Effloreszenz: a) ⚗ Ausblühen *n*, Beschlag *m*, b) ⚕ Ausschlag *m*; **ˌef·flo'res·cent** [-snt] *adj.* **1.** *bsd. fig.* (auf)blühend; **2.** ⚗ ausblühend.

ef·flu·ence ['eflʊəns] *s.* Ausfließen *n*, -strömen *n*; Ausfluß *m*; **'ef·flu·ent** [-nt] **I** *adj.* **1.** ausfließend, -strömend; **II** *s.* **2.** Ausfluß *m*; **3.** Abwasser *n*.

ef·flux ['eflʌks] *s.* **1.** Ausfluß *m*, Ausströmen *n*; **2.** *fig.* Ablauf *m* (*der Zeit*).

ef·fort ['efət] *s.* **1.** Anstrengung *f*: a) Bemühung *f*, Versuch *m*, b) Mühe *f*: **make an ~** sich bemühen, sich anstrengen; **make every ~** sich alle Mühe geben; **put a lot of ~ into it** sich gewaltig anstrengen bei der Sache; **spare no ~** keine Mühe scheuen; **with an ~** mühsam; **2.** F Leistung *f*: **a good ~**; **'ef·fort·less** [-lɪs] *adj.* mühelos, leicht.

ef·fron·ter·y [ɪ'frʌntərɪ] *s.* Frechheit *f*, Unverschämtheit *f*.

ef·ful·gence [ɪ'fʌldʒəns] *s.* Glanz *m*; **ef'ful·gent** [-nt] *adj.* □ strahlend.

ef·fuse [ɪ'fju:z] **I** *v/t.* **1.** ausgießen, ausströmen (lassen); **2.** *Licht etc.* verbreiten; **II** *v/i.* **3.** ausströmen; **III** *adj.* [-s] **4.** ⚘ ausgebreitet; **ef·fu·sion** [ɪ'fju:ʒn] *s.* **1.** Ausströmen *n*; Ausgießung *f*; Erguß *m* (*a. fig.*): **~ of blood** ⚕ Bluterguß; **2.** *phys.* Effusi'on *f*; **3.** 'Überschwenglichkeit *f*; **ef'fu·sive** [-sɪv] *adj.* □ 'überschwenglich; **ef'fu·sive·ness** [-sɪvnɪs] → ***effusion*** 3.

e·gad [ɪ'gæd] *int. obs.* F o Gott!

e·gal·i·tar·i·an [ɪˌgælɪ'teərɪən] **I** *s.* Verfechter(in) des Egalita'rismus; **II** *adj.* egali'tär; **eˌgal·i'tar·i·an·ism** [-nɪzəm] *s.* Egalita'rismus *m*.

egg[1] [eg] *s.* **1.** Ei *n*: **in the ~** *fig.* im Anfangsstadium; **a bad ~** *fig.* F ein übler Kerl; **as sure as ~s is** *od.* **are ~s** *sl.* todsicher; **have** (*od.* **put**) **all one's ~s in one basket** alles auf 'eine Karte setzen; **lay an ~** *thea. sl.* durchfallen; **lay an ~!** *sl.* ‚leck mich'!; → ***grandmother***; **2.** *biol.* Eizelle *f*; **3.** ⚔ *sl.* ‚Ei' *n*, ‚Koffer' *m* (*Bombe etc.*).

egg[2] [eg] *v/t. mst* **~ on** anstacheln.

'egg|ˌbeat·er *s.* **1.** *Küche*: Schneebesen *m*; **2.** *Am.* F Hubschrauber *m*; **~ coal** *s.* Nußkohle *f*; **~ co·sy**, *Am.* **~ co·zy** *s.* Eierwärmer *m*; **'~·cup** *s.* Eierbecher *m*; **~ flip** *s.* Eierflip *m*; **'~·head** *s.* F ‚Eierkopf' *m* (*Intellektueller*); **'~·nog** → ***egg flip***, **'~·plant** *s.* ⚘ Eierfrucht *f*, Auber'gine *f*; **~ roll** *s.* Frühlingsrolle *f*; **'~-shaped** *adj.* eiförmig; **'~·shell I** *s.* Eierschale *f*: **~ china** Eierschalenporzellan *n*; **II** *adj.* zerbrechlich; **'~-spoon** *s.* Eierlöffel *m*; **'~-ˌtim·er** *s.* Eieruhr *f*; **'~-whisk** *s.* *Küche*: Schneebesen *m*.

e·go ['egəʊ] *pl.* **-os** *s.* **1.** *psych.* Ich *n*, Selbst *n*, Ego *n*; **2.** Selbstgefühl *n*, -bewußtsein *n*, *a.* Stolz *m*, F Selbstsucht *f*, Selbstgefälligkeit *f*: **~ trip** F ‚Egotrip' *m* (*geistige Selbstbefriedigung*, *Angeberei etc.*); **that will boost his ~** das wird ihm Auftrieb geben *od.* ‚guttun'; **it feeds his ~** das stärkt sein Selbstbewußtsein; **his ~ was low** s-e Moral war auf Null.

e·go·cen·tric [ˌegəʊ'sentrɪk] *adj.* ego'zentrisch, ichbezogen; **e·go·ism** ['egəʊɪzəm] *s.* Ego'ismus *m* (*a. phls.*), Selbstsucht *f*; **e·go·ist** ['egəʊɪst] *s.* **1.** Ego'ist(in); **2.** → ***egotist*** 1; **e·go·is·tic**, **e·go·is·ti·cal** [ˌegəʊ'ɪstɪk(l)] *adj.* □ ego'istisch; **e·go·ma·ni·a** [ˌegəʊ'meɪnjə] *s.* krankhafte Selbstsucht *od.* -gefälligkeit *f*; **e·go·tism** ['egəʊtɪzəm] *s.* **1.** Ego'tismus *m*: a) 'Selbstüberˌhebung *f*, b) Ichbezogenheit *f*, c) Geltungsbedürfnis *n*; **2.** → ***egoism***; **e·go·tist** ['egəʊtɪst] *s.* **1.** Ego'tist(in), geltungsbedürftiger *od.* selbstgefälliger Mensch; **2.** → ***egoist*** 1; **e·go·tis·tic**, **e·go·tis·ti·cal** [ˌegəʊ'tɪstɪk(l)] *adj.* □ **1.** selbstgefällig, ego'tistisch, geltungsbedürftig; **2.** → ***egoistic.***

e·gre·gious [ɪ'gri:dʒəs] *adj.* □ unerhört, ungeheuer(lich), kraß, Erz...

e·gress ['i:gres] *s.* **1.** Ausgang *m*; **2.** Ausgangsrecht *n*; **3.** *fig.* Ausweg *m*; **4.** *ast.* Austritt *m*; **e·gres·sion** [i:'greʃn] *s.* Ausgang *m*, -tritt *m*.

e·gret ['i:gret] *s.* **1.** *orn.* Silberreiher *m*; **2.** Reiherfeder *f*; **3.** ⚘ Federkrone *f*.

E·gyp·tian [ɪ'dʒɪpʃn] **I** *adj.* **1.** ä'gyptisch: **~ cotton** Mako *f*, *m*, *n*; **II** *s.* **2.** Ä'gypter (-in); **3.** *ling.* Ä'gyptisch *n*.

E·gyp·to·log·i·cal [ɪˌdʒɪptə'lɒdʒɪkl] *adj.* ägypto'logisch; **E·gyp·tol·o·gist** [ˌi:dʒɪp'tɒlədʒɪst] *s.* Ägypto'loge *m*; **E·gyp·tol·o·gy** [ˌi:dʒɪp'tɒlədʒɪ] *s.* Ägyptolo'gie *f*.

eh [eɪ] *int.* **1.** eh?: a) wie (bitte)?, b) nicht wahr?; **2.** ei!, sieh da!

ei·der ['aɪdə] *s. orn. a.* **~ duck** Eiderente

f; '**~·down** *s.* **1.** *coll.* Eiderdaunen *pl.*; **2.** Daunendecke *f.*
ei·det·ic [aɪ'detɪk] *psych.* **I** Ei'detiker (-in); **II** *adj.* ei'detisch.
eight [eɪt] **I** *adj.* **1.** acht: ***~-hour day*** Achtstundentag *m*; **II** *s.* **2.** Acht *f* (*Zahl, Spielkarte etc.*): ***have one over the ~*** *sl.* e-n ‚in der Krone' haben; **3.** *Rudern*: Achter *m* (*Boot od. Mannschaft*); **eight·een** [ˌeɪ'tiːn] **I** *adj.* achtzehn; **II** *s.* Achtzehn *f*; **eight·eenth** [ˌeɪ'tiːnθ] **I** *adj.* achtzehnt; **II** *s.* Achtzehntel *n*; '**eight·fold** *adj. u. adv.* achtfach; **eighth** [eɪtθ] **I** *adj.* □ acht(er, e, es); **II** *s.* Achtel *n* (*a.* ♪); **eighth·ly** ['eɪtθlɪ] *adv.* achtens; '**eight·i·eth** [-tɪɪθ] **I** *adj.* achtzigst; **II** *s.* Achtzigstel *n*; '**eight·y** [-tɪ] **I** *adj.* achtzig; **II** *s.* Achtzig *f*: ***the eighties*** die achtziger Jahre (*eines Jahrhunderts*); ***he is in his eighties*** er ist in den Achtzigern.
Ein·stein·i·an [aɪn'staɪnjən] *adj.* Einsteinsch(er, -e, -es).
ei·ther ['aɪðə] **I** *adj.* **1.** jeder, jede, jedes (*von zweien*), beide: ***on ~ side*** auf beiden Seiten; ***there is nothing in ~ bottle*** beide Flaschen sind leer; **2.** (irgend)ein (*von zweien*): ***~ way*** auf die e-e od. andere Art; ***~ half of the cake*** (irgend-) eine Hälfte des Kuchens; **II** *pron.* **3.** (irgend)ein (*von zweien*): ***~ of you can come*** (irgend)einer von euch (beiden) kann kommen; ***I didn't see ~*** ich sah keinen (von beiden); **4.** beides: ***~ is possible***; **III** *cj.* **5.** ***~ ... or*** entweder ... oder: ***~ be quiet or go!*** entweder sei still oder geh!; **6.** *neg.*: ***~ ... or*** weder ... noch: ***it isn't good ~ for parent or child*** es ist weder für Eltern noch Kinder gut; **IV** *adv.* **7.** *neg.*: ***nor ... ~*** (und) auch nicht, noch: ***he could not hear nor speak ~*** er konnte weder hören noch sprechen; ***I shall not go ~*** ich werde auch nicht gehen; ***she sings, and not badly ~*** sie singt, und gar nicht schlecht; **8.** ***without ~ good or bad intentions*** ohne gute oder schlechte Absichten; '**~-or** *s.* Entweder-Oder *n.*
e·jac·u·late [ɪ'dʒækjʊleɪt] **I** *v/t.* **1.** *physiol. Samen* ausstoßen; **2.** *Worte* ausstoßen; **II** *v/i.* **3.** *physiol.* ejakulieren; **4.** *fig.* aus-, her'vorstoßen; **III** *s.* **5.** *physiol.* Ejaku'lat *n*; **e·jac·u·la·tion** [ɪˌdʒækjʊ'leɪʃn] *s.* **1.** ⚕ Ejakulati'on *f*, Samenerguß *m*; **2.** a) Ausruf *m*, b) Stoßseufzer *m*, -gebet *n*; **e'jac·u·la·to·ry** [-lətərɪ] *adj.* **1.** ⚕ Ejakulations...; **2.** hastig (ausgestoßen): ***~ prayer*** Stoßgebet *n.*
e·ject [ɪ'dʒekt] **I** *v/t.* **1.** (***from***) *j-n* hin'auswerfen (aus), vertreiben (aus, von); entlassen (aus); **2.** ⚖ exmittieren, ausweisen (***from*** aus); **3.** ⚙ ausstoßen, -werfen; **II** *v/i.* **4.** ✈ den Schleudersitz betätigen; **e'jec·tion** [-kʃn] *s.* **1.** (***from*** aus) Vertreibung *f*, Entfernung *f*; Entlassung *f*; **2.** ⚙ Ausstoßung *f*, Auswerfen *n*: ***~ seat*** ✈ Schleudersitz *m*; **e'ject·ment** [-mənt] *s.* **1.** → ***ejection*** 1; **2.** ⚖ a) Räumungsklage *f*, b) Her'ausgabeklage *f*; **e'jec·tor** [-tə] *s.* **1.** Vertreiber *m*; **2.** ⚙ a) 'Auswurfappaˌrat *m*, Strahlpumpe *f*, b) ⚔ (Pa'tronenhülsen)Auswerfer *m*: ***~ seat*** ✈ Schleudersitz *m.*
eke [iːk] *v/t.* ***~ out*** a) *Flüssigkeit, Vorrat etc.* strecken, b) *Einkommen* aufbessern, c) ***~ out a living*** sich (mühsam) durchschlagen.
el [el] *s.* **1.** L *n*, l *n* (*Buchstabe*); **2.** 🚇 F Hochbahn *f.*
e·lab·o·rate I *adj.* [ɪ'læbərət] □ **1.** sorgfältig *od.* kunstvoll ausgeführt *od.* (aus)gearbeitet; **2.** ('wohl)durchˌdacht, (sorgfältig) ausgearbeitet: ***an ~ report***; **3.** a) kunstvoll, kompliziert, b) 'umständlich; **II** *v/t.* [-bəreɪt] **4.** sorgfältig aus- *od.* her'ausarbeiten, ver'vollkommnen; **5.** *Theorie* entwickeln; **6.** genau darlegen; **III** *v/i.* **7.** ***~ (up)on*** ausführlich behandeln, sich verbreiten über (*acc.*); **e'lab·o·rate·ness** [-nɪs] *s.* **1.** sorgfältige *od.* kunstvolle Ausführung; **2.** a) Sorgfalt *f*, b) Kompliziertheit *f*, c) ausführliche Behandlung; **e·lab·o·ra·tion** [ɪˌlæbə'reɪʃn] *s.* **1.** → ***elaborateness*** 1; **2.** (Weiter)Entwicklung *f.*
é·lan [eɪ'lɑ̃ːŋ] (*Fr.*) *s.* E'lan *m*, Schwung *m.*
e·land ['iːlənd] *s.* 'ElenantiˌIope *f.*
e·lapse [ɪ'læps] *v/i.* vergehen, verstreichen (*Zeit*), ablaufen (*Frist*).
e·las·tic [ɪ'læstɪk] **I** *adj.* (□ ***~ally***) **1.** e'lastisch: a) federnd, spannkräftig (*alle a. fig.*), b) dehnbar, biegsam, geschmeidig (*a. fig.*): ***~ conscience*** weites Gewissen; ***an ~ word*** ein dehnbarer Begriff; **2.** *phys.* a) elastisch, b) expansi'onsfähig (*Gas*), c) inkompres'sibel (*Flüssigkeit*): ***~ force → elasticity***; **3.** Gummi...: ***~ band***; ***~ stocking*** Gummistrumpf *m*; **II** *s.* **4.** Gummiband *n*, -zug *m*; **5.** Gummigewebe *n*, -stoff *m*; **e'las·ti·cat·ed** [-keɪtɪd] *adj.* mit Gummizug; **e·las·tic·i·ty** [ˌelæ'stɪsətɪ] *s.* Elastizi'tät *f*: a) Spannkraft *f* (*a. fig.*), b) Dehnbarkeit *f*, Biegsamkeit *f*, Geschmeidigkeit *f* (*a. fig.*).
e·late [ɪ'leɪt] *v/t.* **1.** mit Hochstimmung erfüllen, begeistern, freudig erregen; **2.** *j-m* Mut machen; **3.** *j-n* stolz machen; **e'lat·ed** [-tɪd] *adj.* □ **1.** in Hochstimmung, freudig erregt (***at*** über *acc.*, ***with*** durch); **2.** stolz; **e'la·tion** [-eɪʃn] *s.* **1.** Hochstimmung, freudige Erregung; **2.** Stolz *m.*
el·bow ['elbəʊ] **I** *s.* **1.** Ell(en)bogen *m*: ***at one's ~*** a) in Reichweite, bei der Hand, b) *fig.* an s-r Seite; ***out at ~s*** a) schäbig (*Kleidung*), b) schäbig gekleidet, heruntergekommen (*Person*); ***be up to the ~s in work*** bis über die Ohren in der Arbeit stecken; ***bend*** *od.* ***lift one's ~*** F ‚einen heben'; **2.** Biegung *f*, Krümmung *f*, Ecke *f*, Knie *n*; **3.** ⚙ Knie *n*; (Rohr)Krümmer *m*, Winkel (-stück *n*) *m*; **II** *v/t.* **4.** *mit dem Ellbogen* stoßen, drängen (*a. fig.*): ***~ s.o. out*** j-n hinausdrängen; ***~ o.s. through*** sich durchdrängeln; ***~ one's way*** → 5; **III** *v/i.* **5.** sich (mit den Ellbogen) e-n Weg bahnen (***through*** durch); **~ chair.** *s.* Arm-, Lehnstuhl *m*; **~ grease** *s. humor.* **1.** ‚Arm-, Knochenschmalz' *n* (*Kraft*); **2.** schwere Arbeit; '**~·room** [-rʊm] *s.* Bewegungsfreiheit *f*, Spielraum *m* (*a. fig.*).
eld [eld] *s. obs.* **1.** (Greisen)Alter *n*; **2.** alte Zeiten *pl.*
eld·er¹ ['eldə] **I** *adj.* **1.** älter: ***my ~ brother*** mein älterer Bruder; **2.** rangälter: ***♀ Statesman*** *pol. u. fig.* ‚großer alter Mann'; **II** *s.* **3.** (der, die) Ältere: ***he is my ~ by two years*** er ist zwei Jahre älter als ich; ***my ~s*** ältere Leute als ich; **4.** Re'spektsperˌson *f*; **5.** *oft pl.* (Kirchen-, Gemeinde- *etc.*)Älteste(r) *m.*
el·der² ['eldə] *s.* Ho'lunder *m*; '**el·derˌber·ry** *s.* Ho'lunderbeere *f.*
eld·er·ly ['eldəlɪ] *adj.* ältlich: ***an ~ couple*** ein älteres Ehepaar; **eld·est** ['eldɪst] *adj.* ältest: ***my ~ brother*** mein ältester Bruder.
El Do·ra·do [ˌeldə'rɑːdəʊ] *pl.* **-dos** *s.* (El)Do'rado *n.*
e·lect [ɪ'lekt] **I** *v/t.* **1.** *j-n in ein Amt* wählen: ***~ s.o. to an office***; **2.** *et.* wählen, sich entscheiden für: ***~ to do s.th.*** sich (dazu) entschließen *od.* es vorziehen, et. zu tun; ***he was ~ed president*** er wurde zum Präsidenten gewählt; **3.** *eccl.* auserwählen; **II** *adj.* **4.** (*nachgestellt*) designiert, zukünftig: ***bride ~*** Zukünftige *f*, Braut *f*; ***the president ~*** *der* designierte Präsident; **5.** erlesen; **6.** *eccl.* (*von Gott*) auserwählt; **III** *s.* **7.** *eccl. u. fig.* ***the ~*** die Auserwählten *pl.*; **e'lec·tion** [-kʃn] *s. mst pol.* Wahl *f*: ***~ campaign*** Wahlkampf *m*, -feldzug *m*; ***~ pledge*** Wahlversprechen *n*; ***~ returns*** Wahlergebnisse; **e·lec·tion·eer** [ɪˌlekʃə'nɪə] *v/i. pol.* Wahlkampf betreiben: ***~ for s.o.*** für j-n Wahlpropaganda machen *od.* Stimmen werben; **e·lec·tion·eer·ing** [ɪˌlekʃə'nɪərɪŋ] *s. pol.* 'WahlpropaˌGanda *f*, -kampf *m*, -feldzug *m*; **e'lec·tive** [-tɪv] **I** *adj.* □ **1.** gewählt, durch Wahl, Wahl...; **2.** wahlberechtigt, wählend; **3.** *ped. Am.* wahlfrei, fakulta'tiv: ***~ subject*** → 4; **II** *s.* **4.** *ped. Am.* Wahlfach *n*; **e'lec·tor** [-tə] *s.* **1.** *pol.* a) Wähler(in), b) *Am.* Wahlmann *m*; **2.** ♀ *hist.* Kurfürst *m*; **e'lec·tor·al** [-tərəl] *adj.* **1.** Wahl..., Wähler...: ***~ college*** *Am.* Wahlmänner *pl.* (*e-s Staates*); **2.** *hist.* Kurfürsten...; **e'lec·tor·ate** [-tərət] *s.* **1.** *pol.* Wähler (-schaft *f*) *pl.*; **2.** *hist.* a) Kurwürde *f*, b) Kurfürstentum *n*; **e'lec·tress** [-trɪs] *s.* **1.** Wählerin *f*; **2.** ♀ *hist.* Kurfürstin *f.*
e·lec·tric [ɪ'lektrɪk] *adj.* (□ ***~ally***) **1.** a) e'lektrisch: ***~ cable*** (***charge, current, light*** *etc.*), b) Elektro...: ***~ motor***, c) Elektrizitäts...: ***~ works***, d) eˌlektro'technisch; **2.** *fig.* a) elektrisierend: ***an ~ effect***, b) spannungsgeladen: ***~ atmosphere***; **e'lec·tri·cal** [-kl] → ***electric*** 1: ***~ engineer*** Elektroingenieur *m od.* -techniker *m*; ***~ engineering*** Elektrotechnik *f.*
e·lec·tric| arc *s.* Lichtbogen *m*; **~ art** *s.* Lichtkunst *f*; **~ blan·ket** *s.* Heizdecke *f*; **~ blue** *s.* Stahlblau *n*; **~ chair** *s.* ⚖ e'lektrischer Stuhl; **~ cir·cuit** *s.* Stromkreis *m*; **~ cush·ion** *s.* Heizkissen *n*; **~ eel** *s. zo.* Zitteraal *m*; **~ eye** *s.* **1.** Fotozelle *f*; **2.** magisches Auge; **~ gui·tar** *s.* e'lektrische Gi'tarre, 'E-GiˌTarre *f.*
e·lec·tri·cian [ˌɪlek'trɪʃn] *s.* E'lektriker *m*, Eˌlektro'techniker *m.*
e·lec·tric·i·ty [ˌɪlek'trɪsətɪ] *s.* Elektrizi'tät *f*; **~ con·sump·tion** *s.* Stromverbrauch *m*; **~ gen·er·a·tion** *s.* Stromerzeugung *f.*
e·lec·tric| plant *s.* e'lektrische Anlage; **~ ray** *s. zo.* Zitterrochen *m*; **~ shock** *s.* **1.** e'lektrischer Schlag; **2.** ⚕ E'lektroschock *m*; **~ steel** *s.* ⚙ E'lektrostahl *m*; **~ storm** *s.* Gewittersturm *m*; **~ torch** *s.* (e'lektrische) Taschenlampe.

e·lec·tri·fi·ca·tion [ɪˌlektrɪfɪˈkeɪʃn] *s.* **1.** Elektrisierung *f* (*a. fig.*); **2.** Elektrifizierung *f*; **e·lec·tri·fy** [ɪˈlektrɪfaɪ] *v/t.* **1.** elektrisieren (*a. fig.*), eˈlektrisch laden; **2.** elektrifizieren; **3.** *fig.* anfeuern, erregen, begeistern.

e·lec·tro [ɪˈlektrəʊ] *pl.* **-tros** *s. typ.* F Galˈvano *n*, Kliˈschee *n*.

electro- [ɪlektrəʊ] *in Zssgn* Elektro…, elektro…, eˈlektrisch.

eˌlec·tro|·aˈnal·y·sis [ɪˌlektrəʊ-] *s.* ⚗ Eˌlektroanaˈlyse *f*; **~ˈcar·di·o·gram** *s.* ⚕ Eˌlektrokardioˈgramm *n*, EKˈG *n*; **~ˈchem·is·try** *s.* Eˌlektrocheˈmie *f*.

e·lec·tro·cute [ɪˈlektrəkjuːt] *v/t.* **1.** auf dem eˈlektrischen Stuhl hinrichten; **2.** durch elektrischen Strom töten; **e·lec·tro·cu·tion** [ɪˌlektrəˈkjuːʃn] *s.* Hinrichtung *f od.* Tod *m* durch elektrischen Strom.

e·lec·trode [ɪˈlektrəʊd] *s.* ⚡ Elekˈtrode *f*.

eˌlec·tro|·dyˈnam·ics *s. pl. sg. konstr.* Eˌlektrodyˈnamik *f*; **~·en·giˈneer·ing** *s.* Eˌlektroˈtechnik *f*; **~·kiˈnet·ics** *s. pl. sg. konstr.* Eˌlektrokiˈnetik *f*.

e·lec·trol·y·sis [ˌɪlekˈtrɒlɪsɪs] *s.* Elektroˈlyse *f*; **e·lec·tro·lyte** [ɪˈlektrəʊlaɪt] *s.* Elektroˈlyt *m*.

eˌlec·tro|ˈmag·net *s.* Eˌlektromaˈgnet *m*; **~·magˈnet·ic** *adj.* (□ **~ally**) eˌlektromaˈgnetisch; **~·meˈchan·ics** *s. pl. sg. konstr.* Eˌlektromeˈchanik *f*.

e·lec·trom·e·ter [ˌɪlekˈtrɒmɪtə] *s.* Eˌlektroˈmeter *n*.

eˌlec·tro|ˈmo·tive *adj.* eˌlektromoˈtorisch; **~ˈmo·tor** *s.* Eˌlektroˈmotor *m*.

e·lec·tron [ɪˈlektrɒn] *phys.* **I** *s.* Elektron *n*; **II** *adj.* Elektronen…: **~ micro-scope**; **e·lec·tron·ic** [ˌɪlekˈtrɒnɪk] *adj.* (□ **~ally**) elekˈtronisch, Elektronen…: **~ flash** *phot.* Elektronenblitz *m*; **~ funds transfer** EDV-Überweisungsverkehr *m*; **~ mail** elektronische Post; **~ music** elektronische Musik; **e·lec·tron·ics** [ˌɪlekˈtrɒnɪks] *s. pl. sg. konstr.* Elekˈtronik *f* (*a. als Konstruktionsteil*).

e·lec·tro|·plate [ɪˈlektrəʊ-] **I** *v/t.* elektroplattieren, galvanisieren; **II** *s.* elektroplattierte Ware; **~·scope** [-əskəʊp] *s. phys.* Eˌlektroˈskop *n*; **~·scop·ic** [ɪˌlektrəˈskɒpɪk] *adj.* (□ **~ally**) eˌlektroˈskopisch; **~ˈther·a·py** [ɪˌlektrəʊ-] *s.* ⚕ Eˌlektrotheraˈpie *f*; **~·type I** *s.* **1.** Galˈvano *n*; **2.** galˌvanoˈplastischer Druck; **II** *v/t.* **3.** galˌvanoˈplastisch vervielfältigen.

el·e·gance [ˈelɪgəns] *s. allg.* Eleˈganz *f*; **ˈel·e·gant** [-nt] *adj.* □ **1.** eleˈgant: a) fein, geschmackvoll, vornehm (u. schön), b) gewählt, gepflegt, c) anmutig, d) geschickt, gekonnt; **2.** F erstklassig, ‚prima'.

el·e·gi·ac [ˌelɪˈdʒaɪək] **I** *adj.* eˈlegisch (*a. fig. schwermütig*), Klage…; **II** *s.* elegischer Vers; *pl.* elegisches Gedicht; **el·e·gize** [ˈelɪdʒaɪz] *v/i.* e-e Eleˈgie schreiben (**upon** auf *acc.*); **el·e·gy** [ˈelɪdʒɪ] *s.* Eleˈgie *f*, Klagelied *n*.

el·e·ment [ˈelɪmənt] *s.* **1.** *allg.* Eleˈment *n*: a) *phls.* Urstoff *m*, b) Grundbestandteil *m*, c) ⚗ Grundstoff *m*, d) ⚙ Bauteil *n*, e) Grundlage *f*; **2.** Grundtatsache *f*, wesentlicher Faktor: **an ~ of risk** ein gewisses Risiko; **~ of surprise** Überraschungsmoment *n*; **~ of uncertainty** Unsicherheitsfaktor; **3.** ⚖ Tatbestandsmerkmal *n*; **4.** *pl.* Anfangsgründe *pl.*, Anfänge *pl.*, Grundlage(n *pl.*) *f*; **5.** *pl.* Naˈturkräfte *pl.*, Eleˈmente *pl.*; **6.** (ˈLebens)Eleˌment *n*, gewohnte Umˈgebung: **be in** (**out of**) **one's ~** (nicht) in s-m Element sein; **7.** *fig.* Körnchen *n*, Fünkchen *n*, Hauch *m*: **an ~ of truth** ein Körnchen Wahrheit; **8.** a) ⚔ Truppenteil *m*, b) ✈ Rotte *f*; **9.** (Bevölkerungs-) Teil *m*, (*kriminelle etc.*) Eleˈmente *pl.*; **el·e·men·tal** [ˌelɪˈmentl] *adj.* **1.** elemenˈtar: a) ursprünglich, naˈtürlich, b) urgewaltig, c) wesentlich; **2.** Elementar…, Ur…

el·e·men·ta·ry [ˌelɪˈmentərɪ] *adj.* □ **1.** → **elemental** 1 *u.* 2; **2.** elemenˈtar, Elementar…, Einführungs…, Anfangs…, grundlegend; **3.** elemenˈtar, einfach; **4.** ⚗, 𝔄, *phys.* elemenˈtar, Elementar…: **~ particle** Elementarteilchen *n*; **5.** rudimenˈtär, unentwickelt; **~ ed·u·ca·tion** *s.* **1.** Grundschul-, Volksschulbildung *f*; **2.** Volksschulwesen *n*; **~ school** *s.* Volks-, Grundschule *f*.

el·e·phant [ˈelɪfənt] *s.* **1.** *zo.* Eleˈfant *m*: **~ seal** See-Elefant; **pink ~** F ‚weiße Mäuse' *pl.*, Halluzinationen *pl.*; **white ~** *fig.* lästiger *od.* kostspieliger Besitz; **2.** *ein Papierformat* (*711 × 584 mm*); **el·e·phan·ti·a·sis** [ˌelɪfənˈtaɪəsɪs] *s.* ⚕ Elefanˈtiasis *f*; **el·e·phan·tine** [ˌelɪˈfæntaɪn] *adj.* **1.** eleˈfantenartig, Elefanten…; **2.** *fig.* riesenhaft; **3.** plump, schwerfällig.

El·eu·sin·i·an [ˌeljuːˈsɪnɪən] *adj. antiq.* eleuˈsinisch.

el·e·vate [ˈelɪveɪt] *v/t.* **1.** hoch-, emˈporheben; aufrichten; erhöhen; **2.** *Blick* erheben; *Stimme* heben; **3.** (**to**) *j-n* erheben (in *den Adelsstand*), befördern (zu *e-m Posten*); **4.** *fig. j-n* (*seelisch*) erheben, erbauen; **5.** erheitern; **6.** *Niveau etc.* heben; **7.** ⚔ *Geschützrohr* erhöhen; **ˈel·e·vat·ed** [-tɪd] **I** *adj.* **1.** erhöht; Hoch…: **~ railway**, *Am.* **~ railroad** Hochbahn *f*; **2.** gehoben (*Position*, *Stil etc.*), erhaben (*Gedanken*); **3.** a) erheitert, b) F beschwipst; **II** *s.* **4.** *Am.* F Hochbahn *f*; **ˈel·e·vat·ing** [-tɪŋ] *adj.* **1.** *bsd.* ⚙ hebend, Hebe…, Höhen…; **2.** *fig.* a) erhebend, erbaulich, b) erheiternd; **el·e·va·tion** [ˌelɪˈveɪʃn] *s.* **1.** Hoch-, Emˈporheben *n*; **2.** (Boden)Erhebung *f*, (An)Höhe *f*; **3.** Höhe *f* (*a. ast.*), (Grad *m* der) Erhöhung *f*; **4.** *geogr.* Meereshöhe *f*; **5.** ⚔ Richthöhe *f*; **6.** ⚙ Aufstellung *f*, Errichtung *f*; **7.** △ Aufriß *m*: **front ~** Vorderansicht *f*; **8.** a) (**to**) Erhebung *f* (in *den Adelsstand*), Beförderung *f* (zu *e-m Posten etc.*), b) gehobene Positiˈon; **9.** *fig.* (*seelische*) Erhebung, Erbauung *f*; **10.** *fig.* Hebung *f* (*des Niveaus etc.*); **11.** *fig.* Erhabenheit *f*, Gehobenheit *f* (*des Stils etc.*); **ˈel·e·va·tor** [-tə] *s.* **1.** ⚙ a) Hebe-, Förderwerk *n*, b) Hebewerk *n*, c) *Am.* Fahrstuhl *m*, Aufzug *m*; **2.** Getreidesilo *m*; **3.** ✈ Höhensteuer *n*, -ruder *n*; **4.** *anat.* Hebemuskel *m*.

e·lev·en [ɪˈlevn] **I** *adj.* **1.** elf; **II** *s.* **2.** Elf *f*; **3.** *sport* Elf *f*; **eˌlev·en-ˈplus** *s. ped. Brit. hist. im Alter von 11–12 Jahren abgelegte Prüfung, die über die schulische Weiterbildung entschied;* **eˈlev·en·ses** [-zɪz] *s. pl. Brit.* F zweites Frühstück; **eˈlev·enth** [-nθ] **I** *adj.* □ **1.** elft; → **hour** 2; **II** *s.* **2.** (*der, die, das*) Elfte; **3.** Elftel *n*.

elf [elf] *pl.* **elves** [elvz] *s.* **1.** Elf *m*, Elfe *f*; **2.** Kobold *m*; **3.** *fig.* a) Knirps *m*, b) (kleiner) Racker; **elf·in** [ˈelfɪn] **I** *adj.* Elfen…, Zwergen…; **II** *s.* → **elf**; **elf·ish** [ˈelfɪʃ] *adj.* **1.** elfenartig; **2.** schelmisch, koboldhaft.

ˈelf·lock *s.* Weichselzopf *m*, verfilztes Haar.

e·lic·it [ɪˈlɪsɪt] *v/t.* **1.** (**from** *j-m*, *e-m Instrument etc.*) *et.* entlocken; **2.** (**from** aus *j-m*) *e-e Aussage etc.* herˈauslocken, -holen; **3.** *e-e Reaktion* auslösen, herˈvorrufen; **4.** *et.* ans Licht bringen.

e·lide [ɪˈlaɪd] *v/t. ling. Vokal od. Silbe* elidieren, auslassen.

el·i·gi·bil·i·ty [ˌelɪdʒəˈbɪlətɪ] *s.* **1.** Eignung *f*, Befähigung *f*: **his eligibilities** s-e Vorzüge; **2.** Berechtigung *f*; **3.** Wählbarkeit *f*; **4.** Teilnahmeberechtigung *f*, *sport a.* Startberechtigung *f*; **el·i·gi·ble** [ˈelɪdʒəbl] **I** *adj.* □ **1.** (**for**) in Frage kommend (für): a) geeignet, akzepˈtabel (für), b) berechtigt, befähigt (zu), qualifiziert (für): **~ for a pension** pensionsberechtigt, c) wählbar; **2.** wünschenswert, vorteilhaft; **3.** teilnahmeberechtigt, *sport a.* startberechtigt; **II** *s.* **4.** F in Frage kommende Perˈson *od.* Sache.

e·lim·i·nate [ɪˈlɪmɪneɪt] *v/t.* **1.** beseitigen, entfernen, ausmerzen, *a.* 𝔄 eliminieren (**from** aus); **2.** ausscheiden (*a.* ⚗, *physiol.*), ausschließen, *a. Gegner* ausschalten: **be ~d** *sport* ausscheiden; **3.** *fig. et.* ausklammern, ignorieren; **e·lim·i·na·tion** [ɪˌlɪmɪˈneɪʃn] *s.* **1.** Beseitigung *f*, Entfernung *f*, Ausmerzung *f*, Eliminierung *f*; **2.** 𝔄 Eliminatiˈon *f*; **3.** ⚗, *physiol.*, *a. sport* Ausscheidung *f*: **~ contest** Ausscheidungs-, Qualifikationswettbewerb *m*; **4.** Ausschaltung *f* (*e-s Gegners*); **5.** *fig.* Ignorierung *f*; **eˈlim·i·na·tor** [-tə] *s. Radio*: Sieb-, Sperrkreis *m*.

e·li·sion [ɪˈlɪʒn] *s. ling.* Elisiˈon *f*, Auslassung *f* (*e-s Vokals od. e-r Silbe*).

e·lite [eɪˈliːt] (*Fr.*) *s.* Eˈlite *f*: a) Auslese *f*, (*das*) Beste, (*die*) Besten *pl.*, b) Führungs-, Oberschicht *f*, c) ⚔ Eˈlite-, Kerntruppe *f*; **eˈlit·ism** [-tɪzəm] *s.* eliˈtäres Denken; **eˈlit·ist** [-tɪst] *adj.* eliˈtär.

e·lix·ir [ɪˈlɪksə] *s.* **1.** Eliˈxier *n*, Zauber-, Heiltrank *m*: **~ of life** Lebenselixier; **2.** Allˈheilmittel *n*.

E·liz·a·be·than [ɪˌlɪzəˈbiːθn] **I** *adj.* elisabeˈthanisch; **II** *s.* Zeitgenosse *m* Eˈlisabeths I. von England.

elk [elk] *s. zo.* **1.** Elch *m*, Elen *m*, *n*; **2.** *Am.* Elk *m*, Waˈpiti *m*.

ell [el] *s.* Elle *f*; → **inch** 2.

el·lipse [ɪˈlɪps] *s.* **1.** 𝔄 Elˈlipse *f*; **2.** → **elˈlip·sis** [-sɪs] *pl.* **-ses** [-siːz] *s. ling.* Elˈlipse *f*, Auslassung *f* (*a. typ.*); **elˈlip·soid** [-sɔɪd] *s.* 𝔄 Ellipsoˈid *n*; **elˈlip·tic, elˈlip·ti·cal** [-ptɪk(l)] *adj.* □ **1.** 𝔄 elˈliptisch; **2.** *ling.* elliptisch, unvollständig (*Satz*).

elm [elm] *s.* Ulme *f*, Rüster *f*.

el·o·cu·tion [ˌeləˈkjuːʃn] *s.* **1.** Vortrag(sweise *f*) *m*, Diktiˈon *f*; **2.** Vortragskunst *f*; **3.** Sprechtechnik *f*; **ˌel·oˈcu·tion·ist** [-nɪst] *s.* **1.** Vortragskünstler(in); **2.** Sprecherzieher(in).

e·lon·gate [ˈiːlɒŋgeɪt] **I** *v/t.* **1.** verlängern; *bsd.* ⚙ strecken, dehnen; **II** *v/i.* **2.** sich verlängern; **3.** ⚘ spitz zulaufen; **III**

adj. **4.** → ˈ**e·lon·gat·ed** [-tɪd] *adj.* **1.** verlängert: **~ *charge*** ⚔ gestreckte Ladung; **2.** lang u. dünn; **e·lon·ga·tion** [ˌiːlɒŋˈgeɪʃn] *s.* **1.** Verlängerung *f*; **2.** ⚙ Streckung *f*, Dehnung *f*; **2.** *ast.*, *phys.* Elongatiˈon *f*.

e·lope [ɪˈləʊp] *v/i.* (mit s-m *od.* s-r Geliebten) ‚ˈdurchbrennen': **~ *with*** *a. die Geliebte* entführen; **eˈlope·ment** [-mənt] *s.* ‚ˈDurchbrennen' *n*; Flucht *f*; Entführung *f*; **eˈlop·er** [-pə] *s.* Ausreißer(in).

el·o·quence [ˈeləkwəns] *s.* Beredsamkeit *f*, Redegewandtheit *f*, -kunst *f*; ˈ**el·o·quent** [-nt] *adj.* □ **1.** beredt, redegewandt; **2.** *fig.* a) sprechend, ausdrucksvoll, b) beredt, vielsagend (*Blick etc.*).

else [els] *adv.* **1.** (*neg. u. interrog.*) sonst, weiter, außerdem: ***anything ~?*** sonst noch etwas?; ***what ~ can we do?***; was können wir sonst (noch) tun?; ***no one ~*** sonst *od.* weiter niemand; ***where ~?*** wo anders?, wo sonst (noch)?; **2.** anderer, andere, anderes: ***that's something ~*** das ist et. anderes; ***everybody ~*** alle anderen *od.* übrigen; ***somebody ~'s dog*** der Hund e-s anderen; **3.** *oft* ***or ~*** oder, sonst, wenn nicht: ***hurry, (or) ~ you will be late*** beeile dich, oder du kommst zu spät *od.* sonst kommst du zu spät; ***or ~!*** (*drohend*) sonst passiert was!; ˌ**~ˈwhere** *adv.* **1.** sonst-, anderswo; **2.** ˈanderswoˈhin.

e·lu·ci·date [ɪˈluːsɪdeɪt] *v/t. Geheimnis etc.* aufhellen, aufklären; *Text, Gründe etc.* erklären; **e·lu·ci·da·tion** [ɪˌluːsɪˈdeɪʃn] *s.* Erklärung *f*; Aufhellung *f*, -klärung *f*; **eˈlu·ci·da·to·ry** [-tərɪ] *adj.* erklärend, aufhellend.

e·lude [ɪˈluːd] *v/t.* **1.** (geschickt) ausweichen, entgehen, sich entziehen (*dat.*); *Gesetz etc.* umˈgehen; **2.** *fig. j-m* entgehen, *j-s* Aufmerksamkeit entgehen; **3.** sich nicht (er)fassen lassen von, sich entziehen (*dat.*): ***it ~s definition*** es läßt sich nicht definieren; **4.** *j-m* nicht einfallen; **eˈlu·sion** [-uːʒn] *s.* **1.** (***of***) Ausweichen *n*, Entkommen *n* (vor *dat.*); Umˈgehung *f* (*gen.*); **2.** Ausflucht *f*, List *f*; **eˈlu·sive** [-uːsɪv] *adj.* □ **1.** ausweichend (***of*** *dat.*, vor *dat.*); **2.** schwer zu fassen(d) (*Dieb etc.*); **3.** schwerfaßbar, schwer zu definieren(d) *od.* zu übersetzen(d); **4.** umˈgehend; **5.** unzuverlässig; **eˈlu·sive·ness** [-uːsɪvnɪs] *s.* **1.** Ausweichen *n* (***of*** vor *dat.*), ausweichendes Verhalten; **2.** Unbestimmbarkeit *f*, Undefinierbarkeit *f*; **eˈlu·so·ry** [-uːsərɪ] *adj.* **1.** trügerisch; **2.** → ***elusive***.

e·lu·tri·ate [ɪˈluːtrɪeɪt] *v/t.* ⚗ (aus-) schlämmen.

el·ver [ˈelvə] *s. ichth.* junger Aal.

elves [elvz] *pl. von* ***elf***; ˈ**elv·ish** [-vɪʃ] → ***elfish***.

E·ly·sian [ɪˈlɪzɪən] *adj.* eˈlysisch, *fig. a.* paraˈdiesisch; **Eˈly·si·um** [-əm] *s.* Eˈlysium *n*, *fig. a.* Paraˈdies *n*.

em [em] *s.* **1.** M *n*, m *n* (*Buchstabe*); **2.** *typ.* Geviert *n*.

'em [əm] F *für* ***them***: ***let 'em***.

e·ma·ci·ate [ɪˈmeɪʃɪeɪt] *v/t.* **1.** auszehren, ausmergeln; **2.** *Boden* auslaugen; **eˈma·ci·at·ed** [-tɪd] *adj.* **1.** abgemagert, ausgezehrt, ausgemergelt; **2.** ausgelaugt (*Boden*); **e·ma·ci·a·tion** [ɪˌmeɪsɪˈeɪʃn] *s.* **1.** Auszehrung *f*, Abmagerung *f*; **2.** Auslaugung *f*.

e-mail [ˈiːmeɪl] **I** *s.* E-Mail *f*; **II** *v/t.* per E-Mail schicken.

em·a·nate [ˈeməneɪt] *v/i.* **1.** ausströmen (*Gas etc.*), ausstrahlen (*Licht*) (***from*** von); **2.** *fig.* herrühren, ausgehen (***from*** von); **em·a·na·tion** [ˌeməˈneɪʃn] *s.* **1.** Ausströmen *n*; **2.** Ausströmung *f*, Ausstrahlung *f* (*a. fig.*); **3.** Auswirkung *f*; **4.** *phls.*, *psych.*, *eccl.* Emanatiˈon *f*.

e·man·ci·pate [ɪˈmænsɪpeɪt] *v/t.* **1.** (***o.s.*** sich) emanzipieren, unabhängig machen, befreien (***from*** von); **2.** *Sklaven* freilassen; **eˈman·ci·pat·ed** [-tɪd] *adj.* **1.** *allg.* emanzipiert: ***an ~ woman***; ***an ~ citizen*** ein mündiger Bürger; **2.** freigelassen (*Sklave*); **e·man·ci·pa·tion** [ɪˌmænsɪˈpeɪʃn] *s.* **1.** Emanzipatiˈon *f*; **2.** Freilassung *f*, Befreiung *f* (*a. fig.*) (***from*** von); **e·man·ci·pa·tion·ist** [ɪˌmænsɪˈpeɪʃnɪst] *s.* Befürworter(in) der Emanzipatiˈon *od.* der Sklavenbefreiung; **eˈman·ci·pa·to·ry** [-pətərɪ] *adj.* emanzipaˈtorisch.

e·mas·cu·late I *v/t.* [ɪˈmæskjʊleɪt] **1.** entmannen, kastrieren; **2.** *fig.* verweichlichen; **3.** entkräften, (ab)schwächen; verwässern; **4.** *Sprache* farb- *od.* kraftlos machen; **II** *adj.* [-lɪt] **5.** entmannt; **6.** verweichlicht; **7.** verwässert, kraftlos; **e·mas·cu·la·tion** [ɪˌmæskjʊˈleɪʃn] *s.* **1.** Entmannung *f*; **2.** Verweichlichung *f*; **3.** Schwächung *f*; **4.** *fig.* Verwässerung *f* (*Text etc.*).

em·balm [ɪmˈbɑːm] *v/t.* **1.** einbalsamieren; **2.** *fig. j-s Andenken* bewahren *od.* pflegen: ***be ~ed in*** fortleben in (*dat.*); **emˈbalm·ment** [-mənt] *s.* Einbalsamierung *f*.

em·bank [ɪmˈbæŋk] *v/t.* eindämmen, -deichen; **emˈbank·ment** [-mənt] *s.* **1.** Eindämmung *f*, -deichung *f*; **2.** (Erd-) Damm *m*; **3.** (Bahn-, Straßen)Damm *m*; **4.** gemauerte Uferstraße.

em·bar·go [emˈbɑːgəʊ] **I** *s.* **1.** ⚓ Emˈbargo *n*: a) (Schiffs)Beschlagnahme *f* (*durch den Staat*), b) Hafensperre *f*; **2.** ⚕ a) Handelssperre *f*, b) *a. allg.* Sperre *f*, Verbot *n*: **~ *on imports*** Einfuhrsperre; **II** *v/t.* **3.** *Handel*, *Hafen* sperren, ein Emˈbargo verhängen über (*acc.*); **4.** beschlagnahmen.

em·bark [ɪmˈbɑːk] **I** *v/t.* **1.** ⚓, ✈ Passagiere an Bord nehmen, ⚓ *a.* einschiffen, *Waren a.* verladen (***for*** nach); **2.** *Geld* investieren (***in*** in *dat.*); **II** *v/i.* **3.** ⚓ sich einschiffen (***for*** nach), an Bord gehen; **4.** *fig.* (***on***) (*et.*) anfangen *od.* unterˈnehmen; **em·bar·ka·tion** [ˌembɑːˈkeɪʃn] *s.* ⚓ Einschiffung *f*, (*von Waren*) *a.* Verladung *f* (*a.* ✈); ✈ Einsteigen *n*.

em·bar·ras de rich·esse(s) [ɑ̃ːŋbɑˌrɑdəriːˈʃes] (*Fr.*) *s. die* Qual der Wahl.

em·bar·rass [ɪmˈbærəs] *v/t.* **1.** *j-n* in Verlegenheit bringen *od.* in e-e peinliche Lage versetzen, verwirren; **2.** *j-n* behindern, *j-m* lästig sein; **3.** in Geldverlegenheit bringen; **4.** *et.* behindern, erschweren, komplizieren; **emˈbar·rassed** [-st] *adj.* **1.** verlegen, peinlich berührt; **2.** ⚕ in Geldverlegenheit; **emˈbar·rass·ing** [-sɪŋ] *adj.* □ unangenehm, peinlich (***to*** *dat.*); **emˈbar·rass·ment** [-mənt] *s.* **1.** Verlegenheit *f*; **2.** *bsd.* ⚕ Behinderung *f*, Störung *f*; **3.** Geldverlegenheit *f*.

em·bas·sy [ˈembəsɪ] *s.* **1.** Botschaft *f*: a) Botschaftsgebäude *n*, b) ˈBotschaftsperso̩nal *n*; **2.** diploˈmatische Missiˈon.

em·bat·tle [ɪmˈbætl] *v/t.* **1.** ⚔ in Schlachtordnung aufstellen: **~*d*** kampfbereit (*a. fig.*); **2.** ⌂ mit Zinnen versehen.

em·bed [ɪmˈbed] *v/t.* **1.** (ein)betten, (ein)lagern, eingraben; **2.** *im Gedächtnis etc.* verankern.

em·bel·lish [ɪmˈbelɪʃ] *v/t.* **1.** verschöne(r)n, schmücken, verzieren; **2.** *fig. Erzählung etc.* ausschmücken; *die Wahrheit* beschönigen; **emˈbel·lish·ment** [-mənt] *s.* **1.** Verschönerung *f*, Schmuck *m*; **2.** *fig.* a) Ausschmückung *f*, b) Beschönigung *f*.

em·ber¹ [ˈembə] *s.* **1.** *mst pl.* glühende Kohle *od.* Asche; **2.** *pl. fig.* letzte Funken *pl.*

em·ber² [ˈembə] *adj.*: **~ *days*** *eccl.* Quatember(fasten *n*) *pl.*

em·ber³ [ˈembə] *s. orn. a.* **~*goose*** Eistaucher *m*.

em·bez·zle [ɪmˈbezl] *v/t.* veruntreuen, unterˈschlagen; **emˈbez·zle·ment** [-mənt] *s.* Veruntreuung *f*, Unterˈschlagung *f*; **emˈbez·zler** [-lə] *s.* Veruntreuer(in).

em·bit·ter [ɪmˈbɪtə] *v/t.* **1.** *j-n* verbittern; **2.** *et.* (noch) verschlimmern; **emˈbit·ter·ment** [-mənt] *s.* **1.** Verbitterung *f*; **2.** Verschlimmerung *f*.

em·bla·zon [ɪmˈbleɪzn] *v/t.* **1.** heˈraldisch schmücken *od.* darstellen; **2.** schmükken; **3.** *fig.* feiern, verherrlichen, groß herˈausstellen; **4.** ˈauspo̩saunen; **emˈbla·zon·ment** [-mənt] *s.* Wappenschmuck *m*; **emˈbla·zon·ry** [-rɪ] *s.* **1.** Wappenmaleˈrei *f*; **2.** Wappenschmuck *m*.

em·blem [ˈembləm] *s.* **1.** Emˈblem *n*, Symˈbol *n*: ***national ~*** Hoheitszeichen *n*; **2.** Kennzeichen *n*; **3.** *fig.* Verkörperung *f*; **em·blem·at·ic, em·blem·at·i·cal** [ˌemblɪˈmætɪk(l)] *adj.* □ symˈbolisch, sinnbildlich.

em·bod·i·ment [ɪmˈbɒdɪmənt] *s.* **1.** Verkörperung *f*; **2.** Darstellung *f*; **3.** ⚙ Anwendungsform *f*; **4.** Einverleibung *f*; **em·bod·y** [ɪmˈbɒdɪ] *v/t.* **1.** konˈkrete Form geben (*dat.*); **2.** verkörpern, darstellen; **3.** aufnehmen (***in*** in *acc.*); **4.** umˈfassen, in sich schließen.

em·bold·en [ɪmˈbəʊldən] *v/t.* ermutigen.

em·bo·lism [ˈembəlɪzəm] *s.* ⚕ Emboˈlie *f*.

em·bon·point [ˌɔ̃ːmbɔ̃ːmˈpwæ̃ːŋ] (*Fr.*) *s.* Embonˈpoint *m*, Beleibtheit *f*, ‚Bäuchlein' *n*.

em·bos·om [ɪmˈbʊzəm] *v/t.* **1.** ans Herz drücken; **2.** *fig.* ins Herz schließen; **3.** *fig.* umˈschließen.

em·boss [ɪmˈbɒs] *v/t.* ⚙ **1.** a) bosseln, erhaben *od.* in Reliˈef ausarbeiten, prägen, b) (mit dem Hammer) treiben; **2.** mit erhabener Arbeit schmücken; **3.** *Stoffe* gaufrieren; **emˈbossed** [-st] *adj.* ⚙ a) erhaben gearbeitet, Relief…, getrieben, b) geprägt, gepreßt, c) gaufriert; **emˈboss·ment** [-mənt] *s.* Reliˈefarbeit *f*.

em·bou·chure [ˌɒmbʊˈʃʊə] (*Fr.*) *s.* **1.** Mündung *f* (*Fluß*); **2.** ♪ a) Mundstück *n* (*Blasinstrument*), b) Ansatz *m*.

em·brace [ɪmˈbreɪs] **I** *v/t.* **1.** umˈarmen, in die Arme schließen; **2.** umˈschließen, um'geben, um'klammern; *a. fig.* einschließen, um'fassen; **3.** erfassen, (in sich) aufnehmen; **4.** *Religion, Angebot* annehmen; *Beruf, Gelegenheit* ergreifen; *Hoffnung* hegen; **II** *v/i.* **5.** sich umarmen; **III** *s.* **6.** Um'armung *f.*

em·bra·sure [ɪm'breɪʒə] *s.* **1.** ⚠ Laibung *f*; **2.** ⚔ Schießscharte *f.*

em·bro·ca·tion [ˌembrəʊ'keɪʃn] *s.* ⚕ **1.** Einreibemittel *n*; **2.** Einreibung *f.*

em·broi·der [ɪm'brɔɪdə] *v/t.* **1.** *Muster* sticken; **2.** *Stoff* besticken, mit Sticke'rei verzieren; **3.** *fig. Bericht* ausschmücken, ‚garnieren'.

em·broi·der·y [ɪm'brɔɪdərɪ] *s.* **1.** Sticke'rei *f*: **do ~** sticken; **2.** *fig.* Ausschmückung *f*; **~ cot·ton** *s.* Stickgarn *n*; **~ frame** *s.* Stickrahmen *m.*

em·broil [ɪm'brɔɪl] *v/t.* **1.** *j-n* verwickeln, hin'einziehen (*in* in *acc.*); **2.** *j-n* in Kon'flikt bringen (*with* mit); **3.** durchein'anderbringen, verwirren; **em'broil·ment** [-mənt] *s.* **1.** Verwicklung *f*; **2.** Verwirrung *f.*

em·bry·o ['embrɪəʊ] *pl.* **-os** *s. biol.* a) Embryo *m*, b) Fruchtkeim *m*: **in ~** *fig.* im Keim, im Entstehen, im Werden; **em·bry·on·ic** [ˌembrɪ'ɒnɪk] *adj.* **1.** Embryo…, embryo'nal; **2.** *fig.* (noch) unentwickelt, keimend, rudimen'tär.

em·bus [ɪm'bʌs] ⚔ **I** *v/t.* auf Kraftfahrzeuge verladen; **II** *v/i.* aufsitzen.

em·cee [em'siː] **I** *s.* Conférenci'er *m*; **II** *v/t.* (*u. v/i.*) als Conférencier leiten (fungieren).

e·mend [iː'mend] *v/t. Text* verbessern, korrigieren; **e·men·da·tion** [ˌiːmen'deɪʃn] *s.* Verbesserung *f*, Korrek'tur *f*; **e·men·da·tor** ['iːmendeɪtə] *s.* (Text-) Verbesserer *m*; **e'mend·a·to·ry** [-dətərɪ] *adj.* (text)verbessernd.

em·er·ald ['emərəld] **I** *s.* **1.** Sma'ragd *m*; **2.** Sma'ragdgrün *n*; **3.** *typ.* In'sertie *f* (*e-e 6½-Punkt-Schrift*); **II** *adj.* **4.** sma'ragdgrün; **5.** mit Sma'ragden besetzt; **2 Isle** *s. die* Grüne Insel (*Irland*).

e·merge [ɪ'mɜːdʒ] *v/i.* **1.** *allg.* auftauchen: a) an die (Wasser)Oberfläche kommen, b) *a. fig.* zum Vorschein kommen, sich zeigen, c) *fig.* sich erheben (*Frage, Problem*), d) *fig.* auftreten, in Erscheinung treten; **2.** her'vor-, her'auskommen (*from* aus); **3.** sich her'ausstellen *od.* ergeben (*Tatsache*); **4.** (*als Sieger etc.*) her'vorgehen (*from* aus); **5.** *fig.* aufstreben; **e'mer·gence** [-dʒəns] *s.* Auftauchen *n*, *fig. a.* Auftreten *n*, Entstehen *n.*

e·mer·gen·cy [ɪ'mɜːdʒənsɪ] **I** *s.* Not(lage *f*, -fall *m*) *f*, kritische Lage, Krise *f*, unvorhergesehenes Ereignis, dringender Fall: ***in an ~, in case of ~*** im Notfall, notfalls; ***state of ~*** Notstand *m*, *pol. a.* Ausnahmezustand *m*; **II** *adj.* Not…, Behelfs…, (Aus)Hilfs…; *pol.* Notstands…, Soforthilfe…, **~ brake** *s.* Not-, *mot.* Handbremse *f*; **~ call** *s. teleph.* Notruf *m*; **~ de·cree** *s.* Notverordnung *f*; **~ door, ~ ex·it** *s.* Notausgang *m*; **~ hos·pi·tal** *s.* A'kutkrankenhaus *n*; **~ land·ing** *s.* ✈ Notlandung *f*; **~ laws** *s. pl. pol.* Notstandsgesetze *pl.*; **~ meet·ing** *s.* Dringlichkeitssitzung *f*; **~ num·ber** *s.* Notruf(nummer *f*) *m*; **~ pow·ers** *s. pl. pol.* Vollmachten *pl.* auf Grund e-s Notstandsgesetzes; **~ ra·tion** *s.* ⚔ eiserne Rati'on; **~ ser·vice** *s.* Notdienst *m*; **~ ward** *s.* Notaufnahme *f*, 'Unfallstatiˌon *f.*

e·mer·gent [ɪ'mɜːdʒənt] *adj.* ☐ **1.** auftauchend (*a. fig.*); **2.** *fig.* (jung u.) aufstrebend (*Land*): ***~ country*** *a.* Schwellenland *n.*

e·mer·i·tus [iː'merɪtəs] *adj.* emeritiert: ***~ professor.***

em·er·y ['emərɪ] **I** *s. min.* Schmirgel *m*; **II** *v/t.* (ab)schmirgeln; **~ board** *s.* Sandblattnagelfeile *f*; **~ cloth** *s.* Schmirgelleinen *n*; **~ pa·per** *s.* 'Schmirgelpaˌpier *n*; **~ wheel** *s.* Schmirgelscheibe *f.*

e·met·ic [ɪ'metɪk] *pharm.* **I.** *adj.* e'metisch, Brechreiz erregend; **II** *s.* E'metikum *n*, Brechmittel *n* (*a. fig.*).

em·i·grant ['emɪgrənt] **I** *s.* Auswanderer *m*, Emi'grant(in); **II** *adj.* auswandernd, emigrierend, Auswanderungs…; **'em·i·grate** [-reɪt] *v/i.* emigrieren, auswandern; **em·i·gra·tion** [ˌemɪ'greɪʃn] *s.* Auswanderung *f*, Emigrati'on *f.*

em·i·nence ['emɪnəns] *s.* **1.** Erhöhung *f*, (An)Höhe *f*; **2.** hohe Stellung, (hoher) Rang, Würde *f*; **3.** Ansehen *n*, Berühmtheit *f*, Bedeutung *f*; **4.** bedeutende Per'sönlichkeit; **5. 2** *R.C.* Emi'nenz *f* (*Kardinal*).

é·mi·nence grise [ˌeɪmiːnɑ̃ːns'griːz] (*Fr.*) *s. pol.* graue Emi'nenz.

em·i·nent ['emɪnənt] *adj.* ☐ **1.** her'vorragend, ausgezeichnet, berühmt; **2.** emi'nent, bedeutend, außergewöhnlich; **3.** → ***domain*** 3; **'em·i·nent·ly** [-ntlɪ] *adv.* ganz besonders, in hohem Maße.

e·mir [e'mɪə] *s.* Emir *m*; **e'mir·ate** [-ɪərɪt] *s.* Emi'rat *n* (*Würde od. Land e-s Emirs*).

em·is·sar·y ['emɪsərɪ] *s.* **1.** Abgesandte(r) *m*, Emis'sär *m*; **2.** Ge'heimaˌgent *m.*

e·mis·sion [ɪ'mɪʃn] *s.* **1.** Ausstrahlung *f* (*von Licht etc.*), Ausstoß *m* (*von Rauch etc.*), Aus-, Verströmen *n*, *phys.* Emissi'on *f*; ***~-free*** abgasfrei; ***~ standards*** Emissionsnormen *pl.*; **2.** *physiol.* Ausfluß *m*, (*bsd.* Samen)Erguß *m*; **3.** ✝ Ausgabe *f* (*von Banknoten*), *von Wertpapieren*: *a.* Emissi'on *f*; **e'mis·sive** [-ɪsɪv] *adj.* ausstrahlend; **e·mit** [ɪ'mɪt] *v/t.* **1.** *Lava, Rauch* ausstoßen, *Licht etc.* ausstrahlen, *Gas etc.* aus-, verströmen, *phys. Elektronen etc.* emittieren; **2.** a) *e-n Ton, a. e-e Meinung* von sich geben, b) *e-n Schrei etc.* ausstoßen; **3.** ✝ *Banknoten* ausgeben, *Wertpapiere a.* emittieren.

Em·my ['emɪ] *pl.* **-mys, -mies** *s. Am.* Emmy *m* (*Fernsehpreis*).

e·mol·li·ent [ɪ'mɒlɪənt] **I** *adj.* erweichend (*a. fig.*); **II** *s. pharm.* erweichendes Mittel, Weichmacher *m.*

e·mol·u·ment [ɪ'mɒljʊmənt] *s. mst pl.* Einkünfte *pl.*

e·mote [ɪ'məʊt] *v/i.* emotio'nal reagieren, e-n Gefühlsausbruch erleiden *od.* (*thea.*) mimen.

e·mo·tion [ɪ'məʊʃn] *s.* **1.** Emoti'on *f*, Gemütsbewegung *f*, (Gefühls)Regung *f*, Gefühl *n*; **2.** Gefühlswallung *f*, Erregung *f*, Leidenschaft *f*; **3.** Rührung *f*, Ergriffenheit *f*; **e'mo·tion·al** [-ʃənl] *adj.* ☐ → ***emotionally***; **1.** emotio'nal, emotio'nell: a) gefühlsmäßig, -bedingt, b) Gefühls…, Gemüts…, seelisch, c) gefühlsbetont, empfindsam: ***~ block*** Affektstau *m*; **2.** gefühlvoll, rührselig; **3.** rührend, ergreifend; **e'mo·tion·al·ism** [-ʃnəlɪzəm] *s.* **1.** Gefühlsbetontheit *f*, Empfindsamkeit *f*; **2.** Gefühlsduse'lei; **3.** Gefühlsäußerung *f*; **e'mo·tion·al·ist** [-ʃnəlɪst] *s.* Gefühlsmensch *m*; **e·mo·tion·al·i·ty** [ɪˌməʊʃə'nælətɪ] *s.* Emotionali'tät *f*, emotio'nale Verhaltensweise; **e'mo·tion·al·ize** [-ʃnəlaɪz] **I** *v/t. j-n od. et.* emotionalisieren; **II** *v/i.* in Gefühlen schwelgen; **e'mo·tion·al·ly** [-ʃnəlɪ] *adv.* gefühlsmäßig, seelisch, emotio'nal, emotio'nell: ***~ disturbed*** seelisch gestört; **e'mo·tion·less** [-lɪs] *adj.* ungerührt, gefühllos, kühl; **e'mo·tive** [-əʊtɪv] *adj.* ☐ **1.** gefühlsbedingt, emo'tiv; **2.** gefühlvoll; **3.** gefühlsbetont: ***~ word*** Reizwort *n.*

em·pale → ***impale.***

em·pan·el [ɪm'pænl] *v/t.* in die Liste (*bsd.* der Geschworenen) eintragen: ***~ the jury*** *Am.* die Geschworenenliste aufstellen.

em·pa·thize ['empəθaɪz] *v/i.* Einfühlungsvermögen haben *od.* zeigen; sich einfühlen können (*with* in *acc.*); **'em·pa·thy** [-θɪ] *s.* Einfühlung(svermögen *n*) *f*, Empa'thie *f.*

em·pen·nage [ɪm'penɪdʒ] *s.* ✈ Leitwerk *n.*

em·per·or ['empərə] *s.* Kaiser *m*; **~ moth** *s. zo.* kleines Nachtpfauenauge.

em·pha·sis ['emfəsɪs] *s.* **1.** *ling.* Betonung *f*, Ton *m*, Ak'zent *m*; **2.** *fig.* Betonung *f*, Gewicht *n*, Nachdruck *m*, Schwerpunkt *m*: ***lay ~ on s.th.*** Gewicht *od.* Wert auf e-e Sache legen, et. hervorheben *od.* betonen; ***give ~ to*** → **'em·pha·size** [-saɪz] *v/t.* (nachdrücklich) betonen (*a. ling.*), Nachdruck verleihen (*dat.*), her'vorheben, unter'streichen; **em·phat·ic** [ɪm'fætɪk] *adj.* (☐ ***~ally***) nachdrücklich: a) betont, em'phatisch, ausdrücklich, deutlich, b) bestimmt, (ganz) entschieden.

em·phy·se·ma [ˌemfɪ'siːmə] *s.* ⚕ Emphy'sem *n.*

em·pire ['empaɪə] **I** *s.* **1.** (Kaiser)Reich *n*: ***the British 2*** das Brit. Weltreich; ***2 Day*** *obs. brit. Staatsfeiertag* (*am 24. Mai, dem Geburtstag Königin Victorias*); ***~ produce*** Erzeugnis *n* aus dem brit. Weltreich; **2.** ✝ *u. fig.* Im'perium *n*: ***tobacco ~***; **3.** Herrschaft *f* (***over*** über *acc.*); **II** *adj.* **4.** Reichs…: ***~ building*** a) Schaffung *f* e-s Weltreichs, b) *fig.* Schaffung e-s eigenen Imperiums *od.* e-r Hausmacht; **5.** Empire…, im Em'pirestil: ***~ furniture.***

em·pir·ic [em'pɪrɪk] **I** *s.* **1.** Em'piriker (-in), **2.** *obs.* Kurpfuscher *m*; **II** *adj.* **3.** → **em'pir·i·cal** [-kl] *adj.* ☐ em'pirisch, erfahrungsmäßig, Erfahrungs…; **em'pir·i·cism** [-ɪsɪzəm] *s.* **1.** Empi'rismus *m*; **2.** *obs.* Kurpfusche'rei *f*; **em'pir·i·cist** [-ɪsɪst] *s.* **1.** Em'piriker(in); **2.** *phls.* Empi'rist(in).

em·place [ɪm'pleɪs] *v/t.* ⚔ *Geschütz* in Stellung bringen; **em'place·ment** [-mənt] *s.* **1.** Aufstellung *f*; **2.** ⚔ a) In'stellungbringen *n*, b) Geschützstellung *f*, c) Bettung *f.*

em·plane [ɪm'pleɪn] ✈ **I** *v/t. Passagiere* an Bord nehmen, *Waren a.* verladen (***for*** nach); **II** *v/i.* an Bord gehen.

em·ploy [ɪm'plɔɪ] **I** *v/t.* **1.** *j-n* beschäftigen; an-, einstellen, einsetzen: ***be ~ed in doing s.th.*** damit beschäftigt sein, et. zu tun; **2.** an-, verwenden, gebrauchen; **II** *s.* **3.** a) → ***employment*** 1, b) Dienst(e *pl.*) *m*: ***be in s.o.'s ~*** in j-s Dienst(en) stehen, bei j-m angestellt *od.* beschäftigt sein; **em'ploy·a·ble** [-ɔɪəbl] *adj.* **1.** zu beschäftigen(d), anstellbar; **2.** arbeitsfähig; **3.** verwendbar; **em·ploy·é** [ɒm'plɔɪeɪ] *s.*, **em·ploy·ee** [ˌemplɔɪ'iː] *s.* Arbeitnehmer (-in), (*engS.* ***salaried ~***) Angestellte(r *m*) *f*: ***the ~s*** a) die Belegschaft *e-s Betriebs*, b) die Arbeitnehmer(schaft *f*) *pl*; **em'ploy·er** [-ɔɪə] *s.* **1.** Arbeitgeber(in), Unter'nehmer(in), Chef(in), Dienstherr(in): ***~'s contribution*** Arbeitgeberanteil *m*; ***~'s liability*** Unternehmerhaftpflicht *f*; ***~s' association*** Arbeitgeberverband *m*; **2.** ✝ Auftraggeber(in).

em·ploy·ment [ɪm'plɔɪmənt] *s.* **1.** Beschäftigung *f* (*a. allg.*), Arbeit *f*, (An-) Stellung *f*, Arbeitsverhältnis *n*: ***in ~*** beschäftigt; ***out of ~*** stellen-, arbeitslos; ***full ~*** Vollbeschäftigung; **2.** Ein-, Anstellung *f*; **3.** Beruf *m*, Tätigkeit *f*, Geschäft *n*; **4.** Gebrauch *m*, Ver-, Anwendung *f*, Einsatz *m*; **~ a·gen·cy, ~ bu·reau** *s.* 'Stellenvermittlung(sbüˌro *n*) *f*; **~ ex·change** *s. Brit. obs.* Arbeitsamt *n*; **~ mar·ket** *s.* Stellen-, Arbeitsmarkt *m*; **~ ser·vice a·gen·cy** *s. Brit.* Arbeitsamt *n*.

em·poi·son [ɪm'pɔɪzn] *v/t.* **1.** *bsd. fig.* vergiften; **2.** verbittern.

em·po·ri·um [em'pɔːrɪəm] *s.* **1.** a) Handelszentrum *n*, b) Markt *m* (*Stadt*); **2.** Warenhaus *n*.

em·pow·er [ɪm'paʊə] *v/t.* **1.** bevollmächtigen, ermächtigen (***to*** zu): ***be ~ed to*** befugt sein zu; **2.** befähigen (***to*** zu).

em·press ['emprɪs] *s.* Kaiserin *f*.

emp·ti·ness ['emptɪnɪs] *s.* **1.** Leerheit *f*, Leere *f*; **2.** *fig.* Hohlheit *f*, Leere *f*.

emp·ty ['emptɪ] **I** *adj.* **1.** leer: ***~ of*** *fig.* bar (*gen.*), ohne; ***~ of meaning*** nichtssagend; ***feel ~*** F ‚Kohldampf haben'; ***on an ~ stomach*** auf nüchternen Magen; **2.** leer(stehend), unbewohnt; **3.** leer, unbeladen; **4.** *fig.* leer, hohl, nichtssagend; **II** *v/t.* **5.** (aus-, ent)leeren; **6.** *Glas etc.* leeren, austrinken; **7.** *Haus etc.* räumen; **8.** leeren, gießen, schütten (***into*** in *acc.*); **9.** berauben (***of*** *gen.*); **10.** ***~ itself*** → 12; **III** *v/i.* **11.** sich leeren; **12.** sich ergießen, münden (***into the sea*** ins Meer); **IV** *s.* **13.** *pl.* ✝ Leergut *n*; **ˌ~-'hand·ed** *adj.* mit leeren Händen; **ˌ~-'head·ed** *adj.* hohlköpfig.

e·mu ['iːmjuː] *s. orn.* Emu *m*.

em·u·late ['emjʊleɪt] *v/t.* wetteifern mit; nacheifern (*dat.*), es gleichtun wollen (*dat.*); **em·u·la·tion** [ˌemjʊ'leɪʃn] *s.* Wetteifer *m*; Nacheifern *n*.

e·mul·si·fy [ɪ'mʌlsɪfaɪ] *v/t.* emulgieren; **e'mul·sion** [-lʃn] *s.* ⚗, ⚕, *phot.* Emulsi'on *f*.

en [en] *s. typ.* Halbgeviert *n*.

en·a·ble [ɪ'neɪbl] *v/t.* **1.** *j-n* befähigen, in den Stand setzen, es *j-m* ermöglichen *od.* möglich machen (***to do*** zu tun); **2.** *j-n* berechtigen, ermächtigen: ***Enabling Act*** Ermächtigungsgesetz *n*; **3.** *et.* möglich machen, ermöglichen: ***~ s.th. to be done*** es ermöglichen, daß et. geschieht; ***this ~s the housing to be detached*** dadurch kann das Gehäuse abgenommen werden.

en·act [ɪ'nækt] *v/t.* **1.** ⚖ a) *Gesetz* erlassen: ***~ing clause*** Einführungsklausel *f*, b) verfügen, verordnen, c) Gesetzeskraft verleihen (*dat.*); **2.** *thea.* a) *Stück* aufführen, inszenieren (*a. fig.*), b) *Person, Rolle* darstellen, spielen; **3.** ***be ~ed*** *fig.* stattfinden, über die Bühne *od.* vor sich gehen; **en·ac·tion** [ɪ'nækʃn], **en·act·ment** [ɪ'næktmənt] *s.* **1.** ⚖ a) Erlassen *n* (*Gesetz*), b) Erhebung *f* zum Gesetz, c) Verfügung *f*, Verordnung *f*, Erlaß *m*; **2.** *thea.* a) Inszenierung *f* (*a. fig.*), b) Darstellung *f* (*e-r Rolle*).

en·am·el [ɪ'næml] **I** *s.* **1.** E'mail(le *f*) *n*, Schmelzglas *n*; **2.** Gla'sur *f* (*auf Töpferwaren*); **3.** *a.* ***~ ware*** E'mailgeschirr *n*; **4.** Lack *m*; **5.** Nagellack *m*; **6.** E'mailmaleˌrei *f*; **7.** *anat.* Zahnschmelz *m*; **II** *v/t.* **8.** emaillieren: ***~(l)ing furnace*** Emaillierofen *m*; **9.** glasieren; **10.** lakkieren; **11.** in E'mail malen; **en·am·el·(l)er** [ɪ'næmlə] *s.* Email'leur *m*, Schmelzarbeiter *m*.

en·am·o(u)r [ɪ'næmə] *v/t. mst pass.* verliebt machen: ***be ~ed of*** a) verliebt sein in (*acc.*), b) *fig.* sehr angetan sein von.

en bloc [ɑ̃ːŋ'blɒk] (*Fr.*) en bloc, im ganzen, als Ganzes.

en·cae·ni·a [en'siːnjə] *s.* Gründungs-, Stiftungsfest *n*.

en·cage [ɪn'keɪdʒ] *v/t.* (in e-n Käfig) einsperren, einschließen.

en·camp [ɪn'kæmp] **I** *v/i.* sein Lager aufschlagen, *bsd.* ⚔ lagern; **II** *v/t. bsd.* ⚔ lagern lassen: ***be ~ed*** lagern; **en'camp·ment** [-mənt] *s.* ⚔ **1.** (Feld)Lager *n*; **2.** Lagern *n*.

en·cap·su·late [ɪn'kæpsjʊleɪt] ein-, verkapseln; *fig.* kurz zs.-fassen.

en·case [ɪn'keɪs] *v/t.* **1.** einschließen; **2.** um'schließen, um'hüllen; **3.** ⚙ verkleiden, um'manteln.

en·cash [ɪn'kæʃ] *v/t. Brit. Scheck etc.* einlösen; **en'cash·ment** [-mənt] *s.* Einlösung *f*.

en·caus·tic [en'kɔːstɪk] *paint.* **I** *adj.* en'kaustisch, eingebrannt; **II** *s.* En'kaustik *f*; **~ tile** *s.* buntglasierte Kachel.

en·ce·phal·ic [ˌenke'fælɪk] *adj.* ⚕ Gehirn…; **ˌen·ceph·a'li·tis** [-kefə'laɪtɪs] *s.* ⚕ Gehirnentzündung *f*, Enzepha'litis *f*.

en·chant [ɪn'tʃɑːnt] *v/t.* **1.** verzaubern: ***~ed wood*** Zauberwald *m*; **2.** *fig.* bezaubern, entzücken; **en'chant·er** [-tə] *s.* Zauberer *m*; **en'chant·ing** [-tɪŋ] *adj.* ☐ bezaubernd, entzückend; **en'chant·ment** [-mənt] *s.* **1.** Zauber *m*, Zaube'rei *f*; Verzauberung *f*; **2.** *fig.* a) Zauber *m*, b) Bezauberung *f*, c) Entzücken *n*; **en'chant·ress** [-trɪs] *s.* **1.** Zauberin *f*; **2.** *fig.* bezaubernde Frau.

en·chase [ɪn'tʃeɪs] *v/t.* **1.** *Edelstein* fassen; **2.** ziselieren: ***~d work*** getriebene Arbeit; **3.** (ein)gravieren.

en·ci·pher [ɪn'saɪfə] → ***encode***.

en·cir·cle [ɪn'sɜːkl] *v/t.* **1.** um'geben, -'ringen; **2.** um'fassen, um'schlingen; **3.** einkreisen (*a. pol.*), um'zingeln, ⚔ *a.* einkesseln; **en'cir·cle·ment** [-mənt] *s.* Einkreisung *f* (*a. pol.*), Um'zingelung *f*, ⚔ *a.* Einkesselung *f*.

en·clasp [ɪn'klɑːsp] → ***encircle*** 2.

en·clave **I** *s.* ['enkleɪv] En'klave *f*; **II** *v/t.* [en'kleɪv] *Gebiet* einschließen, um'geben.

en·clit·ic [ɪn'klɪtɪk] *ling.* **I** *adj.* (☐ ***~ally***) en'klitisch; **II** *s.* enklitisches Wort, En'klitikon *n*.

en·close [ɪn'kləʊz] *v/t.* **1.** (***in***) einschließen, ⚙ *a.* einkapseln (in *dat. od. acc.*), um'geben (mit); **2.** um'ringen; **3.** um'fassen; **4.** *Land* einfried(ig)en, um'zäunen; **5.** beilegen, -fügen (***in a letter*** e-m Brief); **en'closed** [-zd] *adj.* **1.** *a. adv.* an'bei, beiliegend, in der Anlage: ***~ please find*** in der Anlage erhalten Sie; **2.** ⚙ geschlossen, gekapselt: ***~ motor***; **en'clo·sure** [-əʊʒə] *s.* **1.** Einschließung *f*; **2.** Einfried(ig)ung *f*, Um'zäunung *f*; **3.** eingehegtes Grundstück; **4.** Zaun *m*, Mauer *f*; **5.** Anlage *f* (*zu e-m Brief etc.*).

en·code [en'kəʊd] *v/t. Text* verschlüsseln, chiffrieren, kodieren.

en·co·mi·um [en'kəʊmjəm] *s.* Lobrede *f*, -lied *n*, Lobpreisung *f*.

en·com·pass [ɪn'kʌmpəs] *v/t.* **1.** um'geben (***with*** mit); **2.** *fig.* um'fassen, einschließen; **3.** *fig. j-s Ruin etc.* her'beiführen.

en·core [ɒŋ'kɔː] (*Fr.*) **I** *int.* **1.** da 'capo!, noch einmal!; **II** *s.* **2.** Da'kapo(ruf *m*) *n*; **3.** a) Wieder'holung *f*, b) Zugabe *f*: ***he got an ~*** er mußte e-e Zugabe geben; **III** *v/t.* **4.** (durch Da'kaporufe) nochmals verlangen: ***~ a song***; **5.** *j-n* um e-e Zugabe bitten; **IV** *v/i.* da 'capo rufen.

en·coun·ter [ɪn'kaʊntə] **I** *v/t.* **1.** *j-m od. e-r Sache* begegnen, *j-n od. et.* treffen, auf *j-n*, *a.* auf *Fehler, Widerstand, Schwierigkeiten etc.* stoßen; **2.** mit *j-m* (*feindlich*) zs.-stoßen *od.* anein'andergeraten; **3.** entgegentreten (*dat.*); **II** *v/i.* **4.** sich begegnen; **III** *s.* **5.** Begegnung *f*; **6.** Zs.-stoß *m* (*a. fig.*), Gefecht *n*; **7.** *psych.* Trainingsgruppensitzung *f*: ***~ group*** Trainingsgruppe *f*.

en·cour·age [ɪn'kʌrɪdʒ] *v/t.* **1.** *j-n* ermutigen, *j-m* Mut machen, *j-n* ermuntern (***to*** zu); **2.** *j-n* anfeuern; **3.** *j-m* zureden; **4.** *j-n* unter'stützen, bestärken (***in*** in *dat.*); **5.** *et.* fördern, unter'stützen, begünstigen; **en'cour·age·ment** [-mənt] *s.* **1.** Ermutigung *f*, Ermunterung *f*, Ansporn *m* (***to*** für); **2.** Anfeuerung *f*; **3.** Unterstützung *f*, Bestärkung *f*; **4.** Förderung *f*, Begünstigung *f*; **en'cour·ag·ing** [-dʒɪŋ] *adj.* ☐ **1.** ermutigend; **2.** hoffnungsvoll, vielversprechend.

en·croach [ɪn'krəʊtʃ] *v/i.* **1.** (***on, upon***) unbefugt eindringen *od.* -greifen (in *acc.*), sich 'Übergriffe leisten (in, auf *acc.*), (*j-s Recht*) verletzen; **2.** (***on, upon***) über Gebühr beanspruchen, mißbrauchen; zu weit gehen; **3.** (***on, upon***) *et.* beeinträchtigen, schmälern; **en'croach·ment** [-mənt] *s.* **1.** (***on, upon***) Eingriff *m* (in *acc.*), 'Übergriff *m* (in, auf *acc.*), Verletzung *f* (*gen.*); **2.** Beeinträchtigung *f*, Schmälerung *f* (***on, upon*** *gen.*); **3.** 'Übergreifen *n*, Vordringen *n*.

en·crust [ɪn'krʌst] **I** *v/t.* **1.** ver-, über'krusten; **2.** reich verzieren; **II** *v/i.* **3.** eine Kruste bilden; **ˌen·crus'ta·tion** *s.* **1.** Krustenbildung *f*; **2.** reiche Verzierung.

en·cum·ber [ɪn'kʌmbə] *v/t.* **1.** belasten (*a. Grundstück etc.*): ***~ed with mortgages*** hypothekarisch belastet; ***~ed with debts*** (völlig) verschuldet; **2.** (be)hindern; **3.** *Räume* vollstopfen, über'laden; **en'cum·brance** [-brəns] *s.* **1.** Last *f*, Belastung *f*; **2.** Hindernis *n*, Behinderung *f*; **3.** ✝ (Grundstücks)Belastung *f*, Hypo'theken-, Schuldenlast *f*; **4.** (Fa'milien)Anhang *m*, *bsd.* Kinder *pl.*: ***without ~(s)***; **en'cum·branc·er** [-brənsə] *s.* ⚖ Hypo'thekengläubiger (-in).

en·cy·clic, en·cy·cli·cal [en'sɪklɪk(l)] **I** *adj.* □ en'zyklisch; **II** *s. eccl.* (päpstliche) En'zyklika.

en·cy·clo·p(a)e·di·a [enˌsaɪkləʊ'pi:djə] *s.* Enzyklopä'die *f*; **enˌcy·clo'p(a)e·dic, enˌcy·clo'p(a)e·di·cal** [-dɪk(l)] *adj.* enzyklo'pädisch, um'fassend.

en·cyst [en'sɪst] *v/t.* ⚕, *zo.* ein-, verkapseln; **en'cyst·ment** [-mənt] *s.* ⚕, *zo.* Ein-, Verkapselung *f*.

end [end] **I** *s.* **1.** (*örtlich*) Ende *n*: ***begin at the wrong ~*** falsch herum anfangen; ***from one ~ to another***, ***from ~ to ~*** von Anfang bis (zum) Ende; ***at the ~ of the letter*** am Ende *od.* Schluß des Briefes; ***no ~ of*** a) unendlich, unzählig, b) sehr viel(e); ***no ~ of trouble*** endlose Mühe *od.* Scherereien; ***no ~ of a fool*** F Vollidiot *m*; ***no ~ disappointed*** F maßlos enttäuscht; ***he thinks no ~ of himself*** er ist grenzenlos eingebildet; ***on ~*** a) ununterbrochen, b) aufrecht, hochkant; ***for hours on ~*** stundenlang; ***stand s.th. on ~*** et. hochkant stellen; ***my hair stood on ~*** mir standen die Haare zu Berge; ***at our*** (*od.* ***this***) ***~*** F bei uns, hier; ***be at an ~*** a) zu Ende sein, aussein, b) mit s-n Mitteln *od.* Kräften am Ende sein; ***at a loose ~*** a) müßig, b) ohne feste Bindung, c) verwirrt; ***there's an ~ of it!*** Schluß damit!, basta!; ***there's an ~ to everything*** alles hat mal ein Ende; ***come to an ~*** ein Ende nehmen, zu Ende gehen; ***come to a bad ~*** ein schlimmes Ende nehmen; ***go*** (***in***) ***off the deep ~*** F außer sich geraten, ‚hochgehen'; ***keep one's ~ up*** a) s-n Mann stehen, b) sich nicht unterkriegen lassen; ***make both ~s meet*** *finanziell* über die Runden kommen; ***make an ~ of*** (*od.* ***put an ~ to***) ***s.th.*** Schluß machen mit et., e-r Sache ein Ende setzen; ***put an ~ to o.s.*** s-m Leben ein Ende machen; ***he is the*** (***absolute***) ***~!*** F a) er ist das ‚Letzte'!, b) er ist ‚zum Brüllen'!; ***it's the ~*** F a) das ist das ‚Letzte', b) es ist ‚sagenhaft'; **2.** (äußerstes) Ende, *mst* entfernte Gegend: ***the other ~ of the street*** das andere Ende der Straße; ***the ~ of the road*** *fig.* das Ende; ***to the ~s of the earth*** bis ans Ende der Welt; **3.** ⚙ Spitze *f*, Kopf(ende *n*) *m*, Stirnseite *f*: ***~ to ~*** der Länge nach; ***~ on*** mit dem Ende *od.* der Spitze voran; **4.** (*zeitlich*) Ende *n*, Schluß *m*: ***in the ~*** am Ende, schließlich; ***at the ~ of May*** Ende Mai; ***to the bitter ~*** bis zum bitteren Ende; ***to the ~ of time*** bis in alle Ewigkeit; ***without ~*** unaufhörlich; ***no ~ in sight*** kein Ende abzusehen; **5.** Tod *m*, Ende *n*, 'Untergang *m*: ***near one's ~*** dem Tode nahe; ***the ~ of the world*** das Ende der Welt; ***you'll be the ~ of me!*** du bringst mich noch ins Grab!; **6.** Rest *m*, Endchen *n*, Stück(chen) *n*, Stummel *m*, Stumpf *m*: ***the ~ of a pencil***; **7.** ⚓ Kabel-, Tauende *n*; **8.** Folge *f*, Ergebnis *n*: ***the ~ of the matter was that*** die Folge (davon) war, daß; **9.** Ziel *n*, (End)Zweck *m*, Absicht *f*: ***to this ~*** zu diesem Zweck; ***to no ~*** vergebens; ***gain one's ~s*** s-n Zweck erreichen; ***for one's own ~*** zum eigenen Nutzen; ***private ~s*** Privatinteressen; ***the ~ justifies the means*** der Zweck heiligt die Mittel; **II** *v/t.* **10.** *a.* ***~ off*** beend(ig)en, zu Ende führen; *e-r Sache* ein Ende machen: ***~ it all*** F ‚Schluß machen' (*sich umbringen*); ***the dictionary to ~ all dictionaries*** das beste Wörterbuch aller Zeiten; **11.** a) *a.* ***~ up*** *et.* ab-, beschließen, b) *den Rest s-r Tage* verbringen, *s-e Tage* beschließen; **III** *v/i.* **12.** *a.* ***~ off*** enden, aufhören, schließen: ***all's well that ~s well*** Ende gut, alles gut; **13.** *a.* ***~ up*** enden, ausgehen (***by***, ***in***, ***with*** damit, daß): ***~ happily*** gut ausgehen; ***he ~ed by boring me*** schließlich langweilte er mich; ***~ in disaster*** mit e-m Fiasko enden; **14.** sterben; **15.** ***~ up*** a) enden, ‚landen' (***in prison*** im Gefängnis), b) enden (***as*** als): ***he ~ed up as an actor*** er wurde schließlich Schauspieler.

'end-all → ***be-all***.

en·dan·ger [ɪn'deɪndʒə] *v/t.* gefährden, in Gefahr bringen.

en·dear [ɪn'dɪə] *v/t.* beliebt machen (***to*** bei *j-m*): ***~ o.s. to s.o.*** a) j-s Zuneigung gewinnen, b) sich bei j-m lieb Kind machen; **en'dear·ing** [-ɪərɪŋ] *adj.* □ lieb, gewinnend; liebenswert; **en'dear·ment** [-mənt] *s.*: (***term of***) ***~*** Kosewort *n*, -name *m*; ***words of ~*** liebe *od.* zärtliche Worte.

en·deav·o(u)r [ɪn'devə] **I** *v/i.* (***after***) sich bemühen (um), streben (nach); **II** *v/t.* (ver)suchen, bemüht *od.* bestrebt sein (***to do s.th.*** et. zu tun); **III** *s.* Bemühung *f*, Bestreben *n*, Anstrengung *f*: ***to make every ~*** sich nach Kräften bemühen.

en·dem·ic [en'demɪk] **I** *adj.* (□ ***~ally***) **1.** en'demisch: a) (ein)heimisch, b) ⚕ örtlich begrenzt (auftretend), c) *zo.*, ⚘ *in e-m bestimmten Gebiet verbreitet*; **II** *s.* **2.** ⚕ en'demische Krankheit; **3.** a) *zo.* en'demisches Tier, b) en'demische Pflanze.

end game *s.* **1.** Schlußphase *f* (*e-s Spiels*); **2.** *Schach*: Endspiel *n*.

end·ing ['endɪŋ] *s.* **1.** Ende *n*, (Ab-)Schluß *m*: ***happy ~*** glückliches Ende, Happy-End *n*; **2.** *ling.* Endung *f*; **3.** *fig.* Ende *n*, Tod *m*.

en·dive ['endɪv] *s.* ⚘ ('Winter)EnˌdiVie *f*.

end·less ['endlɪs] *adj.* □ **1.** endlos, ohne Ende, un'endlich; **2.** ewig, unauf'hörlich; **3.** unendlich lang; **4.** ⚙ endlos: ***~ belt*** endloses Band; ***~ chain*** endlose Kette, Raupenkette *f*, Paternosterwerk *n*; ***~ paper*** Endlos-, Rollenpapier *n*; ***~ screw*** Schraube *f* ohne Ende, Schnecke *f*; **'end·less·ness** [-nɪs] *s.* Un'endlichkeit *f*, Endlosigkeit *f*.

en·do·car·di·tis [ˌendəʊkɑ:'daɪtɪs] *s.* ⚕ Herzinnenhautentzündung *f*, Endokar'ditis *f*; **en·do·car·di·um** [ˌendəʊ'kɑ:dɪəm] *s. anat.* innere Herzhaut, Endo'kard *n*; **en·do·carp** ['endəʊkɑ:p] *s.* ⚘ Endo'karp *n* (*innere Fruchthaut*); **en·do·crane** ['endəʊkreɪn] *s. anat.* Schädelinnenfläche *f*, Endo'kranium *n*; **en·do·crine** ['endəʊkraɪn] *adj.* endo'krin, mit innerer Sekreti'on: ***~ glands***; **en·dog·a·my** [en'dɒgəmɪ] *s. sociol.* Endoga'mie *f*; **en·dog·e·nous** [en'dɒdʒɪnəs] *adj. bsd.* ⚘ endo'gen; **en·do·par·a·site** [ˌendəʊ'pærəsaɪt] *s. zo.* Endopara'sit *m*; **en·do·plasm** ['endəʊplæzəm] *s. biol.* innere Proto'plasmaschicht, Endo'plasma *n*.

en·dorse [ɪn'dɔ:s] *v/t.* **1.** a) *Dokument* auf der Rückseite beschreiben, b) e-n Vermerk *od.* Zusatz machen auf (*dat.*), c) *bsd. Brit.* e-e Strafe vermerken auf (*e-m Führerschein*); **2.** ✝ a) *Scheck etc.* indossieren, girieren, b) *a.* ***~ over*** über'tragen, -'weisen (***to*** *j-m*), c) *e-e Zahlung* auf der Rückseite des Schecks *etc.* bestätigen; **3.** a) *e-n Plan etc.* billigen, gutheißen, b) sich *e-r Ansicht etc.* anschließen: ***~ s.o.'s opinion*** j-m beipflichten; **en·dor·see** [ˌendɔ:'si:] *s.* ✝ Indos'sat *m*, Indossa'tar *m*; Gi'rat *m*; **en'dorse·ment** [-mənt] *s.* **1.** Vermerk *m od.* Zusatz *m* (*auf der Rückseite von Dokumenten*); **2.** ✝ a) Indossa'ment *n*, Giro *n*, b) Über'tragung *f*: ***~ in blank*** Blankogiro; ***~ in full*** Vollgiro; **3.** *fig.* Billigung *f*, Unter'stützung *f*; **en'dorser** [-sə] *s.* ✝ Indos'sant *m*, Gi'rant *m*: ***preceding ~*** Vormann *m*.

en·dow [ɪn'daʊ] *v/t.* **1.** dotieren, e-e Stiftung machen (*dat.*); **2.** *et.* stiften: ***~ s.o. with s.th.*** j-m et. stiften; **3.** *fig.* ausstatten (***with*** mit *e-m Talent etc.*); **en'dowed** [-aʊd] *adj.* **1.** gestiftet: ***well-~*** wohlhabend; ***~ school*** mit Stiftungsgeldern finanzierte Schule; **2.** ***~ with*** *fig.* ausgestattet mit: ***~ with many talents***; ***she is well ~*** *humor.* sie ist von der Natur reichlich ausgestattet; **en'dowment** [-mənt] *s.* **1.** a) Stiftung *f*, b) *pl.* Stiftungsgeld *n*: ***~ insurance*** (*Brit.* ***assurance***) ✝ Versicherung *f* auf den Todes- u. Erlebensfall; **2.** *fig.* Begabung *f*, Ta'lent *n*, *mst pl.* (körperliche *od.* geistige) Vorzüge *pl.*

end| pa·per *s.* Vorsatzblatt *n*; **~ product** *s.* ✝ *u. fig.* 'Endproˌdukt *n*; **~ rhyme** *s.* Endreim *m*.

en·dur·a·ble [ɪn'djʊərəbl] *adj.* □ erträglich, leidlich.

en·dur·ance [ɪn'djʊərəns] **I** *s.* **1.** Dauer *f*; **2.** Dauerhaftigkeit *f*; **3.** a) Ertragen *n*, Aushalten *n*, Erdulden *n*, b) Ausdauer *f*, Geduld *f*, Standhaftigkeit *f*: ***beyond*** (*od.* ***past***) ***~*** unerträglich, nicht auszuhalten(d); **4.** ⚙ Dauerleistung *f*; Lebensdauer *f*; **II** *adj.* **5.** Dauer...; ***~ flight*** *s.* ✈ Dauerflug *m*; ***~ limit*** *s.* ⚙ Belastungsgrenze *f*; ***~ run*** *s.* Dauerlauf *m*; ***~ test*** *s.* ⚙ Belastungs-, Ermüdungsprobe *f*.

en·dure [ɪn'djʊə] **I** *v/i.* **1.** an-, fortdauern; **2.** 'durchhalten; **II** *v/t.* **3.** aushalten, ertragen, erdulden, 'durchmachen: ***not to be ~d*** unerträglich; **4.** *fig.* (*nur neg.*) ausstehen, leiden: ***I cannot ~ him***; **en'dur·ing** [-ərɪŋ] *adj.* □ an-, fortdauernd, bleibend.

'end·ways [-weɪz], **'end·wise** [-waɪz] *adv.* **1.** mit dem Ende nach vorn *od.* oben; **2.** aufrecht; **3.** der Länge nach.

en·e·ma ['enɪmə] *s.* ⚕ **1.** Kli'stier *n*, Einlauf *m*; **2.** Kli'stierspritze *f*.

en·e·my ['enəmɪ] **I** *s.* **1.** ⚔ Feind *m*; **2.** Gegner *m*, Feind *m*: ***the Old ~*** *bibl.* der Teufel, der böse Feind; ***be one's own*** (***worst***) ***~*** sich selbst (am meisten) schaden *od.* im Wege stehen; ***make an ~ of s.o.*** sich j-n zum Feind machen;

she made no enemies sie machte sich keine Feinde; **II** *adj.* **3.** feindlich, Feind…: **~ *action*** Feind-, Kriegseinwirkung *f*; **~ *alien*** feindlicher Ausländer; **~ *country*** Feindesland *n*; **~ *property*** ✝ Feindvermögen *n*.

en·er·get·ic [ˌenəˈdʒetɪk] **I** *adj.* (□ **~*ally***) **1.** eˈnergisch: a) tatkräftig, b) nachdrücklich; **2.** (sehr) wirksam; **3.** *phys.* enerˈgetisch; **II** *s. pl. sg. konstr.* **4.** *phys.* Enerˈgetik *f*; **en·er·gize** [ˈenədʒaɪz] **I** *v/t.* **1.** *et.* kräftigen, Enerˈgie verleihen (*dat.*); *j-n* anspornen; **2.** ⚡, ⚙, *phys.* erregen: **~*d*** ⚡ unter Spannung (stehend); **II** *v/i.* **3.** energisch handeln.

en·er·gu·men [ˌenɜːˈgjuːmen] *s.* Enthusiˈast(in), Faˈnatiker(in).

en·er·gy [ˈenədʒɪ] *s.* **1.** Enerˈgie *f*: a) Kraft *f*, Nachdruck *m*, b) Tatkraft *f*; **2.** Wirksamkeit *f*, ˈDurchschlagskraft *f*; **3.** ⛏, *phys.* Enerˈgie *f*, Kraft *f*, Leistung *f*: **~ *crisis*** Energiekrise *f*; **~*-efficient*** energieeffizient; **~ *recovery*** Energierückgewinnung *f*; **~*-saving*** energiesparend; **~ *squandering*** Energieverschwendung *f*; **~ *tax*** Energiesteuer *f*.

en·er·vate [ˈenɜːveɪt] *v/t.* a) entnerven, b) entkräften, schwächen (*alle a. fig.*); **en·er·va·tion** [ˌenɜːˈveɪʃn] *s.* **1.** Entnervung; **2.** Entkräftung *f*, Schwächung *f*; **3.** Schwäche *f*.

en·fee·ble [ɪnˈfiːbl] *v/t.* schwächen.

en·feoff [ɪnˈfef] *v/t. hist.* belehnen (***with*** mit); **enˈfeoff·ment** [-mənt] *s.* **1.** Belehnung *f*; **2.** Lehnsbrief *m*; **3.** Lehen *n*.

en·fi·lade [ˌenfɪˈleɪd] ⚔ **I** *s.* Flankenfeuer *n*; **II** *v/t.* (mit Flankenfeuer) bestreichen.

en·fold [ɪnˈfəʊld] *v/t.* **1.** *a. fig.* einhüllen (***in*** in *acc.*), umˈhüllen (***with*** mit); **2.** umˈfassen, -ˈarmen; **3.** falten.

en·force [ɪnˈfɔːs] *v/t.* **1.** a) (mit Nachdruck) geltend machen: **~ *an argument***, b) Geltung verschaffen (*dat.*), *Gesetz etc.* ˈdurchführen, c) ✝ *Forderungen* (gerichtlich) geltend machen, *Schuld* beitreiben, d) ⚖ Urteil vollˈstrecken: **~ *a contract*** (s-e) Rechte aus e-m Vertrag geltend machen; **2.** (***on***, ***upon***) *et.* ˈdurchsetzen (bei *j-m*); *Gehorsam etc.* erzwingen (von *j-m*); **3.** (***on***, ***upon*** *dat.*) aufzwingen, auferlegen; **enˈforce·a·ble** [-səbl] *adj.* ˈdurchsetz-, erzwingbar; ⚖ vollˈstreckbar, beitreibbar; (ein)klagbar; **enˈforced** [-st] *adj.* □ erzwungen, aufgezwungen: **~ *sale*** Zwangsverkauf *m*; **enˈfor·ced·ly** [-sɪdlɪ] *adv.* **1.** notgedrungen; **2.** zwangsweise, gezwungenermaßen; **enˈforce·ment** [-mənt] *s.* **1.** Erzwingung *f*, ˈDurchsetzung *f*; **2.** a) ✝ (gerichtliche) Geltendmachung, b) ⚖ Vollˈstreckung *f*, Vollˈzug *m*: **~ *officer*** Vollzugsbeamte(r) *m*.

en·frame [ɪnˈfreɪm] *v/t.* einrahmen.

en·fran·chise [ɪnˈfræntʃaɪz] *v/t.* **1.** *j-m* die Bürgerrechte *od.* das Wahlrecht verleihen: ***be ~d*** das Wahlrecht erhalten; **2.** *e-r Stadt* poˈlitische Rechte gewähren; **3.** *Brit. e-m Ort* Vertretung im ˈUnterhaus verleihen; **4.** *Sklaven* freilassen; **5.** befreien (***from*** von); **enˈfran·chise·ment** [-tʃɪzmənt] *s.* **1.** Verleihung *f* der Bürgerrechte *od.* des Wahlrechts; **2.** Gewährung *f* poˈlitischer Rechte; **3.** Freilassung *f*, Befreiung *f*.

en·gage [ɪnˈgeɪdʒ] **I** *v/t.* **1.** (***o.s.*** sich) (*vertraglich etc.*) verpflichten *od.* binden (***to do s.th.*** et. zu tun); **2. *become*** (*od.* ***get***) **~*d*** sich verloben (***to*** mit); **3.** *j-n* an-, einstellen, *Künstler etc.* engagieren; **4.** a) *et.* mieten, *Zimmer* belegen, nehmen, b) *Platz etc.* (vor)bestellen, belegen; **5.** *j-n*, *j-s Kräfte etc.* in Anspruch nehmen, *j-n* fesseln: **~ *s.o. in conversation*** j-n ins Gespräch ziehen; **~ *s.o.'s attention*** j-s Aufmerksamkeit auf sich lenken *od.* in Anspruch nehmen; **6.** ⚔ a) *Truppen* einsetzen, b) *Feind* angreifen, *Feindkräfte* binden; **7.** ⚙ einrasten lassen; *Kupplung etc.* einrücken, *e-n Gang* einlegen, -schalten; **II** *v/i.* **8.** sich verpflichten, es überˈnehmen (***to do s.th.*** et. zu tun); **9.** Gewähr leisten, garantieren, sich verbürgen (***that*** daß); **10.** ⚔ angreifen, den Kampf beginnen; **~ *in*** sich beschäftigen *od.* befassen *od.* abgeben mit; **11. ~ *in*** sich beteiligen an (*dat.*), sich einlassen in *od.* auf (*acc.*); **12.** ⚙ ineinˈandergreifen, einrasten; **enˈgaged** [-dʒd] *adj.* **1.** verpflichtet; **2.** *a.* **~ *to be married*** verlobt (***to*** mit); **3.** beschäftigt, nicht abkömmlich, ‚besetzt': ***are you ~?*** sind Sie frei?; **be ~ *in*** (*od.* ***on***) beschäftigt sein mit, arbeiten an (*dat.*); ***deeply ~ in conversation*** in ein Gespräch vertieft; ***my time is fully ~*** ich bin zeitlich völlig ausgelastet; **4.** *teleph. Brit.* besetzt: **~ *tone*** *od.* ***signal*** Besetztzeichen *n*; **5.** ⚙ eingerückt, im Eingriff (stehend); **enˈgage·ment** [-mənt] *s.* **1.** (*vertragliche etc.*) Verpflichtung *f*: ***without ~*** unverbindlich, ✝ *a.* freibleibend; ***be under an ~ to s.o.*** j-m (gegenüber) verpflichtet sein; **~*s*** ✝ Zahlungsverpflichtungen *pl.*; **2.** Verabredung *f*: **~ *diary*** Terminkalender *m*; **3.** Verlobung *f* (***to*** mit): **~ *ring*** Verlobungsring *m*; **4.** (An)Stellung *f*, Stelle *f*, Posten *m*; **5.** *thea.* Engageˈment *n*; **6.** Beschäftigung *f*, Tätigkeit *f*; **7.** ⚔ Kampf(handlung *f*) *m*, Gefecht *n*; **8.** ⚙ Eingriff *m*; **enˈgag·ing** [-dʒɪŋ] *adj.* □ **1.** einnehmend, gewinnend; **2.** ⚙ Ein- u. Ausrück…: **~ *gear***.

en·gen·der [ɪnˈdʒendə] *v/t. fig.* erzeugen, herˈvorbringen, -rufen.

en·gine [ˈendʒɪn] **I** *s.* **1.** a) *allg.* Maˈschine *f*, b) Motor *m*, c) 🚂 Lokomoˈtive *f*; **2.** ⚙ Holländer *m*, Stoffmühle *f*; **3.** Feuerspritze *f*; **II** *v/t.* **4.** mit Maˈschinen *od.* Moˈtoren *od.* e-m Motor versehen; **~ block** *s.* Motorblock *m*; **~ build·er** *s.* Maˈschinenbauer *m*; **~ driv·er** *s.* Lokomoˈtivführer *m*.

en·gi·neer [ˌendʒɪˈnɪə] **I** *s.* **1.** a) Ingeniˈeur *m*, b) Techniker *m*, c) Meˈchaniker *m*: **~*s*** *teleph.* Stördienst *m*; **2.** *a.* ***mechanical ~*** Maˈschinenbauer *m*, -ingeniˌeur *m*; **3.** *a.* ⚓ Maschiˈnist *m*; **4.** *Am.* Lokomoˈtivführer *m*; **5.** ⚔ Pioˈnier *m*; **II** *v/t.* **6.** *Straßen*, *Brücken etc.* bauen, anlegen, konstruieren, errichten; **7.** *fig. geschickt* in die Wege leiten, ‚organisieren', ‚einfädeln', ‚deichseln'; **III** *v/i.* **8.** als Ingeniˈeur tätig sein; **ˌen·giˈneer·ing** [-ɪərɪŋ] *s.* **1.** Technik *f*, *engS.* Ingeniˈeurwesen *n*; (*a.* ***mechanical ~***) Maˈschinen- u. Gerätebau *m*: **~ *department*** technische Abteilung, Konstruktionsbüro *n*; **~ *sciences*** technische Wissenschaften; **~ *standards committee*** Fachnormenausschuß *m*; **~ *works*** Maschinenfabrik *f*; **2. *social ~*** angewandte Sozialwissenschaft; **3.** ⚔ Pioˈnierwesen *n*.

enˈgine| **fit·ter** *s.* Maˈschinenschlosser *m*, Monˈteur *m*; **~ lathe** *s.* ⚙ Leitspindeldrehbank *f*; **ˈ~·man** [-mən] *s.* [*irr.*] **1.** Maschiˈnist *m*; **2.** Lokomoˈtivführer *m*; **~ room** *s.* Maˈschinenraum *m*.

en·gird [ɪnˈgɜːd], **enˈgir·dle** [-dl] *v/t.* umˈgürten, -ˈgeben, -ˈschließen.

Eng·land·er [ˈɪŋgləndə] *s.* Engländer *m*: ***Little ~*** *pol. hist.* Gegner der imperialistischen Politik.

Eng·lish [ˈɪŋglɪʃ] **I** *adj.* **1.** englisch: **~ *disease***, **~ *sickness*** ✝ ‚englische Krankheit'; **~ *flute*** ♪ Blockflöte *f*; **~ *studies*** *pl.* Anglistik *f*; **II** *s.* **2. *the ~*** die Engländer; **3.** *ling.* Englisch *n*, das Englische: **~ ~** britisches Englisch; ***in ~*** auf englisch, im Englischen; ***into ~*** ins Englische; ***from*** (***the***) **~** aus dem Englischen, ***the King's*** (*od.* ***Queen's***) **~** gutes, reines Englisch; ***in plain ~*** *fig.* ‚auf gut Deutsch', ‚im Klartext'; **4.** *typ.* Mittel *f* (*Schriftgrad*); **Eng·lish·ism** [ˈɪŋglɪʃɪzəm] *s. bsd. Am.* **1.** *ling.* Britiˈzismus *m*; **2.** englische Eigenart; **3.** Anglophiˈlie *f*; **ˈEng·lish·man** [-mən] *s.* [*irr.*] Engländer *m*; **ˈEng·lishˌwom·an** *s.* [*irr.*] Engländerin *f*.

en·gorge [ɪnˈgɔːdʒ] *v/t.* **1.** gierig verschlingen; **2.** ⚕ *Gefäß etc.* anschoppen: **~*d kidney*** Stauungsniere *f*.

en·graft [ɪnˈgrɑːft] *v/t.* **1.** (auf)pfropfen (***into*** in *acc.*, ***upon*** auf *acc.*); **2.** *fig.* a) einfügen, b) verankern (***into*** in *dat.*).

en·grained [ɪnˈgreɪnd] *adj. fig.* **1.** eingefleischt, unverbesserlich; **2.** eingewurzelt.

en·gram [ɪnˈgræm] *s. biol.*, *psych.* Enˈgramm *n*.

en·grave [ɪnˈgreɪv] *v/t.* **1.** (ein)gravieren, (ein)meißeln, *in Holz*: (ein)schnitzen, einschneiden (***on*** in, auf *acc.*); **2. *it is ~d*** (***up***)***on his memory*** (*od.* ***mind***) *fig.* es hat sich ihm tief eingeprägt; **enˈgrav·er** [-və] *s.* Graˈveur *m*, (Kunst-)Stecher *m*: **~ (*on copper*)** Kupferstecher *m*; **enˈgrav·ing** [-vɪŋ] *s.* **1.** Gravieren *n*, Gravierkunst *f*; **2.** (Kupfer-, Stahl)Stich *m*; Holzschnitt *m*.

en·gross [ɪnˈgrəʊs] *v/t.* **1.** ⚖ a) *Urkunde* ausfertigen, b) e-e Reinschrift anfertigen von, c) in gesetzlicher *od.* rechtsgültiger Form ausdrücken, d) *parl. e-m Gesetzentwurf* die endgültige Fassung geben; **2.** ✝ a) *Ware* spekulaˈtiv aufkaufen, b) *den Markt* monopolisieren; **3.** *fig. j-s Aufmerksamkeit etc.* (ganz) in Anspruch nehmen; *et.* an sich reißen; **enˈgrossed** [-st] *adj.* vertieft, versunken (***in*** in *acc.*); **enˈgross·ing** [-sɪŋ] *adj.* **1.** fesselnd, spannend; **2.** voll in Anspruch nehmend; **enˈgross·ment** [-mənt] *s.* **1.** ⚖ Ausfertigung *f*, Reinschrift *f e-r Urkunde*; **2.** ✝ a) (spekulaˈtiver) Aufkauf, b) Monopolisierung *f*; **3.** Inanspruchnahme *f* (***of***, ***with*** durch).

en·gulf [ɪnˈgʌlf] *v/t.* **1.** überˈfluten; **2.** verschlingen (*a. fig.*).

en·hance [ɪnˈhɑːns] *v/t.* **1.** erhöhen, vergrößern, steigern, heben; **2.** *et.* (vorteilhaft) zur Geltung bringen; **enˈhance·ment** [-mənt] *s.* Steigerung *f*, Erhöhung *f*, Vergrößerung *f*.

e·nig·ma [ɪˈnɪgmə] *s.* Rätsel *n* (*a. fig.*); **e·nig·mat·ic**, **e·nig·mat·i·cal** [ˌenɪg-

ˈmætɪk(l)] *adj.* □ rätselhaft, dunkel; **eˈnig·ma·tize** [-ətaɪz] **I** *v/i.* in Rätseln sprechen; **II** *v/t. et.* in Dunkel hüllen, verschleiern.

en·join [ɪnˈdʒɔɪn] *v/t.* **1.** *et.* auferlegen, vorschreiben (***on s.o.*** j-m); **2.** *j-m* befehlen, einschärfen, *j-n* (eindringlich) mahnen (***to do*** zu tun); **3.** bestimmen, Anweisung(en) erteilen (***that*** daß); **4.** ⚖ unterˈsagen (***s.th. on s.o.*** j-m et.; ***s.o. from doing s.th.*** j-m, et. zu tun).

en·joy [ɪnˈdʒɔɪ] *v/t.* **1.** Vergnügen *od.* Gefallen finden *od.* Freude haben an (*dat.*), sich erfreuen an (*dat.*): ***I ~ dancing*** ich tanze gern, Tanzen macht mir Spaß; ***did you ~ the play?*** hat dir das (Theater)Stück gefallen?; ***~ o.s.*** sich amüsieren *od.* gut unterhalten; ***did you ~ yourself in London?*** hat es dir in London gefallen?; ***~ yourself!*** viel Spaß!; **2.** genießen, sich *et.* schmecken lassen: ***I ~ my food*** das Essen schmeckt mir; **3.** sich *e-s Besitzes* erfreuen, *et.* haben, besitzen, genießen; erleben: ***~ good health*** sich e-r guten Gesundheit erfreuen; ***~ a right*** ein Recht genießen *od.* haben; **enˈjoy·a·ble** [-ɔɪəbl] *adj.* □ **1.** brauch-, genießbar; **2.** angenehm, erfreulich, schön; **enˈjoy·ment** [-mənt] *s.* **1.** Genuß *m*, Vergnügen *n*, Gefallen *n*, Freude *f* (***of*** an *dat.*); **2.** Genuß *m* (*e-s Besitzes od. Rechtes*), Besitz *m*: ***quiet ~*** ⚖ ruhiger Besitz; **3.** ⚖ Ausübung *f* (*e-s Rechts*).

en·kin·dle [ɪnˈkɪndl] *v/t. fig.* entflammen, entzünden, entfachen.

en·lace [ɪnˈleɪs] *v/t.* **1.** umˈschlingen; **2.** verstricken.

en·large [ɪnˈlɑːdʒ] **I** *v/t.* **1.** vergrößern (*a. phot.*), *Kenntnisse etc. a.* erweitern, *Einfluß etc. a.* ausdehnen: ***~d and revised edition*** erweiterte u. verbesserte Auflage; ***~ the mind*** den Gesichtskreis erweitern; **II** *v/i.* **2.** sich vergrößern *od.* ausdehnen *od.* erweitern, zunehmen; **3.** *phot.* sich vergrößern lassen; **4.** *fig.* sich verbreiten *od.* weitläufig auslassen (***upon*** über *acc.*); **enˈlarge·ment** [-mənt] *s.* **1.** Vergrößerung *f* (*a. phot.*), Erweiterung *f*, Ausdehnung *f*; ⚕ (Herz)Erweiterung *f*, (*Mandel- etc.*) Schwellung *f*; **2.** Erweiterungs-, Anbau *m*; **enˈlarg·er** [-dʒə] *s.* Vergrößerungsgerät *n*.

en·light·en [ɪnˈlaɪtn] *v/t. fig.* erleuchten, aufklären, belehren (***on, as to*** über *acc.*); **enˈlight·ened** [-nd] *adj.* **1.** erleuchtet, aufgeklärt; **2.** verständig; **enˈlight·en·ing** [-nɪŋ] *adj.* aufschlußreich; **enˈlight·en·ment** [-mənt] *s.* Aufklärung *f*, Erleuchtung *f*: (***Age of***) ♀ *hist.* (Zeitalter *n* der) Aufklärung.

en·list [ɪnˈlɪst] **I** *v/t.* **1.** *Soldaten* anwerben, *Rekruten* einstellen: ***~ed men*** *Am.* Unteroffiziere und Mannschaften; **2.** *fig. j-n* herˈanziehen, gewinnen, engagieren (***in*** für): ***~ s.o.'s services*** j-s Dienste in Anspruch nehmen; **II** *v/i.* **3.** ⚔ sich anwerben lassen, Solˈdat werden, sich (freiwillig) melden; **4.** (***in***) mitwirken (bei), sich beteiligen (an *dat.*); **enˈlist·ment** [-mənt] *s.* **1.** ⚔ (An)Werbung *f*, Einstellung *f*; **2.** ⚔ *Am.* a) Eintritt *m* in den Wehrdienst, b) (Dauer *m* der) (Wehr)Dienstverpflichtung; **3.** *fig.* Gewinnung *f* (*zur Mitarbeit*), Herˈan-, Hinˈzuziehung *f* (*von Helfern*).

en·liv·en [ɪnˈlaɪvn] *v/t.* beleben, in Schwung bringen, ‚ankurbeln'.

en masse [ɑ̃ːŋˈmæs] (*Fr.*) *adv.* **1.** in Massen; **2.** im großen; **3.** zuˈsammen, als Ganzes.

en·mesh [ɪnˈmeʃ] *v/t.* **1.** in e-m Netz fangen; **2.** *fig.* verstricken.

en·mi·ty [ˈenmətɪ] *s.* Feindschaft *f*, -seligkeit *f*, Haß *m*: ***at ~ with*** verfeindet *od.* in Feindschaft mit; ***bear no ~*** nichts nachtragen.

en·no·ble [ɪˈnəʊbl] *v/t.* adeln (*a. fig.*), in den Adelsstand erheben; *fig.* veredeln, erhöhen; **enˈno·ble·ment** [-mənt] *s.* **1.** Erhebung *f* in den Adelsstand; **2.** *fig.* Veredelung *f*.

en·nui [ɑ̃ːˈnwiː] (*Fr.*) *s.* Langeweile *f*.

e·nor·mi·ty [ɪˈnɔːmətɪ] *s.* Ungeheuerlichkeit *f*: a) Enormiˈtät *f*, b) Untat *f*, Greuel *m*, Frevel *m*; **eˈnor·mous** [-məs] *adj.* □ eˈnorm, ungeheuer(lich), gewaltig, riesig; **eˈnor·mous·ness** [-məsnɪs] *s.* Riesengröße *f*.

e·nough [ɪˈnʌf] **I** *adj.* genug, ausreichend: ***~ bread, bread ~*** genug Brot, Brot genug; ***not ~ sense*** nicht genug Verstand; ***this is ~*** (***for us***) das genügt (uns); ***I was fool ~ to believe her*** ich war so dumm u. glaubte ihr; ***he was not man ~*** (*od.* ***~ of a man***) (***to*** *inf.*) er war nicht Manns genug (zu *inf.*); ***that's ~ to drive me mad*** das macht mich (noch) wahnsinnig; **II** *s.* Genüge *f*, genügende Menge: ***have*** (***quite***) ***~*** (völlig) genug haben; ***I've had ~, thank you*** danke, ich bin satt; ***I have ~ of it*** ich bin (*od.* habe) es satt, ‚ich bin bedient'; ***~ of that!, ~ said!*** genug davon!, Schluß damit!; ***~ and to spare*** mehr als genug; ***~ is as good as a feast*** allzuviel ist ungesund; **III** *adv.* genug, genügend; ganz, recht, ziemlich: ***it's a good ~ story*** die Geschichte ist nicht übel; ***he does not sleep ~*** er schläft nicht genug; ***be kind ~ to help me*** sei so gut und hilf mir; ***oddly ~*** sonderbarerweise; ***safe ~*** durchaus sicher; ***sure ~*** tatsächlich, gewiß; ***true ~*** nur zu wahr; ***well ~*** recht *od.* ziemlich *od.* ganz gut; ***he could do it well ~*** (***but ...***) er könnte es (zwar) recht gut(, aber ...); ***you know well ~*** du weißt es (ganz) genau; ***that's not good ~*** das reicht nicht, das lasse ich nicht gelten.

en pas·sant [ɑ̃ːmˈpæsɑ̃ːŋ] (*Fr.*) *adv.* en pasˈsant: a) im Vorˈbeigehen, b) beiläufig, nebenˈher, -ˈbei.

en·plane [ɪnˈpleɪn] → ***emplane***.

en·quire *etc.* → ***inquire*** *etc.*

en·rage [ɪnˈreɪdʒ] *v/t.* wütend machen; **enˈraged** [-dʒd] *adj.* wütend, aufgebracht (***at, by*** über *acc.*).

en·rapt [ɪnˈræpt] *adj.* hingerissen, entzückt; **enˈrap·ture** [-tʃə] *v/t.* entzücken: ***~d with*** hingerissen von.

en·rich [ɪnˈrɪtʃ] *v/t.* **1.** (*a.* ***o.s.*** sich) bereichern (*a. fig.*); wertvoll(er) machen; **2.** anreichern: a) ⚙, ⚗ veredeln, b) ⚘ ertragreich(er) machen, c) den Nährwert erhöhen; **3.** ausschmücken, verzieren; **4.** *fig.* a) *Geist* bereichern, b) *Wert* steigern; **enˈrich·ment** [-mənt] *s.* **1.** Bereicherung *f* (*a. fig.*); **2.** ⚙, ⚗ Anreicherung *f*; **3.** *fig.* Befruchtung *f*; **4.** Ausschmückung *f*.

en·rol(l) [ɪnˈrəʊl] **I** *v/t.* **1.** *j-s Namen* eintragen, -schreiben (***in*** in *acc.*); *univ. j-n* immatrikulieren: ***~ o.s.*** → 5; **2.** a) *mst* ⚔ (an)werben, b) ⚓ anmustern, anheuern, c) *Arbeiter* einstellen: ***be enrolled*** eingestellt werden, *in e-e Firma* eintreten; **3.** als Mitglied aufnehmen: ***~ o.s. in a society*** e-r Gesellschaft beitreten; **4.** ⚖ registrieren, protokollieren; **II** *v/i.* **5.** sich einschreiben (lassen), *univ.* sich immatrikulieren: ***~ for a course*** e-n Kurs belegen; **enˈrol(l)·ment** [-mənt] *s.* **1.** Eintragung *f*, -schreibung *f*; *univ.* Immatrikulatiˈon *f*; **2.** *bsd.* ⚔ Anwerbung *f*, Einstellung *f*, Aufnahme *f*; **3.** Beitrittserklärung *f*; **4.** ⚖ Reˈgister *n*.

en route [ɑ̃ːnˈruːt] (*Fr.*) *adv.* unterwegs (***for*** nach); auf der Reise (***from ... to*** von ... nach).

ens [enz] *pl.* **entia** [ˈenʃɪə] (*Lat.*) *s. phls.* Ens *n*, Sein *n*, Wesen *n*.

en·sconce [ɪnˈskɒns] *v/t.* **1.** (*mst* ***~ o.s.*** sich) verstecken, verbergen; **2.** ***~ o.s.*** es sich bequem machen (*in e-m Sessel etc.*).

en·sem·ble [ɑ̃ːnˈsɑ̃ːmbl] (*Fr.*) *s.* **1.** *das* Ganze, Gesamteindruck *m*; **2.** ♪, *thea.* Enˈsemble *n*; **3.** *Mode*: Enˈsemble *n*, Komˈplet *n*.

en·shrine [ɪnˈʃraɪn] *v/t.* **1.** *in e-n Schrein* einschließen; **2.** (als Heiligtum) bewahren; **3.** als Schrein dienen für.

en·shroud [ɪnˈʃraʊd] *v/t.* ein-, verhüllen (*a. fig.*).

en·sign [ˈensaɪn; *bsd.* ⚔ *u.* ⚓ ˈensn] *s.* **1.** Fahne *f*, Stanˈdarte *f*, ⚓ (Schiffs-)Flagge, *bsd.* (Natioˈnal)Flagge *f*: ***white*** (***red***) ***~*** Flagge der brit. Kriegs- (Handels)marine; ***blue ~*** Flagge der brit. Flottenreserve; **2.** [ˈensaɪn] *hist. Brit.* Fähnrich *m*; **3.** [ˈensn] ⚓ *Am.* Leutnant *m* zur See; **4.** (Rang)Abzeichen *n*.

en·si·lage [ˈensɪlɪdʒ] ⚘ **I** *s.* **1.** Silierung *f*; **2.** Silo-, Gärfutter *n*; **II** *v/t.* **3.** → **en·sile** [ɪnˈsaɪl] *v/t.* ⚘ *Futterpflanzen* silieren.

en·slave [ɪnˈsleɪv] *v/t.* versklaven, zum Sklaven machen (*a. fig.*): ***be ~d by*** *j-m od. e-r Sache* verfallen sein; **enˈslave·ment** [-mənt] *s.* **1.** Versklavung *f*, Sklaveˈrei *f*; **2.** *fig.* (***to***) sklavische Abhängigkeit *f* (von) *od.* Bindung (an *acc.*), Hörigkeit *f*.

en·snare [ɪnˈsneə] *v/t.* **1.** *in e-r Schlinge* fangen; **2.** *fig.* berücken, bestricken, umˈgarnen.

en·sue [ɪnˈsjuː] *v/i.* **1.** ˈdarauf folgen, (nach)folgen; **2.** folgen, sich ergeben (***from*** aus); **enˈsu·ing** [-ɪŋ] *adj.* (nach-) folgend.

en·sure [ɪnˈʃʊə] *v/t.* **1.** (***against, from***) (***o.s.*** sich) sichern, sicherstellen (gegen), schützen (vor); **2.** Gewähr bieten für, garantieren (*et.*, ***that*** daß, ***s.o. being*** daß j-d ist); **3.** für *et.* sorgen: ***~ that*** dafür sorgen, daß.

en·tail [ɪnˈteɪl] **I** *v/t.* **1.** ⚖ a) in ein Erbgut umwandeln, b) als Erbgut vererben (***on*** auf *acc.*): ***~ed estate*** Erb-, Familiengut *n*; ***~ed interest*** beschränktes Eigentumsrecht; **2.** *fig.* a) mit sich bringen, zur Folge haben, nach sich ziehen, verursachen, b) erforderlich machen, erfordern; **II** *s.* **3.** ⚖ a) (Überˈtragung *f* als) unveräußerliches Erbgut, b) (festgelegte) Erbfolge.

en·tan·gle [ɪnˈtæŋgl] *v/t.* **1.** *Haare, Garn etc.* verwirren, ‚verfilzen'; **2.** (***o.s.*** sich) verwickeln, -heddern (***in*** in *acc.*); **3.** *fig.* verwickeln, verstricken: **~ *o.s. in s.th.*, *become* ~*d in s.th.*** in e-e Sache verwickelt werden; ***become* ~*d with s.o.*** sich mit j-m einlassen; **enˈtan·gle·ment** [-mənt] *s.* **1.** *a. fig.* Verwicklung *f*, Verwirrung *f*, Verstrickung *f*; **2.** *fig.* Kompliziertheit *f*; **3.** Liebschaft *f*, Liaiˈson *f*; **4.** ⚔ Drahtverhau *m.*

en·tente [ɑ̃ːnˈtɑ̃ːnt] (*Fr.*) *s.* Enˈtente *f*, Bündnis *n.*

en·ter [ˈentə] **I** *v/t.* **1.** eintreten, -fahren, -steigen, (hinˈein)gehen, (-)kommen in (*acc.*), *Haus etc.* betreten; in *ein Land* einreisen; ⚔ einrücken in (*acc.*); ⚓, 🚂 einlaufen in (*acc.*): **~ *the skull*** in den Schädel eindringen (*Kugel etc.*); ***the idea* ~*ed my head*** (*od.* ***mind***) mir kam der Gedanke, ich hatte die Idee; **2.** sich in *et.* begeben: **~ *a hospital*** ein Krankenhaus aufsuchen; **3.** eintreten in (*acc.*), beitreten (*dat.*), Mitglied werden (*gen.*): **~ *s.o.'s service*** in j-s Dienst treten; **~ *a club*** e-m Klub beitreten; **~ *the university*** sein Studium aufnehmen; **~ *the army*** (***the Church***) Soldat (Geistlicher) werden; **~ *a profession*** e-n Beruf ergreifen; **4.** eintragen, -schreiben; hinˈeinbringen; *j-n* aufnehmen, zulassen: **~ *one's name*** sich einschreiben *od.* anmelden; **~ *s.o. at a school*** j-n zur Schule anmelden; ***be* ~*ed*** *univ.* immatrikuliert werden; **5.** ✝ (ver)buchen, eintragen: **~ *to s.o.'s debit*** j-m *et.* in Rechnung stellen; → ***credit*** 2; **~ *up*** *Posten* regelrecht verbuchen; **6.** *sport* melden, nennen (***for*** für); **7.** ⚓, ✝ *Schiff* einklarieren; *Waren beim Zollamt* deklarieren; **8.** einreichen, -bringen, geltend machen: **~ *an action*** ⚖ e-e Klage einreichen; **~ *a motion*** *parl.* e-n Antrag einbringen; **~ *a protest*** Protest erheben; **II** *v/i.* **9.** (ein)treten, herˈein-, hinˈeinkommen, -gehen; ⚔ einrücken; eindringen: ***I don't* ~ *in it*** *fig.* ich habe damit nichts zu tun; **~*!*** herein!; **10.** *sport* sich melden, nennen (***for*** für, zu); **11.** *thea.* auftreten: ♀ ***Hamlet*** Hamlet tritt auf; *Zssgn mit prp.*:

en·ter| in·to *v/i.* **1.** → ***enter*** 1, 2, 3; **2.** *Vertrag, Bündnis* eingehen, schließen: **~ *an obligation*** e-e Verpflichtung eingehen; **~ *a partnership*** sich assoziieren; **3.** *et.* beginnen, sich beteiligen an (*dat.*), eingehen auf (*acc.*), sich einlassen auf *od.* in (*acc.*): **~ *correspondence*** in Briefwechsel treten; **~ *a joke*** auf e-n Scherz eingehen; → ***detail*** 1; **4.** sich hinˈeinversetzen in (*acc.*): **~ *s.o.'s feelings*** sich in j-n hineinversetzen, j-s Gefühle verstehen; **~ *the spirit*** sich in den Geist *e-r Sache* einfühlen *od.* hineinversetzen; **~ *the spirit of the game*** mitmachen; **5.** e-e Rolle spielen bei: ***this did not* ~ *our plans*** das war nicht eingeplant; **~ on** *od.* **up·on** *v/i.* **1.** ⚖ Besitz ergreifen von: **~ *an inheritance*** e-e Erbschaft antreten; **2.** a) *Thema* anschneiden, b) sich in *ein Gespräch* einlassen; **3.** a) beginnen, in *ein* (*neues*) *Stadium od. ein neues Lebensjahr* eintreten, b) *Amt* antreten, *Laufbahn* einschlagen; **4.** in *ein neues Stadium* treten.

en·ter·ic [enˈterɪk] *adj.* **1.** *anat.* enˈterisch, Darm…: **~ *fever*** (Unterleibs)Typhus *m*; **2.** ⚕ darmlöslich: **~ *pill***; **en·ter·i·tis** [ˌentəˈraɪtɪs] *s.* ⚕ ˈDarmkaˌtarrh *m*, Enteˈritis *f*; **en·ter·o·gas·tri·tis** [ˌentərəʊgæˈstraɪtɪs] *s.* Magen-ˈDarm-Kaˌtarrh *m*; **en·ter·on** [ˈentərən] *pl.* **-ter·a** [-rə] *s.* Enteron *n*, (*bsd.* Dünn)Darm *m.*

en·ter·prise [ˈentəpraɪz] *s.* **1.** Unterˈnehmen *n*, -ˈnehmung *f*; **2.** ✝ Unterˈnehmen *n*, Betrieb *m*: ***free* ~** freies Unternehmertum, freie (Markt)Wirtschaft; ***free* ~ *economist*** Marktwirtschaftler *m*; **3.** Initiaˈtive *f*, Unterˈnehmungsgeist *m*, -lust *f*; **ˈen·ter·pris·ing** [-zɪŋ] *adj.* □ **1.** unterˈnehmend, unterˈnehmungslustig, mit Unterˈnehmungsgeist; **2.** kühn, wagemutig.

en·ter·tain [ˌentəˈteɪn] **I** *v/t.* **1.** (angenehm) unterˈhalten, amüsieren (*a. iro.*); **2.** *j-n* gastlich aufnehmen, bewirten, einladen; **3.** *Furcht, Hoffnung etc.* hegen; **4.** *Vorschlag etc.* in Erwägung ziehen, eingehen auf (*acc.*), nähertreten (*dat.*): **~ *an idea*** sich mit e-m Gedanken tragen; **II** *v/i.* **5.** Gäste empfangen, ein gastliches Haus führen: ***they* ~ *a great deal*** sie haben oft Gäste; **ˌen·terˈtain·er** [-nə] *s.* **1.** Gastgeber(in); **2.** Unterˈhalter(in), *engS.* Enterˈtainer (-in), Unterˈhaltungskünstler(in); **ˌen·terˈtain·ing** [-nɪŋ] *adj.* □ unterˈhaltend, -ˈhaltsam, amüˈsant; **ˌen·terˈtain·ment** [-mənt] *s.* **1.** Unterˈhaltung *f*, Belustigung *f*: ***place of* ~** Vergnügungsstätte *f*; **~ *tax*** Vergnügungssteuer *f*; ***much to his* ~** sehr zu s-r Belustigung; **2.** (*öffentliche*) Unterhaltung, *thea. etc. a.* Enterˈtainment *n*: **~ *electronics*** Unterhaltungselektronik *f*; **~ *expenses*** Bewirtungskosten *pl.*; **~ *industry*** Unterhaltungsindustrie *f*; **~*s officer*** Animateur *m*; **~ *value*** Unterhaltungswert *m*; **3.** Gastfreundschaft *f*, Bewirtung *f*: **~ *allowance*** ✝ Aufwandsentschädigung *f*; **4.** Fest *n*, Gesellschaft *f.*

en·thral(l) [ɪnˈθrɔːl] *v/t.* **1.** *fig.* bezaubern, fesseln, in s-n Bann schlagen; **2.** *obs.* unterˈjochen; **enˈthrall·ing** [-lɪŋ] *adj.* fesselnd, bezaubernd; **enˈthral(l)·ment** [-mənt] *s.* **1.** Bezauberung *f*; **2.** *obs.* Unterˈjochung *f.*

en·throne [ɪnˈθrəʊn] *v/t.* auf den Thron setzen, *a. eccl. Bischof* inthronisieren: ***be* ~*d*** *fig.* thronen; **enˈthrone·ment** [-mənt] *s.* Inthronisatiˈon *f.*

en·thuse [ɪnˈθjuːz] F **I** *v/t.* begeistern; **II** *v/i.* (***about***) begeistert sein (von), schwärmen (für, von); **enˈthu·si·asm** [-zɪæzəm] *s.* **1.** Enthusiˈasmus *m*, Begeisterung *f* (***for*** für, ***about*** über *acc.*); **2.** Schwärmeˈrei *f*; **enˈthu·si·ast** [-zɪæst] *s.* **1.** Enthusiˈast(in); **2.** Schwärmer(in); **en·thu·si·as·tic** [ɪnˌθjuːzɪˈæstɪk] *adj.* (□ **~*ally***) enthusiˈastisch, begeistert (***about***, ***over*** über *acc.*): ***become*** (*od.* ***get***) **~** in Begeisterung geraten.

en·tice [ɪnˈtaɪs] *v/t.* **1.** locken: **~ *s.o. away*** a) j-n weglocken (***from*** von), b) ✝ j-n abwerben; **~ *s.o.'s wife away*** j-m s-e Frau abspenstig machen; **2.** verlocken, -leiten, -führen (***into s.th.*** zu et., ***to do*** *od.* ***into doing*** zu tun); **enˈtice·ment** [-mənt] *s.* **1.** (Ver-) Lockung *f*, (An)Reiz *m*; **2.** Verführung *f*, -leitung *f*; **enˈtic·ing** [-sɪŋ] *adj.* □ verlockend, verführerisch.

en·tire [ɪnˈtaɪə] **I** *adj.* □ → ***entirely***; **1.** ganz, völlig, vollkommen, vollständig, vollzählig, komˈplett, Gesamt…; **2.** ganz, unversehrt, unbeschädigt; **3.** voll, ungeschmälert, uneingeschränkt: ***he enjoys my* ~ *confidence***; **4.** nicht kastriert: **~ *horse*** Hengst *m*; **II** *s.* **5.** *das* Ganze; **6.** nicht kastriertes Pferd, Hengst *m*; **7.** ⚘ Ganzsache *f*; **enˈtire·ly** [-lɪ] *adv.* **1.** völlig, gänzlich, ganz u. gar; **2.** ausschließlich: ***it is* ~ *his fault***; **enˈtire·ty** [-tɪ] *s.* *das* Ganze, Ganzheit *f*, Gesamtheit *f*: ***in its* ~** in s-r Gesamtheit, als Ganzes.

en·ti·tle [ɪnˈtaɪtl] *v/t.* **1.** *Buch etc.* betiteln: **~*d*** *Buch etc.* mit dem Titel …; **2.** *j-n* anreden, titulieren; **3.** (***to***) *j-n* berechtigen (zu), *j-m* ein Anrecht geben (auf *acc.*): ***be* ~*d to*** berechtigt sein zu, e-n (Rechts)Anspruch haben auf (*acc.*); **~*d to vote*** stimm-, wahlberechtigt; **enˈti·tle·ment** [-mənt] *s.* (berechtigter) Anspruch; zustehender Betrag.

en·ti·ty [ˈentətɪ] *s.* **1.** Dasein *n*; **2.** Wesen *n*, Ding *n*; **3.** ⚖ ˈRechtsperˌsönlichkeit *f*: ***legal* ~** juristische Person.

en·tomb [ɪnˈtuːm] *v/t.* **1.** begraben, beerdigen; **2.** verschütten, lebendig begraben; **enˈtomb·ment** [-mənt] *s.* Begräbnis *n.*

en·to·mo·log·i·cal [ˌentəməˈlɒdʒɪk(l)] *adj.* □ entomoˈlogisch, Insekten…; **en·to·mol·o·gist** [ˌentəʊˈmɒlədʒɪst] *s.* Entomoˈloge *m*; **en·to·mol·o·gy** [ˌentəʊˈmɒlədʒɪ] *s.* Entomoloˈgie *f*, Inˈsektenkunde *f.*

en·tou·rage [ˌɒntʊˈrɑːʒ] (*Fr.*) *s.* Entouˈrage *f*: a) Umˈgebung *f*, b) Gefolge *n.*

en·to·zo·on [ˌentəʊˈzəʊɒn] *pl.* **-zo·a** [-ə] *s. zo.* Entoˈzoon *n* (*Parasit*).

entr'acte [ˈɒntrækt] (*Fr.*) *s. thea.* Zwischenakt *m*, -spiel *n.*

en·trails [ˈentreɪlz] *s. pl.* **1.** *anat.* Eingeweide *pl.*; **2.** *fig. das* Innere.

en·train [ɪnˈtreɪn] 🚂 **I** *v/i.* einsteigen; **II** *v/t.* verladen.

en·trance[1] [ˈentrəns] *s.* **1.** a) Eintreten *n*, Eintritt *m*, b) 🚂, ⚓ Einlaufen *n*, Einfahrt *f*, c) ✈ Einflug *m*: **~ *duty*** ✝ Eingangszoll *m*; ***make one's* ~** eintreten, erscheinen (→ 4); **2.** Ein-, Zugang *m*; Zufahrt *f*, (*a.* Hafen)Einfahrt *f*: **~ *hall*** (Eingangs-, Vor)Halle *f*, Hausflur *m*; **3.** Einlaß *m*, Ein-, Zutritt *m*: **~ *fee*** a) Eintritt(sgeld *n*) *m*, b) Aufnahmegebühr *f*; **~ *examination*** Aufnahmeprüfung *f*; ***no* ~*!*** Zutritt verboten!; **4.** *thea.* Auftritt *m*: ***make one's* ~** auftreten; **5.** (***on***, ***upon***) Antritt *m* (*e-s Amtes, e-r Erbschaft etc.*); **6.** *fig.* (***to***) Beginn *m* (*gen.*), Einstieg *m* (in *acc.*).

en·trance[2] [ɪnˈtrɑːns] *v/t.* in Verzückung versetzen, hinreißen: **~*d*** ver-, entzückt, hingerissen; **~*d with joy*** freudetrunken; **enˈtrance·ment** [-mənt] *s.* Verzückung *f*; **enˈtranc·ing** [-sɪŋ] *adj.* hinreißend, bezaubernd.

en·trant [ˈentrənt] *s.* **1.** Eintretende(r *m*) *f*; **2.** neues Mitglied; **3.** Berufsanfänger(in) (***to*** in *dat.*); **4.** *bsd. sport* Teilnehmer(in), Konkurˈrent(in), *a.* Bewerber(in).

en·trap [ɪnˈtræp] *v/t.* **1.** (in e-r Falle) fangen; **2.** verführen, verleiten (***into doing*** zu tun).

en·treat [ɪnˈtriːt] *v/t.* **1.** *j-n* dringend bitten *od.* ersuchen, anflehen; **2.** *et.* erflehen; **3.** *obs. od. bibl. j-n* behandeln; **enˈtreat·ing·ly** [-ɪŋlɪ] *adv.* flehentlich; **enˈtreat·y** [-tɪ] *s.* dringende Bitte, Flehen *n.*
en·trée [ˈɒntreɪ] (*Fr.*) *s.* **1.** *bsd. fig.* Zutritt *m* (*into* zu); **2.** *Küche*: a) Enˈtree *n*, Zwischengericht *n*, b) *Am.* Hauptgericht *n*; **3.** ♪ Enˈtree *n.*
en·tre·mets [ˈɒntrəmeɪ; *pl.* ˈɒntrəmeɪz] (*Fr.*) *s.* a) Zwischengericht *n*, b) Süßspeise *f.*
en·trench [ɪnˈtrentʃ] *v/t.* ⚔ mit Schützengräben durchˈziehen, befestigen: **~ o.s.** sich verschanzen *od.* festsetzen (*beide a. fig.*); **~ed** *fig.* eingewurzelt, verwurzelt; **enˈtrench·ment** [-mənt] *s.* ⚔ **1.** Verschanzung *f*; **2.** *pl.* Schützengräben *pl.*
en·tre·pôt [ˈɒntrəpəʊ] (*Fr.*) *s.* ✝ **1.** Lager-, Stapelplatz *m*; **2.** (Waren-, Zoll-) Niederlage *f.*
en·tre·pre·neur [ˌɒntrəprəˈnɜː] (*Fr.*) *s.* **1.** ✝ Unterˈnehmer *m*; **2.** *Am.* Veranstalter *m*; **ˌen·tre·preˈneur·i·al** [-ɜːrɪəl] *adj.* ✝ unterˈnehmerisch, Unternehmer...
en·tre·sol [ˈɒntrəsɒl] (*Fr.*) *s.* ⚠ Zwischen-, Halbgeschoß *n.*
en·trust [ɪnˈtrʌst] *v/t.* **1.** anvertrauen (*to dat.*); **2.** *j-n* betrauen (*with s.th.* mit et.).
en·try [ˈentrɪ] *s.* **1.** Zugang *m*, Zutritt *m*, Einreise *f*: **~ permit** Einreisegenehmigung *f*; **~ visa** Einreisevisum *n*; **no ~!** Kein Zutritt!, *mot.* Keine Einfahrt!; **2.** Eintritt *m*, -gang *m*, -fahrt *f*, -zug *m*, -rücken *n*; **3.** Eingang(stür *f*) *m*, Einfahrt(stor *n*) *f*; (Eingangs)Halle *f*; **4.** *thea.* Auftritt *m*; **5.** (Amts-, Dienst)Antritt *m*: **~ into office** (**service**); **6.** ⚖ a) Besitzantritt *m*, -ergreifung *f* (*upon gen.*), b) Eindringen *n*, -bruch *m*; **7.** *fig.* Beitritt *m* (*to*, *into* zu); **8.** ✝, ⚓ Einklarierung *f*: **~ inwards** Einfuhrdeklaration *f*; **9.** Eintragung *f*, Vermerk *m*; **10.** ✝ a) Buchung *f*: **credit ~** Gutschrift *f*; **debit ~** Lastschrift *f*; **make an ~** (**of**) (*et.*) buchen, b) Posten *m*, c) Eingang *m* (*von Geldern*); **11.** Stichwort *n* (*Lexikon*); **12.** *bsd. sport* a) Meldung *f*, Nennung *f*, Teilnahme *f*: **~ form** (An)Meldeformular *n*; **~ fee** Nenngebühr *f*, Startgeld *n*, b) → **entrant** 4; **ˈ~·phone** *s.* Sprechanlage *f.*
en·twine [ɪnˈtwaɪn] *v/t.* **1.** umˈschlingen, umˈwinden, (ver)flechten (*a. fig.*); **~d letters** verschlungene Buchstaben; **2.** winden, schlingen (**about** um).
en·twist [ɪnˈtwɪst] *v/t.* (ver)flechten, umˈwinden, verknüpfen.
e·nu·cle·ate [ɪˈnjuːklɪeɪt] *v/t.* **1.** ⚕ *Tumor* ausschälen; **2.** *fig.* erläutern, deutlich machen.
e·nu·mer·ate [ɪˈnjuːməreɪt] *v/t.* **1.** aufzählen; **2.** spezifizieren; **e·nu·mer·a·tion** [ɪˌnjuːməˈreɪʃn] *s.* **1.** Aufzählung *f*; **2.** Liste *f*, Verzeichnis *n*; **eˈnu·mer·a·tor** [-tə] *s.* Zähler *m* (*bei Volkszählungen*).
e·nun·ci·ate [ɪˈnʌnsɪeɪt] *v/t.* **1.** (deutlich) ausdrücken, -sprechen; **2.** behaupten, erklären, formulieren; *Grundsatz* aufstellen; **e·nun·ci·a·tion** [ɪˌnʌnsɪˈeɪʃn] *s.* **1.** Ausdruck *m*; Ausdrucks-, Vortragsweise *f*; **2.** Erklärung *f*, Verkündung *f*; Aufstellung *f* (*e-s Grundsatzes*); **eˈnun·ci·a·tive** [-nʃɪətɪv] *adj.*: **be ~ of s.th.** et. ausdrücken.
en·ure → **inure**.
en·vel·op [ɪnˈveləp] **I** *v/t.* **1.** einwickeln, -schlagen, (ein)hüllen (**in** in *acc.*); **2.** *oft fig.* um-, verˈhüllen, umˈgeben; **3.** ⚔ umˈfassen, umˈklammern; **II** *s.* **4.** *Am.* → **en·ve·lope** [ˈenvələʊp] *s.* **1.** Decke *f*, Hülle *f* (*a. anat.*), ˈUmschlag *m*; **2.** ˈBriefˌumschlag *m*; **3.** ✈ (Balˈlon)Hülle *f*; **4.** ⚘ Kelch *m*; **enˈvel·op·ment** [-mənt] *s.* **1.** Umˈhüllung *f*, Hülle *f*; **2.** ⚔ Umˈfassung(sangriff *m*) *f*, Umˈklammerung *f.*
en·ven·om [ɪnˈvenəm] *v/t.* **1.** vergiften (*a. fig.*); **2.** *fig.* a) verschärfen, b) mit Haß erfüllen.
en·vi·a·ble [ˈenvɪəbl] *adj.* □ beneidenswert, zu beneiden(d); **ˈen·vi·er** [-vɪə] *s.* Neider(in); **ˈen·vi·ous** [-vɪəs] *adj.* □ (**of**) neidisch (auf *acc.*), ˈmißgünstig (gegen): **be ~ of s.o. because of** j-n beneiden um.
en·vi·ron [ɪnˈvaɪərən] *v/t.* umˈgeben (*a. fig.*); **enˈvi·ron·ment** [-mənt] *s.* **1.** *a.* **~s** *pl.* Umˈgebung *f e-s Ortes*; **2.** *biol.*, *sociol.* Umˈgebung *f*, ˈUmwelt *f*, Miliˈeu *n* (*a.* ⚗): **~ policy** Umweltpolitik *f*; **en·vi·ron·men·tal** [ɪnˌvaɪərənˈmentl] *adj.* □ *biol.*, *psych.* Milieu..., Umwelt(s)...: **~ awareness** Umweltbewußtsein *n*; **~ compatibility assessment** Umweltverträglichkeitsprüfung *f*; **~ disaster** Umweltkatastrophe *f*; **~ engineering** Umwelttechnik *f*; **~ pollution** Umweltverschmutzung *f*; **~ protection** Umweltschutz *m*; **~ regulations** Umweltschutzbestimmungen *pl.*; **~ technology** Umwelttechnik *f*; **en·vi·ron·men·tal·ism** [ɪnˌvaɪərənˈmentəlɪzəm] *s.* **1.** ˈUmweltschutz(bewegung *f*) *m*; **2.** *sociol.* Environmentaˈlismus *m*; **en·vi·ron·men·tal·ist** [ɪnˌvaɪərənˈmentəlɪst] *s.* ˈUmweltschützer(in); **en·vi·ron·men·tal·ly** [ɪnˌvaɪərənˈmentəlɪ] *adv.* in bezug auf *od.* durch die Umwelt: **~ beneficial** (**harmful**) umweltfreundlich (-feindlich); **en·vi·rons** [ɪnˈvaɪərənz] *s. pl.* Umˈgebung *f*, ˈUmgegend *f.*
en·vis·age [ɪnˈvɪzɪdʒ] *v/t.* **1.** in Aussicht nehmen, ins Auge fassen, gedenken (**doing** *et.* zu tun); **2.** sich *et.* vorstellen; **3.** *j-n*, *et.* begreifen (**as** als).
en·vi·sion [ɪnˈvɪʒn] *v/t.* sich *et.* vorstellen.
en·voy¹ [ˈenvɔɪ] *s.* Zueignungs-, Schlußstrophe *f* (*e-s Gedichts*).
en·voy² [ˈenvɔɪ] *s.* **1.** *pol.* Gesandte(r) *m*; **2.** Abgesandte(r) *m*, Beˈvollmächtigte(r) *m.*
en·vy [ˈenvɪ] **I** *s.* **1.** (**of**) Neid *m* (auf *acc.*), ˈMißgunst *f* (gegen): **be eaten up with ~** vor Neid platzen; → **green** 1; **2.** Gegenstand *m* des Neides: **his car is the ~ of all** alle beneiden ihn um sein Auto; **II** *v/t.* **3.** *j-n* (um *et.*) beneiden: **I ~ (him) his car** ich beneide ihn um sein Auto; **4.** *j-m et.* mißˈgönnen.
en·wrap [ɪnˈræp] → **wrap** I.
en·zyme [ˈenzaɪm] *s.* ⚗ Enˈzym *n*, Ferˈment *n.*
e·o·cene [ˈiːəʊsiːn] *s. geol.* Eoˈzän *n*; **e·o·lith·ic** [ˌiːəʊˈlɪθɪk] *adj. geol.* eoˈlithisch.
e·on → **aeon**.
ep·au·let(te) [ˈepəʊlet] *s.* ⚔ Epauˈlette *f*, Achselschnur *f*, -stück *n.*
é·pée [ˈepeɪ] (*Fr.*) *s. fenc.* Degen *m*; **é·pee·ist** [ˈepeɪɪst] *s.* Degenfechter *m.*
ep·en·the·sis [eˈpenθɪsɪs] *s. ling.* Epenˈthese *f*, Lauteinfügung *f.*
e·pergne [ɪˈpɜːn] (*Fr.*) *s.* Tafelaufsatz *m.*
e·phed·rin(e) [ɪˈfedrɪn; ⚗ ˈefɪdriːn] *s.* ⚗ Epheˈdrin *n.*
e·phem·er·a [ɪˈfemərə] *s.* **1.** *zo. u. fig.* Eintagsfliege *f*; **2.** *pl. von* **ephemeron**; **eˈphem·er·al** [-rəl] *adj.* epheˈmer: a) eintägig, b) *fig.* flüchtig, kurzlebig; **eˈphem·er·on** [-rɒn] *pl.* **-a** [-ə], **-ons** *s. zo. u. fig.* Eintagsfliege *f.*
E·phe·sian [ɪˈfiːʒjən] *s.* **1.** ˈEpheser(in); **2.** *pl. bibl.* (Brief *m* des Paulus an die) ˈEpheser *pl.*
ep·ic [ˈepɪk] **I** *adj.* (□ **~ally**) **1.** episch: **~ poem** Epos *n*; **2.** *fig.* heldenhaft, heˈroisch, Helden...: **~ laughter** homerisches Gelächter; **II** *s.* **3.** Epos *n*, Heldengedicht *n*; **4.** *allg.* episches Werk.
ep·i·cene [ˈepɪsiːn] *adj. ling. u. fig.* beiderlei Geschlechts.
ep·i·cen·ter *Am.*, **ep·i·cen·tre** [ˈepɪsentə] *Brit.*, **ep·i·cen·trum** [ˌepɪˈsentrəm] *s.* **1.** Epiˈzentrum *n* (*Gebiet über dem Erdbebenherd*); **2.** *fig.* Mittelpunkt *m.*
ep·i·cure [ˈepɪˌkjʊə] *s.* Genießer *m*, Genußmensch *m*; Feinschmecker *m*; **ep·i·cu·re·an** [ˌepɪkjʊəˈriːən] **I** *adj.* **1.** ♀ *phls.* epikuˈreisch; **2.** a) genußsüchtig, schwelgerisch, b) feinschmeckerisch; **II** *s.* **3.** ♀ *phls.* Epikuˈreer *m*; **4.** → **epicure**; **ˈep·i·cur·ism** [-kjʊərɪzəm] *s.* **1.** ♀ *phls.* Epikureˈismus *m*; **2.** Genußsucht *f.*
ep·i·cy·cle [ˈepɪsaɪkl] *s.* ⩘, *ast.* Epiˈzykel *m*; **ep·i·cy·clic** [ˌepɪˈsaɪklɪk] *adj.* epiˈzyklisch: **~ gear** ⚙ Planetengetriebe *n*; **ep·i·cy·cloid** [ˌepɪˈsaɪklɔɪd] *s.* ⩘ Epizykloˈide *f.*
ep·i·dem·ic [ˌepɪˈdemɪk] **I** *adj.* (□ **~ally**) ⚕ epiˈdemisch, seuchenartig, *fig. a.* grassierend; **II** *s.* ⚕ Epideˈmie *f*, Seuche *f* (*beide a. fig.*); **ˌep·iˈdem·i·cal** [-kl] → **epidemic** I; **ep·i·de·mi·ol·o·gy** [ˌepɪdiːmɪˈɒlədʒɪ] *s.* ⚕ Epidemioloˈgie *f.*
ep·i·der·mis [ˌepɪˈdɜːmɪs] *s. anat.* Epiˈdermis *f*, Oberhaut *f.*
ep·i·gas·tri·um [ˌepɪˈgæstrɪəm] *s. anat.* Epiˈgastrium *n*, Oberbauchgegend *f*, Magengrube *f.*
ep·i·glot·tis [ˌepɪˈglɒtɪs] *s. anat.* Epiˈglottis *f*, Kehldeckel *m.*
ep·i·gone [ˈepɪgəʊn] *s.* Epiˈgone *m.*
ep·i·gram [ˈepɪgræm] *s.* Epiˈgramm *n*, Sinngedicht *n*, -spruch *m*; **ep·i·gram·mat·ic** [ˌepɪgrəˈmætɪk] *adj.* (□ **~ally**) **1.** epigramˈmatisch; **2.** kurz u. treffend, scharf pointiert; **ep·i·gram·ma·tist** [ˌepɪˈgræmətɪst] *s.* Epigramˈmatiker *m*; **ep·i·gram·ma·tize** [ˌepɪˈgræmətaɪz] **I** *v/t.* **1.** kurz u. treffend formulieren; **2.** ein Epiˈgramm verfassen über *od.* auf (*acc.*); **II** *v/i.* **3.** Epiˈgramme verfassen.
ep·i·graph [ˈepɪgrɑːf] *s.* **1.** Epiˈgraph *n*, Inschrift *f*; **2.** Sinnspruch *m*, Motto *n*; **ep·i·graph·ic** [ˌepɪˈgræfɪk] *adj.* epiˈgraphisch; **e·pig·ra·phist** [eˈpɪgrəfɪst] *s.* Epiˈgraphiker *m*, Inschriftenforscher *m.*
ep·i·lep·sy [ˈepɪlepsɪ] *s.* ⚕ Epilepˈsie *f*; **ep·i·lep·tic** [ˌepɪˈleptɪk] **I** *adj.* epiˈleptisch; **II** *s.* Epiˈleptiker(in).

ep·i·logue, *Am. a.* **ep·i·log** [ˈepɪlɒg] *s.* **1.** Epiˈlog *m*: a) Nachwort *n*, b) *thea.* Schlußrede *f*, c) *fig.* Ausklang *m*, Nachspiel *n*, -lese *f*; **2.** *Radio, TV*: (Wort *n* zum) Tagesausklang *m*.

E·piph·a·ny [ɪˈpɪfənɪ] *s. eccl.* **1.** Epiˈphanias *n*, Dreiˈkönigsfest *n*; **2.** ♀ Epiphaˈnie *f* (*göttliche Erscheinung*).

e·pis·co·pa·cy [ɪˈpɪskəpəsɪ] *s. eccl.* Episkoˈpat *m, n*: a) bischöfliche Verfassung, b) Gesamtheit *f* der Bischöfe, c) Amtstätigkeit *f* e-s Bischofs, d) Bischofsamt *n*, -würde *f*; **eˈpis·co·pal** [-pl] *adj.* □ *eccl.* bischöflich, Bischofs…: ♀ **Church** Episkopalkirche *f*; **e·pis·co·pa·li·an** [ɪˌpɪskəʊˈpeɪljən] **I** *adj.* **1.** bischöflich; **2.** zu e-r Episkoˈpalkirche gehörig; **II** *s.* **3.** Mitglied *n* e-r Episkoˈpalkirche; **eˈpis·co·pate** [-kəʊpət] *s. eccl.* Episkoˈpat *m, n*: a) → **episcopacy** b *u.* d, b) Bistum *n*.

ep·i·sode [ˈepɪsəʊd] *s. allg.* Epiˈsode *f*: a) Neben-, Zwischenhandlung *f* (*im Drama etc.*), eingeflochtene Erzählung, b) (Neben)Ereignis *n*, Vorfall *m*, Erlebnis *n*, c) ♪ Zwischenspiel *n*; **ep·i·sod·ic, ep·i·sod·i·cal** [ˌepɪˈsɒdɪk(l)] *adj.* □ epiˈsodisch.

e·pis·te·mol·o·gy [eˌpɪstiːˈmɒlədʒɪ] *s. phls.* Erˈkenntnistheoˌrie *f*.

e·pis·tle [ɪˈpɪsl] *s.* **1.** Eˈpistel *f*, Sendschreiben *n*; **2.** ♀ a) *bibl.* (*Römer- etc.*) Brief *m*, b) *eccl.* Eˈpistel *f* (*Auszug aus* a); **3.** Eˈpistel *f*, (*bsd.* langer) Brief; **eˈpis·to·lar·y** [-stələrɪ] *adj.* Brief…

ep·i·style [ˈepɪstaɪl] *s.* △ Epiˈstyl *n*, Tragbalken *m*.

ep·i·taph [ˈepɪtɑːf] *s.* **1.** Epiˈtaph *n*, Grabschrift *f*; **2.** Totengedicht *n*.

ep·i·the·li·um [ˌepɪˈθiːljəm] *pl.* **-ums** *od.* **-a** [-ə] *s. anat.* Epiˈthel *n*.

ep·i·thet [ˈepɪθet] *s.* **1.** Eˈpitheton *n*, Beiwort *n*, Attriˈbut *n*; **2.** Beiname *m*.

e·pit·o·me [ɪˈpɪtəmɪ] *s.* **1.** Auszug *m*, Abriß *m*, (kurze) Inhaltsangabe *od.* Darstellung: **in ~** a) auszugsweise, b) in gedrängter Form; **2.** *fig.* (**of**) a) kleines Gegenstück (zu), Miniaˈtur *f* (*gen.*), b) Verkörperung *f* (*gen.*); **eˈpit·o·mize** [-maɪz] *v/t.* e-n Auszug machen aus, *et.* kurz darstellen *od.* ausdrücken.

ep·i·zo·on [ˌepɪˈzəʊɒn] *pl.* **-a** [-ə] *s. zo.* Epiˈzoon *n*; **ep·i·zo·ot·ic** [ˌepɪzəʊˈɒtɪk] *s. vet.* Epizooˈtie *f* (*Tierseuche*).

e·poch [ˈiːpɒk] *s.* **1.** Eˈpoche *f* (*a. geol. u. ast.*), Zeitalter *n*, -abschnitt *m*: **this marks an ~** dies ist ein Markstein *od.* Wendepunkt (*in der Geschichte*); **ep·och·al** [ˈepɒkl] *adj.* epoˈchal: a) Epochen…, b) → **ˈe·poch-ˌmak·ing** *adj.* eˈpochemachend, bahnbrechend.

ep·o·nym [ˈepəʊnɪm] *s.* Epoˈnym *n* (*Gattungsbezeichnung, die auf e-n Personennamen zurückgeht*).

ep·o·pee [ˈepəʊpiː] *s.* **1.** → **epos**; **2.** epische Dichtung.

ep·os [ˈepɒs] *s.* **1.** Epos *n*, Heldengedicht *n*; **2.** (*mündlich überlieferte*) epische Dichtung.

Ep·som salt [ˈepsəm] *s.*, *oft pl. sg. konstr.* Epsomer Bittersalz *n*.

eq·ua·bil·i·ty [ˌekwəˈbɪlətɪ] *s.* **1.** Gleichmäßigkeit *f*; **2.** Gleichmut *m*; **eq·ua·ble** [ˈekwəbl] *adj.* □ **1.** gleichförmig, -mäßig; **2.** ausgeglichen, gleichmütig, gelassen.

e·qual [ˈiːkwəl] **I** *adj.* □ → **equally**; **1.** gleich: **be ~ to** gleich sein, gleichen (*dat.*) (→ *a.* 2); **of ~ size, ~ in size** gleich groß; **with ~ courage** mit demselben Mut; **not ~ to** geringer als; **other things being ~** unter sonst gleichen Umständen; **2.** entsprechend: **~ to the demand**; **be ~ to** gleichkommen (*dat.*); → 1; **~ to new** wie neu; **3.** fähig, imˈstande, gewachsen: **~ to do** fähig zu tun; **~ to a task** (**the occasion**) e-r Aufgabe (der Sache) gewachsen; **4.** aufgelegt, geneigt (**to** *dat. od.* zu): **~ to a cup of tea** e-r Tasse Tee nicht abgeneigt; **5.** gleichmäßig; **6.** gleichberechtigt, -wertig, ebenbürtig: **on ~ terms** a) unter gleichen Bedingungen, b) auf gleicher Stufe stehend (**with** mit); **~ opportunities** Chancengleichheit *f*; **~ rights for women** Gleichberechtigung *f* der Frau; **7.** gleichmütig, gelassen: **~ mind** Gleichmut *m*; **II** *s.* **8.** Gleichgestellte(r *m*) *f*, Ebenbürtige(r *m*) *f*: **your ~s** deinesgleichen; **~s in age** Altersgenossen; **he has no ~, he is without ~** er hat nicht *od.* sucht seinesgleichen; **be the ~ of s.o.** j-m ebenbürtig sein; **III** *v/t.* **9.** gleichen (*dat.*), gleichkommen (**in** an *dat.*): **not to be ~(l)ed** ohnegleichen (sein).

e·qual·i·tar·i·an [ɪˌkwɒlɪˈteərɪən] *etc.* → **egalitarian** *etc.*

e·qual·i·ty [iːˈkwɒlətɪ] *s.* Gleichheit *f*: **~ (of rights)** Gleichberechtigung *f*; **~ of opportunity** Chancengleichheit *f*; **~ of votes** Stimmengleichheit *f*; **be on an ~ with** a) auf gleicher Stufe stehen mit (*j-m*), b) gleichbedeutend sein mit (*et.*); **~ sign, sign of ~** ⩲ Gleichheitszeichen *n*; **e·qual·i·za·tion** [ˌiːkwəlaɪˈzeɪʃn] *s.* **1.** Gleichstellung *f*, -machung *f*; **2.** *bsd.* ✝ Ausgleich(ung *f*) *m*: **~ fund** Ausgleichsfonds *m*; **3.** a) ⚙ Abgleich *m*, b) ϟ, *phot.* Entzerrung *f*.

e·qual·ize [ˈiːkwəlaɪz] **I** *v/t.* **1.** gleichmachen, -stellen, -setzen, angleichen; **2.** ausgleichen, kompensieren; **3.** a) ⚙ abgleichen, b) ϟ, *phot.* entzerren; **II** *v/i.* **4.** *sport* ausgleichen, den Ausgleich erzielen; **ˈe·qual·iz·er** [-zə] *s.* **1.** ⚙ Stabiliˈsator *m*; **2.** ϟ Entzerrer *m*; **3.** *sport* Ausgleichstreffer *m od.* -punkt *m*; **4.** *sl.* Schießeisen *n*; **ˈe·qual·ly** [-əlɪ] *adv.* ebenso, gleich(ermaßen), in gleicher Weise.

e·qua·nim·i·ty [ˌekwəˈnɪmətɪ] *s.* Gleichmut *m*, Gelassenheit *f*.

e·quate [ɪˈkweɪt] **I** *v/t.* **1.** ausgleichen; **2.** *j-n, et.* gleichstellen, -setzen (**to, with** *dat.*); **3.** ⩲ in die Form e-r Gleichung bringen; **4.** als gleich(wertig) ansehen *od.* behandeln; **II** *v/i.* **5.** gleichen, entsprechen (**with** *dat.*); **eˈquat·ed** [-tɪd] *adj.* ✝ Staffel…: **~ calculation of interest** Staffelzinsrechnung *f*; **eˈqua·tion** [-eɪʃn] *s.* **1.** Ausgleich *m*; **2.** Gleichheit *f*; **3.** ⩲, ⚗, *ast.* Gleichung *f*: **~ formula** Gleichungsformel *f*; **4.** *sociol.* Geˈsamtkomˌplex *m* der Fakˈtoren u. Moˈtive menschlichen Verhaltens; **eˈqua·tor** [-tə] *s.* Äˈquator *m*; **e·qua·to·ri·al** [ˌekwəˈtɔːrɪəl] *adj.* □ äquatoriˈal.

eq·uer·ry [ˈekwərɪ; ɪˈkwerɪ] *s. Brit.* **1.** königlicher Stallmeister; **2.** perˈsönlicher Diener (*e-s Mitglieds der königlichen Familie*).

e·ques·tri·an [ɪˈkwestrɪən] **I** *adj.* Reit(er)…: **~ sports** Reitsport *m*; **~ statue** Reiterstandbild *n*; **II** *s.* (Kunst)Reiter (-in).

equi- [iːkwɪ] *in Zssgn* gleich.

ˌe·quiˈan·gu·lar *adj.* ⩲ gleichwink(e)lig; **ˌ~ˈdis·tant** *adj.* □ gleich weit entfernt, in gleichem Abstand (**from** von); **ˌ~ˈlat·er·al** *bsd.* ⩲ **I** *adj.* gleichseitig: **~ triangle**; **II** *s.* gleichseitige Fiˈgur.

e·qui·li·brate [ˌiːkwɪˈlaɪbreɪt] *v/t.* **1.** ins Gleichgewicht bringen (*a. fig.*); **2.** ⚙ auswuchten; **3.** ϟ abgleichen; **e·qui·li·bra·tion** [ˌiːkwɪlaɪˈbreɪʃn] *s.* **1.** Gleichgewicht *n*; **2.** Herstellung *f* des Gleichgewichts; **e·quil·i·brist** [iːˈkwɪlɪbrɪst] *s.* Äquiliˈbrist(in), *bsd.* Seiltänzer(in); **ˌe·quiˈlib·ri·um** [-ˈlɪbrɪəm] *s. phys.* Gleichgewicht *n* (*a. fig.*), Baˈlance *f*.

e·quine [ˈiːkwaɪn] *adj.* Pferde…

e·qui·noc·tial [ˌiːkwɪˈnɒkʃl] **I** *adj.* **1.** Äquinoktial…, die Tagundˈnachtgleiche betreffend: **~ point** → **equinox** 2; **II** *s.* **2.** *a.* **~ circle** *od.* **line** ˈHimmelsäˌquator *m*; **3.** *pl.* → **~ gale** *s.* Äquinoktiˈalsturm *m*.

e·qui·nox [ˈiːkwɪnɒks] *s.* **1.** Äquiˈnoktium *n*, Tagundˈnachtgleiche *f*: **vernal ~** Frühlingsäquinoktium; **2.** Äquinoktiˈalpunkt *m*.

e·quip [ɪˈkwɪp] *v/t.* **1.** ausrüsten, -statten (**with** mit) (*a.* ⚙, ⚔, ⚓), *Klinik etc.* einrichten; **2.** *fig.* ausrüsten (**with** mit), *j-m* das (geistige) Rüstzeug geben (**for** für); **eq·ui·page** [ˈekwɪpɪdʒ] *s.* **1.** Ausrüstung *f* (*a.* ⚔, ⚓); **2.** *obs.* Gebrauchsgegenstände *pl.*; **3.** Equiˈpage *f*, Kutsche *f*; **eˈquip·ment** [-mənt] *s.* **1.** ⚔, ⚓ Ausrüstung *f*; **2.** a) *a.* ⚙ Ausrüstung *f*, -stattung *f*, b) *mst pl.* Ausrüstung(sgegenstände *pl.*) *f*, Materiˈal *n*, c) ⚙ Einrichtung *f*, (Betriebs)Anlage(n *pl.*) *f*, Maˈschine(n *pl.*) *f*, Gerät *n*, Apparaˈtur *f*, d) 🚂 *Am.* rollendes Materiˈal; **3.** *fig.* (geistiges) Rüstzeug.

e·qui·poise [ˈekwɪpɔɪz] **I** *s.* **1.** Gleichgewicht *n* (*a. fig.*); **2.** *fig.* Gegengewicht *n* (**to** zu); **II** *v/t.* **3.** im Gleichgewicht halten; **4.** ein Gegengewicht bilden zu.

eq·ui·ta·ble [ˈekwɪtəbl] *adj.* □ **1.** gerecht, (recht u.) billig; **2.** ˈunparˌteiisch; **3.** ⚖ a) auf dem Billigkeitsrecht beruhend, b) billigkeitsgerichtlich: **~ mortgage** ✝ Hypothek *f* nach dem Billigkeitsrecht; **ˈeq·ui·ta·ble·ness** [-nɪs] → **equity** 1; **ˈeq·ui·ty** [-tɪ] *s.* **1.** Billigkeit *f*, Gerechtigkeit *f*, ˈUnparˌteilichkeit *f*: **in ~** billiger-, gerechterweise; **2.** ⚖ a) (*ungeschriebenes*) Billigkeitsrecht: **Court of** ♀ Billigkeitsgericht *n*, b) Anspruch *m* nach dem Billigkeitsrecht; **3.** ⚖ Wert *m* nach Abzug aller Belastungen, reiner Wert (*e-s Hauses etc.*); **4.** ✝ a) *a.* **~ capital** Eigenkapital *n* (*e-r Gesellschaft*), b) *a.* **~ security** Dividendenpapier *n*; **5.** ♀ *Brit.* Gewerkschaft *f* der Schauspieler.

e·quiv·a·lence [ɪˈkwɪvələns] *s.* Gleichwertigkeit *f* (*a.* ⚗); **eˈquiv·a·lent** [-nt] **I** *adj.* □ **1.** gleichwertig, -bedeutend, entsprechend: **be ~ to** gleichkommen, entsprechen (*dat.*), den gleichen Wert haben wie; **2.** ⚗, ⩲ gleichwertig, äquivaˈlent; **II** *s.* **3.** Gegenwert *m* (**of** von *od. gen.*); gleiche Menge; **4.** Gegen-, Seitenstück *n* (**of, to** zu); **5.** *genaue* Entsprechung, Äquivaˈlent.

e·quiv·o·cal [ɪˈkwɪvəkl] *adj.* □ **1.** zweideutig, doppelsinnig; **2.** ungewiß, zweifelhaft; **3.** fragwürdig, verdächtig; **eˈquiv·o·cal·ness** [-nɪs] *s.* Zweideutigkeit *f*; **eˈquiv·o·cate** [-keɪt] *v/i.* zweideutig reden, Worte verdrehen; Ausflüchte machen; **e·quiv·o·ca·tion** [ɪˌkwɪvəˈkeɪʃn] *s.* Zweideutigkeit *f*; Ausflucht *f*; Wortverdrehung *f*; **eˈquiv·o·ca·tor** [-keɪtə] *s.* Wortverdreher(in).

e·ra [ˈɪərə] *s.* Ära *f*: a) Zeitrechnung *f*, b) Eˈpoche *f*, Zeitalter *n*: ***mark an ~*** e-e Epoche einleiten.

e·rad·i·ca·ble [ɪˈrædɪkəbl] *adj.* ausrottbar, auszurotten(d); **eˈrad·i·cate** [-keɪt] *v/t. mst fig.* ausrotten; **e·rad·i·ca·tion** [ɪˌrædɪˈkeɪʃn] *s.* Ausrottung *f*.

e·rase [ɪˈreɪz] *v/t.* **1.** a) *Farbe etc.* ab-, auskratzen, b) *Schrift etc.* ausstreichen, -radieren, *a. Tonbandaufnahme* löschen: ***erasing head*** Löschkopf *m*; **2.** *fig.* auslöschen, (aus)tilgen (***from*** aus): ***~ from one's memory*** aus dem Gedächtnis löschen; **3.** a) vernichten, auslöschen, b) *Am. sl.* ‚kaltmachen' (*töten*); **eˈras·er** [-zə] *s.* **1.** Radiermesser *n*; **2.** Radiergummi *m*; **e·ra·sion** [ɪˈreɪʒn] *s.* **1.** → ***erasure***; **2.** ⚕ Auskratzung *f*; **e·ra·sure** [ɪˈreɪʒə] *s.* **1.** Ausradierung *f*, Tilgung *f*, Löschung *f*; **2.** ausradierte *od.* gelöschte Stelle.

ere [eə] *poet.* **I** *cj.* ehe, bevor; **II** *prp.* vor: ***~ long*** bald; ***~ this*** schon vorher; ***~ now*** vordem, bislang.

e·rect [ɪˈrekt] **I** *v/t.* **1.** aufrichten, -stellen; **2.** *Gebäude etc.* errichten, bauen; **3.** ⚙ aufstellen, montieren; **4.** *fig. Theorie* aufstellen; **5.** ⚖ einrichten, gründen; **6.** 𝒜 *das Lot, e-e Senkrechte* fällen, errichten; **II** *adj.* ☐ **7.** aufgerichtet, aufrecht: ***with head ~*** erhobenen Hauptes; ***stand ~(ly)*** geradestehen, *fig.* standhaft bleiben; **8.** *physiol.* erigiert (*Penis*); **9.** zu Berge stehend, sich sträubend (*Haare*); **eˈrec·tile** [-taɪl] *adj.* **1.** aufrichtbar; **2.** aufgerichtet; **3.** *physiol.* erekˈtil, Schwell…: ***~ tissue***; **eˈrect·ing** [-tɪŋ] *s.* **1.** ⚙ Aufbau *m*, Monˈtage *f*; **2.** *opt.* ˈBildˌumkehrung *f*; **eˈrec·tion** [-kʃn] *s.* **1.** Auf-, Errichtung *f*, Aufführung *f*; **2.** Bau *m*, Gebäude *n*; **3.** ⚙ Monˈtage *f*; **4.** *physiol.* Erektiˈon *f*; **5.** ⚖ Gründung *f*; **eˈrect·ness** [-nɪs] *s.* **1.** aufrechte Haltung (*a. fig.*); **2.** *a. fig.* Geradheit *f*; **eˈrec·tor** [-tə] *s.* **1.** Erbauer *m*; **2.** *anat.* Eˈrektor *m*, Aufrichtmuskel *m*.

er·e·mite [ˈerɪmaɪt] *s.* Ereˈmit *m*, Einsiedler *m*.

erg [ɜːg], **er·gon** [ˈɜːgɒn] *s. phys.* Erg *n*, Enerˈgieeinheit *f*.

er·go·nom·ics [ˌɜːgəʊˈnɒmɪks] *s. pl. sg. konstr. sociol.* Ergonoˈmie *f*, Ergoˈnomik *f* (*Lehre von den Leistungsmöglichkeiten des Menschen*).

er·got [ˈɜːgət] *s.* ⚘ Mutterkorn *n*.

er·i·ca [ˈerɪkə] *s.* ⚘ Erika *f*.

Er·in [ˈɪərɪn] *npr. poet.* Erin *n*, Irland *n*.

er·mine [ˈɜːmɪn] *s.* **1.** *zo.* Hermeˈlin *n* (*a. her.*); **2.** Hermeˈlin(pelz) *m*.

erne, *Am. a.* **ern** [ɜː] *s. orn.* Seeadler *m*.

e·rode [ɪˈrəʊd] *v/t.* **1.** an-, zer-, wegfressen; **2.** *geol.* erodieren, auswaschen; **3.** ⚙ *u. fig.* verschleißen; **4.** *fig.* aushöhlen, unterˈgraben.

er·o·gen·ic [ˌerəʊˈdʒenɪk], **e·rog·e·nous** [ɪˈrɒdʒɪnəs] *adj. physiol.* eroˈgen: ***~ zone***.

e·ro·sion [ɪˈrəʊʒn] *s.* **1.** Zerfressen *n*; **2.** *geol.* Erosiˈon *f*, Auswaschung *f*; Verwitterung *f*; **3.** ⚙ Verschleiß *m*, Abnützung *f*, Schwund *m*; **4.** *fig.* Aushöhlung *f*; **eˈro·sive** [-əʊsɪv] *adj.* ätzend, zerfressend.

e·rot·ic [ɪˈrɒtɪk] **I** *adj.* (☐ ***~ally***) eˈrotisch; **II** *s.* Eˈrotiker(in); **eˈrot·i·ca** [-kə] *pl.* Eˈrotika *pl.*; **eˈrot·i·cism** [-ɪsɪzəm] *s.* Eˈrotik *f*.

err [ɜː] *v/i.* **1.** (sich) irren: ***~ on the safe side, ~ on the side of caution*** übervorsichtig sein; ***to ~ is human*** Irren ist menschlich; **2.** falsch sein, fehlgehen (*Urteil*); **3.** (moˈralisch) auf Abwege geraten.

er·rand [ˈerənd] *s.* Botengang *m*, Auftrag *m*: ***go on*** (*od.* ***run***) ***an ~*** e-n (Boten)Gang *od.* e-e Besorgung machen, e-n Auftrag ausführen; **ˈ~-boy** *s.* Laufbursche *m*.

er·rant [ˈerənt] *adj.* **1.** umˈherziehend, (-)wandernd, fahrend: ***~ knight***; **2.** *fig.* a) fehlgeleitet, auf Ab- *od.* Irrwegen, b) abtrünnig, fremdgehend (*Ehepartner*); **ˈer·rant·ry** [-trɪ] **1.** Umˈherziehen *n*; **2.** *hist.* fahrendes Rittertum.

er·ra·ta [eˈrɑːtə] → ***erratum***.

er·rat·ic [ɪˈrætɪk] *adj.* (☐ ***~ally***) **1.** (umˈher)wandernd, (-)ziehend; **2.** *geol.*, ⚕ erˈratisch: ***~ block, ~ boulder*** erratischer Block, Findling *m*; **3.** ungleich-, unregelmäßig, regel-, ziellos; **4.** unstet, unberechenbar, sprunghaft.

er·ra·tum [eˈrɑːtəm] *pl.* **-ta** [-tə] *s.* **1.** Druckfehler *m*; **2.** *pl.* Druckfehlerverzeichnis *n*, Erˈrata *pl.*

err·ing [ˈɜːrɪŋ] *adj.* ☐ **1.** → ***erroneous***; **2.** a) irrend, sündig, b) → ***errant*** 2.

er·ro·ne·ous [ɪˈrəʊnjəs] *adj.* ☐ irrig, irrtümlich, unrichtig, falsch; **erˈro·ne·ous·ly** [-lɪ] *adv.* irrtümlicherweise, fälschlich, aus Versehen.

er·ror [ˈerə] *s.* **1.** Irrtum *m*, Fehler *m*, Versehen *n*: ***in ~*** irrtümlicherweise; ***be in ~*** sich irren; ***~s*** (***and omissions***) ***excepted*** † Irrtümer (u. Auslassungen) vorbehalten; ***~ of omission*** Unterlassungssünde *f*; ***~ of judg(e)ment*** Trugschluß *m*, irrige Ansicht, falsche Beurteilung; **2.** 𝒜, *ast.* Fehler *m*, Abweichung *f*; ***~ rate*** Fehlerquote *f*; ***~ in range*** *a.* ⚔ Längenabweichung; **3.** ⚖ a) Tatsachen- *od.* Rechtsirrtum *m*: ***~ in law*** (***in fact***), b) Formfehler *m*, Verfahrensmangel *m*: ***writ of ~*** Revisionsbefehl *m*; **4.** Fehltritt *m*, Vergehen *n*.

er·satz [ˈeəzæts] (*Ger.*) **I** *s.* Ersatz(stoff) *m*; **II** *adj.* Ersatz…

Erse [ɛːs] *ling.* **I** *adj.* **1.** gälisch; **2.** irisch; **II** *s.* **3.** Gälisch *n*; **4.** Irisch *n*.

erst·while [ˈɜːstwaɪl] **I** *adv.* ehedem, früher; **II** *adj.* ehemalig, früher.

e·ruc·tate [ɪˈrʌkteɪt] *v/i.* aufstoßen, rülpsen; **e·ruc·ta·tion** [ˌiːrʌkˈteɪʃn] *s.* Aufstoßen *n*, Rülpsen *n*.

er·u·dite [ˈeruːdaɪt] *adj.* ☐ gelehrt (*a. Abhandlung etc.*), belesen; **er·u·di·tion** [ˌeruːˈdɪʃn] *s.* Gelehrsamkeit *f*, Belesenheit *f*.

e·rupt [ɪˈrʌpt] *v/i.* **1.** ausbrechen (*Vulkan, a. Ausschlag, Streit etc.*); **2.** *geol.* herˈvorbrechen, eruptieren (*Lava etc.*); **3.** ˈdurchbrechen (*Zähne*); **4.** plötzlich auftauchen: ***~ into the room*** ins Zimmer platzen; **5.** *fig.* (zornig) losbrechen, ‚explodieren'; **eˈrup·tion** [-pʃn] *s.* **1.** Ausbruch *m* (*e-s Vulkans, Streits etc.*); **2.** Herˈvorbrechen *n*, *geol.* Eruptiˈon *f*; **3.** ˈDurchbruch *m* (*der Zähne*); **4.** ⚕ Eruptiˈon *f*: a) Ausbruch *m e-s Ausschlags*, b) Ausschlag *m*; **5.** (*Wut- etc.*)Ausbruch *m*; **eˈrup·tive** [-tɪv] *adj.* ☐ **1.** *geol.* erupˈtiv: ***~ rock*** Eruptivgestein; **2.** ⚕ von Ausschlag begleitet.

er·y·sip·e·las [ˌerɪˈsɪpɪləs] *s.* ⚕ (Wund-) Rose *f*; **ˌer·yˈsip·e·loid** [-lɔɪd] *s.* ⚕ (Schweine)Rotlauf *m*.

es·ca·lade [ˌeskəˈleɪd] ⚔ *hist.* **I** *s.* Eskaˈlade *f*, Mauerersteigung *f* (*mit Leitern*), Erstürmung *f*; **II** *v/t.* mit Sturmleitern ersteigen.

es·ca·late [ˈeskəleɪt] **I** *v/t.* **1.** *Krieg etc.* eskalieren (*stufenweise verschärfen*); **2.** *Erwartungen, Preise etc.* höherschrauben; **II** *v/i.* **3.** eskalieren; **4.** steigen, in die Höhe gehen (*Preise etc.*); **es·ca·la·tion** [ˌeskəˈleɪʃn] *s.* **1.** ⚔, *pol.* Eskalatiˈon *f*; **2.** † *Am.* Anpassung *f* der Löhne *od.* Preise an gestiegene (Lebenshaltungs)Kosten; **ˈes·ca·la·tor** [ˈeskəleɪtə] *s.* **1.** Rolltreppe *f*; **2.** *a.* ***~ clause*** † (Preis-, Lohn)Gleitklausel *f*.

es·ca·lope [ˈeskələʊp] *s.* (*bsd.* Wiener) Schnitzel *n*.

es·ca·pade [ˌeskəˈpeɪd] *s.* Eskaˈpade *f*: a) toller Streich, b) ‚Seitensprung' *m*.

es·cape [ɪˈskeɪp] **I** *v/t.* **1.** *j-m* entfliehen, -kommen, -rinnen; **2.** *e-r Sache* entgehen, -rinnen, *et.* vermeiden: ***he just ~d being killed*** er entging knapp dem Tode; ***I cannot ~ the impression*** ich kann mich des Eindrucks nicht erwehren; **3.** *fig. j-m* entgehen, überˈsehen *od.* nicht verstanden werden von *j-m*: ***that fact ~d me*** diese Tatsache entging mir; ***the sense ~s me*** der Sinn leuchtet mir nicht ein; ***it ~d my notice*** ich bemerkte es nicht; **4.** (*dem Gedächtnis*) entfallen: ***his name ~s me*** sein Name ist mir entfallen; **5.** entfahren, -schlüpfen: ***an oath ~d him***; **II** *v/i.* **6.** (***from***) (ent)fliehen, entkommen, -rinnen, -laufen, -wischen, -weichen (aus, von), flüchten, ausbrechen (aus); **7.** (*oft* ***from***) sich retten (vor *dat.*), (ungestraft *od.* mit dem Leben) daˈvonkommen; **8.** a) ausfließen, b) entweichen, ausströmen (*Gas etc.*); **III** *s.* **9.** Entrinnen *n*, -weichen *n*, -kommen *n*, Flucht *f* (***from*** aus, von): ***have a narrow ~*** mit knapper Not davon- *od.* entkommen; ***that was a narrow ~!*** das war knapp!, das hätte ins Auge gehen können!; ***make one's ~*** entkommen, sich aus dem Staub machen; **10.** Rettung *f* (***from*** vor *dat.*): (***way of***) ***~*** Ausweg *m*; **11.** Fluchtmittel *n*; → ***fire escape***; **12.** Ausströmen *n*, Entweichen *n*; **13.** *fig.* (Mittel *n* der) Entspannung *f od.* Zerstreuung *f*, Unterˈhaltung *f*: ***~ reading*** Unterhaltungslektüre *f*; **~ art·ist** *s.* **1.** Entfesselungskünstler *m*; **2.** Ausbrecherkönig *m*; **~ car** *s.* Fluchtwagen *m*; **~ chute** *s.* ✈ Notrutsche *f*; **~ clause** *s.* Befreiungsklausel *f*.

es·ca·pee [ˌeskeɪˈpiː] *s.* entwichener Strafgefangener, Ausbrecher *m*.

es·cape| hatch *s.* **1.** a) ⚓ Notluke *f*, b) ✈ Notausstieg *m*; **2.** *fig.* ‚Schlupfloch' *n*; **~ mech·a·nism** *s. psych.* ˈAbwehrmechaˌnismus *m*.

es·cape·ment [ɪˈskeɪpmənt] *s.* **1.** Hemmung *f* (*der Uhr*); **2.** Vorschub *m* (*der*

Schreibmaschine); **~ wheel** *s.* **1.** Hemmungsrad *n* (*der Uhr*); **2.** Schaltrad *n* (*der Schreibmaschine*).

es·cape| pipe *s.* **1.** Abflußrohr *n*; **2.** Abzugsrohr *n* (*für Gase*); **~-proof** *adj.* ausbruchssicher; **~ route** *s.* Fluchtweg *m*; **~ shaft** *s.* Rettungsschacht *m*; **~ valve** *s.* 'Sicherheitsven‚til *n*.

es·cap·ism [ɪs'keɪpɪzəm] *s. psych.* Eska'pismus *m*, Wirklichkeitsflucht *f*; **es·cap·ist** [ɪ'skeɪpɪst] **I** *s.* j-d, der vor der Reali'tät zu fliehen sucht; **II** *adj.* eska'pistisch, *weitS.* Zerstreuungs.., Unterhaltungs...: **~ *literature***.

es·ca·pol·o·gist [ˌeskeɪ'pɒlədʒɪst] *s.* **1.** → ***escape artist*** 1; **2.** *j-d, der sich immer wieder geschickt herauswindet*.

es·carp·ment [ɪ'skɑ:pmənt] *s.* **1.** ⚔ Böschung *f*; **2.** *geol.* Steilabbruch *m*.

es·cha·to·log·i·cal [ˌeskətə'lɒdʒɪkl] *adj. eccl.* eschato'logisch; **es·cha·tol·o·gy** [ˌeskə'tɒlədʒɪ] *s.* Eschatolo'gie *f*.

es·cheat [ɪs'tʃi:t] ⚖ **I** *s.* **1.** Heimfall *m* (*an den Staat*); **2.** Heimfallsgut *n*; **3.** Heimfallsrecht *n*; **II** *v/i.* **4.** an'heimfallen; **III** *v/t.* **5.** (als Heimfallsgut) einziehen.

es·chew [ɪs'tʃu:] *v/t. et.* (ver)meiden, scheuen, sich enthalten (*gen.*).

es·cort I *s.* ['eskɔ:t] **1.** ⚔ Es'korte *f*, Bedeckung *f*, Begleitmannschaft *f*; **2.** a) ✈, ⚓ Geleit(schutz *m*) *n*, b) *a.* **~ *vessel*** ⚓ Geleitschiff *n*: **~ *fighter*** ✈ Begleitjäger *m*; **3.** *fig.* a) Geleit *n*, Schutz *m*, b) Begleitung *f*, Gefolge *n*, c) Begleiter(in): **~ *agency*** Begleitagentur *f*; **II** *v/t.* [ɪ'skɔ:t] **4.** ⚔ eskortieren; **5.** ✈, ⚓ Geleit(schutz) geben (*dat.*); **6.** *fig.* a) geleiten, b) begleiten.

es·cri·toire [ˌeskri:'twɑ:] (*Fr.*) *s.* Schreibpult *n*.

es·crow [e'skrəʊ] *s.* ⚖ *bei e-m Dritten* (*als Treuhänder*) *hinterlegte Vertragsurkunde, die erst bei Erfüllung e-r Bedingung in Kraft tritt.*

es·cutch·eon [ɪ'skʌtʃən] *s.* **1.** Wappen(-schild *m*) *n*: ***a blot on his ~*** *fig.* ein Fleck auf s-r (weißen) Weste; **2.** ⚙ a) (Deck)Schild *n* (*e-s Schlosses*), b) Abdeckung *f* (*e-s Schalters*); **3.** *zo.* Spiegel *m*, Schild *m*.

Es·ki·mo ['eskɪməʊ] *pl.* **-mos** *s.* **1.** Eskimo *m*; **2.** Eskimosprache *f*.

e·soph·a·gus [i:'sɒfəgəs] → ***oesophagus***.

es·o·ter·ic [ˌesəʊ'terɪk] *adj.* (□ **~*ally***) eso'terisch: a) *phls.* nur für Eingeweihte bestimmt, b) geheim, pri'vat.

es·pal·ier [ɪ'spæljə] *s.* **1.** Spa'lier *n*; **2.** Spa'lierbaum *m*.

es·pe·cial [ɪ'speʃl] *adj.* □ besonder: a) her'vorragend, b) Haupt..., hauptsächlich, spezi'ell; **es·pe·cial·ly** [ɪ'speʃəlɪ] *adv.* besonders, hauptsächlich: ***more ~*** ganz besonders.

Es·pe·ran·tist [ˌespə'ræntɪst] *s. ling.* Esperan'tist(in); **Es·pe·ran·to** [ˌespə'ræntəʊ] *s.* Espe'ranto *n*.

es·pi·o·nage [ˌespɪə'nɑ:ʒ] *s.* Spio'nage *f*: ***industrial ~*** Werkspionage.

es·pla·nade [ˌesplə'neɪd] *s.* **1.** Espla'nade *f* (*a.* ⚔ *hist.*), großer freier Platz; **2.** (*bsd.* 'Strand)Prome‚nade *f*.

es·pous·al [ɪ'spaʊzl] *s.* **1.** (***of***) Eintreten *n*, Par'teinahme *f* (für); Annahme *f* (*gen.*); **2.** *pl. obs.* a) Vermählung *f*, b) Verlobung *f*; **es·pouse** [ɪ'spaʊz] *v/t.* **1.** Par'tei ergreifen für, eintreten für, sich *e-r Sache* verschreiben, *e-n Glauben* annehmen; **2.** *obs.* a) sich vermählen mit, zur Frau nehmen, b) (***to***) zur Frau geben (*dat.*), c) (***o.s.*** sich) verloben (***to*** mit).

es·pres·so [e'spresəʊ] (*Ital.*) *s.* **1.** Es'presso *m*; **2.** Es'pressoma‚schine *f*; **~ bar**, **~ ca·fé** *s.* Es'presso(bar *f*) *n*.

es·prit ['espri:] (*Fr.*) *s.* Es'prit *m*, Geist *m*, Witz *m*; **~ de corps** [ˌespri:də'kɔ:] (*Fr.*) *s.* Korpsgeist *m*.

es·py [ɪ'spaɪ] *v/t.* erspähen.

Es·qui·mau ['eskɪməʊ] *pl.* **-maux** [-məʊz] → ***Eskimo***.

es·quire [ɪ'skwaɪə] *s.* **1.** *Brit. obs.* → ***squire*** 1; **2.** *abbr.* ***Esq.*** (*ohne Mr., Dr. etc. auf Briefen dem Namen nachgestellt*): ***John Smith, Esq.*** Herrn John Smith.

ess [es] *s.* **1.** S *n*, s *n*; **2.** S-Form *f*.

es·say I *s.* ['eseɪ] **1.** Essay *m*, *n*, Abhandlung *f*, Aufsatz *m*; **2.** Versuch *m*; **II** *v/t. u. v/i.* [e'seɪ] **3.** versuchen; **'es·say·ist** [-ɪst] *s.* Essay'ist(in).

es·sence ['esns] *s.* **1.** *phls.* a) Es'senz *f*, Wesen *n*, b) Sub'stanz *f*, abso'lutes Sein; **2.** *fig.* Es'senz *f*, *das* Wesentliche, Kern *m*: ***of the ~*** von entscheidender Bedeutung; **3.** Es'senz *f*, Ex'trakt *m*.

es·sen·tial [ɪ'senʃl] **I** *adj.* □ → ***essentially***; **1.** wesentlich; **2.** wichtig, unentbehrlich, erforderlich; lebenswichtig: **~ *goods***; **3.** ⚗ ä'therisch: **~ *oil***; **II** *s. mst pl.* **4.** *das* Wesentliche *od.* Wichtigste, Hauptsache *f*; wesentliche Punkte *pl.*; unentbehrliche Sache *od.* Per'son; **es·sen·ti·al·i·ty** [ɪˌsenʃɪ'ælətɪ] → ***essential*** 4; **es'sen·tial·ly** [-lɪ] *adv.* im wesentlichen, eigentlich, in der Hauptsache; in hohem Maße.

es·tab·lish [ɪ'stæblɪʃ] *v/t.* **1.** ein-, errichten, gründen; einführen; *Regierung* bilden; *Gesetz* erlassen; *Rekord*, *Theorie* aufstellen; ☤ *Konto* eröffnen; **2.** *j-n* einsetzen, 'unterbringen; ☤ etablieren: **~ *o.s.*** sich niederlassen *od.* einrichten, ☤ *u. fig.* sich etablieren; **3.** *Kirche* verstaatlichen; **4.** feststellen, festsetzen; *s-e Identität etc.* nachweisen; **5.** Geltung verschaffen (*dat.*); *Forderung*, *Ansicht* 'durchsetzen; *Ordnung* schaffen; **6.** *Verbindung* herstellen; **7.** begründen: **~ *one's reputation*** sich e-n Namen machen; **es·tab·lished** [ɪ'stæblɪʃt] *adj.* **1.** bestehend; **2.** feststehend, festbegründet, unzweifelhaft; **3.** planmäßig (*Beamter*): ***the ~ staff*** das Stammpersonal; **4.** **2 *Church*** Staatskirche *f*; **es·tab·lish·ment** [ɪ'stæblɪʃmənt] *s.* **1.** Er-, Einrichtung *f*; Einsetzung *f*; Gründung *f*, Einführung *f*, Schaffung *f*; **2.** Feststellung *f*, -setzung *f*; **3.** (*großer*) Haushalt; ☤ Unter'nehmen *n*, Firma *f*: ***keep a large ~*** a) ein großes Haus führen, b) ein bedeutendes Unternehmen leiten; **4.** Anstalt *f*, Insti'tut *n*; **5.** organisierte Körperschaft: ***civil ~*** Beamtenschaft *f*; ***military ~*** stehendes Heer; ***naval ~*** Flotte *f*; **6.** festes Perso'nal, Perso'nal*od.* ⚔ Mannschaftsbestand *m*; Sollstärke *f*: ***peace ~*** Friedensstärke; ***war ~*** Kriegsstärke; **7.** Staatskirche *f*; **8. *the* 2** das Establishment (*etablierte Macht, herrschende Schicht, konventionelle Gesellschaft*).

es·tate [ɪ'steɪt] *s.* **1.** Stand *m*, Klasse *f*, Rang *m*: ***the Three 2s*** (***of the Realm***) *Brit.* die drei (*gesetzgebenden*) Stände; ***third ~*** *Fr. hist.* dritter Stand, Bürgertum *n*; ***fourth ~*** *humor.* Presse *f*; **2.** *obs.* (Zu)Stand *m*: ***man's ~*** *bibl.* Mannesalter; **3.** ⚖ a) Besitz *m*, Vermögen *n*; → ***personal*** 1, ***real*** 3, b) (Kon'kurs-*etc.*)Masse *f*, Nachlaß *m*; **4.** ⚖ Besitzrecht *n*, Nutznießung *f*; **5.** Grundbesitz *m*, Besitzung *f*, Gut *n*: ***family ~*** Familienbesitz *m*; **6.** (Wohn)Siedlung *f*; **7.** → ***estate car***; **~ a·gent** *s. Brit.* **1.** Grundstücksverwalter *m*; **2.** Grundstücksmakler *m*; **~-ˌbot·tled** *adj.* auf dem (Wein)Gut abgefüllt; *als Aufschrift*: Gutsabfüllung!; **~ car** *s. Brit.* Kombiwagen *m*; **~ du·ty** *s. Brit. obs.*, **~ tax** *s. Am.* Erbschaftssteuer *f*.

es·teem [ɪ'sti:m] **I** *v/t.* **1.** achten, (hoch-)schätzen; **2.** erachten *od.* ansehen als, halten für; **II** *s.* **3.** Wertschätzung *f*, Achtung *f*: ***to hold in*** (***high***) **~** achten.

es·ter ['estə] *s.* ⚗ Ester *m*.

Es·ther ['estə] *npr. u. s. bibl.* (das Buch) Esther *f*.

es·thete *etc.* → ***aesthete*** *etc.*

Es·tho·ni·an [e'stəʊnjən] **I** *s.* **1.** Este *m*, Estin *f*; **2.** *ling.* Estnisch *n*; **II** *adj.* **3.** estnisch, estländisch.

es·ti·ma·ble ['estɪməbl] *adj.* □ achtens-, schätzenswert; **es·ti·mate I** *v/t.* ['estɪmeɪt] **1.** (ab-, ein)schätzen, taxieren, veranschlagen (***at*** auf *acc.*): ***an ~d 200 buyers*** schätzungsweise 200 Käufer; **2.** bewerten, beurteilen; **II** *s.* ['estɪmɪt] **3.** (Ab-, Ein)Schätzung *f*, Veranschlagung *f*, (Kosten)Anschlag *m*: ***rough ~*** grober Überschlag; ***at a rough ~*** grob geschätzt; **4. *the 2s*** *pl. pol.* der (Staats-)Haushaltsplan; **5.** Bewertung *f*, Beurteilung *f*: ***form an ~ of*** *et.* beurteilen *od.* einschätzen; **es·ti·ma·tion** [ˌestɪ'meɪʃn] *s.* **1.** Urteil *n*, Meinung *f*: ***in my ~*** nach m-r Ansicht; **2.** Bewertung *f*, Schätzung *f*; **3.** Achtung *f*: ***hold in*** (***high***) **~** hochschätzen.

es·ti·val → ***aestival***.

es·top [ɪ'stɒp] *v/t.* ⚖ rechtshemmenden Einwand erheben gegen, hindern (***from*** an *dat.*, ***from doing*** zu tun); **es·top·pel** [ɪ'stɒpl] *s.* ⚖ Ausschluß *m* e-r Klage *od.* Einrede.

es·trange [ɪ'streɪndʒ] *v/t. j-n* entfremden (***from*** *dat.*): ***become ~d*** a) sich entfremden (***from*** *dat.*), b) sich auseinanderleben; **es·tranged** [ɪ'streɪndʒd] *adj.* **1.** ***an ~ couple*** ein Paar, das sich auseinandergelebt hat; **2.** ⚖ getrennt lebend: ***his ~ wife*** s-e von ihm getrennt lebende Frau; ***she is ~ from her husband*** sie lebt von ihrem Mann getrennt; **es·trange·ment** [ɪ'streɪndʒmənt] *s.* Entfremdung *f* (***from*** von).

es·tro·gen ['estrədʒən] *s. biol.*, ⚗ Östro'gen *n*.

es·tu·ar·y ['estjʊərɪ] *s.* **1.** (den Gezeiten ausgesetzte) Flußmündung; **2.** Meeresarm *m*, -bucht *f*.

et cet·er·a [ɪt'setərə] *abbr.* ***etc.***, ***&c.*** (*Lat.*) und so weiter; **et'cet·er·a** *s.* **1.** (*lange etc.*) Reihe; **2.** *pl.* allerlei Dinge.

etch [etʃ] *v/t. u. v/i.* **1.** ätzen; **2.** a) kupferstechen, b) radieren; **3.** schneiden, kratzen (***on*** in *acc.*): ***sharply ~ed features*** *fig.* scharf geschnittene Gesichtszüge; ***the event was ~ed on*** (*od.* ***in***) ***his memory*** das Ereignis hatte sich s-m

Gedächtnis (tief) eingeprägt; **4.** *fig.* (klar *etc.*) zeichnen, (gut *etc.*) her'ausarbeiten; **etch·er** ['etʃə] *s.* **1.** Kupferstecher *m*; **2.** Radierer *m*; **etch·ing** ['etʃɪŋ] *s.* **1.** Ätzen *etc.* (→ ***etch*** 1, 2); **2.** a) Radierung *f*, b) Kupferstich *m*: ***come up and see my ~s*** *humor.* wollen Sie sich m-e Briefmarkensammlung ansehen?

e·ter·nal [ɪ'tɜ:nl] **I** *adj.* ☐ **1.** ewig, immerwährend: ***the ≈ City*** die Ewige Stadt (*Rom*); **2.** unab'änderlich; **3.** F ewig, unaufhörlich; **II** *s.* **4.** ***the ≈*** Gott *m*; **5.** *pl.* ewige Dinge *pl.*; **e'ter·nal·ize** [-nəlaɪz] *v/t.* verewigen; **e'ter·ni·ty** [-nətɪ] *s.* **1.** Ewigkeit *f* (*a.* F *fig. lange Zeit*): ***from here to ~, to all ~*** bis in alle Ewigkeit; **2.** *eccl.* a) *das* Jenseits, b) *pl.* ewige Wahrheiten; **e'ter·nize** [-naɪz] → ***eternalize.***

eth·ane ['eθeɪn] *s.* ⚗ Ä'than *n*; **'eth·ene** ['eθi:n] *s.* Ä'then *n*, Äthy'len *n*; **eth·e·nol** ['eθənɒl] *s.* Vi'nylalko,hol *m*; **eth·e·nyl** ['eθənɪl] *s.* Äthyli'den *n*.

e·ther ['i:θə] *s.* **1.** ⚗, *phys.* Äther *m*; **2.** *poet.* Äther *m*, Himmel *m*; **e·the·re·al** [i:'θɪərɪəl] *adj.* ☐ **1.** ⚗ a) ätherartig, b) ä'therisch; **2.** ä'therisch, himmlisch; vergeistigt; **e·the·re·al·ize** [i:'θɪərɪəlaɪz] *v/t.* **1.** ⚗ ätherisieren; **2.** vergeistigen, verklären; **'e·ther·ize** [-əraɪz] *v/t.* ☐ **1.** ⚗ in Äther verwandeln; **2.** ⚕ mit Äther narkotisieren.

eth·ic ['eθɪk] **I** *adj.* **1.** → ***ethical***; **II** *s.* **2.** *pl. sg. konstr.* Sittenlehre *f*, Ethik *f*; **3.** *pl.* Sittlichkeit *f*, Mo'ral *f*, Ethos *n*: ***professional ~s*** Standesehre *f*, Berufsethos; **'eth·i·cal** [-kl] *adj.* ☐ **1.** *phls.*, *a. ling.* ethisch; **2.** ethisch, mo'ralisch, sittlich; **3.** von ethischen Grundsätzen (geleitet); **4.** dem Berufsethos entsprechend; **5.** *pharm.* re'zeptpflichtig; **'eth·i·cist** [-ɪsɪst] *s.* Ethiker *m*.

E·thi·o·pi·an [i:θɪ'əʊpjən] **I** *adj.* äthi'opisch; **II** *s.* Äthi'opier(in).

eth·nic ['eθnɪk] **I** *adj.* ☐ **1.** ethnisch, völkisch, Volks…: ***~ cleansing*** ethnische Säuberung; ***~ group*** Volksgruppe *f*; ***~ German*** Volksdeutsche(r *m*) *f*; ***~ joke*** Witz *m* auf Kosten e-r bestimmten Volksgruppe; **II** *s.* **2.** Angehörige(r *m*) *f* e-r (homo'genen) Volksgruppe; **3.** *pl.* sprachliche *od.* kultu'relle Zugehörigkeit; **'eth·ni·cal** [-kl] → ***ethnic*** I; **eth·nog·ra·pher** [eθ'nɒgrəfə] *s.* Ethno'graph *m*; **eth·no·graph·ic** [ˌeθnəʊ'græfɪk] *adj.* ☐ ethno'graphisch, völkerkundlich; **eth·nog·ra·phy** [eθ'nɒgrəfɪ] *s.* Ethnogra'phie *f*, (beschreibende) Völkerkunde; **eth·no·log·i·cal** [ˌeθnəʊ'lɒdʒɪkl] *adj.* ☐ ethno'logisch; **eth·nol·o·gist** [eθ'nɒlədʒɪst] *s.* Ethno'loge *m*, Völkerkundler *m*; **eth·nol·o·gy** [eθ'nɒlədʒɪ] *s.* Ethnolo'gie *f*, (vergleichende) Völkerkunde.

e·thol·o·gist [i:'θɒlədʒɪst] *s.* Etho'loge *m*, (Tier)Verhaltensforscher *m*; **e'thol·o·gy** [-dʒɪ] *s.* Etholo'gie *f*, Verhaltensforschung *f*.

e·thos ['i:θɒs] *s.* **1.** Ethos *n*, Cha'rakter *m*, Wesensart *f*, Geist *m*, sittlicher Gehalt (*e-r Kultur*); **2.** ethischer Wert.

eth·yl ['eθɪl; ⚗ 'i:θaɪl] *s.* ⚗ Ä'thyl *n*: ***~ alcohol*** Äthylalkohol *m*; **eth·yl·ene** ['eθɪli:n] *s.* Äthy'len *n*, Kohlenwasserstoffgas *n*.

et·i·quette ['etɪket] *s.* Eti'kette *f*: a) Zeremoni'ell *n*, b) Anstandsregeln *pl.*, (gute) 'Umgangsformen *pl.*

E·ton| col·lar ['i:tn] *s.* breiter, steifer 'Umlegekragen; **~ Col·lege** *s. berühmte englische Public School*; **~ crop** *s.* Herrenschnitt *m* (*für Damen*).

E·to·ni·an [i:'təʊnjən] **I** *adj.* Eton…; **II** *s.* Schüler *m* des ***Eton College.***

E·ton jack·et *s.* schwarze, kurze Jacke *der Etonschüler*.

E·trus·can [ɪ'trʌskən] **I** *adj.* **1.** e'truskisch; **II** *s.* **2.** E'trusker(in); **3.** *ling.* E'truskisch *n*.

et·y·mo·log·ic, et·y·mo·log·i·cal [ˌetɪmə'lɒdʒɪk(l)] *adj.* ☐ etymo'logisch; **et·y·mol·o·gist** [ˌetɪ'mɒlədʒɪst] *s.* Etymo'loge *m*; **et·y·mol·o·gy** [ˌetɪ'mɒlədʒɪ] *s.* *allg.* Etymolo'gie *f*; **et·y·mon** ['etɪmɒn] *s.* Etymon *n*, Stammwort *n*.

eu·ca·lyp·tus [ˌju:kə'lɪptəs] *s.* ⚘ Euka'lyptus *m*.

Eu·cha·rist ['ju:kərɪst] *s. eccl.* Euchari'stie *f*: a) *die Feier des heiligen Abendmahls*, b) *die eucharistische Gabe* (*Brot u. Wein*).

eu·chre ['ju:kə] *v/t. Am.* F prellen, betrügen.

Eu·clid ['ju:klɪd] *s.* die (Eu'klidische) Geome'trie.

eu·gen·ic [ju:'dʒenɪk] **I** *adj.* (☐ ***~ally***) eu'genisch; **II** *s. pl. sg. konstr.* Eu'genik *f* (*Erbhygiene*); **eu·ge·nist** ['ju:dʒɪnɪst] *s.* Eu'geniker *m*.

eu·lo·gist ['ju:lədʒɪst] *s.* Lobredner(in); **eu·lo·gis·tic** [ˌju:lə'dʒɪstɪk] *adj.* (☐ ***~ally***) preisend, lobend; **'eu·lo·gize** [-dʒaɪz] *v/t.* loben, preisen, rühmen; **'eu·lo·gy** [-dʒɪ] *s.* **1.** Lob(preisung *f*) *n*; **2.** Lobrede *f od.* -schrift *f*.

eu·nuch ['ju:nək] *s.* Eu'nuch *m*, *weitS. a.* Ka'strat *m*.

eu·pep·sia [ju:'pepsɪə] *s.* ⚕ nor'male Verdauung; **eu'pep·tic** [-ptɪk] *adj.* **1.** ⚕ gut verdauend; **2.** *fig.* gutgelaunt.

eu·phe·mism ['ju:fɪmɪzəm] *s.* Euphe'mismus *m*, beschönigender Ausdruck, sprachliche Verhüllung; **eu·phe·mis·tic** [ˌju:fɪ'mɪstɪk] *adj.* (☐ ***~ally***) euphe'mistisch, beschönigend, verhüllend.

eu·phon·ic [ju:'fɒnɪk] *adj.* (☐ ***~ally***) eu'phonisch, wohlklingend; **eu·pho·ny** ['ju:fənɪ] *s.* Eupho'nie *f*, Wohlklang *m*.

eu·phor·bi·a [ju:'fɔ:bjə] *s.* ⚘ Wolfsmilch *f*.

eu·pho·ri·a [ju:'fɔ:rɪə] *s.* ⚕ *u. fig.* Eupho'rie *f*; **eu'phor·ic** [-'fɒrɪk] *adj.* (☐ ***~ally***) eu'phorisch; **eu·pho·ry** ['ju:fərɪ] → ***euphoria.***

eu·phu·ism ['ju:fju:ɪzəm] *s.* Euphu'ismus *m* (*schwülstiger Stil od. Ausdruck*); **eu·phu·is·tic** [ˌju:fju:'ɪstɪk] *adj.* (☐ ***~ally***) euphu'istisch, schwülstig.

Eu·rail·pass ['jʊəreɪlpɑ:s] *s.* 🚆 Eu'railpaß *m*.

Eur·a·sian [juə'reɪʒjən] **I** *s.* Eu'rasier (-in); **II** *adj.* eu'rasisch.

Euro- [jʊərəʊ] *in Zssgn* euro'päisch, Euro…

'Eu·ro|·cheque *s.* ☤ Eurocheque *m*, -scheck *m*: ***~ card*** Eurocheque-Karte *f*; **ˌ~'com·mun·ism** *s.* 'Eurokommuˌnismus *m*; **~·crat** ['jʊərəʊkræt] *s.* Euro'krat *m*; **'~ˌcur·ren·cy** *s.* Eurowährung *f*; **'~ˌdol·lar** *s.* ☤ Eurodollar *m*.

Eu·ro·pe·an [ˌjʊərə'pi:ən] **I** *adj.* euro'päisch: ***~ (Economic) Community*** Europäische (Wirtschafts)Gemeinschaft; ***~ Monetary System*** Europäisches Währungssystem; ***~ Parliament*** Europaparlament *n*; ***~ plan*** *Am.* Hotelzimmer-Vermietung *f* ohne Verpflegung; **II** *s.* Euro'päer(in); **ˌEu·ro'pe·an·ism** [-nɪzəm] *s.* Euro'päertum *n*; **ˌEu·ro'pe·an·ize** [-naɪz] *v/t.* europäisieren.

Eu·ro·scep·tic ['jʊərəʊskeptɪk] *s.* Euroskeptiker *m*.

Eu·ro·vi·sion ['jʊərəʊˌvɪʒn] *s. u. adj. TV* Eurovision(s…) *f*.

Eu·sta·chi·an tube [ju:'steɪʃjən] *s. anat.* Eu'stachische Röhre, 'Ohrtromˌpete *f*.

eu·tha·na·si·a [ˌju:θə'neɪzjə] *s.* **1.** sanfter *od.* leichter Tod; **2.** Euthana'sie *f*: ***active (passive) ~*** ⚕ aktive (passive) Sterbehilfe.

e·vac·u·ant [ɪ'vækjʊənt] **I** *adj.* abführend; **II** *s.* Abführmittel *n*; **e·vac·u·ate** [ɪ'vækjʊeɪt] *v/t.* **1.** ent-, ausleeren: ***~ the bowels*** a) den Darm entleeren, b) abführen; **2.** a) *Luft etc.* her'auspumpen, b) *Gefäß* luftleer pumpen; **3.** a) *Personen* evakuieren, b) ⚔ *Truppen* verlegen, *Verwundete etc.* abtransportieren, c) *Gebiet* evakuieren, *a. Haus* räumen; **e·vac·u·a·tion** [ɪˌvækjʊ'eɪʃn] *s.* **1.** Aus-, Entleerung *f*; **2.** ⚕ a) Stuhlgang *m*, b) Stuhl *m*, Kot *m*; **3.** a) Evakuierung *f*, b) ⚔ Verlegung *f* (*von Truppen*), 'Abtransˌport *m*, c) Räumung *f*; **e·vac·u·ee** [ɪˌvækju:'i:] *s.* Evakuierte(r *m*) *f*.

e·vade [ɪ'veɪd] *v/t.* **1.** ausweichen (*dat.*); **2.** *j-m* entkommen; **3.** sich *e-r Sache* entziehen, *e-r Sache* entgehen, ausweichen, *et.* um'gehen, vermeiden; sich *e-r Pflicht etc.* entziehen, ⚖ *Steuern* hinter'ziehen: ***~ a question*** e-r Frage ausweichen; ***~ definition*** sich nicht definieren lassen; **e'vad·er** [-də] *s. j-d, der sich e-r Sache entzieht*; → ***tax evader.***

e·val·u·ate [ɪ'væljʊeɪt] *v/t.* **1.** auswerten; **2.** bewerten, beurteilen; **3.** abschätzen; **4.** berechnen; **e·val·u·a·tion** [ɪˌvæljʊ'eɪʃn] *s.* **1.** Auswertung *f*; **2.** Bewertung *f*, Beurteilung *f*; **3.** Schätzung *f*; **4.** Berechnung *f*.

ev·a·nesce [ˌi:və'nes] *v/i.* sich verflüchtigen; schwinden; **ˌev·a'nes·cence** [-sns] *s.* (Da'hin)Schwinden *n*, Verflüchtigung *f*; **ˌev·a'nes·cent** [-snt] *adj.* ☐ **1.** (ver-, da'hin)schwindend, flüchtig; **2.** vergänglich.

e·van·gel·ic [ˌi:væn'dʒelɪk] *adj.* (☐ ***~ally***) **1.** die Evan'gelien betreffend, Evangelien…; **2.** evan'gelisch; **ˌe·van'gel·i·cal** [-kl] *adj.* ☐ → ***evangelic.***

e·van·ge·lism [ɪ'vændʒəlɪzəm] *s.* Verkündigung *f* des Evan'geliums; **e'van·ge·list** [-lɪst] *s.* **1.** Evange'list *m*; **2.** Evange'list *m*, Erweckungs-, Wanderprediger *m*; **3.** Patri'arch *m der Mormonen*; **e'van·ge·lize** [-laɪz] **I** *v/i.* das Evan'gelium verkünden; **II** *v/t.* (zum Christentum) bekehren.

e·vap·o·rate [ɪ'væpəreɪt] **I** *v/i.* **1.** verdampfen, -dunsten, sich verflüchtigen; **2.** *fig.* verfliegen, sich verflüchtigen (*a.* F *abhauen*); **II** *v/t.* **3.** verdampfen *od.* verdunsten lassen; **4.** ⚙ ab-, eindampfen, evaporieren: ***~d milk*** Kondensmilch *f*; **e·vap·o·ra·tion** [ɪˌvæpə'reɪʃn] *s.* **1.** Verdampfung *f*, -dunstung *f*; **2.** *fig.* Verflüchtigung *f*, Verfliegen *n*;

e'vap·o·ra·tor [-tə] *s.* ⚙ Abdampfvorrichtung *f*, Verdampfer *m.*
e·va·sion [ɪ'veɪʒn] *s.* **1.** Entkommen *n*, -rinnen *n*; **2.** Ausweichen *n*, Um'gehung *f*, Vermeidung *f*; → ***tax evasion***; **3.** Ausflucht *f*, Ausrede *f.*
e·va·sive [ɪ'veɪsɪv] *adj.* □ **1.** ausweichend: ~ ***answer***; ~ ***action*** Ausweichmanöver *n*; ***be*** ~ *fig.* ausweichen; **2.** schwer faßbar *od.* feststellbar; **e'va·sive·ness** [-nɪs] *s.* ausweichendes Verhalten.
Eve¹ [i:v] *npr. bibl.* Eva *f*: ***daughter of*** ~ Evastochter *f* (*typische Frau*).
eve² [i:v] *s.* **1.** *poet.* Abend *m*; **2.** *mst* ♀ Vorabend *m*, -tag *m* (*e-s Festes*); **3.** *fig.* Vorabend *m*: ***on the*** ~ ***of*** am Vorabend von (*od. gen.*); ***be on the*** ~ ***of*** kurz vor (*dat.*) stehen.
e·ven¹ ['i:vn] *adv.* **1.** so'gar, selbst, auch: ~ ***the king*** sogar der König; ***he*** ~ ***kissed her*** er küßte sie sogar; ~ ***if***, ~ ***though*** selbst wenn, wenn auch; ~ ***now*** a) selbst jetzt, noch jetzt, b) eben *od.* gerade jetzt, c) schon jetzt; ***not*** ~ ***now*** selbst jetzt noch nicht, nicht einmal jetzt; ***or*** ~ oder auch (nur), oder gar; ***without*** ~ ***looking*** ohne auch nur hinzusehen; **2.** *vor comp.* noch: ~ ***better*** (sogar) noch besser; **3.** *nach neg.*: ***not*** ~ nicht einmal; ***I never*** ~ ***saw it*** ich habe es nicht einmal gesehen; **4.** gerade, eben: ~ ***as I expected*** gerade *od.* genau wie ich erwartete; ~ ***as he spoke*** gerade als er sprach; ~ ***so*** dennoch, trotzdem, immerhin, selbst dann.
e·ven² ['i:vn] **I** *adj.* □ **1.** eben, flach, gerade; **2.** waag(e)recht, horizon'tal; → ***keel*** 1; **3.** in gleicher Höhe (***with*** mit): ~ ***with the ground*** dem Boden gleich; **4.** gleich: ~ ***chances*** gleiche Chancen; ***stand an*** ~ ***chance of winning*** e-e echte Siegeschance haben; ~ ***money*** gleicher Einsatz (*Wette*); ~ ***bet*** Wette *f* mit gleichem Einsatz; ***of*** ~ ***date*** ♱ gleichen Datums; **5.** ♱ a) ausgeglichen, schuldenfrei, b) ohne Gewinn od. Verlust: ***be*** ~ ***with s.o.*** mit j-m quitt sein; ***get*** ~ ***with s.o.*** mit j-m abrechnen *od.* quitt werden, *fig. a.* es j-m heimzahlen; → ***break even***; **6.** gleich-, regelmäßig; im Gleichgewicht (*a. fig.*); **7.** ausgeglichen, ruhig (*Gemüt etc.*): ~ ***voice*** ruhige *od.* kühle Stimme; **8.** gerecht, 'unpar,teiisch; **9.** a) gerade (*Zahl*), b) geradzahlig (*Schwingungen etc.*), c) rund, voll (*Summe*): ~ ***page*** (Buch)Seite *f* mit gerader Zahl; **10.** genau, prä'zise: ***an*** ~ ***dozen*** genau ein Dutzend; **II** *v/t.* **11.** (ein)ebnen, glätten; **12.** *a.* ~ ***out*** ausgleichen; **13.** ~ ***up*** ♱ *Rechnung* aus-, begleichen, *Konten* abstimmen; **III** *v/i.* **14.** *mst.* ~ ***out*** eben werden; **15.** *a.* ~ ***out*** sich ausgleichen; **16.** ~ ***up on*** mit *j-m* quitt werden.
e·ven³ ['i:vn] *s. poet.* Abend *m.*
,e·ven-'hand·ed *adj.* 'unpar,teiisch, objek'tiv.
eve·ning ['i:vnɪŋ] *s.* **1.** Abend *m*: ***in the*** ~ abends, am Abend; ***on the*** ~ ***of*** am Abend (*gen.*); ***this*** (***tomorrow***) ~ heute (morgen) abend; **2.** 'Abend(unter,haltung *f*) *m*, Gesellschaftsabend *m*; **3.** *fig.* Ende *n*, *bsd.* (*a.* ~ ***of life***) Lebensabend *m*; ~ **class·es** *s. pl. ped.* 'Abendunter,richt *m*; ~ **dress** *s.* **1.** Abendkleid *n*; **2.** Gesellschaftsanzug *m*, *bsd.* a) Frack *m*, b) Smoking *m*; ~ **pa·per** *s.* Abendzeitung *f*; ~ **school** → ***night-school***; ~ **shirt** *s.* Frackhemd *n*; ~ **star** *s.* Abendstern *m.*
e·ven·ness ['i:vnnɪs] *s.* **1.** Ebenheit *f*, Geradheit *f*; **2.** Gleichmäßigkeit *f*; **3.** Gleichheit *f*; **4.** Gelassenheit *f*, Seelenruhe *f*, Ausgeglichenheit *f.*
'e·ven·song *s.* Abendandacht *f.*
e·vent [ɪ'vent] *s.* **1.** Ereignis *n*, Vorfall *m*, Begebenheit *f*: (***quite***) ***an*** ~ ein großes Ereignis; ***after the*** ~ hinterher, im nachhinein; ***before the*** ~ vorher, im voraus; **2.** Ergebnis *n*, Ausgang *m*: ***in the*** ~ schließlich; **3.** Fall *m*, 'Umstand *m*: ***in either*** ~ in jedem Fall; ***in any*** ~ auf jeden Fall; ***at all*** ~***s*** auf alle Fälle, jedenfalls; ***in the*** ~ ***of*** im Falle (*gen. od.* daß); **4.** *bsd. sport* a) Veranstaltung *f*, b) Diszi'plin *f* (*Sportart*), c) Wettbewerb *m*, -kampf *m.*
,e·ven-'tem·pered *adj.* ausgeglichen, gelassen, ruhig.
e·vent·ful [ɪ'ventfʊl] *adj.* **1.** ereignisreich; **2.** denkwürdig, bedeutsam.
'e·ven·tide *s. poet.* (***at*** ~ zur) Abendzeit *f.*
e·ven·tu·al [ɪ'ventʃʊəl] *adj.* □ → ***eventually***; **1.** schließlich: ***this led to his*** ~ ***dismissal*** dies führte schließlich *od.* letzten Endes zu s-r Entlassung; **2.** *obs.* eventu'ell, etwaig; **e·ven·tu·al·i·ty** [ɪ,ventʃʊ'ælətɪ] *s.* Möglichkeit *f*, Eventuali'tät *f*; **e'ven·tu·al·ly** [-lɪ] *adv.* schließlich, endlich; **e'ven·tu·ate** [-ʃʊeɪt] *v/i.* **1.** ausgehen, enden (***in*** in *dat.*); **2.** die Folge sein (***from*** *gen.*).
ev·er ['evə] *adv.* **1.** immer, ständig, unaufhörlich: ***for*** ~ (***and*** ~), ***for*** ~ ***and a day*** für immer (u. ewig); ~ ***and again*** (*obs.* ***anon***) dann u. wann, hin und wieder; ~ ***since***, ~ ***after*** seit der Zeit, seitdem; ***yours*** ~ ... Viele Grüße, Dein(e) *od.* Ihr(e) ...; **2.** *vor comp.* immer: ~ ***larger*** immer größer; ~ ***increasing*** ständig zunehmend; **3.** *neg.*, *interrog.*, *konditional*: je(mals): ***do you*** ~ ***see him?*** siehst du ihn jemals?; ***if I*** ~ ***meet him*** falls ich ihn je treffe; ***did you*** ~***?*** F hast du Töne?, na, so was!; ***the fastest*** ~ F der (die, das) Schnellste aller Zeiten; **4.** nur, irgend, über'haupt: ***as soon as*** ~ ***I can*** sobald ich nur kann; ***what*** ~ ***do you mean?*** was (in aller Welt) meinst du denn (eigentlich)?; ***how*** ~ ***did he manage?*** wie hat er es nur fertiggebracht?; ***hardly*** ~, ***seldom if*** ~ fast niemals; **5.** ~ ***so*** sehr, noch so: ~ ***so simple*** ganz einfach; ~ ***so long*** e-e Ewigkeit; ~ ***so many*** sehr viele; ***thank you*** ~ ***so much!*** tausend Dank!; ***if I were*** ~ ***so rich*** wenn ich noch so reich wäre; ~ ***such a nice man*** wirklich ein netter Mann.
'ev·er|·glade *s. Am.* sumpfiges Flußgebiet; **'~·green I** *adj.* **1.** immergrün; **2.** unverwüstlich, nie veraltend, immer wieder gern gehört: ~ ***song*** → 4; **II** *s.* **3.** ♀ a) immergrüne Pflanze, b) Immergrün *n*; **4.** Evergreen *m*, *n* (*Schlager*); **,~'last·ing I** *adj.* □ **1.** immerwährend, ewig (*a. Gott, Schnee*): ~ ***flower*** → 5; **2.** *fig.* F unaufhörlich, endlos; **3.** dauerhaft, unbegrenzt haltbar, unverwüstlich; **II** *s.* **4.** Ewigkeit *f*; **5.** ♀ Immor'telle *f*, Strohblume *f*; **,~'more** *adv.* **1.** immerfort: ***for*** ~ in Ewigkeit; **2.** je(mals) wieder.
ev·er·y ['evrɪ] *adj.* **1.** jeder, jede, jedes, all: ***he has read*** ~ ***book on this subject***; ~ ***other*** a) jeder andere, b) → ***other*** 6; ~ ***day*** jeden Tag, alle Tage, täglich; ~ ***four days*** alle vier Tage; ~ ***fourth day*** jeden vierten Tag; ~ ***now and then*** (*od.* ***again***), ~ ***so often*** F gelegentlich, hin u. wieder; ~ ***bit*** (***of it***) ganz, völlig: ~ ***bit as good*** genauso gut; ~ ***time*** a) jedesmal(, wenn), sooft, b) jederzeit, F *a.* allemal; **2.** jeder, jede, jedes (einzelne *od.* erdenkliche), all: ***her*** ~ ***wish*** jeder ihrer Wünsche, alle ihre Wünsche; ***have*** ~ ***reason*** allen Grund haben; ***their*** ~ ***liberty*** ihre ganze Freiheit; **'~,bod·y** *pron.* jeder(mann); **'~·day** *adj.* **1.** (all)täglich; **2.** Alltags...; **3.** (mittel)mäßig; **'~·one**, ~ **one** *pron.* jeder(mann): ***in*** ~***'s mouth*** in aller Munde; **'♀·man** *s. bsd. thea.* Jedermann *m*; **'~·thing** *pron.* **1.** alles: ~ ***new*** alles Neue; **2.** F die Hauptsache, alles: ***speed is*** ~; ***he*** (***it***) ***has*** ~ F er (es) hat alles *od.* ist ‚phantastisch'; **'~·where** *adv.* 'überall, allenthalben.
e·vict [ɪ'vɪkt] *v/t.* ⚖ **1.** *j-n* zur Räumung zwingen; *fig. j-n* gewaltsam vertreiben; **2.** wieder in Besitz nehmen; **e'vic·tion** [-kʃn] *s.* ⚖ **1.** Zwangsräumung *f*, Her'aussetzung *f*: ~ ***order*** Räumungsbefehl *m*; **2.** Wiederinbe'sitznahme *f.*
ev·i·dence ['evɪdəns] **I** *s.* **1.** ⚖ a) Be'weis(mittel *n*, -stück *n*, -materi,al *n*) *m*, Beweise *pl.*, Ergebnis *n* der Beweisaufnahme *f*, b) 'Unterlage *f*, Beleg *m*, c) (Zeugen)Aussage *f*, Zeugnis *n*: ***a piece of*** ~ ein Beweisstück; ***medical*** ~ Aussage *f od.* Gutachten *n* des medizinischen Sachverständigen; ***for lack of*** ~ mangels Beweises; ***in*** ~ ***of*** zum Beweis (*gen.*); ***offer in*** ~ Beweisantritt *m*; ***on the*** ~ auf Grund des Beweismaterials; ***admit in*** ~ als Beweis zulassen; ***call s.o. in*** ~ j-n als Zeugen benennen; ***give*** *od.* ***bear*** ~ (***of***) (als Zeuge) aussagen (über *acc.*), *fig.* zeugen (von); ***hear*** ~ Zeugen vernehmen; ***hearing*** *od.* ***taking of*** ~ Beweisaufnahme *f*; ***turn King's*** (*od.* ***Queen's***, *Am.* ***State's***) ~ als Kronzeuge auftreten; **2.** Augenscheinlichkeit *f*, Klarheit *f*: ***in*** ~ sichtbar, er-, offensichtlich; ***be much in*** ~ stark in Erscheinung treten, deutlich feststellbar sein; stark vertreten sein; **3.** (An)Zeichen *n*, Spur *f*: ***there is no*** ~ es ist nicht ersichtlich *od.* feststellbar, nichts deutet darauf hin; **II** *v/t.* **4.** dartun, be-, nachweisen, zeigen; **'ev·i·dent** [-nt] *adj.* □ → ***evidently***; augenscheinlich, einleuchtend, offensichtlich, klar (ersichtlich); **ev·i·den·tial** [,evɪ'denʃl] *adj.* □, **ev·i·den·tia·ry** [,evɪ'denʃərɪ] *adj.* **1.** ⚖ beweiserheblich; Beweis...(*-kraft*, *-wert*); **2.** über'zeugend: ***be*** ~ ***of*** *et.* (klar) beweisen; **'ev·i·dent·ly** [-ntlɪ] *adv.* offensichtlich, zweifellos.
e·vil ['i:vl] **I** *adj.* □ **1.** übel, böse, schlimm: ~ ***eye*** a) böser Blick, b) schlimmer Einfluß; ***the*** ♀ ***One*** der Teufel; ~ ***repute*** schlechter Ruf; ~ ***spirit*** böser Geist; **2.** gottlos, boshaft, schlecht: ~ ***tongue*** Lästerzunge *f*; **3.** unglücklich: ~ ***day*** Unglückstag *m*; ***fall on*** ~ ***days*** ins Unglück geraten; **II** *s.* **4.** Übel *n*, Unglück *n*: ***the lesser of two***

~s, the lesser ~ das geringere Übel; **5.** *das* Böse, Sünde *f*, Verderbtheit *f*: ***do ~*** Böses tun; ***the powers of ~*** die Mächte der Finsternis; ***the social ~*** die Prostitution; **ˌ~-disˈposed** → ***evil-minded***; **ˌ~-ˈdo·er** *s.* Übeltäter(in); **ˌ~-ˈmind·ed** *adj.* übelgesinnt, bösartig; **ˌ~-ˈspeak·ing** *adj.* verleumderisch.

e·vince [ɪˈvɪns] *v/t.* dartun, be-, erweisen, bekunden, zeigen.

e·vis·cer·ate [ɪˈvɪsəreɪt] *v/t.* **1.** *Tier* ausnehmen, *hunt. a.* ausweiden; **2.** *fig. et.* inhalts- *od.* bedeutungslos machen; **e·vis·cer·a·tion** [ɪˌvɪsəˈreɪʃn] *s.* Ausweidung *f*.

ev·o·ca·tion [ˌevəʊˈkeɪʃn] *s.* **1.** (Geister)Beschwörung *f*; **2.** *fig.* (***of***) a) Wachrufen *n* (*gen.*), b) Erinnerung *f* (an *acc.*); **3.** plastische Schilderung; **e·voc·a·tive** [ɪˈvɒkətɪv] *adj.* **1.** ***be ~ of*** erinnern an (*acc.*); **2.** sinnträchtig, beziehungsreich.

e·voke [ɪˈvəʊk] *v/t.* **1.** *Geister* herˈbeirufen, beschwören; **2.** *fig.* herˈvor-, wachrufen, wecken.

ev·o·lu·tion [ˌiːvəˈluːʃn] *s.* **1.** Entwicklung *f*, Entfaltung *f*, (Herˈaus)Bildung *f*; **2.** *biol.* Evolutiˈon *f*: ***theory of ~*** Evolutionstheorie *f*; **3.** Folge *f*, (Handlungs)Ablauf *m*; **4.** ⚔ Maˈnöver *n*, Bewegung *f*; **5.** *phys.* (*Gas- etc.*) Entwicklung *f*; **6.** ⚕ Wurzelziehen *n*; **ˌev·oˈlu·tion·ar·y** [-ʃnərɪ] *adj.* Entwicklungs…, *biol.* Evolutions…; **ˌev·oˈlu·tion·ist** [-ʃənɪst] **I** *s.* Anhänger(in) der (*biologischen*) Entwicklungslehre; **II** *adj.* die Entwicklungslehre betreffend.

e·volve [ɪˈvɒlv] **I** *v/t.* **1.** entwickeln, entfalten, herˈausarbeiten; **2.** *Gas, Wärme* aus-, verströmen; **II** *v/i.* **3.** sich entwikkeln *od.* entfalten (***into*** zu); **4.** entstehen (***from*** aus).

ewe [juː] *s. zo.* Mutterschaf *n*; **~ lamb** *s. zo.* Schaflamm *n*.

ew·er [ˈjuːə] *s.* Wasserkrug *m*.

ex¹ [eks] *prp.* **1.** ✝ a) aus, ab, von: ***~ factory*** ab Fabrik; ***~ works*** ab Werk; → ***ex officio***, b) ohne, exkluˈsive: ***~ all*** ausschließlich aller Rechte; ***~ dividend*** ohne Dividende; **2.** → ***ex cathedra*** *etc.*

ex² [eks] *s.* X *n*, x *n* (*Buchstabe*).

ex- [eks] *in Zssgn* Ex…, ehemalig; Alt…

ex·ac·er·bate [ekˈsæsəbeɪt] *v/t.* **1.** *j-n* verärgern; **2.** *et.* verschlimmern; **ex·ac·er·ba·tion** [ekˌsæsəˈbeɪʃn] *s.* **1.** Verärgerung *f*; **2.** Verschlimmerung *f*.

ex·act [ɪɡˈzækt] **I** *adj.* □ → ***exactly***; **1.** exˈakt, genau, (genau) richtig: ***the ~ time*** die genaue Zeit; ***the ~ sciences*** die exakten Wissenschaften; **2.** streng, genau: ***~ rules***; **3.** meˈthodisch, gewissenhaft, sorgfältig (*Person*); **4.** genau, tatsächlich: ***his ~ words***; **II** *v/t.* **5.** *Gehorsam, Geld etc.* fordern, verlangen; **6.** *Zahlung* eintreiben, einfordern; **7.** *Geschick etc.* erfordern; **exˈact·ing** [-tɪŋ] *adj.* **1.** streng, genau; **2.** anspruchsvoll: ***an ~ customer***; ***be ~*** hohe Anforderungen stellen; **3.** hart, aufreibend (*Aufgabe etc.*); **exˈac·tion** [-kʃn] *s.* **1.** Fordern *n*; **2.** Eintreiben *n*; **3.** (unmäßige) Forderung; **exˈact·i·tude** [-tɪtjuːd] → ***exactness***; **exˈact·ly** [-lɪ] *adv.* **1.** genau, exˈakt; **2.** sorgfältig; **3.** *als Antwort*: genau, ganz recht, du sagst (Sie sagen) es: ***not ~*** a) nicht ganz, b) *iro.* nicht gerade *od.* eben *schön etc.*; **4.** *wo, wann etc.* eigentlich; **exˈact·ness** [-nɪs] *s.* **1.** Exˈaktheit *f*, Genauigkeit *f*, Richtigkeit *f*; **2.** Sorgfalt *f*.

ex·ag·ger·ate [ɪɡˈzædʒəreɪt] **I** *v/t.* **1.** überˈtreiben; überˈtrieben darstellen; aufbauschen; **2.** ˈüberbewerten; **3.** ˈüberbetonen; **II** *v/i.* **4.** übertreiben; **exˈag·ger·at·ed** [-tɪd] *adj.* □ überˈtrieben, -ˈzogen; **ex·ag·ger·a·tion** [ɪɡˌzædʒəˈreɪʃn] *s.* Überˈtreibung *f*.

ex·alt [ɪɡˈzɔːlt] *v/t.* **1.** *im Rang* erheben, erhöhen (***to*** zu); **2.** (lob)preisen, verherrlichen: ***~ to the skies*** in den Himmel heben; **3.** verstärken (*a. fig.*); **ex·al·ta·tion** [ˌeɡzɔːlˈteɪʃn] *s.* **1.** Erhebung *f*: ***ℒ of the Cross*** *eccl.* Kreuzerhöhung *f*; **2.** Begeisterung *f*, Ekˈstase *f*, Erregung *f*; **exˈalt·ed** [-tɪd] *adj.* **1.** gehoben: ***~ style***; **2.** hoch: ***~ rank***; ***~ ideal***; **3.** begeistert; **4.** überˈtrieben hoch: ***have an ~ opinion of o.s.***

ex·am [ɪɡˈzæm] F *für* ***examination*** 2.

ex·am·i·na·tion [ɪɡˌzæmɪˈneɪʃn] *s.* **1.** Unterˈsuchung *f* (*a.* ⚕), Prüfung *f* (***of, into*** *gen.*); Besichtigung *f*, ˈDurchsicht *f*: ***(up)on ~*** bei näherer Prüfung; ***be under ~*** geprüft *od.* erwogen werden (→ *a.* 3); **2.** *ped.* Prüfung *f*, Exˈamen *n*: ***~ paper*** Prüfungsarbeit *f*, -aufgabe(n *pl.*) *f*; ***take*** (*od.* ***go in for***) ***an ~*** sich e-r Prüfung unterziehen; **3.** ⚖ a) *Zivilprozeß*: Vernehmung *f*, b) *Strafprozeß*: Verhör *n*: ***be under ~*** vernommen werden (→ *a.* 1).

ex·am·ine [ɪɡˈzæmɪn] **I** *v/t.* **1.** unterˈsuchen (*a.* ⚕), prüfen (*a. ped.*), examinieren, besichtigen, ˈdurchsehen, revidieren: ***~ one's conscience*** sein Gewissen prüfen; **2.** ⚖ vernehmen, *Straftäter* verhören; **II** *v/i.* **3.** ***~ into s.th.*** *et.* untersuchen; **ex·am·i·nee** [ɪɡˌzæmɪˈniː] *s.* Prüfling *m*, (ˈPrüfungs)Kandiˌdat(in); **exˈam·in·er** [-nə] *s.* **1.** *allg.* Prüfer(in); **2.** ⚖ beauftragter Richter; **exˈam·in·ing bod·y** [-nɪŋ] *s.* Prüfungsausschuß *m*.

ex·am·ple [ɪɡˈzɑːmpl] *s.* **1.** Beispiel *n* (***of*** für): ***for ~*** zum Beispiel; ***without ~*** beispiellos, ohnegleichen; **2.** Vorbild *n*, Beispiel *n*: ***hold up as an ~*** als Beispiel hinstellen; ***set a good ~*** ein gutes Beispiel geben; ***take an ~ by*** sich ein Beispiel nehmen an (*dat.*); **3.** warnendes Beispiel: ***let this be an ~ to you*** laß dir das e-e Warnung sein; ***make an ~ of s.o.*** an j-m ein Exempel statuieren.

ex·as·per·ate [ɪɡˈzæspəreɪt] *v/t.* ärgern, wütend machen, aufbringen; **exˈas·per·at·ed** [-tɪd] *adj.* aufgebracht, erbost; **exˈas·per·at·ing** [-tɪŋ] *adj.* □ ärgerlich, zum Verzweifeln; **ex·as·per·a·tion** [ɪɡˌzæspəˈreɪʃn] *s.* Wut *f*: ***in ~*** wütend.

ex ca·the·dra [ˌekskəˈθiːdrə] **I** *adj.* maßgeblich, autoritaˈtiv; **II** *adv.* ex ˈcathedra; maßgeblich.

ex·ca·vate [ˈekskəveɪt] *v/t.* **1.** ausgraben (*a. fig.*), ausschachten, -höhlen; **2.** *Zahnmedizin*: exkavieren; **ex·ca·va·tion** [ˌekskəˈveɪʃn] *s.* **1.** Ausgrabung *f*; **2.** Ausschachtung *f*, Aushöhlung *f*; Aushub *m*; **3.** *geol.* Auskolkung *f*; **4.** *Zahnmedizin*: Exkavatiˈon *f*; **ˈex·ca·va·tor** [-tə] *s.* **1.** Ausgräber *m*; **2.** Erdarbeiter *m*; **3.** ⚙ (Trocken)Bagger *m*.

ex·ceed [ɪkˈsiːd] **I** *v/t.* **1.** überˈschreiten, -ˈsteigen (*a. fig.*); **2.** *fig.* a) hinˈausgehen über (*acc.*), b) *j-n, et.* überˈtreffen; **II** *v/i.* **3.** zu weit gehen, das Maß überˈschreiten; **4.** herˈausragen; **exˈceed·ing** [-dɪŋ] *adj.* □ → ***exceedingly***; **1.** außerˈordentlich, äußerst; **2.** mehr als, über: ***not ~*** (von) höchstens; **exˈceed·ing·ly** [-dɪŋlɪ] *adv.* ˈüberaus, äußerst, aufs äußerste.

ex·cel [ɪkˈsel] **I** *v/t.* überˈtreffen (***o.s.*** sich selbst); **II** *v/i.* sich auszeichnen, herˈvorragen (***in*** *od.* ***at*** in *dat.*).

ex·cel·lence [ˈeksələns] *s.* **1.** Vorˈtrefflichkeit *f*; **2.** vorˈzügliche Leistung; **ˈEx·cel·len·cy** [-sɪ] *s.* Exzelˈlenz *f* (*Titel*): ***Your ~*** Eure Exzellenz; **ˈex·cel·lent** [-nt] *adj.* □ vorˈzüglich, ausgezeichnet, herˈvorragend.

ex·cel·si·or [ekˈselsɪɔː] *s.* **1.** *Am.* Holzwolle *f*; **2.** *typ.* Brilˈlant *f* (*Schriftgrad*).

ex·cept [ɪkˈsept] **I** *v/t.* **1.** ausnehmen, -schließen (***from*** von, aus); **2.** sich *et.* vorbehalten; → ***error*** 1; **II** *v/i.* **3.** Einwendungen machen, Einspruch erheben (***against*** gegen); **III** *prp.* **4.** ausgenommen, außer, mit Ausnahme von (*od. gen.*): ***~ for*** abgesehen von, bis auf (*acc.*); **IV** *cj.* **5.** es sei denn, daß; außer, wenn: ***~ that*** außer, daß; **exˈcept·ing** [-tɪŋ] *prp.* (*nach* ***always*** *od. neg.*) ausgenommen, außer; **exˈcep·tion** [-pʃn] *s.* **1.** Ausnahme *f*: ***by way of ~*** ausnahmsweise; ***with the ~ of*** mit Ausnahme von (*od. gen.*), außer, bis auf (*acc.*); ***without ~*** ohne Ausnahme, ausnahmslos; ***make no ~(s)*** keine Ausnahme machen; ***an ~ to the rule*** e-e Ausnahme von der Regel; **2.** Einwendung *f*, Einwand *m*, Einspruch *m* (*a.* ⚖ *Rechtsmittelvorbehalt*): ***take ~ to*** a) Einwendungen machen *od.* protestieren gegen, b) Anstoß nehmen an (*dat.*); **exˈcep·tion·a·ble** [-pʃnəbl] *adj.* □ **1.** anfechtbar; **2.** anstößig; **exˈcep·tion·al** [-pʃənl] *adj.* □ → ***exceptionally***; **1.** außergewöhnlich, Ausnahme…, Sonder…: ***~ case*** Ausnahmefall *m*; **2.** ungewöhnlich (gut); **exˈcep·tion·al·ly** [-pʃnəlɪ] *adv.* **1.** ausnahmsweise; **2.** außergewöhnlich.

ex·cerpt **I** *v/t.* [ekˈsɜːpt] **1.** *Textstelle* exzerpieren, ausziehen; **II** *s.* [ˈeksɜːpt] **2.** Exˈzerpt *n*, Auszug *m*; **3.** Sonder(ab)druck *m*.

ex·cess [ɪkˈses] *s.* **1.** ˈÜbermaß *n*, -fluß *m* (***of*** an *dat.*): ***~ of …*** zuviel …; ***carry to ~*** übertreiben, *et.* zu weit treiben; **2.** Exˈzeß *m*, Unmäßigkeit *f*, Ausschweifung *f*; *mst pl.* Ausschreitungen *pl.*: ***drink to ~*** übermäßig trinken; **3.** ˈÜberschuß *m* (*a.* ⚕, ✝), Mehrsumme *f*: ***in ~ of*** mehr als, über …; ***be in ~ of*** überschreiten, -steigen; ***~ of exports*** Ausfuhrüberschuß *m*; **~ bag·gage** *s.* ✈ *Am.* ˈÜbergepäck *n*; **~ ca·pac·i·ty** *s.* Überkapazität *f*; **~ cost** *s.* Mehrkosten *pl.*; **~ cur·rent** *s.* ⚡ ˈÜberstrom *m*; **~ fare** *s.* (Fahrpreis)Zuschlag *m*; **~ freight** *s.* ˈÜberfracht *f*.

ex·ces·sive [ɪkˈsesɪv] *adj.* □ ˈübermäßig, überˈtrieben; unangemessen hoch (*Strafe etc.*).

ex·cess| lug·gage *s.* ✈ ˈÜbergepäck *n*; **~ post·age** *s.* Nachporto *n*, -gebühr *f*; **~ prof·its tax** *s. Am.* Mehrgewinnsteuer *f*; **~ volt·age** *s.* ⚡ ˈÜberspannung *f*; **~ weight** *s.* Mehrgewicht *n*.

ex·change [ɪksˈtʃeɪndʒ] **I** *v/t.* **1.** (***for***)

aus-, 'umtauschen (gegen), vertauschen (mit); **2.** *Geld* eintauschen, ('um)wechseln (***for*** gegen); **3.** (*gegenseitig*) *Blicke, Küsse, Plätze* tauschen; *Grüße, Gedanken, Gefangene etc.* austauschen; *Worte, Schüsse etc.* wechseln: ***~ blows*** sich prügeln; **4.** ersetzen (***for*** durch); **5.** ⚙ auswechseln; **II** *v/i.* **6.** ***~ for*** wert sein: ***2.50 D-marks ~ for one dollar***; **III** *s.* **7.** Tausch *m* (*a. Schach*), Aus-, 'Umtausch *m*, Auswechselung *f*, Tauschhandel *m*: ***in ~*** als Ersatz, dafür; ***in ~ for*** gegen, als Entgelt für; ***~ of letters*** Schriftwechsel *m*; ***~ of blows*** Schlagwechsel *m*, *Boxen*: *a.* Schlagabtausch *m*; ***~ of shots*** Schußwechsel *m*; ***~ of views*** Meinungsaustausch; **8.** ⚚ a) ('Um)Wechseln *n*, Wechselverkehr *m*: ***money ~*** Geldwechsel *m*, b) → ***bill***[2] 3, c) → ***rate***[1] 2, d) ***foreign ~*** Devisen *pl.*, Valuta *f*, e) Wechselstube *f*; **9.** ⚚ Börse *f*; **10.** (Fernsprech)Amt *n*, Vermittlung *f*; **ex'change·a·ble** [-dʒəbl] *adj.* **1.** (aus)tausch-, auswechselbar (***for*** gegen); **2.** Tausch...

ex·change| bro·ker *s.* **1.** Wechselmakler *m*; **2.** De'visenmakler *m*; **~ con·trol** *s.* De'visenbewirtschaftung *f*, -kon,trolle *f*; **~ list** *s.* ⚚ Kurszettel *m*; **~ of·fice** *s.* Wechselstube *f*; **~ rate** *s.* ⚚ 'Umrechnungs-, Wechselkurs *m*: ***~ adjustment*** Wechselkursberichtigung *f*; ***~ fluctuation band*** Bandbreite der Wechselkurse; ***~ parity*** Wechselkursparität *f*; **~ reg·u·la·tions** *s. pl.* ⚚ De'visenbestimmungen *pl.*; **~ re·stric·tions** *s. pl.* ⚚ De'visenbeschränkungen *pl.*; **~ stu·dent** *s.* 'Austauschstu,dent(in).

ex·cheq·uer [ɪks'tʃekə] *s.* **1.** *Brit.* Schatzamt *n*, Staatskasse *f*, Fiskus *m*: ***the*** 𝔈 das Finanzministerium; ***~ bill*** *obs.* Schatzwechsel *m*; ***~ bond*** Schatzanweisung *f*; **2.** ⚚ (Geschäfts)Kasse *f*.

ex·cis·a·ble [ek'saɪzəbl] *adj.* (verbrauchs)steuerpflichtig.

ex·cise[1] **I** *v/t.* [ek'saɪz] besteuern; **II** *s.* ['eksaɪz] *a.* ***~ duty*** Verbrauchssteuer *f*: ***~man*** Steuereinnehmer *m*.

ex·cise[2] [ek'saɪz] *v/t.* ⚕ her'ausschneiden, entfernen; **ex·ci·sion** [ek'sɪʒn] *s.* **1.** ⚕ Exzisi'on *f*, Ausschneidung *f*; **2.** Ausmerzung *f*.

ex·cit·a·bil·i·ty [ɪk,saɪtə'bɪlətɪ] *s.* Reizbar-, Erregbarkeit *f*, Nervosi'tät *f*; **ex·cit·a·ble** [ɪk'saɪtəbl] *adj.* reiz-, erregbar, ner'vös; **ex·cit·ant** ['eksɪtənt] *s.* ⚕ Reizmittel *n*, 'Stimulans *n*; **ex·ci·ta·tion** [,eksɪ'teɪʃn] *s.* **1.** *a.* ϟ, ⚗ Erregung *f*; **2.** ⚕ Reiz *m*, 'Stimulus *m*.

ex·cite [ɪk'saɪt] *v/t.* **1.** *j-n* er-, aufregen: ***get ~d*** (***over***) sich aufregen (über *acc.*); **2.** *j-n* an-, aufreizen, aufstacheln; **3.** *j-n* (*sexuell*) erregen; **4.** *Interesse etc.* erregen, erwecken, her'vorrufen; **5.** ⚕ *Nerv* reizen; **6.** ϟ erregen; **7.** *phot.* lichtempfindlich machen; **ex'cit·ed** [-tɪd] *adj.* □ erregt; aufgeregt; **ex'cite·ment** [-mənt] *s.* **1.** Er-, Aufregung *f*; **2.** Reizung *f*; **ex'cit·er** [-tə] *s.* ϟ Erreger *m*; **ex'cit·ing** [-tɪŋ] *adj.* **1.** erregend; aufregend; spannend, anregend, toll; **2.** ϟ Erreger...

ex·claim [ɪk'skleɪm] **I** *v/i.* **1.** ausrufen, (auf)schreien; **2.** eifern, wettern (***against*** gegen); **II** *v/t.* **3.** ausrufen.

ex·cla·ma·tion [,eksklə'meɪʃn] *s.* **1.** Ausruf *m*, (Auf)Schrei *m*; **2.** *a.* ***~ mark, note of ~***, *Am.* ***point of ~*** Ausrufe-, Ausrufungszeichen *n*; **3.** heftiger Pro'test; **4.** *ling.* a) Ausrufesatz *m*, b) Interjekti'on *f*; **ex·clam·a·to·ry** [ek'sklæmətərɪ] *adj.* **1.** exklama'torisch: ***~ style***; **2.** Ausrufe...: ***~ sentence***.

ex·clave ['eksklεɪv] *s.* Ex'klave *f*.

ex·clude [ɪk'sklu:d] *v/t.* ausschließen (***from*** von): ***not excluding myself*** mich selbst nicht ausgenommen; **ex'clu·sion** [-u:ʒən] *s.* **1.** Ausschließung *f*, Ausschluß *m* (***from*** von): ***to the ~ of*** unter Ausschluß von; **2.** ⚙ Absperrung *f*; ***~ zone*** *s. pol.* Schutzzone *f*.

ex·clu·sive [ɪk'sklu:sɪv] **I** *adj.* □ → ***exclusively***; **1.** ausschließend: ***~ of*** ausschließlich (*gen.*), abgesehen von, ohne; ***be ~ of et.*** ausschließen; **2.** a) ausschließlich, al'leinig, Allein..., Sonder...: ***~ agent*** Alleinvertreter *m*; ***~ rights*** ausschließliche Rechte; ***be ~ to*** beschränkt sein auf (*acc.*), b) Exklusiv...: ***~ contract*** (***report*** *etc.*); **3.** exklu'siv: a) vornehm, b) anspruchsvoll; **4.** unnahbar; **II** *s.* **5.** Exklu'sivbericht *m*; **ex'clu·sive·ly** [-lɪ] *adv.* ausschließlich, nur; **ex'clu·sive·ness** [-nɪs] *s.* Exklusivi'tät *f*.

ex·cog·i·tate [eks'kɒdʒɪteɪt] *v/t.* (sich) *et.* ausdenken, ersinnen.

ex·com·mu·ni·cate [,ekskə'mju:nɪkeɪt] *v/t. R.C.* exkommunizieren; **ex·com·mu·ni·ca·tion** ['ekskə,mju:nɪ'keɪʃn] *s.* Exkommunikati'on *f*.

ex·co·ri·ate [eks'kɔ:rɪeɪt] *v/t.* **1.** die Haut abziehen von; *Baum* abrinden; **2.** *Haut* wund reiben, abschürfen; **3.** heftig angreifen, vernichtend kritisieren; **ex·co·ri·a·tion** [eks,kɔ:rɪ'eɪʃn] *s.* **1.** (Haut)Abschürfung *f*; **2.** Wundreiben *n*.

ex·cre·ment ['ekskrɪmənt] *s. oft pl.* Kot *m*, Exkre'mente *pl.*

ex·cres·cence [ɪk'skresns] *s.* **1.** Auswuchs *m* (*a. fig.*); **2.** ⚕ Wucherung *f*; **ex'cres·cent** [-nt] *adj.* **1.** auswachsend; wuchernd; **2.** *fig.* 'überflüssig; **3.** *ling.* eingeschoben.

ex·cre·ta [ek'skri:tə] *s. pl.* Ex'krete *pl.*; **ex·crete** [ek'skri:t] *v/t.* absondern, ausscheiden; **ex'cre·tion** [-i:ʃn] *s.* **1.** Ausscheidung *f*; **2.** Ex'kret *n*.

ex·cru·ci·ate [ɪk'skru:ʃɪeɪt] *v/t. fig.* quälen; **ex'cru·ci·at·ing** [-tɪŋ] *adj.* □ **1.** qualvoll, heftig; **2.** F schauderhaft, unerträglich.

ex·cul·pate ['ekskʌlpeɪt] *v/t.* reinwaschen, rechtfertigen, freisprechen (***from*** von); **ex·cul·pa·tion** [,ekskʌl'peɪʃn] *s.* Entschuldigung *f*, Rechtfertigung *f*, Entlastung *f*.

ex·cur·sion [ɪk'skɜ:ʃn] *s.* **1.** (*a.* wissenschaftliche) Exkursi'on, Ausflug *m*, Abstecher *m*, Streifzug *m* (*alle a. fig.*): ***~ train*** Sonder-, Ausflugszug *m*; **2.** Abschweifung *f*; **3.** Abweichung *f* (*a. ast.*); **ex'cur·sion·ist** [-ʃnɪst] *s.* Ausflügler (-in); **ex'cur·sive** [-ɜ:sɪv] *adj.* □ **1.** abschweifend; **2.** weitschweifig; **3.** sprunghaft; **ex'cur·sus** [-ɜ:səs] *pl.* **-sus·es** *s.* Ex'kurs *m* (*Erörterung od. Abschweifung*).

ex·cus·a·ble [ɪk'skju:zəbl] *adj.* □ entschuldbar, verzeihlich.

ex·cuse I *v/t.* [ɪk'skju:z] **1.** *j-n od. et.* entschuldigen, *j-m et.* verzeihen: ***~ me*** a) entschuldigen Sie!, b) aber erlauben Sie mal!; ***~ me for being late, ~ my being late*** verzeih, daß ich zu spät komme; ***please ~ my mistake*** bitte entschuldige m-n Irrtum; **2.** Nachsicht mit *j-m* haben; **3.** *et.* entschuldigen, über'sehen; **4.** *et.* entschuldigen, e-e Entschuldigung für *et.* sein, rechtfertigen: ***that does not ~ your conduct***; **5.** (***from***) *j-n* befreien (von), *j-m et.* erlassen: ***~ s.o. from attendance***; ***~d from duty*** vom Dienst befreit; ***he begs to be ~d*** er läßt sich entschuldigen; ***I must be ~d from doing this*** ich muß es leider ablehnen, dies zu tun; **6.** *j-m et.* erlassen; **II** *s.* [-kju:s] **7.** Entschuldigung *f*: ***offer*** (*od.* ***make***) ***an ~*** sich entschuldigen; ***please make my ~s to her*** bitte entschuldige mich bei ihr; **8.** Rechtfertigung *f*: ***there is no ~ for his conduct*** sein Benehmen ist nicht zu entschuldigen; **9.** Vorwand *m*, Ausrede *f*, Ausflucht *f*; **10.** dürftiger Ersatz: ***a poor ~ for a car*** e-e armselige ‚Kutsche'; **ex'cuse-me** *s.* Tanz *m* mit Abklatschen.

,ex-di'rec·to·ry *adj.*: ***~ number*** *teleph.* Geheimnummer *f*.

ex·e·at ['eksɪæt] (*Lat.*) *s. Brit.* (kurzer) Urlaub (*für Studenten*).

ex·e·cra·ble ['eksɪkrəbl] *adj.* □ ab'scheulich, scheußlich; **ex·e·crate** ['eksɪkreɪt] **I** *v/t.* **1.** verfluchen, verwünschen; **2.** verabscheuen; **II** *v/i.* **3.** fluchen; **ex·e·cra·tion** [,eksɪ'kreɪʃn] *s.* **1.** Verwünschung *f*, Fluch *m*; **2.** Abscheu *m*: ***hold in ~*** verabscheuen.

ex·ec·u·tant [ɪg'zekjʊtənt] *s.* Ausführende(r *m*) *f*, *bsd.* ♪ Vortragende(r *m*) *f*; **ex·e·cute** ['eksɪkju:t] *v/t.* **1.** aus-, 'durchführen, verrichten, tätigen; **2.** *Amt* ausüben; **3.** ♪, *thea.* vortragen, spielen; **4.** ⚖ a) *Urkunde* (rechtsgültig) ausfertigen, durch 'Unterschrift, Siegel *etc.* voll'ziehen, b) *Urteil* voll'strecken, *bsd. j-n* hinrichten, c) *j-n* pfänden; **ex·e·cu·tion** [,eksɪ'kju:ʃn] *s.* **1.** Aus-, 'Durchführung *f*, Verrichtung *f*: ***carry into ~*** ausführen; **2.** (*Art u. Weise der*) Ausführung: a) ♪ Vortrag *m*, Spiel *n*, Technik *f*, b) *Kunst, Literatur*: Darstellung *f*, Stil *m*; **3.** ⚖ a) Ausfertigung *f*, b) Errichtung *f* (*e-s Testaments*), c) Voll'ziehung *f*, ('Urteils-, *a.* 'Zwangs-) Voll,streckung *f*, Pfändung *f*, d) Hinrichtung *f*: ***sale under ~*** Zwangsversteigerung *f*; ***levy ~ against a company*** die Zwangsvollstreckung in das Vermögen e-r Gesellschaft betreiben; **ex·e·cu·tion·er** [,eksɪ'kju:ʃnə] *s.* **1.** Henker *m*, Scharfrichter *m*; **2.** *sport* Voll'strecker *m*; **ex'ec·u·tive** [-tɪv] **I** *adj.* □ **1.** ausübend, voll'ziehend, *pol.* Exekutiv...: ***~ officer*** Verwaltungsbeamte(r) *m*; ***~ power*** → 3; **2.** ⚚ geschäftsführend, leitend: ***~ board*** Vorstand *m*; ***~ committee*** Exekutivausschuß *m*; ***~ floor*** Chefetage *f*; ***~ functions*** Führungsaufgaben; ***~ post*** leitende Stellung; ***~ staff*** leitende Angestellte *pl.*; **II** *s.* **3.** Exeku'tive *f*, voll'ziehende Gewalt (*im Staat*); **4.** *a.* ***senior ~*** ⚚ leitender Angestellter; **5.** ⚔ *Am.* stellvertretender Komman'deur; **ex'ec·u·tor** [-tə] *s.* ⚖ Testa'mentsvoll,strecker *m*, Erbschaftsverwalter *m*: ***literary ~*** Nachlaßverwalter e-s Autors; **ex'ec·u·to·ry**

[-tərɪ] *adj.* **1.** ⚖ bedingt, erfüllungsbedürftig: ~ ***contract***; **2.** Ausführungs…; **ex'ec·u·trix** [-trɪks] *s.* ⚖ Testa'mentsvoll,streckerin *f*.

ex·e·ge·sis [,eksɪ'dʒiːsɪs] *s.* Exe'gese *f*, (Bibel)Auslegung *f*; **ex·e·gete** ['eksɪdʒiːt] *s.* Exe'get *m*; **,ex·e'get·ic** [-'dʒetɪk] **I** *adj.* □ exe'getisch, auslegend; **II** *s. pl. sg. konstr.* Exe'getik *f*.

ex·em·plar [ɪg'zemplə] *s.* **1.** Muster(beispiel) *n*, Vorbild *n*; **2.** typisches Beispiel; **3.** *typ.* (Druck)Vorlage *f*; **ex'em·pla·ry** [-ərɪ] *adj.* □ **1.** exem'plarisch: a) beispiel-, musterhaft, b) warnend, abschreckend, dra'konisch (*Strafe etc.*); **2.** typisch, Muster…

ex·em·pli·fi·ca·tion [ɪg,zemplɪfɪ'keɪʃn] *s.* **1.** Erläuterung *f* durch Beispiele; Veranschaulichung *f*; **2.** Beleg *m*, Beispiel *n*, Muster *n*; **3.** ⚖ beglaubigte Abschrift, Ausfertigung *f*; **ex·em·pli·fy** [ɪg'zemplɪfaɪ] *v/t.* **1.** veranschaulichen: a) durch Beispiele erläutern, b) als Beispiel dienen für; **2.** ⚖ e-e beglaubigte Abschrift machen von.

ex·empt [ɪg'zempt] **I** *v/t.* **1.** *j-n* befreien, ausnehmen (***from*** von *Steuern*, *Verpflichtungen etc.*): ~***ed amount*** ✝ (Steuer)Freibetrag *m*; **2.** ⚔ (*vom Wehrdienst*) freistellen; **II** *adj.* befreit, ausgenommen, frei (***from*** von): ~ ***from taxes*** steuerfrei; **ex'emp·tion** [-pʃn] *s.* **1.** Befreiung *f*, Freisein *n* (***from*** von): ~ ***from taxes*** Steuerfreiheit *f*; ~ ***from liability*** ⚖ Haftungsausschluß *m*; **2.** ⚔ Freistellung *f* (*vom Wehrdienst*); **3.** *pl.* ⚖ unpfändbare Gegenstände *pl. od.* Beträge *pl.*; **4.** Sonderstellung *f*, Vorrechte *pl*.

ex·er·cise ['eksəsaɪz] **I** *s.* **1.** Ausübung *f* (*e-s Amtes*, *der Pflicht*, *e-r Kunst*, *e-s Rechts*, *der Macht etc.*), Gebrauch *m*, Anwendung *f*; **2.** *oft pl.* (*körperliche od. geistige*) Übung, (*körperliche*) Bewegung, *sport* (Turn)Übung *f*: ***do one's*** ~***s*** Gymnastik machen; ***take*** ~ sich Bewegung machen; ~ ***therapy*** Bewegungstherapie *f*; ***physical*** ~ Leibesübungen *pl.*; (***military***) ~ a) Exerzieren *n*, b) Manöver *n*; (***religious***) ~ Gottesdienst *m*, Andacht *f*; **3.** Übungsarbeit *f*, Schulaufgabe *f*: ~***-book*** Schul-, Schreibheft *n*; **4.** ♪ Übung(sstück *n*) *f*; **5.** *pl. Am.* Feier(lichkeiten *pl.*) *f*; **II** *v/t.* **6.** *ein Amt*, *ein Recht*, *Macht*, *Einfluß* ausüben, *Einfluß*, *Recht*, *Macht* geltend machen, *et.* anwenden; *Geduld* üben; **7.** *Körper*, *Geist* üben, trainieren; **8.** *j-n* üben, ausbilden; **9.** *s-e Glieder*, *Tiere* bewegen; **10.** *j-n*, *j-s Geist* stark beschäftigen, plagen, beunruhigen: ***be*** ~***d*** beunruhigt sein (***about*** über *acc.*); **III** *v/i.* **11.** sich Bewegung machen; **12.** *sport* trainieren; **13.** ⚔ exerzieren.

ex·ert [ɪg'zɜːt] *v/t.* gebrauchen, anwenden; *Druck*, *Einfluß etc.* ausüben (***on*** auf *acc.*); *Autorität* geltend machen: ~ ***o.s.*** sich anstrengen; **ex'er·tion** [-ɜːʃn] *s.* **1.** Anwendung *f*, Ausübung *f*; **2.** Anstrengung *f*: a) Stra'paze *f*, b) Bemühung *f*.

ex·e·unt ['eksɪʌnt] (*Lat.*) *thea.* (sie gehen) ab: ~ ***omnes*** alle ab.

ex·fo·li·ate [eks'fəʊlɪeɪt] *v/i. mst* ⚕ abblättern, sich abschälen; **ex·fo·li·a·tion** [eks,fəʊlɪ'eɪʃn] *s.* Abblätterung *f*.

ex·gra·ti·a [eks'greɪʃə] *adj.* freiwillig; ✝ ~ ***payment*** Kulanzzahlung *f*.

ex·ha·la·tion [,eks*h*ə'leɪʃn] *s.* **1.** Ausatmen *n*; **2.** Verströmen *n*; **3.** a) Gas *n*, b) Rauch *m*, c) Geruch *m*, Ausdünstung *f*; **ex·hale** [eks'heɪl] **I** *v/t.* **1.** ausatmen; **2.** *Gas*, *Geruch etc.* verströmen, *Rauch* ausstoßen; **II** *v/i.* **3.** ausströmen; **4.** ausatmen.

ex·haust [ɪg'zɔːst] **I** *v/t.* **1.** *mst* ⚙ a) (ent)leeren, b) luftleer pumpen, c) *Luft*, *Wasser etc.* her'auspumpen, *Gas* auspuffen, d) absaugen; **2.** *allg.* erschöpfen: a) *Boden* ausmergeln, b) *Bergwerk etc.* völlig abbauen, c) *Vorräte* ver-, aufbrauchen, d) *j-n* ermüden, entkräften, e) *j-s Kräfte* strapazieren; **3.** *Thema* erschöpfend behandeln; *alle Möglichkeiten* ausschöpfen; **II** *v/i.* **4.** ausströmen; **5.** sich entleeren; **III** *s.* **6.** ⚙ a) Dampfaustritt *m*, b) *a.* ~ ***gas*** Abgas *n*, c) Auspuffgase *pl.*; **7.** *mot.* Auspuff *m*: ~ ***box*** Auspufftopf *m*; ~ ***brake*** Motorbremse *f*; ~ ***emission test*** Abgastest *m*; ~ ***fumes*** Abgase; **8.** → ***exhauster***; **ex'haust·ed** [-tɪd] *adj.* **1.** aufgebraucht, zu Ende, erschöpft (*Vorräte*), vergriffen (*Auflage*), abgelaufen (*Frist*, *Versicherung*); **2.** *fig.* erschöpft, ermattet; **ex'haust·er** [-tə] *s.* ⚙ (Ent-)Lüfter *m*, Absaugevorrichtung *f*, Ex'haustor *m*; **ex'haust·ing** [-tɪŋ] *adj.* ermüdend, anstrengend, strapazi'ös; **ex'haus·tion** [-tʃn] *s.* **1.** ⚙ a) (Ent)Leerung *f*, b) Her'auspumpen *n*, c) Absaugung *f*; **2.** Ausströmen *n* (*von Dampf etc.*); **3.** Erschöpfung *f*, (völliger) Verbrauch; **4.** *fig.* Erschöpfung *f*, Ermüdung *f*, Entkräftung *f*; **5.** & Approximati'on *f*; **ex'haus·tive** [-tɪv] *adj.* □ **1.** *fig.* erschöpfend; **2.** → ***exhausting***.

ex·haust| pipe *s.* ⚙ Auspuffrohr *n*; ~ **pol·lu·tion** *s.* Luftverschmutzung *f* durch Abgase; ~ **pol·lu·tion stan·dards** *s. pl.* Abgaswerte *pl.*; ~ **steam** *s.* ⚙ Abdampf *m*; ~ **stroke** *s.* ⚙ Auspuffhub *m*; ~ **valve** *s.* ⚙ 'Auslaßven,til *n*.

ex·hib·it [ɪg'zɪbɪt] **I** *v/t.* **1.** ausstellen, zur Schau stellen: ~ ***goods***; **2.** *fig.* zeigen, an den Tag legen, entfalten; **3.** ⚖ vorlegen; **II** *v/i.* **4.** ausstellen; **III** *s.* **5.** Ausstellungsstück *n*, Expo'nat *n*; **6.** ⚖ a) Eingabe *f*, b) Beweisstück *n*, Beleg *m*, c) Anlage *f zu e-m Schriftsatz*.

ex·hi·bi·tion [,eksɪ'bɪʃn] *s.* **1.** a) Ausstellung *f*, Schau *f*: ***be on*** ~ ausgestellt sein, zu sehen sein, b) Vorführung *f*: ~ ***contest*** *sport* Schaukampf *m*; ***make an*** ~ ***of o.s.*** sich lächerlich *od.* zum Gespött machen, ‚auffallen'; **2.** *fig.* Zur'schaustellung *f*, Bekundung *f*; **3.** ⚖ Vorlage *f*, Beibringung *f* (*von Beweisen etc.*); **4.** *Brit. univ.* Sti'pendium *n*; **,ex·hi'bi·tion·er** [-ʃnə] *s. Brit. univ.* Stipendi'at *m*; **,ex·hi'bi·tion·ism** [-ʃnɪzəm] *s. psych. u. fig.* Exhibitio'nismus *m*; **,ex·hi'bi·tion·ist** [-ʃnɪst] *psych. u. fig.* **I** *s.* Exhibitio'nist *m*; **II** *adj.* exhibitio'nistisch; **ex·hib·i·tor** [ɪg'zɪbɪtə] *s.* **1.** Aussteller *m*; **2.** Kinobesitzer *m*.

ex·hil·a·rant [ɪg'zɪlərənt] → ***exhilarating***; **ex·hil·a·rate** [ɪg'zɪləreɪt] *v/t.* **1.** erheitern; **2.** beleben, erfrischen; **ex'hil·a·rat·ed** [-tɪd] *adj.* erheitert, heiter, amüsiert; **ex'hil·a·rat·ing** [-tɪŋ] *adj.* □ erheiternd, erfrischend, amü'sant; **ex·hil·a·ra·tion** [ɪg,zɪlə'reɪʃn] *s.* **1.** Erheiterung *f*; **2.** Heiterkeit *f*.

ex·hort [ɪg'zɔːt] *v/t.* ermahnen; **ex·hor·ta·tion** [,egzɔː'teɪʃn] *s.* Ermahnung *f*.

ex·hu·ma·tion [,eks*h*juː'meɪʃn] *s.* Exhumierung *f*; **ex·hume** [eks'hjuːm] *v/t.* **1.** *Leiche* exhumieren; **2.** *fig.* ausgraben.

ex·i·gence ['eksɪdʒəns], **ex·i·gen·cy** [-dʒənsɪ; ɪg'zɪ-] *s.* **1.** Dringlichkeit *f*; **2.** Not(lage) *f*; **3.** *mst pl.* (An)Forderung *f*; **'ex·i·gent** [-nt] *adj.* **1.** dringend, kritisch; **2.** anspruchsvoll.

ex·i·gu·i·ty [,eksɪ'gjuːətɪ] *s.* Dürftigkeit *f*; **ex·ig·u·ous** [eg'zɪgjʊəs] *adj.* dürftig.

ex·ile ['eksaɪl] **I** *s.* **1.** a) Ex'il *n*, b) Verbannung *f*: ***government in*** ~ Exilregierung *f*; ***the*** ♀ *bibl.* die Babylonische Gefangenschaft; **2.** a) im Ex'il Lebende(r *m*) *f*, b) Verbannte(r *m*) *f*; **II** *v/t.* **3.** a) exilieren, b) verbannen (***from*** aus), in die Verbannung schicken.

ex·ist [ɪg'zɪst] *v/i.* **1.** existieren, vor'handen sein, dasein: ***do such things*** ~***?*** gibt es so etwas?; ***right to*** ~ Existenzberechtigung *f*; **2.** sich finden, vorkommen (***in*** in *dat.*); **3.** (***on***) existieren, leben (von); **ex'ist·ence** [-təns] *s.* **1.** Exi'stenz *f*, Vor'handensein *n*, Vorkommen *n*: ***call into*** ~ ins Leben rufen; ***be in*** ~ bestehen, existieren; ***remain in*** ~ weiterbestehen; **2.** Exi'stenz *f*, Leben *n*, Dasein *n*: ***a wretched*** ~ ein kümmerliches Dasein; **3.** Exi'stenz *f*, (Fort-)Bestand *m*; **ex'ist·ent** [-tənt] *adj.* **1.** existierend, bestehend, vor'handen, lebend; **2.** gegenwärtig.

ex·is·ten·tial [,egzɪ'stenʃl] *adj.* **1.** Existenz…; **2.** *phls.* Existential…; **,ex·is'ten·tial·ism** [-ʃəlɪzəm] *s.* Existentia'lismus *m*, Exi'stenzphiloso,phie *f*; **,ex·is'ten·tial·ist** [-ʃəlɪst] *s.* Existentia'list (-in).

ex·ist·ing [ɪg'zɪstɪŋ] → ***existent***.

ex·it ['eksɪt] **I** *s.* **1.** Abgang *m*: a) *thea.* Abtreten *n* (*von der Bühne*), b) *fig.* Tod *m*: ***make one's*** ~ → 6a, 7; **2.** (*a.* Not)Ausgang *m*; **3.** ⚙ Abzug *m*, -fluß *m*, Austritt *m*; **4.** Ausreise *f*: ~ ***permit*** Ausreisegenehmigung *f*; ~ ***visa*** Ausreisevisum *n*; **5.** (Autobahn)Ausfahrt *f*; **II** *v/i.* **6.** *thea.* a) abgehen, abtreten, b) *Bühnenanweisung*: (*er*, *sie* geht) ab: ♀ ***Romeo***; **7.** *fig.* sterben.

ex li·bris [eks'laɪbrɪs] (*Lat.*) *s.* Ex'libris *n*, Bücherzeichen *n*.

,ex·o·bi'ol·o·gy [,eksəʊ-] *s.* Exo-, Ektobiolo'gie *f*.

ex·o·carp ['eksəʊkɑːp] *s.* ⚘ Exo'karp *n*, äußere Fruchthaut.

ex·o·crine ['eksəʊkraɪn] *physiol.* **I** *adj.* **1.** exo'krin; **II** *s.* **2.** äußere Sekreti'on; **3.** exo'krine Drüse.

ex·o·don·ti·a [,eksəʊ'dɒnʃɪə] *s.* **,ex·o'don·tics** [-ntɪks] *s. pl. sg. konstr.* 'Zahnchirur,gie *f*.

ex·o·dus ['eksədəs] *s.* **1.** a) *bibl. u. fig.* Auszug *m*, b) ♀ *bibl.* Exodus *m*, Zweites Buch Mose; **2.** *fig.* Ab-, Auswanderung *f*, Massenflucht *f*; Aufbruch *m*: ~ ***of capital*** ✝ Kapitalabwanderung; ***rural*** ~ Landflucht.

ex of·fi·ci·o [,eksə'fɪʃɪəʊ] (*Lat.*) **I** *adv.* von Amts wegen; **II** *adj.* Amts…, amtlich.

ex·on·er·ate [ɪg'zɒnəreɪt] *v/t.* **1.** *Angeklagten etc.*, *a. Schuldner* entlasten (***from*** von); **2.** *j-n* befreien, entbinden (**from** von); **ex·on·er·a·tion** [ɪgˌzɒnə'reɪʃn] *s.* **1.** Entlastung *f*; **2.** Befreiung *f*.

ex·or·bi·tance [ɪg'zɔːbɪtəns] *s.* Maßlosigkeit *f*; **ex'or·bi·tant** [-nt] *adj.* □ maßlos, über'trieben, unverschämt: **~ price** Wucherpreis *m*.

ex·or·cism ['eksɔːsɪzəm] *s.* Exor'zismus *m*, Teufelsaustreibung *f*, Geisterbeschwörung *f*; **'ex·or·cist** [-ɪst] *s.* Exor'zist *m*, Teufelsaustreiber *m*, Geisterbeschwörer *m*; **'ex·or·cize** [-saɪz] *v/t.* *Teufel* austreiben, *Geister* beschwören, bannen.

ex·or·di·um [ek'sɔːdjəm] *s.* Einleitung *f*, Anfang *m* (*e-r Rede*).

ex·o·ter·ic [ˌeksəʊ'terɪk] *adj.* (□ **~ally**) exo'terisch, für Außenstehende bestimmt, gemeinverständlich.

ex·ot·ic [ɪg'zɒtɪk] *adj.* (□ **~ally**) ex'otisch: a) aus-, fremdländisch, b) fremdartig, bi'zarr; **ex'ot·i·ca** [-kə] *s. pl.* E'xotika *pl.* (*fremdländische Kunstwerke*).

ex·pand [ɪk'spænd] **I** *v/t.* **1.** ausbreiten, -spannen, entfalten; **2.** ✝, *phys. u. fig.* ausdehnen, -weiten, erweitern: **~ed metal** Streckmetall *n*; **~ed plastics** Schaumkunststoffe; **~ed program(me)** erweitertes Programm; **3.** *Abkürzung* ausschreiben; **II** *v/i.* **4.** sich ausbreiten *od.* -dehnen; sich erweitern (*a. fig.*): **his heart ~ed with joy** sein Herz schwoll vor Freude; **5.** *fig.* sich entwickeln, aufblühen (**into** zu); größer werden; **6.** *fig.* a) *vor Stolz, Freude etc.* ‚aufblühen', b) aus sich her'ausgehen; **ex'pand·er** [-də] *s. sport* Ex'pander *m*; **ex'pand·ing** [-dɪŋ] *adj.* sich (aus)dehnend, dehnbar; **ex'panse** [-ns] *s.* weiter Raum, weite Fläche, Weite *f*, Ausdehnung *f*; *orn.* Spannweite *f*; **ex'pan·sion** [-nʃn] *s.* **1.** Ausbreitung *f*, Erweiterung *f*, Zunahme *f*; (✝ *Industrie-, Produktions-, a. Kredit*)Ausweitung *f*; *pol.* Expansi'on *f*: **ego ~** *psych.* gesteigertes Selbstgefühl; **2.** *a.* ⚙, *phys.* (Aus)Dehnung *f*, Expansi'on *f*: **~ engine** Expansionsmaschine *f*; **~ stroke** *mot.* Arbeitstakt *m*, Expansionshub *m*; **3.** 'Umfang *m*, Raum *m*, Weite *f*; **ex'pan·sion·ism** [-nʃənɪzəm] *s.* Expansi'onspoliˌtik *f*; **ex'pan·sion·ist** [-nʃənɪst] **I** *s.* Anhänger(in) der Expansi'onspoliˌtik; **II** *adj.* Expansions…; **ex'pan·sive** [-nsɪv] *adj.* □ **1.** ausdehnungsfähig, ausdehnend, (Aus)Dehnungs…; **2.** ausgedehnt, weit, um'fassend; **3.** *fig.* mitteilsam, aufgeschlossen; **4.** *fig.* 'überschwenglich; **ex'pan·sive·ness** [-nsɪvnɪs] *s.* **1.** Ausdehnungsvermögen *n*; **2.** *fig.* a) Mitteilsamkeit *f*, Aufgeschlossenheit *f*, b) 'Überschwenglichkeit *f*.

ex par·te [ˌeks'pɑːtɪ] (*Lat.*) *adj. u. adv.* ⚖ einseitig (*Prozeßhandlung*).

ex·pa·ti·ate [ek'speɪʃɪeɪt] *v/i.* sich weitläufig auslassen *od.* verbreiten (**on** über *acc.*); **ex·pa·ti·a·tion** [ekˌspeɪʃɪ'eɪʃn] *s.* weitläufige Erörterung, Erguß *m*, ‚Salm' *m*.

ex·pa·tri·ate I *v/t.* [eks'pætrɪeɪt] **1.** ausbürgern, expatriieren, *j-m* die Staatsangehörigkeit aberkennen: **~ o.s.** auswandern, s-e Staatsangehörigkeit aufgeben; **II** *adj.* [-ɪət] **2.** verbannt, ausgebürgert; **3.** ständig im Ausland lebend; **III** *s.* [-ɪət] **4.** Ausgebürgerte(r *m*) *f*; **5.** (freiwillig) im Ex'il *od.* ständig im Ausland Lebende(r *m*) *f*; **ex·pa·tri·a·tion** [eksˌpætrɪ'eɪʃn] *s.* **1.** Ausbürgerung *f*; Aberkennung *f* der Staatsangehörigkeit; **2.** Auswanderung *f*; **3.** Aufgabe *f* s-r Staatsangehörigkeit.

ex·pect [ɪk'spekt] *v/t.* **1.** *j-n* erwarten: **I ~ him to dinner** ich erwarte ihn zum Essen; **2.** *et.* erwarten *od.* vor'hersehen; entgegensehen (*dat.*): **I did not ~ that question** auf diese Frage war ich nicht gefaßt *od.* vorbereitet; **3.** erwarten, hoffen, rechnen auf (*acc.*): **I ~ you to come** ich erwarte, daß du kommst; **I ~ (that) he will come** ich erwarte, daß er kommt; **4.** *et. von j-m* erwarten, verlangen: **you ~ too much from him**; **5.** F annehmen, denken, vermuten: **that is hardly to be ~ed** das ist kaum anzunehmen; **I ~ so** ich denke ja (*od.* schon); **ex'pect·ance** [-təns], **ex'pect·an·cy** [-tənsɪ] *s.* (**of**) **1.** Erwartung *f* (*gen.*); Hoffnung *f*, Aussicht *f* (auf *acc.*); **2.** ✝, ⚖ Anwartschaft *f* (auf *acc.*); **ex'pect·ant** [-tənt] **I** *adj.* □ **1.** erwartend: **be ~ of** *et.* erwarten; **~ heir** a) ⚖ Erb(schafts)anwärter(in), b) Thronanwärter *m*; **2.** erwartungsvoll; **3.** zu erwarten(d); **4.** schwanger: **~ mother** werdende Mutter, Schwangere *f*; **II** *s.* **5.** ⚖ Anwärter(in) (**of** auf *acc.*); **ex·pec·ta·tion** [ˌekspek'teɪʃn] *s.* **1.** Erwartung *f*, Erwarten *n*: **beyond** (**contrary to**) **~** über (wider) Erwarten; **according to ~** erwartungsgemäß; **come up to ~** den Erwartungen entsprechen; **2.** Gegenstand *m* der Erwartung; **3.** *oft pl.* Hoffnung *f*, Aussicht *f*: **~ of life** Lebenserwartung *f*; **ex'pect·ing** [-tɪŋ] *adj.*: **she is ~** F sie ist in anderen Umständen.

ex·pec·to·rant [ek'spektərənt] *adj. u. s. pharm.* schleimlösend(es Mittel); **ex·pec·to·rate** [ek'spektəreɪt] **I** *v/t.* ausspucken, -husten; **II** *v/i.* a) (aus-)spucken, b) Blut spucken; **ex·pec·to·ra·tion** [ekˌspektə'reɪʃn] *s.* **1.** Auswerfen *n*, Aushusten *n*, -spucken *n*; **2.** Auswurf *m*.

ex·pe·di·ence [ɪk'spiːdjəns], **ex'pe·di·en·cy** [-sɪ] *s.* **1.** Ratsamkeit *f*, Zweckmäßigkeit *f*; **2.** Nützlichkeit *f*, Zweckdienlichkeit *f*; **3.** Eigennutz *m*; **ex'pe·di·ent** [-nt] **I** *adj.* □ **1.** ratsam, angebracht; **2.** zweckmäßig, -dienlich, praktisch, nützlich, vorteilhaft; **3.** eigennützig; **II** *s.* **4.** (Hilfs)Mittel *n*, (Not)Behelf *m*.

ex·pe·dite ['ekspɪdaɪt] *v/t.* **1.** beschleunigen, fördern; **2.** schnell ausführen; **3.** befördern, expedieren.

ex·pe·di·tion [ˌekspɪ'dɪʃn] *s.* **1.** Eile *f*, Schnelligkeit *f*; **2.** (Forschungs)Reise *f*, Expediti'on *f*; **3.** ⚔ Feldzug *m*; **ˌex·pe'di·tion·ar·y** [-ʃnərɪ] *adj.* Expeditions…: **~ force** Expeditionskorps *n*; **ˌex·pe'di·tious** [-ʃəs] *adj.* □ schnell, rasch, prompt.

ex·pel [ɪk'spel] *v/t.* (**from**) **1.** vertreiben, wegjagen (aus, von); **2.** ausstoßen, -schließen, hi'nauswerfen (aus); **3.** aus-, verweisen, verbannen (aus); **4.** *Rauch etc.* ausstoßen (aus); **ex·pel·lee** [ˌekspe'liː] *s.* (Heimat)Vertriebene(r *m*) *f*.

ex·pend [ɪk'spend] *v/t.* **1.** *Geld* ausgeben; **2.** *Mühe, Zeit etc.* ver-, aufwenden (**on** für); **3.** verbrauchen; **ex'pend·a·ble** [-dəbl] **I** *adj.* **1.** verbrauchbar, Verbrauchs…; **2.** entbehrlich; **3.** ⚔ (*im Notfall*) zu opfern(d); **II** *s.* **4.** *mst pl. et.* Entbehrliches; **5.** ⚔ verlorener Haufen; **ex'pend·i·ture** [-dɪtʃə] *s.* **1.** Aufwand *m*, Verbrauch *m* (**of** an *dat.*); **2.** (Geld)Ausgabe(n *pl.*) *f*, (Kosten-)Aufwand *m*, Auslage(n *pl.*) *f*, Kosten *pl.*: **cash ~** ✝ Barauslagen.

ex·pense [ɪk'spens] *s.* **1.** → **expenditure** 2; **2.** *pl.* Unkosten *pl.*, Spesen *pl.*: **~ account** ✝ Spesenkonto *n*; **~ allowance** ✝ Aufwandsentschädigung *f*, Spesenvergütung *f*; **~ report** Spesenabrechnung *f*; **travel(l)ing ~s** Reisespesen; **and all ~s paid** und alle Unkosten *od.* Spesen (werden) vergütet; **at an ~ of** mit e-m Aufwand von; **at great ~** mit großen Kosten; **at my ~** auf m-e Kosten, für m-e Rechnung; **they laughed at my ~** *fig.* sie lachten auf m-e Kosten; **at the ~ of his health** auf Kosten s-r Gesundheit; **go to great ~** sich in (große) (Un)Kosten stürzen; **put s.o. to great ~** j-n in große (Un-)Kosten stürzen; **spare no ~** keine Kosten scheuen; **ex'pen·sive** [-sɪv] *adj.* □ teuer, kostspielig, aufwendig.

ex·pe·ri·ence [ɪk'spɪərɪəns] **I** *s.* **1.** a) Erfahrung *f*, (Lebens)Praxis *f*, b) Erfahrenheit *f*, (praktische) Erfahrung, Praxis *f*, praktische Kenntnisse *pl.*, Fach-, Sachkenntnis *f*: **by** (*od.* **from**) **~** aus (eigener) Erfahrung; **in my ~** nach m-n Erfahrungen, m-s Wissens; **~ in cooking** Kochkenntnisse; **business ~** Geschäftserfahrung, -routine *f*; **driving ~** Fahrpraxis; **previous ~** Vorkenntnisse; **2.** Erlebnis *n*: **I had a strange ~**; **3.** Vorkommnis *n*, Geschehnis *n*; **4.** *Am. eccl.* religi'öse Erweckung; **II** *v/t.* **5.** erfahren: a) kennenlernen, b) erleben, c) erleiden, *Schlimmes* 'durchmachen, *Vergnügen etc.* empfinden: **~ kindness** Freundlichkeit erfahren; **~ difficulties** auf Schwierigkeiten stoßen; **ex'pe·ri·enced** [-st] *adj.* erfahren, routiniert, bewandert, (fach-, sach)kundig.

ex·pe·ri·en·tial·ism [ɪkˌspɪərɪ'enʃəlɪzəm] *s. phls.* Empi'rismus *m*.

ex·per·i·ment I *s.* [ɪk'sperɪmənt] Versuch *m*, Experi'ment *n*; **II** *v/i.* [-ment] experimentieren, Versuche anstellen (**on**, **upon** an *dat.*; **with** mit): **~ with s.th.** *a.* et. erproben.

ex·per·i·men·tal [ekˌsperɪ'mentl] *adj.* □ **1.** *phys.* Versuchs…, experimen'tell, Experimental…: **~ animal** Versuchstier *n*; **~ physics** Experimentalphysik *f*; **~ station** Versuchsanstalt *f*; **2.** experimentierfreudig; **3.** Erfahrungs…; **exˌper·i'men·tal·ist** [-təlɪst] *s.* Experimen'tator *m*; **exˌper·i'men·tal·ly** [-təlɪ] *adv.* experimen'tell, versuchsweise; **ex·per·i·men·ta·tion** [ekˌsperɪmen'teɪʃn] *s.* Experimentieren *n*.

ex·pert ['ekspɜːt] **I** *adj* [*pred. a.* ɪk'spɜːt] □ **1.** erfahren, kundig; **2.** geschickt, gewandt (**at**, **in** in *dat.*); **3.** fachmännisch, fach-, sachkundig; Fach…(*-ingenieur, -wissen etc.*); **4.** Sachverständigen…: **~ opinion** (Sachverständigen-)Gutachten *n*; **~ witness** ⚖ Sachverständige(r *m*) *f*; **II** *s.* **5.** a) Fachmann *m*, Ex'perte *m*, b) Sachverständige(r *m*) *f*,

Gutachter(in) (**at**, **in** in *dat.*; **on s.th.** [auf dem Gebiet] e-r Sache); **ex·per·tise** [ˌekspɜːˈtiːz] *s.* **1.** Experˈtise *f*, (Sachverständigen)Gutachten *n*; **2.** Sach-, Fachkenntnis *f*; **3.** (fachmännisches) Können; ˈ**ex·pert·ness** [-nɪs] *s.* **1.** Erfahrenheit *f*; **2.** Geschicklichkeit *f*.

ex·pi·a·ble [ˈekspɪəbl] *adj.* sühnbar; ˈ**ex·pi·ate** [-ɪeɪt] *v/t.* sühnen, wiederˈgutmachen, (ab)büßen; **ex·pi·a·tion** [ˌekspɪˈeɪʃn] *s.* Sühne *f*, Buße *f*: **in ~ of s.th.** um et. zu sühnen, als Sühne für et.; ˈ**ex·pi·a·to·ry** [-ətərɪ] *adj.* sühnend, Sühn(e)..., Buß...: **be ~ of** *et.* sühnen.

ex·pi·ra·tion [ˌekspɪˈreɪʃn] *s.* **1.** Ausatmen *n*; **2.** *fig.* Ablauf *m* (*e-r Frist*, *e-s Vertrags*), Ende *n*; **3.** † a) Fälligwerden *n*, b) Verfall *m* (*e-s Wechsels*): **~ date** Verfallsdatum *n*; **ex·pir·a·to·ry** [ɪkˈspaɪərətərɪ] *adj.* Ausatmungs...

ex·pire [ɪkˈspaɪə] *v/i.* **1.** ausatmen, -hauchen (*a. v/t.*); **2.** sein Leben aushauchen, verscheiden; **3.** ablaufen (*Frist*, *Vertrag etc.*), erlöschen (*Patent*, *Recht etc.*), enden, ungültig werden, verfallen; **4.** † fällig werden; **ex**ˈ**pired** [-əd] *adj.* ungültig, verfallen, erloschen; **ex**ˈ**pi·ry** [-ərɪ] → **expiration** 2, 3.

ex·plain [ɪkˈspleɪn] **I** *v/t.* **1.** erklären, erläutern, auseinˈandersetzen (**s.th. to s.o.** j-m et.): **~ s.th. away** a) sich aus et. herausreden, b) e-e einleuchtende Erklärung für et. finden; **2.** erklären, begründen, rechtfertigen: **~ o.s.** a) sich erklären, b) sich rechtfertigen; **II** *v/i.* **3.** es erklären: **you have got a little ~ing to do** da müßtest du (mir, uns) schon einiges erklären; **ex**ˈ**plain·a·ble** [-nəbl] *adj.* → **explicable**; **ex·pla·na·tion** [ˌekspləˈneɪʃn] *s.* **1.** Erklärung *f*, Erläuterung *f* (**for**, **of** für): **in ~ of** als Erklärung für; **make some ~** e-e Erklärung abgeben; **2.** Er-, Aufklärung *f*; **3.** Verständigung *f*; **ex·plan·a·to·ry** [ɪkˈsplænətərɪ] *adj.* □ erklärend, erläuternd.

ex·ple·tive [ekˈspliːtɪv] **I** *adj.* **1.** ausfüllend, (Aus)Füll...; **II** *s.* **2.** *ling.* Füllwort *n*; **3.** Füllsel *n*, Lückenbüßer *m*; **4.** a) Fluch *m*, b) Kraftausdruck *m*.

ex·pli·ca·ble [ɪkˈsplɪkəbl] *adj.* erklärbar, erklärlich; **ex·pli·cate** [ˈeksplɪkeɪt] *v/t.* **1.** explizieren, erklären; **2.** *Theorie etc.* entwickeln; **ex·pli·ca·tion** [ˌeksplɪˈkeɪʃn] *s.* **1.** Erklärung *f*, Erläuterung *f*; **2.** Entwicklung *f*.

ex·plic·it [ɪkˈsplɪsɪt] *adj.* □ **1.** deutlich, klar, ausdrücklich; **2.** offen, deutlich (*Person*) (**on** in bezug auf *acc.*); **3.** 𝔸 expliˈzit.

ex·plode [ɪkˈspləʊd] **I** *v/t.* **1.** a) zur Exploˈsion bringen, explodieren lassen, b) (in die Luft) sprengen; **2.** *fig.* a) *Plan etc.* über den Haufen werfen, zum Platzen bringen, zuˈnichte machen: **~ a myth** e-e Illusion zerstören, b) *Theorie etc.* widerˈlegen, *e-m Gerücht etc.* den Boden entziehen; **II** *v/i.* **3.** a) explodieren, ⚔ *a.* krepieren (*Granate etc.*), b) in die Luft fliegen; **4.** *fig.* ausbrechen (**into**, **with** in *acc.*), ‚platzen' (**with** vor *dat.*): **~ with fury** vor Wut platzen, ‚explodieren'; **~ with laughter** in schallendes Gelächter ausbrechen; **5.** *fig.* sprunghaft ansteigen, sich exploˈsionsartig vermehren; **ex**ˈ**plod·ed view** [-dɪd] *s.* ⚙ Darstellung *f e-r Maschine etc.* in zerlegter Anordnung.

ex·ploit **I** *v/t.* [ɪkˈsplɔɪt] **1.** *et.* auswerten; *kommerziell* verwerten; ⚒ *etc.* ausbeuten, abbauen; **2.** *fig. b.s. et. od. j-n* ausbeuten, -nutzen; *et.* ausschlachten, Kapiˈtal schlagen aus; **II** *s.* [ˈeksplɔɪt] **3.** (Helden)Tat *f*; **4.** Großtat *f*, große Leistung; **ex·ploi·ta·tion** [ˌeksplɔɪˈteɪʃn] *s.* † (*Patent- etc.*)Verwertung *f*; ⚙ Ausnutzung *f*, -beutung *f* (*beide a. fig. b.s.*); ⚒ Abbau *m*, Gewinnung *f*; **ex**ˈ**ploi·ter** [-tə] *s.* Ausbeuter *m* (*a. fig.*).

ex·plo·ra·tion [ˌekspləˈreɪʃn] *s.* **1.** Erforschung *f* (*e-s Landes*); **2.** Unterˈsuchung *f*.

ex·plor·a·tive [ekˈsplɒrətɪv], **ex**ˈ**plor·a·to·ry** [-tərɪ] *adj.* **1.** (er)forschend, Forschungs...; **2.** Erkundungs..., untersuchend, sondierend; ⚙ *etc.* Versuchs..., Probe...: **~ drilling**; **~ talks** Sondierungsgespräche; **ex·plore** [ɪkˈsplɔː] *v/t.* **1.** *Land* erforschen; **2.** erforschen, erkunden, unterˈsuchen (*a.* ⚕), sondieren; **ex·plor·er** [ɪkˈsplɔːrə] *s.* Forscher *m*, Forschungsreisende(r *m*) *f*.

ex·plo·sion [ɪkˈspləʊʒn] *s.* **1.** a) Exploˈsion *f* (*a. ling.*), Entladung *f*, b) Knall *m*, Detonatiˈon *f*; **2.** *fig.* Exploˈsion *f*: **population ~**; **3.** *fig.* Zerstörung *f*, Widerˈlegung *f*; **4.** *fig.* (*Wut- etc.*)Ausbruch *m*.

ex·plo·sive [ɪkˈspləʊsɪv] **I** *adj.* □ **1.** exploˈsiv, Knall..., Spreng..., Explosions...; **2.** *fig.* jähzornig, aufbrausend; **II** *s.* **3.** Exploˈsiv-, Sprengstoff *m*; **4.** *ling.* → **plosive** II; **~ charge** *s.* Sprengladung *f*; **~ cot·ton** *s.* Schießbaumwolle *f*; **~ flame** *s.* Stichflamme *f*; **~ force** *s.* Sprengkraft *f*.

ex·po·nent [ekˈspəʊnənt] *s.* **1.** 𝔸 Expoˈnent *m*, Hochzahl *f*; **2.** *fig.* Expoˈnent (-in): a) Repräsenˈtant(in), Vertreter (-in), b) Verfechter(in); **3.** Interˈpret (-in); **ex·po·nen·tial** [ˌekspəʊˈnenʃl] 𝔸 **I** *adj.* Exponential...; **II** *s.* Exponentiˈalgröße *f*.

ex·port **I** *v/t. u. v/i.* [ekˈspɔːt] **1.** exportieren, ausführen; **II** *s.* [ˈekspɔːt] **2.** Exˈport *m*, Ausfuhr(handel *m*) *f*; **3.** Exˈport-, ˈAusfuhrarˌtikel *m*; **4.** *pl.* a) (Geˈsamt)Exˌport *m*, (-)Ausfuhr *f*, b) Exˈportgüter *pl.*; **III** *adj.* [ˈekspɔːt] **5.** Ausfuhr..., Export...: **~ duty** Ausfuhrzoll *m*; **~ license**, **~ permit** Ausfuhrgenehmigung *f*; **~ trade** Export-, Ausfuhr-, Außenhandel *f*; **ex**ˈ**port·a·ble** [-təbl] *adj.* exˈportfähig, zur Ausfuhr geeignet; **ex·por·ta·tion** [ˌekspɔːˈteɪʃən] *s.* Ausfuhr *f*, Exˈport *m*; **ex**ˈ**porter** [-tə] *s.* Exporˈteur *m*.

ex·pose [ɪkˈspəʊz] **I** *v/t.* **1.** *Kind* aussetzen; **2.** *Waren* ausstellen (**for sale** zum Verkauf); **3.** *fig. e-r Gefahr*, *e-m Übel* aussetzen, preisgeben: **~ o.s.** sich exponieren; **~ o.s. to ridicule** sich lächerlich machen; **4.** *fig.* a) (**o.s.** sich) bloßstellen, b) *j-n* entlarven, c) *et.* aufdecken, enthüllen; **5.** *et.* darlegen, auseinˈandersetzen; **6.** entblößen (*a.* ⚔), enthüllen, zeigen; **7.** *phot.* belichten; **II** *s.* **8.** *Am.* → **exposé** 2.

ex·po·sé [ekˈspəʊzeɪ] (*Fr.*) *s.* **1.** Expoˈsé *n*, Darlegung *f*; **2.** Enthüllung *f*, Entlarvung *f*.

ex·posed [ɪkˈspəʊzd] *adj.* **1.** *pred.* ausgesetzt (**to** *dat.*); **2.** unverdeckt, offen (-liegend); **3.** ungeschützt, exponiert; **4.** *phot.* belichtet.

ex·po·si·tion [ˌekspəʊˈzɪʃn] *s.* **1.** Ausstellung *f*, Schau *f*; **2.** Darlegung(en *pl.*) *f*, Ausführung(en *pl.*) *f*; **3.** *thea. u.* ♪ Expositiˈon *f*; **ex·pos·i·tor** [ekˈspɒzɪtə] *s.* Erklärer *m*; **ex·pos·i·to·ry** [ekˈspɒzɪtərɪ] *adj.* erklärend.

ex·pos·tu·late [ɪkˈspɒstjʊleɪt] *v/i.* **1.** protestieren; **2.** **~ with** *j-m* ernste Vorhaltungen machen, *j-n* zuˈrechtweisen; **ex·pos·tu·la·tion** [ɪkˌspɒstjʊˈleɪʃn] *s.* **1.** Proˈtest *m*; **2.** ernste Vorhaltung, Verweis *m*.

ex·po·sure [ɪkˈspəʊʒə] *s.* **1.** (Kindes-)Aussetzung *f*; **2.** Aussetzen *n*, Preisgabe *f*; **3.** Ausgesetztsein *n*, Preisgegebensein *n* (**to** *dat.*): **death from ~** Tod *m* durch Erfrieren *od.* vor Entkräftung *etc.*; **4.** Entblößung *f*: **indecent ~** unsittliche (Selbst)Entblößung; **5.** *fig.* a) Bloßstellung *f*, b) Entlarvung *f*, c) Enthüllung *f*, Aufdeckung *f*; **6.** *phot.* Belichtung *f*: **~ meter** Belichtungsmesser *m*; **time ~** Zeitaufnahme *f*; **~ value** Lichtwert *m* (*e-s Films*); **7.** Lage *f* (*e-s Gebäudes*): **southern ~** Südlage.

ex·pound [ɪkˈspaʊnd] *v/t.* **1.** erklären, erläutern; *Theorie* entwickeln; **2.** auslegen.

ex·press [ɪkˈspres] **I** *v/t.* **1.** *obs. Saft* auspressen, ausdrücken; **2.** *fig.* ausdrücken, äußern, zum Ausdruck bringen: **~ o.s.** sich äußern, sich erklären; **be ~ed** zum Ausdruck kommen; **3.** bezeichnen, bedeuten, darstellen; **4.** *Gefühle etc.* offenˈbaren, zeigen, bekunden; **5.** a) *Brit.* durch Eilboten *od.* als Eilgut schicken, b) *bsd. Am.* durch ein (ˈSchnell)Transˌportunterˌnehmen befördern lassen; **II** *adj.* □ → **expressly**; **6.** ausdrücklich, bestimmt, deutlich, eindeutig; **7.** besonder: **for the ~ purpose** eigens zu dem Zweck; **8.** Expreß..., Schnell..., Eil...; **III** *adv.* **9.** → **expressly**; **10.** *Brit.* durch Eilboten, per Exˈpreß, als Eilgut; **IV** *s.* **11.** *Brit.* a) Eilbote *m*, b) Eilbeförderung *f*, c) Eilbrief *m*, -gut *n*; **12.** 🚂 D-Zug *m*; **13.** *Am.* → **express company**; **ex**ˈ**press·age** [-sɪdʒ] *s. Am.* **1.** Beförderung *f* durch ein (ˈSchnell)Transˌportunterˌnehmen; **2.** Eilfracht(gebühr) *f*.

ex·press| com·pa·ny *s. Am.* (ˈSchnell-)Transˌportunterˌnehmen *n*; **~ de·liv·er·y** *s.* a) *Brit.* Eilzustellung *f*, b) → **expressage** 1; **~ goods** *s. pl.* Eilfracht *f*, -gut *n*.

ex·pres·sion [ɪkˈspreʃn] *s.* **1.** Ausdruck *m*, Äußerung *f*: **find ~ in** sich äußern in (*dat.*); **give ~ to** Ausdruck verleihen (*dat.*); **beyond ~** unsagbar; **2.** Redensart *f*, Ausdruck *m*; **3.** Ausdrucksweise *f*, Diktiˈon *f*; **4.** Ausdruck(skraft *f*) *m*: **with ~** mit Gefühl, ausdrucksvoll; **5.** (Gesichts)Ausdruck *m*; **6.** 𝔸 Ausdruck *m*, Formel *f*; **ex**ˈ**pres·sion·ism** [-ʃnɪzəm] *s.* Expressioˈnismus *m*; **ex**ˈ**pres·sion·ist** [-ʃnɪst] **I** *s.* Expressioˈnist(in); **II** *adj.* expressioˈnistisch; **ex**ˈ**pres·sion·less** [-lɪs] *adj.* ausdruckslos.

ex·pres·sive [ɪkˈspresɪv] *adj.* □ **1.** ausdrückend (**of** *acc.*): **be ~ of** *et.* ausdrücken; **2.** ausdrucksvoll; **3.** Ausdrucks...; **ex**ˈ**pres·sive·ness** [-nɪs] *s.* **1.** Ausdruckskraft *f*; **2.** *das* Ausdrucksvolle;

ex'press·ly [-slɪ] *adv.* **1.** ausdrücklich; **2.** eigens, besonders.

ex'press|·man [-mæn] *s.* [*irr.*] *Am.* Angestellte(r) *m* e-s ('Schnell)Transˌportunterˌnehmens; **~ train** *s.* D-Zug *m*; **~·way** *s. bsd. Am.* Schnellstraße *f.*

ex·pro·pri·ate [eks'prəʊprɪeɪt] *v/t.* ⚖ *j-n od. et.* enteignen; **ex·pro·pri·a·tion** [eksˌprəʊprɪ'eɪʃn] *s.* ⚖ Enteignung *f.*

ex·pul·sion [ɪk'spʌlʃn] *s.* (**from**) **1.** Vertreibung *f* (aus); **2.** *pol.* Ausweisung *f*, Verbannung *f*, Abschiebung *f* (aus); **3.** Ausstoßung *f* (aus), Ausschließung (aus, von): **~ from school**; **4.** ⚕ Austreibung *f*; **ex'pul·sive** [-lsɪv] *adj.* aus-, vertreibend.

ex·punge [ek'spʌndʒ] *v/t.* **1.** (aus)streichen; *a. fig.* löschen (**from** aus); **2.** *fig.* ausmerzen, vernichten.

ex·pur·gate ['ekspɜːgeɪt] *v/t. Buch etc.* (von anstößigen Stellen) reinigen: **~d version** gereinigte Version; **ex·pur·gation** [ˌekspɜː'geɪʃn] *s.* Reinigung *f.*

ex·qui·site ['ekskwɪzɪt] *adj.* □ **1.** köstlich, (aus)erlesen, vor'züglich, ausgezeichnet, exqui'sit; **2.** gepflegt, fein: **~ taste**; **3.** äußerst fein: **an ~ ear**; **4.** äußerst, höchst; **5.** heftig: **~ pain**; **~ pleasure** großes Vergnügen.

ex-serv·ice·man [ˌeks'sɜːvɪsmən] *s.* [*irr.*] ehemaliger Sol'dat, Vete'ran *m.*

ex·tant [ek'stænt] *adj.* (noch) vor'handen *od.* bestehend.

ex·tem·po·ra·ne·ous [ekˌstempə'reɪnɪəs], **ex·tem·po·rar·y** [ɪk'stempərərɪ] *adj.* □ improvisiert, extemporiert, unvorbereitet, aus dem Stegreif: **~ translation** Stegreifübersetzung *f*; **ex·tem·po·re** [ek'stempərɪ] **I** *adj. u. adv.* → **extemporaneous**; **II** *s.* Improvisati'on *f*, Stegreifgedicht *n*, unvorbereitete Rede; **ex·tem·po·rize** [ɪk'stempəraɪz] *v/t. u. v/i.* aus dem Stegreif *od.* unvorbereitet reden *od.* dichten *od.* spielen, improvisieren; **ex·tem·po·riz·er** [ɪk'stempəraɪzə] *s.* Improvi'sator *m*, Stegreifdichter *m.*

ex·tend [ɪk'stend] **I** *v/t.* **1.** (aus)dehnen, ausbreiten; **2.** verlängern; **3.** vergrößern, erweitern, ausbauen: **~ a factory**; **4.** *Seil etc.* spannen, ziehen; **5.** *Hand etc.* ausstrecken; **6.** *Nahrungsmittel* strecken; **7.** *fig. e-n Besuch, s-e Macht etc.* ausdehnen (**to** auf *acc.*), *e-e Frist, s-n Paß, e-n Vertrag etc.* verlängern, ✝ *a.* prolongieren; **8.** (**to, towards** *dat.*) a) *Gunst, Hilfe etc.* gewähren, *Gutes* erweisen, b) *s-n Dank, Glückwunsch etc.* aussprechen, *e-e Einladung* schicken, c) *e-n* Gruß entbieten; **9.** ✈ *Fahrgestell* ausfahren; **10.** ⚔ ausschwärmen lassen; **11.** *Abkürzungen* voll ausschreiben; *Kurzschrift* in Normalschrift über'tragen; **12.** *sport* das Letzte her'ausholen aus (*e-m Pferd etc.*): **~ o.s.** sich völlig ausgeben; **II** *v/i.* **13.** sich ausdehnen *od.* erstrecken, reichen (**to** bis zu); hin'ausgehen (**beyond** über *acc.*); **14.** ⚔ ausschwärmen; **ex'tend·ed** [-dɪd] *adj.* **1.** ausgedehnt (*a. Zeitraum*); **2.** ausgestreckt: **~ hands**; **3.** verlängert; **4.** ausgebreitet; *typ.* breit: **~ formation** ⚔ auseinandergezogene Formation; **~ order** ⚔ geöffnete Ordnung; **5.** groß, um'fassend: **~ family** Großfamilie *f.*

ex·ten·si·bil·i·ty [ɪkˌstensə'bɪlətɪ] *s.* (Aus)Dehnbarkeit *f*; **ex·ten·si·ble** [ɪk'stensəbl] *adj.* (aus)dehnbar, (aus-) streckbar; ausziehbar (*Tisch*): **~ table** Ausziehtisch *m.*

ex·ten·sion [ɪk'stenʃn] *s.* **1.** Ausdehnung *f* (*a. fig.*; **to** auf *acc.*); Ausbreitung *f*; (*Frist- Kredit- etc.*)Verlängerung *f*, ✝ *a.* Prolongati'on *f*: **~ of leave** Nachurlaub *m*; **2.** ⚙ Dehnung *f*, Streckung *f* (*a.* ⚕); **3.** *fig.* Vergrößerung *f*, Erweiterung *f*, Ausbau *m*; **4.** Ausdehnung *f*, 'Umfang *m*; **5.** ⚠ Anbau *m* (*Gebäude*); **6.** *teleph.* Nebenanschluß *m*, *a.* Appa'rat *m*; **7.** *phot.* (Kamera-) Auszug *m*; **~ band·age** *s.* ⚕ Streckverband *m*; **~ board** *s. teleph.* 'Hauszenˌtrale *f*; **~ cord** *s.*, **~ flex** *s.* ⚡ Verlängerungskabel *n*; **~ lad·der** *s.* Ausziehleiter *f*; **~ ta·ble** *s. Am.* Ausziehtisch *m.*

ex·ten·sive [ɪk'stensɪv] *adj.* □ ausgedehnt (*a.* ✗ *u. fig.*), um'fassend; eingehend; exten'siv (*a.* ✓); **ex'ten·sive·ness** [-nɪs] *s.* Ausdehnung *f*, 'Umfang *m*; **ex'ten·sor** [-sə] *s. anat.* Streckmuskel *m.*

ex·tent [ɪk'stent] *s.* **1.** Ausdehnung *f*, Länge *f*, Weite *f*, Höhe *f*, Größe *f*; **2.** ✗ *u. fig.* Bereich *m*; **3.** Raum *m*, Strecke *f*; **4.** *fig.* 'Umfang *m*, (Aus)Maß *n*, Grad *m*: **to the ~ of** bis zum Betrag *od.* zur Höhe von; **to some** (*od.* **a certain**) **~** in gewissem Grade, einigermaßen; **to the full ~** in vollem Umfang, völlig.

ex·ten·u·ate [ek'stenjʊeɪt] *v/t.* **1.** abschwächen, mildern: **extenuating circumstances** ⚖ mildernde Umstände; **2.** beschönigen, bemänteln; **ex·ten·u·a·tion** [ekˌstenjʊ'eɪʃn] *s.* **1.** Abschwächung *f*, Milderung *f*; **2.** Beschönigung *f.*

ex·te·ri·or [ek'stɪərɪə] **I** *adj.* **1.** äußer, Außen…: **~ angle** Außenwinkel *m*; **~ to** abseits von, außerhalb (*gen.*); **2.** von außen (ein)wirkend *od.* kommend; **3.** *pol.* auswärtig: **~ possessions**; **~ policy**; **II.** *s.* **4.** *das* Äußere: a) Außenseite *f*, b) äußere Erscheinung *f* (*e-r Person*), c) *pol.* auswärtige Angelegenheiten *pl.*; **5.** *Film*: Außenaufnahme *f.*

ex·ter·mi·nant [ɪk'stɜːmɪnənt] *s.* Vertilgungsmittel *n*; **ex·ter·mi·nate** [ɪk'stɜːmɪneɪt] *v/t.* ausrotten (*a. fig.*), *Ungeziefer etc. a.* vertilgen; **ex·ter·mi·na·tion** [ɪkˌstɜːmɪ'neɪʃn] *s.* Ausrottung *f*, Vertilgung *f*: **~ camp** *hist.* Vernichtungslager *n*; **ex'ter·mi·na·tor** [-tə] *s.* **1.** Kammerjäger *m*; **2.** → **exterminant**.

ex·tern [ek'stɜːn] *s.* **1.** Ex'terne(r *m*) *f* (*e-s Internats*); **2.** *Am.* ex'terner 'Krankenhausarzt *od.* -assiˌstent; **ex'ter·nal** [-nl] **I** *adj.* □ → **externally**; **1.** äußer, äußerlich, Außen…: **~ angle** ✗ Außenwinkel *m*; **~ ear** äußeres Ohr; **for ~ use** ⚕ zum äußerlichen Gebrauch, äußerlich; **~ to** außerhalb (*gen.*); **~ world** Außenwelt *f*; **2.** von außen (ein)wirkend *od.* kommend; **3.** (äußerlich) wahrnehmbar; **4.** ✝, *pol.* auswärtig, Außen…, Auslands…: **~ affairs** auswärtige Angelegenheiten; **~ frontiers** *EU* Außengrenze *f*; **~ loan** Auslandsanleihe *f*; **~ rate of duty** *EU* Außenzollsatz *m*; **~ trade** Außenhandel *m*; **5.** ✝ außerbetrieblich, Fremd…; **II.** *s.* **6.** *mst pl. das* Äußere; **7.** *pl.* Äußerlichkeiten *pl.*, Nebensächlichkeiten *pl.*; **ex'ter·nal·ize** [-nəlaɪz] *v/t. psych.* **1.** objektivieren; **2.** *Konflikte* nach außen verlagern; **ex'ter·nal·ly** [-nəlɪ] *adv.* äußerlich, von außen.

ex·ter·ri·to·ri·al ['eksˌterɪ'tɔːrɪəl] *etc.* → **extraterritorial** *etc.*

ex·tinct [ɪk'stɪŋkt] *adj.* **1.** erloschen (*a. fig. Titel etc., geol. Vulkan*); **2.** ausgestorben (*Pflanze, Tier etc.*), 'untergegangen (*Rasse, Reich etc.*); nicht mehr existierend; **3.** abgeschafft, aufgehoben; **ex'tinc·tion** [-kʃn] *s.* **1.** Erlöschen *n*; **2.** Aussterben *n*, 'Untergang *m*; **3.** (Aus)Löschen *n*; **4.** Vernichtung *f*; **5.** Abschaffung *f*; **6.** Tilgung *f*; **7.** ⚡, *phys.* Löschung *f.*

ex·tin·guish [ɪk'stɪŋgwɪʃ] *v/t.* **1.** *Feuer, Lichter* (aus)löschen; **2.** *fig. Leben, Gefühl* auslöschen, ersticken, töten; **3.** vernichten; **4.** *fig.* in den Schatten stellen; **5.** *fig. j-n* zum Schweigen bringen; **6.** (*a.* ⚖) abschaffen, aufheben; **7.** *Schuld* tilgen; **ex'tin·guish·er** [-ʃə] *s.* **1.** Löschgerät *n*; **2.** Löschhütchen *n* (*für Kerzen*); **3.** Glut-, Ziga'rettentöter *m.*

ex·tir·pate ['ekstɜːpeɪt] *v/t.* **1.** (mit den Wurzeln) ausreißen; **2.** *fig.* ausmerzen, ausrotten; **3.** ⚕ exstirpieren, entfernen.

ex·tol, *Am. a.* **ex·toll** [ɪk'stəʊl] *v/t.* (lob)preisen, rühmen.

ex·tort [ɪk'stɔːt] *v/t.* (**from**) a) *et.* erpressen, erzwingen (von), b) *a. Bewunderung etc.* abringen, abnötigen (*dat.*).

ex·tor·tion [ɪk'stɔːʃn] *s.* **1.** Erpressung *f*; **2.** Wucher *m*; **ex'tor·tion·ate** [-nət] *adj.* **1.** erpresserisch; **2.** unmäßig, Wucher…; **ex'tor·tion·er** [-ʃnə], **ex'tor·tion·ist** [-nɪst] *s.* **1.** Erpresser *m*; **2.** Wucherer *m.*

ex·tra ['ekstrə] **I** *adj.* **1.** zusätzlich, Extra…, Sonder…, Neben…: **~ charge** Zuschlag *m*; **~ charges** Nebenkosten; **~ dividend** Extra-, Zusatzdividende *f*; **~ pay** Zulage *f*; **~ time** *sport* (Spiel-) Verlängerung *f*; **if you pay an ~ two pounds** wenn Sie noch zwei Pfund zulegen; **2.** besonder, außergewöhnlich; besonders gut: **it is nothing ~** es ist nichts Besonderes; **II** *adv.* **3.** extra, besonders: **~ high**; **~ late**; **be charged for ~** gesondert berechnet werden; **III** *s.* **4.** *et.* Außergewöhnliches, *bsd.* a) Sonderarbeit *f*, -leistung *f*, b) *bsd. mot.* Extra *n*, c) Sonderberechnung *f*, Zuschlag *m*: **heating and light are ~s** Heizung u. Licht werden gesondert berechnet; **5.** *pl.* Nebenkosten *pl.*; **6.** Extrablatt *n* (*Zeitung*); **7.** Aushilfskraft *f*; **8.** *thea.*, *Film*: Sta'tist(in).

ex·tract I *v/t.* [ɪk'strækt] **1.** her'ausziehen, -holen (**from** aus); **2.** extrahieren: a) ⚕ *Zahn*(*wurzel*) ziehen, b) ⚗ ausscheiden, -ziehen, c) *Metall etc.* gewinnen, d) ✗ *Wurzel* ziehen; **3.** *Honig etc.* schleudern; **4.** *Beispiele etc.* ausziehen, exzerpieren (**from a text** aus e-m Text); **5.** *fig.* (**from**) *et.* her'ausholen (aus…), entlocken (*dat.*); **6.** *fig.* ab-, herleiten; **II** *s.* ['ekstrækt] **7.** *a.* ⚗ Auszug *m*, Ex'trakt *m*: **~ of beef** Fleischextrakt; **~ of account** Kontoauszug; **ex'trac·tion** [-kʃn] *s.* **1.** Her'ausziehen *n*; **2.** Extrakti'on *f*: a) ⚕ Ziehen *n* (*e-s Zahns*), b) ⚗ Ausziehen *n*, Ausscheidung *f*, Gewinnung *f*, c) ✗ Ziehen *n* (*Wurzel*); **3.** *fig.* Entlockung *f*; **4.** Abstammung *f*, Herkunft *f*; **ex'trac·tive**

[-tɪv] *adj.*: ~ ***industry*** Industrie *f* zur Gewinnung von Naturprodukten; **ex'trac·tor** [-tə] *s.* **1.** ⚙, ⚔ Auszieher *m*, -werfer *m*; **2.** ⚕ (Geburts-, Zahn-, Wurzel)Zange *f*; **3.** Trockenschleuder *f*.

ex·tra·cur·ric·u·lar [ˌekstrəkəˈrɪkjʊlə] *adj.* **1.** *ped.*, *univ.* außerhalb des Stunden- *od.* Lehrplans; **2.** außerplanmäßig.

ex·tra·dit·a·ble [ˈekstrədaɪtəbl] *adj.* **1.** auszuliefern(d): ~ ***criminal***; **2.** auslieferungsfähig: ~ ***offence***; **ex·tra·dite** [ˈekstrədaɪt] *v/t.* ausliefern; **ex·tra·di·tion** [ˌekstrəˈdɪʃn] *s.* Auslieferung *f*: ***request for*** ~ Auslieferungsantrag *m*.

ˌex·tra|·juˈdi·cial *adj.* ⚖ außergerichtlich; **ˌ~ˈmar·i·tal** *adj.* außerehelich; **ˌ~ˈmu·ral** *adj.* außerhalb der Mauern (*e-r Stadt od. Universität*): ~ ***courses*** Hochschulkurse außerhalb der Universität; ~ ***student*** Gasthörer(in).

ex·tra·ne·ous [ekˈstreɪnjəs] *adj.* ☐ **1.** fremd (***to*** *dat.*); **2.** unwesentlich; **3.** ***be*** ~ ***to*** nicht gehören zu.

ex·traor·di·nar·i·ly [ɪkˈstrɔːdnrəlɪ] *adv.*, **ex·traor·di·nar·y** [ɪkˈstrɔːdnrɪ] *adj.* **1.** außerordentlich: ***ambassador*** ~ Sonderbotschafter *m*; **2.** ungewöhnlich, seltsam, merkwürdig.

ex·trap·o·late [ekˈstræpəʊleɪt] *v/t.* extrapolieren.

ˌex·tra|ˈsen·so·ry *adj. psych.* außersinnlich: ~ ***perception*** außersinnliche Wahrnehmung; **ˌ~·terˈres·trial** *adj.* außerirdisch; **ˈ~ˌter·riˈto·ri·al** *adj.* ˌexterritoriˈal; **ˈ~ˌter·ri·to·riˈal·i·ty** *s.* ˌExterritorialiˈtät *f*; ~ **time** *s. sport* (Spiel)Verlängerung *f*.

ex·trav·a·gance [ɪkˈstrævəgəns] *s.* **1.** Verschwendung *f*; **2.** Ausschweifung *f*, Zügellosigkeit *f*; ˈÜbermut *m*; **3.** Extravaˈganz *f*, ˈÜbermaß *n*, Überˈtriebenheit *f*, Überˈspanntheit *f*; **exˈtrav·a·gant** [-nt] *adj.* ☐ **1.** verschwenderisch; **2.** ausschweifend, zügellos; **3.** extravaˈgant, überˈtrieben, -ˈspannt; **ex·trav·a·gan·za** [ekˌstrævəˈgænzə] *s.* **1.** phanˈtastisches Werk (*Musik od. Literatur*); **2.** Ausstattungsstück *n*.

ex·treme [ɪkˈstriːm] **I** *adj.* ☐ → ***extremely***; **1.** äußerst, weitest, letzt: ~ ***border*** äußerster Rand; ~ ***value*** Extremwert *m*; → ***unction*** 3 c; **2.** äußerst, höchst; außergewöhnlich, überˈtrieben: ~ ***case*** äußerster (Not)Fall; ~ ***measure*** drastische *od.* radikale Maßnahme; ~ ***necessity*** zwingende Notwendigkeit; ~ ***old age*** hohes Greisenalter; ~ ***penalty*** höchste Strafe, *a.* Todesstrafe *f*; **3.** *pol.* exˈtrem, radiˈkal: ~ ***Left*** äußerste Linke; ~ ***views***; **II** *s.* **4.** äußerstes Ende: ***at the other*** ~ am entgegengesetzten Ende; **5.** *das* Äußerste, höchster Grad, Exˈtrem *n*: ***awkward in the*** ~ äußerst peinlich; ***go to*** ~***s*** vor nichts zurückschrecken; ***go to the other*** ~ ins andere Extrem fallen; **6.** ˈÜbermaß *n*, Überˈtriebenheit *f*: ***carry s.th. to an*** ~ et. zu weit treiben; **7.** Gegensatz *m*: ~***s meet*** Extreme berühren sich; **8.** *pl. obs.* äußerste Not; **exˈtreme·ly** [-lɪ] *adv.* äußerst, höchst; **exˈtrem·ism** [-mɪzəm] *s.* Extreˈmismus *m*, Radikaˈlismus *m*; **exˈtrem·ist** [-mɪst] *s.* **I** Extreˈmist(in), Radiˈkale(r *m*) *f*; **II** *adj.* extreˈmistisch; **exˈtrem·i·ty** [-remətɪ] *s.* **1.** *das* Äußerste, äußerstes Ende, äußerste Grenze: ***to the last*** ~ bis zum Äußersten; ***drive s.o. to extremities*** j-n zum Äußersten treiben; ***resort to extremities*** zu drastischen Mitteln greifen; **2.** *fig.* a) höchster Grad: ~ ***of joy*** Übermaß der Freude, b) äußerste Not, verzweifelte Situation: ***reduced to extremities*** in größter Not, c) verzweifelter Gedanke; **3.** *pl.* Gliedmaßen *pl.*, Extremiˈtäten *pl.*

ex·tri·cate [ˈekstrɪkeɪt] *v/t.* **1.** (***from***) herˈauswinden, -ziehen (aus), befreien (aus, von): ~ ***o.s.*** sich befreien; **2.** ⚗ *Gas* frei machen; **ex·tri·ca·tion** [ˌekstrɪˈkeɪʃn] *s.* **1.** Befreiung *f*; **2.** ⚗ Freimachen *n*.

ex·trin·sic [ekˈstrɪnsɪk] *adj.* (☐ ~***ally***) **1.** äußer; **2.** a) nicht zur Sache gehörig, b) unwesentlich: ***be*** ~ ***to s.th.*** nicht zu et. gehören.

ex·tro·ver·sion [ˌekstrəʊˈvɜːʃn] *s. psych.* Extro- *od.* Extraversiˈon *f*; **ex·tro·vert** [ˈekstrəʊvɜːt] *psych.* **I** *s.* Extro- *od.* Extraverˈtierte(r *m*) *f*; **II** *adj.* extro- *od.* extraverˈtiert.

ex·trude [ekˈstruːd] **I** *v/t.* **1.** ausstoßen, (her)ˈauspressen; **2.** ⚙ strangpressen; **II** *v/i.* **3.** vorstehen; **exˈtru·sion** [-uːʒn] *s.* **1.** Ausstoßung *f*; **2.** ⚙ a) Strangpressen *n*, b) Strangpreßling *m*.

ex·u·ber·ance [ɪgˈzjuːbərəns] *s.* **1.** (***of***) (ˈÜber)Fülle (von *od. gen.*), Reichtum *m* (an *dat.*); **2.** ˈÜberschwang *m*; Ausgelassenheit *f*; **3.** (Wort)Schwall *m*; **exˈu·ber·ant** [-nt] *adj.* ☐ **1.** üppig, (ˈüber)reichlich; **2.** *fig.* a) ˈüberschwenglich, b) (ˈüber)sprudelnd, ausgelassen; **3.** *fig.* (äußerst) fruchtbar.

ex·ude [ɪgˈzjuːd] **I** *v/t.* **1.** ausschwitzen, absondern; **2.** *fig.* von sich geben, verströmen; **II** *v/i.* **3.** *a. fig.* ausströmen (***from*** aus, von).

ex·ult [ɪgˈzʌlt] *v/i.* frohˈlocken, jubeln, triumphieren (***at***, ***over***, ***in*** über *acc.*); **exˈult·ant** [-tənt] *adj.* ☐ frohˈlockend, jubelnd, triumphierend; **ex·ul·ta·tion** [ˌegzʌlˈteɪʃn] *s.* Jubel *m*, Frohˈlocken *n*.

ex·urb [ˈeksɜːb] *s. Am.* (vornehmes) Einzugsgebiet (*e-r Großstadt*); **ex·ur·ban·ite** [ɪgˈzɜːbənaɪt] *s. Am.* Bewohner(in) e-s ***exurb***; **ex·ur·bi·a** [ɪgˈzɜːbɪə] *s.* die (vornehmen) Außenbezirke *pl.*

eye [aɪ] **I** *s.* **1.** Auge *n*: ***an*** ~ ***for an*** ~ *bibl.* Auge um Auge; ***under my*** ~***s*** vor m-n Augen; ***up to the*** ~***s in work*** bis über die Ohren in Arbeit; ***with one's*** ~***s shut*** mit geschlossenen Augen (*a. fig.*); ***be all*** ~***s*** ganz Auge sein; ***cry one's*** ~***s out*** sich die Augen ausweinen; **2.** *fig.* Blick *m*, Gesichtssinn *m*, Auge(nmerk) *n*: ***with an*** ~ ***to*** a) im Hinblick auf (*acc.*), b) mit der Absicht zu (*inf.*); ***cast an*** ~ ***over*** e-n Blick werfen auf (*acc.*); ***catch*** (*od.* ***strike***) ***the*** ~ ins Auge fallen; ***she caught his*** ~ sie fiel ihm auf; ***catch the Speaker's*** ~ *parl.* das Wort erhalten; ***do s.o. in the*** ~ F j-n ‚reinlegen' *od.* ‚übers Ohr hauen'; ***give an*** ~ ***to s.th.*** et. anblicken, ein Auge auf et. haben; ***give s.o. the*** (***glad***) ~ j-m e-n einladenden Blick zuwerfen; ***have an*** ~ ***for*** e-n Sinn *od.* Blick *od.* ein (offenes) Auge haben für; ***he has an*** ~ ***for beauty*** er hat Sinn für Schönheit; ***have an*** ~ ***to s.th.*** a) ein Auge auf et. haben, b) auf et. achten; ***keep an*** ~ ***on*** ein (wachsames) Auge haben auf (*acc.*); ***make*** ~***s at*** *j-m* verliebte Blicke zuwerfen; → ***meet*** 9; ***open s.o.'s*** ~***s*** (***to s.th.***) j-m die Augen öffnen (für et.); ***that made him open his*** ~***s*** das verschlug ihm die Sprache; ***you can see that with half an*** ~ das sieht doch ein Blinder!; ***set*** (*od.* ***clap***) ~***s on*** zu Gesicht bekommen; ***close one's*** ~***s to*** die Augen verschließen vor (*dat.*); ***my*** ~***!*** F denkste!, von wegen!, Quatsch!; **3.** Ansicht *f*: ***in the*** ~***s of*** nach Ansicht von; ***see*** ~ ***to*** ~ ***with s.o.*** mit j-m übereinstimmen; **4.** Öhr *n* (*Nadel*); Öse *f*; **5.** ⚘ Auge *n*, Knospe *f*; **6.** *zo.* Auge *n* (*Schmetterling, Pfauenschweif*); **7.** ⚠ rundes Fenster; **8.** Auge *n*, windstilles Zentrum *e-s Sturms*; **II** *v/t.* **9.** ansehen, betrachten, (scharf) beobachten, ins Auge fassen: ~ ***s.o. from top to toe*** j-n von oben bis unten mustern.

ˈeye|-apˌpeal *s.* optische Wirkung, atrakˈtive Gestaltung; **ˈ~·ball** *s.* Augapfel *m*; **ˈ~·black** *s.* Wimperntusche *f*; **ˈ~·brow** *s.* Augenbraue *f*: ~ ***pencil*** Augenbrauenstift *m*; ***raise one's*** ~***s*** *fig.* die Stirn runzeln; ***cause raised*** ~***s*** Aufsehen *od.* Mißfallen erregen; **ˈ~-ˌcatch·er** *s.* Blickfang *m*; **ˈ~-ˌcatch·ing** *adj.* ins Auge fallend, auffallend.

eyed [aɪd] *adj. in Zssgn* …äugig; mit (…) Ösen.

ˈeye|·ful *s.* F **1.** ‚toller Anblick'; **2.** ‚tolle Frau'; **3.** ***get an*** ~ ***of this!*** sieh dir das mal an!; **ˈ~·glass** *s.* **1.** Monˈokel *n*; **2.** *opt.* Okuˈlar *n*; **3.** *pl. a.* ***pair of*** ~***es*** *bsd. Am.* Brille *f*; **ˈ~·hole** *s.* **1.** Augenhöhle *f*; **2.** Guckloch *n*; **ˈ~·lash** *s. mst pl.* Augenwimper *f*; → ***bat***[3]; ~ **lens** *s.* Okuˈlarlinse *f*.

eye·let [ˈaɪlɪt] *s.* **1.** Öse *f*; **2.** Loch *n*.

eye| lev·el *s.* (***on*** ~ in) Augenhöhe *f*; **ˈ~·lid** *s.* Augenlid *n*; → ***bat***[3]; ~ **lin·er** *s.* Eyeliner *m*; **ˈ~-ˌo·pen·er** *s.* **1.** *fig.* Überˈraschung *f*, Entdeckung *f*: ***that was an*** ~ ***to me*** das hat mir die Augen geöffnet; **2.** *Am.* F (*bsd. alkoholischer*) ‚Muntermacher'; **ˈ~·piece** *s. opt.* Okuˈlar *n*; ~ **rhyme** *s.* Augenreim *m*; **ˈ~·shade** *s.* Sonnenschild *m*; ~ **shadow** *s.* Lidschatten *m*; **ˈ~·shot** *s.*: (***with***)***in*** (***beyond*** *od.* ***out of***) ~ in (außer) Sichtweite; **ˈ~·sight** *s.* Augenlicht *n*, Sehkraft *f*: ***poor*** ~ schwache Augen *pl.*; ~ **sock·et** *s. anat.* Augenhöhle *f*; **ˈ~ sore** *s. fig.* Schandfleck *m*, et. Häßliches; **ˈ~·strain** *s.* Überˈanstrengung *f* der Augen; **ˈ~·tooth** *s.* [*irr.*] *anat.* Augen-, Eckzahn *m*: ***he'd give his eyeteeth for it*** er würde alles darum geben; **ˈ~·wash** *s.* **1.** *pharm.* Augenwasser *n*; **2.** *fig.* a) ‚Quatsch' *m*, b) Augen(aus)wischeˈrei *f*; **ˌ~ˈwit·ness I** *s.* Augenzeuge *m*; **II** *v/t.* Augenzeuge sein *od.* werden von (*od. gen.*).

ey·rie [ˈaɪərɪ] *s. orn.* Horst *m*.

E·ze·ki·el, E·ze·chi·el [ɪˈziːkjəl] *npr. u. s. bibl.* (das Buch) Heˈsekiel *m od.* Eˈzechiel *m*; **Ez·ra** [ˈezrə] *npr. u. s. bibl.* (das Buch) Esra *m od.* Esdras *m*.

F

F, f [ef] *s.* **1.** F *n*, f *n* (*Buchstabe*); **2.** ♪ F *n*, f *n* (*Note*); **3.** ☡ *ped.* Sechs *f*, Ungenügend *n* (*Note*).

fab [fæb] *adj. sl.* → ***fabulous*** 2.

Fa·bi·an [ˈfeɪbjən] **I** *adj.* **1.** Hinhalte…, Verzögerungs…: ~ ***tactics***; **2.** *pol.* die ***Fabian Society*** betreffend; **II** *s.* **3.** *pol.* Fabier(in); ˈ**Fa·bi·an·ism** [-nɪzəm] *s.* Poliˈtik *f* der → **Fa·bi·an So·ci·e·ty** *s.* (*sozialistische*) Gesellschaft der Fabier.

fa·ble [ˈfeɪbl] *s.* **1.** Fabel *f* (*a. e-s Dramas*); Sage *f*, Märchen *n*; **2.** *coll.* a) Fabeln *pl.*, b) Sagen *pl.*; **3.** *fig.* ‚Märchen' *n*; ˈ**fa·bled** [-ld] *adj.* **1.** legenˈdär; **2.** (frei) erfunden.

fab·ric [ˈfæbrɪk] *s.* **1.** Bau *m* (*a. fig*); Gebilde *n*; **2.** *fig.* a) Gefüge *n*, Strukˈtur *f*, b) Syˈstem *n*; **3.** Stoff *m*, Gewebe *n*; ⚙ Leinwand *f*, Reifengewebe *n*: ~ ***gloves*** Stoffhandschuhe; ˈ**fab·ri·cate** [-keɪt] *v/t.* **1.** fabrizieren, herstellen, (an)fertigen; **2.** *fig.* ‚fabrizieren': a) erfinden, b) fälschen; **fab·ri·ca·tion** [ˌfæbrɪˈkeɪʃn] *s.* **1.** Herstellung *f*, Fabrikatiˈon *f*; **2.** *fig.* Erfindung *f*, ‚Märchen' *n*, Lüge *f*; **3.** Fälschung *f*; ˈ**fab·ri·ca·tor** [-keɪtə] *s.* **1.** Hersteller *m*; **2.** *fig. b.s.* Erfinder *m*, Urheber *m e-r Lüge etc.*, Lügner *m*; **3.** Fälscher *m*.

fab·u·list [ˈfæbjʊlɪst] *s.* **1.** Fabeldichter (-in); **2.** Schwindler(in); ˈ**fab·u·lous** [-ləs] *adj.* □ **1.** legenˈdär, Sagen…, Fabel…; **2.** *fig.* F fabel-, sagenhaft, ‚toll'.

fa·çade [fəˈsɑːd] (*Fr.*) *s.* ⚠ Fasˈsade *f* (*a. fig.*), Vorderseite *f*.

face [feɪs] **I** *s.* **1.** Gesicht *n*, Angesicht *n*, Antlitz *n* (*a. fig.*): ***for s.o.'s fair ~*** *iro.* um j-s schönen Augen willen; ***in*** (***the***) ~ ***of*** a) angesichts (*gen.*), gegenüber (*dat.*), b) trotz (*gen. od. dat.*); ***in the ~ of danger*** angesichts der Gefahr; ***to s.o.'s ~*** j-m ins Gesicht *sagen etc.*; ~ ***to ~*** von Angesicht zu Angesicht; ~ ***to ~ with*** Auge in Auge mit, gegenüber, vor (*dat.*); ***fly in the ~ of*** a) *j-m* ins Gesicht fahren, b) *fig.* sich offen widersetzen (*dat.*), trotzen (*dat.*); ***I couldn't look him in the ~*** ich konnte ihm (vor Scham) nicht in die Augen sehen; ***do*** (***up***) ***one's ~***, F ***put one's ~ on*** sich ‚anmalen' (*schminken*); ***set one's ~ against s.th.*** sich e-r Sache widersetzen, sich gegen et. wenden; ***show one's ~*** sich blicken lassen; ***shut the door in s.o.'s ~*** j-m die Tür vor der Nase zuschlagen; **2.** (Gesichts)Ausdruck *m*, Aussehen *n*, Miene *f*: ***make*** (*od.* ***pull***) ***a ~*** (*od.* ***~s***) ein Gesicht (*od.* e-e Grimasse) machen *od.* schneiden; ***make*** (*od.* ***pull***) ***a long ~*** *fig.* ein langes Gesicht machen; ***put a bold ~ on*** a) *e-r Sache* gelassen entgegensehen, b) sich *et. Unangenehmes etc.* nicht anmerken lassen; ***put a good*** (*od.* ***brave***) ***~ on the matter*** gute Miene zum bösen Spiel machen; **3.** *fig.* Stirn *f*, Unverfrorenheit *f*, Frechheit *f*: ***have the ~ to*** *inf.* die Stirn haben zu *inf.*; **4.** Ansehen *n*: ***save*** (***one's***) ***~*** das Gesicht wahren; ***lose ~*** das Gesicht verlieren; ***loss of ~*** Prestigeverlust *m*; **5.** *das* Äußere, Gestalt *f*, Erscheinung *f*, Anschein *m*: ***on the ~ of it*** auf den ersten Blick, oberflächlich betrachtet, vordergründig; ***put a new ~ on s.th.*** et. in neuem *od.* anderem Licht erscheinen lassen; **6.** Ober-, Außenfläche *f*, Fläche *f* (*a.* ⩓), Seite *f*; ⚙ Stirnfläche *f*; ⚙ (Amboß-, Hammer)Bahn *f*: ***the ~ of the earth*** die Erdoberfläche, die Welt; **7.** Oberseite *f*; rechte Seite (*Stoff etc.*): ***lying on its ~*** nach unten gekehrt liegend; **8.** Fasˈsade *f*, Vorderseite *f*; **9.** Bildseite *f* (*Spielkarte*); *typ.* Bild *n* (*Type*); Zifferblatt *n* (*Uhr*); **10.** Wand *f* (*Berg etc.*, ⚒ *Kohlenflöz*): ***at the ~*** ⚒ am (Abbau)Stoß, vor Ort; **II** *v/t.* **11.** ansehen, *j-m* ins Gesicht sehen *od.* das Gesicht zuwenden; **12.** gegenˈüberstehen, -liegen, -sitzen, -treten (*dat.*); nach *Osten etc.* blicken *od.* liegen (*Raum*): ***the man facing me*** der Mann mir gegenüber; ***the house ~s the sea*** das Haus liegt nach dem Meer zu; ***the window ~s the street*** das Fenster geht auf die Straße; ***the room ~s east*** das Zimmer liegt nach Osten; **13.** (mutig) entgegentreten *od.* begegnen (*dat.*), ins Auge sehen (*dat.*), die Stirn bieten (*dat.*): ~ ***the enemy***; ~ ***death*** dem Tod ins Auge blicken; ~ ***it out*** die Sache durchstehen; ~ ***s.o. off*** *Am.* es auf e-e Kraft- *od.* Machtprobe mit j-m ankommen lassen; → ***music*** 1; **14.** *oft* ***be ~d with*** sich *e-r Gefahr etc.* gegenˈübersehen, gegenˈüberstehen (*dat.*): ***he was ~d with ruin*** er stand vor dem Nichts; **15.** *et.* hinnehmen, sich mit *et.* abfinden: ~ ***the facts***; ***let's ~ it, …!*** seien wir ehrlich, …!; **16.** ˈumkehren, -wenden; *Spielkarten* aufdecken; **17.** *Schneiderei*: besetzen, einfassen, mit Aufschlägen versehen; **18.** ⚙ verkleiden, verblenden, überˈziehen; **19.** ⚙ *Stirnflächen* bearbeiten, (plan)schleifen, glätten; **III** *v/i.* **20.** *bsd.* ⚔ ~ ***about*** kehrtmachen (*a. fig.*): ***left ~!*** *Am.* links um!; ***right about ~!*** rechts um kehrt!; **21.** ~ ***off*** *Eishockey*: das Bully ausführen; **22.** ~ ***up to*** → 13, 15.

ˈ**face|-aˌbout** → ***about-face***; ~ **brick** *s.* ⚠ Verblendstein *m*; ~ **card** *s. Kartenspiel*: Bild(karte *f*) *n*; ˈ**~-cloth** *s.* Waschlappen *m*; ~ **cream** *s.* Gesichtscreme *f*.

-faced [feɪst] *adj. in Zssgn* mit e-m … Gesicht.

ˈ**face|·down** *s. Am.* Kraft-, Machtprobe *f*; ~ **flan·nel** → ***facecloth***; ~ **grind·ing** *s.* ⚙ Planschleifen *n*; ˈ**~-guard** *s.* Schutzmaske *f*; ˈ**~-lathe** *s.* ⚙ Plandrehbank *f*.

face·less [ˈfeɪslɪs] *adj.* gesichtslos, *fig. a.* anoˈnym.

ˈ**face|-lift I** *s.* → ***face-lifting***; **II** *v/t. fig.* verschönern; ˈ**~-ˌlift·ing** *s.* **1.** Gesichtsstraffung *f*, Facelifting *n*; **2.** *fig.* Verschönerung *f*, Renovierung *f*; ˈ**~-off** *s.* **1.** *Eishockey*: Bully *n*: ~ ***circle*** Anspielkreis *m*; **2.** → ***facedown***; ~ **pack** *s.* Gesichtspackung *f*, -maske *f*.

fac·er [ˈfeɪsə] *s.* **1.** Schlag *m* ins Gesicht (*a. fig.*); **2.** *fig.* Schlag *m* (ins Konˈtor); **3.** *Brit.* F ‚harte Nuß'.

ˈ**face-ˌsav·ing** *adj.*: ~ ***excuse*** Ausrede *f*, um das Gesicht zu wahren.

fac·et [ˈfæsɪt] **I** *s.* **1.** a) Faˈcette *f* (*a. fig.*), b) Schliff-, Kriˈstallfläche *f*; **2.** *fig.* Seite *f*, Aˈspekt *m*; **II** *v/t.* **3.** facettieren: ***~ed eye*** *zo.* Facettenauge *n*.

fa·ce·tious [fəˈsiːʃəs] *adj.* □ scherzhaft, witzig, drollig, spaßig; **faˈce·tious·ness** [-nɪs] *s.* Scherzhaftigkeit *f etc.*

ˌ**face|-to-ˈface** *adj.* **1.** perˈsönlich; **2.** diˈrekt; ~ **tow·el** *s.* (Gesichts)Handtuch *n*; ~ **val·ue** *s.* **1.** ‡ Nenn-, Nomiˈnalwert *m*; **2.** scheinbarer Wert, *das* Äußere: ***take s.th. at its ~*** et. für bare Münze nehmen *od.* unbesehen glauben.

fa·ci·a [ˈfeɪʃə] *s. Brit.* **1.** Firmen-, Ladenschild *n*; **2.** *a.* ~ ***board***, ~ ***panel*** *mot.* Armaˈturenbrett *n*.

fa·cial [ˈfeɪʃl] **I** *adj.* □ a) Gesichts…: ~ ***pack*** Gesichtspackung *f*, b) des Gesichts, im Gesicht; **II** *s. Kosmetik*: Gesichtsbehandlung *f*.

-fa·cient [feɪʃənt] *in Zssgn* verursachend, machend.

fac·ile [ˈfæsaɪl] *adj.* □ **1.** leicht (zu tun *od.* zu meistern *etc.*); **2.** *fig.* oberflächlich; **3.** flüssig (*Stil*).

fa·cil·i·tate [fəˈsɪlɪteɪt] *v/t.* erleichtern, fördern; **fa·cil·i·ta·tion** [fəsɪlɪˈteɪʃn] *s.* Erleichterung *f*, Förderung *f*; **faˈcil·i·ty** [-tɪ] *s.* **1.** Leichtigkeit *f* (*der Ausführung etc.*); **2.** Oberflächlichkeit *f*; **3.** Flüssigkeit *f* (*des Stils*); **4.** (günstige) Gelegenheit *f*, Möglichkeit *f* (***for*** für, zu); **5.** *mst pl.* Einrichtung(en *pl.*) *f*, Anlage(n *pl.*) *f*; **6.** *mst pl.* Erleichterung(en *pl.*) *f*, Vorteil(e *pl.*) *m*, Vergünstigung(en *pl.*) *f*, Annehmlichkeit(en *pl.*) *f*.

fac·ing [ˈfeɪsɪŋ] *s.* **1.** ⚔ Wendung *f*, Schwenkung *f*: ***go through one's ~s*** *fig.* zeigen (müssen), was man kann; ***put s.o. through his ~s*** *fig.* j-n auf Herz u. Nieren prüfen; **2.** Außen-,

Oberschicht *f*, Belag *m*, 'Überzug *m*; **3.** ⚙ Plandrehen *n*: **~ lathe** Plandrehbank *f*; **4.** △ a) Verkleidung *f*, -blendung *f*, b) Bewurf *m*: **~ brick** Verblendstein *m*; **5.** *a.* **~ sand** ⚙ feingesiebter Formsand; **6.** *Schneiderei*: a) Aufschlag *m*, b) Besatz *m*, Einfassung *f*: **~s** ⚔ (Uniform-)Aufschläge.

fac·sim·i·le [fæk'sımılı] **I** *s.* **1.** Fak'simile *n*, Reprodukti'on *f*; **2.** *a.* **~ transmission** *od.* **broadcast(ing)** ↯, *tel.* Bildfunk *m*: **~ apparatus** Bildfunkgerät *n*; **II** *v/t.* **3.** faksimilieren.

fact [fækt] *s.* **1.** Tatsache *f*, Wirklichkeit *f*, Wahrheit *f*: **~ and fancy** Dichtung u. Wahrheit; **~s and figures** genaue Daten; **naked** (*od.* **hard**) **~s** nackte Tatsachen; **in** (**point of**) **~** in der Tat, tatsächlich, genau gesagt; **it is a ~** es stimmt, es ist e-e Tatsache; **founded on ~** auf Tatsachen beruhend; **the ~** (**of the matter**) **is** Tatsache ist *od.* die Sache ist die (**that** daß); **know s.th. for a ~** et. (ganz) sicher wissen; **tell the ~s of life to a child** ein Kind (sexuell) aufklären; **2.** ⚖ a) Tatsache *f*: **in ~ and law** in tatsächlicher u. rechtlicher Hinsicht; **the ~s** (**of the case**) der Tatbestand *m*, die Tatumstände *pl.*, der Sachverhalt *m*, b) Tat *f*: **before** (**after**) **the ~** vor (nach) begangener Tat; → **accessory** 7; '**~,find·ing** *adj.* Untersuchungs…: **~ committee**; **~ tour** Informationsreise *f*.

fac·tion ['fækʃn] *s.* **1.** Fakti'on *f*, Splittergruppe *f*; **2.** Zwietracht *f*; '**fac·tion·al·ism** [-ʃnəlızəm] *s.* Par'teigeist *m*; '**fac·tion·ist** [-ʃənıst] *s.* Par'teigänger *m*; '**fac·tious** [-ʃəs] *adj.* ☐ **1.** vom Par'teigeist beseelt, fakti'ös; **2.** aufrührerisch.

fac·ti·tious [fæk'tıʃəs] *adj.* ☐ gekünstelt, künstlich.

fac·ti·tive ['fæktıtıv] *adj. ling.* fakti'tiv, bewirkend: **~ verb**.

fac·tor ['fæktə] *s.* **1.** *fig.* Faktor *m* (*a.* ⅍, ⚕, *phys.*), (mitwirkender) 'Umstand, Mo'ment *n*, Ele'ment *n*: **safety ~** Sicherheitsfaktor; **2.** *biol.* Erbfaktor *m*; **3.** ☤ a) (Handels)Vertreter *m*, Kommissio'när *m*, b) *Am.* Finan'zierungskommissio,när *m*; **4.** ⚖ *Scot.* (Guts-)Verwalter *m*; '**fac·tor·ing** [-tərıŋ] *s.* ☤ Factoring *n* (*Absatzfinanzierung u. Kreditrisikoabsicherung*); '**fac·to·ry** [-tərı] *s.* **1.** Fa'brik *f*: 2 **Acts** Arbeiterschutzgesetze; **~ cost** Herstellungskosten *pl.*; **~ expenses** Gemeinkosten; **~ farming** Massentierhaltung *f*; **~ hand** Fabrikarbeiter *m*; **~ ship** Fabrikschiff *n*; **~-made** fabrikmäßig hergestellt, Fabrik… (*-ware etc.*); **2.** ☤ Handelsniederlassung *f*, Fakto'rei *f*.

fac·to·tum [fæk'təutəm] *s.* Fak'totum *n*, ‚Mädchen *n* für alles'.

fac·tu·al ['fæktʃuəl] *adj.* ☐ **1.** tatsächlich: **~ situation** Sachlage *f*, -verhalt *m*; **2.** Tatsachen…: **~ report**; **3.** sachlich.

fac·ul·ta·tive ['fækltətıv] *adj.* fakulta'tiv, wahlfrei: **~ subject** *ped.* Wahlfach *n*; **fac·ul·ty** ['fækltı] *s.* **1.** Fähigkeit *f*, Vermögen *n*, Kraft *f*: **~ of hearing** Hörvermögen; **2.** Gabe *f*, Anlage *f*, Ta'lent *n*, Fähigkeit *f*: (**mental**) **faculties** Geisteskräfte; **3.** *univ.* a) Fakul'tät *f*, Abteilung *f*, b) (Mitglieder *pl.* e-r) Fakul'tät, Lehrkörper *m*, c) (Ver'waltungs)Perso,nal *n* (*a. e-r Schule*): **the medical ~** die medizinische Fakultät, *weitS.* die Mediziner *pl.*; **4.** ⚖ Ermächtigung *f*, Befugnis *f* (**for** zu, für).

fad [fæd] *s.* **1.** Mode(torheit) *f*; **2.** ‚Fimmel' *m*, Ma'rotte *f*; '**fad·dish** [-dıʃ] **1.** Mode…, vor'übergehend; **2.** ex'zentrisch: **~ woman** Frau, die jede Mode (-torheit) mitmacht.

fade [feıd] **I** *v/i.* **1.** (ver)welken; **2.** verschießen, -blassen, ver-, ausbleichen (*Farbe etc.*); **3.** *a.* **~ away** verklingen (*Lied, Stimme etc.*), abklingen (*Schmerzen etc.*), verblassen (*Erinnerung*), schwinden, zerrinnen (*Hoffnungen etc.*), verrauchen (*Zorn etc.*), sich auflösen (*Menge*), (in der Ferne *etc.*) verschwinden, immer weniger werden, ⚕ immer schwächer werden (*Person*); **4.** *Radio*: schwinden (*Ton, Sender*); **5.** ⚙ nachlassen (*Bremsen*); **6.** nachlassen, abbauen (*Sportler*); **7.** *bsd. Am.* F ‚verduften'; **8.** *Film, Radio*: über'blenden: **~ in** (*od.* **up**) auf- *od.* eingeblendet werden; **~** (**out**) aus- *od.* abgeblendet werden; **II** *v/t.* **9.** (ver)welken lassen; **10.** *Farbe etc.* ausbleichen; **11.** *a.* **~ out** *Ton, Bild* aus- *od.* abblenden: **~ in** (*od.* **up**) auf- *od.* einblenden; '**fad·ed** [-dıd] *adj.* ☐ **1.** welk, verwelkt, -blüht (*alle a. fig. Schönheit etc.*); **2.** verblaßt, verblichen, -schossen; '**fade-in** *s. Film, Radio, TV*: Auf-, Einblendung *f*; '**fade·less** [-lıs] *adj.* ☐ **1.** licht-, farbecht; **2.** *fig.* unvergänglich; '**fade-out** *s.* **1.** *Film, Radio, TV*: Aus-, Abblendung *f*: **do a ~** *sl.* ‚sich verziehen'; **2.** *phys.* Ausschwingen *n*; '**fad·er** [-də] *s. Radio, TV*: Auf- *od.* Abblendregler *m*; '**fad·ing** [-dıŋ] **I** *adj.* **1.** (ver)welkend (*a. fig.*); **2.** ausbleichend (*Farbe*); **3.** matt, schwindend; **4.** *fig.* vergänglich; **II** *s.* **5.** (Ver)Welken *n*; **6.** Verblassen *n*, Ausbleichen *n*; **7.** *Radio*: Fading *n*, Schwund *m*: **~ control** Schwundregelung *f*; **8.** ⚙ Fading *n* (*Nachlassen der Bremswirkung*).

fae·cal ['fi:kl] *adj.* fä'kal, Kot…: **~ matter** Kot *m*; **fae·ces** ['fi:si:z] *s. pl.* Fä'kalien *pl.*, Kot *m*.

fa·er·ie, fa·er·y ['feərı] **I** *s. obs.* **1.** → **fairy** 1; **2.** Märchenland *n*; **II** *adj.* **3.** Feen…, Märchen…

fag[1] [fæg] *s. sl.* **1.** ‚Glimmstengel' *m*, Ziga'rette *f*; **2.** → **fag(g)ot** 5.

fag[2] [fæg] **I** *v/i.* **1.** *Brit.* sich (ab)schinden; **2. ~ for s.o.** *Brit. ped.* e-m älteren Schüler Dienste leisten; **II** *v/t.* **3.** *a.* **~ out** F ermüden, erschöpfen; **4.** *Brit. ped.* sich von *e-m jüngeren Schüler* bedienen lassen; **III** *s.* **5.** Placke'rei *f*, Schinde'rei *f*; **6.** Erschöpfung *f*; **7.** *Brit. ped.* ‚Diener' *m* (→ 2).

fag[3] [fæg] → **fag(g)ot** 5.

,fag-'end *s.* **1.** Ende *n*, Schluß *m*; **2.** letzter *od.* schäbiger Rest; **3.** *Brit. sl.* (Ziga'retten)Kippe *f*.

fag·ging ['fægıŋ] *s. a.* **~ system** *Brit. ped. die Sitte, daß jüngere Schüler den älteren Dienste leisten müssen*.

fag·(g)ot ['fægət] *s.* **1.** Reisigbündel *n*; **2.** Fa'schine *f*; **3.** ⚙ a) Bündel *n* Stahlstangen, b) 'Schweißpa,ket *n*; **4.** *Brit. Küche*: Frika'delle *f* aus Inne'reien; **5.** *sl.* ‚Homo' *m*, Schwule(r) *m*.

Fahr·en·heit ['færənhaıt] *s.*: **10° ~** zehn Grad Fahrenheit, 10° F.

fa·ience [faı'ɑ̃:ns] (*Fr.*) *s.* Fay'ence *f*.

fail [feıl] **I** *v/i.* **1.** versagen (*Stimme, Herz, Motor etc., a. fig. Person*); aufhören, zu Ende gehen, nicht (aus)reichen, versiegen (*Vorrat*); **2.** miß'raten (*Ernte*), nicht aufgehen (*Saat*); **3.** nachlassen, schwächer werden, schwinden, abnehmen: **his health ~ed** s-e Gesundheit ließ nach; **4.** unter'lassen, versäumen, verfehlen, vernachlässigen: **he ~ed to come** er kam nicht; **he never ~s to come** er kommt immer; **don't ~ to come!** komm ja (*od.* bestimmt)!; **he cannot ~ to win** er muß (einfach) gewinnen; **~ in one's duty** s-e Pflicht versäumen; **he ~s in perseverance** es fehlt ihm an Ausdauer; **5.** a) s-n Zweck verfehlen, miß'lingen, fehlschlagen, Schiffbruch erleiden, b) es nicht fertigbringen *od.* schaffen (zu *inf.*): **the plan ~ed** der Plan scheiterte; **if everything else ~s** wenn alle Stränge reißen; **I ~ to see why** ich sehe nicht ein, warum; **he ~ed in his attempt** der Versuch mißlang ihm; **it ~ed in its effect** die erhoffte Wirkung blieb aus; **a ~ed husband** als Ehemann ein Versager; **a ~ed artist** ein verkrachter Künstler; **6.** *ped.* 'durchfallen (**in** in *dat.*); **7.** ☤ Bank'rott machen, in Kon'kurs geraten; **II** *v/t.* **8.** im Stich lassen, enttäuschen: **I will never ~ you**; **my courage ~ed me** mir sank der Mut; **words ~ me** mir fehlen die Worte; **9.** *j-m* fehlen; **10.** *ped.* a) *j-n* 'durchfallen lassen (*in der Prüfung*), b) 'durchfallen in (*der Prüfung*); **III** *s.* **11. he got a ~ in biology** *ped.* er ist in Biologie durchgefallen; **12. without ~** ganz bestimmt, unbedingt; '**fail·ing** [-lıŋ] **I** *adj.*: **never ~** nie versagend, unfehlbar; **II** *prp.* in Ermangelung (*gen.*), ohne: **~ this** andernfalls; **~ which** widrigenfalls; **III** *s.* Mangel *m*, Schwäche *f*; Fehler *m*, De'fekt *m*.

'**fail|-safe**, '**~-proof** *adj.* pannensicher (*a. fig.*).

fail·ure ['feıljə] *s.* **1.** Fehlen *n*; **2.** Ausbleiben *n*, Versagen *n*; **3.** Unter'lassung *f*, Versäumnis *n*: **~ to comply** Nichtbefolgung *f*; **~ to pay** Nichtzahlung *f*; **4.** Fehlschlag(en *n*) *m*, Scheitern *n*, Miß'lingen *n*, 'Mißerfolg *m*: **crop ~** Mißernte *f*; **5.** *fig.* Zs.-bruch *m*, Schiffbruch *m*; ☤ Bank'rott *m*, Kon'kurs *m*: **meet with ~** → **fail** 5; **6.** ⚕, ⚙ (*Herz-, Nieren- etc.*)Versagen *n*, Störung *f*, De'fekt *m*, ⚙ *a.* Panne *f*; **7.** Abnahme *f*, Versiegen *n*; **8.** *ped.* 'Durchfallen *n* (*in der Prüfung*); **9.** a) Versager *m*, ‚Niete' *f* (*Person od. Sache*), b) ‚Reinfall' *m*, ‚Pleite' *f* (*Sache*).

faint [feınt] **I** *adj.* ☐ **1.** schwach, matt, kraftlos: **feel ~** sich matt *od.* e-r Ohnmacht nahe fühlen; **2.** schwach, matt (*Ton, Farbe, a. fig.*): **a ~ effort**; **I haven't got the ~est idea** ich habe nicht die leiseste Ahnung; **~ hope** schwache Hoffnung; **3.** furchtsam; **II** *s.* **4.** (**dead ~** tiefe) Ohnmacht; **III** *v/i.* **5.** schwach *od.* matt werden (**with** vor *dat.*); **6.** in Ohnmacht fallen (**with** vor *dat.*): **~ing fit** Ohnmachtsanfall *m*; '**~·heart** *s.* Feigling *m*; **,~-'heart·ed** *adj.* ☐ feig(e), furchtsam.

faint·ness ['feıntnıs] *s.* **1.** Schwäche *f* (*a. fig.*), Mattigkeit *f*: **~ of heart** Feigheit *f*, Furchtsamkeit *f*; **2.** Ohnmachtsgefühl *n*.

fair¹ [feə] **I** *adj.* □ → *fairly*; **1.** schön, hübsch, lieblich: ***the ~ sex*** das schöne Geschlecht; **2.** a) hell (*Haut, Haar*), blond (*Haar*), zart (*Teint, Haut*), b) hellhäutig; **3.** rein, sauber, tadel-, makellos, *fig. a.* unbescholten: ***~ name*** guter Ruf; **4.** *fig.* schön, gefällig: ***give s.o. ~ words*** j-n mit schönen Worten abspeisen; **5.** deutlich, leserlich: ***~ copy*** Reinschrift *f*; **6.** klar, heiter (*Himmel*), schön, trocken (*Wetter, Tag*): ***set ~*** beständig; **7.** frei, unbehindert: ***~ game*** jagdbares Wild, *bsd. fig.* Freiwild *n* (***to*** für); **8.** günstig (*Wind*), aussichtsreich, gut: ***~ chance*** reelle Chance; ***be in a ~ way to*** auf dem besten Wege sein zu; **9.** anständig: a) *bsd. sport* fair, b) ehrlich, offen, aufrichtig, c) 'unpar,teiisch, d) fair: ***~ price*** angemessener Preis; ***~ and square*** offen u. ehrlich, anständig; ***~ play*** a) faires Spiel, b) *fig.* Anständigkeit *f*, Fairneß *f*; ***by ~ means or foul*** so oder so; ***~ is ~*** Gerechtigkeit muß sein!; ***~ enough!*** in Ordnung!; ***all's ~ in love and war*** im Krieg u. in der Liebe ist alles erlaubt; **10.** leidlich, ziemlich *od.* einigermaßen gut, nicht übel: ***be a ~ judge*** ein recht gutes Urteil haben (***of*** über *acc.*); ***~ to middling*** gut bis mittelmäßig, *iro.* ‚mittelprächtig'; ***~ average*** guter Durchschnitt; **11.** ansehnlich, beträchtlich, ganz schön: ***a ~ sum***; **II** *adv.* → *a.* ***fairly***; **12.** schön, gut, freundlich, höflich; **13.** rein, sauber, leserlich; **14.** günstig: ***bid*** (*od.* ***promise***) ***~*** a) sich gut anlassen, zu Hoffnungen berechtigen, b) Aussicht haben, versprechen (***to*** *inf.* zu *inf.*); **15.** anständig, fair: ***play ~*** fair spielen, *a. fig.* sich an die Spielregeln halten; **16.** genau: ***~ in the face*** mitten ins Gesicht; **17.** völlig; **III** *v/t.* **18.** ⚙ zurichten, glätten; **19.** *Flugzeug etc.* verkleiden.

fair² [feə] *s.* **1.** a) Jahrmarkt *m*, b) Volksfest *n*; **2.** Messe *f*, Ausstellung *f*: ***at the industrial ~*** auf der Industriemesse; **3.** Ba'sar *m*.

'fair|-faced *adj.*: ***~ concrete*** ⚠ Sichtbeton *m*; **'~·ground** *s.* **1.** Messegelände *n*; **2.** Rummelplatz *m*; **,~-'haired** *adj.* blond: ***~ boy*** *fig. iro.* Liebling *m* (*des Chefs etc.*).

fair·ing¹ ['feərɪŋ] *s.* ✈ Verkleidung *f*.

fair·ing² ['feərɪŋ] *s. obs.* Jahrmarktsgeschenk *n*.

fair·ly ['feəlɪ] *adv.* **1.** ehrlich; **2.** anständig(erweise); **3.** gerecht(erweise); **4.** ziemlich; **5.** leidlich; **6.** völlig; **7.** geradezu; **8.** deutlich; **9.** genau.

,fair-'mind·ed *adj.* aufrichtig, gerecht (denkend).

fair·ness ['feənɪs] *s.* **1.** Schönheit *f*; **2.** a) Blondheit *f*, b) Hellhäutigkeit *f*; **3.** Klarheit *f* (*des Himmels*); **4.** Anständigkeit *f*: a) *bsd. sport* Fairneß *f*, b) Ehrlichkeit *f*, c) Gerechtigkeit *f*: ***in ~*** gerechterweise; ***in ~ to him*** um ihm Gerechtigkeit widerfahren zu lassen; **5.** ⚖, † Lauterkeit *f* (*des Wettbewerbs etc.*).

,fair|-'spo·ken *adj.* freundlich, höflich; **'~·way** *s.* **1.** ⚓ Fahrwasser *n*, -rinne *f*; **2.** *Golf*: Fairway *n*; **'~-,weath·er** *adj.* Schönwetter...: ***~ friends*** *fig.* Freunde nur in guten Zeiten.

fair·y ['feərɪ] **I** *s.* **1.** Fee *f*, Elf(e *f*) *m*; **2.** *sl.* ‚Homo' *m*, Schwule(r) *m*; **II** *adj.* □ **3.** feenhaft (*a. fig.*): ***~ godmother*** *fig.* gute Fee; **'~·land** *s.* Feen-, Märchenland *n*; **~ tale** *s.* Märchen *n* (*a. fig.*).

faith [feɪθ] *s.* **1.** (***in***) Glaube(n) *m* (an *acc.*), Vertrauen *n* (auf *acc.*, zu): ***have*** *od.* ***put ~ in*** a) Glauben schenken (*dat.*), b) Vertrauen haben zu; ***on the ~ of*** im Vertrauen auf (*acc.*); **2.** *eccl.* (*überzeugter*) Glaube(n), b) Glaube(nsbekenntnis *n*) *m*: ***the Christian ~***; **3.** Treue *f*, Redlichkeit *f*: ***breach of ~*** Treu-, Vertrauensbruch *m*; ***in good ~*** in gutem Glauben, gutgläubig (*a.* ⚖); ***in bad ~*** in böser Absicht, arglistig (*a.* ⚖), ⚖ bösgläubig; **4.** Versprechen *n*: ***keep one's ~*** (sein) Wort halten; ***~ cure*** → ***faith healing***.

faith·ful ['feɪθfʊl] **I** *adj.* □ **1.** treu (***to*** *dat.*); **2.** (pflicht)getreu; **3.** ehrlich, aufrichtig; **4.** gewissenhaft; **5.** (wahrheits- *od.* wort)getreu, genau; **6.** glaubwürdig, zuverlässig; **7.** *eccl.* gläubig; **II** *s.* **8.** ***the ~*** *eccl.* die Gläubigen *pl.*; **9.** *pl.* treue Anhänger *pl.*; **'faith·ful·ly** [-fʊlɪ] *adv.* **1.** treu, ergeben: ***Yours ~*** Mit freundlichen Grüßen (*Briefschluß*); **2.** → ***faithful*** 2–5; **3.** F nachdrücklich: ***promise ~*** fest versprechen; **'faith·ful·ness** [-nɪs] *s.* **1.** (*a.* Pflicht)Treue *f*; **2.** Ehrlichkeit *f*; **3.** Gewissenhaftigkeit *f*; **4.** Genauigkeit *f*; **5.** Glaubwürdigkeit *f*.

faith| heal·er *s.* Gesundbeter(in); **~ heal·ing** *s.* Gesundbeten *n*.

faith·less ['feɪθlɪs] *adj.* □ **1.** *eccl.* ungläubig; **2.** treulos; **3.** unehrlich.

fake [feɪk] F **I** *v/t.* **1.** nachmachen, fälschen; *Presse etc.*: *Foto etc.* ‚türken'; **2.** *Bilanz etc.* ‚frisieren'; **3.** vortäuschen; **4.** *sport* a) *Gegner* täuschen, b) *Schlag etc.* antäuschen; **II** *s.* **5.** Fälschung *f*, Nachahmung *f*; **6.** Schwindel *m*; **7.** Schwindler *m*, ‚Schauspieler' *m*, j-d, der nicht ‚echt' ist; **III** *adj.* **8.** nachgemacht, gefälscht; **9.** falsch; **10.** vorgetäuscht; **'fak·er** *s.* **1.** Fälscher *m*; **2.** Simu'lant(in); **3.** → ***fake*** 7.

fa·kir ['feɪ,kɪə] *s.* **1.** Fakir *m*; **2.** *Am.* F → ***fake*** 7.

fal·con ['fɔ:lkən] *s. orn.* Falke *m*; **'fal·con·er** [-nə] *s. hunt.* Falkner *m*; **'fal·con·ry** [-kənrɪ] *s.* **1.** Falkne'rei *f*; **2.** Falkenbeize *f*, -jagd *f*.

fall [fɔ:l] **I** *s.* **1.** Fall(en *n*) *m*, Sturz *m*: ***have a (bad) ~*** (schwer) stürzen; ***ride for a ~*** a) verwegen reiten, b) *fig.* das Schicksal herausfordern; **2.** a) (Ab)Fallen *n* (*der Blätter etc.*), b) *Am.* Herbst *m*; **3.** Fallen *n* (*des Vorhangs*); **4.** Fall *m*, Faltenwurf *m* (*von Stoff*); **5.** *phys.* a) *a.* ***free ~*** freier Fall, b) Fallhöhe *f*, -strecke *f*; **6.** a) (*Regen-, Schnee*)Fall *m*, b) Regen-, Schneemenge *f*; **7.** Zs.-fallen *n*, Einsturz *m* (*e-s Hauses*); **8.** Fallen *n*, Sinken *n*, Abnehmen *n* (*Temperatur, Flut, Preis*): ***heavy ~ in prices*** Kurs-, Preissturz *m*; ***speculate on the ~*** auf Baisse spekulieren; **9.** Abfallen *n*, Gefälle *n*, Neigung *f* (*des Geländes*); **10.** Fall *m* (*a. e-r Festung etc.*), Sturz *m*, Nieder-, 'Untergang *m*, Abstieg *m*, Verfall *m*, Ende *n*; **11.** Fall *m*, Fehltritt: ***the 𝔖 (of man)*** *bibl.* der (erste) Sündenfall *m*; **12.** *mst pl.* Wasserfall *m*; **13.** Wurf *m* (*Lämmer etc.*); **14.** *Ringen*: Niederwurf *m*: ***win by ~*** Schultersieg *m*; ***try a ~ with s.o.*** *fig.* sich mit j-m messen; **II** *v/i.* [*irr.*] **15.** fallen: ***the curtain ~s*** der Vorhang fällt; **16.** (ab)fallen (*Blätter etc.*); **17.** (he'runter)fallen, abstürzen: ***he fell to his death*** er stürzte tödlich ab; **18.** ('um-, hin-, nieder)fallen, zu Boden fallen, zu Fall kommen; **19.** 'umfallen, -stürzen (*Baum etc.*); **20.** (*in Falten od. Locken*) her'abfallen; **21.** *fig. allg.* fallen: a) (*im Kampf*) getötet werden, b) erobert werden (*Stadt etc.*), c) gestürzt werden (*Regierung*), d) e-n Fehltritt begehen (*Frau*); **22.** *fig.* fallen (*Preis, Temperatur, Flut*), abnehmen, sinken: ***his courage fell*** ihm sank der Mut; ***his face fell*** er machte ein langes Gesicht; **23.** abfallen, sich senken (*Gelände*); **24.** (*in Stücke*) zerfallen; **25.** (*zeitlich*) fallen: ***Easter ~s late this year***; **26.** her'einbrechen (*Nacht*); **27.** *fig.* fallen (*Worte etc.*); **28.** *krank, fällig etc.* werden: ***~ ill (due)***;

Zssgn mit prp.:

fall| a·mong *v/i.* unter ... (*acc.*) geraten *od.* fallen: ***~ the thieves*** *bibl. u. fig.* unter die Räuber fallen; **~ be·hind** *v/i.* zu'rückbleiben hinter (*acc.*) (*a. fig.*); **~ for** *v/i.* F auf *et. od. j-n* reinfallen, *a.* sich in *j-n* ‚verknallen'; **~ from** *v/i.* abfallen von, abtrünnig *od.* untreu werden (*dat.*): ***~ grace*** a) sündigen, b) in Ungnade fallen; **~ in·to** *v/i.* **1.** kommen *od.* geraten *od.* verfallen in (*acc.*): ***~ disuse*** außer Gebrauch kommen; ***~ a habit*** in e-e Gewohnheit verfallen; → ***line¹*** 9; **2.** in *Teile* zerfallen: ***~ ruin*** zerfallen; **3.** münden in (*acc.*) (*Fluß*); **4.** fallen in (*ein Gebiet od. Fach*); **~ on** *v/i.* **1.** treffen, fallen auf (*acc.*) (*a. Blick etc.*); **2.** herfallen über (*acc.*), über'fallen (*acc.*); **3.** in *et.* geraten: ***~ evil days*** e-e schlimme Zeit durchmachen müssen; **~ o·ver** *v/i.* fallen über (*acc.*): ***~ o.s. to do s.th.*** F sich ‚fast umbringen', *et.* zu tun; **~ to** *v/i.* **1.** mit *et.* beginnen: ***~ work***; **2.** fallen an (*acc.*), *j-m* zufallen *od.* obliegen (***to do*** zu tun); **~ un·der** *v/i. fig.* **1.** unter *ein Gesetz etc.* fallen, zu *et.* gehören; **2.** *der Kritik etc.* unter'liegen; **~ with·in** → ***fall into*** 4.

Zssgn mit adv.:

fall| a·stern *v/i.* ⚓ zu'rückbleiben; **~ a·way** *v/i.* **1.** → ***fall*** 23; **2.** → ***fall off*** 1; **~ back** *v/i.* **1.** zu'rückweichen: **~ (*up*)*on*** *fig.* zurückgreifen auf (*acc.*); **2.** → **~ be·hind** *v/i. a. fig.* zu'rückbleiben, -fallen: ***~ with*** in Rückstand *od.* Verzug geraten mit; **~ down** *v/i.* **1.** hin-, hin'unterfallen; **2.** 'umfallen, einstürzen; **3.** (*ehrfürchtig*) auf die Knie sinken, niederfallen; **4.** F (***on***) a) versagen (bei), b) Pech haben (mit); **~ in** *v/i.* **1.** einfallen, -stürzen; **2.** ⚔ antreten; **3.** *fig.* a) sich anschließen (*Person*), b) sich einfügen (*Sache*); **4.** † ablaufen, fällig werden; **5.** ***~ with*** (zufällig) treffen (*acc.*), stoßen auf (*acc.*); **6.** ***~ with*** a) zustimmen (*dat.*), b) passen zu, entsprechen (*dat.*), c) sich anpassen (*dat.*); **~ off** *v/i. fig.* **1.** zu'rückgehen, sinken, nachlassen, abnehmen; **2.** (***from***) abfallen (von), abtrünnig werden (*dat.*); **3.** ⚓ (vom Strich) abfallen; **4.** ✈ abrutschen; **~ out** *v/i.* **1.** her'ausfallen; **2.** *fig.* ausfallen, sich erweisen als; **3.** sich ereignen; **4.** ⚔ wegtreten; **5.** sich streiten *od.* entzweien; **~ o·ver** *v/i.* 'umfallen, -kippen: ***~ backwards*** F sich ‚fast umbringen' (*et. zu tun*); ~ **through** *v/i.* **1.** 'durchfallen (*a. fig.*); **2.** *fig.* a) miß'lingen, b) ins Wasser fallen; ~ **to** *v/i.* **1.** zufallen (*Tür*); **2.** ‚reinhauen', (tüchtig) zugreifen (*beim Essen*); **3.** handgemein werden.

fal·la·cious [fə'leɪʃəs] *adj.* □ trügerisch: a) irreführend, b) irrig, falsch; **fal·la·cy** ['fæləsɪ] *s.* **1.** Trugschluß *m*, Irrtum *m*: ***popular*** ~ weitverbreiteter Irrtum; **2.** Unlogik *f*; **3.** Täuschung *f*.

fall·en ['fɔːlən] **I** *p.p. von* ***fall***; **II** *adj. allg.* gefallen: a) gestürzt (*a. fig.*), b) entehrt (*Frau*), c) (*im Kriege*) getötet, d) erobert (*Stadt etc.*): ~ ***angel*** gefallener Engel; **III** *s. coll.* ***the*** ~ die Gefallenen *pl.*; ~ **arch·es** *s. pl.* Senkfüße *pl.*

fall guy *s. Am.* F **1.** a) Opfer *n* (*e-s Betrügers*), b) ‚Gimpel' *m*; **2.** Sündenbock *m*.

fal·li·bil·i·ty [ˌfælə'bɪlətɪ] *s.* Fehlbarkeit *f*; **fal·li·ble** ['fæləbl] *adj.* □ fehlbar.

ˌ**fall·ing**|**-a'way**, ~ **off** ['fɔːlɪŋ] *s.* Rückgang *m*, Abnahme *f*, Sinken *n*; ~ **sickness** *s.* ⚕ Fallsucht *f*; ~ **star** *s.* Sternschnuppe *f*.

Fal·lo·pi·an tubes [fə'ləʊpɪən] *s. pl. anat.* Eileiter *pl.*

'**fall·out** *s.* **1.** *phys.* radioak'tiver Niederschlag, Fall'out *m*; **2.** *fig.* a) 'Nebenproˌdukt *n*, b) (böse) Auswirkung(en *pl.*).

fal·low¹ ['fæləʊ] **I** *adj.* brach(liegend): ***lie*** ~ brachliegen; **II** *s.* Brache *f*: a) Brachfeld *n*, b) Brachliegen *n*.

fal·low² ['fæləʊ] *adj.* falb, fahl, braungelb; '~**-deer** [-ləʊd-] *s. zo.* Damhirsch *m*, -wild *n*.

false [fɔːls] **I** *adj.* □ *allg.* falsch: a) unrichtig, fehlerhaft, irrig, b) unwahr, c) (***to***) treulos (gegen), untreu (*dat.*), d) irreführend, vorgetäuscht, trügerisch, 'hinterhältig, e) gefälscht, unecht, künstlich, f) Schein..., fälschlich (so genannt), g) 'widerrechtlich, rechtswidrig: ~ ***alarm*** blinder Alarm (*a. fig.*); ~ ***ceiling*** △ Zwischendecke *f*; ~ ***coin*** Falschgeld *n*; ~ ***hair*** falsche Haare; ~ ***imprisonment*** ⚖ Freiheitsberaubung *f*; ~ ***key*** Nachschlüssel *m*; ~ ***pregnancy*** ⚕ Scheinschwangerschaft *f*; ~ ***shame*** falsche Scham; ~ ***start*** Fehlstart *m*; ~ ***step*** Fehltritt *m*; ~ ***tears*** Krokodilstränen; ~ ***teeth*** falsche Zähne; **II** *adv.* falsch, unaufrichtig: ***play s.o.*** ~ ein falsches Spiel mit j-m treiben; ˌ**false-'heart·ed** *adj.* falsch, treulos; '**false·hood** [-hʊd] *s.* **1.** Unwahrheit *f*, Lüge *f*; **2.** Falschheit *f*; '**false·ness** [-nɪs] *s. allg.* Falschheit *f*.

fal·set·to [fɔːl'setəʊ] *pl.* **-tos** *s.* Fistelstimme *f*, ♪ *a.* Fal'sett(stimme *f*) *n*.

fal·sies ['fɔːlsɪz] *s. pl.* F Schaumgummieinlagen *pl.* (*im Büstenhalter*).

fal·si·fi·ca·tion [ˌfɔːlsɪfɪ'keɪʃn] *s.* (Ver-)Fälschung *f*; **fal·si·fi·er** ['fɔːlsɪfaɪə] *s.* Fälscher(in); **fal·si·fy** ['fɔːlsɪfaɪ] *v/t.* **1.** fälschen; **2.** verfälschen, falsch *od.* irreführend darstellen; **3.** *Hoffnungen* enttäuschen; **fal·si·ty** ['fɔːlsətɪ] *s.* **1.** Irrtum *m*, Unrichtigkeit *f*; **2.** Lüge *f*, Unwahrheit *f*.

falt·boat ['fɔːltbəʊt] *s.* Faltboot *n*.

fal·ter ['fɔːltə] **I** *v/i.* schwanken: a) taumeln, b) zögern, zaudern, c) stocken (*a. Stimme*): ***his courage ~ed*** der Mut verließ ihn; **II** *v/t. et.* stammeln; '**fal·ter·ing** [-tərɪŋ] *adj.* □ *allg.* schwankend (→ ***falter*** I).

fame [feɪm] *s.* **1.** Ruhm *m*, (guter) Ruf, Berühmtheit *f*: ***of ill*** ~ berüchtigt; ***house of ill*** ~ Freudenhaus *n*; **2.** *obs.* Gerücht *n*; **famed** [-md] *adj.* berühmt, bekannt (***for*** wegen *gen.*, für).

fa·mil·iar [fə'mɪljə] **I** *adj.* □ **1.** vertraut: a) gewohnt: ***a ~ sight***, b) bekannt: ***a ~ face***, c) geläufig: ***a ~ expression***; ~ ***quotations*** geflügelte Worte; **2.** vertraut, bekannt (***with*** mit): ***be ~ with*** *a. et.* gut kennen; ***make o.s. ~ with*** a) sich mit *j-m* bekannt machen, b) sich mit *et.* vertraut machen; ***the name is ~ to me*** der Name ist mir vertraut; **3.** vertraut, in'tim, eng: ***a ~ friend***; ***be on ~ terms with s.o.*** mit j-m gut bekannt sein; (***too***) ~ *contp.* allzu familiär, plump-vertraulich; **4.** ungezwungen, famili'är; **II** *s.* **5.** Vertraute(r *m*) *f*; **6.** *a.* ~ ***spirit*** Schutzgeist *m*; **fa·mil·i·ar·i·ty** [fəˌmɪlɪ'ærətɪ] *s.* **1.** Vertrautheit *f*, Bekanntschaft *f* (***with*** mit); **2.** a) famili'ärer Ton, Ungezwungenheit *f*, Vertraulichkeit *f*, b) *contp.* plumpe Vertraulichkeit; **fa·mil·iar·i·za·tion** [fəˌmɪljəraɪ'zeɪʃn] *s.* (***with***) Vertrautmachen *n od.* -werden *n* (mit), Gewöhnung *f* (an *acc.*); **fa'mil·iar·ize** [-əraɪz] *v/t.* (***with***) vertraut *od.* bekannt machen (mit), gewöhnen (an *acc.*).

fam·i·ly ['fæməlɪ] **I** *s.* **1.** Fa'milie *f* (*a. biol. u. fig.*): ~ ***of nations*** Völkerfamilie; ***she was living as one of the*** ~ sie gehörte zur Familie, sie hatte Familienanschluß; **2.** Fa'milie *f*: a) Geschlecht *n*, Sippe *f*, *a.* Verwandtschaft *f*, b) Ab-, Herkunft *f*: ***of*** (***good***) ~ aus gutem *od.* vornehmem Hause; **3.** *ling.* ('Sprach-) Faˌmilie *f*; **4.** ♈ Schar *f*; **II** *adj.* **5.** Familien...: ~ ***business*** (***tradition*** *etc.*); ~ ***doctor*** Hausarzt *m*; ~ ***environment*** häusliches Milieu; ~ ***warmth*** Nestwärme *f*; ***in a ~ way*** zwanglos; ***be in the ~ way*** F in anderen Umständen sein; ~ **al·low·ance** *s.* Kindergeld *n*; ~ **cir·cle** *s.* **1.** Fa'milienkreis *m*; **2.** *thea. Am.* oberer Rang; ~ **court** *s.* ⚖ Fa'miliengericht *n*; ~ **man** *s.* [*irr.*] **1.** Mann *m* mit Fa'milie, Fa'milienvater *m*; **2.** häuslicher Mensch; ~ **plan·ning** *s.* Fa'milienplanung *f*; '~ˌ**size pack·age** *s.* Haushaltspackung *f*; ~ **skel·e·ton** *s.* streng gehütetes Fa'miliengeheimnis; ~ **tree** *s.* Stammbaum *m*.

fam·ine ['fæmɪn] *s.* **1.** Hungersnot *f*; **2.** Mangel *m*, Knappheit *f* (***of*** an *dat.*); **3.** Hunger *m* (*a. fig.*).

fam·ish ['fæmɪʃ] **I** *v/i.* **1.** *obs.* verhungern: ***be ~ing*** F am Verhungern sein; **2.** darben; **II** *v/t. obs.* verhungern lassen: ***he ate as if ~ed*** er aß, als ob er am Verhungern wäre.

fa·mous ['feɪməs] *adj.* □ **1.** berühmt (***for*** wegen *gen.*, für); **2.** F fa'mos, ausgezeichnet, prima.

fan¹ [fæn] **I** *s.* **1.** Fächer *m*: ~ ***dance***; ~ ***aerial*** ⚡ Fächerantenne *f*; ~***-fold paper*** Endlospapier, EDV-Papier *n*; **2.** ⚙ a) Venti'lator *m*, Lüfter *m*, b) *a.* ~ ***blower*** (Flügelrad)Gebläse *n*, c) ↗ (Worfel-) Schwinge *f*, d) ⚓ Flügel *m*, Schraubenblatt *n*; **II** *v/t.* **3.** *Luft* fächeln; **4.** um'fächeln, *j-m* Luft zufächeln; **5.** *Feuer* anfachen: ~ ***the flame*** *fig.* Öl ins Feuer gießen; **6.** *fig.* entfachen; (an)wedeln; **7.** ↗ worfeln, schwingen; **III** *v/i.* **8.** *oft* ~ ***out*** a) sich (fächerförmig) ausbreiten, b) ⚔ ausschwärmen.

fan² [fæn] *s.* F Fan *m*, begeisterter Anhänger: ~ ***club*** Fanclub *m*; ~ ***mail*** Verehrerpost *f*.

fa·nat·ic [fə'nætɪk] **I** *s.* Fa'natiker(in); **II** *adj.* → **fa'nat·i·cal** [-kl] *adj.* □ fa'natisch; **fa'nat·i·cism** [-ɪsɪzəm] *s.* Fana'tismus *m*.

fan·ci·er ['fænsɪə] *s.* (*Tier-*, *Blumen- etc.*)Liebhaber(in) *od.* Züchter(in); '**fan·ci·ful** [-ɪfʊl] *adj.* □ **1.** (allzu) phanta'siereich, schrullig, wunderlich (*Person*); **2.** bi'zarr, ausgefallen (*Sache*); **3.** eingebildet, unwirklich; **4.** phan'tastisch, wirklichkeitsfremd.

fan·cy ['fænsɪ] **I** *s.* **1.** Phanta'sie *f*: a) Einbildungskraft *f*, b) Phanta'sievorstellung *f*, c) (bloße) Einbildung; **2.** I'dee *f*, plötzlicher Einfall *m*: ***I have a ~ that*** ich habe so e-e Idee, daß; **3.** Laune *f*, Grille *f*; **4.** (individu'eller) Geschmack; **5.** (***for***) Neigung *f* (zu), Vorliebe *f* (für), Gefallen *n* (an *dat.*): ***have a ~ for*** gern haben (wollen) (*acc.*), Lust haben zu *od.* auf (*acc.*); ***take a ~ to*** Gefallen finden an (*dat.*), sympathisch finden (*acc.*); ***take*** (*od.* ***catch***) ***s.o.'s*** ~ j-m gefallen; ***just as the ~ takes you*** nach Lust u. Laune; **6.** *coll.* ***the*** ~ die (*Sport-*, *Tier- etc.*)Liebhaberwelt; **II** *adj.* **7.** Phantasie..., phan'tastisch: ~ ***name*** Phantasiename *m*; ~ ***price*** Phantasie-, Liebhaberpreis *m*; **8.** Mode...: ~ ***article***; **9.** (reich) verziert, bunt, kunstvoll, ausgefallen, extrafein: ~ ***cakes*** feines Gebäck; ~ ***car*** schicker Wagen; ~ ***dog*** Hund *m* aus e-r Liebhaberzucht; ~ ***foods*** Delikatessen; ~ ***words*** *contp.* geschwollene Ausdrükke; **III** *v/t.* **10.** sich *j-n od. et.* vorstellen: ~ (***that***)***!*** a) stell dir vor!, b) sieh mal einer an!, nanu!; ~ ***meeting you here!*** nanu, du hier?; **11.** glauben, denken, annehmen; **12.** ~ ***o.s.*** sich einbilden (***to be*** zu sein), sich halten für: ~ ***o.s.*** (***very important***) sich sehr wichtig vorkommen; **13.** gern haben *od.* mögen: ***I don't ~ this suit*** dieser Anzug gefällt mir nicht; **14.** Lust haben (auf *acc.*; ***doing*** zu tun): ***I could ~ an ice-cream*** ich hätte Lust auf ein Eis; **15.** ~ ***up*** *Am.* F aufputzen, ‚Pfiff geben' (*dat.*); ~ **ball** *s.* Ko'stümfest *n*, Maskenball *m*; ~ **dress** *s.* ('Masken)Koˌstüm *n*; ˌ~**-'dress** *adj.*: ~ ***ball*** → ***fancy ball***; ˌ~**-'free** *adj.* frei u. ungebunden; ~ **goods** *s. pl.* **1.** 'Modearˌtikel *pl.*; **2.** kleine Ge'schenkarˌtikel *pl.*, *a.* Nippes *pl.*; ~ **man** *s.* [*irr.*] *sl.* **1.** ‚Louis' *m*, Zuhälter *m*; **2.** Liebhaber *m*; ~ **pants** *s. Am. sl.* **1.** ‚feiner Pinkel'; **2.** ‚Waschlappen' *m*; ~ **wom·an** *s.* [*irr.*] **1.** Geliebte *f*; **2.** Prostituierte *f*; '~**·work** *s.* feine (Hand-) Arbeit.

fan·dan·gle [fæn'dæŋgl] *s.* F ‚Firlefanz' *m*.

fane [feɪn] *s. poet.* Tempel *m*.

fan·fare ['fænfeə] *s.* ♪ Fan'fare *f*, Tusch *m*: ***with much*** ~ *fig.* mit großem Tamtam.

fang [fæŋ] *s.* **1.** *zo.* a) Fang(zahn) *m* (*Raubtier*), b) Hauer *m* (*Eber*), c) Giftzahn *m* (*Schlange*); **2.** *pl.* F Zähne *pl.*, ‚Beißer' *pl.*; **3.** *anat.* Zahnwurzel *f*; **4.** ⚙ Dorn *m*.

fan| heat·er *s.* Heizlüfter *m*; **'~·light** *s.* ⚠ (fächerförmiges) (Tür)Fenster, Oberlicht *n*.

fan·ner ['fænə] *s.* ⚙ Gebläse *n*.

fan·ny ['fænɪ] *s.* **1.** *Am. sl.* ‚Arsch' *m*; **2.** *Brit.* V ‚Möse' *f*.

fan·ta·sia [fæn'teɪzjə] *s.* ♪ Fanta'sia *f*; **fan·ta·size** ['fæntəsaɪz] *v/i.* **1.** phantasieren (***about*** von); **2.** (mit offenen Augen) träumen; **fan'tas·tic** [-'tæstɪk] *adj.* (□ ***~ally***) *allg.* phan'tastisch: a) unwirklich, b) verstiegen, über'spannt, c) ab'surd, aus der Luft gegriffen, d) F ‚toll'; **fan·ta·sy** ['fæntəsɪ] *s.* **1.** Phanta'sie *f*: a) Einbildungskraft *f*, b) Phanta'sievorstellung *f*, c) (Tag-, Wach)Traum *m*, d) Hirngespinst *n*; **2.** ♪ Fanta'sia *f*.

fan| trac·er·y *s.* ⚠ Fächermaßwerk *n*; **~ vault·ing** *s.* ⚠ Fächergewölbe *n*.

far [fɑː] **I** *adj.* **1.** fern, (weit) entfernt, weit; **2.** (*vom Sprecher aus*) entfernter: ***at the ~ end*** am anderen Ende; **3.** weit vorgerückt, fortgeschritten (***in*** in *dat.*); **II** *adv.* **4.** weit, fern: ***~ away, ~ off*** weit weg, weit entfernt; ***from ~*** von weit her; ***~ and near*** nah u. fern, überall; ***~ and wide*** weit und breit; ***~ and away the best*** a) bei weitem *od.* mit Abstand das Beste, b) bei weitem am besten; ***as ~ as*** a) soweit *od.* soviel (wie), insofern als, b) bis (nach); ***as ~ as that goes*** was das betrifft; ***as ~ back as 1907*** schon (im Jahre) 1907; ***in as*** (*od.* ***so***) ***~ as*** insofern als; ***so ~*** bisher, bis jetzt; ***so ~ so good*** so weit, so gut; ***~ from*** weit entfernt von, keineswegs; ***~ from completed*** noch lange *od.* längst nicht fertig; ***~ from rich*** alles andere als reich; ***~ from it!*** keineswegs!, ganz u. gar nicht!; ***I am ~ from believing it*** ich bin weit davon entfernt, es zu glauben; ***~ into*** bis weit *od.* hoch *od.* tief in (*acc.*); ***~ into the night*** bis spät *od.* tief in die Nacht; ***~ out*** a) weit draußen *od.* hinaus, b) F ‚toll'; ***be ~ out*** weit danebenliegen (*mit e-r Vermutung etc.*); ***~ up*** hoch oben; ***~ be it from me*** (***to*** *inf.*) es liegt mir fern (zu *inf.*); ***go ~*** a) weit *od.* lange (aus)reichen, b) es weit bringen; ***ten dollars don't go ~*** mit 10 Dollar kommt man nicht weit; ***go too ~*** *fig.* zu weit gehen; ***that went ~ to convince me*** das hat mich beinahe überzeugt; ***I will go so ~ as to say*** ich will sogar behaupten; **5.** *a.* ***by ~*** weit(aus), bei weitem, sehr viel, ganz: ***~ better*** viel besser; (***by***) ***~ the best*** a) weitaus der (die, das) beste, b) bei weitem am besten.

far·ad ['færəd] *s.* ⚡ Fa'rad *n*.

'far·a·way *adj.* **1.** → ***far*** 1; **2.** *fig.* verträumt, versonnen, (geistes)abwesend.

farce [fɑːs] *s.* **1.** *thea.* Posse *f*, Schwank *m*; **2.** *fig.* Farce *f*, ‚The'ater' *n*; **'far·ci·cal** [-sɪkl] *adj.* □ **1.** possenhaft, Possen…; **2.** *fig.* ab'surd.

fare [feə] **I** *s.* **1.** a) Fahrpreis *m*, -geld *n*, b) Flugpreis *m*: ***what's the ~?*** was kostet die Fahrt *od.* der Flug?; ***~ stage*** *Brit.* Fahrpreiszone *f*, Teilstrecke *f* (*Bus etc.*); ***any more ~s?*** noch jemand zugestiegen?; **2.** Fahrgast *m* (*bsd. e-s Taxis*); **3.** Kost *f* (*a. fig.*), Verpflegung *f*, Nahrung *f*: ***slender ~*** magere Kost; ***literary ~*** literarische Kost, geistiges ‚Menü'; **II** *v/i.* **4.** sich befinden; (er)gehen: ***how did you ~?*** wie ist es dir ergangen?; ***he ~d ill, it ~d ill with him*** er war schlecht d(a)ran; ***we ~d no better*** uns ist es nicht besser ergangen; ***~ alike*** in der gleichen Lage sein; **5.** *poet.* reisen, sich aufmachen: ***~ thee well!*** leb wohl!

Far East *s.*: ***the ~*** der Ferne Osten.

ˌfare'well I *int.* lebe(n Sie) wohl!, lebt wohl!; **II** *s.* Lebe'wohl *n*, Abschiedsgruß *m*: ***bid s.o. ~*** j-m Lebewohl sagen; ***make one's ~s*** sich verabschieden; ***take one's ~ of*** Abschied nehmen von (*a. fig.*); ***~ to*** adieu …, nie wieder …; **III** *adj.* Abschieds…

ˌfar|-'famed *adj.* 'weithin berühmt; **ˌ~-'fetched** *adj. fig.* weithergeholt, an den Haaren her'beigezogen; **ˌ~-'flung** *adj.* **1.** weit(ausgedehnt); **2.** *fig.* weitgespannt; **3.** weitentfernt; **ˌ~-'go·ing** → ***far-reaching***.

fa·ri·na [fə'raɪnə] *s.* **1.** (feines) Mehl; **2.** ⚗ Stärke *f*; **3.** *Brit.* ⚘ Blütenstaub *m*; **4.** *zo.* Staub *m*; **far·i·na·ceous** [ˌfærɪ'neɪʃəs] *adj.* Mehl…, Stärke…

farm [fɑːm] **I** *s.* **1.** (Bauern)Hof *m*, landwirtschaftlicher Betrieb, Gut(shof *m*) *n*, Farm *f*; **2.** (*Geflügel- etc.*)Farm *f*; **3.** *obs.* Bauernhaus *n*; **4.** *bsd. Am.* a) Sana'torium *n*, b) Entziehungsanstalt *f*; **II** *v/t.* **5.** *Land* bebauen, bewirtschaften; **6.** *Geflügel etc.* züchten; **7.** pachten; **8.** *oft* ***~ out*** verpachten, in Pacht geben (***to. s.o.*** j-m *od.* an j-n); **9.** *mst* ***~ out*** a) *Kinder* in Pflege geben, b) ✝ *Arbeit* vergeben (***to*** an *acc.*); **III** *v/i.* **10.** Landwirt sein; **'farm·er** [-mə] *s.* **1.** (Groß-)Bauer *m*, Landwirt *m*, Farmer *m*; **2.** Pächter *m*; **3.** (*Geflügel- etc.*)Züchter *m*.

farm| hand *s.* Landarbeiter(in); **'~-house** *s.* Bauern-, Gutshaus *n*: ***~ bread*** Landbrot *n*; ***~ butter*** Landbutter *f*.

farm·ing ['fɑːmɪŋ] *s.* **1.** Landwirtschaft; **2.** (*Geflügel- etc.*)Zucht *f*.

farm| la·bo(u)r·er → ***farm hand***; **~ land** *s.* Ackerland *n*; **'~·stead** *s.* Bauernhof *m*, Gehöft *n*; **~ work·er** → ***farm hand***; **'~·yard** *s.* Wirtschaftshof *m* (e-s Bauernhofs).

far·o ['feərəʊ] *s.* Phar(a)o *n* (*Kartenglücksspiel*).

far-off [ˌfɑːr'ɒf] → ***far*** 1, ***faraway*** 2.

far-out [ˌfɑːr'aʊt] *adj. sl.* **1.** ‚toll', ‚super'; **2.** ‚verrückt'.

far·ra·go [fə'rɑːgəʊ] *pl.* **-gos**, *Am.* **-goes** *s.* Kunterbunt *n* (***of*** aus, von).

ˌfar-'reach·ing *adj.* **1.** *bsd. fig.* weitreichend; **2.** *fig.* folgenschwer, tiefgreifend.

far·ri·er ['færɪə] *s.* Hufschmied *m*; ⚔ Beschlagmeister *m*.

far·row ['færəʊ] **I** *s.* Wurf *m* Ferkel: ***with ~*** trächtig (*Sau*); **II** *v/i.* ferkeln; **III** *v/t. Ferkel* werfen.

ˌfar|'see·ing *adj. fig.* weitblickend; **ˌ~-'sight·ed** *adj.* **1.** *fig.* → ***farseeing***; **2.** ⚕ weitsichtig; **ˌ~'sight·ed·ness** *s.* **1.** *fig.* Weitblick *m*, 'Umsicht *f*; **2.** ⚕ Weitsichtigkeit *f*.

fart [fɑːt] V **I** *s.* Furz *m*; **II** *v/i.* furzen: ***~ around*** *fig.* herumalbern, -blödeln.

far·ther ['fɑːðə] **I** *adj.* **1.** *comp. von* ***far***; **2.** → ***further*** 3, 4; **3.** entfernter (*vom Sprecher aus*): ***the ~ shore*** das gegenüberliegende Ufer; ***at the ~ end*** am anderen Ende; **II** *adv.* **4.** weiter: ***so far and no ~*** bis hierher u. nicht weiter; **5.** → ***further*** 1, 2; **'far·ther·most** → ***farthest*** 2; **'far·thest** [-ðɪst] **I** *adj.* **1.** *sup. von* ***far***; **2.** entferntest, weitest; **II** *adv.* **3.** am weitesten, am entferntesten.

far·thing ['fɑːðɪŋ] *s. Brit. hist.* Farthing *m* (¼ *Penny*): ***not worth a*** (***brass***) ***~*** *fig.* keinen (roten) Heller wert; ***it doesn't matter a ~*** das macht gar nichts.

Far West *s. Am. Gebiet der Rocky Mountains u. der pazifischen Küste.*

fas·ci·a ['feɪʃə] *pl.* **-ae** [-ʃiː] *s.* **1.** Binde *f*, (Quer)Band *n*; **2.** *zo.* Farbstreifen *m*; **3.** ['fæʃɪə] *anat.* Muskelhaut *f*; **4.** ⚠ a) Gurtsims *m*, b) Bund *m* (*von Säulenschäften*); **5.** ⚕ (Bauch- *etc.*)Binde *f*; **6.** → ***facia***.

fas·ci·cle ['fæsɪkl] *s.* **1.** *a.* ⚘ Bündel *n*, Büschel *n*; **2.** Fas'zikel *m*: a) (Teil)Lieferung *f*, Einzelheft *n* (*Buch*), b) Aktenbündel *n*; **fas·cic·u·lar** [fə'sɪkjʊlə], **fas·cic·u·late** [fə'sɪkjʊlət] *adj.* büschelförmig.

fas·ci·nate ['fæsɪneɪt] *v/t.* **1.** faszinieren: a) bezaubern, b) fesseln, packen, gefangennehmen: ***~d*** fasziniert, (wie) gebannt; **2.** hypnotisieren; **'fas·ci·nat·ing** [-tɪŋ] *adj.* □ faszinierend: a) hinreißend, b) fesselnd, spannend; **fas·ci·na·tion** [ˌfæsɪ'neɪʃn] *s.* **1.** Faszinati'on *f*, Bezauberung *f*; **2.** Zauber *m*, Reiz *m*.

Fas·cism ['fæʃɪzəm] *s. pol.* Fa'schismus *m*; **'Fas·cist** [-ɪst] **I** *s.* Fa'schist *m*; **II** *adj.* fa'schistisch.

fash·ion ['fæʃn] **I** *s.* **1.** Mode *f*: ***come into ~*** in Mode kommen; ***set the ~*** die Mode diktieren, *fig.* den Ton angeben; ***it is*** (***all***) ***the ~*** es ist (große) Mode; ***in the English ~*** nach englischer Mode (*od.* Art, → 2); ***out of ~*** aus der Mode, unmodern; ***~ designer*** Modedesigner(in); **2.** Sitte *f*, Brauch *m*, Art *f* (u. Weise *f*), Stil *m*, Ma'nier *f*: ***behave in a strange ~*** sich sonderbar benehmen; ***after their ~*** nach ihrer Weise; ***after*** (*od.* ***in***) ***a ~*** schlecht u. recht, ‚so lala'; ***an artist after a ~*** so etwas wie ein Künstler; **3.** (feine) Lebensart, gute Ma'nieren *pl.*: ***a man of ~***; **4.** Machart *f*, Form *f* (Zu)Schnitt *m*, Fas'son *f*; **II** *v/t.* **5.** herstellen, machen; **6.** bilden, formen, gestalten; **7.** anpassen; **III** *adv.* **8.** wie: ***horse-~*** nach Pferdeart, wie ein Pferd; **fash·ion·a·ble** ['fæʃnəbl] **I** *adj.* □ **1.** modisch, mo'dern; **2.** vornehm, ele'gant; **3.** in Mode, Mode…: ***~ complaint*** Modekrankheit *f*; **II** *s.* **4.** ***the ~s*** die elegante Welt, die Schickeria.

'fash·ion|ˌmon·ger *s.* Modenarr *m*; **~ pa·rade** *s.* Mode(n)schau *f*: **~ plate** *s.* **1.** Modebild *n*, -blatt *n*; **2.** F ‚'supereleˌgante' Per'son; **~ show** *s.* Mode(n)schau *f*.

fast[1] [fɑːst] **I** *adj.* **1.** schnell, geschwind, rasch: ***~ train*** Schnell-, D-Zug *m*; ***my watch is ~*** m-e Uhr geht vor: ***pull a ~ one on s.o.*** *sl.* j-n ‚reinlegen'; **2.** ‚schnell' (*hohe Geschwindigkeit gestattend*): ***~ road***; ***~ tennis-court***; ***~ lane*** *mot.* Überholspur *f*; **3.** *phot.* lichtstark; **4.** flott, leichtlebig; **II** *adv.* **5.** schnell: ***~ and furious*** Schlag auf Schlag; **6.** häufig, reichlich, stark; **7.** leichtsinnig: ***live ~*** ein flottes Leben führen.

fast[2] [fɑːst] **I** *adj.* **1.** fest(gemacht), befestigt, unbeweglich; fest zs.-haltend: ***make ~*** festmachen, befestigen, *Tür* (fest) verschließen; ~ ***friend*** treuer Freund; **2.** beständig, haltbar: ~ ***colo(u)r*** (wasch)echte Farbe; ~ ***to light*** lichtecht; **II** *adv.* **3.** fest, sicher: ***be*** ~ ***asleep*** fest schlafen; ***stuck*** ~ festgefahren; ***play*** ~ ***and loose*** Schindluder treiben (***with*** mit).

fast³ [fɑːst] *bsd. eccl.* **I** *v/i.* **1.** fasten; **II** *s.* **2.** Fasten *n*: ***break one's*** ~ das Fasten brechen, *a.* frühstücken; **3.** Fastenzeit *f.*

ˈ**fast**|**·back** *s. mot.* (Wagen *m* mit) Fließheck *n*; ~ **breed·er** (**re·ac·tor**) *s. phys.* schneller Brüter.

fas·ten [ˈfɑːsn] **I** *v/t.* **1.** befestigen, festmachen, -binden (***to***, ***on*** an *dat.*); **2.** *a.* ~ ***up*** (fest) zumachen, (ver-, ab)schließen, zuknöpfen, ver-, zuschnüren; zs.-fügen, verbinden: ~ ***with nails*** zunageln; ~ ***down*** a) befestigen, b) F *j-n* ‚festnageln' (***to*** auf *acc.*); **3.** *Augen* heften, *a. s-e Aufmerksamkeit* richten (***on*** auf *acc.*); **4.** ~ (***up***)***on*** *fig.* a) *j-m e-n Spitznamen* ‚anhängen', geben, b) *j-m et.* ‚anhängen' *od.* ‚in die Schuhe schieben'; **II** *v/i.* **5.** sich schließen *od.* festmachen lassen; **6.** ~ (***up***)***on*** a) sich heften *od.* klammern an (*acc.*), b) *fig.* sich stürzen auf (*acc.*), ‚einhaken' bei, aufs Korn nehmen (*acc.*); ˈ**fas·ten·er** [-nə] *s.* Befestigung(smittel *n*, -vorrichtung *f*) *f*, Verschluß *m*, Halter *m*, Druckknopf *m*; ˈ**fas·ten·ing** [-nɪŋ] *s.* **1.** → ***fastener***; **2.** Befestigung *f*, Sicherung *f*, Halterung *f.*

ˈ**fast-food res·tau·rant** *s.* Schnellimbiß *m*, -gaststätte *f.*

fas·tid·i·ous [fæsˈtɪdɪəs] *adj.* □ anspruchsvoll, heikel, wählerisch; **fasˈtid·i·ous·ness** [-nɪs] *s.* anspruchsvolles Wesen.

fast·ing cure [ˈfɑːstɪŋ] *s.* Fasten-, Hungerkur *f.*

ˈ**fast**ˌ**mov·ing** *adj.* **1.** schnell; **2.** *fig.* tempogeladen, spannend.

fast·ness¹ [ˈfɑːstnɪs] *s.* **1.** *obs.* Schnelligkeit *f*; **2.** *fig.* Leichtlebigkeit *f.*

fast·ness² [ˈfɑːstnɪs] *s.* **1.** Feste *f*, Festung *f*; **2.** Zufluchtsort *m*; **3.** ˈWiderstandsfähigkeit *f*, Beständigkeit *f* (***to*** gegen), Echtheit *f* (*von Farben*): ~ ***to light*** Lichtechtheit *f.*

fast-sell·ing *adj.* gutgehend.

ˈ**fast-talk** *v/t.* F *j-n* beschwatzen (***into doing s.th.*** et. zu tun).

fat [fæt] **I** *adj.* □ → ***fatly***; **1.** dick, beleibt, fett, feist: ~ ***stock*** Mastvieh *n*; ~ ***type*** *typ.* Fettdruck *m*; **2.** fett, fetthaltig, fettig, ölig: ~ ***coal*** Fettkohle *f*; **3.** *fig.* ‚dick': ~ ***bank account***; ~ ***purse***; **4.** *fig.* fett, einträglich: ***a*** ~ ***job*** ein lukrativer Posten; ~ ***soil*** fetter *od.* fruchtbarer Boden; ***a*** ~ ***lot it helps!*** *sl. iro.* das hilft mir (uns) herzlich wenig; ***a*** ~ ***chance*** *sl.* herzlich wenig Aussicht (-en); **II** *s.* **5.** *a.* 🌾, *biol.* Fett *n*: ***run to*** ~ Fett ansetzen; ***the*** ~ ***is in the fire*** der Teufel ist los; **6.** ***the*** ~ das Beste: ***live on*** (*od.* ***off***) ***the*** ~ ***of the land*** in Saus u. Braus leben; **III** *v/t.* **7.** *a.* ~ ***up*** mästen: ***kill the*** ~***ted calf*** a) *bibl.* das gemästete Kalb schlachten, b) ein Willkommensfest geben.

fa·tal [ˈfeɪtl] *adj.* □ **1.** tödlich, todbringend, mit tödlichem Ausgang: ***a*** ~ ***accident*** ein tödlicher Unfall; **2.** unheilvoll, verhängnisvoll (***to*** für): ~ ***mistake***; **3.** schicksalhaft, entscheidend; **4.** Schicksals…: ~ ***thread*** Lebensfaden *m*; ˈ**fa·tal·ism** [-təlɪzəm] *s.* Fataˈlismus *m*; ˈ**fa·tal·ist** [-təlɪst] *s.* Fataˈlist *m*; **fa·tal·is·tic** [ˌfeɪtəˈlɪstɪk] *adj.* (□ ~***ally***) fataˈlistisch.

fa·tal·i·ty [fəˈtælətɪ] *s.* **1.** Verhängnis *n*, Unglück *n*; **2.** Schicksalhaftigkeit *f*; **3.** tödlicher Ausgang *od.* Verlauf; **4.** Todesfall *m*, -opfer *n.*

fa·ta mor·ga·na [ˌfɑːtəmɔːˈgɑːnə] *s.* Fata Morˈgana *f.*

fate [feɪt] *s.* **1.** Schicksal *n*, Geschick *n*, Los *n*: ***he met his*** ~ das Schicksal ereilte ihn; ***he met his*** ~ ***calmly*** er sah s-m Schicksal ruhig entgegen; ***seal s.o.'s*** ~ j-s Schicksal besiegeln; **2.** Verhängnis *n*, Verderben *n*, ˈUntergang *m*: ***go to one's*** ~ den Tod finden; **3.** Schicksalsgöttin *f*: ***the*** ℒ***s*** die Parzen; ˈ**fat·ed** [-tɪd] *adj.* **1.** vom Schicksal (dazu) bestimmt: ***they were*** ~ ***to meet*** es war ihnen bestimmt, sich zu begegnen; **2.** dem ˈUntergang geweiht; ˈ**fate·ful** [-fʊl] *adj.* □ **1.** schicksalhaft; **2.** verhängnisvoll; **3.** schicksalsschwer.

ˈ**fat**|**-head** *s.* F ‚Blödmann' *m*; ˈ~-ˌ**head·ed** *adj.* dämlich, doof.

fa·ther [ˈfɑːðə] **I** *s.* **1.** Vater *m*: ***like*** ~ ***like son*** der Apfel fällt nicht weit vom Stamm; ℒ ***Time*** Chronos *m*, die Zeit; **2.** ℒ (Gott)Vater *m*; **3.** *eccl.* a) Pastor *m*, b) *R.C.* Pater *m*, c) *R.C.* Vater *m* (*Bischof*, *Abt*): ***the Holy*** ℒ der Heilige Vater; ~ ***confessor*** Beichtvater; ℒ ***of the Church*** Kirchenvater; **4.** *mst pl.* Ahn *m*, Vorfahr *m*: ***be gathered to one's*** ~***s*** zu s-n Vätern versammelt werden; **5.** *fig.* Vater *m*, Urheber *m*: ***the*** ~ ***of chemistry***; ℒ ***of the House*** *Brit.* dienstältestes Parlamentsmitglied; ***the wish was*** ~ ***to the thought*** der Wunsch war der Vater des Gedankens; **6.** *pl.* Stadt-, Landesväter *pl.*: ***the*** ℒ***s of the Constitution*** die Gründer der USA; **7.** väterlicher Freund (***to*** *gen.*); **II** *v/t.* **8.** *Kind* zeugen; **9.** *et.* ins Leben rufen, herˈvorbringen; **10.** wie ein Vater sein zu *j-m*; **11.** die Vaterschaft (*gen.*) anerkennen; **12.** *fig.* a) die Urheberschaft (*gen.*) anerkennen, b) die Urheberschaft (*gen.*) *od.* die Schuld für *et.* zuschreiben (***on***, ***upon*** *dat.*); ℒ **Christ·mas** *s. Brit.* Weihnachtsmann *m*; ~ **fig·ure** *s. psych.* ˈVaterfiˌgur *f.*

fa·ther·hood [ˈfɑːðəhʊd] *s.* Vaterschaft *f*; ˈ**fa·ther-in-law** [-ərɪn-] *s.* Schwiegervater *m*; ˈ**fa·ther·land** *s.* Vaterland *n*: ***the*** ℒ Deutschland *n*; ˈ**fa·ther·less** [-lɪs] *adj.* vaterlos; ˈ**fa·ther·li·ness** [-lɪnɪs] *s.* Väterlichkeit *f*; ˈ**fa·ther·ly** [-lɪ] *adj. u. adv.* väterlich.

fath·om [ˈfæðəm] **I** *s.* **1.** a) ⚓ Faden *m* (*Tiefenmaß*: *1,83 m*), b) *obs. u. fig.* Klafter *m*, *n*, c) ⚒ *Raummaß* (= *1,17 m³*); **II** *v/t.* **2.** ⚓ (aus)loten (*a. fig.*); **3.** *fig.* ergründen; ˈ**fath·om·less** [-lɪs] *adj.* □ unergründlich (*a. fig.*); **fath·om line** *s.* ⚓ Lotleine *f.*

fa·tigue [fəˈtiːg] **I** *s.* **1.** Ermüdung *f* (*a.* ⚙), Erschöpfung *f* (*a.* 🌾 *des Bodens*): ~ ***strength*** ⚙ Dauerfestigkeit *f*; ~ ***test*** ⚙ Ermüdungsprobe *f*; **2.** schwere Arbeit, Mühsal *f*, Straˈpaze *f*; **3.** ⚔ a) *a.* ~ ***duty*** Arbeitsdienst *m*: ~ ***detail***, ~ ***party*** Arbeitskommando *n*, b) *pl. a.* ~ ***clothes***, ~ ***dress*** Arbeits-, Drillichanzug *m*; **II** *v/t. u. v/i.* **4.** ermüden (*a.* ⚙); **faˈtiguing** [-gɪŋ] *adj.* □ ermüdend, anstrengend.

fat·less [ˈfætlɪs] *adj.* ohne Fett, mager; ˈ**fat·ling** [-lɪŋ] *s.* junges Masttier; ˈ**fat·ly** [-lɪ] *adv. fig.* reichlich; ˈ**fat·ness** [-nɪs] *s.* Fettheit *f*: a) Beleibtheit *f*, b) Fettigkeit *f*, Fetthaltigkeit *f*; ˈ**fat·ten** [-tn] **I** *v/t.* **1.** fett *od.* dick machen: ~***ing*** dickmachend; **2.** *Tier*, F *a. Person* mästen; **3.** *Land* düngen; **II** *v/i.* **4.** fett *od.* dick werden; **5.** sich mästen (***on*** von); ˈ**fattish** [-tɪʃ] *adj.* etwas fett, dicklich; ˈ**fatty** [-tɪ] **I** *adj. a.* 🌾, ⚗ fetthaltig, fettig, Fett…: ~ ***acid*** Fettsäure *f*; ~ ***degeneration*** Verfettung *f*; ~ ***heart*** Herzverfettung; ~ ***tissue*** Fettgewebe *n*; **II** *s.* F Dickerchen *n.*

fa·tu·i·ty [fəˈtjuːətɪ] *s.* Albernheit *f*; **fat·u·ous** [ˈfætjʊəs] *adj.* □ albern, dumm.

fau·cal [ˈfɔːkl] *adj.* Kehl…, Rachen…; **fau·ces** [ˈfɔːsiːz] *s. pl. mst sg. konstr. anat.* Rachen *m.*

fau·cet [ˈfɔːsɪt] *s.* ⚙ *Am.* a) (Wasser-) Hahn *m*, b) (Faß)Zapfen *m.*

faugh [fɔː] *int.* pfui!

fault [fɔːlt] **I** *s.* **1.** Schuld *f*, Verschulden *n*: ***it is not his*** ~ er hat *od.* trägt *od.* ihn trifft keine Schuld, es ist nicht s-e Schuld; ***be at*** ~ schuld(ig) sein, die Schuld tragen (→ 4a); **2.** Fehler *m*, (⚖ *a.* Sach)Mangel *m*: ***find*** ~ nörgeln, kritteln; ***find*** ~ ***with*** et. auszusetzen haben an (*dat.*), herumnörgeln an (*dat.*); ***to a*** ~ allzu(sehr), ein bißchen zu *ordnungsliebend etc.*; **3.** (Chaˈrakter)Fehler *m*: ***inspite of all his*** ~***s***; **4.** a) Fehler *m*, Irrtum *m*: ***be at*** ~ sich irren, *hunt. u. fig. a.* auf der falschen Fährte sein, b) Vergehen *n*, Fehltritt *m*; **5.** ⚙ Deˈfekt *m*: a) Fehler *m*, Störung *f*, b) ⚡ Erd-, Leitungsfehler *m*; **6.** *Tennis etc.*: Fehler *m*; **7.** *geol.* Verwerfung *f*; **II** *v/t.* **8.** etwas auszusetzen haben an (*dat.*): ***he*** (***it***) ***can't be*** ~***ed*** an ihm (daran) ist nichts auszusetzen; **9.** *et.* ‚verpatzen'; **III** *v/i.* **10.** e-n Fehler machen; ˈ~ˌ**find·er** *s.* Nörgler(in), Krittler(in); ˈ~ˌ**find·ing I** *s.* Kritteˈlei *f*, Nörgeˈlei *f*; **II** *adj.* nörglerisch, kritt(e)lig.

fault·i·ness [ˈfɔːltɪnɪs] *s.* Fehlerhaftigkeit *f*; ˈ**fault·less** [-tlɪs] *adj.* □ einwand-, fehlerfrei, untadelig; ˈ**faultless·ness** [-tlɪsnɪs] *s.* Fehler-, Tadellosigkeit *f*; ˈ**fault·y** [-tɪ] *adj.* □ fehlerhaft, schlecht, ⚙ *a.* deˈfekt: ~ ***design*** Fehlkonstruktion *f.*

faun [fɔːn] *s. myth. u. fig.* Faun *m.*

fau·na [ˈfɔːnə] *s.* Fauna *f*, (*a.* Abhandlung *f* über e-e) Tierwelt *f.*

faux pas [ˌfəʊˈpɑː] *pl.* **pas** [pɑːz] *s.* Fauxˈpas *m.*

fa·vo(u)r [ˈfeɪvə] **I** *s.* **1.** Gunst *f*, Wohlwollen *n*: ***be*** (*od.* ***stand***) ***high in s.o.'s*** ~ bei j-m in besonderer Gunst stehen *od.* gut angeschrieben sein; ***be in*** ~ (***with***) beliebt sein (bei), begehrt sein (von); ***find*** ~ Gefallen *od.* Anklang finden; ***find*** ~ ***with s.o.*** (*od.* ***in s.o.'s eyes***) Gnade vor j-s Augen finden, j-m gefallen; ***grant s.o. a*** ~ j-m e-e Gunst gewähren; ***grant s.o. one's*** ~***s*** j-m s-e Gunst gewähren (*Frau*); ***by*** ~ ***of*** a) mit gütiger Erlaubnis (*gen.*) *od.* von, b) überreicht von (*Brief*); ***in*** ~ ***of*** für, *a.* ✝ zugunsten von (*od. gen.*); ***who is in*** ~ (***of it***)***?*** wer ist dafür?; ***out of*** ~ a) in

Ungnade (gefallen), b) nicht mehr gefragt *od.* beliebt; **2.** Gefallen *m*, Gefälligkeit *f*: ***as a ~*** aus Gefälligkeit; ***by ~ of*** mit gütiger Erlaubnis von, durch gütige Vermittlung von; ***do me a ~*** tu mir e-n Gefallen; ***ask s.o. a ~*** j-n um e-n Gefallen bitten; ***we request the ~ of your company*** wir laden Sie höflich ein; **3.** Begünstigung *f*, Bevorzugung *f*: ***show ~ to s.o.*** j-n bevorzugen; ***under ~ of night*** im Schutze der Nacht; **4.** † *obs.* Schreiben *n*; **5.** a) kleines (*auf e-r Party etc. verteiltes*) Geschenk, b) ˈScherzarˌtikel *m*; **6.** (Parˈtei- *etc.*)Abzeichen *n*; **II** *v/t.* **7.** günstig gesinnt sein (*dat.*), *j-m* wohlwollen *od.* gewogen sein; **8.** begünstigen: a) bevorzugen, vorziehen, *a. sport* favorisieren, b) günstig sein für, fördern, c) eintreten für, für *et.* sein; **9.** einverstanden sein (***with*** mit); **10.** *j-n* beehren *od.* erfreuen (***with*** mit); **11.** *j-m* ähnlich sein; **12.** schonen: ***~ one's leg***; **ˈfa·vo(u)r·a·ble** [-vərəbl] *adj.* □ **1.** wohlgesinnt, gewogen, geneigt (***to*** *dat.*); **2.** *allg.* günstig: a) vorteilhaft (***to***, ***for*** für), b) befriedigend, gut, c) positiv, zustimmend: ***~ answer***, d) vielversprechend; **ˈfa·vo(u)red** [-vəd] *adj.* begünstigt: ***the ~ few*** die Auserwählten; → ***most-favo(u)red-nation clause***; **ˈfa·vo(u)r·ite** [-vərɪt] **I** *s.* **1.** Liebling *m* (*a. fig. Schriftsteller, Schallplatte etc.*), *contp.* Günstling *m*: ***be s.o.'s (great) ~*** bei j-m (sehr) beliebt sein; ***that book is a great ~ of mine*** dieses Buch liebe ich sehr; **2.** *sport* Favoˈrit(in); **II** *adj.* **3.** Lieblings…: ***~ dish*** Leibgericht *n*; **ˈfa·vo(u)r·it·ism** [-vərɪtɪzəm] *s.* Günstlings-, Vetternwirtschaft *f*.

fawn¹ [fɔːn] **I** *s.* **1.** *zo.* Damkitz *n*, Rehkalb *n*; **2.** Rehbraun *n*; **II** *adj.* **3.** *a.* ***~-colo(u)red*** rehbraun; **III** *v/t.* **4.** *ein Kitz* setzen.

fawn² [fɔːn] *v/i.* **1.** schwänzeln, wedeln; **2.** *fig.* (***upon***) scharˈwenzeln (um), katzbuckeln (vor *j-m*); **ˈfawn·ing** [-nɪŋ] *adj.* □ *fig.* kriecherisch, schmeichlerisch.

fax [fæks] **I** *s.* **1.** Fax *n*, Faxkopie *f*; **2.** ***~ (ma·chine)*** Fax *n*, Faxgerät *n*; **II** *v/t.* **3.** faxen: ***~ s.o. s.th.*** j-m et. faxen.

fay [feɪ] *s. poet.* Fee *f*.

faze [feɪz] *v/t.* F *j-n* durcheinˈanderbringen: ***not to ~ s.o.*** j-n kaltlassen.

fe·al·ty [ˈfiːəltɪ] *s.* **1.** *hist.* Lehenstreue *f*; **2.** *fig.* Treue *f*.

fear [fɪə] **I** *s.* **1.** Furcht *f*, Angst *f* (***of*** vor *dat.*, ***that*** *od.* ***lest*** daß …): ***be in ~ of*** → 6; ***in ~ of one's life*** in Todesangst; ***for ~ of*** a) aus Furcht vor (*dat.*) *od.* daß, b) um nicht, damit nicht; ***for ~ of losing it*** um es nicht zu verlieren; ***without ~ or favo(u)r*** ganz objektiv *od.* unparteiisch; ***no ~!*** keine Bange!; **2.** *pl.* Befürchtung *f*, Bedenken *n*; **3.** Sorge *f*, Besorgnis *f* (***for*** um); **4.** Gefahr *f*, Risiko *n*: ***there is not much ~ of that*** das ist kaum zu befürchten; **5.** Scheu *f*, Ehrfurcht *f* (***of*** vor): ***~ of God*** Gottesfurcht; ***put the ~ of God into s.o.*** j-m e-n heiligen Schrecken einjagen; **II** *v/t.* **6.** fürchten, sich fürchten vor (*dat.*), Angst haben vor (*dat.*); **7.** *et.* befürchten: ***~ the worst***; **8.** *Gott* fürchten; **III** *v/i.* **9.** sich fürchten, Angst haben; **10.** besorgt sein (***for*** um): ***never ~!*** sei unbesorgt!; **ˈfear·ful** [-fʊl] *adj.* □ **1.** furchtbar, fürchterlich, schrecklich (*alle a. fig.* F); **2.** furchtsam, angsterfüllt, bange (***of*** vor *dat.*); **3.** besorgt, in (großer) Sorge (***of*** um, ***that*** *od.* ***lest*** daß); **4.** ehrfürchtig; **ˈfear·less** [-lɪs] *adj.* □ furchtlos, unerschrocken; **ˈfear·less·ness** [-lɪsnɪs] *s.* Furchtlosigkeit *f*; **ˈfear·some** [-səm] *adj.* □ *mst humor.* furchterregend, schrecklich, gräßlich.

fea·si·bil·i·ty [ˌfiːzəˈbɪlətɪ] *s.* ˈDurchführbarkeit *f*, Machbarkeit *f*; **fea·si·ble** [ˈfiːzəbl] *adj.* □ aus-, ˈdurchführbar, machbar, möglich.

feast [fiːst] **I** *s.* **1.** *eccl.* Fest(tag *m*) *n*, Feiertag *m*; **2.** Festmahl *n*, -essen *n*; → ***enough*** II; **3.** (Hoch)Genuß *m*: ***a ~ for the eyes*** e-e Augenweide; **II** *v/t.* **4.** (festlich) bewirten; **5.** ergötzen: ***~ one's eyes on*** s-e Augen weiden an (*dat.*); **III** *v/i.* **6.** (***on***) schmausen (von), sich gütlich tun (an *dat.*); schwelgen (in *acc.*); **7.** (***on***) sich weiden (an *dat.*), schwelgen (in *dat.*).

feat [fiːt] *s.* **1.** Helden-, Großtat *f*: ***~ of arms*** Waffentat; **2.** (*technische etc.*) Großtat, große Leistung; **3.** a) Kunst-, Meisterstück *n*, b) Kraftakt *m*.

feath·er [ˈfeðə] **I** *s.* **1.** Feder *f*, *pl.* Gefieder *n*: ***in fine*** (*od.* ***full***) ***~*** F a) (bei) bester Laune, b) in Hochform; ***that is a ~ in his cap*** darauf kann er stolz sein; ***that will make the ~s fly*** da werden die Fetzen fliegen; ***you might have knocked me down with a ~*** ich war einfach ‚platt' (*erstaunt*); → ***bird*** 1, ***fur*** 3, ***white feather***; **2.** Pfeilfeder *f*; **3.** Schaumkrone *f* (*e-r Welle*); **II** *v/t.* **4.** mit Federn versehen *od.* schmücken; *Pfeil* fiedern; **5.** *Rudern*: *Riemen* flach drehen; **ˈ~-bed I** *s.* **1.** Maˈtratze *f* mit Federfüllung; **2.** *fig.* ‚gemütliche Sache'; **II** *v/t.* **3.** verhätscheln; **III** *v/i.* **4.** unnötige Arbeitskräfte einstellen; **ˈ~ˌbed·ding** *s.* (*gewerkschaftlich geforderte*) ˈÜberbesetzung mit Arbeitskräften; **ˈ~-brained** *adj.* **1.** schwachköpfig; **2.** leichtsinnig; **ˈ~ˌdust·er** *s.* Staubwedel *m*.

feath·ered [ˈfeðəd] *adj.* gefiedert: ***~ tribe(s)*** Vogelwelt *f*.

feath·er·ing [ˈfeðərɪŋ] *s.* **1.** Gefieder *n*; **2.** Befiederung *f*; **3.** ✈ Segelstellung *f* (*Propeller*).

ˈfeath·er·weight I *s.* **1.** *sport* Federgewicht(ler *m*) *n*; **2.** ‚Leichtgewicht' *n* (*Person*); **3.** *fig. contp.* a) ‚Würstchen' *n* (*Person*), b) ‚kleine Fische' *pl.* (*et. Belangloses*); **II** *adj.* **4.** Federgewichts…

feath·er·y [ˈfeðərɪ] *adj.* feder(n)artig.

fea·ture [ˈfiːtʃə] **I** *s.* **1.** (Gesichts)Zug *m*; **2.** Merkmal *n*, Charakteˈristikum *n*, (Haupt)Eigenschaft *f*; Hauptpunkt *m*, -teil *m*, Besonderheit *f*; **3.** (Gesichts-)Punkt *m*, Seite *f*; **4.** (ˈHaupt)Attraktiˌon *f*, Darbietung *f*; **5.** *a.* ***~ film*** a) Spielfilm *m*, b) Hauptfilm *m*; **6.** *a.* ***~ program(me)*** *Radio*, *TV*: Feature *n*, (aktuˈeller) Dokumenˈtarbericht; **7.** *a.* ***~ article***, ***~ story*** Feature *n*, Speziˈalarˌtikel *m e-r Zeitung*; **II** *v/t.* **8.** kennzeichnen, bezeichnend sein für; **9.** (als Besonderheit) haben *od.* aufweisen, sich auszeichnen durch; **10.** (groß herˈaus-)bringen, herˈausstellen; (als Hauptschlager) zeigen *od.* bringen; *Film etc.*: in der Hauptrolle zeigen: ***a film featuring X*** ein Film mit X in der Hauptrolle; **ˈfea·ture-length** *adj.* mit Spielfilmlänge; **ˈfea·ture·less** [-lɪs] *adj.* nichtssagend.

feb·ri·fuge [ˈfebrɪfjuːdʒ] *s.* ⚕ Fiebermittel *n*; **fe·brile** [ˈfiːbraɪl] *adj.* fiebrig, Fieber…

Feb·ru·ar·y [ˈfebrʊərɪ] *s.* Februar *m*: ***in ~*** im Februar.

fe·cal *etc.* → ***faecal*** *etc.*

feck·less [ˈfeklɪs] *adj.* □ **1.** schwach, kraftlos; **2.** hilfslos; **3.** zwecklos.

fe·cund [ˈfiːkənd] *adj.* fruchtbar, produkˈtiv (*beide a fig.*); **ˈfe·cun·date** [-deɪt] *v/t.* fruchtbar machen; befruchten (*a. biol.*); **fe·cun·da·tion** [ˌfiːkənˈdeɪʃn] *s.* Befruchtung *f*; **fe·cun·di·ty** [fɪˈkʌndətɪ] *s.* Fruchtbarkeit *f*, Produktiviˈtät *f*.

fed¹ [fed] *pret. u. p.p. von* ***feed***.

fed² [fed] *s. Am.* F **1.** FBˈI-Aˌgent *m*; **2.** *mst.* 2 (*die*) ˈBundesreˌgierung.

fed·er·al [ˈfedərəl] **I** *adj.* □ *pol.* **1.** föde

raˈtiv; **2.** *mst* 2 Bundes…: a) bundesstaatlich, den Bund *od.* die ˈBundesreˌgierung betreffend, b) *USA* Unions…: ***~ government*** Bundesregierung *f*; ***~ jurisdiction*** Bundesgerichtsbarkeit *f*; ***the 2 Republic (of Germany)*** die Bundesrepublik (Deutschland); ***2 State*** *Am.* Bundesstaat *m*, (Einzel)Staat *m*; **3.** 2 *Am. hist.* föderaˈlistisch; **II** *s.* **4.** (*Am. hist.* 2) Föderaˈlist *m*; **2 Bu·reau of In·ves·ti·ga·tion** *s.* amer. Bundeskrimiˈnalamt *n od.* -poliˌzei *f* (*abbr.* ***FBI***).

fed·er·al·ism [ˈfedərəlɪzəm] *s. pol.* Föderaˈlismus *m*; **ˈfed·er·al·ist** [-ɪst] **I** *adj.* föderaˈlistisch; **II** *s.* Föderaˈlist *m*; **ˈfed·er·al·ize** [-laɪz] → ***federate*** I.

fed·er·ate [ˈfedəreɪt] **I** *v/t. u. v/i.* (sich) föderalisieren, (sich) zu e-m (Staaten-)Bund vereinigen; **II** *adj.* [-rət] föderiert, verbündet; **fed·er·a·tion** [ˌfedəˈreɪʃn] *s.* **1.** Föderatiˈon *f*: a) poˈlitischer Zs.-schluß, b) Staatenbund *m*; **2.** Bundesstaat *m*; **3.** † (Zenˈtral-, Dach-)Verband *m*; **ˈfed·er·a·tive** [-rətɪv] *adj.* □ → ***federal*** 1.

fe·do·ra [fɪˈdɔːrə] *s. Am.* (weicher) Filzhut.

fee [fiː] **I** *s.* **1.** Gebühr: a) (ˈAnwalts- *etc.*)Honoˌrar *n*, Vergütung *f*, b) amtliche Gebühr, Taxe *f*, c) (Mitglieds)Beitrag *m*, d) (***admission*** *od.* ***entrance***) ***~*** Eintrittsgeld *n*, e) Trinkgeld *n*: ***doctor's ~*** Arztrechnung *f*; ***school ~(s)*** Schulgeld *n*; **2.** *Fußball*: Transˈfersumme *f*; **3.** *hist.* Lehn(s)gut *n*; **4.** ⚖ Eigentum(srecht) *n*: ***~ simple*** (unbeschränktes) Eigentumsrecht, Grundeigentum; ***~ tail*** erbrechtlich gebundenes Grundeigentum; ***hold land in ~*** Land zu eigen haben; **II** *v/t.* **5.** *j-m* e-e Gebühr *etc.* bezahlen.

fee·ble [ˈfiːbl] *adj.* □ *allg.* schwach, *fig. a.* lahm, kläglich (*Versuch*, *Ausrede etc.*), matt (*Lächeln*, *Stimme*); **ˌfee·ble-ˈmind·ed** *adj.* schwachsinnig; **ˈfee·ble·ness** [-nɪs] *s.* Schwäche *f*.

feed [fiːd] **I** *v/t.* [*irr.*] **1.** Nahrung zuführen (*dat.*), *Tier*, *Kind*, *Kranken* füttern (***on***, ***with*** mit), *e-m Menschen* zu essen geben, *e-m Tier* zu fressen geben, *Vieh* weiden lassen: ***~ (at the breast)*** *Säugling* stillen; ***~ up*** a) *Vieh* mästen, b) *j-n* ‚hochpäppeln'; ***be fed up with*** F *et.* satt haben, ‚die Nase voll haben' von; ***I'm fed up to the teeth with him*** (***it***) F er (es) ‚steht mir bis hierher'; ***~ the fishes*** a) ‚die Fische füttern' (*bei Seekrankheit*), b) ertrinken; ***~ a cold*** bei Erkältung tüchtig essen; **2.** *Familie etc.* ernähren (***on*** von), erhalten; **3.** versorgen (***with*** mit); **4.** ⚙ a) *Maschine* speisen, beschicken, b) *Material* zuführen, *Werkstück* vorschieben, *Daten in e-n Computer* eingeben: ***~ back*** a) ϟ rückkoppeln, b) *fig.* zu'rückleiten (***to*** an *acc.*); **5.** *Feuer* unter'halten; **6.** *fig.* a) *Gefühl, Hoffnung etc.* nähren, Nahrung geben (*dat.*), b) befriedigen: ***~ one's vanity***; ***~ one's eyes on*** s-e Augen weiden an (*dat.*); **7.** *thea.* F *j-m* Stichworte liefern; **8.** *sport* F *j-n* ‚bedienen', mit Bällen ‚füttern'; **9.** *oft* ***~ down***, ***~ close*** *Wiese* abweiden lassen; **II** *v/i.* [*irr.*] **10.** a) fressen (*Tier*), b) F ‚futtern' (*Mensch*); **11.** sich ernähren, leben (***on*** von); **III** *s.* **12.** Fütterung *f*; F Mahlzeit *f*; **13.** Futter *n*, Nahrung *f*: ***off one's ~*** ohne Appetit; ***out at ~*** auf der Weide; **14.** ⚙ a) Speisung *f*, Beschickung *f*, (Materi'al)Zuführung *f*, b) (Werkzeug)Vorschub *m*; **15.** Zufuhr *f*, Ladung *f*; Beschickungsgut *n*; **'~·back** *s.* ϟ *u. fig.* Feedback *n*; **~ bag** *s. Am.* Futtersack *m*.

feed·er ['fi:də] *s.* **1.** ***a heavy ~*** ein starker Esser (*Mensch*) *od.* Fresser (*Tier*); **2.** ⚙ a) Beschickungsvorrichtung *f*, b) ϟ Speiseleitung *f*, Feeder *m*; **3.** *Verkehr*: Zubringerlinie *f*, -strecke *f*: ***~ (road)*** Zubringerstraße *f*; **4.** Bewässerungs-, Zuflußgraben *m*; Nebenfluß *m*; **5.** *Brit.* a) Lätzchen *n*, b) (Saug)Flasche *f*; **6.** *thea. Am.* F Stichwortgeber *m*; **~ line** *s.* **1.** *Verkehr*: Zubringerlinie *f*; **2.** → ***feeder*** 2 b.

feed hop·per *s.* Fülltrichter *m*.

feed·ing ['fi:dɪŋ] **I** *s.* **1.** Fütterung *f*; **2.** Ernährung *f*; **3.** ⚙ → ***feed*** 14 a; **II** *adj.* **4.** Zufuhr…; **~ bot·tle** *s.* (Saug)Flasche *f*; **~ cup** *s.* ⚕ Schnabeltasse *f*.

feed pipe *s.* Zuleitungsrohr *n*.

feel [fi:l] **I** *v/t.* [*irr.*] **1.** (an-, be)fühlen, betasten; ***just ~ my hand*** fühl mal m-e Hand (an); ***~ one's way*** sich vortasten (*a. fig.*), *fig.* vorsichtig vorgehen, sondieren; ***~ s.o. up*** *sl.* j-n ‚abgrapschen' *od.* ‚befummeln'; **2.** a) fühlen, (ver-)spüren, wahrnehmen, merken, b) empfinden: ***~ the cold***; ***~ pleasure*** Freude *od.* Lust empfinden; ***he felt the loss deeply*** der Verlust traf ihn schwer; ***~ s.o.'s wrath*** j-s Zorn zu spüren bekommen; ***make itself felt*** spürbar werden, zu spüren sein; ***a (long-)felt want*** ein dringendes Bedürfnis, ein (längst) spürbarer Mangel; **3.** a) ahnen, spüren, b) glauben, c) halten für: ***I ~ it (to be) my duty*** ich halte es für m-e Pflicht; **4.** *a.* ***~ out*** *et.* sondieren, *j-m* ‚auf den Zahn fühlen'; **II** *v/i.* **5.** fühlen: a) empfinden, b) durch Tasten feststellen *od.* festzustellen suchen (***whether***, ***if*** ob; ***how*** wie); **6.** ***~ for*** a) tasten nach, b) suchen nach, c) *et.* herauszufinden suchen; **7.** sich fühlen, sich befinden, sich vorkommen wie, sein: ***~ cold*** frieren; ***I ~ cold*** mir ist kalt; ***~ ill*** sich krank fühlen; ***~ certain*** sicher sein; ***~ quite o.s. again*** wieder ‚auf dem Posten' sein; ***~ like (doing) s.th.*** Lust haben zu et. (*od.* et. zu tun); ***~ up to s.th.*** a) sich e-r Sache gewachsen fühlen, b) sich in der Lage fühlen zu et., c) in (der) Stimmung sein zu et.; **8.** ***~ for*** (*od.* ***with***) ***s.o.*** Mitgefühl mit j-m haben; ***we ~ with you*** wir fühlen mit dir (*od.* euch); **9.** das Gefühl *od.* den Eindruck haben, finden, meinen, glauben (***that*** daß): ***I ~ that*** ich finde, daß…; ***how do you ~ about it?*** was meinst du dazu: ***it is felt in London*** in London ist man der Ansicht; ***~ strongly*** a) entschiedene Ansichten haben, b) sich erregen (***about*** über *acc.*); **10.** sich *weich etc.* anfühlen: ***velvet ~s soft***; **11.** *impers.* ***I know how it ~s to be hungry*** ich weiß, was es heißt, hungrig zu sein; **III** *s.* **12.** Gefühl *n* (*wie sich et. anfühlt*): ***a sticky ~***; **13.** (An-)Fühlen *n*: ***soft to the ~*** weich anzufühlen; ***let me have a ~*** laß mich mal fühlen; **14.** Gefühl *n*: a) Empfindung *f*, Eindruck *m*, b) Stimmung *f*, Atmo'sphäre *f*, c) feiner In'stinkt, ‚Riecher' *m* (***for*** für): ***clutch ~*** *mot.* Gefühl für richtiges Kuppeln.

feel·er ['fi:lə] *s.* **1.** *zo.* Fühler *m* (*a. fig.*): ***put*** (*od.* ***throw***) ***out a ~*** s-e Fühler ausstrecken, sondieren; **2.** ⚙ a) Dorn *m*, Fühler *m*, b) Taster *m*; **'feel·ing** [-lɪŋ] **I** *s.* **1.** Gefühl *n*, Gefühlssinn *m*; **2.** Gefühl(szustand *m*) *n*, Stimmung *f*: ***bad*** (*od.* ***ill***) ***~*** Groll *m*, böses Blut, Feindseligkeit *f*; ***good ~*** a) gutes Gefühl, b) Wohlwollen *n*; ***no hard ~s!*** F a) nicht böse sein!, b) (das) macht nichts!; **3.** *pl.* Gefühle *pl.*, Empfindlichkeit *f*: ***hurt s.o.'s ~s*** j-s Gefühle *od.* j-n verletzen; **4.** Feingefühl, Empfindsamkeit: ***have a ~ for*** Gefühl haben für; **5.** (Gefühls)Eindruck *m*: ***I have a ~ that*** ich habe (so) das Gefühl, daß; **6.** Gefühl *n*, Gesinnung *f*, Ansicht *f*: ***strong ~s*** a) starke Überzeugung, b) Erregung *f*; **7.** Auf-, Erregung *f*, Rührung *f*: ***with ~*** a) mit Gefühl, gefühlvoll, b) mit Nachdruck, c) erbittert; ***~s ran high*** die Gemüter erhitzten sich; **8.** (Vor)Gefühl *n*, Ahnung *f*; **II** *adj.* ☐ **9.** fühlend, Gefühls…; **10.** gefühlvoll: a) mitfühlend, b) voll Gefühl, lebhaft.

feet [fi:t] *pl. von* ***foot***.

feign [feɪn] **I** *v/t.* **1.** *et.* vortäuschen, *Krankheit a.* simulieren: ***~ death*** sich totstellen; **2.** *e-e Ausrede etc.* erfinden; **II** *v/i.* **3.** sich verstellen, so tun als ob, simulieren; **'feign·ed·ly** [-nɪdlɪ] *adv.* zum Schein.

feint¹ [feɪnt] **I** *s.* **1.** *sport* Finte *f* (*a. fig.*); **2.** ⚔ Scheinangriff *m*, 'Täuschungsma‚növer *n* (*a. fig.*); **II** *v/i.* **3.** *sport* fintieren: ***~ at*** (*od.* ***upon***) *j-n* täuschen; **III** *v/t.* **4.** *sport Schlag etc.* antäuschen.

feint² [feɪnt] *adj. typ.* schwach: ***~ lines***.

feld·spar ['feldspɑ:] *s. min.* Feldspat *m*.

fe·lic·i·tate [fɪ'lɪsɪteɪt] *v/t.* (***on***) beglückwünschen, *j-m* gratulieren (zu); **fe·lic·i·ta·tion** [fɪ‚lɪsɪ'teɪʃn] *s.* Glückwunsch *m*; **fe'lic·i·tous** [-təs] *adj.* ☐ glücklich (gewählt), treffend (*Ausdruck etc.*); **fe'lic·i·ty** [-tɪ] *s.* **1.** Glück(seligkeit *f*) *n*; **2.** a) glücklicher Einfall, b) glücklicher Griff, c) treffender Ausdruck.

fe·line ['fi:laɪn] **I** *adj.* **1.** Katzen…; **2.** katzenartig, -haft: ***~ grace***; **3.** *fig.* falsch, tückisch; **II** *s.* **4.** Katze *f*.

fell¹ [fel] *pret. von* ***fall***.

fell² [fel] *v/t. Baum* fällen, *Gegner a.* niederstrecken.

fell³ [fel] *adj. poet.* **1.** grausam, wild, mörderisch; **2.** tödlich.

fell⁴ [fel] *s.* **1.** Balg *m*, Tierfell *n*; Vlies *n*; **2.** struppiges Haar.

fell⁵ [fel] *s. Brit.* **1.** Hügel *m*, Berg *m*; **2.** Moorland *n*.

fel·lah ['felə] *pl.* **-lahs**, **fel·la·heen** [‚felə'hi:n] (*Arab.*) *s.* Fel'lache *m*.

fell·er ['felə] F → ***fellow*** 4.

fel·loe ['feləʊ] *s.* (Rad)Felge *f*.

fel·low ['feləʊ] **I** *s.* **1.** Gefährte *m*, Gefährtin *f*, Genosse *m*, Genossin *f*, Kame'rad(in): ***~s in misery*** Leidensgenossen; **2.** Mitmensch *m*, Zeitgenosse *m*; **3.** Ebenbürtige(r *m*) *f*: ***he will never have his ~*** er wird nie seinesgleichen finden; **4.** F Kerl *m*, Bursche *m*, ‚Mensch' *m*, ‚Typ' *m*: ***my dear ~*** mein lieber Freund!; ***good ~*** guter Kerl; ***old ~!*** alter Knabe!; ***a ~*** man, einer; **5.** *der (die, das)* Da'zugehörige, *der (die, das)* andere *e-s Paares*: ***where is the ~ of this shoe?***; **6.** Fellow *m*: a) Mitglied *n* e-s College (*Dozent, der im College wohnt*), b) Inhaber(in) e-s 'Forschungssti‚pendiums, c) *Am.* Stu'dent(in) höheren Se'mesters, c) Mitglied *n* e-r gelehrten *etc.* Gesellschaft; **II** *adj.* **7.** Mit…: ***~ being*** Mitmensch *m*; ***~ citizen*** Mitbürger *m*; ***~ countryman*** Landsmann *m*; ***~ feeling*** a) Zs.-gehörigkeitsgefühl *n*, b) Mitgefühl *n*; ***~ student*** Studienkollege *m*, -kollegin *f*, Kommilitone *m*, Kommilitonin *f*; ***~ travel(l)er*** a) Mitreisende(r *m*) *f*, b) *pol.* Mitläufer(in), Sympathisant(in), *bsd.* Kommunistenfreund (-in).

fel·low·ship ['feləʊʃɪp] *s.* **1.** *oft* ***good ~*** a) Kame'radschaft(lichkeit) *f*, b) Geselligkeit *f*; **2.** (*geistige etc.*) Gemeinschaft, Verbundenheit *f*; **3.** Gemein-, Gesellschaft *f*, Gruppe *f*; **4.** *univ.* a) die Fellows *pl.*, b) *Brit.* Stellung *f* e-s Fellow, c) Sti'pendienfonds *m*, d) 'Forschungssti‚pendium *n*.

fel·on¹ ['felən] *s.* Nagelgeschwür *n*.

fel·on² ['felən] *s.* (Schwer)Verbrecher *m*; **fe·lo·ni·ous** [fə'ləʊnjəs] *adj.* ☐ ⚖ verbrecherisch; **'fel·o·ny** [-nɪ] *s.* ⚖ *Am.* Verbrechen *n*, *Brit. obs.* Schwerverbrechen *n*.

fel·spar ['felspɑ:] → ***feldspar***.

felt¹ [felt] *pret. u. p.p. von* ***feel***.

felt² [felt] **I** *s.* Filz *m*; **II** *adj.* Filz…: ***~-tip(ped) pen***, ***~ tip*** Filzschreiber *m*, -stift *m*; **III** *v/t. u. v/i.* (sich) verfilzen; **'felt·ing** [-tɪŋ] *s.* Filzstoff *m*.

fe·male ['fi:meɪl] **I** *adj.* **1.** weiblich (*a.* ♀): ***~ dog*** Hündin *f*; ***~ student*** Studentin *f*; **2.** weiblich, Frauen…: ***~ dress*** Frauenkleidung *f*; **3.** ⚙ Hohl…, Steck…: ***~ screw*** Schraubenmutter *f*; ***~ thread*** Muttergewinde *n*; **II** *s.* **4.** a) Frau *f*, b) Mädchen *n*, c) *contp.* Weibsbild *n*, -stück *n*; **5.** *zo.* Weibchen *n*; **6.** ♀ weibliche Pflanze.

feme| cov·ert [fi:m] *s.* ⚖ verheiratete Frau; **~ sole** *s.* ⚖ a) unverheiratete Frau, b) vermögensrechtlich selbständige Ehefrau: ***~ trader*** selbständige Geschäftsfrau.

fem·i·nine ['femɪnɪn] **I** *adj.* ☐ **1.** weiblich (*a. ling.*); **2.** weiblich, Frauen…: ***~ voice***; **3.** fraulich, sanft, zart; **4.** weibisch, femi'nin; **II** *s.* **5.** *ling.* Femininum *n*.

fem·i·nin·i·ty [ˌfemɪˈnɪnətɪ] *s.* **1.** Fraulich-, Weiblichkeit *f*; **2.** weibische *od.* femiˈnine Art; **3.** *coll.* (*die*) (holde) Weiblichkeit; **fem·i·nism** [ˈfemɪnɪzəm] *s.* Femiˈnismus *m*; Frauenrechtsbewegung *f*; **fem·i·nist** [ˈfemɪnɪst] *s.* Frauenrechtler(in), Femiˈnist(in).

fem·o·ral [ˈfemərəl] *adj. anat.* Oberschenkel(knochen)…; **fe·mur** [ˈfiːmə] *pl.* **-murs** *od.* **fem·o·ra** [ˈfemərə] *s.* Oberschenkel(knochen) *m*.

fen [fen] *s.* Fenn *n*: a) Marschland *n*, b) (Flach)Moor *n*: ***the ~s*** die Niederungen in ***East Anglia***.

fence [fens] **I** *s.* **1.** Zaun *m*, Einzäunung *f*, Gehege *n*: ***mend one's ~s*** *Am. pol.* s-e angeschlagene Position festigen; ***sit on the ~*** a) sich abwartend *od.* neutral verhalten, b) unschlüssig sein; **2.** *Reitsport*: Hindernis *n*; **3.** *sport das* Fechten; **4.** *sl.* a) Hehler *m*, b) Hehlernest *n*; **II** *v/t.* **5.** *a.* ***~ in*** einzäunen, einfriedigen: ***~ in*** (*od.* ***round***, ***off***) umˈzäunen; ***~ off*** abzäunen; **6.** ***~ in*** einsperren; **7.** *fig.* schützen, sichern (***from*** vor *dat.*): ***~ off*** *Fragen etc.* abwehren, parieren; **8.** *sl. Diebesbeute* an e-n Hehler verkaufen; **III** *v/i.* **9.** fechten; **10.** *fig.* Ausflüchte machen, ausweichen; **11.** *sl.* Hehleˈrei treiben; ***~ month*** *s. hunt. Brit.* Schonzeit *f*.

fenc·er [ˈfensə] *s. sport* **1.** Fechter(in); **2.** Springpferd *n*.

fence sea·son → ***fence month***.

fenc·ing [ˈfensɪŋ] *s.* **1.** *sport* Fechten *n*; **2.** *fig.* ausweichendes Verhalten, Ausflüchte *pl.*; **3.** a) Zaun *m*, b) Zäune *pl.*, c) ˈZaunmateriˌal *n*.

fend [fend] **I** *v/t.* **1.** ***~ off*** abwehren; **II** *v/i.* **2.** sich wehren; **3.** ***~ for*** sorgen für: ***~ for o.s.*** für sich selbst sorgen, sich ganz allein durchs Leben schlagen; ˈ**fend·er** [-də] *s.* **1.** ⚙ Schutzvorrichtung *f*; **2.** *rail. etc.* Puffer *m*; **3.** *mot. Am.* Kotflügel *m*: ***~ bender*** F (Unfall *m* mit) Blechschaden *m*; **4.** Schutzblech *n am Fahrrad*; **5.** ⚓ Fender *m*; **6.** Kaˈminvorsetzer *m*, -gitter *n*.

fen·es·tra·tion [ˌfenɪˈstreɪʃn] *s.* **1.** △ Fensteranordnung *f*; **2.** ⚕ ˈFensterung(soperatiˌon) *f*.

fen fire *s.* Irrlicht *n*.

Fe·ni·an [ˈfiːnjən] *hist.* **I.** *s.* Fenier *m*; **II** *adj.* fenisch; ˈ**Fe·ni·an·ism** [-nɪzəm] *s.* Feniertum *n*.

fen·nel [ˈfenl] *s.* ♀ Fenchel *m*.

feoff [fef] → ***fief***; **feoff·ee** [feˈfiː] *s.* ⚖ Belehnte(r) *m*: ***~ in*** (*od.* ***of***) ***trust*** Treuhänder(in); **feoff·er** [ˈfefə], **feof·for** [feˈfɔː] *s.* ⚖ Lehnsherr *m*.

fe·ral [ˈfɪərəl] *adj.* **1.** wild(lebend); **2.** *fig.* wild, barˈbarisch.

fer·e·to·ry [ˈferɪtərɪ] *s.* Reˈliquienschrein *m*.

fer·ment [fəˈment] **I** *v/t.* **1.** in Gärung bringen, *fig. a.* in Wallung bringen, erregen; **II** *v/i.* **2.** gären (*a. fig.*); **III** *s.* [ˈfɜːment] **3.** ⚗ Ferˈment *n*, Gärstoff *m*; **4.** ⚗ Gärung *f*, *fig. a.* (innere) Unruhe, Aufruhr *m*: ***the country was in a state of ~*** es gärte im Land; **fer·men·ta·tion** [ˌfɜːmenˈteɪʃn] *s.* **1.** ⚗ Fermentatiˈon *f*, Gärung *f* (*a. fig.*); **2.** *fig.* Aufruhr *m*, (innere) Unruhe.

fern [fɜːn] *s.* ♀ Farn(kraut *n*) *m*; ˈ**fern·y** [-nɪ] *adj.* **1.** farnartig; **2.** voller Farnkraut.

fe·ro·cious [fəˈrəʊʃəs] *adj.* ☐ **1.** wild, grausam, grimmig, heftig; **2.** *Am.* F a) ‚toll', b) *contp.* ‚grausam'; **fe·roc·i·ty** [fəˈrɒsətɪ] *s.* Grausamkeit *f*, Wildheit *f*.

fer·re·ous [ˈferɪəs] *adj.* eisenhaltig.

fer·ret [ˈferɪt] **I** *s.* **1.** *zo.* Frettchen *n*; **2.** *fig.* ‚Spürhund' *m* (*Person*); **II** *v/i.* **3.** *hunt.* mit Frettchen jagen; **4.** ***~ about*** herˈumsuchen (***for*** nach); **III** *v/t.* **5.** ***~ out*** *fig. et.* aufspüren, -stöbern, herˈausfinden.

fer·ric [ˈferɪk] *adj.* ⚗ Eisen…; **fer·ri·cy·a·nide** [ˌferɪˈsaɪənaɪd] *s.* Cyˈaneisenverbindung *f*; **fer·rif·er·ous** [feˈrɪfərəs] *adj.* ⚗ eisenhaltig.

Fer·ris wheel [ˈferɪs] *s.* Riesenrad *n*.

ferro- [ferəʊ] *in Zssgn* Eisen…; ˌ**~-ˈcon·crete** *s.* ˈEisenbeˌton *m*; ˈ**~·type** *s. phot.* Ferrotyˈpie *f*.

fer·rous [ˈferəs] *adj.* eisenhaltig, Eisen…

fer·rule [ˈferuːl] *s.* **1.** ⚙ Stockzwinge *f*; **2.** Muffe *f*.

fer·ry [ˈferɪ] **I** *s.* **1.** Fähre *f*, Fährschiff *n*, -boot *n*; **2.** *a.* ***~ service*** Fährdienst *m*; **3.** ✈ Überˈführungsdienst *m* (*von der Fabrik zum Flugplatz*); **4.** *Raumfahrt*: (Lande)Fähre *f*; **II** *v/t.* **5.** ˈübersetzen; *bsd.* ✈ überˈführen; befördern; **III** *v/i.* **6.** ˈübersetzen; ˈ**~·boat** → ***ferry*** 1; ***~ bridge*** *s.* **1.** Traˈjekt *m*, *n*, Eisenbahnfähre *f*; **2.** Landungsbrücke *f*; ˈ**~·man** [-mən] *s.* [*irr.*] Fährmann *m*.

fer·tile [ˈfɜːtaɪl] *adj.* ☐ **1.** *a. fig.* fruchtbar, produkˈtiv, reich (***in***, ***of*** an *dat.*); **2.** *fig.* schöpferisch; **fer·til·i·ty** [fəˈtɪlətɪ] *s. a. fig.* Fruchtbarkeit *f*, Reichtum *m*; **fer·ti·li·za·tion** [ˌfɜːtɪlaɪˈzeɪʃn] *s.* **1.** Fruchtbarmachen *n*; **2.** *biol. u. fig.* Befruchtung *f*; **3.** ⚘ Düngung *f*; ˈ**fer·ti·lize** [-tɪlaɪz] *v/t.* **1.** fruchtbar machen; **2.** *biol. u. fig.* befruchten; **3.** ⚘ düngen; ˈ**fer·ti·liz·er** [-tɪlaɪzə] *s.* (Kunst)Dünger *m*, Düngemittel *n*.

fer·ule [ˈferuːl] **I** *s.* (flaches) Lineˈal (*zur Züchtigung*), (Zucht)Rute *f* (*a. fig.*); **II** *v/t.* züchtigen.

fer·ven·cy [ˈfɜːvənsɪ] → ***fervo(u)r*** 1; ˈ**fer·vent** [-nt] *adj.* ☐ **1.** *fig.* glühend, feurig, inbrünstig, leidenschaftlich; **2.** (glühend)heiß; ˈ**fer·vid** [-vɪd] *adj.* ☐ → ***fervent*** 1; ˈ**fer·vo(u)r** [-və] *s.* **1.** *fig.* Glut *f*, Feuer(eifer *m*) *n*, Leidenschaft *f*, Inbrunst *f*; **2.** Glut *f*, Hitze *f*.

fess(e) [fes] *s. her.* (Quer)Balken *m*.

fes·tal [ˈfestl] *adj.* ☐ festlich, Fest…

fes·ter [ˈfestə] **I** *v/i.* **1.** schwären, eitern: ***~ing sore*** Eiterbeule *f* (*a. fig.*); **2.** verwesen, verfaulen; **3.** *fig.* gären: ***~ in s.o.'s mind*** an j-m nagen *od.* fressen; **II** *s.* **4.** a) Schwäre *f*, eiternde Wunde, b) Geschwür *n*.

fes·ti·val [ˈfestəvl] **I** *s.* **1.** Fest(tag *m*) *n*, Feier *f*; **2.** Festspiele *pl.*, ˈFestival *n*; **II** *adj.* **3.** festlich, Fest…; **4.** Festspiel…; ˈ**fes·tive** [-tɪv] *adj.* ☐ **1.** festlich, Fest…; **2.** fröhlich, gesellig; **fes·tiv·i·ty** [feˈstɪvətɪ] *s.* **1.** *oft pl.* Fest(lichkeit *f*) *n*; **2.** festliche Stimmung.

fes·toon [feˈstuːn] **I** *s.* Girˈlande *f*; **II** *v/t.* mit Girˈlanden schmücken.

fe·tal [ˈfiːtl] *etc.* → ***foetal*** *etc.*

fetch [fetʃ] **I** *v/t.* **1.** (herˈbei)holen, (her)bringen: ***~ a doctor*** e-n Arzt holen; ***~ s.o. round*** F j-n ‚rumkriegen'; **2.** *et. od. j-n* abholen; **3.** *Atem* holen: ***~ a sigh*** (auf)seufzen; ***~ tears*** (ein paar) Tränen hervorlocken; **4.** ***~ up*** *et.* erbrechen; **5.** apportieren (*Hund*); **6.** *Preis etc.* (ein)bringen, erzielen; **7.** *fig.* fesseln, anziehen, für sich einnehmen; **8.** *j-m e-n Schlag* versetzen: ***~ s.o. one*** j-m ‚eine langen' *od.* ‚runterhauen'; **9.** ⚓ erreichen; **II** *v/i.* **10.** ***~ and carry for s.o.*** j-s Handlanger sein, j-n bedienen; **11.** ***~ up*** F ‚landen' (***at***, ***in*** in *dat.*); ˈ**fetch·ing** [-tʃɪŋ] *adj.* F reizend, bezaubernd.

fête [feɪt] **I** *s.* Fest(lichkeit *f*) *n*; **II** *v/t. j-n od. et.* feiern.

fet·id [ˈfetɪd] *adj.* ☐ stinkend.

fe·tish [ˈfiːtɪʃ] *s.* Fetisch *m*; ˈ**fe·tish·ism** [-ʃɪzəm] *s.* Fetischkult *m*, *a. psych.* Fetiˈschismus *m*; ˈ**fet·ish·ist** [-ʃɪst] *s.* Fetiˈschist *m*.

fet·lock [ˈfetlɒk] *s. zo.* **1.** Behang *m*; **2.** *a.* ***~ joint*** Fesselgelenk *n* (*des Pferdes*).

fet·ter [ˈfetə] **I** *s.* **1.** (Fuß)Fessel *f*; **2.** *pl. fig.* Fesseln *pl.*; **II** *v/t.* **3.** fesseln, *fig. a.* hemmen, behindern.

fet·tle [ˈfetl] *s.* Verfassung *f*, Zustand *m*: ***in good*** (*od.* ***fine***) ***~*** (gut) in Form.

fe·tus [ˈfiːtəs] → ***foetus***.

feu [fjuː] *s.* ⚖ *Scot.* Lehen *n*.

feud¹ [fjuːd] **I** *s.* Fehde *f*: ***be at ~ with*** mit *j-m* in Fehde liegen; **II** *v/i.* sich befehden.

feud² [fjuːd] *s.* ⚖ Lehen *n*, Lehn(s)gut *n*; ˈ**feu·dal** [-dl] *adj.* ⚖ Feudal…, Lehns…, feuˈdal; ˈ**feu·dal·ism** [-dəlɪzəm] *s.* Feudaˈlismus *m*; **feu·dal·i·ty** [fjuːˈdælətɪ] *s.* **1.** Lehenswesen *n*; **2.** Lehnbarkeit *f*; ˈ**feu·da·to·ry** [-dətərɪ] **I** *s.* Lehnsmann *m*, Vaˈsall *m*; **II** *adj.* Lehns…

feuil·le·ton [ˈfɜːɪtɔ̃ːŋ] (*Fr.*) *s.* Feuilleˈton *n*, kultuˈreller Teil (*e-r Zeitung*).

fe·ver [ˈfiːvə] **I** *s.* **1.** ⚕ Fieber *n*: ***~ heat*** a) Fieberhitze *f*, b) *fig.* → 2; **2.** *fig.* Fieber *n*, fieberhafte Aufregung, *a.* Sucht *f*, Rausch *m*: ***gold ~***; ***in a ~ of excitement*** in fieberhafter Aufregung; ***reach ~ pitch*** den Höhe- *od.* Siedepunkt erreichen; ***work at ~ pitch*** fieberhaft arbeiten; **II** *v/i.* **3.** fiebern (*a. fig.* ***for*** nach); ˈ**fe·vered** [-əd] *adj.* **1.** fiebernd, fiebrig; **2.** *fig.* fieberhaft, aufgeregt; ˈ**fe·ver·ish** [-vərɪʃ] *adj.* ☐ **1.** fieberkrank, fiebrig, Fieber…; **2.** *fig.* fieberhaft; ˈ**fe·ver·ish·ness** [-vərɪʃnɪs] *s.* Fieberhaftigkeit *f* (*a. fig.*).

few [fjuː] *adj. u. s.* (*pl.*) **1.** (*Ggs.* ***many***) wenige: ***~ persons***; ***some ~*** einige wenige; ***his friends are ~*** er hat (nur) wenige Freunde; ***no ~er than*** nicht weniger als; ***~ and far between*** (sehr) dünn gesät; ***the lucky ~*** die wenigen Glücklichen; **2.** ***a ~*** (*Ggs.* ***none***) einige, ein paar: ***a ~ days*** einige Tage; ***not a ~*** nicht wenige, viele; ***a good ~*** e-e ganze Menge; ***only a ~*** nur wenige; ***every ~ days*** alle paar Tage; ***have a ~*** F ein paar ‚kippen'; ˈ**few·ness** [-nɪs] *s.* geringe Anzahl.

fey [feɪ] *adj. Scot.* **1.** todgeweiht; **2.** ˈübermütig; **3.** ˈübersinnlich.

fez [fez] *s.* Fes *m*.

fi·an·cé [fɪˈɑ̃ːŋseɪ] (*Fr.*) *s.* Verlobte(r) *m*; **fiˈan·cée** [-seɪ] (*Fr.*) *s.* Verlobte *f*.

fi·as·co [fɪˈæskəʊ] *pl.* **-cos** *s.* Fiˈasko *n*.

fi·at [ˈfaɪæt] *s.* **1.** ⚖ *Brit.* Gerichtsbeschluß *m*; **2.** Befehl *m*, Erlaß *m*; **3.** Ermächtigung *f*; ***~ mon·ey*** *s. Am.* Paˈpiergeld *n* ohne Deckung.

fib [fɪb] **I** *s.* kleine Lüge, Schwinde'lei *f*, Flunke'rei *f*: ***tell a ~*** → **II** *v/i.* schwindeln, flunkern; '**fib·ber** [-bə] *s.* F Flunkerer *m*, Schwindler *m*.

fi·ber *Am.*, **fi·bre** ['faɪbə] *Brit. s.* **1.** ⚙, *biol.* Faser *f*, Fiber *f*; **2.** Faserstoff *m*, -gefüge *n*, Tex'tur *f*; **3.** *fig.* a) Struk'tur *f*, b) Schlag *m*, Cha'rakter *m*: ***moral ~*** ‚Rückgrat *n*'; ***of coarse ~*** grobschlächtig; '**~·board** *s.* ⚙ Holzfaserplatte *f*; '**~·glass** *s.* ⚙ Fiberglas *n*.

fi·bril ['faɪbrɪl] *s.* **1.** Fäserchen *n*; **2.** ⚘ Wurzelfaser *f*; '**fi·brin** [-brɪn] *s.* **1.** Fi'brin *n*, Blutfaserstoff *m*; **2.** *a.* ***plant ~*** Pflanzenfaserstoff *m*; '**fi·broid** [-brɔɪd] **I** *adj.* faserartig, Faser…; **II** *s.* → **fi·bro·ma** [faɪ'brəʊmə] *pl.* **-ma·ta** [-mətə] *s.* ⚕ Fib'rom *n*; Fasergeschwulst *f*; **fi·bro·si·tis** [ˌfaɪbrəʊ'saɪtɪs] *s.* ⚕ Bindegewebsentzündung *f*; '**fi·brous** [-brəs] *adj.* □ **1.** faserig, Faser…; **2.** ⚙ sehnig (*Metall*).

fib·u·la ['fɪbjʊlə] *pl.* **-lae** [-liː] *s.* **1.** *anat.* Wadenbein *n*; **2.** *antiq.* Fibel *f*, Spange *f*.

fiche [fiːʃ] *s.* Fiche *n*, *m* (*Mikrodatenkarte*).

fick·le ['fɪkl] *adj.* unbeständig, launisch, *Person a.* wankelmütig; '**fick·le·ness** [-nɪs] *s.* Unbeständigkeit *f*, Wankelmut *m*.

fic·tile ['fɪktaɪl] *adj.* **1.** formbar; **2.** tönern, irden: **~ *art*** Töpferkunst *f*; **~ *ware*** Steingut *n*.

fic·tion ['fɪkʃn] *s.* **1.** (freie) Erfindung, Dichtung *f*; *contp.* ‚Märchen' *n*; **2.** a) Belle'tristik *f*, 'Prosa-, Ro'manlitera,tur *f*: ***work of ~***, b) *coll.* Ro'mane *pl.*, Prosa *f* (*e-s Autors*); **3.** ⚖ Fikti'on *f*; '**fic·tion·al** [-ʃənl] *adj.* **1.** erdichtet; **2.** Roman…

fic·ti·tious [fɪk'tɪʃəs] *adj.* □ **1.** (frei) erfunden, fik'tiv; **2.** unwirklich, Phantasie…, Roman…; **3.** ⚖ *etc.* fik'tiv: a) angenommen: **~ *name***, b) fingiert, falsch, Schein…: **~ *bill*** † Kellerwechsel *m*; **fic'ti·tious·ness** [-nɪs] *s.* *das* Fik'tive; Unechtheit *f*.

fid·dle ['fɪdl] **I** *s.* **1.** ♪ Fiedel *f*, Geige *f*: ***play first*** (***second***) **~** *fig.* die erste (zweite) Geige spielen; → ***fit***[1] 5; **2.** *Brit.* F a) Schwindel *m*, Betrug *m*, Schiebung *f*, b) Manipulati'on *f*; **II** *v/i.* **3.** F fiedeln, geigen; **4.** *a.* **~ *about*** (*od.* ***around***) her'umtrödeln; **5.** (***with***) spielen (mit), her'umfingern (an *dat.*), *contp.* her'umpfuschen (an *dat.*); **III** *v/t.* **6.** F fiedeln; **7.** **~ *away*** F *Zeit* vertrödeln; **8.** *Brit.* F ‚frisieren', manipulieren; **IV** *int.* **9.** Quatsch!; ˌ**~-de-'dee** [-dɪ'diː] → ***fiddle*** 9; '**~-ˌfad·dle** [-ˌfædl] **I** *s.* **1.** Lap'palie *f*; **2.** Unsinn *m*; **II** *v/i.* **3.** dummes Zeug reden; **4.** die Zeit vertrödeln.

fid·dler ['fɪdlə] *s.* **1.** Geiger(in): ***pay the ~*** *Am.* F ‚blechen'; **2.** *Brit.* F Schwindler *m*.

'**fid·dle·stick I** *s.* Geigenbogen *m*; **II** *int.* **~*s!*** F Quatsch!

fid·dling ['fɪdlɪŋ] *adj.* F läppisch, geringfügig, ‚poplig'.

fi·del·i·ty [fɪ'delətɪ] *s.* **1.** (*a.* eheliche) Treue (***to*** gegenüber, zu); **2.** Genauigkeit *f*, genaue Über'einstimmung *od.* 'Wiedergabe: ***with ~*** wortgetreu; **3.** ⚡ 'Wiedergabe(güte) *f*, Klangtreue *f*.

fidg·et ['fɪdʒɪt] **I** *s.* **1.** *oft pl.* ner'vöse Unruhe, Zappe'lei *f*; **2.** ‚Zappelphilipp' *m*, Zapp(e)ler *m*; **II** *v/t.* **3.** ner'vös *od.* zapp(e)lig machen; **III** *v/i.* **4.** (her'um)zappeln, zapp(e)lig sein; **5.** **~ *with*** (herum)spielen *od.* (-)fuchteln mit; '**fidg·et·i·ness** [-tɪnɪs] *s.* Zapp(e)ligkeit *f*, Nervosi'tät *f*; '**fidg·et·y** [-tɪ] *adj.* ner'vös, zappelig: **~ *Philipp*** → ***fidget*** 2.

fi·du·ci·ar·y [fɪ'djuːʃjərɪ] ⚖ **I** *s.* **1.** Treuhänder(in); **II** *adj.* **2.** treuhänderisch, Treuhand…, Treuhänder…; **3.** † ungedeckt (*Noten*).

fie [faɪ] *int. oft* **~ *upon you!*** pfui(, schäm dich)!

fief [fiːf] *s.* Lehen *n*, Lehn(s)gut *n*.

field [fiːld] **I** *s.* **1.** ⚘ Feld *n*; **2.** ⚒ a) (*Gold-, Öl- etc.*)Feld *n*, b) (Gruben-)Feld *n*, (Kohlen)Flöz *n*: ***coal ~***; **3.** *fig.* Bereich *m*, (Sach-, Fach)Gebiet *n*: ***in the ~ of art*** auf dem Gebiet der Kunst; ***in his ~*** auf s-m Gebiet, in s-m Fach; **~ *of activity*** Tätigkeitsbereich; **~ *of application*** Anwendungsbereich; **4.** a) (weite) Fläche, b) ✈, ⚡, *phys.*, *a. her.* Feld *n*: **~ *of force*** Kraftfeld; **~ *of vision*** Blick-, Gesichtsfeld, *fig.* Gesichtskreis *m*, Horizont *m*; **5.** *sport* a) Spielfeld *n*, (Sport)Platz *m*: ***take the ~*** einlaufen, auf den Platz kommen (→ 6), b) Feld *n* (*geschlossene Gruppe*), c) Teilnehmer(feld *n*) *pl.*, Besetzung *f*, *fig.* Wettbewerbsteilnehmer *pl.*: ***fair ~ and no favo(u)r*** gleiche Bedingungen für alle; ***play the ~*** F sich keine Chance entgehen lassen (*in der Liebe*), d) *Baseball, Kricket*: 'Fängerparˌtei *f*; **6.** ⚔ a) *poet.* (Schlacht)Feld *n*, (Feld)Schlacht *f*, b) Feld *n*, Front *f*: ***in the ~*** an der Front, im Felde; ***hold*** (*od.* ***keep***) ***the ~*** sich behaupten; ***take the ~*** ins Feld rücken, den Kampf eröffnen; ***win the ~*** den Sieg davontragen; **7.** ⚔ Feld *n* (*im Geschützrohr*); **8.** ⚕ (Operati'ons)Feld *n*; **9.** *TV* Feld *n*, Rasterbild *n*; **10.** a) *bsd. psych., sociol.* Praxis *f*, Wirklichkeit *f*, b) † Außendienst *m*, (praktischer) Einsatz; → ***field service***, ***field study***, ***fieldwork*** 2–4 *etc.*; **II** *v/t.* **11.** *sport Mannschaft, Spieler* aufs Feld schicken; **12.** *Baseball, Kricket*: a) *den Ball* auffangen u. zu'rückwerfen, b) *Spieler* im Feld aufstellen; **13.** *fig. e-e Frage etc.* kontern; **III** *v/i.* **14.** *Kricket etc.*: bei der 'Fängerparˌtei sein.

field| am·bu·lance *s.* ⚔ Sanka *m*, Sani'tätswagen *m*; **~ coil** *s.* ⚡ Feldspule *f*; **~ day** *s.* **1.** ⚔ a) Felddienstübung *f*, b) 'Truppenpaˌrade *f*; **2.** *Am.* a) *ped.* Sportfest *n*, b) Exkursi'onstag *m*; **3.** ***have a ~*** *fig.* a) s-n großen Tag haben, b) e-n Mordsspaß haben (***with*** mit); **~ en·gi·neer** *s.* Außendiensttechniker *m*.

field·er ['fiːldə] *s.* *Kricket etc.*: a) Fänger *m*, b) Feldspieler *m*, c) *pl.* 'Fängerparˌtei *f*.

field| e·vent *s.* *sport* technische Diszi'plin, *pl. mst* 'Sprung- u. 'Wurfdisziˌplinen *pl.*; **~ glass(·es** *pl.*) *s.* Fernglas *n*, Feldstecher *m*; **~ goal** *s.* *Basketball*: Feldkorb *m*; **~ gun** *s.* ⚔ Feldgeschütz *n*; **~ hos·pi·tal** *s.* ⚔ 'Feldlazaˌrett *n*; **~ kitch·en** *s.* ⚔ Feldküche *f*; ♔ **Mar·shal** *s.* ⚔ Feldmarschall *m*; '**~-mouse** *s.* [*irr.*] Feldmaus *f*; **~ of·fi·cer** *s.* ⚔ 'Stabsoffiˌzier *m*; **~ pack** *s.* ⚔ Marschgepäck *n*, Tor'nister *m*; **~ re·search** *s.* † *etc.* Feldforschung *f*; **~ ser·vice** *s.* † Außendienst *m*.

fields·man ['fiːldzmən] *s.* [*irr.*] → ***fielder*** a, b.

field| sports *s. pl.* Sport *m* im Freien (*bsd. Jagen, Fischen*); **~ stud·y** *s.* Feldstudie *f*; **~ test** *s.* praktischer Versuch; **~ train·ing** *s.* ⚔ Geländeausbildung *f*; '**~·work** *s.* **1.** ⚔ Feldschanze *f*; **2.** praktische (wissenschaftliche) Arbeit, *a.* Arbeit *f* im Gelände; **3.** † Außendienst *m*, -einsatz *m*; **4.** *Markt-, Meinungsforschung*: Feldarbeit *f*; '**~ˌwork·er** *s.* **1.** † Außendienstmitarbeiter(in); **2.** Inter'viewer(in), Befrager(in).

fiend [fiːnd] *s.* **1.** a) *a. fig.* Satan *m*, Teufel *m*, b) Dämon *m*, *fig. a.* Unhold *m*; **2.** *bsd. in Zssgn*: a) Süchtige(r *m*) *f*: ***opium ~***, b) Fa'natiker(in), Narr *m*, Fex *m*: → ***fresh-air fiend***, c) *Am. sl.* ‚Ka'none' *f* (***at*** in *dat.*); '**fiend·ish** [-dɪʃ] *adj.* □ teuflisch, unmenschlich; *fig.* F verteufelt, ‚gemein'; '**fiend·ish·ness** [-dɪʃnɪs] *s.* teuflische Bosheit; *fig.* Gemeinheit *f*.

fierce [fɪəs] *adj.* □ **1.** wild, grimmig, wütend (*alle a. fig.*); **2.** heftig, scharf; **3.** grell; '**fierce·ness** [-nɪs] *s.* Wildheit *f*, Grimmigkeit *f*; Schärfe *f*, Heftigkeit *f*.

fi·er·y ['faɪərɪ] *adj.* □ **1.** brennend, glühend (*a. fig.*); **2.** *fig.* feurig, hitzig, heftig; **3.** feuerrot; **4.** feuergefährlich; **5.** Feuer…

fife [faɪf] ♪ **I** *s.* **1.** (Quer)Pfeife *f*; **2.** → ***fifer***; **II** *v/t. u. v/i.* **3.** (*auf der Querpfeife*) pfeifen; '**fif·er** [-fə] *s.* (Quer)Pfeifer *m*.

fif·teen [ˌfɪf'tiːn] **I** *adj.* **1.** fünfzehn; **II** *s.* **2.** Fünfzehn *f*; **3.** *Rugby*: Fünfzehn *f*; ˌ**fif'teenth** [-nθ] **I** *adj.* **1.** fünfzehnt; **II** *s.* **2.** *der* (*die, das*) Fünfzehnte; **3.** Fünfzehntel *n*.

fifth [fɪfθ] **I** *adj.* □ **1.** fünft; **II** *s.* **2.** *der* (*die, das*) Fünfte; **3.** Fünftel *n*; **4.** ♪ Quinte *f*; **~ col·umn** *s. pol.* Fünfte Ko'lonne.

fifth·ly ['fɪfθlɪ] *adv.* fünftens.

fifth wheel *s.* **1.** *mot.* a) Ersatzrad *n*, b) Drehschemel(ring) *m* (*Sattelschlepper*); **2.** *fig.* fünftes Rad am Wagen.

fif·ti·eth ['fɪftɪɪθ] **I** *adj.* **1.** fünfzigst; **II** *s.* **2.** *der* (*die, das*) Fünfzigste; **3.** Fünfzigstel *n*; **fif·ty** ['fɪftɪ] **I** *adj.* fünfzig; **II** *s.* Fünfzig *f*: ***in the fifties*** in den fünfziger Jahren (*e-s Jahrhunderts*); ***he is in his fifties*** er ist in den Fünfzigern; ˌ**fif·ty-'fif·ty** *adj. u. adv.* F fifty-fifty, ‚halbehalbe'.

fig[1] [fɪg] *s.* ⚘ **1.** Feige *f*: ***I don't care a ~*** (***for it***) F das ist mir schnuppe!; **2.** Feigenbaum *m*.

fig[2] [fɪg] **I** *s.* F **1.** Kleidung *f*, Gala *f*: ***in full ~*** in voller Gala; **2.** Zustand *m*: ***in good ~*** gut in Form; **II** *v/t.* **3.** **~ *out*** her'ausputzen.

fight [faɪt] **I** *s.* **1.** Kampf *m* (*a. fig.*), Gefecht *n*: ***make a ~ of it***, ***put up a ~*** kämpfen, sich wehren; ***put up a good ~*** sich tapfer schlagen; **2.** a) Schläge'rei *f*, Raufe'rei *f*, b) *sport* (Box)Kampf *m*: ***have a ~*** → 12; ***make a ~ for*** kämpfen um; **3.** Kampf(es)lust *f*, -fähigkeit *f*: ***show ~*** sich zur Wehr setzen; ***there is no ~ left in him*** er ist kampfmüde *od.* ‚fertig'; **4.** Streit *m*, Kon'flikt *m*; **II** *v/t.* [*irr.*] **5.** *j-n od. et.* bekämpfen, bekriegen, kämpfen mit *od.* gegen, sich schlagen mit, *sport a.* boxen gegen; *fig.* ankämpfen gegen (*e-e schlechte Gewohnheit etc.*): **~ back** (*od.* **down**) *fig. Tränen, Enttäuschung* unterdrücken; **~ off** *j-n od. et.* abwehren, *a. e-e Erkältung etc.* bekämpfen; **6.** *e-n Krieg, e-n Prozeß* führen, *e-e Schlacht* schlagen *od.* austragen, *e-e Sache* ausfechten: **~ a duel** sich duellieren; **~ an election** kandidieren; **~ it out** es (untereinander) ausfechten; **7.** *et.* verfechten, sich einsetzen für; **8.** *et.* erkämpfen: **~ one's way** sich durchschlagen; **9.** ⚔ *Truppen etc.* kommandieren, (im Kampf) führen; **III** *v/i.* [*irr.*] **10.** kämpfen (**with** *od.* **against** mit *od.* gegen, **for** um): **~ against s.th.** gegen et. ankämpfen; **~ back** sich zur Wehr setzen; **11.** boxen; **12.** sich raufen *od.* prügeln *od.* schlagen.

fight·er [ˈfaɪtə] *s.* **1.** Kämpfer *m*, Streiter *m*; **2.** Schläger *m*, Raufbold *m*; **3.** *sport* (*bsd.* Offenˈsiv)Boxer *m*; **4.** *a.* **~ plane** ⚔, ✈ Jagdflugzeug *n*, Jäger *m*: **~-bomber** Jagdbomber *m*; **~ group** *Brit.* Jagdgruppe *f*, *Am.* Jagdgeschwader *n*; **~-interceptor** Abfangjäger *m*; **~ pilot** Jagdflieger *m*.

fight·ing [ˈfaɪtɪŋ] **I** *s.* Kampf *m*, Kämpfe *pl*; **II** *adj.* Kampf…; streitlustig; **~ chance** *s. e-e* reˈelle Chance (*wenn man sich anstrengt*); **~ cock** *s.* Kampfhahn *m* (*a. fig.*): **live like a ~** in Saus u. Braus leben.

fig leaf *s.* Feigenblatt *n* (*a. fig.*).

fig·ment [ˈfɪgmənt] *s.* **1.** *oft* **~ of the imagination** Phantaˈsieproˌdukt *n*, reine Einbildung; **2.** ‚Märchen' *n*, (pure) Erfindung.

fig tree *s.* Feigenbaum *m*.

fig·ur·a·tive [ˈfɪgjʊrətɪv] *adj.* □ **1.** *ling.* bildlich, überˈtragen, fiˈgürlich, metaˈphorisch; **2.** bilderreich (*Stil*); **3.** symˈbolisch.

fig·ure [ˈfɪgə] **I** *s.* **1.** Fiˈgur *f*, Form *f*, Gestalt *f*, Aussehen *n*: **keep one's ~** schlank bleiben; **2.** *fig.* Fiˈgur *f*, Perˈson *f*, Perˈsönlichkeit *f*, (bemerkenswerte) Erscheinung: **a public ~** e-e Persönlichkeit des öffentlichen Lebens; **~ of fun** komische Figur; **cut** (*od.* **make**) **a poor ~** e-e traurige Figur abgeben; **3.** Darstellung *f* (*bsd. des menschlichen Körpers*), Bild *n*, Statue *f*; **4.** *a.* ⚙, ⚒ Fiˈgur *f*, *weitS. a.* Zeichnung *f*, Diaˈgramm *n*; *a.* Abbildung *f*, Illustratiˈon *f* (*in e-m Buch etc.*); **5.** *Tanz, Eiskunstlauf etc.*: Fiˈgur *f*; **6.** (Stoff)Muster *n*; **7.** *a.* **~ of speech** a) (ˈRede-, ˈSprach)Fiˌgur *f*, b) Meˈtapher *f*, Bild *n*; **8.** ♪ a) Fiˈgur *f*, b) (Baß)Bezifferung *f*; **9.** Zahl(zeichen *n*) *f*, Ziffer *f*: **run into three ~s** in die Hunderte gehen; **be good at ~s** ein guter Rechner sein; **10.** Preis *m*, Summe *f*: **at a low ~** billig; **II** *v/t.* **11.** gestalten, formen; **12.** bildlich darstellen, abbilden; **13.** *a.* **~ to o.s.** sich *et.* vorstellen; **14.** verzieren (*a.* ♪); ⚙ mustern; **15. ~ out** F a) ausrechnen, b) ausknobeln, ‚rauskriegen', c) ‚kapieren': **I can't ~ him out** ich werde aus ihm nicht schlau; **III** *v/i.* **16. ~ out at** sich belaufen auf (*acc.*); **17. ~ on** *Am.* F a) rechnen mit, b) sich verlassen auf (*acc.*); **18.** erscheinen, vorkommen, e-e Rolle spielen: **~ large** e-e große Rolle spielen; **~ on a list** auf e-r Liste stehen; **19.** F (genau) passen: **that ~s!** das ist klar!; **~ dance** *s.* Fiˈgurentanz *m*; **ˈ~-head** *s.* ⚓ Galiˈonsfiˌgur *f*, *fig. a.* ‚Aushängeschild' *n*; **~ skat·er** *s. sport* (Eis)Kunstläufer(in); **~ skat·ing** *s. sport* Eiskunstlauf *m*.

fig·u·rine [ˈfɪgjʊriːn] *s.* Statuˈette *f*, Figuˈrine *f*.

fil·a·ment [ˈfɪləmənt] *s.* **1.** Faden *m* (*a. anat.*); Faser *f*; **2.** ⚘ Staubfaden *m*; **3.** ⚡ (Glüh-, Heiz)Faden *m*: **~ battery** Heizbatterie *f*.

fil·bert [ˈfɪlbət] *s.* ⚘ **1.** Haselnußstrauch *m*; **2.** Haselnuß *f*.

filch [fɪltʃ] *v/t.* F ‚klauen' (*stehlen*).

file¹ [faɪl] **I** *s.* **1.** Aufreihdraht *m*, -faden *m*; **2.** (Akten-, Brief-, Dokuˈmenten- *etc.*)Ordner *m*, Sammelmappe *f*, *a.* Karˈtei(kasten *m*) *f*; **3.** a) Akte(nstück *n*) *f*, *a.* Dossiˈer *n* (*der Polizei etc.*): **~ number** Aktenzeichen *n*, b) Akten (-bündel *n*, -stoß *m*) *pl.*, c) Ablage *f*, abgelegte Briefe *pl. od.* Paˈpiere *pl.*: **on ~** bei den Akten, d) *Computer*: Daˈtei *f*, e) Liste *f*, Verzeichnis *n*: **~ management** Dateiverwaltung *f*; **4.** ⚔ Reihe *f*; **5.** Reihe *f* (*Personen od. Sachen hintereinander*); **II** *v/t.* **6.** *Briefe etc.* ablegen, einordnen, ab-, einheften, zu den Akten nehmen; **7.** *Antrag*, ⚖ *Klage* einreichen; **III** *v/i.* **8.** hintereinˈander *od.* ⚔ in Reihe (hiˈnein-, hinˈaus- *etc.*)marschieren.

file² [faɪl] **I** *s.* **1.** ⚙ Feile *f*; **II** *v/t.* **2.** ⚙ feilen; **3.** *Stil* feilen, glätten.

fi·let [ˈfɪlɪt] (*Fr.*) *s.* **1.** *Küche*: Fiˈlet *n*; **2.** *a.* **~ lace** Fiˈlet *n*, Netz(stickeˈrei *f*) *n*.

fil·i·al [ˈfɪljəl] *adj.* □ kindlich, Kindes…, Sohnes…, Tochter…; **fil·i·a·tion** [ˌfɪlɪˈeɪʃn] *s.* **1.** Kindschaft(sverhältnis *n*) *f*: **~ proceeding** ⚖ *Am.* Vaterschaftsprozeß *m*; **2.** Abstammung *f*; **3.** Herkunftsfeststellung *f*; **4.** Verzweigung *f*.

fil·i·bus·ter [ˈfɪlɪbʌstə] **I** *s.* **1.** *hist.* Freibeuter *m*; **2.** *parl. Am.* a) Obstruktiˈon *f*, Verschleppungstaktik *f*, b) Obstruktiˈonspoˌlitiker *m*; **II** *v/i.* **3.** *parl. Am.* Obstruktiˈon treiben; **III** *v/t.* **4.** *Antrag etc.* durch Obstruktiˈon zu Fall bringen.

fil·i·gree [ˈfɪlɪgriː] *s.* Filiˈgran(arbeit *f*) *n*.

fil·ing| cab·i·net [ˈfaɪlɪŋ] *s.* Aktenschrank *m*; **~ card** *s.* Karˈteikarte *f*.

fil·ings [ˈfaɪlɪŋz] *s. pl.* Feilspäne *pl*.

Fil·i·pi·no [ˌfɪlɪˈpiːnəʊ] **I** *pl.* **-nos** *s.* Filiˈpino *m*; **II** *adj.* philipˈpinisch.

fill [fɪl] **I** *s.* **1. eat one's ~** sich satt essen; **have one's ~ of s.th.** genug von et. haben; **weep one's ~** sich ausweinen; **2.** Füllung *f* (*Material od. Menge*): **a ~ of petrol** *mot.* e-e Tankfüllung; **II** *v/t.* **3.** (an-, aus-, ˈvoll)füllen: **~ s.o.'s glass** j-m einschenken; **~ the sails** die Segel (auf)blähen; **4.** ab-, einfüllen: **~ wine into bottles**; **5.** (*mit Nahrung*) sättigen; **6.** *Pfeife* stopfen; **7.** *Zahn* füllen, plombieren; **8.** *die Straßen, ein Stadion etc.* füllen; **9.** *a. fig.* erfüllen: **smoke ~ed the room**; **grief ~ed his heart**; **~ed with fear** angsterfüllt; **10.** *Amt, Posten* a) besetzen, b) ausfüllen, bekleiden: **~ s.o.'s place** j-s Stelle einnehmen, j-n ersetzen; **11.** *Auftrag* ausführen: **~ an order**; → **bill²** 4; **III** *v/i.* **12.** sich füllen, (*Segel*) sich (auf)blähen; **~ in I** *v/t.* **1.** Loch *etc.* auf-, ausfüllen; **2.** *Brit. Formular* ausfüllen; **3.** a) *Namen etc.* einsetzen, b) *Fehlendes* ergänzen; **4. fill s.o. in** F (**on** über *acc.*) j-n ins Bild setzen, j-n informieren; **II** *v/i.* **5.** einspringen (**for s.o.** für j-n); **~ out I** *v/t.* **1.** *bsd. Am. Formular* ausfüllen; **2.** *Bericht etc.* abrunden; **II** *v/i.* **3.** fülliger werden (*Figur*), (*Person a.*) zunehmen, (*Gesicht*) voller werden; **~ up I** *v/t.* **1.** auf-, ˈvollfüllen: **~ her up!** F volltanken, bitte; **2.** → **fill in** 2; **II** *v/i.* **3.** sich füllen.

fill·er [ˈfɪlə] *s.* **1.** Füllvorrichtung *f*, *a.* ˈAbfüllmaˌschine *f*, Trichter *m*: **~ cap** *mot.* Tankverschluß *m*; **2.** Füllstoff *m*, Zusatzmittel *n*; **3.** *paint.* Spachtel(masse *f*) *m*, Füller *m*; **4.** *fig.* Füllsel *n*, Füller *m*; **5.** *ling.* Füllwort *n*; **6.** Sprengladung *f*.

fil·let [ˈfɪlɪt] **I** *s.* **1.** Stirn-, Haarband *n*; **2.** Leiste *f*, Band *n*; **3.** Zierstreifen *m*, Fiˈlet *n* (*am Buch*); **4.** ⚠ Leiste *f*, Rippe *f*; **5.** *Küche*: Fiˈlet *n*; **6.** ⚙ a) Hohlkehle *f*, b) Schweißnaht *f*; **II** *v/t.* **7.** mit e-m Haarband *od.* e-r Leiste *etc.* schmücken; **8.** *Küche*: a) filetieren, b) als Fiˈlet zubereiten.

fill·ing [ˈfɪlɪŋ] **I** *s.* **1.** Füllung *f*, Füllmasse *f*, Einlage *f*, Füllsel *n*; **2.** (Zahn)Plombe *f*, (-)Füllung *f*; **3.** *das* ˈVoll-, Aus-, Auffüllen, Füllung *f*: **~ machine** Abfüllmaschine *f*; **~ station** *Am.* Tankstelle *f*; **II** *adj.* **4.** sättigend.

fil·lip [ˈfɪlɪp] **I** *s.* **1.** Schnalzer *m* (*mit Finger u. Daumen*); **2.** Klaps *m*; **3.** *fig.* Ansporn *m*, Auftrieb *m*: **give a ~ to** → 6; **II** *v/t.* **4.** schnippen, schnipsen; **5.** *j-m* e-n Klaps geben; **6.** *fig.* anspornen, in Schwung bringen.

fil·ly [ˈfɪlɪ] *s.* **1.** *zo.* Stutenfohlen *n*; **2.** *fig.* ‚wilde Hummel' (*Mädchen*).

film [fɪlm] **I** *s.* **1.** Memˈbran(e) *f*, Häutchen *n*, Film *m*; **2.** *phot.* Film *m*; **3.** Film *m*: **the ~s** die Filmindustrie, der Film, das Kino; **be in ~s** beim Film sein; **shoot a ~** e-n Film drehen; **4.** (hauch)dünne Schicht, ˈÜberzug *m* (*Zellophan- etc.*)Haut *f*; **5.** (hauch)dünnes Gewebe, *a.* Faser *f*; **6.** Trübung *f* (*des Auges*), Schleier *f*; **II** *v/t.* **7.** (mit e-m Häutchen *etc.*) überˈziehen; **8.** a) *Szene etc.* filmen: **~ed report** Filmbericht *m*, b) *Roman etc.* verfilmen; **III** *v/i.* **9.** *a.* **~ over** sich mit e-m Häutchen überˈziehen; **10.** a) sich (gut) verfilmen lassen, b) e-n Film drehen, filmen; **~ li·brar·y** *s.* ˈFilmarˌchiv *n*; **~ mak·er** *s.* Filmemacher *m*; **~ pack** *s. phot.* Filmpack *m*; **~ reel** *s.* Filmspule *f*; **ˈ~-set** *v/t.* [*irr.*] *typ.* im Foto- *od.* Filmsatz herstellen; **~ star** *s.* Filmstar *m*; **~ strip** *s.* **1.** Bildstreifen *m*; **2.** Bildband *n*; **~ version** *s.* Verfilmung *f*.

film·y [ˈfɪlmɪ] *adj.* □ **1.** mit e-m Häutchen bedeckt; **2.** duftig, zart, hauchdünn; **3.** trübe, verschleiert (*Auge*).

fil·ter [ˈfɪltə] **I** *s.* **1.** Filter *m*, Seihtuch *n*, Seiher *m*; **2.** ⚗, ⚙, ⚡, *phot.*, *phys.*, *tel.* Filter *n*, *m*; **3.** *mot. Brit.* grüner Pfeil (*für Abbieger*); **II** *v/t.* **4.** filtern: a) (ˈdurch)seihen, b) filtrieren: **~ off** (**out**) ab- (heraus)filtern; **III** *v/i.* **5.** ˈdurchsikkern, (*Licht a.*) ˈdurchscheinen, -dringen; **6.** *fig.* **~ out** *od.* **through** ˈdurchsickern (*Nachrichten etc.*); **~ into** einsickern *od.* -dringen in (*acc.*); **7. ~ out** langsam *od.* grüppchenweise herauskommen (**of** aus); **8.** *mot. Brit.* a) die Spur wechseln, b) sich einordnen (**to**

the left links), c) abbiegen (*bei grünem Pfeil*); **~ bag** *s.* Filtertüte *f*; **~ bed** *s.* **1.** Kläranlage *f*, -becken *n*; **2.** Filterschicht *f*; **~ char·coal** *s.* ⚙ Filterkohle *f*; **~ cir·cuit** *s.* ↯ Siebkreis *m*; **~ pa·per** *s.* 'Filterpaˌpier *n*; **~ tip** *s.* **1.** Filter(mundstück *n*) *m*; **2.** 'Filterzigaˌrette *f*; **'~-tipped** mit Filter, Filter...: ***~ cigarette***.

filth [fɪlθ] *s.* **1.** Schmutz *m*, Dreck *m*; **2.** *fig.* Schmutz *m*, Schweine'rei(en *pl.*) *f*; **3.** a) unflätige Sprache, b) unflätige Ausdrücke *pl.*, Unflat *m*; **'filth·i·ness** [-θɪnɪs] *s.* Schmutzigkeit *f* (*a. fig.*); **'filth·y** [-θɪ] **I** *adj.* □ **1.** schmutzig, dreckig, *fig. a.* schweinisch; **2.** *fig.* unflätig; **3.** F ekelhaft, scheußlich: ***~ mood***; ***~ weather*** *a.* ‚Sauwetter' *n*; **II** *adv.* **4.** F ‚unheimlich', ‚furchtbar': ***~ rich*** stinkreich.

fil·trate ['fɪltreɪt] **I** *v/t.* filtrieren; **II** *s.* Fil'trat *n*; **fil'tra·tion** [fɪl'treɪʃn] *s.* Filtrati'on *f*.

fin¹ [fɪn] *s.* **1.** *zo.* Flosse *f*, Finne *f*; **2.** ⚓ Kielflosse *f*; **3.** ✈ a) (Seiten)Flosse *f*, b) ⚔ Steuerschwanz *m* (*e-r Bombe*); **4.** ⚙ a) Grat *m*, (Guß)Naht *f*, b) (Kühl)Rippe *f*; **5.** Schwimmflosse *f*; **6.** *sl.* ‚Flosse' *f* (*Hand*).

fin² [fɪn] *s. Am. sl.* Fünf'dollarschein *m*.

fi·na·gle [fɪ'neɪgl] F **I** *v/t.* **1.** *et.* her'ausschinden; **2.** (sich) *et.* ergaunern; **3.** *j-n* betrügen, begaunern; **II** *v/i.* **4.** gaunern, mogeln.

fi·nal ['faɪnl] **I** *adj.* □ → ***finally*** **1.** letzt, schließlich; **2.** endgültig, End..., Schluß...: ***~ assembly*** ⚙ Endmontage *f*; ***~ date*** Schlußtermin *m*; ***~ examination*** Abschlußprüfung *f*; ***~ score*** *sport* Schlußstand *m*; ***~ speech*** ⚖ Schlußplädoyer *n*; ***~ storage*** Endlagerung *f* (*von Atommüll etc.*); ***~ whistle*** *sport* Schlußpfiff *m*; **3.** endgültig: a) 'unwiderˌruflich, b) entscheidend, c) ⚖ rechtskräftig: ***after ~ judg(e)ment*** nach Rechtskraft des Urteils; **4.** per'fekt; **5.** *ling.* a) auslautend, End...; Schluß..., b) Absichts..., Final...: ***~ clause***; **II** *s.* **6.** *a. pl.* Fi'nale *n*, Endkampf *m od.* -runde *f od.* -spiel *n od.* -lauf *m*; **7.** *mst pl. univ.* 'Schlußeˌxamen *n*, -prüfung *f*; **8.** F Spätausgabe *f* (*e-r Zeitung*); **fi·na·le** [fɪ'nɑːlɪ] *s.* Fi'nale *n*: a) ♪ (*mst* schneller) Schlußsatz, b) *thea.* Schluß(szene *f*) *m* (*bsd. Oper*), c) *fig.* (dra'matisches) Ende; **'fi·nal·ist** [-nəlɪst] *s.* **1.** *sport* Fina'list(in), Endspiel-, Endkampf-, Endrundenteilnehmer(in); **2.** *univ.* Ex'amenskandiˌdat(in); **fi·nal·i·ty** [faɪ'nælətɪ] *s.* **1.** Endgültigkeit *f*; **2.** Entschiedenheit *f*; **'fi·nal·ize** [-nəlaɪz] *v/t.* **1.** be-, voll'enden, (endgültig) erledigen, abschließen; **2.** endgültige Form geben (*dat.*); **'fi·nal·ly** [-nəlɪ] *adv.* **1.** endlich, schließlich, zu'letzt; **2.** zum (Ab)Schluß; **3.** endgültig, defini'tiv.

fi·nance [faɪ'næns] **I** *s.* **1.** Fi'nanz *f*, Fi'nanzwesen *n*, -wirtschaft *f*, -wissenschaft *f*; **2.** *pl.* Fi'nanzen *pl.*, Einkünfte *pl.*, Vermögenslage *f*; **II** *v/t.* **3.** finanzieren; **~ act** *s. pol.* Steuergesetz *n*; **~ bill** *s.* **1.** *pol.* Fi'nanzvorlage *f*; **2.** ☤ Fi'nanzwechsel *m*; **~ com·pa·ny** *s.* ☤ Finanzierungsgesellschaft *f*; **~ house** *s.* ☤ *Brit.* 'Kundenkreˌditbank *f*.

fi·nan·cial [faɪ'nænʃl] *adj.* □ finanzi'ell, Finanz..., Geld..., Fiskal...: ***~ aid*** Finanzhilfe *f*; ***~ backer*** Geldgeber *m*; ***~ columns*** Handels-, Wirtschaftsteil *m*; ***~ paper*** Börsen-, Handelsblatt *n*; ***~ plan*** Finanzierungsplan *m*; ***~ policy*** Finanzpolitik *f*; ***~ situation*** (*od.* ***condition***) Vermögenslage *f*; ***~ standing*** Kreditwürdigkeit *f*; ***~ statement*** ☤ Bilanz *f*; ***~ year*** a) ☤ Geschäftsjahr *n*, b) *parl.* Haushalts-, Rechnungsjahr *n*; **fi'nan·cier** [-nsɪə] **I** *s.* **1.** Finanzi'er *m*; **2.** Fi'nanz(fach)mann *m*; **II** *v/t.* **3.** finanzieren; **III** *v/i.* **4.** (*bsd.* skrupellose) Geldgeschäfte machen.

finch [fɪntʃ] *s. orn.* Fink *m*.

find [faɪnd] **I** *v/t.* [*irr.*] **1.** finden; **2.** finden, (an)treffen, stoßen auf (*acc.*): ***I found him in*** ich traf ihn zu Hause an; ***~ a good reception*** e-e gute Aufnahme finden; **3.** entdecken, bemerken, sehen, feststellen, (her'aus)finden: ***he found that ...*** er stellte fest *od.* fand, daß; ***I ~ it easy*** ich finde es leicht; ***~ one's way*** den Weg finden (***to*** nach, zu), sich zurechtfinden (***in*** in *dat.*); ***~ its way into*** *fig.* hineingeraten in (*acc.*) (*Sache*); ***~ o.s.*** a) sich *wo od. wie* befinden, b) sich sehen: ***~ o.s. surrounded***, c) sich finden, sich voll entfalten, s-e Fähigkeiten erkennen, d) zu sich selbst finden (→ 5); ***I found myself telling a lie*** ich ertappte mich bei e-r Lüge; **4.** finden: a) beschaffen, auftreiben, b) erlangen, sich verschaffen, c) *Zeit etc.* aufbringen; **5.** *j-n* versorgen, ausstatten (***in*** mit): ***be well found in clothes***; ***all found*** freie Station, freie Unterkunft u. Verpflegung; ***~ o.s.*** sich selbst versorgen; **6.** ⚖ (be)finden für, erklären (für): ***he was found guilty***; **7.** **~ *out*** a) *et.* herausfinden, -bekommen, b) *j-n* ertappen, entlarven, durch'schauen; **II** *v/i.* [*irr.*] **8.** ⚖ (be)finden, (für Recht) erkennen (***that*** daß): ***~ for the defendant*** a) die Klage abweisen, b) *Strafprozeß*: den Angeklagten freisprechen; ***~ against the defendant*** a) der Klage stattgeben, b) *Strafprozeß*: den Angeklagten verurteilen; **III** *s.* **9.** Fund *m*, Entdeckung *f*; **'find·er** [-də] *s.* **1.** Finder *m*, Entdecker *m*: ***~s keepers*** F wer etwas findet, darf es (auch) behalten; ***~'s reward*** Finderlohn *m*; **2.** *phot.* Sucher *m*; **'find·ing** [-dɪŋ] *s.* **1.** Fund *m*, Entdeckung *f*; **2.** *mst pl. phys. etc.* Befund *m* (*a.* ⚕), Feststellung(en *pl.*) *f*, Erkenntnis(se *pl.*) *f*; **3.** ⚖ Feststellung *f*, *der Geschworenen*: *a.* Spruch *m*: ***~s of fact*** Tatsachenfeststellungen; **4.** *pl.* Werkzeuge *pl. od.* Materi'al *n* (*von Handwerkern*).

fine¹ [faɪn] **I** *adj.* □ **1.** *allg.* fein: a) dünn, zart, zierlich: ***~ china***, b) scharf: ***a ~ edge***, c) rein: ***~ silver*** Feinsilber *n*; ***gold 24 carats ~*** 24karätiges Gold, d) *aus kleinsten Teilchen bestehend*: ***~ sand***, e) schön: ***a ~ ship***; ***~ weather***, f) vornehm, edel: ***a ~ man***, g) geschmackvoll, gepflegt, ele'gant, h) angenehm, lieblich: ***a ~ scent***, i) feinsinnig: ***a ~ distinction*** ein feiner Unterschied; **2.** prächtig, großartig: ***a ~ view***; ***a ~ musician***; ***a ~ fellow*** ein feiner *od.* prächtiger Kerl (→ 3); **3.** F, *a. iro.* fein, schön: ***that's all very ~ but ...*** das ist ja alles gut u. schön, aber ...; ***a ~ fellow you are!*** *contp.* du bist mir ein schöner Genosse!; ***that's ~ with me!*** in Ordnung!; **4.** ⚙ fein, genau, Fein...; **II** *adv.* **5.** F fein: a) vornehm (*a. contp.*): ***talk ~***, b) sehr gut, ‚bestens': ***that will suit me ~*** das paßt mir ausgezeichnet; **6.** knapp: ***cut*** (*od.* ***run***) ***it ~*** ins Gedränge (*bsd.* in Zeitnot) kommen; **III** *v/t.* **7.** ***~ away***, ***~ down*** fein(er) machen, abschleifen, zuspitzen; **8.** *oft* ***~ down*** *Wein etc.* läutern, klären; **9.** *metall.* frischen; **IV** *v/i.* **10.** ***~ away***, ***~ down***, ***~ off*** fein(er) werden, abnehmen, sich abschleifen; **11.** sich klären.

fine² [faɪn] **I** *s.* **1.** ⚖ Geldstrafe *f*, Bußgeld *n*; **2.** ***in ~*** a) schließlich, b) kurzum; **II** *v/t.* **3.** mit e-r Geldstrafe *od.* e-m Bußgeld belegen: ***he was ~d £2*** er mußte 2 Pfund (Strafe) bezahlen.

fine| ad·just·ment *s.* ⚙ Feineinstellung *f*; **~ arts** *s. pl.* (*die*) schönen Künste *pl.*; **'~-bore** *v/t.* ⚙ präzisi'onsbohren; **~ cut** *s.* Feinschnitt *m* (*Tabak*); **ˌ~-'draw** *v/t.* [*irr.* → ***draw***] **1.** fein zs.-nähen, kunststopfen; **2.** ⚙ *Draht* fein ausziehen; **ˌ~-'drawn** → ***fine-spun***.

fine·ness ['faɪnnɪs] *s. allg.* Feinheit *f*; **'fin·er·y** [-nərɪ] *s.* **1.** Putz *m*, Staat *m*; **2.** ⚙ a) Frischofen *m*, b) Frische'rei *f*; **fines** [faɪnz] *s. pl.* ⚙ Grus *m*, feingesiebtes Materi'al; **ˌfine-'spun** *adj.* feingesponnen (*a. fig.*).

fi·nesse [fɪ'nes] **I** *s.* **1.** Fi'nesse *f*: a) Spitzfindigkeit *f*, b) (kleiner) Kunstgriff, Kniff *m*; **2.** Raffi'nesse *f*, Schlauheit *f*; **3.** *Kartenspiel*: Schneiden *n*; **II** *v/i.* **4.** *Kartenspiel*: schneiden; **5.** ‚tricksen', Kniffe anwenden.

ˌfine|-'tooth(ed) *adj.* fein(gezahnt): ***~ comb*** Staubkamm *m*; ***go over s.th. with a ~ comb*** a) et. genau durchsuchen, b) et. genau unter die Lupe nehmen; **~ tun·ing** *s. Radio*: Feinabstimmung *f*.

fin·ger ['fɪŋgə] **I** *s.* **1.** Finger *m*: ***first, second, third ~*** Zeige-, Mittel-, Ringfinger; ***fourth*** (*od.* ***little***) ***~*** kleiner Finger; ***get*** (*od.* ***pull***) ***one's ~ out*** *Brit.* F ‚Dampf dahintermachen'; ***have a*** (*od.* ***one's***) ***~ in the pie*** die Hand im Spiel haben; ***keep one's ~s crossed for s.o.*** j-m den Daumen drücken *od.* halten; ***lay*** (*od.* ***put***) ***one's ~ on s.th.*** *fig.* den Finger auf et. legen; ***not to lay a ~ on s.o.*** j-m kein Härchen krümmen, j-n nicht anrühren; ***not to lift*** (*od.* ***raise, stir***) ***a ~*** keinen Finger rühren; ***put the ~ on s.o.*** → 10; ***twist*** (*od.* ***wrap, wind***) ***s.o.*** (***a***)***round one's little ~*** j-n um den (kleinen) Finger wickeln; ***work one's ~s to the bone*** (***for s.o.***) sich (für j-n) die Finger abarbeiten; → *a. Verbindungen mit anderen Verben u. Substantiven*; **2.** Finger(ling) *m* (*am Handschuh*); **3.** (Uhr)Zeiger *m*; **4.** Fingerbreit *m*; **5.** schmaler Streifen; schmales Stück; **6.** ⚙ Daumen *m*, Greifer *m*; **7.** *sl.* → ***finger man***; **II** *v/t.* **8.** a) betasten, befühlen, b) her'umfingern an (*dat.*), spielen mit; **9.** ♪ a) *et.* mit den Fingern spielen, b) *Noten* mit Fingersatz versehen; **10.** *Am.* F a) *j-n* verpfeifen, b) *j-n* beschatten, c) *Opfer* ausspähen; **III** *v/i.* **11.** her'umfingern (***at*** an *dat.*), spielen (***with*** mit); **'~·board** *s.* ♪ a) Griffbrett *n*, b) Klavia'tur *f*, c) Manu'al *n* (*der Orgel*); **~ bowl** *s.* Fingerschale *f*; **'~·breadth** *s.* Fingerbreit *m*.

-fin·gered [fɪŋgəd] *adj. in Zssgn* mit ... Fingern, ...fing(e)rig.

fin·ger·ing ['fɪŋgərɪŋ] *s.* ♪ Fingersatz *m.*
fin·ger| man *s.* Spitzel *m (e-r Bande)*; '**~·mark** *s.* Fingerabdruck *m (Schmutzfleck)*; '**~·nail** *s.* Fingernagel *m*; **~ nut** *s.* ⚙ Flügelmutter *f*; '**~-paint I** *s.* Fingerfarbe *f*; **II** *v/t. u. v/i.* mit Fingerfarben malen; **~ post** *s.* **1.** Wegweiser *m*; **2.** *fig.* Fingerzeig *m*; '**~·print I** *s.* Fingerabdruck *m*; **II** *v/t.* von *j-m* Fingerabdrücke machen; '**~·stall** *s.* Fingerling *m*; '**~·tip** *s. mst fig.* Fingerspitze *f*: ***have at one's ~s*** *Kenntnisse* parat haben; ***to one's ~s*** durch u. durch.
fin·i·cal ['fɪnɪkl] *adj.* □, '**fin·ick·ing** [-kɪŋ], '**fin·ick·y** [-kɪ] *adj.* **1.** über'trieben genau, pe'dantisch; **2.** heikel, ‚pingelig'; **3.** affek'tiert, geziert; **4.** knifflig.
fi·nis ['fɪnɪs] *(Lat.) s.* Ende *n.*
fin·ish ['fɪnɪʃ] **I** *s.* **1.** Ende *n*, Schluß *m*; **2.** *sport* a) Endspurt *m*, Finish *n*, b) Ziel *n*, c) Endkampf *m*, Entscheidung *f*: ***be in at the ~*** in die Endrunde kommen, *fig.* das Ende miterleben; **3.** Voll'endung *f*, letzter Schliff, Ele'ganz *f*; **4.** ⚙ a) (äußerliche) Ausführung, Bearbeitung(sgüte) *f*, Oberflächenbeschaffenheit *f*, b) ('Lack- *etc.*)ˌÜberzug *m*, c) Poli'tur *f*, d) Appre'tur *f*; **5.** gute Ausführung *od.* Verarbeitung; **6.** ⚠ a) Ausbau *m*, b) Verputz *m*; **II** *v/t.* **7.** *a.* ~ ***off*** voll'enden, beendigen, fertigstellen, erledigen, zu Ende führen: ***~ a task***; ***~ a book*** ein Buch auslesen *od.* zu Ende lesen; **8.** *a.* ~ ***off*** (*od.* ***up***) a) *Vorräte* auf-, verbrauchen, b) aufessen *od.* austrinken; **9.** *a.* ~ ***off*** a) *j-n* ‚erledigen', *j-m* den Rest geben' *(töten od. erschöpfen od. ruinieren)*, b) *bsd. e-m Tier* den Gnadenschuß *od.* -stoß geben; **10.** a) *a.* ~ ***off*** (*od.* ~ ***up***) *et.* vervollkommnen, *e-r Sache* den letzten Schliff geben, b) *j-m* feine Lebensart beibringen; **11.** ⚙ nach-, fertigbearbeiten, *Papier* glätten, *Stoff* zurichten, appretieren, *Möbel etc.* polieren; **III** *v/i.* **12.** *a.* ~ ***off*** (*od.* ***up***) enden, schließen, aufhören (***with*** mit): ***have you ~ed?*** bist du fertig?; ***he ~ed by saying*** abschließend *od.* zum Abschluß sagte er; **13.** *a.* ~ ***up*** enden, *im Gefängnis etc.* ‚landen'; **14.** enden, zu Ende gehen; **15.** ~ ***with*** mit *j-m od. et.* Schluß machen: ***I'm ~ed with him!*** mit ihm bin ich fertig!; ***have ~ed with s.o.*** (*od.* ***s.th.***) j-n (et.) nicht mehr brauchen; ***I haven't ~ed with you yet!*** ich bin noch nicht fertig mit dir!; **16.** *sport* einlaufen, durchs Ziel gehen: ~ ***third*** *a.* Dritter werden, den dritten Platz belegen, *allg.* als dritter fertig sein.
fin·ished ['fɪnɪʃt] *adj.* **1.** beendet, fertig: ***half-~ products*** Halbfabrikate; ***~ goods*** Fertigwaren; ***~ part*** Fertigteil *n*; **2.** *fig.* F ‚erledigt' *(erschöpft od. ruiniert od. todgeweiht)*: ***he is ~*** *a.* mit ihm ist es aus!; **3.** voll'endet, voll'kommen; '**fin·ish·er** [-ʃə] *s.* **1.** ⚙ a) Fertigbearbeiter *m*; Appretierer *m*, b) Ma'schine *f* zur Fertigbearbeitung, *z.B.* Fertigwalzwerk *n*; **2.** F vernichtender Schlag, ‚K.-'o.-Schlag' *m*; **3.** ***strong ~*** *sport* (starker) Spurtläufer.
fin·ish·ing ['fɪnɪʃɪŋ] **I** *s.* **1.** Voll'enden *n*, Fertigmachen *n*, -stellen *n*; **2.** ⚙ a) Fertigbearbeitung *f*, b) (abschließende) Oberflächenbehandlung *f*, *z.B.* Hochglanzpolieren *n*, c) Veredelung, d) Appre'tur *f (von Stoffen)*; **3.** *sport* Abschluß *m*; **II** *adj.* **4.** abschließend; → ***touch*** 3; ~ **a·gent** *s.* ⚙ Appre'turmittel *n*; ~ **in·dus·try** *s.* Ver'edelungsinduˌstrie *f*, verarbeitende Indu'strie; ~ **lathe** *s.* ⚙ Fertigdrehbank *f*; ~ **line** *s. sport* Ziellinie *f*; ~ **mill** *s.* ⚙ **1.** Feinwalzwerk *n*; **2.** Schlichtfräser *m*; ~ **post** *s. sport* Zielpfosten *m*; ~ **school** *s.* 'Mädchenpensioˌnat *n (zur Vorbereitung auf das gesellschaftliche Leben)*.
fi·nite ['faɪnaɪt] *adj.* **1.** begrenzt, endlich (*a.* ⅍); **2.** *ling.* fi'nit: ~ ***form*** *a.* Personalform *f*; ~ ***verb*** Verbum *n* finitum.
fink [fɪŋk] *Am. sl.* **I** *s.* **1.** Streikbrecher *m*; **2.** Spitzel *m*; **3.** ‚Dreckskerl' *m*; **II** *v/i.* **4.** ~ ***on*** *j-n* verpfeifen; **5.** ~ ***out*** sich drücken, ‚aussteigen'.
Finn [fɪn] *s.* Finne *m*, Finnin *f.*
fin·nan had·dock ['fɪnən] *s.* geräucherter Schellfisch.
finned [fɪnd] *adj.* **1.** *ichth.* mit Flossen; **2.** ⚙ gerippt; **fin·ner** ['fɪnə] *s. zo.* Finnwal *m.*
Finn·ish ['fɪnɪʃ] **I** *adj.* finnisch; **II** *s. ling.* Finnisch *n.*
fin·ny ['fɪnɪ] *adj.* **1.** → ***finned*** 1; **2.** Flossen…, Fisch…
fiord [fɪ'ɔːd] *s. geogr.* Fjord *m.*
fir [fɜː] *s.* **1.** ⚘ Tanne *f*, Fichte *f*; **2.** Tannen-, Fichtenholz *n*; ~ **cone** *s.* Tannenzapfen *m.*
fire ['faɪə] **I** *s.* **1.** Feuer *n (a. Edelstein)*: ~ ***and brimstone*** a) *bibl.* Feuer u. Schwefel *m*, b) *eccl.* Hölle *f* u. Verdammnis *f*; ***be on ~*** brennen, in Flammen stehen, *fig.* Feuer u. Flamme sein; ***catch ~*** Feuer fangen, in Brand geraten, *fig.* in Hitze geraten; ***go through ~ and water for s.o.*** *fig.* für j-n durchs Feuer gehen; ***play with ~*** *fig.* mit dem Feuer spielen; ***pull s.th. out of the ~*** *fig.* et. aus dem Feuer reißen; ***set on ~***, ***set ~ to*** anzünden, in Brand stecken; **2.** Feuer *n (im Ofen etc.)*: ***on a slow ~*** bei schwachem Feuer *(kochen)*; **3.** Brand *m*, Feuer(sbrunst *f*) *n*: ***where's the ~?*** F wo brennt's?; **4.** *Brit.* Heizgerät *n*; **5.** *fig.* Feuer *n*, Glut *f*, Leidenschaft *f*, Begeisterung *f*; **6.** ⚔ Feuer *n*, Beschuß *m*: ***blank ~*** blindes Schießen; ***come under ~*** unter Beschuß geraten (*a. fig.*); ***come under ~ from s.o.*** *fig.* in j-s Schußlinie geraten; ***hang ~*** schwer losgehen *(Schußwaffe)*, *fig.* auf sich warten lassen *(Sache)*; ***hold one's ~*** *fig.* sich zurückhalten; ***miss ~*** versagen *(Schußwaffe)*, *fig.* fehlschlagen; **II** *v/t.* **7.** anzünden, in Brand stecken; **8.** *Kessel* heizen, *Ofen* (be)feuern, beheizen: ~ ***up inflation*** *fig.* die Inflation ‚anheizen'; **9.** *Ziegel* brennen; **10.** *Tee* feuern; **11.** *fig. j-n, j-s Gefühle* entflammen, *j-n* in Begeisterung versetzen, *j-s Phantasie* beflügeln; **12.** *a.* ~ ***off*** a) *Schußwaffe* abfeuern, b) *Schuß* abfeuern, -geben, c) *Sprengladung*, *Rakete* zünden; **13.** *a.* ~ ***off*** *fig.* a) *Fragen etc.* abschießen, b) *j-n mit Fragen* bombardieren; **14.** *Motor* anlassen; **15.** F *j-n* ‚feuern', ‚rausschmeißen'; **III** *v/i.* **16.** Feuer fangen, (an)brennen; **17.** ⚔ feuern, schießen (***at***, ***on*** auf *acc.*): ~ ***away!*** F schieß los!; **18.** zünden *(Motor)*; **19.** *a.* ~ ***up*** ‚hochgehen', wütend werden.
fire| a·larm *s.* **1.** 'Feueraˌlarm *m*; **2.** Feuermelder *m*; '**~·arm** [-ɑrɑːm] *s.* Feuer-, Schußwaffe *f*: ~ ***certificate*** *Brit.* Waffenschein *m*; '**~·ball** *s.* **1.** *hist.* ⚔ *u. ast.* Feuerkugel *f*; **2.** Feuerball *m (Sonne, Explosion etc.)*; **3.** Kugelblitz *m*; ~ **bal·loon** *s.* 'Heißluftbalˌlon *m*; '**~·brand** *s.* **1.** brennendes Holzscheit; **2.** *fig.* Unruhestifter *m*, Aufwiegler *m*; '**~·brick** *s.* feuerfester Ziegel, Scha'mottestein *m*; ~ **bri·gade** *s. Brit.* Feuerwehr *f (a. fig. pol. etc.)*; '**~·bug** *s. sl.* ‚Feuerteufel' *m*; ~ **clay** *s.* feuerfester Ton, Scha'motte *f*; ~ **com·pa·ny** *s.* **1.** *Am.* Feuerwehr *f*; **2.** → ***fire-office***; ~ **con·trol** *s.* **1.** ⚔ Feuerleitung *f*; **2.** Brandbekämpfung *f*; '**~·crew** *s.* Löschmannschaft *f*; '**~ˌcrack·er** *s.* Frosch *m (Knallkörper)*; '**~·damp** *s.* ⚒ schlagende Wetter *pl.*, Grubengas *n*; ~ **de·part·ment** *s. Am.* Feuerwehr *f*; '**~·dog** *s.* Ka'minbock *m*; '**~-ˌdrag·on** *s.* feuerspeiender Drache; ~ **drill** *s.* **1.** 'Feueraˌlarmübung *f*; **2.** Feuerwehrübung *f*; '**~ˌeat·er** [-ərˌiː-] *s.* **1.** Feuerschlucker *m*; **2.** *fig.* ‚Eisenfresser' *m*; ~ **en·gine** *s.* **1.** Feuerspritze *f*; **2.** Löschfahrzeug *n*; ~ **es·cape** *s.* Feuerleiter *f*, -treppe *f*; ~ **ex·tin·guish·er** *s.* Feuerlöscher *m*; ~ **fight·er** *s.* Feuerwehrmann *m*; *pl.* Löschmannschaft *f*; '**~-ˌfight·ing I** *s.* Brandbekämpfung *f*; **II** *adj.* Lösch…, Feuerwehr…; '**~·fly** *s.* Glühwürmchen *n*; '**~·guard** *s.* **1.** Ka'mingitter *n*; **2.** Brandwache *f od.* -wart *m*; '**~·hose** *s.* Feuerwehrschlauch *m*; ~ **lane** *f* Feuerschneise *f*; '**~·man** [-mən] *s.* [*irr.*] **1.** Feuerwehrmann *m*; *pl.* Löschmannschaft *f*; **2.** Heizer *m*; '**~-ˌof·fice** [-ərˌɒ-] *s. Brit.* Feuerversicherung(sanstalt) *f*; '**~·place** *s.* (offener) Ka'min; '**~·plug** *s.* ⚙ Hy'drant *m*; ~ **point** *s.* Flammpunkt *m*; ~ **pol·i·cy** *s. Brit.* 'Feuerversicherungspoˌlice *f*; ~ **pow·er** *s.* ⚔ Feuerkraft *f*; '**~·proof I** *adj.* feuerfest, -sicher: ~ ***curtain*** *thea.* eiserner Vorhang; **II** *v/t.* feuerfest machen; ~ **rais·er** *s. Brit.* Brandstifter(in); ~ **ser·vice** *s. Brit.* Feuerwehr *f*; ~ **ship** *s.* ⚓ Brander *m*; '**~·side** *s.* **1.** (offener) Ka'min *m*: ~ ***chat*** Plauderei *f* am Kamin; **2.** *fig.* häuslicher Herd, Da'heim *n*; ~ **sta·tion** *s.* Feuerwehrwache *f*; '**~·storm** *s.* Feuersturm *m*; '**~·trap** *s.* ‚Mausefalle' *f (Gebäude ohne genügende Notausgänge)*; ~ **wall** *s.* Brandmauer *f*; '**~ˌward·en** *s. Am.* **1.** Brandmeister *m*; **2.** Brandwache *f*; '**~ˌwatch·er** *s. Brit.* Brandwache *f*, Luftschutzwart *m*; '**~ˌwa·ter** *s.* F ‚Feuerwasser' *n (Schnaps etc.)*; '**~·wood** *s.* Brennholz *n*; '**~·works** *s. pl.* Feuerwerk *n (a. fig.)*: ***a ~ of wit***; ***there were ~*** da flogen die Fetzen.
fir·ing ['faɪərɪŋ] *s.* **1.** ⚔ (Ab)Feuern *n*; **2.** ⚙ Zünden *n*; **3.** a) Heizen *n*, b) Feuerung *f*, c) 'Brennmateriˌal *n*; ~ **line** *s.* ⚔ Feuerlinie *f*, -stellung *f*; Kampffront *f*: ***be in*** (*Am.* ***on***) ***the ~*** *fig.* in der Schußlinie stehen; ~ **or·der** *s.* **1.** ⚔ Schießbefehl *m*; **2.** *mot.* Zündfolge *f*; ~ **par·ty**, ~ **squad** *s.* ⚔ a) 'Ehrensaˌlutkomˌmando *n*, b) Exekuti'onskomˌmando *n.*
fir·kin ['fɜːkɪn] *s.* **1.** (Holz)Fäßchen *n*; **2.** Viertelfaß *n (Hohlmaß = etwa 40 l)*.
firm[1] [fɜːm] **I** *adj.* □ **1.** fest, stark, hart; **2.** ⚕ fest: ~ ***offer***; ~ ***market***; **3.** fest, beständig; **4.** standhaft, fest, entschlossen, bestimmt: ***be ~ with s.o.*** j-m ge-

genüber hart sein; **II** *adv.* **5.** fest: ***stand ~ fig.*** festbleiben; **III** *v/t.* **6.** *a.* ***~ up*** fest machen; **IV** *v/i.* **7.** *a.* ***~ up*** fest werden; **8.** *a.* ***~ up*** ✝ anziehen (*Preise*), sich erholen (*Markt*).

firm² [fɜ:m] *s.* Firma *f*: a) Firmenname *m*, b) Unter'nehmen *n*, Geschäft *n*, Betrieb *m*.

fir·ma·ment ['fɜ:məmənt] *s.* Firma'ment *n*, Himmelsgewölbe *n*.

firm·ness ['fɜ:mnɪs] *s.* **1.** Festigkeit *f*, Entschlossenheit *f*, Beständigkeit *f*; **2.** ✝ Festigkeit *f*, Stabili'tät *f*.

fir nee·dle *s.* Tannennadel *f*.

first [fɜ:st] **I** *adj.* □ → ***firstly***; **1.** erst: ***at ~ hand*** aus erster Hand, direkt; ***in the ~ place*** zuerst, an erster Stelle; ***~ thing*** (***in the morning***) (morgens) als allererstes; ***~ things ~!*** das Wichtigste zuerst!; ***he doesn't know the ~ thing*** er hat keine (blasse) Ahnung; → ***cousin***; **2.** erst, best, bedeutendst, führend: ***~ officer*** ⚓ Erster Offizier; ***~ quality*** beste *od.* prima Qualität; **II** *adv.* **3.** zu'erst, voran: ***head ~*** (mit dem) Kopf voraus; **4.** zum erstenmal; **5.** eher, lieber; **6.** *a.* ***~ off*** F (zu)'erst (einmal): ***I must ~ do that***; **7.** zu'erst, als erst(er, -e, -es), an erster Stelle: ***~ come, ~ served*** wer zuerst kommt, mahlt zuerst; ***~ or last*** früher oder später; ***~ and last*** a) vor allen Dingen, b) im großen ganzen; ***~ of all*** zuallererst, vor allen Dingen; → 8; **III** *s.* **8.** (*der, die, das*) Erste *od.* (*fig.*) Beste: ***be ~ among equals*** Primus inter pares sein; ***at ~*** zuerst, anfangs, zunächst; ***from the ~*** von Anfang an; ***from ~ to last*** durchweg, von A bis Z; **9.** ♪ erste Stimme; **10.** *mot.* (*der*) erste Gang; **11.** *der* (Monats)Erste; **12.** 🚂 F erste Klasse; **13.** *univ. Brit. akademischer Grad erster Klasse*; **14.** *pl.* ✝ Ware(n *pl.*) *f* erster Quali'tät, erste Wahl; **15.** ***~ of exchange*** ✝ Primawechsel *m*; **~ aid** *s.* Erste Hilfe: ***render ~*** Erste Hilfe leisten; **ˌ~-'aid** *adj.* Erste-Hilfe-...: ***~ kit*** Verbandskasten *m*; ***~ post*** *od.* ***station*** Sanitätswache *f*, Unfallstation *f*; **~ bid** *s.* ✝ Erstgebot *n*; **'~-born I** *adj.* erstgeboren; **II** *s.* (*der, die, das*) Erstgeborene; **~ cause** *s. phls.* Urgrund *m* aller Dinge, Gott *m*; **~ class** *s.* **1.** 🚂 *etc.* erste Klasse; **2.** *univ. Brit.* → ***first*** 13; **ˌ~-'class** *adj. u. adv.* **1.** erstklassig, ausgezeichnet; F prima; **2.** 🚂 *etc.* erster Klasse: ***~ mail*** a) *Am.* Briefpost *f*, b) *Brit.* bevorzugt beförderte Inlandspost; **~ cost** *s.* ✝ Selbstkosten(preis *m*) *pl.*, Gestehungskosten *pl.*, Einkaufspreis *m*; **~ floor** *s.* **1.** *Brit.* erste(r) Stock, erste E'tage; **2.** *Am.* Erdgeschoß *n*; **~ fruits** *s. pl.* **1.** ⚘ Erstlinge *pl.*; **2.** *fig.* a) erste Erfolge *pl.*, b) Erstlingswerk(e *pl.*) *n*; **ˌ~-gen·er'a·tion** *adj. Computer etc.* der ersten Generati'on; **ˌ~-'hand** *adj. u. adv.* aus erster Hand, di'rekt; **~ la·dy** *s.* First Lady *f*: a) *Gattin e-s Staatsoberhauptes*, b) *führende Persönlichkeit*: ***the ~ of jazz***; **~ lieu·ten·ant** *s.* ⚔ Oberleutnant *m*.

first·ling ['fɜ:stlɪŋ] *s.* Erstling *m*; **first·ly** ['fɜ:stlɪ] *adv.* erstens, zu'erst (einmal).

first| name *s.* Vorname *m*; **~ night** *s. thea.* Erst-, Uraufführung *f*, Premi'ere *f*; **ˌ~-'night·er** *s.* Premi'erenbesucher (-in); **~ pa·pers** *s. pl. Am.* (*erster*) *Antrag e-s Ausländers auf amer. Staatsangehörigkeit*; **~ per·son** *s.* **1.** *ling.* erste Per'son; **2.** Ich-Form *f* (*in Romanen etc.*); **~ prin·ci·ples** *s. pl.* 'Grundprinˌzipien *pl.*; **ˌ~-'rate** → ***first-class*** 1; **~ ser·geant** *s.* ⚔ *Am.* Hauptfeldwebel *m*; **~ strike** *s.* ⚔ (ato'marer) Erstschlag; **ˌ~-'time** *adj.*: ***~ voter*** Erstwähler(in).

firth [fɜ:θ] *s.* Meeresarm *m*, Förde *f*.

fir tree *s.* Tanne(nbaum *m*) *f*.

fis·cal ['fɪskl] *adj.* □ fis'kalisch, steuerlich, Finanz...: ***~ policy*** Finanzpolitik *f*; ***~ stamp*** Banderole *f*; ***~ year*** a) *Am.* Geschäftsjahr *n*, b) *parl. Am.* Haushalts-, Rechnungsjahr *n*, c) *Brit.* Steuerjahr *n*.

fish [fɪʃ] **I** *pl.* **fish** *od.* (*Fischarten*) **fishes** *s.* **1.** Fisch *m*: ***fried ~*** Bratfisch; ***drink like a ~*** saufen wie ein Loch; ***like a ~ out of water*** wie ein Fisch auf dem Trockenen; ***I have other ~ to fry*** ich habe Wichtigeres zu tun; ***all is ~ that comes to his net*** er nimmt unbesehen alles (mit); ***a pretty kettle of ~*** F e-e schöne Bescherung; ***neither ~ nor flesh*** (***nor good red herring***), ***neither ~ nor fowl*** F weder Fisch noch Fleisch, nichts Halbes und nichts Ganzes; ***there are plenty more ~ in the sea*** F es gibt noch mehr davon auf der Welt; ***loose ~*** F lockerer Vogel; ***queer ~*** F komischer Kauz; → ***feed*** 1; **2.** *ast.* ***the*** 𝔉(***es*** *pl.*) die Fische *pl.*: ***be*** (***a***) 𝔉***es*** Fisch sein; **II** *v/t.* **3.** fischen, *Fische* fangen, angeln; **4.** a) fischen *od.* angeln in (*dat.*), b) *Fluß etc.* abfischen, absuchen: ***~ up*** *j-n* auffischen; **5.** *fig. a.* ***~ out*** her'vorkramen, -holen, -ziehen; **6.** ⚙ verlaschen; **III** *v/i.* **7.** (***for***) fischen, angeln (auf *acc.*); **8.** ***~ for*** *fig.* a) fischen nach: ***~ for compliments***, b) aussein auf (*acc.*): ***~ for information***; **9.** *a.* ***~ around*** kramen (***for*** nach).

fish| and chips *s. Brit.* Bratfisch *m* u. Pommes 'frites; **~ ball** *s.* 'Fischfrikaˌdelle *f*, -klops *m*; **~ bas·ket** *s.* (Fisch-)Reuse *f*; **'~·bone** *s.* Gräte *f*; **~ bowl** *s.* Goldfischglas *n*; **~ cake** → ***fish ball***; **~ eat·ers** *s. pl.* Fischbesteck *n*.

fish·er ['fɪʃə] *s.* **1.** Fischer *m*, Angler *m*; **2.** *zo.* Fischfänger *m*; **'fish·er·man** [-mən] *s.* [*irr.*] **1.** (*a.* Sport)Fischer *m*; **2.** Fischdampfer *m*; **'fish·er·y** [-ərɪ] *s.* **1.** Fische'rei *f*, Fischfang *m*; **2.** Fischzuchtanlage *f*; **3.** Fischgründe *pl.*, Fanggebiet *n*.

'fish|-eye (lens) *s. phot.* 'Fischauge(n-objekˌtiv) *n*; **~ fin·gers** *s. pl. Küche*: Fischstäbchen *pl.*; **~ flour** *s.* Fischmehl *n*; **'~-glue** *s.* Fischleim *m*; **'~·hook** *s.* Angelhaken *m*.

fish·ing ['fɪʃɪŋ] *s.* **1.** Fischen *n*, Angeln *n*; **2.** → ***fishery*** 1, 3; **~ boat** *s.* Fischerboot *n*; **~ grounds** *s. pl.* → ***fishery*** 3; **~ in·dus·try** *s.* Fische'rei(gewerbe *n*) *f*; **'~-line** *s.* Angelschnur *f*; **'~-net** *s.* Fischnetz *n*; **~ pole** *s.*, **~ rod** *s.* Angelrute *f*; **~ tack·le** *s.* Angel- *od.* Fische'reigeräte *pl.*; **~ vil·lage** *s.* Fischerdorf *n*.

fish| lad·der *s.* Fischleiter *f*, -treppe *f*; **~ meal** *s.* Fischmehl *n*; **'~ˌmon·ger** *s. Brit.* Fischhändler *m*; **'~·net** *adj.* Netz...: ***~ shirt***; ***~ stockings***; **~ oil** *s.* Fischtran *m*; **'~·plate** *s.* 🚂 Lasche *f*; **'~·pond** *s.* Fischteich *m*; **'~·pot** *s.* Fischreuse *f*; **~ slice** *s.* Fischheber *m*; **~ sto·ry** *s. Am.* F ‚Seemannsgarn' *n*; **~ tank** *s.* A'quarium *n*; **'~·wife** *s.* [*irr.*] Fischhändlerin *f*: ***swear like a ~*** keifen wie ein Fischweib.

fish·y ['fɪʃɪ] *adj.* □ **1.** fischartig, Fisch...: ***~ eyes*** *fig.* Fischaugen; **2.** fischreich; **3.** F ‚faul', verdächtig: ***there's s.th. ~ about it*** daran ist irgend etwas faul.

fis·sile ['fɪsaɪl] *adj. bsd. phys.* spaltbar; **fis·sion** ['fɪʃn] *s.* **1.** *phys.* Spaltung *f* (*a. fig.*): ***~ bomb*** Atombombe *f*; **2.** *biol.* (Zell)Teilung *f*; **fis·sion·a·ble** ['fɪʃnəbl] → ***fissile***.

fis·sip·a·rous [fɪ'sɪpərəs] *adj. biol.* sich durch Teilung vermehrend, fissi'par.

fis·sure ['fɪʃə] *s.* Spalt(e *f*) *m*, Riß *m* (*a.* ⚕), Ritz(e *f*) *m*, Sprung *m*; **'fis·sured** [-əd] *adj.* gespalten, rissig (*a.* ⚙); ⚕ schrundig.

fist [fɪst] **I** *s.* **1.** Faust *f*: ***~ law*** Faustrecht *n*; **2.** *humor.* a) ‚Pfote' *f*, Hand *f*, b) ‚Klaue' *f*, Handschrift *f* (*a. fig.*); **3.** F Versuch *m* (***at*** mit); **II** *v/t.* **4.** mit der Faust schlagen; **5.** packen.

-fist·ed [fɪstɪd] *adj. in Zssgn* mit e-r ... Faust *od.* Hand, mit ... Fäusten.

'fist·ful [-fʊl] *s.* (*e-e*) Handvoll.

fist·ic, fist·i·cal ['fɪstɪk(l)] *adj. sport* Box...; **'fist·i·cuffs** [-kʌfs] *s. pl.* Faustschläge *pl.*, Schläge'rei *f*.

fis·tu·la ['fɪstjʊlə] *s.* ⚕ Fistel *f*.

fit¹ [fɪt] **I** *adj.* □ **1.** a) passend, geeignet, b) fähig, tauglich: ***~ for service*** dienstfähig, (-)tauglich; ***~ to drink*** trinkbar; ***~ to drive*** fahrtüchtig; ***~ to eat*** eß-, genießbar; ***laugh ~ to burst*** F vor Lachen beinahe platzen; ***~ to kill*** F wie verrückt; ***he was ~ to be tied*** *Am.* F er hatte eine Stinkwut; ***he is not ~ for the job*** er ist für den Posten nicht geeignet; → ***drop*** 12; **2.** wert, würdig: ***not to be ~ to*** *inf.* es nicht verdienen zu *inf.*; ***not ~ to be seen*** nicht präsentabel *od.* vorzeigbar; **3.** angemessen, angebracht: ***more than ~*** über Gebühr; ***see*** (*od.* ***think***) ***~*** es für richtig *od.* angebracht halten (***to do*** zu tun); **4.** schicklich, geziemend: ***it is not ~ for us to do so*** es gehört sich *od.* ziemt sich nicht, daß wir das tun; **5.** a) gesund, b) fit, (gut) in Form: ***keep ~*** sich in Form *od.* fit halten; ***as ~ as a fiddle*** a) kerngesund, b) quietschvergnügt; **II** *s.* **6.** Paßform *f*, Sitz *m* (*Kleid*): ***it is a bad*** (***perfect***) ***~*** es sitzt schlecht (tadellos); ***it is a tight ~*** es sitzt stramm, *fig.* es ist sehr knapp bemessen; **7.** ⚙ Passung *f*; **III** *v/t.* **8.** passend *od.* geeignet machen (***for*** für), anpassen (***to*** an *acc.*); **9.** passen für *od.* auf (*j-n*), *e-r Sache* angemessen *od.* angepaßt sein: ***the key ~s the lock*** der Schlüssel paßt (ins Schloß); ***the description ~s him*** die Beschreibung trifft auf ihn zu; ***the name ~s him*** der Name paßt zu ihm; ***~ the facts*** (mit den Tatsachen überein)stimmen; ***to ~ the occasion*** (*Redew.*) dem Anlaß entsprechend; **10.** *j-m* passen (*Kleid etc.*); **11.** sich eignen für; **12.** *j-n* befähigen (***for*** für; ***to do*** zu tun); **13.** *j-n* vorbereiten, ausbilden (***for*** für); **14.** *a.* ⚙ ausrüsten, -statten, einrichten, versehen (***with*** mit); **15.** ⚙ a) einpassen, -bauen (***into*** in *acc.*), b) anbringen (***to*** an *dat.*), c) → ***fit up*** 2; **16.** a) an *j-m* Maß nehmen, b) *Kleid etc.* anprobieren; **IV** *v/i.* **17.** passen: a) sitzen

(*Kleid*), b) angemessen sein, c) sich eignen; **18.** ~ ***into*** passen in (*acc.*), sich einfügen in (*acc.*); ~ **in I** *v/t.* einfügen, -passen, *a. fig. j-n od. et.* einschieben; **II** *v/i.* (***with***) passen (in *acc.*), über'einstimmen (mit); ~ **on** *v/t.* **1.** *Kleid etc.* anprobieren; **2.** anbringen, (an)montieren (***to*** an *acc.*); ~ **out** → ***fit***¹ 14; ~ **up** *v/t.* **1.** → ***fit***¹ 14; **2.** ⚙ aufstellen, montieren.

fit² [fɪt] *s.* **1.** ⚕ *u. fig.* Anfall *m*, Ausbruch *m*: ~ ***of coughing*** Hustenanfall; ~ ***of anger*** Wutanfall; ~ ***of laughter*** Lachkrampf *m*; ***have a*** ~ F ‚Zustände' *od.* e-n Lachkrampf kriegen; ***give s.o. a*** ~ F a) j-m e-n Schrecken einjagen, b) j-n ‚auf die Palme bringen'; **2.** (plötzliche) Anwandlung, Laune *f*: ~ ***of generosity*** Anwandlung von Großzügigkeit, Spendierlaune; ***by*** ~***s*** (***and starts***) a) stoß-, ruckweise, b) spo'radisch.

fitch [fɪtʃ], **fitch·ew** ['fɪtʃuː] *s. zo.* Iltis *m*.

fit·ful ['fɪtfʊl] *adj.* □ unstet, unbeständig, veränderlich; sprung-, launenhaft; **fit·ment** ['fɪtmənt] *s.* **1.** Einrichtungsgegenstand *m*; *pl.* Ausstattung *f*, Einrichtung *f*; **2.** *Am.* (Tropf- *etc.*)Vorrichtung *f*; **fit·ness** ['fɪtnɪs] *s.* **1.** Eignung *f*, Fähig-, Tauglichkeit *f*: ~ ***test*** Eignungsprüfung *f* (→ 5); **2.** Zweckmäßigkeit *f*; **3.** Angemessenheit *f*; **4.** Schicklichkeit *f*; **5.** a) Gesundheit *f*, b) (gute) Form, Fitneß *f*: ~ ***room*** Fitneßraum *m*; ~ ***test*** *sport* Fitneßtest *m*; ~ ***trail*** *Am.* Trimmpfad *m*; **fit·ted** ['fɪtɪd] *adj.* **1.** passend, geeignet; **2.** nach Maß (gearbeitet), zugeschnitten: ~ ***carpet*** Teppichboden *m*; ~ ***coat*** taillierter Mantel; **3.** Einbau...: ~ ***kitchen***; **fit·ter** ['fɪtə] *s.* **1.** Ausrüster *m*, Einrichter *m*; **2.** Schneider(in); **3.** ⚙ Mon'teur *m*, Me'chaniker *m*; Installa'teur *m*; (Ma'schinen)Schlosser *m*; **fit·ting** ['fɪtɪŋ] **I** *adj.* □ **1.** a) passend, geeignet, b) angemessen, c) schicklich; **II** *s.* **2.** Anprobe *f*; **3.** ⚙ Einpassen *n*, -bauen *n*; **4.** ⚙ Mon'tage *f*, Installieren *n*, Aufstellung *f*: ~ ***shop*** Montagehalle *f*; **5.** *pl.* ⚙ Beschläge *pl.*, Zubehör *n*, Arma'turen *pl.*, Ausstattungsgegenstände *pl.*; **6.** ⚙ a) Paßarbeit *f*, b) Paßteil *n*, c) Bau-, Zubehörteil *n*, d) (Rohr)Verbindung *f*, e) Einrichtung *f*, Ausrüstung *f*, -stattung *f*; **'fit-up** *s. thea. Brit.* F **1.** provi'sorische Bühne; **2.** *a.* ~ ***company*** (kleine) Wanderbühne.

five [faɪv] **I** *adj.* fünf; ~***-and-ten*** *Am.* billiges Kaufhaus; ~***-day week*** Fünftagewoche *f*; ~***-finger exercise*** ♪ Fünffingerübung *f*, *fig.* Kinderspiel *n*; ~***-o'clock shadow*** Anflug *m* von Bartstoppeln am Nachmittag; ~***-year plan*** Fünfjahresplan *m*; **II** *s.* Fünf *f*: ***the*** ~ ***of hearts*** die Herzfünf (*Spielkarte*); **'five-fold** *adj. u. adv.* fünffach; **'fiv·er** [-və] *s.* F *Brit.* Fünf'pfund-, *Am.* Fünf'dollarschein *m*; **fives** [-vz] *s. pl. sg. konstr. sport Brit. ein* Wandballspiel *n*.

fix [fɪks] **I** *v/t.* **1.** befestigen, festmachen, anheften, anbringen (***to*** an *acc.*); → ***bayonet*** I; **2.** *fig.* verankern: ~ ***s.th. in s.o.'s mind*** j-m et. einprägen; **3.** *fig. Termin, Preis etc.* festsetzen, -legen (***at*** auf *acc.*), bestimmen, verabreden; **4.** *Blick*, *s-e Aufmerksamkeit etc.* richten, heften, *Hoffnung* setzen (***on*** auf *acc.*); **5.** *j-s Aufmerksamkeit* fesseln; **6.** *j-n*, *et.* fixieren, anstarren; **7.** *die Schuld etc.* zuschreiben (***on*** *dat.*); **8.** ✈, ⚓ die Positi'on bestimmen von (*od. gen.*); **9.** *phot.* fixieren; **10.** (zur mikro'skopischen Unter'suchung) präparieren; **11.** ⚙ *Werkstücke* feststellen; **12.** reparieren, instand setzen; **13.** *bsd. Am. et.* zu'rechtmachen, *Essen* zubereiten: ~ ***s.o. a drink*** j-m e-n Drink mixen; ~ ***one's face*** sich schminken; ~ ***one's hair*** sich frisieren; **14.** *a.* ~ ***up*** *et.* arrangieren, regeln, *a.* in Ordnung bringen, *Streit* beilegen; **15.** F a) *e-n Wahlkampf etc.* (vorher) ‚arrangieren', manipulieren, b) *j-n* ‚schmieren', bestechen; **16.** F es *j-m* ‚besorgen' *od.* ‚geben'; **17.** *mst* ~ ***up*** a) *j-n* 'unterbringen, b) ***with*** *j-m et.* besorgen; **18.** *mst* ~ ***up*** *Vertrag* (ab-)schließen; **II** *v/i.* **19.** ⚗ fest werden, erstarren; **20.** sich festsetzen; **21.** ~ (***up***)***on*** a) sich entscheiden *od.* entschließen für *od.* zu, *et.* wählen, b) → 3; **22.** *Am.* F vorhaben, planen: ***it's*** ~***ing to rain*** es wird gleich regnen; **23.** *sl.* ‚fixen' (*Drogensüchtiger*); **III** *s.* **24.** F üble Lage, ‚Klemme' *f*, ‚Patsche' *f*; **25.** F a) Schiebung *f*, b) Bestechung *f*; **26.** ✈, ⚓ a) Standort *m*, Positi'on *f*, b) Ortung *f*; **27.** *sl.* ‚Fix' *m*, ‚Schuß' *m* (*Drogeninjektion*): ***give o.s. a*** ~ sich ‚e-n Schuß setzen'; **fix·ate** ['fɪkseɪt] *v/t.* **1.** → ***fix*** 1; **2.** *Am. j-n*, *et.* fixieren; **3.** *fig.* erstarren *od.* stagnieren lassen; **4.** ***be*** ~***d on*** *psych.* fixiert sein auf (*acc.*); **fix·a·tion** [fɪk'seɪʃn] *s.* **1.** Fi'xierung *f*, Befestigung *f*; **2.** Festlegung *f*; **3.** *psych.* a) → ***fixed idea***, b) (*Mutter- etc.*)Bindung *f*, (-)Fi'xierung *f*; **'fix·a·tive** [-sətɪv] **I** *s.* Fixa'tiv *n*, Fi'xiermittel *n*; **II** *adj.* Fixier...

fixed [fɪkst] *adj.* □ → ***fixedly***; **1.** fest (-angebracht), befestigt, (orts)fest, Fest...(*antenne etc.*); starr (*Geschütz, Kupplung etc.*): ***of*** ~ ***purpose*** *fig.* zielstrebig; **2.** ⚗ gebunden: ~ ***oil***; **3.** starr (*Blick*), unverwandt (*Aufmerksamkeit*); **4.** *bsd.* ☤ fest(gelegt, -stehend): ~ ***assets*** feste Anlagen, Anlagevermögen *n*; ~ ***capital*** ☤ Anlagekapital *n*; ~ ***cost*** feste Kosten, Fixkosten *pl.*; ~ ***income*** festes Einkommen; ~ ***price*** fester Preis, Festpreis *m*, *a.* gebundener Preis; **5.** F abgekartet, manipuliert; **6.** F (*gut etc.*) versorgt *od.* versehen (***for*** mit); ~ **i·de·a** *s. psych.* fixe I'dee, Zwangsvorstellung *f*; ˌ~-**'in·ter·est** (-ˌ**bear·ing**) *adj.* ☤ festverzinslich.

fix·ed·ly ['fɪksɪdlɪ] *adv.* starr, unverwandt.

fixed| point *s.* 𝒜 Fixpunkt *m*; ~ **sight** *s.* ⚔ 'Standviˌsier *n*; ~ **star** *s.* Fixstern *m*; ˌ~-**'wing air·craft** *s.* ✈ Starrflügler *m*.

fix·er ['fɪksə] *s.* **1.** *phot.* Fi'xiermittel *n*; **2.** F ‚Organi'sator' *m*, Manipu'lator *m*; **3.** *sl.* ‚Dealer' *m*; **'fix·ing** [-ksɪŋ] *s.* **1.** Befestigen *n*, Anbringen *n*: ~ ***bolt*** Haltebolzen *m*; ~ ***screw*** Stellschraube *f*; **2.** Repara'tur *f*; **3.** *phot.* Fixieren *n*; **4.** *pl. bsd. Am.* a) Geräte *pl.*, b) Zubehör *n*, c) Zutaten *pl.*, *fig. a.* Drum u. Dran *n*; **'fix·i·ty** [-ksətɪ] *s.* Festigkeit *f*, Beständigkeit *f*: ~ ***of purpose*** Zielstrebigkeit *f*; **'fix·ture** [-kstʃə] *s.* **1.** feste Anlage, Installati'onsteil *m*: ***lighting*** ~ Beleuchtungskörper *m*; **2.** Inven'tarstück *n*, ⚖ festes Inven'tar *od.* Zubehör: ***be a*** ~ *humor.* zum (lebenden) Inventar gehören; ~***s and fittings*** bewegliche u. unbewegliche Einrichtungsgegenstände; **3.** ⚙ Spannvorrichtung *f*, -futter *n*; **4.** *bsd. sport Brit.* (Ter'min *m* für e-e) Veranstaltung *f*.

fizz [fɪz] **I** *v/i.* **1.** zischen; **2.** moussieren, sprudeln; **3.** *fig.* sprühen (***with*** vor *dat.*); **II** *s.* **4.** Zischen *n*; **5.** Sprudeln *n*; **6.** a) Sprudel *m*, b) Fizz *m* (*Mischgetränk*), c) F ‚Schampus' *m* (*Sekt*); **'fiz·zle** [-zl] **I** *s.* **1.** → ***fizz*** 4; **2.** F ‚Pleite' *f*, Mißerfolg *m*; **II** *v/i.* **3.** → ***fizz*** 1; **4.** *a.* ~ ***out*** *fig.* verpuffen, im Sand verlaufen; **'fiz·zy** [-zɪ] *adj.* **1.** zischend; **2.** sprudelnd, moussierend.

fjord [fjɔːd] → ***fiord***.

flab·ber·gast ['flæbəgɑːst] *v/t.* F verblüffen: ***I was*** ~***ed*** ich war ‚platt'.

flab·bi·ness ['flæbɪnɪs] *s.* **1.** Schlaffheit *f* (*a. fig.*); **2.** Schwammigkeit *f*; **flab·by** ['flæbɪ] *adj.* □ **1.** schlaff; **2.** schwammig; **3.** *fig.* ‚schlapp', ‚schlaff', schwach.

flac·cid ['flæksɪd] *adj.* → ***flabby***; **flac·cid·i·ty** [flæk'sɪdətɪ] → ***flabbiness***.

flack¹ [flæk] → ***flak***.

flack² [flæk] *s. Am. sl.* 'Presseaˌgent *m*.

flag¹ [flæg] **I** *s.* **1.** Fahne *f*, Flagge *f*: ~ ***of convenience*** ⚓ Billigflagge *f*; ***hoist*** (*od.* ***fly***) ***one's*** ~ a) die Fahne aufziehen, b) das Kommando übernehmen (*Admiral*); ***strike one's*** ~ a) die Flagge streichen, *fig. a.* kapitulieren, b) das Kommando abgeben (*Admiral*); ***keep the*** ~ ***flying*** *fig.* die Fahne hochhalten; **2.** → ***flagship***; **3.** *sport* (Markierungs-) Fähnchen *n*; **4.** a) (Kar'tei)Reiter *m*, b) Lesezeichen *n*; **5.** *hunt.* Fahne *f* (*Schwanz*); **6.** *typ.* Im'pressum *n* (*e-r Zeitung*); **II** *v/t.* **7.** beflaggen; **8.** *sport Strecke* ausflaggen; **9.** *et.* signalisieren: ~ ***offside*** *Fußball*: Abseits winken; **10.** ~ ***down*** *Fahrzeug* anhalten, *Taxi* herbeiwinken, *sport Rennen*, *Fahrer* abwinken.

flag² [flæg] *s.* ⚘ gelbe *od.* blaue Schwertlilie.

flag³ [flæg] *v/i.* **1.** schlaff her'abhängen; **2.** *fig.* nachlassen, erlahmen, ermatten; **3.** langweilig werden.

flag⁴ [flæg] **I** *s.* (Stein)Platte *f*, Fliese *f*; **II** *v/t.* mit (Stein)Platten *od.* Fliesen belegen.

flag| cap·tain *s.* Komman'dant *m* des Flaggschiffs; ~ **day** *s.* **1.** *Brit.* Opfertag *m* (*Straßensammlung*); **2.** ~ *Am.* Jahrestag *m* der Natio'nalflagge (*14. Juni*).

flag·el·lant ['flædʒələnt] **I** *s. eccl.* Geißler *m*, Flagel'lant *m* (*a. psych.*); **II** *adj.* geißelnd (*a. fig.*); **'flag·el·late** [-leɪt] **I** *v/t.* geißeln (*a. fig.*); **II** *s. zo.* Geißeltierchen *n*; **flag·el·la·tion** [ˌflædʒə'leɪʃn] *s.* Geißelung *f* (*a. fig.*).

flag·eo·let [ˌflædʒəʊ'let] *s.* ♪ Flageo'lett *n*.

flag·ging¹ ['flægɪŋ] *adj.* erlahmend.

flag·ging² ['flægɪŋ] *s. collect.* a) (Stein-) Platten *pl.*, b) Fliesen *pl.*, c) gefliester Boden.

flag| lieu·ten·ant *s.* ⚓ *Brit.* Flaggleutnant *m*; ~ **of·fi·cer** *s.* ⚓ 'Flaggoffiˌzier *m*.

flag·on ['flægən] *s.* **1.** *bauchige* (Wein-) Flasche; **2.** (Deckel)Krug *m*.

fla·gran·cy ['fleɪgrənsɪ] *s.* **1.** Schamlosigkeit *f*, Ungeheuerlichkeit *f*; **2.** Kraßheit *f*; '**fla·grant** [-nt] *adj.* □ **1.** schamlos, schändlich, ungeheuerlich; **2.** kraß, ekla'tant, schreiend.

'**flag**|·**ship** *s.* ⚓ Flaggschiff *n* (*a. fig.*); *fig.* Aushängeschild *n*; '**~·staff**, '**~·stick** *s.* Fahnenstange *f*, -mast *m*, Flaggenmast, ⚓ Flaggenstock *m*; **~ sta·tion** *s.* 🚂 *Am.* Bedarfshaltestelle *f*; '**~·stone** → ***flag⁴*** I; **~ stop** → ***flag station***; '**~-ˌwav·er** *s.* F Hur'rapatriˌot *m*; '**~-ˌwav·ing I** *s.* Hur'rapatrioˌtismus *m*; **II** *adj.* hur'rapatriˌotisch.

flail [fleɪl] **I** *s.* **1.** ✓ Dreschflegel *m*; **II** *v/t.* **2.** dreschen; **3.** wild einschlagen auf *j-n*; **4. ~ *one's arms*** mit den Armen fuchteln.

flair [fleə] *s.* **1.** (besondere) Begabung, Ta'lent *n*; **2.** (feines) Gespür (***for*** für).

flak [flæk] (*Ger.*) *s.* **1.** ⚔ Flak *f*: a) 'Fliegerabwehr(kaˌnone *od.* -truppe) *f*, b) Flakfeuer *n*; **2.** *fig.* F (heftiger) ‚Beschuß', ‚Zunder' *m* (*Kritik etc.*).

flake [fleɪk] **I** *s.* **1.** (*Schnee-, Seifen-, Hafer- etc.*)Flocke *f*; **2.** dünne Schicht, Schuppe *f*, Blättchen *n*; **3.** Fetzen *m*, Splitter *m*; **4.** *Am. sl.* ‚Spinner' *m*; **II** *v/t.* **5.** abblättern; **6.** flockig machen; **III** *v/i.* **7.** in Flocken fallen; **8. ~ *off*** abblättern, sich abschälen; **9. ~ *out*** F a) ‚'umkippen' (*ohnmächtig werden*), b) ‚einpennen', c) ‚sich verziehen'; **flaked** [-kt] *adj.* flockig, Blättchen..., Flokken...; '**flak·y** [-kɪ] *adj.* **1.** flockig; **2.** blätterig: **~ *pastry*** Blätterteig *m*; **3.** *Am. sl.* verrückt.

flam·beau ['flæmbəʊ] *pl.* **-x** [-z] *od.* **-s** *s.* **1.** Fackel *f*; **2.** Leuchter *m*.

flam·boy·ance [flæm'bɔɪəns] *s.* **1.** Extrava'ganz *f*; **2.** über'ladener Schmuck; **3.** Grellheit *f*; **4.** *fig.* a) Bom'bast *m*, b) Großartigkeit *f*; **flam'boy·ant** [-nt] *adj.* □ **1.** extrava'gant; **2.** grell, leuchtend; **3.** farbenprächtig; **4.** *fig.* flammend; **5.** auffallend; **6.** über'laden (*a. Stil*); **7.** bom'bastisch, pom'pös; **8.** ⚠ wellig: **~ *style*** Flammenstil *m*.

flame [fleɪm] **I** *s.* **1.** Flamme *f*: ***be in ~s*** in Flammen stehen; **2.** *fig.* Feuer *n*, Flamme *f*, Glut *f*, Leidenschaft *f*, Heftigkeit *f*: ***fan the ~*** Öl ins Feuer gießen; **3.** Leuchten *n*, Glanz *m*; **4.** F ‚Flamme' *f*, ‚Angebetete' *f*: ***an old ~ of mine***; **II** *v/i.* **5.** lodern: **~ *up*** a) auflodern, b) in Flammen aufgehen, c) *fig.* aufbrausen; **6.** leuchten, (rot) glühen: ***her eyes ~d with anger*** ihre Augen flammten vor Wut; ***her cheeks ~d red*** ihr Gesicht flammte; **~ cut·ter** *s.* ⚙ Schneidbrenner *m*; '**~-proof** *adj. tech.* **1.** feuerfest; **2.** explosi'onsgeschützt; '**~-ˌthrow·er** *s.* ⚔ Flammenwerfer *m*.

flam·ing ['fleɪmɪŋ] *adj.* **1.** lodernd (*a. Farben etc.*), brennend; **2.** *fig.* glühend, leidenschaftlich; **3.** *Brit.* F a) verdammt: ***you ~ idiot!***, b) gewaltig, Mords...: ***a ~ row*** ein ‚Mordskrach'.

flam·ma·ble ['flæməbl] → ***inflammable***.

flan [flæn] *s.* Obst-, Käsekuchen *m*.

flange [flændʒ] ⚙ **I** *s.* **1.** Flansch *m*; **2.** Rad-, Spurkranz *m*; **II** *v/t.* **3.** (an)flanschen: ***~d motor*** Flanschmotor *m*; ***~d rim*** umbördelter Rand.

flank [flæŋk] **I** *s.* **1.** Flanke *f*, Weiche *f* (*der Tiere*); **2.** Seite *f*, Flanke *f* (*e-r Person*); **3.** Seite *f* (*e-s Gebäudes etc.*): **~ *clearance*** ⚙ Flankenspiel *n*; **4.** ⚔ Flanke *f*, Flügel *m* (*beide a. fig.*): ***turn the ~ (of)*** die Flanke (*gen.*) aufrollen; **II** *v/t.* **5.** flankieren, seitlich stehen von, säumen, um'geben; **6.** ⚔ flankieren, die Flanke (*gen.*) decken *od.* angreifen; **7.** flankieren, (seitwärts) um'gehen; **III** *v/i.* **8.** angrenzen, -stoßen; seitlich liegen; '**flank·ing** [-kɪŋ] *adj.* seitlich; angrenzend; ⚔ Flanken..., Flankierungs...: **~ *fire***; **~ *march*** Flankenmarsch *m*.

flan·nel ['flænl] **I** *s.* **1.** Fla'nell *m*: **~-*mouthed*** *Am. fig.* (aal)glatt; **2.** *pl.* Fla'nellkleidung *f*, *bsd.* Fla'nellhose *f*; **3.** *pl.* Fla'nellˌunterwäsche *f od.* -ˌunterhose *f*; **4.** *Brit.* Waschlappen *m*; **5.** *Brit.* F ‚Schmus' *m*; **II** *v/t.* **6.** mit Fla'nell bekleiden; **7.** mit Fla'nell abreiben; **III** *v/i.* **8.** *Brit.* F ‚Schmus' reden.

flan·nel·et(te) [ˌflænl'et] *s.* 'Baumwollflaˌnell *m*.

flap [flæp] **I** *s.* **1.** Schlag *m*, Klaps *m*; **2.** Flügelschlag *m*; **3.** (*Verschluß*)Klappe *f* (*Tasche, Briefkasten, Buchumschlag etc.*); **4.** (*Tisch-, Fliegen-,* ✈ *Lande-*) Klappe *f*; Falltür *f*; **5.** Lasche *f* (*Schuh, Karton*); **6.** weiche Krempe; **7.** ⚕ Hautlappen *m*; **8.** F Aufregung *f*: ***be (all) in a ~*** (ganz) aus dem Häuschen sein; ***don't get into a ~!*** reg dich nicht auf!; **II** *v/t.* **9.** e-n Klaps *od.* Schlag geben (*dat.*); **10.** auf u. ab (*od.* hin u. her) bewegen, mit *den Flügeln etc.* schlagen; **III** *v/i.* **11.** flattern; **12.** flattern, mit den Flügeln schlagen: **~ *off*** davonflattern; **13.** klatschen, schlagen (***against*** gegen); **14.** F sich aufregen; **15.** *Am.* F ‚quasseln'; '**~ˌdoo·dle** *s.* F Quatsch *m*; '**~-eared** *adj.* schlappohrig; '**~·jack** *s. bsd. Am.* Pfannkuchen *m*.

flap·per ['flæpə] *s.* **1.** Fliegenklappe *f*; **2.** Klappe *f*, her'abhängendes Stück; **3.** *zo.* (breite) Flosse; **4.** *sl.* ‚Flosse' *f* (*Hand*); **5.** *sl. hist.* ‚irre Type' (*Mädchen in den 20er Jahren*).

flare [fleə] **I** *s.* **1.** (auf)flackerndes Licht; Aufflackern *n*, -leuchten *n*, Lodern *n*; **2.** a) Leuchtfeuer *n*, b) 'Licht-, 'Feuersiˌgnal *n*, c) ⚔ Leuchtkugel *f od.* -bombe *f*; **3.** *fig.* → ***flare-up*** 2; **4.** *Mode*: Schlag *m*: ***with a ~*** ausgestellt (*Rock*), *Hose a.* mit Schlag; **II** *v/i.* **5.** flackern, lodern, leuchten: **~ *up*** a) aufflammen, -flackern, -lodern (*alle a. fig.*), b) *a.* **~ *out*** *fig.* aufbrausen; **6.** ausgestellt sein (*Rock etc.*); **III** *v/t.* **7.** flackern lassen; **8.** aufflammen lassen; **9.** mit Licht *od.* Feuer signalisieren; **10.** flattern lassen; **11.** *Mode*: ausstellen (*Rock etc.*), bauschen (→ *a.* 4); **~ pis·tol** *s.* ⚔ 'Leuchtpiˌstole *f*; '**~-'up** [-ər'ʌp] *s.* **1.** Aufflakkern *n*, -lodern *n* (*a. fig.*); **2.** *fig.* a) Aufbrausen *n*, Wutausbruch *m*, b) ‚Krach' *m*, (plötzlicher) Streit.

flash [flæʃ] **I** *s.* **1.** Aufblitzen *n*, Blitz *m*, Strahl *m*: **~ *of fire*** Feuergarbe *f*; **~ *of hope*** *fig.* Hoffnungsstrahl; **~ *of wit*** Geistesblitz; ***like a ~*** *fig.* wie der Blitz; ***catch a ~ of*** *fig.* e-n Blick erhaschen von; ***give s.o. a ~*** *mot.* j-n anblinken; **2.** Stichflamme *f*: ***a ~ in the pan*** *fig.* a) e-e ‚Eintagsfliege' *f*, b) ein ‚Strohfeuer'; **3.** Augenblick *m*: ***in a ~*** im Nu, blitzartig, -schnell; ***for a ~*** e-n Augenblick lang; **4.** *Radio etc.*: 'Durchsage *f*, Kurzmeldung *f*; **5.** ⚔ *Brit.* (Uni'form-) Abzeichen *n*; **6.** *phot.* F Blitz(licht *n*) *m*; **7.** *bsd. Am.* F Taschenlampe *f*; **8.** *sl.* ‚Flash' *m* (*Drogenwirkung*); **II** *v/t.* **9.** *a.* **~ *on*** aufleuchten *od.* (auf)blitzen lassen: ***he ~ed a light in my face*** er leuchtete mir (plötzlich) ins Gesicht; **~ *one's lights*** *mot.* die Lichthupe betätigen; ***his eyes ~ed fire*** s-e Augen sprühten Feuer *od.* blitzten; **~ *s.o. a glance*** j-m e-n Blick zuwerfen; **10.** (*mit Licht*) signalisieren; **11.** F *et.* zükken *od.* kurz zeigen (***at s.o.*** j-m): **~ *a badge***; **12.** F zur Schau tragen, protzen mit; **13.** *Nachricht* (*per Funk etc.*) 'durchgeben; **III** *v/i.* **14.** aufflammen, (auf)blitzen; zucken (*Blitz, Lichtschein*); **15.** blinken; **16.** sich blitzartig bewegen, rasen, flitzen: **~ *by*** vorbeirasen, *fig.* wie im Flug(e) vergehen; ***it ~ed across*** (*od.* ***through***) ***his mind that*** plötzlich schoß es ihm durch den Kopf, daß; **~ *out*** *fig.* aufbrausen; **17. ~ *back*** zurückblenden (*im Film etc.*) (***to*** auf *acc.*); **IV** *adj.* **18.** F → ***flashy***; **19.** F a) geschniegelt, ‚aufgedonnert' (*Person*), b) protzig; **20.** F falsch, gefälscht; **21.** *in Zssgn* Schnell...; '**~·back** *s.* **1.** Rückblende *f* (*Film, Roman etc.*); **2.** ⚙ (Flammen)Rückschlag *m*; **~ bomb** *s.* ⚔, *phot.* Blitzlichtbombe *f*; **~ bulb** *s. phot.* Blitzlicht(lampe *f*) *n*; **~ card** *s.* **1.** Illustrati'onstafel *f*; **2.** *sport* Wertungstafel *f*; **~ cube** *s. phot.* Blitzwürfel *m*.

flash·er ['flæʃə] *s.* **1.** *mot.* Lichthupe *f*; **2.** *Brit.* F Exhibitio'nist *m*.

flash| **flood** *s.* plötzliche Überschwemmung; **~ gun** *s. phot.* Blitzleuchte *f*, Elek'tronenblitzgerät *n*; **~ lamp** → ***flash bulb***; '**~·light** *s.* **1.** ⚓ Leuchtfeuer *n*; **2.** *phot.* Blitzlicht *n*; **3.** *Am.* Taschenlampe *f*; **4.** blinkendes Re'klamelicht; '**~ˌo·ver** *s.* ⚡ 'Überschlag *m*; **~ point** *s. phys.* Flammpunkt *m*; **~ weld·ing** *s.* ⚙ Abschmelzschweißen *n*.

flash·y ['flæʃɪ] *adj.* □ protzig, auffällig, grell, ‚knallig'.

flask [flɑːsk] *s.* **1.** (Taschen-, Reise-, Feld)Flasche *f*; **2.** ⚙ Kolben *m*, Flasche *f*; **3.** ⚙ Formkasten *m*.

flat¹ [flæt] **I** *s.* **1.** Fläche *f*, Ebene *f*; **2.** flache Seite: **~ *of the hand*** Handfläche *f*; **3.** Flachland *n*, Niederung *f*; **4.** Untiefe *f*, Flach *n*; **5.** ♪ B *n*; **6.** *thea.* Ku'lisse *f*; **7.** *mot.* ‚Plattfuß' *m*, Reifenpanne *f*; **8.** → ***flatcar***; **9. *the ~*** *Pferdesport*: die Flachrennen *pl.*; **10.** *pl.* flache Schuhe; **II** *adj.* **11.** flach, eben; platt (*a. Reifen*); ra'sant (*Flugbahn*): **~ *feet*** Plattfüße; ***the ~ hand*** die flache *od.* offene Hand; **~ *nose*** platte Nase; ***as ~ as a pancake*** F flach wie ein Brett (*Mädchen*); **12.** hingestreckt, flach am Boden liegend: ***knock ~*** umhauen; ***lay ~*** dem Erdboden gleichmachen; **13.** entschieden, glatt: ***a ~ refusal***; ***and that's ~*** und damit basta!; **14.** fade, schal (*Bier etc.*); **15.** *a.* † lustlos, flau; **16.** a) langweilig, fad(e), ‚lahm', b) flach, oberflächlich; **17.** a) einheitlich: **~ *price*** (*od.* ***rate***) Einheitspreis *m*, b) pau'schal: **~ *fee*** Pauschalgebühr *f*; → ***flat price, flat rate***; **18.** *paint., phot.* a) matt, b) kon'trastlos; **19.** klanglos (*Stimme*); **20.** ♪ a) erniedrigt (*Note*), b) mit B-Vorzeichen (*Tonart*); **21.** leer (*Batterie*); **III** *adv.* **22.** flach: ***fall ~*** a) der Länge nach hinfallen, b) *fig.* F ‚danebengehen' (*mißglücken od. s-e Wirkung verfehlen*), *thea. etc.* ‚durchfallen'; **23.** genau: ***in 10 seconds ~***; ***in nothing ~*** blitzschnell; **24.** eindeutig; **25.** entschieden, kate'gorisch; **26.** ♪ a) um e-n halben Ton niedriger, b) zu tief: ***sing ~***; **27.** ohne Zinsen; **28.** F völlig: ***~ broke*** ‚total pleite'; **29.** ***~ out*** F auf Hochtouren, ‚volle Pulle' (*fahren, arbeiten etc.*); **30.** ***~ out*** F ‚to'tal erledigt'.

flat² [flæt] *s. Brit.* (E'tagen)Wohnung *f.*

'flat|-bed trail·er *s. mot.* Tiefladeanhänger *m*; **'~·boat** *s.* ⚓ Prahm *m*; **'~·car** *s.* 🚃 *Am.* Plattformwagen *m*; **~ cost** *s.* † Selbstkosten(preis *m*) *pl.*; **'~·fish** *s.* Plattfisch *m*; **'~·foot** *s.* [*irr.*] **1.** ⚕ Platt-, Senkfuß *m*; **2.** *pl. a.* **~s** *sl.* ‚Bulle' *m* (*Polizist*); **ˌ~-'foot·ed** *adj.* **1.** ⚕ plattfüßig: ***be ~*** Plattfüße haben; **2.** ⚙ standfest; **3.** F ‚eisern', entschieden; **4.** *Brit.* F linkisch, unbeholfen; **'~-hunt** *v/i.*: ***go ~ing*** *Brit.* auf Wohnungssuche gehen; **'~ˌi·ron** *s.* **1.** Bügeleisen *n*; **2.** ⚙ Flacheisen *n*.

flat·let ['flætlɪt] *s. Brit.* Kleinwohnung *f.*

flat·ly ['flætlɪ] *adv.* kate'gorisch, rundweg.

'flat·mate *s. Brit.* Mitbewohner(in).

flat·ness ['flætnɪs] *s.* **1.** Flachheit *f*; **2.** Plattheit *f*, Eintönigkeit *f*; **3.** Entschiedenheit *f*; **4.** † Flauheit *f.*

'flat|-nosed pli·ers *s. pl.* ⚙ Flachzange *f*; **'~·pack fur·ni·ture** *s.* Möbel für Selbstabholer; **~ price** *s.* † Pau'schalpreis *m*; **~ race** *s.* Flachrennen *n*; **~ rate** *s.* Einheits-, Pau'schalsatz *m*; **~ sea·son** *s.* 'Flachrennsaiˌson *f.*

flat·ten ['flætn] **I** *v/t.* **1.** flach *od.* eben *od.* glatt machen, (ein)ebnen, planieren: ***~ o.s. against s.th.*** sich (platt) an et. drücken; **2.** ⚙ a) abflachen (*a.* ✈), b) ausbeulen, flach hämmern; **3.** dem Erdboden gleichmachen; **4.** F *Gegner* ‚flachlegen', *weitS.* ‚fertigmachen'; **5.** ♪ *Note* um e-n halben Ton erniedrigen; **6.** *paint. Farben* dämpfen, *a.* ⚙ grundieren; **II** *v/i.* **7.** flach *od.* eben werden; **~ out I** *v/t.* **1.** → ***flatten*** 2; **2.** ✈ *das Flugzeug* (*vor der Landung*) aufrichten; **II** *v/i.* **3.** → ***flatten*** 7; **4.** ✈ ausschweben.

flat·ter ['flætə] *v/t.* **1.** *j-m* schmeicheln: ***be ~ed*** sich geschmeichelt fühlen (***at***, ***by*** durch); ***~ s.o. into doing s.th.*** j-n so lange umschmeicheln, bis er et. tut; **2.** *fig. j-m* schmeicheln (*Bild etc.*): ***the picture ~s him*** das Bild ist geschmeichelt; **3.** *fig. dem Ohr, j-s Eitelkeit etc.* schmeicheln, wohltun; **4.** ***~ o.s.*** a) sich schmeicheln *od.* einbilden (***that*** daß), b) sich beglückwünschen (***on*** zu); **'flat·ter·er** [-ərə] *s.* Schmeichler(in); **'flat·ter·ing** [-ərɪŋ] *adj.* □ schmeichelhaft: a) schmeichlerisch, b) geschmeichelt (*Bild etc.*); **'flat·ter·y** [-ərɪ] *s.* Schmeiche'lei *f.*

flat·tie ['flætɪ] → ***flatfoot*** 2.

'flat·top *s.* ⚓ *Am.* F Flugzeugträger *m.*

flat·u·lence ['flætjʊləns], **'flat·u·len·cy** [-sɪ] *s.* **1.** ⚕ Blähung(en *pl.*) *f*; **2.** *fig.* a) Hohlheit *f*, b) Schwülstigkeit *f*; **'flat·u·lent** [-nt] *adj.* □ **1.** blähend; **2.** *fig.* a) hohl, b) schwülstig.

'flat·ware *s. Am.* **1.** (Tisch-, Eß)Besteck *n*; **2.** flaches (Eß)Geschirr.

flaunt [flɔːnt] **I** *v/t.* **1.** zur Schau stellen, protzen mit: ***~ o.s.*** → 3; **2.** *Am. e-n Befehl etc.* miß'achten; **II** *v/i.* **3.** (her'um)stolzieren, paradieren; **4.** a) stolz wehen, b) prangen.

flau·tist ['flɔːtɪst] *s.* ♪ Flötenspieler(in).

fla·vo(u)r ['fleɪvə] **I** *s.* **1.** (Wohl)Geschmack *m*, A'roma *n*, *a.* Geschmacksrichtung *f*: ***~ enhancer*** Aromazusatz *m*; ***~-enhancing*** geschmacksverbessernd; **2.** Würze *f*, A'roma *n*, aro'matischer Geschmackstoff, ('Würz)Esˌsenz *f*; **3.** *fig.* Beigeschmack *m*, Anflug *m*; **II** *v/t.* **4.** würzen (*a. fig.*), Geschmack geben (*dat.*); **III** *v/i.* **5.** ***~ of*** schmecken *od.* riechen nach (*a. fig. contp.*); **'fla·vo(u)red** [-əd] *adj.* würzig, schmackhaft; *in Zssgn* mit ... Geschmack; **'fla·vo(u)r·ing** [-vərɪŋ] *s.* → ***flavo(u)r*** 2; **'fla·vo(u)r·less** [-lɪs] *adj.* ohne Geschmack, fad(e), schal.

flaw [flɔː] **I** *s.* **1.** Fehler *m*: a) Mangel *m*, Makel *m*, b) ⚙, † fehlerhafte Stelle, De'fekt *m* (*a. fig.*), Fabrikati'onsfehler *m*; **2.** Sprung *m*, Riß *m*, Bruch *m*; **3.** Blase *f*, Wolke *f* (*im Edelstein*); **4.** ⚖ a) Formfehler *m*, b) Fehler *m* im Recht; **5.** *fig.* schwacher Punkt, Mangel *m*; **II** *v/t.* **6.** brüchig *od.* rissig machen; **7.** *fig.* Fehler aufzeigen in (*dat.*); **8.** verunstalten; **'flaw·less** [-lɪs] *adj.* □ fehler-, einwandfrei, tadellos; lupenrein (*Edelstein*).

flax [flæks] *s.* ⚘ **1.** Flachs *m*, Lein *m*; **2.** Flachs(faser *f*) *m*; **flax·en** ['flæksən] *adj.* **1.** Flachs...; **2.** flachsartig; **3.** flachsen, flachsfarben: ***~-haired*** flachsblond; **'flax·seed** *s.* ⚘ Leinsamen *m.*

flay [fleɪ] *v/t.* **1.** *Tier* abhäuten, *hunt.* abbalgen: ***~ s.o. alive*** F a) kein gutes Haar an j-m lassen, b) j-n ‚zur Schnecke' machen; **2.** *et.* schälen; **3.** *j-n* auspeitschen; **4.** F *j-n* ausplündern *od.* ‚ausnehmen'.

flea [fliː] *s. zo.* Floh *m*: ***send s.o. away with a ~ in his ear*** j-m ‚heimleuchten'; **'~-bag** *s. sl.* **1.** a) ‚Flohkiste' *f* (*Bett*), b) Schlafsack *m*; **2.** ‚Schlampe' *f*; **'~·bite** *s.* **1.** Flohbiß *m*; **2.** Baga'telle *f*; **'~-ˌbit·ten** *adj.* **1.** von Flöhen zerbissen; **2.** rötlich gesprenkelt (*Pferd etc.*); **~ mar·ket** *s.* Flohmarkt *m.*

fleck [flek] **I** *s.* **1.** Licht-, Farbfleck *m*; **2.** a) (Haut)Fleck *m*, b) Sommersprosse *f*; **3.** (*Staub- etc.*)Teilchen *n*: ***~ of dust***; ***~ of mud*** Dreckspritzer *m*; ***~ of snow*** Schneeflocke *f*; **II** *v/t.* **4.** → **'fleck·er** [-kə] *v/t.* sprenkeln.

flec·tion ['flekʃn] *etc. Am.* → ***flexion*** *etc.*

fled [fled] *pret. u. p.p. von* ***flee***.

fledge [fledʒ] **I** *v/t. Pfeil etc.* befiedern, mit Federn versehen; **II** *v/i. orn.* flügge werden: ***~d*** flügge; **'fledg(e)·ling** [-dʒlɪŋ] *s.* **1.** eben flügge gewordener Vogel; **2.** *fig.* Grünschnabel *m*, Anfänger *m.*

flee [fliː] **I** *v/i.* [*irr.*] **1.** fliehen, flüchten (***before***, ***from*** vor *dat.*; ***from*** aus, von): ***~ from justice*** sich der Strafverfolgung entziehen; **2.** eilen; **3.** ***~ from*** → 5; **II** *v/t.* [*irr.*] **4.** fliehen aus: ***~ the country***; **5.** aus dem Weg gehen (*dat.*), meiden.

fleece [fliːs] **I** *s.* **1.** Vlies *n*, Schaffell *n*; **2.** *a.* ***~ wool*** Schur(wolle) *f*; **3.** *fig.* dikkes Gewebe, Flausch *m*; **4.** (Haar)Pelz *m*; **5.** Schnee- *od.* Wolkendecke *f*; **II** *v/t.* **6.** *fig.* schröpfen (***of*** um), ‚rupfen'; **7.** bedecken; **'fleec·y** [-sɪ] *adj.* wollig, weich: ***~ cloud*** Schäfchenwolke *f.*

fleet¹ [fliːt] *s.* **1.** (*bsd.* Kriegs)Flotte *f*: ***≗ Admiral*** *Am.* Großadmiral *m*; ***merchant ~*** Handelsflotte; **2.** ✈ Gruppe *f*, Geschwader *n*; **3.** ***~*** (***of cars***) Wagenpark *m.*

fleet² [fliːt] *adj.* □ **1.** schnell, flink: ***~ of foot***, ***~-footed*** schnellfüßig; **2.** *poet.* → ***fleeting***.

fleet·ing ['fliːtɪŋ] *adj.* □ (schnell) da'hineilend, flüchtig, vergänglich: ***~ time***; ***~ glimpse*** flüchtiger (An)Blick *od.* Eindruck; **'fleet·ness** [-tnɪs] *s.* **1.** Schnelligkeit *f*; **2.** Flüchtigkeit *f.*

Fleet Street *s.* Fleet Street *f*: a) *das Londoner Presseviertel*, b) *fig. die* (*Londoner*) *Presse*.

Flem·ing ['flemɪŋ] *s.* Flame *m*, Flamin *f*, Flämin *f*; **'Flem·ish** [-mɪʃ] **I** *s.* **1.** ***the ~*** die Flamen *pl.*; **2.** *ling.* Flämisch *n*; **II** *adj.* **3.** flämisch.

flench [flentʃ], **flense** [flenz] *v/t.* **1.** a) *den Wal* flensen, b) *den Walspeck* abziehen; **2.** *Seehund* häuten.

flesh [fleʃ] **I** *s.* **1.** Fleisch *n*: ***my own ~ and blood*** mein eigen Fleisch u. Blut; ***more than ~ and blood can bear*** einfach unerträglich; ***in ~*** *obs.* korpulent, dick; ***lose ~*** abmagern, abnehmen; ***put on ~*** Fett ansetzen, zunehmen; ***press*** (***the***) ***~*** *Am.* F Hände schütteln; (***bare***) ***~*** *iro.* (nacktes) Fleisch, ‚Fleischbeschau' *f*; → ***creep*** 4; **2.** Körper *m*, Leib *m*: ***in the ~*** leibhaftig, (höchst)persönlich, *weitS.* in natura; ***become one ~*** 'ein Leib u. 'eine Seele werden; **3.** a) *sündiges* Fleisch, b) Fleischeslust *f*: ***pleasures of the ~*** Freuden des Fleisches; **4.** Menschheit *f*: ***go the way of all ~*** den Weg allen Fleisches gehen; **5.** (Frucht)Fleisch *n*; **II** *v/t.* **6.** *Jagdhund* Fleisch kosten lassen; **7.** *Tierhaut* ausfleischen; **8.** *mst* ***~ out*** *fig. Gesetz etc.* ‚mit Fleisch versehen', Sub'stanz verleihen (*dat.*); **'~-ˌcol·o(u)r** *s.* Fleischfarbe *f*; **'~-ˌcol·o(u)red** *adj.* fleischfarben.

flesh·ings ['fleʃɪŋz] *s. pl.* fleischfarbene Strumpfhose *f*; **flesh·ly** ['fleʃlɪ] *adj.* **1.** fleischlich: a) leiblich, b) sinnlich; **2.** irdisch, menschlich.

'flesh|·pot *s.*: ***the ~s of Egypt*** *fig.* die Fleischtöpfe Ägyptens; **~ tights** → ***fleshings***; **~ tints** *s. pl. paint.* Fleischtöne *pl.*; **~ wound** *s.* Fleischwunde *f.*

flesh·y ['fleʃɪ] *adj.* **1.** fleischig (*a. Früchte etc.*), dick; **2.** fleischartig.

fleur-de-lis [ˌflɜːdə'liː] *pl.* **fleurs-de-lis** [ˌflɜːdə'liːz] (*Fr.*) *s.* **1.** *her.* Lilie *f*; **2.** *königliches Wappen Frankreichs*.

flew [fluː] *pret. von* ***fly¹***.

flews [fluːz] *s. pl.* Lefzen *pl.*

flex [fleks] **I** *v/t. anat.* beugen, biegen: ***~ one's knees***; ***~ one's muscles*** die Muskeln anspannen, s-e Muskeln spielen lassen (*a. fig.*); **II** *s.* ⚡ *bsd. Brit.* (Anschluß-, Verlängerungs)Kabel *n*; **flex·i·bil·i·ty** [ˌfleksə'bɪlətɪ] *s.* **1.** Biegsamkeit *f*, Elastizi'tät *f*; **2.** *fig.* Flexibili'tät *f*, Wendigkeit *f*, Beweglichkeit *f*; **flex·i·ble** ['fleksəbl] *adj.* □ **1.** fle'xibel: a) biegsam, e'lastisch, b) *fig.* wendig, anpassungsfähig, geschmeidig: ***~ car*** *mot.* wendiger Wagen; ***~ drive shaft*** ⚙ Kardanwelle *f*; ***~ gun*** schwenkbares Geschütz; ***~ metal tube*** Metallschlauch *m*; ***~ policy*** flexible Politik; ***~ working***

hours gleitende Arbeitszeit; **2.** lenkbar, folg-, fügsam; **'flex·ile** [-ksıl] → ***flexible***; **'flex·ion** [-kʃn] *s.* **1.** *bsd. anat.* Biegen *n*, Beugung *f*; **2.** *ling.* Flexi'on *f*, Beugung *f*; **'flex·ion·al** [-kʃənl] *adj. ling.* flektiert, Flexions…, Beugungs…; **'flex·or** [-ksə] *s. anat.* Beuger *m*, Beugemuskel *m*; **'Flex·time** (*Warenzeichen*) *s.* ☦ gleitende Arbeitszeit.

flib·ber·ti·gib·bet [ˌflıbətı'dʒıbıt] *s.* a) Klatschbase *f*, b) ‚verrückte Nudel'.

flick¹ [flık] **I** *s.* **1.** leichter, schneller Schlag, Klaps *m*; **2.** a) Schnipser *m*, (Finger)Schnalzen *n*, b) (Peitschen-) Schnalzen *n*, (-)Knall *m*: ***a ~ of the wrist*** schnelle Drehung des Handgelenks; **II** *v/t.* **3.** schnippen, schnipsen; e-n Klaps geben (*dat.*); *Schalter* an- *od.* ausknipsen; *Messer* (auf)schnappen lassen; **III** *v/i.* **4.** schnellen; **5.** ***~ through*** *Buch etc.* 'durchblättern.

flick² [flık] *s.* F a) Film *m*, b) *pl.* ‚Kintopp' *m*, Kino *n*.

flick·er ['flıkə] **I** *s.* **1.** Flackern *n*: ***a ~ of hope*** ein Hoffnungsfunke; **2.** Zucken *n*; **3.** *TV* Flimmern *n*; **4.** Flattern *n*; **II** *v/i.* **5.** *a. fig.* (auf)flackern; **6.** zucken; **7.** *TV* flimmern; **8.** huschen (***over*** über *acc.*) (*Augen*).

flick knife *s.* [*irr.*] *Brit.* Schnappmesser *n*.

fli·er ['flaıə] *s.* **1.** etwas, das fliegt (*Vogel, Insekt, etc.*); **2.** ✈ Flieger *m*: a) Pi'lot *m*, b) ‚Vogel' *m* (*Flugzeug*); **3.** Flieger *m* (*Trapezkünstler*); **4.** *Am.* a) Ex'preß(zug) *m*, b) Schnell(auto)bus *m*; **5.** ⚙ Schwungrad *n*; **6.** ***take a ~*** F a) e-n Riesensatz machen, b) *Am.* sich auf e-e gewagte Sache einlassen; **7.** *Am.* Flugblatt *n*, Re'klamezettel *m*; **8.** F *für* ***flying start***.

flight¹ [flaıt] *s.* Flucht *f*: ***put to ~*** in die Flucht schlagen; ***take*** (***to***) ***~*** die Flucht ergreifen; ***~ of capital*** ☦ Kapitalflucht; ***~ capital*** Fluchtkapital *n*.

flight² [flaıt] *s.* **1.** Flug *m*, Fliegen *n*: ***in ~*** im Flug; **2.** ✈ a) Flug *m*, b) Flug(strekke *f*) *m*; **3.** Schwarm *m* (*Vögel od. Insekten*), Flug *m*, Schar *f* (*Vögel*): ***in the first ~*** *fig.* an der Spitze; **4.** ✈, ⚔ a) Schwarm *m* (*4 Flugzeuge*), b) Kette *f* (*3 Flugzeuge*); **5.** (*Geschoß-, Pfeil- etc.*) Hagel *m*; **6.** (*Gedanken- etc.*)Flug *m*, Schwung *m*; **7.** ***~ of stairs*** (*od.* ***steps***) Treppe *f*; **~ at·tend·ant** *s.* Flugbegleiter(in); **~ deck** *s.* **1.** ⚓ Flugdeck *n*; **2.** ✈ Cockpit *n*; **~ en·gi·neer** *s.* 'Bordingeniˌeur *m*; **'~-ˌfeath·er** *s. orn.* Schwungfeder *f*.

flight·i·ness ['flaıtınıs] *s.* **1.** Flatterhaftigkeit *f*; **2.** Leichtsinn *m*.

flight| in·struc·tor *s.* ✈ Fluglehrer *m*; **~ lane** *s.* ✈ Flugschneise *f*; **~ lieu·ten·ant** *s. Brit.* (Flieger)Hauptmann *m*; **~ me·chan·ic** *s.* 'Bordmeˌchaniker *m*; **~ path** *s.* **1.** ✈ Flugroute *f*; **2.** *Ballistik*: Flugbahn *f*; **~ re·cord·er** *s.* ✈ Flugschreiber *m*; **'~-test** *v/t.* im Flug erproben: ***~ed*** flugerprobt; **~ tick·et** *s.* Flugticket *n*; **'~ˌworth·y** *adj.* flugtauglich (*Person*); fluggeeignet (*Maschine*).

flight·y ['flaıtı] *adj.* ☐ **1.** flatterhaft, launisch, fahrig; **2.** leichtsinnig.

flim·flam ['flımflæm] **I** *s.* **1.** Quatsch *m*; **2.** ‚fauler Zauber', Trick(s *pl.*) *m*; **II** *v/t.* *j-n* ‚reinlegen'.

flim·si·ness ['flımzınıs] *s.* **1.** Dünnheit *f*; **2.** *fig.* Fadenscheinigkeit *f*; **3.** Dürftigkeit *f*; **flim·sy** ['flımzı] **I** *adj.* ☐ **1.** (hauch)dünn, zart, leicht, schwach; **2.** *fig.* dürftig, 'durchsichtig, schwach, fadenscheinig: ***a ~ excuse***; **II** *s.* **3.** a) 'Durchschlag-, 'Kohlepaˌpier *n*, b) 'Durchschlag *m*; **4.** *pl.* F ‚Reizwäsche' *f*.

flinch¹ [flıntʃ] *v/i.* **1.** zu'rückschrecken (***from***, ***at*** vor *dat.*); **2.** (zu'rück)zucken, zs.-fahren (*vor Schmerz etc.*): ***without ~ing*** ohne mit der Wimper zu zucken.

flinch² [flıntʃ] → ***flench***.

fling [flıŋ] **I** *s.* **1.** Wurf *m*: (***at***) ***full ~*** mit voller Wucht; **2.** Ausschlagen *n* (*des Pferdes*); **3.** *fig.* F Versuch *m*: ***have a ~ at s.th.*** es mit et. probieren; ***have a ~ at s.o.*** über j-n herfallen, gegen j-n sticheln; **4.** ***have one's*** (*od.* ***a***) ***~*** sich austoben; **5.** *ein schottischer Tanz*; **II** *v/t.* [*irr.*] **6.** schleudern, werfen: ***~ open*** *Tür* aufreißen; ***~ s.th. in s.o.'s teeth*** *fig.* j-m et. ins Gesicht schleudern; ***~ o.s. at s.o.*** a) sich auf j-n stürzen, b) *fig.* sich j-m an den Hals werfen; ***~ o.s. into s.th.*** *fig.* sich in *od.* auf e-e Sache stürzen; **III** *v/i.* [*irr.*] **7.** eilen, stürzen (***out of the room*** aus dem Zimmer); **8.** ***~ out*** (***at***) ausschlagen (nach) (*Pferd*); *Zssgn mit adv.*:

fling| a·way *v/t.* **1.** wegwerfen; **2.** *fig. Zeit, Geld* vergeuden, verschwenden (***on*** für *et.*, an *j-n*); **~ back** *v/t. Kopf* zu'rückwerfen; **~ down** *v/t.* zu Boden werfen; **~ off I** *v/t.* **1.** *Kleider*, *a. Joch, Skrupel* abwerfen; **2.** *Verfolger* abschütteln; **3.** *Gedicht etc.* ‚hinhauen'; **4.** *Bemerkung* fallenlassen; **II** *v/i.* **5.** da'vonstürzen; **~ on** *v/t.* (sich) *Kleider* 'überwerfen; **~ out I** *v/t.* **1.** *j-n* hin'auswerfen; **2.** *et.* wegwerfen; **3.** *Worte* her'vorstoßen; **4.** *Arme* (plötzlich) ausstrecken; **II** *v/i.* **5.** → ***fling*** 7, 8.

flint [flınt] *s.* **1.** *min.* Flint *m*, Feuerstein *m* (*a. des Feuerzeugs*); **2.** → **~ glass** *s.* ⚙ Flintglas *n*; **'~·lock** *s.* ⚔ *hist.* Steinschloß(gewehr) *n*.

flint·y ['flıntı] *adj.* ☐ **1.** aus Feuerstein; **2.** kieselhart; **3.** *fig.* hart(herzig).

flip¹ [flıp] **I** *v/t.* **1.** schnipsen, schnellen: ***~ off*** wegschnipsen; ***~*** (***over***) *Buchseiten, Schallplatte etc.* wenden, *a. Spion* 'umdrehen; ***~ a coin*** e-e Münze hochwerfen (*zum Losen*); **2.** ***~ one's lid*** (*od.* ***top***) → 5; **II** *v/i.* **3.** schnipsen; **4.** ***~ through*** *Buch etc.* 'durchblättern; **5.** *a.* ***~ out*** *sl.* ‚ausflippen', ‚durchdrehen'; **III** *s.* **6.** Schnipser *m*; **7.** *sport* Salto *m*; **8.** ✈ *Brit.* F kurzer Rundflug; **IV** *adj.* **9.** F a) → ***flippant***, b) gut aufgelegt.

flip² [flıp] *s.* Flip *m* (*alkoholisches Mischgetränk mit Ei*).

flip-flap ['flıpflæp] → **'flip-flop** [-flɒp] *s.* **1.** Klappern *n*; **2.** *sport* Flic(k)flac(k) *m*, 'Handstandˌüberschlag *m*; **3.** *a.* ***~ circuit*** ⚡ Flipflopschaltung *f*; **4.** 'Zehensanˌdale *f*; **II** *v/i.* **5.** klappern; **6.** *sport* e-n Flic(k)flac(k) machen.

flip·pan·cy ['flıpənsı] *s.* **1.** ‚Schnoddrigkeit' *f*, vorlaute Art; **2.** Leichtfertigkeit *f*, Frivoli'tät *f*; **'flip·pant** [-nt] *adj.* ☐ **1.** ‚schnodd(e)rig', vorlaut, frech; **2.** fri'vol, leichtfertig.

flip·per ['flıpə] *s.* **1.** *zo.* (Schwimm)Flosse *f*; **2.** *sport* Schwimmflosse *f*; **3.** *sl.* ‚Flosse' *f* (*Hand*).

flirt [flɜːt] **I** *v/t.* **1.** schnipsen; **2.** wedeln mit: ***~ a fan***; **II** *v/i.* **3.** her'umflattern; **4.** flirten (***with*** mit) (*a. fig. pol. etc.*): ***~ with death*** mit dem Leben spielen; **5.** *mit e-r Idee* spielen, liebäugeln; **III** *s.* **6.** a) ko'kette Frau, b) Schäker *m*; **7.** → **flir·ta·tion** [flɜː'teıʃn] *s.* **1.** Flirten *n*; **2.** Flirt *m*; **3.** Liebäugeln *n*; **flir·ta·tious** [flɜː'teıʃəs] *adj.* (gern) flirtend, ko'kett.

flit [flıt] **I** *v/i.* **1.** flitzen, huschen, sausen; **2.** (um'her)flattern; **3.** verfliegen (*Zeit*); **4.** *Brit.* F heimlich ausziehen; **II** *s.* **5.** *a.* ***moonlight ~*** *Brit.* F Auszug *m* bei Nacht u. Nebel.

flitch [flıtʃ] *s.* **1.** *a.* ***~ of bacon*** gesalzene *od.* geräucherte Speckseite; **2.** Heilbuttschnitte *f*; **3.** Walspeckstück *n*.

fliv·ver ['flıvə] *s. Am. sl.* **1.** kleine ‚Blechkiste' (*Auto, Flugzeug*); **2.** ‚Pleite' *f* (*Mißerfolg*).

float [fləʊt] **I** *v/i.* **1.** (im Wasser) treiben, schwimmen; **2.** ⚓ flott sein *od.* werden; **3.** schweben, treiben, gleiten; **4.** *a.* ☦ 'umlaufen, in 'Umlauf sein; ☦ gegründet werden; **5.** (ziellos) her'umwandern; **6.** *Am.* häufig den Wohnsitz *od.* Arbeitsplatz wechseln; **II** *v/t.* **7.** schwimmen *od.* treiben lassen; *Baumstämme* flößen; **8.** ⚓ flottmachen; **9.** schwemmen, tragen (*Wasser*) (*a. fig.*); **10.** über'schwemmen (*a. fig.*); **11.** *fig. Verhandlungen etc.* in Gang bringen, lancieren; *Gerücht etc.* in 'Umlauf setzen; **12.** ☦ a) *Gesellschaft* gründen, b) *Anleihe* auflegen, c) *Wertpapiere* in 'Umlauf bringen; **13.** ☦ floaten, den Wechselkurs (*gen.*) freigeben; **III** *s.* **14.** Floß *n*; **15.** schwimmende Landebrükke; **16.** *Angeln*: (Kork)Schwimmer *m*; **17.** *ichth.* Schwimmblase *f*; **18.** ⚙, ✈ Schwimmer *m*; **19.** *a.* ***~ board*** (Rad-) Schaufel *f*; **20.** a) niedriger Plattformwagen (*für Güter*), b) Festwagen *m* (*bei Umzügen etc.*); **21.** ⚙ a) Raspel *f*, b) Pflasterkelle *f*; **22.** *pl. thea.* Rampenlicht *n*; **23.** *Brit.* Notgroschen *m*; **'float·a·ble** [-təbl] *adj.* **1.** schwimmfähig; **2.** flößbar (*Fluß*); **'float·age**, **float·a·tion** → ***flotage***, ***flotation***.

float bridge *s.* Floßbrücke *f*.

float·er ['fləʊtə] *s.* **1.** ☦ Gründer *m e-r Firma*; **2.** ☦ *Brit.* erstklassiges 'Wertpaˌpier; **3.** *Am.* F ‚Zugvogel' *m* (*j-d, der ständig Wohnsitz od. Arbeitsplatz wechselt*); **4.** Springer *m* (*im Betrieb*); **5.** *pol.* a) Wechselwähler *m*, b) *Wähler, der s-e Stimme illegal in mehreren Wahlbezirken abgibt*; **6.** *Am. sl.* Wasserleiche *f*.

float·ing ['fləʊtıŋ] **I** *adj.* ☐ **1.** schwimmend, treibend, Schwimm…, Treib…; **2.** schwebend (*a. fig.*); **3.** lose, beweglich; **4.** schwankend; **5.** ohne festen Wohnsitz, wandernd; **6.** ☦ a) 'umlaufend (*Geld etc.*), b) schwebend (*Schuld*), c) flüssig (*Kapital*), d) fle'xibel (*Wechselkurs*), e) frei konvertierbar (*Währung*); **II** *s.* **7.** ☦ Floating *n*, Freigabe *f* des Wechselkurses; **~ an·chor** *s.* ⚓ Treibanker *m*; **~ as·sets** *s. pl.* ☦ flüssige Ak'tiva *pl.*; **~ ax·le** *s.* ⚙ Schwingachse *f*; **~ bridge** *s.* Tonnen-, Floßbrücke *f*; **~ cap·i·tal** *s.* ☦ 'Umlaufvermögen *n*; **~ crane** *s.* ⚙ Schwimmkran *m*; **~ dec·i·mal point** → ***floating point***; **~ dock** *s.* ⚓ Schwimmdock *n*; **~ ice** *s.* Treibeis *n*; **~ kid·ney** *s.* ⚕ Wanderniere *f*; **~ light** *s.* ⚓ Leuchtboje *f od.* -schiff *n*; **~ mine** *s.* ⚔ Treibmine *f*; **~ point** *s. Computer etc.*: Fließkomma

n; ~ **pol·i·cy** *s.* † Pau'schalpo,lice *f*; ~ **rib** *s. anat.* falsche Rippe; ~ **trade** *s.* † Seefrachthandel *m*; ~ **vote** (*od.* **vot·ers** *pl.*) *s. pol.* Wechselwähler *pl.*
'float|·plane *s.* ✈ Schwimmerflugzeug *n*; ~ **switch** *s.* ⚡ Schwimmerschalter *m*; ~ **valve** *s.* ⚙ 'Schwimmerven,til *n.*
floc·cose ['flɒkəʊs], **'floc·cu·lent** [-kjʊlənt] *adj.* flockig, wollig; **'floc·cus** [-kəs] *pl.* **-ci** [-ksaɪ] *s.* **1.** Flocke *f*; **2.** Büschel *n*; **3.** *orn.* Flaum *m.*
flock[1] [flɒk] **I** *s.* **1.** Herde *f* (*bsd. Schafe*); **2.** Schwarm *m*, *hunt.* Flug *m* (*Vögel*); **3.** Menge *f*, Schar *f* (*Personen*): ***come in ~s*** (in Scharen) herbeiströmen; **4.** *eccl.* Herde *f*, Gemeinde *f*; **II** *v/i.* **5.** *fig.* strömen: ~ ***to a place*** zu e-m Ort (hin)strömen; ~ ***to s.o.*** j-m zuströmen, in Scharen zu j-m kommen; ~ ***together*** zs.-strömen.
flock[2] [flɒk] *s.* **1.** (Woll)Flocke *f*; **2.** *sg. od. pl.* a) Wollabfall *m*, b) Wollpulver *n* (*für Tapeten etc.*): ~ (***wall***)***paper*** Velourstapete *f.*
floe [fləʊ] *s.* Treibeis *n*, Eisscholle *f.*
flog [flɒg] *v/t.* **1.** prügeln, schlagen: ~ ***a dead horse*** a) s-e Zeit verschwenden, b) offene Türen einrennen; ~ ***s.th. to death*** *fig.* et. zu Tode reiten; **2.** auspeitschen; **3.** ~ ***s.th. into s.o.*** j-m et. einbleuen; ~ ***s.th. out of s.o.*** j-m et. austreiben; **4.** *Brit.* F *et.* ‚verscheuern', ‚verkloppen'; **'flog·ging** [-gɪŋ] *s.* **1.** Tracht *f* Prügel; **2.** Prügelstrafe *f.*
flood [flʌd] **I** *s.* **1.** Flut *f* (*a. Ggs. Ebbe*): ***on the*** ~ mit der (*od.* bei) Flut; **2.** Über'schwemmung *f* (*a. fig.*), Hochwasser *n*: ***the*** ***Ꝣ*** *bibl.* die Sintflut; **3.** *fig.* Flut *f*, Strom *m*, Schwall *m* (*von Briefen, Worten etc.*): ***a ~ of tears*** ein Tränenstrom; **II** *v/t.* **4.** über'schwemmen, -'fluten (*a. fig.*): ~ ***the market*** † den Markt überschwemmen; **5.** unter Wasser setzen; **6.** ⚓ fluten; **7.** *mot. den Motor* ‚absaufen' lassen; **8.** *Fluß* anschwellen lassen; **9.** *fig.* strömen in (*acc.*), sich ergießen über (*acc.*); **III** *v/i.* **10.** *a. fig.* fluten, strömen, sich ergießen: ~ ***in*** hereinströmen; **11.** a) anschwellen (*Fluß*), b) über die Ufer treten; **12.** 'überlaufen (*Bad etc.*); **13.** über'schwemmt werden; ~ **con·trol** *s.* Hochwasserschutz *m*; ~ **dis·as·ter** *s.* 'Hochwasserkata,strophe *f*; **'~-gate** *s.* Schleusentor *n*, *fig.* Schleuse *f*: ***open the ~s to*** *fig.* Tür u. Tor öffnen (*dat.*).
flood·ing ['flʌdɪŋ] *s.* **1.** Über'schwemmung *f*; **2.** ⚕ Gebärmutterblutung *f.*
'flood|·light I *s.* **1.** Scheinwerfer-, Flutlicht *n*; **2.** *a.* ~ ***projector*** Scheinwerfer *m*: ***under ~s*** bei Flutlicht; **II** *v/t.* [*irr.* → ***light***[1]] (mit Scheinwerfern) beleuchten *od.* anstrahlen: ***floodlit*** in Flutlicht getaucht; ***floodlit match*** *sport* Flutlichtspiel *n*; **'~-mark** *s.* Hochwasserstandszeichen *n*; **'~-tide** *s.* Flut(zeit) *f.*
floor [flɔː] **I** *s.* **1.** (Fuß)Boden *m*: ***mop*** (*od.* ***wipe***) ***the ~ with s.o.*** j-n ‚fertigmachen', mit j-m ‚Schlitten fahren'; **2.** Tanzfläche *f*: ***take the ~*** auf die Tanzfläche gehen (→ 3); **3.** *parl.* Sitzungs-, Ple'narsaal *m*: ***cross the ~*** zur Gegenpartei übergehen; ***admit to the ~*** *j-m* das Wort erteilen; ***get*** (***have*** *od.* ***hold***) ***the ~*** das Wort erhalten (haben); ***take the ~*** das Wort ergreifen (→ 2); **4.** † Börsensaal *m*; **5.** Stock(werk *n*) *m*, Geschoß *n*; → ***first floor*** *etc.*; **6.** (Meeres-*etc.*)Boden *m*, Grund *m*, (*Fluß-, Tal- etc.*, ⚒ *Strecken*)Sohle *f*; **7.** Minimum *n*: ***price ~***; ***cost ~*** Mindestkosten *pl.*; **II** *v/t.* **8.** e-n (Fuß)Boden legen in (*dat.*); **9.** zu Boden strecken, niederschlagen; **10.** F a) *j-n* ‚'umhauen': ***~ed*** sprachlos, ‚platt', b) *j-n* ‚schaffen'; **11.** *Am. das Gaspedal etc.* voll 'durchtreten; **'~-cloth** *s.* Scheuertuch *n*; ~ **cov·er·ing** *s.* Fußbodenbelag *m.*
floor·er ['flɔːrə] *s.* F **1.** vernichtender Schlag, *fig. a.* ‚Schlag *m* ins Kon'tor'; **2.** ‚harte Nuß', knifflige Frage.
floor ex·er·cis·es *s. pl.* Bodenturnen *n.*
floor·ing ['flɔːrɪŋ] *s.* **1.** (Fuß)Boden *m*; **2.** Bodenbelag *m.*
floor| lamp *s.* Stehlampe *f*; ~ **lead·er** *s. pol. Am.* Frakti'onsvorsitzende(r) *m*; ~ **man·ag·er** *s.* **1.** † Ab'teilungsleiter *m* (*in e-m Kaufhaus*); **2.** *pol. Am.* Geschäftsführer *m* (*e-r Partei*); **3.** *TV* Aufnahmeleiter *m*; ~ **plan** *s.* **1.** Grundriß *m* (*e-s Stockwerks*); **2.** Raumverteilungsplan *m* (*auf e-r Messe etc.*); ~ **show** *s.* Varie'tévorstellung *f* (*in e-m Nachtklub etc.*); ~ **space** *s.* Bodenfläche *f*; ~ **tile** *s.* Fußbodenfliese *f*; **'~,walk·er** *s.* (aufsichtführender) Ab'teilungsleiter (*in e-m Kaufhaus*).
floo·zie ['fluːzɪ] *s. Am. sl.* ‚Flittchen' *n.*
flop [flɒp] **I** *v/i.* **1.** ('hin)plumpsen; **2.** (***into***) sich (in *e-n Sessel etc.*) plumpsen lassen; **3.** a) zappeln, b) flattern; **4.** F a) *ped., thea. etc.* ‚'durchfallen', b) *allg.* e-e ‚Pleite' sein, ‚da'nebengehen'; **II** *v/t.* **5.** ('hin)plumpsen lassen; **III** *s.* **6.** Plumps *m*; **7.** F a) *thea. etc.* ‚'Durchfall' *m*, ‚Flop' *m*, b) ‚Pleite' *f*, ‚Reinfall' *m*, c) Versager *m*, ‚Niete' *f* (*Person*); **IV** *adv. u. int.* **8.** plumps; **'flop·house** *s. Am. sl.* ‚Penne' *f*, (billige) ‚Absteige'; **'flop·py** [-pɪ] *adj.* □ schlaff, schlotterig: ~ ***ears*** Schlappohren; ~ ***hat*** Schlapphut *m*; ~ ***disk*** *Computer*: Diskette *f.*
flo·ra ['flɔːrə] *pl.* **-ras**, *a.* **-rae** [-riː] *s.* **1.** Flora *f*, (*a.* Abhandlung *f* über e-e) Pflanzenwelt *f*; **2.** *physiol.* (*Darm- etc.*) Flora *f*; **'flo·ral** [-rəl] *adj.* □ Blumen…, Blüten…, *a.* geblümt: ~ ***design*** Blumenmuster *n*; ~ ***emblem*** Wappenblume *f.*
Flor·en·tine ['flɒrəntaɪn] **I** *adj.* floren'tinisch, Florentiner…; **II** *s.* Floren'tiner(in).
flo·res·cence [flɔː'resns] *s.* ⚘ Blüte(-zeit) *f* (*a. fig.*); **flo·ret** ['flɔːrɪt] *s.* Blümchen *n.*
flo·ri·cul·tur·e ['flɔːrɪkʌltʃə] *s.* Blumenzucht *f.*
flor·id ['flɒrɪd] *adj.* □ **1.** rot, gerötet: ~ ***complexion***; **2.** blühend (*Gesundheit*); **3.** über'laden: a) blumig (*Stil*), b) 'übermäßig verziert; **4.** ♪ figuriert; **5.** ⚕ stark ausgeprägt (*Krankheit*).
Flo·rid·i·an [flɒ'rɪdɪən] **I** *adj.* Florida…; **II** *s.* Bewohner(in) von Florida.
flor·in ['flɒrɪn] *s.* **1.** *Brit. hist.* Zwei'schillingstück *n*; **2.** *obs.* (*bsd.* niederländischer) Gulden.
flo·rist ['flɒrɪst] *s.* Blumenhändler(in), -züchter(in).
floss[1] [flɒs] *s.* **1.** Ko'kon-, Seidenwolle *f*; **2.** Flo'rettgarn *n*; **3.** *a.* ~ ***silk*** Schappe-, Flo'rettseide *f*; **4.** ⚘ Seidenbaumwolle *f*; **5.** Flaum *m*, seidige Sub'stanz; **6.** *a.* ***dental ~*** Zahnseide *f.*
floss[2] [flɒs] *s.* ⚙ **1.** Glasschlacke *f*; **2.** *a.* ~ ***hole*** Schlackenloch *n.*
floss·y ['flɒsɪ] *adj.* **1.** flo'rettseiden; **2.** seidig; **3.** *Am. sl.* ‚schick'.
flo·tage ['fləʊtɪdʒ] *s.* **1.** Schwimmen *n*; **2.** Schwimmfähigkeit *f*; **3.** *et.* Schwimmendes *od.* Treibendes, Treibgut *n.*
flo·ta·tion [fləʊ'teɪʃn] *s.* **1.** → ***flotage*** 1; **2.** Schweben *n*; **3.** † a) Gründung *f* (*e-er Gesellschaft*), b) In'umlaufbringung *f* (*von Wertpapieren etc.*), c) Auflegung *f* (*e-r Anleihe*); **4.** ⚙ Flotati'on *f.*
flo·til·la [fləʊ'tɪlə] *s.* ⚓ Flot'tille *f.*
flot·sam ['flɒtsəm], *a.* ~ **and jet·sam** *s.* **1.** ⚓ Strand-, Treibgut *n*; **2.** *fig.* Strandgut *n* des Lebens; **3.** *fig.* 'Überbleibsel *pl.*, Krimskrams *m.*
flounce[1] [flaʊns] *v/i.* **1.** erregt stürmen *od.* stürzen; **2.** stolzieren; **3.** sich her'umwerfen, zappeln.
flounce[2] [flaʊns] **I** *s.* Vo'lant *m*, Besatz *m*; Falbel *f*; **II** *v/t.* mit Vo'lants besetzen.
floun·der[1] ['flaʊndə] *v/i.* **1.** zappeln, strampeln, *fig. a.* sich (ab)quälen; **2.** taumeln, stolpern, um'hertappen; **3.** *fig.* sich verhaspeln, nicht weiterwissen, *a. sport* ins ‚Schwimmen' kommen.
floun·der[2] ['flaʊndə] *s. ichth.* Flunder *f.*
flour ['flaʊə] **I** *s.* **1.** Mehl *n*; **2.** feines Pulver, Mehl *n*; **II** *v/t.* **3.** *Am.* (zu Mehl) mahlen; **4.** mit Mehl bestreuen.
flour·ish ['flʌrɪʃ] **I** *v/i.* **1.** gedeihen, *fig. a.* blühen, florieren; **2.** auf der Höhe s-r Macht *od.* s-s Ruhmes stehen; **3.** wirken, erfolgreich sein (*Künstler etc.*); **4.** prahlen; **5.** sich geschraubt ausdrücken; **6.** sich auffällig benehmen; **7.** Schnörkel *od.* Floskeln machen; **8.** ♪ a) phantasieren, b) e-n Tusch spielen; **II** *v/t.* **9.** schwingen, schwenken; **10.** zur Schau stellen, protzen mit; **11.** (aus)schmükken; **III** *s.* **12.** Schwingen *n*, Schwenken *n*; **13.** Schwung *m*, schwungvolle Gebärde; **14.** Schnörkel *m*; **15.** Floskel *f*; **16.** ♪ a) bravou'röse Pas'sage, b) Tusch *m*: ~ ***of trumpets*** Trompetenstoß *m*, Fanfare *f*, *fig.* (großes) Trara; **'flour·ish·ing** [-ʃɪŋ] *adj.* □ blühend, gedeihend, florierend: ~ ***trade*** schwunghafter Handel.
flour·y ['flaʊərɪ] *adj.* mehlig.
flout [flaʊt] **I** *v/t.* **1.** verspotten, -höhnen; **2.** *Befehl, Ratschlag etc.* miß'achten, *Angebot etc.* ausschlagen; **II** *v/i.* **3.** spotten (***at*** über *acc.*), höhnen.
flow [fləʊ] **I** *v/i.* **1.** fließen, strömen, fluten, rinnen, laufen (*alle a. fig.*): ~ ***freely*** in Strömen fließen (*Sekt etc.*); **2.** *fig.* da'hinfließen, gleiten; **3.** ⚓ steigen (*Flut*); **4.** wallen (*Haar, Kleid etc.*), lose he'rabhängen; **5.** *fig.* (***from***) herrühren (von), entspringen (*dat.*); **6.** *fig.* (***with***) reich sein (an *dat.*), 'überfließen (vor *dat.*), voll sein (von); **II** *v/t.* **7.** über'fluten, -'schwemmen; **III** *s.* **8.** Fließen *n*, Strömen *n* (*beide a. fig.*), Rinnen *n*: ~ ***characteristics*** *phys.* Strömungsbild *n*; ~ ***chart*** (*od.* ***sheet***) *Computer*, † Flußdiagramm *n*; ~ ***pattern*** *phys.* Stromlinienbild *n*; ~ ***production***, ~ ***system*** † Fließbandfertigung *f*; **9.** Fluß *m*, Strom *m* (*beide a. fig.*): ~ ***of traffic*** Verkehrsfluß, -strom; **10.** Zu- *od.* Abfluß *m*; **11.** Wallen *n*; **12.** *fig.*

(*Wort- etc.*)Schwall *m*, Erguß *m* (*a. von Gefühlen*); **13.** *physiol.* F Peri'ode *f.*

flow·er ['flaʊə] **I** *s.* **1.** Blume *f*: ***say it with ~s!*** laßt Blumen sprechen!; **2.** ⚘ a) Blüte *f*, b) Blütenpflanze *f*, c) Blüte (-zeit) *f* (*a. fig.*): ***be in ~*** in Blüte stehen, blühen; ***in the ~ of his life*** in der Blüte s-r Jahre; **3.** *fig. das* Beste *od.* Feinste, Auslese *f*, E'lite *f*; **4.** *fig.* Blüte *f*, Zierde *f*; **5.** ('Blumen)Ornaˌment *n*, (-)Verzierung *f*: ***~s of speech*** Floskeln; **6.** *typ.* Vi'gnette *f*; **7.** *pl.* ⚗ Blumen *pl.*: ***~s of sulphur*** Schwefelblumen *pl.*, -blüte *f*; **II** *v/i.* **8.** blühen, *fig. a.* in höchster Blüte stehen; **III** *v/t.* **9.** mit Blumen(mustern) verzieren, blüme(l)n; **~ bed** *s.* Blumenbeet *n*; **~ child** *s.* [*irr.*] ‚Blumenkind' *n* (*Hippie*).

flow·ered ['flaʊəd] *adj.* **1.** mit Blumen geschmückt; **2.** geblümt; **3.** *in Zssgn* ...blütig.

flow·er girl *s.* **1.** Blumenmädchen *n*; **2.** *Am.* blumenstreuendes Mädchen (*bei e-r Hochzeit*).

flow·er·ing ['flaʊərɪŋ] **I** *adj.* blühend, Blüten...: **~ *plant*** Blütenpflanze *f*; **II** *s.* Blüte(zeit) *f.*

flow·er| peo·ple *s.* ‚Blumenkinder' *pl.* (*Hippies*); **~ piece** *s. paint.* Blumenstück *n*; **'~·pot** *s.* Blumentopf *m*; **~ show** *s.* Blumenausstellung *f.*

flow·er·y ['flaʊərɪ] *adj.* **1.** blumen-, blütenreich; **2.** geblümt; **3.** *fig.* blumig.

flow·ing ['fləʊɪŋ] *adj.* ☐ **1.** fließend, strömend; **2.** *fig.* flüssig (*Stil etc.*); **3.** wallend (*Bart, Kleid*); **4.** wehend, flatternd (*Haar etc.*).

'flowˌme·ter *s.* ⚙ 'Durchflußmesser *m.*

flown [fləʊn] *p.p. von* ***fly***[1].

flu [flu:] *s.* ⚕ F Grippe *f.*

flub [flʌb] *Am. sl.* **I** *s.* (grober) Schnitzer; **II** *v/i.* (e-n groben) Schnitzer machen, patzen.

flub·dub ['flʌbdʌb] *s. Am. sl.* Geschwafel *n*, ‚Quatsch' *m.*

fluc·tu·ate ['flʌktjʊeɪt] *v/i.* schwanken: a) fluktuieren (*a.* ☤), sich (ständig) verändern, b) *fig.* unschlüssig sein; **'fluc·tu·at·ing** [-tɪŋ] *adj.* schwankend: a) fluktuierend, b) unschlüssig; **fluc·tu·a·tion** [ˌflʌktjʊ'eɪʃn] *s.* **1.** Schwankung *f*, Fluktuati'on *f* (*beide a.* ☤, ϟ, *phys.*); ***exchange rate ~s*** Wechselkursschwankungen *pl.*; **~ *margin*** Bandbreite *f*; Schwankungsbreite *f*; ***cyclical ~*** ☤ Konjunkturschwankung; **2.** *fig.* Schwanken *n.*

flue[1] [flu:] *s.* **1.** ⚙ a) Rauchfang *m*, Esse *f*, b) Abzugsrohr *n*, (Feuerungs)Zug *m*: **~ *gas*** Rauch-, Abgas *n*, c) Heizröhre *f*, d) Flammrohr *n*, 'Feuerkaˌnal *m*; **2.** ♪ a) *a.* **~ *pipe*** Lippenpfeife *f*, b) Kernspalt *m der Orgelpfeife.*

flue[2] [flu:] *s.* Flusen *pl.*, Staubflocken *pl.*

flue[3] [flu:] *s.* ⚓ Schleppnetz *n.*

flu·en·cy ['flu:ənsɪ] *s.* Fluß *m* (*der Rede etc.*), Flüssigkeit *f* (*des Stils etc.*); Gewandtheit *f*; **'flu·ent** [-nt] *adj.* ☐ **1.** fließend, geläufig: ***speak ~ German, be ~ in German*** fließend deutsch sprechen; **2.** flüssig, ele'gant (*Stil etc.*), gewandt (*Redner etc.*).

fluff [flʌf] **I** *s.* **1.** Staubflocke *f*, Fussel(n *pl.*) *f*; **2.** Flaum *m* (*a. erster Bartwuchs*); **3.** F *sport, thea. etc.* ‚Patzer' *m*; **4.** *Am.* Schaumspeise *f*; **5.** *thea. Am.* F ‚leichte Kost'; **6.** *oft* ***bit of ~*** F ‚Betthäschen' *n*, ‚Mieze' *f*; **II** *v/t.* **7. ~ *out*, ~ *up*** a) *Federn* aufplustern, b) *Kissen etc.* aufschütteln; **8.** F *bsd. thea., sport* ‚verpatzen'; **III** *v/i.* **9.** F *thea., sport* ‚patzen'; **'fluf·fy** [-fɪ] *adj.* **1.** flaumig; **2.** *thea. Am.* F leicht, anspruchslos.

flu·id ['flu:ɪd] **I** *s.* **1.** Flüssigkeit *f*; **II** *adj.* **2.** flüssig; **3.** *fig.* → ***fluent***; **4.** *fig.* fließend, veränderlich; **~ coup·ling, ~ clutch** *s.* ⚙ hy'draulische Kupplung; **~ drive** *s.* ⚙ Flüssigkeitsgetriebe *n.*

flu·id·i·ty [flu:'ɪdətɪ] *s.* **1.** *phys.* a) flüssiger Zustand, Flüssigkeit(sgrad *m*) *f*, b) Gasförmigkeit *f*; **2.** *fig.* Veränderlichkeit *f*; **3.** Flüssigkeit *f des Stils etc.*

flu·id| me·chan·ics *s. pl. sg. konstr. phys.* 'Strömungsmeˌchanik *f*; **~ ounce** *s. Hohlmaß*: a) *Brit.* = *28,4 ccm*, b) *Am.* = *29,6 ccm*; **~ pres·sure** *s.* ⚙, *phys.* hy'draulischer Druck.

fluke[1] [flu:k] *s.* **1.** ⚓ Ankerflügel *m*; **2.** ⚙ Bohrlöffel *m*; **3.** 'Widerhaken *m*; **4.** Schwanzflosse *f* (*des Wals*); **5.** *zo.* Leber-egel *m.*

fluke[2] [flu:k] *s.* **1.** ‚Dusel' *m*, ‚Schwein' *n*: **~ *hit*** Zufallstreffer *m*; **2.** *Billard*: glücklicher Stoß; **'fluk·(e)y** [-kɪ] *adj. sl.* **1.** Glücks..., Zufalls...; **2.** unsicher.

flume [flu:m] **I** *s.* **1.** Klamm *f*; **2.** künstlicher Wasserlauf, Ka'nal *m*; **II** *v/t.* **3.** durch e-n Kanal flößen.

flum·mer·y ['flʌmərɪ] *s.* **1.** *Küche*: a) (Hafer)Mehl *n*, b) Flammeri *m* (*Süßspeise*); **2.** F a) *fig.* leere Schmeiche'lei, b) ‚Quatsch' *m.*

flum·mox ['flʌməks] *v/t. sl.* verblüffen, aus der Fassung bringen.

flung [flʌŋ] *pret. u. p.p. von* ***fling.***

flunk [flʌŋk] *ped. Am. sl.* **I** *v/t.* **1.** ‚'durchrauschen' *od.* ‚'durchrasseln' lassen; **2.** *oft* **~ *out*** von der Schule ‚werfen'; **3.** ‚'durchrasseln' in (*e-r Prüfung, e-m Fach*); **II** *v/i.* **4.** ‚'durchrasseln', ‚'durchrauschen'; **III** *s.* **5.** 'Durchfallen *n.*

flunk·(e)y ['flʌŋkɪ] *s.* **1.** *oft contp.* La'kai *m*; **2.** *contp.* Kriecher *m*, Speichellekker *m*; **3.** *Am.* Handlanger *m*; **'flunk·(e)y·ism** [-ɪɪzəm] *s.* Speichellecke'rei *f.*

flu·or ['flu:ɔ:] → ***fluorspar.***

flu·o·resce [ˌfluə'res] *v/i.* ⚗, *phys.* fluoreszieren; **ˌflu·o'res·cence** [-sns] *s.* ⚗, *phys.* Fluores'zenz *f*; **ˌflu·o'res·cent** [-snt] *adj.* fluoreszierend: **~ *lamp*** Leuchtstofflampe *f*; **~ *screen*** Leuchtschirm *m*; **~ *tube*** Leucht(stoff)röhre *f.*

flu·or·ic [flu:'ɒrɪk] *adj.* ⚗ Fluor...: **~ *acid*** Flußsäure *f*; **flu·o·ri·date** ['flʊərɪdeɪt] *v/t. Trinkwasser* fluorieren; **flu·o·ride** ['flʊəraɪd] *s.* ⚗ Fluo'rid *n*; **flu·o·rine** ['flʊəri:n] *s.* ⚗ Fluor *n*; **flu·o·rite** ['flʊəraɪt] *s.* → ***fluorspar***; **flu·o·ro·scope** ['flʊərəskəʊp] *s.* ⚕ Fluoro'skop *n*, Röntgenbildschirm *m*; **fluo·ro·scop·ic** [ˌflʊərə'skɒpɪk] *adj.*: **~ *screen*** → ***fluoroscope***; **'flu·or·spar** *s. min.* Flußspat *m*, Fluo'rit *n.*

flur·ry ['flʌrɪ] **I** *s.* **1.** a) Windstoß *m*, b) (Regen-, Schnee)Schauer *m*; **2.** *fig.* Hagel *m*, Wirbel *m von Schlägen etc.*; **3.** *fig.* Aufregung *f*, Unruhe *f*: ***in a ~*** aufgeregt; **4.** Hast *f*; **5.** ☤ kurze, plötzliche Belebung (*an der Börse*); **II** *v/t.* **6.** beunruhigen.

flush[1] [flʌʃ] **I** *v/i.* (aufgeregt) auffliegen; **II** *v/t.* *Vögel* aufscheuchen.

flush[2] [flʌʃ] **I** *s.* **1.** a) Erröten *n*, b) Röte *f*; **2.** (Wasser)Schwall *m*, Strom *m*; **3.** a) (Aus)Spülung *f*, b) (Wasser)Spülung *f* (*im WC*); **4.** (Gefühls)Aufwallung *f*, Hochgefühl *n*, Erregung *f*: **~ *of anger*** Wutanfall *m*; **~ *of success*** Triumphgefühl *n*; **~ *of victory*** Siegestaumel *m*; **5.** Glanz *m*, Blüte *f* (*der Jugend etc.*); **6.** ⚕ Wallung *f*, (Fieber)Hitze *f*; → ***hot flushes***; **II** *v/t.* **7.** *j-n* erröten lassen; **8.** *a.* **~ *out*** (aus)spülen: **~ *down*** hinunterspülen; **~ *the toilet*** spülen; **9.** unter Wasser setzen; **10.** erregen, erhitzen: ***~ed with anger*** wutentbrannt; ***~ed with joy*** außer sich vor Freude; **III** *v/i.* **11.** erröten, rot werden (***with*** vor *dat.*); **12.** strömen, schießen (*a. Blut*); **13.** spülen (*WC etc.*).

flush[3] [flʌʃ] **I** *adj.* **1.** eben, auf gleicher Höhe; **2.** ⚙ fluchtgerecht, glatt (anliegend), bündig (abschließend) (***with*** mit) (*alle a. adv.*); **3.** a) ⚙ versenkt, Senk...: **~ *screw***, b) ϟ Unterputz...: **~ *socket***; **4.** ('über)voll (***with*** von); **5.** blühend, frisch; **6. ~** (***with money***) F gut bei Kasse; **~ *with one's money*** verschwenderisch; **II** *v/t.* **7.** ebnen, bündig machen; **8.** ⚙ *Fugen* ausstreichen.

flush[4] [flʌʃ] *Poker*: Flush *m*; → ***royal*** 1, ***straight flush.***

flus·ter ['flʌstə] **I** *v/t.* durchein'anderbringen, aufregen, ner'vös machen; **II** *v/i.* a) ner'vös werden, durchein'anderkommen, b) sich aufregen; **III** *s.* → ***flutter*** 8.

flute [flu:t] **I** *s.* **1.** ♪ a) Flöte *f*, b) → ***flutist***, c) *a.* **~ *stop*** 'Flötenreˌgister *n* (*Orgel*); **2.** △, ⚙ Rille *f*, Riefe *f*, Hohlkehle *f*; **3.** ⚙ (Span-)Nut *f*; **4.** Rüsche *f*; **II** *v/i.* **5.** Flöte spielen, flöten (*a. fig.*); **III** *v/t.* **6.** *et.* auf der Flöte spielen, flöten (*a. fig.*); **7.** △, ⚙ riefen, riffeln, auskehlen, kannelieren; *Stoff* kräuseln; **'flut·ed** [-tɪd] *adj.* **1.** flötenartig, sanft; **2.** gerieft, gerillt; **'flut·ing** [-tɪŋ] *s.* **1.** △ Riffelung *f*; **2.** Falten *pl.*, Rüschen *pl.*; **3.** Flöten *n* (*a. fig.*); **'flut·ist** [-tɪst] *s.* Flö'tist(in).

flut·ter ['flʌtə] **I** *v/i.* **1.** flattern (*a.* ⚕ *Herz*), wehen; **2.** a) aufgeregt hin- und herrennen, b) aufgeregt sein; **3.** zittern; **4.** flackern; **II** *v/t.* **5.** schwenken, flattern lassen, wedeln mit, mit *den Flügeln* schlagen, mit *den Augendeckeln* ‚klimpern'; **6.** → ***fluster*** I; **III** *s.* **7.** Flattern *n* (*a.* ⚕ *Puls etc.*); **8.** Aufregung *f*, Tu'mult *m*: ***all in a ~*** ganz durcheinander; **9.** *Brit.* F kleine Spekulati'on *od.* Wette; **10.** *Schwimmen*: Kraulbeinschlag *m.*

flu·vi·al ['flu:vjəl] *adj.* fluvi'al, Fluß..., in Flüssen vorkommend.

flux [flʌks] *s.* **1.** Fließen *n*, Fluß *m* (*a.* ϟ, *phys.*); **2.** Ausfluß *m* (*a.* ⚕); **3.** Strom *m* (*a. fig.*), Flut *f* (*a. fig.*): **~ *and reflux*** Flut u. Ebbe (*a. fig.*); **~ *of words*** Wortschwall *m*; **4.** ständige Bewegung; Wandel *m*: ***in*** (***a state of***) **~** im Fluß; **5.** ⚙ Fluß-, Schmelzmittel *n*, Zuschlag *m*; **'flux·ion·al** [-kʃənl] *adj.* **1.** fließend, veränderlich; **2.** 𝔄 Fluxions...

fly[1] [flaɪ] **I** *s.* **1.** Fliegen *n*, Flug *m* (*a.* ✈): ***on the ~*** im Fluge; **2.** *Brit. hist.* Einspänner *m*, Droschke *f*; **3.** a) Knopfleiste *f*, b) Hosenklappe *f*, -schlitz *m*; **4.** Zelttür *f*; **5.** ⚙ → ***flywheel***; **6.** Unruh *f* (*Uhr*); **7.** *pl. thea.* Sof'fitten *pl.*; **II** *v/i.* [*irr.*] **8.** fliegen: **~ *blind*** (*od.* ***on instru-***

ments) ✈ blindfliegen; ~ ***high*** (*od.* ***at high game***) *fig.* hoch hinauswollen; → ***let***[1] *Redew.*; **9.** flattern, wehen; **10.** verfliegen (*Zeit*), zerrinnen (*Geld*); **11.** stieben, fliegen (*Funken etc.*): ~ ***to pieces*** zerspringen, bersten, reißen; **12.** stürmen, stürzen, sausen: ~ ***to arms*** zu den Waffen eilen; ***he flew into her arms*** er flog in ihre Arme; ***send s.o. ~ing*** a) j-n fortjagen, b) j-n zu Boden schleudern; ***send things ~ing*** Sachen umherwerfen; ~ ***at s.o.*** auf j-n losgehen; ***I must ~!*** F ich muß schleunigst weiter!; → ***temper*** 3; **13.** (*nur pres., inf. u. p.pr.*) fliehen; **III** *v/t.* [*irr.*] **14.** fliegen lassen: ~ ***hawks*** *hunt.* mit Falken jagen; → ***kite*** 1; **15.** ✈ a) *Flugzeug* fliegen, führen, b) *j-n, et.* (hin)fliegen, im Flugzeug befördern, c) *Strecke* fliegen, d) *Ozean etc.* über'fliegen; **16.** *Fahne, Flagge* a) führen, b) hissen, wehen lassen; **17.** *Zaun etc.* im Sprung nehmen; **18.** (*nur pres., inf. u. p.pr.*) a) fliehen aus, b) fliehen vor (*dat.*), meiden; ~ **in** ✈ *v/t. u. v/i.* einfliegen; ~ **off** *v/i.* **1.** fortfliegen; **2.** fortstürmen; **3.** abspringen (*Knopf*); ~ **o·pen** *v/i.* auffliegen (*Tür etc.*); ~ **out** *v/i.* **1.** ausfliegen; **2.** hin'ausstürzen; **3.** wütend werden: ~ ***at s.o.*** auf j-n losgehen.

fly[2] [flaɪ] *s.* **1.** *zo.* Fliege *f*: ***a ~ in the ointment*** ein Haar in der Suppe; ***break a ~ on the wheel*** mit Kanonen nach Spatzen schießen; ***no flies on him*** (*od.* ***it***) F ‚den legt man nicht so schnell aufs Kreuz'; ***they died*** (*od.* ***dropped***) ***like flies*** sie starben wie die Fliegen; ***he wouldn't hurt*** (*od.* ***harm***) ***a ~*** er tut keiner Fliege was zuleide; ***I would like to be a ~ on the wall*** da würde ich gern ‚Mäuschen spielen'; **2.** *Angeln*: (künstliche) (Angel)Fliege: ***cast a ~*** e-e Angel auswerfen.

fly[3] [flaɪ] *adj. sl.* gerissen, raffiniert.

fly·a·ble ['flaɪəbl] *adj.* ✈ **1.** flugtüchtig; **2.** ~ ***weather*** Flugwetter *n.*

fly| a·gar·ic *s.* ⚘ Fliegenpilz *m*; '**~·a·way** *adj.* **1.** flatternd; **2.** flatterhaft; **3.** *Am.* flugbereit; '**~·blow** *s.* Fliegenei *n*, -dreck *m*; '**~·blown** *adj.* **1.** von Fliegen beschmutzt; **2.** *fig.* besudelt; '**~·by** *s.* **1.** ✈ Vorbeiflug *m*; **2.** *Raumfahrt*: Flyby *n* (*Navigationstechnik*); '**~-by-night** F **I** *s.* **1.** *zo.* Nachtschwärmer *m*; **2.** a) Schuldner, der sich heimlich *od.* bei der Nacht aus dem Staub macht, b) ✝ zweifelhafter Kunde; **II** *adj.* **3.** ✝ zweifelhaft, anrüchig; '**~ˌcatch·er** *s.* **1.** Fliegenfänger *m*; **2.** *orn.* Fliegenschnäpper *m.*

fly·er → ***flier.***

'**fly-fish** *v/i.* mit (künstlichen) Fliegen angeln.

fly·ing ['flaɪɪŋ] **I** *adj.* **1.** fliegend, Flug...; **2.** flatternd, fliegend, wehend; → ***colour*** 10; **3.** kurz, flüchtig: ~ ***visit*** Stippvisite *f*; **4.** *sport* a) fliegend: → ***flying start***, b) mit Anlauf: ~ ***jump***; **5.** schnell; **6.** fliehend, flüchtig; **II** *s.* **7.** a) Fliegen *n*, Flug *m*, b) Fliege'rei *f*, Flugwesen *n*; ~ **boat** *s.* ✈ Flugboot *n*; ~ **bomb** *s.* ⚔ fliegende Bombe, Ra'ketenbombe *f*; ~ **bridge** *s.* **1.** Rollfähre *f*; **2.** ⚓ Laufbrücke *f*; ~ **but·tress** *s.* ⚠ Strebebogen *m*; ~ **cir·cus** *s.* ✈ **1.** ⚔ rotierende 'Staffelformatiˌon (*im Einsatz*); **2.** Schaufliegergruppe *f*; ~ **col·umn** *s.* ⚔ fliegende *od.* schnelle Ko'lonne; ~ **ex·hi·bi·tion** *s.* Wanderausstellung *f*; ~ **field** *s.* (*kleiner*) Flugplatz; ~ **fish** *s.* Fliegender Fisch; ~ **fox** *s. zo.* Flughund *m*; ~ **lane** *s.* ✈ (Ein-) Flugschneise *f*; ♀ **Of·fi·cer** *s.* ✈ *Brit.* Oberleutnant *m der* ***RAF***; ~ **range** *s.* ✈ Akti'onsradius *m*; ~ **sau·cer** *s.* fliegende 'Untertasse; ~ **school** *s.* Fliegerschule *f*; ~ **speed** *s.* Fluggeschwindigkeit *f*; ~ **squad** *s. Brit.* 'Überfallkomˌmando *n* (*Polizei*); ~ **squad·ron** *s.* **1.** ✈ (Flieger)Staffel *f*; **2.** *Am.* a) fliegende Ko'lonne, b) 'Rollkomˌmando *n*; ~ **start** *s. sport* fliegender Start: ***get off to a ~*** glänzend wegkommen, *a. fig.* e-n glänzenden Start haben; ~ **u·nit** *s.* ✈ fliegender Verband; ~ **weight** *s.* ✈ Fluggewicht *n*; ~ **wing** *s.* Nurflügelflugzeug *n.*

'**fly|·leaf** *s. typ.* Vorsatz-, Deckblatt *n*; '**~ˌo·ver** *s.* **1.** → ***fly-past***; **2.** *Brit.* ('Straßen-, 'Eisenbahn)Überˌführung *f*; '**~ˌpa·per** *s.* Fliegenfänger *m*; '**~-past** *s.* ✈ 'Luftpaˌrade *f*; '**~-rod** *s.* Angelrute *f* (*für künstliche Fliegen*); ~ **sheet** *s.* **1.** Flug-, Re'klameblatt *n*; **2.** ('Zelt)ˌÜberdach *n*; '**flyˌswat·ter** *s.* Fliegenklappe *f*, -klatsche *f*; '**~·weight** *sport* **I** *s.* Fliegengewicht(ler *m*) *n*; **II** *adj.* Fliegengewichts...; '**~·wheel** *s.* ⚙ Schwungrad *n.*

'**f-ˌnum·ber** *s. phot.* **1.** Blende *f* (*Einstellung*); **2.** Lichtstärke *f* (*vom Objektiv*).

foal [fəʊl] *zo.* **I** *s.* Fohlen *n*, Füllen *n*: ***in*** (*od.* ***with***) ~ trächtig (*Stute*); **II** *v/t.* *Fohlen* werfen; **III** *v/i.* fohlen, werfen; '**~·foot** *pl.* '**~·foots** *s.* ⚘ Huflattich *m.*

foam [fəʊm] **I** *s.* Schaum *m*; **II** *v/i.* schäumen (***with rage*** *fig.* vor Wut): ***he ~ed at the mouth*** der Schaum stand ihm vor dem Mund, *fig. a.* er schäumte vor Wut; **III** *v/t.* schäumen: ***~ed concrete*** Schaumbeton *m*; ***~ed plastic*** Schaumstoff *m*; ~ **ex·tin·guish·er** *s.* Schaum(feuer)löscher *m*; ~ **rub·ber** *s.* Schaumgummi *n, m.*

foam·y ['fəʊmɪ] *adj.* schäumend.

fob[1] [fɒb] *s.* **1.** Uhrtasche *f* (*im Hosenbund*); **2.** *a.* ~ ***chain*** Chate'laine *f* (*Uhrband, -kette*).

fob[2] [fɒb] *v/t.* **1.** ~ ***off s.th. on s.o.*** j-m et. ‚andrehen' *od.* ‚aufhängen'; **2.** ~ ***s.o. off*** j-n abspeisen, *j-n* abwimmeln (***with*** mit).

fob[3], **f.o.b**, **F.O.B.** *abbr. für* ***free on board*** (→ ***free*** 13).

fo·cal ['fəʊkl] *adj.* **1.** ⚗, *phys., opt.* im Brennpunkt stehend (*a. fig.*), fo'kal, Brenn(punkt)...: ~ ***distance***, ~ ***length*** Brennweite *f*; ~ ***plane*** Brennebene *f*; ~ ***point*** Brennpunkt *m* (*a. fig.*); **2.** ⚕ fo'kal, Herd...; '**fo·cal·ize** [-kəlaɪz] → ***focus*** 4, 5.

fo'c's'le ['fəʊksl] → ***forecastle.***

fo·cus ['fəʊkəs] *pl.* **-cus·es, -ci** [-saɪ] **I** *s.* **1.** a) ⚗, ⚙, *phys.* Brennpunkt *m*, Fokus *m*, b) *TV* Lichtpunkt *m*, c) *phys.* Brennweite *f*, d) *opt.* Scharfeinstellung *f*: ***in ~*** scharf eingestellt, *fig.* klar und richtig; ***out of ~*** unscharf, verschwommen (*a. fig.*); ***bring into ~*** → 4, 5; ~ ***control*** Scharfeinstellung *f* (*Vorrichtung*); **2.** *fig.* Brenn-, Mittelpunkt *m*: ***be the ~ of attention*** im Mittelpunkt des Interesses stehen; ***bring*** (***in***)***to ~*** in den Brennpunkt rücken; **3.** Herd *m* (*e-s Erdbebens, Aufruhrs etc.*), ⚕ *a.* Fokus *m*; **II** *v/t.* **4.** *opt., phot.* fokussieren, (*v/i.* sich) scharf einstellen; **5.** *phys.* (*v/i.* sich) im Brennpunkt vereinigen, (sich) sammeln; **6.** ~ ***on*** *fig.* (*v/i.* sich) konzentrieren *od.* richten auf (*acc.*).

fo·cus·(s)ing| lens ['fəʊkəsɪŋ] *s.* Sammellinse *f*; ~ **scale** *s. phot.* Entfernungsskala *f*; ~ **screen** *s. phot.* Mattscheibe *f.*

fod·der ['fɒdə] **I** *s.* (Trocken)Futter *n*; *humor.* ‚Futter' *n*; **II** *v/t.* *Vieh* füttern.

foe [fəʊ] *s.* Feind *m* (*a. fig.*); *a. sport u. fig.* Gegner *m*, 'Widersacher *m* (***to*** *gen.*).

foe·tal ['fiːtl] *adj.* ⚕ fö'tal; **foe·tus** ['fiːtəs] *s.* ⚕ Fötus *m.*

fog [fɒg] **I** *s.* **1.** (dichter) Nebel; **2.** a) Dunst *m*, b) Dunkelheit *f*; **3.** *fig.* a) Nebel *m*, Verschwommenheit *f*, b) Verwirrung *f*: ***in a ~*** (völlig) ratlos; **4.** ⚙ (abgesprühter) Nebel; **5.** *phot.* Schleier *m*; **II** *v/t.* **6.** in Nebel hüllen, einnebeln; **7.** *fig.* verdunkeln, verwirren; **8.** *phot.* verschleiern; **III** *v/i.* **9.** neb(e)lig werden; (sich) beschlagen (*Scheibe etc.*); '**~-bank** *s.* Nebelbank *f*; '**~·bound** *adj.* **1.** in dichten Nebel eingehüllt; **2.** ***be ~*** ⚓, ✈ wegen Nebels festsitzen.

fo·gey → ***fogy.***

fog·gi·ness ['fɒgɪnɪs] *s.* **1.** Nebligkeit *f*; **2.** Verschwommenheit *f*, Unklarheit *f*; '**fog·gy** [-gɪ] *adj.* □ **1.** neb(e)lig; **2.** trüb, dunstig; **3.** *fig.* a) nebelhaft, verschwommen, unklar, b) benebelt (***with*** vor *dat.*): ***I haven't got the foggiest*** (***idea***) F ‚ich habe keinen blassen Schimmer'; **4.** *phot.* verschleiert.

'**fog|·horn** *s.* Nebelhorn *n*; '**~·light** *s. mot.* Nebelscheinwerfer *m.*

fo·gy ['fəʊgɪ] *s.* mst ***old ~*** ‚alter Knakker'; '**fo·gy·ish** [-ɪɪʃ] *adj.* verknöchert, verkalkt, altmodisch.

foi·ble ['fɔɪbl] *s. fig.* Faible *n*, (kleine) Schwäche *f.*

foil[1] [fɔɪl] *v/t.* **1.** a) vereiteln, durch'kreuzen, zu'nichte machen, b) *j-m* e-n Strich durch die Rechnung machen; **2.** *hunt.* *Spur* verwischen.

foil[2] [fɔɪl] **I** *s.* **1.** ⚙ (Me'tall- *od.* Kunststoff)Folie *f*, 'Blattmeˌtall *n*; **2.** ⚙ (Spiegel)Belag *m*; **3.** Folie *f*, 'Unterlage *f* (*für Edelsteine*); **4.** *fig.* Folie *f*, 'Hintergrund *m*: ***serve as a ~ to*** als Folie dienen (*dat.*); **5.** ⚠ Blattverzierung *f*; **II** *v/t.* **6.** ⚙ mit Me'tallfolie belegen; **7.** ⚠ mit Blätterwerk verzieren.

foil[3] [fɔɪl] *s. fenc.* **1.** Flo'rett *n*; **2.** *pl.* Flo'rettfechten *n.*

foils·man ['fɔɪlzmən] *s.* [*irr.*] *fenc.* Flo'rettfechter *m.*

foist [fɔɪst] *v/t.* **1.** ~ ***s.th. on s.o.*** a) j-m et. ‚andrehen', b) j-m et. aufhalsen; **2.** einschmuggeln.

fold[1] [fəʊld] **I** *v/t.* **1.** falten: ~ ***cloth*** (***one's hands***); ***~ed mountains*** *geol.* Faltengebirge *n*; ~ ***one's arms*** die Arme verschränken; **2.** *oft* ~ ***up*** zs.-falten, -legen, -klappen; **3.** *a.* ~ ***down*** a) 'umbiegen, kniffen, b) her'unterklappen: ~ ***back*** *Bettdecke etc.* zurückschlagen, *Stuhllehne etc.* zurückklappen; **4.** ⚙ falzen; **5.** einhüllen, um'schließen: ~ ***in one's arms*** in die Arme schließen; **6.** *Küche*: ~ ***in*** *Ei etc.* einrühren, 'unterziehen; **II** *v/i.* **7.** sich falten *od.* zs.-legen *od.* zs.-klappen (lassen); **8.** *mst* ~ ***up*** F

a) zs.-brechen (*a. fig.*), b) ✝ ‚zumachen' (müssen), ‚eingehen' (*Firma etc.*): **~ up with laughter** sich biegen vor Lachen; **III** *s.* **9.** Falte *f*; Windung *f*; 'Umschlag *m*; **10.** ⚙ Falz *m*, Kniff *m*; **11.** *typ.* Bogen *m*; **12.** *geol.* Bodenfalte *f*.

fold² [fəʊld] **I** *s.* **1.** (Schaf)Hürde *f*, Pferch *m*; **2.** Schafherde; **3.** *eccl.* a) (Schoß *m* der) Kirche, b) Herde *f*, Gemeinde *f*; **4.** *fig.* Schoß *m* der Fa'milie *od.* Par'tei: **return to the ~**; **II** *v/t.* **5.** *Schafe* einpferchen.

-fold [-fəʊld] *in Zssgn* …fach, …fältig.

'fold|·a·way *adj.* zs.-klappbar, Klapp…: **~ bed**; **'~·boat** *s.* Faltboot *n*.

fold·er ['fəʊldə] *s.* **1.** 'Faltpro₁spekt *m*, -blatt *n*, Bro'schüre *f*, Heft *n*; **2.** Aktendeckel *m*, Mappe *f*, Schnellhefter *m*; **3.** ⚙ 'Falzma₁schine *f*, -bein *n*; **4.** Falzer *m* (*Person*).

fold·ing ['fəʊldɪŋ] *adj.* zs.-legbar, zs.-klappbar, aufklappbar, Falt…, Klapp…; **~ bed** *s.* Klappbett *n*; **~ bi·cy·cle** *s.* Klapp(fahr)rad *n*; **~ boat** *s.* Faltboot *n*; **~ cam·er·a** *s.* 'Klapp₁kamera *f*; **~ car·ton** *s.* Faltschachtel *f*; **~ chair** *s.* Klappstuhl *m*; **~ doors** *s. pl.* Flügeltür *f*; **~ gate** *s.* zweiflügeliges Tor; **~ hat** *s.* Klapphut *m*; **~ lad·der** *s.* Klappleiter *f*; **~ rule** *s.* zs.-legbarer Zollstock; **~ screen** *s.* spanische Wand; **~ ta·ble** *s.* Klapptisch *m*; **~ top** *s. mot.* Rolldach *n*.

fo·li·a·ceous [₁fəʊlɪ'eɪʃəs] *adj.* blattartig; blätt(e)rig, Blätter…; **fo·li·age** ['fəʊlɪɪdʒ] *s.* **1.** Laub(werk) *n*, Blätter *pl.*: **~ plant** Blattpflanze *f*; **2.** ⟁ Blattverzierung *f*; **fo·li·aged** ['fəʊlɪɪdʒd] *adj.* **1.** *in Zssgn* …blätt(e)rig; **2.** ⟁ mit Blätterwerk verziert.

fo·li·ate ['fəʊlɪeɪt] **I** *v/t.* **1.** ⟁ mit Blätterwerk verzieren: **~d capital** Blätterkapitell *n*; **2.** ⚙ mit Folie belegen; **II** *v/i.* **3.** ♆ Blätter treiben; **4.** sich in Blätter spalten; **III** *adj.* [-ɪət] **5.** belaubt; **6.** blattartig; **fo·li·a·tion** [₁fəʊlɪ'eɪʃn] *s.* **1.** ♆ Blattbildung *f*, -wuchs *m*, Belaubung *f*; **2.** ⟁ (Verzierung *f* mit) Blätterwerk *n*; **3.** ⚙ Foliierung *f*; Folie *f*; **4.** Paginierung *f* (*Buch*); **5.** *geol.* Schieferung *f*.

fo·li·o ['fəʊlɪəʊ] **I** *pl.* **-os** *s.* **1.** (Folio-)Blatt *n*; **2.** 'Folio(for₁mat) *n*; **3.** *a.* **~ volume** Foli'ant *m*; **4.** nur vorderseitig numeriertes Blatt; **5.** Seitenzahl *f* (*Buch*); **6.** ✝ Kontobuchseite; **II** *v/t.* **7.** *Buch etc.* paginieren.

folk [fəʊk] **I** *pl.* **folk**, **folks** *s.* **1.** *pl.* (*die*) Leute *pl.*: **poor ~**; **~s say** die Leute sagen; **2.** *pl.* (*nur* **~s**) F *m-e etc.* ‚Leute' *pl.* (*Familie*); **3.** *obs.* Volk *n*, Nati'on *f*; **4.** F ‚Folk' *m* (*Volksmusik*); **II** *adj.* **5.** Volks…: **~ dance**.

folk·lore ['fəʊklɔː] *s.* Folk'lore *f*: a) Volkskunde *f*, b) Volkstum *n* (*Bräuche etc.*); **'folk₁lor·ism** [-₁lɔːrɪzəm] → **folklore** a; **'folk₁lor·ist** [-₁lɔːrɪst] *s.* Folklo'rist *m*, Volkskundler *m*; **₁folk·lor'is·tic** [-lɔː'rɪstɪk] *adj.* folklo'ristisch.

folk song *s.* **1.** Volkslied *n*; **2.** Folksong *m* (*bsd. sozialkritisches Lied*).

folk·sy ['fəʊksɪ] *adj.* **1.** F gesellig, 'umgänglich; **2.** volkstümlich, *contp. a.* volkstümelnd.

fol·li·cle ['fɒlɪkl] *s.* **1.** ♆ Fruchtbalg *m*; **2.** *anat.* a) Fol'likel *n*, Drüsenbalg *m*, b) Haarbalg *m*.

fol·low ['fɒləʊ] **I** *s.* **1.** *Billard*: Nachläufer *m*; **II** *v/t.* **2.** *allg.* folgen (*dat.*): a) (*zeitlich u. räumlich*) nachfolgen (*dat.*), sich anschließen (*dat.*): **~ s.o. close** j-m auf dem Fuß folgen; **a dinner ~ed by a dance** ein Essen mit anschließendem Tanz, b) verfolgen (*acc.*), entlanggehen, -führen (*acc.*) (*Straße*), c) (*zeitlich*) folgen auf (*acc.*), nachfolgen (*dat.*): **~ one's father as manager** s-m Vater als Direktor (nach)folgen, d) nachgehen (*dat.*), verfolgen (*acc.*), sich widmen (*dat.*), betreiben (*acc.*), *Beruf* ausüben: **~ one's pleasure** s-m Vergnügen nachgehen; **~ the sea** (**the law**) Seemann (Jurist) sein, e) befolgen, beachten, *die Mode* mitmachen; sich richten nach (*Sache*): **~ my advice**, f) *j-m als Führer od. Vorbild* folgen, sich bekennen zu, zustimmen (*dat.*): **I cannot ~ your view** Ihren Ansichten kann ich nicht zustimmen, g) folgen können (*dat.*), verstehen (*acc.*): **do you ~ me?** können Sie mir folgen?, h) (*mit dem Auge od. geistig*) verfolgen, beobachten (*acc.*): **~ a tennis match**; **~ events**; **3.** verfolgen (*acc.*), ⚔ *a.* nachstoßen (*dat.*): **~ the enemy**; **III** *v/i.* **4.** (*räumlich od. zeitlich*) (nach)folgen, sich anschließen: **~ (up)on** folgen auf (*acc.*); **I ~ed after him** ich folgte ihm nach; **as ~s** wie folgt, folgendermaßen; **letter to ~** Brief folgt; **5.** *mst impers.* folgen, sich ergeben (**from** aus): **it ~s from this** hieraus folgt; **it does not ~ that** dies besagt nicht, daß; **so what ~s?** und was folgt daraus?; **it doesn't ~!** das ist nicht unbedingt so!

Zssgn mit adv.:

fol·low| a·bout *v/t.* überall('hin) folgen (*dat.*); **~ on** *v/i.* gleich weitermachen *od.* -gehen; **~ out** *v/t. Plan etc.* 'durchziehen; **~ through I** *v/t.* → **follow out**; **II** *v/i. bsd. Golf*: 'durchschwingen; **~ up I** *v/t.* **1.** (eifrig *od.* e'nergisch weiter-) verfolgen, *e-r Sache* nachgehen; *auf e-n Brief, Schlag etc. e-n anderen* folgen lassen, nachstoßen mit; **2.** *fig. e-n Vorteil* ausnutzen; **II** *v/i.* **3.** ⚔ nachstoßen (*a. fig.* **with** mit); **4.** ✝ nachfassen.

fol·low·er ['fɒləʊə] *s.* **1.** *obs.* Verfolger (-in); **2.** a) Anhänger *m* (*pol.*, *sport etc.*), Jünger *m*, Schüler *m*, b) *pl.* → **following** 1; **3.** *hist.* Gefolgsmann *m*; **4.** Begleiter *m*; **5.** *pol.* Mitläufer(in); **'fol·low·ing** [-əʊɪŋ] **I** *s.* **1.** a) Gefolge *n*, Anhang *m*, b) Gefolgschaft *f*, Anhänger *pl.*; **2. the ~** a) das Folgende, b) die Folgenden *pl.*; **II** *adj.* **3.** folgend; **III** *prp.* **4.** im Anschluß an (*acc.*).

₁fol·low|-my-'lead·er [-əʊmɪ-] *s. Kinderspiel, bei dem jede Aktion des Anführers nachgemacht werden muß*; **₁~-'through** *s.* **1.** *bsd. Golf*: 'Durchschwung *m*; **2.** *fig.* 'Durchführung *f*; **'~-up I** *s.* **1.** Weiterverfolgen *n e-r Sache*; **2.** Ausnutzung *f e-s Vorteils*; **3.** ⚔ Nachstoßen *n* (*a. fig.*); **4.** *bsd.* ✝ Nachfassen *n*; **5.** *Radio*, *TV etc.*: Fortsetzung *f* (**to** *gen.*); **6.** ⚕ Nachbehandlung *f*; **II** *adj.* **7.** weiter, Nach…: **~ advertising** Nachfaßwerbung *f*; **~ conference** Nachfolgekonferenz *f*; **~ costs** Folgekosten *pl.*; **~ file** Wiedervorlagemappe *f*; **~ letter** Nachfaßschreiben *n*; **~ order** Anschlußauftrag *m*; **~ question** Zusatzfrage *f*.

fol·ly ['fɒlɪ] *s.* **1.** Narr-, Torheit *f*, Narre'tei *f*; **2. Follies** *pl.* (*sg. konstr.*) *thea.* Re'vue *f*.

fo·ment [fəʊ'ment] *v/t.* **1.** ⚕ bähen, mit warmen 'Umschlägen behandeln; **2.** *fig.* anfachen, schüren, aufhetzen (zu); **fo·men·ta·tion** [₁fəʊmen'teɪʃn] *s.* **1.** ⚕ Bähung *f*; heißer 'Umschlag; **2.** *fig.* Aufhetzung *f*, -wiegelung *f*; **fo'ment·er** [-tə] *s.* Aufwiegler(in), Schürer(in).

fond [fɒnd] *adj.* □ → **fondly**; **1.** zärtlich, liebevoll; **2.** töricht, (allzu) kühn, über'trieben: **~ hope**; **it went beyond my ~est dreams** es übertraf m-e kühnsten Träume; **3. be ~ of** *j-n od et.* lieben, mögen, gern haben: **be ~ of smoking** gern rauchen.

fon·dant ['fɒndənt] *s.* Fon'dant *m*.

fon·dle ['fɒndl] *v/t.* (liebevoll) streicheln, hätscheln; **'fond·ly** [-lɪ] *adv.* **1.** → **fond** 1; **2. I ~ hoped that …** ich war so töricht zu hoffen, daß …; **'fond·ness** [-dnɪs] *s.* **1.** Zärtlichkeit *f*; **2.** Liebe *f*, Zuneigung (**of** zu); **3.** Vorliebe (**for** für).

font [fɒnt] *s.* **1.** *eccl.* Taufstein *m*, -becken *n*: **~ name** Taufname *m*; **2.** Ölbehälter *m* (*Lampe*); **3.** *poet.* Quelle *f*, Brunnen *m*.

fon·ta·nel(le) [₁fɒntə'nel] *s. anat.* Fonta'nelle *f*.

food [fuːd] *s.* **1.** Essen *n*, Kost *f*, Nahrung *f*, Verpflegung *f*: **~ and drink** Essen u. Trinken; **~ plant** Nahrungspflanze *f*; **2.** Nahrungs-, Lebensmittel *pl.*: **~ analyst** Lebensmittelchemiker(in); **~ poisoning** Lebensmittelvergiftung *f*; **3.** Futter *n*; **4.** *fig.* Nahrung *f*, Stoff *m*: **~ for thought** Stoff zum Nachdenken; **'~·stuff** → **food** 2.

food·ie ['fuːdi] *s.* F Feinschmecker *m*.

fool¹ [fuːl] **I** *s.* **1.** Narr *m*, Närrin *f*, Dummkopf *m*, ‚Idi'ot(in)': **he is no ~** er ist nicht dumm; **he is nobody's ~** er läßt sich nichts vormachen; **he is a ~ for** F er ist ganz verrückt auf (*acc.*); **I am a ~ to him** ich bin ein Waisenknabe gegen ihn; **make a ~ of** → 4; **make a ~ of o.s.** sich lächerlich machen, sich blamieren; **2.** (Hof)Narr *m*, Hans'wurst *m*: **play the ~** → 8; **II** *adj.* **3.** *Am.* F blöd, ‚doof': **a ~ question**; **III** *v/t.* **4.** *j-n* zum Narren *od.* zum besten haben; **5.** betrügen (**out of** um), täuschen; verleiten (**into doing** zu tun); **6. ~ away** *Zeit etc.* vergeuden; **IV** *v/i.* **7.** Spaß machen, spaßen: **he was only ~ing** *Am.* er tat ja nur so (als ob); **8. ~ about**, **~ around** her'umalbern, Unsinn *od.* Faxen machen; **9.** (her'um)spielen (**with** mit, an *dat.*).

fool² [fuːl] *s. bsd. Brit. Süßspeise aus Obstpüree u. Sahne.*

fool·er·y ['fuːlərɪ] *s.* → **folly** 1.

'fool|₁har·di·ness *s.* Tollkühnheit *f*; **'~₁har·dy** *adj.* tollkühn, verwegen.

fool·ing ['fuːlɪŋ] *s.* Dummheit(en *pl.*) *f*, Unfug *m*, Spiele'rei *f*; **'fool·ish** [-lɪʃ] *adj.* □ dumm, töricht: a) albern, läppisch, b) unklug; **'fool·ish·ness** [-lɪʃnɪs] *s.* Dumm-, Tor-, Albernheit *f*; **'fool·proof** *adj.* **1.** kinderleicht, idi'otensicher; **2.** ⚙ betriebssicher; **3.** todsicher.

fools·cap ['fuːlskæp] *s. Schreib- u. Druckpapierformat (34,2×43,1 cm).*

fool's| er·rand [fuːlz] *s.* ‚Metzgergang'

m; **~ par·a·dise** *s.* Wolken'kuckucksheim *n*: ***live in a ~*** sich Illusionen hingeben.

foot [fʊt] **I** *pl.* **feet** [fiːt] *s.* **1.** Fuß *m*: ***on ~*** a) zu Fuß, b) *fig.* im Gange; ***on one's feet*** auf den Beinen (*a. fig.*); ***my ~*** (*od.* ***feet***)*!* F von wegen!, Quatsch!; ***it is wet under ~*** der Boden ist naß; ***carry*** (*od.* ***sweep***) ***s.o. off his feet*** a) j-n begeistern, b) j-s Herz im Sturm erobern; ***fall on one's feet*** *fig.* immer auf die Füße fallen; ***get on*** (*od.* ***to***) ***one's feet*** aufstehen; ***find one's feet*** a) gehen lernen *od.* können, b) sich ‚finden', sich ‚freischwimmen', c) wissen, was man tun soll *od.* kann, d) festen Boden unter den Füßen haben; ***have one ~ in the grave*** mit einem Fuß im Grabe stehen; ***put one's ~ down*** a) energisch werden, ein Machtwort sprechen, b) *mot.* Gas geben; ***put one's ~ in it***, *Am. a.* ***put one's ~ in one's mouth*** F ins Fettnäpfchen treten, sich danebenbenehmen; ***put one's best ~ forward*** a) sein Bestes geben, sich mächtig anstrengen, b) sich von der besten Seite zeigen; ***put s.o.*** (*od.* ***s.th.***) ***on his*** (***its***) ***feet*** *fig.* j-n (*od.* et.) wieder auf die Beine bringen; ***put*** *od.* ***set a*** (*od.* ***one's***) ***~ wrong*** et. Falsches tun *od.* sagen; ***set on ~*** *et.* in Gang bringen *od.* in die Wege leiten; ***set ~ on*** *od.* ***in*** betreten; ***tread under ~*** mit Füßen treten (*mst fig.*); → ***cold*** 3; **2.** Fuß *m* (*0,3048 m*): ***3 feet long*** 3 Fuß lang; **3.** *fig.* Fuß *m* (*Berg*, *Glas*, *Säule*, *Seite*, *Strumpf*, *Treppe*): ***at the ~ of the page*** unten auf *od.* am Fuß der Seite; **4.** Fußende *n* (*Bett*, *Tisch etc.*); **5.** ⚔ a) *hist.* Fußvolk *n*: ***500 ~*** 500 Fußsoldaten, b) Infante'rie *f*: ***the 4th ~*** Infanterieregiment Nr. 4; **6.** Versfuß *m*; **7.** Schritt *m*, Tritt *m*: ***a heavy ~***; **8.** *pl.* ***~s*** Bodensatz *m*; **II** *v/t.* **9.** ***~ it*** F a) ‚tippeln', zu Fuß gehen, b) tanzen; **10.** e-n Fuß anstricken an (*acc.*); **11.** bezahlen, begleichen; ***~ the bill***; **12.** *mst* ***~ up*** zs.-zählen, addieren.

foot·age ['fʊtɪdʒ] *s.* **1.** Gesamtlänge *f*, -maß *n* (*in Fuß*); **2.** Filmmeter *pl.*

ˌfoot|-and-'mouth dis·ease *s. vet.* Maul- u. Klauenseuche *f*; **'~·ball** *s. sport* a) Fußball(spiel *n*) *m*: b) *Am.* Football(spiel *n*) *m*: ***~ match*** (***team***) Fußballspiel *n* (-mannschaft *f*); ***~ pools*** *pl.* Fußballtoto *n*; **'~ˌball·er** *s.* Fußballspieler *m*, Fußballer *m*; **'~·bath** *s.* Fußbad *n*; **'~·boy** *s.* **1.** Laufbursche *m*; **2.** Page *m*; **~ brake** *s.* Fußbremse *f*; **'~·bridge** *s.* Fußgängerbrücke *f*, (Lauf-)Steg *m*; **~ can·dle** *s. phys.* Foot-candle *f* (*Lichteinheit*); **~ con·trol** *s.* ⚙ Fußsteuerung *f*, -schaltung *f*; **~ drop** *s.* ⚕ Spitzfuß *m*.

foot·ed ['fʊtɪd] *adj. mst in Zssgn* mit ... Füßen, ...füßig; **'foot·er** [-tə] *s.* **1.** *in Zssgn* ... Fuß groß *od.* lang: ***a six-~*** ein sechs Fuß großer Mensch; **2.** *Brit. sl.* Fußball(spiel *n*) *m*.

'foot|·fall *s.* Schritt *m*, Tritt *m* (*Geräusch*); **~ fault** *s. Tennis*: Fußfehler *m*; **'~·gear** *s.* Schuhwerk *n*; **~ guard** *s.* Fußschutz *m*; **'~·hill** *s.* **1.** Vorberg *m*; **2.** *pl.* Ausläufer *pl.* e-s Gebirges; **'~·hold** *s.* Stand *m*, Raum *m* zum Stehen; *fig.* Halt *m*, Stütze *f*; ('Ausgangs)Basis *f*, (-)Positiˌon *f*: ***gain a ~*** (festen) Fuß fassen.

foot·ing ['fʊtɪŋ] *s.* **1.** → ***foothold***: ***lose*** (*od.* ***miss***) ***one's ~*** ausgleiten, den Halt verlieren; **2.** Aufsetzen *n* der Füße.

foo·tle ['fuːtl] F **I** *v/i.* **1.** *oft* ***~ around*** her'umtrödeln; **2.** a) her'umalbern, b) ‚Stuß' reden; **II** *v/t.* **3.** ***~ away*** *Zeit*, *Geld etc.* vergeuden, *Chance* vertun; **III** *s.* **4.** ‚Stuß' *m*.

'foot·lights *s. pl. thea.* **1.** Rampenlicht (-er *pl.*) *n*; **2.** Bühne *f* (*a. Schauspielerberuf*).

foo·tling ['fuːtlɪŋ] *adj. sl.* albern, läppisch.

'foot|·loose *adj.* (völlig) ungebunden *od.* frei; **'~·man** [-mən] *s.* [*irr.*] La'kai *m*, Diener *m*; **'~·mark** *s.* Fußspur *f*; **'~·note** *s.* Fußnote *f*; **ˌ~-'op·er·at·ed** *adj.* mit Fußantrieb, Tret..., Fuß...; **'~·pad** *s. obs.* Straßenräuber *m*; **~ pas·sen·ger** *s.* Fußgänger(in); **'~·path** *s.* **1.** (Fuß)Pfad *m*; **2.** Bürgersteig *m*; **'~·pound** *s.* Foot-pound *n* (*Arbeits- u. Energie-Einheit*); **'~-ˌpound·al** [-ˌpaʊndl] *n* Foot-poundal *n* (*1/32 Foot-pound*); **'~·print** *s.* Fußabdruck *m*, *pl. a.* Fußspur(en *pl.*) *f*; **'~·race** *s.* Wettlauf *m*; **'~·rest** *s.* Fußstütze *f*, -raste *f*; **~ rule** *s.* Zollstock *m*; **'~·sore** *adj.* fußkrank; **'~·step** *s.* **1.** Tritt *m*, Schritt *m*; **2.** Fuß(s)tapfe *f*: ***follow in s.o.'s ~s*** in j-s Fußstapfen treten, j-s Beispiel folgen; **'~·stool** *s.* Schemel *m*, Fußbank *f*; **~ switch** *s.* ⚙ Fußschalter *m*; **'~·way** *s.* Fußweg *m*; **'~·wear** → ***footgear***; **'~·work** *s. sport* Beinarbeit *f*.

foo·zle ['fuːzl] *sl.* **I** *v/t.* ‚verpatzen'; **II** *v/i.* ‚patzen', ‚Mist bauen'; **III** *s.* Murks *m*, ‚Patzer' *m*.

fop [fɒp] *s.* Stutzer *m*, Geck *m*, ‚Fatzke' *m*; **'fop·per·y** [-pərɪ] *s.* Affigkeit *f*; **'fop·pish** [-pɪʃ] *adj.* □ geckenhaft, affig.

for [fɔː; fə] **I** *prp.* **1.** *allg.* für: ***a gift ~ him***; ***it is good ~ you***; ***I am ~ the plan***; ***an eye ~ beauty*** Sinn für das Schöne; ***it was very awkward ~ her*** es war sehr peinlich für sie, es war ihr sehr unangenehm; ***he spoilt their weekend ~ them*** er verdarb ihnen das ganze Wochenende; ***~ and against*** für u. wider; **2.** für, (mit der Absicht) zu, um (...willen): ***apply ~ the post*** sich um die Stellung bewerben; ***die ~ a cause*** für e-e Sache sterben; ***go ~ a walk*** spazierengehen; ***come ~ dinner*** zum Essen kommen; ***what ~?*** wozu?, wofür?; **3.** (*Wunsch*, *Ziel*) nach, auf (*acc.*): ***a claim ~ s.th.*** ein Anspruch auf e-e Sache; ***the desire ~ s.th.*** der Wunsch *od.* das Verlangen nach et.; ***call ~ s.o.*** nach j-m rufen; ***wait ~ s.th.*** auf etwas warten; ***oh, ~ a car!*** ach, hätte ich doch e-n Wagen!; **4.** a) (*passend od. geeignet*) für, b) (*bestimmt*) für *od.* zu: ***tools ~ cutting*** Werkzeuge zum Schneiden, Schneidewerkzeuge; ***the right man ~ the job*** der richtige Mann für diesen Posten; **5.** (*Mittel*) gegen: ***a remedy ~ influenza***; ***treat s.o. ~ cancer*** j-n gegen *od.* auf Krebs behandeln; ***there is nothing ~ it but to give in*** es bleibt nichts (anderes) übrig, als nachzugeben; **6.** (*als Belohnung*) für: ***a medal ~ bravery***; **7.** (*als Entgelt*) für, gegen, um: ***I sold it ~ £10*** ich verkaufte es für 10 Pfund; **8.** (*im Tausch*) für, gegen: ***I exchanged the knife ~ a pencil***; **9.** (*Betrag*, *Menge*) über (*acc.*): ***a postal order ~ £20***; **10.** (*Grund*) aus, vor (*dat.*), wegen (*gen. od. dat.*): ***~ this reason*** aus diesem Grund; ***~ fun*** aus *od.* zum Spaß; ***die ~ grief*** aus *od.* vor Gram sterben; ***weep ~ joy*** vor Freude weinen; ***I can't see ~ the fog*** ich kann nichts sehen wegen des Nebels *od.* vor lauter Nebel; **11.** (*als Strafe etc.*) für, wegen: ***punished ~ theft***; **12.** dank, wegen: ***were it not ~ his energy*** wenn er nicht so energisch wäre, dank s-r Energie; **13.** für, in Anbetracht (*gen.*), im Verhältnis zu: ***he is tall ~ his age*** er ist groß für sein Alter; ***it is rather cold ~ July*** es ist ziemlich kalt für Juli; ***~ a foreigner he speaks rather well*** für e-n Ausländer spricht er recht gut; **14.** (*zeitlich*) für, während (*gen.*), auf (*acc.*), für die Dauer von, seit: ***~ a week*** e-e Woche (lang); ***come ~ a week*** komme auf *od.* für e-e Woche; ***~ hours*** stundenlang; ***~ some time past*** seit längerer Zeit; ***the first picture ~ two months*** der erste Film in *od.* seit zwei Monaten; **15.** (*Strecke*) weit, lang: ***run ~ a mile*** e-e Meile (weit) laufen; **16.** nach, auf (*acc.*), in Richtung auf (*acc.*): ***the train ~ London*** der Zug nach London; ***the passengers ~ Rome*** die nach Rom reisenden Passagiere; ***start ~ Paris*** nach Paris abreisen; ***now ~ it!*** *Brit.* F jetzt (nichts wie) los *od.* drauf!, ran!; **17.** für, an Stelle von (*od. gen.*), (an)'statt: ***he appeared ~ his brother***; **18.** für, in Vertretung *od.* im Auftrage *od.* im Namen von (*od. gen.*): ***act ~ s.o.***; **19.** für, als: ***~ example*** als *od.* zum Beispiel; ***books ~ presents*** Bücher als Geschenk; ***take that ~ an answer*** nimm das als Antwort; **20.** trotz (*gen. od. dat.*): ***~ all that*** trotz alledem; ***~ all his wealth*** trotz s-s ganzen Reichtums, bei allem Reichtum; ***~ all you may say*** sage, was du willst; **21.** was ... betrifft: ***as ~ me*** was mich betrifft *od.* an(be)langt; ***as ~ that matter*** was das betrifft; ***~ all I know*** soviel ich weiß; **22.** *nach adj. u. vor inf.*: ***it is too heavy ~ me to lift*** es ist so schwer, daß ich es nicht heben kann; es ist zu schwer für mich; ***he ran too fast ~ me to catch him*** er rannte zu schnell, als daß ich ihn hätte einholen können; ***it is impossible ~ me to come*** es ist mir unmöglich zu kommen, ich kann unmöglich kommen; ***it seemed useless ~ him to continue*** es erschien sinnlos, daß er noch weitermachen sollte; **23.** *mit s. od. pron. u. inf.*: ***it is time ~ you to go home*** es ist Zeit, daß du heimgehst; ***it is ~ you to decide*** die Entscheidung liegt bei Ihnen; ***he called ~ the girl to bring him tea*** er rief nach dem Mädchen, damit es ihm Tee bringe; ***don't wait ~ him to turn up yet*** wartet nicht darauf, daß er noch auftaucht; ***wait ~ the rain to stop!*** warte, bis der Regen aufhört!; ***there is no need ~ anyone to know*** es braucht niemand zu wissen; ***I should be sorry ~ you to think that*** es täte mir leid, wenn du das dächtest; ***he brought some papers ~ me to sign*** er brachte mir einige Papiere zur Unterschrift; **24.** (*ethischer Dativ*): ***that's a wine ~ you*** das ist vielleicht ein Weinchen, das nenne ich e-n Wein; ***that's gratitude ~ you!*** a) das ist (wahre) Dankbarkeit!, b) *iro.* von wegen Dankbarkeit!; **25.** *Am.* nach: ***he was named ~ his father***; **II** *cj.* **26.** a) denn, weil, b) nämlich; **III** *s.* **27.** Für *n.*

for·age ['fɒrɪdʒ] **I** *s.* **1.** (Vieh)Futter *n*; **2.** Nahrungssuche *f*; **3.** ⚔ 'Überfall *m*; **II** *v/i.* **4.** (nach) Nahrung *od.* Futter suchen; **5.** *fig.* her'umstöbern, -kramen (***for*** nach); **6.** ⚔ e-n 'Überfall machen; **III** *v/t.* **7.** mit Nahrung *od.* Futter versorgen; **8.** *obs.* (aus)plündern; **~ cap** *s.* ⚔ Feldmütze *f.*

for·ay ['fɒreɪ] **I** *s.* **1.** a) Beute-, Raubzug *m*, b) ⚔ Ein-, 'Überfall *m*; **2.** *fig.* ‚Ausflug' *m* (***into*** in *acc.*); **II** *v/i.* **3.** plündern; **4.** einfallen (***into*** in *acc.*).

for·bade [fə'bæd], *a.* **for'bad** [-'bæd] *pret. von* ***forbid***.

for·bear[1] ['fɔːbeə] *s.* Vorfahr *m.*

for·bear[2] [fɔː'beə] **I** *v/t.* [*irr.*] **1.** unter'lassen, Abstand nehmen von, sich enthalten (*gen.*): ***I cannot ~ laughing*** ich muß (einfach) lachen; **II** *v/i.* [*irr.*] **2.** Abstand nehmen (***from*** von); es unterlassen; **3.** nachsichtig sein (***with*** mit); **for'bear·ance** [-eərəns] *s.* **1.** Unter'lassung *f*; **2.** Geduld *f*, Nachsicht *f*; **for'bear·ing** [-eərɪŋ] *adj.* □ nachsichtig, geduldig.

for·bid [fə'bɪd] **I** *v/t.* [*irr.*] **1.** verbieten, unter'sagen (*j-m et. od. zu tun*); **2.** unmöglich machen, ausschließen; **II** *v/i.* **3.** ***God ~!*** Gott behüte!; **for'bid·den** [-dn] *p.p. von* ***forbid*** *u. adj.* verboten: **~ *fruit*** *fig.* verbotene Frucht; ***2 City*** *hist. die* Verbotene Stadt (*in Peking*); **for'bid·ding** [-dɪŋ] *adj.* □ **1.** abschreckend, abstoßend, scheußlich; **2.** bedrohlich, gefährlich; **3.** ‚unmöglich', unerträglich.

for·bore [fɔː'bɔː] *pret. von* ***forbear***[2]; **for'borne** [-ɔːn] *p.p. von* ***forbear***[2].

force [fɔːs] **I** *s.* **1.** (*a. fig. geistige, politische etc.*) Kraft (*a. phys.*), Stärke *f* (*a. Charakter*), Wucht *f*: ***join ~s*** a) sich zs.-tun, b) ⚔ s-e Streitkräfte vereinigen; **2.** Gewalt *f*, Macht *f*: ***by ~*** a) gewaltsam, b) zwangsweise; ***by ~ of arms*** mit Waffengewalt; **3.** Zwang *m* (*a.* ⚖), Druck *m*: ***~ of circumstances*** Zwang der Verhältnisse; **4.** Einfluß *m*, Wirkung *f*, Wert *m*; Nachdruck *m*, Über'zeugungskraft *f*: ***by ~ of*** vermittels; ***~ of habit*** Macht *f* der Gewohnheit; ***lend ~ to*** Nachdruck verleihen (*dat.*); **5.** ⚖ (Rechts)Gültigkeit *f*, (-)Kraft *f*: ***in ~*** in Kraft, geltend; ***come*** (***put***) ***into ~*** in Kraft treten (setzen); **6.** *ling.* Bedeutung *f*, Gehalt *m*; **7.** ⚔ Streit-, Kriegsmacht *f*, Truppe(n *pl.*) *f*, Verband *m*: ***the*** (***armed***) ***~s*** die Streitkräfte; ***labo***(***u***)***r ~*** Arbeitskräfte *pl.*, Belegschaft *f*; ***a strong ~ of police*** ein starkes Polizeiaufgebot; **8.** ***the 2*** *Brit.* die Poli'zei; **9.** F Menge *f*: ***in ~*** in großer Zahl *od.* Menge; ***the police came out in ~*** die Polizei rückte in voller Stärke aus; **II** *v/t.* **10.** zwingen, nötigen: ***~ s.o.'s hand*** j-n (zum Handeln) zwingen; ***~ one's way*** sich durchzwängen; ***~ s.th. from s.o.*** j-m et. entreißen; **11.** erzwingen, forcieren, 'durchsetzen: ***~ a smile*** gezwungen lächeln; **12.** treiben, drängen; *Preise* hochtreiben: ***~ s.th. on s.o.*** j-m et. aufdrängen *od.* -zwingen; **13.** ✓ treiben, hochzüchten; **14.** forcieren, beschleunigen: ***~ the pace***; **15.** *j-m, a. e-r Frau, a. fig. dem Sinn etc.* Gewalt antun; *Ausdruck* zu Tode hetzen; **16.** *Tür etc.* aufbrechen, (-)sprengen; **17.** ⚔ erstürmen; über'wältigen; **18.** ***~ down*** a) ✈ zur Landung zwingen, b) *Essen* hin'unterwürgen.

forced [fɔːst] *adj.* □ **1.** erzwungen, forciert, Zwangs...: ***~ lubrication*** → ***force feed***; ***~ labo***(***u***)***r*** Zwangsarbeit *f*; ***~ landing*** ✈ Notlandung *f*; ***~ loan*** ✝ Zwangsanleihe *f*; ***~ march*** ⚔ Eil-, Gewaltmarsch *m*; ***~ sale*** ⚖ Zwangsverkauf *m*, -versteigerung *f*; **2.** forciert, gekünstelt, gezwungen (*Lächeln etc.*); manieriert (*Stil etc.*); **'forc·ed·ly** [-sɪdlɪ] *adv.* → ***forced***.

force| feed *s.* ⚙ Druckschmierung *f*; **'~-feed** *v/t.* [*irr.* → ***feed***] *j-n* zwangsernähren; **~ field** *s. phys.* Kräftefeld *n.*

force·ful ['fɔːsfʊl] *adj.* □ **1.** kräftig, wuchtig (*a. fig.*); **2.** eindringlich, -drucksvoll; zwingend, über'zeugend (*Argumente etc.*); **'force·ful·ness** [-nɪs] *s.* Eindringlichkeit *f*, Wucht *f.*

'force-land I *v/t.* ✈ zur Notlandung zwingen; **II** *v/i.* notlanden.

force ma·jeure [ˌfɔːsmæ'ʒɜː] (*Fr.*) *s.* ⚖ höhere Gewalt.

'force-meat *s. Küche*: Farce *f*, (Fleisch-)Füllung *f.*

for·ceps ['fɔːseps] *s. sg. u. pl.* ⚕ a) Zange *f*, b) Pin'zette *f*: ***~ delivery*** ⚕ Zangengeburt *f.*

force pump *s.* ⚙ Druckpumpe *f.*

for·ci·ble ['fɔːsəbl] *adj.* □ **1.** gewaltsam: ***~ feeding*** Zwangsernährung *f*; **2.** → ***forceful***.

forc·ing| bed ['fɔːsɪŋ], **~ frame** *s.* ✓ Früh-, Mistbeet *n*; **~ house** *s.* Treibhaus *n.*

ford [fɔːd] **I** *s.* Furt *f*; **II** *v/i.* 'durchwaten; **III** *v/t.* durch'waten; **'ford·a·ble** [-dəbl] *adj.* seicht.

fore [fɔː] **I** *adj.* vorder, Vorder..., Vor...; früher; **II** *s.* Vorderteil *m*, *n*, -seite *f*, Front *f*: ***to the ~*** a) bei der *od.* zur Hand, zur Stelle, b) am Leben, c) im Vordergrund: ***come to the ~*** a) hervortreten, in den Vordergrund treten, b) sich hervortun; **III** *int. Golf*: Achtung!

ˌfore-and-'aft [-ɔːrə-] *adj.* ⚓ längsschiffs: ***~ sail*** Stagsegel *n.*

fore·arm[1] ['fɔːrɑːm] *s.* 'Unterarm *m.*

fore·arm[2] [fɔːr'ɑːm] *v/t.*: ***~ o.s.*** sich wappnen; → ***forewarn***.

'fore|·bear → ***forbear***[1]; **~'bode** [-'bəʊd] *v/t.* **1.** vor'hersagen, prophe'zeien; **2.** ahnen lassen, deuten auf (*acc.*); **3.** ein böses Omen sein für; **4.** *Schlimmes* ahnen, vor'aussehen; **~'bod·ing** [-'bəʊdɪŋ] *s.* **1.** (böses) Vorzeichen *od.* Omen; **2.** (böse) Ahnung; **3.** Prophe'zeiung *f*; **'~·cast I** *v/t.* [*irr.* → ***cast***] **1.** vor'aussagen, vor'hersehen; **2.** vor'ausberechnen, im vor'aus schätzen *od.* planen; **3.** *Wetter etc.* vor'hersagen; **II** *s.* **4.** Vor'her-, Vor'aussage *f*: ***weather ~*** Wetterbericht *m*, -vorhersage; **~·cas·tle** ['fəʊksl] *s.* ⚓ Back *f*, Vorderdeck *n*; **'~ˌcheck·ing** *s. sport* Forechecking *n*, frühes Stören; **~'close** *v/t.* **1.** ⚖ ausschließen (***of*** von *e-m Rechtsanspruch*); **2.** ***~ a mortgage*** a) e-e Hypothekenforderung geltend machen, b) e-e Hypothek (gerichtlich) für verfallen erklären, c) *Am.* aus e-r Hypothek die Zwangsvollstreckung betreiben; für verfallen erklären; **3.** (ver)hindern; **4.** *Frage etc.* vor'wegnehmen; **~'clo·sure** *s.* ⚖ a) (gerichtliche) Verfallserklärung (*e-r Hypothek*), b) *Am.* Zwangsvollstreckung *f*: ***~ action*** Ausschlußklage *f*; ***~ sale*** *Am.* Zwangsversteigerung *f*; **'~·deck** *s.* ⚓ Vorderdeck *n*; **~'doom** *v/t.*: ***~ed*** (***to failure***) *fig.* von vornherein zum Scheitern verurteilt, totgeboren; **'~ˌfa·ther** *s.* Ahn *m*, Vorfahr *m*; **'~ˌfin·ger** *s.* Zeigefinger *m*; **'~·foot** *s.* [*irr.*] **1.** *zo.* Vorderfuß *m*; **2.** ⚓ Stevenanlauf *m*; **'~·front** *s.* vorderste Reihe (*a. fig.*): ***in the ~ of the battle*** ⚔ in vorderster Linie; ***be in the ~ of s.o.'s mind*** j-n (*geistig*) sehr beschäftigen; **~'gath·er** → ***forgather***; **~'go** *v/t. u. v/i.* [*irr.* → ***go***] **1.** vor'angehen (*dat.*), *zeitlich a.* vor'hergehen (*dat.*): ***~ing*** vorhergehend, vorerwähnt, vorig; **2.** → ***forgo***; **'~·gone** *adj.*: ***~ conclusion*** ausgemachte Sache, Selbstverständlichkeit *f*; ***his success was a ~ conclusion*** sein Erfolg stand von vornherein fest *od.* war ‚vorprogrammiert'; **'~·ground** *s.* Vordergrund *m* (*a. fig.*); **'~·hand I** *s.* **1.** Vorderhand *f* (*Pferd*); **2.** *sport* Vorhand(schlag *m*) *f*; **II** *adj.* **3.** *sport* Vorhand...

fore·head ['fɒrɪd] *s.* Stirn *f.*

'fore·hold *s.* ⚓ vorderer Laderaum.

for·eign ['fɒrən] *adj.* **1.** fremd, ausländisch, auswärtig, Auslands..., Außen...: ***~ affairs*** *pol.* auswärtige Angelegenheiten; ***~ aid*** Auslandshilfe *f*; ***~-born*** im Ausland geboren; ***~ bill*** (***of exchange***) ✝ Auslandswechsel *m*; ***~ control*** Überfremdung *f*; ***~ country***, ***~ countries*** Ausland *n*; ***~ currency*** a) ausländische Währung, b) ✝ Devisen *pl.*; ***~ department*** Auslandsabteilung *f*; ***~ language*** Fremdsprache *f*; ***~-language*** a) fremdsprachig, b) fremdsprachlich, Fremdsprachen...; ***2 Legion*** ⚔ Fremdenlegion *f*; ***~ minister*** *pol.* Außenminister *m*; ***2 Office*** *Brit.* Außenministerium *n*; ***~-owned*** in ausländischem Besitz (befindlich); ***~ policy*** Außenpolitik *f*; ***2 Secretary*** *Brit.* Außenminister *m*; ***~ trade*** ✝ Außenhandel *m*; ***~ word*** a) Fremdwort *n*, b) Lehnwort *n*; ***~ worker*** Gastarbeiter(in); **2.** fremd (***to*** *dat.*): ***~ body*** (*od.* ***matter***) Fremdkörper *m*; ***that is ~ to his nature*** das ist ihm wesensfremd; **3.** ***~ to*** nicht gehörig *od.* passend zu.

for·eign·er ['fɒrənə] *s.* **1.** Ausländer (-in); **2.** *et.* Ausländisches (*z. B. Schiff, Produkt etc.*).

fore|'judge *v/t.* im vor'aus *od.* voreilig entscheiden *od.* beurteilen; **~'know** *v/t.* [*irr.* → ***know***] vor'herwissen, vor'aussehen; **ˌ~'knowl·edge** *s.* Vor'herwissen *n*, vor'herige Kenntnis; **'~ˌla·dy** *Am.* → ***forewoman***; **'~·land** [-lənd] *s.* Vorland *n*, Vorgebirge *n*, Landspitze *f*; **'~·leg** *s.* Vorderbein *n*; **'~·lock** *s.* Stirnlocke *f*, -haar *n*: ***take time by the ~*** die Gelegenheit beim Schopfe fassen; **'~·man** [-mən] *s.* [*irr.*] **1.** Werkmeister *m*, Vorarbeiter *m*, ⚠ Po'lier *m*; Aufseher *m*; **2.** ⚖ Obmann *m der Geschworenen*; **'~·mast** [-mɑːst; ⚓ -məst] *s.* ⚓ Fockmast *m*; **'~·most I** *adj.* vorderst, erst, best, vornehmst; **II** *adv.* zu'erst: ***first and ~*** zuallererst; ***feet ~*** mit den Füßen voran; **'~·name** *s.* Vorname *m*; **'~·noon** *s.* Vormittag *m*.

fo·ren·sic [fə'rensɪk] *adj.* (□ ***~ally***) fo'rensisch, Gerichts…: ***~ medicine***.

ˌfore|·or'dain [-ɔːrɔː-] *v/t.* vor'herbestimmen; **ˌ~·or·di'na·tion** [-ɔːrɔː-] *s. eccl.* Vor'herbestimmung *f*; **'~·part** *s.* **1.** Vorderteil *m*; **2.** Anfang *m*; **'~·play** *s.* (*sexuelles*) Vorspiel; **'~ˌrun·ner** *s. fig.* **1.** Vorläufer *m*; **2.** Vorbote *m*, Anzeichen *n*; **'~·sail** [-seɪl; ⚓ -sl] *s.* ⚓ Focksegel *n*; **~'see** *v/t.* [*irr.* → ***see***[1]] vor'aussehen *od.* -wissen; **~'see·a·ble** [-'siːəbl] *adj.* vor'auszusehen(d), absehbar: ***in the ~ future*** in absehbarer Zeit; **~'shad·ow** *v/t.* ahnen lassen, (drohend) ankündigen; **'~·sheet** *s.* ⚓ **1.** Fockschot *f*; **2.** *pl.* Vorderboot *n*; **'~·shore** *s.* Uferland *n*, (Küsten)Vorland *n*; **~'short·en** *v/t.* *Figuren* in Verkürzung *od.* perspek'tivisch zeichnen; **'~·sight** *s.* **1.** a) Weitblick *m*, b) (weise) Vor'aussicht; → ***hindsight*** 2; **2.** Blick *m* in die Zukunft; **3.** ✕ (Vi'sier)Korn *n*; **'~·skin** *s. anat.* Vorhaut *f*.

for·est ['fɒrɪst] **I** *s.* Wald *m* (*a. fig. von Masten etc.*), Forst *m*: ***~ fire*** Waldbrand *m*; **II** *v/t.* aufforsten.

fore|'stall *v/t.* **1.** *j-m* zu'vorkommen; **2.** *e-r Sache* vorbeugen, *et.* vereiteln; **3.** *Einwand etc.* vor'wegnehmen; **4.** † (spekula'tiv) aufkaufen; **'~·stay** *s.* ⚓ Fockstag *n*.

for·est·ed ['fɒrɪstɪd] *adj.* bewaldet; **'for·est·er** [-tə] *s.* **1.** Förster *m*; **2.** Waldbewohner *m* (*a. Tier*); **'for·est·ry** [-trɪ] *s.* **1.** Forstwirtschaft *f*, -wesen *n*; **2.** Wälder *pl*.

'fore|·taste *s.* Vorgeschmack *m*; **~'tell** *v/t.* [*irr.* → ***tell***] **1.** vor'her-, vor'aussagen; **2.** andeuten, ahnen lassen; **'~·thought** → ***foresight*** 1; **'~·top** [-tɒp; ⚓ -təp] *s.* ⚓ Fock-, Vormars *m*; **ˌ~·top'gal·lant** *s.* ⚓ Vorbramsegel *n*: ***~ mast*** Vorbramstenge *f*; **'~·top·mast** *s.* ⚓ Fock-, Vormarsstenge *f*; **'~·top·sail** [-seɪl; ⚓ -sl] *s.* ⚓ Vormarssegel *n*.

for ev·er, for·ev·er [fə'revə] *adv.* **1.** *a.* ***~ and ever*** für *od.* auf immer, für alle Zeit; **2.** andauernd, ständig, unaufhörlich; **3.** F ‚ewig' (lang); **for ev·er more, for'ev·er·more** *adv.* für immer u. ewig.

fore|'warn *v/t.* vorher warnen (***of*** vor *dat.*): ***~ed is forearmed*** gewarnt sein heißt gewappnet sein; **'~·wom·an** *s.* [*irr.*] **1.** Vorarbeiterin *f*, Aufseherin *f*; **2.** ⚖ Obmännin *f der Geschworenen*; **'~·word** *s.* Vorwort *n*; **'~·yard** *s.* ⚓ Fockrahe *f*.

for·feit ['fɔːfɪt] **I** *s.* **1.** (Geld-, *a.* Vertrags)Strafe *f*, Buße *f*: ***pay the ~ of one's life*** mit s-m Leben bezahlen; **2.** Verlust *m*, Einbuße *f*; **3.** verwirktes Pfand: ***pay a ~*** ein Pfand geben; **4.** *pl.* Pfänderspiel *n*; **II** *v/t.* **5.** verwirken, verlieren, *fig.* einbüßen, verscherzen; **III** *adj.* **6.** verwirkt, verfallen; **'for·fei·ture** [-tʃə] *s.* Verlust *m*, Verwirkung *f*, Verfallen *n*, Einziehung *f*, Entzug *m*.

for·fend [fɔː'fend] *v/t.* **1.** *obs.* verhüten: ***God ~!*** Gott behüte!; **2.** *Am.* schützen, sichern (***from*** vor *dat.*).

for·gath·er [fɔː'gæðə] *v/i.* zs.-kommen, sich treffen; verkehren (***with*** mit).

for·gave [fə'geɪv] *pret. von* ***forgive***.

forge[1] [fɔːdʒ] *v/i.*: ***~ ahead*** a) sich (mühsam) vor'ankämpfen, sich Bahn brechen, b) *fig.* (allmählich) Fortschritte machen, c) (sich) nach vorn drängen, *a. sport* sich an die Spitze setzen.

forge[2] [fɔːdʒ] **I** *s.* **1.** Schmiede *f* (*a. fig.*); **2.** ⚙ a) Schmiedefeuer *n*, -esse *f*, b) Glühofen *m*, c) Hammerwerk *n*: ***~ lathe*** Schmiededrehbank *f*; **II** *v/t.* **3.** schmieden (*a. fig.*); **4.** *fig.* a) formen, schaffen, b) erfinden, sich ausdenken; **5.** fälschen: ***~ a document***; **'forge·a·ble** [-dʒəbl] *adj.* schmiedbar; **'forg·er** [-dʒə] *s.* **1.** Schmied *m*; **2.** Erfinder *m*, Erschaffer *m*; **3.** Fälscher *m*: ***~ (of coin)*** Falschmünzer *m*; **'for·ger·y** [-dʒərɪ] *s.* **1.** Fälschen *n*: ***~ of a document*** ⚖ Urkundenfälschung *f*; **2.** Fälschung *f*, Falsifi'kat *n*.

for·get [fə'get] **I** *v/t.* [*irr.*] **1.** vergessen, nicht denken an (*acc.*), nicht bedenken, sich nicht erinnern an (*acc.*): ***I ~ his name*** sein Name ist mir entfallen; **2.** vergessen, verlernen: ***I have forgotten my French***; **3.** vergessen, unter'lassen: ***~ it!*** F a) vergiß es!, schon gut!, b) *iro.* das kannst du vergessen!; ***don't you ~ it*** merk dir das!; **4.** ***~ o.s.*** a) (nur) an andere denken, b) sich vergessen, ‚aus der Rolle fallen'; **II** *v/i.* [*irr.*] **5.** vergessen: ***~ about it!*** denk nicht mehr daran!; ***I ~!*** das ist mir entfallen!; **for'get·ful** [-fʊl] *adj.* □ **1.** vergeßlich; **2.** achtlos, nachlässig (***of*** gegenüber): ***~ of one's duties*** pflichtvergessen; **for'get·ful·ness** [-fʊlnɪs] *s.* **1.** Vergeßlichkeit *f*; **2.** Achtlosigkeit *f*.

for'get-me-not *s.* ⚘ Ver'gißmeinnicht *n*.

for·giv·a·ble [fə'gɪvəbl] *adj.* verzeihlich, entschuldbar; **for·give** [fə'gɪv] *v/t.* [*irr.*] **1.** verzeihen, vergeben; **2.** *j-m e-e Schuld etc.* erlassen; **for'giv·en** [-vn] *p.p. von* ***forgive***; **for'give·ness** [-vnɪs] *s.* **1.** Verzeihung *f*, -gebung *f*; **2.** Versöhnlichkeit *f*; **for'giv·ing** [-vɪŋ] *adj.* □ **1.** versöhnlich, nachsichtig; **2.** verzeihend.

for·go [fɔː'gəʊ] *v/t.* [*irr.* → ***go***] verzichten auf (*acc.*).

for·got [fə'gɒt] *pret.* [*u. p.p. obs.*] *von* ***forget***; **for'got·ten** [-tn] *p.p. von* ***forget***.

fork [fɔːk] **I** *s.* **1.** (*Eß-, Heu-, Mist- etc.*) Gabel *f* (*a.* ⚙); **2.** ♪ (Stimm)Gabel *f*; **3.** Gabelung *f*, Abzweigung *f*; **4.** *Am.* a) Zs.-fluß *m*, b) *oft pl.* Gebiet *n* an e-r Flußgabelung; **II** *v/t.* **5.** gabelförmig machen, gabeln; **6.** mit e-r Gabel aufladen *od.* 'umgraben *od.* wenden; **7.** *Schach*: *zwei Figuren* gleichzeitig angreifen; **III** *v/i.* **8.** sich gabeln *od.* spalten; ***~ out, ~ over, ~ up*** *v/t. u. v/i.* ‚blechen' (*zahlen*); **forked** [-kt] *adj.* gabelförmig, gegabelt, gespalten; zickzackförmig (*Blitz*); **'fork-lift (truck)** *s.* ⚙ Gabelstapler *m*.

for·lorn [fə'lɔːn] *adj.* **1.** verlassen, einsam; **2.** verzweifelt, hilflos; unglücklich, elend; ***~ hope*** *s.* **1.** aussichtsloses Unter'nehmen; **2.** letzte (verzweifelte) Hoffnung; **3.** ✕ a) verlorener Haufen *od.* Posten, b) 'Himmelfahrtskomˌmando *n*.

form [fɔːm] **I** *s.* **1.** Form *f*, Gestalt *f*, Fi'gur *f*; **2.** ⚙ Form *f*, Fas'son *f*, Mo'dell *n*, Scha'blone *f*; Δ Schalung *f*; **3.** Form *f*, Art *f*; Me'thode *f*, (An)Ordnung *f*, Schema *n*: ***in due ~*** vorschriftsmäßig; **4.** Form *f*, Fassung *f* (*Wort, Text, a. ling.*), Formel *f* (*Gebet etc.*); **5.** *phls.* Wesen *n*, Na'tur *f*; **6.** 'Umgangsform *f*, Ma'nieren *pl.*, Benehmen *n*: ***good (bad) ~*** guter (schlechter) Ton; ***it is good (bad) ~*** es gehört *od.* schickt sich (nicht); **7.** Formblatt *n*, Formu'lar *n*: ***printed ~*** Vordruck *m*; ***~ letter*** Schemabrief *m*; **8.** Formali'tät *f*, Äußerlichkeit *f*: ***matter of ~*** Formsache *f*; ***mere ~*** bloße Förmlichkeit; **9.** Form *f*, (körperliche *od.* geistige) Verfassung: ***in (od. on) ~*** (gut) in Form; ***off (od. out of) ~*** nicht in Form; **10.** *Brit.* a) (Schul-)Bank *f*, b) (Schul)Klasse *f*: ***~ master (mistress)*** Klassenlehrer(in); **11.** *typ.* → ***forme***; **II** *v/t.* **12.** formen, bilden (*a. ling.*); schaffen, gestalten (***into*** zu, ***after*** nach); *Regierung* bilden, *Gesellschaft etc.* gründen; **13.** *den Charakter etc.* formen, bilden; **14.** a) *e-n Teil etc.* bilden, ausmachen, b) dienen als; **15.** anordnen, zs.-stellen; **16.** ✕ formieren, aufstellen; **17.** *e-n Plan* fassen, entwerfen; **18.** sich *e-e Meinung* bilden; **19.** *e-e Freundschaft etc.* schließen; **20.** *e-e Gewohnheit* annehmen; **21.** ⚙ formen; **III** *v/i.* **22.** sich formen *od.* bilden *od.* gestalten, Form annehmen, entstehen; **23.** *a.* ***~ up*** ✕ sich formieren *od.* aufstellen, antreten.

-form [-fɔːm] *in Zssgn* …förmig.

for·mal ['fɔːml] **I** *adj.* □ → ***formally***; **1.** förmlich, for'mell: a) offizi'ell: ***~ call*** Höflichkeitsbesuch *m*, b) feierlich: ***~ event*** → 5; ***~ dress*** → 6, c) steif, 'unperˌsönlich, d) (peinlich) genau, pe'dantisch (die Form wahrend), e) formgerecht, vorschriftsmäßig: ***~ contract*** förmlicher Vertrag; **2.** for'mal, for'mell: a) rein äußerlich, b) rein gewohnheitsmäßig, c) scheinbar, Schein…; **3.** for'mal: a) herkömmlich, konventio'nell: ***~ style***, b) schulmäßig, streng me'thodisch, c) Form…: ***~ defect*** ⚖ Formfehler *m*; **4.** regelmäßig: ***~ garden*** architektonischer Garten; **II** *s. Am.* **5.** Veranstaltung, für die Gesellschaftskleidung vorgeschrieben ist; **6.** Gesellschafts-, Abendanzug *m od.* -kleid *n*.

form·al·de·hyde [fɔː'mældɪhaɪd] *s.* ⚗ Formalde'hyd *m*; **for·ma·lin** ['fɔːməlɪn] *s.* ⚗ Forma'lin *n*.

for·mal·ism ['fɔːməlɪzəm] *s. allg.* Forma'lismus *m*; **'for·mal·ist** [-lɪst] *s.* Forma'list *m*; **for·mal·is·tic** [ˌfɔːmə'lɪstɪk] *adj.* forma'listisch; **for·mal·i·ty** [fɔː'mæləti] *s.* **1.** Förmlichkeit: a) Herkömmlichkeit *f*, b) Zeremo'nie *f*, c) *das* Offizi'elle, d) Steifheit *f*, e) Umständlichkeit *f*: ***without ~*** ohne viel Umstände (zu machen); **2.** Formali'tät *f*: a) Formsache *f*, b) Formvorschrift *f*: ***for the sake of ~*** aus formellen Gründen; **3.** Äußerlichkeit *f*, leere Geste; **'for·mal·ize** [-laɪz] *v/t.* **1.** zur bloßen Formsache machen; **2.** formalisieren, feste Form geben (*dat.*); **'for·mal·ly** [-əlɪ] *adv.* **1.** for'mell, in aller Form; **2.** → ***formal***.

for·mat ['fɔːmæt] **I** *s.* **1.** *typ.* a) Aufmachung *f*, b) For'mat *n*; **2.** Ein-, Ausrichtung *f*; **II** *v/t.* **3.** *Computer*: formatieren.

for·ma·tion [fɔːˈmeɪʃn] *s.* **1.** Bildung *f*: a) Formung *f*, Gestaltung *f*, b) Entstehung *f*, Entwicklung *f*: **~ of gas** Gasbildung *f*, c) Gründung *f*: **~ of a company**, d) Gebilde *n*: **word ~s** Wortbildungen; **2.** Anordnung *f*, Zs.-setzung *f*, Strukˈtur *f*; **3.** ✈, ⚔, *sport* Formatiˈon *f*, Aufstellung *f*: **~ flight** Formations-, Verbandsflug *m*; **4.** *geol.* Formatiˈon *f*; **form·a·tive** [ˈfɔːmətɪv] **I** *adj.* **1.** formend, gestaltend, bildend; **2.** prägend, Entwicklungs...: **~ years of a person**; **3.** *ling.* formbildend: **~ element** → 5; **4.** ⚘, *zo.* morphoˈgen; **II** *s.* **5.** *ling.* Formaˈtiv *n*.

forme [fɔːm] *s. typ.* (Druck)Form *f*.

form·er¹ [ˈfɔːmə] *s.* **1.** Former *m* (*a.* ⚙), Gestalter *m*; **2.** *ped. Brit. in Zssgn* Schüler(in) der ... Klasse; **3.** ✈ Spant *m*.

for·mer² [ˈfɔːmə] *adj.* ☐ **1.** früher, vorig, ehe-, vormalig, vergangen: **in ~ times** vormals, einst; **he is his ~ self again** er ist wieder (ganz) der alte; **the ~ Mrs. A.** die frühere Frau A.; **2. the ~** *sg. u. pl.* ersterwähnt, -genannt, erster: **the ~ ..., the latter ...** der erstere..., der letztere; **ˈfor·mer·ly** [-lɪ] *adv.* früher, vor-, ehemals: **Mrs. A., ~ B.** a) Frau A., geborene B., b) Frau A., ehemalige Frau B.

ˈform·ˌfit·ting *adj.* **1.** enganliegend: **~ dress**; **2.** körpergerecht: **~ chair**.

for·mic ac·id [ˈfɔːmɪk] *s.* ⚗ Ameisensäure *f*.

for·mi·da·ble [ˈfɔːmɪdəbl] *adj.* ☐ **1.** schrecklich, furchterregend; **2.** gewaltig, ungeheuer, eˈnorm; **3.** beachtlich, ernstzunehmend: **~ opponent**; **4.** äußerst schwierig: **~ problem**.

form·ing [ˈfɔːmɪŋ] *s.* **1.** Formen *n*; **2.** ⚙ (Ver)Formen *n*, Fassonieren *n*; **form·less** [ˈfɔːmlɪs] *adj.* ☐ formlos.

for·mu·la [ˈfɔːmjʊlə] *pl.* **-las**, **-lae** [-liː] *s.* **1.** ⚗, ⚕ *etc.*, *a. mot.* Formel *f*, *pharm. u. fig. a.* Reˈzept *n*; **2.** Formel *f*, fester Wortlaut; **3.** *contp.* a) ‚Schema F', b) (leere) Phrase; **ˈfor·mu·lar·y** [-ərɪ] *s.* **1.** Formelsammlung *f*, -buch *n* (*bsd. eccl.*); **2.** *pharm.* Reˈzeptbuch *n*; **ˈfor·mu·late** [-leɪt] *v/t.* formulieren; **for·mu·la·tion** [ˌfɔːmjʊˈleɪʃn] *s.* Formulierung *f*, Fassung *f*.

ˈform·work *s.* ⚠ (Ver)Schalung *f*, Schalungen *pl.*

for·ni·cate [ˈfɔːnɪkeɪt] *v/i.* unerlaubten außerehelichen Geschlechtsverkehr haben; *bibl. u. weitS.* Unzucht treiben, huren; **for·ni·ca·tion** [ˌfɔːnɪˈkeɪʃn] *s.* ⚖ unerlaubter außerehelicher Geschlechtsverkehr; *weitS.* Unzucht *f*, Hureˈrei *f*; **ˈfor·ni·ca·tor** [-tə] *s.* j-d, der unerlaubten außerehelichen Geschlechtsverkehr hat; *weitS.* Wüstling *m*.

for·rad·er [ˈfɒrədə] *adv.*: **get no ~** *Brit.* F nicht vom Fleck kommen.

for·sake [fəˈseɪk] *v/t.* [*irr.*] **1.** *j-n* verlassen, im Stich lassen; **2.** *et.* aufgeben; **forˈsak·en** [-kən] **I** *p.p. von* **forsake**; **II** *adj.* (gott)verlassen, einsam; **forˈsook** [-ˈsʊk] *pret. von* **forsake**.

for·sooth [fəˈsuːθ] *adv. iro.* wahrlich, fürˈwahr.

for·swear [fɔːˈsweə] *v/t.* [*irr.* → **swear**] **1.** eidlich bestreiten; **2.** unter Proˈtest zuˈrückweisen; **3.** abschwören (*dat.*), feierlich entsagen (*dat.*); feierlich geloben (*es nie wieder zu tun etc.*); **4. ~ o.s.** e-n Meineid leisten; **forˈsworn** [-ˈswɔːn] **I** *p.p. von* **forswear**; **II** *adj.* meineidig.

for·syth·i·a [fɔːˈsaɪθjə] *s.* ⚘ Forˈsythie *f*.

fort [fɔːt] *s.* ⚔ Fort *n*, Feste *f*, Festungswerk *n*: **hold the ~** *fig.* ‚die Stellung halten'.

forte¹ [ˈfɔːteɪ] *s. fig. j-s* Stärke *f*, starke Seite.

for·te² [ˈfɔːtɪ] *adv.* ♪ forte, laut.

forth [fɔːθ] *adv.* **1.** herˈvor, vor, her; → **bring forth** *etc.*; **2.** herˈaus, hinaus; **3.** (dr)außen; **4.** voˈran, vorwärts; **5.** weiter: **and so ~** und so weiter; **from that day ~** von diesem Tag an; **6.** weg, fort; **ˌ~ˈcom·ing** *adj.* **1.** bevorstehend, kommend; **2.** erscheinend, unterˈwegs: **be ~** erfolgen, sich einstellen; **3.** in Kürze erscheinend (*Buch*) *od.* anlaufend (*Film*); **4.** bereitstehend, verfügbar; **5.** zuˈvor-, entgegenkommend (*Person*); **6.** mitteilsam; **ˈ~·right** *adj. u. adv.* offen (und ehrlich), gerade(herˈaus); **ˌ~ˈwith** [-ˈwɪθ] *adv.* soˈfort, (so)ˈgleich, unverzüglich.

for·ti·eth [ˈfɔːtɪɪθ] **I** *adj.* **1.** vierzigst; **II** *s.* **2.** Vierzigste(r *m*) *f*, *n*; **3.** Vierzigstel *n*.

for·ti·fi·a·ble [ˈfɔːtɪfaɪəbl] *adj.* zu befestigen(d); **for·ti·fi·ca·tion** [ˌfɔːtɪfɪˈkeɪʃn] *s.* **1.** ⚔ a) Befestigung *f*, b) Befestigung(sanlage) *f*, c) Festung *f*; **2.** (*a.* geistige *od.* moˈralische) Stärkung; **3.** a) Verstärkung *f* (*a.* ⚙), b) Anreicherung *f*; **4.** *fig.* Unterˈmauerung *f*; **ˈfor·ti·fi·er** [-faɪə] *s.* Stärkungsmittel *n*; **for·ti·fy** [ˈfɔːtɪfaɪ] *v/t.* **1.** (*a.* geistig *od.* moˈralisch) kräftigen, **2.** ⚙ verstärken; *Nahrungsmittel* anreichern; *Wein etc.* verstärken; **3.** ⚔ befestigen; **4.** bekräftigen, stützen, unterˈmauern; **5.** bestärken, ermutigen.

for·tis·si·mo [fɔːˈtɪsɪməʊ] *adv.* ♪ sehr stark *od.* laut, forˈtissimo.

for·ti·tude [ˈfɔːtɪtjuːd] *s.* (seelische) Kraft: **bear s.th. with ~** et. mit Fassung *od.* tapfer ertragen.

fort·night [ˈfɔːtnaɪt] *s. bsd. Brit.* vierzehn Tage: **this day ~** a) heute in 14 Tagen, b) heute vor 14 Tagen; **a ~'s holiday** ein vierzehntägiger Urlaub; **ˈfort·night·ly** [-lɪ] *bsd. Brit.* **I** *adj.* vierzehntägig, halbmonatlich, Halbmonats...; **II** *adv.* alle 14 Tage; **III** *s.* Halbmonatsschrift *f*.

For·tran [ˈfɔːtræn] *s.* FORTRAN *n* (*Computersprache*).

for·tress [ˈfɔːtrɪs] *s.* ⚔ Festung *f*, *fig. a.* Bollwerk *n*.

for·tu·i·tous [fɔːˈtjuːɪtəs] *adj.* ☐ zufällig; **forˈtu·i·ty** [-tɪ] *s.* Zufall *m*, Zufälligkeit *f*.

for·tu·nate [ˈfɔːtʃnət] *adj.* ☐ **1.** glücklich: **be ~** a) Glück haben (*Person*), b) ein (wahres) Glück sein (*Sache*); **how ~!** welch ein Glück!, wie gut!; **2.** glückverheißend; günstig; vom Glück begünstigt (*Leben*); **ˈfor·tu·nate·ly** [-lɪ] *adv.* glücklicherweise, zum Glück.

for·tune [ˈfɔːtʃuːn] *s.* **1.** Glück(sfall *m*) *n*, (glücklicher) Zufall: **good ~** Gück; **ill ~** Unglück; **try one's ~** sein Glück versuchen; **make one's ~** sein Glück machen; **2.** *a.* ♀ *myth.* Forˈtuna *f*, Glücksgöttin *f*: **~ favo(u)red him** das Glück war ihm hold; **3.** Schicksal *n*, Geschick *n*, Los *n*: **tell** (*od.* **read**) **~s** wahrsagen; **read s.o.'s ~** j-m die Karten legen *od.* aus der Hand lesen; **have one's ~ told** sich wahrsagen lassen; **4.** Vermögen *n*: **make a ~** ein Vermögen verdienen; **come into a ~** ein Vermögen erben; **marry a ~** e-e gute Partie machen; **a small ~** F ein kleines Vermögen (*viel Geld*); **ˈ~-ˌhunt·er** [ˈfɔːtʃən-] *s.* Mitgiftjäger *m*; **ˈ~-ˌtell·er** [ˈfɔːtʃən-] *s.* Wahrsager(in); **ˈ~-ˌtell·ing** [ˈfɔːtʃən-] *s.* Wahrsageˈrei *f*.

for·ty [ˈfɔːtɪ] **I** *adj.* **1.** vierzig: **the ♀ Thieves** die 40 Räuber (*1001 Nacht*); → **wink** 4; **II** *s.* **2.** Vierzig: **he is in his forties** er ist in den Vierzigern; **in the forties** in den vierziger Jahren (*e-s Jahrhunderts*); **3. the Forties** die See zwischen Schottlands Nordˈost- u. Norwegens Südˈwestküste; **4. the roaring forties** stürmischer Teil des Ozeans (zwischen dem 39. u. 50. Breitengrad).

fo·rum [ˈfɔːrəm] *s.* **1.** *antiq. u. fig.* Forum *n*; **2.** Gericht *n*, Tribuˈnal *n* (*u. fig.*); *engS.* ⚖ Gerichtsort *m*, örtliche Zuständigkeit; **3.** Forum *n*, (öffentliche) Diskussiˈon(sveranstaltung).

for·ward [ˈfɔːwəd] **I** *adv.* **1.** vor, nach vorn, vorwärts, vorˈan, vorˈaus, weiter: **from this day ~** von heute an; **freight ~** ✝ Fracht gegen Nachnahme; **buy ~** ✝ auf Termin kaufen; **go ~** *fig.* Fortschritte machen, vorankommen; **help ~** weiterhelfen (*dat.*); → **bring** (**carry**, **come**, *etc.*) **forward**; **II** *adj.* ☐ **2.** vorwärts *od.* nach vorn gerichtet, Vorwärts...: **a ~ motion**; **~ defence** ⚔ Vorwärtsverteidigung *f*; **~ planning** Vorausplanung *f*; **~ speed** *mot.* Vorwärtsgang *m*; **~ strategy** ⚔ Vorwärtsstrategie *f*; **3.** vorder; **4.** a) ⚘ frühreif (*a. fig. Kind*), b) zeitig (*Frühling etc.*); **5.** *zo.* a) hochträchtig, b) gutentwickelt; **6.** *fig.* a) fortgeschritten, b) fortschrittlich; **7.** *fig.* vorlaut, dreist; **8.** *fig.* a) vorschnell, -eilig, b) schnell bereit (**to do s.th.** et. zu tun); **9.** ✝ auf Ziel *od.* Zeit, Termin...: **~ business** (**market**, **sale**, *etc.*); **~ rate** Terminkurs *m*, Kurs *m* für Termingeschäfte; **III** *s.* **10.** *sport* Stürmer *m*: **~ line** Sturm(reihe *f*) *m*; **IV** *v/t.* **11.** a) fördern, begünstigen, b) beschleunigen; **12.** befördern, schikken, verladen; **13.** *Brief etc.* nachsenden, weiterbefördern.

for·ward·er [ˈfɔːwədə] *s.* Spediˈteur; **ˈfor·ward·ing** [-dɪŋ] **I** *s.* Versand *m*; **II** *adj.* Versand...: **~ charges**; **~ instructions**; **~ agent** Spediteur *m*; **~ note** Frachtbrief *m*; **~ address** Nachsendeadresse *f*; **ˈfor·ward-ˌlook·ing** *adj.* vorˈausschauend, fortschrittlich; **ˈfor·ward·ness** [-dnɪs] *s.* **1.** Frühzeitigkeit *f*, Frühreife *f* (*a.* ⚘); **2.** Dreistigkeit *f*, vorlaute Art; **3.** Voreiligkeit *f*.

for·wards [ˈfɔːwədz] → **forward** I.

fosse [fɒs] *s.* **1.** (Burg-, Wall)Graben *m*; **2.** *anat.* Grube *f*.

fos·sil [ˈfɒsl] **I** *s.* **1.** *geol.* Fosˈsil *n*; Versteinerung *f*; **2.** F ‚Fosˈsil' *n*: a) verkalkter *od.* verknöcherter Mensch, b) *et.* ‚Vorsintflutliches'; **II** *adj.* **3.** fosˈsil, versteinert: **~ fuel** fossiler Brennstoff; **~ oil** Erd-, Steinöl *n*; **4.** F a) verknöchert, verkalkt (*Person*), b) vorsintflutlich (*Sache*); **fos·sil·if·er·ous** [ˌfɒsɪˈlɪfərəs] *adj.* fosˈsilienhaltig; **fos·sil·i·za·tion**

[ˌfɒsɪlaɪˈzeɪʃn] *s.* **1.** Versteinerung *f*; **2.** F Verknöcherung *f*; **ˈfos·sil·ize** [-sɪlaɪz] **I** *v/t. geol.* versteinern; **II** *v/i.* versteinern; *fig.* verknöchern, verkalken.

fos·so·ri·al [fɒˈsɔːrɪəl] *adj. zo.* grabend, Grab…

fos·ter [ˈfɒstə] **I** *v/t.* **1.** *Kind etc.* a) aufziehen, b) in Pflege haben *od.* geben; **2.** *et.* fördern; begünstigen, protegieren; **3.** *Wunsch etc.* hegen, nähren; **II** *adj.* **4.** Pflege…: **~ *child*** (***father***, ***mother*** *etc.*).

fos·ter·ling [ˈfɒstəlɪŋ] *s.* Pflegekind *n.*

fought [fɔːt] *pret. u. p.p. von* ***fight***.

foul [faʊl] **I** *adj.* □ **1.** a) stinkend, widerlich, übelriechend (*a. Atem*), b) verpestet, schlecht (*Luft*), c) faul, verdorben (*Lebensmittel etc.*); **2.** schmutzig, verschmutzt; **3.** verstopft; **4.** voll Unkraut, überwachsen; **5.** schlecht, stürmisch (*Wetter etc.*), widrig (*Wind*); **6.** ⚓ a) unklar (*Taue etc.*), b) in Kollisiˈon (geratend) (***of*** mit); **7.** *fig.* a) widerlich, ekelhaft, b) abscheulich, gemein: **~ *deed*** ruchlose Tat, c) schädlich, gefährlich: **~ *tongue*** böse Zunge, d) schmutzig, zotig, unflätig: **~ *language***; **8.** F scheußlich; **9.** unehrlich, betrügerisch; **10.** *sport* unfair, regelwidrig; **11.** *typ.* a) unsauber (*Druck etc.*), b) voller Fehler *od.* Änderungen; **II** *adv.* **12.** auf gemeine Art, gemein (*etc.* → 7–10): ***play* ~** *sport* foul spielen; ***play s.o.* ~** j-m übel mitspielen; **13.** ***fall* ~ *of*** ⚓ zs.-stoßen mit (*a. fig.*); **III** *s.* **14.** ***through fair and* ~** durch dick u. dünn; **15.** ⚓ Zs.-stoß *m*; **16.** *sport* a) Foul *n*, Regelverstoß *m*, b) → ***foul shot***; **IV** *v/t.* **17.** *a.* **~ *up*** a) beschmutzen (*a. fig.*), verschmutzen, verunreinigen, b) verstopfen; **18.** *sport* foulen; **19.** ⚓ zs.-stoßen mit; **20.** *a.* **~ *up*** sich verwickeln in (*dat.*) *od.* mit; **21.** **~ *up*** F a) ‚vermasseln', ‚versauen', b) durcheinˈanderbringen; **V** *v/i.* **22.** schmutzig werden; **23.** ⚓ zs.-stoßen (***with*** mit); **24.** sich verwickeln; **25.** *sport* foulen, ein Foul begehen; **26.** **~ *up*** F a), ‚Mist bauen', ‚patzen', b) durcheinˈanderkommen.

ˈfoul|-mouthed *adj.* unflätig; **~ play** *s.* **1.** *sport* unfaires Spiel, Unsportlichkeit *f*; **2.** (Gewalt)Verbrechen *n*, *bsd.* Mord *m*; **~ shot** *s. Basketball*: Freiwurf *m*; **ˈ~-ˌspo·ken** → ***foul-mouthed***.

found¹ [faʊnd] *pret. u. p.p. von* ***find***.

found² [faʊnd] *v/t.* ⚙ schmelzen; gießen.

found³ [faʊnd] *fig.* **I** *v/t.* **1.** gründen, errichten; **2.** begründen, einrichten, ins Leben rufen, *Schule etc.* stiften: ***2ing Fathers*** *Am.* Staatsmänner aus der Zeit der Unabhängigkeitserklärung; **3.** *fig.* gründen, stützen (***on*** auf *acc.*): ***be ~ed on*** → 4; ***well-~ed*** wohlbegründet, fundiert; **II** *v/i.* **4.** (***on***) sich stützen (auf *acc.*), beruhen, sich gründen (auf *dat.*);

foun·da·tion [faʊnˈdeɪʃn] *s.* **1.** *oft pl.* ⚠ Grundmauer *f*, Fundaˈment *n* (*a. fig.*); ˈUnterbau *m*, -lage *f*, Bettung *f* (*Straße etc.*); **2.** Grund(lage *f*) *m*, Basis *f*: ***without* (*any*) ~** (völlig) unbegründet; ***shaken to the ~s*** in den Grundfesten erschüttert; ***lay the ~s of*** den Grund(stock) legen zu; **3.** Gründung *f*, Errichtung *f*; **4.** (gemeinnützige) Stiftung: ***be on the* ~** Geld aus der Stiftung erhalten; **5.** Ursprung *m*, Beginn *m*; **6.** steifes (Zwischen)Futter: **~ *muslin*** Steifleinen *n*; **7.** *a.* **~ *garment*** a) Mieder *n*, b) Korˈsett *n*, c) *pl.* Mieder (-waren) *pl.*; **8.** *a.* **~ *cream*** *Kosmetik*: Grundierung *f*; **~ stone** *s.* Grundstein *m* (*a. fig.*); → ***lay¹*** 5.

found·er¹ [ˈfaʊndə] *s.* Gründer *m*, Stifter *m*: ***~s' shares*** ✝ Gründeraktien.

found·er² [ˈfaʊndə] *s.* ⚙ Gießer *m.*

found·er³ [ˈfaʊndə] **I** *v/i.* **1.** ⚓ sinken, ˈuntergehen; **2.** einstürzen, -fallen; **3.** *fig.* scheitern; **4.** *vet.* a) lahmen, b) zs.-brechen (*Pferd*); **5.** steckenbleiben; **II** *v/t.* **6.** *Pferd* lahm reiten; **7.** *Schiff* zum Sinken bringen.

found·ling [ˈfaʊndlɪŋ] *s.* Findling *m*, Findelkind *n*: **~ *hospital*** Findelhaus *n.*

found·ress [ˈfaʊndrɪs] *s.* Gründerin *f*, Stifterin *f.*

found·ry [ˈfaʊndrɪ] *s.* ⚙ Gießeˈrei *f.*

fount¹ [faʊnt] *s. typ.* (Setzkasten *m* mit) Schriftsatz *m.*

fount² [faʊnt] → ***fountain*** 2, 4a.

foun·tain [ˈfaʊntɪn] *s.* **1.** Fonˈtäne *f*: a) Springbrunnen *m*, b) (Wasser)Strahl *m*; **2.** Quelle *f*, *fig. a.* Born *m*: ***2 of Youth*** Jungbrunnen *m*; **3.** a) (Trink-) Brunnen *m*, b) → ***soda fountain***; **4.** ⚙ a) (Öl-, Tinten- *etc.*)Behälter *m*, b) Reserˈvoir *n*; **ˌ~-ˈhead** *s.* Quelle *f* (*a. fig.*); *fig.* Urquell *m*; **ˈ~-pen** *s.* Füll(feder)halter *m.*

four [fɔː] **I** *adj.* **1.** vier; **II** *s.* **2.** Vier *f* (*Zahl*, *Spielkarte etc.*): ***the ~ of hearts*** die Herzvier; ***by ~s*** immer vier (auf einmal); ***on all ~s*** a) auf allen vieren, b) *fig.* stimmend, richtig; ***be on all ~s with*** übereinstimmen mit, genau entsprechen (*dat.*); **3.** *Rudern*: Vierer *m* (*Boot od. Mannschaft*); **ˌ~-ˈcor·nered** *adj.* viereckig, mit vier Ecken; **ˈ~-ˌcy·cle** *adj.*: **~ *engine*** ⚙ Viertaktmotor *m*; **ˈ~-eyes** *s. pl. sg. konstr.* F ‚Brillenschlange' *f*; **~ flush** *s. Poker*: unvollständige Hand; **ˈ~-ˌflush·er** *s. Am.* Bluffer *m*, ‚falscher Fuffziger'; **ˈ~-fold** *adj. u. adv.* vierfach; **ˌ~-ˈfour (time)** *s.* ♪ Vierˈvierteltakt *m*; **ˌ~-ˈhand·ed** *adj.* ♪, *zo.* vierhändig; **2 Hun·dred** *s.*: ***the ~*** *Am.* die Hautevolee (*e-r Gemeinde*); **ˌ~-in-ˈhand** [-ɔːrɪn-] *s.* **1.** Vierspänner *m*; **2.** Viergespann *n*; **ˌ~-ˈleaf(ed) clo·ver** *s.* ⚘ vierblätt(e)riges Kleeblatt; **ˈ~-legged** *adj.* vierbeinig; **ˌ~-ˈlet·ter word** *s.* unanständiges Wort; **ˌ~-ˈoar** [-ɔːrˈɔː] *s.* Vierer *m* (*Boot*); **ˈ~-part** *adj.* ♪ vierstimmig (*Satz*); **ˈ~-pence** [-pəns] *s. Brit. hist.* Vierpencestück *n*; **ˌ~-ˈpost·er** *s.* **1.** Himmelbett *n*; **2.** ⚓ *sl.* Viermaster *m*; **ˌ~ˈscore** *adj. obs.* achtzig; **ˈ~-ˌseat·er** *s. mot.* Viersitzer *m*; **ˈ~-some** [-səm] *s. Golf*: Vierer *m*; *fig. humor.* ‚Quarˈtett' *n*; **ˌ~-ˈspeed gear** *s.* ⚙ Viergangetriebe *n*; **ˌ~-ˈsquare** *adj. u. adv.* **1.** quaˈdratisch; **2.** *fig.* a) fest, unerschütterlich, b) grob, barsch; **ˌ~-ˈstar** *adj.* Viersterne…: **~ *general*; ~ *hotel***; **ˌ~-ˈstroke** *adj.*: **~ *engine*** ⚙ Viertaktmotor *m.*

four·teen [ˌfɔːˈtiːn] **I** *adj.* vierzehn; **II** *s.* Vierzehn *f*; **ˌfourˈteenth** [-nθ] **I** *adj.* vierzehnt; **II** *s.* a) (*der*, *die*, *das*) Vierzehnte, b) Vierzehntel *n.*

fourth [fɔːθ] **I** *adj.* □ **1.** viert; **2.** viertel; **II** *s.* **3.** (*der*, *die*, *das*) Vierte; **4.** Viertel *n*; **5.** ♪ Quarte *f*; **6.** ***the 2*** (***of July***) *Am.* der Vierte (Juli), der Unabhängigkeitstag; **ˈfourth·ly** [-lɪ] *adv.* viertens.

ˌfour|-ˈway *adj.*: **~ *switch*** ⚡ Vierfach-, Vierwegeschalter *m*; **ˌ~-ˈwheel** *adj.* vierräd(e)rig; Vierrad…(*-antrieb*, *-bremse*).

fowl [faʊl] **I** *pl.* **fowls**, *coll. mst* **fowl** *s.* **1.** Haushuhn *n od.* -ente *f*, *a.* Truthahn *m*; *coll.* Geflügel *n* (*a. Fleisch*), Hühner *pl.*: **~ *house*** Hühnerstall *m*; **~ *pest*** Hühnerpest *f*; **~ *pox*** Geflügelpocken *pl*; **~ *run*** Hühnerhof *m*, Auslauf *m*; **2.** *selten* Vogel *m*, Vögel *pl.*: ***the ~(s) of the air*** *bibl.* die Vögel unter dem Himmel; **II** *v/i.* **3.** Vögel fangen *od.* schießen; **ˈfowl·er** [-lə] *s.* Vogelfänger *m*; **ˈfowl·ing** [-lɪŋ] *s.* Vogelfang *m*, -jagd *f*: ***~-piece*** Vogelflinte *f*; ***~-shot*** Hühnerschrot *n.*

fox [fɒks] **I** *s.* **1.** *zo.* Fuchs *m*: ***set the ~ to keep the geese*** den Bock zum Gärtner machen; **~ *and geese*** Wolf u. Schafe (*ein Brettspiel*); **2.** (***sly old***) **~** *fig.* (schlauer) Fuchs; **3.** Fuchspelz(kragen) *m*; **II** *v/t.* **4.** *sl.* überˈlisten, ‚reinlegen'; **III** *v/i.* **5.** stockfleckig werden (*Papier*); **~ brush** *s. hunt.* Lunte *f*, Fuchsschwanz *m*; **ˈ~-glove** *s.* ⚘ Fingerhut *m*; **ˈ~-hole** *s.* **1.** Fuchsbau *m*; **2.** ⚔ Schützenloch *n*; **ˈ~-hunt**, **ˈ~-ˌhunt·ing** *s.* Fuchsjagd *f*; **~ mark** *s.* Stockfleck *m*; **ˈ~-tail** *s.* **1.** Fuchsschwanz *m*; **2.** ⚘ Fuchsschwanzgras *n*; **ˌ~-ˈter·ri·er** *s. zo.* Foxterrier *m*; **ˈ~-trot** *s. u. v/i.* Foxtrott *m* (tanzen).

fox·y [ˈfɒksɪ] *adj.* **1.** gerissen, listig; **2.** fuchsrot; **3.** stockfleckig (*Papier*).

foy·er [ˈfɔɪeɪ] (*Fr.*) *s. allg.* Foˈyer *n.*

fra·cas [ˈfrækɑː] *pl.* **~** [-kɑːz] *s.* Aufruhr *m*, Spekˈtakel *m.*

frac·tion [ˈfrækʃn] *s.* **1.** ⅌ Bruch *m*: **~ *bar*, ~ *line*, ~ *stroke*** Bruchstrich *m*; **2.** Bruchteil *m*, Fragˈment *n*; Stückchen *n*, *ein* bißchen: ***not by a* ~** nicht im geringsten; ***by a ~ of an inch*** um ein Haar; **~ *of a share*** ✝ Teilaktie *f*; **3.** 2 *eccl.* Brechen *n des Brotes*; **ˈfrac·tion·al** [-ʃənl] *adj.* **1.** *a.* ⅌ Bruch…, gebrochen: **~ *amount*** Teilbetrag *m*; **~ *currency*** Scheidemünze *f*; **~ *part*** Bruchteil *m*; **2.** *fig.* unbedeutend, miniˈmal; **3.** ⚗ fraktioniert, teilweise; **ˈfrac·tion·ar·y** [-ʃnərɪ] *adj.* Bruch(stück)…, Teil…; **ˈfrac·tion·ate** [-ʃəneɪt] *v/t.* ⚗ fraktionieren.

frac·tious [ˈfrækʃəs] *adj.* □ **1.** mürrisch, zänkisch, reizbar; **2.** störrisch; **ˈfrac·tious·ness** [-nɪs] *s.* **1.** Reizbarkeit *f*; **2.** ˈWiderspenstigkeit *f.*

frac·ture [ˈfræktʃə] **I** *s.* **1.** ⚕ Frakˈtur *f*, Bruch *m* (*a. fig.*); **2.** *min.* Bruchfläche *f*; **3.** *ling.* Brechung *f*; **II** *v/t.* **4.** (zer)brechen: **~ *one's arm*** sich den Arm brechen; ***~d skull*** Schädelbruch *m*; **III** *v/i.* **5.** (zer)brechen.

frag·ile [ˈfrædʒaɪl] *adj.* **1.** zerbrechlich (*a. fig.*); **2.** ⚙ brüchig; **3.** *fig.* schwach, zart (*Gesundheit etc.*), gebrechlich (*Person*); **fra·gil·i·ty** [frəˈdʒɪlətɪ] *s.* **1.** Zerbrechlichkeit *f*; **2.** Brüchigkeit *f*; **3.** *fig.* Ge-, Zerbrechlichkeit *f*, Zartheit *f.*

frag·ment [ˈfrægmənt] *s.* **1.** Bruchstück *n* (*a.* ⚙), -teil *m*; **2.** Stück *n*, Brocken *m*, Splitter *m* (*a.* ⚔), Fetzen *m*; ˈÜberrest *m*; **3.** (liteˈrarisches *etc.*) Fragˈment; **frag·men·tal** [frægˈmentl] *adj.* **1.** *geol.* Trümmer…; **2.** → **ˈfrag·men-**

tar·y [-tərɪ] *adj.* **1.** zerstückelt, aus Stücken bestehend; **2.** fragmen'tarisch, unvollständig, bruchstückhaft; **frag·men·ta·tion** [ˌfrægmen'teɪʃn] *s.* Zerstückelung *f*, -splitterung *f*: **~ bomb** ⚔ Splitterbombe *f*.

fra·grance ['freɪgrəns] *s.* Wohlgeruch *m*, Duft *m*, A'roma *n*; **'fra·grant** [-nt] *adj.* □ **1.** wohlriechend, duftend: **be ~ with** duften nach; **2.** *fig.* angenehm, köstlich.

frail [freɪl] *adj.* □ **1.** zerbrechlich; **2.** a) zart, schwach, b) gebrechlich, c) (*charakterlich*) schwach, d) schwach, seicht (*Buch etc.*); **'frail·ty** [-tɪ] *s.* **1.** Zerbrechlichkeit *f*; **2.** a) Zartheit *f*, b) Gebrechlichkeit *f*; **3.** a) Schwachheit *f*, (mo'ralische) Schwäche, b) Fehltritt *m*.

fraise [freɪz] *s.* **1.** ⚔ Pali'sade *f*; **2.** ⚙ Bohrfräse *f*.

fram·b(o)e·si·a [fræm'bi:zɪə] *s.* ⚕ Frambö'sie *f* (*tropische Hautkrankheit*).

frame [freɪm] **I** *s.* **1.** (*Bilder-, Fenster- etc.*)Rahmen *m* (*a.* ⚙, *mot.*): **~ aerial** Rahmenantenne *f*; **2.** (*a. Brillen-, Schirm-, Wagen*)Gestell *n*, Gerüst *n*; **3.** Einfassung *f*; **4.** ⚠ a) Balkenwerk *n*: **~ house** Holz- *od.* Fachwerkhaus *n*, b) Gerippe *n*, Ske'lett *n*: **steel ~**; **5.** *typ.* ('Setz)Reˌgal *n*; **6.** ⚡ Stator *m*; **7.** ✈, ⚓ a) Spant *n*, *m*, b) Gerippe *n*; **8.** *TV* a) Abtastfeld *n*, b) Raster(bild *n*) *m*; **9.** *Film*: Einzelbild *n*; **10.** *Comic strips*: Bild *n*; **11.** ⚘ verglaster Treibbeetkasten; **12.** *Weberei*: ('Spinn-, 'Web)Maˌschine *f*; **13.** a) Rahmen(erzählung *f*) *m*, b) 'Hintergrund *m*; **14.** Körper(bau) *m*, Fi'gur *f*: **the mortal ~** die sterbliche Hülle; **15.** *fig.* Rahmen *m*, Sy'stem *n*: **within the ~ of** im Rahmen (*gen.*); **16.** *bsd.* **~ of mind** (Gemüts)Verfassung *f*, (-)Zustand *m*, Stimmung *f*; **17.** → **frame-up**; **II** *v/t.* **18.** zs.-fügen, -setzen; **19.** a) *Bild etc.* (ein)rahmen, (-)fassen, b) *fig.* um'rahmen; **20.** *et.* ersinnen, entwerfen, *Plan* schmieden, *Gedicht etc.* machen, verfertigen, *Politik etc.* abstecken; **21.** *Worte*, *a. Entschuldigung etc.* formulieren; **22.** gestalten, formen, bilden; **23.** anpassen (**to** *dat.*); **24.** *a.* **~ up** *sl.* a) *et.* ‚drehen', ‚schaukeln', b) *j-m* et. ‚anhängen', *j-n* ‚reinhängen': **~ a match** ein Spiel (vorher) absprechen; **framed** [-md] *adj.* **1.** gerahmt; **2.** ⚠ Fachwerk…; **3.** ⚓, ✈ in Spanten; **'fram·er** [-mə] *s.* **1.** (Bilder-)Rahmer *m*; **2.** *fig.* Gestalter *m*, Entwerfer *m*.

frame| saw *s.* ⚙ Spannsäge *f*; **~ sto·ry**, **~ tale** *s.* Rahmenerzählung *f*; **~ tent** *s.* Steilwandzelt *n*; **'~-up** *s.* F **1.** Kom'plott *n*, In'trige *f*; Falle *f*; **2.** abgekartetes Spiel, Schwindel *m*; **'~·work** *s.* **1.** ⚙, *a.* ✈ *u. biol.* Gerüst *n*, Gerippe *n*; **2.** ⚠ Fachwerk *n*, Gebälk *n*; **3.** 🚂 Gestell *n*; **4.** *fig.* Rahmen *m*, Gefüge *n*, Sy'stem *n*: **within the ~ of** im Rahmen (*gen.*).

franc [fræŋk] *s.* **1.** Franc *m* (*Währungseinheit Frankreichs etc.*); **2.** Franken *m* (*Währungseinheit der Schweiz*).

fran·chise ['fræntʃaɪz] *s.* **1.** *pol.* a) Wahl-, Stimmrecht *n*, b) Bürgerrecht(e *pl.*) *n*; **2.** *Am.* Privi'leg *n*; **3.** *hist.* Gerechtsame *f*; **4.** ♆ *bsd. Am.* a) *a. sport* Konzessi'on *f*, b) Al'leinverkaufsrecht *n*, c) 'Rechtsperˌsönlichkeit *f*, d) Franchise *n*, Franchising *n* (*Vertriebsart*); **5.** *Versicherung*: Fran'chise *f*.

Fran·cis·can [fræn'sɪskən] **I** *s.* Franzis'kaner(mönch) *m*; **II** *adj.* Franziskaner…

Fran·co-Ger·man [ˌfræŋkəʊ'dʒɜ:mən] *adj.*: **the ~ War** der Deutsch-Französische Krieg (*1870/71*).

Fran·co·ni·an [fræŋ'kəʊnjən] *adj.* fränkisch.

Fran·co|·phile ['fræŋkəʊfaɪl], **'~·phil** [-fɪl] **I** *s.* Franko'phile *m*, Fran'zosenfreund *m*; **II** *adj.* franko'phil; **'~·phobe** [-fəʊb] **I** *s.* Fran'zosenhasser *m*, -feind *m*; **II** *adj.* fran'zosenfeindlich.

fran·gi·ble ['frændʒɪbl] *adj.* zerbrechlich.

fran·gi·pane ['frændʒɪpeɪn] *s. Art* Mandelcreme *f*.

Fran·glais ['frɑ̃:ŋgleɪ] (*Fr.*) *s. stark anglisiertes Französisch.*

Frank¹ [fræŋk] *s. hist.* Franke *m*.

frank² [fræŋk] **I** *adj.* □ → **frankly**; **1.** offen, aufrichtig, frei(mütig); **II** *s.* **2.** ✉ *hist.* a) Freivermerk *m*, b) Portofreiheit *f*; **III** *v/t.* **3.** *Brief* (*a.* mit der Ma'schine) frankieren: **~ing machine** Frankiermaschine *f*; **4.** *j-m* (freien) Zutritt verschaffen; **5.** *et.* amtlich freigeben.

frank³ [fræŋk] *Am.* F *für* **frank·furt·er** ['fræŋkfɜ:tə] *s.* Frankfurter (Würstchen *n*) *f*.

frank·in·cense ['fræŋkɪnˌsens] *s.* Weihrauch *m*.

Frank·ish ['fræŋkɪʃ] *adj. hist.* fränkisch.

frank·lin ['fræŋklɪn] *s. hist.* **1.** Freisasse *m*; **2.** kleiner Landbesitzer.

frank·ly ['fræŋklɪ] *adv.* **1.** → **frank²** 1; **2.** frei her'aus, frank u. frei; **3.** *a.* **~ speaking** offen gestanden *od.* gesagt; **'frank·ness** [-nɪs] *s.* Offenheit *f*, Freimütigkeit *f*.

fran·tic ['fræntɪk] *adj.* □ (*mst* **~ally**) **1.** wild, außer sich, rasend (**with** vor *dat.*); wütend; **2.** verzweifelt: **~ efforts**; **3.** hektisch: **a ~ search.**

frap·pé ['fræpeɪ] (*Fr.*) **I** *adj.* eisgekühlt; **II** *s.* Frap'pé *m* (*Getränk*).

frat [fræt] *sl.* → **fraternity** 3.

fra·ter·nal [frə'tɜ:nl] **I** *adj.* □ **1.** brüderlich, Bruder…; **2.** *biol.* zweieiig: **~ twins**; **II** *s.* **3.** *a.* **~ association**, **~ society** *Am.* Verein *m* zur Förderung gemeinsamer Interessen; **fra'ter·ni·ty** [-nətɪ] *s.* **1.** Brüderlichkeit *f*; **2.** Vereinigung *f*, Zunft *f*, Gilde *f*: **the angling ~** die Zunft der Angler; **the legal ~** die Juristen *pl.*; **3.** *Am.* Stu'dentenverbindung *f*; **frat·er·ni·za·tion** [ˌfrætənaɪ'zeɪʃn] *s.* Verbrüderung *f*; **frat·er·nize** ['frætənaɪz] *v/i.* sich verbrüdern, *bsd.* ⚔ fraternisieren.

frat·ri·cid·al [ˌfrætrɪ'saɪdl] *adj.* brudermörderisch: **~ war** Bruderkrieg *m*; **frat·ri·cide** ['frætrɪsaɪd] *s.* **1.** Bruder-, Geschwistermord *m*; **2.** Bruder-, Geschwistermörder *m*.

fraud [frɔ:d] *s.* **1.** ⚖ Betrug *m*, arglistige Täuschung: **by ~** arglistig; **obtain by ~** sich *et.* erschleichen; **~ department** Betrugsdezernat *n*; **2.** Schwindel *m*; **3.** F a) Schwindler *m*, ‚falscher Fuffziger', b) ‚Schauspieler' *m*, j-d, der nicht ‚echt' ist; **'fraud·u·lence** [-djʊləns] *s.* Betrüge'rei *f*; **'fraud·u·lent** [-djʊlənt] *adj.* □ betrügerisch, arglistig: **~ bankruptcy** betrügerischer Bankrott; **~ conversion** Unterschlagung *f*; **~ preference** Gläubigerbegünstigung *f*; **~ representation** Vorspiegelung *f* falscher Tatsachen; **~ transaction** Schwindelgeschäft *n*.

fraught [frɔ:t] *adj.* **1.** *mst fig.* (**with**) voll (von), beladen (mit): **~ with danger** gefahrvoll; **~ with meaning** bedeutungsschwer, -schwanger; **~ with sorrow** kummerbeladen; **2.** F a) schlimm, b) ‚schwer im Druck'.

fray¹ [freɪ] *s.* **1.** (lauter) Streit; **2.** a) Schläge'rei *f*, b) ⚔ *u. fig.* Kampf *m*: **eager for the ~** kampflustig.

fray² [freɪ] **I** *v/t.* **1.** *a.* **~ out** *Stoff etc.* abtragen, 'durchscheuern, ausfransen, *a. fig.* abnutzen: **~ed nerves** strapazierte Nerven; **~ed at the edges** *fig.* sehr mitgenommen; **~ed temper** *fig.* gereizte Stimmung; **2.** *Geweih* fegen; **II** *v/i.* **3.** *a.* **~ out** sich abnutzen (*a. fig.*), sich ausfransen *od.* 'durchscheuern; **4.** *fig.* sich ereifern: **tempers began to ~** die Stimmung wurde gereizt.

fraz·zle ['fræzl] **I** *v/t.* **1.** ausfransen; **2.** *oft* **~ out** F *j-n* ‚fix u. fertig' machen; **II** *v/i.* **3.** sich ausfransen *od.* 'durchscheuern; **III** *s.* **4.** Franse *f*: **worn to a ~** F ‚fix u. fertig'; **work o.s. to a ~** F sich ‚kaputtmachen' (vor Arbeit); **burnt to a ~** total verkohlt.

freak [fri:k] **I** *s.* **1.** 'Mißbildung *f*, (*Mensch, Tier*) *a.* 'Mißgeburt *f*, Monstrosi'tät *f*: **~ of nature** Laune *f* der Natur, *contp.* Monstrum *n*; **~ show** Monstrositätenkabinett *n*; **2.** Grille *f*, Laune *f*; **3.** ‚verrückte' *od.* ‚irre' Sache; **4.** *sl.* ‚Freak' *m*: a) ‚irrer Typ', *contp.* ‚Ausgeflippte(r' *m*) *f*, ‚Spinner' *m*, b) (*Jazz-, Computer- etc.*)Narr *m*, c) Süchtige(r *m*) *f*: **pill ~**; **II** *adj.* **5.** → **freakish**; **III** *v/i.* **6.** **~ out** *sl.* ‚ausflippen' (*Süchtiger*, *a. allg. fig.*); **IV** *v/t.* **7.** *sl. j-n* ‚ausflippen' lassen; **'freak·ish** [-kɪʃ] *adj.* □ **1.** launisch, unberechenbar; **2.** ‚verrückt', ‚irr'; **'freak-out** *s. sl.* **1.** ‚Horrortrip' *m*; **2.** ‚Ausflippen' *n*.

freck·le ['frekl] **I** *s.* **1.** Sommersprosse *f*; **2.** Fleck(chen *n*) *m*; **II** *v/t.* **3.** tüpfeln, sprenkeln; **III** *v/i.* **4.** Sommersprossen bekommen; **'freck·led** [-ld] *adj.* sommersprossig.

free [fri:] **I** *adj.* □ (→ *a.* 18) **1.** frei: a) unabhängig, b) selbständig, c) ungebunden, d) ungehindert, e) uneingeschränkt, f) in Freiheit (befindlich): **a ~ man**; **the ♀ World**; **~ elections**; **you are ~ to go** es steht dir frei zu gehen; **2.** frei: a) *unbeschäftigt*: **I am ~ after 5 o'clock**, b) *ohne Verpflichtungen*: **a ~ evening**, c) nicht besetzt: **this room is ~**; **3.** frei: a) *nicht wörtlich*: **a ~ translation**, b) *nicht an Regeln gebunden*: **~ verse**; **~ skating** *sport* Kür(laufen *n*) *f*, c) frei gestaltet: **a ~ version**; **4.** (**from**, **of**) frei (von), ohne (*acc.*): **~ from error** fehlerfrei; **~ from infection** frei von ansteckenden Krankheiten; **~ from pain** schmerzfrei; **~ of debt** schuldenfrei; **~ and unencumbered** ⚖ unbelastet, hypothekenfrei; **~ of taxes** steuerfrei; **5.** ⚗ frei, nicht gebunden; **6.** frei, los(e); **7.** frei, unbefangen, ungezwungen: **~ manners**; **8.** a) offen(herzig), freimütig, b) unverblümt, c) unverschämt: **make ~ with** sich Freiheiten herausnehmen gegen *j-n*; **9.** allzu frei, unanständig: **~ talk**; **10.** freigebig, großzügig: ***be ~ with s.th.***; **11.** leicht, flott, zügig; **12.** (kosten-, gebühren-) frei, kostenlos, unentgeltlich, gratis, zum Nulltarif: ***~ copy*** Freiexemplar *n*; ***~ fares*** Nulltarif *m*; ***~ gift*** ✝ Zugabe *f*, Gratisprobe *f*; ***~ ticket*** a) Freikarte *f*, b) Freifahrschein *m*; **13.** ✝ frei (*Klausel*): ***~ on board*** frei an Bord; ***~ on rail*** frei Waggon; ***~ domicile*** frei Haus; **14.** ✝ frei verfügbar: ***~ assets***; **15.** öffentlich: ***~ library*** Volksbibliothek *f*; ***be (made) ~ of s.th.*** freien Zutritt zu et. haben; **16.** willig, bereit; **17.** *Turnen*: ohne Geräte: ***~ gymnastics*** Freiübungen; **II** *adv.* **18.** *allg.* frei (→ I): ***go ~*** frei ausgehen; ***run ~*** ⚙ leer laufen (*Maschine*); **III** *v/t.* **19.** *a. fig.* befreien (***from*** von, aus); **20.** freilassen; **21.** entlasten (***from***, ***of*** von).

free| ar·e·a *s. fig.* Freiraum *m*; **~ back** *s. sport* Libero *m*; **'~·board** *s.* ⚓ Freibord *n*; **'~ˌboot·er** *s.* Freibeuter *m*; **♀ Church** *s.* Freikirche *f*; **'~-ˌcut·ting** *adj.*: ***~ steel*** ⚙ Automatenstahl *m*.

freed·man ['fri:dmæn] *s.* [*irr.*] Freigelassene(r) *m*.

free·dom ['fri:dəm] *s.* **1.** a) Freiheit *f*, b) Unabhängigkeit *f*: ***~ of the press*** Pressefreiheit; ***~ of the seas*** Freiheit der Meere; ***~ of the city*** (*od.* ***town***) Ehrenbürgerrecht; ***~ from taxation*** Steuerfreiheit; ***~ fighter*** Freiheitskämpfer (-in); **2.** freier Zutritt, freie Benutzung; **3.** Freimütigkeit *f*, Offenheit *f*; **4.** Zwanglosigkeit *f*; **5.** Aufdringlichkeit *f*, (plumpe) Vertraulichkeit; **6.** *phls.* Willensfreiheit *f*, Selbstbestimmung *f*.

free| en·er·gy *s. phys.* freie *od.* ungebundene Ener'gie; **~ en·ter·prise** *s.* freies Unter'nehmertum; **~ fall** *s.* ✈ *phys.* freier Fall; **~ fight** *s.* ('Massen-) Schlägeˌrei *f*; **'~-forˌall** [-ərˌɔ:l] F **1.** → ***free fight***; **2.** wildes ‚Gerangel'; **~ hand** *s.*: ***give s.o. a ~*** j-m freie Hand lassen; **'~·hand** *adj.* **1.** Freihand..., freihändig: ***~ drawing***; **2.** *fig.* a) frei, b) ausschweifend; **ˌ~'hand·ed** *adj.* **1.** freigebig, großzügig; **2.** → ***freehand***; **ˌ~'heart·ed** *adj.* **1.** freimütig, offen (-herzig); **2.** → ***freehanded*** 1; **'~·hold** *s.* (volles) Eigentumsrecht an Grundbesitz: ***~ flat*** *Brit.* Eigentumswohnung *f*; **'~ˌhold·er** *s.* Grund- u. Hauseigentümer *m*; **~ kick** *s. Fußball*: Freistoß *m*: (***in***)***direct ~***; **~ la·bo(u)r** *s.* nichtorganisierte Arbeiter(schaft *f*) *pl.*; **'~·lance I** *s.* **1.** a) freier Schriftsteller *od.* Journa'list (*etc.*), Freiberufler *m*; freischaffender Künstler, b) freier Mitarbeiter; **2.** *pol.* Unabhängige(r) *m*, Par'teilose(r) *m*; **II** *adj.* **3.** freiberuflich (tätig), freischaffend; **III** *v/i.* **4.** freiberuflich tätig sein; **'~ˌlanc·er** → ***freelance*** 1; **~ list** *s.* **1.** Liste *f* zollfreier Ar'tikel; **2.** Liste *f* der Empfänger von 'Freikarten *od.* -exemˌplaren; **~ liv·er** *s.* Schlemmer *m*, Genießer *m*; **'~ˌload·er** *s. Am.* F ‚Schnorrer' *m*; **~ love** *s.* freie Liebe; **~ man** *s.* [*irr.*] *Fußball*: freier Mann, Libero *m*; **'~·man** *s.* [*irr.*] **1.** [-mæn] freier Mann; **2.** [-mən] (Ehren)Bürger *m* (*Stadt*); **~ mar·ket** *s.* ✝ **1.** freier Markt: ***~ economy*** freie Marktwirtschaft; **2.** *Börse*: Freiverkehr *m*; **'♀ˌma·son** *s.* Freimaurer *m*: ***~s' lodge*** Freimaurerloge *f*; **'♀ˌma·son·ry** *s.* **1.** Freimaure'rei *f*; **2.** *fig.* Zs.-gehörigkeitsgefühl *n*; **~ play** *s.* **1.** ⚙ Spiel *n*; **2.** *fig.* freie Hand; **~ port** *s.* Freihafen *m*; **'~-range** *adj.*: ***~ hens*** Freilandhühner; **~ rid·er** → ***freeloader***; **~ share** *s.* ✝ Freiaktie *f*.

free·si·a ['fri:zjə] *s.* ⚘ Freesie *f*.

free| speech *s.* Redefreiheit *f*; **ˌ~-'spoken** *adj.* offen, freimütig; **ˌ~-'standing** *adj.*: ***~ exercises*** Freiübungen *pl.*; ***~ sculpture*** Freiplastik *f*; **~ state** *s.* Freistaat *m*; **ˌ~-'style** *sport* **I** *s.* Freistil (-schwimmen *n etc.*) *m*; **II** *adj.* Freistil..., Kür...: ***~ skating*** Kür(laufen *n*) *f*; **ˌ~'think·er** *s.* Freidenker *m*, Freigeist *m*; **ˌ~'think·ing** *s.*, **~ thought** *s.* Freidenke'rei *f*, -geiste'rei *f*; **~ throw** *s.* *Basketball*: Freiwurf *m*; **ˌ~'trade a·re·a** *s.* Freihandelszone *f*; **ˌ~'trad·er** *s.* Anhänger *m* des Freihandels; **~ vote** *s. parl.* Abstimmung *f* ohne Frakti'onszwang; **'~·way** *s. Am.* gebührenfreie Schnellstraße; **ˌ~'wheel** ⚙ **I** *s.* Freilauf *m*; **II** *v/i.* im Freilauf fahren; **ˌ~'wheeling** *adj.* F **1.** sorglos; **2.** frei u. ungebunden; **~ will** *s.* freier Wille, Willensfreiheit *f*.

freeze [fri:z] **I** *v/i.* [*irr.*] → ***frozen***; **1.** frieren (*a. impers.*): ***it is freezing hard*** es friert stark; ***I am freezing*** mir ist eiskalt; ***~ to death*** erfrieren; **2.** gefrieren; **3.** *a.* ***~ up*** (*od.* ***over***) ein-, zufrieren, vereisen; **4.** an-, festfrieren: ***~ on to*** *sl.* sich wie eine Klette an *j-n* heften; **5.** (*vor Kälte*, *fig. vor Schreck etc.*) erstarren, eisig werden (*Person*, *Gesicht*): ***it made my blood ~*** es ließ mir das Blut in den Adern erstarren; ***~!*** *sl.* keine Bewegung!; **II** *v/t.* [*irr.*] **6.** zum Gefrieren bringen: ***I was frozen*** mir war eiskalt; **7.** erfrieren lassen; **8.** *Fleisch etc.* einfrieren, tiefkühlen; ✱ vereisen; **9.** *a. fig.* erstarren lassen, *fig. a.* lähmen: ***~ out*** *Am.* F *j-n* hinausekeln, kaltstellen; **10.** ✝ *Guthaben etc.* sperren, *a. Preise etc.*, *pol. diplomatische Beziehungen* einfrieren: ***~ prices*** (***wages***) *a.* e-n Preis- (Lohn)stopp einführen; **III** *s.* **11.** Gefrieren *n*; **12.** Erstarrung *f*; **13.** 'Frost(periˌode *f*) *m*, Kälte(welle) *f*; **14.** ✝, *pol.* Einfrieren *n*, ✝ *a.* (Preis-, Lohn)Stopp *m*: ***~ on wages***; ***put a ~ on*** → 10; **ˌ~-'dry** *v/t.* gefriertrocknen; **~ dry·er** *s.* Gefriertrockner *m*.

freez·er ['fri:zə] *s.* **1.** Ge'friermaˌschine *f od.* -kammer *f*; **2.** Tiefkühlgerät *n*; **3.** Gefrierfach *n* (*Kühlschrank*); **'freeze-up** *s.* starker Frost; **'freez·ing** [-zɪŋ] **I** *adj.* □ **1.** ⚙ Gefrier..., Kälte...: ***~ compartment*** → ***freezer*** 3; ***below ~ point*** unter dem Gefrierpunkt, unter Null; **2.** eisig; **3.** kalt, unnahbar; **II** *s.* **4.** Einfrieren *n* (*a.* ✝, *pol.*); **5.** *a.* ✱ Vereisung *f*; **6.** Erstarrung *f*.

freight [freɪt] **I** *s.* **1.** Fracht *f*, Beförderung *f*; **2.** ⚓ (*Am. a.* ✈, 🚂, *mot.*) Fracht(gut *n*) *f*, Ladung *f*: ***~ and carriage*** *Brit.* See- und Landfracht; **3.** Fracht(gebühr) *f*: ***~ forward*** Fracht gegen Nachnahme; **4.** *Am.* → ***freight train***; **II** *v/t.* **5.** *Schiff*, *Am. a. Güterwagen etc.* befrachten, beladen; **6.** *Güter* verfrachten; **'freight·age** [-tɪdʒ] *s.* **1.** Trans'port *m*; **2.** → ***freight*** 2, 3.

freight| bill *s.* ✝ *Am.* Frachtbrief *m*; **~ car** *s. Am.* Güterwagen *m*.

freight·er ['freɪtə] *s.* **1.** a) Frachtschiff *n*, Frachter *m*, b) Trans'portflugzeug *n*; **2.** a) Befrachter *m*, Reeder *m*, b) Ab-, Verlader *m*.

'freight|ˌlin·er *s. Brit.* Con'tainerzug *m*; **~ rate** *s.* ✝ Frachtsatz *m*; **~ sta·tion** *s. Am.* Güterbahnhof *m*; **~ train** *s. Am.* Güterzug *m*.

French [frentʃ] **I** *adj.* **1.** fran'zösisch: ***~ master*** Französischlehrer; **II** *s.* **2.** ***the ~*** die Franzosen *pl.*; **3.** *ling.* Fran'zösisch *n*: ***in ~*** a) auf französisch, b) im Französischen; **~ beans** *s. pl.* grüne Bohnen *pl.*; **~ Ca·na·di·an I** *s.* **1.** 'Frankokaˌnadier(in); **2.** *ling.* ka'nadisches Fran'zösisch; **II** *adj.* **3.** 'frankokaˌnadisch; **~ chalk** *s.* Schneiderkreide *f*; **~ doors** *Am.* → ***French windows***; **~ dress·ing** *s.* French Dressing *n* (*Salatsoße aus Öl, Essig, Senf u. Gewürzen*); **~ fried po·ta·toes**, F **~ fries** [fraɪz] *s. pl. Am.* Pommes 'frites *pl.*; **~ horn** *s.* ♪ (Wald)Horn *n*; **~ kiss** *s.* Zungenkuß *m*; **~ leave** *s.*: ***take ~*** sich (auf) französisch empfehlen; **~ let·ter** *s.* F ‚Pa'riser' *m* (*Kondom*); **~ loaf** *s.* [*irr.*] Ba'guette *f*; **'~·man** [-mən] *s.* [*irr.*] Fran'zose *m*; **~ mar·i·gold** *s.* ⚘ Stu'dentenblume *f*; **~ pol·ish** *s.* 'Schellackpoliˌtur *f*; **~ roof** *s.* ⚠ Man'sardendach *n*; **~ win·dows** *s. pl.* Ter'rassen-, Bal'kontür *f*; **'~ˌwom·an** *s.* [*irr.*] Fran'zösin *f*.

fre·net·ic [frə'netɪk] *adj.* (□ ***~ally***) → ***frenzied***.

fren·zied ['frenzɪd] *adj.* **1.** fre'netisch (*Geschrei etc.*), rasend: ***~ applause***; **2.** a) außer sich, rasend (***with*** vor *dat.*), b) wild, hektisch; **fren·zy** ['frenzɪ] **I** *s.* **1.** Wahnsinn *m*, Rase'rei *f*: ***in a ~ of hate*** rasend vor Haß; **2.** wilde Aufregung; **3.** Verzückung *f*, Ek'stase *f*; **4.** Wirbel *m*, Hektik *f*; **II** *v/t.* **5.** rasend machen.

fre·quen·cy ['fri:kwənsɪ] *s.* **1.** Häufigkeit *f* (*a.* ⩘, *biol.*); **2.** *phys.* Fre'quenz *f*, Schwingungszahl *f*: ***high ~*** Hochfrequenz; **~ band** *s.* ⚡ Fre'quenzband *n*; **~ chang·er**, **~ con·vert·er** *s.* ⚡, *phys.* Fre'quenzwandler *m*; **~ curve** *s.* ⩘, *biol.* Häufigkeitskurve *f*; **~ mod·u·la·tion** *s. phys.* Fre'quenzmodulatiˌon *f*; **~ range** *s.* Fre'quenzbereich *m*.

fre·quent I *adj.* ['fri:kwənt] □ → ***frequently***; **1.** häufig, (häufig) wieder'holt: ***be ~*** häufig vorkommen; ***he is a ~ visitor*** er kommt häufig zu Besuch; **2.** ✱ beschleunigt (*Puls*); **II** *v/t.* [frɪ'kwent] **3.** häufig *od.* oft be-, aufsuchen, frequentieren; **fre·quen·ta·tive** [frɪ'kwentətɪv] *ling.* **I** *adj.* frequenta'tiv; **II** *s.* Frequenta'tiv(um) *n*; **fre·quent·er** [frɪ'kwentə] *s.* (fleißiger) Besucher, Stammgast *m*; **'fre·quent·ly** [-lɪ] *adv.* oft, häufig.

fres·co ['freskəʊ] **I** *pl.* **-cos**, **-coes** *s.* a) 'Freskomaleˌrei *f*, b) Fresko(gemälde) *n*; **II** *v/t.* in Fresko (be)malen.

fresh [freʃ] **I** *adj.* □ (→ *a.* 8); **1.** *allg.* frisch; **2.** neu: ***~ evidence***; ***~ news***; ***~ arrival*** Neuankömmling *m*; ***make a ~ start*** neu anfangen; ***take a ~ look at*** *et.* noch einmal *od.* von e-r anderen Seite betrachten; **3.** frisch: a) zusätzlich: ***~ supplies***, b) *nicht alt*: ***~ eggs***, c) *nicht eingemacht*: ***~ vegetables*** *a.* Frischgemüse *n*; ***~ meat*** Frischfleisch *n*; ***~ herrings*** grüne Heringe, d) sauber, rein: ***~ shirt***; **4.** frisch: a) blühend, gesund: ***~ complexion***, b) ausgeruht, erholt: (***as***) ***~ as a daisy*** quicklebendig; **5.** frisch:

a) unverbraucht, b) erfrischend, c) kräftig: **~ wind**, d) kühl; **6.** *fig.* ‚grün', unerfahren; **7.** F frech, ‚pampig': ***don't get ~ with me!*** werd (mir) ja nicht frech!; **II** *adv.* **8.** frisch: ***~ from*** frisch *od.* direkt von *od.* aus; **III** *s.* **9.** Frische *f*, Kühle *f*: ***~ of the day*** *der* Tagesanfang; **10.** → ***freshet***.

ˌ**fresh-'air fiend** *s.* F 'Frischluftfaˌnatiker(in), -aˌpostel *m.*

fresh·en ['freʃn] **I** *v/t. a.* **~ up 1.** *j-n* erfrischen: ***~ o.s. up*** → 4; **2.** *fig. et.* auffrischen, ‚aufpolieren'; **II** *v/i. mst* **~ up 3.** frisch werden, aufleben; **4.** sich frisch machen; **5.** auffrischen (*Wind*); '**fresh·er** [-ʃə] *Brit.* F → ***freshman***; '**fresh·et** [-ʃɪt] *s.* Hochwasser *n*, Flut *f* (*a. fig.*); '**fresh·man** [-mən] *s.* [*irr.*] Stu'dent *m* im ersten Se'mester; '**fresh·ness** [-ʃnɪs] *s.* Frische *f*; Neuheit *f*; Unerfahrenheit *f*.

fresh| wa·ter *s.* Süßwasser *n*; '**~ˌwa·ter** *adj.* **1.** Süßwasser...: ***~ fish***; **2.** *Am.* Provinz...: ***~ college***.

fret[1] [fret] *s.* ♪ Bund *m*, Griffleiste *f*.

fret[2] [fret] **I** *s.* ⚠ *etc.* **1.** durch'brochene Verzierung; **2.** Gitterwerk *n*; **II** *v/t.* **3.** durch'brochen *od.* gitterförmig verzieren.

fret[3] [fret] **I** *v/t.* **1.** ⚙, ⚗ an-, zerfressen, angreifen; **2.** abnutzen, -scheuern; **3.** *j-n* ärgern, reizen; **II** *v/i.* **4.** a) sich ärgern: ***~ and fume*** vor Wut schäumen, b) sich Sorgen machen; **III** *s.* **5.** Ärger *m*, Verärgerung *f*; '**fret·ful** [-fʊl] *adj.* □ ärgerlich, gereizt.

fret| saw *s.* ⚙ Laubsäge *f*; '**~·work** *s.* **1.** ⚠ *etc.* Gitterwerk *n*; **2.** Laubsägearbeit *f*.

Freud·i·an ['frɔɪdjən] **I** *s.* Freudi'aner (-in); **II** *adj.* freudi'anisch, Freudsch: ***~ slip*** *psych.* Freudsche Fehlleistung.

fri·a·ble ['fraɪəbl] *adj.* bröck(e)lig, krümelig.

fri·ar ['fraɪə] *s. eccl.* (*bsd.* Bettel-) Mönch *m*: ***Black* ~** Dominikaner *m*; ***Grey* ~** Franziskaner *m*; ***White* ~** Karmeliter *m*; '**fri·ar·y** [-ərɪ] *s.* Mönchskloster *n*.

fric·as·see ['frɪkəsi:] (*Fr.*) **I** *s.* Frikas'see *n*; **II** *v/t.* [ˌfrɪkə'si:] frikassieren.

fric·a·tive ['frɪkətɪv] *ling.* **I** *adj.* Reibe...; **II** *s.* Reibelaut *m*.

fric·tion ['frɪkʃn] **I** *s.* **1.** ⚙, *phys.* Reibung *f*, Frikti'on *f*; **2.** *bsd.* ⚕ Einreibung *f*; **3.** *fig.* Reibungen *pl.*, Reibe'rei *f*, Spannung *f*, 'Mißhelligkeit *f*; **II** *adj.* **4.** ⚙, *phys.* Reibungs...: ***~ brake***; ***~ clutch***; ***~ drive*** Friktionsantrieb *m*; ***~ gear(ing)*** Friktionsgetriebe *n*; ***~ match*** Streichholz *n*; ***~ surface*** Lauffläche *f*; ***~ tape*** *Am.* Isolierband *n*; '**fric·tion·al** [-ʃənl] *adj.* **1.** Reibungs..., Friktions...; **2.** ***~ unemployment*** temporäre Arbeitslosigkeit; '**fric·tion·less** [-lɪs] *adj.* ⚙ reibungsfrei, -arm.

Fri·day ['fraɪdɪ] *s.* Freitag *m*: ***on ~*** am Freitag; ***on ~s*** freitags; → ***Good Friday***, ***girl Friday***.

fridge [frɪdʒ] *s. Brit.* F Kühlschrank *m*.

fried [fraɪd] *adj.* **1.** gebraten; → ***fry***[2] 1; **2.** *Am. sl.* ‚blau', besoffen; '**~·cake** *s.* *Am.* Krapfen *m*.

friend [frend] *s.* **1.** Freund(in): ***~ at court*** ‚Vetter' (*einflußreicher Freund*); ***~ of the court*** ⚖ sachverständiger Beistand (des Gerichts); → ***next*** 1; ***be ~s with s.o.*** mit j-m befreundet sein; ***make ~s with*** mit *j-m* Freundschaft schließen; ***a ~ in need is a ~ indeed*** der wahre Freund zeigt sich erst in der Not; **2.** Bekannte(r *m*) *f*; **3.** Helfer(in), Förderer *m*; **4.** Hilfe *f*, Freund(in); **5.** *Brit.* a) ***my honourable ~*** *parl.* mein Herr Kollege *od.* Vorredner (*Anrede*), b) ***my learned ~*** ⚖ mein verehrter Herr Kollege; **6.** ***Society of ~s*** Gesellschaft der Freunde, *die* Quäker; '**friend·less** [-lɪs] *adj.* ohne Freunde; '**friend·li·ness** [-lɪnɪs] *s.* Freund(schaft)lichkeit *f*; freundschaftliche Gesinnung; '**friend·ly** [-lɪ] **I** *adj.* **1.** freundlich; **2.** freundschaftlich, Freundschafts...: ***~ match*** *sport* Freundschaftsspiel *n*; ***a ~ nation*** e-e befreundete Nation; **3.** wohlwollend, -gesinnt: ***~ neutrality*** *pol.* wohlwollende Neutralität; ***~ Society*** Versicherungsverein *m* auf Gegenseitigkeit; ***~ troops*** ⚔ eigene Truppen; **4.** günstig; **II** *s.* **5.** *sport* F Freundschaftsspiel *n*; '**friend·ship** [-ʃɪp] *s.* **1.** Freundschaft *f*; **2.** → ***friendliness***.

fri·er → ***fryer***.

Frie·sian ['fri:zjən] → ***Frisian***.

frieze[1] [fri:z] **I** *s.* **1.** ⚠ Fries *m*; **2.** Zierstreifen *m* (*Tapete etc.*); **II** *v/t.* **3.** mit e-m Fries versehen.

frieze[2] [fri:z] *s.* Fries *m* (*Wollzeug*).

frig [frɪg] V **I** *v/t.* ‚ficken'; **II** *v/i.* ‚wichsen'.

frig·ate ['frɪgɪt] *s.* ⚓ Fre'gatte *f*.

frige [frɪdʒ] → ***fridge***.

fright [fraɪt] **I** *s.* Scheck(en) *m*, Entsetzen *n*: ***get*** (*od.* ***have***) ***a ~*** erschrecken; ***give s.o. a ~*** j-n erschrecken; ***take ~*** a) erschrecken, b) scheuen (*Pferd*); ***get off with a ~*** mit dem Schrecken davonkommen; ***he looked a ~*** F er sah ‚verboten' aus; **II** *v/t. poet.* → ***frighten***; '**fright·en** [-tn] **I** *v/t.* **1.** a) *j-n* erschrekken (***s.o. to death*** j-n zu Tode), *j-m* e-n Schrecken einjagen, b) *j-m* Angst einjagen: ***~ s.o. into doing s.th.*** j-n so einschüchtern, daß er et. tut; ***I was ~ed*** ich erschrak *od.* bekam Angst (***of*** vor *dat.*); **2.** ***~ away*** vertreiben, -scheuchen; **II** *v/i.* **3.** ***he ~s easily*** a) er ist sehr schreckhaft, b) dem kann man leicht Angst einjagen; '**fright·ened** [-tnd] *adj.* erschreckt, erschrocken, verängstigt; '**fright·en·ing** [-tnɪŋ] *adj.* □ erschreckend; '**fright·ful** [-fʊl] *adj.* □ furchtbar, schrecklich, entsetzlich, gräßlich, scheußlich (*alle a.* F *fig.*); '**fright·ful·ly** [-flɪ] *adv.* furchtbar (*etc.*); '**fright·ful·ness** [-fʊlnɪs] *s.* **1.** Schrecklichkeit *f*; **2.** Schreckensherrschaft *f*, Terror *m*.

frig·id ['frɪdʒɪd] *adj.* □ **1.** kalt, frostig, eisig (*alle a. fig.*): ***~ zone*** *geogr.* kalte Zone; **2.** *fig.* kühl, steif; **3.** *psych.* fri'gid, gefühlskalt; **fri·gid·i·ty** [frɪ'dʒɪdətɪ] *s.* Kälte *f*, Frostigkeit *f* (*a. fig.*); *psych.* Frigidi'tät *f*.

frill [frɪl] **I** *s.* **1.** (Hals-, Hand)Krause *f*, Rüsche *f*; **2.** Pa'pierkrause *f*, Man'schette *f*; **3.** *zo., orn.* Kragen *m*; **4.** *mst pl. contp.* ‚Verzierungen' *pl.*, Kinkerlitzchen *pl.*, ‚Mätzchen' *pl.*, ‚Firlefanz' *m*: ***put on ~s*** *fig.* ‚auf vornehm machen', sich aufplustern; ***without ~s*** ‚ohne Kinkerlitzchen', schlicht; **II** *v/t.* **5.** mit e-r Krause besetzen; **6.** kräuseln; **III** *v/i.* **7.** *phot.* sich kräuseln; '**frill·ies** [-lɪz] *s. pl. Brit.* F ‚Reizwäsche' *f*, 'Spitzenˌunterwäsche *f*.

fringe [frɪndʒ] **I** *s.* **1.** Franse *f*, Besatz *m*; **2.** Rand *m*, Einfassung *f*, Um'randung *f*; **3.** 'Ponyfriˌsur *f*; **4.** a) Randbezirk *m*, -gebiet *n* (*a. fig.*), b) *fig.* Rand(zone *f*) *m*, Grenze *f*: ***~s of civilization***, c) → ***fringe group***; → ***lunatic*** I; **II** *v/t.* **5.** mit Fransen besetzen; **6.** (um)'säumen; ***~ ben·e·fits*** *s. pl.* (Gehalts-, Lohn)Nebenleistungen *pl.*

fringed [frɪndʒd] *adj.* gefranst.

fringe group *s. sociol.* Randgruppe *f*.

frip·per·y ['frɪpərɪ] *s.* **1.** Putz *m*, Flitterkram *m*; **2.** Tand *m*, Plunder *m*; **3.** *fig.* → ***frill*** 4.

Fri·sian ['frɪzɪən] **I** *s.* **1.** Friese *m*, Friesin *f*; **2.** *ling.* Friesisch *n*; **II** *adj.* **3.** friesisch.

frisk [frɪsk] **I** *v/i.* **1.** her'umtollen, -hüpfen; **II** *v/t.* **2.** wedeln mit; **3.** *j-n* ‚filzen', *a. et.* durch'suchen; **III** *s.* **4.** a) Ausgelassenheit *f*, b) Freudensprung *m*; **5.** F ‚Filzen' *n*; '**frisk·i·ness** [-kɪnɪs] *s.* Lustigkeit *f*, Ausgelassenheit *f*; '**frisk·y** [-kɪ] *adj.* □ lebhaft, munter, ausgelassen.

fris·son ['fri:sɔ̃:ŋ] (*Fr.*) *s.* (leichter) Schauer.

frit [frɪt] *v/t.* ⚙ fritten, schmelzen.

frith [frɪθ] → ***firth***.

frit·ter[1] ['frɪtə] *s.* Bei'gnet *m* (*Gebäck*).

frit·ter[2] ['frɪtə] *v/t.* **1.** *mst* ***~ away*** verplempern, vergeuden; **2.** a) zerfetzen, b) in Streifen schneiden, *Küche*: schnetzeln.

fritz [frɪts] *s. Am. sl.*: ***on the ~*** kaputt, ‚im Eimer'.

friv·ol ['frɪvl] **I** *v/i.* (he'rum)tändeln; **II** *v/t.* ***~ away*** → ***fritter***[2] 1; **fri·vol·i·ty** [frɪ'vɒlətɪ] *s.* Frivoli'tät *f*: a) Leichtsinn(igkeit *f*) *m*, Oberflächlichkeit *f*, b) Leichtfertigkeit *f* (*Rede od. Handlung*); '**friv·o·lous** [-vələs] *adj.* □ **1.** fri'vol, leichtsinnig, -fertig; **2.** nicht ernst zu nehmen(d); **3.** ⚖ schika'nös.

frizz[1] [frɪz] **I** *v/t. u. v/i.* (sich) kräuseln; **II** *s.* gekräuseltes Haar.

frizz[2] [frɪz] → ***frizzle***[1] I.

friz·zle[1] ['frɪzl] **I** *v/i.* brutzeln; **II** *v/t.* (braun) rösten.

friz·zle[2] ['frɪzl] → ***frizz***[1]; '**friz·zly** [-lɪ], '**friz·zy** [-zɪ] *adj.* kraus, gekräuselt.

fro [frəʊ] *adv.*: ***to and ~*** hin u. her, auf u. ab.

frock [frɒk] **I** *s.* **1.** (Mönchs)Kutte *f*; **2.** (Damen)Kleid *n*; **3.** ⚓ Wolljacke *f*; **4.** Kinderkleid *n*, Kittel *m*; **5.** Gehrock *m*; **6.** (Arbeits)Kittel *m*; **II** *v/t.* **7.** mit e-m geistlichen Amt bekleiden; **8.** mit e-m Kittel bekleiden; ***~ coat*** *s.* Gehrock *m*.

frog [frɒg] *s.* **1.** *zo.* Frosch *m*: ***have a ~ in the throat*** e-n Frosch im Hals haben, heiser sein; **2.** Schnurbesatz *m*, -verschluß *m* (*Rock*); **3.** ⚔ Quaste *f*, Säbeltasche *f*; **4.** 🚂 Herz-, Kreuzungsstück *n*; **5.** ⚡ Oberleitungsweiche *f*; **6.** *zo.* Strahl *m* (*Pferdehuf*); **7.** *Am. sl.* Bizeps *m*; **8.** **~** *sl. contp.* ‚'Scheißfran'zose' *m*; **~ kick** *s. Schwimmen*: Grätschstoß *m*; '**~·man** [-mən] *s.* [*irr.*] Froschmann *m*, ⚔ *a.* Kampfschwimmer *m*; '**~·march** *v/t. j-n* (mit dem Gesicht nach unten) fortschleppen; ***~'s legs*** *s. pl.* Froschschenkel *pl.*; ***~ spawn*** *s.* **1.** *zo.* Froschlaich *m*; **2.** ⚘ Froschlaichalge *f*.

frol·ic ['frɒlɪk] **I** *s.* **1.** Her'umtollen *n*, Ausgelassenheit *f*; **2.** Jux *m*, Spaß *m*, Streich *m*; **II** *v/i. pret. u. p.p.* **'frol·icked** [-kt] **3.** her'umtollen, -toben; **'frol·ic·some** [-səm] *adj.* 'übermütig, ausgelassen.

from [frɒm; frəm] *prp.* von, von … her, aus, aus … her'aus: a) *Ort, Herkunft*: ***a gift ~ his son*** ein Geschenk von s-m Sohn; ***~ outside*** (*od.* ***without***) von (dr)außen; ***the train ~ X*** der Zug von *od.* aus X; ***he is ~ Kent*** er ist *od.* stammt aus Kent; *auf Sendungen*: ***~ …*** Absender …, b) *Zeit*: ***~ 2 to 4 o'clock*** von 2 bis 4 Uhr; ***~ now*** von jetzt an; ***~ a child*** von Kindheit an, c) *Entfernung*: ***6 miles ~ Rome*** 6 Meilen von Rom (entfernt); ***far ~ the truth*** weit von der Wahrheit entfernt, d) *Fortnehmen*: ***stolen ~ the shop*** (***the table***) aus dem Laden (vom Tisch) gestohlen; ***take it ~ him!*** nimm es ihm weg!, e) *Anzahl*: ***~ six to eight boats*** sechs bis acht Boote, f) *Wandlung*: ***~ bad to worse*** immer schlimmer, g) *Unterscheidung*: ***he does not know black ~ white*** er kann Schwarz u. Weiß nicht unterscheiden, h) *Quelle, Grund*: ***~ my point of view*** von meinem Standpunkt (aus); ***~ what he said*** nach dem, was er sagte; ***painted ~ life*** nach dem Leben gemalt; ***he died ~ hunger*** er verhungerte; **~ a·bove** *adv.* von oben; **~ a·cross** *adv. u. prp.* von jenseits (*gen.*), von der anderen Seite (*gen.*); **~ a·mong** *prp.* aus … her'aus; **~ be·fore** *prp.* aus der Zeit vor (*dat.*); **~ be·neath** *adv.* von unten; *prp.* unter (*dat.*) … her'vor *od.* her'aus; **~ be·tween** *prp.* zwischen (*dat.*) … her'vor; **~ be·yond** *adv. u. prp.* von jenseits (*gen.*); **~ in·side** *adv.* von innen; *prp.* aus … her'aus: ***~ the house*** aus dem Inneren des Hauses (heraus); **~ out of** *prp.* aus … her'aus; **~ un·der** → ***from beneath***.

frond [frɒnd] *s.* ⚘ (Farn)Wedel *m*.

front [frʌnt] **I** *s.* **1.** *allg.* Vorder-, Stirnseite *f*, Front *f*; **2.** ⚠ (Vorder)Front *f*, Fas'sade *f*; **3.** Vorderteil *n*; **4.** ⚔ a) Front *f*, Kampflinie *f*, -gebiet *n*, b) Frontbreite *f*: ***at the ~*** an der Front; ***on all ~s*** an allen Fronten (*a. fig.*); **5.** Vordergrund *f*, Spitze *f*: ***in ~*** an der *od.* die Spitze, vorn, davor; ***in ~ of*** vor (*dat.*); ***to the ~*** nach vorn; ***come to the ~*** *fig.* in den Vordergrund treten; ***up ~*** a) vorn, *fig. a.* an der Spitze, b) nach vorn, *fig. a.* an die Spitze; **6.** (Straßen-, Wasser)Front *f*: ***the ~*** *Brit.* die Strandpromenade; **7.** *fig.* Front *f*: a) (*bsd. politische*) Organisati'on, b) Sektor *m*: ***on the economic ~*** an der wirtschaftlichen Front; **8.** a) ‚Strohmann' *m*, b) ‚Aushängeschild' *n* (*e-r Interessengruppe od. Geheimorganisation etc.*); **9.** F ‚Fas'sade' *f*: ***put up a ~*** a) sich Allüren geben, b) ‚Theater spielen'; ***show a bold ~*** kühn auftreten; ***maintain a ~*** den Schein wahren; **10.** *poet.* a) Stirn *f*, b) Antlitz *n*; **11.** *fig.* Frechheit *f*: ***have the ~ to*** (*inf.*) die Stirn haben zu (*inf.*); **12.** Hemdbrust *f*; **13.** (falsche) Stirnlocken *pl.*; **14.** *meteor.* Front *f*: ***cold ~***; **II** *adj.* **15.** Front…, Vorder…: ***~ entrance***; ***~ row*** vorder(st)e Reihe; ***~ tooth*** Vorderzahn *m*; **16.** ***~ man*** ‚Strohmann' *m*; **17.** *ling.* Vorderzungen…; **III** *v/t.* **18.** gegen'überstehen, -liegen (*dat.*): ***the house ~s the sea*** das Haus liegt (nach) dem Meer zu; ***the windows ~ the street*** die Fenster gehen auf die Straße; **19.** *j-m* entgegen-, gegen'übertreten, *j-m* die Stirn bieten; **20.** mit e-r Front *od.* Vorderseite versehen; **21.** als Front *od.* Vorderseite dienen für; **22.** *ling.* palatalisieren; **23.** *TV Brit. Programm* moderieren; **IV** *v/i.* **24.** ***~ on*** (*od.* ***to[wards]***) → 18; **25.** ***~ for*** als ‚Strohmann' *od.* ‚Aushängeschild' fungieren für.

front·age ['frʌntɪdʒ] *s.* **1.** (Vorder)Front *f* (e-s Hauses): ***~ line*** Bau(flucht)linie *f*; ***~ road*** *Am. Parallelstraße zu e-r Schnellstraße* (*mit Wohnhäusern, Geschäften etc.*); ***have a ~ on*** → ***front*** 18; **2.** Land *n* an der Straßen- *od.* Wasserfront; **3.** Grundstück *n* zwischen der Vorderfront e-s Hauses u. der Straße; **4.** ⚔ Front- *od.* Angriffsbreite *f*.

fron·tal ['frʌntl] **I** *adj.* **1.** fron'tal, Vorder…, Front…: ***~ attack*** (***collision***) Frontalangriff *m* (-zs.-stoß *m*); ***~ axle*** ⚙ Vorderachse *f*; **2.** ⚙, *anat.* Stirn…; **II** *s.* **3.** *eccl.* Ante'pendium *n*; **4.** ⚠ Ziergiebel *m*; **~ bone** *s.* Stirnbein *n*; **~ si·nus** *s.* Stirn(bein)höhle *f*.

front| bench *s. parl.* vordere Sitzreihe (*für Regierung u. Oppositionsführer*); **ˌ~-'bench·er** *s. parl.* führendes Frakti'onsmitglied; **~ door** *s.* Haus-, Vordertür *f*; **~ drive** *s. mot.* Frontantrieb *m*; **ˌ~-'end col·li·sion** *s. mot.* Auffahrunfall *m*; **~ en·gine** *s.* Frontmotor *m*.

fron·tier ['frʌnˌtɪə] **I** *s.* **1.** (Landes)Grenze *f*; **2.** *Am.* Grenzgebiet *n*, Grenze *f* (zum Wilden Westen): ***new ~s*** *fig.* neue Ziele; **3.** *fig. oft pl.* Grenze *f*, Grenzbereich *m*; Neuland *n*; **II** *adj.* **4.** Grenz…: ***~ town***; **ˌfron'tiers·man** [-ɪəzmən] *s.* [*irr.*] *Am. hist.* Grenzbewohner *m*.

fron·tis·piece ['frʌntɪspiːs] *s.* Fronti'spiz *n*: a) Titelbild *n* (*Buch*), b) ⚠ Giebelseite *f od.* -feld *n*.

front·let ['frʌntlɪt] *s.* **1.** *zo.* Stirn *f*; **2.** Stirnband *n*.

front| line *s.* ⚔ Kampffront *f*, Front(linie) *f*; **'~-line** *adj.*: ***~ officer*** Frontoffizier *m*; **~ page** *s.* Titelseite *f* (*Zeitung*); **'~-page** *adj.*: ***~ news*** wichtige *od.* aktuelle Nachricht(en); **~ pas·sen·ger** *s. mot.* Beifahrer(in); **ˌ~-'run·ner** *s.* **1.** *sport* a) Spitzenreiter *m* (*a. fig.*), b) Favo'rit(in); **2.** *pol.* 'Spitzenkandiˌdat(in); **3.** Tempoläufer *m*; **~ seat** *s.* Vordersitz *m*; **~ sight** *s.* ⚔ Korn *n*; **~ view** *s.* Vorderansicht *f*; **'~-wheel** *adj.*: ***~ drive*** ⚙ Vorderradantrieb *m*.

frosh [frɒʃ] *s. sg. u. pl. Am.* → ***freshman***.

frost [frɒst] **I** *s.* **1.** Frost *m*: ***10 degrees of ~*** *Brit.* 10 Grad Kälte; **2.** Eisblumen *pl.*, Reif *m*; **3.** *fig.* Kühle *f*, Kälte *f*, Frostigkeit *f*; **4.** *sl.* ‚Reinfall' *m*; ‚Pleite' *f*; **II** *v/t.* **5.** mit Reif *od.* Eis über'ziehen; **6.** ⚙ *Glas* mattieren; **7.** *Küche*: a) glasieren, mit Zuckerguß über'ziehen, b) mit (Puder)Zucker bestreuen; **8.** Frostschäden verursachen bei; **9.** *j-n* sehr kühl behandeln; **'~·bite** *s.* ⚕ Erfrierung *f*; **'~ˌbit·ten** *adj.* ⚕ erfroren.

frost·ed ['frɒstɪd] *adj.* **1.** bereift, über'froren; **2.** ⚙ mattiert: ***~ glass*** Matt-, Milchglas *n*; **3.** ⚕ erfroren; **4.** mit Zuckerguß, glasiert; **'frost·i·ness** [-tɪnɪs] *s.* Frost *m*, eisige Kälte (*a. fig.*); **'frost·ing** [-tɪŋ] *s.* **1.** Zuckerguß *m*, Gla'sur *f*; **2.** ⚙ Mattierung *f*; **'frost·work** *s.* Eisblumen *pl.*; **'frost·y** [-tɪ] *adj.* ☐ **1.** eisig, frostig (*a. fig.*); **2.** mit Reif *od.* Eis bedeckt; **3.** eisgrau: ***~ hair***.

froth [frɒθ] **I** *s.* **1.** Schaum *m*; **2.** ⚕ (Blasen)Schaum *m*; **3.** *fig.* ‚Firlefanz' *m*; **II** *v/t.* **4.** a) zum Schäumen bringen, b) zu Schaum schlagen; **III** *v/i.* **5.** schäumen (*a. fig. vor Wut*); **'froth·i·ness** [-θɪnɪs] *s.* **1.** Schäumen *n*, Schaum *m*; **2.** *fig.* Seicht-, Hohlheit *f*; **'froth·y** [-θɪ] *adj.* ☐ **1.** schaumig, schäumend; **2.** *fig.* seicht, hohl.

frou-frou ['fruːfruː] (*Fr.*) *s.* **1.** Knistern *n*, Rascheln *n* (*von Seide*); **2.** Flitter *m*.

fro·ward ['frəʊəd] *adj.* ☐ *obs.* eigensinnig.

frown [fraʊn] **I** *v/i.* a) die Stirn runzeln (***at*** über *acc.*; *a. fig.*), b) finster dreinschauen: ***~ (up)on*** stirnrunzelnd *od.* finster betrachten, *fig.* mißbilligen (*acc.*); **II** *v/t.* ***~ down*** *j-n* durch finstere Blicke einschüchtern; **III** *s.* Stirnrunzeln *n*; finsterer Blick; **'frown·ing** [-nɪŋ] *adj.* ☐ **1.** stirnrunzelnd; **2.** a) miß'billigend, b) finster (*Blick*); **3.** bedrohlich.

frowst [fraʊst] F **I** *s.* ‚Mief' *m*; **II** *v/i.* im ‚Mief' hocken; **'frowst·y** [-tɪ] *adj.* muffig, ‚miefig'.

frowz·i·ness ['fraʊzɪnɪs] *s.* **1.** Schlampigkeit *f*; Ungepflegtheit *f*; **2.** muffiger Geruch; **frowz·y** ['fraʊzɪ] *adj.* **1.** schlampig, ungepflegt; **2.** muffig.

froze [frəʊz] *pret. von* ***freeze***; **'fro·zen** [-zn] **I** *p.p. von* ***freeze***; **II** *adj.* **1.** (ein-, zu)gefroren; **2.** erfroren; **3.** gefroren, Gefrier…: ***~ food*** Tiefkühlkost *f*; ***~ meat*** Gefrierfleisch *n*; **4.** eisig, frostig (*a. fig.*); **5.** kalt, teilnahms-, gefühllos; **6.** † eingefroren: a) festliegend: ***~ capital***, b) gestoppt: ***~ prices***; ***~ wages***; **7.** ***~ facts*** *Am.* unumstößliche Tatsachen.

fruc·ti·fi·ca·tion [ˌfrʌktɪfɪ'keɪʃn] *s.* ⚘ **1.** Fruchtbildung *f*; **2.** Befruchtung *f*; **fruc·ti·fy** ['frʌktɪfaɪ] ⚘ **I** *v/i.* Früchte tragen (*a. fig.*); **II** *v/t.* befruchten (*a. fig.*); **fruc·tose** ['frʌktəʊs] *s.* Fruchtzucker *m*.

fru·gal ['fruːgl] *adj.* ☐ **1.** sparsam, haushälterisch (***of*** mit); **2.** genügsam, bescheiden; **3.** einfach, spärlich, fru'gal: ***a ~ meal***; **fru·gal·i·ty** [fruː'gælətɪ] *s.* Sparsamkeit *f*; Genügsamkeit *f*; Einfachheit *f*.

fru·giv·o·rous [fruː'dʒɪvərəs] *adj. zo.* fruchtfressend.

fruit [fruːt] **I** *s.* **1.** ⚘ a) Frucht *f*, b) Samenkapsel *f*; **2.** *coll.* a) Früchte *pl.*: ***bear ~*** Früchte tragen (*a. fig.*), b) Obst *n*; **3.** *bibl.* Nachkommen(schaft *f*) *pl.*: ***~ of the body*** Leibesfrucht *f*; **4.** *mst pl. fig.* Frucht *f*, Früchte *pl.*, Ergebnis *n*, Erfolg *m*, Gewinn *m*; **5.** *sl.* ‚Spinner' *m*; **6.** *Am. sl.* ‚Homo' *m*; **II** *v/i.* **7.** ⚘ (Früchte) tragen; **fruit·ar·i·an** [fruː'teərɪən] *s.* Obstesser(in), Rohköstler(in).

'fruit|·cake *s.* **1.** englischer Kuchen; **2.** *Brit. sl.* ‚Spinner' *m*; **~ cock·tail** *s.* Früchtecocktail *m*; **~ cup** *s.* Früchtebecher *m*.

fruit·er·er ['fruːtərə] *s.* Obsthändler *m*;

ˈ**fruit·ful** [-tfʊl] *adj.* □ **1.** fruchtbar (*a. fig.*); **2.** *fig.* erfolgreich; ˈ**fruit·ful·ness** [-tfʊlnɪs] *s.* Fruchtbarkeit *f.*

fru·i·tion [fruːˈɪʃn] *s.* Erfüllung *f*, Verwirklichung *f*: ***come to*** ~ sich verwirklichen, Früchte tragen.

fruit| jar *s.* Einweckglas *n*; ~ **juice** *s.* Obstsaft *m*; ~ **knife** *s.* [*irr.*] Obstmesser *n.*

fruit·less [ˈfruːtlɪs] *adj.* □ **1.** unfruchtbar; **2.** *fig.* frucht-, erfolglos, vergeblich.

fruit| ma·chine *s. Brit.* F ˈSpielautoˌmat *m*; ~ **pulp** *s.* Fruchtfleisch *n*; ~ **sal·ad** *s.* **1.** ˈObstsaˌlat *m*; **2.** *fig. humor.* ,Laˈmetta' *n*, Ordenspracht *f*; ~ **tree** *s.* Obstbaum *m.*

fruit·y [ˈfruːtɪ] *adj.* **1.** fruchtartig; **2.** fruchtig (*Wein*); **3.** soˈnor (*Stimme*); **4.** *Brit. sl.* ,saftig', ,gepfeffert' (*Witz*); **5.** *Am.* F ,schmalzig'.

fru·men·ta·ceous [ˌfruːmənˈteɪʃəs] *adj.* getreideartig, Getreide…

frump [frʌmp] *s. a.* ***old*** ~ ,alte Schachtel', ,Spiˈnatwachtel' *f*; ˈ**frump·ish** [-pɪʃ], ˈ**frump·y** [-pɪ] *adj.* **1.** altmodisch; **2.** schlampig, ungepflegt.

frus·trate [frʌˈstreɪt] *v/t.* **1.** *et.* vereiteln, durchˈkreuzen, zuˈnichte machen; **2.** *j-n od. et.* hemmen, (be)hindern, *j-n* einengen, *j-n* am Fortkommen hindern; **3.** *j-m* die *od.* jede Hoffnung *od.* Aussicht nehmen, *j-n* zuˈrückwerfen: ***I was ~d in my efforts*** meine Bemühungen wurden vereitelt; **4.** frustrieren: a) *j-n* entmutigen, b) *j-n* enttäuschen, c) mit Minderwertigkeitsgefühlen erfüllen; **frusˈtrat·ed** [-tɪd] *adj.* **1.** vereitelt, gescheitert: ~ ***plans***; **2.** gescheitert (*Person*), ,verhindert' (*Maler etc.*); **3.** frustriert: a) entmutigt, b) enttäuscht, c) voller Minderwertigkeitsgefühle; **frusˈtrat·ing** [-tɪŋ] *adj.* frustrierend, enttäuschend, entmutigend; **frusˈtra·tion** [-eɪʃn] *s.* **1.** Vereitelung *f*; **2.** Behinderung *f*, Hemmung *f*; **3.** Enttäuschung *f*, ˈMißerfolg *m*, Rückschlag *m*; **4.** *psych. u. allg.* Frustratiˈon *f*: a) Enttäuschung *f*, b) *a.* ***sense of*** ~ *das* Gefühl, ein Versager zu sein, Minderwertigkeitsgefühle *pl.*, Niedergeschlagenheit *f*; **5.** aussichtslose Sache (***to*** für).

frus·tum [ˈfrʌstəm] *pl.* **-tums** *od.* **-ta** [-tə] *s.* ⩓ Stumpf *m*: ~ ***of a cone*** Kegelstumpf.

fry[1] [fraɪ] *s. pl.* **1.** a) junge Fische *pl.*, b) Fischrogen *m*; **2.** ***small*** ~ a) ,junges Gemüse', Kinder *pl.*, b) kleine (*unbedeutende*) Leute *pl.*, c) ,kleine Fische' *pl.*, Lappalien *pl.*

fry[2] [fraɪ] **I** *v/t.* **1.** braten: ***fried potatoes*** Bratkartoffeln; **2.** *Am. sl.* auf dem eˈlektrischen Stuhl hinrichten; **II** *v/i.* **3.** braten, schmoren; **4.** *Am. sl.* auf dem eˈlektrischen Stuhl hingerichtet werden; **III** *s.* **5.** Gebratenes *n*, *bsd.* gebratene Inneˈreien *pl.*; **6.** *Am. bsd. in Zssgn*: Brat-, Grillfest *n*: ***fish*** ~; **fry·er** [ˈfraɪə] *s.* **1.** j-d, der et. brät: ***he is a fish-***~ er hat ein Fischrestaurant; **2.** (*Fisch- etc.*)Bratpfanne *f*; **3.** *et.* zum Braten Geeignetes, *bsd.* Brathühnchen *n*; **fry·ing pan** [ˈfraɪɪŋ] *s.* Bratpfanne *f*: ***jump out of the*** ~ ***into the fire*** vom Regen in die Traufe kommen.

fuch·sia [ˈfjuːʃə] *s.* ⚘ Fuchsie *f.*

fuch·sine [ˈfuːksiːn] *s.* ⚗ Fuchˈsin *n.*

fuck [fʌk] ∨ **I** *v/t.* **1.** ,ficken', ,vögeln': ~ ***it!*** ,Scheiße'!; ~ ***you!***, ***get ~ed!*** a) du Scheißkerl!, b) leck mich am Arsch!; **2.** ~ ***up*** *et.* ,versauen' *od.* ,vermasseln': (***all***) ***~ed up*** (total) ,im Arsch'; **II** *v/i.* **3.** ,ficken', ,vögeln'; **4.** ~ ***around*** *fig.* herˈumgammeln; ~ ***off!*** verpiß dich!; **III** *s.* **5.** ,Fick' *m*: ***I don't give a*** ~ *fig.* das ist mir ,scheißegal'; ~***!*** ,Scheiße'!; ˈ**fuck·er** [-kə] *s.* ∨ **1.** ,Ficker' *m*; **2.** ,(Scheiß-)Kerl' *m*: ***poor*** ~ armes Schwein; ˈ**fuck·ing** [-kɪŋ] ∨ **I** *adj.* verdammt, Scheiß… (*oft nur verstärkend*); **II** *adv.* verdammt: ~ ***cold*** ,saukalt'; ~ ***good*** ,unheimlich' gut, ,sagenhaft'.

fud·dle [ˈfʌdl] F **I** *v/t.* **1.** berauschen: ~ ***o.s.*** → 3; **2.** verwirren; **II** *v/i.* **3.** saufen, sich ,vollaufen lassen'; **III** *s.* **4.** Verwirrung *f*: ***get in a*** ~ durcheinanderkommen; ˈ**fud·dled** [-ld] *adj.* F **1.** ,benebelt'; **2.** verwirrt.

fud·dy-dud·dy [ˈfʌdɪˌdʌdɪ] F **I** *s.* ,verkalkter Trottel'; **II** *adj.* ,verkalkt'.

fudge [fʌdʒ] F **I** *v/t.* **1.** *oft* ~ ***up*** zuˈrechtpfuschen, zs.-stoppeln; **2.** ,frisieren', fälschen; **II** *v/i.* **3.** ,blöd daˈherreden'; **4.** ~ ***on*** *e-m Problem etc.* ausweichen; **III** *s.* **5.** ,Quatsch' *m*, Blödsinn *m*; **6.** *Zeitung*: (Maˈschine *f od.* Spalte *f* für) letzte Meldungen *pl.*; **7.** *Küche*: (*Art*) Fonˈdant *m.*

fu·el [ˈfjʊəl] **I** *s.* Brennstoff *m*: a) ˈBrenn-, ˈHeizmateriˌal *n*, b) Betriebs-, Treib-, Kraftstoff *m*: ***add*** ~ ***to the flames*** (*od.* ***fire***) *fig.* Öl ins Feuer gießen; ***add*** ~ ***to*** *fig. et.* schüren; **II** *v/i.* Brennstoff nehmen; *a.* ~ ***up*** (auf)tanken, ⚓ bunkern; **III** *v/t.* mit Brennstoff versehen, ✈ *a.* betanken; ⚓ *Öl* bunkern: ***fuelled with*** be- *od.* getrieben mit; ˌ~-ˈ**air mix·ture** *s. mot.* Kraftstoff-Luft-Gemisch *n*; ~ **cap** *s.* Tankdeckel *m*; ~ **e·con·o·my** *s.* sparsamer Kraftstoffverbrauch; ~ **feed** *s.* Brennstoffzuleitung *f*; ~ **gas** *s.* Heizgas *n*; ~ **ga(u)ge** *s. mot.* Kraftstoffmesser *m*, Benˈzinuhr *f*; ˈ~ˌ**guzz·ling** *adj.* F ,benˈzinfressend' (*Motor etc.*); ~ **in·jec·tion en·gine** *s.* Einspritzmotor *m*; ~ **jet** *s.* Kraftstoffdüse *f*; ~ **oil** *s.* Heizöl *n*; ~ **pump** *s. mot.* Kraftstoff-, Benˈzinpumpe *f*; ~ **rod** *s. Kernphysik*: Brennstab *m.*

fug [fʌg] *s.* F ,Mief' *m.*

fu·ga·cious [fjuːˈgeɪʃəs] *adj.* kurzlebig (*a.* ⚘), flüchtig, vergänglich.

fug·gy [ˈfʌgɪ] *adj.* F ,miefig'.

fu·gi·tive [ˈfjuːdʒɪtɪv] **I** *s.* a) Flüchtige(r *m*) *f*, b) *pol. etc.* Flüchtling *m*, c) Ausreißer *m*: ~ ***from justice*** flüchtiger Rechtsbrecher; **II** *adj.* flüchtig, *fig. a.* vergänglich, kurzlebig.

fu·gle·man [ˈfjuːglmæn] *s.* [*irr.*] (An-, Wort)Führer *m.*

fugue [fjuːg] **I** *s.* **1.** ♪ Fuge *f*; **2.** *psych.* Fuˈgue *f*; **II** *v/t. u. v/i.* **3.** ♪ fugieren.

ful·crum [ˈfʌlkrəm] *pl.* **-cra** [-krə] *s.* **1.** *phys.* Dreh-, Hebe-, Stützpunkt *m*; **2.** *fig.* Angelpunkt *m.*

ful·fil(l) [fʊlˈfɪl] *v/t.* **1.** *allg.* erfüllen; **2.** vollˈbringen, -ˈziehen, ausführen; **fulˈfil(l)·ment** [-mənt] *s.* Erfüllung *f.*

ful·gent [ˈfʌldʒənt] *adj.* □ *poet.* strahlend, glänzend; **ful·gu·rant** [ˈfʌlgjʊərənt] *adj.* (auf)blitzend.

full[1] [fʊl] **I** *adj.* □ → ***fully***; **1.** *allg.* voll: ~ ***of*** voll von, voller *Fische etc.*, *fig. a.* a) reich an (*dat.*), b) (ganz) erfüllt von; ~ ***of plans*** voller Pläne; ~ ***of o.s.*** (ganz) von sich eingenommen; ***a*** ~ ***heart*** ein (über)volles Herz; **2.** voll, ganz: ***a*** ~ ***mile***; ***a*** ~ ***hour*** e-e volle *od.* ,geschlagene' Stunde; **3.** voll, rund, vollschlank; **4.** weit(geschnitten): ***a*** ~ ***skirt***; **5.** voll, kräftig: ~ ***colo(u)r***; ~ ***voice***; **6.** schwer, vollmundig: ~ ***wine***; **7.** voll besetzt: ~ ***up*** (voll) besetzt (*Bus etc.*); ***house*** ~***!*** *thea.* ausverkauft!; **8.** ausführlich, genau, voll(ständig): ~ ***details***; **9.** reichlich: ***a*** ~ ***meal***; **10.** a) voll, unbeschränkt: ~ ***power*** Vollmacht *f*, b) voll (-berechtigt): ~ ***member***; **11.** echt, rein: ***a*** ~ ***sister*** e-e leibliche Schwester; **12.** F ,voll': a) *a.* ~ ***up*** satt, b) betrunken; **II** *adv.* **13.** völlig, gänzlich, ganz: ***know*** ~ ***well that*** ganz genau wissen, daß; **14.** gerade, genau, diˈrekt: ~ ***in the face***; **15.** ~ ***out*** mit Vollgas *fahren*, auf Hochtouren *arbeiten*; **III** *s.* **16.** ***in*** ~ voll(ständig); ***write in*** ~ *et.* ausschreiben; ***to the*** ~ vollständig, bis ins kleinste, total; ***at the*** ~ auf dem Höhepunkt *od.* Höchststand.

full[2] [fʊl] *v/t.* ⚙ *Tuch* walken.

full| age *s.*: ***of*** ~ ⚖ mündig, volljährig; ˈ~·**back** *s.* a) *Fußball, Hockey*: Verteidiger *m*, b) *Rugby*: Schlußspieler *m*; ~ **blood** *s. biol.* Vollblut *n*; ˌ~-ˈ**blood·ed** *adj.* **1.** reinrassig, Vollblut…; **2.** *fig.* Vollblut…: ~ ***socialist***; ˌ~-ˈ**blown** *adj.* **1.** ⚘ ganz aufgeblüht; **2.** *fig.* a) voll entwickelt, ausgereift, b) F → ***fully fledged*** 2, 3; ~ **board** *s.* ˈVollpensiˌon *f*; ˌ~-ˈ**bod·ied** *adj.* **1.** schwer, üppig; **2.** schwer, vollmundig: ~ ***wine***; ˌ~-ˈ**bot·tomed** *adj.* **1.** breit, mit großem Boden: ~ ***wig*** Allongeperücke *f*; **2.** ⚓ mit großem Laderaum; ˈ~-**bound** *adj.* Ganzleder…, Ganzleinen…: ~ ***book***; ~ **dress** *s.* **1.** Gesellschaftsanzug *m*; **2.** ⚔ ˈGalauniˌform *f*; ˌ~-ˈ**dress** *adj.* **1.** Gala…: ~ ***uniform***; **2.** ~ ***rehearsal*** → ***dress rehearsal***; **3.** *fig.* groß angelegt, umˈfassend.

full·er [ˈfʊlə] *s.* ⚙ **1.** (Tuch)Walker *m*; **2.** (halb)runder Setzhammer; ~**'s earth** *s. min.* Fullererde *f.*

ˌ**full|ˈface I** *s.* **1.** En-ˈface-Bild *n*, Vorderansicht *f*; **2.** *typ.* (halb)fette Schrift; **II** *adj.* **3.** en face; **4.** *typ.* (halb)fett; ˌ~-ˈ**faced** *adj.* **1.** mit vollem Gesicht, pausbäckig; **2.** *typ.* fett; ˌ~-ˈ**fash·ioned** *Am.* → ***fully fashioned***; ˌ~-ˈ**fledged** → ***fully fledged***; ~ **gal·lop** *s.*: ***at*** ~ in vollem *od.* gestrecktem Galopp; ˌ~-ˈ**grown** *adj.* ausgewachsen; ~ **hand** → ***full house*** 2; ˌ~-ˈ**heart·ed** *adj.* rückhaltlos, voll; ~ **house** *s.* **1.** *thea. etc.* volles Haus; **2.** *Poker*: Full house *n*; ˌ~-ˈ**length** *adj.* **1.** in voller Größe, lebensgroß: ~ ***portrait***; **2.** bodenlang (*Kleid*); **3.** abendfüllend (*Film*); ~ **load** *s.* **1.** ⚙, ✈ Gesamtgewicht *n*; **2.** ⚡ Volllast *f*; ~ **nel·son** *s. Ringen*: Doppelnelson *m.*

full·ness [ˈfʊlnɪs] *s.* **1.** Fülle *f*: ***in the*** ~ ***of time*** zur gegebenen Zeit; **2.** *fig.* (ˈÜber)Fülle *f* (*des Herzens*); **3.** Körperfülle *f*; **4.** Sattheit *f* (*a. Farben*); **5.** ♪ Klangfülle *f*; **6.** Weite *f* (*Kleid*).

ˌ**full|-ˈpage** *adj.* ganzseitig; ~ **pro·fes·sor** *s. Am. univ.* Ordiˈnarius *m*; ˌ~-ˈ**rigged** *adj.* **1.** ⚓ vollgetakelt; **2.** voll ausgerüstet; ~ **scale** *s.* ⚙ naˈtürliche

Größe; ˌ~-ˈ**scale** *adj.* **1.** in naˈtürlicher Größe; **2.** *fig.* großangelegt, umˈfassend: ~ ***attack*** ⚔ Großangriff *m*; ~ ***test*** Großversuch *m*; ~ ***war*** regelrechter Krieg; ~ **stop** *s.* **1.** (Schluß)Punkt *m*; **2.** *fig.* Schluß *m*, Ende *n*, Stillstand *m*; ˌ~-ˈ**time I** *adj.* ⚚ hauptberuflich (tätig): ~ ***job*** Ganztagsstellung *f*, -beschäftigung *f*; **II** *adv.* ganztags; ˈ~-ˌ**tim·er** *s.* ganztägig Beschäftigte(r *m*) *f*; ˌ~-ˈ**track** *adj.*: ~ ***vehicle*** ⚙ Vollketten-, Raupenfahrzeug *n*; ˌ~-ˈ**view** *adj.* ✈ Vollsicht…

ful·ly [ˈfʊlɪ] *adv.* voll, völlig, gänzlich; ausführlich: ~ ***ten minutes*** volle zehn Minuten; ~ ***automatic*** vollautomatisch; ~ ***entitled*** vollberechtigt; ~ **fashioned** *adj.* mit (voller) Paßform (*Strümpfe etc.*); ~ **fledged** *adj.* **1.** flügge (*Vogel*); **2.** *fig.* richtig(gehend): ***a*** ~ ***pilot***; **3.** *fig.* ‚ausgewachsen': ***a*** ~ ***scandal***.

ful·mar [ˈfʊlmə] *s. orn.* Fulmar *m*, Eissturmvogel *m*.

ful·mi·nant [ˈfʌlmɪnənt] *adj.* **1.** krachend; **2.** ⚕ plötzlich ausbrechend; **ful·mi·nate** [ˈfʌlmɪneɪt] **I** *v/i.* **1.** donnern, explodieren (*a. fig.*); **2.** *fig.* (los)donnern, wettern; **II** *v/t.* **3.** zur Exploˈsion bringen; **4.** *fig. Befehle etc.* donnern; **III** *s.* **5.** ⚗ Fulmiˈnat *n*: ~ ***of mercury*** Knallquecksilber *n*; ˈ**ful·mi·nat·ing** [-neɪtɪŋ] *adj.* **1.** ⚗ explodierend, Knall…: ~ ***powder*** Knallpulver *n*; **2.** *fig.* donnernd, wetternd; **3.** → ***fulminant*** 2; **ful·mi·na·tion** [ˌfʌlmɪˈneɪʃn] *s.* **1.** Exploˈsion *f*, Knall *m*; **2.** *fig.* Donnern *n*, Wettern *n*.

ful·ness *bsd. Am.* → ***fullness***.

ful·some [ˈfʊlsəm] *adj.* □ **1.** überˈtrieben: ~ ***flattery***; **2.** *obs.* widerlich.

ful·vous [ˈfʌlvəs] *adj.* rötlichgelb.

fum·ble [ˈfʌmbl] **I** *v/i.* **1.** *a.* ~ ***around*** a) umˈhertappen, -tasten (***for*** nach): ~ ***for*** tappen *od.* suchen nach, b) (herˈum-) fummeln (***at*** an *dat.*); **2.** (***with***) ungeschickt ˈumgehen (mit), sich ungeschickt anstellen (bei); **3.** *sport* ‚patzen'; **II** *v/t.* **4.** ‚verpatzen'; **5.** ~ ***out*** *et.* mühsam (herˈvor)stammeln; **III** *s.* **6.** (Herˈum)Tappen *n*, (-)Fummeln *n*; **7.** *sport* ‚Patzer' *m*; ˈ**fum·bler** [-lə] *s.* Stümper *m*, ‚Patzer' *m*; ˈ**fum·bling** [-lɪŋ] *adj.* □ tappend; täppisch, ungeschickt.

fume [fjuːm] **I** *s.* **1.** *oft pl.* a) (*unangenehmer*) Dampf, Rauch(gas *n*) *m*, Schwade *f*, b) Dunst *m*, Nebel *m*; **2.** *fig.* Koller *m*, Erregung *f*, Wut *f*; **3.** *fig.* Schall *m* u. Rauch *m*; **II** *v/t.* **4.** *Holz* räuchern, dunkler machen, beizen: ~***d oak*** dunkles Eichenholz; **III** *v/i.* **5.** rauchen, dunsten, dampfen; **6.** *fig.* wüten (***at*** gegen), (vor Wut) schäumen: ***fuming with anger*** kochend vor Wut.

fu·mi·gant [ˈfjuːmɪgənt] *s.* Ausräucherungsmittel *n*; **fu·mi·gate** [ˈfjuːmɪgeɪt] *v/t.* ausräuchern; **fu·mi·ga·tion** [ˌfjuːmɪˈgeɪʃn] *s.* Ausräucherung *f*; ˈ**fu·mi·ga·tor** [-geɪtə] *s.* ˈAusräucherappaˌrat *m*.

fun [fʌn] **I** *s.* Scherz *m*, Spaß *m*, Ulk *m*: ***for*** (*od.* ***in***) ~ aus *od.* zum Spaß; ***for the*** ~ ***of it*** spaßeshalber, zum Spaß; ***it's not all*** ~ ***and games*** es ist gar nicht so rosig; ***it is*** ~ es macht Spaß; ***he*** (***it***) ***is great*** ~ F er (es) ist sehr amüsant *od.* lustig; ***have*** ~***!*** viel Spaß!; ***make*** ~ ***of s.o.*** sich über j-n lustig machen; ***I don't see the*** ~ ***of it*** ich finde das (gar) nicht komisch; **II** *adj.* lustig, spaßig: ~ ***man*** → ***funster***.

func·tion [ˈfʌŋkʃn] **I** *s.* **1.** Funktiˈon *f* (*a.* ⚡, ⚙, *biol.*, *ling.*, *phys.*): a) Aufgabe *f*, b) Zweck *m*, c) Tätigkeit *f*, d) Arbeits-, Wirkungsweise *f*, e) Amt *n*, f) (Amts-) Pflicht *f*, Obliegenheit *f*: ***out of*** ~ ⚙ außer Betrieb, kaputt; **2.** a) feierlicher *od.* festlicher Anlaß, Feier *f*, Zeremoˈnie *f*, b) Veranstaltung *f*, (gesellschaftliches) Fest; **II** *v/i.* **3.** fungieren, tätig sein; **4.** ⚙ *etc.* funktionieren, arbeiten.

func·tion·al [ˈfʌŋkʃənl] *adj.* □ → ***functionally***; **1.** amtlich, dienstlich; **2.** a) ⚕, ⚡, ⚙ funktioˈnell, Funktions…: ~ ***disorder*** ⚕ Funktionsstörung *f*, b) funktiˈonsfähig, -tüchtig; **3.** sachlich, praktisch, zweckbetont, -mäßig: ~ ***building*** Zweckbau *m*; ˈ**func·tion·al·ism** [-ʃnəlɪzəm] *s.* **1.** ⚠, *psych.* Funktionaˈlismus *m*; **2.** Zweckmäßigkeit *f*; ˈ**func·tion·al·ize** [-ʃnəlaɪz] *v/t.* funktionstüchtig machen, wirksam gestalten; ˈ**func·tion·al·ly** [-ʃnəlɪ] *adv.* in funktioneller Hinsicht; ˈ**func·tion·ar·y** [-ʃnərɪ] *s.* Funktioˈnär *m*.

fund [fʌnd] **I** *s.* **1.** a) Kapiˈtal *n*, Geldsumme *f*, b) *zweckgebunden*: Fonds *m*: ***relief*** ~ Hilfsfonds; ***strike*** ~ Streikfonds; **2.** *pl.* (Bar-, Geld)Mittel *pl.*, Gelder *pl.*: ***be in*** ~***s*** (gut) bei Kasse sein; ***no*** ~***s*** ⚚ kein Guthaben, keine Deckung; ***public*** ~***s*** öffentliche Gelder; **3.** ***2s*** *pl.* a) *Brit.* fundierte ˈStaatspaˌpiere *pl.*, Konˈsols *pl.*, b) *Am.* Efˈfekten *pl.*; **4.** *fig.* Vorrat *m*, Schatz *m*, Fülle *f*, Grundstock *m* (***of*** von, an *dat.*); **II** *v/t.* **5.** ⚚ a) in ˈStaatspaˌpieren anlegen, b) fundieren, konsolidieren: ~***ed debt*** fundierte Schuld; ~ **rais·er** *s. Veranstaltung zum Aufbringen von Geldmitteln*, *bsd.* Wohltätigkeitsveranstaltung *f*; ~ **rais·ing** *s.* Geld-, Kapitalbeschaffung *f*.

fun·da·ment [ˈfʌndəmənt] *s.* **1.** ⚠ *u. fig.* Fundaˈment *n*; **2.** *humor. die* ‚vier Buchstaben' *pl.*, Gesäß *n*.

fun·da·men·tal [ˌfʌndəˈmentl] **I** *adj.* □ → ***fundamentally***; **1.** fundamenˈtal, grundlegend, wesentlich (***to*** für), Haupt…; **2.** grundsätzlich, Grund…, elemenˈtar: ~ ***colo(u)r*** Grund-, Primärfarbe *f*; ~ ***particle*** *phys.* Elementarteilchen *n*; ~ ***research*** Grundlagenforschung *f*; ~ ***tone*** ♪ Grundton *m*; ~ ***truth(s)*** Grundwahrheit(en) *f*; **II** *s.* **3.** *oft pl.* ˈGrundlage *f*, -prinˌzip *n*, -begriff *m*; **4.** ♪ Grundton *m*; ˌ**fun·daˈmen·tal·ism** [-təlɪzəm] *s. eccl.* Fundamentaˈlismus *m*, streng wörtliche Bibelgläubigkeit; ˌ**fun·daˈmen·tal·ly** [-təlɪ] *adv.* im Grunde, im wesentlichen.

fu·ner·al [ˈfjuːnərəl] **I** *s.* **1.** Begräbnis *n*, Beerdigung *f*, Bestattung *f*: ***that's your*** ~***!*** *sl.* das ist deine Sache!; **2.** *a.* ~ ***procession*** Leichenzug *m*; **3.** *Am.* Trauerfeier *f*; **II** *adj.* **4.** Begräbnis…, Leichen…, Trauer…, Grab…: ~ ***director*** Bestattungsunternehmer *m*; ~ ***home*** (*od.* ***parlor***) *Am.* Leichenhalle *f*; ~ ***march*** ♪ Trauermarsch *m*; ~ ***pile***, ~ ***pyre*** Scheiterhaufen *m*; ~ ***service*** Trauergottesdienst *m*; ~ ***urn*** Totenurne *f*; ˈ**fu·ner·ar·y** [-nərərɪ], **fu·ne·re·al** [fjuːˈnɪərɪəl] *adj.* □ **1.** Begräbnis…, Leichen… Trauer…; **2.** *fig.* düster, wie bei e-m Begräbnis.

ˈ**fun·fair** *s. Brit.* Vergnügungspark *m*, Rummelplatz *m*.

fun·gal [ˈfʌŋgl] *adj.* Pilz…; **fun·gi** [ˈfʌŋgaɪ] *pl. von* ***fungus***.

fun·gi·ble [ˈfʌndʒɪbl] *adj.* ⚖ vertretbar (*Sache*): ~ ***goods*** Fungibilien.

fun·gi·cid·al [ˌfʌndʒɪˈsaɪdl] *adj.* pilztötend; **fun·gi·cide** [ˈfʌndʒɪsaɪd] *s.* pilztötendes Mittel; **fun·goid** [ˈfʌŋgɔɪd] *adj.*, **fun·gous** [ˈfʌŋgəs] *adj.* pilz-, schwammartig, *a.* ⚕ schwammig; **fun·gus** [ˈfʌŋgəs] *pl.* **fun·gi** [ˈfʌŋgaɪ] *od.* **-gus·es** *s.* **1.** ♀ Pilz *m*, Schwamm *m*; **2.** ⚕ Fungus *m*, schwammige Geschwulst; **3.** *humor.* Bart *m*.

fu·nic·u·lar [fjuːˈnɪkjʊlə] **I** *adj.* Seil…, Ketten…; **II** *s. a.* ~ ***railway*** (Draht-) Seilbahn *f*.

funk [fʌŋk] F **I** *s.* **1.** ‚Schiß' *m*, ‚Bammel' *m*, Angst *f*: ***be in a blue*** ~ a) ‚schwer Schiß haben' (***of*** vor *dat.*), b) völlig ‚down' sein; ~ ***hole*** ⚔ a) ‚Heldenkeller' *m*, Unterstand *m*, b) *fig.* Druckposten *m*; **2.** feiger Kerl; **3.** Drückeberger *m*; **II** *v/i.* **4.** ‚Schiß' haben *od.* bekommen; **5.** ‚kneifen', sich drücken; **III** *v/t.* **6.** ‚Schiß' haben vor (*dat.*); **7.** ‚kneifen' vor (*dat.*), sich drücken vor (*dat.*) *od.* um; ˈ**funk·y** [-kɪ] *adj.* feig(e).

fun·nel [ˈfʌnl] **I** *s.* **1.** Trichter *m*; **2.** ⚓, 🚂 Schornstein *m*; **3.** ⚙ Luftschacht *m*; **4.** Vulˈkanschlot *m*; **II** *v/t.* **5.** eintrichtern, -füllen; **6.** *fig.* schleusen.

fun·nies [ˈfʌnɪz] *s. pl.* F **1.** Comic strips *pl.*, Comics *pl.*; **2.** Witzseite *f*.

fun·ny [ˈfʌnɪ] *adj.* □ **1.** *a.* ~ ***haha*** komisch, drollig, lustig, ulkig; **2.** ‚komisch': a) *a.* ~ ***peculiar*** sonderbar, merkwürdig, b) F unwohl, c) F zweifelhaft, faul: ***the*** ~ ***thing is that*** das Merkwürdige ist, daß; ***funnily enough*** merkwürdigerweise; ~ ***business*** F ‚faule Sache', ‚krumme Tour'; ~ **bone** *s.* Musiˈkantenknochen *m*; ~ **farm** *s. sl.* ‚Klapsmühle' *f*; ˈ~**·man** [-mən] *s.* [*irr.*] Komiker *m*; ~ **pa·per** *s. Am.* Comic-Teil *m e-r Zeitung*.

fun·ster [ˈfʌnstə] *s.* F Spaßvogel *m*.

fur [fɜː] **I** *s.* **1.** Pelz *m*, Fell *n*: ***make the*** ~ ***fly*** ‚Stunk' machen; **2.** a) Pelzbesatz *m*, b) *a.* ~ ***coat*** Pelzmantel *m*, c) *pl.* Pelzwerk *n*, -kleidung *f*, Rauchwaren *pl.*; **3.** *coll.* Pelztiere *pl.*: ~ ***and feather*** Haarwild u. Federwild *n*; **4.** ⚕ (Zungen)Belag *m*; **5.** ⚙ Kesselstein *m*; **II** *v/t.* **6.** mit Pelz besetzen *od.* füttern; **7.** ⚙ mit Kesselstein überˈziehen; **III** *v/i.* **8.** ⚙ Kesselstein ansetzen.

fur·be·low [ˈfɜːbɪləʊ] *s.* **1.** Falbel *f*; Faltensaum *m*; **2.** *pl. contp.* ‚Firlefanz' *m*.

fur·bish [ˈfɜːbɪʃ] *v/t.* **1.** polieren; **2.** *oft* ~ ***up*** herrichten, renovieren; **3.** *mst* ~ ***up*** *fig.* ‚aufpolieren', auffrischen.

fur·cate [ˈfɜːkeɪt] **I** *adj.* gabelförmig, gegabelt, gespalten; **II** *v/i.* sich gabeln *od.* teilen; **fur·ca·tion** [fɜːˈkeɪʃn] *s.* Gabelung *f*.

fu·ri·ous [ˈfjʊərɪəs] *adj.* □ **1.** wütend; **2.** wild, aufbrausend: ~ ***temper***; **3.** wild, heftig, furiˈos: ***a*** ~ ***attack***.

furl [fɜːl] *v/t. Fahne, Segel* aufrollen, *Schirm* zs.-rollen.

fur·long [ˈfɜːlɒŋ] *s.* Achtelmeile *f* (*201,17 m*).

fur·lough ['fɜːləʊ] *bsd.* ⚔ **I** *s.* (Heimat-)Urlaub *m*; **II** *v/t.* beurlauben.

fur·nace ['fɜːnɪs] *s.* **1.** ⚙ (Schmelz-, Brenn-, Hoch)Ofen *m*: ***enamel(l)ing ~*** Farbenschmelzofen; **2.** ⚙ (Heiz)Kessel *m*, Feuerung *f*; **3.** *fig.* ‚Backofen' *m*, glühendheißer Raum *od.* Ort; **4.** *fig.* Feuerprobe *f*, harte Prüfung: ***tried in the ~*** gründlich erprobt.

fur·nish ['fɜːnɪʃ] *v/t.* **1.** ausstatten, -rüsten, versehen, -sorgen (***with*** mit); **2.** *Wohnung* einrichten, ausstatten, möblieren: ***~ed room*** möbliertes Zimmer; **3.** *allg. a. Beweise etc.* liefern, beschaffen, er- *od.* beibringen; **'fur·nish·er** [-ʃə] *s.* **1.** Liefe'rant *m*; **2.** *Am.* Herrenausstatter *m*; **'fur·nish·ing** [-ʃɪŋ] *s.* **1.** Ausrüstung *f*, -stattung *f*; **2.** *pl.* Einrichtung *f*, Mobili'ar *n*: ***soft ~s*** Möbelstoffe; **3.** *pl. Am.* ('Herren)Beˌkleidungsarˌtikel *pl.*; **4.** ⚙ a) Zubehör *n*, *m*, b) Beschläge *pl.*

fur·ni·ture ['fɜːnɪtʃə] *s.* **1.** Möbel *pl.*, Einrichtung *f*, Mobili'ar *n*: ***piece of ~*** Möbel(stück) *n*; ***~ remover*** Möbelspediteur *m od.* -packer *m*; ***~ van*** Möbelwagen *m*; **2.** Ausrüstung *f*, -stattung *f*; **3.** Inhalt *m*, Bestand *m*; **4.** *geistiges* Rüstzeug, Wissen *n*; **5.** ⚙ Zubehör *n*, *m*.

fu·ror ['fjuːrɔː] *s. Am.*, **fu·ro·re** [fjʊə'rɔːrɪ] *s.* **1.** Ek'stase *f*, Begeisterungstaumel *m*; **2.** Wut *f*; **3.** Fu'rore *n*, Aufsehen: ***create a ~*** Furore machen.

furred [fɜːd] *adj.* **1.** mit Pelz besetzt *od.* bekleidet; **2.** ⚕ belegt (*Zunge*); **3.** ⚙ mit Kesselstein belegt.

fur·ri·er ['fʌrɪə] *s.* Kürschner *m*, Pelzhändler *m*; **'fur·ri·er·y** [-ərɪ] *s.* **1.** Pelzwerk *n*; **2.** Kürschne'rei *f*.

fur·row ['fʌrəʊ] **I** *s.* **1.** ⚒ Furche *f*; **2.** Bodenfalte *f*; **3.** ⚙ Rille *f*; **4.** Runzel *f*, Furche *f* (*a. anat.*); **II** *v/t.* **5.** pflügen; **6.** ⚙ riefen, auskehlen; **7.** *Wasser* durch'furchen; **8.** runzeln; **III** *v/i.* **9.** sich furchen (*Stirn etc.*).

fur·ry ['fɜːrɪ] *adj.* **1.** pelzartig, Pelz…; **2.** → ***furred*** 2.

fur seal *s. zo.* Bärenrobbe *f*.

fur·ther ['fɜːðə] **I** *adv.* **1.** *comp. von* ***far*** weiter, ferner, entfernter: ***no ~*** nicht weiter; ***I'll see you ~ first*** F ich werde dir was husten!; **2.** ferner, weiterhin, über'dies, außerdem; **II** *adj.* **3.** weiter, ferner, entfernter: ***the ~ end*** das andere Ende; **4.** *fig.* weiter: ***~ education*** *Brit.* Fort-, Weiterbildung *f*; ***~ particulars*** weitere Einzelheiten, Näheres; ***until ~ notice*** bis auf weiteres; ***anything ~?*** (sonst) noch etwas?; **III** *v/t.* **5.** fördern, unter'stützen; **'fur·ther·ance** [-ðərəns] *s.* Förderung *f*, Unter'stützung *f*; **ˌfur·ther'more** *adv.* ferner, über'dies, außerdem; **'fur·ther·most** *adj.* **1.** fernst, weitest; **2.** äußerst; **fur·thest** ['fɜːðɪst] *adj. u. adv.* **1.** *sup. von* ***far***; **2.** *fig.* weitest, meist: ***at the ~*** höchstens; **II** *adv.* **3.** am weitesten.

fur·tive ['fɜːtɪv] *adj.* □ **1.** heimlich, verstohlen; **2.** heimlichtuerisch; **'fur·tive·ness** [-nɪs] *s.* Heimlichkeit *f*, Verstohlenheit *f*.

fu·run·cle ['fjʊərʌŋkl] *s.* ⚕ Fu'runkel *m*; **fu·run·cu·lo·sis** [fjʊˌrʌŋkjʊ'ləʊsɪs] *s.* ⚕ Furunku'lose *f*.

fu·ry ['fjʊərɪ] *s.* **1.** (wilder) Zorn *m*, Wut *f*; **2.** Wildheit *f*, Heftigkeit *f*: ***like ~*** wie toll; **3.** ⚱ *antiq.* Furie *f*; **4.** *fig.* Furie *f* (*böses Weib etc.*).

furze [fɜːz] *s.* ⚘ Stechginster *m*.

fuse [fjuːz] **I** *s.* **1.** ⚔ Zünder *m*: ***~ cord*** Abreißschnur *f*; **2.** ϟ (Schmelz)Sicherung *f*: ***~ box*** Sicherungsdose *f*, -kasten *m*; ***~ wire*** Sicherungsdraht *m*; ***he blew a ~*** ihm ist die Sicherung durchgebrannt (*a. fig.* F); ***he has a short ~*** *Am.* F bei ihm brennt leicht die Sicherung durch; **II** *v/t.* **3.** ⚔ Zünder anbringen an (*dat.*); **4.** ⚙ (ab)sichern; **5.** *phys.*, ⚙ (ver)schmelzen; **6.** *fig.* verschmelzen, vereinigen, ⚚ *a.* fusionieren; **III** *v/i.* **7.** ϟ 'durchbrennen; **8.** ⚙ schmelzen; **9.** *fig.* verschmelzen, ⚚ *a.* fusionieren.

fu·se·lage ['fjuːzɪlɑːʒ] *s.* ✈ (Flugzeug-)Rumpf *m*.

fu·sel (oil) ['fjuːzl] *s.* Fuselöl *n*.

fu·si·ble ['fjuːzəbl] *adj.* schmelzbar, -flüssig: ***~ cut-out*** ϟ Schmelzsicherung *f*.

fu·sil ['fjuːzɪl] *s.* ⚔ *hist.* Steinschloßflinte *f*, Mus'kete *f*; **fu·sil·ier**, *Am. a.* **fu·sil·eer** [ˌfjuːzɪ'lɪə] *s.* ⚔ Füsi'lier *m*; **fu·sil·lade** [ˌfjuːzɪ'leɪd] **I** *s.* **1.** ⚔ Salve *f*; **2.** Exekuti'onskomˌmando *n*; **3.** *fig.* Hagel *m*; **II** *v/t.* **4.** ⚔ unter Salvenfeuer nehmen; **5.** (standrechtlich) erschießen, füsilieren.

fus·ing ['fjuːzɪŋ] *s.* ⚙ Schmelzen *n*: ***~ burner*** Schneidbrenner *m*; ***~ point*** Schmelzpunkt *m*; **fu·sion** ['fjuːʒn] *s.* **1.** ⚙ Schmelzen *n*: ***~ welding*** Schmelzschweißen *n*; **2.** Schmelzmasse *f*; **3.** *biol.*, *opt.*, *Kernphysik*: Fusi'on *f* (*Verschmelzung*): ***~ bomb*** Wasserstoffbombe *f*; ***~ reactor*** Fusionsreaktor *m*; **4.** *fig.* Verschmelzung *f*, Vereinigung *f*; Zs.-schluß *m*, Fusi'on *f* (*a.* ⚚, *pol.*).

fuss [fʌs] **I** *s.* **1.** a) (unnötige) Aufregung, b) Hektik *f*; **2.** ‚Wirbel' *m*, ‚The'ater' *n*, Getue *n*: ***make a ~*** a) → 5, b) *a.* ***kick up a ~*** ‚Krach schlagen'; ***a lot of ~ about nothing*** viel Lärm um nichts; **3.** Ärger *m*, Unannehmlichkeiten *pl.*; **II** *v/i.* **4.** sich (unnötig) aufregen (***about*** über *acc.*): ***don't ~!*** nur keine Aufregung!, schon gut!; **5.** viel ‚Wirbel' *od.* ‚Wind' machen (***about***, ***of***, ***over*** um *j-n od. et.*); **6.** sich (viel) Umstände machen (***over*** mit *e-m Gast etc.*): ***~ over s.o.*** *a.* j-n bemuttern; ***~ about*** (*od.* ***around***) ‚herumfuhrwerken'; **7.** heikel sein; **III** *v/t.* **8.** *j-n* ner'vös machen; **'fussˌbudg·et** *Am.* → ***fusspot***; **fuss·i·ness** ['fʌsɪnɪs] *s.* **1.** (unnötige) Aufregung; **2.** Hektik *f*; **3.** Kleinlichkeit *f*; **4.** heikle Art; **'fuss·pot** *s.* F Umstands-, Kleinigkeitskrämer *m*, ‚pingeliger' Kerl; **fuss·y** ['fʌsɪ] *adj.* □ **1.** a) aufgeregt, b) hektisch; **2.** kleinlich, ‚pingelig'; **3.** heikel, wählerisch, ‚eigen' (***about*** hinsichtlich *gen.*, mit).

fus·tian ['fʌstɪən] **I** *s.* **1.** Barchent *m*; **2.** *fig.* Schwulst *m*; **II** *adj.* **3.** Barchent…; **4.** *fig.* schwülstig.

fus·ti·ga·tion [ˌfʌstɪ'geɪʃn] *s. humor.* Tracht *f* Prügel.

fust·i·ness ['fʌstɪnɪs] *s.* **1.** Moder(geruch) *m*; **2.** *fig.* Rückständigkeit *f*; **fust·y** ['fʌstɪ] *adj.* **1.** mod(e)rig, muffig; **2.** a) verstaubt, antiquiert, b) rückständig.

fu·tile ['fjuːtaɪl] *adj.* □ nutz-, sinn-, zweck-, aussichtslos, vergeblich; **fu·til·i·ty** [fjuː'tɪlətɪ] *s.* Zweck-, Nutz-, Wert-, Sinnlosigkeit *f*.

fu·ture ['fjuːtʃə] **I** *s.* **1.** Zukunft *f*: ***in ~*** in Zukunft, künftig; ***in the near ~*** in der nahen Zukunft, bald; ***for the ~*** für die Zukunft, künftig; ***have no ~*** keine Zukunft haben; ***there is no ~ in that!*** das hat keine Zukunft!; **2.** *ling.* Fu'tur(um) *n*, Zukunft *f*: ***~ perfect*** Futurum exactum, zweite Zukunft; **3.** *pl.* ⚚ a) Ter'mingeschäfte *pl.*, b) Ter'minwaren *pl.*; **II** *adj.* **4.** (zu)künftig, Zukunfts…; **5.** *ling.* fu'turisch: ***~ tense*** → 2; **6.** ⚚ Termin…; ***~ life*** *s.* Leben *n* nach dem Tode.

fu·tur·ism ['fjuːtʃərɪzəm] *s. Kunst*: Futu'rismus *m*; **'fu·tur·ist** [-ɪst] **I.** *adj.* **1.** futu'ristisch; **II.** *s.* **2.** Futu'rist *m*; **3.** → ***futurologist***; **fu·tu·ri·ty** [fjuː'tjʊərətɪ] *s.* **1.** Zukunft *f*; **2.** zukünftiges Ereignis; **3.** Zukünftigkeit *f*.

fu·tur·ol·o·gist [ˌfjuːtʃə'rɒlədʒɪst] *s.* Futuro'loge *m*, Zukunftsforscher *m*; **ˌfu·tur'ol·o·gy** [-dʒɪ] *s.* Futurolo'gie *f*, Zukunftsforschung *f*.

fuze *Am.* → ***fuse***.

fuzz [fʌz] **I** *s.* **1.** (feiner) Flaum *m*; **2.** Fusseln *pl.*, Fäserchen *pl.*; **3.** F a) Wuschelhaar(e *pl.*) *n*, b) ‚Zottelbart' *m*; **4.** *sl.* a) ‚Bulle' *m* (*Polizist*), b) ***the ~*** *coll.* die Bullen (*die Polizei*); **II** *v/t.* **5.** zerfasern; **6.** *fig.* ‚benebeln'; **III** *v/i.* **7.** zerfasern; **'fuzz·y** [-zɪ] *adj.* □ **1.** flaumig; **2.** faserig, fusselig; **3.** kraus, struppig (*Haar*); **4.** verschwommen; **5.** benommen.

fyl·fot ['fɪlfɒt] *s.* Hakenkreuz *n*.

G

G, **g** [dʒiː] *s.* **1.** G *n*, g *n* (*Buchstabe*); **2.** ♪ G *n*, g *n* (*Note*): ***G flat*** Ges *n*, ges *n*; ***G sharp*** Gis *n*, gis *n*; **3.** ***G*** *Am. sl.* ‚Riese' *m* (*1000 Dollar*).

gab [gæb] F **I** *s.* ‚Gequassel' *n*, Geschwätz *n*: ***stop your ~!*** halt den Mund!; ***the gift of the ~*** ein gutes Mundwerk; **II** *v/i.* ‚quasseln'.

gab·ar·dine ['gæbədiːn] *s.* Gabardine *m* (*feiner Wollstoff*).

gab·ble ['gæbl] **I** *v/i.* **1.** plappern; **2.** schnattern; **II** *v/t.* **3.** *et.* plappern; **4.** *et.* ‚her'unterleiern'; **III** *s.* **5.** ‚Gebrabbel' *n*; **6.** Geschnatter *n*; **'gab·bler** [-lə] *s.* Schwätzer(in); **'gab·by** [-bɪ] *adj.* F geschwätzig.

gab·er·dine → ***gabardine***.

gab·fest ['gæbfest] *s. Am.* F ‚Quasse'lei' *f.*

ga·bi·on ['geɪbjən] *s.* ⚔ Schanzkorb *m*.

ga·ble ['geɪbl] *s.* △ **1.** Giebel *m*; **2.** *a.* ***~ end*** Giebelwand *f*; **'ga·bled** [-ld] *adj.* giebelig, Giebel…; **'ga·blet** [-lɪt] *s.* giebelförmiger Aufsatz (*über Fenstern*), Ziergiebel *m*.

gad¹ [gæd] **I** *v/i. mst* ***~ about*** sich her'umtreiben, ‚rumsausen'; **II** *s.* ***be on the ~*** → I.

gad² [gæd] *int.*: (***by***) ***~!*** *obs.* bei Gott!

'gad|·a·bout *s.* Her'umtreiber(in); **'~·fly** *s.* **1.** *zo.* Viehbremse *f*; **2.** *fig.* Störenfried *m*, lästiger Mensch.

gadg·et ['gædʒɪt] *s.* F **1.** a) Appa'rat *m*, Gerät *n*, Vorrichtung *f*, b) *iro.* ‚Appa'rätchen' *n*, ‚Kinkerlitzchen' *n*, technische Spiele'rei; **2.** ‚Dingsbums' *n*; **3.** *fig.* ‚Dreh' *m*, Kniff *m*; **gad·ge·teer** [ˌgædʒɪ'tɪə] *s.* F Liebhaber *m* von technischen Spiele'reien *od.* Neuerungen; **'gad·get·ry** [-trɪ] *s.* **1.** a) Appa'rate *pl.*, b) *iro.* technische Spiele'reien *pl.*; **2.** Beschäftigung *f* mit technischen Spiele'reien; **'gad·get·y** [-tɪ] *adj.* F **1.** raffiniert (konstruiert); **2.** Apparate…; **3.** versessen auf technische Spiele'reien.

Ga·dhel·ic [gæ'delɪk] → ***Gaelic***.

gad·wall ['gædwɔːl] *s. orn.* Schnatterente *f.*

Gael [geɪl] *s.* Gäle *m*; **'Gael·ic** [-lɪk] **I** *s. ling.* Gälisch *n*, das Gälische; **II** *adj.* gälisch.

gaff¹ [gæf] *s.* **1.** *Fischen*: Landungshaken *m*; **2.** ⚓ Gaffel *f*; **3.** Stahlsporn *m*; **4.** *Am. sl.* ‚Schlauch' *m*: ***stand the ~*** durchhalten; **5.** *Am. sl.* Schwindel *m*; **6.** *sl.* ‚Quatsch' *m*: ***blow the ~*** alles verraten, ‚plaudern'.

gaff² [gæf] *s. Brit. sl. a.* ***penny ~*** Varie'té *n*, ‚Schmiere' *f.*

gaffe [gæf] *s.* Faux'pas *m*, (grobe) Taktlosigkeit.

gaf·fer ['gæfə] *s.* **1.** *humor.* ‚Opa' *m*; **2.** *Brit.* F a) Chef *m*, b) Vorarbeiter *m*.

gag [gæg] **I** *v/t.* **1.** knebeln, *fig. a.* mundtot machen; **2.** zum Würgen reizen; **3.** *a.* ***~ up*** *thea.* mit Gags spicken; **II** *v/i.* **4.** würgen (***on*** an *dat.*); **5.** *thea. etc.* F Gags anbringen, *allg.* witzeln; **III** *s.* **6.** Knebel *m*, *fig. a.* Knebelung *f*; **7.** ⚕ Mundsperrer *m*; **8.** *parl.* Schluß *m* der De'batte; **9.** *thea. u. allg.* F Gag *m*: a) witziger Einfall, komische Po'inte, ‚Knüller' *m*, b) Jux *m*, Ulk *m*, c) Trick *m*.

ga·ga ['gɑːgɑː] *adj. sl.* a) vertrottelt, b) ‚plem'plem': ***go ~ over*** in Verzückung geraten über (*acc.*).

gag bit *s.* Zaumgebiß *n*.

gage¹ [geɪdʒ] **I** *s.* **1.** *hist. u. fig.* Fehdehandschuh *m*; **2.** ('Unter)Pfand *n*; **II** *v/t.* **3.** *obs.* zum Pfand geben.

gage² [geɪdʒ] → ***gauge***.

gage³ [geɪdʒ] → ***greengage***.

gag·gle ['gægl] **I** *v/i.* **1.** schnattern; **II** *s.* **2.** Geschnatter *n*; **3.** a) Gänseherde *f*, b) F schnatternde Schar: ***a ~ of girls***.

gag·man ['gægmən] *s.* [*irr.*] *thea. etc.* Gagman *m* (*Pointenerfinder etc.*).

gai·e·ty ['geɪətɪ] *s.* **1.** Frohsinn *m*, Fröhlich-, Lustigkeit *f*; **2.** *oft pl.* Lustbarkeit *f*, Fest *n*; **3.** *fig.* (Farben)Pracht *f*.

gai·ly ['geɪlɪ] *adv.* **1.** → ***gay*** 1, 2; **2.** unbekümmert, sorglos.

gain [geɪn] **I** *v/t.* **1.** *s-n Lebensunterhalt etc.* verdienen; **2.** gewinnen: ***~ time***; **3.** *das Ufer etc.* erreichen; **4.** *fig.* erreichen, erlangen, erringen: ***~ wealth*** Reichtümer erwerben; ***~ experience*** Erfahrung(en) sammeln; ***~ admission*** Einlaß finden; **5.** *j-m et.* einbringen, -tragen; **6.** zunehmen an (*dat.*): ***~ strength*** (***speed***) kräftiger (schneller) werden; ***he ~ed 10 pounds*** (***in weight***) er nahm 10 Pfund zu; **7.** ***~ over*** *j-n* für sich gewinnen; **8.** vorgehen um *2 Minuten etc.* (*Uhr*); **II** *v/i.* **9.** besser *od.* kräftiger werden; **10.** ✝ Gewinn *od.* Pro'fit machen; **11.** (an Wert) gewinnen, im Ansehen steigen, besser zur Geltung kommen; **12.** zunehmen (***in*** an *dat.*): ***~*** (***in weight***) (an Gewicht) zunehmen; **13.** (***on***, ***upon***) a) näher her'ankommen (an *dat.*), (an) Boden gewinnen, aufholen (gegen'über), b) s-n Vorsprung vergrößern (vor *dat.*, gegen'über); **14.** (***on***, ***upon***) 'übergreifen (auf *acc.*); **15.** vorgehen (*Uhr*); **III** *s.* **16.** Gewinn *m*, Vorteil *m*, Nutzen *m* (***to*** für); **17.** Zunahme *f*, Steigerung *f*: ***~ in weight*** Gewichtszunahme; **18.** ✝ a) Gewinn *m*, Pro'fit *m*: ***for ~*** ⚖ gewerbsmäßig, in gewinnsüchtiger Absicht, b) Wertzuwachs *m*; **19.** ⚡, *phys.* Verstärkung *f*: ***~ control*** Lautstärkeregelung *f*; **'gain·er** [-nə] *s.* **1.** Gewinner *m*; **2.** *sport* Auerbach(sprung) *m*: ***full ~*** Auerbachsalto *m*; ***half ~*** Auerbachkopfsprung *m*; **'gain·ful** [-fʊl] *adj.* □ einträglich, gewinnbringend: ***~ occupation*** Erwerbstätigkeit *f*; ***~ly employed*** erwerbstätig; **'gain·ings** [-nɪŋz] *s. pl.* Gewinn(e *pl.*) *m*, Einkünfte *pl.*, Pro'fit *m*; **'gain·less** [-lɪs] *adj.* **1.** unvorteilhaft, ohne Gewinn; **2.** nutzlos.

gain·say [ˌgeɪn'seɪ] *v/t.* [*irr.* → ***say***] *obs.* **1.** *et.* bestreiten, leugnen: ***there is no ~ing that*** das läßt sich nicht leugnen; **2.** *j-m* wider'sprechen.

gainst, **'gainst** [geɪnst] *poet. abbr. für* ***against***.

gait [geɪt] *s.* Gangart *f* (*a. fig. Tempo*), Gang *m*.

gai·ter ['geɪtə] *s.* **1.** Ga'masche *f*; **2.** *Am.* Zugstiefel *m*.

gal¹ [gæl] *s.* F Mädchen *n*.

gal² [gæl] *s. phys.* Gal *n* (*Einheit der Beschleunigung*).

ga·la ['gɑːlə] **I** *adj.* **1.** festlich, Gala…; **II** *s.* **2.** *a.* ***~ occasion*** festlicher Anlaß, Fest *n*; **3.** Galaveranstaltung *f*; **4.** *sport Brit.* (*Schwimm- etc.*)Fest *n*.

ga·lac·tic [gə'læktɪk] *adj.* **1.** ga'laktisch, *ast.* Milchstraßen…; **2.** *physiol.* Milch…

Ga·la·tians [gə'leɪʃjənz] *s. pl. bibl.* (Brief *m* des Paulus an die) Galater *pl.*

gal·ax·y ['gæləksɪ] *s.* **1.** *ast.* Milchstraße *f*, Gala'xie *f*: ***the*** ♀ die Milchstraße, die Galaxis; **2.** *fig.* Schar *f* (*prominenter etc. Personen*).

gale¹ [geɪl] *s.* Sturm *m*; steife Brise: ***~ force*** Sturmstärke *f*; ***~ of laughter*** Lachsalve *f*.

gale² [geɪl] *s.* ⚘ Heidemyrthe *f*.

ga·le·na [gə'liːnə] *s. min.* Gale'nit *m*, Bleiglanz *m*.

Ga·li·cian [gə'lɪʃɪən] **I** *adj.* ga'lizisch; **II** *s.* Ga'lizier(in).

Gal·i·le·an¹ [ˌgælɪ'liːən] **I** *adj.* **1.** gali'läisch; **II** *s.* **2.** Gali'läer(in); **3.** ***the ~*** der Gali'läer (*Christus*); **4.** Christ(in).

Gal·i·le·an² [ˌgælɪ'liːən] *adj.* gali'leisch: ***~ telescope***.

gal·i·lee ['gælɪliː] *s.* △ Vorhalle *f*.

gal·i·pot ['gælɪpɒt] Gali'pot-, Fichtenharz *n*.

gall¹ [gɔːl] *s.* **1.** *obs.* a) *anat.* Gallenblase *f*, b) *physiol.* Galle(nflüssigkeit) *f*; **2.** *fig.* Galle *f*: a) Bitterkeit *f*, Erbitterung *f*, b) Bosheit *f*; **3.** F Frechheit *f*.

gall² [gɔːl] **I** *s.* **1.** wund geriebene Stelle; **2.** *fig.* a) Ärger *m*, b) Ärgernis *n*; **II** *v/t.* **3.** wund reiben; **4.** (ver)ärgern; **III** *v/i.* **5.** reiben, scheuern; **6.** sich wund reiben; **7.** sich ärgern.

gall[3] [gɔːl] *s.* ⚘ Galle *f.*

gal·lant [ˈgælənt] **I** *adj.* □ **1.** tapfer, heldenhaft; **2.** prächtig, stattlich; **3.** gaˈlant: a) höflich, ritterlich, b) amouˈrös, Liebes…; **II** *s.* **4.** Kavaˈlier *m*; **5.** Verehrer *m*; **6.** Geliebte(r) *m*; ˈ**gal·lant·ry** [-trɪ] *s.* **1.** Tapferkeit *f*; **2.** Galanteˈrie *f*, Ritterlichkeit *f*; **3.** heldenhafte Tat; **4.** Liebeˈlei *f.*

gall| **blad·der** *s. anat.* Gallenblase *f*; **~ duct** *s. anat.* Gallengang *m.*

gal·le·on [ˈgælɪən] *s.* ⚓ *hist.* Galeˈone *f.*

gal·ler·y [ˈgælərɪ] *s.* **1.** △ a) Galeˈrie *f*, b) Emˈpore *f* (*in Kirchen*); **2.** *thea.* dritter Rang, *a. weitS.* Galeˈrie *f*: ***play to the ~*** für die Galerie spielen, *fig. a.* nach Effekt haschen; **3.** (ˈKunst-, Geˈmälde)Galeˌrie *f*; **4.** a) ⚓ Laufgang *m*, b) ⚙ Laufsteg *m*, c) ⚒ *u.* ⚔ Stollen *m*, d) → ***shooting-gallery***; **5.** *fig.* Galeˈrie *f*, Schar *f* (*Personen*).

gal·ley [ˈgælɪ] *s.* **1.** ⚓ a) Gaˈleere *f*, b) Langboot *n*; **2.** ⚓ Komˈbüse *f*, Küche *f*; **3.** *typ.* Setzschiff *n*; **4.** *a.* **~ *proof*** *typ.* Fahne *f*; **~ slave** *s.* **1.** Gaˈleerensklave *m*; **2.** *fig.* Sklave *m*, ‚Kuli' *m*; ˌ**~-ˈwest** *adv.*: ***knock ~*** *Am.* F a) *j-n* zs.-schlagen, b) *fig. j-n* ‚umhauen', c) *et.* (total) ‚kaputtmachen'.

ˈ**gall·fly** *s. zo.* Gallwespe *f.*

gal·lic[1] [ˈgælɪk] *adj.*: ***~ acid*** ⚗ Gallussäure *f.*

Gal·lic[2] [ˈgælɪk] *adj.* **1.** gallisch; **2.** franˈzösisch; ˈ**Gal·li·cism** [-ɪsɪzəm] *s. ling.* Galliˈzismus *m*, französische Spracheigenheit; ˈ**Gal·li·cize** [-ɪsaɪz] *v/t.* französ(si)sieren.

gal·li·na·ceous [ˌgælɪˈneɪʃəs] *adj. orn.* hühnerartig.

gall·ing [ˈgɔːlɪŋ] *adj.* ärgerlich (*Sache*).

gal·li·pot[1] → ***galipot.***

gal·li·pot[2] [ˈgælɪpɒt] *s.* Salbentopf *m*, Medikaˈmentenbehälter *m.*

gal·li·vant [ˌgælɪˈvænt] *v/i.* **1.** sich amüsieren; **2.** ***~ around*** sich herˈumtreiben.

ˈ**gall·nut** *s.* ⚘ Gallapfel *m.*

gal·lon [ˈgælən] *s.* Galˈlone *f* (*Hohlmaß*; *Brit. 4,5459 l*, *Am. 3,7853 l*).

gal·loon [gəˈluːn] *s.* Tresse *f.*

gal·lop [ˈgæləp] **I** *v/i.* **1.** galoppieren; **2.** F ‚sausen': ***~ through s.th.*** et. ‚im Galopp' erledigen; ***~ through a book*** ein Buch durchfliegen; ***~ing consumption*** (***inflation***) galoppierende Schwindsucht (Inflation); **II** *v/t.* **3.** galoppieren lassen; **III** *s.* **4.** Gaˈlopp *m* (*a. fig.*): ***at full ~*** in gestrecktem Galopp; **gal·lo·pade** [ˌgæləˈpeɪd] → ***galop.***

Gal·lo·phile [ˈgæləʊfaɪl], ˈ**Gal·lo·phil** [-fɪl] *s.* Franˈzosenfreund *m*; ˈ**Gal·lo·phobe** [-fəʊb] *s.* Franˈzosenhasser *m.*

gal·lows [ˈgæləʊz] *s. pl. mst sg. konstr.* **1.** Galgen *m*; **2.** galgenähnliches Gestell, Galgen *m*; **~ bird** *s.* F Galgenvogel *m*; **~ hu·mo(u)r** *s.* ˈGalgenhuˌmor *m*; **~ tree** → ***gallows*** 1.

ˈ**gall·stone** *s.* ⚡ Gallenstein *m.*

Gal·lup poll [ˈgæləp] *s.* ˈMeinungsˌumfrage *f.*

gal·lus·es [ˈgæləsɪz] *s. pl. Am.* F Hosenträger *pl.*

gal·op [ˈgæləp] **I** *s.* Gaˈlopp *m* (*Tanz*); **II** *v/i.* e-n Gaˈlopp tanzen.

ga·lore [gəˈlɔː] *adv.* F ‚in rauhen Mengen': ***whisk(e)y ~*** *a.* jede Menge Whisky.

ga·losh [gəˈlɒʃ] *s. mst pl.* ˈÜber-, Gummischuh *m*, Gaˈlosche *f.*

ga·lumph [gəˈlʌmf] *v/i.* F stapfen, trapsen.

gal·van·ic [gælˈvænɪk] *adj.* (□ ***~ally***) ↯, *phys.* galˈvanisch; *fig.* F elektrisierend; **gal·va·nism** [ˈgælvənɪzəm] *s.* **1.** *phys.* Galvaˈnismus *m*; **2.** ⚡ Galvanisatiˈon *f*; **gal·va·ni·za·tion** [ˌgælvənaɪˈzeɪʃn] *s.* ⚡, ⚗ Galvanisierung *f*; **gal·va·nize** [ˈgælvənaɪz] *v/t.* **1.** ⚙ galvanisieren, (feuer)verzinken; **2.** ⚡ mit Gleichstrom behandeln; **3.** *fig.* F *j-n* elektrisieren: ***~ into action*** *j-n* schlagartig aktiv werden lassen; **gal·va·nom·e·ter** [ˌgælvəˈnɒmɪtə] *s. phys.* Galvanoˈmeter *n*; **gal·va·no·plas·tic** [ˌgælvənəʊˈplæstɪk] *adj.* ⚙ galvanoˈplastisch; **gal·va·no·plas·tics** [ˌgælvənəʊˈplæstɪks] *s. pl. sg. konstr.*, **gal·va·no·plas·ty** [ˌgælvənəʊˈplæstɪ] *s.* Galvanoˈplastik *f*, EˌlektrotyˈpIe *f*; **gal·va·no·scope** [ˈgælvənəʊskəʊp] *s. phys.* Galvanoˈskop *n.*

gam·bit [ˈgæmbɪt] *s.* **1.** *Schach*: Gamˈbit *n*, Eröffnung *f*; **2.** *fig.* a) erster Schritt, Einleitung *f*, b) (raffinierter) Trick.

gam·ble [ˈgæmbl] **I** *v/i.* **1.** (um Geld) spielen: ***~ with s.th.*** *fig.* et. aufs Spiel setzen; ***you can ~ on that*** darauf kannst du wetten; ***she ~d on his coming*** sie verließ sich darauf, daß er kommen würde; **2.** *Börse*: spekulieren; **II** *v/t.* **3.** ***~ away*** verspielen (*a. fig.*); **4.** (als Einsatz) setzen (***on*** auf *acc.*), *fig.* aufs Spiel setzen; **III** *s.* **5.** Glücksspiel *n*, Haˈsardspiel *n* (*a. fig.*); **6.** *fig.* Wagnis *n*, Risiko *n*; ˈ**gam·bler** [-lə] *s.* Spieler(in); *fig.* Hasarˈdeur *m*; ˈ**gam·bling** [-blɪŋ] *s.* Spielen *n*: ***~ den*** Spielhölle *f*; ***~ debt*** Spielschuld *f.*

gam·boge [gæmˈbuːʒ] *s.* ⚗ Gummigutt *n.*

gam·bol [ˈgæmbl] **I** *v/i.* herˈumtanzen, Luftsprünge machen; **II** *s.* Freuden-, Luftsprung *m.*

game[1] [geɪm] **I** *s.* **1.** Spiel *n*, Zeitvertreib *m*, Sport *m*: ***2s*** *pl.* (*Olympische etc.*) Spiele, *ped.* Sport; ***~ of golf*** Golfspiel; ***~ of skill*** Geschicklichkeitsspiel; ***play the ~*** *a. fig.* sich an die Spielregeln halten; ***play a good ~*** gut spielen; ***play ~s with s.o.*** *fig.* mit j-m sein Spiel treiben; ***play a losing ~*** auf der Verliererstraße sein; ***be on*** (***off***) ***one's ~*** gut (nicht) in Form sein; ***the ~ is yours*** du hast gewonnen; **2.** *sport* (einzelnes) Spiel, Parˈtie *f* (*Schach etc.*); *Tennis*: Spiel *n* (*in e-m Satz*): ***~, set and match*** *Tennis*: Spiel, Satz u. Sieg; **3.** Scherz *m*, Ulk *m*: ***make ~ of*** sich lustig machen über (*acc.*); **4.** Spiel *n*, Unterˈnehmen *n*, Plan *m*: ***the ~ is up*** das Spiel ist aus *od.* verloren; ***give the ~ away*** F sich *od.* alles verraten; ***play a double ~*** ein doppeltes Spiel treiben; ***play a waiting ~*** e-e abwartende Haltung einnehmen; ***I know his*** (***little***) ***~*** ich weiß, was er im Schilde führt; ***see through s.o.'s ~*** j-s Spiel *od.* j-n durchschauen; ***beat s.o. at his own ~*** j-n mit s-n eigenen Waffen schlagen; ***two can play at this ~!*** das kann ich auch!; **5.** *pl. fig.* Schliche *pl.*, Tricks *pl.*; **6.** Spiel *n* (*Geräte etc.*); **7.** F Branche *f*, Geschäft *n*: ***he is in the advertising ~*** er macht in Werbung; ***she's on the ~*** ‚sie geht auf den Strich'; **8.** *hunt.* Wild *n*: ***big ~*** Großwild; ***fly at higher ~*** höher hinaus wollen; **9.** Wildbret *n*: ***~ pie*** Wildpastete *f*; **II** *adj.* □ **10.** Jagd…, Wild…; **11.** schneidig, mutig; **12.** a) aufgelegt (***for*** zu), b) bereit (***for*** zu, ***to do*** zu tun): ***I am ~!*** ich bin dabei!, ich mache mit!; **III** *v/i.* **13.** (um Geld) spielen; **IV** *v/t.* **14.** ***~ away*** verspielen.

game[2] [geɪm] *adj.* F lahm: ***a ~ leg.***

game| **bag** *s.* Jagdtasche *f*; **~ bird** *s.* Jagdvogel *m*; ˈ**~·cock** *s.* Kampfhahn *m* (*a. fig.*); **~ fish** *s.* Sportfisch *m*; **~ fowl** *s.* **1.** Federwild *n*; **2.** Kampfhahn *m*; ˈ**~ˌkeep·er** *s. Brit.* Wildhüter *m*; **~ li·cence** *s. Brit.* Jagdschein *m.*

game·ness [ˈgeɪmnɪs] *s.* Mut *m*, Schneid *m.*

game| **park** *s.* Wildpark *m*; **~ plan** *s. Am. fig.* ‚Schlachtplan' *m*; **~ point** *s. sport* a) entscheidender Punkt, b) *Tennis*: Spielball *m*, c) *Tischtennis*: Satzball *m*; **~ pre·serve** *s.* Wildgehege *n.*

games·man·ship [ˈgeɪmzmənʃɪp] *s. bsd. sport* die Kunst, mit allen (gerade noch erlaubten) Tricks zu gewinnen.

games| **mas·ter** [geɪmz] *s. ped. Brit.* Sportlehrer *m*; **~ mis·tress** *s. ped. Brit.* Sportlehrerin *f.*

game·some [ˈgeɪmsəm] *adj.* □ lustig, ausgelassen.

game·ster [ˈgeɪmstə] *s.* Spieler(in) (*um Geld*).

gam·ete [gæˈmiːt] *s. biol.* Gaˈmet *m* (*Keimzelle*).

game ward·en *s.* Jagdaufseher *m.*

gam·in [ˈgæmɪn] *s.* Gassenjunge *m.*

gam·ing [ˈgeɪmɪŋ] *s.* Spielen *n* (*um Geld*): ***~ laws*** Gesetze über Glücksspiele u. Wetten; **~ house** *s.* Spielhölle *f*, ˈSpielkaˌsino *n*; **~ ta·ble** *s.* Spieltisch *m.*

gam·ma [ˈgæmə] *s.* **1.** Gamma *n* (*griech. Buchstabe*): ***~ rays*** *phys.* Gammastrahlen; **2.** *phot.* Konˈtrastgrad *m*; **3.** *ped. Brit.* Drei *f*, Befriedigend *n.*

gam·mer [ˈgæmə] *s. Brit.* F ‚Oma' *f.*

gam·mon[1] [ˈgæmən] *s.* **1.** (schwach)geräucherter Schinken; **2.** unteres Stück e-r Speckseite.

gam·mon[2] [ˈgæmən] *s.* ⚓ Bugsprietzurring *f.*

gam·mon[3] [ˈgæmən] F **I** *s.* **1.** Humbug *m*: a) Schwindel *m*, b) ‚Quatsch' *m*; **II** *v/i.* **2.** ‚quatschen', Unsinn reden; **3.** sich verstellen, so tun als ob; **III** *v/t.* **4.** *j-n* ‚reinlegen'.

gamp [gæmp] *s. Brit.* F (großer) Regenschirm, ‚Faˈmiliendach' *n.*

gam·ut [ˈgæmət] *s.* **1.** ♪ Tonleiter *f*; **2.** *fig.* Skala *f*: ***run the whole ~ of emotion*** von e-m Gefühl ins andere taumeln.

gam·y [ˈgeɪmɪ] *adj.* **1.** nach Wild riechend *od.* schmeckend: ***~ taste*** a) Wildgeschmack *m*, b) Hautgout *m*; **2.** F schneidig, mutig.

gan·der [ˈgændə] *s.* **1.** Gänserich *m*; → ***sauce*** 1; **2.** *fig.* F ‚Esel' *m*, Dussel *m*; **3.** *sl.* Blick *m*: ***take a ~ at*** sich (rasch) *et.* angucken.

gang [gæŋ] **I** *s.* **1.** (ˈArbeiter)Koˌlonne *f*, (-)Trupp *m*; **2.** Gang *f*, (Verbrecher-)Bande *f*; **3.** *contp.* Bande *f*, Horde *f*, Clique *f*; **4.** ⚙ Satz *m* (*Werkzeuge*): ***~ of tools***; **II** *v/i.* **5.** *mst* ***~ up*** sich zs.-tun, sich zs.-rotten (***on, against*** gegen).

ˈ**gang**|**·bang** *s. sl.* a) *Geschlechtsverkehr*

mehrerer Männer nacheinander mit ˈ*einer Frau*, b) *Vergewaltigung e-r Frau durch mehrere Männer nacheinander*; ˈ**~·board** *s.* ⚓ Laufplanke *f*; **~ boss** → ***ganger***; **~ cut·ter** *s.* ⚙ Satz-, Mehrfachfräser *m*.

gang·er [ˈgæŋə] *s.* Vorarbeiter *m*, Kapo *m*.

ˈ**gang·land** *s.* ‚Unterwelt' *f*.

gan·gling [ˈgæŋglɪŋ] *adj.* schlaksig.

gan·gli·on [ˈgæŋglɪən] *pl.* **-a** [-ə] *s.* **1.** *anat.* Ganglion *n*, Nervenknoten *m*: **~ *cell*** Ganglienzelle *f*; **2.** ⚕ ˈÜberbein *n*; **3.** *fig.* Knoten-, Mittelpunkt *m*, Zentrum *n*.

ˈ**gang|·plank** → ***gangway*** 2b; **~ rape** → ***gangbang*** b.

gan·grene [ˈgæŋgriːn] **I** *s.* **1.** ⚕ Brand *m*, Ganˈgrän *n*; **2.** *fig.* Fäulnis *f*, sittlicher Verfall; **II** *v/t. u. v/i.* **3.** ⚕ brandig machen (werden); ˈ**gan·gre·nous** [-rɪnəs] *adj.* ⚕ brandig.

gang saw *s.* ⚙ Gattersäge *f*.

gang·ster [ˈgæŋstə] *s.* Gangster *m*.

ˈ**gang·way** **I** *s.* **1.** ˈDurchgang *m*, Pasˈsage *f*; **2.** a) ⚓ Fallreep *n*, b) ⚓ Gangway *f*, Landungsbrücke *f*, c) ✈ Gangway *f*; **3.** *Brit. thea. etc.* (Zwischen)Gang *m*; **4.** ⚒ Strecke *f*; **5.** ⚙ a) Schräge *f*, Rutsche *f*, b) Laufbühne *f*; **II** *int.* **6.** Platz (machen) (, bitte)!

gan·net [ˈgænɪt] *s. orn.* Tölpel *m*.

gant·let [ˈgæntlɪt] → ***gauntlet***[1].

gan·try [ˈgæntrɪ] *s.* **1.** ⚙ Faßlager *n*; **2.** *a.* **~ *bridge*** ⚙ Kranbrücke *f*: **~ *crane*** Portalkran *m*; **3.** a) 🚂 Siˈgnalbrücke *f*, b) *mot.* Schilderbrücke *f*; **4.** *a.* **~ *scaffold*** *Raumfahrt*: Monˈtageturm *m*.

Gan·y·mede [ˈgænɪmiːd] *s.* **1.** *a.* ♀ Mundschenk *m*; **2.** *ast.* Ganyˈmed *m*.

gaol [dʒeɪl] *bsd. Brit.* → ***jail*** *etc.*

gap [gæp] *s.* **1.** Lücke *f*, Spalt *m*, Öffnung *f*; **2.** ⚔ Bresche *f*, Gasse *f*; **3.** (Berg)Schlucht *f*; **4.** *fig.* a) Lücke *f*, b) Zwischenraum *m*, -zeit *f*, c) Unterˈbrechung *f*, d) Kluft *f*, ˈUnterschied *m*: ***close the ~*** die Lücke schließen; ***fill*** (*od.* ***stop***) ***a ~*** e-e Lücke ausfüllen; ***leave a ~*** e-e Lücke hinterlassen; ***dollar ~*** ☨ Dollarlücke; ***rocket ~*** Raketenlücke; **~ *in one's education*** Bildungslücke; **5.** ⚡ Funkenstrecke *f*.

gape [geɪp] **I** *v/i.* **1.** den Mund aufreißen (*vor Staunen etc.*), staunen: ***stand gaping*** Maulaffen feilhalten; **2.** starren, glotzen, gaffen: **~ *at s.o.*** j-n anstarren; **3.** gähnen; **4.** *fig.* klaffen, gähnen, sich öffnen *od.* auftun; **II** *s.* **5.** Gaffen *n*, Glotzen *n*; **6.** Staunen *n*; **7.** Gähnen *n*; **8.** ***the ~s*** *pl. sg. konstr.* a) *vet.* Schnabelsperre *f*, b) *humor.* Gähnkrampf *m*; ˈ**gap·ing** [-pɪŋ] *adj.* □ **1.** gaffend, glotzend; **2.** klaffend (*Wunde*), gähnend (*Abgrund*).

gap·py [ˈgæpɪ] *adj.* lückenhaft (*a. fig.*).

ga·rage [ˈgærɑːdʒ] **I** *s.* **1.** Gaˈrage *f*; **2.** Reparaˈturwerkstätte *f* u. Tankstelle *f*; **II** *v/t.* **3.** *Auto* a) in e-r Gaˈrage ab- *od.* ˈunterstellen, b) in die Gaˈrage fahren.

garb [gɑːb] **I** *s.* Tracht *f*, Gewand *n* (*a. fig.*); **II** *v/t.* kleiden.

gar·bage [ˈgɑːbɪdʒ] *s.* **1.** *Am.* Abfall *m*, Müll *m*; **~ *bag*** Müllbeutel *m*; **~ *can*** Mülleimer *m*, -tonne *f*; **~ *chute*** Müllschlucker *m*; **2.** *fig.* a) Schund *m*, b) ‚Abschaum' *m*; **3.** *Computer*: wertlose Daten *pl*.

gar·ble [ˈgɑːbl] *v/t. Text etc.* a) durcheinˈanderbringen, b) verstümmeln, entstellen, ‚frisieren'.

gar·den [ˈgɑːdn] **I** *s.* **1.** Garten *m*; **2.** *fig.* Garten *m*, fruchtbare Gegend: ***the ~ of England*** die Grafschaft Kent; **3.** *mst pl.* Gartenanlagen *pl.*, Park *m*: ***botanical ~(s)*** botanischer Garten; **II** *v/i.* **4.** gärtnern, im Garten arbeiten; **5.** Gartenbau treiben; **III** *adj.* **6.** Garten…: **~ *plants***; **~ cit·y** *s. Brit.* Gartenstadt *f*; **~ cress** *s.* ♀ Gartenkresse *f*.

gar·den·er [ˈgɑːdnə] *s.* Gärtner(in).

gar·den| frame *s.* glasgedeckter Pflanzenkasten; **~ gnome** *s.* Gartenzwerg *m*.

gar·de·ni·a [gɑːˈdiːnjə] *s.* ♀ Garˈdenie *f*.

gar·den·ing [ˈgɑːdnɪŋ] *s.* **1.** Gartenbau *m*; **2.** Gartenarbeit *f*.

gar·den| mo(u)ld *s.* Blumen(topf)erde *f*; **~ par·ty** *s.* Gartenfest *n*, -party *f*; **~ path** *s.*: ***lead s.o. up the ~*** *fig.* j-n hinters Licht führen; ♀ **State** *s. Am.* (*Beiname für*) New Jersey *n*; **~ stuff** *s.* Gartenerzeugnisse *pl.*; **~ sub·urb** *s. Brit.* Gartenvorstadt *f*; **~ truck** *Am.* → ***garden stuff***; **~ white** *s. zo.* Weißling *m*.

gar·gan·tu·an [gɑːˈgæntjʊən] *adj.* riesig, gewaltig, ungeheuer.

gar·gle [ˈgɑːgl] **I** *v/t.* **1.** a) gurgeln mit: **~ *salt water***, b) **~ *one's throat*** → 3; **2.** *Worte* (herˈvor)gurgeln; **II** *v/i.* **3.** gurgeln; **III** *s.* **4.** Gurgeln *n*; **5.** Gurgelmittel *n*.

gar·goyle [ˈgɑːgɔɪl] *s.* **1.** △ Wasserspeier *m*; **2.** *fig.* Scheusal *n*.

gar·ish [ˈgeərɪʃ] *adj.* □ grell, schreiend, aufdringlich, protzig.

gar·land [ˈgɑːlənd] **I** *s.* **1.** Girˈlande *f* (*a.* △), Blumengewinde *n*, -gehänge *n*; (*a. fig.* Sieges)Kranz *m*; **2.** *fig.* (*bsd.* Gedicht)Sammlung *f*; **II** *v/t.* **3.** bekränzen.

gar·lic [ˈgɑːlɪk] *s.* ♀ Knoblauch *m*; ˈ**garlick·y** [-kɪ] *adj.* **1.** knoblauchartig; **2.** nach Knoblauch schmeckend *od.* riechend.

gar·ment [ˈgɑːmənt] *s.* **1.** Kleidungsstück *n*, *pl. a.* Kleider *pl.*; **2.** *fig.* Gewand *n*, Hülle *f*.

gar·ner [ˈgɑːnə] **I** *s.* **1.** *obs.* Getreidespeicher *m*; **2.** *fig.* Speicher *m*, Vorrat *m* (***of*** an *dat.*); **II** *v/t.* **3.** a) speichern (*a. fig.*), b) aufbewahren, c) sammeln (*a. fig.*), d) erlangen, erwerben.

gar·net [ˈgɑːnɪt] **I** *s. min.* Graˈnat *m*; **II** *adj.* graˈnatrot.

gar·nish [ˈgɑːnɪʃ] **I** *v/t.* **1.** schmücken, verzieren; **2.** *Küche*: garnieren (*a. fig. iro.*); **3.** ⚖ a) *Forderung beim Drittschuldner* pfänden, b) *dem Drittschuldner* ein Zahlungsverbot zustellen; **II** *s.* **4.** Ornaˈment *n*, Verzierung *f*; **5.** *Küche*: Garnierung *f* (*a. fig. iro.*); **garnish·ee** [ˌgɑːnɪˈʃiː] ⚖ **I** *s.* Drittschuldner *m*; **II** *v/t.* → ***garnish*** 3; ˈ**gar·nishment** [-mənt] *s.* **1.** → ***garnish*** 4; **2.** ⚖ a) (Forderungs)Pfändung *f*, b) Zahlungsverbot *n* an den Drittschuldner, c) *Brit.* Mitteilung *f* an den Proˈzeßgegner; ˈ**gar·ni·ture** [-ɪtʃə] *s.* **1.** → ***garnish*** 4; **2.** Zubehör *n*, *m*, Ausstattung *f*.

ga·rotte → ***garrot(t)e***.

gar·ret [ˈgærət] *s.* a) Dachstube *f*, Manˈsarde *f*, b) Dachgeschoß *n*.

gar·ri·son [ˈgærɪsn] ⚔ **I** *s.* **1.** Garniˈson *f* (*Standort od. stationierte Truppen*); **II** *v/t.* **2.** *Ort* mit e-r Garniˈson belegen; **3.** *Truppen* in Garniˈson legen: ***be ~ed*** in Garnison liegen; **~ cap** *s.* Feldmütze *f*; **~ com·mand·er** *s.* ˈStandortkommanˌdant *m*; **~ town** *s.* Garniˈsonsstadt *f*.

gar·rot(t)e [gəˈrɒt] **I** *s.* **1.** (ˈHinrichtung *f* durch die) Ga(r)ˈrotte *f*; **2.** Erdrosselung *f*; **II** *v/t.* **3.** ga(r)rottieren; **4.** erdrosseln.

gar·ru·li·ty [gæˈruːlətɪ] *s.* Geschwätzigkeit *f*; **gar·ru·lous** [ˈgærʊləs] *adj.* □ geschwätzig.

gar·ter [ˈgɑːtə] **I** *s.* **1.** a) Strumpfband *n*, b) Sockenhalter *m*, c) *Am.* Strumpfhalter *m*, Straps *m*: **~ *belt*** Hüfthalter *m*, -gürtel *m*; **2.** ***the*** ♀ a) *a.* ***the Order of the*** ♀ der Hosenbandorden (*der höchste brit. Orden*), b) der Hosenbandorden (*Abzeichen*), c) die Mitgliedschaft des Hosenbandordens; **II** *v/t.* **3.** mit e-m Strumpfband *etc.* befestigen *od.* versehen.

gas [gæs] **I** *s.* **1.** ⚗ Gas *n*; **2.** (Leucht-)Gas *n*; **3.** ⚒ Grubengas *n*; **4.** ⚕ Lachgas *n*; **5.** ⚔ (Gift)Gas *n*, (Gas)Kampfstoff *m*: **~ *shell*** Gasgranate *f*; **6.** *mot.* F a) *Am.* Benˈzin *n*, ‚Sprit' *m*, b) ˈGas(peˌdal) *n*: ***step on the ~*** Gas geben, ‚auf die Tube drücken' (*beide a. fig.*); **7.** *sl.* a) ‚Gequatsche' *n*, b) ‚Gaudi' *f*, Mordsspaß *m*: ***it's a*** (***real***) ***~!*** (das ist) zum Brüllen!, *weitS.* große Klasse!; **II** *v/t.* **8.** mit Gas versorgen *od.* füllen; **9.** ⚙ begasen; **10.** vergasen, mit Gas töten *od.* vernichten; **11.** **~ *up*** *mot. Auto* volltanken; **III** *v/i.* **12.** *mst* **~ *up*** *Am.* F (auf-)tanken; **13.** F ‚quatschen'; ˈ**~·bag** *s.* **1.** ⚙ Gassack *m*, -zelle *f*; **2.** F ‚Quatscher' *m*; **~ bomb** *s.* ⚔ Kampfstoffbombe *f*; **~ bot·tle** *s.* ⚙ Gas-, Stahlflasche *f*; **~ burn·er** *s.* Gasbrenner *m*; **~ cham·ber** *s.* **1.** Gaskammer *f* (*zur Hinrichtung*); **2.** ⚔ Gasprüfraum *m*; **~ coal** *s.* Gaskohle *f*; **~ coke** *s.* (Gas)Koks *m*; **~ cook·er** *s.* Gasherd *m*; **~ cyl·in·der** *s.* Gasflasche *f*; **~ en·gine** *s.* ˈGasmotor *m*, -maˌschine *f*.

gas·e·ous [ˈgæsjəs] *adj.* **1.** ⚗ a) gasartig, -förmig, b) Gas…; **2.** *fig.* leer.

gas| field *s.* (Erd)Gasfeld *n*; ˈ**~-ˌfired** *adj.* mit Gasfeuerung, gasbeheizt; **~ fitter** *s.* ˈGasinstallaˌteur *m*; **~ fit·ting** *s.* **1.** ˈGasinstallatiˌon *f*; **2.** *pl.* ˈGasarmaˌturen *pl.*; **~ gan·grene** *s.* ⚕ Gasbrand *m*.

gash [gæʃ] **I** *s.* **1.** klaffende Wunde, tiefer Schnitt *od.* Riß; **2.** Spalte *f*; **II** *v/t.* **3.** *j-m* e-e klaffende Wunde beibringen.

gas| heat·er *s.* Gasofen *m*; **~ heat·ing** *s.* Gasheizung *f*.

gas·i·fi·ca·tion [ˌgæsɪfɪˈkeɪʃn] *s.* ⚙ Vergasung *f*; **gas·i·fy** [ˈgæsɪfaɪ] **I** *v/t.* vergasen, in Gas verwandeln; **II** *v/i.* zu Gas werden.

gas jet *s.* Gasflamme *f*, -brenner *m*.

gas·ket [ˈgæskɪt] *s.* ⚙ ˈDichtung(smanˌschette *f*, -sring *m*) *f*: ***blow a ~*** *fig.* F ‚durchdrehen'.

ˈ**gas|·light** *s.* Gaslicht *n*, -lampe *f*; ˈ**~ˌlight·er** *s.* **1.** Gasfeuerzeug *n*; **2.** Gasanzünder *m*; **~ main** *s.* (Haupt-)Gasleitung *f*; ˈ**~·man** [-mæn] *s.* [*irr.*] **1.** ˈGasinstallaˌteur *m*; **2.** Gasmann *m*, -ableser *m*; **~ man·tle** *s.* (Gas)Glühstrumpf *m*; **~ mask** *s.* ⚔ Gasmaske *f*; **~ me·ter** *s.* ⚙ Gasuhr *f*, -zähler *m*; **~ mo·tor** → ***gas engine***.

gas·o·lene, gas·o·line ['gæsəʊliːn] *s.* **1.** ⚗ Gaso'lin *n*, Gasäther *m*; **2.** *Am.* Ben'zin *n*: **~ *ga(u)ge*** Kraftstoffmesser *m*, Benzinuhr *f*.
gas·om·e·ter [gæ'sɒmɪtə] *s.* Gaso'meter *m*, Gasbehälter *m*.
gas ov·en *s.* Gasherd *m*.
gasp [gɑːsp] **I** *v/i.* keuchen (*a. Maschine etc.*): **~ *for breath*** nach Luft schnappen; ***it made me ~*** mir stockte der Atem (*vor Erstaunen*); **~ *for s.th.*** *fig.* nach et. lechzen; **II** *v/t. a.* **~ *out*** *Worte* (her'vor)keuchen: **~ *one's life out*** sein Leben aushauchen; **III** *s.* a) Keuchen *n*, b) Laut *m* des Erstaunens *od.* Erschreckens: ***at one's last ~*** in den letzten Zügen (liegend), *fig.* ‚am Eingehen'; **'gasp·er** [-pə] *s. Brit. sl.* ‚Stäbchen' *n* (*Zigarette*).
gas| pipe *s.* Gasrohr *n*; **'~·proof** *adj.* gasdicht; **~ pump** *s. mot. Am.* Zapfsäule *f*; **~ range** *s. Am.* Gasherd *m*; **~ ring** *s.* Gasbrenner *m*, -kocher *m*.
gassed [gæst] *adj.* vergast, gaskrank, -vergiftet; **gas·ser** ['gæsə] *s.* **1.** Gas freigebende Ölquelle; **2.** F ‚Quatscher' *m*; **gas·sing** ['gæsɪŋ] *s.* **1.** ⚙ Behandlung *f* mit Gas; **2.** Vergasung *f*; **3.** F ‚Quatschen' *n*.
gas| sta·tion *s. Am.* Tankstelle *f*; **~ stove** *s.* Gasherd *m od.* -ofen *m*; **~ tank** *s.* Gas- *od. Am.* F Ben'zinbehälter *m*; **~ tar** *s.* Steinkohlenteer *m*.
gas·ter·o·pod ['gæstərəpɒd] → ***gastropod***.
'gas·tight *adj.* gasdicht.
gas·tric ['gæstrɪk] *adj.* ⚕ gastrisch, Magen...: **~ *acid*** Magensäure *f*; **~ *flu*** Darmgrippe *f*; **~ *juice*** Magensaft *m*; **~ *ulcer*** Magengeschwür *n*; **gas·tri·tis** [gæ'straɪtɪs] *s.* ⚕ Ga'stritis *f*, Magenschleimhautentzündung *f*; **gas·tro·en·ter·i·tis** [ˌgæstrəʊentə'raɪtɪs] *s.* ⚕ Gastroente'ritis *f*, 'Magen-'Darm-Kaˌtarrh *m*; **gas·tro·in·tes·ti·nal** [ˌgæstrəʊɪn'testɪnl] ⚕ gastrointesti'nal.
gas·trol·o·gist [gæ'strɒlədʒɪst] *s.* **1.** ⚕ Facharzt *m* für Magenkrankheiten; **2.** *humor.* Kochkünstler *m*.
gas·tro·nome ['gæstrənəʊm], **gas·tron·o·mer** [gæ'strɒnəmə] *s.* Feinschmecker *m*; **gas·tro·nom·ic, gas·tro·nom·i·cal** [ˌgæstrə'nɒmɪk(l)] *adj.* □ feinschmeckerisch; **gas·tron·o·mist** [gæ'strɒnəmɪst] → ***gastronome***; **gas·tron·o·my** [gæ'strɒnəmɪ] *s.* **1.** Gastrono'mie *f*, höhere Kochkunst; **2.** *fig.* Küche *f*: ***the Italian ~***.
gas·tro·pod ['gæstrəpɒd] *s. zo.* Gastro'pode *m*, Schnecke *f*.
gas·tro·scope ['gæstrəʊskəʊp] *s.* ⚕ Magenspiegel *m*.
gas| weld·ing *s.* ⚙ Gasschweißen *n*; **'~·works** *s. pl. sg. konstr.* Gaswerk *n*.
gat [gæt] *s. Am. sl.* ‚Ka'none' *f*, ‚Ballermann' *m*, ‚Schießeisen' *n*.
gate [geɪt] **I** *s.* **1.** Tor *n*, Pforte *f*, *fig. a.* Zugang *m*, Weg *m* (***to*** zu): ***crash the ~*** → ***gatecrash***; **2.** a) 🚂 Sperre *f*, Schranke *f*, b) ✈ Flugsteig *m*; **3.** (enger) Eingang, (schmale) 'Durchfahrt; **4.** (Gebirgs)Paß *m*; **5.** ⚙ (Schleusen-)Tor *n*; **6.** *sport*: a) *Slalom*: Tor *n*, b) → ***starting gate***; **7.** *sport* a) Besucherzahl *f*, b) (Gesamt)Einnahmen *pl.*, Kasse *f*; **8.** ⚙ Schieber *m*, Ven'til *n*; **9.** *Gießerei*: (Einguß)Trichter *m*, Anschnitt *m*; **10.** *phot.* Bild-, Filmfenster *n*; **11.** ⚡ 'Torimˌpuls *m*; **12.** *TV* Ausblendstufe *f*; **13.** *Am.* F a) ‚Rausschmiß' *m*, b) ‚Laufpaß' *m*: ***get the ~*** ‚gefeuert' werden; ***give s.o. the ~*** a) j-n ‚feuern', b) j-m den Laufpaß geben; **II** *v/t.* **14.** *ped., univ. Brit. j-m* den Ausgang sperren: ***he was ~d*** er erhielt Ausgangsverbot; **'~·crash** *v/i.* (*u. v/t.*) F a) uneingeladen kommen *od.* gehen (zu *e-r Party etc.*), b) sich (ohne zu bezahlen) einschmuggeln (in *e-e Veranstaltung*); **'~ˌcrash·er** *s.* F Eindringling *m*: a) uneingeladener Gast, b) *j-d, der sich in e-e Veranstaltung einschmuggelt*; **'~ˌkeep·er** *s.* **1.** Pförtner *m*; **2.** 🚂 Bahn-, Schrankenwärter *m*; **'~·leg(ged) ta·ble** *s.* Klapptisch *m*; **'~-ˌmon·ey** → ***gate*** 7b; **'~·post** *s.* Tor-, Türpfosten *m*: ***between you and me and the ~*** im Vertrauen *od.* unter uns (gesagt); **'~·way** *s.* **1.** Torweg *m*, Einfahrt *f*; **2.** *fig.* Tor *n*, Zugang *m*: **~ *drug*** Einstiegsdroge *f*.
gath·er ['gæðə] **I** *v/t.* **1.** *Personen* versammeln; → ***father*** 4; **2.** *Dinge* (an-)sammeln, anhäufen: **~ *wealth***; **~ *experience*** Erfahrung(en) sammeln; **~ *facts*** Fakten zs.-tragen, Material sammeln; **~ *strength*** Kräfte sammeln; **3.** a) ernten, sammeln, b) *Blumen*, *Obst etc.* pflücken; **4.** *a.* **~ *up*** aufsammeln, -lesen, -heben: **~ *together*** zs.-raffen; **~ *o.s. together*** sich zs.-raffen; **~ *s.o. in one's arms*** j-n in s-e Arme schließen; **5.** erwerben, gewinnen, ansetzen: **~ *dust*** verstauben; **~ *speed*** Geschwindigkeit aufnehmen, schneller werden; **~ *way*** ⚓ in Fahrt kommen (*a. fig.*), *fig.* sich durchsetzen; **6.** *fig.* folgern (*a.* Å), schließen (***from*** aus); **7.** *Näherei*: raffen, kräuseln, zs.-ziehen; → ***brow*** 1; **8.** **~ *up*** a) *Kleid etc.* aufnehmen, zs.-raffen, b) *die Beine* einziehen; **II** *v/i.* **9.** sich versammeln *od.* scharen (***round s.o.*** um j-n); **10.** sich (an)sammeln, sich häufen; **11.** sich zs.-ziehen *od.* -ballen (*Wolken*, *Gewitter*); **12.** anwachsen, sich entwickeln, zunehmen; **13.** ⚕ a) reifen (*Abszeß*), b) eitern (*Wunde*); **'gath·er·er** [-ərə] *s.* **1.** Erntearbeiter(in), Schnitter(in), Winzer *m*; **2.** (Ein)Sammler *m*; Geldeinnehmer *m*; **'gath·er·ing** [-ðərɪŋ] *s.* **1.** Sammeln *n*; **2.** Sammlung *f*; **3.** a) (Menschen)Ansammlung *f*, b) Versammlung *f*, Zs.-kunft *f*; **4.** ⚕ a) Reifen *n*, b) Eitern *n*; **5.** Kräuseln *n*; **6.** *Buchbinderei*: Lage *f*.
gat·ing ['geɪtɪŋ] *s.* **1.** ⚡ a) Austastung *f*, b) (Sig'nal)Auswertung *f*; **2.** *ped., univ. Brit.* Ausgangsverbot *n*.
gauche [gəʊʃ] *adj.* **1.** linkisch; **2.** taktlos; **gau·che·rie** ['gəʊʃəriː] *s.* **1.** linkische Art; **2.** Taktlosigkeit *f*.
Gau·cho ['gaʊtʃəʊ] *pl.* **-chos** *s.* Gaucho *m*.
gaud [gɔːd] *s.* **1.** billiger Schmuck, Flitterkram *m*; **2.** *oft pl.* (über'triebener) Prunk; **'gaud·i·ness** [-dɪnɪs] *s.* **1.** → ***gaud***; **2.** Protzigkeit *f*, Geschmacklosigkeit *f*; **'gaud·y** [-dɪ] **I** *adj.* □ (farben-)prächtig, auffällig (bunt), *Farben*: grell, schreiend, *Einrichtung etc.*: protzig; **II** *s. ped., univ. Brit.* jährliches Festessen.
gauf·fer → ***goffer***.
gauge [geɪdʒ] **I** *s.* **1.** Nor'mal-, Eichmaß *n*; **2.** ⚙ Meßgerät *n*, Messer *m*, Anzeiger *m*: *bsd.* a) Pegel *m*, Wasserstandsanzeiger *m*, b) Mano'meter *n*, Druckmesser *m*, c) Lehre *f*, d) Maß-, Zollstab *m*, e) *typ.* Zeilenmaß *n*; **3.** ⚙ (Blech-, Draht)Stärke *f*; **4.** *Strumpfherstellung*: Gauge *n* (*Maschenzahl*); **5.** ⚔ Ka'liber *n*; **6.** 🚂 Spur(weite) *f*; **7.** ⚓ *oft* ***gage*** Abstand *m*, Lage *f*: ***have the lee*** (***weather***) **~** zu Lee (Luv) liegen (*Schiff*); **8.** 'Umfang *m*, Inhalt *m*: ***take the ~ of*** → 12; **9.** *fig.* Maßstab *m*, Norm *f*; **II** *v/t.* **10.** (ab)lehren, (ab-, aus)messen; **11.** eichen, justieren; **12.** *fig.* (ab)schätzen, beurteilen; **~ *lathe*** *s.* Präzisi'onsdrehbank *f*.
gaug·er ['geɪdʒə] *s.* Eichmeister *m*.
gaug·ing ['geɪdʒɪŋ] *s.* ⚙ Eichung *f*, Messung *f*: **~ *office*** Eichamt *n*.
Gaul [gɔːl] *s.* **1.** Gallier *m*; **2.** Fran'zose *m*; **'Gaul·ish** [-lɪʃ] **I** *adj.* gallisch; **II** *s. ling.* Gallisch *n*.
Gaull·ism ['gəʊlɪzəm] *s. pol.* Gaul'lismus *m*.
gaunt [gɔːnt] *adj.* □ **1.** a) hager, mager, b) ausgemergelt; **2.** verlassen, öde; **3.** kahl.
gaunt·let[1] ['gɔːntlɪt] *s.* **1.** ⚔ *hist.* Panzerhandschuh *m*; **2.** *fig.* Fehdehandschuh *m*: ***fling*** (*od.* ***throw***) ***down the ~*** (***to s.o.***) (j-m) den Fehdehandschuh hinwerfen, (j-n) herausfordern; ***pick*** (*od.* ***take***) ***up the ~*** die Herausforderung annehmen; **3.** Schutzhandschuh *m*.
gaunt·let[2] ['gɔːntlɪt] *s.*: ***run the ~*** Spießruten laufen (*a. fig.*); ***run the ~ of s.th.*** et. durchstehen müssen.
gaun·try ['gɔːntrɪ] → ***gantry***.
gauss [gaʊs] *s. phys.* Gauß *n*.
gauze [gɔːz] *s.* **1.** Gaze *f*, ⚕ *a.* (Verbands)Mull *m*: **~ *bandage*** Mull-, Gazebinde *f*; **2.** *fig.* Dunst *m*, Schleier *m*; **'gauz·y** [-zɪ] *adj.* gazeartig, hauchdünn.
ga·vage ['gævɑːʒ] *s.* ⚕ künstliche Sonderernährung.
gave [geɪv] *pret. von* ***give***.
gav·el ['gævl] *s.* **1.** Hammer *m e-s Auktionators*, *Vorsitzenden etc.*; **2.** (Maurer)Schlegel *m*.
ga·vot(te) [gə'vɒt] *s.* ♪ Ga'votte *f*.
gawk [gɔːk] **I** *s. contp.* (Bauern)Lackel *m*; **II** *v/i.* → ***gawp***; **'gawk·y** [-kɪ] *adj. contp.* ‚blöd(e)', trottelhaft.
gawp [gɔːp] *v/i.* glotzen: **~ *at*** anglotzen.
gay [geɪ] *adj.* □ → ***gaily***; **1.** lustig, fröhlich; **2.** a) bunt, (farben)prächtig: **~ *with*** belebt von, geschmückt mit, b) fröhlich, lebhaft (*Farben*); **3.** flott, *Person*: *a.* lebenslustig: ***a ~ dog*** ein ‚lockerer Vogel'; **4.** liederlich; **5.** *Am. sl.* ‚pampig', frech; **6.** F homosexu'ell, ‚schwul', Schwulen...: ♀ ***Lib(eration)*** *die* Schwulenbewegung.
gaze [geɪz] **I** *v/i.* starren: **~ *at*** anstarren; **~ *(up)on*** ansichtig werden (*gen.*); **II** *s.* (starrer) Blick, Starren *n*.
ga·ze·bo [gə'ziːbəʊ] *s.* Gebäude *n* mit schönem Ausblick, Aussichtspunkt *m*.
ga·zelle [gə'zel] *s. zo.* Ga'zelle *f*.
gaz·er ['geɪzə] *s.* Gaffer *m*.
ga·zette [gə'zet] **I** *s.* **1.** Zeitung *f*; **2.** *Brit.* Amtsblatt *n*, Staatsanzeiger *m*; **II** *v/t.* **3.** *Brit.* im Amtsblatt bekanntgeben *od.* veröffentlichen; **gaz·et·teer** [ˌgæzə'tɪə] *s.* alpha'betisches Ortsverzeichnis (mit Ortsbeschreibung).
gear [gɪə] **I** *s.* **1.** ⚙ a) Zahnrad *n*, b) *a. pl.* Getriebe *n*, Triebwerk *n*; **2.** ⚙ a)

Über'setzung *f*, b) *mot. etc.* Gang *m*: ***first*** (***second***, *etc.*) **~**; ***in high*** **~** in e-m hohen *od.* schnellen Gang; ***get into*** (***high***) **~** *fig.* in Fahrt *od.* Schwung kommen; ***in low*** (*od.* ***bottom***) **~** im ersten Gang; (***in***) ***top*** **~** im höchsten Gang; ***change*** (*Am.* ***shift***) **~**(***s***) schalten; ***change into second*** **~** den zweiten Gang einlegen, c) *pl.* Gangschaltung *f* (*e-s Fahrrads*); **3.** ⚙ Eingriff *m*: ***in*** **~** a) eingerückt, eingeschaltet, b) *fig.* funktionierend, in Ordnung; ***in*** **~** ***with*** im Eingriff stehend mit; ***out of*** **~** a) ausgerückt, ausgeschaltet, b) *fig.* in Unordnung, nicht funktionierend; ***throw out of*** **~** ausrücken, -schalten, *fig.* durcheinanderbringen; **4.** ✈, ⚓ *etc. mst in Zssgn* Vorrichtung *f*, Gerät *n*; → ***landing gear*** *etc.*; **5.** Ausrüstung *f*, Gerät *n*, Werkzeug(e *pl.*) *n*, Zubehör *n*: ***fishing*** **~** Angelgerät *n*, -zeug *n*; **6.** F a) Hausrat *m*, b) Habseligkeiten *pl.*, Sachen *pl.*, c) Aufzug *m*, Kleidung *f*; **7.** (Pferde- *etc.*)Geschirr *n*; **II** *v/t.* **8.** ⚙ a) mit e-m Getriebe versehen, b) über'setzen, c) in Gang setzen (*a. fig.*): **~** ***up*** ins Schnelle übersetzen, *fig.* steigern, verstärken; **9.** *fig.* (***to***, ***for***) einstellen *od.* abstimmen (auf *acc.*), anpassen (*dat. od.* an *acc.*); **10.** ausrüsten; **11.** *a.* **~** ***up*** *Tiere* anschirren; **III** *v/i.* **12.** ⚙ a) eingreifen (***into***, ***with*** in *acc.*), b) inein'andergreifen; **13.** **~** ***up*** (***down***) *mot.* hin'auf- (her'unter)schalten; **14.** *fig.* (***with***) passen (zu), eingerichtet *od.* abgestimmt sein (auf *acc.*).

'gear|·box *s.* ⚙ Getriebe(gehäuse) *n*; **~ change** *s. Brit. mot.* (Gang)Schaltung *f*; **~ cut·ter** *s.* Zahnradfräser *m*; **~ drive** → ***gearing*** 1.

gear·ed [gɪəd] *adj.* ⚙ verzahnt; Getriebe...; **gear·ing** ['gɪərɪŋ] *s.* ⚙ **1.** (Zahnrad)Getriebe *n*, Vorgelege *n*; **2.** Über'setzung *f* (*e-s Getriebes*); Transmissi'on *f*; **3.** Verzahnung *f*.

gear| le·ver *s.* Schalthebel *m*; **~ ra·tio** *s.* Über'setzung(sverhältnis *n*) *f*; **~ rim** *s.* Zahnkranz *m*; **~ shaft** *s.* Getriebe-, Schaltwelle *f*; **~ shift** *s. Am.* a) → ***gear change***, b) → ***gear lever***; **'~·wheel** *s.* Getriebe-, Zahnrad *n*.

geck·o ['gekəʊ] *pl.* **-os, -oes** *s. zo.* Gecko *m* (*Echse*).

gee¹ [dʒi:] *s.* G *n*, g *n* (*Buchstabe*).

gee² [dʒi:] **I** *s.* **1.** *Kindersprache*: ‚Hotte'hü' *n* (*Pferd*); **II** *int.* **2.** *a.* **~ *up!*** a) hott! (*nach rechts*), b) hü(h), hott! (*schneller*); **3.** *Am.* F na so was!, Mann!

geek [gi:k] *s.* **1.** komischer Typ; **2.** (Computer- *usw.*)Freak *m*; **3.** Langweiler *m*.

geese [gi:s] *pl. von* ***goose***.

gee| whiz [ˌdʒi:'wɪz] → ***gee²*** 3; **'~-whiz** *adj. Am.* F **1.** ‚toll', Super...; **2.** Sensations...

gee·zer ['gi:zə] *s.* F komischer (alter) Kauz, ‚Opa' *m*.

Gei·ger count·er ['gaɪgə] *s. phys.* Geigerzähler *m*.

gei·sha ['geɪʃə] *s.* Geisha *f*.

gel [dʒel] **I** *s.* **1.** Gel *n*; **II** *v/i.* **2.** gelieren; **3.** → ***jell*** 3.

gel·a·tin(e) [ˌdʒelə'ti:n] *s.* **1.** Gela'tine *f*; **2.** Gal'lerte *f*; **3.** *a.* ***blasting*** **~** 'Sprenggelaˌtine *f*; **ge·lat·i·nize** [dʒə'lætɪnaɪz] *v/i. u. v/t.* gelatinieren (lassen); **ge·lat·i·nous** [dʒə'lætɪnəs] *adj.* gallertartig.

geld [geld] *v/t. Tier* kastrieren, verschneiden; **'geld·ing** [-dɪŋ] *s.* kastriertes Tier, *bsd.* Wallach *m*.

gel·id ['dʒelɪd] *adj.* □ eisig.

gel·ig·nite ['dʒelɪgnaɪt] *s.* ⚙ Gela'tinedynaˌmit *n*.

gem [dʒem] **I** *s.* **1.** Edelstein *m*; **2.** Gemme *f*; **3.** *fig.* Perle *f*, Ju'wel *n*, Glanz-, Prachtstück *n*: **~ *rôle*** *thea.* Glanzrolle *f*; **4.** *Am.* Brötchen *n*; **5.** *typ. e-e 3½-Punkt-Schrift*; **II** *v/t.* **6.** mit Edelsteinen schmücken.

gem·i·nate I *adj.* ['dʒemɪnət] paarweise, Doppel...; **II** *v/t. u. v/i.* [-neɪt] (sich) verdoppeln (*a. ling.*); **gem·i·na·tion** [ˌdʒemɪ'neɪʃn] *s.* Verdoppelung *f* (*a. ling.*).

Gem·i·ni ['dʒemɪnaɪ] *s. pl. ast.* Zwillinge *pl.*

gem·ma ['dʒemə] *pl.* **-mae** [-mi:] *s.* **1.** ⚘ a) Gemme *f*, Brutkörper *m*, b) Blattknospe *f*; **2.** *biol.* Knospe *f*, Gemme *f*; **'gem·mate** [-meɪt] *adj. biol.* sich durch Knospung fortpflanzend; **gem·ma·tion** [dʒe'meɪʃn] *s.* **1.** ⚘ Knospenbildung *f*; **2.** *biol.* Fortpflanzung *f* durch Knospen; **gem·mif·er·ous** [dʒe'mɪfərəs] *adj.* **1.** edelsteinhaltig; **2.** *biol.* → ***gemmate***.

gems·bok ['gemzbɒk] *s. zo.* 'Gemsantiˌlope *f*.

gen [dʒen] *Brit. sl.* **I** *s.* Informati'on(en *pl.*) *f*; **II** *v/t. u. v/i.*: **~ *up*** (sich) informieren.

gen·der ['dʒendə] *s. ling.* Genus *n*, Geschlecht *n* (*a. humor. von Personen*); **~ ben·der** *s.* F jemand vom anderen Ufer.

gene [dʒi:n] *s. biol.* Gen *n*, Erbfaktor *m*: **~ *pool*** Erbmasse *f*; **~ *technology*** Gentechnologie *f*.

gen·e·a·log·i·cal [ˌdʒi:njə'lɒdʒɪkl] *adj.* □ genea'logisch: **~ *tree*** Stammbaum *m*.

gen·e·al·o·gist [ˌdʒi:nɪ'ælədʒɪst] *s.* Genea'loge *m*, Ahnenforscher *m*; **ˌgen·e'al·o·gize** [-dʒaɪz] *v/i.* Stammbaumforschung treiben; **ˌgen·e'al·o·gy** [-dʒɪ] *s.* Genealo'gie *f*: a) Ahnenforschung *f*, b) Ahnentafel *f*, c) Abstammung *f*.

gen·er·a ['dʒenərə] *pl. von* ***genus***.

gen·er·al ['dʒenərəl] **I** *adj.* □ → ***generally***; **1.** allgemein, um'fassend: **~ *knowledge*** (***medicine***) Allgemeinbildung *f* (-medizin *f*); **~ *outlook*** allgemeine Aussichten; ***the*** **~ *public*** die breite Öffentlichkeit; **2.** allgemein (*nicht spezifisch*): **~ *dealer*** *Brit.* Gemischtwarenhändler *m*; ***the*** **~ *reader*** der Durchschnittsleser; **~ *store*** Gemischtwarenhandlung *f*; **~ *term*** Allgemeinbegriff *m*; ***in*** **~ *terms*** allgemein (ausgedrückt); **3.** allgemein (üblich), gängig, verbreitet: **~ *practice***; ***as a*** **~ *rule*** meistens; **4.** allgemein gehalten, ungefähr: ***a*** **~ *idea*** e-e ungefähre Vorstellung; **~ *resemblance*** vage Ähnlichkeit; ***in a*** **~ *way*** in großen Zügen, in gewisser Weise; **5.** allgemein, General..., Haupt...: **~ *agent*** ✝ Generalvertreter *m*; **~ *manager*** ✝ Generaldirektor *m*; **~ *meeting*** ✝ General-, Hauptversammlung *f*; **6.** (*Amtstiteln nachgestellt*) *mst* General...: ***consul*** **~** Generalkonsul *m*; **II** *s.* **7.** ⚔ a) Gene'ral *m*, b) Heerführer *m*, Feldherr *m*, Stra'tege *m*; **8.** ⚔ *Am.* a) (Vier-'Sterne-)Geneˌral *m* (*zweithöchster Offiziersrang*), b) **~ *of the army*** Fünf-'Sterne-Geneˌral *m* (*höchster Offiziersrang*); **9.** *eccl.* ('Ordens)Geneˌral *m*; **10.** ***the*** **~** das Allgemeine: ♀ (*Überschrift*) Allgemeines; ***in*** **~** im allgemeinen.

gen·er·al| ac·cept·ance *s.* ✝ uneingeschränktes Ak'zept; ♀ **As·sem·bly** *s.* **1.** *pol.* Voll-, Gene'ralversammlung *f* (*der UNO*); **2.** *pol. Am.* Parla'ment *n* (*einiger Einzelstaaten*); **3.** *eccl.* oberstes Gericht der schottischen Kirche; **~ car·go** *s.* ✝, ⚓ Stückgut(ladung *f*) *n*; ♀ **Cer·tif·i·cate of Ed·u·ca·tion** *s. ped. Brit.*: **~ *O level*** *etwa*: mittlere Reife; **~ *A level*** *etwa*: Abitur *n*; **~ de·liv·er·y** *s.* ✉ *Am.* **1.** (Ausgabestelle *f* für) postlagernde Sendungen *pl.*; **2.** ‚postlagernd'; **~ e·lec·tion** *s. pol.* allgemeine Wahlen *pl.*; **~ head·quar·ters** *s. pl. mst sg. konstr.* ⚔ Großes Hauptquartier; **~ hos·pi·tal** *s.* allgemeines Krankenhaus.

gen·er·al·is·si·mo [ˌdʒenərə'lɪsɪməʊ] *pl.* **-mos** *s.* ⚔ Genera'lissimus *m*, Oberbefehlshaber *m*.

gen·er·al·ist ['dʒenərəlɪst] *s.* Genera'list *m* (*Ggs. Spezialist*).

gen·er·al·i·ty [ˌdʒenə'rælətɪ] *s.* **1.** *pl.* allgemeine Redensarten *pl.*, Gemeinplätze *pl.*; **2.** Allgemeingültigkeit *f*; **3.** allgemeine Regel; **4.** Unbestimmtheit *f*; **5.** *obs.* Mehrzahl *f*, große Masse; **gen·er·al·i·za·tion** [ˌdʒenərəlaɪ'zeɪʃn] *s.* Verallgemeinerung *f*; **gen·er·al·ize** ['dʒenərəlaɪz] **I** *v/t.* **1.** verallgemeinern; **2.** auf e-e allgemeine Formel bringen; **3.** *paint.* in großen Zügen darstellen; **II** *v/i.* **4.** verallgemeinern; **gen·er·al·ly** ['dʒenərəlɪ] *adv.* **1.** *oft* **~ *speaking*** allgemein, im allgemeinen, im großen u. ganzen; **2.** allgemein; **3.** gewöhnlich, meistens.

gen·er·al| med·i·cine *s.* Allge'meinmediˌzin *f*; **~ meet·ing** *s.* ✝ Gene'ral-, Hauptversammlung *f*; **~ of·fi·cer** *s.* ⚔ Gene'ral *m*, Offi'zier *m* im Gene'ralsrang; **~ par·don** *s.* (Gene'ral)Amneˌstie *f*; ♀ **Post Of·fice** *s.* Hauptpostamt *n*; **~ prac·ti·tion·er** *s.* Arzt *m* für Allge'meinmediˌzin, praktischer Arzt; **ˌ~-'pur·pose** *adj.* ⚙ Mehrzweck..., Universal...

gen·er·al·ship ['dʒenərəlʃɪp] *s.* **1.** ⚔ Gene'ralsrang *m*; **2.** Strate'gie *f*: a) ⚔ Feldherrnkunst *f*, b) *a. allg.* geschickte Taktik.

gen·er·al| staff *s.* ⚔ Gene'ralstab *m*: ***chief of*** **~** Generalstabschef *m*; **~ strike** *s.* ✝ Gene'ralstreik *m*.

gen·er·ate ['dʒenəreɪt] *v/t.* **1.** *bsd.* ⚗, *phys.* erzeugen (*a.* ⩓), *Gas, Rauch* entwickeln, *a.* ⩓ bilden; **2.** *biol.* zeugen; **3.** *fig.* erzeugen, her'vorrufen, bewirken, verursachen.

gen·er·at·ing sta·tion ['dʒenəreɪtɪŋ] *s.* ⚡ Kraftwerk *n*.

gen·er·a·tion [ˌdʒenə'reɪʃn] *s.* **1.** Generati'on *f*: ***the rising*** **~** die junge (*od.* heranwachsende) Generation; **~ *gap*** Generationsunterschied *m*, Generationenkonflikt *m*; **2.** Generati'on *f*, Menschenalter *n* (*etwa 33 Jahre*): **~*s*** F e-e Ewigkeit; **3.** ⚙, ✝ Generati'on *f*: ***a new*** **~ *of cars***; **4.** *biol.* Entwicklungsstufe *f*; **5.** Zeugung *f*, Fortpflanzung *f*; **6.** *bsd.* ⚗, ⚡, *phys.* Erzeugung *f* (*a.* ⩓), Entwicklung *f*; **7.** Entstehung *f*; **ˌgen·er'a·tion·al** [-ʃənl] *adj.* Generations...: **~ *conflict***; **gen·er·a·tive** ['dʒenərətɪv] *adj.* **1.** *biol.* Zeugungs..., Fortpflanzungs..., Geschlechts...; **2.** *biol.* fruchtbar; **3.** *ling.* genera'tiv: ~ ***grammar***;

gen·er·a·tor ['dʒenəreɪtə] *s.* **1.** ⚡ Gene'rator *m*, Stromerzeuger *m*, Dy'namoma,schine *f*; **2.** ⚙ a) Gaserzeuger *m*: ~ ***gas*** Generatorgas *n*, b) Dampferzeuger *m*, -kessel *m*; **3.** ⚙ (Ab)Wälzfräser *m*; **4.** Entwickler *m*; **5.** ♪ Grundton *m*.

ge·ner·ic [dʒɪ'nerɪk] *adj.* (☐ ~***ally***) **1.** allgemein, gene'rell; **2.** ge'nerisch, Gattungs...: ~ ***term*** *od.* ***name*** Gattungsname *m*, Oberbegriff *m*.

gen·er·os·i·ty [,dʒenə'rɒsətɪ] *s.* **1.** Großzügigkeit *f*: a) Freigebigkeit *f*, b) Edelmut *m*, Hochherzigkeit *f*; **2.** edle Tat; **3.** Fülle *f*; **gen·er·ous** ['dʒenərəs] *adj.* ☐ **1.** großzügig: a) freigebig, b) edel, hochherzig; **2.** reichlich, üppig: ~ ***mouth*** volle Lippen *pl.*; **3.** vollmundig, gehaltvoll (*Wein*); fruchtbar (*Boden*).

gen·e·sis ['dʒenɪsɪs] *s.* **1.** Genesis *f*, Ge'nese *f*, Entstehung *f*; **2.** *bibl.* Genesis *f*, Erstes Buch Mose; **3.** Ursprung *m*.

gen·et ['dʒenɪt] *s.* **1.** *zo.* Ge'nette *f*, Ginsterkatze *f*; **2.** Ge'nettepelz *m*.

ge·net·ic [dʒɪ'netɪk] **I** *adj.* (☐ ~***ally***) **1.** *bsd. biol.* ge'netisch: a) entwicklungsgeschichtlich, b) Vererbungs..., Erb...: ~ ***code*** genetischer Kode; ~ ***engineering*** Genmanipulation *f*; ~***ally manipulated, changed*** genetisch manipuliert, verändert; ~ ***fingerprint*** genetischer Fingerabdruck; ~ ***information*** Erbinformation *f*; **II** *s. pl. biol.* **2.** *sg. konstr.* Ge'netik *f*, Vererbungslehre *f*; **3.** ge'netische Formen *pl.* u. Erscheinungen *pl.*; **ge'net·i·cist** [-ɪsɪst] *s. biol.* Ge'netiker *m*.

ge·nette [dʒɪ'net] → ***genet***.

ge·ne·va[1] [dʒɪ'ni:və] *s.* Ge'never *m*, Wa'cholderschnaps *m*.

Ge·ne·va[2] [dʒɪ'ni:və] **I** *npr.* Genf *n*; **II** *adj.* Genfer(...); ~ **bands** *s. pl. eccl.* Beffchen *n*; ~ **Con·ven·tion** *s. pol.*, ⚔ Genfer Konventi'on *f*; ~ **cross** → ***red*** 1; ~ **drive** *s.* ⚙ Mal'teserkreuzantrieb *m*; ~ **gown** *s. eccl.* Ta'lar *m*.

ge·ni·al ['dʒi:njəl] *adj.* ☐ **1.** freundlich (*a. fig. Klima etc.*), herzlich: ***in*** ~ ***company*** in angenehmer Gesellschaft; **2.** belebend, anregend; **ge·ni·al·i·ty** [,dʒi:nɪ'ælətɪ] *s.* **1.** Freundlichkeit *f*, Herzlichkeit *f*; **2.** Milde *f* (*Klima*).

ge·nie ['dʒi:nɪ] *s.* dienstbarer Geist, Dschinn *m*.

ge·ni·i ['dʒi:nɪaɪ] *pl. von* ***genie*** *u.* ***genius*** 4.

gen·i·tal ['dʒenɪtl] *adj.* Zeugungs..., Geschlechts..., geni'tal: ~ ***gland*** Keimdrüse *f*; **'gen·i·tals** [-lz] *s. pl.* Geni'talien *pl.*, Geschlechtsteile *pl.*

gen·i·ti·val [,dʒenɪ'taɪvl] *adj.* Genitiv..., genitivisch; **gen·i·tive** ['dʒenɪtɪv] *s. a.* ~ ***case*** *ling.* Genitiv *m*, zweiter Fall.

gen·i·to·u·ri·nar·y [,dʒenɪtəʊ'jʊərɪnərɪ] *adj.* ⚕ urogeni'tal.

ge·ni·us ['dʒi:njəs] *pl.* **'ge·ni·us·es** *s.* **1.** Ge'nie *n*: a) geni'aler Mensch, b) (*ohne pl.*) Geniali'tät *f*, geni'ale Schöpferkraft; **2.** Begabung *f*, Gabe *f*; **3.** Genius *m*, Geist *m*, Seele *f*, *das* Eigentümliche (*e-r Nation etc.*): ~ ***of a period*** Zeitgeist; **4.** *pl.* **'ge·ni·i** [-nɪaɪ] *antiq.* Genius *m*, Schutzgeist *m*: ***good*** (***evil***) ~ guter (böser) Geist (*a. fig.*); ~ **lo·ci** ['ləʊsaɪ] (*Lat.*) *s.* a) Genius *m* loci, Schutzgeist *m* e-s Ortes, b) Atmo'sphäre *f* e-s Ortes.

gen·o·blast ['dʒenəʊblɑ:st] *s. biol.* reife Geschlechtszelle.

gen·o·cide ['dʒenəʊsaɪd] *s.* Geno'zid *m*, *n*, Völker-, Gruppenmord *m*.

Gen·o·ese [,dʒenəʊ'i:z] **I** *s.* Genu'eser (-in); **II** *adj.* genu'esisch, Genueser...

gen·o·type ['dʒenəʊtaɪp] *s. biol.* Geno'typ(us) *m*.

gen·re ['ʒɑ̃:ŋrə] (*Fr.*) *s.* **1.** Genre *n*, (*a.* Litera'tur)Gattung *f*: ~ ***painting*** Genremalerei *f*; **2.** Form *f*, Stil *m*.

gent [dʒent] *s.* **1.** F *für* ***gentleman***; **2.** *pl. sg. konstr.* F ‚Herrenklo' *n*; **3.** *Am.* F ‚Knabe' *m*, Kerl *m*.

gen·teel [dʒen'ti:l] *adj.* ☐ **1.** *obs.* vornehm; **2.** vornehm tuend, geziert, affek'tiert; **3.** ele'gant, fein.

gen·tian ['dʒenʃɪən] *s.* ⚘ Enzian *m*; ~ **bit·ter** *s. pharm.* 'Enziantink,tur *f*.

gen·tile ['dʒentaɪl] **I** *s.* **1.** Nichtjude *m*, -jüdin *f*, *bsd.* Christ(in); **2.** Heide *m*, Heidin *f*; **3.** 'Nichtmor,mone *m*, -mor,monin *f*; **II** *adj.* **4.** nichtjüdisch, *bsd.* christlich; **5.** heidnisch; **6.** 'nichtmor,monisch.

gen·til·i·ty [dʒen'tɪlətɪ] *s.* **1.** *obs.* vornehme Herkunft; **2.** Vornehmheit *f*; **3.** Vornehmtue'rei *f*.

gen·tle ['dʒentl] *adj.* ☐ **1.** freundlich, sanft, gütig, liebenswürdig: ~ ***reader*** geneigter Leser; **2.** milde, ruhig, mäßig, leicht, sanft, zart: ~ ***blow*** leichter Schlag; ~ ***craft*** Angelsport *m*; ~ ***hint*** zarter Wink; ~ ***rebuke*** sanfter Tadel; ***the*** ~ ***sex*** das zarte Geschlecht; ~ ***slope*** sanfter Abhang; **3.** zahm, fromm (*Tier*); **4.** edel, vornehm: ***of*** ~ ***birth*** von vornehmer Geburt; **'~·folk(s)** *s. pl.* vornehme Leute *pl.*

gen·tle·man ['dʒentlmən] *s.* [*irr.*] **1.** Gentleman *m*: a) Ehrenmann *m*, b) Mann *m* von Lebensart u. Cha'rakter: ~***'s*** (*od.* ***gentlemen's***) ***agreement*** Gentleman's (*od.* Gentlemen's) Agreement *n*, ✝ *etc.* Vereinbarung *f* auf Treu u. Glauben; ~***'s*** ~ (Kammer)Diener *m*; **2.** Herr *m*: ***gentlemen*** a) (*Anrede*) m-e Herren!, b) *in Briefen*: Sehr geehrte Herren (*oft unübersetzt*); ~ ***farmer*** Gutsbesitzer *m*; ~ ***friend*** Freund *m e-r Dame*; ~ ***rider*** Herrenreiter *m*; ***Gentlemen('s)*** Herren(toilette *f*) *pl.*; **3.** *Titel von Hofbeamten*: ~ ***in waiting*** Kämmerer *m*; ~***-at-arms*** Leibgardist *m*; **4.** *obs.* Privati'er *m*; **5.** *hist.* a) Mann *m* von Stand, b) Edelmann *m*; **'~·like** → ***gentlemanly***; **'gen·tle·man·li·ness** [-lɪnɪs] *s.* **1.** vornehmes *od.* feines Wesen, Vornehmheit *f*; **2.** gebildetes *od.* feines Benehmen; **'gen·tle·man·ly** [-lɪ] *adj.* ‚gentlemanlike', vornehm, fein.

gen·tle·ness ['dʒentlnɪs] *s.* **1.** Freundlichkeit *f*, Güte *f*, Milde *f*, Sanftheit *f*; **2.** *obs.* Vornehmheit *f*.

'gen·tle,wom·an *s.* [*irr.*] Dame *f* (von Lebensart u. Cha'rakter; von Stand *od.* Bildung); **'gen·tle,wom·an·like**, **'gen·tle,wom·an·ly** [-lɪ] *adj.* damenhaft, vornehm.

gen·tly ['dʒentlɪ] *adv. von* ***gentle***.

gen· try ['dʒentrɪ] *s.* **1.** Oberschicht *f*; **2.** *Brit.* Gentry *f*, niederer Adel; **3.** *a. pl. konstr.* F Leute *pl.*, Sippschaft *f*.

gen·u·flect ['dʒenju:flekt] *v/i.* (*bsd. eccl.*) knien, die Knie beugen, *contp.* e-n Kniefall machen (***before*** vor *dat.*); **gen·u·flec·tion**, *Brit. a.* **gen·u·flex·ion** [,dʒenju:'flekʃn] *s.* Kniebeugung *f*; *fig.* Kniefall *m*.

gen·u·ine ['dʒenjʊɪn] *adj.* ☐ echt: a) au'thentisch, b) ernsthaft (*Angebot etc.*), c) aufrichtig (*Mitgefühl etc.*), d) ungekünstelt (*Lachen etc.*); **'gen·u·ine·ness** [-nɪs] *s.* Echtheit *f*.

ge·nus ['dʒi:nəs] *pl.* **gen·er·a** ['dʒenərə] *s.* **1.** ⚘, *zo.*, *phls.* Gattung *f*; **2.** *fig.* Art *f*, Klasse *f*.

ge·o·cen·tric [,dʒi:əʊ'sentrɪk] *adj. ast.* geo'zentrisch; **,ge·o'chem·is·try** [-'kemɪstrɪ] *s.* Geoche'mie *f*; **,ge·o'cy·clic** [-'saɪklɪk] *adj. ast.* geo'zyklisch.

ge·ode ['dʒi:əʊd] *s. min. allg.* Ge'ode *f*.

ge·o·des·ic, **ge·o·des·i·cal** [,dʒi:əʊ'desɪk(l)] *adj.* ☐ geo'dätisch; **ge·od·e·sist** [dʒi:'ɒdɪsɪst] *s.* Geo'dät *m*; **ge·od·e·sy** [dʒi:'ɒdɪsɪ] *s.* Geodä'sie *f* (*Erdvermessung*); **,ge·o'det·ic**, **,ge·o'det·i·cal** [-etɪk(l)] *adj.* geo'dätisch.

ge·og·ra·pher [dʒɪ'ɒgrəfə] *s.* Geo'graph (-in); **ge·o·graph·ic**, **ge·o·graph·i·cal** [dʒɪə'græfɪk(l)] *adj.* ☐ geo'graphisch: ***geographical mile***; **ge'og·ra·phy** [-fɪ] *s.* **1.** Geogra'phie *f*, Erdkunde *f*; **2.** geo'graphische Abhandlung; **3.** geo'graphische Beschaffenheit.

ge·o·log·ic, **ge·o·log·i·cal** [,dʒɪəʊ'lɒdʒɪk(l)] *adj.* ☐ geo'logisch; **ge·ol·o·gist** [dʒɪ'ɒlədʒɪst] *s.* Geo'loge *m*, Geo'login *f*; **ge·ol·o·gize** [dʒɪ'ɒlədʒaɪz] **I** *v/i.* geo'logische Studien betreiben; **II** *v/t.* geo'logisch unter'suchen; **ge·ol·o·gy** [dʒɪ'ɒlədʒɪ] *s.* **1.** Geolo'gie *f*; **2.** geo'logische Abhandlung; **3.** geo'logische Beschaffenheit.

ge·o·mag·net·ism [,dʒɪəʊ'mægnɪtɪzəm] *s. phys.* 'Erdmagne,tismus *m*.

ge·o·man·cy ['dʒɪəʊmænsɪ] *s.* Geoman'tie *f*, Geo'mantik *f* (*Art Wahrsagerei*).

ge·om·e·ter [dʒɪ'ɒmɪtə] *s.* **1.** *obs.* Geo'meter *m*; **2.** Ex'perte *m* auf dem Gebiet der Geome'trie; **3.** *zo.* Spannerraupe *f*; **ge·o·met·ric**, **ge·o·met·ri·cal** [,dʒɪəʊ'metrɪk(l)] *adj.* ☐ geo'metrisch; **ge·om·e·tri·cian** [,dʒɪəʊmə'trɪʃn] → ***geometer*** 1, 2; **ge'om·e·try** [-mətrɪ] *s.* **1.** Geome'trie *f*; **2.** geo'metrische Abhandlung.

ge·o·phys·i·cal [,dʒi:əʊ'fɪzɪkl] *adj.* geophysi'kalisch; **,ge·o'phys·ics** [-ks] *s. pl.*, *oft sg. konstr.* Geophy'sik *f*.

ge·o·pol·i·tics [,dʒi:əʊ'pɒlɪtɪks] *s. pl.*, *oft sg. konstr.* Geopoli'tik *f*.

George [dʒɔ:dʒ] *s.*: ***St*** ~ der heilige Georg (*Schutzpatron Englands*): ***St*** ~***'s Cross*** Georgskreuz *n*; ~ ***Cross*** *od.* ***Medal*** ⚔ *Brit.* Georgskreuz *n* (*Orden*); ***by*** ~***!*** a) beim Zeus!, b) Mann!; ***let*** ~ ***do it!*** *Am. sl.* soll's machen, wer Lust hat!

geor·gette [dʒɔ:'dʒet] *Am.* *s.* Geor'gette *m* (*Seidenkrepp*).

Geor·gi·an ['dʒɔ:dʒjən] **I** *adj.* **1.** georgi'anisch: a) *aus der Zeit der Könige Georg I.–IV.* (*1714–1830*), b) *aus der Zeit der Könige Georg V. u. VI.* (*1910–52*); **2.** geor'ginisch (*den Staat Georgia, USA, betreffend*); **3.** ge'orgisch (*die Sowjetrepublik Georgien betreffend*); **II** *s.* **4.** Ge'orgier(in).

ge·o·sci·ence [,dʒi:əʊ'saɪəns] *s.* Geowissenschaft *f*.

ge·o·ther·mal [ˌdʒiːəʊ'θɜːml] *adj.* geothermisch; **~ energy** Erdwärme *f.*

ge·ra·ni·um [dʒɪ'reɪnjəm] *s.* ⚘ **1.** Storchschnabel *m*; **2.** Ge'ranie *f.*

ger·fal·con ['dʒɜːˌfɔːlkən] *s. orn.* G(i)erfalke *m.*

ger·i·at·ric [ˌdʒerɪ'ætrɪk] **I** *adj.* ⚕ geri'atrisch; **II** *s. humor.* Greis *m*; **ger·i·a·tri·cian** [ˌdʒerɪə'trɪʃn] *s.* Geri'ater *m*, Facharzt *m* für Alterskrankheiten; **ˌger·i'at·rics** [-ks] *s. pl., oft sg. konstr.* Geria'trie *f.*

germ [dʒɜːm] **I** *s.* **1.** ⚘, *biol.* Keim *m* (*a. fig. Ansatz, Ursprung*); **2.** a) *biol.* Mi'krobe *f*, b) ⚕ Keim *m*, Ba'zillus *m*, Bak'terie *f*, Krankheitserreger *m*; **II** *v/i. u. v/t.* **3.** keimen (lassen).

ger·man¹ ['dʒɜːmən] *adj.* leiblich: **brother ~** leiblicher Bruder.

Ger·man² ['dʒɜːmən] **I** *adj.* **1.** deutsch; **II** *s.* **2.** Deutsche(r *m*) *f*; **3.** *ling.* Deutsch *n*, das Deutsche: **in ~** a) auf deutsch, b) im Deutschen; **into ~** ins Deutsche; **from (the) ~** aus dem Deutschen.

ˌGer·man-A'mer·i·can **I** *adj.* 'deutsch-ameriˌkanisch; **II** *s.* 'Deutschameriˌkaner(in).

ger·man·der [dʒɜː'mændə] *s.* ⚘ **1.** Ga'mander *m*; **2.** *a.* **~ speedwell** Ga'manderehrenpreis *m.*

ger·mane [dʒɜː'meɪn] *adj.* (**to**) gehörig (zu), zs.-hängend (mit), betreffend (*acc.*), passend (zu).

Ger·man·ic¹ [dʒɜː'mænɪk] **I** *adj.* **1.** ger'manisch; **2.** deutsch; **II** *s.* **3.** *ling. das* Ger'manische.

ger·man·ic² [dʒɜː'mænɪk] *adj.* ⚗ Germanium...: **~ acid.**

Ger·man·ism ['dʒɜːmənɪzəm] *s.* **1.** *ling.* Germa'nismus *m*, deutsche Spracheigenheit; **2.** (typisch) deutsche Art; **3.** et. typisch Deutsches; **4.** Deutschfreundlichkeit *f*; **'Ger·man·ist** [-ɪst] *s.* Germa'nist(in); **Ger·man·i·ty** [dʒɜː'mænətɪ] → **Germanism** 2.

ger·ma·ni·um [dʒɜː'meɪnjəm] *s.* ⚗ Ger'manium *n.*

Ger·man·i·za·tion [ˌdʒɜːmənaɪ'zeɪʃn] *s.* Germanisierung *f*, Eindeutschung *f*; **Ger·man·ize** ['dʒɜːmənaɪz] **I** *v/t.* germanisieren, eindeutschen; **II** *v/i.* deutsch werden.

Ger·man mea·sles *s. pl. sg. konstr.* ⚕ Röteln *pl.*

Ger·man·o·phil [dʒɜː'mænəfɪl], **Ger'man·o·phile** [-faɪl] **I** *adj.* deutschfreundlich; **II** *s.* Deutschfreundliche(r *m*) *f*; **Ger'man·o·phobe** [-fəʊb] *s.* Deutschenhasser(in); **Ger·man·o·pho·bi·a** [dʒɜːˌmænə'fəʊbjə] *s.* Deutschfeindlichkeit *f.*

Ger·man| po·lice dog, **~ shep·herd (dog)** *s. Am.* Deutscher Schäferhund; **~ sil·ver** *s.* Neusilber *n*; **~ steel** *s.* ⚙ Schmelzstahl *m*; **~ text**, **~ type** *s. typ.* Frak'tur(schrift) *f.*

germ| car·ri·er *s.* ⚕ Keim-, Ba'zillenträger *m*; **~ cell** *s. biol.* Keimzelle *f.*

ger·men ['dʒɜːmɪn] *s.* ⚘ Fruchtknoten *m.*

ger·mi·cid·al [ˌdʒɜːmɪ'saɪdl] *adj.* keimtötend; **ger·mi·cide** ['dʒɜːmɪsaɪd] *adj. u. s.* keimtötend(es Mittel).

ger·mi·nal ['dʒɜːmɪnl] *adj.* □ **1.** *biol.* Keim(zellen)...; **2.** ⚕ Keim..., Bakterien...; **3.** *fig.* keimend, im Keim befindlich: **~ ideas**; **'ger·mi·nant** [-nənt] *adj.* keimend (*a. fig.*); **'ger·mi·nate** [-neɪt] ⚘ **I** *v/i.* keimen (*a. fig. sich entwickeln*); **II** *v/t.* zum Keimen bringen, keimen lassen (*a. fig.*); **ger·mi·na·tion** [ˌdʒɜːmɪ'neɪʃn] *s.* ⚘ Keimen *n* (*a. fig.*); **'ger·mi·na·tive** [-nətɪv] *adj.* ⚘ **1.** Keim...; **2.** (keim)entwicklungsfähig.

'germ|·proof *adj.* keimsicher, -frei; **~ war·fare** *s.* ⚔ Bak'terienkrieg *m*, bio'logische Kriegführung.

ge·ron·toc·ra·cy [ˌdʒerɒn'tɒkrəsɪ] *s.* Gerontokra'tie *f*, Altenherrschaft *f.*

ger·on·tol·o·gist [ˌdʒerɒn'tɒlədʒɪst] Geronto'loge *m*; **ˌger·on'tol·o·gy** [-dʒɪ] → **geriatrics.**

ger·ry·man·der ['dʒerɪmændə] **I** *v/t.* **1.** *pol.* die Wahlbezirksgrenzen in *e-m Gebiet* manipulieren; **2.** *Fakten* manipulieren, verfälschen; **II** *s.* **3.** *pol.* manipulierte Wahlbezirksabgrenzung.

ger·und ['dʒerənd] *s. ling.* Ge'rundium *n*; **ge·run·di·al** [dʒɪ'rʌndjəl] *adj. ling.* Gerundial...; **ger·un·di·val** [ˌdʒerən'daɪvl] *adj. ling.* Gerundiv..., gerun'divisch; **ge·run·dive** [dʒɪ'rʌndɪv] *s. ling.* Gerun'div *n.*

ges·ta·tion [dʒes'teɪʃn] *s.* **1.** a) Schwangerschaft *f*, b) *zo.* Trächtigkeit *f*; **2.** *fig.* Reifen *n.*

ges·ta·to·ri·al chair [ˌdʒestə'tɔːrɪəl] *s.* Tragsessel *m des Papstes.*

ges·tic·u·late [dʒe'stɪkjʊleɪt] *v/i.* gestikulieren, (her'um)fuchteln; **ges·tic·u·la·tion** [dʒeˌstɪkjʊ'leɪʃn] *s.* **1.** Gestikulati'on *f*, Gestik *f*, Gebärdenspiel *n*, Gesten *pl.*; **2.** lebhafte Geste; **ges·tic·u·la·to·ry** [-lətərɪ] *adj.* gestikulierend.

ges·ture ['dʒestʃə] **I** *s.* **1.** Gebärde *f*, Geste *f*: **~ of friendship** *fig.* freundschaftliche Geste; **2.** Gebärdenspiel *n*; **II** *v/i.* **3.** → **gesticulate.**

get [get] **I** *v/t.* [*irr.*] **1.** bekommen, erhalten, ‚kriegen': **~ it** F ‚sein Fett kriegen', etwas ‚erleben'; **~ a (radio) station** e-n Sender (rein)bekommen *od.* (-)kriegen; **2.** a) **~ s.th. (for o.s.)**, **get o.s. s.th.** sich et. verschaffen *od.* besorgen, et. erwerben *od.* kaufen *od.* finden: **~ (o.s.) a car**, b) **~ s.o. s.th.**, **~ s.th. for s.o.** j-m et. besorgen *od.* verschaffen; **3.** *Ruhm etc.* erlangen, erringen, erwerben, *Sieg* erringen, erzielen, *Reichtum* erwerben, kommen zu, *Wissen, Erfahrung* erwerben, sich aneignen; **4.** *Kohle etc.* gewinnen, fördern; **5.** erwischen: a) (zu fassen) kriegen, packen, fangen, b) ertappen, c) treffen, d) *sl.* ‚kriegen', ‚erledigen' (*abschießen, töten*): **(I've) got him!** (ich) hab' ihn!; **he'll ~ you yet!** er kriegt dich doch (noch)!; **he's got it bad(ly)** F *allg.* ‚ihn hat's bös erwischt'; **you've got me there!** F da bin ich überfragt!, da muß ich passen!; **that ~s me!** F a) das kapier' ich nicht!, b) das geht mir auf die Nerven!, c) das geht mir unter die Haut *od.* an die Nieren!; **6.** a) holen: **~ help (a doctor,** *etc.*), b) bringen, holen: **~ me the book**, c) ('hin)bringen, *wohin* schaffen: **~ me to the hospital!**; **7.** (*a. telefonisch etc.*) erreichen; **8. have got** a) haben: **I've got enough money**, b) (*mit inf.*) müssen: **we have got to do it**; **it's got to be wrong** es muß falsch sein; **9.** machen, werden lassen: **~ o.s. dirty** sich schmutzig machen; **~ one's feet wet** nasse Füße bekommen; **~ s.o. nervous** j-n nervös machen; **10.** (*mit p.p.*) lassen: **~ one's hair cut** sich die Haare schneiden lassen; **~ the door shut** die Tür zubekommen; **~ things done** etwas zuwege bringen; **11.** (*mit inf. od. pres. p.*) dazu bringen *od.* bewegen: **~ s.o. to talk** j-n zum Sprechen bringen; **~ the machine to work**, **~ the machine working** die Maschine in Gang bringen; → **go** 21; **12.** a) machen, zubereiten: **~ dinner**, b) *Brit.* F essen, zu sich nehmen: **~ breakfast** frühstücken; **13.** F ‚kapieren', verstehen (*a. hören*): **I didn't ~ that!**; **I don't ~ him** ich versteh' nicht, was er will; **don't ~ me wrong!** versteh mich nicht falsch!; **got it?** kapiert?; **~ that!** *iron.* a) was sagst du dazu?, b) sieh (*od.* hör) dir das (bloß mal) an!; **II** *v/i.* **14.** kommen, gelangen: **~ home** nach Hause kommen, zu Hause ankommen; **~ into debt (into a rage)** in Schulden (in Wut) geraten; **~ somewhere** F weiterkommen, Erfolg haben; **now we are ~ting somewhere!** jetzt kommen wir der Sache schon näher!; **~ nowhere**, **not to ~ anywhere** nicht weiterkommen; **that will ~ us nowhere!** so kommen wir nicht weiter!; **15.** (*mit adj. od. p.p.*) werden: **~ old**; **~ better** a) besser werden, sich (ver)bessern, b) sich erholen; **~ caught** gefangen *od.* erwischt werden; **~ tired** müde werden, ermüden; **16.** (*mit inf.*) dahin kommen: **~ to like it** daran Gefallen finden, es allmählich mögen; **~ to know** kennenlernen; **how did you ~ to know that?** wie hast du das erfahren?; **~ to be friends** Freunde werden; **17.** (*mit pres. p.*) anfangen, beginnen: **they got quarrel(l)ing**; **~ talking** a) ins Gespräch kommen, b) zu reden anfangen; → **go** 21; **18.** *sl.* ‚abhauen': **~!** hau ab!;

Zssgn mit prp.:

get| a·round *v/i.* F **1.** *et.* um'gehen; **2.** a) *j-n* ‚her'umkriegen', b) *j-n* ‚reinlegen'; **~ at** *v/i.* **1.** (her'an)kommen an (*acc.*), erreichen: **I can't ~ my books**; **2.** an *j-n* ‚rankommen', *j-m* beikommen; **3.** *et.* ‚kriegen', ‚auftreiben'; **4.** *et.* her'ausbekommen, *e-r Sache* auf den Grund kommen; **5.** sagen wollen: **what is he getting at?** worauf will er hinaus?; **6.** *j-n* ‚schmieren', bestechen; **~ be·hind** *v/i.* **1.** sich stellen hinter (*acc.*), *fig. a. j-n* unterstützen; **2.** zu'rückbleiben hinter (*dat.*); **~ off** *v/i.* **1.** a) absteigen von, b) aussteigen aus; **2.** freikommen von; **~ on** *v/i.* a) *Pferd, Wagen etc.* besteigen, b) einsteigen in (*acc.*): **~ to one's feet** sich erheben; **~ to** F hinter *et. od.* hinter *j-s* Schliche kommen; **~ out of** *v/i.* **1.** her'aussteigen, -kommen, -gelangen aus; **2.** e-e Gewohnheit ablegen: **~ smoking** sich das Rauchen abgewöhnen; **3.** *fig.* aus *e-r Sache* ‚aussteigen'; sich her'auswinden aus: **~ from under** F sich rauswinden; **4.** sich drücken vor (*dat.*); **5.** *Geld etc.* aus *j-m* ‚her'ausholen'; **6.** *et.* bei *e-r Sache* ‚kriegen'; **~ o·ver** *v/i.* **1.** (hin'über)kommen über (*acc.*); **2.** *fig.* hin'wegkommen über (*acc.*); **3.** *et.* über'stehen; **~ round** → **get around**; **~ through** *v/i.* **1.** kommen durch (*e-e Prüfung, den Winter etc.*); **2.** *Geld*

'durchbringen; **3.** *et.* erledigen; **~ to** *v/i.* **1.** kommen nach, erreichen; **2.** a) sich machen an (*acc.*), b) (*zufällig*) dazu kommen: ***we got to talking about it*** wir kamen darauf zu sprechen;
Zssgn mit adv.:
get| a·bout *v/i.* **1.** her'umgehen; **2.** he'rumkommen; **3.** (wieder) auf den Beinen sein (*nach Krankheit*); **4.** sich her'umsprechen *od.* verbreiten (*Gerücht*); **~ a·cross I** *v/i.* **1.** *fig.* ,ankommen': a) ,einschlagen', Anklang finden: ***the play got across***, b) sich verständlich machen; **2.** (***to*** *j-m*) klarwerden; **II** *v/t.* **3.** *e-r Sache* Wirkung *od.* Erfolg verschaffen, *et.* an den Mann bringen: ***get an idea across***; **4.** *et.* klarmachen; **~ a·head** *v/i.* F vorankommen, Fortschritte machen: **~ *of s.o.*** j-n überholen *od.* überflügeln; **~ a·long** *v/i.* **1.** auskommen (***with*** mit *j-m*); **2.** zu'recht-, auskommen (***with*** mit *et.*); **3.** → ***get on*** 1; **4.** weitergehen: **~*!*** verschwinde!; **~ *with you!*** F a) verschwinde!, b) jetzt hör aber auf!; **5.** älter werden; **~ a·way** *v/i.* **1.** loskommen, sich losmachen: ***you can't ~ from that*** a) darüber kannst du dich nicht hinwegsetzen, b) das mußt du doch einsehen; ***you can't ~ from the fact that*** man kommt um die Tatsache nicht herum, daß; **2.** *bsd. sport* ,wegkommen': a) starten, b) sich lösen; **3.** → ***get along*** 4; **4.** entkommen, entwischen: ***he won't ~ with that*** damit kommt er nicht durch; ***he gets away with everything*** (*od.* ***with murder***) er kann sich alles erlauben; **~ back I** *v/t.* **1.** zu'rückbekommen: ***get one's own back*** F sich rächen; ***get one's own back on s.o.*** → 3; **II** *v/i.* **2.** zu'rückkommen; **3. ~ *at s.o.*** F sich an j-m rächen; **~ be·hind** *v/i.* zu'rückbleiben; in Rückstand kommen; **~ by** *v/i.* **1.** vor'bei-, 'durchkommen; **2.** aus-, zu'rechtkommen; ,es schaffen'; **~ down I** *v/i.* **1.** her'unterkommen, -steigen; **2.** aus-, absteigen; **3. ~ *to s.th.*** sich an et. (her'an-) machen; → ***business*** 5; **II** *v/t.* **4.** her'unterholen, -schaffen; **5.** aufschreiben; **6.** *Essen etc.* runterkriegen; **7.** *fig. j-n* ,fertigmachen'; **~ in I** *v/t.* **1.** hin'einbringen, -schaffen, -bekommen; **2.** *Ernte* einbringen; **3.** einfügen; **4.** *Bemerkung, Schlag etc.* anbringen; **5.** *Arzt etc.* (hin)'zuziehen; **II** *v/i.* **6.** hin'ein- *od.* her'eingelangen, -kommen; **7.** einsteigen; **8.** *pol.* (ins Parla'ment *etc.*) gewählt werden; **9. ~ *on*** F mitmachen bei; **10. ~ *with s.o.*** sich mit j-m anfreunden; **~ off I** *v/t.* **1.** *Kleid etc.* ausziehen; **2.** losbekommen, -kriegen; **3.** *Brief etc.* ,loslassen'; **II** *v/i.* **4.** abreisen; **5.** ✈ abheben; **6.** (***from***) absteigen (von), aussteigen (aus): ***tell s.o. where to ~*** F j-m ,Bescheid stoßen'; **7.** da'vonkommen: **~ *cheaply*** a) billig wegkommen, b) mit e-m blauen Auge davonkommen; **8.** entkommen; **9.** (*von der Arbeit*) wegkommen; **~ on I** *v/i.* **1.** vor'ankommen (*a. fig.*): **~ *in life*** a) es zu et. bringen, b) *a.* **~ (*in years*)** älter werden; ***be getting on for sixty*** auf die Sechzig zugehen; **~ *without*** ohne *et.* auskommen; ***let's ~ with it!*** machen wir weiter!; ***it was getting on*** es wurde spät; **2.** → ***get along*** 1, 2; **3. ~ *to*** F a) *Brit.* sich in Verbindung setzen mit, *teleph. j-n* anrufen, b) *et.* ,spitzkriegen', c) *j-m* auf die Schliche kommen; **II** *v/t.* **4.** *et.* vor'antreiben; **~ out I** *v/t.* **1.** her'ausbekommen, -kriegen (*a. fig.*); **2.** a) her'ausholen, b) hin'ausschaffen; **3.** *Worte* her'ausbringen; **II** *v/i.* **4.** a) aussteigen, b) her'auskommen, c) hin'ausgehen: **~*!*** raus!; **~ *from under*** *Am.* F mit heiler Haut davonkommen; **5.** *fig.* F ,aussteigen'; **6.** → ***get out of*** (*Zssgn mit prp.*); **~ round** *v/i.* dazu kommen (***to doing s.th.*** et. zu tun); **~ through I** *v/t.* **1.** 'durchbringen, -bekommen (*a. fig.*); **2.** *et.* hinter sich bringen; **3.** (***to*** *j-m*) *et.* klarmachen; **II** *v/i.* **4.** *a. fig.*, *a. ped.*, *teleph.* 'durchkommen; **5.** (***with***) fertig werden mit, (*et.*) ,schaffen'; **6.** (***to*** *j-m*) klarwerden; **~ to·geth·er I** *v/t.* **1.** zs.-bringen; **2.** zs.-tragen; **3.** ***get it together*** F ,es bringen'; **II** *v/i.* **4.** zs.-kommen; **5.** sich einig werden; **~ up I** *v/t.* **1.** hin'aufbringen, -schaffen; **2.** ins Werk setzen; **3.** veranstalten, organisieren; **4.** (ein)richten, vorbereiten; **5.** konstruieren, zs.-basteln; **6.** (***o.s.*** sich) her'ausputzen; **7.** *Buch etc.* ausstatten; *Waren* (hübsch) aufmachen; **8.** *thea.* einstudieren; **9.** F ,büffeln'; **II** *v/i.* **10.** aufstehen.
get|-at-a·ble [get'ætəbl] *adj.* **1.** erreichbar (*Ort od. Sache*); **2.** zugänglich (*Ort od. Person*); '**~·a·way** *s.* **1.** F Flucht *f*, Entkommen *n*: **~ *car*** Fluchtwagen *m*; ***make one's ~*** entkommen, entwischen, sich aus dem Staub machen; **2.** ✈, *sport* Start *m*; **3.** *mot.* Anzugsvermögen *n*; '**~-off** *s.* ✈ Abheben *n*.
get·ter ['getə] *s.* ⚒ Hauer *m*.
'**get|-to,geth·er** *s.* Zs.-kunft *f*, zwangloses Bei'sammensein; ,**~-'tough** *adj. Am.* F hart, aggres'siv: **~ *policy***; '**~-up** *s.* **1.** Aufbau *m*, Anordnung *f*; **2.** Aufmachung *f*: a) Ausstattung *f*, b) ,Aufzug' *m*, Kleidung *f*; **3.** *thea.* Inszenierung *f*.
gew·gaw ['gju:gɔ:] *s.* **1.** → ***gimcrack*** I; **2.** *fig.* Lap'palie *f*, Kleinigkeit *f*.
gey·ser *s.* **1.** ['gaɪzə] Geysir *m*, heiße Quelle; **2.** ['gi:zə] *Brit.* ('Gas-) ,Durchlauferhitzer *m*.
ghast·li·ness ['gɑ:stlɪnɪs] *s.* **1.** Grausigkeit *f*; schreckliches Aussehen; **2.** Totenblässe *f*; **ghast·ly** ['gɑ:stlɪ] **I** *adj.* **1.** gräßlich, greulich, entsetzlich (*alle a. fig.* F); **2.** gespenstisch; **3.** totenbleich; **4.** verzerrt (*Lächeln*); **II** *adv.* **5.** gräßlich *etc.*: **~ *pale*** totenblaß.
gher·kin ['gɜ:kɪn] *s.* Essig-, Gewürzgurke *f*.
ghet·to ['getəʊ] *pl.* **-tos** *s. hist. u. sociol.* G(h)etto *n*; '**~·blas·ter** *s.* F Dröhne *f*; Heuler *m*.
ghost [gəʊst] **I** *s.* **1.** Geist *m*, Gespenst *n*: ***lay a ~*** e-n Geist beschwören; ***lay the ~s of the past*** *fig.* Vergangenheitsbewältigung betreiben; ***the ~ walks*** *thea. sl.* es gibt Geld; **2.** Geist *m*, Seele *f* (*nur noch in*): ***give*** (*od.* ***yield***) ***up the ~*** den Geist aufgeben (*a. fig.* F); **3.** *fig.* Spur *f*, Schatten *m*: ***not the ~ of a chance*** F nicht die geringste Chance; ***the ~ of a smile*** der Anflug e-s Lächelns; **4.** → ***ghost writer***; **5.** *opt. TV* Doppelbild *n*; **II** *v/t.* **6.** *j-n* verfolgen (*Erinnerungen etc.*); **7.** *Buch etc.* als Ghostwriter schreiben; **III** *v/i.* **8.** Ghostwriter sein (***for*** für); '**~·like** → ***ghostly***.
ghost·li·ness ['gəʊstlɪnɪs] *s.* Geisterhaftigkeit *f*; **ghost·ly** ['gəʊstlɪ] *adj.* geisterhaft, gespenstisch.
ghost| sto·ry *s.* Geister-, Gespenstergeschichte *f*; **~ town** *s. Am.* Geisterstadt *f*, verödete Stadt; **~ train** *s.* Geisterbahn *f*; **~ word** *s.* Ghostword *n* (*falsche Wortbildung*); '**~·write** → ***ghost*** 7, 8; **~ writ·er** *s.* Ghostwriter *m*.
ghoul [gu:l] *s.* **1.** Ghul *m* (*leichenfressender Dämon*); **2.** *fig.* Unhold *m* (*Person mit makabren Gelüsten*), *z.B.* Grabschänder *m*; '**ghoul·ish** [-lɪʃ] *adj.* □ **1.** ghulenhaft; **2.** greulich, ma'kaber.
G.I. [,dʒi:'aɪ] (*von **Government Issue***) ⚔ *Am.* F **I** *s.* ,G'I' *m* (*US-Soldat*); **II** *adj.* GI-..., Kommiß...; *weitS.* vorschriftsmäßig.
gi·ant ['dʒaɪənt] **I** *s.* Riese *m*, *fig. a.* Gi'gant *m*, Ko'loß *m*; **II** *adj.* riesenhaft, riesig; *a.* ♀, *zo.* Riesen...: **~ *slalom*** Riesenslalom *m*; **~ *stride*** Riesenschritt *m*; **~*('s) stride*** Rundlauf *m* (*Turngerät*); **~ *wheel*** Riesenrad *n*; '**gi·ant·ess** [-tes] *s.* Riesin *f*.
gib [gɪb] *s.* ⚙ **1.** Keil *m*, Bolzen *m*; **2.** 'Führungsline,al *n* (*e-r Werkzeugmaschine*); **3.** Ausleger *m* (*e-s Krans*).
gib·ber ['dʒɪbə] *v/i.* schnattern, quatschen; '**gib·ber·ish** [-ərɪʃ] *s.* Geschnatter *n*; Geschwätz, ,Geschwafel' *n*.
gib·bet ['dʒɪbɪt] **I** *s.* **1.** Galgen *m*; **2.** ⚙ Kran- *od.* Querbalken *m*; **II** *v/t.* **3.** *j-n* hängen; **4.** *fig.* anprangern, bloßstellen.
gib·bon ['gɪbən] *s. zo.* Gibbon *m*.
gib·bous ['gɪbəs] *adj.* **1.** gewölbt; **2.** buck(e)lig.
gibe [dʒaɪb] **I** *v/t.* verhöhnen, verspotten; **II** *v/i.* spotten (***at*** über *acc.*); **III** *s.* höhnische Bemerkung, Stiche'lei *f*, Seitenhieb *m*.
gib·lets ['dʒɪblɪts] *s. pl.* Inne'reien *pl.*, *bsd.* Hühner-, Gänseklein *n*.
gid·di·ness ['gɪdɪnɪs] *s.* **1.** Schwindel (-gefühl *n*) *m*; **2.** *fig.* a) Leichtsinn *m*, Flatterhaftigkeit *f*, b) Wankelmütigkeit *f*; **gid·dy** ['gɪdɪ] *adj.* □ **1.** schwind(e)lig: ***I am*** (*od.* ***feel***) **~** mir ist schwind(e)lig; **2.** *a. fig.* schwindelerregend, schwindelnd; **3.** *fig.* a) leichtsinnig, flatterhaft, b) ,verrückt', ,wild'.
gie [gi:] *Scot. für **give***.
gift [gɪft] **I** *s.* **1.** Geschenk *n*, Gabe *f*: ***make a ~ of et.*** schenken; ***I wouldn't have it as a ~*** das nähme ich nicht (mal) geschenkt; ***it's a ~!*** das ist ja geschenkt (*billig*)!; **2.** ⚖ Schenkung *f*; **3.** ⚖ Verleihungsrecht *n*: ***the office is in his ~*** er kann dieses Amt verleihen; **4.** *fig.* Begabung *f*, Gabe *f*, Ta'lent *n* (***for***, ***of*** für): **~ *for languages*** Sprachbegabung; ***of many ~s*** vielseitig begabt; → ***gab*** I; **II** *v/t.* **5.** (be)schenken; '**gift·ed** [-tɪd] *adj.* begabt, talen'tiert.
gift| horse *s.*: ***don't look a ~ in the mouth*** e-m geschenkten Gaul schaut man nicht ins Maul; **~ shop** *s.* Ge'schenkar,tikelladen *m*; **~ tax** Schenkungssteuer *f*; **~ to·ken**, **~ vouch·er** *s.* Geschenkgutschein *m*; '**~-wrap** *v/t.* geschenkmäßig verpacken; '**~-,wrap·ping** *s.* Ge'schenkpa,pier *n*.
gig[1] [gɪg] *s.* **1.** ⚓ Gig(boot *n*) *f*; **2.** Gig *f* (*Ruderboot*); **3.** Gig *n* (*zweirädriger, offener Einspänner*); **4.** Fischspeer *m*; **5.** ⚙ ('Tuch),Rauhma,schine *f*.

gig² [gɪg] *s.* ♪ F a) Engage'ment *n*, b) Auftritt *m*.

gi·gan·tic [dʒaɪ'gæntɪk] *adj.* (□ **~ally**) gi'gantisch: a) riesenhaft, Riesen…, b) riesig, ungeheuer (groß).

gig·gle ['gɪgl] **I** *v/i. u. v/t.* kichern; **II** *s.* Gekicher *n*, Kichern *n*; '**gig·gly** [-lɪ] *adj.* ständig kichernd.

gig·o·lo ['ʒɪgələʊ] *pl.* **-los** *s.* Gigolo *m*.

Gil·ber·ti·an [gɪl'bɜːtjən] *adj.* in der Art (*des Humors*) von W. S. Gilbert; *fig.* komisch, possenhaft.

gild¹ [gɪld] → ***guild***.

gild² [gɪld] *v/t.* [*irr.*] **1.** vergolden; **2.** *fig.* a) verschöne(r)n, (aus)schmücken, b) über'tünchen, verbrämen, c) versüßen: **~ *the pill*** die bittere Pille versüßen; '**gild·ed** [-dɪd] *adj.* vergoldet, golden (*a. fig.*): **~ *cage*** *fig.* goldener Käfig; **~ *youth*** Jeunesse dorée *f*; '**gild·er** [-də] *s.* Vergolder *m*; '**gild·ing** [-dɪŋ] *s.* **1.** Vergoldung *f*; **2.** *fig.* Verschönerung *f etc.* (→ ***gild²*** 2).

gill¹ [gɪl] *s.* **1.** *ichth.* Kieme *f*; **2.** *pl.* Doppelkinn *n*: ***rosy* (*green*) *about the ~s*** rosig, frischaussehend (grün im Gesicht); **3.** *orn.* Kehllappen *m*; **4.** ⚘ La'melle *f*: **~ *fungus*** Blätterpilz *m*; **5.** ⚙ (Heiz-, Kühl)Rippe *f*.

gill² [gɪl] *s. Scot.* **1.** waldige Schlucht; **2.** Gebirgsbach *m*.

gill³ [dʒɪl] *s.* Viertelpinte *f* (*Brit. 0,14, Am. 0,12 Liter*).

Gill⁴ [dʒɪl] *s. obs.* Liebste *f*.

gil·ly·flow·er ['dʒɪlɪˌflaʊə] *s.* ⚘ **1.** Gartennelke *f*; **2.** Lev'koje *f*; **3.** Goldlack *m*.

gilt [gɪlt] **I** *pret. u. p.p. von **gild²***; **II** *adj.* **1.** → ***gilded***; **III** *s.* **2.** Vergoldung *f*; **3.** *fig.* Reiz *m*: ***take the ~ off the gingerbread*** der Sache den Reiz nehmen; ˌ**~-'edged** *adj.* **1.** mit Goldschnitt; **2.** **~ *securities*** † mündelsichere (Wert)Papiere *pl*.

gim·bals ['dʒɪmbəlz] *s. pl.* ⚙ Kar'danringe *pl.*, -aufhängung *f*.

gim·crack ['dʒɪmkræk] **I** *s.* **1.** wertloser *od.* kitschiger Gegenstand *od.* Schmuck, (*a.* technische) Spiele'rei, ‚Mätzchen' *n*; **2.** *pl.* → ***gimcrackery***; **II** *adj.* **3.** wertlos, kitschig; '**gimˌcrack·er·y** [-kərɪ] *s.* Plunder *m*, ‚Kinkerlitzchen' *pl*.

gim·let ['gɪmlɪt] *s.* **1.** ⚙ Handbohrer *m*: **~ *eyes*** *fig.* stechende Augen; **2.** *Am. ein Cocktail.*

gim·mick ['gɪmɪk] *s.* F **1.** → ***gadget***; **2.** *fig.* ‚Dreh' *m*, (Re'klame- *etc.*)Masche *f*, ‚Aufhänger' *m*, ‚Knüller' *m*, *a.* Gimmick *m, n*; '**gim·mick·ry** [-krɪ] *s.* F (technische) Mätzchen *pl*.

gimp [gɪmp] *s. Schneiderei*: Gimpe *f*.

gin¹ [dʒɪn] *s.* Gin *m*, Wa'cholderschnaps *m*: **~ *and it*** Gin u. Wermut *m*; **~ *and tonic*** Gin Tonic *m*.

gin² [dʒɪn] **I** *s.* **1.** *a.* ***cotton ~*** Ent'körnungsmaˌschine *f*; **2.** ⚙ Hebezeug *n*, Winde *f*; ⚓ Spill *n*; **3.** ⚙ Göpel *m*, 'Fördermaˌschine *f*; **4.** *hunt.* Falle *f*, Schlinge *f*; **II** *v/t.* **5.** *Baumwolle* entkörnen; **6.** mit e-r Schlinge fangen.

gin·ger ['dʒɪndʒə] **I** *s.* **1.** ⚘ Ingwer *m*; **2.** Rötlich(gelb) *n*, Ingwerfarbe *f*; **3.** F a) ‚Mumm' *m*, Schneid *m* (*e-r Person*), b) Schwung *m*, ‚Schmiß' *m* (*a. e-r Sache*), c) ‚Pfeffer' *m*, ‚Pfiff' *m* (*e-r Geschichte etc.*); **II** *adj.* **4.** rötlich(gelb); **5.** F schwungvoll, ‚schmissig'; **III** *v/t.* **6.** mit Ingwer würzen; **7.** *a.* **~ *up*** *fig.* a) *et.* ‚ankurbeln', b) *j-n* aufmöbeln, c) *j-n* ‚scharfmachen', d) *e-m Film etc.* ‚Pfiff' geben; **~ ale**, **~ beer** *s.* Ginger-ale *n*, 'Ingwerlimoˌnade *f*; '**~·bread I** *s.* **1.** Ingwer-, Pfefferkuchen *m*; → ***gilt*** 3; **2.** *fig. contp.* über'ladene Verzierung, Kitsch *m*; **II** *adj.* **3.** kitschig, über'laden; **~ group** *s. pol. Brit.* Gruppe *f* von Scharfmachern.

gin·ger·ly ['dʒɪndʒəlɪ] *adv. u. adj.* sachte, behutsam; zimperlich.

'**gin·ger|·nut** *s.* Ingwerkeks *m*; **~ pop** *s.* F *für **ginger ale***; '**~·snap** *s.* Ingwerwaffel *f*; **~ wine** *s.* Ingwerwein *m*.

gin·ger·y ['dʒɪndʒərɪ] *adj.* **1.** Ingwer…; **2.** → ***ginger*** 4; **3.** *fig.* a) → ***ginger*** 5, b) beißend.

ging·ham ['gɪŋəm] *s.* Gingham *m*, Gingan *m* (*Baumwollstoff*).

gin·gi·vi·tis [ˌdʒɪndʒɪ'vaɪtɪs] *s.* ⚕ Zahnfleischentzündung *f*.

gink·go ['gɪŋkəʊ] *pl.* **-gos** *od.* **-goes** *s.* ⚘ Gingko *m* (*Baum*).

gin mill *s. Am.* F Kneipe *f*.

gin·ner·y ['dʒɪnərɪ] *s.* Entkörnungswerk *n* (*für Baumwolle*).

gin| pal·ace *s.* auffällig dekoriertes Wirtshaus; **~ rum·my** *s. Form des Rommés*; **~ sling** *s. Am.* Mischgetränk *n* mit Gin.

gip·sy ['dʒɪpsɪ] **I** *s.* **1.** Zi'geuner(in) (*a. fig.*); **2.** Zi'geunersprache *f*; **II** *adj.* **3.** zi'geunerhaft, Zigeuner…; **III** *v/i.* **4.** ein Zi'geunerleben führen; '**gip·sy·dom** [-dəm] *s.* **1.** Zi'geunertum *n*; **2.** *coll.* Zi'geuner *pl*.

gi·raffe [dʒɪ'rɑːf] *s. zo.* Gi'raffe *f*.

gird [gɜːd] *v/t.* [*irr.*] **1.** *obs. j-n* (um)'gürten; **2.** *Kleid etc.* gürten, mit e-m Gürtel halten; **3.** *oft* **~ *on*** *Schwert etc.* 'umgürten, an-, 'umlegen: **~ *s.th. on s.o.*** j-m et. umgürten; **4.** *j-m, sich* ein Schwert 'umgürten: **~ *o.s.* (*up*)**, **~ (*up*) *one's loins*** *fig.* sich rüsten *od.* wappnen; **5.** binden (***to*** an *acc.*); **6.** um'geben, -'schließen: ***sea-girt*** meerumschlungen; **7.** *fig.* ausstatten, -rüsten.

gird·er ['gɜːdə] *s.* ⚙ (Längs)Träger *m*: **~ *bridge*** Balken-, Trägerbrücke *f*.

gir·dle ['gɜːdl] **I** *s.* **1.** Gürtel *m*, Gurt *m*; **2.** Hüfthalter *m*, -gürtel *m*; **3.** *anat. in Zssgn* (Knochen)Gürtel *m*; **4.** *fig.* Gürtel *m* (*Umkreis, Umgebung*); **II** *v/t.* **5.** um'gürten; **6.** um'geben, einschließen; **7.** *Baum* ringeln.

girl [gɜːl] *s.* **1.** Mädchen *n*: ***a German ~*** e-e junge Deutsche; ***~'s name*** weiblicher Vorname; ***my eldest ~*** m-e älteste Tochter; ***the ~s*** F a) die Töchter *pl.* des Hauses, b) die Damen *pl.*; **2.** (Dienst-) Mädchen *n*; **3.** F ‚Mädchen' *n* (*e-s jungen Mannes*); **~ Fri·day** *s.* (unentbehrliche) Gehilfin, ‚rechte Hand' (*des Chefs, bsd. Sekretärin*); '**~·friend** *s.* Freundin *f*; **~ guide** *s. Brit.* Pfadfinderin *f*.

girl·hood ['gɜːlhʊd] *s.* Mädchenzeit *f*, -jahre *pl.*, Jugend(zeit) *f*; '**girl·ie** [-lɪ] *s.* F Mädchen *n*: **~ *mag(azine)*** ‚Titten u. Po'-Magazin *n*; '**girl·ish** [-lɪʃ] *adj.* □ mädchenhaft; '**girl·ish·ness** [-lɪʃnɪs] *s.* *das* Mädchenhafte; **girl scout** *s. Am.* Pfadfinderin *f*.

gi·ro ['dʒaɪrəʊ] *s.* (*der*) Postscheckdienst (*in England*): **~ *account*** Postscheckkonto *n*.

girt¹ [gɜːt] *pret. u. p.p. von **gird***.

girt² [gɜːt] **I** *s.* 'Umfang *m*; **II** *v/t.* den 'Umfang messen von; **III** *v/i.* messen (*an Umfang*).

girth [gɜːθ] **I** *s.* **1.** 'Umfang *m*; **2.** 'Körperˌumfang *m*; **3.** (Sattel-, Pack)Gurt *m*; **4.** ⚙ Tragriemen *m*, Gurt *m*; **II** *v/t.* **5.** *Pferd* gürten; **6.** an-, aufschnallen; **7.** a) → ***gird*** 6, b) → ***girt²*** II.

gis·mo → ***gizmo***.

gist [dʒɪst] *s.* **1.** *das* Wesentliche, Hauptpunkt *m*, -inhalt *m*, Kern *m der Sache*; **2.** ⚖ Grundlage *f*: **~ *of action*** Klagegrund *m*.

give [gɪv] **I** *s.* **1.** *fig.* a) Nachgiebigkeit *f*, b) Elastizi'tät *f*; → ***give and take***; **2.** Elastizi'tät *f* (*des Fußbodens etc.*); **II** *v/t.* [*irr.*] **3.** geben, (über)'reichen; schenken: ***he gave me a book***; **~ *a present*** ein Geschenk machen; **~ *s.o. a blow*** j-m e-n Schlag versetzen; **~ *it to him!*** F gib's ihm!, gib ihm Saures (*Strafe, Schelte*)!; **~ *me Mozart any time*** a) Mozart geht mir über alles, b) da lobe ich mir (doch) Mozart; **~ *as good as one gets*** (*od.* ***takes***) mit gleicher Münze zurückzahlen; **~ *or take*** plus/minus; **4.** geben, zahlen: ***how much did you ~ for that hat?***; **5.** (ab-, weiter)geben, über'tragen; (zu)erteilen, an-, zuweisen; verleihen: ***she gave me her bag to carry*** sie gab mir ihre Tasche zu tragen; **~ *s.o. a part in a play*** j-m e-e Rolle in e-m Stück geben; **~ *s.o. a title*** j-m e-n Titel verleihen; **6.** hingeben, widmen, schenken: **~ *one's attention to*** s-e Aufmerksamkeit widmen (*dat.*); **~ *one's mind to s.th.*** sich e-r Sache widmen; **~ *one's life*** sein Leben hingeben *od.* opfern (***for*** für); **7.** geben, (dar)bieten, reichen: ***he gave me his hand***; ***do ~ us a song*** singen Sie uns doch bitte ein Lied; **8.** gewähren, liefern, geben: ***cows ~ milk*** Kühe geben *od.* liefern Milch; **~ *no result*** kein Ergebnis zeitigen; ***it was not ~n him to inf.*** es war ihm nicht gegeben *od.* vergönnt, zu *inf.*; **9.** verursachen: **~ *pleasure*** Vergnügen bereiten *od.* machen; **~ *pain*** Schmerzen bereiten, weh tun; **10.** zugeben, -gestehen, erlauben: ***just ~ me 24 hours*** gib mir nur 24 Stunden (Zeit); ***I ~ you till tomorrow!*** ich gebe dir noch bis morgen Zeit!; ***I ~ you that point*** in diesem Punkt gebe ich dir recht; **11.** ausführen, äußern, vortragen: **~ *a cry*** e-n Schrei ausstoßen, aufschreien; **~ *a loud laugh*** laut auflachen; **~ *s.o. a look*** j-m e-n Blick zuwerfen, j-n anblicken; **~ *a party*** e-e Party geben; **~ *a play*** ein Stück geben *od.* aufführen; **~ *a lecture*** e-n Vortrag halten; **~ *one's name*** s-n Namen nennen *od.* angeben; **12.** beschreiben, mitteilen, geben: **~ *us the facts***; (***come on,***) ***~!*** *Am.* F sag schon!, raus mit der Sprache!; **III** *v/i.* [*irr.*] **13.** geben, schenken, spenden (***to*** *dat.*): **~ *generously***; **~ *and take*** *fig.* geben u. nehmen, einander entgegenkommen; **14.** nachgeben (*a.* † *Preise*), -lassen, weichen, versagen: **~ *under pressure*** unter Druck nachgeben; ***his knees gave under him*** s-e Knie versagten; ***what ~s?*** *sl.* was ist los?; ***s.th.'s got to ~*** *sl.* es muß (doch) was passieren; **15.** a) nachgeben, (*Fußboden etc.*) *a.* federn,

b) sich dehnen (*Schuhe etc.*): **~ *but not to break*** sich biegen, aber nicht brechen; ***the chair ~s comfortably*** der Stuhl federt angenehm; ***the foundations are giving*** das Fundament senkt sich; **16.** a) führen (***into*** in *acc.*; ***on*** auf *acc.*, nach) (*Straße etc.*), b) gehen (***on*** [***-to***] nach) (*Fenster etc.*);
Zssgn mit adv.:
give| a·way *v/t.* **1.** weg-, hergeben, verschenken (*a. fig. u. sport den Sieg etc.*); → ***bride***; **2.** *Preise* verteilen; **3.** aufgeben, opfern, preisgeben; **4.** verraten: ***his accent gives him away***; ***give o.s. away*** sich verraten *od.* verplappern; → ***show*** 14; **~ back** *v/t.* **1.** zu'rückgeben; **2.** *Blick* erwidern; **~ forth** *v/t.* **1.** → ***give off***; **2.** *Ansicht etc.* äußern; **3.** veröffentlichen, bekanntgeben; **~ in I** *v/t.* **1.** *Gesuch etc.* einreichen, abgeben; **II** *v/i.* **2.** (***to*** *dat.*) a) nachgeben (*dat.*), b) sich anschließen (*dat.*); **3.** aufgeben, sich geschlagen geben; **~ off** *v/t. Dampf etc.* abgeben, *Gas, Wärme etc.* aus-, verströmen, *Rauch etc.* ausstoßen, *Geruch* verbreiten, ausströmen; **~ out I** *v/t.* **1.** ausgeben, aus-, verteilen; **2.** bekanntgeben: ***give it out that*** a) verkünden, daß, b) behaupten, daß; **3.** → ***give off***; **II** *v/i.* **4.** zu Ende gehen (*Kräfte, Vorrat*): ***his strength gave out*** die Kräfte verließen ihn; **5.** versagen (*Kräfte, Maschine etc.*); **~ o·ver I** *v/t.* **1.** über'geben (***to*** *dat.*); **2.** *et.* aufgeben: **~ *doing s.th.*** aufhören, et. zu tun; **3.** ***give o.s. over to*** sich *der Verzweiflung etc.* hingeben, verfallen (*dat.*): ***give o.s. over to drink***; **II** *v/i.* **4.** aufhören; **~ up I** *v/t.* **1.** aufgeben, aufhören mit, *et.* sein lassen: **~ *smoking*** das Rauchen aufgeben; **2.** (*als aussichtslos*) aufgeben: **~ *a plan***; ***he was given up by the doctors***; **3.** *j-n* ausliefern: ***give o.s. up*** sich (freiwillig) stellen (***to the police*** der Polizei); **4.** *et.* abgeben, abtreten (***to*** an *acc.*); **5.** ***give o.s. up to*** a) → ***give over*** 3, b) sich *e-r Sache* widmen; **II** *v/i.* **6.** (es) aufgeben, sich geschlagen geben, *weitS. a.* resignieren.
give| and take *s.* **1.** (*ein*) Geben u. Nehmen, beiderseitiges Nachgeben, Kompro'miß(bereitschaft *f*) *m*; **2.** Meinungsaustausch *m*; **ˌ~-and-'take** [-vənt-] *adj.* Kompromiß..., Ausgleichs...; **'~·a·way I** *s.* **1.** (ungewolltes) Verraten, Verplappern *n*; **2.** ✝ a) Werbegeschenk *n*, b) kostenlos verteilte Zeitung; **3.** *a.* **~ *show*** *TV* Quiz(sendung *f*) *n*, Preisraten *n*; **II** *adj.* **4.** **~ *price*** Schleuderpreis *m*.
giv·en ['gɪvn] **I** *p.p. von give*; **II** *adj.* **1.** gegeben, bestimmt: ***at a ~ time*** zur festgesetzten Zeit; ***under the ~ conditions*** unter den gegebenen Umständen; **2. ~ *to*** a) ergeben, verfallen (*dat.*): **~ *to drinking***, b) neigend zu: **~ *to boasting***; **3.** ⩓, *phls.* gegeben, bekannt; **4.** vor'ausgesetzt: **~ *health*** Gesundheit vorausgesetzt; **5.** in Anbetracht (*gen.*): **~ *his temperament***; **6.** *auf Dokumenten*: gegeben, ausgefertigt (am): **~ *this 10th day of May***; **~ name** *s. Am.* Vorname *m*.
giv·er ['gɪvə] *s.* **1.** Geber(in), Spender (-in); **2.** ✝ (*Wechsel*)Aussteller *m*.
giz·mo ['gɪzməʊ] *s. Am.* F ‚Dingsbums' *n*.
giz·zard ['gɪzəd] *s.* **1.** *ichth.*, *orn.* Muskelmagen *m*; **2.** F Magen *m*: ***that sticks in my ~***.
gla·brous ['gleɪbrəs] *adj.* ⚘, *zo.* kahl.
gla·cé ['glæseɪ] (*Fr.*) *adj.* **1.** glasiert, mit Zuckerguß; **2.** kandiert; **3.** Glacé..., Glanz... (*Leder, Stoff*).
gla·cial ['gleɪsjəl] *adj.* **1.** *geol.* Eis..., Gletscher...: **~ *epoch*** *od.* ***period*** Eiszeit *f*; **~ *man*** Eiszeitmensch *m*; **2.** ⚗ Eis...: **~ *acetic acid*** Eisessig *m*; **3.** eisig (*a. fig.*); **gla·ci·a·tion** [ˌglæsɪ'eɪʃn] *s.* **1.** Vereisung *f*; **2.** Vergletscherung *f*.
gla·cier ['glæsjə] *s.* Gletscher *m*.
glac·i·ol·o·gy [ˌglæsɪ'ɒlədʒɪ] *s.* Glaziolo'gie *f*, Gletscherkunde *f*.
gla·cis ['glæsɪs; *pl.* -sɪz] *s.* **1.** Abdachung *f*; **2.** ⚔ Gla'cis *n*.
glad [glæd] *adj.* □ → ***gladly***; **1.** (*pred.*) froh, erfreut (***of, at*** über *acc.*): ***I am ~ of it*** ich freue mich darüber, es freut mich; ***I am ~ to hear*** (***to say***) es freut mich zu hören (sagen zu können); ***I am ~ to come*** ich komme gern; ***I should be ~ to know*** ich möchte gern wissen; **2.** freudig, froh, fröhlich, erfreulich: ***give s.o. the ~ eye*** *sl.* j-m e-n einladenden Blick zuwerfen, j-m schöne Augen machen; ***give s.o. the ~ hand*** → ***gladhand***; **~ *rags*** F ‚Sonntagsstaat' *m*; **~ *news*** frohe Kunde; **'glad·den** [-dn] *v/t.* erfreuen.
glade [gleɪd] *s.* Lichtung *f*, Schneise *f*.
'glad-hand *v/t.* F *j-n* herzlich *od.* 'überschwenglich begrüßen.
glad·i·a·tor ['glædɪeɪtə] *s.* Gladi'ator *m*; *fig.* Streiter *m*, Kämpfer *m*; **glad·i·a·to·ri·al** [ˌglædɪə'tɔːrɪəl] *adj.* Gladiatoren...
glad·i·o·lus [ˌglædɪ'əʊləs] *pl.* **-li** [-laɪ] *od.* **-lus·es** *s.* ⚘ Gladi'ole *f*.
glad·ly ['glædlɪ] *adv.* mit Freuden, gern(e); **glad·ness** ['glædnɪs] *s.* Freude *f*, Fröhlichkeit *f*; **glad·some** ['glædsəm] *adj.* □ *obs.* **1.** erfreulich; **2.** freudig, fröhlich.
Glad·stone (bag) ['glædstən] *s.* zweiteilige leichte Reisetasche.
glair [gleə] **I** *s.* **1.** Eiweiß *n*; **2.** Eiweißleim *m*; **3.** eiweißartige Sub'stanz; **II** *v/t.* **4.** mit Eiweiß(leim) bestreichen.
glaive [gleɪv] *s. poet.* (Breit)Schwert *n*.
glam·or *Am.* → ***glamour***.
glam·or·ize ['glæməraɪz] *v/t.* **1.** (mit viel Re'klame *etc.*) verherrlichen; **2.** e-n besonderen Zauber verleihen (*dat.*); **'glam·or·ous** [-rəs] *adj.* bezaubernd (schön), zauberhaft; **glam·our** ['glæmə] **I** *s.* **1.** Zauber *m*, Glanz *m*, bezaubernde Schönheit: **~ *boy*** a) Schönling *m*, b) ‚toller Kerl'; **~ *girl*** Glamourgirl *n*, (Re'klame-, Film)Schönheit *f*; ***cast a ~ over*** bezaubern, *j-n* in s-n Bann schlagen; **2.** falscher Glanz; **II** *v/t.* **3.** bezaubern.
glance¹ [glɑːns] **I** *v/i.* **1.** e-n Blick werfen, (rasch *od.* flüchtig) blicken (***at*** auf *acc.*): **~ *over*** (*od.* ***through***) ***a letter*** e-n Brief überfliegen; **2.** (auf)blitzen, (auf-) leuchten; **3. ~ *off*** abgleiten (von) (*Messer etc.*), abprallen (von) (*Kugel etc.*): ***hit*** (*od.* ***strike***) ***s.o. a glancing blow*** j-n (mit einem Schlag) streifen; **4.** (***at***) *Thema* flüchtig berühren *od.* streifen, *bsd.* anspielen (auf *acc.*); **II** *v/t.* **5. ~ *one's eye over*** (*od.* ***through***) → 1; **III** *s.* **6.** flüchtiger Blick (***at*** auf *acc.*): ***at a ~*** mit 'einem Blick; ***at first ~*** auf den ersten Blick; ***take a ~ at*** → 1; **7.** (Auf-) Blitzen *n*, (Auf)Leuchten *n*; **8.** Abprallen *n*, Abgleiten *n*; **9.** (***at***) flüchtige Erwähnung (*gen.*), Anspielung *f* (auf *acc.*).
glance² [glɑːns] *s. min.* Blende *f*, Glanz *m*: ***lead ~*** Bleiglanz.
gland¹ [glænd] *s. biol.* Drüse *f*.
gland² [glænd] *s.* ⚙ **1.** Dichtungsstutzen *m*; **2.** Stopfbuchse *f*.
glan·dered ['glændəd] *adj. vet.* rotzkrank; **'glan·der·ous** [-dərəs] *adj.* **1.** Rotz...; **2.** rotzkrank; **glan·ders** ['glændəz] *s. pl. sg. konstr.* Rotz(krankheit *f*) *m* (*der Pferde*).
glan·du·lar ['glændjʊlə] *adj. biol.* drüsig, Drüsen...: **~ *fever*** (Pfeifferisches) Drüsenfieber; **'glan·du·lous** [-əs] → ***glandular***.
glans [glænz] *pl.* **'glan·des** [-diːz] *s. anat.* Eichel *f*.
glare¹ [gleə] **I** *v/i.* **1.** grell leuchten *od.* sein, *Farben*: *a.* schreiend sein; → ***glaring***; **2.** wütend starren: **~ *at s.o.*** j-n wütend anstarren; **II** *s.* **3.** blendendes Licht, greller Schein, grelles Leuchten: ***be in the full ~ of publicity*** im Scheinwerferlicht der Öffentlichkeit stehen; **4.** *fig. das* Grelle *od.* Schreiende; **5.** wütender Blick.
glare² [gleə] *Am.* **I** *s.* spiegelglatte Fläche: ***a ~ of ice***; **II** *adj.* spiegelglatt: **~ *ice*** Glatteis *n*.
glar·ing ['gleərɪŋ] *adj.* □ **1.** grell (*Sonne etc.*), *Farben*: *a.* schreiend; **2.** *fig.* kraß, ekla'tant (*Fehler etc.*), (himmel)schreiend (*Unrecht etc.*); **3.** wütend, funkelnd (*Blick*).
glass [glɑːs] **I** *s.* **1.** Glas *n*: ***broken ~*** Glasscherben *pl.*; **2.** → ***glassware***; **3.** a) (Trink)Glas *n*, b) Glas(gefäß) *n*; **4.** Glas(voll) *n*: ***a ~ too much*** ein Gläschen zuviel; **5.** Glas(scheibe *f*) *n*; **6.** Spiegel *m*; **7.** *opt.* a) Lupe *f*, Vergrößerungsglas *n*, b) *pl. a.* ***pair of ~es*** Brille *f*, c) Linse *f*, Augenglas *n*, d) (Fern- *od.* Opern)Glas *n*, e) Mikro'skop *n*; **8.** Uhrglas *n*; **9.** a) Thermo'meter *n*, b) Baro'meter *n*; **10.** Sanduhr *f*; **II** *v/t.* **11.** verglasen: **~ *in*** einglasen; **~ bead** Glasperle *f*; **~ block** *s.* △ Glasziegel *m*; **~ blow·er** *s.* Glasbläser *m*; **~ blow·ing** *s.* Glasbläse'rei *f*; **~ brick** → ***glass block***; **~ case** *s.* Glasschrank *m*, Vi'trine *f*; **~ cloth** *s.* **1.** ⚙ Glas(faser)gewebe *n*; **2.** Gläsertuch *n*; **~ cul·ture** *s.* 'Treibhauskulˌtur *f*; **~ cut·ter** *s.* **1.** Glasschleifer *m*; **2.** ⚙ Glasschneider *m* (*Werkzeug*); **~ eye** *s.* Glasauge *n*; **~ fi·bre** *s.* Glasfaser *f*, -fiber *f*.
glass·ful ['glɑːsfʊl] *pl.* **-fuls** *s. ein* Glasvoll *n*.
'glass|·house *s.* **1.** → ***glasswork*** 2; **2.** Treibhaus *n*: ***people who live in ~s should not throw stones*** wer im Glashaus sitzt, soll nicht mit Steinen werfen; **3.** ⚔ *Brit. sl.* ‚Bau' *m* (*Gefängnis*); **~ jaw** *s. Boxen*: F ‚Glaskinn' *n*; **~ pa·per** *s.* 'Glaspaˌpier *n*; **'~·ware** *s.* Glas(waren *pl.*) *n*, Glasgeschirr *n*, -sachen *pl.*; **~ wool** *s.* ⚙ Glaswolle *f*; **'~·work** *s.* ⚙ **1.** Glas(waren)herstellung *f*; **2.** *pl. mst sg. konstr.* 'Glashütte *f*, -faˌbrik *f*.
glass·y ['glɑːsɪ] *adj.* □ **1.** gläsern, glasartig, glasig; **2.** glasig (*Auge*).

Glas·we·gian [glæsˈwiːdʒjən] **I** *adj.* aus Glasgow; **II** *s.* Glasgower(in).

Glau·ber('s) salt [ˈglɔːbə(z)] *s.* Glaubersalz *n.*

glau·co·ma [glɔːˈkəʊmə] *s.* ⚕ Glauˈkom *n*, grüner Star; **glau·cous** [ˈglɔːkəs] *adj.* graugrün.

glaze [gleɪz] **I** *v/t.* **1.** verglasen, mit Glasscheiben versehen: **~ in** einglasen; **2.** polieren, glätten; **3.** ⚙, *a. Küche*: glasieren, mit Glaˈsur überˈziehen; **4.** *paint.* lasieren; **5.** ⚙ *Papier* satinieren; **6.** *Augen* glasig machen; **II** *v/i.* **7.** e-e Glaˈsur *od.* Poliˈtur annehmen, blank werden; **8.** glasig werden (*Augen*); **III** *s.* **9.** Poliˈtur *f*, Glätte *f*, Glanz *m*; **10.** a) Glaˈsur *f* (*a. auf Kuchen etc.*), b) Glaˈsurmasse *f*; **11.** Laˈsur *f*; **12.** ⚙ Satinierung *f*; **13.** Glasigkeit *f*; **14.** a) Eisschicht *f*, b) ✈ Vereisung *f*, c) *Am.* Glatteis *n*; **glazed** [-zd] *adj.* **1.** verglast, Glas…: **~ veranda**; **2.** ⚙ glatt, blank, poliert, Glanz…: **~ paper** Glanzpapier *n*; **~ tile** Kachel *f*; **3.** glasiert; **4.** lasiert; **5.** satiniert; **6.** poliert; **7.** glasig (*Augen*); **8.** vereist: **~ frost** *Brit.* Glatteis *n*; **ˈglaz·er** [-zə] *s.* ⚙ **1.** Glasierer *m*; **2.** Polierer *m*; **3.** Satinierer *m*; **4.** Polier-, Schmirgelscheibe *f*; **ˈgla·zier** [-zjə] *s.* Glaser *m*; **ˈglaz·ing** [-zɪŋ] *s.* **1.** a) Verglasen *n*, b) Glaserarbeit *f*; **2.** Fenster(scheiben) *pl.*; **3.** ⚙ *u. Küche*: a) Glaˈsur *f*, b) Glasieren *n*; **4.** a) Poliˈtur *f*, b) Polieren *n*; **5.** Satinieren *n*; **6.** *paint.* a) Laˈsur *f*, b) Lasieren *n*; **ˈglaz·y** [-zɪ] *adj.* **1.** glasig, glasiert; **2.** glanzlos, glasig (*Auge*).

gleam [gliːm] **I** *s.* schwacher Schein, Schimmer *m* (*a. fig.*): **~ of hope** Hoffnungsschimmer; **the ~ in his eye** das Funkeln s-r Augen; **II** *v/i.* glänzen, leuchten, schimmern, *Augen a.* funkeln.

glean [gliːn] **I** *v/t.* **1.** *Ähren* (auf-, nach-) lesen, *Feld* sauber lesen; **2.** *fig.* sammeln, zs.-tragen, *a.* herˈausfinden: **~ from** schließen *od.* entnehmen aus; **II** *v/i.* **3.** Ähren lesen; **ˈglean·er** [-nə] *s.* Ährenleser *m*; *fig.* Sammler *m*; **ˈglean·ings** [-nɪŋz] *s. pl.* **1.** ↗ Nachlese *f*; **2.** *fig. das* Gesammelte.

glebe [gliːb] *s.* **1.** ⚖, *eccl.* Pfarrland *n*; **2.** *poet.* (Erd)Scholle *f*, Feld *n*.

glede [gliːd] *s. orn.* Gabelweihe *f*.

glee [gliː] *s.* **1.** Fröhlichkeit *f*, Ausgelassenheit *f*; **2.** (*a.* Schaden)Freude *f*, Frohˈlocken *n*; **3.** ♪ *hist.* Glee *m* (*geselliges Lied*): **~ club** *bsd. Am.* Gesangverein *m*; **ˈglee·ful** [-fʊl] *adj.* ☐ **1.** ausgelassen, fröhlich; **2.** schadenfroh, frohˈlockend; **ˈglee·man** [-mən] *s.* [*irr.*] *hist.* fahrender Sänger.

glen [glen] *s.* Bergschlucht *f*, Klamm *f*.

glen·gar·ry [glenˈgærɪ] *s.* Mütze *f der Hochlandschotten*.

glib [glɪb] *adj.* ☐ **1.** a) zungen-, schlagfertig, b) gewandt, ‚fix‘: **a ~ tongue** e-e glatte Zunge; **2.** oberflächlich; **ˈglib·ness** [-nɪs] *s.* **1.** Zungen-, Schlagfertigkeit *f*; Gewandtheit *f*; **2.** Glätte *f*, Oberflächlichkeit *f*.

glide [glaɪd] **I** *v/i.* **1.** gleiten (*a. fig.*): **~ along** dahingleiten, -fliegen (*a. Zeit*); **~ out** hinausgleiten, -schweben (*Person*); **2.** ✈ a) gleiten, e-n Gleitflug machen, b) segeln; **II** *s.* **3.** (Daˈhin)Gleiten *n*; **4.** ✈ a) Gleitflug *m*, b) Segelflug *m*: **~ path** Gleitweg *m*; **5.** → **glissade** 2; **6.** *ling.* Gleitlaut *m*; **ˈglid·er** [-də] *s.* **1.** ⚓ Gleitboot *n*; **2.** ✈ a) Segelflugzeug *n*, b) *a.* **~ pilot** Segelflieger(in); **3.** *Skisport*: Gleiter(in); **ˈglid·ing** [-dɪŋ] *s.* **1.** Gleiten *n*; **2.** ✈ a) → **glide** 3, b) *das* Segelfliegen.

glim·mer [ˈglɪmə] **I** *v/i.* **1.** glimmen, schimmern; **II** *s.* **2.** a) Glimmen *n*, b) *a. fig.* Schimmer *m*, (schwacher) Schein: **a ~ of hope** ein Hoffnungsschimmer; **3.** *min.* Glimmer *m*.

glimpse [glɪmps] **I** *s.* **1.** flüchtiger (An-) Blick: **catch a ~ of** → 4; **2.** (**of**) flüchtiger Eindruck (von), kurzer Einblick (in *acc.*); **3.** *fig.* Schimmer *m*, schwache Ahnung; **II** *v/t.* **4.** *j-n*, *et.* (nur) flüchtig zu sehen bekommen, e-n flüchtigen Blick erhaschen von; **III** *v/i.* **5.** flüchtig blicken (**at** auf *acc.*).

glint [glɪnt] **I** *s.* Schimmer *m*, Schein *m*, Glitzern *n*; **II** *v/i.* schimmern, glitzern, blinken.

glis·sade [glɪˈsɑːd] **I** *s.* **1.** *mount.* Abfahrt *f*; **2.** *Tanz*: Glisˈsade *f*, Gleitschritt *m*; **II** *v/i.* **3.** *mount.* abfahren; **4.** *Tanz*: Gleitschritte machen.

glis·ten [ˈglɪsn] **I** *v/i.* glitzern, glänzen; **II** *s.* Glitzern *n*, Glanz *m*.

glit·ter [ˈglɪtə] **I** *v/i.* **1.** glitzern, funkeln, *a. fig.* strahlen, glänzen; → **gold** 1; **II** *s.* **2.** Glitzern *n* (*etc.*), Glanz *m*; **3.** *fig.* Pracht *f*, Prunk *m*, Glanz *m*; **glit·ter·a·ti** [ˌglɪtəˈrɑːtɪ] *s. pl.* Schickimickis *pl.*; **ˈglit·ter·ing** [-tərɪŋ] *adj.* ☐ **1.** glitzernd (*etc.*); **2.** glanzvoll, prächtig.

gloat [gləʊt] *v/i.*: **~ over** sich weiden an (*dat.*): a) verzückt betrachten (*acc.*), b) sich hämisch *od.* diebisch freuen über (*acc.*); **ˈgloat·ing** [-tɪŋ] *adj.* ☐ schadenfroh, hämisch.

glob [glɒb] *s.* F ‚Klacks‘ *m*, ‚Klecks‘ *m*.

glob·al [ˈgləʊbl] *adj.* gloˈbal: a) ˈweltumˌfassend, Welt…: **~ economy** Weltwirtschaft *f*; **~ warming** Erderwärmung *f*; b) umˈfassend, pauˈschal, Gesamt…; **ˈglo·bate** [-beɪt] *adj.* kugelförmig.

globe [gləʊb] **I** *s.* **1.** Kugel *f*: **~ of the eye** Augapfel *m*; **2.** Plaˈnet *m*: **the ~** der Erdball, die Erdkugel, die Erde; **3.** *geogr.* Globus *m*; **4.** a) Lampenglocke *f*, b) Goldfischglas *n*; **5.** *hist.* Reichsapfel *m*; **II** *v/t. u. v/i.* **6.** kugelförmig machen (werden); **~ ar·ti·choke** *s.* ⚘ Artiˈschocke *f*; **ˈ~·fish** *s.* Kugelfisch *m*; **ˈ~ˌtrot·ter** *s.* Weltenbummler(in), Globetrotter(in); **ˈ~ˌtrot·ting** **I** *s.* Globetrotten *n*; **II** *adj.* Weltenbummler…, Globetrotter…

glo·bose [ˈgləʊbəʊs] → **globular** 1; **glo·bos·i·ty** [gləʊˈbɒsətɪ] *s.* Kugelform *f*, -gestalt *f*; **glob·u·lar** [ˈglɒbjʊlə] *adj.* ☐ **1.** kugelförmig: **~ lightning** Kugelblitz *m*; **2.** aus Kügelchen (bestehend); **glob·ule** [ˈglɒbjuːl] *s.* Kügelchen *n*.

glom·er·ate [ˈglɒmərət] *adj.* (zs.-)geballt, knäuelförmig; **glom·er·a·tion** [ˌglɒməˈreɪʃn] *s.* Zs.-ballung *f*, Knäuel *m*, *n*.

gloom [gluːm] **I** *s.* **1.** *a. fig.* Dunkel *n*, Düsterkeit *f*; **2.** *fig.* düstere Stimmung, Schwermut *f*, Trübsinn *m*: **cast a ~ over** e-n Schatten werfen über (*acc.*); **II** *v/i.* **3.** traurig *od.* verdrießlich *od.* düster blicken *od.* aussehen; **4.** sich verdüstern; **ˈgloom·i·ness** [-mɪnɪs] *s.* **1.** → **gloom** 1, 2; **2.** *fig.* Hoffnungslosigkeit *f*; **ˈgloom·y** [-mɪ] *adj.* ☐ **1.** *a. fig.* düster, trübe; **2.** schwermütig, trübsinnig, düster, traurig; **3.** hoffnungslos.

glo·ri·fi·ca·tion [ˌglɔːrɪfɪˈkeɪʃn] *s.* **1.** Verherrlichung *f*; **2.** *eccl.* a) Verklärung *f*, b) Lobpreisung *f*; **3.** *Brit.* F lautes Fest; **glo·ri·fied** [ˈglɔːrɪfaɪd] *adj.* F ‚besser‘: **a ~ barn**; **a ~ office boy**; **glo·ri·fy** [ˈglɔːrɪfaɪ] *v/t.* **1.** verherrlichen; **2.** *eccl.* a) lobpreisen, b) verklären; **3.** erstrahlen lassen, e-e Zierde sein (*gen.*); **4.** F ‚aufmotzen‘, ‚hochjubeln‘; → **glorified**.

glo·ri·ole [ˈglɔːrɪəʊl] *s.* Gloriˈole *f*, Heiligenschein *m*.

glo·ri·ous [ˈglɔːrɪəs] *adj.* ☐ **1.** ruhmvoll, -reich, glorreich; **2.** herrlich, prächtig, wunderbar (*alle a.* F *fig.*): **a ~ mess** *iro.* ein schönes Chaos.

glo·ry [ˈglɔːrɪ] **I** *s.* **1.** Ruhm *m*, Ehre *f*: **covered in ~** ruhmbedeckt; **~ be!** F a) juchhu!, b) Donnerwetter!; → **Old Glory**; **2.** Stolz *m*, Zierde *f*, Glanz (-punkt) *m*; **3.** *eccl.* Verehrung *f*, Lobpreisung *f*; **4.** Herrlichkeit *f*, Glanz *m*, Pracht *f*, Glorie *f*; höchste Blüte; **5.** *eccl.* a) himmlische Herrlichkeit, b) Himmel *m*: **gone to ~** F in die ewigen Jagdgründe eingegangen (*tot*); **send to ~** F *j-n* ins Jenseits befördern; **6.** → **gloriole**; **II** *v/i.* **7.** sich freuen, triumphieren, frohˈlocken (**in** über *acc.*); **8.** (**in**) sich sonnen (in *dat.*), sich rühmen (*gen.*); **ˈ~-hole** *s.* F a) Rumpelkammer *f od.* -kiste *f*; b) Kramschublade *f*.

gloss¹ [glɒs] **I** *s.* **1.** Glanz *m*: **~ paint** Glanzlack *m*; **2.** *fig.* äußerer Glanz; **II** *v/t.* **3.** glänzend machen; **4.** *mst* **~ over** *fig.* a) beschönigen, b) vertuschen.

gloss² [glɒs] **I** *s.* **1.** (Rand)Glosse *f*, Erläuterung *f*, Anmerkung *f*; **2.** Kommenˈtar *m*, Auslegung *f*; **II** *v/t.* **3.** glossieren; **4.** *oft* **~ over** (absichtlich) irreführend deuten; **ˈglos·sa·ry** [-sərɪ] *s.* Glosˈsar *n*.

gloss·eme [glɒˈsiːm] *s. ling.* Glosˈsem *n*.

gloss·i·ness [ˈglɒsɪnɪs] *s.* Glanz *m*; **gloss·y** [ˈglɒsɪ] **I** *adj.* ☐ **1.** glänzend: **~ paper** (Hoch)Glanzpapier *n*; **2.** auf (ˈHoch)Glanzpaˌpier gedruckt, Hochglanz…: **~ magazine**; **3.** *fig.* a) raffiniert, b) prächtig (aufgemacht); **II** *s.* **4.** ˈHochglanzmagaˌzin *n*.

glot·tal [ˈglɒtl] *adj.* **1.** *anat.* Stimmritzen…: **~ chink** → **glottis**; **2.** *ling.* glotˈtal: **~ stop** Knacklaut *m*; **glot·tis** [ˈglɒtɪs] *s. anat.* Stimmritze *f*.

glove [glʌv] **I** *s.* **1.** Handschuh *m*: **fit (s.o.) like a ~** a) (j-m) wie angegossen sitzen, b) *fig.* (auf j-n) haargenau passen; **take the ~s off** Ernst machen, ‚massiv werden‘; **with the ~s off**, **without ~s** unsanft, rücksichts-, schonungslos; **2.** *sport* (Box-, Fecht-, Reit- *etc.*) Handschuh *m*; **3.** **fling** (*od.* **throw**) **down the ~** (**to s.o.**) *fig.* (j-m) den Fehdehandschuh hinwerfen, (j-n) herausfordern; **pick** (*od.* **take**) **up the ~** die Herausforderung annehmen; **II** *v/t.* **4.** mit Handschuhen bekleiden: **~d** behandschuht; **~ box**, **~ com·part·ment** *s. mot.* Handschuhfach *n*; **~ pup·pet** *s.* Handpuppe *f*.

glow [gləʊ] **I** *v/i.* **1.** glühen; **2.** *fig.* glühen: a) leuchten, strahlen, b) brennen (*Gesicht*); **3.** *fig.* (er)glühen, brennen (***with*** vor *dat.*): ~ ***with anger*** vor Zorn glühen; **II** *s.* **4.** Glühen *n*, Glut *f*: ***in a*** ~ glühend; **5.** *fig.* Glut *f*: a) Glühen *n*, Leuchten *n*, b) Hitze *f*, Röte *f* (*im Gesicht etc.*): ***in a*** ~, ***all of a*** ~ glühend, ganz gerötet, c) Feuer *n*, Leidenschaft *f*.

glow·er ['glaʊə] *v/i.* finster (drein)blikken: ~ ***at*** finster anblicken.

glow·ing ['gləʊɪŋ] *adj.* ☐ **1.** glühend; **2.** *fig.* glühend: a) leuchtend, strahlend, b) brennend, c) 'überschwenglich, begeistert: ***a*** ~ ***account***; ***in*** ~ ***colo(u)rs*** in glühenden *od.* leuchtenden Farben *schildern etc.*

glow| plug *s. mot.* Glühkerze *f*; '~**·worm** *s.* Glühwürmchen *n*.

gloze [gləʊz] → ***gloss***[1] 4.

glu·cose ['glu:kəʊs] *s.* ⚗ Glu'kose *f*, Glu'cose *f*, Traubenzucker *m*.

glue [glu:] **I** *s.* **1.** Leim *m*; **2.** Klebstoff *m*; ~ ***sniffing*** Klebstoffschnüffeln *n*; ~ ***stick*** Klebestift *m*; **II** *v/t.* **3.** leimen, kleben (***on*** auf *acc.*, ***to*** an *acc.*): ~ (***together***) zs.-kleben; **4.** *fig.* (***to***) heften (auf *acc.*), drücken (an *acc.*, gegen): ***she remained*** ~***d to her mother*** sie ‚klebte' an ihrer Mutter; ~***d to his TV set*** *er saß* wie angewachsen vor dem Bildschirm; **glue·y** ['glu:ɪ] *adj.* klebrig.

glum [glʌm] *adj.* ☐ **1.** verdrossen; **2.** bedrückt, niedergeschlagen.

glume [glu:m] *s.* ⚘ Spelze *f*.

glut [glʌt] **I** *v/t.* **1.** *den Hunger* stillen; **2.** über'sättigen (*a. fig.*): ~ ***o.s. on*** (*od.* ***with***) sich überessen mit *od.* an (*dat.*); **3.** ✝ *Markt* über'schwemmen; **4.** verstopfen; **II** *s.* **5.** Über'sättigung *f*; **6.** ✝ 'Überangebot *n*, Schwemme *f*: ~ ***of eggs***; ***a*** ~ ***in the market*** e-e Marktschwemme.

glu·tam·ic ac·id [glu:'tæmɪk] *s.* ⚗ Gluta'minsäure *f*.

glu·ten ['glu:tən] *s.* ⚗ Kleber *m*, Glu'ten *n*; '**glu·ti·nous** [-tɪnəs] *adj.* ☐ klebrig.

glut·ton ['glʌtn] *s.* **1.** Vielfraß *m* (*a. zo.*); **2.** *fig. ein* Unersättlicher: ***a*** ~ ***for books*** ein Bücherwurm, e-e Leseratte; ***a*** ~ ***for work*** ein Arbeitstier; '**glut·ton·ous** [-nəs] *adj.* ☐ gefräßig, unersättlich (*a. fig.*); '**glut·ton·y** [-nɪ] *s.* Gefräßigkeit *f*, Unersättlichkeit *f* (*a. fig.*).

glyc·er·in(e) ['glɪsəri:n], '**glyc·er·ol** [-rɒl] *s.* ⚗ Glyze'rin *n*.

glyph [glɪf] *s.* ⚠ Glypte *f*, Glyphe *f*: a) (verti'kale) Furche *od.* Rille, b) Skulp'tur *f*.

glyp·tic ['glɪptɪk] **I** *adj.* Steinschneide…; **II** *s. pl. sg. konstr.* Glyptik *f*, Steinschneidekunst *f*; **glyp·tog·ra·phy** [glɪp'tɒgrəfɪ] *s.* Glyptogra'phie *f*: a) Steinschneidekunst *f*, b) Gemmenkunde *f*.

G-man ['dʒi:mæn] *s.* [*irr.*] F G-Mann *m*, FB'I-A͵gent *m*.

gnarled [nɑ:ld] *adj.* **1.** knorrig (*Baum*, *a. Hand*, *Person etc.*); **2.** *fig.* mürrisch, ruppig.

gnash [næʃ] *v/t.* **1.** *et.* knirschend beißen; **2.** ~ ***one's teeth*** mit den Zähnen knirschen (*vor Wut etc.*): ***wailing and*** ~***ing of teeth*** Heulen u. Zähneklappern *n*; '**gnash·ers** [-ʃəz] *s. pl.* F ‚dritte Zähne' *pl.*

gnat [næt] *s. zo.* **1.** (Stech)Mücke *f*: ***strain at a*** ~ *fig.* Haarspalterei betreiben; **2.** *Am.* Kriebelmücke *f*.

gnaw [nɔ:] **I** *v/t.* **1.** nagen an (*dat.*) (*a. fig.*), ab-, zernagen; **2.** zerfressen (*Säure etc.*); **3.** *fig.* quälen, zermürben; **II** *v/i.* **4.** nagen: ~ ***at*** → 1; **5.** ~ ***into*** sich einfressen in (*acc.*); **6.** *fig.* nagen, zermürben; **gnaw·er** ['nɔ:ə] *s. zo.* Nagetier *n*; **gnaw·ing** ['nɔ:ɪŋ] **I** *adj.* nagend (*a. fig.*); **II** *s.* Nagen *n* (*a. fig.*); *fig.* Qual *f*.

gneiss [naɪs] *s. geol.* Gneis *m*.

gnome[1] [nəʊm] *s.* **1.** Gnom *m*, *Zwerg m* (*beide a. contp. Person*), Kobold *m*; **2.** Gartenzwerg *m*.

gnome[2] ['nəʊmi:] *s.* Gnome *f*, Sinnspruch *m*.

gnom·ish ['nəʊmɪʃ] *adj.* gnomenhaft, zwergenhaft.

gno·sis ['nəʊsɪs] *s. phls.* Gnosis *f*; **Gnos·tic** ['nɒstɪk] **I** *adj.* gnostisch; **II** *s.* Gnostiker *m*; **Gnos·ti·cism** ['nɒstɪsɪzəm] *s.* Gnosti'zismus *m*.

gnu [nu:] *s. zo.* Gnu *n*.

go [gəʊ] **I** *pl.* **goes** [gəʊz] *s.* **1.** Gehen *n*: ***on the*** ~ F ständig in Bewegung, immer ‚auf Achse'; ***from the word*** ~ F von Anfang an; ***it's a*** ~***!*** abgemacht!; **2.** F Schwung *m*, ‚Schmiß' *m*: ***he is full of*** ~ er hat Schwung, er ist voller Leben *od.* sehr unternehmungslustig; **3.** F Mode *f*: ***be all the*** ~ große Mode sein; **4.** F Erfolg *m*: ***make a*** ~ ***of it*** es zu e-m Erfolg machen, bei *od.* mit et. Erfolg haben; ***it's no*** ~***!*** es geht nicht!, nichts zu machen!; **5.** F Versuch *m*: ***have a*** ~ ***at it!*** probier's doch mal!; ***at one*** ~ auf 'einen Schlag, auf Anhieb; ***at the first*** ~ gleich beim ersten Versuch; ***it's your*** ~***!*** du bist an der Reihe *od.* dran!; **6.** F ‚Geschichte' *f*: ***what a*** ~***!*** 'ne schöne Geschichte *od.* Bescherung!; ***it was a near*** ~***!*** es ging gerade noch (mal) gut!; **7.** F a) Porti'on *f* (*e-r Speise*), b) Glas *n*: ***his third*** ~ ***of brandy*** sein dritter Kognak; **8.** Anfall *m* (*e-r Krankheit*): ***my second*** ~ ***of influenza*** m-e zweite Grippe; **II** *adj.* **9.** ⚙ F: ***you are*** ~ (***for take-off***)***!*** alles klar (zum Start)!; **III** *v/i.* [*irr.*] **10.** gehen, fahren, reisen, sich begeben (***to*** nach): ~ ***on foot*** zu Fuß gehen; ~ ***by train*** mit dem Zug fahren; ~ ***by plane*** (*od.* ***air***) mit dem Flugzeug reisen, fliegen; ~ ***to Paris*** nach Paris reisen *od.* gehen; ***there he goes!*** da ist er (ja)!; ***who goes there?*** ⚔ wer da?; **11.** verkehren, fahren (*Bus*, *Zug etc.*); **12.** (fort)gehen, abfahren, abreisen (***to*** nach): ***don't*** ~ ***yet*** geh noch nicht (fort)!; ***let me*** ~***!*** a) laß mich gehen!, b) laß mich los!; **13.** anfangen, loslegen: ~***!*** *sport* los!; ~ ***to it!*** mach dich dran!, los!; ***here you*** ~ ***again!*** F jetzt fängst du schon wieder an!; ***here we*** ~ ***again*** F jetzt geht das schon wieder los!; ***just*** ~ ***and try it!*** versuch's doch mal!; ***here goes!*** also los!, jetzt geht's los!; **14.** gehen, führen: ***this road goes to York***; **15.** sich erstrecken, reichen, gehen (***to*** bis): ***the belt doesn't*** ~ ***round her waist*** der Gürtel geht *od.* reicht nicht um ihre Taille; ***it goes a long way*** es reicht lange (aus); ***as far as it goes*** bis zu e-m gewissen Grade, soweit man das sagen kann; **16.** *fig.* gehen: ~ ***as far as to say*** so weit gehen zu sagen; ***let it*** ~ ***at that!*** laß es dabei bewenden!; ~ ***all out*** F sich ins Zeug legen (***for*** für); *s. die Verbindungen mit anderen Stichwörtern*; **17.** Ⱥ (***into***) gehen (in *acc.*), enthalten sein (in *dat.*): ***5 into 10 goes twice***; **18.** gehen, passen (***in***, ***into*** in *acc.*): ***it does not*** ~ ***into my pocket***; **19.** gehören (***in***, ***into*** in *acc.*, ***on*** auf *acc.*): ***the books*** ~ ***on this shelf*** die Bücher gehören *od.* kommen auf dieses Regal; **20.** ~ ***to*** gehen an (*acc.*) (*Siegerpreis etc.*), zufallen (*dat.*) (*Erbe*); **21.** ⚙ *u. fig.* gehen, laufen, funktionieren: ***get*** ~***ing*** ⚙ in Gang kommen, *fig. a.* in Schwung *od.* Fahrt kommen (*Person*, *Party etc.*), *Person*: *a.* loslegen; ***get s.th.*** (*od.* ***s.o.***) ~***ing*** et. (*Maschine*, *Projekt etc.*) in Gang bringen, et. (*Party etc.*) (*od.* j-n) in Schwung *od.* Fahrt bringen; ***keep*** ~***ing*** ⚙ weiterlaufen, *fig.* weitermachen (*Person*); ***that hope kept her*** ~***ing*** diese Hoffnung hielt sie aufrecht; ***this sum will keep you*** ~***ing*** diese Summe wird dir (fürs erste) weiterhelfen; **22.** *kalt*, *schlecht*, *verrückt etc.* werden: ~ ***blind*** erblinden; ~ ***Conservative*** zu den Konservativen übergehen; ~ ***decimal*** das Dezimalsystem einführen; **23.** (gewöhnlich) *in e-m Zustand* sein, sich befinden: ~ ***armed*** bewaffnet sein; ~ ***in rags*** (ständig) in Lumpen herumlaufen; ~ ***hungry*** hungern; **24.** ~ ***by*** (*od.* [***up***]***on***) sich halten an (*acc.*), gehen *od.* sich richten *od.* urteilen nach: ***have nothing to*** ~ (***up***)***on*** keine Anhaltspunkte haben; ~***ing by her clothes*** ihrer Kleidung nach (zu urteilen); **25.** 'umgehen, im 'Umlauf sein, kursieren (*Gerüchte etc.*): ***the story goes*** es heißt, man erzählt sich; **26.** gelten (***for*** für): ***what he says goes*** F was er sagt, gilt; ***that goes for you too!*** das gilt auch für dich!; ***it goes without saying*** das versteht sich von selbst; **27.** ~ ***by the name of*** a) unter dem Namen … laufen, b) auf den Namen … hören (*Hund*); **28.** im allgemeinen sein: ***as men*** ~ wie Männer eben *od.* (nun einmal) sind; **29.** vergehen, verstreichen: ***how time goes!***; ***one minute to*** ~ noch e-e Minute; **30.** ✝ (weg)gehen, verkauft werden: ***the coats went for £60***; **31.** (***on***, ***in***) ausgegeben werden (für), aufgehen (in *dat.*) (*Geld*): ***all his money went in drink***; **32.** dazu beitragen, dienen (***to*** zu): ***it goes to show*** dies zeigt, daran erkennt man; ***this only goes to show you the truth*** dies dient nur dazu, Ihnen die Wahrheit zu zeigen; **33.** (aus)gehen, verlaufen, sich entwickeln *od.* gestalten: ***it went well*** es ging gut (aus), es lief (alles) gut; ***things have gone badly with me*** es ist mir schlecht ergangen; ***the decision went against him*** die Entscheidung fiel zu s-n Ungunsten aus; ~ ***big*** F ein Riesenerfolg sein; **34.** ~ ***with*** gehen *od.* sich vertragen mit, passen zu: ***black goes well with yellow***; **35.** ertönen, läuten (*Glocke*), schlagen (*Uhr*): ***the door bell went*** es klingelte; ***bang went the gun*** die Kanone machte bumm; **36.** lauten (*Worte etc.*), gehen: ***this is how the tune goes*** so geht die Melodie; **37.** gehen, verschwinden, abgeschafft werden: ***my hat is gone!*** mein Hut ist weg!; ***he must*** ~ er muß weg; ***these laws must*** ~ diese Gesetze müssen weg; ***warmongering must*** ~***!***

Schluß mit der Kriegshetze!; **38.** (da'hin)schwinden: ***his strength is ~ing***; ***my eyesight is ~ing*** m-e Augen werden immer schlechter; ***trade is ~ing*** der Handel kommt zum Erliegen; ***the shoes are ~ing*** die Schuhe gehen (langsam) kaputt; **39.** sterben: ***he is (dead and) gone*** er ist tot; **40.** (*pres. p. mit inf.*) *zum Ausdruck e-r Zukunft, e-r Absicht od. et. Unabänderlichem*: ***it is ~ing to rain*** es wird (gleich *od.* bald) regnen; ***he is ~ing to read it*** er wird *od.* will es (bald) lesen; ***she is ~ing to have a baby*** sie bekommt ein Kind; ***I was (just) ~ing to do it*** ich wollte es eben tun, ich war gerade dabei *od.* im Begriff, es zu tun; **41.** (*mit nachfolgendem Gerundium*) *mst* gehen: ***~ swimming*** schwimmen gehen; ***he goes frightening people*** er erschreckt immer die Leute; **42.** (da'ran)gehen, sich anschicken: ***he went to find him*** er ging ihn suchen; ***he went and sold it*** F er hat es doch tatsächlich verkauft; **43.** erlaubt sein: ***everything goes here*** hier ist alles erlaubt; ***anything goes!*** F alles ist ‚drin' (*möglich*); **44.** ***pizzas to ~!*** *Am.* Pizzas zum Mitnehmen!; **IV** *v/t.* [*irr.*] **45.** *e-n Betrag* wetten, setzen (***on*** auf *acc.*); **46.** ***~ it*** F a) (mächtig) rangehen, sich dahinterklemmen, b) es toll treiben, ‚auf den Putz hauen': ***~ it alone*** es ganz allein(e) machen; ***~ it!*** ran!, feste!, drauf!;

Zssgn mit prp.:

go| a·bout *v/i.* in Angriff nehmen, sich machen an (*acc.*), anpacken (*acc.*); **~ af·ter** *v/i.* **1.** nachlaufen (*dat.*); **2.** → ***go for*** 4; **~ a·gainst** *v/i.* wider'streben (*dat.*), *j-s Prinzipien* zu'widerlaufen; **~ at** *v/i.* **1.** losgehen auf (*acc.*); **2.** → ***go about***; **~ be·hind** *v/i.* unter'suchen, auf den Grund gehen (*dat.*); **~ be·tween** *v/i.* vermitteln zwischen (*dat.*); **~ be·yond** *v/i. fig.* über'schreiten, *Erwartungen etc.* über'treffen; **~ by** *v/i.* **1.** sich richten nach, sich halten an (*acc.*), urteilen nach; **2.** auf *e-n Namen* hören; **~ for** *v/i.* **1.** holen (gehen); **2.** *e-n Spaziergang etc.* machen; **3.** gelten als *od.* für; **4.** streben nach, sich bemühen um; **5.** F losgehen auf (*acc.*), sich stürzen auf (*acc.*), *fig.* herziehen über (*acc.*); **6.** *sl.* ‚stehen' auf (*dat.*); **~ in·to** *v/i.* **1.** hin'eingehen in (*acc.*); **2.** eintreten in (*ein Geschäft etc.*): ***~ business*** Kaufmann werden; **3.** (genau) unter'suchen *od.* prüfen; eingehen auf (*acc.*); **4.** geraten in (*acc.*): ***~ a faint*** in Ohnmacht fallen; **~ off** *v/i.* **1.** abgehen von; **2.** *j-n, et.* nicht mehr mögen *od.* wollen; **~ on** *v/i.* **1.** sich stützen auf (*acc.*); **2.** sich richten nach, sich halten an (*acc.*), urteilen nach: ***I have nothing to ~*** ich habe keine Anhaltspunkte; **~ o·ver** → ***go through*** 1, 2, 3; **~ through** *v/i.* **1.** 'durchgehen, -nehmen, -sprechen; **2.** (gründlich) über'prüfen *od.* unter'suchen; **3.** 'durchsehen, -gehen, -lesen; **4.** durch'suchen; **5.** a) 'durchmachen, erleiden, b) erleben; **6.** *Vermögen* 'durchbringen; **~ with** *v/i.* **1.** begleiten; **2.** gehören zu; **3.** über'einstimmen mit; **4.** passen zu; **5.** mit *j-m* ‚gehen'; **~ with·out** *v/i.* **1.** auskommen ohne, sich behelfen ohne; **2.** verzichten auf (*acc.*);

Zssgn mit adv.:

go| a·bout *v/i.* **1.** um'hergehen, -fahren, -reisen; **2.** a) kursieren, im 'Umlauf sein (*Gerüchte etc.*), b) 'umgehen (*Grippe etc.*); **3.** ⚓ wenden; **~ a·head** *v/i.* **1.** vorwärts-, vor'angehen: ***~!*** *fig.* los!, nur zu!; **~ with** a) weitermachen mit, b) Ernst machen mit, durchführen; **2.** (*erfolgreich*) vor'ankommen; **3.** *bsd. sport* sich an die Spitze setzen; **~ a·long** *v/i.* **1.** weitergehen; **2.** *fig.* weitermachen; **3.** mitgehen, -kommen (***with*** mit); **4.** ***~ with*** einverstanden sein mit, mitmachen bei; **~ a·round** *v/i.* **1.** → ***go about*** 1, 2; **2.** → ***go round***; **~ back** *v/i.* **1.** zu'rückgehen: ***~ to*** *fig.* zurückgehen auf (*acc.*), zurückreichen bis; **2.** ***~ on*** *fig.* a) *j-n* im Stich lassen, b) *sein Wort etc.* nicht halten, c) *Entscheidung* rückgängig machen; **~ by** *v/i.* **1.** vor'beigehen (*a. Chance etc.*), -fahren; **2.** vergehen (*Zeit*): ***in days gone by*** in längst vergangenen Tagen; **~ down** *v/i.* **1.** hin'untergehen: ***~ in history*** *fig.* in die Geschichte eingehen; **2.** 'untergehen (*Schiff, Sonne etc.*); **3.** zu Boden gehen (*Boxer etc.*); **4.** *thea.* fallen (*Vorhang*); **5.** zu'rückgehen, sinken, fallen (*Fieber, Preise etc.*); **6.** a) sich im Niedergang befinden, b) zugrunde gehen; **7.** *sport* absteigen; **8.** ‚(runter)rutschen' (*Essen*); **9.** *fig.* (***with***) a) Anklang finden, ‚ankommen' (bei): ***it went down well with him***, b) ‚geschluckt' werden: ***that won't ~ with me*** das nehme ich dir nicht ab; **10.** *Brit.* London verlassen; **11.** *univ. Brit.* a) die Universi'tät verlassen, b) in die Ferien gehen; **~ in** *v/i.* **1.** hin'eingehen: ***~ and win!*** auf in den Kampf!; **2.** ***~ for*** a) sich befassen mit, betreiben, *Sport etc.* treiben, b) mitmachen bei, c) *ein Examen* machen, d) hinarbeiten auf (*acc.*), e) sich einsetzen für, f) sich begeistern für; **~ off** *v/i.* **1.** fort-, weggehen, -laufen; (*Zug etc.*) abfahren; *thea.* abgehen; **2.** losgehen (*Gewehr, Sprengladung etc.*); **3.** (***into***) los-, her'ausplatzen (mit), ausbrechen (in *Gelächter etc.*); **4.** nachlassen, sich verschlechtern; **5.** (*gut etc.*) von'statten gehen; **6.** a) einschlafen, b) ohnmächtig werden; **7.** verderben, schlecht werden (*Essen etc.*), sauer werden (*Milch*); **8.** ausgehen (*Licht etc.*); **~ on** *v/i.* **1.** weitergehen *od.* -fahren; **2.** weitermachen, fortfahren (***with*** mit; ***doing*** zu tun): ***~!*** a) (mach) weiter!, b) *iro.* hör auf!, ach komm!; ***~ reading*** weiterlesen; **3.** fortdauern, weitergehen; **4.** vor sich gehen, vorgehen, passieren; **5.** sich ‚aufführen': ***don't ~ like that!*** hör schon auf damit!; **6.** F a) unaufhörlich reden (***about*** über *acc.*, von), b) ständig her'umnörgeln (***at*** an *dat.*); **7.** angehen (*Licht etc.*); **8.** ***~ for*** gehen auf (*acc.*), bald sein: ***it's going on for five o'clock***; **~ out** *v/i.* **1.** ausgehen: a) spazierengehen, b) zu Veranstaltungen *od.* Gesellschaften gehen, c) erlöschen (*Feuer, Licht*): ***~ fishing*** fischen (*od.* zum Fischen) gehen; **2.** in den Streik treten; **3.** aus der Mode kommen; **4.** *pol.* abgelöst werden; **5.** *sport* ausscheiden; **6.** zu'rückgehen (*Flut*); **7.** ***~ to*** *j-m* entgegenschlagen (*Herz*), sich *j-m* zuwenden (*Sympathie*); **~ o·ver** *v/i.* **1.** hin'übergehen (***to*** zu); **2.** 'übertreten, -gehen (***to*** zu *e-r anderen Partei etc.*); **3.** vertagt werden; **4.** ***~ big*** F ein Bombenerfolg sein; **~ round** *v/i.* **1.** her'umgehen (*a. fig. j-m im Kopf*); **2.** (für alle) (aus)reichen: ***there is enough (of it) to ~***; **~ through** *v/i.* **1.** 'durchgehen, angenommen werden (*Antrag*); **2.** ***~ with*** 'durchführen; **~ to·geth·er** *v/i.* **1.** zs.-passen (*Farben etc.*); **2.** F mitein'ander ‚gehen' (*Liebespaar*); **~ un·der** *v/i.* **1.** 'untergehen (*a. fig.*); **2.** *fig.* ‚eingehen' (*Firma etc.*), ‚ka'puttgehen'; **~ up** *v/i.* **1.** hin'aufgehen (*a. fig.*); **2.** *fig.* steigen (*Fieber, Preise etc.*); **3.** *thea.* hochgehen (*Vorhang*); **4.** gebaut werden; **5.** *Brit.* nach London fahren; **6.** *Brit.* (zum Se'mesteranfang) zur Universi'tät gehen; **7.** *sport* aufsteigen.

goad [gəʊd] **I** *s.* **1.** Stachelstock *m des Viehtreibers*; **2.** *fig.* Stachel *m*; Ansporn *m*; **II** *v/t.* **3.** antreiben; **4.** *mst* ***~ on*** *fig.* *j-n* an-, aufstacheln, (an)treiben (***into doing s.th.*** dazu, et. zu tun).

'go-a·head I *adj.* **1.** voller Unter'nehmungsgeist *od.* Initia'tive, zielstrebig; **II** *s.* **2.** (Mensch *m* mit) Unter'nehmungsgeist *od.* Initia'tive; **3.** ***get the ~ (on)*** ‚grünes Licht' bekommen (für); ***give s.o. the ~*** j-m ‚grünes Licht' geben.

goal [gəʊl] *s.* **1.** Ziel *n* (*a. fig.*); **2.** *sport* a) Ziel *n*, b) (*Fußball- etc.*)Tor *n*, c) Tor(erfolg *m*, -schuß *m*) *n*: ***score a ~*** ein Tor schießen; **~ a·re·a** *s. sport* Torraum *m*; **'~ˌget·ter** *s.* Torjäger *m*.

goal·ie ['gəʊlɪ] F → ***goalkeeper***.

'goal|ˌkeep·er *s. sport* Tormann *m*, -wart *m*, -hüter(in); **~ kick** *s.* (Tor-)Abstoß *m*; **~ line** *s.* a) Torlinie *f*, b) Torauslinie *f*, c) *Rugby*: Mallinie *f*; **'~·mouth** *s.* Torraum *m*; **~ post** *s.* Torpfosten *m*.

ˌgo-as-you-'please *adj.* ungebunden.

goat [gəʊt] *s.* **1.** a) Ziege *f*, b) *a.* ***he-~*** Ziegenbock *m*: ***play the (giddy) ~*** *fig.* herumkaspern; ***get s.o.'s ~*** *sl.* j-n ‚auf die Palme bringen'; **2.** *fig.* (geiler) Bock; **3.** F Sündenbock *m*; **4.** ♎ *ast.* → ***Capricorn***; **goat·ee** [gəʊ'ti:] *s.* Spitzbart *m*; **'goat·herd** *s.* Ziegenhirt *m*; **'goat·ish** [-tɪʃ] *adj.* ☐ **1.** bockig; **2.** *fig.* geil.

'goat|'s-beard *s.* ⚘ Bocks- *od.* Geiß- *od.* Ziegenbart *m*; **'~·skin** *s.* Ziegenleder(flasche *f*) *n*; **'~·suck·er** *s. orn.* Ziegenmelker *m*.

gob¹ [gɒb] *s.* F **1.** (*a.* Schleim)Klumpen *m*; **2.** *oft pl.* ‚Haufen' *m*, Menge *f*.

gob² [gɒb] *s.* ⚓ *Am. sl.* ‚Blaujacke' *f*, Ma'trose *m* (*US-Kriegsmarine*).

gob·bet ['gɒbɪt] *s.* Brocken *m*.

gob·ble¹ ['gɒbl] **I** *v/t. mst* ***~ up*** verschlingen (*a. fig.*); **II** *v/i.* gierig essen.

gob·ble² ['gɒbl] **I** *v/i.* kollern (*Truthahn*); **II** *s.* Kollern *n*.

gob·ble·dy·gook ['gɒbldɪgu:k] *s.* F **1.** ‚Be'amtenchiˌnesisch' *n*; **2.** (Be'rufs-)Jarˌgon *m*; **3.** ‚Geschwafel' *n*.

gob·bler¹ ['gɒblə] *s.* Fresser(in).

gob·bler² ['gɒblə] *s.* Truthahn *m*, Puter *m*.

Gob·e·lin ['gəʊbəlɪn] **I** *adj.* Gobelin...; **II** *s.* Gobe'lin *m*.

'go-beˌtween *s.* **1.** Mittelsmann *m*, Vermittler(in); **2.** Makler(in); **3.** Kuppler(in).

gob·let ['gɒblɪt] *s.* **1.** *obs.* Po'kal *m*; **2.** Kelchglas *n*.

gob·lin ['gɒblɪn] *s.* Kobold *m.*
go·by ['gəʊbɪ] *s. ichth.* Meergrundel *f.*
go-by ['gəʊbaɪ] *s.*: ***give s.o. the ~*** F j-n ‚schneiden' *od.* ignorieren; ***give s.th. the ~*** F die Finger von et. lassen.
'**go-cart** *s.* **1.** Laufstuhl *m* (*Gehhilfe für Kinder*); **2.** Sportwagen *m* (*für Kinder*); **3.** Handwagen *m*; **4.** → ***go-kart***.
god [gɒd] *s.* **1.** Gott(heit *f*) *m*; Götze *m*, Abgott *m*: ***~ of love*** Liebesgott, Amor *m*; ***ye ~s!*** F heiliger Strohsack!; ***a sight for the ~s*** ein Bild für (die) Götter; **2.** 2 Gott *m*: ***2's acre*** Gottesacker *m*; ***house of 2*** Gotteshaus *n*; ***play ~*** den lieben Gott spielen; ***2 forbid!*** Gott behüte!; ***2 help him*** Gott sei ihm gnädig; ***so help me 2*** so wahr mir Gott helfe; ***2 knows*** a) weiß Gott, b) wer weiß(, *ob etc.*); ***2 willing*** so Gott will; ***thank 2*** Gott sei Dank; ***for 2's sake*** a) um Gottes willen, b) verdammt noch mal!; ***the good 2*** der liebe Gott; ***good 2!, my 2!, (oh) 2!*** du lieber Gott!, lieber Himmel!; → ***act*** 1 *etc.*; **3.** *fig.* (Ab)Gott *m*; **4.** *pl. thea.* (Publikum *n* auf der) Gale'rie *f*, ‚O'lymp' *m*; ,**~-'aw·ful** *adj.* F scheußlich, ‚beschissen'; '**~·child** *s.* [*irr.*] Patenkind *n*; '**~·damn(ed)** *adj., adv. u. int.* (gott)verdammt.
god·des ['gɒdɪs] *s.* Göttin *f* (*a. fig.*).
'**god|,fa·ther I** *s.* Pate *m* (*a. fig.*), Patenonkel *m*, Taufzeuge *m*: ***stand ~ to*** → **II** *v/t. a. fig.* Pate stehen bei, aus der Taufe heben; '**~,fear·ing** *adj.* gottesfürchtig; '**~·for,sak·en** *adj. contp.* gottverlassen.
god·head ['gɒdhed] *s.* Gottheit *f*; '**god·less** [-lɪs] *adj.* ohne Gott; *fig.* gottlos; '**god·like** *adj.* **1.** gottähnlich, göttlich; **2.** göttergleich; '**god·li·ness** [-lɪnɪs] *s.* Frömmigkeit *f*; Gottesfurcht *f*; '**god·ly** [-lɪ] *adj.* fromm.
'**god|,moth·er** *s.* Patin *f*, Patentante *f*; '**~,par·ent** *s.* Pate *m*, Patin *f*; '**~·send** *s. fig.* Geschenk *n* des Himmels, Glücksfall *m*, Segen *m*; '**~·son** *s.* Patensohn *m*; ,**~'speed** *s.*: ***bid s.o. ~*** j-m viel Glück *od.* glückliche Reise wünschen.
go·er ['gəʊə] *s.* **1.** ***be a good ~*** gut laufen (*bsd. Pferd*); **2.** *in Zssgn mst* ...besucher(in), ...gänger(in).
gof·fer ['gəʊfə] **I** *v/t.* kräuseln, plissieren; **II** *s.* Plis'see *n.*
,**go-'get·ter** *s.* F j-d, der weiß, was er will; Draufgänger *m.*
gog·gle ['gɒgl] **I** *v/i.* **1.** stieren, glotzen; **II** *s.* **2.** stierer Blick; **3.** *pl.* Schutzbrille *f*; '**~·box** *s. bsd. Brit.* F ‚Glotze' *f* (*Fernseher*).
go-go ['gəʊgəʊ] *adj.* **1.** ***~ girl*** Go-go-Girl *n*; **2.** *fig.* a) schwungvoll, b) schick.
Goid·el·ic [gɔɪ'delɪk] → ***Gaelic***.
go-in ['gəʊɪn] *s.* Go-'in *n.*
go·ing ['gəʊɪŋ] **I** *s.* **1.** (Weg)Gehen *n*, Abreise *f*; **2.** Straßenzustand *m*, (*Pferdesport*) Geläuf *n*; **3.** Tempo *n*: ***good ~*** ein flottes Tempo; ***rough*** (*od.* ***heavy***) ***~*** e-e Schinderei; ***while the ~ is good*** a) solange noch Zeit ist, b) solange es noch gut läuft; **II** *adj.* **4.** in Betrieb, arbeitend: ***a ~ concern*** ein gutgehendes Geschäft; **5.** vor'handen: ***still ~*** noch zu haben; ***the best beer ~*** das beste Bier, das es gibt; ***~, ~, gone!*** (*Auktion*) zum ersten, zum zweiten, zum dritten!; **6.** geltend: ***~ price*** Marktpreis *m*; ***~ rate*** geltender Satz;
,**go·ing-'o·ver** *s.* F **1.** Über'prüfung *f*; **2.** a) Tracht *f* Prügel, b) Standpauke *f*;
,**go·ings-'on** *s. pl.* F *mst b.s.* Vorgänge *pl.*, Treiben *n*: ***strange ~*** merkwürdige Dinge.
goi·ter *Am.*, **goi·tre** *Brit* ['gɔɪtə] *s.* ⚕ Kropf *m*; '**goi·trous** [-trəs] *adj.* **1.** kropfartig; **2.** mit e-m Kropf (behaftet).
go-kart ['gəʊkɑːt] *s. mot.* Go-Kart *m.*
gold [gəʊld] **I** *s.* **1.** Gold *n*: ***all is not ~ that glitters*** es ist nicht alles Gold, was glänzt; ***a heart of ~*** *fig.* ein goldenes Herz; ***worth one's weight in ~*** unbezahlbar, nicht mit Gold aufzuwiegen; → ***good*** 8; **2.** Gold(münzen *pl.*) *n*; **3.** Geld *n*, Reichtum *m*; **4.** Goldfarbe *f*; **II** *adj.* **5.** aus Gold, golden, Gold...: ***~ dollar*** Golddollar *m*; ***~ watch*** goldene Uhr; **~ back·ing** *s.* † Golddeckung *f*; **~ bar** *s.* † Goldbarren *m*; **~ bloc** *s.* † Goldblock(länder *pl.*) *m*; **~ brick** *Am.* F **I** *s.* **1.** falscher Goldbarren; **2.** *fig.* a) wertlose Sache, b) Schwindel *m*, ‚Beschiß' *m*: ***sell s.o. a ~*** → 4; **3.** Drückeberger *m*; **II** *v/t.* **4.** *j-n* ‚übers Ohr hauen'; **~ bul·lion** *s.* Gold *n* in Barren; '**~,dig·ger** *s.* **1.** Goldgräber *m*; **2.** *sl. Frau, die nur hinter dem Geld der Männer her ist*; **~ dust** *s.* Goldstaub *m.*
gold·en ['gəʊldən] *adj.* **1.** *mst fig.* golden: ***~ days***; ***~ disc*** goldene Schallplatte; ***~ opportunity*** einmalige Gelegenheit; **2.** goldgelb, golden (*Haar etc.*); **~ age** *s. das* Goldene Zeitalter; **~ calf** *s. bibl. u. fig. das* Goldene Kalb; **~ ea·gle** *s. orn.* Gold-, Steinadler *m*; **2 Fleece** *s. myth. das* Goldene Vlies; **~ hand·shake** *s.* F **1.** Abfindung *f bei Entlassung*; **2.** ‚'Umschlag' *m* (*mit e-m Geldgeschenk der Firma*); **~ mean** *s. die* goldene Mitte, *der* goldene Mittelweg; **~ o·ri·ole** *s. orn.* Pi'rol *m*; **~ pheas·ant** *s. orn.* 'Goldfa,san *m*; **~ rule** *s.* **1.** *bibl.* goldene Sittenregel; **2.** *fig.* goldene Regel; **~ sec·tion** *s.* Goldener Schnitt; **~ wed·ding** *s.* goldene Hochzeit.
gold| fe·ver *s.* Goldfieber *n*, -rausch *m*; '**~·field** *s.* Goldfeld *n*; '**~·finch** *s. orn.* Stieglitz *m*, Distelfink *m*; '**~·fish** *s.* Goldfisch *m*; '**~·foil** *s.* Blattgold *n*; '**~,ham·mer** *s. orn.* Goldammer *f*; **~ lace** *s.* Goldtresse *f*, -borte *f*; **~ leaf** *s.* Blattgold *n*; **~ med·al** *s.* 'Goldme,daille *f*; **~ med·al·(l)ist** *s. sport* 'Goldme,daillengewinner(in); **~ mine** *s.* Goldbergwerk *n*; Goldgrube *f* (*a. fig.*); **~ plate** *s.* goldenes Tafelgeschirr; '**~-,plat·ed** *adj.* vergoldet; **~ point** *s.* † Goldpunkt *m*; **~ rush** → ***gold fever***; '**~·smith** *s.* Goldschmied *m*; **~ stand·ard** *s.* Goldwährung *f*; **2 Stick** *s. Brit.* Oberst *m* der königlichen Leibgarde.
golf [gɒlf] *sport* **I** *s.* Golf(spiel) *n*; **II** *v/i.* Golf spielen; **~ ball** *s.* **1.** Golfball *m*; **2.** Kugelkopf *m* (*der Schreibmaschine*); **~ club** *s.* **1.** Golfschläger *m*; **2.** Golfklub *m.*
golf·er ['gɒlfə] *s.* Golfspieler(in).
golf links *s. pl., a. sg. konstr.* Golfplatz *m.*
Go·li·ath [gəʊ'laɪəθ] *s. fig.* Goliath *m*, Riese *m*, Hüne *m.*
gol·li·wog(g) ['gɒlɪwɒg] *s.* **1.** gro'teske schwarze Puppe; **2.** *fig.* ‚Vogelscheuche' *f* (*Person*).
gol·ly ['gɒlɪ] *int. a.* ***by ~!*** F Menschenskind!, Mann!
go·losh [gə'lɒʃ] → ***galosh***.
Go·mor·rah, Go·mor·rha [gə'mɒrə] *s. fig.* Go'morr(h)a *n*, Sündenpfuhl *m.*
gon·ad ['gəʊnæd] *s.* ⚕ Keim-, Geschlechtsdrüse *f.*
gon·do·la ['gɒndələ] *s.* **1.** Gondel *f* (*a. e-s Ballons, e-r Seilbahn etc.*); **2.** *Am.* flaches Flußboot; **3.** *a.* ***~ car*** 🚃 *Am.* offener Güterwagen; **gon·do·lier** [,gɒndə'lɪə] *s.* Gondoli'ere *m.*
gone [gɒn] **I** *p.p. von* ***go***; **II** *adj.* **1.** weg(gegangen), fort: ***he is ~***; ***be ~!*** fort mit dir!; ***I must be ~*** ich muß weg; **2.** verloren, verschwunden, weg, da'hin; **3.** ‚hin', ‚futsch': a) weg, verbraucht, b) ka'putt, c) ruiniert, d) tot; ***a ~ case*** ein hoffnungsloser Fall; ***a ~ man*** → ***goner***; ***a ~ feeling*** ein Schwächegefühl; ***all his money is ~*** sein ganzes Geld ist weg *od.* ‚futsch'; **4.** mehr als, älter als, über: ***he is ~ forty***; **5.** F (***on***) ganz ‚weg' (von): a) begeistert (von), b) ‚verknallt' (in *acc.*); **6.** *sl.* ‚high', ‚weg'; **7.** ***she's four months ~*** F sie ist im 4. Monat; **gon·er** ['gɒnə] *s.* 'Todeskandi,dat *m*: ***he is a ~*** F er ist ‚erledigt' (*a. weitS.*).
gon·fa·lon ['gɒnfələn] *s.* Banner *n.*
gong [gɒŋ] **I** *s.* **1.** Gong *m*; **2.** ⚔ *Brit. sl.* Orden *m*; **II** *v/t.* **3.** *Brit. Auto* durch 'Gongsi,gnal stoppen (*Polizei*).
go·ni·om·e·ter [,gəʊnɪ'ɒmɪtə] *s.* ⚒ *u. Radio*: Winkelmesser *m.*
gon·o·coc·cus [,gɒnəʊ'kɒkəs] *pl.* **-coc·ci** [-'kɒkaɪ] *s.* ⚕ Gono'kokkus *m.*
gon·or·rhoe·a, *Am. mst* **gon·or·rhe·a** [,gɒnə'riːə] *s.* ⚕ Gonor'rhöe *f*, Tripper *m.*
goo [guː] *s. sl.* **1.** Schmiere *f*, klebriges Zeug; **2.** *fig.* sentimen'taler Kitsch, ‚Schmalz' *m.*
good [gʊd] **I** *adj.* **1.** gut, angenehm, erfreulich: ***~ news***; ***it is ~ to be rich*** es ist angenehm, reich zu sein; ***~ morning (evening)!*** guten Morgen (Abend)!; ***~ afternoon!*** guten Tag! (*nachmittags*); ***~ night!*** a) gute Nacht! (*a.* F *fig.*), b) guten Abend!; ***have a ~ time*** sich amüsieren; (***it's a***) ***~ thing that*** es ist gut, daß; ***be ~ eating*** gut schmecken; **2.** gut, geeignet, nützlich, günstig, zuträglich: ***is this ~ to eat?*** kann man das essen?; ***milk is ~ for children*** Milch ist gut für Kinder; ***~ for gout*** gut für *od.* gegen Gicht; ***that's ~ for you!*** *a. iro.* das tut dir gut!; ***get in ~ with s.o.*** sich mit j-m gut stellen; ***what is it ~ for?*** wofür ist es gut?, wozu dient es?; **3.** befriedigend, reichlich, beträchtlich: ***a ~ hour*** e-e gute Stunde; ***a ~ day's journey*** e-e gute Tagereise; ***a ~ many*** ziemlich viele; ***a ~ threshing*** e-e ordentliche Tracht Prügel; ***~ money*** *sl.* hoher Lohn; **4.** (*vor adj.*) *verstärkend*: ***a ~ long time*** sehr lange (Zeit); ***~ old age*** hohes Alter; ***~ and angry*** F äußerst erbost; **5.** gut, tugendhaft: ***lead a ~ life*** ein rechtschaffenes Leben führen; ***a ~ deed*** e-e gute Tat; **6.** gut, gewissenhaft: ***a ~ father and husband*** ein guter Vater und Gatte; **7.** gut, gütig, lieb: ***~ to the poor*** gut zu den Armen; ***it is ~ of you to help me*** es ist nett (von Ihnen), daß Sie mir helfen; ***be ~ enough*** (*od.* ***so ~ as***) ***to fetch it*** sei so gut und hole es; ***be ~ enough to hold your tongue!*** halt gefälligst deinen Mund!; ***my ~ man*** F mein Lieber!; **8.** artig, lieb, brav

(*Kind*): ***be a ~ boy***; ***as ~ as gold*** a) kreuzbrav, b) goldrichtig; **9.** gut, geschickt, tüchtig (***at*** in *dat.*): ***a ~ rider*** ein guter Reiter; ***he is ~ at golf*** er spielt gut Golf; **10.** gut, geachtet: ***of ~ family*** aus guter Familie; **11.** gültig (*a.* ✝), echt: ***a ~ reason*** ein triftiger Grund; ***tell false money from ~*** falsches Geld von echtem unterscheiden; ***a ~ Republican*** ein guter *od.* überzeugter Republikaner; ***be as ~ as*** auf dasselbe hinauslaufen; ***as ~ as finished*** so gut wie fertig; ***he has as ~ as promised*** er hat es so gut wie versprochen; **12.** gut, genießbar, frisch: ***a ~ egg***; ***is this fish still ~?***; **13.** gut, gesund, kräftig: ***in ~ health*** bei guter Gesundheit, gesund; ***be ~ for*** ‚gut' sein für, fähig *od.* geeignet sein zu; ***I am ~ for another mile*** ich schaffe noch eine Meile; ***he is always ~ for a surprise*** er ist immer für e-e Überraschung gut; ***I am ~ for a walk*** ich habe Lust zu e-m Spaziergang; **14.** *bsd.* ✝ gut, sicher, zuverlässig: ***a ~ firm*** e-e gute *od.* zahlungsfähige Firma; ***~ debts*** sichere Schulden; ***be ~ for any amount*** für jeden Betrag gut sein; **II** *s.* **15.** *das* Gute, Gutes *n*, Wohl *n*: ***the common ~*** das Gemeinwohl; ***do s.o. ~*** a) j-m Gutes tun, b) j-m gut-, wohltun; ***he is up to no ~*** er führt nichts Gutes im Schilde; ***it comes to no ~*** es führt zu nichts Gutem; **16.** Nutzen *m*, Vorteil *m*: ***for his ~*** zu s-m Nutzen; ***he is too nice for his own ~*** er ist viel zu nett; ***what is the ~ of it?***, ***what ~ is it?*** was nützt es?, wozu soll das gut sein?; ***it's no ~*** a) es taugt nichts, b) es ist zwecklos; ***it is no ~ trying*** es hat keinen Wert *od.* Sinn, es zu versuchen; ***much ~ may it do you*** *iro.* wohl bekomm's!; ***for ~ (and all)*** für immer, endgültig, ein für allemal; ***to the ~*** obendrein, extra, ✝ als Gewinn *od.* Kreditsaldo; ***it's all to the ~*** es ist nur zu s-m *etc.* Besten; **17.** ***the ~*** *pl.* die Guten *pl. od.* Rechtschaffenen *pl.*; **18.** *pl.* (bewegliche) Habe: ***~s and chattles*** Hab u. Gut *n*; F *j-s* ‚Siebensachen' *pl.*; **19.** *pl.* Güter *pl.*, Waren *pl.*, Gegenstände *pl.*: ***by ~s*** ✝ *Brit.* als Frachtgut; → ***deliver*** 5.

Good| Book *s. die* Bibel; **ˌ~'by(e)** [-'baɪ] **I** *s.* **1.** Abschiedsgruß *m*: ***say ~ to*** *j-m* auf Wiedersehen sagen, sich von *j-m* verabschieden; ***you may say ~ to that!*** F das kannst du vergessen!; **2.** Abschied *m*; **II** *adj.* Abschieds…: ***~ kiss***; **III** *int.* [ˌgʊd'baɪ] **3.** auf Wiedersehen!, adi'eu!, a'de!: ***then ~ democracy!*** *fig. iron.* dann ade Demokratie!; **ˌ~'fel·low·ship** *s.* gute Kame'radschaft, Kame'radschaftlichkeit *f*; **~-for-noth·ing I** ['gʊdfəˌnʌθɪŋ] *adj.* nichtsnutzig; **II** [ˌgʊdfə'n-] *s.* Taugenichts *m*, Nichtsnutz *m*; ♀ **Fri·day** *s. eccl.* Kar'freitag *m*; **~ hu·mo(u)r** *s.* gute Laune; **ˌ~-'hu·mo(u)red** *adj.* ☐ **1.** bei guter Laune, gutaufgelegt; **2.** gutmütig.

good·ish ['gʊdɪʃ] *adj.* **1.** ziemlich gut; **2.** ziemlich (*Menge*); **good·li·ness** ['gʊdlɪnɪs] *s.* **1.** Güte *f*, Wert *m*; **2.** Anmut *f*; **3.** Schönheit *f*.

ˌgood|-'look·ing *adj.* gutaussehend, hübsch, schön; **~ looks** *s. pl.* gutes Aussehen, Schönheit *f*.

good·ly ['gʊdlɪ] *adj.* **1.** schön, anmutig; **2.** beträchtlich, ansehnlich; **3.** *oft iro.* glänzend, prächtig.

'good|·man [-mæn] *s.* [*irr.*] *obs.* Hausvater *m*, Ehemann *m*: ♀ ***Death*** Freund Hein *m*; **ˌ~-'na·tured** *adj.* ☐ gutmütig, gefällig; **ˌ~-'neigh·bo(u)r·li·ness** *s.* gutnachbarliches Verhältnis; ♀ **Neigh·bo(u)r pol·i·cy** *s.* Poli'tik *f* der guten Nachbarschaft.

good·ness ['gʊdnɪs] *s.* **1.** Tugend *f*, Frömmigkeit *f*; **2.** Güte *f*, Freundlichkeit *f*; **3.** Wert *m*, Güte *f*; *engS. das* Wertvolle *od.* Nahrhafte; **4.** ***~ gracious!***, ***my ~!*** du meine Güte!, du lieber Gott!; ***~ knows*** weiß der Himmel; ***for ~' sake*** um Himmels willen; ***thank ~!*** Gott sei Dank!; ***I wish to ~*** wollte Gott.

goods| a·gent *s.* ✝ ('Bahn)Spediˌteur *m*; **~ en·gine** *s. Brit.* 'Güterzuglokoˌmoˌtive *f*; **~ lift** *s. Brit.* Lastenaufzug *m*.

good speed *Am.* → ***godspeed***.

goods| sta·tion *s. Brit.* Güterbahnhof *m*; **~ train** *s. Brit.* Güterzug *m*; **~ van** *s. mot. Brit.* Lieferwagen *m*; **~ wag·on** *s. Brit.* Güterwagen *m*; **~ yard** *s. Brit.* Güter(bahn)hof *m*.

ˌgood|-'tem·pered *adj.* ☐ gutartig, -mütig, ausgeglichen; **ˌ~-'time Char·lie** ['tʃɑːlɪ] *s. Am.* F lebenslustiger *od.* vergnügungssüchtiger Mensch; **ˌ~'will** *s.* **1.** Wohlwollen *n*, guter Wille, Verständigungsbereitschaft *f*: ***~ tour*** *pol.* Goodwillreise *f*; ***~ visit*** Freundschaftsbesuch *m*; **2.** *mst* ***good will*** ✝ a) Goodwill *m*, (ide'eller) Firmen- *od.* Geschäftswert (*guter Ruf, Kundenstamm etc.*).

good·y ['gʊdɪ] F **I** *s.* **1.** Bon'bon *m, n, pl.* Süßigkeiten *pl.*, gute Sachen; **2.** *fig.* ‚klasse Ding'; **3.** *Film etc.*: Gute(r *m*) *f* (*Ggs Schurke*); **4.** Tugendbold *m*, Mukker *m*; **II** *adj.* **5.** frömmelnd, ‚mora'linsauer'; **III** *int.* **6.** prima!, ‚Klasse'!; **'~-ˌgood·y** → ***goody*** 4, 5, 6.

goo·ey ['guːɪ] *adj. sl.* klebrig, schmierig.

goof [guːf] F **I** *s.* **1.** ‚Pfeife' *f*, Idi'ot *m*; **2.** ‚Schnitzer' *m*, ‚Patzer' *m*; **II** *v/t.* **3.** *oft* ***~ up*** ‚vermasseln'; **III** *v/i.* **4.** ‚Mist bauen'; **5.** *oft* ***~ around*** ‚her'umspinnen'.

'go-off *s.* Start *m*: ***at the first ~*** (gleich) beim ersten Mal, auf Anhieb.

'goof·y ['guːfɪ] *adj.* ☐ *sl.* ‚doof', ‚bekloppt'.

gook [gʊk] *s. Am. sl. contp.* ‚Schlitzauge' *n* (*Asiate*).

goon [guːn] *s. sl.* **1.** *Am.* angeheuerter Schläger; **2.** → ***goof*** 1.

goose [guːs] **I** *pl.* **geese** [giːs] *s.* **1.** *orn.* Gans *f*: ***cook s.o.'s ~*** F es j-m ‚besorgen', j-n ‚fertigmachen'; ***he's cooked his ~ with me*** F bei mir ist er ‚unten durch'; ***all his geese are swans*** bei ihm ist immer alles besser als bei andern; ***kill the ~ that lays the golden eggs*** das Huhn schlachten, das goldene Eier legt; → ***sauce*** 1; **2.** Gans *f*, Gänsebraten *m*; **3.** *fig.* a) Dummkopf *m*, b) (dumme) Gans; **4.** (*pl.* **goos·es**) Schneiderbügeleisen *n*; **II** *v/t.* **5.** F *j-n* (in den ‚Po') zwicken.

goose·ber·ry ['gʊzbərɪ] *s.* **1.** ⚘ Stachelbeere *f*: ***play ~*** F den Anstandswauwau spielen; **2.** *a.* ***~ wine*** Stachelbeerwein *m*; **~ fool** *s.* Stachelbeercreme *f* (*Speise*).

goose| bumps *s. pl.*, **~ flesh** *s. fig.* Gänsehaut *f*; **'~·neck** *s.* ⚙ Schwanenhals *m*; **~ pim·ples** *s. pl.* → ***goose bumps***; **'~-quill** *s.* Gänsekiel *m*; **'~-skin** → ***goose bumps***; **'~-step** *s.* ⚔ Pa'rade-, Stechschritt *m*.

goos·ey ['guːsɪ] *s. fig.* Gäns-chen *n*.

go·pher[1] ['gəʊfə] *s. Am. zo.* a) Taschenratte *f*, b) Ziesel *m*, c) Gopherschildkröte *f*, d) *a.* ***~ snake*** Schildkrötenschlange *f*.

go·pher[2] → ***goffer***.

go·pher[3] ['gəʊfə] *s. bibl. Baum, aus dessen Holz Noah die Arche baute*; **'~·wood** *s. Am.* ⚘ Gelbholz *n*.

Gor·di·an ['gɔːdjən] *adj.*: ***cut the ~ knot*** den gordischen Knoten durchhauen.

gore[1] [gɔː] *s.* (*bsd.* geronnenes) Blut.

gore[2] [gɔː] **I** *s.* **1.** Zwickel *m*, Keil(stück *n*) *m*; **II** *v/t.* **2.** keilförmig zuschneiden; **3.** e-n Zwickel einsetzen in (*acc.*).

gore[3] [gɔː] *v/t.* (*mit den Hörnern*) durch'bohren, aufspießen.

gorge [gɔːdʒ] **I** *s.* **1.** enge (Fels-)Schlucht; **2.** *rhet.* Kehle *f*, Schlund *m*: ***my ~ rises at it*** *fig.* mir wird übel davon *od.* dabei; **3.** Schlemme'rei *f*, Völle'rei *f*; **4.** △ Hohlkehle *f*; **II** *v/i.* **5.** schlemmen: ***~ on*** (*od.* ***with***) → 7; **III** *v/t.* **6.** gierig verschlingen; **7.** ***~ o.s. on*** (*od.* ***with***) sich vollfressen mit, *et.* in sich hineinschlingen.

gor·geous ['gɔːdʒəs] *adj.* ☐ **1.** prächtig, prachtvoll (*beide a. fig.* F); **2.** F großartig, wunderbar, ‚toll'.

Gor·gon ['gɔːgən] *s.* **1.** *myth.* Gorgo *f*; **2.** a) häßliches *od.* abstoßendes Weib, b) ‚Drachen' *m*; **gor·go·ni·an** [gɔː'gəʊnjən] *adj.* **1.** Gorgonen…; **2.** schauerlich.

go·ril·la [gə'rɪlə] *s.* **1.** *zo.* Go'rilla *m*; **2.** *Am. sl.* ‚Gorilla' *m*: a) Leibwächter *m e-s Gangsters etc.*, b) Scheusal *n*.

gor·mand·ize ['gɔːməndaɪz] **I** *v/t. et.* gierig verschlingen; **II** *v/i.* schlemmen; **'gor·mand·iz·er** [-zə] *s.* Schlemmer (-in).

gorse [gɔːs] *s.* ⚘ *Brit.* Stechginster *m*.

gor·y ['gɔːrɪ] *adj.* **1.** *poet.* a) blutbefleckt, voll Blut, b) blutig: ***~ battle***; **2.** *fig.* blutrünstig.

gosh [gɒʃ] *int.* F Mensch!, Mann!

gos·hawk ['gɒshɔːk] *s. orn.* Hühnerhabicht *m*.

gos·ling ['gɒzlɪŋ] *s.* **1.** junge Gans, Gäns-chen *n*; **2.** *fig.* Grünschnabel *m*.

ˌgo-'slow *s.* ✝ *Brit.* Bummelstreik *m*.

gos·pel ['gɒspl] *s. eccl. a.* ♀ Evan'gelium *n* (*a. fig.*): ***take s.th. for ~*** et. für bare Münze nehmen; ***~ song*** Gospelsong *m*; ***~ truth*** *fig.* absolute Wahrheit; **'gos·pel·(l)er** [-pələ] *s.* Vorleser *m* des Evan'geliums: ***hot ~*** a) religiöser Eiferer, b) fa'natischer Befürworter.

gos·sa·mer ['gɒsəmə] **I** *s.* **1.** Alt'weibersommer *m*, Spinnfäden *pl.*; **2.** a) feine Gaze, b) hauchdünner Stoff; **3.** *et.* sehr Zartes u. Dünnes; **II** *adj.* **4.** leicht u. zart, hauchdünn.

gos·sip ['gɒsɪp] **I** *s.* **1.** Klatsch *m*, Tratsch *m*: ***~ column*** Klatschspalte *f*; ***~ columnist*** Klatschkolumnist(in); **2.** Plaude'rei *f*, Schwatz *m*, Plausch *m*; **3.** Klatschbase *f*; **II** *v/i.* **4.** klatschen, tratschen; **5.** plaudern; **'gos·sip·y** [-pɪ] *adj.* **1.** klatschhaft, -süchtig; **2.** schwatzhaft; **3.** im Plauderton (geschrieben).

got [gɒt] *pret. u. p.p. von* ***get***.

Goth [gɒθ] *s.* **1.** Gote *m*; **2.** *fig.* Bar'bar *m*.

Go·tham ['gəʊθəm, 'gɒ-] *s. Am.* (*Spitzname für*) New York; '**Go·tham·ite** *s.* [-maɪt] *humor.* New Yorker(in).

Goth·ic ['gɒθɪk] **I** *adj.* **1.** gotisch; **2.** *fig.* bar'barisch, roh; **3.** *typ.* a) *Brit.* gotisch, b) *Am.* Grotesk...; **4.** *Literatur*: a) ba'rock, ro'mantisch, b) Schauer...: ~ ***novel***; **II** *s.* **5.** *ling.* Gotisch *n*; **6.** ⚠ Gotik *f*, gotischer (Bau)Stil; **7.** *typ.* a) *Brit.* Frak'tur *f*, gotische Schrift, b) *Am.* Gro'tesk *f*; **Goth·i·cism** ['gɒθɪsɪzəm] *s.* **1.** Gotik *f*; **2.** *fig.* Barba'rei *f*, 'Unkulˌtur *f*.

ˌ**go-to-'meet·ing** *adj.* F Sonntags..., Ausgeh...: ~ ***suit***.

got·ten ['gɒtn] *obs. od. Am. p.p. von* ***get***.

gou·ache [gʊ'ɑːʃ] (*Fr.*) *s. paint.* Gou'ache *f*.

gouge [gaʊdʒ] **I** *s.* **1.** ⚙ Hohlmeißel *m*; **2.** Rille *f*, Furche *f*; **3.** *Am.* F a) Gaune'rei *f*, b) Erpressung *f*; **II** *v/t.* **4.** *a.* ~ ***out*** ⚙ ausmeißeln, -höhlen, -stechen; **5.** ~ ***out s.o.'s eye*** a) j-m den Finger ins Auge stoßen, b) j-m ein Auge ausdrükken *od.* -stechen; **6.** *Am.* F a) *j-n* über'vorteilen, b) *e-e Summe* erpressen.

gou·lash ['guːlæʃ] *s.* Gulasch *n*: ~ ***communism*** *pol. contp.* Gulaschkommunismus *m*.

gourd [gʊəd] *s.* **1.** ♀ Flaschenkürbis *m*; **2.** Kürbisflasche *f*.

gour·mand ['gʊəmənd] **I** *s.* **1.** Schlemmer *m*, Gour'mand *m*; **2.** → ***gourmet***; **II** *adj.* **3.** schlemmerisch.

gour·met ['gʊəmeɪ] *s.* Feinschmecker *m*, Gour'met *m*.

gout [gaʊt] *s.* **1.** ⚕ Gicht *f*; **2.** ♂ Gicht *f* (*Weizenkrankheit*): ~***-fly*** *zo.* gelbe Halmfliege; '**gout·y** [-tɪ] *adj.* ☐ ⚕ **1.** gichtkrank; **2.** zur Gicht neigend; **3.** gichtisch, Gicht...: ~ ***concretion*** Gichtknoten *m*.

gov·ern ['gʌvn] **I** *v/t.* **1.** regieren (*a. ling.*); beherrschen (*a. fig.*); **2.** leiten, führen, verwalten, lenken; **3.** *fig.* regeln, bestimmen, maßgebend sein für, leiten: ~***ed by circumstances*** durch die Umstände bestimmt; ***I was*** ~***ed by*** ich ließ mich leiten von ...; **4.** beherrschen, zügeln; **5.** ⚙ regeln, steuern; **II** *v/i.* **6.** regieren, herrschen (*a. fig.*); '**gov·ern·ance** [-nəns] *s.* **1.** Regierungsgewalt *f od.* -form *f*; **2.** *fig.* Herrschaft *f*, Gewalt *f*, Kon'trolle *f* (***of*** über *acc.*); '**gov·ern·ess** [-nɪs] **I** *s.* Erzieherin *f*, Gouver'nante *f*; **II** *v/i.* Erzieherin sein; '**gov·ern·ing** [-nɪŋ] *adj.* **1.** regierend, Regierungs...; **2.** leitend, Vorstands...: ~ ***body*** Vorstand *m*, Leitung *f*; **3.** *fig.* leitend, Leit...: ~ ***idea*** Leitgedanke *m*; **gov·ern·ment** ['gʌvnmənt] *s.* **1.** a) Regierung *f*, Herrschaft *f*, Kon'trolle *f* (***of, over*** über *acc.*), b) Regierungsgewalt *f*, c) Leitung *f*, Verwaltung *f*; **2.** Re'gierung(sform *f*, -ssyˌstem *n*) *f*; **3.** (*e-s bestimmten Landes*) *mst* 𝔊 *die* Regierung: ***the British*** 𝔊; ~ ***agency*** Regierungsstelle *f*, (-)Behörde *f*; ~ ***bill*** *parl.* Regierungsvorlage *f*; ~ ***spokesman*** Regierungssprecher *m*; **4.** Staat *m*: ~ ***bonds***, ~ ***securities*** a) Staatsanleihen, -papiere, b) *Am.* Bundesanleihen; ~ ***employee*** Angestellte(r *m*) *f* des öffentlichen Dienstes; ~ ***grant*** staatlicher Zuschuß; ~ ***indebtedness*** Staatsverschuldung *f*; ~ ***issue*** *Am. von der Regierung gestellte Ausrüstung*; ~ ***monopoly*** Staatsmonopol *n*; **5.** *univ.* Politolo'gie *f*; **6.** *ling.* Rekti'on *f*; **gov·ern·men·tal** [ˌgʌvn'mentl] *adj.* ☐ Regierungs..., Staats..., staatlich; **gov·ern·men·tal·ize** [ˌgʌvn'mentəlaɪz] *v/t.* unter staatliche Kon'trolle bringen.

ˌ**gov·ern·ment|-in-'ex·ile** *pl.* ˌ~**s-in-'ex·ile** *s. pol.* E'xilregierung *f*; '~**-owned** *adj.* staatseigen; '~**-run** *adj.* staatlich (*Rundfunk etc.*).

gov·er·nor ['gʌvənə] *s.* **1.** Gouver'neur *m* (*a. e-s Staates der USA*): ~ ***general*** Generalgouverneur; **2.** ⚔ Komman'dant *m*; **3.** a) *allg.* Di'rektor *m*, Leiter *m*, Vorsitzende(r) *m*, b) Präsi'dent *m* (*e-r Bank*), c) *Brit.* Ge'fängnisdiˌrektor *m*, d) *pl.* Vorstand *m*, Direk'torium *n*; **4.** F *der* ‚Alte': a) ‚alter Herr' (*Vater*), b) Chef *m* (*a. als Anrede*); **5.** ⚙ Regler *m*: ~ ***valve*** Reglerventil *n*; '**gov·er·nor·ship** [-ʃɪp] *s.* **1.** Gouver'neursamt *n*; **2.** Amtszeit *f* e-s Gouver'neurs.

gown [gaʊn] **I** *s.* **1.** Kleid *n*; **2.** *bsd.* ⚖ *u. univ.* Ta'lar *m*, Robe *f*; **3.** *coll.* Stu'denten(schaft *f*) *pl. u.* Hochschullehrer *pl.* (*e-r Universitätsstadt*): ***town and*** ~ Stadt u. Universität; **II** *v/t.* **4.** mit e-m Ta'lar *etc.* bekleiden; **gowns·man** ['gaʊnzmən] *s.* [*irr.*] Robenträger *m* (*Anwalt, Richter, Geistlicher etc.*).

goy [gɔɪ] *s.* ‚Goi' *m* (*jiddisch für Nichtjude*).

grab [græb] **I** *v/t.* **1.** (hastig *od.* gierig) ergreifen, an sich reißen, fassen, pakken, (sich) ‚schnappen'; **2.** *fig.* a) sich ‚schnappen', an sich reißen, b) *e-e Gelegenheit* beim Schopf ergreifen; **3.** F *Publikum* packen, fesseln; **II** *v/i.* **4.** ~ ***at*** (hastig *od.* gierig) greifen *od.* ‚schnappen' nach; **III** *s.* **5.** (hastiger *od.* gieriger) Griff (***for*** nach): ***make a*** ~ ***at*** → 1 u. 4; ***be up for*** ~***s*** F für jeden zu haben *od.* zu gewinnen sein; **6.** *fig.* Griff (***for*** nach *der Macht etc.*); **7.** ⚙ (Bagger-, Kran)Greifer *m*: ~ ***crane*** Greiferkran *m*; ~ ***dredge(r)*** Greiferbagger *m*; ~ ***handle*** Haltegriff *m*; ~ ***bag*** *s. Am.* **1.** ‚Grabbelsack' *m*; **2.** *fig.* Sammel'surium *n*.

grab·ber ['græbə] *s.* Habgierige(r *m*) *f*, ‚Raffke' *m*.

grab·ble ['græbl] *v/i.* tasten, tappen, suchen (***for*** nach).

grab raid *s.* 'Raubˌüberfall *m*.

grace [greɪs] **I** *s.* **1.** Anmut *f*, Grazie *f*, Liebreiz *m*, Charme *m*: ***the three*** 𝔊***s*** *myth.* die drei Grazien; **2.** Anstand *m*, Takt *m*, Schicklichkeit *f*: ***have the*** ~ ***to do*** den Anstand haben zu tun; ***with*** ~ mit Anstand *od.* Würde *od.* ‚Grazie' (→ *a.* 3); **3.** Bereitwilligkeit *f*: ***with a good*** ~ bereitwillig, gern; ***with a bad*** ~ widerwillig, (nur) ungern; **4.** *mst pl.* gute Eigenschaft, schöner Zug: ***social*** ~***s*** feine Lebensart; **5.** Gunst *f*, Wohlwollen *n*, Huld *f*, Gnade *f*: ***be in s.o.'s good*** ~***s*** in j-s Gunst stehen, bei j-m gut angeschrieben sein; ***be in s.o.'s bad*** ~***s*** bei j-m in Ungnade sein; ***fall from*** ~ in Ungnade fallen; ***by way of*** ~ ⚖ auf dem Gnadenwege; ***act of*** ~ Gnadenakt *m*; **6.** ***by the*** ~ ***of God*** von Gottes Gnaden; ***in the year of*** ~ im Jahre des Heils; **7.** *eccl.* a) *a.* ***state of*** ~ Stand *m* der Gnade, b) Tugend *f*: ~ ***of charity*** (Tugend der) Nächstenliebe *f*, c) ***say*** ~ das Tischgebet sprechen; **8.** ✝, ⚖ Aufschub *m*, (Zahlungs-, Nach)Frist *f*: ***days of*** ~ Respekttage *pl.*; ***grant s.o. a week's*** ~ j-m e-e Woche Aufschub gewähren; **9.** 𝔊 (*Eure, Seine, Ihre*) Gnaden *pl.* (*Titel*): ***Your*** 𝔊 a) Eure Hoheit (*Herzogin*), b) Eure Exzellenz (*Erzbischof*); **10.** *a.* ~ ***note*** ♪ Verzierung *f*; **II** *v/t.* **11.** zieren, schmücken; **12.** *fig.* a) zieren, b) (be)ehren, auszeichnen; '**grace·ful** [-fʊl] *adj.* ☐ **1.** anmutig, grazi'ös, reizend, ele'gant; **2.** geziemend, takt-, würdevoll: ~***ly*** *fig.* mit Anstand *od.* Würde *alt werden etc.*; '**grace·ful·ness** [-fʊlnɪs] *s.* Anmut *f*, Grazie *f*; '**grace·less** [-lɪs] *adj.* ☐ **1.** 'ungraziˌös, reizlos, 'uneleˌgant; **2.** *obs.* verworfen.

grac·ile ['græsaɪl] *adj.* zierlich, gra'zil, zart(gliedrig).

gra·cious ['greɪʃəs] **I** *adj.* ☐ **1.** gnädig, huldvoll, wohlwollend; **2.** *poet.* gütig, freundlich; **3.** *eccl.* gnädig, barmherzig (*Gott*); **4.** *obs.* für ***graceful*** 1; **5.** a) angenehm, b) geschmackvoll, schön: ~ ***living*** elegantes Leben, kultivierter Luxus; **II** *int.* **6.** ~ ***me!***, ~ ***goodness!***, ***good*** ~***!*** du meine Güte!, lieber Himmel!; '**gra·cious·ness** [-nɪs] *s.* **1.** Gnade *f*, *eccl. a.* Barm'herzigkeit *f*; **2.** *poet.* Güte *f*, Freundlichkeit *f*.

grad [græd] *s.* F Stu'dent(in).

gra·date [grə'deɪt] **I** *v/t.* *Farben* abstufen, inein'ander 'übergehen lassen, abtönen; **II** *v/i.* stufenweise (inein'ander) 'übergehen; **gra·da·tion** [grə'deɪʃn] *s.* **1.** Abstufung *f*: a) Abtönung *f*, b) Staffelung *f*; **2.** Stufenleiter *f*, -folge *f*; **3.** *ling.* Ablaut *m*.

grade [greɪd] **I** *s.* **1.** Grad *m*, Stufe *f*, Klasse *f*; **2.** ⚔ *Am.* Dienstgrad *m*; **3.** (*höherer etc.*) (Be'amten)Dienst; **4.** Art *f*, Gattung *f*, Sorte *f*; Quali'tät *f*, Güte *f*, Klasse *f*: 𝔊 ***A*** ✝ (Güte)Klasse A (→ 6); **5.** Steigung *f*, Gefälle *n*, Neigung *f*, Ni'veau *n* (*a. fig.*): ~ ***crossing*** (schienengleicher) Bahnübergang; ***at*** ~ *Am.* auf gleicher Höhe; ***on the up*** ~ aufwärts (-gehend), im Aufstieg; ***make the*** ~ ‚es schaffen'; **6.** *ped. Am.* a) (Schüler *pl.* e-r) Klasse *f*, b) Note *f*, Zen'sur *f*, c) *pl.* (Grund)Schule *f*: ~ ***A*** (Note *f*) Sehr Gut *n* (→ 4); **II** *v/t.* **7.** sortieren, einteilen, -reihen, -stufen, staffeln; **8.** *ped.* benoten, zensieren; **9.** ~ ***up*** verbessern, veredeln; ~ (***up***) Vieh (auf)kreuzen; **10.** *Gelände* planieren; **11.** *ling.* ablauten; **12.** → ***gradate*** I; '**grad·er** [-də] *s.* **1.** a) Sortierer(in), b) Sor'tiermaˌschine *f*; **2.** ⚙ Pla'niermaˌschine *f*; **3.** *Am. ped. in Zssgn* ...kläßler *m*: ***fourth*** ~ Viertkläßler.

grade school *s. Am.* Grundschule *f*.

gra·di·ent ['greɪdjənt] **I** *s.* **1.** Neigung *f*, Steigung *f*, Gefälle *n* (*des Geländes etc.*); **2.** ⚗ Gradi'ent *m* (*a. meteor.*), Gefälle *n*; **II** *adj.* **3.** gehend, schreitend; **4.** *zo.* Geh..., Lauf...

grad·u·al ['grædjʊəl] **I** *adj.* ☐ all'mählich, schritt-, stufenweise, langsam (fortschreitend), gradu'ell; **II** *s. eccl.* Gradu'ale *n*; '**grad·u·al·ly** [-əlɪ] *adv.* a) nach u. nach, b) → ***gradual*** I.

grad·u·ate ['grædʒʊət] **I** *s.* **1.** *univ.* a) 'Hochschulabsolˌvent(in), Aka'demiker

(-in), b) Graduierte(r *m*) *f* (*bsd. Inhaber[in] des niedrigsten akademischen Grades*), c) *Am.* Stu'dent(in) an e-r ***graduate school***; **2.** *ped. Am.* ('Schul-) Absol,vent(in): ***high-school ~*** *etwa* Abiturient(in); **3.** *fig. Am.* ‚Pro'dukt' *n* (*e-r Anstalt etc.*); **4.** *Am.* Meßgefäß *n*; **II** *adj.* **5.** *univ.* a) Akademiker…, b) graduiert: ***~ student*** → 1, c) für Graduierte: ***~ course*** (Fach)Kurs *m* an e-r ***graduate school***; **6.** *Am.* staatlich geprüft, Diplom…: ***~ nurse***; **7.** → ***graduated*** 1; **III** *v/t.* [-djʊeɪt] **8.** ⚙ mit e-r Maßeinteilung versehen, in Grade einteilen, *a.* ⚗ gradieren; **9.** abstufen, staffeln; **10.** *univ.* graduieren, *j-m* e-n (*bsd. den niedrigsten*) aka'demischen Grad verleihen; **11.** *ped. Am.* a) *oft* ***be ~d from*** die Abschlußprüfung bestehen an (*e-r Schule*), absolvieren, her'vorgehen aus, b) *j-n* (*in die nächste Klasse*) versetzen; **IV** *v/i.* [-djʊeɪt] **12.** *univ.* graduieren, e-n (*bsd. den niedrigsten*) aka'demischen Grad erwerben (***from*** an *dat.*); **13.** *ped. Am.* die Abschlußprüfung bestehen: ***~ from*** → 11a; **14.** sich staffeln, sich abstufen: ***~ into*** a) sich entwickeln zu, b) allmählich übergehen in (*acc.*); **'grad·u·at·ed** [-jʊeɪtɪd] *adj.* **1.** abgestuft, gestaffelt; **2.** ⚙ graduiert, mit e-r Gradeinteilung: ***~ dial*** Skalenscheibe *f*; **grad·u·ate school** *s. univ. Am.* a) höhere 'Fachse,mester *pl.* (*mit Studienziel ‚Magister'*), b) *Universität(seinrichtung) zur Erlangung höherer akademischer Grade*; **grad·u·a·tion** [,grædjʊ'eɪʃn] *s.* **1.** Abstufung *f*, Staffelung *f*; **2.** ⚙ a) Gradeinteilung *f*, b) Grad-, Teilstrich(e *pl.*) *m*; **3.** ⚗ Gradierung *f*; **4.** *univ.* Graduierung *f*, Erteilung *f od.* Erlangung *f* e-s aka'demischen Grades; **5.** *ped. Am.* a) Absolvieren *n* (***from*** *e-r Schule*), b) Schluß-, Verleihungsfeier *f*.

Graeco- [gri:kəʊ] *in Zssgn* griechisch, gräko…

graf·fi·to [grə'fi:təʊ] *pl.* **-ti** [-tɪ] *s.* **1.** (S)Graf'fito *m, n*, Kratzmale'rei *f*; **2.** *pl.* Wandkritze'leien *pl.*, Graf'fiti *pl.*

graft [grɑ:ft] **I** *s.* **1.** ⚘ a) Pfropfreis *n*, b) veredelte Pflanze, c) Pfropfstelle *f*; **2.** ⚕ a) Transplan'tat *n*, b) Transplantati'on *f*; **3.** *bsd. Am.* F a) Korrupti'on *f*, b) Bestechungs-, Schmiergelder *pl.*; **II** *v/t.* **4.** ⚘ a) *Zweig* pfropfen, b) *Pflanze* okulieren, veredeln; **5.** ⚕ *Gewebe* transplantieren, verpflanzen; **6.** *fig.* (***in***, [***up***]***on***) a) *et.* aufpfropfen (*dat.*), b) *Ideen etc.* einimpfen (*dat.*), c) über'tragen (auf *acc.*); **III** *v/i.* **7.** *bsd. Am.* F a) sich (durch 'Amts,mißbrauch) bereichern, b) Schmiergelder zahlen; **'graft·er** [-tə] *s.* **1.** ⚘ a) Pfropfer *m*, b) Pfropfmesser *n*; **2.** *bsd. Am.* F kor'rupter Be'amter *od.* Po'litiker *etc.*

Grail [greɪl] *s. eccl.* Gral *m*.

grain [greɪn] **I** *s.* **1.** ⚘ (Samen-, *bsd.* Getreide)Korn *n*; **2.** *coll.* Getreide *n*, Korn *n*; **3.** Körnchen *n*, (*Sand- etc.*) Korn *n*: ***of fine ~*** feinkörnig; → ***salt*** 1; **4.** *fig.* Spur *f*, *ein* bißchen: ***a ~ of truth*** ein Körnchen Wahrheit; ***not a ~ of hope*** kein Funke Hoffnung; **5.** ⚕ Gran *n* (*Gewicht*); **6.** a) Faser(ung) *f*, Maserung *f* (*Holz*), b) Narbe *f* (*Leder*), c) Korn *n*, Narbe *f* (*Papier*), d) *metall.* Korn *n*, Körnung *f*, e) Strich *m* (*Tuch*), f) *min.* Korn *n*, Gefüge *n*: ***~ (side)*** Narbenseite (*Leder*); ***it goes against the ~ (with me)*** *fig.* es geht mir gegen den Strich; **7.** *hist.* Coche'nille *f* (*Farbstoff*): ***dyed in ~*** a) im Rohzustand gefärbt, b) *a. fig.* waschecht; **8.** *phot.* a) Korn *n*, b) Körnigkeit *f* (*Film*); **II** *v/t.* **9.** körnen, granulieren; **10.** ⚙ *Leder*: a) enthaaren, b) körnen, narben; **11.** ⚙ *Holz etc.* (*künstlich*) masern, ädern; **12.** ⚙ a) *Papier* narben, b) in der Wolle färben; **~ al·co·hol** *s.* ⚗ Ä'thylalkohol *m*; **~ leath·er** *s.* genarbtes Leder.

gram¹ [græm] → ***chickpea***.

gram² [græm] *Am.* → ***gramme***.

gram·i·na·ceous [,græmɪ'neɪʃəs], **gra·min·e·ous** [grə'mɪnɪəs] *adj.* ⚘ grasartig, Gras…; **gram·i·niv·o·rous** [,græmɪ'nɪvərəs] *adj.* grasfressend.

gram·mar ['græmə] *s.* **1.** Gram'matik *f* (*a. Lehrbuch*): ***bad ~*** ungrammatisch; **2.** *fig.* Grundbegriffe *pl.*; **gram·mar·i·an** [grə'meərɪən] *s.* **1.** Gram'matiker (-in); **2.** Verfasser(in) e-r Gram'matik; **gram·mar school** *s.* **1.** *Brit.* höhere Schule, *etwa* Gym'nasium *n*; **2.** *Am. etwa* Grundschule *f*; **gram·mat·i·cal** [grə'mætɪkl] *adj.* □ gram'matisch, grammati'kalisch: ***not ~*** grammatisch falsch.

gramme [græm] *s.* Gramm *n*.

gram mol·e·cule *s. phys.* 'Grammmole,kül *n*.

Gram·my ['græmɪ] *s.* Grammy *m* (*amer. Schallplattenpreis*).

gram·o·phone ['græməfəʊn] *s.* a) Grammo'phon *n*, b) Plattenspieler *m*; **~ rec·ord** *s.* Schallplatte *f*.

gram·pus ['græmpəs] *s. zo.* Schwertwal *m*: ***blow like a ~*** *fig.* wie ein Nilpferd schnaufen.

gran·a·ry ['grænərɪ] *s.* Kornkammer *f* (*a. fig.*), Kornspeicher *m*.

grand [grænd] **I** *adj.* □ **1.** großartig, gewaltig, grandi'os, eindrucksvoll, prächtig: ***in ~ style*** großartig; **2.** (*geistig etc.*) groß, bedeutend, über'ragend; **3.** erhaben (*Stil etc.*); **4.** (*gesellschaftlich*) groß, hochstehend, vornehm, distinguiert: ***~ air*** Vornehmheit *f*, Würde *f*, *iro.* Gran'dezza *f*; ***do the ~*** den vornehmen Herrn spielen; ***..., he said ~ly*** …, sagte er großartig; **5.** Haupt…: ***~ question***; ***~ staircase*** Haupttreppe *f*; ***~ total*** Gesamtsumme *f*; **6.** F großartig, prächtig: ***a ~ idea***; ***have a ~ time*** sich glänzend amüsieren; **II** *s.* **7.** ♪ Flügel *m*; **8.** *pl.* **grand** *Am. sl.* ‚Riese' *m* (*1000 Dollar*).

gran·dad → ***granddad***.

gran·dam ['grændæm] *s.* **1.** Großmutter *f*; **2.** alte Dame.

'grand|·aunt *s.* Großtante *f*; **'~·child** [-ntʃ-] *s.* [*irr.*] Enkel(in); **'~·dad** [-ndæd] *s.* ‚Opa' *m* (*a. alter Mann*); **'~,daugh·ter** [-n,dɔ:-] *s.* Enkelin *f*; **,♀-'du·cal** [-nd'd-] *adj.* großherzoglich; **♀ Duch·ess** [-ndd-] *s.* Großherzogin *f*; **♀ Duch·y** *s.* Großherzogtum *n*; **♀ Duke** *s.* **1.** Großherzog *m*; **2.** *hist.* (*russischer*) Großfürst.

gran·dee [græn'di:] *s.* Grande *m*.

gran·deur ['grændʒə] *s.* **1.** Großartigkeit *f* (*a. iro.*); **2.** Größe *f*, Erhabenheit *f*; **3.** Vornehmheit *f*, Hoheit *f*, Würde *f*: ***delusions of ~*** Größenwahnsinn *m*; **4.** Herrlichkeit *f*, Pracht *f*.

'grand,fa·ther ['grænd,f-] *s.* Großvater *m*: ***~('s) clock*** Standuhr *f*; ***~('s) chair*** Ohrensessel *m*; **'grand,fa·ther·ly** [-lɪ] *adj.* großväterlich (*a. fig.*).

gran·dil·o·quence [græn'dɪləkwəns] *s.* **1.** (Rede)Schwulst *m*, Bom'bast *m*; **2.** Großspreche'rei *f*; **gran'dil·o·quent** [-nt] *adj.* □ **1.** schwülstig, hochtrabend, ‚geschwollen'; **2.** großsprecherisch.

gran·di·ose ['grændɪəʊs] *adj.* □ **1.** großartig, grandi'os; **2.** pom'pös, prunkvoll; **3.** schwülstig, hochtrabend, bom'bastisch.

grand| ju·ry *s.* ⚖ *Am.* Anklagejury *f* (*Geschworene, die die Eröffnung des Hauptverfahrens beschließen od. ablehnen*); **~ lar·ce·ny** *s.* ⚖ *Am.* schwerer Diebstahl; **~·ma** ['grænmɑ:], **~·mam·ma** ['grænmə,mɑ:] *s.* F 'Großma,ma *f*, ‚Oma' *f*; **~ mas·ter** *s.* **1.** *Schach*: Großmeister *m*; **2.** ***Grand Master*** Großmeister *m* (*der Freimaurer etc.*); **'~,moth·er** [-n,m-] *s.* Großmutter *f*: ***teach your ~ to suck eggs!*** das Ei will klüger sein als die Henne!; **'~,moth·er·ly** [-lɪ] *adj.* großmütterlich (*a. fig.*); **♀ Na·tion·al** *s. Pferdesport*: Grand National *n* (*Hindernisrennen auf der Aintree-Rennbahn bei Liverpool*); **'~,neph·ew** [-n,n-] *s.* Großneffe *m*.

grand·ness ['grændnɪs] → ***grandeur***.

'grand|·niece [-nni:s] *s.* Großnichte *f*; **~ old man** *s.* ‚großer alter Mann' (*e-r Berufsgruppe etc.*); **♀ Old Par·ty**, *abbr.* **GOP** *s. pol. Am. die* Republi'kanische Par'tei *der USA*; **~ op·er·a** *s.* ♪ große Oper; **~·pa** ['grænpɑ:], **~·pa·pa** ['grænpə,pɑ:] *s.* ‚Opa' *m*, 'Großpa,pa *m*; **'~,par·ent** [-n,p-] *s.* **1.** Großvater *m od.* -mutter *f*; **2.** *pl.* Großeltern *pl.*; **~ pi·an·o** *s.* ♪ (Kon'zert)Flügel *m*; **'~,sire** [-n,s-] *s. obs.* **1.** alter Herr; **2.** Großvater *m*; **'~·son** [-ns-] *s.* Enkel *m*; **~ slam** *s.* **1.** *Tennis*: Grand Slam *m*; **2.** → ***slam²***; **'~·stand** [-nds-] **I** *s. sport* 'Haupttri,büne *f*: ***play to the ~*** → III; **II** *adj.* Haupttribünen…: ***~ seat***; ***~ play*** F Effekthascherei *f*; ***~ finish*** packendes Finish; **III** *v/i. Am.* F sich in Szene setzen, ‚e-e Schau abziehen'; **~ tour** *s. hist.* Bildungs-, Kava'liersreise *f*; **'~,un·cle** *s.* Großonkel *m*.

grange [greɪndʒ] *s.* **1.** Farm *f*; **2.** kleiner Gutshof *od.* Landsitz.

gra·nif·er·ous [grə'nɪfərəs] *adj.* ⚘ körnertragend.

gran·ite ['grænɪt] **I** *s. min.* Gra'nit *m* (*a. fig.*): ***bite on ~*** *fig.* auf Granit beißen; **II** *adj.* Granit…; *fig.* hart, eisern, unbeugsam; **gra·nit·ic** [græ'nɪtɪk] → ***granite*** II.

gra·niv·o·rous [grə'nɪvərəs] *adj.* körnerfressend.

gran·nie, **gran·ny** ['grænɪ] *s.* F **1.** ‚Oma' *f*: ***~ glasses*** Nickelbrille *f*; ***~ annexe*** Einliegerwohnung *f*; **2.** *a.* ***~('s) knot*** ⚓ Alt'weiberknoten *m*.

grant [grɑ:nt] **I** *v/t.* **1.** bewilligen, gewähren (***s.o. a credit*** *etc.* j-m e-n Kredit *etc.*): ***it was not ~ed to her*** es war ihr nicht vergönnt; ***God ~ that*** gebe Gott, daß; **2.** *e-e Erlaubnis etc.* geben, erteilen; **3.** *e-e Bitte etc.* erfüllen, (*a.* ⚖ *e-m Antrag etc.*) stattgeben; **4.** ⚖ über'tragen, -'eignen, verleihen, *Patent* erteilen; **5.** zugeben, zugestehen, einräumen: ***I ~ you that ...*** ich gebe zu, daß

…; **~ed, but** zugegeben, aber; **~ed that …** a) zugegeben, daß, b) angenommen, daß; **take for ~ed** a) *et.* als erwiesen annehmen, b) *et.* als selbstverständlich betrachten, c) gar nicht mehr wissen, was man an *j-m* hat; **II** *s.* **6.** a) Bewilligung *f*, Gewährung *f*, b) Zuschuß *m*, Unter'stützung *f*, Subventi'on *f*; **7.** (Ausbildungs-, Studien)Beihilfe *f*, Sti'pendium *n*; **8.** ⚖ a) Verleihung *f e-s Rechts*, Erteilung *f e-s Patents etc.*, b) (urkundliche) Über'tragung (**to** auf *acc.*); **9.** *Am.* zugewiesenes Amt;

gran·tee [grɑ:n'ti:] *s.* **1.** Begünstigte(r *m*) *f*; **2.** ⚖ a) Zessio'nar(in), Rechtsnachfolger(in), b) Privile'gierte(r *m*) *f*; **ˌgrant-in-'aid** *pl.* **ˌgrants-in-'aid** *s.* a) *Brit.* Re'gierungszuschuß *m* an Kom'munen, b) *Am.* Bundeszuschuß *m* an Einzelstaaten; **gran·tor** [grɑ:n'tɔ:] *s.* ⚖ a) Ze'dent(in), b) Li'zenzgeber(in).

gran·u·lar ['grænjʊlə] *adj.* **1.** gekörnt, körnig; **2.** granuliert; **'gran·u·late** [-leɪt] **I** *v/t.* **1.** körnen, granulieren; **2.** *Leder* rauhen, narben; **II** *v/i.* körnig werden; **'gran·u·lat·ed** [-leɪtɪd] *adj.* **1.** gekörnt, körnig, granuliert (*a.* ⚕): **~ sugar** Kristallzucker *m*; **2.** gerauht; **gran·u·la·tion** [ˌgrænjʊ'leɪʃn] *s.* **1.** ⚙ Körnen *n*, Granulieren *n*; **2.** Körnigkeit *f*; **3.** ⚕ Granulati'on *f*; **'gran·ule** [-ju:l] *s.* Körnchen *n*; **'gran·u·lous** [-ləs] → **granular**.

grape [greɪp] *s.* **1.** Weintraube *f*, -beere *f*: **the (juice of the) ~** der Saft der Reben (*Wein*); **but that's just sour ~s** *fig.* aber ihm (*etc.*) hängen die Trauben zu hoch; → **bunch** 1; **2.** → **grapevine** 1; **3.** *pl. vet.* a) Mauke *f*, b) 'Rindertuberkuˌlose *f*; **~ cure** *s.* ⚕ Traubenkur *f*; **'~-fruit** *s.* ⚘ Grapefruit *f*, Pampelmuse *f*; **~ juice** *s.* Traubensaft *m*; **'~-louse** *s.* [*irr.*] *zo.* Reblaus *f*; **'~-shot** *s.* ⚔ Kar'tätsche *f*; **'~-stone** *s.* (Wein)Traubenkern *m*; **~ sug·ar** *s.* Traubenzucker *m*; **'~-vine** *s.* **1.** ⚘ Weinstock *m*; **2.** F a) Gerücht *n*, b) *a.* **~ telegraph** ‚Buschtrommel' *f*, 'Nachrichtensyˌstem *n*: **hear s.th. on the ~** et. gerüchteweise hören.

graph [græf] *s.* **1.** Schaubild *n*, Dia'gramm *n*, graphische Darstellung, Kurvenblatt *n*, -bild *n*; **2.** *bsd.* Ꜹ Kurve *f*: **~ paper** Millimeterpapier *n*; **3.** *ling.* Graph *m*; **'graph·ic** [-fɪk] **I** *adj.* (□ **~ally**) **1.** anschaulich, plastisch, lebendig (geschildert *od.* schildernd); **2.** graphisch, zeichnerisch: **~ arts** → 4; **~ artist** Graphiker(in); **3.** Schrift…, Schreib…; **II** *s. pl. sg. konstr.* **4.** Graphik, graphische Kunst; **5.** technisches Zeichnen; **6.** graphische Darstellung (*als Fach*); **'graph·i·cal** [-fɪkl] *adj.* □ → **graphic** I.

graph·ite ['græfaɪt] *s. min.* Gra'phit *m*, Reißblei *n*; **gra·phit·ic** [grə'fɪtɪk] *adj.* Graphit…

graph·o·log·i·cal [ˌgræfə'lɒdʒɪkl] *adj.* □ grapho'logisch; **graph·ol·o·gist** [græ'fɒlədʒɪst] *s.* Grapho'loge *m*; **graph·ol·o·gy** [græ'fɒlədʒɪ] *s.* Grapholo'gie *f*, Handschriftendeutung *f*.

grap·nel ['græpnl] *s.* **1.** ⚓ a) Enterhaken *m*, b) Dregganker *m*, Dregge *f*; **2.** ⚙ a) Ankereisen *n*, b) (Greif)Haken *m*, Greifer *m*.

grap·ple ['græpl] **I** *s.* **1.** → **grapnel** 1 a *u.* 2 b; **2.** a) Griff *m* (*a. beim Ringen etc.*), b) Handgemenge *n*, Kampf *m*; **II** *v/t.* **3.** ⚓ entern; **4.** ⚙ verankern, verklammern; **5.** packen, fassen; **III** *v/i.* **6.** e-n Enterhaken *od.* Greifer gebrauchen; **7.** ringen, kämpfen (*a. fig.*): **~ with s.th.** *fig.* sich mit et. herumschlagen.

grap·pling| hook, **~ i·ron** ['græplɪŋ] → **grapnel** 1 a u. 2 b.

grasp [grɑ:sp] **I** *v/t.* **1.** packen, fassen, (er)greifen; → **nettle** 1; **2.** an sich reißen; **3.** *fig.* verstehen, begreifen, (er-)fassen; **II** *v/i.* **4.** zugreifen, zupacken; **5.** **~ at** greifen nach; → **shadow** 2, **straw** 1; **6.** **~ at** *fig.* streben nach; **III** *s.* **7.** Griff *m*; **8.** a) Reichweite *f*, b) *fig.* Macht *f*, Gewalt *f*, Zugriff *m*: **within one's ~** in Reichweite, *fig. a.* greifbar nahe; **within the ~ of** in der Gewalt von (*od. gen.*); **9.** *fig.* Verständnis *n*, Auffassungsgabe *f*: **it is within his ~** das kann er begreifen; **it is beyond his ~** es geht über seinen Verstand; **have a good ~ of s.th.** et. gut beherrschen; **'grasp·ing** [-pɪŋ] *adj.* □ habgierig.

grass [grɑ:s] **I** *s.* **1.** ⚘ Gras *n*: **hear the ~ grow** *fig.* das Gras wachsen hören; **not to let the ~ grow under one's feet** nicht lange fackeln, keine Zeit verschwenden; **2.** Gras *n*, Rasen *m*: **keep off the ~** Betreten des Rasens verboten!; **3.** Grasland *n*, Weide *f*: **be (out) at ~** a) auf der Weide sein, b) F im Ruhestand sein; **put** (*od.* **turn**) **out to ~** a) *Vieh* auf die Weide treiben, b) *bsd. e-m Rennpferd* das Gnadenbrot geben, c) F *j-n* in Rente schicken; **4.** *sl.* ‚Grass' *n*, Marihu'ana *n*; **II** *v/t.* **5.** a) *a.* **~ down** mit Gras besäen, b) *a.* **~ over** mit Rasen bedecken; **6.** *Vieh* weiden (lassen); **7.** *Wäsche* auf dem Rasen bleichen; **8.** *Vogel* abschießen; **9.** *sport Gegner* zu Fall bringen; **III** *v/i.* **10.** grasen, weiden; **11.** *Brit. sl.* ‚singen': **~ on s.o.** j-n ‚verpfeifen'; **~ blade** *s.* Grashalm *m*; **~ court** *s. Tennis*: Rasenplatz *m*; **ˌ~-'green** *adj.* grasgrün; **'~-grown** *adj.* mit Gras bewachsen; **'~ˌhop·per** *s.* **1.** *zo.* (Feld)Heuschrecke *f*, Grashüpfer *m*; **2.** ✈, ⚔ Leichtflugzeug *n*; **'~-land** *s.* Weide(land *n*) *f*; **'~-plot** *s.* Rasenplatz *m*; **~ roots** *s. pl.* **1.** *fig.* Wurzel *f*; **2.** *pol.* a) Basis *f* (*e-r Partei*), b) ländliche Bezirke *od.* Landbevölkerung *f*; **'~-roots** *adj. pol.* a) (an) der Basis (*e-r Partei*), b) bodenständig: **~ democracy**; **~ snake** *s. zo.* Ringelnatter *f*; **~ wid·ow** *s.* **1.** Strohwitwe *f*; **2.** *Am.* geschiedene *od.* getrennt lebende Frau; **~ wid·ow·er** *s.* **1.** Strohwitwer *m*; **2.** *Am.* geschiedener *od.* getrennt lebender Mann.

grass·y ['grɑ:sɪ] *adj.* grasbedeckt, grasig, Gras…

grate¹ [greɪt] **I** *v/t.* **1.** *Käse etc.* reiben, *Gemüse etc. a.* raspeln; **2.** a) knirschen mit: **~ one's teeth**, b) kratzen mit, c) quietschen mit; **3.** *et.* krächzen(d sagen); **II** *v/i.* **4.** knirschen *od.* kratzen *od.* quietschen; **5.** weh tun (**[up]on s.o.** j-m): **~ on s.o.'s nerves** an j-s Nerven zerren; **~ on the ear** dem Ohr weh tun; **~ on s.o.'s ears** j-m in den Ohren weh tun.

grate² [greɪt] *s.* **1.** Gitter *n*; **2.** (Feuer-, ⚙ Kessel)Rost *m*; **3.** Ka'min *m*; **4.** *Wasserbau*: Fangrechen *m*; **'grat·ed** [-tɪd] *adj.* vergittert.

grate·ful ['greɪtfʊl] *adj.* □ **1.** dankbar (**to s.o. for s.th.** j-m für et.): **a ~ letter** ein Dank(es)brief; **2.** *fig.* dankbar (*Aufgabe etc.*); **3.** angenehm, wohltuend, will'kommen (**to s.o.** j-m); **'grate·ful·ness** [-nɪs] *s.* Dankbarkeit *f*.

grat·er ['greɪtə] *s.* Reibe *f*, Reibeisen *n*, Raspel *f*.

grat·i·cule ['grætɪkju:l] *s.* ⚙ **1.** a) (Grad)Netz *n*, Koordi'natensyˌstem *n*, b) mit e-m Netz versehene Zeichnung; **2.** Fadenkreuz *n*.

grat·i·fi·ca·tion [ˌgrætɪfɪ'keɪʃn] *s.* **1.** Befriedigung *f*: a) Zu'friedenstellung *f*, b) Genugtuung *f* (**at** über *acc.*); **2.** Freude *f*, Vergnügen *n*, Genuß *m*; **3.** *obs.* Gratifikati'on *f*; **grat·i·fy** ['grætɪfaɪ] *v/t.* **1.** befriedigen: **~ one's thirst for knowledge** s-n Wissensdurst stillen; **2.** *j-m* gefällig sein; **3.** erfreuen: **be gratified** sich freuen; **I am gratified to hear** ich höre mit Genugtuung *od.* Befriedigung; **grat·i·fy·ing** ['grætɪfaɪɪŋ] *adj.* □ erfreulich, befriedigend (**to** für).

gra·tin ['grætæ̃ŋ] (*Fr.*) *s.* **1.** Bratkruste *f*: **au ~** gratiniert, überbacken; **2.** Gra'tin *n*, gratinierte Speise.

grat·ing¹ ['greɪtɪŋ] *adj.* □ **1.** kratzend, knirschend; **2.** krächzend, heiser; **3.** unangenehm.

grat·ing² ['greɪtɪŋ] *s.* **1.** Gitter *n* (*a. phys.*), Gitterwerk *n*; **2.** ⚙ (Balken-, Lauf)Rost *m*; **3.** ⚓ Gräting *f*.

gra·tis ['greɪtɪs] **I** *adv.* gratis, unentgeltlich, um'sonst; **II** *adj.* unentgeltlich, frei, Gratis…

grat·i·tude ['grætɪtju:d] *s.* Dankbarkeit *f*: **in ~ for** aus Dankbarkeit für.

gra·tu·i·tous [grə'tju:ɪtəs] *adj.* □ **1.** → **gratis** II; **2.** ⚖ ohne Gegenleistung; **3.** freiwillig, unverlangt; **4.** grundlos, unberechtigt, unverdient; **gra'tu·i·ty** [-tɪ] *s.* **1.** (Geld)Geschenk *n*, Gratifikati'on *f*, Sondervergütung *f*, Zuwendung *f*; **2.** Trinkgeld *n*.

gra·va·men [grə'veɪmen] *s.* **1.** ⚖ a) (Haupt)Beschwerdegrund *m*, b) *das Belastende e-r Anklage*; **2.** *bsd. eccl.* Beschwerde *f*.

grave¹ [greɪv] *s.* **1.** Grab *n*: **dig one's own ~** sein eigenes Grab schaufeln; **have one foot in the ~** mit einem Bein im Grab stehen; **rise from the ~** (von den Toten) auferstehen; **turn in one's ~** sich im Grabe umdrehen; **2.** *fig.* Grab *n*, Tod *m*, Ende *n*.

grave² [greɪv] **I** *adj.* □ **1.** ernst: a) feierlich, b) bedenklich: **~ illness** (**voice**, *etc.*), c) gewichtig, schwerwiegend, d) gesetzt, würdevoll, e) schwer, tief: **~ thoughts**; **2.** dunkel, gedämpft (*Farbe*); **3.** *ling.* fallend: **~ accent** → 5; **4.** tief (*Ton*); **II** *s.* **5.** *ling.* Gravis *m*, Ac'cent *m* grave.

grave³ [greɪv] *v/t.* [*irr.*] *obs.* **1.** *Figur* (ein)schnitzen, (-)meißeln; **2.** *fig.* eingraben, -prägen.

grave⁴ [greɪv] *v/t.* ⚓ *Schiffsboden* reinigen u. teeren.

'graveˌdig·ger *s.* Totengräber *m* (*a. zo. u. fig.*).

grav·el ['grævl] **I** *s.* **1.** Kies *m*: **~ pit** Kiesgrube *f*; **2.** Schotter *m*; **3.** *geol.* Geröll *n*; **4.** ⚕ Harngrieß *m*; **II** *v/t.* **5.** a) mit Kies bestreuen, b) beschottern; **6.** *fig.* verwirren, verblüffen.

grav·en [ˈgreɪvn] *p.p. von* **grave³** *u. adj.* geschnitzt: **~ *image*** Götzenbild *n.*

grav·er [ˈgreɪvə] → ***graving tool.***

Graves' dis·ease [greɪvz] *s.* ⚕ Basedowsche Krankheit.

ˈgrave|·side *s.*: ***at the ~*** am Grab; **ˈ~·stone** *s.* Grabstein *m*; **ˈ~·yard** *s.* Fried-, Kirchhof *m.*

grav·id [ˈgrævɪd] *adj.* a) schwanger, b) trächtig (*Tier*).

gra·vim·e·ter [grəˈvɪmɪtə] *s. phys.* Graviˈmeter *n*: a) Dichtemesser *m*, b) Schweremesser *m.*

grav·ing| dock [ˈgreɪvɪŋ] *s.* ⚓ Trockendock *n*; **~ tool** *s.* ⚙ Grabstichel *m.*

grav·i·tate [ˈgrævɪteɪt] *v/i.* **1.** sich (durch Schwerkraft) fortbewegen; **2.** *a. fig.* gravitieren, (hin)streben (***towards*** zu, nach); **3.** *fig.* sich hingezogen fühlen, tendieren, (hin)neigen (***to, towards*** zu); **4.** sinken, fallen; **grav·i·ta·tion** [ˌgrævɪˈteɪʃn] *s.* **1.** *phys.* Gravitatiˈon *f*: a) Schwerkraft *f*, b) Gravitieren *n*; **2.** *fig.* Neigung *f*, Hang *m*, Tenˈdenz *f*; **grav·i·ta·tion·al** [ˌgrævɪˈteɪʃənl] *adj. phys.* Gravitations…: **~ *force*** Schwerkraft *f*; **~ *field*** Schwerefeld *n*; **~ *pull*** Anziehungskraft *f.*

grav·i·ty [ˈgrævətɪ] **I** *s.* **1.** Ernst *m*: a) Feierlichkeit *f*, b) Bedenklichkeit *f*, c) Gesetztheit *f*, d) Schwere *f*; **2.** ♪ Tiefe *f* (*Ton*); **3.** *phys.* a) *a.* ***force of ~*** Gravitatiˈon *f*, Schwerkraft *f*, b) (Erd)Schwere *f*, c) Erdbeschleunigung; → ***centre*** 1, ***specific*** 8; **II** *adj.* **4.** *phys.*, ⚙ Schwerkraft…: **~ *drive***; **~ *feed*** Gefällezuführung *f*; **~ *tank*** Falltank *m.*

gra·vure [grəˈvjʊə] *s.* Graˈvüre *f.*

gra·vy [ˈgreɪvɪ] *s.* **1.** Braten-, Fleischsaft *m*; **2.** (Fleisch-, Braten)Soße *f*; **3.** *sl.* a) lukraˈtive Sache, b) (unverhoffter) Gewinn: ***that's pure ~!*** das ist ja phantastisch!; **~ beef** *s.* Saftbraten *m*; **~ boat** *s.* Sauciˈere *f*, Soßenschüssel *f*; **~ train** *s.*: ***get on the ~*** *sl.* a) leicht ans große Geld kommen, b) ein Stück vom ‚Kuchen' abkriegen.

gray *etc. bsd. Am.* → ***grey*** *etc.*

graze¹ [greɪz] **I** *v/t.* **1.** *Vieh* weiden (lassen); **2.** abweiden, -grasen; **II** *v/i.* **3.** weiden, grasen (*Vieh*): ***grazing ground*** Weideland *n.*

graze² [greɪz] **I** *v/t.* **1.** streifen: a) leicht berühren, b) schrammen; **2.** ⚕ (ab-)schürfen, (auf)schrammen; **II** *v/i.* **3.** streifen; **III** *s.* **4.** Streifen *n*; **5.** ⚕ Abschürfung *f*, Schramme *f*; **6.** *a.* ***grazing shot*** Streifschuß *m.*

gra·zier [ˈgreɪzjə] *s.* Viehzüchter *m.*

grease I *s.* [griːs] **1.** (*zerlassenes*) Fett, Schmalz *n*; **2.** ⚙ Schmierfett *n*, -mittel *n*, Schmiere *f*; **3.** a) Wollfett *n*, b) Schweißwolle *f*; **4.** *vet.* (Flechten)Mauke *f* (*Pferd*); **5.** *hunt.* Feist *n*: ***in ~ of pride*** (*od.* ***prime***) fett (*Wild*); **II** *v/t.* [griːz] **6.** ⚙ (ein)fetten, (ab)schmieren; → ***lightning*** I; **7.** beschmieren; **8.** F *j-n* ‚schmieren', bestechen; **~ cup** *s.* ⚙ Staufferbüchse *f*; **~ gun** *s.* ⚙ (Ab-)Schmierpresse *f*; **~ mon·key** *s.* F ✈, *mot.* (*bsd.* ˈAuto-, ˈFlugzeug)Meˌchaniker *m*; **~ paint** *s. thea.* (Fett)Schminke *f*; **ˈ~·proof** *adj.* fettabstoßend.

greas·er [ˈgriːzə] *s.* **1.** Schmierer *m*, Öler *m*; **2.** ⚙ Schmiervorrichtung *f*; **3.** *Brit.* F ˈAutomeˌchaniker *m*; **4.** *Brit.* F *contp.* ‚Schleimscheißer' *m*; **5.** *Am. contp.* Mexiˈkaner *m.*

greas·i·ness [ˈgriːzɪnɪs] *s.* **1.** Fettig-, Öligkeit *f*; **2.** Schmierigkeit *f*; **3.** Schlüpfrigkeit *f*; **4.** *fig.* Aalglätte *f*; **greas·y** [ˈgriːzɪ] *adj.* ☐ **1.** fettig, schmierig, ölig; **2.** schmierig, beschmiert; **3.** glitschig, schlüpfrig; **4.** ungewaschen (*Wolle*); **5.** *fig.* a) aalglatt, b) ölig, c) schmierig.

great [greɪt] **I** *adj.* ☐ → ***greatly***; **1.** groß, beträchtlich: ***a ~ number*** e-e große Anzahl; ***a ~ many*** sehr viele; ***the ~ majority*** die große Mehrheit; ***live to a ~ age*** ein hohes Alter erreichen; **2.** groß, Haupt…: ***to a ~ extent*** in hohem Maße; **~ *friends*** dicke Freunde; **3.** groß, bedeutend, berühmt: ***a ~ poet***; ***a ~ city*** e-e bedeutende Stadt; **~ *issues*** wichtige Probleme; **4.** hochstehend, vornehm, berühmt: ***a ~ family***; ***the ~ world*** die gute Gesellschaft; **5.** großartig, vorˈzüglich, wertvoll: ***a ~ opportunity*** e-e vorzügliche Gelegenheit; ***it is a ~ thing to be healthy*** es ist viel wert, gesund zu sein; **6.** erhaben, hoch: **~ *thoughts***; **7.** eifrig: ***a ~ reader***; **8.** groß(geschrieben); **9.** *nur pred.* a) gut: ***he is ~ at golf*** er spielt (sehr) gut Golf, er ist ‚ganz groß' im Golfspielen, b) interessiert: ***he is ~ on dogs*** er ist ein großer Hundeliebhaber; **10.** F großartig, wunderbar, prima; ***we had a ~ time*** wir haben uns herrlich amüsiert, es war sagenhaft (schön); ***the ~ thing is that …*** das Großartige (daran) ist, daß; **11.** *in Verwandtschaftsbezeichnungen*: a) Groß…, b) (*vor* ***grand…***) Ur…; **12.** *als Beiname*: ***the ≈ Elector*** der Große Kurfürst; ***Frederick the ≈*** Friedrich der Große; **II** *s.* **13.** ***the ~*** *pl.* die Großen *pl.*, die Promiˈnenten *pl.*; **14.** *pl. Brit. univ.* ˈSchlußexˌamen *n* für den Grad des B.A. (*Oxford*).

ˌgreat|-ˈaunt *s.* Großtante *f*; **≈ Char·ter** → ***Magna C(h)arta***; **~ cir·cle** *s.* Ⱥ Großkreis *m* (*e-r Kugel*); **ˈ~·coat** *s.* (Herren)Mantel *m*; **≈ Dane** *s. zo.* Dänische Dogge; **~ di·vide** *s.* **1.** *geogr.* Hauptwasserscheide *f*: ***the Great Divide*** die Rocky Mountains; ***cross the ~*** *fig.* die Schwelle des Todes überschreiten; **2.** *fig.* Krise *f*, entscheidende Phase.

Great·er Lon·don [ˈgreɪtə] *s.* Groß-London *n.*

ˌgreat|-ˈgrand·child *s.* Urenkel(in); **ˌ~-ˈgrandˌdaugh·ter** *s.* Urenkelin *f*; **ˌ~-ˈgrandˌfa·ther** *s.* Urgroßvater *m*; **ˌ~-ˈgrandˌmoth·er** *s.* Urgroßmutter *f*; **ˌ~-ˈgrandˌpar·ents** *s. pl.* Urgroßeltern *pl.*; **ˌ~-ˈgrand·son** *s.* Urenkel *m*; **~ gross** *s.* zwölf Gros *pl.*; **ˌ~-ˈheart·ed** *adj.* **1.** beherzt; **2.** hochherzig; **≈ Lakes** *s. pl. die* Großen Seen *pl.* (*USA*).

great·ly [ˈgreɪtlɪ] *adv.* sehr, höchst, außerordentlich, ˈüberaus.

Great| Mo·gul [ˈməʊgʌl] *s. hist.* Großmogul *m*; **ˌ≈-ˈneph·ew** *s.* Großneffe *m.*

great·ness [ˈgreɪtnɪs] *s.* **1.** Größe *f*, Erhabenheit *f*: **~ *of mind*** Geistesgröße; **2.** Größe *f*, Bedeutung *f*, Wichtigkeit *f*, Rang *m*; **3.** Ausmaß *n.*

ˌgreat|-ˈniece *s.* Großnichte *f*; **≈ Plains** *s. pl. Am. Präriegebiete im Westen der USA*; **≈ Pow·ers** *s. pl. pol.* Großmächte *pl.*; **≈ Seal** *s. Brit. hist.* Großsiegel *n*; **~ tit** *s. orn.* Kohlmeise *f*; **ˌ~-ˈun·cle** *s.* Großonkel *m*; **≈ Wall (of Chi·na)** *s. die* Chiˈnesische Mauer; **≈ War** *s.* (*bsd. der* Erste) Weltkrieg.

greave [griːv] *s. hist.* Beinschiene *f.*

greaves [griːvz] *s. pl.* Grieben *pl.*

grebe [griːb] *s. orn.* (See)Taucher *m.*

Gre·cian [ˈgriːʃn] **I** *adj.* **1.** (*bsd.* klassisch) griechisch; **II** *s.* **2.** Grieche *m*, Griechin *f*; **3.** Gräˈzist *m.*

greed [griːd] *s.* Gier *f* (***for*** nach); Habgier *f*, -sucht *f*: **~ *for power*** Machtgier; **ˈgreed·i·ness** [-dɪnɪs] *s.* **1.** Gierigkeit *f*; **2.** Gefräßigkeit *f*; **ˈgreed·y** [-dɪ] *adj.* ☐ **1.** gierig (***for*** auf *acc.*, nach): **~ *for power*** machtgierig; **2.** habgierig; **3.** gefräßig, gierig.

Greek [griːk] **I** *s.* **1.** Grieche *m*, Griechin *f*: ***when ~ meets ~*** *fig.* wenn zwei Ebenbürtige sich miteinander messen; **2.** *ling.* Griechisch *n*, das Griechische: ***that's ~ to me*** das sind für mich böhmische Dörfer; **II** *adj.* **3.** griechisch; **~ Church** *s.* ˌgriechisch-orthoˈdoxe *od.* -kaˈtholische Kirche; **~ cross** *s.* griechisches Kreuz; **~ gift** *s. fig.* Danaergeschenk *n*; **~ Or·tho·dox Church** → ***Greek Church.***

green [griːn] **I** *adj.* ☐ **1.** *allg.* grün (*a. weitS. grünend, schneefrei, unreif*): **~ *apples*** (***fields***); **~ *food***, **~ *vegetables*** → 13; **~ *with envy*** grün *od.* gelb vor Neid; **~ *with fear*** schreckensbleich; **2.** grün, frisch: **~ *fish***; **~ *wine*** neuer Wein; **3.** roh, frisch, Frisch…: **~ *meat***; **~ *coffee*** Rohkaffee *m*; **4.** ⚙ nicht fertigverarbeitet: **~ *ceramics*** ungebrannte Töpferwaren; **~ *hide*** ungegerbtes Fell; **~ *ore*** Roherz *n*; **5.** ⚙ faˈbriknеu: **~ *assembly*** Erstmontage *f*; **~ *run*** Einfahren *n*, erster Lauf; **6.** *fig.* frisch: a) neu, b) lebendig: **~ *memories***; **7.** *fig.* grün, unerfahren, naˈiv: ***a ~ youth***; **~ *in years*** jung an Jahren; **8.** jugendlich: **~ *old age*** rüstiges Alter; **II** *s.* **9.** Grün *n*, grüne Farbe: ***the lights are at ~*** *mot.* die Ampel steht auf Grün; ***at ~*** bei Grün; **10.** Grünfläche *f*, Rasen(platz) *m*: ***village ~*** Dorfanger *m*, -wiese *f*; **11.** Golfplatz *m*; **12.** *pl.* Grün *n*, grünes Laub; **13.** *mst pl.* grünes Gemüse, Blattgemüse *n*; **14.** *fig.* Jugendfrische *f*; **15.** *sl.* ‚Kies' *m* (*Geld*); **III** *v/t.* **16.** grün machen *od.* färben; **IV** *v/i.* **17.** grün werden, grünen.

ˈgreen|·back *s.* **1.** *Am.* F Dollarschein *m*; **2.** *zo.* Laubfrosch *m*; **~ belt** *s.* Grüngürtel *m* (*um e-e Stadt*); **~ cheese** *s.* **1.** unreifer Käse; **2.** Molkenkäse *m*; **3.** Kräuterkäse *m*; **~ cloth** *s. bsd. Am.* **1.** Spieltisch *m*; **2.** Billardtisch *m*; **~ crop** *s.* ⚘ Grünfutter *n.*

green·er·y [ˈgriːnərɪ] *s.* **1.** Grün *n*, Laub *n*; **2.** → ***greenhouse*** 1.

ˈgreen|-eyed *adj. fig.* eifersüchtig, neidisch: ***the ~ monster*** die Eifersucht; **ˈ~·finch** *s. orn.* Grünfink *m*; **~ fin·gers** *s. pl.* F gärtnerische Begabung: ***he has ~*** bei ihm gedeihen alle Pflanzen, ‚er hat einen grünen Daumen'; **ˈ~·fly** *s. zo. Brit.* grüne Blattlaus; **ˈ~·gage** *s.* Reineˈclaude *f*; **ˈ~ˌgro·cer** *s.* Obst- u. Gemüsehändler *m*; **ˈ~ˌgro·cer·y** *s.* **1.** Obst- u. Gemüsehandlung *f*; **2.** *pl.* Obst *n* u. Gemüse *n*; **ˈ~·horn** *s.* F **1.** ‚Greenhorn' *n*, Grünschnabel *m*, (unerfahrener)

Neuling; **2.** Gimpel *m*; **ˈ~·house** *s.* **1.** Treib-, Gewächshaus *n*: **~ *effect*** Treibhauseffekt *m*; **~ *gases*** Treibhausgase *pl.*; **2.** ✈ F Vollsichtkanzel *f*.

green·ish [ˈgriːnɪʃ] *adj.* grünlich.

Green·land·er [ˈgriːnləndə] *s.* Grönländer(in).

green| light *s.* grünes Licht (*bsd. der Verkehrsampel*; *a. fig. Genehmigung*): ***give s.o. the ~*** *fig.* j-m grünes Licht geben; **~ lung** *s. Brit.* ‚grüne Lunge', Grünflächen *pl.*; **ˈ~·man** [-mən] *s.* [*irr.*] Platzmeister *m* (*Golfplatz*).

green·ness [ˈgriːnnɪs] *s.* **1.** Grün *n*, *das* Grüne; **2.** *fig.* Frische *f*, Munterkeit *f*, Kraft *f*; **3.** *fig.* Unreife *f*, Unerfahrenheit *f*.

green| pound *s.* ☤ grünes Pfund (*EG-Verrechnungseinheit*); **ˈ~·room** [-rʊm] *s. thea.* ˈKünstlerzimmer *n*, -garde͵robe *f*; **ˈ~͵sick·ness** *s.* ⚕ Bleichsucht *f*; **ˈ~·stick (frac·ture)** *s.* ⚕ Knickbruch *m*; **ˈ~·stuff** *s.* **1.** Grünfutter *n*, **2.** grünes Gemüse; **ˈ~·sward** *s.* Rasen *m*; **~ ta·ble** *s.* Konfeˈrenztisch *m*; **~ tea** *s.* grüner Tee; **~ thumb** *Am.* → ***green fingers***.

Green·wich (Mean) Time [ˈgrɪnɪdʒ] *s.* Greenwicher Zeit.

greet [griːt] *v/t.* **1.** grüßen; **2.** begrüßen, empfangen; **3.** *fig. dem Auge* begegnen, *ans Ohr* dringen, sich *j-m* bieten (*Anblick*); **4.** *e-e Nachricht etc. freudig etc.* aufnehmen; **ˈgreet·ing** [-tɪŋ] *s.* **1.** Gruß *m*, Begrüßung *f*; **2.** *pl.* a) Grüße *pl.*, b) Glückwünsche *pl.*: ***~s card*** Glückwunschkarte *f*.

gre·gar·i·ous [grɪˈgeərɪəs] *adj.* ☐ **1.** gesellig; **2.** *zo.* in Herden *od.* Scharen lebend, Herden…; **3.** ⚘ traubenartig wachsend; **greˈgar·i·ous·ness** [-nɪs] *s.* **1.** Geselligkeit *f*; **2.** *zo.* Zs.-leben *n* in Herden.

Gre·go·ri·an [grɪˈgɔːrɪən] *adj.* Gregoriˈanisch: **~ *calendar***; **~ *chant*** ♪ Gregorianischer Gesang.

greige [greɪʒ] *adj. u. s.* ⚙ naˈturfarben(e Stoffe *pl.*).

grem·lin [ˈgremlɪn] *s. sl.* böser Geist, Kobold *m* (*der Maschinenschaden etc. anrichtet*).

gre·nade [grɪˈneɪd] *s.* **1.** ⚔ Geˈwehr-, ˈHandgra͵nate *f*; **2.** ˈTränengaspa͵trone *f*; **gren·a·dier** [͵grenəˈdɪə] *s.* ⚔ Grenaˈdier *m*.

gres·so·ri·al [greˈsɔːrɪəl] *adj. orn.*, *zo.* Schreit…, Stelz…: **~ *birds***.

Gret·na Green mar·riage [ˈgretnə] *s.* Heirat *f* in Gretna Green (*Schottland*).

grew [gruː] *pret. von* ***grow***.

grey [greɪ] **I** *adj.* ☐ **1.** grau; **2.** grau (-haarig), ergraut: ***grow ~*** → 8; **3.** farblos, blaß; **4.** trübe, düster, grau: ***a ~ day***; **~ *prospects*** trübe Aussichten; **5.** ⚙ neuˈtral, farblos, naˈturfarben: **~ *cloth*** ungebleichter Baumwollstoff; **II** *s.* **6.** Grau *n*, graue Farbe: ***dressed in ~*** grau *od.* in Grau gekleidet; **7.** *zo.* Grauschimmel *m*; **III** *v/i.* **8.** grau werden, ergrauen: ***~ing*** angegraut (*Haare*); **~ a·re·a** *s.* **1.** *Statistik*: Grauzone *f*; **2.** *Brit.* Gebiet *n* mit hoher Arbeitslosigkeit; **ˈ~·back** *s.* **1.** *zo.* Grauwal *m*; **2.** *Am.* F ‚Graurock' *m* (*Soldat der Südstaaten im Bürgerkrieg*); **~ crow** *s. orn.* Nebelkrähe *f*; **ˈ~·fish** *s. ein* Hai(fisch) *m*; **~ goose** → ***greylag***; **͵~-ˈhead·ed** *adj.* **1.** grauköpfig; **2.** *fig.* alterfahren; **ˈ~-hen** *s. orn.* Birk-, Haselhuhn *n*; **ˈ~·hound** *s.* Windhund *m*; ***~-racing*** Windhundrennen *n*.

grey·ish [ˈgreɪɪʃ] *adj.* gräulich, Grau…

grey·lag [ˈgreɪlæg] *s. orn.* Grau-, Wildgans *f*.

grey| mar·ket *s.* ☤ grauer Markt; **~ mat·ter** *s.* **1.** ⚕ graue (ˈHirnrinden-) Sub͵stanz; **2.** F ‚Grips' *m*, ‚Grütze' *f* (*Verstand*); **~ mul·let** *s. ichth.* Meeräsche *f*.

grey·ness [ˈgreɪnɪs] *s.* **1.** Grau *n*; **2.** *fig.* Trübheit *f*, Düsterkeit *f*.

grey squir·rel *s. zo.* Grauhörnchen *n*.

grid [grɪd] *s.* **1.** Gitter *n*, Rost *m*; **2.** ⚡ a) Bleiplatte *f*, b) Gitter *n* (*in Elektronenröhre*); **3.** ⚡ *etc.* Versorgungsnetz *n*; **4.** Gitternetz *n auf Landkarten*: ***~ded map*** Gitternetzkarte *f*; **5.** → ***gridiron*** 1, 4, 6; **~ bi·as** *s.* ⚡ Gittervorspannung *f*; **~ cir·cuit** *s.* ⚡ Gitterkreis *m*.

grid·dle [ˈgrɪdl] *s.* **1.** Kuchen-, Backblech *n*: **~ *cake*** Pfannkuchen *m*; ***be on the ~*** F ‚in die Mangel genommen werden'; **2.** ⚙ Drahtsieb *n*.

ˈgrid͵i·ron *s.* **1.** Bratrost *m*; **2.** ⚙ Gitterrost *m*; **3.** Netz(werk) *n* (*Leitungen, Bahnlinien etc.*); **4.** ⚓ Balkenrost *m*; **5.** *thea.* Schnürboden *m*; **6.** *American Football*: F Spielfeld *n*.

grid| leak *s.* ⚡ ˈGitter(ableit)͵widerstand *m*; **~ line** *s.* Gitternetzlinie *f* (*auf Landkarten*); **~ plate** *s.* ⚡ Gitterplatte *f*; **~ square** *s.* ˈPlanqua͵drat *n*.

grief [griːf] *s.* Gram *m*, Kummer *m*, Leid *n*, Schmerz *m*: ***bring to ~*** zu Fall bringen, zugrunde richten; ***come to ~*** a) zu Schaden kommen, verunglücken, b) zugrunde gehen, c) fehlschlagen, scheitern: ***good ~!*** F meine Güte!; **ˈ~͵strick·en** *adj.* kummervoll.

griev·ance [ˈgriːvns] *s.* **1.** Beschwerde (-grund *m*) *f*, (Grund *m* zur) Klage *f*: **~ *committee*** Schlichtungsausschuß *m*; **2.** Mißstand *m*; **3.** Groll *m*; **4.** Unzufriedenheit *f*; **grieve** [griːv] **I** *v/t.* betrüben, bekümmern, *j-m* weh tun; **II** *v/i.* bekümmert sein, sich grämen (***at, about*** über *acc.*, wegen; ***for*** um); **ˈgriev·ous** [-vəs] *adj.* ☐ **1.** schmerzlich, bitter, quälend; **2.** schwer, schlimm: **~ *error***; **~ *bodily harm*** ⚖ schwere Körperverletzung; **3.** bedauerlich; **ˈgriev·ous·ness** [-vəsnɪs] *s. das* Schmerzliche *etc.*

grif·fin¹ [ˈgrɪfɪn] *s.* **1.** *myth.*, *her.* Greif *m*; **2.** → ***griffon¹***.

grif·fin² [ˈgrɪfɪn] *s.* Neuankömmling *m* (*im Orient*).

grif·fon¹ [ˈgrɪfən], *a.* **~ vul·ture** *s. orn.* Weißköpfiger Geier.

grif·fon² [ˈgrɪfən] *s.* **1.** → ***griffin¹*** 1; **2.** Grifˈfon *m* (*ein Vorstehhund*).

grift·er [ˈgrɪftə] *s. Am. sl.* Gauner *m*.

grill¹ [grɪl] **I** *s.* **1.** Grill *m*, (Brat)Rost *m*; **2.** Grillen *n*; **3.** Gegrillte(s) *n*; **4.** → ***grillroom***; **II** *v/t.* **5.** *Fleisch etc.* grillen; **6.** **~ *o.s.*** sich (in der Sonne) grillen; **7.** *a.* ***give a ~ing*** F *j-n* ‚in die Mangel nehmen', ‚ausquetschen' (*bsd. Polizei*); **III** *v/i.* **8.** gegrillt werden.

grill² [grɪl] → ***grille***.

grille [grɪl] *s.* **1.** Tür-, Fenster-, Schaltergitter *n*; **2.** Gitterfenster *n*, Sprechgitter *n*; **3.** *mot.* (Kühler)Grill *m*; **grilled** [-ld] *adj.* vergittert.

grill·er [ˈgrɪlə] → ***grill¹*** 1; **ˈgrill·room** *s.* Grill(room) *m*.

grilse [grɪls] *s.*, *a. pl. ichth.* junger Lachs.

grim [grɪm] *adj.* ☐ **1.** grimmig: a) zornig, wütend, b) erbittert, verbissen: **~ *struggle***, c) hart, schlimm, grausam; **2.** schrecklich, grausig: **~ *accident***.

gri·mace [grɪˈmeɪs] **I** *s.* Griˈmasse *f*, Fratze *f*: ***make a ~***, ***make ~s*** → **II** *v/i.* e-e Griˈmasse *od.* Griˈmassen schneiden, das Gesicht verzerren *od.* verziehen.

gri·mal·kin [grɪˈmælkɪn] *s.* **1.** (alte) Katze; **2.** alte Hexe (*Frau*).

grime [graɪm] **I** *s.* (zäher) Schmutz *od.* Ruß; **II** *v/t.* beschmutzen; **ˈgrim·i·ness** [-mɪnɪs] *s.* Schmutzigkeit *f*.

Grimm's law [grɪmz] *s. ling.* (Gesetz *n* der) Lautverschiebung *f*.

grim·ness [ˈgrɪmnɪs] *s.* Grimmigkeit *f*, Schrecklichkeit *f*; Grausamkeit *f*, Härte *f*; Verbissenheit *f*.

grim·y [ˈgraɪmɪ] *adj.* ☐ schmutzig, rußig.

grin [grɪn] **I** *v/i.* grinsen, feixen, *oft nur* (verschmitzt) lächeln: **~ *at s.o.*** j-n angrinsen *od.* anlächeln; **~ *to o.s.*** in sich hineingrinsen; **~ *and bear it*** a) gute Miene zum bösen Spiel machen, b) die Zähne zs.-beißen; **II** *v/t. et.* grinsend sagen; **III** *s.* Grinsen *n*, (verschmitztes) Lächeln.

grind [graɪnd] **I** *v/t.* [*irr.*] **1.** *Messer etc.* schleifen, wetzen, schärfen; *Glas* schleifen: **~ *in Ventile*** einschleifen; → ***ax*** 1; **2.** *a.* **~ *down*** (zer)mahlen, zerreiben, -kleinern, -stoßen, -stampfen, schroten; **3.** *Kaffee, Korn, Mehl etc.* mahlen; **4.** ⚙ schmirgeln, glätten, polieren; **5.** **~ *down*** abwetzen; → 2 *u.* 11; **6.** **~ *one's teeth*** mit den Zähnen knirschen; **7.** knirschend (*hinein*)bohren; **8.** *Leierkasten etc.* drehen; **9.** **~ *out*** a) *Zeitungsartikel etc.* herˈunterschreiben, b) ♪ herˈunterspielen; **10.** **~ *out*** *et.* mühsam herˈvorbringen; **11.** *a.* **~ *down*** *fig.* (unter)ˈdrücken, schinden, quälen: **~ *the faces of the poor*** die Armen (gnadenlos) ausbeuten; **12.** **~ *s.th. into s.o.*** F j-m et. ‚einpauken'; **II** *v/i.* [*irr.*] **13.** mahlen; **14.** knirschen; **15.** F sich plagen *od.* abschinden; **16.** *ped.* F ‚pauken', ‚ochsen', ‚büffeln'; **III** *s.* **17.** F Schindeˈrei *f*: ***the daily ~***; **18.** *ped.* F a) ‚Pauken' *n*, ‚Büffeln' *n*, b) Streber(in), ‚Büffler(in)'; **19.** *Brit. sl.* ‚Nummer' *f* (*Koitus*); **ˈgrind·er** [-də] *s.* **1.** (*Messer-, Scheren-, Glas*)Schleifer *m*; **2.** Schleifstein *m*; **3.** oberer Mühlstein; **4.** ⚙ a) ˈSchleifma͵schine *f*, b) Mahlwerk *n*, Mühle *f*, c) Quetschwerk *n*; **5.** a) (Kaffee)Mühle *f*, b) *a.* ***meat ~*** Fleischwolf *m*; **6.** *anat.* a) Backenzahn *m*, b) *pl. sl.* Zähne *pl.*; **ˈgrind·ing** [-dɪŋ] **I** *s.* **1.** Mahlen *n*; **2.** Schleifen *n*; **3.** Knirschen *n*; **II** *adj.* **4.** mahlend (*etc.* → ***grind*** I *u.* II); **5.** Mahl…, Schleif…: **~ *mill*** a) Mahlwerk *n*, Mühle *f*, b) Schleif-, Reibmühle *f*; **~ *paste*** Schleifpaste *f*; **6.** **~ *work*** ‚Schinderei' *f*.

ˈgrind·stone [-nds-] *s.* Schleifstein *m*: ***keep s.o.'s nose to the ~*** *fig.* j-n hart *od.* schwer arbeiten lassen; ***keep one's nose to the ~*** schwer arbeiten, sich ranhalten; ***get back to the ~*** sich wieder an die Arbeit machen.

grin·go ['grɪŋgəʊ] *pl.* **-gos** *s.* Gringo *m* (*lateinamer. Spottname für Ausländer, bsd. Angelsachsen*).

grip [grɪp] **I** *s.* **1.** Griff *m* (*a. die Art, et. zu packen*): ***come to ~s with*** a) aneinandergeraten mit, b) *fig.* sich auseinandersetzen mit, *et.* in Angriff nehmen; ***be at ~s with*** a) in e-n Kampf verwikkelt sein mit, b) *fig.* sich auseinandersetzen *od.* ernsthaft beschäftigen mit *e-r Sache*; **2.** *fig.* a) Griff *m*, Halt *m*, b) Herrschaft *f*, Gewalt *f*, Zugriff *m*, c) Verständnis *n*, ,'Durchblick' *m*: ***in the ~ of*** in den Klauen *od.* in der Gewalt (*gen.*); ***get a ~ on*** in s-e Gewalt *od.* (*geistig*) in den Griff bekommen; ***have a ~ on*** *et.* in der Gewalt haben, *fig. Zuhörer etc.* fesseln, gepackt halten; ***have a*** (***good***) ***~ on*** *die Lage, e-e Materie etc.* (sicher) beherrschen, *die Situation etc.* (klar) erfassen; ***lose one's ~*** a) die Herrschaft verlieren (***of*** über *acc.*), b) (*bsd. geistig*) nachlassen; **3.** (*bestimmter*) Händedruck *m* (*z.B. der Freimaurer*); **4.** (Hand)Griff *m* (*Koffer etc.*); **5.** Haarspange *f*; **6.** ⚙ Greifer *m*, Klemme *f*; **7.** ⚙ Griffigkeit *f* (*a. von Autoreifen*); **8.** *thea.* Ku'lissenschieber *m*; **9.** Reisetasche *f*; **II** *v/t.* **10.** packen, ergreifen; **11.** *fig. j-n* packen: a) ergreifen (*Furcht, Spannung*), b) *Leser, Zuhörer etc.* fesseln; **12.** *fig.* begreifen, verstehen; **13.** ⚙ festklemmen; **III** *v/i.* **14.** Halt finden; **15.** *fig.* packen, fesseln; **~ brake** *s.* ⚙ Handbremse *f*.

gripe [graɪp] **I** *v/t.* **1.** zwicken: ***be ~d*** Bauchschmerzen *od.* e-e Kolik haben; **2.** ⚓ *Boot etc.* sichern; **II** *v/i.* **3.** F nörgeln, ,meckern'; **III** *s.* **4.** *pl.* ⚕ Bauchweh *n*, Kolik *f*; **5.** F (Grund *m* zur) ,Mecke'rei' *f*; **6.** *pl.* ⚓ Seile *pl.* zum Festmachen.

grip·per ['grɪpə] *s.* ⚙ Greifer *m*, Halter *m*; **'grip·ping** [-pɪŋ] *adj.* **1.** *fig.* fesselnd, packend, spannend; **2.** ⚙ Greif..., Klemm...: **~ *lever*** Spannhebel *m*; **~ *tool*** Spannwerkzeug *n*.

'grip·sack *s. Am.* Reisetasche *f*.

gris·kin ['grɪskɪn] *s. Brit. Küche*: Rippenstück *n*.

gris·ly ['grɪslɪ] *adj.* gräßlich.

grist [grɪst] *s.* **1.** Mahlgut *n*, -korn *n*: ***that's ~ to his mill*** das ist Wasser auf s-e Mühle; ***bring ~ to the mill*** Gewinn bringen; ***all is ~ to his mill*** er weiß aus allem Kapital zu schlagen; **2.** Malzschrot *m, n*; **3.** *Am.* ('Grundlagen)Materi͵al *n*; **4.** Stärke *f*, Dicke *f* (*Garn od. Tau*).

gris·tle ['grɪsl] *s.* Knorpel *m*; **'gris·tly** [-lɪ] *adj.* knorpelig.

grit [grɪt] **I** *s.* **1.** *geol.* a) grober Sand, Kies *m*, b) *a.* **~ *stone*** grober Sandstein; **2.** *fig.* Mut *m*, ,Mumm' *m*; **3.** *pl.* Haferschrot *m, n*, -grütze *f*; **II** *v/i.* **4.** knirschen, mahlen; **III** *v/t.* **5. ~ *one's teeth*** a) die Zähne zs.-beißen, b) mit den Zähnen knirschen; **'grit·ty** [-tɪ] *adj.* **1.** sandig, kiesig; **2.** *fig.* F mutig.

griz·zle¹ ['grɪzl] *v/i. Brit.* F **1.** quengeln; **2.** sich beklagen.

griz·zle² ['grɪzl] *s.* **1.** graue Farbe, Grau *n*; **2.** graues Haar; **'griz·zled** [-ld] *adj.* grau(haarig); **'griz·zly** [-lɪ] **I** *adj.* → ***grizzled***; **II** *s. a.* **~ *bear*** Grizzly(bär) *m*, Graubär *m*.

groan [grəʊn] **I** *v/i.* **1.** stöhnen, ächzen (***with*** vor; *a. fig. leiden* ***beneath, under*** unter *dat.*); **2.** ächzen, knarren (*Tür etc.*): ***a ~ing board*** (*od.* ***table***) ein überladener Tisch; **II** *v/t.* **3.** ächzen, unter Stöhnen äußern; **4. ~ *down*** durch Laute des Unmuts zum Schweigen bringen; **III** *s.* **5.** Stöhnen *n*, Ächzen *n*: ***give a ~*** → 1; **6.** Laut *m* des Unmuts.

groats [grəʊts] *s. pl.* Hafergrütze *f*.

gro·cer ['grəʊsə] *s.* Lebensmittelhändler *m*; **'gro·cer·y** [-sərɪ] *s.* **1.** Lebensmittelgeschäft *n*; **2.** *mst pl.* Lebensmittel *pl.*; **3.** Lebensmittelhandel *m*; **gro·ce·te·ri·a** [͵grəʊsə'tɪərɪə] *s. Am.* Lebensmittelgeschäft *n* mit Selbstbedienung.

grog [grɒg] **I** *s.* Grog *m*; **II** *v/i.* Grog trinken.

grog·gi·ness ['grɒgɪnɪs] *s.* **1.** F Betrunkenheit *f*, ,Schwips' *m*; **2.** Wack(e)ligkeit *f*; **3.** *a. Boxen*: Benommenheit *f*, (halbe) Betäubung; **'grog·gy** [-gɪ] *adj.* **1.** groggy: a) *Boxen*: angeschlagen, b) F erschöpft, ,ka'putt', c) F wacklig (auf den Beinen); **2.** wacklig; **3.** morsch.

groin [grɔɪn] *s.* **1.** *anat.* Leiste *f*, Leistengegend *f*; **2.** ⚠ Grat(bogen) *m*, Rippe *f*; **3.** ⚙ Buhne *f*; **groined** [-nd] *adj.* gerippt: **~ *vault*** Kreuzgewölbe *n*.

grom·met ['grɒmɪt] → ***grummet***.

groom [gru:m] **I** *s.* **1.** Pferdepfleger *m*, Stallbursche *m*; **2.** Bräutigam *m*; **3.** *Brit.* Diener *m*, königlicher Be'amter; → ***bedchamber***; **II** *v/t.* **4.** *Pferd* striegeln, pflegen; **5.** *Person, Kleidung* pflegen: ***well-~ed*** gepflegt; **6.** *fig.* a) *j-n* aufbauen (***for presidency*** als zukünftigen Präsidenten), lancieren, b) *j-n als Nachfolger etc.* ,her'anziehen'; **grooms·man** ['gru:mzmən] *s.* [*irr.*] *Am.* → ***best man***.

groove [gru:v] **I** *s.* **1.** Rinne *f*, Furche *f* (*a. anat.*): ***in the ~*** *sl. obs.* a) ,groß in Form', b) *Am.* in Mode; **2.** ⚙ a) Rinne *f*, Furche *f*, b) Nut *f*, Hohlkehle *f*, Rille *f*, c) Kerbe *f*; **3.** Rille *f* (*e-r Schallplatte*); **4.** ⚙ Zug *m* (*in Gewehren etc.*); **5.** *fig.* a) gewohntes Geleise, b) altes Geleise, alter Trott, Scha'blone *f*, Rou'tine *f*: ***get into a ~*** in e-e Gewohnheit *od.* in e-n (immer gleichen) Trott verfallen; ***run*** (*od.* ***work***) ***in a ~*** sich in e-m ausgefahrenen Geleise bewegen, stagnieren; **6.** *sl.* ,klasse Sache'; ***it's a ~!*** das ist klasse!; **II** *v/t.* **7.** ⚙ a) auskehlen, rillen, falzen, nuten, kerben, b) *Gewehrlauf etc.* ziehen; **III** *v/i. sl.* **8.** Spaß haben (***with*** bei *od.* mit); **9.** Spaß machen, ,(große) Klasse sein'; **grooved** [-vd] *adj.* gerillt; genutet; **'groov·y** [-vɪ] *adj.* **1.** scha'blonenhaft; **2.** *sl.* ,toll', ,klasse'.

grope [grəʊp] **I** *v/i.* **1.** tasten (***for*** nach): **~ *about*** herumtasten, -tappen, -suchen; **~ *in the dark*** *bsd. fig.* im dunkeln tappen; **~ *for*** (*od.* ***after***) ***a solution*** nach e-r Lösung suchen; **II** *v/t.* **2.** tastend suchen: **~ *one's way*** sich vorwärtstasten; **3.** F *Mädchen* ,befummeln'; **grop·er** *s.* F Grapscher *m*; **'grop·ing·ly** [-pɪŋlɪ] *adv.* tastend: a) tappend, b) *fig.* vorsichtig, unsicher.

gros·beak ['grəʊsbi:k] *s. orn.* Kernbeißer *m*.

gros·grain ['grəʊgreɪn] *adj. u. s.* grob gerippt(es Seidentuch).

gross [grəʊs] **I** *adj.* ☐ → ***grossly***; **1.** dick, feist, plump; **2.** grob(körnig); **3.** roh, grob, derb; **4.** schwer, grob (*Fehler, Pflichtverletzung etc.*): **~ *negligence*** ⚖ grobe Fahrlässigkeit; **5.** schwerfällig; **6.** dicht, stark, üppig: **~ *vegetation***; **7.** a) derb, grob, unfein, b) unanständig; **8.** brutto, Brutto..., Roh..., Gesamt...: **~ *amount*** Gesamtbetrag *m*; **~ *national product*** Bruttosozialprodukt *n*; **~ *profit*** Rohgewinn *m*; **~ *register*(*ed*) *ton*** Bruttoregistertonne *f*; **~ *tonnage*** Bruttotonnengehalt *m*; **~ *weight*** Bruttogewicht *n*; **II** *s.* **9.** *das* Ganze, *die* Masse: ***in*** (***the***) **~** im ganzen, in Bausch u. Bogen; **10.** *pl.* ***gross*** Gros *n* (*12 Dutzend*); **III** *v/t.* **11.** brutto verdienen *od.* einnehmen *od.* (*Film etc.*) einspielen; **'gross·ly** [-lɪ] *adv.* äußerst, maßlos, ungeheuerlich; ⚖ *etc.* grob: **~ *negligent***; **'gross·ness** [-nɪs] *s.* **1.** Schwere *f*, Ungeheuerlichkeit *f*; **2.** Roheit *f*, Derbheit *f*, Grobheit *f*; **3.** Anstößigkeit *f*, Unanständigkeit *f*; **4.** Dicke *f*; **5.** Plumpheit *f*.

gro·tesque [grəʊ'tesk] **I** *adj.* ☐ **1.** gro'tesk (*a. Kunst*); **II** *s.* **2.** *das* Gro'teske; **3.** *Kunst*: Gro'teske *f*, gro'teske Fi'gur; **gro'tesque·ness** [-nɪs] *s. das* Gro'teske.

grot·to ['grɒtəʊ] *pl.* **-toes** *od.* **-tos** *s.* Höhle *f*, Grotte *f*.

grot·ty ['grɒtɪ] *adj. Brit. sl.* **1.** ,mies'; **2.** gräßlich, eklig.

grouch [graʊtʃ] F **I** *v/i.* **1.** nörgeln, ,meckern', **II** *s.* **2.** a) ,miese' Laune, b) ***have a ~*** → 1; **3.** a) ,Meckerfritze' *m*, b) ,Miesepeter' *m*; **'grouch·y** [-tʃɪ] *adj.* ☐ F a) ,sauer', ,grantig', b) nörglerisch.

ground¹ [graʊnd] **I** *s.* **1.** (Erd)Boden *m*, Erde *f*, Grund *m*: ***above ~*** a) oberirdisch, ⚒ über Tage, b) am Leben; ***below ~*** a) ⚒ unter Tage, b) unter der Erde, tot; ***down to the ~*** *fig.* völlig, total, restlos; ***from the ~ up*** *Am.* F von Grund auf; ***break new*** (*od.* ***fresh***) **~** Land urbar machen, *a. fig.* Neuland erschließen; ***cut the ~ from under s.o.'s feet*** j-m den Boden unter den Füßen wegziehen; ***fall to the ~*** zu Boden fallen, *fig.* sich zerschlagen, ins Wasser fallen; ***fall on stony ~*** *fig.* auf taube Ohren stoßen; ***get off the ~*** a) *v/t. fig. et.* in Gang bringen, *et.* verwirklichen, b) *v/i.* ✈ abheben, c) *v/i. fig.* in Gang kommen, verwirklicht werden; ***go to ~*** im Bau verschwinden (*Fuchs*), *fig.* ,untertauchen' (*Verbrecher*); ***play s.o. into the ~*** *sport* F j-n in Grund u. Boden spielen; **2.** Boden *m*, Grund *m*, Gebiet *n* (*a. fig.*), Strecke *f*, Gelände *n*: ***on German ~*** auf deutschem Boden; ***be on safe ~*** sich auf sicherem Boden bewegen; ***be forbidden ~*** *fig.* tabu sein; ***cover much ~*** e-e große Strecke zurücklegen, *fig.* viel umfassen, weit reichen; ***cover the ~ well*** *fig.* nichts außer acht lassen, alles in Betracht ziehen; ***gain ~*** (an) Boden gewinnen, *fig. a.* um sich greifen, Fuß fassen; ***give*** (*od.* ***lose***) **~** (an) Boden verlieren (*a. fig.*); ***go over the ~*** *fig.* die Sache durchsprechen, alles gründlich prüfen; ***hold*** (*od.* ***stand***) ***one's ~*** standhalten, nicht weichen, sich *od.* s-n Standpunkt behaupten; ***shift one's ~*** seinen Standpunkt ändern, umschwenken; **3.** Grundbesitz *m*, Grund *m* u. Boden *m*, Lände'reien *pl.*; **4.** Gebiet *n*, Grund *m*, *bsd. sport* Platz *m*: ***cricket-~***; **5. *hunting-~*** Jagd

(-gebiet *n*) *f*; **6.** *pl.* (Garten)Anlagen *pl.*: ***standing in its own ~s*** von Anlagen umgeben (*Haus*); **7.** Meeresboden *m*, (Meeres)Grund *m*: ***take ~*** auflaufen, stranden; **8.** *pl.* Bodensatz *m* (*Kaffee etc.*); **9.** Grundierung *f*, Grund(farbe *f*) *m*, Grund(fläche *f*) *m*; **10.** *a. pl.* Grundlage *f* (*a. fig.*); **11.** *fig.* (Beweg-)Grund *m*: ***~ for divorce*** Scheidungsgrund; ***on the ~(s) of*** auf Grund (*gen.*), wegen (*gen.*); ***on the ~(s) that*** mit der Begründung, daß; ***on medical ~s*** aus gesundheitlichen Gründen; ***have no ~(s) for*** keinen Grund haben für (*od.* zu *inf.*); **12.** ⚡ Erde *f*, Erdung *f*, Erdschluß *m*: ***~ cable*** Massekabel *n*; **13.** *thea.* Par'terre *n*; **II** *v/t.* **14.** niederlegen, -setzen; → ***arm²*** 1; **15.** ⚓ *Schiff* auf Grund setzen; **16.** ⚡ erden; **17.** ⚙, *paint.* grundieren; **18.** a) *e-m Flugzeug od. Piloten* Startverbot erteilen, b) *mot. Am. j-m* die Fahrerlaubnis entziehen: ***be ~ed*** *a.* nicht (ab)fliegen *od.* starten können *od.* dürfen, (*Passagiere*) *a.* festsitzen; **19.** *fig.* (*on, in*) gründen, stützen (auf *acc.*), begründen (in *dat.*): ***~ed in fact*** auf Tatsachen beruhend; ***be ~ed in*** → 22; **20.** (***in***) j-n einführen (in *acc.*), *j-m* die Anfangsgründe beibringen (*gen.*): ***well ~ed in*** mit guten (Vor-)Kenntnissen in (*od. gen.*); **III** *v/i.* **21.** ⚓ stranden, auflaufen; **22.** (***on, upon***) beruhen (auf *dat.*), sich gründen (auf *acc.*).

ground² [graʊnd] **I** *pret. u. p.p. von* ***grind***; **II** *adj.* **1.** gemahlen: ***~ coffee***; **2.** matt(geschliffen); → ***ground glass***.

ground·age ['graʊndɪdʒ] *s.* ⚓ *Brit.* Hafengebühr *f*, Ankergeld *n*.

ˌ**ground|-'air** *adj.* ✈ Boden-Bord-…; **~ a·lert** *s.* ✈, ⚔ A'larm-, Startbereitschaft *f*; **~ an·gling** *s.* Grundangeln *n*; **~ at·tack** *s.* ✈ Angriff *m* auf Erdziele, Tiefangriff *m*; **~ bass** *s.* ♪ Grundbaß *m*; **~ box** *s.* ⚘ Zwergbuchsbaum *m*; **~ clear·ance** *s. mot.* Bodenfreiheit *f*; **~-col·o(u)r** *s.* Grundfarbe *f*; **~ con·nec·tion** → ***ground¹*** 12; **'~-conˌtrolled ap·proach** *s.* ✈ GC'A-Anflug *m* (*per Bodenradar*); **~ crew** *s.* ✈ 'Bodenperso̩nal *n*; **'~-fish** *s. ichth.* Grundfisch *m*; **~ fish·ing** *s.* Grundangeln *n*; **~ floor** *s. Brit.* Erdgeschoß *n*: ***get in on the ~ F*** a) ☤ sich zu den Gründerbedingungen beteiligen, b) von Anfang an mit dabeisein, c) ganz unten anfangen (*in e-r Firma etc.*); **~ fog** *s.* Bodennebel *m*; **~ forc·es** *s. pl.* ⚔ Bodentruppen *pl.*, Landstreitkräfte *pl.*; **~ form** *s. ling.* a) Grundform *f*, b) Wurzel *f*, c) Stamm *m*; **~ frost** *s.* Bodenfrost *m*; **~ glass** *s.* **1.** Mattglas *n*; **2.** *phot.* Mattscheibe *f*; **~ game** *s. hunt. Brit.* Niederwild *n*; **~ hog** *s. zo.* Amer. Murmeltier *n*; **~ host·ess** *s.* ✈ Groundhostess *f*; **~ ice** *s. geol.* Grundeis *n*.

ground·ing ['graʊndɪŋ] *s.* **1.** Funda'ment *n*, 'Unterbau *m*; **2.** a) Grundierung *f*, b) Grundfarbe *f*; **3.** ⚓ Stranden *n*; **4.** ⚡ Erdung *f*; **5.** a) 'Anfangsˌunterricht *m*, Einführung *f*, b) (Vor)Kenntnisse *pl.*

ground·less ['graʊndlɪs] *adj.* □ grundlos, unbegründet.

ground| lev·el *s. phys.* Bodennähe *f*; **~ line** *s.* 🖌 Grundlinie *f*; **'~·man** [-ndmæn] *s.* [*irr.*] *sport* Platzwart *m*; **~ note** *s.* ♪ Grundton *m*; **'~·nut** [-ndn-] *s.* Erdnuß *f*; **~ plan** *s.* **1.** △ Grundriß *m*; **2.** *fig.* (erster) Entwurf, Kon'zept *n*; **~ plane** *s.* Horizon'talebene *f*; **~ plate** *s.* **1.** △ Grundplatte *f*; **2.** ⚡ Erdplatte *f*; **~ rule** *s.* Grundregel *f*; **~ sea** *s.* ⚓ Grundsee *f*; **~ sheet** *s.* **1.** Zeltboden *m*; **2.** *sport* Regenplane *f* (*für das Spielfeld*); **'~s·man** [-ndzmən] → ***groundman***; **~ speed** *s.* ✈ Geschwindigkeit *f* über Grund; **~ staff** → ***ground crew***; **~ sta·tion** *s.* 'Bodenstatiˌon *f*; **~ swell** *s.* **1.** (Grund)Dünung *f*; **2.** *fig.* Anschwellen *n*; ˌ**~-to-'air** *adj.* a) ✈ Boden-Bord-…: ***~ communication***, b) ⚔ Boden-Luft-…: ***~ weapon***; **'~-ˌwa·ter lev·el** *s. geol.* Grundwasserspiegel *m*; **~ wave** *s.* ⚡, *phys.* Bodenwelle *f*; **'~·work** *s.* **1.** △ a) Erdarbeit *f*, b) 'Unterbau *m*, Funda'ment *n* (*a. fig.*); **2.** *fig.* Grundlage(n *pl.*) *f*; **3.** *paint. etc.* Grund *m*.

group [gru:p] **I** *s.* **1.** *allg., a.* ♞, 🖌, ♪, *biol., sociol. etc.* Gruppe *f*; **2.** *fig.* Gruppe *f*, Kreis *m*; **3.** *parl.* a) Gruppe *f* (*Partei mit zu wenig Abgeordneten für e-e Fraktion*, b) Frakti'on *f*; **4.** ☤ Gruppe *f*, Kon'zern *m*; **5.** ⚔ a) Gruppe *f*, b) Kampfgruppe *f* (*2 od. mehr Bataillone*); **6.** ✈ a) *Brit.* Geschwader *n*: ***~ captain*** Oberst *m* (*der* ***RAF***), b) *Am.* Gruppe *f*; **7.** ♪ a) Instru'menten- *od.* Stimmgruppe *f*, b) Notengruppe *f*; **II** *v/t.* **8.** gruppieren, anordnen; **9.** klassifizieren, einordnen; **III** *v/i.* **10.** sich gruppieren; **~ drive** *s.* ⚙ Gruppenantrieb *m*; **~ dy·nam·ics** *s. pl. sg. konstr. sociol., psych.* 'Gruppendyˌnamik *f*.

group·ie ['gru:pɪ] *s.* ‚Groupie' *n* (*weiblicher Fan*).

group| sex *s.* Gruppensex *m*; **~ ther·a·py** *s. psych.* 'Gruppentheraˌpie *f*; **~ work** *s. sociol.* Gruppenarbeit *f*.

grouse¹ [graʊs] *s. sg. u. pl. orn.* **1.** Waldhuhn *n*; **2.** Schottisches Moorhuhn.

grouse² [graʊs] **I** *v/i.* (***about***) meckern (über *acc.*), nörgeln (an *dat.*, über *acc.*); **II** *s.* Nörge'lei *f*, Gemecker *n*; **'grous·er** [-sə] *s.* ‚Meckerfritze' *m*.

grout [graʊt] **I** *s.* **1.** ⚙ Vergußmörtel *m*; **2.** Schrotmehl *n*; **3.** *pl.* Hafergrütze *f*; **II** *v/t.* **4.** *Fugen* ausstreichen.

grove [grəʊv] *s.* Hain *m*, Gehölz *n*.

grov·el ['grɒvl] *v/i.* **1.** am Boden kriechen; **2.** ***~ before*** (*od.* ***to***) ***s.o.*** *fig.* vor j-m kriechen, vor j-m zu Kreuze kriechen; **3.** ***~ in*** schwelgen in (*dat.*), frönen (*dat.*); **'grov·el·(l)er** [-lə] *s. fig.* Kriecher *m*, Speichellecker *m*; **'grov·el·(l)ing** [-lɪŋ] *adj.* □ *fig.* kriecherisch, unter'würfig.

grow [grəʊ] **I** *v/i.* [*irr.*] **1.** wachsen; **2.** ⚘ wachsen, vorkommen; **3.** wachsen: a) größer *od.* stärker werden, sich entwikkeln, b) *fig.* anwachsen, zunehmen (***in*** an *dat.*); **4.** (all'mählich) werden: ***~ rich***; ***~ less*** sich vermindern; ***~ light*** hell(er) werden, sich aufklären; **II** *v/t.* [*irr.*] **5.** (an)bauen, züchten, ziehen: ***~ apples***; **6.** (sich) wachsen lassen: ***~ one's hair long***; ***~ a beard*** sich e-n Bart stehen lassen;

Zssgn mit adv. u. prp.:

grow| a·way *v/i.*: ***~ from*** sich *j-m* entfremden; **~ from** → ***grow out of***; **~ in·to** *v/i.* **1.** hin'einwachsen in (*acc.*) (*a. fig.*); **2.** werden zu, sich entwickeln zu; **~ on** *v/i.* **1.** Einfluß *od.* Macht gewinnen über (*acc.*): ***the habit grows on one*** man gewöhnt sich immer mehr daran; **2.** *j-m* lieb werden *od.* ans Herz wachsen; **~ out of** *v/i.* **1.** her'auswachsen aus: ***~ one's clothes***; **2.** *fig.* entwachsen (*dat.*), über'winden (*acc.*), ablegen: ***~ a habit***; **3.** erwachsen *od.* entstehen aus, e-e Folge sein (*gen.*); **~ up** *v/i.* **1.** auf-, her'anwachsen: ***~ (into) a beauty*** sich zu e-r Schönheit entwikkeln; **2.** erwachsen werden: ***~!*** sei kein Kindskopf!; **3.** sich einbürgern (*Brauch etc.*); **4.** sich entwickeln, entstehen; **~ up·on** → ***grow on***.

grow·er ['grəʊə] *s.* **1.** (*schnell etc.*) wachsende Pflanze: ***a fast ~***; **2.** Züchter *m*, Pflanzer *m*, Erzeuger *m*, *in Zssgn* …bauer *m*; **grow·ing** ['grəʊɪŋ] **I** *adj.* □ **1.** wachsend (*a. fig. zunehmend*); **II** *s.* **2.** Anbau *m*; **3.** Wachstum *n*: ***~ pains*** a) Wachstumsschmerzen, b) *fig.* Anfangsschwierigkeiten, ‚Kinderkrankheiten'.

growl [graʊl] **I** *v/i.* **1.** knurren (*Hund etc.*), brummen (*Bär*) (*beide a. fig. Person*): ***~ at j-n*** anknurren; **2.** (g)rollen (*Donner*); **II** *v/t.* **3.** *Worte* knurren; **III** *s.* **4.** Knurren *n*, Brummen *n*; **5.** (G)Rollen *n*; **'growl·er** [-lə] *s.* **1.** knurriger Hund; **2.** *fig.* ‚Brummbär' *m*; **3.** *ichth.* Knurrfisch *m*; **4.** ⚡ Prüfspule *f*; **5.** kleiner Eisberg.

grown [grəʊn] **I** *p.p. von* ***grow***; **II** *adj.* **1.** gewachsen; → ***full-grown***; **2.** erwachsen: ***~ man*** Erwachsene(r) *m*; **3.** *a.* ***~ over*** be-, über'wachsen; **~-up I** *adj.* [ˌgrəʊn'ʌp] **1.** erwachsen; **2.** a) für Erwachsene: ***~ books***, b) Erwachsenen…: ***~ clothes***; **II** *s.* ['grəʊnʌp] **3.** Erwachsene(r *m*) *f*.

growth [grəʊθ] *s.* **1.** Wachsen *n*, Wachstum *n* (*a. fig. u.* ☤); **2.** Wuchs *m*, Größe *f*; **3.** Anwachsen *n*, Zunahme *f*, Zuwachs *m*; **4.** *fig.* Entwicklung *f*; **5.** a) Anbau *m*, b) Pro'dukt *n*, Erzeugnis *n*: ***of one's own ~*** selbstgezogen; **6.** ⚘ Schößling *m*, Trieb *m*; **7.** ⚕ Gewächs *n*, Wucherung *f*; **~ in·dus·try** *s.* ☤ 'Wachstumsinduˌstrie *f*; **~ rate** *s.* ☤ Wachstumsrate *f*.

groyne [grɔɪn] *s. Brit.* ⚙ Buhne *f*.

grub [grʌb] **I** *v/i.* **1.** a) graben, wühlen, b) jäten, c) roden; **2.** ‚wühlen', schwer arbeiten; **3.** *fig.* stöbern, wühlen, kramen; **4.** *sl.* ‚futtern', essen; **II** *v/t.* **5.** a) aufwühlen, b) 'umgraben, c) roden; **6.** *oft* ***~ up*** a) ausjäten, b) (mit den Wurzeln) ausgraben, c) *fig.* ausgraben, aufstöbern; **III** *s.* **7.** *zo.* Made *f*, Larve *f*; **8.** *fig.* Arbeitstier *n*; **9.** *sl.* ‚Futter' *n* (*Essen*).

grub·ber ['grʌbə] *s.* **1.** ⛏ a) Rodehacke *f*, -werkzeug *n*, b) Eggenpflug *m*; **2.** → ***grub*** 8; **'grub·by** [-bɪ] *adj.* **1.** schmuddelig; **2.** madig.

'grub|-stake *s. Am.* ⚒ *e-m Schürfer gegen Gewinnbeteiligung gegebene* Ausrüstung u. Verpflegung; **♀ Street I** *s. fig.* armselige Lite'raten *pl.*; **II** *adj.* (lite'rarisch) minderwertig, ‚dritter Garni'tur'.

grudge [grʌdʒ] **I** *v/t.* **1.** (***s.o. s.th.*** *od.* ***s.th. to s.o.***) (j-m et.) miß'gönnen *od.* nicht gönnen, (j-n um et.) beneiden; **2.** ***~ doing s.th.*** et. nur widerwillig *od.* ungern tun; **II** *s.* **3.** Groll *m*: ***bear s.o. a***

~, have a ~ against s.o. e-n Groll gegen j-n hegen; '**grudg·er** [-dʒə] *s.* Neider *m*; '**grudg·ing** [-dʒɪŋ] *adj.* □ **1.** neidisch, 'mißgünstig; **2.** 'widerwillig, ungern (getan *od.* gegeben): ***she was very ~ in her thanks*** sie bedankte sich nur sehr widerwillig.

gru·el ['grʊəl] *s.* Haferschleim *m*; Schleimsuppe *f*; '**gru·el·(l)ing** [-lɪŋ] **I** *adj. fig.* mörderisch, aufreibend, zermürbend; **II** *s. Brit.* F a) harte Strafe *od.* Behandlung, b) Stra'paze *f*, ‚Schlauch' *m*.

grue·some ['gru:səm] *adj.* □ grausig, grauenhaft, schauerlich.

gruff [grʌf] *adj.* □ **1.** schroff, barsch, ruppig; **2.** rauh (*Stimme*); '**gruff·ness** [-nɪs] *s.* **1.** Barsch-, Schroffheit *f*; **2.** Rauheit *f*.

grum·ble ['grʌmbl] **I** *v/i.* **1.** a) murren, schimpfen (**at**, **about**, **over** über *acc.*, wegen), b) knurren, brummen; **2.** (g)rollen (*Donner*); **II** *s.* **3.** Murren *n*, Knurren *n*; **4.** (G)Rollen *n*; '**grum·bler** [-lə] *s.* Brummbär *m*, Nörgler *m*; '**grum·bling** [-lɪŋ] *adj.* □ **1.** brummig; **2.** murrend.

grume [gru:m] *s.* (*bsd.* Blut)Klümpchen *n*.

grum·met ['grʌmɪt] *s. Brit.* **1.** ⚓ Seilschlinge *f*; **2.** ⚙ (Me'tall)Öse *f*.

gru·mous ['gru:məs] *adj.* geronnen, dick, klumpig (*Blut etc.*).

grump [grʌmp] *s. Am.* F **1.** → ***grumbler***; **2.** *pl.* Mißmut *m*: ***have the ~s*** mißmutig sein; **grump·y** ['grʌmpɪ] *adj.* □ mürrisch, mißmutig.

Grun·dy ['grʌndɪ] *s.* engstirnige, sittenstrenge Per'son: ***Mrs. ~*** *a.* ‚die Leute' *pl.* (*die gefürchtete öffentliche Meinung*): ***what will Mrs. ~ say?***

grunt [grʌnt] **I** *v/i. u. v/t.* **1.** grunzen; **2.** *fig.* murren, brummen; **3.** ächzen, stöhnen (**with** vor *dat.*); **II** *s.* **4.** Grunzen *n*; **5.** → ***growler*** 3.

gryph·on ['grɪfən] → ***griffin***[1] 1.

'**G-string** *s.* **1.** ♪ G-Saite *f*; **2.** a) ‚letzte Hülle' (*e-r Stripteasetänzerin*), b) Tanga *m* (*Mini-Bikini*).

gua·na ['gwɑ:nɑ:] → ***iguana***.

gua·no ['gwɑ:nəʊ] *s.* Gu'ano *m*.

guar·an·tee [ˌgærən'ti:] **I** *s.* **1.** Garan'tie *f*: a) Bürgschaft *f*, Sicherheit *f*, b) Gewähr *f*, Zusicherung *f*, c) Garan'tiefrist *f*: **~ (*card*)** Garantieschein *m*; ***there is a one-year ~ on this camera*** die Kamera hat ein Jahr Garantie; **2.** Kauti'on *f*, Sicherheit(sleistung) *f*, Pfand(summe *f*) *n*; **3.** Bürge *m*, Bürgin *f*; **4.** Sicherheitsempfänger(in); **II** *v/t.* **5.** (sich ver-) bürgen für, Garan'tie leisten für; **6.** *et.* garantieren, gewährleisten, sicherstellen, verbürgen; **7.** schützen, sichern (**from**, **against** vor *dat.*, gegen); ˌ**guar·an'tor** [-'tɔ:] *s. bsd.* ⚖ Bürge *m*, Bürgin *f*, Ga'rant(in); **guar·an·ty** ['gærəntɪ] → ***guarantee*** 1, 2, 3.

guard [gɑ:d] **I** *v/t.* **1.** (**against**, **from**) (be)hüten, (be)schützen, bewahren (vor *dat.*), sichern (gegen): ***~ one's interests*** *fig.* s-e Interessen wahren; ***~ your tongue!*** hüte deine Zunge!; **2.** bewachen, beaufsichtigen; **3.** ⚙ (ab)sichern; **4.** *Schach: Figur* decken; **II** *v/i.* **5.** (***against***) auf der Hut sein, sich hüten *od.* schützen *od.* in acht nehmen (vor *dat.*), vorbeugen (*dat.*); **III** *s.* **6.** a) ⚔ *etc.* Wache *f*, (Wach)Posten *m*, b) Wächter *m*, c) Aufseher *m*, Wärter *m*; **7.** ⚔ a) Wachmannschaft *f*, Wache *f*, b) Garde *f*, Leibwache *f*: ***~ of hono(u)r*** Ehrenwache *f*, c) ***≈s*** *pl. Brit.* 'Garde (-korps *n*, -regiˌment *n*) *f*; **8.** 🚂 a) *Brit.* Schaffner *m*, b) *Am.* Bahnwärter *m*; **9.** Bewachung *f*, Aufsicht *f*: ***keep under close ~*** scharf bewachen; ***be on ~*** auf Wache sein; ***stand*** (***mount***, ***relieve***, ***keep***) **~** Wache stehen (beziehen, ablösen, halten); **10.** *fenc.*, *Boxen etc.*, *a. Schach*: Deckung *f*: ***lower one's ~*** die Deckung herunternehmen, *fig.* sich e-e Blöße geben, nicht aufpassen; **11.** *fig.* Wachsamkeit *f*: ***on one's ~*** auf der Hut, vorsichtig; ***off one's ~*** nicht auf der Hut, unachtsam; ***put s.o. on his ~*** j-n warnen; ***throw s.o. off his ~*** j-n überrumpeln; **12.** ⚙ Schutzvorrichtung *f*, -gitter *n*, -blech *n*; **13.** a) Stichblatt *n* (*am Degen*), b) Bügel *m* (*am Gewehr*); **14.** *fig.* Vorsichtsmaßnahme *f*, Sicherung *f*; **~ boat** *s.* ⚓ Wachboot *n*; **~ book** *s.* **1.** *Brit.* Sammelalbum *n*; **2.** ⚔ Wachbuch *n*; **~ chain** *s.* Sicherheitskette *f*; **~ dog** *s.* Wachhund *m*; **~ du·ty** *s.* Wachdienst *m*: ***be on ~*** Wache haben.

guard·ed ['gɑ:dɪd] *adj.* □ *fig.* vorsichtig, zu'rückhaltend: ***~ hope*** gewisse Hoffnung; ***~ optimism*** gedämpfter Optimismus; '**guard·ed·ness** [-nɪs] *s.* Vorsicht *f*, Zu'rückhaltung *f*.

'**guard·house** *s.* ⚔ **1.** 'Wachloˌkal *n*, -haus *n*; **2.** Ar'restloˌkal *n*.

guard·i·an ['gɑ:djən] *s.* **1.** Hüter *m*, Wächter *m*: ***~ angel*** Schutzengel *m*; ***~ of the law*** Gesetzeshüter; **2.** ⚖ Vormund *m*: ***~ ad litem*** Prozeßvertreter *m* (*für Minderjährige od. Geschäftsunfähige*); '**guard·i·an·ship** [-ʃɪp] *s.* **1.** ⚖ Vormundschaft *f*: ***be*** (***place***) ***under ~*** unter Vormundschaft stehen (stellen); **2.** *fig.* Schutz *m*, Obhut *f*.

'**guard|·rail** *s.* **1.** Handlauf *m*; **2.** *mot.* Leitplanke *f*; '**~s·man** [-dzmən] *s.* [*irr.*] ⚔ **1.** → ***guard*** 6a; **2.** Gar'dist *m*; **3.** *Am.* Natio'nalgarˌdist *m*.

Gua·te·ma·lan [ˌgwætɪ'mɑ:lən] **I** *adj.* guatemal'tekisch; **II** *s.* Guatemal'teke *m*, -'tekin *f*.

gua·va ['gwɑ:və] *s.* ⚘ Gua'jave *f*.

gu·ber·na·to·ri·al [ˌgju:bənə'tɔ:rɪəl] *adj. bsd. Am.* Gouverneurs…

gudg·eon[1] ['gʌdʒən] *s.* **1.** *ichth.* Gründling *m*; **2.** *fig.* Gimpel *m*.

gudg·eon[2] ['gʌdʒən] *s.* **1.** ⚙ Zapfen *m*, Bolzen *m*: ***~ pin*** Kolbenbolzen; **2.** ⚓ Ruderöse *f*.

guel·der rose ['geldə] *s.* ⚘ Schneeball *m*.

Guelph, **Guelf** [gwelf] *s.* Welfe *m*, Welfin *f*; '**Guelph·ic**, '**Guelf·ic** [-fɪk] *adj.* welfisch.

guer·don ['gɜ:dən] *poet.* **I** *s.* Sold *m*, Lohn *m*; **II** *v/t.* belohnen.

gue·ril·la → ***guerrilla***.

Guern·sey ['gɜ:nzɪ] *s.* **1.** Guernsey (-rind) *n*; **2.** *a.* ***≈*** ⚓ 'Wollpulˌlover *m*.

guer·ril·la [gə'rɪlə] *s.* ⚔ **1.** Gue'rilla *m*, Parti'san *m*; **2.** *mst* ***~ war(fare)*** Gue'rillakrieg *m*, *fig.* Kleinkrieg *m*.

guess [ges] **I** *v/t.* **1.** erraten: ***~ a riddle***; ***~ s.o.'s thoughts***; ***~ who!*** rate mal, wer!; **2.** (ab)schätzen (**at** auf): ***~ s.o.'s age***; **3.** ahnen, vermuten; **4.** *bsd. Am.* F glauben, denken, meinen, ahnen; **II** *v/i.* **5.** schätzen (**at s.th.** et.); **6.** a) raten, b) her'umraten (**at**, **about** an *dat.*): ***keep s.o. ~ing*** j-n im unklaren *od.* ungewissen lassen; ***~ing game*** Ratespiel *n*; **III** *s.* **7.** Schätzung *f*, Vermutung *f*, Annahme *f*: ***my ~ is that*** ich schätze *od.* vermute, daß; ***that's anybody's ~*** das weiß niemand; ***your ~ is as good as mine*** ich kann auch nur raten; ***a good ~!*** gut geraten *od.* geschätzt; ***at a ~*** bei bloßer Schätzung; ***at a rough ~*** grob geschätzt; ***by ~*** schätzungsweise; ***by ~ and by god*** F ‚nach Gefühl u. Wellenschlag'; ***make*** (*od.* ***take***) ***a ~*** raten, schätzen; ***miss one's ~*** ‚danebenhauen', falsch raten; **~ rope** → ***guest rope***; **~ stick** *s. Am. sl.* **1.** Rechenschieber *m*; **2.** Maßstab *m*.

guess·ti·mate F **I** *s.* ['gestɪmət] grobe Schätzung, bloße Rate'rei; **II** *v/t.* [-meɪt] ‚über den Daumen peilen'.

'**guess·work** *s.* (bloße) Rate'rei, (reine) Vermutung(en *pl.*).

guest [gest] **I** *s.* **1.** Gast *m*: ***paying ~*** (Pensions)Gast; ***~ of hono(u)r*** Ehrengast; ***be my ~!*** aber bitte(, ja)!; **2.** ⚘, *zo.* Einmieter *m* (*Parasit*); **II** *v/i.* **3.** *bsd. Am. thea.* gastieren, als Gast mitwirken (**on** bei); **~ book** *s.* Gästebuch *n*; **~ con·duc·tor** *s.* ♪ 'Gastdiriˌgent *m*; '**~·house** *s.* Pensi'on *f*; Gästehaus *n*; **~ room** [rʊm] *s.* Gästezimmer *n*; **~ rope**, **~ warp** ['ges-] *s.* ⚓ **1.** Schlepptrosse *f*; **2.** Bootstau *n*.

guf·faw [gʌ'fɔ:] **I** *s.* schallendes Gelächter; **II** *v/i.* laut lachen.

guid·a·ble ['gaɪdəbl] *adj.* lenkbar, lenksam; '**guid·ance** [-dns] *s.* **1.** Leitung *f*, Führung *f*; **2.** Anleitung *f*, Belehrung *f*, Unter'weisung *f*: ***for your ~*** zu Ihrer Orientierung; **3.** (*Berufs-*, *Ehe- etc.*)Beratung *f*, Führung *f*: ***~ counselor*** a) Berufs-, Studienberater *m*, b) Heilpädagoge *m*.

guide [gaɪd] **I** *v/t.* **1.** *j-n* führen, geleiten, *j-m* den Weg zeigen; **2.** ⚙ *u. fig.* lenken, leiten, führen, steuern; **3.** *et.*, *a. j-n* bestimmen: ***~ s.o.'s actions*** (***life***, ***etc.***); ***be ~d by*** sich leiten lassen von, folgen (*dat.*), bestimmt sein von; **4.** anleiten, belehren, beraten(d zur Seite stehen *dat.*); **II** *s.* **5.** Führer(in), Leiter (-in); **6.** (Reise-, Fremden-, Berg- *etc.*) Führer *m*; **7.** (Reise- *etc.*)Führer *m* (**to** durch, von) (*Buch*); **8.** (**to**) Leitfaden *m*, Handbuch *n* (*gen.*); **9.** Berater (-in); **10.** *fig.* Richtschnur *f*, Anhaltspunkt *m*: ***if that*** (***he***) ***is any ~*** wenn man sich danach (nach ihm) überhaupt richten kann; **11.** → ***girl guide***; **12.** a) Wegweiser *m*, b) 'Wegmarˌkierung(szeichen *n*) *f*; **13.** ⚙ Führung *f*; **~ bar** *s.* ⚙ Führungsschiene *f*; **~ beam** *s.* ✈ (Funk)Leitstrahl *m*; **~ blade** *s.* ⚙ Leitschaufel *f* (*Turbine*); **~ block** *s.* ⚙ Führungsschlitten *m*; '**~·book** → ***guide*** 7.

guid·ed ['gaɪdɪd] *adj.* **1.** (fern)gelenkt: ***~ missile*** ⚔ Fernlenkgeschoß *n*, Fernlenkkörper *m*; **2.** geführt: ***~ tour*** Führung *f*.

guide| **dog** *s.* Blindenhund *m*; '**~·line** *s.* **1.** ✈ Schleppseil *n*; **2.** (**on** *gen.*) Richtlinie *f*, -schnur *f*; '**~·post** *s.* Wegweiser *m*; **~ pul·ley** *s.* ⚙ Leit-, 'Umlenkrolle *f*; **~ rail** *s.* → ***guide bar***; **~ rod** *s.* ⚙ Führungsstange *f*; **~ rope** *s.* ✈ Schlepptau *n*; '**~·way** *s.* ⚙ Führungsbahn *f*.

guid·ing ['gaɪdɪŋ] *adj.* führend, leitend, Lenk…: ~ **principle** Leitprinzip *n*; ~ **rule** *s.* Richtlinie *f*; ~ **star** *s.* Leitstern *m.*

gui·don ['gaɪdən] *s.* **1.** Wimpel *m*, Fähnchen *n*, Stan'darte *f*; **2.** Stan'dartenträger *m.*

guild [gɪld] *s.* **1.** Gilde *f*, Zunft *f*, Innung *f*; **2.** Vereinigung *f.*

guil·der ['gɪldə] *s.* Gulden *m.*

ˌ**guild'hall** *s.* **1.** *hist.* Gilden-, Zunfthaus *n*; **2.** Rathaus *n*: **the** ♀ *das Rathaus der City von London.*

guile [gaɪl] *s.* (Arg)List *f*, Tücke *f*; '**guile·ful** [-fʊl] *adj.* □ arglistig, tükkisch; '**guile·less** [-lɪs] *adj.* □ arglos, ohne Falsch, treuherzig, harmlos; '**guile·less·ness** [-lɪsnɪs] *s.* Harm-, Arglosigkeit *f.*

guil·lo·tine [ˌgɪlə'ti:n] **I** *s.* **1.** Guillo'tine *f*, Fallbeil *n*; **2.** ⚙ Pa'pierˌschneidemaˌschine *f*; **3.** *Brit. parl.* Befristung *f* der De'batte; **II** *v/t.* **4.** guillotinieren, durch die Guillo'tine hinrichten.

guilt [gɪlt] *s.* Schuld *f* (*a.* ⚖): ***joint*** ~ Mitschuld; ~ ***complex*** Schuldkomplex *m*; '**guilt·i·ness** [-tɪnɪs] *s.* **1.** Schuld *f*; **2.** Schuldbewußtsein *n*, -gefühl *n*; '**guilt·less** [-lɪs] *adj.* □ **1.** schuldlos, unschuldig (***of*** an *dat.*); **2.** *fig.* (***of***) a) unwissend, unerfahren (in *dat.*): ***be*** ~ ***of s.th.*** et. nicht kennen (*a. fig.*), b) frei *od.* unberührt (von), ohne (*acc.*); '**guilt·y** [-tɪ] *adj.* □ **1.** schuldig (***of*** *gen.*): ***find*** (***not***) ~ für (un)schuldig erklären (***on a charge*** e-r Anklage); **2.** schuldbewußt, -beladen: ***a*** ~ ***conscience*** ein schlechtes Gewissen.

guin·ea ['gɪnɪ] *s.* **1.** *Brit.* Gui'nee *f* (*£1.05*); **2.** → ~ **fowl** *s.*, ~ **hen** *s.* Perlhuhn *n*; ~ **pig** *s.* **1.** Meerschweinchen *n*; **2.** *fig.* Ver'suchskaˌninchen *n.*

guise [gaɪz] *s.* **1.** Gestalt *f*, Erscheinung *f*, Aufmachung *f*: ***in the*** ~ ***of*** als … (verkleidet); **2.** *fig.* Maske *f*, (Deck-)Mantel *m*: ***under the*** ~ ***of*** in der Maske (*gen.*), unter dem Deckmantel (*gen.*).

gui·tar [gɪ'tɑ:] *s.* ♪ Gi'tarre *f*; **gui'tar·ist** [-rɪst] *s.* Gitar'rist(in), Gi'tarrenspieler(in).

gulch [gʌlʃ] *s. Am.* (Berg)Schlucht *f.*

gulf [gʌlf] **I** *s.* **1.** Golf *m*, Meerbusen *m*, Bucht *f*; **2.** *a. fig.* Abgrund *m*, Schlund *m*; **3.** *fig.* Kluft *f*; **4.** Strudel *m*; **II** *v/t.* **5.** *fig.* verschlingen.

gull[1] [gʌl] *s. orn.* Möwe *f.*

gull[2] [gʌl] **I** *v/t.* über'tölpeln; **II** *s.* Gimpel *m*, Trottel *m.*

gul·let ['gʌlɪt] *s.* **1.** *anat.* Schlund *m*, Speiseröhre *f*; **2.** Gurgel *f*, Kehle *f*; **3.** Wasserrinne *f*; **4.** ⚙ 'Förderkaˌnal *m.*

gul·li·bil·i·ty [ˌgʌlə'bɪlətɪ] *s.* Leichtgläubigkeit *f*, Einfalt *f*; **gul·li·ble** ['gʌləbl] *adj.* leichtgläubig, na'iv.

gul·ly ['gʌlɪ] *s.* **1.** (Wasser)Rinne *f*; **2.** ⚙ a) Gully *m*, Sinkkasten *m*, Senkloch *n*, b) *a.* ~ ***drain*** 'Abzugskaˌnal *m*: ~ ***hole*** Abflußloch *n.*

gulp [gʌlp] **I** *v/t. mst* ~ ***down*** **1.** *Speise* hin'unterschlingen, *Getränk* hin'unterstürzen; **2.** *Tränen etc.* hin'unterschlukken, unter'drücken; **II** *v/i.* **3.** (*a. vor Rührung etc.*) schlucken; **4.** würgen; **III** *s.* **5.** (großer) Schluck: ***at one*** ~ auf 'einen Zug.

gum[1] [gʌm] *s. mst. pl. anat.* Zahnfleisch *n.*

gum[2] [gʌm] **I** *s.* **1.** ♀, ⚙ a) Gummi *n, m*, b) Gummiharz *n*, c) Kautschuk *m*; **2.** Klebstoff *m*, *bsd.* Gummilösung *f*; **3.** → a) ***chewing gum***, b) ***gum arabic***, c) ***gum elastic***, d) ***gum tree***; **4.** ♀ Gummifluß *m* (*Baumkrankheit*); **5.** 'Gummi (-bonˌbon) *m, n*; **6.** *pl. Am.* Gummischuhe *pl.*; **II** *v/t.* **7.** gummieren; **8.** (an-, ver)kleben; **9.** ~ ***up*** a) verkleben, b) F *et.* ‚vermasseln'; **III** *v/i.* **10.** ♀ Gummi absondern (*Baum*).

gum[3] [gʌm], *a.* ♀ *s.*: ***my*** ~!, ***by*** ~! heiliger Strohsack!

gum| am·mo·ni·ac *s.* ⚗, ⚕ Ammoni'akgummi *n, m*; ~ **ar·a·bic** *s.* Gummia'rabikum *n*; '~**·boil** *s.* ⚕ Zahngeschwür *n*; '~**·drop** → ***gum***[2] 5; ~ **e·las·tic** *s.* Gummie'lastikum *n*, Kautschuk *m.*

gum·my ['gʌmɪ] *adj.* **1.** gummiartig, klebrig; **2.** Gummi…; **3.** gummihaltig.

gump·tion ['gʌmpʃn] *s.* F **1.** ‚Köpfchen' *n*, ‚Grütze' *f*, ‚Grips' *m*; **2.** ‚Mumm' *m*, Schneid *m.*

gum| res·in *s.* ♀ Schleim-, Gummiharz *n*; '~**·shield** *s. Boxen*: Zahnschutz *m*; '~**·shoe** *s. Am.* **1.** F a) 'GummiˌüberSchuh *m*, b) Tennis-, Turnschuh *m*; **2.** *sl.* ‚Schnüffler' *m* (*Detektiv*, *Polizist*); ~ **tree** *s.* ♀ **1.** Gummibaum *m*: ***be up a*** ~ *sl.* in der Klemme sein *od.* sitzen; **2.** Euka'lyptus(baum) *m*; **3.** Tu'pelobaum *m*; **4.** Amberbaum *m*; '~**·wood** *s.* Holz *n* des Gummibaums (*etc.* → ***gum tree***).

gun [gʌn] **I** *s.* **1.** ⚔ Geschütz *n*, Ka'none *f* (*a. fig.*): ***bring up one's big*** ~***s*** schweres Geschütz auffahren (*a. fig.*); ***go great*** ~***s*** F ‚schwer in Fahrt sein'; ***stick to one's*** ~***s*** *fig.* festbleiben, nicht weichen *od.* nachgeben; ***a big*** ~ *sl.* ‚e-e große Kanone', ‚ein großes Tier'; **2.** (*engS.* Jagd)Gewehr *n*, Flinte *f*, Büchse *f*; **3.** ‚Ka'none' *f*, Pi'stole *f*, Re'volver *m*; **4.** *sport*: a) 'Startpisˌtole *f*, b) Startschuß *m*: ***jump the*** ~ e-n Fehlstart verursachen, *fig.* voreilig handeln; **5.** Ka'nonen-, Sa'lutschuß *m*; **6.** Schütze *m*, Jäger *m*; **7.** ✈, ⚙ a) Drosselklappe *f*, b) Drosselhebel *m*: ***give the engine the*** ~ Vollgas geben; **II** *v/i.* **8.** auf die Jagd gehen; schießen; **9.** ~ ***for*** es abgesehen haben auf *j-n od. et.*; **III** *v/t.* **10.** a) schießen auf (*acc.*), b) erschießen, c) *mst* ~ ***down*** niederschießen; **11.** *oft* ~ ***up*** *mot.* F ‚auf Touren bringen': ~ ***the car up*** (Voll)Gas geben.

gun| bar·rel *s.* ⚔ **1.** Geschützrohr *n*; **2.** Gewehrlauf *m*; ~ **bat·tle** *s.* Feuergefecht *n*, Schieße'rei *f*; '~**·boat** *s.* Ka'nonenboot *n*: ~ ***diplomacy***; ~ **cam·er·a** *s.* ✈, ⚔ 'Foto-MˌG *n*; ~ **car·riage** *s.* ⚔ La'fette *f*; ~ **cot·ton** *s.* Schießbaumwolle *f*; ~ **dog** *s.* Jagdhund *m*; '~**·fight** → ***gun battle***; '~ˌ**fire** *s.* ⚔ Geschützfeuer *n*; '~-ˌ**hap·py** *adj.* schießwütig; ~ **har·poon** *s.* ⚓ Ge'schützharˌpune *f.*

gunk [gʌŋk] *Am.* F **I** *s.* klebriges Zeug; **II** *v/t.* ~ ***up*** verkleben.

gun| li·cence, *Am.* ~ **li·cense** *s.* Waffenschein *m*; '~**·lock** *s.* Gewehrschloß *n*; '~**·man** [-mən] *s.* [*irr.*] Bewaffnete(r) *m*; Re'volverheld *m*; '~ˌ**met·al** *s.* Rotguß *m*; ~ **moll** *s. Am. sl.* Gangsterbraut *f*; ~ **mount** *s.* ⚔ La'fette *f.*

gun·ner ['gʌnə] *s.* **1.** ⚔ a) Kano'nier *m*, Artille'rist *m*, b) Richtschütze *m* (*Panzer etc.*), c) M'G-Schütze *m*, Gewehrführer *m*; **2.** ✈ Bordschütze *m*; **gun·ner·y** ['gʌnərɪ] *s.* ⚔ Schieß-, Geschützwesen *n*: ~ ***officer*** Artillerieoffizier *m.*

gun·ny ['gʌnɪ] *s.* Juteleinwand *f*: ~ (***bag***) Jutesack *m.*

gun| pit *s.* ⚔ **1.** Geschützstand *m*; **2.** ✈ Kanzel *f*; '~**·play** → ***gun battle***; '~**·point** *s.*: ***at*** ~ mit vorgehaltener (Schuß)Waffe; '~ˌ**pow·der** *s.* Schießpulver *n*: ♀ ***Plot*** *hist.* Pulververschwörung *f* (*in London 1605*); '~**·room** [-rʊm] *s. Brit.* ⚓, ⚔ Ka'dettenmesse *f*; '~ˌ**run·ner** *s.* Waffenschmuggler *m*; '~ˌ**run·ning** *s.* Waffenschmuggel *m.*

gun·sel ['gʌnsl] *Am. sl.* **1.** → ***gunman***; **2.** ‚Fiesling' *m*; **3.** Trottel *m.*

'**gun|·ship** *s.* ✈, ⚔ Kampfhubschrauber *m*; '~**·shot** **1.** (Ka'nonen-, Gewehr-)Schuß *m*: ~ ***wound*** Schußwunde *f*; **2.** ***within*** (***out of***) ~ in (außer) Schußweite (*a. fig.*); '~**·shy** *adj.* **1.** *hunt.* schußscheu (*Hund etc.*); **2.** *Am.* F 'mißtrauisch; '~ˌ**sling·er** *s. Am.* F → ***gunman***; '~**·smith** *s.* Büchsenmacher *m*; ~ **turret** *s.* ⚔ **1.** Geschützturm *m*; **2.** ✈ Waffendrehstand *m.*

gun·wale ['gʌnl] *s.* **1.** ⚓ Schandeckel *m*; **2.** Dollbord *n* (*am Ruderboot*).

gur·gi·ta·tion [ˌgɜ:dʒɪ'teɪʃn] *s.* (Auf-)Wallen *n*, Strudeln *n.*

gur·gle ['gɜ:gl] *v/i.* gurgeln: a) gluckern (*Wasser*), b) glucksen (*Stimme*, *Person*, *Wasser etc.*).

Gur·kha ['gɜ:kə] *s.* Gurkha *m, f* (*Mitglied e-s indischen Volksstamms*).

gu·ru ['gʊru:] *s.* Guru *m* (*a. fig.*).

gush [gʌʃ] **I** *v/i.* **1.** her'vorströmen, -schießen, sich ergießen (***from*** aus); **2.** 'überströmen (***with*** von); **3.** (***over***) *fig.* F schwärmen (von), sich 'überschwenglich *od.* verzückt äußern (über *acc.*); **II** *s.* **4.** Schwall *m*, Strom *m*, Erguß *m* (*alle a. fig.*); **5.** F Schwärme'rei *f*, 'Überschwenglichkeit *f*, (Gefühls)Erguß *m*; '**gush·er** [-ʃə] *s.* **1.** Springquelle *f* (*Erdöl*); **2.** F Schwärmer(in); '**gush·ing** [-ʃɪŋ] *adj.* □ **1.** ('über)strömend; **2.** → '**gush·y** [-ʃɪ] *adj.* überschwenglich, schwärmerisch.

gus·set ['gʌsɪt] **I** *s.* **1.** *Näherei etc.*: Zwickel *m*, Keil *m*; **2.** ⚙ Winkelstück *n*, Eckblech *n*; **II** *v/t.* **3.** e-n Zwickel *etc.* einsetzen in (*acc.*).

gust [gʌst] *s.* **1.** Windstoß *m*, Bö *f*; **2.** *fig.* (Gefühls)Ausbruch *m*, Sturm *m* (*der Leidenschaft etc.*).

gus·ta·tion [gʌ'steɪʃn] *s.* **1.** Geschmack *m*, Geschmackssinn *m*; **2.** Schmecken *n*; **gus·ta·to·ry** ['gʌstətərɪ] *adj.* Geschmacks…

gus·to ['gʌstəʊ] *s.* Begeisterung *f*, Genuß *m*, Gusto *m.*

gust·y ['gʌstɪ] *adj.* □ **1.** böig, stürmisch; **2.** *fig.* ungestüm.

gut [gʌt] **I** *s.* **1.** *pl.* Eingeweide *pl.*, Gedärme *pl.*: ***I hate his*** ~***s*** F ich hasse ihn wie die Pest; **2.** *anat.* a) 'Darm(kaˌnal) *m*, b) (*bestimmter*) Darm; **3.** *a. pl.* F Bauch *m*; **4.** (*präparierter*) Darm; **5.** a) Engpaß *m*, b) enge 'Durchfahrt, Meerenge *f*; **6.** *pl.* F a) *das* Innere: ***the*** ~***s of a machine***, b) Kern *m*, *das* Wesentliche, c) Gehalt *m*, Sub'stanz *f*: ***it has no*** ~***s in it*** es steckt nichts dahinter; **7.** *pl.* ‚Mumm' *m*, Schneid *m*; **II** *v/t.* **8.** *Fisch etc.* ausnehmen, -weiden; **9.** *Haus etc.* a) ausrauben, b) ausbrennen: ~***ted by***

fire völlig ausgebrannt; **10.** *fig. Buch etc.* ,ausschlachten'; **III** *adj.* **11.** F in-stink'tiv, von innen her'aus, *a.* leidenschaftlich: ***a ~ reaction***; **12.** von entscheidender Bedeutung: ***a ~ problem***; **'gut·less** [-lɪs] *adj.* ,schlaff': a) ohne Schneid, b) ,müde': ***a ~ enterprise***; **'gut·sy** [-tsɪ] *adj.* mutig, schneidig.

gut·ta-per·cha [ˌgʌtə'pɜːtʃə] *s.* **1.** ⚗ Gutta *n*; **2.** ⚘, ⚙ Gutta'percha *n*.

gut·ter ['gʌtə] **I** *s.* **1.** Dachrinne *f*; **2.** Gosse *f*, Rinnstein *m*; **3.** *fig. contp.* Gosse *f*: ***language of the ~***; ***take s.o. out of the ~*** j-n aus der Gosse auflesen; **4.** (Abfluß-, Wasser)Rinne *f*; **5.** ⚙ Rille *f*, Hohlkehlfuge *f*, Furche *f*; **6.** Kugelfangrinne *f* (*der Bowlingbahn*); **II** *v/t.* **7.** furchen, aushöhlen; **III** *v/i.* **8.** rinnen, strömen; **9.** tropfen (*Kerze*); **IV** *adj.* **10.** vul'gär, schmutzig, Schmutz…; **~ press** *s.* Skan'dal-, Sensati'onspresse *f*; **'~-snipe** *s.* Gassenkind *n*.

gut·tur·al ['gʌtərəl] **I** *adj.* □ **1.** Kehl…, guttu'ral (*beide a. ling.*), kehlig; **2.** rauh, heiser; **II** *s.* **3.** *ling.* Kehllaut *m*, Guttu'ral *m*.

guv [gʌv], **guv·nor**, **guv'nor** ['gʌvnə] *sl.* → ***governor*** 4.

guy¹ [gaɪ] **I** *s.* **1.** F ,Typ' *m*, Kerl *m*, ,Bursche' *m*; **2.** ,Vogelscheuche' *f*, ,'Schießbudenfiˌgur' *f*; **3.** Zielscheibe *f* des Spotts; **4.** *Brit. Spottfigur des **Guy Fawkes** (die am **Guy Fawkes Day** verbrannt wird)*; **II** *v/t.* **5.** F *j-n* lächerlich machen, verulken.

guy² [gaɪ] **I** *s.* **1.** *a.* ***~ rope*** Halteseil *n*, -tau *n*; **2.** a) ⚙ (Ab)Spannseil *n* (*e-s Mastes*): ***~ wire*** Spanndraht *m*, b) ⚓ Gei(tau *n*) *f*; **3.** Spannschnur *f* (*Zelt*); **II** *v/t.* **4.** mit e-m Tau *etc.* sichern, verspannen.

Guy Fawkes Day [ˌgaɪ'fɔːks] *s. Brit. der Jahrestag des **Gunpowder Plot** (5. November).*

guz·zle ['gʌzl] *v/t.* **1.** *a. v/i.* a) ,saufen', b) ,fressen'; **2.** *oft* ***~ away*** *Geld* verprassen, *bsd.* ,versaufen'.

gybe [dʒaɪb] *v/t. u. v/i.* ⚓ *Brit.* (sich) 'umlegen (*Segel beim Kreuzen*).

gym [dʒɪm] *s. sl. abbr. für **gymnasium** u. **gymnastics***: ***~ shoe*** Turnschuh *m*.

gym·kha·na [dʒɪm'kɑːnə] *s.* Gym'khana *f* (*Geschicklichkeitswettbewerb für Reiter, a. Austragungsort*).

gym·na·si·um [dʒɪm'neɪzjəm] *pl.* **-si·ums**, **-si·a** [-zjə] *s.* **1.** Turnhalle *f*; **2.** *ped.* (*deutsches*) Gym'nasium; **gym·nast** ['dʒɪmnæst] *s.* (Kunst)Turner(in); **gym'nas·tic** [-'næstɪk] **I** *adj.* **1.** (□ ***~ally***) gym'nastisch, turnerisch, Turn…, Gymnastik…; **II** *s.* **2.** *pl. sg. konstr.* Turnen *n*, Gym'nastik *f*: ***mental ~s*** ,Gehirnakrobatik' *f*; **3.** *mst pl.* Turn-, Gym'nastikübung *f*.

gyn·ae·co·log·ic, **gyn·ae·co·log·i·cal** [ˌgaɪnɪkə'lɒdʒɪk(l)] *adj.* ⚕ gynäko'logisch; **gyn·ae·col·o·gist** [ˌgaɪnɪ'kɒlədʒɪst] *s.* ⚕ Gynäko'loge *m*, -'login *f*, Frauenarzt *m*, Frauenärztin *f*; **gyn·ae·col·o·gy** [ˌgaɪnɪ'kɒlədʒɪ] *s.* ⚕ Gynäkolo'gie *f*.

gyp [dʒɪp] *sl.* **I** *v/i. u. v/t.* **1.** ,bescheißen', ,neppen'; **II** *s.* **2.** a) ,Beschiß' *m*, b) ,Nepp' *m*; **3.** ***give s.o. ~*** j-n ,fertigmachen'; **'~-joint** *s. sl.* 'NepploˌKal *n*.

gyp·se·ous ['dʒɪpsɪəs] *adj. min.* gipsartig, Gips…; **gyp·sum** ['dʒɪpsəm] *s. min.* Gips *m*.

gyp·sy ['dʒɪpsɪ] *etc. bsd. Am.* → ***gipsy*** *etc.*

gy·rate I *v/i.* [ˌdʒaɪə'reɪt] kreisen, sich (im Kreis) drehen, wirbeln; **II** *adj.* ['dʒaɪərɪt] gewunden; **ˌgy'ra·tion** [-eɪʃən] *s.* **1.** Kreisbewegung *f*, Drehung *f*; **2.** *anat., zo.* Windung *f*; **gy·ra·to·ry** ['dʒaɪərətərɪ] *adj.* kreisend, sich (im Kreis) drehend.

gyr·fal·con ['dʒɜːˌfɔːlkən] → ***gerfalcon***.

gy·ro·com·pass ['dʒaɪərəʊˌkʌmpəs] *s.* ⚓, *phys.* Kreiselkompaß *m*; **'gy·ro·graph** [-əʊgrɑːf] *s.* ⚙ Um'drehungszähler *m*.

gy·ro ho·ri·zon ['dʒaɪərəʊ] *s. ast.*, ✈ künstlicher Hori'zont.

gy·ro·pi·lot ['dʒaɪərəʊˌpaɪlət] *s.* ✈ Autopi'lot *m*; **'gy·ro·plane** [-rəpleɪn] *s.* ✈ Tragschrauber *m*; **'gy·ro·scope** [-rəskəʊp] *s.* **1.** *phys.* Gyro'skop *n*, Kreisel *m*; **2.** ⚓, ⚔ Ge'radlaufappaˌrat *m* (*Torpedo*); **gy·ro·scop·ic** [ˌdʒaɪərə'skɒpɪk] *adj.* (□ ***~ally***) Kreisel…, gyro'skopisch; **gy·ro·sta·bi·liz·er** [ˌdʒaɪərəʊ'steɪbɪlaɪzə] *s.* ⚓, ✈ (Stabilisier-, Lage)Kreisel *m*; **'gy·ro·stat** [-rəʊstæt] *s.* Gyro'stat *m*.

gyve [dʒaɪv] *obs. od. poet.* **I** *s. mst pl.* (*bsd.* Fuß)Fessel *f*; **II** *v/t.* fesseln.

H

H, h [eɪtʃ] *s.* H *n*, h *n* (*Buchstabe*).

ha [hɑː] *int.* ha!, ah!

ha·be·as cor·pus [ˌheɪbjəsˈkɔːpəs] (*Lat.*) *s. a.* ***writ of ~*** ⚖ Vorführungsbefehl *m* zur Haftprüfung: ***2 Act*** Habeas-Corpus-Akte *f* (*1679*).

hab·er·dash·er [ˈhæbədæʃə] *s.* **1.** Kurzwarenhändler(in); **2.** *Am.* Herrenausstatter *m*; **ˈhab·er·dash·er·y** [-ərɪ] *s.* **1.** a) Kurzwaren *pl.*, b) Kurzwarengeschäft *n*; **2.** *Am.* a) ˈHerrenbeˌkleidungsarˌtikel *pl.*, b) Herrenmodengeschäft *n*.

ha·bil·i·ments [həˈbɪlɪmənts] *s. pl.* (Amts)Kleidung *f*, Kleider *pl.*

hab·it [ˈhæbɪt] *s.* **1.** (An)Gewohnheit *f*: ***out of ~*** aus Gewohnheit; ***the force of ~*** die Macht der Gewohnheit; ***be in the ~ of doing s.th.*** pflegen *od.* die (An-)Gewohnheit haben, et. zu tun; ***get*** (*od.* ***fall***) ***into a ~*** sich et. angewöhnen; ***break o.s. of a ~*** sich et. abgewöhnen; ***make a ~ of s.th.*** et. zur Gewohnheit werden lassen; **2.** *oft* ***~ of mind*** Geistesverfassung *f*; **3.** *psych.* Habit *n*, *a. m*; **4.** ⚕ Sucht *f*; **5.** (Amts-, Berufs-)Kleidung *f*, Tracht *f*; **6.** ⚘ Habitus *m*, Wachstumsart *f*; **7.** *zo.* Lebensweise *f*.

hab·it·a·ble [ˈhæbɪtəbl] *adj.* □ bewohnbar; **hab·i·tant** *s.* **1.** [ˈhæbɪtənt] Einwohner(in); **2.** [ˈhæbɪtɔ̃ːŋ] a) ˈFrankokaˌnadier *m*, b) Einwohner *m* franˈzösischer Abkunft (*in Louisiana*); **hab·i·tat** [ˈhæbɪtæt] *s.* ⚘, *zo.* Habiˈtat *n*, Heimat *f*, Stand-, Fundort *m*; **hab·i·ta·tion** [ˌhæbɪˈteɪʃn] *s.* Wohnen *n*; Wohnung *f*, Behausung *f*, Aufenthalt *m*: ***unfit for human ~*** unbewohnbar.

ˈhab·it-ˌform·ing *adj.* **1.** zur Gewohnheit werdend; **2.** ⚕ suchterzeugend: ***~ drug*** Suchtmittel *n*.

ha·bit·u·al [həˈbɪtjʊəl] *adj.* □ **1.** gewohnt, üblich, ständig; **2.** gewohnheitsmäßig, Gewohnheits…, *contp. a.* noˈtorisch: ***~ criminal*** Gewohnheitsverbrecher *m*; ***~ drinker*** Gewohnheitstrinker (-in); **haˈbit·u·ate** [-jʊeɪt] *v/t.* **1.** (***o.s.*** sich) gewöhnen (***to*** an *acc.*; ***to doing s.th.*** daran, et. zu tun); **2.** *Am.* F frequentieren, häufig besuchen; **haˈbit·u·é** [-jʊeɪ] *s.* ständiger Besucher, Stammgast *m*.

ha·chures [hæˈʃjʊə] *s. pl.* Schraffierung *f*, Schrafˈfur *f*.

hack¹ [hæk] **I** *v/t.* **1.** (zer)hacken: ***~ off*** abhacken (von); ***~ out*** *fig.* grob darstellen, ‚hinhauen'; ***~ to pieces*** (*od.* ***bits***) in Stücke hacken, *fig.* ‚kaputtmachen'; **2.** (ein)kerben; **3.** ⛏ *Boden* (auf-, los-)hacken; **4.** ⚙ *Steine* behauen; **5.** *sport j-n* (gegen das Schienbein) treten; **II** *v/i.* **6.** hacken: ***~ at*** a) hacken nach, b) einhauen auf (*acc.*); **7.** trocken u. stoßweise husten: ***~ing cough*** → 12; **8.** *sport* treten, ‚holzen'; **III** *s.* **9.** Hieb *m*; **10.** Kerbe *f*; **11.** *sport* a) Tritt *m* (gegen das Schienbein), b) Trittwunde *f*; **12.** trokkener, stoßweiser Husten.

hack² [hæk] **I** *s.* **1.** a) Reit- *od.* Kutschpferd *n*, b) Mietpferd *n*, Gaul *m*, Klepper *m*; **2.** *Am.* a) (Miets)Droschke *f*, b) F Taxi *n*, c) → ***hackie***; **3.** a) Lohnschreiber *m*, Schriftsteller, der auf Bestellung arbeitet, b) Schreiberling *m*; **II** *adj.* **4.** ***~ writer*** → 3; **5.** einfallslos, mittelmäßig; **6.** → ***hackneyed***; **III** *v/i.* **7.** *Brit.* ausreiten; **8.** *Am.* F a) in e-m Taxi fahren, b) ein Taxi fahren; **9.** auf Bestellung arbeiten (*Schriftsteller*).

hack·er [ˈhækə] *s. Computer*: Hacker *m*.

hack·ie [ˈhækɪ] *s. Am.* F Taxifahrer *m*.

hack·le [ˈhækl] **I** *s.* **1.** ⚙ Hechel *f*; **2.** a) *orn.* (lange) Nackenfeder(n *pl.*), b) *pl.* (*aufstellbare*) Rücken- u. Halshaare *pl.* (*Hund*): ***have one's ~s up*** *fig.* wütend sein; ***this got his ~s up, his ~s rose*** (***at this***) das brachte ihn in Wut; **II** *v/t.* **3.** ⚙ hecheln.

hack·ney [ˈhæknɪ] *s.* **1.** → ***hack²*** 1; **2.** *a.* ***~ carriage*** Droschke *f*; **ˈhack·neyed** [-ɪd] *adj. fig.* abgenutzt, abgedroschen.

ˈhack·saw *s.* ⚙ Bügelsäge *f*.

had [hæd; həd] *pret. u. p.p. von* ***have***.

had·dock [ˈhædək] *s.* Schellfisch *m*.

Ha·des [ˈheɪdiːz] *s.* **1.** *antiq.* Hades *m*, ˈUnterwelt *f*; **2.** F Hölle *f*.

hae·mal [ˈhiːml] *adj. anat.* Blut(gefäß)…; **hae·mat·ic** [hiːˈmætɪk] **I** *adj.* a) blutgefüllt, b) Blut…, c) blutbildend; **II** *s.* ⚕ Häˈmatikum *n*, blutbildendes Mittel; **haem·a·tite** [ˈhemətaɪt] *s. min.* Hämaˈtit *m*; **hae·ma·tol·o·gy** [ˌheməˈtɒlədʒɪ] *s.* ⚕ Hämatoloˈgie *f*; **hae·mo·glo·bin** [ˌhiːməʊˈgləʊbɪn] *s.* Hämogloˈbin *n*, roter Blutfarbstoff; **hae·mo·phile** [ˈhiːməʊfaɪl] *s.* ⚕ Bluter *m*; **hae·mo·phil·i·a** [ˌhiːməʊˈfiːlɪə] *s.* ⚕ Bluterkrankheit *f*, Hämophiˈlie *f*; **hae·mo·phil·i·ac** [ˌhiːməʊˈfɪlɪæk] → ***haemophile***; **haem·or·rhage** [ˈhemərɪdʒ] *s.* (***cerebral ~*** Gehirn)Blutung *f*; **haem·or·rhoids** [ˈhemərɔɪdz] *s. pl.* ⚕ Hämorrhoˈiden *pl.*

haft [hɑːft] *s.* Griff *m*, Heft *n*, Stiel *m*.

hag [hæg] *s.* ‚alte Vettel', Hexe *f*.

hag·gard [ˈhægəd] **I** *adj.* □ **1.** wild, verstört: ***~ look***; **2.** a) abgehärmt, b) sorgenvoll, gequält, c) abgespannt, d) abgezehrt, hager; **3.** ***~ falcon*** → 4; **II** *s.* **4.** Falke, der ausgewachsen gefangen wurde.

hag·gle [ˈhægl] *v/i.* (***about, over***) schachern, feilschen, handeln (um); **ˈhag·gler** [-lə] *s.* Feilscher(in).

hag·i·og·ra·phy [ˌhægɪˈɒgrəfɪ] *s.* Hagiograˈphie *f* (*Erforschung u. Beschreibung von Heiligenleben*); **ˌhag·iˈol·a·try** [-ˈɒlətrɪ] *s.* Heiligenverehrung *f*.

ˈhagˌrid·den *adj.* **1.** gepeinigt, gequält; **2.** ***be ~*** *humor.* von Frauen schikaniert werden.

Hague| Con·ven·tions [heɪg] *s. pl. pol. die* Haager Abkommen *pl*; ***~ Tri·bu·nal*** *s. pol. der* Haager Schiedshof.

hail¹ [heɪl] **I** *s.* **1.** Hagel *m* (*a. fig. von Geschossen, Flüchen etc.*); **II** *v/i.* **2.** *impers.* hageln: ***it is ~ing*** es hagelt; **3.** *a.* ***~ down*** *fig.* (***on*** auf *acc.*) (nieder)hageln, (nieder)prasseln; **III** *v/t.* **4.** *a.* ***~ down*** *fig.* (nieder)hageln *od.* (-)prasseln lassen (***on*** auf *acc.*).

hail² [heɪl] **I** *v/t.* **1.** freudig *od.* mit Beifall begrüßen, zujubeln (*dat.*); **2.** *j-n*, *a. Taxi* herˈbeirufen *od.* -winken; **3.** *fig. et.* begrüßen, begeistert aufnehmen; **II** *v/i.* **4.** *bsd.* ⚓ rufen, sich melden; **5.** (her)stammen, (-)kommen (***from*** von *od.* aus); **III** *int.* **6.** heil!; **IV** *s.* **7.** Gruß *m*, Zuruf *m*: ***within ~*** (*od.* ***~ing distance***) in Ruf- *od.* Hörweite, *fig.* greifbar nahe; **ˈhail·er** *s. Am.* Megaˈphon *n*.

ˈhail|-ˌfel·low-ˌwell-ˈmet [-ləʊ-] **I** *s.* a) umgänglicher Mensch, b) *contp.* plump-vertraulicher Kerl; **II** *adj.* a) umgänglich, b) *contp.* plump-vertraulich, c) ***~ with*** (sehr) vertraut *od.* auf du u. du mit; **ˈ~·stone** *s.* Hagelkorn *n*, -schloße *f*; **ˈ~·storm** *s.* Hagelschauer *m*.

hair [heə] *s.* **1.** *ein* Haar *n*: ***by a ~*** *fig.* ganz knapp *gewinnen etc.*; ***to a ~*** haargenau; ***it turned on a ~*** es hing an e-m Faden; ***without turning a ~*** ohne mit der Wimper zu zucken, kaltblütig; ***split ~s*** Haarspalterei treiben; ***not to harm*** (*od.* ***hurt***) ***a ~ on s.o.'s head*** j-m kein Haar krümmen; **2.** *coll.* Haar *n*, Haare *pl.*: ***comb s.o.'s ~ for him*** (*od.* ***her***) F *fig.* j-m gehörig den Kopf waschen; ***do one's ~*** sich die Haare machen; ***get in s.o.'s ~*** F j-m auf die Nerven fallen; ***have s.o. by the short ~s*** F j-n in der Hand haben; ***have one's ~ cut*** sich die Haare schneiden lassen; ***have a ~ of the dog*** (***that bit you***) F e-n Schluck Alkohol trinken, um s-n ‚Kater' zu vertreiben; ***let one's ~ down*** a) sein Haar aufmachen, b) *fig.* sich ungeniert benehmen, c) aus sich herausgehen, d) sein Herz ausschütten; ***my ~ stood on end*** mir sträubten sich die Haare; ***keep s.o. out of one's ~*** F sich j-n vom Leib halten; ***keep your ~ on!*** F nur keine Aufregung; ***tear one's ~*** sich die Haare raufen; **3.** ⚘ Haar *n*; **4.** Härchen *n*, Fäserchen *n*; **ˈ~·breadth** *s.*: ***by a ~*** um Haaresbreite; ***escape by a ~*** mit knapper Not davonkommen; **'~·brush** *s.* **1.** Haarbürste *f*; **2.** Haarpinsel *m*; **~ clippers** *s. pl.* 'Haarschneidema‚schine *f*; **'~·cloth** *s.* Haartuch *n*; **'~-‚com·passes** *s. pl. a.* ***pair of ~*** Haar(strich)zirkel *m*; **'~‚curl·ing** *adj.* F **1.** grausig; **2.** haarsträubend; **'~·cut** *s.* Haarschnitt *m*, *weitS.* Fri'sur *f*: ***have a ~*** sich die Haare schneiden lassen; **'~·do** *pl.* **'~·dos** *s.* F Fri'sur *f*; **'~‚dress·er** *s.* Fri'seur *m*, Fri'seuse *f*; **'~‚dress·ing** *s.* Frisieren *n*: ***~ salon*** Friseursalon *m*; **'~‚dri·er** *s.* Haartrockner *m*: a) Fön *m*, b) Trockenhaube *f*.

haired [heəd] *adj.* **1.** behaart; **2.** *in Zssgn* ...haarig.

hair| fol·li·cle *s. anat.* Haarbalg *m*; **'~·grip** *s.* Haarklammer *f*.

hair·i·ness ['heərɪnɪs] *s.* Behaartheit *f*; **hair·less** ['heəlɪs] *adj.* unbehaart, haarlos, kahl.

'hair|·line *s.* **1.** Haaransatz *m*; **2.** a) feiner Streifen (*Stoffmuster*), b) feingestreifter Stoff; **3.** Haarseil *n*; **4.** *a.* ***~ crack*** ⚙ Haarriß *m*; **5.** *opt.* Fadenkreuz *n*; **6.** → ***hair stroke***; **~ mat·tress** *s.* 'Roßhaarma‚tratze *f*; **~ net** *s.* Haarnetz *n*; **~ oil** *s.* Haaröl *n*; **'~·piece** *s.* Haarteil *n*, *für Männer*: Tou'pet *n*; **'~·pin** *s.* **1.** Haarnadel *f*; **2.** *a.* ***~ bend*** Haarnadelkurve *f*; **'~-‚rais·er** *s.* F *et.* Haarsträubendes, *z.B.* Horrorfilm *m*; **'~-‚rais·ing** *adj.* F haarsträubend; **~ re·stor·er** *s.* Haarwuchsmittel *n*.

hair's breadth → ***hairbreadth***.

hair| shirt *s.* härenes Hemd; **~ sieve** *s.* Haarsieb *n*; **~ slide** *s.* Haarspange *f*; **'~‚split·ter** *s. fig.* Haarspalter(in); **'~‚split·ting I** *s.* Haarspalte'rei *f*; **II** *adj.* haarspalterisch; **'~·spring** *s.* ⚙ Haar-, Unruhfeder *f*; **~ stroke** *s.* Haarstrich *m* (*Schrift*); **'~·style** *s.* Fri'sur *f*; **~ styl·ist** *s.* Hair-Stylist *m*, 'Damenfri‚seur *m*; **'~‚trig·ger I** *s.* **1.** Stecher *m* (*am Gewehr*); **II** *adj.* F **2.** äußerst reizbar (*Person*); **3.** la'bil; **4.** prompt.

hair·y ['heərɪ] *adj.* **1.** haarig, behaart; **2.** Haar...; **3.** F ‚haarig', schwierig.

hake [heɪk] *s. ichth.* Seehecht *m*.

ha·la·tion [hə'leɪʃn] *s. phot.* Halo-, Lichthofbildung *f*.

hal·berd ['hælbɜ:d] *s.* ⚔ *hist.* Helle'barde *f*; **hal·berd·ier** [‚hælbə'dɪə] *s.* Hellebar'dier *m*.

hal·cy·on ['hælsɪən] **I** *s. orn.* Eisvogel *m*; **II** *adj.* halky'onisch, friedlich; **~ days** *s. pl.* **1.** halky'onische Tage *pl.*: a) Tage *pl.* der Ruhe (*auf dem Meer*), b) *fig.* Tage glücklicher Ruhe; **2.** *fig.* glückliche Zeit.

hale [heɪl] *adj.* gesund, kräftig: ***~ and hearty*** gesund u. munter.

half [hɑ:f] **I** *pl.* **halves** *s.* **1.** Hälfte *f*: ***an hour and a ~*** anderthalb Stunden; ***~ (of) the girls*** die Hälfte der Mädchen; ***~ the amount*** die halbe Menge *od.* Summe; ***cut in halves*** (*od.* ***~***) in zwei Hälften *od.* Teile schneiden, entzweischneiden, halbieren; ***do s.th. by halves*** et. nur halb tun; ***do things by halves*** halbe Sachen machen; ***not to do things by halves*** Nägel mit Köpfen machen; ***go halves with s.o.*** (gleichmäßig) mit j-m teilen, mit j-m (bei et.) halbpart machen; ***too clever by ~*** überschlau; ***a game and a ~*** F ein ‚Bombenspiel'; ***not good enough by ~*** lange nicht gut genug; ***torn in ~*** *fig.* hin- u. hergerissen; → ***better***[1] 1; **2.** *sport*: a) Halbzeit *f*, (Spiel)Hälfte *f*, b) (Spielfeld)Hälfte *f*, c) *Golf*: Gleichstand *m*, d) → ***halfback***; **3.** Fahrkarte *f* zum halben Preis; **4.** kleines Bier (*halbes Pint*); **II** *adj.* **5.** halb: ***a ~ mile***, *mst* ***~ a mile*** e-e halbe Meile; ***~ an hour, a ~ hour*** e-e halbe Stunde; ***two pounds and a ~*** zweieinhalb Pfund; ***a ~ share*** ein halber Anteil, e-e Hälfte; ***~ knowledge*** Halbwissen *n*; ***at ~ the price*** zum halben Preis; ***that's ~ the battle*** damit ist es halb gewonnen; → ***mind*** 5, ***eye*** 2; **III** *adv.* **6.** halb, zur Hälfte: ***~ full***; ***my work is ~ done***; ***~ as much*** halb so viel; ***~ as much again*** anderthalbmal soviel; ***~ past ten*** halb elf (Uhr); **7.** halb(wegs), nahezu, fast: ***~ dead*** halbtot; ***not ~ bad*** F gar nicht übel; ***be ~ inclined*** beinahe geneigt sein; ***he ~ wished (suspected)*** er wünschte (vermutete) fast.

‚half|-and-'half [-fənd'h-] **I** *s.* Halb-u.-halb-Mischung *f*; **II** *adj.* halb-u.-'halb; **III** *adv.* halb u. halb; **'~·back** *s.* **1.** *obs. Fußball etc.*: Läufer *m*; **2.** *Rugby*: Halbspieler *m*; **‚~-'baked** *adj. fig.* F **1.** ‚grün', unreif, unerfahren; **2.** unausgegoren, nicht durch'dacht (*Plan etc.*); **3.** blöd; **~ bind·ing** *s.* Halb(leder)band *m*; **'~·blood** *s.* **1.** Halbbürtigkeit *f*: ***brother of the ~*** Halbbruder *m*; **2.** → ***half-breed*** 1; **‚~-'blood·ed** → ***half-bred*** I; **~ board** *s. Hotel*: 'Halbpensi‚on *f*; **‚~-'bound** *adj.* im Halbband (*Buch*); **'~-bred I** *adj.* halbblütig, Halbblut...; **II** *s.* Halbblut(tier) *n*; **'~-breed I** *s.* **1.** Mischling *m*, Halbblut *n* (*a. Tier*); **2.** *Am.* Me'stize *m*; **3.** ⚘ Kreuzung *f*; **II** *adj.* **4.** → ***half-bred***; **'~-‚broth·er** *s.* Halbbruder *m*; **'~-caste** → ***half-breed*** 1 *u.* ***half-bred***; **'~-cloth** *adj.* in Halbleinen gebunden, Halbleinen...; **~ cock** *s.*: ***go off at ~*** F a) ‚hochgehen', wütend werden, b) ‚da'nebengehen'; **~ crown** *s. Brit. obs.* Halbkronenstück *n* (*Wert: 2s.6d.*); **~ deck** *s.* ⚓ Halbdeck *n*; **~ face** *s. paint., phot.* Pro'fil *n*; **‚~'heart·ed** *adj.* □ halbherzig; **~ hol·i·day** *s.* halber Feier- *od.* Urlaubstag; **~ hose** *s. coll., pl. konstr.* a) Halb-, Kniestrümpfe *pl.*, b) Socken *pl.*; **‚~-'hour I** *s.* halbe Stunde; **II** *adj.* a) halbstündig, b) halbstündlich; **III** *adv.* → **‚~-'hour·ly** *adv.* jede *od.* alle halbe Stunde, halbstündlich; **‚~-'length** *s. a.* ***~ portrait*** Brustbild *n*; **'~-life (pe·ri·od)** *s.* ⚗, *phys.* Halbwertzeit *f*; **‚~-'mast** *s.*: ***fly at ~*** auf halbmast *od.* ⚓ halbstock(s) setzen (*v/i.* wehen); **~ meas·ure** *s.* Halbheit *f*, halbe Sache; **~ moon** *s.* **1.** Halbmond *m*; **2.** (Nagel)Möndchen *n*; **~ mourn·ing** *s.* Halbtrauer *f*; **~ nel·son** *s. Ringen*: Halbnelson *m*; **‚~-'or·phan** *s.* Halbwaise *f*; **~ pay** *s.* **1.** halbes Gehalt; **2.** ⚔ Halbsold *m*; Ruhegeld *n*: ***on ~*** außer Dienst; **~·pen·ny** ['heɪpnɪ] *s.* **1.** *pl.* **half·pence** ['heɪpəns] halber Penny: ***three halfpence, a penny ~*** eineinhalb Pennies; ***turn up again like a bad ~*** immer wieder auftauchen; **2.** *pl.* **half·pen·nies** ['heɪpnɪz] Halbpennystück *n*; **'~-pint** *s.* **1.** halbes Pint (*bsd. Bier*); **2.** F ‚halbe Porti'on'; **‚~-seas-'o·ver** *adj.* F ‚angesäuselt'; **'~-‚sis·ter** *s.* Halbschwester *f*; **‚~-'staff** → ***half-mast***; **~ term** *s. univ. Brit. kurze Ferien in der Mitte e-s Trimesters*; **‚~-'tide** *s.* ⚓ Gezeitenmitte *f*; **‚~-'tim·bered** *adj.* △ Fachwerk...; **~ time** *s.* **1.** halbe Arbeitszeit; **2.** *sport* Halbzeit *f*; **‚~-'time I** *adj.* **1.** Halbtags...: ***~ job***; **2.** *sport* Halbzeit...: ***~ score*** Halbzeitstand *m*; **II** *adv.* **3.** halbtags; **‚~-'tim·er** *s.* Halbtagsbeschäftigte(r *m*) *f*; **~ ti·tle** *s.* Schmutztitel *m*; **'~·tone** *s.* ♪, *paint., typ.* Halbton *m*: ***~ etching*** Autotypie *f*; ***~ process*** Halbtonverfahren *n*; **'~-track I** *s.* **1.** ⚙ Halbkettenantrieb *m*; **2.** Halbkettenfahrzeug *n*; **II** *adj.* **3.** Halbketten...; **'~-truth** *s.* Halbwahrheit *f*; **‚~-'vol·ley** *s. sport* Halbvolley *m*, Halbflugball *m*; **‚~-'way I** *adj.* **1.** auf halbem Weg *od.* in der Mitte (liegend): ***~ measures*** halbe Maßnahmen; **II** *adv.* **2.** auf halbem Weg, in der Mitte; → ***meet*** 4; **3.** teilweise, halb(wegs); **‚~-'way house** *s.* **1.** auf halbem Weg gelegenes Gasthaus; **2.** *fig.* a) 'Zwischenstufe *f*, -stati‚on *f*, b) Kompro'miß *m*, *n*; **3.** Rehabilitati'onszentrum *n*; **'~-wit** *s.* Schwachkopf *m*, -sinnige(r *m*) *f*, Trottel *m*; **‚~-'wit·ted** *adj.* schwachsinnig, blöd; **‚~-'year·ly** *adv.* halbjährlich.

hal·i·but ['hælɪbət] *s.* Heilbutt *m*.

hal·ide ['hælaɪd] *s.* ⚗ Haloge'nid *n*.

hal·i·to·sis [‚hælɪ'təʊsɪs] *s.* Hali'tose *f*, (übler) Mundgeruch.

hall [hɔ:l] *s.* **1.** Halle *f*, Saal *m*; **2.** a) Diele *f*, Flur *m*, b) (Empfangs-, Vor-) Halle *f*, Vesti'bül *n*; **3.** a) (Versammlungs)Halle *f*, b) großes (öffentliches) Gebäude: ***℃ of Fame*** Ruhmeshalle; **4.** *hist.* Gilden-, Zunfthaus *n*; **5.** *Brit.* Herrenhaus *n* (*e-s Landguts*); **6.** *univ.* a) *a.* ***~ of residence*** Stu'dentenheim *n*, b) *Brit.* (Essen *n* im) Speisesaal *m*, c) *Am.* Insti'tut *n*: ***Science ℃***; **7.** *hist.* a) Schloß *n*, Stammsitz *m*, b) Fürsten-, Königssaal *m*, c) Festsaal *m*; **~ clock** *s.* Standuhr *f*.

hal·le·lu·jah, hal·le·lu·iah [‚hælɪ'lu:jə] **I** *s.* Halle'luja *n*; **II** *int.* halle'luja!

hal·liard ['hæljəd] → ***halyard***.

'hall·mark I *s.* **1.** Feingehaltsstempel *m* (*der Londoner Goldschmiedeinnung*); **2.** *fig.* (Güte)Stempel *m*, Gepräge *n*, (Kenn)Zeichen *n*; **II** *v/t.* **3.** *Gold od. Silber* stempeln; **4.** *fig.* kennzeichnen, stempeln.

hal·lo [hə'ləʊ] *bsd. Brit. für* ***hello***.

hal·loo [hə'lu:] **I** *int.* hallo!, he!; **II** *s.* Hallo *n*; **III** *v/i.* (hallo) rufen *od.* schreien: ***don't ~ till you are out of the wood!*** freu dich nicht zu früh!

hal·low[1] ['hæləʊ] *v/t.* heiligen: a) weihen, b) als heilig verehren: ***~ed be Thy name*** geheiligt werde Dein Name.

hal·low[2] ['hæləʊ] → ***halloo***.

Hal·low·e'en [‚hæləʊ'i:n] *s.* Abend *m* vor Aller'heiligen; **Hal·low·mas** ['hæləʊmæs] *s. obs.* Aller'heiligen(fest) *n*.

hall| por·ter *s. bsd. Brit.* Ho'tel-, Hausdiener *m*; **'~·stand** *s.* a) *Am. a.* ***~ tree*** Garde'robenständer *m*, b) 'Flurgarde‚robe *f*.

hal·lu·ci·nate [hə'lu:sɪneɪt] *v/i.* halluzinieren; **hal·lu·ci·na·tion** [hə‚lu:sɪ'neɪʃn] *s.* Halluzinati'on *f*; **hal·lu·ci·na·to·ry** [hə'lu:sɪnətərɪ] *adj.* halluzina'torisch; **hal·lu·ci·no·gen** [hə'lu:sɪnədʒen] *s.* ⚕ Halluzino'gen *n*.

'hall·way *s. Am.* **1.** (Eingangs)Halle *f*, Diele *f*; **2.** Korridor *m*.

halm [hɑːm] → ***haulm***.

hal·ma ['hælmə] *s.* Halma(spiel) *n*.

ha·lo ['heɪləʊ] *pl.* **ha·loes, ha·los** *s.* **1.** Heiligen-, Glorienschein *m*, Nimbus *m* (*a. fig.*); **2.** *ast.* Halo *m*, Ring *m*, Hof *m*; **3.** *allg.* Ring *m*, (*phot.* Licht)Hof *m*; **'ha·loed** [-əʊd] *adj.* mit e-m Heiligenschein *etc.* um'geben.

hal·o·gen ['hælədʒen] *s.* ⚗ Halo'gen *n*, Salzbildner *m*: **~ lamp** Halogenlampe *f*, *mot.* -scheinwerfer *m*.

halt¹ [hɔːlt] **I** *s.* **1.** a) Halt *m*, Pause *f*, Rast *f*, Aufenthalt *m*, b) *a. fig.* Stillstand *m*: ***call a ~ (to)*** (*fig.* Ein)Halt gebieten (*dat.*); ***bring to a ~*** → 3; ***come to a ~*** → 4; **2.** 🚂 *Brit.* (Bedarfs-) Haltestelle *f*, Haltepunkt *m*; **II** *v/t.* **3.** a) haltmachen lassen, anhalten (lassen), *a. fig.* zum Halten *od.* Stehen bringen; **III** *v/i.* **4.** a) anhalten, haltmachen, b) *a. fig.* zum Stehen *od.* Stillstand kommen: ***~!*** halt!

halt² [hɔːlt] *v/i.* **1.** *obs.* hinken; **2.** *fig.* ‚hinken' (*Vergleich etc.*), (*Vers etc.*) *a.* holpern; **3.** zögern, schwanken, stocken.

hal·ter ['hɔːltə] **I** *s.* **1.** Halfter *f*, *m*, *n*; **2.** Strick *m* (*zum Hängen*); **3.** rückenfreies Oberteil *od.* Kleid mit Nackenband; **II** *v/t.* **4.** *Pferd* (an)halftern; **5.** *j-n* hängen; **'~·neck** → ***halter*** 3.

halt·ing ['hɔːltɪŋ] *adj.* ☐ **1.** *obs.* hinkend; **2.** *fig.* a) hinkend, b) holp(e)rig; **3.** stockend; **4.** zögernd, schwankend.

halve [hɑːv] *v/t.* **1.** halbieren: a) zu gleichen Hälften teilen, b) auf die Hälfte reduzieren; **2.** ⚙ verblatten.

halves [hɑːvz] *pl. von* ***half***.

hal·yard ['hæljəd] *s.* ⚓ Fall *n*.

ham [hæm] **I** *s.* **1.** Schinken *m*: ***~ and eggs*** Schinken mit (Spiegel)Ei; **2.** *anat.* (hinterer) Oberschenkel, Gesäßbacke *f*, *pl.* Gesäß *n*; **3.** F a) *a.* ***~ actor*** über'trieben *od.* mise'rabel spielender Schauspieler, 'Schmierenkomödi͵ant (-in), b) *fig. contp.* ‚Schauspieler(in)', c) Stümper(in); **4.** F Ama'teurfunker *m*; **II** *v/t.* **5.** F a) *e-e Rolle* über'trieben *od.* mise'rabel spielen: ***~ it up*** → 6, b) *et.* verkitschen; **III** *v/i.* **6.** über'trieben *od.* mise'rabel spielen, wie ein 'Schmierenkomödi͵ant auftreten.

ham·burg·er ['hæmbɜːgə] *s.* **1.** *Am.* Rinderhack *n*; **2.** a) *a.* ***♀ steak*** Frika'delle *f*, b) Hamburger *m*.

Ham·burg steak ['hæmbɜːg] → ***hamburger*** 2a.

hames [heɪmz] *s. pl.* Kummet *n*.

'ham|-͵fist·ed, '~-͵hand·ed *adj.* F ungeschickt, tolpatschig.

ha·mite¹ ['heɪmaɪt] *s. zo.* Ammo'nit *m*.

Ham·ite² ['hæmaɪt] *s.* Ha'mit(in).

ham·let ['hæmlɪt] *s.* Weiler *m*, Flecken *m*, Dörfchen *n*.

ham·mer ['hæmə] **I** *s.* **1.** Hammer *m* (*a. anat.*): ***come*** (*od.* ***go***) ***under the ~*** unter den Hammer kommen, versteigert werden; ***go at it ~ and tongs*** F a) ‚mächtig rangehen', b) (sich) streiten, daß die Fetzen fliegen; ***~ and divider*** *pol.* Hammer u. Zirkel (*Symbol der DDR*); ***~ and sickle*** *pol.* Hammer u. Sichel (*Symbol der UdSSR*); **2.** Hammer *m* (*Klavier etc.*); **3.** *sport* Hammer *m*; **4.** ⚙ a) Hammer(werk *n*) *m*, b) Hahn *m* (*e-r Feuerwaffe*); **II** *v/t.* **5.** (ein-) hämmern, (ein)schlagen: ***~ an idea into s.o.'s head*** *fig.* j-m e-e Idee einhämmern *od.* -bleuen; **6.** *a.* ***~ out*** a) *Metall* hämmern, bearbeiten, formen, b) *fig.* ausarbeiten, schmieden, c) *Differenzen* ‚ausbügeln'; **7.** *a.* ***~ together*** zs.-hämmern, -zimmern; **8.** F a) vernichtend schlagen, *sport a.* ‚über'fahren', b) besiegen; **9.** *Börse*: *Brit.* für zahlungsunfähig erklären; **III** *v/i.* **10.** hämmern (*a. Puls etc.*): ***~ at*** einhämmern auf (*acc.*); ***~ away*** draufloshämmern, -arbeiten; ***~ away (at)*** *fig.* sich abmühen (mit); **~ blow** *s.* Hammerschlag *m*; **~ drill** *s.* ⚙ Schlagbohrer *m*.

ham·mered ['hæməd] *adj.* ⚙ gehämmert, getrieben, Treib...

ham·mer| face *s.* ⚙ Hammerbahn *f*; **~ forg·ing** *s.* ⚙ Reckschmieden *n*; **'~-͵hard·en** *v/t.* ⚙ kalthämmern; **'~·head** *s.* **1.** *ichth.* Hammerhai *m*; **2.** ⚙ (Hammer)Kopf *m*; **~·less** ['hæməlɪs] *adj.* mit verdecktem Schlaghammer (*Gewehr*); **'~·lock** *s.* *Ringen*: Hammerlock *m* (*Griff*); **~ scale** *s.* ⚙ (Eisen)Hammerschlag *m*, Zunder *m*; **'~·smith** *s.* ⚙ Hammerschmied *m*; **~ throw** *s.* *sport* Hammerwerfen *n*; **~ throw·er** *s.* *sport* Hammerwerfer *m*; **'~·toe** *s.* ⚕ Hammerzehe *f*.

ham·mock ['hæmək] *s.* Hängematte *f*.

ham·per¹ ['hæmpə] *v/t.* **1.** (be)hindern, hemmen; **2.** stören.

ham·per² ['hæmpə] *s.* **1.** (Pack-, Trag-) Korb *m*; **2.** Geschenkkorb *m*, ‚Freßkorb' *m*.

ham·ster ['hæmstə] *s. zo.* Hamster *m*.

'ham·string I *s.* **1.** *anat.* Kniesehne *f*; **2.** *zo.* A'chillessehne *f*; **II** *v/t.* [*irr.* → ***string***] **3.** (durch Zerschneiden der Kniesehnen) lähmen; **4.** *fig.* lähmen.

hand [hænd] **I** *s.* **1.** Hand *f* (*a. fig.*): ***~s off!*** Hände weg!; ***~s up!*** Hände hoch!; ***be in good ~s*** *fig.* in guten Händen sein; ***fall into s.o's ~s*** j-m in die Hände fallen; ***give*** (*od.* ***lend***) ***a*** (***helping***) ***~*** (*j-m*) helfen; ***give s.o. a. ~ up*** j-m auf die Beine helfen; ***I am entirely in your ~s*** ich bin ganz in Ihrer Hand; ***I have his fate in my ~s*** sein Schicksal liegt in m-r Hand; ***he asked for her ~*** er hielt um ihre Hand an; ***get a big ~*** F starken Applaus bekommen; → *Bes. Redew.*; **2.** *zo.* a) Hand *f* (*Affe*), b) Vorderfuß *m* (*Pferd*), c) Schere *f* (*Krebs*); **3.** *pl.* Hände *pl.*, Besitz *m*: ***change ~s*** → *Bes. Redew.*; **4.** (gute *od.* glückliche) Hand, Geschick *n*: ***he has a ~ for horses*** er versteht es, mit Pferden umzugehen; **5.** *oft in Zssgn* Arbeiter *m*, Mann (*a. pl.*), *pl.* Leute *pl.*, ⚓ Ma'trose: ***all ~s on deck!*** alle Mann an Deck!; **6.** Fachmann *m*, Routini'er *m*: ***an old ~*** *a.* ein alter ‚Hase' *od.* Praktikus; ***a good ~ at*** sehr geschickt in (*dat.*), ein guter *Golfspieler etc.*; **7.** Handschrift *f*: ***a legible ~***; **8.** Unterschrift *f*: ***set one's ~ to a document***; **9.** Handbreit *f* (*4 engl. Zoll*) (*nur für die Größe e-s Pferdes*); **10.** *Kartenspiel*: a) Spieler *m*, b) Blatt *n*, Karten *pl.*: ***show one's ~*** → *Bes. Redew.*, c) Runde *f*, Spiel *n*; **11.** (Uhr-) Zeiger *m*; **12.** Seite *f* (*a. fig.*): ***on the right ~*** rechter Hand, rechts; ***on every ~*** überall, ringsum; ***on all ~s*** a) überall, b) von allen Seiten; ***on the one ~, on the other ~*** einerseits ... andererseits; **13.** Büschel *m*, *n*, Bündel *n* (*Früchte*), Hand *f* (*Bananen*); **14.** *Fußball*: Handspiel *n*: ***~s!*** Hand!;

Besondere Redewendungen:

~ and foot a) an Händen u. Füßen (*fesseln*), b) *fig.* hinten u. vorn (*bedienen*); ***be ~ in glove*** (***with***) a) ein Herz u. 'eine Seele sein (mit), b) *b.s.* unter 'einer Decke stecken (mit); ***~s down*** mühelos, spielend (*gewinnen etc.*); ***~ in ~*** Hand in Hand (*a. fig.*); ***~ over fist*** a) Hand über Hand (*klettern etc.*), b) schnell, spielend, c) zusehends; ***~ to ~*** Mann gegen Mann (*kämpfen*); ***at ~*** a) nahe, bei der Hand, b) nahe (bevorstehend), c) zur Hand, bereit, d) vorliegend; ***at first*** (***second***) ***~*** aus erster (zweiter) Hand *od.* Quelle; ***at the ~s of s.o.*** *schlechte Behandlung etc.* seitens j-s, durch j-n; ***by ~*** a) mit der Hand, b) durch Boten, c) mit der Flasche (*ein Kind ernähren*); ***made by ~*** handgefertigt, Handarbeit; ***take s.o. by the ~*** a) j-n bei der Hand nehmen, b) F j-n unter s-e Fittiche nehmen; ***from ~ to mouth*** von der Hand in den Mund (*leben*); ***in ~*** a) in der Hand, b) zur Verfügung, c) vorrätig, vorhanden, d) in Bearbeitung, e) *fig.* in der Hand *od.* Gewalt, f) im Gange; ***the matter in ~*** die vorliegende Sache; ***the stock in ~*** der Warenbestand; ***have the situation well in ~*** die Lage gut im Griff haben; ***take in ~*** a) *et.* in die Hand *od.* in Angriff nehmen, b) F *j-n* unter s-e Fittiche nehmen; ***on ~*** a) verfügbar, vorrätig, b) vorliegend, c) bevorstehend, d) *Am.* zur Stelle; ***have s.th. on one's ~s*** et. auf dem Hals haben; ***out of ~*** a) kurzerhand, ohne weiteres, b) außer Kontrolle, nicht mehr zu bändigen; ***get out of ~*** a) außer Rand u. Band geraten, *Party etc.*: *a.* ausarten, b) außer Kontrolle geraten (*Lage etc.*); ***to ~*** zur Hand; ***come to ~*** eingehen, eintreffen (*Brief etc.*); ***under ~*** a) unter Kontrolle, b) unter der Hand, heimlich; ***with a heavy ~*** mit harter Hand, streng; ***with a high ~*** selbstherrlich, willkürlich; ***change ~s*** in andere Hände übergehen, den Besitzer wechseln; ***force s.o.'s ~*** j-n zum Handeln zwingen; ***get s.th. off one's ~s*** et. loswerden; ***have a ~ in s.th.*** beteiligt sein an e-r Sache, *b.s. a.* die Hand im Spiel haben bei e-r Sache; ***have one's ~ in*** in Übung sein; ***hold ~s*** Händchen halten; ***hold*** (*od.* ***stay***) ***one's ~*** sich zurückhalten; ***join ~s*** sich die Hände reichen, *fig. a.* sich verbünden *od.* zs.-tun; ***keep one's ~ in*** sich in Übung halten; ***keep a firm ~ on*** unter strenger Zucht halten; ***lay*** (***one's***) ***~s on*** a) anfassen, b) ergreifen, habhaft werden (*gen.*), erwischen, c) *gewaltsam* Hand an *j-n* legen, d) *eccl.* ordinieren; ***I can't lay my ~s on it*** ich kann es nicht finden; ***play into s.o.'s ~s*** j-m in die Hände arbeiten; ***put one's ~s on*** a) finden, b) sich erinnern an (*acc.*); ***shake ~s*** sich die Hände schütteln; ***shake ~s with s.o., shake s.o. by the ~*** j-m die Hand schütteln *od.* geben; ***show one's ~*** *fig.* s-e Karten aufdecken; ***take a ~ at a game*** bei e-m Spiel mitmachen; ***try one's ~ at s.th.*** et. versuchen, es mit et. probieren; ***wash***

one's ~s of it a) (in dieser Sache) s-e Hände in Unschuld waschen, b) nichts mit der Sache zu tun haben wollen; ***I wash my ~s of him*** mit ihm will ich nichts mehr zu tun haben; → ***off hand***; **II** *v/t.* **15.** ein-, aushändigen, (über)'geben, (-)'reichen (***s.o. s.th., s.th. to s.o.*** j-m et.): ***you have got to ~ it to him*** F das muß man ihm lassen (*anerkennend*); **16.** *j-m* helfen: ***~ s.o. into*** (***out of***) ***the car***;

Zssgn mit adv.:

hand| a·round *v/t.* her'umreichen; **~ back** *v/t.* zu'rückgeben; **~ down** *v/t.* **1.** *et.* her'unter- *od.* hin'unterreichen; **2.** *j-n* hin'untergeleiten; **3.** vererben, hinter'lassen (***to*** *dat.*); **4.** (***to***) *fig.* weitergeben (an *acc.*), über'liefern (*dat.*); **5.** ⚖ a) *Urteil etc.* verkünden, b) *Entscheidung e-s höheren Gerichts* e-m 'untergeordneten Gericht über'mitteln; **~ in** *v/t.* **1.** *et.* hin'ein- *od.* her'einreichen; **2.** abgeben, *Bericht*, *Gesuch etc.* einreichen; **~ on** *v/t.* **1.** weiterreichen, -geben; **2.** → ***hand down*** 3; **~ out** *v/t.* **1.** ausgeben, -teilen, verteilen (***to*** an *acc.*); **2.** *Ratschläge etc.* verteilen; **3.** verschenken; **~ o·ver** *v/t.* (***to*** *dat.*) **1.** über'geben; **2.** über'lassen; **3.** (her)geben, aushändigen; **4.** *j-n der Polizei etc.* über'geben; **~ up** *v/t.* hin'auf- *od.* her'aufreichen (***to*** *dat.*).

'hand|·bag [-ndb-] *s.* **1.** (Damen)Handtasche *f*; **2.** Handtasche *f*, -koffer *m*; **'~·ball** [-ndb-] *s. sport* Handball(spiel *n*) *m*; **'~-ˌbar·row** [-ndˌb-] *s.* **1.** → ***handcart***; **2.** Trage *f*; **'~·bell** [-ndb-] *s.* Tisch-, Handglocke *f*; **'~·bill** [-ndb-] *s.* Hand-, Re'klamezettel *m*, Flugblatt *n*; **'~·book** [-ndb-] *s.* **1.** Handbuch *n*; **2.** Reiseführer *m* (***of*** durch, von); **~ brake** *s.* ⚙ Handbremse *f*; **'~·breadth** [-ndb-] *s.* Handbreit *f*; **'~·cart** [-ndk-] *s.* Handkarre(n *m*) *f*; **'~·clasp** [-ndk-] *Am.* → ***handshake***; **'~·craft** [-ndk-] → ***handicraft***; **'~·cuff** [-ndk-] **I** *s. mst pl.* Handschellen *pl.*; **II** *v/t. j-m* Handschellen anlegen: ***~ed*** in Handschellen; **~ drill** *s.* ⚙ Handbohrer *m*.

-handed [hændɪd] *in Zssgn* ...händig, mit ... Händen.

'hand|·ful [-ndfʊl] *s.* **1.** Handvoll *f* (*a. fig. Personen*); **2.** F Plage *f* (*Person od. Sache*), ‚Nervensäge' *f*: ***he is a ~*** er macht einem ganz schön zu schaffen; **'~·glass** [-ndg-] *s.* **1.** Handspiegel *m*; **2.** (Lese)Lupe *f*; **~ gre·nade** *s.* ⚔ 'Handgraˌnate *f*; **'~·grip** [-ndg-] *s.* **1.** Händedruck *m*; **2.** *a.* ⚙ Griff *m*; **3.** ***come to ~s*** handgemein werden; **'~-held** *adj. Film*: tragbar (*Kamera*); **'~·hold** *s.* Halt *m*, Griff *m*.

hand·i·cap ['hændɪkæp] **I** *s.* Handikap *n*: a) *sport* Vorgabe *f*, b) Vorgaberennen *n od.* -spiel *n*, c) *fig.* Behinderung *f*, Hindernis *n*, Nachteil *m*, Erschwerung *f* (***to*** für); **II** *v/t. sport* (*a.* körperlich *od.* geistig) (be)hindern, benachteiligen, belasten: ***~ped*** behindert (*etc.*), gehandikapt.

hand·i·craft ['hændɪkrɑːft] *s.* **1.** Handfertigkeit *f*; **2.** (*bsd.* Kunst)Handwerk *n*.

hand·i·ness ['hændɪnɪs] *s.* **1.** Geschick (-lichkeit *f*) *n*; **2.** Handlichkeit *f*; **3.** Nützlichkeit *f*.

hand·i·work ['hændɪwɜːk] *s.* **1.** Handarbeit *f*; **2.** Werk *n*.

hand·ker·chief ['hæŋkətʃɪf] *s.* Taschentuch *n*.

'hand-ˌknit(·ted) *adj.* handgestrickt.

han·dle ['hændl] **I** *s.* **1.** Griff *m*, Stiel *m*; Henkel *m* (*Topf*); Klinke *f* (*Tür*); Schwengel *m* (*Pumpe*); ⚙ Kurbel *f*: ***a ~ to one's name*** F ein Titel; ***fly off the ~*** ‚hochgehen', wütend werden; **2.** *fig.* a) Handhabe *f*, b) Vorwand *m*; **II** *v/t.* **3.** anfassen, berühren; **4.** handhaben, hantieren mit, *Maschine* bedienen: ***~ with care! glass!*** Vorsicht, Glas!; **5.** a) *ein Thema etc.* behandeln, *e-e Sache a.* handhaben, b) *et.* erledigen, 'durchführen, abwickeln, c) mit *et. od. j-m* fertigwerden, *et.* deichseln: ***I can ~ it*** (***him***) damit (mit ihm) werde ich fertig; **6.** *j-n* behandeln, 'umgehen mit; **7.** a) *e-n Boxer* betreuen, trainieren, b) *Tier* dressieren (u. vorführen); **8.** sich beschäftigen mit; **9.** *Güter* befördern, weiterleiten; **10.** ☤ Handel treiben mit; **III** *v/i.* **11.** sich *leicht etc.* handhaben lassen; **12.** sich *weich etc.* anfühlen; **'~·bar** *s.* Lenkstange *f*.

hand·ler ['hændlə] *s.* **1.** Dres'seur *m*, Abrichter *m*; **2.** *Boxen*: a) Trainer *m*, b) Betreuer *m*, Sekun'dant *m*.

han·dling ['hændlɪŋ] *s.* **1.** Berühren *n*; **2.** Handhabung *f*; **3.** Führung *f*; **4.** *a. weitS.* Behandlung *f*; **5.** ☤ Beförderung *f*; **~ charg·es** *s. pl.* ☤ 'Umschlagspesen *pl.*

'hand|·loom *s.* Handwebstuhl *m*; **~ lug·gage** *s.* Handgepäck *n*; **ˌ~-'made** [-nd'm-] *adj.* von Hand gemacht, handgefertigt, Hand...; handgeschöpft (*Papier*): ***~ paper*** Büttenpapier *n*; **'~ˌmaid(-en)** [-ndˌm-] *s.* **1.** *obs. u. fig.* Dienerin *f*, Magd *f*; **2.** *fig.* Gehilfe *m*, Handlanger(in); **'~-me-ˌdown I** *adj.* **1.** fertig *od.* von der Stange (gekauft), Konfektions...; **2.** abgelegt, getragen; **II** *s.* **3.** Konfekti'onsanzug *m*, Kleid *n* von der Stange, *pl.* Konfekti'onskleidung *f*; **4.** abgelegtes Kleidungsstück; **ˌ~-'op·er·at·ed** *adj.* ⚙ mit Handantrieb, handbedient, Hand...; **~ or·gan** *s.* ♪ Drehorgel *f*; **'~·out** *s.* **1.** Almosen *n* (*a. fig.*), (milde) Gabe, *weitS.* (*Wahl- etc.*) Geschenk *n*; **2.** Pro'spekt *m*, Hand-, Werbezettel *m*; **3.** Handout *n* (*Informationsunterlage*); **'~-pick** *v/t.* **1.** mit der Hand pflücken *od.* auslesen: ***~ed*** handverlesen; **2.** F sorgsam auswählen; **'~·rail** *s.* Handlauf *m*; Handleiste *f*; **'~·saw** *s.* Handsäge *f*; **~'s breadth** *s.* Handbreit *f*.

hand·sel ['hænsl] *s. obs.* **1.** Neujahrs-, *od.* Einstandsgeschenk *n*; **2.** Morgengabe *f*; Hand-, Angeld *n*.

'hand|·set *s. teleph.* Hörer *m*; **'~·shake** *s.* Händedruck *m*; **'~-signed** *adj.* handsigniert.

hand·some ['hænsəm] *adj.* □ **1.** hübsch, schön, gutaussehend, stattlich; **2.** beträchtlich, ansehnlich, stattlich: ***a ~ sum***; **3.** großzügig, nobel, ‚anständig': ***~ is that ~ does*** edel ist, wer edel handelt; ***come down ~ly*** sich großzügig zeigen; **4.** *Am.* geschickt; **'hand·some·ness** [-nɪs] *s.* **1.** Schönheit *f*, Stattlichkeit *f*, gutes Aussehen; **2.** Beträchtlichkeit *f*; **3.** Großzügigkeit *f*.

'hand|·spike *s.* ⚓, ⚙ Handspake *f*, Hebestange *f*; **'~·spring** *s. sport* 'Handstandˌüberschlag *m*; **'~·stand** *s. sport* Handstand *m*; **ˌ~-to-'hand** *adj.* Mann gegen Mann: ***~ combat*** Nahkampf *m*; **ˌ~-to-'mouth** *adj.* kümmerlich: ***lead a ~ existence*** von der Hand in den Mund leben; **'~·wheel** *s.* ⚙ Hand-, Stellrad *n*; **'~ˌwrit·ing** *s.* **1.** (Hand-) Schrift *f*: ***~ expert*** ⚖ Schriftsachverständige(r *m*) *f*; **2.** *et.* Handgeschriebenes.

hand·y ['hændɪ] *adj.* □ **1.** zur Hand, bei der Hand, greifbar, leicht erreichbar; **2.** geschickt, gewandt; **3.** handlich, praktisch; **4.** nützlich: ***come in ~*** (sehr) gelegen kommen; **~ man** *s.* [*irr.*] Mädchen *n* für alles, Fak'totum *n*.

hang [hæŋ] **I** *s.* **1.** Hängen *n*, Fall *m*, Sitz *m* (*Kleid etc.*); **2.** F a) Sinn *m*, Bedeutung *f*, b) (richtige) Handhabung: ***get the ~ of s.th.*** *et.* ka'pieren, den ‚Dreh' rauskriegen; **3.** ***I don't care a ~*** F das ist mir völlig ‚schnuppe'; **II** *v/t. pret. u. p.p.* **hung** [hʌŋ] *nur 9 mst* **hanged**; **4.** (***on***) aufhängen (an *dat.*), hängen (an *acc.*): ***~ s.th. on a hook***; ***~ the head*** den Kopf hängen lassen *od.* senken; **5.** (*zum Trocknen etc.*) aufhängen: ***hung beef*** gedörrtes Rindfleisch; **6.** *Tür* einhängen; **7.** *Tapete* ankleben; **8.** behängen: ***hung with flags***; **9.** (auf-) hängen: ***~ o.s.*** sich erhängen; ***I'll be ~ed first*** F eher lasse ich mich hängen!; ***I'll be ~ed if*** F ‚ich will mich hängen lassen', wenn; ***~ it*** (***all***)***!*** F zum Henker damit!; **10.** → ***fire*** 6; **III** *v/i.* **11.** hängen, baumeln (***by***, ***on*** an *dat.*); → ***balance*** 2, ***thread*** 1; **12.** (her'ab)hängen, fallen (*Kleid etc.*); **13.** hängen, gehängt werden: ***he deserves to ~***; ***let s.th. go ~*** F sich den Teufel um et. scheren; ***let it go ~!*** F zum Henker damit!; **14.** (***on***) sich hängen (an *dat.*), sich klammern (an *acc.*): ***~ on s.o.'s lips*** (***words***) *fig.* an j-s Lippen (Worten) hängen; **15.** (***on***) hängen (an *dat.*), abhängen (von); **16.** sich senken *od.* neigen;

Zssgn mit prp.:

hang| a·bout, **~ a·round** *v/i.* her'umlungern *od.* sich her'umtreiben in (*dat.*) *od.* bei; **~ on** → ***hang*** 14, 15; **~ o·ver** *v/i.* **1.** *fig.* hängen *od.* schweben über (*dat.*), drohen (*dat.*); **2.** sich neigen über (*acc.*); **3.** aufragen über (*acc.*);

Zssgn mit adv.:

hang| a·bout, **~ a·round** *v/i.* **1.** her'umlungern, sich her'umtreiben; **2.** trödeln; **3.** warten; **~ back** *v/i.* **1.** zögern; **2.** → **~ be·hind** *v/i.* zu'rückbleiben, -hängen; **~ down** *v/i.* her'unterhängen; **~ on** *v/i.* **1.** (***to***) *a. fig.* sich klammern (an *acc.*), festhalten (*acc.*), nicht loslassen *od.* aufgeben; **2.** *teleph.* am Appa'rat bleiben; **3.** nicht nachlassen, ‚dranbleiben'; **4.** warten; **~ out I** *v/t.* **1.** (hin- *od.* her)'aushängen; **II** *v/i.* **2.** her'aushängen; **3.** ausgehängt sein; **4.** F a) hausen, sich aufhalten, b) sich her'umtreiben; **~ o·ver I** *v/i.* andauern; **II** *v/t.*: ***be hung over*** F e-n ‚Kater' haben; **~ to·geth·er** *v/i.* **1.** zs.-halten (*Personen*); **2.** zs.-hängen, verknüpft sein; **~ up I** *v/t.* **1.** aufhängen; **2.** aufschieben, hin'ausziehen: ***be hung up*** aufgehalten werden; **3.** ***be hung up on*** F a) e-n Komplex haben wegen, ‚es haben' mit, b) besessen sein von; **II** *v/i.* **4.** *teleph.*

(den Hörer) auflegen, einhängen: ***she hung up on me!*** sie legte einfach auf!

hang·ar [ˈhæŋə] *s.* Hangar *m*, Flugzeughalle *f*, -schuppen *m*.

ˈ**hang·dog I** *s.* **1.** Galgenvogel *m*, -strick *m*; **II** *adj.* **2.** gemein; **3.** jämmerlich: ***~ look*** Armesündermiene *f*.

hang·er [ˈhæŋə] *s.* **1.** a) (Auf)Hänger *m*, b) Ankleber *m*, c) Tapezierer *m*; **2.** a) Kleiderbügel *m*, b) Aufhänger *m* (*a.* ⚙), Schlaufe *f*; **3.** a) Hirschfänger *m*, b) kurzer Säbel.

ˌ**hang·er-ˈon** [-ərˈɒn] *pl.* ˌ**hang·ers-ˈon** *s. contp.* **1.** Anhänger *m*, *pl. a.* Anhang *m*; **2.** ‚Klette' *f*.

hang glid·er *s. sport* **1.** Hängegleiter *m*, (Flug)Drachen *m*; **2.** Drachenflieger(in).

hang·ing [ˈhæŋɪŋ] **I** *s.* **1.** (Auf)Hängen *n*; **2.** (Er)Hängen *n*: ***execution by ~*** Hinrichtung *f* durch den Strang; **3.** *mst pl.* Wandbehang *m*, Taˈpete *f*, Vorhang *m*; **II** *adj.* **4.** a) (herˈab)hangend, Hänge…, b) hängend, abschüssig, terˈrassenförmig: ***~ gardens***; **5.** ***a ~ matter*** e-e Sache, die e-n an den Galgen bringt; ***a ~ judge*** ein Richter, der mit der Todesstrafe rasch bei der Hand ist; ***~ com·mit·tee*** *s.* Hängeausschuß *m* (*bei Gemäldeausstellungen*).

ˈ**hang|·man** [-mən] *s.* [*irr.*] Henker *m*; ˈ**~·nail** *s.* ⚕ Niednagel *m*; ˈ**~·out** *s.* F **1.** ‚Bude' *f*, Wohnung *f*; **2.** Treffpunkt *m*, ˈStammloˌkal *n*; ˈ**~ˌo·ver** *s.* **1.** ˈÜberbleibsel *n*; **2.** F ‚Katzenjammer' *m* (*a. fig.*), ‚Kater' *m*; ˈ**~·up** *s.* F **1.** a) Komˈplex *m*, b) Fimmel *m*: ***have a ~ about*** → ***hang up*** 3; **2.** Proˈblem *n*.

hank [hæŋk] *s.* **1.** Strang *m*, Docke *f* (*Garn etc.*); **2.** Hank *n* (*ein Garnmaß*); **3.** ⚓ Legel *m*.

han·ker [ˈhæŋkə] *v/i.* sich sehnen (***after***, ***for*** nach); ˈ**han·ker·ing** [-ərɪŋ] *s.* Sehnsucht *f*, Verlangen *n* (***after***, ***for*** nach).

han·ky, *a.* **han·kie** [ˈhæŋkɪ] F → ***handkerchief***.

han·ky-pan·ky [ˌhæŋkɪˈpæŋkɪ] *s. sl.* **1.** Hokusˈpokus *m*; **2.** ‚fauler Zauber', ‚Mätzchen' *n od. pl.*, Trick(s *pl.*) *m*; **3.** ‚Techtelmechtel' *n*.

Han·o·ve·ri·an [ˌhænəʊˈvɪərɪən] **I** *adj.* hanˈnover(i)sch; *pol. hist.* hannoveˈranisch; **II** *s.* Hannoveˈraner(in).

Han·sard [ˈhænsəd] *s. parl. Brit.* Parlaˈmentsprotoˌkoll *n*.

hanse [hæns] *s. hist.* **1.** Kaufmannsgilde *f*; **2.** ℒ Hanse *f*, Hansa *f*; **Han·se·at·ic** [ˌhænsɪˈætɪk] *adj.* hanseˈatisch, Hanse…: ***the ~ League*** die Hanse.

han·sel → ***handsel***.

han·som (**cab**) [ˈhænsəm] *s.* Hansom *m* (*zweirädrige Kutsche*).

hap [hæp] *obs.* **I** *s.* a) Zufall *m*, b) Glücksfall *m*; **II** *v/i.* → ***happen***; ˌ**hapˈhaz·ard** [-ˈhæzəd] **I** *adj. u. adv.* plan-, wahllos, willkürlich; **II** *s.*: ***at ~*** aufs Geratewohl; ˈ**hap·less** [-lɪs] *adj.* □ glücklos, unglücklich.

hap·pen [ˈhæpən] *v/i.* **1.** geschehen, sich ereignen, vorkommen, -fallen, passieren, stattfinden, vor sich gehen: ***what has ~ed?*** was ist geschehen *od.* passiert?; ***… and nothing ~ed*** … u. nichts geschah; **2.** *impers.* zufällig geschehen, sich zufällig ergeben, sich (gerade) treffen: ***it ~ed that*** es traf *od.* ergab sich, daß; ***as it ~s*** a) wie es sich gerade trifft, b) wie es nun einmal so ist; **3.** ***~ to*** *inf.*: ***we ~ed to hear it*** wir hörten es zufällig; ***it ~ed to be hot*** zufällig war es heiß; **4.** ***~ to*** geschehen mit (*od. dat.*), passieren (*dat.*), zustoßen (*dat.*), werden aus: ***what is going to ~ to his plan?*** was wird aus s-m Plan?; ***if anything should ~ to me*** sollte mir et. zustoßen; **5.** ***~ (up)on*** a) zufällig begegnen (*dat.*) *od.* treffen (*acc.*), b) zufällig stoßen (auf *acc.*) *od.* finden (*acc.*); **6.** ***~ along*** F zufällig kommen; ***~ in*** F ‚hereinschneien'; **hap·pen·ing** [ˈhæpnɪŋ] *s.* **1.** a) Ereignis *n*, b) Eintreten *n e-s Ereignisses*; **2.** *thea. u. humor.* Happening *n*: ***~ artist*** Happenist *m*; **hap·pen·stance** [ˈhæpənstæns] *s. Am.* F Zufall *m*.

hap·pi·ly [ˈhæpɪlɪ] *adv.* **1.** glücklich; **2.** glücklicherweise, zum Glück; ˈ**hap·pi·ness** [-ɪnɪs] *s.* **1.** Glück *n* (*Gefühl*); **2.** glückliche Wahl (*e-s Ausdrucks etc.*), glückliche Formulierung; **hap·py** [ˈhæpɪ] *adj.* □ → ***happily***; **1.** *allg.* glücklich: a) glückselig, b) beglückt, erfreut (***at***, ***about*** über *acc.*): ***I am ~ to see you*** es freut mich, Sie zu sehen; ***I would be ~ to do that*** ich würde das sehr *od.* liebend gern tun; ***I am quite ~ (, thank you)!*** (danke,) ich bin wunschlos glücklich!, c) voller Glück: ***~ days***, d) erfreulich: ***~ event*** freudiges Ereignis, e) glückverheißend: ***~ news***, f) gut, trefflich: ***~ idea***, g) geglückt, treffend, passend: ***a ~ phrase***; **2.** *in Glückwünschen*: ***~ new year!*** gutes neues Jahr!; **3.** F beschwipst, ‚angesäuselt'; **4.** *in Zssgn* a) F wirr (im Kopf), benommen: → ***slaphappy***, b) begeistert, ‚verrückt', -freudig, -lustig: → ***trigger-happy***.

hap·py| dis·patch *s. euphem.* Haraˈkiri *n*; ˌ**~-go-ˈluck·y** [-gəʊ-] *adj. u. adv.* unbekümmert, sorglos, leichtfertig, lässig.

hap·tic [ˈhæptɪk] *adj.* haptisch.

har·a·kir·i [ˌhærəˈkɪrɪ] *s.* Haraˈkiri *n*.

ha·rangue [həˈræŋ] **I** *s.* **1.** Ansprache *f*, (flammende) Rede; **2.** Tiˈrade *f*; **3.** Strafpredigt *f*; **II** *v/i.* **4.** e-e (bomˈbastische *od.* flammende) Rede halten (*v/t.* vor *dat.*); **5.** e-e Strafpredigt halten (*v/t. j-m*).

har·ass [ˈhærəs] *v/t.* **1.** a) (ständig) belästigen, schikanieren, quälen, b) aufreiben, zermürben: ***~ed*** mitgenommen, (von Sorgen) gequält, (viel) geplagt; **2.** ⚔ stören: ***~ing fire*** Störfeuer *n*; ˈ**har·ass·ment** [-mənt] *s.* **1.** Belästigung *f*; **2.** Schikanieren *n*, Schiˈkane(n *pl.*) *f*; **3.** ⚔ ˈStörmaˌnöver *pl.*

har·bin·ger [ˈhɑːbɪndʒə] **I** *s. fig.* a) Vorläufer *m*, b) Vorbote *m*: ***the ~ of spring***; **II** *v/t. fig.* ankündigen.

har·bo(u)r [ˈhɑːbə] **I** *s.* **1.** Hafen *m*; **2.** *fig.* Zufluchtsort *m*, ˈUnterschlupf *m*; **II** *v/t.* **3.** beherbergen, Schutz *od.* Zuflucht gewähren (*dat.*); **4.** verbergen, verstecken: ***~ criminals***; **5.** *Gedanken, Groll etc.* hegen: ***~ thoughts of revenge***; **III** *v/i.* **6.** ⚓ (im Hafen) vor Anker gehen; ***~ bar*** *s.* Sandbank *f* vor dem Hafen; ***~ dues*** *s. pl.* Hafengebühren *pl.*; ***~ mas·ter*** *s.* Hafenmeister *m*; ***~ seal*** *s. zo.* Gemeiner Seehund.

hard [hɑːd] **I** *adj.* **1.** *allg.* hart (*a. Farbe, Stimme etc.*); **2.** fest: ***~ knot***; **3.** schwer, schwierig: a) mühsam, anstrengend, hart: ***~ work***, b) schwer zu bewältigen(d): ***~ problems*** schwierige Probleme; ***~ to believe*** kaum zu glauben; ***~ to imagine*** schwer vorstellbar; ***~ to please*** schwer zufriedenzustellen(d), ‚schwierig' (*Kunde etc.*); **4.** hart, zäh, ˈwiderstandsfähig: ***in ~ condition*** *sport* konditionsstark, fit; ***a ~ customer*** F ein schwieriger ‚Kunde', ein zäher Bursche; → ***nail*** *Bes. Redew.*; **5.** hart, angestrengt: ***~ studies***; **6.** hart arbeitend, fleißig: ***a ~ worker***; ***try one's ~est*** sich alle Mühe geben; **7.** heftig, stark: ***a ~ rain***; ***a ~ blow*** ein harter *od.* schwerer Schlag (*a. fig.* ***to*** für); ***be ~ on*** *Kleidung etc.* (sehr) strapazieren (→ 8); **8.** hart: a) streng, rauh: ***~ climate*** (***winter***), b) *fig.* hartherzig, gefühllos, streng, c) nüchtern, kühl (überlegend): ***a ~ businessman***, d) drückend: ***be ~ on s.o.*** j-n hart anfassen *od.* behandeln; ***it is ~ on him*** es ist hart für ihn; ***the ~ facts*** die harten *od.* nackten Tatsachen; ✝***~ sell(ing)*** aggressive Verkaufstaktik; ***~ times*** schwere Zeiten; ***have a ~ time*** Schlimmes durchmachen (müssen); ***he had a ~ time doing it*** es fiel ihm schwer, dies zu tun; ***give s.o. a ~ time*** j-m hart zusetzen, j-m das Leben sauer machen; **9.** a) sauer, herb (*Getränk*), b) hart (*Droge*), *Getränk*: *a.* stark, ˈhochproˌzentig; **10.** *phys.* hart: ***~ water***; ***~ X rays***; ***~ wheat*** 🌾 Hartweizen *m*; **11.** ✝ hart (*Währung etc.*): ***~ dollars***; ***~ prices*** harte *od.* starre Preise; **12.** *Phonetik*: a) hart, stimmlos, b) nicht palatalisiert; **13.** ***~ up*** a) schlecht bei Kasse, in (Geld)Schwierigkeiten, b) in Verlegenheit (***for*** um); **II** *adv.* **14.** hart, fest; **15.** *fig.* hart, schwer: ***work ~***; ***brake ~*** scharf bremsen; ***drink ~*** ein starker Trinker sein; ***it will go ~ with him*** es wird unangenehm für ihn sein; ***hit s.o. ~*** a) j-m e-n harten Schlag versetzen, b) *fig.* ein harter Schlag für j-n sein; ***~ hit*** schwer betroffen; ***be ~ pressed***, ***be ~ put to it*** in schwerer Bedrängnis sein; ***look ~ at*** scharf ansehen; ***try ~*** sich alle Mühe geben; → ***die***[1] 1; **16.** nah(e), dicht: ***~ by*** ganz in der Nähe; ***~ on*** (*od.* ***after***) gleich nach; ***~ aport*** ⚓ hart Backbord; **III** *s.* **17.** ***get*** (***have***) ***a ~ on*** V e-n ‚Ständer' kriegen (haben).

ˌ**hard|-and-ˈfast** *adj.* fest, bindend, ˈunumstößlich: ***a ~ rule***; ˈ**~·back** → ***hardcover*** II; ˈ**~·ball** *s. Am.* Baseball(spiel *n*) *m*; ˌ**~-ˈbit·ten** *adj.* **1.** verbissen, hartnäckig; **2.** → ***hard-boiled*** 2a; ˈ**~·board** *s.* Hartfaserplatte *f*; ˌ**~-ˈboiled** *adj.* **1.** hart(gekocht): ***a ~ egg***; **2.** F ‚knallhart': a) ‚abgebrüht', ‚hartgesotten', b) ‚ausgekocht', gerissen, c) von hartem Reaˈlismus: ***~ fiction***; ***~ case*** *s.* **1.** Härtefall *m*; **2.** schwieriger Mensch; **3.** ‚schwerer Junge' (*Verbrecher*); ***~ cash*** *s.* ✝ **1.** a) Hartgeld *n*, b) Bargeld *n*: ***pay in ~*** (in) bar (be)zahlen; **2.** klingende Münze; ***~ coal*** *s.* Anthraˈzit *m*, Steinkohle *f*; ***~ core*** *s.* **1.** *Brit.* Schotter *m*; **2.** *fig.* harter Kern (*e-r Bande etc.*); ˌ**~-ˈcore** *adj. fig.* **1.** zum harten Kern gehörend; **2.** hart: ***~ pornography***; ***~ court*** *s. Tennis*: Hartplatz *m*; ˈ**~ˌcov·er I** *adj.* gebunden: ***~ edition***; **II** *s.* Hard cover *n*, gebundene Ausgabe; ***~ cur·ren·cy*** *s.* ✝ harte Währung; ***~ disk*** *s. Computer:* Festplatte *f*.

hard·en ['hɑːdn] **I** *v/t.* **1.** härten (*a.* ⚙), hart *od.* härter machen; **2.** *fig.* hart *od.* gefühllos machen, verhärten: **~ed** verstockt, ‚abgebrüht'; **a ~ed sinner** ein verstockter Sünder; **3.** bestärken; **4.** abhärten (**to** gegen); **II** *v/i.* **5.** hart werden, erhärten; **6.** *fig.* hart *od.* gefühllos werden, sich verhärten; **7.** *fig.* sich abhärten (**to** gegen); **8.** a) ✝ *u. fig.* sich festigen, b) ✝ anziehen, steigen (*Preise*); **'hard·en·er** [-nə] *s.* Härtemittel *n*, Härter *m*; **'hard·en·ing** [-nɪŋ] **I** *s.* **1.** Härten *n*, Härtung *f* (*a.* ⚙): **~ of the arteries** Arterienverkalkung *f*; **2.** → **hardener**; **II** *adj.* **3.** Härte…

ˌ**hard|-'fea·tured** *adj.* mit harten *od.* groben Gesichtszügen; **~ fi·ber**, *Brit.* **~ fi·bre** *s.* ⚙ Hartfaser *f*; **~ goods** *s. pl.* ✝ *Am.* Gebrauchsgüter *pl.*; **~ hat** *s.* **1.** *Brit.* Me'lone *f* (*Hut*); **2.** a) Schutzhelm *m*, b) F Bauarbeiter *m*; **3.** *Brit.* 'Erzreaktioˌnär *m*; ˌ**~-'head·ed** *adj.* **1.** praktisch, nüchtern, rea'listisch; **2.** *Am.* starrköpfig, stur; ˌ**~-'heart·ed** *adj.* □ hart(herzig); ˌ**~-'hit·ting** *adj. fig.* hart, aggres'siv.

har·di·hood ['hɑːdɪhʊd], **'har·di·ness** [-ɪnɪs] *s.* **1.** Ausdauer *f*, Zähigkeit *f*; **2.** ⚘ Winterfestigkeit *f*; **3.** Kühnheit *f*: a) Tapferkeit *f*, b) Verwegenheit *f*, c) Dreistigkeit *f*.

hard| la·bo(u)r *s.* ⚖ Zwangsarbeit *f*; **~ line** *s.* **1.** *bsd. pol.* harte Linie, harter Kurs: **follow** *od.* **adopt a ~** e-n harten Kurs einschlagen; **2.** *pl. Brit.* ‚Pech' *n* (**on** für); ˌ**~-'line** *adj. bsd. pol.* hart, kompro'mißlos; ˌ**~-'lin·er** *s. bsd. pol.* j-d, der e-n harten Kurs einschlägt; ˌ**~-'luck sto·ry** *s. contp.*, ‚Jammergeschichte' *f*.

hard·ly ['hɑːdlɪ] *adv.* **1.** kaum, fast nicht: **~ ever** fast nie; **I ~ know her** ich kenne sie kaum; **2.** (wohl) kaum, schwerlich; **3.** mühsam, mit Mühe; **4.** hart, streng.

hard| mon·ey → **hard cash**; ˌ**~-'mouthed** *adj.* **1.** hartmäulig (*Pferd*); **2.** *fig.* starrköpfig.

hard·ness ['hɑːdnɪs] *s.* **1.** Härte *f* (*a. fig.*); **2.** Schwierigkeit *f*; **3.** Hartherzigkeit *f*; **4.** 'Widerstandsfähigkeit *f*; **5.** Strenge *f*, Härte *f*.

ˌ**hard|-'nosed** F → a) **hard-boiled** 2a, b) **hard-headed** 2; **~ pan** *s.* **1.** *geol.* Ortstein *m*; **2.** harter Boden; **3.** *fig.* a) Grund(lage *f*) *m*, b) Kern *m* (der Sache); ˌ**~-'press·ed** *adj.* (hart)bedrängt, unter Druck stehend; **~ rock** *s.* ♪ Hardrock *m*; **~ rub·ber** *s.* Hartgummi *m*; **~ sci·ence** *s.* (*e-e*) ex'akte Wissenschaft; **~ sell** *s.* aggressive Verkaufsmethode *f*; ˌ**~-'set** *adj.* **1.** hartbedrängt; **2.** streng, starr; **3.** angebrütet (*Ei*); '**~-shell** *adj.* **1.** *zo.* hartschalig; **2.** *Am.* F ‚eisern'.

hard·ship ['hɑːdʃɪp] *s.* **1.** Not *f*, Elend *n*; **2.** *a.* ⚖ Härte *f*: **work ~ on s.o.** e-e Härte bedeuten für j-n; **~ case** Härtefall *m*.

hard| shoul·der *s. mot. Brit.* Standspur *f*; **~ sol·der** *s.* ⚙ Hartlot *n*; '**~-ˌsol·der** *v/t. u. v/i.* hartlöten; **~ tack** *s.* Schiffszwieback *m*; '**~·top** *s. mot.* Hardtop *n*, *m*: a) *festes, abnehmbares Autodach*, b) *Auto mit a*; '**~·ware** *s.* **1.** a) Me'tall-, Eisenwaren *pl.*, b) Haushaltswaren *pl.*; **2.** *Computer*, *a. Sprachlabor*: Hardware *f*; **3.** *a.* **military ~** Waffen *pl.* u. mili'tärische Ausrüstung; **4.** *Am. sl.* Schießeisen *n od. pl.*; '**~·wood** *s.* Hartholz *n*, *bsd.* Laubbaumholz *n*; ˌ**~-'work·ing** *adj.* fleißig, hart arbeitend.

har·dy ['hɑːdɪ] *adj.* □ **1.** a) zäh, ro'bust, b) abgehärtet; **2.** ⚘ winterfest: **~ annual** a) winterfeste Pflanze, b) *humor.* Frage, die jedes Jahr wieder aktuell wird; **3.** kühn: a) tapfer, b) verwegen, c) dreist.

hare [heə] *s. zo.* Hase *m*: **run with the ~ and hunt with the hounds** *fig.* es mit beiden Seiten halten; **start a ~** *fig.* vom Thema ablenken; **~ and hounds** Schnitzeljagd *f*; '**~·bell** *s.* ⚘ Glockenblume *f*; '**~·brained** *adj.* ‚verrückt'; '**~·foot** *s.* [*irr.*] ⚘ **1.** Balsabaum *m*; **2.** Ackerklee *m*; ˌ**~'lip** *s.* ⚕ Hasenscharte *f*.

ha·rem ['hɑːriːm] *s.* Harem *m*.

'hare's-foot → **harefoot**.

har·i·cot ['hærɪkəʊ] *s.* **1.** *a.* **~ bean** Gartenbohne *f*; **2.** 'Hammelraˌgout *n*.

hark [hɑːk] *v/i.* **1.** *obs. u. poet.* horchen: **~ at him!** *Brit.* F hör dir ihn (*od.* den) an!; **2. ~ back** a) *hunt.* auf der Fährte zu'rückgehen (*Hund*), b) *fig.* zu'rückgreifen, -kommen, (*a. zeitlich*) zu'rückgehen (**to** auf *acc.*); **hark·en** ['hɑːkən] → **hearken**.

har·le·quin ['hɑːlɪkwɪn] **I** *s.* Harlekin *m*, Hans'wurst *m*; **II** *adj.* bunt, scheckig; **har·le·quin·ade** [ˌhɑːlɪkwɪ'neɪd] *s.* Harleki'nade *f*, Possenspiel *n*.

har·lot ['hɑːlət] *obs.* Hure *f*, Metze *f*; **'har·lot·ry** [-rɪ] *s.* Hure'rei *f*.

harm [hɑːm] **I** *s.* **1.** Schaden *m*: **bodily ~** körperlicher Schaden, ⚖ Körperverletzung *f*; **come to ~** zu Schaden kommen; **do ~ to s.o.** j-m schaden, j-m et. antun; **(there is) no ~ done!** es ist nichts (Schlimmes) passiert!; **it does more ~ than good** es schadet mehr, als daß es nützt; **there is no ~ in doing (s.th.)** es kann *od.* könnte nicht schaden, (et.) zu tun; **mean no ~** es nicht böse meinen; **keep out of ~'s way** die Gefahr meiden; **out of ~'s way** a) in Sicherheit, b) in sicherer Entfernung; **2.** Unrecht *n*, Übel *n*; **II** *v/t.* **3.** schaden (*dat.*), *j-n* verletzen (*a. fig.*); **'harm·ful** [-fʊl] *adj.* □ nachteilig, schädlich (**to** für): **~ publications** ⚖ jugendgefährdende Schriften; **'harm·ful·ness** [-fʊlnɪs] *s.* Schädlichkeit *f*; **'harm·less** [-lɪs] *adj.* □ **1.** harmlos: a) unschädlich, ungefährlich, b) unschuldig, arglos, c) unverfänglich; **2. keep** (*od.* **save**) **s.o. ~** ⚖ j-n schadlos halten; **'harm·less·ness** [-lɪsnɪs] *s.* Harmlosigkeit *f*.

har·mon·ic [hɑː'mɒnɪk] **I** *adj.* (□ **~ally**) **1.** ♪, ⩘, *phys.* har'monisch (*a. fig.*); **II** *s.* **2.** ♪, *phys.* Har'monische *f*: a) Oberton *m*, b) Oberwelle *f*; **3.** *pl. oft sg. konstr.* ♪ Harmo'nielehre *f*; **har'mon·i·ca** [-kə] *s.* **1.** *hist.* 'Glasharˌmonika *f*; **2.** 'Mundharˌmonika *f*; **har'mo·ni·ous** [-'məʊnjəs] *adj.* □ har'monisch: a) ebenmäßig, b) wohlklingend, c) über'einstimmend, d) einträchtig; **har'mo·ni·ous·ness** [-'məʊnjəsnɪs] *s.* Harmo'nie *f*; **har'mo·ni·um** [-'məʊnjəm] *s.* ♪ Har'monium *n*; **har·mo·nize** ['hɑːmənaɪz] **I** *v/i.* **1.** harmonieren (*a.* ♪), zs.-passen, in Einklang sein (**with** mit); **II** *v/t.* **2.** (**with**) harmonisieren, in Einklang bringen (mit); **3.** versöhnen; **4.** ♪ harmonisieren, mehrstimmig setzen; **har·mo·ny** ['hɑːmənɪ] *s.* **1.** Harmo'nie *f*: a) Wohlklang *m*, b) Eben-, Gleichmaß *n*, c) Einklang *m*, Eintracht *f*; **2.** ♪ Harmo'nie *f*.

har·ness ['hɑːnɪs] **I** *s.* **1.** (Pferde- *etc.*) Geschirr *n*: **in ~** *fig.* in der (täglichen) Tretmühle; **die in ~** in den Sielen sterben; **~ horse** *Am.* Traber(pferd *n*) *m*; **~ race** *Am.* Trabrennen *n*; **2.** a) *mot. etc.* (Sicherheits)Gurt *m* (*für Kinder*), b) (Fallschirm)Gurtwerk *n*; **3.** Laufgeschirr *n für Kinder*; **4.** *Am. sl.* (Arbeits-) Kluft *f*, Uni'form *f* (*e-s Polizisten etc.*); **5.** ⚔ *hist.* Harnisch *m*; **II** *v/t.* **6.** *Pferd etc.* a) anschirren, b) anspannen (**to** an *acc.*); **7.** *fig. Naturkräfte etc.* nutzbar machen.

harp [hɑːp] **I** *s.* **1.** ♪ Harfe *f*; **II** *v/i.* **2.** (die) Harfe spielen; **3.** *fig.* (**on, upon**) her'umreiten (auf *dat.*), dauernd reden (von); → **string** 5; **'harp·er** [-pə], **'harp·ist** [-pɪst] *s.* Harfe'nist(in).

har·poon [hɑː'puːn] **I** *s.* Har'pune *f*: **~ gun** Harpunengeschütz *n*; **II** *v/t.* harpunieren.

harp·si·chord ['hɑːpsɪkɔːd] *s.* ♪ Cembalo *n*.

har·py ['hɑːpɪ] *s.* **1.** *antiq.* Har'pyie *f*; **2.** *fig.* a) ‚Geier' *m*, Blutsauger *m*, b) Hexe *f* (*Frau*).

har·que·bus ['hɑːkwɪbəs] *s.* ⚔ *hist.* Hakenbüchse *f*, Arke'buse *f*.

har·ri·dan ['hærɪdən] *s.* alte Vettel.

har·ri·er¹ ['hærɪə] *s.* **1.** Verwüster *m*; Plünderer *m*; **2.** *orn.* Weihe *f*.

har·ri·er² ['hærɪə] *s.* **1.** *hunt.* Hund *m* für die Hasenjagd; **2.** *sport* Querfeld'einläufer(in).

Har·ro·vi·an [hə'rəʊvjən] *s.* Schüler *m* (*der Public School*) von Harrow.

har·row ['hærəʊ] **I** *s.* **1.** ⚒ Egge *f*: **under the ~** *fig.* in großer Not; **II** *v/t.* **2.** ⚒ eggen; **3.** *fig.* quälen, peinigen; *Gefühl* verletzen; **'har·row·ing** [-əʊɪŋ] *adj.* □ quälend, qualvoll, schrecklich.

har·rumph [hə'rʌmpf] *v/i.* **1.** sich (gewichtig) räuspern; **2.** mißbilligend schnauben.

har·ry¹ ['hærɪ] *v/t.* **1.** verwüsten; **2.** plündern; **3.** quälen, peinigen.

Har·ry² ['hærɪ] *s.* **old ~** der Teufel; **play old ~ with** Schindluder treiben mit, ‚zur Sau' machen.

harsh [hɑːʃ] *adj.* □ **1.** *allg.* hart: a) rauh: **~ cloth**, b) rauh, scharf: **~ voice**; **~ note**, c) grell: **~ colo(u)r**, d) barsch, schroff: **~ words**, e) streng: **~ penalty**; **2.** herb, scharf, sauer: **~ taste**; **'harshness** [-nɪs] *s.* Härte *f*.

hart [hɑːt] *s.* Hirsch *m* (*nach dem 5. Jahr*): **~ of ten** Zehnender *m*.

har·te·beest ['hɑːtɪbiːst] *s. zo.* 'Kuhantiˌlope *f*.

'harts·horn *s.* ⚗ Hirschhorn *n*: **salt of ~** Hirschhornsalz *n*.

har·um-scar·um [ˌheərəm'skeərəm] **I** *adj.* F **1.** leichtsinnig, ‚verrückt'; **2.** flatterhaft; **II** *s.* **3.** leichtsinniger *etc.* Mensch.

har·vest ['hɑːvɪst] **I** *s.* **1.** Ernte *f*: a) Ernten *n*, b) Erntezeit *f*, c) (Ernte)Ertrag *m*; **2.** *fig.* Ertrag *m*, Früchte *pl.*; **II** *v/t.* **3.** ernten, *fig. a.* einheimsen; **4.** *Ernte* einbringen; **5.** *fig.* sammeln; **III** *v/i.* **6.** die Ernte einbringen; **'harvest·er** [-tə] *s.* **1.** Erntearbeiter(in); **2.** a) 'Mäh-, 'Erntemaˌschine *f*, b) Mäh-

binder *m*: ***combined*** **~** Mähdrescher *m*.
har·vest| fes·ti·val *s.* Ernte'dankfest *n*; **~ home** *s.* **1.** Ernte(zeit) *f*; **2.** Erntefest *n*; **3.** Erntelied *n*; **~ moon** *s.* Vollmond *m* (*im September*).
has [hæz; həz] *3. sg. pres. von* ***have***; **'~-been** *s.* F **1.** *et.* Über'holtes; **2.** ,ausrangierte' Per'son, j-d, der s-e Glanzzeit hinter sich hat.
hash¹ [hæʃ] **I** *v/t.* **1.** *Fleisch* (zer)hacken; **2.** *a.* **~ *up*** *fig. et.* ,vermasseln', verpatzen; **II** *s.* **3.** *Küche*: Ha'schee *n*; **4.** *fig. et.* Aufgewärmtes, ,Aufguß' *m*: ***old*** **~** ,ein alter Hut'; **5.** *fig.* Kuddelmuddel *n*: ***make a*** **~ *of*** → 2; ***settle s.o.'s*** **~** F es j-m ,besorgen'.
hash² [hæʃ] *s.* F ,Hasch' *n* (*Haschisch*).
hash·eesh, hash·ish ['hæʃi:ʃ] *s.* Haschisch *n*.
has·n't ['hæznt] F *für* ***has not***.
hasp [hɑ:sp] **I** *s.* **1.** ⚙ a) Haspe *f*, Spange *f*, b) Schließband *n*; **2.** Haspel *f*, Spule *f* (*für Garn*); **II** *v/t.* **3.** mit e-r Haspe *etc.* verschließen, zuhaken.
has·sle ['hæsl] *s.* F **I** *s.* **1.** a) ,Krach' *m*, b) Schläge'rei *f*; **2.** Mühe *f*, ,Zirkus' *m*; **II** *v/i.* **3.** ,Krach' haben *od.* sich prügeln; **III** *v/t.* **4.** *Am.* drangsalieren.
has·sock ['hæsək] *s.* **1.** Knie-, Betkissen *n*; **2.** Grasbüschel *n*.
hast [hæst] *obs. 2. sg. pres. von* ***have***.
haste [heɪst] *s.* **1.** Eile *f*, Schnelligkeit *f*; **2.** Hast *f*, Eile *f*: ***make*** **~** sich beeilen; ***in*** **~** in Eile, hastig; ***more*** **~, *less speed*** eile mit Weile; **~ *makes waste*** in der Eile geht alles schief; **'has·ten** [-sn] **I** *v/t.* a) *j-n* antreiben, b) *et.* beschleunigen; **II** *v/i.* sich beeilen, eilen, hasten: ***I*** **~ *to add that ...*** ich muß gleich hinzufügen, daß; **'hast·i·ness** [-tɪnɪs] *s.* **1.** Eile *f*, Hastigkeit *f*, Über'eilung *f*, Voreiligkeit *f*; **2.** Heftigkeit *f*, Hitze *f*, ('Über-)Eifer *m*; **'hast·y** [-tɪ] *adj.* □ **1.** eilig, hastig, über'stürzt; **2.** voreilig, -schnell, über'eilt; **3.** heftig, hitzig.
hat [hæt] *s.* Hut *m*: ***my*** **~*!*** *sl.* von wegen!, daß ich nicht lache; ***a bad*** **~** *Brit.* F ein übler Kunde; **~ *in hand*** demütig, unterwürfig; ***keep it under your*** **~*!*** behalte es für dich!, sprich nicht darüber!; ***pass*** (*od.* ***send***) ***the*** **~ *round*** den Hut herumgehen lassen, e-e Sammlung veranstalten; ***take one's*** **~ *off to s.o.*** s-n Hut vor j-m ziehen (*a. fig.*); **~*s off*** (***to him***)***!*** Hut ab (vor ihm)!; ***I'll eat my*** **~ *if*** F ich fress' e-n Besen, wenn; ***produce out of a*** **~** hervorzaubern; ***talk through one's*** **~** F dummes Zeug reden; ***throw*** (*od.* ***toss***) ***one's*** **~ *in the ring*** F ,s-n Hut in den Ring werfen' (*sich zum Kampf stellen od. kandidieren*); → ***drop*** 5.
hat·a·ble ['heɪtəbl] → ***hateful***.
hatch¹ [hætʃ] *s.* **1.** ⚓, ✈ Luke *f*: ***down the*** **~*es!*** *sl.* ,runter damit'!, prost!; **2.** ⚓ Lukendeckel *m*; **3.** Bodenluke *f*, -tür *f*; **4.** Halbtür *f*; **5.** 'Durchreiche *f* (*für Speisen*).
hatch² [hætʃ] **I** *v/t.* **1.** *a.* **~ *out*** *Eier*, *Junge* ausbrüten: ***the*** **~*ed, matched and dispatched*** → 7; **2.** *a.* **~ *out*** *fig.* aushecken, -brüten, -denken; **II** *v/i.* **3.** Junge ausbrüten; **4.** *a.* **~ *out*** *aus dem Ei* ausschlüpfen; **5.** *fig.* sich entwickeln; **III** *s.* **6.** Brut *f*; **7.** **~*es, matches, and dispatches*** F Familienanzeigen *pl.*
hatch³ [hætʃ] **I** *v/t.* schraffieren; **II** *s.* Schraf'fur *f*.
'hatch·back *s. mot.* (Wagen *m* mit) Hecktür *f*.
'hat·check girl *s. Am.* Garde'robenfräulein *n*.
hatch·el ['hætʃl] **I** *s.* **1.** (Flachs- *etc.*)Hechel *f*; **II** *v/t.* **2.** hecheln; **3.** *fig.* quälen, piesacken.
hatch·er ['hætʃə] *s.* **1.** Bruthenne *f*; **2.** 'Brutappa,rat *m*; **3.** *fig.* Aushecker(in), Planer(in); **'hatch·er·y** [-ərɪ] *s.* Brutplatz *m*.
hatch·et ['hætʃɪt] *s.* (*a.* Kriegs)Beil *n*: ***bury*** (***take up***) ***the*** **~** *fig.* das Kriegsbeil begraben (ausgraben); **'~-face** *s.* scharfgeschnittenes Gesicht; **~ job** *s.* F **1.** ,Hinrichtung' *f*, ,Abschuß' *m*; **2.** ,Verriß' *m* (*Kritik*); **~ man** *s.* F **1.** ,Henker' *m*, Killer *m*; **2.** ,Zuchtmeister' *m*.
hatch·ing¹ ['hætʃɪŋ] *s.* **1.** Ausbrüten *n*; **2.** Ausschlüpfen *n*; **3.** Brut *f*; **4.** *fig.* Aushecken *n*.
hatch·ing² ['hætʃɪŋ] *s.* Schraffierung *f*.
'hatch·way → ***hatch¹*** 1–3.
hate [heɪt] **I** *v/t.* **1.** hassen (***like poison*** wie die Pest): **~*d*** verhaßt; **2.** verabscheuen, hassen, nicht ausstehen können; **3.** nicht mögen *od.* wollen, sehr ungern tun: ***I*** **~ *to do it*** ich tue es (nur) sehr ungern, es ist mir äußerst peinlich; ***I*** **~ *to think of it*** bei dem (bloßen) Gedanken wird mir schlecht; **II** *s.* **4.** Haß *m* (***of, for*** auf *acc.*, gegen): ***full of*** **~**, ***with*** **~** haßerfüllt; **~ *object*** Haßobjekt *n*; **~ *tunes*** *fig.* Haßgesänge *pl.*; **5.** *et.* Verhaßtes: ***that's my pet*** **~** F das ist mir ein Greuel *od.* in tiefster Seele verhaßt; **6.** Abscheu *m* (***of, for*** *vor dat.*, gegen); **'hate·a·ble** [-təbl], **'hate·ful** [-fʊl] *adj.* □ hassenswert, verhaßt, abscheulich; **'hat·er** [-tə] *s.* Hasser(in); **'hate,mong·er** *s.* (Auf)Hetzer *m*.
hath [hæθ; həθ] *obs. 3. sg. pres. von* ***have***.
hat·less ['hætlɪs] *adj.* ohne Hut, barhäuptig.
'hat|·pin *s.* Hutnadel *f*; **'~·rack** *s.* Hutablage *f*.
ha·tred ['heɪtrɪd] *s.* (***of, for, against***) a) Haß *m* (gegen, auf *acc.*), b) Abscheu *m* (vor *dat.*).
hat stand *s.* Hutständer *m*.
hat·ter ['hætə] *s.* Hutmacher *m*, -händler *m*: ***as mad as a*** **~** total verrückt.
hat| tree *s. Am.* Hutständer *m*; **~ trick** *s. sport* Hat-Trick *m*: ***score a*** **~** e-n Hat-Trick erzielen.
haugh·ti·ness ['hɔ:tɪnɪs] *s.* Hochmut *m*, Über'heblichkeit *f*, Arro'ganz *f*; **haugh·ty** ['hɔ:tɪ] *adj.* □ hochmütig, -näsig, über'heblich, arro'gant.
haul [hɔ:l] **I** *s.* **1.** Ziehen *n*, Zerren *n*, Schleppen *n*; **2.** kräftiger Zug, Ruck *m*; **3.** Fischzug *m*, *fig. a.* Fang *m*, Beute *f*: ***make a big*** **~** e-n guten Fang *od.* reiche Beute machen; **4.** a) Beförderung *f*, Trans'port *m*, b) (Trans'port)Strecke *f*: ***it was quite a*** **~ *home*** der Heimweg zog sich ganz schön hin; ***in*** (*od.* ***over***) ***the long*** **~** auf lange Sicht, c) Ladung *f*: ***a*** **~ *of coal***; **II** *v/t.* **5.** ziehen, zerren, schleppen; → ***coal*** 2; **6.** befördern, transportieren; **7.** ⚒ fördern; **8.** her'aufholen, (mit e-m Netz) fangen; **9.** ⚓ a) *Brassen* anholen, b) her'umholen, anluven: **~ *the wind*** an den Wind gehen, *fig.* sich zurückziehen; **III** *v/i.* **10.** ziehen, zerren (***on, at*** an *dat.*); **11.** mit dem Schleppnetz fischen; **12.** 'umspringen (*Wind*); **13.** ⚓ a) abdrehen, b) an den Wind gehen, c) *fig.* s-e Meinung ändern; **~ down** *v/t.* **1.** *Flagge* ein- *od.* niederholen; **2.** *et.* her'unterschleppen *od.* -ziehen; **~ in** *v/t.* ⚓ *Tau* einholen; **~ off** *v/i.* **1.** ⚓ abdrehen; **2.** *Am.* F ausholen; **~ round** → ***haul*** 12; **~ up** *v/t.* **1.** → ***haul*** 9b; **2.** F sich *j-n* ,vorknöpfen'; **3.** F a) *j-n* vor den ,Kadi' schleppen, b) *j-n* ,schleppen' (***before*** vor *e-n Vorgesetzten etc.*).
haul·age ['hɔ:lɪdʒ] *s.* **1.** Ziehen *n*, Schleppen *n*; **2.** a) Trans'port *m*, Beförderung *f*: **~ *contractor*** → ***hauler*** 2, b) Trans'portkosten *pl.*; **3.** ⚒ Förderung *f*; **'haul·er** [-lə], *Brit.* **'haul·ier** [-ljə] *s.* **1.** ⚒ Schlepper *m*; **2.** Trans'portunter,nehmer *m*, Spedi'teur *m*.
haulm [hɔ:m] *s.* ⚘ **1.** Halm *m*, Stengel *m*; **2.** *coll. Brit.* Halme *pl.*, Stengel *pl.*, (*Bohnen- etc.*)Stroh *n*.
haunch [hɔ:ntʃ] *s.* **1.** Hüfte *f*; **2.** *pl.* Gesäß *n*; **3.** *zo.* Keule *f*; **4.** *Küche*: Lendenstück *n*, Keule *f*.
haunt [hɔ:nt] **I** *v/t.* **1.** 'umgehen *od.* spuken in (*dat.*): ***this place is*** **~*ed*** hier spukt es; **2.** *fig.* a) verfolgen, quälen, b) *j-m* nicht mehr aus dem Kopf gehen; **3.** frequentieren, häufig besuchen; **II** *v/i.* **4.** ständig verkehren (***with*** mit); **III** *s.* **5.** häufig besuchter Ort, *bsd.* Lieblingsplatz *m*: ***holiday*** **~** beliebter Ferienort; **6.** a) Treffpunkt *m*, b) Schlupfwinkel *m*; **7.** *zo.* a) Lager *n*, b) Futterplatz *m*; **'haunt·ed** [-tɪd] *adj.*: ***a*** **~ *house*** ein Haus, in dem es spukt; ***he was a*** **~ *man*** er fand keine Ruhe mehr; **~*ed eyes*** gehetzter Blick; **'haunt·ing** [-tɪŋ] *adj.* □ **1.** quälend, beklemmend; **2.** unvergeßlich: **~ *beauty*** betörende Schönheit; ***a*** **~ *melody*** e-e Melodie, die einen verfolgt.
haut·boy ['əʊbɔɪ] *obs.* → ***oboe***.
hau·teur [əʊ'tɜ:] *s.* Hochmut *m*, Arro'ganz *f*.
Ha·van·a [hə'vænə] *s.* Ha'vanna(zi,garre) *f*.
have [hæv; həv] **I** *v/t.* [*irr.*] **1.** *allg.* haben, besitzen: ***he has a house*** (***a friend, a good memory***); ***you*** **~ *my word for it*** ich gebe Ihnen mein Wort darauf; ***let me*** **~ *a sample*** gib *od.* schicke *od.* besorge mir ein Muster; **~ *got*** → ***get*** 8; **2.** haben, erleben: ***we had a nice time*** wir hatten es schön; **3.** a) *ein Kind* bekommen: ***she had a baby in March***, b) *zo. Junge* werfen; **4.** *Gefühle, e-n Verdacht etc.* haben, hegen; **5.** behalten, haben: ***may I*** **~ *it?***; **6.** erhalten, bekommen: ***we had no news from her***; (***not***) ***to be had*** (nicht) zu haben, (nicht) erhältlich; **7.** (erfahren) haben, wissen: ***I*** **~ *it from my friend***; ***I*** **~ *it from a reliable source*** ich habe es aus verläßlicher Quelle (erfahren); ***I*** **~ *it!*** ich hab's!; → ***rumo(u)r*** I; **8.** *Speisen etc.* zu sich nehmen, einnehmen, essen *od.* trinken: ***what will you*** **~*?*** was nehmen Sie?; ***I had a glass of wine*** ich trank ein Glas Wein; **~ *another sandwich!*** nehmen Sie noch ein Sandwich!; **~ *a cigar*** e-e Zigarre rauchen; **~ *a smoke?*** wollen Sie (eine) rauchen?; →

breakfast I, ***dinner*** 1, *etc.*; **9.** haben, ausführen, (mit)machen: ***~ a discussion*** e-e Diskussion haben *od.* abhalten; ***~ a walk*** e-n Spaziergang machen; **10.** können, beherrschen: ***she has no French*** sie kann kein Französisch; **11.** (be)sagen, behaupten: ***as Mr. B has it*** wie Herr B. sagt; ***he will ~ it that*** er behauptet steif und fest, daß; **12.** sagen, ausdrücken: ***as Byron has it*** wie Byron sagt, wie es bei Byron heißt; **13.** haben, dulden, zulassen: ***I won't ~ it!***, ***I am not having that!*** ich dulde es nicht!, ich will es nicht (haben); ***I won't ~ it mentioned*** ich will nicht, daß es erwähnt wird; ***he wasn't having any*** F er ließ sich auf nichts ein; **14.** haben, erleiden: ***~ an accident***; **15.** *Brit.* F *j-n* ‚reinlegen', ‚übers Ohr hauen': ***you've been had!*** man hat dich reingelegt; **16.** (*vor inf.*) müssen: ***I ~ to go now***; ***he will ~ to do it***; ***we ~ to obey*** wir haben zu *od.* müssen gehorchen; ***it has to be done*** es muß getan werden; **17.** (*mit Objekt u. p.p.*) lassen: ***I had a suit made*** ich ließ mir e-n Anzug machen; ***they had him shot*** sie ließen ihn erschießen; **18.** (*mit Objekt u. p.p. zum Ausdruck des Passivs*): ***I had my arm broken*** ich brach mir den Arm; ***he had a son born to him*** ihm wurde ein Sohn geboren; ***~ a tooth out*** sich e-n Zahn ziehen lassen; **19.** (*mit Objekt u. inf.*) (veran)lassen: ***~ them come here at once!*** laß sie sofort hierherkommen!; ***I had him sit down*** ich ließ ihn Platz nehmen; **20.** (*mit Objekt u. inf.*) es erleben (müssen), daß: ***I had all my friends turn against me***; **21.** *in Wendungen wie*: ***he has had it*** F er ist ‚erledigt' (*a. tot*) *od.* ‚fertig'; ***the car has had it*** F das Auto ist ‚hin' *od.* ‚im Eimer'; ***he had me there*** da hatte er mich (an m-r schwachen Stelle *etc.*) erwischt; ***I would ~ you to know it*** ich möchte, daß Sie es wissen; ***let s.o. ~ it*** ‚es j-m besorgen *od.* geben', j-n ‚fertigmachen'; ***~ it in for s.o.*** F j-n ‚auf dem Kieker haben'; ***I didn't know he had it in him*** ich wußte gar nicht, daß er das Zeug dazu hat; ***~ it off*** (***with s.o.***) *Brit. sl.* (mit j-m) ‚bumsen'; ***you are having me on!*** F du nimmst mich (doch) auf den Arm!; ***~ it out with s.o.*** die Sache mit j-m endgültig bereinigen; ***~ nothing on s.o.*** F a) j-m nichts anhaben können, nichts gegen j-n in der Hand haben, b) j-m in keiner Weise überlegen sein; ***I ~ nothing on tonight*** ich habe heute abend nichts vor; ***~ it*** (***all***) ***over s.o.*** F j-m (haushoch) überlegen sein; ***~ what it takes*** das Zeug dazu haben; **II** *v/i.* **22.** würde, täte (*mit* ***as well***, ***rather***, ***better***, ***best*** *etc.*): ***you had better go!*** es wäre besser, du gingest!; ***you had best go!*** du tätest am besten daran zu gehen; **III** *v/aux.* **23.** haben: ***I ~ seen*** ich habe gesehen; **24.** (*bei vielen v/i.*) sein: ***I ~ been*** ich bin gewesen; **IV** *s.* **25.** ***the ~s and the ~-nots*** die Begüterten u. die Habenichtse; **26.** *Brit.* F Trick *m.*

have·lock ['hævlɒk] *s. Am.* über den Nacken her'abhängender 'Mützen-‚überzug (*Sonnenschutz*).

ha·ven ['heɪvn] *s.* **1.** *mst fig.* (sicherer) Hafen; **2.** Zufluchtsort *m*, A'syl *n*, O'ase *f.*

'have-not → ***have*** 25.

hav·er·sack ['hævəsæk] *s. bsd.* ⚔ Provi'anttasche *f.*

hav·ings ['hævɪŋz] *s. pl.* Habe *f.*

hav·oc ['hævək] *s.* Verwüstung *f*, Zerstörung *f*: ***cause ~*** große Zerstörungen anrichten *od.* (*a. fig.*) ein Chaos verursachen, schrecklich wüten; ***play ~ with***, ***make ~ of*** *et.* verwüsten *od.* zerstören, *fig.* verheerend wirken auf (*acc.*), übel zurichten.

haw¹ [hɔː] *s.* ⚘ **1.** Mehlbeere *f* (*Weißdornfrucht*); **2.** → ***hawthorn***.

haw² [hɔː] **I** *int.* hm!, äh; **II** *v/i.* hm machen, sich räuspern; stockend sprechen.

Ha·wai·ian [hə'waɪɪən] **I** *adj.* ha'waiisch: ***~ guitar*** Hawaiigitarre *f*; **II** *s.* Hawai'ianer(in).

'haw·finch *s. orn.* Kernbeißer *m.*

haw-haw **I** *int.* [ˌhɔː'hɔː] ha'ha!; **II** *s.* ['hɔːhɔː] (lautes) Ha'ha *n.*

hawk¹ [hɔːk] **I** *s.* **1.** *orn.* a) Falke *m*, b) Habicht *m*; **2.** *fig.* Halsabschneider *m*, Wucherer *m*; **3.** *pol.* ‚Falke' *m*: ***the ~s and the doves*** die Falken u. die Tauben; **II** *v/i.* **4.** (*mit Falken*) Jagd machen (***at*** auf *acc.*); **III** *v/t.* **5.** jagen.

hawk² [hɔːk] *v/t.* **1.** a) hausieren (gehen) mit (*a. fig.*), b) auf der Straße verkaufen; **2.** *a.* ***~ about*** *Gerücht etc.* verbreiten.

hawk³ [hɔːk] **I** *v/i.* sich räuspern; **II** *v/t.* *oft* ***~ up*** aushusten; **III** *s.* Räuspern *n.*

hawk⁴ [hɔːk] *s.* Mörtelbrett *n.*

hawk·er¹ ['hɔːkə] → ***falconer***.

hawk·er² ['hɔːkə] *s.* **1.** Hausierer(in); **2.** Straßenhändler(in).

'hawk-eyed *adj.* mit Falkenaugen, scharfsichtig.

hawk·ing ['hɔːkɪŋ] → ***falconry***.

hawk| moth *s. zo.* Schwärmer *m*; **~ nose** *s.* Adlernase *f.*

hawse [hɔːz] *s.* ⚓ (Anker)Klüse *f*; **'haw·ser** [-zə] *s.* Trosse *f.*

'haw·thorn *s.* ⚘ Weiß- *od.* Rot- *od.* Hagedorn *m.*

hay [heɪ] *s.* **1.** Heu *n*: ***make ~*** Heu machen; ***make ~ of s.th.*** *fig.* et. durcheinanderbringen *od.* zunichte machen; ***make ~ while the sun shines*** *fig.* das Eisen schmieden, solange es heiß ist; ***hit the ~*** *sl.* ‚sich in die Falle hauen'; **2.** *sl.* Marihu'ana *n*; **'~·cock** *s.* Heuschober *m*; **~ fe·ver** *s.* ⚕ Heufieber *n*, -schnupfen *m*; **~ field** *s.* Wiese *f* (*zum Mähen*); **'~·fork** *s.* Heugabel *f*; **~·loft** *s.* Heuboden *m*; **'~ˌmak·er** *s.* **1.** Heumacher *m*; **2.** ✓, ⚙ Heuwender *m*; **3.** *sl. Boxen*: ‚Heumacher' *m*, wilder Schwinger; **'~·rick** *s.* Heumiete *f*; **'~·seed** *s.* **1.** Grassamen *m*; **2.** *Am.* F ‚Bauer' *m*; **'~·stack** → ***hayrick***; **'~ˌwire** *adj. sl.* a) ka'putt, b) (hoffnungslos) durchein'ander, c) verrückt (*Person*): ***go ~*** a) kaputtgehen (*Sache*), b) ‚schiefgehen', durcheinandergeraten (*Sache*), c) überschnappen.

haz·ard ['hæzəd] **I** *s.* **1.** Gefahr *f*, Wagnis *n*, Risiko *n* (*a. Versicherung*): ***health ~*** Gesundheitsrisiko; ***~ bonus*** Gefahrenzulage *f*; ***at all ~s*** unter allen Umständen; ***at the ~ of one's life*** unter Lebensgefahr; **2.** Zufall *m*: ***by ~*** zufällig; **3.** (***game of***) ***~*** Glücks-, Ha'sardspiel *n*; **4.** *Golf*: Hindernis *n*; **5.** *Brit. Billard*: ***losing ~*** Verläufer *m*; ***winning ~*** Treffer *m*; **6.** *pl.* Launen *pl.* (*des Wetters*); **II** *v/t.* **7.** riskieren, wagen, aufs Spiel setzen; **8.** zu sagen wagen, riskieren: ***~ a remark***; **9.** sich *e-r Gefahr etc.* aussetzen; **'haz·ard·ous** [-dəs] *adj.* □ gewagt, ris'kant, gefährlich, unsicher: ***~ waste*** Sondermüll *m.*

haze¹ [heɪz] *s.* **1.** Dunst(schleier) *m*, feiner Nebel; **2.** *fig.* Nebel *m*, Schleier *m*: ***his mind was in a ~*** a) er war wie betäubt, b) er ‚blickte nicht mehr durch'.

haze² [heɪz] *v/t. Am.* **1.** piesacken, schikanieren; **2.** beschimpfen.

ha·zel ['heɪzl] **I** *s.* **1.** ⚘ Hasel(nuß)-strauch *m*; **2.** (Hasel)Nußbraun *n*; **II** *adj.* (hasel)nußbraun; **'~·nut** *s.* ⚘ Haselnuß *f.*

ha·zi·ness ['heɪzɪnɪs] *s.* **1.** Dunstigkeit *f*; **2.** *fig.* Unklarheit *f*, Verschwommenheit *f*; **ha·zy** ['heɪzɪ] *adj.* □ **1.** dunstig, diesig, leicht nebelig; **2.** *fig.* verschwommen, nebelhaft: ***a ~ idea***; ***be ~ about*** nur e-e vage Vorstellung haben von; **3.** benommen.

H-bomb ['eɪtʃbɒm] *s.* ⚔ H-Bombe *f* (*Wasserstoffbombe*).

he [hiː; hɪ] **I** *pron.* **1.** er; **2.** ***~ who*** wer; derjenige, welcher; **II** *s.* **3.** ‚Er' *m*: a) Junge *m od.* Mann *m*, b) *zo.* Männchen *n*; **III** *adj.* **4.** *in Zssgn* männlich, …männchen: ***~-goat*** Ziegenbock *m.*

head [hed] **I** *v/t.* **1.** die Spitze bilden von (*od. gen.*), anführen, an der Spitze *od.* an erster Stelle stehen von (*od. gen.*): ***~ a list***; **2.** vor'an-, vor'ausgehen (*dat.*); **3.** (an)führen, leiten: ***~ed by*** unter der Leitung von; **4.** lenken, steuern: ***~ off*** a) 'um-, ablenken, b) abfangen, c) *fig.* abwenden, verhindern; **5.** betiteln; **6.** *bsd. Pflanzen* köpfen, *Bäume* kappen; **7.** *Fußball*: (***~ in*** ein)köpfen; **II** *v/i.* **8.** a) gehen, fahren, b) (***for***) zu-, losgehen, -steuern (auf *acc.*): ***he is ~ing for trouble*** er wird noch Ärger kriegen; **9.** ⚓ Kurs halten, zusteuern (***for*** auf *acc.*); **10.** sich entwickeln: ***~*** (***up***) (e-n Kopf) ansetzen (*Kohl etc.*); **11.** entspringen (*Fluß*); **III** *s.* **12.** Kopf *m*: ***back of the ~*** Hinterkopf; ***have a ~*** F e-n ‚Brummschädel' haben; ***win by a ~*** um e-e Kopflänge *od.* (*a. fig.*) um e-e Nasenlänge gewinnen; → *Bes. Redew.*; **13.** *poet. u. fig.* Haupt *n*: ***~ of the family*** Haupt der Familie, Familienoberhaupt; ***~s of state*** Staatsoberhäupter *pl.*; **14.** Kopf *m*, Verstand *m*, *a.* Begabung *f* (***for*** für): ***he has a*** (***good***) ***~ for languages*** er ist (sehr) sprachbegabt; ***two ~s are better than one*** zwei Köpfe wissen mehr als einer; **15.** Spitze *f*, führende Stellung: ***at the ~ of*** an der Spitze (*gen.*); **16.** a) (An)Führer *m*, Leiter *m*, b) Chef *m*, c) Vorstand *m*, Vorsteher *m*, d) Di'rektor *m*, Direk'torin *f* (*e-r Schule*); **17.** Kopf(ende *n*) *m*, oberes Ende, oberer Teil *od.* Rand, Spitze *f*, *a.* oberer Absatz (*e-r Treppe*), Kopf *m* (*e-r Buchseite*, *e-s Briefes*, *e-r Münze*, *e-s Nagels*, *e-s Hammers etc.*): ***~s or tails?*** Kopf oder Wappen?; **18.** Kopf *m* (*e-r Brücke od. Mole*); oberes *od.* unteres Ende (*e-s Sees*); Boden *m* (*e-s Fasses*); **19.** Kopf *m*, Spitze *f*, vorderes Ende, Vorderteil *m*, *n*, ⚓ Bug *m*;

20. Kopf *m*, (einzelne) Per'son: ***a pound a ~*** ein Pfund pro Person *od.* pro Kopf; **21.** a) (*pl.* ~) Stück *n* (*Vieh*): ***50 ~ of cattle***, b) *Brit.* Anzahl *f*, Herde *f*; **22.** (Haupt)Haar *n*: ***a fine ~ of hair*** schönes, volles Haar; **23.** ⚘ a) (*Salat-etc.*)Kopf *m*, b) (*Baum*)Krone *f*, Wipfel *m*; **24.** *anat.* Kopf *m* (*e-s Knochens etc.*); **25.** ⚕ 'Durchbruchsstelle *f* (*e-s Geschwürs*); **26.** Vorgebirge *n*, Landspitze *f*, Kap *n*; **27.** *hunt.* Geweih *n*; **28.** Schaum(krone *f*) *m* (*vom Bier etc.*); **29.** *Brit.* Rahm *m*, Sahne *f*; **30.** Quelle *f* (*e-s Flusses*); **31.** a) 'Überschrift *f*, Titelkopf *m*, b) Abschnitt *m*, Ka'pitel *n*, c) (Haupt)Punkt *m* (*e-r Rede etc.*), d) Ru'brik *f*, Katego'rie *f*, e) *typ.* (Titel-)Kopf *m*; **32.** *ling.* Oberbegriff *m*; **33.** ⚙ a) Stauwasser *n*, b) Staudamm *m*; **34.** *phys.*, ⚙ a) Gefälle *n*, b) Druckhöhe *f*, c) (Dampf- *etc.*)Druck *m*, d) Säule(nhöhe) *f*: ***~ of water*** Wassersäule; **35.** ⚙ a) Spindelkopf *m*, b) Spindelbank *f*, c) Sup'port *m* (*e-r Bohrbank*), d) (Gewinde)Schneidkopf *m*, e) Kopf-, Deckplatte *f*; **36.** (Wagen-, Kutschen-)Dach *n*; **37.** → ***heading***; **IV** *adj.* **38.** Kopf...; **39.** Spitzen..., Vorder...; **40.** Chef..., Haupt..., Ober..., Spitzen..., führend, oberst: ***~ cook*** Chefkoch *m*;

Besondere Redewendungen:

that is (*od.* ***goes***) ***above*** (*od.* ***over***) ***my ~*** das ist zu hoch für mich, das geht über m-n Horizont; ***talk above s.o.'s ~*** über j-s Kopf hinwegreden; ***by ~ and shoulders*** an den Haaren (*herbeiziehen*); (***by***) ***~ and shoulders*** um Haupteslänge (*größer etc.*), weitaus; ***~ and shoulders above s.o.*** j-m haushoch überlegen; ***from ~ to foot*** von Kopf bis Fuß; ***off*** (*od.* ***out of***) ***one's ~*** F ‚übergeschnappt'; ***I can do that*** (***standing***) ***on my ~*** F das kann ich im Schlaf, das mach' ich ‚mit links'; ***on this ~*** in diesem Punkt; ***out of one's own ~*** von sich aus; ***over s.o.'s ~*** *fig.* über j-s Kopf hinweg; ***~ over heels*** a) kopfüber (*stürzen*), b) bis über beide Ohren (*verliebt*), c) ***in debt*** bis über die Ohren in Schulden (*stecken*); ***~ first*** (*od.* ***foremost***) → ***headlong***; ***bite s.o.'s ~ off*** F j-m ‚den Kopf abreißen'; ***bring to a ~*** zum Ausbruch *od.* zur Entscheidung *od.* ‚zum Klappen' bringen; ***come to a ~*** a) ⚕ aufbrechen, eitern, b) sich zuspitzen, zur Entscheidung *od.* ‚zum Klappen' kommen; ***it entered my ~*** es fiel mir ein; ***gather ~*** überhandnehmen, immer stärker werden; ***give a horse his ~*** e-m Pferd die Zügel schießen lassen; ***give s.o. his ~*** j-m s-n Willen lassen, j-n gewähren *od.* machen lassen; ***give*** (***s.o.***) ***~*** *Am.* V (j-m e-n) ‚blasen'; ***go to the ~*** zu Kopfe steigen; ***have*** (*od.* ***be***) ***an old ~ on young shoulders*** für sein Alter (schon) sehr reif sein; ***keep one's ~*** kühlen Kopf bewahren; ***keep one's ~ above water*** sich über Wasser halten (*a. fig.*); ***knock s.th. on the ~*** F et. (*e-n Plan etc.*) ‚über den Haufen werfen'; ***laugh*** (***shout***) ***one's ~ off*** sich halb totlachen (sich die Lunge aus dem Hals schreien); ***lose one's ~*** *fig.* den Kopf verlieren; ***make ~*** gut vorankommen; ***make ~ against*** sich entgegenstemmen (*dat.*); ***I cannot make ~ or tail of it*** ich kann daraus nicht schlau werden; ***put s.th. into s.o.'s ~*** j-m et. in den Kopf setzen; ***put that out of your ~*** schlag dir das aus dem Kopf; ***they put their ~s together*** sie steckten ihre Köpfe zusammen; ***take s.th. into one's ~*** sich et. in den Kopf setzen; ***talk one's ~ off*** reden wie ein Wasserfall; ***talk s.o.'s ~ off*** ‚j-m ein Loch in den Bauch reden'; ***turn s.o.'s ~*** j-m den Kopf verdrehen.

'head|·ache *s.* **1.** Kopfschmerzen *pl.*, -weh *n*; **2.** F *et., was Kopfzerbrechen od. Sorgen macht*, schwieriges Pro'blem, Sorge *f*; **'~ₗach·y** *adj.* F **1.** an Kopfschmerzen leidend; **2.** Kopfschmerzen verursachend; **'~·band** *s.* Stirnband *n*; **'~·board** *s.* Kopfbrett *n* (*Bett*); **'~·boy** *s. Brit. ped.* Schulsprecher *m*; **'~·cheese** *s. Am.* Preßkopf *m* (*Sülzwurst*); **~ clerk** *s.* Bü'rochef *m*; **'~·dress** *s.* **1.** Kopfschmuck *m*; **2.** Fri'sur *f*.

-head·ed [hedɪd] *in Zssgn* ...köpfig

head·ed ['hedɪd] *adj.* **1.** mit e-m Kopf *etc.* (versehen); **2.** mit e-r 'Überschrift (versehen), betitelt.

head·er ['hedə] *s.* **1.** ⚠, ⚙ a) Schlußstein *m*, b) Binder *m*; **2.** ***take a ~*** a) *sport* e-n Kopfsprung machen, b) kopfüber *die Treppe etc. hinunter*-stürzen; **3.** *Fußball*: Kopfball *m*, -stoß *m*.

ₗhead|'first, **ₗ~'fore·most** → ***headlong***; **'~·gear** *s.* **1.** Kopfbedeckung *f*; **2.** Kopfgestell *n*, Zaumzeug *n* (*vom Pferd*); **3.** ⚒ Fördergerüst *n*; **'~ₗhunt·er** *s.* Kopfjäger *m*.

head·i·ness ['hedɪnɪs] *s.* **1.** Unbesonnenheit *f*, Ungestüm *n*; **2.** *das* Berauschende (*a. fig.*).

head·ing ['hedɪŋ] *s.* **1.** a) Kopfstück *n*, -ende *n*, b) Vorderende *n*, -teil *n*; **2.** 'Überschrift *f*, Titel(zeile *f*) *m*; **3.** Briefkopf *m*; **4.** (Rechnungs)Posten *m*; **5.** Thema *n*, Punkt *m*; **6.** ⚒ Stollen *m*; **7.** a) ✈ Steuerkurs *m*, b) ⚓ Kompaßkurs *m*; **8.** *Fußball*: Kopfballspiel *n*; **~ stone** *s.* ⚠ Schlußstein *m*.

'head|·lamp → ***headlight***; **'~·land** *s.* **1.** ⚘ Rain *m*; **2.** [-lənd] Landspitze *f*, -zunge *f*.

head·less ['hedlɪs] *adj.* **1.** kopflos (*a. fig.*), ohne Kopf; **2.** *fig.* führerlos.

'head|·light *s.* **1.** *mot. etc.* Scheinwerfer *m*: ***~ flasher*** Lichthupe *f*; **2.** ⚓ Mast-, Topplicht *n*; **'~·line I** *s.* **1.** a) 'Überschrift *f*, b) *Zeitung*: Schlagzeile *f*, c) *pl. a.* ***~ news*** *Radio, TV*: (*das*) Wichtigste in Schlagzeilen: ***hit*** (*od.* ***make***) ***the ~s*** Schlagzeilen machen; **II** *v/t.* **2.** e-e Schlagzeile widmen (*dat.*); **3.** *fig.* groß her'ausstellen; **'~ₗlin·er** *s. Am.* F **1.** *thea. etc.* Star *m*; **2.** promi'nente Per'sönlichkeit; **'~·lock** *s. Ringen*: Kopfzange *f*; **'~·long I** *adv.* **1.** kopf'über, mit dem Kopf vor'an; **2.** *fig.* Hals über Kopf, blindlings; **II** *adj.* **3.** mit dem Kopf vor'an: ***a ~ fall***; **4.** *fig.* über'stürzt, unbesonnen, ungestüm; **~ louse** *s.* Kopflaus *f*; **~·man** *s.* [*irr.*] **1.** ['hedmæn] Führer *m*; **2.** Häuptling *m*; **3.** [ₗhed'mæn] Vorarbeiter *m*; **ₗ~'mas·ter** *s.* Schulleiter *m*, Di'rektor *m*; **ₗ~'mis·tress** *s.* Schulleiterin *f*, Direk'torin *f*; **~ mon·ey** *s.* Kopfgeld *n*; **~ of·fice** *s.* 'Hauptbüₗro *n*, -geschäftsstelle *f*, -sitz *m*, Zen'trale *f*; **ₗ~-'on** *adj. u. adv.* **1.** fron'tal: ***~ collision*** Frontalzusammenstoß *m*; **2.** di'rekt; **'~·phone** *s. mst pl.* Kopfhörer *m*; **'~·piece** *s.* **1.** Kopfbedeckung *f*; **2.** Oberteil *n*, *bsd.* a) Türsturz *m*, b) Kopfbrett *n* (*Bett*); **3.** *typ.* 'Titelviₗgnette *f*; **ₗ~'quar·ters** *s. pl. oft sg. konstr.* **1.** ⚔ a) 'Hauptquarₗtier *n*, b) Stab *m*, c) Kom'mandostelle *f*, d) 'Oberkomₗmando *n*; **2.** *allg.* (*Feuerwehr-, Partei- etc.*)Zen'trale *f*, (Poli'zei-)Präₗsidium *n*; **3.** → ***head office***; **'~·rest**, **~ re·straint** *s.* Kopfstütze *f*; **'~·room** [-rʊm] *s.* lichte Höhe; **'~·sail** *s.* ⚓ Fockmastsegel *n*; **'~·set** *s.* Kopfhörer *m*.

head·ship ['hedʃɪp] *s.* (oberste) Leitung, Führung *f*.

head|·shrink·er ['hedₗʃrɪŋkə] *s.* F Psychoana'lytiker(in); **'~·spring** *s.* **1.** Hauptquelle *f*; **2.** *fig.* Quelle *f*, Ursprung *m*; **3.** *sport* Kopfkippe *f*; **'~·stall** → ***headgear*** 2; **'~·stand** *s.* Kopfstand *m*; **~ start** *s.* **1.** *sport* a) Vorgabe *f*, b) Vorsprung *m* (*a. fig.*); **2.** *fig.* guter Start; **'~·stock** *s.* ⚙ **1.** Spindelstock *m*; **2.** Triebwerkgestell *n*; **'~·stone** *s.* **1.** ⚠ a) Eck-, Grundstein *m* (*a. fig.*), b) Schlußstein *m*; **2.** Grabstein *m*; **'~·strong** *adj.* eigensinnig, halsstarrig; **~ tax** *s.* Kopf-, *bsd.* Einwanderungssteuer *f* (*USA*); **ₗ~-to-'head** *adj. Am.* **1.** Mann gegen Mann; **2.** Kopf-an-Kopf...: ***~ race***; **~ voice** *s.* Kopfstimme *f*; **'~ₗwait·er** *s.* Oberkellner *m*; **'~ₗwa·ter** *s. mst pl.* Oberlauf *m*, Quellgebiet *n* (*Fluß*); **'~·way** *s.* **1.** ⚓ a) Fahrt *f* vor'aus, b) Fahrt *f*, Geschwindigkeit *f*; **2.** *fig.* Fortschritt(e *pl.*) *m*: ***make ~*** vorankommen, Fortschritte machen; **3.** ⚠ lichte Höhe; **4.** ⚒ *Brit.* Hauptstollen *m*; **5.** 🚂 Zugfolge *f*, -abstand *m*; **~ wind** *s.* Gegenwind *m*; **'~·work** *s.* geistige Arbeit; **'~ₗwork·er** *s.* Geistes-, Kopfarbeiter *m*.

head·y ['hedɪ] *adj.* ☐ **1.** unbesonnen, ungestüm; **2.** a) berauschend (*Getränk*; *a. fig.*), b) berauscht (***with*** von); **3.** *Am.* F schlau.

heal [hiːl] **I** *v/t.* **1.** *a. fig.* heilen, kurieren (***of*** von); **2.** *fig.* versöhnen, *Streit etc.* beilegen; **II** *v/i.* **3.** *oft* ***~ up***, ***~ over*** (zu)heilen; **'heal·er** [-lə] *s.* **1.** Heil(end)er *m*, *bsd.* Gesundbeter(in); **2.** Heilmittel *n*: ***time is a great ~*** die Zeit heilt alle Wunden; **'heal·ing** [-lɪŋ] **I** *s.* Heilung *f*; **II** *adj.* ☐ heilsam, heilend, Heil(ungs)...

health [helθ] *s.* **1.** Gesundheit *f*: ***~ care*** Gesundheitsfürsorge *f*; ***~ centre*** (*Am.* ***center***) Ärztezentrum *n*; ***~ certificate*** ärztliches Attest; ***~ club*** Fitneßclub *m*; ***~ food*** Reformkost *f*; ***~ food shop*** (*od.* ***store***) Reformhaus *n*; ***~ freak*** Gesundheitsfanatiker(in); ***~ insurance*** Krankenversicherung *f*; ***~ officer*** *Am.* a) Beamte(r) *m* des Gesundheitsamtes, b) ⚓ Hafen-, Quarantänearzt *m*; ***~ resort*** Kurort *m*; ***~ service*** Gesundheitsdienst *m*; ***~ visitor*** Gesundheitsfürsorger(in); **2.** *a.* ***state of ~*** Gesundheitszustand *m*: ***ill ~***; ***in good ~*** gesund, bei guter Gesundheit; **3.** Gesundheit *f*, Wohl *n*: ***drink*** (***to***) ***s.o.'s ~*** auf j-s Wohl trinken; ***your ~!*** auf Ihr Wohl!; ***here is to the ~ of the host*** ein Prosit dem Gastgeber!; **'health·ful** [-fʊl] *adj.* ☐ → ***healthy*** 1, 2; **'health·y** [-θɪ] *adj.* ☐ **1.** *allg.* gesund (*a. fig.*): ***~ body*** (***climate***, ***economy***, *etc.*); **2.** gesund(heitsfördernd), heilsam, bekömmlich; **3.** F gesund, kräftig: ***~ appetite***; **4.** ***not ~*** F ‚nicht gesund', schlecht, gefährlich.

heap [hiːp] **I** *s.* **1.** Haufe(n) *m*: ***in ~s*** haufenweise; ***be struck all of a ~*** F ‚platt' *od.* sprachlos sein; ***fall in a ~*** (in sich) zs.-sacken; **2.** F Haufen *m*, Menge *f*: ***~s of time*** e-e *od.* jede Menge Zeit; ***~s of times*** unzählige Male; ***~s better*** sehr viel besser; **3.** *sl.* ‚Schlitten' *m* (*Auto*); **II** *v/t.* **4.** häufen: ***a ~ed spoonful*** ein gehäufter Löffel(voll); ***~ up*** anhäufen, *fig. a.* aufhäufen; ***~ insults*** (***praises***) (***up***)***on s.o.*** j-n mit Beschimpfungen (Lob) überschütten; → ***coal*** 2; **5.** beladen, anfüllen.

hear [hɪə] [*irr.*] **I** *v/t.* **1.** hören: ***I ~ him laugh***(***ing***) ich höre ihn lachen; ***make o.s. ~d*** sich Gehör verschaffen; ***let's ~ it for him!*** *Am.* F Beifall für ihn!; **2.** (an)hören: ***~ a concert*** sich ein Konzert anhören; **3.** *j-m* zuhören, *j-n* anhören: ***~ s.o. out*** j-n ausreden lassen; **4.** hören *od.* achten auf (*acc.*), *j-s* Rat folgen: ***do you ~ me?*** hast du (mich) verstanden?; **5.** *Bitte etc.* erhören; **6.** *ped. Aufgabe od. Schüler* abhören; **7.** *et.* hören, erfahren (***about***, ***of*** über *acc.*); **8.** ⚖ a) verhören, vernehmen, b) *Sachverständige etc.* anhören, c) (über) *e-n Fall* verhandeln: ***~ and decide a case*** über e-n Fall befinden; → ***evidence*** 1; **II** *v/i.* **9.** hören: ***~! ~!*** *parl.* hört! hört! (*a. iro.*), bravo!, sehr richtig!; **10.** hören, erfahren, Nachricht erhalten (***from*** von; ***of***, ***about*** von, über [*acc.*]; ***that*** daß): ***you'll ~ of this!*** F das wirst du mir büßen!; ***I won't ~ of it*** ich erlaube *od.* dulde es nicht; ***he would not ~ of it*** er wollte davon nichts hören *od.* wissen; **heard** [hɜːd] *pret. u. p.p. von* ***hear***; **'hear·er** [-ərə] *s.* (Zu)Hörer(in); **'hear·ing** [-ərɪŋ] *s.* **1.** Hören *n*: ***within*** (***out of***) ***~*** in (außer) Hörweite; ***in his ~*** in s-r Gegenwart, solange er noch in Hörweite ist; **2.** Gehör(sinn *m*) *n*: ***~ aid*** Hörhilfe *f*, -gerät *n*; ***~ spectacles*** *pl.* Hörbrille *f*; ***hard of ~*** schwerhörig; **3.** a) Anhören *n*, b) Gehör *n*, c) Audi'enz *f*: ***gain a ~*** sich Gehör verschaffen; ***give s.o. a ~*** j-n anhören; **4.** *thea. etc.* Hörprobe *f*; **5.** ⚖ a) Vernehmung *f*, b) *a.* ***preliminary ~*** 'Vorunter,suchung *f*, c) (mündliche) Verhandlung, Ter'min *m*; **6.** *bsd. pol.* Hearing *n*, Anhörung *f*.

heark·en ['hɑːkən] *v/i. poet.* (***to***) a) horchen (auf *acc.*), b) Beachtung schenken (*dat.*).

'hear·say *s.* **1.** (***by ~*** vom) Hörensagen *n*; **2.** *a.* ***~ evidence*** ⚖ Beweis(e *pl.*) *m* vom Hörensagen, mittelbarer Beweis: ***~ rule*** *Regel über den grundsätzlichen Ausschluß aller Beweise vom Hörensagen.*

hearse [hɜːs] *s.* Leichenwagen *m*.

heart [hɑːt] *s.* **1.** *anat.* a) Herz *n*, b) Herzhälfte *f*; **2.** *fig.* Herz *n*: a) Seele *f*, Gemüt *n*, b) Liebe *f*, Zuneigung *f*, c) (Mit)Gefühl *n*, d) Mut *m*, e) Gewissen *n*: ***change of ~*** Gesinnungswandel *m*; ***affairs of the ~*** Herzensangelegenheiten; → *Bes. Redew.*; **3.** Herz *n*, (*das*) Innere, Kern *m*, Mitte *f*: ***in the ~ of*** inmitten (*gen.*), mitten in (*dat.*), im Herzen (*des Landes etc.*); **4.** Kern *m*, (*das*) Wesentliche: ***go to the ~ of s.th.*** zum Kern e-r Sache vorstoßen, e-r Sache auf den Grund gehen; ***the ~ of the matter*** der Kern der Sache, des Pudels Kern; **5.** Liebling *m*, Schatz *m*, *mein* Herz; **6.** *Kartenspiel*: a) Herz *n*, Cœur *n*, b) *pl.* Herz *n*, Cœur *n* (*Farbe*): ***king of ~s*** Herzkönig *m*; **7.** ⚘ Herz *n* (*Salat, Kohl*): ***~ of oak*** a) Kernholz *n* der Eiche, b) *fig.* Standhaftigkeit *f*;

Besondere Redewendungen:

~ and soul mit Leib u. Seele; ***~'s desire*** Herzenswunsch *m*; ***after my*** (***own***) ***~*** ganz nach m-m Herzen *od.* Geschmack *od.* Wunsch; ***at ~*** im Innersten, im Grunde (m-s *etc.* Herzens); (***have***, ***learn***) ***by ~*** auswendig (wissen, lernen); ***from one's ~*** von Herzen; ***in one's ~*** (***of ~s***) a) im Grunde s-s Herzens, b) insgeheim; ***in good ~*** ✓ in gutem Zustand (*Boden*), *fig. a.* in guter Verfassung, gesund, *a.* guten Mutes; ***to one's ~'s content*** nach Herzenslust; ***with all my ~*** von *od.* mit ganzem Herzen; ***with a heavy ~*** schweren Herzens; ***bless my ~!*** du meine Güte!; ***it breaks my ~*** es bricht mir das Herz; ***you are breaking my ~!*** *iro.* ich fang' gleich an zu weinen!; ***cross my ~!*** Hand aufs Herz!; ***eat one's ~ out*** sich vor Gram verzehren; ***not to have the ~ to do s.th.*** es nicht übers Herz bringen, et. zu tun; ***go to s.o.'s ~*** j-m zu Herzen gehen; ***my ~ goes out to*** ich empfinde tiefes Mitleid mit; ***have a ~!*** hab Erbarmen!; ***have no ~*** kein Herz *od.* Mitgefühl haben; ***I have your health at ~*** deine Gesundheit liegt mir am Herzen; ***I had my ~ in my mouth*** das Herz schlug mir bis zum Halse, ich war zu Tode erschrocken; ***have one's ~ in the right place*** das Herz auf dem rechten Fleck haben; ***his ~ is not in his work*** er ist nicht mit ganzem Herzen dabei; ***lose ~*** den Mut verlieren; ***lose one's ~ to s.o.*** sein Herz an j-n verlieren; ***open one's ~*** a) (***to s.o.*** j-m) sein Herz ausschütten, b) großmütig sein; ***clasp s.o. to one's ~*** j-n ans Herz *od.* an die Brust drücken; ***put one's ~ into s.th.*** mit Leib u. Seele bei et. sein; ***set one's ~ on*** sein Herz hängen an (*acc.*); ***my ~ sank into my boots*** das Herz rutschte mir in die Hose(n); ***take ~*** Mut fassen; ***I took ~ from that*** das machte mir Mut; ***take s.th. to ~*** sich et. zu Herzen nehmen; ***wear one's ~ on one's sleeve*** das Herz auf der Zunge tragen.

'heart|**·ache** *s.* Kummer *m*; **~ ac·tion** *s. physiol.* Herztätigkeit *f*; **~ at·tack** *s.* ⚕ Herzanfall *m*; **'~·beat** *s.* **1.** *physiol.* Herzschlag *m* (*Pulsieren*); **2.** *fig. Am.* Herzstück *n*; **'~·break** *s.* (Herze)Leid *n*, Gram *m*; **'~,break·ing** *adj.* herzzerreißend; **'~,bro·ken** *adj.* (ganz) gebrochen, todunglücklich, untröstlich; **'~·burn** *s.* ⚕ Sodbrennen *n*; **~ con·di·tion**, **~ dis·ease** *s.* ⚕ Herzleiden *n*.

-heart·ed [hɑːtɪd] *in Zssgn* …herzig, …mütig.

heart·en ['hɑːtn] *v/t.* ermutigen, aufmuntern; **'heart·en·ing** [-nɪŋ] *adj.* ermutigend.

heart| **fail·ure** *s.* ⚕ a) Herzversagen *n*, b) 'Herzinsuffizi,enz *f*; **'~·felt** *adj.* tiefempfunden, herzlich, aufrichtig, innig.

hearth [hɑːθ] *s.* **1.** Ka'min(platte *f*, -sohle *f*) *m*; **2.** Herd *m*, Feuerstelle *f*; **3.** ⚙ a) Schmiedeherd *m*, Esse *f*, b) Herd *m*, Hochofengestell *n*; **4.** *fig. a.* ***~ and home*** häuslicher Herd, Heim *n*; **'~·stone** *s.* **1.** → ***hearth*** 1 u. 4; **2.** Scheuerstein *m*.

heart·i·ly ['hɑːtɪlɪ] *adv.* **1.** herzlich: a) von Herzen, innig, b) *iro.* äußerst, gründlich: ***dislike s.o. ~***; **2.** herzhaft, kräftig, tüchtig: ***eat ~***; **'heart·i·ness** [-nɪs] *s.* **1.** Herzlichkeit *f*: a) Innigkeit *f*, b) Aufrichtigkeit *f*; **2.** Herzhaftigkeit *f*, Kräftigkeit *f*.

'heart·land *s.* Herz-, Kernland *n*.

heart·less ['hɑːtlɪs] *adj.* □ herzlos, grausam, gefühllos; **'heart·less·ness** [-nɪs] *s.* Herzlosigkeit *f*.

,heart|**-'lung ma·chine** *s.* ⚕ 'Herz-'Lungen-Ma,schine *f*: ***put on the ~*** an die Herz-Lungen-Maschine anschließen; **~ pace·mak·er** *s.* ⚕ Herzschrittmacher *m*; **~ rate** *s. physiol.* 'Herzfre,quenz *f*; **'~,rend·ing** *adj.* herzzerreißend; **~ rot** *s.* Kernfäule *f* (*Baum*); **'~'s-blood** *s.* Herzblut *n*; **'~,search·ing** *s.* Gewissenserforschung *f*; **~ shake** *s.* Kernriß *m* (*Baum*); **'~·shaped** *adj.* herzförmig; **'~·sick**, **'~·sore** *adj.* tiefbetrübt, todunglücklich; **'~·strings** *s. pl. fig.* Herz *n*, innerste Gefühle *pl.*: ***pull at s.o.'s ~*** j-m das Herz zerreißen, j-n tief rühren; ***play on s.o.'s ~*** mit j-s Gefühlen spielen; **~ sur·ger·y** *s.* ⚕ 'Herzchirur,gie *f*; **'~·throb** *s.* **1.** *physiol.* Herzschlag *m*; **2.** F Schatz *m*, Schwarm *m*; **,~-to-'~** *adj.* offen, aufrichtig: ***~ talk***; **~ trans·plant** *s.* ⚕ Herzverpflanzung *f*; **'~-,warm·ing** *adj.* **1.** herzerfrischend; **2.** bewegend; **'~-whole** *adj.* **1.** (noch) ungebunden, frei; **2.** aufrichtig, rückhaltlos.

heart·y ['hɑːtɪ] **I** *adj.* □ → ***heartily***; **1.** herzlich: a) von Herzen kommend, warm, innig, b) aufrichtig, tiefempfunden, c) *iro.* ‚gründlich': ***~ dislike***; **2.** a) munter, b) e'nergisch, c) begeistert, d) herzlich, jovi'al; **3.** herzhaft, kräftig: ***~ appetite*** (***meal***, ***kick***); **4.** gesund, kräftig; **5.** fruchtbar (*Boden*); **II** *s.* **6.** *sport Brit.* F dy'namischer Spieler; **7.** F Ma'trose *m*: ***my hearties*** meine Jungs.

heat [hiːt] **I** *s.* **1.** Hitze *f*: a) große Wärme, b) heißes Wetter; **2.** Wärme *f* (*a. phys.*); **3.** a) Erhitztheit *f* (*des Körpers*), b) (*bsd.* Fieber)Hitze *f*; **4.** (Glüh-)Hitze *f*, Glut *f*; **5.** Schärfe *f* (*von Gewürzen etc.*); **6.** *fig.* a) Ungestüm *n*, b) Zorn *m*, Wut *f*, c) Leidenschaft(lichkeit) *f*, Erregtheit *f*, d) Eifer *m*: ***in the ~ of the moment*** im Eifer des Gefechts; ***in the ~ of passion*** ⚖ im Affekt; ***at one ~*** in 'einem Zug, auf 'einen Schlag; **7.** *sport* a) (Einzel)Lauf *m*, b) *a.* ***preliminary ~*** Vorlauf *m*, c) 'Durchgang *m*, Runde *f*; **8.** *zo.* Brunst *f*, *bsd.* a) Läufigkeit *f* (*e-r Hündin*), b) Rolligkeit *f* (*e-r Katze*), c) Rossen *n* (*e-r Stute*), d) Stieren *n* (*e-r Kuh*): ***in*** (*od.* ***on***) ***~*** brünstig; ***a bitch in ~*** e-e läufige Hündin; **9.** *metall.* a) Schmelzgang *m*, b) Charge *f*; **10.** F Druck *m*: ***turn on the ~*** Druck machen; ***turn*** (*od.* ***put***) ***the ~ on s.o.*** j-n unter Druck setzen; ***the ~ is on*** es herrscht ‚dicke Luft'; ***the ~ is off*** es hat sich wieder beruhigt; **11.** ***the ~*** *Am.* F die ‚Bullen' *pl.* (*Polizei*); **II** *v/t.* **12.** *a.* ***~ up*** erhitzen (*a. fig.*), heiß machen, *Speisen a.* aufwärmen; **13.** *Haus etc.*

heizen; **14. ~ up** *fig. Diskussion, Konjunktur etc.* anheizen; **III** *v/i.* **15.** sich erhitzen (*a. fig.*).

heat·a·ble ['hi:təbl] *adj.* **1.** erhitzbar; **2.** heizbar.

heat| ap·o·plex·y → ***heatstroke***; **~ bar·ri·er** *s.* ✈ Hitzemauer *f*, -schwelle *f*.

heat·ed ['hi:tɪd] *adj.* □ erhitzt: a) heiß geworden, b) *fig.* erhitzt *od.* erregt (***with*** von), hitzig: ***~ debate***.

heat·er ['hi:tə] *s.* **1.** Heizgerät *n*, -körper *m*, (Heiz)Ofen *m*; **2.** ⚡ Heizfaden *m*; **3.** (Plätt)Bolzen *m*; **4.** *sl.* ‚Ka'none' *f*, ‚Ballermann' *m* (*Pistole etc.*); **~ plug** *s. mot. Brit.* Glühkerze *f*.

heath [hi:θ] *s.* **1.** *bsd. Brit.* Heide(land *n*) *f*; **2.** ⚘ a) Erika *f*, b) Heidekraut *n*; **'~-bell** *s.* ⚘ Heide(blüte) *f*.

hea·then ['hi:ðn] **I** *s.* **1.** Heide *m*, Heidin *f*; **2.** *fig.* Bar'bar *m*; **II** *adj.* **3.** heidnisch, Heiden...; **4.** bar'barisch, unzivilisiert; **'hea·then·dom** [-dəm] *s.* **1.** Heidentum *n*; **2.** *die* Heiden *pl.*; **'hea·then·ish** [-ðənɪʃ] → ***heathen*** 3 u. 4; **'hea·then·ism** [-ðənɪzəm] *s.* **1.** Heidentum *n*; **2.** Barba'rei *f*.

heath·er ['heðə] → ***heath*** 2; **'~-bell** *s.* ⚘ Glockenheide *f*; **'~-ˌmix·ture** *s.* gesprenkelter Wollstoff.

heat·ing ['hi:tɪŋ] **I** *s.* **1.** Heizung *f*; **2.** ⚙ a) Beheizung *f*, b) Heißwerden *n*, -laufen *n*; **3.** *phys.* Erwärmung *f*; **4.** Erhitzung *f* (*a. fig.*); **II** *adj.* **5.** heizend, *phys.* erwärmend; **6.** Heiz...: ***~ battery*** (***costs, oil, etc.***); ***~ system*** Heizung *f*; **~ jack·et** *s.* ⚙ Heizmantel *m*; **~ pad** *s.* Heizkissen *n*; **~ sur·face** *s.* ⚙ Heizfläche *f*.

heat| in·su·la·tion *s.* ⚙ Wärmedämmung *f*; **'~-proof** *adj.* hitzebeständig; **~ pro·stra·tion** *s.* ⚕ Hitzschlag *m*; **~ pump** *s.* ⚙ Wärmepumpe *f*; **~ rash** *s.* ⚕ Hitzeausschlag *m*; **'~-reˌsist·ing** → ***heatproof***; **'~-seal** *v/t. Kunststoffe* heißsiegeln; **~ shield** *s. Raumfahrt*: Hitzeschild *m*; **~ spot** *s.* ⚕ Hitzebläschen *n*; **'~-stroke** *s.* ⚕ Hitzschlag *m*; **'~-treat** *v/t.* ⚙ wärmebehandeln (*a.* ⚕); **~ u·nit** *s. phys.* Wärmeeinheit *f*; **~ wave** *s.* Hitzewelle *f*.

heave [hi:v] **I** *v/t.* (⚓ [*irr.*] *pret. u. p.p.* **hove** [həʊv]) **1.** (hoch)heben, (-)wuchten, (-)stemmen, (-)hieven: ***~ coal*** Kohlen schleppen; ***~ s.o. into a post*** *fig.* j-n auf e-n Posten ‚hieven'; **2.** hochziehen, -winden; **3.** F schmeißen, schleudern; **4.** ⚓ hieven; *den Anker* lichten: ***~ the lead*** (***log***) loten (loggen); ***~ to*** beidrehen; **5.** ausstoßen: ***~ a sigh***; **6.** F ‚(aus)kotzen', erbrechen; **7.** aufschwellen, dehnen; **8.** heben u. senken; **II** *v/i.* (⚓ [*irr.*] *pret. u. p.p.* **hove** [həʊv]) **9.** sich heben u. senken, wogen (*a. Busen*): ***~ and set*** ⚓ stampfen (*Schiff*); **10.** keuchen; **11.** F a) ‚kotzen', sich über'geben, b) würgen, Brechreiz haben: ***his stomach ~d*** ihm hob sich der Magen; **12.** ⚓ a) hieven, ziehen (***at*** an *dat.*): ***~ ho!*** holt auf!, *allg.* hau ruck!, b) treiben: ***~ in***(***to***) ***sight*** in Sicht kommen, *fig. humor.* ‚aufkreuzen'; ***~ to*** beidrehen; **III** *s.* **13.** Heben *n*, Hub *m*, (mächtiger) Ruck; **14.** Hochziehen *n*, -winden *n*; **15.** Wurf *m*; **16.** *Ringen*: Hebegriff *m*; **17.** Wogen *n*: ***~ of the sea*** ⚓ Seegang *m*; **18.** *geol.* Verwerfung *f*; **19.** *pl. sg. konstr. vet.* Dämpfigkeit *f*; **ˌ~-'ho** [-'həʊ] *s.*: ***give s.o. the*** (***old***) ***~*** F a) j-n ‚rausschmeißen', b) j-m ‚den Laufpaß geben'.

heav·en ['hevn] *s.* **1.** Himmel(reich *n*) *m*: ***go to ~*** in den Himmel kommen; ***move ~ and earth*** *fig.* Himmel u. Hölle in Bewegung setzen; ***to ~, to high ~s*** F zum Himmel *stinken etc.*; ***in the seventh ~*** (***of delight***) *fig.* im siebten Himmel; **2.** *fig.* Himmel *m*, Para'dies *n*: ***a ~ on earth***; ***it was ~*** es war himmlisch; **3.** ♀ Himmel *m*, Gott *m*, Vorsehung *f*: ***the ♀s*** die himmlischen Mächte; **4.** ***by ~!***, (***good***) ***~s!*** du lieber Himmel!; ***for ~'s sake*** um Himmels willen!; ***~ forbid!*** Gott behüte!; ***thank ~!*** Gott sei Dank!; ***~ knows what ...*** weiß der Himmel, was ...; **5.** *mst pl.* Himmel *m*, Firma'ment *n*: ***the northern ~s*** der nördliche (Sternen)Himmel; **6.** Himmel *m*, Klima *n*, Zone *f*.

heav·en·ly ['hevnlɪ] *adj.* himmlisch: a) Himmels...: ***~ body*** Himmelskörper *m*, b) göttlich, 'überirdisch: ***~ hosts*** himmlische Heerscharen, c) F himmlisch, wunderbar.

'heav·en|-sent *adj.* (wie) vom Himmel gesandt: ***it was a ~ opportunity*** es kam wie gerufen; **'~-ward** [-wəd] **I** *adv.* himmelwärts; **II** *adj.* gen Himmel gerichtet; **'~-wards** [-wədz] → ***heavenward*** I.

ˌheav·i·er-than-'air [ˌhevɪə-] *adj.* schwerer als Luft (*Flugzeug*).

heav·i·ly ['hevɪlɪ] *adv.* **1.** schwer (*etc.* → ***heavy***): ***suffer ~*** schwere (finanzielle) Verluste erleiden; ***~ polluted area*** Belastungsgebiet *n*; **2.** mit schwerer Stimme; **'heav·i·ness** [-ɪnɪs] *s.* **1.** Schwere *f* (*a. fig.*); **2.** Gewicht *n*, Last *f*; **3.** Massigkeit *f*; **4.** Bedrückung *f*, Schwermut *f*; **5.** Schwerfälligkeit *f*; **6.** Schläfrigkeit *f*; **7.** Langweiligkeit *f*.

heav·y ['hevɪ] **I** *adj.* □ → ***heavily***; **1.** *allg.* schwer (*a.* ⚗, *phys.*): ***~ load***; ***~ steps***; ***~ benzene*** Schwerbenzin *n*; ***~ industry*** Schwerindustrie *f*; ***with a ~ heart*** schweren Herzens; **2.** ⚔ schwer: ***~ artillery*** (***bomber, cruiser***); ***bring up one's*** (*od.* ***the***) ***~ guns*** *fig.* F schweres Geschütz auffahren; **3.** schwer: a) heftig, stark: ***~ fall*** schwerer Sturz; ***~ losses*** schwere Verluste; ***~ rain*** starker Regen; ***~ traffic*** starker Verkehr, *a.* schwere Fahrzeuge *pl.*, b) massig: ***~ body***, c) wuchtig: ***~ blow***, d) hart: ***~ fine*** hohe Geldstrafe; **4.** groß, beträchtlich: ***~ buyer*** Großabnehmer *m*; ***~ orders*** große Aufträge; **5.** schwer, stark, 'übermäßig: ***~ drinker*** (***eater***) starker Trinker (Esser); **6.** schwer: a) stark, 'hochproˌzentig: ***~ beer*** Starkbier *n*, b) stark, betäubend: ***~ perfume***, c) schwerverdaulich: ***~ food***; **7.** drükkend, lastend: ***a ~ silence***; **8.** *meteor.* a) schwer: ***~ clouds***, b) finster, trüb: ***~ sky***, c) drückend: ***~ air***; **9.** schwer: a) schwierig, mühsam: ***a ~ task***, b) schwer verständlich: ***a ~ book***; **10.** (***with***) a) (schwer)beladen (mit), b) *fig.* über'laden (mit), voll (von); **11.** schwerfällig: ***~ style***; **12.** langweilig, stumpfsinnig; **13.** begriffsstutzig (*Person*); **14.** schläfrig, benommen (***with*** von): ***~ with sleep*** schlaftrunken; **15.** ernst, düster; **16.** *thea. etc.* würdevoll *od.* (ge)streng: ***a ~ husband***; **17.** ✝ flau, schleppend; **18.** unwegsam, lehmig: ***~ road***; **19.** grob: ***~ features***; **20.** a) *a.* ***~ with child*** (hoch)schwanger, b) *a.* ***~ with young*** *zo.* trächtig; **21.** *typ.* fett(gedruckt); **II** *adv.* **22.** schwer (*etc.*): ***hang ~*** dahinschleichen (*Zeit*); ***time was hanging ~ on my hands*** die Zeit wurde mir lang; ***lie ~ on s.o.*** schwer auf j-m lasten; **III** *s.* **23.** *thea. etc.* a) Schurke *m*, b) würdiger älterer Herr; **24.** *sport* F Schwergewichtler *m*; **25.** *pl. Am.* F warme 'Unterwäsche *f*; **26.** *Am.* F ‚schwerer Junge' (*Verbrecher*); **27.** ⚔ schwere Artille'rie; **ˌ~-'armed** *adj.* ⚔ schwerbewaffnet; **~ chem·i·cals** *s. pl.* 'Schwercheme̩miˌkalien *pl.*; **~ con·crete** *s.* 'Schwerbeˌton *m*; **~ cur·rent** *s.* ⚡ Starkstrom *m*; **ˌ~-'du·ty** *adj.* **1.** ⚙ Hochleistungs...; **2.** strapazierfähig; **ˌ~-'hand·ed** *adj.* **1.** *a. fig.* plump, unbeholfen; **2.** drückend; **ˌ~-'heart·ed** *adj.* niedergeschlagen, bedrückt; **~ hy·dro·gen** *s.* ⚗ schwerer Wasserstoff; **~ met·al** *s.* 'Schwermeˌtall *n*; **~ oil** *s.* ⚙ Schweröl *n*; **~ plate** *s.* Grobblech *n*; **~ spar** *s. min.* Schwerspat *m*; **~ type** *s. typ.* Fettdruck *m*; **~ wa·ter** *s.* ⚗ schweres Wasser; **'~-weight I** *s.* **1.** *sport* Schwergewicht (-ler *m*) *n*; **2.** ‚Schwergewicht' *n* (*Person od. Sache*); **3.** F Promi'nente(r) *m*, ‚großes Tier'; **II** *adj.* **4.** *sport* Schwergewichts...; **5.** schwer (*a. fig.*).

heb·dom·a·dal [heb'dɒmədl] *adj.* wöchentlich: ♀ ***Council*** *wöchentlich zs.-tretender Rat der Universität Oxford*.

He·bra·ic [hi:'breɪɪk] *adj.* (□ ***~ally***) he'bräisch; **He·bra·ism** ['hi:breɪɪzəm] *s.* **1.** *ling.* Hebra'ismus *m*; **2.** *das* Jüdische; **He·bra·ist** ['hi:breɪɪst] *s.* Hebra'ist(in).

He·brew ['hi:bru:] **I** *s.* **1.** He'bräer(in), Jude *m*, Jüdin *f*; **2.** *ling.* He'bräisch *n*; **3.** F Kauderwelsch *n*; **4.** *pl. sg. konstr. bibl.* (Brief *m* an die) He'bräer *pl.*; **II** *adj.* **5.** he'bräisch.

Heb·ri·de·an [ˌhebrɪ'di:ən] **I** *adj.* he'bridisch; **II** *s.* Bewohner(in) der He'briden.

hec·a·tomb ['hekətu:m] *s.* Heka'tombe *f* (*bsd. fig. gewaltige Menschenverluste*).

heck [hek] *s.* F Hölle *f*: ***a ~ of a row*** ein Höllenlärm; ***what the ~?*** was zum Teufel?; → *a.* ***hell*** 2.

heck·le ['hekl] *v/t.* **1.** *Flachs* hecheln; **2.** a) *j-n* ‚piesacken', b) *e-m Redner* durch Zwischenfragen zusetzen, ‚in die Zange nehmen'; **'heck·ler** [-lə] *s.* Zwischenrufer *m*.

hec·tare ['hektɑ:] *s.* Hektar *n*, *m*.

hec·tic ['hektɪk] *adj.* **1.** hektisch, schwindsüchtig: ***~ fever*** Schwindsucht *f*; ***~ flush*** hektische Röte; **2.** F fieberhaft, aufgeregt, hektisch: ***have a ~ time*** keinen Augenblick Ruhe haben.

hec·to·gram(me) ['hektəʊgræm] *s.* Hekto'gramm *n*; **'hec·to·graph** [-grɑ:f] **I** *s.* Hekto'graph *m*; **II** *v/t.* hektographieren; **'hec·toˌli·ter** *Am.*, **'hec·toˌli·tre** *Brit.* [-ˌli:tə] *s.* Hektoliter *m*, *n*.

hec·tor ['hektə] **I** *s.* Ty'rann *m*; **II** *v/t.* tyrannisieren, schikanieren: ***~ about*** (*od.* ***around***) *j-n* herumkommandieren; einhacken auf (*acc.*); **III** *v/i.* her'umkommandieren.

he'd [hi:d] F *für* a) ***he would***, b) ***he had***.

hedge [hedʒ] **I** *s.* **1.** Hecke *f*, *bsd.* Hekkenzaun *m*; **2.** *fig.* Kette *f*, Absperrung *f*: ***a ~ of police***; **3.** *fig.* (Ab)Sicherung *f* (***against*** gegen); **4.** ⚘ Hedge-, Dekkungsgeschäft *n*; **II** *adj.* **5.** *fig.* drittrangig, schlecht; **III** *v/t.* **6.** *a.* ***~ in*** (*od.* ***round***) a) mit e-r Hecke um'geben, einzäunen, b) *a.* ***~ about*** (*od.* ***around***) *fig. et.* behindern, c) *fig. j-n* einengen: ***~ off*** *a. fig.* abgrenzen (***against*** gegen); **7.** a) (ab)sichern (***against*** gegen), b) sich gegen den Verlust *e-r Wette etc.* sichern: ***~ a bet***; ***~ one's bets*** *fig.* auf Nummer Sicher gehen; **IV** *v/i.* **8.** *fig.* ausweichen, sich nicht festlegen (wollen), sich winden, ‚kneifen'; **9.** sich vorsichtig äußern; **10.** sich (ab)sichern (***against*** gegen); **~ cut·ter** *s.* Heckenschere *f*; **~·hog** ['hedʒhɒg] *s.* **1.** *zo.* a) Igel *m*, b) *Am.* Stachelschwein *n*; **2.** ⚘ stachelige Samenkapsel; **3.** ⚔ a) Igelstellung *f*, b) Drahtigel *m*, c) ⚓ Wasserbombenwerfer *m*; '**~·hop** *v/i.* ✈ dicht über dem Boden fliegen; '**~ˌhop·per** *s.* ✈ *sl.* Tiefflieger *m*; **~ law·yer** *s.* 'Winkeladvoˌkat *m*.

hedg·er ['hedʒə] *s.* **1.** Heckengärtner *m*; **2.** *j-d, der sich nicht festlegen will.*

'**hedge|·row** *s.* Hecke *f*; **~ school** *s. Brit.* Klippschule *f*; **~ shears** *s. pl. a.* ***pair of ~*** Heckenschere *f*.

he·don·ic [hiː'dɒnɪk] *adj.* hedo'nistisch; **he·don·ism** ['hiːdəʊnɪzəm] *s. phls.* Hedo'nismus *m*; **he·don·ist** ['hiːdəʊnɪst] *s.* Hedo'nist *m*; **he·do·nis·tic** [ˌhiːdə'nɪstɪk] *adj.* hedo'nistisch.

hee·bie-jee·bies [ˌhiːbɪ'dʒiːbɪz] *s. pl.* F: ***it gives me the ~***, ***I get the ~*** dabei wird's mir ganz ‚anders', da krieg' ich ‚Zustände'.

heed [hiːd] **I** *v/t.* beachten, achtgeben auf (*acc.*); **II** *v/i.* achtgeben; **III** *s.* Beachtung *f*: ***give*** (*od.* ***pay***) ***~ to***, ***take ~ of*** → I; ***take ~*** → II; '**heed·ful** [-fʊl] *adj.* □ achtsam: ***be ~ of*** → ***heed*** I; '**heed·less** [-lɪs] *adj.* □ achtlos, unachtsam: ***be ~ of*** keine Beachtung schenken (*dat.*); '**heed·less·ness** [-lɪsnɪs] *s.* Achtlosigkeit *f*, Unachtsamkeit *f*.

hee·haw [ˌhiː'hɔː] **I** *s.* **1.** 'I'ah *n* (*Eselsschrei*); **2.** *fig.* wieherndes Gelächter; **II** *v/i.* **3.** 'i'ahen; **4.** *fig.* wiehern(d lachen).

heel¹ [hiːl] **I** *v/t.* **1.** Absätze machen auf (*acc.*); **2.** Fersen anstricken an (*acc.*); **3.** *Fußball*: *den Ball* mit dem Absatz kicken; **II** *s.* **4.** Ferse *f*: ***~ of the hand*** *Am.* Handballen *m*; **5.** Absatz *m*, Hakken *m* (*vom Schuh*); **6.** Ferse *f* (*Strumpf*, *Golfschläger*); **7.** Fuß *m*, Ende *n*, Rest *m*, *bsd.* (Brot)Kanten *m*; **8.** vorspringender Teil, Sporn *m*; **9.** *Am. sl.* ‚Scheißkerl' *m*;

Besondere Redewendungen:

~ of Achilles Achillesferse *f*; ***at*** (*od.* ***on***) ***s.o.'s ~s*** j-m auf den Fersen, dicht hinter j-m; ***on the ~s of s.th.*** *fig.* unmittelbar auf et. folgend, gleich nach et.; ***down at ~*** a) mit schiefen Absätzen, b) *a.* ***out at ~s*** *fig.* heruntergekommen (*Person*, *Hotel etc.*); abgerissen, schäbig; ***under the ~ of*** *fig.* unter *j-s* Knute; ***bring to ~*** *j-n* gefügig *od.* ‚kirre' machen; ***come to ~*** a) bei Fuß gehen (*Hund*), b) gefügig werden, ‚spuren'; ***cool*** (*od.* ***kick***) ***one's ~s*** ungeduldig warten; ***dig*** (*od.* ***stick***) ***one's ~s in*** F ‚sich auf die Hinterbeine stellen'; ***drag one's ~s*** *fig.* sich Zeit lassen; ***kick up one's ~s*** F ‚auf den Putz hauen'; ***lay s.o. by the ~s*** j-n zur Strecke bringen, j-n dingfest machen; ***show a clean pair of ~s***, ***take to one's ~s*** Fersengeld geben, die Beine in die Hand nehmen; ***tread on s.o.'s ~s*** j-m auf die Hacken treten; ***turn on one's ~s*** (auf dem Absatz) kehrtmachen.

heel² [hiːl] *v/t. u. v/i. a.* ***~ over*** (sich) auf die Seite legen (*Schiff*), krängen.

ˌ**heel|-and-'toe walk·ing** *s. sport* Gehen *n*; '**~·ball** *s.* Polierwachs *n*; **~ bone** *s. anat.* Fersenbein *n*.

heeled [hiːld] *adj.* **1.** mit e-r Ferse *od.* e-m Absatz (versehen); **2.** → ***well-heeled***; '**heel·er** [-lə] *s. pol. Am.* Handlanger *m*, ‚La'kai' *m*.

'**heel·tap** *s.* **1.** Absatzfleck *m*; **2.** letzter Rest, Neige *f* (*im Glas*): ***no ~s!*** ex!

heft [heft] *v/t.* **1.** hochheben; **2.** in der Hand wiegen; '**heft·y** [-tɪ] *adj.* F **1.** schwer; **2.** kräftig, stämmig; **3.** ‚mächtig', ‚saftig', gewaltig: ***~ blow*** (***prices***).

He·ge·li·an [heɪ'giːljən] *s. phls.* Hegeli'aner *m*.

he·gem·o·ny [hɪ'gemənɪ] *s. pol.* Hegemo'nie *f*.

heif·er ['hefə] *s.* Färse *f*, junge Kuh.

heigh [heɪ] *int.* hei!; he(da)!; ˌ**~-'ho** [-'həʊ] *int.* ach jeh!; oh!

height [haɪt] *s.* **1.** Höhe *f* (*a. ast.*): ***10 feet in ~*** 10 Fuß hoch; ***~ of fall*** Fallhöhe *f*; **2.** (Körper)Größe *f*: ***what is your ~?*** wie groß sind Sie?; **3.** Anhöhe *f*; Erhebung *f*; **4.** *fig.* Höhe(punkt *m*) *f*, Gipfel *m*: ***at its ~*** auf s-m (ihrem) *od.* dem Höhepunkt; ***at the ~ of summer*** (***of the season***) im Hochsommer (in der Hochsaison); ***the ~ of folly*** der Gipfel der Torheit; ***dressed in the ~ of fashion*** nach der neuesten Mode gekleidet; '**height·en** [-tn] **I** *v/t.* **1.** erhöhen (*a. fig.*); **2.** *fig.* vergrößern, -stärken, steigern, heben, vertiefen; **3.** her'vorheben; **II** *v/i.* **4.** wachsen, (an)steigen.

height| find·er, **~ ga(u)ge** *s.* ✈ Höhenmesser *m*.

hei·nous ['heɪnəs] *adj.* □ ab'scheulich, gräßlich; '**hei·nous·ness** [-nɪs] *s.* Ab'scheulichkeit *f*.

heir [eə] *s.* **1.** ⚖ *u. fig.* Erbe *m* (***to*** *od.* ***of s.o.*** j-s): ***~ to the throne*** Thronfolger *m*; ***~-at-law***, ***~ general***, ***~ apparent*** gesetzlicher Erbe; ***~ presumptive*** mutmaßlicher Erbe; ***~ of the body*** leiblicher Erbe; **heir·dom** ['eədəm] → ***heirship***; **heir·ess** ['eərɪs] *s.* (*bsd.* reiche) Erbin; **heir·loom** ['eəluːm] *s.* (Fa'milien)Erbstück *n*; **heir·ship** ['eəʃɪp] *s.* **1.** Erbrecht *n*; **2.** Erbschaft *f*, Erbe *n*.

heist [haɪst] *Am. sl.* **I** *s.* a) ‚Ding' *n* (*Raubüberfall od. Diebstahl*), b) Beute *f*; **II** *v/t.* über'fallen; ‚klauen'; erbeuten.

held [held] *pret. u. p.p. von* ***hold²***.

he·li·an·thus [ˌhiːlɪ'ænθəs] *s.* ⚘ Sonnenblume *f*.

hel·i·borne ['helɪbɔːn] *adj.* im Hubschrauber befördert.

hel·i·bus ['helɪbʌs] *s.* ✈ Hubschrauber *m* für Per'sonenbeförderung, Lufttaxi *n*.

hel·i·cal ['helɪkl] *adj.* □ spi'ralen-, schrauben-, schneckenförmig: ***~ gear*** ⚙ Schrägstirnrad *n*; ***~ spring*** Schraubenfeder *f*; ***~ staircase*** Wendeltreppe *f*.

hel·i·ces ['helɪsiːz] *pl. von* ***helix***.

hel·i·cop·ter ['helɪkɒptə] ✈ **I** *s.* Hubschrauber *m*, Heli'kopter *m*: ***~ gunship*** Kampfhubschrauber; **II** *v/i. u. v/t.* mit dem Hubschrauber fliegen *od.* befördern.

helio- [hiːlɪəʊ-] *in Zssgn* Sonnen…

he·li·o·cen·tric [ˌhiːlɪəʊ'sentrɪk] *adj. ast.* helio'zentrisch; **he·li·o·chro·my** ['hiːlɪəʊˌkrəʊmɪ] *s.* 'Farbfotograˌfie *f*; **he·li·o·gram** ['hiːlɪəʊgræm] *s.* Helio'gramm *n*; **he·li·o·graph** ['hiːlɪəʊgrɑːf] **I** *s.* Helio'graph *m*; **II** *v/t.* heliographieren; **he·li·o·gra·vure** [ˌhiːlɪəʊgrə'vjʊə] *s. typ.* Heliogra'vüre *f*.

he·li·o·trope ['heljətrəʊp] *s.* ⚘, *min.* Helio'trop *n*.

he·li·o·type ['hiːlɪətaɪp] *s. typ.* Lichtdruck *m*.

hel·i·pad ['helɪpæd], '**hel·i·port** [-pɔːt] *s.* Heli'port *m*, Hubschrauberlandeplatz *m*.

he·li·um ['hiːljəm] *s.* ⚗ Helium *n*.

he·lix ['hiːlɪks] *pl.* **hel·i·ces** ['helɪsiːz] *s.* **1.** Spi'rale *f*; **2.** ⚒ Schneckenlinie *f*; **3.** *anat.* Helix *f*, Ohrleiste *f*; **4.** ⚠ Schnekke *f*; **5.** *zo.* Helix *f* (*Schnecke*); **6.** ⚗ Helix *f* (*Molekülstruktur*).

hell [hel] **I** *s.* **1.** Hölle *f* (*a. fig.*): ***it was ~*** es war die reinste Hölle; ***catch*** (*od.* ***get***) ***~*** F ‚eins aufs Dach kriegen'; ***come ~ or high water*** F (ganz) egal, was passiert, unter allen Umständen; ***give s.o. ~*** F j-m ‚die Hölle heiß machen'; ***~ for leather*** F was das Zeug hält, wie verrückt; ***there will be ~ to pay*** F das werden wir schwer büßen müssen; ***raise ~*** F ‚e-n Mordskrach schlagen'; ***suffer ~*** (***on earth***) die Hölle auf Erden haben; **2.** F (*verstärkend*) Hölle *f*, Teufel *m*: ***a ~ of a noise*** ein Höllenlärm; ***be in a ~ of a temper*** e-e ‚Mordswut' *od.* e-e ‚Stinklaune' haben; ***a*** (*od.* ***one***) ***~ of a*** (***good***) ***car*** ein ‚verdammt' guter Wagen; ***a ~ of a guy*** ein prima Kerl; ***go to ~!*** ‚scher dich zum Teufel'!, *a.* ‚du kannst mich mal!'; ***get the ~ out of here!*** mach, daß du rauskommst!; ***like ~*** wie verrückt (*arbeiten etc.*); ***like*** (*od.* ***the***) ***~ you did!*** ‚e-n Dreck' hast du (getan)!; ***what the ~ ...?*** was zum Teufel ...?; ***what the ~!*** ach, was!; ***~'s bells*** → 6; **3.** F Spaß *m*: ***for the ~ of it*** aus Spaß an der Freud; ***the ~ of it is that ...*** das Komische *od.* Tolle daran ist, daß; **4.** Spielhölle *f*; **5.** *typ.* De'fektenkasten *m*; **II** *int.* **6.** F a) *Brit. sl. a.* ***bloody ~!*** verdammt!, b) (*überrascht*) Teufel, Teufel!, Mann!; ***~, I didn't know*** (***that***)***!*** Mann, das hab' ich nicht gewußt!

he'll [hiːl] F *für* ***he will***.

'**hell|ˌbend·er** *s.* **1.** *zo.* Schlammteufel *m*; **2.** *Am.* F ‚wilder Bursche'; ˌ**~'bent** *adj.* F **1.** ***be ~ on*** (***doing***) ***s.th.*** ganz versessen sein auf et. (darauf, et. zu tun); **2.** ‚verrückt', wild, leichtsinnig; '**~·broth** *s.* Hexen-, Zaubertrank *m*; '**~·cat** *s.* (wilde) Hexe, Xan'thippe *f*.

hel·le·bore ['helɪbɔː] *s.* ⚘ Nieswurz *f*.

Hel·lene ['heliːn] *s.* Hel'lene *m*, Grieche *m*; **Hel·len·ic** [he'liːnɪk] *adj.* hel'lenisch, griechisch; **Hel·len·ism** ['helɪnɪzəm] *s.* Helle'nismus *m*, Griechentum *n*; **Hel·len·ist** ['helɪnɪst] *s.* Helle'nist *m*; **Hel·len·is·tic** [ˌhelɪ'nɪstɪk] *adj.* helle'nistisch; **Hel·len·ize** ['helɪnaɪz] *v/t. u. v/i.* (sich) hellenisieren.

ˌhell|ˈfire *s.* **1.** Höllenfeuer *n*; **2.** *fig.* Höllenqualen *pl.*; **ˈ~·hound** *s.* **1.** Höllenhund *m*; **2.** *fig.* Teufel *m*.
hel·lion [ˈheljən] *s.* F Range *f, m*, Bengel *m*.
hell·ish [ˈhelɪʃ] *adj.* ☐ **1.** höllisch (*a. fig.* F); **2.** F ‚verteufelt', ‚scheußlich'.
hel·lo [həˈləʊ] **I** *int.* **1.** halˈlo!, *überrascht*: *a.* naˈnu!; **II** *pl.* **-los** *s.* **2.** Halˈlo *n*; **3.** Gruß *m*: ***say ~ (to s.o.)*** (j-m) guten Tag sagen; **III** *v/i.* **4.** halˈlo rufen.
hell·uv·a [ˈheləvə] *adj. u. adv.* F ‚mordsmäßig', ‚toll': ***a ~ noise*** ein Höllenlärm; ***a ~ guy*** a) ein prima Kerl, b) ein toller Kerl.
helm¹ [helm] *s.* **1.** ⚓ a) Ruder *n*, Steuer *n*, b) Ruderpinne *f*: ***the ship answers the ~*** das Schiff gehorcht dem Ruder; **2.** *fig.* Ruder *n*, Führung *f*: ***~ of State*** Staatsruder; ***at the ~*** am Ruder *od.* an der Macht; ***take the ~*** das Ruder übernehmen.
helm² [helm] *s. obs.* Helm *m*; **helmed** [-md] *adj. obs.* behelmt.
hel·met [ˈhelmɪt] *s.* **1.** ⚔ Helm *m*; **2.** (Schutz-, Sturz-, Tropen-, Taucher-) Helm *m*; **3.** ⚘ Kelch *m*; **ˈhel·met·ed** [-tɪd] *adj.* behelmt.
helms·man [ˈhelmzmən] *s.* [*irr.*] ⚓ Steuermann *m* (*a. fig.*).
Hel·ot [ˈhelət] *s. hist.* Heˈlot(e) *m*, *fig.* (*mst* ♀) *a.* Sklave *m*; **ˈhel·ot·ry** [-trɪ] *s.* **1.** Heˈlotentum *n*; **2.** *coll.* Heˈloten *pl.*
help [help] **I** *s.* **1.** Hilfe *f*, Beistand *m*, Mit-, Beihilfe *f*: ***by (od. with) the ~ of*** mit Hilfe von; ***he came to my ~*** er kam mir zu Hilfe; ***it (she) is a great ~*** es (sie) ist e-e große Hilfe; ***can I be of any ~ (to you)?*** kann ich Ihnen (irgendwie) helfen *od.* behilflich sein?; **2.** Abhilfe *f*: ***there is no ~ for it*** da kann man nichts machen, es läßt sich nicht ändern; **3.** Hilfsmittel *n*; **4.** a) Gehilfe *m*, Gehilfin *f*, (*bsd.* Haus)Angestellte(r *m*) *f*, (*bsd.* Land)Arbeiter(in): ***domestic ~*** Hausgehilfin, b) *coll.* (ˈDienst)Persoˌnal *n*, (Hilfs)Kräfte *pl.*; **II** *v/t.* **5.** *j-m* helfen *od.* beistehen *od.* behilflich sein, *j-n* unterˈstützen (***in*** *od.* ***with s.th.*** bei et.): ***can I ~ you?*** a) kann ich Ihnen behilflich sein?, b) werden Sie schon bedient?; ***so ~ me (I did, etc.)!*** Ehrenwort!; → ***god*** 2; **6.** fördern, beitragen zu; **7.** lindern, helfen *od.* Abhilfe schaffen bei; **8.** ***~ s.o. to s.th.*** a) j-m zu et. verhelfen, b) (*bsd. bei Tisch*) j-m et. reichen *od.* geben; ***~ o.s.*** sich bedienen, zugreifen; ***~ o.s. to*** a) sich bedienen mit, sich *et.* nehmen, b) sich *et.* aneignen *od.* nehmen (*a. iro. stehlen*); **9.** *mit* ***can***: abhelfen (*dat.*), *et.* verhindern, vermeiden, ändern: ***I can't ~ it*** a) ich kann's nicht ändern, b) ich kann nichts dafür; ***it can't be ~ed*** da kann man nichts machen, es läßt sich nicht ändern; (***not***) ***if I can ~ it*** (nicht,) wenn ich es vermeiden kann; ***how could I ~ it?*** a) was konnte ich dagegen tun?, b) was konnte ich dafür?; ***I can't ~ it*** a) ich kann es nicht ändern, b) ich kann nichts dafür; ***she can't ~ her freckles*** für ihre Sommersprossen kann sie nichts; ***don't be late if you can ~ it*** komme möglichst nicht zu spät!; ***I could not ~ laughing*** ich mußte einfach lachen; ***I can't ~ feeling*** ich werde das Gefühl nicht los; ***I can't ~ myself*** ich kann nicht anders; **III** *v/i.* **10.** helfen: ***every little ~s*** jede Kleinigkeit hilft; **11.** ***don't stay longer than you can ~!*** bleib nicht länger als nötig!;
Zssgn mit adv.:
help| down *v/t.* **1.** *j-m* herˈunter-, hinˈunterhelfen; **2.** *fig.* zum ˈUntergang (*gen.*) beitragen; **~ in** *v/t.* *j-m* hinˈeinhelfen; **~ off** *v/t.* **1.** → ***help on*** 1; **2.** ***help s.o. off with his coat*** j-m aus dem Mantel helfen; **~ on** *v/t.* **1.** weiter-, forthelfen (*dat.*); **2.** ***help s.o. on with his coat*** j-m in den Mantel helfen; **~ out I** *v/t.* **1.** *j-m* herˈaus-, hinˈaushelfen (***of*** aus); **2.** *fig. j-m* aus der Not helfen; **3.** *fig. j-m* aushelfen, *j-n* unterˈstützen; **II** *v/i.* **4.** aushelfen (***with*** bei, mit); **5.** helfen, nützlich sein; **~ through** *v/t. j-m* (hin)ˈdurch-, hinˈweghelfen; **~ up** *v/t. j-m* herˈauf-, hinˈaufhelfen.
help·er [ˈhelpə] *s.* **1.** Helfer(in); **2.** Gehilfe *m*, Gehilfin *f*; → ***help*** 4; **help·ful** [ˈhelpfʊl] *adj.* ☐ **1.** hilfsbereit, behilflich (***to*** *dat.*); **2.** hilfreich, nützlich (***to*** *dat.*); **help·ful·ness** [ˈhelpfʊlnɪs] *s.* **1.** Hilfsbereitschaft *f*; **2.** Nützlichkeit *f*; **help·ing** [ˈhelpɪŋ] **I** *adj.* helfend, hilfreich: ***lend (s.o.) a ~ hand*** (j-m) helfen *od.* behilflich sein; **II** *s.* Portiˈon *f* (*e-r Speise*): ***have (od. take) a second ~*** sich noch mal (davon) nehmen; **help·less** [ˈhelplɪs] *adj.* ☐ *allg.* hilflos: ***be ~ with laughter*** sich totlachen; **help·less·ness** [ˈhelplɪsnɪs] *s.* Hilflosigkeit *f*.
ˈhelp·mate, **ˈhelp·meet** *s. obs.* Gehilfe *m*, Gehilfin *f*; (Ehe)Gefährte *m*, (Ehe-) Gefährtin *f*, Gattin *f*.
hel·ter-skel·ter [ˌheltəˈskeltə] **I** *adv.* Hals über Kopf, in wilder Hast; **II** *adj.* hastig, überˈstürzt; **III** *s.* Durcheinˈander *n*, wilde Hast.
helve [helv] *s.* Griff *m*, Stiel *m*: ***throw the ~ after the hatchet*** *fig.* das Kind mit dem Bade ausschütten.
Hel·ve·tian [helˈviːʃjən] **I** *adj.* helˈvetisch, schweizerisch; **II** *s.* Helˈvetier (-in), Schweizer(in).
hem¹ [hem] **I** *s.* **1.** (Kleider-, Rock- *etc.*) Saum *m*; **2.** Rand *m*; **3.** Einfassung *f*; **II** *v/t.* **4.** *Kleid etc.* säumen; **5.** ***~ in, ~ about, ~ around*** umˈranden, einfassen; **6.** ***~ in*** a) ⚔ einschließen, b) *fig.* einengen.
hem² [hm] **I** *int.* hm!, hem!; **II** *s.* H(e)m *n*, Räuspern *n*; **III** *v/i.* ‚hm' machen, sich räuspern; stocken (*im Reden*): ***~ and haw*** herumstottern, -drucksen.
he·mal *etc.* → ***haemal*** *etc.*
ˈhe-man *s.* [*irr.*] F ‚He-man' *m*, ‚richtiger' Mann, sehr männlicher Typ.
he·mat·ic *etc.* → ***haematic*** *etc.*
hem·i·ple·gi·a [ˌhemɪˈpliːdʒɪə] *s.* ⚕ einseitige Lähmung, Hemipleˈgie *f*.
hem·i·sphere [ˈhemɪˌsfɪə] *s. bsd. geogr.* Halbkugel *f*, Hemiˈsphäre *f* (*a. anat. des Großhirns*); **hem·i·spher·i·cal** [ˌhemɪˈsferɪkl], *a.* **hem·i·spher·ic** [ˌhemɪˈsferɪk] *adj.* hemiˈsphärisch, halbkugelig.
ˈhem·line *s.* (Kleider)Saum *m*: ***~s are going up again*** die Kleider werden wieder kürzer.
hem·lock [ˈhemlɒk] *s.* **1.** ⚘ Schierling *m*; **2.** *fig.* Schierlings-, Giftbecher *m*; **3.** *a.* ***~ fir, ~ spruce*** Hemlock-, Schierlingstanne *f*.
he·mo·glo·bin, **he·mo·phil·i·a**, **hem·or·rhage**, **hem·or·rhoids** *etc.* → ***haemo...***
hemp [hemp] *s.* **1.** ⚘ Hanf *m*; **2.** Hanf (-faser *f*) *m*; **3.** ˈHanfnarˌkotikum *n*, *bsd.* Haschisch *n*; **ˈhemp·en** [-pən] *adj.* hanfen, Hanf...
ˈhem-stitch I *s.* Hohlsaum(stich) *m*; **II** *v/t.* mit Hohlsaum nähen.
hen [hen] *s.* **1.** *orn.* Henne *f*, Huhn *n*: ***~'s egg*** Hühnerei *n*; **2.** Weibchen *n* (*von Vögeln, a. Krebs u. Hummer*); **3.** F a) (aufgeregte) ‚Wachtel', b) Klatschbase *f*; **ˈ~·bane** *s.* ⚘, *pharm.* ˈBilsenkraut(exˌtrakt *m*) *n*.
hence [hens] *adv.* **1.** *a.* ***from ~*** (*räumlich*) von hier, von hinnen, fort: ***~ with it!*** weg damit!; ***go ~*** von hinnen gehen (*sterben*); **2.** *zeitlich*: von jetzt an, binnen: ***a week ~*** in *od.* nach einer Woche; **3.** folglich, daher, deshalb; **4.** hieraus, daraus: ***~ it follows that*** daraus folgt, daß; **ˌ~ˈforth**, **ˌ~ˈfor·ward(s)** *adv.* von nun an, fortˈan, künftig.
hench·man [ˈhentʃmən] *s.* [*irr.*] *bsd. pol.* a) Gefolgsmann *m*, b) *contp.* Handlanger *m*, *j-s* ‚Kreaˈtur' *f*.
ˈhen|-coop *s.* Hühnerstall *m*; **~ har·ri·er** *s. orn.* Kornweihe *f*; **~ hawk** *s. orn. Am.* Hühnerbussard *m*; **ˌ~-ˈheart·ed** *adj.* feig(e).
hen·na [ˈhenə] *s.* **1.** ⚘ Hennastrauch *m*; **2.** Henna *f* (*Färbemittel*); **ˈhen·naed** [-nəd] *adj.* mit Henna gefärbt.
ˈhen|-ˌpar·ty *s.* F Kaffeeklatsch *m*; **ˈ~·pecked** [-pekt] *adj.* F unter dem Panˈtoffel stehend: ***~ husband*** Pantoffelheld *m*; **ˈ~·roost** *s.* Hühnerstange *f* *od.* -stall *m*.
hen·ry [ˈhenrɪ] *pl.* **-rys**, **-ries** *s.* ϟ, *phys.* Henry *n* (*Induktionseinheit*).
hep [hep] → ***hip⁴***.
he·pat·ic [hɪˈpætɪk] *adj.* ⚕ heˈpatisch, Leber...; **hep·a·ti·tis** [ˌhepəˈtaɪtɪs] *s.* ⚕ Leberentzündung *f*, Hepaˈtitis *f*; **hep·a·tol·o·gist** [ˌhepəˈtɒlədʒɪst] *s.* ⚕ Hepatoˈloge *m*.
ˈhep·cat *s. sl. obs.* Jazz-, *bsd.* Swingmusiker *m od.* -freund *m*.
hep·ta·gon [ˈheptəgən] *s.* ⩓ Siebeneck *n*, Heptaˈgon *n*; **hep·tag·o·nal** [hepˈtægənl] *adj.* ⩓ siebeneckig; **hep·ta·he·dron** [ˌheptəˈhedrən] *pl.* **-drons** *od.* **-dra** [-drə] *s.* ⩓ Heptaˈeder *n*.
hep·tath·lete [hepˈtæθliːt] *s. sport* Siebenkämpferin *f*; **hep·tath·lon** [hepˈtæθlɒn] *s.* Siebenkampf *m*.
her [hɜː; hə] **I** *pron.* **1.** a) sie (*acc. von* ***she***), b) ihr (*dat. von* ***she***); **2.** F sie (*nom.*): ***it's ~*** sie ist es; **II** *poss. adj.* **3.** ihr, ihre; **III** *refl. pron.* **4.** sich: ***she looked about ~*** sie sah um sich.
her·ald [ˈherəld] **I** *s.* **1.** *hist.* a) Herold *m*, b) Wappenherold *m*; **2.** *fig.* Verkünder *m*; **3.** *fig.* (Vor)Bote *m*; **II** *v/t.* **4.** verkünden, ankündigen (*a. fig.*); **5.** *a.* ***~ in*** a) einführen, b) einleiten.
he·ral·dic [heˈrældɪk] *adj.* heˈraldisch, Wappen...; **her·ald·ry** [ˈherəldrɪ] *s.* **1.** Heˈraldik *f*, Wappenkunde *f*; **2.** a) Wappen *n*, b) heˈraldische Symˈbole *pl.*
herb [hɜːb] *s.* ⚘ a) Kraut *n*, b) Heilkraut *n*, c) Küchenkraut *n*: ***~ tea*** Kräutertee *m*; **her·ba·ceous** [hɜːˈbeɪʃəs] *adj.* ⚘ krautartig, Kraut...: ***~ border*** (Stauden)Rabatte *f*; **ˈherb·age** [-bɪdʒ] *s.* **1.** *coll.* Kräuter *pl.*, Gras *n*; **2.** ⚖ *Brit.*

Weiderecht *n*; **'herb·al** [-bl] **I** *adj.* Kräuter..., Pflanzen...; **II** *s.* Pflanzenbuch *n*; **'herb·al·ist** [-bəlɪst] *s.* **1.** Kräuter-, Pflanzenkenner(in); **2.** Kräutersammler(in), -händler(in); **3.** Herba'list(in), Kräuterheilkundige(r *m*) *f*; **her·bar·i·um** [hɜː'beərɪəm] *s.* Her'barium *n*.

her·bi·vore ['hɜːbɪvɔː] *s. zo.* Pflanzenfresser *m*; **her·biv·o·rous** [hɜː'bɪvərəs] *adj.* pflanzenfressend.

Her·cu·le·an [ˌhɜːkjʊ'liːən] *adj.* her'kulisch (*a. fig. riesenstark*), Herkules...: ***the ~ labo(u)rs*** die Arbeiten des Herkules; ***a ~ labo(u)r*** *fig.* e-e Herkulesarbeit; **Her·cu·les** ['hɜːkjʊliːz] *s. myth., ast. u. fig.* Herkules *m*.

herd [hɜːd] **I** *s.* **1.** Herde *f*, (*wildlebender Tiere a.*) Rudel *n*; **2.** *contp.* Herde *f*, Masse *f* (*Menschen*): ***the common*** (*od.* ***vulgar***) ~ die Masse (Mensch), die große Masse; **3.** *in Zssgn* Hirt(in); **II** *v/t.* **4.** *Vieh* hüten; **5.** (~ ***together*** zs.-)treiben; **III** *v/i.* **6.** *a.* ~ ***together*** a) in Herden gehen *od.* leben, b) sich zs.-drängen; **7.** sich zs.-tun (***among, with*** mit); **'~·book** *s.* ♪ Herdbuch *n*; ~ **in·stinct** *s.* 'Herdeninˌstinkt *m*, -trieb *m* (*a. fig.*); **'~s·man** [-dzmən] *s.* [*irr.*] **1.** *Brit.* Hirt *m*; **2.** Herdenbesitzer *m*.

here [hɪə] **I** *adv.* **1.** hier: ***I am ~*** a) ich bin hier, b) ich bin da (*anwesend*); ***~ and there*** a) hier u. da, da u. dort, b) hierhin u. dorthin, c) hin u. wieder, hie u. da; ***~ and now*** hier u. jetzt *od.* heute; ***~, there and everywhere*** (all)überall; ***that's neither ~ nor there*** a) das gehört nicht zur Sache, b) das besagt nichts; ***we are leaving ~ today*** wir reisen heute von hier ab; ***~ goes*** F also los!; ***~'s to you!*** auf dein Wohl!; ***~ you are!*** hier (bitte)! (*da hast du es*); ***this ~ man*** *sl.* dieser Mann hier; **2.** (hier)her, hierhin: ***bring it ~!*** bring es hierher!; ***come ~!*** komm her!; ***this belongs ~*** das gehört hierher *od.* hierhin; **II** *s.* **3.** ***the ~ and now*** a) das Hier u. Heute, b) das Diesseits; **'~·aˌbout(s)** [-ərə-] *adv.* hier her'um, in dieser Gegend; **ˌ~'aft·er** [-ər'ɑː-] **I** *adv.* **1.** her'nach, nachher; **2.** in Zukunft; **II** *s.* **3.** Zukunft *f*; **4.** (*das*) Jenseits; **ˌ~'by** *adv.* 'hierdurch, hiermit.

he·red·i·ta·ble [hɪ'redɪtəbl] → ***heritable***; **her·e·dit·a·ment** [ˌherɪ'dɪtəmənt] *s.* ⚖ a) *Brit.* Grundstück *n* (als Bemessungsgrundlage für die Kommu'nalabgaben), b) *Am.* vererblicher Vermögensgegenstand; **he'red·i·tar·y** [-tərɪ] *adj.* □ **1.** erblich, er-, vererbt, Erb...: ***~ disease*** ⚕ Erbkrankheit *f*; ***~ portion*** ⚖ Pflichtteil *m, n*; ***~ succession*** *Am.* Erbfolge *f*; ***~ taint*** ⚕ erbliche Belastung; **2.** *fig.* Erb..., alt'hergebracht: ***~ enemy*** Erbfeind *m*; **he'red·i·ty** [-tɪ] *s. biol.* **1.** Vererbbarkeit *f*, Erblichkeit *f*; **2.** ererbte Anlagen *pl.*, Erbmasse *f*.

ˌhere|'from *adv.* hieraus; **ˌ~'in** [-ər'ɪ-] *adv.* hierin; **ˌ~·in·a'bove** *adv.* im vorstehenden, oben (*erwähnt*); **ˌ~·in'aft·er** *adv.* nachstehend, im folgenden; **ˌ~'of** *adv.* hiervon, dessen.

her·e·sy ['herəsɪ] *s.* Ketze'rei *f*, Häre'sie *f*; **'her·e·tic** [-ətɪk] **I** *s.* Ketzer(in); **II** *adj.* → **he·ret·i·cal** [hɪ'retɪkl] *adj.* □ ketzerisch.

ˌhere|'to [-'tuː] *adv.* **1.** hierzu; **2.** bis'her; **ˌ~·to'fore** [-tʊ-] *adv.* vordem, ehemals; **ˌ~'un·der** [-ər'ʌ-] **1.** → ***hereinafter***; **2.** ⚖ kraft dieses (*Vertrags etc.*); **ˌ~·un'to** [-ərʌ-] → ***hereto***; **ˌ~·up'on** [-ərə-] *adv.* hierauf, darauf('hin); **ˌ~'with** → ***hereby***.

her·it·a·ble ['herɪtəbl] *adj.* □ **1.** erblich, vererbbar; **2.** erbfähig; **'her·it·age** [-ɪtɪdʒ] *s.* **1.** Erbe *n*: a) Erbschaft *f*, Erbgut *n*, b) *ererbtes Recht etc.*; **2.** *bibl.* (*das*) Volk Israel; **'her·i·tor** [-ɪtə] *s.* ⚖ Erbe *m*.

her·maph·ro·dite [hɜː'mæfrədaɪt] *s. biol.* Hermaphro'dit *m*, Zwitter *m*; **her'maph·ro·dit·ism** [-daɪtɪzəm] *s. biol.* Hermaphrodi'tismus *m*, Zwittertum *n od.* -bildung *f*.

her·met·ic [hɜː'metɪk] *adj.* (□ ***~ally***) her'metisch (*a. fig.*), luftdicht: ***~ seal*** luftdichter Verschluß.

her·mit ['hɜːmɪt] *s.* Einsiedler *m* (*a. fig.*), Ere'mit *m*; **'her·mit·age** [-tɪdʒ] *s.* Einsiede'lei *f*, Klause *f*.

'her·mit-crab *s. zo.* Einsiedlerkrebs *m*.

her·ni·a ['hɜːnjə] *s.* ⚕ Bruch *m*, Hernie *f*; **'her·ni·al** [-jəl] *adj.*: ***~ truss*** ⚕ Bruchband *n*.

he·ro ['hɪərəʊ] *pl.* **-roes** *s.* **1.** Held *m*; **2.** *thea. etc.* Held *m*, 'Hauptperˌson *f*; **3.** *antiq.* Heros *m*, Halbgott *m*.

he·ro·ic [hɪ'rəʊɪk] **I** *adj.* (□ ***~ally***) **1.** he'roisch (*a. paint. etc.*), heldenmütig, -haft, Helden...: ***~ age*** Heldenzeitalter *n*; ***~ couplet*** heroisches Reimpaar; ***~ poem*** → 4b; ***~ tenor*** ♪ Heldentenor *m*; ***~ verse*** → 4a; **2.** a) erhaben, b) hochtrabend (*Stil*); **3.** ⚕ drastisch, Radikal...; **II** *s.* **4.** a) he'roisches Versmaß, b) he'roisches Gedicht; **5.** *pl.* bom'bastische Worte.

her·o·in ['herəʊɪn] *s.* Hero'in *n*.

her·o·ine ['herəʊɪn] *s.* **1.** Heldin *f* (*a. thea. etc.*); **2.** *antiq.* Halbgöttin *f*; **'her·o·ism** [-ɪzəm] *s.* Heldentum *n*, Hero'ismus *m*; **he·ro·ize** ['hɪərəʊaɪz] **I** *v/t.* heroisieren, zum Helden machen; **II** *v/i.* den Helden spielen.

her·on ['herən] *s. orn.* Reiher *m*; **'her·on·ry** [-rɪ] *s.* Reiherhorst *m*.

he·ro| wor·ship *s.* **1.** Heldenverehrung *f*; **2.** Schwärme'rei *f*; **'~-ˌwor·ship** *v/t.* **1.** als Helden verehren; **2.** schwärmen für.

her·pes ['hɜːpiːz] *s.* ⚕ Herpes *m*, Bläschenausschlag *m*.

her·pe·tol·o·gy [ˌhɜːpɪ'tɒlədʒɪ] *s.* Herpetolo'gie *f*, Rep'tilienkunde *f*.

her·ring ['herɪŋ] *s. ichth.* Hering *m*; **'~·bone I** *s.* **1.** *a.* ***~ design, ~ pattern*** Fischgrätenmuster *n*; **2.** fischgrätenartige Anordnung; **3.** *Stickerei*: ***~ (stitch)*** Fischgrätenstich *m*; **4.** *Skilauf*: Grätenschritt *m*; **II** *v/t.* **5.** mit e-m Fischgrätenmuster nähen; **III** *v/i.* **6.** *Skilauf*: im Grätenschritt steigen; ***~ pond*** *s. humor. der* ‚Große Teich' (*Atlantik*).

hers [hɜːz] *poss. pron.* ihrer (ihre, ihres), der (die, das) ihre *od.* ihrige: ***my mother and ~*** meine u. ihre Mutter; ***it is ~*** es gehört ihr; ***a friend of ~*** e-e Freundin von ihr.

her·self [hɜː'self; hə-] *pron.* **1.** *refl.* sich: ***she hurt ~***; **2.** sich (selbst): ***she wants it for ~***; **3.** *verstärkend*: sie (*nom. od. acc.*) *od.* ihr (*dat.*) selbst: ***she ~ did it, she did it ~*** sie selbst hat es getan, sie hat es selbst getan; ***by ~*** allein, ohne Hilfe, von selbst; **4.** ***she is not quite ~*** a) sie ist nicht ganz normal, b) sie ist nicht auf der Höhe; ***she is ~ again*** sie ist wieder die alte.

hertz [hɜːts] *s. phys.* Hertz *n*; **Hertz·i·an** ['hɜːtsɪən] *adj. phys.* Hertzsch: ***~ waves*** Hertzsche Wellen.

he's [hiːz; hɪz] F *für* a) ***he is***, b) ***he has***.

hes·i·tance ['hezɪtəns], **'hes·i·tan·cy** [-sɪ] *s.* Zögern *n*, Unschlüssigkeit *f*; **'hes·i·tant** [-nt] *adj.* **1.** zögernd, unschlüssig; **2.** *beim Sprechen*: stockend; **'hes·i·tate** [-teɪt] *v/i.* **1.** zögern, zaudern, unschlüssig sein, Bedenken haben (***to*** *inf.* zu *inf.*): ***not to ~ at*** nicht zurückschrecken vor (*dat.*); **2.** (*beim Sprechen*) stocken; **'hes·i·tat·ing·ly** [-teɪtɪŋlɪ] *adv.* zögernd; **hes·i·ta·tion** [ˌhezɪ'teɪʃən] *s.* **1.** Zögern *n*, Zaudern *n*, Unschlüssigkeit *f*: ***without any ~*** ohne (auch nur) zu zögern, bedenkenlos; **2.** Stocken *n*.

Hes·si·an ['hesɪən] **I** *adj.* **1.** hessisch; **II** *s.* **2.** Hesse *m*, Hessin *f*; **3.** ♀ Juteleinen *n* (*für Säcke etc.*); ***~ boots*** *s. pl.* Schaftstiefel *pl.*

het [het] *adj.*: ***~ up*** F ganz ‚aus dem Häuschen'.

he·tae·ra [hɪ'tɪərə] *pl.* **-rae** [-riː], **he·tai·ra** [-'taɪərə] *pl.* **-rai** [-raɪ] *s. antiq.* He'täre *f*.

hetero- [hetərəʊ] *in Zssgn* anders, verschieden, fremd.

het·er·o ['hetərəʊ] *pl.* **-os** *s.* F ‚Hetero' *m* (*Heterosexuelle[r]*).

het·er·o·clite ['hetərəʊklaɪt] *ling.* **I** *adj.* hetero'klitisch; **II** *s.* Hete'rokliton *n*; **het·er·o·dox** ['hetərəʊdɒks] *adj.* **1.** *eccl.* hetero'dox, anders-, irrgläubig; **2.** *fig.* 'unkonventioˌnell; **het·er·o·dox·y** ['hetərəʊdɒksɪ] *s.* Andersgläubigkeit *f*, Irrglaube *m*; **'het·er·o·dyne** [-əʊdaɪn] *adj. Radio*: ***~ receiver*** Überlagerungsempfänger *m*, Super(het) *m*; **het·er·o·ge·ne·i·ty** [ˌhetərəʊdʒɪ'niːətɪ] *s.* Verschiedenartigkeit *f*; **het·er·o·ge·ne·ous** [ˌhetərəʊ'dʒiːnjəs] *adj.* □ hetero'gen, ungleichartig, verschiedenartig: ***~ number*** ⅍ gemischte Zahl; **het·er·on·o·mous** [ˌhetə'rɒnɪməs] *adj.* hetero'nom: a) unselbständig, b) *biol.* ungleichartig; **het·er·on·o·my** [ˌhetə'rɒnɪmɪ] *s.* Heterono'mie *f*; **het·er·o·sex·u·al** [ˌhetərəʊ'seksjʊəl] **I** *adj.* heterosexu'ell; **II** *s.* Heterosexu'elle(r *m*) *f*.

hew [hjuː] *v/t.* [*irr.*] hauen, hacken; *Steine* behauen; *Bäume* fällen; ***~ down*** *v/t.* 'um-, niederhauen, fällen; ***~ out*** *v/t.* **1.** aushauen; **2.** *fig.* (mühsam) schaffen: ***~ a path for o.s.*** sich s-n Weg bahnen.

hew·er ['hjuːə] *s.* **1.** (Holz-, Stein)Hauer *m*: ***~s of wood and drawers of water*** a) *bibl.* Holzhauer u. Wasserträger, b) einfache Leute; **2.** ⚒ Hauer *m*; **hewn** [hjuːn] *p.p. von* ***hew***.

hex [heks] *Am.* F **I** *s.* **1.** Hexe *f*; **2.** Zauber *m*: ***put the ~ on*** → **II** *v/t.* **3.** *j-n* behexen; *et.* ‚verhexen'.

hexa- [heksə] *in Zssgn* sechs; **hex·a·gon** ['heksəgən] *s.* ⅍ Hexa'gon *n*, Sechseck *n*: ***~ voltage*** ϟ Sechseckspannung *f*; **hex·ag·o·nal** [hek'sægənl] *adj.* sechseckig; **'hex·a·gram** [-græm] *s.* Hexa'gramm *n* (*Sechsstern*); **hex·a·he·dral** [ˌheksə'hedrəl] *adj.* ⅍ sechsflächig; **hex·a·he·dron** [ˌheksə'hedrən] *pl.* **-drons** *od.* **-dra** [-drə] *s.* ⅍ Hexa'eder

n; **hex·am·e·ter** [hek'sæmɪtə] **I** *s.* He'xameter *m*; **II** *adj.* hexa'metrisch.
hey [heɪ] *int.* **1.** he!, heda!; **2.** *erstaunt*: he!, Mann!; **3.** hei; → ***presto*** I.
hey·day ['heɪdeɪ] *s.* Höhepunkt *m*, Blüte(zeit) *f*, Gipfel *m*: ***in the ~ of his power*** auf dem Gipfel s-r Macht.
H-hour ['eɪtʃ͵aʊə] *s.* ⚔ die Stunde X (*Zeitpunkt für den Beginn e-r militärischen Aktion*).
hi [haɪ] *int.* **1.** he!, heda!; **2.** hal'lo!, F *als Begrüßung*: *a.* ‚Tag'!
hi·a·tus [haɪ'eɪtəs] *s.* **1.** Lücke *f*, Spalt *m*, Kluft *f*; **2.** *anat.*, *ling.* Hi'atus *m*.
hi·ber·nate ['haɪbəneɪt] *v/i.* über'wintern: a) *zo.* Winterschlaf halten, b) den Winter verbringen; **hi·ber·na·tion** [͵haɪbə'neɪʃn] *s.* Winterschlaf *m*, Über'winterung *f*.
Hi·ber·ni·an [haɪ'bɜːnjən] *poet.* **I** *adj.* irisch; **II** *s.* Irländer(in).
hi·bis·cus [hɪ'bɪskəs] *s.* ⚘ Eibisch *m*.
hic·cough, hic·cup ['hɪkʌp] **I** *s.* Schlukken *m*, Schluckauf *m*: ***have the ~s*** → **II** *v/i.* den Schluckauf haben.
hick [hɪk] *s. Am.* F ‚Bauer' *m*, 'Hinterwäldler *m*: ***~ girl*** Bauerntrampel *m*, *n*; ***~ town*** ‚(Provinz)Nest' *n*, Kaff *n*.
hick·o·ry ['hɪkərɪ] *s.* ⚘ **1.** Hickory(-baum) *m*; **2.** Hickoryholz *n od.* -stock *m*.
hid [hɪd] *pret. u. p.p. von* ***hide***[1]; **hid·den** [hɪdn] **I** *p.p. von* ***hide***[1]; **II** *adj.* □ verborgen, versteckt, geheim; ***~ persuaders*** heimliche Verführer.
hide[1] [haɪd] **I** *v/t.* [*irr.*] (***from***) verbergen (*dat. od.* vor *dat.*): a) verstecken (vor *dat.*), b) verheimlichen (*dat. od.* vor *dat.*), c) verhüllen: ***~ from view*** den Blicken entziehen; **II** *v/i.* [*irr.*] *a.* ***~ out*** sich verstecken (*a. fig.* ***behind*** hinter *dat.*).
hide[2] [haɪd] **I** *s.* **1.** Haut *f*, Fell *n* (*beide a. fig.*): ***save one's ~*** die eigene Haut retten; ***tan s.o.'s ~*** F j-m das Fell gerben; ***I'll have his ~ for this!*** F das soll er mir bitter büßen!; **II** *v/t.* **2.** abhäuten; **3.** F *j-n* ‚verdreschen'.
hide[3] [haɪd] *s.* Hufe *f* (*altes engl. Feldmaß, 60–120 acres*).
͵hide|-and-'seek *s.* Versteckspiel *n*: ***play ~*** Versteck spielen (*a. fig.*); **'~·a·way** → ***hideout***; **'~·bound** *adj. fig.* engstirnig, beschränkt, borniert.
hid·e·ous ['hɪdɪəs] *adj.* □ ab'scheulich, scheußlich, schrecklich (*alle a.* F *fig.*); **'hid·e·ous·ness** [-nɪs] *s.* Scheußlichkeit *f etc.*
'hide·out *s.* **1.** Versteck *n*; **2.** Zufluchtsort *m*.
hid·ing[1] ['haɪdɪŋ] *s.* Versteck *n*: ***be in ~*** sich versteckt halten.
hid·ing[2] ['haɪdɪŋ] *s.* F Tracht *f* Prügel, ‚Dresche' *f*.
hie [haɪ] *v/i. obs. od. humor.* eilen.
hi·er·arch ['haɪərɑːk] *s. eccl.* Hier'arch *m*, Oberpriester *m*; **hi·er·ar·chic, hi·er·ar·chi·cal** [͵haɪə'rɑːkɪk(l)] *adj.* □ hier'archisch; **'hi·er·arch·y** [-kɪ] *s.* Hierar'chie *f*.
hi·er·o·glyph ['haɪərəʊglɪf] *s.* **1.** Hiero'glyphe *f*; **2.** *pl. mst sg. konstr.* Hiero'glyphenschrift *f*; **3.** *pl. humor.* Hiero'glyphen *pl.*, unleserliches Gekritzel; **hi·er·o·glyph·ic** [͵haɪərəʊ'glɪfɪk] **I** *adj.* (□ ***~ally***) **1.** hiero'glyphisch; **2.** rätselhaft; **3.** unleserlich; **II** *s.* **4.** → ***hieroglyph*** 1–3; **hi·er·o·glyph·i·cal** [͵haɪərəʊ'glɪfɪkl] *adj.* □ → ***hieroglyphic*** 1–3.
hi-fi [͵haɪ'faɪ] F **I** *s.* **1.** → ***high fidelity***; **2.** Hi-Fi-Anlage *f*; **II** *adj.* **3.** Hi-Fi-...
hig·gle ['hɪgl] → ***haggle***.
hig·gle·dy-pig·gle·dy [͵hɪgldɪ'pɪgldɪ] F **I** *adv.* drunter u. drüber, (wie Kraut u. Rüben) durchein'ander; **II** *s.* Durchein'ander *n*, Tohuwa'bohu *n*.
high [haɪ] **I** *adj.* (□ → ***highly***) (→ ***higher, highest***) **1.** hoch: ***ten feet ~***; ***a ~ tower***; **2.** hoch(gelegen): ***2 Asia*** Hochasien *n*; ***~ latitude*** *geogr.* hohe Breite; ***the ~est floor*** das oberste Stockwerk; **3.** hoch (*Grad*): ***~ prices*** (***temperature***); ***~ favo(u)r*** hohe Gunst; ***~ praise*** großes Lob; ***~ speed*** hohe Geschwindigkeit, ⚓ hohe Fahrt, äußerste Kraft; → ***gear*** 2a; **4.** stark, heftig: ***~ wind***; ***~ words*** heftige Worte; **5.** hoch (im Rang), Hoch..., Ober..., Haupt...: ***~ commissioner*** Hoher Kommissar; ***the Most 2*** der Allerhöchste (*Gott*); **6.** hoch, bedeutend, wichtig: ***~ aims*** hohe Ziele; ***~ politics*** hohe Politik; **7.** hoch (*Stellung*), vornehm, edel: ***of ~ birth***; ***~ society*** High-Society *f*, die vornehme Welt; ***~ and low*** hoch u. niedrig; **8.** hoch, erhaben, edel; **9.** hoch, gut, erstklassig: ***~ quality***; ***~ performance*** Hochleistung *f*; **10.** hoch, Hoch... (*auf dem Höhepunkt*): ***2 Middle Ages*** Hochmittelalter *n*; ***~ period*** Glanzzeit *f*; **11.** hoch, fortgeschritten (*Zeit*): ***~ summer*** Hochsommer *m*; ***~ antiquity*** fernes *od.* tiefes Altertum; ***it is ~ time*** es ist höchste Zeit; → ***noon***; **12.** *ling.* a) Hoch... (*Sprache*), b) hoch (*Laut*); **13.** a) hoch, b) schrill: ***~ voice***; **14.** hoch (*im Kurs*), teuer; **15.** → ***high and mighty***; **16.** ex'trem, eifrig: ***a ~ Tory***; **17.** lebhaft (*Farbe*): ***~ complexion*** a) rosiger Teint, b) gerötetes Gesicht; **18.** erregend, spannend: ***~ adventure***; **19.** a) heiter: ***in ~ spirits*** (in) gehobener Stimmung, b) F ‚blau' (*betrunken*), c) F ‚high' (*im Drogenrausch od. fig. in euphorischer Stimmung*); **20.** F ‚scharf', erpicht (***on*** auf *acc.*); **21.** *Küche*: angegangen, mit Haut'gout; **II** *adv.* **22.** hoch: ***aim ~*** *fig.* sich hohe Ziele setzen; ***run ~*** a) hochgehen (*Wellen*), b) toben (*Gefühle*); ***feelings ran ~*** die Gemüter erhitzten sich; ***play ~*** hoch *od.* mit hohem Einsatz spielen; ***pay ~*** teuer bezahlen; ***search ~ and low*** überall suchen; **23.** üppig: ***live ~***; **III** *s.* **24.** (An-)Höhe *f*: ***on ~*** a) hoch oben, droben, b) hoch (hinauf), c) im *od.* zum Himmel; ***from on ~*** a) von oben, b) vom Himmel; **25.** *meteor.* Hoch(druckgebiet) *n*; **26.** ⚙ a) höchster Gang, b) Geländegang *m*: ***shift into ~*** den höchsten Gang einlegen; **27.** *fig.* Höchststand *m*: ***reach a new ~***; **28.** F *für* ***high school***; **29.** ***he's still got his ~*** F er ist immer noch ‚high'.
high| al·tar *s. eccl.* 'Hochal͵tar *m*; **͵~-'al·ti·tude** *adj.* ✈ Höhen...: ***~ flight***; ***~ nausea*** Höhenkrankheit *f*; ***~ and dry*** *adj.* hoch u. trocken, auf dem trockenen: ***leave s.o. ~*** *fig.* j-n im Stich lassen; ***~ and might·y*** *adj.* F anmaßend, arro'gant; **'~·ball** *Am.* **I** *s.* **1.** Highball *m* (*Whisky-Cocktail*); **2.** 🚂 a) Freie-'Fahrt-Si͵gnal *n*, b) Schnellzug *m*; **II** *v/i. u. v/t.* **3.** F mit vollem Tempo fahren; ***~ beam*** *s. mot. Am.* Fernlicht *n*; **'~·bind·er** *s. Am.* F **1.** Gangster *m*; **2.** Gauner *m*; **3.** Rowdy *m*; **'~·blown** *adj. fig.* großspurig, aufgeblasen; **'~·born** *adj.* hochgeboren; **'~·boy** *s. Am.* Kom'mode *f* mit Aufsatz; **'~·bred** *adj.* vornehm, wohlerzogen; **'~·brow** *oft contp.* **I** *s.* Intellektu'elle(r *m*) *f*; **II** *adj. a.* **'~-browed** (betont) intellektu'ell, (geistig) anspruchsvoll, ‚hochgestochen'; **2 Church I** *s.* High-Church *f*, angli'kanische Hochkirche; **II** *adj.* hochkirchlich, der High-Church; **͵~-cir·cu·'la·tion** *adj.* auflagenstark; **͵~-'class** *adj.* **1.** erstklassig; **2.** der High-Society; **~ com·mand** *s.* ⚔ 'Oberkom͵mando *n*; **2 Court (of Jus·tice)** *s. Brit.* oberstes (*erstinstanzliches*) Zi'vilgericht; **~ day** *s.*: ***~s and holidays*** Fest- u. Feiertage; **~ div·ing** *s. sport* Turmspringen *n*; **͵~-'du·ty** *adj.* ⚙ Hochleistungs...
high·er ['haɪə] **I** *comp. von* ***high***; **II** *adj.* höher (*a. fig. Bildung, Rang etc.*), Ober...: ***the ~ mammals*** die höheren Säugetiere; ***~ mathematics*** höhere Mathematik; **III** *adv.* höher, mehr: ***bid ~***; **'~-up** [-ʌrʌ-] *s.* F ‚höheres Tier'.
high·est ['haɪɪst] **I** *sup. von* ***high***; **II** *adj.* höchst (*a. fig.*), Höchst...: ***~ bidder*** Meistbietende(r *m*) *f*; **III** *adv.* am höchsten: ***~ possible*** höchstmöglich; **IV** *s.* (*das*) Höchste: ***at its ~*** auf dem Höhepunkt.
high| ex·plo·sive *s.* 'hochexplo͵siver *od.* 'hochbri͵santer Sprengstoff; **͵~-ex'plo·sive** *adj.* 'hochexplo͵siv: ***~ bomb*** Sprengbombe *f*; **͵~-fa'lu·tin** [-fə'luːtɪn], **͵~-fa'lu·ting** [-tɪŋ] *adj. u. s.* hochtrabend(es Geschwätz); **~ farm·ing** *s.* ⚘ inten'sive Bodenbewirtschaftung; **~ fi·del·i·ty** *s. Radio*: 'High-Fi'delity *f* (*hohe Wiedergabequalität*), Hi-Fi *n*; **͵~-fi'del·i·ty** *adj.* High-Fidelity-..., Hi-Fi-...; **~ fi·nance** *s.* 'Hochfi͵nanz *f*; **͵~-'fli·er** → ***highflyer***; **'~-flown** *adj.* **1.** bom'bastisch, hochtrabend; **2.** hochgesteckt (*Ziele etc.*), hochfliegend (*Pläne*); **͵~'fly·er** *s.* **1.** Erfolgsmensch *m*; **2.** Ehrgeizling *m*, ‚Aufsteiger' *m*; **3.** schnell steigende Aktie; **͵~-'fly·ing** *adj.* **1.** hochfliegend; **2.** → ***high-flown***; **~ fre·quen·cy** *s.* ⚡ 'Hochfre͵quenz *f*; **͵~-'fre·quen·cy** *adj.* Hochfrequenz...; **2 Ger·man** *s. ling.* Hochdeutsch *n*; **͵~-'grade** *adj.* erstklassig, hochwertig; **~ hand** *s.*: ***with a ~*** → **͵~-'hand·ed** *adj.* □ anmaßend, selbstherrlich, eigenmächtig; **~ hat** *s.* Zy'linder *m* (*Hut*); **͵~-'hat I** *s.* Snob *m*, hochnäsiger Mensch; **II** *adj.* hochnäsig; **III** *v/t. j-n* von oben her'ab behandeln; **͵~-'heeled** *adj.* hochhackig (*Schuhe*); **~ jump** *s. sport* Hochsprung *m*: ***be for the ~*** *Brit.* F ‚dran' sein; **'~·land** [-lənd] **I** *s.* Hoch-, Bergland *n*: ***the 2s of Scotland*** das schottische Hochland; **II** *adj.* hochländisch, Hochland...; **'2·land·er** [-ləndə] *s.* (*bsd. schottische*[*r*]) Hochländer(in); **͵~-'lev·el** *adj.* **1.** hoch: ***~ railway*** Hochbahn *f*; **2.** *fig.* auf hoher Ebene, Spitzen...: ***~ talks***; ***~ officials*** hohe Beamte; **~ life** *s.* Highlife *n* (*exklusives Leben der vornehmen Welt*); **'~·light I** *s.* **1.** *paint.*, *phot.* (Schlag)Licht *n*; **2.** *fig.* Höhe-, Glanzpunkt *m*; **3.** *pl.* (*Opern- etc.*)Querschnitt *m* (*Schallplatte etc.*); **II**

v/t. **4.** *fig.* ein Schlaglicht werfen auf (*acc.*), her'vorheben, groß her'ausstellen; **5.** *fig.* den Höhepunkt (*gen.*) bilden.

high·ly ['haɪlɪ] *adv.* hoch, höchst, äußerst, sehr: **~ gifted** hochbegabt; **~ placed** *fig.* hochgestellt; **~ strung → high-strung**; **~ paid** a) hochbezahlt, b) teuer bezahlt; **think ~ of** viel halten von.

High| Mass *s. eccl.* Hochamt *n*; **ˌƧ-'mind·ed** *adj.* hochgesinnt; **ˌƧ-'mind·ed·ness** *s.* hohe Gesinnung; **ˌƧ-'necked** *adj.* hochgeschlossen (*Kleid*).

high·ness ['haɪnɪs] *s.* **1.** *mst fig.* Höhe *f*; **2.** Ƨ Hoheit *f* (*in Titeln*); **3.** Haut'gout *m* (*von Fleisch etc.*).

ˌhigh|-'pitched *adj.* **1.** hoch (*Ton etc.*); **2.** △ steil; **3.** exaltiert: a) über'spannt, b) über'dreht, aufgeregt; **~ point** *s.* Höhepunkt *m*; **ˌ~-'pow·er(ed)** *adj.* **1.** ⚙ Hochleistungs…, Groß…, stark; **2.** *fig.* dy'namisch; **ˌ~-'pres·sure I** *adj.* **1.** ⚙ *u. meteor.* Hochdruck…: **~ area** Hoch (-druckgebiet) *n*; **~ engine** Hochdruckmaschine *f*; **2.** F a) aufdringlich, aggres'siv, b) dy'namisch: **~ salesman**; **II** *v/t.* **3.** F *Kunden* ‚beknien', ‚bearbeiten'; **ˌ~-'priced** *adj.* teuer; **~ priest** *s.* Hohe'priester *m* (*a. fig.*); **ˌ~-'prin·ci·pled** *adj.* von hohen Grundsätzen; **ˌ~-'proof** *adj.* stark alko'holisch; **'~-ˌrank·ing** *adj.*: **~ officer** hoher Offizier; **~ re·lief** *s.* 'Hochreliˌef *n*; **ˌ~-res·o·'lu·tion** *adj.* TV hochauflösend; **'~·rise I** *adj.* Hoch (-haus)…: **~ building → II** *s.* Hochhaus *n*; **'~·road** *s.* Hauptstraße *f*: **the ~ to success** *fig.* der sichere Weg zum Erfolg; **~ school** *s. Am.* High-School *f* (*weiterführende Schule*); **ˌ~-'sea** *adj.* Hochsee…; **~ sea·son** *s.* 'Hochsaiˌson *f*; **~ sign** *s. Am.* (*bsd.* warnendes) Zeichen; **'~-ˌsound·ing** *adj.* hochtönend, -trabend; **ˌ~-'speed** *adj.* **1.** ⚙ a) schnellaufend: **~ motor**, b) Schnell…, Hochleistungs…: **~ regulator**; **~ steel** Schnellarbeitsstahl *m*; **2.** *phot.* a) hochempfindlich: **~ film**, b) lichtstark: **~ lens**; **ˌ~-'spir·it·ed** *adj.* lebhaft, tempera'mentvoll; **~ spir·its** *s. pl.* fröhliche Laune, gehobene Stimmung; **~ spot** F **→ highlight** 2; **~ street** *s.* Hauptstraße *f*; **ˌ~-'strung** *adj.* reizbar, (äußerst) ner'vös; **~ ta·ble** *s. Brit. univ.* erhöhte Speisetafel (*für Dozenten etc.*); **'~-tail** *v/i. a.* **~ it** *Am.* F (da'hin-, da'von)rasen, (-)flitzen; **~ tea** *s. bsd. Brit.* frühes Abendessen; **~ tech** [tek] **→ high technology**; **ˌ~-'tech** *adj.* 'hochtechnoˌlogisch: **~ medicine** Apparatemedizin *f*; **~ tech·nol·o·gy** *s.* 'Hochtechnoloˌgie *f*; **~ ten·sion** *s.* ϟ Hochspannung *f*; **ˌ~-'ten·sion** *adj.* ϟ Hochspannungs…; **~ tide** *s.* **1.** Hochwasser *n* (*höchster Flutwasserstand*); **2.** *fig.* Höhepunkt *m*; **ˌ~-'toned** *adj.* **1.** *fig.* erhaben; **2.** vornehm; **~ trea·son** *s.* Hochverrat *m*; **'~-up** *s.* F ‚hohes Tier'; **~ volt·age → high tension**; **~ wa·ter → high tide** 1; **ˌ~-'wa·ter mark** *s.* a) Hochwasserstandsmarke *f*, b) *fig.* Höchststand *m*; **'~·way** *s.* Haupt(verkehrs)straße *f*, Highway *m*: **Federal ~** *Am.* Bundesstraße *f*; Ƨ **Code** *Brit.* Straßenverkehrsordnung *f*; **~ robbery** a) Straßenraub *m*, b) F *der* ‚reinste Nepp'; **the ~ to success** der sicherste Weg zum Erfolg; **all the ~s and byways** a) alle Wege, b) sämtliche Spielarten; **'~·way·man** [-mən] *s.* [*irr.*] Straßenräuber *m*.

hi·jack ['haɪdʒæk] **I** *v/t.* **1.** *Flugzeug* entführen; **2.** *Geldtransport etc.* über'fallen u. ausrauben; **II** *s.* **3.** Flugzeugentführung *f*; **4.** 'Überfall *m* (*auf Geldtransport etc.*); **'hiˌjack·er** [-kə] *s.* **1.** Flugzeugentführer *m*, 'Luftpiˌrat *m*; **2.** Räuber *m*; **'hiˌjack·ing** [-kɪŋ] **→ hijack** II.

hike [haɪk] **I** *v/i.* **1.** wandern; **2.** marschieren; **3.** hochrutschen (*Kleidungsstück*); **II** *v/t.* **4.** *mst* **~ up** hochziehen; **5.** *Am. Preise etc.* (drastisch) erhöhen; **III** *s.* **6.** a) Wanderung *f*, b) ⚔ Geländemarsch *m*; **7.** *Am.* (drastische) Erhöhung: **a ~ in prices**; **'hik·er** [-kə] *s.* Wanderer *m*.

hi·lar·i·ous [hɪ'leərɪəs] *adj.* □ vergnügt, 'übermütig, ausgelassen; **hi·lar·i·ty** [hɪ'lærətɪ] *s.* Ausgelassenheit *f*, 'Übermütigkeit *f*.

Hil·a·ry term ['hɪlərɪ] *s. Brit.* **1.** ⚖ *Gerichtstermine in der Zeit vom 11. Januar bis Mittwoch vor Ostern*; **2.** *univ.* 'Frühjahrsseˌmester *n*.

hill [hɪl] **I** *s.* **1.** Hügel *m*, Anhöhe *f*, kleiner Berg: **up ~ and down dale** bergauf u. bergab; **be over the ~** a) s-e besten Jahre hinter sich haben, b) *bsd.* ✠ über den Berg sein; **→ old** 3; **2.** (Erd- *etc.*)Haufen *m*; **II** *v/t.* **3.** *a.* **~ up** ↗ *Pflanzen* häufeln; **'~ˌbil·ly** *s. Am.* F *contp.* Hinterwäldler *m*: **~ music** Hillbilly-Musik *f*; **~ climb** *s. mot., Radsport*: Bergrennen *n*; **'~-ˌclimb·ing a·bil·i·ty** *s. mot.* Steigfähigkeit *f*.

hill·i·ness ['hɪlɪnɪs] *s.* Hügeligkeit *f*.

hill·ock ['hɪlək] *s.* kleiner Hügel.

ˌhill|'side *s.* Hang *m*, (Berg)Abhang *m*; **ˌ~'top** *s.* Bergspitze *f*.

hill·y ['hɪlɪ] *adj.* hügelig.

hilt [hɪlt] *s.* Heft *n*, Griff *m* (*Schwert etc.*): **up to the ~** a) bis ans Heft, b) *fig.* total; **armed to the ~** bis an die Zähne bewaffnet; **back s.o. up to the ~** j-n voll (u. ganz) unterstützen; **prove up to the ~** unwiderleglich beweisen.

him [hɪm] *pron.* **1.** a) ihn (*acc.*), b) ihm (*dat.*); **2.** F er (*nom.*): **it's ~** er ist es; **3.** den(jenigen), wer: **I saw ~ who did it**; **4.** *refl.* sich: **he looked about ~** er sah um sich.

Hi·ma·la·yan [ˌhɪmə'leɪən] *adj.* Himalaja…

him'self *pron.* **1.** *refl.* sich: **he cut ~**; **2.** sich (selbst): **he needs it for ~**; **3.** *verstärkend*: (er *od.* ihn *od.* ihm) selbst: **he ~ said it, he said it ~** er selbst sagte es, er sagte es selbst; **by ~** allein, ohne Hilfe, von selbst; **4. he is not quite ~** a) er ist nicht ganz normal, b) er ist nicht auf der Höhe; **he is ~ again** er ist wieder (ganz) der alte.

hind¹ [haɪnd] *s. zo.* Hindin *f*, Hirschkuh *f*.

hind² [haɪnd] *adj.* hinter, Hinter…: **~ leg** Hinterbein *n*; **talk the ~ legs off a donkey** F unaufhörlich reden; **~ wheel** Hinterrad *n*.

hind·er¹ ['haɪndə] *comp. von* **hind²**.

hin·der² ['hɪndə] **I** *v/t.* **1.** aufhalten; **2.** (**from**) hindern (an *dat.*), abhalten (von): **~ed in one's work** bei der Arbeit behindert *od.* gestört; **II** *v/i.* **3.** im Wege *od.* hinderlich sein, hindern.

Hin·di ['hɪndi:] *s. ling.* Hindi *n*.

'hind·most [-ndm-] *sup. von* **hind²**.

ˌhind'quar·ter *s.* **1.** 'Hinterviertel *n* (*vom Schlachttier*); **2.** *pl.* a) 'Hinterteil *n*, Gesäß *n*, b) 'Hinterhand *f* (*vom Pferd*).

hin·drance ['hɪndrəns] *s.* **1.** Hinderung *f*; **2.** Hindernis *n* (**to** für).

'hind·sight *s.* **1.** ⚔ Vi'sier *n*; **2.** *fig.* späte Einsicht: **by ~, with the wisdom of ~** ‚im nachhinein', hinterher; **foresight is better than ~** Vorsicht ist besser als Nachsicht; **~ is easier than foresight** hinterher ist man immer klüger (als vorher), *contp. a.* hinterher kann man leicht klüger sein (als vorher).

Hin·du [ˌhɪn'du:] **I** *s.* **1.** Hindu *m*; **2.** Inder *m*; **II** *adj.* **3.** Hindu…; **Hin·du·ism** ['hɪndu:ɪzəm] *s.* Hindu'ismus *m*; **Hin·du·sta·ni** [ˌhɪndʊ'stɑ:nɪ] **I** *s. ling.* Hindu'stani *n*; **II** *adj.* hindu'stanisch.

hinge [hɪndʒ] **I** *s.* **1.** ⚙ Schar'nier *n*, Gelenk *n*, (Tür)Angel *f*: **off its ~s** aus den Angeln, *fig. a.* aus den Fugen; **2.** *fig.* Angelpunkt *m*; **II** *v/t.* **3.** mit Scharnieren *etc.* versehen; **4.** *Tür etc.* einhängen; **III** *v/i.* **5.** *fig.*: **~ on** a) sich drehen um, b) abhängen von, ankommen auf (*acc.*); **hinged** [-dʒd] *adj.* (um ein Gelenk) drehbar, auf-, her'unter-, zs.-klappbar, Scharnier…; **hinge joint** *s.* **1. → hinge** 1; **2.** *anat.* Schar'niergelenk *n*.

hin·ny ['hɪnɪ] *s. zo.* Maulesel *m*.

hint [hɪnt] **I** *s.* **1.** Wink *m*: a) Andeutung *f*, b) Tip *m*, Hinweis *m*, Fingerzeig *m*: **broad ~** Wink mit dem Zaunpfahl; **take a** (*od.* **the**) **~** den Wink verstehen; **drop a ~** e-e Andeutung machen; **2.** Anspielung *f* (**at** auf *acc.*); **3.** Anflug *m*, Spur *f* (**of** von); **II** *v/t.* **4.** andeuten, *et.* zu verstehen geben; **III** *v/i.* **5.** (**at**) e-e Andeutung machen (von), anspielen (auf *acc.*).

hin·ter·land ['hɪntəlænd] *s.* **1.** 'Hinterland *n*; **2.** Einzugsgebiet *n*.

hip¹ [hɪp] *s.* **1.** *anat.* Hüfte *f*: **have s.o. on the ~** *fig.* j-n in der Hand haben; **2. → hip joint**; **3.** △ a) Walm *m*, b) Walmsparren *m*.

hip² [hɪp] *s.* ⚘ Hagebutte *f*.

hip³ [hɪp] *int.*: **~, ~, hurrah!** hipp, hipp, hurra!

hip⁴ [hɪp] *adj. sl.* **1. be ~** ‚voll dabei' sein (*in der Mode etc.*); **2. be ~ to** im Bilde *od.* auf dem laufenden sein über (*acc.*); **get ~ to** *et.* ‚spitzkriegen'.

'hip|·bath *s.* Sitzbad *n*; **'~·bone** *s. anat.* Hüftbein *n*; **~ flask** *s.* Taschenflasche *f*, ‚Flachmann' *m*; **~ joint** *s. anat.* Hüftgelenk *n*.

hipped¹ [hɪpt] *adj.* **1.** *in Zssgn* mit … Hüften; **2.** △ Walm…: **~ roof**.

hipped² [hɪpt] *adj. Am. sl.* versessen, ‚scharf' (**on** auf *acc.*).

hip·pie ['hɪpɪ] *s.* Hippie *m*.

hip·po ['hɪpəʊ] *pl.* **-pos** *s.* F *für* **hippopotamus**.

hip·po·cam·pus [ˌhɪpəʊ'kæmpəs] *pl.* **-pi** [-paɪ] *s.* **1.** *myth.* Hippo'kamp *m*; **2.** *ichth.* Seepferdchen *n*; **3.** *anat.* Ammonshorn *n* (*des Gehirns*).

hip pock·et *s.* Gesäßtasche *f*.

Hip·po·crat·ic [ˌhɪpəʊ'krætɪk] *s.* hippo'kratisch: **~ face**; **~ oath**.

hip·po·drome ['hɪpədrəʊm] *s.* **1.** Hippo-

ˈdrom *n*, Reitbahn *f*; **2.** a) Zirkus *m*, b) Varieˈté(theˌater) *n*; **3.** *sport Am. sl.* ‚Schiebung' *f*.
hip·po·griff, hip·po·gryph [ˈhɪpəgrɪf] *s.* Hippoˈgryph *m* (*Fabeltier*).
hip·po·pot·a·mus [ˌhɪpəˈpɒtəməs] *pl.* **-mus·es, -mi** [-maɪ] *s. zo.* Fluß-, Nilpferd *n*.
hip·py [ˈhɪpɪ] → ***hippie***.
ˈ**hip·shot** *adj.* **1.** mit verrenkter Hüfte; **2.** *fig.* (lenden)lahm.
hip·ster [ˈhɪpstə] *s. sl.* **1.** ‚cooler Typ'; **2.** *pl. a.* ~ ***trousers*** *Brit.* Hüfthose *f*.
hir·a·ble [ˈhaɪərəbl] *adj.* mietbar.
hire [ˈhaɪə] **I** *v/t.* **1.** *et.* mieten, *Flugzeug* chartern: **~*d car*** Leih-, Mietwagen *m*; **~*d airplane*** Charterflugzeug *n*; **2.** *a.* ~ ***on*** a) *j-n* ein-, anstellen, b) *bsd.* ⚓ anheuern, c) *j-n* engagieren: **~*d killer*** bezahlter *od.* gekaufter Mörder, Killer *m*; **3.** *mst* ~ ***out*** vermieten; **4.** ~ ***o.s. out*** e-e Beschäftigung annehmen (***to*** bei); **II** *s.* **5.** Miete *f*: ***on*** (*od.* ***for***) ~ a) mietweise, b) zu vermieten(d); ***for*** ~ frei (*Taxi*); ***take*** (***let***) ***a car on*** ~ ein Auto (ver)mieten; ~ ***car*** Leih-, Mietwagen *m*; **6.** Entgelt *n*, Lohn *m*.
hire·ling [ˈhaɪəlɪŋ] *mst contp.* **I** *s.* Mietling *m*; **II** *adj.* a) käuflich, b) *b.s.* angeheuert.
hire pur·chase *s. bsd. Brit.* ✝ Abzahlungs-, Teilzahlungs-, Ratenkauf *m*: ***buy on*** ~ auf Abzahlung kaufen; ˌ**~-ˈpur·chase** *adj.*: ~ ***agreement*** Abzahlungsvertrag *m*; ~ ***system*** Teilzahlungssystem *n*.
hir·er [ˈhaɪərə] *s.* **1.** Mieter(in); **2.** Vermieter(in).
hir·sute [ˈhɜːsjuːt] *adj.* **1.** haarig, zottig, struppig; **2.** ♀, *zo.* rauhhaarig, borstig.
his [hɪz] *poss. pron.* **1.** sein, seine: ~ ***family***; **2.** seiner (seine, seines), der (die, das) seine *od.* seinige: ***my father and*** ~ mein u. sein Vater; ***this hat is*** ~ das ist sein Hut, dieser Hut gehört ihm; ***a book of*** ~ eines seiner Bücher, ein Buch von ihm.
hiss [hɪs] **I** *v/i.* **1.** zischen; **II** *v/t.* **2.** auszischen, -pfeifen; **3.** zischeln; **III** *s.* **4.** Zischen *n*.
hist [sːt] *int.* sch!, pst!
his·tol·o·gist [hɪˈstɒlədʒɪst] *s.* ⚕ Histoˈloge *m*; **hisˈtol·o·gy** [-dʒɪ] *s.* ⚕ Histoloˈgie *f*, Gewebelehre *f*; **hisˈtol·y·sis** [-lɪsɪs] *s.* ⚕, *biol.* Histoˈlyse *f*, Gewebszerfall *m*.
his·to·ri·an [hɪˈstɔːrɪən] *s.* Hiˈstoriker (-in), Geschichtsforscher(in); **his·tor·ic** [hɪˈstɒrɪk] *adj.* (☐ **~*ally***) **1.** hiˈstorisch, geschichtlich (berühmt *od.* bedeutsam): ~ ***buildings***; ***a*** ~ ***speech***; **2.** → **his·tor·i·cal** [hɪˈstɒrɪkl] *adj.* ☐ **1.** hiˈstorisch: a) geschichtlich (belegt *od.* überˈliefert): ***a***(***n***) ~ ***event***, b) Geschichts...: ~ ***science***, c) geschichtlich orientiert: ~ ***materialism*** historischer Materialismus, d) geschichtlich(en Inhalts): ~ ***novel*** historischer Roman; **2.** → ***historic*** 1; **3.** *ling.* hiˈstorisch: ~ ***present***; **his·to·ric·i·ty** [ˌhɪstəˈrɪsətɪ] *s.* Geschichtlichkeit *f*; **his·to·ried** [ˈhɪstərɪd] → ***historic*** 1; **his·to·ri·og·ra·pher** [ˌhɪstɔːrɪˈɒgrəfə] *s.* Historioˈgraph *m*, Geschichtsschreiber *m*; **his·to·ri·og·ra·phy** [ˌhɪstɔːrɪˈɒgrəfɪ] *s.* Geschichtsschreibung *f*.
his·to·ry [ˈhɪstərɪ] *s.* **1.** Geschichte *f*: a) geschichtliche Vergangenheit *od.* Entwicklung, b) (*ohne art.*) Geschichtswissenschaft *f*: ~ ***book*** Geschichtsbuch *n*; ***ancient*** (***modern***) ~ alte (neuere) Geschichte; ~ ***of art*** Kunstgeschichte; ***go down in*** ~ ***as*** als … in die Geschichte eingehen; ***make*** ~ Geschichte machen; → ***natural history***; **2.** Werdegang *m* (*a.* ⚙), Entwicklung *f*, (Entwicklungs-) Geschichte *f*; **3.** *allg.*, *a.* ⚕ Vorgeschichte *f*, Vergangenheit *f*: (***case***) ~ Krankengeschichte *f*, Anamnese *f*; ***have a*** ~; **4.** (*a.* Lebens)Beschreibung *f*, Darstellung *f*; **5.** *paint.* Hiˈstorienbild *n*; **6.** hiˈstorisches Drama.
his·tri·on·ic [ˌhɪstrɪˈɒnɪk] **I** *adj.* (☐ **~*ally***) **1.** Schauspiel(er)…, schauspielerisch; **2.** theaˈtralisch; **II** *s.* **3.** *pl. a. sg. konstr.* a) Schauspielkunst *f*, b) *contp.* Schauspieleˈrei *f*, theaˈtralisches Getue.
hit [hɪt] **I** *s.* **1.** Schlag *m*, Hieb *m* (*a. fig.*); **2.** *a. sport u. fig.* Treffer *m*: ***make a*** ~ a) e-n Treffer erzielen, b) *fig.* gut ankommen (***with*** bei); **3.** Glücksfall *m*, Erfolg *m*; **4.** *thea.*, *Buch etc.*: Schlager *m*, ‚Knüller' *m*, Hit *m*: ***song*** ~ Schlager, Hit; ***he*** (***it***) ***was a great*** ~ (***with***) er (es) war ein großer Erfolg (bei); **5.** (Seiten)Hieb *m*, Spitze *f* (***at*** gegen); **6.** *bsd. Am. sl.* ‚Abschuß' *m*, Ermordung *f*; **II** *v/t.* [*irr.*] **7.** schlagen, stoßen; *Auto etc.* rammen: ~ ***one's head against s.th.*** mit dem Kopf gegen et. stoßen; **8.** treffen (*a. fig.*): ***be*** ~ ***by a bullet***; ***when it*** **~*s you*** *fig.* wenn es dich packt; ***you've*** ~ ***it*** *fig.* du hast es getroffen (*ganz recht*); **9.** (*seelisch*) treffen: ***be hard*** (*od.* ***badly***) ~ schwer getroffen sein (***by*** durch); **10.** stoßen *od.* kommen auf (*acc.*), treffen, finden: ~ ***the right road***; ~ ***a mine*** ⚓, ⚔ auf e-e Mine laufen; ~ ***the solution*** die Lösung finden; **11.** *fig.* geißeln, scharf kritisieren; **12.** erreichen, *et.* ‚schaffen': ***the car*** **~*s 100 mph***; ***prices*** ~ ***an all-time high*** die Preise erreichten e-e Rekordhöhe; ~ ***the town*** in der Stadt ankommen; **III** *v/i.* [*irr.*] **13.** treffen; **14.** schlagen (***at*** nach); **15.** stoßen, schlagen (***against*** gegen); **16.** ~ (***up***)***on*** → 10; ~ ***back*** *v/i.* zuˈrückschlagen (*a. fig.*): ~ ***at s.o.*** j-m Kontra geben; ~ ***off*** *v/t.* **1.** treffend *od.* überˈzeugend darstellen *od.* schildern; *die Ähnlichkeit* genau treffen; **2.** ***hit it off with s.o.*** sich bestens vertragen *od.* glänzend auskommen mit j-m; ~ ***out*** *v/i.* um sich schlagen: ~ ***at*** auf *j-n* einschlagen, *fig.* über *j-n od. et.* losziehen.
ˌ**hit**|**-and-ˈmiss** *adj.* **1.** mit wechselndem Erfolg; **2.** → ***hit-or-miss***; ˌ**~-and-ˈrun** **I** *adj.* **1.** ~ ***accident*** → 3; ~ ***driver*** (unfall)flüchtiger Fahrer; **2.** kurz(lebig); **II** *s.* **3.** Unfall *m* mit Fahrerflucht.
hitch [hɪtʃ] **I** *s.* **1.** Ruck *m*, Zug *m*; **2.** ⚓ Stich *m*, Knoten *m*; **3.** ‚Haken' *m*: ***there is a*** ~ (***somewhere***) die Sache hat (irgendwo) e-n Haken; ***without a*** ~ reibungslos, glatt; **II** *v/t.* **4.** (ruckartig) ziehen: ~ ***up one's trousers*** s-e Hosen hochziehen; **5.** befestigen, festhaken, ankoppeln, *Pferd* anspannen: ***get*** **~*ed*** → 8; **III** *v/i.* **6.** hinken; **7.** sich festhaken; **8.** *a.* ~ ***up*** F heiraten; **9.** → ˈ**~-hike** *v/i.* F ‚per Anhalter' fahren, trampen; ˈ**~hik·er** *s.* F Anhalter(in), Tramper (-in).
hi-tech [ˌhaɪˈtek] → ***high-tech***.
hith·er [ˈhɪðə] **I** *adv.* hierher: ~ ***and thither*** hierhin u. dorthin, hin und her; **II** *adj.* diesseitig: ***the*** ~ ***side*** die nähere Seite; ♀ ***India*** Vorderindien *n*; ˌ**~ˈto** [-ˈtuː] *adv.* bisˈher, bis jetzt.
Hit·ler·ism [ˈhɪtlərɪzəm] *s.* Naˈzismus *m*; ˈ**Hit·ler·ite** [-raɪt] **I** *s.* Nazi *m*; **II** *adj.* naˈzistisch.
hit| **list** *s. sl.* Abschußliste *f* (*a. fig.*); ~ **man** *s.* [*irr.*] *Am. sl.* Killer *m*; ˈ**~-off** *s.* treffende Nachahmung, überˈzeugende Darstellung; ~ **or miss** *adv.* aufs Geraˈtewohl; ˌ**~-or-ˈmiss** *adj.* **1.** sorglos, unbekümmert; **2.** aufs Geraˈtewohl getan; ~ **pa·rade** *s.* ˈHitpaˌrade *f*.
Hit·tite [ˈhɪtaɪt] *s. hist.* Heˈthiter *m*.
hive [haɪv] **I** *s.* **1.** Bienenkorb *m*, -stock *m*; **2.** Bienenvolk *n*, -schwarm *m*; **3.** *fig.* a) *a.* ~ ***of activity*** *das* reinste Bienenhaus, b) Sammelpunkt *m*, c) Schwarm *m* (*von Menschen*); **II** *v/t.* **4.** *Bienen* in e-n Stock bringen; **5.** *Honig* im Bienenstock sammeln; **6.** *a.* ~ ***up*** *fig.* a) sammeln, b) auf die Seite legen; **7.** ~ ***off*** a) *Amt etc.* abtrennen (***from*** von), b) reprivatisieren; **III** *v/i.* **8.** in den Stock fliegen (*Bienen*): ~ ***off*** *fig.* a) abschwenken, b) sich selbständig machen; **9.** sich zs.-drängen.
hives [haɪvz] *s. pl. sg. od. pl. konstr.* ⚕ Nesselausschlag *m*.
ho [həʊ] *int.* **1.** halt!, holla!, heda!; **2.** naˈnu!; **3.** *contp.* haˈha!, pah!; **4.** ***westward*** **~*!*** auf nach Westen!; ***land*** **~*!*** ⚓ Land in Sicht!
hoar [hɔː] *adj. obs.* **1.** → ***hoary***; **2.** (*vom Frost*) bereift, weiß.
hoard [hɔːd] **I** *s.* a) Hort *m*, Schatz *m*, b) Vorrat *m* (***of*** an *dat.*); **II** *v/t. u. v/i. a.* ~ ***up*** horten, hamstern; ˈ**hoard·er** [-də] *s.* Hamsterer *m*.
hoard·ing [ˈhɔːdɪŋ] *s.* **1.** Bau-, Bretterzaun *m*; **2.** *Brit.* Reˈklamewand *f*.
ˌ**hoarˈfrost** *s.* (Rauh)Reif *m*.
hoarse [hɔːs] *adj.* ☐ heiser; ˈ**hoarse·ness** [-nɪs] *s.* Heiserkeit *f*.
hoar·y [ˈhɔːrɪ] *adj.* ☐ **1.** weißlich; **2.** a) (alters)grau, ergraut, b) *fig.* altersgrau, (ur)alt, ehrwürdig.
hoax [həʊks] **I** *s.* **1.** Falschmeldung *f*, (Zeitungs)Ente *f*; **2.** Schabernack *m*, Streich *m*; **II** *v/t.* **3.** *j-n* zum besten haben, *j-m* e-n Bären aufbinden *od.* et. weismachen.
hob¹ [hɒb] **I** *s.* **1.** Kaˈmineinsatz *m*, -vorsprung *m* (*für Kessel etc.*); **2.** → ***hobnail***; **3.** ⚙ a) (Ab)Wälzfräser *m*, b) Strehlbohrer *m*; **II** *v/t.* **4.** ⚙ abwälzen, verzahnen: **~*bing machine*** → 3a.
hob² [hɒb] *s.* Kobold *m*: ***play*** (*od.* ***raise***) ~ ***with*** Schindluder treiben mit.
hob·ble [ˈhɒbl] **I** *v/i.* **1.** humpeln, hoppeln, *a. fig.* hinken, holpern; **II** *v/t.* **2.** *e-m Pferd etc.* die Vorderbeine fesseln; **3.** hindern; **III** *s.* **4.** Humpeln *n*.
hob·ble·de·hoy [ˌhɒbldɪˈhɔɪ] *s.* F (junger) Tolpatsch *od.* Flegel.
hob·by [ˈhɒbɪ] *s. fig.* Steckenpferd *n*, Liebhabeˈrei *f*, Hobby *n*; ˈ**~·horse** *s.* **1.** Steckenpferd *n* (*a. fig.*); **2.** Schaukelpferd *n*; **3.** Karusˈsellpferd *n*; ˈ**hob·by·ist** [-ɪɪst] *s.* Hobbyˈist *m*, *engS. a.* Bastler *m*, Heimwerker *m*.
hob·gob·lin [ˈhɒbgɒblɪn] *s.* **1.** Kobold *m*; **2.** *fig.* (Schreck)Gespenst *n*.
ˈ**hob·nail** *s.* grober Schuhnagel; ˈ**hob-**

nailed *adj.* **1.** genagelt; **2.** *fig.* ungehobelt; ˈ**hob·nail(ed) liv·er** *s.* ⚕ Säuferleber *f.*

ˈ**hob·nob** *v/i.* **1.** inˈtim *od.* ‚auf du u. duˈ sein, freundschaftlich verkehren (***with*** mit); **2.** plaudern (***with*** mit).

ho·bo [ˈhəʊbəʊ] *pl.* **-bos, -boes** *s. Am.* **1.** Wanderarbeiter *m*; **2.** Landstreicher *m*, Tippelbruder *m*.

Hob·son's choice [ˈhɒbsnz] *s.*: ***it's*** ~ man hat keine andere Wahl.

hock¹ [hɒk] **I** *s.* **1.** *zo.* Sprung-, Fesselgelenk *n* (*der Huftiere*); **2.** Hachse *f* (*beim Schlachttier*); **II** *v/t.* **3.** → ***hamstring*** 3.

hock² [hɒk] *s.* **1.** weißer Rheinwein; **2.** trockener Weißwein.

hock³ [hɒk] F **I** *s.*: ***in*** ~ a) verschuldet, b) versetzt, verpfändet, c) *Am.* im ‚Knast'; **II** *v/t.* versetzen, verpfänden.

hock·ey [ˈhɒkɪ] *s.* a) Hockey *n*, b) *bsd. Am.* Eishockey *n*: ~ ***stick*** Hockeyschläger *m*.

ˈ**hock·shop** *s. sl.* Pfandhaus *n*.

ho·cus [ˈhəʊkəs] *v/t.* **1.** betrügen; **2.** *j-n* betäuben; **3.** *e-m Getränk* ein Betäubungsmittel beimischen; ˌ~-ˈ**po·cus** [-ˈpəʊkəs] *s.* Hokusˈpokus *m*: a) *Zauberformel*, b) Schwindel *m*, fauler Zauber.

hod [hɒd] *s.* **1.** ⚠ Mörteltrog *m*, Steinbrett *n* (*zum Tragen*): ~ ***carrier*** → ***hodman*** 1; **2.** Kohleneimer *m*.

hodge·podge [ˈhɒdʒpɒdʒ] *bsd. Am.* → ***hotchpotch***.

ˈ**hod·man** [-mən] *s.* [*irr.*] **1.** ⚠ Mörtel-, Ziegelträger *m*; **2.** Handlanger *m*.

ho·dom·e·ter [hɒˈdɒmɪtə] *s.* Hodoˈmeter *n*, Wegmesser *m*, Schrittzähler *m*.

hoe [həʊ] ⚒ **I** *s.* Hacke *f*; **II** *v/t.* *Boden* hacken; *Unkraut* aushacken: ***a long row to*** ~ e-e schwere Aufgabe.

hog [hɒg] **I** *s.* **1.** (Haus-, Schlacht-) Schwein *n*, *Am. allg.* (*a.* Wild)Schwein *n*: ***go the whole*** ~ F aufs Ganze gehen, ganze Arbeit leisten; **2.** F a) Vielfraß *m*, b) Flegel *m*, c) Schmutzfink *m*, Ferkel *n*; **3.** ⚓ Scheuerbesen *m*; **4.** ⚙ *Am.* (Reiß)Wolf *m*; **5.** → ***hogget***; **II** *v/t.* **6.** *den Rücken* krümmen; **7.** scheren, stutzen; **8.** (gierig) verschlingen, ‚fressen', *fig. a.* an sich reißen, mit Beschlag belegen: ~ ***the road*** → 10; **III** *v/i.* **9.** den Rücken krümmen; **10.** F rücksichtslos in der (Fahrbahn)Mitte fahren; ˈ~·**back** *s.* langer u. scharfer Gebirgskamm; ~ **chol·er·a** *s. vet. Am.* Schweinepest *f*.

hog·get [ˈhɒgɪt] *s. Brit. noch ungeschorenes* einjähriges Schaf.

hog·gish [ˈhɒgɪʃ] *adj.* □ a) schweinisch, b) rücksichtslos, c) gierig, gefräßig.

hog·ma·nay [ˈhɒgməneɪ] *s. Scot.* Silˈvester *m*, *n*.

hog| **mane** *s.* gestutzte Pferdemähne; ˈ~**'s-back** → ***hogback***.

hogs·head [ˈhɒgzhed] *s.* **1.** *Hohlmaß, etwa 240 l*; **2.** großes Faß.

ˈ**hog**|·**skin** *s.* Schweinsleder *n*; ˈ~-**tie** *v/t.* **1.** *e-m Tier* alle vier Füße zs.-binden; **2.** *fig.* lähmen, (be)hindern; ˈ~-**wash** *s.* **1.** Schweinefutter *n*; **2.** *contp.* ‚Spülwasser' *n* (*Getränk*); **3.** Quatsch *m*, ‚Mist' *m*.

hoi(c)k [hɔɪk] *v/t.* ✈ hochreißen.

hoicks [hɔɪks] *int. hunt.* hussa! (*Hetzruf an Hunde*).

hoi pol·loi [ˌhɔɪˈpɒlɔɪ] (*Greek*) *s.* **1.** ***the*** ~ die (breite) Masse, der Pöbel; **2.** *Am. sl.* ‚Tamˈtam' *n* (***about*** um).

hoist¹ [hɔɪst] *obs. p.p.*: ~ ***with one's own petard*** *fig.* in der eigenen Falle gefangen.

hoist² [hɔɪst] **I** *v/t.* **1.** hochziehen, -winden, hieven, heben; **2.** *Flagge*, *Segel* hissen; **3.** *Am. sl.* ‚klauen'; **4.** ~ ***a few*** *Am. sl.* ein paar ‚heben'; **II** *s.* **5.** (Lasten)Aufzug *m*, Hebezeug *n*, Kran *m*, Winde *f*.

hoist·ing| **cage** [ˈhɔɪstɪŋ] *s.* ⚒ Förderkorb *m*; ~ **crane** *s.* ⚙ Hebekran *m*; ~ **en·gine** *s.* **1.** ⚙ Hebewerk *n*; **2.** ⚒ ˈFördermaˌschine *f*.

hoi·ty-toi·ty [ˌhɔɪtɪˈtɔɪtɪ] **I** *adj.* **1.** hochnäsig; **2.** leichtsinnig; **II** *s.* **3.** Hochnäsigkeit *f*.

ho·k(e)y-po·k(e)y [ˌhəʊkɪˈpəʊkɪ] *s.* **1.** *sl.* → ***hocus-pocus***; **2.** Speiseeis *n*.

ho·kum [ˈhəʊkəm] *s. sl.* **1.** *thea.* ‚Mätzchen' *pl.*, Kitsch *m*; **2.** ‚Krampf' *m*, Quatsch *m*.

hold¹ [həʊld] *s.* ⚓, ✈ Lade-, Frachtraum *m*.

hold² [həʊld] **I** *s.* **1.** Halt *m*, Griff *m*: ***catch*** (*od.* ***get***, ***lay***, ***seize***, ***take***) ~ ***of s.th.*** et. ergreifen *od.* in die Hand bekommen *od.* zu fassen bekommen *od.* erwischen; ***get*** ~ ***of s.o.*** j-n erwischen; ***get*** ~ ***of o.s.*** *fig.* sich in die Gewalt bekommen; ***keep*** ~ ***of*** festhalten; ***let go one's*** ~ ***of*** loslassen; ***miss one's*** ~ danebengreifen; ***take*** ~ *fig.* sich festsetzen, Wurzel fassen; **2.** Halt *m*, Stütze *f*: ***afford no*** ~ keinen Halt bieten; **3.** *Ringen*: Griff *m*: (***with***) ***no*** ~***s barred*** *fig.* mit harten Bandagen (*kämpfen*); **4.** (***on***, ***over***, ***of***) Gewalt *f*, Macht *f* (über *acc.*), Einfluß (auf *acc.*): ***get a*** ~ ***on s.o.*** j-n unter s-n Einfluß *od.* in s-e Macht bekommen; ***have a*** (***firm***) ~ ***on s.o.*** j-n in s-r Gewalt haben, j-n beherrschen; **5.** *Am.* Einhalt *m*: ***put a*** ~ ***on s.th.*** et. stoppen; **6.** *Raumfahrt*: Unterˈbrechung *f* des Countdown; **II** *v/t.* [*irr.*] **7.** (fest)halten; **8.** sich *die Nase*, *die Ohren* zuhalten: ~ ***one's nose*** (***ears***); **9.** *Gewicht*, *Last etc.* tragen, (aus)halten; **10.** *in e-m Zustand* halten: ~ ***o.s. erect*** sich geradehalten; ~ (***o.s.***) ***ready*** (sich) bereithalten; **11.** (zuˈrück-, ein-) behalten: ~ ***the shipment*** die Sendung zurück(be)halten; ~ ***everything!*** sofort aufhören!; **12.** zuˈrück-, abhalten (***from*** von *et.*, ***from doing s.th.*** davon, et. zu tun); **13.** an-, aufhalten, im Zaume halten: ***there is no*** ~***ing him*** er ist nicht zu halten *od.* zu bändigen; ~ ***the enemy*** den Feind aufhalten; **14.** *Am.* a) *j-n* festnehmen: ***12 persons were held***, b) in Haft halten; **15.** *sport* sich erfolgreich verteidigen gegen *den Gegner*; **16.** *j-n* festlegen (***to*** auf *acc.*): ~ ***s.o. to his word*** j-n beim Wort nehmen; **17.** a) *Versammlung*, *Wahl etc.* abhalten, b) *Fest etc.* veranstalten, c) *sport Meisterschaft etc.* austragen; **18.** (beibe)halten: ~ ***the course***; **19.** *Alkohol* vertragen: ~ ***one's liquor well*** e-e ganze Menge vertragen; **20.** ⚔ *u. fig.* *Stellung* halten, behaupten: ~ ***one's own*** sich behaupten (***with*** gegen); ~ ***the stage*** a) sich halten (*Theaterstück*), b) *fig.* die Szene beherrschen, im Mittelpunkt stehen; → ***fort***; **21.** innehaben: a) besitzen: ~ ***land*** (***shares***, *etc.*), b) *Amt* bekleiden, c) *Titel* führen, d) *Platz etc.* einnehmen, e) *Rekord* halten; **22.** fassen: a) enthalten: ***the tank*** ~***s 10 gallons***, b) Platz bieten für, ˈunterbringen (können): ***the hotel*** ~***s 500 guests***; ***the place*** ~***s many memories*** der Ort ist voll von Erinnerungen; ***life*** ~***s many surprises*** das Leben ist voller Überraschungen; ***what the future*** ~***s*** was die Zukunft bringt; **23.** *Bewunderung etc.* hegen, *a. Vorurteile etc.* haben (***for*** für); **24.** behaupten, meinen: ~ (***the view***) ***that*** die Ansicht vertreten *od.* der Ansicht sein, daß; **25.** halten für: ***I*** ~ ***him to be a fool***; ***it is held to be true*** man hält es für wahr; **26.** ⚖ entscheiden (***that*** daß); **27.** *fig.* fesseln: ~ ***the audience***; ~ ***s.o.'s attention***; **28.** ~ ***to*** *Am.* beschränken auf (*acc.*); **29.** ~ ***against*** *j-m et.* vorwerfen *od.* verübeln; **30.** ♪ *Ton* (aus)halten; **III** *v/i.* [*irr.*] **31.** (stand)halten: ***will the bridge*** ~***?***; **32.** (sich) festhalten (***by***, ***to*** an *dat.*); **33.** sich verhalten: ~ ***still*** stillhalten; **34.** *a.* ~ ***good*** (weiterhin) gelten, gültig sein *od.* bleiben: ***the promise still*** ~***s*** das Versprechen gilt noch; **35.** anhalten, andauern: ***the fine weather held***; ***my luck held*** das Glück blieb mir treu; **36.** einhalten: ~***!*** halt!; **37.** ~ ***by*** (*od.* ***to***) *j-m od. e-r Sache* treu bleiben; **38.** ~ ***with*** es halten mit *j-m*, für *j-n od. et.* sein;

Zssgn mit adv.:

hold| **back I** *v/t.* **1.** zuˈrückhalten; **2.** → ***hold in***; **3.** zuˈrückhalten mit, verschweigen; **II** *v/i.* **4.** sich zuˈrückhalten (*a. fig.*); **5.** nicht mit der Sprache herˈausrücken; ~ **down** *v/t.* **1.** niederhalten, *fig. a.* unterˈdrücken; **2.** F a) *e-n Posten* (inne)haben, b) sich *in e-r Stellung* halten; ~ **forth I** *v/t.* **1.** (an)bieten; **2.** in Aussicht stellen; **II** *v/i.* **3.** sich auslassen *od.* verbreiten (***on*** über *acc.*); **4.** *Am.* stattfinden; ~ **in I** *v/t.* im Zaum halten, zuˈrückhalten: ***hold o.s. in*** a) → II, b) den Bauch einziehen; **II** *v/i.* sich zuˈrückhalten; ~ **off I** *v/t.* **1.** a) ab-, fernhalten, b) abwehren; **2.** *et.* aufschieben, *j-n* hinhalten; **II** *v/i.* **3.** sich fernhalten (***from*** von); **4.** a) zögern, b) warten; **5.** ausbleiben; ~ **on** *v/i.* **1.** *a. fig.* (*a.* sich) festhalten (***to*** an *dat.*); **2.** aus-, ˈdurchhalten; **3.** andauern, -halten; **4.** *teleph.* am Appaˈrat bleiben; **5.** ~***!*** immer langsam!, halt!; **6.** ~ ***to*** *et.* behalten; ~ **out I** *v/t.* **1.** *die Hand etc.* ausstrecken: ***hold s.th. out to s.o.*** j-m et. hinhalten; **2.** in Aussicht stellen: ~ ***little hope*** wenig Hoffnung äußern *od.* haben; **3.** ***hold o.s. out as*** *Am.* sich ausgeben für *od.* als; **II** *v/i.* **4.** reichen (*Vorräte*); **5.** aus-, ˈdurchhalten; **6.** sich behaupten (***against*** gegen); **7.** ~ ***on s.o.*** j-m et. vorenthalten *od.* verheimlichen; **8.** ~ ***for*** F bestehen auf (*dat.*); ~ **o·ver** *v/t.* **1.** *et.* vertagen, -schieben (***until*** auf *acc.*); **2.** ✝ prolongieren; **3.** *Amt etc.* (weiter) behalten; **4.** *thea. etc.* *j-s* Engageˈment verlängern (***for*** um); ~ **to·geth·er** *v/t. u. v/i.* zs.-halten (*a. fig.*); ~ **up I** *v/t.* **1.** (hoch)heben; **2.** hochhalten: ~ ***to view*** den Blicken darbieten; **3.** halten, stützen, tragen; **4.** aufrechterhalten; **5.** ~ ***as*** als *Beispiel etc.* hinstellen; **6.** *j-n od. et.* aufhalten, *et.* verzögern; **7.** *j-n*, *e-e Bank etc.* über-

ˈfallen; **II** *v/i.* **8.** → ***hold out*** 5, 6; **9.** sich halten (*Preise*, *Wetter*); **10.** sich bewahrheiten.

ˈhold|·all *s.* Reisetasche *f*; **ˈ~·back** *s.* Hindernis *n*.

hold·er [ˈhəʊldə] *s.* **1.** *oft in Zssgn* Halter *m*, Behälter *m*; **2.** ⚙ a) Halter(ung *f*) *m*, b) Zwinge *f*; **3.** ⚡ (Lampen)Fassung *f*; **4.** Pächter *m*; **5.** ✝ Inhaber(in) (*e-s Patents*, *Schecks etc.*), Besitzer(in): ***previous ~*** Vorbesitzer *m*; **6.** *sport* Inhaber(in) (*e-s Rekords*, *Titels etc.*).

ˈhold·fast *s.* **1.** ⚙ Klammer *f*, Zwinge *f*, Haken *m*, Kluppe *f*; **2.** ⚘ Haftscheibe *f*.

hold·ing [ˈhəʊldɪŋ] *s.* **1.** (Fest)Halten *n*; **2.** ⚖ a) Pachtgut *n*, b) Pacht *f*, c) Grundbesitz *m*; **3.** *oft pl.* a) Besitz *m*, Bestand *m* (*an Effekten etc.*), b) (Aktien)Anteil *m*, (-)Beteiligung *f*: ***large steel ~s*** ✝ großer Besitz von Stahl(werks)aktien; **4.** ✝ a) Vorrat *m*, b) Guthaben *n*; **5.** ⚖ (gerichtliche) Entscheidung; **~ at·tack** *s.* ⚔ Fesselungsangriff *m*; **~ com·pa·ny** *s.* ✝ Dach-, Holdinggesellschaft *f*; **~ pat·tern** *s.* ✈ Warteschleife *f*.

ˈhold|ˌo·ver *s.* **1.** ‚Überbleibsel' *n* (*Amtsträger etc.*); **2.** *Film etc.*: a) Verlängerung *f*, b) *Künstler etc.*, *dessen Engagement verlängert worden ist*; **ˈ~-up** *s.* **1.** Verzögerung *f*, (*a.* Verkehrs)Stokkung *f*; **2.** (bewaffneter) (ˈRaub)ˌÜberfall.

hole [həʊl] **I** *s.* **1.** Loch *n*: ***be in a ~*** *fig.* in der Klemme sitzen; ***make a ~ in*** *fig.* ein Loch reißen in (*Vorräte*); ***pick ~s in*** *fig.* a) an *e-r Sache* herumkritteln, b) *Argument etc.* zerpflücken, c) *j-m* am Zeug flicken; ***full of ~s*** *fig.* fehlerhaft, ‚wack(e)lig' (*Theorie etc.*); ***like a ~ in the head*** F *unnötig* wie ein Kropf; **2.** Loch *n*, Grube *f*; **3.** Höhle *f*, Bau *m* (*Tier*); **4.** *fig.* ‚Loch' *n*: a) (Bruch)Bude *f*, b) ‚Kaff' *n*, c) Schlupfwinkel *m*; **5.** *Golf*: a) Hole *n*, Loch *n*, b) (Spiel)Bahn *f*: ***~ in one*** As *n*; **II** *v/t.* **6.** ein Loch machen in (*acc.*), durchˈlöchern; **7.** ⚒ schrämen; **8.** *Tier* in s-e Höhle treiben; **9.** *Golf*: *Ball* einlochen; **III** *v/i.* **10.** *mst **~ up*** a) sich in die Höhle verkriechen (*Tier*), b) *Am.* F sich verstecken *od.* -kriechen; **11.** *a.* ***~ out*** *Golf*: einlochen.

ˌhole-and-ˈcor·ner [-ndˈk-] *adj.* **1.** heimlich, versteckt; **2.** anrüchig; **3.** armselig.

hol·i·day [ˈhɒlədɪ] **I** *s.* **1.** (***public ~*** gesetzlicher) Feiertag; **2.** freier Tag, Ruhetag *m*: ***have a ~*** e-n freien Tag haben (→ 3); ***have a ~ from*** sich von *et.* erholen können; **3.** *mst pl. bsd. Brit.* Ferien *pl.*, Urlaub *m*: ***the Easter ~s*** die Osterferien; ***be on ~*** im Urlaub sein; ***go on ~*** in Urlaub gehen; ***have a ~*** Urlaub haben (→ 2); ***take a ~*** Urlaub nehmen *od.* machen; ***~s with pay*** bezahlter Urlaub; **II** *adj.* **4.** Feiertags...: ***~ clothes*** Festtagskleidung *f*; **5.** *bsd. Brit.* Ferien..., Urlaubs...: ***~ camp*** Feriendorf *n*; ***~ course*** Ferienkurs *m*; **III** *v/i.* **6.** *bsd. Brit.* Ferien *od.* Urlaub machen; **ˈ~ˌmak·er** *s. bsd. Brit.* Urlauber(in).

ˌho·li·er-than-ˈthou [ˌhəʊlɪə-] *Am.* F **I** *s.* ‚Phariˈsäer' *m*; **II** *adj.* phariˈsäisch.

ho·li·ness [ˈhəʊlɪnɪs] *s.* Heiligkeit *f*: ***His* ♀** Seine Heiligkeit (*Papst*).

ho·lism [ˈhəʊlɪzəm] *s. phls.* Hoˈlismus *m* (*Ganzheitstheorie*); **ho·lis·tic** [həʊˈlɪstɪk] *adj.* hoˈlistisch.

Hol·lands [ˈhɒləndz], *a.* **Hol·land gin** *s.* Geˈnever *m*.

hol·ler [ˈhɒlə] *v/i. u. v/t.* F brüllen.

hol·low [ˈhɒləʊ] **I** *s.* **1.** Höhle *f*, (Aus-)Höhlung *f*, Hohlraum *m*: ***~ of the hand*** hohle Hand; ***~ of the knee*** Kniekehle *f*; ***have s.o. in the ~ of one's hand*** *fig.* j-n völlig in der Hand haben; **2.** Vertiefung *f*, Mulde *f*, Senke *f*; **3.** ⚙ a) Hohlkehle *f*, b) (Guß)Blase *f*; **II** *adj.* □ → *a.* III; **4.** hohl, Hohl...; **5.** hohl, dumpf (*Ton*, *Stimme*); **6.** *fig.* a) hohl, leer: ***feel ~*** Hunger haben, b) falsch: ***~ promises***; ***~ victory*** wertloser Sieg; **7.** hohl: a) eingefallen (*Wangen*), b) tiefliegend (*Augen*); **III** *adv.* **8.** hohl: ***ring ~*** hohl *od.* unglaubwürdig klingen; ***beat s.o. ~*** F j-n vernichtend schlagen; **IV** *v/t.* **9.** *oft **~ out*** aushöhlen, -kehlen; **~ bit** *s.* ⚙ Hohlmeißel *m*, -bohrer *m*; **~ charge** *s.* ⚔ Haft-Hohlladung *f*; **ˌ~-ˈcheeked** *adj.* hohlwangig; **ˈ~-eyed** *adj.* hohläugig; **ˌ~-ˈground** *adj.* ⚙ hohlgeschliffen.

hol·low·ness [ˈhɒləʊnɪs] *s.* **1.** Hohlheit *f*; **2.** Dumpfheit *f*; **3.** *fig.* a) Hohlheit *f*, Leere *f*, b) Falschheit *f*.

hol·low| square *s.* ⚔ Karˈree *n*; **~ tile** *s.* ⚙ Hohlziegel *m*; **ˈ~·ware** *s.* tiefes (Küchen)Geschirr (*Töpfe etc.*).

hol·ly [ˈhɒlɪ] *s.* **1.** ⚘ Stechpalme *f*; **2.** Stechpalmenzweige *pl.*

ˈhol·ly·hock *s.* ⚘ Stockrose *f*.

hol·o·caust [ˈhɒləkɔːst] *s.* **1.** Massenvernichtung *f*, (*engS.* ˈBrand)KataˌstrOphe *f*: ***the* ♀** *pol. hist.* der Holocaust; **2.** Brandopfer *n*.

hol·o|·cene [ˈhɒləʊsiːn] *s. geol.* Holoˈzän *n*, Alˈluvium *n*; **ˈ~·gram** [-əʊgræm] *s. phys.* Holoˈgramm *n*; **ˈ~·graph** [-əʊgrɑːf; -əʊgræf] *adj. u. s.* ⚖ eigenhändig geschrieben(e Urkunde).

hols [hɒlz] *s. pl. Brit.* F *für* ***holiday*** 3.

hol·ster [ˈhəʊlstə] *s.* (Piˈstolen)Halfter *f*, *n*.

ho·ly [ˈhəʊlɪ] **I** *adj.* □ **1.** heilig, (*Hostie etc.*) geweiht: ***~ cow*** (*od.* ***smoke)!*** F ‚heiliger Bimbamˈ!; **2.** fromm; **3.** gottgefällig; **II** *s.* **4.** ***the ~ of holies*** *bibl.* das Allerheiligste; **♀ Al·li·ance** *s. hist. die* Heilige Alliˈanz; **~ bread** *s.* Abendmahlsbrot *n*, Hostie *f*; **♀ Cit·y** *s. die* Heilige Stadt; **~ day** *s.* kirchlicher Feiertag; **♀ Fa·ther** *s. der* Heilige Vater; **♀ Ghost** *s. der* Heilige Geist; **♀ Land** *s. das* Heilige Land; **♀ Of·fice** *s. R.C.* a) *hist. die* Inquisitiˈon, b) *das* Heilige Ofˈfizium; **♀ Ro·man Em·pire** *s. hist. das* Heilige Römische Reich; **♀ Sat·ur·day** *s.* Karˈsamstag *m*; **♀ Scrip·ture** *s. die* Heilige Schrift; **♀ See** *s. der* Heilige Stuhl; **♀ Spir·it** → ***Holy Ghost***; **~ ter·ror** *s.* F ‚Nervensäge' *f*; **♀ Thurs·day** *s.* **1.** *R.C.* Grünˈdonnerstag *m*; **2.** (*anglikanische Kirche*) Himmelfahrtstag *m*; **♀ Trin·i·ty** *s. die* Heilige Dreiˈeinigkeit *od.* Dreiˈfaltigkeit; **~ wa·ter** *s. R.C.* Weihwasser *n*; **♀ Week** *s.* Karwoche *f*; **♀ Writ** → ***Holy Scripture***.

hom·age [ˈhɒmɪdʒ] *s.* **1.** *hist. u. fig.* Huldigung *f*: ***do*** (*od.* ***render***) ***~*** huldigen (***to*** *dat.*); **2.** *fig.* Reveˈrenz *f*: ***pay ~ to*** Anerkennung zollen (*dat.*), (s-e) Hochachtung bezeigen (*dat.*).

Hom·burg (hat) [ˈhɒmbɜːg] *s.* Homburg *m* (*Herrenfilzhut*).

home [həʊm] **I** *s.* **1.** Heim *n*: a) Haus *n*, (*eigene*) Wohnung, b) Zuˈhause *n*, Daˈheim *n*, c) Elternhaus *n*: ***at ~*** zu Hause, daheim (*a. sport*) (→ 2); ***at ~ in*** (*od.* ***on***, ***with***) *fig.* bewandert in (*dat.*), vertraut mit (*e-m Fachgebiet etc.*); ***not at ~*** (***to s.o.***) nicht zu sprechen (für j-n); ***feel at ~*** sich wie zu Hause fühlen; ***make o.s. at ~*** es sich bequem machen; tun, als ob man zu Hause wäre; ***make one's ~ at*** sich niederlassen in (*dat.*); ***away from ~*** abwesend, verreist, *bsd. sport* auswärts; **2.** Heimat *f* (*a.* ⚘, *zo. u. fig.*), Geburts-, Heimatland *n*: ***at ~*** a) im Lande, in der Heimat, b) im Inland, daheim; ***at ~ and abroad*** im In- u. Ausland; ***a letter from ~*** ein Brief von Zuhause; **3.** (ständiger *od.* jetziger) Wohnort, Heimatort *m*: ***last ~*** letzte Ruhestätte; **4.** Heim *n*, Anstalt *f*: ***~ for the aged*** Altenheim; ***~ for the blind*** Blindenheim, -anstalt; **5.** *sport* a) Ziel *n*, b) → ***home plate***, c) Heimspiel *n*, d) Heimsieg *m*; **II** *adj.* **6.** Heim...: a) häuslich, Familien..., b) zu Hause ausgeübt: ***~ life*** häusliches Leben, Familienleben *n*; ***~ remedy*** Hausmittel *n*; ***~baked*** selbstgebacken; **7.** Heimat...: ***~ address*** (***city***, ***port*** *etc.*); ***~ fleet*** ⚓ Flotte *f* in Heimatgewässern; **8.** einheimisch, inländisch, Inland(s)..., Binnen...: ***~ affairs*** *pol.* innere Angelegenheiten; ***~ market*** Inlands-, Binnenhandel *m*; **9.** *sport* a) Heim...: ***~ advantage*** (***match***, ***win***, *etc.*): ***~ strength*** Heimstärke *f*, b) Ziel...; **10.** a) (wohl)gezielt, wirkungsvoll (*Schlag etc.*), b) *fig.* treffend, beißend (*Bemerkung etc.*); → ***home thrust***, ***home truth***; **III** *adv.* **11.** heim, nach Hause: ***the way ~*** der Heimweg; ***go ~*** nach Hause gehen (→ 13); → ***write*** 10; **12.** zu Hause, (wieder) daˈheim; **13.** a) ins Ziel, b) im Ziel, c) bis zum Ausgangspunkt, d) ganz, soweit wie möglich: ***drive a nail ~*** e-n Nagel fest einschlagen; ***drive*** (*od.* ***bring***) ***s.th. ~ to s.o.*** j-m et. klarmachen *od.* beibringen *od.* vor Augen führen; ***drive a charge ~ to s.o.*** j-n überführen; ***go*** (*od.* ***get***, ***strike***) ***~*** ‚sitzen', s-e Wirkung tun; ***the thrust went ~*** der Hieb saß; **IV** *v/i.* **14.** zuˈrückkehren; **15.** ✈ a) (*per Leitstrahl*) das Ziel anfliegen, b) *mst **~ in on*** *ein Ziel* autoˈmatisch ansteuern (*Rakete*); **V** *v/t.* **16.** *Flugzeug* (*per Radar*) einweisen, ‚herˈunterholen'.

ˌhome|-and-ˈhome *adj. sport Am.* im Vor- u. Rückspiel ausgetragen: ***~ match***; **~ bank·ing** *s.* Tele-Bank-Verfahren *n*; **ˈ~ˌbod·y** *s.* häuslicher Mensch, *contp.* Stubenhocker(in); **ˈ~·bound** *adj.* ans Haus gefesselt: ***~ invalid***; **ˌ~ˈbred** *adj.* **1.** einheimisch; **2.** *obs.* hausbacken; **ˈ~·brew** *s.* selbstgebrautes Getränk (*bsd.* Bier); **ˈ~ˌcom·ing** *s.* Heimkehr *f*; **~ con·tents** *s. pl.* Hausrat *m*; **♀ Coun·ties** *s. pl. die um London liegenden Grafschaften*; **~ e·co·nom·ics** *s. pl. sg. konstr.* Hauswirtschaft(slehre) *f*; **~ front** *s.* Heimatfront *f*; **~ ground** *s. sport* eigener Platz; *fig.* vertrautes Gelände; **♀ Guard** *s.* Bürgerwehr *f*; **ˈ~ˌkeep·ing** *adj.* häuslich, *contp.* stubenhockerisch; **ˈ~·land**

s. **1.** Heimat-, Vater-, Mutterland *n*; **2.** *pol.* Homeland *n*, Heimstatt *f* (*in Südafrika*).
home·less [ˈhəʊmlɪs] *adj.* **1.** heimatlos; **2.** obdachlos; **ˈhome·like** *adj.* wie zu Hause, gemütlich; **home·li·ness** [ˈhəʊmlɪnɪs] *s.* **1.** Einfachheit *f*, Schlichtheit *f*; **2.** Gemütlichkeit *f*; **3.** *Am.* Reizlosigkeit *f*; **home·ly** [ˈhəʊmlɪ] *adj.* **1.** → ***homelike***; **2.** freundlich; **3.** einfach, hausbacken; **4.** *Am.* reizlos: ***a ~ girl***.
ˌhomeˈmade *adj.* **1.** selbstgemacht, Hausmacher...; **2.** selbstgebastelt: ***~ bomb***; **3.** ✝ a) einheimisch, im Inland hergestellt: ***~ goods***, b) hausgemacht: ***~ inflation***; **ˈ~ˌmak·er** *s. Am.* **1.** Hausfrau *f*; **2.** Faˈmilienpflegerin *f*; **ˈ~ˌmak·ing** *s. Am.* Haushaltsführung *f*; **~ mar·ket** *s.* ✝ Inlandsmarkt *m*; **~ me·chan·ic** *s.* Heimwerker *m*; **~ mov·ie** *s.* Heimkino *n*.
homeo- *etc.* → ***homoeo-*** *etc.*
home| of·fice *s.* **1.** ♔ *Brit.* ˈInnenminiˌsterium *n*; **2.** *bsd.* ✝ *Am.* Hauptsitz *m*; **~ perm** *s.* F Heim-Dauerwelle *f*; **~ plate** *s. Baseball*: Heimbase *n*.
hom·er [ˈhəʊmə] *s.* F *für* ***home run***.
Ho·mer·ic [həʊˈmerɪk] *adj.* hoˈmerisch: ***~ laughter***.
home| rule *s. pol.* a) ˈSelbstreˌgierung *f*, b) ♔ *hist.* Homerule *f* (*in Irland*); **~ run** *s. Baseball*: Homerun *m* (*Lauf über alle 4 Male*); ♔ **Sec·re·tar·y** *s. Brit.* ˈInnenmiˌnister *m*; **~ shop·ping** *s.* Teleshopping *n*; **ˈ~·sick** *adj.*: ***be ~*** Heimweh haben; **ˈ~ˌsick·ness** *s.* Heimweh *n*; **ˈ~·spun I** *adj.* **1.** a) zu Hause gesponnen, b) Homespun...: ***~ clothing***; **2.** *fig.* schlicht, einfach; **II** *s.* **3.** Homespun *n* (*Streichgarn[gewebe]*); **ˈ~·stead** *s.* **1.** Heimstätte *f*, Gehöft *n*; **2.** ⚖ *Am.* Heimstätte *f* (*Grundparzelle od. gegen Zugriff von Gläubigern geschützter Grundbesitz*); **~ straight**, **~ stretch** *s. sport* Zielgerade *f*: ***be on the ~*** *fig.* kurz vor dem Ziel stehen; **~ thrust** *s. fig.* wohlgezielter Hieb; **~ truth** *s.* harte Wahrheit, unbequeme Tatsache; **ˈ~·ward** [-wəd] **I** *adv.* heimwärts, nach Hause; **II** *adj.* Heim..., Rück...; → ***bound²***; **ˈ~·wards** [-wədz] → ***homeward*** I; **ˈ~·work** *s.* **1.** *ped.* Hausaufgabe(n *pl.*) *f*, Schularbeiten *pl.*: ***do one's ~*** s-e Hausaufgaben machen (*a. fig. sich gründlich vorbereiten*); **2.** ✝ Heimarbeit *f*; **ˈ~ˌwork·er** *s.* ✝ Heimarbeiter (-in); **ˈ~ˌwreck·er** *s. j-d, der e-e Ehe zerstört*.
home·y *Am. für* ***homy***.
hom·i·cid·al [ˌhɒmɪˈsaɪdl] *adj.* **1.** mörderisch, mordlustig; **2.** Mord..., Totschlags...; **hom·i·cide** [ˈhɒmɪsaɪd] *s.* **1.** *allg.* Tötung *f*, *engS.* a) Mord *m*, b) Totschlag *m*: ***~ by misadventure*** *Am.* Unfall *m* mit Todesfolge; ***~ (squad)*** Mordkommission *f*; **2.** Mörder(in), Totschläger(in).
hom·i·ly [ˈhɒmɪlɪ] *s.* **1.** Homiˈlie *f*, Predigt *f*; **2.** *fig.* Moˈralpredigt *f*.
hom·ing [ˈhəʊmɪŋ] **I** *adj.* **1.** heimkehrend: ***~ pigeon*** Brieftaube *f*; ***~ instinct*** *zo.* Heimkehrvermögen *n*; **2.** ⚔ zielansteuernd (*Rakete etc.*); **II** *s.* ✈ **3.** a) Zielflug *m*, b) Zielpeilung *f*, c) Rückflug *m*: ***~ beacon*** Zielflugfunkfeuer *n*; ***~ device*** Zielfluggerät *n*.

hom·i·nid [ˈhɒmɪnɪd] *zo.* **I** *adj.* menschenartig; **II** *s.* Homiˈnide *m*, menschenartiges Wesen; **ˈhom·i·noid** [-nɔɪd] *adj. u. s.* menschenähnlich(es Tier).
hom·i·ny [ˈhɒmɪnɪ] *s. Am.* **1.** Maismehl *n*; **2.** Maisbrei *m*.
ho·mo [ˈhəʊməʊ] *s.* F ‚Homo' *m*.
homo- [həʊməʊ; hɒməʊ], **homoeo-** [həʊmjəʊ] *in Zssgn* gleich(artig).
ho·moe·o·path [ˈhəʊmjəʊpæθ] *s.* ⚕ Homöoˈpath(in); **ho·moe·o·path·ic** [ˌhəʊmjəʊˈpæθɪk] *adj.* (☐ ***~ally***) ⚕ homöoˈpathisch; **ho·moe·op·a·thist** [ˌhəʊmɪˈɒpəθɪst] → ***homoeopath***; **ho·moe·op·a·thy** [ˌhəʊmɪˈɒpəθɪ] *s.* ⚕ Homöopaˈthie *f*.
ho·mo·e·rot·ic [ˌhəʊməʊɪˈrɒtɪk] *adj.* homoeˈrotisch.
ho·mo·ge·ne·i·ty [ˌhɒməʊdʒeˈniːətɪ] *s.* Homogeniˈtät *f*, Gleichartigkeit *f*; **ho·mo·ge·ne·ous** [ˌhɒməʊˈdʒiːnjəs] *adj.* ☐ homoˈgen: a) gleichartig, b) einheitlich; **ho·mo·gen·e·sis** [ˌhɒməʊˈdʒenɪsɪs] *s. biol.* Homogeˈnese *f*; **ho·mog·e·nize** [hɒˈmɒdʒənaɪz] *v/t.* homogenisieren.
ho·mol·o·gate [hɒˈmɒləgeɪt] *v/t.* **1.** ⚖ a) genehmigen, b) beglaubigen, bestätigen; **2.** *Ski- u. Motorsport*: homologieren; **hoˈmol·o·gous** [-gəs] *adj.* ⚗, 𝔄, *biol.* homoˈlog.
hom·o·nym [ˈhɒmənɪm] *s. ling.* Homoˈnym *n* (*a. biol.*), gleichlautendes Wort; **ho·mo·nym·ic** [ˌhɒməʊˈnɪmɪk], **ho·mon·y·mous** [hɒˈmɒnɪməs] *adj.* homoˈnym.
ho·mo·phile [ˈhɒməʊfaɪl] **I** *s.* Homoˈphile(r *m*) *f*; **II** *adj.* homoˈphil.
hom·o·phone [ˈhɒməʊfəʊn] *s. ling.* Homoˈphon *n*; **hom·o·phon·ic** [ˌhɒməʊˈfɒnɪk] *adj.* ♪, *ling.* homoˈphon.
ho·mop·ter·a [həʊˈmɒptərə] *s. pl. zo.* Gleichflügler *pl.* (*Insekten*).
ho·mo·sex·u·al [ˌhɒməʊˈseksjʊəl] **I** *s.* Homosexuˈelle(r *m*) *f*; **II** *adj.* homosexuˈell; **ho·mo·sex·u·al·i·ty** [ˌhɒməʊseksjʊˈælətɪ] *s.* Homosexualiˈtät *f*.
ho·mun·cu·lar [hɒˈmʌŋkjʊlə] *adj.* hoˈmunkulusähnlich; **hoˈmun·cule** [-kjuːl], **hoˈmun·cu·lus** [-kjʊləs] *pl.* **-li** [-laɪ] *s.* **1.** Hoˈmunkulus *m* (*künstlich erzeugter Mensch*); **2.** Menschlein *n*, Knirps *m*.
hom·y [ˈhəʊmɪ] *adj.* F gemütlich.
hone [həʊn] **I** *s.* **1.** (feiner) Schleifstein; **II** *v/t.* **2.** honen, fein-, ziehschleifen; **3.** *fig.* a) schärfen, b) (aus)feilen.
hon·est [ˈɒnɪst] *adj.* ☐ **1.** ehrlich: a) redlich, rechtschaffen, anständig, b) offen, aufrichtig; **2.** *humor.* wacker, bieder; **3.** ehrlich verdient; **4.** *obs.* ehrbar (*Frau*); **ˈhon·est·ly** [-lɪ] **I** *adv.* → ***honest***; **II** *int.* F a) offen gesagt, b) ehrlich!, c) *empört*: nein (*od.* also) wirklich!; **ˌhon·est-to-ˈGod**, **ˌhon·est-to-ˈgood·ness** *adj.* F echt, wirklich, ‚richtig'; **ˈhon·es·ty** [-tɪ] *s.* **1.** Ehrlichkeit *f*: a) Rechtschaffenheit *f*: ***~ is the best policy*** ehrlich währt am längsten, b) Aufrichtigkeit *f*; **2.** *obs.* Ehrbarkeit *f*; **3.** ⚘ ˈMondviˌole *f*.
hon·ey [ˈhʌnɪ] *s.* **1.** Honig *m* (*a. fig.*); **2.** ⚘ Nektar *m*; **3.** F *bsd. Am.* a) *Anrede*: ‚Schatz' *m*, Süße(r *m*) *f*, b) *Am.* ‚süßes' *od.* ‚schickes' Ding: ***a ~ of a car*** ein ‚klasse' Wagen; **ˈ~·bag** *s. zo.* Honigmagen *m der Bienen*; **ˈ~·bee** *s. zo.* Honigbiene *f*; **ˈ~·bun(ch)** [-bʌn(tʃ)] → ***honey*** 3 a.
ˈhon·ey·comb [-kəʊm] **I** *s.* **1.** Honigwabe *f*; **2.** Waffelmuster *n* (*Gewebe*): ***~ (quilt)*** Waffeldecke *f*; **3.** ⚙ Lunker *m*, (Guß)Blase *f*; **4.** *in Zssgn* ⚙ Waben... (*-kühler, -spule etc.*): ***~ stomach*** *zo.* Netzmagen *m*; **II** *v/t.* **5.** (wabenartig) durchˈlöchern; **6.** *fig.* durchˈsetzen (***with*** mit); **ˈhon·ey·combed** [-kəʊmd] *adj.* **1.** durchˈlöchert, löcherig, zellig; **2.** ⚙ blasig; **3.** *fig.* (***with***) a) durchˈsetzt (mit), b) unterˈgraben (durch).
ˈhon·ey|·dew *s.* **1.** ⚘ Honigtau *m*, Blatthonig *m*: ***~ melon*** Honigmelone *f*; **2.** gesüßter Tabak; **ˈ~-ˌeat·er** *s. orn.* Honigfresser *m*.
hon·eyed [ˈhʌnɪd] *adj.* **1.** voller Honig; **2.** *a. fig.* honigsüß.
hon·ey| ex·trac·tor *s.* Honigschleuder *f*; **~ flow** *s.* (Bienen)Tracht *f*; **ˈ~·moon I** *s.* **1.** Flitterwochen *pl.*, Honigmond *m* (*a. iro. fig.*); **2.** Hochzeitsreise *f*; **II** *v/i.* **3.** a) die Flitterwochen verbringen, b) s-e Hochzeitsreise machen; **ˈ~ˌmoon·er** *s.* a) ‚Flitterwöchner' *m*, b) Hochzeitsreisende(r *m*) *f*; **~ sac** *s. zo.* Honigmagen *m*; **ˈ~ˌsuck·le** *s.* ⚘ Geißblatt *n*.
hon·ied [ˈhʌnɪd] → ***honeyed***.
honk [hɒŋk] **I** *s.* **1.** Schrei *m* (*der Wildgans*); **2.** ˈHupensiˌgnal *n*; **II** *v/i.* **3.** schreien; **4.** hupen.
honk·y-tonk [ˈhɒŋkɪtɒŋk] *s. Am. sl.* ‚Speˈlunke' *f*.
hon·or *etc. Am.* → ***honour*** *etc.*
hon·o·rar·i·um [ˌɒnəˈreərɪəm] *pl.* **-rar·i·a** [-ˈreərɪə], **-rar·i·ums** *s.* (*freiwillig gezahltes*) Honoˈrar; **hon·or·ar·y** [ˈɒnərərɪ] *adj.* **1.** ehrend; **2.** Ehren...: ***~ doctor (member***, *etc.*); ***~ debt*** Ehrenschuld *f*; ***~ degree*** ehrenhalber verliehener akademischer Grad; **3.** ehrenamtlich: ***~ secretary***; **hon·or·if·ic** [ˌɒnəˈrɪfɪk] **I** *adj.* (☐ ***~ally***) ehrend, Ehren...; **II** *s.* Ehrung *f*, Ehrentitel *m*.
hon·our [ˈɒnə] **I** *s.* **1.** Ehre *f*: (***sense of***) ***~*** Ehrgefühl *n*; (***up***)***on my ~!***, *Brit.* F ***~ bright!*** Ehrenwort!; ***man of ~*** Ehrenmann *m*; ***point of ~*** Ehrensache *f*; ***do s.o. ~*** j-m zur Ehre gereichen, j-m Ehre machen; ***do s.o. the ~ of doing s.th.*** j-m die Ehre erweisen, et. zu tun; ***he is an ~ to his parents*** (***to his school***) er macht s-n Eltern Ehre (er ist e-e Zierde s-r Schule); ***put s.o. on his ~*** j-n bei s-r Ehre packen; (***in***) ***~ bound, on one's ~*** moralisch verpflichtet; ***to his ~ it must be said*** zu s-r Ehre muß gesagt werden; (***there is***) ***~ among thieves*** (es gibt so etwas wie) Ganovenehre *f*; ***may I have the ~ (of the next dance)?*** darf ich (um den nächsten Tanz) bitten?; **2.** Ehrung *f*, Ehre(n *pl.*) *f*: a) Ehrerbietung *f*, Ehrenbezeigung *f*, b) Hochachtung *f*, c) Auszeichnung *f*, (Ehren)Titel *m*, Ehrenamt *n*, -zeichen *n*: ***in s.o.'s ~*** zu j-s *od.* j-m zu Ehren; ***hold*** (*od.* ***have***) ***in ~*** in Ehren halten; ***pay s.o. the last*** (*od.* ***funeral***) ***~s*** j-m die letzte Ehre erweisen; ***military ~s*** militärische Ehren; ***~s list*** *Brit.* Liste *f* der Titelverleihungen (*zum Geburtstag des Herrschers etc.*) (→ 3); → ***due*** 3; **3.** *pl. univ.* besondere Auszeichnung: ***~s degree*** *akademischer Grad mit Prüfung in e-m Spezialfach*; ***~s list***

Liste der Studenten, die auf e-n ***honours degree*** *hinarbeiten*; ***~s man*** *Brit.*, ***~s student*** *Am. Student, der e-n* ***honours degree*** *anstrebt od. innehat*; **4.** *pl.* Hon'neurs *pl.*: ***do the ~s*** die Honneurs machen, als Gastgeber(in) fungieren; **5.** *Kartenspiel*: Bild *n*; **6.** *Golf*: Ehre *f* (*Berechtigung zum 1. Schlag*): ***it is his ~*** er hat die Ehre; **7.** ***Your*** (***His***) ***~*** *obs.* Euer (Seine) Gnaden; **II** *v/t.* **8.** ehren; **9.** ehren, auszeichnen (***with*** mit); **10.** beehren (***with*** mit); **11.** *j-m* zur Ehre gereichen *od.* Ehre machen; **12.** *e-r Einladung etc.* Folge leisten; **13.** ⚕ a) *Scheck etc.* honorieren, einlösen, b) *Schuld* begleichen, c) *Vertrag* erfüllen; **hon·our·a·ble** ['ɒnərəbl] *adj.* □ **1.** achtbar, ehrenwert; **2.** rechtschaffen: ***an ~ man*** ein Ehrenmann; **3.** ehrenhaft, ehrlich (*Absicht etc.*); **4.** ehrenvoll, rühmlich; **5.** ♀ (*der od. die*) Ehrenwerte (*in Großbritannien*: *Adelstitel od. Titel der Ehrendamen des Hofes, der Mitglieder des Unterhauses, der Bürgermeister*; *in USA*: *Titel der Mitglieder des Kongresses, hoher Beamter, der Richter u. Bürgermeister*): ***Right ♀*** (*der*) Sehr Ehrenwerte; → ***friend*** 5.

hooch [hu:tʃ] *s. Am.* F ‚Fusel' *m.*

hood [hʊd] **I** *s.* **1.** Ka'puze *f* (*a. univ. am Talar*); **2.** ⚘ Helm *m*; **3.** *orn., zo.* Haube *f*, Schopf *m*; Brillenzeichnung *f* der Kobra; **4.** *mot.* a) *Brit.* Verdeck *n*, b) *Am.* (Motor)Haube *f*; **5.** ⚙ a) Kappe *f*, (Schutz)Haube *f*, b) Abzug(shaube *f*) *m* (*für Gas etc.*); **6.** → ***hoodlum***; **II** *v/t.* **7.** *j-m* e-e Ka'puze aufsetzen; **8.** be-, verdecken.

hood·ed ['hʊdɪd] *adj.* **1.** mit e-r Ka'puze bekleidet; **2.** ver-, bedeckt, verhüllt (*a. Augen*); **3.** *orn.* mit e-r Haube; ***~ crow*** *s. orn.* Nebelkrähe *f*; ***~ seal*** *s. zo.* Mützenrobbe *f*; ***~ snake*** *s. zo.* Kobra *f*.

hood·lum ['hu:dləm] *s.* F **1.** Rowdy *m*, ‚Schläger' *m*; **2.** Ga'nove *m*, Gangster *m.*

hoo·doo ['hu:du:] **I** *s. Am.* **1.** → ***voodoo*** I; **2.** a) Unglücksbringer *m*, b) Unglück *n*, Pech *n*; **II** *v/t.* **3.** a) verhexen, b) *j-m* Unglück bringen; **III** *adj.* **4.** Unglücks…

'hood·wink *v/t.* **1.** *obs.* die Augen verbinden (*dat.*); **2.** *fig.* hinters Licht führen, reinlegen.

hoo·ey ['hu:ɪ] *s. sl.* Quatsch *m*, Blödsinn *m.*

hoof [hu:f] *pl.* **hoofs, hooves** [hu:vz] **I** *s.* **1.** *zo.* a) Huf *m*, b) Fuß *m*: ***on the ~*** lebend (*Schlachtvieh*); **2.** *humor.* ‚Pe'dal' *n*, Fuß *m*; **3.** Huftier *n*; **II** *v/t.* **4.** F *Strecke* ‚tippeln': ***~ it*** → 6, 7; **5.** ***~ out*** *j-n* ‚rausschmeißen'; **III** *v/i.* **6.** F ‚tippeln', marschieren; **7.** F tanzen; **ˌ~-and-'mouth dis·ease** *s. vet.* Maul- u. Klauenseuche *f*.

hoofed [hu:ft] *adj.* gehuft, Huf…; **'hoof·er** [-fə] *s. Am. sl.* Berufstänzer (-in), *bsd.* Re'vuegirl *n.*

hoo-ha ['hu:hɑ:] *s.* F ‚Tam'tam' *n.*

hook [hʊk] **I** *s.* **1.** Haken *m* (*a.* ✗): ***~ and eye*** Haken u. Öse; ***~ and ladder*** *Am.* Gerätewagen *m* der Feuerwehr; ***by ~ or*** (***by***) ***crook*** mit allen Mitteln, so oder so; ***on one's own ~*** F auf eigene Faust; **2.** ⚙ a) (Klammer-, Dreh)Haken *m*, b) (Tür)Angel *f*, Haspe *f*; **3.** Angelhaken *m*: ***be off the ~*** F ‚aus dem Schneider' sein; ***get s.o. off the ~*** F j-m ‚aus der Patsche' helfen, j-n ‚herauspauken'; ***get o.s. off the ~*** sich aus der ‚Schlinge' ziehen; ***have s.o. on the ~*** F j-n ‚zappeln' lassen; ***that lets him off the ~*** damit ist er raus aus der Sache; ***fall for s.o.*** (***s.th.***) ***~, line and sinker*** voll auf j-n (et.) ‚abfahren'; ***swallow s.th. ~, line and sinker*** et. voll u. ganz ‚schlucken'; **4.** ⚒ Sichel *f*; **5.** a) scharfe Krümmung, b) gekrümmte Landspitze; **6.** *pl. sl.* ‚Griffel' *pl.* (*Finger*); **7.** ♪ Notenfähnchen *n*; **8.** *sport*: a) *Boxen*: Haken *m*: ***~ to the body*** Körperhaken, b) *Golf*: Hook *m* (*Kurvschlag*); **II** *v/t.* **9.** an-, ein-, fest-, zuhaken; **10.** fangen, (sich) angeln (*a. fig.* F): ***~ a husband*** sich e-n Mann angeln; ***he is ~ed*** F a) er zappelt im Netz, er ist ‚dran' od. ‚geliefert', b) → ***hooked*** 3; **11.** *sl.* ‚klauen', stehlen; **12.** krümmen; **13.** aufspießen; **14.** a) *Boxen*: *j-m* e-n Haken versetzen, b) *Golf*: *Ball* mit (e-m) Hook schlagen, c) (*Eis*)*Hockey*: *Gegner* haken; **15.** ***~ it*** F ‚verduften'; **III** *v/i.* **16.** sich zuhaken lassen; **17.** sich festhaken (***to*** an *dat.*); ***~ on*** **I** *v/t.* **1.** ein-, anhaken; **II** *v/i.* **2.** → ***hook*** 17; **3.** sich einhängen (***to s.o.*** bei j-m); ***~ up*** *v/t.* **1.** → ***hook on*** 1; **2.** zuhaken; **3.** ⚙ a) *Gerät* zs.-bauen, b) anschließen; **4.** *Radio, TV*: a) zs.-schalten, b) zuschalten (***with*** *dat.*).

hook·a(h) ['hʊkə] *s.* Huka *f* (*orientalische Wasserpfeife*).

hooked [hʊkt] *adj.* **1.** krumm, hakenförmig, Haken…; **2.** mit (e-m) Haken (versehen); **3.** F a) (***on***) süchtig (nach); *fig. a.* ‚scharf' (auf *acc.*), ‚verrückt' (nach): ***~ on heroin*** (***television***) heroin- (fernseh)süchtig, b) → ***hook*** 10.

hook·er ['hʊkə] *s.* **1.** ⚓ a) Huker *m*, Fischerboot *n*, b) *contp.* ‚alter Kahn'; **2.** *sl.* ‚Nutte' *f*.

hook·ey → ***hooky***.

'hook|-nosed *adj.* mit e-r Hakennase; **'~-up** *s.* **1.** *Radio, TV*: a) Zs.-, Konfe'renzschaltung *f*, b) Zuschaltung *f*; **2.** ⚡ a) Schaltbild *n*, -schema *n*, b) Blockschaltung *f*; **3.** ⚙ Zs.-bau *m*; **4.** F a) Zs.-schluß *m*, Bündnis *n*, b) Absprache *f*; **'~·worm** *s. zo.* Hakenwurm *m.*

hook·y ['hʊkɪ] *s.*: ***play ~*** *Am.* F (*bsd.* die Schule) schwänzen.

hoo·li·gan ['hu:lɪgən] *s.* Rowdy *m*; **'hoo·li·gan·ism** [-nɪzəm] *s.* Rowdytum *n.*

hoop[1] [hu:p] **I** *s.* **1.** *allg.* Reif(en) *m* (*a. als Schmuck, bei Kinderspielen, im Zirkus etc.*): ***~*** (***skirt***) Reifrock *m*; ***go through the ~(s)*** ‚durch die Mangel gedreht werden'; **2.** ⚙ a) (Faß)Reif(en) *m*, b) (Stahl)Band *n*, Ring *m*: ***~ iron*** Bandeisen *n*, c) Öse *f*, d) Bügel *m*; **3.** (Finger)Ring *m*; **4.** *Basketball*: Korbring *m*; **5.** *Krocket*: Tor *n*; **II** *v/t.* **6.** *Faß* binden; **7.** um'geben, -'fassen; **8.** *Basketball*: *Punkte* erzielen.

hoop[2] [hu:p] → ***whoop***.

hoop·er[1] ['hu:pə] *s.* Böttcher *m*, Küfer *m*, Faßbinder *m.*

hoop·er[2] ['hu:pə], ***~ swan*** *s. orn.* Singschwan *m.*

hoo·poe ['hu:pu:] *s. orn.* Wiedehopf *m.*

hoo·ray [hʊ'reɪ] → ***hurrah***.

hoos(e)·gow ['hu:sgaʊ] *s. Am. sl.* ‚Kittchen' *n*, ‚Knast' *m.*

hoot [hu:t] **I** *v/i.* **1.** (höhnisch) johlen: ***~ at s.o.*** j-n verhöhnen; **2.** schreien (*Eule*); **3.** *Brit.* a) hupen (*Auto*), b) pfeifen (*Zug etc.*), c) heulen (*Sirene etc.*); **II** *v/t.* **4.** *et.* johlen; **5.** *a.* ***~ down*** niederschreien, auspfeifen; **6.** ***~ out, ~ off*** durch Gejohle vertreiben; **III** *s.* **7.** (*johlender*) Schrei (*a. der Eule*), *pl.* Johlen *n*: ***it's not worth a ~*** F es ist keinen Pfifferling wert; ***I don't care two ~s*** F das ist mir völlig ‚piepe'; **8.** Hupen *n* (*Auto*); Heulen *n* (*Sirene*); **'hoot·er** [-tə] *s.* **1.** Johler(in); **2.** a) *mot.* Hupe *f*, b) Si'rene *f*, Pfeife *f*.

Hoo·ver ['hu:və] (*Fabrikmarke*) **I** *s.* Staubsauger *m*; **II** *v/t. mst* ♀ (ab)saugen; **III** *v/i.* (staub)saugen.

hooves [hu:vz] *pl. von* ***hoof***.

hop[1] [hɒp] **I** *v/i.* **1.** hüpfen, hopsen: ***~ on*** → 5; ***~ off*** F ‚abschwirren'; ***~ to it*** *Am.* F sich (*an die Arbeit*) ‚ranmachen'; **2.** F ‚schwofen', tanzen; **3.** F a) ‚flitzen', sausen, b) rasch *wohin* fahren *od.* fliegen; **II** *v/t.* **4.** hüpfen *od.* springen über (*acc.*): ***~ it*** ‚abschwirren'; **5.** F a) (auf-) springen auf (*acc.*), b) einsteigen in (*acc.*): ***~ a train***; **6.** ✈ über'fliegen, -'queren; **7.** *Am. Ball* hüpfen lassen; **8.** *Am.* F bedienen in (*dat.*); **III** *s.* **9.** Sprung *m*, Hops(er) *m*: ***~, step, and jump*** *sport* Dreisprung *m*; ***be on the ~*** F ‚auf Trab' sein; ***keep s.o. on the ~*** F j-n ‚in Trab halten'; ***catch s.o. on the ~*** F j-n erwischen *od.* überraschen; **10.** F ‚Schwof' *m*, Tanz *m*; **11.** *bsd.* ✈ F ‚Sprung' *m*, Abstecher *m*: ***only a short ~*** nur ein Katzensprung.

hop[2] [hɒp] **I** *s.* **1.** ⚘ a) Hopfen *m*, b) *pl.* Hopfen(blüten *pl.*) *m*: ***pick ~s*** → 4; **2.** *sl.* Rauschgift *n*, *engS.* Opium *n*; **II** *v/t.* **3.** *Bier* hopfen; **4.** ***~ up*** *sl.* a) (*durch e-e Droge*) ‚high' machen, b) aufputschen (*a. fig.*), c) *Am. Auto etc.* ‚frisieren'; **III** *v/i.* **5.** Hopfen zupfen; **'~-bind, '~-bine** *s.* Hopfenranke *f*; ***~ dri·er*** *s.* Hopfendarre *f*.

hope [həʊp] **I** *s.* **1.** Hoffnung *f* (***of*** auf *acc.*): ***live in ~(s)*** (immer noch) hoffen, die Hoffnung nicht aufgeben; ***in the ~ of*** *ger.* in der Hoffnung zu *inf.*; ***past ~*** hoffnungs-, aussichtslos; ***he is past all ~*** für ihn gibt es keine Hoffnung mehr; **2.** Hoffnung *f*: a) Zuversicht *f*, b) ***no ~ of success*** keine Aussicht auf Erfolg; ***not a ~*** F keine Chance; **3.** Hoffnung *f* (*Person od. Sache*): ***she is our only ~***; → ***white hope***; **4.** → ***forlorn hope***; **II** *v/i.* **5.** hoffen (***for*** auf *acc.*): ***~ against ~*** die Hoffnung nicht aufgeben, verzweifelt hoffen; ***~ for the best*** das Beste hoffen; ***I ~ so*** hoffentlich, ich hoffe (es); ***the ~d-for result*** das erhoffte Ergebnis; **III** *v/t.* **6.** *et.* hoffen; ***~ chest*** *s. Am.* F Aussteuertruhe *f*.

hope·ful ['həʊpfʊl] **I** *adj.* □ **1.** hoffnungs-, erwartungsvoll: ***be ~ of*** *et.* hoffen; ***be ~ about*** optimistisch sein hinsichtlich (*gen.*); **2.** (*a. iro.*) vielversprechend; **II** *s.* **3.** *a. iro.* a) hoffnungsvoller *od.* vielversprechender (junger) Mensch, b) ‚Opti'mist' *m*; **'hope·ful·ly** [-fʊlɪ] *adv.* **1.** → ***hopeful*** 1; **2.** hoffentlich; **'hope·ful·ness** [-nɪs] *s.* Opti'mismus *m.*

hope·less ['həʊplɪs] *adj.* □ hoffnungslos: a) verzweifelt, b) aussichtslos, c) unheilbar, d) mise'rabel, e) F unverbesserlich: ***a ~ drunkard***; '**hope·less·ly** [-lɪ] *adv.* **1.** → ***hopeless***; **2.** F heillos, to'tal; '**hope·less·ness** [-nɪs] *s.* Hoffnungslosigkeit *f.*

hop-o'-my-thumb [ˌhɒpəmɪ'θʌm] *s.* Knirps *m*, Zwerg *m.*

hop·per ['hɒpə] *s.* **1.** Hüpfende(r *m*) *f*; **2.** F Tänzer(in); **3.** *zo.* hüpfendes In'sekt, *bsd.* Käsemade *f*; **4.** ⚙ a) Fülltrichter *m*, b) (Schüttgut-, Vorrats)Behälter *m*, c) *a.* ***~(-bottom) car*** 🚃 Fallboden-, Selbstentladewagen *m*, d) Spülkasten *m*, e) *Computer*: Karteneingabefach *n.*

hop·ping mad ['hɒpɪŋ] *adj.*: ***be ~*** F e-e ‚Stinkwut' (im Bauch) haben.

'**hop|·scotch** *s.* Himmel-und-Hölle-Spiel *n*; '**~·vine** → ***hop-bind.***

Ho·rae ['hɔːriː] *s. pl. myth.* Horen *pl.*

Ho·ra·tian [hə'reɪʃjən] *adj.* ho'razisch: ***~ ode.***

horde [hɔːd] **I** *s.* Horde *f*, (wilder) Haufen; **II** *v/i.* e-e Horde bilden; in Horden zs.-leben.

ho·ri·zon [hə'raɪzn] *s.* (*a. fig. geistiger*) Hori'zont, Gesichtskreis *m*: ***apparent*** (*od.* ***sensible, visible***) ***~*** scheinbarer Horizont; ***celestial*** (*od.* ***rational, true***) ***~*** wahrer Horizont; ***on the ~*** am Horizont (auftauchend *od.* sichtbar).

hor·i·zon·tal [ˌhɒrɪ'zɒntl] **I** *adj.* □ horizon'tal, waag(e)recht, ⚙ *a.* liegend (*Motor, Ventil etc.*), *a.* Seiten… (*bsd. Steuerung*); ***~ line*** → **II** *s.* ⩓ Horizon'tale *f*, Waag(e)rechte *f*; ***~ bar*** *s. Turnen*: Reck *n*; ***~ com·bi·na·tion*** *s.* ✝ Horizon'talverflechtung *f*, -konˌzern *m*; ***~ plane*** *s.* ⩓ Horizon'talebene *f*; ***~ pro·jec·tion*** *s.* ⩓ Horizon'talprojektiˌon *f*: ***~ plane*** Grundrißebene *f*; ***~ rud·der*** *s.* ⚓ Horizon'tal(steuer)ruder *n*, Tiefenruder *n*; ***~ sec·tion*** *s.* ⚙ Horizon'talschnitt *m.*

hor·mo·nal [hɔː'məʊnl] *adj. biol.* hormo'nal, Hormon…; **hor·mone** ['hɔːməʊn] *s.* Hor'mon *n*; ***~ bal·ance*** *s.* Hormonspiegel *m.*

horn [hɔːn] **I** *s.* **1.** *zo.* a) Horn *n*, b) *pl.* Geweih *n*; → ***dilemma***; **2.** *zo.* a) Horn *n* (*Nashorn*), b) Fühler *m* (*Insekt*), c) Fühlhorn *n* (*Schnecke*): ***draw*** (*od.* ***pull***) ***in one's ~s*** *fig.* die Hörner einziehen, ‚zurückstecken'; **3.** *pl. fig.* Hörner *pl.* (*des betrogenen Ehemanns*): ***put ~s on s.o.*** j-m Hörner aufsetzen; **4.** (Pulver-, Trink)Horn *n*: ***~ of plenty*** Füllhorn; **5.** ♪ a) Horn *n*, b) F 'Blasinstruˌment *n*: ***blow one's own ~*** *fig.* ins eigene Horn stoßen; **6.** a) *mot.* Hupe *f*, b) ⚙ Si'gnalhorn *n*; **7.** a) (Schall)Trichter *m*, b) ϟ Hornstrahler *m*; **8.** 'Horn(subˌstanz *f*) *n*: ***~ handle*** Horngriff *m*; **9.** Horn *n* (*hornförmige Sache*), *bsd.* a) Bergspitze *f*, b) Spitze *f* (*der Mondsichel*), c) Schuhlöffel *m*: ***the*** ♀ (das) Kap Horn; **10.** Sattelknopf *m*; **11.** V ‚Ständer' *m*: ***~ pill*** Aphrodisiakum *n*; **II** *v/t.* **12.** a) mit den Hörnern stoßen, b) auf die Hörner nehmen; **III** *v/i.* **13.** ***~ in*** *sl.* sich einmischen *od.* -drängen (***on*** *in acc.*); '**~·beam** *s.* ⚘ Hain-, Weißbuche *f*; '**~·blende** *s. min.* Hornblende *f.*

horned [hɔːnd; *poet.* 'hɔːnɪd] *adj.* gehörnt, Horn…: ***~ cattle*** Hornvieh *n*; ***~ owl*** *s.* Ohreule *f.*

hor·net ['hɔːnɪt] *s. zo.* Hor'nisse *f*: ***bring a ~'s nest about one's ears, stir up a ~'s nest*** *fig.* in ein Wespennest stechen.

'**horn|-fly** *s. zo.* Hornfliege *f*; '**~·less** [-lɪs] *adj.* hornlos, ohne Hörner; '**~·pipe** *s.* ♪ Hornpipe *f* (*Blasinstrument od. alter Tanz*); ˌ**~-'rimmed** *adj.* mit Hornfassung: ***~ spectacles*** Hornbrille *f*; '**~ˌswog·gle** [-ˌswɒgl] *v/t. sl.* j-n ‚reinlegen'.

horn·y ['hɔːnɪ] *adj.* **1.** hornig, schwielig: ***~-handed*** mit schwieligen Händen; **2.** aus Horn, Horn…; **3.** V geil, ‚scharf'.

hor·o·loge ['hɒrəlɒdʒ] *s.* Zeitmesser *m*, (Sonnen- *etc.*)Uhr *f.*

hor·o·scope ['hɒrəskəʊp] *s.* Horo'skop *n*: ***cast a ~*** ein Horoskop stellen; '**hor·o·scop·er** [-pə] *s.* Horo'skopsteller(in).

hor·ren·dous [hɒ'rendəs] □ → ***horrific.***

hor·ri·ble ['hɒrəbl] *adj.* □, **hor·rid** ['hɒrɪd] *adj.* □ schrecklich, fürchterlich, entsetzlich, gräßlich, scheußlich, ab'scheulich; '**hor·ri·ble·ness** [-nɪs] *s.*, **hor·rid·ness** ['hɒrɪdnɪs] *s.* Schrecklichkeit *etc.*

hor·rif·ic [hɒ'rɪfɪk] *adj.* (□ ***~ally***) **1.** schrecklich, entsetzlich; **2.** hor'rend; **hor·ri·fy** ['hɒrɪfaɪ] *v/t.* entsetzen.

hor·ror ['hɒrə] **I** *s.* **1.** Grau(s)en *n*, Entsetzen *n*: ***seized with ~*** von Grauen gepackt; ***have the ~s*** F a) ‚weiße Mäuse' sehen, b) ‚am Boden zerstört' sein; **2.** (***of***) 'Widerwille *m* (gegen), Abscheu *m* (vor *dat.*): ***have a ~ of*** e-n Horror haben vor (*dat.*); **3.** a) Schrecken *m*, Greuel *m*, b) Greueltat *f*: ***the ~s of war*** die Schrecken des Krieges; ***scene of ~*** Schreckensszene *f*; **4.** Entsetzlichkeit *f*, (*das*) Schauerliche; **5.** F Greuel *m* (*Person od. Sache*), Scheusal *n*, Ekel *n* (*Person*); **II** *adj.* **6.** Grusel…, Horror…: ***~ film***; '**~-ˌstrick·en**, '**~-struck** *adj.* von Schrecken *od.* Grauen gepackt.

hors d'oeu·vre [ɔː'dɜːvrə] *pl.* **hors d'oeu·vres** [ɔː'dɜːvrəz] *s.* Hors'd'œuvre *n*, Vorspeise *f.*

horse [hɔːs] **I** *s.* **1.** *zo.* Pferd *n*, Roß *n*, Gaul *m*: ***to ~!*** ⚔ aufgesessen!; ***a dark ~*** *fig.* ein unbeschriebenes Blatt; ***that's a ~ of another colo(u)r*** *fig.* das ist etwas ganz anderes; ***straight from the ~'s mouth*** a) aus erster Hand, b) aus berufenem Mund; ***back the wrong ~*** aufs falsche Pferd setzen; ***wild ~s will not drag me there!*** keine zehn Pferde kriegen mich dorthin!; ***flog a dead ~*** a) offene Türen einrennen, b) sich unnötig mühen; ***give the ~ its head*** die Zügel schießen lassen; ***hold your ~s!*** F immer mit der Ruhe!; ***get on*** (*od.* ***mount***) ***one's high ~*** sich aufs hohe Roß setzen; ***ride*** (*od.* ***be on***) ***one's high ~*** auf dem *od.* s-m hohen Roß sitzen; ***spur a willing ~*** j-n unnötig antreiben; ***work like a ~*** wie ein Pferd arbeiten *od.* schuften; ***you can lead a ~ to the water but you can't make it drink*** man kann niemanden zu s-m Glück zwingen; **2.** a) Hengst *m*, b) Wallach *m*; **3.** *coll.* ⚔ Kavalle'rie *f*, Reite'rei *f*: ***1000 ~*** 1000 Reiter; ***~ and foot*** Kavallerie u. Infanterie, die ganze Armee; **4.** ⚙ (Säge- *etc.*)Bock *m*, Ständer *m*, Gestell *n*; **5.** *Turnen*: Pferd *n*; **6.** *Schach*: F Pferd *n*, Springer *m*; **7.** *sl.* Hero'in *n*; **II** *v/t.* **8.** mit Pferden versehen: a) *Truppen* beritten machen, b) *Wagen* bespannen; **9.** auf ein Pferd setzen *od.* laden; **III** *v/i.* **10.** aufsitzen, aufs Pferd steigen; **11.** rossen (*Stute*); **12.** ***~ around*** F Blödsinn treiben; ˌ**~-and-'bug·gy** *adj. Am.* ‚vorsintflutlich'; ***~ ar·til·ler·y*** *s.* ⚔ berittene Artille'rie; '**~·back** *s.*: ***on ~*** zu Pferd(e); ***go on ~*** reiten; ***~ bean*** *s.* Saubohne *f*; ***~ chest·nut*** *s.* ⚘ 'Roßkaˌstanie *f*; ***~ cop·er*** *s. Brit.* Pferdehändler *m.*

horsed [hɔːst] *adj.* **1.** beritten (*Person*); **2.** (mit Pferden) bespannt.

horse| deal·er *s.* Pferdehändler *m*; ***~ doc·tor*** *s.* **1.** Tierarzt *m*; **2.** F ‚Viehdoktor' *m* (*schlechter Arzt*); '**~-drawn** *adj.* von Pferden gezogen, Pferde…; '**~·flesh** *s.* **1.** Pferdefleisch *n*; **2.** *coll.* Pferde *pl.*; '**~·fly** *s. zo.* (Pferde)Bremse *f*; ♀ ***Guards*** *s. pl. Brit.* 'Gardekavalleˌriebriˌgade *f*; '**~·hair** *s.* Roß-, Pferdehaar *n*; ***~ lat·i·tudes*** *s. pl. geogr.* Roßbreiten *pl.*; '**~-laugh** *s.* wieherndes Gelächter; ***~ mack·er·el*** *s.* **1.** Thunfisch *m*; **2.** 'Roßmaˌkrele *f*; '**~·man** [-mən] *s.* [*irr.*] **1.** (geübter) Reiter; **2.** Pferdezüchter *m*; '**~·man·ship** [-mənʃɪp] *s.* Reitkunst *f*; ***~ op·er·a*** *s.* F Western *m* (*Film*); '**~·play** *s.* ‚Blödsinn' *m*, Unfug *m*; '**~·pond** *s.* Pferdeschwemme *f*; '**~ˌpow·er** *s. pl.* (*abbr.* ***h.p.***) *phys.* Pferdestärke *f* (= *1,01 PS*); ***~ race*** *s.* Pferderennen *n*; '**~-ˌrac·ing** *s.* Pferderennen *n od. pl.*; '**~ˌrad·ish** *s.* ⚘ Meerrettich *m*; ***~ sense*** *s.* F gesunder Menschenverstand; '**~·shit** *s.* V ‚Scheiß (-dreck)' *m*; **~·shoe** ['hɔːʃʃuː] **I** *s.* **1.** Hufeisen *n*; **2.** *pl. sg. konstr. Am.* Hufeisenwerfen *n*; **II** *adj.* **3.** Hufeisen…, hufeisenförmig: ***~ bend*** (Straßen- *etc.*) Schleife *f*; ***~ magnet*** Hufeisenmagnet *m*; ***~ table*** in Hufeisenform aufgestellte Tische; ***~ show*** *s.* Reit- u. Springturnier *n*; '**~·tail** *s.* **1.** Pferdeschwanz *m* (*a. fig. Mädchenfrisur*), Roßschweif *m* (*a. hist. als türkisches Rangabzeichen od. Feldzeichen*); **2.** ⚘ Schachtelhalm *m*; ***~ trad·ing*** *s.* **1.** Pferdehandel *m*; **2.** *pol.* F ‚Kuhhandel' *m*; '**~·whip I** *s.* Reitpeitsche *f*; **II** *v/t.* (aus)peitschen; '**~ˌwom·an** *s.* [*irr.*] (geübte) Reiterin.

hors·y ['hɔːsɪ] *adj.* □ **1.** pferdenärrisch; **2.** Pferde…: ***~ face***; ***~ smell***; ***~ talk*** Gespräch *n* über Pferde.

hor·ta·tive ['hɔːtətɪv], '**hor·ta·to·ry** [-tərɪ] *adj.* **1.** mahnend; **2.** anspornend.

hor·ti·cul·tur·al [ˌhɔːtɪ'kʌltʃərəl] *adj.* Gartenbau…: ***~ show*** Gartenschau *f*; **hor·ti·cul·ture** ['hɔːtɪkʌltʃə] *s.* Gartenbau *m*; ˌ**hor·ti'cul·tur·ist** [-ərɪst] *s.* 'Gartenbauexˌperte *m.*

ho·san·na [həʊ'zænə] **I** *int.* hosi'anna!; **II** *s.* Hosi'anna *n.*

hose [həʊz] **I** *s.* **1.** *coll.*, *pl. konstr.* Strümpfe *pl.*; **2.** *hist.* (Knie)Hose *f*; **3.** *pl. a.* ***hoses*** Schlauch *m*: ***garden ~*** Gartenschlauch; **4.** ⚙ Tülle *f*; **II** *v/t.* **5.** (mit e-m Schlauch) spritzen: ***~ down*** abspritzen.

Ho·se·a [həʊ'zɪə] *npr. u. s. bibl.* (das Buch) Ho'sea *m od.* O'see *m.*

hose| pipe *s.* Schlauch(leitung *f*) *m*; '**~-proof** *adj.* ⚙ schwallwassergeschützt.

ho·sier ['həʊzɪə] *s.* Strumpfwarenhändler (-in); '**ho·sier·y** [-rɪ] *s. coll.* Strumpfwaren *pl.*

hos·pice ['hɒspɪs] *s.* **1.** *hist.* Hos'piz *n*, Herberge *f*; **2.** Sterbeklinik *f*.

hos·pi·ta·ble ['hɒspɪtəbl] *adj.* ☐ **1.** gastfreundlich, (*a. Haus etc.*) gastlich; **2.** *fig.* freundlich: **~ climate**; **3.** (**to**) empfänglich (für), aufgeschlossen (*dat.*).

hos·pi·tal ['hɒspɪtl] *s.* **1.** Krankenhaus *n*, Klinik *f*, Hospi'tal *n*: **~ fever** klassisches Fleckfieber; **~ nurse** Kranken(haus)schwester *f*; **~ social worker** Krankenhausfürsorgerin *f*; **~ tent** Sanitätszelt *n*; **2.** ⚔ Laza'rett *n*: **~ ship** (**train**) Lazarettschiff *n* (-zug *m*); **3.** Tierklinik *f*; **4.** *hist.* Spi'tal *n*: a) Armenhaus *n*, b) Altersheim *n*, c) Erziehungsheim *n*; **5.** *hist.* Herberge *f*, Hos'piz *n*; **6.** *humor.* Repara'turwerkstatt *f*: **dolls' ~** Puppenklinik *f*.

hos·pi·tal·i·ty [ˌhɒspɪ'tæləti] *s.* Gastfreundschaft *f*, Gastlichkeit *f*.

hos·pi·tal·i·za·tion [ˌhɒspɪtəlaɪ'zeɪʃn] *s.* **1.** Aufnahme *f od.* Einweisung *f* in ein Krankenhaus; **2.** Krankenhausaufenthalt *m*, -behandlung *f*; **hos·pi·tal·ize** ['hɒspɪtəlaɪz] *v/t.* **1.** ins Krankenhaus einliefern *od.* einweisen; **2.** im Krankenhaus behandeln.

Hos·pi·tal·(l)er ['hɒspɪtlə] *s.* **1.** *hist.* Hospita'liter *m*, Johan'niter *m*; **2.** Barm'herziger Bruder.

host¹ [həʊst] *s.* **1.** (Un)Menge *f*, Masse *f*: **a ~ of questions** e-e Unmenge Fragen; **2.** *poet.* (Kriegs)Heer *n*: **the ~ of heaven** a) die Gestirne, b) die himmlischen Heerscharen; **the Lord of ♀s** *bibl.* der Herr der Heerscharen.

host² [həʊst] **I** *s.* **1.** Gastgeber *m*, Hausherr *m*: **~ country** Gastland *n*, *sport etc.* Gastgeberland *n*; **2.** (Gast)Wirt *m*: **reckon without one's ~** *fig.* die Rechnung ohne den Wirt machen; **3.** *TV etc.*: a) Talk-, Showmaster *m*, b) Mode'rator *m*: **your ~ was ...** durch die Sendung führte (Sie) ...; **4.** *biol.* Wirt *m*, Wirtstier *n od.* -pflanze *f*; **II** *v/t.* **5.** a) *TV etc.*: Sendung moderieren, b) *Veranstaltung* ausrichten.

host³, *oft* ♀ [həʊst] *s. eccl.* Hostie *f*.

hos·tage ['hɒstɪdʒ] *s.* **1.** Geisel *f*: **take** (**hold**) **s.o. ~** j-n als Geisel nehmen (behalten); **taking of ~s** Geiselnahme *f*; **2.** *fig.* ('Unter)Pfand *n*.

hos·tel ['hɒstl] *s.* **1.** *mst* **youth ~** Jugendherberge *f*; **2.** (Studenten-, Arbeiter- *etc.*)Wohnheim *n*; **3.** → **'hos·tel·ry** [-rɪ] *s. obs.* Wirtshaus *n*.

host·ess ['həʊstɪs] *s.* **1.** Gastgeberin *f*; **2.** (Gast)Wirtin *f*; **3.** ✈ Ho'steß *f*, Stewar'deß *f*; **4.** Ho'steß *f* (*Betreuerin, Führerin*); **5.** Animier-, Tischdame *f*.

hos·tile ['hɒstaɪl] *adj.* ☐ **1.** feindlich, Feind(es)...; **2.** (**to**) *fig.* a) feindselig (gegen), feindlich gesinnt (*dat.*), b) stark abgeneigt (*dat.*); **hos·til·i·ty** [hɒ'stɪləti] *s.* **1.** Feindschaft *f*, Feindseligkeit *f* (**to** gegen); **2.** Feindseligkeit *f* (*Handlung*); **3.** *pl.* ⚔ Feindseligkeiten *pl.*, Krieg(shandlungen *pl.*) *m*.

hos·tler ['ɒslə] → **ostler**.

hot [hɒt] **I** *adj.* ☐ **1.** heiß (*a. fig.*): **~ climate**; **~ tears**; **I am ~** mir ist heiß, ich bin erhitzt; **get ~** sich erhitzen (*a. fig. u.* ⚙); **~ under the collar** F wütend; **I went ~ and cold** es überlief mich heiß u. kalt; **~ scent** *hunt.* warme *od.* frische Fährte (*a. fig.*); **2.** warm, heiß: **~ meal**; **~ and ~** ganz heiß, direkt vom Feuer; **3.** a) scharf (*Gewürz*), b) scharf (gewürzt): **a ~ dish**; **4.** *fig.* heiß, hitzig, heftig: **a ~ fight**; **~ words** heftige Worte; **grow ~** sich erhitzen (**over** über *acc.*); **5.** leidenschaftlich, feurig: **a ~ temper** ein hitziges Temperament; **be ~ for** (*od.* **on**) F ‚scharf' sein auf (*acc.*); **6.** wütend, erbost: **all ~ and bothered** ganz ‚aus dem Häuschen'; **7.** ‚heiß': a) *zo.* brünstig, b) F geil, ‚scharf' (*Person, Film etc.*); **8.** ‚heiß' (*im Suchspiel*): **you are getting ~ter!** a) (es wird) schon heißer!, b) *fig.* du kommst der Sache schon näher!; **9.** ganz neu *od.* frisch, ‚noch warm': **~ from the press** frisch aus der Presse (*Nachrichten*), soeben erschienen (*Buch*); **10.** F a) ‚toll' (*großartig*): **he** (**it**) **is not so ~!** er (es) ist nicht so toll!; **~ stuff** a) ‚dolles Ding', b) toller Kerl; **be ~ at** (*od.* **on**) ‚ganz groß' sein in (*e-m Fach*); **11.** ‚heiß' (*vielversprechend*): **a ~ tip**; **~ favo(u)rite** *bsd. sport* heißer *od.* hoher Favorit; **12.** ‚heiß' (*Jazz etc.*): **~ music**; **13.** gefährlich: **make it ~ for s.o.** j-m die Hölle heiß machen, j-m ‚einheizen'; **the place was getting too ~ for him** ihm wurde der Boden zu heiß (unter den Füßen); **be in ~ water** in ‚Schwulitäten' sein; **get into ~ water** a) *j-n* in ‚Schwulitäten' bringen, b) in ‚Schwulitäten' geraten, ‚Ärger kriegen'; **14.** F a) ‚heiß' (*gestohlen, geschmuggelt etc.*): **~ goods** ‚heiße Ware', b) (von der Polizei) gesucht; **15.** a) ⚡ stromführend: → **hot line, hot wire**, b) *phys.* F ‚heiß' (*radioaktiv*); **16.** ⚙, ⚡ Heiß..., Warm..., Glüh...; **II** *adv.* **17.** heiß: **the sun shines ~**; **get it ~** (**and strong**) F ‚eins aufs Dach kriegen', sein ‚Fett' bekommen; **give it s.o. ~** (**and strong**) F j-m die Hölle heiß machen, j-m ‚einheizen'; → **blow¹** 4; **III** *v/t.* **18.** *mst* **~ up** heiß machen; **19. ~ up** F a) *Auto, Motor* ‚frisieren', ‚aufmotzen', b) ‚anheizen', c) Schwung bringen in (*acc.*), *et.* ‚aufmöbeln'; **IV** *v/i.* **20.** *mst* **~ up** heiß werden; **21. ~ up** F a) sich verschärfen, b) schwungvoller werden.

hot| air *s.* **1.** ⚙ Heißluft *f*; **2.** *sl.* ‚heiße Luft', (leeres) Geschwätz; **ˌ~-'air** *adj.* ⚙ Heißluft...: **~ artist** F ‚Windmacher' *m*; **'~·bed** *s.* **1.** 🌱 Mist-, Frühbeet *n*; **2.** *fig.* Brutstätte *f*; **ˌ~-'blood·ed** *adj.* heißblütig; **~ cath·ode** *s.* ⚡ 'Glühkaˌthode *f*.

hotch·pot ['hɒtʃpɒt] *s.* ⚖ Vereinigung *f* des Nachlasses zwecks gleicher Verteilung.

hotch·potch ['hɒtʃpɒtʃ] *s.* **1.** Eintopf (-gericht *n*) *m*, *bsd.* Gemüse(suppe *f*) *n* mit Hammelfleisch; **2.** *fig.* Mischmasch *m*.

hot dog *s.* Hot dog *n*, *a. m.*

ho·tel [həʊ'tel] *s.* Ho'tel *n*: **~ register** Fremdenbuch *n*; **ho·tel·ier** [həʊ'telɪeɪ], **ho'tel-ˌkeep·er** *s.* Hoteli'er *m*, Ho'telbesitzer(in) *od.* -diˌrektor *m*, -direkˌtorin *f*.

hot| flush·es *s. pl.* ⚕ fliegende Hitze; **'~·foot** F **I** *adv.* schleunigst; **II** *v/i. a.* **~ it** rennen, flitzen; **'~-ˌgal·va·nize** *v/t.* ⚙ feuerverzinken; **'~-ˌgos·pel·(l)er** *s.* F Erweckungsprediger *m*; **'~·head** *s.* Hitzkopf *m*; **ˌ~-'head·ed** *adj.* hitzköpfig; **'~·house** *s.* Treib-, Gewächshaus *n*; **~ line** *s. bsd. pol.* ‚heißer Draht'; **~ mon·ey** *s.* ♆ Hot money *n*, ‚heißes Geld'.

hot·ness ['hɒtnɪs] *s.* Hitze *f*.

'hot|·plate *s.* **1.** Koch-, Heizplatte *f*; **2.** Warmhalteplatte *f*; **~ pot** *s.* Eintopf *m*; **'~-press** ⚙ **I** *s.* **1.** Heißpresse *f*; **2.** Dekatierpresse *f*; **II** *v/t.* **3.** heiß pressen; **4.** *Tuch* dekatieren; **5.** *Papier* satinieren; **~ rod** *s. Am. sl.* ‚frisierter' Wagen; **~ rod·der** ['rɒdə] *s. Am. sl.* **1.** Fahrer *m* e-s **hot rod**; **2.** a) ‚Raser' *m*, b) Verkehrsrowdy *m*; **~ seat** *s. sl.* **1.** ✈ Schleudersitz *m* (*a. fig.*); **2.** *Am.* e'lektrischer Stuhl; **'~·shot I** *s. Am. sl.* **1.** ‚großes Tier'; **2.** *bsd. sport* ‚Ka'none' *f*, ‚As' *n*; **3.** ✈, *mot.* ‚Ra'kete' *f*; **II** *adj.* **4.** ‚groß', ‚toll'; **~ spot** *s.* **1.** *pol.* Krisenherd *m*; **2.** F ‚heißes Ding' (*Nachtklub etc.*); **~ spring** *s.* heiße Quelle, Ther'malquelle *f*; **'~·spur** *s.* Heißsporn *m*; **~ tube** *s.* ⚙ Heiz-, Glührohr *n*; **~ war** *s.* heißer Krieg; **ˌ~-'wa·ter** *adj.* Heißwasser...: **~ heating**; **~ bottle** Wärmflasche *f*; **~ wire** *s.* **1.** ⚡ a) stromführender Draht, b) Hitzdraht *m*; **2.** *bsd. pol.* ‚heißer Draht'.

hound¹ [haʊnd] **I** *s.* **1.** Jagdhund *m*: **ride to** (*od.* **follow the**) **~s** an e-r Parforcejagd (*bsd. Fuchsjagd*) teilnehmen; **2.** *sl.* ‚Hund' *m*, Schurke *m*; **3.** *Am. sl.* Fa'natiker(in): **movie ~** Kinonarr *m*; **4.** Verfolger *m* (*Schnitzeljagd*); **II** *v/t.* **5.** *mst fig.* jagen, hetzen, drängen, verfolgen: **~ down** zur Strecke bringen; **6.** *a.* **~ on** (auf)hetzen, antreiben.

hound² [haʊnd] *s.* **1.** ⚓ Mastbacke *f*; **2.** *pl.* ⚙ Seiten-, Diago'nalstreben *pl.* (*an Fahrzeugen*).

hour ['aʊə] *s.* **1.** Stunde *f*: **by the ~** stundenweise; **for ~s** (**and ~s**) stundenlang; **on the ~** (jeweils) zur vollen Stunde; **an ~'s work** e-e Stunde Arbeit; **10 minutes past the ~** 10 Minuten nach voll; **2.** (Tages)Zeit *f*: **at 14.20 ~s** um 14 Uhr 20; **at all ~s** zu jeder Zeit; **at an early ~** früh, zu früher Stunde; **at the eleventh ~** *fig.* in letzter Minute, fünf Minuten vor zwölf; **keep early ~s** früh schlafen gehen (u. früh aufstehen); **sleep till all ~s** ‚bis in die Puppen' schlafen; **the small ~s** die frühen Morgenstunden; **3.** Zeitpunkt *m*, Stunde *f*: **~ of death** Todesstunde; **his ~ has come** a) s-e Stunde ist gekommen, b) *a.* **his** (**last**) **~ has struck** s-e letzte Stunde *od.* sein letztes Stündlein ist gekommen *od.* hat geschlagen; **question of the ~** aktuelle Frage; **4.** *pl.* (Arbeits-) Zeit *f*, (Arbeits-, Geschäfts-, Dienst-) Stunden *pl.*: **after ~s** a) nach Geschäftsschluß, b) nach der Arbeit, c) *fig.* zu spät; **5.** *pl. eccl.* a) Stundenbuch *n*, b) *R.C.* Stundengebete *pl.*; **6.** ♀**s** *pl. myth.* Horen *pl.*; **'~-ˌcir·cle** *s. ast.* Stundenkreis *m*; **'~·glass** *s.* Stundenglas *n*, *bsd.* Sanduhr *f*; **'~-hand** *s.* Stundenzeiger *m*.

hou·ri ['hʊərɪ] *s.* **1.** Huri *f* (*mohammedanische Paradiesjungfrau*); **2.** *fig.* üppige Schönheit (*Frau*).

hour·ly ['aʊəlɪ] *adv. u. adj.* **1.** stündlich: **~ wage** Stundenlohn *m*; **2.** ständig, dauernd: **in ~ fear**.

house [haʊs] **I** *pl.* **hous·es** ['haʊzɪz] *s.* **1.** Haus *n* (*Gebäude u. Hausbewohner*): **like a ~ on fire** ganz ‚toll', ‚prima'; → **safe** 3; **2.** Wohnhaus *n*, Wohnung *f*, Heim *n*; Haushalt *m*: **~ *and home*** Haus u. Hof; ***keep* ~** a) das Haus hüten, b) (***for s.o.*** j-m) den Haushalt führen; ***put*** (*od.* ***set***) ***one's* ~ *in order*** s-e Angelegenheiten ordnen, sein Haus bestellen; → ***open*** 10; **3.** Fa'milie *f*, Geschlecht *n*, (*bsd. Fürsten*)Haus *n*: ***the* ≈ *of Hanover***; **4.** *univ. Brit.* Haus *n*: a) Wohngebäude *n* (*e-s College, a. ped. e-s Internats*), b) College *n*; **5.** *thea.* a) (Schauspiel)Haus *n*: ***full* ~** volles Haus, b) Zuhörer *pl.*; → ***bring down*** 8, c) Vorstellung *f*: ***the second* ~** die zweite Vorstellung (*des Tages*); **6.** *mst* ≈ *parl.* Haus *n*, Kammer *f*, Parla'ment *n*: ***the* ≈** a) → ***House of Commons*** (***Lords***, ***Representatives***), b) *coll.* das Haus (*die Abgeordneten*); ***enter the* ≈** Parlamentsmitglied werden; ***there is a* ≈** es ist Parlamentssitzung; ***no* ≈** das Haus ist nicht beschlußfähig; **7.** † Haus *n*, Firma *f*: ***the* ≈** die Londoner Börse; ***on the* ~** auf Kosten des Hauses (*a. weitS. des Wirts od. Gastgebers*); **8.** *ast.* a) Haus *n*, b) Tierkreiszeichen *n*; **II** *v/t.* [haʊz] **9.** 'unterbringen (*a.* ⚙); **10.** aufnehmen, beherbergen; **11.** Platz haben für; **III** *v/i.* [haʊz] **12.** hausen, wohnen.

house| a·gent *s. Brit.* Häusermakler *m*; **~ ar·rest** *s.* 'Hausarˌrest *m*; **'~·boat** *s.* Hausboot *n*; **'~ˌbod·y** → ***homebody***; **'~·bound** *adj.* ans Haus gefesselt; **'~·break** *v/t. Am.* **1.** *Hund etc.* stubenrein machen; **2.** F *fig.* a) *j-m* Manieren beibringen, b) *j-n* ‚kirre' machen; **'~ˌbreak·er** *s.* **1.** ⚖ Einbrecher *m*; **2.** 'Abbruchunterˌnehmer *m*; **'~ˌbreak·ing** *s.* **1.** ⚖ Einbruch(sdiebstahl) *m*; **2.** Abbruch(arbeiten *pl.*) *m*; **'~ˌbro·ken** *adj.* stubenrein (*Hund etc.*); **'~·clean** *v/i.* **1.** Hausputz machen; **2.** (*a. v/t.*) *Am.* F gründlich aufräumen (in *dat.*); **'~ˌclean·ing** *s.* **1.** Hausputz *m*; **2.** *Am.* F 'Säuberungsaktiˌon *f*; **'~·coat** *s.* Hauskleid *n*, Morgenrock *m*; **'~·craft** *s. Brit.* Hauswirtschaftslehre *f*; **~ de·tec·tive** *s.* 'Hausdetekˌtiv *m* (*Hotel etc.*); **~ dog** *s.* Haushund *m*; **'~·fly** *s. zo.* Stubenfliege *f*.

house·hold ['haʊshəʊld] **I** *s.* **1.** Haushalt *m*; **2.** ***the* ≈** *Brit.* die königliche Hofhaltung: **≈ *Brigade***, **≈ *Troops*** Gardetruppen *pl.*; **II** *adj.* **3.** Haushalts…, häuslich: **~ *gods*** a) *antiq.* Hausgötter *pl.*, b) *fig.* heiliggehaltene Dinge *pl.*; **~ *remedy*** ⚕ Hausmittel *n*; **~ *soap*** Haushaltsseife *f*; **~ *spending*** Ausgaben der privaten Haushalte; **4.** all'täglich: ***a* ~ *word*** (*od.* ***name***) ein (fester *od.* geläufiger) Begriff; **'houseˌhold·er** *s.* **1.** Haushaltsvorstand *m*; **2.** Haus- *od.* Wohnungsinhaber *m*.

'house|-ˌhunt·ing *s.* F Wohnungssuche *f*; **'~ˌhus·band** *s.* Hausmann *m*; **'~·keep** *v/i.* den Haushalt führen (***for s.o.*** j-m); **'~ˌkeep·er** *s.* **1.** Haushälterin *f*, Wirtschafterin *f*; **2.** Hausmeister(in); **'~ˌkeep·ing** *s.* Haushaltung *f*, -wirtschaft *f*: **~ (*money*)** Wirtschaftsgeld *n*; **'~·maid** *s.* Hausgehilfin *f*: **~*'s knee*** ⚕ Knieschleimbeutelentzündung *f*; **'~ˌmas·ter** *s. ped. Brit.* Heimleiter *m* (*Lehrer, der für ein Wohngebäude e-s Internats zuständig ist*); **'~·mate** *s.* Hausgenosse *m*, -genossin *f*; **'~ˌmis·tress** *s. ped. Brit.* Heimleiterin *f* (*in e-m Internat*); **≈ *of Com·mons*** *s. parl. Brit.* 'Unterhaus *n*; **≈ *of Lords*** *s. parl. Brit.* Oberhaus *n*; **≈ *of Rep·re·sent·a·tives*** *s. parl. Am.* Repräsen'tantenhaus *n* (*Unterhaus des US-Kongresses*); **~ or·gan** *s.* † Hauszeitung *f*; **~ paint·er** *s.* Maler *m*, Anstreicher *m*; **~ par·ty** *s.* mehrtägige Party (*bsd. in e-m Landhaus*); **'~·phone** *s. Am.* 'Hausteleˌfon *n*; **~ phy·si·cian** *s.* **1.** Hausarzt *m* (*im Hotel etc.*); **2.** *im Krankenhaus wohnender Arzt*; **~ plant** *s.* ⚘ Zimmerpflanze *f*; **'~·proud** *adj.* über'trieben ordentlich, pe'nibel (*Hausfrau*); **'~·room** [-rʊm] *s.*: ***give s.o.* ~** j-n (in sein Haus) aufnehmen; ***he wouldn't give it* ~** *fig.* er nähme es nicht einmal geschenkt; **~ search** *s.* ⚖ Haussuchung *f*; **ˌ~-to-'house** *adj.* von Haus zu Haus: **~ *collection*** Haussammlung *f*; **~ *selling*** Verkauf *m* an der Haustür; **'~·top** *s.* Dach *n*: ***proclaim*** (*od.* ***shout***) ***from the* ~*s*** öffentlich verkünden, *et.* ‚an die große Glocke hängen'; **'~·trained** *adj.* stubenrein (*Hund etc.*); **'~ˌwarm·ing** (**par·ty**) *s.* Einzugsparty *f* (*im neuen Haus*).

'house·wife *s.* [*irr.*] **1.** Hausfrau *f*; **2.** ['hʌzɪf] *Brit.* 'Näheˌtui *n*, Nähzeug *n*; **'houseˌwife·ly** [-ˌwaɪflɪ] *adj.* hausfraulich; **'house·wif·er·y** [-wɪfərɪ] → ***housekeeping***; **'house·work** *s.* Haus(halts)arbeit *f*.

hous·ing¹ ['haʊzɪŋ] *s.* **1.** 'Unterbringung *f*; **2.** 'Unterkunft *f*, Obdach *n*; **3.** Wohnung *f*, *coll.* Häuser *pl.*: **~ *development***, **~ *estate*** Wohnsiedlung *f*; **~ *development scheme*** Wohnungsbauprojekt *n*; **~ *shortage*** Wohnungsnot *f*; **~ *situation*** Lage *f* auf dem Wohnungsmarkt; **~ *unit*** Wohneinheit *f*; **4.** Wohnungsbau *m od.* -beschaffung *f*; **5.** ⚙ a) Gehäuse *n*, b) Gerüst *n*, c) Nut *f*.

hous·ing² ['haʊzɪŋ] *s.* Satteldecke *f*.

hove [həʊv] *pret. u. p.p. von* ***heave***.

hov·el ['hɒvl] *s.* **1.** Schuppen *m*; **2.** *contp.* ‚Bruchbude' *f*, ‚Loch' *n*.

hov·el·(l)er ['hɒvlə] *s.* ⚓ **1.** Bergungsboot *n*; **2.** Berger *m*.

hov·er ['hɒvə] *v/i.* **1.** schweben (*a. fig.*); **2.** sich her'umtreiben *od.* aufhalten (***about*** in der Nähe *gen.*); **3.** zögern, schwanken; **'~·craft** *s. sg. u. pl.* Hovercraft *n*, Luftkissenfahrzeug *n*; **'~·train** *s.* Hovertrain *m*, Schwebezug *m*.

how [haʊ] **I** *adv.* **1.** (*fragend*) wie: **~ *are you?*** wie geht es Ihnen?; **~ *do you do?*** (*bei der Vorstellung*) guten Tag!; **~ *about …?*** wie steht's mit …?; **~ *about a cup of tea?*** wie wäre es mit e-r Tasse Tee?; **~ *about it?*** (na,) wie wär's?; **~ *is it that …?*** wie kommt es, daß …?; **~ *now?*** was soll das bedeuten?; **~ *much?*** wieviel?; **~ *many?*** wie viele?, wieviel?; **~ *much is it?*** was kostet es?; **~ *do you know?*** woher wissen Sie das?; **~ *ever do you do it?*** wie machen Sie das nur?; **2.** (*ausrufend*) wie: **~ *absurd!***; ***and* ~!** F und wie!; ***here's* ~!** F auf Ihr Wohl!; **3.** (*relativ*) wie: ***I know* ~ *far it is*** ich weiß, wie weit es ist; ***he knows* ~ *to ride*** er kann reiten; ***I know* ~ *to do it*** ich weiß, wie man es macht; **II** *s.* **4.** Wie *n*: ***the* ~ *and the why*** das Wie u. Warum.

how·be·it [ˌhaʊ'biːɪt] *obs.* **I** *adv.* nichtsdesto'weniger; **II** *cj.* ob'gleich, ob'schon.

how·dah ['haʊdə] *s.* (*mst gedeckter*) Sitz auf dem Rücken e-s Ele'fanten.

how-do-you-do [ˌhaʊdjʊ'duː], **ˌhow-d'ye-'do** [-djə'duː] *s.* F: ***a nice* ~** e-e schöne ‚Bescherung'.

how·ev·er [haʊ'evə] **I** *adv.* **1.** wie auch (immer), wenn auch noch so: **~ *good***; **~ *it*** (***may***) ***be*** wie dem auch sei; **~ *you do it*** wie du es auch machst; **2.** F wie … bloß *od.* denn nur: **~ *did you do it?***; **II** *cj.* **3.** je'doch, dennoch, doch, aber, in'des.

how·itz·er ['haʊɪtsə] *s.* Hau'bitze *f*.

howl [haʊl] **I** *v/i.* **1.** heulen (*Wölfe, Wind etc.*); **2.** brüllen, schreien (***with*** vor *dat.*); **3.** F ‚heulen', weinen; **4.** pfeifen (*Wind, Radio etc.*); **II** *v/t.* **5.** brüllen, schreien: **~ *down*** *j-n* niederschreien; **III** *s.* **6.** Heulen *n*, Geheul *n*; **7.** a) Schrei *m*: **~*s of laughter*** brüllendes Gelächter, b) Gebrüll *n*, Geschrei *n*: ***be a* ~** F ‚zum Brüllen' sein; **'howl·er** [-lə] *s.* **1.** Heuler(in); **2.** *zo.* Brüllaffe *m*; **3.** F grober Schnitzer, ‚Heuler' *m*; **'howl·ing** [-lɪŋ] *adj.* **1.** heulend, brüllend; **2.** F ‚toll', Mords…

how·so·ev·er [ˌhaʊsəʊ'evə] → ***however*** 1.

ˌhow-to-'do-it book *s.* Bastelbuch *n*.

hoy¹ [hɔɪ] *s.* ⚓ Leichter *m*.

hoy² [hɔɪ] **I** *int.* **1.** he!, hoi!; **2.** ⚓ a'hoi!; **II** *s.* **3.** He(ruf *m*) *n*.

hoy·den ['hɔɪdn] *s.* Range *f*, Wildfang *m* (*Mädchen*); **'hoy·den·ish** [-nɪʃ] *adj.* wild, ausgelassen.

hub [hʌb] *s.* **1.** (Rad)Nabe *f*: **~*cap*** *mot.* Radkappe *f*; **2.** *fig.* Mittel-, Angelpunkt *m*, Zentrum *n*: **~ *of the universe*** Mittelpunkt der Welt (*bsd. fig.*); **3.** ***the* ≈** *Am.* (*Spitzname für*) Boston *n*.

hub·bub ['hʌbʌb] *s.* **1.** Stimmengewirr *n*; **2.** Lärm *m*, Tu'mult *m*.

hub·by ['hʌbɪ] *s.* F ‚Männe' *m*, (Ehe-)Mann *m*.

hu·bris ['hjuːbrɪs] (*Greek*) *s.* Hybris *f*, freche 'Selbstüberˌhebung.

huck·le ['hʌkl] *s.* **1.** *anat.* Hüfte *f*; **2.** Buckel *m*; **'~·ber·ry** *s.* ⚘ Heidelbeere *f*; **'~·bone** *s. anat.* **1.** Hüftknochen *m*; **2.** Fußknöchel *m*.

huck·ster ['hʌkstə] **I** *s.* **1.** → ***hawker²***; **2.** *contp.* Krämer(seele *f*) *m*, Feilscher *m*; **3.** *Am. sl.* ‚Re'klamefritze' *m* (*Werbefachmann*); **II** *v/i.* **4.** hökern; hausieren; **5.** feilschen (***over*** um).

hud·dle ['hʌdl] **I** *v/t.* **1.** a) *mst* **~ *together*** (*od.* ***up***) zs.-werfen, auf e-n Haufen werfen, b) *wohin* stopfen; **2. ~ *o.s.*** (***up***) → 6; **~*d up*** zs.-gekauert; **3.** *mst* **~ *together*** (*od.* ***up***) *Brit. Bericht etc.* a) ‚hinhauen', b) zs.-stoppeln; **4. ~ *on*** sich *ein Kleid etc.* 'überwerfen, schlüpfen in (*acc.*); **5.** *fig.* vertuschen; **II** *v/i.* **6.** (**~ *up*** sich zs.-)kauern; **7.** *a.* **~ *together*** (*od.* ***up***) sich zs.-drängen; **8. ~ (*up*) *against*** (*od.* ***to***) sich kuscheln *od.* schmiegen an (*acc.*); **III** *s.* **9.** a) (wirrer) Haufen, b) Wirrwarr *m*; **10.** ***go into a* ~** F a) die Köpfe zs.-stekken, ‚Kriegsrat halten', b) ***with o.s.*** ‚mal nachdenken', mit sich zu Rate gehen.

hue¹ [hjuː] *s.*: **~ *and cry*** *a. fig.* (Zeter-)Geschrei *n*, Gezeter *n*; ***raise a* ~ *and cry*** ein Zetergeschrei erheben, lautstark protestieren (***against*** gegen).

hue² [hjuː] *s.* Farbe *f*, (Farb)Ton *m*;

Färbung *f* (*a. fig.*); **hued** [hju:d] *adj. in Zssgn* …farbig, …farben.

huff [hʌf] **I** *v/t.* **1.** a) ärgern, verstimmen, b) kränken, c) ‚piesacken': **~ s.o. into s.th.** j-n zu et. zwingen; **easily ~ed** leicht ‚eingeschnappt', sehr übelnehmerisch; **2.** *Damespiel*: *Stein* wegnehmen; **II** *v/i.* **3.** a) sich ärgern, b) ‚einschnappen'; **4.** *a.* **~ and puff** a) schnaufen, pusten, b) (vor Wut) schnauben; **III** *s.* **5.** Ärger *m*, Verstimmung *f*: **be in a ~** verstimmt *od.* ‚eingeschnappt' sein; **huff·i·ness** [ˈhʌfɪnɪs] *s.* **1.** übelnehmerisches Wesen; **2.** Verärgerung *f*, Verstimmung *f*; **huff·ish** [ˈhʌfɪʃ], **huff·y** [ˈhʌfɪ] *adj.* □ **1.** übelnehmerisch; **2.** verärgert, ‚eingeschnappt'.

hug [hʌg] **I** *v/t.* **1.** umˈarmen, an sich drücken: **~ o.s.** sich beglückwünschen (**on, over** zu); **2.** *fig.* (zäh) festhalten an (*e-r Meinung etc.*); **3.** sich dicht halten an (*acc.*): **~ the coast** (**the side of the road**) sich dicht an die Küste (an den Straßenrand) halten; **the car ~s the road well** *mot.* der Wagen hat e-e gute Straßenlage; **II** *v/i.* **4.** einˈander *od.* sich umˈarmen; **III** *s.* **5.** Umˈarmung *f*: **give s.o. a ~** j-n umarmen.

huge [hju:dʒ] *adj.* □ riesig, ungeheuer, eˈnorm, gewaltig, mächtig (*alle a. fig.*); **ˈhuge·ly** [-lɪ] *adv.* gewaltig, ungeheuer, ungemein; **ˈhuge·ness** [-nɪs] *s.* ungeheure Größe.

hug·ger·mug·ger [ˈhʌgəˌmʌgə] **I** *s.* **1.** ‚Kuddelmuddel' *m, n*; **2.** Heimlichtueˈrei *f*; **II** *adj. u. adv.* **3.** unordentlich; **4.** heimlich, verstohlen; **III** *v/t.* **5.** vertuschen, verbergen.

Hu·gue·not [ˈhju:gənɒt] *s.* Hugeˈnotte *m*, Hugeˈnottin *f*.

huh [hʌ] *int.* **1.** wie?, was?; **2.** ha(ha)!

hu·la [ˈhu:lə], **ˌhu·la-ˈhu·la** *s.* Hula *f, m* (*Tanz der Eingeborenen auf Hawaii*).

hulk [hʌlk] *s.* **1.** ⚓ Hulk *f, m*; **2.** Koˈloß *m* (*Sache od. Person*): **a ~ of a man** *a.* ein Riesenkerl, ein ungeschlachter Kerl; **ˈhulk·ing** [-kɪŋ], **ˈhulk·y** *adj.* **1.** ungeschlacht; **2.** sperrig, klotzig.

hull¹ [hʌl] **I** *s.* ⚘ Schale *f*, Hülle *f* (*beide a. weitS.*), Hülse *f*; **II** *v/t.* schälen, enthülsen: **~ed barley** Graupen *pl.*

hull² [hʌl] **I** *s.* ⚓, ✈ Rumpf *m*: **~ down** weit entfernt (*Schiff*); **II** *v/t.* ⚓ den Rumpf treffen *od.* durchˈschießen.

hul·la·ba·loo [ˌhʌləbəˈlu:] *s.* Lärm *m*, Tuˈmult *m*, Trubel *m*.

hul·lo [həˈləʊ] → **hello**.

hum [hʌm] **I** *v/i.* **1.** summen (*Bienen, Draht, Person etc.*); **2.** ⚡ brummen; **3.** **~ and ha**(**w**) a) ‚herumdrucksen', b) (hin u. her) schwanken; **4.** *a.* **~ with activity** F voller Leben *od.* Aktiviˈtät sein: **make things ~** die Sache in Schwung bringen; **5.** ‚muffeln', stinken; **II** *v/t.* **6.** summen; **III** *s.* **7.** Summen *n*; **8.** ⚡ Brummen *n*; **9.** [*a.* mm] Hm *n*: **~s and ha**(**w**)**s** verlegenes Geräusper.

hu·man [ˈhju:mən] **I** *adj.* □ → **humanly**; **1.** menschlich (*a. weitS. Person, Charakter etc.*), Menschen…, Human… (*-medizin etc.*): **~ nature** menschliche Natur; **~ engineering** a) angewandte Betriebspsychologie, Arbeitsplatzgestaltung *f*, b) menschengerechte Gestaltung (*von Maschinen etc.*) zwecks optimaler Leistung; **~ interest** *das* menschlich Ansprechende; **~-interest story** ergreifende *od.* ein menschliches Schicksal schildernde Geschichte; **~ relations** zwischenmenschliche Beziehungen, (✝ innerbetriebliche) Kontaktpflege; **the ~ race** das Menschengeschlecht; **~ rights** Menschenrechte; **~ rights abuse** Menschenrechtsverletzung *f*; **~ rights activist** Menschenrechtler *m*; **~ touch** menschliche Note; **that's only ~** das ist doch menschlich; **I am only ~** *iro.* ich bin auch nur ein Mensch; → **err** 1; **2.** → **humane** 1; **II** *s.* **3.** Mensch *m*; **hu·mane** [hju:ˈmeɪn] *adj.* □ **1.** huˈman, menschlich: ♀ **Society** Gesellschaft *f* zur Verhinderung von Grausamkeiten an Tieren; **2.** → **humanistic** 1; **hu·mane·ness** [hju:ˈmeɪnnɪs] *s.* Humaniˈtät *f*, Menschlichkeit *f*.

hu·man·ism [ˈhju:mənɪzəm] *s.* **1.** *oft* ♀ Humaˈnismus *m*; **2.** a) → **humaneness**, b) → **humanitarianism**; **ˈhu·man·ist** [-ɪst] **I** *s.* **1.** Humaˈnist(in); **2.** → **humanitarian** II; **II** *adj.* → **humanistic** [ˌhju:məˈnɪstɪk] *adj.* (□ **~ally**) **1.** humaˈnistisch: **~ education**; **2.** a) → **humane** 1, b) → **hu·man·i·tar·i·an** [hju:ˌmænɪˈteərɪən] **I** *adj.* humaniˈtär, menschenfreundlich, Humanitäts…; **II** *s.* Menschenfreund *m*; **hu·man·i·tar·i·an·ism** [hju:ˌmænɪˈteərɪənɪzəm] *s.* Menschenfreundlichkeit *f*, humaniˈtäre Gesinnung; **hu·man·i·ty** [hju:ˈmænətɪ] *s.* **1.** die Menschheit; **2.** Menschsein *n*, menschliche Naˈtur; **3.** Humaniˈtät *f*, Menschlichkeit *f*; **4.** *pl.* a) klassische Literaˈtur, b) ˈAltphiloloˌgie *f*, c) Geisteswissenschaften *pl.*

hu·man·i·za·tion [ˌhju:mənaɪˈzeɪʃn] *s.* **1.** Humanisierung *f*; **2.** Vermenschlichung *f*, Personifizierung *f*; **hu·man·ize** [ˈhju:mənaɪz] *v/t.* **1.** humanisieren, huˈmaner gestalten; **2.** vermenschlichen, personifizieren.

ˌhu·manˈkind *s.* die Menschheit, das Menschengeschlecht; **ˈhu·man·ly** [-lɪ] *adv.* **1.** menschlich; **2.** nach menschlichen Begriffen: **~ possible** menschenmöglich; **~ speaking** menschlich gesehen; **3.** huˈman, menschlich.

hum·ble [ˈhʌmbl] **I** *adj.* □ bescheiden: a) demütig: **in my ~ opinion** nach m-r unmaßgeblichen Meinung; **my ~ self** meine Wenigkeit; **Your ~ servant** *obs.* Ihr ergebener Diener; **eat ~ pie** *fig.* klein beigeben, zu Kreuze kriechen, b) anspruchslos, einfach, c) niedrig, dürftig, ärmlich: **of ~ birth** von niedriger Geburt; **II** *v/t.* demütigen, erniedrigen; **ˈhum·ble·ness** [-nɪs] *s.* Demut *f*, Bescheidenheit *f*.

hum·bug [ˈhʌmbʌg] **I** *s.* **1.** ‚Humbug' *m*: a) Schwindel *m*, Betrug *m*, b) Unsinn *m*, ‚Mumpitz' *m*; **2.** Schwindler *m*, *bsd.* Hochstapler *m*, *a.* Scharlatan *m*; **3.** *a.* **mint ~** *Brit.* ˈPfefferminzbonˌbon *m, n*; **II** *v/t.* **4.** betrügen, ‚reinlegen'.

hum·ding·er [hʌmˈdɪŋə] *s. sl.* **1.** ‚toller Bursche'; **2.** ‚tolles Ding'.

hum·drum [ˈhʌmdrʌm] **I** *adj.* **1.** eintönig, langweilig, fad; **II** *s.* **2.** Eintönigkeit *f*, Langweiligkeit *f*; **3.** langweilige Sache *od.* Perˈson.

hu·mec·tant [hju:ˈmektənt] *s.* ⚗ Feuchthaltemittel *n*.

hu·mer·al [ˈhju:mərəl] *adj. anat.* **1.** Oberarmknochen…; **2.** Schulter…;

hu·mer·us [ˈhju:mərəs] *pl.* **-i** [-aɪ] *s.* Oberarm(knochen) *m*.

hu·mid [ˈhju:mɪd] *adj.* feucht; **hu·mid·i·fi·er** [hju:ˈmɪdɪfaɪə] *s.* Befeuchter *m*; **hu·mid·i·fy** [hju:ˈmɪdɪfaɪ] *v/t.* befeuchten; **hu·mid·i·ty** [hju:ˈmɪdətɪ] *s.* Feuchtigkeit(sgehalt *m*) *f*.

hu·mi·dor [ˈhju:mɪdɔ:] *s.* Feuchthaltebehälter *m*.

hu·mil·i·ate [hju:ˈmɪlɪeɪt] *v/t.* erniedrigen, demütigen; **huˈmil·i·at·ing** [-tɪŋ] *adj.* demütigend, erniedrigend; **hu·mil·i·a·tion** [hju:ˌmɪlɪˈeɪʃn] *s.* Erniedrigung *f*, Demütigung *f*; **huˈmil·i·ty** [-ətɪ] → **humbleness**.

hum·ming [ˈhʌmɪŋ] *adj.* **1.** summend; **2.** ⚡ brummend; **3.** F a) lebhaft, schwungvoll, b) geschäftig; **ˈ~·bird** *s. orn.* Kolibri *m*; **ˈ~-top** *s.* Brummkreisel *m*.

hum·mock [ˈhʌmək] *s.* **1.** Hügel *m*; **2.** Eishügel *m*.

hu·mor *etc. Am.* → **humour** *etc.*

hu·mor·esque [ˌhju:məˈresk] *s.* ♪ Humoˈreske *f*; **hu·mor·ist** [ˈhju:mərɪst] *s.* **1.** Humoˈrist(in); **2.** Spaßvogel *m*; **ˌhu·morˈis·tic** [-ˈrɪstɪk] *adj.* (□ **~ally**) humoˈristisch; **hu·mor·ous** [ˈhju:mərəs] *adj.* □ huˈmorvoll, huˈmorig, lustig; **hu·mor·ous·ness** [ˈhju:mərəsnɪs] *s.* huˈmorvolle Art, (*das*) Huˈmorvolle, Komik *f*.

hu·mour [ˈhju:mə] **I** *s.* **1.** Gemütsart *f*, Temperaˈment *n*; **2.** Stimmung *f*, Laune *f*: **in the ~ for** aufgelegt zu; **in a good** (**bad**) **~** (bei) guter (schlechter) Laune; **out of ~** schlecht gelaunt; **3.** Huˈmor *m*, Spaß *m*; Komik *f*, *das* Komische (*e-r Situation etc.*); **4.** *a.* **sense of ~** (Sinn *m* für) Humor *m*; **5.** Spaß *m*; **6.** *physiol.* a) Körperflüssigkeit *f*, b) *obs.* Körpersaft *m*; **II** *v/t.* **7.** a) *j-m* s-n Willen tun *od.* lassen, b) *j-n od. et.* hinnehmen, mit Geduld ertragen; **ˈhu·mo(u)r·less** [-lɪs] *adj.* huˈmorlos.

hump [hʌmp] **I** *s.* **1.** Buckel *m*, *bsd. des Kamels*: Höcker *m*; **2.** kleiner Hügel: **be over the ~** *fig.* über den Berg sein; **3.** *Brit.* F a) Trübsinn *m*, b) Stinklaune *f*: **give s.o. the ~** → 6; **II** *v/t.* **4.** *oft* **~ up** (zu e-m Buckel) krümmen: **~ one's back** e-n Buckel machen; **5.** a) sich *et.* aufladen, b) schleppen, tragen: **~ o.s.** (*od.* **it**) *Am. sl.* sich ‚ranhalten' (*anstrengen*); **6.** *Brit.* F a) *j-n* trübsinnig machen, b) *j-m* ‚auf den Wecker fallen'; **7.** V ‚bumsen' (*a. v/i.*); **ˈ~·back** *s.* **1.** Buckel *m*; **2.** Bucklige(r *m*) *f*; **3.** *zo.* Buckelwal *m*; **ˈ~·backed** *adj.* bucklig.

humped [hʌmpt] *adj.* **1.** bucklig, höckerig; **2.** holp(e)rig.

humph [mm; hʌmf] *int.* hm!, *contp.* pff!

hump·ty-dump·ty [ˌhʌmptɪˈdʌmptɪ] *s.* ‚Dickerchen' *n*.

hump·y [ˈhʌmpɪ] → **humped**.

hu·mus [ˈhju:məs] *s.* Humus *m*.

Hun [hʌn] *s.* **1.** Hunne *m*, Hunnin *f*; **2.** *fig.* Wanˈdale *m*, Barˈbar *m*; **3.** F *contp.* Deutsche(r) *m*.

hunch [hʌntʃ] **I** *s.* **1.** → **hump** 1; **2.** Klumpen *m*; **3.** **a ~** F das *od.* so ein Gefühl, e-n *od.* den Verdacht (**that** daß): **play a ~** e-r Intuition folgen; **II** *v/t.* **4.** *a.* **~ up** → **hump** 4: **~ one's shoulders** die Schultern hochziehen; **5.** *a.* **~ up** (sich) kauern; **ˈ~·back** → **humpback** 1 *u.* 2; **ˈ~·backed** → **humpbacked**.

hun·dred ['hʌndrəd] **I** *adj.* **1.** hundert: ***a*** (*od.* ***one***) **~** (ein)hundert; ***several ~ men*** mehrere hundert Mann; ***a ~ and one*** hundert(erlei), zahllose; **II** *s.* **2.** Hundert *n* (*a. Zahl*): ***by the ~*** hundertweise; ***several ~*** mehrere Hundert; ***~s of times*** hundertmal; ***~s of thousands*** Hunderttausende; ***~s and ~s*** Hunderte u. aber Hunderte; **3.** A Hunderter *m*; **4.** *hist. Brit.* Bezirk *m*, Hundertschaft *f*; **5.** ***~s and thousands*** Liebesperlen *pl.* (*auf Gebäck etc.*); **'~·fold I** *adj. u. adv.* hundertfach, -fältig; **II** *s. das* Hundertfache; **'~-per,cent** *adj.* 'hundertpro,zentig; **'~-per,cent·er** *s. pol. Am.* 'Hurrapatri,ot *m*.

hun·dredth ['hʌndrədθ] **I** *adj.* **1.** hundertst; **II** *s.* **2.** Hundertste(r *m*) *f*; **3.** Hundertstel *n*.

'hun·dred·weight *s.* a) *in England 112 lbs.*, b) *in USA 100 lbs.*, c) *a.* ***metric ~*** Zentner *m*.

hung [hʌŋ] *pret. u. p.p. von* **hang**.

Hun·gar·i·an [hʌŋ'geərɪən] **I** *adj.* **1.** ungarisch; **II** *s.* **2.** Ungar(in); **3.** *ling.* Ungarisch *n*.

hun·ger ['hʌŋgə] **I** *s.* **1.** Hunger *m*: ***~ is the best sauce*** Hunger ist der beste Koch; **2.** *fig.* Hunger *m*, Verlangen *n*, Durst *m* (***for***, ***after*** nach); **II** *v/i.* **3.** hungern, Hunger haben; **4.** *fig.* hungern (***for***, ***after*** nach); **III** *v/t.* **5.** aushungern; durch Hunger zwingen (***into*** zu); **~ march** *s.* Hungermarsch *m*; **~ strike** *s.* Hungerstreik *m*.

hun·gry ['hʌŋgrɪ] *adj.* □ **1.** hungrig: ***be*** (*od.* ***feel***) **~** hungrig sein, Hunger haben: ***go ~*** hungern; ***~ as a hunter*** (*od.* ***bear***) hungrig wie ein Wolf; **2.** *fig.* hungrig (***for*** nach): ***~ for knowledge*** wissensdurstig; **3.** ⸙ karg, mager (*Boden*).

hunk [hʌŋk] *s.* F großes Stück, (dicker) Brocken.

hunk·y-do·ry [,hʌŋkɪ'dɔːrɪ] *adj. Am. sl.* **1.** ,klasse', prima; **2.** bestens, ,in Butter'.

hunt [hʌnt] **I** *s.* **1.** Jagd *f*, Jagen *n*: ***the ~ is up*** die Jagd hat begonnen; **2.** 'Jagd(re,vier *n*) *f*; **3.** Jagd(gesellschaft) *f*; **4.** *fig.* Jagd *f*: a) Verfolgung *f*, b) Suche *f* (***for*** nach); **II** *v/t.* **5.** (*a. fig. j-n*) jagen, Jagd machen auf (*acc.*), hetzen: ***~ed look*** *fig.* gehetzter Blick; ***~ down*** erlegen, *a. fig.* zur Strecke bringen; ***~ out*** a) hinausjagen, b) *a.* ***~ up*** aufstöbern, -spüren, -treiben, *weitS.* forschen nach; **6.** *Revier* durch'jagen, -'stöbern, -'suchen (*a. fig.*) (***for*** nach); **7.** jagen mit (*Hunden, Pferden etc.*); **8.** *Radar, TV*: abtasten; **III** *v/i.* **9.** jagen: ***~ for*** Jagd machen auf (*acc.*) (*a. fig.*); **10.** ***~ after*** (*od.* ***for***) a) suchen nach, b) jagen, streben nach; **11.** ⚙ flattern; **'hunt·er** [-tə] *s.* **1.** Jäger *m* (*a. zo. u. fig.*): ***~-killer satellite*** ✕ Killersatellit *m*; **2.** Jagdhund *m od.* -pferd *n*; **3.** Sprungdeckeluhr *f*.

hunt·ing ['hʌntɪŋ] **I** *s.* **1.** Jagd *f*, Jagen *n*; **2.** → ***hunt*** 4; **3.** *Radar, TV*: Abtastvorrichtung *f*; **II** *adj.* **4.** Jagd...; **~ box** → ***hunting lodge***; **~ cat** → ***cheetah***; **~ crop** *s.* Jagdpeitsche *f*; **~ ground** *s.* 'Jagdre,vier *n*, -gebiet *n* (*a. fig.*): ***the happy ~s*** die ewigen Jagdgründe; **~ horn** *s.* Hift-, Jagdhorn *n*; **~ leop·ard** → ***cheetah***; **~ li·cence**, *Am.* **~ li·cense** *s.* Jagdschein *m*; **~ lodge** *s.* Jagdhütte *f*; **~ sea·son** *s.* Jagdzeit *f*.

hunt·ress ['hʌntrɪs] *s.* Jägerin *f*.

hunts·man ['hʌntsmən] *s.* [*irr.*] **1.** Jäger *m*, Weidmann *m*; **2.** Rüdemeister *m*; **'hunts·man·ship** [-ʃɪp] *s.* Jäge'rei *f*, Weidwerk *n*.

hur·dle ['hɜːdl] **I** *s.* **1.** *sport u. fig.* a) Hürde *f*, b) *Hindernislauf*, *Pferdesport*: Hindernis *n*: ***take*** (*od.* ***pass***) ***the ~*** *a. fig.* die Hürde nehmen; **2.** Hürde *f*, (Weiden-, Draht)Geflecht *n*; **3.** ⚙ Fa'schine *f*, Gitter *n*; **II** *v/t.* **4.** mit Hürden um'geben, um'zäunen; **5.** *ein Hindernis* über'springen; **6.** *fig. e-e Schwierigkeit* über'winden; **III** *v/i.* **7.** *sport*: e-n Hürden- *od.* Hindernislauf *od.* (*Pferdesport*) ein Hindernisrennen bestreiten; **'hur·dler** [-lə] *s. sport* a) Hürdenläufer (-in), b) Hindernisläufer *m*; **'hur·dle-race** *s. sport* a) Hürdenlauf *m*, b) Hindernislauf *m*, c) *Pferdesport*: Hindernisrennen *n*.

hur·dy-gur·dy ['hɜːdɪ,gɜːdɪ] *s.* ♪ a) Drehleier *f*, b) Leierkasten *m*.

hurl [hɜːl] **I** *v/t.* **1.** schleudern (*a. fig.*): ***~ abuse at s.o.*** j-m Beleidigungen ins Gesicht schleudern; ***~ o.s.*** sich stürzen (***on*** auf *acc.*); **II** *v/i.* **2.** *sport* Hurling spielen; **III** *s.* **3.** Schleudern *n*; **'hurl·er** [-lə] *s. sport* Hurlingspieler *m*; **'hurl·ey** [-lɪ] *s. sport* **1.** → ***hurling***; **2.** Hurlingstock *m*; **'hurl·ing** [-lɪŋ] *s. sport* Hurling (-spiel) *n* (*Art Hockey*).

hurl·y-burl·y ['hɜːlɪ,bɜːlɪ] **I** *s.* Tu'mult *m*, Aufruhr *m*; Wirrwarr *m*; **II** *adj.* turbu'lent.

hur·rah [hʊ'rɑː] **I** *int.* hur'ra!: ***~ for ...!*** hoch *od.* es lebe ...!; **II** *s.* Hur'ra(ruf *m*) *n*.

hur·ray [hʊ'reɪ] → ***hurrah***.

hur·ri·cane ['hʌrɪkən] *s.* a) Hurrikan *m*, Wirbelsturm *m*, b) Or'kan *m*, *fig. a.* Sturm *m*; **~ deck** *s.* ⚓ Sturmdeck *n*; **~ lamp** *s.* 'Sturmla,terne *f*.

hur·ried ['hʌrɪd] *adj.* □ eilig, hastig, schnell, über'eilt; **'hur·ri·er** [-ɪə] *s. Brit.* ⚒ Fördermann *m*.

hur·ry ['hʌrɪ] **I** *s.* **1.** Hast *f*, Eile *f*: ***in a ~*** eilig, hastig; ***be in a ~*** es eilig haben (***to do s.th.*** et. zu tun); ***there is no ~*** es eilt nicht, es hat keine Eile; ***in my ~ I forgot ...*** vor lauter Eile vergaß ich ...; ***you will not beat that in a ~*** F das machst du nicht so bald *od.* leicht nach; ***the ~ of daily life*** die Hetze des Alltags; ***in the ~ of business*** im Drang der Geschäfte; **II** *v/t.* **2.** schnell *od.* eilig befördern *od.* bringen: ***~ through*** *fig. Gesetzesvorlage etc.* durchpeitschen; **3.** *oft* ***~ up*** (*od.* ***on***) a) *j-n* antreiben, b) *et.* beschleunigen; **4.** *et.* über'eilen; **III** *v/i.* **5.** eilen, hasten: ***~ over s.th.*** et. hastig *od.* flüchtig erledigen; **6.** *oft* ***~ up*** sich beeilen: ***~ up!*** beeil dich!, (mach) schnell!; **,~-'scur·ry** [-'skʌrɪ] → ***helter-skelter***; **'~-up** *adj. Am.* **1.** eilig, Eil...: ***~ job***; **2.** hastig: ***~ breakfast***.

hurst [hɜːst] *s.* **1.** (*obs. außer in Ortsnamen*) Forst *m*; **2.** *obs.* bewaldeter Hügel; **3.** *obs.* Sandbank *f*.

hurt [hɜːt] **I** *v/t.* [*irr.*] **1.** verletzen, verwunden (*beide a. fig.*): ***~ s.o.'s feelings***; ***feel ~*** gekränkt *od.* verletzt sein; → ***fly***² 1; **2.** schmerzen, weh tun (*dat.*) (*beide a. fig.*); drücken (*Schuh*); **3.** *j-m* schaden *od.* Schaden zufügen: ***it won't ~ you to*** *inf.* F du stirbst nicht gleich, wenn du; **4.** *et.* beschädigen; **II** *v/i.* [*irr.*] **5.** schmerzen, weh tun (*a. fig.*); **6.** schaden: ***that won't ~*** das schadet nichts; **7.** F Schmerzen haben, *a. fig.* leiden (***from*** an *dat.*); **III** *s.* **8.** Schmerz *m* (*a. fig.*); **9.** Verletzung *f*; **10.** Kränkung *f*; **11.** Schaden *m*, Nachteil *m*; **'hurt·ful** [-fʊl] *adj.* □ **1.** verletzend; **2.** schmerzlich; **3.** schädlich, nachteilig (***to*** für).

hur·tle ['hɜːtl] **I** *v/i.* **1.** *obs.* (***against***) zs.-prallen (mit), prallen, krachen (gegen); **2.** sausen, rasen; **3.** rasseln, poltern; **II** *v/t.* **4.** → ***hurl*** 1.

'hur·tle·ber·ry *s.* ⚘ Heidelbeere *f*.

hus·band ['hʌzbənd] **I** *s.* (Ehe)Mann *m*, Gatte *m*, Gemahl *m*; **II** *v/t.* haushälterisch *od.* sparsam 'umgehen mit, haushalten mit; **'hus·band·man** [-ndmən] *s.* [*irr.*] *obs.* Bauer *m*; **'hus·band·ry** [-rɪ] *s.* **1.** Landwirtschaft *f*; **2.** Haushalten *n*.

hush [hʌʃ] **I** *int.* **1.** still!, pst!; **II** *v/t.* **2.** zum Schweigen *od.* zur Ruhe bringen; **3.** *fig.* besänftigen, beruhigen; **4.** *mst* ***~ up*** vertuschen; **III** *v/i.* **5.** still werden; **IV** *s.* **6.** Stille *f*, Ruhe *f*; **'hush·a·by** [-ʃəbaɪ] *int.* eiapo'peia!; **hushed** [-ʃt] *adj.* lautlos, still.

,hush|-'hush *adj.* geheim(gehalten), Geheim..., heimlich; **'~-,mon·ey** *s.* Schweigegeld *n*.

husk [hʌsk] **I** *s.* **1.** ⚘ Hülse *f*, Schale *f*, Schote *f*, *Am. mst* Maishülse *f*; **2.** *fig.* (leere) Hülle, Schale *f*; **II** *v/t.* **3.** enthülsen, schälen; **'husk·er** [-kə] *s.* **1.** Enthülser(in); **2.** 'Schälma,schine *f*; **'husk·i·ly** [-kɪlɪ] *adv.* mit rauher *od.* heiserer Stimme; **'husk·i·ness** [-kɪnɪs] *s.* Heiserkeit *f*, Rauheit *f*; **'husk·ing** [-kɪŋ] *s.* **1.** Enthülsen *n*, Schälen *n*; **2.** *a.* ***~ bee*** *Am.* geselliges Maisschälen.

husk·y¹ ['hʌskɪ] **I** *adj.* □ **1.** hülsig; **2.** ausgedörrt; **3.** rauh, heiser; **4.** F stämmig, kräftig; **II** *s.* **5.** F stämmiger Kerl.

hus·ky² ['hʌskɪ] *s. zo.* Husky *m*, Eskimohund *m*.

hus·sar [hʊ'zɑː] *s.* ✕ Hu'sar *m*.

Huss·ite ['hʌsaɪt] *s. hist.* Hus'sit *m*.

hus·sy ['hʌsɪ] *s.* **1.** Range *f*, ,Fratz' *m*; **2.** ,leichtes Mädchen', ,Flittchen' *n*.

hus·tings ['hʌstɪŋz] *s. pl. mst sg. konstr. pol.* a) Wahlkampf *m*, b) Wahl(en *pl.*) *f*.

hus·tle ['hʌsl] **I** *v/t.* **1.** a) stoßen, drängen, b) (an)rempeln; **2.** a) hetzen, (an-)treiben, b) drängen (***into doing s.th.*** dazu, et. zu tun); **3.** rasch *wohin* schaffen *od.* ,verfrachten'; **4.** sich beeilen mit; **5.** ***~ up*** *Am.* F ,herzaubern'; **6.** *Am.* F a) *et.* ergattern, b) sich *et.* ergaunern; **II** *v/i.* **7.** sich drängen, hasten, hetzen, sich beeilen; **8.** *Am.* F a) mit Hochdruck arbeiten, b) ,rangehen', Dampf da'hinter machen; **9.** *Am. sl.* a) ,klauen', b) Betrüge'reien begehen, c) betteln, d) auf Kundschaft ausgehen (*a. Prostituierte*), e) ,schwer hinterm Geld her sein'; **III** *s.* **10.** *mst* ***~ and bustle*** a) Gedränge *n*, b) Gehetze *n*, c) ,Betrieb' *m*; **11.** *Am.* F Gaune'rei *f*; **'hus·tler** [-lə] *s.* **1.** F rühriger Mensch, ,Wühler' *m*; **2.** *bsd. Am.* F a) ,Nutte' *f*, Prostitu'ierte *f*, b) (kleiner) Gauner.

hut [hʌt] **I** *s.* **1.** Hütte *f*; **2.** ✕ Ba'racke *f*; **II** *v/t. u. v/i.* **3.** in Ba'racken *od.* Hütten 'unterbringen (wohnen): ***~ted camp*** Barackenlager *n*.

hutch [hʌtʃ] *s.* **1.** Kiste *f*, Kasten *m*; **2.** Trog *m*; **3.** (kleiner) Stall, Käfig *m*, Verschlag *m*; **4.** ⚒ Hund *m*; **5.** F Hütte *f*.

hut·ment [ˈhʌtmənt] *s.* ⚔ **1.** ˈUnterbringung *f* in Baˈracken; **2.** Baˈrackenlager *n*.

huz·za [hʊˈzɑː] *obs.* → ***hurrah***.

hy·a·cinth [ˈhaɪəsɪnθ] *s.* **1.** ⚘ Hyaˈzinthe *f*; **2.** *min.* Hyaˈzinth *m*.

hy·ae·na → ***hyena***.

hy·brid [ˈhaɪbrɪd] **I** *s.* **1.** *biol.* Hyˈbride *f*, *m*, Mischling *m*, Bastard *m*, Kreuzung *f*; **2.** *ling.* Mischwort *n*; **II** *adj.* **3.** hyˈbrid: a) *biol.* Misch…, Bastard…, Zwitter…, b) *fig.* ungleichartig, gemischt; ˈ**hy·brid·ism** [-dɪzəm], **hy·brid·i·ty** [haɪˈbrɪdətɪ] *s. biol.* Mischbildung *f*, Kreuzung *f*; **hy·brid·i·za·tion** [ˌhaɪbrɪdaɪˈzeɪʃn] *s.* Kreuzung *f*; ˈ**hy·brid·ize** [-daɪz] *v/t.* (*v/i.* sich) kreuzen.

Hy·dra [ˈhaɪdrə] *s.* **1.** Hydra *f*: a) *myth.* *vielköpfige Schlange*, b) *ast.* Wasserschlange *f*; **2.** ♀ *fig.* Hydra *f* (*kaum auszurottendes Übel*); **3.** ♀ *zo.* ˈSüßwasserpoˌlyp *m*.

hy·dran·ge·a [haɪˈdreɪndʒə] *s.* ⚘ Horˈtensie *f*.

hy·drant [ˈhaɪdrənt] *s.* Hyˈdrant *m*.

hy·drate [ˈhaɪdreɪt] ⚗ **I** *s.* Hyˈdrat *n*; **II** *v/t.* hydratisieren; ˈ**hy·drat·ed** [-tɪd] *adj.* ⚗, *min.* hyˈdrathaltig; **hy·dra·tion** [haɪˈdreɪʃn] *s.* ⚗ Hydra(ta)tiˈon *f*.

hy·drau·lic [haɪˈdrɔːlɪk] **I** *adj.* (□ ***~ally***) ⚙, *phys.* hyˈdraulisch: a) (Druck-)Wasser…: **~ *clutch*** (***jack***, ***press***) hydraulische Kupplung (Winde, Presse); **~ *power*** (***pressure***) Wasserkraft *f* (-druck *m*), b) unter Wasser erhärtend: **~ *cement*** hydraulischer Mörtel, Wassermörtel *m*; **II** *s. pl. sg. konstr. phys.* Hyˈdraulik *f* (*Wissenschaft*); **~ brake** *s. mot.* hyˈdraulische Bremse, Flüssigkeitsbremse *f*; **~ dock** *s.* ⚓ Schwimmdock *n*; **~ en·gi·neer** *s.* ˈWasserbauingeniˌeur *m*; **~ en·gi·neer·ing** *s.* Wasserbau *m*.

hy·dric [ˈhaɪdrɪk] *adj.* ⚗ Wasserstoff…: **~ *oxide*** Wasser *n*; ˈ**hy·dride** [-raɪd] *s.* ⚗ Hyˈdrid *n*.

hy·dro [ˈhaɪdrəʊ] *pl.* **-dros** *s.* F **1.** ✈ → ***hydroplane*** 1; **2.** ⚕ *Brit.* F Hoˈtel *n* mit hydroˈpathischen Einrichtungen.

hydro- [haɪdrəʊ] *in Zssgn* a) Wasser…, b) …wasserstoff *m*.

ˈ**hy·dro|·bomb** *s.* ⚔ ˈLufttorˌpedo *m*; ˌ**~ˈcar·bon** *s.* ⚗ Kohlenwasserstoff *m*; ˌ**~ˈcel·lu·lose** *s.* ⚗ ˈHydrozelluˌlose *f*; ˌ**~·ceˈphal·ic** [-əʊseˈfælɪk], ˌ**~ˈceph·a·lous** [-əʊˈsefələs] *adj.* ⚕ mit e-m Wasserkopf; ˌ**~ˈceph·a·lus** [-əʊˈsefələs] *s.* ⚕ Wasserkopf *m*; ˌ**~ˈchlo·ric** *adj.* ⚗ salzsauer: **~ *acid*** Salzsäure *f*, Chlorwasserstoff *m*; ˌ**~ˈchlo·ride** *s.* ⚗ ˈChlorhyˌdrat *n*; ˌ**~·cyˈan·ic ac·id** *s.* ⚗ Blausäure *f*, Zyˈanwasserstoffsäure *f*; ˌ**~·dyˈnam·ic** *adj. phys.* hydrodyˈnamisch; ˌ**~·dyˈnam·ics** *s. pl. mst sg. konstr. phys.* Hydrodyˈnamik *f*; ˌ**~·eˈlec·tric** *adj.* ⚙ hydroeˈlektrisch: **~ *power station*** (*od.* ***plant***) Wasserkraftwerk *n*; ˌ**~·exˈtract** *v/t.* ⚙ zentrifugieren, entwässern; ˌ**~·fluˈor·ic ac·id** *s.* ⚗ Flußsäure *f*; ˈ**~·foil** *s.* ⚓ Tragflügel(boot *n*) *m*.

hy·dro·gen [ˈhaɪdrədʒən] *s.* ⚗ Wasserstoff *m*: **~ *bomb***; **~ *cylinder*** Wasserstoffflasche *f*; **~ *peroxide*** Wasserstoffsuperoxyd *n*; **~ *sulphide*** Schwefelwasserstoff; ˈ**hy·dro·gen·ate** [-ədʒɪneɪt] *v/t.* ⚗ **1.** hydrieren; **2.** *Öl* härten; **hy·dro·gen·a·tion** [ˌhaɪdrədʒɪˈneɪʃn] *s.* ⚗ **1.** Hydrierung *f*; **2.** (Öl)Härtung *f*; ˈ**hy·dro·gen·ize** [-ədʒɪnaɪz] → ***hydrogenate***; **hy·drog·e·nous** [haɪˈdrɒdʒɪnəs] *adj.* ⚗ wasserstoffhaltig, Wasserstoff…

hy·dro·graph·ic [ˌhaɪdrəʊˈgræfɪk] *adj.* (□ ***~ally***) hydroˈgraphisch: **~ *map*** ⚓ Seekarte *f*; **~ *office*** (*od.* ***department***) ⚓ Seewarte *f*; **hy·drog·ra·phy** [haɪˈdrɒgrəfɪ] *s.* **1.** Hydrograˈphie *f*, Gewässerkunde *f*; **2.** Gewässer *pl.* (*e-r Landkarte*).

hy·dro·log·ic, **hy·dro·log·i·cal** [ˌhaɪdrəʊˈlɒdʒɪk(l)] *adj.* □ hydroˈlogisch; **hy·drol·o·gy** [haɪˈdrɒlədʒɪ] *s.* Hydroloˈgie *f*.

hy·drol·y·sis [haɪˈdrɒlɪsɪs] *pl.* **-ses** [-siːz] *s.* ⚗ Hydroˈlyse *f*; **hy·dro·lyt·ic** [ˌhaɪdrəʊˈlɪtɪk] *adj.* hydroˈlytisch; **hy·dro·lyze** [ˈhaɪdrəlaɪz] *v/t.* hydrolysieren.

hy·drom·e·ter [haɪˈdrɒmɪtə] *s. phys.* Hydroˈmeter *n*.

hy·dro·path [ˈhaɪdrəʊpæθ] → ***hydropathist***; **hy·dro·path·ic** [ˌhaɪdrəʊˈpæθɪk] ⚕ *adj.* hydroˈpathisch, Wasserkur…; **hy·drop·a·thist** [haɪˈdrɒpəθɪst] *s.* ⚕ Hydroˈpath *m*, Kneippkur arzt *m*; **hy·drop·a·thy** [haɪˈdrɒpəθɪ] *s.* ⚕ Hydrotheraˈpie *f*.

hy·dro|·pho·bi·a [ˌhaɪdrəʊˈfəʊbjə] *s.* ⚕ Hydrophoˈbie *f*: a) *a. psych.* Wasserscheu *f*, b) Tollwut *f*; **~·phyte** [ˈhaɪdrəʊfaɪt] *s.* ⚘ Wasserpflanze *f*; **~·plane** [ˈhaɪdrəʊpleɪn] **I** *s.* **1.** ✈ Wasserflugzeug *n*; **2.** ✈ Gleitfläche *f* (*e-s Wasserflugzeugs*); **3.** ⚓ Tragflügelboot *n*; **4.** ⚓ Tiefenruder *n* (*e-s U-Boots*); **II** *v/i.* **5.** *Am.* → ***aquaplane*** 3; ˌ**~ˈpon·ics** [-ˈpɒnɪks] *s. pl. sg. konstr.* ˈHydro-, ˈWasserkulˌtur *f*; ˌ**~·qui·none** [-kwɪˈnəʊn] *s. phot.* Hydrochiˈnon *n*; **~·scope** [ˈhaɪdrəskəʊp] *s.* ⚙ Unterˈwassersichtgerät *n*; **~·sphere** [ˈhaɪdrəsfɪə] *s.* Hydroˈsphäre *f* (*die Wasserhülle der Erde*); ˌ**~ˈstat·ic** [-ˈstætɪk] *adj.* hydroˈstatisch; ˌ**~ˈstat·ics** [-ˈstætɪks] *s. pl. sg. konstr.* Hydroˈstatik *f*; ˌ**~ˈther·a·py** [-ˈθerəpɪ] *s.* ⚕ Hydrotheraˈpie *f*.

hy·drous [ˈhaɪdrəs] *adj.* ⚗ wasserhaltig.

hy·drox·ide [haɪˈdrɒksaɪd] *s.* ⚗ Hydroˈxyd *n*: **~ *of sodium*** Ätznatron *n*.

hy·e·na [haɪˈiːnə] *s. zo.* Hyˈäne *f*: ***laugh like a ~*** F sich schieflachen.

hy·giene [ˈhaɪdʒiːn] *s.* **1.** Hygiˈene *f*, Gesundheitspflege *f*: ***personal ~*** Körperpflege; ***dental*** (***food***, ***sex***) **~** Zahn-(Nahrungs-, Sexual)hygiene; **2.** → ***hygienic*** II; **hy·gi·en·ic** [haɪˈdʒiːnɪk] **I** *adj.* (□ ***~ally***) hygiˈenisch; saniˈtär; **II** *s. pl. sg. konstr.* Hygiˈene *f*, Gesundheitslehre *f*; ˈ**hy·gi·en·ist** [-nɪst] *s.* Hygiˈeniker(in).

hy·gro·graph [ˈhaɪgrəgrɑːf] *s. meteor.* Hygroˈgraph *m*, selbstregistrierender Luftfeuchtigkeitsmesser; **hy·grom·e·ter** [haɪˈgrɒmɪtə] *s. meteor.* Hygroˈmeter *n*, Luftfeuchtigkeitsmesser *m*; **hy·gro·met·ric** [ˌhaɪgrəʊˈmetrɪk] *adj.* hygroˈmetrisch; **hy·grom·e·try** [haɪˈgrɒmɪtrɪ] *s.* Hygromeˈtrie *f*, Luftfeuchtigkeitsmessung *f*; ˈ**hy·gro·scope** [-əskəʊp] *s. meteor.* Hygroˈskop *n*, Feuchtigkeitsanzeiger *m*; **hy·gro·scop·ic** [ˌhaɪgrəʊˈskɒpɪk] *adj.* hygroˈskopisch, Feuchtigkeit anzeigend *od. a.* anziehend.

hy·ing [ˈhaɪɪŋ] *pres.p. von* ***hie***.

hy·men [ˈhaɪmen] *s.* **1.** *anat.* Hymen *n*, Jungfernhäutchen *n*; **2.** *poet.* Ehe *f*, Hochzeit *f*; **3.** ♀ *myth.* Hymen *m*, Gott *m* der Ehe.

hy·me·nop·ter·a [ˌhaɪməˈnɒptərə] *s. pl. zo.* Hautflügler *pl.*

hymn [hɪm] **I** *s.* Hymne *f* (*a. fig. Loblied*, *-gesang*), Kirchenlied *n*, Choˈral *m*; **II** *v/t.* (lob)preisen; **III** *v/i.* Hymnen singen; **hym·nal** [ˈhɪmnəl] **I** *adj.* hymnisch, Hymnen…; **II** *s.* → ˈ**hymn-book** *s.* Gesangbuch *n*; **hym·nic** [ˈhɪmnɪk] *adj.* hymnenartig; ˈ**hym·no·dy** [-nəʊdɪ] *s.* **1.** Hymnensingen *n*; **2.** Hymnendichtung *f*; **3.** *coll.* Hymnen *pl.*

hy·oid (bone) [ˈhaɪɔɪd] *s. anat.* Zungenbein *n*.

hype¹ [haɪp] *sl.* **I** *s.* **1.** Reklamerummel *m*; **2.** ‚Spritze' *f*, ‚Schuß' *m* (*Rauschgift*); **3.** ‚Fixer(in)'; **II** *v/i.* **4.** *mst* **~ *up*** ‚sich e-n Schuß setzen'; **III** *v/t.* **5.** hochjubeln; **6. *be ~d up*** ‚high' sein (*a. fig.*).

hype² [haɪp] *sl.* **I** *s.* Trick *m*, ‚Beschiß' *m*; **II** *v/t.* *j-n* austricksen, ‚bescheißen'.

ˌ**hy·per·aˈcid·i·ty** [ˌhaɪpərə-] *s.* ⚕ Überˈsäuerung *f* (*des Magens*).

hy·per·bo·la [haɪˈpɜːbələ] *s.* 𝔄 Hyˈperbel *f* (*Kegelschnitt*); **hyˈper·bo·le** [-lɪ] *s. rhet.* Hyˈperbel *f*, Überˈtreibung *f*; **hy·per·bol·ic**, **hy·per·bol·i·cal** [ˌhaɪpəˈbɒlɪk(l)] *adj.* □ 𝔄, *rhet.* hyperˈbolisch.

hy·per·bo·re·an [ˌhaɪpəbɔːˈriːən] **I** *s. myth.* Hyperboˈreer *m*; **II** *adj.* hyperboˈreisch; ˌ**hy·per·corˈrect** [ˌhaɪpə-] *adj.* ˈhyperkorˌrekt (*a. ling.*); ˌ**hy·perˈcrit·i·cal** [ˌhaɪpə-] *adj.* □ hyperkritisch, allzu kritisch; ˈ**hy·perˌmar·ket** [ˈhaɪpə-] *s.* Groß-, Verbrauchermarkt *m*; **hy·per·me·tro·pi·a** [ˌhaɪpəmɪˈtrəʊpɪə], **hy·per·o·pi·a** [ˌhaɪpəˈrəʊpɪə] *s.* ⚕ ˈÜbersichtigkeit *f*; ˌ**hy·perˈsen·si·tive** [ˌhaɪpə-] *adj.* ˈüberempfindlich; ˌ**hy·perˈson·ic** [ˌhaɪpə-] *adj. phys.* hyperˈsonisch (*etwa über fünffache Schallgeschwindigkeit*); ˌ**hy·perˈten·sion** [ˌhaɪpə-] *s.* ⚕ Hypertoˈnie *f*, erhöhter Blutdruck.

hy·per·troph·ic [ˌhaɪpəˈtrɒfɪk], **hy·per·tro·phied** [haɪˈpɜːtrəʊfɪd] *adj.* ⚕, *biol. u. fig.* hyperˈtroph; **hy·per·tro·phy** [haɪˈpɜːtrəʊfɪ] ⚕, *biol. u. fig.* **I** *s.* Hypertroˈphie *f*; **II** *v/t.* (*v/i.* sich) ˈübermäßig vergrößern.

hy·phen [ˈhaɪfn] **I** *s.* **1.** Bindestrich *m*; **2.** Trennungszeichen *n*; **II** *v/t.* **3.** → ˈ**hy·phen·ate** [-fəneɪt] *v/t.* mit Bindestrich schreiben: ***~d American*** ‚Bindestrich-amerikaner' *m*; **hy·phen·a·tion** [ˌhaɪfəˈneɪʃn] *s.* a) Schreibung *f* mit Bindestrich, b) (Silben)Trennung *f*.

hyp·noid [ˈhɪpnɔɪd] *adj.* hypnoˈid, hypˈnose- *od.* schlafähnlich.

hyp·no·sis [hɪpˈnəʊsɪs] *pl.* **-ses** [-siːz] *s.* ⚕ Hypˈnose *f*; ˌ**hyp·noˈther·a·py** [ˌhɪpnəʊ-] *s. psych.* Hypnotheraˈpie *f*; **hypˈnot·ic** [-ˈnɒtɪk] **I** *adj.* (□ ***~ally***) **1.** hypˈnotisch; **2.** einschläfernd; **3.** hypnotisierbar; **II** *s.* **4.** Hypˈnotikum *n*, Schlafmittel *n*; **5.** a) Hypnotisierte(r *m*) *f*, b) *j-d*, *der hypnotisierbar ist*; **hyp·no·tism** [ˈhɪpnətɪzəm] *s.* ⚕ **1.** Hypnoˈtismus *m*; **2.** a) Hypˈnose *f*, b) Hypnotisierung *f*; **hyp·no·tist** [ˈhɪpnətɪst] *s.*

Hypnoti'seur *m*; **hyp·no·ti·za·tion** [ˌhɪpnətaɪ'zeɪʃn] *s.* Hypnotisierung *f*; **hyp·no·tize** ['hɪpnətaɪz] *v/t.* ⚕ hypnotisieren (*a. fig.*).

hy·po¹ ['haɪpəʊ] *s.* ⚗, *phot.* Fixiersalz *n*, 'Natriumthiosulˌfat *n*.

hy·po² ['haɪpəʊ] *pl.* **-pos** *s.* F → a) ***hypodermic injection***, b) ***hypodermic syringe***.

hy·po·chon·dri·a [ˌhaɪpəʊ'kɒndrɪə] *s.* ⚕ Hypochon'drie *f*; ˌ**hy·po'chon·dri·ac** [-ɪæk] ⚕ **I** *adj.* (☐ ***~ally***) hypo'chondrisch; **II** *s.* Hypo'chonder *m*.

hy·poc·ri·sy [hɪ'pɒkrəsɪ] *s.* Heuche'lei *f*, Scheinheiligkeit *f*; **hyp·o·crite** ['hɪpəkrɪt] *s.* Hypo'krit *m*, Heuchler(in), Scheinheilige(r *m*) *f*; **hyp·o·crit·i·cal** [ˌhɪpəʊ'krɪtɪkl] *adj.* ☐ heuchlerisch, scheinheilig.

hy·po·der·mic [ˌhaɪpəʊ'dɜ:mɪk] ⚕ **I** *adj.* (☐ ***~ally***) **1.** subku'tan, hypoder'mal, unter der *od.* die Haut; **II** *s.* **2.** → ***hypodermic injection***; **3.** → ***hypodermic syringe***; **4.** subku'tan angewandtes Mittel; **~ in·jec·tion** *s.* ⚕ subku'tane Injekti'on; **~ nee·dle** *s.* ⚕ Nadel *f* für e-e subku'tane Spritze; **~ syr·inge** *s.* ⚕ Spritze *f* zur subku'tanen Injekti'on.

hy·po|·phos·phate [ˌhaɪpəʊ'fɒsfeɪt] *s.* ⚗ 'Hypophosˌphat *n*; **~·phos·phor·ic ac·id** [ˌhaɪpəʊfɒs'fɒrɪk] *s.* ⚗ Hypo-, 'Unterphosphorsäure *f*.

hy·poph·y·sis [haɪ'pɒfɪsɪs] *pl.* **-ses** [-si:z] *s. anat.* Hirnanhangdrüse *f*, Hypo'physe *f*.

hy·pos·ta·sis [haɪ'pɒstəsɪs] *pl.* **-ses** [-si:z] *s.* **1.** *phls.* Hypo'stase *f*: a) Grundlage *f*, Sub'stanz *f*, b) Vergegenständlichung *f* (*e-s Begriffs*); **2.** ⚕, *biol.* Hypo'stase *f*.

hy·po|·sul·fite, *bsd. Brit.* **~·sul·phite** [ˌhaɪpəʊ'sʌlfaɪt] *s.* ⚗ **1.** Hyposul'fit *n*, 'unterschwefligsaures Salz; **2.** → ***hypo¹***; **~·sul·fu·rous**, *bsd. Brit.* **~·sul·phu·rous** [ˌhaɪpəʊ'sʌlfərəs] *adj.* ⚗ 'unterschweflig.

hy·po·tac·tic [ˌhaɪpəʊ'tæktɪk] *adj. ling.* hypo'taktisch, 'unterordnend.

hy·po·ten·sion [ˌhaɪpəʊ'tenʃn] *s.* ⚕ zu niedriger Blutdruck, Hypoto'nie *f*.

hy·pot·e·nuse [haɪ'pɒtənju:z] *s.* ∆ Hypote'nuse *f*.

hy·poth·ec ['haɪpəθɪk] *s.* ⚖ *Scot.* Hypo'thek *f*; **hy·poth·e·car·y** [haɪ'pɒθɪkərɪ] *adj.* ⚖ hypothe'karisch: **~ *debts*** Hypothekenschulden; **~ *value*** Beleihungswert *m*; **hy·poth·e·cate** [haɪ'pɒθɪkeɪt] *v/t.* **1.** ⚖ *Grundstück etc.* hypothe'karisch belasten; **2.** *Schiff* verbodmen; **3.** ✝ *Effekten* lombardieren; **hy·poth·e·ca·tion** [haɪˌpɒθɪ'keɪʃn] *s.* **1.** ⚖ hypothe'karische Belastung (*Grundstück etc.*); **2.** Verbodmung *f* (*Schiff*); **3.** ✝ Lombardierung *f* (*Effekten*).

hy·poth·e·sis [haɪ'pɒθɪsɪs] *pl.* **-ses** [-si:z] *s.* Hypo'these *f*: a) Annahme *f*, Vor'aussetzung *f*: ***working ~*** Arbeitshypothese, b) (bloße) Vermutung; **hy'poth·e·size** [-saɪz] **I** *v/i.* e-e Hypo'these aufstellen; **II** *v/t.* vor'aussetzen, annehmen, vermuten; **hy·po·thet·ic**, **hy·po·thet·i·cal** [ˌhaɪpəʊ'θetɪk(l)] *adj.* ☐ hypo'thetisch.

hyp·som·e·try [hɪp'sɒmɪtrɪ] *s. geogr.* Höhenmessung *f*.

hys·sop ['hɪsəp] *s.* **1.** ⚘ Ysop *m*; **2.** *R.C.* Weihwedel *m*.

hys·te·ri·a [hɪ'stɪərɪə] *s.* ⚕ *u. fig.* Hyste'rie *f*; **hys·ter·ic** [hɪ'sterɪk] ⚕ **I** *s.* **1.** Hy'steriker(in); **2.** *pl. mst sg. konstr.* Hyste'rie *f*, hy'sterischer Anfall: ***go (off) into ~s*** a) e-n hysterischen Anfall bekommen, hysterisch werden, b) F e-n Lachkrampf bekommen; **II** *adj.* (☐ ***~ally***) **3.** → **hys·ter·i·cal** [hɪ'sterɪkl] *adj.* ☐ ⚕ *u. fig.* hy'sterisch.

I

I[1], **i** [aɪ] *s.* I *n*, i *n* (*Buchstabe*).
I[2] [aɪ] **I** *pron.* ich; **II** *pl.* **I's** *s. das* Ich.
i·am·bic [aɪˈæmbɪk] **I** *adj.* jambisch; **II** *s.* a) Jambus *m* (*Versfuß*), b) jambischer Vers; **i'am·bus** [-bəs] *pl.* **-bi** [-baɪ], **-bus·es** *s.* Jambus *m.*
'I-beam *s.* ⚙ Doppel-T-Träger *m*; I-Formstahl *m*; **~ section** I-Profil *n.*
I·be·ri·an [aɪˈbɪərɪən] **I** *s.* **1.** Iˈberer(in); **2.** *ling.* Iˈberisch *n*; **II** *adj.* **3.** iˈberisch; **4.** die iˈberische Halbinsel betreffend; **Ibero-** [-rəʊ] *in Zssgn* Ibero…; **~-America** Lateinamerika *n.*
i·bex [ˈaɪbeks] *s. zo.* Steinbock *m.*
i·bi·dem [ɪˈbaɪdem], *a.* **ib·id** [ˈɪbɪd] (*Lat.*) *adv.* ebenda (*bsd. für Textstelle etc.*).
i·bis [ˈaɪbɪs] *s. zo.* Ibis *m.*
ice [aɪs] **I** *s.* **1.** Eis *n*: ***broken ~*** Eisstücke *pl.*; ***dry ~*** Trockeneis (*feste Kohlensäure*); ***break the ~*** *fig.* das Eis brechen; ***skate on*** (*od.* ***over***) ***thin ~*** *fig.* a) ein gefährliches Spiel treiben, b) ein heikles Thema berühren; ***cut no ~*** F keinen Eindruck machen, ‚nicht ziehen'; ***that cuts no ~ with me*** F das zieht bei mir nicht; ***keep*** (*od.* ***put***) ***on ~*** F *et. od. j-n* ‚auf Eis legen'; **2.** a) *Am.* Gefrorenes *n* aus Fruchtsaft u. Zuckerwasser, b) *Brit.* (Speise)Eis *n*, c) → ***icing*** 2; **3.** *sl.* Diaˈmanten *pl.*, ‚Klunkern' *pl.*; **II** *v/t.* **4.** mit Eis bedecken; **5.** in Eis verwandeln, vereisen; **6.** mit *od.* in Eis kühlen; **7.** überˈzuckern, glasieren; **8.** *sl. j-n* ‚umlegen'; **III** *v/i.* **9.** gefrieren: ***~ up*** (*od.* ***over***) zufrieren, vereisen.
ice| age *s. geol.* Eiszeit *f*; **~ ax(e)** *s. mount.* Eispickel *m*; **~ bag** *s. Am.* Eisbeutel *m*; **'~·berg** [-bɜːg] *s.* Eisberg *m* (*a. fig. sl. Person*): ***the tip of the ~*** die Spitze des Eisbergs (*a. fig.*); **'~·blink** *s.* Eisblink *m*; **'~·boat** *s.* **1.** Eissegler *m*, Segelschlitten *m*; **2.** Eisbrecher *m*; **'~·bound** *adj.* eingefroren (*Schiff*); zugefroren (*Hafen*); vereist (*Straße*); **'~·box** *s.* **1.** *bsd. Am.* Eis-, Kühlschrank *m*; **2.** *Brit.* Eisfach *n*; **3.** Eisbox *f*; **4.** F ‚Eiskeller' *m* (*Raum*); **'~ˌbreak·er** *s.* ⚓ Eisbrecher *m* (*a. an Brücken*); **'~·cap** *s.* (*bsd. arktische*) Eisdecke; **~ cream** *s.* (Speise)Eis *n*, Eiscreme *f*: ***vanilla ~*** Vanilleeis; **'~-cream** *adj.* Eis…: ***~ bar*** *od.* ***parlo(u)r*** Eisdiele *f*; ***~ cone*** Eistüte *f*; ***~ soda*** Eis *n* in Sodawasser (*mit Sirup etc.*); **~ cube** *s.* Eiswürfel *m.*
iced [aɪst] *adj.* **1.** mit Eis bedeckt, vereist; **2.** eisgekühlt; **3.** gefroren; **4.** glasiert, mit ˈZuckerglaˌsur *od.* -guß.
'ice|·fall *s.* gefrorener Wasserfall; **~ fern** *s.* Eisblume(n *pl.*) *f*; **~ floe** *s.* Eisscholle *f*; **~ foot** *s.* [*irr.*] (arktischer) Eisgürtel; **~ fox** *s. zo.* Poˈlarfuchs *m*; **'~·free** *adj.* eis-, vereisungsfrei; **~ hock·ey** *s.* Eishockey *n*; **~ house** *s.* Kühlhaus *n.*
Ice·land·er [ˈaɪsləndə] *s.* Isländer(in); **Ice·lan·dic** [aɪsˈlændɪk] **I** *adj.* isländisch; **II** *s. ling.* Isländisch *n.*
ice| lol·ly *s. Brit.* Eis *n* am Stiel; **~ ma·chine** *s.* ˈEis-, ˈKältemaˌschine *f*; **'~·man** [-mæn] *s.* [*irr.*] *Am.* Eismann *m*, Eisverkäufer *m*; **~ pack** *s.* **1.** Packeis *n*; **2.** ⚕ ˈEisˌumschlag *m*, -beutel *m*; **3.** Kühlbeutel *m* (*in Kühltaschen etc.*); **~ pick** *s.* Eishacke *f*; **~ plant** *s.* ⚘ Eiskraut *n*; **~ rink** *s.* (Kunst)Eisbahn *f*; **~ run** *s.* Eis-, Rodelbahn *f*; **~ show** *s.* ˈEisreˌvue *f*; **'~-skate I** *s.* Schlittschuh *m*; **II** *v/i.* Schlittschuh laufen; **~ wa·ter** *s.* **1.** Eiswasser *n*; **2.** Schmelzwasser *n*; **~ yacht** → ***iceboat*** 1.
ich·thy·o·log·i·cal [ˌɪkθɪəˈlɒdʒɪkl] *adj.* ichthyoˈlogisch; **ich·thy·ol·o·gy** [ˌɪkθɪˈɒlədʒɪ] *s.* Ichthyoloˈgie *f*, Fischkunde *f*; **ich·thy·oph·a·gous** [ˌɪkθɪˈɒfəgəs] *adj.* fisch(fr)essend; **ˌich·thy·oˈsau·rus** [-ˈsɔːrəs] *pl.* **-ri** [-raɪ] *s. zo.* Ichthyoˈsaurier *m.*
i·ci·cle [ˈaɪsɪkl] *s.* Eiszapfen *m.*
i·ci·ly [ˈaɪsɪlɪ] *adv.* eisig (*a. fig.*); **'i·ci·ness** [-nɪs] *s.* **1.** Eiseskälte *f* (*a. fig.*), eisige Kälte; **2.** Vereisung *f* (*Straße etc.*).
ic·ing [ˈaɪsɪŋ] *s.* **1.** Eisschicht *f*; Vereisung *f*; **2.** Zuckerguß *m*: ***~ sugar*** *Brit.* Puder-, Staubzucker *m*; **3.** *Eishockey*: unerlaubter Weitschuß.
i·con [ˈaɪkɒn] *s.* Iˈkone *f*, Heiligenbild *n*; **i·con·o·clasm** [aɪˈkɒnəʊklæzəm] *s.* Bilderstürmeˈrei *f* (*a. fig.*); **i·con·o·clast** [aɪˈkɒnəʊklæst] *s.* Bilderstürmer *m* (*a. fig.*); **i·con·o·clas·tic** [aɪˌkɒnəʊˈklæstɪk] *adj.* bilderstürmend; *fig.* bilderstürmerisch; **i·co·nog·ra·phy** [ˌaɪkɒˈnɒgrəfɪ] *s.* Ikonograˈphie *f*; **i·co·nol·a·try** [ˌaɪkɒˈnɒlətrɪ] *s.* Bilderverehrung *f*; **i·co·nol·o·gy** [ˌaɪkɒˈnɒlədʒɪ] *s.* Ikonoloˈgie *f*; **i·con·o·scope** [aɪˈkɒnəskəʊp] *s. TV* Ikonoˈskop *n*, Bildwandlerröhre *f.*
ic·tus [ˈɪktəs] *s.* ˈVersakˌzent *m.*
i·cy [ˈaɪsɪ] *adj.* □ **1.** eisig (*a. fig.*): ***~ cold*** eiskalt; **2.** vereist, eisig, gefroren.
id [ɪd] *s.* **1.** *psych.* Es *n*; **2.** *biol.* Id *n* (*Erbeinheit*).
I'd [aɪd] F *für* a) ***I would, I should***, b) ***I had.***
i·de·a [aɪˈdɪə] *s.* **1.** Iˈdee *f* (*a. phls.*, ♪): a) Vorstellung *f*, Begriff *m*, Ahnung *f*, b) Gedanke *m*: ***form an ~ of*** sich e-n Begriff machen von, sich *et.* vorstellen; ***I have an ~ that*** ich habe so das Gefühl, daß; (***I've***) ***no ~!*** (ich habe) keine Ahnung!; ***he hasn't the faintest ~*** er hat nicht die leiseste Ahnung; ***the very ~!***, ***what an ~!*** *contp.* was für e-e Idee!, (na,) so was!, unmöglich!; ***the very ~ makes me sick!*** bei dem bloßen Gedanken (daran) wird mir schlecht!; ***you have no ~ how …*** du kannst dir nicht vorstellen, wie …; ***could you give me an ~ of where*** (*etc.*) ***…?*** können Sie mir ungefähr sagen, wo (*etc.*) …?; ***that's not my ~ of fun*** unter Spaß stell' ich mir was andres vor; ***it is my ~ that*** ich bin der Ansicht, daß; ***the ~ entered my mind*** mir kam der Gedanke; **2.** Iˈdee *f*: a) Einfall *m*, Gedanke *m*, b) Absicht *f*, Zweck *m*: ***not a bad ~*** keine schlechte Idee; ***the ~ is*** der Zweck der Sache ist …; ***that's the ~!*** genau (darum dreht sich's)!; ***what's the big ~?*** F was soll denn das?; ***whose bright ~ was that?*** wer hat sich denn das ausgedacht?; ***put ~s into s.o.'s head*** j-m e-n Floh ins Ohr setzen; ***have ~s*** F ‚Rosinen' im Kopf haben; ***don't get ~s about …*** mach dir keine Hoffnungen auf (*acc.*); ***~s man*** Ideenentwickler *m*; **i'de·aed, i'de·a'd** [-əd] *adj.* iˈdeenreich, voller Iˈdeen.
i·de·al [aɪˈdɪəl] **I** *adj.* □ → ***ideally***; **1.** ideˈal (*a. phls.*), vollˈendet, vollˈkommen, vorbildlich, Muster…; **2.** ideˈell: a) Ideen…, b) auf Ideˈalen beruhend, c) (nur) eingebildet; **3.** 𝔄 ideˈal, uneigentlich: ***~ number***; **II** *s.* **4.** Ideˈal *n*, Wunsch-, Vorbild *n*; **5.** *das* Ideˈelle (*Ggs. das Wirkliche*); **i'de·al·ism** [-lɪzəm] *s.* Ideaˈlismus *m*; **i'de·al·ist** [-lɪst] *s.* Ideaˈlist(in); **i·de·al·is·tic** [aɪˌdɪəˈlɪstɪk] *adj.* (□ ***~ally***) ideaˈlistisch; **i·de·al·i·za·tion** [aɪˌdɪəlaɪˈzeɪʃn] *s.* Idealisierung *f*; **i'de·al·ize** [-laɪz] *v/t. u. v/i.* idealisieren; **i'de·al·ly** [-lɪ] *adv.* **1.** ideˈal(erweise), am besten; **2.** ideˈell, geistig; **3.** im Geiste.
i·dée fixe [ˌiːdeɪˈfiːks] (*Fr.*) *s.* fixe Iˈdee.
i·dem [ˈaɪdem] **I** *s.* derˈselbe (Verfasser), dasˈselbe (Buch *etc.*); **II** *adv.* beim selben Verfasser.
i·den·tic [aɪˈdentɪk] *adj.* → ***identical***; **~ note** *pol.* gleichlautende Note; **i'den·ti·cal** [-kl] *adj.* □ (***with***) a) iˈdentisch (mit), (genau) gleich (*dat.*): ***~ twins*** eineiige Zwillinge, b) (der-, die-, das-)ˈselbe (wie), c) gleichbedeutend (mit), -lautend (wie).
i·den·ti·fi·a·ble [aɪˈdentɪfaɪəbl] *adj.* identifizier-, feststell-, erkennbar; **i·den·ti·fi·ca·tion** [aɪˌdentɪfɪˈkeɪʃn] *s.* **1.** Identifizierung *f*: a) Gleichsetzung *f* (***with*** mit), b) Feststellung *f* der Identiˈtät, Erkennung *f*: ***~ mark*** Kennzeichen *n*; ***~ papers***, ***~ card*** → ***identity card***; ***~ disk***, *Am.* ***~ tag*** ⚔ Erkennungsmarke *f*; ***~ parade*** ⚖ Gegenüberstellung *f*

(zur Identifizierung e-s Verdächtigen); **2.** Legitimati'on *f*, Ausweis *m*; **3.** *Funk, Radar*: Kennung *f*; **i·den·ti·fy** [aɪ'dentɪfaɪ] **I** *v/t.* **1.** identifizieren, gleichsetzen, als i'dentisch betrachten (***with*** mit): ~ ***o.s. with*** → 5; **2.** identifizieren, erkennen, die Identi'tät feststellen von (*od. gen.*); **3.** *biol.* die Art feststellen von (*od. gen.*); **4.** ausweisen, legitimieren; **II** *v/i.* **5.** ~ ***with*** *od.* ***to*** sich identifizieren mit.

i·den·ti·kit [aɪ'dentɪkɪt] *s.* ⚖ Phan'tombild(gerät) *n*.

i·den·ti·ty [aɪ'dentətɪ] *s.* Identi'tät *f*: a) Gleichheit *f*, b) Per'sönlichkeit *f*: ***loss of*** ~ Identitätsverlust *m*; ***mistaken*** ~ Personenverwechslung *f*; ***establish s.o.'s*** ~ → ***identify*** 2; ***prove one's*** ~ sich ausweisen; ***reveal one's*** ~ sich zu erkennen geben; ~ **card** *s.* (Perso'nal-)Ausweis *m*, Kenn-, Ausweiskarte *f*; ~ **cri·sis** *s. psych.* Identi'tätskrise *f*.

id·e·o·gram ['ɪdɪəʊgræm], **'id·e·o·graph** [-grɑːf] *s.* Ideo'gramm *n*, Begriffszeichen *n*.

id·e·o·log·ic, **id·e·o·log·i·cal** [ˌaɪdɪə'lɒdʒɪk(l)] *adj.* ideo'logisch; **id·e·ol·o·gist** [ˌaɪdɪ'ɒlədʒɪst] *s.* **1.** Ideo'loge *m*; **2.** Theo'retiker *m*; **id·e·o·lo·gize** [ˌaɪdɪ'ɒlədʒaɪz] *v/t.* ideologisieren; **id·e·ol·o·gy** [ˌaɪdɪ'ɒlədʒɪ] *s.* **1.** Ideolo'gie *f*, Denkweise *f*; **2.** Begriffslehre *f*; **3.** reine Theo'rie.

ides [aɪdz] *s. pl. antiq.* Iden *pl.*

id·i·o·cy ['ɪdɪəsɪ] *s.* Idio'tie *f*: a) (✱ hochgradiger) Schwachsinn, b) F Dummheit *f*, Blödsinn *m*.

id·i·om ['ɪdɪəm] *s. ling.* **1.** Idi'om *n*, Sondersprache *f*, Mundart *f*; **2.** Ausdrucksweise *f*, Sprache *f*; **3.** Sprachgebrauch *m*, -eigentümlichkeit *f*; **4.** idio'matische Wendung, Redewendung *f*; **id·i·o·mat·ic** [ˌɪdɪə'mætɪk] *adj.* (□ ~***ally***) *ling.* **1.** idio'matisch, spracheigentümlich; **2.** sprachrichtig, -üblich.

id·i·o·plasm ['ɪdɪəplæzəm] *s. biol.* Idio'plasma *n*, Erbmasse *f*.

id·i·o·syn·cra·sy [ˌɪdɪə'sɪŋkrəsɪ] *s.* Idiosynkra'sie *f*: a) per'sönliche Eigenart *od.* Veranlagung *od.* Neigung, b) ✱ krankhafte Abneigung.

id·i·ot ['ɪdɪət] *s.* Idi'ot *m*: a) ✱ Schwachsinnige(r *m*) *f*, b) F Dummkopf *m*: ~ ***card*** *TV* ‚Neger' *m*; **id·i·ot·ic** [ˌɪdɪ'ɒtɪk] *adj.* (□ ~***ally***) idi'otisch: a) F dumm, blödsinnig, b) ✱ geistesschwach, schwachsinnig.

i·dle ['aɪdl] **I** *adj.* (□ ***idly***) **1.** untätig, müßig: ***the*** ~ ***rich*** die reichen Müßiggänger; **2.** unbeschäftigt, arbeitslos; **3.** ⚙ a) außer Betrieb, stillstehend, b) im Leerlauf, Leerlauf...: ~ ***current*** a) Leerlaufstrom *m*, b) Blindstrom *m*; ~ ***motion*** Leergang *m*; ~ ***pulley*** → ***idler*** 2 b; ~ ***wheel*** → ***idler*** 2 a; ***lie*** ~ stilliegen; ***run*** ~ → 9; **4.** ✝ 'unproduk,tiv, brachliegend (*a.* ✓), tot (*Kapital*); ~ ***capacity*** ungenützte Kapazität; ~ ***time*** Stillstandszeit *f*; **5.** ruhig, still, ungenutzt: ~ ***hours*** Mußestunden; **6.** faul, träge: ~ ***fellow*** Faulenzer *m*; **7.** a) nutz-, zweck-, sinnlos, vergeblich, b) leer (*Worte etc.*), c) müßig (*Mutmaßungen etc.*): ~ ***talk*** leeres *od.* müßiges Gerede; ***it would be*** ~ ***to*** *inf.* es wäre müßig *od.* sinnlos zu *inf.*; **II** *v/i.* **8.** faulenzen: ~ ***about*** herumtrödeln; **9.** ⚙ leer laufen, im Leerlauf sein; **III** *v/t.* **10.** *mst* ~ ***away*** vertrödeln, verbummeln, müßig zubringen; **'i·dled** [-ld] *adj.* → ***idle*** 2; **'i·dle·ness** [-nɪs] *s.* **1.** Untätigkeit *f*, Muße *f*; **2.** Faulheit *f*, Müßiggang *m*; **3.** a) Leere *f*, Hohlheit *f*, b) Müßigkeit *f*, Nutz-, Zwecklosigkeit *f*, Vergeblichkeit *f*; **'i·dler** [-lə] *s.* **1.** Faulenzer(in), Müßiggänger(in); **2.** a) Zwischenrad *n*, b) Leerlaufrolle *f*; **'i·dling** [-lɪŋ] *s.* **1.** Nichtstun *n*, Müßiggang *m*; **2.** ⚙ Leerlauf *m*; **'i·dly** [-lɪ] *adv.* → ***idle***.

i·dol ['aɪdl] *s.* I'dol *n*, Abgott *m* (*beide a. fig.*); Götze *m*, Götzenbild *n*: ***make an*** ~ ***of*** → ***idolize***.

i·dol·a·ter [aɪ'dɒlətə] *s.* **1.** Götzendiener *m*; **2.** *fig.* Anbeter *m*, Verehrer *m*; **i'dol·a·tress** [-trɪs] *s.* Götzendienerin *f*; **i'dol·a·trous** [-trəs] *adj.* □ **1.** *fig.* abgöttisch; **2.** Götzen...; **i'dol·a·try** [-trɪ] *s.* **1.** Abgötte'rei *f*, Götzendienst *m*; **2.** *fig.* Vergötterung *f*; **i·dol·i·za·tion** [ˌaɪdəlaɪ'zeɪʃn] *s.* **1.** Abgötte'rei *f*; **2.** *fig.* Vergötterung *f*; **i·dol·ize** ['aɪdəlaɪz] *v/t. fig.* abgöttisch verehren, vergöttern, anbeten.

i·dyl(l) ['ɪdɪl] *s.* **1.** I'dylle *f*, Hirtengedicht *n*; **2.** *fig.* I'dyll *n*; **i·dyl·lic** [aɪ'dɪlɪk] *adj.* (□ ~***ally***) i'dyllisch.

if [ɪf] **I** *cj.* **1.** wenn, falls: ~ ***I were you*** wenn ich Sie wäre, (ich) an Ihrer Stelle; ~ ***and when*** *bsd.* ⚖ falls, im Falle (, daß); ~ ***any*** wenn überhaupt einer (*od.* eine *od.* eines *od.* etwas), falls etwa *od.* je; ~ ***anything*** a) wenn überhaupt etwas, b) wenn überhaupt (, *dann ist das Buch dicker etc.*); ~ ***not*** wenn *od.* falls nicht; ~ ***so*** wenn ja, *bsd. in Formularen*: *a.* zutreffendenfalls; ~ ***only to prove*** und wäre es auch nur, um zu beweisen; ~ ***I know Jim*** so wie ich Jim kenne; → ***as if***; **2.** wenn auch: ***he is nice*** ~ ***a bit silly***; **3.** ob: ***try*** ~ ***you can do it!***; ***I don't know*** ~ ***he will agree***; **4.** *ausrufend*: ~ ***I had only known!*** hätte ich (das) nur gewußt!; **II** *s.* **5.** Wenn *n*: ***without*** ~***s or buts*** ohne Wenn u. Aber.

ig·loo, *a.* **i·glu** ['ɪgluː] *s.* Iglu *m*.

ig·ne·ous ['ɪgnɪəs] *adj.* glühend: ~ ***rock*** Erstarrungsgestein *n*, magmatisches Gestein.

ig·nis fat·u·us [ˌɪgnɪs'fætjʊəs] (*Lat.*) *s.* **1.** Irrlicht *n*; **2.** *fig.* Trugbild *n*.

ig·nite [ɪg'naɪt] **I** *v/t.* **1.** an-, entzünden; **2.** ↯, *mot.* zünden; **II** *v/i.* **3.** sich entzünden, Feuer fangen; **4.** ↯, *mot.* zünden; **ig'nit·er** [-tə] *s.* Zündvorrichtung *f*, Zünder *m*.

ig·ni·tion [ɪg'nɪʃn] *s.* **1.** An-, Entzünden *n*; **2.** ↯, *mot.* Zündung *f*; **3.** ⚗ Erhitzung *f*; ~ **charge** *s.* ⚙ Zündladung *f*; ~ **coil** *s.* ↯ Zündspule *f*; ~ **de·lay** *s.* ⚙ Zündverzögerung *f*; ~ **key** *s. mot.* Zündschlüssel *m*; ~ **lock** *s.* ⚙ Zündschloß *n*; ~ **point** *s.* Zünd-, Flammpunkt *m*; ~ **spark** *s.* ↯ Zündfunke *m*; ~ **tim·ing** *s.* Zündeinstellung *f*; ~ **tube** *s.* ⚗ Glührohr *n*.

ig·no·ble [ɪg'nəʊbl] *adj.* □ **1.** gemein, unedel, niedrig; **2.** schmachvoll, schändlich; **3.** von niedriger Geburt.

ig·no·min·i·ous [ˌɪgnəʊ'mɪnɪəs] *adj.* □ schändlich, schimpflich; **ig·no·min·y** ['ɪgnəmɪnɪ] *s.* **1.** Schmach *f*, Schande *f*; **2.** Schändlichkeit *f*.

ig·no·ra·mus [ˌɪgnə'reɪməs] *pl.* **-mus·es** *s.* Igno'rant(in), Nichtswisser(in).

ig·no·rance ['ɪgnərəns] *s.* Unwissenheit *f*: a) Unkenntnis *f* (***of*** *gen.*), b) *contp.* Igno'ranz *f*, Beschränktheit *f*: ~ ***of the law is no excuse*** Unkenntnis schützt vor Strafe nicht; **'ig·no·rant** [-nt] *adj.* □ **1.** unkundig, nicht kennend *od.* wissend: ***be*** ~ ***of*** *et.* nicht wissen *od.* kennen, nichts wissen von; **2.** unwissend, ungebildet; **'ig·no·rant·ly** [-ntlɪ] *adv.* unwissentlich; **ig·nore** [ɪg'nɔː] *v/t.* **1.** ignorieren, nicht beachten *od.* berücksichtigen, keine No'tiz nehmen von; **2.** ⚖ *Am. Klage* verwerfen, abweisen.

i·gua·na [ɪ'gwɑːnə] *s. zo.* Legu'an *m*.

i·kon ['aɪkɒn] → ***icon***.

il·e·um ['ɪlɪəm] *s. anat.* Ileum *n*, Krummdarm *m*; **'il·e·us** [-əs] *s.* ✱ Darmverschluß *m*.

i·lex ['aɪleks] *s.* ⚘ **1.** Stechpalme *f*; **2.** Steicheiche *f*.

il·i·ac ['ɪlɪæk] *adj.* Darmbein...

Il·i·ad ['ɪlɪəd] *s.* Ilias *f*, Ili'ade *f*: ***an*** ~ ***of woes*** *fig.* e-e endlose Leidensgeschichte.

il·i·um ['ɪlɪəm] *pl.* **'il·i·a** [-ə] *s. anat.* a) Darmbein *n*, b) Hüfte *f*.

ilk [ɪlk] *s.* **1.** ***of that*** ~ *Scot.* gleichnamigen Ortes: ***Kinloch of that*** ~ = ***Kinloch of Kinloch***; **2.** Art *f*, Sorte *f*: ***people of that*** ~ solche Leute.

ill [ɪl] **I** *adj.* **1.** (*nur pred.*) krank: ***be taken*** ~, ***fall*** *od.* ***take*** ~ erkranken (***with***, ***of*** an *dat.*); ***be*** ~ ***with a cold*** e-e Erkältung haben; ~ ***with fear*** krank vor Angst; **2.** (*moralisch*) schlecht, böse, übel; → ***fame*** 1; **3.** böse, feindlich: ~ ***blood*** böses Blut; ***with an*** ~ ***grace*** widerwillig, ungern; ~ ***humo(u)r*** *od.* ***temper*** üble Laune; ~ ***treatment*** schlechte Behandlung, Mißhandlung *f*; ~ ***will*** Feindschaft *f*, Groll *m*; ***I bear him no*** ~ ***will*** ich trage ihm nichts nach; → ***feeling*** 2; **4.** nachteilig; ungünstig, schlecht, übel: ~ ***effect*** üble Folge *od.* Wirkung; ***it's an*** ~ ***wind*** (***that blows nobody good***) et. Gutes ist an allem; → ***health*** 2, ***luck*** 1, ***omen*** I, ***weed*** 1; **5.** schlecht, unbefriedigend, fehlerhaft: ~ ***breeding*** a) schlechte Erziehung, b) Ungezogenheit *f*; ~ ***management*** Mißwirtschaft *f*; ~ ***success*** Mißerfolg *m*, Fehlschlag *m*; **II** *adv.* **6.** schlecht, übel: ~ ***at ease*** unruhig, unbehaglich, verlegen; **7.** böse, feindlich; ***take s.th.*** ~ et. übelnehmen; ***speak*** (***think***) ~ ***of s.o.*** schlecht von j-m sprechen (denken); **8.** ungünstig: ***it went*** ~ ***with him*** es erging ihm schlecht; ***it*** ~ ***becomes you*** es steht dir schlecht an; **9.** ungenügend, schlecht: ~***-equipped***; **10.** schwerlich, kaum: ***I can*** ~ ***afford it*** ich kann es mir kaum leisten; **III** *s.* **11.** Übel *n*, 'Mißgeschick *n*, Ungemach *n*; **12.** *a. fig.* Leiden *n*, Krankheit *f*; **13.** *das* Böse, Übel *n*.

I'll [aɪl] F *für* ***I shall***, ***I will***.

ˌill|-ad'vised *adj.* □ **1.** schlechtberaten; **2.** unbesonnen, unklug; **ˌ~-af'fect·ed** → ***ill-disposed***; **ˌ~-as'sort·ed** *adj.* schlecht zs.-passend, zs.-gewürfelt; **ˌ~-'bred** *adj.* schlecht erzogen, ungezogen; **ˌ~-con'sid·ered** *adj.* unüberlegt, unbedacht, unklug; **ˌ~-dis'posed** *adj.* übelgesinnt (***towards*** *dat.*).

il·le·gal [ɪ'liːgl] *adj.* □ 'ille,gal, ungesetzlich, gesetzwidrig, 'widerrechtlich, unerlaubt, verboten; **il·le·gal·i·ty** [ˌɪliːˈgæləti] *s.* Gesetzwidrigkeit *f*: a) Ungesetzlichkeit *f*, Illegali'tät *f*, b) gesetzwidrige Handlung.

il·leg·i·bil·i·ty [ɪˌledʒɪˈbɪləti] *s.* Unleserlichkeit *f*; **il·leg·i·ble** [ɪˈledʒəbl] *adj.* □ unleserlich.

il·le·git·i·ma·cy [ˌɪlɪˈdʒɪtɪməsɪ] *s.* **1.** Unrechtmäßigkeit *f*; **2.** Unehelichkeit *f*, uneheliche Geburt(en *pl.*); **ˌil·leˈgit·i·mate** [-mət] *adj.* □ **1.** unrechtmäßig, rechtswidrig; **2.** außer-, unehelich; **3.** 'inkorˌrekt, falsch; **4.** unzulässig, illegi'tim; **5.** unlogisch.

ˌill|-ˈfat·ed *adj.* unselig: a) unglücklich, Unglücks…, b) verhängnisvoll, unglückselig; **ˌ~-ˈfa·vo(u)red** *adj.* □ unschön; **ˌ~-ˈfound·ed** *adj.* unbegründet, fragwürdig; **ˌ~-ˈgot·ten** *adj.* unrechtmäßig (erworben); **ˌ~-ˈhu·mo(u)red** *adj.* übelgelaunt.

il·lib·er·al [ɪˈlɪbərəl] *adj.* □ **1.** knauserig; **2.** engherzig, -stirnig; **3.** *pol.* 'illibeˌral; **ilˈlib·er·al·ism** [-rəlɪzəm] *s. pol.* 'illibeˌraler Standpunkt; **il·lib·er·al·i·ty** [ɪˌlɪbəˈræləti] *s.* **1.** Knause'rei *f*; **2.** Engherzigkeit *f*.

il·lic·it [ɪˈlɪsɪt] *adj.* □ → ***illegal***: **~ *trade*** Schleich-, Schwarzhandel *m*; **~ *work*** Schwarzarbeit *f*.

il·lim·it·a·ble [ɪˈlɪmɪtəbl] *adj.* □ grenzenlos, unbegrenzt, unendlich weit.

il·lit·er·a·cy [ɪˈlɪtərəsɪ] *s.* **1.** Unbildung *f*; **2.** Analpha'betentum *n*; **ilˈlit·er·ate** [-rət] **I** *adj.* **1.** ungebildet, unwissend; **2.** analpha'betisch, des Lesens u. Schreibens unkundig: ***he is* ~** er ist Analphabet; **3.** primi'tiv, unkultiviert: **~ *style***; **4.** fehlerhaft, voller Fehler; **II** *s.* **5.** Ungebildete(r *m*) *f*; **6.** Analpha'bet(in).

ˌill|-ˈjudged *adj.* unbedacht, unklug; **ˌ~-ˈman·nered** *adj.* ungehobelt, ungezogen, mit schlechten 'Umgangsformen; **ˌ~-ˈmatched** *adj.* schlecht zs.-passend; **ˌ~-ˈna·tured** *adj.* □ **1.** unfreundlich, boshaft; **2.** verärgert.

ill·ness [ˈɪlnɪs] *s.* Krankheit *f*.

il·log·i·cal [ɪˈlɒdʒɪkl] *adj.* □ unlogisch; **il·log·i·cal·i·ty** [ɪˌlɒdʒɪˈkæləti] *s.* Unlogik *f*.

ˌill|-ˈo·mened → ***ill-fated***; **ˌ~-ˈstarred** *adj.* unglücklich, unselig, vom Unglück verfolgt, unter e-m ungünstigen Stern (stehend); **ˌ~-ˈtem·pered** *adj.* schlechtgelaunt, übellaunig, mürrisch; **ˌ~-ˈtimed** *adj.* ungelegen, unpassend, 'inopporˌtun; zeitlich schlecht gewählt; **ˌ~-ˈtreat** *v/t.* miß'handeln; schlecht behandeln.

il·lu·mi·nant [ɪˈljuːmɪnənt] **I** *adj.* (er-)leuchtend, aufhellend; **II** *s.* Beleuchtungskörper *m*.

il·lu·mi·nate [ɪˈljuːmɪneɪt] **I** *v/t.* **1.** be-, erleuchten, erhellen; **2.** illuminieren, festlich beleuchten; **3.** *fig.* a) erläutern, erhellen, erklären, aufhellen, b) *j-n* erleuchten; **4.** *Bücher etc.* ausmalen, illuminieren; **5.** *fig.* Glanz verleihen (*dat.*); **II** *v/i.* **6.** sich erhellen; **ilˈlu·mi·nat·ed** [-tɪd] *adj.* beleuchtet, leuchtend, Leucht…, Licht…: **~ *advertising*** Leuchtreklame *f*; **ilˈlu·mi·nat·ing** [-tɪŋ] *adj.* **1.** leuchtend, Leucht…, Beleuchtungs…: **~ *gas*** Leuchtgas *n*; **~ *power*** Leuchtkraft *f*; **2.** *fig.* aufschlußreich, erhellend; **il·lu·mi·na·tion** [ɪˌljuːmɪˈneɪʃn] *s.* **1.** Be-, Erleuchtung *f*; **2.** *oft pl.* Illuminati'on *f*, Festbeleuchtung *f*; **3.** *fig.* a) Erläuterung *f*, Erhellung *f*, b) Erleuchtung *f*; **4.** *a. fig.* Licht *n* u. Glanz *m*; **5.** Illuminati'on *f*, Kolorierung *f*, Verzierung *f* (*von Büchern etc.*); **ilˈlu·mi·na·tive** [-nətɪv] → ***illuminating***.

il·lu·mine [ɪˈljuːmɪn] *v/t.* → ***illuminate*** 1–3.

ˌill-ˈuse [-ˈjuːz] → ***ill-treat***.

il·lu·sion [ɪˈluːʒn] *s.* Illusi'on *f*: a) (Sinnes)Täuschung *f*; → ***optical***, b) Wahn *m*, Einbildung *f*, falsche Vorstellung, trügerische Hoffnung, c) Trugbild *n*, d) Blendwerk *n*: ***be under an* ~** e-r Täuschung unterliegen, sich Illusionen machen; ***be under the* ~ *that*** sich einbilden, daß; **ilˈlu·sion·ism** [-ʒənɪzəm] *s. bsd. phls.* Illusio'nismus *m*; **ilˈlu·sion·ist** [-ʒənɪst] *s.* Illusio'nist *m* (*a. phls.*): a) Schwärmer(in), Träumer(in), b) Zauberkünstler *m*.

il·lu·sive [ɪˈluːsɪv] *adj.* □ illu'sorisch, trügerisch; **ilˈlu·sive·ness** [-nɪs] *s.* **1.** *das* Illu'sorische, Schein *m*; **2.** Täuschung *f*; **ilˈlu·so·ry** [-sərɪ] *adj.* □ → ***illusive***.

il·lus·trate [ˈɪləstreɪt] *v/t.* **1.** erläutern, erklären, veranschaulichen; **2.** illustrieren, bebildern; **il·lus·tra·tion** [ˌɪləˈstreɪʃn] *s.* Illustrati'on *f*: a) Erläuterung *f*, Erklärung *f*, Veranschaulichung *f*: ***in* ~ *of*** zur Veranschaulichung (*gen.*), b) Beispiel *n*, c) Bebildern *n*, Illustrieren *n*, d) Abbildung *f*, Bild *n*; **ˈil·lus·tra·tive** [-rətɪv] *adj.* □ erläuternd, veranschaulichend, Anschauungs…, Beispiel…: ***be* ~ *of*** → ***illustrate*** 1; **ˈil·lus·tra·tor** [-tə] *s. allg.* Illu'strator *m*.

il·lus·tri·ous [ɪˈlʌstrɪəs] *adj.* □ il'luster, berühmt, erhaben, erlaucht, glänzend.

I'm [aɪm] F *für* ***I am***.

im·age [ˈɪmɪdʒ] *s.* **1.** Bild(nis) *n*; **2.** a) Standbild *n*, Bildsäule *f*, b) Heiligenbild *n*, c) Götzenbild *n*: **~-*worship*** Bilderanbetung *f*, *fig.* Götzendienst *m*; → ***graven***; **3.** ✎, *opt.*, *phys.* Bild *n*: **~ *converter tube*** *TV* Bildwandlerröhre *f*; **4.** Ab-, Ebenbild *n*: ***the* (*very*) ~ *of his father*** ganz der Vater; **5.** bildlicher Ausdruck, Vergleich *m*, Me'tapher *f*: ***speak in* ~*s*** in Bildern reden; **6.** a) Vorstellung *f*, I'dee *f*, (geistiges) Bild, b) Image *n* (*Persönlichkeitsbild*): ***the* ~ *of a politician***; **~ *building*** Imagepflege *f*; **7.** Verkörperung *f*; **ˈim·age·ry** [-dʒərɪ] *s.* **1.** Bilder *pl.*, Bildwerk(e *pl.*) *n*; **2.** Bilder(sprache *f*) *pl.*, Meta'phorik *f*; **3.** geistige Bilder *pl.*, Vorstellungen *pl.*

im·ag·i·na·ble [ɪˈmædʒɪnəbl] *adj.* □ vorstellbar, erdenklich, denkbar: ***the finest weather* ~** das denkbar schönste Wetter; **imˈag·i·nar·y** [-dʒɪnərɪ] *adj.* □ **1.** imagi'när (*a.* ✎), nur in der Vorstellung vor'handen, eingebildet, (nur) gedacht, Schein…, Phantasie…; **2.** (frei) erfunden, imagi'när; **3.** ⚖ fingiert.

im·ag·i·na·tion [ɪˌmædʒɪˈneɪʃn] *s.* **1.** Phanta'sie *f*, Vorstellungs-, Einbildungskraft *f*, Einfallsreichtum *m*: ***a man of* ~** ein phantasievoller *od.* ideenreicher Mann; ***he has no* ~** er ist phantasielos; ***use your* ~!** laß dir was einfallen!; **2.** Einfälle *pl.*, I'deenreichtum *m*; **3.** Vorstellung *f*, Einbildung *f*: ***in*** (***my*** *etc.*) **~** in der Vorstellung, im Geiste; ***pure* ~** reine Einbildung; **im·ag·i·na·tive** [ɪˈmædʒɪnətɪv] *adj.* □ **1.** phanta'siereich, erfinderisch, einfallsreich: **~ *faculty*** → ***imagination*** 1; **2.** phan'tastisch, phanta'sievoll: **~ *story***; **3.** *contp.* ‚erdichtet'; **im·ag·i·na·tive·ness** [ɪˈmædʒɪnətɪvnɪs] → ***imagination*** 1; **im·ag·ine** [ɪˈmædʒɪn] **I** *v/t.* **1.** sich *j-n od. et.* vorstellen *od.* denken: ***I* ~ *him as a tall man***; ***you can't* ~ *my joy***; ***you can't* ~ *how …*** du kannst dir nicht vorstellen *od.* du machst dir kein Bild, wie …; **2.** sich *et.* (*Unwirkliches*) einbilden: ***you are imagining things!*** du bildest dir das (alles) nur ein!; **3.** F glauben, denken, sich einbilden: ***don't* ~ *that I am satisfied***; **~ *to be*** halten für; **II** *v/i.* **4.** sich vorstellen *od.* denken: ***just* ~!** F stell dir vor!, denk (dir) nur!

i·ma·go [ɪˈmeɪgəʊ] *pl.* **-goes** *od.* **i·mag·i·nes** [ɪˈmeɪdʒɪniːz] *s.* **1.** *zo.* vollentwickeltes Insekt; **2.** *psych.* I'mago *n*.

im·bal·ance [ˌɪmˈbæləns] *s.* **1.** Unausgewogenheit *f*, Unausgeglichenheit *f*; **2.** *bsd.* ⚕ gestörtes Gleichgewicht (*im Körperhaushalt etc.*); **3.** *bsd. pol.* Ungleichgewicht *n*.

im·be·cile [ˈɪmbɪsiːl] **I** *adj.* □ **1.** ⚕ geistesschwach; **2.** *contp.* dumm, idi'otisch; **II** *s.* **3.** ⚕ Schwachsinnige(r *m*) *f*; **4.** *contp.* Idi'ot *m*, ‚Blödmann' *m*; **im·be·cil·i·ty** [ˌɪmbɪˈsɪləti] *s.* **1.** ⚕ Schwachsinn *m*; **2.** *contp.* Idio'tie *f*, Blödheit *f*.

im·bibe [ɪmˈbaɪb] **I** *v/t.* **1.** *humor.* trinken; **2.** *fig. Ideen etc.* in sich aufnehmen, aufsaugen; **II** *v/i.* **3.** *humor.* trinken, bechern.

im·bro·glio [ɪmˈbrəʊlɪəʊ] *pl.* **-glios** *s.* **1.** Verwicklung *f*, Verwirrung *f*, Komplikati'on *f*, verzwickte Lage; **2.** a) ernstes 'Mißverständnis, b) heftige Ausein'andersetzung.

im·brue [ɪmˈbruː] *v/t.* *mst fig.* (***with***, ***in***) baden (in *dat.*), tränken, *a.* beflecken (mit).

im·bue [ɪmˈbjuː] *v/t.* *fig.* erfüllen (***with*** mit): **~*d with*** erfüllt *od.* durchdrungen von.

im·i·ta·ble [ˈɪmɪtəbl] *adj.* nachahmbar; **im·i·tate** [ˈɪmɪteɪt] *v/t.* **1.** *j-n, j-s Stimme, Benehmen etc. od. et.* nachahmen, -machen, imitieren; **2.** *et.* imitieren, nachmachen, kopieren, *a.* fälschen; **3.** ähneln (*dat.*); **ˈim·i·tat·ed** [-teɪtɪd] *adj.* imitiert, unecht, künstlich; **im·i·ta·tion** [ˌɪmɪˈteɪʃn] **I** *s.* **1.** Nachahmung *f*, Imitati'on *f*: ***do an* ~ *of*** → ***imitate*** 1; **2.** Nachbildung *f*, -ahmung *f*, *das* Nachgeahmte, Imitati'on *f*, Ko'pie *f*; **3.** Fälschung *f*; **II** *adj.* **4.** unecht, künstlich, Kunst…, Imitations…: **~ *leather*** Kunstleder *n*; **ˈim·i·ta·tive** [-tətɪv] *adj.* □ **1.** nachahmend, -bildend; auf Nachahmung *fremder Vorbilder* beruhend: ***be* ~ *of*** → ***imitate*** 1; **2.** nachgemacht, -geahmt (***of*** *dat.*); **3.** *ling.* lautmalend: ***an* ~ *word***; **ˈim·i·ta·tor** [-teɪtə] *s.* Nachahmer *m*, Imi'tator *m*.

im·mac·u·late [ɪˈmækjʊlɪt] *adj.* □ **1.** *fig.* unbefleckt, makellos, rein: **≈ *Conception*** *R.C.* Unbefleckte Empfängnis; **2.** untadelig, tadellos, einwandfrei; **3.** fleckenlos, sauber.

im·ma·nence [ˈɪmənəns], **ˈim·ma·nen·cy** [-sɪ] *s. phls., eccl.* Imma'nenz *f*, In-

newohnen *n*; '**im·ma·nent** [-nt] *adj.* imma'nent, innewohnend.
im·ma·te·ri·al [ˌɪmə'tɪərɪəl] *adj.* **1.** unkörperlich, unstofflich; **2.** unwesentlich, (*a.* ⚖) unerheblich, belanglos; ˌ**im·ma'te·ri·al·ism** [-lɪzəm] *s.* Immateria'lismus *m*.
im·ma·ture [ˌɪmə'tjʊə] *adj.* □ unreif, unentwickelt (*a. fig.*); ˌ**im·ma'tu·ri·ty** [-'tjʊərətɪ] *s.* Unreife *f*.
im·meas·ur·a·ble [ɪ'meʒərəbl] *adj.* □ unermeßlich, grenzenlos, riesig.
im·me·di·a·cy [ɪ'mi:djəsɪ] *s.* **1.** Unmittelbarkeit *f*, Di'rektheit *f*; **2.** Unverzüglichkeit *f*; **im·me·di·ate** [ɪ'mi:djət] *adj.* □ **1.** *Raum*: unmittelbar, nächst(gelegen): **~ *contact*** unmittelbare Berührung; **~ *vicinity*** nächste Umgebung; **2.** *Zeit*: unverzüglich, so'fortig, 'umgehend: **~ *answer*; ~ *steps*** Sofortmaßnahmen; **~ *objective*** Nahziel *n*; **~ *future*** nächste Zukunft; **3.** augenblicklich, derzeitig: **~ *plans***; **4.** di'rekt, unmittelbar; **5.** nächst (*Verwandtschaft*): ***my ~ family*** m-e nächsten Angehörigen; **im'me·di·ate·ly** [-jətlɪ] **I** *adv.* **1.** unmittelbar, di'rekt; **2.** so'fort, 'umgehend, unverzüglich, gleich, unmittelbar; **II** *cj.* **3.** *bsd. Brit.* so'bald (als).
im·me·mo·ri·al [ˌɪmɪ'mɔ:rɪəl] *adj.* □ un(vor)denklich, uralt: ***from time ~*** seit un(vor)denklichen Zeiten.
im·mense [ɪ'mens] *adj.* □ **1.** unermeßlich, ungeheuer, riesig, im'mens; **2.** F gewaltig, e'norm, ‚riesig': ***enjoy o.s. ~ly***; **im'men·si·ty** [-sətɪ] *s.* Unermeßlichkeit *f*.
im·merse [ɪ'mɜ:s] *v/t.* **1.** (ein)tauchen (*a.* ⚙), versenken; **2.** *fig.* (***o.s.*** sich) vertiefen *od.* versenken (***in*** in *acc.*); **3.** *fig.* verwickeln, verstricken (***in*** in *acc.*); **im'mersed** [-st] *adj. fig.* (***in***) versunken, vertieft (in *acc.*); **im·mer·sion** [ɪ'mɜ:ʃn] *s.* **1.** Ein-, 'Untertauchen *n*: **~ *heater*** a) Tauchsieder *m*, b) Boiler *m*; **2.** *fig.* Versunkenheit *f*, Vertieftsein *n*; **3.** *eccl.* Immersi'onstaufe *f*; **4.** *ast.* Immersi'on *f*.
im·mi·grant ['ɪmɪgrənt] **I** *s.* Einwanderer *m*, Einwanderin *f*, Immi'grant(in); **II** *adj.* a) einwandernd, b) ausländisch, Fremd...: **~ *workers***; '**im·mi·grate** [-greɪt] **I** *v/i.* einwandern, immi'grieren (***into, to*** in *acc.*, nach); **II** *v/t.* ansiedeln (***into*** in *dat.*); **im·mi·gra·tion** [ˌɪmɪ'greɪʃn] *s.* Einwanderung *f*, Immigrati'on *f*: **~ *officer*** Beamte(r) *m* der Einwanderungsbehörde.
im·mi·nence ['ɪmɪnəns] *s.* **1.** nahes Bevorstehen; **2.** drohende Gefahr, Drohen *n*; '**im·mi·nent** [-nt] *adj.* □ nahe bevorstehend, *a.* drohend.
im·mis·ci·ble [ɪ'mɪsəbl] *adj.* □ unvermischbar.
im·mo·bile [ɪ'məʊbaɪl] *adj.* unbeweglich: a) bewegungslos, b) starr, fest; **im·mo·bil·i·ty** [ˌɪməʊ'bɪlətɪ] *s.* Unbeweglichkeit *f*; **im·mo·bi·li·za·tion** [ɪˌməʊbɪlaɪ'zeɪʃn] *s.* **1.** Unbeweglichmachen *n*; ⚕ Ruhigstellung *f*, Immobilisierung *f*; **2.** ☿ a) Einziehung *f* (*von Münzen*), b) Festlegung *f* (*von Kapital*); **im'mo·bi·lize** [-bɪlaɪz] *v/t.* **1.** unbeweglich machen; ⚕ ruhigstellen; ⚔ außer Gefecht setzen: **~*d*** bewegungsunfähig (*a. Auto etc.*); **2.** ☿ a) *Münzen* aus dem Verkehr ziehen, b) *Kapital* festlegen.
im·mod·er·ate [ɪ'mɒdərət] *adj.* □ unmäßig, maßlos, über'trieben, -'zogen.
im·mod·est [ɪ'mɒdɪst] *adj.* □ **1.** unbescheiden, anmaßend; **2.** schamlos, unanständig; **im'mod·es·ty** [-tɪ] *s.* **1.** Unbescheidenheit *f*, Frechheit *f*; **2.** Unanständigkeit *f*.
im·mo·late ['ɪməʊleɪt] *v/t.* **1.** opfern, zum Opfer bringen (*a. fig.*); **2.** schlachten (*a. fig.*); **im·mo·la·tion** [ˌɪməʊ'leɪʃn] *s. a. fig.* Opferung *f*, Opfer *n*.
im·mor·al [ɪ'mɒrəl] *adj.* □ **1.** 'unmoˌralisch, unsittlich; **2.** ⚖ sittenwidrig, unsittlich; **im·mo·ral·i·ty** [ˌɪmə'rælətɪ] *s.* 'Unmoˌral *f*, Sittenlosigkeit *f*, Unsittlichkeit *f* (*a. Handlung*).
im·mor·tal [ɪ'mɔ:tl] **I** *adj.* □ **1.** unsterblich (*a. fig.*); **2.** ewig, unvergänglich; **II** *s.* **3.** Unsterbliche(r *m*) *f* (*a. fig.*); **im·mor·tal·i·ty** [ˌɪmɔ:'tælətɪ] *s.* **1.** Unsterblichkeit *f* (*a. fig.*); **2.** Unvergänglichkeit *f*; **im'mor·tal·ize** [-təlaɪz] *v/t.* unsterblich machen, verewigen.
im·mor·telle [ˌɪmɔ:'tel] *s.* ⚘ Immor'telle *f*, Strohblume *f*.
im·mov·a·bil·i·ty [ɪˌmu:və'bɪlətɪ] *s.* **1.** Unbeweglichkeit *f*; **2.** *fig.* Unerschütterlichkeit *f*; **im·mov·a·ble** [ɪ'mu:vəbl] **I** *adj.* □ **1.** unbeweglich: a) ortsfest: **~ *property*** → 4, b) unbewegt, bewegungslos; **2.** *zeitlich* unveränderlich: **~ *feast*** unbeweglicher Feiertag; **3.** *fig.* fest, unerschütterlich, unnachgiebig; **II** *s.* **4.** *pl.* ⚖ unbewegliches Eigentum, Immo'bilien *pl.*, Liegenschaften *pl.*
im·mune [ɪ'mju:n] **I** *adj.* **1.** ⚕ *u. fig.* (***from, against, to***) im'mun (gegen), unempfänglich (für); **2.** (***from, against, to***) geschützt, gefeit (gegen), frei (von); **II** *s.* **3.** im'mune Per'son; **im'mu·ni·ty** [-nətɪ] *s.* **1.** *allg.* Immuni'tät *f*: a) ⚕ *u. fig.* Unempfänglichkeit *f*, b) ⚖ Freiheit *f*, Befreiung *f* (***from*** von *Strafe, Steuer*); **2.** ⚖ Privi'leg *n*, Sonderrecht *n*; **3.** Freisein *n* (***from*** von); **im·mu·ni·za·tion** [ˌɪmju:naɪ'zeɪʃn] *s.* ⚕ Immunisierung *f*; **im·mu·nize** ['ɪmju:naɪz] *v/t.* immunisieren; im'mun machen (***against*** gegen), schützen (vor *dat.*); **im·mu·no·gen** [ɪ'mju:nəʊdʒen] *s.* ⚕ Anti'gen *n*; **im·mu·nol·o·gy** [ˌɪmju:'nɒlədʒɪ] *s.* ⚕ Immuni'tätsforschung *f*, -lehre *f*.
im·mure [ɪ'mjʊə] *v/t.* **1.** einsperren, -schließen, -kerkern: **~ *o.s.*** sich abschließen; **2.** einmauern.
im·mu·ta·bil·i·ty [ɪˌmju:tə'bɪlətɪ] *s. a. biol.* Unveränderlichkeit *f*; **im·mu·ta·ble** [ɪ'mju:təbl] *adj.* □ unveränderlich, unwandelbar.
imp [ɪmp] *s.* **1.** Teufelchen *n*, Kobold *m*; **2.** *humor.* Schlingel *m*, Racker *m*.
im·pact I *s.* ['ɪmpækt] **1.** An-, Zs.-prall *m*, Auftreffen *n*; **2.** *bsd.* ⚔ Auf-, Einschlag *m*: **~ *fuse*** Aufschlagzünder *m*; **3.** ⚙, *phys.* a) Stoß *m*, Schlag *m*, b) Wucht *f*: **~ *extrusion*** Schlagstrangpressen *n*; **~ *strength*** ⚙ (Kerb)Schlagfestigkeit *f*; **4.** *fig.* a) (heftige) (Ein)Wirkung, Auswirkungen *pl.*, (starker) Einfluß (***on*** auf *acc.*), b) (starker) Eindruck (***on*** auf *acc.*), c) Wucht *f*, Gewalt *f*, d) (***on***) Belastung *f* (*gen.*), Druck *m* (auf *acc.*): ***make an ~*** (***on***) ‚einschlagen' *od.* e-n starken Eindruck hinterlassen (bei), sich mächtig auswirken (auf *acc.*); **II** *v/t.* [ɪm'pækt] **5.** zs.-pressen; *a.* ⚕ einkeilen, -klemmen.
im·pair [ɪm'peə] *v/t.* **1.** verschlechtern; **2.** beeinträchtigen: a) nachteilig beeinflussen, schwächen, b) (ver)mindern, schmälern; **im'pair·ment** [-mənt] *s.* Verschlechterung *f*; Beeinträchtigung *f*, Verminderung *f*, Schädigung *f*, Schmälerung *f*.
im·pale [ɪm'peɪl] *v/t.* **1.** *hist.* pfählen; **2.** aufspießen, durch'bohren; **3.** *her. zwei Wappen* durch e-n senkrechten Pfahl verbinden.
im·pal·pa·ble [ɪm'pælpəbl] *adj.* □ **1.** unfühlbar; **2.** äußerst fein; **3.** kaum (er)faßbar, nicht greifbar.
im·pan·el [ɪm'pænl] → ***empanel***.
im·par·i·syl·lab·ic ['ɪmˌpærɪsɪ'læbɪk] *adj. u. s. ling.* ungleichsilbig(es Wort).
im·par·i·ty [ɪm'pærətɪ] *s.* Ungleichheit *f*.
im·part [ɪm'pɑ:t] *v/t.* **1.** (***to*** *dat.*) geben: a) gewähren, zukommen lassen, b) *e-e Eigenschaft etc.* verleihen; **2.** mitteilen: a) kundtun (***to*** *dat.*): **~ *news***, b) vermitteln (***to*** *dat.*): **~ *knowledge***, c) *a. phys.* übertragen (***to*** auf *acc.*): ***~ a motion***.
im·par·tial [ɪm'pɑ:ʃl] *adj.* □ 'unparˌteiisch, unvoreingenommen, unbefangen; **im·par·ti·al·i·ty** ['ɪmˌpɑ:ʃɪ'ælətɪ] *s.* 'Unparˌteilichkeit *f*, Unvoreingenommenheit *f*.
im·pass·a·ble [ɪm'pɑ:səbl] *adj.* □ unpassierbar.
im·passe [æm'pɑ:s] (*Fr.*) *s.* Sackgasse *f*, *fig. a.* ausweglose Situati'on: ***reach an ~ fig.*** in e-e Sackgasse geraten, e-n toten Punkt erreichen; ***break the ~*** aus der Sackgasse herauskommen.
im·pas·si·ble [ɪm'pæsɪbl] *adj.* □ (***to***) gefühllos (gegen), unempfindlich (für).
im·pas·sioned [ɪm'pæʃnd] *adj.* leidenschaftlich.
im·pas·sive [ɪm'pæsɪv] *adj.* □ **1.** teilnahms-, leidenschaftslos, ungerührt; **2.** gelassen; **3.** unbewegt: **~ *face***.
im·paste [ɪm'peɪst] *v/t.* **1.** zu e-m Teig kneten; **2.** *paint. Farben* dick auftragen, pa'stos malen; **im·pas·to** [ɪm'pæstəʊ] *s. paint.* Im'pasto *n*.
im·pa·tience [ɪm'peɪʃns] *s.* **1.** Ungeduld *f*; **2.** (***of***) Unduldsamkeit *f*, Abneigung *f* (gegen['über]), Unwille *m* (über *acc.*); **im'pa·tient** [-nt] *adj.* □ **1.** ungeduldig; **2.** (***of***) unduldsam (gegen), ungehalten (über *acc.*), unzufrieden (mit): ***be ~ of*** nicht (v)ertragen können (*acc.*), nichts übrig haben für; **3.** begierig (***for*** nach, ***to do*** zu tun): ***be ~ for*** *et.* nicht erwarten können; ***be ~ to do it*** darauf brennen, es zu tun.
im·peach [ɪm'pi:tʃ] *v/t.* **1.** *j-n* anklagen, beschuldigen (***of, with*** *gen.*); **2.** ⚖ *Beamten etc.* (wegen e-s Amtsvergehens) anklagen; **3.** anzweifeln, anfechten, in Frage stellen: ***~ a witness*** die Glaubwürdigkeit e-s Zeugen anzweifeln; **4.** angreifen, her'absetzen, tadeln, bemängeln; **im'peach·a·ble** [-tʃəbl] *adj.* anklag-, anfecht-, bestreitbar; **im'peach·ment** [-mənt] *s.* **1.** Anklage *f*, Beschuldigung *f*; **2.** (öffentliche) Anklage *e-s Ministers etc. wegen Amtsmißbrauchs, Hochverrats etc.*; **3.** Anfechtung *f*, Bestreitung *f* der Glaubwürdigkeit *od.* Gültigkeit; **4.** In'fragestellung *f*; **5.** Vorwurf *m*, Tadel *m*.

im·pec·ca·bil·i·ty [ɪmˌpekəˈbɪlətɪ] *s.* **1.** Sündlosigkeit *f*; **2.** Fehler-, Tadellosigkeit *f*; **im·pec·ca·ble** [ɪmˈpekəbl] *adj.* ☐ **1.** sünd(en)los, rein; **2.** tadellos, untadelig, einwandfrei.

im·pe·cu·ni·os·i·ty [ˈɪmpɪˌkjuːnɪˈɒsətɪ] *s.* Mittellosigkeit *f*, Armut *f*; **im·pe·cu·ni·ous** [ˌɪmpɪˈkjuːnjəs] *adj.* mittellos, arm.

im·ped·ance [ɪmˈpiːdəns] *s.* ⚡ Impeˈdanz *f*, ˈScheinˌwiderstand *m*.

im·pede [ɪmˈpiːd] *v/t.* **1.** *j-n* (be)hindern; **2.** *et.* erschweren, verhindern; **im·ped·i·ment** [ɪmˈpedɪmənt] *s.* **1.** Be-, Verhinderung *f*; **2.** Hindernis *n* (**to** für), ⚕ Behinderung *f*: **~ in one's speech** Sprachfehler *m*; **3.** ⚖ (*bsd.* Ehe)Hindernis *n*, Hinderungsgrund *m*; **im·ped·i·men·ta** [ɪmˌpedɪˈmentə] *s. pl.* **1.** ⚔ Gepäck *n*, Troß *m*; **2.** *fig.* Last *f*, (hinderliches) Gepäck, *j-s* ‚Siebensachen' *pl.*

im·pel [ɪmˈpel] *v/t.* **1.** (an-, vorwärts-) treiben, drängen; **2.** zwingen, nötigen: **I felt ~led** ich sah mich gezwungen *od.* veranlaßt, ich fühlte mich genötigt; **imˈpel·lent** [-lənt] **I** *adj.* (an)treibend, Trieb…; **II** *s.* Triebkraft *f*, Antrieb *m*; **imˈpel·ler** [-lə] *s.* ⚙ a) Flügel-, Laufrad *n*, b) Kreisel *m* (*e-r Pumpe*), c) ✈ Laderlaufrad *n*.

im·pend [ɪmˈpend] *v/i.* **1.** hängen, schweben (**over** über *dat.*); **2.** *fig.* a) unmittelbar bevorstehen, b) (**over**) drohend schweben (über *dat.*), drohen (*dat.*); **imˈpend·ing** [-dɪŋ] *adj.* nahe bevorstehend, drohend.

im·pen·e·tra·bil·i·ty [ɪmˌpenɪtrəˈbɪlətɪ] *s.* **1.** ˈUndurchˌdringlichkeit *f*; **2.** *fig.* Unerforschlichkeit *f*, Unergründlichkeit *f*; **im·pen·e·tra·ble** [ɪmˈpenɪtrəbl] *adj.* ☐ **1.** ˈundurchˌdringlich (**by** für); **2.** *fig.* unergründlich, unerforschlich; **3.** *fig.* (**to**, **by**) unempfänglich (für), unzugänglich (*dat.*).

im·pen·i·tence [ɪmˈpenɪtəns], **imˈpen·i·ten·cy** [-sɪ] *s.* Unbußfertigkeit *f*, Verstocktheit *f*; **imˈpen·i·tent** [-nt] *adj.* ☐ unbußfertig, verstockt, reuelos.

im·per·a·ti·val [ɪmˌperəˈtaɪvl] → ***imperative*** 3; **im·per·a·tive** [ɪmˈperətɪv] **I** *adj.* ☐ **1.** befehlend, gebieterisch, herrisch; **2.** ˈunumˌgänglich, zwingend, dringend (nötig), unbedingt erforderlich; **3.** *ling.* imperaˈtivisch, Imperativ…, Befehls…: **~ mood** → 5; **II** *s.* **4.** Befehl *m*, Gebot *n*; **5.** *ling.* Imperativ *m*, Befehlsform *f*.

im·per·cep·ti·bil·i·ty [ˈɪmpəˌseptəˈbɪlətɪ] *s.* Unwahrnehmbarkeit *f*; Unmerklichkeit *f*; **im·per·cep·ti·ble** [ˌɪmpəˈseptəbl] *adj.* ☐ **1.** nicht wahrnehmbar, unbemerkbar, unsichtbar, unhörbar; **2.** unmerklich; **3.** verschwindend klein.

im·per·fect [ɪmˈpɜːfɪkt] **I** *adj.* ☐ **1.** ˈunvollˌständig, ˈunvollˌendet; **2.** ˈunvollˌkommen (*a.* ⚘, ♪): **~ rhyme** unreiner Reim; **3.** mangel-, fehlerhaft; **4.** *ling.* **~ tense** → 5; **II** *s.* **5.** *ling.* Imperfekt *n*, ˈunvollˌendete Vergangenheit; **im·per·fec·tion** [ˌɪmpəˈfekʃn] *s.* **1.** ˈUnvollˌkommenheit *f*, Mangelhaftigkeit *f*; **2.** Mangel *m*, Fehler *m*.

im·per·fo·rate [ɪmˈpɜːfərət] *adj.* **1.** *bsd. anat.* ohne Öffnung; **2.** nicht perforiert, ungezähnt (*Briefmarke*).

im·pe·ri·al [ɪmˈpɪərɪəl] **I** *adj.* ☐ **1.** kaiserlich, Kaiser…; **2.** Reichs…; **3.** das brit. Weltreich betreffend, Empire…: **2 Conference** Empire-Konferenz *f*; **4.** *Brit.* gesetzlich (*Maße u. Gewichte*): **~ gallon** (= *4,55 Liter*); **5.** großartig, herrlich; **II** *s.* **6.** Kaiserliche(r) *m* (*Soldat, Anhänger*); **7.** Knebelbart *m*; **8.** Imperiˈal(paˌpier) *n* (*Format: brit. 22×30 in., amer. 23×31 in.*); **imˈpe·ri·al·ism** [-lɪzəm] *s. pol.* Imperiaˈlismus *m*; **imˈpe·ri·al·ist** [-lɪst] **I** *s.* **1.** *pol.* Imperiaˈlist *m*; **2.** Kaiserliche(r) *m*; **II** *adj.* **3.** imperiaˈlistisch; **4.** kaiserlich, kaisertreu; **im·pe·ri·al·is·tic** [ɪmˌpɪərɪəˈlɪstɪk] *adj.* (☐ **~ally**) → ***imperialist*** 3, 4.

im·per·il [ɪmˈperɪl] *v/t.* gefährden.

im·pe·ri·ous [ɪmˈpɪərɪəs] *adj.* ☐ **1.** herrisch, anmaßend, gebieterisch; **2.** dringend, zwingend; **imˈpe·ri·ous·ness** [-nɪs] *s.* **1.** Herrschsucht *f*, Anmaßung *f*, herrisches Wesen; **2.** Dringlichkeit *f*.

im·per·ish·a·ble [ɪmˈperɪʃəbl] *adj.* ☐ unvergänglich, ewig.

im·per·ma·nence [ɪmˈpɜːmənəns], **imˈper·ma·nen·cy** [-sɪ] *s.* Unbeständigkeit *f*, Vergänglichkeit *f*; **imˈper·ma·nent** [-nt] *adj.* unbeständig, vorˈübergehend, nicht von Dauer.

im·per·me·a·bil·i·ty [ɪmˌpɜːmjəˈbɪlətɪ] *s.* ˈUnˌdurchlässigkeit *f*; **im·per·me·a·ble** [ɪmˈpɜːmjəbl] *adj.* ☐ ˈunˌdurchlässig (**to** für): **~ (to water)** wasserdicht.

im·per·mis·si·ble [ˌɪmpəˈmɪsəbl] *adj.* unzulässig, unerlaubt.

im·per·son·al [ɪmˈpɜːsnl] *adj. a. ling.* ˈunperˌsönlich: **~ account** † Sachkonto *n*; **im·per·son·al·i·ty** [ɪmˌpɜːsəˈnælətɪ] *s.* ˈUnperˌsönlichkeit *f*.

im·per·son·ate [ɪmˈpɜːsəneɪt] *v/t.* **1.** personifizieren, verkörpern; **2.** imitieren, nachahmen; **3.** sich ausgeben als *od.* für; **im·per·son·a·tion** [ɪmˌpɜːsəˈneɪʃn] *s.* **1.** Personifikatiˈon *f*, Verkörperung *f*; **2.** Nachahmung *f*, Imitatiˈon *f*; **3.** (betrügerisches *od.* scherzhaftes) Auftreten (**of** als); **imˈper·son·a·tor** [-tə] *s.* **1.** *thea.* a) Imiˈtator *m*, b) Darsteller(in); **2.** Betrüger(in), Hochstapler(in).

im·per·ti·nence [ɪmˈpɜːtɪnəns] *s.* Unverschämtheit *f*, Frechheit *f*; **imˈper·ti·nent** [-nt] *adj.* ☐ **1.** unverschämt, frech; **2.** ⚖ nicht zur Sache gehörig, unerheblich; **3.** nebensächlich; **4.** unangebracht.

im·per·turb·a·bil·i·ty [ˈɪmpəˌtɜːbəˈbɪlətɪ] *s.* Unerschütterlichkeit *f*, Gelassenheit *f*, Gleichmut *m*; **im·per·turb·a·ble** [ˌɪmpəˈtɜːbəbl] *adj.* ☐ unerschütterlich, gelassen.

im·per·vi·ous [ɪmˈpɜːvjəs] *adj.* ☐ **1.** ˈundurchˌdringlich (**to** für), ˈunˌdurchlässig: **~ to rain** regendicht; **2.** *fig.* (**to**) unzugänglich (für *od. dat.*), unempfindlich (gegen); taub (gegen); **imˈper·vi·ous·ness** [-nɪs] *s.* **1.** ˈUndurchˌdringlichkeit *f*, -lässigkeit *f*; **2.** *fig.* Unzugänglichkeit *f*, Unempfindlichkeit *f*.

im·pe·tig·i·nous [ˌɪmpɪˈtɪdʒɪnəs] *adj.* ⚕ pustelartig; **ˌim·peˈti·go** [-ˈtaɪgəʊ] *s.* ⚕ Impeˈtigo *m*.

im·pet·u·os·i·ty [ɪmˌpetjʊˈɒsətɪ] *s.* **1.** Heftigkeit *f*, Ungestüm *n*; **2.** impulˈsive Handlung; **im·pet·u·ous** [ɪmˈpetjʊəs] *adj.* ☐ heftig, ungestüm; hitzig, überˈeilt, impulˈsiv; **im·pet·u·ous·ness** [ɪmˈpetjʊəsnɪs] → ***impetuosity***.

im·pe·tus [ˈɪmpɪtəs] *s.* **1.** *phys.* Stoß-, Triebkraft *f*, Schwung *m*; **2.** *fig.* Antrieb *m*, Anstoß *m*, Schwung *m*: **give a fresh ~ to** Auftrieb *od.* neuen Schwung verleihen (*dat.*).

im·pi·e·ty [ɪmˈpaɪətɪ] *s.* **1.** Gottlosigkeit *f*; **2.** Pieˈtätlosigkeit *f*.

im·pinge [ɪmˈpɪndʒ] *v/i.* **1.** (**on**, **upon**) stoßen (an *acc.*, gegen), zs.-stoßen (mit), auftreffen (auf *acc.*); **2.** fallen, einwirken (**on** auf *acc.*): **~ on the eye**; **~ on the ear** ans Ohr dringen; **3.** (**on**) sich auswirken (auf *acc.*), beeinflussen (*acc.*); **4.** (**on**) (ˈwiderrechtlich) eingreifen (in *acc.*), verstoßen (gegen *Rechte etc.*).

im·pi·ous [ˈɪmpɪəs] *adj.* ☐ **1.** gottlos, ruchlos; **2.** pieˈtätlos; **3.** reˈspektlos.

imp·ish [ˈɪmpɪʃ] *adj.* ☐ schelmisch, spitzbübisch, verschmitzt.

im·pla·ca·bil·i·ty [ɪmˌplækəˈbɪlətɪ] *s.* Unversöhnlichkeit *f*, Unerbittlichkeit *f*; **im·pla·ca·ble** [ɪmˈplækəbl] *adj.* ☐ unversöhnlich, unerbittlich.

im·plant [ɪmˈplɑːnt] *v/t. fig.* einimpfen, *a.* ⚕ einpflanzen (**in** *dat.*); **im·plan·ta·tion** [ˌɪmplɑːnˈteɪʃn] *s.* **1.** *fig.* Einimpfung *f*; **2.** *mst fig. od.* ⚕ Einpflanzung *f*.

im·plau·si·ble [ɪmˈplɔːzəbl] *adj.* nicht plauˈsibel, unwahrscheinlich, unglaubwürdig, -haft, wenig überˈzeugend.

im·ple·ment I *s.* [ˈɪmplɪmənt] **1.** Werkzeug *n* (*a. fig.*), Gerät *n*; **2.** ⚖ *Scot.* Erfüllung *f* (*e-s Vertrages*); **II** *v/t.* [-ment] **3.** aus-, ˈdurchführen; **4.** in Kraft setzen; **5.** ergänzen; **6.** ⚖ *Scot. Vertrag* erfüllen; **im·ple·men·tal** [ˌɪmplɪˈmentl], **im·ple·men·ta·ry** [ˌɪmplɪˈmentərɪ] *adj.* Ausführungs…: **~ orders** Ausführungsbestimmungen; **im·ple·men·ta·tion** [ˌɪmplɪmenˈteɪʃn] *s.* Erfüllung *f*, Aus-, ˈDurchführung *f*.

im·pli·cate [ˈɪmplɪkeɪt] *v/t.* **1.** *fig.* verwickeln, hinˈeinziehen (**in** in *acc.*), in Zs.-hang *od.* Verbindung bringen (**with** mit): **~d in** verwickelt in (*acc.*), betroffen von; **2.** *fig.* a) → ***imply*** 1, b) zur Folge haben; **im·pli·ca·tion** [ˌɪmplɪˈkeɪʃn] *s.* **1.** Verwicklung *f*, Verflechtung *f*, (enge) Verbindung, Zs.-hang *m*; **2.** (eigentliche) Bedeutung; Andeutung *f*; **3.** Konseˈquenz *f*, Folge *f*, Folgerung *f*, Auswirkung *f*: **by ~** a) als (natürliche) Folgerung *od.* Folge, b) implizite, durch sinngemäße Auslegung, ohne weiteres.

im·plic·it [ɪmˈplɪsɪt] *adj.* ☐ **1.** (mit *od.* stillschweigend) inbegriffen, stillschweigend, unausgesprochen; **2.** absoˈlut, vorbehalt-, bedingungslos: **~ faith** (**obedience**) blinder Glaube (Gehorsam); **imˈplic·it·ly** [-lɪ] *adv.* **1.** imˈplizite, stillschweigend, ohne weiteres; **2.** unbedingt; **imˈplic·it·ness** [-nɪs] *s.* **1.** Mitˈinbegriffensein *n*; Selbstverständlichkeit *f*; **2.** Unbedingtheit *f*.

im·plied [ɪmˈplaɪd] *adj.* (stillschweigend *od.* mit) inbegriffen, einbezogen, sinngemäß (darin) enthalten, impliziert: **~ condition**.

im·plode [ɪmˈpləʊd] *v/i. phys.* implodieren.

im·plore [ɪmˈplɔː] *v/t.* **1.** *j-n* anflehen, beschwören; **2.** *et.* erflehen, erbitten; **imˈplor·ing** [-ɔːrɪŋ] *adj.* ☐ flehentlich, inständig.

im·plo·sion [ɪmˈpləʊʒn] *s. phys.* Imploˈsiˈon *f*.

im·ply [ɪm'plaɪ] *v/t.* **1.** einbeziehen, in sich schließen, (*stillschweigend*) be'inhalten; **2.** mit sich bringen, dar'auf hin'auslaufen: ***that implies*** daraus ergibt sich, das bedeutet; **3.** besagen, bedeuten, schließen lassen auf (*acc.*); **4.** andeuten, 'durchblicken lassen, implizieren.

im·po·lite [ɪmpə'laɪt] *adj.* ☐ unhöflich, grob.

im·pol·i·tic [ɪm'pɒlətɪk] *adj.* ☐ 'undiplo,matisch, unklug.

im·pon·der·a·ble [ɪm'pɒndərəbl] **I** *adj.* unwägbar (*a. phys.*), unberechenbar; **II** *s. pl.* Impondera'bilien *pl.*, Unwägbarkeiten *pl.*

im·port I *v/t.* [ɪm'pɔːt] **1.** ☤ importieren, einführen: ***~ing country*** Einfuhrland *n*; **2.** *fig.* einführen, hin'einbringen; **3.** bedeuten, besagen; **II** *s.* ['ɪmpɔːt] **4.** ☤ Einfuhr *f*, Im'port *m*; *pl.* 'Einfuhrwaren *pl.*, -ar,tikel *pl.*; ***~ bounty*** Einfuhrprämie *f*; ***~ duty*** Einfuhrzoll *m*; ***~ licence*** (*Am.* ***license***), ***~ permit*** Einfuhrgenehmigung *f*; ***~ quota*** Einfuhrkontingent *n*; ***~ tariff*** Einfuhrzoll *m*; **5.** Bedeutung *f*, Sinn *m*; **6.** Wichtigkeit *f*, Bedeutung *f*, Tragweite *f*; **im'port·a·ble** [-təbl] *adj.* ☤ einführbar, importierbar.

im·por·tance [ɪm'pɔːtns] *s.* **1.** Wichtigkeit *f*, Bedeutung *f*: ***attach ~ to*** Bedeutung beimessen (*dat.*); ***conscious*** (*od.* ***full***) ***of one's own ~*** → ***important*** 3; ***it is of no ~*** es ist unwichtig, es hat keine Bedeutung; **2.** Einfluß *m*, Ansehen *n*, Gewicht *n*: ***a person of ~*** e-e gewichtige Persönlichkeit; **im'por·tant** [-nt] *adj.* ☐ **1.** wichtig, wesentlich, bedeutend (***to*** für); **2.** her'vorragend, bedeutend, angesehen, einflußreich; **3.** wichtigtuerisch, eingebildet, von s-r eigenen Wichtigkeit erfüllt.

im·por·ta·tion [,ɪmpɔː'teɪʃn] *s.* ☤ **1.** Im'port *m*, Einfuhr *f*; **2.** Einfuhrware(n *pl.*) *f*; **im·port·er** [ɪm'pɔːtə] *s.* ☤ Impor'teur *m*.

im·por·tu·nate [ɪm'pɔːtjʊnət] *adj.* ☐ lästig, zu-, aufdringlich; **im·por·tune** [ɪmpɔː'tjuːn] *v/t.* dauernd (mit Bitten) belästigen, behelligen; **im·por·tu·ni·ty** [,ɪmpɔː'tjuːnətɪ] *s.* Aufdringlichkeit *f*, Hartnäckigkeit *f*.

im·pose [ɪm'pəʊz] **I** *v/t.* **1.** *Pflicht, Steuer etc.* auferlegen, aufbürden (***on***, ***upon*** *dat.*): ***~ a tax on s.th.*** et. besteuern, et. mit e-r Steuer belegen; ***~ a penalty on s.o.*** e-e Strafe verhängen gegen j-n, j-n mit e-r Strafe belegen; ***~ law and order*** Recht u. Ordnung schaffen; **2.** ***~ s.th. on s.o.*** a) j-m et. aufdrängen, b) j-m et. ‚andrehen'; ***~ o.s. on s.o.*** → 7; **3.** *typ. Kolumnen* ausschießen; **4.** *eccl. die Hände* (segnend) auflegen; **II** *v/i.* **5.** (***upon***) beeindrucken (*acc.*), imponieren (*dat.*); **6.** ausnutzen, miß'brauchen (***on*** *acc.*): ***~ on s.o.'s kindness***; **7.** ***~ on s.o.*** sich j-m aufdrängen, j-m zur Last fallen; **8.** betrügen, hinter'gehen (***on s.o.*** j-n); **im'pos·ing** [-zɪŋ] *adj.* ☐ eindrucksvoll, imponierend, impo'sant; **im·po·si·tion** [,ɪmpə'zɪʃn] *s.* **1.** Auferlegung *f*, Aufbürdung *f* (*von Steuern*, *Pflichten etc.*), Verhängung *f* (*e-r Strafe*): ***~ of taxes*** Besteuerung *f*; **2.** Last *f*, Belastung *f*; Auflage *f*, Pflicht *f*; **3.** Abgabe *f*, Steuer *f*; **4.** *ped. Brit.* Strafarbeit *f*; **5.** (schamlose) Ausnutzung (***on*** *gen.*), Zumutung *f*; **6.** Über'vorteilung *f*, Schwindel *m*; **7.** *eccl.* (*Hand*)Auflegen *n*; **8.** *typ.* a) Ausschießen *n*, b) For'matmachen *n*.

im·pos·si·bil·i·ty [ɪm,pɒsə'bɪlətɪ] *s.* Unmöglichkeit *f*; **im·pos·si·ble** [ɪm'pɒsəbl] *adj.* ☐ **1.** *allg.* unmöglich: a) unausführbar, b) ausgeschlossen, c) unglaublich: ***it is ~ for me to do that*** ich kann das unmöglich tun; **2.** F ‚unmöglich': ***you are ~!***; **im·pos·si·bly** [ɪm'pɒsəblɪ] *adv.* **1.** unmöglich; **2.** unglaublich: ***~ young***.

im·post ['ɪmpəʊst] **I** *s.* **1.** ☤ Auflage *f*, Abgabe *f*, Steuer *f*, *bsd.* Einfuhrzoll *m*; **2.** *sl. Pferderennen*: Handicap-Ausgleichsgewicht *n*; **II** *v/t.* **3.** *Am. Importwaren* zwecks Zollfestsetzung klassifizieren.

im·pos·tor [ɪm'pɒstə] *s.* Betrüger(in), Schwindler(in), Hochstapler(in); **im'pos·ture** [-tʃə] *s.* Betrug *m*, Schwindel *m*, Hochstape'lei *f*.

im·po·tence ['ɪmpətəns], **'im·po·ten·cy** [-sɪ] *s.* **1.** a) Unvermögen *n*, Unfähigkeit *f*, b) Hilf-, Machtlosigkeit *f*, Ohnmacht *f*; **2.** Schwäche *f*, Kraftlosigkeit *f*; **3.** ⚕ Impotenz *f*; **'im·po·tent** [-nt] *adj.* ☐ **1.** a) unfähig, b) macht-, hilflos, ohnmächtig; **2.** schwach, kraftlos; **3.** ⚕ impotent.

im·pound [ɪm'paʊnd] *v/t.* **1.** *bsd. Vieh* einpferchen, einsperren; **2.** *Wasser* sammeln, stauen; **3.** ⚖ a) beschlagnahmen, b) sicherstellen, in (gerichtliche *od.* behördliche) Verwahrung nehmen.

im·pov·er·ish [ɪm'pɒvərɪʃ] *v/t.* **1.** arm *od.* ärmer machen: ***be ~ed*** verarmen, verarmt sein; **2.** *Land etc.* auspowern, *Boden etc.* auslaugen; **3.** *fig.* a) ärmer machen, *kulturell etc.* verarmen lassen, b) *e-r Sache* den Reiz nehmen; **im'pov·er·ish·ment** [-mənt] *s. a. fig.* Verarmung *f*; Auslaugung *f*.

im·prac·ti·ca·bil·i·ty [ɪm,præktɪkə'bɪlətɪ] *s.* **1.** 'Undurch,führbarkeit *f*, Unmöglichkeit *f*; **2.** Unbrauchbarkeit *f*; **3.** Unpassierbarkeit *f* (*e-r Straße etc.*); **im·prac·ti·ca·ble** [ɪm'præktɪkəbl] *adj.* ☐ **1.** 'undurch,führbar, unmöglich; **2.** unbrauchbar; **3.** unpassierbar, unbefahrbar (*Straße*); **4.** unlenksam, störrisch (*Person*).

im·prac·ti·cal [ɪm'præktɪkl] *adj.* **1.** unpraktisch; **2.** (rein) theo'retisch, sinnlos; **3.** → ***impracticable***.

im·pre·cate ['ɪmprɪkeɪt] *v/t.* *Schlimmes* her'abwünschen (***on***, ***upon*** auf *acc.*): ***~ curses on s.o.*** j-n verfluchen; **im·pre·ca·tion** [,ɪmprɪ'keɪʃn] *s.* Verwünschung *f*, Fluch *m*; **'im·pre·ca·to·ry** [-tərɪ] *adj.* Verwünschungs…

im·preg·na·bil·i·ty [ɪm,pregnə'bɪlətɪ] *s.* 'Unüber,windlichkeit *f etc.* (→ ***impregnable***); **im·preg·na·ble** [ɪm'pregnəbl] *adj.* ☐ **1.** 'unüber,windlich, unbezwinglich, uneinnehmbar (*Festung*); **2.** unerschütterlich (***to*** gegenüber); **im·preg·nate I** *v/t.* ['ɪmpregneɪt] **1.** *biol.* a) schwängern (*a. fig.*), b) befruchten (*a. fig.*); **2.** sättigen, durch'dringen; ⚙ tränken, imprägnieren; **3.** *fig. et. od. j-n* durch'dringen, erfüllen; **4.** *paint.* grundieren; **II** *adj.* [ɪm'pregnɪt] **5.** *biol.* a) geschwängert, schwanger, b) befruchtet; **6.** *fig.* (***with***) voll (von), durch'drungen (von); **im·preg·na·tion** [,ɪmpreg'neɪʃn] *s.* **1.** *biol.* a) Schwängerung *f*, b) Befruchtung *f*; **2.** Imprägnierung *f*, (Durch)'Tränkung *f*, Sättigung *f*; **3.** *fig.* Befruchtung *f*, Durch'dringung *f*, Erfüllung *f*.

im·pre·sa·ri·o [,ɪmprɪ'sɑːrɪəʊ] *pl.* **-os** *s.* **1.** Impre'sario *m*; **2.** (The'ater- *etc.*)Di,rektor *m*.

im·pre·scrip·ti·ble [,ɪmprɪ'skrɪptəbl] *adj.* ⚖ a) unverjährbar, b) *a. fig.* unveräußerlich: ***~ rights***.

im·press¹ I *v/t.* [ɪm'pres] **1.** beeindrucken, Eindruck machen auf (*acc.*), imponieren (*dat.*): ***be favo(u)rably ~ed by*** e-n guten Eindruck erhalten *od.* haben von; ***I am not ~ed*** das imponiert mir gar nicht; ***he is not easily ~ed*** er läßt sich nicht so leicht beeindrucken; **2.** *j-n* erfüllen, durch'dringen (***with*** mit); **3.** einprägen, -schärfen, klarmachen (***on***, ***upon*** *dat.*); **4.** (auf)drücken (***on*** auf *acc.*), eindrücken; **5.** aufprägen, -drucken; **6.** *fig.* verleihen, erteilen (***upon*** *dat.*); **II** *v/i.* **7.** Eindruck machen, imponieren; **III** *s.* ['ɪmpres] **8.** Prägung *f*; **9.** Abdruck *m*, Stempel *m*; **10.** *fig.* Gepräge *n*.

im·press² [ɪm'pres] *v/t.* **1.** requirieren, beschlagnahmen; **2.** *bsd.* ⚓ (zum Dienst) pressen.

im·press·i·ble [ɪm'presəbl] → ***impressionable***.

im·pres·sion [ɪm'preʃn] *s.* **1.** Eindruck *m*: ***make a*** (***good***) ***~*** (***on s.o.***) (auf j-n) (e-n guten) Eindruck machen; ***give s.o. a wrong ~*** bei j-m e-n falschen Eindruck erwecken; ***leave s.o. with an ~*** bei j-m e-n Eindruck hinterlassen; ***first ~s are often wrong*** der erste Eindruck täuscht oft; **2.** Eindruck *m*, Vermutung *f*, Ahnung *f*: ***I have an ~*** (*od.* ***I am under the ~***) ***that*** ich habe den Eindruck, daß; **3.** Abdruck *m* (*a.* ⚕), Prägung *f*; **4.** Ab-, Aufdruck *m*; **5.** *typ.* a) Abzug *m*, b) (*bsd.* unveränderte) Auflage (*Buch*): ***new ~*** Neudruck *m*, -auflage *f*; **6.** *fig.* Nachahmung *f*: ***do*** (*od.* ***give***) ***an ~ of s.o.*** j-n imitieren; **im'pres·sion·a·ble** [-ʃnəbl] **1.** für Eindrücke empfänglich; **2.** leicht zu beeindrucken(d), beeinflußbar, empfänglich; **im'pres·sion·ism** [-ʃnɪzəm] *s.* Impressio'nismus *m*; **im'pres·sion·ist** [-ʃnɪst] **I** *s.* Impressio'nist(in); **II** *adj.* → **im·pres·sion·is·tic** [ɪm,preʃə'nɪstɪk] *adj.* (☐ ***~ally***) impressio'nistisch.

im·pres·sive [ɪm'presɪv] *adj.* ☐ eindrucksvoll, impo'sant; **im'pres·sive·ness** [-nɪs] *s. das* Eindrucksvolle *etc.*

im·pri·ma·tur [,ɪmprɪ'meɪtə] *s.* **1.** Impri'matur *n*, Druckerlaubnis *f*; **2.** *fig.* Zustimmung *f*, Billigung *f*.

im·print I *s.* ['ɪmprɪnt] **1.** Ab-, Aufdruck *m*; **2.** Aufdruck *m*, Stempel *m*; **3.** *typ.* Im'pressum *n*, Erscheinungs-, Druckvermerk *m*; **4.** *fig.* Stempel *m*, Gepräge *n*; *psych.* Prägung *f*; **II** *v/t.* [ɪm'prɪnt] ([***up***]***on***) **5.** *typ.* aufdrucken (auf *acc.*); **6.** prägen (auf *acc.*); **7.** *fig.* einprägen (*dat.*); **8.** *Kuß* (auf)drücken (auf *acc.*).

im·pris·on [ɪm'prɪzn] *v/t.* **1.** ins Gefängnis werfen, einsperren, inhaftieren; **2.** *fig.* a) einsperren, -schließen, gefangenhalten, b) beschränken; **im'pris·on·ment** [-mənt] *s.* **1.** Einkerkerung *f*, Haft *f*, Gefangenschaft *f* (*a. fig.*); **2.**

(***sentence of***) ~ ⚖ Freiheitsstrafe *f*; → ***false*** I.
im·prob·a·bil·i·ty [ɪmˌprɒbəˈbɪlətɪ] *s.* Unwahrscheinlichkeit *f*; **im·prob·a·ble** [ɪmˈprɒbəbl] *adj.* □ **1.** unwahrscheinlich; **2.** unglaubwürdig.
im·pro·bi·ty [ɪmˈprəʊbətɪ] *s.* Unredlichkeit *f*, Unehrlichkeit *f*.
im·promp·tu [ɪmˈprɒmptjuː] **I** *s.* Impromp'tu *n* (*a.* ♪), Improvisati'on *f*; **II** *adj. u. adv.* improvisiert, aus dem Stegreif, Stegreif…
im·prop·er [ɪmˈprɒpə] *adj.* □ **1.** ungeeignet, unpassend, untauglich (***to*** für); **2.** unschicklich, ungehörig (*Benehmen*); **3.** a) unrichtig, falsch, b) unsachgemäß, c) unvorschriftsmäßig, d) 'mißbräuchlich: ~ ***use*** Mißbrauch *m*; **4.** ⩓ unecht: ~ ***fraction***; ~ ***integral*** uneigentliches Integral; **im·pro·pri·e·ty** [ˌɪmprəˈpraɪətɪ] *s.* **1.** Ungeeignetheit *f*, Untauglichkeit *f*; **2.** Unschicklichkeit *f*, Ungehörigkeit *f*; **3.** Unrichtigkeit *f*, *a. ling.* falscher Gebrauch.
im·prov·a·ble [ɪmˈpruːvəbl] *adj.* **1.** verbesserungsfähig; **2.** ✓ anbaufähig, kultivierbar; **im·prove** [ɪmˈpruːv] **I** *v/t.* **1.** *allg., a.* ⚙ verbessern; **2.** verfeinern; **3.** verschönern; **4.** *Wert etc.* erhöhen, steigern; **5.** vor'anbringen, ausbauen; **6.** *Kenntnisse* erweitern: ~ ***one's mind*** sich weiterbilden; **7.** *Gehalt* aufbessern; **8.** *Am. Land* a) erschließen, im Wert steigern, b) kultivieren, meliorieren; **9.** ausnützen; → ***occasion*** 3; **II** *v/i.* **10.** sich (ver)bessern, besser werden, Fortschritte machen, sich erholen (*gesundheitlich od.* ✝ *Preise*): ~ ***in strength*** kräftiger werden; ~ ***on acquaintance*** bei näherer Bekanntschaft gewinnen; ***the patient is improving*** dem Patienten geht es besser; **11.** ~ ***on*** *od.* ***upon*** a) verbessern, b) über'treffen: ***not to be ~d upon*** nicht zu übertreffen(d); **im'prove·ment** [-mənt] *s.* **1.** (Ver-) Besserung *f*, Ver'vollkommnung *f*, Verschönerung *f*: ~ ***in health*** Besserung der Gesundheit; ~ ***of one's mind*** (Weiter)Bildung *f*; ~ ***of one's knowledge*** Erweiterung *f* des Wissens; **2.** Verfeinerung *f*, Veredelung *f*: ~ ***industry*** Veredelungsindustrie *f*; **3.** Erhöhung *f*, Steigerung *f*, ✝ *a.* Erholung *f*, Steigen *n*; **4.** Meliorati'on *f*: a) ✓ Bodenverbesserung *f*, b) Erschließung *f*, c) *Am.* Wertverbesserung *f* (*Grundstück etc.*); **5.** Verbesserung *f* (*a. Patent*), Fortschritt(e *pl.*) *m*, Neuerung *f*, Gewinn *m*: ***an ~ on*** *od.* ***upon*** e-e Verbesserung gegenüber; **im'prov·er** [-və] *s.* **1.** Verbesserer *m*; **2.** ⚙ Verbesserungsmittel *n*; **3.** ✝ Volon'tär *m*.
im·prov·i·dence [ɪmˈprɒvɪdəns] *s.* **1.** Unbedachtsamkeit *f*; **2.** Unvorsichtigkeit *f*, Leichtsinn *m*; **im'prov·i·dent** [-nt] *adj.* □ **1.** unbedacht; **2.** unvorsichtig, leichtsinnig (***of*** mit).
im·prov·ing [ɪmˈpruːvɪŋ] *adj.* □ **1.** (sich) bessernd; **2.** förderlich.
im·pro·vi·sa·tion [ˌɪmprəvaɪˈzeɪʃn] *s.* Improvisati'on *f* (*a.* ♪): a) unvorbereitete Veranstaltung, 'Stegreifrede *f*, -kompositi,on *f etc.*, b) Behelfsmaßnahme *f*, c) behelfsmäßige Vorrichtung; **im·prov·i·sa·tor** [ɪmˈprɒvɪzeɪtə] *s.* Improvi'sator *m*; **im·pro·vise** [ˈɪmprəvaɪz] *v/t. u. v/i. allg.* improvisieren: a) aus dem Stegreif *od.* unvorbereitet tun, b) rasch *od.* behelfsmäßig herstellen, aus dem Boden stampfen; **im·pro·vised** [ˈɪmprəvaɪzd] *adj.* improvisiert: a) unvorbereitet, Stegreif…, b) behelfsmäßig; **im·pro·vis·er** [ˈɪmprəvaɪzə] *s.* Improvi'sator *m*.
im·pru·dence [ɪmˈpruːdəns] *s.* Unklugheit *f*, Unvorsichtigkeit *f*; **im'pru·dent** [-nt] *adj.* □ unklug.
im·pu·dence [ˈɪmpjʊdəns] *s.* Unverschämtheit *f*, Frechheit *f*; **'im·pu·dent** [-nt] *adj.* □ unverschämt.
im·pugn [ɪmˈpjuːn] *v/t.* bestreiten, anfechten, angreifen; **im'pugn·a·ble** [-nəbl] *adj.* bestreit-, anfechtbar; **im'pugn·ment** [-mənt] *s.* Anfechtung *f*, Einwand *m*.
im·pulse [ˈɪmpʌls] *s.* **1.** Antrieb *m*, Stoß *m*, Triebkraft *f*; **2.** *fig.* Im'puls *m*: a) Anstoß *m*, Anreiz *m*, b) Anregung *f*, c) plötzliche Regung *od.* Eingebung: ***act on ~*** spontan *od.* impulsiv handeln; ***on the ~ of the moment*** e-r plötzlichen Regung folgend; ~ ***buying*** ✝ Impulskauf *m*; ~ ***goods*** ✝ Waren, die impulsiv gekauft werden; **3.** ⩓, ⚗, ϟ, *phys.* Im'puls *m*: ~ ***relais*** ϟ Stromstoßrelais *n*.
im·pul·sion [ɪmˈpʌlʃn] *s.* **1.** Stoß *m*, Antrieb *m*; Triebkraft *f*; **2.** *fig.* Im'puls *m*, Antrieb *m*; **im'pul·sive** [-sɪv] *adj.* □ **1.** (an)treibend, Trieb…; **2.** *fig.* impul'siv, leidenschaftlich; **im'pul·sive·ness** [-sɪvnɪs] *s.* impul'sive Art, Leidenschaftlichkeit *f*.
im·pu·ni·ty [ɪmˈpjuːnətɪ] *s.* Straflosigkeit *f*: ***with ~*** straflos, ungestraft.
im·pure [ɪmˈpjʊə] *adj.* □ **1.** unrein: a) schmutzig, unsauber, b) verfälscht, mit Beimischungen, c) *fig.* gemischt, nicht einheitlich (*Stil*), d) *fig.* fehlerhaft; **2.** *fig.* unrein (*a. eccl.*), schmutzig, unanständig; **im·pu·ri·ty** [ɪmˈpjʊərətɪ] *s.* **1.** Unreinheit *f*, Unsauberkeit *f*; **2.** Unanständigkeit *f*; **3.** ⚙ Verunreinigung *f*, Schmutz(teilchen *n*) *m*, Fremdkörper *m*.
im·put·a·ble [ɪmˈpjuːtəbl] *adj.* zuzuschreiben(d), beizumessen(d) (***to*** *dat.*); **im·pu·ta·tion** [ˌɪmpjuːˈteɪʃn] *s.* **1.** Zuschreibung *f*, Unter'stellung *f*; **2.** Beschuldigung *f*, Bezichtigung *f*; **3.** Makel *m*, (Schand)Fleck *m*; **im'put·a·tive** [-ətɪv] *adj.* □ **1.** zuschreibend; **2.** beschuldigend; **3.** unter'stellt; **im·pute** [ɪmˈpjuːt] *v/t.* (***to***) zuschreiben, zur Last legen, anlasten (*dat.*).
in [ɪn] **I** *prp.* **1.** *räumlich*: a) *auf die Frage wo?* in (*dat.*), an (*dat.*), auf (*dat.*): ~ ***London*** in London; ~ ***here*** hier drin (-nen); ~ ***the*** (*od.* ***one's***) ***head*** im Kopf; ~ ***the dark*** im Dunkeln; ~ ***the sky*** am Himmel; ~ ***the street*** auf der Straße; ~ ***the country*** (***field***) auf dem Land (Feld), b) *auf die Frage wohin?* in (*acc.*): ***put it ~ your pocket!*** steck(e) es in deine Tasche!; **2.** *zeitlich*: in (*dat.*), an (*dat.*), unter (*dat.*), bei, während, zu: ~ ***May*** im Mai; ~ ***the evening*** am Abend; ~ ***the beginning*** am *od.* im Anfang; ~ ***a week('s time)*** in *od.* binnen einer Woche; ~ ***1960*** (im Jahre) 1960; ~ ***his sleep*** während er schlief, im Schlaf; ~ ***life*** zu Lebzeiten; ***not ~ years*** seit Jahren nicht (mehr); ~ ***between meals*** zwischen den Mahlzeiten; **3.** *Zustand, Beschaffenheit, Art u. Weise*: in (*dat.*), auf (*acc.*), mit: ~ ***a rage*** in Wut; ~ ***trouble*** in Not; ~ ***tears*** in Tränen (aufgelöst), unter Tränen; ~ ***good health*** bei guter Gesundheit; ~ (***the***) ***rain*** im *od.* bei Regen; ~ ***German*** auf deutsch; ~ ***a loud voice*** mit lauter Stimme; ~ ***order*** der Reihe nach; ~ ***a whisper*** flüsternd; ~ ***a word*** mit 'einem Wort; ~ ***this way*** in dieser *od.* auf diese Weise; **4.** *im Besitz, in der Macht*: in (*dat.*), bei, an (*dat.*): ***it is not ~ him*** es liegt ihm nicht; ***he has*** (***not***) ***got it ~ him*** er hat (nicht) das Zeug dazu; **5.** *Zahl, Maß*: in (*dat.*), aus, von, zu: ~ ***twos*** zu zweien; ~ ***dozens*** zu Dutzenden, dutzendweise; ***one ~ ten*** eine(r) *od.* ein(e)s von *od.* unter zehn, jede(r) *od.* jedes zehnte; **6.** *Beteiligung*: in (*dat.*), an (*dat.*), bei: ~ ***the army*** beim Militär; ~ ***society*** in der Gesellschaft; ***shares ~ a company*** Aktien e-r Gesellschaft; ~ ***the university*** an der Universität; ***be ~ it*** beteiligt sein; ***he isn't ~ it*** er gehört nicht dazu; ***there is something*** (***nothing***) ~ ***it*** a) es ist et. (nichts) d(a)ran, b) es lohnt sich (nicht); ***he is ~ there too*** er ist auch mit dabei, er ‚mischt auch mit'; **7.** *Richtung*: in (*acc.*), auf (*acc.*): ***trust ~ s.o.*** auf j-n vertrauen; **8.** *Zweck*: in (*dat.*), zu, als: ~ ***my defence*** zu m-r Verteidigung; ~ ***reply to*** in Beantwortung (*gen.*), als Antwort auf (*acc.*); **9.** *Grund*: in (*dat.*), aus, wegen, zu: ~ ***despair*** in *od.* aus Verzweiflung; ~ ***his hono(u)r*** ihm zu Ehren; **10.** *Tätigkeit*: in (*dat.*), bei, auf (*dat.*): ~ ***reading*** beim Lesen; ~ ***saying this*** indem ich dies sage; ~ ***search of*** auf der Suche nach; **11.** *Material, Kleidung*: in (*dat.*), mit, aus, durch: ~ ***bronze*** aus Bronze; ***written ~ pencil*** mit Bleistift geschrieben; **12.** *Hinsicht, Beziehung*: in (*dat.*), an (*dat.*), in bezug auf (*acc.*): ~ ***size*** an Größe; ***a foot ~ length*** einen Fuß lang; ~ ***that*** weil, insofern als; **13.** *Bücher etc.*: in (*dat.*), bei: ~ ***Shakespeare*** bei Shakespeare; **14.** nach, gemäß: ~ ***my opinion*** m-r Meinung nach; **II** *adv.* **15.** innen, drinnen: ~ ***among*** mitten unter; ~ ***between*** dazwischen, zwischendurch; ***be ~ for s.th.*** et. zu erwarten *od.* gewärtigen haben; ***he is ~ for a shock*** er wird nicht schlecht erschrecken; ***I am ~ for an examination*** mir steht e-e Prüfung bevor; ***now you're ~ for it*** jetzt bist du ‚dran', jetzt kannst du dich auf et. gefaßt machen; ***have it ~ for s.o.*** es auf j-n abgesehen haben, j-n auf dem ‚Kieker' haben; ***be well ~ with s.o.*** mit j-m gut stehen; ***breed ~ and ~*** Inzucht treiben; ***~-and-~ breeding*** Inzucht *f*; ~ ***and out*** a) bald drinnen, bald draußen, b) hin u. her; **16.** hin'ein, her'ein, nach innen: ***walk ~*** hineingehen; ***come ~!*** herein!; ***the way ~*** der Eingang; ~ ***with you!*** hinein mir dir!; **17.** da'zu, als Zugabe: ***throw ~*** zusätzlich geben; **III** *adj.* **18.** zu Hause; im Zimmer: ***Mr. B. is not ~*** Herr B. ist nicht zu Hause; **19.** da, angekommen: ***the post is ~***; ***the harvest is ~*** die Ernte ist eingebracht; **20.** a) drin, b) F ‚in', in Mode, c) *sport* am Spiel, ‚dran', d) *pol.* an der Macht, im Amt, am Ruder: ~ ***party*** *pol.* Regierungspartei *f*; ***an ~ restaurant*** ein Restaurant, das gerade ‚in' ist; ***the ~ thing***

is to wear a wig es ist ,in' *od.* gerade Mode, e-e Perücke zu tragen; **~ *side*** *Kricket*: Schlägerpartei *f*; ***be ~ on it*** F eingeweiht sein; **IV** *s.* **21.** *pl.* Re'gierungspar,tei *f*; **22. *know the ~s and outs of s.th.*** genau Bescheid wissen bei e-r Sache.

in-¹ [ɪn] *in Zssgn* in…, innen, hinein…, Hin…, ein…

in-² [ɪn] *in Zssgn* un…, Un…, nicht.

in·a·bil·i·ty [ɪnəˈbɪlətɪ] *s.* Unfähigkeit *f*: **~ *to pay*** † Zahlungsunfähigkeit, Insolvenz *f*.

in·ac·ces·si·bil·i·ty [ˈɪnækˌsesəˈbɪlətɪ] *s.* Unzugänglichkeit *f etc.*; **in·ac·ces·si·ble** [ˌɪnækˈsesəbl] *adj.* □ unzugänglich: a) unerreichbar, b) un'nahbar (***to*** für *od. dat.*) (*Person*).

in·ac·cu·ra·cy [ɪnˈækjʊrəsɪ] *s.* **1.** Ungenauigkeit *f*; **2.** Fehler *m*, Irrtum *m*; **in'ac·cu·rate** [-rət] *adj.* □ **1.** ungenau; **2.** irrig, falsch.

in·ac·tion [ɪnˈækʃn] *s.* **1.** Untätigkeit *f*, Passivi'tät *f*; **2.** Trägheit *f*; **3.** Ruhe *f*; **in'ac·tive** [-ktɪv] *adj.* □ **1.** untätig; **2.** träge (*a. phys.*), müßig; **3.** † flau, lustlos: **~ *market*; ~ *account*** umsatzloses Konto; **~ *capital*** brachliegendes Kapital; **4.** ⚗ unwirksam, neu'tral; **5.** ⚔ nicht ak'tiv, außer Dienst; **in·ac·tiv·i·ty** [ˌɪnækˈtɪvətɪ] *s.* **1.** Untätigkeit *f*; **2.** Trägheit *f* (*a. phys.*); **3.** † Unbelebtheit *f*, Lustlosigkeit *f*; **4.** ⚗ Unwirksamkeit *f*.

in·a·dapt·a·bil·i·ty [ˈɪnəˌdæptəˈbɪlətɪ] *s.* **1.** Mangel *m* an Anpassungsfähigkeit; **2.** Unanwendbarkeit *f* (***to*** auf *acc.*, für); **in·a·dapt·a·ble** [ˌɪnəˈdæptəbl] *adj.* **1.** nicht anpassungsfähig; **2.** (***to***) unanwendbar (auf *acc.*), untauglich (für).

in·ad·e·qua·cy [ɪnˈædɪkwəsɪ] *s.* Unzulänglichkeit *f etc.*; **in'ad·e·quate** [-kwət] *adj.* □ unzulänglich, mangelhaft; unangemessen.

in·ad·mis·si·bil·i·ty [ˈɪnədˌmɪsəˈbɪlətɪ] *s.* Unzulässigkeit *f*; **in·ad·mis·si·ble** [ˌɪnədˈmɪsəbl] *adj.* □ unzulässig, nicht statthaft.

in·ad·vert·ence [ˌɪnədˈvɜːtəns], **ˌin·adˈvert·en·cy** [-sɪ] *s.* **1.** Unachtsamkeit *f*; **2.** Unabsichtlichkeit *f*; Versehen *n*; **ˌin·ad'vert·ent** [-nt] *adj.* □ **1.** unachtsam; nachlässig; **2.** unabsichtlich, versehentlich.

in·ad·vis·a·bil·i·ty [ˈɪnədˌvaɪzəˈbɪlətɪ] *s.* Unratsamkeit *f*; **in·ad·vis·a·ble** [ˌɪnədˈvaɪzəbl] *adj.* nicht ratsam.

in·al·ien·a·ble [ɪnˈeɪljənəbl] *adj.* □ unveräußerlich: **~ *rights***.

in·al·ter·a·ble [ɪnˈɔːltərəbl] *adj.* □ unveränderlich, unabänderlich.

in·am·o·ra·ta [ɪnˌæməˈrɑːtə] *s.* Geliebte *f*; **inˌam·o'ra·to** [-təʊ] *pl.* **-tos** *s.* Geliebte(r) *m*.

ˌin|-and-ˈin → ***in*** 15; **ˌ~-and-ˈout** *adj.* wechselhaft, schwankend.

in·ane [ɪˈneɪn] *adj.* □ hohl, geistlos, albern.

in·an·i·mate [ɪnˈænɪmət] *adj.* □ **1.** leblos, unbelebt; **2.** unbeseelt; **3.** *fig.* langweilig, fad(e); **4.** † flau, matt; **in·an·i·ma·tion** [ɪnˌænɪˈmeɪʃn] *s.* Leblosigkeit *f*, Unbelebtheit *f*.

in·a·ni·tion [ˌɪnəˈnɪʃn] *s.* **1.** ⚕ Entkräftung *f*; **2.** (mo'ralische) Schwäche, Leere *f*.

in·an·i·ty [ɪˈnænətɪ] *s.* Geistlosigkeit *f*, Albernheit *f*: a) geistige Leere, Hohl-, Seichtheit *f*, b) dumme Bemerkung, *pl.* dummes Geschwätz.

in·ap·pli·ca·bil·i·ty [ˈɪnˌæplɪkəˈbɪlətɪ] *s.* Unanwendbarkeit *f*; **in·ap·pli·ca·ble** [ɪnˈæplɪkəbl] *adj.* □ (***to***) unanwendbar, nicht anwendbar *od.* zutreffend (auf *acc.*); ungeeignet (für).

in·ap·po·site [ɪnˈæpəzɪt] *adj.* □ unangebracht, unpassend.

in·ap·pre·ci·a·ble [ˌɪnəˈpriːʃəbl] *adj.* □ unmerklich, unbedeutend.

in·ap·pro·pri·ate [ˌɪnəˈprəʊprɪət] *adj.* □ **1.** unpassend: a) ungeeignet (***to, for*** für), b) unangebracht, ungehörig; **2.** unangemessen (***to*** *dat.*); **ˌin·ap'pro·pri·ate·ness** [-nɪs] *s.* **1.** Ungeeignetheit *f*; **2.** Ungehörigkeit *f*; **3.** Unangemessenheit *f*.

in·apt [ɪnˈæpt] *adj.* □ **1.** unpassend, ungeeignet; **2.** ungeschickt, untauglich; **3.** unfähig; **in'apt·i·tude** [-tɪtjuːd], **in'apt·ness** [-nɪs] *s.* **1.** Ungeeignetheit *f*; **2.** Ungeschicklichkeit *f*, Untauglichkeit *f*; **3.** Unfähigkeit *f*.

in·ar·tic·u·late [ˌɪnɑːˈtɪkjʊlət] *adj.* □ **1.** unartikuliert, undeutlich, unklar, schwer zu verstehen(d), unverständlich; **2.** undeutlich sprechend; **3.** unfähig, sich (deutlich) auszudrücken, wenig wortgewandt: ***he is ~*** a) er kann sich nicht ausdrücken, b) er ,kriegt den Mund nicht auf'; **~ *with rage*** sprachlos vor Wut; **4.** *zo.* ungegliedert.

in·ar·tis·tic [ˌɪnɑːˈtɪstɪk] *adj.* (□ **~*ally***) unkünstlerisch.

in·as·much [ˌɪnəzˈmʌtʃ] *cj.*: **~ *as*** **1.** da (ja), weil; **2.** *obs.* in'sofern als.

in·at·ten·tion [ˌɪnəˈtenʃn] *s.* **1.** Unaufmerksamkeit *f*, Unachtsamkeit *f* (***to*** gegenüber); **2.** Gleichgültigkeit *f* (***to*** gegen); **ˌin·at'ten·tive** [-ntɪv] *adj.* □ **1.** unaufmerksam (***to*** gegenüber); **2.** gleichgültig (***to*** gegen), nachlässig.

in·au·di·bil·i·ty [ɪnˌɔːdəˈbɪlətɪ] *s.* Unhörbarkeit *f*; **in·au·di·ble** [ɪnˈɔːdəbl] *adj.* □ unhörbar.

in·au·gu·ral [ɪˈnɔːgjʊrəl] **I** *adj.* Einführungs…, Einweihungs…, Antritts…, Eröffnungs…: **~ *speech*** → **II** *s.* Eröffnungs- *od.* Antrittsrede *f*; **in·au·gu·rate** [ɪˈnɔːgjʊreɪt] *v/t.* **1.** (feierlich) einführen *od.* einsetzen; **2.** einweihen, eröffnen; **3.** beginnen, einleiten: **~ *a new era***; **in·au·gu·ra·tion** [ɪˌnɔːgjʊˈreɪʃn] *s.* **1.** (feierliche) Amtseinsetzung, -einführung *f*: **♀ *Day*** *Am.* Tag *m* des Amtsantritts des Präsidenten; **2.** Einweihung *f*, Eröffnung *f*; **3.** Beginn *m*.

in·aus·pi·cious [ˌɪnɔːˈspɪʃəs] *adj.* □ **1.** ungünstig, unheilvoll, -drohend; **2.** unglücklich; **ˌin·aus'pi·cious·ness** [-nɪs] *s.* üble Vorbedeutung, Ungünstigkeit *f*.

ˌin·be'tween I *s.* **1.** Mittel-, Zwischending; **2.** a) Mittelsmann *m*, b) † Zwischenhändler *m*; **II** *adj.* **3.** Zwischen…

in·board [ˈɪnbɔːd] ⚓ **I** *adj.* Innenbord…: **~ *engine*** → III; **II** *adv.* (b)innenbords; **III** *s.* Innenbordmotor *m*.

in·born [ˌɪnˈbɔːn] *adj.* angeboren.

in·bred [ˌɪnˈbred] *adj.* **1.** angeboren, ererbt; **2.** durch Inzucht erzeugt, Inzucht…

in·breed [ˌɪnˈbriːd] *v/t.* [*irr.* → ***breed***] durch Inzucht züchten; **ˌin'breed·ing** [-dɪŋ] *s.* Inzucht *f*.

in·cal·cu·la·bil·i·ty [ɪnˌkælkjʊləˈbɪlətɪ] *s.* Unberechenbarkeit *f*; **in·cal·cu·la·ble** [ɪnˈkælkjʊləbl] *adj.* □ **1.** unberechenbar (*a. fig. Person etc.*); **2.** unermeßlich.

in·can·des·cence [ˌɪnkænˈdesns] *s.* **1.** Weißglühen *n*, -glut *f*; **2.** Erglühen *n* (*a. fig.*); **ˌin·can'des·cent** [-nt] *adj.* **1.** weißglühend; **2.** ⚙ Glüh…: **~ *bulb*** ϟ Glühbirne *f*; **~ *burner*** *phys.* Glühlichtbrenner *m*; **~ *filament*** ϟ Glühfaden *m*; **~ *lamp*** ϟ Glühlampe *f*; **~ *light*** *phys.* Glühlicht *n*; **3.** *fig.* leuchtend, strahlend.

in·can·ta·tion [ˌɪnkænˈteɪʃn] *s.* **1.** Beschwörung *f*; **2.** Zauber(spruch) *m*, Zauberformel *f*.

in·ca·pa·bil·i·ty [ɪnˌkeɪpəˈbɪlətɪ] *s.* Unfähigkeit *f*, Unvermögen *n*; **in·ca·pa·ble** [ɪnˈkeɪpəbl] *adj.* □ **1.** unfähig: a) untüchtig, b) unbegabt; **2.** nicht fähig (***of*** *gen.*, ***of doing*** zu tun), nicht im'stande (***of doing*** zu tun): **~ *of a crime*** e-s Verbrechens nicht fähig; **~ *of working*** arbeitsunfähig; **3.** (*physisch*) hilflos: ***drunk and ~*** volltrunken; **4.** ungeeignet (***of*** für): **~ *of improvement*** nicht verbesserungsfähig; **~ *of solution*** unlösbar.

in·ca·pac·i·tate [ˌɪnkəˈpæsɪteɪt] *v/t.* **1.** unfähig *od.* untauglich machen (***for s.th.*** für et., ***from doing*** zu tun); *Gegner* außer Gefecht setzen; hindern (***from doing*** an *dat.*, zu tun); **2.** ⚖ für (geschäfts)unfähig erklären; **ˌin·ca'pac·i·tat·ed** [-tɪd] *adj.* **1.** erwerbs-, arbeitsunfähig; **2.** (körperlich *od.* geistig) behindert; **3.** (***legally***) **~** ⚖ geschäftsunfähig; **ˌin·ca'pac·i·ty** [-tɪ] *s.* **1.** Unfähigkeit *f*, Untauglichkeit *f* (***for*** für, zu; ***for doing*** zu tun): **~ (*for work*)** Arbeits-, Erwerbs-, Berufsunfähigkeit; **2.** *a.* ***legal ~*** ⚖ Geschäftsunfähigkeit *f*: **~ *to sue*** *Am.* mangelnde Prozeßfähigkeit.

in·cap·su·late [ɪnˈkæpsjʊleɪt] → ***encapsulate***.

in·car·cer·ate [ɪnˈkɑːsəreɪt] *v/t.* **1.** einkerkern, einsperren (*a. fig.*); **2.** ⚕ *Bruch* einklemmen; **in·car·cer·a·tion** [ɪnˌkɑːsəˈreɪʃn] *s.* **1.** Einkerkerung *f*, Einsperrung *f* (*a. fig.*); **2.** ⚕ Einklemmung *f*.

in·car·nate I *v/t.* [ˈɪnkɑːneɪt] **1.** verkörpern; **2.** feste Form *od.* Gestalt geben (*dat.*); **II** *adj.* [ɪnˈkɑːneɪt] **3.** *eccl.* fleischgeworden, in Menschengestalt; **4.** *fig.* leib'haftig: ***a devil ~*** ein Teufel in Menschengestalt; ***innocence ~*** die personifizierte Unschuld, die Unschuld in Person; **in·car·na·tion** [ˌɪnkɑːˈneɪʃn] *s.* Inkarnati'on *f*: a) ♀ *eccl.* Menschwerdung *f*, b) Inbegriff *m*, Verkörperung *f*.

in·case → ***encase***.

in·cau·tious [ɪnˈkɔːʃəs] *adj.* □ unvorsichtig, unbedacht.

in·cen·di·a·rism [ɪnˈsendjərɪzəm] *s.* **1.** Brandstiftung *f*; **2.** *fig.* Aufwiegelung *f*, Aufhetzung *f*; **in·cen·di·ar·y** [ɪnˈsendjərɪ] **I** *adj.* **1.** Feuer…, Brand…: **~ *bomb*** → 5 a; **~ *bullet*** → 5 b; **2.** ⚖ Brandstiftungs…: **~ *action*** Brandstiftung *f*; **3.** *fig.* aufwiegelnd, -hetzend: **~ *speech*** Hetzrede *f*; **II** *s.* **4.** Brandstifter(in); **5.** ⚔ a) Brandbombe *f*, b) Brandgeschoß *n*; **6.** *fig.* Unruhestifter *m*, Hetzer *m*.

in·cense[1] [ɪn'sens] *v/t.* erzürnen: **~d** zornig, aufgebracht.

in·cense[2] ['ɪnsens] **I** *s.* **1.** Weihrauch *m*: **~-burner** *eccl.* Räucherfaß *n*, -vase *f*; **2.** Duft *m*; **3.** *fig.* ‚Weihrauch' *m*, Lobhude'lei *f*; **II** *v/t.* **4.** (mit Weihrauch) beräuchern; **5.** durch'duften; **6.** *fig. j-n* beweihräuchern.

in·cen·so·ry ['ɪnsensərɪ] *s. eccl.* Weihrauchfaß *n.*

in·cen·tive [ɪn'sentɪv] **I** *adj.* anspornend, antreibend, anreizend: **~ bonus** (**pay**) † Leistungsprämie *f* (-lohn *m*); **II** *s.* Ansporn *m*, († Leistungs)Anreiz *m*: **buying ~** Kaufanreiz.

in·cep·tion [ɪn'sepʃn] *s.* Beginn *m*, Anfang *m*; **in'cep·tive** [-ptɪv] *adj.* beginnend, anfangend, anfänglich, Anfangs…: **~ verb** *ling.* inchoatives Verb.

in·cer·ti·tude [ɪn'sɜːtɪtjuːd] *s.* Ungewißheit *f*, Unsicherheit *f.*

in·ces·sant [ɪn'sesnt] *adj.* □ unaufhörlich, unablässig, ständig.

in·cest ['ɪnsest] *s.* Blutschande *f*, In'zest *m*; **in·ces·tu·ous** [ɪn'sestjʊəs] *adj.* □ blutschänderisch, inzestu'ös.

inch [ɪntʃ] **I** *s.* Zoll *m* (= *2,54 cm*), *fig. a.* Zenti'meter *m od.* Milli'meter *m*: **every ~ a soldier** jeder Zoll ein Soldat; **~ by ~, by ~es** Zentimeter um Zentimeter, zentimeterweise, langsam; **not to yield an ~** nicht einen Zoll weichen *od.* nachgeben; **he came within an ~ of winning** er hätte um ein Haar gewonnen; **I came within an ~ of being killed** ich wurde um ein Haar getötet, ich bin dem Tod um Haaresbreite entgangen; **thrashed within an ~ of his life** fast zu Tode geprügelt; **give him an ~ and he'll take a yard** (*od.* **ell**) gibt man ihm den kleinen Finger, so nimmt er die ganze Hand; **II** *adj.* …zöllig: **a two-~ rope**; **III** *v/t.* langsam *od.* zenti'meterweise schieben *od.* manövrieren; **IV** *v/i.* sich ganz langsam *od.* zentimeterweise (vorwärts- *etc.*)schieben; **inched** [ɪntʃt] *adj. in Zssgn* …zöllig.

in·cho·ate ['ɪnkəʊeɪt] *adj.* **1.** angefangen, anfangend, Anfangs…; **2.** 'unvoll‚ständig, rudimen'tär; **'in·cho·a·tive** [-tɪv] **I** *adj.* **1.** → **inchoate** 1; **2.** *ling.* inchoa'tiv; **II** *s.* **3.** *ling.* inchoa'tives Verb.

in·ci·dence ['ɪnsɪdəns] *s.* **1.** Ein-, Auftreten *n*, Vorkommen *n*; **2.** Häufigkeit *f*, Verbreitung *f*: **~ of divorces** Scheidungsquote *f*, -rate *f*; **3.** a) Auftreffen *n* (**upon** auf *acc.*) (*a. phys.*), b) *phys.* Einfall(en *n*) *m* (*von Strahlen*); → **angle**[1] 1; **4.** † Anfall *m* (*e-r Steuer*): **~ of taxation** Verteilung *f* der Steuerlast, Steuerbelastung *f*; **'in·ci·dent** [-nt] **I** *adj.* **1.** (**to**) a) vorkommend (bei *od.* in *dat.*), b) → **incidental** 4; **2.** *bsd. phys.* ein-, auffallend, auftreffend (*Strahlen etc.*); **II** *s.* **3.** Vorfall *m*, Ereignis *n*, Vorkommnis *n*, *a. pol.* Zwischenfall *m*: **full of ~** ereignisreich; **4.** 'Neben‚umstand *m*, -sache *f*; **5.** Epi'sode *f*, Zwischenhandlung *f* (*im Drama etc.*); **6.** ⚖ a) (Neben)Folge *f* (**of** aus), b) 'Nebensache *f*, -‚umstand *m.*

in·ci·den·tal [‚ɪnsɪ'dentl] **I** *adj.* □ **1.** beiläufig, nebensächlich, Neben…: **~ earnings** Nebenverdienst *m*; **~ expenses** → 7; **~ music** Begleit-, Bühnen-, Filmmusik *f*, musikalischer Hintergrund; **2.** gelegentlich; **3.** zufällig; **4.** (**to**) gehörig (zu), verbunden *od.* zs.-hängend (mit): **be ~ to** gehören zu, verbunden sein mit; **the expenses ~ thereto** die dabei entstehenden *od.* damit verbundenen Unkosten; **5.** folgend (**upon** auf *acc.*), nachher auftretend: **~ images** *psych.* Nachbilder; **II** *s.* **6.** 'Neben‚umstand *m*, -sächlichkeit *f*; **7.** *pl.* † Nebenausgaben *pl.*, -spesen *pl.*; ‚**in·ci'den·tal·ly** [-tlɪ] *adv.* **1.** beiläufig, neben'bei; **2.** zufällig; **3.** gelegentlich; **4.** neben'bei bemerkt, übrigens.

in·cin·er·ate [ɪn'sɪnəreɪt] *v/t.* verbrennen, *bsd. Leiche* einäschern; **in·cin·er·a·tion** [ɪn‚sɪnə'reɪʃn] *s.* Verbrennung *f*, Einäscherung *f*; **in'cin·er·a·tor** [-tə] *s.* Verbrennungsofen *m*, -anlage *f.*

in·cip·i·ence [ɪn'sɪpɪəns], **in'cip·i·en·cy** [-sɪ] *s.* Anfang *m*; Anfangsstadium *n*; **in'cip·i·ent** [-nt] *adj.* □ beginnend, einleitend, Anfangs…; **in'cip·i·ent·ly** [-ntlɪ] *adv.* anfänglich, anfangs.

in·cise [ɪn'saɪz] *v/t.* **1.** einschneiden in (*acc.*), aufschneiden (*a.* ⚕): **~d wound** Schnittwunde *f*; **2.** einritzen, -schnitzen, -kerben, -gravieren; **in·ci·sion** [ɪn'sɪʒn] *s.* (Ein)Schnitt *m* (*a.* ⚕), Kerbe *f*; **in'ci·sive** [-aɪsɪv] *adj.* □ *fig.* **1.** scharf: a) 'durchdringend: **~ intellect**, b) beißend: **~ irony**, c) prä'gnant: **~ style**; **2.** *anat.* Schneide(zahn)…; **in'ci·sive·ness** [-aɪsɪvnɪs] *s. fig.* Schärfe *f*, Prä'gnanz *f*; **in'ci·sor** [-zə] *s. anat.* Schneidezahn *m.*

in·ci·ta·tion [‚ɪnsaɪ'teɪʃn] *s.* **1.** Anregung *f*, Ansporn *m*, Antrieb *m*; **2.** → **incitement** 2; **in·cite** [ɪn'saɪt] *v/t.* **1.** anregen (*a.* ⚕), anspornen, anstacheln; **2.** aufhetzen, -wiegeln, ⚖ *a.* anstiften (**to** zu); **in·cite·ment** [ɪn'saɪtmənt] *s.* **1.** → **incitation** 1; **2.** Aufhetzung *f*, -wiegelung *f*, ⚖ *a.* Anstiftung *f* (**to commit a crime** zu e-m Verbrechen).

in·ci·vil·i·ty [‚ɪnsɪ'vɪlətɪ] *s.* Unhöflichkeit *f*, Grobheit *f.*

in·ci·vism ['ɪnsɪvɪzəm] *s.* Mangel *m* an staatsbürgerlicher Gesinnung.

'in-‚clear·ing *s.* † *Brit.* Gesamtbetrag *m* der auf e-e Bank laufenden Schecks, Abrechnungsbetrag *m.*

in·clem·en·cy [ɪn'klemənsɪ] *s.* Rauheit *f*, Unfreundlichkeit *f*: **~ of the weather** *a.* Unbilden *pl.* der Witterung; **in'clement** [-nt] *adj.* □ **1.** rauh, unfreundlich, streng (*Klima etc.*); **2.** hart, grausam.

in·clin·a·ble [ɪn'klaɪnəbl] *adj.* **1.** (hin-) neigend, tendierend (**to** zu); **2.** ⚙ schrägstellbar.

in·cli·na·tion [‚ɪnklɪ'neɪʃn] *s.* **1.** *fig.* Neigung *f*, Vorliebe *f*, Hang *m* (**to**, **for** zu): **~ to buy** † Kauflust *f*; **~ to stoutness** Neigung *od.* Anlage *f* zur Korpulenz; **2.** *fig.* Zuneigung *f* (**for** zu); **3.** △, *phys.* a) Neigung *f*, Schrägstellung *f*, Senkung *f*, b) Abhang *m*, c) Neigungswinkel *m*, Gefälle *n*; **4.** *ast.*, *phys.* Inklinati'on *f*; **in·cline** [ɪn'klaɪn] **I** *v/i.* **1.** sich neigen (**to**, **towards** nach), (schräg) abfallen; **2.** sich neigen (*Tag*); **3.** *fig.* neigen (**to**, **toward** zu): **~ to an opinion**; **~ to do s.th.** dazu neigen, et. zu tun; **4.** Anlage haben, neigen (**to** zu): **~ to corpulence**; **~ to red** ins Rötliche spielen; **5.** *fig.* (**to**) sich hingezogen fühlen (zu), gewogen sein (*dat.*); **II** *v/t.* **6.** *Kopf etc.* neigen: **~ one's ear to s.o.** *fig.* j-m sein Ohr leihen; **7.** *fig. j-n* bewegen, (dazu) veranlassen (**to** zu; **to do** zu tun): **this ~s me to doubt** dies läßt mich zweifeln; **this ~s me to go** im Hinblick darauf möchte ich lieber gehen; **III** *s.* **8.** Neigung *f*, Schräge *f*, Abhang *m*, Gefälle *n*; **in·clined** [ɪn'klaɪnd] *adj.* **1.** geneigt, aufgelegt (**to** zu): **be ~** dazu neigen, (dazu) aufgelegt sein (**to do** zu tun); **2.** (dazu) neigend *od.* veranlagt (**to** zu); **3.** geneigt, gewogen, wohlgesinnt (**to** *dat.*); **4.** geneigt, schräg, schief, abschüssig: **~ plane** *phys.* schiefe Ebene; **in·cli·nom·e·ter** [‚ɪnklɪ'nɒmɪtə] *s.* **1.** Inklinati'onskompaß *m*, -nadel *f*; **2.** ✈ Neigungsmesser *m.*

in·close [ɪn'kləʊz] → **enclose.**

in·clude [ɪn'kluːd] *v/t.* **1.** (in sich *od.* mit) einschließen, um'fassen, enthalten, be-inhalten: **all ~d** alles inbegriffen *od.* inklusive; **tax ~d** einschließlich *od.* inklusive Steuer; **2.** einschließen, betreffen, gelten für: **that ~s you, too!**; **~ me out!** *humor.* ohne mich!, **3.** einbeziehen, -schließen (**in** in *acc.*), rechnen (**among** unter *acc.*, zu); **4.** aufnehmen (**in** in *e-e Gruppe*, *Liste etc.*), erfassen; **5.** *j-n* (*in s-m Testament*) bedenken; **in'cluding** [-dɪŋ] *prp.* einschließlich (*gen.*), *bsd.* † inklu'sive (*Verpackung etc.*), *Gebühren etc.* (mit) inbegriffen, mit: **not ~** ausschließlich (*gen.*), *bsd.* † exklusive; **up to and ~** bis einschließlich; **in'clu·sion** [-uːʒn] *s.* **1.** Einbeziehung *f*, Einschluß *m* (*a. biol.*, *min. etc.*) (**in** in *acc.*): **with the ~ of** → **including**; **2.** Aufnahme *f* (**in** in *acc.*); **in'clu·sive** [-uːsɪv] *adj.* □ **1.** einschließlich, inklu'sive (**of** *gen.*): **be ~ of** einschließen; (**to**) **Friday ~** (bis) einschließlich Freitag; **2.** alles einschließend *od.* enthaltend, † Inklusiv…, Pauschal…: **~ price.**

in·cog·ni·to [ɪn'kɒgnɪtəʊ] **I** *adv.* **1.** in'kognito, unter fremdem Namen: **travel ~**; **2.** ano'nym: **do good ~**; **II** *pl.* **-tos** *s.* **3.** In'kognito *n*; **4.** j-d, der in'kognito auftritt.

in·co·her·ence [‚ɪnkəʊ'hɪərəns] *s.* Zs.-hang(s)losigkeit *f*, Wirr-, Verwirrtheit *f*; ‚**in·co'her·ent** [-nt] *adj.* □ zs.-hanglos, wirr (*a. Person*).

in·com·bus·ti·ble [‚ɪnkəm'bʌstəbl] *adj.* □ unverbrennbar.

in·come ['ɪŋkʌm] *s.* † Einkommen *n*, Einkünfte *pl.* (**from** aus): **~ bond** Schuldverschreibung *f* mit gewinnabhängiger Verzinsung *f*; **~ bracket** *od.* **group** Einkommensstufe *f*; **~ return** *Am.* Rendite *f*; **~ statement** *Am.* Gewinn- u. Verlustrechnung *f*; **~ tax** Einkommensteuer *f*; **~ tax return** Einkommensteuererklärung *f*; **live within** (**beyond**) **one's ~** s-n Verhältnissen entsprechend (über s-e Verhältnisse) leben.

in·com·er ['ɪn‚kʌmə] *s.* **1.** (Neu)Ankömmling *m*; **2.** † (Rechts)Nachfolger(in).

in·com·ing ['ɪn‚kʌmɪŋ] **I** *adj.* **1.** her'einkommend: **the ~ tide** die Flut; **2.** ankommend (*Telefongespräch, Zug etc.*); **3.** nachfolgend, neu (*Regierung, Präsident, Mieter etc.*); **4.** † eingehend (*Post etc.*): **~ goods** *od.* **stocks** Wareneingang *m*, -eingänge *pl.*; **~ orders** Auftragseingang *m*; **II** *s.* **5.** Ankommen *n*,

Ankunft *f*; Eingang *m*; **6.** *pl.* ✝ Eingänge *pl.*, Einkünfte *pl.*

in·com·men·su·ra·ble [ˌɪnkəˈmenʃərəbl] **I** *adj.* □ **1.** Ꞩ a) inkommensuˈrabel, b) ˈirratioˌnal; **2.** nicht vergleichbar; **3.** völlig unverhältnismäßig, in keinem Verhältnis stehend (***with*** zu); **II** *s.* **4.** Ꞩ inkommensuˈrable Größe; **in·com·men·su·rate** [ˌɪnkəˈmenʃərət] *adj.* □ **1.** (***to***) unangemessen (*dat.*), unvereinbar (mit); **2.** → ***incommensurable*** I.

in·com·mode [ˌɪnkəˈməʊd] *v/t.* *j-m* lästig fallen, *j-n* belästigen, stören; ˌ**in·comˈmo·di·ous** [-djəs] *adj.* □ unbequem: a) lästig (***to*** *dat.* *od.* für), b) beengt.

in·com·mu·ni·ca·ble [ˌɪnkəˈmjuːnɪkəbl] *adj.* □ nicht mitteilbar, nicht auszudrücken(d); **in·com·mu·ni·ca·do** [ˌɪnkəmjuːnɪˈkɑːdəʊ] *adj.* vom Verkehr mit der Außenwelt abgeschnitten, ⚖ *a.* in Einzel- *od.* Isolierhaft; ˌ**in·comˈmu·ni·ca·tive** [-ətɪv] *adj.* □ nicht mitteilsam, zuˈrückhaltend, reserviert.

in·com·pa·ra·ble [ɪnˈkɒmpərəbl] *adj.* □ **1.** nicht zu vergleichen(d) (***with, to*** mit); **2.** unvergleichlich, einzigartig; **inˈcom·pa·ra·bly** [-blɪ] *adv.* unvergleichlich.

in·com·pat·i·bil·i·ty [ˈɪnkəmˌpætəˈbɪlətɪ] *s.* Unverträglichkeit *f* (*a.* ⚕): a) Unvereinbarkeit *f*, ˈWidersprüchlichkeit *f*, b) (*charakterliche*) Gegensätzlichkeit; **in·com·pat·i·ble** [ˌɪnkəmˈpætəbl] *adj.* □ **1.** unverˈeinbar, ˈwidersprüchlich, einˈander widerˈsprechend; **2.** unverträglich: a) nicht zs.-passend (*a. Personen*), b) ⚕ inkompaˈtibel (*Medikamente etc.*).

in·com·pe·tence [ɪnˈkɒmpɪtəns], **inˈcom·pe·ten·cy** [-sɪ] *s.* **1.** Unfähigkeit *f*, Untüchtigkeit *f*; **2.** *bsd.* ⚖ a) Unzuständigkeit *f*, b) Unbefugtheit *f*, c) Unzulässigkeit *f* (*e-r Aussage etc.*), d) *Am.* Unzurechnungsfähigkeit *f*; **3.** Unzulänglichkeit *f*; **inˈcom·pe·tent** [-nt] *adj.* □ **1.** unfähig, untauglich, ungeeignet; **2.** ⚖ a) unbefugt, b) unzuständig, ˈinkompeˌtent, c) *Am.* unzurechnungsfähig, geschäftsunfähig, d) unzulässig (*a. Beweis, Zeuge*); **3.** unzulänglich, mangelhaft.

in·com·plete [ˌɪnkəmˈpliːt] *adj.* □ **1.** ˈunvollˌständig, ˈunvollˌendet; **2.** ˈunvollˌkommen, lücken-, mangelhaft.

in·com·pre·hen·si·bil·i·ty [ɪnˌkɒmprɪhensəˈbɪlətɪ] *s.* Unbegreiflichkeit *f*; **in·com·pre·hen·si·ble** [ɪnˌkɒmprɪˈhensəbl] *adj.* □ unbegreiflich.

in·con·ceiv·a·ble [ˌɪnkənˈsiːvəbl] *adj.* □ **1.** unbegreiflich, unfaßbar; **2.** undenkbar, unvorstellbar.

in·con·clu·sive [ˌɪnkənˈkluːsɪv] *adj.* □ **1.** nicht überˈzeugend *od.* schlüssig, ohne Beweiskraft; **2.** ergebnislos; ˌ**in·conˈclu·sive·ness** [-nɪs] *s.* **1.** Mangel *m* an Beweiskraft; **2.** Ergebnislosigkeit *f*.

in·con·dite [ɪnˈkɒndaɪt] *adj.* schlecht gemacht, mangelhaft; roh, grob.

in·con·gru·i·ty [ˌɪnkɒŋˈgruːətɪ] *s.* **1.** Nichtüberˈeinstimmung *f*: a) ˈMißverhältnis *n*, b) Unverˈeinbarkeit *f*; **2.** ˈWidersinnigkeit *f*; **3.** Unangemessenheit *f*; **4.** Ꞩ ˈInkongruˌenz *f*; **in·con·gru·ous** [ɪnˈkɒŋgrʊəs] *adj.* □ **1.** nicht zueinˈander passend, nicht überˈeinstimmend, unverˈeinbar (***to, with*** mit); **2.** ˈwidersinnig, ungereimt; **3.** unangemessen, ungehörig; **4.** Ꞩ ˈinkongruˌent, nicht deckungsgleich.

in·con·se·quence [ɪnˈkɒnsɪkwəns] *s.* **1.** ˈInkonseˌquenz *f*, Unlogik *f*, Folgewidrigkeit *f*; **2.** Belanglosigkeit *f*; **inˈcon·se·quent** [-nt] *adj.* □ **1.** ˈinkonseˌquent, folgewidrig, unlogisch; **2.** nicht zur Sache gehörig, ˈirreleˌvant; **3.** belanglos, unwichtig; **in·con·se·quen·tial** [ˌɪnkɒnsɪˈkwenʃl] → ***inconsequent***.

in·con·sid·er·a·ble [ˌɪnkənˈsɪdərəbl] *adj.* □ unbedeutend, unerheblich, belanglos, gering(fügig).

in·con·sid·er·ate [ˌɪnkənˈsɪdərət] *adj.* □ **1.** rücksichtslos, taktlos (***towards*** gegen); **2.** ˈunüberˌlegt; ˌ**in·conˈsid·er·ate·ness** [-nɪs] *s.* **1.** Rücksichtslosigkeit *f*; **2.** Unbesonnenheit *f*.

in·con·sist·en·cy [ˌɪnkənˈsɪstənsɪ] *s.* **1.** (innerer) ˈWiderspruch, Unverˈeinbarkeit *f*; **2.** ˈInkonseˌquenz *f*, Folgewidrigkeit *f*; **3.** Unbeständigkeit *f*, Wankelmut *m*; ˌ**in·conˈsist·ent** [-nt] *adj.* □ **1.** unverˈeinbar, (einˈander) widerˈsprechend, gegensätzlich; **2.** ˈinkonseˌquent, folgewidrig, ungereimt; **3.** unbeständig, *Person: a.* ˈinkonseˌquent.

in·con·sol·a·ble [ˌɪnkənˈsəʊləbl] *adj.* □ untröstlich.

in·con·spic·u·ous [ˌɪnkənˈspɪkjʊəs] *adj.* □ unauffällig: ***make o.s.*** ~ sich möglichst unauffällig verhalten.

in·con·stan·cy [ɪnˈkɒnstənsɪ] *s.* **1.** Unbeständigkeit *f*, Veränderlichkeit *f*; **2.** Wankelmut *m*, Treulosigkeit *f*; **3.** Ungleichförmigkeit *f*; **inˈcon·stant** [-nt] *adj.* □ **1.** unbeständig, unstet; **2.** wankelmütig; **3.** ungleichförmig.

in·con·test·a·ble [ˌɪnkənˈtestəbl] *adj.* □ **1.** unbestreitbar, unanfechtbar; **2.** ˈunumˌstößlich, ˈunwiderˌleglich.

in·con·ti·nence [ɪnˈkɒntɪnəns] *s.* **1.** (*bsd.* sexuˈelle) Unmäßigkeit, Zügellosigkeit *f*, Unkeuschheit *f*; **2.** Nichtˈhaltenkönnen *n*, ⚕ *a.* ˈInkontiˌnenz *f*: ~ ***of speech*** Geschwätzigkeit *f*; ~ ***of urine*** ⚕ Harnfluß *m*; **inˈcon·ti·nent** [-nt] *adj.* □ **1.** ausschweifend, zügellos, unkeusch; **2.** unaufˈhörlich; **3.** nicht imˈstande *et.* zuˈrückzuhalten *od.* bei sich zu behalten (*a.* ⚕).

in·con·tro·vert·i·ble [ˌɪnkɒntrəˈvɜːtəbl] *adj.* □ unbestreitbar, unstrittig, unbestritten.

in·con·ven·ience [ˌɪnkənˈviːnjəns] **I** *s.* Unbequemlichkeit *f*, Lästigkeit *f*, Unannehmlichkeit *f*, Schwierigkeit *f*: ***put s.o. to great*** ~ j-m große Ungelegenheiten bereiten; **II** *v/t.* belästigen, stören, *j-m* lästig sein, *j-m* Unannehmlichkeiten bereiten; ˌ**in·conˈven·ient** [-nt] *adj.* □ **1.** unbequem, lästig, störend, beschwerlich; **2.** *Zeit, Lage etc.*: ungünstig, ‚ungeschickt'.

in·con·vert·i·bil·i·ty [ˈɪnkənˌvɜːtəˈbɪlətɪ] *s.* **1.** Unverwandelbarkeit *f*; **2.** ✝ a) Nichtkonverˈtierbarkeit *f*, Nichtˈumwandelbarkeit *f* (*Guthaben*), b) Nichtˈeinlösbarkeit *f* (*Papiergeld*), c) Nichtˈumsetzbarkeit *f* (*Waren*); **in·con·vert·i·ble** [ˌɪnkənˈvɜːtəbl] *adj.* □ **1.** unverwandelbar; **2.** ✝ a) nicht ˈumwandelbar, nicht konvertierbar, b) nicht einlösbar, c) nicht ˈumsetzbar.

in·cor·po·rate [ɪnˈkɔːpəreɪt] **I** *v/t.* **1.** vereinigen, verbinden, zs.-schließen; **2.** (***in, into***) einverleiben (*dat.*), *Staatsgebiet a.* eingliedern; einbauen, integrieren (in *acc.*); **3.** *Stadt* eingemeinden; **4.** (***in, into***) *als Mitglied* aufnehmen (in *acc.*); **5.** ⚖ als Körperschaft *od. Am.* als Aktiengesellschaft (amtlich) eintragen; ˈRechtsperˌsönlichkeit verleihen (*dat.*); gründen, inkorporieren lassen; **6.** aufnehmen, enthalten, einschließen; **7.** ⚙, ⚗ (ver)mischen; **II** *v/i.* **8.** sich verbinden *od.* vereinigen; **9.** ⚖ e-e Körperschaft *etc.* bilden; **10.** ⚙, ⚗ sich vermischen; **III** *adj.* [-pərət] **11.** → **inˈcor·po·rat·ed** [-tɪd] *adj.* **1.** ✝, ⚖ a) (als Körperschaft) (amtlich) eingetragen, inkorporiert, b) *Am.* als Aktiengesellschaft eingetragen: ~ ***bank*** *Am.* Aktienbank *f*; ~ ***company*** *Brit.* rechtsfähige (Handels)Gesellschaft, *Am.* Aktiengesellschaft *f*; **2.** (***in, into***) a) eng verbunden, zs.-geschlossen (mit), b) einverleibt (*dat.*); **3.** eingemeindet; **in·cor·po·ra·tion** [ɪnˌkɔːpəˈreɪʃn] *s.* **1.** Vereinigung *f*, Verbindung *f*; **2.** Einverleibung *f*, Eingliederung *f*, Aufnahme *f* (***into*** in *acc.*); **3.** Eingemeindung *f*; **4.** ⚖ a) Bildung *f od.* Gründung *f* e-r Körperschaft *od.* (*Am.*) e-r Aktiengesellschaft: ***articles of*** ~ *Am.* Satzung *f* (*e-r AG*); ***certificate of*** ~ Korporationsurkunde *f*, *Am.* Gründungsurkunde *f* (*e-r AG*), b) amtliche Eintragung; **inˈcor·po·ra·tor** [-tə] *s. Am.* Gründungsmitglied *n*.

in·cor·po·re·al [ˌɪnkɔːˈpɔːrɪəl] *adj.* □ **1.** unkörperlich, immateriˈell, geistig; **2.** ⚖ nicht greifbar: ~ ***hereditaments*** vererbliche Rechte; ~ ***rights*** Immaterialgüterrechte (*z. B. Patente*).

in·cor·rect [ˌɪnkəˈrekt] *adj.* □ **1.** unrichtig, ungenau, irrig, falsch; **2.** ˈinkorˌrekt, ungehörig (*Betragen*); ˌ**in·corˈrect·ness** [-nɪs] *s.* **1.** Unrichtigkeit *f*; **2.** Unschicklichkeit *f*.

in·cor·ri·gi·bil·i·ty [ɪnˌkɒrɪdʒəˈbɪlətɪ] *s.* Unverbesserlichkeit *f*; **in·cor·ri·gi·ble** [ɪnˈkɒrɪdʒəbl] *adj.* □ unverbesserlich.

in·cor·rupt·i·bil·i·ty [ˈɪnkəˌrʌptəˈbɪlətɪ] *s.* **1.** Unbestechlichkeit *f*; **2.** Unverderblichkeit *f*; **in·cor·rupt·i·ble** [ˌɪnkəˈrʌptəbl] *adj.* □ **1.** unbestechlich, redlich; **2.** unverderblich, unvergänglich; **in·cor·rup·tion** [ˈɪnkəˌrʌpʃn] *s.* **1.** Unbestechlichkeit *f*; **2.** Unverdorbenheit *f*; **3.** *bibl.* Unvergänglichkeit *f*.

in·crease [ɪnˈkriːs] **I** *v/i.* **1.** zunehmen, sich vermehren, größer werden, (an-)wachsen: ~ ***in size*** an Größe zunehmen; ~***d demand*** Mehrbedarf *m*; **2.** steigen (*Preise*); sich steigern *od.* vergrößern *od.* verstärken *od.* erhöhen; **II** *v/t.* **3.** vergrößern, verstärken, vermehren, erhöhen, steigern: ~ ***tenfold*** verzehnfachen; **III** *s.* [ˈɪnkriːs] **4.** Vergrößerung *f*, Vermehrung *f*, Verstärkung *f*, Erhöhung *f*, Zunahme *f*, (An)Wachsen *n*, Zuwachs *m*, Wachstum *n*, Steigen *n*, Steigerung *f*, Erhöhung *f*: ***be on the*** ~ zunehmen, wachsen; ~ ***in wages*** ✝ Lohnerhöhung *f*, -steigerung *f*; ~ ***of trade*** Zunahme *od.* Aufschwung *m* des Handels; **5.** Ertrag *m*, Gewinn *m*; **inˈcreas·ing·ly** [-sɪŋlɪ] *adv.* immer mehr: ~ ***clear*** immer klarer.

in·cred·i·bil·i·ty [ɪnˌkredɪˈbɪlətɪ] *s.* **1.**

Unglaubhaftigkeit *f*; **2.** Un'glaublichkeit *f*; **in·cred·i·ble** [ɪn'kredəbl] *adj.* □ **1.** unglaublich, unvor'stellbar (*a. fig. unerhört, äußerst*); **2.** unglaubhaft.

in·cre·du·li·ty [ˌɪnkrɪ'dju:lətɪ] *s.* Ungläubigkeit *f*; **in·cred·u·lous** [ɪn'kredjʊləs] *adj.* □ ungläubig.

in·cre·ment ['ɪnkrɪmənt] *s.* **1.** Zuwachs *m*, Zunahme *f*; **2.** † (Gewinn-, Wert-) Zuwachs *m*, Mehrertrag *m*, -einnahme *f*; **3.** Ⓐ Zuwachs *m*, Inkre'ment *n*, *bsd.* positives Differenti'al.

in·crim·i·nate [ɪn'krɪmɪneɪt] *v/t.* beschuldigen, belasten: ***~ o.s.*** sich (selbst) belasten; **in'crim·i·nat·ing** [-tɪŋ] *adj.* belastend; **in·crim·i·na·tion** [ɪnˌkrɪmɪ'neɪʃn] *s.* Beschuldigung *f*, Belastung *f*; **in'crim·i·na·to·ry** [-nətərɪ] → ***incriminating***.

in·crust [ɪn'krʌst] → ***encrust***.

in·crus·ta·tion [ˌɪnkrʌs'teɪʃn] *s.* **1.** Verkrustung *f* (*a. fig.*); **2.** ⚙ a) Inkrustati'on *f*, Kruste *f*, b) Kesselstein(bildung *f*) *m*; **3.** Verkleidung *f*, Belag *m* (*Wand*); **4.** Einlegearbeit *f*.

in·cu·bate ['ɪnkjʊbeɪt] **I** *v/t.* **1.** *Ei* ausbrüten (*a. künstlich*); **2.** *Bakterien* im Brutschrank züchten; **3.** *fig.* ausbrüten, aushecken; **II** *v/i.* **4.** brüten; **in·cu·ba·tion** [ˌɪnkjʊ'beɪʃn] *s.* **1.** Ausbrütung *f*, Brüten *n*; **2.** ⚕ Inkubati'on *f*: ***~ period*** Inkubationszeit *f*; **'in·cu·ba·tor** [-tə] *s.* a) ⚕ Brutkasten *m*, Inku'bator *m* (*für Babys*), b) Brutschrank *m* (*für Bakterien*), c) 'Brutappaˌrat *m* (*für Küken, Eier*).

in·cu·bus ['ɪŋkjʊbəs] *s.* **1.** ⚕ Alp(drükken *n*) *m*; **2.** *fig.* a) Alpdruck *m*, b) Schreckgespenst *n*.

in·cul·cate ['ɪnkʌlkeɪt] *v/t.* einprägen, einschärfen, einimpfen (***on, in s.o.*** j-m); **in·cul·ca·tion** [ˌɪnkʌl'keɪʃn] *s.* Einschärfung *f*.

in·cul·pate ['ɪnkʌlpeɪt] *v/t.* **1.** an-, beschuldigen, anklagen; **2.** belasten; **in·cul·pa·tion** [ˌɪnkʌl'peɪʃn] *s.* **1.** An-, Beschuldigung *f*; **2.** Vorwurf *m*.

in·cult [ɪn'kʌlt] *adj.* 'unkultiˌviert, roh, grob.

in·cum·ben·cy [ɪn'kʌmbənsɪ] *s.* **1.** a) Innehaben *n* e-s Amtes, b) Amtszeit *f*, c) Amt(sbereich *m*) *n*; **2.** *eccl. Brit.* (Besitz *m* e-r) Pfründe *f*; **3.** *fig.* Obliegenheit *f*; **in'cum·bent** [-nt] **I** *adj.* □ **1.** obliegend: ***it is ~ upon him*** es ist s-e Pflicht; **2.** amtierend: ***the ~ mayor***; **II** *s.* **3.** Amtsinhaber(in); **4.** *eccl. Brit.* Pfründeninhaber *m*.

in·cu·nab·u·la [ˌɪnkju:'næbjʊlə] *s. pl.* Inku'nabeln *pl.*, Wiegendrucke *pl.*

in·cur [ɪn'kɜ:] *v/t.* sich *et.* zuziehen; auf sich laden *od.* ziehen, geraten in (*acc.*): ***~ displeasure*** Mißfallen erregen; ***~ debts*** Schulden machen; ***~ losses*** Verluste erleiden; ***~ liabilities*** Verpflichtungen eingehen.

in·cur·a·bil·i·ty [ɪnˌkjʊərə'bɪlətɪ] *s.* Unheilbarkeit *f*; **in·cur·a·ble** [ɪn'kjʊərəbl] **I** *adj.* □ unheilbar; **II** *s.* unheilbar Kranke(r *m*) *f*.

in·cu·ri·ous [ɪn'kjʊərɪəs] *adj.* □ **1.** nicht neugierig, gleichgültig, uninteressiert; **2.** 'uninteresˌsant.

in·cur·sion [ɪn'kɜ:ʃn] *s.* **1.** (feindlicher) Einfall, Raubzug *m*; **2.** Eindringen *n* (*a. fig.*); **3.** *fig.* Einbruch *m*, -griff *m*.

in·curve [ˌɪn'kɜ:v] *v/t.* (nach innen) krümmen, (ein)biegen.

in·debt·ed [ɪn'detɪd] *adj.* **1.** verschuldet; **2.** zu Dank verpflichtet: ***I am ~ to you for*** ich habe Ihnen zu danken für; **in'debt·ed·ness** [-nɪs] *s.* **1.** Verschuldung *f*, Schulden *pl.*; **2.** Dankesschuld *f*, Verpflichtung *f*.

in·de·cen·cy [ɪn'di:snsɪ] *s.* **1.** Unanständigkeit *f*, Anstößigkeit *f*; **2.** Zote *f*; **in'de·cent** [-nt] *adj.* □ **1.** unanständig, anstößig; *a.* ⚖ unsittlich, unzüchtig; **2.** ungebührlich: ***~ haste*** unziemliche Hast.

in·de·ci·pher·a·ble [ˌɪndɪ'saɪfərəbl] *adj.* nicht zu entziffern(d).

in·de·ci·sion [ˌɪndɪ'sɪʒn] *s.* Unentschlossenheit *f*, Unschlüssigkeit *f*; **ˌin·de'ci·sive** [-'saɪsɪv] *adj.* □ **1.** nicht entscheidend: ***an ~ battle***; **2.** unentschlossen, unschlüssig, schwankend; **3.** unbestimmt.

in·de·clin·a·ble [ˌɪndɪ'klaɪnəbl] *adj. ling.* undeklinierbar.

in·dec·o·rous [ɪn'dekərəs] *adj.* □ unschicklich, unanständig, ungehörig; **in·de·co·rum** [ˌɪndɪ'kɔ:rəm] *s.* Unschicklichkeit *f*.

in·deed [ɪn'di:d] *adv.* **1.** in der Tat, tatsächlich, wirklich: ***it is very lovely ~*** es ist wirklich (sehr) hübsch; ***if ~*** wenn überhaupt; ***if ~ he were right*** falls er wirklich recht haben sollte; ***we think, ~ we know this is wrong*** wir glauben, ja wir wissen (sogar), daß dies falsch ist; ***~ I am quite sure*** ich bin (mir) sogar ganz sicher; ***yes, ~!*** ja tatsächlich! (→ 3); ***did you ~?*** tatsächlich?, ach wirklich?; ***you, ~!*** *iro.* ausgerechnet du!, Du? daß ich nicht lache!; ***what ~!*** *iro.* na, was wohl?; ***thank you very much ~!*** vielen herzlichen Dank!; ***this is ~ an exception*** das ist allerdings *od.* freilich e-e Ausnahme; **2.** zwar, wohl: ***it is ~ a good plan, but …***; **3.** (*in Antworten*) *a.* ***yes ~*** a) allerdings(!), aber sicher(!), und ob(!), b) aber gern!, ja doch!, c) ach wirklich?, was Sie nicht sagen; ***~ you may not!*** aber ja nicht!, kommt nicht in Frage!

in·de·fat·i·ga·ble [ˌɪndɪ'fætɪgəbl] *adj.* □ unermüdlich.

in·de·fea·si·ble [ˌɪndɪ'fi:zəbl] *adj.* □ ⚖ unverletzlich, unantastbar.

in·de·fen·si·ble [ˌɪndɪ'fensəbl] *adj.* □ unhaltbar: a) ⚔ nicht zu verteidigen(d), b) *fig.* nicht zu rechtfertigen(d), unentschuldbar.

in·de·fin·a·ble [ˌɪndɪ'faɪnəbl] *adj.* □ undefinierbar: a) unbestimmbar, b) unbestimmt.

in·def·i·nite [ɪn'defɪnət] *adj.* □ **1.** unbestimmt (*a. ling.*); **2.** unbegrenzt, unbeschränkt; **3.** unklar, undeutlich, ungenau; **in'def·i·nite·ly** [-lɪ] *adv.* **1.** auf unbestimmte Zeit; **2.** unbegrenzt; **in'def·i·nite·ness** [-nɪs] *s.* **1.** Unbestimmtheit *f*; **2.** Unbegrenztheit *f*.

in·del·i·ble [ɪn'deləbl] *adj.* □ unauslöschlich (*a. fig.*); untilgbar: ***~ ink*** Zeichen-, Kopiertinte *f*; ***~ pencil*** Tintenstift *m*.

in·del·i·ca·cy [ɪn'delɪkəsɪ] *s.* **1.** Unanständigkeit *f*, Unfeinheit *f*; **2.** Taktlosigkeit *f*; **in'del·i·cate** [-kət] *adj.* □ **1.** unanständig, unfein, derb; **2.** taktlos.

in·dem·ni·fi·ca·tion [ɪnˌdemnɪfɪ'keɪʃn] *s.* **1.** † a) → ***indemnity*** 1 a, b) Entschädigung *f*, Schadloshaltung *f*, Ersatzleistung *f*, c) → ***indemnity*** 1c; **2.** ⚖ Sicherstellung *f* (*gegen Strafe*); **in·dem·ni·fy** [ɪn'demnɪfaɪ] *v/t.* **1.** entschädigen, schadlos halten (***for*** für); **2.** sicherstellen, sichern (***from, against*** gegen); **3.** ⚖ *parl.* a) *j-m* Entlastung erteilen, b) *j-m* Straflosigkeit zusichern; **in·dem·ni·ty** [ɪn'demnətɪ] *s.* **1.** † a) Sicherstellung *f* (*gegen Verlust od. Schaden*), Garan'tie(versprechen *n*) *f*, b) → ***indemnification*** 1 b, c) Entschädigung(sbetrag *m*) *f*, Abfindung *f*: ***~ against liability*** Haftungsausschluß *m*; ***~ bond, letter of ~*** Ausfallbürgschaft *f*; ***~ insurance*** Schadensversicherung *f*; → ***double indemnity***; **2.** ⚖, *parl.* Indemni'tät *f*.

in·dent[1] [ɪn'dent] **I** *v/t.* **1.** (ein-, aus-) kerben, auszacken: ***~ed coastline*** zerklüftete Küste; **2.** ⚙ (ver)zahnen; **3.** *typ. Zeile* einrücken; **4.** ⚖ *Vertrag* mit Doppel ausfertigen; **5.** † *Waren* bestellen; **II** *v/i.* **6.** (***upon s.o. for s.th.***) (et. bei j-m) bestellen, (et. von j-m) anfordern; **III** *s.* ['ɪndent] **7.** Kerbe *f*, Einschnitt *m*, Auszackung *f*; **8.** *typ.* Einzug *m*; **9.** ⚖ Vertragsurkunde *f*; **10.** † (Auslands)Auftrag *m*; **11.** ⚔ *Brit.* Anforderung *f* (*von Vorräten*).

in·dent[2] **I** *v/t.* [ɪn'dent] eindrücken, einprägen; **II** *s.* ['ɪndent] Delle *f*, Vertiefung *f*.

in·den·ta·tion [ˌɪnden'teɪʃn] *s.* **1.** Einschnitt *m*, Einkerbung *f*; Auszackung *f*, Zickzacklinie *f*; **2.** ⚙ Zahnung *f*; **3.** Einbuchtung *f*; Bucht *f*; **4.** *typ.* a) Einzug *m*, b) Absatz *m*; **5.** Vertiefung *f*, Delle *f*; **in·dent·ed** [ɪn'dentɪd] *adj.* **1.** (aus)gezackt; **2.** † vertraglich verpflichtet; **in·den·tion** [ɪn'denʃn] → ***indentation*** 1, 2, 4; **in·den·ture** [ɪn'dentʃə] **I** *s.* **1.** Vertrag *m od.* Urkunde *f* (im Dupli'kat); **2.** †, ⚖ Lehrvertrag *m*, -brief *m*: ***take up one's ~s*** ausgelernt haben; **3.** amtliche Liste; **4.** → ***indentation*** 1, 2; **II** *v/t.* **5.** †, ⚖ durch (*bsd.* Lehr)Vertrag binden, vertraglich verpflichten.

in·de·pend·ence [ˌɪndɪ'pendəns] *s.* **1.** Unabhängigkeit *f* (***on, of*** von): ***ℒ Day*** *Am.* Unabhängigkeitstag *m* (*4. Juli*); **2.** Selbständigkeit *f*; **3.** hinreichendes Aus- *od.* Einkommen; **ˌin·de'pend·en·cy** [-sɪ] *s.* **1.** → ***independence***; **2.** unabhängiger Staat; **3.** ℒ → ***Congregationalism***; **ˌin·de'pend·ent** [-nt] **I** *adj.* □ **1.** unabhängig (***of*** von) (*a.* Ⓐ, *ling.*), selbständig (*a. Person*): ***~ clause*** *ling.* Hauptsatz *m*; **2.** a) selbständig, -sicher, -bewußt, b) eigenmächtig, -ständig; **3.** *pol.* unabhängig (*Staat*), *Abgeordneter*: *a.* par'teilos, *parl.* frakti'onslos; **4.** vonein'ander unabhängig: ***the various decisions were ~***; ***we arrived ~ly at the same results*** wir kamen unabhängig voneinander zu denselben Ergebnissen; **5.** finanzi'ell unabhängig: ***~ gentleman, man of ~ means*** Mann *m* mit Privateinkommen, Privatier *m*; **6.** eigen, Einzel…: ***~ axle*** ⚙ Schwingachse *f*; ***~ fire*** ⚔ Einzel-, Schützenfeuer *n*; ***~ suspension*** *mot.* Einzelaufhängung *f*; **II** *s.* **7.** ℒ *pol.* Unabhängige(r *m*) *f*, Par'teilose(r *m*) *f*, *parl.* frakti'onsloser Abgeordneter; **8.** ♀ → ***Congregationalist***.

ˌ**in-'depth** *adj.* tiefschürfend, eingehend: **~ *interview*** Tiefeninterview *n*, Intensivbefragung *f*.

in·de·scrib·a·ble [ˌɪndɪ'skraɪbəbl] *adj.* ☐ **1.** unbeschreiblich; **2.** unbestimmt, undefinierbar.

in·de·struct·i·bil·i·ty ['ɪndɪˌstrʌktə'bɪlətɪ] *s.* Unzerstörbarkeit *f*; **in·de·struct·i·ble** [ˌɪndɪ'strʌktəbl] *adj.* ☐ unzerstörbar, (*a.* ✝) unverwüstlich.

in·de·ter·mi·na·ble [ˌɪndɪ'tɜːmɪnəbl] *adj.* ☐ unbestimmbar, nicht bestimmbar; ˌ**in·de'ter·mi·nate** [-nət] *adj.* ☐ **1.** unbestimmt (*a.* Ꝏ), unentschieden, ungewiß, nicht festgelegt; unklar, vage; **2.** → ***indeterminable***: ***of ~ sex***; **~ *sentence*** ⚖ (Freiheits)Strafe *f* von unbestimmter Dauer; **in·de·ter·mi·na·tion** ['ɪndɪˌtɜːmɪ'neɪʃn] *s.* **1.** Unbestimmtheit *f*; **2.** Ungewißheit *f*; **3.** Unentschlossenheit *f*; ˌ**in·de'ter·min·ism** [-mɪnɪzəm] *s. phls.* Indetermi'nismus *m*, Lehre *f* von der Willensfreiheit *f*.

in·dex ['ɪndeks] **I** *pl.* '**in·dex·es**, **in·di·ces** ['ɪndɪsiːs] *s.* **1.** Inhalts-, Stichwortverzeichnis *n*, Ta'belle *f*, ('Sach)Reˌgister *n*, Index *m*; **2.** *a.* **~ *file*** Kar'tei *f*: **~ *card*** Karteikarte *f*; **3.** ⚙ a) (An)Zeiger *m*, b) (Einstell)Marke *f*, Strich *m*, c) Zunge *f* (*Waage*); **4.** *typ.* Hand(zeichen *n*) *f*; **5.** *fig.* a) (An)Zeichen *n* (***of*** für, von *od. gen.*), b) (***to***) Fingerzeig *m* (für), Hinweis *m* (auf *acc.*); **6.** *Statistik*: Indexziffer *f*, Vergleichs-, Meßzahl *f*, ✝ Index *m*: ***cost of living* ~** Lebenskosten-, Lebenshaltungsindex; ***share price* ~** Aktienindex; **7.** Ꝏ a) Index *m*, Kennziffer *f*, b) Expo'nent *m*: **~ *of refraction*** *phys.* Brechungsindex *od.* -exponent; **8.** *bsd. eccl.* Index *m* (*verbotener Bücher*); **9.** → ***index finger***; **II** *v/t.* **10.** mit e-m Inhaltsverzeichnis versehen; **11.** in ein Verzeichnis aufnehmen; **12.** *eccl.* auf den Index setzen; **13.** ⚙ a) *Revolverkopf etc.* schalten: **~*ing disc*** Schaltscheibe *f*, b) *in Maßeinheiten* einteilen; **~ fin·ger** *s.* Zeigefinger *m*; '**~-linked** *adj.* indexgebunden: **~ *pension***; **~ *wage*** Indexlohn *m*; **~ num·ber** → ***index*** 6.

In·di·a| ink ['ɪndjə] → ***Indian ink***; '**~·man** [-mən] *s.* [*irr.*] (Ost)'Indienfahrer *m* (*Schiff*).

In·di·an ['ɪndjən] **I** *adj.* **1.** (ost)'indisch; **2.** *bsd. Am.* indi'anisch; **3.** *Am.* Mais…; **II** *s.* **4.** a) Inder(in), b) Ost'indier(in); **5.** *bsd. Am.* Indi'aner(in); **~ club** *s. sport* (Schwing)Keule *f*; **~ corn** *s.* Mais *m*; **~ file** *s.*: ***in* ~** im Gänsemarsch; **~ giv·er** *s. Am.* F *j-d, der s-e Geschenke zurückverlangt*; **~ ink** *s.* chi'nesische Tusche; **~ meal** *s.* Maismehl *n*; **~ pa·per** → ***India paper***; **~ sum·mer** *s.* Alt'weiber-, Spät-, Nachsommer *m*.

In·di·a| pa·per *s.* 'Dünndruckpaˌpier *n*; ˌ♀-'**rub·ber** *s.* **1.** Kautschuk *m*, Gummi *n*, *m*: **~ *ball*** Gummiball *m*; **~ *tree***; **2.** Radiergummi *m*.

In·dic ['ɪndɪk] *adj. ling.* indisch (*den indischen Zweig der indo-iranischen Sprachen betreffend*).

in·di·cate ['ɪndɪkeɪt] *v/t.* **1.** anzeigen, angeben, bezeichnen, kennzeichnen; **2.** a) *Person*: andeuten, (an)zeigen, zu verstehen geben, b) *Sache*: hindeuten *od.* hinweisen auf (*acc.*), erkennen lassen (*acc.*), *a.* ⚙ anzeigen; **3.** ⚕ indizieren, erfordern: ***be ~d*** indiziert sein, *fig.* angezeigt *od.* angebracht sein; **in·di·ca·tion** [ˌɪndɪ'keɪʃn] *s.* **1.** Anzeige *f*, Angabe *f*, Bezeichnung *f*; **2.** (***of***) a) (An-)Zeichen *n* (für), b) Hinweis *m* (auf *acc.*), c) (kurze) Andeutung: ***give ~ of*** *et.* anzeigen; ***there is every ~*** alles deutet darauf hin (***that*** daß); **3.** ⚕ a) Indikati'on *f*, b) Sym'ptom *n* (*a. fig.*); **4.** ⚙ a) Anzeige *f*, b) Grad *m*, Stand *m*; **in·dic·a·tive** [ɪn'dɪkətɪv] **I** *adj.* ☐ **1.** anzeigend, andeutend, hinweisend: ***be ~ of*** → ***indicate*** 2; **2.** *ling.* 'indikaˌtivisch: **~ *mood*** → 3; **II** *s.* **3.** *ling.* Indikativ *m*, Wirklichkeitsform *f*; '**in·di·ca·tor** [-tə] *s.* **1.** Anzeiger *m*; **2.** ⚙ a) Zeiger *m*, b) Anzeiger *m*, Anzeige- *od.* Ablesegerät *n*, Zähler *m*, (Leistungs)Messer *m*, c) Schauzeichen *n*, d) *mot.* Richtungsanzeiger *m*, e) *a.* **~ *telegraph*** 'Zeigerteleˌgraph *m*; **3.** ⚗ Indi'kator *m*; **4.** *fig.* → ***index*** 5 *u.* 6; **in·dic·a·to·ry** [ɪn'dɪkətərɪ] → ***indicative*** 1.

in·di·ces ['ɪndɪsiːz] *pl. von* ***index***.

in·di·ci·um [ɪn'dɪʃɪəm] *pl.* **-ci·a** [-ʃɪə] *s.* ✉ *Am.* aufgedruckter Freimachungsvermerk.

in·dict [ɪn'daɪt] *v/t.* ⚖ anklagen (***for*** wegen); **in'dict·a·ble** [-təbl] *adj.* ⚖ strafrechtlich verfolgbar: **~ *offence*** schwurgerichtlich abzuurteilende Straftat, Verbrechen *n*; **in'dict·ment** [-mənt] **1.** (for'melle) Anklage (*vor e-m Geschworenengericht*); **2.** a) Anklagebeschluß *m* (*der* ***grand jury***), b) (*Am. a.* ***bill of ~***) Anklageschrift *f*.

in·dif·fer·ence [ɪn'dɪfrəns] *s.* **1.** (***to***) Gleichgültigkeit *f* (gegen), Inter'esselosigkeit *f* (gegen'über); **2.** Unwichtigkeit *f*: ***it is a matter of complete ~ to me*** das ist mir völlig gleichgültig; **3.** Mittelmäßigkeit *f*; **4.** Unwichtigkeit *f*; **in'dif·fer·ent** [-nt] *adj.* ☐ **1.** (***to***) gleichgültig (gegen), inter'esselos (gegen'über); **2.** 'unparˌteiisch; **3.** mittelmäßig, leidlich: **~ *quality***; **4.** mäßig, nicht besonders gut: ***a very ~ cook***; **5.** unwichtig; **6.** ⚕, ⚗, *phys.* neu'tral, indiffe'rent; **in'dif·fer·ent·ism** [-ntɪzəm] *s.* (Neigung *f* zur) Gleichgültigkeit *f*.

in·di·gence ['ɪndɪdʒəns] *s.* Armut *f*, Mittellosigkeit *f*.

in·di·gene ['ɪndɪdʒiːn] *s.* **1.** Eingeborene(r *m*) *f*; **2.** a) einheimisches Tier, b) einheimische Pflanze; **in·dig·e·nize** [ɪn'dɪdʒɪnaɪz] *v/t. Am.* **1.** *a. fig.* heimisch machen, einbürgern; **2.** (nur) mit einheimischem Perso'nal besetzen; **in·dig·e·nous** [ɪn'dɪdʒɪnəs] *adj.* ☐ **1.** *a.* ⚘, *zo.* einheimisch (***to*** in *dat.*); **2.** *fig.* angeboren (***to*** *dat.*).

in·di·gent ['ɪndɪdʒənt] *adj.* ☐ arm, bedürftig, mittellos.

in·di·gest·ed [ˌɪndɪ'dʒestɪd] *adj. mst fig.* unverdaut; wirr; 'undurchˌdacht; **in·di·gest·i·bil·i·ty** ['ɪndɪˌdʒestə'bɪlətɪ] *s.* Unverdaulichkeit *f*; ˌ**in·di'gest·i·ble** [-təbl] *adj.* ☐ unverdaulich (*a. fig.*); ˌ**in·di'ges·tion** [-tʃn] *s.* ⚕ Magenverstimmung *f*, verdorbener Magen.

in·dig·nant [ɪn'dɪgnənt] *adj.* ☐ (***at***, ***with***) entrüstet, ungehalten, empört (über *acc.*), peinlich berührt (von); **in·dig·na·tion** [ˌɪndɪg'neɪʃn] *s.* Entrüstung *f*, Unwille *m*, Empörung *f* (***at*** über *acc.*): **~ *meeting*** Protestkundgebung *f*.

in·dig·ni·ty [ɪn'dɪgnətɪ] *s.* Schmach *f*, Demütigung *f*, Kränkung *f*.

in·di·go ['ɪndɪgəʊ] *pl.* **-gos** *s.* Indigo *m*: **~*-blue*** indigoblau; **in·di·got·ic** [ˌɪndɪ'gɒtɪk] *adj.* Indigo…

in·di·rect [ˌɪndɪ'rekt] *adj.* ☐ **1.** 'indiˌrekt: **~ *lighting***; **~ *tax***; **~ *cost*** ✝ Gemeinkosten *pl.*; **2.** nicht di'rekt *od.* gerade: **~ *route*** Umweg *m*; **~ *means*** Umwege, Umschweife; **3.** *fig.* krumm, unredlich; **4.** *ling.* 'indiˌrekt, abhängig: **~ *object*** indirektes Objekt, Dativobjekt *n*; **~ *question*** indirekte Frage; **~ *speech*** indirekte Rede; **in·di·rec·tion** [ˌɪndɪ'rekʃn] *s.* **1.** 'Umweg *m* (*a. fig. b.s. unlautere Methode*): ***by ~*** a) indirekt, auf Umwegen, b) *fig.* hinten herum, unehrlich; **2.** Unehrlichkeit *f*; **3.** Anspielung *f*; ˌ**in·di'rect·ness** [-nɪs] *s.* **1.** 'indiˌrekte Art u. Weise; **2.** → ***indirection***.

in·dis·cern·i·ble [ˌɪndɪ'sɜːnəbl] *adj.* nicht wahrnehmbar, unmerklich.

in·dis·ci·pline [ɪn'dɪsɪplɪn] *s.* Diszi'plin-, Zuchtlosigkeit *f*.

in·dis·cov·er·a·ble [ˌɪndɪ'skʌvərəbl] *adj.* ☐ nicht zu entdecken(d).

in·dis·creet [ˌɪndɪ'skriːt] *adj.* ☐ **1.** 'indisˌkret; **2.** taktlos; **3.** 'unüberˌlegt.

in·dis·crete [ˌɪndɪ'skriːt] *adj.* homo'gen, kom'pakt, zs.-hängend.

in·dis·cre·tion [ˌɪndɪ'skreʃn] *s.* **1.** Indiskreti'on *f*; **2.** Taktlosigkeit *f*; **3.** 'Unüberˌlegtheit *f*.

in·dis·crim·i·nate [ˌɪndɪ'skrɪmɪnət] *adj.* ☐ **1.** wahllos, blind, 'unterschiedslos; **2.** kri'tiklos, unkritisch; **3.** willkürlich; **in·dis·crim·i·na·tion** ['ɪndɪˌskrɪmɪ'neɪʃn] *s.* **1.** Wahl-, Kri'tiklosigkeit *f*, Mangel *m* an Urteilskraft; **2.** 'Unterschiedslosigkeit *f*.

in·dis·pen·sa·bil·i·ty ['ɪndɪˌspensə'bɪlətɪ] *s.* Unerläßlichkeit *f*, Unentbehrlichkeit *f*; **in·dis·pen·sa·ble** [ˌɪndɪ'spensəbl] *adj.* ☐ **1.** unerläßlich, unentbehrlich (***for***, ***to*** für); **2.** ⚔ unabkömmlich; **3.** unbedingt einzuhalten(d) *od.* zu erfüllen(d) (*Pflicht etc.*).

in·dis·pose [ˌɪndɪ'spəʊz] *v/t.* **1.** untauglich machen (***for*** zu); **2.** unpäßlich machen, indisponieren; **3.** abgeneigt machen (***to do*** zu tun), einnehmen (***towards*** gegen); ˌ**in·dis'posed** [-zd] *adj.* **1.** indisponiert, unpäßlich; **2.** (***towards***, ***from***) a) nicht aufgelegt (zu), abgeneigt (*dat.*), b) eingenommen (gegen), abgeneigt (*dat.*); **in·dis·po·si·tion** [ˌɪndɪspə'zɪʃn] *s.* **1.** Unpäßlichkeit *f*; **2.** Abneigung *f*, 'Widerwille *m* (***to***, ***towards*** gegen).

in·dis·pu·ta·bil·i·ty ['ɪndɪˌspjuːtə'bɪlətɪ] *s.* Unbestreitbarkeit *f*, Unstrittigkeit *f*; **in·dis·pu·ta·ble** [ˌɪndɪ'spjuːtəbl] *adj.* ☐ **1.** unbestreitbar, unstrittig, nicht zu bestreiten(d); **2.** unbestritten.

in·dis·sol·u·bil·i·ty ['ɪndɪˌsɒljʊ'bɪlətɪ] *s.* Unauflösbarkeit *f*; **in·dis·sol·u·ble** [ˌɪndɪ'sɒljʊbl] *adj.* ☐ **1.** unauflösbar, -lich; **2.** unzertrennlich; **3.** ⚗ unlöslich.

in·dis·tinct [ˌɪndɪ'stɪŋkt] *adj.* ☐ **1.** undeutlich; **2.** unklar, verworren, verschwommen; ˌ**in·dis'tinc·tive** [-tɪv] *adj.* ☐ ausdruckslos, nichtssagend; ˌ**in·dis'tinct·ness** [-nɪs] *s.* Undeutlichkeit *f etc.*

in·dis·tin·guish·a·ble [ˌɪndɪˈstɪŋgwɪʃəbl] *adj.* □ **1.** nicht zu unter'scheiden(d) (***from*** von); **2.** nicht wahrnehmbar *od.* erkennbar; **3.** unmerklich.

in·dite [ɪnˈdaɪt] *v/t.* ver-, abfassen.

in·di·vid·u·al [ˌɪndɪˈvɪdjʊəl] **I** *adj.* □ → ***individually***; **1.** einzeln, Einzel...: ***each ~ word***; ***~ case*** Einzelfall *m*; ***~ consumer*** Einzelverbraucher *m*; ***~ drive*** ⚙ Einzelantrieb *m*; **2.** für 'eine Per'son bestimmt, eigen, per'sönlich, einzel: ***~ credit*** Personalkredit *m*; ***~ property*** Privatvermögen *n*; ***~ psychology*** Individualpsychologie *f*; ***~ traffic*** Individualverkehr *m*; ***give ~ attention to*** individuell behandeln, s-e persönliche Aufmerksamkeit schenken (*dat.*); **3.** individu'ell, per'sönlich, eigen(tümlich), charakte'ristisch: ***an ~ style***; **4.** verschieden: ***five ~ cups***; **II** *s.* **5.** 'Einzelperˌson *f*, Indi'viduum *n*, Einzelne(r) *m*; **6.** *mst contp.* Per'son *f*, Indi'viduum *n*; **7.** ⚖ na'türliche Per'son *f*; **ˌin·di'vid·u·al·ism** [-lɪzəm] *s.* **1.** Individua'lismus *m*; **2.** Ego'ismus *m*; **ˌin·di'vid·u·al·ist** [-lɪst] **I** *s.* Individua'list(in); **II** *adj.* → **in·di·vid·u·al·is·tic** [ˈɪndɪˌvɪdjʊəˈlɪstɪk] *adj.* (□ ***~ally***) individua'listisch; **in·di·vid·u·al·i·ty** [ˈɪndɪˌvɪdjʊˈælətɪ] *s.* **1.** Individuali'tät *f*, (per'sönliche) Eigenart; **2.** *phls.* individu'elle Exi'stenz; **3.** → ***individual*** 5; **in·di·vid·u·al·i·za·tion** [ˈɪndɪˌvɪdjʊəlaɪˈzeɪʃn] *s.* **1.** Individualisierung *f*; **2.** Einzelbetrachtung *f*; **ˌin·di'vid·u·al·ize** [-laɪz] *v/t.* **1.** individualisieren, individu'ell gestalten *od.* behandeln, e-e individu'elle *od.* eigene Note verleihen (*dat.*); **2.** einzeln betrachten; **ˌin·di'vid·u·al·ly** [-əlɪ] *adv.* **1.** einzeln, (jeder, jede, jedes) für sich; **2.** einzeln betrachtet, für sich genommen; **3.** per'sönlich; **ˌin·di'vid·u·ate** [-jʊeɪt] *v/t.* **1.** → ***individualize*** 1; **2.** charakterisieren; **3.** unter'scheiden (***from*** von).

in·di·vis·i·bil·i·ty [ˈɪndɪˌvɪzɪˈbɪlətɪ] *s.* Unteilbarkeit *f*; **in·di·vis·i·ble** [ˌɪndɪˈvɪzəbl] **I** *adj.* □ unteilbar; **II** *s.* A unteilbare Größe.

In·do-Chi·nese [ˌɪndəʊtʃaɪˈniːz] *adj.* indochi'nesisch, 'hinterindisch.

in·doc·ile [ɪnˈdəʊsaɪl] *adj.* **1.** ungelehrig; **2.** störrisch, unlenksam; **in·do·cil·i·ty** [ˌɪndəʊˈsɪlətɪ] *s.* **1.** Ungelehrigkeit *f*; **2.** Unlenksamkeit *f*.

in·doc·tri·nate [ɪnˈdɒktrɪneɪt] *v/t.* **1.** unter'weisen, schulen (***in*** in *dat.*); *pol.* indoktrinieren; **2.** *j-m et.* einprägen, -bleuen, -impfen; **3.** durch'dringen (***with*** mit); **in·doc·tri·na·tion** [ɪnˌdɒktrɪˈneɪʃn] *s.* Unter'weisung *f*, Belehrung *f*, Schulung *f*; *pol.* Indoktrinati'on *f*, po'litische Schulung, ideo'logischer Drill; **in'doc·tri·na·tor** [-tə] *s.* Lehrer *m*, Instruk'teur *m*.

'In·do|-ˌEu·ro'pe·an [ˌɪndəʊ-] *ling.* **I** *adj.* **1.** 'indoger'manisch; **II** *s.* **2.** *ling.* 'Indoger'manisch *n*; **3.** 'Indoger'mane *m*, -ger'manin *f*; **ˌ~-Ger'man·ic** → ***Indo-European*** 1 *u.* 2; **ˌ~-I'ra·ni·an** *ling.* **I** *adj.* 'indoi'ranisch, arisch; **II** *s.* 'Indoi'ranisch *n*, Arisch *n*.

in·do·lence [ˈɪndələns] *s.* Indo'lenz *f*: a) Trägheit *f*, b) Lässigkeit *f*, c) ⚕ Schmerzlosigkeit *f*; **'in·do·lent** [-nt] *adj.* □ indo'lent: a) träge, b) lässig, c) ⚕ schmerzlos.

in·dom·i·ta·ble [ɪnˈdɒmɪtəbl] *adj.* □ **1.** unbezähmbar, nicht 'unterzukriegen(d); **2.** unbeugsam.

In·do·ne·sian [ˌɪndəʊˈniːzjən] **I** *adj.* indo'nesisch; **II** *s.* Indo'nesier(in).

in·door [ˈɪndɔː] *adj.* im *od.* zu Hause, Haus..., Zimmer..., Innen..., *sport* Hallen...: ***~ aerial*** ϟ Zimmer-, Innenantenne *f*; ***~ dress*** Hauskleid(ung *f*) *n*; ***~ games*** a) Spiele fürs Haus, b) *sport* Hallenspiele; ***~ swimming pool*** Hallenbad *n*; **in·doors** [ˌɪnˈdɔːz] *adv.* **1.** im *od.* zu Hause, drin(nen); **2.** ins Haus.

in·dorse [ɪnˈdɔːs] *etc.* → ***endorse*** *etc.*

in·du·bi·ta·ble [ɪnˈdjuːbɪtəbl] *adj.* □ unzweifelhaft, zweifellos.

in·duce [ɪnˈdjuːs] *v/t.* **1.** *j-n* veranlassen, bewegen, (dazu) bringen, über'reden (***to do*** zu tun); **2.** her'beiführen, verursachen, bewirken, her'vorrufen, führen zu: ***~ a birth*** ⚕ e-e Geburt einleiten; ***~d sleep*** künstlicher Schlaf; **3.** ϟ *Kernphysik, a. Logik*; induzieren: ***~ current*** Induktionsstrom *m*; **in'duce·ment** [-mənt] *s.* **1.** a) Veranlassung *f*, Über'redung *f*, b) Verleitung (***to*** zu); **2.** Anlaß *m*, Beweggrund *m*; **3.** *a.* † Anreiz *m* (***to*** zu); **4.** Her'beiführung *f*.

in·duct [ɪnˈdʌkt] *v/t.* **1.** *in ein Amt etc.* einführen, -setzen; **2.** *j-n* einweihen (***to*** in *acc.*); **3.** ⚔ *Am. zum Militär* einberufen; **in'duct·ance** [-təns] *s.* ϟ **1.** Induk'tanz *f*, induk'tiver ('Schein)ˌWiderstand; **2.** 'Selbstinduktiˌon *f*: ***~ coil*** Drosselspule *f*; **in·duc·tee** [ˌɪndʌkˈtiː] *s.* ⚔ *Am.* Einberufene(r) *m*, Re'krut *m*; **in'duc·tion** [-kʃn] *s.* **1.** Einführung, -setzung *f* (*in ein Amt*); **2.** ⚙ Zuführung *f*, Einlaß *m*: ***~ pipe*** Einlaßrohr *n*; **3.** Her'beiführung *f*, Auslösung *f*; **4.** Einleitung *f*, Beginn *m*; **5.** ⚔ *Am.* Einberufung *f*: ***~ order*** Einberufungsbefehl *m*; **6.** Anführung *f* (*Beweise etc.*); **7.** ϟ Indukti'on *f*, sekun'däre Erregung: ***~ coil*** (***current***) Induktionsspule *f* (-strom *m*); ***~ motor*** Induktions-, Drehstrommotor *m*; **8.** A, *phys.*, *phls.* Indukti'on *f*: ***~ accelerator*** Elektronenbeschleuniger *m*; **in'duc·tive** [-tɪv] *adj.* □ **1.** ϟ, *phys.*, *phls.* induk'tiv, Induktions...; **2.** ⚕ e-e Reakti'on her'vorrufend; **in'duc·tor** [-tə] *s.* ϟ, *biol.* In'duktor *m*.

in·dulge [ɪnˈdʌldʒ] **I** *v/t.* **1.** *e-r Neigung etc.* nachgeben, frönen, sich hingeben, freien Lauf lassen; **2.** nachsichtig sein gegen: ***~ s.o. in s.th.*** j-m et. nachsehen; **3.** *j-m* nachgeben (***in*** in *dat.*): ***~ o.s. in*** → 7; **4.** *j-m* gefällig sein; **5.** *j-n* verwöhnen; **II** *v/i.* **6.** sich hingeben, frönen (***in*** *dat.*); **7.** ***~ in*** sich *et.* gönnen *od.* genehmigen *od.* leisten, *a.* sich gütlich tun an (*dat.*), *et.* essen *od.* trinken; **8.** F a) sich ‚einen genehmigen', b) sich e-e Zigarette *etc.* gönnen *od.* ‚genehmigen'; **in'dul·gence** [-dʒəns] *s.* **1.** Nachsicht *f*, Milde *f* (***to***, ***of*** gegenüber); **2.** Nachgiebigkeit *f*; **3.** Gefälligkeit *f*; **4.** Verwöhnung *f*; **5.** Befriedigung *f* (*e-r Begierde etc.*); **6.** (***in***) Frönen *n* (*dat.*), Schwelgen *n* (in *dat.*), Genießen *n* (*gen.*): (***excessive***) ***~ in drink*** übermäßiger Alkoholgenuß; **7.** Wohlleben *n*, Genußsucht *f*; **8.** Schwäche *f*, Leidenschaft *f* (***of*** für); **9.** *R.C.* Ablaß *m*: ***sale of ~s*** Ablaßhandel *m*; **in'dul·genced** [-dʒənst] *adj.*: ***~ prayer*** *R.C.* Ablaßgebet *n*; **in'dul·gent** [-dʒənt] *adj.* □ (***to***) nachsichtig, mild (gegen); schonend, sanft (mit).

in·du·rate [ˈɪndjʊəreɪt] **I** *v/t.* **1.** (ver)härten, hart machen; **2.** *fig.* a) abstumpfen, b) abhärten (***against***, ***to*** gegen); **II** *v/i.* **3.** sich verhärten: a) hart werden, b) *fig.* gefühllos werden, abstumpfen; **4.** abgehärtet werden; **in·du·ra·tion** [ˌɪndjʊəˈreɪʃn] *s.* **1.** (Ver)Härtung *f*; **2.** *fig.* Abstumpfung *f*; **3.** Verstocktheit *f*.

in·dus·tri·al [ɪnˈdʌstrɪəl] **I** *adj.* □ **1.** industri'ell, gewerblich, Industrie..., Fabrik..., Gewerbe..., Wirtschafts..., Betriebs..., Werks...: ***~ accident*** Betriebsunfall *m*; ***~ decline*** industrieller Niedergang; ***~ effluent*** Industrieabwässer *pl.*; ***~ emissions*** Industrieabgase *pl.*; ***~ waste*** Industrieabfälle *pl.*; **II** *s.* **2.** Industri'elle(r) *m*; **3.** *pl.* Indu'strieaktien *pl.*, -paˌpiere *pl.*; ***~ ac·tion*** *s.* Arbeitskampf(maßnahmen *pl.*) *m*; ***~ a·re·a*** *s.* Indu'striegebiet *n*, -gelände *n*; ***~ de·sign*** *s.* Indu'striedeˌsign *n*; ***~ de·sign·er*** *s.* Indu'striedeˌsigner *m*; ***~ dis·pute*** *s.* Arbeitsstreitigkeit *f*; ***~ en·gi·neer·ing*** *s.* In'dustrial engi'neering *n* (*Rationalisierung von Arbeitsprozessen*); ***~ es·pi·o·nage*** *s.* 'Werk-, Indu'striespioˌnage *f*; ***~ es·tate*** *s.* *Brit.* Indu'striegebiet *n*; ***~ goods*** *s. pl.* Indu'strieproˌdukte *pl.*, Investiti'onsgüter *pl.*; ***~ in·ju·ry*** *s.* a) Berufsschaden *m*, b) Arbeitsunfall *m*.

in·dus·tri·al·ism [ɪnˈdʌstrɪəlɪzəm] *s.* Industria'lismus *m*; **in'dus·tri·al·ist** [-ɪst] → ***industrial*** 2; **in'dus·tri·al·i·za·tion** [ɪnˌdʌstrɪəlaɪˈzeɪʃn] *s.* Industrialisierung *f*; **in'dus·tri·al·ize** [-aɪz] *v/t.* industrialisieren.

in·dus·tri·al| man·age·ment *s.* Betriebsführung *f*; ***~ med·i·cine*** *s.* Be'triebsmediˌzin *f*; ***~ na·tion*** *s.* Indu'striestaat *m*; ***~ park*** *s.* *Am.* Indu'striegebiet *n* (*e-r Stadt*); ***~ part·ner·ship*** *s.* † *Am.* Gewinnbeteiligung *f* der Arbeitnehmer; ***~ prop·er·ty*** *s.* gewerbliches Eigentum; ***~ psy·chol·o·gy*** *s.* Be'triebspsycholoˌgie *f*; ***~ re·la·tions*** *s. pl.* Beziehungen *pl.* zwischen Arbeitgeber u. Arbeitnehmern *od.* Gewerkschaften; ***~ re·la·tions court*** *s.* *Am.* Arbeitsgericht *n*; ***2 Rev·o·lu·tion*** *s.* *die* industri'elle Revoluti'on; ***~ school*** *s.* *Brit.* Gewerbeschule *f*; ***~ stocks*** *s. pl.* Indu'striepaˌpiere *pl.*; ***~ town*** *s.* Indu'striestadt *f*; ***~ tri·bu·nal*** *s.* Arbeitsgericht *n*.

in·dus·tri·ous [ɪnˈdʌstrɪəs] *adj.* □ fleißig, arbeitsam, emsig.

in·dus·try [ˈɪndəstrɪ] *s.* **1.** a) Indu'strie *f* (*e-s Landes etc.*), b) Indu'strie(zweig *m*) *f*, Gewerbe(zweig *m*) *n*, Branche *f*: ***the steel ~*** die Stahlindustrie; ***tourist ~*** Tou'ristik *f*, Fremdenverkehrswesen *n*; **2.** Unter'nehmer(schaft *f*) *pl.*, Arbeitgeber *pl.*; **3.** Fleiß *m*, Arbeitseifer *m*.

in·dwell [ˌɪnˈdwel] [*irr.* → ***dwell***] **I** *v/t.* **1.** bewohnen; **II** *v/i.* (***in***) **2.** wohnen (in *dat.*); **3.** *fig.* innewohnen (*dat.*); **in·dwell·er** [ˈɪnˌdwelə] *s.* *poet.* Bewohner(in).

in·e·bri·ate **I** *v/t.* [ɪˈniːbrɪeɪt] **1.** betrunken machen; **2.** *fig.* berauschen, trunken machen: ***~d by success*** vom Erfolg berauscht; **II** *s.* [-ɪət] **3.** Betrunkene(r) *m*; **4.** Alko'holiker(in); **III** *adj.*

[-ɪət] **5.** betrunken; **6.** *fig.* berauscht; **in·e·bri·a·tion** [ɪˌniːbrɪˈeɪʃn], **in·e·bri·e·ty** [ˌɪniːˈbraɪətɪ] *s.* Trunkenheit *f* (*a. fig.*), betrunkener Zustand.

in·ed·i·bil·i·ty [ɪnˌedɪˈbɪlətɪ] *s.* Ungenießbarkeit *f*; **in·ed·i·ble** [ɪnˈedɪbl] *adj.* ungenießbar, nicht eßbar.

in·ed·it·ed [ɪnˈedɪtɪd] *adj.* **1.** unveröffentlicht; **2.** ohne Veränderungen herˈausgegeben, nicht redigiert.

in·ef·fa·ble [ɪnˈefəbl] *adj.* □ **1.** unaussprechlich, unbeschreiblich; **2.** (unsagbar) erhaben.

in·ef·face·a·ble [ˌɪnɪˈfeɪsəbl] *adj.* □ unauslöschlich.

in·ef·fec·tive [ˌɪnɪˈfektɪv] *adj.* □ **1.** unwirksam (*a.* ⚖), wirkungslos; **2.** frucht-, erfolglos; **3.** unfähig, untauglich; **4.** (*bsd. künstlerisch*) nicht wirkungsvoll; **ˌin·efˈfec·tive·ness** [-nɪs] *s.* **1.** Wirkungslosigkeit *f*; **2.** Erfolglosigkeit *f*.

in·ef·fec·tu·al [ˌɪnɪˈfektjʊəl] *adj.* □ **1.** → ***ineffective*** 1 *u.* 2; **2.** kraftlos; **ˌin·efˈfec·tu·al·ness** [-nɪs] *s.* **1.** → ***ineffectiveness***; **2.** Nutzlosigkeit *f*; **3.** Schwäche *f*.

in·ef·fi·ca·cious [ˌɪnefɪˈkeɪʃəs] → ***ineffective*** 1, 2; **in·ef·fi·ca·cy** [ɪnˈefɪkəsɪ] → ***ineffectiveness***.

in·ef·fi·cien·cy [ˌɪnɪˈfɪʃnsɪ] *s.* **1.** Wirkungslosigkeit *f*, ˈIneffiziˌenz *f*: **~ *of a remedy***; **2.** Unfähigkeit *f*, Inkompeˈtenz *f*, Leistungsschwäche *f* (*e-r Person*); **3.** ˈunratioˌnelles Arbeiten *etc.*, Unwirtschaftlichkeit *f*, ˈUnproduktiviˌtät *f*, ˈIneffiziˌenz *f*: **~ *of a method***; **ˌin·efˈfi·cient** [-nt] *adj.* □ **1.** unwirksam, wirkungslos, ˈineffiziˌent; **2.** unfähig, untauglich, untüchtig, ˈinkompeˌtent; **3.** ˈineffiziˌent: a) leistungsschwach, b) ˈunratioˌnell, ˈunprodukˌtiv.

in·e·las·tic [ˌɪnɪˈlæstɪk] *adj.* **1.** ˈuneˌlastisch (*a. fig.*); **2.** *fig.* starr, nicht fleˈxibel; **in·e·las·tic·i·ty** [ˌɪnɪlæsˈtɪsətɪ] *s.* **1.** Mangel *m* an Elastiziˈtät; **2.** *fig.* Starrheit *f*, Mangel *m* an Flexibiliˈtät.

in·el·e·gance [ɪnˈelɪgəns] *s.* **1.** ˈUneleˌganz *f*, Mangel *m* an Eleˈganz (*a. fig.*); **2.** *fig.* a) Derbheit *f*, Geschmacklosigkeit *f*, b) Unbeholfenheit *f*; **inˈel·e·gant** [-nt] *adj.* □ **1.** ˈueleˌgant, ohne Eleˈganz (*a. fig.*); **2.** *fig.* a) derb, geschmacklos, b) unbeholfen, plump.

in·el·i·gi·bil·i·ty [ɪnˌelɪdʒəˈbɪlətɪ] *s.* **1.** Untauglichkeit *f*, mangelnde Eignung; **2.** Unwählbarkeit *f*, Unfähigkeit *f* (in ein Amt gewählt zu werden *etc.*); **3.** mangelnde Berechtigung; **in·el·i·gi·ble** [ɪnˈelɪdʒəbl] **I** *adj.* □ **1.** ungeeignet, nicht in Frage kommend (***for*** für): **~ *for military service*** (wehr)untauglich; **2.** unwählbar; **3.** ⚖ unfähig, nicht qualifiziert: **~ *to hold an office***; **4.** (***for***) nicht berechtigt (zu), keinen Anspruch habend (auf *acc.*): **~ *for a grant***; **~ *to vote*** nicht wahlberechtigt; **5.** a) unerwünscht, b) unpassend; **II** *s.* **6.** ungeeignete *od.* nicht in Frage kommende Perˈson.

in·e·luc·ta·ble [ˌɪnɪˈlʌktəbl] *adj.* unvermeidlich, unentrinnbar.

in·ept [ɪˈnept] *adj.* □ **1.** unpassend; **2.** ungeschickt; **3.** albern, dumm; **inˈept·i·tude** [-tɪtjuːd], **inˈept·ness** [-nɪs] *s.* **1.** Ungeeignetheit *f*; **2.** Ungeschicktheit *f*; **3.** Albernheit *f*, Dummheit *f*.

in·e·qual·i·ty [ˌɪnɪˈkwɒlətɪ] *s.* **1.** Ungleichheit *f* (*a.* ⚘, *sociol.*), Verschiedenheit *f*; **2.** Ungleichmäßigkeit *f*, Unregelmäßigkeit *f*; **3.** Unebenheit *f* (*a. fig.*); **4.** *ast.* Abweichung *f*.

in·eq·ui·ta·ble [ɪnˈekwɪtəbl] *adj.* □ ungerecht, unbillig; **inˈeq·ui·ty** [-kwətɪ] *s.* Ungerechtigkeit *f*, Unbilligkeit *f*.

in·e·rad·i·ca·ble [ˌɪnɪˈrædɪkəbl] *adj.* □ *fig.* unausrottbar; tiefsitzend, tief eingewurzelt.

in·e·ras·a·ble [ˌɪnɪˈreɪzəbl] *adj.* □ unauslöschbar, unauslöschlich.

in·ert [ɪˈnɜːt] *adj.* □ **1.** *phys.* träge: **~ *mass***; **2.** ⚗ ˈinakˌtiv: **~ *gas*** Inert-, Edelgas *n*; **3.** unwirksam; **4.** *fig.* träge, untätig, schwerfällig, schlaff; **in·er·tia** [ɪˈnɜːʃjə] *s.* **1.** *phys.* (Massen)Trägheit *f*, Beharrungsvermögen *n*: **~ *starter*** *mot.* Schwungkraftanlasser *m*; **2.** *fig.* Träg-, Faulheit *f*; **3.** ⚗ Inerˈtie *f*, Reaktiˈonsträgheit *f*; **in·er·tial** [ɪˈnɜːʃjəl] *adj.* *phys.* Trägheits…; **inˈert·ness** [-nɪs] *s.* Trägheit *f*.

in·es·cap·a·ble [ˌɪnɪˈskeɪpəbl] *adj.* □ unvermeidlich: a) unentrinnbar, unabwendbar, b) unweigerlich.

in·es·sen·tial [ˌɪnɪˈsenʃl] **I** *adj.* unwesentlich, nebensächlich; **II** *s. et.* Unwesentliches, Nebensache *f*.

in·es·ti·ma·ble [ɪnˈestɪməbl] *adj.* □ unschätzbar, unbezahlbar.

in·ev·i·ta·bil·i·ty [ɪnˌevɪtəˈbɪlətɪ] *s.* Unvermeidlichkeit *f*; **in·ev·i·ta·ble** [ɪnˈevɪtəbl] **I** *adj.* □ unvermeidlich: a) unentrinnbar: **~ *fate***, b) zwangsläufig, unweigerlich, c) *iro.* obliˈgat; **II** *s.* ***the* ~** das Unvermeidliche; **in·ev·i·ta·ble·ness** [ɪnˈevɪtəblnɪs] → ***inevitability***.

in·ex·act [ˌɪnɪgˈzækt] *adj.* □ ungenau; **ˌin·exˈact·i·tude** [-tɪtjuːd] *s.*, **ˌin·exˈact·ness** [-nɪs] *s.* Ungenauigkeit *f*.

in·ex·cus·a·ble [ˌɪnɪkˈskjuːzəbl] *adj.* □ **1.** unverzeihlich; **2.** unverantwortlich; **ˌin·exˈcus·a·bly** [-blɪ] *adv.* unverzeihlich(erweise).

in·ex·haust·i·bil·i·ty [ˈɪnɪgˌzɔːstəˈbɪlətɪ] *s.* **1.** Unerschöpflichkeit *f*; **2.** Unermüdlichkeit *f*; **in·ex·haust·i·ble** [ˌɪnɪgˈzɔːstəbl] *adj.* □ **1.** unerschöpflich; **2.** unermüdlich.

in·ex·o·ra·bil·i·ty [ɪnˌeksərəˈbɪlətɪ] *s.* Unerbittlichkeit *f*; **in·ex·o·ra·ble** [ɪnˈeksərəbl] *adj.* □ unerbittlich.

in·ex·pe·di·en·cy [ˌɪnɪkˈspiːdjənsɪ] *s.* **1.** Unzweckmäßigkeit *f*; **2.** Unklugheit *f*; **ˌin·exˈpe·di·ent** [-nt] *adj.* □ **1.** ungeeignet, unzweckmäßig, nicht ratsam; **2.** unklug.

in·ex·pen·sive [ˌɪnɪkˈspensɪv] *adj.* nicht teuer, preiswert, billig.

in·ex·pe·ri·ence [ˌɪnɪkˈspɪərɪəns] *s.* Unerfahrenheit *f*; **ˌin·exˈpe·ri·enced** [-st] *adj.* unerfahren: **~ *hand*** Nichtfachmann *m*.

in·ex·pert [ɪnˈekspɜːt] *adj.* □ **1.** ungeübt, unerfahren (***in*** in *dat.*); **2.** ungeschickt; **3.** unsachgemäß.

in·ex·pi·a·ble [ɪnˈekspɪəbl] *adj.* □ **1.** unsühnbar; **2.** unversöhnlich.

in·ex·pli·ca·ble [ˌɪnɪkˈsplɪkəbl] *adj.* □ unerklärlich, unverständlich; **ˌin·exˈpli·ca·bly** [-blɪ] *adv.* unerklärlich(erweise).

in·ex·plic·it [ˌɪnɪkˈsplɪsɪt] *adj.* □ nicht deutlich ausgedrückt, nur angedeutet; unklar.

in·ex·plo·sive [ˌɪnɪkˈspləʊsɪv] *adj.* nicht exploˈsiv, explosiˈonssicher.

in·ex·press·i·ble [ˌɪnɪkˈspresəbl] *adj.* □ unaussprechlich, unsäglich.

in·ex·pres·sive [ˌɪnɪkˈspresɪv] *adj.* □ **1.** ausdruckslos, nichtssagend; **2.** inhaltlos.

in ex·ten·so [ˌɪnɪkˈstensəʊ] (*Lat.*) *adv.* vollständig, ungekürzt; ausführlich.

in·ex·tin·guish·a·ble [ˌɪnɪkˈstɪŋgwɪʃəbl] *adj.* □ **1.** un(aus)löschbar; **2.** *fig.* unauslöschlich.

in·ex·tri·ca·ble [ɪnˈekstrɪkəbl] *adj.* □ **1.** unentwirrbar, un(auf)lösbar; **2.** gänzlich verworren.

in·fal·li·bil·i·ty [ɪnˌfæləˈbɪlətɪ] *s.* Unfehlbarkeit *f* (*a. eccl.*); **in·fal·li·ble** [ɪnˈfæləbl] *adj.* □ unfehlbar.

in·fa·mous [ˈɪnfəməs] *adj.* □ **1.** verrufen, berüchtigt (***for*** wegen); **2.** schändlich, niederträchtig, gemein, inˈfam; **3.** F miseˈrabel, ‚saumäßig'; **4.** ehrlos: a) ⚖ der bürgerlichen Ehrenrechte verlustig, b) entehrend, ehrenrührig: **~ *conduct***; **ˈin·fa·mous·ness** [-nɪs] → ***infamy*** 2; **ˈin·fa·my** [-mɪ] *s.* **1.** Ehrlosigkeit *f*, Schande *f*; **2.** Verrufenheit *f*; Schändlichkeit *f*, Niedertracht *f*; **3.** ⚖ Verlust *m* der bürgerlichen Ehrenrechte.

in·fan·cy [ˈɪnfənsɪ] *s.* **1.** frühe Kindheit, Säuglingsalter *n*; **2.** ⚖ Minderjährigkeit *f*; **3.** *fig.* Anfangsstadium *n*: ***in its* ~** in den Anfängen *od.* ‚Kinderschuhen' (steckend); **ˈin·fant** [-nt] **I** *s.* **1.** Säugling *m*, Baby *n*, kleines Kind; **2.** ⚖ Minderjährige(r *m*) *f*; **II** *adj.* **3.** Säuglings…, Kleinkinder…: **~ *mortality*** Säuglingssterblichkeit *f*; **~ *prodigy*** Wunderkind *n*; **~ *school*** *Brit. etwa* Vorschule *f*; **~ *welfare*** Säuglingsfürsorge *f*; **~ *Jesus*** das Jesuskind; ***his* ~ *son*** sein kleiner Sohn; **4.** ⚖ minderjährig; **5.** *fig.* jung, in den Anfängen (befindlich).

in·fan·ta [ɪnˈfæntə] *s.* Inˈfantin *f*; **inˈfan·te** [-tɪ] *s.* Inˈfant *m*.

in·fan·ti·cide [ɪnˈfæntɪsaɪd] *s.* **1.** Kindestötung *f*; **2.** Kindesmörder(in).

in·fan·tile [ˈɪnfəntaɪl] *adj.* **1.** kindlich, Kinder…, Kindes…; **2.** jugendlich; **3.** infanˈtil, kindisch; **~ (*spi·nal*) *pa·ral·y·sis*** *s.* ⚕ (spiˈnale) Kinderlähmung.

in·fan·try [ˈɪnfəntrɪ] *s.* ⚔ Infanteˈrie *f*, Fußtruppen *pl.*; **ˈ~·man** [-mən] *s.* [*irr.*] ⚔ Infanteˈrist *m*.

in·farct [ɪnˈfɑːkt] *s.* ⚕ Inˈfarkt *m*: ***cardiac* ~** Herzinfarkt; **inˈfarc·tion** [-kʃn] *s.* Inˈfarkt(bildung *f*) *m*.

in·fat·u·ate [ɪnˈfætjʊeɪt] *v/t.* betören, verblenden (***with*** durch); **inˈfat·u·at·ed** [-tɪd] *adj.* □ **1.** betört, verblendet (***with*** durch); **2.** vernarrt (***with*** in *acc.*); **in·fat·u·a·tion** [ɪnˌfætjʊˈeɪʃn] *s.* Verblendung *f*; Verliebt-, Vernarrtheit *f*.

in·fect [ɪnˈfekt] *v/t.* **1.** ⚕ infizieren, anstecken (***with*** mit, ***by*** durch): ***become* ~*ed*** sich anstecken; **2.** *Sitten* verderben; *Luft* verpesten; **3.** *fig.* *j-n* anstekken, beeinflussen; **4.** einflößen (***s.o. with s.th.*** j-m et.); **inˈfec·tion** [-kʃn] *s.* **1.** ⚕ Infektiˈon *f*, Ansteckung *f*: ***catch an* ~** angesteckt werden, sich anstekken; **2.** ⚕ Ansteckungskeim *m*, Gift *n*; **3.** *fig.* Ansteckung *f*: a) Vergiftung *f*, b) (*a.* schlechter) Einfluß, Einwirkung *f*; **inˈfec·tious** [-kʃəs] *adj.* □ ⚕ anstekkend (*a. fig. Lachen*, *Optimismus etc.*), infekti'ös, über'tragbar; **in'fec·tious·ness** [-kʃəsnɪs] *s. das* Ansteckende: a) ⚕ Über'tragbarkeit *f*, b) *fig.* Einfluß *m*.

in·fe·lic·i·tous [ˌɪnfɪ'lɪsɪtəs] *adj.* **1.** unglücklich; **2.** unglücklich (gewählt), ungeschickt (*Worte, Stil*); **ˌin·fe'lic·i·ty** [-tɪ] *s.* **1.** Unglücklichkeit *f*; **2.** Unglück *n*, Elend *n*; **3.** unglücklicher *od.* ungeschickter Ausdruck *etc.*

in·fer [ɪn'fɜː] *v/t.* **1.** schließen, folgern, ableiten (***from*** aus); **2.** schließen lassen auf (*acc.*), an-, bedeuten; **in'fer·a·ble** [-ɜːrəbl] *adj.* zu schließen(d), zu folgern(d), ableitbar (***from*** aus); **in·fer·ence** ['ɪnfərəns] *s.* (Schluß)Folgerung *f*, (Rück)Schluß *m*: ***make ~s*** Schlüsse ziehen; **in·fer·en·tial** [ˌɪnfə'renʃl] *adj.* ☐ **1.** zu folgern(d); **2.** folgernd; **3.** gefolgert; **in·fer·en·tial·ly** [ˌɪnfə'renʃəlɪ] *adv.* durch Schlußfolgerung.

in·fe·ri·or [ɪn'fɪərɪə] **I** *adj.* **1.** (***to***) 'untergeordnet (*dat.*); niedriger, geringer, geringwertiger (als): ***be ~ to s.o.*** j-m nachstehen; ***he is ~ to none*** er nimmt es mit jedem auf; **2.** geringer, schwächer (***to*** als); **3.** 'untergeordnet, unter, nieder, zweitrangig: ***the ~ classes*** die unteren Klassen; ***~ court*** ⚖ niederer Gerichtshof; **4.** minderwertig, gering, (mittel)mäßig: ***~ quality***; **5.** unter, tiefer gelegen, Unter...; **6.** *typ.* tiefstehend (*z. B.* H_2); **7.** ***~ planet*** *ast.* unterer Planet (*zwischen Erde u. Sonne*); **II** *s.* **8.** 'Untergeordnete(r *m*) *f*, Unter'gebene(r *m*) *f*; **9.** Geringere(r *m*) *f*, Schwächere(r *m*) *f*.

in·fe·ri·or·i·ty [ɪnˌfɪərɪ'ɒrətɪ] *s.* **1.** Minderwertigkeit *f*: ***~ complex*** (***feeling***) *psych.* Minderwertigkeitskomplex *m* (-gefühl *n*); **2.** (*a.* zahlen- *od.* mengenmäßige) Unter'legenheit; **3.** geringerer Stand *od.* Wert.

in·fer·nal [ɪn'fɜːnl] *adj.* ☐ **1.** höllisch, Höllen...: ***~ machine*** Höllenmaschine *f*; ***~ regions*** Unterwelt *f*; **2.** *fig.* teuflisch; **3.** F gräßlich, höllisch; **in'fer·no** [-nəʊ] *pl.* **-nos** *s.* In'ferno *n*, Hölle *f*.

in·fer·tile [ɪn'fɜːtaɪl] *adj.* unfruchtbar; **in·fer·til·i·ty** [ˌɪnfə'tɪlətɪ] *s.* Unfruchtbarkeit *f*.

in·fest [ɪn'fest] *v/t.* **1.** heimsuchen, *Ort* unsicher machen; **2.** plagen, verseuchen: ***~ed with*** geplagt von, verseucht durch; **3.** *fig.* über'laufen, -'schwemmen, -'fallen, sich festsetzen in (*dat.*): ***be ~ed with*** wimmeln von; **in·fes·ta·tion** [ˌɪnfe'steɪʃn] *s.* **1.** Heimsuchung *f*, (Land)Plage *f*; Belästigung *f*; **2.** *fig.* Über'schwemmung *f*.

in·feu·da·tion [ˌɪnfjuː'deɪʃn] *s.* ⚖, *hist.* **1.** Belehnung *f*; **2.** ***~ of tithes*** Zehntverleihung *f* an Laien.

in·fi·del ['ɪnfɪdəl] *eccl.* **I** *s.* Ungläubige(r *m*) *f*; **II** *adj.* ungläubig; **in·fi·del·i·ty** [ˌɪnfɪ'delətɪ] *s.* **1.** Ungläubigkeit *f*; **2.** (*bsd.* eheliche) Untreue.

in·field ['ɪnfiːld] *s.* **1.** ⚘ a) dem Hof nahes Feld, b) Ackerland *n*; **2.** *Kricket*: a) inneres Spielfeld, b) die dort stehenden Fänger; **3.** *Baseball*: (Spieler *pl.* im) Innenfeld *n*.

in·fight·ing ['ɪnˌfaɪtɪŋ] *s.* **1.** *Boxen*: Nahkampf *m*, Infight *m*; **2.** *fig.* Gerangel *n*, Hickhack *n*.

in·fil·trate ['ɪnfɪltreɪt] **I** *v/t.* **1.** (*a.* ⚔) einsickern in (*acc.*), 'durchsickern durch; **2.** durch'setzen, -'tränken; **3.** eindringen lassen, einschmuggeln (***into*** in *acc.*); **4.** *pol.* a) unter'wandern (*acc.*), b) *Agenten etc.* einschleusen (***into*** in *acc.*); **II** *v/i.* **5.** *a. fig.* einsickern, eindringen; **6.** *pol.* (***into***) sich einschleusen (in *acc.*), unter'wandern (*acc.*); **in·fil·tra·tion** [ˌɪnfɪl'treɪʃn] *s.* **1.** Einsickern *n* (*a.* ⚔); Eindringen *n*; **2.** Durch'tränkung *f*; **3.** *pol.* Unter'wanderung *f*: ***~ of agents*** Einschleusen *n* von Agenten; **'in·fil·tra·tor** [-tə] *s. pol.* Unter'wanderer *m*.

in·fi·nite ['ɪnfɪnət] **I** *adj.* ☐ **1.** un'endlich, endlos, unbegrenzt: ***~ loop*** *Computer*: Endlosschleife *f*; **2.** ungeheuer, 'allumˌfassend; **3.** *mit s. pl.* unzählige *pl.*; **4.** ***~ verb*** *ling.* Verbum *n* infinitum; **II** *s.* **5.** *das* Un'endliche, un'endlicher Raum; **6.** ***the*** ♁ Gott *m*; **'in·fi·nite·ly** [-lɪ] *adv.* **1.** un'endlich; ungeheuer; **2.** ***~ variable*** ⚙ stufenlos (regelbar).

in·fin·i·tes·i·mal [ˌɪnfɪnɪ'tesɪml] **I** *adj.* ☐ winzig, un'endlich klein; **II** *s.* un'endlich kleine Menge; ***~ cal·cu·lus*** *s.* ⩚ Infinitesi'malrechnung *f*.

in·fin·i·ti·val [ɪnˌfɪnɪ'taɪvl] *adj. ling.* infinitivisch, Infinitiv...; **in·fin·i·tive** [ɪn'fɪnətɪv] *ling.* **I** *s.* Infinitiv *m*, Nennform *f*; **II** *adj.* infinitivisch: ***~ mood*** Infinitiv *m*.

in·fin·i·tude [ɪn'fɪnɪtjuːd] → ***infinity*** 1 *u.* 2; **in'fin·i·ty** [-ətɪ] *s.* **1.** Un'endlichkeit *f*, Unbegrenztheit *f*, Unermeßlichkeit *f*; **2.** un'endliche Größe *od.* Zahl; **3.** ⩚ un'endliche Menge *od.* Größe, das Un'endliche: ***to ~*** ad infinitum.

in·firm [ɪn'fɜːm] *adj.* ☐ **1.** schwach, gebrechlich; **2.** *a.* ***~ of purpose*** wankelmütig, unentschlossen, willensschwach; **in'fir·ma·ry** [-mərɪ] *s.* **1.** Krankenhaus *n*; **2.** Krankenzimmer *n* (*in Internaten etc.*); ⚔ ('Kranken)ReˌVier *n*; **in'fir·mi·ty** [-mətɪ] *s.* **1.** Gebrechlichkeit *f*, (Alters)Schwäche *f*; Krankheit *f*; **2.** *a.* ***~ of purpose*** Cha'rakterschwäche *f*, Unentschlossenheit *f*.

in·fix **I** *v/t.* [ɪn'fɪks] **1.** eintreiben, befestigen; **2.** *fig.* einprägen (***in*** *dat.*); **3.** *ling.* einfügen; **II** *s.* ['ɪnfɪks] **4.** *ling.* In'fix *n*, Einfügung *f*.

in·flame [ɪn'fleɪm] **I** *v/t.* **1.** *mst* ⚕ entzünden; **2.** *fig.* erregen, entflammen, reizen: ***~d with rage*** wutentbrannt; **II** *v/i.* **3.** sich entzünden (*a.* ⚕), Feuer fangen; **4.** *fig.* entbrennen (***with*** vor *dat.*, von); sich erhitzen, in Wut geraten; **in'flamed** [-md] *adj.* entzündet; **in·flam·ma·bil·i·ty** [ɪnˌflæmə'bɪlətɪ] *s.* **1.** Brennbarkeit *f*, Entzündlichkeit *f*; **2.** *fig.* Erregbarkeit *f*, Jähzorn *m*; **in·flam·ma·ble** [ɪn'flæməbl] **I** *adj.* **1.** brennbar, leicht entzündlich; **2.** feuergefährlich; **3.** *fig.* reizbar, jähzornig, hitzig; **II** *s.* **4.** *pl.* Zündstoffe *pl.*; **in·flam·ma·tion** [ˌɪnflə'meɪʃn] *s.* **1.** ⚕ Entzündung *f*; **2.** Aufflammen *n*; **3.** *fig.* Erregung *f*, Aufregung *f*; **in·flam·ma·to·ry** [ɪn'flæmətərɪ] *adj.* **1.** ⚕ Entzündungs...; **2.** *fig.* aufrührerisch, Hetz...: ***~ speech***.

in·flat·a·ble [ɪn'fleɪtəbl] *adj.* aufblasbar: ***~ boat*** Schlauchboot *n*; **in·flate** [ɪn'fleɪt] *v/t.* **1.** aufblasen, aufblähen (*beide a. fig.*), mit Luft *etc.* füllen, *Reifen etc.* aufpumpen; **2.** ⚚ *Preise* hochtreiben, 'übermäßig steigern; **in'flat·ed** [-tɪd] *adj.* **1.** aufgebläht, aufgeblasen (*beide a. fig. Person*): ***~ with pride*** stolzgeschwellt; **2.** *fig.* geschwollen (*Stil*); **3.** über'höht (*Preise*); **in'fla·tion** [-eɪʃn] *s.* **1.** ⚚ Inflati'on *f*: ***creeping*** (***galloping***) ***~*** schleichende (galoppierende) Inflation; ***rate of ~*** Inflationsrate *f*; **2.** *fig.* Dünkel *m*, Aufgeblasenheit *f*; **3.** *fig.* Schwülstigkeit *f*; **in'fla·tion·ar·y** [-eɪʃnərɪ] *adj.* ⚚ inflatio'när, inflatio'nistisch, Inflations...: ***~ period*** Inflationszeit *f*; **in'fla·tion·ism** [-eɪʃnɪzəm] *s.* ⚚ Inflatio'nismus *m*; **in'fla·tion·ist** [-eɪʃnɪst] *s.* Anhänger *m* des Inflatio'nismus.

in·flect [ɪn'flekt] *v/t.* **1.** (nach innen) biegen; **2.** *ling.* flektieren, beugen, abwandeln; **in'flec·tion** [-kʃn] *etc.* → ***inflexion etc.***

in·flex·i·bil·i·ty [ɪnˌfleksə'bɪlətɪ] *s.* **1.** Unbiegsamkeit *f*; **2.** Unbeugsamkeit *f*; **in·flex·i·ble** [ɪn'fleksəbl] *adj.* ☐ **1.** 'uneˌlastisch, unbiegsam; **2.** *fig.* a) unbeugsam, starr, b) unerbittlich.

in·flex·ion [ɪn'flekʃn] *s.* **1.** Biegung *f*, Krümmung *f*; **2.** (me'lodische) Modulati'on; **3.** (Ton)Veränderung *f der Stimme, weitS.* feine Nu'ance; **4.** *ling.* Flexi'on *f*, Beugung *f*, Abwandlung *f*; **in'flex·ion·al** [-ʃənl] *adj. ling.* flektierend, Flexions...

in·flict [ɪn'flɪkt] *v/t.* **1.** *Leid etc.* zufügen; *Wunde, Niederlage* beibringen, *Schlag* versetzen, *Strafe* auferlegen, zudiktieren (***on, upon*** *dat.*); **2.** aufbürden (***on, upon*** *dat.*): ***~ o.s. on s.o.*** sich j-m aufdrängen; **in'flic·tion** [-kʃn] *s.* **1.** Zufügung *f*, Auferlegung *f*, Verhängung *f* (*Strafe*); **2.** Last *f*, Plage *f*; **3.** Heimsuchung *f*, Strafe *f*.

in·flo·res·cence [ˌɪnflɔː'resns] *s.* **1.** ⚘ a) Blütenstand *m*, b) *coll.* Blüten *pl.*; **2.** *a. fig.* Aufblühen *n*, Blüte *f*.

in·flow ['ɪnfləʊ] → ***influx*** 1.

in·flu·ence ['ɪnflʊəns] **I** *s.* **1.** Einfluß *m*, (Ein)Wirkung *f* (***on, upon, over*** auf *acc.*, ***with*** bei); ⚖ Beeinflussung *f*: ***be under s.o.'s ~*** unter j-s Einfluß stehen; ***under the ~ of drink*** unter Alkoholeinfluß; ***under the ~*** F ‚blau'; **2.** Einfluß *m*, Macht *f*: ***bring one's ~ to bear*** s-n Einfluß geltend machen; **II** *v/t.* **3.** beeinflussen, (ein)wirken *od.* Einfluß ausüben auf (*acc.*); **4.** bewegen, bestimmen; **in·flu·en·tial** [ˌɪnflʊ'enʃl] *adj.* ☐ **1.** einflußreich; maßgeblich; **2.** von (großem) Einfluß (***on*** auf *acc.*; ***in*** in *dat.*).

in·flu·en·za [ˌɪnflʊ'enzə] *s.* ⚕ Influ'enza *f*, Grippe *f*.

in·flux ['ɪnflʌks] *s.* **1.** Einfließen *n*, Zustrom *m*, Zufluß *m*; **2.** ⚚ (*Kapital- etc.*) Zufluß *m*, (Waren)Zufuhr *f*; **3.** Mündung *f* (*Fluß*); **4.** *fig.* Zustrom *m*: ***~ of visitors*** Besucherstrom *m*.

in·fo ['ɪnfəʊ] *s.* F Informati'on *f*.

in·fold [ɪn'fəʊld] → ***enfold***.

in·form [ɪn'fɔːm] **I** *v/t.* (***of***) informieren (über *acc.*), verständigen, benachrichtigen, in Kenntnis setzen, unter'richten (von), *j-m* mitteilen (*acc.*): ***~ o.s. of s.th.*** sich über et. informieren; ***keep s.o. ~ed*** j-n auf dem laufenden halten; ***~ s.o. that*** j-n davon in Kenntnis setzen, daß; **II** *v/i.* ***~ against s.o.*** j-n anzeigen *od.* denunzieren.

in·for·mal [ɪn'fɔːml] *adj.* ☐ **1.** zwanglos, ungezwungen, nicht for'mell *od.* förmlich; **2.** ˈinoffiziˌell: **~ visit** (**talks**); **3.** *ling.* Umgangs…: **~ speech**; **4.** ⚖ formlos: a) formfrei: **~ contract**, b) formwidrig; **in·for·mal·i·ty** [ˌɪnfɔːˈmæləti] *s.* **1.** Zwanglosigkeit *f*, Ungezwungenheit *f*; **2.** ⚖ a) Formlosigkeit *f*, b) Formfehler *m*.

in·form·ant [ɪnˈfɔːmənt] *s.* **1.** Gewährsmann *m*, Inforˈmant(in), (Informatiˈons)Quelle *f*; **2.** → **informer**.

in·for·ma·tics [ˌɪnfəˈmætɪks] *s. pl. oft sg. konstr.* Inforˈmatik *f*.

in·for·ma·tion [ˌɪnfəˈmeɪʃn] *s.* **1.** Nachricht *f*, Mitteilung *f*, Meldung *f*, Informatiˈon *f* (*a. Computer*): **~ bureau**, **~ office** Auskunftsstelle *f*, Auskunftei *f*; **~ desk** Auskunft(sschalter *m*) *f*; **~ flow** Informationsfluß *m*; **~ retrieval** Informationsabruf *m*; **~ science** Informatik *f*; **2.** Auskunft *f*, Bescheid *m*, Kenntnis *f*: **give ~** Auskunft geben; **we have no ~** wir sind nicht unterrichtet (**as to** über *acc.*); **3.** Erkundigungen *pl.*: **gather ~** sich erkundigen, Auskünfte einholen; **4.** Unterˈweisung *f*: **for your ~** zu Ihrer Kenntnisnahme; **5.** Einzelheiten *pl.*, Angaben *pl.*; **6.** ⚖ Anklage *f*, Anzeige *f*: **lodge ~ against s.o.** Anklage erheben gegen j-n, j-n anzeigen; **ˌin·forˈma·tion·al** [-ʃənl] *adj.* informaˈtorisch, Informations…

in·form·a·tive [ɪnˈfɔːmətɪv] *adj.* **1.** informaˈtiv, lehr-, aufschlußreich; **2.** mitteilsam; **inˈform·a·to·ry** [-tərɪ] *adj.* → a) **informational**, b) **informative** 1; **inˈformed** [-md] *adj.* **1.** inforˈmiert, (gut) unterˈrichtet: **~ quarters** unterrichtete Kreise; **2.** a) sachkundig, b) sachlich begründet *od.* einwandfrei, funˈdiert; **3.** gebildet; **inˈform·er** [-mə] *s.* **1.** Inforˈmant(in), Denunziˈant(in): (**common**) **~**, (**police**) **~** Spitzel *m*; **2.** ⚖ Anzeigeerstatter(in).

in·fra [ˈɪnfrə] *adv.* unten: **vide** (*od.* **see**) **~** siehe unten (*in Büchern*).

infra- [ɪnfrə] *in Zssgn* unter(halb).

in·frac·tion [ɪnˈfrækʃn] → **infringement**.

in·fra dig [ˌɪnfrəˈdɪg] (*Lat. abbr.*) *adv. u. adj.* F unter m-r (*etc.*) Würde, unwürdig.

in·fran·gi·ble [ɪnˈfrændʒɪbl] *adj.* unzerbrechlich; *fig.* unverletzlich.

ˌin·fra|ˈred *adj. phys.* infrarot; **ˌ~ˈson·ic** *adj.* Infraschall…, unter der Schallgrenze liegend.

ˈin·fraˌstruc·ture *s. allg.* ˈInfrastrukˌtur *f*.

in·fre·quen·cy [ɪnˈfriːkwənsɪ] *s.* Seltenheit *f*; **inˈfre·quent** [-nt] *adj.* ☐ **1.** selten; **2.** spärlich, dünn gesät.

in·fringe [ɪnˈfrɪndʒ] **I** *v/t. Gesetz*, *Eid etc.* brechen, verletzen, verstoßen gegen; **II** *v/i.* (**on**, **upon**) *Rechte etc.* verletzen, eingreifen (in *acc.*); **inˈfringe·ment** [-mənt] *s.* (**on**, **upon**) (*Rechts- etc., a. Patent*)Verletzung *f*, (*Rechts-, Vertrags*)Bruch *m*, Überˈtretung *f* (*gen.*); Verstoß *m* (gegen).

in·fu·ri·ate [ɪnˈfjʊərɪeɪt] *v/t.* wütend *od.* rasend machen; **inˈfu·ri·at·ing** [-tɪŋ] *adj.* aufreizend, rasend machend.

in·fuse [ɪnˈfjuːz] *v/t.* **1.** aufgießen, -brühen, ziehen lassen: **~ tea** Tee aufgießen; **2.** *fig.* einflößen (**into** *dat.*); **3.** erfüllen (**with** mit); **inˈfus·er** [-zə] *s.*: (**tea**) **~** Tee-Ei *n*; **inˈfu·si·ble** [-zəbl] *adj.* ⚗ unschmelzbar; **inˈfu·sion** [-ʒn] *s.* **1.** Aufgießen *n*, -brühen *n*; **2.** Aufguß *m*, (Kräuter- *etc.*)Tee *m*; **3.** ⚕ Infusiˈon *f*; **4.** *fig.* Einflößung *f*; **5.** *fig.* a) Beimischung *f*, b) Zufluß *m*.

in·fu·so·ri·a [ˌɪnfjuːˈzɔːrɪə] *s. pl. zo.* Infuˈsorien *pl.*, Wimpertierchen *pl.*; **ˌin·fuˈso·ri·al** [-əl] *adj. zo.* Infusorien…: **~ earth** *min.* Infusorienerde *f*, Kieselgur *f*; **ˌin·fuˈso·ri·an** [-ən] *zo.* **I** *s.* Wimpertierchen *n*, Infuˈsorium *n*; **II** *adj.* → **infusorial**.

in·gen·ious [ɪnˈdʒiːnjəs] *adj.* ☐ geniˈal: a) erfinderisch, findig, b) geistreich, klug, c) sinn-, kunstvoll, raffiniert: **~ design**; **inˈgen·ious·ness** [-nɪs] → **ingenuity**.

in·gé·nue [ˈænʒeɪnjuː] *s.* **1.** naˈives Mädchen, ‚Unschuld' *f*; **2.** *thea.* Naˈive *f*.

in·ge·nu·i·ty [ˌɪndʒɪˈnjuːətɪ] *s.* **1.** Genialiˈtät *f*, Erfindungsgabe *f*, Einfallsreichtum *m*, Findigkeit *f*, Geschicklichkeit *f*, Brilˈlanz *f*; **2.** Raffiˈnesse *f*, geniˈale Ausführung *etc.*

in·gen·u·ous [ɪnˈdʒenjʊəs] *adj.* ☐ **1.** offen(herzig), treuherzig, unbefangen, aufrichtig; **2.** naˈiv, einfältig, unschuldig; **inˈgen·u·ous·ness** [-nɪs] *s.* **1.** Offenheit *f*, Treuherzigkeit *f*; **2.** Naiviˈtät *f*.

in·gest [ɪnˈdʒest] *v/t. Nahrung* aufnehmen; **inˈges·tion** [-tʃn] *s.* Nahrungsaufnahme *f*.

in·glo·ri·ous [ɪnˈglɔːrɪəs] *adj.* ☐ **1.** unrühmlich, schimpflich; **2.** *obs.* ruhmlos.

in·go·ing [ˈɪnˌgəʊɪŋ] *adj.* **1.** eintretend; **2.** neu (*Beamter*, *Mieter etc.*).

in·got [ˈɪŋgət] *s.* ⚙ Barren *m*, Stange *f*, Block *m*: **~ of gold** Goldbarren *m*; **~ of steel** Stahlblock *m*; **~ iron** Flußstahl *m*, -eisen *n*.

in·graft [ɪnˈgrɑːft] → **engraft**.

in·grain I *v/t.* [ˌɪnˈgreɪn] **1.** *obs.* in der Wolle *od.* Faser (*farbecht*) färben; **2.** *fig.* tief verwurzeln; **II** *adj.* [*attr.* ˈɪngreɪn; *pred.* ˌɪnˈgreɪn] **3.** → **ˌinˈgrained** [-nd] *adj. fig.* **1.** tief verwurzelt: **~ prejudice**; **2.** eingefleischt: **~ habit**; **3.** unverbesserlich.

in·grate [ɪnˈgreɪt] *obs.* **I** *adj.* undankbar; **II** *s.* Undankbare(r *m*) *f*.

in·gra·ti·ate [ɪnˈgreɪʃɪeɪt] *v/t.*: **~ o.s. with s.o.** sich bei j-m einschmeicheln; **inˈgra·ti·at·ing** [-tɪŋ] *adj.* ☐ schmeichlerisch.

in·grat·i·tude [ɪnˈgrætɪtjuːd] *s.* Undank (-barkeit *f*) *m*.

in·gre·di·ent [ɪnˈgriːdjənt] *s.* ⚗, *Küche u. fig.*: Bestandteil *m*, Zutat *f*; *fig. a.* (*Charakter- etc.*)Merkmal *n*.

in·gress [ˈɪngres] *s.* **1.** Eintritt *m* (*a. ast.*), Eintreten *n* (**into** in *acc.*); **2.** Zutritt *m*, Zugang (**into** zu); **3.** Zustrom *m*: **~ of visitors**.

ˈin-group *s. sociol.* Ingroup *f*.

in·grow·ing [ˈɪnˌgrəʊɪŋ] *adj.*, **ˈin·grown** *adj.* ⚕ eingewachsen: **an ~ nail**.

in·gui·nal [ˈɪŋgwɪnl] *adj.* ⚕ Leisten…

in·gur·gi·tate [ɪnˈgɜːdʒɪteɪt] *v/t. bsd. fig.* verschlingen, schlucken.

in·hab·it [ɪnˈhæbɪt] *v/t.* bewohnen, wohnen *od.* (*a. zo.*) leben in (*dat.*); **inˈhab·it·a·ble** [-təbl] *adj.* bewohnbar; **inˈhab·it·ant** [-tənt] *s.* **1.** Bewohner (-in) (*e-s Hauses etc.*), **2.** Einwohner (-in) (e-s *Orts*, *e-s Landes*).

in·ha·la·tion [ˌɪnhəˈleɪʃn] *s.* **1.** Einatmung *f*; **2.** ⚕ Inhalatiˈon *f*; **in·hale** [ɪnˈheɪl] **I** *v/t.* ⚕ einatmen, inhalieren; **II** *v/i.* inhalieren, *beim Rauchen*: *a.* Lungenzüge machen; **in·hal·er** [ɪnˈheɪlə] *s.* **1.** ⚕ Inhalatiˈonsappaˌrat *m*; **2.** j-d, der inhaliert.

in·har·mo·ni·ous [ˌɪnhɑːˈməʊnjəs] *adj.* ☐ ˈunharˌmonisch: a) ˈmißtönend, b) *fig.* uneinig.

in·here [ɪnˈhɪə] *v/i.* **1.** innewohnen: a) anhaften (**in s.o.** j-m), b) eigen sein (**in s.th.** e-r Sache); **2.** enthalten sein (**in** in *dat.*); **inˈher·ence** [-ərəns] *s.* Innewohnen *n*, Anhaften *n*; *phls.* Inhäˈrenz *f*; **inˈher·ent** [-ərənt] *adj.* ☐ **1.** innewohnend, eigen, anhaftend (*alle*: **in** *dat.*): **~ defect** (*od.* **vice**) ⚖ innerer Fehler; **2.** eingewurzelt; **3.** *phls.* inhäˈrent; **inˈher·ent·ly** [-ərəntlɪ] *adv.* von Naˈtur aus, schon an sich.

in·her·it [ɪnˈherɪt] **I** *v/t.* **1.** ⚖, *biol.*, *fig.* erben; **2.** *biol.*, *fig.* ererben; **II** *v/i.* **3.** ⚖ erben, Erbe sein; **inˈher·it·a·ble** [-təbl] *adj.* **1.** ⚖, *biol.*, *fig.* vererbbar, erblich (*Sache*); **2.** erbfähig, -berechtigt (*Person*); **inˈher·it·ance** [-təns] *s.* **1.** ⚖, *fig.* Erbe *n*, Erbschaft *f*, Erbteil *n*: **~ tax** *Am.* Erbschaftssteuer *f*; **2.** ⚖, *biol.* Vererbung *f*: **by ~** durch Vererbung, erblich; **inˈher·it·ed** [-tɪd] *adj.* ererbt, Erb… (*a. ling.*); **inˈher·i·tor** [-tə] *s.* Erbe *m* (*a. fig.*); **inˈher·i·tress** [-trɪs], **inˈher·i·trix** [-trɪks] *s.* Erbin *f*.

in·hib·it [ɪnˈhɪbɪt] *v/t.* **1.** *et.*, *psych. j-n* hemmen: **~ed** gehemmt; **2.** (**from**) *j-n* abhalten (von), hindern (an *dat.*): **~ s.o. from doing s.th.** j-n daran hindern, et. zu tun; **in·hi·bi·tion** [ˌɪnhɪˈbɪʃn] *s.* **1.** Hemmung *f* (*a.* ⚕ *u. psych.*); **2.** Unterˈsagung *f*, Verbot *n*; **3.** ⚖ Unterˈsagungsbefehl *m* (*e-e Sache weiterzuverfolgen*); **inˈhib·i·tor** [-tə] *s.* ⚗, ⚙ Hemmstoff *m*, (*Korrosions- etc.*) Schutzmittel *n*; **inˈhib·i·to·ry** [-tərɪ] **1.** hemmend, Hemmungs… (*a.* ⚕ *u. psych.*), hindernd; **2.** unterˈsagend, verbietend.

in·hos·pi·ta·ble [ɪnˈhɒspɪtəbl] *adj.* ☐ ungastlich: a) nicht gastfreundlich, b) unwirtlich: **~ climate**; **in·hos·pi·tal·i·ty** [ɪnˌhɒspɪˈtælətɪ] *s.* Ungastlichkeit *f*: a) mangelnde Gastfreundschaft *f*, b) Unwirtlichkeit *f*.

ˈin-ˌhouse *adj.* innerbetrieblich, betriebsintern.

in·hu·man [ɪnˈhjuːmən] *adj.* ☐, **in·hu·mane** [ˌɪnhjuːˈmeɪn] *adj.* ☐ unmenschlich, ˈinhuˌman; **in·hu·man·i·ty** [ˌɪnhjuːˈmænətɪ] *s.* Unmenschlichkeit *f*.

in·hume [ɪnˈhjuːm] *v/t.* beerdigen, bestatten.

in·im·i·cal [ɪˈnɪmɪkl] *adj.* ☐ (**to**) **1.** feindlich (gegen); **2.** schädlich, nachteilig (für).

in·im·i·ta·ble [ɪˈnɪmɪtəbl] *adj.* ☐ unnachahmlich, einzigartig.

in·iq·ui·tous [ɪˈnɪkwɪtəs] *adj.* ☐ **1.** ungerecht; **2.** frevelhaft; **3.** böse, lasterhaft, schlecht; **4.** gemein, niederträchtig; **inˈiq·ui·ty** [-tɪ] *s.* **1.** Ungerechtigkeit *f*; **2.** Niederträchtigkeit *f*; **3.** Schandtat *f*, Frevel *m*; **4.** Sünde *f*, Laster *n*.

in·i·tial [ɪˈnɪʃl] **I** *adj.* ☐ **1.** anfänglich, Anfangs…, Ausgangs…, erst, ursprünglich: **~ advertising** ☤ Einführungswerbung *f*; **~ capital expenditure** ☤ Anlagekosten *pl.*; **~ material** ☤

Ausgangsmaterial *n*; **~ *position*** ⚙, ⚔ *etc.* Ausgangsstellung *f*; **~ *salary*** Anfangsgehalt *n*; **~ *stages*** Anfangsstadium *n*; **2.** *ling.* anlautend; **II** *s.* **3.** (großer) Anfangsbuchstabe, Initi'ale *f*; **4.** *pl.* Mono'gramm *n*; **5.** *ling.* Anlaut *m*; **III** *v/t.* **6.** mit Initi'alen versehen *od.* unter'zeichnen, paraphieren; **7.** mit e-m Mono'gramm versehen; **in'i·tial·ly** [-ʃəlɪ] *adv.* am *od.* zu Anfang, anfänglich, zu'erst.

in·i·ti·ate I *v/t.* [ɪ'nɪʃɪeɪt] **1.** beginnen, einleiten, -führen, ins Leben rufen; **2.** *j-n* einweihen, -arbeiten, -führen (***into, in*** in *acc.*); **3.** *j-n* einführen, aufnehmen (***into*** in *acc.*); **4.** *pol.* als erster beantragen; *Gesetzesvorlage* einbringen; **II** *adj.* [-ɪət] **5.** → ***initiated***; **III** *s.* [-ɪət] **6.** Eingeweihte(r *m*) *f*, Kenner(in); **7.** Eingeführte(r *m*) *f*; **8.** Neuling *m*, Anfänger (-in); **in'i·ti·at·ed** [-tɪd] *adj.* eingeführt, eingeweiht: ***the ~*** die Eingeweihten *pl.*; **in·i·ti·a·tion** [ɪˌnɪʃɪ'eɪʃn] *s.* **1.** Einleitung *f*, Beginn *m*; **2.** (feierliche) Einführung, -setzung *f*, Aufnahme *f* (***into*** in *acc.*); **3.** Einweihung *f*, Weihe *f*.

in·i·ti·a·tive [ɪ'nɪʃɪətɪv] **I** *s.* **1.** Initia'tive *f*: a) erster Schritt *od.* Anstoß, Anregung *f*: ***take the ~*** die Initiative ergreifen, den ersten Schritt tun; ***on s.o.'s ~*** auf j-s Anregung hin; ***on one's own ~*** aus eigenem Antrieb, b) Unter'nehmungsgeist *m*; **2.** *pol.* (Ge'setzes)Initiaˌtive *f*; **II** *adj.* **3.** einleitend; **4.** beginnend.

in·i·ti·a·tor [ɪ'nɪʃɪeɪtə] *s.* **1.** Initi'ator *m*, Urheber *m*, Anreger *m*; **2.** ⚔ (Initi'al-) Zündladung *f*; **3.** ⚗ reakti'onsauslösende Sub'stanz; **in'i·ti·a·to·ry** [-ɪətərɪ] *adj.* **1.** einleitend; **2.** einweihend, Einweihungs...

in·ject [ɪn'dʒekt] *v/t.* **1.** ⚕ a) (*a.* ⚙) einspritzen, b) ausspritzen (***with*** mit), c) e-e Einspritzung machen in (*acc.*); **2.** *fig.* einflößen, einimpfen (***into*** *dat.*); **3.** *Bemerkung* einwerfen.

in·jec·tion [ɪn'dʒekʃn] *s.* ⚕ Injekti'on *f*: a) Einspritzung *f* (*a.* ⚙), Spritze *f*, b) *das Eingespritzte*, c) Einlauf *m*, d) Ausspritzung *f* (*e-r Wunde etc.*): ***~ of money*** *fig.* ‚Spritze' *f*, Geldzuschuß *m*; **~ *cock*** *s.* Einspritzhahn *m*; **~ *die*** *s.* ⚙ Spritzform *f*; **~ *mo(u)ld·ing*** *s.* Spritzguß(verfahren *n*) *m*; **~ *noz·zle*** *s.* Einspritzdüse *f*; **~ *syr·inge*** *s.* ⚕ Injekti'onsspritze *f*.

in·jec·tor [ɪn'dʒektə] *s.* ⚙ In'jektor *m*, Dampfstrahlpumpe *f*.

in·ju·di·cious [ˌɪndʒuː'dɪʃəs] *adj.* □ unklug, 'unüberˌlegt.

In·jun ['ɪndʒən] *s. Am. humor.* Indi'aner *m*: ***honest ~!*** Ehrenwort!

in·junc·tion [ɪn'dʒʌŋ*k*ʃn] *s.* **1.** ⚖ gerichtliche Verfügung, *bsd.* (gerichtlicher) Unter'lassungsbefehl: ***interim ~*** einstweilige Verfügung; **2.** ausdrücklicher Befehl.

in·jure ['ɪndʒə] *v/t.* **1.** verletzen, beschädigen, verwunden: ***~ one's leg*** sich am Bein verletzen; **2.** *fig. j-n, j-s Stolz etc.* kränken, verletzen; **3.** schaden (*dat.*), schädigen, beeinträchtigen; **'in·jured** [-əd] *adj.* **1.** verletzt: ***the ~*** die Verletzten; **2.** geschädigt: ***the ~ party*** der Geschädigte; **3.** gekränkt, verletzt: ***~ innocence*** gekränkte Unschuld; **in·ju·ri·ous** [ɪn'dʒʊərɪəs] *adj.* □ **1.** schädlich, nachteilig (***to*** für): ***be ~ (to)*** schaden (*dat.*); **2.** beleidigend, verletzend (*Worte*); **3.** un(ge)recht; **in·ju·ry** ['ɪndʒərɪ] *s.* **1.** Verletzung *f*, Wunde *f* (***to*** an *dat.*): ***~ to the head*** Kopfverletzung, -wunde; ***~ time*** *sport* Nachspielzeit *f*; **2.** (Be)Schädigung *f* (***to*** *gen.*), Schaden *m* (*a.* ⚖): ***~ to person (property)*** Personen-(Sach)schaden; **3.** *fig.* Verletzung *f*, Kränkung *f* (***to*** *gen.*); **4.** Unrecht *n*.

in·jus·tice [ɪn'dʒʌstɪs] *s.* Unrecht *n*, Ungerechtigkeit *f*: ***do s.o. an ~*** j-m ein Unrecht antun.

ink [ɪŋk] **I** *s.* **1.** Tinte *f*: ***copying ~*** Kopiertinte *f*; **2.** Tusche *f*: ***~ drawing*** Tuschzeichnung *f*; → ***Indian ink***; **3.** *typ.* (Druck)Farbe *f*; → ***printer*** 1; **4.** *zo.* Tinte *f*, Sepia *f*; **II** *v/t.* **5.** mit Tinte schwärzen *od.* beschmieren; **6.** *typ. Druckwalzen* einfärben; **7.** ***~ in*** *mit Tusche* ausziehen, tuschieren; **8.** ***~ out*** *mit Tinte* unleserlich machen, ausstreichen; **~ *bag*** → ***ink sac***; **~ *blot*** *s.* Tintenklecks *m*.

ink·er ['ɪŋkə] *s.* **1.** → ***inking-roller***; **2.** *typ.* Tuscher(in).

ink·ing ['ɪŋkɪŋ] *s. typ.* Einfärben *n*; **~ *pad*** *s.* Einschwärzballen *m*; **'~-ˌroll·er** *s.* Auftrag-, Farbwalze *f*.

ink·ling ['ɪŋklɪŋ] *s.* **1.** Andeutung *f*, Wink *m*; **2.** dunkle Ahnung: ***get an ~ of s.th.*** et. merken, ‚Wind von et. bekommen'; ***not the least ~*** nicht die leiseste Ahnung.

ink| pad *s.* Farb-, Stempelkissen *n*; **~ *pot*** *s.* Tintenfaß *n*; **~ *rib·bon*** *s.* Farbband *n*; **~ *sac*** *s. zo.* Tintenbeutel *m*; **'~·stand** *s.* **1.** Tintenfaß *n*; **2.** Schreibzeug *n*; **'~·well** *s.* (eingelassenes) Tintenfaß.

ink·y ['ɪŋkɪ] *adj.* **1.** tiefschwarz; **2.** voll Tinte, tintig.

in·laid [ˌɪn'leɪd; *attr.* 'ɪnleɪd] *adj.* eingelegt, Einlege..., Mosaik...: **~ *floor*** Parkett(fußboden *m*) *n*; **~ *table*** Tisch *m* mit Einlegearbeit; **~ *work*** Einlegearbeit *f*.

in·land ['ɪnlənd] **I** *s.* **1.** In-, Binnenland *n*; **II** *adj.* **2.** binnenländisch, Binnen...: ***~ town*** Stadt im Binnenland; **3.** inländisch, einheimisch, Inland..., Landes...; **III** *adv.* [ɪn'lænd] **4.** im Innern des Landes; **5.** ins Innere des Landes, landeinwärts; **~ *bill (of ex·change)*** ['ɪnlənd] *s.* ☤ Inlandwechsel *m*; **~ *du·ty*** *s.* ☤ Binnenzoll *m*.

in·land·er ['ɪnləndə] *s.* Binnenländer(in).

'in·land| mail *s. Brit.* Inlandspost *f*; **~ *nav·i·ga·tion*** *s.* Binnenschiffahrt *f*; **~ *prod·uce*** *s.* ☤ 'Landesproˌdukte *pl.*; **~ *rev·e·nue*** *s.* ☤ *Brit.* a) Steueraufkommen *n*, b) 2 Steuerbehörde *f*; **~ *trade*** *s.* ☤ Binnenhandel *m*; **~ *wa·ters***, **~ *wa·ter·ways*** *s. pl.* Binnengewässer *pl.*

in-laws ['ɪnlɔːz] *s. pl.* **1.** angeheiratete Verwandte *pl.*; **2.** Schwiegereltern *pl.*

in·lay I *v/t.* [*irr.* → ***lay***] [ˌɪn'leɪ] **1.** einlegen: ***~ with ivory***; **2.** furnieren; **3.** täfeln, parkettieren, auslegen; **II** *s.* ['ɪnleɪ] **4.** Einlegearbeit *f*, In'tarsia *f*; **5.** ⚕ (Zahn)Füllung *f*, Plombe *f*.

in·let ['ɪnlet] *s.* **1.** Meeresarm *m*, schmale Bucht; **2.** Eingang *m* (*a.* ⚕), Einlaß *m* (*a.* ⚙): ***~ valve*** ⚙ Einlaßventil *n*; **3.** Einsatz(stück *n*) *m*.

'in-line en·gine *s.* Reihenmotor *m*.

in·ly·ing ['ɪnˌlaɪɪŋ] *adj.* innen liegend, Innen..., inner.

in·mate ['ɪnmeɪt] *s.* **1.** Insasse *m*, Insassin *f* (*bsd. e-r Anstalt etc.*); **2.** *obs.* Hausgenosse *m*, -genossin *f*; **3.** Bewohner(in) (*a. fig.*).

in·most ['ɪnməʊst] *adj.* **1.** (*a. fig.*) innerst; **2.** *fig.* tiefst, geheimst.

inn [ɪn] *s.* **1.** Gasthaus *n*, -hof *m*; **2.** Wirtshaus *n*; **3.** ***Inns*** *pl.* ***of Court*** ⚖ *die* (Gebäude *pl.* der) vier Rechtsschulen in London.

in·nards ['ɪnədz] *s. pl.* F *das Innere*, *bsd.* a) *die* Eingeweide *pl.* (*a. fig.*), b) *Küche*: *die* Inne'reien *pl.*

in·nate [ˌɪ'neɪt] *adj.* □ angeboren, eigen (***in*** *dat.*); **ˌin'nate·ly** [-lɪ] *adv.* von Na'tur (aus).

in·ner ['ɪnə] **I** *adj.* **1.** inner, inwendig, Innen...: ***~ door*** Innentür *f*; **2.** *fig.* inner, vertraut: ***the ~ circle*** der engere Kreis (*von Freunden etc.*); **3.** geistig, seelisch, inner(lich): ***~ life*** *das* Innen- *od.* Seelenleben; **4.** verborgen, geheim; **II** *s.* **5.** (Treffer *m* in das) Schwarze (*e-r Schießscheibe*); **~ *man*** *s.* [*irr.*] innerer Mensch: a) Seele *f*, Geist *m*, b) *humor. der* Magen *m*: ***refresh the ~*** sich stärken.

'in·ner·most → ***inmost***.

in·ner| span *s.* △ lichte Weite; **~ *surface*** *s.* Innenfläche *f*, -seite *f*; **~ *tube*** *s.* ⚙ (Luft)Schlauch *m e-s Reifens*.

in·ner·vate ['ɪnɜːveɪt] *v/t.* **1.** ⚕ innervieren, mit Nerven versorgen; **2.** anregen, beleben.

in·ning ['ɪnɪŋ] *s.* **1.** *Brit.* **~s** *pl. sg. konstr.*, *Am.* **~** *sg.*: ***have one's ~(s)*** a) *Kricket, Baseball*: dran *od.* am Spiel *od.* am Schlagen sein, b) *fig.* an der Reihe sein, *pol.* an der Macht *od.* am Ruder sein; **2.** *pl. Brit.* Gelegenheit *f*, Glück *n*, Chance *f*.

'innˌkeep·er *s.* Gastwirt(in).

in·no·cence ['ɪnəsəns] *s.* **1.** *allg.* Unschuld *f*: a) ⚖ *etc.* Schuldlosigkeit *f* (***of*** an *dat.*), b) Keuschheit *f*, c) Harmlosigkeit *f*, d) Arglosigkeit *f*, Naivi'tät *f*, Einfalt *f*; **2.** Unwissenheit *f*; **'in·no·cent** [-snt] **I** *adj.* □ **1.** unschuldig: a) schuldlos (***of*** an *dat.*): ***~ air*** Unschuldsmiene *f*, b) keusch, rein, c) harmlos, d) arglos, na'iv, einfältig; **2.** harmlos: ***an ~ sport***; **3.** unbeabsichtigt: ***an ~ deception***; **4.** unwissend: ***he is ~ of such things*** er hat noch nichts von solchen Dingen gehört; **5.** ⚖ a) → 1 a, b) gutgläubig, c) le'gal; **6.** (***of***) frei (von), bar (*gen.*), ohne (*acc.*): ***~ of conceit*** frei von (jedem) Dünkel; ***~ of reason*** bar aller Vernunft; ***he is ~ of Latin*** er kann kein Wort Latein; **II** *s.* **7.** Unschuldige(r *m*) *f*: ***the slaughter of the 2s*** a) *bibl.* der bethlehemitische Kindermord, b) *parl. sl.* das Über'bordwerfen von Vorlagen am Sessi'onsende; **8.** ‚Unschuld' *f*, na'iver Mensch, Einfaltspinsel *m*; **9.** Igno'rant(in), Nichtswisser(in).

in·noc·u·ous [ɪ'nɒkjʊəs] *adj.* □ unschädlich, harmlos.

in·no·vate ['ɪnəʊveɪt] *v/i.* Neuerungen einführen *od.* vornehmen; **in·no·va·tion** [ˌɪnəʊ'veɪʃn] *s.* Neuerung *f*, *a.* ☤ Innovati'on *f*; **'in·no·va·tive** [-tɪv] *adj.* innovationsfreudig: ***~ advance*** Innovationsschub *m*; **'in·no·va·tor** [-tə] *s.* Neuerer *m.*

in·nox·ious [ɪ'nɒkʃəs] *adj.* □ unschädlich.

in·nu·en·do [ˌɪnju:'endəʊ] *pl.* **-does** *s.* **1.** (versteckte) Andeutung *od.* (boshafte) Anspielung, Anzüglichkeit *f*; **2.** Unter'stellung *f.*

in·nu·mer·a·ble [ɪ'nju:mərəbl] *adj.* □ unzählig, zahllos.

in·ob·serv·ance [ˌɪnəb'zɜ:vəns] *s.* **1.** Unaufmerksamkeit *f*, Unachtsamkeit *f*; **2.** Nichteinhaltung *f*, -beachtung *f.*

in·oc·u·late [ɪ'nɒkjʊleɪt] *v/t.* **1.** ⚕ a) *Serum etc.* einimpfen (***on, into s.o.*** j-m), b) *j-n* impfen (***against*** gegen); **2.** ~ ***with*** *fig. j-m et.* einimpfen, *j-n* erfüllen mit; **3.** ⚘ okulieren; **in·oc·u·la·tion** [ɪˌnɒkjʊ'leɪʃn] *s.* **1.** ⚕ a) Impfung *f*: ~ ***gun*** Impfpistole *f*; ***preventive*** ~ Schutzimpfung, b) Einimpfung *f* (*a. fig.*); **2.** ⚘ Okulierung *f.*

in·o·dor·ous [ɪn'əʊdərəs] *adj.* □ geruchlos.

in·of·fen·sive [ˌɪnə'fensɪv] *adj.* □ harmlos.

in·of·fi·cious [ˌɪnə'fɪʃəs] *adj.* ⚖ pflichtwidrig.

in·op·er·a·ble [ɪn'ɒpərəbl] *adj.* ⚕ inope'rabel, nicht operierbar.

in·op·er·a·tive [ɪn'ɒpərətɪv] *adj.* **1.** unwirksam: a) wirkungslos, b) ⚖ ungültig, nicht in Kraft; **2.** a) außer Betrieb, b) nicht einsatzfähig.

in·op·por·tune [ɪn'ɒpətju:n] *adj.* □ 'inopporˌtun, unangebracht, zur Unzeit (geschehen *etc.*), ungelegen.

in·or·di·nate [ɪ'nɔ:dɪnət] *adj.* □ **1.** 'übermäßig, über'trieben, maßlos; **2.** ungeordnet; **3.** unbeherrscht.

in·or·gan·ic [ˌɪnɔ:'gænɪk] *adj.* (□ ~***ally***) 'un-, ⚗ 'anorˌganisch.

in·os·cu·late [ɪ'nɒskjʊleɪt] *mst* ⚕ **I** *v/t.* vereinigen (***with*** mit), einmünden lassen (***into*** in *acc.*); **II** *v/i.* sich vereinigen; eng verbunden sein.

in-pa·tient ['ɪnˌpeɪʃnt] *s.* 'Anstaltspatiˌent(in), statio'närer Pati'ent: ~ ***treatment*** stationäre Behandlung.

in·pay·ment ['ɪnˌpeɪmənt] *s.* † Einzahlung *f.*

in·phase ['ɪnfeɪz] *adj.* ⚡ gleichphasig.

in-plant ['ɪnplɑ:nt] *adj.* † innerbetrieblich, (be'triebs)inˌtern.

in·pour·ing ['ɪnˌpɔ:rɪŋ] **I** *adj.* (her-) 'einströmend; **II** *s.* (Her)'Einströmen *n.*

in·put ['ɪnpʊt] *s.* Input *m*: a) † eingesetzte Produkti'onsmittel *pl.*: ~***-output analysis*** Input-Output-Analyse *f*, b) ⚙ eingespeiste Menge, c) ⚡ zugeführte Spannung *od.* Leistung, (Leistungs-) Aufnahme *f*, 'Eingangsenerˌgie *f*: ~ ***amplifier*** *Radio*: Eingangsverstärker *m*; ~ ***circuit*** ⚡ Eingangsstromkreis *m*; ~ ***impedance*** ⚡ Eingangswiderstand *m*, d) *Computer*: (Daten-, Pro'gramm)Eingabe *f.*

in·quest ['ɪnkwest] *s.* **1.** ⚖ a) gerichtliche Unter'suchung, b) *a.* ***coroner's*** ~ Gerichtsverhandlung *f* zur Feststellung der Todesursache (*bei ungeklärten Todesfällen*), c) Unter'suchungsergebnis *n*, Befund *m*; **2.** genaue Prüfung, Nachforschung *f.*

in·qui·e·tude [ɪn'kwaɪətju:d] *s.* Unruhe *f*, Besorgnis *f.*

in·quire [ɪn'kwaɪə] **I** *v/t.* **1.** sich erkundigen nach, fragen nach, erfragen: ~ ***the price***; ~ ***one's way*** sich nach dem Weg erkundigen; **II** *v/i.* **2.** fragen, sich erkundigen (***of s.o.*** bei j-m; ***for*** nach; ***about*** über *acc.*, wegen): ~ ***after s.o.*** sich nach j-m *od.* nach j-s Befinden erkundigen; ~ ***within!*** Näheres im Hause (zu erfragen)!; **3.** ~ ***into*** unter'suchen, erforschen; **in'quir·er** [-ərə] *s.* **1.** Fragesteller(in), Nachfragende(r *m*) *f*; **2.** Unter'suchende(r *m*) *f*; **in'quir·ing** [-ərɪŋ] *adj.* □ forschend, fragend; neugierig.

in·quir·y [ɪn'kwaɪərɪ] *s.* **1.** Erkundigung *f*, (An-, Nach)Frage *f*: ***on*** ~ auf Nachfrage *od.* Anfrage; ***make inquiries*** Erkundigungen einziehen (***of s.o.*** bei j-m; ***about*** über *acc.*, wegen); ***Inquiries*** *pl.* Auskunft(sstelle) *f*; **2.** Unter'suchung *f*, Prüfung *f* (***into*** *gen.*); (Nach)Forschung *f*: ***board of*** ~ Untersuchungsausschuß *m*; ~ ***of·fice*** *s.* 'Auskunft(sbüˌro *n*) *f.*

in·qui·si·tion [ˌɪnkwɪ'zɪʃn] *s.* **1.** (gerichtliche *od.* amtliche) Unter'suchung; **2.** *R.C.* a) *hist.* Inquisiti'on *f*, Ketzergericht *n*, b) Kongregati'on *f* des heiligen Of'fiziums; **3.** *fig.* strenges Verhör; ˌ**inqui'si·tion·al** [-ʃənl] *adj.* **1.** Untersuchungs…; **2.** *R.C.* Inquisitions…; **3.** → ***inquisitorial*** 3.

in·quis·i·tive [ɪn'kwɪzətɪv] *adj.* □ **1.** wißbegierig; **2.** neugierig, naseweis; **in'quis·i·tive·ness** [-nɪs] *s.* **1.** Wißbegierde *f*; **2.** Neugier(de) *f*; **in'quis·i·tor** [-tə] *s. R.C.* Inqui'sitor *m*: ***Grand*** ♀ Großinquisitor; **in·quis·i·to·ri·al** [ɪnˌkwɪzɪ'tɔ:rɪəl] *adj.* □ **1.** ⚖ Untersuchungs…; **2.** *R.C.* Inquisitions…; **3.** inquisi'torisch, streng (verhörend); **4.** aufdringlich fragend, neugierig.

in| re [ˌɪn'reɪ] (*Lat.*) *prp.* ⚖ in Sachen, betrifft; ~ **rem** [ˌɪn'rem] (*Lat.*) *adj.* ⚖ dinglich: ~ ***action***.

in·road ['ɪnrəʊd] *s.* **1.** Angriff *m*, 'Überfall *m* (***on*** auf *acc.*), Einfall *m* (***in, on*** in *acc.*); **2.** *fig.* (***on, into***) Eingriff *m* (in *acc.*), 'Übergriff *m* (auf *acc.*), 'übermäßige In'anspruchnahme (*gen.*); **3.** Eindringen *n*: ***make an*** ~ ***into*** *fig.* e-n Einbruch erzielen in (*dat.*).

in·rush ['ɪnrʌʃ] *s.* (Her)'Einströmen *n*, Zustrom *m.*

in·sa·lu·bri·ous [ˌɪnsə'lu:brɪəs] *adj.* ungesund; ˌ**in·sa'lu·bri·ty** [-ətɪ] *s.* Gesundheitsschädlichkeit *f.*

in·sane [ɪn'seɪn] *adj.* □ wahn-, irrsinnig: a) ⚕ geisteskrank; → ***asylum*** 1, b) *fig.* verrückt, toll.

in·san·i·tar·y [ɪn'sænɪtərɪ] *adj.* 'unhygiˌenisch, gesundheitsschädlich.

in·san·i·ty [ɪn'sænətɪ] *s.* Irr-, Wahnsinn *m*: a) ⚕ Geisteskrankheit *f*, b) *fig.* Verrücktheit *f.*

in·sa·ti·a·bil·i·ty [ɪnˌseɪʃjə'bɪlətɪ] *s.* Unersättlichkeit *f*; **in·sa·ti·a·ble** [ɪn'seɪʃjəbl], **in·sa·ti·ate** [ɪn'seɪʃɪət] *adj.* unersättlich (*a. fig.*).

in·scribe [ɪn'skraɪb] *v/t.* **1.** (ein-, auf-) schreiben; **2.** beschriften, mit e-r Inschrift versehen; **3.** *bsd.* † eintragen: ~***d stock*** *Brit.* Namensaktien *pl.*; **4.** *Buch etc.* widmen (***to*** *dat.*); **5.** ⚟ einbeschreiben; **6.** *fig.* (fest) einprägen (***in*** *dat.*).

in·scrip·tion [ɪn'skrɪpʃn] *s.* **1.** Beschriftung *f*; In-, Aufschrift *f*; **2.** Eintragung *f*, Registrierung *f* (*bsd. von Aktien*); **3.** Zueignung *f*, Widmung *f* (*Buch etc.*); **4.** ⚠ Einzeichnung *f*; **5.** † *Brit.* (Ausgabe *f* von) Namensaktien *pl.*; **in'scrip·tion·al** [-ʃənl], **in'scrip·tive** [-ptɪv] *adj.* Inschriften…

in·scru·ta·bil·i·ty [ɪnˌskru:tə'bɪlətɪ] *s.* Unergründlichkeit *f*; **in·scru·ta·ble** [ɪn'skru:təbl] *adj.* □ unergründlich: ~ ***face*** undurchdringliches Gesicht.

in·sect ['ɪnsekt] *s.* **1.** *zo.* In'sekt *n*, Kerbtier *n*; **2.** *contp.* ‚Wurm' *m*, ‚Giftzwerg' *m* (*Person*); **in·sec·ti·cide** [ɪn'sektɪsaɪd] *s.* In'sektengift *n*, Insekti'zid *n*; **in·sec·ti·vore** [ɪn'sektɪvɔ:] *s. zo.* In'sektenfresser *m*; **in·sec·tiv·o·rous** [ˌɪnsek'tɪvərəs] *adj. zo.* in'sektenfressend.

in·sect pow·der *s.* In'sektenpulver *n.*

in·se·cure [ˌɪnsɪ'kjʊə] *adj.* □ **1.** unsicher: a) ungesichert, pre'kär, b) ungewiß, zweifelhaft; **2.** *psych.* unsicher, verunsichert: ***make s.o. feel*** ~ j-n verunsichern; ˌ**in·se'cu·ri·ty** [-ʊərətɪ] *s.* **1.** Unsicherheit *f*; **2.** Ungewißheit *f.*

in·sem·i·nate [ɪn'semɪneɪt] *v/t.* **1.** (ein-, aus)säen; **2.** *biol.* (*bsd.* künstlich) befruchten; **3.** *fig.* einimpfen; **in·sem·i·na·tion** [ɪnˌsemɪ'neɪʃn] *s.* **1.** (Ein)Säen *n*; **2.** *biol.* Befruchtung *f*: ***artificial*** ~ künstliche Befruchtung.

in·sen·sate [ɪn'senseɪt] *adj.* □ **1.** leb-, empfindungs-, gefühllos; **2.** unsinnig, unvernünftig; **3.** → ***insensible*** 3.

in·sen·si·bil·i·ty [ɪnˌsensə'bɪlətɪ] *s.* (***to***) **1.** (*a. fig.*) Gefühllosigkeit *f* (gegen), Unempfindlichkeit *f* (für); **2.** Bewußtlosigkeit *f*; **3.** Gleichgültigkeit *f* (gegen), Unempfänglichkeit *f* (für); Stumpfheit *f*; **in·sen·si·ble** [ɪn'sensəbl] *adj.* □ **1.** unempfindlich, gefühllos (***to*** gegen): ~ ***from cold*** vor Kälte gefühllos; **2.** bewußtlos; **3.** (***of, to***) unempfänglich (für), gleichgültig (gegen); **4.** ***be*** ~ ***of*** nicht (an)erkennen (*acc.*); **5.** unmerklich; **in·sen·si·bly** [ɪn'sensəblɪ] *adv.* unmerklich.

in·sen·si·tive [ɪn'sensətɪv] *adj.* (***to***) **1.** *a. phys.*, ⚙ unempfindlich (gegen); **2.** unempfänglich (für), gefühllos (gegen); **in'sen·si·tive·ness** [-nɪs] *s.* Unempfindlichkeit *f*; Unempfänglichkeit *f.*

in·sen·ti·ent [ɪn'senʃnt] → ***insensible*** 1.

in·sep·a·ra·bil·i·ty [ɪnˌsepərə'bɪlətɪ] *s.* **1.** Untrennbarkeit *f*; **2.** Unzertrennlichkeit *f*; **in·sep·a·ra·ble** [ɪn'sepərəbl] **I** *adj.* □ **1.** untrennbar (*a. ling.*); **2.** unzertrennlich; **II** *s.* **3.** *pl. die* Unzertrennlichen *pl.*

in·sert I *v/t.* [ɪn'sɜ:t] **1.** einfügen, -setzen, -schieben, *Worte a.* einschalten, *Instrument etc.* einführen, *Schlüssel etc.* (hin'ein)stecken (***in, into*** in *acc.*); **2.** ⚡ ein-, zwischenschalten; **3.** *Münze* einwerfen; **4.** *Anzeige* (*in e-e Zeitung*) setzen, *ein Inserat* aufgeben; **II** *s.* ['ɪnsɜ:t] **5.** → ***insertion*** 2–4; **in'ser·tion** [-ɜ:ʃn] *s.* **1.** a) Einfügen *n* (*etc.* → ***insert***), b) Einfügung *f*, Ein-, Zusatz *m*, Einschaltung *f* (*a.* ⚡); Einwurf *m* (*Münze*); **2.** (Zeitungs)Beilage *f*; **3.** (Spitzen- *etc.*) Einsatz *m*; **4.** Inse'rat *n*, Anzeige *f.*

'in-ˌser·vice *adj.* während der Dienstzeit: ~ ***training*** betriebliche Berufsförderung.

in·set I *s.* ['ɪnset] **1.** → ***insertion*** 1 b, 2, 3; **2.** Eckeinsatz *m*, Nebenbild *n*, -karte *f*; **II** *v/t.* [*irr.* → ***set***] [ˌɪnˈset] *pret. u. p.p. Brit. a.* **in·set·ted** [ˌɪnˈsetɪd] **3.** einfügen, -setzen.

in·shore [ˌɪnˈʃɔː] **I** *adj.* **1.** an *od.* nahe der Küste: **~ *fishing*** Küstenfischerei *f*; **II** *adv.* **2.** a) küstenwärts, b) nahe der Küste; **3. ~ *of*** näher der Küste als: **~ *of a ship*** zwischen Schiff und Küste.

in·side [ˌɪnˈsaɪd] **I** *s.* **1.** Innenseite *f*, -fläche *f*, innere Seite: ***on the ~*** innen; ***s.o. on the ~*** *fig.* → ***insider*** 1; **2.** *das* Innere: ***from the ~*** von innen; **~ *out*** das Innere nach außen, umgestülpt, *Kleidung*: verkehrt herum, links; ***turn ~ out*** (völlig) umkrempeln, durcheinanderbringen, ‚auf den Kopf stellen'; ***know ~ out*** in- u. auswendig kennen; **3.** F ‚Eingeweide' *pl.*: ***pain in one's ~*** Bauch- *od.* Leibschmerzen; **II** *adj.* **4.** inner, inwendig, Innen…: **~ *diameter*** lichter Durchmesser, lichte Weite; **~ *information*** interne Informationen *pl.*, Informationen *pl.* aus erster Quelle; **~ *job*** F Tat *f* e-s Eingeweihten *od.* Insiders; **~ *lane*** *sport* Innenbahn *f*; **~ *story*** Inside-Story *f* (*Bericht aus interner Sicht*); **III** *adv.* **5.** im Innern, innen, drin(nen); **6.** nach innen, hinˈein, herˈein: ***go ~***; ***put s.o. ~*** F j-n ‚einlochen'; **7. ~ *of*** a) innerhalb (*gen.*), binnen: **~ *of a week***, b) *Am.* → 8; **IV** *prp.* **8.** innerhalb (*gen.*), im Innern (*gen.*), in (*dat.*): ***be ~ the house***; **9.** in (*acc.*) … (hinˈein *od.* herˈein): ***go ~ the house***; **in·sid·er** [ˌɪnˈsaɪdə] *s.* **1.** Eingeweihte(r *m*) *f*, Insider *m*; † **~ *trading*** Insidergeschäfte *pl.*; **2.** Zugehörige(r *m*) *f*, Mitglied *n*.

in·sid·i·ous [ɪnˈsɪdɪəs] *adj.* □ **1.** heimtückisch, ˈhinterhältig, tückisch; **2.** ⚕ tückisch, schleichend; **inˈsid·i·ous·ness** [-nɪs] *s.* ˈHinterlist *f*, Tücke *f*.

in·sight [ˈɪnsaɪt] *s.* (***into***) **1.** Einblick *m* (in *acc.*); **2.** Verständnis *n* (für), Kenntnis (*gen.*).

in·sig·ni·a [ɪnˈsɪgnɪə] *s. pl.* Inˈsignien *pl.*, Ab-, Ehrenzeichen *pl.*

in·sig·nif·i·cance [ˌɪnsɪgˈnɪfɪkəns] *s.*, **ˌin·sigˈnif·i·can·cy** [-sɪ] *s.* Bedeutungslosigkeit *f*, Unwichtigkeit *f*, Belanglosigkeit *f*, Geringfügigkeit *f*; **ˌin·sigˈnif·i·cant** [-nt] *adj.* □ **1.** bedeutungs-, belanglos, unwichtig; geringfügig, unbedeutend; nichtssagend; **2.** verächtlich.

in·sin·cere [ˌɪnsɪnˈsɪə] *adj.* □ unaufrichtig, falsch; **ˌin·sinˈcer·i·ty** [-ˈserətɪ] *s.* Unaufrichtigkeit *f*.

in·sin·u·ate [ɪnˈsɪnjʊeɪt] *v/t.* **1.** andeuten, anspielen auf (*acc.*): ***what are you insinuating?*** was wollen Sie damit sagen?; **2.** *j-m et.* zu verstehen geben, *et.* vorsichtig beibringen; **3. ~ *o.s. into s.o.'s favo(u)r*** sich bei j-m einschmeicheln; **inˈsin·u·at·ing** [-tɪŋ] *adj.* □ **1.** anzüglich; **2.** schmeichlerisch; **in·sin·u·a·tion** [ɪnˌsɪnjʊˈeɪʃn] *s.* **1.** Anspielung *f*, (versteckte) Andeutung; **2.** Schmeicheˈleien *pl.*

in·sip·id [ɪnˈsɪpɪd] *adj.* □ **1.** fade, geschmacklos, schal; **2.** *fig.* fade, abgeschmackt, geistlos; **in·si·pid·i·ty** [ˌɪnsɪˈpɪdətɪ] *s.* Geschmacklosigkeit *f*, Fadheit *f*, *fig. a.* Abgeschmacktheit *f*.

in·sist [ɪnˈsɪst] *v/i.* **1.** (***on***) bestehen (auf *dat.*), dringen (auf *acc.*), verlangen (*acc.*), insisˈtieren (auf *dat.*): ***I ~ on doing it*** ich bestehe darauf, es zu tun; ***if you ~!*** wenn Sie darauf bestehen!; **2.** (***on***) beharren (auf *dat.*, bei), bleiben (bei); **3.** beteuern (***on*** *acc.*); **4.** (***on***) herˈvorheben, nachdrücklich betonen (*acc.*); **5.** es sich nicht nehmen lassen (***on doing*** zu tun); **6. ~ *on*** *doing* immer wieder *umfallen etc.* (*Sache*); **inˈsist·ence** [-təns], **inˈsist·en·cy** [-tənsɪ] *s.* **1.** Bestehen *n*, Beharren *n* (***on, upon*** auf *dat.*); **2.** (***on***) Beteuerung *f* (*gen.*), Beharren (auf *dat.*); **3.** (***on, upon***) Betonung *f* (*gen.*); Nachdruck *m* (auf *dat.*); **4.** Beharrlichkeit *f*, Hartnäckigkeit *f*; **inˈsist·ent** [-tənt] *adj.* □ **1.** beharrlich, dauernd, hartnäckig, drängend; **2. *be ~ on*** → ***insist*** 1–3; **3.** eindringlich, nachdrücklich, dringend; **4.** aufdringlich, grell (*Farbe, Ton*).

in·so·bri·e·ty [ˌɪnsəʊˈbraɪətɪ] *s.* Unmäßigkeit *f* (*engS.* im Trinken).

ˌin·soˈfar → ***far*** 4.

in·so·la·tion [ˌɪnsəʊˈleɪʃn] *s.* Sonnenbestrahlung *f*; Sonnenbad *n*.

in·sole [ˈɪnsəʊl] *s.* **1.** Brandsohle *f*; **2.** Einlegesohle *f*.

in·so·lence [ˈɪnsələns] *s.* **1.** Überˈheblichkeit *f*; **2.** Unverschämtheit *f*, Frechheit *f*; **ˈin·so·lent** [-nt] *adj.* □ **1.** anmaßend; **2.** unverschämt.

in·sol·u·bil·i·ty [ɪnˌsɒljʊˈbɪlətɪ] *s.* **1.** Un(auf)löslichkeit *f*; **2.** *fig.* Unlösbarkeit *f*; **in·sol·u·ble** [ɪnˈsɒljʊbl] **I** *adj.* □ **1.** un(auf)löslich; **2.** unlösbar, unerklärlich; **II** *s.* **3.** ⚗ unlösliche Subˈstanz.

in·sol·ven·cy [ɪnˈsɒlvənsɪ] *s.* † **1.** Zahlungsunfähigkeit *f*, Insolˈvenz *f*; **2.** Konˈkurs *m*; **inˈsol·vent** [-nt] **I** *adj.* † **1.** zahlungsunfähig, insolˈvent; **2.** *bsd. fig.* (*moralisch etc.*) bankˈrott; **3.** Konkurs…: **~ *estate*** konkursreifer Nachlaß; **II** *s.* **4.** zahlungsunfähiger Schuldner.

in·som·ni·a [ɪnˈsɒmnɪə] *s.* ⚕ Schlaflosigkeit *f*; **inˈsom·ni·ac** [-ɪæk] *s.* ⚕ an Schlaflosigkeit Leidende(r *m*) *f*.

in·so·much [ˌɪnsəʊˈmʌtʃ] *adv.* **1.** so (sehr), dermaßen (***that*** daß); **2.** → ***inasmuch***.

in·sou·ci·ance [ɪnˈsuːsjəns] *s.* Sorglosigkeit *f* (*etc.* →) **inˈsou·ci·ant** [-nt] *adj.* sorglos, unbekümmert, gleichgültig, lässig.

in·spect [ɪnˈspekt] *v/t.* **1.** unterˈsuchen, prüfen, nachsehen; **2.** besichtigen, sich (genau) ansehen, inspizieren; **3.** beaufsichtigen; **inˈspec·tion** [-kʃn] *s.* **1.** Besichtigung *f*; An-, ˈDurchsicht *f*; Einsicht(nahme) *f* (*von Akten etc.*): ***for your ~*** zur Ansicht; ***free ~*** Besichtigung ohne Kaufzwang; ***be (laid) open to ~*** zur Einsicht ausliegen; **2.** Unterˈsuchung *f*, Prüfung *f*, Konˈtrolle *f*: **~ *hole*** ⚙ Schauloch *n*; **~ *lamp*** ⚙ Ableuchtlampe *f*; **3.** Besichtigung *f*, Inspektiˈon *f*; **4.** Aufsicht *f*; **5.** ⚔ Apˈpell *m*; **inˈspec·tor** [-tə] *s.* **1.** Inˈspektor *m*; Kontrolˈleur *m* (*Bus etc.*), Aufseher *m*, Aufsichtsbeamte(r) *m*: ***customs ~*** Zollinspektor *m*; **~ *of schools*** Schulinspektor *m*; **~ *of weights and measures*** Eichmeister *m*; **2.** (Poliˈzei)Inˌspektor *m*, (-)Kommisˌsar *m*; **3.** ⚔ Inspekˈteur *m*; **inˈspec·to·ral** [-tərəl] *adj.* Inspektor(en)…; Aufsichts…; **inˈspec·tor·ate** [-tərət] *s.* Inspektoˈrat *n*: a) Aufsichtsbezirk *m*, b) Aufsichtsbehörde *f*, c) Aufseheramt *n*; **in·spec·to·ri·al** [ˌɪnspekˈtɔːrɪəl] → ***inspectoral***; **inˈspec·tor·ship** [-təʃɪp] **1.** Inˈspektoramt *n*; **2.** Aufsicht *f*.

in·spi·ra·tion [ˌɪnspəˈreɪʃn] *s.* **1.** *eccl.* göttliche Eingebung, Erleuchtung *f*; **2.** Inspiratiˈon *f*, Eingebung *f*, (plötzlicher) Einfall; **3.** *et.* Inspirierendes; **4.** Anregung *f*: ***at the ~ of*** auf *j-s* Veranlassung; **5.** Begeisterung *f*; **in·spi·ra·tor** [ˈɪnspəreɪtə] *s.* ⚕ Inhaˈlator *m*; **in·spir·a·to·ry** [ɪnˈspaɪərətərɪ] *adj.* (Ein-) Atmungs…

in·spire [ɪnˈspaɪə] *v/t.* **1.** begeistern, anfeuern; **2.** anregen, veranlassen; **3.** (***in s.o.***) *Gefühl etc.* einflößen, eingeben (j-m); erwecken, erregen (in j-m); **4.** *fig.* a) erleuchten, b) beseelen, erfüllen (***with*** mit), c) inspirieren; **5.** einatmen; **inˈspired** [-əd] *adj.* **1.** *bsd. eccl.* erleuchtet; eingegeben; **2.** schöpferisch, einfallsreich; **3.** begeistert; **4.** a) glänzend, herˈvorragend, b) schwungvoll; **5.** von ‚oben' (*von der Regierung etc.*) veranlaßt; **inˈspir·er** [-ərə] *s.* Anreger (-in); **inˈspir·ing** [-ərɪŋ] *adj.* □ anregend, begeisternd, inspirierend.

in·spir·it [ɪnˈspɪrɪt] *v/t.* beleben, beseelen, anfeuern, ermutigen.

in·sta·bil·i·ty [ˌɪnstəˈbɪlətɪ] *s. mst fig.* **1.** Instabiliˈtät *f*, Unsicherheit *f*; **2.** Labiliˈtät *f*, Unbeständigkeit *f*.

in·stall [ɪnˈstɔːl] *v/t.* **1.** ⚙ a) installieren, montieren, aufstellen, einbauen, b) einrichten, (an)legen, anbringen; **2.** *j-n* bestallen; *in ein Amt* einsetzen, -führen; **3. ~ *o.s.*** F sich niederlassen; **in·stal·la·tion** [ˌɪnstəˈleɪʃn] *s.* **1.** ⚙ a) Installierung *f*, Einrichtung *f*, Einbau *m*, b) (*fertige*) Anlage *od.* Einrichtung; **2.** (Amts)Einsetzung *f*, Bestallung *f*.

in·stal(l)·ment[1] [ɪnˈstɔːlmənt] → ***installation***.

in·stal(l)·ment[2] [ɪnˈstɔːlmənt] *s.* **1.** † Rate *f*, Teil-, Ab-, Abschlags-, Ratenzahlung *f*: ***by ~s*** in Raten; ***first ~*** Anzahlung *f*; **~ *credit*** Teilzahlungskredit *m*; **~ *plan*** Teilzahlungssystem *n*; ***buy on the ~ plan*** auf Raten kaufen, ‚abstottern'; **2.** (Teil)Lieferung *f* (*Buch etc.*); **3.** Fortsetzung *f* (*Roman etc.*), *Radio, TV*: *a.* (Sende)Folge *f*.

in·stance [ˈɪnstəns] **I** *s.* **1.** (*einzelner*) Fall, Beispiel *n*: ***in this ~*** in diesem (*besonderen*) Fall; ***for ~*** zum Beispiel: ***as an ~ of s.th.*** als Beispiel für et.; **2.** Bitte *f*, Ersuchen *n*: ***at his ~*** auf sein Drängen *od.* Betreiben *od.* s-e Veranlassung; **3.** ⚖ Inˈstanz *f*: ***court of the first ~*** Gericht *n* erster Instanz; ***in the last ~*** in letzter Instanz, *fig.* letztlich; ***in the first ~*** *fig.* in erster Linie, zuerst; **II** *v/t.* **4.** als Beispiel anführen; **5.** mit Beispielen belegen; **ˈin·stan·cy** [-sɪ] *s.* Dringlichkeit *f*.

in·stant [ˈɪnstənt] **I** *s.* **1.** Moˈment *m*: a) (kurzer) Augenblick *m*, b) (genauer) Zeitpunkt; ***in an ~, on the ~*** sofort, augenblicklich, im Nu; ***at this ~*** in diesem Augenblick; ***this ~*** sofort, augenblicklich; **II** *adj.* □ → ***instantly***; **2.** soˈfortig, augenblicklich: **~ *camera*** *phot.* Instant-, Sofortbildkamera *f*; **~ *coffee*** Pulverkaffee *m*; **~ *glue*** Sekundenkleber *m*; **~ *meal*** Fertig-, Schnellgericht *n*; **3.** *abbr.* ***inst.***: ***the 10th ~*** der 10. dieses Monats; **4.** dringend.

in·stan·ta·ne·ous [ˌɪnstən'teɪnjəs] *adj.* ☐ **1.** so'fortig, unverzüglich, augenblicklich: ***death was ~*** der Tod trat auf der Stelle ein; **2.** gleichzeitig (*Ereignisse*); **3.** *phys.*, ⚙ momen'tan, Augenblicks…: ***~ photo*** Momentaufnahme *f*; ***~ shutter*** *phot.* Momentverschluß *m*; **ˌin·stan'ta·ne·ous·ly** [-lɪ] *adv.* so'fort, unverzüglich; auf der Stelle; **ˌin·stan'ta·ne·ous·ness** [-nɪs] *s.* Augenblicklichkeit *f*; Blitzesschnelle *f*.

in·stan·ter [ɪn'stæntə] *adv.* so'fort.

in·stant·ly ['ɪnstəntlɪ] *adv.* so'fort, unverzüglich, augenblicklich.

in·state [ɪn'steɪt] *v/t. in ein Amt* einsetzen.

in·stead [ɪn'sted] *adv.* **1.** ***~ of*** (an)statt (*gen.*), an Stelle von: ***~ of me*** statt meiner, an meiner Statt *od.* Stelle; ***~ of going*** (an)statt zu gehen; ***~ of at work*** statt bei der Arbeit; **2.** statt dessen: ***she sent the boy ~***.

in·step ['ɪnstep] *s.* Rist *m*, Spann *m* (*Fuß*): ***~ raiser*** Plattfußeinlage *f*; ***high in the ~*** F hochnäsig.

in·sti·gate ['ɪnstɪgeɪt] *v/t.* **1.** an-, aufreizen, aufhetzen, anstiften (***to*** zu, ***to do*** zu tun); **2.** *et.* (*Böses*) anstiften, anfachen; **in·sti·ga·tion** [ˌɪnstɪ'geɪʃn] *s.* **1.** Anstiftung *f*, Aufhetzung *f*, -reizung *f*; **2.** Anregung *f*: ***at the ~ of*** auf Betreiben *od.* Veranlassung von (*od. gen.*); **'in·sti·ga·tor** [-tə] *s.* Anstifter(in), (Auf)Hetzer(in).

in·stil(l) [ɪn'stɪl] *v/t.* **1.** einträufeln, -tröpfeln; **2.** *fig.* (***into***) a) *j-m* einflößen, -impfen, beibringen, b) *et.* durch'dringen (mit), einfließen lassen (in *acc.*); **in·stil·la·tion** [ˌɪnstɪ'leɪʃn], **in'stil(l)·ment** [-mənt] *s.* **1.** Einträufelung *f*; **2.** *fig.* Einflößung *f*, Einimpfung *f*.

in·stinct I *s.* ['ɪnstɪŋkt] **1.** In'stinkt *m*, (Na'tur)Trieb *m*: ***by ~, on ~, from ~*** instinktiv; **2.** a) instink'tives Gefühl, (sicherer) In'stinkt, b) Begabung *f* (***for*** für); **II** *adj.* [ɪn'stɪŋkt] **3.** belebt, durch'drungen, erfüllt (***with*** von); **in·stinc·tive** [ɪn'stɪŋktɪv] *adj.* ☐ instink'tiv: a) in'stinkt-, triebmäßig, Instinkt…, b) unwillkürlich, c) angeboren.

in·sti·tute ['ɪnstɪtju:t] **I** *s.* **1.** Insti'tut *n*, Anstalt *f*; **2.** (gelehrte *etc.*) Gesellschaft; **3.** Insti'tut *n* (*Gebäude*); **4.** *pl. bsd.* ☤ Grundgesetze *pl.*, -lehren *pl.*; **II** *v/t.* **5.** ein-, errichten, gründen; einführen; **6.** einleiten, in Gang setzen: ***~ an inquiry*** e-e Untersuchung einleiten; ***~ legal proceedings*** Klage erheben, das Verfahren einleiten (***against*** gegen); **7.** *bsd. eccl. j-n* einsetzen, einführen.

in·sti·tu·tion [ˌɪnstɪ'tju:ʃn] *s.* **1.** Insti'tut *n*, Anstalt *f*, Einrichtung *f*, Stiftung *f*, Gesellschaft *f*; **2.** Insti'tut *n* (*Gebäude*); **3.** Instituti'on *f*, Einrichtung *f*, (über'kommene) Sitte, Brauch *m*; **4.** Ordnung *f*, Recht *n*, Satzung *f*; **5.** F a) alte Gewohnheit, b) vertraute Sache, feste Einrichtung, c) allbekannte Per'son; **6.** Ein-, Errichtung *f*, Gründung *f*; **7.** *eccl.* Einsetzung *f*; **ˌin·sti'tu·tion·al** [-ʃənl] *adj.* **1.** Institutions…, Instituts…, Anstalts…; **2.** ☤ *Am.* ***~ advertising*** Repräsentationswerbung *f*; **ˌin·sti'tu·tion·al·ize** [-ʃənlaɪz] *v/t.* **1.** *et.* institutionalisieren; **2.** *j-n* in e-e Anstalt einweisen.

in·struct [ɪn'strʌkt] *v/t.* **1.** (be)lehren, unter'weisen, -'richten, schulen, ausbilden (***in*** in *dat.*); **2.** informieren, unter'richten; **3.** instruieren (*a.* ⚖), anweisen, beauftragen; **in'struc·tion** [-kʃn] *s.* **1.** Belehrung *f*, Schulung *f*, Ausbildung *f*, 'Unterricht *m*: ***private ~*** Privatunterricht; ***course of ~*** Lehrgang *m*, Kursus *m*; **2.** *pl.* Auftrag *m*, Vorschrift (-en *pl.*) *f*, (An)Weisung(en *pl.*) *f*, Verhaltungsmaßregeln *pl.*, Richtlinien *pl.*, (*a.* Betriebs)Anleitung *f*: ***according to ~s*** auftrags-, weisungsgemäß, vorschriftsmäßig; ***~s for use*** Gebrauchsanweisung; **3.** *Am.* ⚖ *mst pl.* Rechtsbelehrung *f*; **4.** ⚔ *mst pl.* Dienstanweisung *f*, Instrukti'on *f*; **in'struc·tion·al** [-kʃənl] *adj.* Unterrichts…, Erziehungs…, Ausbildungs…, Lehr…: ***~ film*** Lehrfilm *m*; ***~ staff*** Lehrkörper *m*; **in'struc·tive** [-tɪv] *adj.* ☐ belehrend; lehr-, aufschlußreich; **in'struc·tive·ness** [-tɪvnɪs] *s. das* Belehrende; **in'struc·tor** [-tə] *s.* **1.** Lehrer *m*; **2.** Ausbilder *m* (*a.* ⚔); **3.** *univ. Am.* Do'zent *m*; **in'struc·tress** [-trɪs] *s.* Lehrerin *f*.

in·stru·ment ['ɪnstrʊmənt] **I** *s.* **1.** Instru'ment *n* (*a.* ♪): a) (feines) Werkzeug *n*, b) Appa'rat *m*, (*bsd.* Meß)Gerät *n*; **2.** *pl.* ⚕ Besteck *n*; **3.** ☤, ⚖ a) Doku'ment *n*, Urkunde *f*; 'Wertpaˌpier *n*: ***~ of payment*** Zahlungsmittel *n*; ***~ payable to bearer*** ☤ Inhaberpapier; ***~ to order*** Orderpapier, b) *pl.* Instrumen'tarium *n*: ***the ~s of credit policy***; **4.** *fig.* Werkzeug *n*: a) (Hilfs)Mittel *n*, b) Handlanger(in); **II** *v/t.* **5.** ♪ instrumentieren; **III** *adj.* **6.** ⚙ Instrumenten…: ***~ board, ~ panel*** a) Schalt-, Armaturenbrett *n*, b) ✈ Instrumentenbrett *n*; ***~ maker*** Apparatebauer *m*, Feinmechaniker *m*; **7.** ✈ Blind…, Instrumenten…: ***~ flying***; ***~ landing***; **in·stru·men·tal** [ˌɪnstrʊ'mentl] *adj.* ☐ → ***instrumentally***; **1.** behilflich, dienlich, förderlich: ***be ~ in*** *ger.* behilflich sein *od.* wesentlich dazu beitragen, daß; e-e gewichtige Rolle spielen bei; **2.** ♪ Instrumental…; **3.** mit Instrumenten ausgeführt: ***~ operation***; ***~ error*** ⚙ Instrumentenfehler *m*; **4.** ***~ case*** *ling.* Instrumental(is) *m*; **in·stru·men·tal·ist** [ˌɪnstrʊ'mentəlɪst] *s.* ♪ Instrumenta'list(in); **in·stru·men·tal·i·ty** [ˌɪnstrʊmen'tælətɪ] *s.* **1.** Mitwirkung *f*, Mithilfe *f*: ***through his ~***; **2.** (Hilfs)Mittel *n*; Einrichtung *f*; **in·stru·men·tal·ly** [ˌɪnstrʊ'mentəlɪ] *adv.* durch Instrumente; **in·stru·men·ta·tion** [ˌɪnstrʊmen'teɪʃn] *s.* ♪ Instrumentati'on *f*.

in·sub·or·di·nate [ˌɪnsə'bɔ:dnət] *adj.* unbotmäßig, wider'setzlich, aufsässig; **in·sub·or·di·na·tion** ['ɪnsəˌbɔ:dɪ'neɪʃn] *s.* Unbotmäßigkeit *f etc.*; Gehorsamsverweigerung *f*, Auflehnung *f*.

in·sub·stan·tial [ˌɪnsəb'stænʃl] *adj.* **1.** sub'stanzlos, unkörperlich; **2.** unwirklich; **3.** wenig nahrhaft.

in·suf·fer·a·ble [ɪn'sʌfərəbl] *adj.* ☐ unerträglich, unausstehlich.

in·suf·fi·cien·cy [ˌɪnsə'fɪʃnsɪ] *s.* **1.** Unzulänglichkeit *f*, Mangel(haftigkeit *f*) *m*; Untauglichkeit *f*; **2.** ⚕ Insuffizi'enz *f*; **ˌin·suf'fi·cient** [-nt] *adj.* ☐ **1.** unzulänglich, unzureichend, ungenügend; **2.** untauglich, mangelhaft, unfähig.

in·suf·flate ['ɪnsʌfleɪt] *v/t.* **1.** *a.* ⚕, ⚙ (hin)'einblasen; **2.** *R.C.* anhauchen; **'in·suf·fla·tor** [-tə] *s.* ⚙, ⚕ 'Einblaseappaˌrat *m*.

in·su·lant ['ɪnsjʊlənt] *s.* ⚙ Iso'lierstoff *m*, -materiˌal *n*.

in·su·lar ['ɪnsjʊlə] *adj.* ☐ **1.** inselartig, insu'lar, Insel…; **2.** *fig.* isoliert, abgeschlossen; **3.** *fig.* engstirnig, beschränkt; **in·su·lar·i·ty** [ˌɪnsjʊ'lærətɪ] *s.* **1.** insu'lare Lage; **2.** *fig.* Abgeschlossenheit *f*; **3.** *fig.* Engstirnigkeit *f*, Beschränktheit *f*.

in·su·late ['ɪnsjʊleɪt] *v/t.* ϟ, ⚙ isolieren (*a. fig. absondern*); **'in·su·lat·ing** [-tɪŋ] *adj.* isolierend, Isolier…: ***~ compound*** ϟ Isoliermasse *f*; ***~ joint*** ϟ Isolierkupplung *f*; ***~ switch*** Trennschalter *m*; ***~ tape*** ϟ Isolierband *n*; **in·su·la·tion** [ˌɪnsjʊ'leɪʃn] *s.* Isolierung *f*; **'in·su·la·tor** [-tə] *s.* **1.** ϟ Iso'lator *m*; **2.** Isolierer *m* (*Arbeiter*).

in·su·lin ['ɪnsjʊlɪn] *s.* ⚕ Insu'lin *n*.

in·sult I *v/t.* [ɪn'sʌlt] beleidigen, beschimpfen; **II** *s.* ['ɪnsʌlt] (***to***) Beleidigung *f* (für) (*durch Wort od. Tat*), Beschimpfung *f* (*gen.*): ***offer an ~ to*** → I; **in'sult·ing** [-tɪŋ] *adj.* ☐ **1.** beleidigend, beschimpfend: ***~ language*** Schimpfworte *pl.*; **2.** unverschämt, frech.

in·su·per·a·ble [ɪn'sju:pərəbl] *adj.* ☐ 'unüberˌwindlich.

in·sup·port·a·ble [ˌɪnsə'pɔ:təbl] *adj.* ☐ unerträglich, unaus'stehlich.

in·sur·a·bil·i·ty [ɪnˌʃʊərə'bɪlətɪ] *s.* ☤ Versicherungsfähigkeit *f*; **in·sur·a·ble** [ɪn'ʃʊərəbl] *adj.* ☐ ☤ **1.** versicherungsfähig, versicherbar: ***~ value*** Versicherungswert *m*; **2.** versicherungspflichtig.

in·sur·ance [ɪn'ʃʊərəns] **I** *s.* **1.** ☤ Versicherung *f*: ***buy ~*** sich versichern (lassen); ***carry ~*** versichert sein; ***effect*** (*od.* ***take out***) ***an ~*** e-e Versicherung abschließen; **2.** ☤ a) Ver'sicherungspoˌlice *f*, b) Versicherungsprämie *f*; **II** *adj.* Versicherungs…: ***~ agent*** (***broker, company, premium, value***); ***~ benefit*** Versicherungsleistung *f*; ***~ certificate*** Versicherungsschein *m*; ***~ claim*** Versicherungsanspruch *m*; ***~ coverage*** Versicherungsschutz *m*; ***~ fraud*** Versicherungsbetrug *m*; ***~ office*** Versicherungsanstalt *f*; ***~ policy*** Versicherungspolice *f*, -schein *m*; ***take out an ~ policy*** e-e Versicherung abschließen, sich versichern (lassen); **in'sur·ant** [-nt] → ***insured*** II.

in·sure [ɪn'ʃʊə] *v/t.* **1.** ☤ versichern (***against*** gegen; ***for*** mit *e-r Summe*): ***~ oneself*** (***one's life, one's house***); **2.** → ***ensure***; **in'sured** [-ʊəd] ☤ **I** *adj.*: ***the ~ party*** → II; **II** *s.* ***the ~*** der *od.* die Versicherte, Versicherungsnehmer(in); **in'sur·er** [-ʊərə] *s.* ☤ Versicherer *m*, Versicherungsträger(in): ***the ~s*** die Versicherungsgesellschaft *f*.

in·sur·gent [ɪn'sɜ:dʒənt] **I** *adj.* aufrührerisch, aufständisch; re'bellisch (*a. fig.*); **II** *s.* Aufrührer *m*, Aufständische(r) *m*; Re'bell *m* (*a. pol. gegen die Partei*).

in·sur·mount·a·ble [ˌɪnsə'maʊntəbl] *adj.* ☐ 'unüberˌsteigbar; *fig.* 'unüberˌwindlich.

in·sur·rec·tion [ˌɪnsə'rekʃn] *s.* Aufruhr *m*, Aufstand *m*, Erhebung *f*, Empörung *f*; **ˌin·sur'rec·tion·al** [-ʃənl], **ˌin·sur'rec·tion·ar·y** [-ʃnərɪ] → ***insurgent*** I;

ˌin·surˈrec·tion·ist [-ʃnɪst] → ***insurgent*** II.

in·sus·cep·ti·bil·i·ty [ˈɪnsəˌseptəˈbɪlətɪ] *s.* Unempfänglichkeit *f*, Unzugänglichkeit *f* (**to** für); **in·sus·cep·ti·ble** [ˌɪnsəˈseptəbl] *adj.* **1.** (**of**) nicht fähig (zu), ungeeignet (für, zu); **2.** (**of**, **to**) unempfänglich (für), unzugänglich (*dat.*).

in·tact [ɪnˈtækt] *adj.* **1.** inˈtakt, heil, unversehrt; **2.** unberührt, unangetastet.

in·tagl·io [ɪnˈtɑːlɪəʊ] *pl.* **-ios** *s.* **1.** Inˈtaglio *n* (*Gemme mit eingeschnittenem Bild*); **2.** eingraviertes Bild; **3.** Inˈtaglioverfahren *n*, -arbeit *f*; **4.** *typ. Am.* Tiefdruck *m*.

in·take [ˈɪnteɪk] *s.* **1.** ⚙ a) Einlaß(öffnung *f*) *m*: **~ valve** Einlaßventil *n*; **~ stroke** *mot.* Saughub *m*, b) aufgenommene Enerˈgie; **2.** Einnehmen *n*, Ein-, Ansaugen *n*; **3.** (Neu)Aufnahme *f*, Zustrom *m*, aufgenommene Menge: **~ of food** Nahrungsaufnahme.

in·tan·gi·bil·i·ty [ɪnˌtændʒəˈbɪlətɪ] *s.* Nichtgreifbarkeit *f*, Unkörperlichkeit *f*; **in·tan·gi·ble** [ɪnˈtændʒəbl] **I** *adj.* □ **1.** nicht greifbar, immateriˈell (*a.* ✝), unkörperlich; **2.** *fig.* vage, unklar, unbestimmt; **3.** *fig.* unfaßbar; **II** *s.* **4.** *pl.* ✝ immateriˈelle Werte.

in·tar·si·a [ɪnˈtɑːsɪə] *s. Am.* Inˈtarsia *f*, Einlegearbeit *f*.

in·te·ger [ˈɪntɪdʒə] *s.* **1.** 𝔄 ganze Zahl; **2.** → ***integral*** 5; **ˈin·te·gral** [-ɪgrəl] **I** *adj.* □ **1.** (*zur Vollständigkeit*) unerläßlich, integrierend, wesentlich, ⚙ (fest) eingebaut, e-e Einheit bildend (**with** mit), integriert: **an ~ part**; **2.** ganz, vollständig: **an ~ whole** → 5; **3.** → ***intact*** 2; **4.** 𝔄 a) ganz(zahlig), b) Integral...: **~ calculus** Integralrechnung *f*; **II** *s.* **5.** *ein* vollständiges *od.* einheitliches Ganzes; **6.** 𝔄 Inteˈgral *n*; **ˈin·te·grand** [-ɪgrænd] *s.* 𝔄 Inteˈgrand *m*; **ˈin·te·grant** [-ɪgrənt] → ***integral*** 1.

in·te·grate [ˈɪntɪgreɪt] *v/t.* **1.** integrieren (*a.* 𝔄, ⚙), zu e-m Ganzen zs.-fassen, zs.-schließen, vereinigen, vereinheitlichen; **2.** vervollständigen; **3.** eingliedern, integrieren (**within** in *acc.*); **4.** ϟ zählen (*Meßgerät*); **5.** *Am. Schule etc.* für Farbige zugänglich machen; **ˈin·te·grat·ed** [-tɪd] *adj.* **1.** einheitlich, geschlossen, zs.-gefaßt, integriert; ✝ Verbund...: **~ economy**; **2.** zs.-hängend; **3.** ⚙ eingebaut, integriert (*Schaltung, Datenverarbeitung etc.*): **~ circuit** ϟ integrierter Schaltkreis; **4.** *Am.* ohne Rassentrennung: **~ school**; **in·te·gra·tion** [ˌɪntɪˈgreɪʃn] *s.* **1.** Zs.-schluß *m*, Vereinigung *f*, Integratiˈon *f*, Vereinheitlichung *f*; **2.** Vervollständigung *f*; **3.** Eingliederung *f*; **4.** 𝔄 Integratiˈon *f*; **5.** *Am.* Aufhebung *f* der Rassenschranken; **in·te·gra·tion·ist** [ˌɪntɪˈgreɪʃnɪst] *s. Am.* Verfechter(in) rassischer Gleichberechtigung.

in·teg·ri·ty [ɪnˈtegrətɪ] *s.* **1.** Rechtschaffenheit *f*, (chaˈrakterliche) Sauberkeit, (moˈralische) Integriˈtät; **2.** Vollständigkeit *f*, Unversehrtheit *f*; **3.** Reinheit *f*; **4.** 𝔄 Integriˈtät *f*, Ganzzahligkeit *f*.

in·teg·u·ment [ɪnˈtegjʊmənt] *s. anat. biol.* Hülle *f*, Decke *f*, Haut *f*, Integuˈment *n*.

in·tel·lect [ˈɪntəlekt] *s.* **1.** Verstand *m*, Intelˈlekt *m*, Denkvermögen *n*; **2.** kluger Kopf; *coll.* große Geister *pl.*, Intelliˈgenz *f*; **in·tel·lec·tu·al** [ˌɪntəˈlektjʊəl] **I** *adj.* □ → ***intellectually***; **1.** intellektuˈell: a) verstandesmäßig, Verstandes..., geistig, Geistes..., b) verstandesbetont, (geistig) anspruchsvoll: **~ power** Geisteskraft *f*; **~ property** geistiges Eigentum; **2.** intelliˈgent; **II** *s.* **3.** Intellektuˈelle(r *m*) *f*, Verstandesmensch *m*; **in·tel·lec·tu·al·ist** [ˌɪntəˈlektjʊəlɪst] → ***intellectual*** 3; **in·tel·lec·tu·al·i·ty** [ˈɪntəˌlektjʊˈælətɪ] *s.* Intellektualiˈtät *f*, Verstandesmäßigkeit *f*; Geisteskraft *f*; **in·tel·lec·tu·al·ly** [ˌɪntəˈlektjʊəlɪ] *adv.* verstandesmäßig, mit dem Verstand.

in·tel·li·gence [ˌɪnˈtelɪdʒəns] *s.* **1.** Intelliˈgenz *f*: a) Klugheit *f*, Verstand *m*, b) scharfer Verstand, rasche Auffassungsgabe, c) → ***intellect*** 2: **~ quotient** (**test**) Intelligenzquotient *m* (-test *m*); **2.** Einsicht *f*, Verständnis *n*; **3.** Nachricht *f*, Mitteilung *f*, Informatiˈon *f*, Auskunft *f*; ⚔ ˈNachrichtenmateriˌal *n*; **4.** *a.* **~ office**, **~ service**, ≈ **Department** ⚔ (geheimer) Nachrichtendienst: **~ officer** Abwehr-, Nachrichtenoffizier *m*; **5.** **~ with the enemy** (*verräterische*) Beziehungen *pl.* zum Feind; **inˈtel·li·genc·er** [-sə] *s.* **1.** Berichterstatter (-in); **2.** Aˈgent(in), Spiˈon(in); **inˈtel·li·gent** [-nt] *adj.* □ **1.** intelliˈgent, klug, gescheit; **2.** vernünftig: a) verständig, einsichtsvoll, b) vernunftbegabt; **in·tel·li·gent·si·a**, **in·tel·li·gent·zi·a** [ɪnˌtelɪˈdʒentsɪə] *s. pl. konstr. coll. die* Intelliˈgenz, *die* Intellektuˈellen *pl.*; **in·tel·li·gi·bil·i·ty** [ɪnˌtelɪdʒəˈbɪlətɪ] *s.* Verständlichkeit *f*; **inˈtel·li·gi·ble** [-dʒəbl] □ verständlich, klar (**to** für *od. dat.*).

in·tem·per·ance [ɪnˈtempərəns] *s.* Unmäßigkeit *f*, Zügellosigkeit *f*, *bsd.* Trunksucht *f*; **inˈtem·per·ate** [-rət] *adj.* □ **1.** unmäßig, maßlos; **2.** ausschweifend, zügellos; unbeherrscht; **3.** trunksüchtig.

in·tend [ɪnˈtend] *v/t.* **1.** beabsichtigen, vorhaben, planen, im Sinne haben (**s.th.** et.; **to do** *od.* **doing** zu tun); **2.** bestimmen (**for** für, zu): **our son is ~ed for the navy** unser Sohn soll (einmal) zur Marine gehen; **what is it ~ed for?** was ist der Sinn (*od.* Zweck) der Sache?, was soll das?; **3.** sagen wollen, meinen: **what do you ~ by this?**; **4.** bedeuten, sein sollen: **it was ~ed for a compliment** es sollte ein Kompliment sein; **5.** wollen, wünschen; **inˈtend·ant** [-dənt] *s.* Verwalter *m*; **inˈtend·ed** [-dɪd] **I** *adj.* □ **1.** beabsichtigt, gewünscht; **2.** absichtlich; **3.** F zukünftig: **my ~ wife**; **II** *s.* **4.** F Verlobte(r *m*) *f*: **her ~** ihr Zukünftiger; **inˈtend·ing** [-dɪŋ] *adj.* angehend, zukünftig; ...lustig, ...willig: **~ buyer** ✝ (Kauf)Interessent (-in), Kaufwillige(r).

in·tense [ɪnˈtens] *adj.* □ **1.** intenˈsiv: a) stark, heftig: **~ heat** (**longing** *etc.*), b) hell, grell: **~ light**, c) tief, satt: **~ colo(u)rs**, d) angespannt: **~ study**, e) (an-)gespannt, konzentriert: **~ look**, f) sehnlich, dringend, g) eindringlich: **~ style**; **2.** leidenschaftlich, stark gefühlsbetont; **inˈtense·ly** [-lɪ] *adv.* **1.** äußerst, höchst; **2.** → ***intense***; **inˈtense·ness** [-nɪs] *s.* Intensiˈtät *f*: a) Stärke *f*, Heftigkeit *f*, b) Anspannung *f*, Angestrengtheit *f*, c) Feuereifer *m*, d) Leidenschaftlichkeit *f*, e) Eindringlichkeit *f*; **in·ten·si·fi·ca·tion** [ɪnˌtensɪfɪˈkeɪʃn] *s.* Verstärkung *f* (*a. phot.*); **inˈten·si·fi·er** [-sɪfaɪə] *s. a.* ⚙, *phot.* Verstärker *m*; **inˈten·si·fy** [-sɪfaɪ] **I** *v/t.* verstärken (*a. phot.*), steigern; **II** *v/i.* sich verstärken.

in·ten·sion [ɪnˈtenʃn] *s.* **1.** Verstärkung *f*; **2.** → ***intenseness*** a *u.* b; **3.** (Begriffs)Inhalt *m*.

in·ten·si·ty [ɪnˈtensətɪ] *s.* Intensiˈtät *f*: a) (hoher) Grad, Stärke *f*, Heftigkeit *f*, b) ϟ, ⚙, *phys.* (*Laut-, Licht-, Strom- etc.*)Stärke *f*, Grad *m*, c) → ***intenseness***; **inˈten·sive** [-sɪv] **I** *adj.* □ **1.** intenˈsiv: a) stark, heftig, b) gründlich, erschöpfend: **~ study**; **~ course** *ped.* Intensivkurs *m*; **2.** verstärkend (*a. ling.*); **3.** ☤ a) stark wirkend, b) **~ care unit** Intensivstation *f*; **4.** ✝ intenˈsiv: a) ertragssteigernd, b) (*arbeits-, lohn-, kosten- etc.*)intenˈsiv; **II** *s.* **5.** *bsd. ling.* verstärkendes Eleˈment.

in·tent [ɪnˈtent] **I** *s.* **1.** Absicht *f*, Vorsatz *m*, Zweck *m*: **criminal ~** ⚖ Vorsatz, (verbrecherische) Absicht; **with ~ to defraud** in betrügerischer Absicht; **to all ~s and purposes** a) in jeder Hinsicht, durchaus, b) im Grunde, eigentlich, c) praktisch, sozusagen; **declaration of ~** Absichtserklärung *f*; **II** *adj.* □ **2.** erpicht, versessen (**on** auf *acc.*); **3.** (**on**) bedacht (auf *acc.*), eifrig beschäftigt (mit); **4.** aufmerksam, gespannt, eifrig.

in·ten·tion [ɪnˈtenʃn] *s.* **1.** Absicht *f*, Vorhaben *n*, Vorsatz *m*, Plan *m* (**to do** *od.* **of doing** zu tun): **with the best** (**of**) **~s** in bester Absicht; **2.** *pl.* F (Heirats)Absichten *pl.*; **3.** Zweck *m* (*a. eccl.*), Ziel *n*; **4.** Sinn *m*, Bedeutung *f*; **inˈten·tion·al** [-ʃənl] *adj.* □ **1.** absichtlich, vorsätzlich; **2.** beabsichtigt; **inˈten·tioned** [-nd] *adj. in Zssgn* ...gesinnt: **well-~** gutgesinnt, wohlmeinend.

in·tent·ness [ɪnˈtentnɪs] *s.* gespannte Aufmerksamkeit, Eifer *m*: **~ of purpose** Zielstrebigkeit *f*.

in·ter [ɪnˈtɜː] *v/t.* beerdigen.

inter- [ɪntə] *in Zssgn* zwischen, Zwischen...; unter; gegen-, wechselseitig, einˈander, Wechsel...

ˈin·ter·act[1] [-ərækt] *s. thea.* Zwischenakt *m*, -spiel *n*.

ˌin·terˈact[2] [-ərˈækt] *v/i.* aufeinˈander wirken, sich gegenseitig beeinflussen; **ˌin·terˈac·tion** [-ərˈækʃn] *s.* Wechselwirkung *f*, Interaktiˈon *f*; **ˌin·terˈac·tive** [-tɪv] *adj.* interaktiv.

ˌin·terˈbreed *biol.* **I** *v/t.* [*irr.* → ***breed***] durch Kreuzung züchten, kreuzen; **II** *v/i.* [*irr.* → ***breed***] a) sich kreuzen, b) Inzucht betreiben.

in·ter·ca·lar·y [ɪnˈtɜːkələrɪ] *adj.* eingeschaltet, eingeschoben; Schalt...: **~ day** Schalttag *m*; **inˈter·ca·late** [ɪnˈtɜːkəleɪt] *v/t.* einschieben, einschalten; **in·ter·ca·la·tion** [ɪnˌtɜːkəˈleɪʃn] *s.* **1.** Einschiebung *f*, Einschaltung *f*; **2.** Einlage *f*.

in·ter·cede [ˌɪntəˈsiːd] *v/i.* sich verwenden, sich ins Mittel legen, Fürsprache einlegen, intervenieren (**with** bei, **for** für); bitten (**with** bei *j-m*, **for** um *et.*); **ˌin·terˈced·er** [-də] *s.* Fürsprecher(in).

in·ter·cept I *v/t.* [ˌɪntəˈsept] **1.** *Brief, Meldung, Flugzeug, Boten etc.* abfangen; **2.** *Meldung* auffangen, mit-, abhören; **3.** unter'brechen, abschneiden; **4.** den Weg abschneiden (*dat.*); **5.** *Sicht* versperren; **6.** ⚔ a) abschneiden, b) einschließen; **II** *s.* ['ɪntəsept] **7.** ⚔ Abschnitt *m*; **8.** aufgefangene Meldung; **ˌin·ter'cep·tion** [-pʃn] *s.* **1.** Ab-, Auffangen *n* (*Meldung etc.*); **2.** Ab-, Mithören *n* (*Meldung*): **~ service** Abhör-, Horchdienst *m*; **3.** Abfangen *n* (*Flugzeug, Boten*): **~ flight** Sperrflug *m*; **~ plane** → **interceptor** 2; **4.** Unter'brechung *f*, Abschneiden *n*; **5.** Aufhalten *n*, Hinderung *f*; **ˌin·ter'cep·tor** [-tə] *s.* **1.** Auffänger *m*; **2.** *a.* **~ plane** ✈ ⚔ Abfangjäger *m*.

in·ter·ces·sion [ˌɪntə'seʃn] *s.* Fürbitte *f* (*a. eccl.*), Fürsprache *f*: **make ~ to s.o. for** bei j-m Fürsprache einlegen für, sich bei j-m verwenden für; (**service of**) **~** Bittgottesdienst *m*; **ˌin·ter'ces·sor** [-esə] *s.* Fürsprecher(in), Vermittler(in) (**with** bei); **ˌin·ter'ces·so·ry** [-esərɪ] *adj.* fürsprechend.

in·ter·change [ˌɪntə'tʃeɪndʒ] **I** *v/t.* **1.** unterein'ander austauschen, auswechseln; **2.** vertauschen, auswechseln (*a.* ⚙); einander abwechseln lassen; **II** *v/i.* **3.** abwechseln (**with** mit), aufein'anderfolgen; **III** *s.* **4.** Austausch *m*; Aus-, Abwechslung *f*; Wechsel *m*, Aufein'anderfolge *f*; **5.** ☤ Tauschhandel *m*; **6.** *Am.* (Straßen)Kreuzung *f*; (Autobahn-) Kreuz *n*; **in·ter·change·a·bil·i·ty** ['ɪntəˌtʃeɪndʒə'bɪlətɪ] *s.* Auswechselbarkeit *f*; **ˌin·ter'change·a·ble** [-dʒəbl] *adj.* □ **1.** austauschbar, auswechselbar (*a.* ⚙, ☤); **2.** (mitein'ander) abwechselnd.

ˌin·ter·col'le·gi·ate *adj.* zwischen verschiedenen Colleges (bestehend).

in·ter·com ['ɪntəkɒm] *s.* **1.** ✈, ⚓ Bordverständigung(sanlage) *f*; **2.** (Gegen-, Haus)Sprechanlage *f*, (Werk- *etc.*)Rufanlage *f*.

ˌin·ter·com'mu·ni·cate *v/i.* **1.** mitein'ander verkehren *od.* in Verbindung stehen; **2.** → **communicate** 4; **'in·ter·comˌmu·ni'ca·tion** *s.* gegenseitige Verbindung, gegenseitiger Verkehr: **~ system** → **intercom**.

ˌin·ter'com·pa·ny *adj.* zwischenbetrieblich.

ˌin·ter·con'nect I *v/t.* mitein'ander verbinden, ⚡ *a.* zs.-schalten; **II** *v/i.* miteinander verbunden werden *od.* sein, *fig. a.* in Zs.-hang (miteinander) stehen; **ˌin·ter·con'nec·tion 1.** (gegenseitige) Verbindung, *fig. a.* Zs.-hang *m*; **2.** ⚡ a) Zs.-Schaltung *f*, b) verkettete Schaltung.

'in·terˌcon·ti'nen·tal *adj.* interkontinen'tal, Interkontinental…

'in·ter·course *s.* **1.** 'Umgang *m*, Verkehr *m* (**with** mit); **2.** ☤ Geschäftsverkehr *m*; **3.** *a.* **sexual ~** (Geschlechts-) Verkehr *m*.

ˌin·ter'cross I *v/t.* **1.** ein'ander kreuzen lassen; **2.** ⚘, *zo.* kreuzen; **II** *v/i.* **3.** sich kreuzen (*a.* ⚘, *zo.*).

'in·ter·cut *s. Film etc.*: Einblendung *f*.

'in·ter·deˌnom·i'na·tion·al *adj.* interkonfessio'nell.

ˌin·ter·de'pend *v/i.* vonein'ander abhängen; **ˌin·ter·de'pend·ence**, **ˌin·ter·de'pend·en·cy** *s.* gegenseitige Abhängigkeit; **ˌin·ter·de'pend·ent** *adj.* □ vonein'ander abhängig, eng zs.-hängend *od.* verflochten, inein'andergreifend.

in·ter·dict I *s.* ['ɪntədɪkt] **1.** Verbot *n*; **2.** *eccl.* Inter'dikt *n*; **II** *v/t.* [ˌɪntə'dɪkt] **3.** (amtlich) unter'sagen, verbieten (**to s.o.** j-m): **~ s.o. from s.th.** j-n von et. ausschließen, j-m et. entziehen *od.* verbieten; **4.** *eccl.* mit dem Inter'dikt belegen; **ˌin·ter'dic·tion** → **interdict** 1, 2.

in·ter·est ['ɪntrɪst] **I** *s.* **1.** (**in**) Inter'esse *n* (an *dat.*, für), (An)Teilnahme *f* (an *dat.*): **take an ~ in s.th.** sich für et. interessieren; **2.** Reiz *m*, Inter'esse *n*: **be of ~** (**to**) interessant *od.* reizvoll sein (für), interessieren (*acc.*); **3.** Wichtigkeit *f*, Bedeutung *f*: **be of little ~** von geringer Bedeutung sein; **of great ~** von großem Interesse; **4.** *bsd.* ☤ Beteiligung *f*, Anteil *m* (**in** an *dat.*): **have an ~ in s.th.** an *od.* bei et. (*bsd.* finanziell) beteiligt sein; **5.** ☤ Interes'senten *pl.*, Kreise *pl.*: **the banking ~** die Bankkreise *pl.*; **the landed ~** die Grundbesitzer *pl.*; **6.** Inter'esse *n*, Vorteil *m*, Nutzen *m*, Gewinn *m*: **be in** (*od.* **to**) **the ~(s) of** im Interesse von … liegen; **in your ~** zu Ihrem Vorteil; **look after one's ~s** s-e Interessen wahren; **study s.o.'s ~(s)** j-s Vorteil im Auge haben; **7.** Einfluß *m*, Macht *f*: **have ~ with** Einfluß haben bei; **8.** (An)Recht *n*, Anspruch *m* (**in** auf *acc.*); **9.** Gesichtspunkt *m*, Seite *f* (*in e-r Geschichte etc.*): → **human** I; **10.** (*nie pl.*) ☤ Zins(en *pl.*) *m*: **and** (*od.* **plus**) **~** zuzüglich Zinsen; **ex ~** ohne Zinsen; **free of ~** zinslos; **bear** (*od.* **yield**) **~** Zinsen tragen, sich verzinsen; **~** (**rate**) ☤ Zinsfuß *m*, -satz *m*; **~ account** a) Zinsrechnung *f*, b) Zinsenkonto *n*; **~ certificate** Zinsenvergütungsschein *m*; **~ pro and contra** Soll- u. Habenzinsen *pl.*; **~ coupon** (*od.* **ticket**, **warrant**) Zinscoupon *m*, -schein *m*; **11.** *fig.* Zinsen *pl.*: **return a blow with ~** e-n Schlag mit Zins u. Zinseszinsen zurückgeben; **II** *v/t.* **12.** interessieren (**in** für), *j-s* Inter'esse *od.* Teilnahme erwecken (**in s.th.** an e-r Sache; **for s.o.** für j-n): **~ o.s. in** sich interessieren für, Anteil nehmen an (*dat.*); **13.** interessieren, anziehen, reizen, fesseln; **14.** angehen, betreffen: **everyone is ~ed in this** dies geht jeden an; **15.** *bsd.* ☤ beteiligen (**in** an *dat.*); **16.** gewinnen (**in** für).

in·ter·est·ed ['ɪntrɪstɪd] *adj.* □ **1.** interessiert, Anteil nehmend (**in** an *dat.*); aufmerksam: **be ~ in** sich interessieren für; **I was ~ to know** es interessierte mich zu wissen; **2.** *bsd.* ☤ beteiligt (**in** an *dat.*, bei): **the parties ~** die Beteiligten; **3.** voreingenommen, par'teiisch; **4.** eigennützig: **~ motives**; **'in·ter·est·ed·ly** [-lɪ] *adv.* mit Inter'esse, aufmerksam; **'in·ter·est·ing** [-tɪŋ] *adj.* □ interes'sant, fesselnd, anziehend: **in an ~ condition** *obs.* in anderen Umständen (*schwanger*); **'in·ter·est·ing·ly** [-tɪŋlɪ] *adv.* interes'santerweise.

'in·ter·face *s.* Zwischen-, Grenzfläche *f*; ⚡ Schnittstelle *f*.

in·ter·fere [ˌɪntə'fɪə] *v/i.* **1.** sich einmischen, da'zwischentreten, -kommen; dreinreden; sich Freiheiten her'ausnehmen; **2.** eingreifen, -schreiten: **it is time to ~**; **3.** *a.* ⚙ stören, hindern; **4.** zs.-stoßen (*a. fig.*), aufein'anderprallen; **5.** *phys.* aufein'andertreffen, sich kreuzen *od.* über'lagern; ⚡ stören; **6. ~ with** a) *j-n* stören, unter'brechen, (be-) hindern, belästigen, b) *et.* stören, beeinträchtigen, sich einmischen in (*acc.*), störend einwirken auf (*acc.*); **7. ~ in** eingreifen in (*acc.*), sich befassen mit *od.* kümmern um; **ˌin·ter'fer·ence** [-ɪərəns] *s.* **1.** Einmischung *f* (**in** in *acc.*), Eingreifen *n* (**with** in *acc.*); **2.** Störung *f*, Hinderung *f*, Beeinträchtigung *f* (**with** *gen.*); **3.** Zs.-stoß(en *n*) *m* (*a. fig.*); **4.** *Am. sport* Abschirmen *n*: **run ~** a) den balltragenden Stürmer abschirmen, b) (**for s.o.**) *fig.* (j-m) Schützenhilfe leisten; **5.** ⚡, *phys.* a) Interfe'renz *f*, Über'lagerung *f*, b) Störung *f*: **reception ~** Empfangsstörung *f*; **~ suppression** Entstörung *f*; **in·ter·fe·ren·tial** [ˌɪntəfə'renʃl] *adj. phys.* Interferenz…; **ˌin·ter'fer·ing** [-ɪərɪŋ] *adj.* □ **1.** störend, lästig: **be always ~** F sich ständig einmischen; **2.** kollidierend, entgegenstehend: **~ claim**.

ˌin·ter'gla·cial *adj. geol.* zwischeneiszeitlich, interglazi'al.

in·ter·im ['ɪntərɪm] **I** *s.* **1.** Zwischenzeit *f*: **in the ~** in der Zwischenzeit, einstweilen, vorläufig; **2.** Interim *n*, einstweilige Regelung; **3.** 2 *hist.* Interim *n*; **II** *adj.* **4.** einstweilig, vorläufig, Übergangs…, Interims…, Zwischen…: **~ report** Zwischenbericht *m*; → **injunction** 1; **~ aid** *s.* Über'brückungshilfe *f*; **~ bal·ance** (**sheet**) *s.* ☤ 'Zwischenbiˌlanz *f*, -abschluß *m*; **~ cer·tif·i·cate** *s.* ☤ Interimsschein *m*; **~ cred·it** *s.* ☤ 'Zwischenkreˌdit *m*; **~ div·i·dend** *s.* ☤ 'Interimsdiviˌdende *f*.

in·te·ri·or [ɪn'tɪərɪə] **I** *adj.* **1.** inner, innengelegen; Innen… (*a.* ⚔): **~ decoration**, **~ design** a) Innenausstattung *f*, b) Innenarchitektur *f*; **~ decorator**, **~ designer** a) Innenausstatter(in), b) Innenarchitekt(in); **2.** binnenländisch, Binnen…; **3.** inländisch, Inlands…; **4.** innerlich, geistig: **~ monologue** *Literatur*: innerer Monolog; **II** *s.* **5.** *das* Innere (*a.* ⚔), Innenraum *m*; **6.** *das* Innere, Binnenland *n*; **7.** *phot.* Innenaufnahme *f*; **8.** *das* Innere, wahres Wesen; **9.** *pol.* innere Angelegenheiten *pl.*: **Department of the 2** *Am.* Innenministerium *n*.

in·ter·ject [ˌɪntə'dʒekt] *v/t.* **1.** *Bemerkung* da'zwischen-, einwerfen; da'zwischenrufen; **2.** einschieben, einschalten; **ˌin·ter'jec·tion** [-kʃn] *s.* **1.** Aus-, Zwischenruf *m*; **2.** *ling.* Interjekti'on *f*; **ˌin·ter'jec·tion·al** [-kʃənl] *adj.* □, **ˌin·ter'jec·to·ry** [-tərɪ] *adj.* da'zwischengeworfen, eingeschoben, Zwischen…

ˌin·ter'lace I *v/t.* **1.** inein'ander-, verflechten, verschlingen; **2.** durch'flechten, verweben (*a. fig.*); **3.** (ver)mischen; **4.** *Computer*: verschachteln; **II** *v/i.* **5.** sich verflechten *od.* kreuzen: **interlacing arches** △ verschränkte Bogen; **III** *s.* **6.** *TV* Zwischenzeile *f*.

'in·terˌlan·guage *s.* Verkehrssprache *f*.

ˌin·ter'lard *v/t. fig.* spicken, durch'setzen (**with** mit).

'in·ter·leaf *s.* [*irr.*] leeres Zwischenblatt; **ˌin·ter'leave** *v/t.* **1.** *Bücher* durch'schießen; **2.** *Computer*: verschachteln.

ˌin·ter'line *v/t.* **1.** zwischen die Zeilen

schreiben *od.* setzen, einfügen; **2.** *typ.* *Zeilen* durch'schießen; **3.** *Kleidungsstück* mit e-m Zwischenfutter versehen; **ˌin·terˈlin·e·ar** *adj.* **1.** da'zwischengeschrieben, zwischenzeilig, Interlinear...; **2.** *~ **space*** *typ.* Durchschuß *m*; **ˈin·terˌlin·eˈa·tion** *s. das* Da'zwischengeschriebene.

ˌin·terˈlink I *v/t.* verketten (*a.* ⚡); **II** *s.* [ˈɪntəlɪŋk] Binde-, Zwischenglied *n.*

ˌin·terˈlock I *v/i.* **1.** inein'andergreifen (*a. fig.*): ***~ing directorate*** ✝ Schachtelaufsichtsrat *m*; **2.** 🚂 verblockt sein: ***~ing signals*** Blocksignale; **II** *v/t.* **3.** zs.-schließen, inein'anderschachteln; **4.** inein'anderhaken, verzahnen; **5.** ⚙, 🚂 verblocken: ***~ing plant*** Stellwerk *n.*

in·ter·lo·cu·tion [ˌɪntələʊˈkjuːʃn] *s.* Gespräch *n*, Unter'redung *f*; **in·ter·loc·u·tor** [ˌɪntəˈlɒkjʊtə] *s.* Gesprächspartner (-in); **in·ter·loc·u·to·ry** [ˌɪntəˈlɒkjʊtərɪ] *adj.* **1.** in Gesprächsform; Gesprächs...; **2.** ⚖ vorläufig, Zwischen...: ***~ injunction*** einstweilige Verfügung.

in·ter·lop·er [ˈɪntələʊpə] *s.* **1.** Eindringling *m*; **2.** ✝ Schleichhändler *m.*

in·ter·lude [ˈɪntəluːd] *s.* **1.** Zwischenspiel *n* (*a.* ♪ *u. fig.*); **2.** Pause *f*; **3.** Zwischenzeit *f*; **4.** Epi'sode *f.*

ˌin·terˈmar·riage *s.* **1.** Mischehe *f* (*zwischen verschiedenen Konfessionen, Rassen etc.*); **2.** Heirat *f* unterein'ander *od.* zwischen nahen Blutsverwandten; **ˌin·terˈmar·ry** *v/i.* **1.** unterein'ander heiraten (*Stämme etc.*), Mischehen eingehen; **2.** innerhalb der Fa'milie heiraten.

ˌin·terˈmed·dle *v/i.* sich einmischen (***with, in*** in *acc.*).

in·ter·me·di·ar·y [ˌɪntəˈmiːdjərɪ] **I** *adj.* **1.** → ***intermediate*** 1; **2.** vermittelnd; **II** *s.* **3.** Vermittler(in); **4.** ✝ Zwischenhändler *m*; **ˌin·terˈme·di·ate** [-jət] **I** *adj.* ☐ **1.** da'zwischenliegend, Zwischen..., Mittel...: ***~ between*** liegend zwischen; ***~ colo(u)r*** (***credit, product, stage, trade***) Zwischenfarbe *f* (-kredit *m*, -produkt *n*, -stadium *n*, -handel *m*); ***~ examination*** → 4; **II** *s.* **2.** Zwischenglied *n*, -form *f*, -stück *n*; **3.** ⚗ 'Zwischenproˌdukt *n*; **4.** Zwischenprüfung *f*; **5.** Vermittler(in), Mittelsmann *m.*

in·ter·ment [ɪnˈtɜːmənt] *s.* Beerdigung *f*, Beisetzung *f.*

in·ter·mez·zo [ˌɪntəˈmetsəʊ] *pl.* **-mez·zi** [-tsiː] *od.* **-mez·zos** *s.* Inter'mezzo *n*, Zwischenspiel *n.*

in·ter·mi·na·ble [ɪnˈtɜːmɪnəbl] *adj.* ☐ **1.** grenzenlos, endlos; **2.** langwierig.

ˌin·terˈmin·gle → ***intermix.***

ˌin·terˈmis·sion *s.* Unter'brechung *f*, Aussetzen *n*; Pause *f*: ***without ~*** pausenlos, unaufhörlich, ständig.

in·ter·mit [ˌɪntəˈmɪt] **I** *v/t.* unter'brechen, aussetzen mit; **II** *v/i.* aussetzen, nachlassen; **ˌin·terˈmit·tence** [-təns] *s.* Aussetzen *n*, Unter'brechung *f*; **ˌin·terˈmit·tent** [-tənt] *adj.* ☐ mit Unter'brechungen, stoßweise; (zeitweilig) aussetzend, peri'odisch, intermittierend: ***be ~*** aussetzen; ***~ fever*** ⚕ Wechselfieber *n*; ***~ light*** ⚓ Blinkfeuer *n.*

ˌin·terˈmix I *v/t.* vermischen; **II** *v/i.* sich vermischen; **ˌin·terˈmix·ture** *s.* **1.** Mischung *f*; **2.** Beimischung *f*, Zusatz *m.*

in·tern¹ I *v/t.* [ɪnˈtɜːn] internieren; **II** *s.* [ˈɪntɜːn] *Am.* Internierte(r *m*) *f.*

in·tern² [ˈɪntɜːn] *Am.* **I** *s.* ⚕ Assi'stenzarzt *m*, *a. ped.* Prakti'kant(in); **II** *v/i.* als Assi'stenzarzt (*in e-r Klinik*) tätig sein.

in·ter·nal [ɪnˈtɜːnl] **I** *adj.* ☐ **1.** inner, inwendig: ***~ organs*** *anat.* innere Organe; ***~ diameter*** Innendurchmesser *m*; **2.** ⚕ innerlich anzuwenden(d), einzunehmen(d): ***~ remedy***; **3.** inner(lich), geistig; **4.** einheimisch, in-, binnenländisch, Inlands..., Innen..., Binnen...: ***~ loan*** ✝ Inlandsanleihe *f*; ***~ trade*** Binnenhandel *m*; **5.** *pol.* inner, Innen...: ***~ affairs*** innere Angelegenheiten; **6.** *ped.* in'tern, im College *etc.* wohnend; **7.** ✝ *etc.* (be'triebs)inˌtern, innerbetrieblich; **II** *s.* **8.** *pl. anat.* innere Or'gane *pl.*; **9.** innere Na'tur; **~-comˈbus·tion en·gine** *s.* ⚙ Verbrennungs-, Explosi'onsmotor *m.*

in·ter·na·lize [ɪnˈtɜːnəlaɪz] *v/t. psych. et.* verinnerlichen, in sich aufnehmen.

in·ter·nal| med·i·cine *s.* ⚕ innere Medi'zin; **~ rev·e·nue** *s. Am.* Steueraufkommen *n*: ***ℒ Office*** Finanzamt *n*; **~ rhyme** *s.* Binnenreim *m*; **~ spe·cial·ist** *s.* ⚕ Inter'nist *m*, Facharzt *m* für innere Krankheiten; **~ thread** *s.* ⚙ Innengewinde *n.*

ˌin·terˈna·tion·al I *adj.* ☐ **1.** internatio'nal, zwischenstaatlich: ***~ candle*** *phys.* Internationale Kerze (*Lichtstärke*); **2.** Welt..., Völker...; **II** *s.* **3.** *sport* a) Internatio'nale(r *m*) *f*, Natio'nalspieler (-in), b) ꟳ internatio'naler Vergleichskampf; Länderspiel *n*; **4.** ℒ *pol.* Internatio'nale *f*; **5.** *pl.* ✝ internatio'nal gehandelte 'Wertpaˌpiere *pl.*; **In·ter·na·tio·nale** [ˌɪntənæʃəˈnɑːl] *s.* Internatio'nale *f* (*Kampflied*); **ˌin·terˈna·tion·al·ism** *s.* **1.** Internationa'lismus *m*; **2.** internatio'nale Zs.-arbeit; **ˌin·terˈna·tion·al·ist** *s.* **1.** Internationa'list *m*, Anhänger *m* des Internationa'lismus; **2.** ⚖ Völkerrechtler *m*; **3.** → ***international*** 3a; **ˈin·terˌna·tionˈal·i·ty** *s.* internatio'naler Cha'rakter; **ˌin·terˈna·tion·al·ize** *v/t.* **1.** internationalisieren; **2.** internatio'naler Kon'trolle unter'werfen.

in·ter·na·tion·al| law *s.* Völkerrecht *n*; **ℒ Mon·e·tar·y Fund** *s.* Internatio'naler Währungsfonds; **~ mon·ey or·der** *s.* Auslandspostanweisung *f*; **~ re·ply cou·pon** *s.* internatio'naler Antwortschein.

in·terne [ˈɪntɜːn] → ***intern²*** I.

in·ter·ne·cine [ˌɪntəˈniːsaɪn] *adj.* **1.** gegenseitige Tötung bewirkend: ***~ duel***; ***~ war*** gegenseitiger Vernichtungskrieg; **2.** mörderisch, vernichtend.

in·tern·ee [ˌɪntɜːˈniː] *s.* Internierte(r *m*) *f.*

in·ter·net [ˈɪntənet] *s*: ***the ~*** das Internet, → ***surf*** **III.**

in·tern·ment [ɪnˈtɜːnmənt] *s.* Internierung *f*: ***~ camp*** Internierungslager *n.*

ˈin·terˌo·ceˈan·ic [-əˌəʊ-] *adj.* interoze'anisch, zwischen (zwei) Weltmeeren liegend, (zwei) Weltmeere verbindend.

in·ter·pel·late [ɪnˈtɜːpeleɪt] *v/t. pol.* e-e Anfrage richten an (*acc.*); **in·ter·pel·la·tion** [ɪnˌtɜːpeˈleɪʃn] *s. pol.* Interpellati'on *f.*

ˌin·terˈpen·e·trate I *v/t.* völlig durch'dringen; **II** *v/i.* sich gegenseitig durch'dringen.

in·ter·phone [ˈɪntəfəʊn] → ***intercom.***

ˌin·terˈplan·e·tar·y *adj.* interplane'tarisch.

ˌin·terˈplay *s.* Wechselwirkung *f*, -spiel *n.*

In·ter·pol [ˈɪntəpɒl] *s.* Interpol *f* (*Internationale kriminalpolizeiliche Organisation*).

in·ter·po·late [ɪnˈtɜːpəʊleɪt] *v/t.* **1.** interpolieren; *et.* einschalten, -fügen; **2.** (durch Einschiebungen) ändern, *bsd.* verfälschen; **3.** ⩘ interpolieren; **in·ter·po·la·tion** [ɪnˌtɜːpəʊˈleɪʃn] *s.* Interpolati'on *f* (*a.* ⩘), Einschaltung *f*, Einschiebung *f* (*in e-n Text*).

ˌin·terˈpose I *v/t.* **1.** da'zwischenstellen, -legen, -bringen; ⚙ zwischenschalten; **2.** *et.* in den Weg legen; **3.** *Bemerkung* einwerfen, einflechten; *Einwand etc.* vorbringen, *Veto* einlegen; **II** *v/i.* **4.** da'zwischenkommen, -treten; **5.** vermitteln, intervenieren; **6.** (sich) unter'brechen (*im Reden*); **in·ter·po·si·tion** [ɪnˌtɜːpəˈzɪʃn] *s.* **1.** Eingreifen *n*; **2.** Vermittlung *f*, Einfügung *f*, Einschaltung *f* (*a.* ⚙).

in·ter·pret [ɪnˈtɜːprɪt] **I** *v/t.* **1.** interpretieren, auslegen, deuten; ansehen (***as*** als); *bsd.* ⚔ auswerten; **2.** dolmetschen; **3.** ♪, *thea. etc.* interpretieren, 'wiedergeben, darstellen; **II** *v/i.* **4.** dolmetschen, als Dolmetscher fungieren; **in·ter·pre·ta·tion** [ɪnˌtɜːprɪˈteɪʃn] *s.* **1.** Erklärung *f*, Auslegung *f*, Deutung *f*; Auswertung *f*; **2.** (mündliche) 'Wiedergabe, Über'setzung *f*; **3.** ♪, *thea. etc.* Darstellung *f*, 'Wiedergabe *f*; Auffassung *f*, Interpretati'on *f e-r Rolle etc.*; **inˈter·pret·er** [-tə] *s.* **1.** Erklärer(in), Ausleger(in), Inter'pret(in); **2.** Dolmetscher(in); **3.** *Computer*: Interpre'tierproˌgramm *n*; **inˈter·pret·er·ship** [-təʃɪp] *s.* Dolmetscherstellung *f.*

ˌin·terˈra·cial *adj.* **1.** verschiedenen Rassen gemeinsam, inter'rassisch; **2.** zwischenrassisch: ***~ tension(s)*** Rassenspannungen.

in·ter·reg·num [ˌɪntəˈregnəm] *pl.* **-na** [-nə], **-nums** *s.* **1.** Inter'regnum *n*: a) herrscherlose Zeit, b) Zwischenregierung *f*; **2.** Pause *f*, Unter'brechung *f.*

ˌin·ter·reˈlate I *v/t.* zuein'ander in Beziehung bringen; **II** *v/i.* zuein'ander in Beziehung stehen, zs.-hängen; **ˌin·ter·reˈlat·ed** *adj.* in Wechselbeziehung stehend, (unterein'ander) zs.-hängend; **ˌin·ter·reˈla·tion** *s.* Wechselbeziehung *f.*

in·ter·ro·gate [ɪnˈterəʊgeɪt] *v/t.* **1.** (be-) fragen; **2.** ausfragen, vernehmen, verhören; **in·ter·ro·ga·tion** [ɪnˌterəʊˈgeɪʃn] *s.* **1.** Frage *f* (*a. ling.*), Befragung *f*: ***~ mark, point of ~*** *ling.* Fragezeichen *n*; **2.** Vernehmung *f*, Verhör *n*: ***~ officer*** Vernehmungsoffizier *m*, -beamter *m*; **in·ter·rog·a·tive** [ˌɪntəˈrɒgətɪv] **I** *adj.* ☐ fragend, Frage...: ***~ pronoun*** → II; **II** *s. ling.* Fragefürwort *n*; **inˈter·ro·ga·tor** [-tə] *s.* **1.** Fragesteller (-in); **2.** Vernehmungsbeamte(r) *m*; **3.** *pol.* Interpel'lant *m*; **in·ter·rog·a·to·ry** [ˌɪntəˈrɒgətərɪ] **I** *adj.* **1.** fragend, Frage...; **II** *s.* **2.** Frage(stellung) *f*; **3.** ⚖ Beweisfrage *f* (*vor der Verhandlung*).

in·ter·rupt [ˌɪntəˈrʌpt] *v/t.* **1.** *allg.*, *a.* ⚡ unter'brechen, *a. j-m* ins Wort fallen; **2.** aufhalten, stören, hindern; **ˌin·terˈrupt·ed** [-tɪd] *adj.* ☐ unter'brochen (*a.* ⚡, ⚙, ⚘); **ˌin·terˈrupt·ed·ly** [-tɪdlɪ] *adv.* mit Unter'brechungen; **ˌin·terˈrupt·er** [-tə] *s.* **1.** Unter'brecher *m* (*a.* ⚡, ⚙); **2.** Zwischenrufer(in); Störer(in); **ˌin·ter-**

ˈ**rup·tion** [-pʃn] *s.* **1.** Unterˈbrechung *f* (*a.* ⚡), Stockung *f*: ***without ~*** ununterbrochen; **2.** (⚙ Betriebs)Störung *f*.

in·ter·sect [ˌɪntəˈsekt] **I** *v/t.* (durch-)ˈschneiden; **II** *v/i.* sich schneiden *od.* kreuzen (*a.* ⩓); ˌ**in·terˈsec·tion** [-kʃn] *s.* **1.** Durchˈschneiden *n*; **2.** Schnitt-, Kreuzungspunkt *m*; **3.** ⩓ a) Schnitt *m*, b) *a.* ***point of ~*** Schnittpunkt *m*, c) *a.* ***line of ~*** Schnittlinie *f*; **4.** *Am.* (Straßen- *etc.*)Kreuzung *f*; **5.** ⚠ Vierung *f*.

ˈ**in·ter·sex** *s. biol.* Interˈsex *n* (*geschlechtliche Zwischenform*); ˌ**in·terˈsex·u·al** *adj.* zwischengeschlechtlich.

ˌ**in·terˈspace I** *s.* Zwischenraum *m*, -zeit *f*; **II** *v/t.* Raum lassen zwischen (*dat.*); trennen.

in·ter·sperse [ˌɪntəˈspɜːs] *v/t.* **1.** einstreuen, hier und da einfügen (***among*** zwischen *acc.*); **2.** durchˈsetzen (***with*** mit).

ˈ**in·ter·state** *adj. Am.* zwischenstaatlich, zwischen den US.-Bundesstaaten (bestehend *etc.*).

ˌ**in·terˈstel·lar** *adj.* interstelˈlar.

in·ter·stice [ɪnˈtɜːstɪs] *s.* **1.** Zwischenraum *m*; **2.** Lücke *f*, Spalte *f*; **in·ter·sti·tial** [ˌɪntəˈstɪʃl] *adj.* in Zwischenräumen (gelegen), zwischenräumlich, Zwischen…

ˌ**in·terˈtrib·al** *adj.* zwischen verschiedenen Stämmen (vorkommend).

ˌ**in·terˈtwine** *v/t. u. v/i.* (sich) verflechten *od.* verschlingen.

ˌ**in·terˈur·ban** [-ərˈɜː-] *adj.* Überland…: ***~ bus***.

in·ter·val [ˈɪntəvl] *s.* **1.** Zwischenraum *m*, -zeit *f*, Abstand *m*: ***at ~s*** dann und wann, periodisch; → ***lucid*** 1; **2.** Pause *f* (*a. thea. etc.*): ***~ signal*** *Radio*: Pausenzeichen *n*; **3.** ♪ Interˈvall *n*, Tonabstand *m*; ***~ train·ing*** *s. sport* Interˈvalltraining *n*.

in·ter·vene [ˌɪntəˈviːn] *v/i.* **1.** (*zeitlich*) daˈzwischenliegen, liegen zwischen (*dat.*); **2.** sich (inˈzwischen) ereignen, (plötzlich) eintreten; **3.** (*unerwartet*) daˈzwischenkommen: ***if nothing ~s***; **4.** sich einmischen (***in*** in *acc.*), einschreiten; **5.** (*helfend*) eingreifen, vermitteln; sich verwenden (***with s.o.*** bei j-m); **6.** *bsd.* ✝, ⚖ intervenieren; ˌ**in·terˈven·tion** [-ˈvenʃn] *s.* **1.** Daˈzwischenliegen *n*, -kommen *n*; **2.** Vermittlung *f*; **3.** Eingreifen *n*, -schreiten *n*, -mischung *f*; **4.** ✝, *pol.* (⚖ ˈNeben)Interventiˌon *f*; **5.** Einspruch *m*; ˌ**in·terˈven·tion·ist** [-ˈvenʃnɪst] *s. pol.* Befürworter *m* e-r Interventiˈon, Interventioˈnist *m*.

in·ter·view [ˈɪntəvjuː] **I** *s.* **1.** Interˈview *n*; **2.** Unterˈredung *f*, (✝ *a.* Vorstellungs)Gespräch *n*: ***hours for ~s*** Sprechzeiten, -stunden *pl.*; **II** *v/t.* **3.** interˈviewen, ein Interˈview *od.* e-e Unterˈredung haben mit, ein Gespräch führen mit; **in·ter·view·ee** [ˌɪntəvjuːˈiː] *s.* Interˈviewte(r *m*) *f*; *a.* Kandiˈdat(in) (*für e-e Stelle*); ˈ**in·ter·view·er** [-juːə] *s.* Interˈviewer(in); Leiter(in) e-s Vorstellungsgesprächs.

ˈ**in·ter·war** *adj.*: ***the ~ period*** die Zeit zwischen den (Welt)Kriegen.

ˌ**in·terˈweave** *v/t.* [*irr.* → ***weave***] **1.** verweben, verflechten (*a. fig.*); **2.** vermengen; **3.** durchˈweben, -ˈflechten, -ˈwirken.

ˌ**in·terˈzon·al** *adj.* Interzonen…

in·tes·ta·cy [ɪnˈtestəsɪ] *s.* ⚖ Fehlen *n* e-s Testaˈments; **inˈtes·tate** [-teɪt] **I** *adj.* **1.** ohne Hinterˈlassung e-s Testaˈments: ***die ~***; **2.** nicht testamenˈtarisch geregelt: ***~ estate***; ***~ succession*** gesetzliche Erbfolge; **II** *s.* **3.** Erb-lasser(in), der (*od.* die) kein Testaˈment hinterˈlassen hat.

in·tes·ti·nal [ɪnˈtestɪnl] *adj.* ⚕ Darm…: ***~ flora*** Darmflora *f*; **in·tes·tine** [ɪnˈtestɪn] **I** *s. anat.* Darm *m*; *pl.* Gedärme *pl.*, Eingeweide *pl.*: ***large ~*** Dickdarm; ***small ~*** Dünndarm; **II** *adj.* inner, einheimisch: ***~ war*** Bürgerkrieg *m*.

in·thral(l) [ɪnˈθrɔːl] *Am.* → ***enthral(l)***.

in·throne [ɪnˈθrəʊn] *Am.* → ***enthrone***.

in·ti·ma·cy [ˈɪntɪməsɪ] *s.* **1.** Intimiˈtät *f*: a) Vertrautheit *f*, vertrauter ˈUmgang, b) (*contp. plumpe*) Vertraulichkeit; **2.** inˈtime (*sexuelle*) Beziehungen *pl.*

in·ti·mate[1] [ˈɪntɪmət] **I** *adj.* ☐ **1.** vertraut, innig, inˈtim: ***on ~ terms*** auf vertrautem Fuß; **2.** eng, nah; **3.** perˈsönlich; **4.** inˈtim, in geschlechtlichen Beziehungen (stehend) (***with*** mit); **5.** gründlich: ***~ knowledge***; **6.** ⚙, ⚗ innig: ***~ contact***; ***~ mixture***; **II** *s.* **7.** Vertraute(r *m*) *f*, Intimus *m*.

in·ti·mate[2] [ˈɪntɪmeɪt] *v/t.* **1.** andeuten, zu verstehen geben; **2.** nahelegen; **3.** ankündigen, mitteilen; **in·ti·ma·tion** [ˌɪntɪˈmeɪʃn] *s.* **1.** Andeutung *f*, Wink *m*; **2.** Mitteilung *f*.

in·tim·i·date [ɪnˈtɪmɪdeɪt] *v/t.* einschüchtern, abschrecken, bange machen; **in·tim·i·da·tion** [ɪnˌtɪmɪˈdeɪʃn] *s.* Einschüchterung *f*; ⚖ Nötigung *f*.

in·ti·tle [ɪnˈtaɪtl] *Am.* → ***entitle***.

in·to [ˈɪntʊ; ˈɪntə] *prp.* **1.** in (*acc.*), in (*acc.*) … hinˈein: ***go ~ the house***; ***get ~ debt*** in Schulden geraten; ***flog ~ obedience*** durch Prügel zum Gehorsam bringen; ***translate ~ English*** ins Englische übersetzen; ***far ~ the night*** tief in die Nacht; ***she is ~ her thirties*** sie ist Anfang dreißig; ***Socialist ~ Conservative*** die Verwandlung e-s Sozialisten in einen Konservativen; **2.** *Zustandsänderung*: zu: ***make water ~ ice*** Wasser zu Eis machen; ***turn ~ cash*** zu Geld machen; ***grow ~ a man*** ein Mann werden; **3.** ⩓ in: ***divide ~ 10 parts*** in 10 Teile teilen; ***4 ~ 20 goes five times*** 4 geht in 20 fünfmal; **4.** ***be ~ s.th.*** F a) auf (*acc.*) et. ‚stehen', b) et. ‚am Wikkel' haben: ***he is ~ modern art now*** F er ‚hat es' jetzt (*beschäftigt sich*) mit moderner Kunst.

in·tol·er·a·ble [ɪnˈtɒlərəbl] *adj.* ☐ unerträglich; **inˈtol·er·a·ble·ness** [-nɪs] *s.* Unerträglichkeit *f*; **inˈtol·er·ance** [-lərəns] *s.* **1.** ˈIntoleˌranz *f*, Unduldsamkeit *f* (***of*** gegen); **2.** ⚕ ˈÜberempfindlichkeit *f* (***of*** gegen); **inˈtol·er·ant** [-lərənt] *adj.* ☐ **1.** unduldsam, ˈintoleˌrant (***of*** gegen); **2.** ***be ~ of*** nicht (v)ertragen können.

in·tomb [ɪnˈtuːm] *Am.* → ***entomb***.

in·to·nate [ˈɪntəʊneɪt] *v/t.* → ***intone***; **in·to·na·tion** [ˌɪntəʊˈneɪʃn] *s.* **1.** *ling.* Intonatiˈon *f*, Tonfall *m*; **2.** ♪ Intonatiˈon *f*: a) Anstimmen *n*, b) Psalmodieren *n*, c) Tonansatz *m*; **in·tone** [ɪnˈtəʊn] *v/t.* **1.** ♪ anstimmen, intonieren; **2.** ♪ psalmodieren; **3.** (mit *e-m bestimmten* Tonfall) (aus)sprechen.

in to·to [ˌɪnˈtəʊtəʊ] (*Lat.*) *adv.* **1.** im ganzen, insgesamt; **2.** vollständig.

in·tox·i·cant [ɪnˈtɒksɪkənt] **I** *adj.* berauschend; **II** *s.* berauschendes Getränk, Rauschmittel *n*; **inˈtox·i·cate** [-keɪt] *v/t.* (*a. fig.*) berauschen, (be)trunken machen: ***~d with*** berauscht *od.* trunken von *Wein*, *Liebe etc.*; **in·tox·i·ca·tion** [ɪnˌtɒksɪˈkeɪʃn] *s. a. fig.* Rausch *m*, Trunkenheit *f*.

intra- [ɪntrə] *in Zssgn* innerhalb.

ˌ**in·traˈcar·di·ac** *adj.* ⚕ im Herzˈinnern, intrakardiˈal.

in·trac·ta·bil·i·ty [ɪnˌtræktəˈbɪlətɪ] *s.* Unlenksamkeit *f*, ˈWiderspenstigkeit *f*; **in·trac·ta·ble** [ɪnˈtræktəbl] *adj.* ☐ **1.** unlenksam, störrisch, halsstarrig; **2.** schwer zu bearbeiten(d) *od.* zu handhaben(d), ‚ˈwiderspenstig'.

in·tra·dos [ɪnˈtreɪdɒs] *s.* ⚠ Laibung *f*.

in·tra·mu·ral [ˌɪntrəˈmjʊərəl] *adj.* **1.** innerhalb der Mauern (*e-r Stadt*, *e-s Hauses etc.*) befindlich; **2.** innerhalb der Universiˈtät.

ˌ**in·traˈmus·cu·lar** *adj.* ⚕ intramuskuˈlär.

in·tran·si·gence [ɪnˈtrænsɪdʒəns] *s.* Unnachgiebigkeit *f*, Intransiˈgenz *f*; **inˈtran·si·gent** [-nt] *adj. bsd. pol.* unnachgiebig, starr, intransiˈgent.

in·tran·si·tive [ɪnˈtrænsɪtɪv] **I** *adj.* ☐ *ling.* intransitiv (*a.* ⩓); **II** *s. ling.* Intransitiv *n*.

in·trant [ˈɪntrənt] *s.* Neueintretende(r *m*) *f*, (*ein Amt*) Antretende(r *m*) *f*.

ˌ**in·traˈstate** *adj.* innerstaatlich, *Am.* innerhalb e-s Bundesstaates.

ˌ**in·traˈve·nous** *adj.* ⚕ intraveˈnös.

in·trench [ɪnˈtrentʃ] → ***entrench***.

in·trep·id [ɪnˈtrepɪd] *adj.* ☐ unerschrokken; **in·tre·pid·i·ty** [ˌɪntrɪˈpɪdətɪ] *s.* Unerschrockenheit *f*.

in·tri·ca·cy [ˈɪntrɪkəsɪ] *s.* **1.** Kompliziertheit *f*, Kniffligkeit *f*; **2.** Komplikatiˈon *f*, Schwierigkeit *f*; ˈ**in·tri·cate** [-kət] *adj.* ☐ verwickelt, kompliziert, knifflig, schwierig.

in·trigue [ɪnˈtriːg] **I** *v/i.* **1.** intrigieren, Ränke schmieden; **2.** ein Verhältnis haben (***with*** mit); **II** *v/t.* **3.** fesseln, faszinieren; **4.** neugierig machen; **5.** verblüffen; **III** *s.* **6.** Inˈtrige *f*: a) Ränkespiel *n*, *pl.* Ränke *pl.*, Machenschaften *pl.*, b) Verwicklung *f* (*im Drama etc.*); **inˈtri·guer** [-gə] *s.* Intriˈgant(in); **inˈtri·guing** [-gɪŋ] *adj.* ☐ **1.** fesselnd, faszinierend; **2.** verblüffend; **3.** intrigierend, ränkevoll.

in·trin·sic [ɪnˈtrɪnsɪk] *adj.* (☐ ***~ally***) inner, wahr, eigentlich, wirklich, wesentlich, immaˈnent: ***~ value*** innerer Wert; **inˈtrin·si·cal·ly** [-kəlɪ] *adv.* wirklich, eigentlich; an sich: ***~ safe*** ⚡ eigensicher.

in·tro·duce [ˌɪntrəˈdjuːs] *v/t.* **1.** einführen: ***~ a new method***; **2.** einleiten, eröffnen, anfangen; **3.** (***into*** in *acc.*) *et.* (herˈein)bringen; *Instrument etc.* einführen, -setzen; *Seuche* einschleppen; *parl. Gesetzesvorlage* einbringen; **4.** *Thema*, *Frage* anschneiden, aufwerfen; **5.** *j-n* (hinˈein)führen, (-)geleiten (***into*** in *acc.*); **6.** (***to***) *j-n* einführen (in *acc.*), bekannt machen (mit *et.*); **7.** (***to***) *j-n* bekannt machen (mit *j-m*), vorstellen (*dat.*); ˌ**in·troˈduc·tion** [-ˈdʌkʃn] *s.* **1.** Einführung *f*; **2.** Einleitung *f*, Anbahnung *f*; **3.** Einleitung *f*, Vorrede *f*, -wort *n*; **4.** Leitfaden *m*, Anleitung *f*; **5.** Einführung *f* (*Instrument*); Einschleppung *f* (*Seuche*); *pol.* Einbringung *f* (*Gesetz*); **6.** Vorstellung *f*: ***letter of ~*** Empfehlungsbrief *m*; ˌ**in·tro'duc·to·ry** [-ˈdʌktəri] *adj.* einleitend, Einleitungs…, Vor…

in·tro·mis·sion [ˌɪntrəʊ'mɪʃn] *s.* **1.** Einführung *f*; **2.** Zulassung *f*.

in·tro·spect [ˌɪntrəʊ'spekt] *v/t.* sich (innerlich) prüfen; ˌ**in·tro'spec·tion** [-kʃn] *s.* Selbstbeobachtung *f*, Innenschau *f*, Introspekti'on *f*; ˌ**in·tro'spec·tive** [-tɪv] *adj.* ☐ introspek'tiv, selbstprüfend, nach innen gewandt.

in·tro·ver·sion [ˌɪntrəʊ'vɜːʃn] *s.* **1.** Einwärtskehren *n*; **2.** *psych.* Introversi'on *f*, Introvertiertheit *f*; **in·tro·vert I** *s.* ['ɪntrəʊvɜːt] *psych.* introvertierter Mensch; **II** *v/t.* [ˌɪntrəʊ'vɜːt] nach innen richten, einwärtskehren; *psych.* introvertieren.

in·trude [ɪn'truːd] **I** *v/t.* **1.** *fig.* (unnötigerweise) hi'neinbringen: ***~ one's own ideas into the argument***; **2.** ***~ s.th. upon s.o.*** j-m et. aufdrängen; ***~ o.s. upon s.o.*** sich j-m aufdrängen; **II** *v/i.* **3.** sich eindrängen *od.* einmischen (***into*** in *acc.*), sich aufdrängen (***upon*** *dat.*); **4.** (***upon***) *j-n* stören, belästigen: ***am I intruding?*** störe ich?; **in'trud·er** [-də] *s.* **1.** Eindringling *m*; **2.** Zudringliche(r *m*) *f*, Störenfried *m*; **3.** ✈ Störflugzeug *n*; **in'tru·sion** [-uːʒn] *s.* **1.** Eindrängen *n*, Eindringen *n*; **2.** Einmischung *f*; **3.** Zu-, Aufdringlichkeit *f*; **4.** Belästigung *f* (***upon*** *gen.*); **5.** ⚖ Besitzstörung *f*; **in'tru·sive** [-uːsɪv] *adj.* ☐ **1.** auf-, zudringlich, lästig; **2.** *geol.* eingedrungen; **3.** *ling.* 'unetymoˌlogisch (eingedrungen); **in'tru·sive·ness** [-uːsɪvnɪs] → ***intrusion*** 3.

in·tu·it [ɪn'tjuːɪt] *v/t. u. v/i.* intui'tiv erfassen *od.* wissen; **in·tu·i·tion** [ˌɪntjuː'ɪʃn] *s.* Intuiti'on *f*: a) unmittelbare Erkenntnis, b) Eingebung *f*, Ahnung *f*; **in·tu·i·tive** [ɪn'tjuːɪtɪv] *adj.* ☐ intui'tiv.

in·tu·mes·cence [ˌɪntjuː'mesns] *s.* **1.** Anschwellen *n*; **2.** ⚕ Anschwellung *f*, Geschwulst *f*; ˌ**in·tu'mes·cent** [-nt] *adj.* (an)schwellend.

in·twine [ɪn'twaɪn] *Am.* → ***entwine***.

in·un·date ['ɪnʌndeɪt] *v/t.* über'schwemmen (*a. fig.*); **in·un·da·tion** [ˌɪnʌn'deɪʃn] *s.* Über'schwemmung *f*, Flut *f* (*a. fig.*).

in·ure [ɪ'njʊə] **I** *v/t. mst pass.* (***to***) abhärten (gegen), gewöhnen (an *acc.*); **II** *v/i.* *bsd.* ⚖ wirksam *od.* gültig *od.* angewendet werden.

in·vade [ɪn'veɪd] *v/t.* **1.** einfallen *od.* eindringen *od.* einbrechen in (*acc.*); **2.** über'fallen, angreifen; **3.** *fig.* über'laufen, -'schwemmen, sich ausbreiten über (*acc.*); **4.** eindringen in (*acc.*), 'übergreifen auf (*acc.*); **5.** *fig.* erfüllen, ergreifen, befallen: ***fear ~d all***; **6.** *fig.* verstoßen gegen, verletzen, antasten, eingreifen in (*acc.*); **in'vad·er** [-də] *s.* Eindringling *m*, Angreifer(in); *pl.* ✕ Inva'soren *pl.*

in·va·lid¹ ['ɪnvəlɪd] **I** *adj.* **1.** a) krank, leidend, b) inva'lide, c) ✕ dienstunfähig; **2.** Kranken…: ***~ chair*** Rollstuhl *m*; ***~ diet*** Krankenkost *f*; **II** *s.* **3.** Kranke(r *m*) *f*; **4.** Inva'lide *m*; **III** *v/t.* [ˌɪnvə'liːd] **5.** zum Inva'liden machen; **6.** *a.* ***~ out*** ✕ dienstuntauglich erklären *od.* als dienstuntauglich entlassen: ***be ~ed out*** als Invalide (aus dem Heer) entlassen werden.

in·val·id² [ɪn'vælɪd] *adj.* ☐ **1.** (rechts)ungültig, null u. nichtig; **2.** nichtig, nicht stichhaltig (*Argumente*); **in'val·i·date** [-deɪt] *v/t.* **1.** außer Kraft setzen: a) (für) ungültig erklären, 'umstoßen, b) ungültig *od.* unwirksam machen; **2.** *Argument etc.* entkräften; **in·val·i·da·tion** [ɪnˌvælɪ'deɪʃn] *s.* **1.** Ungültigkeitserklärung *f*; **2.** Entkräftung *f*.

in·va·lid·ism ['ɪnvəlɪdɪzəm] *s.* ⚕ Invalidi'tät *f*.

in·va·lid·i·ty [ˌɪnvə'lɪdətɪ] *s.* **1.** *bsd.* ⚖ Ungültigkeit *f*, Nichtigkeit *f*; **2.** ⚕ *Am.* Invalidi'tät *f*.

in·val·u·a·ble [ɪn'væljʊəbl] *adj.* ☐ unschätzbar, unbezahlbar, von unschätzbarem Wert.

in·var·i·a·bil·i·ty [ɪnˌveərɪə'bɪlətɪ] *s.* Unveränderlichkeit *f*; **in·var·i·a·ble** [ɪn'veərɪəbl] **I** *adj.* ☐ unveränderlich, gleichbleibend; kon'stant (*a.* A); **II** *s.* A Kon'stante *f*; **in·var·i·a·bly** [ɪn'veərɪəblɪ] *adv.* stets, ausnahmslos.

in·va·sion [ɪn'veɪʒn] *s.* **1.** (***of***) Invasi'on *f* (*gen.*): a) ✕ *u. fig.* Einfall *m* (in *acc.*), 'Überfall *m* (auf *acc.*), b) Eindringen *n*, Einbruch *m* (in *acc.*); **2.** Andrang *m* (***of*** zu); **3.** *fig.* (***of***) Eingriff *m* (in *acc.*), Verletzung *f* (*gen.*); **4.** ⚕ Anfall *m*; **in'va·sive** [-eɪsɪv] *adj.* **1.** ✕ Invasions…, angreifend; **2.** (gewaltsam) eingreifend (***of*** in *acc.*); **3.** zudringlich.

in·vec·tive [ɪn'vektɪv] *s.* Schmähung(en *pl.*) *f*, Beschimpfung *f*; *pl.* Schimpfworte *pl.*

in·veigh [ɪn'veɪ] *v/i.* (***against***) schimpfen (über, auf *acc.*), herziehen (über *acc.*).

in·vei·gle [ɪn'veɪgl] *v/t.* (***into***) **1.** verleiten, verführen (zu): ***~ s.o. into doing s.th.*** j-n dazu verleiten, *et.* zu tun; **2.** locken (in *acc.*); **in'vei·gle·ment** [-mənt] *s.* Verleitung *f etc.*

in·vent [ɪn'vent] *v/t.* **1.** erfinden, ersinnen; **2.** *fig.* erfinden, erdichten; **in'ven·tion** [-nʃn] *s.* **1.** Erfindung *f* (*a. fig.*); **2.** (Gegenstand *m etc.* der) Erfindung *f*; **3.** Erfindungsgabe *f*; **4.** *contp.* Märchen *n*; **in'ven·tive** [-tɪv] *adj.* ☐ **1.** erfinderisch (***of*** in *dat.*); Erfindungs…; **2.** schöpferisch, einfallsreich, origi'nell; **in'ven·tive·ness** [-tɪvnɪs] → ***invention*** 3; **in'ven·tor** [-tə] *s.* Erfinder(in).

in·ven·to·ry ['ɪnvəntrɪ] *a.* † **I** *s.* **1.** a) Inven'tar *n*, Bestandsverzeichnis, (-)Liste *f*, b) *Am.* Bestandsaufnahme *f*, Inven'tur *f*; **2.** Inven'tar *n*, Lagerbestand *m*, Vorräte *pl.*: ***take ~*** Inventur machen; **II** *v/t.* **3.** inventarisieren: a) e-e Bestandsaufnahme machen von, b) im Inven'tar verzeichnen.

in·verse [ɪn'vɜːs] **I** *adj.* ☐ 'umgekehrt, entgegengesetzt; A in'vers, rezi'prok: ***~ly proportional*** umgekehrt proportional; **II** *s.* 'Umkehrung *f*, Gegenteil *n*; **in'ver·sion** [ɪn'vɜːʃn] *s.* **1.** 'Umkehrung *f* (*a.* ♪); **2.** ⚗, A, *ling.*, *meteor.* Inversi'on *f*, *psych. a.* Homosexuali'tät *f*.

in·vert I *v/t.* [ɪn'vɜːt] **1.** 'umkehren (*a.* ♪), 'umdrehen, 'umwenden (*a.* ♮); **2.** *ling.* 'umstellen; **3.** ⚗ invertieren; **II** *s.* ['ɪnvɜːt] **4.** △ 'umgekehrter Bogen; **5.** ⚙ Sohle *f* (*Schleuse etc.*); **6.** *psych.* Invertierte(r *m*) *f*: a) Homosexu'elle(r *m*), b) Lesbierin *f*, c) Transsexu'elle(r *m*) *f*.

in·ver·te·brate [ɪn'vɜːtɪbrət] **I** *adj.* **1.** *zo.* wirbellos; **2.** *fig.* rückgratlos; **II** *s.* **3.** *zo.* wirbelloses Tier: ***the ~s*** die Wirbellosen.

in·vert·ed [ɪn'vɜːtɪd] *adj.* **1.** 'umgekehrt; 'umgestellt; **2.** *psych.* invertiert, homosexu'ell; **3.** ⚙ hängend: ***~ cylinders***; ***~ engine*** Hängemotor *m*; ***~ com·mas*** *s. pl.* Anführungszeichen *pl.*, ‚Gänsefüßchen'; ***~ flight*** *s.* ✈ Rückenflug *m*; ***~ im·age*** *s. phys.* Kehrbild *n*.

in·vest [ɪn'vest] **I** *v/t.* **1.** † investieren, anlegen (***in*** in *dat.*); **2.** (***with***, ***in*** mit) bekleiden (*a. fig.*); bedecken, um'hüllen; **3.** (***with***) kleiden (in *acc.*), ausstatten (mit *Befugnissen etc.*); um'geben (mit); **4.** (in Amt u. Würden) einsetzen; **5.** ✕ einschließen, belagern; **II** *v/i.* **6.** investieren (***in*** in *dat.*); **7.** ***~ in*** F ‚sein Geld investieren' in (*dat.*).

in·ves·ti·gate [ɪn'vestɪgeɪt] **I** *v/t.* unter'suchen, erforschen; ermitteln; **II** *v/i.* (***into***) nachforschen (nach), Ermittlungen anstellen (über *acc.*); **in·ves·ti·ga·tion** [ɪnˌvestɪ'geɪʃn] *s.* **1.** Unter'suchung *f*, Nachforschung *f*; *pl.* Ermittlung(en *pl.*) *f*, Re'cherchen *pl.*; **2.** *wissenschaftliche* (Er)Forschung; **in'ves·ti·ga·tive** [-tɪv] *adj.* recherchierend, Untersuchungs…: ***~ journalism*** Enthüllungsjournalismus *m*; ***~ reporter*** recherchierende Reporter; **in'ves·ti·ga·tor** [-tə] *s.* **1.** Unter'suchende(r) *m*, (Er-, Nach-) Forscher(in); **2.** Unter'suchungsbeamte(r) *m*; **3.** Prüfer(in).

in·ves·ti·ture [ɪn'vestɪtʃə] *s.* **1.** Investi'tur *f*, (feierliche) Amtseinsetzung *f*; **2.** Belehnung *f*; **3.** *fig.* Ausstattung *f*.

in·vest·ment [ɪn'vesmənt] *s.* **1.** † a) Investierung *f*, b) Investiti'on(en *pl.*) *f*, (Kapi'tal-, Geld)Anlage *f*, Anlagewerte *pl.*: ***that's a good ~*** das ist e-e gute Geldanlage, *fig.* das lohnt sich *od.* macht sich bezahlt; **2.** † Einlage *f*, Beteiligung *f* (*e-s Gesellschafters*); **3.** Ausstattung *f* (***with*** mit); **4.** *biol.* (Außen-, Schutz)Haut *f*; **5.** ✕ *obs.* Belagerung *f*; **6.** → ***investiture*** 1; ***~ ad·vis·er*** *s.* Anlageberater *m*; ***~ bank*** *s.* Investiti'ons-, In'vestmentbank *f*; ***~ bank·ing*** *s.* Ef'fektenbankgeschäft *n*; ***~ bonds*** *s. pl.* festverzinsliche 'Anlagepaˌpiere *pl.*; ***~ com·pan·y*** *s.* Kapi'talanlage-, In'vestmentgesellschaft *f*; ***~ cred·it*** *s.* Investiti'onskreˌdit *m*; ***~ fund*** *s.* **1.** Anlagefonds *m*; **2.** *pl.* Investiti'onsmittel *pl.*; ***~ goods*** *s. pl.* Investiti'onsgüter *pl.*; ***~ grant*** *s.* Investitionsbeihilfe *f*; ***~ shares*** *s. pl.*, ***~ stocks*** *s. pl.* 'Anlagepaˌpiere *pl.*, -werte *pl.*; ***~ trust*** → ***investment company***: ***~ certificate*** Anteilschein *m*, Investmentzertifikat *n*.

in·ves·tor [ɪn'vestə] *s.* † In'vestor *m*, Geld-, Kapi'talanleger *m*.

in·vet·er·a·cy [ɪn'vetərəsɪ] *s.* Unausrottbarkeit *f*, *a.* ⚕ Hartnäckigkeit *f*; **in'vet·er·ate** [-rɪt] *adj.* ☐ **1.** eingewurzelt; **2.** ⚕ hartnäckig; **3.** eingefleischt, unverbesserlich.

in·vid·i·ous [ɪn'vɪdɪəs] *adj.* ☐ **1.** verhaßt, ärgerlich; **2.** gehässig, boshaft, gemein; **in'vid·i·ous·ness** [-nɪs] *s.* **1.**

das Ärgerliche; **2.** Gehässigkeit *f*, Bosheit *f*, Gemeinheit *f*.

in·vig·i·la·tion [ɪnˌvɪdʒɪˈleɪʃn] *s. ped. Brit.* Aufsicht *f*.

in·vig·or·ate [ɪnˈvɪɡəreɪt] *v/t.* stärken, kräftigen, beleben, *bsd. fig.* erfrischen: ***invigorating*** stärkend *etc.*; **in·vig·or·a·tion** [ɪnˌvɪɡəˈreɪʃn] *s.* Kräftigung *f*, Belebung *f*.

in·vin·ci·bil·i·ty [ɪnˌvɪnsɪˈbɪlətɪ] *s.* Unbesiegbarkeit *f etc.*; **in·vin·ci·ble** [ɪnˈvɪnsəbl] *adj.* ☐ unbesiegbar, ˈunüberˌwindlich.

in·vi·o·la·bil·i·ty [ɪnˌvaɪələˈbɪlətɪ] *s.* Unverletzlichkeit *f*, Unantastbarkeit *f*; **in·vi·o·la·ble** [ɪnˈvaɪələbl] *adj.* ☐ unverletzlich, unantastbar, heilig; **in·vi·o·late** [ɪnˈvaɪələt] *adj.* ☐ **1.** unverletzt, unversehrt, nicht gebrochen (*Gesetz etc.*); **2.** unangetastet.

in·vis·i·bil·i·ty [ɪnˌvɪzəˈbɪlətɪ] *s.* Unsichtbarkeit *f*; **in·vis·i·ble** [ɪnˈvɪzəbl] *adj.* ☐ unsichtbar (***to*** für): ***~ ink***; ***~ exports***; ***~ mending*** Kunststopfen *n*; ***he was ~*** *fig.* er ließ sich nicht sehen.

in·vi·ta·tion [ˌɪnvɪˈteɪʃn] *s.* **1.** Einladung *f* (***to s.o.*** an j-n): ***~ to tea*** Einladung zum Tee; **2.** Aufforderung *f*, Ersuchen *n*; **3.** ***~ to bid*** ✝ Ausschreibung *f*; **in·vite** [ɪnˈvaɪt] *v/t.* **1.** einladen: ***~ s.o. in*** j-n hereinbitten; **2.** *j-n* auffordern, bitten (***to do*** zu tun); **3.** *et.* erbitten, ersuchen um, auffordern zu *et.*; ✝ ausschreiben; **4.** *Kritik, Gefahr etc.* herˈausfordern, sich aussetzen (*dat.*); **5.** a) einladen zu, ermutigen zu, b) (ver)locken (***to do*** zu tun); **in·vit·ing** [ɪnˈvaɪtɪŋ] *adj.* ☐ einladend, (ver)lockend.

in·vo·ca·tion [ˌɪnvəʊˈkeɪʃn] *s.* **1.** Anrufung *f*; **2.** *eccl.* Bittgebet *n*.

in·voice [ˈɪnvɔɪs] ✝ **I** *s.* Fakˈtura *f*, (Waren-, Begleit)Rechnung *f*: ***as per ~*** laut Rechnung; ***~ clerk*** Fakturist(in); **II** *v/t.* fakturieren, in Rechnung stellen.

in·voke [ɪnˈvəʊk] *v/t.* **1.** anrufen, anflehen, flehen zu; **2.** flehen um, erflehen; **3.** *fig.* zu Hilfe rufen, sich berufen auf (*acc.*), anführen, zitieren; **4.** *Geist* beschwören.

in·vol·un·tar·i·ness [ɪnˈvɒləntərɪnɪs] *s.* **1.** Unfreiwilligkeit *f*; **2.** ˈUnwillˌkürlichkeit *f*; **in·vol·un·tar·y** [ɪnˈvɒləntərɪ] *adj.* ☐ **1.** unfreiwillig; **2.** ˈunwillˌkürlich; **3.** unabsichtlich.

in·vo·lute [ˈɪnvəluːt] **I** *adj.* **1.** ⚘ eingerollt; **2.** *zo.* mit engen Windungen; **3.** *fig.* verwickelt; **II** *s.* **4.** ⩓ Evolˈvente *f*; **in·vo·lu·tion** [ˌɪnvəˈluːʃn] *s.* **1.** ⚘ Einrollung *f*; **2.** Involutiˈon *f*: a) *biol.* Rückbildung *f*, b) ⩓ Potenzierung *f*; **3.** Verwicklung *f*, Verwirrung *f*.

in·volve [ɪnˈvɒlv] (→ *a.* ***involved***) *v/t.* **1.** umˈfassen, einschließen, involvieren; **2.** nach sich ziehen, zur Folge haben, mit sich bringen, verbunden sein mit, bedeuten: ***~ great expense***; ***this would ~ (our) living abroad*** das würde bedeuten, daß wir im Ausland leben müßten; **3.** nötig machen, erfordern: ***~ hard work***; **4.** betreffen: a) angehen: ***the plan ~s all employees***, b) beteiligen (***in, with*** an *dat.*): ***the number of persons ~d***, c) sich handeln *od.* drehen um, gehen um, zum Gegenstand haben: ***the case ~d some grave offences***, d) in Mitleidenschaft ziehen: ***diseases that ~ the nervous system***; ***it wouldn't ~ you*** du hättest nichts damit zu tun; **5.** verwickeln, -stricken, hinˈeinziehen (***in*** in *acc.*): ***~d in a lawsuit*** in e-n Rechtsstreit verwickelt; ***~d in an accident*** in e-n Unfall verwikkelt, an e-m Unfall beteiligt; ***I am not getting ~d in this!*** ich lasse mich da nicht hineinziehen!; **6.** *j-n* (*seelisch, persönlich*) engagieren (***in*** in *dat.*): ***~ o.s. with s.o.*** sich mit j-m einlassen; ***be ~d with s.o.*** a) mit j-m zu tun haben, b) zu j-m e-e (enge) Beziehung haben, *erotisch*: *a.* mit j-m ein Verhältnis haben, es mit j-m ‚haben'; ***she was ~d with several men***; **7.** *j-n* in Schwierigkeiten bringen (***with*** mit); **8.** *et.* komplizieren, verwirren; **inˈvolved** [-vd] *adj.* (→ *a.* ***involve***) **1.** a) kompliziert, b) verworren: ***an ~ sentence***; **2.** betroffen, beteiligt: ***the persons ~***; **3.** ***be ~*** a) → ***involve*** 4 c, b) mitspielen (***in*** bei *e-r Sache*), c) auf dem Spiel stehen, gehen um: ***the national prestige was ~***; **4.** (***in***) verwickelt, verstrickt (in *acc.*), beteiligt (an *dat.*); **5.** einbegriffen; **6.** (***in, with***) a) stark beschäftigt (mit), versunken (in *acc.*), b) (stark) interessiert (an *dat.*); **7.** (*seelisch, innerlich*) engagiert: ***emotionally ~***; ***be deeply ~ with a girl*** e-e enge Beziehung zu e-m Mädchen haben, stark empfinden für ein Mädchen; **inˈvolve·ment** [-mənt] *s.* **1.** Verwicklung *f*, -strickung *f* (***in*** in *acc.*); **2.** Beteiligung *f* (***in*** an *dat.*); **3.** Betroffensein *n*; **4.** (*seelisches od. persönliches*) Engagement; **5.** (***with***) a) (*innere*) Beziehung (zu), b) (*sexuelles*) Verhältnis (mit), c) Umgang (mit); **6.** Kompliziertheit *f*; **7.** komplizierte Sache, Schwierigkeit *f*.

in·vul·ner·a·bil·i·ty [ɪnˌvʌlnərəˈbɪlətɪ] *s.* **1.** Unverwundbarkeit *f*; **2.** *fig.* Unanfechtbarkeit *f*; **in·vul·ner·a·ble** [ɪnˈvʌlnərəbl] *adj.* ☐ **1.** unverwundbar, ungefährdet, gefeit (***to*** gegen); **2.** *fig.* unanfechtbar.

in·ward [ˈɪnwəd] **I** *adj.* ☐ **1.** inner(lich), Innen...; nach innen gehend: ***~ parts*** *anat.* innere Organe; ***the ~ nature*** der Kern, das eigentliche Wesen; **2.** *fig.* seelisch, geistig, inner(lich); **3.** ***~ duty*** ✝ Eingangszoll *m*; ***~ journey*** ⚓ Heimfahrt *f*, -reise *f*; ***~ mail*** eingehende Post; **II** *s.* **4.** *das* Innere (*a. fig.*); **5.** *pl.* [ˈɪnədz] F a) innere Orˈgane *pl.*, Eingeweide *pl.*, b) *Küche*: Inneˈreien *pl.*; **III** *adv.* **6.** nach innen; **7.** im Innern (*a. fig.*); **ˈin·ward·ly** [-lɪ] *adv.* **1.** innerlich, im Innern (*a. fig.*); nach innen; **2.** im stillen, insgeheim, für sich, leise; **ˈin·ward·ness** [-nɪs] *s.* **1.** Innerlichkeit *f*; **2.** innere Naˈtur, wahre Bedeutung; **ˈin·wards** [-dz] → ***inward*** 6, 7.

in·weave [ˌɪnˈwiːv] *v/t.* [*irr.* → ***weave***] **1.** einweben (***into*** in *acc.*); **2.** *fig.* ein-, verflechten.

in·wrought [ˌɪnˈrɔːt] *adj.* **1.** eingewoben, eingearbeitet; **2.** verziert; **3.** *fig.* (eng) verflochten.

i·o·date [ˈaɪəʊdeɪt] *s.* ⚗ Joˈdat *n*; **i·od·ic** [aɪˈɒdɪk] *adj.* ⚗ jodhaltig, Jod...; **ˈi·o·dide** [-daɪd] *s.* ⚗ Joˈdid *n*; **ˈi·o·dine** [-diːn] *s.* Jod *n*: ***tincture of ~*** Jodtinktur *f*; **ˈi·o·dism** [-dɪzəm] *s.* Jodvergiftung *f*; **ˈi·o·dize** [-daɪz] *v/t.* jodieren, mit Jod behandeln.

i·on [ˈaɪən] *s. phys.* Iˈon *n*.

I·o·ni·an [aɪˈəʊnjən] **I** *adj.* iˈonisch; **II** *s.* Iˈonier(in).

I·on·ic¹ [aɪˈɒnɪk] *adj.* iˈonisch: ***~ order*** ionische Säulenordnung.

i·on·ic² [aɪˈɒnɪk] *adj. phys.* iˈonisch: ***~ centrifuge*** Ionenschleuder *f*; ***~ migration*** Ionenwanderung *f*.

i·o·ni·um [aɪˈəʊnɪəm] *s.* ⚗ Iˈonium *n*.

i·on·i·za·tion [ˌaɪənaɪˈzeɪʃn] *s. phys.* Ionisierung *f*; **i·on·ize** [ˈaɪənaɪz] *phys.* **I** *v/t.* ionisieren; **II** *v/i.* in Iˈonen zerfallen; **i·on·o·sphere** [aɪˈɒnəˌsfɪə] *s. phys.* Ionoˈsphäre *f*.

i·o·ta [aɪˈəʊtə] *s.* Jota *n* (*griech. Buchstabe*): ***not an ~*** *fig.* kein Jota *od.* bißchen.

IOU [ˌaɪəʊˈjuː] *s.* Schuldschein *m* (= ***I owe you***).

ip·so fac·to [ˌɪpsəʊˈfæktəʊ] (*Lat.*) gerade (*od.* alˈlein) durch diese Tatsache, eo ipso.

I·ra·ni·an [ɪˈreɪnjən] **I** *adj.* **1.** iˈranisch, persisch; **II** *s.* **2.** Iˈranier(in), Perser (-in); **3.** *ling.* Iˈranisch *n*, Persisch *n*.

I·ra·qi [ɪˈrɑːkɪ] **I** *s.* **1.** Iˈraker(in); **2.** *ling.* Iˈrakisch *n*; **II** *adj.* **3.** iˈrakisch.

i·ras·ci·bil·i·ty [ɪˌræsəˈbɪlətɪ] *s.* Jähzorn *m*, Reizbarkeit *f*; **i·ras·ci·ble** [ɪˈræsəbl] *adj.* ☐ jähzornig, reizbar.

i·rate [aɪˈreɪt] *adj.* zornig, wütend.

ire [ˈaɪə] *s. poet.* Zorn *m*, Wut *f*; **ˈire·ful** [-fʊl] *adj.* ☐ *poet.* zornig.

ir·i·des·cence [ˌɪrɪˈdesns] *s.* Schillern *n*; **ˌir·iˈdes·cent** [-nt] *adj.* schillernd, irisierend.

i·rid·i·um [aɪˈrɪdɪəm] *s.* ⚗ Iˈridium *n*.

i·ris [ˈaɪərɪs] *s.* **1.** *anat.* Regenbogenhaut *f*, Iris *f*; **2.** ⚘ Schwertlilie *f*.

I·rish [ˈaɪərɪʃ] **I** *adj.* **1.** irisch: ***the ~ Free State*** *obs.* der Irische Freistaat; → ***bull³***; **II** *s.* **2.** *ling.* Irisch *n*; **3.** ***the ~*** *pl.* die Iren *pl.*, die Irländer *pl.*; **ˈI·rish·ism** [-ʃɪzəm] *s.* irische (Sprach)Eigentümlichkeit.

ˈI·rish|·man [-mən] *s.* [*irr.*] Ire *m*, Irländer *m*; ***~ stew*** *s. Küche*: Irish Stew *n*; ***~ ter·ri·er*** *s.* Irischer Terrier; **ˈ~ˌwom·an** *s.* [*irr.*] Irin *f*, Irländerin *f*.

irk [ɜːk] *v/t.* ärgern, verdrießen; **ˈirk·some** [-səm] *adj.* ☐ **1.** ärgerlich, verdrießlich; **2.** lästig.

i·ron [ˈaɪən] **I** *s.* **1.** Eisen *n*: ***have (too) many ~s in the fire*** (zu) viele Eisen im Feuer haben; ***rule with a rod of ~*** *od.* ***with an ~ hand*** mit eiserner Faust regieren; ***strike while the ~ is hot*** das Eisen schmieden, solange es heiß ist; ***a man of ~*** ein harter Mann; ***he is made of ~*** er hat e-e eiserne Gesundheit; **2.** Brandeisen *n*, -stempel *m*; **3.** (Bügel-, Plätt)Eisen *n*; **4.** Steigbügel *m*; **5.** *Golf*: Eisen *n* (*Schläger*); **6.** ⚕ ˈEisen (-präpaˌrat) *n*: ***take ~*** Eisen einnehmen; **7.** *pl.* Hand-, Fußschellen *pl.*, Eisen *pl.*: ***put in ~s*** → 14; **8.** *pl.* ⚕ Beinschiene *f* (*Stützapparat*): ***put s.o.'s leg in ~s*** j-m das Bein schienen; **II** *adj.* **9.** eisern, Eisen...: ***~ bar*** Eisenstange *f*; **10.** *fig.* eisern: a) hart, kräftig: ***~ constitution*** eiserne Gesundheit; ***~ frame*** kräftiger Körper(bau), b) ehern, hart, grausam: ***~ fist*** *od.* ***hand*** eiserne Faust (→ 1); ***there was an ~ fist in a velvet glove*** bei all s-r Freundlichkeit war mit ihm doch nicht zu spaßen, c) unbeugsam, unerschütterlich: ***~ discipline*** eiserne Zucht; ***~ will*** eiserner Wille; **III**

v/t. **11.** bügeln, plätten; **12.** ~ ***out*** a) glätten, einebnen, glattwalzen, b) *fig.* ‚ausbügeln', in Ordnung bringen; **13.** ⚙ mit Eisen beschlagen; **14.** fesseln, in Eisen legen.

i·ron| Age *s.* Eisenzeit *f*; ~ **Chan·cel·lor** *s.*: ***the*** ~ der Eiserne Kanzler (*Bismarck*); '~**·clad I** *adj.* **1.** gepanzert (*Schiff*), eisenverkleidet, -bewehrt, mit Eisenmantel; **2.** *fig.* eisern, starr, streng; **3.** *fig.* unangreifbar, abso'lut stichhaltig: ~ ***argument***; **II** *s.* **4.** *hist.* Panzerschiff *n*; ~ **con·crete** *s.* ⚙ 'Eisenbe,ton *m*; ~ **Cross** *s.* ⚔ Eisernes Kreuz (*Auszeichnung*); ~ **Cur·tain** *s. pol.* ‚Eiserner Vorhang': ~ ***countries*** *die* Länder *pl.* hinter dem Eisernen Vorhang; ~ **Duke** *s.*: ***the*** ~ der Eiserne Herzog (*Wellington*); ~ **found·ry** *s.* Eisengieße'rei *f*; ~ **horse** *s.* F *obs.* ‚Dampfroß' *n* (*Lokomotive*).

i·ron·ic, i·ron·i·cal [aɪ'rɒnɪk(l)] *adj.* **1.** i'ronisch, spöttelnd, spöttisch; **2.** *Situation etc.*: seltsam, ‚komisch', paradox; **i'ron·i·cal·ly** [-ɪkəlɪ] *adv.* **1.** i'ronisch(erweise); **2.** komischerweise; **i·ro·nize** ['aɪərənaɪz] **I** *v/t. et.* ironisieren; **II** *v/i.* i'ronisch sein, spötteln.

i·ron·ing board ['aɪənɪŋ] *s.* Bügel-, Plättbrett *n*.

i·ron| lung *s.* ⚕ eiserne Lunge; '~**,mas·ter** *s. Brit.* 'Eisenfabri,kant *m*, *obs.* Eisenhüttenbesitzer *m*; '~**,mon·ger** *s. bsd. Brit.* Eisenwaren-, Me'tallwarenhändler(in); '~**,mon·ger·y** *s. bsd. Brit.* **1.** Eisen-, Me'tallwaren *pl.*; **2.** Eisenwaren-, Me'tallwarenhandlung *f*; ~ **ore** *s. metall.* Eisenerz *n*; ~ **ox·ide** *s.* ⚗ 'Eiseno,xyd *n*; ~ **ra·tion** *s.* ⚔ eiserne Rati'on; '~**·sides** *s.* **1.** *sg.* Mann *m* von großer Tapferkeit; **2.** ~ *pl. hist.* Cromwells Reite'rei *f od.* Heer *n*; **3.** → ***ironclad*** 4; '~**·ware** *s.* Eisen-, Me'tallwaren *pl.*; '~**·work** *s.* ⚙ 'Eisenbeschlag *m*, -konstrukti,on *f*; '~**·works** *s. pl. sg. konstr.* Eisenhütte *f*.

i·ron·y¹ ['aɪənɪ] *adj.* **1.** eisern; **2.** eisenhaltig (*Erde*); **3.** eisenartig.

i·ro·ny² ['aɪərənɪ] *s.* **1.** Iro'nie *f*: ~ ***of fate*** *fig.* Ironie des Schicksals; ***tragic*** ~ tragische Ironie; ***the*** ~ ***of it!*** *fig.* welche Ironie (des Schicksals)!; **2.** i'ronische Bemerkung, Spötte'lei *f*.

Ir·o·quois ['ɪrəkwɔɪ] *pl.* **-quois** [-kwɔɪz] *s.* Iro'kese *m*, Iro'kesin *f*.

ir·ra·di·ance [ɪ'reɪdjəns] *s.* **1.** (An-, Aus-, Be)Strahlen *n*; **2.** Strahlenglanz *m*; **ir'ra·di·ant** [-nt] *adj. a. fig.* strahlend (***with*** vor *dat.*); **ir'ra·di·ate** [-dɪeɪt] *v/t.* **1.** bestrahlen (*a.* ⚕), erleuchten; **2.** ausstrahlen; **3.** *fig. Gesicht etc.* aufheitern, verklären; **4.** *fig. etc.* erhellen, Licht werfen auf (*acc.*); **ir·ra·di·a·tion** [ɪ,reɪdɪ'eɪʃn] *s.* **1.** (Aus)Strahlen *n*, Leuchten *n*; **2.** *phys.* a) 'Strahlungsintensi,tät *f*, b) spe'zifische 'Strahlungsener,gie; **3.** Irradiati'on *f*: a) *phot.* Belichtung *f*, b) ⚕ Bestrahlung *f*, Durch'leuchtung *f*; **4.** *fig.* Erhellung *f*.

ir·ra·tion·al [ɪ'ræʃənl] **I** *adj.* □ **1.** unvernünftig: a) vernunftlos: ~ ***animal***, b) 'irratio,nal (*a.* A, *phls.*), vernunftwidrig, unsinnig; **II** *s.* **2.** A 'Irratio,nalzahl *f*; **3.** *the* ~ → **ir·ra·tion·al·i·ty** [ɪ,ræʃə'nælətɪ] *s.* Irrationali'tät *f* (*a.* A, *phls.*), *das* 'Irratio,nale, Unvernunft *f*, Unsinnigkeit *f*.

ir·re·but·ta·ble [,ɪrɪ'bʌtəbl] *adj.* 'unwider,legbar.

ir·re·claim·a·ble [,ɪrɪ'kleɪməbl] *adj.* □ **1.** unverbesserlich; **2.** ⚒ unbebaubar; **3.** 'unwieder,bringlich.

ir·rec·og·niz·a·ble [ɪ'rekəgnaɪzəbl] *adj.* □ nicht 'wiederzuer,kennen(d), unkenntlich.

ir·rec·on·cil·a·bil·i·ty [ɪ,rekənsaɪlə'bɪlətɪ] *s.* **1.** Unvereinbarkeit *f* (***to***, ***with*** mit); **2.** Unversöhnlichkeit *f*; **ir·rec·on·cil·a·ble** [ɪ'rekənsaɪləbl] **I** *adj.* □ **1.** unvereinbar (***to***, ***with*** mit); **2.** unversöhnlich; **II** *s.* **3.** *pol.* unversöhnlicher Gegner.

ir·re·cov·er·a·ble [,ɪrɪ'kʌvərəbl] *adj.* □ **1.** unrettbar (verloren), 'unwieder,bringlich, unersetzlich: ~ ***debt*** nicht beitreibbare (Schuld)Forderung; **2.** unheilbar, nicht wieder'gutzumachen(d).

ir·re·deem·a·ble [,ɪrɪ'di:məbl] *adj.* □ **1.** nicht rückkaufbar; **2.** ☤ nicht (in Gold) einlösbar (*Papiergeld*); **3.** ☤ a) untilgbar; ~ ***loan***, b) nicht ablösbar, unkündbar (*Schuldverschreibung etc.*); **4.** unrettbar (verloren), unverbesserlich, hoffnungslos.

ir·re·den·tism [,ɪrɪ'dentɪzəm] *s. pol.* Irreden'tismus *m*; **,ir·re'den·tist** [-ɪst] *pol.* **I** *s.* Irreden'tist *m*; **II** *adj.* irreden'tistisch.

ir·re·duc·i·ble [,ɪrɪ'dju:səbl] *adj.* □ **1.** nicht zu vereinfachen(d); **2.** nicht reduzierbar, nicht zu vermindern(d): ***the*** ~ ***minimum*** das äußerste Mindestmaß.

ir·re·fran·gi·ble [,ɪrɪ'frændʒəbl] *adj.* **1.** unverletzlich, nicht zu über'treten(d); **2.** *opt.* unbrechbar.

ir·re·fu·ta·ble [,ɪrɪ'fju:təbl] *adj.* □ 'unwider,legbar, nicht zu wider'legen(d).

ir·re·gard·less [,ɪrɪ'gɑ:dlɪs] *adj. Am.* F ~ ***of*** ohne sich zu kümmern um.

ir·reg·u·lar [ɪ'regjʊlə] **I** *adj.* □ **1.** unregelmäßig (*a.* ⚘, *ling*, *a. Zähne etc.*), ungleichmäßig, uneinheitlich; **2.** ungeordnet, unordentlich; **3.** ungehörig, ungebührlich; **4.** regel-, vorschriftswidrig; **5.** 'ungesetzlich, ungültig; **6.** uneben; 'unsyste,matisch; **7.** ⚔ 'irregu,lär; **II** *s.* **8.** *pl.* Parti'sanen *pl.*, Freischärler *pl.*; **ir·reg·u·lar·i·ty** [ɪ,regjʊ'lærətɪ] *s.* **1.** Unregelmäßigkeit *f* (*a. ling.*), Ungleichmäßigkeit *f*; **2.** Regelwidrigkeit *f*; ⚖ Formfehler *m*, Verfahrensmangel *m*; **3.** Ungehörigkeit *f*; **4.** Unebenheit *f*; **5.** Unordnung *f*; **6.** Vergehen *n*, Verstoß *m*; **7.** *pl.* ☤ *Am.* Ausschußware(n *pl.*) *f*.

ir·rel·e·vance [ɪ'reləvəns], **ir'rel·e·van·cy** [-sɪ] *s.* 'Irrele,vanz *f*, Unerheblichkeit *f*, Belanglosigkeit *f*, Unwesentlichkeit *f*; **ir'rel·e·vant** [-nt] *adj.* □ 'irrele,vant, belanglos, unerheblich (***to*** für) (*alle a.* ⚖), nicht zur Sache gehörig.

ir·re·li·gion [,ɪrɪ'lɪdʒən] *s.* Religi'onslosigkeit *f*, Unglaube *m*; Gottlosigkeit *f*; **,ir·re'li·gious** [-dʒəs] *adj.* □ **1.** 'irreligi,ös, ungläubig, gottlos; **2.** religi'onsfeindlich.

ir·re·me·di·a·ble [,ɪrɪ'mi:djəbl] *adj.* □ **1.** unheilbar; **2.** unabänderlich; **3.** → ***irreparable***.

ir·re·mis·si·ble [,ɪrɪ'mɪsəbl] *adj.* □ **1.** unverzeihlich; **2.** unerläßlich.

ir·re·mov·a·ble [,ɪrɪ'mu:vəbl] *adj.* □ **1.** nicht zu entfernen(d); unbeweglich (*a. fig.*); **2.** unabsetzbar.

ir·rep·a·ra·ble [ɪ'repərəbl] *adj.* □ **1.** 'irrepa,rabel, nicht wieder'gutzumachen(d); **2.** unersetzlich; **3.** unheilbar (*a.* ⚕).

ir·re·place·a·ble [,ɪrɪ'pleɪsəbl] *adj.* unersetzlich, unersetzbar; ~ ***resources*** nicht erneuerbare Ressourcen.

ir·re·press·i·ble [,ɪrɪ'presəbl] *adj.* □ **1.** unbezähmbar, unbändig; **2.** *Person*: a) nicht 'unterzukriegen(d), unverwüstlich, b) tempera'mentvoll.

ir·re·proach·a·ble [,ɪrɪ'prəʊtʃəbl] *adj.* □ untadelig, einwandfrei, tadellos.

ir·re·sist·i·bil·i·ty ['ɪrɪ,zɪstə'bɪlətɪ] *s.* 'Unwider,stehlichkeit *f*; **ir·re·sist·i·ble** [,ɪrɪ'zɪstəbl] *adj.* □ **1.** 'unwider,stehlich (*a. fig. Charme etc.*); **2.** unaufhaltsam.

ir·res·o·lute [ɪ'rezəlu:t] *adj.* □ unentschlossen, schwankend; **ir'res·o·lute·ness** [-nɪs], **ir·res·o·lu·tion** ['ɪ,rezə'lu:ʃn] *s.* Unentschlossenheit *f*.

ir·re·spec·tive [,ɪrɪ'spektɪv] *adj.* □: ~ ***of*** ohne Rücksicht auf (*acc.*), ungeachtet (*gen.*), abgesehen von.

ir·re·spon·si·bil·i·ty ['ɪrɪ,spɒnsə'bɪlətɪ] *s.* **1.** Unverantwortlichkeit *f*; **2.** Verantwortungslosigkeit *f*; **ir·re·spon·si·ble** [,ɪrɪ'spɒnsəbl] *adj.* □ **1.** unverantwortlich (*Handlung*); **2.** verantwortungslos (*Person*); **3.** ⚖ unzurechnungsfähig.

ir·re·spon·sive [,ɪrɪ'spɒnsɪv] *adj.* **1.** teilnahms-, verständnislos, gleichgültig (***to*** gegenüber); **2.** unempfänglich (***to*** für); ***be*** ~ ***to*** *a.* nicht reagieren auf (*acc.*).

ir·re·triev·a·ble [,ɪrɪ'tri:vəbl] *adj.* □ **1.** 'unwieder,bringlich, unrettbar (verloren): ~ ***breakdown of marriage*** ⚖ unheilbare Zerrüttung der Ehe; **2.** unersetzlich; **3.** nicht wieder'gutzumachen(d); **,ir·re'triev·a·bly** [-əblɪ] *adv.*: ~ ***broken down*** ⚖ unheilbar zerrüttet (*Ehe*).

ir·rev·er·ence [ɪ'revərəns] *s.* **1.** Unehrerbietigkeit *f*, Re'spekt-, Pie'tätlosigkeit *f*; **2.** 'Mißachtung *f*; **ir'rev·er·ent** [-nt] *adj.* □ re'spektlos, ehrfurchtslos, pie'tätlos.

ir·re·vers·i·bil·i·ty ['ɪrɪ,vɜ:sə'bɪlətɪ] *s.* **1.** Nicht'umkehrbarkeit *f*; **2.** 'Unwider,ruflichkeit *f*; **ir·re·vers·i·ble** [,ɪrɪ'vɜ:səbl] *adj.* □ **1.** nicht 'umkehrbar; **2.** ⚙ nur in 'einer Richtung (laufend); **3.** ⚗, A, *phys.* irrever'sibel; **4.** 'unwider,ruflich.

ir·rev·o·ca·bil·i·ty [ɪ,revəkə'bɪlətɪ] *s.* 'Unwider,ruflichkeit *f*; **ir·rev·o·ca·ble** [ɪ'revəkəbl] *adj.* □ 'unwider,ruflich (*a.* ☤), endgültig.

ir·ri·ga·ble ['ɪrɪgəbl] *adj.* ⚒ bewässerungsfähig; **ir·ri·gate** ['ɪrɪgeɪt] *v/t.* **1.** ⚒ bewässern, berieseln; **2.** ⚕ spülen; **ir·ri·ga·tion** [,ɪrɪ'geɪʃn] *s.* **1.** ⚒ Bewässerung *f*, Berieselung *f*; **2.** ⚕ Spülung *f*.

ir·ri·ta·bil·i·ty [,ɪrɪtə'bɪlətɪ] *s.* Reizbarkeit *f* (*a.* ⚕); **ir·ri·ta·ble** ['ɪrɪtəbl] *adj.* □ **1.** reizbar; **2.** gereizt, ⚕ *a.* empfindlich.

ir·ri·tant ['ɪrɪtənt] **I** *adj.* Reiz erzeugend, Reiz...; **II** *s.* a) Reizmittel *n* (*a. fig.*), b) ⚔ Reiz(kampf)stoff *m*.

ir·ri·tate¹ ['ɪrɪteɪt] *v/t.* reizen (*a.* ⚕), (ver)ärgern, irritieren: ~***d at*** (*od.* ***by*** *od.* ***with***) ärgerlich über (*acc.*).

ir·ri·tate² ['ɪrɪteɪt] *v/t. Scot.* ⚖ für nichtig erklären.

ir·ri·tat·ing ['ɪrɪteɪtɪŋ] *adj.* □ irritierend, aufreizend; ärgerlich, lästig; **ir·ri·ta-**

tion [ˌɪrɪˈteɪʃn] *s.* **1.** Reizung *f*, Ärger *m*; **2.** ⚕ Reizung *f*, Reizzustand *m*.

ir·rupt [ɪˈrʌpt] *v/i.* eindringen, herˈeinbrechen; **irˈrup·tion** [-pʃn] *s.* Einbruch *m*: a) Eindringen *n*, (plötzliches) Herˈeinbrechen, b) (feindlicher) Einfall, ˈÜberfall *m*; **irˈrup·tive** [-tɪv] *adj.* herˈeinbrechend.

is [ɪz] *3. sg. pres. von* **be**.

I·sa·iah [aɪˈzaɪə], *a.* **Iˈsa·ias** [-əs] *npr. u. s. bibl.* (das Buch) Jeˈsaja *m od.* Iˈsaias *m*.

is·chi·ad·ic [ˌɪskɪˈædɪk] *mst* ˌ**is·chiˈat·ic** [-ˈætɪk] *adj.* **1.** *anat.* Hüft-, Sitzbein…; **2.** ⚕ ischiˈatisch.

i·sin·glass [ˈaɪzɪŋglɑːs] *s.* Hausenblase *f*, Fischleim *m*.

Is·lam [ˈɪzlɑːm] *s.* Isˈlam *m*; **Is·lam·ic** [ɪzˈlæmɪk] *adj.* isˈlamisch; **Is·lam·ize** [ˈɪzləmaɪz] *v/t.* islamisieren.

is·land [ˈaɪlənd] *s.* **1.** Insel *f* (*a. fig. u.* ⚕); **2.** Verkehrsinsel *f*; ˈ**is·land·er** [-də] *s.* Inselbewohner(in), Insuˈlaner (-in).

isle [aɪl] *s. poet. u. in npr.* (kleine) Insel, *poet.* Eiland *n*.

ism [ˈɪzəm] *s.* Ismus *m* (*bloße Theorie*).

is·n't [ˈɪznt] F *für* **is not**.

i·so·bar [ˈaɪsəʊbɑː] *s.* **1.** *meteor.* Isoˈbare *f*; **2.** *phys.* Isoˈbar *n*.

i·so·chro·mat·ic [ˌaɪsəʊkrəʊˈmætɪk] *adj. phys.* isochroˈmatisch, gleichfarbig.

i·so·late [ˈaɪsəleɪt] *v/t.* **1.** isolieren, absondern, abschließen (***from*** von); **2.** ⚗, ⚕, ⚡, *phys.* isolieren; **3.** *fig.* genau bestimmen; ˈ**i·so·lat·ed** [-tɪd] *adj.* **1.** isoliert (*a.* ⚙), (ab)gesondert, alˈleinstehend, vereinzelt: ~ ***case*** Einzelfall *m*; **2.** einsam, abgeschieden; **i·so·la·tion** [ˌaɪsəˈleɪʃn] *s.* ⚕, ⚙, *pol.*, *fig.* Isolierung *f*, Isolatiˈon *f*: ~ ***ward*** Isolierstation *f*; ***in*** ~ *fig.* einzeln, für sich (*betrachtet*); **i·so·la·tion·ism** [ˌaɪsəˈleɪʃnɪzəm] *s. pol.* Isolatioˈnismus *m*; **i·so·la·tion·ist** [ˌaɪsəˈleɪʃnɪst] *s. pol.* Isolatioˈnist *m*.

i·so·mer [ˈaɪsəʊmɜː] *s.* ⚗ Isoˈmer *n*; **i·so·mer·ic** [ˌaɪsəʊˈmerɪk] *adj.* ⚗ isoˈmer.

i·so·met·ric [ˌaɪsəʊˈmetrɪk] A̸ **I** *adj.* isoˈmetrisch; **II** *s. pl. sg. konstr.* Isomeˈtrie *f* (*a. Muskeltraining*).

i·sos·ce·les [aɪˈsɒsɪliːz] *adj.* A̸ gleichschenk(e)lig (*Dreieck*).

i·so·therm [ˈaɪsəʊθɜːm] *s.* Isoˈtherme *f*; **i·so·ther·mal** [ˌaɪsəʊˈθɜːml] *adj.* isoˈthermisch, gleich warm: ~ ***line*** → ***isotherm***.

i·so·tope [ˈaɪsəʊtəʊp] *s.* ⚗, *phys.* Isoˈtop *n*.

Is·ra·el [ˈɪzreɪəl] *s. bibl.* (das Volk) Israel *n*; **Is·rae·li** [ɪzˈreɪlɪ] **I** *adj.* israˈelisch; **II** *s.* Israˈeli *m*; **Is·ra·el·ite** [ˈɪzˌrɪəlaɪt] **I** *s.* Israeˈlit(in); **II** *adj.* israeˈlitisch, jüdisch.

is·su·a·ble [ˈɪʃuːəbl] *adj.* **1.** auszugeben(d); **2.** † emittierbar; **3.** ⚖ zu veröffentlichen(d); ˈ**is·su·ance** [-əns] *s.* (Her)ˈAusgabe *f*, Ver-, Erteilung *f*.

is·sue [ˈɪʃuː] **I** *s.* **1.** Ausgabe *f*, Aus-, Erteilung *f*, Erlaß *m* (*Befehl*); **2.** Aus-, Herˈausgabe *f*; **3.** † a) (Efˈfekten-) Emissiˌon *f*, (Aktien)Ausgabe *f*, Auflegen *n* (*Anleihe*); Ausstellung *f* (*Dokument*): ***date of*** ~ Ausstellungsdatum *n*, Ausgabetag *m*; ***bank of*** ~ Emissionsbank *f*, b) ˈWertpaˌpiere *pl.* derˈselben Emissiˈon; **4.** *bsd.* ⚔ Lieferung *f*, Ausgabe *f*, Zu-, Verteilung *f*; **5.** Ausgabe *f*: a) Veröffentlichung *f*, Auflage *f* (*Buch*), b) Nummer *f* (*Zeitung*); **6.** Streitfall *m*, (Streit)Frage *f*, Proˈblem *n*: ***at*** ~ a) strittig, zur Debatte stehend, b) uneinig; ***point at*** ~ strittige Frage; ***evade the*** ~ ausweichen; ***join*** *od.* ***take*** ~ ***with s.o.*** sich mit j-m auf e-n Streit *od.* e-e Auseinandersetzung einlassen; **7.** (Kern)Punkt *m*, Fall *m*, Sachverhalt *m*: ~ ***of fact*** (***law***) ⚖ Tatsachen-(Rechts)frage *f*; ***side*** ~ Nebenpunkt *m*; ***the whole*** ~ F das Ganze; ***raise an*** ~ e-n Fall *od.* Sachverhalt anschneiden; **8.** Ergebnis *n*, Ausgang *m*, (Ab)Schluß *m*: ***in the*** ~ schließlich; ***bring to an*** ~ entscheiden; ***force an*** ~ e-e Entscheidung erzwingen; **9.** Abkömmlinge *pl.*, leibliche Nachkommenschaft: ***die without*** ~ ohne direkte Nachkommen sterben; **10.** *bsd.* ⚕ Ab-, Ausfluß *m*; **11.** Öffnung *f*, Mündung *f*; *fig.* Ausweg *m*; **II** *v/t.* **12.** *Befehle etc.* ausgeben, erteilen; **13.** † *Banknoten* ausgeben, in ˈUmlauf setzen; *Anleihe* auflegen; *Dokumente* ausstellen: ~***d capital*** effektiv ausgegebenes (Aktien)Kapital; **14.** *Bücher* herˈausgeben, publizieren; **15.** ⚔ a) ausgeben, liefern, ver-, zuteilen, b) ausrüsten, beliefern (***with*** mit); **III** *v/i.* **16.** herˈauskommen, -strömen; herˈvorbrechen; **17.** (***from***) herrühren (von), entspringen (*dat.*); **18.** herˈauskommen, herˈausgegeben werden (*Schriften etc.*); **19.** ergehen, erteilt werden (*Befehl etc.*); **20.** enden (***in*** in *dat.*).

is·sue·less [ˈɪʃuːlɪs] *adj.* ohne Nachkommen.

is·su·er [ˈɪʃuːə] *s.* † **1.** Aussteller(in); **2.** Ausgeber(in).

isth·mus [ˈɪsməs] *s.* **1.** *geogr.* Isthmus *m*, Landenge *f*; **2.** ⚕ Verengung *f*.

it[1] [ɪt] **I** *pron.* **1.** es (*nom. od. acc.*): ***do you believe it?*** glaubst du es?; **2.** *auf deutsches s. bezogen* (*nom., dat., acc.*) *m* er, ihm, ihn; *f* sie, ihr, sie; *n* es, ihm, es; *refl.* (*dat., acc.*) sich; **3.** *unpersönliches od. grammatisches Subjekt*: ***it rains*** es regnet; ***what time is it?*** wieviel Uhr ist es?; ***it is I*** (F ***me***) ich bin es; ***it was my parents*** es waren m-e Eltern; **4.** *unbestimmtes Objekt* (*oft unübersetzt*): ***foot it*** zu Fuß gehen; ***I take it that*** ich nehme an, daß; **5.** *verstärkend*: ***it is for this reason that*** gerade aus diesem Grunde …; **6.** *nach prp.*: ***at it*** daran; ***with it*** damit *etc.*; ***please see to it that*** bitte sorge dafür, daß; **II** *s.* **7.** F ‚das Nonplusˈultra', ‚ganz große Klasse': ***he thinks he's it***; **8.** F a) das gewisse Etwas, *bsd.* ˈSex-Apˌpeal *m*, b) Sex *m*, Geschlechtsverkehr *m*; **9.** F ***that's it!*** a) das ist es (ja)!, b) das wär's (gewesen)!; F ***this is it!*** gleich geht's los!

it[2] [ɪt], *a.* ℒ *abbr. für* ***Italian***: ***gin and it*** Gin mit (italienischem) Wermut.

I·tal·ian [ɪˈtæljən] **I** *adj.* **1.** italiˈenisch: ~ ***handwriting*** lateinische Schreibschrift; **II** *s.* **2.** Italiˈener(in); **3.** *ling.* Italiˈenisch *n*; **Iˈtal·ian·ate** [-neɪt] *adj.* italianisiert, nach italiˈenischer Art; **Iˈtal·ian·ism** [-nɪzəm] *s.* italiˈenische (Sprach- *etc.*)Eigenheit.

i·tal·ic [ɪˈtælɪk] **I** *adj.* **1.** *typ.* kurˈsiv; **2.** ℒ *ling.* iˈtalisch; **II** *s. pl.* **3.** *typ.* Kurˈsivschrift *f*; **iˈtal·i·cize** [-ɪsaɪz] *typ. v/t.* **1.** in Kurˈsiv drucken; **2.** durch Kurˈsivschrift herˈvorheben.

itch [ɪtʃ] **I** *s.* **1.** Jucken *n*; **2.** ⚕ Krätze *f*; **3.** *fig.* brennendes Verlangen, Sucht *f* (***for*** nach): ***I have an*** ~ ***to do s.th.*** es ‚juckt' mich, et. zu tun; **II** *v/i.* **4.** jukken; **5.** *fig.* (***for***) brennen (auf *acc.*): ***I am*** ~***ing to do s.th.*** es ‚juckt' mich, et. zu tun; ***my fingers*** ~ ***to do it*** es juckt mir (*od.* mich) in den Fingern, es zu tun; **itch·ing** [ˈɪtʃɪŋ] **I** *s.* **1.** → ***itch*** 1, 3; **II** *adj.* **2.** juckend; **3.** F a) ‚scharf', begierig, *a.* geil, b) nerˈvös; **itch·y** [ˈɪtʃɪ] *adj.* **1.** juckend; **2.** ⚕ krätzig; **3.** → ***itching*** 3.

i·tem [ˈaɪtəm] **I** *s.* **1.** Punkt *m* (*der Tagesordnung etc.*); Gegenstand *m*, Stück *n*; Einzelheit *f*, Deˈtail *n*; † (Buchungs-, Rechnungs)Posten *m*; (ˈWaren)Arˌtikel *m*; **2.** (ˈPresse)Noˌtiz *f*, (kurzer) Arˈtikel; **II** *adv. obs.* **3.** desˈgleichen, ferner; ˈ**i·tem·ize** [-maɪz] *v/t.* (einzeln) aufführen, spezifizieren.

it·er·ate [ˈɪtəreɪt] *v/t.* wiederˈholen; **it·er·a·tion** [ˌɪtəˈreɪʃn] *s.* Wiederˈholung *f*; ˈ**it·er·a·tive** [-rətɪv] *adj.* (sich) wiederˈholend; *ling.* iteraˈtiv.

i·tin·er·a·cy [ɪˈtɪnərəsɪ], **iˈtin·er·an·cy** [-ənsɪ] *s.* Umˈherreisen *n*, -ziehen *n*; **iˈtin·er·ant** [-ənt] *adj.* ☐ (beruflich) reisend *od.* umˈherziehend, Reise…, Wander…: ~ ***trade*** Wandergewerbe *n*; **iˈtin·er·ar·y** [aɪˈtɪnərərɪ] **I** *s.* **1.** Reiseroute *f*, -plan *m*; **2.** Reisebericht *m*; **3.** Reiseführer *m* (*Buch*); **4.** Straßenkarte *f*; **II** *adj.* **5.** Reise…; **i·tin·er·ate** [ɪˈtɪnəreɪt] *v/i.* (umˈher)reisen.

its [ɪts] *pron.* sein, ihr, dessen, deren: ***the house and*** ~ ***roof*** das Haus u. sein (*od.* dessen) Dach.

it's [ɪts] F *für* a) ***it is***, b) ***it has***.

it·self [ɪtˈself] *pron.* **1.** *refl.* sich: ***the dog hides*** ~; **2.** sich (selbst): ***the kitten wants it for*** ~; **3.** *verstärkend*: selbst: ***like innocence*** ~ wie die Unschuld selbst; ***by*** ~ (für sich) allein, von selbst; ***in*** ~ an sich (betrachtet); **4.** alˈlein (schon), schon: ***the garden*** ~ ***measures two acres***.

I've [aɪv] F *für* ***I have***.

i·vied [ˈaɪvɪd] *adj.* ˈefeuumˌrankt, mit Efeu bewachsen.

i·vo·ry [ˈaɪvərɪ] **I** *s.* **1.** Elfenbein *n*; **2.** Stoßzahn *m* (*des Elefanten*); **3.** ˈElfenbeinschnitzeˌrei *f*; **4.** *pl. sl.* a) *obs.* ‚Beißer' *pl.*, Gebiß *n*, b) (*Spiel*)Würfel *pl.*, c) Billardkugeln *pl.*, d) (Klaˈvier)Tasten *pl.*: ***tickle the ivories*** (auf dem Klavier) klimpern; **II** *adj.* **5.** elfenbeinern, Elfenbein…; **6.** elfenbeinfarben; ~ ***nut*** *s.* ⚘ Steinnuß *f*; ~ ***tow·er*** *s. fig.* Elfenbeinturm *m*: ***live in an*** ~ im Elfenbeinturm sitzen.

i·vy [ˈaɪvɪ] *s.* ⚘ Efeu *m*; ℒ ***League*** *s. die acht Eliteuniversitäten im Osten der U.S.A.*

iz·zard [ˈɪzəd] *s.*: ***from A to*** ~ von A bis Z.

J

J, j [dʒeɪ] *s.* J *n*, j *n*, Jot *n* (*Buchstabe*).

jab [dʒæb] **I** *v/t.* **1.** (hin'ein)stechen, (-)stoßen; **II** *s.* **2.** Stich *m*, Stoß *m*; **3.** *Boxen*: Jab *m*, (kurze) Gerade; **4.** ⚕ F Spritze *f*.

jab·ber ['dʒæbə] **I** *v/t. u. v/i.* **1.** schnattern, quasseln, schwatzen; **2.** nuscheln, undeutlich sprechen; **II** *s.* **3.** Geplapper *n*, Geschnatter *n*.

jack [dʒæk] **I** *s.* **1.** Mann *m*, Bursche *m*: ***every man*** **~** F jeder einzelne, alle (ohne Ausnahme); **2.** *Kartenspiel*: Bube *m*; **3.** ⚙ Hebevorrichtung *f*, Winde *f*: ***car*** **~** Wagenheber *m*; **4.** *Brit. Bowls-Spiel*: Zielkugel *f*; **5.** *zo.* a) Männchen *n einiger Tiere*, b) → ***jackass*** 1; **6.** ⚓ Gösch *f*, Bugflagge *f*; **7.** ϟ a) Klinke *f*, b) Steckdose *f*; **8.** *Am. sl.* ‚Zaster' *m* (*Geld*); **II** *v/t.* **9.** *mst* **~ *up*** hochheben, -winden; *Auto* aufbocken; *fig.* F *Preise* hochtreiben; **10.** **~ *in*** F *et.* ‚aufstecken', ‚hinschmeißen'; **III** *v/i.* **11.** **~ *off*** *Am.* V ‚wichsen'.

jack·al ['dʒækɔːl] *s.* **1.** *zo.* Scha'kal *m*; **2.** *contp.* Handlanger *m*.

jack·a·napes ['dʒækəneɪps] *s.* **1.** Geck *m*, Laffe *m*; **2.** Frechdachs *m*, (kleiner) Schlingel.

jack·ass ['dʒækæs] *s.* **1.** (männlicher) Esel; **2.** *fig. contp.* ‚Esel' *m*.

'jack|·boot *s.* Schaftstiefel *m*; **'~·daw** *s. orn.* Dohle *f*.

jack·et ['dʒækɪt] **I** *s.* **1.** Jacke *f*, Jac'kett *n*; → ***dust*** 8; **2.** ⚙ Mantel *m*, Um'mantelung *f*, Hülle *f*, Um'wicklung *f*; **3.** ⚔ (Geschoß-, *a.* Rohr)Mantel *m*; **4.** Buchhülle *f*, 'Schutzˌumschlag *m*; *Am. a.* (Schallplatten)Hülle *f*; **5.** Haut *f*, Schale *f*: ***potatoes (boiled) in their ~s***, *a.* **~ *potatoes*** Pellkartoffeln; **II** *v/t.* **6.** ⚙ um'manteln, verkleiden, verschalen; **~ *crown*** *s.* ⚕ Jacketkrone *f*.

Jack| Frost *s.* Väterchen *n* Frost; **'2-ˌham·mer** *s.* Preßlufthammer *m*; **'2-in-ˌof·fice** wichtigtuerischer Beamter; **'2-in-the-box** *pl.* **'2-in-the-ˌbox·es** *s.* Schachtelmännchen *n* (*Kinderspielzeug*): ***like a ~*** *fig.* wie ein Hampelmann; **~ Ketch** [ketʃ] *s. Brit. obs.* der Henker; **'2·knife I** *s.* [*irr.*] **1.** Klappmesser *n*; **2.** *a.* **~ *dive*** *sport* Hechtbeuge *f* (*Kopfsprung*); **II** *v/t.* **3.** *a. v/i.* wie ein Taschenmesser zs.-klappen; **III** *v/i.* **4.** *sport* hechten; **5.** *mot.* sich querstellen (*Anhänger e-s Lastzugs*); **ˌ2-of-'all-trades** *s.* Aller'weltskerl *m*, Hans'dampf *m* in allen Gassen; Fak'totum *n*; **ˌ2-o'-'lan·tern** *pl.* **ˌ2-o'-'lan·terns** [ˌdʒækəʊ-] **1.** Irrlicht *n* (*a. fig.*); **2.** 'Kürbislaˌterne *f*; **2 plane** *s.* ⚙ Schrupphobel *m*; **'2·pot** *s. Poker, Glücksspiel*: Jackpot *m*, *weitS. u. fig.* Haupttreffer *m*, *das* große Los, *fig. a.* ‚Schlager' *m*, Bombenerfolg *m*: ***hit the ~*** F *fig.* a) den Jackpot gewinnen, b) den Haupttreffer machen, c) großen Erfolg haben, den Vogel abschießen, d) ‚schwer absahnen'; **~ Ro·bin·son** *s.*: ***before you could say ~*** F im Nu, im Handumdrehen; **'2·straw** *s.* a) Mi'kadostäbchen *n*, b) *pl.* Mi'kadospiel *n*; **2 tar** *s.* ⚓ F Ma'trose *m*; **'2-ˌtow·el** *s.* Rollhandtuch *n*.

Jac·o·be·an [ˌdʒækəʊ'biːən] *adj.* aus der Zeit Jakobs I.: **~ *furniture***.

Jac·o·bin ['dʒækəʊbɪn] *s.* **1.** *hist.* Jako'biner *m*, *fig. pol. a.* radi'kaler 'Umstürzler, Revolutio'när *m*; **2.** *orn.* Jako'binertaube *f*; **'Jac·o·bite** [-baɪt] *s. hist.* Jako'bit *m*.

Ja·cob's lad·der ['dʒeɪkəbz] *s.* **1.** *bibl.*, *a.* ⚘ Jakobs-, Himmelsleiter *f*; **2.** ⚓ Lotsentreppe *f*.

Ja·cuz·zi [dʒə'kuːziː] *s. Warenzeichen*: Whirlpool *m* (*Unterwassermassagebecken*).

jade¹ [dʒeɪd] *s.* **1.** *min.* Jade *m*; **2.** Jadegrün *n*.

jade² [dʒeɪd] *s.* **1.** Schindmähre *f*, Klepper *m*; **2.** Weibsstück *n*; **'jad·ed** [-dɪd] *adj.* **1.** erschöpft, abgespannt; **2.** über'sättigt, abgestumpft; **3.** schal (geworden): **~ *pleasures***.

jag [dʒæg] **I** *s.* **1.** Zacke *f*, Kerbe *f*; Zahn *m*; Auszackung *f*; Schlitz *m*, Riß *m*; **2.** *sl.* a) Schwips *m*, Rausch *m*: ***have a ~ on*** ‚e-n in der Krone haben', b) Sauftour *f*, Saufe'rei *f*, c) *bsd. fig.* Orgie *f*: ***go on a ~*** ‚einen draufmachen'; ***crying ~*** ‚heulendes Elend'; **II** *v/t.* **3.** auszakken, einkerben; **4.** zackig schneiden *od.* reißen; **'jag·ged** [-gɪd] *adj.* ☐ **1.** zackig; schartig; **2.** schroff, zerklüftet; **3.** rauh, grob (*a. fig.*); **4.** *Am. sl.* ‚blau', besoffen.

jag·uar ['dʒægjʊə] *s. zo.* Jaguar *m*.

Jah [dʒɑː], **Jah·ve(h)** ['jɑːveɪ] *s.* Je'hova *m*.

jail [dʒeɪl] **I** *s.* **1.** Gefängnis *n*, Strafanstalt *f*; **2.** Gefängnis(haft *f*) *n*; **II** *v/t.* **3.** ins Gefängnis werfen, einsperren, inhaftieren; **'~·bird** *s.* F ‚Zuchthäusler' *m*, *engS.* ‚Knastbruder' *m*; **'~·break** *s.* Ausbruch *m* (aus dem Gefängnis); **'~ˌbreak·er** *s.* Ausbrecher *m*.

jail·er ['dʒeɪlə] *s.* (Gefängnis)Aufseher *m*, (-)Wärter *m*, *obs. u. fig.* Kerkermeister *m*.

jake [dʒeɪk] *Am.* F **I** *s.* **1.** Bauernlackel *m*, *weitS.* ‚Knülch' *m*; **2.** ‚Pinke' *f* (*Geld*); **II** *adj.* **3.** ‚bestens', in Ordnung: ***everything's ~***.

ja·lop·(p)y [dʒə'lɒpɪ] *s.* F ‚alte Kiste' (*Auto, Flugzeug*).

jal·ou·sie ['ʒæluziː] *s.* Jalou'sie *f*.

jam¹ [dʒæm] **I** *v/t.* **1.** *a.* **~ *in*** a) *et.* (hin'ein)zwängen, -stopfen, -quetschen, *Menschen a.* (-)pferchen, b) einklemmen, -keilen; **2.** (zs.-, zer)quetschen; *Finger etc.* einklemmen, sich *et.* quetschen; **3.** *et.* pressen, (heftig) drücken, *Knie etc.* rammen (***into*** in *acc.*): **~ *(one's foot) on the brakes*** heftig auf die Bremse treten; **4.** verstopfen, -sperren, blockieren: ***a road ~med with cars***; **~*med with people*** von Menschen verstopft, gedrängt voll; **5.** ⚙ verklemmen, blockieren; **6.** *Funk*: (*durch Störsender*) stören; **II** *v/i.* **7.** eingeklemmt sein, festsitzen; **8.** *a.* **~ *in*** sich (hin'ein)quetschen, (-)zwängen, (-)drängen; **9.** ⚙ (sich ver)klemmen; ⚔ Ladehemmung haben; **10.** *Jazz*: (frei) improvisieren; **III** *s.* **11.** Gedränge *n*, Gewühl *n*; **12.** Verstopfung *f*, Stauung *f*; (Verkehrs)Stockung *f*, (-)Stau *m*: ***traffic ~***; **13.** ⚙ Blockierung *f*, Klemmen *n*; ⚔ Ladehemmung *f*; **14.** F ‚Klemme' *f*: ***be in a ~*** in der Klemme *od.* Patsche sitzen; ***get s.o. out of a ~*** j-m aus der Klemme *od.* Patsche helfen.

jam² [dʒæm] *s.* **1.** Marme'lade *f*: **~ *jar*** Marmeladeglas *n*; **2.** *Brit.* F ‚schicke Sache': ***money for ~*** leichtverdientes Geld; **~ *tomorrow*** *iro.* schöne Versprechungen *od.* Aussichten; ***that's ~ for him*** das ist ein Kinderspiel für ihn.

Ja·mai·can [dʒə'meɪkən] **I** *adj.* jamai'kanisch; **II** *s.* Jamai'kaner(in); **Ja·mai·ca rum** [dʒə'meɪkə] *s.* Ja'maika-Rum *m*.

jamb [dʒæm] *s.* (Tür-, Fenster)Pfosten *m*.

jam·bo·ree [ˌdʒæmbə'riː] *s.* **1.** Pfadfindertreffen *n*; **2.** F ‚rauschendes Fest', ‚tolle Party'.

jam·mer ['dʒæmə] *s. Radio*: Störsender *m*; **'jam·ming** [-mɪŋ] *s.* **1.** ⚙ Klemmung *f*, Hemmung *f*; **2.** *Radio*: Störung *f*: **~ *station*** Störsender *m*; **'jam·my** [-mɪ] *adj. Brit. sl.* **1.** prima, ‚Klasse'; **2.** glücklich, Glücks...: **~ *fellow*** Glückspilz *m*.

jam|-'packed *adj.* F vollgestopft, *Bus etc.* ‚knallvoll'; **~ roll** *s.* Bis'kuitrolle *f*; **~ ses·sion** *s.* Jam Session *f* (*Jazzimprovisation*).

Jane [dʒeɪn] **I** *npr.* Johanna *f*; **II** *s. a.* **2** *sl.* ‚Weib' *n*.

jan·gle ['dʒæŋgl] **I** *v/i.* **1.** a) klirren, klimpern, b) bimmeln (*Glocken*); **2.** schimpfen; **II** *v/t.* **3.** a) klirren *od.* klimpern mit, b) bimmeln lassen; **4.** **~ *s.o.'s nerves*** j-m auf die Nerven gehen; **III** *s.* **5.** a) Klirren *n*, Klimpern *n*, b) Bim-

meln *n*; **6.** Gekreisch *n*, laute Streite'rei.
jan·i·tor ['dʒænɪtə] *s.* **1.** Pförtner *m*; **2.** *bsd. Am.* Hausmeister *m*.
Jan·u·ar·y ['dʒænjʊərɪ] *s.* Januar *m*: ***in ~*** im Januar.
Ja·nus ['dʒeɪnəs] *s. myth.* Janus *m*; **'~-faced** *adj.* janusköpfig.
Jap [dʒæp] F *contp.* **I** *s.* ‚Japs' *m* (*Japaner*); **II** *adj.* ja'panisch.
ja·pan [dʒə'pæn] **I** *s.* **1.** Japanlack *m*; **2.** lackierte Arbeit (*in japanischer Art*); **II** *v/t.* **3.** mit Japanlack über'ziehen, lakkieren.
Jap·a·nese [ˌdʒæpə'niːz] **I** *adj.* **1.** ja'panisch; **II** *s.* **2.** Ja'paner(in); **3.** ***the ~*** *pl.* die Japaner; **4.** *ling.* Ja'panisch *n*, das Ja'panische.
jar¹ [dʒɑː] *s.* **1.** a) (*irdenes od. gläsernes*) Gefäß, Topf *m* (*ohne Henkel*), b) (Einmach)Glas *n*; **2.** *Brit.* F ‚Bierchen' *n*.
jar² [dʒɑː] **I** *v/i.* **1.** kreischen, quietschen, kratzen (*Metall etc.*), durch Mark u. Bein gehen; **2.** ♪ dissonieren; **3.** (***on, upon***) *das Ohr, ein Gefühl* beleidigen, verletzen, weh tun (*dat.*): ***~ on the ear***; ***~ on the nerves*** auf die Nerven gehen; **4.** sich ‚beißen', nicht harmonieren (*Farben etc.*); **5.** *fig.* sich nicht vertragen (*Ideen etc.*), im 'Widerspruch stehen (***with*** zu), sich wider'sprechen: ***~ring opinions*** widerstreitende Meinungen; **6.** schwirren, vibrieren; **II** *v/t.* **7.** kreischen *od.* quietschen lassen, ein unangenehmes Geräusch erzeugen mit; **8.** a) erschüttern, e-n Stoß versetzen (*dat.*), b) 'durchrütteln, c) sich *das Knie etc.* anstoßen *od.* stauchen; **9.** *fig.* a) erschüttern, e-n Schock versetzen (*dat.*), b) → 3; **III** *s.* **10.** Kreischen *n*, Quietschen *n*, unangenehmes Geräusch; **11.** Ruck *m*, Stoß *m*, Erschütterung *f* (*a. fig.*); *fig.* Schock *m*, Schlag *m*; **12.** ♪ *u. fig.* 'Mißton *m*; **13.** *fig.* 'Widerstreit *m*.
jar·di·nière [ˌʒɑːdɪ'njeə] (*Fr.*) *s.* **1.** Jardini'ere *f*: a) Blumenständer *m*, b) Blumenschale *f*; **2.** *Küche*: a) Gar'nierung *f*, b) (Fleisch)Gericht *n* à la jardinière.
jar·gon ['dʒɑːgən] *s. allg.* Jar'gon *m*: a) Kauderwelsch *n*, b) Fach-, Berufssprache *f*, c) Mischsprache *f*, d) ungepflegte Ausdrucksweise.
jar·ring ['dʒɑːrɪŋ] *adj.* □ **1.** 'mißtönend, kreischend, schrill, unangenehm, ‚nervtötend': ***a ~ note*** ein Mißton *od.* -klang (*a. fig.*); **2.** nicht harmonierend, *Farben*: *a.* sich beißend; → *a.* ***jar²*** 5.
jas·min(e) ['dʒæsmɪn] *s.* ⚘ Jas'min *m*.
jas·per ['dʒæspə] *s. min.* Jaspis *m*.
jaun·dice ['dʒɔːndɪs] *s.* **1.** ⚕ Gelbsucht *f*; **2.** *fig.* a) Neid *m*, Eifersucht *f*, b) Feindseligkeit *f*; **'jaun·diced** [-st] *adj.* **1.** ⚕ gelbsüchtig; **2.** *fig.* voreingenommen, neidisch, eifersüchtig, scheel.
jaunt [dʒɔːnt] **I** *s.* Ausflug *m*, Spritztour *f*: ***go for*** (*od.* ***on***) ***a ~*** → **II** *v/i.* e-e Spritztour *od.* e-n Ausflug machen; **'jaun·ti·ness** [-tɪnɪs] *s.* Flottheit *f*, ‚Feschheit' *f*: a) Munterkeit *f*, ‚Spritzigkeit' *f*, Schwung *m*, b) flotte Ele'ganz; **'jaunt·ing-car** [-tɪŋ] *s. leichter, zweirädriger Wagen*; **'jaun·ty** [-tɪ] *adj.* □ fesch, flott: a) munter, ‚spritzig', b) keck, ele'gant: ***with one's hat at a ~ angle*** den Hut keck über dem Ohr.
Ja·va ['dʒɑːvə] *s. Am.* F Kaffee *m*; **Ja·va·nese** [ˌdʒɑːvə'niːz] **I** *adj.* **1.** ja'vanisch; **II** *s.* **2.** Ja'vaner(in): ***the ~*** die Javaner; **3.** *ling.* Ja'vanisch *n*, das Ja'vanische.
jave·lin ['dʒævlɪn] *s.* **1.** *a. sport* Speer *m*; **2.** ***the ~*** → ***~ throw(·ing)*** *s. sport* Speerwerfen *n*; ***~ throw·er*** *s.* Speerwerfer(in).
jaw [dʒɔː] **I** *s.* **1.** *anat., zo.* Kiefer *m*, Kinnbacken *m*, -lade *f*: ***lower ~*** Unterkiefer; ***upper ~*** Oberkiefer; **2.** *mst pl.* Mund *m*, Maul *n*: ***hold your ~!, none of your ~!*** F halt's Maul!; **3.** *mst pl.* Schlund *m*, Rachen *m* (*a. fig.*): ***~s of death*** *der* Rachen des Todes; **4.** ⚙ (Klemm)Backe *f*, Backen *m*; Klaue *f*: ***~ clutch*** Klauenkupplung *f*; **5.** *sl.* a) (freches) Geschwätz, Frechheit *f*, b) Schwatz *m*, ‚Tratsch' *m*, c) Mo'ralpredigt *f*; **II** *v/i.* **6.** *sl.* a) ‚quatschen', ‚tratschen', b) schimpfen; **III** *v/t.* **7.** ***~ out*** *sl. j-n* ‚anschnauzen'; **'~·bone** *s.* **1.** *anat., zo.* Kiefer(knochen) *m*, Kinnlade *f*; **2.** *Am. sl.* (***on ~*** auf) Kre'dit *m*; **'~ˌbreak·er** *s.* F Zungenbrecher *m* (*Wort*); **'~ˌbreak·ing** *adj.* F zungenbrecherisch; ***~ chuck*** *s.* ⚙ Backenfutter *n*.
jay [dʒeɪ] *s.* **1.** *orn.* Eichelhäher *m*; **2.** *fig.* ‚Trottel' *m*; **'~·walk** *v/i.* verkehrswidrig über die Straße gehen; **'~ˌwalk·er** *s.* unachtsamer Fußgänger.
jazz [dʒæz] **I** *s.* **1.** 'Jazz(muˌsik *f*) *m*: ***~ band*** Jazzkapelle *f*; **2.** *sl.* a) ‚Gequatsche' *n*, ‚blödes Zeug', b) ‚Quatsch' *m*, ‚Krampf' *m*: ***and all that ~*** und all der Mist; **II** *v/t.* **3.** *mst* ***~ up*** F a) verjazzen, b) *fig. et.* ‚aufmöbeln'; **III** *v/i.* **4.** jazzen; **5.** *Am. sl.* ‚vögeln'; **'jazz·er** [-zə] *s.* F Jazzmusiker *m*; **'jazz·y** [-zɪ] *adj.* F **1.** Jazz...; **2.** *fig.* a) ‚knallig', b) ‚toll', todschick.
jeal·ous ['dʒeləs] *adj.* □ **1.** eifersüchtig (***of*** auf *acc.*): ***a ~ wife***; **2.** (***of***) neidisch (auf *acc.*), 'mißgünstig (gegen): ***she is ~ of his fortune*** sie beneidet ihn um *od.* mißgönnt ihm s-n Reichtum; **3.** 'mißtrauisch (***of*** gegen); **4.** (***of***) besorgt (um), bedacht (auf *acc.*); **5.** *bibl.* eifernd (*Gott*); **'jeal·ous·y** [-sɪ] *s.* **1.** Eifersucht *f* (***of*** auf *acc.*); *pl.* Eifersüchte'leien; **2.** (***of***) Neid *m* (auf *acc.*), 'Mißgunst *f* (gegen); **3.** Achtsamkeit *f* (***of*** auf *acc.*).
jean *s.* **1.** [dʒeɪn] *Art* Baumwollköper *m*; **2.** *pl.* [dʒiːnz] Jeans *pl.*
jeep [dʒiːp] (*Fabrikmarke*) *s.* Jeep *m*: a) ⚔ *Art* Kübelwagen *m*, b) kleines geländegängiges Mehrzweckfahrzeug.
jeer [dʒɪə] **I** *v/i.* spotten, höhnen (***at*** über *acc.*); **II** *s.* Hohn *m*, Stiche'lei *f*; **'jeer·ing** [-ɪərɪŋ] **I** *s.* Verhöhnung *f*; **II** *adj.* □ höhnisch.
Je·ho·vah [dʒɪ'həʊvə] *s. bibl.* Je'hovah *m*; ***~'s Wit·ness·es*** *s. pl.* Zeugen *pl.* Jehovas.
je·june [dʒɪ'dʒuːn] *adj.* □ **1.** mager, ohne Nährwert: ***~ food***; **2.** trocken: a) dürr (*Boden*), b) *fig.* fade, nüchtern; **3.** *fig.* simpel, na'iv.
jell [dʒel] *Am.* F **I** *s.* **1.** → ***jelly*** 1–3; **II** *v/i.* **2.** → ***jelly*** II; **3.** *fig.* sich (her'aus-)kristallisieren, Gestalt annehmen; **4.** ‚zum Klappen kommen' (*Geschäft etc.*).
jel·lied ['dʒelɪd] *adj.* **1.** gallertartig, eingedickt; **2.** in Ge'lee *od.* As'pik: ***~ eel.***
jel·ly ['dʒelɪ] **I** *s.* **1.** Gallert *n*, Gal'lerte *f*, *Küche*: *a.* Ge'lee *n*, Sülze *f*, As'pik *n*; **2.** a) Ge'lee *n* (*Marmelade*), b) Götterspeise *f*, ‚Wackelpeter' *m*, c) (rote *etc.*) Grütze (*Süßspeise*); **3.** gallertartige *od.* ‚schwabbelige' Masse, Brei *m*: ***beat s.o. into a ~*** F j-n ‚zu Brei schlagen'; **4.** *Brit. sl.* Dyna'mit *n*; **II** *v/t.* **5.** zum Gelieren *od.* Erstarren bringen, eindikken; **6.** *Küche*: in Sülze *od.* As'pik *od.* Ge'lee (ein)legen; **III** *v/i.* **7.** gelieren, Ge'lee bilden; **8.** erstarren; ***~ ba·by*** *s.* Gummibärchen *n*; **'~·bean** *s.* 'Weingummi(bonˌbon) *n*; **'~·fish** *s.* **1.** Qualle *f*; **2.** *fig.* ‚Waschlappen' *m*.
jel·lo ['dʒeləʊ] *s. Am.* → ***jelly*** 2.
jem·my ['dʒemɪ] **I** *s.* Brecheisen *n*; **II** *v/t.* mit dem Brecheisen öffnen, aufstemmen.
jen·ny ['dʒenɪ] *s.* **1.** → ***spinning-jenny***; **2.** ⚙ Laufkran *m*; **3.** *zo.* Weibchen *n*; ***~ ass*** *s.* Eselin *f*; ***~ wren*** *s. orn.* (weiblicher) Zaunkönig.
jeop·ard·ize ['dʒepədaɪz] *v/t.* gefährden, aufs Spiel setzen; **'jeop·ard·y** [-dɪ] *s.* Gefahr *f*, Gefährdung *f*, Risiko *n*: ***put in ~*** → ***jeopardize***; ***no one shall be put twice in ~ for the same offence*** ⚖ niemand darf wegen derselben Straftat zweimal vor Gericht gestellt werden.
jer·e·mi·ad [ˌdʒerɪ'maɪəd] *s.* Jeremi'ade *f*, Klagelied *n*; **Jer·e·mi·ah** [ˌdʒerɪ'maɪə] *npr. u. s.* **1.** *bibl.* (das Buch) Jere'mia(s) *m*; **2.** *fig.* 'Unglücksproˌphet *m*, Schwarzseher *m*; **Jer·e'mi·as** [-əs] → ***Jeremiah*** 1.
jerk¹ [dʒɜːk] **I** *s.* **1.** a) Ruck *m*, plötzlicher Stoß *od.* Schlag *od.* Zug, b) Satz *m*, Sprung *m*, Auffahren *n*: ***by ~s*** ruck-, sprung-, stoßweise; ***with a ~*** plötzlich, mit e-m Ruck; ***give s.th. a ~*** → 5; ***put a ~ in it*** *sl.* tüchtig rangehen; **2.** ⚕ Zuckung *f*, Zucken *n*, (*bsd.* 'Knie-)ReˌBflex *m*; **3.** *pl. Brit. mst* ***physical ~s*** *sl.* Freiübungen; Gym'nastik *f*; **4.** *Am. sl.* a) ‚Blödmann' *m*, ‚Knülch' *m*, b) → ***soda jerker***; **II** *v/t.* **5.** schnellen; ruckweise *od.* ruckartig *od.* plötzlich ziehen *od.* reißen *od.* stoßen *etc.*: ***~ o.s. free*** sich losreißen; **III** *v/i.* **6.** (zs.-)zucken; **7.** (hoch- *etc.*)schnellen; **8.** sich ruckweise bewegen: ***~ to a stop*** ruckartig anhalten; **9.** ***~ off*** *Am. sl.* ‚wichsen'.
jerk² [dʒɜːk] *v/t. Fleisch* in Streifen schneiden u. dörren.
jer·kin ['dʒɜːkɪn] *s.* **1.** ärmellose Jacke; **2.** *hist.* (Leder)Wams *n*.
'jerkˌwa·ter *Am.* F **I** *s.* **1.** *a.* ***~ town*** kleines ‚Kaff'; **2.** *a.* ***~ train*** Bummelzug *m*; **II** *adj.* **3.** unbedeutend, armselig.
jerk·y ['dʒɜːkɪ] *adj.* □ **1.** ruckartig, stoß-, ruckweise; krampfhaft; **2.** *Am.* F ‚blöd'.
jer·o·bo·am [ˌdʒerə'bəʊəm] *s. Brit.* Riesenweinflasche *f*.
jer·ry ['dʒerɪ] *s. Brit.* F **1.** Nachttopf *m*; **2.** ♀ a) Deutsche(r) *m*, deutscher Sol'dat, b) die Deutschen *pl.*; **'~-ˌbuild·er** *s.* F Bauschwindler *m*; **'~-built** *adj.* F unsolide gebaut: ***~ house*** ‚Bruchbude' *f*; ***~ can*** *s. Brit.* F Ben'zinkaˌnister *m*.
jer·sey ['dʒɜːzɪ] *s.* **1.** a) wollene Strickjacke, b) 'Unterjacke *f*; **2.** Jersey *m* (*Stoffart*); **3.** ♀ *zo.* Jerseyrind *n*.
jes·sa·mine ['dʒesəmɪn] → ***jasmin(e)***.
jest [dʒest] **I** *s.* **1.** Scherz *m*, Spaß *m*, Witz *m*: ***in ~*** im Spaß; ***make a ~ of***

witzeln über (*acc.*); **2.** Zielscheibe *f* des Witzes *od.* Spotts: ***standing ~*** Zielscheibe ständigen Gelächters; **II** *v/i.* **3.** scherzen, spaßen, ulken; **'jest·er** [-tə] *s.* **1.** Spaßmacher *m*, -vogel *m*; **2.** *hist.* (Hof)Narr *m*; **'jest·ing** [-tɪŋ] *adj.* □ scherzend, spaßhaft: ***no ~ matter*** nicht zum Spaßen; **'jest·ing·ly** [-tɪŋlɪ] *adv.* im *od.* zum Spaß.

Jes·u·it ['dʒezjʊɪt] *s. eccl.* Jesu'it *m*; **Jes·u·it·i·cal** [ˌdʒezjʊ'ɪtɪkl] *adj.* □ *eccl.* jesu'itisch, Jesuiten…; **'Jes·u·it·ry** [-rɪ] *s.* a) Jesui'tismus *m*, b) *contp.* Spitzfindigkeit *f*.

jet¹ [dʒet] **I** *s. min.* Ga'gat *m*, Pechkohle *f*, Jett *m*, *n*; **II** *adj. a.* **~-black** tief-, pech-, kohlschwarz.

jet² [dʒet] **I** *s.* **1.** (*Feuer-, Wasser- etc.*) Strahl *m*, Strom *m*: ***~ of flame*** Stichflamme *f*; **2.** ⚙ Strahlrohr *n*, Düse *f*; **3.** → a) ***jet engine***, b) ***jet plane***; **II** *v/t.* **4.** ausspritzen, -strahlen, her'vorstoßen; **III** *v/i.* **5.** her'vorschießen, ausströmen; **6.** mit Düsenflugzeug reisen, ‚jetten'; **~ age** *s.* Düsenzeitalter *n*; **~ bomb·er** *s.* ✈ Düsenbomber *m*; **~ en·gine** *s.* ⚙ Düsen-, Strahltriebwerk *n*; **~ fight·er** *s.* ✈ Düsenjäger *m*; **~ lag** *s.* (physische) Prob'leme *pl.* durch die Zeitumstellung (*nach langen Flugreisen*); **~ lin·er** *s.* ✈ Düsenverkehrsflugzeug *n*; **~ plane** *s.* ✈ Düsenflugzeug *n*, F ‚Düse' *f*, Jet *m*; **ˌ~-pro'pelled**, *abbr.* **ˌ~-'prop** *adj.* ✈ mit Düsenantrieb; **~ pro·pul·sion** *s.* ⚙, ✈ Düsen-, Rückstoß-, Strahlantrieb *m*.

jet·sam ['dʒetsəm] *s.* ⚓ **1.** Seewurfgut *n*, über Bord geworfene Ladung; **2.** Strandgut *n*; → ***flotsam***.

jet|set *s.* Jet-set *m*; **'~ˌset·ter** *s.* Angehörige(r *m*) *f* des Jet-set.

jet·ti·son ['dʒetɪsn] **I** *s.* **1.** ⚓ Über'bordwerfen *n von Ladung*, Seewurf *m*; **2.** ✈ Notwurf *m*; **II** *v/t.* **3.** ⚓ über Bord werfen; **4.** ✈ im Notwurf abwerfen; **5.** *fig. Pläne etc.* über Bord werfen; *alte Kleider etc.* wegwerfen, *Personen* fallenlassen; **6.** *Raketenstufe* absprengen; **'jet·ti·son·a·ble** [-nəbl] *adj.* ✈ abwerfbar, Abwurf…(*-behälter etc.*): ***~ seat*** Schleudersitz *m*.

jet·ton ['dʒetn] *s.* Je'ton *m*.

jet tur·bine *s.* 'Strahlturˌbine *f*.

jet·ty ['dʒetɪ] *s.* ⚓ **1.** Landungsbrücke *f*, -steg *m*; **2.** Hafendamm *m*, Mole *f*; **3.** Strömungsbrecher *m* (*Brücke*).

Jew [dʒuː] *s.* Jude *m*, Jüdin *f*; **'~ˌbait·er** *s.* Judenhetzer *m*; **'~ˌbait·ing** *s.* Judenverfolgung *f*, -hetze *f*.

jew·el ['dʒuːəl] **I** *s.* **1.** Ju'wel *n*, Edelstein *m*, *weitS.* Schmuckstück *n*: ***~ box***, ***~ case*** Schmuckkästchen *n*; **2.** *fig.* Ju'wel *n*, Perle *f*; **3.** Stein *m* (*e-r Uhr*); **II** *v/t.* **4.** mit Ju'welen schmücken *od.* versehen, mit Edelsteinen besetzen; **5.** *Uhr* mit Steinen versehen; **'jew·el·(l)er** [-lə] *s.* Juwe'lier *m*; **'jew·el·ler·y**, *bsd. Am.* **'jew·el·ry** [-lrɪ] *s.* **1.** Ju'welen *pl.*; **2.** Schmuck(sachen *pl.*) *m*.

Jew·ess ['dʒuːɪs] *s.* Jüdin *f*; **'Jew·ish** [-ɪʃ] *adj.* □ jüdisch, Juden…; **Jew·ry** ['dʒʊərɪ] *s.* **1.** *die* Juden *pl.*, (***world ~*** das Welt)Judentum; **2.** *hist.* Judenviertel *n*, G(h)etto *n*.

ˌJew's|-'ear *s.* ⚘ Judasohr *n*; **ˌ~-'harp** *s.* ♪ Maultrommel *f*.

jib¹ [dʒɪb] *s.* **1.** ⚓ Klüver *m*: ***~ boom*** Klüverbaum *m*; ***the cut of his ~*** F s-e äußere Erscheinung *od.* sein Auftreten; **2.** ⚙ Ausleger *m* (*e-s Krans*).

jib² [dʒɪb] *v/i.* **1.** scheuen, bocken (***at*** vor *dat.*) (*Pferd*); **2.** *Brit. fig.* (***at***) a) scheuen, zu'rückweichen (vor *dat.*), b) sich sträuben (gegen), c) störrisch *od.* bokkig sein.

jibe¹ [dʒaɪb] *Am.* → ***gybe***.

jibe² [dʒaɪb] → ***gibe***.

jibe³ [dʒaɪb] *v/i. Am.* F über'einstimmen, sich entsprechen.

jif·fy [dʒɪfɪ], *a.* **jiff** [dʒɪf] *s.* F Augenblick *m*: ***in a ~*** im Nu; ***wait a ~!*** (einen) Moment!

jig¹ [dʒɪg] **I** *s.* **1.** ⚙ Spann-, Bohrvorrichtung *f*; **2.** ⚒ a) Kohlenwippe *f*, b) 'Setzmaˌschine *f*; **II** *v/t.* **3.** ⚙ mit e-r Einstellvorrichtung *od.* Schab'lone herstellen; **4.** ⚒ *Erze* setzen, scheiden.

jig² [dʒɪg] **I** *s.* **1.** ♪ Gigue *f* (*a. Tanz*); **2.** *Am. sl.* ‚Schwof' *m*, Tanzparty *f*: ***the ~ is up*** *fig.* das Spiel ist aus; **3.** *fig* Freudentanz *m*; **II** *v/t.* **4.** schütteln; **III** *v/i.* **5.** e-e Gigue tanzen; **6.** hopsen, tanzen.

jig·ger ['dʒɪgə] *s.* **1.** Giguetänzer *m*; **2.** ⚓ a) Be'san(mast) *m*, b) Handtalje *f*; **3.** *Golf*: Jigger *m* (*Schläger*, *mst Nr. 4*); **4.** a) Schnapsglas *n*, b) ‚Schnäps-chen' *n*; **5.** *Am.* F Dings(bums) *n*, Appa'rat *m*; **6.** *a.* ***~ flea*** Sandfloh *m*; **jig·gered** ['dʒɪgəd] *adj.*: ***well, I'm ~*** (***if***) hol mich der Teufel(, wenn).

jig·ger·y-pok·er·y [ˌdʒɪgərɪ'pəʊkərɪ] *s. Brit.* F fauler Zauber, ‚Schmu' *m*.

jig·gle ['dʒɪgl] **I** *v/t.* (leicht) rütteln; **II** *v/i.* wippen, hüpfen, wackeln.

'jig·saw *s.* ⚙ **1.** Laubsäge *f*; **2.** 'Schweifsäge(maˌschine) *f*; **3.** → **~ puz·zle** *s.* Puzzle(spiel) *n*.

Jill [dʒɪl] → ***Gill⁴***.

jilt [dʒɪlt] *v/t.* a) *e-m Liebhaber* den Laufpaß geben, b) *ein Mädchen* sitzenlassen.

Jim Crow [ˌdʒɪm'krəʊ] *s. Am.* F **1.** *contp.* ‚Nigger' *m*; **2.** 'Rassendiskrimiˌnierung *f*: ***~ car*** 🚃 Wagen *m* für Farbige.

jim-jams ['dʒɪmdʒæmz] *s. pl. sl.* **1.** De'lirium *n* tremens; **2.** a) Nervenflattern *n*, b) Gänsehaut *f*.

jim·my ['dʒɪmɪ] → ***jemmy***.

jin·gle ['dʒɪŋgl] **I** *v/i.* **1.** klimpern, klirren, klingeln; **II** *v/t.* **2.** klingeln lassen, klimpern (mit), bimmeln (mit); **III** *s.* **3.** Geklingel *n*, Klimpern *n*; **4.** (eingängiges) Liedchen *od.* Vers-chen, *a.* Werbesong *m od.* -spruch *m*.

jin·go ['dʒɪŋgəʊ] **I** *pl.* **-goes** *s.* **1.** *pol.* Chauvi'nist(in); **2.** → ***jingoism***; **II** *int.* **3.** ***by ~!*** beim Zeus!; **'jin·go·ism** [-əʊɪzəm] *s. pol.* Chauvi'nismus *m*, Hur'rapatrioˌtismus *m*; **jin·go·is·tic** [ˌdʒɪŋgəʊ'ɪstɪk] *adj.* chauvi'nistisch.

jink [dʒɪŋk] **I** *s.* **1.** 'Ausweichmaˌnöver *n*; **2.** ***high ~s*** ‚Highlife' *n*, ‚tolle Party'; **II** **3.** *v/i. u. v/t.* geschickt ausweichen.

jin·rik·i·sha, *a.* **jin·rick·sha** [dʒɪn'rɪkʃə] *s.* Rikscha *f*.

jinn [dʒɪn] *pl. von* **jin·nee** [dʒɪ'niː] *s.* Dschin *m* (*islamischer Geist*).

jinx [dʒɪŋks] *sl.* **I** *s.* **1.** Unheilbringer *m*; *weitS.* Unglück *n*, Pech *n* (***for*** für): ***there is a ~ on it!*** das ist wie verhext!; ***put a ~ on*** → 3b; **2.** Unheil *n*; **II** *v/t.* **3.** a) Unglück bringen (*dat.*), b) *et.* ‚verhexen'.

jit·ter ['dʒɪtə] F **I** *v/i.* ner'vös sein, ‚Bammel' haben, ‚bibbern'; **II** *s.*: ***the ~s*** *pl.* a) ‚Bammel' *m* (*Angst*), b) ‚Zustände' *pl.*, ‚Tatterich' *m* (*Nervosität*); **'jit·ter·bug** [-bʌg] *s.* **1.** Jitterbug *m* (*Tanz*); **2.** *fig.* Nervenbündel *n*; **'jit·ter·y** [-ərɪ] *adj.* F nervös, ‚bibbernd'.

jiu·jit·su [dʒuː'dʒɪtsuː] → ***jujitsu***.

jive [dʒaɪv] **I** *s.* **1.** ♪ Jive *m*, (*Art*) 'Swingmuˌsik *f od.* -tanz *m*; **2.** *Am. sl.* Gequassel *n*; **II** *v/i.* **3.** Jive *od.* Swing tanzen *od.* spielen.

job¹ [dʒɒb] **I** *s.* **1.** *ein Stück* Arbeit *f*: ***a ~ of work*** e-e Arbeit; ***a good ~ of work*** e-e saubere Arbeit; ***be paid by the ~*** pro Auftrag bezahlt werden; ***odd ~s*** Gelegenheitsarbeiten; ***make a good ~ of it*** gute Arbeit leisten, s-e Sache gut machen; ***it was quite a ~*** es war (gar) nicht so einfach, es war e-e Mordsarbeit; ***I had a ~ to do it*** das war ganz schön schwer (für mich); ***on the ~*** a) an der Arbeit, ‚dran', b) in Aktion, c) ‚auf Draht'; **2.** Stück-, Ak'kordarbeit *f*: ***by the ~*** im Akkord; **3.** Stellung *f*, Tätigkeit *f*, Arbeit *f*, Job *m*: ***a ~ as a typist***; ***out of a ~*** stellungslos; ***know one's ~*** s-e Sache verstehen; ***on the ~ training*** Ausbildung *f* am Arbeitsplatz; ***create new ~s*** neue Arbeitsplätze schaffen; ***~s for the boys*** *pol.* F Vetternwirtschaft *f*; ***this is not everybody's ~*** dies liegt nicht jedem; **4.** Aufgabe *f*, Pflicht *f*, Sache *f*: ***it is your ~ to do it*** es ist deine Sache; **5.** F Sache *f*, Angelegenheit *f*, Lage *f*: ***a good ~*** (***too***)***!*** ein (wahres) Glück!; ***make the best of a bad ~*** a) retten, was zu retten ist, b) gute Miene zum bösen Spiel machen; ***I gave it up as a bad ~*** ich steckte es (*als aussichtslos*) auf; ***I gave him up as a bad ~*** ich ließ ihn fallen (*weil er nichts taugte etc.*); ***just the ~!*** genau das Richtige!; **6.** *sl.* a) Pro'fitgeschäft *n*, Schiebung *f*, ‚krumme Tour', b) ‚Ding' *n* (*Verbrechen*): ***pull a ~*** ein Ding drehen; ***do his ~ for him*** ihn ‚fertigmachen'; **7.** *bsd. Am.* F a) ‚Dings' *n*, ‚Appa'rat' *m* (*a. Auto etc.*), b) ‚Nummer' *f*, ‚Type' *f* (*Person*): ***he's a tough ~*** er ist ein unangenehmer Kerl; **II** *v/i.* **8.** Gelegenheitsarbeiten machen, ‚jobben'; **9.** im Ak'kord arbeiten; **10.** Zwischenhandel treiben; **11.** Maklergeschäfte treiben, mit Aktien handeln; **12.** ‚schieben', in die eigene Tasche arbeiten; **III** *v/t.* **13.** *a.* ***~ out*** ☤ a) *Arbeit* im Ak'kord vergeben, b) *Auftrag* (weiter)vergeben; **14.** spekulieren mit; **15.** als Zwischenhändler verkaufen; **16.** veruntreuen; *Amt* miß'brauchen: ***~ s.o. into a post*** j-m e-n Posten zuschanzen.

Job² [dʒəʊb] *npr. bibl.* Hiob *m*, Job *m*: (***the Book of***) ***~*** (das Buch) Hiob *od.* Job; ***patience of ~*** *e-e* Engelsgeduld; ***that would try the patience of ~*** das würde selbst e-n Engel zur Verzweiflung treiben; ***~'s comforter*** schlechter Tröster (*der alles noch verschlimmert*); ***~'s news***, ***~'s post*** Hiobsbotschaft *f*.

job a·nal·y·sis *s.* 'Arbeitsplatzanaˌlyse *f*.

job·ber ['dʒɒbə] *s.* **1.** Gelegenheitsarbeiter *m*; **2.** Ak'kordarbeiter *m*: **3.** ☤ Zwischen-, *Am.* Großhändler *m*; **4.** *Brit. Börse*: Jobber *m* (*der auf eigene Rechnung Geschäfte tätigt*); **5.** *Am.* 'Börsenspekuˌlant *m*; **6.** Geschäftemacher *m*, ‚Schieber' *m*, *a.* kor'rupter Beamter; '**job·ber·y** [-ərɪ] *s.* **1.** *b.s.* ‚Schiebung' *f*, Korrupti'on *f*; **2.** 'Amts,mißbrauch *m*; '**job·bing** [-bɪŋ] *s.* **1.** Gelegenheitsarbeit *f*; **2.** Ak'kordarbeit *f*; **3.** *Börse: Brit.* Ef'fektenhandel *m*, *a.* Spekulati'on(sgeschäfte *pl.*) *f*; **4.** Zwischen-, *Am.* Großhandel *m*; **5.** ‚Schiebung' *f*.

job| cre·a·tion *s.* Schaffung *f* von Arbeitsplätzen: ~ ***scheme*** (*od.* ***program[me]***) Arbeitsbeschaffungsprogramm *n*; ~ **cuts** *s.* Stellenabbau *m*; ~ **de·scrip·tion** *s.* Arbeits(platz)-, Tätigkeitsbeschreibung *f*; ~ **e·val·u·a·tion** *s.* Arbeits(platz)bewertung *f*; ~ **hop·ping** *s.* häufiger Stellenwechsel (*zur Verbesserung des Einkommens*); ~ **hunt·er** *s.* Stellungssuchende(r *m*) *f*; ~ **kil·ler** *s.* Jobkiller *m* (*arbeitsplatzvernichtende Maschine etc.*); '~**·less** [-lɪs] **I** *adj.* arbeitslos; **II** *s.*: ***the*** ~ *pl.* die Arbeitslosen *pl.*; ~ **line**, ~ **lot** *s.* ✝ **1.** Gelegenheitskauf *m*; **2.** Ramsch-, Par'tieware(n *pl.*) *f*; ~ **mar·ket** *s.* Arbeitsmarkt *m*; ~ **place·ment** *s.* Stellenvermittlung *f*; ~ **print·ing** *s.* Akzi'denzdruck *m*; ~ **ro·ta·tion** *s.* turnusmäßiger Arbeitsplatztausch; ~ **sat·is·fac·tion** *s.* Zufriedenheit am Arbeitsplatz; ~ **se·cu·ri·ty** *s.* Sicherheit *f* des Arbeitsplatzes; ~ **shar·ing** *s.* Jobsharing *n*, Arbeitsplatzteilung *f*; ~ **work** *s.* **1.** Ak'kordarbeit *f*; **2.** → ***job printing***.

jock·ey ['dʒɒkɪ] **I** *s.* Jockey *m*, Jockei *m*; **II** *v/t.* a) manipulieren, b) betrügen (***out of*** um): ~ ***into s.th.*** in et. hineinmanövrieren, zu et. verleiten; ~ ***s.o. into a position*** j-m durch Protektion e-e Stellung verschaffen, ‚j-n lancieren'; **III** *v/i.* ~ ***for*** ‚rangeln' um (*a. fig.*): ~ ***for position*** *sport u. fig.* sich e-e gute (Ausgangs)Position zu schaffen suchen.

'**jock·strap** ['dʒɒk-] *s. bsd. sport* Suspen'sorium *n*.

jo·cose [dʒəʊ'kəʊs] *adj.* □ **1.** scherzhaft, komisch, drollig; **2.** heiter, ausgelassen.

joc·u·lar ['dʒɒkjʊlə] *adj.* □ **1.** scherzhaft, witzig; **2.** lustig, heiter; **joc·u·lar·i·ty** [,dʒɒkjʊ'lærətɪ] *s.* **1.** Scherzhaftigkeit *f*; **2.** Heiterkeit *f*.

joc·und ['dʒɒkənd] *adj.* □ lustig, fröhlich, heiter; **jo·cun·di·ty** [dʒəʊ'kʌndətɪ] *s.* Lustigkeit *f*.

jodh·purs ['dʒɒdpəz] *s. pl.* Reithose(n *pl.*) *f*.

jog [dʒɒg] **I** *v/t.* **1.** (an)stoßen, rütteln, ‚stupsen'; **2.** *fig.* aufrütteln: ~ ***s.o.'s memory*** j-s Gedächtnis nachhelfen; **II** *v/i.* **3.** *a.* ~ ***on***, ~ ***along*** (da'hin)trotten, (-)zuckeln; **4.** sich auf den Weg machen, ‚loszuckeln'; **5.** *fig. a.* ~ ***on*** a) weiterwursteln, b) s-n Lauf nehmen; **6.** *sport* ‚joggen', im Trimmtrab laufen; **III** *s.* **7.** (leichter) Stoß; **8.** Rütteln *n*; **9.** → ***jogtrot*** 1; '**jog·ging** [-gɪŋ] *s.* ‚Jogging' *n*, Trimmtrab *m*.

jog·gle ['dʒɒgl] **I** *v/t.* **1.** leicht schütteln *od.* rütteln; **2.** ⚙ verschränken, verzahnen; **II** *v/i.* **3.** sich schütteln, wackeln; **III** *s.* **4.** Stoß *m*, Rütteln *n*; **5.** ⚙ Verzahnung *f*, Nut *f* u. Feder *f*.

'**jog·trot I** *s.* **1.** gemächlicher Trab, Trott *m*; **2.** *fig.* Trott *m*: a) Schlendrian *m*, b) Eintönigkeit *f*; **II** *v/i.* **3.** → ***jog*** 3.

john[1] [dʒɒn] *s. Am. sl.* Klo *n*.

John[2] [dʒɒn] *npr. u. s. bibl.* Jo'hannes (-evan,gelium *n*) *m*: ~ ***the Baptist*** Johannes der Täufer; (***the Epistles of***) ~ die Johannesbriefe; ~ **Bull** *s.* John Bull: a) *England*, b) *der* (*typische*) *Engländer*; ~ **Doe** [dəʊ] *s.*: ~ ***and Richard Roe*** ⚖ A. und B. (*fiktive Parteien*); ~ **Do·ry** ['dɔːrɪ] *s. ichth.* Heringskönig *m*; ~ **Han·cock** ['hænkɒk] *s. Am.* F *j-s* ‚Friedrich Wilhelm' *m* (*Unterschrift*).

john·ny ['dʒɒnɪ] *s. Brit.* F Bursche *m*, Typ *m*, ‚Knülch' *m*; ,**♀-come-'late·ly** *s. Am.* F **1.** Neuankömmling *m*, Neuling *m*; **2.** *fig.* ‚Spätzünder' *m*; ♀ **on the spot** *s. Am.* F a) j-d, der ‚auf Draht' ist, b) Retter *m* in der Not.

John·so·ni·an [dʒɒn'səʊnjən] *adj.* **1.** Johnsonsch (*Samuel Johnson od. s-n Stil betreffend*); **2.** pom'pös, hochtrabend.

join [dʒɔɪn] **I** *v/t.* **1.** *et.* verbinden, -einigen, zs.-fügen (***to***, ***on to*** mit): ~ ***hands*** a) die Hände falten, b) sich die Hand reichen (*a. fig.*), c) *fig.* sich zs.-tun; **2.** *Personen* vereinigen, zs.-bringen (***with***, ***to*** mit): ~ ***in marriage*** verheiraten; ~ ***in friendship*** freundschaftlich verbinden; **3.** *fig.* verbinden, -ein(ig)en: ~ ***prayers*** gemeinsam beten; → ***battle*** 2, ***force*** 1, ***issue*** 6; **4.** sich anschließen (*dat. od.* an *acc.*), stoßen *od.* sich gesellen zu, sich einfinden bei: ~ ***s.o. in*** (***doing***) ***s.th.*** et. zusammen mit j-m tun; ~ ***s.o. in a walk*** (gemeinsam) mit j-m e-n Spaziergang machen, sich j-m auf e-m Spaziergang anschließen; ~ ***one's regiment*** zu s-m Regiment stoßen; ~ ***one's ship*** an Bord s-s Schiffes gehen; ***may I*** ~ ***you?*** a) darf ich mich Ihnen anschließen *od.* Ihnen Gesellschaft leisten, b) darf ich mitmachen?; ***I'll*** ~ ***you soon!*** ich komme bald (nach)!; ***will you*** ~ ***me in a drink?*** trinken Sie ein Glas mit mir?; → ***majority*** 1; **5.** *e-m Klub, e-r Partei etc.* beitreten, eintreten in (*acc.*): ~ ***the army*** ins Heer eintreten, Soldat werden; ~ ***a firm as a partner*** in e-e Firma als Teilhaber eintreten; **6.** a) teilnehmen *od.* sich beteiligen an (*dat.*), mitmachen bei, b) sich einlassen auf (*acc.*), *den Kampf* aufnehmen: ~ ***an action*** *jur.* e-m Prozeß beitreten; ~ ***a treaty*** e-m (Staats)Vertrag beitreten; **7.** sich vereinigen mit, zs.-kommen mit, (ein-) münden in (*acc.*) (*Fluß*, *Straße*); **8.** *math.* *Punkte* verbinden; **9.** (an)grenzen an (*acc.*); **II** *v/i.* **10.** sich vereinigen *od.* verbinden, zs.-kommen, sich treffen (***with*** mit); **11.** a) ~ ***in*** (*s.th.*) → 6 a, b) ~ ***with s.o. in s.th.*** sich j-m bei et. anschließen, et. gemeinsam tun mit j-m: ~ ***in everybody!*** alle mitmachen!; **12.** anein'andergrenzen, sich berühren; **13.** ~ ***up*** Sol'dat werden, zum Mili'tär gehen; **III** *s.* **14.** Verbindungsstelle *f*, -linie *f*, Naht *f*, Fuge *f*.

join·der ['dʒɔɪndə] *s.* **1.** Verbindung *f*; **2.** ⚖ a) *a.* ~ ***of actions*** (objek'tive) Klagehäufung, b) *a.* ~ ***of parties*** Streitgenossenschaft *f*, c) ~ ***of issue*** Einlassung *f* (auf die Klage).

join·er ['dʒɔɪnə] *s.* Tischler *m*, Schreiner *m*: ~***'s bench*** Hobelbank *f*; '**join·er·y** [-ərɪ] *s.* **1.** Tischlerhandwerk *n*, Schreine'rei *f*; **2.** Tischlerarbeit *f*.

joint [dʒɔɪnt] **I** *s.* **1.** Verbindung(sstelle) *f*, *bsd.* a) *Tischlerei etc.*: Fuge *f*, Stoß *m*, b) (Löt)Naht *f*, Nahtstelle *f*, c) Falz *m* (*der Buchdecke*), d) *anat.*, *biol.*, ♀, ⚙ Gelenk *n*: ***out of*** ~ ausgerenkt, *bsd. fig.* aus den Fugen; → ***nose*** *Bes. Redew.*; **2.** Verbindungsstück *n*, Bindeglied *n*; **3.** Hauptstück *n* (*e-s Schlachttiers*), Braten(stück *n*) *m*; **4.** *sl.* ‚Bude' *f*, ‚Laden' *m*: a) Lo'kal *n*, ‚Schuppen' *m*, *contp.* ‚'Bumslo,kal' *n*, Spe'lunke *f*, b) Gebäude; **5.** *sl.* Joint *m* (*Marihuanazigarette*); **II** *adj.* (□ → ***jointly***) **6.** gemeinsam, gemeinschaftlich (*a.* ⚖): ~ ***invention***; ~ ***liability***; ~ ***effort***; ~ ***efforts*** vereinte Kräfte *od.* Anstrengungen; ~ ***and several*** ⚖ gesamtschuldnerisch, solidarisch, zur gesamten Hand (→ ***jointly***); ~ ***and several creditor*** (***debtor***) Gesamtgläubiger *m* (-schuldner *m*); ***take*** ~ ***action*** gemeinsam vorgehen, zs.-wirken; **7.** *bsd.* ⚖ Mit..., Neben...: ~ ***heir*** Miterbe *m*; ~ ***offender*** Mittäter *m*; ~ ***plaintiff*** Mitkläger *m*; **8.** vereint, zs.-hängend; **III** *v/t.* **9.** verbinden, zs.-fügen; **10.** ⚙ a) fugen, stoßen, verbinden, -zapfen, b) *Fugen* verstreichen; ~ **ac·count** *s.* ✝ Gemeinschaftskonto *n*: ***on*** (*od.* ***for***) ~ auf *od.* für gemeinsame Rechnung; ~ **ad·ven·ture** → ***joint venture***; ~ **cap·i·tal** *s.* ✝ Ge'sellschaftskapi,tal *n*; ~ **com·mit·tee** *s. pol.* gemischter Ausschuß; ~ **cred·it** *s.* ✝ Konsorti'alkre,dit *m*; ~ **cred·i·tor** *s.* ⚖ Gesamthandgläubiger *m*; ~ **debt** *s.* ⚖ gemeinsame Verbindlichkeit(en *pl.*) *f*, Gesamthandschuld *f*; ~ **debt·or** *s.* ⚖ Mitschuldner *m*, Gesamthandschuldner *m*.

joint·ed ['dʒɔɪntɪd] *adj.* **1.** verbunden; **2.** gegliedert, mit Gelenken (versehen): ~ ***doll*** Gliederpuppe *f*.

joint·ly ['dʒɔɪntlɪ] *adv.* gemeinschaftlich: ~ ***and severally*** a) gemeinsam u. jeder für sich, b) solidarisch, zur gesamten Hand, gesamtschuldnerisch.

joint| own·er *s.* ✝ Miteigentümer(in), Mitinhaber(in); ~ **own·er·ship** *s.* Miteigentum *n*; ~ **res·o·lu·tion** *s. pol.* gemeinsame Resoluti'on; ~ **stock** *s.* ✝ Ge'sellschafts-, 'Aktienkapi,tal *n*; ,~-'**stock bank** *s.* Genossenschafts-, Aktienbank *f*; ,~-'**stock com·pa·ny** *s.* ✝ **1.** *Brit.* Aktiengesellschaft *f*; **2.** *Am.* offene Handelsgesellschaft auf Aktien; ,~-'**stock cor·po·ra·tion** *s. Am.* Aktiengesellschaft *f*; ~ **ten·an·cy** *s.* ✝ Mitbesitz *m*, -pacht *f*; ~ **un·der·tak·ing**, ~ **ven·ture** *s.* ✝ **1.** Ge'meinschaftsunter,nehmen *n*; **2.** Gelegenheitsgesellschaft *f*.

joist [dʒɔɪst] ⚠ **I** *s.* (Quer)Balken *m*; (Quer-, Pro'fil)Träger *m*; **II** *v/t.* mit Pro'filträgern belegen.

joke [dʒəʊk] **I** *s.* **1.** Witz *m*: ***practical*** ~ Schabernack *m*, Streich *m*; ***play a practical*** ~ ***on s.o.*** j-m einen Streich spielen; ***crack*** ~***s*** Witze reißen; **2.** Scherz *m*, Spaß *m*: ***in*** ~ zum Scherz; ***he cannot take*** (*od.* ***see***) ***a*** ~ er versteht keinen Spaß; ***I don't see the*** ~***!*** was soll daran so witzig sein?; ***it's no*** ~***!*** a) (das ist) kein Witz!, b) das ist keine Kleinigkeit *od.* kein Spaß!; ***the*** ~ ***was on me*** der Spaß ging auf m-e Kosten; **II** *v/i.* **3.** Witze *od.* Spaß machen, scherzen, flachsen: ***I'm not joking!*** ich meine das ernst; ***you must be joking!*** soll das ein Witz sein?; '**jok·er** [-kə] *s.* **1.** Spaßvogel *m*, Witzbold *m*; **2.** *sl.* Kerl *m*, ‚Heini' *m*; **3.** Joker *m* (*Spielkarte*) (*a. fig.*); **4.** *Am. sl. mst pol.* ‚Hintertürklausel' *f*; ˈ**jok·ing** [-kɪŋ] *s.* Scherzen *n*: **~ apart!** Scherz beiseite!

jol·li·fi·ca·tion [ˌdʒɒlɪfɪˈkeɪʃn] *s.* F (feucht)fröhliches Fest, Festiviˈtät *f*; **jol·li·ness** [ˈdʒɒlɪnɪs], *mst* **jol·li·ty** [ˈdʒɒlətɪ] *s.* **1.** Fröhlichkeit *f*; **2.** Fest *n*.

jol·ly [ˈdʒɒlɪ] **I** *adj.* ☐ **1.** lustig, fiˈdel, vergnügt; **2.** F angeheitert, beschwipst; **3.** *Brit.* F a) nett, hübsch: ***a ~ room***, b) *iro.* ‚schön', ‚furchtbar': ***he must be a ~ fool*** er muß (ja) ganz schön blöd sein; **II** *adv.* **4.** *Brit.* F ziemlich, ‚mächtig', ‚furchtbar': ***~ late***; ***~ nice*** ‚unheimlich' nett; ***~ good*** *a. iro.* (ist ja) Klasse!; ***a ~ good fellow*** ein ‚prima' Kerl; ***I ~ well told him*** ich hab' es ihm (doch) ganz deutlich gesagt; ***you'll ~ well*** (***have to***) ***do it!*** du mußt (es tun), ob du willst oder nicht; ***you ~ well know*** du weißt das ganz genau; **III** *v/t.* F **5.** *mst* ***~ along*** *od.* ***up*** *j-n* bei Laune halten *od.* aufmuntern: ***~ s.o. into doing s.th.*** j-n zu e-r Sache ‚bequatschen'; **6.** *j-n* ‚veräppeln'.

jol·ly boat [ˈdʒɒlɪ] *s.* ⚓ Jolle *f*.

Jol·ly Rog·er [ˈrɒdʒə] *s.* Totenkopf-, Piˈratenflagge *f*.

jolt [dʒəʊlt] **I** *v/t.* **1.** (ˈdurch)rütteln, stoßen; **2.** *Am. Boxen*: (*Gegner*) erschüttern (*a. fig.*); **3.** *fig. j-m* e-n Schock versetzen; **4.** *j-n* aufrütteln; **II** *v/i.* **5.** rütteln, holpern (*Fahrzeug*); **III** *s.* **6.** Ruck *m*, Stoß *m*, Rütteln *n*; **7.** Schock *m*; **8.** (harter) Schlag; **9.** F a) Wirkung *f* (*e-r Droge etc.*), b) ‚Schuß' *m* (*Kognak, Droge*).

Jo·nah [ˈdʒəʊnə] *npr. u. s.* **1.** *bibl.* (das Buch) Jonas *m*; **2.** *fig.* Unheilbringer *m*; ˈ**Jo·nas** [-əs] → ***Jonah*** 1.

josh [dʒɒʃ] *sl.* **I** *v/t.* ‚aufziehen', veräppeln; **II** *s.* Hänseˈlei *f*.

Josh·u·a [ˈdʒɒʃwə] *npr. u. s. bibl.* (das Buch) Josua *m od.* Josue *m*.

joss| **house** [dʒɒs] *s.* chiˈnesischer Tempel; **~ stick** *s.* Räucherstäbchen *n*.

jos·tle [ˈdʒɒsl] **I** *v/i.* drängeln: **~ *against*** → **II** *v/t.* anrempeln, schubsen; **III** *s.* a) Gedränge *n*, Drängeˈlei *f*, b) Rempeˈlei *f*.

Jos·u·e [ˈdʒɒzjʊiː] → ***Joshua***.

jot [dʒɒt] **I** *s.*: ***not a ~*** nicht ein bißchen; ***there's not a ~ of truth in it*** da ist überhaupt nichts Wahres dran; **II** *v/t.* *mst* ***~ down*** schnell hinschreiben *od.* notieren *od.* hinwerfen; ˈ**jot·ter** [-tə] *s.* Noˈtizbuch *n*; ˈ**jot·ting** [-tɪŋ] *s.* (kurze) Noˈtiz.

joule [dʒuːl] *s. phys.* Joule *n*.

jounce [dʒaʊns] → ***jolt*** 1, 6, 7.

jour·nal [ˈdʒɜːnl] *s.* **1.** Jourˈnal *n*, Zeitschrift *f*, Zeitung *f*; **2.** Tagebuch *n*; **3.** ✝ Jourˈnal *n*, Memoriˈal *n*; **4.** 2**s** *pl. parl. Brit.* Protoˈkollbuch *n*; **5.** ⚓ Logbuch *n*; **6.** ⚙ (Achs-, Lager)Zapfen *m*: ***~ bearing*** *od.* ***box*** Achs-, Zapfenlager *n*; **jour·nal·ese** [ˌdʒɜːnəˈliːz] *s. contp.* Zeitungsstil *m*; ˈ**jour·nal·ism** [-nəlɪzəm] *s.* Journaˈlismus *m*; ˈ**jour·nal·ist** [-nəlɪst] *s.* Journaˈlist(in); **jour·nal·istic** [ˌdʒɜːnəˈlɪstɪk] *adj.* journaˈlistisch.

jour·ney [ˈdʒɜːnɪ] **I** *s.* **1.** Reise *f*: ***go on a ~*** verreisen; ***bus ~*** Busfahrt *f*; ***~'s end*** Ende *n* der Reise, *fig.* ‚Endstation' *f*, *a.* Tod *m*; **2.** Reise *f*, Strecke *f*, Route *f*, Weg *m*, Fahrt *f*, Gang *m*: ***it's a day's ~ from here*** es ist e-e Tagereise von hier, man braucht e-n Tag, um von hier dorthin zu kommen; **II** *v/i.* **3.** reisen; wandern; ˈ**~·man** [-mən] *s.* [*irr.*] (Handwerks)Geselle *m*: ***~ baker*** Bäckergeselle.

joust [dʒaʊst] *hist.* **I** *s.* Turnier *n*; **II** *v/i.* im Turnier kämpfen; *fig.* e-n Strauß ausfechten.

Jove [dʒəʊv] *npr.* Jupiter *m*: ***by ~!*** a) Donnerwetter!, b) beim Zeus!

jo·vi·al [ˈdʒəʊvjəl] *adj.* ☐ **1.** joviˈal (*a. contp.*), freundlich, aufgeräumt, gemütlich: ***a ~ fellow***; **2.** freundlich, nett: ***a ~ welcome***; **3.** heiter, vergnügt, lustig; **jo·vi·al·i·ty** [ˌdʒəʊvɪˈælətɪ] *s.* Jovialiˈtät *f*, Freundlichkeit *f*, Fröhlichkeit *f*.

jowl [dʒaʊl] *s.* **1.** (ˈUnter)Kiefer *m*; **2.** (*mst* feiste *od.* Hänge)Backe *f*; → ***cheek*** 1; **3.** *zo.* Wamme *f*.

joy [dʒɔɪ] *s.* **1.** Freude *f* (***at*** über *acc.*, ***in***, ***of*** an *dat.*): ***to my*** (***great***) ***~*** zu m-r (großen) Freude; ***leap for ~*** vor Freude hüpfen; ***tears of ~*** Freudentränen; ***it gives me great ~*** es macht mir große Freude; ***my children are a great ~ to me*** m-e Kinder machen mir viel Freude; ***wish s.o. ~*** (***of***) j-m Glück wünschen (zu); ***I wish you ~!*** *iro.* (na, dann) viel Spaß!; **2.** *Brit.* F Erfolg *m*: ***I didn't have any ~!*** ich hatte keinen Erfolg!, es hat nicht geklappt!; ˈ**joy·ful** [-fʊl] *adj.* ☐ **1.** freudig, erfreut, froh: ***be ~*** sich freuen; **2.** erfreulich, froh; ˈ**joyful·ness** [-fʊlnɪs] *s.* Freude *f*, Fröhlichkeit *f*; ˈ**joy·less** [-lɪs] *adj.* ☐ freudlos; **joy·ous** [ˈdʒɔɪəs] *adj.* ☐ → ***joyful***.

joy| **ride** *s.* F Vergnügungsfahrt *f*, (wilde) Spritztour (*bsd.* in e-m gestohlenen Auto); ˈ**~·stick** *s.* **1.** ✈ F Steuerknüppel *m*; **2.** *Computer*: Joystick *m*.

ju·bi·lant [ˈdʒuːbɪlənt] *adj.* ☐ jubelnd, frohˈlockend, (glück)strahlend (*a. Gesicht*): ***be ~*** → ***jubilate*** 1; **ju·bi·late** **I** *v/i.* [ˈdʒuːbɪleɪt] **1.** jubeln, jubilieren, überglücklich sein, triumphieren; **II** 2 [ˌdʒuːbɪˈlɑːtɪ] (*Lat.*) *s. eccl.* **2.** (Sonntag *m*) Jubiˈlate *m* (*3. Sonntag nach Ostern*); **3.** Jubiˈlatepsalm *m*; **ju·bi·la·tion** [ˌdʒuːbɪˈleɪʃn] *s.* Jubel *m*.

ju·bi·lee [ˈdʒuːbɪliː] *s.* **1.** (*bsd.* fünfzigjähriges) Jubiˈläum: ***silver ~*** fünfundzwanzigjähriges Jubiläum; **2.** *R.C.* Jubel-, Ablaßjahr *n*.

Ju·da·ic [dʒuːˈdeɪɪk] *adj.* juˈdaisch, jüdisch; **Ju·da·ism** [ˈdʒuːdeɪɪzəm] *s.* **1.** Judaˈismus *m*; **2.** *das* Judentum; **Juda·ize** [ˈdʒuːdeɪaɪz] *v/t.* judaisieren, jüdisch machen.

Ju·das [ˈdʒuːdəs] **I** *npr. bibl.* Judas *m* (*a. fig. Verräter*): ***~ kiss*** Judaskuß *m*; **II** 2 *s.* Guckloch *n*, ‚Spiˈon' *m*.

Jude [dʒuːd] *npr. u. s. bibl.* Judas *m*: (***the Epistle of***) ***~*** der Judasbrief.

jud·der [ˈdʒʌdə] *v/i.* **1.** rütteln, wackeln; **2.** vibrieren.

judge [dʒʌdʒ] **I** *s.* **1.** ⚖ Richter *m*; **2.** *mst* Preis-, *sport a.* Kampfrichter *m*; **3.** Kenner *m*: ***a*** (***good***) ***~ of wine*** ein Weinkenner; ***I am no ~ of it*** ich kann es nicht beurteilen; ***I am no ~ of music, but*** ich verstehe (zwar) nicht viel von Musik, aber; ***I'll be the ~ of that*** das müssen Sie mich schon selbst beurteilen lassen; **4.** *bibl.* a) Richter *m*, b) 2**s** *pl. sg. konstr.* (*das* Buch der) Richter *pl.*; **II** *v/t.* **5.** ⚖ ein Urteil fällen *od.* Recht sprechen über (*acc.*), *e-n Fall* verhandeln; **6.** entscheiden (***s.th.*** et.; ***that*** daß); **7.** beurteilen, bewerten, einschätzen (***by*** nach); **8.** a) Preis-, *sport* Kampfrichter sein bei, b) *Leistungen etc.* (als Preisrichter *etc.*) bewerten; **9.** betrachten als, halten für; **III** *v/i.* **10.** ⚖ urteilen, Recht sprechen; **11.** *fig.* richten; **12.** urteilen (***by***, ***from*** nach; ***of*** über *acc.*): ***~ for yourself!*** urteilen Sie selbst!; ***judging by his words*** s-n Worten nach zu urteilen; ***how can I ~?*** wie soll ˈich das beurteilen?; **13.** schließen (***from***, ***by*** aus); **14.** Preis-, *sport* Kampfrichter sein; **15.** a) denken, vermuten, b) ***~ of*** sich *et.* vorstellen; **~ ad·vo·cate** *s.* ⚔ Kriegsgerichtsrat *m*; ˈ**~-made law** *s.* auf richterlicher Entscheidung beruhendes Recht, geschöpftes Recht.

judg(e)·ment [ˈdʒʌdʒmənt] *s.* **1.** ⚖ (Gerichts)Urteil *n*, gerichtliche Entscheidung: ***~ by default*** Versäumnisurteil; ***give*** (*od.* ***deliver***, ***render***, ***pronounce***) ***~*** ein Urteil erlassen *od.* verkünden (***on*** über *acc.*); ***pass ~*** ein Urteil fällen (***on*** über *acc.*); ***sit in ~ on a case*** Richter sein in e-m Fall; ***sit in ~ on s.o.*** über j-n zu Gericht sitzen; → ***error*** 1; **2.** Beurteilung *f*, Bewertung *f* (*a. sport etc.*), Urteil *n*; **3.** Urteilsvermögen *n*: ***man of ~*** urteilsfähiger Mann; ***use your best ~!*** handeln Sie nach Ihrem besten Ermessen; **4.** Urteil *n*, Ansicht *f*, Meinung *f*: ***form a ~*** sich ein Urteil bilden; ***against my better ~*** wider besseres Wissen; ***give one's ~ on s.th.*** sein Urteil über et. abgeben; ***in my ~*** meines Erachtens; **5.** Schätzung *f*: ***~ of distance***; **6.** göttliches (Straf)Gericht, Strafe *f* (Gottes): ***the Last*** 2, ***the Day of*** 2, 2 ***Day*** das Jüngste Gericht; **~ cred·i·tor** *s.* ⚖ Vollˈstreckungsgläubiger(in); **~ debt** *s.* ⚖ vollˈstreckbare Forderung, durch Urteil festgestellte Schuld; **~ debt·or** *s.* ⚖ Vollstreckungsschuldner(in); ˈ**~-proof** *adj. Am.* ⚖ unpfändbar.

judge·ship [ˈdʒʌdʒʃɪp] *s.* Richteramt *n*.

ju·di·ca·ture [ˈdʒuːdɪkətʃə] *s.* ⚖ **1.** Rechtsprechung *f*, Rechtspflege *f*; **2.** Gerichtswesen *n*, Juˈstiz(verwaltung) *f*; → ***supreme*** 1; **3.** *coll.* Richter(stand *m*, -schaft *f*) *pl.*; **ju·di·cial** [dʒuːˈdɪʃl] *adj.* ☐ **1.** ⚖ gerichtlich, Justiz…, Gerichts…: ***~ error*** Justizirrtum *m*; ***~ murder*** Justizmord *m*; ***~ proceedings*** Gerichtsverfahren *n*; ***~ office*** Richteramt *n*, richterliches Amt; ***~ power*** richterliche Gewalt; ***~ separation*** gerichtliche Trennung der Ehe; ***~ system*** Gerichtswesen *n*; **2.** ⚖ Richter…, richterlich; **3.** klar urteilend, kritisch; **ju·di·ci·ar·y** [dʒuːˈdɪʃɪərɪ] ⚖ **I** *s.* **1.** → ***judicature*** 2, 3; **2.** *Am.* richterliche Gewalt; **II** *adj.* **3.** richterlich, rechtsprechend, gerichtlich: 2 ***Committee*** *Am. parl.* Rechtsausschuß *m*.

ju·di·cious [dʒuːˈdɪʃəs] *adj.* ☐ **1.** vernünftig, klug; **2.** ˈwohlüberˌlegt, verständnisvoll; **juˈdi·cious·ness** [-nɪs] *s.* Klugheit *f*, Einsicht *f*.

ju·do [ˈdʒuːdəʊ] *s. sport* Judo *n*; ˈ**ju·do·ka** [-əʊkɑː] *s.* Juˈdoka *m*.

Ju·dy [ˈdʒuːdɪ] → ***Punch***[4].

jug[1] [dʒʌg] **I** *s.* **1.** Krug *m*, Kanne *f*, Kännchen *n*; **2.** *sl.* ‚Kittchen' *n*, ‚Knast' *m*; **II** *v/t.* **3.** schmoren *od.* dämpfen:

~ged hare Hasenpfeffer *m*; **4.** *sl.* ‚einlochen'.
jug² [dʒʌg] **I** *v/i.* schlagen (*Nachtigall*); **II** *s.* Nachtigallenschlag *m.*
ˈ**jug·ful** [-fʊl] *pl.* **-fuls** *s. ein* Krug(voll) *m.*
jug·ger·naut [ˈdʒʌgənɔːt] *s.* **1.** Moloch *m*: ***the ~ of war***; **2.** *Brit.* schwerer ‚Brummi', Schwerlastwagen *m*, Lastzug *m.*
jug·gins [ˈdʒʌgɪnz] *s. sl.* Trottel *m.*
jug·gle [ˈdʒʌgl] **I** *v/i.* **1.** jonglieren; **2.** ***~ with*** *fig.* (mit) *et.* jonglieren, *et.* manipulieren: ***~ with facts***; ***~ with one's accounts*** s-e Konten ‚frisieren'; ***~ with words*** mit Worten spielen *od.* ‚jonglieren', Worte verdrehen; **II** *v/t.* **3.** jonglieren mit; **4.** → 2; ˈ**jug·gler** [-lə] *s.* **1.** Jonˈgleur *m*; **2.** Schwindler *m*; ˈ**juggler·y** [-lərɪ] *s.* **1.** Jonglieren *n*; **2.** Taschenspieleˈrei *f*; **3.** Schwindel *m*, Hokusˈpokus *m.*
Ju·go·slav [ˌjuːgəʊˈslɑːv] **I** *s.* Jugoˈslawe *m*, Jugoˈslawin *f*; **II** *adj.* jugoˈslawisch.
jug·u·lar [ˈdʒʌgjʊlə] *anat.* **I** *adj.* Kehl…, Gurgel…; **II** *s. a.* ***~ vein*** Hals-, Drosselader *f*; ˈ**ju·gu·late** [-leɪt] *v/t. fig.* abwürgen.
juice [dʒuːs] *s.* **1.** Saft *m* (*a. fig.*): ***orange ~***; ***~ extractor*** Entsafter *m*; ***body ~s*** Körpersäfte; ***stew in one's own ~*** F im eigenen Saft schmoren; **2.** *sl.* a) ⚡ ‚Saft' *m*, Strom *m*, b) *mot.* Sprit *m*, c) *Am.* ‚Zeug' *n*, Whisky *m*; **3.** *fig.* Kern *m*, Subˈstanz *f*, Esˈsenz *f*; ˈ**juic·i·ness** [-sɪnɪs] *s.* Saftigkeit *f*; ˈ**juic·y** [-sɪ] *adj.* **1.** saftig (*a. fig.*); **2.** F a) ‚saftig', ‚gepfeffert': ***~ scandal***, b) piˈkant, schlüpfrig: ***~ story***, c) interessant, ‚mit Pfiff'; **3.** *Am.* F lukraˈtiv: ***~ contract***; **4.** *sl.* ‚scharf', ‚dufte': ***~ girl***.
ju·jit·su [dʒuːˈdʒɪtsuː] *s. sport* Jiu-Jitsu *n.*
ju·jube [ˈdʒuːdʒuːb] *s.* **1.** ⚘ Juˈjube *f*, Brustbeere *f*; **2.** *pharm.* ˈBrustbonˌbon *m, n.*
ju·jut·su [dʒuːˈdʒʊtsuː] → ***jujitsu***.
ˈ**juke|·box** [ˈdʒuːk-] *s.* Jukebox *f* (*Musikautomat*); ˈ**~-joint** *s. Am. sl.* ‚Bumsloˌkal' *n*, ‚Jukebox-Bude' *f.*
ju·lep [ˈdʒuːlep] *s.* **1.** süßliches (Arzˈnei-)Getränk; **2.** *Am.* Julep *m* (*alkoholisches Eisgetränk*).
Jul·ian [ˈdʒuːljən] *adj.* juliˈanisch: ***the ~ calendar*** der Julianische Kalender.
Ju·ly [dʒuːˈlaɪ] *s.* Juli *m*: ***in ~*** im Juli.
jum·ble [ˈdʒʌmbl] **I** *v/t.* **1.** *a.* ***~ together***, ***~ up*** zs.-werfen, in Unordnung bringen, (wahllos) vermischen, durcheinˈanderwürfeln; **II** *v/i.* **2.** *a.* ***~ together***, ***~ up*** durcheinˈandergeraten, -gerüttelt werden; **III** *s.* **3.** Durcheinˈander *n*, Wirrwarr *m*; **4.** Ramsch *m*: ***~ sale*** *Brit.* Wohltätigkeitsbasar *m*; ***~ shop*** Ramschladen *m.*
jum·bo [ˈdʒʌmbəʊ] *s.* **1.** Koˈloß *m*: ***~-sized*** riesig; **2.** → **jum·bo jet** *s.* ✈ Jumbo(-Jet) *m.*
jump [dʒʌmp] **I** *s.* **1.** Sprung *m* (*a. fig.*), Satz *m*: ***make*** (*od.* ***take***) ***a ~*** e-n Sprung machen; ***by ~s*** *fig.* sprungweise; (***always***) ***on the ~*** F (immer) auf den Beinen *od.* in Eile; ***keep s.o. on the ~*** j-n in Trab halten; ***get the ~ on s.o.*** F j-m zuvorkommen, j-m den Rang ablaufen; ***have the ~ on s.o.*** F j-m gegenüber im Vorteil sein; ***be*** (***stay***) ***one ~ ahead*** *fig.* (immer) e-n Schritt voraus sein (***of*** *dat.*); ***give a ~*** → 15; ***give s.o. a ~*** F j-n erschrecken; **2.** (Fallschirm)Absprung *m*: ***~ area*** Absprunggebiet *n*; **3.** *sport* (Hoch- *od.* Weit)Sprung *m*: ***high*** (***long*** *od. Am.* ***broad***) ***~***; **4.** *bsd. Reitsport*: Hindernis *n*: ***take the ~***; **5.** sprunghaftes Anwachsen, Emˈporschnellen *n* (***in prices*** der Preise *etc.*): ***~ in production*** rapider Produktionsanstieg; **6.** (plötzlicher) Ruck; **7.** *fig.* Sprung *m*: a) abrupter ˈÜbergang, b) Überˈspringen *n*, -ˈgehen *n*, Auslassen *n* (*von Buchseiten etc.*); **8.** a) *Film*: Sprung *m* (*Überblenden etc.*), b) *Computer*: (Proˈgramm)Sprung *m*; **9.** *Damespiel*: Schlagen *n*; **10.** a) Rückstoß *m* (*e-r Feuerwaffe*), b) ⚔ Abgangsfehler *m*; **11.** V ‚Nummer' *f* (*Koitus*); **II** *v/i.* **12.** springen: ***~ at*** (*od.* ***to***) *fig.* sich stürzen auf (*acc.*), sofort zugreifen bei *e-m Angebot, Vorschlag etc.*, (sofort) aufgreifen, einhaken bei *e-r Frage etc.*; ***~ at the chance*** die Gelegenheit beim Schopf ergreifen, mit beiden Händen zugreifen; → ***conclusion*** 3; ***~ down s.o.'s throat*** F j-n ‚anschnauzen'; ***~ off*** a) abspringen (von *s-m Fahrrad etc.*), b) *Am.* F loslegen; ***~ on s.o.*** F a) über j-n herfallen, b) j-m ‚aufs Dach' steigen; ***~ out of one's skin*** aus der Haut fahren; ***~ to it*** F ‚(d)rangehen', zupacken; ***~ to it!*** ran!, mach schon!; ***~ up*** aufspringen (***onto*** auf *acc.*); **13.** (*mit dem Fallschirm*) (ab-)springen; **14.** hopsen, hüpfen: ***~ up and down***; ***~ for joy*** e-n Freudensprung *od.* Freudensprünge machen; ***his heart ~ed for joy*** das Herz hüpfte ihm im Leibe; **15.** zs.-zucken, -fahren, aufschrecken, hochfahren (***at*** bei): ***the noise made him ~*** der Lärm schreckte ihn auf *od.* ließ ihn zs.-zucken; **16.** *fig.* abˈrupt ˈübergehen, -wechseln (***to*** zu): ***~ from one topic to another***; **17.** a) rütteln (*Wagen etc.*), b) gerüttelt werden, schaukeln, wackeln; **18.** *fig.* sprunghaft ansteigen, emˈporschnellen (*Preise etc.*); **19.** ⚙ springen (*Filmstreifen, Schreibmaschine etc.*); **20.** *Damespiel*: schlagen; **21.** *Bridge*: (unvermittelt) hoch reizen; **22.** pochen, pulsieren; **23.** F voller Leben sein: ***the place is ~ing*** dort ist ‚schwer was los'; ***the party was ~ing*** die Party war ‚schwer in Fahrt'; **III** *v/t.* **24.** (hinˈweg)springen über (*acc.*): ***~ the fence***; ***~ the rails*** entgleisen (*Zug*); **25.** *fig.* überˈspringen, auslassen: ***~ a few lines***; ***~ the lights*** F bei Rot über die Kreuzung fahren; ***~ the queue*** *Brit.* sich vordrängeln, aus der Reihe tanzen (*a. fig.*); → ***gun*** 4; **26.** springen lassen: ***he ~ed his horse over the ditch*** er setzte mit dem Pferd über den Graben; **27.** *Damespiel*: schlagen; **28.** *Bridge*: (zu) hoch reizen; **29.** *sl.* ‚abhauen' von: ***~ ship*** (***town***); → ***bail¹*** 1; **30.** a) aufspringen auf (*acc.*), b) abspringen von (*e-m fahrenden Zug*); **31.** schaukeln: ***~ a baby on one's knee***; **32.** F *j-n* überfallen, über *j-n* herfallen; **33.** emˈporschnellen lassen, hochtreiben: ***~ prices***; **34.** *Am.* F *j-n* (plötzlich) *im Rang* befördern; **35.** V *Frau* ‚bumsen'; **36.** → ***jump-start***.
jump ball *s. Basketball*: Sprungball *m.*
jumped-up [ˌdʒʌmptˈʌp] *adj.* F **1.** (parveˈnühaft) hochnäsig, ‚hochgestochen'; **2.** improvisiert.
jump·er¹ [ˈdʒʌmpə] *s.* **1.** Springer(in): ***high ~*** *sport* Hochspringer(in); **2.** Springpferd *n*; **3.** ⚙ Steinbohrer *m*; Bohrmeißel *m*; **4.** ⚡ Kurzschlußbrücke *f.*
jump·er² [ˈdʒʌmpə] *s.* **1.** (*Am.* ärmelloser) Pullover *m*; **2.** *bsd. Am.* Trägerkleid *n*, -rock *m*; **3.** (Kinder)Spielhose *f.*
jump·i·ness [ˈdʒʌmpɪnɪs] *s.* Nervosiˈtät *f.*
jump·ing [ˈdʒʌmpɪŋ] *s.* **1.** Springen *n*: ***~ pole*** Sprungstab *m*, -stange *f*; ***~ test*** *Reitsport*: (Jagd)Springen *n*; **2.** *Skisport*: Sprunglauf *m*, Springen *n*; **~ bean** *s.* ⚘ Springende Bohne; **~ jack** *s.* Hampelmann *m*; ˌ**~-ˈoff place** *s.* **1.** *fig.* Sprungbrett *n*, Ausgangspunkt *m*; **2.** *Am.* F Ende *n* der Welt.
jump| jet *s.* ✈ (Düsen)Senkrechtstarter *m*; **~ leads** *s. pl. mot.* Starthilfekabel *n*; ˈ**~-off** *s. Reitsport*: Stechen *n*; **~ seat** *s.* Not-, Klappsitz *m*; ˈ**~-start** *v/t. Auto* mittels Starthilfekabel anlassen; ˈ**jump-start·er** *s. fig.* Starthilfe *f*; **~ suit** *s.* Overall *m*; **~ turn** *s. Skisport*: ˈUmsprung *m.*
jump·y [ˈdʒʌmpɪ] *adj.* nerˈvös.
junc·tion [ˈdʒʌŋkʃn] *s.* **1.** Verbindung(spunkt *m*) *f*, Vereinigung *f*, Zs.-treffen *n*; Treffpunkt *m*; Anschluß *m* (*a.* ⚙); (Straßen)Kreuzung *f*, (-)Einmündung *f*; **2.** 🚂 a) Knotenpunkt *m*, b) ˈAnschlußstatiˌon *f*; **3.** Berührung *f*; **~ box** *s.* ⚡ Abzweig-, Anschlußdose *f*; **~ line** *s.* 🚂 Verbindungs-, Nebenbahn *f.*
junc·ture [ˈdʒʌŋktʃə] *s.* (kritischer) Augenblick *od.* Zeitpunkt: ***at this ~*** in diesem Augenblick, an dieser Stelle.
June [dʒuːn] Juni *m*: ***in ~*** im Juni.
jun·gle [ˈdʒʌŋgl] *s.* **1.** Dschungel *m, a. n* (*a. fig.*): ***~ fever*** Dschungelfieber *n*; ***law of the ~*** Faustrecht *n*; **2.** (undurchdringliches) Dickicht (*a. fig.*); *fig.* Gewirr *n*: ***~ gym*** Klettergerüst *n* (*für Kinder*); ˈ**jun·gled** [-ld] *adj.* mit Dschungel(n) bedeckt, verdschungelt.
jun·ior [ˈdʒuːnjə] **I** *adj.* **1.** junior (*mst nach Familiennamen u. abgekürzt zu Jr., jr., Jun., jun.*): ***George Smith jr.***; ***Smith ~*** Smith II (*von Schülern*); **2.** jünger (*im Amt*), ˈuntergeordnet, zweiter: ***~ clerk*** a) untere(r) Büroangestellte(r), b) zweiter Buchhalter, c) *jur. Brit.* Anwaltspraktikant *m*, d) kleiner Angestellter; ***~ counsel*** (*od.* ***barrister***) *jur. Brit.* → ***barrister*** (*als Vorstufe zum* ***King's Counsel***); ***~ partner*** jüngerer Teilhaber, *fig. der* kleinere Partner; ***~ staff*** untere Angestellte *pl.*; **3.** später, jünger, nachfolgend: ***~ forms*** *ped. Brit. die* Unterklassen, *die* Unterstufe; ***~ school*** *Brit.* Grundschule *f*; **4.** *jur.* rangjünger, (im Rang) nachstehend: ***~ mortgage***; **5.** *sport* Junioren…, Jugend…: ***~ championship***; **6.** *Am.* Kinder…, Jugend…: ***~ books***; **7.** jugendlich, jung: ***~ citizens*** Jungbürger *pl.*; ***~ skin***; **8.** *Am.* F kleiner(er, e, es): ***a ~ hurricane***; **II** *s.* **9.** Jüngere(r *m*) *f*: ***he is my ~ by 2 years***, ***he is 2 years my ~*** er ist (um) 2 Jahre jünger als ich; ***my ~s*** Leute, die jünger sind als ich; **10.** *univ. Am.* Stuˈdent *m* a) *im vorletzten Jahr vor s-r Graduierung*, b)

im 3. Jahr an e-m ***senior college***, c) *im 1. Jahr an e-m* ***junior college***; **11.** *a.* ℒ (*ohne art*) a) Junior *m* (*Sohn mit dem Vornamen des Vaters*), b) *allg.* der Sohn, der Junge, c) *Am.* F Kleine(r) *m*; **12.** Jugendliche(r *m*) *f*, Her'anwachsende(r *m*) *f*: ***~ miss*** *Am.* ‚junge Dame' (*Mädchen*); **13.** 'Untergeordnete(r *m*) *f* (im Amt), jüngere(r) Angestellte(r): ***he is my ~ in this office*** a) er untersteht mir in diesem Amt, b) er ist in dieses Amt nach mir eingetreten; **14.** *Bridge*: Junior *m* (*Spieler, der rechts vom Alleinspieler sitzt*); **~ col·lege** *s. Am.* Juni'orencollege *n* (*umfaßt die untersten Hochschuljahrgänge, etwa 16- bis 18jährige Studenten*); **~ high (school)** *s. Am.* (*Art*) Aufbauschule *f* (*für die* ***high school***) (*dritt- u. viertletzte Klasse der Grundschule u. erste Klasse der* ***high school***).

jun·ior·i·ty [ˌdʒuːnɪ'ɒrətɪ] *s.* **1.** geringeres Alter *od.* Dienstalter; **2.** 'untergeordnete Stellung, niedrigerer Rang.

ju·ni·per ['dʒuːnɪpə] *s.* Wa'cholder *m.*

junk¹ [dʒʌŋk] **I** *s.* **1.** Trödel *m*, alter Kram, Plunder *m*: ***~ food*** *bsd. Am.* Nahrung *f* mit geringem Nährwert; ***~ market*** Trödel-, Flohmarkt *m*; ***~ dealer*** Trödler *m*, Altwarenhändler *m*; ***~ mail*** Papierkorb – Post *f*; ***~ shop*** Trödelladen *m*; ***~ yard*** Schrottplatz *m*; **2.** *contp.* Schund *m*, ‚Mist' *m*, ‚Schrott' *m*; **3.** *sl.* ‚Stoff' *m* (*Rauschgift*); **II** *v/t.* **4.** *Am.* F a) wegwerfen, b) verschrotten, c) *fig.* zum alten Eisen *od.* über Bord werfen.

junk² [dʒʌŋk] *s.* Dschunke *f.*

jun·ket ['dʒʌŋkɪt] **I** *s.* **1.** a) Sahnequark *m*, b) Quarkspeise *f* mit Sahne; **2.** Festivi'tät *f*, Fete *f*; **3.** *Am.* F sogenannte Dienstreise, Vergnügungsreise *f* auf öffentliche Kosten; **II** *v/i.* **4.** feiern, es sich wohl sein lassen.

junk·ie ['dʒʌŋkɪ] *s. sl.* ‚Fixer' *m*, Rauschgiftsüchtige(r *m*) *f.*

Ju·no·esque [ˌdʒuːnəʊ'esk] *adj.* ju'nonisch.

jun·ta ['dʒʌntə] (*Span.*) *s.* **1.** *pol.* (*bsd.* Mili'tär)Junta *f*; **2.** → **'jun·to** [-təʊ] *pl.* **-tos** *s.* Clique *f.*

Ju·pi·ter ['dʒuːpɪtə] *s. myth. u. ast.* Jupiter *m.*

Ju·ras·sic [ˌdʒʊə'ræsɪk] *geol.* **I** *adj.* Jura…, ju'rassisch: ***~ period***; **II** *s.* 'Juraformatiˌon *f.*

ju·rat ['dʒʊəræt] *s. Brit.* **1.** *hist.* Stadtrat *m* (*Person*) in den ***Cinque Ports***; **2.** Richter *m auf den Kanalinseln*; **3.** ⚖ Bekräftigungsformel *f* unter eidesstattlichen Erklärungen.

ju·rid·i·cal [ˌdʒʊə'rɪdɪkl] *adj.* □ **1.** gerichtlich, Gerichts…; **2.** ju'ristisch, Rechts…: ***~ person*** *Am.* juristische Person.

ju·ris·dic·tion [ˌdʒʊərɪs'dɪkʃn] *s.* **1.** Rechtsprechung *f*; **2.** a) Gerichtsbarkeit *f*, b) (*örtliche u. sachliche*) Zuständigkeit (***of, over*** für): ***come under the ~ of*** unter die Zuständigkeit fallen (*gen.*); ***have ~ over*** zuständig sein für; **3.** a) Gerichtsbezirk *m*, b) Zuständigkeitsbereich *m*; **ju·ris'dic·tion·al** [-ʃənl] *adj.* Gerichtsbarkeits…, Zuständigkeits…; **ju·ris·pru·dence** [ˌdʒʊərɪs'pruːdəns] *s.* Rechtswissenschaft *f*, Jurispru'denz *f*; **ju·rist** ['dʒʊərɪst] *s.* **1.** Ju'rist(in); **2.** *Brit.* Stu'dent *m* der Rechte; **3.** *Am.* Rechtsanwalt *m*; **ju·ris·tic, ju·ris·ti·cal** [ˌdʒʊə'rɪstɪk(l)] *adj.* □ ju'ristisch, Rechts…

ju·ror ['dʒʊərə] *s.* **1.** ⚖ Geschworene(r *m*) *f*; **2.** Preisrichter(in).

ju·ry¹ ['dʒʊərɪ] *s.* **1.** ⚖ *die* Geschworenen *pl.*, Ju'ry *f*: ***trial by ~, ~ trial*** Schwurgerichtsverfahren *n*; ***sit on the ~*** Geschworene(r) sein; **2.** Ju'ry *f*, Preisrichterausschuß *m*, *sport a.* Kampfgericht *n*; **3.** Sachverständigenausschuß *m.*

ju·ry² ['dʒʊərɪ] *adj.* ⚓, ✈ Ersatz…, Hilfs…, Not…

ju·ry| box *s.* ⚖ Geschworenenbank *f*; **'~·man** [-mən] *s.* [*irr.*] ⚖ Geschworene(r) *m*; **~ pan·el** *s.* ⚖ Geschworenenliste *f.*

jus [dʒʌs] *pl.* **ju·ra** ['dʒʊərə] (*Lat.*) *s.* Recht *n.*

jus·sive ['dʒʌsɪv] *adj. ling.* Befehls…, impera'tɪvɪsch.

just [dʒʌst] **I** *adj.* □ → II *u. justly*; **1.** gerecht (***to*** gegen): ***be ~ to s.o.*** j-n gerecht behandeln; **2.** gerecht, richtig, angemessen, gehörig: ***it was only ~*** es war nur recht u. billig; ***~ reward*** gerechter *od.* (wohl)verdienter Lohn; **3.** rechtmäßig, wohlbegründet: ***a ~ claim***; **4.** berechtigt, gerechtfertigt, (wohl)begründet: ***~ indignation***; **5.** a) genau, kor'rekt, b) wahr, richtig; **6.** *bibl.* gerecht, rechtschaffen: ***the ~*** die Gerechten *pl.*; **7.** ♪ rein; **II** *adv.* **8.** *zeitlich*: a) gerade, (so)'eben: ***they have ~ left***; ***~ before I came*** kurz *od.* knapp bevor ich kam; ***~ after breakfast*** kurz *od.* gleich nach dem Frühstück; ***~ now*** eben erst, soeben (→ b), b) genau, gerade (*zu diesem Zeitpunkt*): ***~ as*** gerade als, genau in dem Augenblick als (→ 9); ***I was ~ going to say*** ich wollte gerade sagen; ***~ now*** a) gerade jetzt, b) jetzt gleich (→ a); ***~ then*** a) gerade damals, b) gerade in diesem Augenblick; ***~ five o'clock*** genau fünf Uhr; **9.** *örtlich u. fig.*: genau: ***~ there***; ***~ round the corner*** gleich um die Ecke; ***~ as*** ebenso wie; ***~ as good*** genausogut; ***~ about*** a) (so *od.* in) etwa, b) so ziemlich, c) so gerade, eben (noch); ***~ about here*** ungefähr hier, hier herum; ***~ so!*** ganz recht!; ***that's ~ it!*** das ist es ja gerade *od.* eben!; ***that's ~ like you!*** das sieht dir (ganz) ähnlich!; ***that's ~ what I thought!*** (genau) das hab' ich mir (doch) gedacht!; ***~ what do you mean (by that)?*** was (genau) wollen Sie damit sagen?; ***~ how many are they?*** wie viele sind es genau?; ***it's ~ as well*** (es ist) vielleicht besser *od.* ganz gut so; ***we might ~ as well go!*** da können wir genausogut auch gehen!; **10.** gerade (noch), ganz knapp, mit knapper Not: ***we ~ managed***; ***the bullet ~ missed him*** die Kugel ging ganz knapp an ihm vorbei; ***~ possible*** immerhin möglich, nicht unmöglich; ***~ too late*** gerade zu spät; **11.** nur, lediglich, bloß: ***~ in case*** nur für den Fall; ***~ the two of us*** nur wir beide; ***~ for the fun of it*** nur zum Spaß; ***~ a moment!*** (nur) e-n Augenblick!, *a. iro.* Moment (mal)!; ***~ give her a book*** schenk ihr doch einfach ein Buch; **12.** *vor imp.* a) doch, mal, b) nur: ***~ tell me*** sag (mir) mal, sag mir nur *od.* bloß; ***~ sit down, please!*** setzen Sie sich doch bitte; ***~ think!*** denk mal!; ***~ try!*** versuch's doch (mal)!; **13.** F einfach, wirklich: ***~ wonderful***.

jus·tice ['dʒʌstɪs] *s.* **1.** Gerechtigkeit *f* (***to*** gegen); **2.** Rechtmäßigkeit *f*, Berechtigung *f*, Recht *n*: ***with ~*** mit *od.* zu Recht; **3.** Gerechtigkeit *f*, gerechter Lohn: ***do ~ to*** a) *j-m od. e-r Sache* Gerechtigkeit widerfahren lassen, gerecht werden (*dat.*), b) *et.* (recht) zu würdigen wissen, *a. e-r Speise, dem Wein* tüchtig zusprechen; ***the picture did ~ to her beauty*** das Bild wurde ihrer Schönheit gerecht; ***do o.s. ~*** a) sein wahres Können zeigen, b) sich selbst gerecht werden; ***~ was done*** der Gerechtigkeit wurde Genüge getan; ***in ~ to him*** um ihm gerecht zu werden, fairerweise; **4.** ⚖ Gerechtigkeit *f*, Recht *n*, Ju'stiz *f*: ***administer ~*** Recht sprechen; ***flee from ~*** sich der verdienten Strafe (durch die Flucht) entziehen; ***bring to ~*** vor Gericht bringen; ***in ~*** von Rechts wegen; **5.** Richter *m*: ***Mr. ℒ X.*** (*Anrede in England*); ***~ of the peace*** Friedensrichter (*Laienrichter*); **'jus·tice·ship** [-ʃɪp] *s.* Richteramt *n.*

jus·ti·ci·a·ble [dʒʌ'stɪʃɪəbl] *adj.* ⚖ justiti'abel, gerichtlicher Entscheidung unter'worfen; **jus'ti·ci·ar·y** [-ɪərɪ] ⚖ **I** *s.* Richter *m*; **II** *adj.* Justiz…, gerichtlich.

jus·ti·fi·a·ble ['dʒʌstɪfaɪəbl] *adj.* □ zu rechtfertigen(d), berechtigt, vertretbar, entschuldbar; **'jus·ti·fi·a·bly** [-lɪ] *adv.* berechtigterweise.

jus·ti·fi·ca·tion [ˌdʒʌstɪfɪ'keɪʃn] *s.* **1.** Rechtfertigung *f*: ***in ~ of*** zur Rechtfertigung von (*od. gen.*); **2.** Berechtigung *f*: ***with ~*** berechtigterweise, mit Recht; **3.** *typ.* Justierung *f*, Ausschluß *m*; **jus·ti·fi·ca·to·ry** ['dʒʌstɪfɪkeɪtərɪ] *adj.* rechtfertigend, Rechtfertigungs…; **jus·ti·fy** ['dʒʌstɪfaɪ] *v/t.* **1.** rechtfertigen (***before*** *od.* ***to s.o.*** vor j-m, j-m gegenüber); ***be justified in doing s.th.*** et. mit gutem Recht tun; ein Recht haben, et. zu tun; berechtigt sein, et. zu tun; **2.** a) gutheißen, b) entschuldigen, c) *j-m* recht geben; **3.** *eccl.* rechtfertigen, von Sündenschuld freisprechen; **4.** ⚙ richtigstellen, richten, justieren; **5.** *typ.* ausschließen.

just·ly ['dʒʌstlɪ] *adv.* **1.** richtig; **2.** mit *od.* zu Recht, gerechterweise; **3.** verdientermaßen; **'just·ness** [-tnɪs] *s.* **1.** Gerechtigkeit *f*; **2.** Rechtmäßigkeit *f*; **3.** Richtigkeit *f*; **4.** Genauigkeit *f.*

jut [dʒʌt] **I** *v/i. a.* ***~ out*** vorspringen, her'ausragen: ***~ into s.th.*** in et. hineinragen; **II** *s.* Vorsprung *m.*

jute¹ [dʒuːt] ⚘ Jute *f.*

Jute² [dʒuːt] *s.* Jüte *m*; **Jut·land** ['dʒʌtlənd] *npr.* Jütland *n*: ***the Battle of ~*** *hist.* die Skagerrakschlacht.

ju·ve·nes·cence [ˌdʒuːvə'nesns] *s.* **1.** Verjüngung *f*: ***well of ~*** Jungbrunnen *m*; **2.** Jugend *f.*

ju·ve·nile ['dʒuːvənaɪl] **I** *adj.* **1.** jugendlich, jung, Jugend…: ***~ book*** Jugendbuch *n*; ***~ court*** Jugendgericht *n*; ***~ delinquency*** Jugendkriminalität *f*; ***~ delinquent*** *od.* ***offender*** jugendlicher Täter; ***~ stage*** Entwicklungsstadium *n*; **II** *s.* **2.** Jugendliche(r *m*) *f*; **3.** *thea.* jugendlicher Liebhaber; **4.** Jugendbuch *n*; **ju·ve·ni·li·a** [ˌdʒuːvəˈnɪlɪə] *pl.* **1.** Jugendwerke *pl.* (*e-s Autors etc.*); **2.** Werke *pl.* für die Jugend; **ju·ve·nil·i·ty** [ˌdʒuːvəˈnɪlətɪ] *s.* **1.** Jugendlichkeit *f*; **2.** jugendlicher Leichtsinn; **3.** *pl.* Kinde'reien *pl.*; **4.** *coll.* (*die*) Jugend.

jux·ta·pose [ˌdʒʌkstəˈpəʊz] *v/t.* neben-ein'anderstellen: **~d to** angrenzend an (*acc.*); **jux·ta·po·si·tion** [ˌdʒʌkstəpəˈzɪʃn] *s.* Nebenein'anderstellung *f*, -liegen *n*.

K

K, k [keɪ] *s.* K *n*, k *n* (*Buchstabe*).

kab·(b)a·la [kəˈbɑːlə] → ***ca(b)bala***.

ka·di [ˈkɑːdɪ] → ***cadi***.

ka·ke·mo·no [ˌkækɪˈməʊnəʊ] *pl.* **-nos** *s.* Kakeˈmono *n* (*japanisches Rollbild*).

kale [keɪl] *s.* **1.** ⚘ Kohl *m*, *bsd.* Grün-, Blattkohl *m*: (***curly***) ~ Krauskohl *m*; **2.** Kohlsuppe *f*; **3.** *Am. sl.* ‚Zaster' *m*.

ka·lei·do·scope [kəˈlaɪdəskəʊp] *s.* Kaleidoˈskop *n* (*a. fig.*); **ka·lei·do·scop·ic, ka·lei·do·scop·i·cal** [kəˌlaɪdəˈskɒpɪk(l)] *adj.* □ kaleidoˈskopisch.

ˈkale·yard *s. Scot.* Gemüsegarten *m*; ~ **school** *s. schottische Heimatdichtung*.

Kan·a·ka [ˈkænəkə, kəˈnækə] *s.* Kaˈnake *m* (*Südseeinsulaner, a. contp.*).

kan·ga·roo [ˌkæŋgəˈruː] *pl.* **-roos** *s. zo.* Känguruh *n*; ~ **court** *s. Am. sl.* **1.** ˈilleˌgales Gericht (*z. B. unter Sträflingen*); **2.** korˈruptes Gericht.

Kant·i·an [ˈkæntɪən] *phls.* **I** *adj.* kantisch; **II** *s.* Kantiˈaner(in).

ka·o·lin(e) [ˈkeɪəlɪn] *s. min.* Kaoˈlin *n*.

ka·ra·te [kəˈrɑːtɪ] *s.* Kaˈrate *n*; ~ **chop** *s.* Kaˈrateschlag *m*.

kar·ma [ˈkɑːmə] *s.* **1.** *Buddhismus etc.*: Karma *n*; **2.** *allg.* Schicksal *n*.

kat·a·bat·ic wind [ˌkætæˈbætɪk] *s.* Fallwind *m*, kataˈbatischer Wind.

kay·ak [ˈkaɪæk] *s.* Kajak *m, n*: ***two-seater*** ~ *sport* Kajakzweier *m*.

kay·o [ˌkeɪˈəʊ] F *für* ***knock out*** *od.* ***knockout***.

ke·bab [kəˈbæb] *s.* Keˈbab *n* (*orientalisches Fleischspießgericht*).

keck [kek] *v/i.* würgen, (sich) erbrechen (müssen).

kedge [kedʒ] ⚓ **I** *v/t.* warpen, verholen; **II** *s. a.* ~ ***anchor*** Wurf-, Warpanker *m*.

kedg·er·ee [ˌkedʒəˈriː] *s. Brit. Ind.* Kedgeˈree *n* (*Reisgericht mit Fisch, Eiern, Zwiebeln etc.*).

keel [kiːl] **I** *s.* **1.** ⚓ Kiel *m*: ***on an even*** ~ im Gleichgewicht, *fig. a.* gleichmäßig, ruhig: ***be on an even*** ~ ***again*** *fig.* wieder im Lot sein; **2.** *poet.* Schiff *n*; **3.** Kiel *m*: a) ✈ Längsträger *m*, b) ⚘ Längsrippe *f*; **II** *v/t.* **4.** ~ ***over*** a) (ˈum-)kippen, kentern lassen, b) kielˈoben legen; **III** *v/i.* **5.** ~ ***over*** ˈumschlagen, -kippen (*a. fig.*), kentern; kielˈoben liegen; **6.** F ‚umkippen' (*Person etc.*); **ˈkeel·age** [-lɪdʒ] *s.* ⚓ Kielgeld *n*, Hafengebühren *pl.*; **ˈkeel·haul** *v/t.* **1.** *j-n* kielholen; **2.** *fig. j-n* ‚zs.-stauchen'; **keel·son** [ˈkelsn] → ***kelson***.

keen¹ [kiːn] *adj.* □ → ***keenly***; **1.** scharf (geschliffen): ~ ***edge*** scharfe Schneide; **2.** scharf (*Wind*), schneidend (*Kälte*); **3.** beißend (*Spott*); **4.** scharf, ˈdurchdringend: ~ ***glance*** (***smell***); **5.** grell (*Licht*), schrill (*Ton*); **6.** heftig, stark (*Schmerzen*); **7.** scharf (*Augen*), fein (*Sinne*): ***be*** ~***-eyed*** (~***-eared***) scharfe Augen (ein feines Gehör) haben; **8.** fein, ausgeprägt (*Gefühl*; ***of*** für): ***a*** ~ ***sense of literature***; **9.** heftig, stark, groß (*Freude etc.*): ~ ***desire*** heftiges Verlangen, heißer Wunsch; ~ ***interest*** starkes *od.* lebhaftes Interesse; ~ ***competition*** scharfe Konkurrenz; **10.** *a.* ~***-witted*** scharfsinnig; ***a*** ~ ***mind*** ein scharfer Verstand; **11.** eifrig, begeistert, leidenschaftlich: ***a*** ~ ***swimmer***; ~ ***on*** begeistert von, sehr interessiert an (*dat.*); ***he is*** ~ ***on dancing*** er ist ein begeisterter Tänzer; ***he is very*** ~ F er ist ‚schwer auf Draht'; ***you shouldn't be too*** ~***!*** du solltest dich etwas zurückhalten!; (→ *a.* 13); **12.** (stark) interessiert (*Bewerber etc.*); **13.** F erpicht, versessen, ‚scharf' (***on, about*** auf *acc.*): ***he is*** ~ ***on doing*** (*od.* ***to do***) ***it*** er ist sehr darauf erpicht *od.* scharf darauf, es zu tun, es liegt ihm (sehr) viel daran, es zu tun; ***I am not*** ~ ***on it*** ich habe wenig Lust dazu, ich mache mir nichts daraus, es liegt mir nichts daran, ich lege keinen (gesteigerten) Wert darauf; ***I am not*** ~ ***on sweets*** ich mag keine Süßigkeiten; ***I am not*** ~ ***on that idea*** ich bin nicht gerade begeistert von dieser Idee; ***as*** ~ ***as mustard*** (***on***) F ganz versessen (auf *acc.*), Feuer u. Flamme (für); **14.** *Brit.* F niedrig, gut: ~ ***prices***; **15.** *Am.* F ‚prima', ‚prächtig'.

keen² [kiːn] *Ir.* **I** *s.* Totenklage *f*; **II** *v/i.* wehklagen; **III** *v/t.* beklagen.

ˌkeen-ˈedged *adj.* **1.** → ***keen¹*** 1; **2.** *fig.* messerscharf.

keen·ly [ˈkiːnlɪ] *adv.* **1.** scharf (*etc.* → ***keen¹***); **2.** ungemein, äußerst, sehr; **ˈkeen·ness** [-nnɪs] *s.* **1.** Schärfe *f* (*a. fig.*); **2.** Heftigkeit *f*; **3.** Eifer *m*, starkes Interˈesse, Begeisterung *f*; **4.** Scharfsinn *m*; **5.** Feinheit *f*; **6.** *fig.* Bitterkeit *f*.

keep [kiːp] **I** *s.* **1.** a) Burgverlies *n*, b) Bergfried *m*; **2.** a) (ˈLebens)ˌUnterhalt *m*, b) ˈUnterkunft *f* u. Verpflegung *f*: ***earn one's*** ~ s-n Lebensunterhalt verdienen; **3.** ˈUnterhaltskosten *pl.*: ***the*** ~ ***of a horse***; **4.** Obhut *f*, Verwahrung *f*; **5.** ***for*** ~***s*** F auf *od.* für immer, endgültig; **II** *v/t.* [*irr.*] **6.** (be)halten, haben: ~ ***the ticket in your hand*** behalte die Karte in der Hand!; ***he kept his hands in his pockets*** er hatte die Hände in den Taschen; **7.** *j-n od. et.* lassen, (*in e-m gewissen Zustand*) (er)halten: ~ ***apart*** getrennt halten, auseinanderhalten; ~ ***a door closed*** e-e Tür geschlossen halten; ~ ***s.th. dry*** et. trocken halten *od.* vor Nässe schützen; ~ ***s.o. from doing s.th.*** j-n davon abhalten, et. zu tun; ~ ***s.th. to o.s.*** et. für sich behalten; ~ ***s.o. informed*** j-n auf dem laufenden halten; ~ ***s.o. waiting*** j-n warten lassen; ~ ***s.th. going*** et. in Gang halten; ~ ***s.o. going*** a) j-n finanziell unterstützen, b) j-n am Leben erhalten; ~ ***s.th. a secret*** et. geheimhalten (***from s.o.*** vor j-m); **8.** *fig.* (er)halten, (be)wahren: ~ ***one's balance*** das *od.* sein Gleichgewicht (be)halten *od.* wahren; ~ ***one's distance*** Abstand halten *od.* bewahren; **9.** (*im Besitz*) behalten: ***you may*** ~ ***the book***; ~ ***the change!*** behalten Sie den Rest (*des Geldes*)!; ~ ***your seat!*** bleiben Sie (doch) sitzen!; **10.** *fig.* halten, sich halten *od.* behaupten in *od.* auf (*dat.*): ~ ***the stage*** sich auf der Bühne behaupten; **11.** *j-n* auf-, ˈhinhalten: ***don't let me*** ~ ***you!*** laß dich nicht aufhalten!; **12.** (fest)halten, bewachen: ~ ***s.o.*** (***a***) ***prisoner*** (*od.* ***in prison***) j-n gefangenhalten; ~ ***s.o. for lunch*** j-n zum Mittagessen dabehalten; ***she*** ~***s him here*** sie hält ihn hier fest, er bleibt ihretwegen hier; ~ (***the***) ***goal*** *sport* das Tor hüten, im Tor stehen; **13.** aufheben, (auf)bewahren: ***I*** ~ ***all my old letters***; ~ ***a secret*** ein Geheimnis bewahren; ~ ***for a later date*** für später *od.* für e-n späteren Zeitpunkt aufheben; **14.** (aufrechter)halten, unterˈhalten: ~ ***an eye on s.o.*** j-n im Auge behalten; ~ ***good relations with s.o.*** zu j-m gute Beziehungen unterhalten; **15.** pflegen, (er)halten: ~ ***in*** (***good***) ***repair*** in gutem Zustand erhalten; ***a well-kept garden*** ein gutgepflegter Garten; **16.** *e-e Ware* führen, auf Lager haben: ***we don't*** ~ ***this article***; **17.** *Schriftstücke* führen, halten: ~ ***a diary***; ~ (***the***) ***books*** Buch führen; ~ ***a record of s.th.*** über (*acc.*) et. Buch führen *od.* Aufzeichnungen machen; **18.** *ein Geschäft etc.* führen, verwalten, vorstehen (*dat.*): ~ ***a shop*** ein (Laden)Geschäft führen *od.* betreiben; **19.** *ein Amt etc.* innehaben: ~ ***a post***; **20.** *Am. e-e Versammlung etc.* (ab)halten: ~ ***an assembly***; **21.** *ein Versprechen etc.* (ein)halten, einlösen: ~ ***a promise***; ~ ***an appointment*** e-e Verabredung einhalten; **22.** *das Bett, Haus, Zimmer* hüten, bleiben in (*dat.*): ~ ***one's bed*** (***house, room***); **23.** *Vorschriften etc.* be(ob)achten, (ein)halten, befolgen: ~ ***the rules***; **24.** *ein Fest* begehen, feiern: ~ ***Christmas***; **25.** ernähren, er-, unterˈhalten, sorgen für: ***have a family to*** ~; **26.** (*bei sich*) haben, halten, beherbergen: ~ ***boarders***; **27.** sich halten *od.* zulegen: ~ ***a maid*** ein Hausmädchen haben *od.* (sich) halten;

a kept woman e-e Mätresse; ***~ a car*** sich e-n Wagen halten, ein Auto haben; **28.** (be)schützen: ***God ~ you!***; **III** *v/i.* [*irr.*] **29.** bleiben: ***~ in bed***; ***~ at home***; ***~ in sight*** in Sicht(weite) bleiben; ***~ out of danger*** sich außer Gefahr halten; ***~*** (***to the***) ***left*** sich links halten, links fahren *od.* gehen; ***~ straight on*** (immer) geradeaus gehen; → ***clear*** 6; **30.** sich halten, (*in e-m gewissen Zustand*) bleiben: ***~ cool*** kühl bleiben (*a. fig.*); ***~ quiet!*** sei still!; ***~ to o.s.*** für sich bleiben, sich zurückhalten; ***~ friends*** (weiterhin) Freunde bleiben: ***~ in good health*** gesund bleiben; ***the milk*** (***weather***) ***will ~*** die Milch (das Wetter) wird sich halten; ***the weather ~s fine*** das Wetter bleibt schön; ***that*** (***matter***) ***will ~*** F diese Sache hat Zeit *od.* eilt nicht; ***how are you ~ing?*** wie geht es dir?; **31.** *mit ger.* weiter...: ***~ going*** a) weitergehen, b) weitermachen; ***~*** (***on***) ***laughing*** weiterlachen, nicht aufhören zu lachen, dauernd *od.* unaufhörlich lachen; ***~ smiling!*** immer nur lächeln!, Kopf hoch!

Zssgn mit prp. u. adv.:

keep| a·head *v/i.* an der Spitze *od.* vorn(e) bleiben: ***~ of*** *j-m* vorausbleiben; **~ at** *v/i.* **1.** weitermachen mit: ***~ it!*** bleib dran!, weiter so!; **2.** ***~ s.o.*** j-n nicht in Ruhe lassen, j-m ständig zusetzen, j-n dauernd ‚bearbeiten'; **~ a·way I** *v/i.* wegbleiben, sich fernhalten (***from*** von); im Hintergrund bleiben; **II** *v/t.* fernhalten (***from*** von); **~ back I** *v/t.* **1.** *allg.* zurückhalten: a) fernhalten, b) *fig. Geld etc.* einbehalten, c) *et.* verschweigen (***from s.o.*** j-m); **2.** *j-n, et.* aufhalten; *et.* verzögern; *Schüler* dabehalten; **II** *v/i.* **3.** im Hintergrund bleiben; **~ down I** *v/t.* **1.** unten halten, *Kopf a.* ducken; **2.** *fig. Preise etc.* niedrig halten, be-, einschränken; **3.** *fig.* nicht auf- *od.* hochkommen lassen, unter'drükken; **4.** *Essen etc.* bei sich behalten; **5.** *Schüler* (eine Klasse) wiederholen lassen; **II** *v/i.* **6.** unten bleiben; **7.** sich geduckt halten; **~ from I** *v/t.* **1.** ab-, zu'rück-, fernhalten von, hindern an (*dat.*), bewahren vor (*dat.*): ***he kept me from work*** er hielt mich von m-r Arbeit ab; ***he kept me from danger*** er bewahrte mich vor Gefahr; ***I kept him from knowing too much*** ich verhinderte, daß er zuviel erfuhr; **2.** vorenthalten, verschweigen: ***you are keeping s.th. from me*** du verschweigst mir et.; **II** *v/i.* **3.** sich fernhalten von, sich enthalten (*gen.*), *et.* unterlassen *od.* nicht tun: ***I couldn't ~ laughing*** ich mußte einfach lachen; **~ in I** *v/t.* **1.** nicht außer Haus lassen, *bsd. Schüler* nachsitzen lassen; **2.** *Gefühle etc.* im Zaume halten; **3.** *Feuer* nicht ausgehen lassen; **4.** *Bauch* einziehen; **II** *v/i.* **5.** (dr)innen bleiben; **6.** anbleiben (*Feuer*); **7.** ***~ with*** gut Freund bleiben mit, sich gut stellen mit; **~ off I** *v/t.* fernhalten (von); *die Hände* weglassen (von); **II** *v/i.* sich fernhalten (von), *a. Getränk etc.* meiden: ***if the rain keeps off*** wenn es nicht regnet; ***~ the grass!*** Betreten des Rasens verboten; **~ on I** *v/t.* **1.** *Kleider* anbehalten; *Hut* aufbehalten; **2.** *Angestellte etc.* behalten, weiterbeschäftigen; **II** *v/i.* **3.** *mit ger.* weiter...: ***~ doing s.th.*** a) *et.* weiter tun, b) *et.* immer wieder tun, c) *et.* dauernd tun; → ***keep*** 31; **4.** ***~ at s.o.*** an j-m her'umnörgeln, auf j-n ‚einhacken'; **5.** weitergehen *od.* -fahren: ***keep straight on!*** immer geradeaus!; **~ out I** *v/t.* **1.** nicht her'einlassen, abhalten: ***~ s.o.*** (***the light*** *etc.*); **2.** schützen *od.* bewahren vor (*dat.*), *j-n a.* her'aushalten aus (*e-r Sache*); **II** *v/i.* **3.** draußen bleiben, nicht her'einkommen, *Zimmer etc.* nicht betreten: ***~!*** a) bleib draußen!, b) „Zutritt verboten"; **4.** ***~ of*** sich her'aushalten aus, *et.* meiden: ***~ of debt*** keine Schulden machen; ***~ of sight*** sich nicht sehen lassen; ***~ of mischief!*** mach keine Dummheiten!; ***you ~ of this!*** halten Sie sich da raus!; **~ to I** *v/t.* **1.** ***keep s.o. to his promise*** j-n auf sein Versprechen festnageln; ***keep s.th. to a minimum*** et. auf ein Minimum beschränken; **2.** ***keep o.s. to o.s.*** für sich bleiben, Gesellschaft meiden; **II** *v/i.* **3.** festhalten an (*dat.*), bleiben bei: ***~ one's word***; ***~ the rules*** an den Regeln festhalten, die Vorschriften einhalten; ***~ the subject*** (*od.* ***point***) bleiben Sie beim Thema!; **4.** bleiben in (*dat.*) *od.* auf (*acc.*) *etc.*: ***~ one's bed*** (*od.* ***room***) im Bett (in s-m Zimmer) bleiben; ***~ the left!*** halten Sie sich links!; ***~ o.s.*** → 2; **~ to·geth·er I** *v/t.* zu'sammenhalten; **II** *v/i.* a) zu'sammenbleiben, b) zu'sammenhalten (*Freunde etc.*); **~ un·der** *v/t.* **1.** *j-n* unter'drükken, unten halten: ***you won't keep him under*** den kriegst du nicht klein; **2.** *j-n* unter Nar'kose halten; **3.** *Gefühle* unter'drücken, zügeln; **4.** *Feuer* unter Kon'trolle halten; **~ up I** *v/t.* **1.** aufrecht (*a.* über Wasser) halten, hochhalten; **2.** *fig. Freundschaft, Moral etc.* aufrechterhalten, *Preise etc. a.* hoch halten, *et.* beibehalten, *Sitte etc.* weiterpflegen, *Tempo etc.* halten: ***~ a correspondence*** in Briefwechsel bleiben; ***~ it up!*** (nur) weiter so!; **3.** *Haus etc.* unter'halten, in'stand halten; **4.** *j-n* am Schlafen (-gehen) hindern; **II** *v/i.* **5.** andauern, -halten, nicht nachlassen; **6.** *lange etc.* aufbleiben: ***we ~ late***; **7.** ***~ with*** a) mit *j-m od. et.* Schritt halten, *fig. a.* mithalten (können), b) *j-m, e-r Sache* folgen können, c) sich auf dem laufenden halten über (*acc.*), d) in Kon'takt bleiben mit *j-m*: ***~ with the times*** mit der Zeit gehen; ***~ with the Joneses*** den Nachbarn nicht nachstehen wollen.

keep·er ['ki:pə] *s.* **1.** Wächter *m*, Aufseher *m*, (Gefangenen-, Irren-, Tier-, Park-, Leuchtturm)Wärter *m*, Betreuer (-in): ***am I my brother's ~?*** *bibl.* soll ich m-s Bruders Hüter sein?; **2.** Verwahrer *m*, Verwalter *m*: ***Lord ~ of the Great Seal*** Großsiegelbewahrer *m*; **3.** *mst in Zssgn*: a) Inhaber(in), Besitzer (-in): → ***innkeeper*** *etc.*, b) Halter(in), Züchter(in): → ***beekeeper***, c) j-d, der et. besorgt, betreut *od.* verteidigt: (***goal***) ***~*** *sport* Torwart *m*; **4.** ⚙ a) Schutzring *m*, b) Verschluß *m*, Schieber *m*, c) ⚡ Ma'gnetanker *m*; **5.** ***be a good ~*** sich gut halten (*Obst, Fisch etc.*); **6.** *sport abbr. für* ***wicket-~***.

ˌkeep-'fresh bag *s.* Frischhaltebeutel *m*.

keep·ing ['ki:pɪŋ] **I** *s.* **1.** Verwahrung *f*, Aufsicht *f*, Pflege *f*, (Ob)Hut *f*: ***in safe ~*** in guter Obhut, sicher verwahrt; ***have in one's ~*** in Verwahrung *od.* unter s-r Obhut haben; ***put s.th. in s.o.'s ~*** j-m et. zur Aufbewahrung geben; **2.** 'Unterhalt *m*; **3.** ***be in*** (***out of***) ***~ with*** mit et. (nicht) in Einklang stehen *od.* (nicht) übereinstimmen, *e-r Sache* (nicht) entsprechen; ***in ~ with the times*** zeitgemäß; **4.** Gewahrsam *m*, Haft *f*; **II** *adj.* **5.** haltbar: ***~ apples*** Winteräpfel.

keep·sake ['ki:pseɪk] *s.* Andenken *n* (*Geschenk etc.*): ***as*** (*od.* ***for***) ***a ~*** zum Andenken.

kef·ir ['kefɪə] *s.* Kefir *m* (*Getränk aus gegorener Milch*).

keg [keg] *s.* **1.** kleines Faß, Fäßchen *n*; **2.** *Brit.* (Alu'minium)Behälter *m* für Bier: ***~*** (***beer***) Bier *n* vom Faß; **3.** *Am. Gewichtseinheit für Nägel* = 45,3 *kg*.

kelp [kelp] *s.* ♆ **1.** *ein* Seetang *m*; **2.** Kelp *n*, Seetangasche *f*.

kel·pie ['kelpɪ] *s. Scot.* Nix *m*, Wassergeist *m* in Pferdegestalt.

kel·son ['kelsn] *s.* ⚓ Kielschwein *n*.

kel·vin ['kelvɪn] *s. phys.* Kelvin *n*: ***~ temperature*** Kelvintemperatur *f*, thermody'namische Temperatur.

Kelt·ic ['keltɪk] → ***Celtic***.

ken [ken] **I** *s.* **1.** Gesichtskreis *m*, *fig. a.* Hori'zont *m*: ***that is beyond*** (*od.* ***outside***) ***my ~*** das entzieht sich m-r Kenntnis; **2.** (Wissens)Gebiet *n*; **II** *v/t.* **3.** *bsd. Scot.* kennen, verstehen, wissen.

ken·nel ['kenl] **I** *s.* **1.** Hundehütte *f*; **2.** *pl. mst sg. konstr.* a) Hundezwinger *m*, b) Hunde-, Tierheim *n*; **3.** *a. fig.* Meute *f*, Pack *n* (*Hunde*); **4.** *fig.* ‚Loch' *n*, armselige Behausung; **II** *v/t.* **5.** in e-r Hundehütte *od.* in e-m (Hunde)Zwinger halten.

Ken·tuck·y Der·by [ken'tʌkɪ] *s. sport das wichtigste amer. Pferderennen (für Dreijährige).*

kep·i ['keɪpi:] *s.* ⚔ Käppi *n*.

kept [kept] **I** *pret. u. p.p. von* ***keep***; **II** *adj.*: ***~ woman*** Mä'tresse *f*; ***she is a ~ woman*** *a.* sie läßt sich aushalten.

kerb [kɜ:b] *s.* **1.** Bord-, Randstein *m*, Bord-, Straßenkante *f*: ***~ drill*** Verkehrserziehung *f* für Fußgänger; **2.** ***on the ~*** ✝ im Freiverkehr; **~ mar·ket** ✝ Freiverkehrsmarkt *m*, Nachbörse *f*: ***~ price*** Freiverkehrskurs *m*; **'~-stone** → ***kerb*** 1: ***~ broker*** Freiverkehrsmakler *m*.

ker·chief ['kɜ:tʃɪf] *s.* Hals-, Kopftuch *n*.

ker·fuf·fle [kə'fʌfl] *s. Brit.* F **1.** Lärm *m*, Krach *m*; **2.** *a.* ***fuss and ~*** ‚The'ater' *n*, ‚Gedöns' *n*.

ker·mess ['kɜ:mɪs], **'ker·mis** [-mɪs] *s.* **1.** Kirmes *f*, Kirchweih *f*; **2.** *Am.* 'Wohltätigkeitsbaˌsar *m*.

ker·nel ['kɜ:nl] *s.* **1.** (Nuß- *etc.*)Kern *m*; **2.** (Hafer-, Mais- *etc.*)Korn *n*; **3.** *fig.* Kern *m*, *das* Innerste, Wesen *n*; **4.** ⚙ (*Guß- etc.*)Kern *m*.

ker·o·sene, **ker·o·sine** ['kerəsi:n] *s.* ⚗ Kero'sin *n*.

kes·trel ['kestrəl] *s.* Turmfalke *m*.

ketch [ketʃ] *s.* ⚓ Ketsch *f* (*zweimastiger Segler*).

ketch·up ['ketʃəp] *s.* Ketchup *m*, *n*.

ket·tle ['ketl] *s.* (*Koch*)Kessel *m*: ***put the ~ on*** (Tee- *etc.*)Wasser aufstellen; ***a pretty*** (*od.* ***nice***) ***~ of fish*** F e-e schöne Bescherung; **'~·drum** *s.* ♪ (Kessel)Pauke *f*; 'ₗ**~drum·mer** *s.* ♪ (Kessel)Pauker *m.*

key [kiː] **I** *s.* **1.** Schlüssel *m*: ***false ~*** Nachschlüssel *m*, Dietrich *m*; ***power of the ~s*** *R.C.* Schlüsselgewalt *f*; ***turn the ~*** abschließen; **2.** *fig.* Schlüssel *m*, Lösung *f* (***to*** zu): ***the ~ to a problem*** (***riddle*** *etc.*); ***the ~ to success*** der Schlüssel zum Erfolg; **3.** *fig.* Schlüssel *m*: a) *Buch mit Lösungen*, b) Zeichenerklärung *f* (*auf e-r Landkarte etc.*), c) Übersetzung(sschlüssel *m*) *f*, d) Code (-schlüssel) *m*; **4.** Kennwort *n*, Chiffre *f* (*in Inseraten etc.*); **5.** ♪ a) Taste *f*, b) Klappe *f* (*an Blasinstrumenten*), c) Tonart *f*: ***major*** (***minor***) ***~*** Dur *n* (Moll *n*); ***in the ~ of C minor*** in c-Moll; ***sing off ~*** falsch singen; ***in ~ with*** *fig.* in Einklang mit, d) → ***key signature***; **6.** *fig.* Ton(art *f*) *m*: ***in a high*** (***low***) ***~*** laut (leise); ***all in the same ~*** alles im selben Ton(fall), monoton; ***in a low ~*** a) *paint. phot.* matt (getönt), in matten Farben (gehalten), b) *fig.* ‚lahm', ‚müde'; **7.** ⚙ a) Keil *m*, Splint *m*, Bolzen *m*, b) Schraubenschlüssel *m*, c) Taste *f* (*der Schreibmaschine etc.*); **8.** ↯ a) Taste *f*, Druckknopf *m*, b) Taster *m*, 'Tastkonₗtakt *m*; **9.** *tel.* Taster *m*, Geber *m*; **10.** *typ.* Setz-, Schließkeil *m*; **11.** ⌂ Keil *m*, Schlußstein *m*; **12.** ⚔ Schlüsselstellung *f*, Macht *f* (***to*** über *acc.*); **II** *adj.* **13.** *fig.* Schlüssel…: ***~ currency*** Leitwährung *f*; ***~ position*** Schlüsselstellung *f*, -position *f*; ***~ official*** Beamter in e-r Schlüsselstellung; **III** *v/t.* **14.** *a.* ***~ in***, ***~ on*** ver-, festkeilen; **15.** a) *tel.* tasten, geben, b) *Computer etc.*: tasten: ***~ in*** eintasten, -geben; **16.** ♪ stimmen: ***~ the strings***; **17.** (***to***, ***for***) anpassen (an *acc.*), abstimmen (auf *acc.*); **18.** *fig.*: ***~ up*** a) *j-n* in nervöse Spannung versetzen, b) *allg. et.* steigern: ***~ed up*** (an)gespannt, überreizt, ‚überdreht'; **19.** mit e-m Kennwort versehen; '**~·board I** *s.* **1.** ♪ a) Klavia'tur *f*, Tasta'tur *f* (*Klavier*), b) Manu'al *n* (*Orgel*): ***~ instruments***, ***~s*** *pl.* Tasteninstrumente; **2.** Tasten *pl.*, Tasta'tur *f* (*Schreibmaschine etc.*); **II** *v/t.* **3.** *Computer etc.*: eintasten, -geben; '**~ₗboard·er** *s.* Datentypist(in *f*) *m*; '**~ₗboard·ing** *s. Computer*: Eingabe *f*; **~ bu·gle** *s.* ♪ Klappenhorn *n*; **~ date** *s.* Stichtag *m*; **~ fos·sil** *s. geol.* 'Leitfosₗsil *n*; '**~·hole** *s.* **1.** Schlüsselloch *n*: ***~ report*** *fig.* Bericht *m* mit intimen Einzelheiten; **2.** *Am.* F *Basketball*: Freiwurfraum *m*; **~ in·dus·try** *s.* 'Schlüsselinduₗstrie *f*; **~ man**, *a.* '**~·man** [-mæn] *s.* [*irr.*] 'Schlüsselfiₗgur *f*, Mann *m* in e-r 'Schlüsselpositiₗon; **~ map** *s.* 'Übersichtskarte *f*; **~ mon·ey** *s.* Abstandssumme *f*, ('Miet-) Kautiₗon *f*; '**~·move** *s. Schach*: Schlüsselzug *m*; '**~·note I** *s.* **1.** ♪ Grundton *m*; **2.** *fig.* Grundton *m*, -gedanke *m*, Leitgedanke *m*, Hauptthema *n*; **3.** *pol. Am.* Par'teilinie *f*, -proₗgramm *n*: ***~ address*** programmatische Rede; ***~ speaker*** → ***keynoter***; **II** *v/t.* **4.** *pol. Am.* a) e-e program'matische Rede halten auf (*e-m Parteitag etc.*), b) program'matisch verkünden, c) als Grundgedanken enthalten; **5.** kennzeichnen; '**~ₗnot·er** *s. pol. Am.* Hauptsprecher *m*, po'litischer Pro'grammredner *m*; **~ punch** *s.* ⚙ (Karten-, Tasta'tur)Locher *m*; '**~-punch op·er·a·tor** *s.* Locher(in); **~ ring** *s.* Schlüsselring *m*; **~ sig·na·ture** *s.* ♪ Vorzeichen *n od. pl.*; '**~·stone** *s.* **1.** ⌂ Schlußstein *m*; **2.** *fig.* Grundpfeiler *m*, Funda'ment *n*; **~ stroke** *s.* Anschlag *m*; '**~·way** *s.* ⚙ Keilnut *f*; **~ wit·ness** *s.* ⚖ Hauptzeuge *m*; **~ word** *s.* Schlüssel-, Stichwort *n*.

kha·ki ['kɑːkɪ] **I** *s.* **1.** Khaki *n*; **2.** a) Khakistoff *m*, b) 'Khakiuniₗform *f*; **II** *adj.* **3.** khaki, staubfarben.

khan¹ [kɑːn] → ***caravansary***.

khan² [kɑːn] *s.* Khan *m* (*orientalischer Fürstentitel*); '**khan·ate** [-neɪt] *s.* Kha'nat *n* (*Land e-s Khans*).

khe·dive [kɪ'diːv] *s.* Khe'dive *m.*

kib·butz [kɪ'buːts] *pl.* **kib'butz·im** [-tsɪm] *s.* Kib'buz *m.*

khi [kaɪ] *s.* Chi *n* (*griech. Buchstabe*).

kibe [kaɪb] *s.* ⚕ offene Frostbeule.

kib·itz ['kɪbɪts] *v/i.* ‚kiebitzen'; '**kib·itz·er** [-tsə] *s.* F **1.** Kiebitz *m* (*Zuschauer, bsd. beim Kartenspiel*); **2.** *fig.* Besserwisser *m.*

ki·bosh ['kaɪbɒʃ] *s.*: ***put the ~ on*** *sl. et.* ‚ka'puttmachen' *od.* ‚vermasseln'.

kick [kɪk] **I** *s.* **1.** (Fuß)Tritt *m* (*a. fig.*), Stoß *m*: ***give*** *s.o. od. s.th.* ***a ~*** → 9; ***get the ~*** ‚(raus)fliegen' (*entlassen werden*); ***what he needs is a ~ in the pants*** er braucht mal e-n kräftigen Tritt in den Hintern; **2.** Rückstoß *m* (*Schußwaffe*); **3.** *Fußball*: Schuß *m*; **4.** *Schwimmen*: Beinschlag *m*; **5.** F (Stoß)Kraft *f*, Ener'gie *f*, E'lan *m*: ***give a ~ to*** *et.* in Schwung bringen, *e-r Sache* ‚Pfiff' verleihen; ***he has no ~ left*** er hat keinen Schwung mehr; ***a novel with a ~*** ein Roman mit ‚Pfiff'; **6.** F (Nerven)Kitzel *m*: ***get a ~ out of s.th.*** an et. mächtig Spaß haben; ***just for ~s*** nur zum Spaß; **7.** (*berauschende*) Wirkung: ***this cocktail has got a ~*** der Cocktail ‚hat es aber in sich'; **8.** *Am.* F a) Groll *m*, b) (Grund *m* zur) Beschwerde *f*; **II** *v/t.* **9.** (mit dem Fuß) stoßen *od.* treten, e-n Fußtritt versetzen (*dat.*): ***~ s.o.'s behind*** j-m in den Hintern treten; ***~ s.o. downstairs*** j-n die Treppe hinunterwerfen; ***~ upstairs*** *fig. j-n* durch Beförderung kaltstellen; ***I felt like ~ing myself*** ich hätte mich ohrfeigen können; **10.** *sport* a) *Ball* treten, kicken, b) *Tor*, *Freistoß etc.* schießen: ***~ a goal***; **11.** *sl.* ‚runterkommen' von (*e-m Rauschgift, e-r Gewohnheit*); **III** *v/i.* **12.** (mit dem Fuß) stoßen *od.* treten: ***~ at*** treten nach; **13.** um sich treten; **14.** strampeln (*bsd. Baby*); **15.** das Bein hochwerfen (*Tänzer*); **16.** ausschlagen (*Pferd*); **17.** zu'rückstoßen, -prallen (*Schußwaffe*); **18.** *mot.* ‚stottern'; **19.** F a) ‚meutern', sich mit Händen u. Füßen wehren, (***against***, ***at*** gegen), b) ‚meckern', nörgeln (***about*** über *acc.*); **20.** → ***kick off*** 3; **~ a·bout** *od.* **~ a·round I** *v/t.* **1.** *Ball* he'rumkicken; **2.** F *j-n* he'rumstoßen, schikanieren; **3.** F a) *Idee etc.* ‚beschwatzen', diskutieren, b) ‚spielen' *od.* sich befassen mit; **II** *v/i.* **4.** F her'umreisen; **5.** F ‚rumliegen' (*Sache*); **~ in I** *v/t.* **1.** *Tür etc.* eintreten; **2.** *sl.* beisteuern; **II** *v/i.* **3.** *sl.* beisteuern; **~ off I** *v/i.* **1.** *Fußball*: anstoßen, den Anstoß ausführen; **2.** F loslegen (***with*** mit); **3.** *Am. sl.* ‚abkratzen' (*sterben*); **II** *v/t.* **4.** wegschleudern; **5.** F *et.* starten, in Gang setzen; **~ out** *v/t.* **1.** *Fußball*: ins Aus schießen; **2.** *sl.* ‚rausschmeißen'; **~ up** *v/t.* hochschleudern; *Staub* aufwirbeln; → ***heel¹*** *Redew.*, ***row³*** I.

'**kick·back** *s.* **1.** F heftige Reakti'on; **2.** *Am. sl.* a) *allg.* Provisi'on *f*, Anteil *m*, b) (geheime) Rückvergütung *f*, c) Schmiergeld *n*.

'**kick·down** *s. mot.* Kickdown *m* (*Durchtreten des Gaspedals*).

kick·er ['kɪkə] *s.* **1.** (Aus)Schläger *m* (*Pferd*); **2.** *Brit.* a) Kicker *m*, Fußballspieler *m*, b) *Rugby*: Kicker *m* (*Spezialist für Frei- und Strafstöße*); **3.** ‚Meckerer' *m*, Queru'lant(in).

'**kick|·off** *s.* **1.** *Fußball*: Anstoß *m*; **2.** F Start *m*, Anfang *m*; '**~-start** *v/t. mot.* anlassen; '**~-ₗstart·er** *s. mot.* Kickstarter *m*, Tretanlasser *m*; **~ turn** *s. Skisport*: Spitzkehre *f*.

kid¹ [kɪd] **I** *s.* **1.** *zo.* Zicklein *n*, Kitz(e *f*) *n*; **2.** *a.* ***~ leather*** Ziegen-, Gla'céleder *n*; → ***kid glove***; **3.** F ‚Kleine(r' *m*) *f*, Kind *n*, Junge *m*, Mädchen *n*: ***my ~ brother*** mein kleiner Bruder; ***that's ~ stuff!*** das ist was für (kleine) Kinder!; **II** *v/i.* **4.** zickeln.

kid² [kɪd] F **I** *v/t. j-n* a) ‚verkohlen', b) ‚aufziehen', ‚auf den Arm nehmen': ***don't ~ me*** erzähl mir doch keine Märchen; ***don't ~ yourself*** mach dir doch nichts vor; **II** *v/i.* a) albern, Jux machen, b) schwindeln: ***he was only ~ding*** er hat (ja) nur Spaß gemacht; ***no ~ding!*** im Ernst!, ehrlich!; ***you are ~ding!*** das sagst du doch nur so!

kid·dy ['kɪdɪ] → ***kid¹*** 3.

kid| glove *s.* Gla'céhandschuh *m* (*a. fig.*): ***handle with ~s*** *fig.* mit Samt- *od.* Glacéhandschuhen anfassen; '**~-glove** *adj. fig.* **1.** anspruchsvoll, wählerisch; **2.** sanft, diplo'matisch.

kid·nap ['kɪdnæp] *v/t.* kidnappen, entführen; '**kid·nap·(p)er** [-pə] *s.* Kidnapper(in), Entführer(in); '**kid·nap·(p)ing** [-pɪŋ] *s.* Kidnapping *n*, Entführung *f*, Menschenraub *m*.

kid·ney ['kɪdnɪ] *s.* **1.** *anat.* Niere *f* (*a. als Speise*); **2.** *fig.* Art *f*, Schlag *m*, Sorte *f*: ***a man of the same ~*** ein Mann vom gleichen Schlag; **~ bean** *s.* ⚘ Weiße Bohne; **~ ma·chine** *s.* ⚕ künstliche Niere; '**~-shaped** *adj.* nierenförmig; **~ stone** *s.* ⚕ Nierenstein *m*.

kill [kɪl] **I** *v/t.* **1.** (***o.s.*** sich) töten, 'umbringen: ***~ off*** abschlachten, ausrotten, vertilgen, beseitigen, ‚abmurksen'; ***~ two birds with one stone*** *fig.* zwei Fliegen mit e-r Klappe schlagen; ***be ~ed*** getötet werden, ums Leben kommen, umkommen, sterben; ***be ~ed in action*** ⚔ (im Krieg *od.* im Kampf) fallen; **2.** *Tiere* schlachten; **3.** *hunt.* erlegen, schießen; **4.** ⚔ abschießen, zerstören, vernichten, *Schiff* versenken; **5.** töten, *j-s* Tod verursachen: ***his reckless driving will ~ him one day*** sein leichtsinniges Fahren wird ihn noch das Leben kosten; ***the job*** (*etc.*) ***is ~ing me*** die Arbeit (*etc.*) bringt mich (noch) um; ***the sight nearly ~ed me*** der Anblick war zum Totlachen; **6.** a) zu'grunde richten, ruinieren, ka'puttmachen, b) *Knospen etc.* vernichten, zerstören; **7.** *fig.* wider'rufen, ungültig machen, streichen; **8.** *fig. Gefühle* (ab)töten, erstikken; **9.** *Schmerzen* stillen; **10.** unwirksam machen, *Wirkung etc.* aufheben, *Farben* übertönen, ‚erschlagen'; **11.** *Geräusche* schlucken; **12.** *fig. ein Gesetz etc.* zu Fall bringen, *e-n Plan* durch'kreuzen; **13.** durch Kri'tik vernichten; **14.** *sport den Ball* töten; **15.** *Zeit* totschlagen: **~ time**; **16.** a) *e-e Maschine etc.* abstellen, abschalten, *den Motor a.* ‚abwürgen', b) *Lichter* ausschalten; **17.** F a) *e-e Flasche etc.* austrinken, b) *e-e Zigarette* ausdrücken; **II** *v/i.* **18.** töten: a) den Tod verursachen *od.* her'beiführen, b) morden; **19.** F unwider'stehlich *od.* hinreißend sein, e-n tollen Eindruck machen: ***dressed to ~*** todschick gekleidet, *contp.* aufgedonnert; **III** *s.* **20.** *bsd. hunt.* a) Tötung *f* (*des Wildes*), Abschuß *m*, b) erlegtes Wild, Strecke *f*: ***be in at the ~*** *fig.* am Schluß dabei sein; **21.** a) ⚔ Zerstörung *f*, b) ✈ Abschuß *m*, c) ⚓ Versenkung *f*.

kill·er ['kɪlə] *s.* **1.** Mörder *m*, Killer *m*; **2.** *a. fig.* Schlächter *m*; **3.** tödliche Krankheit *etc.*; et., das e-n umbringt; **4.** *bsd. in Zssgn* Vertilgungsmittel *n*; **5.** *Am.* F a) schicke *od.* ‚tolle' Frau, b) ‚toller' Bursche, c) ‚tolle' Sache, d) mörderischer Schlag; **~ in·stinct** *s.* 'Killerinˌstinkt *m*; **~ whale** *s. zo.* Schwertwal *m*.

kill·ing ['kɪlɪŋ] **I** *s.* **1.** a) Tötung *f*, Morden *n*, b) Mord(fall) *m*: ***three more ~s in London***; **2.** Schlachten *n*; **3.** *hunt.* Erlegen *n*; **4.** ***make a ~*** e-n Riesengewinn machen; **II** *adj.* □ **5.** tödlich, vernichtend, mörderisch (*a. fig.*): ***a ~ glance*** ein vernichtender Blick; ***a ~ pace*** ein mörderisches Tempo; **6.** *a.* ***~ly funny*** F urkomisch, zum Brüllen.

'**kill|·joy** *s.* Spielverderber(in), Störenfried *m*, Miesmacher(in); '**~-time** *adj.* zum Zeitvertreib getan *etc.*

kiln [kɪln] *s.* Brenn-, Trocken-, Röst-, Darrofen *m*, Darre *f*; '**~-dry** *v/t.* (*im Ofen*) dörren, darren, brennen, rösten.

ki·lo ['kiːləʊ] *s.* Kilo *n*.

kil·o|·gram(me) ['kɪləʊgræm] *s.* Kilo'gramm *n*, Kilo *n*; **~·gram·me·ter** *Am.*, **~·gram·me·tre** *Brit.* [ˌkɪləʊgræm'miːtə] *s.* 'Meterkiloˌgramm *n*; **~·hertz** ['kɪləʊhɜːts] *s.* ⚡, *phys.* Kilo'hertz *n*; **~·li·ter** *Am.*, **~·li·tre** *Brit.* ['kɪləʊˌliːtə] *s.* Kilo'liter *m, n*; **~·me·ter** *Am.*, **~·me·tre** *Brit.* ['kɪləʊˌmiːtə] *s.* Kilo'meter *m*; **~·met·ric**, **~·met·ri·cal** [ˌkɪləʊ'metrɪk(l)] *adj.* kilo'metrisch; **~·ton** ['kɪləʊtʌn] *s.* **1.** 1000 Tonnen *pl.*; **2.** *phys. Sprengkraft, die 1000 Tonnen TNT entspricht*; **~·volt** ['kɪləʊvəʊlt] *s.* ⚡ Kilo'volt *n*; **~·watt** ['kɪləʊwɒt] *s.* ⚡ Kilo'watt *n*: ***~ hour*** Kilowattstunde *f*.

kilt [kɪlt] **I** *s.* **1.** Kilt *m*, Schottenrock *m*; **II** *v/t.* **2.** aufschürzen; **3.** fälteln, plissieren; '**kilt·ed** [-tɪd] *adj.* mit e-m Kilt (bekleidet).

ki·mo·no [kɪ'məʊnəʊ] *pl.* **-nos** *s.* Kimono *m*.

kin [kɪn] **I** *s.* **1.** Fa'milie *f*, Sippe *f*; **2.** *coll. pl. konstr.* (Bluts)Verwandtschaft *f*, Verwandte *pl.*; → ***kith***, ***next*** 1; **II** *adj.* **3.** (***to***) verwandt (mit), ähnlich (*dat.*).

kind¹ [kaɪnd] *s.* **1.** Art *f*: a) Typ *m*, Gattung *f*, b) Sorte *f*, c) Beschaffenheit *f*: ***all ~s of*** alle möglichen, alle Arten von; ***all of a ~*** (***with***) von der gleichen Art (wie); ***the only one of its ~*** das einzige s-r Art; ***two of a ~*** zwei von derselben Sorte; ***what ~ of ...?*** was für ein ...?; ***nothing of the ~*** a) keineswegs, b) nichts dergleichen; ***you'll do nothing of the ~*** *a.* das wirst du schön bleibenlassen; ***these ~*** (***of people***) F diese Art Menschen; ***he is not that ~ of person*** F er ist nicht so (einer); ***your ~*** Leute wie Sie; ***I know your ~*** Ihre Sorte *od.* Ihren Typ kenne ich; ***s.th. of the ~*** etwas Derartiges, so etwas; ***that ~ of*** (***a***) ***book*** so ein Buch; ***I haven't got that ~ of money*** F soviel Geld hab' ich nicht; ***he felt a ~ of compunction*** er empfand so etwas wie Reue; ***I ~ of expected it*** F ich hatte es halb *od.* irgendwie erwartet; ***I ~ of promised it*** F ich habe es so halb u. halb versprochen; ***he is ~ of funny*** F er ist etwas *od.* ein bißchen komisch; ***I was ~ of disappointed*** F ich war schon ein bißchen enttäuscht; ***I had ~ of thought that ...*** F ich hatte eigentlich *od.* fast gedacht, daß; ***that's not my ~ of film*** F solche Filme sind nicht mein Fall; **2.** Natu'ralien *pl.*, Waren *pl.*: ***pay in ~***; ***I shall pay him in ~!*** *fig.* dem werd' ich es in gleicher Münze zurückzahlen; **3.** *eccl.* Gestalt *f* (*von Brot u. Wein beim Abendmahl*).

kind² [kaɪnd] *adj.* □ → ***kindly*** II; **1.** gütig, freundlich, liebenswürdig, nett, lieb, gut (***to s.o.*** zu j-m): ***be so ~ as to*** (*inf.*) seien Sie bitte so gut *od.* freundlich, zu (*inf.*); ***would you be ~ enough to*** wären Sie (vielleicht) so nett *od.* gut, zu *inf.*; ***that was very ~ of you*** das war wirklich nett *od.* lieb von dir; **2.** gutartig, fromm (*Pferd*).

kin·der·gar·ten ['kɪndəˌgɑːtn] *s.* a) Kindergarten *m*, b) Vorschule *f*.

kind·heart·ed [ˌkaɪnd'hɑːtɪd] *adj.* gütig, gutherzig; ˌ**kind'heart·ed·ness** [-nɪs] *s.* (Herzens)Güte *f*.

kin·dle ['kɪndl] **I** *v/t.* **1.** an-, entzünden; **2.** *fig.* entflammen, -zünden, -fachen, *Interesse etc.* wecken; **3.** erleuchten; **II** *v/i.* **4.** *a. fig.* Feuer fangen, aufflammen; **5.** *fig.* (***at***) a) sich erregen (über *acc.*), b) sich begeistern (für).

kind·li·ness ['kaɪndlɪnɪs] → ***kindness***.

kin·dling ['kɪndlɪŋ] *s.* Anmach-, Anzündholz *n*.

kind·ly ['kaɪndlɪ] **I** *adj.* **1.** → ***kind²***; **II** *adv.* **2.** gütig, freundlich; **3.** F freundlicherweise, liebenswürdig(erweise), gütig(st), freundlich(st): ***~ tell me*** sagen Sie mir bitte; ***take ~ to*** sich befreunden mit, sich hingezogen fühlen zu, liebgewinnen; ***he didn't take ~ to that*** das hat ihm gar nicht gefallen, das paßte ihm gar nicht; ***will you ~ shut up!*** *iro.* willst du gefälligst den Mund halten!; '**kind·ness** [-dnɪs] *s.* **1.** Güte *f*, Freundlichkeit *f*, Liebenswürdigkeit *f*: ***out of the ~ of one's heart*** aus reiner (Herzens)Güte; ***please, have the ~ to*** bitte, seien Sie so freundlich, zu *inf.*; **2.** Gefälligkeit *f*: ***do s.o. a ~*** j-m e-n Gefallen tun.

kin·dred ['kɪndrɪd] **I** *s.* **1.** (Bluts)Verwandtschaft *f*; **2.** *coll. pl. konstr.* Verwandte *pl.*, Verwandtschaft *f*, Fa'milie *f*; **II** *adj.* **3.** (bluts)verwandt; **4.** *fig.* verwandt, ähnlich, gleichartig: ***~ languages***; ***~ spirit*** Gleichgesinnte(r *m*) *f*; ***he and I are ~ spirits*** er u. ich sind geistesverwandt *od.* verwandte Seelen.

kin·e·mat·ic, **kin·e·mat·i·cal** [ˌkɪnɪ'mætɪk(l)] *adj. phys.* kine'matisch; ˌ**kin·e'mat·ics** [-ks] *s. pl. sg. konstr. phys.* Kine'matik *f*, Bewegungslehre *f*.

ki·net·ic [kaɪ'netɪk] *adj. phys.* ki'netisch: ***~ energy***; **ki'net·ics** [-ks] *s. pl. sg. konstr. phys.* Ki'netik *f*, Bewegungslehre *f*.

king [kɪŋ] **I** *s.* **1.** König *m*: ***~ of beasts*** König der Tiere (*Löwe*); → ***King's Counsel*** *etc.*; **2.** a) ***2 of 2s*** *eccl. der* König der Könige (*Gott*, *Christus*), b) (***Book of***) ***2s*** *bibl.* (*das* Buch der) Könige *pl.*; **3.** a) *Kartenspiel*, *Schach*: König *m*, b) *Damespiel*: Dame *f*; **4.** *fig.* König *m*, Ma'gnat *m*: ***oil ~***; **II** *v/i.* **5.** ***~ it*** König sein, den König spielen, herrschen (***over*** über *acc.*).

king·dom ['kɪŋdəm] *s.* **1.** Königreich *n*; **2.** *a.* ***2 of heaven*** Himmelreich *n*, *das* Reich Gottes; ***send s.o. to ~ come*** F j-n ins Jenseits befördern; ***till ~ come*** F bis in alle Ewigkeit; **3.** *fig.* (Na'tur-)Reich *n*: ***animal*** (***vegetable***, ***mineral***) ***~*** Tier- (Pflanzen-, Mineral)reich *n*.

'**king|·fish·er** *s. orn.* Eisvogel *m*; **2 James Bi·ble** *od.* **Ver·sion** *s. autorisierte englische Bibelübersetzung*.

king·let ['kɪŋlɪt] *s.* unbedeutender König, Duo'dezfürst *m*.

'**king·ly** [-lɪ] *adj. u. adv.* königlich, maje'stätisch.

'**king|·mak·er** *s. bsd. fig.* Königsmacher *m*; '**~-pin** *s.* **1.** ⚙ Achsschenkelbolzen *m*; **2.** *Kegelspiel*: König *m*; **3.** F a) *der* ‚Hauptmacher', der wichtigste Mann, b) *die* Hauptsache, *der* Dreh- u. Angelpunkt; **2's Bench** (**Di·vi·sion**) *s.* ⚖ *Brit. Abteilung des* ***High Court of Justice***, *zuständig für* a) *Zivilsachen* (*Obligations- und Deliktsrecht*, *Handels-*, *Steuer- u. Seesachen*), b) *Strafsachen* (*als oberste Instanz für* ***summary offences***); **2's Coun·sel** *s.* ⚖ *Brit.* Anwalt *m* der Krone; **2's Eng·lish** → ***English*** 3; **~'s ev·i·dence** → ***evidence*** 1.

king·ship ['kɪŋʃɪp] *s.* Königtum *n*.

'**king-size(d)** *adj.* 'überˌdurchschnittlich groß, Riesen..., *fig.* F *a.* Mords...: ***~ cigarettes*** King-size-Zigaretten.

King's Speech *s. Brit.* Thronrede *f*.

kink [kɪŋk] **I** *s.* **1.** *bsd.* ⚓ Kink *f*, Knick *m*, Schleife *f* (*Draht*, *Tau*); **2.** (Muskel-)Zerrung *f od.* (-)Krampf *m*; **3.** *fig.* a) Schrulle *f*, Tick *m*, b) ‚Macke' *f*, De'fekt *m*; **4.** *Brit.* F Abartigkeit *f*; **II** *v/i.* **5.** e-e Kink *etc.* haben (→ 1); **III** *v/t.* **6.** knicken, knoten, verknäueln; '**kink·y** [-kɪ] *adj.* **1.** voller Kinken, verdreht (*Tau etc.*); **2.** wirr, kraus (*Haar*); **3.** F a) spleenig, ‚irre', ausgefallen, ‚verrückt', b) *Brit.* per'vers, abartig.

kins·folk ['kɪnzfəʊk] *s. pl.* Verwandtschaft *f*, (Bluts)Verwandte *pl.*

kin·ship ['kɪnʃɪp] *s.* **1.** (Bluts)Verwandtschaft *f*; **2.** *fig.* Verwandtschaft *f*.

kins|·man ['kɪnzmən] *s.* [*irr.*] (Bluts-)Verwandte(r) *m*, Angehörige(r) *m*; **~·wom·an** ['kɪnzˌwʊmən] *s.* [*irr.*] (Bluts)Verwandte *f*, Angehörige *f*.

ki·osk ['kiːɒsk] *s.* **1.** Kiosk *m*, Verkaufsstand *m*; **2.** *Brit.* Tele'fonzelle *f*.

kip [kɪp] *sl.* **I** *s.* **1.** Schläfchen *n*; **2.** ‚Falle' *f*, ‚Klappe' *f* (*Bett*); **II** *v/i.* **3.** a) ‚pennen‘ (*schlafen*), b) *mst* ~ ***down*** sich ‚hinhauen‘.

kip·per ['kɪpə] **I** *s.* **1.** Räucherhering *m*, Bückling *m*; **2.** Lachs *m* (*während der Laichzeit*); **II** *v/t.* **3.** *Heringe* einsalzen u. räuchern: ***~ed herring*** → 1.

Kir·ghiz ['kɜːgɪz] *s.* Kir'gise *m*.

kirk [kɜːk] *s. Scot.* Kirche *f*.

Kirsch [kɪəʃ] *s.* Kirsch(wasser *n*) *m*.

kiss [kɪs] **I** *s.* **1.** Kuß *m*: ~ ***of death*** *fig.* Todesstoß *m*; ~ ***of life*** Mund-zu-Mund-Beatmung *f*; ***blow*** (*od.* ***throw***) ***a ~ to s.o.*** j-m e-e Kußhand zuwerfen; **2.** leichte Berührung (*zweier Billardbälle etc.*); **3.** *Am.* Bai'ser *n* (*Zuckergebäck*); **4.** Zuckerplätzchen *n*; **II** *v/t.* **5.** küssen: ~ ***away*** *Tränen* fortküssen; ~ ***s.o. good night*** j-m e-n Gutenachtkuß geben: ~ ***s.o. goodbye*** j-m e-n Abschiedskuß geben; ***you can ~ your money goodbye!*** F dein Geld hast du gesehen!; ~ ***one's hand to s.o.*** j-m e-e Kußhand zuwerfen; ~ ***s.o.'s hand*** j-m die Hand küssen; → ***book*** 1, ***rod*** 2; **6.** *fig.* leicht berühren; **III** *v/i.* **7.** sich küssen: ~ ***and make up*** sich mit e-m Kuß versöhnen; **8.** *fig.* sich leicht berühren; **'kiss·a·ble** *adj.* küssenswert; **kiss curl** *s. Brit.* Schmachtlocke *f*; **'kiss·er** [-sə] *s. sl.* ‚Fresse‘ *f* (*Mund od. Gesicht*).

kiss·ing gate ['kɪsɪŋ] *s.* kleines Schwingtor (*das immer nur eine Person durchläßt*).

'kiss|-off *s. Am. sl.* **1.** Ende *n* (*a. Tod*); **2.** ‚Rausschmiß‘ *m*; **'~·proof** *adj.* kußecht, -fest.

kit [kɪt] **I** *s.* **1.** (*Angel-, Reit- etc.*)Ausrüstung *f*: ***gym ~*** Sportsachen *pl.*, -zeug *n*; **2.** ⚔ a) Mon'tur *f*, b) Gepäck *n*; **3.** a) Arbeitsgerät *n*, Werkzeug(e *pl.*) *n*, b) Werkzeugkasten *m*, -tasche *f*, Flickzeug *n*, c) Baukasten *m*, d) Bastelsatz *m*, e) *allg.* Behälter *m*: ***first-aid ~*** Verbandskasten *m*; **4.** *Zeitungswesen*: Pressemappe *f*; **5.** F a) Kram *m*, Zeug *n*, ‚Sachen‘ *pl.*, b) Sippe *f*, ‚Blase‘ *f*: ***the whole ~*** (***and caboodle***) der ganze Kram *od.* der ganze ‚Verein‘; **II** *v/t.* **6.** ~ ***out*** *od.* ***up*** ausstatten (***with*** mit); **'~·bag** *s.* **1.** Reisetasche *f*; **2.** ⚔ Kleider-, Seesack *m*.

kitch·en ['kɪtʃɪn] **I** *s.* Küche *f*; **II** *adj.* Küchen…, Haushalts…; **kitch·en·et(te)** [ˌkɪtʃɪ'net] *s.* Kleinküche *f*, Kochnische *f*.

kitch·en| foil *s.* Haushalts- *od.* Alufolie *f*; ~ **gar·den** *s.* Gemüsegarten *m*; **'~·maid** *s.* Küchenmädchen *n*; ~ **mid·den** *s.* vorgeschichtlicher (Küchen-)Abfallhaufen; ~ **po·lice** *s.* ⚔ *Am.* Küchendienst *m*; ~ **range** *s.* Küchen-, Kochherd *m*; ~ **scales** *s. pl.* Küchenwaage *f*; ~ **sink** *s.* Ausguß *m*, Spülstein *m*, ‚Spüle‘ *f*: ***everything but the ~*** *humor.* alles, der ganze Krempel; ~ ***drama*** *thea.* realistisches Sozialdrama; ~ ***environment*** Kleineleutemilieu *n*; **'~·ware** *s.* Küchengeschirr *n od.* -geräte *pl.*

kite [kaɪt] *s.* **1.** (Pa'pier-, Stoff)Drachen *m*: ***fly a ~*** a) e-n Drachen steigen lassen, b) *fig.* e-n Versuchsballon loslassen, c) → 3; **2.** *orn.* Gabelweihe *f*; **3.** † F Gefälligkeits-, Kellerwechsel *m*: ***fly a ~*** Wechselreiterei betreiben; → 1; **4.** ✈ *sl.* ‚Kiste‘ *f*, ‚Mühle‘ *f* (*Flugzeug*); **5.** ***2 mark*** *Brit.* (amtliches) Gütezeichen; ~ **bal·loon** *s.* ⚔ 'Fessel-, 'Drachenbalˌlon *m*; **'~ˌfly·ing** *s.* **1.** Steigenlassen *n* e-s Drachens; **2.** *fig.* Loslassen *n* e-s Ver'suchsbalˌlons, Sondieren *n*; **3.** † F Wechselreite'rei *f*.

kith [kɪθ] *s.*: ~ ***and kin*** (Bekannte u.) Verwandte *pl.*; ***with ~ and kin*** mit Kind u. Kegel.

kitsch [kɪtʃ] *s.* Kitsch *m*.

kit·ten ['kɪtn] **I** *s.* Kätzchen *n*, junge Katze: ***have ~s*** F ‚Zustände‘ kriegen; **II** *v/i.* Junge werfen (*Katze*); **'kit·ten·ish** [-nɪʃ] *adj.* **1.** wie ein Kätzchen (geartet); **2.** (kindlich) verspielt *od.* ausgelassen.

kit·ty[1] ['kɪtɪ] *s.* Mieze *f*, Kätzchen *n*.

kit·ty[2] ['kɪtɪ] *s.* **1.** *Kartenspiel*: (Spiel-)Kasse *f*; **2.** (gemeinsame) Kasse.

ki·wi ['kiːwiː] *s.* **1.** *orn.* Kiwi *m*; **2.** ⚘ Kiwi *f*.

klax·on ['klæksn] *s.* (Auto)Hupe *f*.

klep·to·ma·ni·a [ˌkleptəʊ'meɪnjə] *s. psych.* Kleptoma'nie *f*, ˌ**klep·to'ma·ni·ac** [-nɪæk] **I** Klepto'mane *m*, Klepto'manin *f*; **II** *adj.* klepto'manisch.

klieg light [kliːg] *s. Film*: Jupiterlampe *f*.

klutz [klʌts] *s. Am. sl.* ‚Trottel‘ *m*.

knack [næk] *s.* **1.** Trick *m*, Kniff *m*, ‚Dreh‘ *m*; **2.** Geschick(lichkeit *f*) *n*, Kunst *f*, Ta'lent *n*: ***the ~ of writing*** die Kunst des Schreibens; ***have the ~ of s.th.*** den Dreh von et. heraushaben, wissen, wie man et. macht; ***I've lost the ~*** ich krieg' es nicht mehr hin.

knack·er ['nækə] *s.* **1.** *Brit.* Abdecker *m*, Schinder *m*; **2.** 'Abbruchunterˌnehmer *m*; **'knack·ered** *adj. Brit. sl.* (ganz) ‚ka'putt‘, ‚to'tal geschafft‘.

knag [næg] *s.* Knorren *m*, Ast *m* (*im Holz*).

knap·sack ['næpsæk] *s.* **1.** ⚔ Tor'nister *m*; **2.** Rucksack *m*, Ranzen *m*.

knave [neɪv] *s.* **1.** *obs.* Schurke *m*, Schuft *m*, Spitzbube *m*; **2.** *Kartenspiel*: Bube *m*, Unter *m*; **'knav·er·y** [-vərɪ] *s. obs.* **1.** Schurke'rei *f*; **2.** Gaune'rei *f*; **'knav·ish** [-vɪʃ] *adj.* □ *obs.* schurkisch.

knead [niːd] *v/t.* **1.** kneten; **2.** ('durch-)kneten, massieren; **3.** *fig.* formen (***into*** zu); **'knead·ing-trough** [-dɪŋ] *s.* Backtrog *m*.

knee [niː] **I** *s.* **1.** Knie *n*: ***on one's*** (***bended***) ***~s*** auf Knien, kniefällig; ***bend*** (*od.* ***bow***) ***the ~ to*** niederknien vor (*dat.*); ***bring s.o. to his ~s*** j-n auf *od.* in die Knie zwingen; ***give a ~ to s.o.*** j-n unterstützen; ***go on one's ~s to*** a) niederknien vor (*dat.*), b) *fig. j-n* kniefällig bitten; **2.** ⚙ a) Knie(stück) *n*, Winkel *m*, b) Knie(rohr) *n*, (Rohr-)Krümmer *m*; **II** *v/t.* **3.** mit dem Knie stoßen; **4.** F *Hose an den Knien* ausbeulen; ~ **bend(·ing)** *s.* Kniebeuge *f*; ~ **breech·es** *s. pl.* Kniehose(n *pl.*) *f*; **'~·cap** *s.* **1.** *anat.* Kniescheibe *f*; **2.** Knieleder *n*, -schützer *m*; ˌ**~-'deep** *adj.* knietief, bis an die Knie (reichend); ˌ**~-'high** **1.** → ***knee-deep***; **2.** kniehoch; **'~-hole desk** *s.* Schreibtisch *m* mit Öffnung für die Knie; ~ **jerk** *s.* ⚕ 'Knie(sehnen)reˌflex *m*; **'~-joint** *s. anat.*, ⚙ Kniegelenk *n*.

kneel [niːl] *v/i.* [*irr.*] *a.* ~ ***down*** (nieder)knien (***to*** vor *dat.*).

'knee|-length *adj.* knielang: ~ ***skirt*** kniefreier Rock; ~ **pad** *s.* Knieschützer *m*; **'~-pan** → ***kneecap*** 1; ~ **pipe** *s.* ⚙ Knierohr *n*; ~ **shot** *s. Film*: 'Halbtoˌtale *f*.

knell [nel] **I** *s.* **1.** Totenglocke *f*, Grabgeläute *n* (*a. fig.*): ***sound the ~*** → 3; **2.** *fig.* Vorbote *m*, Ankündigung *f*; **II** *v/i.* **3.** läuten; **III** *v/t.* **4.** (*bsd. durch Läuten*) a) bekanntgeben, b) zs.-rufen.

knelt [nelt] *pret. u. p.p. von* ***kneel***.

knew [njuː] *pret von* ***know***.

Knick·er·bock·er ['nɪkəbɒkə] *s.* **1.** (*Spitzname für den*) New Yorker; **2.** ***2s*** *pl.* Knickerbocker *pl.* (*Hose*).

knick·ers ['nɪkəz] *s. pl. Brit.* (Damen-)Schlüpfer *m*: ***get one's ~ in a twist*** *humor.* sich ‚ins Hemd machen‘; ***~!*** Quatsch!, ‚Mist‘!

knick-knack ['nɪknæk] *s.* **1.** a) Nippsache *f*, b) billiger Schmuck; **2.** Spiele'rei *f*, Schnickschnack *m*.

knife [naɪf] **I** *pl.* **knives** [naɪvz] *s.* **1.** Messer *n* (*a.* ⚙, ⚕): ***play a good ~ and fork*** ein starker Esser sein; ***before you can say "~"*** ehe man sich's versieht; ***have*** (***got***) ***one's ~ into s.o.*** j-n ‚gefressen‘ haben, es auf j-n abgesehen haben; ***war to the ~*** Krieg bis aufs Messer; ***be*** (***go***) ***under the ~*** F unterm Messer (*des Chirurgen*) sein (unters Messer kommen); ***turn the ~*** (***in the wound***) *fig.* Salz in die Wunde streuen; ***watch s.o. like a ~*** F j-n scharf beobachten; **II** *v/t.* **2.** mit e-m Messer bearbeiten; **3.** a) einstechen auf (*acc.*), mit e-m Messer stechen, b) erstechen, erdolchen; **4.** *Am. sl. bsd. pol. j-m* in den Rücken fallen, *j-n* ‚abschießen‘; **'~-edge** *s.* **1.** (Messer)Schneide *f*: ***on a ~*** *fig.* sehr aufgeregt (***about*** wegen); ***be balanced on a ~*** *fig.* auf des Messers Schneide stehen; **2.** ⚙ Waageschneide *f*; **'~-edged** *adj.* messerscharf; ~ **grind·er** *s.* **1.** Scheren-, Messerschleifer *m*; **2.** Schleifrad *n*, -stein *m*; ~ **rest** *s.* Messerbänkchen *n*.

knif·ing ['naɪfɪŋ] *s.* Messersteche'rei *f*.

knight [naɪt] **I** *s.* **1.** *hist.* Ritter *m*, Edelmann *m*; **2.** *Brit.* Ritter *m* (*niederster, nicht erblicher Adelstitel*; *Anrede*: **Sir** *u. Vorname*); **3.** Ritter *m* e-s Ordens: ***2 of the Bath*** Ritter des Bath-Ordens; ***2 of the Garter*** Ritter des Hosenbandordens; ~ ***of the pen*** *humor.* Ritter der Feder (*Schriftsteller*); → ***Hospital(l)er*** 1; **4.** *fig.* Ritter *m*, Kava'lier *m*; **5.** *Schach*: Springer *m*, Pferd *n*; **II** *v/t.* **6.** a) zum Ritter schlagen, b) adeln, in den Ritterstand erheben; **'knight·age** [-tɪdʒ] *s.* **1.** *coll.* Ritterschaft *f*; **2.** Ritterstand *m*; **3.** Ritterliste *f*.

knight| bach·e·lor *pl.* **~s bach·e·lor** *s.* Ritter *m* (*Mitglied des niedersten englischen Ritterordens*); ~ **er·rant** *pl.* **~s er·rant** *s.* **1.** fahrender Ritter; **2.** *fig.* ‚Don Qui'xote‘ *m*; ˌ**~-'er·rant·ry** *s.* **1.** fahrendes Rittertum; **2.** *fig.* a) Abenteuerlust *f*, unstetes Leben, b) Donquichotte'rie *f*.

knight·hood ['naɪthʊd] *s.* **1.** Rittertum *n*, -würde *f*, -stand *m*: ***receive a ~*** in den Ritterstand erhoben werden; **2.** *coll.* Ritterschaft *f*.

knight·ly ['naɪtlɪ] *adj. u. adv.* ritterlich.

Knight Tem·plar → ***Templar*** 1 *u.* 2.

knit [nɪt] **I** *v/t.* [*irr.*] **1.** a) stricken, b) ⚙ wirken: ~ ***two, purl two*** zwei rechts, zwei links (stricken); **2.** *a.* ~ ***together***

zs.-fügen, verbinden, verknüpfen, vereinigen (*alle a. fig.*); → ***close-knit, well-knit***; **3.** ~ ***up*** a) fest verbinden, b) ab-, beschließen; **4.** *Stirn* runzeln, *Augenbrauen* zs.-ziehen; **II** *v/i.* [*irr.*] **5.** a) stricken, b) ⚙ wirken; **6.** *a.* ~ ***up*** sich (eng) verbinden *od.* zs.-fügen (*a. fig.*), zs.-wachsen (*Knochen etc.*); **III** *s.* **7.** Strickart *f*; **'knit·ted** [-tɪd] *adj.* gestrickt, Strick..., Wirk...; **'knit·ter** [-tə] *s.* **1.** Stricker(in); **2.** ⚙ 'Strick-, 'Wirkmaˌschine *f.*

knit·ting ['nɪtɪŋ] *s.* **1.** a) Stricken *n*, b) ⚙ Wirken *n*; **2.** Strickzeug *n*, -arbeit *f*; ~ **ma·chine** *s.* 'Strickmaˌschine *f*; ~ **nee·dle** *s.* Stricknadel *f.*

'knit·wear *s.* Strick-, Wirkwaren *pl.*

knives [naɪvz] *pl. von* ***knife***.

knob [nɒb] *s.* **1.** (runder) Griff, Knopf *m*, Knauf *m*: ***with ~s on*** *sl.* (na) und ob!, und wie!; ***and the same to you with*** (***brass***) ***~s on!*** *sl.* das kann man erst recht von dir behaupten!; **2.** Knorren *m*, Ast *m* (*im Holz*); **3.** Buckel *m*, Beule *f*, Höcker *m*; **4.** Stück(chen) *n* (*Zucker etc.*); **5.** △ Knauf *m*; **6.** *Am. sl.* ‚Birne' *f* (*Kopf*); **7.** *Brit.* V ‚Schwanz' *m* (*Penis*); **'knob·bly** [-blɪ] *adj.* ‚knubbelig': ~ ***knees*** ‚Knubbelknie' *pl.*; **'knob·by** [-bɪ] *adj.* **1.** knorrig; **2.** knoten-, knopf-, knaufartig.

knock [nɒk] **I** *s.* **1.** Schlag *m*, Stoß *m*: ***he has had*** (*od.* ***taken***) ***a few ~s*** *fig.* F er hat ein paar Nackenschläge eingesteckt; ***take the ~*** *sl.* ‚schwer bluten müssen'; ***the table has had a few ~s*** F der Tisch hat ein paar Schrammen abgekriegt; **2.** Klopfen *n*, Pochen *n*: ***there is a ~*** (***at the door***) es klopft; ***I'll give you a ~ at six*** *Brit.* F ich klopfe um sechs (an Ihre Tür) (*zum Wecken*); **II** *v/t.* **3.** schlagen, stoßen: ~ ***s.o. cold*** → ***knock out*** 2; ~ ***the bottom out of s.th.***, ~ ***s.th. on the head*** *fig.* F et. zunichte machen, *Pläne* über den Haufen werfen; ~ ***s.o. sideways*** (*od.* ***for a loop***) F j-n ‚glatt umhauen'; ~ ***one's head against*** a) mit dem Kopf stoßen gegen, b) die Stirn bieten (*dat.*); ~ ***s.th. into s.o.*** j-m et. einhämmern *od.* einbleuen; ~ ***spots off s.o.*** (***s.th.***) F j-m (e-r Sache) haushoch überlegen sein; **4.** klopfen, schlagen; **5.** F her'untermachen, herziehen über (*acc.*), kritisieren: ***don't ~ him*** (***so hard***)***!*** mach ihn nicht (allzu) schlecht!; **6.** F *j-n* ‚'umhauen', 'umwerfen, sprachlos machen; **III** *v/i.* **7.** schlagen, klopfen, pochen (***at the door*** an die Tür): ~ ***before entering!*** bitte anklopfen!; **8.** stoßen, schlagen, prallen (***against***, ***into*** gegen *od.* auf *acc.*); **9.** ⚙ a) rattern, rütteln (*Maschine*), b) klopfen (*Motor*, *Brennstoff*); *Zssgn mit adv.*:

knock| a·bout, *bsd. Am.* ~ **a·round I** *v/t.* **1.** her'umstoßen (*a. fig. schikanieren*); **2.** verprügeln; **3.** übel zurichten; **II** *v/i.* **4.** F sich her'umtreiben (***with*** mit); **5.** her'umziehen; **6.** ‚rumliegen' (*Sache*); ~ **back** *v/t. Brit.* F **1.** *Whisky etc.* ‚hinter die Binde gießen', ‚kippen'; **2.** *j-n et.* kosten: ***that has ~ed me back a few pounds***; **3.** *fig. j-n* ‚'umhauen', 'umwerfen; ~ **down** *v/t.* **1.** niederschlagen, zu Boden schlagen (*a. fig.*); **2.** → ***knock over*** 2; **3.** *Haus* abreißen; **4.** ⚙ zerlegen, ausein'andernehmen; **5.** † a) *bei Auktionen*: (***to s.o.*** j-m) *et.* zuschlagen, b) F mit *dem Preis* ‚runtergehen', c) F *j-n* her'unterhandeln (***to*** auf *acc.*); ~ **off I** *v/t.* **1.** her'unter-, abschlagen, weghauen; **2.** F aufhören mit: ~ ***work*** → 7; ***knock it off!*** *sl.* hör doch auf damit!; **3.** F a) *et.* rasch erledigen, b) *et.* ‚'hinhauen', aus dem Ärmel schütteln; **4.** † *vom Preis* abziehen: ***he knocked £10 off the bill*** er hat £10 (von der Rechnung) nachgelassen; **5.** F a) *Brit.* ‚klauen', stehlen, b) *Bank etc.* ausrauben, c) *j-n* ‚umlegen' (*töten*); **6.** V *Mädchen* ‚bumsen'; **II** *v/i.* **7.** F Feierabend machen; ~ **out** *v/t.* **1.** (her)'ausschlagen, -klopfen; **2.** *sport* a) *Boxen*: k.o. schlagen, niederschlagen, b) *Gegner* ausschalten; **3.** F *j-n* ‚umhauen': a) verblüffen, b) erschöpfen, c) ‚ins Land der Träume schicken' (*Droge etc.*); **4.** ⚔ abschießen; **5.** F *Melodie* ‚runterspielen, -hacken'; ~ **o·ver** *v/t.* **1.** 'umwerfen (*a. fig.*), 'umstoßen; **2.** über'fahren; ~ **to·geth·er** *v/t.* **1.** schnell zs.-bauen *od.* -basteln, *Essen etc.* rasch zu'rechtmachen; **2.** anein'anderstoßen: ***knock people's heads together*** *fig.* die Leute zur Vernunft bringen; ~ **up I** *v/t.* **1.** (*durch Klopfen*) wecken; **2.** F *Essen etc.* rasch ‚auf die Beine stellen' *od.* zu'rechtmachen; **3.** F *Haus etc.* rasch ‚'hinstellen'; **4.** *Brit.* F *Geld* ‚machen' (*verdienen*); **5.** *j-n* ‚fertigmachen' *od.* ‚schaffen' (*erschöpfen*); **6.** V *Am. e-r Frau* ein Kind machen, *e-e Frau* ‚anbumsen'; **II** *v/i.* **7.** *Tennis etc.*: sich warm- *od.* einspielen.

'knock|·aˌbout I *adj.* **1.** *thea.* F Radau..., Klamauk...; **2.** Alltags..., strapa'zierfähig: ~ ***clothes***; ~ ***car*** Gebrauchswagen *m*; **ˌ~'down I** *adj.* **1.** niederschmetternd (*a. fig.*): ~ ***blow*** a) Schlag *m*, der j-n umwirft, b) *Boxen*: Niederschlag *m*, c) *fig.* Nackenschlag *m*, schwerer Schlag; **2.** ⚙ zerlegbar, zs.-legbar; **3.** † äußerst, niedrigst: ~ ***price*** Schleuderpreis *m*; **II** *s.* **4.** † F Preissenkung *f*; **5.** F zerlegbares Möbelstück *od.* Gerät; **6.** ***give s.o. a ~ to s.o.*** *Am.* F j-n j-m vorstellen.

knock·er ['nɒkə] *s.* **1.** (Tür)Klopfer *m*; **2.** *sl.* Nörgler *m*, Krittler *m*; **3.** *pl.* V ‚Titten' *pl.*; **'knock·ing** ['nɒkɪŋ] *s.* **1.** Klopfen *n* (*a. mot.*); **2.** F Kri'tik *f* (***of*** an *dat.*): ***he has taken a bad ~*** er wurde schwer in die Pfanne gehauen.

ˌknock|-'kneed *adj.* X-beinig; **'~-knees** *s. pl.* X-Beine *pl.*; **'~·out I** *s.* **1.** *Boxen*: Knockout *m*, K. 'o. *m*, Niederschlag *m*; **2.** *fig.* vernichtende Niederlage, tödlicher Schlag, *das* ‚Aus' (***for*** für *j-n*); **3.** F großartige *od.* ‚tolle' Sache *od.* Per'son: ***she's a real ~*** sie sieht toll aus; **II** *adj.* **4.** *Boxen*: K.-o.-...: ~ ***blow*** K.-o.-Schlag *m*; ~ ***system*** K.-o.-System *n*; ~ ***match*** Ausscheidungsspiel *n*; **5.** *fig.* vernichtend; **6.** *Am. sl.* Betäubungs...: ~ ***pill***; **'~-proof** *adj. mot.* klopffest; ~ **rat·ing** *s. mot.* Ok'tanzahl *f*; **ˌ~'up** *s. sport* Einspielen *n*.

knoll [nəʊl] *s.* Hügel *m*, Kuppe *f*.

knot [nɒt] **I** *s.* **1.** Knoten *m*: ***tie s.o.*** (***up***) ***into ~s*** *fig.* F j-n ‚fertigmachen'; ***his stomach was in a ~*** sein Magen krampfte sich zusammen; **2.** Schleife *f*, Schlinge *f*, ⚔ *a.* Achselstück *n*; **3.** Knorren *m*, Ast *m* (*im Holz*); **4.** ⚘ Knoten *m*, Knospe *f*, Auge *n*; **5.** ⚓ Knoten *m*: a) Stich *m* (*im Tau*), b) Seemeile *f* (*1,853 km/h*); **6.** *fig.* Knoten *m*, Schwierigkeit *f*, Pro'blem *n*: ***cut the ~*** den Knoten 'durchhauen; **7.** *fig.* Band *n der Ehe etc.*: ***tie the ~*** den Bund fürs Leben schließen; **8.** Knäuel *m*, *n*, Haufen *m* (*Menschen etc.*); **9.** ⚕ (*Gicht- etc.*)Knoten *m*; **II** *v/t.* **10.** (ver)knoten, (ver)knüpfen; **11.** *fig.* verwickeln, verwirren; **III** *v/i.* **12.** (e-n) Knoten bilden; **13.** *fig.* sich verwickeln; **'~·hole** *s.* Astloch *n*.

knot·ted ['nɒtɪd] *adj.* **1.** ver-, geknotet; **2.** → **'knot·ty** [-tɪ] *adj.* **1.** knorrig (*Holz*); **2.** knotig, *fig.* verzwickt, schwierig, kompliziert.

knout [naʊt] *s.* Knute *f*.

know [nəʊ] **I** *v/t.* [*irr.*] **1.** *allg.* wissen: ***come to ~*** erfahren, hören; ***he ~s what to do*** er weiß, was zu tun ist; ~ ***what's what***, ~ ***all about it*** genau Bescheid wissen; (***and***) ***don't I ~ it!*** und ob ich das weiß!, ***he wouldn't ~*** (***that***) er kann das nicht *od.* kaum wissen; ***I wouldn't ~!*** das kann ich leider nicht sagen!; *iro.* weiß ich doch nicht!; ***for all I ~*** a) soviel ich weiß, b) was weiß ich?; ***I would have you ~ that*** ich möchte betonen *od.* Ihnen klarmachen, daß; ***I have never ~n him to lie*** m-s Wissens hat er nie gelogen; ***what do you ~!*** F na, so was!; **2.** (es) können *od.* verstehen (***how to do*** zu tun): ***do you ~ how to do it?*** wissen Sie, wie man das macht?, können Sie das?; ***he ~s how to treat children*** er versteht mit Kindern umzugehen; ***do you ~ how to drive a car?*** können Sie Auto fahren?; ***he ~s*** (***some***) ***German*** er kann (etwas) Deutsch; **3.** kennen, vertraut sein mit: ***I have ~n him for years*** ich kenne ihn (schon) seit Jahren; ***he ~s a thing or two*** F ‚er ist nicht von gestern', er weiß (ganz gut) Bescheid; ***get to ~*** a) *j-n*, *et.* kennenlernen, b) *et.* erfahren, herausfinden; ***after I first knew him*** nachdem ich s-e Bekanntschaft gemacht hatte; **4.** erfahren, erleben: ***he has ~n better days*** er hat bessere Tage gesehen; ***I have ~n it to happen*** ich habe das schon erlebt; → ***known*** II, ***mind*** 4; **5.** ('wieder)erkennen, unter'scheiden: ***I should ~ him anywhere*** ich würde ihn überall erkennen; ~ ***one from the other*** e-n vom anderen unterscheiden (können), die beiden auseinanderhalten können; ***before you ~ where you are*** im Handumdrehen; ***I don't ~ whether I shall ~ him again*** ich weiß nicht, ob ich ihn wiedererkennen werde; **6.** *Bibl.* (*geschlechtlich*) erkennen; **II** *v/i.* [*irr.*] **7.** wissen (***of*** von, um), im Bilde sein *od.* Bescheid wissen (***about*** über *acc.*), sich auskennen (***about*** in *dat.*), et. verstehen (***about*** von); ***I ~ of s.o. who*** ich weiß *od.* kenne j-n, der; ***let me ~*** (***about it***) laß es mich wissen, sag mir Bescheid (darüber); ***I ~ better!*** so dumm bin ich nicht!; ***I ~ better than to say that*** ich werde mich hüten, das zu sagen; ***you ought to ~ better*** (***than that***) das sollten Sie besser wissen, so dumm werden Sie doch nicht sein; ***he ought to ~ better than to go swimming after a big meal*** er sollte so viel Verstand haben zu wissen, daß man nach e-m reichlichen Mahl nicht baden geht; ***they don't ~ any better*** sie kennen's nicht anders; ***not that I ~ of*** F nicht daß ich wüßte; ***do*** (*od.* ***don't***) ***you ~?*** F nicht wahr?; ***you ~*** (*oft unübersetzt*) a) weißt du, wissen Sie, b) nämlich, c) schon, na ja; **III** *s.* **8.** ***be in the ~*** Bescheid wissen, im Bilde *od.* eingeweiht sein.

know·a·ble ['nəʊəbl] *adj.* was man wissen kann.

'know|-(it-)all *s.* Besserwisser *m*, ‚Klugscheißer' *m*; **'~-how** *s.* Know-'how *n*: a) Sachkenntnis *f*, Fachwissen *n*, (praktische, *bsd.* technische) Erfahrung, b) ⚙ Herstellungsverfahren *pl.*

know·ing ['nəʊɪŋ] **I** *adj.* ☐ **1.** intelli'gent, geschickt; **2.** verständnisvoll, wissend: ***~ smile***; ***with a ~ hand*** mit kundiger Hand; **3.** schlau, raffiniert: ***a ~ one*** ein Schlauberger; **II** *s.* **4.** Wissen *n*: ***there is no ~*** man kann nie wissen; **'know·ing·ly** [-lɪ] *adv.* **1.** schlau, klug; **2.** verständnisvoll, wissend; **3.** wissentlich, bewußt, absichtlich.

knowl·edge ['nɒlɪdʒ] *s. nur sg.* **1.** Kenntnis *f*, Wissen *n*: ***have ~ of*** Kenntnis haben von, wissen (*acc.*); ***have no ~ of*** nichts wissen von *od.* über (*acc.*); ***without my ~*** ohne mein Wissen; ***the ~ of the victory*** die Kunde *od.* Nachricht vom Siege; ***it has come to my ~*** es ist mir zu Ohren gekommen, ich habe erfahren; ***to*** (***the best of***) ***my ~*** m-s Wissens, soviel ich weiß; ***to the best of my ~ and belief*** nach bestem Wissen u. Gewissen; ***not to my ~*** nicht daß ich wüßte; ***~ of life*** Lebenserfahrung *f*; → ***carnal***; **2.** Wissen *n*, Kenntnisse *pl.*: ***a good ~ of German*** gute Deutschkenntnisse; ***my ~ of Dickens*** was ich von Dickens kenne; **'knowl·edge·a·ble** [-dʒəbl] *adj.* kenntnisreich, (gut) unter'richtet: ***he is very ~ about wines*** er weiß gut Bescheid über Weine, er ist ein Weinkenner.

known [nəʊn] **I** *p.p. von* ***know***; **II** *adj.* bekannt: ***~ quantity*** ⩘ bekannte Größe; ***make ~*** bekanntmachen; ***make o.s. ~ to s.o.*** F sich j-m vorstellen; ***~ to all*** allbekannt; ***the ~ facts*** die anerkannten Tatsachen.

knuck·le ['nʌkl] **I** *s.* **1.** Fingergelenk *n*, -knöchel *m*: ***a rap over the ~s*** *fig.* ein Verweis, e-e Rüge; **2.** (Kalbs- *od.* Schweins)Haxe (*od.* Hachse) *f*: ***near the ~*** *fig.* F reichlich ‚gewagt' (*Witz etc.*); **II** *v/i.* **3.** ***~ down***, ***~ under*** sich beugen, sich unter'werfen (***to*** *dat.*), klein beigeben; **4.** ***~ down to s.th.*** sich an et. ‚ranmachen', sich hinter et. ‚klemmen': ***~ down to work*** sich an die Arbeit machen; **'~·bone** *s. anat.*, *zo.* Knöchelbein *n*; **'~ˌdust·er** *s.* Schlagring *m*; ***~ joint*** *s.* **1.** *anat.* Knöchel-, Fingergelenk *n*; **2.** ⚙ Kar'dan-, Kreuzgelenk *n.*

knurl [nɜːl] **I** *s.* **1.** Knoten *m*, Ast *m*, Buckel *m*; **2.** ⚙ Rändelrad *n*; **II** *v/t.* **3.** rändeln, kordeln: ***~ed screw*** Rändelschraube *f.*

KO [ˌkeɪ'əʊ] → ***knockout*** 1 *u.* ***knock out.***

ko·a·la [kəʊ'ɑːlə] *s. zo.* Ko'ala(bär) *m.*

kohl·ra·bi [ˌkəʊl'rɑːbɪ] *s.* ⚘ Kohl'rabi *m.*

kol·khoz, **kol·khos** [kɒl'hɔːz] *s.* Kolchos *m, n*, Kol'chose *f.*

kook [kʊk] *s. Am.* F ‚komischer Typ', ‚Spinner' *m*; **kook·y** ['kʊkɪ] *adj. Am.* F ‚irr', verrückt.

ko·pe(c)k ['kəʊpek] → ***copeck.***

Ko·ran [kɒ'rɑːn] *s.* Ko'ran *m.*

Ko·re·an [kə'rɪən] **I** *s.* Kore'aner(in); **II** *adj.* kore'anisch.

ko·sher ['kəʊʃə] *adj.* koscher: ***~ food***; ***~ restaurant***; ***not quite ~*** *fig.* F nicht ganz koscher.

ko·tow [ˌkəʊ'taʊ], **kow·tow** [ˌkaʊ'taʊ] **I** *s.* Ko'tau *m*, unter'würfige Ehrenbezeigung; **II** *v/i. a. fig.* e-n Ko'tau machen: ***~ to s.o.*** e-n Kotau machen (*fig. a.* kriechen) vor j-m.

kraal [krɑːl; *in Südafrika mst* krɔːl] *s. S.Afr.* Kral *m.*

kraft [krɑːft], *a.* ***~ pa·per*** *s. Am.* braunes 'Packpaˌpier.

kraut [kraʊt] *sl. contp.* **I** *s.* Deutsche(r *m*) *f*; **II** *adj.* deutsch.

Krem·lin ['kremlɪn] *npr.* Kreml *m*; **Krem·lin·ol·o·gist** [ˌkremlɪ'nɒlədʒɪst] *s.* Sowjeto'loge *m*, Kremlforscher(in).

ku·dos ['kjuːdɒs] *s.* F Ruhm *m*, Ehre *f.*

Ku-Klux-Klan [ˌkjuːklʌks'klæn] *s. Am. pol.* 'Ku-Klux-'Klan *m* (*rassistischer amer. Geheimbund*).

ku·lak ['kuːlæk] (*Russ.*) *s.* Ku'lak *m*, Großbauer *m.*

kum·quat ['kʌmkwɒt] *s.* ⚘ Kumquat *f.*

kung fu [ˌkʌŋ'fuː; ˌkʊŋ-] *s.* Kung'fu *n* (*chines. Kampfsport*).

Kurd [kɜːd] *s.* Kurde *m*, Kurdin *f*; **'Kurd·ish** [-ɪʃ] *adj.* kurdisch.

kur·saal ['kʊəzɑːl] *s.* (*Ger.*) Kursaal *m*, -haus *n.*

Kyr·i·e ['kɪrɪeɪ], ***~ e·le·i·son*** [ə'leɪsɒn] *s. eccl.* Kyrie (e'leison) *n.*

L

L, l [el] *s.* L *n*, l *n* (*Buchstabe*).

laa·ger [ˈlɑːgə] *s. S.Afr.* Lager *n*, *bsd.* Wagenburg *f*.

lab [læb] *s.* F La'bor *n*.

la·bel [ˈleɪbl] **I** *s.* **1.** Eti'kett *n* (*a. fig.*), (Klebe-, Anhänge)Zettel *m od.* (-)Schild(chen) *n*, Anhänger *m*, Aufkleber *m*; **2.** *fig.* a) Bezeichnung *f*, b) (Kenn)Zeichen *n*, Signa'tur *f*; **3.** Aufschrift *f*, Beschriftung *f*; **4.** Label *n*, 'Schallplatteneti,kett *n od.* F -firma *f*; **5.** *Computer*: Label *n* (*Markierung in e-m Programm*); **6.** ⚠ Kranzleiste *f*; **II** *v/t.* **7.** etikettieren, mit e-m Zettel *od.* Schild(chen) versehen; **8.** beschriften, mit e-r Aufschrift versehen: ***~(l)ed "poison"*** mit der Aufschrift „Gift"; **9.** *a.* ***~ as*** *fig.* als … bezeichnen, zu … stempeln, abstempeln als; **'la·bel·(l)er** [-lə] *s.* Etiket'tierma,schine *f*.

la·bi·a [ˈleɪbɪə] *pl. von* ***labium***.

la·bi·al [ˈleɪbjəl] **I** *adj. anat.*, *ling.* Lippen…, labi'al; **II** *s.* Lippenlaut *m*, Labi'al *m*.

la·bile [ˈleɪbaɪl] *adj. allg.* la'bil.

la·bi·o·den·tal [ˌleɪbɪəʊˈdentl] *ling.* **I** *adj.* labioden'tal; **II** *s.* Labioden'tal *m*, Lippenzahnlaut *m*.

la·bi·um [ˈleɪbɪəm] *pl.* **-bi·a** [-bɪə] *s. anat.* Labium *n*, (*bsd.* Scham)Lippe *f*.

la·bor *etc. Am.* → ***labour*** *etc.*

lab·o·ra·to·ry [*Brit.* ləˈbɒrətərɪ; *Am.* ˈlæbrəˌtɔːrɪ] *s.* **1.** Labora'torium *n*: ***~ assistant*** Laborant(in); ***~ technician*** Chemotechniker(in); ***~ stage*** Versuchsstadium *n*; **2.** *fig.* Werkstätte *f*.

la·bo·ri·ous [ləˈbɔːrɪəs] *adj.* □ mühsam: a) anstrengend, schwierig, b) 'umständlich, schwerfällig (*Stil etc.*).

la·bor un·ion *s. Am.* Gewerkschaft *f*.

la·bour [ˈleɪbə] *Brit.* **I** *s.* **1.** a) (*bsd.* schwere) Arbeit, b) Anstrengung *f*, Mühe *f*: ***~ of Hercules*** Herkulesarbeit *f*; ***~ of love*** Liebesdienst *m*, gern *od.* unentgeltlich getane Arbeit; → ***hard labo(u)r***; **2.** a) Arbeiterschaft *f*, Arbeiter(klasse *f*) *pl.*, b) Arbeiter *pl.*, Arbeitskräfte *pl.*: ***cheap ~***; ***shortage of ~*** Arbeitskräftemangel *m*; → ***skilled*** 2; **3.** ♀ (*ohne Artikel*) → ***Labour Party***; **4.** ⚕ Wehen *pl.*: ***be in ~*** in den Wehen liegen; **II** *v/i.* **5.** arbeiten (***at*** an *dat.*); **6.** sich anstrengen (***to*** *inf.* zu *inf.*), sich abmühen (***at***, ***with*** mit; ***for*** um *acc.*); **7.** *a.* ***~ along*** sich mühsam fortbewegen *od.* da'hinschleppen, sich (da'hin)quälen; **8.** stampfen, schlingern (*Schiff*); **9.** (***under***) zu leiden haben (unter *dat.*), zu kämpfen haben (mit *Schwierigkeiten etc.*), kranken (an *dat.*); → ***delusion*** 2; **10.** ⚕ in den Wehen liegen; **III** *v/t.* **11.** ausführlich eingehen auf (*acc.*), eingehend behandeln, *iro.* ‚breittreten', her'umreiten auf (*dat.*): ***I need not ~ the point***; ***~ camp*** *s.* Arbeitslager *n*; ♀ ***Day*** *s.* Tag *m* der Arbeit; ***~ costs*** *s.* Arbeitskosten *pl.*; ***~ dis·pute*** *s.* ✝ Arbeitskampf *m*.

la·bo(u)red [ˈleɪbəd] *adj.* **1.** → ***laborious***; **2.** → ***labo(u)ring*** 2; **'la·bo(u)r·er** [-ərə] *s.* (*bsd. ungelernter*) Arbeiter.

La·bour Ex·change *s. Brit. obs.* Arbeitsamt *n*.

la·bo(u)r force *s.* Arbeitskräfte *pl.*, Belegschaft *f* (*e-s Betriebs*).

la·bo(u)r·ing [ˈleɪbərɪŋ] *adj.* **1.** arbeitend, werktätig: ***the ~ classes***; **2.** mühsam, schwer (*Atem*).

'la·bo(u)r-in,ten·sive *adj.* ✝ 'arbeitsinten,siv.

la·bour·ite [ˈleɪbəraɪt] *s. Brit.* Anhänger (-in) *od.* Mitglied *n* der ***Labour Party***.

la·bo(u)r| lead·er *s.* Arbeiterführer *m*; ***~ mar·ket*** *s.* Arbeitsmarkt *m*; ***~ pains*** *s. pl.* ⚕ Wehen *pl.*

La·bour Par·ty *s. Brit. pol. die* Labour Party.

la·bo(u)r| re·la·tions *s. pl.* Beziehungen *pl.* zwischen Arbeitgeber(n) u. Arbeitnehmern; **'~-,sav·ing** *adj.* arbeitssparend; ***~ short·age*** *s.* Arbeitskräftemangel *m*; ***~ turn·o·ver*** *s.* Personalfluktuation *f*.

Lab·ra·dor (dog) [ˈlæbrədɔː] *s. zo.* Neu'fundländer *m* (*Hund*).

la·bur·num [ləˈbɜːnəm] *s.* ⚘ Goldregen *m*.

lab·y·rinth [ˈlæbərɪnθ] *s.* **1.** Laby'rinth *n*, Irrgarten *m* (*beide a. fig.*); **2.** *fig.* Wirrwarr *m*, Durchein'ander *n*; **3.** *anat.* Laby'rinth *n*, inneres Ohr; **lab·y·rin·thine** [ˌlæbəˈrɪnθaɪn] *adj.* laby'rinthisch (*a. fig.*).

lac[1] [læk] *s.* Gummilack *m*, Lackharz *n*.

lac[2] [læk] *s. Brit. Ind.* Lak *n* (*100000, mst Rupien*).

lace [leɪs] **I** *s.* **1.** Spitze *f* (*Stoff*); **2.** Litze *f*, Borte *f*, Tresse *f*, Schnur *f*: ***gold ~***; **3.** Schnürband *n*, -senkel *m*; → ***laced*** 1; **4.** Schnur *f*, Band *n*; **II** *v/t.* **5.** *a.* ***~ up*** (zu-, zs.-)schnüren; **6.** *j-n*, *j-s Taille* schnüren; **7.** ***~ s.o.*** F → 14; **8.** *Finger etc.* ineinanderschlingen; **9.** mit Spitzen *od.* Litzen besetzen; Schnürsenkel einziehen in; **10.** mit Streifenmuster verzieren; **11.** *fig.* durch'setzen (***with*** mit): ***a story ~d with jokes***; **12.** e-n Schuß Alkohol zugeben (*dat.*); **III** *v/i.* **13.** *a.* ***~ up*** sich schnüren (lassen); **14.** ***~ into*** F a) auf *j-n* einprügeln, b) *j-n* anbrüllen; **laced** [-st] *adj.* **1.** geschnürt, Schnür…: ***~ boot*** Schnürstiefel *m*; **2.** mit e-m Schuß Alkohol, ‚mit Schuß': ***~ coffee***.

lace| pa·per *s.* Pa'pierspitzen *pl.*; ***~ pil·low*** *s.* Klöppelkissen *n*.

lac·er·ate [ˈlæsəreɪt] *v/t.* **1.** a) aufreißen, -schlitzen, zerfetzen, -kratzen, b) zerfleischen, zerreißen; **2.** *fig. j-n*, *j-s Gefühle* zutiefst verletzen; **lac·er·a·tion** [ˌlæsəˈreɪʃn] *s.* **1.** Zerreißung *f*, Zerfleischung *f* (*a. fig.*); **2.** ⚕ Schnitt-, Riß-, Fleischwunde *f*, Riß *m*.

'lace|-up (shoe) *s.* Schnürschuh *m*; **'~·work** *s.* **1.** Spitzenarbeit *f*, -muster *n*; **2.** *weitS.* Fili'gran(muster) *n*.

lach·ry·mal [ˈlækrɪml] **I** *adj.* **1.** Tränen…: ***~ gland***; **II** *s.* **2.** *pl. anat.* 'Tränenappa,rat *m*; **3.** *hist.* Tränenkrug *m*; **'lach·ry·mose** [-məʊs] *adj.* □ **1.** weinerlich; **2.** *fig.* rührselig: ***~ story***.

lac·ing [ˈleɪsɪŋ] *s.* **1.** Litzen *pl.*, Tressen *pl.*; **2.** → ***lace*** 3; **3.** ‚Schuß' *m* (Alkohol); **4.** Tracht *f* Prügel.

lack [læk] **I** *s.* (***of***) Mangel *m* (an *dat.*), Fehlen *n* (von): ***for ~ of time*** aus Zeitmangel; ***there was no ~ of*** es fehlte nicht *od.* da war kein Mangel an (*dat.*); **II** *v/t.* Mangel haben an (*dat.*), *et.* nicht haben *od.* besitzen: ***he ~s time*** ihm fehlt es an (der nötigen) Zeit, er hat keine Zeit; **III** *v/i.*: ***be ~ing*** fehlen, nicht vorhanden sein; ***wine was not ~ing*** an Wein fehlte es nicht; ***he ~ed for nothing*** es fehlte ihm an nichts; ***be ~ing in*** → II.

lack·a·dai·si·cal [ˌlækəˈdeɪzɪkl] *adj.* □ **1.** lustlos, gelangweilt, gleichgültig; **2.** schlaff, lasch.

lack·ey [ˈlækɪ] *s. bsd. fig. contp.* La'kai *m*.

'lack|,lus·ter *Am.*, **'~,lus·tre** *Brit. adj.* glanzlos, matt, *fig. a.* farblos.

la·con·ic [ləˈkɒnɪk] *adj.* (□ ***~ally***) **1.** la'konisch, kurz u. treffend; **2.** wortkarg; **lac·o·nism** [ˈlækənɪzəm] *s.* Lako'nismus *m*: a) La'konik *f*, la'konische Kürze, b) la'konischer Ausspruch.

lac·quer [ˈlækə] **I** *s.* **1.** (Farb)Lack *m*, (Lack)Firnis *m*; **2.** a) (Nagel)Lack *m*, b) Haarspray *m*; **3.** *a.* ***~ ware*** Lackarbeit *f*, -waren *pl.*; **II** *v/t.* **4.** lackieren.

la·crosse [ləˈkrɒs] *s.* La'crosse *n* (*Ballspiel*): ***~ stick*** La'crosseschläger *m*.

lac·tate [ˈlækteɪt] **I** *v/t. physiol. Milch* absondern; **II** *s.* ⚗ Lak'tat *n*; **lac·ta·tion** [lækˈteɪʃn] *s.* Laktati'on *f*: a) Milchabsonderung *f*, b) Stillen *n*, c) Stillzeit *f*; **'lac·te·al** [-tɪəl] **I** *adj.* Milch…, milchähnlich; **II** *s. pl.* Milch-, Lymphgefäße *pl.*; **'lac·tic** [-tɪk] *adj.* Milch…: ***~ acid*** Milchsäure *f*; **lac·tif·er·ous** [lækˈtɪfərəs] *adj.* milchführend: ***~ duct*** Milchgang *m*; **lac·tom·e·ter** [lækˈtɒmɪtə] *s.* Lakto'meter *n*, Milchwaage *f*; **'lac·tose** [-təʊs] *s.* Lak'tose *f*, Milchzucker *m*.

la·cu·na [ləˈkjuːnə] *pl.* **-nae** [-niː] *od.* **-nas** *s.* Lücke *f*, Laˈkune *f*: a) *anat.* Spalt *m*, Hohlraum *m*, b) (Text- *etc.*) Lücke *f*; **laˈcu·nar** [-nə] *s.* ⚠ Kasˈsettendecke *f*.

la·cus·trine [ləˈkʌstraɪn] *adj.* See…: ~ ***dwellings*** Pfahlbauten.

lac·y [ˈleɪsɪ] *adj.* spitzenartig, Spitzen…

lad [læd] *s.* **1.** (junger) Kerl *od.* Bursche, Junge *m*: ***he's just a ~!*** er ist (doch) noch ein Junge!; ***come on, ~s!*** los, Jungs!; ***he's a bit of a ~*** F *Brit.* er ist ein ziemlicher Draufgänger *od.* Schwerenöter; **2.** *Brit.* Stallbursche *m*.

lad·der [ˈlædə] **I** *s.* **1.** Leiter *f* (*a. fig.*): ***the social ~*** *fig.* die gesellschaftliche Stufenleiter; ***the ~ of fame*** die (Stufen-) Leiter des Ruhms; ***kick down the ~*** die Leute loswerden wollen, die e-m beim Aufstieg geholfen haben; **2.** *Brit.* Laufmasche *f*; **3.** *Tischtennis etc.*: Taˈbelle *f*; **II** *v/i.* **4.** *Brit.* Laufmaschen bekommen (*Strumpf*); **III** *v/t.* **5.** *Brit.* zerreißen: ~ ***one's stockings*** sich e-e Laufmasche holen; **ˈ~·proof** *adj. Brit.* (lauf)maschenfest (*Strumpf*).

lad·die [ˈlædɪ] *s. bsd. Scot.* F Bürschchen *n*.

lade [leɪd] *p.p. a.* **ˈlad·en** [-dn] *v/t.* **1.** (be)laden, befrachten; **2.** *Waren* ver-, aufladen; **ˈlad·en** [-dn] **I** *p.p. von* ***lade***; **II** *adj.* (***with***) *a. fig.* beladen *od.* befrachtet (mit), voll (von), voller: ~ ***with fruit*** (schwer) beladen mit Obst.

la-di-da(h) [ˌlɑːdɪˈdɑː] *adj. Brit.* F affektiert, vornehmtuerisch, ‚affig'.

la·dies'| choice *s.* Damenwahl *f* (*beim Tanz*); ~ **man** *s.* [*irr.*] Frauenheld *m*, Charˈmeur *m*; ~ **room** → ***lady*** 6.

lad·ing [ˈleɪdɪŋ] *s.* **1.** (Ver)Laden *n*; **2.** Ladung *f*; → ***bill***[2] 3.

la·dle [ˈleɪdl] **I** *s.* **1.** Schöpflöffel *m*, (Schöpf-, Suppen)Kelle *f*; **2.** ⚙ Gießkelle *f*, -löffel *m*; **3.** Schaufel *f* (*am Wasserrad*); **II** *v/t.* **4.** *a.* ~ ***out*** (aus)schöpfen, *a.* F *fig. Lob etc.* austeilen.

la·dy [ˈleɪdɪ] **I** *s.* **1.** Dame *f*: ***she is no*** (*od.* ***not a***) ~ sie ist keine Dame; ***an English ~*** e-e Engländerin; ***young ~*** junge Dame, junges Mädchen; ***young ~!*** *iro.* (mein) liebes Fräulein!; ***his young ~*** F s-e (kleine) Freundin; ***my*** (***dear***) ~ (verehrte) gnädige Frau; ***ladies and gentlemen*** m-e (sehr verehrten) Damen u. Herren; **2.** Lady *f* (*Titel*): ***my ~!*** Mylady!, gnädige Frau; **3.** *obs. od.* F (*außer wenn auf e-e* ***Lady*** *angewandt*) Gattin *f*, Gemahlin *f*: ***the old ~*** F a) die alte Dame (*Mutter*), b) m-e *etc.* ‚Alte' (*Frau*); **4.** Herrin *f*, Gebieterin *f*: ~ ***of the house*** Hausherrin, Dame *f* des Hauses; ***our sovereign ~*** *Brit.* die Königin; **5.** ***Our*** **&** Unsere Liebe Frau, die Mutter Gottes: ***Church of Our*** **&** Marien-, (Lieb)Frauenkirche *f*; **6.** ***Ladies*** *pl. sg. konstr.* ˈDamentoiˌlette *f*, ‚Damen' *n*; **II** *adj.* **7.** weiblich: ~ ***doctor*** Ärztin *f*; ~ ***friend*** Freundin *f*; ~ ***mayoress*** Frau *f* (Ober)Bürgermeister; ~ ***dog*** *humor.* ‚Hundedame' *f*.

ˈla·dy|·bird *s. zo.* Maˈrienkäfer(chen *n*) *m*; **& Boun·ti·ful** *s. fig.* gute Fee; **ˈ~·bug** *Am.* → ***ladybird***; **& Day** *s. eccl.* Maˈriä Verkündigung *f*; **ˈ~ˌfin·ger** *s.* Löffelbiskuit *n*; **ˌ~-in-ˈwait·ing** *s.* Hofdame *f*; **ˈ~-ˌkill·er** *s.* F Herzensbrecher *m*, Ladykiller *m*; **ˈ~·like** *adj.* damenhaft, vornehm; **ˈ~·love** *s. obs.* Geliebte *f*; **& of the Bed·cham·ber** *s. Brit.* königliche Kammerfrau, Hofdame *f*.

la·dy·ship [ˈleɪdɪʃɪp] *s.* Ladyschaft *f* (*Stand u. Anrede*): ***her*** (***your***) ~ ihre (Eure) Ladyschaft.

la·dy's| maid *s.* Kammerzofe *f*; **ˈ~-ˌslip·per** *s.* ⚘ Frauenschuh *m*.

lag[1] [læg] **I** *v/i.* **1.** *mst* ~ ***behind*** *a. fig.* zuˈrückbleiben, nicht mitkommen, nach-, hinterˈherhinken; **2.** *mst* ~ ***behind*** a) sich verzögern, b) zögern, c) ⚡ nacheilen; **II** *s.* **3.** Zuˈrückbleiben *n*, Rückstand *m*, Verzögerung *f* (*a.* ⚙, *phys.*): ***cultural ~*** kultureller Rückstand; **4.** ˈZeitabstand *m*, -ˌunterschied *m*; **5.** ⚡ negative Phasenverschiebung, (Phasen)Nacheilung *f*.

lag[2] [læg] *s. Brit. sl.* **1.** ‚Knastschieber' *m*, ‚Knacki' *m*; **2.** ***do a ~*** ‚(im Knast) sitzen'.

lag[3] [læg] **I** *s.* **1.** (Faß)Daube *f*; **2.** ⚙ Verschalungsbrett *n*; **II** *v/t.* **3.** mit Dauben versehen; **4.** ⚙ *Rohre etc.* isolieren, umˈwickeln.

lag·an [ˈlægən] *s.* ⚖, ⚓ versenktes (Wrack)Gut.

la·ger (beer) [ˈlɑːgə] *s.* Lagerbier *n* (*ein helles Bier*).

lag·gard [ˈlægəd] **I** *adj.* ☐ **1.** langsam, bummelig, faul; **II** *s.* **2.** ‚Trödler(in)', Bummler(in); **3.** Nachzügler(in).

lag·ging [ˈlægɪŋ] *s.* ⚙ **1.** Verkleidung *f*, Verschalung *f*; **2.** a) Isolierung *f*, b) Isoˈliermateriˌal *n*.

la·goon [ləˈguːn] *s.* Laˈgune *f*.

la·ic, la·i·cal [ˈleɪɪk(l)] *adj.* weltlich, Laien…; **ˈla·i·cize** [-ɪsaɪz] *v/t.* säkularisieren.

laid [leɪd] *pret. u. p.p. von* ***lay***[1]: ~ ***up*** → ***lay up*** 4; **ˈ~·back** *adj. Am.* **1.** entspannend; **2.** entspannt, ruhig.

lain [leɪn] *p.p. von* ***lie***[2].

lair [leə] *s.* **1.** *zo.* a) Lager *n*, b) Höhle *f*, Bau *m* (*des Wildes*); **2.** *allg.* Lager(statt *f*) *n*; **3.** F *fig.* a) Versteck *n*, b) Zuflucht(sort *m*) *f*.

laird [leəd] *s. Scot.* Gutsherr *m*.

lais·sez-faire [ˌleɪseɪˈfeə] (*Fr.*) *s.* Laissez-ˈfaire *n* (*Gewährenlassen*, *Nichteinmischung*).

la·i·ty [ˈleɪətɪ] *s.* **1.** Laienstand *m*, Laien *pl.* (*Ggs. Geistlichkeit*); **2.** Laien *pl.*, Nichtfachleute *pl.*

lake[1] [leɪk] *s.* **1.** (*bsd.* rote) Pigˈmentfarbe, Farblack *m*; **2.** Beizenfarbstoff *m*.

lake[2] [leɪk] *s.* (Binnen)See *m*: ***the Great*** **&** der große Teich (*der Atlantische Ozean*); ***the Great &s*** die Großen Seen (*an der Grenze zwischen USA u. Kanada*); ***the ~s*** → **& Dis·trict** *s. das* Seengebiet (*im Nordwesten Englands*); ~ **dwell·er** *s.* Pfahlbauer *m*; ~ **dwell·ing** *s.* Pfahlbau *m*; **ˈ&·land** → ***Lake District***; **& po·et** *s.* Seendichter *m* (*e-r der 3 Dichter der* ***Lake school***); **& school** *s.* Seeschule *f* (*die Dichter Southey*, *Coleridge u. Wordsworth*).

lam[1] [læm] *sl.* **I** *v/t.* verdreschen, ‚vermöbeln'; **II** *v/i.*: ~ ***into*** a) → I, b) *fig.* auf *j-n* ‚einhauen'.

lam[2] [læm] *Am. sl.* **I** *s.*: ***on the ~*** im ‚Abhauen' (begriffen), auf der Flucht (*vor der Polizei*); ***take it on the ~*** → **II** *v/i.* ‚türmen', ‚Leine ziehen'.

la·ma [ˈlɑːmə] *s. eccl.* Lama *m*; **ˈla·ma·ism** [-ɪzəm] *s. eccl.* Lamaˈismus *m*; **ˈla·ma·ser·y** [-əsərɪ] *s.* Lamakloster *n*.

lamb [læm] **I** *s.* **1.** Lamm *n*: ***in*** (*od.* ***with***) ~ trächtig (*Schaf*); ***like a ~*** *fig.* wie ein Lamm, lammfromm; ***like a ~ to the slaughter*** *fig.* wie ein Lamm zur Schlachtbank; **2.** Lamm(fleisch) *n*; **3.** ***the &*** (***of God***) *eccl.* das Lamm (Gottes); **4.** F Schätzchen *n*; **II** *v/i.* **5.** lammen: ***~ing time*** Lammzeit *f*.

lam·baste [læmˈbeɪst] *v/t. sl.* **1.** ‚vermöbeln' (*verprügeln*); **2.** *fig.* ‚herˈunterputzen', ‚zs.-stauchen'.

lam·ben·cy [ˈlæmbənsɪ] *s.* **1.** Züngeln *n* (*e-r Flamme*); **2.** *fig.* (*geistreiches*) Funkeln, Sprühen *n*; **ˈlam·bent** [-nt] *adj.* ☐ **1.** züngelnd, flackernd; **2.** sanft strahlend; **3.** *fig.* sprühend, funkelnd (*Witz*).

lamb·kin [ˈlæmkɪn] *s.* **1.** Lämmchen *n*; **2.** *fig.* ‚Schätzchen' *n*.

ˈlamb·skin *s.* **1.** Lammfell *n*; **2.** Schafleder *n*.

lamb's| tails *s. pl.* ⚘ **1.** *Brit.* Haselkätzchen *pl.*; **2.** *Am.* Weiden-, Palmkätzchen *pl.*; ~ **wool** *s.* Lammwolle *f*.

lame [leɪm] **I** *adj.* ☐ **1.** lahm, hinkend: ~ ***in*** (*od.* ***of***) ***one leg*** auf ˈeinem Bein lahm; **2.** *fig.* ‚lahm', ‚müde': ~ ***efforts***; ~ ***story***; ~ ***excuse*** faule Ausrede; ~ ***verses*** holprige *od.* hinkende Verse; **II** *v/t.* **3.** lahm machen, lähmen (*a. fig.*); ~ **duck** *s.* F **1.** Körperbehinderte(r *m*) *f*; **2.** ‚Versager' *m*, ‚Niete' *f*; **3.** ✝ ruinierter (ˈBörsen)Spekuˌlant; **4.** *Am. pol. nicht wiedergewählter Amtsinhaber*, *bsd. Kongreßmitglied od. Präsident*, *bis zum Ende s-r Amtsperiode*.

la·mel·la [ləˈmelə] *pl.* **-lae** [-liː] *s. allg.* Laˈmelle *f*, Plättchen *n*; **laˈmel·lar** [-lə], **lam·el·late** [ˈlæməleɪt] *adj.* laˈmellenartig, Lamellen…

lame·ness [ˈleɪmnɪs] *s.* **1.** Lahmheit *f* (*a. fig.*, *contp.*); **2.** *fig.* Schwäche *f*; **3.** Hinken *n* (*von Versen*).

la·ment [ləˈment] **I** *v/i.* **1.** jammern, (weh)klagen, lamentieren (***for*** *od.* ***over*** um); **2.** trauern (***for*** *od.* ***over*** um); **II** *v/t.* **3.** bejammern, beklagen, bedauern, betrauern; **III** *s.* **4.** Jammer *m*, Wehklage *f*, Klage(lied *n*) *f*; **lam·en·ta·ble** [ˈlæməntəbl] *adj.* ☐ **1.** beklagenswert, bedauerlich; **2.** *contp.* erbärmlich, kläglich, jämmerlich (schlecht); **lam·en·ta·tion** [ˌlæmenˈteɪʃn] *s.* **1.** Jammern *n*, Lamentieren *n*, (Weh)Klage *f*, *iro. a.* Laˈmento *n*; **2.** ***&s*** (***of Jeremiah***) *pl. mst sg. konstr. bibl.* Klagelieder *pl.* Jereˈmiae.

lam·i·na [ˈlæmɪnə] *pl.* **-nae** [-niː] *s.* **1.** Plättchen *n*, Blättchen *n*; **2.** (dünne) Schicht; **3.** ⚘ Blattspreite *f*; **ˈlam·i·nal** [-nl], **ˈlam·i·nar** [-nə] *adj.* **1.** blätterig; **2.** (blättchenartig) geschichtet; **3.** *phys.* lamiˈnar: ~ ***flow*** Laminarströmung *f*; **ˈlam·i·nate** [-neɪt] **I** *v/t.* **1.** ⚙ a) auswalzen, strecken, b) in Blättchen aufspalten, c) schichten; **2.** mit Plättchen belegen, mit Folie überˈziehen; **II** *v/i.* **3.** sich in Plättchen *od.* Schichten spalten; **III** *s.* **4.** ⚙ (Plastik-, Verbund)Folie *f*; **IV** *adj.* **5.** → ***laminar***.

lam·i·nat·ed [ˈlæmɪneɪtɪd] *adj.* laˈmellenartig, Lamellen…; ⚙ *a.* blättrig *od.* geschichtet: ~ ***glass*** Verbundglas *n*; ~ ***material*** Schichtstoff *m*; ~ ***paper*** Hartpapier *n*; ~ ***sheet*** Schichtplatte *f*; ~

spring Blattfeder *f*; ~ ***wood*** Sperr-, Preßholz *n*; **lam·i·na·tion** [ˌlæmɪˈneɪʃn] *s*. **1.** ⚙ a) Lamellierung *f*, b) Streckung *f*, c) Schichtung *f*; **2.** ˈBlätterstrukˌtur *f*.

lam·mer·gei·er, lam·mer·gey·er [ˈlæməgaɪə] *s. orn*. Lämmergeier *m*.

lamp [læmp] *s*. **1.** Lampe *f*; (*Straßen- etc*.)Laˈterne *f*: ***smell of the*** ~ nach ‚saurem Schweiß riechen', mehr Fleiß als Talent verraten; **2.** ↯ Lampe *f*: a) Glühbirne *f*, b) Leuchte *f*; **3.** *fig*. Leuchte *f*, Licht *n*; ˈ**~·black** *s*. Lampenruß *m*, -schwarz *n*; ~ **chim·ney** *s*. ˈLampenzyˌlinder *m*; ˈ**~·light** *s*. (***by*** ~ bei) Lampenlicht *n*.

lam·poon [læmˈpuːn] **I** *s*. Spott- *od*. Schmähschrift *f*, Pamˈphlet *n*, Saˈtire *f*; **II** *v/t*. (*schriftlich*) verspotten, -höhnen; **lamˈpoon·er** [-nə], **lamˈpoon·ist** [-nɪst] *s*. Pamphleˈtist(in).

ˈ**lamp·post** *s*. Laˈternenpfahl *m*: ***between you and me and the*** ~ F (ganz) unter uns (gesagt).

lam·prey [ˈlæmprɪ] *s. ichth*. Lamˈprete *f*, Neunauge *n*.

ˈ**lamp·shade** *s*. Lampenschirm *m*.

Lan·cas·tri·an [læŋˈkæstrɪən] *Brit*. **I** *s*. **1.** Bewohner(in) der Stadt *od*. Grafschaft Lancaster; **2.** *hist*. Angehörige(r *m*) *f od*. Anhänger(in) des Hauses Lancaster; **II** *adj*. **3.** Lancaster...

lance [lɑːns] **I** *s*. **1.** Lanze *f*, Speer *m*: ***break a*** ~ ***for*** (*od*. ***on behalf of***) ***s.o.*** e-e Lanze für j-n brechen; **2.** → ***lancer*** 1; **3.** → ***lancet*** 1; **II** *v/t*. **4.** mit e-r Lanze durchˈbohren; **5.** ⚕ mit e-r Lanˈzette öffnen: ~ ***a boil*** ein Geschwür (*fig*. e-e Eiterbeule) aufstechen; ~ **cor·po·ral** *s*. ⚔ *Brit*. Ober-, Hauptgefreite(r) *m*.

lanc·er [ˈlɑːnsə] *s*. **1.** ⚔ *hist*. Uˈlan *m*; **2.** *pl. sg. konstr*. Lanciˈer *m* (*Tanz*).

lan·cet [ˈlɑːnsɪt] *s*. **1.** ⚕ Lanˈzette *f*; **2.** △ a) *a*. ~ ***arch*** Spitzbogen *m*, b) *a*. ~ ***window*** Spitzbogenfenster *n*.

land [lænd] **I** *s*. **1.** Land *n* (*Ggs. Meer, Wasser*): ***by*** ~ auf dem Landweg; ***by*** ~ ***and by sea*** zu Wasser u. zu Lande; ***make*** ~ ⚓ Land sichten; ***see how the*** ~ ***lies*** sehen, wie der Hase läuft, die Lage ‚peilen'; **2.** Land *n*, Boden *m*: ***live off the*** ~ a) von den Früchten des Landes leben, b) sich aus der Natur ernähren (*Soldaten etc*.); **3.** Land *n*, Grund *m* u. Boden *m*, Grundbesitz *m*, Ländeˈreien *pl*.; ~ ***set-aside*** *EU* Flächenstillegung *f*; **4.** Land *n* (*Staat, Region*): ***far-off*** ~***s*** ferne Länder; **5.** *fig*. Land *n*, Reich *n*: ~ ***of the living*** Diesseits *n*; ~ ***of dreams*** Reich der Träume; **II** *v/i*. **6.** ⚓, ✈ landen; ⚓ anlegen; **7.** landen, an Land gehen, aussteigen; **8.** landen, (an-)kommen: ***he*** ~***ed in a ditch*** er landete in e-m Graben; ~ ***on one's feet*** auf die Füße fallen (*a. fig*.); ~ (***up***) ***in prison*** im Gefängnis landen; **9.** *sport* durchs Ziel gehen; **III** *v/t*. **10.** *Personen, Waren, Flugzeug* landen; *Schiffsgüter* landen, löschen, ausladen; *Fisch*(*fang*) an Land bringen; **11.** *bsd. Fahrgäste* absetzen; **12.** *j-n in Schwierigkeiten etc*. bringen, verwickeln: ~ ***s.o. in difficulties***; ~ ***s.o. with s.th.*** j-m et. aufhalsen *od*. einbrocken; ~ ***o.s.*** (*od*. ***be*** ~***ed***) ***in*** (hinein)geraten in (*acc*.); **13.** F a) *e-n Schlag od. Treffer* landen: ***I*** ~***ed him one*** ich hab' ihm eine geknallt *od*. ‚verpaßt'; **14.** F *j-n od. et*. ‚erwischen', (sich) ‚schnappen', ‚kriegen': ~ ***a prize*** sich e-n Preis ‚holen'; ~ ***a good contract*** e-n guten Vertrag ‚an Land ziehen'.

land a·gent *s*. **1.** Grundstücksmakler *m*; **2.** *Brit*. Gutsverwalter *m*.

lan·dau [ˈlændɔː] *s*. Landauer *m* (*Kutsche*).

land| **bank** *s*. ˈBodenkreˌdit-, Hypoˈthekenbank *f*; ~ **car·riage** *s*. ˈLandtransˌport *m*, -fracht *f*; ~ **crab** *s. zo*. Landkrabbe *f*.

land·ed [ˈlændɪd] *adj*. Land..., Grund...: ~ ***estate***, ~ ***property*** Grundbesitz *m*, -eigentum *n*; ~ ***gentry*** Landadel *m*; ~ ***proprietor*** Grundbesitzer (-in); ***the*** ~ ***interest*** *coll*. die Grundbesitzer.

ˈ**land**|**·fall** *s*. ⚓ Landkennung *f*, Sichten *n* von Land; ~ **forc·es** *s. pl*. ⚔ Landstreitkräfte *pl*.; ˈ**~·grave** [-ndg-] *s. hist*. (deutscher) Landgraf; ˈ**~ˌhold·er** *s*. Grundbesitzer *m od*. -pächter *m*.

land·ing [ˈlændɪŋ] *s*. **1.** ⚓ Landen *n*, Landung *f*: a) Anlegen *n* (*e-s Schiffs*), b) Ausschiffung *f* (*von Personen*), c) Ausladen *n*, Löschen *n* (*der Fracht*); **2.** ⚓ Lande-, Anlegeplatz *m*; **3.** ✈ Landung *f*; **4.** △ Treppenabsatz *m*; ~ **beam** *s*. ✈ Landeleitstrahl *m*; ~ **card** *s*. Einreisekarte *f*; ~ **craft** *s*. ⚓, ⚔ Landungsboot *n*; ~ **field** *s*. ✈ Landeplatz *m*, -bahn *f*; ~ **flap** *s*. ✈ Landeklappe *f*; ~ **gear** *s*. ✈ Fahrgestell *n*, -werk *n*; ~ **net** *s*. Hamen *m*, Kescher *m*; ~ **par·ty** *s*. ⚔ ˈLandungstrupp *m*, -komˌmando *n*; ~ **place** → ***landing*** 2; ~ **stage** *s*. ⚓ Landungsbrücke *f*, -steg *m*; ~ **strip**, ~ **track** → ***air strip***.

ˈ**landˌla·dy** [ˈlænˌl-] *s*. (Haus-, Gast-, Pensiˈons)Wirtin *f*.

land·less [ˈlændlɪs] *adj*. ohne Grundbesitz.

ˈ**land**|**·locked** *adj*. ˈlandumˌschlossen, ohne Zugang zum Meer: ~ ***country*** Binnenstaat *m*; ˈ**~ˌlop·er** [-ˌləʊpə] *s*. Landstreicher *m*; ˈ**~·lord** [ˈlænl-] *s*. **1.** Grundbesitzer *m*; **2.** Hauseigentümer *m*; **3.** Hauswirt *m*, ⚭ *a*. Hauswirtin *f*; **4.** (Gast)Wirt *m*; ˈ**~ˌlub·ber** *s*. ⚓ ‚Landratte' *f*; ˈ**~·mark** [-ndm-] *s*. **1.** Grenzstein *m*; **2.** ⚓ Seezeichen *n*; **3.** ⚔ Gelände-, Orientierungspunkt *m*; **4.** Wahrzeichen *n* (*e-r Stadt etc*.); **5.** *fig*. Meilen-, Markstein *m*, Wendepunkt *m*: ***a*** ~ ***in history***; ˈ**~·mine** [-ndm-] *s*. ⚔ Landmine *f*; ~ **of·fice** *s*. *Am*. Grundbuchamt *n*; ˈ**~ˌof·fice busi·ness** *s*. *Am*. F ‚Bombengeschäft' *n*; ˈ**~ˌown·er** *s*. Land-, Grundbesitzer(in); ~ **re·form** *s*. ˈBodenreˌform *f*; ~ **reg·is·ter** *s*. Grundbuch *n*.

land·scape [ˈlænskeɪp] **I** *s*. **1.** Landschaft *f* (*a. paint*.); **2.** Landschaftsmaleˈrei *f*; **II** *v/i*. **3.** landschaftlich *od*. gärtnerisch gestalten, anlegen; ~ **ar·chi·tect** *s*. **1.** ˈLandschaftsarchiˌtekt(in); **2.** → ~ **gar·den·er** *s*. Landschaftsgärtner (-in), ˈGartenarchiˌtekt(in); ~ **gar·den·ing** *s*. Landschaftsgärtneˈrei *f*; ~ **paint·er** → **land·scap·ist** [ˈlænˌskeɪpɪst] *s*. Landschaftsmaler(in).

ˈ**land**|**·slide** [-nds-] *s*. **1.** Erdrutsch *m*; **2.** *a*. ~ ***victory*** *pol. fig*. ‚Erdrutsch' *m*, überˈwältigender (Wahl)Sieg; ˈ**~·slip** [-nds-] *Brit*. → ***landslide*** 1; ~ **sur·vey·or** *s*. Geoˈmeter *m*, Land(ver)messer *m*; ~ **swell** [-nds-] *s*. ⚓ einlaufende Dünung; ~ **tax** *s. obs*. Grundsteuer *f*; ~ **tor·toise** *s. zo*. Landschildkröte *f*; ˈ**~ˌwait·er** *s*. *Brit*. ˈZollinˌspektor *m*.

land·ward [ˈlændwəd] **I** *adj*. land(ˈein)wärts (gelegen); **II** *adv*. *a*. ˈ**land·wards** [-dz] land(ein)wärts.

lane [leɪn] *s*. **1.** (Feld)Weg *m*, (Hecken-)Pfad *m*; **2.** Gasse *f*: a) Gäßchen *n*, Sträßchen *n*, b) ˈDurchgang *m*: ***form a*** ~ Spalier stehen, e-e Gasse bilden; **3.** Schneise *f*; **4.** ⚓ Fahrrinne *f*, (Fahrt-)Route *f*; **5.** ✈ (Flug)Schneise *f*; **6.** *mot*. (Fahr)Spur *f*: ***get in*** ~***!*** bitte einordnen!; **7.** *sport* (*einzelne*) Bahn (*e-s Läufers, Schwimmers etc*.).

lang·syne [ˌlæŋˈsaɪn] *Scot*. **I** *adv*. vor langer Zeit; **II** *s*. längst vergangene Zeit; → ***auld lang syne***.

lan·guage [ˈlæŋgwɪdʒ] *s*. **1.** Sprache *f*: ***foreign*** ~***s*** Fremdsprachen; ~ ***of flowers*** *fig*. Blumensprache; ***talk the same*** ~ *a. fig*. dieselbe Sprache sprechen; **2.** Sprache *f*, Ausdrucks-, Redeweise *f*, Worte *pl*.: ***bad*** ~ ordinäre Ausdrücke, Schimpfworte; ***strong*** ~ a) Kraftausdrücke, b) harte Worte *od*. Sprache; **3.** Sprache *f*, Stil *m*; **4.** (Fach)Sprache *f*: ***medical*** ~; **5.** *sl*. ordiˈnäre Sprache: ~***, Sir!*** ich verbitte mir solche (gemeinen) Ausdrücke!; ~ **bar·ri·er** *s*. Sprachschranke *f*; ~ **lab·o·ra·to·ry** *s. ped*. ˈSprachlaˌbor *n*.

lan·guid [ˈlæŋgwɪd] *adj*. □ **1.** schwach, matt, schlaff; **2.** schleppend, träge; **3.** gelangweilt, lustlos, lau; **4.** lässig, träge; **5.** ✝ flau, lustlos (*Markt*).

lan·guish [ˈlæŋgwɪʃ] *v/i*. **1.** ermatten, erschlaffen, erlahmen (*a. fig. Interesse, Konversation*); **2.** (ver)schmachten, daˈhinsiechen, -welken: ~ ***in prison*** im Gefängnis schmachten; **3.** daˈniederliegen (*Handel, Industrie etc*.); **4.** schmachtend blicken; **5.** schmachten (***for*** nach); **6.** Sehnsucht haben, sich härmen (***for*** nach); ˈ**lan·guish·ing** [-ʃɪŋ] *adj*. □ **1.** ermattend, erlahmend (*a. fig*.); **2.** (ver)schmachtend, (daˈhin-)siechend, leidend; **3.** sehnsuchtsvoll, schmachtend (*Blick*); **4.** lustlos, träge (*a*. ✝), langsam; **5.** langsam (*Tod*), schleichend (*Krankheit*).

lan·guor [ˈlæŋgə] *s*. **1.** Mattigkeit *f*, Schlaffheit *f*; **2.** Trägheit *f*, Schläfrigkeit *f*; **3.** Stumpfheit *f*, Gleichgültigkeit *f*, Lauheit *f*; **4.** Stille *f*, Schwüle *f*; ˈ**lan·guor·ous** [-ərəs] *adj*. □ **1.** matt; **2.** schlaff, träge; **3.** stumpf, gleichgültig; **4.** schläfrig, wohlig; **5.** schmelzend (*Musik etc*.); **6.** (*a. sinnlich*) schwül.

lank [læŋk] *adj*. □ **1.** lang u. dünn, schlank, mager; **2.** glatt, strähnig (*Haar*); ˈ**lank·i·ness** [-kɪnɪs] *s*. Schlaksigkeit *f*; ˈ**lank·y** [-kɪ] *adj*. hoch aufgeschossen, schlaksig.

lan·o·lin(e) [ˈlænəʊlɪn (-liːn)] *s*. ⚗ Lanoˈlin *n*, Wollfett *n*.

lan·tern [ˈlæntən] *s*. **1.** Laˈterne *f*; **2.** Leuchtkammer *f* (*e-s Leuchtturms*); **3.** △ Laˈterne *f* (*durchbrochener Dachaufsatz*); ˈ**~-jawed** *adj*. hohlwangig; ~ **jaws** *s. pl*. eingefallene Wangen *pl*.; ~ **slide** *s. obs*. Dia(posiˈtiv) *n*, Lichtbild *n*: ~ ***lecture*** Lichtbildervortrag *m*.

lan·yard [ˈlænjəd] *s*. **1.** ⚓ Taljereep *n*; **2.** ⚔ a) *obs*. Abzugsleine *f* (*Kanone*),

b) Traggurt *m* (*Pistole*), c) (Achsel-)Schnur *f*; **3.** Schleife *f*.

lap¹ [læp] *s.* **1.** Schoß *m* (*e-s Kleides od. des Körpers*; *a. fig.*): ***sit on s.o.'s ~***; ***in the ~ of the church***; ***drop into s.o.'s ~*** j-m in den Schoß fallen; ***in Fortune's ~*** im Schoß des Glücks; ***it is in the ~ of the gods*** es liegt im Schoß der Götter; ***live in the ~ of luxury*** ein Luxusleben führen; **2.** (Kleider- *etc.*)Zipfel *m*.

lap² [læp] **I** *v/t.* **1.** falten, wickeln (***round***, ***about*** um); **2.** einwickeln, -schlagen, -hüllen; **3.** *a. fig.* um'hüllen, (ein)betten, (-)hüllen: ***~ped in luxury*** von Luxus umgeben; **4.** überein'anderlegen, über'lappt anordnen; **5.** *sport* a) *Gegner* über'runden, b) *e-e Strecke* zu'rücklegen (*in 1 Minute etc.*); **II** *v/i.* **6.** sich winden *od.* legen (***round*** um); **7.** hin'ausragen, -gehen (*a. fig.*; ***over*** über *acc.*); **8.** über'lappen; **9.** *sport* die *od.* s-e Runde drehen *od.* laufen (***at*** in e-r Zeit von); **III** *s.* **10.** ⚙ Wickelung *f*, Windung *f*, Lage *f*; **11.** Über'lappung *f*, 'Überstand *m*; **12.** 'überstehender Teil, Vorstoß *m*; **13.** *Buchbinderei*: Falz *m*; **14.** *sport* Runde *f*; **15.** E'tappe *f* (*e-r Reise*, *a. fig.*).

lap³ [læp] **I** *v/t.* **1.** *a.* ***~ up*** auflecken; **2.** ***~ up*** a) *Suppe etc.* gierig (hin'unter-)schlürfen, b) F *et.* ‚fressen' (*glauben*), c) F *et.* gierig (in sich) aufnehmen, *et.* liebend gern hören *etc.*: ***they ~ped it up*** es ging ihnen ‚runter wie Öl'; **3.** plätschern gegen; **II** *v/i.* **4.** lecken, schlekken, schlürfen; **5.** plätschern; **III** *s.* **6.** Lecken *n*; **7.** Plätschern *n*.

'lap-dog *s.* Schoßhund *m*.

la·pel [lə'pel] *s.* (Rock)Aufschlag *m*, Re'vers *n*, *m*.

lap·i·dar·y ['læpɪdərɪ] **I** *s.* **1.** Edelsteinschneider *m*; **II** *adj.* **2.** Stein…; **3.** Steinschleiferei…; **4.** (Stein)Inschriften…; **5.** in Stein gehauen; **6.** *fig.* wuchtig, lapi'dar.

lap·is laz·u·li [ˌlæpɪs'læzjʊlaɪ] *s. min.* Lapis'lazuli *m*.

Lap·land·er ['læplændə] → ***Lapp*** I.

Lapp [læp] **I** *s.* Lappe *m*, Lappin *f*, Lappländer(in); **II** *adj.* lappisch.

lap·pet ['læpɪt] *s.* **1.** Zipfel *m*; **2.** *anat.*, *zo.* Hautlappen *m*.

Lap·pish ['læpɪʃ] → ***Lapp*** II.

lapse [læps] **I** *s.* **1.** Lapsus *m*, Fehler *m*, Versehen *n*: ***~ of the pen*** Schreibfehler *m*; ***~ of justice*** Justizirrtum *m*; ***~ of taste*** Geschmacksverirrung *f*; **2.** Fehltritt *m*, Vergehen *n*, Entgleisung *f*: ***~ from duty*** Pflichtversäumnis *n*; ***~ from faith*** Abfall *m* vom Glauben; **3.** Absinken *n*, Abgleiten *n*, Verfall(en *n*) *m* (***into*** in *acc.*); **4.** a) Ablauf *m*, Vergehen *n* (*e-r Zeit*), b) ⚖ (Frist)Ablauf *m*, c) Zeitspanne *f*; **5.** ⚖ a) Verfall *m*, Erlöschen *n e-s Anspruchs etc.*, b) Heimfall *m* (*von Erbteilen etc.*); **6.** Aufhören, Verschwinden *n*, Aussterben *n*; **II** *v/i.* **7.** a) verstreichen (*Zeit*), b) ablaufen (*Frist*); **8.** verfallen (***into*** in *acc.*): ***~ into silence***; **9.** absinken, abgleiten, verfallen (***into*** in *Barbarei etc.*); **10.** e-n Fehltritt tun, (mo'ralisch) entgleisen, sündigen; **11.** abfallen (***from faith*** vom Glauben); ***~ from duty*** s-e Pflicht versäumen; **12.** ‚einschlafen', aufhören (*Beziehung*, *Unterhaltung etc.*); **13.** ⚖ a) verfallen, erlöschen (*Recht etc.*), b) heimfallen (***to*** an *acc.*).

lap·top [.'læptɒp] *s. Computer*: Laptop *m*.

lap·wing ['læpwɪŋ] *s. orn.* Kiebitz *m*.

lar·board ['lɑːbəd] ⚓ *obs.* **I** *s.* Backbord *n*; **II** *adj.* Backbord…

lar·ce·ner ['lɑːsənə], **'lar·ce·nist** [-nɪst] *s.* ⚖ Dieb *m*; **'lar·ce·ny** [-nɪ] *s.* ⚖ Diebstahl *m*.

larch [lɑːtʃ] *s.* ⚘ Lärche *f*.

lard [lɑːd] **I** *s.* **1.** Schweinefett *n*, -schmalz *n*; **II** *v/t.* **2.** *Fleisch* spicken: ***~ing needle*** (*od.* ***pin***) Spicknadel *f*; **3.** *fig.* spicken (***with*** mit); **'lard·er** [-də] *s.* Speisekammer *f*, -schrank *m*.

large [lɑːdʒ] **I** *adj.* □ → ***largely***; **1.** groß: ***a ~ room*** (***horse***, ***rock***, *etc.*); (***as***) ***~ as life*** in (voller) Lebensgröße (*a. humor.*); ***~r than life*** überlebensgroß; **2.** groß (*beträchtlich*): ***a ~ business*** (***family***, ***sum***, *etc.*); ***a ~ meal*** e-e reichliche Mahlzeit; ***~ farmer*** Großbauer *m*; ***~ producer*** Großerzeuger *m*; **3.** um'fassend, ausgedehnt, weit(gehend): ***~ powers*** umfassende Vollmachten; **4.** *obs.* großzügig; → *a.* ***large-minded***; **II** *adv.* **5.** groß: ***write ~***; ***it was written ~ all over his face*** *fig.* es stand ihm (deutlich) im Gesicht geschrieben; **6.** großspurig: ***talk ~*** ‚große Töne spucken'; **III** *s.* **7.** ***at ~*** a) auf freiem Fuß, in Freiheit: ***set s.o. at ~*** j-n auf freien Fuß setzen, b) (sehr) ausführlich: ***discuss s.th. at ~***, c) ganz allgemein, d) in der Gesamtheit: ***the nation at ~***; ***talk at ~*** ins Blaue hineinreden; **8.** ***in*** (***the***) ***~*** a) im großen, in großem Maßstab, b) im ganzen; **ˌ~-'hand·ed** *adj. fig.* freigebig; **ˌ~-'heart·ed** *adj. fig.* großherzig.

large·ly ['lɑːdʒlɪ] *adv.* **1.** in hohem Maße, großen-, größtenteils; **2.** weitgehend, im wesentlichen; **3.** reichlich; **4.** allgemein.

ˌlarge-'mind·ed *adj.* vorurteilslos, tole'rant, aufgeschlossen.

large·ness ['lɑːdʒnɪs] *s.* **1.** Größe *f*; **2.** Größe *f*, Weite *f*, 'Umfang *m*; **3.** Großzügigkeit *f*, Freigebigkeit *f*; **4.** Großmütigkeit *f*.

'large-scale *adj.* groß(angelegt), 'umfangreich, ausgedehnt, Groß…: ***~ attack*** ⚔ Großangriff *m*; ***~ experiment*** Großversuch *m*; ***~ manufacture*** Serienherstellung *f*; ***a ~ map*** e-e Karte in großem Maßstab.

lar·gess(e) [lɑː'dʒes] *s.* **1.** Freigebigkeit *f*; **2.** a) Gabe *f*, reiches Geschenk, b) reiche Geschenke *pl.*

larg·ish ['lɑːdʒɪʃ] *adj.* ziemlich groß.

lar·i·at ['lærɪət] *s.* Lasso *m*, *n*.

lark¹ [lɑːk] *s. orn.* Lerche *f*: ***rise with the ~*** mit den Hühnern aufstehen.

lark² [lɑːk] F **I** *s.* **1.** Jux *m*, Ulk *m*, Spaß *m*: ***for a ~*** zum Spaß, aus Jux; ***have a ~*** s-n Spaß haben *od.* treiben; ***what a ~!*** ist ja lustig *od.* ‚zum Brüllen'!; **2.** a) ‚Ding' *n*, Sache *f*, b) Quatsch *m*; **II** *v/i.* **3.** *a.* ***~ about*** *od.* ***around*** her'umalbern, -blödeln.

lark·spur ['lɑːkspɜː] *s.* ⚘ Rittersporn *m*.

lar·ri·kin ['lærɪkɪn] *s. bsd. Austral.* (jugendlicher) Rowdy.

lar·va ['lɑːvə] *pl.* **-vae** [-viː] *s. zo.* Larve *f*; **'lar·val** [-vl] *adj. zo.* Larven…; **'lar·vi·cide** [-vɪsaɪd] *s.* Raupenvertilgungsmittel *n*.

la·ryn·ge·al [ˌlærɪn'dʒiːəl] *adj.* Kehlkopf…; **ˌlar·yn'gi·tis** [-'dʒaɪtɪs] *s.* ⚕ Kehlkopfentzündung *f*.

la·ryn·go·scope [lə'rɪŋgəskəʊp] *s.* ⚕ Kehlkopfspiegel *m*.

lar·ynx ['lærɪŋks] *s. anat.* Kehlkopf *m*.

las·civ·i·ous [lə'sɪvɪəs] *adj.* □ las'ziv: a) geil, lüstern, b) schlüpfrig: ***~ story***.

la·ser ['leɪzə] *s. phys.* Laser *m*; **~ beam** *s. phys.* Laserstrahl *m*; **~ print·er** *s.* Laserdrucker *m*.

lash¹ [læʃ] **I** *s.* **1.** a) Peitschenschnur *f*, b) Peitsche(nende *n*) *f*; **2.** Peitschen-, Rutenhieb *m*: ***the ~ of her tongue*** *fig.* ihre scharfe Zunge; **3.** Peitschen *n* (*a. fig. des Regens*, *des Sturms etc.*); **4.** *fig.* (Peitschen)Hieb *m*; **5.** (Augen)Wimper *f*; **II** *v/t.* **6.** *j-n* peitschen, schlagen, auspeitschen: ***~ the tail*** mit dem Schwanz um sich schlagen; ***~ the sea*** das Meer peitschen (*Sturm*); **7.** peitschen *od.* schlagen an (*acc.*) *od.* gegen (*Regen etc.*); **8.** *fig.* geißeln, abkanzeln; **9.** heftig (an)treiben: ***~ the audience into a fury*** das Publikum aufpeitschen; ***~ o.s. into a fury*** sich in e-e Wut hineinsteigern; **III** *v/i.* **10.** *a. fig.* peitschen, schlagen: ***~ about*** (wild) um sich schlagen; ***~ into s.o.*** a) auf j-n einschlagen, b) *fig.* j-n wild attackieren; **11.** *fig.* peitschen, (*Regen*) *a.* prasseln: ***~ down*** niederprasseln; **12.** ***~ out*** a) (wild) um sich schlagen, b) ausschlagen (*Pferd*), c) (***at***) vom Leder ziehen (gegen), ‚einhauen' (auf *j-n*); **13.** ***~ out on*** F a) (*mit Geld*) ‚auf den Putz hauen' bei *et.*, b) sich *j-m* gegenüber spendabel zeigen.

lash² [læʃ] *v/t. a.* ***~ down*** festbinden, -zurren (***to***, ***on*** an *dat.*).

lash·ing¹ ['læʃɪŋ] *s.* **1.** a) Auspeitschung *f*, b) Prügel *pl.*; **2.** *pl. Brit.* F Masse(n *pl.*) *f* (*Speise etc.*).

lash·ing² ['læʃɪŋ] *s.* **1.** Anbinden *n*; **2.** ⚓ Laschung *f*, Tau(werk) *n*.

lass [læs] *s. bsd. Brit.* **1.** Mädchen *n*; **2.** ‚Schatz' *m*; **las·sie** ['læsɪ] → ***lass***.

las·si·tude ['læsɪtjuːd] *s.* Mattigkeit *f*.

las·so [læ'suː] **I** *pl.* **-so(e)s** *s.* Lasso *m*, *n*; **II** *v/t.* mit e-m Lasso fangen.

last¹ [lɑːst] **I** *adj.* □ → ***lastly***; **1.** letzt: ***~ but one*** vorletzt; ***~ but two*** drittletzt; ***for the ~ time*** zum letzten Male; ***to the ~ man*** bis auf den letzten Mann; **2.** letzt, vorig: ***~ Monday***, ***Monday ~*** (am) letzten *od.* vorigen Montag; ***~ night*** a) gestern abend, b) in der vergangenen Nacht; ***~ week*** in der letzten *od.* vorigen Woche; ***the week before ~*** (die) vorletzte Woche; ***this day ~ week*** heute vor e-r Woche; ***on May 6th ~*** am vergangenen 6. Mai; **3.** neuest, letzt: ***the ~ news***; ***the ~ thing in jazz*** das Neueste im Jazz; **4.** letzt, al'lein übrigbleibend: ***the ~ hope*** die letzte (verbleibende) Hoffnung; ***my ~ pound*** mein letztes Pfund; **5.** letzt, endgültig, entscheidend; → ***word*** 1; **6.** äußerst: ***of the ~ importance*** von höchster Bedeutung; ***this is my ~ price*** dies ist mein äußerster *od.* niedrigster Preis; **7.** letzt, am wenigsten erwartet *od.* geeignet, unwahrscheinlich: ***the ~ man I would choose*** der letzte, den ich wählen würde; ***he is the ~ person I expected to see*** mit ihm hatte ich am wenigsten gerechnet; ***this is the ~ thing to happen*** das ist völlig unwahrscheinlich; **8.** *contp.* ,letzt', mise'rabelst; **II** *adv.* **9.** zu'letzt, als letzter, -e, -es, an letzter Stelle: ***~ of all*** ganz zuletzt, zu allerletzt; ***~ but not least*** nicht zuletzt, nicht zu vergessen; **10.** zu'letzt, das letztemal, zum letzten Male: ***I ~ met him in Berlin***; **11.** zu guter Letzt; **12.** *in Zssgn*: ***~-mentioned*** letzterwähnt, -genannt; **III** *s.* **13.** ***at ~*** a) endlich, b) schließlich, zuletzt; ***at long ~*** schließlich (doch noch); **14.** *der* (*die, das*) Letzte: ***the ~ of the Mohicans*** der letzte Mohikaner; ***he was the ~ to arrive*** er traf als letzter ein; ***he would be the ~ to do that*** er wäre der letzte, der so etwas täte; **15.** *der* (*die, das*) Letztgenannte *od.* Letzte; **16.** F a) letzte Erwähnung, b) letzter (An)Blick, c) letztes Mal: ***breathe one's ~*** s-n letzten Atemzug tun; ***hear the ~ of*** zum letzten Male (*od.* nichts mehr) hören von *et. od. j-m*; ***we shall never hear the ~ of this*** das werden wir noch lang zu hören kriegen; ***look one's ~ on s.th.*** e-n (aller)letzten Blick auf et. werfen; ***we shall never see the ~ of that man*** den (Mann) werden wir nie mehr los; **17.** Ende *n*: ***to the ~*** a) bis zum äußersten, b) bis zum Ende (*od.* Tod).

last[2] [lɑ:st] **I** *v/i.* **1.** (an-, fort)dauern, währen: ***too good to ~*** zu schön, um lange zu währen *od.* um wahr zu sein; ***it won't ~*** es wird nicht lange anhalten *od.* so bleiben; **2.** bestehen: ***as long as the world ~s***; **3.** 'durch-, aushalten: ***he won't ~ much longer*** er wird's nicht mehr lange machen; **4.** (sich) halten: ***the paint will ~***; ***~ well*** haltbar sein; **5.** (aus)reichen, genügen: ***while the money ~s*** solange das Geld reicht; ***I must make my money ~*** ich muß mit m-m Gelde auskommen; **II** *v/t.* **6.** *a.* ***~ out*** *j-m* reichen: ***it will ~ us a week***; **7.** *mst* ***~ out*** a) über'dauern, b) 'durchhalten, c) (es mindestens) ebenso lange aushalten wie.

last[3] [lɑ:st] *s.* Leisten *m*: ***put on the ~*** über den Leisten schlagen; ***stick to your ~!*** *fig.* (Schuster,) bleib bei deinem Leisten!

ˌlast-'ditch *adj.*: ***~ stand*** *ein* letzter (verzweifelter) Widerstand *od.* Versuch.

last·ing ['lɑ:stɪŋ] **I** *adj.* ☐ dauerhaft, dauernd, anhaltend, *Material etc. a.* haltbar: ***~ impression*** nachhaltiger Eindruck; **II** *s.* Lasting *n* (*fester Kammgarnstoff*); **'last·ing·ness** [-nɪs] *s.* Dauer(haftigkeit) *f*, Haltbarkeit *f*.

last·ly ['lɑ:stlɪ] *adv.* zu'letzt, schließlich, am Ende, zum Schluß.

latch [lætʃ] **I** *s.* **1.** Klinke *f*, (Schnapp-)Riegel *m*: ***on the ~*** nur eingeklinkt (*Tür*); **2.** Schnappschloß *n*; **II** *v/t.* **3.** ein-, zuklinken; **III** *v/i.* **4.** sich einklinken, einschnappen; **5.** ***~ on to*** F a) sich (wie e-e Klette) an *j-n* hängen, b) *e-e Idee* (gierig) aufgreifen, c) *et.* kapieren *od.* ,spitzkriegen'.

'latch·key *s.* **1.** Drücker *m*, Schlüssel *m* (*für ein Schnappschloß*); **2.** Haus- *od.* Wohnungsschlüssel *m*: ***~ child*** Schlüsselkind *n*.

late [leɪt] **I** *adj.* ☐ → ***lately***; **1.** spät: ***at a ~ hour*** zu später Stunde, spät (*beide a. fig.*); ***on Monday at the ~st*** spätestens am Montag; ***it is*** (***getting***) ***~*** es ist (schon) spät; ***at a ~r time*** später, zu e-m späteren Zeitpunkt; → ***latest*** I; **2.** vorgerückt, spät, Spät...: ***~ edition*** (***programme, summer***) Spätausgabe *f* (-programm *n*, -sommer *m*); ***2 Latin*** Spätlatein *n*; ***the ~ 18th century*** das späte 18. Jahrhundert; ***in the ~ eighties*** gegen Ende der achtziger Jahre; ***a man in his ~ eighties*** ein Endachtziger; ***in ~ May*** Ende Mai; **3.** verspätet, zu spät: ***be ~*** zu spät kommen (***for s.th.*** zu et.), sich verspäten, spät dran sein, 🚆 *etc.* Verspätung haben: ***be ~ for dinner*** zu spät zum Essen kommen; ***he was ~ with the rent*** er bezahlte s-e Miete mit Verspätung *od.* zu spät; **4.** letzt, jüngst, neu: ***the ~ war*** der letzte Krieg; ***of ~ years*** in den letzten Jahren; **5.** a) letzt, früher, ehemalig, b) verstorben: ***the ~ headmaster*** der letzte *od.* der verstorbene Schuldirektor; ***the ~ government*** die letzte *od.* vorige Regierung; ***my ~ residence*** m-e frühere Wohnung; ***~ of Oxford*** früher in Oxford (wohnhaft); **II** *adv.* **6.** spät: ***of ~*** in letzter Zeit, neuerdings; ***as ~ as last year*** erst *od.* noch letztes Jahr; ***until as ~ as 1984*** noch bis 1984; ***better ~ than never*** lieber spät als gar nicht; ***~ into the night*** bis spät in die Nacht; ***sit*** (*od.* ***stay***) ***up ~*** bis spät in die Nacht *od.* lange aufbleiben; ***it's a bit ~*** F es ist schon ein bißchen spät dafür; (***even***) ***~ in life*** (auch noch) in hohem Alter; ***not ~r than*** spätestens, nicht später als; ***~r on*** später, nachher; ***see you ~r!*** bis später!, bis bald!; ***~ in the day*** F reichlich spät, ,ein bißchen' spät; **7.** zu spät: ***come ~***; ***the train arrived 20 minutes ~*** der Zug hatte 20 Minuten Verspätung; **'~-ˌcom·er** *s.* Zu'spätgekommene(r *m*) *f*, Nachzügler(in), *fig. a. e-e* Neuerscheinung, *et.* Neues: ***he is a ~ in this field*** *fig.* er ist neu in diesem (Fach)Gebiet.

late·ly ['leɪtlɪ] *adv.* **1.** vor kurzem, kürzlich; **2.** in letzter Zeit, seit einiger Zeit, neuerdings.

la·ten·cy ['leɪtənsɪ] *s.* La'tenz *f*, Verborgenheit *f*.

late·ness ['leɪtnɪs] *s.* **1.** späte Zeit, spätes Stadium: ***the ~ of the hour*** die vorgerückte Stunde; **2.** Verspätung *f*, Zu'spätkommen *n*.

la·tent ['leɪtənt] *adj.* ☐ la'tent (*a.* ⚕, *phys., psych.*), verborgen: ***~ abilities***; ***~ buds*** unentwickelte Knospen; ***~ heat*** *phys.* latente *od.* gebundene Wärme; ***~ period*** Latenzstadium *n od.* -zeit *f*.

lat·er ['leɪtə] *comp. von* ***late***.

lat·er·al ['lætərəl] **I** *adj.* ☐ **1.** seitlich, Seiten..., Neben..., Quer...: ***~ angle*** (***view, wind***) Seitenwinkel *m* (-ansicht *f*, -wind *m*); ***~ branch*** Seitenlinie *f* (*e-s Stammbaums*); ***~ thinking*** unorthodoxe Denkmethode(n *pl.*) *f*; **2.** *anat., ling.* late'ral; **II** *s.* **3.** Seitenteil *n*, -stück *n*; **4.** *ling.* Late'ral *m*; **'lat·er·al·ly** [-rəlɪ] *adv.* seitlich, seitwärts; von der Seite.

Lat·er·an ['lætərən] *s.* Late'ran *m*.

lat·est ['leɪtɪst] **I** *sup. von* ***late***; **II** *adj.* **1.** spätest; **2.** neuest: ***the ~ fashion*** (***news, etc.***); **3.** letzt: ***he was the ~ to come*** er kam als letzter; **III** *adv.* **4.** am spätesten: ***he came ~*** er kam als letzter; **IV** *s.* **5.** (*der, die, das*) Neueste; **6.** ***at the ~*** spätestens.

la·tex ['leɪteks] *s.* ⚘ Milchsaft *m*, Latex *m*.

lath [lɑ:θ] *s.* **1.** Latte *f*, Leiste *f*: → ***thin*** 2; **2.** *coll.* Latten(werk *n*) *pl.*

lathe [leɪð] *s.* ⚙ **1.** Drehbank *f*: ***~ tool*** Drehstahl *m*; ***~ tooling*** Bearbeitung *f* auf der Drehbank; **2.** Töpferscheibe *f*.

lath·er ['lɑ:ðə] **I** *s.* **1.** (Seifen)Schaum *m*; **2.** Schweiß *m* (*bsd. e-s Pferdes*): ***in a ~*** schweißgebadet; ***be in a ~ about s.th.*** F sich über et. aufregen; **II** *v/t.* **3.** einseifen; **III** *v/i.* **4.** schäumen.

Lat·in ['lætɪn] **I** *s.* **1.** *ling.* La'tein(isch) *n*, das Lateinische; **2.** *antiq.* a) La'tiner *m*, b) Römer *m*; **3.** Ro'mane *m*, Ro'manin *f*, Südländer(in); **II** *adj.* **4.** *ling.* la'teinisch, Latein...; **5.** a) ro'manisch: ***the ~ peoples***, b) südländisch: ***~ temperament***; **6.** *eccl.* römisch-ka'tholisch: ***~ Church***; **7.** la'tinisch; **ˌ~-A'mer·i·can I** *adj.* la'teinameriˌkanisch; **II** *s.* La'teinameriˌkaner(in).

Lat·in·ism ['lætɪnɪzəm] *s.* Lati'nismus *m*; **'Lat·in·ist** [-nɪst] *s.* Lati'nist(in), ,La'teiner' *m*; **Lat·in·i·za·tion** [ˌlætɪnaɪ'zeɪʃn] *s.* Latinisierung *f*; **'Lat·in·ize** [-naɪz] *v/t.* latinisieren; **La·ti·no** [lə'ti:nəʊ] *pl.* **-nos** *s. Am.* F (*US-*)*Einwohner* (*-in*) *lateinamerikanischer Abkunft.*

lat·ish ['leɪtɪʃ] *adj.* etwas spät.

lat·i·tude ['lætɪtju:d] *s.* **1.** *ast., geogr.* Breite *f*: ***degree of ~*** Breitengrad *m*; ***in ~ 40° N.*** auf dem 40. Grad nördlicher Breite; **2.** *pl. geogr.* Breiten *pl.*, Gegenden *pl.*: ***low ~s*** niedere Breiten; ***cold ~s*** kalte Gegenden; **3.** *fig.* a) Spielraum *m*, Freiheit *f*: ***allow s.o. great ~*** j-m große Freiheit gewähren, b) großzügige Auslegung (*e-s Begriffs etc.*); **4.** *phot.* Belichtungsspielraum *m*; **lat·i·tu·di·nal** [ˌlætɪ'tju:dɪnl] *adj. geogr.* Breiten...

lat·i·tu·di·nar·i·an [ˌlætɪtju:dɪ'neərɪən] **I** *adj.* libe'ral, tole'rant, *eccl. a.* freisinnig; **II** *s. bsd. eccl.* Freigeist *m*; **ˌlat·i·tu·di'nar·i·an·ism** [-nɪzəm] *s. eccl.* Liberali'tät *f*, Tole'ranz *f*.

la·trine [lə'tri:n] *s.* La'trine *f*.

lat·ter ['lætə] **I** *adj.* ☐ → ***latterly***; **1.** *von zweien*: letzter: ***the ~ name*** der letztere *od.* letztgenannte Name; **2.** neuer, jünger: ***in these ~ days*** in der jüngsten Zeit; **3.** letzt, später: ***the ~ years of one's life***; ***the ~ half of June*** die zweite Junihälfte; ***the ~ part of the book*** die zweite Hälfte des Buches; **II** *s.* **4.** ***the ~*** a) der (die, das) letztere, b) die letzteren *pl.*; **'~-day** *adj.* aus neuester Zeit, mo'dern; **'~-day saints** *s. pl. eccl. die* Heiligen *pl.* der letzten Tage (*Mormonen*).

lat·ter·ly ['lætəlɪ] *adv.* **1.** in letzter Zeit, neuerdings; **2.** am Ende.

lat·tice ['lætɪs] **I** *s.* **1.** Gitter(werk) *n*; **2.** Gitterfenster *n od.* -tür *f*; **3.** Gitter(muster) *n*; **II** *v/t.* **4.** vergittern; ***~ bridge*** *s.* ⚙ Gitterbrücke *f*; ***~ frame***, ***~ gird·er*** *s.* ⚙ Gitter-, Fachwerkträger *m*; ***~ window*** *s.* Gitter-, Rautenfenster *n*; **'~·work** → ***lattice*** 1.

Lat·vi·an ['lætvɪən] **I** *adj.* **1.** lettisch; **II** *s.* **2.** Lette *m*, Lettin *f*; **3.** *ling.* Lettisch *n*.

laud [lɔ:d] **I** *s.* Lobgesang *m*; **II** *v/t.* loben, preisen, rühmen; **'laud·a·ble** [-dəbl] *adj.* ☐ löblich, lobenswert.

lau·da·num ['lɒdnəm] *s. pharm.* Lau'danum *n*, 'Opiumtinkˌtur *f*.

lau·da·tion [lɔ:'deɪʃn] *s.* Lob *n*; **laud·a-**

to·ry ['lɔːdətərɪ] *adj.* lobend, Belobigungs…, Lob…

laugh [lɑːf] **I** *s.* **1.** Lachen *n*, Gelächter *n*, *thea. etc. a.* ‚Lacher' *m*, *contp.* (*böse etc.*) Lache: ***with a ~*** lachend; ***have a good ~ at s.th.*** herzlich über e-e Sache lachen; ***have the ~ of s.o.*** über j-n (am Ende) triumphieren; ***have the ~ on one's side*** die Lacher auf s-r Seite haben; ***the ~ was on me*** der Scherz ging auf m-e Kosten; ***raise a ~*** Gelächter erregen, e-n Lacherfolg erzielen; ***what a ~!*** (das) ist ja zum Brüllen!; ***he*** (***it***) ***is a ~*** F er (es) ist doch zum Lachen; ***just for ~s*** nur zum Spaß; **II** *v/i.* **2.** lachen (*a. fig.*): ***to make s.o. ~*** j-n zum Lachen bringen; ***don't make me ~!*** *iro.* daß ich nicht lache!; ***he ~s best who ~s last*** wer zuletzt lacht, lacht am besten; → ***wrong*** 2; **3.** *fig.* lachen, strahlen (*Himmel etc.*); **III** *v/t.* **4.** lachend äußern: ***~ a bitter ~*** bitter lachen; → ***court*** 9;
Zssgn mit adv. u. prp.:
~ at *v/i.* lachen *od.* sich lustig machen über *j-n od. e-e Sache*, *j-n* auslachen; **~ a·way I** *v/t.* **1.** → ***laugh off***; **2.** *Sorgen etc.* durch Lachen verscheuchen; **3.** *Zeit* mit Scherzen verbringen; **II** *v/i.* **4.** drauf'loslachen, lachen u. lachen; **~ down** *v/t. j-n* durch Gelächter zum Schweigen bringen *od.* mit Lachen über'tönen, auslachen; **~ off** *v/t. et.* lachend *od.* mit e-m Scherz abtun.

laugh·a·ble ['lɑːfəbl] *adj.* □ lachhaft, lächerlich, komisch.

laugh·ing ['lɑːfɪŋ] **I** *s.* **1.** Lachen *n*, Gelächter *n*; **II** *adj.* □ **2.** lachend; **3.** lustig: ***it is no ~ matter*** das ist nicht zum Lachen; **4.** *fig.* lachend, strahlend: ***a ~ sky***; **~ gas** *s.* ⚗ Lachgas *n*; **~ gull** *s. orn.* Lachmöwe *f*; **~ hy·e·na** *s. zo.* 'Flekkenhy͵äne *f*; **~ jack·ass** *s. orn.* Rieseneisvogel *m*; '**~-stock** *s.* Gegenstand *m* des Gelächters, Zielscheibe *f* des Spottes: ***make a ~ of o.s.*** sich lächerlich machen.

laugh·ter ['lɑːftə] *s.* Lachen *n*, Gelächter *n*.

launch [lɔːntʃ] **I** *v/t.* **1.** *Boot* aussetzen, ins Wasser lassen; **2.** *Schiff* a) vom Stapel lassen, b) taufen: ***be ~ed*** vom Stapel laufen *od.* getauft werden; **3.** ✈ katapultieren, abschießen; **4.** *Torpedo*, *Geschoß* abschießen, *Rakete a.* starten; **5.** *et.* schleudern, werfen: ***~ o.s into*** → 12; **6.** *Rede*, *Kritik*, *Protest etc.*, *a. e-n Schlag* vom Stapel lassen, loslassen; **7.** *et.* in Gang bringen, einleiten, starten, lancieren; **8.** *et.* lancieren: a) *Produkt*, *Buch*, *Film etc.* her'ausbringen, b) *Anleihe* auflegen, *Aktien* ausgeben; **9.** *j-n* lancieren, (gut) einführen, *j-m* ‚Starthilfe' geben; **10.** ⚔ *Truppen* einsetzen, *an e-e Front etc.* schicken *od.* werfen; **II** *v/i.* **11.** *mst* **~ *out***, **~ *forth*** losfahren, starten: ***~ out on a journey*** sich auf e-e Reise begeben; **12.** **~ *out*** (***into***) *fig.* a) sich (in *die Arbeit*, *e-e Debatte etc.*) stürzen, b) loslegen (mit *e-r Rede*, *e-r Tätigkeit etc.*), c) (*et.*) anpacken, (*e-e Karriere*, *ein Projekt etc.*) starten: ***~ out into*** → *a.* 6; **13.** **~ *out*** a) e-n Wortschwall von sich geben, b) F viel Geld springen lassen; **III** *s.* **14.** ⚓ Bar'kasse *f*; **15.** → ***launching***; '**launch·er** [-tʃə] *s.* **1.** ⚔ a) (Ra'keten)Werfer *m*, b) Abschußvorrichtung *f* (*Fernlenkgeschosse*); **2.** ✈ Kata'pult *m*, *n*, Startschleuder *f*.

launch·ing ['lɔːntʃɪŋ] *s.* **1.** ⚓ a) Stapellauf *m*, b) Aussetzen *n* (*von Booten*); **2.** Abschuß *m*, *e-r Rakete*: *a.* Start *m*; **3.** ⚔ Kata'pultstart *m*; **4.** *fig.* a) Starten *n*, In-'Gang-Setzen *n*, b) Start *m*, c) Einsatz *m*; **5.** Lancierung *f*, Einführung *f* (*e-s Produkts etc.*), Herausgabe *f* (*e-s Buches etc.*); **~ pad**, **~ plat·form** *s.* Abschußrampe *f* (*e-r Rakete*); **~ rope** *s.* ✈ Startseil *n*; **~ site** *s.* ⚔ (Ra'keten-) ͵Abschuß͵basis *f*; **~ ve·hi·cle** *s.* 'Startra͵kete *f*.

laun·der ['lɔːndə] **I** *v/t.* *Wäsche* waschen (u. bügeln); F *fig. illegal erworbenes Geld* ‚waschen'; **II** *v/i.* sich (*leicht etc.*) waschen lassen; **laun·der·ette** [͵lɔːndə'ret] *s.* 'Waschsa͵lon *m*; '**laun·dress** [-drɪs] *s.* Wäscherin *f*.

laun·dry ['lɔːndrɪ] *s.* **1.** Wäsche'rei *f*; **2.** F (schmutzige *od.* frisch gereinigte) Wäsche; **~ list** **1.** Wäschezettel *m*; **2.** *Am.* F lange Liste.

lau·re·ate ['lɔːrɪət] **I** *adj.* **1.** lorbeergekrönt, -geschmückt; -bekränzt; **II** *s.* **2.** *mst* ***poet ~*** Hofdichter *m*; **3.** Preisträger *m*.

lau·rel ['lɒrəl] *s.* **1.** ⚘ Lorbeer(baum) *m*; **2.** *mst pl. fig.* Lorbeeren *pl.*, Ehren *pl.*, Ruhm *m*: ***look to one's ~s*** sich behaupten wollen; ***reap*** (*od.* ***win*** *od.* ***gain***) ***~s*** Lorbeeren ernten; ***rest on one's ~s*** sich auf s-n Lorbeeren ausruhen; '**lau·rel(l)ed** [-ld] *adj.* **1.** lorbeergekrönt; **2.** preisgekrönt.

lav [læv] *s. Brit.* F ‚Klo' *n*.

la·va ['lɑːvə] *s. geol.* Lava *f*.

lav·a·to·ry ['lævətərɪ] *s.* Toi'lette *f*: ***public ~*** *a.* (öffentliche) Bedürfnisanstalt.

lav·en·der ['lævəndə] **I** *s.* **1.** ⚘ La'vendel *m* (*a. Farbe*); **2.** La'vendel(wasser) *n*; **II** *adj.* **3.** la'vendelfarben.

lav·ish ['lævɪʃ] **I** *adj.* □ a) großzügig, reich, fürstlich, üppig (*Geschenke etc.*), b) reich, 'überschwenglich (*Lob etc.*), c) großzügig, verschwenderisch (***of*** mit, ***in*** in *dat.*) (*Person*): ***be ~ of*** (*od.* ***with***) um sich werfen mit, nicht geizen mit, verschwenderisch umgehen mit; **II** *v/t.* verschwenden, verschwenderisch (aus-) geben: ***~ s.th. on s.o.*** j-n mit et. überhäufen; '**lav·ish·ness** [-nɪs] *s.* Großzügigkeit *f* (*etc.*); Verschwendung(ssucht) *f*.

law [lɔː] *s.* **1.** (*objektives*) Recht, (*das*) Gesetz *od.* (*die*) Gesetze *pl.*: ***by*** (*od.* ***in***, ***under the***) **~** nach dem Gesetz, von Rechts wegen, gesetzlich; ***under German ~*** nach deutschem Recht; ***contrary to ~*** gesetz-, rechtswidrig; ***~ and order*** Recht (*od.* Ruhe) u. Ordnung, *contp.* ‚Law and order'; ***become*** (*od.* ***pass into***) **~** Gesetz *od.* rechtskräftig werden; ***lay down the ~*** (alles) bestimmen, das Sagen haben; ***take the ~ into one's own hands*** zur Selbsthilfe greifen; ***his word is the ~*** was er sagt, gilt; **2.** Recht *n*: a) 'Rechtssy͵stem *n*: ***the English ~***, b) (*einzelnes*) Rechtsgebiet: ***~ of nations*** Völkerrecht; **3.** (*einzelnes*) Gesetz: ***Election ~***; ***he is a ~ unto himself*** er tut, was er will; ***is there a ~ against it?*** *iro.* ist das (etwa) verboten?; **4.** Rechtswissenschaft *f*, Jura *pl.*: ***read*** (*od.* ***study***, ***take***) **~** Jura studieren; ***be in the ~*** Jurist sein; ***practise ~*** e-e Anwaltspraxis ausüben; **5.** Gericht *n*, Rechtsweg *m*: ***go to ~*** vor Gericht gehen, den Rechtsweg beschreiten, prozessieren; ***go to ~ with s.o.*** j-n verklagen, gegen j-n prozessieren; **6.** ***the ~*** F die Polizei: ***call in the ~***; **7.** (*künstlerisches etc.*) Gesetz: ***the ~s of poetry***; **8.** (Spiel)Regel *f*: ***the ~s of the game***; **9.** a) (Na'tur)Gesetz *n*, b) (wissenschaftliches) Gesetz: ***the ~ of gravity***, c) (Lehr)Satz *m*: ***~ of sines*** Sinussatz; **10.** *eccl.* a) (göttliches) Gesetz, *coll. die* Gebote (Gottes), b) ***the ~*** (***of Moses***) das Gesetz (des Moses), c) ***the ~*** das Alte Testament; **11.** *hunt.*, *sport* Vorgabe *f*; '**~-a͵bid·ing** *adj.* gesetzestreu, ordnungsliebend: ***~ citizen***; '**~͵break·er** *s.* Ge'setzesüber͵treter(in); **~ court** *s.* Gericht(shof *m*) *n*.

law·ful ['lɔːfʊl] *adj.* □ **1.** gesetzlich, le'gal; **2.** rechtmäßig, legi'tim: ***~ son*** ehelicher *od.* legitimer Sohn; **3.** rechtsgültig, gesetzlich anerkannt: ***~ marriage*** gültige Ehe; '**law·ful·ness** [-nɪs] *s.* Gesetzlichkeit *f*, Legali'tät *f*; Rechtsgültigkeit *f*.

'**law͵giv·er** *s.* Gesetzgeber *m*.

law·less ['lɔːlɪs] *adj.* □ **1.** gesetzlos (*Land*, *Person*); **2.** gesetzwidrig, unrechtmäßig; '**law·less·ness** [-nɪs] *s.* **1.** Gesetzlosigkeit *f*; **2.** Gesetzwidrigkeit *f*.

Law Lord *s.* Mitglied *n* des brit. Oberhauses mit richterlicher Funkti'on.

lawn[1] [lɔːn] *s.* Rasen *m*.

lawn[2] [lɔːn] *s.* Li'non *m*, Ba'tist *m*.

lawn| mow·er *s.* Rasenmäher *m*; **~ sprin·kler** *s.* Rasensprenger *m*; **~ tennis** *s.* Rasentennis *n*.

law| of·fice *s.* 'Anwaltskanz͵lei *f*, -praxis *f*; **~ of·fi·cer** *s.* ⚖ **1.** Ju'stizbeamte(r) *m*; **2.** *Brit. für* a) ***Attorney General***, b) ***Solicitor General***; **~ re·ports** *s. pl.* Urteilssammlung *f*, Sammlung *f* von richterlichen Entscheidungen; **~ school** *s.* **1.** 'Rechtsakade͵mie *f*; **2.** *univ. Am.* ju'ristische Fakul'tät; **~ stu·dent** *s.* 'Jurastu͵dent(in); '**~-suit** *s.* ⚖ a) Pro'zeß *m*, Verfahren *n*, b) Klage *f*: ***bring a ~*** e-n Prozeß anstrengen, Klage einreichen (***against*** gegen).

law·yer ['lɔːjə] *s.* **1.** (Rechts)Anwalt *m*, (-)Anwältin *f*; **2.** Rechtsberater(in); **3.** Ju'rist(in).

lax [læks] *adj.* □ **1.** lax, locker, (nach-) lässig (***about*** hinsichtlich *gen.*, mit): ***~ morals*** lockere Sitten; **2.** lose, schlaff, locker; **3.** unklar, verschwommen; **4.** *Phonetik*: schlaff artikuliert; **5.** ***~ bowels*** a) offener Leib, b) 'Durchfall *m*; **lax·a·tive** ['læksətɪv] ⚕ **I** *s.* Abführmittel *n*; **II** *adj.* abführend; **lax·i·ty** ['læksətɪ], '**lax·ness** [-nɪs] *s.* **1.** Laxheit *f*, Lässigkeit *f*; **2.** Schlaffheit *f*, Lockerheit *f* (*a. fig.*); **3.** Verschwommenheit *f*.

lay[1] [leɪ] **I** *s.* **1.** *bsd. geogr.* Lage *f*: ***the ~ of the land*** *fig.* die Lage; **2.** Schicht *f*, Lage *f*; **3.** Schlag *m* (*Tauwerk*); **4.** V a) ‚Nummer' *f* (*Koitus*), b) ***she is an easy ~*** die ist gleich ‚dabei'; ***she is a good ~*** sie ‚bumst' gut; **II** *v/t.* [*irr.*] **5.** *allg.* legen: ***~ it on the table***; ***~ a cable*** ein Kabel (ver)legen; ***~ a bridge*** e-e Brükke schlagen; ***~ eggs*** Eier legen; ***~ the foundation(s) of*** *fig.* den Grund(stock) legen zu; ***~ the foundation-stone*** den Grundstein legen; → *die*

Verbindungen mit den entsprechenden Substantiven *etc.*; **6.** *fig.* legen, setzen: **~ *stress on*** Nachdruck legen auf (*acc.*), betonen; **~ *an ambush*** e-n Hinterhalt legen; **~ *the ax(e) to a tree*** die Axt an e-n Baum legen; ***the scene is laid in Rome*** der Schauplatz *od.* Ort der Handlung ist Rom, *thea.* das Stück *etc.* spielt in Rom; **7.** anordnen, herrichten: **~ *the table*** (*od.* ***the cloth***) den Tisch decken; **~ *the fire*** das Feuer (*im Kamin*) anlegen; **8.** belegen, bedecken: **~ *the floor with a carpet***; **9.** (***before***) vorlegen (*dat.*), bringen (vor *acc.*): **~ *one's case before a commission***; **10.** geltend machen, erheben: **~ *an information against s.o.*** Klage erheben *od.* (Straf)Anzeige erstatten gegen; **11.** a) *Strafe etc.* verhängen, b) *Steuern* auferlegen; **12.** *Schuld etc.* zuschreiben, zur Last legen: **~ *a mistake to s.o.('s charge)*** j-m e-n Fehler zur Last legen; **13.** *Schaden* festsetzen (***at*** auf *acc.*); **14.** a) *et.* wetten, b) setzen auf (*acc.*); **15.** *e-n Plan* schmieden; **16.** 'umlegen, niederwerfen: **~ *s.o. low*** (*od.* ***in the dust***) j-n zu Boden strecken; **17.** *Getreide etc.* zu Boden drücken; **18.** *Wind, Wogen etc.* beruhigen, besänftigen: ***the wind is laid*** der Wind hat sich gelegt; **19.** *Staub* löschen; **20.** *Geist* bannen, beschwören; → ***ghost*** 1; **21.** ⚓ *Kurs* nehmen auf (*acc.*), ansteuern; **22.** ⚔ *Geschütz* richten; **23.** V ,umlegen', ,bumsen'; **III** *v/i.* [*irr.*] **24.** (Eier) legen; **25.** wetten; **26.** zuschlagen: **~ *about one*** um sich schlagen; **~ *into s.o.*** *sl.* auf j-n einschlagen; **~ *to*** (mächtig) ,rangehen' an *e-e Sache*; **27.** (*fälschlich für* ***lie***[2] II) liegen;

Zssgn mit adv.:

lay| a·bout *v/i.* (heftig) um sich schlagen; **~ a·side, ~ by** *v/t.* **1.** bei'seite legen; **2.** *fig.* a) aufgeben, b) ,ausklammern'; **3.** *Geld etc.* beiseite *od.* auf die ,hohe Kante' legen, zu'rücklegen; **~ down I** *v/t.* **1.** hinlegen; **2.** *Amt, Waffen etc.* niederlegen; **3.** *sein Leben* hingeben, opfern; **4.** *Geld* hinter'legen; **5.** *Grundsatz, Regeln etc.* aufstellen, festlegen, -setzen, vorschreiben, *Bedingung in e-m Vertrag* niederlegen, verankern; → ***law*** 1; **6.** a) die Grundlagen legen für, b) planen, entwerfen; **7.** ⚘ besäen *od.* bepflanzen (***in, to, under, with*** mit); **8.** *Wein etc.* (ein)lagern; **II** *v/i.* **9.** *fälschlich für* ***lie down*** 1; **~ in** *v/t.* sich eindecken mit, einlagern; *Vorrat* anlegen; **~ off I** *v/t.* **1.** *Arbeiter* (vor'übergehend) entlassen; **2.** *die Arbeit* einstellen; **3.** *das Rauchen etc.* aufgeben: **~ *smoking***; **4.** in Ruhe lassen: **~ (*it*)!** hör auf (damit)!; **II** *v/i.* **5.** aufhören; **~ on I** *v/t.* **1.** *Steuer etc.* auferlegen; **2.** *Peitsche* gebrauchen; **3.** *Farbe etc.* auftragen: ***lay it on*** a) (***thick***) *fig.* ,dick auftragen', übertreiben, b) e-e ,saftige' Rechnung stellen, c) draufschlagen; **4.** a) *Gas etc.* installieren, b) *Haus* ans (*Gas- etc.*)Netz anschließen; **5.** F a) auftischen, b) bieten, sorgen für, c) veranstalten, arrangieren; **II** *v/i.* **6.** zuschlagen, angreifen; **~ o·pen** *v/t.* **1.** bloßlegen; **2.** *fig.* a) aufdecken, b) offenlegen; **~ out** *v/t.* **1.** ausbreiten; **2.** *Toten* aufbahren; **3.** *Geld* ausgeben; **4.** *allg.* gestalten, *Garten etc.* anlegen, *et.* entwerfen, planen, anordnen, *typ.* aufmachen, das Layout *e-r Zeitschrift etc.* machen; **5.** *sl.* a) *j-n* zs.-schlagen, b) *j-n* ,'umlegen', ,kaltmachen'; **6. ~ *o.s. out*** F sich ,mächtig ranhalten'; **~ o·ver** *Am.* **I** *v/t. et.* zu'rückstellen; **II** *v/i.* Aufenthalt haben, 'Zwischenstati,on machen; **~ to** *v/i.* ⚓ beidrehen; **~ up** *v/t.* **1.** → ***lay in***; **2.** ansammeln, anhäufen; **3.** a) ⚓ *Schiff* auflegen, außer Dienst stellen, b) *mot.* stillegen; **4. *be laid up*** (***with***) bettlägerig sein (wegen), im Bett liegen (mit *Grippe etc.*).

lay[2] [leɪ] *pret. von* ***lie***[2].

lay[3] [leɪ] *adj.* Laien...: a) *eccl.* weltlich; b) laienhaft, nicht fachmännisch: ***to the ~ mind*** für den Laien(verstand).

lay[4] [leɪ] *s. obs.* **1.** Bal'lade *f*; **2.** Lied *n*.

'lay|·a·bout *s. bsd. Brit.* F Faulenzer *m*; **~ broth·er** *s. eccl.* Laienbruder *m*; **'~·by** *s. mot. Brit.* a) Rastplatz *m*, Parkplatz *m*, b) Parkbucht *f* (*Landstraße*); **~ days** *s. pl.* ⚓ Liegetage *pl.*, -zeit *f*; **'~·down** → ***lie-down***.

lay·er I *s.* ['leɪə] **1.** Schicht *f*, Lage *f*: ***in ~s*** schicht-, lagenweise; **2.** Leger *m*, *in Zssgn* ...leger *m*; **3.** Leg(e)henne *f*: ***this hen is a good ~*** diese Henne legt gut; **4.** ⚘ Ableger *m*; **5.** ⚔ 'Höhenrichtkano,nier *m*; **II** *v/t.* **6.** ⚘ durch Ableger vermehren; **7.** über'lagern, schichtweise legen; **'~-cake** *s.* Schichttorte *f*.

lay·ette [leɪ'et] *s.* Babyausstattung *f*.

lay fig·ure *s.* **1.** Gliederpuppe *f* (*als Modell*); **2.** *fig.* Mario'nette *f*, Null *f*.

lay·ing ['leɪɪŋ] *s.* **1.** Legen *n* (*etc.* → ***lay***[1] II u. III): **~ *on of hands*** Handauflegen *n*; **2.** Gelege *n* (*Eier*); **3.** ⚠ Bewurf *m*, Putz *m*.

lay| judge *s.* Laienrichter(in); **'~·man** [-mən] *s.* [*irr.*] **1.** Laie *m* (*Ggs. Geistlicher*); **2.** Laie *m*, Nichtfachmann *m*; **'~·off** *s.* **1.** (vor'übergehende) Entlassung; **2.** Feierschicht *f*; **'~·out** *s.* **1.** Planung *f*, Anordnung *f*, Anlage *f*; **2.** Plan *m*, Entwurf *m*; **3.** *typ.*, *a. Elektronik*: Layout *n*: **~ *man*** Layouter *m*; **4.** Aufmachung *f* (*e-r Zeitschrift etc.*); **~ sis·ter** *s.* Laienschwester *f*; **'~,wom·an** *s.* [*irr.*] Laiin *f*.

laze [leɪz] **I** *v/i. a.* **~ *around*** faulenzen, bummeln, auf der faulen Haut liegen; **II** *v/t.* **~ *away*** *Zeit* verbummeln; **III** *s.*: ***have a ~*** → I; **la·zi·ness** ['leɪzɪnɪs] *s.* Faulheit *f*, Trägheit *f*.

la·zy ['leɪzɪ] *adj.* □ träg(e): a) faul, b) langsam, sich langsam bewegend; **'~·bones** *s.* F Faulpelz *m*.

'ld [d] F *für* ***would*** *od.* ***should***.

lea [liː] *s. poet.* Flur *f*, Aue *f*.

leach [liːtʃ] **I** *v/t.* **1.** 'durchsickern lassen; **2.** (aus)laugen; **II** *v/i.* **3.** 'durchsikkern.

lead[1] [liːd] **I** *s.* **1.** Führung *f*, Leitung *f*: ***under s.o.'s ~***; **2.** Führung *f*, Spitze *f*: ***be in the ~, have the ~*** an der Spitze stehen, führen(d sein), *sport etc.* in Führung *od.* vorn liegen; ***take the ~*** a) *a. sport* die Führung übernehmen, sich an die Spitze setzen, b) die Initiative ergreifen, c) vorangehen, neue Wege weisen; **3.** *bsd. sport* a) Führung *f*: ***have a two-goal ~*** mit zwei Toren führen, b) Vorsprung *m*: ***one minute's ~*** 'eine Minute Vorsprung (***over s.o.*** vor j-m); **4.** Vorbild *n*, Beispiel *n*: ***give s.o. a ~*** j-m mit gutem Beispiel vorangehen; ***follow s.o.'s ~*** j-s Beispiel folgen; **5.** Hinweis *m*, Fingerzeig *m*, Anhaltspunkt *m*, Spur *f*: ***the police have several ~s***; **6.** *Kartenspiel*: a) Vorhand *f*: ***your ~!*** Sie spielen aus!, b) zu'erst ausgespielte Karte; **7.** *thea.* a) Hauptrolle *f*, b) Hauptdarsteller(in); **8.** ♪ a) Eröffnung *f*, Auftakt *m*, b) *Jazz etc.*: Lead *n*, Führungsstimme *f* (*Trompete etc.*); **9.** *Zeitung*: a) → ***lead story***, b) (zs.-fassende) Einleitung; **10.** (Hunde)Leine *f*; **11.** ⚡ a) Leiter *m*, b) (Zu)Leitung *f*, c) *a.* ***phase ~*** Voreilung *f*; **12.** ⚙ Steigung *f* (*e-s Gewindes*); **13.** ⚔ Vorhalt *m*; **II** *v/t.* [*irr.*] **14.** führen: **~ *the way*** vorangehen; ***this is ~ing us nowhere*** das bringt uns nicht weiter; → ***nose*** *Redew.*; **15.** *j-n* führen, bringen (***to*** nach, zu) (*a. Straße etc.*); → ***temptation***; **16.** (an)führen, an der Spitze stehen von, *a. Orchester etc.* leiten, *Armee* führen *od.* befehligen: **~ *the field*** *sport* das Feld anführen, vorn liegen; **17.** *j-n* dazu bringen, bewegen, verleiten (***to do s.th.*** et. zu tun): ***this led me to believe*** das machte mich glauben(, *daß*); **18.** a) *ein behagliches etc. Leben* führen, b) *j-m ein elendes etc. Leben* bereiten: **~ *s.o. a dog's life*** j-m das Leben zur Hölle machen; **19.** *Karte, Farbe etc.* aus-, anspielen; **20.** *Kabel etc.* führen, legen; **III** *v/i.* [*irr.*] **21.** führen: a) vor'angehen, den Weg weisen (*a. fig.*), b) die erste Stelle einnehmen, c) *sport* in Führung liegen (***by*** mit *7 Metern etc.*): **~ *by points*** nach Punkten führen; **22. ~ *to*** a) führen *od.* gehen zu *od.* nach (*Straße etc.*), b) *fig.* führen zu: ***this is ~ing nowhere*** das führt zu nichts; **23.** *Kartenspiel*: ausspielen (***with s.th.*** et.): ***who ~s?***; **24.** *Boxen*: angreifen (mit der Linken *od.* Rechten): ***he ~s with his right*** *a.* s-e Führungshand ist die Rechte, er ist Rechtsausleger; **~ *with one's chin*** *fig.* das Schicksal herausfordern;

Zssgn mit adv.:

lead| a·stray *v/t.* in die Irre führen, *fig. a.* irre-, verführen; **~ a·way I** *v/t.* **1.** a) *j-n* wegführen, b) → ***lead off*** 1; **2.** *fig. j-n* abbringen (***from*** von *e-m Thema etc.*); **3. *be led away*** sich verleiten lassen; **II** *v/i.* **4. ~ *from*** von *e-m Thema etc.* wegführen; **~ off I** *v/t.* **1.** *j-n* abführen; **2.** *fig.* einleiten, eröffnen; **II** *v/i.* **3.** den Anfang machen; **~ on I** *v/i.* vor'angehen; **II** *v/t. fig.* a) *j-n* hinters Licht führen, b) *j-n* auf den Arm nehmen, c) *j-n* an der Nase herumführen; **~ up I** *v/t.* (***to***) a) (hin'auf)führen (auf *acc.*), b) (hin'über)führen (zu); **II** *v/i.* **~ *to*** *fig.* a) (all'mählich) führen zu, 'überleiten zu, *et.* einleiten: ***what is he leading up to?*** worauf will er hinaus?

lead[2] [led] **I** *s.* **1.** ⚗ Blei *n*; **2.** ⚓ Senkblei *n*, Lot *n*: ***cast*** (*od.* ***heave***) ***the ~*** loten; **3.** Blei *n*, Kugeln *pl.* (*Geschosse*); **4.** Gra'phit *m*, Reißblei *n*; **5.** (Bleistift)Mine *f*; **6.** *typ.* 'Durchschuß *m*; **7.** Bleifassung *f* (*Fenster*); **8.** *pl. Brit.* a) bleierne Dachplatten *pl.*, b) Bleidach *n*; **II** *v/t.* **9.** verbleien; **10.** mit Blei beschweren; **11.** *typ.* durch'schießen; **~ con·tent** *s.* ⚗ Bleigehalt *m* (*im Benzin*).

lead·en ['ledn] *adj.* bleiern (*a. fig. Glieder, Schlaf etc.*; *a. bleigrau*), Blei...

lead·er ['liːdə] *s.* **1.** Führer(in), Erste(r

m) f, sport a. Ta'bellenführer *m;* **2.** (An)Führer(in), *(pol. Partei-, Fraktions-, Oppositions-,* ⚔ *bsd. Zug-, Gruppen)*Führer *m:* **ℒ of the House** *parl.* Vorsitzende(r) *m* des Unterhauses; **3.** ♪ a) Kon'zertmeister *m*, erster Violi'nist, b) Führungsstimme *f (erster Sopran od. Bläser etc.)*, c) *Am.* (Or'chester-, Chor)Leiter *m*, Diri'gent *m;* **4.** Leiter(in) *(e-s Projekts etc.)*; **5.** Leitpferd *n od.* -hund *m;* **6.** ⚖ *Brit.* erster Anwalt *(mst Kronanwalt)*: **~ for the defence** Hauptverteidiger *m;* **7.** *bsd. Brit.* 'Leitarˌtikel *m (Zeitung)*: **~ writer** Leitartikler *m;* **8.** *allg. fig.* ‚Spitzenreiter' *m, pl. a.* Spitzengruppe *f;* **9.** ✝ a) 'Lockarˌtikel *m*, b) 'Spitzenarˌtikel *m*, führendes Pro'dukt, c) *pl. Börse*: führende Werte *pl.*, d) *Statistik*: Index *m;* **10.** ⚘ Leit-, Haupttrieb *m;* **11.** *anat.* Sehne *f;* **12.** Startband *n (e-s Films etc.)*; **13.** *typ.* Leit-, Ta'bellenpunkt *m.*

lead·er·ship ['li:dəʃɪp] *s.* **1.** Führung *f*, Leitung *f;* **2.** 'Führungsqualiˌtäten *pl.*

ˌlead-'in [ˌli:d-] **I** *adj.* **1.** ⚡ Zuleitungs…, *a. fig.* Einführungs…; **II** *s.* **2.** (An'tennen- *etc.*)Zuleitung *f;* **3.** *fig.* Einleitung *f.*

lead·ing ['li:dɪŋ] führend: a) erst, vorderst: **the ~ car**, b) *fig.* Haupt…: **~ part** *thea.* Hauptrolle *f;* **~ product** Spitzenprodukt *n*, c) tonangebend, maßgeblich: **~ citizen** prominenter Bürger; **~ ar·ti·cle** → **leader** 7, 9 a, b; **~ case** *s.* ⚖ Präze'denzfall *m;* **~ la·dy** *s.* Hauptdarstellerin *f;* **~ light** *s.* F *fig.* ‚Leuchte' *f (Person)*; **~ man** *s. [irr.]* Hauptdarsteller *m;* **~ note** *s.* ♪ Leitton *m;* **~ ques·tion** *s.* ⚖ Sugge'stivfrage *f;* **~ reins**, *Am.* **~ strings** *s. pl.* **1.** Leitzügel *m;* **2.** Gängelband *n (a. fig.)*: **in ~** *fig.* a) in den Kinderschuhen (stekkend), b) am Gängelband.

lead| pen·cil [led] *s.* Bleistift *m;* **~ poi·son·ing** *s.* ⚕ Bleivergiftung *f.*

lead sto·ry [li:d] *s. Zeitung*: 'Hauptarˌtikel *m*, ‚Aufmacher' *m.*

leaf [li:f] **I** *pl.* **leaves** [li:vz] *s.* **1.** ⚘ *(a.* Blumen)Blatt *n, pl. a.* Laub *n:* **in ~** belaubt, grün; **come into ~** ausschlagen, grün werden; **2.** *coll.* a) Teeblätter *pl.*, b) Tabakblätter *pl.*; **3.** Blatt *n (im Buch)*: **take a ~ out of s.o.'s book** *fig.* sich an j-m ein Beispiel nehmen; **turn over a new ~** *fig.* ein neues Leben beginnen; **4.** ⚙ a) Flügel *m (Tür, Fenster etc.)*, b) Klappe *od.* Ausziehplatte *f (Tisch)*, c) ⚔ *(Visier)*Klappe *f;* **5.** ⚙ Blatt *n*, (dünne) Folie: **gold ~** Blattgold *n;* **6.** ⚙ Blatt *n (Feder)*; **II** *v/t. u. v/i.* **7.** **~ through** 'durchblättern.

leaf·age ['li:fɪdʒ] *s.* Laub(werk) *n.*

leaf| bud *s.* Blattknospe *f;* **~ green** *s.* ⚘ Blattgrün *n (a. Farbe)*.

leaf·less ['li:flɪs] *adj.* blätterlos, entblättert, kahl.

leaf·let ['li:flɪt] *s.* **1.** ⚘ Blättchen *n;* **2.** a) Flugblatt *n*, b) Hand-, Re'klamezettel *m*, c) Merkblatt *n*, d) Pro'spekt *m*, e) Bro'schüre *f.*

leaf spring *s.* ⚙ Blattfeder *f.*

leaf·y ['li:fɪ] *adj.* **1.** belaubt, grün; **2.** Laub…; **3.** blattartig, Blatt…

league¹ [li:g] *s.* **1.** Liga *f*, Bund *m:* **ℒ of Nations** *hist.* Völkerbund; **2.** Bündnis *n*, Bund *m:* **be in ~ with** im Bunde sein mit, unter 'einer Decke stecken mit; **be in ~ against s.o.** sich gegen j-n verbündet haben; **3.** *sport* Liga *f:* **he is not in the same ~ (with me)** *fig.* da (an mich) kommt er nicht ran.

league² [li:g] *s. obs.* Wegstunde *f*, Meile *f (etwa 4 km)*.

leak [li:k] **I** *s.* **1.** a) ⚓ Leck *n*, b) undichte Stelle, Loch *n:* **spring a ~** ein Leck *etc.* bekommen; **take a ~** *sl.* ‚pinkeln' (gehen), c) → **leakage** 1; **2.** *fig.* a) ‚undichte Stelle' *(in e-m Amt etc.)*, b) 'Durchsickern *n (von Informationen)*, c) gezielte Indiskreti'on: **a ~ to the press** *a.* e-e der Presse zugespielte Information *etc.*; **3.** ⚡ a) Streuung(sverluste *pl.*) *f*, b) Fehlerstelle *f;* **II** *v/i.* **4.** lecken *(a.* ⚡ streuen), leck *od.* undicht sein, *Eimer etc. a.* (aus)laufen, tropfen; **5.** *a.* **~ out** a) ausströmen, entweichen *(Gas)*, b) auslaufen, sickern, tropfen *(Flüssigkeit)*, c) 'durchsickern *(a. fig. Nachricht etc.)*; **III** *v/t. a.* **~ out** **6.** 'durchlassen: **the container ~ed (out) oil** aus dem Behälter lief Öl aus; **7.** *fig. Nachricht etc.* 'durchsickern lassen: **~ s.th. (out) to** *j-m* et. zuspielen.

leak·age ['li:kɪdʒ] *s.* **1.** a) Lecken *n*, Auslaufen *n*, -strömen *n*, -treten *n*, b) → **leak** 1 a *u.* 2; **2.** *a. fig.* Schwund *m*, Verlust *m;* **3.** ✝ Lec'kage *f;* **~ cur·rent** *s.* ⚡ Leck-, Ableitstrom *m.*

leak·y ['li:kɪ] *adj.* leck, undicht.

lean¹ [li:n] *adj.* **1.** a) mager *(a. fig. Ernte, Fleisch, Jahre, Lohn etc.)*, schmal, hager, b) schlank; **2.** ⚙ Mager… *(-kohle etc.)*, Spar… *(-beton, -gemisch etc.)*: **~-burn engine** Magermotor *m;* **~ production** schlanke Produktion *f.*

lean² [li:n] **I** *v/i. [irr.]* **1.** sich neigen (**to** nach), *Person a.* sich beugen (**over** über *acc.*), (sich) lehnen (**against** gegen, an *acc.*), sich stützen (**on** auf *acc.*): **~ back** sich zurücklehnen; **~ over** sich (vor)neigen *od.* (vor)beugen; **~ over backward(s)** F sich ‚fast umbringen' *(et. zu tun)*; **~ to(ward) s.th.** *fig.* zu et. (hin)neigen *od.* tendieren; **2.** **~ on** *fig.* a) sich auf *j-n* verlassen, b) F *j-n* unter Druck setzen; **II** *v/t. [irr.]* **3.** neigen, beugen; **4.** lehnen (**against** gegen, an *acc.*), (auf)stützen (**on, upon** auf *acc.*); **III** *s.* **5.** Hang *m*, Neigung *f* (**to** nach); **'lean·ing** [-nɪŋ] **I** *adj.* sich neigend, geneigt, schief: **~ tower** schiefer Turm; **II** *s.* Neigung *f*, Ten'denz *f (a. fig.* **towards** zu).

lean·ness ['li:nnɪs] *s.* Magerkeit *f (a. fig. der Ernte, Jahre etc.)*.

leant [lent] *bsd. Brit. pret. u. p.p. von* **lean²**.

'lean-to [-tu:] **I** *pl.* **-tos** *s.* Anbau *m od.* Schuppen *(mit Pultdach)*; **II** *adj.* angebaut, Anbau…, sich anlehnend.

leap [li:p] **I** *v/i. [irr.]* **1.** springen: **look before you ~** erst wägen, dann wagen; **ready to ~ and strike** sprungbereit; **~ for joy** vor Freude hüpfen *(a. Herz)*; **2.** *fig.* a) springen, b) sich stürzen, c) *a.* **~ up** (auf)lodern *(Flammen)*, d) *a.* **~ up** hochschnellen *(Preise etc.)*: **~ into view** plötzlich sichtbar werden *od.* auftauchen; **~ at** sich (förmlich) auf *e-e Gelegenheit etc.* stürzen; **~ into fame** mit 'einem Schlag berühmt werden; **~ to a conclusion** voreilig e-n Schluß ziehen; **~ to the eye, ~ out** ins Auge springen; **II** *v/t. [irr.]* **3.** über'springen *(a. fig.)*, springen über *(acc.)*; **4.** *Pferd etc.* springen lassen (**over** über *acc.*); **III** *s.* **5.** Sprung *m (a. fig.)*: **a ~ in the dark** *fig.* ein Sprung ins Ungewisse; **a great ~ forward** *fig.* ein großer Sprung *od.* Schritt nach vorn; **by ~s (and bounds)** *fig.* sprunghaft; **'~-frog I** *s.* Bockspringen *n;* **II** *v/i.* bockspringen; **III** *v/t.* bockspringen über *(acc.)*, e-n Bocksprung machen über *(acc.)*.

leapt [lept] *pret. u. p.p. von* **leap**.

leap year *s.* Schaltjahr *n.*

learn [lɜ:n] **I** *v/t. [irr.]* **1.** (er)lernen; **2.** (**from**) a) erfahren, hören (von), b) ersehen, entnehmen (aus *e-m Brief etc.*); **3.** *sl.* ‚lernen' *(lehren)*; **II** *v/i. [irr.]* **4.** lernen: **he will never ~!** er lernt es nie!; **5.** erfahren, hören (**of, about** von); **'learn·ed** [-nɪd] *adj.* ☐ gelehrt, *Buch etc.*: *a.* wissenschaftlich, *Beruf etc.*: *a.* aka'demisch; **'learn·er** [-nə] *s.* **1.** Anfänger(in); **2.** *(a. mot.* Fahr)Schüler (-in), Lernende(r *m*) *f:* **slow ~** Lernschwache(r *m*) *f;* **'learn·ing** [-nɪŋ] *s.* **1.** Gelehrsamkeit *f*, Gelehrtheit *f*, Wissen *n:* **man of ~** Gelehrte(r) *m;* **2.** (Er)Lernen *n;* **learnt** [-nt] *pret. u. p.p. von* **learn**.

lease [li:s] **I** *s.* **1.** Pacht-, Mietvertrag *m;* **2.** a) Verpachtung *f* (**to** an *acc.*), b) Pacht *f*, Miete *f*, c) → **leasing**: **a new ~ of life** *fig.* ein neues Leben, noch e-e (Lebens)Frist *(nach Krankheit etc.)*; **put out to** *(od.* **to let out on) ~** → 5; **take s.th. on ~, take a ~ of s.th.** → 6; **by** *(od.* **on) ~** auf Pacht; **3.** Pachtbesitz *m*, -grundstück *n;* **4.** Pacht- *od.* Mietzeit *f od.* -verhältnis *n;* **II** *v/t.* **5.** **~ out** verpachten *od.* vermieten (**to** an *acc.*); **6.** pachten *od.* mieten, *Investitionsgüter a.* leasen.

'lease|·hold [-ʃəʊ-] **I** *s.* **1.** Pacht- *od.* Mietbesitz *m*, Pacht- *od.* Mietgrundstück *n*, Pachtland *n;* **II** *adj.* **2.** gepachtet, Pacht…; **'~ˌhold·er** *s.* Pächter(in), Mieter(in).

leas·er ['li:sə] *s.* Pächter(in), Mieter(in), *von Investitionsgütern etc.*: *a.* Leasingnehmer(in).

leash [li:ʃ] **I** *s.* **1.** (Koppel-, Hunde)Leine *f:* **hold in ~** a) → 4, b) *fig.* im Zaum halten; **strain at the ~** a) an der Leine zerren, b) *fig.* vor Ungeduld platzen; **2.** *hunt.* Koppel *f (drei Hunde, Füchse etc.)*; **II** *v/t.* **3.** (zs.-)koppeln; **4.** an der Leine halten.

leas·ing ['li:sɪŋ] *s.* **1.** Pachten *n*, Mieten *n;* **2.** Verpachten *n od.* Vermieten *n*, *von Investitionsgütern etc.*: *a.* Leasing *n.*

least [li:st] **I** *adj. (sup. von little)* geringst: a) kleinst, wenigst, mindest, b) unbedeutendst; **II** *s. das* Mindeste, *das* Wenigste: **at (the) ~** mindestens, wenigstens, zum mindesten; **at the very ~** allermindestens; **not in the ~** nicht im geringsten *od.* mindesten; **say the ~ (of it)** gelinde gesagt; **~ said soonest mended** je weniger Worte (darüber) desto besser; **that's the ~ of my worries** das ist m-e geringste Sorge; **III** *adv.* am wenigsten: **~ of all** am allerwenigsten; **not ~** nicht zuletzt; **the ~ complicated solution** die unkomplizierteste Lösung; **with the ~ possible effort** mit möglichst geringer Anstrengung.

leath·er ['leðə] **I** *s.* **1.** Leder *n (a. fig.*

humor. Haut; *sport sl. Ball*): **~ goods** Lederwaren *pl.* ; **2.** Lederball *m*, -lappen *m*, -riemen *m etc.*; **3.** *pl.* a) Lederhose(n *pl.*) *f*, b) 'Ledergaˌmaschen *pl.*; **II** *v/t.* **4.** mit Leder über'ziehen; **5.** F ˌversohlen'; **'~·neck** *s.* ⚔ *Am.* F ˌLedernacken' *m*, Ma'rineinfanteˌrist *m* (*des U.S. Marine Corps*).

leath·er·y ['leðərɪ] *adj.* ledern, zäh.

leave¹ [li:v] **I** *v/t.* [*irr.*] **1.** *allg.* verlassen: a) von *j-m od. e-m Ort* weggehen, b) abreisen *od.* abfahren *od.* abfliegen von (**for** nach), c) von *der Schule* abgehen, d) *j-n od. et.* im Stich lassen, *et.* aufgeben; **2.** lassen: **~ open** offenlassen; **it ~s me cold** F es läßt mich kalt; **~ it at that** F es dabei belassen *od.* (bewenden) lassen; **~ things as they are** die Dinge so lassen, wie sie sind; → **leave alone**; **3.** (übrig)lassen: **6 from 8 ~s 2** 8 minus 6 ist 2; **be left** übrig sein, (übrig-) bleiben; **there's nothing left for us but to go** uns bleibt nichts übrig, als zu gehen; **to be left till called for** postlagernd; **4.** *Narbe etc.* zu'rücklassen, *Eindruck*, *Nachricht*, *Spur etc.* hinter'lassen: **~ s.o. wondering whether** j-n im Zweifel darüber lassen, ob; **~ s.o. to himself** j-n sich selbst überlassen; **5.** *s-n Schirm etc.* stehen- *od.* liegenlassen, vergessen; **6.** über'lassen, an'heimstellen (**to** *dat.*): **I ~ it to you** (**to decide**); **~ it to me!** überlaß das mir!, laß mich das *od.* nur machen; **~ nothing to accident** nichts dem Zufall überlassen; **7.** (*nach dem Tode*) hinter'lassen, zu'rücklassen: **he ~s a wife and five children**; **8.** vermachen, vererben (**to s.o.** j-m); **9.** (*auf der Fahrt*) *links od. rechts* liegen lassen: **~ the mill on the left**; **10.** aufhören mit, (unter)'lassen, *Arbeit etc.* einstellen; **II** *v/i.* [*irr.*] **11.** (fort-, weg-) gehen, (ab)reisen *od.* (ab)fahren *od.* (ab)fliegen (**for** nach); **12.** gehen, die Stellung aufgeben;

Zssgn mit adv.:

leave| a·bout *v/t.* her'umliegen lassen; **~ a·lone** *v/t.* **1.** al'lein lassen; **2.** *j-n od. et.* in Ruhe lassen; *et.* auf sich beruhen lassen: **leave well alone** die Finger davon lassen; **~ a·side** *v/t.* bei'seite lassen; **~ be·hind** *v/t.* **1.** da-, zu'rücklassen; **2.** → **leave¹** 4, 5; **3.** *Gegner etc.* hinter sich lassen; **~ off I** *v/t.* **1.** weglassen; **2.** *Kleid etc.* a) nicht anziehen, b) ablegen, nicht mehr tragen; **3.** aufhören mit, *die Arbeit* einstellen; **4.** *Gewohnheit etc.* aufgeben; **II** *v/i.* **5.** aufhören; **~ on** *v/t. Kleid etc.* anbehalten, *a. Licht etc.* anlassen; **~ out** *v/t.* **1.** aus-, weglassen; **2.** draußen lassen; **3.** *j-n* ausschließen (**of** von): **leave her out of this!** laß sie aus dem Spiel!; **~ o·ver** *v/t.* (*als Rest*) übriglassen: **be left over** übrig(geblieben) sein.

leave² [li:v] *s.* **1.** Erlaubnis *f*, Genehmigung *f*: **ask ~ of s.o.** j-n um Erlaubnis bitten; **take ~ to say** sich zu sagen erlauben; **by your ~!** mit Verlaub!; **without so much as a by your ~** *iro.* mir nichts, dir nichts; **2.** *a.* **~ of absence** Urlaub *m*: (**go on**) **~** auf Urlaub (gehen); **a man on ~** ein Urlauber; **3.** Abschied *m*: **take** (**one's**) **~** sich verabschieden, Abschied nehmen (**of s.o.** von j-m); **have taken ~ of one's senses** nicht (mehr) ganz bei Trost sein.

leav·en ['levn] **I** *s.* **1.** a) Sauerteig *m* (*a. fig.*), b) Hefe *f*, c) → **leavening**; **II** *v/t.* **2.** *Teig* a) säuern, b) (auf)gehen lassen; **3.** *fig.* durch'setzen, -'dringen; **'leav·en·ing** [-nɪŋ] *s.* Treibmittel *n*, Gär(ungs)stoff *m*.

leaves [li:vz] *pl. von* **leaf**.

'leave-ˌtak·ing *s.* Abschied(nehmen *n*) *m*.

leav·ing cer·tif·i·cate ['li:vɪŋ] *s.* Abgangszeugnis *n*.

leav·ings ['li:vɪŋz] *s. pl.* **1.** 'Überbleibsel *pl.*, Reste *pl.*; **2.** Abfall *m*.

Leb·a·nese [ˌlebə'ni:z] **I** *adj.* liba'nesisch; **II** *s.* a) Liba'nese *m*, Liba'nesin *f*, b) *pl.* Liba'nesen *pl.*

lech·er ['letʃə] *s.* Wüstling *m*, *humor.* ˌLustmolch' *m*; **lech·er·ous** ['letʃərəs] *adj.* ☐ lüstern, geil; **'lech·er·y** [-ərɪ] *s.* Lüsternheit *f*, Geilheit *f*.

lec·tern ['lektɜ:n] *s. eccl.* (Lese- *od.* Chor)Pult *n*.

lec·ture ['lektʃə] **I** *s.* **1.** Vortrag *m*; *univ.* Vorlesung *f*, Kol'leg *n* (**on** über *acc.*, **to** vor *dat.*): **~ room** Vortrags-, *univ.* Hörsaal *m*; **~ tour** Vortragsreise *f*; **2.** Strafpredigt *f*: **give** (*od.* **read**) **s.o. a ~** → 5; **II** *v/i.* **3.** e-n Vortrag *od.* Vorträge halten (**to s.o. on s.th.** vor j-m über e-e Sache); **4.** *univ.* e-e Vorlesung *od.* Vorlesungen halten, lesen (**on** über *acc.*); **III** *v/t.* **5.** *j-m* e-e Strafpredigt *od.* Standpauke halten; **'lec·tur·er** [-tʃərə] *s.* **1.** Vortragende(r *m*) *f*; **2.** *univ.* Do'zent(in), Hochschullehrer(in); **3.** *Church of England*: Hilfsprediger *m*; **'lec·ture·ship** [-ʃɪp] *s. univ.* Dozen'tur *f*, Lehrauftrag *m*.

led [led] *pret. u. p.p. von* **lead¹**.

ledge [ledʒ] *s.* **1.** Leiste *f*, Kante *f*; **2.** a) (Fenster)Sims *m od. n*, b) (Fenster-) Brett *n*; **3.** (Fels)Gesims *n*, (-)Vorsprung *m*; **4.** Felsbank *f*, Riff *n*.

ledg·er ['ledʒə] *s.* **1.** ✝ Hauptbuch *n*; **2.** ⚠ Querbalken *m*, Sturz *m* (*e-s Gerüsts*); **3.** große Steinplatte; **~ line** *s.* **1.** Angelleine *f* mit festliegendem Köder; **2.** ♪ Hilfslinie *f*.

lee [li:] *s.* **1.** (wind)geschützte Stelle; **2.** Windschattenseite *f*; **3.** ⚓ Lee(seite) *f*.

leech [li:tʃ] *s.* **1.** *zo.* Blutegel *m*: **stick like a ~ to s.o.** *fig.* wie e-e Klette an j-m hängen; **2.** *fig.* Blutsauger *m*, Schma'rotzer *m*.

leek [li:k] *s.* ⚘ (Breit)Lauch *m*, Porree *m*.

leer [lɪə] **I** *s.* (lüsterner *od.* gehässiger *od.* boshafter) (Seiten)Blick, anzügliches Grinsen; **II** *v/i.* (lüstern *etc.*) schielen (**at** nach); anzüglich grinsen; **leer·y** ['lɪərɪ] *adj. sl.* **1.** schlau; **2.** argwöhnisch (**of** gegenüber).

lees [li:z] *s. pl.* Bodensatz *m*, Hefe *f* (*a. fig.*): **drink** (*od.* **drain**) **to the ~** *bsd. fig.* bis zur Neige leeren.

lee| shore *s.* ⚓ Leeküste *f*; **~ side** *s.* ⚓ Leeseite *f*.

lee·ward ['li:wəd; ⚓ 'lu:əd] **I** *adj.* Lee…; **II** *s.* Lee(seite) *f*: **to ~** → **III** *adv.* leewärts.

'lee·way *s.* **1.** ⚓, *a.* ✈ Abtrift *f*: **make ~** abtreiben; **2.** *fig.* Rückstand *m*: **make up ~** (den Rückstand) aufholen, (das Versäumte) nachholen; **3.** *fig.* Spielraum *m*.

left¹ [left] *pret. u. p.p. von* **leave¹**.

left² [left] **I** *adj.* **1.** link (*a. pol.*); **II** *adv.* **2.** links: **move ~** nach links rücken; **turn ~** links abbiegen; **~ turn!** ⚔ links um!; **III** *s.* **3.** Linke *f* (*a. pol.*), linke Seite: **on** (*od.* **to**) **the ~** (**of**) links (von), linker Hand (von); **on our ~** zu unserer Linken, links von uns; **to the ~** nach links; **keep to the ~** sich links halten, links fahren; **the ~ of the party** *pol.* der linke Flügel der Partei; **4.** *Boxen*: a) Linke *f* (*Faust*), b) Linke(r *m*) *f* (*Schlag*); **'~-hand** *adj.* **1.** link; **2.** → **left-handed** 1–4; **ˌ~-'hand·ed** *adj.* ☐ **1.** linkshändig: **a ~ person** → **left-hander** 1; **2.** linkshändig, link (*Schlag etc.*); **3.** link, linksseitig; **4.** ⚙ linksgängig, -läufig, Links…: **~ drive** Linkssteuerung *f*; **~ screw** linksgängige Schraube; **5.** zweifelhaft, fragwürdig: **~ compliments**; **6.** linkisch, ungeschickt; **7.** *hist.* morga'natisch, zur linken Hand (*Ehe*); **ˌ~-'hand·er** *s.* **1.** Linkshänder(in); **2.** *Boxen*: Linke *f*.

left·ist ['leftɪst] *pol.* **I** *s.* Linke(r *m*) *f*, 'Linkspoˌlitiker(in), -stehende(r *m*) *f*; **II** *adj.* linksgerichtet, -stehend, Links…

ˌleft|-'lug·gage lock·er *s. Brit.* (Gepäck)Schließfach *n*; **ˌ~-'lug·gage** (**of·fice**) *s. Brit.* Gepäckaufbewahrung(sstelle) *f*; **'~ˌo·ver I** *adj.* übrig(geblieben); **II** *s.* 'Überbleibsel *n*, (*bsd.* Speise)Rest *m*.

'left|-wing *adj. pol.* dem linken Flügel angehörend, Links…, *Person*: *a.* linksgerichtet, -stehend; **ˌ~-'wing·er** *s.* **1.** → **leftist** I; **2.** *sport* Linksaußen *m*.

leg [leg] **I** *s.* **1.** a) Bein *n*, b) 'Unterschenkel *m*; → *Bes. Redew.*; **2.** (*Hammel- etc.*)Keule *f*: **~ of mutton**; **3.** a) Bein *n* (*Hose*, *Strumpf*), b) Schaft *m* (*Stiefel*); **4.** a) Bein *n* (*Tisch etc.*), b) Stütze *f*, c) Schenkel *m* (*Zirkel etc.*, *a.* ⩘ *Dreieck*); **5.** E'tappe *f*, Abschnitt *m*, Teilstrecke *f*; **6.** *sport* a) E'tappe *f*, Teilstrecke *f*, b) Runde *f*, c) 'Durchgang *m*, Lauf *m*; **II** *v/i.* **7.** *mst* **~ it** F a) tippeln, marschieren, b) rennen;

Besondere Redewendungen:

on one's ~s a) stehend (*bsd. um e-e Rede zu halten*), b) auf den Beinen (*Ggs. bettlägerig*); **be on one's last ~s** es nicht mehr lange machen, ˌam Eingehen' sein, auf dem letzten Loch pfeifen; **find one's ~s** s-e Beine gebrauchen lernen, *fig.* sich finden; **give s.o. a ~ up** j-m (hin)aufhelfen, *fig.* j-m unter die Arme greifen; **have not a ~ to stand on** *fig.* keinerlei Beweise *od.* keine Chance haben; **pull s.o.'s ~** F j-n ˌauf den Arm nehmen' *od.* aufziehen; **shake a ~** a) F das Tanzbein schwingen, b) *sl.* ˌTempo machen'; **stand on one's own ~s** auf eigenen Füßen stehen; **stretch one's ~s** sich die Beine vertreten.

leg·a·cy ['legəsɪ] *s.* ⚖ Le'gat *n*, Vermächtnis *n* (*a. fig.*), *fig. a.* Erbe *n*, *contp.* Hinter'lassenschaft *f*.

le·gal ['li:gl] *adj.* ☐ **1.** gesetzlich, rechtlich: **~ holiday** gesetzlicher Feiertag; **~ reserves** ✝ gesetzliche Rücklagen; **2.** le'gal: a) (rechtlich *od.* gesetzlich) zulässig, gesetzmäßig, b) rechtsgültig: **~ claim**; **not ~** gesetzlich verboten *od.* nicht zulässig; **make ~** legalisieren; **3.** Rechts…, ju'ristisch: **~ adviser** Rechtsberater(in); **~ aid** Prozeßkostenhilfe *f*; **~ capacity** Geschäftsfähigkeit *f*; **~**

entity juristische Person; ***~ force*** Rechtskraft *f*; ***~ position*** Rechtslage *f*; ***~ remedy*** Rechtsmittel *n*; **4.** gerichtlich: ***a ~ decision***; ***take ~ action*** (*od.* ***steps***) ***against s.o.*** gegen j-n gerichtlich vorgehen; **le·gal·ese** [ˌli:gəˈli:z] *s.* Juˈristensprache *f*, -jarˌgon *m*; **le·gal·i·ty** [li:ˈgæləti] *s.* Legaliˈtät *f*, Gesetzlichkeit *f*, Rechtmäßigkeit *f*, Zulässigkeit *f*.

le·gal·i·za·tion [ˌli:gəlaɪˈzeɪʃn] *s.* Legalisierung *f*; **le·gal·ize** [ˈli:gəlaɪz] *v/t.* legalisieren, rechtskräftig machen, *a.* amtlich beglaubigen, beurkunden.

leg·ate[1] [ˈlegɪt] *s.* (päpstlicher) Leˈgat.

le·gate[2] [lɪˈgeɪt] *v/t.* (testamenˈtarisch) vermachen.

leg·a·tee [ˌlegəˈti:] *s.* ⚖ Legaˈtar(in), Vermächtnisnehmer(in).

le·ga·tion [lɪˈgeɪʃn] *s. pol.* Gesandtschaft *f*, Vertretung *f*.

leg·a·tor [ˌlegəˈtɔ:; *Am.* lɪˈgeɪtə] *s.* ⚖ Vermächtnisgeber(in), Erb-lasser(in).

leg·end [ˈledʒənd] *s.* **1.** Sage *f*, (*a.* ˈHeiligen)Leˌgende *f*; **2.** Leˈgende *f*: a) erläuternder Text, Beschriftung *f*, ˈBildˌunterschrift *f*, b) Zeichenerklärung *f* (*auf Karten etc.*), c) Inschrift *f*; **3.** *fig.* legenˈdäre Gestalt *od.* Sache, Mythus *m*; **ˈleg·end·ar·y** [-dəri] *adj.* legenˈdär: a) sagenhaft, Sagen…, b) berühmt.

leg·er·de·main [ˌledʒədəˈmeɪn] *s.* Taschenspieleˈrei *f*, *a. fig.* (Taschenspieler)Trick *m*.

-legged [legd] *adj. bsd. in Zssgn* mit (…) Beinen, …beinig; **leg·gings** [ˈlegɪŋz] *s. pl.* **1.** (hohe) Gaˈmaschen *pl.*; **2.** ˈÜberhose *f*; **leg·gy** [ˈlegɪ] *adj.* langbeinig.

leg·i·bil·i·ty [ˌledʒɪˈbɪlətɪ] *s.* Leserlichkeit *f*; **leg·i·ble** [ˈledʒəbl] *adj.* □ (gut) leserlich.

le·gion [ˈli:dʒən] *s.* **1.** *antiq.* ⚔ Legiˈon *f* (*a. fig. Unzahl*): ***their name is ~*** *fig.* ihre Zahl ist Legion; **2.** Legiˈon *f*, (*bsd.* Frontkämpfer)Verband *m*: ***the American*** (***British***) ***♀***; ***♀ of Hono***(***u***)***r*** *französische* Ehrenlegion; ***the*** (***Foreign***) ***♀*** die (französische) Fremdenlegion; **ˈle·gion·ar·y** [-dʒənəri] **I** *adj.* Legions…; **II** *s.* Legioˈnär *m*; **le·gion·naire** [ˌli:dʒəˈneə] *s.* (ˈFremden- *etc.*)Legioˌnär *m*.

leg·is·late [ˈledʒɪsleɪt] **I** *v/i.* Gesetze erlassen; **II** *v/t.* durch Gesetze bewirken *od.* schaffen: ***~ away*** durch Gesetze abschaffen; **leg·is·la·tion** [ˌledʒɪsˈleɪʃn] *s.* Gesetzgebung *f* (*a. weitS.* [erlassene] Gesetze *pl.*); **ˈleg·is·la·tive** [-lətɪv] **I** *adj.* □ **1.** gesetzgebend, legislaˈtiv; **2.** Legislatur…, Gesetzgebungs…; **II** *s.* **3.** → ***legislature***; **ˈleg·is·la·tor** [-leɪtə] *s.* Gesetzgeber *m*; **ˈleg·is·la·ture** [-leɪtʃə] *s.* Legislaˈtive *f*, gesetzgebende Körperschaft.

le·git [lɪˈdʒɪt] *sl. für* ***legitimate*** I, ***legitimate drama***.

le·git·i·ma·cy [lɪˈdʒɪtɪməsɪ] *s.* **1.** Legitimiˈtät *f*: a) Rechtmäßigkeit *f*, b) Ehelichkeit *f*: ***~ of birth***, c) Berechtigung *f*, Gültigkeit *f*; **2.** (Folge)Richtigkeit *f*.

le·git·i·mate [lɪˈdʒɪtɪmət] **I** *adj.* □ **1.** legiˈtim: a) gesetzmäßig, gesetzlich, b) rechtmäßig, berechtigt (*Forderung etc.*), c) ehelich: ***~ birth***; ***~ son***; **2.** (folge)richtig, begründet, einwandfrei; **II** *v/t.* [-meɪt] **3.** legitimieren: a) für gesetzmäßig erklären, b) ehelich machen; **4.** als (rechts)gültig anerkennen; **5.** rechtfertigen; ***~ dra·ma*** *s.* **1.** liteˈrarisch wertvolles Drama; **2.** echtes Drama (*Ggs. Film etc.*).

le·git·i·ma·tion [lɪˌdʒɪtɪˈmeɪʃn] *s.* Legitimaˈtiˈon *f*: a) Legitimierung *f*, *a.* Ehelichkeitserklärung *f*, b) ˈAusweis(paˌpiere *pl.*) *m*; **le·git·i·ma·tize** [lɪˈdʒɪtɪmətaɪz], **le·git·i·mize** [lɪˈdʒɪtɪmaɪz] → ***legitimate*** 3, 4, 5.

leg·less [ˈleglɪs] *adj.* ohne Beine, beinlos.

ˈleg|·man *s.* [*irr.*] *bsd. Am.* **1.** Reˈporter *m* (im Außendienst); **2.** ‚Laufbursche' *m*; **ˈ~-pull** *s.* F Veräppelung *f*, Scherz *m*; **ˈ~·room** [-rʊm] *s. mot.* Beinfreiheit *f*; **ˈ~-show** *s.* F ‚Beinchenschau' *f*, Reˈvue *f*.

leg·ume [ˈlegju:m] *s.* **1.** ⚘ a) Hülsenfrucht *f*, b) Hülse *f* (*Frucht*); **2.** *mst pl.* a) Hülsenfrüchte *pl.* (*als Gemüse*), b) Gemüse *n*; **le·gu·mi·nous** [leˈgju:mɪnəs] *adj.* Hülsen…; hülsentragend.

ˈleg·work *s.* F Laufeˈrei *f*.

lei·sure [ˈleʒə] **I** *s.* **1.** Muße *f*, Freizeit *f*: ***at ~*** → ***leisurely***; ***be at ~*** Zeit *od.* Muße haben; ***at your ~*** wenn es Ihnen (gerade) paßt; **2.** → ***leisureliness***; **II** *adj.* Muße…, frei: ***~ hours***; ***~ activities*** Freizeitbeschäftigungen *pl.*, -gestaltung *f*; ***~ industry*** Freizeitindustrie *f*; ***~ time*** Freizeit *f*; ***~ wear*** Freizeit(be)kleidung *f*; **ˈlei·sured** [-əd] *adj.* frei, unbeschäftigt, müßig: ***the ~ classes*** die begüterten Klassen; **ˈlei·sure·li·ness** [-lɪnɪs] *s.* Gemächlichkeit *f*, Gemütlichkeit *f*; **ˈlei·sure·ly** [-lɪ] *adj. u. adv.* gemächlich, gemütlich.

leit·mo·tiv, *a.* **leit·mo·tif** [ˈlaɪtməʊˌti:f] *s. bsd.* ♪ ˈLeitmoˌtiv *n*.

lem·ming [ˈlemɪŋ] *s. zo.* Lemming *m*.

lem·on [ˈlemən] **I** *s.* **1.** Ziˈtrone *f*; **2.** Ziˈtronenbaum *m*; **3.** Ziˈtronengelb *n*; **4.** *sl.* ‚Niete' *f*: a) ‚Flasche' *f* (*Person*), b) ‚Gurke' *f* (*Sache*): ***hand s.o. a ~*** ‚j-n schwer drankriegen'; **II** *adj.* **5.** ziˈtronengelb; **lem·on·ade** [ˌleməˈneɪd] *s.* Ziˈtronenlimoˌnade *f*.

lem·on| dab *s. ichth.* Rotzunge *f*; **~ sole** *s. ichth.* Seezunge *f*; **~ squash** *s. Brit.* Ziˈtronenlimoˌnade *f*; **~ squeez·er** *s.* Ziˈtronenpresse *f*.

le·mur [ˈli:mə] *s. zo.* Leˈmur(e) *m*, Maki *m*.

lem·u·res [ˈlemjʊri:z] *s. pl. myth.* Leˈmuren *pl.* (*Gespenster*).

lend [lend] *v/t.* [*irr.*] **1.** (aus-, ver)leihen: ***~ s.o. money*** (*od.* ***money to s.o.***) j-m Geld leihen, an j-n Geld verleihen; **2.** *fig. Würde etc.* verleihen (***to*** *dat.*); **3.** *Hilfe etc.* leisten, gewähren: ***~ itself to*** sich eignen zu *od.* für (*Sache*); → ***ear***[1] 3, ***hand*** 1; **4.** *s-n Namen* hergeben (***to*** zu): ***~ o.s. to*** sich hergeben zu; **lend·er** [ˈlendə] *s.* Aus-, Verleiher(in), Geld-, Kreˈditgeber(in); **lend·ing li·brar·y** [ˈlendɪŋ] *s.* ˈLeihbücheˌrei *f*; **~ lend·ing rate** *s.* Kreditzins *m*.

ˌLend-ˈLease Act *s. hist.* Leih-Pacht-Gesetz *n* (*1941*).

length [leŋθ] *s.* **1.** *allg.* Länge *f*: a) *als Maß*, *a.* Stück *n* (*Stoff etc.*): ***two feet in ~*** 2 Fuß lang, b) (*a.* lange) Strecke, c) ˈUmfang *m* (*Buch, Liste etc.*), d) (*a.* lange) Dauer (*a. Phonetik*); **2.** *sport* Länge *f* (Vorsprung): ***win by a ~*** mit e-r Länge (Vorsprung) siegen;

Besondere Redewendungen:

at ~ a) lang, ausführlich, b) endlich, schließlich; ***at full ~*** a) in allen Einzelheiten, ganz ausführlich, b) der Länge nach (*hinfallen*); ***at great*** (***some***) ***~*** sehr (ziemlich) ausführlich; ***for any ~ of time*** für längere Zeit; (***over all***) ***the ~ and breadth of France*** in ganz Frankreich (herum); ***go*** (***to***) ***great ~s*** a) sehr weit gehen, b) sich sehr bemühen; ***he went*** (***to***) ***the ~ of asserting*** er ging so weit zu behaupten; ***go*** (***to***) ***all ~s*** aufs Ganze gehen, vor nichts zurückschrecken; ***go any ~*** alles (Erdenkliche) tun.

length·en [ˈleŋθən] **I** *v/t.* **1.** verlängern, länger machen; **2.** ausdehnen; **3.** *Wein etc.* strecken; **II** *v/i.* **4.** sich verlängern, länger werden; **5.** ***~ out*** sich in die Länge ziehen; **ˈlength·en·ing** [-θənɪŋ] *s.* Verlängerung *f*.

length·i·ness [ˈleŋθɪnɪs] *s.* Langatmigkeit *f*, Weitschweifigkeit *f*.

ˈlength·ways [-weɪz], *Am.* **ˈlength·wise** *adv.* der Länge nach, längs.

length·y [ˈleŋθɪ] *adj.* □ **1.** (sehr) lang; **2.** *fig.* ermüdend *od.* ˈübermäßig lang, langatmig.

le·ni·en·cy [ˈli:njənsɪ], *a.* **le·ni·ence** [ˈli:njəns] *s.* Milde *f*, Nachsicht *f*; **ˈle·ni·ent** [-nt] *adj.* □ mild(e), nachsichtig (***to***[***wards***] gegenˈüber).

lens [lenz] *s.* **1.** *anat.* Linse *f* (*a. phys.*, ⚙); **2.** *opt.* a) Linse *f*, b) Lupe *f*, (Vergrößerungs)Glas *n*; **3.** *phot.* Objekˈtiv *n*, ‚Linse' *f*: ***~ aperture*** Blende *f*; ***~ screen*** Gegenlichtblende *f*.

lent[1] [lent] *pret. u. p.p. von* ***lend***.

Lent[2] [lent] *s.* Fasten(zeit *f*) *pl.*

len·tic·u·lar [lenˈtɪkjʊlə] *adj.* □ **1.** linsenförmig, *bsd. anat.* Linsen…; **2.** *phys.* bikonˈvex.

len·til [ˈlentɪl] *s.* ⚘ Linse *f*.

Lent| lil·y *s.* ⚘ Narˈzisse *f*; **~ term** *s. Brit.* ˈFrühjahrstriˌmester *n*.

Le·o [ˈli:əʊ] *s. ast.* Löwe *m*.

le·o·nine [ˈli:əʊnaɪn] *adj.* Löwen…

leop·ard [ˈlepəd] *s. zo.* Leoˈpard *m*: ***black ~*** Schwarzer Panther; ***the ~ can't change its spots*** *fig.* die Katze läßt das Mausen nicht; ***~ cat*** *s. zo.* Benˈgalkatze *f*.

le·o·tard [ˈli:əʊtɑ:d] *s.* Triˈkot(anzug *m*) *n*, *sport* Gymˈnastikanzug *m*.

lep·er [ˈlepə] *s.* **1.** Leprakranke(r *m*) *f*; **2.** *fig.* Aussätzige(r *m*) *f*.

lep·i·dop·ter·ous [ˌlepɪˈdɒptərəs] *adj.* Schmetterlings…

lep·re·chaun [ˈleprəkɔ:n] *s. Ir.* Kobold *m*.

lep·ro·sy [ˈleprəsɪ] *s.* ⚕ Lepra *f*; **ˈlep·rous** [-əs] *adj.* a) leprakrank, b) leˈprös, Lepra…

les·bi·an [ˈlezbɪən] **I** *adj.* lesbisch; **II** *s.* Lesbierin *f*; **ˈles·bi·an·ism** [-nɪzəm] *s.* lesbische Liebe, Lesbiaˈnismus *m*.

lese-maj·es·ty [ˌli:zˈmædʒɪstɪ] *s.* **1.** *a. fig.* Majeˈstätsbeleidigung *f*; **2.** Hochverrat *m*.

le·sion [ˈli:ʒn] *s.* **1.** Verletzung *f*, Wunde *f*; **2.** krankhafte Veränderung (*e-s Organs*).

less [les] **I** *adv.* (*comp. von* ***little***) weniger (***than*** als): ***a ~ known*** (*od.* ***~-known***) ***author*** ein weniger bekannter Autor; ***~ and ~*** immer weniger *od.* seltener; ***still*** (*od.* ***much***) ***~*** noch viel weniger, geschweige denn; ***the ~ so as***

(dies) um so weniger, als; **II** *adj.* (*comp. von* **little**) geringer, kleiner, weniger: ***in ~ time*** in kürzerer Zeit; ***of ~ importance*** (***value***) von geringerer Bedeutung (von geringerem Wert); ***no ~ a person than Churchill***; *a.* ***Churchill, no ~*** kein Geringerer als Churchill; **III** *s.* weniger, e-e kleinere Menge *od.* Zahl, ein geringeres (Aus)Maß: ***for ~*** billiger; ***do with ~*** mit weniger auskommen; ***little ~ than robbery*** so gut wie *od.* schon fast Raub; ***nothing ~ than*** zumindest; ***nothing ~ than a disaster*** e-e echte Katastrophe; ***~ of that!*** hör auf damit!; **IV** *prp.* weniger, minus, † abzüglich.

les·see [le'siː] *s.* Pächter(in) *od.* Mieter (-in), *von Investitionsgütern etc.*: *a.* Leasingnehmer(in).

less·en ['lesn] **I** *v/i.* sich vermindern *od.* verringern, abnehmen, geringer werden, nachlassen; **II** *v/t.* vermindern, -ringern, -kleinern; *fig.* her'absetzen, schmälern; **'less·en·ing** [-nɪŋ] *s.* Nachlassen *n*, Abnahme *f*, Verringerung *f*, -minderung *f*.

less·er ['lesə] *adj.* (*nur attr.*) kleiner, geringer; unbedeutender.

les·son ['lesn] *s.* **1.** Lekti'on *f* (*a. fig. Denkzettel, Strafe*), Übungsstück *n*, (*a.* Haus)Aufgabe *f*; **2.** (Lehr-, 'Unterrichts)Stunde *f*; *pl.* 'Unterricht *m*, Stunden *pl.*: ***give ~s*** Unterricht erteilen; ***take ~s from s.o.*** Stunden *od.* Unterricht bei j-m nehmen; **3.** *fig.* Lehre *f*: ***this was a ~ to me*** das war mir e-e Lehre; ***let this be a ~ to you*** laß dir das zur Lehre *od.* Warnung dienen; ***he has learnt his ~*** er hat s-e Lektion gelernt; **4.** *eccl.* Lesung *f*.

les·sor [le'sɔː] *s.* Verpächter(in) *od.* Vermieter(in), *von Investitionsgütern etc.*: *a.* Leasinggeber(in).

lest [lest] *cj.* **1.** (*mst mit folgendem* ***should*** *konstr.*) daß *od.* da'mit nicht; aus Furcht, daß; **2.** (*nach Ausdrücken des Befürchtens*) daß: ***fear ~***.

let¹ [let] **I** *s.* **1.** *Brit.* F a) Vermietung *f*, b) Mietwohnung *f*, Mietshaus *n*: ***get a ~ for*** e-n Mieter finden für; **II** *v/t.* [*irr.*] **2.** lassen, *j-m* erlauben: ***~ him talk!*** laß ihn reden!; ***~ me help you*** lassen Sie mich Ihnen helfen; ***~ s.o. know*** j-n wissen lassen *od.* Bescheid sagen; ***~ into*** a) (her)einlassen in (*acc.*), b) *j-n* einweihen in *ein Geheimnis*, c) *Stück Stoff etc.* einsetzen in (*acc.*); ***~ s.o. off a penalty*** j-m e-e Strafe erlassen; ***~ s.o. off a promise*** j-n von e-m Versprechen entbinden; **3.** vermieten (***to*** an *acc.*, ***for*** auf *ein Jahr etc.*): ***"to ~"*** „zu vermieten"; **4.** *Arbeit etc.* vergeben (***to*** an *j-n*); **III** *v/aux.* [*irr.*] **5.** lassen, mögen, sollen (*zur Umschreibung des Imperativs der 1. u. 2. Person*): ***~ us go! Yes, ~'s!*** gehen wir! Ja, gehen wir! (*od.* Ja, einverstanden!); ***~ him go there at once!*** er soll sofort hingehen!; ***~'s not*** (F ***don't let's***) ***quarrel!*** wir wollen doch nicht streiten!; (***just***) ***~ them try*** das sollen sie nur versuchen; ***~ me see!*** Moment mal!; ***~ A be equal to B*** nehmen wir an, A ist gleich B; ***~ it be known that*** man soll *od.* alle sollen wissen, daß; **IV** *v/i.* [*irr.*] **6.** sich vermieten (lassen) (***at, for*** für);

Besondere Redewendungen:

~ alone a) geschweige denn, ganz zu schweigen von, b) → ***let alone***; ***~ loose*** loslassen; ***~ be*** a) *et.* sein lassen, die Finger lassen von, b) *et. od. j-n* in Ruhe lassen; ***~ fall*** a) (*a. fig. Bemerkung*) fallen lassen, b) ⩓ *Senkrechte* fällen (***on, upon*** auf *acc.*); ***~ fly*** a) *et.* abschießen, *fig. et.* vom Stapel lassen, b) (*v/i.*) schießen (***at*** auf *acc.*), c) *fig.* vom Leder ziehen, grob werden; ***~ go*** a) loslassen, fahren lassen, b) es sausen lassen, c) drauf'los rasen *od.* schießen *etc.*, d) loslegen; ***~ o.s. go*** a) sich gehenlassen, b) aus sich herausgehen; ***~ go of s.th.*** et. loslassen; ***~ it go at that*** laß es dabei bewenden;

Zssgn mit adv.:

let| a·lone *v/t.* **1.** al'lein lassen, verlassen; **2.** *j-n od. et.* in Ruhe lassen; *et.* sein lassen; die Finger von *et.* lassen (*a. fig.*): ***let well alone*** lieber die Finger davon lassen; **~ down** *v/t.* **1.** hin'unter- *od.* her'unterlassen: ***let s.o. down gently*** mit j-m glimpflich verfahren; **2.** a) *j-n* im Stich lassen (***on*** bei), b) *j-n* enttäuschen, c) *j-n* blamieren; **3.** die Luft aus *e-m Reifen* lassen; **~ in** *v/t.* **1.** (her)'einlassen; **2.** *Stück etc.* einlassen, -setzen; **3.** einweihen (***on*** in *acc.*); **4.** ***let s.o. in for*** j-m *et.* aufhalsen *od.* einbrocken; ***let o.s. in for*** sich *et.* einbrokken *od.* einhandeln, sich auf *et.* einlassen; **~ off** *v/t.* **1.** *Sprengladung etc.* loslassen, *Gewehr etc.* abfeuern; *Gas etc.* ablassen; → ***steam*** 1; **2.** *Witz etc.* vom Stapel lassen; **3.** *j-n* laufen *od.* gehen lassen, *mit e-r Geldstrafe etc.* da'vonkommen lassen; **~ on** F **I** *v/i.* **1.** ‚plaudern' (*Geheimnis verraten*); **2.** vorgeben, so tun als ob; **II** *v/t.* **3.** ‚ausplaudern', verraten; **4.** sich *et.* anmerken lassen; **~ out** *v/t.* **1.** hin'aus- *od.* her'auslassen; **2.** *Kleid* auslassen; **3.** *Geheimnis* ausplaudern; **4.** → ***let¹*** 3, 4; **~ up** *v/i.* F **1.** a) nachlassen, b) aufhören; **2.** **~ on** ablassen von, *j-n* in Ruhe lassen.

let² [let] *s.* **1.** *Tennis*: Netzaufschlag *m*, Netz(ball *m*) *n*; **2.** ***without ~ or hindrance*** völlig unbehindert.

'let·down *s.* **1.** Nachlassen *n*; **2.** F Enttäuschung *f*; **3.** ✈ Her'untergehen *n*.

le·thal ['liːθl] *adj.* **1.** tödlich, todbringend; **2.** Todes…

le·thar·gic, le·thar·gi·cal [lɪ'θɑːdʒɪk(l)] *adj.* ☐ le'thargisch: a) ⚕ schlafsüchtig, b) teilnahmslos, stumpf, träg(e); **leth·ar·gy** ['leθədʒɪ] *s.* Lethar'gie *f*: a) Teilnahmslosigkeit *f*, Stumpfheit *f*, b) ⚕ Schlafsucht *f*.

Le·the ['liːθiː] *s.* **1.** Lethe *f* (*Fluß des Vergessens im Hades*); **2.** *poet.* Vergessen(heit *f*) *n*.

Lett [let] → ***Latvian***.

let·ter ['letə] **I** *s.* **1.** Buchstabe *m* (*a. fig. buchstäblicher Sinn*): ***to the ~*** *fig.* buchstabengetreu, (ganz) exakt; ***the ~ of the law*** der Buchstabe des Gesetzes; ***in ~ and in spirit*** dem Buchstaben u. dem Sinne nach; **2.** Brief *m*, Schreiben *n* (***to*** an *acc.*): ***by ~*** brieflich, schriftlich; ***~ of application*** Bewerbungsschreiben; ***~ of attorney*** ⚖ Vollmacht *f*; ***~ of credit*** † Akkreditiv *n*; ***~ of intent*** schriftliche Absichtserklärung; **3.** *pl.* Urkunde *f*: ***~s of administration*** † Nachlaßverwalter-Zeugnis *n*; ***~s testamentary*** Testamentsvollstrecker-Zeugnis *n*; ***~s*** (*od.* ***~***) ***of credence***, ***~s credential*** *pol.* Beglaubigungsschreiben *n*; ***~s patent*** † (*sg. od. pl. konstr.*) Patent(urkunde *f*) *n*; **4.** *typ.* a) Letter *f*, Type *f*, b) *coll.* Lettern *pl.*, Typen *pl.*, c) Schrift(art) *f*; **5.** *pl.* a) (schöne) Litera'tur, b) Bildung *f*, c) Wissenschaft *f*: ***man of ~s*** a) Literat *m*, b) Gelehrter *m*; **II** *v/t.* **6.** beschriften; mit Buchstaben bezeichnen; *Buch* betiteln.

let·ter| bomb *s.* Briefbombe *f*; **'~·box** *s. bsd. Brit.* Briefkasten *m*; **~ card** *s.* Briefkarte *f*.

let·tered ['letəd] *adj.* **1.** a) (lite'rarisch) gebildet, b) gelehrt; **2.** beschriftet, bedruckt.

let·ter| file *s.* Briefordner *m*; **'~ˌfound·er** *s. typ.* Schriftgießer *m*.

'let·ter·head *s.* **1.** (gedruckter) Briefkopf; **2.** 'Kopfpaˌpier *n*.

let·ter·ing ['letərɪŋ] *s.* Aufdruck *m*, Beschriftung *f*.

ˌlet·ter-'per·fect *adj.* **1.** *thea.* rollensicher; **2.** *allg.* buchstabengetreu.

'let·ter|·press *s. typ.* **1.** (Druck)Text *m*; **2.** Hoch-, Buchdruck *m*; **~ scales** *s. pl.* Briefwaage *f*; **'~·weight** *s.* Briefbeschwerer *m*.

Let·tish ['letɪʃ] → ***Latvian***.

let·tuce ['letɪs] *s.* ♀ (*bsd.* 'Kopf)Saˌlat *m*.

'let-up *s.* F Nachlassen *n*, Aufhören *n*, Unter'brechung *f*: ***without ~*** unaufhörlich.

leu·co·cyte ['ljuːkəʊsaɪt] *s. physiol.* Leuko'zyte *f*, weißes Blutkörperchen.

leu·co·ma [ljuː'kəʊmə] *s.* ⚕ Leu'kom *n* (*Hornhauttrübung*).

leu·k(a)e·mi·a [ljuː'kiːmɪə] *s.* ⚕ Leukä'mie *f*.

Le·van·tine ['levəntaɪn] **I** *s.* Levan'tiner (-in); **II** *adj.* levan'tinisch.

lev·ee¹ ['levɪ] *s.* (Ufer-, Schutz)Damm *m*, (Fluß)Deich *m*.

lev·ee² ['levɪ] *s.* **1.** *hist.* Le'ver *n*, Morgenempfang *m* (*e-s Fürsten*); **2.** *Brit.* Nachmittagsempfang *m*; **3.** *allg.* Empfang *m*.

lev·el ['levl] **I** *s.* **1.** Ebene *f* (*a. geogr.*), ebene Fläche; **2.** Horizon'tale *f*, Waagrechte *f*; **3.** Höhe *f* (*a. geogr.*), (*Meeres-, Wasser-, physiol. Alkohol-, Blutzucker- etc.*)Spiegel *m*, (*Geräusch-, Wasser*)Pegel *m*: ***on a ~*** (***with***) auf gleicher Höhe (mit); ***he's on the ~*** F a) er ist ‚in Ordnung', b) er meint es ehrlich; **4.** *fig.* (*a. geistiges*) Ni'veau, Stand *m*, Grad *m*, Stufe *f*: ***high ~ of education***; ***the ~ of prices*** das Preisniveau; ***low production ~*** niedriger Produktionsstand; ***come down to the ~ of others*** sich auf das Niveau anderer begeben; ***sink to the ~ of cut-throat practices*** auf das Niveau von Halsabschneidern absinken; ***find one's ~*** *fig.* den Platz einnehmen, der e-m zukommt; **5.** (*politische etc.*) Ebene: ***a conference at*** (*od.* ***on***) ***the highest ~*** e-e Konferenz auf höchster Ebene; **6.** ⚙ a) Li'belle *f*, b) Wasserwaage *f*; **7.** ⚙, *surv.* Nivel'lierinstruˌment *n*; **8.** ⚒ a) Sohle *f*, b) Sohlenstrecke *f*; **II** *adj.* **9.** eben: ***a ~ road***; **10.** horizon'tal, waag(e)recht; **11.** gleich (*a. fig.*): ***~ crossing*** schienengleicher Übergang; ***a ~ teaspoon(ful)*** ein gestrichener Teelöffel (voll); ***~ (with)*** a) auf gleicher Höhe (mit), b) gleich hoch (wie); ***draw ~ with*** *j-n* einholen, *fig. a.* mit *j-m* gleichziehen; ***~ with the ground*** a) zu ebener Erde, b) in Bodenhöhe; ***make ~ with the ground*** dem Erdboden gleichmachen; **12.** ausgeglichen: ***~ race*** *a.* Kopf-an-Kopf-Rennen *n*; ***~ stress*** *ling.* schwebende Betonung; ***~ temperature*** gleichbleibende Temperatur; **13.** a) vernünftig, b) ausgeglichen (*Person*), c) kühl, ruhig (*a. Stimme*), d) ausgewogen (*Urteil*); **14.** F ‚anständig', ehrlich, fair; **III** *v/t.* **15.** (ein)ebnen, planieren: ***~*** (***with the ground***) dem Erdboden gleichmachen; **16.** *j-n* zu Boden schlagen; **17.** *fig.* a) gleichmachen, nivellieren, ‚einebnen', b) *Unterschiede* aufheben, c) ausgleichen; **18.** in horizon'tale Lage bringen; **19.** (***at***, ***against***) a) *Waffe*, *Blick*, *a. Kritik etc.* richten (auf *acc.*), b) *Anklage* erheben (gegen); **IV** *v/i.* **20.** zielen (***at*** auf *acc.*); **21.** ***~ with s.o.*** F j-m gegenüber ehrlich sein; ***~*** **down** *v/t.* **1.** *Löhne*, *Preise etc.* nach unten angleichen; **2.** auf ein tieferes Ni'veau her'abdrücken; ***~*** **off** *od.* **out I** *v/t.* (*v/i.* das Flugzeug) abfangen *od.* aufrichten; **II** *v/i. fig.* sich einpendeln (***at*** bei); ***~*** **up** *v/t.* **1.** (nach oben) angleichen; **2.** auf ein höheres Ni'veau heben.

ˌlev·el-'head·ed *adj.* vernünftig, nüchtern, klar.

lev·el·(l)er ['levlə] *s. sociol.* ‚Gleichmacher' *m* (*Faktor*).

le·ver ['li:və] **I** *s.* **1.** ⚙, *phys.* a) Hebel *m*, b) Brechstange *f*; **2.** ⚙ Anker *m* (*der Uhr*): ***~ escapement*** Ankerhemmung *f*; ***~ watch*** Ankeruhr *f*; **3.** *fig.* Druckmittel *n*; **II** *v/t.* **4.** hebeln, mit e-m Hebel bewegen, (hoch- *etc.*)stemmen: ***~ up***; **'le·ver·age** [-vərɪdʒ] *s.* **1.** ⚙ Hebelkraft *f*, -wirkung *f*; **2.** *fig.* a) Einfluß *m*, b) Druckmittel *n*: ***put ~ on s.o.*** j-n unter Druck setzen.

lev·er·et ['levərɪt] *s.* Junghase *m*, Häschen *n*.

le·vi·a·than [lɪ'vaɪəθn] *s. bibl.* Levi'athan *m*, (See)Ungeheuer *n*; *fig.* Ungetüm *n*, Gi'gant *m*.

lev·i·tate ['levɪteɪt] *v/i. u. v/t.* (frei) schweben (lassen); **lev·i·ta·tion** [ˌlevɪ'teɪʃn] *s.* Levitati'on *f*, (freies) Schweben.

lev·i·ty ['levətɪ] *s.* Leichtfertigkeit *f*, Frivoli'tät *f*.

lev·y ['levɪ] **I** *s.* **1.** ✝ a) Erhebung *f* (*von Steuern etc.*), b) Abgabe *f*: ***capital ~*** Kapitalabgabe, c) Beitrag *m*, 'Umlage *f*; **2.** ⚖ Voll'streckungsvollˌzug *m*; **3.** ⚔ a) Aushebung *f*, b) *a. pl.* ausgehobene Truppen *pl.*, Aufgebot *n*; **II** *v/t.* **4.** *Steuern etc.* erheben, *a. Geldstrafe* auferlegen (***on*** *dat.*); **5.** a) beschlagnahmen, b) *Beschlagnahme* 'durchführen; **6.** ⚔ a) *Truppen* ausheben, b) *Krieg* anfangen *od.* führen ([***up***]***on*** gegen).

lewd [lu:d] *adj.* □ **1.** lüstern, geil; **2.** unanständig, schmutzig; **'lewd·ness** [-nɪs] *s.* **1.** Lüsternheit *f*; **2.** Unanständigkeit *f*.

lex·i·cal ['leksɪkl] *adj.* □ lexi'kalisch; **lex·i·cog·ra·pher** [ˌleksɪ'kɒgrəfə] *s.* Lexiko'graph(in), Wörterbuchverfasser (-in); **lex·i·co·graph·ic**, **lex·i·co·graph·i·cal** [ˌleksɪkəʊ'græfɪk(l)] *adj.* □ lexiko'graphisch; **lex·i·cog·ra·phy** [ˌleksɪ'kɒgrəfɪ] *s.* Lexikogra'phie *f*; **lex·i·col·o·gy** [ˌleksɪ'kɒlədʒɪ] *s.* Lexikolo'gie *f*; **'lex·i·con** [-kən] *s.* Lexikon *n*.

li·a·bil·i·ty [ˌlaɪə'bɪlətɪ] *s.* **1.** ✝, ⚖ a) Verpflichtung *f*, Verbindlichkeit *f*, Schuld *f*, *Bilanz*: Passivposten *m*, *pl.* Pas'siva *pl.*, b) Haftung *f*, Haftpflicht *f*, Haftbarkeit *f*: ***~ insurance*** Haftpflichtversicherung *f*; → ***limited*** I, c) (*Beitrags-*, *Schadensersatz- etc.*)Pflicht *f*: ***~ for damages***; **2.** Verantwortlichkeit *f*: ***criminal ~*** strafrechtliche Verantwortung; **3.** Ausgesetztsein *n*, Unter'worfensein *n* (***to s.th.*** e-r Sache): ***~ to penalty*** Strafbarkeit *f*; **4.** (***to***) Hang *m* (zu), Anfälligkeit *f* (für).

li·a·ble ['laɪəbl] *adj.* **1.** ✝, ⚖ verantwortlich, haftbar, -pflichtig (***for*** für): ***be ~ for*** haften für; ***hold s.o. ~*** j-n haftbar machen; **2.** verpflichtet (***for*** zu); (*steuer- etc.*)pflichtig: ***~ to*** (*od.* ***for***) ***military service*** wehrpflichtig; **3.** (***to***) neigend (zu), ausgesetzt (*dat.*), unter'worfen (*dat.*): ***be ~ to*** a) *e-r Sache* ausgesetzt sein *od.* unterliegen, b) (*mit inf.*) leicht *et. tun* (können), in Gefahr sein *vergessen etc.* zu *werden*, c) (*mit inf.*) *et.* wahrscheinlich *tun*: ***be ~ to a fine*** e-r Geldstrafe unterliegen; ***~ to prosecution*** strafbar.

li·aise [lɪ'eɪz] *v/i.* (***with***) als Verbindungsmann fungieren (zu), die Verbindung aufrechterhalten (mit).

li·ai·son [li:'eɪzɔ̃:ŋ, ⚔ -zən] (*Fr.*) *s.* **1.** Zs.-arbeit *f*, Verbindung *f*: ***~ officer*** a) ⚔ Verbindungsoffizier *m*, b) Verbindungsmann *m*; **2.** Liai'son *f*: a) (Liebes-) Verhältnis *n*, b) *ling.* Bindung *f*.

li·a·na [lɪ'ɑ:nə] *s.* ⚘ Li'ane *f*.

li·ar ['laɪə] *s.* Lügner(in).

Li·as ['laɪəs] *s. geol.* Lias *m, f*, schwarzer Jura.

li·ba·tion [laɪ'beɪʃn] *s.* **1.** Trankopfer *n*; **2.** *humor.* Zeche'rei *f*.

li·bel ['laɪbl] **I** *s.* **1.** ⚖ a) Verleumdung *f*, üble Nachrede, Beleidigung *f* (*durch e-e Veröffentlichung*) (***of***, ***on*** *gen.*), b) Klageschrift *f*; **2.** *allg.* (***on***) Verleumdung *f* (*gen.*), Beleidigung *f* (*gen.*), Hohn *m* (auf *acc.*); **II** *v/t.* **3.** ⚖ (schriftlich *etc.*) verleumden; **4.** *allg.* verunglimpfen; **'li·bel·(l)ant** [-lənt] *s.* ⚖ Kläger(in); **li·bel·(l)ee** [ˌlaɪbə'li:] *s.* ⚖ Beklagte(r *m*) *f*; **'li·bel·(l)ous** [-bləs] *adj.* □ verleumderisch.

lib·er·al ['lɪbərəl] **I** *adj.* □ **1.** libe'ral, frei(sinnig), vorurteilsfrei, aufgeschlossen; **2.** großzügig: a) freigebig (***of*** mit), b) reichlich (bemessen): ***a ~ gift*** ein großzügiges Geschenk; ***a ~ quantity*** e-e reichliche Menge, c) frei, weitherzig: ***~ interpretation***, d) allgemein(bildend): ***~ education*** allgemeinbildende Erziehung *od.* (gute) Allgemeinbildung; ***~ profession*** freier Beruf; **3.** *mst* ♀ *pol.* libe'ral: ***♀ Party***; **II** *s.* **4.** *oft* ♀ *pol.* Libe'rale(r *m*) *f*; ***~*** **arts** *s. pl.* Geisteswissenschaften *pl.* (*Philosophie*, *Literatur*, *Sprachen*, *Soziologie etc.*).

lib·er·al·ism ['lɪbərəlɪzəm] *s.* **1.** → ***liberality*** b; **2.** ♀ *pol.* Libera'lismus *m*; **lib·er·al·i·ty** [ˌlɪbə'rælətɪ] *s.* Großzügigkeit *f*: a) Freigebigkeit *f*, b) libe'rale Einstellung, Liberali'tät *f*; **lib·er·al·i·za·tion** [ˌlɪbərəlaɪ'zeɪʃn] *s.* ✝, *pol.* Liberalisierung *f*; **'lib·er·al·ize** [-laɪz] *v/t.* ✝, *pol.* liberalisieren.

lib·er·ate ['lɪbəreɪt] *v/t.* **1.** befreien (***from*** von) (*a. fig.*); **2.** ⚗ freisetzen; **lib·er·a·tion** [ˌlɪbə'reɪʃn] *s.* **1.** Befreiung *f*; **2.** ⚗ Freisetzen *n od.* -werden *n*; **'lib·er·a·tor** [-tə] *s.* Befreier *m*.

Li·be·ri·an [laɪ'bɪərɪən] **I** *s.* Li'berier(in); **II** *adj.* li'berisch.

lib·er·tin·age ['lɪbətɪnɪdʒ] → ***libertinism***; **'lib·er·tine** [-əti:n] *s.* Wüstling *m*; **'lib·er·tin·ism** [-tɪnɪzəm] *s.* Sittenlosigkeit *f*, Liberti'nismus *m*.

lib·er·ty ['lɪbətɪ] *s.* **1.** Freiheit *f*: a) per'sönliche *etc.* Freiheit: ***religious ~*** Religionsfreiheit, b) freie Wahl, Erlaubnis *f*: ***large ~ of action*** weitgehende Handlungsfreiheit, c) *mst pl.* Privi'leg *n*, (Vor)Recht *n*, d) *b.s.* Ungehörigkeit *f*, Frechheit *f*; **2.** *hist. Brit.* Freibezirk *m* (*e-r Stadt*);

Besondere Redewendungen:

at ~ a) in Freiheit, frei, b) berechtigt, c) unbenützt; ***be at ~ to do s.th.*** et. tun dürfen; ***you are at ~ to go*** es steht Ihnen frei zu gehen, Sie können gehen; ***set at ~*** in Freiheit setzen, freilassen; ***take the ~ to do*** (*od.* ***of doing***) ***s.th.*** sich die Freiheit nehmen, et. zu tun; ***take liberties with*** a) sich Freiheiten gegen *j-n* herausnehmen, b) willkürlich mit *et.* umgehen.

li·bid·i·nous [lɪ'bɪdɪnəs] *adj.* □ lüstern, triebhaft, *psych.* libidi'nös, wollüstig; **li·bi·do** [lɪ'bi:dəʊ] *s. psych.* Li'bido *f*.

Li·bra ['laɪbrə] *s. ast.* Waage *f*; **'Li·bran** [-rən] *s.* Waage(mensch *m*) *f*.

li·brar·i·an [laɪ'breərɪən] *s.* Bibliothe'kar (-in); **li'brar·i·an·ship** [-ʃɪp] *s.* **1.** Bibliothe'karsstelle *f*; **2.** Biblio'thekswissenschaft *f*.

li·brar·y ['laɪbrərɪ] *s.* **1.** Biblio'thek *f*: a) *öffentliche* Büche'rei, b) *private* Büchersammlung, c) Studierzimmer *n*, d) Buchreihe *f*; **2.** Schallplattensammlung *f*; ***~*** **sci·ence** → ***librarianship*** 2.

li·bret·to [lɪ'bretəʊ] *s.* ♪ Li'bretto *n*, Text(buch *n*) *m*.

Lib·y·an ['lɪbɪən] **I** *adj.* libysch; **II** *s.* Libyer(in).

lice [laɪs] *pl. von* ***louse***.

li·cence ['laɪsəns] **I** *s.* **1.** Erlaubnis *f*, Genehmigung *f*; **2.** (*a.* ✝ *Export-*, *Herstellungs-*, *Patent-*, *Verkaufs*)Li'zenz *f*, Konzessi'on *f*, behördliche Genehmigung, *z. B.* Schankerlaubnis *f*; amtlicher Zulassungsschein, Zulassung *f*, (*Führer-*, *Jagd-*, *Waffen- etc.*)Schein *m*: ***~ dodger*** TV Schwarzseher *m*, *Radio*: Schwarzhörer *m*; ***~ fee*** Lizenz- *od.* Konzessionsgebühr *f*; ***~ holder*** Führerscheininhaber *m*; ***~ number*** *mot.* Kraftfahrzeug- *od.* Kfz-Nummer *f*; ***~ plate*** *mot.* amtliches *od.* polizeiliches Kennzeichen, Nummernschild *n*; ***~ to practise medicine*** (ärztliche) Approbation; **3.** Heiratserlaubnis *f*; **4.** (*künstlerische*, *dichterische*) Freiheit; **5.** Zügellosigkeit *f*; **II** *v/t.* **6.** → ***license*** I; **'li·cense** [-ns] **I** *v/t.* **1.** *j-m* e-e (behördliche) Genehmigung *od.* e-e Li'zenz *od.* e-e Konzessi'on erteilen; **2.** *et.* lizenzieren, konzessionieren, (amtlich) genehmigen *od.* zulassen; **3.** *Buch* zur Veröffentlichung *od.* *Theaterstück* zur Aufführung freigeben; **4.** *j-n* ermächtigen; **II** *s.* **5.** *Am.* → ***licence*** I; **'li·censed** [-st] *adj.* **1.** konzessioniert, lizenziert, amtlich zugelassen: ***~ house*** (*od.* ***premises***) Lokal *n* mit Schankkonzession; **2.** Lizenz…: ***~ construction*** Lizenzbau *m*; **3.** privilegiert; **li·cen·see** [ˌlaɪsənˈsiː] *s.* **1.** Liˈzenznehmer(in); **2.** Konzessiˈonsinhaber(in); **ˈli·cens·er** [-sə] *s.* Liˈzenzgeber *m*, Konzessiˈonserteiler *m*; **li·cen·ti·ate** [laɪˈsenʃɪət] *s. univ.* **1.** Lizentiˈat *m*; **2.** (*Grad*) Lizentiˈat *n*.

li·cen·tious [laɪˈsenʃəs] *adj.* □ unzüchtig, ausschweifend, lasterhaft.

li·chen [ˈlaɪkən] *s.* ⚘, ⚕ Flechte *f*.

lich gate [lɪtʃ] *s. überdachtes* Friedhofstor.

lick [lɪk] **I** *v/t.* **1.** (be-, ab)lecken, lecken an (*dat.*): ***~ off*** ablecken; ***~ up*** auflekken; ***~ one's lips*** sich die Lippen lekken; ***~ s.o.'s boots*** *fig.* vor j-m kriechen; ***~ into shape*** *fig.* in die richtige Form bringen, zurechtbiegen, -stutzen; → ***dust*** 1; **2.** F a) *j-n* ,verdreschen', b) schlagen, besiegen, c) überˈtreffen, ,schlagen': ***this ~s everything!***, d) *et.* ,schaffen', fertigwerden mit *e-m Problem*: ***we have got it ~ed!***; **II** *v/i.* **3.** lecken (***at*** an *dat.*), *fig. a.* a) plätschern (*Welle*), b) züngeln (*Flamme*); **III** *s.* **4.** Lecken *n*: ***give s.th. a ~*** an et. lecken; ***a ~ and a promise*** e-e flüchtige Arbeit *etc.*, *bsd.* e-e ,Katzenwäsche'; **5.** (*ein*) bißchen: ***a ~ of paint***; ***he didn't do a ~ of work*** *Am.* F er hat keinen Strich getan; **6.** F a) Schlag *m*, b) ,Tempo' *n*: (***at***) ***full ~*** mit größter Geschwindigkeit; **7.** Salzlecke *f*.

ˌlick·e·ty-ˈsplit [ˌlɪkətɪ-] *adv. Am.* F wie der Blitz.

lick·ing [ˈlɪkɪŋ] *s.* **1.** Lecken *n*; **2.** F (Tracht *f*) Prügel *pl.*, Abreibung *f* (*a. fig. Niederlage*).

ˈlickˌspit·tle *s.* Speichellecker *m*.

lic·o·rice [ˈlɪkərɪs] → ***liquorice***.

lid [lɪd] *s.* **1.** Deckel *m* (*a.* F *Hut*): ***put the ~ on s.th.*** *Brit.* F a) e-r Sache die Krone aufsetzen, b) et. endgültig ,erledigen'; ***clamp*** (*od.* ***put***) ***the ~ on s.th.*** *Am.* a) et. verbieten, b) scharf vorgehen gegen et., c) et. (*Nachricht etc.*) sperren; **2.** (Augen)Lid *n*.

li·do [ˈliːdəʊ] *s. Brit.* Frei- *od.* Strandbad *n*.

lie¹ [laɪ] **I** *s.* Lüge *f*, Schwindel *m*: ***tell a ~*** (*od.* ***lies***) lügen; → ***white lie***; ***give s.o. the ~*** j-n der Lüge bezichtigen; ***give the ~ to*** *et. od. j-n* Lügen strafen; ***he lived a ~*** sein Leben war e-e einzige Lüge; **II** *v/i.* lügen: ***~ to s.o.*** a) j-n belügen, j-n anlügen, b) j-m vorlügen (***that*** daß).

lie² [laɪ] **I** *s.* **1.** Lage *f* (*a. fig.*): ***the ~ of the land*** *Brit. fig.* die Lage (der Dinge); **II** *v/i.* [*irr.*] **2.** *allg.* liegen: a) *im Bett, im Hinterhalt, in Trümmern etc.* liegen, b) *ausgebreitet, tot etc.* daliegen, c) begraben sein, ruhen, d) gelegen sein, sich befinden, e) lasten (***on*** auf *der Seele*, im *Magen etc.*), f) begründet liegen, bestehen (***in*** in *dat.*): ***~ dying*** im Sterben liegen; ***~ behind*** *fig.* a) hinter *j-m* liegen (*Erlebnis etc.*), b) dahinterstecken (*Motiv etc.*); ***~ in s.o.'s way*** j-m zur Hand *od.* möglich sein, *a.* in j-s Fach schlagen; ***his talents do not ~ that way*** dazu hat er kein Talent; ***~ on s.o.*** ⚖ j-m obliegen; ***~ under a suspicion*** unter e-m Verdacht stehen; ***~ under a sentence of death*** zum Tode verurteilt sein; ***~ with s.o.*** *obs. od. bibl.* j-m beischlafen, mit j-m schlafen; ***as far as ~s with me*** soweit es in m-n Kräften steht; ***it ~s with you to do it*** es liegt an dir, es zu tun; **3.** sich (hin)legen: ***~ on your back!*** leg dich auf den Rücken!; **4.** führen, verlaufen (*Straße etc.*); **5.** ⚖ zulässig sein (*Klage etc.*): ***appeal ~s to the Supreme Court*** Rechtsmittel können beim Obersten Gericht eingelegt werden;

Zssgn mit adv.:

lie| back *v/i.* sich zuˈrücklegen; *fig.* die Hände in den Schoß legen; **~ down** *v/i.* **1.** sich hinlegen; **2.** ***~ under***, ***take lying down*** *Beleidigung etc.* widerspruchslos hinnehmen, sich *et.* gefallen lassen: ***we won't take that lying down!*** das lassen wir uns nicht (so einfach) bieten!; **~ in** *v/i.* **1.** im Bett bleiben; **2.** im Wochenbett liegen; **~ off** *v/i.* **1.** ⚓ vom Land *etc.* abhalten; **2.** *fig.* pausieren; **~ low** *v/i.* sich versteckt halten; **~ o·ver** *v/i.* liegenbleiben, aufgeschoben werden; **~ to** *v/i.* ⚓ beiliegen; **~ up** *v/i.* **1.** ruhen (*a. fig.*); **2.** das Bett *od.* das Zimmer hüten (müssen); **3.** außer Betrieb sein.

lied [liːd] *pl.* **lie·der** [ˈliːdə] (*Ger.*) *s.* ♪ (*deutsches* Kunst)Lied.

lie de·tec·tor *s.* ˈLügendeˌtektor *m*.

ˈlie-down *s.* F Schläfchen *n*.

lief [liːf] *adv. obs.* gern: ***~er than*** lieber als; ***I had*** (*od.* ***would***) ***as ~*** … ich würde eher *sterben etc.*, ich *ginge etc.* ebensogern.

liege [liːdʒ] **I** *s.* **1.** *a.* ***~ lord*** Leh(e)nsherr *m*; **2.** *a.* ***~man*** Leh(e)nsmann *m*; **II** *adj.* **3.** Leh(e)ns…

lien [lɪən] *s.* ⚖ (***on***) Pfandrecht *n* (***an*** *dat.*), Zuˈrückbehaltungsrecht *n* (auf *acc.*).

lieu [ljuː] *s.*: ***in ~ of*** an Stelle von (*od. gen.*), anstatt (*gen.*); ***in ~*** (***of that***) statt dessen.

lieu·ten·an·cy [*Brit.* lefˈtenənsɪ; ⚓ leˈt-; *Am.* luːˈt-] *s.* ⚔, ⚓ Leutnantsrang *m*.

lieu·ten·ant [*Brit.* lefˈtenənt; ⚓ leˈt-; *Am.* luːˈt-] *s.* **1.** ⚔, ⚓ a) *allg.* Leutnant *m*, b) *Brit.* (*Am.* ***first ~***) Oberleutnant *m*, c) ⚓ (*Am. a.* ***~ senior grade***) Kapiˈtänleutnant *m*: ***~ junior grade*** *Am.* Oberleutnant zur See; **2.** Statthalter *m*; **3.** *fig.* rechte Hand, ,Adjuˈtant'; **~ colo·nel** *s.* ⚔ Oberstˈleutnant *m*; **~ com·mand·er** *s.* ⚓ Korˈvettenkapiˌtän *m*; **~ gen·er·al** *s.* ⚔ Geneˈralleutnant *m*; **~ gov·er·nor** *s.* ˈVizegouverˌneur *m* (*im brit. Commonwealth od. e-s amer. Bundesstaates*).

life [laɪf] *pl.* **lives** [laɪvz] *s.* **1.** (*organisches*) Leben; → ***large*** 1; **2.** Leben *n*: a) Lebenserscheinungen *pl.*, b) Lebewesen *pl.*: ***there is no ~ on the moon***; ***plant ~*** Pflanzen(welt *f*) *pl.*; **3.** (Menschen)Leben *n*: ***they lost their lives*** sie kamen ums Leben; ***three lives were lost*** drei Menschenleben sind zu beklagen; ***~ and limb*** Leib u. Leben; **4.** Leben *n* (*e-s Einzelwesens*): ***it is a matter of ~ and death*** es geht um Leben oder Tod; ***early in ~*** in jungen Jahren, (schon) früh; **5.** Leben *n*, Lebenszeit *f*, *a.* ⚙ Lebensdauer *f*: ***all his ~*** sein ganzes Leben (lang); **6.** Leben(skraft *f*) *n*: ***there is still ~ in the old dog yet!*** *humor.* so alt u. klapprig bin ich (*od.* ist er) noch gar nicht!; **7.** a) Bestehen *n*, b) ⚖, ⚚ Gültigkeitsdauer *f*, Laufzeit *f*: ***the ~ of a contract*** (***an insurance***, ***patent***, *etc.*), c) *parl.* Legislaˈturperiˌode *f*; **8.** Lebensweise *f*, -führung *f*, -wandel *m*; Leben *n*: ***lead an honest ~*** ein ehrbares Leben führen; ***lead the ~ of Riley*** F leben wie Gott in Frankreich; **9.** Leben *n*, Welt *f* (*menschliches Tun u. Treiben*): ***~ in Canada*** das Leben in Kanada; ***see ~*** das Leben kennenlernen *od.* genießen, die Welt sehen; **10.** Leben *n*, Lebhaftigkeit *f*, Lebendigkeit *f*: ***put ~ into s.th.*** e-e Sache beleben, Leben in et. bringen; ***he was the ~ and soul of*** er war die Seele *des Unternehmens etc.*, er brachte Leben in *die Party etc.*; **11.** Leben(sbeschreibung *f*) *n*, Biograˈphie *f*: ***the 2 of Churchill***; **12.** *Versicherungswesen*: Lebensversicherung(en *pl.*) *f*;

Besondere Redewendungen:

for ~ a) fürs (ganze) Leben, b) *bsd.* ⚖ *u. pol.* lebenslänglich, auf Lebenszeit, c) *a.* ***for one's ~***, ***for dear ~*** ums (liebe) Leben *rennen etc.*; ***not for the ~ of me*** F nicht um alles in der Welt; ***not on your ~!*** nie(mals)!; ***never in my ~*** meiner Lebtag (noch) nicht; ***to the ~*** lebensecht, naturgetreu; ***bring to ~*** *fig.* lebendig werden lassen; ***bring s.o. back to ~*** j-n wiederbeleben *od.* ins Leben zurückrufen; ***come to ~*** *fig.* lebendig werden, *Person*: *a.* munter werden; ***seek s.o.'s ~*** j-m nach dem Leben trachten; ***save s.o.'s ~*** j-m das Leben retten, *fig. humor.* j-n ,retten'; ***sell one's ~ dearly*** *fig.* sein Leben teuer verkaufen; ***such is ~*** so ist das Leben; ***take s.o.'s*** (***one's own***) ***~*** j-m (sich [selbst]) das Leben nehmen; ***this is the ~!*** F Mann, ist das ein Leben!

ˌlife|-and-ˈdeath [-fənˈd-] *adj. Kampf etc.* auf Leben u. Tod; **~ an·nu·i·ty** *s.* Leibrente *f*; **~ as·sur·ance** *s. Brit.* Lebensversicherung *f*; **ˈ~·belt** *s.* Rettungsgürtel *m*; **ˈ~·blood** *s.* Herzblut *n* (*a. fig.*); **ˈ~·boat** *s.* ⚓ Rettungsboot *n*; **~ buoy** *s.* Rettungsboje *f*; **~ cy·cle** *s.* **1.** Lebenszyklus *m*; **2.** Lebensphase *f*; **~ ex·pect·an·cy** *s.* Lebenserwartung *f*; **~ force** *s.* Lebenskraft *f*, lebenspendende Kraft; **ˈ~-ˌgiv·ing** *adj.* lebenspendend, belebend; **ˈ~·guard** *s.* **1.** ⚔ Leibgarde *f*; **2.** Rettungsschwimmer *m*, Bademeister *m*; **2 Guards** *s. pl.* ⚔ Leibgarde *f* (zu Pferde), ˈGardekavalleˌrie *f*; **~ in·sur·ance** *s.* Lebensversicherung *f*; **~ in·ter·est** *s.* ⚖ lebenslänglicher Nießbrauch; **~ jack·et** *s.* Schwimmweste *f*.

life·less [ˈlaɪflɪs] *adj.* □ leblos: a) tot, b) unbelebt, c) *fig.* matt, schwunglos, ,lahm', ⚚ lustlos (*Börse*).

ˈlife|·like *adj.* lebenswahr, -echt, naˈturgetreu; **ˈ~·line** *s.* **1.** ⚓ Rettungsleine *f*; **2.** Siˈgnalleine *f* (*für Taucher*); **3.** *fig.* a) Lebensader *f* (*Versorgungsweg*), b) lebenswichtige Sache, ,Rettungsanker' *m*; **4.** Lebenslinie *f* (*in der Hand*); **ˈ~·long** *adj.* lebenslänglich; **~ mem·ber** *s.* Mitglied *n* auf Lebenszeit; **~ of·fice** *s. Brit.* Lebensversicherungsgesellschaft *f*; **~ pre·serv·er** *s.* **1.** *Am.* ⚓ Schwimmweste *f*, Rettungsgürtel *m*; **2.** Totschläger *m* (*Waffe*).

lif·er [ˈlaɪfə] *s. sl.* **1.** Lebenslängliche(r *m*) *f* (*Strafgefangene*[*r*]); **2.** → ***life sentence***; **3.** *Am.* Beˈrufssolˌdat *m*.

life| raft *s.* Rettungsfloß *n*; **'~-ˌsav·er** *s.* **1.** Lebensretter(in); **2.** → ***lifeguard*** 2; **3.** *fig.* a) ‚rettender Engel', b) *die* ‚Rettung' (*Sache*); **~ sen·tence** *s.* ⚖ lebenslängliche Freiheitsstrafe; **'~-size(d)** *adj.* lebensgroß, in Lebensgröße; **~ span** *s.* Leben(sspanne *f*, -zeit *f*) *n*; **~ style** *s.* Lebensstil *m*; **'~-supˌport sy·stem** *n* ⚕, ⚙ 'Lebenserhaltungs-syˌstem *n*; **~ ta·ble** *s.* 'Sterblichkeitstaˌbelle *f*; **'~·time I** *s.* Lebenszeit *f*, Leben *n*, *a.* ⚙ Lebensdauer *f*: ***the chance of a ~*** e-e einmalige Chance; **II** *adj.* lebenslänglich, Lebens…; **~ vest** *s.* Rettungs-, Schwimmweste *f*; **ˌ~-'work** *s.* Lebenswerk *n*.

lift [lɪft] **I** *s.* **1.** (Auf-, Hoch)Heben *n*; **2.** stolze *etc.* Kopfhaltung; **3.** ⚙ a) Hub (-höhe *f*) *m*, b) Hubkraft *f*; **4.** ✈ a) Auftrieb *m*, b) Luftbrücke *f*; **5.** *fig.* a) Hilfe *f*, b) (innerer) Auftrieb *m*: ***give s.o. a ~*** a) j-m helfen, b) j-m Auftrieb geben, j-n aufmuntern, c) j-n (im Auto) mitnehmen; **6.** a) *Brit.* Lift *m*, Aufzug *m*, Fahrstuhl *m*, b) (Ski-, Sessel)Lift *m*; **II** *v/t.* **7.** *a.* **~ up** (auf-, em'por-, hoch-) heben; *Augen*, *Stimme etc.* erheben: ***~ s.th. down*** et. herunterheben; ***not to ~ a finger*** keinen Finger rühren; **8.** *fig.* a) (*geistig od. sittlich*) heben, b) *aus der Armut etc.* em'porheben, c) *a.* **~ up** (*innerlich*) erheben, aufmuntern; **9.** *Preise* erhöhen; **10.** *Kartoffeln* ausgraben, ernten; **11.** ‚mitgehen lassen', ‚klauen', stehlen (*a. fig. plagiieren*); **12.** *Gesicht etc.* liften, straffen: ***have one's face ~ed*** sich das Gesicht liften lassen; **13.** *Blockade*, *Verbot*, *Zensur etc.* aufheben; **III** *v/i.* **14.** sich heben (*a. Nebel*); sich (hoch)heben lassen: **~ off** ✈ abheben, starten; **'lift·er** [-tə] *s.* **1.** (*sport* Gewicht)Heber *m*; **2.** ⚙ a) Hebegerät *n*, b) Nocken *m*, c) Stößel *m*; **3.** ‚Langfinger' *m* (*Dieb*).

lift·ing ['lɪftɪŋ] *adj.* Hebe…, Hub…; **~ jack** *s.* ⚙ Hebewinde *f*, *mot.* Wagenheber *m*.

'lift-off *s.* **1.** Start *m* (*Rakete*); **2.** Abheben *n* (*Flugzeug*).

lig·a·ment ['lɪgəmənt] *s. anat.* Liga'ment *n*, Band *n*.

lig·a·ture ['lɪgəˌtʃʊə] **I** *s.* **1.** Binde *f*, Band *n*; **2.** *typ. u.* ♪ Liga'tur *f*; **3.** ⚕ Abbindungsschnur *f*, Bindung *f*; **II** *v/t.* **4.** ver-, ⚕ abbinden.

light¹ [laɪt] **I** *s.* **1.** *allg.* Licht *n* (*Helligkeit*, *Schein*, *Beleuchtung*, *Lichtquelle*, *Lampe*, *Tageslicht*, *fig. Aspekt*, *Erleuchtung*): ***by the ~ of a candle*** beim Schein e-r Kerze, bei Kerzenlicht; ***bring*** (***come***) ***to ~*** *fig.* ans Licht *od.* an den Tag bringen (kommen); ***cast*** (*od.* ***shed***, ***throw***) ***a ~ on s.th.*** *fig.* Licht auf et. werfen; ***place*** (*od.* ***put***) ***in a favo(u)rable ~*** *fig.* in ein günstiges Licht stellen *od.* rücken; ***see the ~*** *eccl.* erleuchtet werden; ***see the ~*** (***of day***) *fig.* bekannt *od.* veröffentlicht werden; ***I see the ~!*** mir geht ein Licht auf!; (***seen***) ***in the ~ of these facts*** im Lichte *od.* angesichts dieser Tatsachen; ***show s.th. in a different ~*** et. in e-m anderen Licht erscheinen lassen; ***hide one's ~ under a bushel*** *fig.* sein Licht unter den Scheffel stellen; ***let there be ~!*** *Bibl.* es werde Licht; ***he went out like a ~*** F er war sofort ‚weg' (*eingeschlafen*); **2.** Licht *n*: a) Lampe *f*, *a. pl.* Beleuchtung *f* (*beide a. mot. etc.*): ***~s out*** ⚔ Zapfenstreich *m*; ***~s out!*** Lichter aus!, b) (Verkehrs)Ampel *f*; → ***green light***, ***red*** 1; **3.** ⚓ a) Leuchtfeuer *n*, b) Leuchtturm *m*; **4.** Feuer *n* (*zum Anzünden*), *a.* Streichholz *n*: ***put a ~ to s.th.*** et. anzünden; ***strike a ~*** ein Streichholz anzünden; ***will you give me a ~?*** darf ich Sie um Feuer bitten?; **5.** *fig.* Leuchte *f* (*Person*): ***a shining ~*** e-e Leuchte, ein großes Licht; **6.** Lichtöffnung *f*, *bsd.* Fenster *n*, Oberlicht *n*; **7.** *paint.* a) Licht *n*, heller Teil (*e-s Gemäldes*); **8.** *fig.* Verstand *m*, geistige Fähigkeiten *pl.*: ***according to his ~s*** so gut er es eben versteht; **9.** *pl. sl.* Augen *pl.*; **II** *adj.* **10.** hell: ***~-red*** hellrot; **III** *v/t.* [*irr.*] **11.** *a.* **~ up** anzünden; **12.** *oft* **~ up** beleuchten, erhellen (*a. das Gesicht*); **~ up** *Augen etc.* aufleuchten lassen; **13.** *j-m* leuchten; **IV** *v/i.* [*irr.*] **14.** *a.* **~ up** sich entzünden, angehen (*Feuer*, *Licht*); **15.** *mst* **~ up** *fig.* sich erhellen, strahlen (*Gesicht*), aufleuchten (*Augen etc.*); **16.** **~ up** a) die Pfeife *etc.* anzünden, sich e-e Zigarette anstecken, b) Licht machen.

light² [laɪt] **I** *adj.* □ → ***lightly***; **1.** *allg.* leicht (*z.B. Last*; *Kleidung*; *Mahlzeit*, *Wein*, *Zigarre*; ⚔ *Infanterie*, ⚓ *Kreuzer etc.*; *Hand*, *Schritt*, *Schlaf*; *Regen*, *Wind*; *Arbeit*, *Fehler*, *Strafe*; *Charakter*; *Musik*, *Roman*): ***~ of foot*** leichtfüßig; ***a ~ girl*** ein ‚leichtes' Mädchen; ***~ current*** ⚡ Schwachstrom *m*; ***~ metal*** Leichtmetall *n*; ***~ literature*** (*od.* ***reading***) Unterhaltungsliteratur *f*; ***~ railway*** Kleinbahn *f*; ***~ in the head*** benommen; ***~ on one's feet*** leichtfüßig; ***with a ~ heart*** leichten Herzens; ***no ~ matter*** keine Kleinigkeit; ***make ~ of*** a) *et.* auf die leichte Schulter nehmen, b) bagatellisieren; **2.** zu leicht: ***~ weights*** Untergewichte; **3.** locker (*Brot*, *Erde*, *Schnee*); **4.** sorglos, unbeschwert, heiter; **5.** a) leicht beladen, b) unbeladen; **II** *adv.* **6.** leicht: ***travel ~*** mit leichtem Gepäck reisen.

light³ [laɪt] *v/i.* [*irr.*] **1.** fallen (***on*** auf *acc.*); **2.** sich niederlassen (***on*** auf *dat.*) (*Vogel etc.*); **3.** **~ (*up*)*on*** *fig.* (zufällig) stoßen auf (*acc.*); **4.** **~ out** *sl.* ‚verduften'; **5.** **~ *into*** F herfallen über *j-n*.

light bar·ri·er *s.* ⚡ Lichtschranke *f*.

light·en¹ ['laɪtn] **I** *v/i.* **1.** hell werden, sich erhellen; **2.** blitzen; **II** *v/t.* **3.** erhellen.

light·en² ['laɪtn] **I** *v/t.* **1.** leichter machen, erleichtern (*beide a. fig.*); **2.** *Schiff* (ab)leichtern; **3.** aufheitern; **II** *v/i.* **4.** leichter werden (*a. fig. Herz etc.*).

light·er¹ ['laɪtə] *s.* Anzünder *m* (*a. Gerät*); (Taschen)Feuerzeug *n*.

light·er² ['laɪtə] *s.* ⚓ Leichter(schiff *n*) *m*, Prahm *m*; **'light·er·age** [-ərɪdʒ] *s.* Leichtergeld *n*.

ˌlight·er-than-'air *adj.*: ***~ craft*** Luftfahrzeug *n* leichter als Luft.

'light|-ˌfin·gered *adj.* **1.** geschickt; **2.** langfingerig, diebisch; **'~-ˌfoot·ed** *adj.* leicht-, schnellfüßig; **ˌ~-'head·ed** *adj.* **1.** leichtsinnig, -fertig; **2.** 'übermütig, ausgelassen; **3.** a) wirr, leicht verrückt, b) schwind(e)lig; **ˌ~-'heart·ed** *adj.* □ fröhlich, heiter, unbeschwert; **~ heav·y·weight** *s. sport* Halbschwergewicht (-ler *m*) *n*; **'~·house** *s.* Leuchtturm *m*.

light·ing ['laɪtɪŋ] *s.* **1.** Beleuchtung *f*; ***~ effects*** Lichteffekte; ***~ point*** ⚡ Brennstelle *f*; **2.** Anzünden *n*; **ˌ~-'up time** *s.* Zeit *f* des Einschaltens der Straßenbeleuchtung *od.* (*mot.*) der Scheinwerfer.

light·ly ['laɪtlɪ] *adv.* **1.** *allg.* leicht: ***~ come ~ go*** wie gewonnen, so zerronnen; **2.** gelassen, leicht; **3.** leichtfertig; **4.** leichthin; **5.** geringschätzig.

light·ness ['laɪtnɪs] *s.* **1.** Leichtheit *f*, Leichtigkeit *f* (*a. fig.*); **2.** Leichtverdaulichkeit *f*; **3.** Milde *f*; **4.** Behendigkeit *f*; **5.** Heiterkeit *f*; **6.** Leichtfertigkeit *f*, Leichtsinn *m*, Oberflächlichkeit *f*.

light·ning ['laɪtnɪŋ] **I** *s.* Blitz *m*: ***struck by ~*** vom Blitz getroffen; ***like*** (***greased***) ***~*** *fig.* wie der *od.* ein geölter Blitz; **II** *adj.* blitzschnell, Schnell…: ***~ artist*** Schnellzeichner *m*; ***with ~ speed*** mit Blitzesschnelle; **~ ar·rest·er** *s.* ⚡ Blitzschutzsicherung *f*; **~ bug** *s. Am.* Leuchtkäfer *m*; **~ con·duc·tor**, **~ rod** *s.* Blitzableiter *m*; **~ strike** *s.* Blitzstreik *m*.

light| oil *s.* ⚙ Leichtöl *n*; **~ pen** *s. Computer*: Lichtgriffel *m*.

lights [laɪts] *s. pl.* (Tier)Lunge *f*.

'light|·ship *s.* ⚓ Feuer-, Leuchtschiff *n*; **~ source** *s.* ⚡, *phys.* Lichtquelle *f*; **'~·weight I** *adj.* leicht; **II** *s. sport* Leichtgewicht(ler *m*) *n*; F *fig.* a) ‚kein großes Licht', b) unbedeutender Mensch; **'~-year** *s. ast.* Lichtjahr *n*.

lig·ne·ous ['lɪgnɪəs] *adj.* holzig, holzartig, Holz…; **'lig·ni·fy** [-nɪfaɪ] **I** *v/t.* in Holz verwandeln; **II** *v/i.* verholzen; **'lig·nin** [-nɪn] *s.* ⚗ Li'gnin *n*, Holzstoff *m*; **'lig·nite** [-naɪt] *s.* Braunkohle *f*, *bsd.* Li'gnit *m*.

lik·a·ble ['laɪkəbl] *adj.* liebenswert, sym'pathisch, nett.

like¹ [laɪk] **I** *adj. u. prp.* **1.** gleich (*dat.*), wie (*a. adv.*): ***a man ~ you*** ein Mann wie du; ***~ a man*** wie ein Mann; ***what is he ~?*** a) wie sieht er aus?, b) wie ist er?; ***he is ~ that*** er ist nun mal so; ***he is just ~ his brother*** er ist genau (so) wie sein Bruder; ***that's just ~ him!*** das sieht ihm ähnlich!; ***that's just ~ a woman!*** typisch Frau!; ***what does it look ~?*** wie sieht es aus?; ***it looks ~ rain*** es sieht nach Regen aus; ***feel ~ (doing) s.th.*** zu et. aufgelegt sein, Lust haben, et. zu tun, et. gern tun wollen; ***a fool ~ that*** ein derartiger *od.* so ein Dummkopf; ***a thing ~ that*** so etwas; ***I saw one ~ it*** ich sah ein ähnliches (*Auto etc.*); ***there is nothing ~*** es geht nichts über (*acc.*); ***it is nothing ~ as bad as that*** es ist bei weitem nicht so schlimm; ***something ~ 100 tons*** so etwa 100 Tonnen; ***this is something ~!*** F das läßt sich hören!; ***that's more ~ it!*** das läßt sich (schon) eher hören!; ***~ master, ~ man*** wie der Herr, so's Gescherr; **2.** gleich: ***a ~ amount*** ein gleicher Betrag; ***in ~ manner*** a) auf gleiche Weise, b) gleichermaßen; **3.** ähnlich: ***the portrait is not ~*** das Porträt ist nicht ähnlich; ***as ~ as two eggs*** ähnlich wie ein Ei dem anderen; **4.** ähnlich, gleich-, derartig: ***… and other ~ problems*** … und andere derartige Probleme; **5.** F *od. obs.* (*a. adv.*) wahr'scheinlich: ***he is ~ to pass his exam*** er wird sein Examen wahrscheinlich bestehen; ***~ enough, as ~ as not*** höchstwahrscheinlich; **6.** *sl.* ‚oder so': ***let's go to the cinema ~***; **II** *cj.* **7.** *sl.* (*fälschlich für* ***as***) wie: ***~ I said***; ***~ who?*** wie wer, zum Beispiel?; **8.** *dial.* als ob; **III** *s.* **9.** *der* (*die, das*) Gleiche: ***his ~*** seinesgleichen; ***the ~*** der-, desgleichen; ***and the ~*** und dergleichen; ***the ~(s) of*** so etwas wie, solche wie; ***the ~(s) of that*** so etwas, etwas derartiges; ***the ~s of you*** F Leute wie Sie.

like² [laɪk] **I** *v/t.* (gern) mögen: a) gern haben, (gut) leiden können, lieben, b) gern essen, trinken *etc.*: ***~ doing*** (*od.* ***to do***) gern tun; ***much ~d*** sehr beliebt; ***I ~ it*** es gefällt mir; ***I ~ him*** ich hab' ihn gern, ich mag ihn (gern), ich kann ihn gut leiden; ***I ~ fast cars*** mir gefallen *od.* ich habe Spaß an schnellen Autos; ***how do you ~ it?*** wie gefällt es dir?, wie findest du es?; ***we ~ it here*** es gefällt uns hier; ***I ~ that!*** *iro.* so was hab' ich gern!; ***what do you ~ better?*** was hast du lieber?, was gefällt dir besser?; ***I should ~ to know*** ich möchte gerne wissen; ***I should ~ you to be here*** ich hätte gern, daß du hier wär(e)st; ***~ it or not*** ob du willst oder nicht; ***~ it or lump it!*** F wenn du nicht willst, dann laß es eben bleiben!; ***I ~ steak, but it doesn't ~ me*** *humor.* ich esse Beefsteak gern, aber es bekommt mir nicht; **II** *v/i.* wollen: (***just***) ***as you ~*** (ganz) wie du willst; ***if you ~*** wenn du willst; **III** *s.* Neigung *f*, Vorliebe *f*: ***~s and dislikes*** Neigungen u. Abneigungen.

-like [laɪk] *in Zssgn* wie, ...artig, ...ähnlich, ...mäßig.

like·a·ble → ***likable***.

like·li·hood ['laɪklɪhʊd] *s.* Wahr'scheinlichkeit *f*: ***in all ~*** aller Wahrscheinlichkeit nach; ***there is a strong ~ of his succeeding*** es ist sehr wahrscheinlich, daß es ihm gelingt; **like·ly** ['laɪklɪ] **I** *adj.* **1.** wahr'scheinlich, vor'aussichtlich: ***not ~*** schwerlich, kaum; ***it is not ~*** (***that***) ***he will come, he is not ~ to come*** es ist nicht wahrscheinlich, daß er kommen wird; ***which is his most ~ route?*** welchen Weg wird er voraussichtlich *od.* am ehesten einschlagen?; ***this is not ~ to happen*** das wird wahrscheinlich nicht *od.* wohl kaum geschehen; ***not ~!*** *iro.* wohl kaum!; **2.** glaubhaft: ***a ~ story!*** *iro.* wer's glaubt, wird selig!; **3.** a) möglich, b) geeignet, in Frage kommend, c) aussichtsreich, d) vielversprechend: ***a ~ candidate***; ***a ~ explanation*** e-e mögliche Erklärung; ***a ~ place*** ein möglicher Ort (*wo sich et. befindet etc.*); **II** *adv.* **4.** wahr'scheinlich: ***as ~ as not, very ~*** höchstwahrscheinlich.

ˌlike-'mind·ed *adj.* gleichgesinnt: ***be ~ with s.o.*** mit j-m übereinstimmen.

lik·en ['laɪkən] *v/t.* vergleichen (***to*** mit).

like·ness ['laɪknɪs] *s.* **1.** Ähnlichkeit *f* (***to*** mit); **2.** Gleichheit *f*; **3.** Gestalt *f*, Form *f*; **4.** Bild *n*, Por'trät *n*: ***to have one's ~ taken*** sich malen *od.* fotografieren lassen; **5.** Abbild *n* (***of*** *gen.*).

'like·wise *adv. u. cj.* eben-, gleichfalls, des'gleichen, ebenso.

lik·ing ['laɪkɪŋ] *s.* **1.** Zuneigung *f*: ***have*** (***take***) ***a ~ for*** (*od.* ***to***) ***s.o.*** zu j-m eine Zuneigung haben (fassen), an j-m Gefallen haben (finden); **2.** (***for***) Gefallen *n* (an *dat.*), Neigung *f* (zu), Geschmack *m* (an *dat.*): ***be greatly to s.o.'s ~*** j-m sehr zusagen; ***this is not to my ~*** das ist nicht nach meinem Geschmack; ***it's too big for my ~*** es ist mir (einfach) zu groß.

li·lac ['laɪlək] **I** *s.* **1.** ⚘ Spanischer Flieder; **2.** Lila *n* (*Farbe*); **II** *adj.* **3.** lila (-farben).

Lil·li·pu·tian [ˌlɪlɪ'pjuːʃjən] **I** *adj.* **1.** a) winzig, zwergenhaft, b) Liliput..., Klein(st)...; **II** *s.* **2.** Lilipu'taner(in); **3.** Zwerg *m*.

lilt [lɪlt] **I** *s.* **1.** fröhliches Lied; **2.** rhythmischer Schwung; **3.** a) singender Tonfall, b) fröhlicher Klang: ***a ~ in her voice***; **II** *v/t. u. v/i.* **4.** trällern.

lil·y [lɪlɪ] *s.* ⚘ Lilie *f*: ***~ of the valley*** Maiglöckchen *n*; ***paint the ~*** *fig.* schönfärben; **ˌ~-'liv·ered** *adj.* feig(e).

limb [lɪm] *s.* **1.** *anat.* Glied *n*, *pl.* Glieder *pl.*, Gliedmaßen *pl.*; **2.** Ast *m*: ***out on a ~*** F in e-r gefährlichen Lage; **3.** *fig.* a) Glied *n*, Teil *m*, b) Arm *m*, c) *ling.* (Satz)Glied *n*, d) ⚖ Absatz *m*; **4.** F ‚Satansbraten' *m*.

lim·ber¹ ['lɪmbə] **I** *adj.* geschmeidig (*a. fig.*), gelenkig; **II** *v/t. u. v/i.* ***~ up*** (sich) geschmeidig machen, (sich) lockern, *v/i. a.* Lockerungsübungen machen, sich warm machen *od.* spielen.

lim·ber² [lɪmbə] **I** *s.* ⚔ Protze *f*; **II** *v/t. u. v/i.* *mst* ***~ up*** ⚔ aufprotzen.

lim·bo ['lɪmbəʊ] *s.* **1.** *eccl.* Vorhölle *f*; **2.** Gefängnis *n*; **3.** *fig.* a) ‚Rumpelkammer' *f*, b) Vergessenheit *f*, c) Schwebe (-zustand *m*) *f*: ***be in a ~*** ‚in der Luft hängen' (*Person od. Sache*).

lime¹ [laɪm] **I** *s.* **1.** ⚗ Kalk *m*; **2.** ✓ Kalkdünger *m*; **3.** Vogelleim *m*; **II** *v/t.* **4.** kalken, mit Kalk düngen.

lime² [laɪm] *s.* ⚘ Linde *f*.

lime³ [laɪm] *s.* ⚘ Li'mone *f*, Limo'nelle *f*.

'lime|·kiln *s.* Kalkofen *m*; **'~·light** *s.* **1.** ⚙ Kalklicht *n*; **2.** *fig.* (***be in the ~*** im) Rampenlicht *n od.* (im) Licht *n* der Öffentlichkeit *od.* (im) Mittelpunkt *m* des (öffentlichen) Inter'esses (stehen).

li·men ['laɪmen] *s. psych.* (Bewußtseins-*od.* Reiz)Schwelle *f*.

lime pit *s.* **1.** Kalkbruch *m*; **2.** Kalkgrube *f*; **3.** *Gerberei*: Äscher *m*.

Lim·er·ick ['lɪmərɪk] *s.* Limerick *m* (*5-zeiliger Nonsensvers*).

'lime|·stone *s. min.* Kalkstein *m*; **~ tree** *s.* ⚘ Linde(nbaum *m*) *f*.

lim·ey ['laɪmɪ] *s. Am. sl.* ‚Tommy' *m* (*Brite*).

lim·it ['lɪmɪt] **I** *s.* **1.** *bsd. fig.* a) Grenze *f*, Schranke *f*, b) Begrenzung *f*, Beschränkung *f* (***on*** *gen.*): ***within ~s*** in Grenzen, bis zu e-m gewissen Grade; ***without ~*** ohne Grenzen, grenzen-, schrankenlos; ***there is a ~ to everything*** alles hat seine Grenzen; ***there is no ~ to his ambition*** sein Ehrgeiz kennt keine Grenzen; ***off ~s*** *Am.* Zutritt verboten (***to*** für); ***that's my ~!*** a) mehr schaffe ich nicht!, b) höher kann ich nicht gehen!; ***that's the ~!*** F das ist (doch) die Höhe!; ***he is the ~!*** F er ist unglaublich *od.* unmöglich!; ***go to the ~*** F bis zum Äußersten gehen, *sport* über die Runden kommen; → ***speed limit***; **2.** ⩓, ⚙ Grenze *f*, Grenzwert *m*; **3.** zeitliche Begrenzung, Frist *f*: ***extreme ~*** ✝ äußerster Termin; **4.** ✝ a) Höchstbetrag *m*, b) Limit *n*, Preisgrenze *f*: ***lowest ~*** äußerster *od.* letzter Preis; **II** *v/t.* **5.** begrenzen, beschränken, einschränken (***to*** auf *acc.*); *Preise* limitieren: ***~ o.s. to*** sich beschränken auf (*acc.*); **lim·i·ta·tion** [ˌlɪmɪ'teɪʃn] *s.* **1.** *fig.* Grenze *f*: ***know one's ~s*** s-e Grenzen kennen; **2.** Begrenzung *f*, Ein-, Beschränkung *f*; **3.** (***statutory period of***) ***~*** ⚖ Verjährung(sfrist) *f*: ***be barred by the statute of ~*** verjähren *od.* verjährt sein; **'lim·it·ed** [-tɪd] **I** *adj.* beschränkt, begrenzt (***to*** auf *acc.*): ***~*** (***express***) ***train*** → II; ***~ in time*** zeitlich begrenzt; ***~*** (***liability***) ***company*** ✝ *Brit.* Aktiengesellschaft *f*; ***~ monarchy*** konstitutionelle Monarchie; ***~ partner*** ✝ Kommanditist(in); ***~ partnership*** ✝ Kommanditgesellschaft; **II** *s.* Schnellzug *m od.* Bus *m* mit Platzkarten; **'lim·it·less** [-lɪs] *adj.* grenzenlos.

lim·net·ic [lɪm'netɪk] *adj.* Süßwasser...

lim·ou·sine ['lɪmuːziːn] *s. mot.* **1.** *Brit.* Wagen *m* mit Glastrennscheibe; **2.** *Am.* Kleinbus *m*.

limp¹ [lɪmp] *adj.* ☐ **1.** schlaff, schlapp (*a. fig. kraftlos, schwach*): ***go ~*** erschlaffen, *Person*: *a.* ‚abschlaffen'; **2.** biegsam, weich: ***~ book cover***.

limp² [lɪmp] **I** *v/i.* **1.** hinken (*a. fig. Vers etc.*), humpeln; **2.** sich schleppen (*a. Schiff etc.*); **II** *s.* **3.** Hinken *n*: ***walk with a ~*** → 1.

lim·pet ['lɪmpɪt] *zo.* Napfschnecke *f*: ***like a ~*** *fig.* wie e-e Klette; ***~ mine*** *s.* ⚔ Haftmine *f*.

lim·pid ['lɪmpɪd] *adj.* ☐ 'durchsichtig, klar (*a. fig. Stil etc.*), hell, rein; **lim·pid·i·ty** [lɪm'pɪdətɪ], **'lim·pid·ness** [-nɪs] *s.* 'Durchsichtigkeit *f*, Klarheit *f*.

limp·ness ['lɪmpnɪs] *s.* Schlaff-, Schlappheit *f*.

lim·y ['laɪmɪ] *adj.* **1.** Kalk..., kalkig: a) kalkhaltig, b) kalkartig; **2.** gekalkt.

lin·age ['laɪnɪdʒ] *s.* **1.** → ***alignment***; **2.** a) Zeilenzahl *f*, b) 'Zeilenhonoˌrar *n*.

linch·pin ['lɪntʃpɪn] *s.* ⚙ Lünse *f*, Vorstecker *m*, Achsnagel *m*.

lin·den ['lɪndən] *s.* ⚘ Linde *f*.

line¹ [laɪn] **I** *s.* **1.** Linie *f*, Strich *m*; **2.** a) (*Hand- etc.*)Linie *f*: ***~ of fate*** Schicksalslinie, b) Falte *f*, Runzel *f*, c) Zug *m* (*im Gesicht*); **3.** Zeile *f*: ***drop s.o. a ~*** j-m ein paar Zeilen schreiben; ***read between the ~s*** zwischen den Zeilen lesen; **4.** *TV* (Bild)Zeile *f*; **5.** a) Vers *m*, b) *pl. Brit. ped.* Strafarbeit *f*, c) *thea. etc.* Rolle *f*, Text *m*; **6.** *pl.* F Trauschein *m*; **7.** F a) Informati'on *f*, Hinweis *m*: ***get a ~ on*** e-e Information erhalten über (*acc.*); **8.** *Am.* F a) ‚Platte' *f* (*Geschwätz*), b) ‚Tour' *f*, ‚Masche' *f* (*Trick*); **9.** Linie *f*, Richtung *f*: ***~ of attack*** Angriffsrichtung, *fig.* Taktik *f*; ***~ of fire*** ⚔ Schußlinie *f*; ***~ of sight*** a) Blickrichtung *f*, b) *a.* ***~ of vision*** Gesichtslinie, -achse *f*; ***he said s.th. along these ~s*** er sagte etwas in dieser Richtung; → ***resistance*** 1; **10.** *pl. fig.* Grundsätze *pl.*, Richtlinie(n *pl.*) *f*, Grundzüge *pl.*: ***along these ~s*** a) nach diesen Grundsätzen, b) folgendermaßen; ***along general ~s*** ganz allgemein, in großen Zügen; **11.** Art *f* (u. Weise), Me'thode *f*: ***~ of approach*** Art, et.

anzupacken, Methode *f*; ~ ***of argument*** (Art der) Argumentation *f*; ~ ***of reasoning*** Denkmethode *f*, -weise *f*; ***take a strong ~*** energisch auftreten *od.* werden (***with s.o.*** j-m gegenüber); ***take the ~ that*** den Standpunkt vertreten, daß; ***don't take that ~ with me!*** komm mir ja nicht so! → ***hard line*** 1; **12.** Grenze *f*, Grenzlinie *f*: ***draw the ~*** (***at***) *fig.* die Grenze ziehen (bei); ***I draw the ~ at that!*** da hört es bei mir auf; ***lay*** (*od.* ***put***) ***on the ~*** *fig. sein Leben, s-n Ruf etc.* aufs Spiel setzen; ***be on the ~*** auf dem Spiel stehen; ***I'll lay it on the ~ for you!*** F das kann ich Ihnen genau sagen!; **13.** *pl.* a) Linien(führung *f*) *pl.*, Kon'turen *pl.*, Form *f*, b) Riß *m*, Entwurf *m*; **14.** a) Reihe *f*, Kette *f*, b) *bsd. Am.* (Menschen-, *a.* Auto)Schlange *f*: ***stand in ~*** (***for***) anstehen *od.* Schlange stehen (nach); ***drive in ~*** *mot.* Kolonne fahren; ***be in ~ for*** *fig.* Aussichten haben auf (*acc.*) *od.* Anwärter sein für; **15.** Übereinstimmung *f*: ***be in*** (***out of***) ~ (nicht) übereinstimmen *od.* im Einklang sein (***with*** mit); ***bring*** (*od.* ***get***) ***into ~*** a) in Einklang bringen (***with*** mit), b) *j-n* ‚auf Vordermann' bringen, c) *pol.* gleichschalten; ***fall into ~*** sich einordnen, *fig.* sich anschließen (***with*** *j-m*); ***toe the ~*** ‚spuren', sich der (*Partei- etc.*)Disziplin beugen; ***in ~ of duty*** *bsd.* ⚔ in Ausübung des Dienstes; **16.** a) (Abstammungs)Linie *f*, b) Fa'milie *f*, Geschlecht *n*: ***the male ~*** die männliche Linie; ***in the direct ~*** in direkter Linie; **17.** *pl.* Los *n*, Geschick *n*: ***hard ~s*** F Pech *n*; **18.** Fach *n*, Gebiet *n*, Sparte *f*: ~ (***of business***) Branche *f*, Geschäftszweig *m*; ***that's not in my ~*** das schlägt nicht in mein Fach, das liegt mir nicht; ***that's more in my ~*** das liegt mir schon eher; **19.** (*Verkehrs-, Eisenbahn- etc.*)Linie *f*, Strecke *f*, Route *f*, *engS.* Gleis *n*: ***ship of the ~*** Linienschiff *n*; ***~s of communications*** ⚔ rückwärtige Verbindungen; ***he was at the end of the ~*** *fig.* er war am Ende; ***that's the end of the ~!*** *fig.* Endstation!; **20.** (*Eisenbahn-, Luftverkehrs-, Autobus*)Gesellschaft *f*; **21.** a) ⚡, ⚙ Leitung *f*, *bsd.* Tele'fon- *od.* Tele'grafenleitung *f*: ***the ~ is engaged*** (*Am.* ***busy***) die Leitung ist besetzt; ***hold the ~!*** bleiben Sie am Apparat!; ***three ~s*** 3 Anschlüsse; → ***hot line***; **22.** ⚙ (Fertigungs)Straße *f*; **23.** ☤ a) Sorte *f*, Warengattung *f*, b) Posten *m*, Par'tie *f*, c) Ar'tikel(ˌserie *f*) *m od. pl.*; **24.** ⚔ a) Linie *f*: ***behind the enemy's ~s*** hinter den feindlichen Linien; ***~ of battle*** vorderste Linie, Kampflinie, b) Front *f*: ***go up the ~*** an die Front gehen; ***all along the ~***, (***all***) ***down the ~*** *fig.* auf der ganzen Linie, voll (u. ganz); ***go down the ~ for*** *Am.* F sich voll einsetzen für, c) Linie *f* (*Formation beim Antreten*), d) Fronttruppe *f*: ***the ~s*** die Linienregimenter; **25.** *geogr.* Längen- *od.* Breitenkreis *m*: ***the*** 2 der Äquator; **26.** ⚓ Linie *f*: ***~ abreast*** Dwarslinie; ***~ ahead*** Kiellinie; **27.** (Wäsche)Leine *f*, (starke) Schnur, Seil *n*, Tau *n*; **28.** *teleph.* a) Draht *m*, b) Kabel *n*; **29.** Angelschnur *f*; **II** *v/i.* **30.** → ***line up*** 1, 2; **III** *v/t.* **31.** linieren; **32.** zeichnen, skizzieren; **33.** *Gesicht* (durch)'furchen; **34.** *Straße etc.* säumen: ***soldiers ~d the street*** Soldaten bildeten an der Straße Spalier; **~ in** *v/t.* einzeichnen; **~ off** *v/t.* abgrenzen; **~ through** *v/t.* 'durchstreichen; **~ up I** *v/i.* **1.** sich in e-r Linie *od.* Reihe aufstellen; **2.** Schlange stehen; **3.** *fig.* sich zs.-schließen; **II** *v/t.* **4.** in Linie *od.* in e-r Reihe aufstellen; **5.** aufstellen; **6.** *fig.* F *et.* ‚auf die Beine stellen', organisieren, arrangieren.

line² [laɪn] *v/t.* **1.** *Kleid etc.* füttern; **2.** ⚙ ausfüttern, -gießen, -kleiden, -schlagen, (innen) über'ziehen: ***~ one's*** (***own***) ***pockets*** in die eigene Tasche arbeiten, sich bereichern.

lin·e·age ['lɪnɪɪdʒ] *s.* **1.** (geradlinige) Abstammung; **2.** Stammbaum *m*; **3.** Geschlecht *n*, Fa'milie *f*.

lin·e·al ['lɪnɪəl] *adj.* □ geradlinig, in di'rekter Linie, di'rekt (*Abstammung, Nachkomme*).

lin·e·a·ment ['lɪnɪəmənt] *s.* (Gesichts-, *fig.* Cha'rakter)Zug *m*

lin·e·ar ['lɪnɪə] *adj.* □ **1.** Linien..., geradlinig, *bsd.* ✈, ⚙, *phys.* line'ar (*Gleichung, Elektrode, Perspektive etc.*), Linear...; **2.** Längen...(*-ausdehnung, -maß etc.*); **3.** Linien..., Strich..., strichförmig.

line| block *s.* → ***line etching***; **~ drawing** *s.* Strichzeichnung *f*; **~ etch·ing** *s.* *Kunst*: Strichätzung *f*; **'~·man** [-mən] *s.* [*irr.*] *Am.* **1.** 🚂 Streckenarbeiter *m*; **2.** → ***linesman*** 1.

lin·en ['lɪnɪn] **I** *s.* **1.** Leinen *n*, Leinwand *f*, Linnen *n*; **2.** (Bett-, 'Unter- *etc.*)Wäsche *f*: ***wash one's dirty ~ in public*** *fig.* s-e schmutzige Wäsche vor allen Leuten waschen; **II** *adj.* **3.** leinen, Leinen...: **~ *closet*** (*od.* ***cupboard***) Wäscheschrank *m*.

lin·er¹ ['laɪnə] *s.* **1.** ⚙ Futter *n*, Buchse *f*; **2.** Einsatz(stück *n*) *m*.

lin·er² ['laɪnə] *s.* **1.** ⚓ Linienschiff *n*; **2.** → ***air liner***.

lines·man ['laɪnzmən] *s.* [*irr.*] **1.** ⚡ (Fernmelde)Techniker *m*, *engS.* Störungssucher *m*; **2.** 🚂 Streckenwärter *m*; **3.** *sport* Linienrichter *m*.

'line-up *s.* **1.** *sport* (Mannschafts)Aufstellung *f*, Aufgebot *n*; **2.** Gruppierung *f*; **3.** *Am.* ‚Schlange' *f*.

lin·ger ['lɪŋgə] *v/i.* **1.** (*a. fig.*) (noch) verweilen, (zu'rück)bleiben (*beide a. Gefühl, Geschmack, Erinnerung etc.*), sich aufhalten; *fig. a.* nachklingen (*Töne, Gefühl etc.*): **~ *on*** *fig.* (noch) fortleben *od.* -bestehen (*Brauch etc.*); ***~ on a subject*** bei e-m Thema verweilen; **2.** a) zögern, b) trödeln; **3.** da'hinsiechen (*Kranker*); **4.** sich hinziehen *od.* -schleppen.

lin·ge·rie ['læːnʒəriː] (*Fr.*) *s.* ('Damen-)ˌUnterwäsche *f*.

lin·ger·ing ['lɪŋgərɪŋ] *adj.* □ **1.** a) verweilend, b) langsam, zögernd; **2.** (zu'rück)bleibend, nachklingend (*Ton, Gefühl etc.*); **3.** schleppend; **4.** schleichend (*Krankheit*); **5.** lang: a) sehnsüchtig, b) innig, c) prüfend: ***a ~ look***.

lin·go ['lɪŋgəʊ] *pl.* **-goes** [-gəʊz] *s.* Kauderwelsch *n*, *engS. a.* ('Fach)JarˌGon *m*.

lin·gua fran·ca [ˌlɪŋgwə'fræŋkə] *s.* Verkehrssprache *f*.

lin·gual ['lɪŋgwəl] **I** *adj.* Zungen...; **II** *s.* Zungenlaut *m*.

lin·guist ['lɪŋgwɪst] *s.* **1.** Sprachforscher (-in), Lingu'ist(in); **2.** Fremdsprachler (-in), Sprachkundige(r *m*) *f*: ***he is a good ~*** er ist sehr sprachbegabt; **lin·guis·tic** [lɪŋ'gwɪstɪk] *adj.* (□ **~ally**) **1.** sprachwissenschaftlich, lingu'istisch; **2.** Sprach(en)...; **lin·guis·tics** [lɪŋ'gwɪstɪks] *s. pl.* (*mst sg. konstr.*) Sprachwissenschaft *f*, Lingu'istik *f*.

lin·i·ment ['lɪnɪmənt] *s.* ⚕ Einreibemittel *n*.

lin·ing ['laɪnɪŋ] *s.* **1.** Futter(stoff *m*) *n*, (Aus)Fütterung *f* (*von Kleidern etc.*); **2.** ⚙ Futter *n*, Ver-, Auskleidung *f*; Ausmauerung *f*; (*Brems- etc.*)Belag *m*; → ***silver lining***.

link [lɪŋk] **I** *s.* **1.** (Ketten)Glied *n*; **2.** *fig.* a) Glied *n* (*in e-r Kette von Ereignissen etc.*), b) Bindeglied *n*; → ***missing*** 1; **3.** *freundschaftliche etc.* Bande *pl.*; **4.** Verbindung *f*, -knüpfung *f*, Zs.-hang *m* (***between*** zwischen); **5.** Man'schettenknopf *m*; **6.** ⚙ Glied *n* (*a.* ⚡), Verbindungsstück *n*, Gelenk *n*; **7.** *tel.* a) Streckenabschnitt *m*, b) Über'tragungsweg *m*; **8.** *TV* a) Verbindungsstrecke *f*, b) → ***linkup*** 3; **9.** *surv.* Meßkettenglied *n*; **10.** → ***links***; **II** *v/t.* **11.** *a.* **~ *up*** *od.* ***together*** (***with***) a) verbinden, -knüpfen (mit): **~ *arms*** (***with***) sich einhaken (bei *j-m*), b) mitein'ander in Verbindung *od.* Zs.-hang bringen, c) anein'anderkoppeln: ***be ~ed*** (***with***) zs.-hängen *od.* in Zs.-hang stehen (mit); **~*ed*** ⚗ gekoppelt (*a. biol. Gene*); **III** *v/i.* **12.** (***with***) a) sich verbinden (lassen) (mit), b) verknüpft sein (mit).

link·age ['lɪŋkɪdʒ] *s.* **1.** Verkettung *f*, *Computer*: *a.* Pro'grammverbindung *f*; **2.** ⚙ Gestänge *n*, Gelenkviereck *n*; **3.** ⚗, *biol.* Koppelung *f*, (*a. phys. Atom- etc.*)Bindung *f*.

links [lɪŋks] *s. pl.* **1.** *bsd. Scot.* Dünen *pl.*; **2.** (*a. sg. konstr.*) Golfplatz *m*.

'link·up *s.* **1.** → ***link*** 4; **2.** (Anein'ander-)Koppeln *n*; **3.** *Radio, TV*: Zs.-schaltung *f*.

linn [lɪn] *s. bsd. Scot.* **1.** Teich *m*; **2.** Wasserfall *m*.

lin·net ['lɪnɪt] *s. orn.* Hänfling *m*.

li·no ['laɪnəʊ] *abbr. für* ***linoleum***; **li·no·cut** ['laɪnəʊkʌt] *s.* Lin'olschnitt *m*.

li·no·le·um [lɪ'nəʊljəm] *s.* Lin'oleum *n*.

lin·o·type ['laɪnəʊtaɪp] *s. typ.* **1.** *a.* 2 Linotype *f* (*Markenname für e-e Zeilensetz- u. -gießmaschine*); **2.** ('Setzmaˌschinen)Zeile *f*.

lin·seed ['lɪnsiːd] *s.* ⚘ Leinsamen *m*; **~ cake** *s.* Leinkuchen *m*; **~ oil** *s.* Leinöl *n*.

lint [lɪnt] **I** *s.* **1.** ⚕ Schar'pie *f*, Zupflinnen *n*; **2.** *Am.* Fussel *f*; **II** *v/i.* **3.** *Am.* Fusseln bilden, fusseln.

lin·tel ['lɪntl] *s.* △ (Tür-, Fenster)Sturz *m*.

li·on ['laɪən] *s.* **1.** *zo.* Löwe *m* (*a. fig. Held; a. ast.* 2): ***the ~'s share*** *fig.* der Löwenanteil; ***go into the ~'s den*** *fig.* sich in die Höhle des Löwen wagen; **2.** ‚Größe' *f*, Berühmtheit *f* (*Person*); **3.** *pl.* Sehenswürdigkeiten *pl.* (*e-s Ortes*); **'li·on·ess** [-nes] *s.* Löwin *f*; **'li·on-ˌheart·ed** *adj.* furchtlos, mutig; **li·on·ize** ['laɪənaɪz] *v/t.* *j-n* feiern, zum Helden des Tages machen.

lip [lɪp] *s.* **1.** Lippe *f*: ***hang on s.o.'s ~s*** an j-s Lippen hängen; ***keep a stiff upper ~*** Haltung bewahren; ***lick*** (*od.*

smack) ***one's ~s*** sich die Lippen lekken; → ***bite*** 7; **2.** F Unverschämtheit *f*: ***none of your ~!*** keine Frechheiten!; **3.** Rand *m* (*Wunde, Schale, Krater etc.*); **4.** Tülle *f*, Schnauze *f* (*Krug etc.*).

'lip|-read *v/t. u. v/i.* [*irr.* → ***read***] von den Lippen ablesen; **'~-ˌread·ing** *s.* Lippenlesen *n*; **~ ser·vice** *s.* Lippendienst *m*: ***pay ~ to*** ein Lippenbekenntnis ablegen zu *e-r Idee etc.*; **'~·stick** *s.* Lippenstift *m*.

li·quate ['laɪkweɪt] *v/t. metall.* (aus)seigern.

liq·ue·fa·cient [ˌlɪkwɪ'feɪʃnt] **I** *s.* Verflüssigungsmittel *n*; **II** *adj.* verflüssigend; **ˌliq·ue'fac·tion** [-'fækʃn] *s.* Verflüssigung *f*; **liq·ue·fi·a·ble** ['lɪkwɪfaɪəbl] *adj.* schmelzbar; **liq·ue·fy** ['lɪkwɪfaɪ] *v/t. u. v/i.* (sich) verflüssigen; schmelzen; **li·ques·cent** [lɪ'kwesnt] *adj.* sich (leicht) verflüssigend, schmelzend.

li·queur [lɪ'kjʊə] *s.* Li'kör *m*.

liq·uid ['lɪkwɪd] **I** *adj.* □ **1.** flüssig; Flüssigkeits…: ***~ measure*** Flüssigkeitsmaß *n*; ***~ crystal*** Flüssigkristall *m*; ***~ crystal display*** Flüssigkristallanzeige *f*; **2.** a) klar, hell u. glänzend, b) feucht (schimmernd): ***~ eyes***; ***~ sky***; **3.** perlend, wohltönend; **4.** *ling.* li'quid, fließend: ***~ sound*** → 7; **5.** ☤ li'quid, flüssig: ***~ assets***; **II** *s.* **6.** Flüssigkeit *f*; **7.** *Phonetik*: Liquida *f*, Fließlaut *m*.

liq·ui·date ['lɪkwɪdeɪt] *v/t.* **1.** a) *Schulden etc.* tilgen, b) *Schuldbetrag* feststellen; **2.** *Konten* abrechnen, saldieren; **3.** ☤ *Unternehmen* liquidieren; **4.** ☤ *Wertpapier* flüssigmachen, realisieren; **5.** *j-n* liquidieren (*umbringen*); **liq·ui·da·tion** [ˌlɪkwɪ'deɪʃn] *s.* **1.** ☤ a) Liquidati'on *f*, Abwicklung *f* (*Unternehmen*): ***go into ~*** in Liquidation treten, b) Tilgung *f* (*von Schulden*), c) Abrechnung *f*, d) Realisierung *f*; **2.** *fig.* Liquidierung *f*, Beseitigung *f*; **'liq·ui·da·tor** [-tə] *s.* ☤ Liqui'dator *m*, Abwickler *m*.

li·quid·i·ty [lɪ'kwɪdətɪ] *s.* **1.** flüssiger Zustand; **2.** ☤ Liquidi'tät *f*, (Geld)Flüssigkeit *f*.

liq·uor ['lɪkə] **I** *s.* **1.** alko'holisches Getränk, *coll.* Spiritu'osen *pl.*, Alkohol *m* (*bsd. Branntwein u. Whisky*): ***in ~, the worse for ~*** betrunken; **2.** Flüssigkeit *f*; *pharm.* Arz'neilösung *f*; **3.** ⚙ a) Lauge *f*, b) Flotte *f* (*Färbebad*); **II** *v/i.* **4.** *mst* ***~ up*** *sl.* ‚einen heben'; **III** *v/t.* **5.** ***get ~ed up*** sich ‚vollaufen' lassen; **~ cab·i·net** *s.* Hausbar *f*.

liq·uo·rice ['lɪkərɪs] *s.* La'kritze *f*.

lisp [lɪsp] **I** *v/i.* **1.** (*a. v/t. et.*) lispeln, mit der Zunge anstoßen; **2.** stammeln; **II** *s.* **3.** Lispeln *n*, Anstoßen *n* (mit der Zunge).

lis·some, *a.* **lis·som** ['lɪsəm] *adj.* **1.** geschmeidig; **2.** wendig, a'gil.

list¹ [lɪst] **I** *s.* Liste *f*, Verzeichnis *n*: ***on the ~*** auf der Liste; ***~ price*** ☤ Listenpreis *m*; **II** *v/t.* a) verzeichnen, aufführen, erfassen, katalogisieren; in e-e Liste eintragen, b) aufzählen: ***~ed*** *Am.* ☤ amtlich notiert, börsenfähig (*Wertpapier*).

list² [lɪst] *s.* **1.** Saum *m*, Rand *m*; **2.** *Weberei*: Salband *n*, Webekante *f*; **3.** (Sal)Leiste *f*; **4.** *pl. hist.* a) Schranken *pl.* (*e-s Turnierplatzes*), b) Kampfplatz *m* (*a. fig.*): ***enter the ~s*** *fig.* in die Schranken treten, zum Kampf antreten.

list³ [lɪst] ⚓ **I** *s.* Schlagseite *f*; **II** *v/i.* Schlagseite haben.

lis·ten ['lɪsn] *v/i.* **1.** horchen, hören, lauschen (***to*** auf *acc.*): ***~ to*** a) *j-m* zuhören, *j-n* anhören, b) auf *j-n od. j-s Rat* hören, *j-m* Gehör schenken, c) *e-m Rat etc.* folgen: ***~!*** hör mal (zu)!; ***~ for*** auf *et. od. j-n* horchen (*warten*); → ***reason*** 1; **2.** ***~ in*** a) Radio hören, b) (*am Telefon etc.*) mithören *od.* mit anhören (***on s.th.*** et.): ***~ in to*** *et.* im Radio hören; **'lis·ten·er** [-nə] *s.* **1.** Horcher(in), Lauscher(in); **2.** Zuhörer(in); **3.** *Radio*: Hörer(in).

lis·ten·ing post ['lɪsnɪŋ] *s.* ⚔ **1.** Horchposten *m* (*a. fig.*); **2.** Abhörstelle *f*.

list·less ['lɪstlɪs] *adj.* □ lustlos, teilnahmslos, matt, a'pathisch.

lists [lɪsts] → ***list²*** 4.

lit [lɪt] **I** *pret. u. p.p.* von ***light¹*** *u.* ***light³***; **II** *adj. mst* ***~ up*** *sl.* ‚blau' (*betrunken*).

lit·a·ny ['lɪtənɪ] *s. eccl. u. fig.* Lita'nei *f*.

li·ter ['li:tə] *Am.* → ***litre***.

lit·er·a·cy ['lɪtərəsɪ] *s.* **1.** Fähigkeit *f* zu lesen u. zu schreiben; **2.** (lite'rarische) Bildung, Belesenheit *f*; **'lit·er·al** [-rəl] **I** *adj.* □ **1.** wörtlich, wortgetreu: ***~ translation***; **2.** wörtlich, buchstäblich, eigentlich: ***~ sense***; **3.** nüchtern, wahrheitsgetreu: ***~ account***; ***the ~ truth*** die reine Wahrheit; **4.** *fig.* buchstäblich: ***~ annihilation***; ***a ~ disaster*** e-e wahre *od.* echte Katastrophe; **5.** pe'dantisch, pro'saisch (*Person*); **6.** Buchstaben…, Schreib…: ***~ error*** → 7; **II** *s.* **7.** Schreib- *od.* Druckfehler *m*; **'lit·er·al·ism** [-əlɪzəm], **'lit·er·al·ness** [-rəlnɪs] *s.* **1.** Festhalten *n* am Buchstaben, *bsd.* strenge *od.* allzu wörtliche Über'setzung *od.* Auslegung, Buchstabenglaube *m*; **2.** *Kunst*: Rea'lismus *m*.

lit·er·ar·y ['lɪtərərɪ] *adj.* □ **1.** lite'rarisch, Literatur…: ***~ historian*** Literaturhistoriker(in); ***~ history*** Literaturgeschichte *f*; ***~ language*** Schriftsprache *f*; **2.** schriftstellerisch: ***a ~ man*** ein Literat; ***~ property*** geistiges Eigentum; **3.** lite'rarisch gebildet; **4.** gewählt: ***a ~ expression***; **lit·er·ate** ['lɪtərət] **I** *adj.* **1.** des Lesens u. Schreibens kundig; **2.** (lite'rarisch) gebildet; **3.** lite'rarisch; **II** *s.* **4.** j-d, der Lesen u. Schreiben kann; **5.** Gebildete(r *m*) *f*; **lit·e·ra·ti** [ˌlɪtə'rɑ:ti:] *s. pl.* **1.** Lite'raten *pl.*; **2.** *die* Gelehrten *pl.*; **lit·e·ra·tim** [ˌlɪtə'rɑ:tɪm] (*Lat.*) *adv.* buchstäblich, (wort)wörtlich; **lit·er·a·ture** ['lɪtərətʃə] *s.* **1.** Litera'tur *f*, Schrifttum *n*; **2.** Schriftstelle'rei *f*; **3.** Druckschriften *pl.*, *bsd.* Pro'spekte *pl.*, 'Unterlagen *pl.*

lithe [laɪð] *adj.* □ geschmeidig; **'lithe·ness** [-nɪs] *s.* Geschmeidigkeit *f*.

lith·o·chro·mat·ic [ˌlɪθəʊkrəʊ'mætɪk] *adj.* Farben-, Buntdruck…

lith·o·graph ['lɪθəʊgrɑ:f] **I** *s.* Lithogra'phie *f*, Steindruck *m* (*Erzeugnis*); **II** *v/t. u. v/i.* lithographieren; **li·thog·ra·pher** [lɪ'θɒgrəfə] *s.* Litho'graph *m*; **lith·o·graph·ic** [ˌlɪθəʊ'græfɪk] *adj.* (□ ***~ally***) litho'graphisch, Steindruck…; **li·thog·ra·phy** [lɪ'θɒgrəfɪ] *s.* Lithogra'phie *f*, Steindruck *m*.

Lith·u·a·ni·an [ˌlɪθju:'eɪnjən] **I** *s.* **1.** Litauer(in); **2.** *ling.* Litauisch *n*; **II** *adj.* **3.** litauisch.

lit·i·gant ['lɪtɪgənt] ⚖ **I** *s.* Pro'zeßführende(r *m*) *f*, (streitende) Par'tei; **II** *adj.* streitend, pro'zeßführend; **lit·i·gate** ['lɪtɪgeɪt] *v/i.* (*u. v/t.*) prozessieren (um), streiten (um); **lit·i·ga·tion** [ˌlɪtɪ'geɪʃn] *s.* Rechtsstreit *m*, Pro'zeß *m*; **li·ti·gious** [lɪ'tɪdʒəs] *adj.* □ **1.** ⚖ a) Prozeß…, b) strittig, streitig; **2.** pro'zeß-, streitsüchtig.

lit·mus ['lɪtməs] *s.* ⚗ Lackmus *n*; **'~ˌpa·per** *s.* 'Lackmuspaˌpier *n*.

li·tre ['li:tə] *s. Brit.* Liter *m*, *n*.

lit·ter ['lɪtə] **I** *s.* **1.** Sänfte *f*; **2.** Trage *f*; **3.** Streu *f*; **4.** her'umliegende Sachen *pl.*, *bsd.* (her'umliegendes) Pa'pier u. Abfälle *pl.*; **5.** Wust *m*, Unordnung *f*; **6.** *zo.* Wurf *m Ferkel etc.*; **II** *v/t.* **7.** *mst* ***~ down*** a) Streu legen für *Tiere*, b) *Stall, Boden* einstreuen, c) *Pflanzen* abdekken; **8.** a) verunreinigen, b) unordentlich verstreuen, her'umliegen lassen, c) *Zimmer* in Unordnung bringen, d) *oft* ***~ up*** (unordentlich) her'umliegen in (*dat.*) *od.* auf (*dat.*): ***be ~ed with*** übersät sein mit (*a. fig.*); **9.** *zo. Junge* werfen; **III** *v/i.* **10.** (Junge) werfen.

lit·tle ['lɪtl] **I** *adj.* **1.** klein: ***a ~ house*** ein kleines Haus, ein Häuschen; ***a ~ one*** ein Kleines (*Kind*); ***our ~ ones*** unsere Kleinen; ***the ~ people*** die Elfen; ***~ things*** Kleinigkeiten *pl.*; **2.** kurz (*Strecke od. Zeit*); **3.** wenig: ***~ hope***; ***a ~ honey*** ein wenig *od.* ein bißchen *od.* etwas Honig; **4.** klein, gering(fügig), unbedeutend: ***of ~ interest*** von geringem Interesse; **5.** klein(lich), beschränkt, engstirnig: ***~ minds*** Kleingeister *pl.*; **6.** gemein, erbärmlich; **7.** *iro.* klein: ***her poor ~ efforts***; ***his ~ ways*** s-e kleinen Eigenarten *od.* Schliche; **II** *adv.* **8.** wenig, kaum, nicht sehr: ***he ~ knows*** er ahnt ja nicht (***that*** daß); ***we see ~ of her*** wir sehen sie nur sehr selten; ***make ~ of et.*** bagatellisieren; ***think ~ of*** wenig halten von; **III** *s.* **9.** Kleinigkeit *f*, *das* Wenige, *ein* bißchen: ***a ~*** ein wenig, ein bißchen; ***not a ~*** nicht wenig; ***after a ~*** nach e-m Weilchen; ***for a ~*** für ein Weilchen; ***a ~ rash*** ein bißchen voreilig; ***~ by ~*** nach und nach; ***~ or nothing*** so gut wie nichts; ***what ~ I have seen*** das wenige, das ich gesehen habe; ***every ~ helps*** auch der kleinste Beitrag hilft; **'lit·tle·ness** [-nɪs] *s.* **1.** Kleinheit *f*; **2.** Geringfügigkeit *f*, Bedeutungslosigkeit *f*; **3.** Kleinlichkeit *f*; **4.** Beschränktheit *f*.

lit·to·ral ['lɪtərəl] **I** *adj.* a) Küsten…, b) Ufer…; **II** *s.* Küstenland *n*, -strich *m*.

li·tur·gic, li·tur·gi·cal [lɪ'tɜ:dʒɪk(l)] *adj.* □ li'turgisch; **lit·ur·gy** ['lɪtədʒɪ] *s. eccl.* Litur'gie *f*.

liv·a·ble ['lɪvəbl] *adj.* **1.** *a.* ***~-in*** wohnlich; **2.** *mst* ***~-with*** 'umgänglich (*Person*); **3.** erträglich.

live¹ [lɪv] **I** *v/i.* **1.** *allg.* leben: ***~ to a great age*** ein hohes Alter erreichen; ***~ to be eighty*** achtzig Jahre alt werden; ***~ to see*** *et.* erreichen; ***~ off*** leben von, sich ernähren von; *b.s.* auf *j-s* Kosten leben; ***~ on*** a) weiter-, fortleben, b) *a.* ***~ by*** leben *od.* sich ernähren von; ***~ through s.th.*** et. mit- *od.* durchmachen, et. miterleben; ***~ with*** a) *a. iro.* mit *der Atombombe etc.* leben, b) *bsd. sport* F mit *e-m Gegner etc.* mithalten; ***we ~ and learn!*** man lernt nie aus!; ***~ and let ~*** leben u. leben lassen; ***he will ~ to regret it!*** das wird er noch bereu-

en!; **2.** (über)ˈleben, am Leben bleiben: ***the patient will ~!***; **3.** leben, wohnen: ***~ in a town***; **4.** leben, ein *ehrliches etc.* Leben führen: ***~ well*** gut leben; ***~ to o.s.*** (ganz) für sich leben; **5.** leben, das Leben genießen: ***she wanted to ~*** sie wollte (et. er)leben; ***(then) you haven't ~d!*** *humor.* du weißt ja gar nicht, was du versäumt hast!; **II** *v/t.* **6.** *ein anständiges etc. Leben* führen *od.* leben: ***~ one's own life*** sein eigenes Leben leben; **7.** (vor)leben, im Leben verwirklichen: ***he ~d a lie*** sein Leben war e-e einzige Lüge;
Zssgn mit adv.:
live| down *v/t. et.* (durch tadellosen Lebenswandel) vergessen machen, sich reinwaschen *od.* rehabilitieren von: ***I will never live it down*** das wird man mir nie vergessen; **~ in** *v/i.* im Haus *od.* Heim *etc.* wohnen, nicht außerhalb wohnen; **~ out** *v/i.* außerhalb wohnen; **~ to·geth·er** *v/i.* zuˈsammen leben *od.* wohnen; **~ up I** *v/i.*: ***~ to*** *den Anforderungen, Erwartungen etc.* entsprechen, *a. s-m Ruf* gerecht werden; *sein Versprechen* halten; **II** *v/t.*: ***live it up*** ‚auf den Putz hauen', ‚toll leben'.
live² [laɪv] **I** *adj.* (*nur attr.*) **1.** leˈbendig: a) lebend: ***~ animals***, b) *fig.* lebhaft (*a. Debatte etc.*); rührig, tätig, eˈnergisch (*Person*); **2.** aktuˈell: ***a ~ question***; **3.** glühend (*Kohle etc.*) (*a. fig.*); ✕ scharf (*Munition*); ungebraucht (*Streichholz*); ϟ stromführend, geladen: ***~ wire*** *fig.* ‚Energiebündel' *n*; ***~ load*** ⚙ Nutzlast *f*; ***~ steam*** ⚙ Frischdampf *m*; **4.** *Radio, TV*: diˈrekt, live, Direkt…, Original…, Live-…: ***~ broadcast*** Live-Sendung *f*, Direktübertragung *f*; **5.** ⚙ a) Trieb…, b) angetrieben; **II** *adv.* **6.** *Radio, TV*: diˈrekt, live: ***the game will be broadcast ~.***
-lived [lɪvd] *in Zssgn* …lebig.
live·li·hood [ˈlaɪvlɪhʊd] *s.* ˈLebensˌunterhalt *m*, Auskommen *n*: ***earn*** (*od.* ***make***) ***a*** (*od.* ***one's***) ***~*** sein Brot *od.* s-n Lebensunterhalt verdienen.
live·li·ness [ˈlaɪvlɪnɪs] *s.* **1.** Lebhaftigkeit *f*; **2.** Leˈbendigkeit *f*.
live·long [ˈlɪvlɒŋ] *adj. poet.*: ***all the ~ day*** den lieben langen Tag.
live·ly [ˈlaɪvlɪ] *adj.* ☐ **1.** *allg.* lebhaft, leˈbendig (*Person, Geist, Gespräch, Rhythmus, Gefühl, Erinnerung, Farbe, Beschreibung etc.*): ***~ hope*** starke Hoffnung; **2.** kräftig, viˈtal; **3.** lebhaft, aufregend (*Zeit*): ***make it*** (*od.* ***things***) ***~ for*** *j-m* (tüchtig) einheizen; ***we had a ~ time*** es war ‚schwer was los'; **4.** flott (*Tempo*).
liv·en [ˈlaɪvn] *mst* ***~ up*** **I** *v/t.* beleben, Leben *od.* Schwung bringen in (*acc.*); **II** *v/i.* sich beleben, in Schwung kommen.
liv·er¹ [ˈlɪvə] *s. anat.* Leber *f*.
liv·er² [ˈlɪvə] *s.*: ***be a fast ~*** ein flottes Leben führen; ***be a good ~*** ‚gut leben'.
liv·er·ied [ˈlɪvərɪd] *adj.* livriert.
liv·er·ish [ˈlɪvərɪʃ] *adj.* F **1.** ***be ~*** es an der Leber haben; **2.** reizbar, mürrisch.
Liv·er·pud·li·an [ˌlɪvəˈpʌdlɪən] **I** *adj.* aus *od.* von Liverpool; **II** *s.* Liverpooler(in).
ˈliv·er·wort *s.* ⚘ Leberblümchen *n*.
liv·er·y [ˈlɪvərɪ] *s.* **1.** Liˈvree *f*; **2.** (*bsd.* Amts- *od.* Gilden)Tracht *f*; *fig.* (*a. zo. Winter- etc.*)Kleid *n*; **3.** → ***livery company***; **4.** Pflege *f* u. ˈUnterbringung *f* (*von Pferden*) gegen Bezahlung: ***at ~*** in Futter *stehen etc.*; **5.** *Am.* → ***livery stable***; **6.** a) ˈÜbergabe *f*, Überˈtragung *f*, b) *Brit.* ˈÜbergabe *f* von vom Vormundschaftsgericht freigegebenem Eigentum; **~ com·pa·ny** *s.* (Handels-)Zunft *f* der ***City of London***; **ˈ~·man** [-mən] *s.* [*irr.*] Zunftmitglied *n*; **~ serv·ant** *s.* livrierter Diener; **~ sta·ble** *s.* Mietstall *m*.
lives [laɪvz] *pl. von* ***life***.
ˈlive·stock [ˈlaɪv-] *s.* Vieh(bestand *m*) *n*, lebendes Invenˈtar.
liv·id [ˈlɪvɪd] *adj.* ☐ **1.** bläulich; bleifarben, graublau; **2.** fahl, aschgrau, blaß (***with*** vor *dat.*); **3.** *Brit.* F ‚fuchsteufelswild'; **li·vid·i·ty** [lɪˈvɪdətɪ], **ˈliv·id·ness** [-nɪs] *s.* Fahlheit *f*, Blässe *f*.
liv·ing [ˈlɪvɪŋ] **I** *adj.* ☐ **1.** lebend (*a. Sprachen*), leˈbendig (*a. fig. Glaube, Gott etc.*): ***no man ~*** kein Sterblicher; ***not a ~ soul*** keine Menschenseele; ***while ~*** zu Lebzeiten; ***the greatest of ~ statesmen*** der größte lebende Staatsmann; ***~ death*** trostloses Dasein; ***within ~ memory*** seit Menschengedenken; **2.** glühend (*Kohle*); **3.** gewachsen (*Fels*); **4.** Lebens…: ***~ conditions***; **II** *s.* **5.** ***the ~*** die Lebenden; **6.** (das) Leben; **7.** Leben *n*, Lebensweise *f*, -führung *f*: ***good ~*** üppiges Leben; **8.** ˈLebensˌunterhalt *m*: ***make a ~*** s-n Lebensunterhalt verdienen (***as*** als, ***out of*** durch); **9.** Leben *n*, Wohnen *n*; **10.** *eccl. Brit.* Pfründe *f*; **~ room** [rʊm] *s.* Wohnzimmer *n*; **~ space** *s.* **1.** Wohnraum *m*, -fläche *f*; **2.** *pol.* Lebensraum *m*; **~ wage** *s.* ausreichender Lohn.
lix·iv·i·ate [lɪkˈsɪvɪeɪt] *v/t.* auslaugen.
liz·ard [ˈlɪzəd] *s.* **1.** *zo.* a) Eidechse *f*, b) Echse *f*; **2.** Eidechsenleder *n*.
'll [l; əl] F *für* ***will*** 1, 2, 4 *od.* ***shall***.
lla·ma [ˈlɑːmə] *s. zo.* Lama(wolle *f*) *n*.
lo [ləʊ] *int. obs.* siehe!, seht!: ***~ and behold!*** *oft humor.* sieh(e) da!
loach [ləʊtʃ] *s. ichth.* Schmerle *f*.
load [ləʊd] **I** *s.* **1.** Last *f* (*a. phys.*); **2.** *fig.* Last *f*, Bürde *f*: ***take a ~ off s.o.'s mind*** j-m e-e Last von der Seele nehmen; ***that takes a ~ off my mind!*** da fällt mir ein Stein vom Herzen!; **3.** Ladung *f* (*a. e-r Schußwaffe*; *a. Am. sl. Menge Alkohol*), Fracht *f*, Fuhre *f*: ***a bus~ of tourists*** ein Bus voll(er) Touristen; ***have a ~ on*** *Am. sl.* ‚schwer geladen' haben; ***get a ~ of this!*** F hör mal gut zu!; ***~s of*** F e-e Unmasse *od.* massenhaft *od.* jede Menge *Geld, Fehler etc.*; **4.** *fig.* Belastung *f*: (***work***) ***~*** (Arbeits)Pensum *n*; **5.** ⚙, ϟ a) Last *f*, (Arbeits)Belastung *f*, b) Leistung *f*: ***~ capacity*** a) Ladefähigkeit *f*, b) Tragfähigkeit *f*, c) ϟ Belastbarkeit *f*; **II** *v/t.* **6.** beladen; **7.** *Güter, Schußwaffe etc.* laden; aufladen: ***~ the camera*** *phot.* e-n Film einlegen; **8.** *fig. j-n* überˈhäufen (***with*** mit *Arbeit, Geschenken, Vorwürfen etc.*): ***he's ~ed*** *sl.* a) er hat Geld wie Heu, b) er hat ‚schwer geladen' *od.* ist ‚blau'; **9.** *den Magen* überˈladen; **10.** beschweren: ***~ dice*** Würfel präparieren: ***~ the dice*** *fig.* die Karten zinken; ***the dice are ~ed against him*** *fig.* er hat kaum e-e Chance; ***~ed question*** Fangfrage *f*; **11.** *Wein* verfälschen; **III** *v/i.* **12.** *a.* ***~ up*** (auf-, ein)laden.
load·er [ˈləʊdə] *s.* **1.** (Ver)Lader *m*; **2.** Verladevorrichtung *f*; **3.** *hunt.* Lader *m*; **4.** ✕ Ladeschütze *m*.
load·ing [ˈləʊdɪŋ] *s.* **1.** (Be-, Auf)Laden *n*; **2.** a) Laden *n* (*e-r Schußwaffe*), b) Einlegen *n* e-s Films (*in die Kamera*); **3.** Ladung *f*, Fracht *f*; **4.** ⚙, ϟ, ✈ Belastung *f*; **5.** *Versicherung*: Verwaltungskostenanteil *m* (*der Prämie*); **~ bridge** *s.* Verlade-, ✈ Fluggastbrücke *f*; **~ coil** *s.* ϟ Belastungsspule *f*.
load| line *s.* ⚓ Lade(wasser)linie *f*; **ˈ~·star** → ***lodestar***; **ˈ~·stone** → ***lodestone***.
loaf¹ [ləʊf] *pl.* **loaves** [ləʊvz] *s.* **1.** Laib *m* (*Brot*), *weitS.* Brot *n*: ***half a ~ is better than no bread*** (etwas ist) besser als gar nichts; **2.** Zuckerhut *m*: ***~ sugar*** Hutzucker *m*; **3.** *a.* ***meat ~*** Hackbraten *m*; **4.** *Brit. sl.* ‚Birne' *f*: ***use your ~*** denk mal ein bißchen (nach)!
loaf² [ləʊf] **I** *v/i. a.* ***~ about*** (*od.* ***around***) herˈumlungern, bummeln; faulenzen; **II** *v/t.* ***~ away*** *Zeit* verbummeln; **ˈloaf·er** [-fə] *s.* **1.** Faulenzer *m*, Nichtstuer *m*; Herˈumtreiber(in); **2.** *Am.* Mokasˈsin *m* (*Schuh*).
loam [ləʊm] *s.* Lehm(boden) *m*; **ˈloam·y** [-mɪ] *adj.* lehmig, Lehm…
loan [ləʊn] **I** *s.* **1.** (Ver)Leihen *n*, Ausleihung *f*: ***as a ~, on ~*** leihweise; ***it's on ~, it's a ~*** es ist geliehen; ***ask for the ~ of s.th.*** et. leihweise erbitten; ***put out to ~*** verleihen; **2.** Anleihe *f* (*a. fig.*): ***take up a ~ on*** e-e Anleihe aufnehmen auf *e-e Sache*; ***government ~*** Staatsanleihe; **3.** Darlehen *n*, Kreˈdit *m*: ***~ on securities*** Lombarddarlehen; ***bankrate for ~s*** Lombardsatz *m*; **4.** Leihgabe *f* (*für e-e Ausstellung*); **II** *v/t. u. v/i.* **5.** (ver-, aus)leihen (***to*** *dat.*); **~ bank** *s.* Darlehensbank *f*; **~ of·fice** *s.* Darlehenskasse *f*; **~ shark** *s.* F ‚Kreˈdithai' *m*; **~ trans·la·tion** *s. ling.* ˈLehnüberˌsetzung *f*; **~ word** *s. ling.* Lehnwort *n*.
loath [ləʊθ] *adj.* (*nur pred.*) abgeneigt, nicht willens: ***be ~ to do s.th.*** et. nur sehr ungern tun; ***nothing ~*** durchaus nicht abgeneigt.
loathe [ləʊð] *v/t. et. od. j-n* verabscheuen, hassen, nicht ausstehen können; **ˈloath·ing** [-ðɪŋ] *s.* Abscheu *m*, Ekel *m*; **ˈloath·ing·ly** [-ðɪŋlɪ] *adv.* mit Abscheu *od.* Ekel; **ˈloath·some** [-səm] *adj.* ☐ widerlich, abˈscheulich, verhaßt; ekelhaft, eklig.
loaves [ləʊvz] *pl. von* ***loaf¹***.
lob [lɒb] **I** *s.* **1.** *Tennis*: Lob *m*; **II** *v/t.* **2.** *den Ball* lobben; **3.** (*engS. et.* von unten her) werfen.
lob·by [ˈlɒbɪ] **I** *s.* **1.** a) Vor-, Eingangshalle *f*, Vestiˈbül *n*, *bsd. thea.*, *Hotel*: Foyˈer *n*, b) Wandelgang *m*, -halle *f*, Korridor *m*, *parl. a.* Lobby *f*; **2.** *pol.* Lobby *f*, (Vertreter *pl.* e-r) Interˈessengruppe *f*; **II** *v/t. u. v/i.* **3.** (*auf Abgeordnete*) Einfluß nehmen: ***~ for*** (mit Hilfe e-r Lobby) für die Annahme *e-s Antrags etc.* arbeiten; ***~ (through)*** *Gesetzesantrag* mit Hilfe e-r Lobby durchbringen; **ˈlob·by·ist** [-ɪɪst] *s. pol.* Lobbyˈist(in).
lobe [ləʊb] *s.* ⚘, *anat.* Lappen *m*: ***~ of***

the ***ear*** Ohrläppchen *n*; **lobed** [-bd] *adj.* gelappt, lappig.

lob·ster [ˈlɒbstə] *s. zo.* **1.** Hummer *m*: ***as red as a ~*** *fig.* krebsrot; **2.** (***spiny***) **~** Languste *f*.

lob·ule [ˈlɒbjuːl] *s.* ⚘, *anat.* Läppchen *n*.

lo·cal [ˈləʊkl] **I** *adj.* □ **1.** loˈkal, örtlich, Lokal…, Orts…: ***~ authorities*** *pl.*, ***~ government*** Gemeinde-, Stadt-, Kommunalverwaltung *f*; ***~ call*** *teleph.* Ortsgespräch *n*; ***~ news*** Lokalnachrichten *pl.*; ***~ politics*** Lokalpolitik *f*; ***~ time*** Ortszeit *f*; ***~ traffic*** Lokal-, Orts-, Nahverkehr *m*; ***~ train*** → 5; **2.** Orts…, ortsansässig: a) hiesig, b) dortig: ***the ~ doctor***; **3.** loˈkal, örtlich, Lokal…: ***~ an(a)esthesia*** → 10; ***~ colo(u)r*** *fig.* Lokalkolorit *n*; ***a ~ custom*** ein ortsüblicher Brauch; ***~ expression*** ortsgebundener Ausdruck; **4.** *Brit.* (*als Postvermerk*) Ortsdienst!; **II** *s.* **5.** Vororts-, Nahverkehrszug *m*; **6.** *Am. Zeitung*: Loˈkalnachricht *f*; **7.** *Am.* Ortsgruppe *f* (*e-r Gewerkschaft etc.*); **8.** *pl.* Ortsansässige *pl.*; **9.** *Brit.* F Ortsgasthaus *n*, *a.* Stammkneipe *f*; **10.** ⚕ Loˈkalanästheˌsie *f*, örtliche Betäubung.

lo·cale [ləʊˈkɑːl] *s.* Schauplatz *m*, Ort *m* (*e-s Ereignisses etc.*).

lo·cal·ism [ˈləʊkəlɪzəm] *s.* Provinziaˈlismus *m*: a) *ling.* örtliche (Sprach)Eigentümlichkeit, b) provinziˈelle Borniertheit, c) Loˈkalpatrioˌtismus *m*.

lo·cal·i·ty [ləʊˈkælətɪ] *s.* **1.** a) Ort *m*: ***sense of ~*** Ortssinn *m*, b) Gegend *f*; **2.** (örtliche) Lage.

lo·cal·i·za·tion [ˌləʊkəlaɪˈzeɪʃn] *s.* Lokalisierung *f*, örtliche Bestimmung *od.* Festlegung *od.* Begrenzung; **lo·cal·ize** [ˈləʊkəlaɪz] *v/t.* **1.** lokalisieren: a) örtlich festlegen *od.* fixieren, b) (örtlich) begrenzen (***to*** auf *acc.*); **2.** Loˈkalkoloˌrit geben (*dat.*).

lo·cate [ləʊˈkeɪt] **I** *v/t.* **1.** ausfindig machen, die örtliche Lage *od.* den Aufenthalt ermitteln von (*od. gen.*); **2.** a) ⚓ *etc.* orten, b) ⚔ *Ziel etc.* ausmachen; **3.** *Büro etc.* errichten, einrichten; **4.** a) (*an e-m bestimmten Ort*) an- *od.* ˈunterbringen, b) *an e-n Ort* verlegen: ***be ~d*** gelegen sein, *wo* liegen *od.* sich befinden; **II** *v/i.* **5.** *Am.* F sich niederlassen; **loˈca·tion** [-eɪʃn] *s.* **1.** Lage *f*: a) Platz *m*, Stelle *f*, b) Standort *m*, Ort *m*, Örtlichkeit *f*; **2.** Ausfindigmachen *n*, Lokalisierung *f*, ⚓ *etc.* Ortung *f*; **3.** *Am.* a) Grundstück *n*, b) angewiesenes Land; **4.** *Film*: Gelände *n* für Außenaufnahmen, Drehort *m*: ***on ~*** auf Außenaufnahme; ***~ shots*** Außenaufnahmen *pl.*; **5.** Niederlassung *f*, Siedlung *f*: **6.** *Computer*: ˈSpeicherstelle *f*, -aˌdresse *f*.

loc·a·tive [ˈlɒkətɪv] *ling.* **I** *adj.* Lokativ…: ***~ case*** → **II** *s.* Lokativ *m*, Ortsfall *m*.

loch [lɒk; lɒx] *s. Scot.* **1.** See *m*; **2.** Bucht *f*.

lo·ci [ˈləʊsaɪ] *pl. u. gen. von* **locus**.

lock¹ [lɒk] **I** *s.* **1.** (*Tür- etc.*)Schloß *n*: ***under ~ and key*** a) hinter Schloß u. Riegel (*Person*), b) unter Verschluß (*Sache*); **2.** Verschluß *m*, Schließe *f*; **3.** Sperrvorrichtung *f*; **4.** (*Gewehr- etc.*) Schloß *n*: ***~, stock, and barrel*** a) ganz u. gar, voll und ganz, mit Stumpf u. Stiel, b) mit allem Drum u. Dran, c) mit Sack u. Pack; **5.** a) Schleuse(nkammer) *f*, b) Luft-, Druckschleuse *f*; **6.** Knäuel *m*, *n*, Stau *m* (*von Fahrzeugen*); **7.** *mot. bsd. Brit.* Einschlag *m* (*der Vorderräder*); **8.** *Ringen*: Fessel(griff *m*) *f*; **II** *v/t.* **9.** (ab-, zu-, ver)schließen, zusperren, verriegeln; **10.** *a.* ***~ up*** a) *j-n* einschließen, (ein)sperren, (***in, into*** in *acc.*), b) → ***lock up*** 2; **11.** (*in die Arme*) schließen, *a. Ringen*: umˈfassen, -ˈklammern: ***~ed*** a) eng umschlungen, b) festgekeilt, *fig.* festsitzend, c) ineinander verkrallt: ***~ed in conflict***; **12.** ineinˈanderschlingen, *die Arme* verschränken; → ***horn***; **13.** ⚙ sperren, sichern, arretieren, festklemmen; **14.** *mot. Räder* blockieren; **15.** *Schiff* (ˈdurch)schleusen; **16.** *Kanal* mit Schleusen versehen; **17.** ✝ *Geld* festlegen, fest anlegen; **III** *v/i.* **18.** (ab-) schließen; **19.** sich schließen lassen; **20.** ⚙ ineinˈandergreifen, einrasten; **21.** *mot.* a) sich einschlagen lassen, b) blockieren (*Räder*); **22.** geschleust werden (*Schiff*);

Zssgn mit adv.:

lock| a·way *v/t.* weg-, einschließen; **~ down** *v/t. Schiff* hinˈabschleusen; **~ in** *v/t.* einschließen, -sperren; **~ on** *v/i.* (***to***) **1.** *Radar*: (*Ziel*) erfassen u. verfolgen; **2.** *Raumfahrt*: (an)koppeln (an *acc.*); **3.** *fig.* a) einhaken (bei), b) sich ‚verbeißen' (in *acc.*); **~ out** *v/t.* (*a. Arbeiter*) aussperren; **~ up** *v/t.* **1.** → ***lock¹*** 9, 10; **2.** ver-, ein-, wegschließen; **3.** *Kapital* festlegen, fest anlegen; **4.** *Schiff* hinˈaufschleusen.

lock² [lɒk] *s.* **1.** Locke *f*; *pl. poet.* Haar *n*; **2.** (Woll)Flocke *f*; **3.** Strähne *f*, Büschel *n*.

lock·age [ˈlɒkɪdʒ] *s.* **1.** Schleusen(anlage *f*) *pl.*; **2.** Schleusengeld *n*; **3.** (ˈDurch)Schleusen *n*.

lock·er [ˈlɒkə] *s.* **1.** (verschließbarer) Kasten *od.* Schrank, Spind *m*, *n*: ***~ room*** Umkleideraum *m*, *sport* (Umkleide)Kabine *f*; → ***shot²*** 4; **2.** Schließfach *n*.

lock·et [ˈlɒkɪt] *s.* Medailˈlon *n*.

lock| gate *s.* Schleusentor *n*; **ˈ~·jaw** *s.* ⚕ Kaumuskelkrampf *m*; **ˈ~·nut** *s.* ⚙ Gegenmutter *f*; **ˈ~·out** *s.* Aussperrung *f* (*von Arbeitern*); **ˈ~·smith** *s.* Schlosser *m*; **~ stitch** *s.* Kettenstich *m*; **ˈ~-up** *s.* **1.** a) Gefängnis *n*, b) (Haft)Zelle(n *pl.*) *f*; **2.** *Brit.* (kleiner) Laden; **3.** *mot.* ˈEinzelgaˌrage *f*; **4.** Schließen *n*, (Tor-) Schluß *m*; **5.** feste Anlage (*von Kapital*).

lo·co¹ [ˈləʊkəʊ] *adj. Am. sl.* ‚bekloppt', verrückt.

lo·co² [ˈləʊkəʊ] *s.* Lok *f* (*Lokomotive*).

lo·co·mo·tion [ˌləʊkəˈməʊʃn] *s.* **1.** Fortbewegung *f*; **2.** Fortbewegungsfähigkeit *f*; **ˈlo·coˌmo·tive** [-əʊtɪv] **I** *adj.* sich fortbewegend, fortbewegungsfähig, Fortbewegungs…: ***~ engine*** → **II** *s.* Lokomoˈtive *f*.

lo·cum [ˈləʊkəm] F *für* **~ te·nens** [ˌləʊkəmˈtiːnenz] *pl.* **~ te·nen·tes** [-tɪˈnentiːz] *s.* Vertreter(in) (*z. B. e-s Arztes*).

lo·cus [ˈləʊkəs] *pl. u. gen.* **lo·ci** [ˈləʊsaɪ] *s.* (𝔄 geoˈmetrischer) Ort.

lo·cust [ˈləʊkəst] *s.* **1.** *zo.* Heuschrecke *f*; **2.** *a.* ***~ tree*** ⚘ a) Roˈbinie *f*, b) Joˈhannisbrotbaum *m*; **3.** ⚘ Joˈhannisbrot *n*, Kaˈrube *f*.

lo·cu·tion [ləʊˈkjuːʃn] *s.* **1.** Ausdrucksweise *f*, Redestil *m*; **2.** Redewendung *f*, Ausdruck *m*.

lode [ləʊd] *s.* ⚒ (Erz)Gang *m*, Ader *f*; **ˈ~·star** *s.* Leitstern *m* (*a. fig.*), *bsd.* Poˈlarstern *m*; **ˈ~·stone** *s.* **1.** Maˈgneteisen(stein *m*) *n*; **2.** *fig.* Maˈgnet *m*.

lodge [lɒdʒ] **I** *s.* **1.** *allg.* Häus-chen *n*: a) (Jagd-, Ski- *etc.*)Hütte *f*, b) Pförtnerhaus *n*, c) Parkwächter-, Forsthaus *n*; **2.** Pförtner-, Portiˈerloge *f*; **3.** *Am.* Zenˈtralgebäude *n* (*in e-m Park etc.*); **4.** (*bsd.* Freimaurer)Loge *f*; **5.** (*Indianer-*) Wigwam *m*; **II** *v/i.* **6.** (***with***) a) logieren, (*bsd.* in ˈUntermiete) wohnen (bei), b) überˈnachten (bei); **7.** stecken (-bleiben) (*Kugel etc.*); **III** *v/t.* **8.** *j-n* a) ˈunterbringen, aufnehmen, b) in ˈUntermiete nehmen; **9.** *Geld* deponieren, hinterˈlegen; **10.** ✝ *Kredit* eröffnen; **11.** *Antrag*, *Beschwerde etc.* einreichen, *Anzeige* erstatten, *Berufung*, *Protest* einlegen (***with*** bei); **12.** *Kugel*, *Messer etc.* (hinˈein)jagen, *Schlag* landen; **ˈlodge·ment** [-mənt] → ***lodgment***; **ˈlodg·er** [-dʒə] *s.* (ˈUnter)Mieter(in).

lodg·ing [ˈlɒdʒɪŋ] *s.* **1.** ˈUnterkunft *f*, (ˈNacht)Quarˌtier *n*; **2.** *pl.* a) (*bsd.* möbliertes) Zimmer, b) (möblierte) Zimmer *pl.*, c) Mietwohnung *f*; **ˈ~-house** *s.* Fremdenheim *n*, Pensiˈon *f*.

lodg·ment [ˈlɒdʒmənt] *s.* **1.** ⚖ Einreichung *f* (*Klage*, *Antrag etc.*); Erhebung *f* (*Beschwerde*, *Protest etc.*); Einlegung *f* (*Berufung*); **2.** Hinterˈlegung *f*, Deponierung *f*.

lo·ess [ˈləʊɪs] *s. geol.* Löß *m*.

loft [lɒft] **I** *s.* **1.** (Dach-, *a.* 🌾 Heu)Boden *m*, Speicher *m*; **2.** ⛪ Emˈpore *f* (*für Kirchenchor*, *Orgel*); **3.** Taubenschlag *m*; **II** *v/t. u. v/i. Golf*: (den Ball) hochschlagen; **ˈloft·er** [-tə] *s. Golf*: Schläger *m* für Hochbälle.

loft·i·ness [ˈlɒftɪnɪs] *s.* **1.** Höhe *f*; **2.** Erhabenheit *f* (*a. fig.*); **3.** Hochmut *m*; **loft·y** [ˈlɒftɪ] *adj.* □ **1.** hoch(ragend); **2.** *fig.* a) erhaben, b) hochfliegend, c) *contp.* hochtrabend; **3.** stolz, hochmütig.

log¹ [lɒg] **I** *s.* **1.** a) (Holz)Klotz *m*, (-)Block *m*, b) (*Feuer*)Scheit *n*, c) (*gefällter*) (Baum)Stamm: ***in the ~*** unbehauen; ***roll a ~ for s.o.*** *Am.* j-m e-n Dienst erweisen, *bsd.* j-m et. zuschanzen; ***sleep like a ~*** schlafen wie ein Klotz *od.* Bär; **2.** ⚓ Log *n*; **3.** ⚓ *etc.* → ***logbook***: ***keep a ~ (of)*** Buch führen (über *acc.*); **II** *v/t.* **4.** ⚓ loggen: a) *Entfernung* zuˈrücklegen, b) *Geschwindigkeit etc.* in das Logbuch eintragen; **5.** ***~ in*** (*od.* ***on***) *Computer*: einloggen.

log² [lɒg] → ***logarithm***.

lo·gan·ber·ry [ˈləʊgənbərɪ] *s.* ⚘ Loganbeere *f* (*Kreuzung zwischen Brombeere u. Himbeere*).

log·a·rithm [ˈlɒgərɪðəm] *s.* 𝔄 Logaˈrithmus *m*; **log·a·rith·mic**, **log·a·rith·mi·cal** [ˌlɒgəˈrɪðmɪk(l)] *adj.* □ logaˈrithmisch.

ˈlog|·book *s.* **1.** ⚓ Log-, ✈ Bord-, *mot.* Fahrtenbuch *n*; **2.** *mot. Brit.* Kraftfahrzeugbrief *m*; **3.** Reisetagebuch *n*; **~ cab·in** *s.* Blockhaus *n*.

log·ger·head [ˈlɒgəhed] *s.*: ***be at ~s*** (***with s.o.***) sich (mit j-m) in den Haaren liegen.

log·gia ['ləʊdʒə] *s.* △ Loggia *f.*
log·ic ['lɒdʒɪk] *s. phls. u. fig.* Logik *f*; '**log·i·cal** [-kl] *adj.* ☐ **1.** logisch (*a. fig. folgerichtig od. natürlich*); **2.** *Computer*: logisch, Logik…; **lo·gi·cian** [ləʊ'dʒɪʃn] *s.* Logiker *m*; **lo·gis·tic** [ləʊ'dʒɪstɪk] **I** *adj.* **1.** *phls. u.* ⚔ lo'gistisch; **II** *s.* **2.** *phls.* Lo'gistik *f*; **3.** *pl. mst sg. konstr. bsd.* ⚔ Lo'gistik *f.*
log·o ['lɒgəʊ] → ***logotype***.
log·o·gram ['lɒgəʊgræm] *s.* Logo'gramm *n*, Wortzeichen *n.*
log·o·type ['lɒgəʊtaɪp] *s.* ✝ Firmen- *od.* Markenzeichen *n.*
'**log|·roll** *pol. Am.* **I** *v/t. Gesetz* durch gegenseitige ‚Schützenhilfe' 'durchbringen; **II** *v/i.* sich gegenseitig in die Hände arbeiten; '**~,roll·ing** *s. pol.* ‚Kuhhandel' *m*, gegenseitige Unter'stützung (*zur Durchsetzung von Gruppeninteressen etc.*).
loin [lɔɪn] *s.* **1.** (*mst pl.*) *anat.* Lende *f*: ***gird up one's ~s*** *fig.* s-e Lenden gürten, sich rüsten; **2.** *pl. bibl. u. poet.* a) Lenden *pl.* (*Fortpflanzungsorgane*), b) Schoß *m* (*der Frau*); **3.** *Küche*: Lende(nstück *n*) *f*; '**~·cloth** *s.* Lendentuch *n.*
loi·ter ['lɔɪtə] **I** *v/i.* **1.** bummeln, trödeln; **2.** her'umlungern, -stehen, sich her'umtreiben; **II** *v/t.* **3.** ***~ away*** *Zeit* vertrödeln; '**loi·ter·er** [-ərə] *s.* **1.** Bummler (-in), Faulenzer(in); **2.** Her'umtreiber(in).
loll [lɒl] **I** *v/i.* **1.** sich rekeln *od.* (her'um-) lümmeln; **2.** sich lässig lehnen (***against*** gegen); **3.** ***~ out*** her'aushängen, baumeln (*Zunge*); **II** *v/t.* **4.** *a.* ***~ out*** *die Zunge* her'aushängen lassen.
lol·li·pop ['lɒlɪpɒp] *s.* **1.** Lutscher *m* (*Stielbonbon*); **2.** *Brit.* Eis *n* am Stiel.
lol·lop ['lɒləp] *v/i.* F a) ‚latschen', b) hoppeln.
lol·ly ['lɒlɪ] *s.* **1.** F für ***lollipop***; **2.** *Brit. sl.* ‚Kies' *m* (*Geld*).
Lon·don·er ['lʌndənə] *s.* Londoner(in).
lone [ləʊn] *adj.* einsam: ***play a ~ hand*** *fig.* e-n Alleingang machen; → ***wolf*** 1; '**lone·li·ness** [-lɪnɪs] *s.* Einsamkeit *f*; '**lone·ly** [-lɪ] *adj. allg.* einsam: ***be ~ for*** *Am.* F Sehnsucht haben nach *j-m*; **lon·er** ['ləʊnə] *s.* F Einzelgänger(in); '**lone·some** [-səm] *adj.* ☐ → ***lonely***.
long¹ [lɒŋ] **I** *adj.* **1.** *allg.* lang (*a. fig. langwierig, a. ling.*): ***two miles*** (***weeks***) ***~***; ***~ journey*** (***list***, ***syllable***); ***~ years of misery***; ***~ measure*** Längenmaß *n*; ***~ wave*** ϟ Langwelle *f*; ***~er*** *comp.* länger; ***a ~ chance***, ***~ odds*** *fig.* geringe Aussichten; ***a ~ dozen*** 13 Stück; ***~ drink*** Longdrink *m*; ***a ~ guess*** e-e vage Schätzung; **2.** lang, hoch(gewachsen): ***a ~ fellow***; **3.** groß, zahlreich: ***a ~ family***; ***a ~ figure*** eine vielstellige Zahl; ***a ~ price*** ein hoher Preis; **4.** weitreichend: ***a ~ memory***; ***take a ~ view*** weit vorausblicken; **5.** ✝ langfristig, mit langer Laufzeit, auf lange Sicht; **6.** a) ✝ eingedeckt (***of*** mit), b) ***~ on*** F reichlich versehen mit, *fig. a.* voller *Ideen etc.*; **II** *adv.* **7.** lang, lange: ***~ dead*** schon lange tot; ***as*** (*od.* ***so***) ***~ as*** a) solange (wie), b) sofern; vorausgesetzt, daß; ***~ after*** lange (da)nach; ***~ ago*** vor langer Zeit; ***not ~ ago*** vor kurzem; ***as ~ ago as 1900*** schon 1900; ***all day ~*** den ganzen Tag (lang); ***be ~*** a) lange dauern (*Sache*), b) lange brauchen ([***in***] ***doing s.th.*** et. zu tun); ***don't be*** (***too***) ***~!*** mach nicht so lang!, beeil dich!; ***I shan't be ~!*** (ich) bin gleich wieder da!; ***not ~ before*** kurz bevor; ***it was not ~ before*** es dauerte nicht lange, bis *er kam etc.*; ***so ~!*** tschüs!, bis später (dann)!; ***no*** (*od.* ***not any***) ***~er*** nicht (mehr) länger, nicht mehr; ***for how much ~er?*** wie lange noch?; ***~est*** *sup.* am längsten; **III** *s.* **8.** (e-e) lange Zeit: ***at the ~est*** längstens, höchstens; ***before ~*** bald, binnen kurzem; ***for ~*** lange (Zeit); ***it is ~ since*** es ist lange her, daß; **9.** ***take ~*** lange brauchen; ***the ~ and the short of it*** a) die ganze Geschichte, b) mit 'einem Wort, kurz'um; **10.** Länge *f*: a) *Phonetik*: langer Laut, b) *Metrik*: lange Silbe; **11.** *pl.* a) lange Hose, b) 'Übergrößen *pl.*
long² [lɒŋ] *v/i.* sich sehnen (***for*** nach): ***~ for*** *a. j-n od. et.* herbeisehnen; ***I ~ed to see him*** ich sehnte mich danach, ihn zu sehen; ***the*** (***much***) ***~ed-for rest*** die (heiß)ersehnte Ruhe.
'**long|·boat** *s.* ⚓ Großboot *n*, großes Beiboot (*e-s Segelschiffs*); '**~·bow** [-bəʊ] *s. hist.* Langbogen *m*: ***draw the ~*** F übertreiben, dick auftragen; '**~·case clock** *s.* Standuhr *f*; **,~-'dat·ed** *adj.* langfristig; **,~-'dis·tance I** *adj.* **1.** *teleph. etc.* Fern…(*-gespräch*, *-empfang*, *-leitung etc.*; *a. -fahrt*, *-lastzug*, *-verkehr etc.*); **2.** ✈, *sport* Langstrecken… (*-bomber*, *-flug*, *-lauf etc.*); **II** *adv.* **3.** ***call ~*** ein Ferngespräch führen; **III** *s.* **4.** *teleph. Am.* a) Fernamt *n*, b) Ferngespräch *n*; **,~-drawn-'out** *adj. fig.* langatmig, in die Länge gezogen.
longe [lʌndʒ] → ***lunge²***.
lon·ge·ron ['lɒndʒərən] *s.* ✈ Rumpf-(längs)holm *m.*
lon·gev·i·ty [lɒn'dʒevətɪ] *s.* Langlebigkeit *f*, langes Leben.
,long|-'haired *adj.* **1.** langhaarig (*a. contp.*), *zo.* Langhaar…; **2.** (betont) intellektu'ell; '**~·hand** *s.* Langschrift *f*, (gewöhnliche) Schreibschrift; **,~'head·ed** *adj.* **1.** langköpfig; **2.** gescheit, klug; '**~·horn** *s.* **1.** langhörniges Tier; **2.** langhörniges Rind, *Am.* Longhorn *n.*
long·ing ['lɒŋɪŋ] **I** *adj.* ☐ sehnsüchtig, verlangend; **II** *s.* Sehnsucht *f*, Verlangen *n* (***for*** nach).
long·ish ['lɒŋɪʃ] *adj.* ziemlich lang.
lon·gi·tude ['lɒndʒɪtju:d] *s. geogr.* Länge *f*; **lon·gi·tu·di·nal** [,lɒndʒɪ'tju:dɪnl] *adj.* ☐ **1.** *geogr.* Längen…; **2.** Längs…; **lon·gi·tu·di·nal·ly** [,lɒndʒɪ'tju:dɪnəlɪ] *adv.* längs, der Länge nach.
long| johns *s. pl.* F lange 'Unterhose; **~ jump** *s. sport* Weitsprung *m*; '**~-legged** *adj.* langbeinig; **,~-'lived** *adj.* langlebig; '**~-,play·ing rec·ord** *s.* Langspielplatte *f*; **~ prim·er** *s. typ.* Korpus *f* (*Schriftgrad*); **,~-'range** *adj.* **1.** ⚔ weittragend, Fernkampf…, Fern…; ✈ Langstrecken…: ***~ bomber***; **2.** auf lange Sicht (geplant), langfristig; '**~·shore·man** [-mən] *s.* [*irr.*] Hafenarbeiter *m*; **~ shot** *s.* **1.** *Film*: To'tale *f*; **2.** *sport etc.* (krasser) Außenseiter; **3.** a) ris'kante Wette, b) (ziemlich) aussichtslose Sache, c) wilde Vermutung: ***not by a ~*** nicht entfernt, längst nicht (*so gut etc.*); **,~-'sight·ed** *adj.* **1.** ⚕ weitsichtig; **2.** *fig.* weitblickend, 'umsichtig; **,~-'stand·ing** *adj.* seit langer Zeit bestehend, langjährig, alt; **,~-'suf·fer·ing I** *s.* Langmut *f*; **II** *adj.* langmütig; '**~-term** *adj.*, '**~·time** *adj.* langfristig, Langzeit…
lon·gueur [lɒŋ'gɜ:] (*Fr.*) *s.* Länge *f* (*in e-m Roman etc.*).
,long-'wind·ed [-'wɪndɪd] *adj. fig.* langatmig.
loo [lu:] *Brit.* F **I** *s.* Klo *n*; **II** *v/i.* aufs Klo gehen.
loo·fa(**h**) ['lu:fə] → ***luffa***.
look [lʊk] **I** *s.* **1.** Blick *m* (***at*** auf *acc.*, nach): ***have a ~ at s.th.*** (sich) et. ansehen; ***take a good ~*** (***at it***)***!*** sieh es dir genau an!; ***have a ~ round*** sich (mal) umsehen; **2.** Miene *f*, Ausdruck *m*; **3.** *oft pl.* Aussehen *n*: (***good***) ***~s*** gutes Aussehen; ***I do not like the ~ of it*** die Sache gefällt mir (gar) nicht; **II** *v/i.* **4.** schauen, blicken, (hin)sehen (***at***, ***on*** auf *acc.*, nach): ***don't ~!*** nicht hersehen!; ***don't ~ like that!*** schau nicht so (drein)!; ***~ here!*** schau mal (her)!, hör mal (zu)!; → ***leap*** 1; **5.** (nach)schauen, nachsehen: ***~ who is here!*** schau, wer da kommt!, *humor.* ei, wer kommt denn da!; ***~ and see!*** überzeugen Sie sich (selbst)!; **6.** *krank etc.* aussehen (*a. fig.*): ***things ~ bad for him*** es sieht schlimm für ihn aus; ***it ~s as if*** es sieht (so) aus, als ob; ***~ like*** aussehen wie; ***it ~s like snow*** es sieht nach Schnee aus; ***he ~s like winning*** es sieht so aus, als ob er gewinnen sollte; ***it ~s all right to me*** es scheint (mir) in Ordnung zu sein; ***it ~s well on you*** es steht dir gut; **7.** aufpassen; → *Zssgn mit prp.* ***look to***; **8.** *nach e-r Richtung* liegen, gehen (***toward***, ***to*** nach) (*Zimmer etc.*); **III** *v/t.* **9.** *j-m in die Augen etc.* sehen *od.* schauen *od.* blicken: ***~ s.o. in the eyes***; **10.** aussehen wie: ***he ~s an idiot***; ***he doesn't ~ his age*** man sieht ihm sein Alter nicht an; ***he ~s it!*** so sieht er auch aus!; **11.** durch Blicke ausdrücken: ***~ compassion*** mitleidig dreinschauen; → ***dagger*** 1;
Zssgn mit prp.:
look| a·bout *v/i.*: ***~ one*** sich 'umsehen, um sich blicken; **~ af·ter** *v/i.* **1.** *j-m* nachblicken; **2.** sehen nach, aufpassen auf (*acc.*), sich kümmern um, sorgen für: ***~ o.s.*** a) für sich selbst sorgen, b) auf sich aufpassen; **~ at** *v/i.* (*a.* sich *j-n*, *et.*) ansehen, -schauen, betrachten, blicken auf (*acc.*), *fig. a. et.* prüfen: ***to ~ him*** wenn man ihn (so) ansieht; ***he wouldn't ~ it*** er wollte nichts davon wissen; ***he*** (***it***) ***isn't much to ~*** er (es) sieht nicht ‚berühmt' aus; **~ for** *v/i.* **1.** suchen (nach), sich 'umsehen nach; **2.** erwarten; **~ in·to** *v/i.* **1.** blicken in (*acc.*); **2.** *fig. et.* unter'suchen, prüfen; **~ on** *v/i.* betrachten, ansehen (***as*** als); **~ through** *v/i.* **1.** blicken durch; **2.** 'durchsehen, -lesen; **3.** *fig. j-n od. et.* durch'schauen; **~ to** *v/i.* **1.** achten *od.* achtgeben auf (*acc.*): ***~ it that*** achte darauf, daß; sieh zu, daß; **2.** zählen auf (*acc.*), von *j-m* erwarten, *daß er* …: ***I ~ you to help me*** (*od.* ***for help***) ich erwarte Hilfe von dir; **3.** sich wenden *od.* halten an (*acc.*); **~ up·on** → ***look on***;
Zssgn mit adv.:
look| a·bout *v/i.* sich 'umsehen (***for*** nach); **~ a·head** *v/i.* **1.** nach vorn blik-

ken *od.* schauen; **2.** *fig.* a) vor'ausschauen, b) Weitblick haben; **~ a·round** → **look about**; **~ back** *v/i.* **1.** sich 'umsehen; *a. fig.* zu'rückblicken (**upon** auf *acc.*, **to** nach, zu); **2.** *fig.* schwankend werden; **~ down** *v/i.* **1.** her'ab-, her'untersehen (*a. fig.* [**up**]**on s.o.** auf j-n); **2.** *bsd.* † sich verschlechtern; **~ for·ward** *v/i.*: **~ to** sich freuen auf (*acc.*): **I am looking forward to seeing him** ich freue mich darauf, ihn zu sehen; **~ in** *v/i. als Besucher* her'ein- *od.* hin'einschauen (**on** bei); **~ on** *v/i.* zusehen, -schauen (**at** bei); **~ out I** *v/i.* **1.** her'aus- *od.* hin'aussehen, -schauen (**of the window** zum *od.* aus dem Fenster); **2.** Ausschau halten (**for** nach); **3.** (**for**) gefaßt sein (auf *acc.*), auf der Hut sein (vor *dat.*), aufpassen (auf *acc.*): **~!** paß auf!, Vorsicht!; **4.** Ausblick gewähren, (hin'aus)gehen (**on** auf *acc.*) (*Fenster etc.*); **II** *v/t.* **5.** (her'aus)suchen; **~ o·ver** *v/t.* **1.** 'durchsehen, (über)'prüfen; **2.** sich *et. od. j-n* ansehen, *j-n* mustern; **~ round** *v/i.* sich 'umsehen; **~ through** *v/t.* → **look over** 1; **~ up I** *v/i.* **1.** hin'aufblicken (**at** auf *acc.*); aufblicken (*fig.* **to s.o.** zu j-m); **2.** F *a.* † sich bessern; steigen (*Preise*): **things are looking up** es geht bergauf; **II** *v/t.* **3.** *Wort* nachschlagen; **4.** *j-n* be- *od.* aufsuchen; **5. look s.o. up and down** j-n von oben bis unten mustern.

'look-a‚like *s.* F Doppelgänger(in).

look·er ['lʊkə] *s.* F: **be a (good) ~** gut *od.* ‚toll' aussehen; **she is not much of a ~** sie sieht nicht besonders gut aus; **‚~-'on** [-ər'ɒn] *pl.* **‚look·ers-'on** *s.* Zuschauer(in) (**at** bei).

'look-in *s.* **1.** F kurzer Besuch; **2.** *sl.* Chance *f.*

'look·ing-glass ['lʊkɪŋ-] *s.* Spiegel *m.*

'look-out *s.* **1.** Ausschau *f*: **be on the ~ for** nach *et.* Ausschau halten; **keep a good ~ (for)** auf der Hut sein (vor *dat.*); **2.** *a.* ⚓ Ausguck *m*; **3.** Wache *f*, Beobachtungsposten *m*; **4.** *fig.* Aussicht(en *pl.*) *f*; **5. that's his ~** F das ist s-e Sache *od.* sein Problem.

'look-see *s.*: **have a ~** *sl.* a) (kurz) mal nachgucken, b) sich mal umsehen.

loom¹ [lu:m] *s.* Webstuhl *m.*

loom² [lu:m] *v/i. oft* **~ up 1.** (drohend) aufragen: **~ large** *fig.* a) sich auftürmen, b) von großer Bedeutung sein *od.* scheinen; **2.** undeutlich *od.* bedrohlich auftauchen; **3.** *fig.* a) sich abzeichnen, b) bedrohlich näherrücken, c) sich zs.-brauen.

loon¹ [lu:n] *s. orn.* Seetaucher *m.*

loon² [lu:n] *s.* F ‚Blödmann' *m.*

loon·y ['lu:nɪ] *sl.* **I** *adj.* ‚bekloppt', verrückt; **II** *s.* Verrückte(r *m*) *f*; **~ bin** *s. sl.* ‚Klapsmühle' *f.*

loop [lu:p] **I** *s.* **1.** Schlinge *f*, Schleife *f*; **2.** ⚡, 🚗, *Computer, Eislauf, Fingerabdruck, Fluß etc.*: Schleife *f*; **3.** a) Schlaufe *f*, b) Öse *f*; **4.** ✈ *etc.* Looping *m, n*; **5.** ⚕ Spi'rale *f* (*Verhütungsmittel*); **6.** → **loop aerial**; **II** *v/t.* **7.** in e-e Schleife *od.* in Schleifen legen, schlingen; **8. ~ the ~** ✈ e-n Looping drehen; **9.** ⚡ zur Schleife schalten; **III** *v/i.* **10.** e-e Schleife machen, sich schlingen *od.* winden; **~ aer·i·al** *s.*, **~ an·ten·na** *s.* ⚡ 'Rahmenan‚tenne *f*, Peilrahmen *m*; **'~-hole** *s.* **1.** (Guck)Loch *n*; **2.** ⚔ a) Sehschlitz *m*, b) Schießscharte *f*; **3.** *fig.* Schlupfloch *n*, 'Hintertürchen *n*: **a ~ in the law** eine Lücke im Gesetz; **‚~-the-'loop** *s. Am.* Achterbahn *f.*

loose [lu:s] **I** *adj.* □ **1.** los(e): **come** (*od.* **get, work**) **~** a) abgehen (*Knöpfe*), b) sich ablösen (*Farbe etc.*), c) sich lockern, d) loskommen; **let ~** a) loslassen, b) *s-m Ärger etc.* Luft machen; **2.** frei, befreit (**of, from** von): **break ~** a) sich losreißen, b) sich lösen (**from** von), *fig. a.* sich freimachen (**from** von); **3.** lose (hängend) (*Haar etc.*): **~ ends** *fig.* (noch zu erledigende) Kleinigkeiten; **be at a ~ end** a) nicht wissen, was man mit sich anfangen soll, b) ohne geregelte Tätigkeit sein; **4.** a) locker (*Boden, Glieder, Gürtel, Husten, Schraube, Zahn etc.*), b) offen, lose, unverpackt (*Ware*): **buy s.th. ~** et. offen kaufen; **~ bowels** offener Leib, *a.* Durchfall *m*; **~ change** Kleingeld *n*; **~ connection** ⚡ Wackelkontakt *m*; *fig.* lose Beziehung; **~ dress** weites *od.* lose sitzendes Kleid; **~ leaves** lose Blätter; **5.** *fig.* einzeln, verstreut, zs.-hanglos; **6.** ungenau: **~ translation** freie Übersetzung; **7.** *fig.* locker, lose (*unmoralisch*): **~ girl (life, morals)**; **~ tongue** loses Mundwerk; **II** *adv.* **8.** lose, locker; **III** *v/t.* **9.** → **loosen** 1; **10.** befreien, lösen (**from** von); **11.** lockern: **~ one's hold of** *et.* loslassen; **12.** *mst* **~ off** *Waffe, Schuß* abfeuern; **IV** *v/i.* **13.** *mst* **~ off** schießen, feuern (**at** auf *acc.*): **~ off at s.o.** *fig.* loswettern gegen j-n; **V** *s.* **14. be on the ~** a) frei herumlaufen, b) die Gegend ‚unsicher machen', c) ‚einen draufmachen'; **‚~-'joint·ed** *adj.* **1.** (außerordentlich) gelenkig; **2.** schlaksig; **‚~'leaf** *adj.* Loseblatt...: **~ binder** (*od.* **book**) Loseblatt-, Ringbuch *n*, Schnellhefter *m.*

loos·en ['lu:sn] **I** *v/t.* **1.** *Knoten etc., a.* ⚕ *Husten, fig. Zunge* lösen; ⚕ *Leib* öffnen; **2.** *Griff, Gürtel, Schraube etc., a. Disziplin etc.* lockern; ⚒ *Boden* auflockern; **II** *v/i.* **3.** sich lockern (*a. fig.*), sich lösen; **~ up I** *v/t. Muskeln etc.* lockern; *fig. j-n* auflockern; **II** *v/i. bsd. sport* sich (auf)lockern, *fig. a.* auftauen (*Person*).

loose·ness ['lu:snɪs] *s.* **1.** Lockerheit *f*; **2.** Schlaffheit *f*; **3.** Ungenauigkeit *f*, Unklarheit *f*; **4.** Freiheit *f der Übersetzung*; **5.** ⚕ 'Durchfall *m*; **6.** lose Art, Liederlichkeit *f.*

loot [lu:t] **I** *s.* **1.** (Kriegs-, Diebes)Beute *f*; **2.** *fig.* Beute *f*; **3.** F ‚Kies' *m* (*Geld*); **II** *v/t.* **4.** erbeuten; **5.** plündern; **III** *v/i.* **6.** plündern; **'loot·er** [-tə] *s.* Plünderer *m*; **'loot·ing** [-tɪŋ] *s.* Plünderung *f.*

lop¹ [lɒp] *v/t.* **1.** *Baum etc.* beschneiden, stutzen; **2.** *oft* **~ off** *Äste, a. Kopf etc.* abhauen, -hacken.

lop² [lɒp] *v/i. u. v/t.* schlaff (her'unter-) hängen (lassen).

lope [ləʊp] **I** *v/i.* (da'her)springen *od.* (-)trotten; **II** *s.*: **at a ~** im Galopp, in großen Sprüngen.

'lop|-eared *adj.* mit Hängeohren; **'~-ears** *s. pl.* Hängeohren *pl.*; **‚~-'sid·ed** *adj.* **1.** schief (*a. fig.*), nach einer Seite hängend; **2.** einseitig (*a. fig.*).

lo·qua·cious [ləʊ'kweɪʃəs] *adj.* □ redselig, geschwätzig; **lo'qua·cious·ness** [-nɪs], **lo'quac·i·ty** [-'kwæsətɪ] *s.* Redseligkeit *f.*

lord [lɔ:d] **I** *s.* **1.** Herr *m*, Gebieter *m* (**of** über *acc.*): **her ~ and master** *bsd. humor.* ihr Herr u. Gebieter; **the ~s of creation** *a. humor.* die Herren der Schöpfung; **2.** *fig.* Ma'gnat *m*; **3.** Lehensherr *m*; → **manor**; **4. the ℒ** a) *a.* **ℒ God** (Gott) der Herr, b) *a.* **our ℒ** (Christus) der Herr; **the ℒ's day** der Tag des Herrn; **the ℒ's Prayer** das Vaterunser; **the ℒ's Supper** das (heilige) Abendmahl; **the ℒ's table** der Tisch des Herrn (*a. Abendmahl*), der Altar; **in the year of our ℒ** im Jahre des Herrn; (**good**) **ℒ!** (du) lieber Gott *od.* Himmel!; **5. ℒ** Lord *m* (*Adliger od. Würdenträger, z.B. Bischof, hoher Richter*): **the ℒs** *Brit. parl.* das Oberhaus; **live like a ~** leben wie ein Fürst; **6. my ℒ** [mɪ'lɔ:d; ⚖ *Brit. oft* mɪ'lʌd] My'lord, Euer Lordschaft, ⚖ Euer Ehren (*Anrede*); **II** *v/i.* **7.** *oft* **~ it** den Herren spielen: **to ~ it over** a) sich *j-m* gegenüber als Herr aufspielen, b) herrschen über (*acc.*).

Lord| Cham·ber·lain (of the House·hold) *s.* Haushofmeister *m*; **~ Chan·cel·lor** *s.* Lordkanzler *m* (*Präsident des Oberhauses, Präsident der* **Chancery Division** *des* **Supreme Court of Judicature** *sowie des* **Court of Appeal**, *Kabinettsmitglied, Bewahrer des Großsiegels*); **~ Chief Jus·tice of Eng·land** *s.* ⚖ Lord'oberrichter *m* (*Vorsitzender der* **King's Bench Division** *des* **High Court of Justice**); **ℒ in wait·ing** *s.* königlicher Kammerherr (*wenn e-e Königin regiert*); **~ Jus·tice** *pl.* **Lords Jus·tic·es** *s. Brit.* Lordrichter *m* (*Richter des* **Court of Appeal**); **ℒ lieu·ten·ant** *pl.* **lords lieu·ten·ant** *s.* **1.** *hist. Vertreter der Krone in den englischen Grafschaften; jetzt oberster Exekutivbeamter*; **2. Lord Lieutenant** a) *hist.* Vizekönig *m* von Irland (*bis 1922*), b) *Vertreter der Krone in e-r Grafschaft.*

lord·li·ness ['lɔ:dlɪnɪs] *s.* **1.** Großzügigkeit *f*; **2.** Würde *f*; **3.** Pracht *f*, Glanz *m*; **4.** Arro'ganz *f.*

lord·ling ['lɔ:dlɪŋ] *s. contp.* Herrchen *n*, kleiner Lord.

lord·ly ['lɔ:dlɪ] *adj. u. adv.* **1.** großzügig; **2.** vornehm, edel, Herren...; **3.** herrisch; **4.** stolz; **5.** arro'gant; **6.** prächtig.

Lord| May·or *pl.* **Lord May·ors** *s. Brit.* Oberbürgermeister *m*: **~'s Day** *Tag des Amtsantritts des Oberbürgermeisters von London* (*9. November*); **~'s Show** *Festzug des Oberbürgermeisters von London am 9. November*; **~ Priv·y Seal** *s.* Lord'siegelbewahrer *m*; **~ Prov·ost** *pl.* **Lord Prov·osts** *s.* Oberbürgermeister *m* (*der vier größten schottischen Städte*).

lord·ship ['lɔ:dʃɪp] *s.* **1.** Lordschaft *f*: **your (his) ~** Euer (Seine) Lordschaft; **2.** *hist.* Herrschaftsgebiet *n* e-s Lords; **3.** *fig.* Herrschaft *f.*

lord| spir·it·u·al *pl.* **lords spir·it·u·al** *s. geistliches Mitglied des brit. Oberhauses*; **~ tem·po·ral** *pl.* **lords tem·po·ral** *s. weltliches Mitglied des brit. Oberhauses.*

lore [lɔ:] *s.* **1.** (*Tier- etc.*)Kunde *f*, (über'liefertes) Wissen; **2.** Sagen- u. Märchengut *n*, Über'lieferungen *pl.*

lorn [lɔ:n] *adj. obs. od. poet.* verlassen, einsam.

lor·ry ['lɒrɪ] *s.* **1.** *Brit.* Last(kraft)wagen *m*, Lastauto *n*; **2.** 🚂, ⚒ Lore *f*, Lori *f*.

lose [luːz] **I** *v/t.* [*irr.*] **1.** *allg. Sache*, *j-n*, *Gesundheit*, *das Leben*, *Verstand*, *a. Weg*, *Zeit etc.* verlieren: **~ o.s.** a) sich verlieren (*a. fig.*), b) sich verirren; **~ interest** a) das Interesse verlieren, b) uninteressant werden (*Sache*); **she lost the baby** sie verlor das Baby (*durch Fehlgeburt*); → **lost**; *s. a. Verbindungen mit verschiedenen Substantiven*; **2.** *Vermögen*, *Stellung* verlieren, einbüßen, kommen um; **3.** *Vorrecht etc.* verlieren, verlustig gehen (*gen.*); **4.** a) *Schlacht*, *Spiel etc.* verlieren, b) *Preis etc.* nicht erringen *od.* bekommen, c) *Gesetzesantrag* nicht 'durchbringen; **5.** *Zug etc.*, *a. Gelegenheit* versäumen, verpassen; **6.** a) *Worte etc.* ‚nicht mitbekommen', b) **he lost his listeners** F s-e Zuhörer kamen nicht mit; **7.** aus den Augen verlieren; → **sight** 3; **8.** vergessen, verlernen: **I have lost my French**; **9.** nachgehen, zu'rückbleiben (*Uhr*); **10.** *Krankheit etc.* loswerden, *Verfolger a.* abschütteln; **11.** *j-n s-e Stellung etc.* kosten, bringen um: **this will ~ you your position**; **12.** **~ it** *mot. sl.* die Kontrolle über den Wagen verlieren; **II** *v/i.* [*irr.*] **13.** verlieren, Verluste erleiden (**on** bei, **by** durch); **14.** *fig.* verlieren: **the poem ~s in translation** das Gedicht verliert (sehr) in der Übersetzung; **15.** (**to**) verlieren (gegen), unter'liegen (*dat.*); **16.** **~ out** F a) verlieren, b) ‚in den Mond gucken' (**on** bei): **~ on** *a. et.* nicht kriegen; '**los·er** [-zə] *s.* **1.** Verlierer(in): **a good** (**bad**) **~**; **be a ~ by** Schaden *od.* e-n Verlust erleiden durch; **come off a ~** den kürzeren ziehen; **2.** F ‚Verlierer' *m*, Versager *m*; '**los·ing** [-zɪŋ] *adj.* **1.** verlierend; **2.** verlustbringend, Verlust...: **~ bargain** ✝ Verlustgeschäft *n*; **3.** verloren, aussichtslos (*Schlacht*, *Spiel*).

loss [lɒs] *s.* **1.** Verlust *m*: a) Einbuße *f*, Ausfall *m* (**in** an *dat.*, von *od. gen.*): **~ of blood** (**time**) Blut- (Zeit)verlust; **~ of pay** Lohnausfall; **a dead ~** totaler Verlust, *fig.* ‚Pleite' *f*, totaler Reinfall (*Sache*), ‚totaler Ausfall', ‚Niete' *f* (*Person*), b) Nachteil *m*, Schaden *m*: **it's your ~!** das ist dein Problem!, c) *verlorene Sache od. Person*: **he is a great ~ to his firm**, d) Verschwinden *n*, Verlieren *n*, e) *verlorene Schlacht*, *Wette etc.*, *a.* Niederlage *f*, f) Abnahme *f*, Schwund *m*: **~ in weight** Gewichtsverlust, -abnahme; **2.** *mst pl.* ⚔ Verluste *pl.*, Ausfälle *pl.*; **3.** *Versicherungswesen*: Schadensfall *m*; **4.** **at a ~** a) ✝ mit Verlust (*arbeiten*, *verkaufen etc.*), b) in Verlegenheit (**for** um): **be at a ~** *a.* nicht mehr ein u. aus wissen; **be at a ~ for words** (*od.* **what to say**) keine Worte finden (können), nicht wissen, was man (dazu) sagen soll; **he is never at a ~ for an excuse** er ist nie um e-e Ausrede verlegen; **~ lead·er** *s.* ✝ 'Lockarˌtikel *m*; '**~-ˌmak·er** *s.* ✝ *Brit.* **1.** mit Verlust arbeitender Betrieb; **2.** Verlustgeschäft *n*.

lost [lɒst] **I** *pret. u. p.p. von* **lose**; **II** *adj.* **1.** verloren: **~ articles** (**battle**, **friend**, **time** *etc.*); **a ~ chance** e-e verpaßte Gelegenheit; **~ property office** Fundbüro *n*; **2.** verloren(gegangen), vernichtet, (da)'hin: **be ~** a) verlorengehen (**to** an *acc.*), b) zugrunde gehen, untergehen, c) umkommen, den Tod finden, d) verschwinden, e) verschwunden *od.* verschollen sein, f) vergessen sein, g) versunken *od.* vertieft sein (**in** in *acc.*); **~ in thought**; **I am ~ without my car!** ohne mein Auto bin ich verloren *od.* ‚aufgeschmissen'!; **3.** verirrt: **be ~** sich verirrt *od.* verlaufen haben, sich nicht mehr zurechtfinden (*a. fig.*); **get ~** sich verirren; **get ~!** F verschwinde!; **I'm ~!** F da komm' ich nicht mehr mit!; **4.** *fig.* verschwendet, vergeudet (**on s.o.** an j-n): **that's ~ on him** *a.* a) das läßt ihn kalt, b) dafür hat er keinen Sinn, c) das versteht er nicht.

lot [lɒt] **I** *s.* **1.** Los *n*: **cast** (*od.* **draw**) **~s** losen, Lose ziehen (**for** um); **throw in one's ~ with s.o.** das Los mit j-m teilen, sich (auf Gedeih u. Verderb) mit j-m zs.-tun; **by ~** durch (das) Los; **2.** Anteil *m*; **3.** Los *n*, Schicksal *n*: **it falls to my ~** es ist mein Los, es fällt mir zu (*et. zu tun*); **4.** *bsd. Am.* a) Stück *n* Land, Grundstück *n*, *bsd.* Par'zelle *f*, b) Bauplatz *m*, c) (Park- *etc.*)Platz *m*; **5.** *Am.* Filmgelände *n*, *bsd.* Studio *n*; **6.** ✝ a) Ar'tikel *m*, b) Par'tie *f*, Posten *m* (*von Waren*): **in ~s** partienweise; **7.** Gruppe *f*, Gesellschaft *f*, ‚Verein' *m*: **the whole ~** a) die ganze Gesellschaft, der ganze ‚Laden', b) → 8; **8.** **the ~** alles, das Ganze: **take the ~!**; **that's the ~** das ist alles; **9.** (Un)Menge *f*: **a ~ of**, **~s of** viel, e-e Menge, ein Haufen *Geld etc.*; **~s and ~s of people** e-e Unmasse Menschen; **~s!** *in Antworten*: jede Menge!; **10.** F Kerl *m*: **a bad ~** ein übler Bursche; **II** *adv.* **11.** **a ~**, F **~s** a) (sehr) viel: **a ~ better**; **I read a ~**, b) (sehr) oft: **I see her a ~**.

loth [ləʊθ] → **loath**.

Lo·thar·i·o [ləʊ'θɑːrɪəʊ] *s.* Schwerenöter *m*.

lo·tion ['ləʊʃn] *s.* (*Augen-*, *Haut-*, *Rasier- etc.*)Wasser *n*, Loti'on *f*.

lot·ter·y ['lɒtərɪ] *s.* **1.** Lotte'rie *f*: **~ ticket** Lotterielos *n*; **2.** *fig.* Glückssache *f*, Lotte'riespiel *n*.

lo·tus ['ləʊtəs] *s.* **1.** *Sage*: Lotos *m* (*Frucht*); **2.** ⚘ a) Lotos(blume *f*) *m*, b) Honigklee *m*; '**~-ˌeat·er** *s.* **1.** (*in der Odyssee*) Lotosesser *m*; **2.** Träumer *m*, Müßiggänger *m*, tatenloser Genußmensch.

loud [laʊd] *adj.* □ **1.** (*a. adv.*) laut (*a. fig.*): **~ admiration**; **2.** schreiend, auffallend, grell: **~ colo(u)rs**; ˌ**~-'hail·er** *s. Brit.* Mega'phon *n*; '**~·mouth** *s.* F **1.** Großmaul *n*; **2.** ‚dummer Quatscher'; '**~·mouthed** *adj.* großmäulig.

loud·ness ['laʊdnɪs] *s.* **1.** Lautheit *f*, *a. phys.* Lautstärke *f*; **2.** Lärm *m*; **3.** *das* Auffallende, Grellheit *f*.

ˌ**loud'speak·er** *s.* ⚡ Lautsprecher *m*.

lounge [laʊndʒ] **I** *s.* **1.** a) Halle *f*, Diele *f*, Gesellschaftsraum *m* (*Hotel*), b) *thea.* Foy'er *n*, c) Abflug-, Wartehalle (*Flughafen*), d) *a.* **~ bar** ✈, ⚓, 🚂 Sa'lon *m*; **2.** Wohndiele *f*, -zimmer *n*; **3.** Sofa *n*, Liege *f*; **II** *v/i.* **4.** sich rekeln; **5.** faulenzen; **6.** **~ about** (*od.* **around**) he'rumliegen *od.* -sitzen *od.* -stehen *od.* -schlendern; **7.** schlendern; **III** *v/t.* **8.** **~ away** *Zeit* verbummeln; **~ bar** Sa'lon *m* (*e-s Restaurants*); **~ chair** *s.* Klubsessel *m*; **~ liz·ard** *s.* F Sa'lonlöwe *m*; **~ suit** *s. Brit.* Straßenanzug *m*.

lour, **lour·ing** → **lower**[1], **lowering**.

louse [laʊs] **I** *pl.* **lice** [laɪs] *s.* **1.** *zo.* Laus *f*; **2.** *sl.* ‚Fiesling' *m*, Scheißkerl *m*; **II** *v/t.* [laʊz] **3.** (ent)lausen; **4.** **~ up** *sl.* versauen, -masseln; '**lous·y** [-zɪ] *adj.* **1.** verlaust; **2.** *sl.* a) ‚fies', (hunds)gemein, b) mise'rabel, ‚beschissen': **the film was ~**; **I feel ~**, c) ‚lausig': **for ~ two dollars**; **3.** **~ with** *sl.* wimmelnd von; **~ with people**; **~ with money** stinkreich.

lout [laʊt] *s.* Flegel *m*, Rüpel *m*; '**lout·ish** [-tɪʃ] *adj.* □ flegel-, rüpelhaft.

lou·ver, *Brit. a.* **lou·vre** ['luːvə] *s.* **1.** ⚠ *hist.* Dachtürmchen *n*; **2.** Jalou'sie *f* (*a.* ⚙ *Luft-*, *Kühlschlitze*).

lov·a·ble ['lʌvəbl] *adj.* □ liebenswert, reizend, ‚süß'.

lov·age ['lʌvɪdʒ] *s.* ⚘ Liebstöckel *n*, *m*.

love [lʌv] **I** *s.* **1.** (*sinnliche od. geistige*) Liebe (**of**, **for**, **to**[**wards**] zu): **~ of music** Liebe zur Musik, Freude *f* an der Musik; **~ of adventure** Abenteuerlust *f*; **the ~ of God** a) die Liebe Gottes, b) die Liebe zu Gott; **for the ~ of God** um Gottes willen; **be in ~** (**with s.o.**) verliebt sein (in j-n); **fall in ~** (**with s.o.**) sich verlieben (in j-n); **make ~** sich (*sexuell*) lieben; **make ~ to s.o.** a) j-n (*körperlich*) lieben, b) *obs.* j-n um'werben, j-m gegenüber zärtlich werden; **send one's ~ to s.o.** j-n grüßen lassen; **give her my ~!** grüße sie herzlich von mir!; **~** *als Briefschluß*: herzliche Grüße; **for ~** a) umsonst, gratis, b) *a.* **for the ~ of it** (nur) zum Spaß; **play for ~** um nichts spielen; **not for ~ or money** nicht für Geld u. gute Worte; **there is no ~ lost between them** sie haben nichts füreinander übrig; **2.** ♀ die Liebe, (Gott *m*) Amor *m*; **3.** *pl. Kunst*: Amo'retten *pl.*; **4.** Liebling *m*, Schatz *m*; **5.** F a) mein Lieber, b) m-e Liebe; **6.** Liebe *f*, Liebschaft *f*; **7.** F lieber *od.* goldiger Kerl: **he** (**she**) **is a ~**; **8.** F reizende *od.* goldige *od.* ‚süße' Sache *od.* Per'son: **a ~ of a child** (**hat**); **9.** *bsd. Tennis*: null: **~ all** null beide; **~ fifteen** fünfzehn null; **II** *v/t.* **10.** *j-n* lieben; **11.** *et.* lieben, sehr mögen: **~ to do** (*od.* **doing**) **s.th.** etwas (schrecklich) gern tun; **we ~d having you with us** wir haben uns sehr über deinen Besuch gefreut; **~ af·fair** *s.* 'Liebesafˌfäre *f*; '**~·bird** *s.* **1.** *orn.* Unzertrennliche(r) *m*; **2.** *pl.* F ‚Turteltauben' *pl.*; **~ child** *s.* Kind *n* der Liebe; **~ game** *s. Tennis*: Zu-'Null-Spiel *n*; ˌ**~-'hate re·la·tion·ship** *s.* Haßliebe *f*.

love·less ['lʌvlɪs] *adj.* □ **1.** ohne Liebe; **2.** lieblos.

love| let·ter *s.* Liebesbrief *m*; **~ life** *s.* Liebesleben *n*.

love·li·ness ['lʌvlɪnɪs] *s.* Lieblichkeit *f*, Schönheit *f*.

'**love|·lock** *s.* Schmachtlocke *f*; '**~·lorn** [-lɔːn] *adj.* liebeskrank, vor Liebeskummer *od.* Liebe vergehend.

love·ly ['lʌvlɪ] *adj.* □ **1.** a) lieblich, schön, hübsch, b) *allg.*, *a.* F *u. iro.* schön, wunderbar, reizend, entzückend, c) lieb, nett (**of you** von dir); **2.** F ‚süß', niedlich.

'**love|-ˌmak·ing** *s.* (*körperliche*) Liebe; Liebesspiele *pl.*, -kunst *f*; **~ match** *s.*

Liebesheirat *f*; **~ nest** *s.* ‚Liebesnest' *n*; **~ po·tion** *s.* Liebestrank *m.*

lov·er ['lʌvə] *s.* **1.** a) Liebhaber *m*, Geliebte(r) *m*, b) Geliebte *f*; **2.** *pl.* Liebende *pl.*, Liebespaar *n*: ***~s' lane*** *humor.* ‚Seufzergäßchen' *n*; ***they were ~s*** sie liebten sich *od.* hatten ein Verhältnis miteinander; **3.** Liebhaber(in), (*Musik-etc.*)Freund(in); **'~·boy** *s.* F Casa'nova *m.*

love| seat *s.* Plaudersofa *n*; **~ set** *s.* *Tennis*: Zu-'Null-Satz *m*; **'~·sick** *adj.* liebeskrank: ***be ~ a.*** Liebeskummer haben; **~ song** *s.* Liebeslied *n*; **~ sto·ry** *s.* Liebesgeschichte *f.*

lov·ing ['lʌvɪŋ] *adj.* □ liebend, liebevoll, Liebes...: ***~ words***; ***your ~ father*** (*als Briefschluß*) Dein Dich liebender Vater; **~ cup** *s.* Po'kal *m*; **ˌ~-'kind·ness** *s.* **1.** (göttliche) Gnade *od.* Barm'herzigkeit; **2.** Herzensgüte *f.*

low¹ [ləʊ] **I** *adj. u. adv.* **1.** nieder, niedrig (*a. Preis*, *Temperatur*, *Zahl etc.*): ***of ~ birth*** von niedriger Abkunft; ***~ pressure*** Tiefdruck *m*; ***~ speed*** niedrige *od.* geringe Geschwindigkeit; ***~ water*** ⚓ tiefster Gezeitenstand; ***at the ~est*** wenigstens, mindestens; ***be at its ~est*** auf dem Tiefpunkt angelangt sein; → ***lower³***, ***opinion*** 2; **2.** tief (*a. fig.*): ***~ bow***; ***~ flying*** Tiefflug *m*; ***the sun is ~*** die Sonne steht tief; → ***low-necked***; **3.** knapp (*Vorrat etc.*): ***run ~*** knapp werden, zur Neige gehen; ***I am ~ in funds*** ich bin nicht gut bei Kasse; **4.** schwach: ***~ light***; ***~ pulse***; **5.** einfach, fru'gal (*Kost*); **6.** be-, gedrückt: ***~ spirits*** gedrückte Stimmung; ***feel ~*** a) in gedrückter Stimmung *od.* niedergeschlagen sein, b) sich elend fühlen; **7.** minderwertig, schlecht: ***~ quality***; **8.** a) niedrig (*denkend od. gesinnt*): ***~ thinking*** niedrige Denkungsart, b) ordi'när, vul'gär: ***a ~ expression***; ***a ~ fellow***, c) gemein, niederträchtig: ***a ~ trick***; **9.** nieder, primi'tiv: ***~ forms of life*** niedere Lebensformen; ***~ race*** primitive Rasse; **10.** a) tief (*Ton etc.*), b) leise (*Ton*, *Stimme etc.*): ***in a ~ voice*** leise; **11.** *Phonetik*: offen (*Vokal*); **12.** ⚙, *mot.* erst, niedrigst (*Gang*): ***in ~ gear***; **II** *adv.* **13.** niedrig (*zielen etc.*); **14.** tief: ***bow*** (***hit***, *etc.*) ***~***; ***sunk thus ~*** *fig.* so tief gesunken; ***bring s.o. ~*** *fig.* j-n zu Fall bringen *od.* ruinieren *od.* demütigen; ***lay s.o. ~*** a) j-n niederstrecken, b) *fig.* j-n zur Strecke bringen; ***be laid ~*** (***with***) darniederliegen (mit *e-r Krankheit*); **15.** a) leise, b) tief: ***sing ~***; **16.** kärglich: ***live ~***; **17.** billig: ***buy*** (***sell***) ***~***; **18.** niedrig, mit geringem Einsatz: ***play ~***; **III** *s.* **19.** *meteor.* Tief(druckgebiet) *n*; **20.** *fig.* Tiefstand *m*: ***reach a new ~*** e-n neuen Tiefstand erreichen; **21.** *mot.* erster Gang.

low² [ləʊ] **I** *v/i. u. v/t.* brüllen, muhen (*Rind*); **II** *s.* Brüllen *n*, Muhen *n.*

ˌlow|-'born *adj.* von niedriger Geburt; **'~·boy** *s. Am.* niedrige Kom'mode; **'~·brow** F **I** *s.* Ungebildete(r *m*) *f*, ‚Unbedarfte(r' *m*) *f*; **II** *adj.* geistig anspruchslos, *Person*: *a.* ungebildet, ‚unbedarft'; **ˌ~-'cal·o·rie** *adj.* kalo'rienarm; **♀ Church** *s. eccl.* Low Church *f* (*protestantisch-pietistische Sektion der anglikanischen Kirche*); **~ com·e·dy** *s.* Schwank *m*, ‚Klamotte' *f*; **'~-cost** *adj.* billig, preisgünstig; **♀ Coun·tries** *s. pl.* *die Niederlande*, *Belgien u. Luxemburg*; **'~-down** F **I** *adj.* fies, gemein; **II** *s.* (volle) Informati'onen *pl.*, *die* Wahrheit, genaue Tatsachen *pl.*, 'Hintergründe *pl.* (***on*** über *acc.*); **ˌ~-e'mis·sion** *adj. mot.* abgasarm.

low·er¹ ['laʊə] *v/i.* **1.** finster *od.* drohend blicken: ***~ at*** *j-n* finster anblicken; **2.** *fig.* bedrohlich aussehen (*Himmel*, *Wolken etc.*); **3.** *fig.* drohen (*Ereignisse*).

low·er² ['ləʊə] **I** *v/t.* **1.** niedriger machen; **2.** *Augen*, *Gewehrlauf etc.*, *a.* *Stimme*, *Preis*, *Kosten*, *Niveau*, *Temperatur*, *Ton etc.* senken; *fig.* *Moral* senken, *a.* *Widerstand etc.* schwächen; **3.** her'unter- *od.* hin'unterlassen, niederlassen; *Fahne*, *Segel* niederholen, *Rettungsboote* aussetzen; **4.** *fig.* erniedrigen: ***~ o.s.*** sich herablassen (*et. zu tun*); **II** *v/i.* **5.** sinken, fallen, sich senken.

low·er³ ['ləʊə] **I** *adj.* (*comp. von* ***low¹*** I) **1.** tiefer, niedriger; **2.** unter, Unter...: ***♀ Chamber*** (*od.* ***House***) *parl.* Unter-, Abgeordnetenhaus *n*; ***the ~ class*** *sociol.* die untere Klasse *od.* Schicht; ***~ deck*** Unterdeck *n*; ***~ jaw*** Unterkiefer *m*; ***~ region*** Unterwelt *f* (*Hölle*); ***~ school*** Unter- u. Mittelstufe *f*; **3.** *geogr.* Unter..., Nieder...: ***♀ Austria*** Niederösterreich *n*; **II** *adv.* **4.** tiefer: ***~ down the river*** (***list***) weiter unten am Fluß (auf der Liste).

low·er·ing ['laʊərɪŋ] *adj.* □ finster, düster, drohend.

low·er·most ['ləʊəməʊst] → ***lowest***.

low·est ['ləʊɪst] **I** *adj.* tiefst, niedrigst, unterst (*etc.*, → ***low¹*** I): ***~ bid*** † Mindestgebot *n*; **II** *adv.* am tiefsten (*etc.*).

'low|-ˌfly·ing *adj.* tieffliegend: ***~ plane*** Tiefflieger *m*; **~ fre·quen·cy** *s.* ϟ 'Niederfreˌquenz *f*; **ˌ~-'fu·el con·sump·tion en·gine** *s.* Sparmotor *m*; **♀ German** *s. ling.* Niederdeutsch *n*, Plattdeutsch *n*; **ˌ~-'key(ed)** *adj.* gedämpft (*Farbe*, *Ton*, *Stimmung etc.*), *fig. a.* a) (sehr) zurückhaltend, b) bedrückt, c) unaufdringlich; **'~·land** [-lənd] **I** *s.* *oft pl.* Flach-, Tiefland *n*: ***the ♀s*** das schottische Tiefland; **II** *adj.* Tiefland(s)...; **'~·land·er** [-ləndə] *s.* **1.** Tieflandbewohner(in); **2.** ♀ (schottischer) Tiefländer; **♀ Lat·in** *s. ling.* nichtklassisches La'tein; **ˌ~-'lev·el** *adj.* niedrig (*a. fig.*): ***~ officials***; ***~ talks*** *pol.* Gespräche *pl.* auf unterer Ebene; ***~ attack*** ✈ Tief(flieger)angriff *m.*

low·li·ness ['ləʊlɪnɪs] *s.* **1.** Niedrigkeit *f*; **2.** Bescheidenheit *f.*

low·ly ['ləʊlɪ] *adj. u. adv.* **1.** niedrig, gering, bescheiden; **2.** tief(stehend), primi'tiv, niedrig; **3.** demütig, bescheiden.

Low| Mass *s. R.C.* Stille Messe; **ˌ♀-'mind·ed** *adj.* niedrig (gesinnt), gemein; **ˌ♀-'necked** *adj.* tief ausgeschnitten (*Kleid*).

low·ness ['ləʊnɪs] *s.* **1.** Niedrigkeit *f* (*a. fig.*, *contp.*); **2.** Tiefe *f* (*e-r Verbeugung*, *e-s Tons etc.*); **3.** ***~ of spirits*** Niedergeschlagenheit *f*; **4.** a) Gemeinheit *f*, b) ordi'näre Art.

ˌlow|-'noise *adj.* rauscharm (*Tonband*); **ˌ~-'pitched** *adj.* **1.** ♪ tief; **2.** mit geringer Steigung (*Dach*); **~ pres·sure** *s.* **1.** ⚙ Nieder-, 'Unterdruck *m*; **2.** *meteor.* Tiefdruck *m*; **ˌ~-'pres·sure** *adj.* a) Niederdruck..., b) *meteor.* Tiefdruck...; **ˌ~-'priced** *adj.* † billig; **ˌ~-'spir·it·ed** *adj.* niedergeschlagen, gedrückt; **♀ Sun·day** *s.* Weißer Sonntag (*erster Sonntag nach Ostern*); **~ ten·sion** *s.* ϟ Niederspannung *f*; **ˌ~-'ten·sion** *adj.* ϟ Niederspannungs...; **~ tide** *s.* ⚓ Niedrigwasser *n*; **ˌ~-'val·ue** *adj.* geringwertig; **ˌ~-'volt·age** *adj.* ϟ **1.** Niederspannungs...; **2.** Schwachstrom...; **~ wa·ter** *s.* ⚓ Ebbe *f*, Niedrigwasser *n*: ***be in ~*** *fig.* auf dem trockenen sitzen; **ˌ~-'water mark** *s.* **1.** ⚓ Niedrigwassermarke *f*; **2.** *fig.* Tiefpunkt *m*, -stand *m.*

loy·al ['lɔɪəl] *adj.* □ **1.** (***to***) loy'al (gegenüber), treu (ergeben) (*dat.*); **2.** (ge)treu (***to*** *dat.*); **3.** aufrecht, redlich; **loy·al·ist** ['lɔɪəlɪst] **I** *s.* Loya'list(in): a) *allg.* Treugesinnte(r *m*) *f*, b) *hist.* Königstreue(r *m*) *f*; **II** *adj.* loya'listisch; **'loy·al·ty** [-tɪ] *s.* Loyali'tät *f*, Treue *f* (***to*** zu, gegen).

loz·enge ['lɒzɪndʒ] *s.* **1.** *her.*, ⚖ Raute *f*, Rhombus *m*; **2.** *pharm.* (*bsd.* 'Husten-)Paˌstille *f.*

lub·ber ['lʌbə] *s.* **1.** a) Flegel *m*, b) Trottel *m*; **2.** ⚓ Landratte *f.*

lu·bri·cant ['lu:brɪkənt] *s.* Gleit-, ⚙ Schmiermittel *n*; **lu·bri·cate** ['lu:brɪkeɪt] *v/t.* ⚙ *u. fig.* schmieren, ölen; **lu·bri·ca·tion** [ˌlu:brɪ'keɪʃn] *s.* ⚙ *u. fig.* Schmieren *n*, Schmierung *f*, Ölen *n*: ***~ chart*** Schmierplan *m*; ***~ point*** Schmierstelle *f*, -nippel *m*; **'lu·bri·ca·tor** [-keɪtə] *s.* ⚙ Öler *m*, Schmiervorrichtung *f*; **lu·bric·i·ty** [lu:'brɪsətɪ] *s.* **1.** Gleitfähigkeit *f*, Schlüpfrigkeit *f* (*a. fig.*); **2.** ⚙ Schmierfähigkeit *f.*

luce [lu:s] *s. ichth.* (ausgewachsener) Hecht.

lu·cent ['lu:snt] *adj.* **1.** glänzend, strahlend; **2.** 'durchsichtig, klar.

lu·cern(e) [lu:'sɜ:n] *s.* ⚘ Lu'zerne *f.*

lu·cid ['lu:sɪd] *adj.* □ **1.** *fig.* klar: ***~ interval*** *psych.* lichter Augenblick; **2.** → ***lucent***; **lu·cid·i·ty** [lu:'sɪdətɪ], **'lu·cid·ness** [-nɪs] *s. fig.* Klarheit *f.*

Lu·ci·fer ['lu:sɪfə] *s. bibl.* Luzifer *m* (*a. ast. Venus als Morgenstern*).

luck [lʌk] *s.* **1.** Schicksal *n*, Geschick *n*, Zufall *m*: ***as ~ would have it*** wie es der Zufall wollte, (un)glücklicherweise; ***bad*** (*od.* ***hard***, ***ill***) ***~*** a) Unglück *n*, Pech *n*, b) *als Einschaltung*: Pech gehabt!; ***good ~*** Glück *n*; ***good ~!*** viel Glück!; Hals- u. Beinbruch!; ***worse ~*** unglücklicherweise, leider; ***be down on one's ~*** e-e Pechsträhne haben; ***just my ~!*** so geht es mir immer; **2.** Glück *n*: ***for ~*** als Glücksbringer; ***be in*** (***out of***) ***~*** (kein) Glück haben; ***try one's ~*** sein Glück versuchen; ***with ~*** mit ein bißchen Glück; ***here's ~!*** F Prost!; **luck·i·ly** ['lʌkɪlɪ] *adv.* zum Glück, glücklicherweise; **luck·i·ness** ['lʌkɪnɪs] *s.* Glück *n*; **'luck·less** [-lɪs] *adj.* □ glücklos.

luck·y ['lʌkɪ] *adj.* □ → ***luckily***; **1.** Glücks..., glücklich: ***a ~ day*** ein Glückstag; ***~ hit*** Glückstreffer *m*; ***be ~*** Glück haben; ***you ~ thing!*** F du Glückliche(r *m*) *f*!; ***you are ~ to be alive!*** du kannst von Glück sagen, daß du noch lebst!; ***it was ~ that*** ein Glück, daß ..., zum Glück ...; **2.** glückbringend, Glücks...: ***~ bag***, ***~ dip*** Glücksbeutel *m*, -topf *m*; ***~ star*** Glücksstern *m.*

lu·cra·tive ['lu:krətɪv] *adj.* □ einträglich, lukra'tiv.

lu·cre ['lu:kə] *s.* Gewinn(sucht *f*) *m*, Geld(gier *f*) *n*: ***filthy ~*** schnöder Mammon, gemeine Profitgier.

lu·di·crous ['lu:dıkrəs] *adj.* □ **1.** lächerlich, ab'surd; **2.** spaßig, drollig.

lu·do ['lu:dəʊ] *s.* Mensch, ärgere dich nicht *n* (*Würfelspiel*).

lu·es ['lu:i:z] *s.* ⚕ Lues *f*, Syphilis *f*.

luff [lʌf] ⚓ **I** *s.* **1.** Luven *n*; **2.** Luv(seite) *f*, Windseite *f*; **II** *v/t. u. v/i.* **3.** *a.* ***~ up*** anluven.

luf·fa ['lʌfə] *s.* ⚘ *u.* ⚒ Luffa *f*.

lug¹ [lʌg] *v/t.* zerren, schleppen: ***~ in*** *fig.* an den Haaren herbeiziehen, *Thema* (mit Gewalt) hineinbringen.

lug² [lʌg] *s.* **1.** (Leder)Schlaufe *f*; **2.** ⚙ a) Henkel *m*, Öhr *n*, b) Knagge *f*, Zinke *f*, c) Ansatz *m*; **3.** *Scot. od. Brit.* F Ohr *n*; **4.** *sl.* Trottel *m*.

luge [lu:ʒ] **I** *s.* Renn-, Rodelschlitten *m*; **II** *v/i.* rodeln.

lug·gage ['lʌgıdʒ] *s. Brit.* Gepäck *n*; **~ boot** *s. mot.* Kofferraum *m*; **~ car·ri·er** *s.* Gepäckträger *m* (*am Fahrrad*); **~ in·sur·ance** *s.* (Reise)Gepäckversicherung *f*; **~ lock·er** *s.* (Gepäck)Schließfach *n*; **~ rack** *s.* **1.** Gepäcknetz *n*; **2.** *mot.* Gepäckträger *m*; **'~-van** *s.* Packwagen *m*.

lug·ger ['lʌgə] *s.* ⚓ Logger *m* (*Schiff*).

lu·gu·bri·ous [lu:'gu:brıəs] *adj.* □ schwermütig, kummervoll.

Luke [lu:k] *npr. u. s. bibl.* 'Lukas(evan,gelium *n*) *m*.

luke·warm ['lu:kwɔ:m] *adj.* □ lau (-warm); *fig.* lau; **'luke·warm·ness** [-nıs] *s.* Lauheit *f* (*a. fig.*).

lull [lʌl] **I** *v/t.* **1.** *mst* ***~ to sleep*** einlullen (*a. fig.*); **2.** *fig.* beruhigen, *a. j-s Befürchtungen etc.* beschwichtigen: ***~ into*** (***a false sense of***) ***security*** in Sicherheit wiegen; **II** *s.* **3.** Pause *f*; **4.** (Wind-) Stille *f*, Flaute *f* (*a.* ⚒), *fig. a.* Stille *f* (*vor dem Sturm*): ***a ~ in conversation*** e-e Gesprächspause.

lull·a·by ['lʌləbaı] *s.* Wiegenlied *n*.

lu·lu ['lu:lu:] *s. Am. sl.* ‚dolles Ding', schicke Sache.

lum·ba·go [lʌm'beıgəʊ] *s.* ⚕ Hexenschuß *m*, Lum'bago *f*.

lum·bar ['lʌmbə] *adj. anat.* Lenden..., lum'bal.

lum·ber¹ ['lʌmbə] **I** *s.* **1.** *bsd. Am.* Bau-, Nutzholz *n*; **2.** Gerümpel *n*, Plunder *m*; **II** *v/t.* **3.** *bsd. Am. Holz* aufbereiten; **4.** *a.* ***~ up*** vollstopfen, -pfropfen.

lum·ber² ['lʌmbə] *v/i.* **1.** trampeln, trappen; **2.** (da'hin)rumpeln (*Fahrzeug*).

lum·ber·ing ['lʌmbərıŋ] *adj.* □ schwerfällig.

'lum·ber|·jack *s. bsd. Am.* Holzfäller *m*; **'~jack·et** *s.* Lumberjack *m*; **~ mill** *s.* Sägewerk *n*; **~ room** *s.* Rumpelkammer *f*; **~ trade** *s.* (Bau)Holzhandel *m*; **~ yard** *s.* Holzplatz *m*.

lu·men ['lu:mən] *s. phys.* Lumen *n*.

lu·mi·nar·y ['lu:mınərı] *s.* Leuchtkörper *m*, *bsd. ast.* Himmelskörper *m*; *fig.* Leuchte *f* (*Person*); **lu·mi·nes·cence** [,lu:mı'nesns] *s.* Lumines'zenz *f*; **lu·mi·nes·cent** [,lu:mı'nesnt] *adj.* lumineszierend, leuchtend; **lu·mi·nos·i·ty** [,lu:mı'nɒsətı] *s.* **1.** Leuchten *n*, Glanz *m*; **2.** *ast., phys.* Lichtstärke *f*, Helligkeit *f*; **'lu·mi·nous** [-nəs] *adj.* □ **1.** leuchtend, Leucht...(*-farbe, -kraft, -uhr, -zifferblatt etc.*), *bsd. phys.* Licht...(*-energie etc.*); **2.** *fig.* a) klar, b) lichtvoll, bril'lant.

lum·mox ['lʌməks] *s. Am.* F Trottel *m*.

lump [lʌmp] **I** *s.* **1.** Klumpen *m*: ***have a ~ in one's throat*** *fig.* e-n Kloß im Hals haben; **2.** a) Schwellung *f*, Beule *f*, b) Geschwulst *f*; **3.** Stück *n Zucker etc.*; **4.** *metall.* Luppe *f*; **5.** *fig.* Masse *f*: ***all of*** (*od.* ***in***) ***a ~*** alles auf einmal; ***in the ~*** a) pauschal, in Bausch u. Bogen, b) im großen; **6.** F ‚Klotz' *m* (*langweiliger od. stämmiger Kerl*); **7.** ***the ~*** *Brit.* die Selbständigen *pl.* im Baugewerbe; **II** *adj.* **8.** Stück...: ***~ coal***; ***~ sugar*** Würfelzucker *m*; **9.** Pauschal...(*-fracht, -summe etc.*); **III** *v/t.* **10.** *oft* ***~ together*** a) zs.-tun, -legen, b) *fig. a.* in 'einen Topf werfen, über 'einen Kamm scheren, c) *fig.* zs.-fassen; **11.** ***if you don't like it you can ~ it*** a) wenn es dir nicht paßt, kannst du's ja bleiben lassen, b) du wirst dich eben damit abfinden müssen; **IV** *v/i.* **12.** Klumpen bilden; **'lump·ish** [-pıʃ] *adj.* □ **1.** schwerfällig, klobig, plump; **2.** dumm; **'lump·y** [-pı] *adj.* □ **1.** klumpig; **2.** → ***lumpish*** 1; **3.** ⚓ unruhig (*See*).

lu·na·cy ['lu:nəsı] *s.* ⚕ Wahn-, Irrsinn *m* (*a. fig.* F).

lu·nar ['lu:nə] *adj.* Mond..., Lunar...: ***~ landing*** Mondlandung *f*; ***~ landing vehicle*** Mondlandefahrzeug *n*; ***~ module*** Mondfähre *f*; ***~ rock*** Mondgestein *n*; ***~ rover*** Mondfahrzeug *n*; ***~ year*** Mondjahr *n*.

lu·na·tic ['lu:nətık] **I** *adj.* wahn-, irrsinnig, geisteskrank: ***~ fringe*** F *pol.* extremistische Randgruppe; **II** *s.* Wahnsinnige(r *m*) *f*, Irre(r *m*) *f*: ***~ asylum*** Irrenanstalt *f*.

lunch [lʌntʃ] **I** *s.* Mittagessen *n*, Lunch *m*: ***~ break*** Mittagspause *f*; ***~ counter*** Imbißbar *f*; ***~ hour***, ***~ time*** Mittagszeit *f*, -pause *f*; **II** *v/i.* das Mittagessen einnehmen; **III** *v/t. j-n* zum Mittagessen einladen, beköstigen.

lunch·eon ['lʌntʃən] → ***lunch***: ***~ meat*** Frühstücksfleisch *n*; ***~ voucher*** Essen(s)marke *f*; **lunch·eon·ette** [,lʌntʃə'net] *s. Am.* Imbißstube *f*.

lu·nette [lu:'net] *s.* **1.** Lü'nette *f*: a) ⚠ Halbkreis-, Bogenfeld *n*, b) ⚔ Brillschanze *f*, c) Scheuklappe *f* (*Pferd*); **2.** flaches Uhrglas.

lung [lʌŋ] *s. anat.* Lunge(nflügel *m*) *f*: ***the ~s*** die Lunge (*als Organ*); ***~ power*** Stimmkraft *f*.

lunge¹ [lʌndʒ] **I** *s.* **1.** *fenc.* Ausfall *m*, Stoß *m*; **2.** Satz *m od.* Sprung *m* vorwärts; **II** *v/i.* **3.** *fenc.* ausfallen (***at*** gegen); **4.** sich stürzen (***at*** auf *acc.*); **III** *v/t.* **5.** *Waffe etc.* stoßen.

lunge² [lʌndʒ] **I** *s.* Longe *f*, Laufleine *f* (*für Pferde*); **II** *v/t.* longieren.

lu·pin(e)¹ ['lu:pın] *s.* ⚘ Lu'pine *f*.

lu·pine² ['lu:paın] *adj.* Wolfs..., wölfisch.

lurch¹ [lɜ:tʃ] **I** *s.* **1.** Taumeln *n*, Torkeln *n*; **2.** ⚓ Schlingern *n*, Rollen *n*; **3.** Ruck *m*; **II** *v/i.* **4.** ⚓ schlingern; **5.** taumeln, torkeln.

lurch² [lɜ:tʃ] *s.*: ***leave in the ~*** *fig.* im Stich lassen.

lure [ljʊə] **I** *s.* **1.** Köder *m* (*a. fig.*); **2.** *fig.* Lockung *f*, Verlockungen *pl.*, Reiz *m*; **II** *v/t.* **3.** (an)locken, ködern: ***~ away*** fortlocken; **4.** verlocken (***into*** zu).

lu·rid ['ljʊərıd] *adj.* □ **1.** grell; **2.** fahl, gespenstisch (*Beleuchtung etc.*); **3.** *fig.* a) düster, finster, unheimlich, b) grausig, gräßlich.

lurk [lɜ:k] **I** *v/i.* **1.** lauern (*a. fig.*); **2.** *fig.* a) verborgen liegen, b) (heimlich) drohen; **3.** *a.* ***~ about*** *od.* ***around*** her'umschleichen; **II** *s.* **4.** ***on the ~*** auf der Lauer; **'lurk·ing** [-kıŋ] *adj. fig.* versteckt, lauernd, heimlich.

lus·cious ['lʌʃəs] *adj.* □ **1.** köstlich, lekker, *a.* saftig; **2.** üppig; **3.** *Mädchen, Figur etc.*: prächtig, ‚knackig'.

lush¹ [lʌʃ] *adj.* □ ⚘ saftig, üppig (*a. fig.*).

lush² [lʌʃ] *s. Am. sl.* **1.** ‚Stoff' *m* (*Whisky etc.*); **2.** Säufer(in).

lust [lʌst] **I** *s.* **1.** a) (sinnliche) Begierde, b) (Sinnes)Lust *f*, Wollust *f*; **2.** Gier *f*, Gelüste *n*, Sucht *f* (***of, for*** nach): ***~ of power*** Machtgier *f*; ***~ for life*** Lebensgier *f*; **II** *v/i.* **3.** gieren (***for, after*** nach): ***they ~ for power*** es gelüstet sie nach Macht.

lus·ter ['lʌstə] *Am.* → ***lustre***.

lust·ful ['lʌstfʊl] *adj.* □ wollüstig, geil, lüstern.

lust·i·ly ['lʌstılı] *adv.* kräftig, mächtig, mit Macht *od.* Schwung, *a.* aus voller Kehle *singen*.

lus·tre ['lʌstə] *s.* **1.** Glanz *m* (*a. min. u. fig.*); **2.** Lüster *m*: a) Kronleuchter *m*, b) *Halbwollgewebe*, c) *Glanzüberzug auf Porzellan etc.*; **'lus·tre·less** [-lıs] *adj.* glanzlos, stumpf; **lus·trous** ['lʌstrəs] *adj.* □ glänzend.

lust·y ['lʌstı] *adj.* (□ → ***lustily***) **1.** kräftig, gesund u. munter; **2.** lebhaft, voller Leben, schwungvoll; **3.** kräftig, kraftvoll.

lu·ta·nist ['lu:tənıst] *s.* Lautenspieler (-in), Laute'nist(in).

lute¹ [lu:t] *s.* ♪ Laute *f*.

lute² [lu:t] **I** *s.* **1.** ⚙ Kitt *m*, Dichtungsmasse *f*; **2.** Gummiring *m*; **II** *v/t.* **3.** (ver)kitten.

lu·te·nist ['lu:tənıst] → ***lutanist***.

Lu·ther·an ['lu:θərən] **I** *s. eccl.* Luthe'raner(in); **II** *adj.* lutherisch; **'Lu·ther·an·ism** [-rənızəm] *s.* Luthertum *n*.

lu·tist ['lu:tıst] → ***lutanist***.

lux [lʌks] *pl.* **lux**, **'lux·es** *s. phys.* Lux *n* (*Einheit der Beleuchtungsstärke*).

lux·ate ['lʌkseıt] *v/t.* ⚕ aus-, verrenken; **lux·a·tion** [lʌk'seıʃn] *s.* Verrenkung *f*, Luxati'on *f*.

luxe [lʊks] *s.* Luxus *m*; → ***de luxe***.

lux·u·ri·ance [lʌg'zjʊərıəns], **lux'u·ri·an·cy** [-sı] *s.* **1.** Üppigkeit *f*; **2.** Fülle *f* (***of*** an *dat.*), Pracht *f*; **lux'u·ri·ant** [-nt] *adj.* □ üppig (*Vegetation etc., a. fig.*); **lux·u·ri·ate** [lʌg'zjʊərıeıt] *v/i.* **1.** schwelgen (*a. fig.*) (***in*** in *dat.*); **2.** üppig wachsen *od.* gedeihen; **lux'u·ri·ous** [-ıəs] *adj.* □ **1.** Luxus..., luxuri'ös, üppig; **2.** schwelgerisch, verschwenderisch (*Person*); **3.** genüßlich, wohlig; **lux·ury** ['lʌkʃərı] *s.* **1.** Luxus *m*: a) Wohlleben *n*: ***live in ~*** im Überfluß leben, b) (Hoch)Genuß *m*: ***permit o.s. the ~ of doing*** sich den Luxus gestatten, *et.* zu tun, c) Aufwand *m*, Pracht *f*; **2.** a) 'Luxusar,tikel *m*, b) Genußmittel *n*.

lych gate [lıtʃ] → ***lich gate***.

lye [laı] *s.* ⚗ Lauge *f*.

ly·ing¹ ['laııŋ] **I** *pres.p. von* ***lie***¹; **II** *adj.*

lügnerisch, verlogen; **III** *s.* Lügen *n od. pl.*

ly·ing² ['laɪɪŋ] **I** *pres.p. von* ***lie²***; **II** *adj.* liegend; **ˌ~-'in** *s.* a) Entbindung *f*, b) Wochenbett *n*: **~ *hospital*** Entbindungsanstalt *f*, -heim *n*.

lymph [lɪmf] *s.* **1.** Lymphe *f*: a) *physiol.* Gewebeflüssigkeit *f*, b) ⚕ Impfstoff *m*; **2.** *poet.* Quellwasser *n*; **lym·phat·ic** [lɪm'fætɪk] ⚕ **I** *adj.* lym'phatisch, Lymph…: **~ *gland***; **II** *s.* Lymphgefäß *n*.

lynch [lɪntʃ] *v/t.* lynchen; **~ law** *s.* 'Lynchjuˌstiz *f*.

lynx [lɪŋks] *s. zo.* Luchs *m*; **'~-eyed** *adj. fig.* luchsäugig.

lyre ['laɪə] *s.* ♪, *ast.* Leier *f*, Lyra *f*.

lyr·ic ['lɪrɪk] **I** *adj.* (□ **~*ally***) **1.** lyrisch (*a. fig.*); **2.** Musik…: **~ *drama***; **II** *s.* **3.** a) lyrisches Gedicht, b) *pl.* Lyrik *f*; **4.** *pl.* (Lied)Text *m*; **'lyr·i·cal** [-kl] *adj.* □ → ***lyric*** I; **'lyr·i·cism** [-ɪsɪzəm] *s.* **1.** Lyrik *f*, lyrischer Cha'rakter *od.* Stil; **2.** Schwärme'rei *f*; **'lyr·ist** [-ɪst] *s.* Lyriker(in).

M

M, m [em] *s.* M *n*, m *n* (*Buchstabe*).
ma [mɑː] *s.* F Ma'ma *f*.
ma'am [mæm] *s.* (*Anrede*) **1.** F *für **madam***; **2.** [mɑːm; mæm] *Brit.* a) Maje'stät (*Königin*), b) Hoheit (*Prinzessin*).
mac¹ [mæk] *s. Brit.* F → ***mackintosh***.
Mac² [mæk] *s. Am.* F ,Chef' *m*.
ma·ca·bre [mə'kɑːbrə], *Am. a.* **ma'ca·ber** [-bə] *adj.* ma'kaber: a) grausig, b) Toten…
ma·ca·co [mə'keɪkəʊ] *s. zo.* Maki *m*.
mac·ad·am [mə'kædəm] **I** *s.* **1.** Maka'dam-, Schotterdecke *f*; **2.** Schotterstraße *f*; **3.** a) Maka'dam *m*, b) Schotter *m*; **II** *adj.* **4.** beschottert, Schotter…: ~ ***road***; **mac'ad·am·ize** [-maɪz] *v/t.* makadamisieren.
mac·a·ro·ni [ˌmækə'rəʊnɪ] *s. sg. u. pl.* Makka'roni *pl*.
mac·a·roon [ˌmækə'ruːn] *s.* Ma'krone *f*.
ma·caw [mə'kɔː] *s. orn.* Ara *m*.
mac·ca·ro·ni → ***macaroni***.
mace¹ [meɪs] *s.* Mus'katblüte *f*.
mace² [meɪs] *s.* **1.** ⚔ *hist.* Streitkolben *m*; **2.** Amtsstab *m*; **3.** *a.* ***~-bearer*** Träger *m* des Amtsstabes; **4.** (***Chemical***) ® (*TM*) chemische Keule (*Reizgas*).
mac·er·ate ['mæsəreɪt] *v/t.* **1.** (*a. v/i.*) (aufquellen u.) aufweichen; **2.** *biol. Nahrungsmittel* aufschließen; **3.** ausmergeln; **4.** ka'steien.
Mach [mɑːk] *s.* ⚔ *phys.* Mach *n*: ***at ~ two*** (mit) Mach 2 *fliegen*.
Mach·i·a·vel·li·an [ˌmækɪə'velɪən] *adj.* machiavel'listisch, skrupellos.
mach·i·nate ['mækɪneɪt] *v/i.* Ränke schmieden, intrigieren; **mach·i·na·tion** [ˌmækɪ'neɪʃn] *s.* Anschlag *m*, In'trige *f*, Machenschaft *f*, *pl. a.* Ränke; **'mach·i·na·tor** [-tə] *s.* Ränkeschmied *m*, Intri'gant(in).
ma·chine [mə'ʃiːn] **I** *s.* **1.** ⚙ Ma'schine *f* (F *a. Auto*, *Motorrad*, *Flugzeug etc.*); **2.** Appa'rat *m*, Vorrichtung *f*, (*thea.* 'Bühnen)Mechaˌnismus *m*: ***the god from the ~*** Deus *m* ex machina (*e-e plötzliche Lösung*); **3.** *fig.* ,Ma'schine' *f*, ,Roboter' *m* (*Mensch*); **4.** *pol.* (Par'tei)Maˌschine *f*, (Re'gierungs)Appaˌrat *m*; **II** *v/t.* **5.** ⚙ maschi'nell herstellen; maschi'nell drucken; (maschi'nell) bearbeiten; *engS. Metall* zerspanen; **~ age** *s.* Ma'schinenzeitalter *n*; **~ fit·ter** *s.* ⚙ Ma'schinenschlosser *m*; **~-gun** ⚔ **I** *s.* Ma'schinengewehr *n*; **II** *v/t.* mit Ma'schinengewehrfeuer belegen; **~ lan·guage** *s. Computer*: Ma'schinensprache *f*; **~-made** *adj.* **1.** maschi'nell (hergestellt), Fabrik…: ***~ paper*** Maschinenpapier *n*; **2.** *fig.* stereo'typ; **~ pis·tol** *s.* Ma'schinenpisˌtole *f*; **'~-ˌread·able** *adj.* maschinenlesbar.
ma·chin·er·y [mə'ʃiːnərɪ] *s.* **1.** Maschi'nerie *f*, Ma'schinen(park *m*) *pl.*; **2.** Mecha'nismus *m*, (Trieb)Werk *n*; **3.** *fig.* Maschine'rie *f*, Räderwerk *n*, (*Regierungs*)Ma'schine *f*; **4.** dra'matische Kunstmittel *pl*.
ma·chine| shop *s.* ⚙ Ma'schinenhalle *f*, -saal *m*; **~ tool** *s.* ⚙ 'Werkzeugmaˌschine *f*; **~-ˌwash·a·ble** *adj.* 'waschmaˌschinenfest (*Stoff etc.*).
ma·chin·ist [mə'ʃiːnɪst] *s.* **1.** ⚙ a) Ma'schineningeniˌeur *m*, b) Ma'schinenschlosser *m*, c) Maschi'nist *m* (*a. thea.*); **2.** Ma'schinennäherin *f*.
ma·chis·mo [mæ'tʃɪzməʊ] *s.* Ma'chismo *m*, Männlichkeitswahn *m*.
Mach num·ber [mɑːk] *s. phys.* Machzahl *f*.
ma·cho ['mætʃəʊ] **I** *s.* ,Macho' *m*, ,Kraft- *od.* Sexprotz' *m*; **II** *adj.* ,macho', (betont) männlich.
mac·in·tosh → ***mackintosh***.
mack·er·el ['mækrəl] *pl.* **-el** *s. ichth.* Ma'krele *f*; **~ sky** *s. meteor.* (Himmel *m* mit) Schäfchenwolken *pl*.
Mack·i·naw ['mækɪnɔː] *s. a.* **~ *coat*** *Am.* Stutzer *m*, kurzer Plaidmantel.
mack·in·tosh ['mækɪntɒʃ] *s.* Regen-, Gummimantel *m*.
mack·le ['mækl] **I** *s.* **1.** dunkler Fleck; **2.** *typ.* Schmitz *m*, verwischter Druck; **II** *v/t. u. v/i.* **3.** *typ.* schmitzen.
ma·cle ['mækl] *s. min.* **1.** 'Zwillingskriˌstall *m*; **2.** dunkler Fleck.
macro- [mækrəʊ] *in Zssgn* Makro…, (sehr) groß: ***~climate*** Großklima *n*.
mac·ro ['mækrəʊ] *s. Computer*: Makro *n*.
mac·ro·bi·ot·ic [ˌmækrəʊbaɪ'ɒtɪk] *adj.* makrobi'otisch; **ˌmac·ro·bi'ot·ics** [-ks] *s. pl. sg. konstr.* Makrobi'otik *f*.
mac·ro·cosm ['mækrəʊkɒzəm] *s.* Makro'kosmos *m*.
ma·cron ['mækrɒn] *s.* Längestrich *m* (*über Vokalen*).
mad [mæd] *adj.* □ → ***madly***; **1.** wahnsinnig, verrückt, toll (*alle a. fig.*): ***~ cow disease*** Rinderwahnsinn *m*; ***go ~*** verrückt werden; ***it's enough to drive one ~*** es ist zum Verrücktwerden; ***like ~*** wie toll *od.* wie verrückt (*arbeiten etc.*); ***a ~ plan*** ein verrücktes Vorhaben; → ***hatter***, ***drive*** 15; **2.** (***after***, ***about***, ***for***, ***on***) versessen (auf *acc.*), verrückt (nach), vernarrt (in *acc.*): ***she is ~ about music***; **3.** F außer sich, verrückt (***with*** vor *Freude*, *Schmerzen*, *Wut etc.*); **4.** *bsd. Am.* F wütend, böse (***at***, ***about*** über *acc.*, auf *acc.*); **5.** toll, wild, 'übermütig: ***they are having a ~ time*** bei denen geht's toll zu, sie amüsieren sich toll; **6.** wild (geworden): ***a ~ bull***; **7.** tollwütig (*Hund*).
Mad·a·gas·can [ˌmædə'gæskən] **I** *s.* Made'gasse *m*, Made'gassin *f*; **II** *adj.* made'gassisch.
mad·am ['mædəm] *s.* **1.** gnädige Frau *od.* gnädiges Fräulein (*Anrede*); **2.** Bor'dellwirtin *f*, Puffmutter *f*.
'mad·cap **I** *s.* ,verrückter Kerl'; **II** *adj.* ,verrückt', wild, verwegen.
mad·den ['mædn] **I** *v/t.* verrückt *od.* toll *od.* rasend machen (*a. fig. wütend machen*); **II** *v/i.* verrückt *etc.* werden; **'mad·den·ing** [-nɪŋ] *adj.* □ verrückt *etc.* machend: ***it is ~*** es ist zum Verrücktwerden.
mad·der¹ ['mædə] *comp. von* ***mad***.
mad·der² ['mædə] *s.* ♀, ⚙ Krapp *m*.
mad·dest ['mædɪst] *sup. von* ***mad***.
mad·ding ['mædɪŋ] *adj. poet.* **1.** rasend, tobend: ***the ~ crowd***; **2.** → ***maddening***.
'mad-ˌdoc·tor *s.* Irrenarzt *m*.
made [meɪd] **I** *pret. u. p.p. von* ***make***; **II** *adj.* **1.** (künstlich) hergestellt: ***~ dish*** aus mehreren Zutaten zs.-gestelltes Gericht; ***~ gravy*** künstliche Bratensoße; ***~ road*** befestigte Straße; ***~ of wood*** aus Holz, Holz…; ***English-~*** ✝ *Artikel* englischer Fabrikation; **2.** gemacht, arriviert: ***a ~ man***; ***he had got it ~*** F er hatte es geschafft; **3.** *körperlich* gebaut: ***a well-~ man***.
ˌmade|-to-'meas·ure, **ˌ~-to-'or·der** *adj.* ✝ nach Maß angefertigt, Maß…, *a. fig.* maßgeschneidert, nach Maß; **ˌ~-'up** *adj.* **1.** (frei) erfunden: ***a ~ story***; **2.** geschminkt; **3.** ✝ Fertig…, Fabrik…: ***~ clothes*** Konfektionskleidung *f*.
'mad·house *s.* Irren-, *fig. a.* Tollhaus *n*.
mad·ly ['mædlɪ] *adv.* **1.** wie verrückt, wie wild: ***they worked ~ all night***; **2.** F schrecklich, wahnsinnig: ***~ in love***; **3.** verrückt(erweise).
'mad·man [-mən] *s.* [*irr.*] Verrückte(r) *m*, Irre(r) *m*.
mad·ness ['mædnɪs] *s.* **1.** Wahnsinn *m*, Tollheit *f* (*a. fig.*); **2.** *bsd. Am.* Wut *f* (***at*** über *acc.*).
mad·re·pore [ˌmædrɪ'pɔː] *s. zo.* Madre'pore *f*, 'Löcherkoˌralle *f*.
mad·ri·gal ['mædrɪgl] *s.* ♪ Madri'gal *n*.
'madˌwom·an *s.* [*irr.*] Wahnsinnige *f*, Irre *f*.
mael·strom ['meɪlstrɒm] *s.* Mahlstrom *m*, Strudel *m* (*a. fig.*): ***~ of traffic*** Verkehrsgewühl *n*.
Mae West [ˌmeɪ'west] *s. sl.* **1.** ⚓ aufblasbare Schwimmweste; **2.** ⚔ *Am.* Panzer *m* mit Zwillingsturm.
Maf·fi·a ['mæfɪə] → ***Mafia***.
maf·fick ['mæfɪk] *v/i. Brit. obs.* ausgelassen feiern.

Ma·fia ['mæfɪə] *s.* Mafia *f*; **ma·fi·o·so** [ˌmæfɪ'əʊsəʊ] *pl.* **-sos** *od.* **-si** [-sɪ] *s.* Mafi'oso *m.*

mag¹ [mæg] F *für* ***magazine*** 4.

mag² [mæg] ⚙ *sl. für* ***magneto***: **~-generator** Magnetodynamo *m.*

mag·a·zine [ˌmægə'ziːn] *s.* **1.** ⚔ a) ('Pulver)Magaˌzin *n*, Muniti'onslager *n*, b) Versorgungslager *n*, c) Maga'zin *n* (*in Mehrladewaffen*): **~ gun**, **~ rifle** Mehrladegewehr *n*; **2.** ⚙ Maga'zin *n* (*a. Computer*), Vorratsbehälter *m*; **3.** ✝ Maga'zin *n*, Speicher *m*, Lagerhaus *n*; *fig.* Vorrats-, Kornkammer *f* (*fruchtbares Gebiet*); **4.** Maga'zin *n*, (*oft* illustrierte) Zeitschrift.

mag·da·len ['mægdəlɪn] *s. fig.* Magda'lena *f*, reuige Sünderin.

ma·gen·ta [mə'dʒentə] **I** *s.* ⚗ Ma'genta (-rot) *n*, Fuch'sin *n*; **II** *adj.* ma'gentarot.

mag·got ['mægət] *s.* **1.** *zo.* Made *f*, Larve *f*; **2.** *fig.* Grille *f*; **'mag·got·y** [-tɪ] *adj.* **1.** madig; **2.** *fig.* schrullig.

Ma·gi ['meɪdʒaɪ] *s. pl.*: ***the*** (***three***) **~** die (drei) Weisen aus dem Morgenland, die Heiligen Drei Könige.

mag·ic ['mædʒɪk] **I** *s.* **1.** Ma'gie *f*, Zaube'rei *f*; **2.** Zauber(kraft *f*) *m* (*a. fig.*): ***it works like*** **~** es ist die reinste Hexerei; **II** *adj.* (□ **~ally**) **3.** magisch, Wunder…, Zauber…: **~ *carpet*** fliegender Teppich; **~ *eye*** ⚡ magisches Auge; **~ *lamp*** Wunderlampe *f*; **~ *lantern*** Laterna *f* magica; **~ *square*** magisches Quadrat; **4.** zauberhaft: **~ *beauty***; **'mag·i·cal** [-kl] → ***magic*** II.

ma·gi·cian [mə'dʒɪʃn] *s.* **1.** Magier *m*, Zauberer *m*; **2.** Zauberkünstler *m.*

mag·is·te·ri·al [ˌmædʒɪ'stɪərɪəl] *adj.* □ **1.** obrigkeitlich, behördlich; **2.** maßgeblich; **3.** herrisch.

mag·is·tra·cy ['mædʒɪstrəsɪ] *s.* **1.** ⚖, *pol.* Amt *e-s* ***magistrate***; **2.** Richterschaft *f*; **3.** *pol.* Verwaltung *f*; **mag·is·tral** [mə'dʒɪstrəl] *adj. pharm.* magi'stral (*nach ärztlicher Vorschrift*); **'mag·is·trate** [-reɪt] *s.* **1.** a) ⚖ Richter *m* (an e-m ***magistrates' court***), b) (***police***) **~** *Am.* Poli'zeirichter *m*; **2.** (Ver'waltungs)Beˌamte(r) *m*: ***chief*** **~** *Am.* a) Präsi'dent *m*, b) Gouver'neur *m*, c) Bürgermeister *m*; **mag·is·trates' court** *s.* ⚖ *erstinstanzliches Gericht für einfache Fälle.*

Mag·na C(h)ar·ta [ˌmægnə'kɑːtə] *s.* **1.** *hist.* Magna Charta *f* (*der große Freibrief des englischen Adels* [*1215*]); **2.** Grundgesetz *n.*

mag·na·nim·i·ty [ˌmægnə'nɪmətɪ] *s.* Edelmut *m*, Großmut *f*; **mag·nan·i·mous** [mæg'nænɪməs] *adj.* □ großmütig, hochherzig.

mag·nate ['mægneɪt] *s.* **1.** Ma'gnat *m*: a) 'Großindustriˌelle(r) *m*, b) Großgrundbesitzer *m*; **2.** Größe *f*, einflußreiche Per'sönlichkeit.

mag·ne·sia [mæg'niːʃə] *s.* ⚗ Ma'gnesia *f*, Ma'gnesiumoˌxyd *n*; **mag'ne·sian** [-ʃn] *adj.* **1.** Magnesia…; **2.** Magnesium…; **mag'ne·si·um** [-iːzjəm] *s.* ⚗ Ma'gnesium *n.*

mag·net ['mægnɪt] *s.* Ma'gnet *m* (*a. fig.*); **mag·net·ic** [mæg'netɪk] *adj.* (□ **~ally**) **1.** ma'gnetisch, Magnet…(*-feld, -kompaß, -nadel, -pol etc.*): **~ *attraction*** magnetische Anziehung(skraft) (*a. fig.*); **~ *declination*** Mißweisung *f*; **~ *tape recorder*** Magnettongerät *n*; **2.** *fig.* faszinierend, fesselnd, ma'gnetisch; **mag·net·ics** [mæg'netɪks] *s. pl.* (*mst sg. konstr.*) Wissenschaft *f* vom Magne'tismus; **'mag·net·ism** [-tɪzəm] *s.* **1.** *phys.* Magne'tismus *m*; **2.** *fig.* (ma'gnetische) Anziehungskraft; **mag·net·i·za·tion** [ˌmægnɪtaɪ'zeɪʃn] *s.* Magnetisierung *f*; **'mag·net·ize** [-taɪz] *v/t.* **1.** magnetisieren; **2.** *fig.* (wie ein Ma'gnet) anziehen, fesseln; **'mag·net·iz·er** [-taɪzə] *s.* ⚕ Magneti'seur *m.*

mag·ne·to [mæg'niːtəʊ] *pl.* **-tos** *s.* ⚡ Ma'gnetzünder *m.*

magneto- [mægniːtəʊ] *in Zssgn* Magneto…; **mag·ne·to-e·lec·tric** [mægˌniːtəʊɪ'lektrɪk] *adj.* ma'gneto-eˌlektrisch.

mag·ni·fi·ca·tion [ˌmægnɪfɪ'keɪʃn] *s.* **1.** Vergrößern *n*; **2.** Vergrößerung *f*; **3.** *phys.* Vergrößerungsstärke *f*; **4.** ⚡ Verstärkung *f.*

mag·nif·i·cence [mæg'nɪfɪsns] *s.* Großartigkeit *f*, Herrlichkeit *f*; **mag'nif·i·cent** [-nt] *adj.* □ großartig, prächtig, herrlich (*alle a.* F *fig.*).

mag·ni·fi·er ['mægnɪfaɪə] *s.* **1.** Vergrößerungsglas *n*, Lupe *f*; **2.** ⚡ Verstärker *m*; **3.** Verherrlicher *m*; **mag·ni·fy** ['mægnɪfaɪ] *v/t. opt. u. fig.* **1.** vergrößern: **~*ing glass*** → ***magnifier*** 1; **2.** *fig.* aufbauschen; **3.** ⚡ verstärken.

mag·nil·o·quence [mæg'nɪləʊkwəns] *s.* **1.** Großspreche'rei *f*; **2.** Schwulst *m*, Bom'bast *m*; **mag'nil·o·quent** [-nt] *adj.* □ **1.** großsprecherisch; **2.** hochtrabend, bom'bastisch.

mag·ni·tude ['mægnɪtjuːd] *s.* Größe *f*, Größenordnung *f* (*a. ast.*, ⅍), *fig. a.* Ausmaß *n*, Schwere *f*: ***a star of the first*** **~** ein Stern erster Größe; ***of the first*** **~** von äußerster Wichtigkeit.

mag·no·li·a [mæg'nəʊljə] *s.* ⚘ Ma'gnolie *f.*

mag·num ['mægnəm] *s.* Zwei'quartflasche *f* (*etwa 2 l enthaltend*); ˌ**~ 'o·pus** [-'əʊpəs] *s.* Meister-, Hauptwerk *n.*

mag·pie ['mægpaɪ] *s.* **1.** *zo.* Elster *f*; **2.** *fig.* Schwätzer(in); **3.** *fig.* sammelwütiger Mensch; **4.** *Scheibenschießen*: zweiter Ring von außen.

ma·gus ['meɪgəs] *pl.* **-gi** [-dʒaɪ] *s.* **1.** ♀ *antiq. persischer* Priester; **2.** Zauberer *m*; **3.** *a.* ♀ *sg. von* ***Magi***.

ma·ha·ra·ja(h) [ˌmɑːhə'rɑːdʒə] *s.* Maha'radscha *m*; ˌ**ma·ha'ra·nee** [-ɑːniː] *s.* Maha'rani *f.*

mahl·stick ['mɔːlstɪk] → ***maulstick***.

ma·hog·a·ny [mə'hɒgənɪ] **I** *s.* **1.** ⚘ Maha'gonibaum *m*; **2.** Maha'goni(holz) *n*; **3.** Maha'goni(farbe *f*) *n*; **4.** ***have*** (*od.* ***put***) ***one's feet under s.o.'s*** **~** F j-s Gastfreundschaft genießen; **II** *adj.* **5.** Mahagoni…; **6.** maha'gonifarben.

ma·hout [mə'haʊt] *s. Brit. Ind.* Ele'fantentreiber *m.*

maid [meɪd] *s.* **1.** (junges) Mädchen, *poet. u. iro.* Maid *f*: **~ *of hono(u)r*** a) Ehren-, Hofdame *f*, b) *Am. erste* Brautjungfer; ***old*** **~** alte Jungfer; **2.** (Dienst-) Mädchen *n*, Magd *f*: **~*-of-all-work*** *bsd. fig.* Mädchen für alles; **3.** *poet.* Jungfrau *f*: ***the*** ♀ (***of Orleans***).

maid·en ['meɪdn] **I** *adj.* **1.** mädchenhaft, Mädchen…: **~ *name*** Mädchenname *e-r Frau*; **2.** jungfräulich, unberührt (*a. fig.*): **~ *soil***; **3.** unverheiratet: **~ *aunt***; **4.** Jungfern…, Antritts…: **~ *flight*** ✈ Jungfernflug *m*; **~ *speech*** *parl.* Jungfernrede *f*; **~ *voyage*** ⚓ Jungfernfahrt *f*; **II** *s.* **5.** → ***maid*** 1; **6.** *Scot. hist.* Guillo'tine *f*; **7.** *Rennsport*: a) Maiden *n* (*Pferd, das noch nie gesiegt hat*), b) Rennen *n* für Maidens; **'~·hair** (**fern**) *s.* ⚘ Frauenhaar(farn *m*) *n*; **'~·head** *s.* **1.** → ***maidenhood***; **2.** *anat.* Jungfernhäutchen *n*; **'~·hood** [-hʊd] *s.* **1.** Jungfräulichkeit *f*, Jungfernschaft *f*; **2.** Jung'mädchenzeit *f.*

maid·en·like ['meɪdnlaɪk], **'maid·en·ly** [-lɪ] *adj.* **1.** → ***maiden*** 1; **2.** jungfräulich, züchtig.

'maidˌserv·ant → ***maid*** 2.

mail¹ [meɪl] **I** *s.* **1.** Post(sendung) *f*, *bsd.* Brief- *od.* Pa'ketpost *f*: ***by*** **~** *Am.* mit der Post; ***by return*** **~** *Am.* postwendend, umgehend; ***incoming*** **~** Posteingang *m*; ***outgoing*** **~** Postausgang *m*; **2.** Briefbeutel *m*, Postsack *m*; **3.** Post (-dienst *m*) *f*: ***the Federal*** ♀***s*** *Am.* die Bundespost; **4.** Postversand *m*; **5.** Postauto *n*, -boot *n*, -bote *m*, -flugzeug *n*, -zug *m*; **II** *adj.* **6.** Post…: **~*-boat*** Post-, Paketboot *n*; **III** *v/t.* **7.** *bsd. Am.* (ab-) schicken, aufgeben; zuschicken (***to*** *dat.*): **~*ing list*** ✝ Adressenliste *f*, -kartei *f.*

mail² [meɪl] **I** *s.* **1.** Kettenpanzer *m*: ***coat of*** **~** Panzerhemd *n*; **2.** (Ritter-) Rüstung *f*; **3.** *zo.* Panzer *m*; **II** *v/t.* **4.** panzern.

mail·a·ble ['meɪləbl] *adj. Am.* postversandfähig.

'mail|·bag *s.* Postbeutel *m*; **'~·box** *s. Am.* Briefkasten *m*; **'~·car** *s. Am.* Postwagen *m*; **'~ˌcar·ri·er** *s.* → ***mailman***; **'~·clad** *adj.* gepanzert; **'~·coach** *s. Brit.* **1.** Postwagen *m*; **2.** *hist.* Postkutsche *f.*

mailed [meɪld] *adj.* gepanzert (*a. zo.*): ***the*** **~ *fist*** *fig.* die eiserne Faust.

'mail|·man [-mən] *s.* [*irr.*] *Am.* Briefträger *m*; **~ or·der** *s.* ✝ Bestellung *f* (*von Waren*) durch die Post; **'~-ˌor·der** *adj.* Postversand…: **~ *business*** Versandhandel *m*; **~ *catalog*(*ue*)** Versandhauskatalog *m*; **~ *house*** (Post)Versandgeschäft *n.*

maim [meɪm] *v/t.* verstümmeln (*a. fig. Text*); zum Krüppel machen; lähmen (*a. fig.*).

main [meɪn] **I** *adj.* □ → ***mainly***; **1.** Haupt…, größt, wichtigst, vorwiegend, hauptsächlich: **~ *clause*** *ling.* Hauptsatz *m*; **~ *deck*** ⚓ Hauptdeck *n*; **~ *girder*** ⚠ Längsträger *m*; **~ *office*** Hauptbüro *n*; **~ *road*** Hauptverkehrsstraße *f*; ***the*** **~ *sea*** die offene *od.* hohe See; **~ *station*** a) *teleph.* Hauptanschluß *m*, b) Hauptbahnhof *m*; ***the*** **~ *thing*** die Hauptsache; ***by*** **~ *force*** mit äußerster Kraft, mit (aller) Gewalt; **2.** ⚓ groß, Groß…: **~ *brace*** Großbrasse *f*; **II** *s.* **3.** *mst pl.* a) Haupt(gas- *etc.*)leitung *f*: (***gas***) **~*s***; (***water***) **~*s***, b) ⚡ Haupt-, Stromleitung *f*, c) (Strom)Netz *n*: ***operating on the*** **~*s***, **~*s-operated*** mit Netzanschluß *od.* -betrieb; **~*s adapter*** Netzteil *n*; **~*s failure*** Stromausfall *m*; **~*s voltage*** Netzspannung *f*; **4.** a) Hauptrohr *n*, b) Hauptkabel *n*; **5.** 🚂 *Am.* Hauptlinie *f*; **6.** Hauptsache *f*, Kern *m*: ***in*** (*Am. a.* ***for***) ***the*** **~** hauptsächlich, in der Hauptsache; **7.** *poet. die* hohe See; **8.** → ***might***¹ 2; **~ *chance***

s.: ***have an eye to the ~*** s-n eigenen Vorteil im Auge haben; **ˈ~·frame** *s. Computer*: Großrechner *m*; **~ fuse** *s.* ↯ Hauptsicherung *f*; **ˈ~·land** [-lənd] *s.* Festland *n*; **~ line** *s.* **1.** 🚂 *etc.*, *a.* ⚔ Hauptlinie *f*: ***~ of resistance*** Hauptkampflinie *f*; **2.** *Am.* Hauptverkehrsstraße *f*; **3.** *sl.* a) Hauptvene *f*, b) ‚Schuß' *m* (*Heroin etc.*); **ˈ~·line** *v/i. sl.* ‚fixen'; **ˈ~ˌlin·er** *s. sl.* ‚Fixer(in)'.

main·ly [ˈmeɪnlɪ] *adv.* hauptsächlich, vorwiegend.

main|·mast [ˈmeɪnmɑːst; ⚓ -məst] *s.* ⚓ Großmast *m*; **~·sail** [ˈmeɪnseɪl; ⚓ -sl] *s.* ⚓ Großsegel *n*; **ˈ~·spring** *s.* **1.** Hauptfeder *f* (*Uhr etc.*); **2.** *fig.* (Haupt)Triebfeder *f*, treibende Kraft; **ˈ~·stay** *s.* **1.** ⚓ Großstag *n*; **2.** *fig.* Hauptstütze *f*; **ˈ~·stream** *s. fig.* Hauptströmung *f*; **ℒ Street** *adj. Am.* provinziˈell-materiaˈlistisch.

main·tain [meɪnˈteɪn] *v/t.* **1.** *Zustand, gute Beziehungen etc.* (aufrecht)erhalten, *e-e Haltung etc.* beibehalten, *Ruhe u. Ordnung etc.* (be)wahren: ***~ a price*** † e-n Preis halten; **2.** inˈstand halten, pflegen, ⚙ *a.* warten; **3.** *Briefwechsel etc.* unterˈhalten, (weiter)führen; **4.** (*in e-m bestimmten Zustand*) lassen, bewahren: ***~ s.th. in*** (***an***) ***excellent condition***; **5.** *Familie etc.* unterˈhalten, versorgen; **6.** behaupten (***that*** daß, ***to*** zu); **7.** *Meinung, Recht etc.* verfechten; auf *e-r Forderung* bestehen: ***~ an action*** ⚖ e-e Klage anhängig machen; **8.** *j-n* unterˈstützen, *j-m* beipflichten; ⚖ *e-e Prozeßpartei* ˈwiderrechtlich unterstützen; **9.** nicht aufgeben, behaupten: ***~ one's ground*** *bsd. fig.* sich behaupten; **mainˈtain·a·ble** [-nəbl] *adj.* verfechtbar, haltbar; **mainˈtain·er** [-nə] *s.* Unterˈstützer *m*: a) Verfechter *m* (*Meinung etc.*), b) Versorger *m*; **mainˈtain·or** [-nə] *s.* ⚖ außenstehender Proˈzeßtreiber; **main·te·nance** [ˈmeɪntənəns] *s.* **1.** Inˈstandhaltung *f*, Erhaltung *f*; **2.** ⚙ Wartung *f*: ***~ man*** Wartungsmonteur *m*; ***~-free*** wartungsfrei; **3.** ˈUnterhalt(smittel *pl.*) *m*: ***~ grant*** Unterhaltszuschuß *m*; ***~ order*** ⚖ Anordnung *f* von Unterhaltszahlungen; **4.** Aufrechterhaltung *f*, Beibehalten *n*; **5.** Behauptung *f*, Verfechtung *f*; **6.** ⚖ ˈilleˌgale Unterˈstützung e-r proˈzeßführenden Parˈtei.

ˈmain|·top *s.* ⚓ Großmars *m*; **~ yard** *s.* ⚓ Großrah(e) *f*.

mai·son·(n)ette [ˌmeɪzəˈnet] *s.* **1.** Maisoˈnette *f*; **2.** Einliegerwohnung *f*.

maize [meɪz] *s. Brit.* ♀ Mais *m*.

ma·jes·tic [məˈdʒestɪk] *adj.* (☐ **~ally**) majeˈstätisch; **maj·es·ty** [ˈmædʒəstɪ] *s.* **1.** Majeˈstät *f*: ***His*** (***Her***) ***ℒ*** Seine (Ihre) Majestät; ***Your ℒ*** Eure Majestät; **2.** *fig.* Majeˈstät *f*, Erhabenheit *f*, Hoheit *f*.

ma·jol·i·ca [məˈjɒlɪkə] *s.* Maˈjolika *f*.

ma·jor [ˈmeɪdʒə] **I** *s.* **1.** Maˈjor *m*; **2.** ⚖ Volljährige(r *m*) *f*, Mündige(r *m*) *f*; **3.** *hinter Eigennamen*: der Ältere; **4.** ♪ a) Dur *n*, b) ˈDurakˌkord *m*, c) Durtonart *f*; **5.** *phls.* a) *a.* ***~ term*** Oberbegriff *m*, b) *a.* ***~ premise*** Obersatz *m*; **6.** *univ. Am.* Hauptfach *n*; **II** *adj.* **7.** größer (*a. fig.*); *fig.* bedeutend: ***~ attack*** Großangriff *m*; ***~ event*** *bsd. sport* Großveranstaltung *f*, *weitS.* ‚große Sache'; ***~ repair*** größere Reparatur; ***~ shareholder*** Großaktionär(in); → ***operation*** 9; **8.** ⚖ volljährig, mündig; **9.** ♪ a) groß (*Terz etc.*), b) Dur...: ***~ key*** Durtonart *f*; ***C ~*** C-Dur *n*; **III** *v/t.* **10.** (*v/i.* ***~ in***) *Am.* als Hauptfach studieren; **ˌ~-ˈgen·er·al** *s.* ⚔ Geneˈralmaˌjor *m*.

ma·jor·i·ty [məˈdʒɒrətɪ] *s.* **1.** Mehrheit *f*: ***~ of votes*** (Stimmen)Mehrheit, Majoriˈtät *f*; ***~ decision*** Mehrheitsbeschluß *m*; † ***~ holding*** Mehrheitsbeteiligung *f*; ***~ leader*** *Am.* Fraktionsführer *m* der Mehrheitspartei; ***~ rule*** Mehrheitsregierung *f*; ***in the ~ of cases*** in der Mehrzahl der Fälle; ***join the ~*** a) sich der Mehrheit anschließen, b) zu den Vätern versammelt werden (*sterben*); ***win by a large ~*** mit großer Mehrheit gewinnen; **2.** ⚖ Voll-, Großjährigkeit *f*; **3.** ⚔ Maˈjorsrang *m*, -stelle *f*.

ma·jor| league *s. sport Am.* oberste Spielklasse; **~ mode** *s.* ♪ Dur(tonart *f*) *n*; **~ scale** *s.* Durtonleiter *f*.

ma·jus·cule [ˈmædʒəskjuːl] *s.* Maˈjuskel *f*, großer Anfangsbuchstabe.

make [meɪk] **I** *s.* **1.** a) Mach-, Bauart *f*, Form *f*, b) Erzeugnis *n*, Fabriˈkat *n*: ***our own ~*** (unser) eigenes Fabrikat; ***of best English ~*** beste englische Qualität; **2.** *Mode*: Schnitt *m*, Fasˈson *f*; **3.** † a) (Faˈbrik)Marke *f*, b) ⚙ Typ *m*, Bau(-art *f*) *m*; **4.** (*Körper*)Bau *m*; **5.** Anfertigung *f*, Herstellung *f*; **6.** ↯ Schließen *n* (*Stromkreis*): ***be at ~*** geschlossen sein; **7.** ***be on the ~*** *sl.* a) auf Geld (*od.* e-n Vorteil) aussein, ‚schwer dahinterher' sein, b) auf ein (sexuelles) Abenteuer aussein; **II** *v/t.* [*irr.*] **8.** *allg. z.B. Einkäufe, Einwände, Feuer, Reise, Versuch* machen; *Frieden* schließen; *e-e Rede* halten; → ***face*** 2, ***war*** 1 *etc.*; **9.** machen: a) anfertigen, herstellen, erzeugen (***from***, ***of***, ***out of*** von, aus), b) verarbeiten, bilden, formen (***to***, ***into*** in *acc.*, zu), c) *Tee etc.* (zu)bereiten, d) *Gedicht etc.* verfassen; **10.** errichten, bauen, *Garten*, *Weg etc.* anlegen; **11.** (er)schaffen: ***God made man*** Gott schuf den Menschen; ***you are made for this job*** du bist für diese Arbeit wie geschaffen; **12.** *fig.* machen zu: ***he made her his wife***; ***to ~ enemies of*** sich zu Feinden machen; **13.** ergeben, bilden, entstehen lassen: ***many brooks ~ a river***; ***oxygen and hydrogen ~ water*** Wasserstoff u. Sauerstoff bilden Wasser; **14.** verursachen: a) *ein Geräusch*, *Lärm*, *Mühe*, *Schwierigkeiten* machen, b) bewirken, (mit sich) bringen: ***prosperity ~s contentment***; **15.** (er)geben, den Stoff abgeben zu, dienen als (*Sache*): ***this ~s a good article*** das gibt e-n guten Artikel; ***this book ~s good reading*** dieses Buch liest sich gut; **16.** sich erweisen als (*Person*): ***he would ~ a good salesman*** er würde e-n guten Verkäufer abgeben; ***she made him a good wife*** sie war ihm e-e gute Frau; **17.** bilden, (aus)machen: ***this ~s the tenth time*** das ist das zehnte Mal; → ***difference*** 1, ***one*** 6, ***party*** 2; **18.** (*mit adj.*, *p.p. etc.*) machen: ***~ angry*** zornig machen, erzürnen; ***~ known*** bekanntmachen, -geben; → ***make good***; **19.** (*mit folgendem s.*) machen zu, ernennen zu: ***they made him a general***, ***he was made a general*** er wurde zum General ernannt; ***he made himself a martyr*** er wurde zum Märtyrer; **20.** *mit inf.* (*act. ohne* ***to***, *pass. mit* ***to***) *j-n* veranlassen, lassen, bringen, zwingen *od.* nötigen zu: ***~ s.o. wait*** j-n warten lassen; ***we made him talk*** wir brachten ihn zum Sprechen; ***they made him repeat it*** man ließ es ihn wiederholen; ***~ s.th. do***, ***~ do with s.th.*** mit et. auskommen, sich mit et. behelfen; **21.** *fig.* machen: ***~ much of*** a) viel Wesens um *et. od. j-n* machen, b) sich viel aus *et.* machen, viel von *et.* halten; → ***best*** 7, ***most*** 3, ***nothing*** *Redew.*; **22.** sich e-e Vorstellung von *et.* machen, *et.* halten für: ***what do you ~ of it?*** was halten Sie davon?; **23.** F *j-n* halten für: ***I ~ him a greenhorn***; **24.** schätzen auf (*acc.*): ***I ~ the distance three miles***; **25.** feststellen: ***I ~ it a quarter to five*** nach m-r Uhr ist es viertel vor fünf; **26.** erfolgreich ˈdurchführen: → ***escape*** 9; **27.** *j-m* zum Erfolg verhelfen, *j-s* Glück machen: ***I can ~ and break you*** ich kann aus Ihnen et. machen oder Sie auch fertigmachen; **28.** sich *ein Vermögen etc.* erwerben, verdienen, *Geld*, *Profit* machen, *Gewinn* erzielen; → ***name*** *Redew.*; **29.** ‚schaffen': a) *Strecke* zuˈrücklegen: ***can we ~ it in 3 hours?***, b) *Geschwindigkeit* erreichen: ***~ 60 mph.***; **30.** F *et.* erreichen, ‚schaffen', *akademischen Grad* erlangen, *sport etc. Punkte*, *a. Schulnote* erzielen, *Zug* erwischen: ***~ it*** es schaffen; ***~ the team*** in die Mannschaft aufgenommen werden; **31.** *sl. Frau* ‚ˈumlegen' (*verführen*); **32.** ankommen in (*dat.*), erreichen: ***~ port*** ⚓ in den Hafen einlaufen; **33.** ⚓ sichten, ausmachen: ***~ land***; **34.** *Brit. Mahlzeit* einnehmen; **35.** *Fest etc.* veranstalten; **36.** *Preis* festsetzen, machen; **37.** *Kartenspiel*: a) *Karten* mischen, b) *Stich* machen; **38.** ↯ *Stromkreis* schließen; **39.** *ling. Plural etc.* bilden, werden zu; **40.** sich belaufen auf (*acc.*), ergeben, machen: ***two and two ~ four*** 2 u. 2 macht *od.* ist 4; **III** *v/i.* [*irr.*] **41.** sich anschikken, den Versuch machen (***to do*** zu tun): ***he made to go*** er wollte gehen; **42.** (***to*** nach) a) sich begeben *od.* wenden, b) führen, gehen (*Weg etc.*), sich erstrecken, c) fließen; **43.** einsetzen (*Ebbe*, *Flut*), (an)steigen (*Flut etc.*); **44.** ***~ as if*** (*od.* ***as though***) so tun als ob *od.* als wenn: ***~ believe*** (***that*** *od.* ***to do***) vorgeben (daß *od.* zu tun); **45.** ***~ like*** *Am. sl.* sich verhalten wie: ***~ like a father***;

Zssgn mit prp.:

make| aft·er *v/i. obs. j-m* nachsetzen, *j-n* verfolgen; **~ a·gainst** *v/i.* **1.** ungünstig sein für, schaden (*dat.*); **2.** sprechen gegen (*a. fig.*); **~ for** *v/i.* **1.** a) zugehen auf (*acc.*), sich aufmachen nach, zustreben (*dat.*), b) ⚓ lossteuern (*a. fig.*) *od.* Kurs haben auf (*acc.*), c) sich stürzen auf (*acc.*); **2.** beitragen zu, förderlich sein *od.* dienen (*dat.*): ***it makes for his advantage*** es wirkt sich für ihn günstig aus; ***the aerial makes for better reception*** die Antenne verbessert den Empfang; **~ to·ward(s)** *v/i.* zugehen auf (*acc.*), sich bewegen nach, sich nähern (*dat.*); **~ with** *v/i. Am. sl.* loslegen mit: ***~ the feet!*** nun lauf schon!

Zssgn mit adv.:
make| a·way *v/i.* sich da'vonmachen: **~ with** a) sich davonmachen mit (*Geld etc.*), b) *et. od. j-n* beseitigen, aus dem Weg(e) räumen, c) *Geld etc.* durchbringen, d) sich entledigen (*gen.*); **~ good I** *v/t.* **1.** a) (wieder)'gutmachen, b) ersetzen, vergüten: **~ a deficit** ein Defizit decken; **2.** begründen, rechtfertigen, nachweisen; **3.** *Versprechen, sein Wort* halten; **4.** *den Erwartungen* entsprechen; **5.** *Flucht etc.* glücklich bewerkstelligen; **6.** (*berufliche etc.*) *Stellung* ausbauen; **II** *v/i.* **7.** sich 'durchsetzen, sein Ziel erreichen; **8.** sich bewähren, den Erwartungen entsprechen; **~ off** *v/i.* sich da'vonmachen, ausreißen (**with** mit *Geld etc.*); **~ out I** *v/t.* **1.** *Scheck etc.* ausstellen; *Urkunde* ausfertigen; *Liste etc.* aufstellen; **2.** ausmachen, erkennen; **3.** *Sachverhalt etc.* feststellen, her'ausbekommen; **4.** a) *j-n* ausfindig machen, b) aus *j-m od. et.* klug werden; **5.** entziffern; **6.** a) behaupten, b) beweisen, c) *j-n als Lügner etc.* hinstellen; **7.** *Am. mühsam* zustande bringen; **8.** *Summe* voll machen; **9.** halten für; **II** *v/i.* **10.** *bsd. Am.* F Erfolg haben: **how did you ~?** wie haben Sie abgeschnitten?; **11.** *bsd. Am.* (*mit j-m*) auskommen; **12.** vorgeben, (so) tun (als ob); **~ o·ver** *v/t.* **1.** *Eigentum* über'tragen, -'eignen, vermachen; **2.** 'umbauen; *Anzug etc.* 'umarbeiten, **~ up I** *v/t.* **1.** bilden, zs.-setzen: **be made up of** bestehen *od.* sich zs.-setzen aus; **2.** *Arznei, Bericht etc.* zs.-stellen; *Schriftstück* aufsetzen, *Liste etc.* aufstellen; *Paket* (ver-)packen, verschnüren; **3.** *a. thea.* zu'rechtmachen, schminken, pudern; **4.** *Geschichte etc.* sich ausdenken, *a. b.s.* erfinden: **a made-up story**; **5.** a) *Versäumtes* nachholen; → **leeway** 2, b) 'wiedergewinnen: **~ lost ground**; **6.** ersetzen, vergüten; **7.** *Rechnung, Konten* ausgleichen; *Bilanz* ziehen; → **account** 5; **8.** *Streit etc.* beilegen; **9.** ver'vollständigen, *Fehlendes* ergänzen, *Betrag, Gesellschaft etc.* voll machen; **10. make it up** a) es wieder'gutmachen, b) → 17; **11.** *typ.* um'brechen; **II** *v/i.* **12.** sich zu'rechtmachen, *bsd.* sich pudern *od.* schminken; **13.** (**for**) Ersatz leisten, als Ersatz dienen (für), vergüten (*acc.*); **14.** aufholen, wieder'gutmachen, wettmachen (**for** *acc.*): **~ for lost time** die verlorene Zeit wieder wettzumachen suchen; **15.** *Am.* sich nähern (**to** *dat.*); **16.** (**to**) F (*j-m*) schöntun, sich anbiedern (bei *j-m*), sich her'anmachen (an *j-n*); **17.** sich versöhnen *od.* wieder vertragen (**with** mit).

make| and break *s.* ⚡ Unter'brecher *m*; **ˌ~-and-'break** *adj.* ⚡ zeitweilig unter'brochen: **~ contact** Unterbrecherkontakt *m*; **'~-be·lieve I** *s.* **1.** a) Verstellung *f*, b) Heuche'lei *f*; **2.** Vorwand *m*; **3.** Schein *m*, Spiegelfechte'rei *f*; **II** *adj.* **4.** vorgeblich, scheinbar, falsch: **~ world** Scheinwelt *f*.

mak·er ['meɪkə] *s.* **1.** a) Macher *m*, Verfertiger *m*; Aussteller(in) *e-r Urkunde*, b) ✝ Hersteller *m*, Erzeuger *m*; **2. the** ♀ der Schöpfer (*Gott*): **meet one's ~** das Zeitliche segnen.

'make|-ˌread·y *s. typ.* Zurichtung *f*; **'~·shift I** *s.* Notbehelf *m*; **II** *adj.* behelfsmäßig, Behelfs…, Not…

'make-up *s.* **1.** Aufmachung *f*: a) *Film etc.*: Ausstattung *f*, Kostümierung *f*, Maske *f*: **~ man** Maskenbildner *m*, b) Verpackung *f*, ✝ Ausstattung *f*: **~ charge** *Schneiderei*: Macherlohn *m*; **2.** Schminke *f*, Puder *m*; **3.** Make-up *n*: a) Schminken *n*, b) Pudern *n*; **4.** *fig. humor.* Aufmachung *f*, (Ver)Kleidung *f*; **5.** Zs.-setzung *f*; *sport* (*Mannschafts-*) Aufstellung *f*; **6.** Körperbau *m*; **7.** Veranlagung *f*, Na'tur *f*; **8.** *fig. humor. Am.* erfundene Geschichte; **9.** *typ.* 'Umbruch *m*.

'make·weight *s.* **1.** (Gewichts)Zugabe *f*, Zusatz *m*; **2.** Gegengewicht *n* (*a. fig.*); **3.** *fig.* a) Lückenbüßer *m* (*Person*), b) Notbehelf *m*.

mak·ing ['meɪkɪŋ] *s.* **1.** Machen *n*: **this is of my own ~** das habe ich selbst gemacht; **2.** Erzeugung *f*, Herstellung *f*, Fabrikati'on *f*: **be in the ~** *a. fig.* im Werden *od.* im Kommen *od.* in der Entwicklung sein; **3.** a) Zs.-setzung *f*, b) Verfassung *f*, c) Bau(art *f*) *m*, Aufbau *m*, d) Aufmachung *f*; **4.** Glück *n*, Chance *f*: **this will be the ~ of him** damit ist er ein gemachter Mann; **5.** *pl.* ('Roh)Materiˌal *n* (*a. fig.*): **he has the ~s of** er hat das Zeug *od.* die Anlagen zu; **6.** *pl.* Pro'fit *m*, Verdienst *m*; **7.** *pl.* F *die* (nötigen) Zutaten *pl*.

mal- [mæl] *in Zssgn* a) schlecht, b) mangelhaft, c) übel, d) Miß…, un…

Mal·a·chi ['mæləkaɪ], *a.* **Mal·a·chi·as** [ˌmælə'kaɪəs] *npr. u. s. bibl.* (das Buch) Male'achi *m od.* Mala'chias *m*.

mal·a·chite ['mæləkaɪt] *s. min.* Mala'chit *m*, Kupferspat *m*.

mal·ad·just·ed [ˌmælə'dʒʌstɪd] *adj. psych.* nicht angepaßt, mi'lieugestört; **ˌmal·ad'just·ment** [-smənt] *s.* **1.** mangelnde Anpassung, Mi'lieustörung *f*; **2.** ⚙ Falscheinstellung *f*; **3.** 'Mißverhältnis *n*.

'mal·adˌmin·is'tra·tion *s.* **1.** schlechte Verwaltung; **2.** *pol.* 'Mißwirtschaft *f*.

ˌmal·a'droit *adj.* ☐ **1.** ungeschickt; **2.** taktlos.

mal·a·dy ['mælədɪ] *s.* Krankheit *f*, Gebrechen *n*, Übel *n* (*a. fig.*).

ma·la fi·de [ˌmeɪlə'faɪdɪ] (*Lat.*) *adj. u. adv.* arglistig, ⚖ *a.* bösgläubig.

ma·laise [mæ'leɪz] *s.* **1.** Unpäßlichkeit *f*; **2.** *fig.* Unbehagen *n*.

mal·a·prop·ism ['mæləprɒpɪzəm] *s.* (lächerliche) Wortverwechslung, 'Mißgriff *m*; **mal·ap·ro·pos** [ˌmæl'æprəpəʊ] **I** *adj.* **1.** unangebracht; **2.** unschicklich; **II** *adv.* **3.** a) zur Unzeit, b) im falschen Augenblick; **III** *s.* **4.** *et.* Unangebrachtes.

ma·lar ['meɪlə] *anat.* **I** *adj.* Backen…; **II** *s.* Backenknochen *m*.

ma·lar·i·a [mə'leərɪə] *s.* ⚕ Ma'laria *f*; **ma'lar·i·al** [-əl], **ma'lar·i·an** [-ən], **ma'lar·i·ous** [-ɪəs] *adj.* Malaria…, ma'lariaverseucht.

ma·lar·k(e)y [mə'lɑːkɪ] *s. Am. sl.* ‚Quatsch' *m*, ‚Käse' *m*.

Ma·lay [mə'leɪ] **I** *s.* **1.** Ma'laie *m*, Ma'laiin *f*; **2.** Ma'laiisch *n*; **II** *adj.* **3.** ma'laiisch; **Ma'lay·an** [-eɪən] *adj.* ma'laiisch.

'mal·conˌtent I *adj.* unzufrieden (*a. pol.*); **II** *s.* Unzufriedene(r *m*) *f*.

male [meɪl] **I** *adj.* **1.** männlich (*a. biol. u.* ⚙): **~ child** Knabe *m*; **~ choir** Männerchor *m*; **~ cousin** Vetter *m*; **~ nurse** Krankenpfleger *m*; **~ plug** ⚙ Stecker *m*; **~ rhyme** männlicher Reim; **~ screw** Schraube(nspindel) *f*; **2.** *weitS.* männlich, mannhaft; **II** *s.* **3.** a) Mann *m*, b) Knabe *m*: **~ model** Dressman *m*; **4.** *zo.* Männchen *n*; **5.** ⚘ männliche Pflanze.

mal·e·dic·tion [ˌmælɪ'dɪkʃn] *s.* Fluch *m*, Verwünschung *f*; **ˌmal·e'dic·to·ry** [-ktərɪ] *adj.* verwünschend, Verwünschungs…, Fluch…

mal·e·fac·tor ['mælɪfæktə] *s.* Misse-, Übeltäter *m*; **'mal·e·fac·tress** [-trɪs] *s.* Misse-, Übeltäterin *f*.

ma·lef·ic [mə'lefɪk] *adj.* (☐ **~ally**) ruchlos, bösartig; **ma'lef·i·cent** [-ɪsnt] *adj.* **1.** bösartig; **2.** schädlich (**to** für *od.* *dat.*); **3.** verbrecherisch.

ma·lev·o·lence [mə'levələns] *s.* 'Mißgunst *f*, Feindseligkeit *f* (**to** gegen), Böswilligkeit *f*; **ma'lev·o·lent** [-nt] *adj.* ☐ **1.** 'mißgünstig, widrig (*Umstände etc.*); **2.** feindselig, böswillig, übelwollend.

mal·fea·sance [mæl'fiːzəns] *s.* ⚖ strafbare Handlung.

ˌmal·for'ma·tion *s. bsd.* ⚕ 'Mißbildung *f*.

ˌmal'func·tion I *s.* **1.** ⚕ Funkti'onsstörung *f*; **2.** ⚙ schlechtes Funktionieren, Versagen *n*, De'fekt *m*; **II** *v/i.* **3.** schlecht funktionieren, de'fekt sein, versagen.

mal·ice ['mælɪs] *s.* **1.** Böswilligkeit *f*, Bosheit *f*; Arglist *f*, Tücke *f*; **2.** Groll *m*: **bear s.o. ~** j-m grollen, e-n Groll gegen j-n hegen; **3.** ⚖ (böse) Absicht, Vorsatz *m*: **with ~ aforethought** (*od.* **prepense**) vorsätzlich; **4.** (schelmische) Bosheit: **with ~** boshaft, maliziös; **ma·li·cious** [mə'lɪʃəs] *adj.* ☐ **1.** böswillig, boshaft; **2.** arglistig, (heim)tückisch; **3.** gehässig; **4.** hämisch; **5.** ⚖ böswillig, vorsätzlich; **6.** malizi'ös, boshaft; **ma·li·cious·ness** [mə'lɪʃəsnɪs] → **malice** 1, 2.

ma·lign [mə'laɪn] **I** *adj.* ☐ **1.** verderblich, schädlich; **2.** unheilvoll; **3.** böswillig; **4.** ⚕ bösartig; **II** *v/t.* **5.** verleumden, beschimpfen.

ma·lig·nan·cy [mə'lɪgnənsɪ] *s.* Böswilligkeit *f*; Bösartigkeit *f* (*a.* ⚕); Bosheit *f*; Arglist *f*; Schadenfreude *f*; **ma'lig·nant** [-nt] **I** *adj.* ☐ **1.** böswillig; bösartig (*a.* ⚕); **2.** arglistig, (heim)tückisch; **3.** schadenfroh; **4.** gehässig; **II** *s.* **5.** *hist. Brit.* Roya'list *m*; **6.** Übelgesinnte(r *m*) *f*; **ma'lig·ni·ty** [-nətɪ] → **malignancy**.

ma·lin·ger [mə'lɪŋgə] *v/i.* sich krank stellen, simulieren, ‚sich drücken'; **ma'lin·ger·er** [-ərə] *s.* Simu'lant *m*, Drükkeberger *m*.

mall¹ [mɔːl] *s.* **1.** Prome'nade(nweg *m*) *f*; **2.** Mittelstreifen *m e-r Autobahn*; **3.** *Am.* Einkaufszentrum, Fußgängerzone *f*.

mall² [mɔːl] *s. orn.* Sturmmöwe *f*.

mal·lard ['mæləd] *pl.* **-lards**, *coll.* **-lard** *s. orn.* Stockente *f*.

mal·le·a·ble ['mælɪəbl] *adj.* **1.** ⚙ a) (kalt-)hämmerbar, b) dehn-, streckbar, c) verformbar; **2.** *fig.* gefügig, geschmeidig; **~ cast i·ron** *s.* ⚙ **1.** Tempereisen *n*; **2.** Temperguß *m*; **~ i·ron** *s.* ⚙ **1.** a)

Schmiedeeisen *n*, b) schmiedbarer Guß; **2.** → ***malleable cast iron***.

mal·le·o·lar [mə'liːələ] *adj. anat.* Knöchel…

mal·let ['mælɪt] *s.* **1.** Holzhammer *m*, Schlegel *m*; **2.** ⚙, ⚒ Fäustel *m*: ~ ***toe*** ⚕ Hammerzehe *f*; **3.** *sport* Schlagholz *n*, Schläger *m*.

mal·low ['mæləʊ] *s.* ⚘ Malve *f*.

malm [mɑːm] *s. geol.* Malm *m*.

ˌ**mal·nu'tri·tion** *s.* 'Unterernährung *f*, schlechte Ernährung.

mal·o·dor·ous [mæl'əʊdərəs] *adj.* übelriechend.

ˌ**mal'prac·tice** *s.* **1.** Übeltat *f*; **2.** ⚖ a) Vernachlässigung *f* der beruflichen Sorgfalt, b) Kunstfehler *m*, Fahrlässigkeit *f des Arztes*, c) Untreue *f im Amt etc.*

malt [mɔːlt] **I** *s.* **1.** Malz *n*: ~ ***kiln*** Malzdarre *f*; ~ ***liquor*** gegorener Malztrank, *bsd.* Bier *n*; **II** *v/t.* **2.** mälzen, malzen: ~***ed milk*** Malzmilch *f*; **3.** unter Zusatz von Malz herstellen; **III** *v/i.* **4.** zu Malz werden.

Mal·tese [ˌmɔːl'tiːz] **I** *s. sg. u. pl.* **1.** a) Mal'teser(in), b) Malteser *pl.*; **2.** *ling.* Mal'tesisch *n*; **II** *adj.* **3.** mal'tesisch, Malteser…; ~ **cross** *s.* **1.** Mal'teserkreuz *n*; **2.** ⚘ Brennende Liebe.

'**malt-house** *s.* Mälze'rei *f*.

malt·ose ['mɔːltəʊs] *s.* ⚗ Malzzucker *m*.

ˌ**mal'treat** *v/t.* **1.** schlecht behandeln, malträtieren; **2.** miß'handeln; ˌ**mal'treat·ment** *s.* **1.** schlechte Behandlung; **2.** Miß'handlung *f*.

mal·ver·sa·tion [ˌmælvɜː'seɪʃn] *s.* ⚖ **1.** Amtsvergehen *n*; **2.** Veruntreuung *f*, 'Unterschleif *m*.

ma·mil·la [mæ'mɪlə] *pl.* **-lae** [-liː] *s.* **1.** *anat.* Brustwarze *f*; **2.** *zo.* Zitze *f*; **mam·il·lar·y** ['mæmɪlərɪ] *adj.* **1.** *anat.* Brustwarzen…; **2.** brustwarzenförmig.

mam·ma¹ [mə'mɑː] *s.* Mutti *f*.

mam·ma² ['mæmə] *pl.* **-mae** [-miː] *s.* **1.** *anat.* (weibliche) Brust, Brustdrüse *f*; **2.** *zo.* Zitze *f*, Euter *n*.

mam·mal ['mæml] *s. zo.* Säugetier *n*; **mam·ma·li·an** [mæ'meɪljən] *zo.* **I** *s.* Säugetier *n*; **II** *adj.* Säugetier…

mam·ma·ry ['mæmərɪ] *adj.* **1.** *anat.* Brust(warzen)…, Milch…: ~ ***gland*** Milchdrüse *f*; **2.** *zo.* Euter…

mam·mil·la *etc. Am.* → ***mamilla*** *etc.*

mam·mo·gram ['mæməʊgræm] *s.* ⚕ Mammo'gramm *n*; **mam·mo·gra·phy** [mæ'mɒgrəfɪ] *s.* Mammogra'phie *f*.

mam·mon ['mæmən] *s.* Mammon *m*; '**mam·mon·ism** [-nɪzəm] *s.* Mammonsdienst *m*, Geldgier *f*.

mam·moth ['mæməθ] **I** *s. zo.* Mammut *n*; **II** *adj.* Mammut…(*-baum, -unternehmen etc.*), riesig, Riesen…

mam·my ['mæmɪ] *s.* **1.** F Mami *f*; **2.** *Am. obs.* (schwarzes) Kindermädchen.

man [mæn] **I** *pl.* **men** [men] *s.* **1.** Mensch *m*; **2.** *oft* ♀ *coll.* (*mst ohne* **the**) der Mensch, die Menschen *pl.*, die Menschheit: ***rights of*** ~ Menschenrechte; → ***measure*** 5; **3.** Mann *m*: ~ ***about town*** Lebemann; ***the*** ~ ***in the street*** der Mann auf der Straße, der Durchschnittsmensch; ~ ***of God*** Diener *m* Gottes; ~ ***of letters*** a) Literat *m*, Schriftsteller *m*, b) Gelehrter *m*; ~ ***of all work*** a) Faktotum *n*, b) Allerweltskerl *m*; ~ ***of straw*** Strohmann; ~ ***of the world*** Weltmann; ~ ***of few*** (***many***) ***words*** Schweiger *m* (Schwätzer *m*); ***Oxford*** ~ Oxforder (Akademiker) *m*; ***I have known him*** ~ ***and boy*** ich kenne ihn von Jugend auf; ***be one's own*** ~ a) sein eigener Herr sein, b) im Vollbesitz s-r Kräfte sein; ***the*** ~ ***Smith*** (besagter) Smith; ***my good*** ~***!*** *herablassend*: mein lieber Herr!; → ***honour*** 1; **4.** *weitS.* a) Mann *m*, Per'son *f*, b) jemand, c) man: ***a*** ~ jemand; ***any*** ~ irgend jemand, jedermann; ***no*** ~ niemand; ***few men*** wenige (Leute); ***every*** ~ ***jack*** F jeder einzelne; ~ ***by*** ~ Mann für Mann, einer nach dem andern; ***as one*** ~ wie 'ein Mann, geschlossen; ***to a*** ~ bis auf den letzten Mann; ***give a*** ~ ***a chance*** einem e-e Chance geben; ***what can a*** ~ ***do in such a case?*** was kann man da schon machen?; **5.** F Mensch *m*, Menschenskind *n*: ~ ***alive!*** Menschenskind!; ***hurry up,*** ~***!*** Mensch, beeil dich!; **6.** (Ehe)Mann *m*: ~ ***and wife*** Mann u. Frau; **7.** a) Diener *m*, b) Angestellte(r) *m*, c) Arbeiter *m*: ***men working*** Baustelle (*Hinweis auf Verkehrsschildern*), d) *hist.* Lehnsmann *m*; **8.** ⚔, ⚓ Mann *m*: a) Sol'dat *m*, b) ⚓ Ma'trose *m*, c) *pl.* Mannschaft *f*: ~ ***on leave*** Urlauber *m*; ***20 men*** zwanzig Mann; **9.** *der* Richtige: ***be the*** ~ ***for s.th.*** der Richtige für et. (*e-e Aufgabe*) sein; ***I am your*** ~***!*** ich bin Ihr Mann!; **10.** *Brettspiel*: Stein *m*, ('Schach)Fiˌgur *f*; **II** *v/t.* **11.** ⚔, ⚓ bemannen; *a. e-n Arbeitsplatz* besetzen; **12.** *fig. j-n* stärken: ~ ***o.s.*** sich ermannen; **III** *adj.* **13.** männlich: ~ ***cook*** Koch *m*.

man·a·cle ['mænəkl] **I** *s. mst pl.* (Hand-)Fessel *f*, -schelle *f* (*a. fig.*); **II** *v/t. j-m* Handfesseln *od.* -schellen anlegen, *j-n* fesseln (*a. fig.*).

man·age ['mænɪdʒ] **I** *v/t.* **1.** *Geschäft etc.* führen, verwalten; *Betrieb etc.* leiten; *Gut etc.* bewirtschaften; **2.** *Künstler etc.* managen; **3.** zu'stande bringen, bewerkstelligen, es fertigbringen (***to do*** zu tun) (*a. iro.*): ***he*** ~***d to*** (*inf.*) es gelang ihm zu (*inf.*); **4.** ‚deichseln', ‚managen': ~ ***matters*** ‚die Sache managen'; **5.** F *Arbeit*, *Essen* bewältigen, ‚schaffen'; **6.** 'umgehen (können) mit: a) *Werkzeug etc.* handhaben, bedienen, b) *j-n* zu behandeln *od.* zu ‚nehmen' wissen, c) *j-n* bändigen, mit *j-m etc.* fertigwerden: ***I can*** ~ ***him*** ich werde (schon) mit ihm fertig; **7.** lenken (*a. fig.*); **II** *v/i.* **8.** das Geschäft *od.* den Betrieb *etc.* führen; die Aufsicht haben; **9.** auskommen, sich behelfen (***with*** mit); **10.** F a) ‚es schaffen', 'durchkommen, zu Rande kommen, b) ermöglichen: *can you come?* ***I'm afraid, I can't*** ~ (***it***) es geht leider nicht *od.* es ist mir leider nicht möglich; '**man·age·a·ble** [-dʒəbl] *adj.* □ **1.** lenksam, fügsam; **2.** handlich, leicht zu handhaben(d); '**man·age·a·ble·ness** [-dʒəblnɪs] *s.* **1.** Lenk-, Fügsamkeit *f*; **2.** Handlichkeit *f*; '**man·age·ment** [-mənt] *s.* **1.** (Haus- *etc.*)Verwaltung *f*; **2.** ✝ Management *n*, Unter'nehmensführung *f*: ~ ***consultant*** Unternehmensberater *m*; → ***industrial management***; **3.** ✝ Geschäftsleitung *f*, Direkti'on *f*: ***under new*** ~ unter neuer Leitung; ***labo***(***u***)***r and*** ~ Arbeitnehmer *pl.* u. Arbeitgeber *pl.*; **4.** ✓ Bewirtschaftung *f* (*Gut etc.*); **5.** Geschicklichkeit *f*, (kluge) Taktik; **6.** Kunstgriff *m*, Trick *m*; **7.** Handhabung *f*, Behandlung *f*; '**man·ag·er** [-dʒə] *s.* **1.** (Haus- *etc.*)Verwalter *m*; **2.** ✝ a) Manager *m*, b) Führungskraft *f*, c) Geschäftsführer *m*, Leiter *m*, Di'rektor *m*: ***board of*** ~***s*** Direktorium *n*; **3.** *thea.* a) Inten'dant *m*, b) Regis'seur *m*, c) Manager *m* (*a. sport*), Impre'sario *m*; **4.** ***be a good*** ~ gut *od.* sparsam wirtschaften können; **man·ag·er·ess** [ˌmænɪdʒə'res] *s.* **1.** (Haus- *etc.*)Verwalterin *f*; **2.** ✝ a) Managerin *f*, b) Geschäftsführerin *f*, Leiterin *f*, Direk'torin *f*; **3.** Haushälterin *f*; **man·a·ge·ri·al** [ˌmænə'dʒɪərɪəl] *adj.* geschäftsführend, Direktions…, leitend: ~ ***functions***; ***in*** ~ ***capacity*** in leitender Stellung; ~ ***qualities*** Führungsqualitäten; ~ ***staff*** leitende Angestellte *pl.*

man·ag·ing ['mænɪdʒɪŋ] *adj.* geschäftsführend, leitend, Betriebs…; ~ **board** *s.* ✝ Direk'torium *n*; ~ **clerk** *s.* ✝ **1.** Geschäftsführer *m*; **2.** Bü'rovorsteher *m*; ~ **com·mit·tee** *s.* ✝ Vorstand *m*; ~ **di·rec·tor** *s.* ✝ Gene'raldiˌrektor *m*, Hauptgeschäftsführer *m*.

Man·chu [ˌmæn'tʃuː] **I** *s.* **1.** Mandschu *m* (*Eingeborener der Mandschurei*); **2.** *ling.* Mandschu *n*; **II** *adj.* **3.** man'dschurisch; **Man·chu·ri·an** [mæn'tʃʊərɪən] → ***Manchu*** 1, 3.

man·da·mus [mæn'deɪməs] *s.* ⚖ *hist.* (*heute*: ***order of*** ~) Befehl *m e-s höheren Gerichts an ein untergeordnetes*.

man·da·rin¹ ['mændərɪn] *s.* **1.** *hist.* Manda'rin *m* (*chinesischer Titel*); **2.** F ‚hohes Tier' (*hoher Beamter*); **3.** ♀ *ling.* Manda'rin *n*.

man·da·rin² ['mændərɪn] *s.* ⚘ Manda'rine *f*.

man·da·tar·y ['mændətərɪ] *s.* ⚖ Manda'tar *m*: a) (Pro'zeß)Beˌvollmächtigte(r) *m*, Sachwalter *m*, b) Manda'tarstaat *m*.

man·date ['mændeɪt] **I** *s.* **1.** ⚖ a) Man'dat *n* (*a. parl.*), (Pro'zeß)ˌVollmacht *f*, b) Geschäftsbesorgungsauftrag *m*, c) Befehl *m e-s übergeordneten Gerichts*; **2.** *pol.* a) Man'dat *n* (*Schutzherrschaftsauftrag*), b) Man'dat(sgebiet) *n*; **3.** *R.C.* päpstlicher Entscheid; **II** *v/t.* **4.** *pol.* e-m Man'dat unter'stellen: ~***d territory*** Mandatsgebiet *n*; **man·da·tor** [mæn'deɪtə] *s.* ⚖ Man'dant *m*, Vollmachtgeber *m*; '**man·da·to·ry** [-dətərɪ] **I** *adj.* **1.** ⚖ vorschreibend, Muß…: ~ ***regulation*** Mußvorschrift *f*; ***to make s.th.*** ~ ***upon s.o.*** j-m et. vorschreiben; **2.** obliga'torisch, verbindlich, zwangsweise; **II** *s.* **3.** → ***mandatary***.

man·di·ble ['mændɪbl] *s. anat.* **1.** Kinnbacken *m*, -lade *f*; **2.** 'Unterkieferknochen *m*.

man·do·lin(e) ['mændəlɪn] *s.* ♪ Mando'line *f*.

man·drake ['mændreɪk] *s.* ⚘ Al'raun(e *f*) *m*; Al'raunwurzel *f*.

man·drel, *a.* **man·dril** ['mændrəl] *s.* ⚙ (Spann)Dorn *m*; (Drehbank)Spindel *f*; *für Holz*: Docke(nspindel) *f*.

mane [meɪn] *s.* Mähne *f* (*a. weitS.*).

'**man-ˌeat·er** *s.* **1.** Menschenfresser *m*; **2.** menschenfressendes Tier; **3.** F ‚männermordendes Wesen' (*Frau*).

maned [meɪnd] *adj.* mit Mähne; Mähnen…: ~ ***wolf***.

ma·nège, *a.* **ma·nege** [mæˈneɪʒ] *s.* **1.** Maˈnege *f*: a) Reitschule *f*, b) Reitbahn *f*, c) Reitkunst *f*; **2.** Gang *m*, Schule *f*; **3.** Zureiten *n*.
ma·nes [ˈmɑːneɪz] *s. pl.* Manen *pl.*
ma·neu·ver [məˈnuːvə] *etc. Am.* → ***ma-nœuvre** etc.*
man·ful [ˈmænfʊl] *adj.* □ mannhaft, beherzt; ˈ**man·ful·ness** [-nɪs] *s.* Mannhaftigkeit *f*; Beherztheit *f*.
man·ga·nate [ˈmæŋɡəneɪt] *s.* ⚗ manˈgansaures Salz; **man·ga·nese** [ˈmæŋɡəniːz] *s.* ⚗ Manˈgan *n*; **man·gan·ic** [mæŋˈɡænɪk] *adj.* manˈganhaltig, Mangan…
mange [meɪndʒ] *s. vet.* Räude *f*.
man·gel-wur·zel [ˈmæŋɡlˌwɜːzl] *s.* ⚘ Mangold *m*.
man·ger [ˈmeɪndʒə] *s.* Krippe *f* (*a. ast.* ℒ); Futtertrog *m*; → ***dog** Redew.*
man·gle¹ [ˈmæŋɡl] *v/t.* **1.** zerfleischen, -fetzen, -stückeln; **2.** *fig. Text* verstümmeln.
man·gle² [ˈmæŋɡl] **I** *s.* (Wäsche)Mangel *f*; **II** *v/t.* mangeln.
man·gler [ˈmæŋɡlə] *s.* Fleischwolf *m*.
man·go [ˈmæŋɡəʊ] *pl.* **-goes** [-z] *s.* Mango *f* (*Frucht*); Mangobaum *m*.
man·grove [ˈmæŋɡrəʊv] *s.* ⚘ Manˈgrove(nbaum *m*) *f*.
man·gy [ˈmeɪndʒɪ] *adj.* □ **1.** *vet.* krätzig, räudig; **2.** *fig.* a) eklig, b) schäbig.
ˈ**man**ˌ**han·dle** *v/t.* **1.** F mißˈhandeln; **2.** mit Menschenkraft bewegen *od.* befördern *od.* meistern.
ˈ**man·hole** *s.* ⚙ Mann-, Einsteigloch *n*; (Straßen)Schacht *m*.
man·hood [ˈmænhʊd] *s.* **1.** Menschentum *n*; **2.** Mannesalter *n*; **3.** Männlichkeit *f*; **4.** Mannhaftigkeit *f*; **5.** *coll.* die Männer *pl.*
ˈ**man**|-ˌ**hour** *s.* Arbeitsstunde *f*; ˈ**~·hunt** *s.* Großfahndung *f*.
ma·ni·a [ˈmeɪnjə] *s.* **1.** ⚕ Maˈnie *f*, Wahn(sinn) *m*, Besessensein *n*: ***religious ~*** religiöses Irresein; **2.** *fig.* (***for***) Sucht *f* (nach), Leidenschaft *f* (für), Maˈnie *f*, ‚Fimmel' *m*: ***collector's ~*** Sammlerwut *f*; ***sport ~*** ‚Sportfimmel'; **ma·ni·ac** [ˈmeɪnɪæk] **I** *s.* Wahnsinnige(r *m*) *f*, Verrückte(r *m*) *f*; **II** *adj.* wahnsinnig, verrückt, irr(e); **ma·ni·a·cal** [məˈnaɪəkl] *adj.* □ → ***maniac*** II.
man·ic [ˈmænɪk] *psych.* **I** *adj.* manisch: ***~-depressive*** manisch-depressiv(e Person); **II** *s.* manische Perˈson.
man·i·cure [ˈmænɪˌkjʊə] **I** *s.* Maniˈküre *f*: a) Hand-, Nagelpflege *f*, b) Hand-, Nagelpflegerin *f*; **II** *v/t. u. v/i.* maniˈküren; ˈ**man·i**ˌ**cur·ist** [-ərɪst] *s.* Maniˈküre *f* (*Person*).
man·i·fest [ˈmænɪfest] **I** *adj.* □ **1.** offenbar-, -kundig, augenscheinlich, maniˈfest (*a.* ⚕); **II** *v/t.* **2.** offenˈbaren, bekunden, kundtun, manifestieren; **3.** be-, erweisen; **III** *v/i.* **4.** *pol.* Kundgebungen veranstalten; **5.** erscheinen (*Geister*); **IV** *s.* **6.** ⚓ Ladungsverzeichnis *n*; **7.** ✝ (ˈSchiffs)ManiˌFest *n*, *bsd. Am.* ✈ Passaˈgierliste *f*; **man·i·fes·ta·tion** [ˌmænɪfeˈsteɪʃn] *s.* **1.** Offenˈbarung *f*, Äußerung *f*, Manifestatiˈon *f*; **2.** (deutliches) Anzeichen, Symˈptom *n*: ***~ of life*** Lebensäußerung *f*; **3.** *pol.* Demonstratiˈon *f*; **4.** Erscheinen *n e-s Geistes*; **man·i·fes·to** [ˌmænɪˈfestəʊ] *s.* Maniˈfest *n*: a) öffentliche Erklärung, b) *pol.* Grundsatzerklärung *f*, (Parˈtei-, ˈWahl)ProˌGramm *n*.
man·i·fold [ˈmænɪfəʊld] **I** *adj.* □ **1.** mannigfaltig, vielfach, -fältig; **2.** ⚙ Mehr(fach)…, Mehrzweck…; **II** *s.* **3.** ⚙ a) Sammelleitung *f*, b) Rohrverzweigung *f*: ***intake ~*** *mot.* Einlaßkrümmer *m*; **4.** Koˈpie *f*, Abzug *m*; **III** *v/t.* **5.** *Text* vervielfältigen, hektographieren; **~ paper** *s.* ˈManifold-PaˌPier *n* (*festes Durchschlagpapier*); **~ plug** *s.* ⚡ Vielfachstecker *m*; **~ writ·er** *s.* Verˈvielfältigungsappaˌrat *m*.
man·i·kin [ˈmænɪkɪn] *s.* **1.** Männchen *n*, Knirps *m*; **2.** Glieder-, Schaufensterpuppe *f*, (ˈAnproˌbier)MoˌDell *n*; **3.** ⚕ anaˈtomisches Moˈdell, Phanˈtom *n*; **4.** → ***mannequin*** 1.
Ma·nil·(l)a [məˈnɪlə] *s. abbr. für* a) **~ *cheroot***, b) **~ *hemp***, c) **~ *paper***; **~ che·root** *s.* Maˈnilaziˌgarre *f*; **~ hemp** *s.* Maˈnilahanf *m*; **~ pa·per** *s.* Maˈnila-paˌpier *n*.
ma·nip·u·late [məˈnɪpjʊleɪt] **I** *v/t.* **1.** manipulieren, (künstlich) beeinflussen: ***~ prices***; **2.** (geschickt) handhaben; ⚙ bedienen; **3.** *j-n od. et.* manipulieren *od.* geschickt behandeln; **4.** *et.* ‚deichseln', ‚schaukeln'; **5.** *Konten etc.* ‚frisieren'; **II** *v/i.* **6.** manipulieren; **ma·nip·u·la·tion** [məˌnɪpjʊˈleɪʃn] *s.* **1.** Manipulatiˈon *f*: ***~ of currency***; **2.** (Kunst)Griff *m*, Verfahren *n*; **3.** *b.s.* Machenschaft *f*, Manipulatiˈon *f*; **maˈnip·u·la·tive** [-lətɪv] → ***manipulatory***; **maˈnip·u·la·tor** [-tə] *s.* **1.** (geschickter) Handhaber; **2.** Drahtzieher *m*, Manipulierer *m*; **maˈnip·u·la·to·ry** [-lətərɪ] *adj.* **1.** durch Manipulatiˈon herˈbeigeführt; **2.** manipulierend; **3.** Handhabungs…
man·kind [mænˈkaɪnd] *s.* **1.** die Menschheit; **2.** *coll.* die Menschen *pl.*, der Mensch; **3.** [ˈmænkaɪnd] *coll.* die Männer *pl.*
ˈ**man·like** *adj.* **1.** menschenähnlich; **2.** wie ein Mann, männlich; **3.** → ***mannish***.
man·li·ness [ˈmænlɪnɪs] *s.* **1.** Männlichkeit *f*; **2.** Mannhaftigkeit *f*; **man·ly** [ˈmænlɪ] *adj.* **1.** männlich; **2.** mannhaft; **3.** Mannes…: ***~ sports*** Männersport *m*.
ˈ**man-made** *adj.* Kunst…, künstlich: ***~ satellite***; ***~ fibre*** (*Am.* ***fiber***) ⚙ Kunstfaser *f*.
man·na [ˈmænə] *s. bibl.* Manna *n*, *f* (*a.* ⚘ *u. fig.*).
man·ne·quin [ˈmænɪkɪn] *s.* **1.** Mannequin *n*: ***~ parade*** Mode(n)schau *f*; **2.** → ***manikin*** 2.
man·ner [ˈmænə] *s.* **1.** Art *f* (und Weise *f*) (*et. zu tun*): ***after*** (*od.* ***in***) ***this ~*** auf diese Art *od.* Weise, so: ***in such a ~*** (***that***) so *od.* derart (, daß); ***in what ~?*** wie?; ***adverb of ~*** *ling.* Umstandswort der Art u. Weise, Modaladverb *n*; ***in a ~*** auf e-e Art, gewissermaßen; ***in a ~ of speaking*** sozusagen; ***all ~ of things*** alles mögliche; ***no ~ of doubt*** gar kein Zweifel; ***by no ~ of means*** in keiner Weise; **2.** Art *f*, Betragen *n*, Auftreten *n*, Verhalten *n* (***to*** zu): ***I don't like his ~*** ich mag s-e Art nicht; ***to the ~ born*** hineingeboren (*in bestimmte Verhältnisse*), von Kind auf damit vertraut; ***as to the ~ born*** wie selbstverständlich, als ob er *etc.* es immer so getan hätte; **3.** *pl.* Benehmen *n*, ˈUmgangsformen *pl.*, Maˈnieren *pl.*: ***bad*** (***good***) ***~s***; ***we shall teach them ~s*** ‚wir werden sie Mores lehren'; ***it is bad ~s*** es gehört sich nicht; **4.** *pl.* Sitten *pl.* (u. Gebräuche *pl.*); **5.** *paint. etc.* Stil(art *f*) *m*, Maˈnier *f*; ˈ**man·nered** [-əd] *adj.* **1.** *mst in Zssgn* gesittet, geartet: ***ill-~*** von schlechtem Benehmen, ungezogen; **2.** gekünstelt, manieˈriert; ˈ**man·ner·ism** [-ərɪzəm] *s.* **1.** *Kunst etc.*: Manieˈrismus *m*, Künsteˈlei *f*; **2.** Manieˈriertheit *f*, Gehabe *n*; **3.** eigenartige Wendung (*in der Rede etc.*); ˈ**man·ner·li·ness** [-əlɪnɪs] *s.* gutes Benehmen, Maˈnierlichkeit *f*; ˈ**man·ner·ly** [-əlɪ] *adj.* maˈnierlich, gesittet.
man·ni·kin → ***manikin***.
man·nish [ˈmænɪʃ] *adj.* maskuˈlin, unweiblich.
ma·nœu·vra·ble [məˈnuːvrəbl] *adj.* **1.** ⚔ manövrierfähig; **2.** ⚙ lenk-, steuerbar; *weitS.* (*a. fig.*) wendig, beweglich;
ma·nœu·vre [məˈnuːvə] **I** *s.* **1.** ⚔, ⚓ Maˈnöver *n*: a) taktische Bewegung, b) Truppen-, ⚓ Flottenübung *f*, ✈ ˈLuftmaˌnöver *n*; **2.** *fig.* Maˈnöver *n*, Schachzug *m*, List *f*; **II** *v/t. u. v/i.* **3.** manövrieren (*a. fig.*): ***~ s.o. into s.th.*** j-n in et. hineinmanövrieren; **ma'nœu·vrer** [-vərə] *s. fig.* **1.** (schlauer) Taktiker; **2.** Intriˈgant *m*.
man-of-war [ˌmænəvˈwɔː], *pl.* ˌ**men-of-ˈwar** [ˌmen-] *s.* ⚓ Kriegsschiff *n*.
ma·nom·e·ter [məˈnɒmɪtə] *s.* ⚙ Manoˈmeter *n*, Druckmesser *m*.
man·or [ˈmænə] *s.* **1.** Ritter-, Landgut *n*: ***lord*** (***lady***) ***of the ~*** Gutsherr(in); **2.** *a.* ***~ house*** Herrenhaus *n*; **ma·no·ri·al** [məˈnɔːrɪəl] *adj.* herrschaftlich, (Ritter-) Guts…, Herrschafts…
man·qué(e *f*) *m* [ˈmɑ̃ːŋkeɪ] (*Fr.*) *adj.* verhindert, ‚verkracht': ***a poet manqué***.
ˈ**man**ˌ**pow·er** *s.* **1.** menschliche Arbeitskraft *od.* -leistung; **2.** ˈMenschenpotentiˌal *n*: *bsd.* a) Kriegsstärke *f* (*e-s Volkes*), b) (verfügbare) Arbeitskräfte *pl.*
man·sard [ˈmænsɑːd] *s.* **1.** *a.* ***~ roof*** Manˈsardendach *n*; **2.** Manˈsarde *f*.
ˈ**man**ˌ**serv·ant** *pl.* ˈ**men**ˌ**serv·ants** *s.* Diener *m*.
man·sion [ˈmænʃn] *s.* **1.** (herrschaftliches) Wohnhaus, Villa *f*; **2.** *bsd. pl. Brit.* (großes) Mietshaus; **~ house** *s. Brit.* **1.** Herrenhaus *n*, -sitz *m*; **2.** ***the*** ℒ *Amtssitz des* ***Lord Mayor*** *von London.*
ˈ**man**ˌ**slaugh·ter** *s.* ⚖ Totschlag *m*, Körperverletzung *f* mit Todesfolge: ***involuntary ~*** fahrlässige Tötung; ***voluntary ~*** Totschlag im Affekt.
man·tel [ˈmæntl] *abbr. für* a) ***mantelpiece***, b) ***mantelshelf***; ˈ**~·piece** *s.* **1.** Kaˈmineinfassung *f*, -mantel *m*; **2.** → ˈ**~·shelf** *s.* Kaˈminsims *m*, *n*.
man·tis [ˈmæntɪs] *pl.* **-tis·es** *s. zo.* Gottesanbeterin *f* (*Heuschrecke*).
man·tle [ˈmæntl] **I** *s.* **1.** Mantel *m* (*a. zo.*), (ärmelloser) ˈUmhang; **2.** *fig.* (Schutz-, Deck)Mantel *m*, Hülle *f*; **3.** ⚙ Mantel *m*; (Glüh)Strumpf *m*; **4.** *Gußtechnik*: Formmantel *m*; **II** *v/i.* **5.** sich überˈziehen (***with*** mit); sich röten (*Gesicht*); **III** *v/t.* **6.** überˈziehen; **7.** verhüllen (*a. fig. bemänteln*).
ˌ**man-to-ˈman** *adj.* von Mann zu Mann: ***a ~ talk***.

'man·trap *s.* **1.** Fußangel *f*; **2.** *fig.* Falle *f*.
man·u·al ['mænjʊəl] **I** *adj.* □ **1.** mit der Hand, Hand…, manu'ell: **~ *alphabet*** Fingeralphabet *n*; **~ *exercises*** ⚔ Griffeüben *n*; **~ *labo(u)r*** Handarbeit *f*; **~ *training*** *ped.* Werkunterricht *m*; **~*ly operated*** ⚙ mit Handbetrieb, handgesteuert; **2.** handschriftlich: **~ *bookkeeping***; **II** *s.* **3.** a) Handbuch *n*, Leitfaden *m*: **(*instruction*) ~** Bedienungsanleitung(en *pl.*) *f*, b) ⚔ Dienstvorschrift *f*; **4.** ♪ Manu'al *n* (*Orgel etc.*).
man·u·fac·to·ry [ˌmænjʊ'fæktərɪ] *s. obs.* Fa'brik *f*.
man·u·fac·ture [ˌmænjʊ'fæktʃə] **I** *s.* **1.** Fertigung *f*, Erzeugung *f*, Herstellung *f*, Fabrikati'on *f*: ***year of ~*** Herstellungs-, Baujahr *n*; **2.** Erzeugnis *n*, Fabri'kat *n*; **3.** Indu'strie(zweig *m*) *f*; **II** *v/t.* **4.** verfertigen, erzeugen, herstellen, fabrizieren (*a. fig. Beweismittel etc.*): **~*d goods*** Fabrik-, Fertig-, Manufakturwaren; **5.** verarbeiten (***into*** zu); **ˌman·u'fac·tur·er** [-tʃərə] *s.* **1.** Hersteller *m*, Erzeuger *m*; **2.** Fabri'kant *m*; **ˌman·u'fac·tur·ing** [-tʃərɪŋ] *adj.* **1.** Herstellungs…, Produktions…: **~ *cost*** Herstellungskosten *pl.*; **~ *efficiency*** Produktionsleistung *f*; **~ *industries*** Fertigungsindustrien; **~ *plant*** Fabrikationsbetrieb *m*; **~ *process*** Herstellungsverfahren *n*; **2.** Industrie…, Fabrik…, Gewerbe…
ma·nure [mə'njʊə] **I** *s.* **1.** Dünger *m*; **2.** Dung *m*: ***liquid ~*** (Dung)Jauche *f*; **II** *v/t.* **3.** düngen.
man·u·script ['mænjʊskrɪpt] **I** *s.* Manu'skript *n*: a) Handschrift *f* (*alte Urkunde etc.*), b) Urschrift *f* (*e-s Autors*), c) *typ.* Satzvorlage *f*; **II** *adj.* Manuskript…, handschriftlich.
man·y ['menɪ] **I** *adj.* **1.** viele, viel: **~ *times*** oft; ***as ~*** ebensoviel(e); ***as ~ again*** doppelt soviel(e); ***as ~ as forty*** (nicht weniger als) vierzig; ***one too ~*** einer zuviel; ***be one too ~ for*** F *j-m* ,über' sein; ***they behaved like so ~ children*** sie benahmen sich wie (die) Kinder; **2. ~ *a*** manch, manch ein: **~ *a man*** manch einer; **~ *a time*** des öfteren; **II** *s.* **3.** viele: ***the ~*** *pl. konstr.* die (große) Masse; **~ *of us*** viele von uns; ***a good ~*** ziemlich viel(e); ***a great ~*** sehr viele; **~-sid·ed** [ˌmenɪ'saɪdɪd] *adj.* vielseitig (*a. fig.*); *fig.* vielschichtig (*Problem etc.*); **~-sid·ed·ness** [ˌmenɪ'saɪdɪdnɪs] *s.* **1.** Vielseitigkeit *f* (*a. fig.*); **2.** *fig.* Vielschichtigkeit *f*.
Mao·ism ['maʊɪzəm] *s.* Mao'ismus *m*; **'Mao·ist** [-ɪst] **I** *s.* Mao'ist(in); **II** *adj.* mao'istisch.
map [mæp] **I** *s.* **1.** (Land- *etc.*, *a.* Himmels)Karte *f*: **~ *of the city*** Stadtplan *m*; ***by ~*** nach der Karte; ***off the ~*** F a) abgelegen, ,hinter dem Mond' (gelegen), b) bedeutungslos; ***on the ~*** F a) (noch) da *od.* vorhanden, b) beachtenswert; ***put on the ~*** *fig. Stadt etc.* bekannt machen, Geltung verschaffen (*dat.*); **2.** *sl.* ,Vi'sage' *f*, ,Fresse' *f* (*Gesicht*); **II** *v/t.* **3.** e-e Karte machen von, karto'graphisch darstellen; **4.** *Gebiet* karto'graphisch erfassen; **5.** auf e-r Karte eintragen; **6. ~ *out*** *fig.* (vor'aus-)planen, ausarbeiten, *s-e Zeit* einteilen; **~ *case*** *s.* Kartentasche *f*; **~ *ex·er·cise*** *s.* ⚔ Planspiel *n*.
ma·ple ['meɪpl] **I** *s.* **1.** ⚘ Ahorn *m*; **2.** Ahornholz *n*; **II** *adj.* **3.** aus Ahorn (-holz), Ahorn…; **~ *sug·ar*** *s.* Ahornzucker *m*.
map·per ['mæpə] *s.* Karto'graph *m*.
ma·quis ['mækiː] *pl.* **-quis** [-kiː] *s.* **1.** ⚘ Macchia *f*; **2.** a) Ma'quis *m*, fran'zösische 'Widerstandsbewegung (*im 2. Weltkrieg*), b) Maqui'sard *m*, (fran'zösischer) 'Widerstandskämpfer.
mar [mɑː] *v/t.* **1.** (be)schädigen: **~-*resistant*** ⚙ kratzfest; **2.** ruinieren; **3.** *fig. Pläne etc.* stören, beeinträchtigen; *Schönheit, Spaß* verderben.
mar·a·bou ['mærəbuː] *s. orn.* Marabu *m*.
mar·a·schi·no [ˌmærə'skiːnəʊ] *s.* Mara'schino(liˌkör) *m*.
mar·a·thon ['mærəθn] **I** *s. sport* **1.** *a.* **~ *race*** Marathonlauf *m*; **2.** *fig.* Dauerwettkampf *m*; **II** *adj.* **3.** *sport* Marathon…: **~ *runner***; **4.** *fig.* Marathon…, Dauer…: **~ *session***.
ma·raud [mə'rɔːd] ⚔ **I** *v/i.* plündern; **II** *v/t.* verheeren, (aus)plündern; **ma'raud·er** [-də] *s.* Plünderer *m*.
mar·ble ['mɑːbl] **I** *s.* **1.** *min.* Marmor *m*: ***artificial ~*** Gipsmarmor, Stuck *m*; **2.** Marmorstatue *f*, -bildwerk *n*; **3.** a) Murmel(kugel) *f*, b) *pl. sg. konstr.* Murmelspiel *n*: ***play ~s*** (mit) Murmeln spielen; ***he's lost his ~s*** *Brit. sl.* ,er hat nicht mehr alle'; **4.** marmorierter Buchschnitt; **II** *adj.* **5.** marmorn, aus Marmor; **6.** marmoriert, gesprenkelt; **7.** *fig.* steinern, gefühllos; **III** *v/t.* **8.** marmorieren, sprenkeln: **~*d meat*** durchwachsenes Fleisch.
mar·cel [mɑː'sel] **I** *v/t. Haar* ondulieren; **II** *s. a.* **~ *wave*** Ondulati'on(swelle) *f*.
march[1] [mɑːtʃ] **I** *v/i.* **1.** ⚔ *etc.* marschieren, ziehen: **~ *off*** abrücken; **~ *past (s.o.)*** (an j-m) vorbeiziehen *od.* -marschieren; **~ *up*** anrücken; **2.** *fig.* fortschreiten; Fortschritte machen; **II** *v/t.* **3.** *Strecke* marschieren, zu'rücklegen; **4.** marschieren lassen: **~ *off prisoners*** Gefangene abführen; **III** *s.* **5.** ⚔ Marsch *m* (*a.* ♪): ***slow ~*** langsamer Parademarsch; **~ *order*** *Am.* Marschbefehl *m*; **6.** Marsch(strecke *f*) *m*: ***a day's ~*** ein Tagemarsch; **7.** ⚔ Vormarsch *m* (***on*** auf *acc.*); **8.** *fig.* (Ab-) Lauf *m*, (Fort)Gang *m*: ***the ~ of events***; **9.** *fig.* Fortschritt *m*: ***the ~ of progress*** die fortschrittliche Entwicklung; **10. *steal a ~ (up)on s.o.*** j-m ein Schnippchen schlagen, j-m zuvorkommen.
march[2] [mɑːtʃ] **I** *s.* **1.** *hist.* Mark *f*; **2.** a) *mst pl.* Grenzgebiet *n*, -land *n*, b) Grenze *f*; **II** *v/i.* **3.** grenzen (***upon*** an *acc.*); **4.** e-e gemeinsame Grenze haben (***with*** mit).
March[3] [mɑːtʃ] *s.* März *m*: ***in ~*** im März; ***as mad as a ~ hare*** F total übergeschnappt.
march·ing ['mɑːtʃɪŋ] *adj.* ⚔ Marsch…, marschierend: **~ *order*** a) Marschausrüstung *f*, b) Marschordnung *f*; ***in heavy ~ order*** feldmarschmäßig; **~ *orders*** *Brit.* Marschbefehl *m*; ***he got his ~ orders*** F er bekam den ,Laufpaß'.
mar·chion·ess ['mɑːʃənɪs] *s.* Mar'quise *f*, Markgräfin *f*.
march·pane ['mɑːtʃpeɪn] *s. obs.* Marzi'pan *n*.
Mar·di Gras [ˌmɑːdɪ'grɑː] (*Fr.*) *s.* Fastnacht(sdienstag *m*) *f*.
mare [meə] *s.* Stute *f*: ***the grey ~ is the better horse*** *fig.* die Frau ist der Herr im Hause; **~*'s nest*** *fig.* a),Windei' *n*, *a.* (Zeitungs)Ente *f*, b) ,Saustall' *m*.
mar·ga·rine [ˌmɑːdʒə'riːn] *s.* Marga'rine *f*.
marge [mɑːdʒ] *s. Brit.* F Marga'rine *f*.
mar·gin ['mɑːdʒɪn] **I** *s.* **1.** Rand *m* (*a. fig.*); **2.** *a. pl.* (Seiten)Rand *m* (*bei Büchern etc.*): ***as per ~*** ✝ wie nebenstehend; **3.** Grenze *f* (*a. fig.*): **~ *of income*** Einkommensgrenze; **4.** Spielraum *m*: ***leave a ~*** Spielraum lassen; **5.** *fig.* 'Überschuß *m*, (*ein*) Mehr *n* (*an Zeit, Geld etc.*): ***safety ~*** Sicherheitsfaktor *m*; ***by a narrow ~*** mit knapper Not; **6.** *mst* ***profit ~*** ✝ (Gewinn-, Verdienst-) Spanne *f*, Marge *f*, Handelsspanne *f*: ***interest ~*** Zinsgefälle *n*; **7.** ✝, *Börse*: Hinter'legungssumme *f*, Deckung *f* (*von Kursschwankungen*), Marge *f*: **~ *business*** *Am.* Effektendifferenzgeschäft *n*; **8.** ✝ Rentabili'tätsgrenze *f*; **9.** *sport* (***by a ~ of four seconds*** mit vier Sekunden) Abstand *m od.* Vorsprung *m*; **II** *v/t.* **10.** mit Rand(bemerkungen) versehen; **11.** an den Rand schreiben; **12.** ✝ *durch Hinterlegung* decken; **'mar·gin·al** [-nl] *adj.* □ **1.** am *od.* auf dem Rand, Rand…: **~ *note*** Randbemerkung *f*; **~ *release*** a) Randauslösung *f*, b) Randlöser *m* (*der Schreibmaschine*); **2.** am Rande, Grenz… (*a. fig.*); **3.** *fig.* Mindest…: **~ *capacity***; **4.** ✝ a) zum Selbstkostenpreis, b) knapp über der Rentabili'tätsgrenze (liegend), Grenz…: **~ *cost*** Grenz-, Mindestkosten *pl.*; **~ *sales*** Verkäufe zum Selbstkostenpreis; **mar·gi·na·li·a** [ˌmɑːdʒɪ'neɪljə] *s. pl.* Margi'nalien *pl.*, Randbemerkungen *pl.*; **'mar·gin·al·ly** [-nəlɪ] *adv. fig.* **1.** geringfügig; **2.** (nur) am Rande.
mar·grave ['mɑːgreɪv] *s. hist.* Markgraf *m*; **mar·gra·vi·ate** [mɑː'greɪvɪət] *s.* Markgrafschaft *f*; **'mar·gra·vine** [-grəviːn] *s.* Markgräfin *f*.
mar·gue·rite [ˌmɑːgə'riːt] *s.* ⚘ **1.** Marge'rite *f*; **2.** Gänseblümchen *n*.
mar·i·gold ['mærɪgəʊld] *s.* ⚘ Ringelblume *f*; Stu'dentenblume *f*.
mar·i·jua·na, *a.* **mar·i·hua·na** [ˌmærɪ'hwɑːnə] *s.* **1.** ⚘ Marihu'anahanf *m*; **2.** Marihu'ana *n* (*Droge*).
mar·i·nade [ˌmærɪ'neɪd] *s.* **1.** Mari'nade *f*; **2.** marinierter Fisch; **mar·i·nate** ['mærɪneɪt] *v/t. Fisch* marinieren.
ma·rine [mə'riːn] **I** *adj.* **1.** See…: **~ *warfare***; **~ *court*** *Am.* ⚖ Seegericht *n*; **~ *insurance*** See(transport)versicherung *f*; **2.** Meeres…: **~ *plants***; **3.** Schiffs…; **4.** Marine…: ***ℒ Corps*** *Am.* ⚔ Marineinfanteriekorps *n*; **II** *s.* **5.** Ma'rine *f*: ***mercantile ~*** Handelsmarine; **6.** ⚔ Ma'rineinfanteˌrist *m*: ***tell that to the ~s!*** F das kannst du deiner Großmutter erzählen!; **7.** *paint.* Seestück *n*.
mar·i·ner ['mærɪnə] *s. poet. od.* ⚖ Seemann *m*, Ma'trose *m*: ***master ~*** Kapitän *m* e-s Handelsschiffs.
Mar·i·ol·a·try [ˌmeərɪ'ɒlətrɪ] *s.* Ma'rienkult *m*, -verehrung *f*.
mar·i·o·nette [ˌmærɪə'net] *s.* Mario'nette *f* (*a. fig.*).
mar·i·tal ['mærɪtl] *adj.* □ ehelich,

Ehe…, Gatten…: **~ partners** Ehegatten; **~ relations** eheliche Beziehungen; **~ status** ⚖ Familienstand *m*; **disruption of ~ relations** Zerrüttung *f* der Ehe.

mar·i·time [ˈmærɪtaɪm] *adj.* **1.** See…, Schiffahrts…: **~ court** Seeamt *n*; **~ insurance** Seeversicherung *f*; **~ law** Seerecht *n*; **2.** a) seefahrend, Seemanns…, b) Seehandel (be)treibend; **3.** an der See liegend *od.* lebend, Küsten…; **4.** *zo.* an der Küste lebend, Strand… **2 Com·mis·sion** *s. Am. Oberste Handelsschiffahrtsbehörde der USA*; **~ ter·ri·to·ry** *s.* ⚖ Seehoheitsgebiet *n*.

mar·jo·ram [ˈmɑːdʒərəm] *s.* ⚘ Majoran *m*.

mark¹ [mɑːk] **I** *s.* **1.** Markierung *f*, Marke *f*, Mal *n*; *engS.* Fleck *m*: **adjusting ~** ⚙ Einstellmarke; **2.** *fig.* Zeichen *n*: **~ of confidence** Vertrauensbeweis *m*; **~ of respect** Zeichen der Hochachtung; **3.** (Kenn)Zeichen *n*, (Merk)Mal *n*; *zo.* Kennung *f*: **distinctive ~** Kennzeichen; **4.** (Schrift-, Satz)Zeichen *n*: **question ~** Fragezeichen; **5.** (An)Zeichen *n*: **a ~ of great carelessness**; **6.** (Eigentums)Zeichen *n*, Brandmal *n*; **7.** Strieme *f*, Schwiele *f*; **8.** Narbe *f* (*a.* ⚙); **9.** Kerbe *f*, Einschnitt *m*; **10.** Kreuz *n als Unterschrift*; **11.** Ziel(scheibe *f*; *a. fig.*) *n*: **wide of** (*od.* **beside**) **the ~** *fig.* a) fehl am Platz, nicht zur Sache gehörig, b) ‚fehlgeschossen'; **you are quite off** (*od.* **wide of**) **the ~** *fig.* Sie irren sich gewaltig; **hit the ~** (ins Schwarze) treffen; **miss the ~** a) fehl-, vorbeischießen, b) sein Ziel *od.* s-n Zweck verfehlen, ‚danebenhauen'; **12.** *fig.* Norm *f*: **below the ~** unterdurchschnittlich, nicht auf der Höhe; **up to the ~** a) der Sache gewachsen, b) den Erwartungen entsprechend, c) *gesundheitlich etc.* auf der Höhe; **within the ~** innerhalb der erlaubten Grenzen, berechtigt (**in doing** zu tun); **overshoot the ~** über das Ziel hinausschießen, zu weit gehen; **13.** (aufgeprägter) Stempel, Gepräge *n*; **14.** Spur *f* (*a. fig.*): **leave one's ~ upon** a) s-n Stempel aufdrücken (*dat.*), b) bei *j-m* s-e Spuren hinterlassen; **make one's ~** sich e-n Namen machen (**in** in *dat.*, **upon** bei), Vorzügliches leisten; **15.** *fig.* Bedeutung *f*, Rang *m*: **a man of ~** e-e markante Persönlichkeit; **16.** ✝ a) (Waren)Zeichen *n*, Faˈbrik-, Schutzmarke *f*, (Handels)Marke *f*, b) Preisangabe *f*; **17.** ⚔ *Brit.* Moˈdell *n*, Type *f* (*Panzerwagen etc.*); **18.** (Schul-) Note *f*, Zenˈsur *f*: **obtain full ~s** in allen Punkten voll bestehen; **give s.o. full ~s** (**for**) *fig.* j-m höchstes Lob spenden (für); **bad ~** Note für schlechtes Benehmen; **bad ~s** (ein) schlechtes Zeugnis; **19.** *sport* a) *Fußball etc.*: (Strafstoß-) Marke *f*, b) *Laufsport*: Startlinie *f*, c) *Boxen*: *sl.* Magengrube *f*: **on your ~s!** auf die Plätze!; **get off the ~** starten; **20. not my ~** *sl.* nicht mein Geschmack, nicht das Richtige für mich; **21.** *sl.* ‚Gimpel' *m*, leichtes Opfer: **be an easy ~** leicht ‚reinzulegen' sein; **22.** *hist.* a) Mark *f* (*Grenzgebiet*), b) Allˈmende *f*; **II** *v/t.* **23.** markieren (*a.* ⚔), (*a. fig. j-n, et., ein Zeitalter*) kennzeichnen; bezeichnen; *Wäsche* zeichnen; ✝ *Waren* auszeichnen, *Preis* festsetzen; *Temperatur etc.* anzeigen; *fig.* ein Zeichen sein für: **to ~ the occasion** aus diesem Anlaß, zur Feier des Tages; **the day was ~ed by heavy fighting** der Tag stand im Zeichen schwerer Kämpfe; → **time** 18; **24.** brandmarken; **25.** Spuren hinterˈlassen auf (*dat.*); **26.** zeigen, zum Ausdruck bringen; **27.** be-, vermerken, achtgeben auf (*acc.*), sich merken; **28.** *ped. Arbeiten* zensieren; **29.** bestimmen (**for** für); **30.** *sport* a) *Gegenspieler* decken, markieren, b) *Punkte etc.* notieren; **III** *v/i.* **31.** achtgeben, aufpassen: **~!** Achtung!; **~ you** wohlgemerkt; **~ down** *v/t.* **1.** ✝ (*im Preis*) herˈabsetzen; **2.** bestimmen, vormerken (**for** für, zu); **~ off** *v/t.* **1.** abgrenzen, -stecken; **2.** *auf e-r Liste* abhaken; **3.** *fig.* (ab)trennen; **4.** ⩚ *Strecke* ab-, auftragen; **~ out** *v/t.* **1.** bestimmen, aussersehen (**for** für, zu); **2.** abgrenzen, (*durch Striche etc.*) bezeichnen, markieren; **~ up** *v/t.* ✝ **1.** (*im Preis etc.*) hinˈauf-, herˈaufsetzen; **2.** *Diskontsatz etc.* erhöhen.

mark² [mɑːk] *s.* ✝ **1.** (deutsche) Mark: **blocked ~** Sperrmark; **2.** *hist.* Mark *f* (*Münze, Goldgewicht*).

Mark³ [mɑːk] *npr. u. s. bibl.* ˈMarkus (-evanˌgelium *n*) *m*.

ˈmark·down *s.* ✝ niedrigere Auszeichnung (*e-r Ware*), Preissenkung *f*.

marked [mɑːkt] *adj.* □ **1.** markiert, gekennzeichnet; mit e-r Aufschrift versehen; **2.** ✝ bestätigt (*Am.* gekennzeichnet) (*Scheck*); **3.** marˈkant, ausgeprägt; **4.** deutlich, merklich: **~ progress**; **5.** auffällig, ostentaˈtiv: **~ indifference**; **6.** gezeichnet: **a face ~ with smallpox** ein pockennarbiges Gesicht; **a ~ man** *fig.* ein Gezeichneter; **ˈmark·ed·ly** [-kɪdlɪ] *adv.* deutlich, ausgesprochen.

mark·er [ˈmɑːkə] *s.* **1.** Anschreiber *m*; *Billard*: Marˈkör *m*; **2.** ⚔ a) Anzeiger *m* (*beim Schießstand*), b) Flügelmann *m*; **3.** a) Kennzeichen *n*, b) (Weg- *etc.*) Markierung *f*; **4.** Lesezeichen *n*; **5.** *Am.* a) Straßenschild *n*, b) Gedenktafel *f*; **6.** ✈ a) Sichtzeichen *n*: **~ panel** Fliegertuch *n*, b) Leuchtbombe *f*.

mar·ket [ˈmɑːkɪt] ✝ **I** *s.* **1.** Markt *m* (*Handel*): **be in the ~ for** Bedarf haben an (*a. fig.*); **come into the ~** (zum Verkauf) angeboten werden, auf den Markt kommen; **place** (*od.* **put**) **on the ~** → 11; **sale in the open ~** freihändiger Verkauf; **2.** *Börse*: Markt *m*: **railway ~** Markt für Eisenbahnwerte; **3.** (*a.* Geld)Markt *m*, Börse *f*, Handelsverkehr *m*: **active** (**dull**) **~** lebhafter (lustloser) Markt; **play the ~** an der Börse spekulieren; **4.** a) Marktpreis *m*, b) Marktpreise *pl.*: **the ~ is low** (**rising**); **at the ~** zum Marktpreis, *Börse*: zum ‚Bestens'-Preis; **5.** Markt(platz) *m*, Handelsplatz *m*: **in the ~** auf dem Markt; (**covered**) **~** Markthalle *f*; **6.** *Am.* (Lebensmittel)Geschäft *n*: **meat ~**; **7.** (Wochen- *od.* Jahr)Markt *m*; **8.** Markt *m* (*Absatzgebiet*): **hold the ~** a) den Markt beherrschen, b) (durch Kauf *od.* Verkauf) die Preise halten; **9.** Absatz *m*, Verkauf *m*, Markt *m*: **find a ~** Absatz finden (*Ware*); **find a ~ for** *et.* an den Mann bringen; **meet with a ready ~** schnellen Absatz finden; **10.** (**for**) Nachfrage *f* (nach), Bedarf *m* (an *dat.*); **II** *v/t.* **11.** auf den Markt bringen; vertreiben; **III** *v/i.* **12.** einkaufen; auf dem Markt handeln; Märkte besuchen; **IV** *adj.* **13.** Markt…: **~ day**; **14.** Börsen…; **15.** Kurs…: **~ profit**; **ˈmar·ket·a·ble** [-təbl] *adj.* marktfähig, -gängig; börsenfähig.

mar·ket| a·nal·y·sis *s.* ✝ ˈMarktanaˌlyse *f*; **~ con·di·tion** *s.* ✝ Marktlage *f*, Konjunkˈtur *f*; **~ e·con·o·my** *s.* ✝ (**free ~, social ~** freie, soziˈale) Marktwirtschaft; **~ fluc·tu·a·tion** *s.* ✝ **1.** Konjunkˈturbewegung *f*; **2.** *pl.* Konjunkˈturschwankungen *pl.*; **~ gar·den** *s. Brit.* Handelsgärtneˈrei *f*.

mar·ket·ing [ˈmɑːkɪtɪŋ] **I** *s.* **1.** ✝ Marketing *n*, Marktversorgung *f*, ˈAbsatzpoliˌtik *f*, -förderung *f*; **2.** Marktbesuch *m*; **II** *adj.* **3.** Markt…: **~ association** Marktverband *m*; **~ company** Vertriebsgesellschaft *f*; **~ organization** Absatzorganisation *f*; **~ research** Absatzforschung *f*.

mar·ket| in·ves·ti·ga·tion *s.* ˈMarktunterˌsuchung *f*; **~ lead·ers** *s. pl.* führende Börsenwerte *pl.*; **~ let·ter** *s. Am.* Markt-, Börsenbericht *m*; **~ niche** *s.* Marktnische *f*, -lücke *f*; **ˈ~-ˌo·ri·ent·ed** *adj.* ✝ marktorientiert; **ˈ~-place** *s.* Marktplatz *m*; **~ price** *s.* **1.** Marktpreis *m*; **2.** *Börse*: Kurs(wert) *m*; **~ quo·ta·tion** *s.* Börsennotierung *f*, Marktkurs *m*: **list of ~s** Markt-, Börsenzettel *m*; **~ rate** → **market price**; **~ re·search** *s.* ✝ Marktforschung *f*; **~ re·search·er** *s.* ✝ Marktforscher *m*; **~ rig·ging** *s.* Kurstreibeˈrei *f*, ˈBörsenmaˌnöver *n*; **~ sat·u·ra·tion** *s.* Marktsättigung *f*; **~ share** *s.* Marktanteil *m*; **~ stud·y** *s.* ✝ ˈMarktunterˌsuchung *f*; **~ swing** *s. Am.* Konjunkˈturperiˌode *f*; **ˈ~-town** *s.* Markt(flecken) *m*; **~ val·ue** *s.* Kurs-, Verkehrswert *m*.

mark·ing [ˈmɑːkɪŋ] **I** *s.* **1.** Kennzeichnung *f*, Markierung *f*; Bezeichnung *f* (*a.* ♪); *ped.* Zensieren *n*; ✈ Hoheitsabzeichen *n*; **2.** *zo.* (Haut-, Feder)Musterung *f*, Zeichnung *f*; **II** *adj.* **3.** ⚙ markierend: **~ awl** Reißahle *f*; **~ ink** Zeichen-, Wäschetinte *f*.

marks·man [ˈmɑːksmən] *s.* [*irr.*] guter Schütze, Meisterschütze *m*, *bsd.* ⚔ *u. Polizei*: Scharfschütze *m*; **ˈmarks·man·ship** [-ʃɪp] *s.* **1.** Schießkunst *f*; **2.** Treffsicherheit *f*.

ˈmark-up *s.* ✝ **1.** a) höhere Auszeichnung (*e-r Ware*), b) Preiserhöhung *f*; **2.** Kalkulatiˈonsaufschlag *m*; **3.** *Am.* im Preis erhöhter Arˈtikel.

marl [mɑːl] **I** *s. geol.* Mergel *m*; **II** *v/t.* ⚒ mergeln.

mar·ma·lade [ˈmɑːməleɪd] *s.* (*bsd.* Oˈrangen)Marmeˌlade *f*.

mar·mo·set [ˈmɑːməʊzet] *s. zo.* Krallenaffe *m*.

mar·mot [ˈmɑːmət] *s. zo.* **1.** Murmeltier *n*; **2.** Präˈriehund *m*.

mar·o·cain [ˈmærəkeɪn] *s.* Maroˈcain *n* (*ein Kreppgewebe*).

ma·roon¹ [məˈruːn] **I** *v/t.* **1.** (*auf e-r einsamen Insel etc.*) aussetzen; **2.** *fig.* a) im Stich lassen, b) von der Außenwelt abschneiden; **II** *v/i.* **3.** *Brit.* herˈumlungern; **4.** *Am.* einsam zelten; **III** *s.* **5.** Busch-, Maˈronneger *m* (*Westindien u. Guayana*); **6.** Ausgesetzte(r *m*) *f*.

ma·roon² [mə'ru:n] **I** *s.* **1.** Ka'stanienbraun *n*; **2.** Ka'nonenschlag *m* (*Feuerwerk*); **II** *adj.* **3.** ka'stanienbraun.

mar·plot ['mɑ:plɒt] *s.* **1.** Quertreiber *m*; **2.** Spielverderber *m*, Störenfried *m*.

marque [mɑ:k] *s.* ⚓ *hist.*: ***letter(s) of ~*** (***and reprisal***) Kaperbrief *m*.

mar·quee [mɑ:'ki:] *s.* **1.** großes Zelt; **2.** *Am.* Mar'kise *f*, Schirmdach *n* (*über e-m Hoteleingang etc.*); **3.** Vordach *n* (*über Haustür*).

mar·quess ['mɑ:kwɪs] *s.* → ***marquis***.

mar·que·try, *a.* **mar·que·te·rie** ['mɑ:kɪtrɪ] *s.* In'tarsia *f*, Markete'rie *f*, Holzeinlegearbeit *f*.

mar·quis ['mɑ:kwɪs] *s.* Mar'quis *m* (*englischer Adelstitel*).

mar·riage ['mærɪdʒ] *s.* **1.** Heirat *f*, Vermählung *f*, Hochzeit *f* (***to*** mit); → ***civil*** 4; **2.** Ehe(stand *m*) *f*: ***~ of convenience*** Vernunftehe, Geldheirat *f*; ***by ~*** angeheiratet; ***of his*** (***her***) ***first ~*** aus erster Ehe; ***related by ~*** verschwägert; ***contract a ~*** die Ehe eingehen; ***give s.o. in ~*** j-n verheiraten; ***take s.o. in ~*** j-n heiraten; **3.** *fig.* Vermählung *f*, innige Verbindung; **'mar·riage·a·ble** [-dʒəbl] *adj.* heiratsfähig: ***~ age*** Ehemündigkeit *f*.

mar·riage| ar·ti·cles *s. pl.* ⚖ Ehevertrag *m*; **~ bro·ker** *s.* Heiratsvermittler *m*; **~ bu·reau** *s.* 'Heiratsinsti,tut *n*; **~ cer·e·mo·ny** *s.* Trauung *f*; **~ cer·tif·i·cate** *s.* Trauschein *m*; **~ con·tract** *s.* ⚖ Ehevertrag *m*; **~ flight** *s.* *Bienenzucht*: Hochzeitsflug *m*; **~ guid·ance** *s.* Eheberatung *f*: ***~ counsel(l)or*** Eheberater(in); **~ li·cence**, *Am.* **~ li·cense** *s.* ⚖ (kirchliche, *Am.* amtliche) Eheerlaubnis; **~ lines** *s. pl. Brit.* F Trauschein *m*; **~ por·tion** *s.* ⚖ Mitgift *f*; **~ set·tle·ment** *s.* ⚖ Ehevertrag *m*.

mar·ried ['mærɪd] *adj.* **1.** verheiratet, Ehe…, ehelich: ***~ life*** Eheleben *n*; ***~ man*** Ehemann *m*; ***~ state*** Ehestand *m*; **2.** *fig.* eng *od.* innig (mitein'ander) verbunden.

mar·ron ['mærən] *s.* ⚘ Ma'rone *f*.

mar·row¹ ['mærəʊ] *s.* **1.** *anat.* (Knochen)Mark *n*; **2.** *fig.* Mark *n*, Kern *m*, *das* Innerste *od.* Wesentlichste; Lebenskraft *f*: ***to the ~*** (***of one's bones***) bis aufs Mark, bis ins Innerste; → ***pith*** 2.

mar·row² ['mærəʊ] *s. Am. mst* ***~ squash***, *Brit. a.* ***vegetable ~*** ⚘ Eier-, Markkürbis *m*.

'mar·row·bone *s.* **1.** Markknochen *m*; **2.** *pl. humor.* Knie *pl.*; **3.** *pl.* → ***crossbones***.

mar·row·less ['mærəʊlɪs] *adj. fig.* mark-, kraftlos.

mar·row·y ['mærəʊɪ] *adj. a. fig.* markig, kernig, kräftig.

mar·ry¹ ['mærɪ] **I** *v/t.* **1.** heiraten, sich vermählen *od.* verheiraten mit: ***be married to*** verheiratet sein mit; ***get married to*** sich verheiraten mit; **2.** *a.* ***~ off*** *Sohn, Tochter* verheiraten (***to*** an *acc.*, mit); **3.** *ein Paar* trauen (*Geistlicher*); **4.** *fig.* eng verbinden *od.* verknüpfen (***to*** mit); **II** *v/i.* **5.** (sich ver-) heiraten: ***~ing man*** F Heiratslustige(r) *m*, Ehekandidat *m*; ***~ in haste and repent at leisure*** schnell gefreit, lang bereut.

mar·ry¹ ['mærɪ] *int. obs.* für'wahr!

Mars [mɑ:z] *npr. u. s.* Mars *m* (*Kriegsgott od. Planet*).

marsh [mɑ:ʃ] *s.* **1.** Sumpf(land *n*) *m*, Marsch *f*; **2.** Mo'rast *m*.

mar·shal ['mɑ:ʃl] **I** *s.* **1.** ⚔ Marschall *m*; **2.** ⚖ *Brit.* Gerichtsbeamte(r) *m*; **3.** ⚖ *Am.* a) ***US ~*** ('Bundes)Voll,zugsbeamte(r) *m*, b) Be'zirkspoli,zeichef *m*, c) *a.* ***city ~*** Poli'zeidi,rektor *m*, d) *a.* ***fire ~*** 'Branddi,rektor *m*; **4.** *hist.* 'Hofmar,schall *m*; **5.** Zere'monienmeister *m*; Festordner *m*; *mot.* Rennwart *m*; **II** *v/t.* **6.** aufstellen (*a.* ⚔); (an)ordnen, arrangieren: ***~ wag(g)ons into trains*** Züge zs.-stellen; ***~ one's thoughts*** *fig.* s-e Gedanken ordnen; **7.** (*bsd. feierlich*) (hin'ein)geleiten (***into*** in *acc.*); **8.** ✈ einwinken; **'mar·shal·(l)ing yard** [-ʃlɪŋ] *s.* 🚂 Rangier-, Verschiebebahnhof *m*.

'marsh|-,fe·ver *s.* ⚕ Sumpffieber *n*; **~ gas** *s.* Sumpfgas *n*; **'~·land** *s.* Sumpf-, Marschland *n*; **,~'mal·low** *s.* **1.** ⚘ Echter Eibisch, Al'thee *f*; **2.** Marsh'mallow *n* (*Süßigkeit*); **~ mar·i·gold** *s.* ⚘ Sumpfdotterblume *f*.

marsh·y ['mɑ:ʃɪ] *adj.* sumpfig, mo'rastig, Sumpf…

mar·su·pi·al [mɑ:'sju:pjəl] *zo.* **I** *adj.* **1.** Beuteltier…; **2.** Beutel…; **II** *s.* **3.** Beuteltier *n*.

mart [mɑ:t] *s.* **1.** Markt *m*, Handelszentrum *n*; **2.** Aukti'onsraum *m*; **3.** *obs. od. poet.* Markt(platz) *m*, (Jahr)Markt *m*.

mar·ten ['mɑ:tɪn] *s. zo.* Marder *m*.

mar·tial ['mɑ:ʃl] *adj.* □ **1.** kriegerisch, streitbar; **2.** mili'tärisch, sol'datisch: ***~ music*** Militärmusik *f*; **3.** Kriegs…, Militär…: ***~ law*** Kriegs-, Standrecht *n*; ***state of ~ law*** Ausnahmezustand *m*; ***~ arts*** asiatische Kampfsportarten.

Mar·ti·an ['mɑ:ʃjən] **I** *s.* **1.** Marsmensch *m*; **II** *adj.* **2.** Mars…, kriegerisch; **3.** *ast.* Mars…

mar·tin ['mɑ:tɪn] *s. orn.* Mauerschwalbe *f*.

mar·ti·net [,mɑ:tɪ'net] *s.* Leuteschinder *m*, Zuchtmeister *m*.

mar·tyr ['mɑ:tə] **I** *s.* **1.** Märtyrer(in), Blutzeuge *m*; **2.** *fig.* Märtyrer(in), Opfer *n*: ***make a ~ of o.s.*** sich für et. aufopfern, *iro.* den Märtyrer spielen: ***die a ~ to*** (*od.* ***in the cause of***) ***science*** sein Leben im Dienst der Wissenschaft opfern; **3.** F Dulder *m*, armer Kerl: ***be a ~ to gout*** ständig von Gicht geplagt werden; **II** *v/t.* **4.** zum Märtyrer machen; **5.** zu Tode martern; **6.** martern, peinigen; **'mar·tyr·dom** [-dəm] *s.* **1.** Mar'tyrium *n* (*a. fig.*), Märtyrertod *m*; **2.** Marterqualen *pl.* (*a. fig.*); **'mar·tyr·ize** [-əraɪz] *v/t.* **1.** (***o.s.*** sich) zum Märtyrer machen (*a. fig.*); **2.** → ***martyr*** 6.

mar·vel ['mɑ:vl] **I** *s.* **1.** Wunder(ding) *n*: ***engineering ~s*** Wunder der Technik; ***be a ~ at s.th.*** et. fabelhaft können; **2.** Muster *n* (***of*** an *dat.*): ***he is a ~ of patience*** er ist die Geduld selber; ***he is a perfect ~*** F er ist phantastisch *od.* ein Phänomen; **II** *v/i.* **3.** sich (ver)wundern, staunen (***at*** über *acc.*); **4.** sich verwundert fragen, sich wundern (***that*** daß, ***how*** wie, ***why*** warum).

mar·vel·(l)ous ['mɑ:vələs] *adj.* □ **1.** erstaunlich, wunderbar; **2.** un'glaublich; **3.** F fabelhaft, phan'tastisch.

Marx·i·an ['mɑ:ksjən] → ***Marxist***; **'Marx·ism** [-sɪzəm] *s.* Mar'xismus *m*; **'Marx·ist** [-sɪst] **I** *s.* Mar'xist(in); **II** *adj.* mar'xistisch.

mar·zi·pan [,mɑ:zɪ'pæn] *s.* Marzi'pan *n*.

mas·car·a [mæ'skɑ:rə] *s.* Wimperntusche *f*.

mas·cot ['mæskət] *s.* Mas'kottchen *n*, Talisman *m*; Glücksbringer(in): ***radiator ~*** *mot.* Kühlerfigur *f*.

mas·cu·line ['mæskjʊlɪn] **I** *adj.* **1.** männlich, masku'lin (*a. ling.*); Männer…; **2.** unweiblich, masku'lin; **II** *s.* **3.** *ling.* Masku'linum *n*; **mas·cu·lin·i·ty** [,mæskjʊ'lɪnətɪ] *s.* **1.** Männlichkeit *f*; **2.** Mannhaftigkeit *f*.

mash¹ [mæʃ] **I** *s.* **1.** *Brauerei etc.*: Maische *f*; **2.** 🌾 Mengfutter *n*; **3.** Brei *m*, Mansch *m*; **4.** *Brit.* Kar'toffelbrei *m*; **5.** *fig.* Mischmasch *m*; **II** *v/t.* **6.** (ein)maischen; **7.** zerdrücken, -quetschen: ***~ed potatoes*** Kartoffelbrei *m*.

mash² [mæʃ] *obs. sl.* **I** *v/t.* **1.** *j-m* den Kopf verdrehen; **2.** flirten mit; **II** *v/i.* **3.** flirten, schäkern.

mash·er¹ ['mæʃə] *s.* **1.** Stampfer *m* (*Küchengerät*); **2.** *Brauerei*: 'Maischappa,rat *m*.

mash·er² ['mæʃə] *s. obs. sl.* Schwerenöter *m*, ‚Schäker' *m*.

mask [mɑ:sk] **I** *s.* **1.** Maske *f* (*a.* ▲), Larve *f*: ***death-~*** Totenmaske; **2.** (Schutz-, Gesichts)Maske *f*: ***fencing ~*** Fechtmaske; ***oxygen ~*** ⚕ Sauerstoffmaske; **3.** Gasmaske *f*; **4.** Maske *f*: a) Maskierte(r *m*) *f*, b) 'Maskenko,stüm *n*, Maskierung *f*, c) *fig.* Verkappung *f*: ***throw off the ~*** *fig.* die Maske fallen lassen; ***under the ~ of*** unter dem Deckmantel (*gen.*); **5.** maskenhaftes Gesicht; **6.** *Kosmetik*: (Gesichts)Maske *f*; **7.** → ***masque***; **8.** ⚔ Tarnung *f*, Blende *f*; **9.** *phot.* Vorsatzscheibe *f*; **II** *v/t.* **10.** *j-n* maskieren, verkleiden, vermummen; *fig.* verschleiern, -hüllen; **11.** ⚔ tarnen; **12.** *a.* ***~ out*** ⚙ korrigieren, retuschieren; *Licht* abblenden; **masked** [-kt] *adj.* **1.** maskiert (*a.* ⚘); Masken…: ***~ ball*** Maskenball *m*; **2.** ⚔, ⚘ getarnt: ***~ advertising*** Schleichwerbung *f*; **'mask·er** [-kə] *s.* Maske *f*, Maskenspieler *m*.

mas·och·ism ['mæsəʊkɪzəm] *s.* ⚕, *psych.* Maso'chismus *m*; **'mas·och·ist** [-ɪst] *s.* Maso'chist *m*.

ma·son ['meɪsn] **I** *s.* **1.** Steinmetz *m*; **2.** Maurer *m*; **3.** *oft* ♀ Freimaurer *m*; **II** *v/t.* **4.** mauern; **Ma·son·ic** [mə'sɒnɪk] *adj.* freimaurerisch, Freimaurer…; **'ma·son·ry** [-rɪ] *s.* **1.** Steinmetz-, Maurerarbeit *f od.* -handwerk *n*; **2.** Mauerwerk *n*; **3.** *mst.* ♀ Freimaure'rei *f*.

masque [mɑ:sk] *s. thea. hist.* Maskenspiel *n*.

mas·quer·ade [,mæskə'reɪd] **I** *s.* **1.** Maske'rade *f*: a) Maskenball *m*, b) Maskierung *f*, c) *fig.* The'ater *n*, Verstellung *f*, d) *fig.* Maske *f*, Verkleidung *f*; **II** *v/i.* **2.** an e-r Maskerade teilnehmen; **3.** sich maskieren *od.* verkleiden (*a. fig.*); **4.** *fig.* sich ausgeben (***as*** als).

mass¹ [mæs] **I** *s.* **1.** *allg.* Masse *f* (*a.* ⚙ *u. phys.*): ***a ~ of blood*** ein Klumpen Blut; ***a ~ of troops*** e-e Truppenansammlung; ***in the ~*** im großen u. ganzen; **2.** Mehrzahl *f*: ***the*** (***great***) ***~ of imports*** der überwiegende Teil der Einfuhr; **3.**

the ~ die Masse, die Allge'meinheit: ***the ~es*** die ‚breite' Masse; **II** *v/t.* **4.** (*v/i.* sich) (an)sammeln *od.* (an)häufen, (*v/i.* sich) zs.-ballen; ⚔ (*v/i.* sich) massieren *od.* konzentrieren; **III** *adj.* **5.** Massen...: ***~ acceleration*** *phys.* Massenbeschleunigung *f*; ***~ communication*** Massenkommunikation *f*; ***~ meeting*** Massenversammlung *f*; ***~ murder*** Massenmord *m*; ***~ society*** Massengesellschaft *f*.

Mass² [mæs] *s. eccl.* (*a.* ♪) Messe *f*; → ***High*** (***Low***) ***Mass***; ***~ was said*** die Messe wurde gelesen; ***to attend*** (***the***) (*od.* ***go to***) ***~*** zur Messe gehen; ***~ for the dead*** Toten-, Seelenmesse.

mas·sa·cre ['mæsəkə] **I** *s.* Gemetzel *n*, Mas'saker *n*, Blutbad *n*; **II** *v/t.* niedermetzeln, massakrieren.

mas·sage ['mæsɑːʒ] **I** *s.* Mas'sage *f*: ***~ parlo(u)r*** Massagesalon *m*; **II** *v/t.* massieren.

mas·seur [mæ'sɜː] (*Fr.*) *s.* Mas'seur *m*; **mas·seuse** [mæ'sɜːz] (*Fr.*) *s.* Mas'seurin *f*, Mas'seuse *f*.

mas·sif ['mæsiːf] *s. geol.* Ge'birgsmasˌsiv *n*, -stock *m*.

mas·sive ['mæsɪv] *adj.* ☐ **1.** mas'siv (*a. geol.*, *a. Gold etc.*), schwer, massig; **2.** *fig.* mas'siv, gewaltig, wuchtig, ‚klotzig'; **'mas·sive·ness** [-nɪs] *s.* **1.** Mas'sive(s) *n*, Schwere(s) *n*; **2.** Gediegenheit *f* (*Gold etc.*); **3.** *fig.* Wucht *f*.

mass| me·di·a *s. pl.* Massenmedien *pl.*; **'~-proˌduce** *v/t.* serienmäßig herstellen: ***~d articles*** Massen-, Serienartikel; ***~ pro·duc·tion*** *s.* ✝ 'Massen-, 'Serienproduktiˌon *f*: ***standardized ~*** Fließarbeit *f*.

mass·y ['mæsɪ] → ***massive***.

mast¹ [mɑːst] **I** *s.* **1.** ⚓ (Schiffs)Mast *m*: ***sail before the ~*** (als Matrose) zur See fahren; **2.** (Gitter-, Leitungs-, An'tennen-, ✈ Anker)Mast *m*; **II** *v/t.* **3.** ⚓ bemasten: ***three-~ed*** dreimastig.

mast² [mɑːst] *s.* ⚘ Mast(futter *n*) *f*.

mas·tec·to·my [mæ'stektəmɪ] *s.* ⚕ 'Brustamputatiˌon *f*.

mas·ter ['mɑːstə] **I** *s.* **1.** Meister *m* (*a. Kunst u. fig.*), Herr *m*, Gebieter *m*: ***the*** 2 *eccl.* der Herr (*Christus*); ***be ~ of s.th.*** et. (*a. e-e Sprache*) beherrschen; ***be ~ of o.s.*** sich in der Gewalt haben; ***be ~ of the situation*** Herr der Lage sein; ***be one's own ~*** sein eigener Herr sein; ***be ~ of one's time*** über s-e Zeit (nach Belieben) verfügen können; **2.** Besitzer *m*, Eigentümer *m*, Herr *m*: ***make o.s. ~ of s.th.*** et. in s-n Besitz bringen; **3.** Hausherr *m*; **4.** Meister *m*, Sieger *m*; **5.** a) Lehrherr *m*, Meister *m*, b) *a.* ⚖ Dienstherr *m*, Arbeitgeber *m*, c) (Handwerks)Meister *m*: ***~ tailor*** Schneidermeister; ***like ~ like man*** wie der Herr, so's Gescherr; **6.** Vorsteher *m*, Leiter *m e-r Innung etc.*; **7.** ⚓ ('Handels)Kapiˌtän *m*: ***~'s certificate*** Kapitänspatent *n*; **8.** *bsd. Brit.* Lehrer *m*: ***~ in English*** Englischlehrer; **9.** *Brit. univ.* Rektor *m* (*Titel der Leiter einiger Colleges*); **10.** *univ.* Ma'gister *m* (*Grad*): 2 ***of Arts*** Magister Artium; 2 ***of Science*** Magister der Naturwissenschaften; **11.** junger Herr (*a. als Anrede für Knaben bis zu 16 Jahren*); **12.** *Brit.* (*in Titeln*): Leiter *m*, Aufseher *m* (*am königlichen Hof etc.*): 2 ***of Ceremonies*** a) Zeremonienmeister *m*, b) Conférencier *m*; 2 ***of the Horse*** Oberstallmeister *m*; **13.** ⚖ proto'kollführender Gerichtsbeamter: 2 ***of the Rolls*** Oberarchivar *m*; **14.** → ***master copy*** 1; **II** *v/t.* **15.** Herr sein *od.* werden über (*acc.*) (*a. fig.*), *a. Sprache etc.* beherrschen; *Aufgabe*, *Schwierigkeit* meistern; **16.** *Tier* zähmen; *a. Leidenschaften etc.* bändigen; **III** *adj.* **17.** Meister..., meisterhaft, -lich; **18.** Meister..., Herren...; **19.** Haupt..., hauptsächlich: ***~ file*** Hauptkartei *f*; ***~ switch*** ⚡ Hauptschalter *m*; **20.** leitend, führend.

ˌmas·ter|-at-'arms [-ərət'ɑː-] *pl.* **ˌmas·ters-at-'arms** [-əzət'ɑː-] *s.* ⚓ 'Schiffsproˌfos *m* (*Polizeioffizier*); **~ build·er** *s.* Baumeister *m*; **~ car·pen·ter** *s.* Zimmermeister *m*; **~ chord** *s.* ♪ Domi'nantdreiklang *m*; **~ clock** *s.* Zen'traluhr *f* (*e-r Uhrenanlage*); **~ cop·y** *s.* **1.** Origi'nalkoˌpie *f* (*a. Film etc.*); **2.** 'Handexemˌplar *n* (*e-s literarischen etc. Werks*); **~ file** *s.* Stammdatei *f*.

mas·ter·ful ['mɑːstəfʊl] *adj.* ☐ **1.** herrisch, gebieterisch; **2.** → ***masterly***.

mas·ter| fuse *s.* ⚡ Hauptsicherung *f*; **~ ga(u)ge** *s.* ⚙ Urlehre *f*; **'~·key** *s.* **1.** Hauptschlüssel *m*; **2.** *fig.* Schlüssel *m*.

mas·ter·less ['mɑːstəlɪs] *adj.* herrenlos; **'mas·ter·li·ness** [-lɪnɪs] *s.* meisterhafte Ausführung, Meisterschaft *f*; **'mas·ter·ly** [-lɪ] *adj. u. adv.* meisterhaft, -lich, Meister...

'mas·ter|·mind **I** *s.* **1.** über'ragender Geist, Ge'nie *n*; **2.** (führender) Kopf; **II** *v/t.* **3.** der Kopf (*gen.*) sein, leiten; **'~·piece** *s.* Meisterstück *n*, -werk *n*; **~ plan** *s.* Gesamtplan *m*; **~ ser·geant** *s.* ⚔ *Am.* (Ober)Stabsfeldwebel *m*.

mas·ter·ship ['mɑːstəʃɪp] *s.* **1.** meisterhafte Beherrschung (***of*** *gen.*), Meisterschaft *f*; **2.** Herrschaft *f*, Gewalt *f* (***over*** über *acc.*); **3.** Vorsteheramt *n*; **4.** Lehramt *n*.

'mas·ter|-stroke *s.* Meisterstreich *m*, -stück *n*, Glanzstück *n*; **~ tooth** *s.* [*irr.*] Eck-, Fangzahn *m*; **~ touch** *s.* **1.** Meisterhaftigkeit *f*, -schaft *f*; **2.** Meisterzug *m*; **3.** ⚙ *u. fig.* letzter Schliff; **'~·work** → ***masterpiece***.

mas·ter·y ['mɑːstərɪ] *s.* **1.** Herrschaft *f*, Gewalt *f* (***of***, ***over*** über *acc.*); **2.** Über'legenheit *f*, Oberhand *f*: ***gain the ~ over s.o.*** über j-n die Oberhand gewinnen; **3.** Beherrschung *f* (*e-r Sprache etc.*); **4.** → ***master touch*** 1.

'mast-head *s.* **1.** ⚓ Masttop *m*, Mars *m*: ***~ light*** Topplicht *n*; **2.** *typ.* Im'pressum *n e-r Zeitung*.

mas·tic ['mæstɪk] *s.* **1.** Mastix(harz *n*) *m*; **2.** ✿ Mastixstrauch *m*; **3.** Mastik *m*, 'Mastixzeˌment *m*.

mas·ti·cate ['mæstɪkeɪt] *v/t.* (zer-) kauen; **mas·ti·ca·tion** [ˌmæstɪ'keɪʃn] *s.* Kauen *n*; **'mas·ti·ca·tor** [-tə] *s.* **1.** Kauende(r *m*) *f*; **2.** Fleischwolf *m*; **3.** ⚙ 'Mahlmaˌschine *f*; **'mas·ti·ca·to·ry** [-kətərɪ] *adj.* Kau..., Freß...

mas·tiff ['mæstɪf] *s.* Mastiff *m*, Bulldogge *f*, englische Dogge.

mas·ti·tis [mæ'staɪtɪs] *s.* ⚕ Brust(drüsen)entzündung *f*; **mas·toid** ['mæstɔɪd] *adj. anat.* masto'id, brust(warzen)förmig; **mas·tot·o·my** [mæ'stɒtəmɪ] *s.* ⚕ 'Brustoperatiˌon *f*.

mas·tur·bate ['mæstəbeɪt] *v/i.* masturbieren; **mas·tur·ba·tion** [ˌmæstə'beɪʃn] *s.* Masturbati'on *f*.

mat¹ [mæt] **I** *s.* **1.** Matte *f* (*a. Ringen*, *Turnen*): ***~ position*** *Ringen*: Bank *f*; ***be on the ~*** a) am Boden sein, b) *sl. fig.* ‚dran' sein, in der Tinte sitzen, *a.* e-e Zigarre verpaßt kriegen; **2.** 'Untersetzer *m*, -satz *m*: ***beer ~*** Bierdeckel *m*; **3.** Vorleger *m*, Abtreter *m*; **4.** grober Sack; **5.** verfilzte Masse (*Haar etc.*), Gewirr *n*; **6.** (*glasloser*) Wechselrahmen; **II** *v/t.* **7.** mit Matten belegen; **8.** (*v/i.* sich) verflechten; **9.** (*v/i.* sich) verfilzen (*Haar*).

mat² [mæt] **I** *adj.* matt (*a. phot.*), glanzlos, mattiert; **II** *v/t.* mattieren.

match¹ [mætʃ] **I** *s.* **1.** *der od. die od. das gleiche od.* Ebenbürtige: ***his ~*** a) seinesgleichen, b) sein Ebenbild *n*, c) j-d, der es mit ihm aufnehmen kann; ***meet one's ~*** s-n Meister finden; ***be a ~ for s.o.*** j-m gewachsen sein; ***be more than a ~ for s.o.*** j-m überlegen sein; **2.** Gegenstück *n*, Passende(s) *n*; **3.** (zs.-passendes) Paar, Gespann *n* (*a. fig.*): ***they are an excellent ~*** sie passen ausgezeichnet zueinander; **4.** ✝ Ar'tikel *m* gleicher Quali'tät: ***exact ~*** genaue Bemusterung; **5.** (Wett)Kampf *m*, Wettspiel *n*, Par'tie *f*, Treffen *n*: ***boxing ~*** Boxkampf; ***singing ~*** Wettsingen *n*; **6.** a) Heirat *f*, b) *gute etc.* Par'tie (*Person*): ***make a ~*** (***of it***) e-e Ehe stiften *od.* zustande bringen; **II** *v/t.* **7.** *j-n* passend verheiraten (***to***, ***with*** mit); **8.** *j-n od. et.* vergleichen (***with*** mit); **9.** *j-n* ausspielen (***against*** gegen); **10.** passend machen, anpassen (***to***, ***with*** an *acc.*); *a. ehelich* verbinden, zs.-fügen; ⚡ angleichen: ***~ing circuit*** Anpassungskreis *m*; **11.** entsprechen (*dat.*), *a. farblich etc.* passen zu: ***well-~ed*** gut zs.-passend; **12.** et. gleiches *od.* Passendes auswählen *od.* finden zu: ***can you ~ this velvet for me?*** haben Sie et. Passendes zu diesem Samtstoff?; **13.** *nur pass.*: ***be ~ed*** *j-m* ebenbürtig *od.* gewachsen sein, *e-r Sache* gleichkommen; ***not to be ~ed*** unerreichbar; **III** *v/i.* **14.** zs.-passen, über'einstimmen (***with*** mit), entsprechen (***to*** *dat.*): ***a brown coat and gloves to ~*** ein brauner Mantel u. dazu passende Handschuhe.

match² [mætʃ] *s.* **1.** Zünd-, Streichholz *n*; **2.** Zündschnur *f*; **3.** *hist.* Lunte *f*; **'~·box** *s.* Streichholzschachtel *f*.

match·less ['mætʃlɪs] *adj.* ☐ unvergleichlich, einzigartig.

'matchˌmak·er *s.* **1.** Ehestifter(in), *b.s.* Kuppler(in); **2.** Heiratsvermittler(in).

match| point *s. sport* (für den Sieg) entscheidender Punkt; *Tennis etc.*: Matchball *m*; **'~·wood** *s.* (Holz)Späne *pl.*, Splitter *pl.*: ***make ~ of s.th.*** aus et. Kleinholz machen, et. kurz u. klein schlagen.

mate¹ [meɪt] **I** *s.* **1.** a) ('Arbeits)Kameˌrad *m*, Genosse *m*, Gefährte *m*, b) *als Anrede*: Kame'rad *m*, ‚Kumpel' *m*, c) Gehilfe *m*, Handlanger *m*; **2.** a) (Lebens)Gefährte *m*, Gatte *m*, Gattin *f*, b) *bsd. orn.* Männchen *n od.* Weibchen *n*, c) Gegenstück *n* (*von Schuhen etc.*); **3.** *Handelsmarine*: 'Schiffsoffiˌzier *m*; **4.** ⚓ Maat *m*: ***cook's ~*** Kochsmaat; **II** *v/t.* **5.** (*paarweise*) verbinden, *bsd.* vermählen,

-heiraten; *Tiere* paaren; **6.** *fig.* ein'ander anpassen: **~ words with deeds** auf Worte entsprechende Taten folgen lassen; **III** *v/i.* **7.** sich vermählen, (*a. weitS.*) sich verbinden; *zo.* sich paaren; **8.** ⚙ eingreifen (*Zahnräder*); aufein'ander arbeiten (*Flächen*): **mating surfaces** Arbeitsflächen.

mate² [meɪt] → **checkmate.**

ma·te·ri·al [mə'tɪərɪəl] **I** *adj.* □ **1.** materi'ell, physisch, körperlich; **2.** stofflich, Material…: **~ damage** Sachschaden *m*; **~ defect** Materialfehler *m*; **~ fatigue** ⚙ Materialermüdung *f*; **~ goods** Sachgüter; **3.** materia'listisch (*Anschauung etc.*); **4.** materi'ell, leiblich: **~ well-being**; **5.** a) sachlich wichtig, gewichtig, von Belang, b) wesentlich, ausschlaggebend (**to** für); ⚖ erheblich: **~ facts**; **a ~ witness** ein unentbehrlicher Zeuge; **6.** *Logik*: sachlich (*Folgerung etc.*); **7.** ⩓ materi'ell (*Punkt etc.*); **II** *s.* **8.** Materi'al *n*, Stoff *m* (*beide a. fig.*; **for** zu *e-m Buch etc.*); ⚙ Werkstoff *m*; (Kleider-) Stoff *m*; **9.** *coll. od. pl.* Materi'al(ien *pl.*) *n*, Ausrüstung *f*: **building ~s** Baustoffe; **cleaning ~s** Putzzeug *n*; **war ~** Kriegsmaterial; **writing ~s** Schreibmaterial(ien); **10.** *oft pl. fig.* 'Unterlagen *pl.*, *urkundliches etc.* Materi'al; **ma'te·ri·al·ism** [-lɪzəm] *s.* Materia'lismus *m*; **ma'te·ri·al·ist** [-lɪst] **I** *s.* Materia'list(in); **II** *adj. a.* **ma·te·ri·al·is·tic** [məˌtɪərɪə'lɪstɪk] *adj.* (□ **~ally**) materia'listisch; **ma·te·ri·al·i·za·tion** [məˌtɪərɪəlaɪ'zeɪʃn] *s.* **1.** Verkörperung *f*; **2.** *Spiritismus*: Materialisati'on *f*; **ma'te·ri·al·ize** [-laɪz] **I** *v/t.* **1.** *e-r Sache* stoffliche Form geben, *et.* verkörperlichen; **2.** *et.* verwirklichen; **3.** *bsd. Am.* materia'listisch machen: **~ thought**; **4.** *Geister* erscheinen lassen; **II** *v/i.* **5.** (feste) Gestalt annehmen, sich verkörpern (**in** in *dat.*); **6.** sich verwirklichen, Tatsache werden, zu'stande kommen; **7.** sich materialisieren, erscheinen (*Geister*).

ma·té·ri·el [məˌtɪərɪ'el] *s.* Ausrüstung *f*, (⚔ 'Kriegs)Materiˌal *n*.

ma·ter·nal [mə'tɜːnl] *adj.* □ a) mütterlich, Mutter…: **~ instinct** (**love**), b) *Verwandte(r) etc.* mütterlicherseits, c) Mütter…: **~ mortality** Müttersterblichkeit *f*.

ma·ter·ni·ty [mə'tɜːnətɪ] **I** *s.* Mutterschaft *f*; **II** *adj.* Wöchnerinnen…, Schwangerschafts…, Umstands…(*-kleidung*): **~ allowance** (*od.* **benefit**) Mutterschaftsbeihilfe *f*; **~ dress** Umstandskleid *n*; **~ home**, **~ hospital** Entbindungsklinik *f*; **~ leave** Mutterschaftsurlaub *m*; **~ ward** Entbindungsstation *f*.

mat·ey ['meɪtɪ] **I** *adj.* kame'radschaftlich, vertraulich, famili'är; **II** *s. Brit.* F ‚Kumpel' *m* (*Anrede*).

math [mæθ] *s. Am. für* **maths.**

math·e·mat·i·cal [ˌmæθə'mætɪkl] *adj.* □ **1.** mathe'matisch; **2.** *fig.* (mathe'matisch) ex'akt; **math·e·ma·ti·cian** [ˌmæθəmə'tɪʃn] *s.* Mathe'matiker(in); **ˌmath·e'mat·ics** [-ks] *s. pl. mst sg. konstr.* Mathema'tik *f*: **higher** (**new**) **~** höhere (neue) Mathematik.

maths [mæθs] *s. Brit.* F ‚Mathe' *f* (*Mathematik*).

mat·ins ['mætɪnz] *s. pl. oft* ♀ a) *R.C.* (Früh)Mette *f*, b) *Church of England*: 'Morgenliturˌgie *f*.

mat·i·nee, mat·i·née ['mætɪneɪ] *s. thea.* Mati'nee *f*, *bsd.* Nachmittagsvorstellung *f*.

mat·ing ['meɪtɪŋ] *s. bsd. orn.* Paarung *f*: **~ season** Paarungszeit *f*.

ma·tri·ar·chal [ˌmeɪtrɪ'ɑːkl] *adj.* matriar'chalisch; **ma·tri·arch·y** ['meɪtrɪɑːkɪ] *s.* Mutterherrschaft *f*, Matriar'chat *n*; **ˌma·tri'cid·al** [-ɪ'saɪdl] *adj.* muttermörderisch; **ma·tri·cide** ['meɪtrɪsaɪd] *s.* **1.** Muttermord *m*; **2.** Muttermörder(in).

ma·tric·u·late [mə'trɪkjʊleɪt] **I** *v/t.* immatrikulieren (*an e-r Universität*); **II** *v/i.* sich immatrikulieren (lassen); **III** *s.* Immatrikulierte(r *m*) *f*; **ma·tric·u·la·tion** [məˌtrɪkjʊ'leɪʃn] *s.* Immatrikulati'on *f*.

mat·ri·mo·ni·al [ˌmætrɪ'məʊnjəl] *adj.* □ ehelich, Ehe…: **~ agency** Heiratsinstitut *n*; **~ cases** ⚖ Ehesachen; **~ law** Eherecht *n*; **mat·ri·mo·ny** ['mætrɪmənɪ] *s.* Ehe(stand *m*) *f*.

ma·trix ['meɪtrɪks] *pl.* **-tri·ces** [-trɪsiːz] *s.* **1.** Mutter-, Nährboden *m* (*beide a. fig.*), 'Grundsubˌstanz *f*; **2.** *physiol.* Matrix *f*: a) Mutterboden *m*, b) Gewebeschicht *f*, c) Gebärmutter *f*; **3.** *min.* a) Grundmasse *f*, b) Ganggestein *n*; **4.** ⚙, *typ.* Ma'trize *f* (*a. Schallplattenherstellung*); **5.** ⩓ Matrix *f*: **~ algebra** Matrizenrechnung *f*.

ma·tron ['meɪtrən] *s.* **1.** würdige Dame, Ma'trone *f*; **2.** Hausmutter *f* (*e-s Internats etc.*), Wirtschafterin *f*; **3.** a) Vorsteherin *f*, b) Oberschwester *f*, Oberin *f im Krankenhaus*, c) Aufseherin *f im Gefängnis etc.*; **'ma·tron·ly** [-lɪ] *adj.* ma'tronenhaft (*a. adv.*), gesetzt: **~ duties** hausmütterliche Pflichten.

mat·ted¹ ['mætɪd] *adj.* mattiert.

mat·ted² ['mætɪd] *adj.* **1.** mit Matten bedeckt: **a ~ floor**; **2.** verflochten: **~ hair** verfilztes Haar.

mat·ter ['mætə] **I** *s.* **1.** Ma'terie *f* (*a. phys., phls.*), Materi'al *n*, Stoff *m*; *biol.* Sub'stanz *f*: → **foreign** 2, **grey matter**; **2.** Sache *f* (*a.* ⚖), Angelegenheit *f*: **this is a serious ~**; **the ~ in hand** die vorliegende Angelegenheit; **a ~ of fact** e-e Tatsache; **as a ~ of fact** tatsächlich, eigentlich; **a ~ of course** e-e Selbstverständlichkeit; **as a ~ of course** selbstverständlich; **a ~ of form** e-e Formsache; **~ (in issue)** ⚖ Streitgegenstand *m*; **a ~ of taste** (e-e) Geschmackssache; **a ~ of time** e-e Frage der Zeit; **it is a ~ of life and death** es geht um Leben u. Tod; **it's no laughing ~** es ist nichts zum Lachen; **for that ~** was das (an)betrifft, schließlich; **in the ~ of** a) hinsichtlich (*gen.*), b) ⚖ in Sachen *A. gegen B.*; **3.** *pl.* (*ohne Artikel*) die 'Umstände *pl.*, die Dinge *pl.*: **to make ~s worse** was die Sache noch schlimmer macht; **as ~s stand** wie die Dinge liegen; **4. the ~** die Schwierigkeit: **what's the ~?** was ist los?, wo fehlt's?; **what's the ~ with him** (**it**)**?** was ist los mit ihm (damit)?; **no ~!** es hat nichts zu sagen!; **it's no ~ whether** es spielt keine Rolle, ob; **no ~ what he says** was er auch sagt; **no ~ who** gleichgültig wer; **5. a ~ of** (*mit verblaßter Bedeutung*) Sache *f*, etwas: **it's a ~ of £5** es kostet 5 Pfund; **a ~ of three weeks** ungefähr 3 Wochen; **it was a ~ of five minutes** es dauerte nur 5 Minuten; **it's a ~ of common knowledge** es ist allgemein bekannt; **6.** *fig.* Stoff *m* (*Dichtung*), Thema *n*, Gegenstand *m*, Inhalt *m* (*Buch*), innerer Gehalt; **7.** *mst* **postal ~** Postsache *f*: **printed ~** Drucksache *f*; **8.** *typ.* a) Manu'skript *n*, b) (Schrift)Satz *m*: **live ~**, **standing ~** Stehsatz *m*; **9.** ⚕ Eiter *m*; **II** *v/i.* **10.** von Bedeutung sein (**to** für), dar'auf ankommen (**to s.o.** j-m): **it doesn't ~** (es) macht nichts; **it ~s little** es ist ziemlich einerlei, es spielt kaum e-e Rolle; **11.** ⚕ eitern.

ˌmat·ter|-of-'course [-tərəv'k-] *adj.* selbstverständlich; **ˌ~-of-'fact** [-tərəv'f-] *adj.* sachlich, nüchtern; pro'saisch.

Mat·thew ['mæθjuː] *npr. u. s. bibl.* Mat'thäus(evanˌgelium *n*) *m*.

mat·ting ['mætɪŋ] *s.* ⚙ **1.** Mattenstoff *m*; **2.** Matten(belag *m*) *pl.*

mat·tock ['mætək] *s.* (Breit)Hacke *f*, ⛏ Karst *m*.

mat·tress ['mætrɪs] *s.* Ma'tratze *f*.

mat·u·ra·tion [ˌmætjʊə'reɪʃn] *s.* **1.** ⚕ (Aus)Reifung *f*, Eiterung *f* (*Geschwür*); **2.** *biol.*, *a. fig.* Reifen *n*.

ma·ture [mə'tjʊə] **I** *adj.* □ **1.** *allg.* reif (*a. Käse, Wein*; *a.* ⚕ *Geschwür*); **2.** reif (*Person*): a) voll entwickelt, b) *fig.* gereift, mündig; **3.** *fig.* reiflich erwogen, ('wohl)durchˌdacht: **upon ~ reflection** nach reiflicher Überlegung; **~ plans** ausgereifte Pläne; **4.** ✝ fällig, zahlbar (*Wechsel*); **II** *v/t.* **5.** reifen (lassen), zur Reife bringen; *fig. Pläne* reifen lassen; **III** *v/i.* **6.** reif werden, (her'an-, aus)reifen; ✝ fällig werden; **ma'tured** [-əd] *adj.* **1.** (aus)gereift; **2.** abgelagert; **3.** ✝ fällig; **ma'tu·ri·ty** [-ərətɪ] *s.* **1.** Reife *f* (*a.* ⚕ *u. fig.*): **bring** (**come**) **to ~** zur Reife bringen (kommen); **~ of judg(e)ment** Reife des Urteils; **2.** ✝ Fälligkeit *f*, Verfall(zeit *f*) *m*: **at** (*od.* **on**) **~** bei Fälligkeit; **~ date** Fälligkeitstag *m*; **3.** *fig. pol.* Mündigkeit *f* (*des Bürgers*).

ma·tu·ti·nal [ˌmætjuː'taɪnl] *adj.* morgendlich, Morgen…, früh.

mat·y ['meɪtɪ] *Brit.* → **matey.**

maud·lin ['mɔːdlɪn] **I** *s.* weinerliche Gefühlsduse'lei; **II** *adj.* weinerlich sentimen'tal, rührselig.

maul [mɔːl] **I** *s.* **1.** ⚙ Schlegel *m*, schwerer Holzhammer; **II** *v/t.* **2.** *j-n, et.* übel zurichten, *j-n* 'durchprügeln, miß'handeln: **~ about** roh umgehen mit; **3.** ‚her'unterreißen' (*Kritiker*).

maul·stick ['mɔːlstɪk] *s. paint.* Malerstock *m*.

maun·der ['mɔːndə] *v/i.* **1.** schwafeln, faseln; **2.** ziellos um'herschlendern *od.* handeln.

Maun·dy Thurs·day ['mɔːndɪ] *s. eccl.* Grün'donnerstag *m*.

mau·so·le·um [ˌmɔːsə'lɪəm] *s.* Mauso'leum *n*, Grabmal *n*.

mauve [məʊv] **I** *s.* Malvenfarbe *f*; **II** *adj.* malvenfarbig, mauve.

mav·er·ick ['mævərɪk] *s. Am.* **1.** herrenloses Vieh ohne Brandzeichen; **2.** mutterloses Kalb; **3.** F *pol.* Einzelgänger *m*, *allg.* Außenseiter *m*.

maw [mɔː] *s.* **1.** (Tier)Magen *m*, *bsd.* Labmagen *m* (*der Wiederkäuer*); **2.** *fig.* Rachen *m des Todes etc.*

mawk·ish ['mɔːkɪʃ] *adj.* □ **1.** süßlich, abgestanden (*Geschmack*); **2.** *fig.* rührselig, süßlich, kitschig.

'maw·seed *s.* Mohnsame(n) *m.*
'maw·worm *s. zo.* Spulwurm *m.*
max·i ['mæksɪ] **I** *s.* Maximode *f*: ***wear ~*** maxi tragen; **II** *adj.* Maxi…: ***~ dress.***
max·il·la [mæk'sɪlə] *pl.* **-lae** [-liː] *s.* **1.** *anat.* (Ober)Kiefer *m*; **2.** *zo.* Fußkiefer *m*, Zange *f*; **max'il·lar·y** [-ərɪ] **I** *adj. anat.* (Ober)Kiefer…, maxil'lar; **II** *s.* Oberkieferknochen *m.*
max·im ['mæksɪm] *s.* Ma'xime *f.*
max·i·mal ['mæksɪml] *adj.* maxi'mal, Maximal…, Höchst…; **'max·i·mize** [-maɪz] *v/t.* ✝, ⚙ maximieren; **max·i·mum** ['mæksɪməm] **I** *pl.* **-ma** [-mə], **-mums** *s.* **1.** Maximum *n*, Höchstgrenze *f*, -maß *n*, -stand *m*, -wert *m* (*a.* ⚗): ***smoke a ~ of 20 cigarettes a day*** maximal 20 Zigaretten am Tag rauchen; **2.** ✝ Höchstpreis *m*, -angebot *n*, -betrag *m*; **II** *adj.* **3.** höchst, größt, Höchst…, Maximal…: ***~ credible accident*** größter anzunehmender Unfall, GAU *m*; ***~ load*** ⚙, ⚡ Höchstbelastung *f*; ***~ safety load*** (*od.* ***stress***) zulässige Beanspruchung; ***~ performance*** Höchst-, Spitzenleistung *f*; ***~ permissible speed*** zulässige Höchstgeschwindigkeit; ***~ wages*** Höchst-, Spitzenlohn *m.*
'max·i,sin·gle *s.* Maxisingle *f* (*Schallplatte*).
may¹ [meɪ] *v/aux.* [*irr.*] **1.** (*Möglichkeit, Gelegenheit*) *sg.* kann, mag, *pl.* können, mögen: ***it ~ happen any time*** es kann jederzeit geschehen; ***it might happen*** es könnte geschehen; ***you ~ be right*** du magst recht haben; ***he ~ not come*** vielleicht kommt er nicht; ***he might lose his way*** er könnte sich verirren; **2.** (*Erlaubnis*) *sg.* darf, kann (*a.* ⚖), *pl.* dürfen können: ***you ~ go***; ***~ I ask?*** darf ich fragen?; ***we might as well go*** da können wir ebensogut auch gehen; **3.** *ungewisse Frage*: ***how old ~ she be?*** wie alt mag sie wohl sein?; ***I wondered what he might be doing*** ich fragte mich, was er wohl tue; **4.** *Wunschgedanke, Segenswunsch*: ***~ you be happy!*** sei glücklich!; ***~ it please your Majesty*** Eure Majestät mögen geruhen; **5.** *familiäre od. vorwurfsvolle Aufforderung*: ***you might help me*** du könntest mir (eigentlich) helfen; ***you might at least write me*** du könntest mir wenigstens schreiben; **6.** ***~*** *od.* ***might*** *als Konjunktivumschreibung*: ***I shall write to him so that he ~ know our plans***; ***whatever it ~ cost***; ***difficult as it ~ be*** so schwierig es auch sein mag; ***we feared they might attack*** wir fürchteten, sie könnten *od.* würden angreifen.
May² [meɪ] *s.* **1.** Mai *m*, *poet.* (*fig. a.* ♀) Lenz *m*: ***in ~*** im Mai; **2.** ♀ ⚘ Weißdornblüte *f.*
may·be ['meɪbiː] *adv.* viel'leicht.
May| bug *s. zo.* Maikäfer *m*; ***~ Day*** *s.* der 1. Mai; **'♀·day** *s. internationales Funknotsignal*; **'~,flow·er** *s.* **1.** ⚘ a) Maiblume *f*, b) *Am.* Primelstrauch *m*; **2.** ♀ *hist. Name des Auswandererschiffs der* ***Pilgrim Fathers***; **'~·fly** *s. zo.* Eintagsfliege *f.*
may·hap ['meɪhæp] *adv. obs. od. dial.* viel'leicht.
may·hem ['meɪhem] *s.* **1.** *bsd. Am.* ⚖ schwere Körperverletzung; **2.** *fig.* a) ‚Gemetzel' *n*, b) Chaos *n*, Verwüstung *f.*
may·on·naise [,meɪə'neɪz] *s.* Mayon'naise(gericht *n*) *f*: ***~ of lobster*** Hummermayonnaise *f.*
may·or [meə] *s.* Bürgermeister *m*; **'may·or·al** [-ərəl] *adj.* bürgermeisterlich; **'may·or·ess** [-ərɪs] *s.* **1.** Gattin *f* des Bürgermeisters; **2.** *Am.* Bürgermeisterin *f.*
'May|·pole, ♀ *s.* Maibaum *m*; ***~ queen*** *s.* Mai(en)königin *f*; **'~·thorn** *s.* ⚘ Weißdorn *m.*
maz·a·rine [,mæzə'riːn] *adj.* maza'rin-, dunkelblau.
maze [meɪz] *s.* **1.** Irrgarten *m*, Laby'rinth *n*, *fig. a.* Gewirr *n*; **2.** *fig.* Verwirrung *f*: ***in a ~*** → **mazed** [-zd] *adj.* verdutzt, verblüfft.
Mc·Coy [mə'kɔɪ] *s. Am. sl.*: ***the real ~*** der wahre Jakob, der (die, das) Richtige.
'M-day *s.* Mo'bilmachungstag *m.*
me [miː; mɪ] **I** *pron.* **1.** (*dat.*) mir: ***he gave ~ money***; ***he gave it*** (***to***) ***~***; **2.** (*acc.*) mich: ***he took ~ away*** er führte mich weg; **3.** F ich: ***it's ~*** ich bin's; **II** ♀ *s.* **4.** *psych.* Ich *n.*
mead¹ [miːd] *s.* Met *m.*
mead² [miːd] *poet. für* ***meadow.***
mead·ow ['medəʊ] *s.* Wiese *f*; ***~ grass*** *s.* ⚘ Rispengras *n*; ***~ saf·fron*** *s.* ⚘ (*bsd.* Herbst)Zeitlose *f*; **'~·sweet** *s.* ⚘ **1.** Mädesüß *n*; **2.** *Am.* Spierstrauch *m.*
mead·ow·y ['medəʊɪ] *adj.* wiesenartig, -reich, Wiesen…
mea·ger *Am.*, **mea·gre** *Brit.* ['miːgə] *adj.* ☐ **1.** mager, dürr; **2.** *fig.* dürftig, kärglich; **'mea·ger·ness** *Am.*, **'mea·gre·ness** *Brit.* [-nɪs] *s.* **1.** Magerkeit *f*; **2.** Dürftigkeit *f.*
meal¹ [miːl] *s.* **1.** Schrotmehl *n*; **2.** Mehl *n*, Pulver *n* (*aus Nüssen, Mineralen etc.*).
meal² [miːl] *s.* Mahl(zeit *f*) *n*, Essen *n*: ***have a ~*** e-e Mahlzeit einnehmen; ***make a ~ of s.th.*** et. verzehren; ***~s on wheels*** Essen *n* auf Rädern.
meal·ies ['miːlɪz] (*S.Afr.*) *s. pl.* Mais *m.*
meal| tick·et *s. Am.* **1.** Essensbon(s *pl.*) *m*; **2.** *sl.* a) *b.s.* ‚Ernährer' *m*, b) Einnahmequelle *f*, ‚Goldesel' *m*, c) Kapi'tal *n*: ***his voice is his ~***; **'~·time** *s.* Essenszeit *f.*
meal·y ['miːlɪ] *adj.* **1.** mehlig: ***~ potatoes***; **2.** mehlhaltig; **3.** (wie) mit Mehl bestäubt; **4.** blaß (*Gesicht*); **'~-mouthed** *adj.* **1.** heuchlerisch, glattzüngig; **2.** leisetreterisch: ***be ~ about it*** um den (heißen) Brei herumreden.
mean¹ [miːn] **I** *v/t.* [*irr.*] **1.** *et.* beabsichtigen, vorhaben, im Sinn haben: ***I ~ it*** es ist mir Ernst damit; ***~ to do s.th.*** et. zu tun gedenken, et. tun wollen; ***he ~s no harm*** er meint es nicht böse; ***I didn't ~ to disturb you*** ich wollte dich nicht stören; ***without ~ing it*** ohne es zu wollen; → ***business*** 4; **2.** bestimmen (***for*** zu): ***he was meant to be a barrister*** er war zum Anwalt bestimmt; ***the cake is meant to be eaten*** der Kuchen ist zum Essen da; ***that remark was meant for you*** das war auf dich abgezielt; **3.** meinen, sagen wollen: ***by 'liberal' I ~*** unter ‚liberal' verstehe ich; ***I ~ his father*** ich meine s-n Vater; ***I ~ to say*** ich will sagen; **4.** bedeuten: ***that ~s a lot of work***; ***he ~s all the world to me*** er bedeutet mir alles; ***that ~s war*** das bedeutet Krieg; ***what does 'fair' ~?*** was bedeutet *od.* heißt (das Wort) ‚fair'?; **II** *v/i.* [*irr.*] **5.** ***~ well*** (***ill***) ***by*** (*od.* ***to***) ***s.o.*** j-m wohlgesinnt (übel gesinnt) sein.
mean² [miːn] *adj.* ☐ **1.** gering, niedrig: ***~ birth*** niedrige Herkunft; **2.** ärmlich, schäbig: ***~ streets***; **3.** unbedeutend, gering: ***no ~ artist*** ein recht bedeutender Künstler; ***no ~ foe*** ein nicht zu unterschätzender Gegner; **4.** schäbig, gemein; ***feel ~*** sich schäbig vorkommen; **5.** geizig, schäbig, ‚filzig'; **6.** *Am.* F a) bösartig, ‚ekelhaft', b) ‚bös', scheußlich (*Sache*), c) ‚toll', ‚wüst': ***a ~ fighter***, d) *Am.* unpäßlich: ***feel ~*** sich elend fühlen.
mean³ [miːn] **I** *adj.* **1.** mittel, mittler, Mittel…; 'durchschnittlich, Durchschnitts…: ***~ life*** a) mittlere Lebensdauer, b) *phys.* Halbwertzeit *f*; ***~ sea level*** *das* Normalnull; ***~ value*** Mittelwert *m*; **II** *s.* **2.** Mitte *f*, *das* Mittlere, Mittel *n*, 'Durchschnitt(szahl *f*) *m*; ⚗ Mittel(wert *m*) *n*: ***hit the happy ~*** die goldene Mitte treffen; ***arithmetical ~*** arithmetisches Mittel; → ***golden mean***; **3.** *pl. sg. od. pl. konstr.* (Hilfs)Mittel *n od. pl.*, Werkzeug *n*, Weg *m*: ***by all ~s*** auf alle Fälle, unbedingt; ***by any ~s*** etwa, vielleicht, möglicherweise; ***by no ~s*** durchaus nicht, keineswegs, auf keinen Fall; ***by some ~s or other*** auf die eine oder andere Weise, irgendwie; ***by ~s of*** mittels, durch; ***by this*** (*od.* ***these***) ***~s*** hierdurch; ***~ of production*** Produktionsmittel; ***~s of transport***(***ation***) Beförderungsmittel; ***find the ~s*** Mittel und Wege finden; → ***end*** 9, ***way¹*** 1; **4.** *pl.* (Geld)Mittel *pl.*, Vermögen *n*, Einkommen *n*: ***live within*** (***beyond***) ***one's ~s*** s-n Verhältnissen entsprechend (über s-e Verhältnisse) leben; ***a man of ~s*** ein bemittelter Mann; ***~s test*** *Brit.* (behördliche) Einkommens- *od.* Bedürftigkeitsermittlung.
me·an·der [mɪ'ændə] **I** *s. bsd. pl.* Windung *f*, verschlungener Pfad, Schlängelweg *m*; △ Mä'ander(linien *pl.*) *m*, Schlangenlinie *f*; **II** *v/i.* sich winden, (sich) schlängeln.
mean·ing ['miːnɪŋ] **I** *s.* **1.** Absicht *f*, Zweck *m*, Ziel *n*; **2.** Sinn *m*, Bedeutung *f*: ***full of ~*** bedeutungsvoll, bedeutsam; ***what's the ~ of this?*** was soll das bedeuten?; ***words with the same ~*** Wörter mit gleicher Bedeutung; ***full of ~*** → 3; ***if you take my ~*** wenn Sie verstehen, was ich meine; **II** *adj.* ☐ **3.** bedeutungsvoll, bedeutsam (*Blick etc.*); **4.** *in Zssgn* in … Absicht: ***well-~*** wohlmeinend, -wollend; **'mean·ing·ful** [-fʊl] *adj.* bedeutungsvoll; **'mean·ing·less** [-lɪs] *adj.* **1.** sinn-, bedeutungslos; **2.** ausdruckslos (*Gesicht*).
mean·ness ['miːnnɪs] *s.* **1.** Niedrigkeit *f*, niedriger Stand; **2.** Wertlosigkeit *f*, Ärmlichkeit *f*; **3.** Schäbigkeit *f*: a) Gemeinheit *f*, Niederträchtigkeit *f*, b) Geiz *m*; **4.** *Am.* F Bösartigkeit *f.*
meant [ment] *pret. u. p.p. von* ***mean¹.***
,mean|'time **I** *adv.* in'zwischen, mittler'weile, unter'dessen; **II** *s.* Zwischenzeit *f*: ***in the ~*** → I; ***~ time*** *s. ast.* mittlere (Sonnen)Zeit; **,~'while** → ***meantime*** I.

mea·sles ['mi:zlz] *s. pl. sg. konstr.* **1.** ⚕ Masern *pl.*: ***false ~, German ~*** Röteln *pl.*; **2.** *vet.* Finnen *pl.* (*der Schweine*); **'mea·sly** [-lɪ] *adj.* **1.** ⚕ masernkrank; **2.** *vet.* finnig; **3.** *sl.* elend, schäbig, lumpig.

meas·ur·a·ble ['meʒərəbl] *adj.* □ meßbar: ***within ~ distance of*** *fig.* nahe (*dat.*); **'meas·ur·a·ble·ness** [-nɪs] *s.* Meßbarkeit *f.*

meas·ure ['meʒə] **I** *s.* **1.** Maß(einheit *f*) *n*: ***long ~*** Längenmaß; ***~ of capacity*** Hohlmaß; **2.** *fig.* richtiges Maß, Ausmaß *n*: ***beyond*** (*od.* ***out of***) ***all ~*** über alle Maßen, grenzenlos; ***in a great ~*** in großem Maße, großenteils, überaus; ***in some ~, in a*** (***certain***) ***~*** gewissermaßen, bis zu e-m gewissen Grade; ***for good ~*** obendrein; **3.** Messen *n*, Maß *n*: ***take the ~ of s.th.*** et. abmessen; ***take s.o.'s ~*** a) j-m (*zu e-m Anzug*) Maß nehmen, b) *fig.* j-n taxieren *od.* einschätzen; → ***made-to-measure***; **4.** Maß *n*, Meßgerät *n*; ***weigh with two ~s*** *fig.* mit zweierlei Maß messen; → ***tape-measure***; **5.** Maßstab *m* (***of*** für): ***be a ~ of s.th.*** e-r Sache als Maßstab dienen; ***man is the ~ of all things*** der Mensch ist das Maß aller Dinge; **6.** Anteil *m*, Porti'on *f*, gewisse Menge; **7.** a) ⩘ Maß(einheit *f*) *n*, Teiler *m*, Faktor *m*, b) ⚗, *phys.* Maßeinheit *f*: ***~ of variation*** Schwankungsmaß; ***common ~*** gemeinsamer Teiler; **8.** (abgemessener) Teil, Grenze *f*: ***set a ~ to s.th.*** et. begrenzen; **9.** *Metrik*: a) Silbenmaß *n*, b) Versglied *n*, c) Versmaß *n*; **10.** ♪ Metrum *n*, Takt *m*, Rhythmus *m*: ***tread a ~*** tanzen; **11.** *poet.* Weise *f*, Melo'die *f*; **12.** *pl. geol.* Lager *n*, Flöz *n*; **13.** *typ.* Zeilen-, Satz-, Ko'lumnenbreite *f*; **14.** *fig.* Maßnahme *f*, -regel *f*, Schritt *m*: ***take ~s*** Maßnahmen ergreifen; ***take legal ~s*** den Rechtsweg beschreiten; **15.** ⚖ gesetzliche Maßnahme, Verfügung *f*: ***coercive ~*** Zwangsmaßnahme; **II** *v/t.* **16.** (ver)messen, ab-, aus-, zumessen: ***~ one's length*** *fig.* längelang hinfallen; ***~ swords*** a) die Klingen messen, b) (***with***) die Klingen kreuzen (mit) (*a. fig.*); ***~ s.o. for a suit of clothes*** j-m Maß nehmen zu e-m Anzug; **17.** ***~ out*** ausmessen, die Ausmaße bestimmen; **18.** *fig.* ermessen; **19.** (ab)messen, abschätzen (***by*** an *dat.*): ***~d by*** gemessen an; **20.** beurteilen (***by*** nach); **21.** vergleichen, messen (***with*** mit): ***~ one's strength with s.o.*** s-e Kräfte mit j-m messen; **III** *v/i.* **22.** Messungen vornehmen; **23.** messen, groß sein: ***it ~s 7 inches*** es mißt 7 Zoll, es ist 7 Zoll lang; **24.** ***~ up*** (***to***) die Ansprüche (*gen.*) erfüllen, her'anreichen (an *acc.*); **'meas·ured** [-əd] *adj.* **1.** (ab)gemessen: ***~ in the clear*** (*od.* ***day***) ⚙ im Lichten gemessen; ***~ value*** Meßwert *m*; **2.** richtig proportioniert; **3.** (ab)gemessen, gleich-, regelmäßig: ***~ tread*** gemessener Schritt; **4.** 'wohlüber,legt, abgewogen, gemessen: ***to speak in ~ terms*** sich maßvoll ausdrücken; **5.** im Versmaß, metrisch; **'meas·ure·less** [-lɪs] *adj.* unermeßlich, unbeschränkt; **'meas·ure·ment** [-mənt] *s.* **1.** (Ver-) Messung *f*, (Ab)Messen *n*; **2.** Maß *n*; *pl.* Abmessungen *pl.*, Größe *f*, Ausmaße *pl.*; **3.** ⚓ Tonnengehalt *m*.

meas·ur·ing ['meʒərɪŋ] *s.* **1.** Messen *n*, (Ver)Messung *f*; **2.** *in Zssgn*: Meß...; ***~ bridge*** *s.* ⚡ Meßbrücke *f*; ***~ di·al*** *s.* Rundmaßskala *f*; ***~ glass*** *s.* Meßglas *n*; ***~ in·stru·ment*** *s.* Meßgerät *n*; ***~ range*** *s.* Meßbereich *m*; ***~ tape*** *s.* Maß-, Meßband *n*, Bandmaß *n*.

meat [mi:t] *s.* **1.** Fleisch *n* (*als Nahrung*; *Am. a. von Früchten etc.*): ***~s*** a) Fleischwaren, b) Fleichgerichte; ***fresh ~*** Frischfleisch; ***butcher's ~*** Schlachtfleisch; ***~ and drink*** Speise *f* u. Trank *m*; ***this is ~ and drink to me*** es ist mir e-e Wonne; ***one man's ~ is another man's poison*** des einen Freud ist des andern Leid; **2.** Fleischspeise *f*: ***cold ~*** kalte Platte; ***~ tea*** kaltes Abendbrot mit Tee; **3.** *fig.* Sub'stanz *f*, Gehalt *m*, Inhalt *m*: ***full of ~*** gehaltvoll; ***~ ax(e)*** *s.* Schlachtbeil *n*; **'~·ball** *s.* **1.** Fleischklößchen *n*; **2.** *Am. sl.* ‚Heini' *m*; ***~ broth*** *s.* Fleischbrühe *f*; **'~,chop·per** *s.* **1.** Hackmesser *n*; **2.** → ***~ grind·er*** *s.* Fleischwolf *m*; ***~ ex·tract*** *s.* 'Fleischex,trakt *m*; ***~ fly*** *s. zo.* Schmeißfliege *f*; ***~ in·spec·tion*** *s.* Fleischbeschau *f*.

meat·less ['mi:tlɪs] *adj.* fleischlos.

meat| loaf *s.* Hackbraten *m*; **'~·man** [-mæn] *s.* [*irr.*] *Am.* Fleischer *m*; ***~ meal*** *s.* Fleischmehl *n*; ***~ pie*** *s.* 'Fleischpa,stete *f*; ***~ pud·ding*** *s.* Fleischpudding *m*; ***~ safe*** *s.* Fliegenschrank *m*.

meat·y ['mi:tɪ] *adj.* **1.** fleischig; **2.** fleischartig; **3.** *fig.* gehaltvoll, handfest, so'lid.

Mec·can·o [mɪ'kɑ:nəʊ] (*TM*) *s.* Sta'bilbaukasten *m* (*Spielzeug*).

me·chan·ic [mɪ'kænɪk] **I** *adj.* **1.** → ***mechanical***; **II** *s.* **2.** a) Me'chaniker *m*, Maschi'nist *m*, Mon'teur *m*, (Auto-) Schlosser *m*, b) Handwerker *m*; **3.** *pl. sg. konstr. phys.* a) Me'chanik *f*, Bewegungslehre *f*: ***~s of fluids*** Strömungslehre *f*, b) *a.* ***practical ~s*** Ma'schinenlehre *f*; **4.** *pl. sg. konstr.* ⚙ Konstrukti'on *f* von Ma'schinen *etc.*: ***precision ~s*** Feinmechanik *f*; **5.** *pl. sg. konstr.* Mecha'nismus *m* (*a. fig.*); **6.** *pl. sg. konstr. fig.* Technik *f*: ***the ~s of playwriting***; **me'chan·i·cal** [-kl] *adj.* □ **1.** ⚙ me'chanisch (*a. phys.*); maschi'nell, Maschinen...; auto'matisch: ***~ drawing*** maschinelles Zeichnen; ***~ force*** *phys.* mechanische Kraft; ***~ engineer*** Maschinenbauingenieur *m*; ***~ engineering*** Maschinenbau(kunde *f*) *m*; ***~ woodpulp*** Holzschliff *m*; **2.** *fig.* me'chanisch, auto'matisch; **me'chan·i·cal·ness** [-klnɪs] *s. das* Me'chanische; **mech·a·ni·cian** [,mekə'nɪʃn] → ***mechanic*** 2.

mech·a·nism ['mekənɪzəm] *s.* **1.** Mecha'nismus *m*: ***~ of government*** *fig.* Regierungs-, Verwaltungsapparat *m*; **2.** *biol, physiol., phls., psych.* Mecha'nismus *m*; **3.** *paint. etc.* Technik *f*; **mech·a·nis·tic** [,mekə'nɪstɪk] *adj.* (□ ***~ally***) *phls.* mecha'nistisch; **mech·a·ni·za·tion** [,mekənaɪ'zeɪʃn] *s.* Mechanisierung *f*; **'mech·a·nize** [-naɪz] *v/t.* mechanisieren, ⚔ *a.* motorisieren: ***~d division*** ⚔ Panzergrenadierdivision *f*.

me·co·ni·um [mɪ'kəʊnjəm] *s. physiol.* Kindspech *n*.

med·al ['medl] *s.* Me'daille *f*: a) Denk-, Schaumünze *f*; → ***reverse*** 4, b) Orden *m*, Ehrenzeichen *n*, Auszeichnung *f*: ***♀ of Honor*** *Am.* ⚔ Tapferkeitsmedaille; ***~ ribbon*** Ordensband *n*.

med·aled, med·al·ist *Am.* → ***medalled, medallist.***

med·alled ['medld] *adj.* ordengeschmückt.

me·dal·lion [mɪ'dæljən] *s.* **1.** große Denk- *od.* Schaumünze, Me'daille *f*; **2.** Medail'lon *n*; **med·al·list** ['medlɪst] *s.* **1.** Me'daillenschneider *m*; **2.** *bsd. sport* (*Gold- etc.*)Medaillengewinner(in).

med·dle ['medl] *v/i.* **1.** sich (ein-) mischen (***with, in*** in *acc.*); **2.** sich (unaufgefordert) befassen, sich abgeben, sich einlassen (***with*** mit); **3.** her'umhantieren, -spielen (***with*** mit); **'med·dler** [-lə] *s.* j-d, der sich (ständig) in fremde Angelegenheiten mischt, aufdringlicher Mensch; **'med·dle·some** [-səm] *adj.* aufdringlich.

me·di·a[1] ['medɪə] *pl.* **-di·ae** [-dɪi:] *s. ling.* Media *f*, stimmhafter Verschlußlaut.

me·di·a[2] ['mi:djə] **1.** *pl. von* ***medium***, **2.** Medien *pl.*: ***~ research*** Medienforschung *f*; ***mixed ~*** a) Multimedia *pl.*, b) *Kunst*: Mischtechnik *f*.

me·di·ae·val *etc.* → ***medieval*** *etc.*

me·di·al ['mi:djəl] **I** *adj.* □ **1.** mittler, Mittel...: ***~ line*** Mittellinie *f*; **2.** *ling.* medi'al, inlautend: ***~ sound*** Inlaut *m*; **3.** Durchschnitts...; **II** *s.* **4.** → ***media***[1].

me·di·an ['mi:djən] **I** *adj.* die Mitte bildend, mittler, Mittel...: ***~ salaries*** ✝ mittlere Gehälter; ***~ strip*** *Am. mot.* Mittelstreifen *m*; **II** *s.* Mittellinie *f*, -wert *m*; ***~ line*** *s.* ⩘ a) Mittellinie *f* (*a. anat.*), b) Halbierungslinie *f*; ***~ point*** *s.* ⩘ Mittelpunkt *m*, Schnittpunkt *m* der Winkelhalbierenden.

me·di·ant ['mi:djənt] *s.* ♪ Medi'ante *f*.

me·di·ate ['mi:dɪeɪt] **I** *v/i.* **1.** vermitteln (*a. v/t.*), den Vermittler spielen (***between*** zwischen *dat.*); **2.** da'zwischen liegen, ein Bindeglied bilden; **II** *adj.* [-dɪət] □ **3.** mittelbar, 'indi,rekt; **4.** → ***median*** I; **me·di·a·tion** [,mi:dɪ'eɪʃn] *s.* Vermittlung *f*, Fürsprache *f*; *eccl.* Fürbitte *f*: ***through his ~***; **'me·di·a·tor** [-tə] *s.* Vermittler *m*; Fürsprecher *m*; *eccl.* Mittler *m*; **me·di·a·to·ri·al** [,mi:dɪə'tɔ:rɪəl] *adj.* □ vermittelnd, (Ver)Mittler...; **'me·di·a·tor·ship** [-təʃɪp] *s.* (Ver)Mittleramt *n*, Vermittlung *f*; **'me·di·a·to·ry** [-dɪətərɪ] → ***mediatorial***; **me·di·a·trix** [,mi:dɪ'eɪtrɪks] *s.* Vermittlerin *f*.

med·ic ['medɪk] **I** *adj.* → ***medical*** 1; **II** *s.* F Medi'ziner *m* (*Arzt od. Student*), ⚔ Sani'täter *m*.

Med·i·caid ['medɪkeɪd] *s. Am. Gesundheitsfürsorge(programm) für Bedürftige.*

med·i·cal ['medɪkl] **I** *adj.* □ **1.** medi'zinisch, ärztlich, Kranken..., *a.* inter'nistisch: ***~ attendance*** ärztliche Behandlung; ***~ board*** Gesundheitsbehörde *f*; ***~ certificate*** ärztliches Attest; ***♀ Corps*** ⚔ Sanitätstruppe *f*; ***♀ Department*** ⚔ Sanitätswesen *n*; ***~ examiner*** a) Amtsarzt *m*, -ärztin *f*, b) Vertrauensarzt *m*, -ärztin *f* (*Krankenkasse*), c) *Am.* Leichenbeschauer(in); ***~ history*** Krankengeschichte *f*; ***~ jurisprudence*** Gerichtsmedizin *f*; ***~ man*** → 3 a; ***~ officer*** Amtsarzt *m*, -ärztin *f*; ***~ practitioner*** praktischer Arzt, praktische Ärztin; ***~***

retirement vorzeitige Pensionierung aus gesundheitlichen Gründen; **~ *science*** medizinische Wissenschaft, Medizin *f*; **~ *specialist*** Facharzt *m*, -ärztin *f*; **~ *student*** Mediziner(in), Medizinstudent(in); **2 *Superintendent*** Chefarzt *m*, -ärztin *f*; **~ *ward*** innere Abteilung (*e-r Klinik*); ***on ~ grounds*** aus gesundheitlichen Gründen; **2.** Heil…, heilend; **II** *s.* **3.** F a) ‚Doktor' *m* (*Arzt*), b) ärztliche Unter'suchung; **me·dic·a·ment** [me'dɪkəmənt] *s.* Medika'ment *n*, Heil-, Arz'neimittel *n*.

Med·i·care ['medɪkeə] *s. Am.* Gesundheitsfürsorge *f* (*bsd. für Senioren*).

med·i·cate ['medɪkeɪt] *v/t.* **1.** medi'zinisch behandeln; **2.** mit Arz'neistoff versetzen *od.* imprägnieren: ***~d cotton*** medizinische Watte; ***~d bath*** (***wine***) Medizinalbad *n* (-wein *m*); **med·i·ca·tion** [ˌmedɪ'keɪʃn] *s.* **1.** Beimischung *f* von Arz'neistoffen; **2.** Verordnung *f*, medi'zinische *od.* medikamen'töse Behandlung; **'med·i·ca·tive** [-keɪtɪv] *adj.*, **me·dic·i·nal** [me'dɪsɪnl] *adj.* □ Medizinal…, medi'zinisch, heilkräftig, -sam, Heil…: **~ *herbs*** Heilkräuter; **~ *spring*** Heilquelle *f*.

med·i·cine ['medsɪn] *s.* **1.** Medi'zin *f*, Arz'nei *f* (*a. fig.*): ***take one's ~*** a) s-e Medizin (ein)nehmen, b) *fig.* ‚die Pille schlucken'; **2.** a) Heilkunde *f*, ärztliche Wissenschaft, b) innere Medi'zin (*Ggs. Chirurgie*); **3.** Zauber *m*, Medi'zin *f* (*bei Indianern etc.*): ***he is bad ~*** *Am. sl.* er ist ein gefährlicher Bursche; **~ ball** *s. sport* Medi'zinball *m*; **~ chest** *s.* Arz'neischrank *m*, 'Hausapoˌtheke *f*; **'~·man** [-mæn] *s.* [*irr.*] Medi'zinmann *m*.

med·i·co ['medɪkəʊ] *pl.* **-cos** *s.* → ***medic*** II.

medico- [medɪkəʊ] *in Zssgn* medi'zinisch, Mediko…: **~*legal*** gerichtsmedizinisch.

me·di·e·val [ˌmedɪ'i:vl] *adj.* □ mittelalterlich (*a.* F *fig. altmodisch, vorsintflutlich*); **ˌme·di'e·val·ism** [-vəlɪzəm] *s.* **1.** Eigentümlichkeit *f od.* Geist *m* des Mittelalters; **2.** Vorliebe *f* für das Mittelalter; **3.** Mittelalterlichkeit *f*; **ˌme·di'e·val·ist** [-vəlɪst] *s.* Mediä'vist(in), Erforscher(in) *od.* Kenner(in) des Mittelalters.

me·di·o·cre [ˌmi:dɪ'əʊkə] *adj.* mittelmäßig, zweitklassig; **me·di·oc·ri·ty** [ˌmi:dɪ'ɒkrətɪ] *s.* **1.** Mittelmäßigkeit *f*, mäßige Begabung; **2.** unbedeutender Mensch, kleiner Geist.

med·i·tate ['medɪteɪt] **I** *v/i.* nachsinnen, -denken, grübeln, meditieren (***on***, ***upon*** über *acc.*); **II** *v/t.* erwägen, planen, sinnen auf (*acc.*); **med·i·ta·tion** [ˌmedɪ'teɪʃn] *s.* **1.** Meditati'on *f*, tiefes Nachdenken, Sinnen *n*; **2.** (*bsd.* fromme) Betrachtung, Andacht *f*: ***book of ~s*** Andachts-, Erbauungsbuch *n*; **'med·i·ta·tive** [-tətɪv] *adj.* □ **1.** nachdenklich; **2.** besinnlich (*a. Buch etc.*).

med·i·ter·ra·ne·an [ˌmedɪtə'reɪnjən] **I** *adj.* **1.** von Land um'geben; binnenländisch; **2.** 2 mittelmeerisch, mediter'ran, Mittelmeer…: **2 *Sea*** → 3; **II** *s.* **3.** 2 Mittelmeer *n*, Mittelländisches Meer; **4.** 2 Angehörige(r *m*) *f* der mediter'ranen Rasse.

me·di·um ['mi:djəm] **I** *pl.* **-di·a** [-djə], **-di·ums** *s.* **1.** *fig.* Mitte *f*, Mittel *n*, Mittelweg *m*: ***the happy ~*** die goldene Mitte, der goldene Mittelweg; **2.** *phys.* Mittel *n*, Medium *n*; **3.** †, *biol.* Medium *n*, Träger *m*, Mittel *n*: ***circulating ~***, ***currency ~*** † Umlaufs-, Zahlungsmittel; ***dispersion ~*** ⚕ Dispersionsmittel; **4.** 'Lebenseleˌment *n*, -bedingungen *pl.*; **5.** *fig.* Um'gebung *f*, Mili'eu *n*; **6.** (*a. künstlerisches, a. Kommunikations-*) Medium *n*, (Hilfs-, Werbe- *etc.*)Mittel *n*; Werkzeug *n*, Vermittlung *f*: ***by*** (*od.* ***through***) ***the ~ of*** durch, vermittels; → ***media***[2]; **7.** *paint.* Bindemittel *n*; **8.** *Spiritismus etc.*: Medium *n*; **9.** *typ.* Medi'anpaˌpier *n*; **II** *adj.* **10.** mittler, Mittel…, Durchschnitts…, *a.* mittelmäßig: **~ *quality*** mittlere Qualität; **~ *price*** Durchschnittspreis *m*; ***~-price car*** *mot.* Wagen *m* der mittleren Preisklasse; **~ brown** *s.* Mittelbraun *n*; **'~-ˌdat·ed** *adj.* † mittelfristig; **'~-faced** *adj. typ.* halbfett.

me·di·um·is·tic [ˌmi:djə'mɪstɪk] *adj. Spiritismus*: medi'al (begabt).

me·di·um| size *s.* Mittelgröße *f*; **'~-size(d)** *adj.* mittelgroß: **~ *car*** Mittelklassewagen *m*; **'~-term** *adj.* mittelfristig; **~ wave** *s. Radio*: Mittelwelle *f*.

med·lar ['medlə] *s.* ⚘ **1.** Mispelstrauch *m*; **2.** Mispel *f* (*Frucht*).

med·ley ['medlɪ] **I** *s.* **1.** Gemisch *n*; *contp.* Mischmasch *m*, Durchein'ander *n*; **2.** ♪ Potpourri *n*, Medley *n*; **II** *adj.* **3.** gemischt, wirr; bunt; **4.** *sport* Lagen…: **~ *swimming***; **~ *relay*** a) *Schwimmen*: Lagenstaffel *f*, b) *Laufsport*: Schwellstaffel *f*.

me·dul·la [me'dʌlə] *s.* **1.** *anat.* (Knochen)Mark *n*: **~ *spinalis*** Rückenmark; **2.** ⚘ Mark *n*; **me'dul·lar·y** [-ərɪ] *adj.* medul'lär, Mark…

meed [mi:d] *s. poet.* Lohn *m*.

meek [mi:k] *adj.* □ **1.** mild, sanft(mütig); **2.** demütig, 'unterwürfig; **3.** fromm (*Tier*): ***as ~ as a lamb*** *fig.* lammfromm; **'meek·ness** [-nɪs] *s.* **1.** Sanftmut *f*, Milde *f*; **2.** Demut *f*, 'Unterwürfigkeit *f*.

meer·schaum ['mɪəʃəm] *s.* Meerschaum(pfeife *f*) *m*.

meet [mi:t] **I** *v/t.* [*irr.*] **1.** begegnen (*dat.*), treffen, zs.-treffen mit, treffen auf (*acc.*), antreffen: **~ *s.o. in the street***; ***well met!*** schön, daß wir uns treffen!; **2.** abholen; **~ *s.o. at the station*** j-n von der Bahn abholen; ***be met*** abgeholt *od.* empfangen werden; ***come*** (***go***) ***to ~ s.o.*** j-m entgegenkommen (-gehen); **3.** *j-n* kennenlernen: ***when I first met him*** als ich s-e Bekanntschaft machte; ***pleased to ~ you*** F sehr erfreut, Sie kennenzulernen; **~ *Mr. Brown!*** *bsd. Am.* darf ich Sie mit Herrn B. bekannt machen?; **4.** *fig. j-m* entgegenkommen (***half-way*** auf halbem Wege); **5.** (*feindlich*) zs.-treffen *od.* -stoßen mit, begegnen (*dat.*), stoßen auf (*acc.*); *sport* antreten gegen (*Konkurrenten*); **6.** *a. fig. j-m* gegen'übertreten; → ***fate*** 1; **7.** *fig.* entgegentreten (*dat.*): a) *e-r Sache* abhelfen, *der Not* steuern, *Schwierigkeiten* über'winden, *e-m Übel* begegnen, *der Konkurrenz* Herr werden, b) *Einwände* wider'legen, entgegnen auf (*acc.*); **8.** *parl.* sich vorstellen (*dat.*): **~ (*the*) *parliament***; **9.** berühren, münden in (*acc.*) (*Straßen*), stoßen *od.* treffen auf (*acc.*), schneiden (*a.* A): **~ *s.o.'s eye*** a) j-m ins Auge fallen, b) j-s Blick erwidern; **~ *the eye*** auffallen; ***there is more in it than ~s the eye*** da steckt mehr dahinter; **10.** *Anforderungen etc.* entsprechen, gerecht werden (*dat.*), über'einstimmen mit: ***the supply ~s the demand*** das Angebot entspricht der Nachfrage; ***be well met*** gut zs.-passen; ***that won't ~ my case*** das löst mein Problem nicht; **11.** *j-s Wünschen* entgegenkommen *od.* entsprechen, *Forderungen* erfüllen, *Verpflichtungen* nachkommen, *Unkosten* bestreiten (***out of*** aus), *Nachfrage* befriedigen, *Rechnungen* begleichen, *j-s Auslagen* decken, *Wechsel* honorieren *od.* decken: **~ *the claims of one's creditors*** s-e Gläubiger befriedigen; **II** *v/i.* [*irr.*] **12.** zs.-kommen, -treffen, -treten; **13.** sich begegnen, sich treffen, sich finden: **~ *again*** sich wiedersehen; **14.** (*feindlich od. im Spiel*) zs.-stoßen, anein'andergeraten, sich messen; *sport* aufein'andertreffen (*Gegner*); **15.** sich kennenlernen, zs.-treffen; **16.** sich vereinigen (*Straßen etc.*), sich berühren; **17.** genau zs.-treffen *od.* -stimmen *od.* -passen, sich decken; zugehen (*Kleidungsstück*); → ***end*** 1; **18.** **~ *with*** a) zs.-treffen mit, sich vereinigen mit, b) (an)treffen, finden, (zufällig) stoßen auf (*acc.*), c) erleben, erleiden, erfahren, betroffen werden von, erhalten, *Billigung* finden, *Erfolg* haben: **~ *with an accident*** e-n Unfall erleiden, verunglücken; **~ *with a kind reception*** freundlich aufgenommen werden; **III** *s.* **19.** *Am.* a) Treffen *n* (*von Zügen etc.*), b) → ***meeting*** 3 b; **20.** *Brit. hunt.* a) Jagdtreffen *n* (*zur Fuchsjagd*), b) Jagdgesellschaft *f*.

meet·ing ['mi:tɪŋ] *s.* **1.** Begegnung *f*, Zs.-treffen *n*, -kunft *f*; **2.** (***at a ~*** auf e-r) Versammlung *od.* Konfe'renz *od.* Sitzung *od.* Tagung: **~ *of creditors*** (***members***) Gläubiger- (Mitglieder-) versammlung; **3.** a) Zweikampf *m*, Du'ell *n*, b) *sport* Treffen *n*, Wettkampf *m*, Veranstaltung *f*; **4.** Zs.-treffen *n* (*zweier Linien etc.*), Zs.-fluß *m* (*zweier Flüsse*); **'~-place** *s.* Treffpunkt *m* (*a. weitS.*), Tagungs-, Versammlungsort *m*.

meg(a)- [meg(ə)] *in Zssgn* a) (riesen-) groß, b) Milli'on.

meg·a·byte ['megəbaɪt] *s.* Megabyte *n*; **meg·a·cy·cle** ['megəˌsaɪkl] *s.* ϟ Megahertz *n*; **'meg·a·death** [-deθ] *s.* Tod *m* von e-r Milli'on Menschen (*bsd. in e-m Atomkrieg*); **'meg·a·fog** [-fɒg] *s.* ⚓ 'Nebelsiˌgnal(anlage *f*) *n*; **'meg·a·lith** [-lɪθ] *s.* Mega'lith *m*, großer Steinblock.

megalo- [megələʊ] *in Zssgn* groß.

meg·a·lo·car·di·a [ˌmegələʊ'kɑ:dɪə] *s.* ⚕ Herzerweiterung *f*; **meg·a·lo·ma·ni·a** [ˌmegələʊ'meɪnjə] *s. psych.* Größenwahn *m*; **meg·a·lop·o·lis** [ˌmegə'lɒpəlɪs] *s.* **1.** Riesenstadt *f*; **2.** Ballungsgebiet *n*.

meg·a·phone ['megəfəʊn] **I** *s.* Mega'phon *n*; **II** *v/t. u. v/i.* durch ein Mega'phon sprechen; **'meg·a·ton** [-tʌn] *s.* Megatonne *f* (*1 Million Tonnen*); **'meg·a·watt** [-wɒt] *s.* ϟ Megawatt *n*.

meg·ger ['megə] *s.* ϟ Megohm'meter *n*.

me·gilp [mə'gɪlp] **I** *s.* Leinöl-, Retuschierfirnis *m*; **II** *v/t.* firnissen.

meg·ohm ['megəʊm] *s.* ϟ Meg'ohm *n.*
me·grim ['mi:grɪm] *s.* **1.** ⚕ *obs.* Mi'gräne *f*; **2.** *obs.* Grille *f*, Schrulle *f*; **3.** *pl. obs.* Schwermut *f*, Melancho'lie *f*; **4.** *pl. vet.* Koller *m* (*der Pferde*).
mel·an·cho·li·a [ˌmelən'kəʊljə] *s.* ⚕ Melancho'lie *f*, Schwermut *f*; ˌ**mel·an·'cho·li·ac** [-lɪæk], ˌ**mel·an'chol·ic** [-'kɒlɪk] **I** *adj.* melan'cholisch, schwermütig, traurig, schmerzlich; **II** *s.* Melan'choliker(in), Schwermütige(r *m*) *f*;
mel·an·chol·y ['melənkəlɪ] **I** *s.* Melancho'lie *f*: a) ⚕ Depressi'on *f*, b) Schwermut *f*, Trübsinn *m*; **II** *adj.* melan'cholisch: a) schwermütig, trübsinnig, b) *fig.* traurig, düster, trübe.
mé·lange [meɪ'lɑ̃:nʒ] (*Fr.*) *s.* Mischung *f*, Gemisch *n.*
me·las·sic [mɪ'læsɪk] *adj.* ⚗ Melassin…(*-säure etc.*).
Mel·ba toast ['melbə] *s.* dünne, hartgeröstete Brotscheiben *pl.*
me·lee *Am.*, **mê·lée** ['meleɪ] (*Fr.*) *s.* Handgemenge *n*; *fig.* Tu'mult *m*; Gewühl *n.*
mel·io·rate ['mi:ljəreɪt] **I** *v/t.* **1.** (ver-) bessern; **2.** ⚒ meliorieren; **II** *v/i.* sich (ver)bessern; **mel·io·ra·tion** [ˌmi:ljə'reɪʃn] *s.* (Ver)Besserung *f*; ⚒ Meliorati'on *f.*
me·lis·sa [mɪ'lɪsə] *s.* ⚘, ⚕ (Zi'tronen-) Meˌlisse *f.*
mel·lif·er·ous [me'lɪfərəs] *adj.* **1.** ⚘ honigerzeugend; **2.** *zo.* Honig tragend *od.* bereitend; **mel'lif·lu·ence** [-flʊəns] *s.* **1.** Honigfluß *m*; **2.** *fig.* Süßigkeit *f*; **mel'lif·lu·ent** [-flʊənt] *adj.* ☐ (wie Honig) süß *od.* glatt da'hinfließend; **mel'lif·lu·ous** [-flʊəs] *adj.* ☐ *fig.* honigsüß.
mel·low ['meləʊ] **I** *adj.* ☐ **1.** reif, saftig, mürbe, weich (*Obst*); **2.** ⚒ a) leicht zu bearbeiten(d), locker, b) reich (*Boden*); **3.** ausgereift, mild (*Wein*); **4.** sanft, mild, zart, weich (*Farbe, Licht, Ton etc.*); **5.** *fig.* gereift u. gemildert, mild, freundlich, heiter (*Person*): ***of ~ age*** von gereiftem Alter; **6.** angeheitert, beschwipst; **II** *v/t.* **7.** weich *od.* mürbe machen, *Boden* auflockern; **8.** *fig.* sänftigen, mildern; **9.** (aus)reifen, reifen lassen (*a. fig.*); **III** *v/i.* **10.** weich *od.* mürbe *od.* mild *od.* reif werden (*Wein etc.*); **11.** *fig.* sich abklären *od.* mildern; '**mel·low·ness** [-nɪs] *s.* **1.** Weichheit *f* (*a. fig.*), Mürbheit *f*; **2.** ⚒ Gare *f*; **3.** Gereiftheit *f*; **4.** Milde *f*, Sanftheit *f.*
me·lo·de·on [mɪ'ləʊdjən] *s.* ♪ **1.** Me'lodium(orgel *f*) *n* (*ein amer. Harmonium*); **2.** *Art* Ak'kordeon *n*; **3.** *obs. Am.* Varie'té(theˌater) *n.*
me·lod·ic [mɪ'lɒdɪk] *adj.* me'lodisch; **me'lod·ics** [-ks] *s. pl. sg. konstr.* ♪ Melo'dielehre *f*, Me'lodik *f*; **me·lo·di·ous** [mɪ'ləʊdjəs] *adj.* ☐ melo'dienreich, wohlklingend; **mel·o·dist** ['melədɪst] *s.* **1.** 'Liedersänger(in), -kompoˌnist(in); **2.** Me'lodiker *m*; **mel·o·dize** ['melədaɪz] **I** *v/t.* **1.** me'lodisch machen; **2.** *Lieder* vertonen; **II** *v/i.* **3.** Melo'dien singen *od.* komponieren; **mel·o·drama** ['meləʊˌdrɑ:mə] *s.* Melo'dram(a) *n* (*a. fig.*); **mel·o·dra·mat·ic** [ˌmeləʊdrə'mætɪk] *adj.* (☐ **~ally**) melodra'matisch.
mel·o·dy ['melədɪ] *s.* **1.** ♪ (*a. ling. u. fig.*) Melo'die *f*, Weise *f*; **2.** Wohlklang *m.*
mel·on ['melən] *s.* **1.** ⚘ Me'lone *f*: ***water-~*** Wassermelone; **2.** ***cut a ~*** ✝ *sl.* e-e Sonderdividende ausschütten.
melt [melt] **I** *v/i.* **1.** (zer)schmelzen, flüssig werden; sich auflösen, auf-, zergehen (***into*** in *acc.*): ***~ down*** zerfließen; → ***butter*** 1; **2.** sich auflösen; **3.** aufgehen (***into*** in *acc.*), sich verflüchtigen; **4.** zs.-schrumpfen; **5.** *fig.* zerschmelzen, zerfließen (***with*** vor *dat.*): ***~ into tears*** in Tränen zerfließen; **6.** *fig.* auftauen, weich werden, schmelzen; **7.** verschmelzen, *ineinander* 'übergehen (*Ränder, Farben etc.*): ***outlines ~ing into each other***; **8.** (ver)schwinden, zur Neige gehen (*Geld etc.*): ***~ away*** dahinschwinden, -schmelzen; **9.** *humor.* vor Hitze vergehen, zerfließen; **II** *v/t.* **10.** schmelzen, lösen; **11.** (zer-) schmelzen *od.* (zer)fließen lassen (***into*** in *acc.*); *Butter* zerlassen; ⚙ schmelzen: ***~ down*** einschmelzen; **12.** *fig.* rühren, erweichen: ***~ s.o.'s heart***; **13.** *Farben etc.* verschmelzen lassen; **III** *s.* **14.** Schmelzen *n* (*Metall*); **15.** a) Schmelze *f*, geschmolzene Masse, b) → ***melting charge.***
'**melt·down** *s.* Kernschmelze *f* (*im Reaktor*).
melt·ing ['meltɪŋ] *adj.* ☐ **1.** schmelzend, Schmelz…: ***~ heat*** schwüle Hitze; **2.** *fig.* a) weich, zart, b) schmelzend, schmachtend, rührend (*Worte etc.*); **~ charge** *s. metall.* Schmelzgut *n*, Einsatz *m*; **~ fur·nace** *s.* ⚙ Schmelzofen *m*; **~ point** *s. phys.* Schmelzpunkt *m*; **~ pot** *s.* Schmelztiegel *m* (*a. fig. Land etc.*): ***put into the ~*** *fig.* von Grund auf ändern; **~ stock** *s. metall.* Charge *f*, Beschickungsgut *n* (*Hochofen*).
mem·ber ['membə] *s.* **1.** Mitglied *n*, Angehörige(r *m*) *f* (*e-s Klubs, e-r Familie, Partei etc.*): ***ℒ of Parliament*** *Brit.* Abgeordnete(r *m*) *f* des Unterhauses; ***ℒ of Congress*** *Am.* Kongreßmitglied *n*; **2.** *anat.* a) Glied(maße *f*) *n*, b) (männliches) Glied, Penis *m*; **3.** ⚙ (Bau)Teil *n*; **4.** *ling.* Satzteil *m*, -glied *n*; **5.** & a) Glied *n* (*Reihe etc.*), b) Seite *f* (*Gleichung*); '**mem·bered** [-əd] *adj.* **1.** gegliedert; **2.** *in Zssgn* …gliedrig: ***four-~*** viergliedrig; '**mem·ber·ship** [-ʃɪp] *s.* **1.** Mitgliedschaft *f*, Zugehörigkeit *f*: ***~ card*** Mitgliedsausweis *m*; ***~ fee*** Mitgliedsbeitrag *m*; **2.** Mitgliederzahl *f*; *coll. die* Mitglieder *pl.*
mem·brane ['membreɪn] *s.* **1.** *anat.* Mem'bran(e) *f*, Häutchen *n*: ***drum ~*** Trommelfell *n*; ***~ of connective tissue*** Bindegewebshaut *f*; **2.** *phys.*, ⚙ Mem'bran(e) *f*; **mem·bra·ne·ous** [mem'breɪnjəs], **mem·bra·nous** [mem'breɪnəs] *adj. anat.*, ⚙ häutig, Membran…: ***~ cartilage*** Hautknorpel *m.*
me·men·to [mɪ'mentəʊ] *pl.* **-tos** [-z] *s.* Me'mento *n*, Mahnzeichen *n*; Erinnerung *f* (***of*** an *acc.*).
mem·o ['meməʊ] *s.* F Memo *n*, No'tiz *f.*
mem·oir ['memwɑ:] *s.* **1.** Denkschrift *f*, Abhandlung *f*, Bericht *m*; **2.** *pl.* Memo'iren *pl.*, Lebenserinnerungen *pl.*
mem·o·ra·bil·i·a [ˌmemərə'bɪlɪə] (*Lat.*) *s. pl.* Denkwürdigkeiten *pl.*; **mem·o·ra·ble** ['memərəbl] *adj.* ☐ denkwürdig.
mem·o·ran·dum [ˌmemə'rændəm] *pl.* **-da** [-də], **-dums** *s.* **1.** Vermerk *m* (*a.* 'Akten)NoˌTiz *f*: ***make a ~ of*** *et.* notieren; ***urgent ~*** Dringlichkeitsvermerk; **2.** ⚖ Schriftsatz *m*; Vereinbarung *f*, Vertragsurkunde *f*: ***~ of association*** Gründungsurkunde (*e-r Gesellschaft*); **3.** ✝ a) Kommissi'onsnota *f*: ***send on a ~*** in Kommission senden, b) Rechnung *f*, Nota *f*; **4.** *pol.* diplo'matische Note, Denkschrift *f*, Memo'randum *n*; **5.** Merkblatt *n*; **~ book** *s.* No'tizbuch *n*, Kladde *f.*
me·mo·ri·al [mɪ'mɔ:rɪəl] **I** *adj.* **1.** Gedächtnis…: ***~ service*** Gedenkgottesdienst *m*; **II** *s.* **2.** Denkmal *n*, Ehrenmal *n*; Gedenkfeier *f*; **3.** Andenken *n* (***for*** an *acc.*); **4.** ⚖ Auszug *m* (*aus e-r Urkunde etc.*); **5.** Denkschrift *f*, Eingabe *f*, Gesuch *n*; **6.** *pl.* → ***memoir*** 2; **ℒ Day** *s. Am.* Volkstrauertag *m* (*30. Mai*); **me'mo·ri·al·ize** [-laɪz] *v/t.* **1.** e-e Denk- *od.* Bittschrift einreichen bei: ***~ Congress***; **2.** erinnern an (*acc.*), e-e Gedenkfeier abhalten für.
mem·o·rize ['meməraɪz] *v/t.* **1.** sich einprägen, auswendig lernen, memorieren; **2.** niederschreiben, festhalten, verewigen; '**mem·o·ry** [-rɪ] *s.* **1.** Gedächtnis *n*, Erinnerung(svermögen *n*) *f*: ***from ~, by ~*** aus dem Gedächtnis, auswendig; ***call to ~*** sich *et.* ins Gedächtnis zurückrufen; ***escape s.o.'s ~*** j-s Gedächtnis *od.* j-m entfallen; ***if my ~ serves me*** (***right***) wenn ich mich recht erinnere; → ***commit*** 1; **2.** Erinnerung(szeit) *f* (***of*** an *acc.*): ***within living ~*** seit Menschengedenken; ***before ~, beyond ~*** in unvordenklichen Zeiten; **3.** Andenken *n*, Erinnerung *f*: ***in ~ of*** zum Andenken an (*acc.*); → ***blessed*** 1; **4.** Reminis'zenz *f*, Erinnerung *f* (*an Vergangenes*); **5.** *Computer*: Speicher *m*: ***~ bank*** Speicherbank *f*; ***~ capacity*** Speicherkapazität *f.*
mem·sa·hib ['memˌsɑ:hɪb] *s. Brit. Ind.* euro'päische Frau.
men [men] *pl. von* ***man.***
men·ace ['menəs] **I** *v/t.* **1.** bedrohen, gefährden; **2.** *et.* androhen; **II** *v/i.* **3.** drohen, Drohungen ausstoßen; **III** *s.* **4.** (Be)Drohung *f* (***to*** *gen.*), *fig. a.* drohende Gefahr (***to*** für); **5.** F ‚Scheusal' *n*, Nervensäge *f*; '**men·ac·ing** [-sɪŋ] *adj.* ☐ drohend.
mé·nage, me·nage [me'nɑ:ʒ] (*Fr.*) *s.* Haushalt(ung *f*) *m.*
me·nag·er·ie [mɪ'nædʒərɪ] *s.* Menage'rie *f*, Tierschau *f.*
mend [mend] **I** *v/t.* **1.** ausbessern, flikken, reparieren: ***~ stockings*** Strümpfe stopfen; ***~ a friendship*** *fig.* e-e Freundschaft ‚kitten'; **2.** *fig.* (ver)bessern: ***~ one's efforts*** s-e Anstrengungen verdoppeln; ***~ one's pace*** den Schritt beschleunigen; ***~ one's ways*** sich (*sittlich*) bessern; ***least said soonest ~ed*** je weniger geredet wird, desto rascher wird alles wieder gut; **II** *v/i.* **3.** sich bessern; **4.** genesen: ***be ~ing*** auf dem Wege der Besserung sein; **III** *s.* **5.** ✝ *u. allg.* Besserung *f*: ***be on the ~*** → 4; **6.** ausgebesserte Stelle, Stopfstelle *f*, Flikken *m*; '**mend·a·ble** [-dəbl] *adj.* (aus-) besserungsfähig.
men·da·cious [men'deɪʃəs] *adj.* ☐ lügnerisch, verlogen, lügenhaft; **men'dac·i·ty** [-'dæsətɪ] *s.* **1.** Lügenhaftigkeit *f*, Verlogenheit *f*; **2.** Lüge *f*, Unwahrheit *f.*

Men·de·li·an [men'diːljən] *adj. biol.* Mendelsch, Mendel…; '**Men·de·lize** ['mendəlaɪz] *v/i.* mendeln.

men·di·can·cy ['mendɪkənsɪ] *s.* Bette'lei *f*, Betteln *n*; '**men·di·cant** [-nt] **I** *adj.* **1.** bettelnd, Bettel…: ~ ***friar*** → 3; **II** *s.* **2.** Bettler(in); **3.** Bettelmönch *m*.

men·dic·i·ty [men'dɪsətɪ] *s.* **1.** Bette'lei *f*; **2.** Bettelstand *m*: ***reduce to*** ~ *fig.* an den Bettelstab bringen.

mend·ing ['mendɪŋ] *s.* **1.** (Aus)Bessern *n*, Flicken *n*: ***his boots need*** ~ seine Stiefel müssen repariert werden; ***invisible*** ~ Kunststopfen *n*; **2.** *pl.* Stopfgarn *n*.

'**men·folk(s)** *s. pl.* Mannsvolk *n*, -leute *pl*.

me·ni·al ['miːnjəl] **I** *adj.* □ **1.** *contp.* knechtisch, niedrig (*Arbeit*): ~ ***offices*** niedrige Dienste; **2.** knechtisch, unter'würfig; **II** *s.* **3.** Diener(in), Knecht *m*, La'kai *m* (*a. fig.*): ~***s*** Gesinde *n*.

me·nin·ge·al [mɪ'nɪndʒɪəl] *adj. anat.* Hirnhaut…; **men·in·gi·tis** [ˌmenɪn'dʒaɪtɪs] *s.* ⚕ Menin'gitis *f*, (Ge)Hirnhautentzündung *f*.

me·nis·cus [mɪ'nɪskəs] *pl.* **-nis·ci** [-'nɪsaɪ] *s.* **1.** Me'niskus *m*: a) halbmondförmiger Körper, b) *anat.* Gelenkscheibe *f*; **2.** *opt.* Me'niskenglas *n*.

men·o·pause ['menəʊpɔːz] *s. physiol.* Wechseljahre *pl.*, Klimak'terium *n*.

men·ses ['mensiːz] *s. pl. physiol.* Menses *pl.*, Regel *f* (*der Frau*).

men·stru·al ['menstrʊəl] *adj.* **1.** *ast.* Monats…: ~ ***equation*** Monatsgleichung *f*; **2.** *physiol.* Menstruations…: ~ ***flow*** Regelblutung *f*; '**men·stru·ate** [-ʊeɪt] *v/i.* menstruieren, die Regel haben; **men·stru·a·tion** [ˌmenstrʊ'eɪʃn] *s.* Menstruati'on *f*, (monatliche) Regel, Peri'ode *f*.

men·sur·a·bil·i·ty [ˌmenʃʊrə'bɪlətɪ] *s.* Meßbarkeit *f*; **men·sur·a·ble** ['menʃʊrəbl] *adj.* **1.** meßbar; **2.** ♪ Mensural…: ~ ***music***.

men·tal ['mentl] **I** *adj.* □ **1.** geistig, innerlich, intellektu'ell, Geistes…(*-kraft, -zustand etc.*): ~ ***arithmetic*** Kopfrechnen *n*; ~ ***reservation*** geheimer Vorbehalt, Mentalreservation *f*; → ***note*** 2; **2.** (geistig-)seelisch; **3.** ⚕ geisteskrank, -gestört, F verrückt: ~ ***disease*** Geisteskrankheit *f*; ~ ***home***, ~ ***hospital*** Nervenheilanstalt *f*; ~ ***patient***, ~ ***case*** Geisteskranke(r *m*) *f*; ~***ly handicapped*** geistig behindert; **II** *s.* **4.** F Verrückte(r *m*) *f*; ~ **age** *s. psych.* geistiges Alter; ~ **cru·el·ty** *s.* ⚖ seelische Grausamkeit; ~ **de·fi·cien·cy** *s.* ⚕ Geistesbehinderung *f*; ~ **de·range·ment** *s.* **1.** ⚖ krankhafte Störung der Geistestätigkeit; **2.** ⚕ Geistesstörung *f*, Irrsinn *m*; ~ **hy·giene** *s.* ⚕ 'Psychohygiˌene *f*.

men·tal·i·ty [men'tælətɪ] *s.* Mentali'tät *f*, Denkungsart *f*, Gesinnung *f*; Wesen *n*, Na'tur *f*.

men·thol ['menθɒl] *s.* ⚗ Men'thol *n*; '**men·tho·lat·ed** [-θəleɪtɪd] *adj.* Men'thol enthaltend, Menthol…

men·tion ['menʃn] **I** *s.* **1.** Erwähnung *f*: ***to make*** (***no***) ~ ***of s.th.*** et. (nicht) erwähnen; ***hono(u)rable*** ~ ehrenvolle Erwähnung; **2.** lobende Erwähnung; **II** *v/t.* **3.** erwähnen, anführen: (***please***) ***don't*** ~ ***it!*** bitte!, gern geschehen!, (es ist) nicht der Rede wert!; ***not to*** ~ ganz zu schweigen von; ***not worth*** ~***ing*** nicht der Rede wert; '**men·tion·a·ble** [-ʃnəbl] *adj.* erwähnenswert.

men·tor ['mentɔː] *s.* Mentor *m*, treuer Ratgeber.

men·u ['menjuː] (*Fr.*) *s.* **1.** Speise(n)karte *f*; **2.** Speisenfolge *f*; **3.** *Computer*: Menü *n*.

me·ow [mɪ'aʊ] **I** *v/i.* mi'auen (*Katze*); **II** *s.* Mi'auen *n*.

me·phit·ic [me'fɪtɪk] *adj.* verpestet, giftig (*Luft, Geruch etc.*).

mer·can·tile ['mɜːkəntaɪl] *adj.* **1.** kaufmännisch, handeltreibend, Handels…: ~ ***agency*** a) Handelsauskunftei *f*, b) Handelsvertretung *f*; ~ ***law*** Handelsrecht *n*; ~ ***marine*** Handelsmarine *f*; ~ ***paper*** † Warenpapier *n*; **2.** † Merkantil…: ~ ***system*** *hist.* Merkantilismus *m*; '**mer·can·til·ism** [-tɪlɪzəm] *s.* **1.** Handels-, Krämergeist *m*; **2.** kaufmännischer Unter'nehmergeist; **3.** † *hist.* Merkanti'lismus *m*.

mer·ce·nar·y ['mɜːsɪnərɪ] **I** *adj.* □ **1.** gedungen, Lohn…: ~ ***troops*** Söldnertruppen; **2.** *fig.* feil, käuflich; **3.** *fig.* gewinnsüchtig: ~ ***marriage*** Geldheirat *f*; **II** *s.* **4.** ⚔ Söldner *m*; *contp.* Mietling *m*.

mer·cer ['mɜːsə] *s. Brit.* Seiden- u. Tex'tilienhändler *m*; '**mer·cer·ize** [-əraɪz] *v/t. Baumwollfasern* merzerisieren; '**mer·cer·y** [-ərɪ] *s.* † *Brit.* **1.** Seiden-, Schnittwaren *pl.*; **2.** Seiden-, Schnittwarenhandlung *f*.

mer·chan·dise ['mɜːtʃəndaɪz] **I** *s.* **1.** *coll.* Ware(n *pl.*) *f*, Handelsgüter *pl.*: ***an article of*** ~ eine Ware; **II** *v/i.* **2.** Handel treiben, Waren vertreiben; **III** *v/t.* **3.** *Waren* vertreiben; **4.** Werbung machen für *e-e Ware*, den Absatz *e-r Ware* steigern; '**mer·chan·dis·ing** [-zɪŋ] † **I** *s.* **1.** Merchandising *n*, Ver'kaufspoliˌtik *f* u. -förderung *f* (*durch Marktforschung, wirksame Gütergestaltung, Werbung etc.*); **2.** Handel(sgeschäfte *pl.*) *m*; **II** *adj.* **3.** Handels…

mer·chant ['mɜːtʃənt] † **I** *s.* **1.** (Groß-)Kaufmann *m*, Handelsherr *m*, Großhändler *m*: ***the*** ~***s*** die Kaufmannschaft, Handelskreise *pl.*; **2.** *bsd. Am.* Ladenbesitzer *m*, Krämer *m*; **3.** ~ ***of doom*** *Brit. sl.* ‚Unke' *f*, Schwarzseher(in); **4.** ⚓ *obs.* Handelsschiff *n*; **II** *adj.* **5.** Handels…, Kaufmanns…; '**mer·chant·a·ble** [-təbl] *adj.* marktgängig.

mer·chant| bank *s.* Handelsbank *f*; ~ **fleet** *s.* ⚓ Handelsflotte *f*; '~**·man** [-mən] *s.* [*irr.*] ⚓ Kauffahr'tei-, Handelsschiff *n*; ~ **na·vy** *s.* 'Handelsmaˌrine *f*; ~ **prince** *s.* † reicher Kaufherr, Handelsfürst *m*; ~ **ship** *s.* Handelsschiff *n*.

mer·ci·ful ['mɜːsɪfʊl] *adj.* □ (***to***) barm'herzig, mitleidvoll (gegen), gütig (gegen, zu); gnädig (*dat.*); '**mer·ci·ful·ly** [-fʊlɪ] *adv.* **1.** → ***merciful***; **2.** glücklicherweise; '**mer·ci·ful·ness** [-nɪs] *s.* Barm'herzigkeit *f*, Erbarmen *n*, Gnade *f* (*Gottes*); '**mer·ci·less** [-ɪlɪs] *adj.* □ unbarmherzig, erbarmungslos, mitleidlos; '**mer·ci·less·ness** [-ɪlɪsnɪs] *s.* Erbarmungslosigkeit *f*.

mer·cu·ri·al [mɜː'kjʊərɪəl] *adj.* □ **1.** ⚗ Quecksilber…; **2.** *fig.* lebhaft, quecksilb(e)rig; **3.** *myth.* Merkur…: ℒ ***wand*** Merkurstab *m*; **mer'cu·ri·al·ism** [-lɪzəm] *s.* ⚕ Quecksilbervergiftung *f*; **mer'cu·ri·al·ize** [-laɪz] *v/t.* ⚕, *phot.* mit Quecksilber behandeln; **mer'cu·ric** [-rɪk] *adj.* ⚗ Quecksilber…

mer·cu·ry ['mɜːkjʊrɪ] *s.* **1.** ℒ *myth. ast.* Mer'kur *m*; *fig.* Bote *m*; **2.** ⚗, ⚕ Quecksilber *n*: ~ ***column*** → 3; ~ ***poisoning*** Quecksilbervergiftung *f*; **3.** Quecksilber(säule *f*) *n*: ***the*** ~ ***is rising*** das Barometer steigt (*a. fig.*); **4.** ⚘ Bingelkraut *n*; ~ **pres·sure ga(u)ge** *s. phys.* 'Quecksilbermanoˌmeter *n*.

mer·cy ['mɜːsɪ] *s.* **1.** Barm'herzigkeit *f*, Mitleid *n*, Erbarmen *n*; Gnade *f*: ***be at the*** ~ ***of s.o.*** in j-s Gewalt sein, j-m auf Gnade u. Ungnade ausgeliefert sein; ***at the*** ~ ***of the waves*** den Wellen preisgegeben; ***throw o.s. on s.o.'s*** ~ sich j-m auf Gnade u. Ungnade ergeben; ***be left to the tender mercies of*** *iro.* der rauhen Behandlung von … ausgesetzt sein; ***Sister of*** ℒ Barmherzige Schwester; **2.** Glück *n*, Segen *m*, (wahre) Wohltat: ***it is a*** ~ ***that he left***; ~ **kill·ing** *s.* Sterbehilfe *f*.

mere [mɪə] *adj.* □ bloß, nichts als, rein, völlig: ~(***st***) ***nonsense*** purer Unsinn; ~ ***words*** bloße Worte; ***he is no*** ~ ***craftsman*** er ist kein bloßer Handwerker; ***the*** ~***st accident*** der reinste Zufall; '**mere·ly** [-lɪ] *adv.* bloß, rein, nur, lediglich.

mer·e·tri·cious [ˌmerɪ'trɪʃəs] *adj.* □ **1.** *obs.* dirnenhaft; **2.** *fig.* a) falsch, verlogen, b) protzig.

merge [mɜːdʒ] **I** *v/t.* **1.** (***in***) verschmelzen (mit), aufgehen lassen (in *dat.*), einverleiben (*dat.*): ***be*** ~***d in*** in *et.* aufgehen; **2.** ⚖ tilgen, aufheben; **3.** † a) fusionieren, b) *Aktien* zs.-legen; **II** *v/i.* **4.** ~ ***in*** in sich verschmelzen mit, aufgehen in (*dat.*); **5.** a) *mot.* sich (in den Verkehr) einfädeln, b) zs.-laufen (*Straßen*); '**mer·gence** [-dʒəns] *s.* Aufgehen *n* (***in*** in *dat.*), Verschmelzung *f* (***into*** mit); '**merg·er** [-dʒə] *s.* **1.** † Fusi'on *f*, Fusionierung *f von Gesellschaften*; Zs.-legung *f von Aktien*; **2.** ⚖ a) Verschmelzung(svertrag *m*) *f*, Aufgehen *n* (*e-s Besitzes od. Vertrages in e-m anderen etc.*), b) Konsumpti'on *f* (*e-r Straftat durch e-e schwerere*).

me·rid·i·an [mə'rɪdɪən] **I** *adj.* **1.** mittägig, Mittags…; **2.** *ast.* Kulminations…, Meridian…: ~ ***circle*** Meridiankreis *m*; **3.** *fig.* höchst; **II** *s.* **4.** *geogr.* Meridi'an *m*, Längenkreis *m*: ***prime*** ~ Nullmeridian; **5.** *poet.* Mittag(szeit *f*) *m*; **6.** *ast.* Kulminati'onspunkt *m*; **7.** *fig.* Höhepunkt *m*, Gipfel *m*; *fig.* Blüte(zeit) *f*; **me'rid·i·o·nal** [-dɪənl] **I** *adj.* □ **1.** *ast.* meridio'nal, Meridian…, Mittags…; **2.** südlich, südländisch; **II** *s.* **3.** Südländer (-in), *bsd.* 'Südfranˌzose *m*, -franˌzösin *f*.

me·ringue [mə'ræŋ] *s.* Me'ringe *f*, Schaumgebäck *n*, Bai'ser *n*.

me·ri·no [mə'riːnəʊ] *pl.* **-nos** [-z] *s.* **1.** *a.* ~ ***sheep*** *zo.* Me'rinoschaf *n*; **2.** † a) Me'rinowolle *f*, b) Me'rino *m* (*Kammgarnstoff*).

mer·it ['merɪt] **I** *s.* **1.** Verdienst(lichkeit *f*) *n*: ***according to one's*** ~ nach Verdienst *belohnen etc.*; ***a man of*** ~ e-e verdiente Persönlichkeit; ***Order of*** ℒ Verdienstorden *m*; ~ ***pay*** † leistungsbezogene Bezahlung; ~ ***rating*** Leistungsbeurteilung *f*; **2.** Wert *m*, Vorzug *m*: ***of architectural ~*** von architektonischem Wert, erhaltungswürdig; **3. *the ~s*** *pl.* ⚖ *u. fig.* die Hauptpunkte, der sachliche Gehalt, die wesentlichen (⚖ *a.* materiell-rechtlichen) Gesichtspunkte: ***on its*** (***own***) ***~s*** dem wesentlichen Inhalt nach, an (u. für) sich betrachtet; ***on the ~s*** ⚖ in der Sache selbst, nach materiellem Recht; ***decision on the ~s*** Sachentscheidung *f*; ***inquire into the ~s of a case*** e-r Sache auf den Grund gehen; **II** *v/t.* **4.** *Lohn, Strafe etc.* verdienen; **'mer·it·ed** [-tɪd] *adj.* ☐ verdient; **'mer·it·ed·ly** [-tɪdlɪ] *adv.* verdientermaßen.

me·ri·toc·ra·cy [ˌmerɪ'tɒkrəsɪ] *s. sociol.* **1.** (herrschende) E'lite; **2.** Leistungsgesellschaft *f*.

mer·i·to·ri·ous [ˌmerɪ'tɔːrɪəs] *adj.* ☐ verdienstvoll.

mer·lin ['mɜːlɪn] *s. orn.* Merlin-, Zwergfalke *m*.

mer·maid ['mɜːmeɪd] *s.* Meerweib *n*, Seejungfrau *f*, Nixe *f*; **'mer·man** [-mæn] *s.* [*irr.*] Wassergeist *m*, Triton *m*, Nix *m*.

mer·ri·ly ['merəlɪ] *adv. von* ***merry***; **'mer·ri·ment** [-ɪmənt] *s.* **1.** Fröhlichkeit *f*, Lustigkeit *f*; **2.** Belustigung *f*, Lustbarkeit *f*, Spaß *m*.

mer·ry ['merɪ] *adj.* ☐ **1.** lustig, fröhlich: ***as ~ as a lark*** (*od.* ***cricket***) kreuzfidel; ***make ~*** lustig sein, feiern, scherzen; **2.** scherzhaft, spaßhaft, lustig: ***make ~ over*** sich lustig machen über (*acc.*); **3.** beschwipst, angeheitert; **~ an·drew** ['ændruː] *s.* Hans'wurst *m*, Spaßmacher *m*; **'~-go-ˌround** [-gəʊˌr-] *s.* Karus'sell *n*; *fig.* Wirbel *m*; **'~-ˌmak·ing** *s.* Belustigung *f*, Lustbarkeit *f*, Fest *n*; **'~·thought** → ***wishbone*** 1.

me·sa ['meɪsə] *s. geogr. Am.* Tafelland *n*; **~ oak** *s. Am.* Tischeiche *f*.

mes·en·ter·y ['mesəntərɪ] *s. anat., zo.* Gekröse *n*.

mesh [meʃ] **I** *s.* **1.** Masche *f*: ***~ stocking*** Netzstrumpf *m*; **2.** ⚙ Maschenweite *f*; **3.** *mst pl. fig.* Netz *n*, Schlingen *pl.*: ***be caught in the ~es of the law*** sich in den Schlingen des Gesetzes verfangen (haben); **4.** ⚙ Inein'andergreifen *n*, Eingriff *m* (*von Zahnrädern*): ***be in ~*** im Eingriff sein; **5.** → ***mesh connection***; **II** *v/t.* **6.** in e-m Netz fangen, verwickeln; **7.** ⚙ in Eingriff bringen, einrücken; **8.** *fig.* (mitein'ander) verzahnen; **III** *v/i.* **9.** ⚙ ein-, inein'andergreifen (*Zahnräder*); **~ con·nec·tion** *s.* ⚡Vieleck-, *bsd.* Deltaschaltung *f*.

meshed [meʃt] *adj.* netzartig; ...maschig: ***close-~*** engmaschig.

'mesh·work *s.* Maschen *pl.*, Netzwerk *n*; Gespinst *n*.

mes·mer·ic, **mes·mer·i·cal** [mez'merɪk(l)] *adj.* **1.** mesmerisch, 'heilmaˌgnetisch; **2.** *fig.* hyp'notisch, ma'gnetisch, faszinierend.

mes·mer·ism ['mezmərɪzəm] *s.* Mesme'rismus *m*, tierischer Magne'tismus; **'mes·mer·ist** [-ɪst] *s.* 'Heilmagnetiˌseur *m*; **'mes·mer·ize** [-raɪz] *v/t.* mesmerisieren; *fig.* faszinieren, bannen.

mesne [miːn] *adj.* ⚖ Zwischen..., Mittel...: ***~ lord*** Afterlehnsherr *m*; **~ in·ter·est** *s.* ⚖ Zwischenzins *m*.

meso- [mesəʊ] *in Zssgn* Zwischen..., Mittel...; **ˌmes·o'lith·ic** [-'lɪθɪk] *adj.* meso'lithisch, mittelsteinzeitlich.

mes·on ['miːzɒn] *s. phys.* Meson *n*.

Mes·o·zo·ic [ˌmesəʊ'zəʊɪk] *geol.* **I** *adj.* meso'zoisch; **II** *s.* Meso'zoikum *n*.

mess [mes] **I** *s.* **1.** *obs.* Gericht *n*, Speise *f*: ***~ of pottage*** *bibl.* Linsengericht; **2.** Viehfutter *n*; **3.** ⚔ Ka'sino *n*, Speiseraum *m*; ⚓ Messe *f*, Back *f*: ***officers' ~*** Offiziersmesse; **4.** *fig.* Mischmasch *m*, Mansche'rei *f*; **5.** *fig.* a) Durchein'ander *n*, Unordnung *f*, b) Schmutz *m*, ‚Schweine'rei' *f*, c) ‚Schla'massel' *m*, ‚Patsche' *f*, Klemme *f*: ***in a ~*** beschmutzt, in Unordnung, *fig.* in der Klemme; ***get into a ~*** in die Klemme kommen; ***make a ~*** Schmutz machen; ***make a ~ of*** → 6 c; ***make a ~ of it*** alles vermasseln *od.* versauen, Mist bauen; ***you made a nice ~ of it*** da hast du was Schönes angerichtet; ***he was a ~*** er sah gräßlich aus, *fig.* er war völlig verwahrlost; › ***pretty*** 2; **II** *v/t* **6.** *a.* ***~ up*** a) beschmutzen, b) in Unordnung *od.* Verwirrung bringen, c) *fig.* verpfuschen, vermasseln, verhunzen; **III** *v/i.* **7.** (*an e-m gemeinsamen Tisch*) essen (***with*** mit): ***~ together*** ⚓ zu 'einer Back gehören; **8.** manschen, panschen (***in*** in *dat.*); **9.** ***~ with*** sich einmischen; **10.** ***~ about***, ***~ around*** her'ummurksen, (-)pfuschen, F *fig.* sich her'umtreiben.

mes·sage ['mesɪdʒ] *s.* **1.** Botschaft *f* (*a. bibl.*), Sendung *f*: ***can I take a ~?*** kann ich et. ausrichten?; **2.** Mitteilung *f*, Bescheid *m*, Nachricht *f*: ***get the ~*** F (es) kapieren; ***radio ~*** Funkmeldung *f*, -spruch *m*; **3.** *fig.* Botschaft *f*, Anliegen *n e-s Dichters etc.*; **'~-ˌtak·ing ser·vice** *s. teleph.* (Fernsprech)Auftragsdienst *m*.

mes·sen·ger ['mesɪndʒə] *s.* **1.** (Post-*etc.*)Bote *m*: (***express*** *od.* ***special***) ***~*** Eilbote; ***by ~*** durch Boten; **2.** Ku'rier *m*; ⚔ *a.* Melder *m*; **3.** *fig.* (Vor)Bote *m*, Verkünder *m*; **4.** ⚓ a) Anholtau *n*, b) Ankerkette *f*; **~ air·plane** *s.* ⚔ Ku'rierflugzeug *n*; **~ boy** *s.* Laufbursche *m*, Botenjunge *m*; **~ dog** *s.* Meldehund *m*; **~ pi·geon** *s.* Brieftaube *f*.

mess hall *s.* ⚔, ⚓ Messe *f*, Ka'sino (-raum *m*) *n*, Speisesaal *m*.

Mes·si·ah [mɪ'saɪə] *s. bibl.* Mes'sias *m*, Erlöser *m*; **Mes·si·an·ic** [ˌmesɪ'ænɪk] *adj.* messi'anisch.

mess| jack·et *s.* ⚓ kurze Uni'formjacke; **~ kit** *s.* ⚔ Kochgeschirr *n*, Eßgerät *n*; **'~·mate** *s.* ⚔, ⚓ Meßgenosse *m*, 'Tischkameˌrad *m*; **~ ser·geant** *s.* ⚔ 'Küchenˌunteroffiˌzier *m*; **'~·tin** *s.* ⚔, ⚓ *bsd. Brit.* Eßgeschirr *n*.

mes·suage ['meswɪdʒ] *s.* ⚖ Wohnhaus *n* (*mst mit Ländereien*), Anwesen *n*.

'mess-up *s.* F **1.** Durchein'ander *n*; **2.** Mißverständnis *n*.

mess·y ['mesɪ] *adj.* ☐ **1.** unordentlich, schlampig; **2.** unsauber, schmutzig.

mes·ti·zo [me'stiːzəʊ] *pl.* **-zos** [-z] *s.* Me'stize *m*; Mischling *m*.

met [met] *pret. u. p.p. von* ***meet***.

met·a·bol·ic [ˌmetə'bɒlɪk] *adj.* **1.** *physiol.* meta'bolisch, Stoffwechsel...; **2.** sich (ver)wandelnd; **me·tab·o·lism** [me'tæbəlɪzəm] *s.* **1.** *biol.* Metabo'lismus *m*, Formveränderung *f*; **2.** *physiol.*, *a.* ⚘ Stoffwechsel *m*: ***general ~***, ***total ~*** Gesamtstoffwechsel; → ***basal*** 2; **3.** ⚗ Metabo'lismus *m*; **me·tab·o·lize** [me'tæbəlaɪz] *v/t.* 'umwandeln.

met·a·car·pal [ˌmetə'kɑːpl] *anat.* **I** *adj.* Mittelhand...; **II** *s.* Mittelhandknochen *m*; **ˌmet·a'car·pus** [-pəs] *pl.* **-pi** [-paɪ] *s.* **1.** Mittelhand *f*; **2.** Vordermittelfuß *m*.

met·age ['miːtɪdʒ] *s.* **1.** amtliches Messen (*des Inhalts od. Gewichts bsd. von Kohlen*); **2.** Meßgeld *n*.

met·al ['metl] **I** *s.* **1.** ⚗, *min.* Me'tall *n*; **2.** ⚙ a) 'Nichteisenmeˌtall *n*, b) Me'talllegierung *f*, *bsd.* 'Typen-, Ge'schützmeˌtall *n*, c) 'Gußmeˌtall *n*: ***brittle ~***, ***red ~*** Rotguß *m*; ***fine ~*** Weiß-, Feinmetall; ***grey ~*** graues Gußeisen; **3.** *min.* a) Regulus *m*, Korn *n*, b) (Kupfer)Stein *m*; **4.** ⚒ Schieferton *m*; **5.** ⚙ (flüssige) Glasmasse; **6.** *pl. Brit.* Eisenbahnschienen *pl.*: ***run off the ~s*** entgleisen; **7.** *her.* Me'tall *n* (*Gold- u. Silberfarbe*); **8.** *Straßenbau*: Beschotterung *f*, Schotter *m*; **9.** *fig.* Mut *m*; **II** *v/t.* **10.** mit Me'tall bedecken *od.* versehen; **11.** 🚂, *Straßenbau*: beschottern; **III** *adj.* **12.** Metall..., me'tallen; **~ age** *s.* Bronze- u. Eisenzeitalter *n*; **'~-clad** *adj.* ⚙ me'tallgekapselt; **'~-coat** *v/t.* mit Me'tall über'ziehen; **~ cut·ting** *s.* ⚙ spanabhebende Bearbeitung; **~ found·er** *s.* Me'tallgießer *m*; **~ ga(u)ge** *s.* Blechlehre *f*.

met·al·ize *Am.* → ***metallize***.

me·tal·lic [mɪ'tælɪk] *adj.* (☐ ***~ally***) **1.** me'tallen, Metall...: ***~ cover*** a) ⚙ Metallüberzug *m*, b) ✝ Metalldeckung *f*; ***~ currency*** Metallwährung *f*, Hartgeld *n*; **2.** me'tallisch (glänzend *od.* klingend): ***~ voice***; ***~ beetle*** Prachtkäfer *m*; **met·al·lif·er·ous** [ˌmetə'lɪfərəs] *adj.* me'tallführend, -reich; **met·al·line** ['metəlaɪn] *adj.* **1.** me'tallisch; **2.** me'tallhaltig; **met·al·lize** ['metəlaɪz] *v/t.* metallisieren.

met·al·loid ['metəlɔɪd] **I** *adj.* metallo'idisch; **II** *s.* ⚗ Metallo'id *n*.

met·al·lur·gic, **met·al·lur·gi·cal** [ˌmetə'lɜːdʒɪk(l)] *adj.* metall'urgisch; **met·al·lur·gist** [me'tælədʒɪst] *s.* Metall'urg(e) *m*; **met·al·lur·gy** [me'tælədʒɪ] *s.* Metallur'gie *f*, Hüttenkunde *f*, -wesen *n*.

met·al| plat·ing *s.* ⚙ Plattierung *f*; **'~-ˌpro·ces·sing**, **'~ˌwork·ing** **I** *s.* Me'tallbearbeitung *f*; **II** *adj.* me'tallverarbeitend.

met·a·mor·phic [ˌmetə'mɔːfɪk] *adj.* **1.** *geol.* meta'morph; **2.** *biol.* gestaltverändernd; **ˌmet·a'mor·phose** [-fəʊz] **I** *v/t.* **1.** (***to, into***) 'umgestalten (zu), verwandeln (in *acc.*); **2.** verzaubern, -wandeln (***to, into*** in *acc.*); **II** *v/i.* **3.** *zo.* sich verwandeln; **ˌmet·a'mor·pho·sis** [-fəsɪs] *pl.* **-ses** [-siːz] *s.* Metamor'phose *f* (*a. biol., physiol.*), Verwandlung *f*.

met·a·phor ['metəfə] *s.* Me'tapher *f*, bildlicher Ausdruck.

met·a·phor·i·cal [ˌmetə'fɒrɪkl] *adj.* ☐ meta'phorisch, bildlich.

met·a·phrase ['metəfreɪz] **I** *s.* Meta'phrase *f*, wörtliche Über'setzung; **II** *v/t.* a) wörtlich über'tragen, b) um'schreiben.

met·a·phys·i·cal [ˌmetə'fɪzɪkl] *adj.* ☐ **1.** *phls.* meta'physisch; **2.** 'übersinnlich; ab'strakt; **met·a·phy·si·cian** [ˌmetəfɪ'zɪʃn] *s. phls.* Meta'physiker *m*; **ˌmet·a-**

ˈ**phys·ics** [-ks] *s. pl. sg. konstr. phls.* Metaphyˈsik *f.*

met·a·plasm [ˈmetəplæzəm] *s.* **1.** *ling.* Metaˈplasmus *m,* Wortveränderung *f;* **2.** *biol.* Metaˈplasma *n.*

me·tas·ta·sis [mɪˈtæstəsɪs] *pl.* **-ses** [-si:z] *s.* **1.** ⚕ Metaˈstase *f,* Tochtergeschwulst *f;* **2.** *biol.* Stoffwechsel *m.*

met·a·tar·sal [ˌmetəˈtɑ:sl] *anat.* **I** *adj.* Mittelfuß...; **II** *s.* Mittelfußknochen *m;* ˌ**met·aˈtar·sus** [-səs] *pl.* **-si** [-saɪ] *s. anat., zo.* Mittelfuß *m.*

mete [mi:t] **I** *v/t.* **1.** *poet.* (ab-, aus)messen, durchˈmessen; **2.** *mst* ~ **out** (*a. Strafe*) zumessen (**to** *dat.*); **3.** *fig.* ermessen; **II** *s. mst pl.* **4.** Grenze *f:* ***know one's ~s and bounds*** *fig.* Maß u. Ziel kennen.

me·tem·psy·cho·sis [ˌmetempsɪˈkəʊsɪs] *pl.* **-ses** [-si:z] *s.* Seelenwanderung *f,* Metempsyˈchose *f.*

me·te·or [ˈmi:tjə] *s. ast.* a) Meteˈor *m* (*a. fig.*), b) Sternschnuppe *f;* **me·te·or·ic** [ˌmi:tɪˈɒrɪk] *adj.* **1.** *ast.* meteˈorisch, Meteor...: ~ ***shower*** Sternschnuppenschwarm *m;* **2.** *fig.* meteˈorhaft: a) glänzend: ~ ***fame,*** b) koˈmetenhaft, rasch: ***his ~ rise to power;*** ˈ**me·te·or·ite** [-jəraɪt] *s. ast.* Meteoˈrit *m,* Meteˈorstein *m;* **me·te·or·o·log·ic, me·te·or·o·log·i·cal** [ˌmi:tjərəˈlɒdʒɪk(l)] *adj.* ☐ *phys.* meteoroˈlogisch, Wetter..., Luft...: ~ ***conditions*** Witterungsverhältnisse; ~ ***office*** Wetteramt *n;* ~ ***satellite*** Wettersatellit *m;* **me·te·or·ol·o·gist** [ˌmi:tjəˈrɒlədʒɪst] *s. phys.* Meteoroˈloge *m,* Meteoroˈlogin *f;* **me·te·or·ol·o·gy** [ˌmi:tjəˈrɒlədʒɪ] *s. phys.* **1.** Meteoroloˈgie *f;* **2.** meteoroˈlogische Verhältnisse *pl.* (*e-r Gegend*).

me·ter¹ [ˈmi:tə] *Am.* → ***metre.***

me·ter² [ˈmi:tə] **I** *s.* ⚙ Messer *m,* Meßgerät *n,* Zähler *m:* ***electricity ~*** elektrischer Strommesser *od.* Zähler; **II** *v/t.* (*mit e-m Meßinstrument*) messen: ~ ***out*** *et.* abgeben, dosieren; ˈ**~·maid** *s.* F Poliˈtesse *f.*

meth·ane [ˈmi:θeɪn] *s.* ⚗ Meˈthan *n.*

me·thinks [mɪˈθɪŋks] *v/impers. obs. od. poet.* mich dünkt, mir scheint.

meth·od [ˈmeθəd] *s.* **1.** Meˈthode *f; bsd.* ⚙ Verfahren *n:* ~ ***of doing s.th.*** Art u. Weise *f,* et. zu tun; ***by a ~*** nach e-r Methode; **2.** ˈLehrmeˌthode *f;* **3.** Syˈstem *n;* **4.** *phls.* (logische) ˈDenkmeˌthode; **5.** Ordnung *f,* Meˈthode *f,* Planmäßigkeit *f:* ***work with ~*** methodisch arbeiten; ***there is ~ in his madness*** sein Wahnsinn hat Methode; ***there is ~ in this*** da ist System drin; **me·thod·ic, me·thod·i·cal** [mɪˈθɒdɪk(l)] *adj.* ☐ **1.** meˈthodisch, systeˈmatisch; **2.** überˈlegt.

Meth·od·ism [ˈmeθədɪzəm] *s. eccl.* Methoˈdismus *m;* ˈ**Meth·od·ist** [-ɪst] **I** *s.* **1.** *eccl.* Methoˈdist(in); **2.** ~ *fig. contp.* Frömmler *m,* Mucker *m;* **II** *adj.* **3.** *eccl.* methoˈdistisch.

meth·od·ize [ˈmeθədaɪz] *v/t.* meˈthodisch ordnen; ˈ**meth·od·less** [-dlɪs] *adj.* ☐ plan-, syˈstemlos.

meth·od·ol·o·gy [ˌmeθəˈdɒlədʒɪ] *s.* **1.** Methodoloˈgie *f;* **2.** Meˈthodik *f.*

Me·thu·se·lah [mɪˈθju:zələ] *npr. bibl.* Meˈthusalem *m:* ***as old as ~*** (so) alt wie Methusalem.

meth·yl [ˈmeθɪl; ⚗ ˈmi:θaɪl] *s.* ⚗ Meˈthyl *n:* ~ ***alcohol*** Methylalkohol *m;* **meth·yl·ate** [ˈmeθɪleɪt] ⚗ **I** *v/t.* **1.** methylieren; **2.** denaturieren: **~*d spirits*** denaturierter Spiritus, Brennspiritus *m;* **II** *s.* **3.** Methyˈlat *n;* **meth·yl·ene** [ˈmeθɪli:n] *s.* ⚗ Methyˈlen *n;* **me·thyl·ic** [mɪˈθɪlɪk] *adj.* ⚗ Methyl...

me·tic·u·los·i·ty [mɪˌtɪkjʊˈlɒsətɪ] *s.* peinliche Genauigkeit, Akriˈbie *f;* **me·tic·u·lous** [mɪˈtɪkjʊləs] *adj.* ☐ peinlich genau, aˈkribisch.

mé·tier [ˈmeɪtɪeɪ] *s.* **1.** Gewerbe *n;* **2.** *fig.* (Speziˈal)Gebiet *n,* Metiˈer *n.*

me·ton·y·my [mɪˈtɒnɪmɪ] *s.* Metonyˈmie *f,* Begriffsvertauschung *f.*

me·tre [ˈmi:tə] *s. Brit.* **1.** Versmaß *n,* Metrum *n;* **2.** Meter *m, n.*

met·ric [ˈmetrɪk] **I** *adj.* (☐ **~*ally***) **1.** metrisch: ~ ***system;*** ~ ***method of analysis*** ⚗ Maßanalyse *f;* **2.** → ***metrical*** 2; **II** *s. pl. sg. konstr.* **3.** Metrik *f,* Verslehre *f;* ♪ Rhythmik *f,* Taktlehre *f;* ˈ**met·ri·cal** [-kl] *adj.* ☐ **1.** → ***metric*** 1; **2.** a) metrisch, Vers..., b) rhythmisch; ˈ**met·ri·cate** [-keɪt] *v/t. u. v/i. Brit.* (sich) auf das metrische Syˈstem ˈumstellen.

met·ro·nome [ˈmetrənəʊm] *s.* ♪ Metroˈnom *n,* Taktmesser *m.*

me·trop·o·lis [mɪˈtrɒpəlɪs] *s.* **1.** Metroˈpole *f,* Haupt-, Großstadt *f:* ***the ~ Brit.*** London; **2.** Hauptzentrum *n;* **3.** *eccl.* Sitz *m* e-s Metropoˈliten *od.* Erzbischofs; **met·ro·pol·i·tan** [ˌmetrəˈpɒlɪtən] **I** *adj.* **1.** hauptstädtisch, Stadt...; **2.** *eccl.* erzbischöflich; **II** *s.* **3.** a) Metropoˈlit *m* (*Ostkirche*), Erzbischof *m;* **4.** Bewohner(in) der Hauptstadt; Großstädter(in).

met·tle [ˈmetl] *s.* **1.** Veranlagung *f;* **2.** Eifer *m,* Mut *m,* Feuer *n:* ***be on one's ~*** vor Eifer brennen; ***put s.o. on his ~*** j-n zur Aufbietung aller s-r Kräfte anspornen; ***try s.o.'s ~*** j-n auf die Probe stellen; ***horse of ~*** feuriges Pferd; ˈ**met·tled** [-ld], ˈ**met·tle·some** [-səm] *adj.* feurig, mutig.

mew¹ [mju:] *s. orn.* Seemöwe *f.*

mew² [mju:] *v/i.* miˈauen (*Katze*).

mew³ [mju:] *s.* **1.** Mauserkäfig *m;* **2.** *pl. sg. konstr.* a) Stall *m:* ***the Royal ~s*** der Königliche Marstall, b) *Brit. zu Wohnungen umgebaute ehemalige Stallungen.*

mewl [mju:l] *v/i.* **1.** quäken, wimmern (*Baby*); **2.** miˈauen.

Mex·i·can [ˈmeksɪkən] **I** *adj.* mexiˈkanisch; **II** *s.* Mexiˈkaner(in).

mez·za·nine [ˈmetsəni:n] *s.* △ **1.** Mezzaˈnin *n,* Zwischengeschoß *n;* **2.** *thea.* Raum *m* unter der Bühne.

mez·zo [ˈmedzəʊ] (*Ital.*) **I** *adj.* **1.** ♪ mezzo, mittel, halb: ~ ***forte*** halblaut; **II** *s.* **2.** → ***mezzo-soprano;*** **3.** → ***mezzotint;*** ˌ**~-soˈpra·no** *s.* ♪ ˈMezzosoˌpran *m;* ˈ**~·tint I** *s.* **1.** *Kupferstecherei:* Mezzoˈtinto *n,* Schabkunst *f;* **2.** Schabkunstblatt *n:* ~ ***engraving*** Stechkunst *f* in Mezzotintomanier; **II** *v/t.* **3.** in Mezzoˈtinto gravieren.

mi·aow [mi:ˈaʊ] → ***meow.***

mi·asm [ˈmaɪæzəm], **mi·as·ma** [mɪˈæzmə] *pl.* **-ma·ta** [-mətə] *s.* ⚕ Miˈasma *n,* Krankheitsstoff *m;* **mi·as·mal** [mɪˈæzml], **mi·as·mat·ic, mi·as·mat·i·cal** [ˌmɪəzˈmætɪk(l)] *adj.* ansteckend.

mi·aul [mi:ˈaʊl; mɪˈɔ:l] *v/i.* miˈauen.

mi·ca [ˈmaɪkə] *min.* **I** *s.* Glimmer(erde *f*) *m;* **II** *adj.* Glimmer...: ~ ***capacitor*** ⚡ Glimmerkondensator *m;* **mi·ca·ceous** [maɪˈkeɪʃəs] *adj.* Glimmer...

Mi·cah [ˈmaɪkə] *npr. u. s. bibl.* (das Buch) Micha *m od.* Miˈchäas *m.*

mice [maɪs] *pl. von* ***mouse.***

Mich·ael·mas [ˈmɪklməs] *s.* Michaˈelis *n,* Michaelstag *m* (*29. September*); ~ **Day** *s.* **1.** Michaelstag *m* (*29. September*); **2.** *e-r der 4 brit. Quartalstage;* ~ **term** *s. Brit. univ.* ˈHerbstseˌmester *n.*

Mick [mɪk] → ***Mike¹.***

Mick·ey [ˈmɪkɪ] *s.* **1.** *Am. sl.* ✈ Bordradar *n;* **2.** ***take the ~ out of s.o.*** j-n ‚veräppeln'; **3.** → ~ **Finn** [fɪn] *s. sl.* a) präparierter Drink, b) Betäubungsmittel *n.*

micro- [maɪkrəʊ] *in Zssgn:* a) Mikro..., (sehr) klein, b) ein milliˈonstel, c) mikroˈskopisch.

mi·crobe [ˈmaɪkrəʊb] *s. biol.* Miˈkrobe *f;* **mi·cro·bi·al** [maɪˈkrəʊbjəl], **mi·cro·bic** [maɪˈkrəʊbɪk] *adj.* miˈkrobisch, Mikroben...; **mi·cro·bi·o·sis** [ˌmaɪkrəʊbaɪˈəʊsɪs] *s.* ⚕ Miˈkrobeninfektiˌon *f.*

ˌ**mi·croˈchem·is·try** *s.* Mikrocheˈmie *f.*

ˈ**mi·cro·chip** *s. Computer:* Mikrochip *m.*

ˈ**mi·croˌcir·cuit** *s.* Mikroschaltung *f.*

mi·cro·cosm [ˈmaɪkrəʊkɒzəm] *s.* Mikroˈkosmos *m* (*a. phls. u. fig.*); **mi·cro·cos·mic** [ˌmaɪkrəʊˈkɒzmɪk] *adj.* mikroˈkosmisch.

ˈ**mi·croˌe·lecˈtron·ics** *s. pl. sg. konstr. phys.* Mikroelekˈtronik *f.*

mi·cro·fiche [ˈmaɪkrəʊfi:ʃ] *s.* Mikrofiche *m.*

ˈ**mi·cro·film** *phot.* **I** *s.* Mikrofilm *m;* **II** *v/t.* auf Mikrofilm aufnehmen.

ˈ**mi·cro·gram** *Am.,* ˈ**mi·cro·gramme** *Brit. s. phys.* Mikroˈgramm *n* (*ein millionstel Gramm*).

ˈ**mi·cro·groove** *s.* **1.** Mikrorille *f;* **2.** Schallplatte *f* mit Mikrorillen.

ˈ**mi·cro·inch** *s.* ein milliˈonstel Zoll.

mi·crom·e·ter [maɪˈkrɒmɪtə] *s.* **1.** *phys.* Mikroˈmeter *n* (*ein millionstel Meter*): ~ ***adjustment*** ⚙ Feinsteinstellung *f;* ~ (***caliper***) Feinmeßschraube *f;* **2.** *opt.* Okuˈlar-Mikroˌmeter *n* (*an Fernrohren etc.*).

mi·cron [ˈmaɪkrɒn] *pl.* **-crons, -cra** [-krə] *s.* ⚗, *phys.* Mikron *n* (*ein tausendstel Millimeter*).

ˌ**mi·croˈor·gan·ism** *s.* Mikroorgaˈnismus *m.*

mi·cro·phone [ˈmaɪkrəfəʊn] *s.* ⚡ **1.** (***at the ~*** am) Mikroˈphon *n;* **2.** *teleph.* Sprechmuschel *f;* **3.** F Radio *n:* ***through the ~*** durch den Rundfunk.

ˌ**mi·croˈpho·to·graph** *s.* **1.** Mikrofoto (-graˈfie *f*) *n;* **2.** → ˌ**mi·cro·phoˈtog·ra·phy** *s.* Mikrofotograˈfie *f.*

ˌ**mi·croˈpro·ces·sor** *s. Computer:* Mikroproˈzessor *m.*

mi·cro·scope [ˈmaɪkrəskəʊp] **I** *s.* Mikroˈskop *n:* ***reflecting ~*** Spiegelmikroskop; ~ ***stage*** Objektivtisch *m;* **II** *v/t.* mikroˈskopisch unterˈsuchen; **mi·cro·scop·ic, mi·cro·scop·i·cal** [ˌmaɪkrəˈskɒpɪk(l)] *adj.* ☐ **1.** mikroˈskopisch: ~ ***examination;*** ~ ***slide*** Objektträger *m;* **2.** (peinlich) genau; **3.** mikroˈskopisch klein, verschwindend klein.

ˈ**mi·croˌsec·ond** *s.* Mikroseˈkunde *f* (*eine millionstel Sekunde*).

ˌ**mi·croˈsur·ger·y** *s.* ⚕ Mikrochirurˈgie *f.*

ˈ**mi·cro·volt** *s. phys.* Mikrovolt *n.*

ˈ**mi·cro·wave** *s.* ⚡ Mikrowelle *f*, Deziˈmeterwelle *f*: *~ engineering* Höchstfrequenztechnik *f*; *~ oven* Mikrowellenherd *m.*

mic·tu·ri·tion [ˌmɪktjʊəˈrɪʃn] *s.* ⚕ **1.** Uˈrindrang *m*; **2.** Harnen *n.*

mid¹ [mɪd] *adj. attr. od. in Zssgn* mittler, Mittel…: *in ~air* mitten in der Luft, frei schwebend; *in the ~ 16th century* in der Mitte des 16. Jhs.; *in ~-April* Mitte April; *in ~ ocean* auf offener See.

mid² [mɪd] *prp. poet.* inˈmitten von (*od. gen.*).

Mi·das [ˈmaɪdæs] **I** *npr. antiq.* Midas *m* (*König von Phrygien*): *he has the ~ touch fig.* er macht aus allem Geld; **II** *s.* ♀ *zo.* Midasfliege *f.*

ˈ**mid·day I** *s.* Mittag *m*; **II** *adj.* mittägig, Mittags…

mid·dle [ˈmɪdl] **I** *adj.* **1.** mittler, Mittel… (*a. ling.*); *~ finger* Mittelfinger *m*; *~ quality* ✝ Mittelqualität *f*; *~ management* mittleres Management; **II** *s.* **2.** Mitte *f*: *in the ~* in der Mitte; *in the ~ of speaking* mitten in der Rede; *in the ~ of July* Mitte Juli; **3.** Mittelweg *m*; **4.** Mittelstück *n* (*a. e-s Schlachttieres*); **5.** Mitte *f* (*des Leibes*), Taille *f*; **6.** Medium *n* (*griechische Verbalform*); **7.** *Logik*: Mittelglied *n* (*e-s Schlusses*); **8.** *Fußball*: Flankenball *m*; **9.** *a. ~ article Brit.* Feuilleˈton *n*; **10.** *pl.* ✝ Mittelsorte *f*; **11.** Mittelsmann *m*; **III** *v/t.* **12.** in die Mitte plazieren; *Fußball*: zur Mitte flanken.

mid·dle| age *s.* mittleres Alter; ˌ♀-ˈ**Age** *adj.* mittelalterlich; ˌ**~-ˈaged** *adj.* mittleren Alters; ♀ **Ag·es** *s. pl. das* Mittelalter; *~* **A·mer·i·ca** *s. Am.* die (konservaˈtive) ameriˈkanische Mittelschicht; ˈ**~·brow** F **I** *s.* geistiger ‚Norˈmalverbraucher'; **II** *adj.* von ˈdurchschnittlichen geistigen Interˈessen; ˌ**~-ˈclass** *adj.* zum Mittelstand gehörig, Mittelstands…; *~* **class·es** *s. pl.* Mittelstand *m*; *~* **course** *s. fig.* Mittelweg *m*; *~* **dis·tance** *s.* **1.** *paint., phot.* Mittelgrund *m*; **2.** *sport* Mittelstrecke *f*; ˌ**~-ˈdis·tance** *adj. sport* Mittelstrecken…: *~ runner* Mittelstreckler(in); *~* **ear** *s. anat.* Mittelohr *n*; ♀ **East** *s. geogr.* **1.** *der* Mittlere Osten; **2.** *Brit. der* Nahe Osten; ♀ **Eng·lish** *s. ling.* Mittelenglisch *n*; ♀ **High Ger·man** *s. ling.* Mittelhochdeutsch *n*; ˌ**~-ˈin·come** *adj.* mit mittlerem Einkommen; *~* **in·i·tial** *s. Am.* Anfangsbuchstabe *m* des zweiten Vornamens; *~* **life** *s.* die mittleren Lebensjahre *pl.*; ˈ**~·man** [-mæn] *s.* [*irr.*] **1.** Mittelsmann *m*; **2.** ✝ Zwischenhändler *m*; *~* **man·age·ment** *s.* mittlere Unternehmensführung *f*; ˈ**~·most** *adj.* ganz in der Mitte (liegend); *~* **name** *s.* **1.** zweiter Vorname; **2.** *fig.* herˈvorstechende Eigenschaft; ˌ**~-of-the-ˈroad** *adj. bsd. pol.* gemäßigt; neuˈtral; *~* **rhyme** *s.* Binnenreim *m*; ˈ**~-sized** *adj.* von mittlerer Größe; *~* **watch** *s.* ⚓ Mittelwache *f* (*zwischen Mitternacht u. 4 Uhr morgens*); ˈ**~-weight** *s. sport* Mittelgewicht(ler *m*) *n*; ♀ **West** *s. Am.* (*u. Kanada*) Mittelwesten *m*, *der* mittlere Westen.

mid·dling [ˈmɪdlɪŋ] **I** *adj.* ☐ → *a.* II; **1.** von mittlerer Güte *od.* Sorte, mittelmäßig, Mittel…: *fair to ~* ‚so lala', ‚mittelprächtig'; *~ quality* ✝ Mittelqualität *f*; **2.** F leidlich (*Gesundheit*); **3.** F ziemlich groß; **II** *adv.* F **4.** (*a. ~ly*) leidlich, ziemlich; **5.** ziemlich gut; **III** *s.* **6.** *mst pl.* ✝ Mittelsorte *f*; **7.** *pl.* Mittelmehl *n*; **8.** *pl. metall.* ˈZwischenproˌdukt *n.*

mid·dy [ˈmɪdɪ] *s.* **1.** F *für* **midshipman**; **2.** → *~* **blouse** *s.* Maˈtrosenbluse *f.*

ˈ**mid·field** *s. sport* Mittelfeld *n* (*a. Spieler*): *~ man*, *~ player* Mittelfeldspieler *m.*

midge [mɪdʒ] *s.* **1.** *zo.* kleine Mücke; **2.** → *midget* 1.

midg·et [ˈmɪdʒɪt] **I** *s.* **1.** Zwerg *m*, Knirps *m*; **2.** *et.* Winziges; **II** *adj.* **3.** Zwerg…, Miniatur…, Kleinst…: *~ car mot.* Klein(st)wagen *m*; *~ railroad* Liliputbahn *f.*

mid·i [ˈmɪdɪ] **I** *s.* Midimode *f*: *wear ~* midi tragen; **II** *adj.* Midi…: *~ skirt* → ˈ**mid·i·skirt** *s.* Midirock *m.*

ˈ**mid·land** [-lənd] **I** *s.* **1.** *mst pl.* Mittelland *n*, **2.** *the* ♀**s** *pl.* Mittelengland *n*; **II** *adj.* **3.** binnenländisch; **4.** ♀ *geogr.* mittelenglisch.

ˈ**mid·life cri·sis** *s. psych.* Midlife-crisis *f*, Krise *f* in der Lebensmitte.

ˈ**mid·most** [-məʊst] **I** *adj.* ganz in der Mitte (liegend); innerst; **II** *adv.* (ganz) im Innern *od.* in der Mitte.

ˈ**mid·night I** *s.* (*at ~* um) Mitternacht *f*; **II** *adj.* mitternächtlich, Mitternachts…: *burn the ~ oil* bis spät in die Nacht arbeiten *od.* aufbleiben; *~* **blue** *s.* Mitternachtsblau *n* (*Farbe*); *~* **sun** *s.* **1.** Mitternachtssonne *f*; **2.** ⚓ Nordersonne *f.*

ˈ**mid|·noon** *s.* Mittag *m*; ˌ**~-ˈoff** (ˌ**~-ˈon**) *s. Kricket*: **1.** links (rechts) vom Werfer poˈstierter Spieler; **2.** links (rechts) vom Werfer liegende Seite des Spielfelds; ˈ**~·riff** *s.* **1.** *anat.* Zwerchfell *n*; **2.** *Am.* a) Mittelteil *m e-s Damenkleids*, b) zweiteilige Kleidung, c) Obertaille *f*, d) Magengrube *f*; ˈ**~·ship** ⚓ **I** *s.* Mitte *f* des Schiffs; **II** *adj.* Mittschiffs…: *~ section* Hauptspant *n*; ˈ**~·ship·man** [-mən] *s.* [*irr.*] ⚓ **1.** *Brit.* Leutnant *m* zur See; **2.** *Am.* ˈSeeoffiˌziersanwärter *m*; ˈ**~·ships** *adv.* ⚓ mittschiffs.

midst [mɪdst] *s.*: *in the ~ of* inmitten (*gen.*), mitten unter (*dat.*); *in their* (*our*) *~* mitten unter ihnen (uns); *from our ~* aus unserer Mitte.

ˈ**mid·stream** *s.* Strommitte *f*: *in ~ fig.* mittendrin.

ˈ**midˌsum·mer I** *s.* **1.** Mitte *f* des Sommers, Hochsommer *m*; **2.** *ast.* Sommersonnenwende *f*; **II** *adj.* **3.** hochsommerlich, Hochsommer…; ♀ **Day** *s.* **1.** Joˈhannistag *m* (*24. Juni*); **2.** *e-r der 4 brit. Quartalstage.*

ˌ**mid|ˈway I** *s.* **1.** Hälfte *f* des Weges, halber Weg; **2.** *Am.* Haupt-, Mittelstraße *f* (*auf Ausstellungen etc.*); **II** *adj.* **3.** mittler; **III** *adv.* **4.** auf halbem Wege; ˌ**~ˈweek I** *s.* Mitte *f* der Woche; **II** *adj.* (in der) Mitte der Woche stattfindend.

mid·wife [ˈmɪdwaɪf] *s.* [*irr.*] Hebamme *f*, Geburtshelferin *f* (*a. fig.*); ˈ**mid·wife·ry** [-wɪfərɪ] *s.* Geburtshilfe *f*, *fig. a.* Mithilfe *f.*

ˌ**mid|ˈwin·ter** *s.* **1.** Mitte *f* des Winters; **2.** *ast.* Wintersonnenwende *f*; ˌ**~ˈyear I** *adj.* **1.** in der Mitte des Jahres vorkommend, in der Jahresmitte; **II** *s.* **2.** Jahresmitte *f*; **3.** *Am.* F a) um die Jahresmitte stattfindende Prüfung, b) *pl.* Prüfungszeit *f* (*um die Jahresmitte*).

mien [miːn] *s.* Miene *f*, Gesichtsausdruck *m*; Gebaren *n*: *noble ~* vornehme Haltung.

miff [mɪf] *s.* F Verstimmung *f.*

miffed [mɪft] *adj.* beleidigt, eingeschnappt.

might¹ [maɪt] *s.* **1.** Macht *f*, Gewalt *f*: *~ is* (*above*) *right* Gewalt geht vor Recht; **2.** Stärke *f*, Kraft *f*: *with ~ and main*, *with all one's ~* aus Leibeskräften, mit aller Gewalt.

might² [maɪt] *pret. von may¹.*

ˈ**might-have-ˌbeen** *s.* **1.** et., was hätte sein können; **2.** Perˈson, die es zu et. hätte bringen können.

might·i·ly [ˈmaɪtɪlɪ] *adv.* **1.** mit Macht, heftig, kräftig; **2.** F eˈnorm, mächtig, sehr; ˈ**might·i·ness** [-nɪs] *s.* Macht *f*, Gewalt *f*; **might·y** [ˈmaɪtɪ] **I** *adj.* ☐ → *mightily u.* II; **1.** mächtig, gewaltig, heftig, groß, stark; → *high and mighty*; **2.** *fig.* gewaltig, riesig, mächtig; **II** *adv.* **3.** F mächtig, riesig, ungeheuer: *~ easy* kinderleicht; *~ fine* prima.

mi·graine [ˈmiːgreɪn] (*Fr.*) *s.* ⚕ Miˈgräne *f*; ˈ**mi·grain·ous** [-nəs] *adj.* durch Migräne verursacht, Migräne…

mi·grant [ˈmaɪgrənt] **I** *adj.* **1.** Wander…, Zug…; → *a. migratory*; **II** *s.* **2.** Wandernde(r *m*) *f*; ˈUmsiedler(in); **3.** *zo.* Zugvogel *m*; Wandertier *n*; **mi·grate** [maɪˈgreɪt] *v/i.* (aus-, ab)wandern, (*a. orn.* fort)ziehen; **mi·gra·tion** [maɪˈgreɪʃn] *s.* Wanderung *f* (*a.* ⚗, *zo.*, *geol.*); Zug *m* (*Menschen od. Wandertiere*); *orn.* (Vogel)Zug *m*: *~ of* (*the*) *peoples* Völkerwanderung; *intramolecular ~* ⚗ intramolekulare Wanderung; → *ionic²*; **mi·gra·tion·al** [maɪˈgreɪʃənl] *adj.* Wander…, Zug…; ˈ**mi·gra·to·ry** [-rətərɪ] *adj.* **1.** (aus)wandernd; **2.** Zug…, Wander…: *~ bird* Zugvogel *m*; *~ instinct* Wandertrieb *m*; **3.** umˈherziehend, noˈmadisch: *~ life* Wanderleben *n*; *~ worker* Wanderarbeiter(in).

Mike¹ [maɪk] **I** *npr.* (*Kosename für*) Michael; **II** *s.* ♀ *sl.* a) Ire *m*, b) Kathoˈlik *m.*

mike² [maɪk] *v/i. sl.* herˈumlungern.

mike³ [maɪk] *s.* F ‚Mikro' *n* (*Mikrophon*).

mil [mɪl] *s.* **1.** Tausend *n*: *per ~* per Mille; **2.** ⚙ 1/1000 Zoll *m* (*Drahtmaß*); **3.** ⚔ (Teil)Strich *m.*

mil·age [ˈmaɪlɪdʒ] → *mileage.*

Mil·a·nese [ˌmɪləˈniːz] **I** *adj.* mailändisch; **II** *s. sg. u. pl.* Mailänder(in), Mailänder *pl.*

milch [mɪltʃ] *adj.* milchgebend, Milch…; ˈ**milch·er** [-tʃə] → *milker* 3.

mild [maɪld] *adj.* ☐ mild (*a. Strafe, Wein, Wetter etc.*); gelind, sanft; leicht (*Droge, Krankheit, Zigarre etc.*), schwach: *~ attempt* schüchterner Versuch; *~ steel* ⚙ Flußstahl *m*; *to put it ~(ly)* a) sich gelinde ausdrücken, b) gelinde gesagt; *draw it ~* mach's mal halblang!

mil·dew [ˈmɪldjuː] **I** *s.* **1.** ♆ Mehltau (-pilz) *m*, Brand *m* (*am Getreide*); **2.** Schimmel *m*, Moder *m*: *spot of ~* Moder- *od.* Stockfleck *m* (*in Papier etc.*); **II** *v/t.* **3.** mit Mehltau *od.* Schimmel- *od.* Moderflecken überˈziehen: *be ~ed* verschimmelt sein (*a. fig.*); **III** *v/i.* **4.**

brandig *od.* schimm(e)lig *od.* mod(e)rig werden (*a. fig.*); **'mil·dewed** [-dju:d], **'mil·dew·y** [-dju:ɪ] *adj.* **1.** brandig, mod(e)rig, schimm(e)lig; **2.** ⚘ von Mehltau befallen; mehltauartig.
mild·ness ['maɪldnɪs] *s.* Milde *f*; Sanftheit *f*; Sanftmut *f*.
mile [maɪl] *s.* Meile *f* (*zu Land = 1,609 km*): ***Admiralty** ~ Brit.* englische Seemeile (*= 1,8532 km*); ***air** ~* Luftmeile (*= 1,852 km*); ***nautical** ~, **sea** ~* Seemeile (*= 1,852 km*); ***~ after ~ of fields, ~s and ~s of fields*** meilenweite Felder; ***~s apart*** meilenweit auseinander, *fig.* himmelweit entfernt; ***miss s.th. by a ~ fig.*** et. (meilen)weit verfehlen.
mile·age ['maɪlɪdʒ] *s.* **1.** Meilenlänge *f*, -zahl *f*; **2.** zu'rückgelegte Meilenzahl *od.* Fahrstrecke, Meilenstand *m*: ***~ indicator, ~ recorder*** *mot.* Meilenzähler *m*; **3.** *a.* ***~ allowance*** Meilengeld *n* (*Vergütung*); **4.** Fahrpreis *m* per Meile; **5.** *a.* ***~ book*** 🚂 *Am.* Fahrscheinheft *n*; **6.** F ***get a lot of ~ out of it*** jede Menge (dabei) rausholen; ***there's no ~ in it*** das bringt nichts (ein).
mile·om·e·ter [maɪ'lɒmɪtə] *s. mot.* Meilenzähler *m*.
'mile·stone *s.* Meilenstein *m* (*a. fig.*).
mil·foil ['mɪlfɔɪl] *s.* ⚘ Schafgarbe *f*.
mil·i·ar·i·a [ˌmɪlɪ'eərɪə] *s.* ⚕ Frieselfieber *n*; **mil·i·ar·y** ['mɪlɪərɪ] *adj.* ⚕ mili'ar, hirsekornartig: ***~ fever → miliaria; ~ gland*** Hirsedrüse *f*.
mil·i·tan·cy ['mɪlɪtənsɪ] *s.* **1.** Kriegszustand *m*, Kampf *m*; **2.** Kampfgeist *m*; **'mil·i·tant** [-tənt] **I** *adj.* ☐ mili'tant: a) streitend, kämpfend, b) streitbar, kriegerisch; **II** *s.* Kämpfer *m*, Streiter *m*; **'mil·i·ta·rist** [-tərɪst] *s.* **1.** *pol.* Milita'rist *m*; **2.** Wehr- *od.* Mili'tärexperte *m*; **mil·i·ta·ris·tic** [ˌmɪlɪtə'rɪstɪk] *adj.* milita'ristisch; **'mil·i·ta·rize** [-təraɪz] *v/t.* militarisieren.
mil·i·tar·y ['mɪlɪtərɪ] **I** *adj.* ☐ **1.** mili'tärisch, Militär...: ***of ~ age*** in wehrpflichtigem Alter; **2.** Heeres..., Kriegs...; **II** *s. pl. konstr.* **3.** Mili'tär *n*, Sol'daten *pl.*, Truppen *pl.*; **~ a·cad·e·my** *s.* **1.** Mili'tärakadeˌmie *f*; **2.** *Am.* (*zivile*) Schule mit mili'tärischer Ausbildung; **~ col·lege** *s. Am.* Mili'tärcollege *n*; **~ gov·ern·ment** *s.* Mili'tärreˌgierung *f*; **~ jun·ta** *s.* Mili'tärjunta *f*; **~ law** *s.* Wehr(straf)recht *n*; **~ map** *s.* Gene'ralstabskarte *f*; **~ po·lice** *s.* Mili'tärpoliˌzei *f*; **~ ser·vice** *s.* Mili'tär-, Wehrdienst *m*; **~ ser·vice book** *s.* Wehrpaß *m*; **~ stores** *s. pl.* Mili'tärbedarf *m*, 'Kriegsmateriˌal *n* (*Munition, Proviant etc.*); **~ tes·ta·ment** *s.* ⚖ 'Nottestaˌment *n* (*von Militärpersonen im Krieg*); **~ tri·bu·nal** *s.* Mili'tärgericht *n*.
mil·i·tate ['mɪlɪteɪt] *v/i.* (***against***) sprechen (gegen), wider'streiten (*dat.*), *e-r Sache* entgegenwirken; ***~ for*** eintreten *od.* kämpfen für.
mi·li·tia [mɪ'lɪʃə] *s.* ⚔ Mi'liz *f*, Bürgerwehr *f*.
milk [mɪlk] **I** *s.* **1.** Milch *f*: ***~ and water*** *fig.* kraftloses Zeug, seichtes Gewäsch; ***~ of human kindness*** *fig.* Milch der frommen Denkungsart; ***~ of sulphur*** ⚗ Schwefelmilch; ***it is no use crying over spilt ~*** geschehen ist geschehen, hin ist hin; → ***coconut*** 1; **2.** ⚘ (Pflanzen)Milch *f*; **II** *v/t.* **3.** melken; **4.** *fig. j-n* schröpfen, ‚ausnehmen'; **5.** ⚡ *Leitung* ‚anzapfen', abhören; **III** *v/i.* **6.** Milch geben; **ˌ~-and-'wa·ter** *adj.* saft- u. kraftlos, seicht; **~ bar** *s.* Milchbar *f*; **~ crust** *s.* ⚕ Milchschorf *m*; **~ duct** *s. anat.* Milchdrüsengang *m*.
milk·er ['mɪlkə] *s.* **1.** Melker(in); **2.** ⚙ 'Melkmaˌschine *f*; **3.** Milchkuh *f od.* -schaf *n od.* -ziege *f*.
milk| float *s. Brit.* Milchwagen *m*; **'~·man** [-mən] *s.* [*irr.*] Milchmann *m*; **~ run** *s.* ✈ *sl.* **1.** Rou'tineeinsatz *m*; **2.** ‚gemütliche Sache', gefahrloser Einsatz; **~ shake** *s.* Milchshake *m*; **'~·sop** *s. fig. contp.* Muttersöhnchen *n*; **~ sug·ar** *s.* ⚗ Milchzucker *m*, Lak'tose *f*; **~ tooth** *s.* [*irr.*] Milchzahn *m*; **'~·weed** *s.* ⚘ **1.** Schwalbenwurzgewächs *n*; **2.** Wolfsmilch *f*.
milk·y ['mɪlkɪ] *adj.* **1.** ☐ milchig, Milch...; milchweiß; **2.** *min.* milchig, wolkig (*bsd. Edelsteine*); **3.** *fig.* a) sanft, b) weichlich, ängstlich; ♁ **Way** *s. ast.* Milchstraße *f*.
mill¹ [mɪl] **I** *s.* **1.** (Mehl-, Mahl)Mühle *f*; → ***grist*** 1; **2.** ⚙ (*Kaffee-, Öl-, Säge- etc.*)Mühle *f*, Zerkleinerungsvorrichtung *f*: ***go through the ~ fig.*** e-e harte Schule durchmachen; ***put s.o. through the ~*** j-n hart rannehmen; ***have been through the ~*** viel durchgemacht haben; **3.** *metall.* Hütten-, Hammer-, Walzwerk *n*; **4.** *a.* ***spinning-~*** ⚙ Spinne'rei *f*; **5.** ⚙ a) *Münzerei*: Prägwerk *n*, b) *Glasherstellung*: Schleifkasten *m*; **6.** Fa'brik *f*, Werk *n*; **7.** F Prüge'lei *f*; **II** *v/t.* **8.** *Korn etc.* mahlen; **9.** ⚙ *allg.* bearbeiten, *z. B. Holz, Metall* fräsen, *Papier, Metall* walzen, *Tuch, Leder* walken, *Münzen* rändeln, *Eier, Schokolade* quirlen, schlagen, *Seide* moulinieren; **10.** F ‚'durchwalken'; **III** *v/i.* **11.** F sich prügeln; **12.** ***~ about*** *od.* ***around*** ('rund)her'umlaufen, her'umirren: ***~ing crowd*** Gewühl *n*, wogende Menge.
mill² [mɪl] *s. Am.* Tausendstel *n* (*bsd.* ¹⁄₁₀₀₀ *Dollar*).
mill| bar *s.* ⚙ Pla'tine *f*; **'~·board** *s.* starke Pappe, Pappdeckel *m*; **'~·course** *s.* **1.** Mühlengerinne *n*; **2.** Mahlgang *m*.
mil·le·nar·i·an [ˌmɪlɪ'neərɪən] **I** *adj.* **1.** tausendjährig; **2.** *eccl.* das Tausendjährige Reich (Christi) betreffend; **II** *s.* **3.** *eccl.* Chili'ast *m*; **mil·le·nar·y** [mɪ'lenərɪ] **I** *adj.* **1.** aus tausend (Jahren) bestehend, von tausend Jahren; **II** *s.* **2.** (Jahr)'Tausend *n*; **3.** Jahr'tausendfeier *f*; **mil·len·ni·al** [mɪ'lenɪəl] *adj.* **1.** *eccl.* das Tausendjährige Reich betreffend; **2.** e-e Jahr'tausendfeier betreffend; **3.** tausendjährig; **mil·len·ni·um** [mɪ'lenɪəm] *pl.* **-ni·ums** *od.* **-ni·a** [-nɪə] *s.* **1.** Jahr'tausend *n*; **2.** Jahr'tausendfeier *f*; **3.** *eccl.* Tausendjähriges Reich (Christi); **4.** *fig.* Para'dies *n* auf Erden.
mil·le·pede ['mɪlɪpi:d] *s. zo.* Tausendfüß(l)er *m*.
mill·er ['mɪlə] *s.* **1.** Müller *m*; **2.** ⚙ 'Fräsmaˌschine *f*.
mil·les·i·mal [mɪ'lesɪml] **I** *adj.* ☐ **1.** tausendst; **2.** aus Tausendsteln bestehend; **II** *s.* **3.** Tausendstel *n*.
mil·let ['mɪlɪt] *s.* ⚘ (Rispen)Hirse *f*.
'mill-hand *s.* Mühlen-, Fa'brik-, Spinne'reiarbeiter *m*.
milli- [mɪlɪ] *in Zssgn* Tausendstel.
ˌmil·li'am·me·ter *s.* ⚡ 'Milliamˌpereˌmeter *n*.
mil·li·ard ['mɪljɑ:d] *s. Brit.* Milli'arde *f*.
mil·li·bar ['mɪlɪbɑ:] *s. meteor.* Milli'bar *n*.
'mil·li·gram(me) *s.* Milli'gramm *n*; **'mil·li·me·ter** *Am.*, **'mil·li·me·tre** *Brit. s.* Milli'meter *m, n*.
mil·li·ner ['mɪlɪnə] *s.* Hut-, Putzmacherin *f*, Mo'distin *f*; **'mil·li·ner·y** [-nərɪ] *s.* **1.** Putz-, Modewaren *pl.*; **2.** Hutmacherhandwerk *n*; **3.** 'Hutsaˌlon *m*.
mill·ing ['mɪlɪŋ] *s.* **1.** Mahlen *n*; **2.** ⚙ a) Walken *n*, b) Rändeln *n*, c) Fräsen *n*, d) Walzen *n*; **3.** *sl.* Tracht *f* Prügel; **~ cut·ter** *s.* ⚙ Fräser *m*; **~ ma·chine** *s.* **1.** 'Fräsmaˌschine *f*; **2.** Rändelwerk *n*; **~ prod·uct** *s.* 'Mühlen- *od.* ⚙ 'Walzproˌdukt *n*.
mil·lion ['mɪljən] *s.* **1.** Milli'on *f*: ***a ~ times*** millionenmal; ***two ~ men*** 2 Millionen Mann; ***by the ~*** nach Millionen; ***~s of people*** *fig.* e-e Unmasse Menschen; **2.** ***the ~*** die große Masse, das Volk; **mil·lion·aire**, *bsd. Am.* **mil·lion·naire** [ˌmɪljə'neə] *s.* Millio'när *m*; **mil·lion·air·ess** [ˌmɪljə'neərɪs] *s.* Millio'närin *f*; **'mil·lion·fold** *adj. u. adv.* milli'onenfach; **'mil·lionth** [-nθ] **I** *adj.* milli'onst; **II** *s.* Milli'onstel *n*.
mil·li·pede ['mɪlɪpi:d], *a.* **'mil·li·ped** [-ped] → ***millepede***.
'mil·liˌsec·ond *s.* 'Milliseˌkunde *f*.
'mill|·pond *s.* Mühlteich *m*; **'~·race** *s.* Mühlgerinne *n*.
Mills bomb [mɪlz], **Mills gre·nade** *s.* ⚔ 'Eierˌhandgraˌnate *f*.
'mill|·stone *s.* Mühlstein *m* (*a. fig. Last*): ***be a ~ round s.o.'s neck*** *fig.* j-m ein Klotz am Bein sein; ***see through a ~ fig.*** das Gras wachsen hören; **'~·wheel** *s.* Mühlrad *n*.
mi·lom·e·ter → ***mileometer***.
milt¹ [mɪlt] *s. anat.* Milz *f*.
milt² [mɪlt] *ichth.* **I** *s.* Milch *f* (*der männlichen Fische*); **II** *v/t. den Rogen* mit Milch befruchten; **'milt·er** [-tə] *s. ichth.* Milchner *m*.
mime [maɪm] **I** *s.* **1.** *antiq.* Mimus *m*, Possenspiel *n*; **2.** Mime *m*; **3.** Possenreißer *m*; **II** *v/t.* **4.** mimen, nachahmen.
mim·e·o·graph ['mɪmɪəgrɑ:f] **I** *s.* Mimeo'graph *m* (*Vervielfältigungsapparat*); **II** *v/t.* vervielfältigen; **mim·e·o·graph·ic** [ˌmɪmɪə'græfɪk] *adj.* (☐ ***~ally***) mimeo'graphisch, vervielfältigt.
mi·met·ic [mɪ'metɪk] *adj.* (☐ ***~ally***) **1.** nachahmend (*a. ling. lautmalend*); *b.s.* nachäffend, Schein...; **2.** *biol.* fremde Formen nachbildend.
mim·ic ['mɪmɪk] **I** *adj.* **1.** mimisch, (durch Gebärden) nachahmend; **2.** Schauspiel...: ***~ art*** Schauspielkunst *f*; **3.** nachgeahmt, Schein...; **II** *s.* **4.** Nachahmer *m*, Imi'tator *m*; **III** *v/t. pret. u. p.p.* **'mim·icked** [-kt], *pres. p.* **'mim·ick·ing** [-kɪŋ] **5.** nachahmen, -äffen; **6.** ⚘, *zo.* sich *in der Farbe etc.* angleichen (*dat.*); **'mim·ic·ry** [-krɪ] *s.* **1.** Nachahmen *n*, -äffung *f*; **2.** *zo.* Mimikry *f*, Angleichung *f*.
mi·mo·sa [mɪ'məʊzə] *s.* ⚘ Mi'mose *f*.
min·a·ret ['mɪnəret] *s.* ⚠ Mina'rett *n*.
min·a·to·ry ['mɪnətərɪ] *adj.* drohend, bedrohlich.
mince [mɪns] **I** *v/t.* **1.** zerhacken, in kleine Stücke zerschneiden; 'durchdrehen:

~ meat Hackfleisch machen; **2.** *fig.* mildern, bemänteln: **~ one's words** affektiert sprechen; **not to ~ matters** (*od.* **one's words**) kein Blatt vor den Mund nehmen; **3.** geziert tun: **~ one's steps** → 5 b; **II** *v/i.* **4.** Fleisch (*a.* Fett, Gemüse) kleinschneiden *od.* zerkleinern, Hackfleisch machen; **5.** a) sich geziert benehmen, b) geziert gehen, trippeln; **III** *s.* **6.** *bsd. Brit.* → **mincemeat** 2; **'~·meat** *s.* **1.** Pa'stetenfüllung *f* (*aus Korinthen, Äpfeln, Rosinen, Rum etc. mit od. ohne Fleisch*); **2.** Hackfleisch *n*, Gehacktes *n*: **make ~ of** *fig.* a) ‚aus *j-m* Hackfleisch machen', b) *Argument etc.* ‚(in der Luft) zerreißen'; **~ pie** *s. mit* **mincemeat** *gefüllte Pastete.*

minc·er ['mɪnsə] → **mincing machine.**

minc·ing ['mɪnsɪŋ] *adj.* □ *fig.* geziert, affektiert; **~ ma·chine** *s.* 'Fleischhackma͵schine *f*, Fleischwolf *m*.

mind [maɪnd] **I** *s.* **1.** Sinn *m*, Gemüt *n*, Herz *n*: **have s.th. on one's ~** et. auf dem Herzen haben; **2.** Seele *f*, Verstand *m*, Geist *m*: **presence of ~** Geistesgegenwart *f*; (**the triumph of**) **~ over matter** *oft iro.* der Sieg des Geistes über die Materie; **before one's ~'s eye** vor s-m geistigen Auge; **be of sound ~, be in one's right ~** bei (vollem) Verstand sein; **of sound ~ and memory** ⚖ im Vollbesitz s-r geistigen Kräfte; **be out of one's ~** nicht (recht) bei Sinnen sein, verrückt sein; **lose one's ~** den Verstand verlieren; **close one's ~ to s.th.** sich gegen et. verschließen; **have an open ~** unvoreingenommen sein; **cast back one's ~** sich zurückversetzen (**to** nach, in *acc.*); **enter s.o.'s ~** j-m in den Sinn kommen; **put** (*od.* **give**) **one's ~ to s.th.** sich mit e-r Sache befassen; **put s.th. out of one's ~** sich et. aus dem Kopf schlagen; **read s.o.'s ~** j-s Gedanken lesen; **that blows your ~!** F da ist man (einfach) ‚fertig'!; **3.** Geist *m* (*a. phls.*): **the human ~**; **things of the ~** geistige Dinge; **history of the ~** Geistesgeschichte *f*; **his is a fine ~** er hat e-n feinen Verstand, er ist ein kluger Kopf; **one of the greatest ~s of his time** *fig.* e-r der größten Geister *od.* Köpfe s-r Zeit; **4.** Meinung *f*, Ansicht *f*: **in** (*od.* **to**) **my ~** m-r Ansicht nach, m-s Erachtens; **be of s.o.'s ~** j-s Meinung sein; **change one's ~** sich anders besinnen; **speak one's ~** (**freely**) s-e Meinung frei äußern; **give s.o. a piece of one's ~** j-m gründlich die Meinung sagen; **know one's own ~** wissen, was man will; **be in two ~s about s.th.** mit sich selbst über et. nicht einig sein; **there can be no two ~s about it** darüber kann es keine geteilte Meinung geben; **5.** Neigung *f*, Lust *f*; Absicht *f*: **have** (**half**) **a ~ to do s.th.** (beinahe) Lust haben, et. zu tun; **have s.th. in ~** et. im Sinne haben; **I have you in ~** ich denke (dabei) an dich; **have it in ~ to do s.th.** beabsichtigen, et. zu tun; **make up one's ~** a) sich entschließen, e-n Entschluß fassen, b) zur Überzeugung kommen (**that** daß), sich klarwerden (**about** über *acc.*); **I can't make up your ~** *iro.* ich kann mir nicht deinen Kopf zerbrechen; **6.** Erinnerung *f*, Gedächtnis *n*: **bear** (*od.* **keep**) **in ~** (immer) an et. denken, et. nicht vergessen, bedenken; **call to ~** sich *et.* ins Gedächtnis zurückrufen, sich an *et.* erinnern; **put s.o. in ~ of s.th.** j-n an et. erinnern; **nothing comes to ~** nichts fällt einem dabei ein; **time out of ~** seit (*od.* vor) undenklichen Zeiten; **II** *v/t.* **7.** merken, (be)achten, achtgeben, hören auf (*acc.*): **~ one's P's and Q's** F sich ganz gehörig in acht nehmen; **~ you write** F denk daran (*od.* vergiß nicht) zu schreiben; **8.** sich in acht nehmen, sich hüten vor (*dat.*): **~ the step!** Achtung, Stufe!; **9.** sorgen für, sehen nach: **~ the children** sich um die Kinder kümmern, die Kinder hüten; **~ your own business!** kümmere dich um deine eigenen Dinge!; **don't ~ me!** laß dich durch mich nicht stören!; **never ~ him!** kümmere dich nicht um ihn!; **10.** et. haben gegen, es nicht gern sehen *od.* mögen, sich stoßen an (*dat.*): **do you ~ my smoking?** haben Sie et. dagegen, wenn ich rauche?; **would you ~ coming?** würden Sie so freundlich sein zu kommen?; **I don't ~** (**it**) ich habe nichts dagegen, meinetwegen; **I wouldn't ~ a drink** ich hätte nichts gegen einen Drink; **III** *v/i.* **11.** achthaben, aufpassen, bedenken: **~** (**you**)**!** wohlgemerkt; **never ~!** laß es gut sein!, es hat nichts zu sagen!, es macht nichts! (→ *a.* 12); **12.** et. da'gegen haben: **I don't ~** ich habe nichts dagegen, meinetwegen; **I don't ~ if I do** F ja, ganz gern *od.* ich möchte schon; **he ~s a great deal** er ist allerdings dagegen, es macht ihm sehr viel aus; **never ~!** mach dir nichts draus!

'mind|͵bend·ing, '~͵blow·ing, '~͵bog·gling *adj. sl.* ‚irr(e)', ‚toll'.

mind·ed ['maɪndɪd] *adj.* **1.** geneigt, gesonnen: **if you are so ~** wenn das deine Absicht ist; **2.** *in Zssgn* a) gesinnt: **evil-~** böse gesinnt; **small-~** kleinlich, b) *religiös, technisch etc.* veranlagt: **religious-~**, c) interes'siert an (*dat.*): **air-~** flugbegeistert.

'mind-ex͵pand·ing *adj.* bewußtseinserweiternd, psyche'delisch.

mind·ful ['maɪndfʊl] *adj.* □ (**of**) aufmerksam, achtsam (auf *acc.*), eingedenk (*gen.*): **be ~ of** achten auf; **'mind·less** ['maɪndlɪs] *adj.* □ **1.** (**of**) unbekümmert (um), ohne Rücksicht (auf *acc.*), uneingedenk (*gen.*); **2.** hirn-, gedankenlos, ‚blind'; **3.** geistlos, unbeseelt.

'mind|-͵read·er *s.* Gedankenleser(in); **'~-͵read·ing** *s.* Gedankenlesen *n*.

mine[1] [maɪn] **I** *poss. pron.* der (die, das) mein(ig)e: **what is ~** was mir gehört, das Meinige; **a friend of ~** ein Freund von mir; **me and ~** ich u. die Mein(ig)en *od.* meine Familie; **II** *poss. adj. poet. od. obs.* mein: **~ eyes** meine Augen; **~ host** (der) Herr Wirt.

mine[2] [maɪn] **I** *v/i.* **1.** minieren; **2.** schürfen, graben (**for** nach); **3.** sich eingraben (*Tiere*); **II** *v/t.* **4.** *Erz, Kohlen* abbauen, gewinnen; **5.** ⚓, ⚔ a) verminen, b) minieren; **6.** *fig.* unter'graben, -mi'nieren; **III** *s.* **7.** *oft pl.* ⚒ Mine *f*, Bergwerk *n*, Zeche *f*, Grube *f*; **8.** ⚓, ⚔ (*Luft-, See*)Mine *f*: **spring a ~** e-e Mine springen lassen (*a. fig.*); **9.** *fig.* Fundgrube *f* (**of** an *dat.*): **a ~ of information**; **~ bar·ri·er** *s.* ⚔ Minensperre *f*; **~ de·tec·tor** *s.* ⚔ Minensuchgerät *n*; **'~·field** *s.* ⚔ Minenfeld *n*; **~ fore·man** *s.* [*irr.*] ⚒ Obersteiger *m*; **~ gas** *s.* **1.** Me'than *n*; **2.** ⚒ Grubengas *n*, schlagende Wetter *pl.*; **'~͵lay·er** [-͵leɪə] *s.* ⚓, ⚔ Minenleger *m*.

min·er ['maɪnə] *s.* **1.** ⚒ Bergarbeiter *m*, -mann *m*, Grubenarbeiter *m*, Kumpel *m*: **~s' association** Knappschaft *f*; **~'s lamp** Grubenlampe *f*; **~'s lung** ⚕ (Kohlen)Staublunge *f*; **2.** ⚓, ⚔ Minenleger *m*.

min·er·al ['mɪnərəl] **I** *s.* **1.** Mine'ral *n*; **2.** *bsd. pl.* Mine'ralwasser *n*; **II** *adj.* **3.** mine'ralisch, Mineral…; **4.** ⚗ 'anor͵ganisch; **~ car·bon** *s.* Gra'phit *m*; **~ coal** *s.* Steinkohle *f*; **~ de·pos·it** *s.* Erzlagerstätte *f*.

min·er·al·ize ['mɪnərəlaɪz] *v/t. geol.* **1.** vererzen; **2.** mineralisieren, versteinern; **3.** mit 'anor͵ganischem Stoff durch'setzen; **min·er·al·og·i·cal** [͵mɪnərə'lɒdʒɪkl] *adj.* □ *mln.* minera'logisch; **min·er·al·o·gy** [͵mɪnə'rælədʒɪ] *s.* Mineralo'gie *f*.

min·er·al| oil *s.* Erdöl *n*, Pe'troleum *n*, Mine'ralöl *n*; **~ spring** *s.* Mine'ralquelle *f*, Heilbrunnen *m*; **~ wa·ter** *s.* Mine'ralwasser *n*.

'mine͵sweep·er *s.* ⚓, ⚔ Minenräum-, Minensuchboot *n*.

min·e·ver ['mɪnɪvə] → **miniver.**

min·gle ['mɪŋgl] **I** *v/i.* **1.** verschmelzen, sich vermischen, sich verbinden (**with** mit): **with ~d feelings** *fig.* mit gemischten Gefühlen; **2.** *fig.* sich (ein)mischen (**in** in *acc.*), sich mischen (**among, with** unter *acc.*); **II** *v/t.* **3.** vermischen, -mengen.

min·i ['mɪnɪ] **I** *s.* **1.** Minimode *f*: **wear ~** mini tragen; **2.** Minikleid *n*, -rock *m etc.*; **II** *adj.* **3.** Mini…

min·i·a·ture ['mɪnətʃə] **I** *s.* **1.** Minia'tur(-gemälde *n*) *f*; **2.** *fig.* Minia'turausgabe *f*: **in ~** im kleinen, en miniature, Miniatur…; **3.** ⚔ kleine Ordensschnalle; **II** *adj.* **4.** Miniatur…, Klein…, im kleinen; **~ cam·er·a** *s. phot.* Kleinbildkamera *f*; **~ cur·rent** *s.* ⚡ Mini'mal-, 'Unterstrom *m*; **~ grand** *s.* ♪ Stutzflügel *m*; **~ ri·fle shoot·ing** *s.* 'Kleinka͵liberschießen *n*.

min·i·a·tur·ist ['mɪnə͵tjʊərɪst] *s.* Minia'turmaler(in); **min·i·a·tur·ize** ['mɪnətʃəraɪz] *v/t. bsd. elektronische Elemente* miniaturisieren.

'min·i|·bus *s. mot.* Mini-, Kleinbus *m*; **'~·cab** *s. mot.* Minicar *m* (*Kleintaxi*); **'~·car** *s. mot.* Kleinwagen *m*; **'~·dress** *s.* Minikleid *n*.

min·i·kin ['mɪnɪkɪn] **I** *adj.* **1.** affektiert, geziert; **2.** winzig, zierlich; **II** *s.* **3.** kleine Stecknadel; **4.** *fig.* Knirps *m*.

min·im ['mɪnɪm] *s.* **1.** ♪ halbe Note; **2.** *et.* Winziges; Zwerg *m*; **3.** *pharm.* 1/60 Drachme *f* (*Apothekermaß*); **4.** Grundstrich *m* (*Kalligraphie*); **'min·i·mal** [-ml] *adj.* kleinst, mini'mal, Mindest…; **'min·i·mize** [-maɪz] *v/t.* **1.** auf das Mindestmaß zu'rückführen, möglichst gering halten; **2.** als geringfügig darstellen, bagatellisieren; **'min·i·mum** [-məm] **I** *pl.* **-ma** [-mə] *s.* Minimum *n* (*a.* ⩚), Mindestmaß *n*, -betrag *m*, -stand *m*: **with a ~ of effort** mit e-m Minimum an *od.* von Anstrengung; **II**

adj. mini'mal, mindest, Mindest…, kleinst: **~ output** Leistungsminimum *n*; **~ price** Mindestpreis *m*; **~ wage** Mindestlohn *m*.

min·ing ['maɪnɪŋ] **I** *s.* Bergbau *m*, Bergwerk(s)betrieb *m*; **II** *adj.* Bergwerks…, Berg(bau)…, Gruben…, Montan…: **~ academy** Bergakademie *f*; **~ law** Bergrecht *n*; **~ dis·as·ter** *s.* Grubenunglück *n*; **~ en·gi·neer** *s.* 'Berg(bau)ingeniˌeur *m*; **~ in·dus·try** *s.* 'Bergbau-, Mon'tan-induˌstrie *f*; **~ share** *s.* Kux *m*.

min·ion ['mɪnjən] *s.* **1.** Günstling *m*; **2.** *contp.* Speichellecker *m*: **~ of the law** *oft humor.* Gesetzeshüter *m*; **3.** *typ.* Kolo'nel *f* (*Schriftgrad*).

'min·i·skirt *s.* Minirock *m*.

'min·i-state *s. pol.* Zwergstaat *m*.

min·is·ter ['mɪnɪstə] **I** *s.* **1.** *eccl.* Geistliche(r) *m*, Pfarrer *m* (*bsd. e-r Dissenterkirche*); **2.** *pol. Brit.* Mi'nister(in), *a.* Premi'ermiˌnister(in): **2 of the Crown** (Kabinetts)Minister(in); **2 of Labour** Arbeitsminister(in); **3.** *pol.* Gesandte(r *m*) *f*: **~ plenipotentiary** bevollmächtigter Gesandter; **4.** *fig.* Diener *m*, Werkzeug *n*; **II** *v/t.* **5.** darreichen; *eccl. die Sakramente* spenden; **III** *v/i.* **6.** (**to**) behilflich *od.* dienlich sein (*dat.*) (*a. fig. fördern*): **~ to the wants of others** für die Bedürfnisse anderer sorgen; **7.** *eccl.* Gottesdienst halten; **min·is·te·ri·al** [ˌmɪnɪ'stɪərɪəl] *adj.* ☐ **1.** amtlich, Verwaltungs…, 'untergeordnet: **~ officer** Verwaltungs-, Exekutivbeamte(r) *m*; **2.** *eccl.* geistlich; **3.** *pol.* a) Ministerial…, Minister…, b) Regierungs…: **~ bill** Regierungsvorlage *f*; **4.** Hilfs…, dienlich (**to** *dat.*); **'min·is·trant** [-trənt] **I** *adj.* **1.** (**to**) dienend (zu), dienstbar (*dat.*); **II** *s.* **2.** Diener(in); **3.** *eccl.* Mini'strant *m*; **min·is·tra·tion** [ˌmɪnɪ'streɪʃn] *s.* Dienst *m* (**to** an *dat.*); *bsd. kirchliches* Amt; **'min·is·try** [-trɪ] *s.* **1.** *eccl.* geistliches Amt; **2.** *pol. Brit.* a) Mini'sterium *n* (*a. Amtsdauer u. Gebäude*), b) Mi'nisterposten *m*, -amt *n*, c) Kabi'nett *n*, Regierung *f*; **3.** *pol. Brit.* Amt *n* e-s Gesandten; **4.** *eccl. coll.* Geistlichkeit *f*.

min·i·um ['mɪnɪəm] *s.* **1.** → **vermilion** 1; **2.** ⚒ Mennige *f*.

min·i·ver ['mɪnɪvə] *s.* Grauwerk *n*, Feh *n* (*Pelz*).

mink [mɪŋk] *s.* **1.** *zo.* Nerz *m*; **2.** Nerz(-fell *n*) *m*.

min·now ['mɪnəʊ] *s.* **1.** *ichth.* Elritze *f*; **2.** *fig. contp.* (*eine*) ‚Null', (*ein*) Niemand *m*.

mi·nor ['maɪnə] **I** *adj.* **1.** a) kleiner, geringer, b) klein, unbedeutend, geringfügig; 'untergeordnet (*a. phls.*): **~ casualty** ⚔ Leichtverwundete(r) *m*; **~ offence** (*Am.* **-se**) ⚖ (leichtes) Vergehen; **the 2 Prophets** *bibl.* die kleinen Propheten; **of ~ importance** von zweitrangiger Bedeutung, c) Neben…, Hilfs…, Unter…: **a ~ group** eine Untergruppe; **~ premise** → 7; **~ subject** *Am. univ.* Nebenfach *n*; **2.** minderjährig; **3.** *Brit.* jünger (*in Schulen*): **Smith ~** Smith der Jüngere; **4.** ♪ a) klein (*Terz etc.*), b) Moll…: **C ~** c-Moll *n*; **~ key** Molltonart *f*; **in ~ key** *fig.* (etwas) gedämpft; **~ mode** Mollgeschlecht *n*; **II** *s.* **5.** Minderjährige(r *m*) *f*; **6.** ♪ a) Moll *n*, b) 'Mollakˌkord *m*, c) Molltonart *f*; **7.** *phls.* 'Untersatz *m*; **8.** *Am. univ.* Nebenfach *n*; **III** *v/i.* **9. ~ in** *Am. univ.* als Nebenfach studieren; **mi·nor·i·ty** [maɪ'nɒrətɪ] *s.* **1.** Minderjährigkeit *f*, Unmündigkeit *f*; **2.** Minori'tät *f*, Minderheit *f*, -zahl *f*: **~ government (party)** Minderheitsregierung (-partei) *f*; **be in the ~** in der Minderheit *od.* -zahl sein.

min·ster ['mɪnstə] *s. eccl.* **1.** Münster *n*; **2.** Klosterkirche *f*.

min·strel ['mɪnstrəl] *s.* **1.** *hist.* Spielmann *m*; Minnesänger *m*; **2.** *poet.* Sänger *m*, Dichter *m*; **'min·strel·sy** [-sɪ] *s.* **1.** Musi'kantentum *n*; **2.** a) Minnesang *m*, -dichtung *f*, b) *poet.* Dichtkunst *f*, Dichtung *f*; **3.** *coll.* Spielleute *pl*.

mint[1] [mɪnt] *s.* **1.** ⚘ Minze *f*: **~ sauce** (saure) Minzsoße; **2.** 'Pfefferminz(liˌkör) *m*.

mint[2] [mɪnt] **I** *s.* **1.** Münze *f*: a) Münzstätte *f*, -anstalt *f*, b) Münzamt *n*: **a ~ of money** F ein Haufen Geld; **2.** *fig.* (reiche) Fundgrube, Quelle *f*; **II** *adj.* **3.** (wie) neu, tadellos erhalten, (*Buch etc.*): **in ~ condition**; **4.** postfrisch (*Briefmarke*); **III** *v/t.* **5.** *Geld* münzen, schlagen, prägen; **6.** *fig. Wort etc.* prägen; **'mint·age** [-tɪdʒ] *s.* **1.** Münzen *n*, Prägung *f* (*a. fig.*); **2.** *das* Geprägte, Geld *n*; **3.** Prägegebühr *f*.

min·u·end ['mɪnjʊend] *s.* Ⱥ Minu'end *m*.

min·u·et [ˌmɪnjʊ'et] *s.* ♪ Menu'ett *n*.

mi·nus ['maɪnəs] **I** *prp.* **1.** Ⱥ minus, weniger; **2.** F ohne: **~ his hat**; **II** *adv.* **3.** minus, unter Null (*Temperatur*); **III** *adj.* **4.** Minus…, negativ: **~ amount** Fehlbetrag *m*; **~ quantity** → 6; **~ sign** → 5; **IV** *s.* **5.** Minuszeichen *n*; **6.** Minus *n*, negative Größe; **7.** Mangel *m* (**of** an *dat.*).

mi·nus·cule ['mɪnəskju:l] *s.* Mi'nuskel *f*, kleiner (Anfangs)Buchstabe.

min·ute[1] ['mɪnɪt] **I** *s.* **1.** Mi'nute *f* (*a. ast.*, Ⱥ, △): **for a ~** e-e Minute (lang); **~ hand** Minutenzeiger *m* (*Uhr*); **to the ~** auf die Minute genau; (**up**) **to the ~** hypermodern; **2.** Augenblick *m*: **in a ~** sofort; **just a ~!** Moment mal!; **the ~ that** sobald; **3.** ☤ a) Kon'zept *n*, kurzer Entwurf, b) No'tiz *f*, Memo'randum *n*: **~ book** Protokollbuch *n*; **4.** *pl.* ⚖, *pol.* ('Sitzungs)Protoˌkoll *n*, Niederschrift *f*: (**the**) **~s of the proceedings** Verhandlungsprotokoll *n*; **keep the ~s** das Protokoll führen; **II** *v/t.* **5.** a) entwerfen, aufsetzen, b) notieren, protokollieren.

mi·nute[2] [maɪ'nju:t] *adj.* ☐ **1.** sehr klein, winzig: **in the ~st details** in den kleinsten Einzelheiten; **2.** *fig.* unbedeutend, geringfügig; **3.** peinlich genau, minuzi'ös.

min·ute·ly[1] ['mɪnɪtlɪ] **I** *adj.* jede Mi'nute geschehend, Minuten…; **II** *adv.* jede Mi'nute, von Minute zu Minute.

mi·nute·ly[2] [maɪ'nju:tlɪ] *adv. von* **minute**[2]; **mi·nute·ness** [maɪ'nju:tnɪs] *s.* **1.** Kleinheit *f*, Winzigkeit *f*; **2.** minuzi'öse Genauigkeit.

mi·nu·ti·a [maɪ'nju:ʃɪə] *pl.* **-ti·ae** [-ʃɪi:] (*Lat.*) *s.* Einzelheit *f*, De'tail *n*.

minx [mɪŋks] *s.* Range *f*, ‚kleines Biest'.

mir·a·cle ['mɪrəkl] *s.* Wunder *n* (*a. fig.* **of** an *dat.*); Wundertat *f*, -kraft *f*: **to a ~** phantastisch (gut); **work ~s** Wunder tun *od.* vollbringen; **~ drug** Wunderdroge *f*; **~ play** *hist. eccl.* Mirakelspiel *n*; **mi·rac·u·lous** [mɪ'rækjʊləs] **I** *adj.* ☐ 'übernaˌtürlich, wunderbar (*a. fig.*); Wunder…: **~ cure** Wunderkur *f*; **II** *s. das* Wunderbare; **mi·rac·u·lous·ly** [mɪ'rækjʊləslɪ] *adv.* (wie) durch ein Wunder, wunderbar(erweise).

mi·rage ['mɪrɑ:ʒ] *s.* **1.** *phys.* Luftspiegelung *f*, Fata Mor'gana *f*; **2.** *fig.* Trugbild *n*.

mire ['maɪə] **I** *s.* **1.** Schlamm *m*, Sumpf *m*, Kot *m* (*alle a. fig.*): **drag s.o. through the ~** *fig.* j-n in den Schmutz ziehen; **be deep in the ~** ‚tief in der Klemme sitzen'; **II** *v/t.* **2.** in den Schlamm fahren *od.* setzen: **be ~d** im Sumpf *etc.* stecken(bleiben); **3.** beschmutzen, besudeln; **III** *v/i.* **4.** im Sumpf versinken.

mir·ror ['mɪrə] **I** *s.* **1.** Spiegel *m* (*a. zo.*): **hold up the ~ to s.o.** *fig.* j-m den Spiegel vorhalten; **2.** *fig.* Spiegel(bild *n*) *m*; **II** *v/t.* **3.** 'widerspiegeln: **be ~ed** sich (wider)spiegeln (**in** in *dat.*); **4.** mit Spiegel(n) versehen: **~ed room** Spiegelzimmer *n*; **~ fin·ish** *s.* ⚙ Hochglanz *m*; **'~-inˌvert·ed** *adj.* seitenverkehrt; **~ sym·me·try** *s.* Ⱥ, *phys.* 'Spiegelsymmeˌtrie *f*; **'~-ˌwrit·ing** *s.* Spiegelschrift *f*.

mirth [mɜ:θ] *s.* Fröhlichkeit *f*, Heiterkeit *f*, Freude *f*; **'mirth·ful** [-fʊl] *adj.* ☐ fröhlich, heiter, lustig; **'mirth·ful·ness** [-fʊlnɪs] *s.* → **mirth**; **'mirth·less** [-lɪs] *adj.* freudlos, trüb(e).

mir·y ['maɪərɪ] *adj.* **1.** sumpfig, schlammig, kotig; **2.** *fig.* schmutzig, gemein.

mis- [mɪs] *in Zssgn* falsch, Falsch…, miß…, Miß…; schlecht; Fehl…

ˌmis·ad'ven·ture *s.* Unfall *m*, Unglück *n*; 'Mißgeschick *n*; **ˌmis·a'lign·ment** *s.* ⚙ Flucht(ungs)fehler *m*; *Radio, TV*: schlechte Ausrichtung; **ˌmis·al'li·ance** *s.* Mesalli'ance *f*, 'Mißheirat *f*.

mis·an·thrope ['mɪzənθrəʊp] *s.* Menschenfeind *m*, Misan'throp *m*; **mis·an·throp·ic**, **mis·an·throp·i·cal** [ˌmɪzən'θrɒpɪk(l)] *adj.* ☐ menschenfeindlich, misan'thropisch; **mis·an·thro·pist** [mɪ'zænθrəpɪst] → **misanthrope**; **mis·an·thro·py** [mɪ'zænθrəpɪ] *s.* Menschenhaß *m*, Misanthro'pie *f*.

'misˌap·pli'ca·tion *s.* falsche Verwendung; *b.s.* 'Mißbrauch *m*; **ˌmis·ap'ply** *v/t.* **1.** falsch anbringen *od.* anwenden; **2.** → **misappropriate** 1.

'misˌap·pre'hend *v/t.* 'mißverstehen; **'misˌap·pre'hen·sion** *s.* 'Mißverständnis *n*, falsche Auffassung: **be** *od.* **labo(u)r under a ~** sich in e-m Irrtum befinden.

ˌmis·ap'pro·pri·ate *v/t.* **1.** sich 'widerrechtlich aneignen, unter'schlagen; **2.** falsch anwenden: **~d capital** ☤ fehlgeleitetes Kapital; **'mis·apˌpro·pri'a·tion** *s.* ⚖ 'widerrechtliche Aneignung *od.* Verwendung, Unter'schlagung *f*, Veruntreuung *f*.

ˌmis·be'come *v/t.* [*irr.* → **become**] *j-m* schlecht stehen, sich nicht schicken *od.* ziemen für; **ˌmis·be'com·ing** *adj.* → **unbecoming**.

'mis·beˌgot·ten *adj.* **1.** unehelich (gezeugt); **2.** → **misgotten**; **3.** mise'rabel, verkorkst.

ˌmis·be'have *v/i. od. v/refl.* **1.** sich schlecht benehmen *od.* aufführen, sich da'nebenbenehmen; ungezogen sein (*Kind*); **2. ~ with** sich einlassen *od.* in-

'tim werden mit; ˌ**mis·be'hav·io(u)r** *s.* **1.** schlechtes Betragen, Ungezogenheit *f*; **2.** *~ before the enemy* ⚔ *Am.* Feigheit *f* vor dem Feind.
ˌ**mis·be'lief** *s.* Irrglaube *m*; irrige Ansicht; ˌ**mis·be'lieve** *v/i.* irrgläubig sein.
ˌ**mis'cal·cu·late I** *v/t.* falsch berechnen *od.* (ab)schätzen; **II** *v/i.* sich verrechnen, sich verkalkulieren; '**misˌcal·cu'la·tion** *s.* Rechen-, Kalkulati'onsfehler *m.*
ˌ**mis'call** *v/t.* falsch *od.* zu Unrecht (be-) nennen.
ˌ**mis'car·riage** *s.* **1.** Fehlschlag(en *n*) *m*, Miß'lingen *n*: *~ of justice* ⚖ Fehlspruch *m*, -urteil *n*, Justizirrtum *m*; **2.** ✝ Versandfehler *m*; **3.** Fehlleitung *f* (*Brief*); **4.** ⚕ Fehlgeburt *f*; ˌ**mis'car·ry** *v/i.* **1.** miß'lingen, -'glücken, fehlschlagen, scheitern; **2.** verlorengehen (*Brief*); **3.** ⚕ e-e Fehlgeburt haben.
ˌ**mis'cast** *v/t.* [*irr.* → *cast*] *thea. etc. Rolle* fehlbesetzen: *be ~* a) e-e Fehlbesetzung sein (*Schauspieler*), b) *fig.* s-n Beruf verfehlt haben.
mis·ce·ge·na·tion [ˌmɪsɪdʒɪ'neɪʃn] *s.* Rassenmischung *f.*
mis·cel·la·ne·ous [ˌmɪsɪ'leɪnjəs] *adj.* □ **1.** ge-, vermischt, di'vers; **2.** mannigfaltig, verschiedenartig; ˌ**mis·cel'la·ne·ous·ness** [-nɪs] *s.* **1.** Gemischtheit *f*; **2.** Vielseitigkeit *f*; Mannigfaltigkeit *f*; **mis·cel·la·ny** [mɪ'selənɪ] *s.* **1.** Gemisch *n*, Sammlung *f*, Sammelband *m*; **2.** *pl.* vermischte Schriften *pl.*, Mis'zellen *pl.*
ˌ**mis'chance** *s.* 'Mißgeschick *n*: *by ~* durch e-n unglücklichen Zufall, unglücklicherweise.
mis·chief ['mɪstʃɪf] *s.* **1.** Unheil *n*, Unglück *n*, Schaden *m*: *do ~* Unheil anrichten; *mean ~* Böses im Schilde führen; *make ~* Zwietracht säen, böses Blut machen; *run into ~* in Gefahr kommen; **2.** Ursache *f* des Unheils, Übelstand *m*, Unrecht *n*, Störenfried *m*; **3.** Unfug *m*, Possen *m*: *get into ~* et. ‚anstellen'; *keep out of ~* keine Dummheiten machen, brav sein; *that will keep you out of ~!* damit du auf keine dummen Gedanken kommst!; **4.** Racker *m* (*Kind*); **5.** 'Übermut *m*, Ausgelassenheit *f*: *be full of ~* immer Unfug im Kopf haben; **6.** *euphem. der* Teufel: *what* (*why*) *the ~ …?* was (warum) zum Teufel …?; '**~-ˌmak·er** *s.* → *troublemaker.*
mis·chie·vous ['mɪstʃɪvəs] *adj.* □ **1.** nachteilig, schädlich, verderblich; **2.** boshaft, mutwillig, schadenfroh, schelmisch; '**mis·chie·vous·ness** [-nɪs] *s.* **1.** Schädlichkeit *f*; **2.** Bosheit *f*; **3.** Schalkhaftigkeit *f*, Ausgelassenheit *f.*
mis·ci·ble ['mɪsəbl] *adj.* mischbar.
ˌ**mis·con'ceive** *v/t.* falsch auffassen *od.* verstehen, sich e-n falschen Begriff machen von; ˌ**mis·con'cep·tion** *s.* 'Mißverständnis *n*, falsche Auffassung.
mis·con·duct I *v/t.* [ˌmɪskən'dʌkt] **1.** schlecht führen *od.* verwalten; **2.** *~ o.s.* sich schlecht betragen *od.* benehmen, e-n Fehltritt begehen; **II** *s.* [ˌmɪs'kɒndʌkt] **3.** Ungebühr *f*, schlechtes Betragen *od.* Benehmen; **4.** Verfehlung *f*, *bsd.* Ehebruch *m*, Fehltritt *m*; ⚔ schlechte Führung: *~ in office* ⚖ Amtsvergehen *n.*
ˌ**mis·con'struc·tion** *s.* 'Mißdeutung *f*, falsche Auslegung; ˌ**mis·con'strue** *v/t.* falsch auslegen, miß'deuten, 'mißverstehen.
mis·cre·ant ['mɪskrɪənt] **I** *adj.* gemein, ab'scheulich; **II** *s.* Schurke *m.*
ˌ**mis'date I** *v/t.* falsch datieren; **II** *s.* falsches Datum.
ˌ**mis'deal** *v/t. u. v/i.* [*irr.* → *deal*] *~* (*the cards*) sich vergeben.
ˌ**mis'deed** *s.* Missetat *f.*
mis·de·mean [ˌmɪsdɪ'mi:n] *v/i. u. v/refl.* sich schlecht betragen, sich vergehen; ˌ**mis·de'mean·o(u)r** [-nə] *s.* ⚖ Vergehen *n*, minderes De'likt.
ˌ**mis·di'rect** *v/t.* **1.** *j-n od. et.* fehl-, irreleiten: *~ed charity* falsch angebrachte Wohltätigkeit; **2.** ⚖ *die Geschworenen* falsch belehren; **3.** *Brief* falsch adressieren.
mise en scène [ˌmi:zɑ̃:n'seɪn] (*Fr.*) *s. thea. u. fig.* Inszenierung *f.*
ˌ**mis·em'ploy** *v/t.* **1.** schlecht anwenden; **2.** miß'brauchen.
mi·ser ['maɪzə] *s.* Geizhals *m.*
mis·er·a·ble ['mɪzərəbl] *adj.* □ **1.** elend, jämmerlich, erbärmlich, armselig, kläglich (*alle a. contp.*); **2.** traurig, unglücklich: *make s.o. ~*; **3.** *contp. allg.* mise'rabel.
mi·ser·li·ness ['maɪzəlɪnɪs] *s.* Geiz *m*; **mi·ser·ly** ['maɪzəlɪ] *adj.* geizig.
mis·er·y ['mɪzərɪ] *s.* Elend *n*, Not *f*; Trübsal *f*, Jammer *m*; *put s.o. out of his ~ mst iro.* j-n von s-m Leiden erlösen.
mis·fea·sance [mɪs'fi:zəns] *s.* ⚖ **1.** pflichtwidrige Handlung; **2.** 'Mißbrauch *m* (*der Amtsgewalt*).
ˌ**mis'fire I** *v/i.* **1.** versagen (*Waffe*); **2.** *mot.* fehlzünden, aussetzen; **3.** *fig.* ‚da'nebengehen'; **II** *s.* **4.** Versager *m*; **5.** *mot.* Fehlzündung *f.*
'**mis·fit** *s.* **1.** schlechtsitzendes Kleidungsstück; **2.** nicht passendes Stück; **3.** F *fig.* Außenseiter(in), Eigenbrötler(in).
mis'for·tune *s.* 'Mißgeschick *n.*
mis'give *v/t.* [*irr.* → *give*] *Böses* ahnen lassen: *my heart ~s me* mir schwant (*that* daß, *about s.th.* et.); **mis'giv·ing** *s.* Befürchtung *f*, böse Ahnung, Zweifel *m.*
mis'got·ten *adj.* unrechtmäßig erworben.
ˌ**mis'gov·ern** *v/t.* schlecht regieren; ˌ**mis'gov·ern·ment** *s.* 'Mißregierung *f*, schlechte Regierung.
ˌ**mis'guide** *v/t.* fehlleiten, verleiten, irreführen; ˌ**mis'guid·ed** *adj.* fehl-, irregeleitet; irrig, unangebracht.
ˌ**mis'han·dle** *v/t.* miß'handeln; *weitS.* falsch behandeln, schlecht handhaben; verpatzen.
mis·hap ['mɪshæp] *s.* Unglück *n*, Unfall *m*; *mot.* (*a. humor. fig.*) Panne *f.*
ˌ**mis'hear** *v/t. u. v/i.* [*irr.* → *hear*] falsch hören, sich verhören (bei).
mish·mash ['mɪʃmæʃ] *s.* Mischmasch *m.*
ˌ**mis·in'form I** *v/t.* *j-m* falsch berichten, *j-n* falsch unter'richten; **II** *v/i.* falsch aussagen (*against* gegen); ˌ**mis·in·for'ma·tion** *s.* falscher Bericht, falsche Auskunft.
ˌ**mis·in'ter·pret** *v/t.* miß'deuten, falsch auffassen *od.* auslegen; '**mis·inˌter·pre'ta·tion** *s.* 'Mißdeutung *f*, falsche Auslegung.
ˌ**mis'join·der** *s.* ⚖ unzulässige Klagehäufung; unzulässige Zuziehung (*e-s Streitgenossen*).
ˌ**mis'judge** *v/i. u. v/t.* **1.** falsch (be)urteilen, verkennen; **2.** falsch schätzen: *I ~d the distance*; ˌ**mis'judge·ment** *s.* irriges Urteil; falsche Beurteilung.
ˌ**mis'lay** *v/t.* [*irr.* → *lay*] *et.* verlegen.
ˌ**mis'lead** *v/t.* [*irr.* → *lead*] irreführen; *fig. a.* verführen, verleiten (*into doing* zu tun): *be misled* sich verleiten lassen; ˌ**mis'lead·ing** *adj.* irreführend.
ˌ**mis'man·age I** *v/t.* schlecht verwalten, unrichtig handhaben; **II** *v/i.* schlecht wirtschaften; ˌ**mis'man·age·ment** *s.* schlechte Verwaltung, 'Mißwirtschaft *f.*
ˌ**mis'matched** *adj.* nicht zs.-passend, ungleich (*Paar*).
ˌ**mis'name** *v/t.* falsch benennen.
mis·no·mer [ˌmɪs'nəʊmə] *s.* **1.** ⚖ Namensirrtum *m* (*in e-r Urkunde*); **2.** falsche Benennung *od.* Bezeichnung.
mi·sog·a·mist [mɪ'sɒgəmɪst] *s.* Ehefeind *m.*
mi·sog·y·nist [mɪ'sɒdʒɪnɪst] *s.* Frauenfeind *m*; **mi'sog·y·ny** [-nɪ] *s.* Frauenhaß *m*, Mysogy'nie *f.*
ˌ**mis'place** *v/t.* **1.** *et.* verlegen; **2.** an e-e falsche Stelle legen *od.* setzen; **3.** *fig.* falsch *od.* übel anbringen: *~d* unangebracht, deplaziert.
mis·print I *v/t.* [ˌmɪs'prɪnt] verdrucken, fehldrucken; **II** *s.* ['mɪsprɪnt] Druckfehler *m.*
ˌ**mis·pro'nounce** *v/t.* falsch aussprechen; '**mis·proˌnun·ci'a·tion** *s.* falsche Aussprache.
ˌ**mis·quo'ta·tion** *s.* falsches Zi'tat; ˌ**mis'quote** *v/t. u. v/i.* falsch anführen *od.* zitieren.
ˌ**mis'read** *v/t.* [*irr.* → *read*] **1.** falsch lesen; **2.** miß'deuten.
'**misˌrep·re'sent** *v/t.* **1.** falsch *od.* ungenau darstellen; **2.** entstellen, verdrehen; '**misˌrep·re·sen'ta·tion** *s.* falsche Darstellung *od.* Angabe (*a.* ⚖), Verdrehung *f.*
ˌ**mis'rule I** *v/t.* **1.** schlecht regieren; **II** *s.* **2.** schlechte Re'gierung, 'Mißregierung *f*; **3.** Unordnung *f.*
miss¹ [mɪs] *s.* **1.** ♀ *in der Anrede*: Fräulein *n*: *♀ Smith*; *♀ America* Miß Amerika (*die Schönheitskönigin von Amerika*); **2.** *humor.* (junges) ‚Ding', Dämchen *n*; **3.** F (*ohne folgenden Namen*) Fräulein *n.*
miss² [mɪs] **I** *v/t.* **1.** *Chance, Zug etc.* verpassen, versäumen; *Beruf, Person, Schlag, Weg, Ziel* verfehlen: *~ the point* (*of an argument*) das Wesentliche (e-s Arguments) nicht begreifen; *he didn't ~ much* a) er versäumte nicht viel, b) ihm entging fast nichts; *~ed approach* ✈ Fehlanflug *m*; → *boat* 1, *bus* 1, *fire* 6 *etc.*; **2.** *a. ~ out* auslassen, über'gehen, -'springen; **3.** nicht haben, nicht bekommen; **4.** nicht hören können, über'hören; **5.** vermissen; **6.** (ver-) missen, entbehren: *we ~ her very much* sie fehlt uns sehr; **7.** vermeiden: *he just ~ed being hurt* er ist gerade (noch) e-r Verletzung entgangen; *I just ~ed running him over* ich hätte ihn beinahe überfahren; **II** *v/i.* **8.** fehlen, nicht treffen: a) da'nebenschießen, -werfen, -schlagen *etc.*, b) da'nebengehen (*Schuß etc.*); **9.** miß'glücken, -'lin-

gen, fehlschlagen, ‚da'nebengehen'; **10. ~ *out on*** a) über'sehen, auslassen, b) sich entgehen lassen, c) *et.* nicht kriegen; **III** *s.* **11.** Fehlschuß *m*, -wurf *m*, -stoß *m*: ***every shot a ~*** jeder Schuß (ging) daneben; **12.** Verpassen *n*, Versäumen *n*, Verfehlen *n*, Entrinnen *n*: ***a ~ is as good as a mile*** a) knapp daneben ist auch daneben, b) mit knapper Not entrinnen ist immerhin entrinnen; ***give s.th. a ~*** a) et. vermeiden, et. nicht nehmen, et. nicht tun *etc.*, die Finger lassen von et., b) → 10 a; **13.** Verlust *m*.

mis·sal ['mɪsl] *s. eccl.* Meßbuch *n*.

mis·shap·en [ˌmɪs'ʃeɪpən] *adj.* 'mißgestaltet, ungestalt, unförmig.

mis·sile ['mɪsaɪl; *Am.* -səl] **I** *s.* **1.** (Wurf-)Geschoß *n*, Projek'til *n*; **2.** *a.* ***ballistic ~, guided ~*** ⚔ Flugkörper *m*, Fernlenkwaffe *f*, Ra'kete(ngeschoß *n*) *f*; **II** *adj.* **3.** Wurf...; Raketen...: ***~ site*** Raketenstellung *f*.

miss·ing ['mɪsɪŋ] *adj.* **1.** fehlend, weg, nicht da, verschwunden: ***~ link*** *biol.* fehlendes Glied, Zwischenstufe *f* (*zwischen Mensch u. Affe*); **2.** vermißt (⚔ *a.* ***~ in action***), verschollen: ***be ~*** vermißt sein *od.* werden; ***the ~*** die Vermißten, die Verschollenen.

mis·sion ['mɪʃn] *s.* **1.** *pol.* Gesandtschaft *f*; Ge'sandtschaftsperso,nal *n*; **2.** *pol.*, ⚔ Missi'on *f im Ausland*; **3.** (⚔ Kampf)Auftrag *m*; ✈ Einsatz *m*, Feindflug *m*: ***on (a) special ~*** mit besonderem Auftrag; ***~ accomplished!*** Auftrag ausgeführt!; **4.** *eccl.* a) Missi'on *f*, Sendung *f*, b) Missio'narstätigkeit *f*: ***foreign (home) ~*** äußere (innere) Mission, c) Missi'on(sgesellschaft) *f*, d) Missi'onsstati,on *f*; **5.** Missi'on *f*, Sendung *f*, (innere) Berufung, Lebenszweck *m*: ***~ in life*** Lebensaufgabe *f*; **mis·sion·ar·y** ['mɪʃnərɪ] **I** *adj.* missio'narisch, Missions...: ***~ work***; **II** *s.* Missio'nar(in).

mis·sis ['mɪsɪz] *s.* **1.** *sl.* gnä' Frau (*Hausfrau*); **2.** F ‚Alte' *f*, ‚bessere Hälfte' (*Ehefrau*).

mis·sive ['mɪsɪv] *s.* Sendschreiben *n*.

ˌ**mis'spell** *v/t.* [*a. irr.* → ***spell***] falsch buchstabieren *od.* schreiben; ˌ**mis'spell·ing** *s.* **1.** falsches Buchstabieren; **2.** Rechtschreibfehler *m*.

ˌ**mis'spend** *v/t.* [*irr.* → ***spend***] falsch verwenden, *a. s-e Jugend etc.* vergeuden.

ˌ**mis'state** *v/t.* falsch angeben, unrichtig darstellen; ˌ**mis'state·ment** *s.* falsche Angabe *od.* Darstellung.

mis·sus ['mɪsəs] → ***missis***.

miss·y ['mɪsɪ] *s.* F kleines Fräulein.

mist [mɪst] **I** *s.* **1.** (feiner) Nebel, feuchter Dunst, *Am. a.* Sprühregen *m*; **2.** *fig.* Nebel *m*, Schleier *m*: ***be in a ~*** ganz irre *od.* verdutzt sein; **3.** F Beschlag *m*, Hauch *m* (*auf e-m Glas*); **II** *v/i.* **4.** *a.* ***~ over*** nebeln, neblig sein (*a. fig.*); sich trüben (*Augen*); (sich) beschlagen (*Glas*); **III** *v/t.* **5.** um'nebeln.

mis·tak·a·ble [mɪ'steɪkəbl] *adj.* verkennbar, (leicht) zu verwechseln(d), 'mißzuverstehen(d); **mis·take** [mɪ'steɪk] **I** *v/t.* [*irr.* → ***take***] **1.** (***for***) verwechseln (mit), (fälschlich) halten (für), verfehlen, nicht erkennen, verkennen, sich irren in (*dat.*): ***~ s.o.'s character*** sich in j-s Charakter irren; **2.** falsch verstehen, 'mißverstehen; **II** *v/i.* [*irr.* → ***take***] **3.** sich irren, sich versehen; **III** *s.* **4.** 'Mißverständnis *n*; **5.** Irrtum *m* (*a.* ⚖), Fehler *m*, Versehen *n*, 'Mißgriff *m*: ***by ~*** irrtümlich, aus Versehen; ***make a ~*** e-n Fehler machen, sich irren; ***and no ~*** F bestimmt, worauf du dich verlassen kannst; **6.** (Schreib-, Sprach-, Rechen-) Fehler *m*; **mis'tak·en** [-kn] *adj.* ☐ **1.** im Irrtum: ***be ~*** sich irren; ***unless I am very much ~*** wenn ich mich nicht sehr irre; ***we were quite ~ in him*** wir haben uns in ihm ziemlich getäuscht; **2.** irrtümlich, falsch, verfehlt (*Politik etc.*): ***(case of) ~ identity*** Personenverwechslung *f*; ***~ kindness*** unangebrachte Freundlichkeit.

mis·ter ['mɪstə] *s.* **1.** ♂ Herr *m* (*abbr.* ***Mr*** *od.* ***Mr.***): ***Mr President*** Herr Präsident; **2.** F *als bloße Anrede*: (mein) Herr!, ‚Meister'!, ‚Chef'!

ˌ**mis'time** *v/t.* zur unpassenden Zeit sagen *od.* tun; e-n falschen Zeitpunkt wählen für, *bsd. sport* schlecht timen.

ˌ**mis'timed** *adj.* unpassend, unangebracht, zur Unzeit, *bsd. sport* schlecht getimed.

mist·i·ness ['mɪstɪnɪs] *s.* **1.** Nebligkeit *f*, Dunstigkeit *f*; **2.** Unklarheit *f*, Verschwommenheit *f* (*a. fig.*).

mis·tle·toe ['mɪsltəʊ] *s.* ♀ **1.** Mistel *f*; **2.** Mistelzweig *m*.

ˌ**mis·trans'late** *v/t. u. v/i.* falsch über'setzen.

mis·tress ['mɪstrɪs] *s.* **1.** Herrin *f* (*a. fig.*), Gebieterin *f*, Besitzerin *f*: ***she is ~ of herself*** sie weiß sich zu beherrschen; **2.** Frau *f* des Hauses, Hausfrau *f*; **3.** *bsd. Brit.* Lehrerin *f*: ***chemistry ~*** Chemielehrerin; **4.** Kennerin *f*, Meisterin *f in e-r Kunst etc.*; **5.** Mä'tresse *f*, Geliebte *f*; **6.** → ***Mrs.***

ˌ**mis'tri·al** *s.* ⚖ fehlerhaft geführter (*Am. a.* ergebnisloser) Pro'zeß.

ˌ**mis'trust** **I** *s.* **1.** 'Mißtrauen *n*, Argwohn *m* (***of*** gegen); **II** *v/t.* **2.** *j-m* miß'trauen, nicht trauen; **3.** zweifeln an (*dat.*); **mis'trust·ful** *adj.* ☐ 'mißtrauisch, argwöhnisch (***of*** gegen).

mist·y ['mɪstɪ] *adj.* ☐ **1.** (leicht) neb(e)lig, dunstig; **2.** *fig.* nebelhaft, verschwommen, unklar.

ˌ**mis·un·der'stand** *v/t. u. v/i.* [*irr.* → ***understand***] 'mißverstehen; ˌ**mis·un·der'stand·ing** *s.* **1.** 'Mißverständnis *n*; **2.** 'Mißhelligkeit *f*, Diffe'renz *f*; ˌ**mis·un·der'stood** *adj.* **1.** 'mißverstanden; **2.** verkannt, nicht richtig gewürdigt.

ˌ**mis'us·age** → ***misuse*** 1.

mis·use **I** *s.* [ˌmɪs'juːs] **1.** 'Mißbrauch *m*, falscher Gebrauch, falsche Anwendung; **2.** Miß'handlung *f*; **II** *v/t.* [ˌmɪs'juːz] **3.** miß'brauchen, falsch *od.* zu unrechten Zwecken gebrauchen; falsch anwenden; **4.** miß'handeln.

mite¹ [maɪt] *s. zo.* Milbe *f*.

mite² [maɪt] *s.* **1.** Heller *m*; *weitS.* kleine Geldsumme: ***contribute one's ~ to*** sein Scherflein beitragen zu; ***not a ~*** kein bißchen; **2.** F kleines Ding, Dingelchen *n*: ***a ~ of a child*** ein Würmchen.

mi·ter ['maɪtə] *Am.* → ***mitre***.

mit·i·gate ['mɪtɪgeɪt] *v/t. Schmerz etc.* lindern; *Strafe etc.* mildern; *Zorn* besänftigen, mäßigen: ***mitigating circumstances*** ⚖ (straf)mildernde Umstände; **mit·i·ga·tion** [ˌmɪtɪ'geɪʃn] *s.* **1.** Linderung *f*, Milderung *f*; **2.** Milderung *f*, Abschwächung *f*: ***plead in ~*** ⚖ a) für Strafmilderung plädieren, b) strafmildernde Umstände geltend machen; **3.** Besänftigung *f*, Mäßigung *f*.

mi·to·sis [maɪ'təʊsɪs] *pl.* **-ses** [-siːz] *s. biol.* Mi'tose *f*, 'indiˌrekte *od.* chromoso'male (Zell)Kernteilung.

mi·tre ['maɪtə] **I** *s.* **1.** a) Mitra *f*, Bischofsmütze *f*, b) *fig.* Bischofsamt *n*, -würde *f*; **2.** ⚙ a) → ***mitre joint, mitre square***, b) Gehrungsfläche *f*; **II** *v/t.* **3.** mit der Mitra schmücken, zum Bischof machen; **4.** ⚙ a) auf Gehrung verbinden, b) gehren, auf Gehrung zurichten; **III** *v/i.* **5.** ⚙ sich in 'einem Winkel treffen; **~ box** *s.* ⚙ Gehrlade *f*; **~ gear** *s.* Kegelrad *n*, Winkelgetriebe *n*; **~ joint** *s.* Gehrfuge *f*; **~ square** *s.* Gehrdreieck *n*; **~ valve** *s.* 'Kegelvenˌtil *n*; **~ wheel** *s.* Kegelrad *n*.

mitt [mɪt] *s.* **1.** Halbhandschuh *m*; **2.** *Baseball*: Fanghandschuh *m*; **3.** → ***mitten*** 1 *u.* 3; **4.** *Am. sl.* ‚Flosse' *f* (*Hand*).

mit·ten ['mɪtn] *s.* **1.** Fausthandschuh *m*, Fäustling *m*: ***get the ~*** F a) e-n Korb bekommen, abgewiesen werden, b) ‚(hinaus)fliegen', entlassen werden; **2.** → ***mitt*** 1; **3.** *sl.* Boxhandschuh *m*.

mit·ti·mus ['mɪtɪməs] (*Lat.*) *s.* **1.** ⚖ a) *richterlicher Befehl an die Gefängnisbehörde zur Aufnahme e-s Häftlings*, b) *Befehl zur Übersendung der Akten an ein anderes Gericht*; **2.** F ‚blauer Brief', Entlassung *f*.

mix [mɪks] **I** *v/t.* **1.** (ver)mischen, vermengen (***with*** mit); *Cocktail etc.* mixen, mischen; *Teig* anrühren, mischen: ***~ into*** mischen in (*acc.*); ***~ up*** zs.-, durcheinandermischen, *fig.* völlig durcheinanderbringen, verwechseln (***with*** mit); ***be ~ed up*** *fig.* a) verwickelt sein *od.* werden (***in, with*** in *acc.*), b) (*geistig*) ganz durcheinander sein; **2.** *biol.* kreuzen; **3.** *Stoffe* melieren; **4.** *fig.* verbinden: ***~ business with pleasure*** das Angenehme mit dem Nützlichen verbinden; **II** *v/i.* **5.** sich (ver)mischen; **6.** sich mischen lassen; **7.** *gut etc.* auskommen (***with*** mit); **8.** verkehren (***with*** mit, ***in*** in *dat.*): ***~ in the best society***; **III** *s.* **9.** (*Am. a.* koch- *od.* back-, gebrauchsfertige) Mischung: ***cake ~*** Backmischung; **10.** F Durchein'ander *n*, Mischmasch *m*; **11.** *sl.* Keile'rei *f*.

mixed [mɪkst] *adj.* **1.** gemischt (*a. fig. Gefühl, Gesellschaft, Metapher*); **2.** vermischt, Misch...; **3.** F verwirrt, kon'fus; **~ bag** *s.* F bunte Mischung; **~ blood** *s.* **1.** gemischtes Blut; **2.** Mischling *m*; **~ car·go** *s.* ⚓ Stückgutladung *f*; **~ con·struc·tion** *s.* Gemischtbauweise *f*; **~ dou·bles** *s. pl. sg. konstr. sport* gemischtes Doppel: ***play a ~***; **~ e·con·o·my** *s.* ⚓ gemischte Wirtschaftsform; ˌ**~-e'con·o·my** *adj.* ⚓ gemischtwirtschaftlich; **~ fi·nan·cing** *s.* Mischfinanzierung *f*; **~ for·est** *s.* Mischwald *m*; **~ frac·tion** *s.* ⅟ gemischter Bruch; **~ mar·riage** *s.* Mischehe *f*; **~ me·di·a** *s. pl.* **1.** Multi'media *pl.*; **2.** *Kunst*: Mischtechnik *f*; **~ pick·les** *s. pl.* Mixed Pickles *pl.* (*Essiggemüse*).

mix·er ['mɪksə] *s.* **1.** Mischer *m*; **2.** Mixer *m* (*von Cocktails etc.*) (*a. Küchengerät*); **3.** ⚙ Mischer *m*, 'Mischmaˌschine *f*; **4.** ⚡ *Fernsehen etc.*: Mischpult *n*; **5.** ***be a good*** (***bad***) **~** F kontaktfreudig (kontaktarm) sein; **mix·ture** ['mɪkstʃə] *s.* **1.** Mischung *f* (*a. von Tee, Tabak etc.*), Gemisch *n* (*a.* ⚗); **2.** *mot.* Gas-Luft-Gemisch *n*; **3.** *pharm.* Mix'tur *f*; **4.** *biol.* Kreuzung *f*; **5.** Beimengung *f*; **'mix-up** *s.* F **1.** Durchein'ander *n*; **2.** Verwechslung *f*; **3.** Handgemenge *n*.

miz·(z)en ['mɪzn] *s.* ⚓ **1.** Be'san(segel *n*) *m*; **2.** → **'~-mast** [-mɑːst; ⚓ -məst] *s.* Be'san-, Kreuzmast *m*; **'~-sail** → ***miz(z)en*** 1; **'~-ˌtop'gal·lant** *s.* Kreuzbramsegel *n*.

miz·zle ['mɪzl] *dial.* **I** *v/i.* nieseln; **II** *s.* Nieseln *n*, Sprühregen *m*.

mne·mon·ic [niː'mɒnɪk] **I** *adj.* **1.** mnemo'technisch; **2.** mne'monisch, Gedächtnis…; **II** *s.* **3.** Gedächtnishilfe *f*, **4.** → ***mnemonics*** 1; **mne'mon·ics** [-ks] *s. pl.* **1.** *a. sg. konstr.* Mnemo'technik *f*, Gedächtniskunst *f*; **2.** mne'monische Zeichen *pl.*; **mne·mo·tech·nics** [ˌniːməʊ'teknɪks] *s. pl. a. sg. konstr.* → ***mnemonics*** 1.

mo [məʊ] *s.* F Mo'ment *m*: ***wait half a ~!*** (eine) Sekunde!

moan [məʊn] **I** *s.* **1.** Stöhnen *n*, Ächzen *n* (*a. fig. des Windes etc.*); **II** *v/i.* **2.** stöhnen, ächzen; **3.** (weh)klagen, jammern; **'moan·ful** [-fʊl] *adj.* □ (weh-)klagend.

moat [məʊt] ⚔ *hist.* **I** *s.* (Wall-, Burg-, Stadt)Graben *m*; **II** *v/t.* mit e-m Graben um'geben.

mob [mɒb] **I** *s.* **1.** Mob *m*, zs.-gerotteter Pöbel(haufen): **~ *law*** Lynchjustiz *f*; **~ *psychology*** Massenpsychologie *f*; **2.** Pöbel *m*, Gesindel *n*; **3.** *sl.* a) (Verbrecher)Bande *f*, b) *allg.* Bande *f*, Sippschaft *f*; **II** *v/t.* **4.** lärmend herfallen über (*acc.*); anpöbeln; angreifen, attakkieren; *Geschäfte etc.* stürmen.

mo·bile ['məʊbaɪl] **I** *adj.* **1.** beweglich, wendig (*a. Geist etc.*); schnell (beweglich); **2.** unstet, veränderlich; lebhaft (*Gesichtszüge*); **3.** leichtflüssig; **4.** ⚙, ⚔ fahrbar, beweglich, mo'bil, ⚔ *a.* motorisiert: **~ *crane*** Autokran *m*; **~ *home*** *mot.* Wohnwagen *m*; **~ *phone*** Mobiltelefon *n*, Handy *n*; **~ *warfare*** Bewegungskrieg *m*; **~ *workshop*** Werkstattwagen *m*; **5.** ♆ flüssig: **~ *funds***; **II** ♀ *s* **6.** *Kunst*: Mobile *n*; **mo·bil·i·ty** [məʊ'bɪlətɪ] *s.* **1.** Beweglichkeit *f*, Wendigkeit *f*; **2.** Mobili'tät *f*, Freizügigkeit *f* (*der Arbeitnehmer etc.*).

mo·bi·li·za·tion [ˌməʊbɪlaɪ'zeɪʃn] *s.* Mobilisierung *f*: a) ⚔ Mo'bilmachung *f*, b) *bsd. fig.* Aktivierung *f*, Aufgebot *n* (*der Kräfte etc.*), c) ♆ Flüssigmachung *f*; **mo·bi·lize** ['məʊbɪlaɪz] *v/t.* mobilisieren: a) ⚔ mo'bilmachen, *a.* dienstverpflichten, b) *fig. Kräfte etc.* aufbieten, einsetzen, c) ♆ *Kapital* flüssigmachen.

mob·oc·ra·cy [mɒ'bɒkrəsɪ] *s.* **1.** Pöbelherrschaft *f*; **2.** (herrschender) Pöbel.

mobs·man ['mɒbzmən] *s.* [*irr.*] **1.** Gangster *m*; **2.** *Brit. sl.* (ele'ganter) Taschendieb.

mob·ster ['mɒbstə] *Am. sl. für* ***mobsman*** 1.

moc·ca·sin ['mɒkəsɪn] *s.* **1.** Mokas'sin *m* (*a. Damenschuh*); **2.** *zo.* Mokas'sinschlange *f*.

mo·cha¹ ['mɒkə] **I** *s.* **1.** *a.* **~ *coffee*** 'Mokka(kafˌfee) *m*; **2.** Mochaleder *n*; **II** *adj.* **3.** Mokka…

mo·cha² ['məʊkə], ♀ **stone** *s. min.* Mochastein *m*.

mock [mɒk] **I** *v/t.* **1.** verspotten, -höhnen, lächerlich machen; **2.** (*zum Spott*) nachäffen; **3.** *poet.* nachahmen; **4.** täuschen, narren; **5.** spotten (*gen.*), trotzen (*dat.*), nicht achten (*acc.*); **II** *v/i.* **6.** sich lustig machen, spotten (***at*** über *acc.*); **III** *s.* **7.** → ***mockery*** 1–3; **8.** Nachahmung *f*, Fälschung *f*; **IV** *adj.* **9.** nachgemacht, Schein…, Pseudo…: **~ *attack*** ⚔ Scheinangriff *m*; **~ *battle*** ⚔ Scheingefecht *n*; **~ *king*** Schattenkönig *m*; **mock·er** ['mɒkə] *s.* **1.** Spötter(in); **2.** Nachäffer(in); **mock·er·y** ['mɒkərɪ] *s.* **1.** Spott *m*, Hohn *m*, Spötte'rei *f*; **2.** Gegenstand *m* des Spottes, Gespött *n*: ***make a ~ of*** zum Gespött (der Leute) machen; **3.** Nachäffung *f*; **4.** *fig.* Possenspiel *n*, Farce *f*.

ˌmock-he'ro·ic *adj.* (□ **~*ally***) 'komisch-he'roisch (*Gedicht etc.*).

mock·ing ['mɒkɪŋ] **I** *s.* Spott *m*, Gespött *n*; **II** *adj.* □ spöttisch; **'~·bird** *s. orn.* Spottdrossel *f*.

mock| moon *s. ast.* Nebenmond *m*; **~ tri·al** *s.* ⚖ 'Scheinproˌzeß *m*; **~ tur·tle** *s. Küche*: Kalbskopf *m* en tor'tue; **~ tur·tle soup** *s.* falsche Schildkrötensuppe; **'~-up** *s.* Mo'dell *n* (in na'türlicher Größe), At'trappe *f*.

mod·al ['məʊdl] *adj.* □ **1.** mo'dal (*a. phls., ling.*, ♪): **~ *proposition*** *Logik*: Modalsatz *m*; **~ *verb*** modales Hilfsverb; **2.** *Statistik*: typisch; **mo·dal·i·ty** [məʊ'dælətɪ] *s.* Modali'tät *f* (*a.* ♆, *pol., phls.*), Art *f* u. Weise *f*, Ausführungsart *f*.

mode¹ [məʊd] *s.* **1.** (Art *f* u.) Weise *f*, Me'thode *f*: **~ *of action*** ⚙ Wirkungsweise; **~ *of life*** Lebensweise; **~ *of operation*** Verfahrensweise; **~ *of payment*** ♆ Zahlungsweise; **2.** (Erscheinungs-)Form *f*, Art *f*: ***heat is a ~ of motion*** Wärme ist e-e Form der Bewegung; **3.** *Logik*: a) Modali'tät *f*, b) Modus *m* (*e-r Schlußfigur*); **4.** ♪ Modus *m*, Tonart *f*, -geschlecht *n*; **5.** *ling.* Modus *m*, Aussageweise *f*; **6.** *Statistik*: Modus *m*, häufigster Wert.

mode² [məʊd] *s.* Mode *f*, Brauch *m*.

mod·el ['mɒdl] **I** *s.* **1.** Muster *n*, Vorbild *n* (***for*** für): ***after*** (*od.* ***on***) ***the ~ of*** nach dem Muster von (*od. gen.*); ***he is a ~ of self-control*** er ist ein Muster an Selbstbeherrschung; **2.** (*fig.* 'Denk)MoˌdeIl *n*, Nachbildung *f*: ***working ~*** Arbeitsmodell; **3.** Muster *n*, Vorlage *f*; **4.** *paint. etc.* Mo'dell *n*: ***act as a ~ to a painter*** e-m Maler Modell stehen *od.* sitzen; **5.** *Mode*: a) Mannequin *n*, Vorführdame *f*: ***male ~*** Dressman *m*, b) Mo'dellkleid *n*; **6.** ⚙ a) Bau(weise *f*) *m*, b) (Bau)Muster *n*, Mo'dell *n*, Typ(e *f*) *m*; **II** *adj.* **7.** vorbildlich, musterhaft, Muster…: **~ *farm*** landwirtschaftlicher Musterbetrieb; **~ *husband*** Mustergatte *m*; **~ *plant*** ♆ Musterbetrieb *m*; **~ *school*** Musterschule *f*; **8.** Modell…: **~ *airplane***; **~ *builder*** ⚙ Modellbauer *m*; **~ *dress*** → 5 b; **III** *v/t.* **9.** nach Mo'dell formen *od.* herstellen; **10.** modellieren, nachbilden; abformen; **11.** *fig.* formen, gestalten (***after***, ***on***, ***upon*** nach [dem Vorbild *gen.*]): **~ *o.s. on*** sich *j-n* zum Vorbild nehmen; **IV** *v/i.* **12.** *Kunst*: modellieren; **13.** Mo'dell stehen *od.* sitzen; **14.** Kleider vorführen, als Mannequin *od.* Dressman arbeiten; **'mod·el·(l)er** [-lə] *s.* **1.** Modellierer *m*; **2.** Mo'dell-, Musterbauer *m*; **'mod·el·(l)ing** [-lɪŋ] **I** *s.* **1.** Modellieren *n*; **2.** Formgebung *f*, Formung *f*; **3.** Mo'dellstehen *od.* -sitzen *n*; **II** *adj.* **4.** Modellier…: **~ *clay***.

mo·dem ['məʊdem] *s. Computer, teleph.* Modem *m* (*Datenübertragungsgerät*).

mod·er·ate ['mɒdərət] **I** *adj.* □ **1.** gemäßigt (*a. Sprache etc.*; *a. pol.*), mäßig; **2.** mäßig *im Trinken etc.*; fru'gal (*Lebensweise*); **3.** mild (*Winter, Strafe etc.*); **4.** vernünftig, maßvoll (*Forderung etc.*); angemessen, niedrig (*Preis*); **5.** mittelmäßig; **II** *s.* **6.** (*pol. mst* ♀) Gemäßigte(r *m*) *f*; **III** *v/t.* [-dəreɪt] **7.** mäßigen, mildern; beruhigen; **8.** einschränken; **9.** ⚙, *phys.* dämpfen, abbremsen; **IV** *v/i.* [-dəreɪt] **10.** sich mäßigen; **11.** nachlassen (*Wind etc.*); **'mod·er·ate·ness** [-nɪs] *s.* Mäßigkeit *f etc.*; **mod·er·a·tion** [ˌmɒdə'reɪʃn] *s.* **1.** Mäßigung *f*, Maß(halten) *n*: ***in ~*** mit Maß; **2.** Mäßigkeit *f*; **3.** *pl. univ.* erste öffentliche Prüfung *in Oxford*; **4.** Milderung *f*; **'mod·er·a·tor** [-dəreɪtə] *s.* **1.** Mäßiger *m*, Beruhiger *m*; Vermittler *m*; **2.** Vorsitzende(r) *m*; Diskussi'onsleiter *m*; *univ.* Exami'nator *m* (*Oxford*); **3.** a) Mode'rator *m* (*Vorsitzender e-s Kollegiums reformierter Kirchen*), b) *TV*: Mode'rator *m*, Modera'torin *f*, Pro'grammleiter(in); **4.** ⚙, *phys.* Mode'rator *m*.

mod·ern ['mɒdən] **I** *adj.* **1.** mo'dern, neuzeitlich: **~ *times*** die Neuzeit; ***the ~ school*** (*od.* ***side***) *ped. Brit.* die Realabteilung; **2.** mo'dern, (neu)modisch; **3.** *mst* ♀ *ling.* a) mo'dern, Neu…, b) neuer: ♀ ***Greek*** Neugriechisch *n*; **~ *languages*** neuere Sprachen; ♀ ***Languages*** (*als Fach*) Neuphilologie *f*; **II** *s.* **4.** mo'derner Mensch, Fortschrittliche(r *m*) *f*; **5.** Mensch *m* der Neuzeit; **6.** *typ.* neuzeitliche An'tiqua; **'mod·ern·ism** [-dənɪzəm] *s.* **1.** Moder'nismus *m*: a) mo'derne Einstellung, b) mo'dernes Wort, mo'derne Redewendung(en *pl.*); **2.** *eccl.* Moder'nismus *m*; **mo·der·ni·ty** [mɒ'dɜːnətɪ] *s.* **1.** Moderni'tät *f*, (*das*) Mo'derne; **2.** *et.* Mo'dernes; **mod·ern·i·za·tion** [ˌmɒdənaɪ'zeɪʃn] *s.* Modernisierung *f*; **'mod·ern·ize** [-dənaɪz] *v/t. u. v/i.* (sich) modernisieren.

mod·est ['mɒdɪst] *adj.* □ **1.** bescheiden, anspruchslos (*Person od. Sache*): **~ *income*** bescheidenes Einkommen; **2.** anständig, sittsam; **3.** maßvoll, vernünftig; **'mod·es·ty** [-tɪ] *s.* **1.** Bescheidenheit *f* (*Person, Einkommen etc.*): ***in all ~*** bei aller Bescheidenheit; **2.** Anspruchslosigkeit *f*, Einfachheit *f*; **3.** Schamgefühl *n*; Sittsamkeit *f*.

mod·i·cum ['mɒdɪkəm] *s.* kleine Menge, *ein* bißchen: ***a ~ of truth*** ein Körnchen Wahrheit.

mod·i·fi·a·ble ['mɒdɪfaɪəbl] *adj.* modifizierbar, (ab)änderungsfähig; **mod·i·fi·ca·tion** [ˌmɒdɪfɪ'keɪʃn] *s.* **1.** Modifikati'on *f*: a) Abänderung *f*: ***make a ~ to → modify*** 1 a, b) Abart *f*, modifizierte Form, c) Einschränkung *f*, nähere Bestimmung, d) *biol.* nichterbliche Abänderung, e) *ling.* nähere Bestimmung, f) *ling.* lautliche Veränderung, 'Umlautung *f*; **2.** Mäßigung *f*; **mod·i·fy** ['mɒdɪfaɪ] *v/t.* **1.** modifizieren: a) abändern, teilweise 'umwandeln, b) einschränken, näher bestimmen; **2.** mildern, mäßigen; abschwächen; **3.** *ling. Vokal* 'umlauten.

mod·ish ['məʊdɪʃ] *adj.* □ **1.** modisch, mo'dern; **2.** Mode…

mods [mɒdz] *s. pl. Brit.* Halbstarke *pl.* von betont dandyhaftem Äußeren (*in den 60er Jahren*) (*Ggs.* ***rockers***).

mod·u·lar ['mɒdjʊlə] *adj.* ⩓, ⚙ Modul…: ***~ design*** Modulbauweise *f*.

mod·u·late ['mɒdjʊleɪt] **I** *v/t.* **1.** abstimmen, regulieren; **2.** anpassen (***to*** an *acc.*); **3.** dämpfen; **4.** *Stimme, Ton etc., a. Funk* modulieren: ***~d reception*** ⚡ Tonempfang *m*; **II** *v/i.* **5.** ♪ modulieren (***from*** von, ***to*** nach), die Tonart wechseln; **6.** all'mählich 'übergehen (***into*** in *acc.*); **mod·u·la·tion** [ˌmɒdjʊ'leɪʃn] *s.* **1.** Abstimmung *f*, Regulierung *f*; **2.** Anpassung *f*; **3.** Dämpfung *f*; **4.** ♪, *Funk, a. Stimme*: Modulati'on *f*; **5.** Intonati'on *f*, Tonfall *m*; **'mod·u·la·tor** [-tə] *s.* **1.** Regler *m*; ⚡ Modu'lator *m*: ***~ of tonality*** *Film*: Tonblende *f*; **2.** ♪ die Tonverwandtschaft (*nach der Tonic-Solfa-Methode*) darstellende Skala; **'mod·ule** [-dju:l] *s.* **1.** Modul *m*, Model *m*, Maßeinheit *f*, Einheits-, Verhältniszahl *f*; **2.** ⚙ Mo'dul *n* (*austauschbare Funktionseinheit*), ⚡ *a.* Baustein *m*; **3.** ⚙ Baueinheit *f*: ***~ construction*** Baukastensystem *n*; **4.** *Raumfahrt*: (*Kommando- etc.*)Kapsel *f*; **'mod·u·lus** [-ləs] *pl.* **-li** [-laɪ] *s.* ⩓, *phys.* Modul *m*: ***~ of elasticity*** Elastizitätsmodul.

Mo·gul ['məʊgʌl] *s.* **1.** Mogul *m*: ***the*** (***Great*** *od.* ***Grand***) ***~*** der Großmogul; **2.** ℒ *Am. humor.* ‚großes Tier', ‚Bonze' *m*, Ma'gnat *m*.

mo·hair ['məʊheə] *s.* **1.** Mo'hair *m* (*Angorahaar*); **2.** Mo'hairstoff *m*, -kleidungsstück *n*.

Mo·ham·med·an [məʊ'hæmɪdən] **I** *adj.* mohamme'danisch; **II** *s.* Mohamme'daner(in).

moi·e·ty ['mɔɪətɪ] *s.* **1.** Hälfte *f*; **2.** Teil *m*.

moire [mwɑ:] *s.* **1.** Moi'ré *m*, *n*, Wasserglanz *m auf Stoffen*; **2.** moirierter Stoff; **moi·ré** ['mwɑ:reɪ] **I** *adj.* moiriert, gewässert, geflammt, mit Wellenmuster; **II** *s.* → ***moire*** 1.

moist [mɔɪst] *adj.* □ feucht, naß; **'moisten** [-sn] **I** *v/t.* an-, befeuchten, benetzen; **II** *v/i.* feucht werden; nässen; **'moist·ness** [-nɪs] *s.* Feuchte *f*; **'moisture** [-tʃə] *s.* Feuchtigkeit *f*: ***~-proof*** feuchtigkeitsfest; **'mois·tur·iz·er** [-tʃəraɪzə] *s.* **1.** Feuchtigkeitscreme *f*; **2.** Luftbefeuchter *m*.

moke [məʊk] *s. Brit. sl.* Esel *m* (*a. fig.*).

mo·lar[1] ['məʊlə] *anat.* **I** *s.* Backenzahn *m*, Mo'lar *m*; **II** *adj.* Mahl…, Backen…: ***~ tooth*** → I.

mo·lar[2] ['məʊlə] *adj.* **1.** *phys.* Massen…: ***~ motion*** Massenbewegung *f*; **2.** ⚗ mo'lar, Mol…: ***~ weight*** Mol-, Molargewicht *n*.

mo·lar[3] ['məʊlə] *adj.* ⚕ Molen…

mo·las·ses [məʊ'læsɪz] *s. sg. u. pl.* **1.** Me'lasse *f*; **2.** (Zucker)Sirup *m*.

mold [məʊld] *etc. Am.* → ***mould*** *etc.*

mole[1] [məʊl] *s. zo.* Maulwurf *m* (*a.* F *fig. eingeschleuster Agent*).

mole[2] [məʊl] *s.* (kleines) Muttermal, *bsd.* Leberfleck *m*.

mole[3] [məʊl] *s.* Mole *f*, Hafendamm *m*.

mole[4] [məʊl] *s.* ⚗ Mol *n*, 'Grammoleˌkül *n*.

mole[5] [məʊl] *s.* ⚕ Mole *f*, Mondkalb *n*.

'mole-ˌcrick·et *s. zo.* Maulwurfsgrille *f*.

mo·lec·u·lar [məʊ'lekjʊlə] *adj.* ⚗, *phys.* moleku'lar, Molekular…: ***~ biology***; ***~ weight***; **mo·lec·u·lar·i·ty** [məʊˌlekjʊ'lærətɪ] *s.* ⚗, *phys.* Moleku'larzustand *m*; **mol·e·cule** ['mɒlɪkju:l] *s.* **1.** ⚗, *phys.* Mole'kül *n*; **2.** *fig.* winziges Teilchen.

'mole|·hill *s.* Maulwurfshügel *m*, -haufen *m*; → ***mountain*** I; **'~·skin** *s.* **1.** Maulwurfsfell *n*; **2.** ✝ Moleskin *m*, *n*, Englischleder *n* (*Baumwollgewebe*); **3.** *pl.* Hose *f* aus Moleskin.

mo·lest [məʊ'lest] *v/t.* belästigen; **moles·ta·tion** [ˌməʊle'steɪʃn] *s.* Belästigung *f*.

Moll, *a.* ℒ [mɒl] *s. sl.* **1.** ‚Nutte' *f* (*Prostituierte*); **2.** Gangsterbraut *f*.

mol·li·fi·ca·tion [ˌmɒlɪfɪ'keɪʃn] *s.* **1.** Besänftigung *f*; **2.** Erweichung *f*; **mol·li·fy** ['mɒlɪfaɪ] *v/t.* **1.** besänftigen, beruhigen, beschwichtigen; **2.** weich machen, erweichen.

mol·lusc ['mɒləsk] → ***mollusk***.

mol·lus·can [mɒ'lʌskən] **I** *adj.* Weichtier…; **II** *s.* → **mol·lusk** ['mɒləsk] *s. zo.* Mol'luske *f*, Weichtier *n*.

mol·ly·cod·dle ['mɒlɪˌkɒdl] **I** *s.* Weichling *m*, Muttersöhnchen *n*; **II** *v/t.* verhätscheln.

molt [məʊlt] *Am.* → ***moult***.

mol·ten ['məʊltən] *adj.* **1.** geschmolzen, (schmelz)flüssig: ***~ metal*** flüssiges Metall; **2.** gegossen, Guß…

mo·lyb·date [mɒ'lɪbdeɪt] *s.* ⚗ Molyb'dat *n*, molyb'dänsaures Salz; **mo'lyb·de·nite** [-dɪnaɪt] *s. min.* Molybdä'nit *m*.

mom [mɒm] *s.* F *bsd. Am.* **1.** Mami *f*; **2.** ‚Oma' *f* (*alte Frau*); **ˌ~-and-'pop store** *s. Am.* F Tante-Emma-Laden *m*.

mo·ment ['məʊmənt] *s.* **1.** Mo'ment *m*, Augenblick *m*: ***one*** (*od.* ***just a***) ***~!*** (nur) e-n Augenblick!; ***in a ~*** in e-m Augenblick, sofort; **2.** Zeitpunkt *m*, Augenblick *m*: ***~ of truth*** Stunde *f* der Wahrheit; ***the very ~ I saw him*** in dem Augenblick, in dem ich ihn sah; ***at the ~*** im Augenblick, gerade (jetzt *od.* damals); ***at the last ~*** im letzten Augenblick; ***not for the ~*** im Augenblick nicht; ***to the ~*** auf die Sekunde genau, pünktlich; **3.** Bedeutung *f*, Tragweite *f*, Belang *m* (***to*** für); **4.** *phys.* Mo'ment *n*: ***~ of inertia*** Trägheitsmoment; **momen·tal** [məʊ'mentl] *adj. phys.* Momenten…; **'mo·men·tar·y** [-tərɪ] *adj.* □ **1.** momen'tan, augenblicklich; **2.** vor'übergehend, flüchtig; **3.** jeden Augenblick geschehend *od.* möglich; **'moment·ly** [-lɪ] *adv.* **1.** augenblicklich, in e-m Augenblick; **2.** von Se'kunde zu Se'kunde: ***increasing ~***; **3.** e-n Augenblick lang; **mo·men·tous** [məʊ'mentəs] *adj.* □ bedeutsam, folgenschwer, von großer Tragweite; **mo·men·tousness** [məʊ'mentəsnɪs] *s.* Bedeutsam-, Wichtigkeit *f*, Tragweite *f*.

mo·men·tum [məʊ'mentəm] *pl.* **-ta** [-tə] *s.* **1.** *phys.* Im'puls *m*, Mo'ment *n e-r Kraft*: ***~ theorem*** Momentensatz *m*; **2.** ⚙ Triebkraft *f*; **3.** *allg.* Wucht *f*, Schwung *m*, Fahrt *f*: ***gather*** (*od.* ***gain***) ***~*** in Fahrt kommen, Stoßkraft gewinnen; ***lose ~*** (an) Schwung verlieren.

mon·ad ['mɒnæd] *s.* **1.** *phls.* Mo'nade *f*; **2.** *biol.* Einzeller *m*; **3.** ⚗ einwertiges Ele'ment *od.* A'tom; **mo·nad·ic** [mɒ'nædɪk] *adj.* **1.** mo'nadisch, Monaden…; **2.** ⩓ eingliedrig, -stellig.

mon·arch ['mɒnək] *s.* Mon'arch(in), Herrscher(in); **mo·nar·chal** [mɒ'nɑ:kl] *adj.* □ mon'archisch; **mo·nar·chic** *adj.*, **mo·nar·chi·cal** [mɒ'nɑ:kɪk(l)] *adj.* □ **1.** mon'archisch; **2.** monar'chistisch; **3.** königlich (*a. fig.*); **'monarch·ism** [-kɪzəm] *s.* Monar'chismus *m*; **'mon·arch·ist** [-kɪst] **I** *s.* Monar'chist(in); **II** *adj.* monar'chistisch; **'monarch·y** [-kɪ] *s.* Monar'chie *f*.

mon·as·ter·y ['mɒnəstərɪ] *s.* (Mönchs-)Kloster *n*; **mo·nas·tic** [mə'næstɪk] *adj.* (□ ***~ally***) **1.** klösterlich, Kloster…; **2.** mönchisch (*a. fig.*), Mönchs…: ***~ vows*** Mönchsgelübde *n*; **mo·nas·ti·cism** [mə'næstɪsɪzəm] *s.* **1.** Mönch(s)tum *n*; **2.** mönchisches Leben, As'kese *f*.

mon·a·tom·ic [ˌmɒnə'tɒmɪk] *adj.* ⚗ 'einaˌtomig.

Mon·day ['mʌndɪ] *s.* Montag *m*: ***on ~*** am Montag; ***on ~s*** montags.

mon·e·tar·y ['mʌnɪtərɪ] *adj.* ✝ **1.** Geld…, geldlich, finanzi'ell: ***~ expansion*** Ausweitung der Geldmenge; ***~ policy*** Geldmengenpolitik *f*; ***~ restraint*** restriktive Geldpolitik; **2.** Währungs…(*-einheit, -reform etc.*): ***~ union*** Währungsunion *f*; **3.** Münz…: ***~ standard*** Münzfuß *m*; **'mon·e·tize** [-taɪz] *v/t.* **1.** zu Münzen prägen; **2.** zum gesetzlichen Zahlungsmittel machen; **3.** den Münzfuß (*gen.*) festsetzen.

mon·ey ['mʌnɪ] *s.* ✝ **1.** Geld *n*; Geldbetrag *m*, -summe *f*: ***~ on*** (*od.* ***at***) ***call*** Tagesgeld; ***be out of ~*** kein Geld haben; ***short of ~*** knapp an Geld, ‚schlecht bei Kasse'; ***~ due*** ausstehendes Geld; ***~ on account*** Guthaben *n*; ***~ on hand*** verfügbares Geld; ***get one's ~'s worth*** et. (*Vollwertiges*) für sein Geld bekommen; **2.** Geld *n*, Vermögen *n*: ***make ~*** Geld machen, gut verdienen (***by*** bei); ***marry ~*** sich reich verheiraten; ***have ~ to burn*** Geld wie Heu haben; **3.** Geldsorte *f*; **4.** Zahlungsmittel *n*; **5.** ***monies*** *pl.* ⚖ Gelder *pl.*, (Geld-)Beträge *pl.*; **'~·bag** *s.* **1.** Geldbeutel *m*; ⚔ Brustbeutel *m*; **2.** *pl.* F a) Geldsäcke *pl.*, Reichtum *m*, b) *sg. konstr.* ‚Geldsack' *m* (*reiche Person*); ***~ bill*** *s. parl.* Fi'nanzvorlage *f*; **'~-box** *s.* Sparbüchse *f*; **~ bro·ker** *s.* Fi'nanzmakler *m*; **'~ˌchang·er** *s.* **1.** Geldwechsler *m*; **2.** 'Wechselautoˌmat *m*.

mon·eyed ['mʌnɪd] *adj.* **1.** reich, vermögend; **2.** Geld…: ***~ corporation*** ✝ *Am.* Geldinstitut *n*; ***~ interest*** Finanzwelt *f*.

'mon·ey|ˌgrub·ber [-ˌgrʌbə] *s.* Geldraffer *m*; **'~ˌgrub·bing** [-ˌgrʌbɪŋ] *adj.* geldraffend, -gierig; **~ laun·der·ing** *s.* Geldwäsche *f*; **~ laun·dry** *s.* Geldwaschanstalt *f*; **'~ˌlend·er** *s.* ✝ Geldverleiher *m*; **~ let·ter** *s.* Geld-, Wertbrief *m*; **'~ˌmak·er** *s.* **1.** guter Geschäftsmann; **2.** Bombengeschäft *n*, ‚Renner' *m*, ‚Goldgrube' *f*; **'~-ˌmak·ing I** *adj.* gewinnbringend, einträglich; **II** *s.* Geldverdienen *n*; **~ mar·ket** *s.* ✝ Geldmarkt *m*; **~ mat·ters** *s. pl.* Geldangelegenheiten *pl.*; **~ or·der** *s.* **1.** Postanweisung *f*; **2.** Zahlungsanweisung *f*; **'~ˌspin·ner** *s.* → ***moneymaker*** 2; **~ sup·ply** *s.* Geldmenge *f*.

mon·ger ['mʌŋgə] *s.* (*mst in Zssgn*) **1.** Händler *m*, Krämer *m*: ***fish~*** Fischhändler; **2.** *fig. contp.* Verbreiter(in) *von Gerüchten etc.*; → ***scaremonger***, ***warmonger*** *etc.*

Mon·gol ['mɒŋgɒl] **I** *s.* **1.** Mon'gole *m*, Mon'golin *f*; **2.** *ling.* Mon'golisch *n*; **II** *adj.* **3.** → ***Mongolian*** I; **Mon·go·li·an** [mɒŋ'gəʊljən] **I** *adj.* **1.** mon'golisch; **2.** mongo'lid, gelb (*Rasse*); **3.** → ***Mongoloid*** I; **II** *s.* **4.** → ***Mongol*** 1; **5.** → ***Mongoloid*** II; **'Mon·gol·oid** [-lɔɪd] *bsd.* ⚕ **I** *adj.* mongolo'id; **II** *s.* Mongolo'ide(r *m*) *f*.

mon·goose ['mɒŋgu:s] *s. zo.* Mungo *m*.

mon·grel ['mʌŋgrəl] **I** *s.* **1.** *biol.* Bastard *m*; **2.** Köter *m*, Prome'nadenmischung *f*; **3.** Mischling *m* (*Mensch*); **4.** Zwischending *n*; **II** *adj.* **5.** Bastard…, Misch…: **~ race** Mischrasse *f*.

'mongst [mʌŋst] *abbr. für* ***among***(***st***).

mon·ick·er ['mɒnɪkə] → ***moniker***.

mon·ies ['mʌnɪz] *s. pl.* → ***money*** 5.

mon·i·ker ['mɒnɪkə] *s. sl.* (Spitz)Name *m*.

mon·ism ['mɒnɪzəm] *s. phls.* Mo'nismus *m*.

mo·ni·tion [məʊ'nɪʃn] *s.* **1.** (Er)Mahnung *f*; **2.** Warnung *f*.

mon·i·tor ['mɒnɪtə] **I** *s.* **1.** (Er)Mahner *m*; **2.** Warner *m*; **3.** *ped.* Klassenordner *m*; **4.** ⚓ *Art* Panzerschiff *n*; **5.** ϟ, *tel.* a) Abhörer(in), b) Abhorchgerät *n*; **6.** ϟ *etc.* Monitor *m*, Kon'trollgerät *n*, -schirm *m*; **II** *v/t.* **7.** *tel.* ab-, mithören, über'wachen (*a. fig.*); **8.** ϟ *Akustik etc.* durch Abhören kontrollieren; **9.** auf Radioaktivi'tät über'prüfen; **'mon·i·tor·ing** [-tərɪŋ] *adj.* ϟ, *tel.* Mithör…, Prüf…, Überwachungs…: **~ desk** Misch-, Reglerpult *n*; **'mon·i·to·ry** [-tərɪ] *adj.* **1.** (er)mahnend, Mahn…; **2.** warnend, Warnungs…

monk [mʌŋk] *s.* **1.** *eccl.* Mönch *m*; **2.** *zo.* Mönchsaffe *m*; **3.** *typ.* Schmierstelle *f*.

mon·key ['mʌŋkɪ] **I** *s.* **1.** *zo.* a) Affe *m* (*a. fig. humor.*), b) *engS.* kleinerer (langschwänziger) Affe (*Ggs.* ***ape***); **2.** ⚙ a) Ramme *f*, b) Fallhammer *m*; **3.** *Brit. sl.* Wut *f*: ***get*** (*od.* ***put***) ***s.o.'s ~ up*** j-n auf die Palme bringen; ***get one's ~ up*** ‚hochgehen', in Wut geraten; **4.** *sl.* 500 Dollar *od.* brit. Pfund; **II** *v/i.* **5.** Possen treiben; **6.** F (***with***) spielen (mit), her'umpfuschen (an *dat.*): **~** (***about***) (herum)albern; **III** *v/t.* **7.** nachäffen; **'~-bread** *s.* ⚘ Affenbrotbaum-Frucht *f*; **~ busi·ness** *s. sl.* **1.** ‚krumme Tour', ‚fauler Zauber'; **2.** ‚Blödsinn' *m*, Unfug *m*; **~ en·gine** *s.* ⚙ (Pfahl)Ramme *f*; **'~-ˌjack·et** *s.* ⚔ Affenjäckchen *n*; **'~-shine** *s. Am. sl.* (dummer *od.* 'übermütiger) Streich, ‚Blödsinn' *m*; **'~-wrench** *s.* ⚙ ‚Engländer' *m*, Univer'sal(schrauben)schlüssel *m*: ***throw a ~ into s.th.*** *Am.* F et. behindern *od.* beeinträchtigen.

monk·ish ['mʌŋkɪʃ] *adj.* **1.** Mönchs…; **2.** *mst contp.* mönchisch, Pfaffen…

mon·o ['mɒnəʊ] F **I** *s. Radio etc*: Mono *n*; **II** *adj.* mono (abspielbar), Mono…

mono- [mɒnəʊ] *in Zssgn* ein…, einfach…; **mon·o·ac·id** [ˌmɒnəʊ'æsɪd] ⚗ **I** *adj.* einsäurig; **II** *s.* einbasige Säure; **mon·o·car·pous** [ˌmɒnəʊ'kɑ:pəs] *adj.* ⚘ **1.** einfrüchtig (*Blüte*); **2.** nur einmal fruchtend.

mon·o·chro·mat·ic [ˌmɒnəʊkrəʊ'mætɪk] *adj.* (□ **~ally**) monochro'matisch, einfarbig; **mon·o·chrome** ['mɒnəkrəʊm] **I** *s.* **1.** einfarbiges Gemälde; **2.** Schwarz'weißaufnahme *f*; **II** *adj.* **3.** mono'chrom.

mon·o·cle ['mɒnəkl] *s.* Mon'okel *n*.

mo·no·coque ['mɒnəkɒk] (*Fr.*) *s.* ✈ **1.** Schalenrumpf *m*; **2.** Flugzeug *n* mit Schalenrumpf: **~ construction** ⚙ Schalenbau(weise *f*) *m*.

mo·noc·u·lar [mɒ'nɒkjʊlə] *adj.* monoku'lar, für 'ein Auge.

mon·o·cul·ture ['mɒnəʊˌkʌltʃə] *s.* ✓ 'Monokulˌtur *f*; **mo·nog·a·mous** [mɒ'nɒgəməs] *adj.* mono'gam(isch); **mo·nog·a·my** [mɒ'nɒgəmɪ] *s.* Monoga'mie *f*, Einehe *f*; **mon·o·gram** ['mɒnəgræm] *s.* Mono'gramm *n*; **mon·o·graph** ['mɒnəgrɑ:f] *s.* Monogra'phie *f*; **mon·o·hy·dric** [ˌmɒnəʊ'haɪdrɪk] *adj.* ⚗ einwertig: **~ alcohol**; **mon·o·lith** ['mɒnəʊlɪθ] *s.* Mono'lith *m*; **mon·o·lith·ic** [ˌmɒnəʊ'lɪθɪk] *adj.* mono'lithisch; *fig.* gi'gantisch; **mo·nol·o·gize** [mɒ'nɒlədʒaɪz] *v/i.* monologisieren, ein Selbstgespräch führen; **mon·o·logue** ['mɒnəlɒg] *s.* Mono'log *m*, Selbstgespräch *n*; **mon·o·ma·ni·a** [ˌmɒnəʊ'meɪnjə] *s.* Monoma'nie *f*, fixe I'dee.

mo·no·mi·al [mɒ'nəʊmjəl] *s.* A eingliedrige Zahlengröße.

mon·o·phase ['mɒnəʊfeɪz] *adj.* ϟ einphasig; **mon·o·pho·bi·a** [ˌmɒnəʊ'fəʊbjə] *s.* Monopho'bie *f*; **mon·o·phtong** ['mɒnəfθɒŋ] Mono'phtong *m*, einfacher Selbstlaut; **mon·o·plane** ['mɒnəʊpleɪn] *s.* ✈ Eindecker *m*.

mo·nop·o·list [mə'nɒpəlɪst] *s.* ✝ Monopo'list *m*; Mono'polbesitzer(in); **mo'nop·o·lize** [-laɪz] *v/t.* monopolisieren: a) ✝ ein Mono'pol erringen *od.* haben für, b) *fig.* an sich reißen: **~ *the conversation*** die Unterhaltung ganz allein bestreiten, c) *fig.* j-n *od.* et. mit Beschlag belegen; **mo'nop·o·ly** [-lɪ] *s.* ✝ **1.** Mono'pol(stellung *f*) *n*; **2.** (***of***) Mono'pol *n* (auf *acc.*); Al'leinverkaufs-, Al'leinbetriebs-, Al'leinherstellungsrecht *n* (für): ***market ~*** Marktbeherrschung *f*; **3.** *fig.* Mono'pol *n*, al'leiniger Besitz, al'leinige Beherrschung: **~ *of learning*** Bildungsmonopol.

mon·o·rail ['mɒnəʊreɪl] *s.* 🚂 Einschienenbahn *f*.

mon·o·syl·lab·ic [ˌmɒnəʊsɪ'læbɪk] *adj.* (□ **~ally**) *ling. u. fig.* einsilbig; **mon·o·syl·la·ble** ['mɒnəˌsɪləbl] *s.* einsilbiges Wort: ***speak in ~s*** einsilbige Antworten geben.

mon·o·the·ism ['mɒnəʊθi:ˌɪzəm] *s. eccl.* Monothe'ismus *m*; **'mon·o·theˌist** [-ˌɪst] **I** *s.* Monothe'ist *m*; **II** *adj.* → **mon·o·the·is·tic**, **mon·o·the·is·ti·cal** [ˌmɒnəʊθi:'ɪstɪk(l)] *adj.* monothe'istisch.

mon·o·tone ['mɒnətəʊn] *s.* **1.** mono'tones Geräusch, gleichbleibender Ton; eintönige Wieder'holung; **2.** → ***monotony***; **mo·not·o·nous** [mə'nɒtnəs] *adj.* □ mono'ton, eintönig (*a. fig.*); **mo·not·o·ny** [mə'nɒtnɪ] *s.* Monoto'nie *f*, Eintönigkeit *f*, *fig. a.* Einförmigkeit *f*, (ewiges) Einerlei.

mon·o·type ['mɒnəʊtaɪp] (*Fabrikmarke*) *s. typ.* **1.** ℛ Monotype *f*; **2.** mit der Monotype hergestellte Letter.

mon·o·va·lent ['mɒnəʊˌveɪlənt] *adj.* ⚗ einwertig; **mon·ox·ide** [mɒ'nɒksaɪd] *s.* ⚗ 'Monoˌxyd *n*.

mon·soon [mɒn'su:n] *s.* Mon'sun *m*.

mon·ster ['mɒnstə] **I** *s.* **1.** *a. fig.* Monster *n*, Ungeheuer *n*, Scheusal *n*; **2.** Monstrum *n*: a) 'Mißgeburt *f*, -bildung *f*, b) *fig.* Ungeheuer *n*, Ko'loß *m*; **II** *adj.* **3.** ungeheuer(lich), Riesen…, Monster…: **~ *film*** Monsterfilm *m*; **~ *meeting*** Massenversammlung *f*.

mon·strance ['mɒnstrəns] *s. eccl.* Mon'stranz *f*.

mon·stros·i·ty [mɒn'strɒsətɪ] *s.* **1.** Ungeheuerlichkeit *f*; **2.** → ***monster*** 2.

mon·strous ['mɒnstrəs] *adj.* □ **1.** mon'strös: a) ungeheuer, riesig, b) unge'heuerlich, gräßlich, scheußlich, c) 'mißgestaltet, unförmig, ungestalt; **2.** un-, 'widernaˌtürlich; **3.** ab'surd, lächerlich; **'mon·strous·ness** [-nɪs] *s.* **1.** Unge'heuerlichkeit *f*; **2.** Riesenhaftigkeit *f*; **3.** 'Widernaˌtürlichkeit *f*.

mon·tage [mɒn'tɑ:ʒ] *s.* **1.** ('Bild-, 'Foto-) Monˌtage *f*; **2.** *Film, Radio etc.*: Mon'tage *f*.

month [mʌnθ] *s.* **1.** Monat *m*: ***this day ~*** heute in *od.* vor e-m Monat; ***by the ~*** (all)monatlich; ***a ~ of Sundays*** e-e ewig lange Zeit; **2.** F vier Wochen *od.* 30 Tage; **month·ly** ['mʌnθlɪ] **I** *s.* **1.** Monatsschrift *f*; **2.** *pl.* → ***menses***; **II** *adj.* **3.** einen Monat dauernd; **4.** monatlich, Monats…: **~ *salary*** Monatsgehalt *n*; **III** *adv.* **5.** monatlich, einmal im Monat, jeden Monat.

mon·ti·cule ['mɒntɪkju:l] *s.* **1.** (kleiner) Hügel; **2.** Höckerchen *n*.

mon·u·ment ['mɒnjʊmənt] *s.* Monu'ment *n*, (*a.* Grab-, Na'tur- *etc.*)Denkmal *n* (***to*** für, ***of*** *gen.*): ***a ~ of literature*** *fig.* ein Literaturdenkmal; **mon·u·men·tal** [ˌmɒnjʊ'mentl] *adj.* □ **1.** monumen'tal, gewaltig, impo'sant; **2.** F kolos'sal, ungeheuer: **~ *stupidity***; **3.** Denkmal(s)…, Gedenk…; Grabmal(s)…

moo [mu:] **I** *v/i.* muhen; **II** *s.* Muhen *n*.

mooch [mu:tʃ] *sl.* **I** *v/i.* **1.** *a.* **~ *about*** her'umlungern, -strolchen: **~ *along*** dahinlatschen; **II** *v/t.* **2.** ‚klauen', stehlen; **3.** schnorren, erbetteln.

mood¹ [mu:d] *s.* **1.** *ling.* Modus *m*, Aussageweise *f*; **2.** ♪ Tonart *f*.

mood² [mu:d] *s.* **1.** Stimmung *f* (*a. paint.*, ♪ *etc.*), Laune *f*: ***be in the ~ to work*** zur Arbeit aufgelegt sein; ***be in no ~ for a walk*** nicht zu e-m Spaziergang aufgelegt sein, keine Lust haben spazierenzugehen; ***change of ~*** Stimmungsumschwung *m*; **~ *music*** stimmungsvolle Musik; **2.** *paint.*, *phot.* Stimmungsbild *n*; **mood·i·ness** ['mu:dɪnɪs] *s.* **1.** Launenhaftigkeit *f*; **2.** Übellaunigkeit *f*; **3.** Trübsinn(igkeit *f*) *m*; **mood·y** ['mu:dɪ] *adj.* **1.** □ launisch, launenhaft; **2.** übellaunig, verstimmt; **3.** trübsinnig.

moon [mu:n] **I** *s.* **1.** Mond *m*: ***full ~*** Vollmond; ***new ~*** Neumond; ***once in a blue ~*** F alle Jubeljahre einmal, höchst selten; ***be over the ~*** F ganz selig sein; ***cry for the ~*** nach etwas Unmöglichem verlangen; ***promise s.o. the ~*** j-m das Blaue vom Himmel (herunter) versprechen; ***reach for the ~*** nach den Sternen greifen; ***shoot the ~*** F bei Nacht u. Nebel ausziehen (*Mieter*); **2.** *ast.* Tra'bant *m*, Satel'lit *m*: ***man-made*** (*od.* ***baby***) ***~*** (Erd)Satellit, ‚Sputnik' *m*; **3.** *poet.* Mond *m*, Monat *m*; **II** *v/i.* **4.** *mst* ***~ about*** um'herlungern, -geistern; **III** *v/t.* **5.** ***~ away*** *Zeit* vertrödeln, verträumen; '**~·beam** *s.* Mondstrahl *m*: '**~·calf** *s.* [*irr.*] **1.** ‚Mondkalb' *n*, Trottel *m*; **2.** Träumer *m*; '**~·faced** *adj.* vollmondgesichtig; '**~·light I** *s.* Mondlicht *n*, -schein *m*: ***2 Sonata*** ♪ Mondscheinsonate *f*; **II** *adj.* mondhell, Mondlicht...: ***~ flit(ting)*** *sl.* heimliches Ausziehen bei Nacht (*wegen Mietschulden*); '**~ˌlight·er** *s.* Schwarzarbeiter *m*; '**~·lit** *adj.* mondhell; **~ rak·er** *s.* ⚓ Mondsegel *n*; '**~·rise** *s.* Mondaufgang *m*; '**~·set** *s.* 'Mondˌuntergang *m*; '**~·shine** *s.* **1.** Mondschein *m*; **2.** *fig.* a) Schwindel *m*, fauler Zauber, b) Unsinn *m*, Geschwafel *n*; **3.** *sl.* geschmuggelter *od.* schwarzgebrannter Alkohol; '**~ˌshin·er** *s. Am. sl.* Alkoholschmuggler *m*; Schwarzbrenner *m*; '**~·stone** *s. min.* Mondstein *m*; '**~·struck** *adj.* **1.** mondsüchtig; **2.** verrückt.

moon·y ['mu:nɪ] *adj.* **1.** (halb)mondförmig; **2.** Mond...; **3.** mondhell, Mondlicht...; **4.** F a) verträumt, dösig, b) beschwipst, c) verrückt.

moor¹ [mʊə] *s.* **1.** Ödland *n*, *bsd.* Heideland *n*; **2.** Hochmoor *n*; Bergheide *f*.

moor² [mʊə] **I** *v/t.* **1.** ⚓ vertäuen, festmachen; *fig.* verankern, sichern; **II** *v/i.* ⚓ **2.** festmachen, ein Schiff vertäuen; **3.** sich festmachen; **4.** festgemacht *od.* vertäut liegen.

Moor³ [mʊə] *s.* Maure *m*; Mohr *m*.

moor·age ['mʊərɪdʒ] → ***mooring***.

'**moor|·fowl**, **~ game** *s.* (schottisches) Moorhuhn; '**~·hen** *s.* **1.** weibliches Moorhuhn; **2.** Gemeines Teichhuhn.

moor·ing ['mʊərɪŋ] *s.* ⚓ **1.** Festmachen *n*; **2.** *mst pl.* Vertäuung *f* (*Schiff*); **3.** *pl.* Liegeplatz *m*; **4.** Anlegegebühr *f*; **~ buoy** *s.* ⚓ Festmacheboje *f*; **~ rope** *s.* Halteleine *f*.

Moor·ish ['mʊərɪʃ] *adj.* maurisch.

'**moor·land** [-lənd] *s.* Heidemoor *n*.

moose [mu:s] *pl.* **moose** *s. zo.* Elch *m*.

moot [mu:t] **I** *s.* **1.** *hist.* (beratende) Volksversammlung; **2.** ⚖, *univ.* Diskussi'on *f* fik'tiver (Rechts)Fälle; **II** *v/t.* **3.** *Frage* aufwerfen, anschneiden; **4.** erörtern, diskutieren; **III** *adj.* **5.** a) strittig: ***~ point***, b) (rein) aka'demisch: ***~ question***.

mop¹ [mɒp] **I** *s.* **1.** Mop *m* (*Fransenbesen*); Schrubber *m*; Wischlappen *m*; **2.** (Haar)Wust *m*; **3.** ⚓ Dweil *m*; **4.** ⚙ Schwabbelscheibe *f*; **II** *v/t.* **5.** auf-, abwischen: ***~ one's face*** sich das Gesicht (ab)wischen; → ***floor*** 1; **6.** ***~ up*** a) (mit dem Mop) aufwischen, b) ⚔ *sl.* (*vom Feinde*) säubern, *Wald* durch'kämmen, c) *sl. Profit etc.* ‚schlucken', d) *sl.* aufräumen mit.

mop² [mɒp] **I** *v/i. mst* ***~ and mow*** Gesichter schneiden; **II** *s.* Gri'masse *f*: ***~s and mows*** Grimassen.

mope [məʊp] **I** *v/i.* **1.** den Kopf hängen lassen, Trübsal blasen; **II** *v/t.* **2.** (*nur pass.*) ***be ~d*** niedergeschlagen sein; ‚sich mopsen' (*langweilen*); **III** *s.* **3.** Trübsalbläser(in); **4.** *pl.* Trübsinn *m*.

mo·ped ['məʊped] *s. mot. Brit.* Moped *n*.

'**mop·head** *s.* F a) Wuschelkopf *m*, b) Struwwelpeter *m*.

mop·ing ['məʊpɪŋ] *adj.* □; '**mop·ish** [-ɪʃ] *adj.* □ trübselig, a'pathisch, kopfhängerisch; '**mop·ish·ness** [-ɪʃnɪs] *s.* Lustlosigkeit *f*, Griesgrämigkeit *f*, Trübsinn *m*.

mop·pet ['mɒpɪt] *s.* F Püppchen *n* (*a. fig. Kind, Mädchen*).

'**mop·ping-up** ['mɒpɪŋ-] *s.* ⚔ *sl.* **1.** Aufräumungsarbeit *f*; **2.** Säuberung *f* (*vom Feinde*): ***~ operation*** Säuberungsaktion *f*.

mo·raine [mɒ'reɪn] *s. geol.* Mo'räne *f*.

mor·al ['mɒrəl] **I** *adj.* □ **1.** *allg.* mo'ralisch: a) sittlich: ***~ force***; ***~ sense*** sittliches Empfinden, b) geistig: ***~ obligation*** moralische Verpflichtung; ***~ support*** moralische Unterstützung; ***~ victory*** moralischer Sieg, c) vernunftgemäß: ***~ certainty*** moralische Gewißheit, d) Moral..., Sitten...: ***~ law*** Sittengesetz *n*; ***~ theology*** Moraltheologie *f*, e) sittenstreng, tugendhaft: ***a ~ life***; **2.** (sittlich) gut: ***a ~ act***; **3.** cha'rakterlich: ***~ly firm*** innerlich gefestigt; **II** *s.* **4.** Mo'ral *f*, Nutzanwendung *f* (*e-r Geschichte etc.*): ***draw the ~ from*** die Lehre ziehen aus; **5.** mo'ralischer Grundsatz: ***point the ~*** den sittlichen Standpunkt betonen; **6.** *pl.* Mo'ral *f*, sittliches Verhalten, Sitten *pl.*: ***code of ~s*** Sittenkodex *m*; **7.** *pl. sg. konstr.* Sittenlehre *f*, Ethik *f*.

mo·rale [mɒ'rɑ:l] *s.* Mo'ral *f*, Haltung *f*, Stimmung *f*, (Arbeits-, Kampf)Geist *m*: ***the ~ of the army*** die Kampfmoral *od.* Stimmung der Armee; ***raise*** (***lower***) ***the ~*** die Moral heben (senken).

mor·al| fac·ul·ty *s.* Sittlichkeitsgefühl *n*; **~ haz·ard** *s. Versicherungswesen*: subjek'tives Risiko, Risiko *n* falscher Angaben des Versicherten; **~ in·san·i·ty** *s. psych.* mo'ralischer De'fekt.

mor·al·ist ['mɒrəlɪst] *s.* **1.** Mora'list *m*, Sittenlehrer *m*; **2.** Ethiker *m*.

mo·ral·i·ty [mə'rælətɪ] *s.* **1.** Mo'ral *f*, Sittlichkeit *f*, Tugend(haftigkeit) *f*; **2.** Morali'tät *f*, sittliche Gesinnung; **3.** Ethik *f*, Sittenlehre *f*; **4.** *pl.* mo'ralische Grundsätze *pl.*, Ethik *f* (*e-r Person*); **5.** *contp.* Mo'ralpredigt *f*; **6.** → ***~ play*** *s. hist. thea.* Morali'tät *f*.

mor·al·ize ['mɒrəlaɪz] **I** *v/i.* **1.** moralisieren (***on*** über *acc.*); **II** *v/t.* **2.** mo'ralisch auslegen; **3.** versittlichen, die Mo'ral (*gen.*) heben; '**mor·al·iz·er** [-zə] *s.* Sittenprediger(in).

mor·al| phi·los·o·phy, **~ sci·ence** *s.* Mo'ralphilosoˌphie *f*, Ethik *f*.

mo·rass [mə'ræs] *s.* **1.** Mo'rast *m*, Sumpf (-land *n*) *m*; **2.** *fig.* a) Wirrnis *f*, b) Klemme *f*, schwierige Lage.

mor·a·to·ri·um [ˌmɒrə'tɔ:rɪəm] *pl.* **-ri·ums** *s.* ✝ Mora'torium *n*, Zahlungsaufschub *m*, Stillhalteabkommen *n*, Stundung *f*; **mor·a·to·ry** ['mɒrətərɪ] *adj.* Moratoriums..., Stundungs...

Mo·ra·vi·an [mə'reɪvjən] **I** *s.* **1.** Mähre *m*, Mährin *f*; **2.** *ling.* Mährisch *n*; **II** *adj.* **3.** mährisch: ***~ Brethren*** *eccl. die* Herrnhuter Brüdergemein(d)e.

mor·bid ['mɔ:bɪd] *adj.* □ mor'bid, krankhaft, patho'logisch: ***~ anatomy*** ⚕ pathologische Anatomie; **mor·bid·i·ty** [mɔ:'bɪdətɪ] *s.* **1.** Krankhaftigkeit *f*; **2.** Erkrankungsziffer *f*.

mor·dan·cy ['mɔ:dənsɪ] *s.* Bissigkeit *f*, beißende Schärfe; '**mor·dant** [-dənt] **I** *adj.* □ **1.** beißend: a) brennend (*Schmerz*), b) *fig.* scharf, sar'kastisch (*Worte etc.*); **2.** ⚙ a) beizend, ätzend, b) *Farben* fixierend; **II** *s.* **3.** ⚙ a) Ätzwasser *n*, b) (*bsd. Färberei*) Beize *f*.

more [mɔ:] **I** *adj.* **1.** mehr: (***no***) ***~ than*** (nicht) mehr als; ***they are ~ than we*** sie sind zahlreicher als wir; **2.** mehr, noch (mehr), weiter: ***some ~ tea*** noch etwas Tee; ***one ~ day*** noch ein(en) Tag; ***so much the ~ courage*** um so mehr Mut; ***he is no ~*** er ist nicht mehr (*ist tot*); **3.** größer (*obs. außer in*): ***the ~ fool*** der größere Tor; ***the ~ part*** der größere Teil; **II** *adv.* **4.** mehr: ***~ dead than alive*** mehr *od.* eher tot als lebendig; ***~ and ~*** immer mehr; ***~ and ~ difficult*** immer schwieriger; ***~ or less*** mehr oder weniger, ungefähr; ***the ~*** um so mehr; ***the ~ so because*** um so mehr, da; ***all the ~ so*** nur um so mehr; ***no*** (*od.* ***not any***) ***~ than*** ebensowenig wie; ***neither*** (*od.* ***no***) ***~ nor less than stupid*** nicht mehr u. nicht weniger als dumm; **5.** (*zur Bildung des comp.*): ***~ important*** wichtiger; ***~ often*** öfter; **6.** noch: ***once ~*** noch einmal; ***two hours ~*** noch zwei Stunden; **7.** noch mehr, ja so'gar: ***it is wrong and, ~, it is foolish***; **III** *s.* **8.** Mehr *n* (***of*** an *dat.*); **9.** mehr: ***~ than one person has seen it*** mehr als einer hat es gesehen; ***we shall see ~ of him*** wir werden ihn noch öfter sehen; ***and what is ~*** und was noch wichtiger ist; ***no ~*** nicht(s) mehr.

mo·rel [mɒ'rel] *s.* ⚘ **1.** Morchel *f*; **2.** Nachtschatten *m*; **3.** → **mo·rel·lo** [mə'reləʊ] *pl.* **-los** *s.* ⚘ Mo'relle *f*, Schwarze Sauerweichsel.

more·o·ver [mɔ:'rəʊvə] *adv.* außerdem, über'dies, ferner, weiter.

mo·res ['mɔ:ri:z] *s. pl.* Sitten *pl.*

mor·ga·nat·ic [ˌmɔ:gə'nætɪk] *adj.* (□ ***~ally***) morga'natisch.

morgue [mɔ:g] *s.* **1.** Leichenschauhaus *n*; **2.** F Ar'chiv *n* (*e-s Zeitungsverlages etc.*).

mor·i·bund ['mɒrɪbʌnd] *adj.* **1.** sterbend, dem Tode geweiht; **2.** *fig.* zum Aussterben *od.* Scheitern verurteilt.

Mor·mon ['mɔ:mən] *eccl.* **I** *s.* Mor'mone *m*, Mor'monin *f*; **II** *adj.* mor'monisch: ***~ Church*** mormonische Kirche, Kirche Jesu Christi der Heiligen der letzten Tage; ***~ State*** *Beiname für* Utah *n* (*USA*).

morn [mɔ:n] *s. poet.* Morgen *m*.

morn·ing ['mɔ:nɪŋ] **I** *s.* **1.** a) Morgen *m*, b) Vormittag *m*: ***in the ~*** morgens, am Morgen, vormittags; ***early in the ~*** frühmorgens, früh am Morgen; ***on the ~ of May 5*** am Morgen des 5. Mai; ***one*** (***fine***) ***~*** eines (schönen) Morgens; ***this***

~ heute früh; ***the ~ after*** am Morgen darauf, am darauffolgenden Morgen; ***good ~!*** guten Morgen!; ***~!*** F ('n) Morgen!; **2.** *fig.* Morgen *m*, Beginn *m*; **3.** *poet.* a) Morgendämmerung *f*, b) ♀ Au'rora *f*; **II** *adj.* **4.** a) Morgen…, Vormittags…, b) Früh…; ˌ**~-'aft·er pill** *s. die* Pille danach; ~ **call** *s.* Weckdienst *m* (*im Hotel etc.*); ~ **coat** *s.* Cut(away) *m*; ~ **dress** *s.* **1.** Hauskleid *n*; **2.** Besuchs-, Konfe'renzanzug *m*, ‚Stresemann' *m* (*schwarzer Rock mit gestreifter Hose*); ~ **gift** *s.* ⚖ *hist.* Morgengabe *f*; ~ **glo·ry** *s.* ⚘ Winde *f*; ~ **gown** *s.* Morgenrock *m*; Hauskleid *n* (*der Frau*); ~ **per·form·ance** *s. thea.* Frühvorstellung *f*, Mati'nee *f*; ~ **prayer** *s. eccl.* **1.** Morgengebet *n*; **2.** Frühgottesdienst *m*; ~ **sick·ness** *s.* ⚕ morgendliches Erbrechen (*bei Schwangeren*); ~ **star** *s.* **1.** *ast.*, *a.* ⚔ *hist.* Morgenstern *m*; **2.** ⚘ Men'tzelie *f*.

Mo·roc·can [mə'rɒkən] **I** *adj.* marok'kanisch; **II** *s.* Marok'kaner(in).

mo·roc·co [mə'rɒkəʊ] *pl.* **-cos** [-z] *s. a.* ***~ leather*** Saffian(leder *n*) *m*.

mo·ron ['mɔːrɒn] *s.* **1.** Schwachsinnige(r *m*) *f*; **2.** F Trottel *m*, Idi'ot *m*; **mo·ron·ic** [mə'rɒnɪk] *adj.* schwachsinnig.

mo·rose [mə'rəʊs] *adj.* ☐ mürrisch, grämlich, verdrießlich; **mo'rose·ness** [-nɪs] *s.* Verdrießlichkeit *f*.

mor·pheme ['mɔːfiːm] *s. ling.* Mor'phem *n*.

mor·phi·a ['mɔːfjə], **'mor·phine** [-fiːn] *s.* ⚗ Morphium *n*; **'mor·phin·ism** [-fɪnɪzəm] *s.* **1.** Morphi'nismus *m*, Morphiumsucht *f*; **2.** Morphiumvergiftung *f*; **'mor·phin·ist** [-fɪnɪst] *s.* Morphi'nist(in).

morpho- [mɔːfəʊ] *in Zssgn* Form…, Gestalt…, Morpho…

mor·pho·log·ic, **mor·pho·log·i·cal** [ˌmɔːfə'lɒdʒɪk(l)] *adj.* ☐ morpho'logisch, Form…: ~ ***element*** Formelement *n*; **mor·phol·o·gy** [mɔː'fɒlədʒɪ] *s.* Morpholo'gie *f*.

mor·ris ['mɒrɪs] *s. a.* ~ ***dance*** Mo'riskentanz *m*; ~ **tube** *s.* Einstecklauf *m* (*für Gewehre*).

mor·row ['mɒrəʊ] *s. mst poet.* morgiger *od.* folgender Tag: ***the ~ of*** a) der Tag nach, b) *fig.* die Zeit unmittelbar nach.

Morse¹ [mɔːs] **I** *adj.* Morse…: ~ ***code*** Morsealphabet *n*; **II** *v/t. u. v/i.* ♀ morsen.

morse² [mɔːs] → ***walrus***.

mor·sel ['mɔːsl] **I** *s.* **1.** Bissen *m*, Happen *m*; **2.** Stückchen *n*, *das* bißchen; **3.** Leckerbissen *m*; **II** *v/t.* **4.** in kleine Stückchen teilen, in kleinen Porti'onen austeilen.

mort¹ [mɔːt] *s. hunt.* ('Hirsch)ˌTotsiˌgnal *n*.

mort² [mɔːt] *s. ichth.* dreijähriger Lachs.

mor·tal ['mɔːtl] **I** *adj.* ☐ **1.** sterblich; **2.** tödlich: a) verderblich, todbringend (***to*** für): ~ ***wound***, b) erbittert: ~ ***battle***; ~ ***hatred*** tödlicher Haß; **3.** Tod(es)…: ~ ***agony*** Todeskampf *m*; ~ ***enemies*** Todfeinde; ~ ***fear*** Todesangst *f*; ~ ***hour*** Todesstunde *f*; ~ ***sin*** Todsünde *f*; **4.** menschlich, irdisch, Menschen…: ~ ***life*** irdisches Leben, Vergänglichkeit *f*; ***by no ~ means*** F auf keine menschenmögliche Art; ***of no ~ use*** F absolut zwecklos; ***every ~ thing*** F alles menschenmögliche; **5.** F Mords…, ‚mordsmäßig': ***I'm in a ~ hurry*** ich hab's furchtbar eilig; **6.** ewig, sterbenslangweilig: ***three ~ hours*** drei endlose Stunden; **II** *s.* **7.** Sterbliche(r *m*) *f*; **mor·tal·i·ty** [mɔː'tælətɪ] *s.* **1.** Sterblichkeit *f*; **2.** die (sterbliche) Menschheit; **3.** *a.* ~ ***rate*** a) Sterblichkeit(sziffer) *f*, b) ⚙ Verschleiß(quote *f*) *m*.

mor·tar¹ ['mɔːtə] **I** *s.* **1.** ⚗ Mörser *m*; **2.** *metall.* Pochladen *m*; **3.** ⚔ a) Mörser *m* (*Geschütz*), b) Gra'natwerfer *m*: ~ ***shell*** Werfergranate *f*; **4.** (Feuerwerks-)Böller *m*; **II** *v/t.* **5.** ⚔ mit Mörsern beschießen, mit Gra'natwerferfeuer belegen.

mor·tar² ['mɔːtə] *s.* ⚠ Mörtel *m*.

'mor·tar·board *s.* **1.** ⚠ Mörtelbrett *n*; **2.** *univ.* qua'dratisches Ba'rett.

mort·gage ['mɔːgɪdʒ] ⚖ **I** *s.* **1.** Verpfändung *f*; Pfandgut *n*: ***give in ~*** verpfänden; **2.** Pfandbrief *m*; **3.** Hypo'thek *f*: ***by ~*** hypothekarisch; ***lend on ~*** auf Hypothek (ver)leihen; ***raise a ~*** e-e Hypothek aufnehmen (***on*** auf *acc.*); **4.** Hypo'thekenbrief *m*; **II** *v/t.* **5.** (*a. fig.*) verpfänden (***to*** an *acc.*); **6.** hypothe'karisch belasten, e-e Hypo'thek aufnehmen auf (*acc.*); ~ **bond** *s.* Hypo'thekenpfandbrief *m*; ~ **deed** *s.* **1.** Pfandbrief *m*; **2.** Hypo'thekenbrief *m*.

mort·ga·gee [ˌmɔːgə'dʒiː] *s.* ⚖ Hypothe'kar *m*, Pfand- *od.* Hypo'thekengläubiger *m*; ˌ**mort·ga'gor** [-'dʒɔː] *s.* Pfand- *od.* Hypo'thekenschuldner *m*.

mor·ti·cian [mɔː'tɪʃən] *s. Am.* Leichenbestatter *m*.

mor·ti·fi·ca·tion [ˌmɔːtɪfɪ'keɪʃn] *s.* **1.** Demütigung *f*, Kränkung *f*; **2.** Ärger *m*, Verdruß *m*; **3.** Ka'steiung *f*; Abtötung *f* (*Leidenschaften*); **4.** ⚕ (kalter) Brand, Ne'krose *f*; **mor·ti·fy** ['mɔːtɪfaɪ] **I** *v/t.* **1.** demütigen, kränken; **2.** *Gefühle* verletzen; **3.** *Körper*, *Fleisch* ka'steien; *Leidenschaften* abtöten; **4.** ⚕ brandig machen, absterben lassen; **II** *v/i.* **5.** ⚕ brandig werden, absterben.

mor·tise ['mɔːtɪs] ⚙ **I** *s.* a) Zapfenloch *n*, b) Stemmloch *n*, c) (Keil)Nut *f*, d) Falz *m*, Fuge *f*; **II** *v/t.* a) verzapfen, b) einstemmen, c) einzapfen (***into*** in *acc.*); ~ **chis·el** *s.* Lochbeitel *m*; ~ **ga(u)ge** *s.* Zapfenstreichmaß *n*; ~ **joint** *s.* Verzapfung *f*; ~ **lock** *s.* (Ein-)Steckschloß *n*.

mort·main ['mɔːtmeɪn] *s.* ⚖ unveräußerlicher Besitz, Besitz *m* der Toten Hand: ***in ~*** unveräußerlich.

mor·tu·ar·y ['mɔːtjʊərɪ] **I** *s.* Leichenhalle *f*; **II** *adj.* Leichen…, Begräbnis…

mo·sa·ic¹ [məʊ'zeɪɪk] **I** *s.* **1.** Mosa'ik *n* (*a. fig.*); **2.** ('Luftbild)Mosaˌik *n*, Reihenbild *n*; **II** *adj.* **3.** Mosaik…; mosa'ikartig.

Mo·sa·ic² *adj.*, **Mo·sa·i·cal** [məʊ'zeɪɪk(l)] *adj.* mo'saisch.

Mo·selle [məʊ'zel] *s.* Mosel(wein) *m*.

mo·sey ['məʊzɪ] *v/i. Am. sl.* **1.** *a.* ~ ***along*** da'hinlatschen; **2.** ‚abhauen'.

Mos·lem ['mɒzlem] **I** *s.* Moslem *m*; **II** *adj.* mos'lemisch, mohamme'danisch.

mosque [mɒsk] *s.* Mo'schee *f*.

mos·qui·to [mə'skiːtəʊ] *s.* **1.** *pl.* **-toes** *zo.* Stechmücke *f*, *bsd.* Mos'kito *m*; **2.** *pl.* **-toes** *od.* **-tos** ✈ Mos'kito *m* (*brit. Bomber*); ~ **boat**, ~ **craft** *s.* Schnellboot *n*; ~ **net** *s.* Mos'kitonetz *n*; ♀ **State** *s. Am.* (*Beiname für*) New Jersey *n* (*USA*).

moss [mɒs] *s.* **1.** ⚘ Moos *n*; **2.** (Torf-)Moor *n*; **'~-grown** *adj.* **1.** moosbewachsen, bemoost; **2.** *fig.* altmodisch, über'holt.

moss·i·ness ['mɒsɪnɪs] *s.* **1.** 'Moosˌüberzug *m*; **2.** Moosartigkeit *f*, Weichheit *f*; **moss·y** ['mɒsɪ] *adj.* **1.** moosig, bemoost; **2.** moosartig; **3.** Moos…: ~ ***green*** Moosgrün *n*.

most [məʊst] **I** *adj.* ☐ → ***mostly***; **1.** meist, größt; höchst, äußerst; ***the ~ fear*** die meiste *od.* größte Angst; ***for the ~ part*** größten-, meistenteils; **2.** (*vor e-m Substantiv im pl.*) die meisten: ~ ***people*** die meisten Leute; **II** *s.* **3.** *das* meiste, *das* Höchste, *das* Äußerste: ***at (the) ~*** höchstens, bestenfalls; ***make the ~ of*** *et.* nach Kräften ausnützen, (noch) das Beste aus *et.* herausholen; **4.** das meiste, der größte Teil: ***he spent ~ of his time there*** er verbrachte die meiste Zeit dort; **5.** die meisten: ***better than ~*** besser als die meisten; ~ ***of my friends*** die meisten m-r Freunde; **III** *adv.* **6.** am meisten: ~ ***of all*** am allermeisten; **7.** *zur Bildung des Superlativs*: ***the ~ important point*** der wichtigste Punkt; **8.** *vor adj.* höchst, äußerst, 'überaus: ***it's ~ kind of you***.

-most [məʊst] *in Zssgn Bezeichnung des sup.*: ***in~***, ***top~*** *etc.*

'most-ˌfa·vo(u)red-'na·tion clause *s. pol.* Meistbegünstigungsklausel *f*.

most·ly ['məʊstlɪ] *adv.* **1.** größtenteils, im wesentlichen, in der Hauptsache; **2.** hauptsächlich.

mote [məʊt] *s.* (Sonnen)Stäubchen *n*: ***the ~ in another's eye*** *bibl.* der Splitter im Auge des anderen.

mo·tel [məʊ'tel] *s.* Mo'tel *n*.

mo·tet [məʊ'tet] *s.* ♪ Mo'tette *f*.

moth [mɒθ] *s.* **1.** *pl.* **moths** *zo.* Nachtfalter *m*; **2.** *pl.* **moths** *od. coll.* **moth** (Kleider)Motte *f*; **'~·ball I** *s.* Mottenkugel *f*: ***put in ~s*** → **II** *v/t. Kleidung*, *a. Maschinen etc.* einmotten; *fig. Plan etc.* ‚auf Eis legen'; **'~-ˌeat·en** *adj.* **1.** von Motten zerfressen; **2.** *fig.* veraltet, anti'quiert.

moth·er¹ ['mʌðə] **I** *s.* **1.** Mutter *f* (*a. fig.*); **II** *adj.* **2.** Mutter…: ***♀'s Day*** Muttertag *m*; **III** *v/t.* **3.** (*mst fig.*) gebären, her'vorbringen; **4.** bemuttern; **5.** ~ ***a novel on s.o.*** j-m e-n Roman zuschreiben.

moth·er² ['mʌðə] **I** *s.* Essigmutter *f*; **II** *v/i.* Essigmutter ansetzen.

Moth·er Car·ey's chick·en ['keərɪz] *s. orn.* Sturmschwalbe *f*.

moth·er| cell *s. biol.* Mutterzelle *f*; ~ **church** *s.* **1.** Mutterkirche *f*; **2.** Hauptkirche *f*; ~ **coun·try** *s.* **1.** Mutterland *n*; **2.** Vater-, Heimatland *n*; ~ **earth** *s.* Mutter *f* Erde; ~ **fix·a·tion** *s. psych.* Mutterfixierung *f*, -bindung *f*; **'~ˌfuck·er** *s. fig.* V ‚Scheißkerl' *m*.

moth·er·hood ['mʌðəhʊd] *s.* **1.** Mutterschaft *f*; **2.** *coll. die* Mütter *pl.*

'moth·er-in-law [-ðərɪn-] *pl.* **'moth·ers-in-law** [-ðəzɪn-] *s.* Schwiegermutter *f*.

'moth·er·land → ***mother country***.

moth·er·less ['mʌðəlɪs] *adj.* mutterlos.

'moth·er·li·ness ['mʌðəlɪnɪs] *s.* Mütterlichkeit *f*.

moth·er| liq·uor *s.* ⚗ Mutterlauge *f*; **~ lode** *s.* ⚒ Hauptader *f*.

moth·er·ly ['mʌðəlɪ] *adj. u. adv.* mütterlich.

moth·er| of pearl *s.* Perl'mutter *f*, Perl'mutt *n*; **ˌ~-of-'pearl** [-ðərəv'p-] *adj.* perl'muttern, Perlmutt…

moth·er| ship *s.* ⚓ *Brit.* Mutterschiff *n*; **~ su·pe·ri·or** *s. eccl.* Oberin *f*, Äb'tissin *f*; **'~-tie** *s. psych.* Mutterbindung *f*; **~ tongue** *s.* Muttersprache *f*; **~ wit** *s.* Mutterwitz *m*.

moth·er·y ['mʌðərɪ] *adj.* hefig, trübe.

moth·y ['mɒθɪ] *adj.* **1.** voller Motten; **2.** mottenzerfressen.

mo·tif [məʊ'ti:f] *s.* **1.** ♪ ('Leit)Moˌtiv *n*; **2.** *paint. etc., Literatur*: Mo'tiv *n*, Vorwurf *m*; **3.** *fig.* Leitgedanke *m*.

mo·tile ['məʊtaɪl] *adj. biol.* freibeweglich; **mo·til·i·ty** [məʊ'tɪlətɪ] *s.* selbständiges Bewegungsvermögen.

mo·tion ['məʊʃn] **I** *s.* **1.** Bewegung *f* (*a. phys.*, ⚔, ♪): ***go through the ~s of doing s.th.*** *fig.* et. mechanisch *od.* pro forma tun; **2.** Gang *m* (*a.* ⚙): ***set in ~*** in Gang bringen, in Bewegung setzen; → ***idle*** 3; **3.** (Körper-, Hand)Bewegung *f*, Wink *m*: ***~ of the head*** Zeichen *n* mit dem Kopf; **4.** Antrieb *m*: ***of one's own ~*** aus eigenem Antrieb, *a.* freiwillig; **5.** *pl.* Schritte *pl.*, Handlungen *pl.*: ***watch s.o.'s ~s***; **6.** ⚖, *parl. etc.* Antrag *m*: ***carry a ~*** e-n Antrag durchbringen; ***~ of no confidence*** Mißtrauensantrag *m*; **7.** *physiol.* Stuhlgang *m*; **II** *v/i.* **8.** winken (***with*** mit, ***to*** *dat.*); **III** *v/t.* **9.** *j-m* (zu)winken, *j-n* durch e-n Wink auffordern (***to do*** zu tun), *j-n wohin* winken; **'mo·tion·less** [-lɪs] *adj.* bewegungslos, regungslos, unbeweglich.

mo·tion| pic·ture *s.* Film *m*; **'~-ˌpic·ture** *adj.* Film…: ***~ camera***; ***~ projector*** Filmprojektor *m*; **~ stud·y** *s.* Bewegungs-, Rationalisierungsstudie *f*; **~ ther·a·py** *s.* ⚕ Be'wegungstheraˌpie *f*.

mo·ti·vate ['məʊtɪveɪt] *v/t.* **1.** motivieren: a) *et.* begründen, b) *j-n* anregen, anspornen; **2.** *et.* anregen, her'vorrufen; **mo·ti·va·tion** [ˌməʊtɪ'veɪʃn] *s.* **1.** Motivierung *f*: a) Begründung *f*, b) Motivati'on *f*, Ansporn *m*, Antrieb *m*: ***~ research*** Motivforschung *f*; **2.** Anregung *f*.

mo·tive ['məʊtɪv] **I** *s.* **1.** Mo'tiv *n*, Beweggrund *m*, Antrieb *m* (***for*** zu); **2.** → ***motif*** 1 *u.* 2; **II** *adj.* **3.** bewegend, treibend (*a. fig.*): ***~ power*** Triebkraft *f*; **III** *v/t.* **4.** *mst pass.* der Beweggrund sein von, veranlassen: ***an act ~d by hatred*** e-e vom Haß diktierte Tat.

mo·tiv·i·ty [məʊ'tɪvətɪ] *s.* Bewegungsfähigkeit *f*, -kraft *f*.

mot·ley ['mɒtlɪ] **I** *adj.* **1.** bunt (*a. fig. Menge etc.*), scheckig; **II** *s.* **2.** *hist.* Narrenkleid *n*; **3.** Kunterbunt *n*.

mo·tor ['məʊtə] **I** *s.* **1.** ⚙ (*bsd.* E'lektro-, Verbrennungs)Motor *m*; **2.** *fig.* treibende Kraft; **3.** *bsd. Brit.* a) Kraftwagen *m*, Auto *n*, b) Motorfahrzeug *n*; **4.** *anat.* a) Muskel *m*, b) mo'torischer Nerv; **II** *adj.* **5.** bewegend, (an)treibend; **6.** Motor…; **7.** Auto…; **8.** *anat.* mo'torisch; **III** *v/i.* **9.** *mot.* fahren; **IV** *v/t.* **10.** in e-m Kraftfahrzeug befördern; **~ ac·ci·dent** *s.* Autounfall *m*; **~ am·bu·lance** *s.* Krankenwagen *m*, Ambu'lanz *f*; **'~-asˌsist·ed** *adj.*: ***~ bicycle*** a) Fahrrad *n* mit Hilfsmotor, b) Mofa *n*; **~ bi·cy·cle** → ***motorcycle***; **'~·bike** F *für* ***motorcycle***; **'~·boat** *s.* Motorboot *n*; **'~·bus** *s.* Autobus *m*; **'~·cade** [-keɪd] *s.* 'Autokoˌlonne *f*; **'~·car** *s.* **1.** Kraftwagen *m*, Auto(mo'bil) *n*: ***~ industry*** Automobilindustrie *f*; **2.** 🚃 Triebwagen *m*; **~ car·a·van** *s. Brit.* 'Wohnmoˌbil *n*; **~ coach** → ***coach*** 3; **~ court** → ***motel***; **'~ˌcy·cle I** *s.* Motorrad *n*; **II** *v/i.* a) Motorrad fahren, b) mit dem Motorrad fahren; **'~ˌcy·clist** *s.* Motorradfahrer(in); **'~-ˌdriv·en** *adj.* mit Motorantrieb, Motor…; **'~·drome** [-drəʊm] *s.* Moto'drom *n*.

mo·tored ['məʊtəd] *adj.* ⚙ **1.** motorisiert, mit e-m Motor *od.* mit Mo'toren (versehen); **2.** …motorig.

mo·tor| en·gine *s.* 'Kraftmaˌschine *f*; **~ fit·ter** *s.* Autoschlosser *m*; **~ home** 'Wohnmoˌbil *n*.

mo·tor·ing ['məʊtərɪŋ] *s.* Autofahren *n*; Motorsport *m*: ***school of ~*** Fahrschule *f*; **'mo·tor·ist** [-ɪst] *s.* Kraft-, Autofahrer(in).

mo·tor·i·za·tion [ˌməʊtəraɪ'zeɪʃn] *s.* Motorisierung *f*; **mo·tor·ize** ['məʊtəraɪz] *v/t.* ⚙ *u.* ⚔ motorisieren: ***~d unit*** ⚔ (voll)motorisierte Einheit.

mo·tor launch *s.* 'Motorbarˌkasse *f*.

mo·tor·less ['məʊtəlɪs] *adj.* motorlos: ***~ flight*** Segelflug *m*.

mo·tor| lor·ry *s. Brit.* Lastkraftwagen *m*; **'~·man** [-mən] *s.* [*irr.*] Wagenführer *m*; **~ me·chan·ic** *s.* 'Automeˌchaniker *m*; **~ nerve** *s. anat.* mo'torischer Nerv, Bewegungsnerv *m*; **~ oil** *s.* Motoröl *n*; **~ pool** *s.* Fahrbereitschaft *f*; **~ road** *s.* Autostraße *f*; **~ scoot·er** *s.* Motorroller *m*; **~ ship** *s.* Motorschiff *n*; **~ show** *s.* Automo'bilausstellung *f*; **~ start·er** *s.* (Motor)Anlasser *m*; **~ tor·pe·do boat** *s.* ⚓, ⚔ Schnellboot *n*; **~ trac·tor** *s.* Traktor *m*, Schlepper *m*, 'Zugmaˌschine *f*; **~ truck** *s.* **1.** *bsd. Am.* Lastkraftwagen *m*; **2.** ⚡ E'lektrokarren *m*; **~ van** *s. Brit.* Lieferwagen *m*; **~ ve·hi·cle** *s.* Kraftfahrzeug *n*; **'~·way** *s. Brit.* Autobahn *f*.

mot·tle ['mɒtl] *v/t.* sprenkeln, marmorieren; **'mot·tled** [-ld] *adj.* gesprenkelt, gefleckt, bunt.

mot·to ['mɒtəʊ] *pl.* **-toes, -tos** *s.* Motto *n*, Wahl-, Sinnspruch *m*.

mou·jik ['mu:ʒɪk] → ***muzhik***.

mould[1] [məʊld] **I** *s.* **1.** ⚙ (Gieß-, Guß-) Form *f*: ***cast in the same ~*** *fig.* aus demselben Holz geschnitzt; **2.** (Körper-) Bau *m*, Gestalt *f*, (*äußere*) Form; **3.** Art *f*, Na'tur *f*, Cha'rakter *m*; **4.** ⚙ a) Hohlform *f*, b) Preßform *f*, c) Ko'kille *f*, Hartgußform *f*, d) Ma'trize *f*, e) ('Form)Moˌdell *n*, f) Gesenk *n*; **5.** ⚙ a) 'Gußmateriˌal *n*, b) Guß(stück *n*) *m*; **6.** *Schiffbau*: Mall *n*; **7.** △ a) Sims *m*, *n*, b) Leiste *f*, c) Hohlkehle *f*; **8.** *Küche*: Form *f* (*für Speisen*): ***jelly ~*** Puddingform; **9.** *geol.* Abdruck *m* (*Versteinerung*); **II** *v/t.* **10.** ⚙ gießen; (ab)formen, modellieren; pressen; *Holz* profilieren; ⚓ abmallen; **11.** formen (*a. fig. Charakter*), bilden, gestalten (***on*** nach dem Muster von); **III** *v/i.* **12.** Gestalt annehmen, sich formen.

mould[2] [məʊld] **I** *s.* **1.** Schimmel *m*, Moder *m*; **2.** ⚘ Schimmelpilz *m*; **II** *v/i.* **3.** schimm(e)lig werden, (ver-) schimmeln.

mould[3] [məʊld] *s.* **1.** lockere Erde, Gartenerde *f*; **2.** Humus(boden) *m*.

mould·a·ble ['məʊldəbl] *adj.* (ver-) formbar, bildsam: ***~ material*** ⚙ Preßmasse *f*.

mould·er[1] ['məʊldə] *s.* **1.** ⚙ Former *m*, Gießer *m*; **2.** *fig.* Gestalter(in).

mould·er[2] ['məʊldə] *v/i. a.* ***~ away*** vermodern, (*zu Staub*) zerfallen.

mould·i·ness ['məʊldɪnɪs] *s.* Moder *m*, Schimm(e)ligkeit *f*; (*a. fig.*) Schalheit *f*; *fig. sl.* Fadheit *f*.

mould·ing ['məʊldɪŋ] *s.* **1.** Formen *n*, Formgebung *f*; **2.** Formgieße'rei *f*, -arbeit *f*; Modellieren *n*; **3.** Formstück *n*; Preßteil *n*; **4.** → ***mould***[1] 7; **~ board** *s.* **1.** Formbrett *n*; **2.** *Küche*: Kuchen-, Nudelbrett *n*; **~ clay** *s.* ⚙ Formerde *f*, -ton *m*; **~ ma·chine** *s.* **1.** *Holzbearbeitung*: 'Kehl(hobel)maˌschine *f*; **2.** *metall.* 'Formmaˌschine *f*; **3.** 'Spritzmaˌschine *f* (*für Spritzguß etc.*); **~ press** *s.* Formpresse *f*; **~ sand** *s.* Formsand *m*.

mould·y ['məʊldɪ] *adj.* **1.** schimm(e)lig; **2.** Schimmel…, schimmelartig: ***~ fungi*** Schimmelpilze; **3.** muffig, schal (*a. fig.*), *sl.* fad.

moult [məʊlt] *zo.* **I** *v/i.* (sich) mausern (*a. fig.*); sich häuten; **II** *v/t. Federn*, *Haut* abwerfen, verlieren; **III** *s.* Mauser(ung) *f*; Häutung *f*.

mound[1] [maʊnd] *s.* **1.** Erdwall *m*, -hügel *m*; **2.** Damm *m*; **3.** *Baseball*: Abwurfstelle *f*.

mound[2] [maʊnd] *s. hist.* Reichsapfel *m*.

mount[1] [maʊnt] **I** *v/t.* **1.** *Berg*, *Pferd*, *Barrikaden etc.*, *fig. den Thron* besteigen; *Treppen* hin'aufgehen, ersteigen; *Fluß* hin'auffahren; **2.** beritten machen: ***~ troops***; ***~ed police*** berittene Polizei; **3.** errichten; *a. Maschine* aufstellen, montieren (*a. phot.*, *TV*); anbringen, einbauen, befestigen; *Papier*, *Bild* aufkleben, -ziehen; *Edelstein* fassen; *Messer etc.* mit e-m Griff versehen, stielen; ⚕ *Versuchsobjekt* präparieren; *Präparat im Mikroskop* fixieren; **4.** zs.-bauen, -stellen, arrangieren; *thea. Stück* inszenieren, *fig. a.* aufziehen; **5.** ⚔ a) *Geschütz* in Stellung bringen, b) *Posten* aufstellen; → ***guard*** 9; **6.** ⚓ bewaffnet sein mit, *Geschütz* führen; **II** *v/i.* **7.** (auf-, em'por-, hoch)steigen; **8.** *fig.* (an)wachsen, steigen, sich auftürmen (*bsd. Schulden*, *Schwierigkeiten etc.*): ***~ing suspense*** (***debts***) wachsende Spannung (Schulden); **9.** *oft* ***~ up*** sich belaufen (***to*** auf *acc.*); **III** *s.* **10.** Gestell *n*; ⚙ Ständer *m*, Halterung *f*, 'Untersatz *m*; Fassung *f*; (Wechsel)Rahmen *m*, Passepar'tout *n*; 'Aufziehkarˌton *m*; ⚔ (Ge'schütz)Laˌfette *f*; Ob'jektträger *m* (*Mikroskop*); **11.** Pferd *n*, Reittier *n*.

mount[2] [maʊnt] *s.* **1.** *poet.* a) Berg *m*, b) Hügel *m*; **2.** ℒ (*in Eigennamen*) Berg *m*: ***ℒ Sinai***; ***ℒ of Venus*** *Handlesekunst f*: Venusberg *m*.

moun·tain ['maʊntɪn] **I** *s.* Berg *m* (*a. fig. von Arbeit etc.*); *pl.* Gebirge *n*: ***make a ~ out of a molehill*** aus e-r Mücke e-n Elefanten machen; **II** *adj.* Berg…, Gebirgs…: ***~ artillery*** Gebirgsartillerie *f*; **~ ash** *s. e-e* Eberesche *f*; **~ bike** *s.* Mountain bike *n*, Geländefahrrad *n*; **~ chain** *s.* Berg-, Gebirgskette *f*; **~ crys·tal** *s.*

ˈBergkriˌstall *m*; ~ **cock** *s.* Auerhahn *m.*

moun·tained [ˈmaʊntɪnd] *adj.* bergig, gebirgig.

moun·tain·eer [ˌmaʊntɪˈnɪə] **I** *s.* **1.** Bergbewohner(in); **2.** Bergsteiger(in); **II** *v/i.* **3.** bergsteigen; ˌ**moun·tainˈeer·ing** [-ˈnɪərɪŋ] **I** *s.* Bergsteigen *n*; **II** *adj.* bergsteigerisch; **moun·tain·ous** [ˈmaʊntɪnəs] *adj.* **1.** bergig, gebirgig; **2.** Berg…, Gebirgs…; **3.** *fig.* riesig, gewaltig.

moun·tain| rail·way *s.* Bergbahn *f*; ~ **range** *s.* Gebirgszug *m*, -kette *f*; ~ **sick·ness** *s.* ⚕ Berg-, Höhenkrankheit *f*; ˈ~**·side** *s.* Berg(ab)hang *m*; ~ **slide** *s.* Bergrutsch *m*; ♀ **State** *s. Am.* (*Beiname für*) a) Monˈtana *n*, b) West Virˈginia *n* (*USA*); ~ **troops** *s. pl.* Gebirgstruppen *pl.*; ~ **wood** *s.* ˈHolzasˌbest *m.*

moun·te·bank [ˈmaʊntɪbæŋk] *s.* **1.** Quacksalber *m*; Marktschreier *m*; **2.** Scharlatan *m.*

mount·ing [ˈmaʊntɪŋ] *s.* **1.** ⚙ a) Einbau *m*, Aufstellung *f*, Monˈtage *f* (*a. phot., TV etc.*), b) Gestell *n*, Rahmen *m*, c) Befestigung *f*, Aufhängung *f*, d) (Auf-)Lagerung *f*, e) Armaˈtur *f*, f) (Ein)Fassung *f* (*Edelstein*), g) Ausstattung *f*, h) *pl.* Fenster-, Türbeschläge *pl.*, i) *pl.* Gewirre *n* (*an Türschlössern*), j) (*Weberei*) Geschirr *n*, Zeug *n*; **2.** ϟ (Ver-)Schaltung *f*, Installatiˈon *f*; ~ **brack·et** *s.* Befestigungsschelle *f.*

mourn [mɔːn] **I** *v/i.* **1.** trauern, klagen (***at, over*** über *acc.*; ***for, over*** um); **2.** Trauer(kleidung) tragen, trauern; **II** *v/t.* **3.** *j-n* betrauern, *a. et.* beklagen, trauern um *j-n*; ˈ**mourn·er** [-nə] *s.* Trauernde(r *m*) *f*, Leidtragende(r *m*) *f*; ˈ**mourn·ful** [-fʊl] *adj.* □ trauervoll, traurig, düster, Trauer…

mourn·ing [ˈmɔːnɪŋ] **I** *s.* **1.** Trauer(n *n*) *f*; ***national*** ~ Staatstrauer; **2.** Trauer(-kleidung) *f*: ***in*** ~ in Trauer; ***go into*** (***out of***) ~ Trauer anlegen (die Trauer ablegen); **II** *adj.* □ **3.** trauernd; **4.** Trauer…: ~ ***band*** Trauerband *n*, -flor *m*; ~ **bor·der**, ~ **edge** *s.* Trauerrand *m*; ~ **pa·per** *s.* Paˈpier *n* mit Trauerrand.

mouse [maʊs] **I** *pl.* **mice** [maɪs] *s.* **1.** *zo.*, *a. Computer*: Maus *f*: ~***trap*** Mausefalle *f* (*a. fig.*); **2.** ⚙ Zugleine *f* mit Gewicht; **3.** F Feigling *m*; **4.** *sl.* ‚blaues Auge', ‚Veilchen' *n*; **II** *v/i.* [maʊz] **5.** mausen, Mäuse fangen; ˈ~**-ˌcol·o(u)red** *adj.* mausfarbig, -grau.

mousse [muːs] *s.* Schaumspeise *f.*

mous·tache [məˈstɑːʃ] *s.* Schnurrbart *m* (*a. zo.*).

mous·y [ˈmaʊsɪ] *adj.* **1.** von Mäusen heimgesucht; **2.** mausartig; mausgrau; **3.** *fig.* grau, trüb; **4.** *fig.* leise; furchtsam; farblos; unscheinbar.

mouth [maʊθ] **I** *pl.* **mouths** [maʊðz] *s.* **1.** Mund *m*: ***give*** ~ Laut geben, anschlagen (*Hund*); ***by word*** (*od.* ***way***) ***of*** ~ mündlich; ***keep one's*** ~ ***shut*** F den Mund halten; ***shut s.o.'s*** ~ j-m den Mund stopfen; ***stop s.o.'s*** ~ j-m (durch Bestechung) den Mund stopfen; ***down in the*** ~ F niedergeschlagen, bedrückt; → ***wrong*** 2; **2.** Maul *n*, Schnauze *f*, Rachen *m* (*Tier*); **3.** Mündung *f* (*Fluß, Kanone etc.*); Öffnung *f* (*Flasche, Sack*); Ein-, Ausgang *m* (*Höhle, Röhre etc.*); Ein-, Ausfahrt *f* (*Hafen etc.*); ♪ → ***mouthpiece*** 1; **4.** ⚙ a) Mundloch *n*, b) Schnauze *f*, c) Öffnung *f*, d) Gichtöffnung *f* (*Hochofen*), e) Abstichloch *n* (*Hoch-, Schmelzofen*); **II** *v/t.* [maʊð] **5.** (*bsd.* affekˈtiert *od.* gespreizt) (aus-)sprechen; **6.** *Worte* (*unhörbar*) mit den Lippen formen; **7.** in den Mund *od.* ins Maul nehmen; ˈ**mouth·ful** [-fʊl] *pl.* **-fuls** *s.* **1.** *ein* Mundvoll *m*, Brocken *m* (*a. fig. ellenlanges Wort*); **2.** kleine Menge; **3.** *sl.* großes Wort.

ˈ**mouth|-ˌor·gan** *s.* ♪ **1.** ˈMundharˌmonika *f*; **2.** Panflöte *f*; ˈ~**·piece** *s.* **1.** ♪ Mundstück *n*, Ansatz *m*; **2.** ⚙ a) Schalltrichter *m*, Sprechmuschel *f*, b) Mundstück *n* (*a. e-r Tabakspfeife od. Gasmaske*), Tülle *f*; **3.** *fig.* Sprachrohr *n* (*a. Person*); ⚖ *sl.* (Straf)Verteidiger *m*; **4.** Gebiß *n* (*Pferdezaum*); **5.** *Boxen*: Zahnschutz *m*; ˌ~**-to-ˈ~ res·pi·ra·tion** *s.* ⚕ Mund-zu-Mund-Beatmung *f*; ˈ~**·wash** *s.* Mundwasser *n*; ˈ~**-ˌwa·ter·ing** *adj.* lecker.

mov·a·bil·i·ty [ˌmuːvəˈbɪlətɪ] *s.* Beweglichkeit *f*, Bewegbarkeit *f.*

mov·a·ble [ˈmuːvəbl] **I** *adj.* □ **1.** beweglich (*a.* ⚙; *a.* ⚖ *Eigentum, Feiertag*), bewegbar: ~ ***goods*** → 5; **2.** a) verschiebbar, verstellbar, b) fahrbar; **3.** A ortsveränderlich; **II** *s.* **4.** *pl.* Möbel *pl.*; **5.** *pl.* ⚖ Moˈbilien *pl.*, bewegliche Habe; ~ **kid·ney** *s.* ⚕ Wanderniere *f.*

move [muːv] **I** *v/t.* **1.** fortbewegen, -rükken, von der Stelle bewegen, verschieben; ⚔ *Einheit* verlegen: ~ ***up*** a) *Truppen* heranbringen, b) *ped. Brit. Schüler* versetzen; F ~ ***it*** Tempo!; **2.** entfernen, fortbringen, -schaffen; **3.** bewegen (*a. fig.*), in Bewegung setzen *od.* halten, (an)treiben: ~ ***on*** vorwärtstreiben; **4.** *fig.* bewegen, rühren, ergreifen: ***be*** ~***d to tears*** zu Tränen gerührt sein; **5.** *j-n* veranlassen, bewegen, hinreißen (***to*** zu): ~ ***to anger*** erzürnen; **6.** *Schach etc.*: e-n Zug machen mit, ziehen; **7.** *et.* beantragen, Antrag stellen auf (*acc.*), vorschlagen: ~ ***an amendment*** *parl.* e-n Abänderungsantrag stellen; **8.** *Antrag* stellen, einbringen; **II** *v/i.* **9.** sich bewegen, sich rühren, sich regen; ⚙ laufen, in Gang sein (*Maschine etc.*); **10.** sich fortbewegen, gehen, fahren: ~ ***on*** weitergehen: ~ ***with the times*** *fig.* mit der Zeit gehen; **11.** sich entfernen, abziehen, abmarschieren; *wegen Wohnungswechsels* (ˈum)ziehen (***to*** nach): ~ ***in*** einziehen; ***if*** ~***d*** falls verzogen; **12.** fortschreiten, weitergehen (*Vorgang*); **13.** verkehren, sich bewegen: ~ ***in good society***; **14.** a) vorgehen, Schritte unterˈnehmen (***in s.th.*** in e-r Sache, ***against*** gegen), b) *a.* ~ ***in*** handeln, zupacken, losschlagen: ***he*** ~***d quickly***; **15.** ~ ***for*** beantragen, (e-n) Antrag stellen auf (*acc.*); ~ ***that*** beantragen, daß; **16.** *Schach etc.*: e-n Zug machen, ziehen; **17.** ⚕ sich entleeren (*Darm*); **18.** ~ ***up*** ⚚ anziehen, steigen (*Preise*); **III** *s.* **19.** (Fort)Bewegung *f*, Aufbruch *m*: ***on the*** ~ in Bewegung, auf den Beinen; ***get a*** ~ ***on!*** *sl.* Tempo!, mach(t) schon!; ***make a*** ~ a) aufbrechen, sich (von der Stelle) rühren, b) → 14 b; **20.** ˈUmzug *m*; **21.** *Schach etc.*: Zug *m*; *fig.* Schritt *m*, Maßnahme *f*: ***a clever*** ~ ein kluger Schachzug (*od.* Schritt); ***make the first*** ~ den ersten Schritt tun; ˈ**move·ment** [-mənt] *s.* **1.** Bewegung *f* (*a. fig., pol., eccl., paint. etc.*); ⚔, ⚓ (Truppen- *od.* Flotten)Bewegung *f*: ~ ***by air*** Lufttransport *m*; **2.** *mst pl.* Handeln *n*, Schritte *pl.*, Maßnahmen *pl.*; **3.** (rasche) Entwicklung, Fortschreiten *n* (*von Ereignissen, e-r Handlung*); **4.** Bestrebung *f*, Tenˈdenz *f*, (moˈderne) Richtung; **5.** ♪ a) Satz *m*: ***a*** ~ ***of a sonata***, b) Tempo *n*; **6.** ⚙ a) Bewegung *f*, b) Lauf *m* (*Maschine*), c) Gang-, Gehwerk *n* (*der Uhr*), ˈAntriebsmechaˌnismus *m*; **7.** *a.* ~ ***of the bowels*** ⚕ Stuhlgang *m*; **8.** ⚚ (Kurs-, Preis)Bewegung *f*; ˈUmsatz *m* (*Börse, Markt*): ***downward*** ~ Senkung *f*, Fallen *n*; ***retrograde*** ~ rückläufige Bewegung; ***upward*** ~ Steigen *n*, Aufwärtsbewegung *f* (*der Preise*); ˈ**mov·er** [-və] *s.* **1.** *fig.* treibende Kraft, Triebkraft *f*, Antrieb *m* (*a. Person*); **2.** ⚙ Triebwerk *n*, Motor *m*; → ***prime mover***; **3.** Antragsteller(in); **4.** *Am.* a) Speˈdiˈteur *m*, b) (Möbel)Packer *m.*

mov·ie [ˈmuːvɪ] *Am.* F **I** *s.* **1.** Film(streifen) *m*; **2.** *pl.* a) Filmwesen *n*, b) Kino *n*, c) Kinovorstellung *f*: ***go to the*** ~***s*** ins Kino gehen; **II** *adj.* **3.** Film…, Kino…, Lichtspiel…: ~ ***camera*** Filmkamera *f*; ~ ***projector*** Filmprojektor *m*; ~ ***star*** Filmstar *m*; ˈ~**-ˌgo·er** *s. Am.* F Kinobesucher(in).

mov·ing [ˈmuːvɪŋ] *adj.* □ **1.** beweglich, sich bewegend; **2.** bewegend, treibend: ~ ***power*** treibende Kraft; **3.** a) rührend, bewegend, b) eindringlich, pakkend; ~ **coil** *s.* ϟ Drehspule *f*; ~ **mag·net** *s.* ˈDrehmaˌgnet *m*; ~ **pic·ture** F → ***motion picture***; ~ **stair·case** *s.* Rolltreppe *f*; ~ **van** *s.* Möbelwagen *m.*

mow¹ [məʊ] **I** *v/t.* [*a. irr.*] (ab)mähen, schneiden: ~ ***down*** niedermähen (*a. fig.*); **II** *v/i.* [*a. irr.*] mähen.

mow² [maʊ] *s.* **1.** Getreidegarbe *f*, Heuhaufen *m*; **2.** Heu-, Getreideboden *m.*

mow·er [ˈməʊə] *s.* **1.** Mäher(in), Schnitter(in); **2.** a) Rasenmäher *m*, b) → ˈ**mow·ing-maˌchine** [ˈməʊɪŋ-] *s.* ˈMähmaˌschine *f.*

mown [məʊn] *p.p. von* ***mow***¹.

Mr, Mr. → ***mister*** 1.

Mrs, Mrs. [ˈmɪsɪz] *s.* Frau *f* (*Anrede für verheiratete Frauen*): ***Mrs Smith***.

Ms, Ms. [mɪz] *Anrede für Frauen ohne Berücksichtigung des Familienstandes.*

mu [mjuː] *s.* My *n* (*griechischer Buchstabe*).

much [mʌtʃ] **I** *s.* **1.** Menge *f*, große Sache, Besondere(s) *n*: ***nothing*** ~ nichts Besonderes; ***it did not come to*** ~ es kam nicht viel dabei heraus; ***think*** ~ ***of s.o.*** viel von j-m halten; ***he is not*** ~ ***of a dancer*** er ist kein großer Tänzer; → ***make*** 21; **II** *adj.* **2.** viel: ***too*** ~ zu viel; **III** *adv.* **3.** sehr: ~ ***to my regret*** sehr zu m-m Bedauern; **4.** (*in Zssgn*) viel…: ~***-admired***; **5.** (*vor comp.*) viel, weit: ~ ***stronger***; **6.** (*vor sup.*) bei weitem, weitaus: ~ ***the oldest***; **7.** fast: ***he did it in*** ~ ***the same way*** er tat es auf ungefähr die gleiche Weise; ***it is*** ~ ***the same thing*** es ist ziemlich dasselbe; *Besondere Redewendungen*: ~ ***as I would like*** so gern ich (auch) möchte; ***as*** ~ ***as*** so viel wie; ***he did not as*** ~ ***as write*** er schrieb nicht einmal; ***as*** ~ ***again*** noch einmal soviel; ***he said as*** ~ das war (ungefähr) der Sinn s-r

Worte; ***this is as ~ as to say*** das heißt mit anderen Worten; ***as ~ as to say*** als wenn er (*etc.*) sagen wollte; ***I thought as ~*** das habe ich mir gedacht; ***so ~*** a) so sehr, b) so viel, c) lauter, nichts als; ***so ~ the better*** um so besser; ***so ~ for our plans*** soviel (wäre also) zu unseren Plänen (zu sagen); ***not so ~ as*** nicht einmal; ***without so ~ as to move*** ohne sich auch nur zu bewegen; ***so ~ so*** (und zwar) so sehr; ***~ less*** a) viel weniger, b) geschweige denn; ***~ like a child*** ganz wie ein Kind.

much·ly [ˈmʌtʃlɪ] *adv. obs. od. humor.* sehr, viel, besonders; **ˈmuch·ness** [-tʃnɪs] *s.* große Menge: ***much of a ~*** F ziemlich *od.* praktisch dasselbe.

mu·ci·lage [ˈmjuːsɪlɪdʒ] *s.* **1.** ⚘ (Pflanzen)Schleim *m*; **2.** *bsd. Am.* Klebstoff *m*, Gummilösung *f*; **mu·ci·lag·i·nous** [ˌmjuːsɪˈlædʒɪnəs] *adj.* **1.** schleimig; **2.** klebrig.

muck [mʌk] **I** *s.* **1.** Mist *m*, Dung *m*; **2.** Kot *m*, Dreck *m*, Unrat *m*, Schmutz *m* (*a. fig.*); **3.** *Brit.* F Blödsinn *m*, ‚Mist' *m*: ***make a ~ of*** → 6; **II** *v/t.* **4.** düngen; *a.* ***~ out*** ausmisten; **5.** *oft* ***~ up*** F beschmutzen; **6.** *sl.* verpfuschen, verhunzen, ‚vermasseln'; **III** *v/i.* **7.** *mst* ***~ about*** *sl.* a) herˈumlungern, b) herˈumpfuschen (***with*** an *dat.*), c) herˈumalbern; **8.** ***~ in*** F mit anpacken; **ˈmuck·er** [-kə] *s.* **1.** *sl.* a) ‚Blödmann' *m*, b) ‚Kumpel' *m*; **2.** ⚒ Lader *m*: ***~'s car*** Minenhund *m*; **3.** *sl.* a) schwerer Sturz, b) *fig.* ‚Reinfall' *m*: ***come a ~*** auf die ‚Schnauze' fallen, *fig. a.* ‚reinfallen'.

ˈmuck|-hill *s.* Mist-, Dreckhaufen *m*; **ˈ~-rake** *v/i. fig.* im Schmutz herˈumwühlen; *Am. sl.* Skanˈdale aufdecken; **ˈ~ˌrak·er** *s. Am.* Skanˈdalmacher *m*.

muck·y [ˈmʌkɪ] *adj.* schmutzig, dreckig (*a. fig.*).

mu·cous [ˈmjuːkəs] *adj.* schleimig, Schleim…: ***~ membrane*** Schleimhaut *f*; **ˈmu·cus** [-kəs] *s. biol.* Schleim *m*.

mud [mʌd] *s.* **1.** Schlamm *m*, Matsch *m*: ***~ and snow tyres*** (*Am.* ***tires***) *mot.* Matsch-u.-Schnee-Reifen; **2.** Moˈrast *m*, Kot *m*, Schmutz *m* (*alle a. fig.*): ***drag in the ~*** *fig.* in den Schmutz ziehen; ***stick in the ~*** im Schlamm steckenbleiben, *fig.* aus dem Dreck nicht mehr herauskommen; ***sling*** (*od.* ***throw***) ***~ at s.o.*** *fig.* j-n mit Schmutz bewerfen; ***his name is ~ with me*** er ist für mich erledigt; ***~ in your eye!*** F prost!; → ***clear*** 1; **ˈ~-bath** *s.* ⚕ Moor-, Schlammbad *n*.

mud·di·ness [ˈmʌdɪnɪs] *s.* **1.** Schlammigkeit *f*, Trübheit *f* (*a. des Lichts*); **2.** Schmutzigkeit *f*.

mud·dle [ˈmʌdl] **I** *s.* **1.** Durcheinˈander *n*, Unordnung *f*, Wirrwarr *m*: ***make a ~ of s.th.*** et. durcheinanderbringen *od.* ‚vermasseln'; ***get into a ~*** in Schwierigkeiten geraten; **2.** Verworrenheit *f*, Unklarheit *f*: ***be in a ~*** in Verwirrung *od.* verwirrt sein; **II** *v/t.* **3.** *Gedanken etc.* verwirren: ***~ up*** verwechseln, durcheinanderwerfen; **4.** in Unordnung bringen, durcheinˈanderbringen; **5.** ‚benebeln' (*bsd. durch Alkohol*): ***~ one's brains*** sich benebeln; **6.** verpfuschen, verderben; **III** *v/i.* **7.** pfuschen, stümpern, ‚wursteln': ***~ about*** herumwursteln (***with*** an *dat.*); ***~ on*** weiterwursteln; ***~ through*** sich durchwursteln; **ˈmud·dle·dom** [-dəm] *s. humor.* Durcheinˈander *n*; **ˈmud·dle-ˌhead·ed** *adj.* wirr (-köpfig), konˈfus; **ˈmud·dler** [-lə] *s.* **1.** j-d, der sich ˈdurchwurstelt; Wirrkopf *m*; Pfuscher *m*; **2.** *Am.* (ˈUm)Rührlöffel *m*.

mud·dy [ˈmʌdɪ] **I** *adj.* □ **1.** schlammig, trüb(e) (*a. Licht*); Schlamm…: ***~ soil***; **2.** schmutzig; **3.** *fig.* unklar, verworren, konˈfus; **4.** verschwommen (*Farbe*); **II** *v/t.* **5.** trüben; **6.** beschmutzen.

ˈmud|·guard *s.* **1.** a) *mot.* Kotflügel *m*, b) Schutzblech *n* (*Fahrrad*); **2.** ⚙ Schmutzfänger *m*; **ˈ~·hole** *s.* **1.** Schlammloch *n*; **2.** ⚙ Schlammablaß *m*; **ˈ~·lark** *s.* Gassenjunge *m*, Dreckspatz *m*; ***~ pack*** *s.* ⚕ Fangopackung *f*; **ˈ~ˌsling·er** [-ˌslɪŋə] *s.* F Verleumder (-in); **ˈ~ˌsling·ing** [-ˌslɪŋɪŋ] F **I** *s.* Beschmutzung *f*, Verleumdung *f*; **II** *adj.* verleumderisch.

muff [mʌf] **I** *s.* **1.** Muff *m*; **2.** F *sport. u. fig.* ‚Patzer' *m*; **3.** F ‚Flasche' *f*, Stümper *m*; **4.** ⚙ a) Stutzen *m*, b) Muffe *f*; **II** *v/t.* **5.** F *sport u. fig.* ‚verpatzen'; **III** *v/i.* **6.** F ‚patzen'.

muf·fin [ˈmʌfɪn] *s.* Muffin *n*: a) *Brit.* Hefeteigsemmel *f*, b) *Am. kleine süße Semmel*.

muf·fle [ˈmʌfl] **I** *v/t.* **1.** *oft* ***~ up*** einhüllen, einwickeln; *Ruder* umˈwickeln; **2.** *Ton etc.* dämpfen (*a. fig.*); **II** *s.* **3.** *metall.* Muffel *f*: ***~ furnace*** Muffelofen *m*; **4.** ⚙ Flaschenzug *m*; **ˈmuf·fler** [-lə] *s.* **1.** (dicker) Schal *m*, Halstuch *n*; **2.** ⚙ Schalldämpfer *m*; *mot.* Auspufftopf *m*; ♪ Dämpfer *m*.

muf·ti [ˈmʌftɪ] *s.* **1.** Mufti *m*; **2.** ⚔ Ziˈvilkleidung *f*: ***in ~*** in Zivil.

mug [mʌg] **I** *s.* **1.** Krug *m*; **2.** Becher *m*; **3.** *sl.* a) Viˈsage *f*, Gesicht *n*: ***~ shot*** Kopfbild *n* (*bsd. für das Verbrecheralbum*), *Film etc.*: Großaufnahme *f*, b) ‚Fresse' *f*, Mund *m*, c) Griˈmasse *f*; **4.** *Brit. sl.* a) Trottel *m*, b) Büffler *m*, Streber *m*; **5.** *Am. sl.* a) Boxer *m*, b) Gaˈnove *m*; **II** *v/t.* **6.** *sl. bsd. Verbrecher* fotografieren; **7.** *sl.* überˈfallen, niederschlagen u. ausrauben; **8.** *a.* ***~ up*** *Brit. sl.* ‚büffeln', ‚ochsen'; **III** *v/i.* **9.** *sl.* Griˈmassen schneiden; **10.** *Am. sl.* ‚schmusen'; **ˈmug·ger** [-gə] *s. sl.* Straßenräuber *m*.

mug·gi·ness [ˈmʌgɪnɪs] *s.* **1.** Schwüle *f*; **2.** Muffigkeit *f*; **ˈmug·ging** [-gɪŋ] *s. sl.* ˈRaubˌüberfall *m* (auf der Straße); **mug·gy** [ˈmʌgɪ] *adj.* **1.** schwül (*Wetter*); **2.** dumpfig, muffig.

ˈmug·wort *s.* ⚘ Beifuß *m*.

mug·wump [ˈmʌgwʌmp] *s. Am.* **1.** F ‚hohes Tier'; **2.** *pol. sl.* a) Unabhängige(r *m*) *f*, Einzelgänger(in), b) ‚Reˈbell(in)', Abtrünnige(r *m*) *f*.

mu·lat·to [mjuːˈlætəʊ] **I** *pl.* **-toes** *s.* Muˈlatte *m*, Muˈlattin *f*; **II** *adj.* Mulatten…

mul·ber·ry [ˈmʌlbərɪ] *s.* **1.** Maulbeerbaum *m*; **2.** Maulbeere *f*.

mulch [mʌltʃ] ⚘ **I** *s.* Mulch *m*; **II** *v/t.* mulchen.

mulct [mʌlkt] **I** *s.* **1.** Geldstrafe *f*; **II** *v/t.* **2.** mit e-r Geldstrafe belegen; **3.** a) *j-n* betrügen (***of*** um), b) *Geld etc.* ‚abknöpfen' (***from s.o.*** j-m).

mule [mjuːl] *s.* **1.** *zo.* a) Maultier *n*, b) Maulesel *m*; **2.** *biol.* Bastard *m*, Hyˈbride *f*; **3.** *fig.* sturer Kerl, Dickkopf *m*; **4.** ⚙ a) (Motor)Schlepper *m*, Traktor *m*, b) ˈFörderlokomoˌtive *f*, c) ˈMule-(spinn)maˌschine *f* (*Spinnerei*); **5.** Panˈtoffel *m*; **ˈmule-ˌjen·ny** → ***mule*** 4 c; **mule skin·ner**, *Am.* F **mu·le·teer** [ˌmjuːlɪˈtɪə] *s.* Maultiertreiber *m*; **mule track** *s.* Saumpfad *m*.

mul·ish [ˈmjuːlɪʃ] *adj.* □ störrisch, stur.

mull[1] [mʌl] **I** *v/t.* F verpatzen, verpfuschen; **II** *v/i.* ***~ over*** F *Am.* nachdenken, -grübeln über (*acc.*).

mull[2] [mʌl] *v/t. Getränk* heiß machen u. (süß) würzen: ***~ed wine*** Glühwein *m*.

mull[3] [mʌl] *s.* (⚕ Verband)Mull *m*.

mull[4] [mʌl] *s. Scot.* Vorgebirge *n*.

mul·la(h) [ˈmʌlə] *s. eccl.* Mulla *m*.

mul·le(i)n [ˈmʌlɪn] *s.* ⚘ Königskerze *f*, Wollkraut *n*.

mull·er [ˈmʌlə] *s.* ⚙ Reibstein *m*.

mul·let [ˈmʌlɪt] *s. ichth.* **1.** *a.* ***grey ~*** Meeräsche *f*; **2.** *a.* ***red ~*** Seebarbe *f*.

mul·li·gan [ˈmʌlɪgən] *s. Am.* F Eintopfgericht *n*.

mul·li·ga·taw·ny [ˌmʌlɪgəˈtɔːnɪ] *s.* Currysuppe *f*.

mul·li·grubs [ˈmʌlɪgrʌbz] *s. pl.* F **1.** Bauchweh *n*; **2.** miese Laune.

mul·lion [ˈmʌlɪən] *s.* ⌂ Mittelpfosten *m* (*Fenster etc.*).

mul·tan·gu·lar [mʌlˈtæŋgjʊlə] *adj.* vielwink(e)lig, -eckig.

mul·te·i·ty [mʌlˈtiːətɪ] *s.* Vielheit *f*.

multi- [mʌltɪ] *in Zssgn:* viel…, mehr…, …reich, Mehrfach…, Multi…

mul·ti [ˈmʌltɪ] *s.* ☤ F ‚Multi' *m*.

ˈmul·tiˌax·le drive *s. mot.* Mehrachsenantrieb *m*; **ˈmul·tiˌcol·o(u)r, ˈmul·tiˌcol·o(u)red** *adj.* mehrfarbig, Mehrfarben…; **ˌmul·tiˈen·gine(d)** *adj.* ˈmehrmoˌtorig.

mul·ti·far·i·ous [ˌmʌltɪˈfeərɪəs] *adj.* □ mannigfaltig.

ˈmul·ti·form *adj.* vielförmig, -gestaltig; **ˈmul·ti·graph** *typ.* **I** *s.* Verˈvielfältigungsmaˌschine *f*; **II** *v/t. u. v/i.* vervielfältigen; **ˈmul·ti·grid tube** *s.* ϟ Mehrgitterröhre *f*; **ˌmul·tiˈlat·er·al** *adj.* **1.** vielseitig (*a. fig.*); **2.** *pol.* mehrseitig, multilateˈral; **ˌmul·tiˈlin·gual** *adj.* mehrsprachig; **ˌmul·tiˈme·di·a** *s. pl.* Medienverbund *m*, Multiˈmedia *pl.*; **ˌmul·ti·mil·lionˈaire** *s.* ˈMultimillioˌnär *m*; **ˌmul·tiˈna·tion·al I** *adj. bsd.* ☤ multinatioˈnal; **II** *s.* multinatioˈnaler Konˈzern, ‚Multi' *m*; **mul·tip·a·rous** [mʌlˈtɪpərəs] *adj.* mehrgebärend; **ˌmul·tiˈpar·tite** *adj.* **1.** vielteilig; **2.** → ***multilateral*** 2.

mul·ti·ple [ˈmʌltɪpl] **I** *adj.* □ **1.** viel-, mehrfach; **2.** mannigfaltig; **3.** *biol.*, ⚕, ⩓ mulˈtipel; **4.** ⚙, ϟ a) Mehr(fach)…, Vielfach…: ***~ switch***, b) Parallel…; **5.** *ling.* zs.-gesetzt (*Satz*); **II** *s.* **6.** Vielfache(s) *n* (*a.* ⩓); **7.** *a.* ***~ connection*** ϟ Paralˈlelschaltung *f*: ***in ~*** parallel (geschaltet); ***~ birth*** *s.* ⚕ Mehrlingsgeburt *f*; ***~ choice ques·tion*** *s.* Auswahlfrage *f*; **ˈ~-disk clutch** *s. mot.* Laˈmellenkupplung *f*; ***~ fac·tors*** *s. pl. biol.* polyˈmere Gene *pl.*; **ˌ~-ˈpar·ty** *adj. pol.* Mehrparteien…: ***~ system***; ***~ plug*** *s.* ϟ Mehrfachstecker *m*; ***~ pro·duc·tion*** *s.* ☤ Serienherstellung *f*; ***~ root*** *s.* ⩓ mehrwertige Wurzel; ***~ scle·ro·sis*** *s.* ⚕ mulˈtiple Skleˈrose; ***~ shop*** *s.*, ***~ store*** *s.* ☤ Ketten-, Filiˈalgeschäft *n*; ***~ thread*** *s.* ⚙ mehrgängiges Gewinde.

mul·ti·plex ['mʌltɪpleks] **I** *adj.* **1.** mehr-, vielfach; **2.** ⚡, *tel.* Mehrfach…(*-betrieb*, *-telegrafie etc.*); **II** *v/t.* **3.** ⚡, *tel.* a) in Mehrfachschaltung betreiben, b) gleichzeitig senden; '**mul·ti·pli·a·ble** [-plaɪəbl] *adj.* multiplizierbar; **mul·ti·pli·cand** [ˌmʌltɪplɪ'kænd] *s.* ⩚ Multipli'kand *m*; '**mul·ti·pli·cate** [-plɪkeɪt] *adj.* mehr-, vielfach; **mul·ti·pli·ca·tion** [ˌmʌltɪplɪ'keɪʃn] *s.* **1.** Vermehrung *f* (*a.* ♀); **2.** ⩚ a) Multiplikati'on *f*: **~ sign** Mal-, Multiplikationszeichen *n*; **~ table** *das* Einmaleins, b) Vervielfachung *f*; **3.** ⚙ (Ge'triebe)Überˌsetzung *f*; **mul·ti·plic·i·ty** [ˌmʌltɪ'plɪsətɪ] *s.* **1.** Vielfalt *f*; **2.** Menge *f*, Vielzahl *f*, -heit *f*; **3.** ⩚ a) Mehr-, Vielwertigkeit *f*, b) Mehrfachheit *f*; '**mul·ti·pli·er** [-plaɪə] *s.* **1.** Vermehrer *m*; **2.** ⩚ a) Multipli'kator *m*, b) Multipli'ziermaˌschine *f*; **3.** *phys.* a) Verstärker *m*, b) Vergrößerungslinse *f*, Lupe *f*; **4.** ⚡ 'Vor- *od.* 'Nebenˌwiderstand *m*; **5.** ⚙ Über'setzung *f*; '**mul·ti·ply** [-plaɪ] **I** *v/t.* **1.** vermehren (*a. biol.*), vervielfältigen: **~ing glass** *opt.* Vergrößerungsglas *n*, -linse *f*; **2.** ⩚ multiplizieren (**by** mit); **3.** ⚡ vielfachschalten; **II** *v/i.* **4.** multiplizieren; **5.** sich vermehren *od.* vervielfachen.

ˌ**mul·ti**|'**po·lar** *adj.* ⚡ viel-, mehrpolig; ˌ**~-'pur·pose** *adj.* Mehrzweck…: **~ aircraft**; ˌ**~-'ra·cial** *adj.* gemischtrassig, Vielvölker…: **~ state**; '**~ˌseat·er** *s.* ✈ Mehrsitzer *m*; '**~-speed** *adj.* ⚙ Mehrgang…; '**~-stage** *adj.* ⚙, ⚡ mehrstufig, Mehrstufen…: **~ rocket**; ˌ**~-'sto·r(e)y** *adj.* vielstöckig: **~ building** Hochhaus *n*; **~ parking garage**, **~ car park** Park(hoch)haus *n*.

mul·ti·tude ['mʌltɪtju:d] *s.* **1.** große Zahl, Menge *f*; **2.** Vielheit *f*; **3.** Menschenmenge *f*: **the ~** der große Haufen, die Masse; **mul·ti·tu·di·nous** [ˌmʌltɪ'tju:dɪnəs] *adj.* ☐ **1.** (sehr) zahlreich; **2.** mannigfaltig, vielfältig.

ˌ**mul·ti**|'**va·lent** *adj.* ⚗ mehr-, vielwertig; '**~-way** *adj.* ⚡ mehrwegig: **~ plug** Vielfachstecker *m*.

mum¹ [mʌm] F **I** *int.* pst!, still!; **~'s the word!** (aber) Mund halten!; **II** *adj.* still, stumm.

mum² [mʌm] *v/i.* **1.** sich vermummen; **2.** Mummenschanz treiben.

mum³ [mʌm] *s.* F Mami *f*.

mum·ble ['mʌmbl] **I** *v/t. u. v/i.* **1.** murmeln; **2.** mummeln, knabbern; **II** *s.* **3.** Gemurmel *n*.

Mum·bo Jum·bo [ˌmʌmbəʊ 'dʒʌmbəʊ] *s.* **1.** Popanz *m*; **2.** ♀ a) Hokus'pokus *m*, fauler Zauber, b) Kauderwelsch *n*.

mum·mer ['mʌmə] *s.* **1.** Vermummte(r *m*) *f*, Maske *f* (*Person*); **2.** *contp.* Komödi'ant *m*; '**mum·mer·y** [-ərɪ] *s.* **1.** *contp.* Mummenschanz *m*, Maske'rade *f*; **2.** Hokus'pokus *m*.

mum·mi·fi·ca·tion [ˌmʌmɪfɪ'keɪʃn] *s.* **1.** Mumifizierung *f*; **2.** ⚕ trockener Brand; **mum·mi·fy** ['mʌmɪfaɪ] **I** *v/t.* mumifizieren; **II** *v/i. a. fig.* vertrocknen, -dorren.

mum·my¹ ['mʌmɪ] *s.* **1.** Mumie *f* (*a. fig.*); **2.** Brei *m*, breiige Masse.

mum·my² ['mʌmɪ] *s.* F Mutti *f*.

mump [mʌmp] *v/i.* **1.** schmollen, schlecht gelaunt sein; **2.** F schnorren, betteln; '**mump·ish** [-pɪʃ] *adj.* ☐ mürrisch.

mumps [mʌmps] *s. pl.* **1.** *sg. konstr.* ⚕ Mumps *m*; **2.** miese Laune.

munch [mʌntʃ] *v/t. u. v/i.* schmatzend kauen, ‚mampfen'.

Mun·chau·sen·ism [mʌn'tʃɔ:znɪzəm] Münchhausi'ade *f*, phan'tastische Geschichte.

mun·dane ['mʌndeɪn] *adj.* ☐ **1.** weltlich, Welt…; **2.** irdisch, weltlich: **~ poetry** weltliche Dichtung; **3.** pro'saisch, nüchtern.

mu·nic·i·pal [mju:'nɪsɪpl] *adj.* ☐ **1.** städtisch, Stadt…; kommu'nal, Gemeinde…: **~ elections** Kommunalwahlen; **2.** Selbstverwaltungs…: **~ town** → **municipality** 1; **3.** Land(es)…: **~ law** Landesrecht *n*; **~ bank** *s.* ✝ Kommu'nalbank *f*; **~ bonds** *s. pl.* ✝ Kommu'nalobligatiˌonen *pl.*, Stadtanleihen *pl.*; **~ cor·po·ra·tion** *s.* **1.** Gemeindebehörde *f*; **2.** Körperschaft *f* des öffentlichen Rechts.

mu·nic·i·pal·i·ty [mju:ˌnɪsɪ'pælətɪ] *s.* **1.** Stadt *f* mit Selbstverwaltung; Stadtbezirk *m*; **2.** Stadtbehörde *f*, -verwaltung *f*; **mu·nic·i·pal·ize** [mju:'nɪsɪpəlaɪz] *v/t.* **1.** *Stadt* mit Obrigkeitsgewalt ausstatten; **2.** *Betrieb etc.* kommunalisieren.

mu·nic·i·pal| **loan** *s.* Kommu'nalanleihe *f*; **~ rates**, **~ tax·es** *s. pl.* Gemeindesteuern *pl.*, -abgaben *pl.*

mu·nif·i·cence [mju:'nɪfɪsns] *s.* Freigebigkeit *f*, Großzügigkeit *f*; **mu'nif·i·cent** [-nt] *adj.* ☐ freigebig, großzügig.

mu·ni·ment ['mju:nɪmənt] *s.* **1.** *pl.* ⚖ Rechtsurkunde *f*; **2.** Urkundensammlung *f*, Ar'chiv *n*.

mu·ni·tion [mju:'nɪʃn] **I** *s. mst pl.* 'Kriegsmateriˌal *n*, -vorräte *pl.*, *bsd.* Muniti'on *f*: **~ plant** Rüstungsfabrik *f*; **~ worker** Munitionsarbeiter(in); **II** *v/t.* mit Materi'al *od.* Muniti'on versehen, ausrüsten.

mu·ral ['mjʊərəl] **I** *adj.* Mauer…, Wand…; **II** *s. a.* **~ painting** Wandgemälde *n*.

mur·der ['mɜ:də] **I** *s.* **1.** (**of**) Mord *m* (an *dat.*), Ermordung *f* (*gen.*): **~ will out** *fig.* die Sonne bringt es an den Tag; **the ~ is out** *fig.* das Geheimnis ist gelüftet; **cry blue ~** F zetermordio schreien; **get away with ~** F sich alles erlauben können; **it was ~!** F es war fürchterlich!; **II** *v/t.* **2.** (er)morden; **3.** *fig.* (*a. Sprache*) verschandeln, verhunzen; **4.** *sport* F ‚ausein'andernehmen'; '**mur·der·er** [-ərə] *s.* Mörder *m*; '**mur·der·ess** [-ərɪs] *s.* Mörderin *f*; '**mur·der·ous** [-dərəs] *adj.* ☐ **1.** mörderisch (*a. fig. Hitze*, *Tempo etc.*); **2.** Mord…: **~ intent**; **3.** tödlich, todbringend; **4.** blutdürstig; **mur·der squad** *s. Brit.* 'Mordkommissiˌon *f*.

mure [mjʊə] *v/t.* **1.** einmauern; **2.** *mst* **~ up** einsperren.

mu·ri·ate ['mjʊərɪət] *s.* ⚗ **1.** Muri'at *n*, Hydrochlo'rid *n*; **2.** 'Kaliumchloˌrid *n*; **mu·ri·at·ic** [ˌmjʊərɪ'ætɪk] *adj.* salzsauer: **~ acid** Salzsäure *f*.

murk·y ['mɜ:kɪ] *adj.* ☐ dunkel, düster, trüb (*alle a. fig.*).

mur·mur ['mɜ:mə] **I** *s.* **1.** Murmeln *n*, (leises) Rauschen (*Wasser*, *Wind etc.*); **2.** Gemurmel *n*; **3.** Murren *n*: **without a ~** ohne zu murren; **4.** ⚕ Geräusch *n*; **II** *v/i.* **5.** murmeln (*a. Wasser etc.*); **6.** murren (**at**, **against** gegen); **III** *v/t.* **7.** murmeln; '**mur·mur·ous** [-mərəs] *adj.* ☐ **1.** murmelnd; **2.** murrend.

mur·rain ['mʌrɪn] *s.* Viehseuche *f*.

mus·ca·dine ['mʌskədɪn], '**mus·cat** [-kət], **mus·ca·tel** [ˌmʌskə'tel] *s.* Muska'teller(wein) *m*, -traube *f*.

mus·cle ['mʌsl] **I** *s.* **1.** *anat.* Muskel *m*, Muskelfleisch *n*: **not to move a ~** *fig.* sich nicht rühren, nicht mit der Wimper zucken; **2.** *fig. a.* **~ power** Muskelkraft *f*; **3.** *Am. sl.* Muskelprotz *m*, ‚Schläger' *m*; **4.** *fig.* F Macht *f*, Einfluß *m*, ‚Muskeln' *pl.*; **II** *v/i.* **5.** **~ in** *bsd. Am.* F sich rücksichtslos eindrängen; '**~-bound** *adj.*: **be ~** eine überentwickelte Muskulatur haben; **~ man** [mæn] *s.* **1.** 'Muskelpaˌket *n*, -mann *m*; **2.** ‚Schläger' *m*.

Mus·co·vite ['mʌskəʊvaɪt] **I** *s.* **1.** a) Mosko'witer(in), b) Russe *m*, Russin *f*; **2.** ♀ *min.* Musko'wit *m*, Kaliglimmer *m*; **II** *adj.* **3.** a) mosko'witisch, b) russisch.

mus·cu·lar ['mʌskjʊlə] *adj.* ☐ **1.** Muskel…: **~ atrophy** Muskelschwund *m*; **2.** musku'lös; **mus·cu·lar·i·ty** [ˌmʌskjʊ'lærətɪ] *s.* Muskelkraft *f*, musku'löser Körperbau; '**mus·cu·la·ture** [-lətʃə] *s. anat.* Muskula'tur *f*.

Muse¹ [mju:z] *s. myth.* Muse *f* (*fig. a.* ♀).

muse² [mju:z] *v/i.* **1.** (nach)sinnen, (-)denken, (-)grübeln (**on**, **upon** über *acc.*); **2.** in Gedanken versunken sein, träumen; '**mus·er** [-zə] *s.* Träumer(in), Sinnende(r *m*) *f*.

mu·se·um [mju:'zɪəm] *s.* Mu'seum *n*: **~ piece** Museumsstück *n* (*a. fig.*).

mush¹ [mʌʃ] *s.* **1.** Brei *m*, Mus *n*; **2.** *Am.* (Mais)Brei *m*; **3.** F a) Gefühlsduse'lei *f*, b) sentimen'tales Zeug; **4.** *Radio*: Knistergeräusch *n*: **~ area** Störgebiet *n*.

mush² [mʌʃ] *v/i. Am.* **1.** durch den Schnee stapfen; **2.** mit Hundeschlitten fahren.

mush·room ['mʌʃrʊm] **I** *s.* **1.** ♀ a) Ständerpilz *m*, b) *allg.* eßbarer Pilz, *bsd.* Champignon *m*: **grow like ~s** → 6 a; **2.** *fig.* Em'porkömmling *m*; **II** *adj.* **3.** Pilz…; pilzförmig: **~ bulb** ⚡ Pilzbirne *f*; **~ cloud** Atompilz *m*; **4.** plötzlich entstanden; Eintags…: **~ fame**; **III** *v/i.* **5.** Pilze sammeln; **6.** *fig.* a) wie Pilze aus dem Boden schießen, b) sich ausbreiten (*Flammen*); **IV** *v/t.* **7.** F *Zigarette* ausdrücken.

mush·y ['mʌʃɪ] *adj.* ☐ **1.** breiig, weich; **2.** *fig.* a) weichlich, b) F gefühlsduselig.

mu·sic ['mju:zɪk] *s.* **1.** Mu'sik *f*, Tonkunst *f*; *konkr.* Kompositi'on(en *pl. coll.*) *f*: **face the ~** F ‚die Suppe auslöffeln'; **set to ~** vertonen; **2.** Noten(blatt *n*) *pl.*: **play from ~** vom Blatt spielen; **3.** *coll.* Musi'kalien *pl.*: **~ shop** → **music house**; **4.** *fig.* Mu'sik *f*, Wohllaut *m*, Gesang *m*; **5.** (Mu'sik)Kaˌpelle *f*.

mu·si·cal ['mju:zɪkl] **I** *adj.* ☐ **1.** Musik…: **~ history**; **~ instrument**; **2.** me'lodisch; **3.** musi'kalisch (*Person*, *Komödie etc.*); **II** *s.* **4.** Musical *n*; **5.** F *für* **musical film**; **~ art** *s.* (Kunst *f* der) Mu'sik *f*, Tonkunst *f*; **~ box** *s. Brit.* Spieldose *f*; **~ chairs** *s. pl.* ‚Reise *f* nach Je'rusalem' (*Gesellschaftsspiel*); **~ clock** *s.* Spieluhr *f*; **~ film** *s.* Mu'sikfilm *m*; **~ glass·es** *s. pl.* ♪ 'Glasharˌmonika *f*.

mu·si·cal·i·ty [ˌmju:zɪ'kælətɪ], **mu·si-**

cal·ness ['mju:zɪklnɪs] *s.* **1.** Musikali'tät *f*; **2.** Wohlklang *m*.

'**mu·sic|-ap,pre·ci'a·tion rec·ord** *s.* Schallplatte *f* mit mu'sikkundlichem Kommen'tar; **~ book** *s.* Notenheft *n*, -buch *n*; **~ box** *s.* **1.** Spieldose *f*; **2.** → ***jukebox***; **~ hall** *s. Brit.* Varie'té(the,ater) *n*; **~ house** *s.* Musi'kalienhandlung *f*.

mu·si·cian [mju:'zɪʃn] *s.* **1.** (*bsd.* Berufs)Musiker(in): ***be a good ~*** a) gut spielen *od.* singen, b) sehr musikalisch sein; **2.** Musi'kant *m*.

mu·si·col·o·gy [,mju:zɪ'kɒlədʒɪ] *s.* Mu'sikwissenschaft *f*.

mu·sic| pa·per *s.* 'Notenpa,pier *n*; **~ rack**, **~ stand** *s.* Notenständer *m*; **~ stool** *s.* Kla'vierstuhl *m*.

mus·ing ['mju:zɪŋ] **I** *s.* **1.** Sinnen *n*, Grübeln *n*, Nachdenken *n*; **2.** *pl.* Träume'reien *pl.*; **II** *adj.* □ **3.** nachdenklich, sinnend, in Gedanken (versunken).

musk [mʌsk] *s.* **1.** *zo.* Moschus *m* (*a. Geruch*), Bisam *m*; **2.** → ***musk deer***; **3.** Moschuspflanze *f*; **~ bag** *s. zo.* Moschusbeutel *m*; **~ deer** *s. zo.* Moschustier *n*.

mus·ket ['mʌskɪt] *s.* ⚔ *hist.* Mus'kete *f*, Flinte *f*; **mus·ket·eer** [,mʌskɪ'tɪə] *s. hist.* Muske'tier *m*; '**mus·ket·ry** [-trɪ] *s.* **1.** *hist. coll.* a) Mus'keten *pl.*, b) Muske'tiere *pl.*; **2.** *hist.* Mus'ketenschießen *n*; **3.** ⚔ 'Schieß,unterricht *m*: ***~ manual*** Schießvorschrift *f*.

musk| ox *s. zo.* Moschusochse *m*; '**~-rat** *s. zo.* Bisamratte *f*; **~ rose** *s.* ⚘ Moschusrose *f*.

musk·y ['mʌskɪ] *adj.* □ **1.** nach Moschus riechend; **2.** Moschus…

Mus·lim ['mʊslɪm] → ***Moslem***.

mus·lin ['mʌzlɪn] *s.* Musse'lin *m*.

mus·quash ['mʌskwɒʃ] → ***muskrat***.

muss [mʌs] *bsd. Am.* F **I** *s.* Durchein'ander *n*, Unordnung *f*; **II** *v/t. oft* ***~ up*** durchein'anderbringen, in Unordnung bringen, *Haar* verwuscheln.

mus·sel ['mʌsl] *s.* Muschel *f*.

Mus·sul·man ['mʌslmən] **I** *pl.* **-mans**, *a.* **-men** [-mən] *s.* Muselman(n) *m*; **II** *adj.* muselmanisch.

muss·y ['mʌsɪ] *adj. Am.* F unordentlich; verknittert; schmutzig.

must¹ [mʌst] **I** *v/aux.* **1.** *pres.* muß, mußt, müssen, müßt: ***I ~ go now*** ich muß jetzt gehen; ***he ~ be over eighty*** er muß über achtzig (Jahre alt) sein; **2.** *neg.* darf, darfst, dürfen, dürft: ***you ~ not smoke here*** du darfst hier nicht rauchen; **3.** *pret.* a) mußte, mußtest, mußten, mußtet: ***it was too late now, he ~ go on***; ***just as I was busiest, he ~ come*** gerade als ich am meisten zu tun hatte, mußte er kommen, b) *neg.* durfte, durftest, durften, durftet; **II** *adj.* **4.** unerläßlich, abso'lut notwendig: ***a ~ book*** ein Buch, das man (unbedingt) gelesen haben muß; **III** *s.* **5.** Muß *n*: ***it is a ~*** es ist unerläßlich *od.* unbedingt erforderlich (→ *a.* 4).

must² [mʌst] *s.* Most *m*.

must³ [mʌst] *s.* **1.** Moder *m*, Schimmel *m*; **2.** Modrigkeit *f*.

mus·tache [mə'stɑ:ʃ; *Am.* 'mʌstæʃ] *Am.* → ***moustache***.

mus·tang ['mʌstæŋ] *s.* **1.** *zo.* Mustang *m* (*halbwildes Präriepferd*); **2.** ♎ ✈ Mustang *m* (*amer. Jagdflugzeug im 2. Weltkrieg*).

mus·tard ['mʌstəd] *s.* **1.** Senf *m*, Mostrich *m*; → ***keen***¹ 13; **2.** ⚘ Senf *m*; **3.** *Am. sl.* a) ‚Mordskerl' *m*, b) ‚tolle' Sache, c) ‚Pfeffer' *m*, Schwung *m*; **~ gas** *s.* ⚔ Senfgas *n*, Gelbkreuz *n*; **~ plas·ter** *s.* ⚕ Senfpflaster *n*; **~ poul·tice** *s.* ⚕ Senfpackung *f*; **~ seed** *s.* **1.** ⚘ Senfsame *m*: ***grain of ~*** *bibl.* Senfkorn *n*; **2.** *hunt.* Vogelschrot *m*, *n*.

mus·ter ['mʌstə] **I** *v/t.* **1.** ⚔ a) (zum Ap'pell) antreten lassen, mustern, b) aufbieten: ***~ in*** (***out***) *Am.* einziehen (entlassen, ausmustern); **2.** zs.-bringen, auftreiben; **3.** *a.* ***~ up*** *fig.* aufbieten, *s-e Kraft* zs.-nehmen, *Mut* fassen; **II** *v/i.* **4.** sich versammeln, ⚔ *a.* antreten; **III** *s.* **5.** ⚔ Ap'pell *m*, Pa'rade *f*; Musterung *f*: ***pass ~*** *fig.* durchgehen, Billigung finden (***with*** bei); **6.** ⚔ → ***muster roll*** 2; **7.** Versammlung *f*; **8.** Aufgebot *n*; **~ book** *s.* ⚔ Stammrollenbuch *n*; **~ roll** *s.* **1.** ⚓ Musterrolle *f*; **2.** ⚔ Stammrolle *f*.

mus·ti·ness ['mʌstɪnɪs] *s.* **1.** Muffigkeit *f*, Modrigkeit *f*; **2.** *fig.* Verstaubtheit *f*; **mus·ty** ['mʌstɪ] *adj.* □ **1.** muffig; **2.** mod(e)rig; **3.** schal (*a. fig.*); **4.** *fig.* verstaubt.

mu·ta·bil·i·ty [,mju:tə'bɪlətɪ] *s.* **1.** Veränderlichkeit *f*; **2.** *fig.* Unbeständigkeit *f*; **3.** *biol.* Mutati'onsfähigkeit *f*; **mu·ta·ble** ['mju:təbl] *adj.* □ **1.** veränderlich; **2.** *fig.* unbeständig; **3.** *biol.* mutati'onsfähig; **mu·tant** ['mju:tənt] *biol.* **I** *adj.* **1.** mutierend; **2.** mutati'onsbedingt; **II** *s.* **3.** Vari'ante *f*, Mu'tant *m*; **mu·tate** [mju:'teɪt] **I** *v/t.* **1.** verändern; **2.** *ling.* 'umlauten: ***~d vowel*** Umlaut *m*; **II** *v/i.* **3.** sich ändern; **4.** *ling.* 'umlauten; **5.** *biol.* mutieren; **mu·ta·tion** [mju:'teɪʃn] *s.* **1.** (Ver)Änderung *f*; **2.** 'Umwandlung *f*: ***~ of energy*** *phys.* Energieumformung *f*; **3.** *biol.* a) Mutati'on *f* (*a.* ♪), b) Mutati'onspro,dukt *n*; **4.** *ling.* 'Umlaut *m*.

mute [mju:t] **I** *adj.* □ **1.** stumm (*a. ling.*), *weitS. a.* still, schweigend: ***~ sound*** *ling.* Verschlußlaut *m*; **II** *s.* **2.** Stumme(r *m*) *f*; **3.** *thea.* Sta'tist(in); **4.** ♪ Dämpfer *m*; **5.** *ling.* a) stummer Buchstabe, b) Verschlußlaut *m*; **III** *v/t.* **6.** ♪ *Instrument* dämpfen.

mu·ti·late ['mju:tɪleɪt] *v/t.* verstümmeln (*a. fig.*); **mu·ti·la·tion** [,mju:tɪ'leɪʃn] *s.* Verstümmelung *f*.

mu·ti·neer [,mju:tɪ'nɪə] **I** *s.* Meuterer *m*; **II** *v/i.* meutern; **mu·ti·nous** ['mju:tɪnəs] *adj.* □ **1.** meuterisch; **2.** aufrührerisch, re'bellisch (*a. fig.*); **mu·ti·ny** ['mju:tɪnɪ] **I** *s.* **1.** Meute'rei *f*; **2.** Auflehnung *f*, Rebelli'on *f*; **II** *v/i.* **3.** meutern.

mut·ism ['mju:tɪzəm] *s.* (Taub)Stummheit *f*.

mutt [mʌt] *s. Am. sl.* **1.** Trottel *m*, Schafskopf *m*; **2.** Köter *m*, Hund *m*.

mut·ter ['mʌtə] **I** *v/i.* **1.** (*a. v/t. et.*) murmeln: ***~ to o.s.*** vor sich hinmurmeln; **2.** murren (***at*** über *acc.*; ***against*** gegen); **II** *s.* **3.** Gemurmel *n*; **4.** Murren *n*.

mut·ton ['mʌtn] *s.* Hammelfleisch *n*: ***leg of ~*** Hammelkeule *f*; → ***dead*** 1; **~ chop** *s.* **1.** 'Hammelkote,lett *n*; **2.** *pl.* Kote'letten *pl.* (*Backenbart*); '**~·head** *s.* F ‚Schafskopf' *m*.

mu·tu·al ['mju:tʃʊəl] *adj.* □ **1.** gegen-, wechselseitig: ***~ aid*** gegenseitige Hilfe; ***~ building association*** Baugenossenschaft *f*; ***by ~ consent*** in gegenseitigem Einvernehmen; ***~ contributory negligence*** ⚖ beiderseitiges Verschulden; ***~ improvement society*** Fortbildungsverein *m*; ***~ insurance*** ✝ Versicherung *f* auf Gegenseitigkeit; ***~ investment trust***, ***~ fund*** *Am.* Investmentfonds *m*; ***~ will*** ⚖ gegenseitiges Testament; ***it's ~*** *iro.* es beruht auf Gegenseitigkeit; **2.** gemeinsam: ***our ~ friends***; **mu·tu·al·i·ty** [,mju:tjʊ'ælətɪ] *s.* Gegenseitigkeit *f*.

mu·zhik, **mu·zjik** ['mu:ʒɪk] *s.* Muschik *m*, russischer Bauer.

muz·zle ['mʌzl] **I** *s.* **1.** Maul *n*, Schnauze *f* (*Tier*); **2.** Maulkorb *m*; **3.** Mündung *f e-r Feuerwaffe*; **4.** ⚙ Mündung *f*, Tülle *f*; **II** *v/t.* **5.** e-n Maulkorb anlegen (*dat.*); *fig. a. Presse etc.* knebeln, mundtot machen, den Mund stopfen (*dat.*); **~ brake** *s.* ⚔ Mündungsbremse *f*; **~ burst** *s.* ⚔ Mündungskrepierer *m*; '**~-,load·er** *s.* ⚔ *hist.* Vorderlader *m*; **~ ve·loc·i·ty** *s. Ballistik*: Mündungs-, Anfangsgeschwindigkeit *f*.

muz·zy ['mʌzɪ] *adj.* □ F **1.** zerstreut, verwirrt; **2.** dus(e)lig; **3.** stumpfsinnig.

my [maɪ] *poss. pron.* mein(e): ***I must wash ~ face*** ich muß mir das Gesicht waschen; (***oh***) ***~!*** F (du) meine Güte!

my·al·gi·a [maɪ'ældʒɪə] *s.* ⚕ 'Muskelrheuma(,tismus *m*) *n*.

my·col·o·gy [maɪ'kɒlədʒɪ] *s.* ⚘ **1.** Pilzkunde *f*, Mykolo'gie *f*; **2.** Pilzflora *f*, Pilze *pl.* (*e-s Gebiets*).

my·cose ['maɪkəʊs] *s.* ⚗ My'kose *f*.

my·co·sis [maɪ'kəʊsɪs] *s.* ⚕ Pilzkrankheit *f*, My'kose *f*.

my·e·li·tis [,maɪə'laɪtɪs] *s.* Mye'litis *f*: a) Rückenmarksentzündung *f*, b) Knochenmarksentzündung *f*; **my·e·lon** ['maɪəlɒn] *s.* Rückenmark *n*.

my·o·car·di·o·gram [,maɪəʊ'kɑ:dɪəʊgræm] *s.* ⚕ E,lektrokardio'gramm *n*; **,my·o'car·di·o·graph** [-grɑ:f] *s.* ⚕ E,lektrokardio'graph *m*, EK'G-Appa,rat *m*; **my·o·car·di·tis** [,maɪəʊkɑ:'daɪtɪs] *s.* Herzmuskelentzündung *f*.

my·ol·o·gy [maɪ'ɒlədʒɪ] *s.* Myolo'gie *f*, Muskelkunde *f*, -lehre *f*.

my·o·ma [maɪ'əʊmə] *s.* ⚕ My'om *n*.

my·ope ['maɪəʊp] *s.* ⚕ Kurzsichtige(r *m*) *f*; **my·o·pi·a** [maɪ'əʊpjə] *s.* ⚕ Kurzsichtigkeit *f* (*a. fig.*); **my·op·ic** [maɪ'ɒpɪc] *adj.* kurzsichtig; **my·o·py** ['maɪəpɪ] → ***myopia***.

myr·i·ad ['mɪrɪəd] **I** *s.* Myri'ade *f*; *fig. a.* Unzahl *f*; **II** *adj.* unzählig.

myr·mi·don ['mɜ:mɪdən] *s.* Scherge *m*, Häscher *m*; Helfershelfer *m*: ***~ of law*** Hüter *m* des Gesetzes.

myrrh [mɜ:] *s.* ⚘ Myrrhe *f*.

myr·tle ['mɜ:tl] *s.* ⚘ **1.** Myrthe *f*; **2.** *Am.* Immergrün *n*.

my·self [maɪ'self] *pron.* **1.** (*verstärkend*) (ich *od.* mir *od.* mich) selbst: ***I did it ~*** ich selbst habe es getan; ***I ~ wouldn't do it*** ich (persönlich) würde es sein lassen; ***it is for ~*** es ist für mich (selbst); **2.** *refl.* mir (*dat.*), mich (*acc.*): ***I cut ~*** ich habe mich geschnitten.

mys·te·ri·ous [mɪ'stɪərɪəs] *adj.* □ mysteri'ös: a) geheimnisvoll, b) rätselhaft, schleierhaft, unerklärlich; **mys'te·ri·ous·ness** [-nɪs] *s.* Rätselhaftigkeit *f*, Unerklärlichkeit *f*, *das* Geheimnisvolle *od.* Mysteri'öse.

mys·ter·y ['mɪstərɪ] *s.* **1.** Geheimnis *n*,

Rätsel *n* (***to*** für *od. dat.*): ***make a ~ of*** *et.* geheimhalten; ***wrapped in ~*** in geheimnisvolles Dunkel gehüllt; ***it's a complete ~ to me*** es ist mir völlig schleierhaft; **2.** Rätselhaftigkeit *f*, Unerklärlichkeit *f*; **3.** *eccl.* My'sterium *n*; **4.** *pl.* Geheimlehre *f*, -kunst *f*; My'sterien *pl.*; **5.** → ***mystery play*** 1; **6.** *Am.* → **~ nov·el** *s.* Krimi'nalroˌman *m*; **~ play** *s.* **1.** *hist.* My'sterienspiel *n*; **2.** *thea.* Krimi'nalstück *n*; **~ ship** *s.* ⚓ U-Boot-Falle *f*; **~ tour** *s.* Fahrt *f* ins Blaue.

mys·tic ['mɪstɪk] **I** *adj.* (☐ ***~ally***) **1.** mystisch; **2.** *fig.* rätselhaft, mysteri'ös, geheimnisvoll; **3.** geheim, Zauber...; **II** *s.* **4.** Mystiker(in); Schwärmer(in); **'mys·ti·cal** [-kl] *adj.* ☐ **1.** sym'bolisch; **2.** → ***mystic*** 1, 2; **'mys·ti·cism** [-ɪsɪzəm] *s. phls., eccl.* a) Mysti'zismus *m*, Glaubensschwärme'rei *f*, b) Mystik *f*.

mys·ti·fi·ca·tion [ˌmɪstɪfɪ'keɪʃn] *s.* **1.** Täuschung *f*, Irreführung *f*; **2.** Foppe'rei *f*; **3.** Verwirrung *f*, Verblüffung *f*; **mys·ti·fy** ['mɪstɪfaɪ] *v/t.* **1.** täuschen, hinters Licht führen, foppen; **2.** verwirren, verblüffen; **3.** in Dunkel hüllen.

myth [mɪθ] *s.* **1.** (Götter-, Helden)Sage *f*, Mythos *m* (*a. pol.*), Mythus *m*, Mythe *f*; **2.** Märchen *n*, erfundene Geschichte; **3.** *fig.* Mythus *m* (*legendär gewordene Person od. Sache*).

myth·ic, **myth·i·cal** ['mɪθɪk(l)] *adj.* ☐ **1.** mythisch, sagenhaft; Sagen...; **2.** *fig.* erdichtet, fik'tiv.

myth·o·log·ic, **myth·o·log·i·cal** [ˌmɪθə'lɒdʒɪk(l)] *adj.* ☐ mytho'logisch; **my·thol·o·gist** [mɪ'θɒlədʒɪst] *s.* Mytho'loge *m*; **my·thol·o·gize** [mɪ'θɒlədʒaɪz] *v/t.* mythologisieren; **my·thol·o·gy** [mɪ'θɒlədʒɪ] *s.* **1.** Mytholo'gie *f*, Götter- u. Heldensagen *pl.*; **2.** Sagenforschung *f*, -kunde *f*.

N

N, n [en] *s.* **1.** N *n*, n *n* (*Buchstabe*); **2.** ⚗ N *n* (*Stickstoff*); **3.** ∦ N *n*, n *n* (*unbestimmte Konstante*).

nab [næb] *v/t.* F **1.** schnappen, erwischen; **2.** sich *et.* schnappen.

na·bob [ˈneɪbɒb] *s.* Nabob *m* (*a. fig. Krösus*).

na·celle [næˈsel] *s.* ✈ **1.** (Flugzeug-)Rumpf *m*; **2.** (Motor-, Luftschiff)Gondel *f*; **3.** Balˈlonkorb *m*.

na·cre [ˈneɪkə] *s.* Perlmutt(er *f*) *n*; **ˈna·cre·ous** [-krɪəs], **ˈna·crous** [-krəs] *adj.* **1.** perlmutterartig; **2.** Perlmutt(er)…

na·dir [ˈneɪˌdɪə] *s.* **1.** *ast.*, *geogr.* Naˈdir *m*, Fußpunkt *m*; **2.** *fig.* Tief-, Nullpunkt *m*.

nag¹ [næg] *s.* **1.** kleines Reitpferd, Pony *n*; **2.** F *contp.* Gaul *m*.

nag² [næg] **I** *v/t.* **1.** herˈumnörgeln an (*dat.*); *j-m* zusetzen; **II** *v/i.* **2.** nörgeln, keifen: **~ *at*** → 1; **3.** *fig.* nagen, bohren; **III** *s.* **4.** → **ˈnag·ger** [-gə] *s.* Nörgler (-in); **ˈnag·ging** [-gɪŋ] **I** *s.* Nörgeˈlei *f*, Gekeife *n*; **II** *adj.* nörgelnd, keifend, *fig.* nagend.

nai·ad [ˈnaɪæd] *s.* **1.** *myth.* Naˈjade *f*, Wassernymphe *f*; **2.** *fig.* (Bade)Nixe *f*.

nail [neɪl] **I** *s.* **1.** (Finger-, Zehen)Nagel *m*; **2.** ⚙ Nagel *m*; Stift *m*; **3.** *zo.* a) Nagel *m*, b) Klaue *f*, Kralle *f*;
Besondere Redewendungen:
a ~ in s.o.'s coffin ein Nagel zu j-s Sarg; ***on the ~*** auf der Stelle, sofort, bar *bezahlen*; ***to the ~*** bis ins letzte, vollendet; ***hit the*** (***right***) ***~ on the head*** *fig.* den Nagel auf den Kopf treffen; ***hard as ~s*** eisern: a) fit, in guter Kondition, b) unbarmherzig; ***right as ~s*** ganz richtig;
II *v/t.* **4.** (an)nageln (***on*** auf *acc.*, ***to*** an *acc.*): ***~ed to the spot*** wie an- *od.* festgenagelt; ***~ to the barndoor*** *fig. Lüge etc.* festnageln; → ***colour*** 10; **5.** benageln, mit Nägeln beschlagen; **6.** *a.* ***~ up*** vernageln; **7.** *fig. Augen etc.* heften, *Aufmerksamkeit* richten (***to*** auf *acc.*); **8.** → ***nail down*** 2; **9.** F a) schnappen, erwischen, b) sich *et.* schnappen, c) ‚klauen', d) *et.* ‚spitzkriegen' (*entdekken*); **~ down** *v/t.* **1.** zunageln; **2.** *fig. j-n* festnageln (***to*** auf *acc.*); **3.** *fig. et.* endgültig beweisen; **~ up** *v/t.* **1.** zs.-nageln; **2.** zu-, vernageln; **3.** *fig.* zs.-basteln: ***a nailed-up drama***.

ˈnail|-bed *s. anat.* Nagelbett *n*; **ˈ~-brush** *s.* Nagelbürste *f*; **~ en·am·el** *s.* Nagellack *m*; **~ file** *s.* Nagelfeile *f*; **ˈ~-head** *s.* ⚙ Nagelkopf *m*; **~ pol·ish** *s.* Nagellack *m*; **ˈ~ˌpull·er** *s.* ⚙ Nagelzieher *m*; **~ scis·sors** *s. pl.* Nagelschere *f*; **~ var·nish** *s. Brit.* Nagellack *m*.

na·ïve [nɑːˈiːv], *a.* **na·ive** [neɪv] *adj.* □ *allg.* naˈiv (*a. Kunst*); **na·ïve·té** [nɑːˈiːvteɪ], *a.* **na·ive·ty** [ˈneɪvtɪ] *s.* Naiviˈtät *f*.

na·ked [ˈneɪkɪd] *adj.* □ **1.** nackt, bloß, unbedeckt: ♀ ***Lady*** ⚘ Herbstzeitlose *f*; **2.** bloß, unbewaffnet (*Auge*); **3.** bloß, blank (*Schwert*; ⚙ *Draht*); **4.** nackt, kahl (*Feld*, *Raum*, *Wand etc.*); **5.** entblößt (***of*** von): ***~ of all provisions*** bar aller Vorräte; **6.** a) schutz-, wehrlos, b) preisgegeben (***to*** *dat.*); **7.** nackt, unverhüllt: ***~ facts***; ***~ truth***; **8.** ⚖ bloß, unbestätigt: ***~ confession***; ***~ possession*** tatsächlicher Besitz (*ohne Rechtsanspruch*); **ˈna·ked·ness** [-nɪs] *s.* **1.** Nacktheit *f*, Blöße *f*; **2.** Kahlheit *f*; **3.** Schutz-, Wehrlosigkeit *f*; **4.** Mangel *m* (***of*** an *dat.*); **5.** *fig.* Unverhülltheit *f*.

nam·a·ble [ˈneɪməbl] *adj.* **1.** benennbar; **2.** nennenswert.

nam·by-pam·by [ˌnæmbɪˈpæmbɪ] **I** *adj.* **1.** seicht, abgeschmackt; **2.** affektiert, ‚etepeˈtete'; **3.** sentimenˈtal; **II** *s.* **4.** sentimentales Zeug; **5.** sentimentaler Mensch; **6.** Mutterkindchen *n*.

name [neɪm] **I** *v/t.* **1.** nennen; erwähnen, anführen; **2.** (be)nennen (***after***, ***from*** nach), e-n Namen geben (*dat.*): ***~d*** genannt, namens; **3.** beim (richtigen) Namen nennen; **4.** a) ernennen (zu), b) nomiˈnieren, vorschlagen (***for*** für); **5.** *Datum etc.* bestimmen; **6.** *parl. Brit.* mit Namen zur Ordnung rufen: ***~!*** a) zur Ordnung rufen!, b) *allg.* Namen nennen!; **II** *s.* **7.** Name *m*: ***what is your ~?*** wie heißen Sie?; ***in ~ only*** nur dem Namen nach; **8.** Name *m*, Bezeichnung *f*, Benennung *f*; **9.** Schimpfname *m*: ***call s.o. ~s*** j-n beschimpfen; **10.** Name *m*, Ruf *m*: ***a bad ~***; → *Bes. Redew.*; **11.** (berühmter) Name, (guter) Ruf: ***a man of ~*** ein Mann von Ruf; **12.** Name *m*, Berühmtheit *f* (*Person*): ***the great ~s of our century***; **13.** Geschlecht *n*, Faˈmilie *f*;
Besondere Redewendungen:
by ~ a) mit Namen, namentlich, b) namens, c) dem Namen nach; ***a man by*** (*od.* ***of***) ***the ~ of A.*** ein Mann namens A.; ***in the ~ of*** a) um (*gen.*) willen, b) im Namen *des Gesetzes etc.*, c) auf *j-s* Namen *bestellen etc.*; ***I haven't a penny to my ~*** ich besitze keinen Pfennig; ***give one's ~*** s-n Namen nennen; ***give it a ~!*** F heraus damit!, sagen Sie, was Sie (haben) wollen!; ***give s.o.*** (***s.th.***) ***a bad ~*** j-n (et.) in Verruf bringen; ***give a dog a bad ~ and hang him*** j-n wegen s-s schlechten Rufs *od.* auf Grund von Gerüchten verurteilen; ***have a ~ for being*** dafür bekannt sein, *et.* zu sein; ***make one's ~***, ***make*** (*od.* ***win***) ***a ~ for o.s.*** sich e-n Namen machen (***as*** als, ***by*** durch); ***put one's ~ down for*** a) kandidieren für, b) sich anmelden für, c) sich vormerken lassen für; ***send in one's ~*** sich (an)melden (lassen); ***what's in a ~?*** was bedeutet schon ein Name?; ***that's the ~ of the game!*** darum dreht es sich!

ˈname|-ˌcall·ing *s.* Beschimpfung(en *pl.*) *f*; **ˈ~-child** *s.*: ***my ~*** das nach mir benannte Kind.

named [neɪmd] *adj.* **1.** genannt, namens; **2.** genannt, erwähnt: ***~ above*** oben genannt.

ˈname|-day *s.* **1.** Namenstag *m*; **2.** † Abrechnungstag *m*; **ˈ~ˌdrop·per** *s.* j-d, der ständig mit promiˈnenten Bekannten angibt; **ˈ~ˌdrop·ping** *s.* Wichtigtueˈrei *f* durch Erwähnung von Promiˈnenten, die man angeblich kennt.

name·less [ˈneɪmlɪs] *adj.* □ **1.** namenlos, unbekannt, obˈskur; **2.** ungenannt, unerwähnt; anoˈnym; **3.** unehelich (*Kind*); **4.** *fig.* namenlos, unbeschreiblich (*Furcht etc.*); **5.** unaussprechlich, abˈscheulich; **ˈname·ly** [-lɪ] *adv.* nämlich.

name| part *s. thea.* Titelrolle *f*; **~ plate** *s.* **1.** Tür-, Firmen-, Namens-, Straßenschild *n*; **2.** ⚙ Typenschild *n*; **ˈ~·sake** *s.* Namensvetter *m*, -schwester *f*.

nam·ing [ˈneɪmɪŋ] *s.* Namengebung *f*.

nan·cy [ˈnænsɪ] *s. sl.* **1.** Muttersöhnchen *n*; **2.** ‚Homo' *m*.

nan·ny [ˈnænɪ] *s.* **1.** Kindermädchen *n*; **2.** Oma *f*; **3.** → **~ goat** *s.* Ziege *f*.

nap¹ [næp] **I** *v/i.* **1.** ein Schläfchen *od.* ein Nickerchen machen; **2.** *fig.* ‚schlafen': ***catch s.o. ~ping*** j-n überrumpeln; **II** *s.* **3.** Schläfchen *n*, ‚Nickerchen' *n*: ***take a ~*** → 1.

nap² [næp] **I** *s.* **1.** Haar(seite *f*) *n e-s Gewebes*; **2.** a) *Spinnerei*: Noppe *f*, b) *Weberei*: (Gewebe)Flor *m*; **II** *v/t. u. v/i.* **3.** noppen, rauhen.

nap³ [næp] *s.* **1.** Naˈpoleon *n* (*Kartenspiel*): ***a ~ hand*** *fig.* gute Chancen; ***go ~*** a) die höchste Zahl von Stichen ansagen, b) *fig.* alles auf eine Karte setzen; **2.** Setzen *n* auf eine einzige Gewinnchance.

na·palm [ˈneɪpɑːm] *s.* ⚔ Napalm *n*.

nape [neɪp] *s. mst* ***~ of the neck*** Genick *n*, Nacken *m*.

naph·tha [ˈnæfθə] *s.* ⚗ **1.** Naphtha *n*, ˈLeuchtpeˌtroleum *n*; **2.** (ˈSchwer)Benˌzin *n*: ***cleaner's ~*** Waschbenzin; ***painter's ~*** Testbenzin; **ˈnaph·tha·lene** [-liːn] *s.* Naphthaˈlin *n*; **naph·tha·len·ic** [ˌnæfθəˈlenɪk] *adj.* naphthaˈlinsauer: ***~ acid*** Naphthalinsäure *f*; **naph·thal·ic** [næfˈθælɪk] *adj.* naphˈthalsauer:

~ acid Naphthalsäure *f*; **'naph·tha·line** [-li:n] → ***naphthalene***.

nap·kin ['næpkɪn] *s.* **1.** *a.* ***table ~*** Servi'ette *f*; **2.** Wischtuch *n*; **3.** *bsd. Brit.* Windel *f*; **4.** *a.* ***sanitary ~*** *Am.* Monatsbinde *f*.

napped [næpt] *adj.* genoppt, gerauht (*Tuch*); **nap·ping** ['næpɪŋ] *s.* **1.** Ausnoppen *n* (*der Wolle*); **2.** Rauhen *n*: ***~ comb*** Aufstreichkamm *m*.

nap·py ['næpɪ] *s. bsd. Brit.* F Windel *f*.

nar·cis·sism [nɑ:'sɪsɪzəm] *s. psych.* Nar'zißmus *m*; **nar'cis·sist** [-ɪst] *s.* Nar'zißt (-in).

nar·cis·sus [nɑ:'sɪsəs] *pl.* **-sus·es** [-sɪz] *s.* ⚘ Nar'zisse *f*.

'nar·co [nɑ:kəʊ] *s. sl.* → ***narcotics agent***.

nar·co·sis [nɑ:'kəʊsɪs] *s.* Nar'kose *f*.

nar·cot·ic [nɑ:'kɒtɪk] **I** *adj.* (☐ ***~ally***) **1.** nar'kotisch (*a. fig. einschläfernd*); **2.** Rauschgift…; **II** *s.* **3.** Nar'kotikum *n*, Betäubungsmittel *n* (*a. fig.*); **4.** Rauschgift *n*: ***~s agent*** Drogenfahnder *m*; ***~s squad*** Rauschgiftdezernat *n*; **nar·co·tism** ['nɑ:kətɪzəm] *s.* **1.** Narko'tismus *m* (*Sucht*); **2.** nar'kotischer Zustand *od.* Rausch; **nar·co·tize** ['nɑ:kətaɪz] *v/t.* narkotisieren.

nard [nɑ:d] *s.* **1.** ⚘ Narde *f*; **2.** *pharm.* Nardensalbe *f*.

nark [nɑ:k] *sl.* **I** *s.* **1.** Poli'zeispitzel *m*; **II** *v/t.* **2.** bespitzeln; **3.** ärgern; **nark·y** ['nɑ:kɪ] *adj.* gereizt, grantig.

nar·rate [nə'reɪt] *v/t. u. v/i.* erzählen; **nar'ra·tion** [-eɪʃn] *s.* Erzählung *f*; **nar·ra·tive** ['nærətɪv] **I** *s.* **1.** Erzählung *f*, Geschichte *f*; **2.** Bericht *m*, Schilderung *f*; **II** *adj.* ☐ **3.** erzählend: ***~ poem***; **4.** Erzählungs…: ***~ skill*** Erzählergabe *f*; **nar'ra·tor** [-tə] *s.* Erzähler(in).

nar·row ['nærəʊ] **I** *adj.* ☐ **1.** eng, schmal: ***the ~ seas*** der Ärmelkanal u. die Irische See; **2.** eng (*a. fig.*), (*räumlich*) beschränkt, knapp: ***within ~ bounds*** in engen Grenzen; ***in the ~est sense*** im engsten Sinne; **3.** *fig.* eingeschränkt, beschränkt; **4.** → ***narrow-minded***; **5.** knapp, beschränkt (*Mittel, Verhältnisse*); **6.** knapp (*Entkommen, Mehrheit etc.*); **7.** gründlich, eingehend; genau: ***~ investigations***; **II** *v/i.* **8.** enger *od.* schmäler werden, sich verengen (***into*** zu); **9.** knapper werden; **III** *v/t.* **10.** enger *od.* schmäler machen, verenge(r)n; **11.** einengen, beengen; **12.** *a.* ***~ down*** (***to*** auf *acc.*) be-, einschränken, begrenzen, eingrenzen; **13.** *Maschen* abnehmen; **14.** engstirnig machen; **IV** *s.* **15.** Enge *f*, enge *od.* schmale Stelle; *pl.* a) (Meer)Enge *f*, b) *bsd. Am.* Engpaß *m*.

nar·row| ga(u)ge *s.* 🚂 Schmalspur *f*; **'~-ga(u)ge** [-rəʊg-], *a.* **,~-'ga(u)ged** [-rəʊ'g-] *adj.* Schmalspur…; **,~-'mind·ed** [-rəʊ'maɪndɪd] *adj.* engherzig, -stirnig, borniert, kleinlich; **,~-'mind·ed·ness** [-rəʊ'maɪndɪdnɪs] *s.* Engstirnigkeit *f*, Borniertheit *f*.

nar·row·ness ['nærəʊnɪs] *s.* **1.** Enge *f*, Schmalheit *f*; **2.** Knappheit *f*; **3.** → ***narrow-mindedness***; **4.** Gründlichkeit *f*.

na·sal ['neɪzl] **I** *adj.* ☐ → ***nasally***; **1.** Nasen…: ***~ bone***; ***~ cavity***; ***~ organ*** *humor.* Riechorgan *n*; ***~ septum*** Nasenscheidewand *f*; **2.** *ling.* na'sal, Nasal…: ***~ twang*** Näseln *n*; **II** *s.* **3.** *ling.* Na'sal(laut) *m*; **na·sal·i·ty** [neɪ'zælətɪ] *s.* Nasali'tät *f*; **na·sal·i·za·tion** [,neɪzəlaɪ'zeɪʃn] *s.* Nasalierung *f*, nasale Aussprache; **'na·sal·ize** [-zəlaɪz] **I** *v/t.* nasalieren; **II** *v/i.* näseln, durch die Nase sprechen; **'na·sal·ly** [-zəlɪ] *adv.* **1.** nasal, durch die Nase; **2.** näselnd.

nas·cent ['næsnt] *adj.* **1.** werdend, entstehend: ***~ state*** Entwicklungszustand *m*; **2.** ⚗ freiwerdend.

nas·ti·ness ['nɑ:stɪnɪs] *s.* **1.** Schmutzigkeit *f*; **2.** Ekligkeit *f*; **3.** Unflätigkeit *f*; **4.** Gefährlichkeit *f*; **5.** a) Bosheit *f*, b) Gemeinheit *f*, c) Übelgelauntheit *f*.

nas·tur·tium [nə'stɜ:ʃəm] *s.* ⚘ Kapu'ziner- *od.* Brunnenkresse *f*.

nas·ty ['nɑ:stɪ] **I** *adj.* ☐ **1.** schmutzig; **2.** ekelhaft, eklig, widerlich (*alle a. fig.*): ***~ taste***; ***~ fellow***; **3.** *fig.* schmutzig, zotig; **4.** *fig.* böse, schlimm, gefährlich: ***~ accident***; **5.** *fig.* a) bös, gehässig, garstig (***to*** zu, gegen), b) fies, niederträchtig, c) übelgelaunt, ‚eklig'; **II** *s.* **6.** *mst pl. Video*: ‚'Schmutz- u. 'Horror-Kas,sette' *f*.

na·tal ['neɪtl] *adj.* Geburts…: ***~ day***; **na·tal·i·ty** [nə'tælətɪ] *s. bsd. Am.* Geburtenziffer *f*.

na·ta·tion [nə'teɪʃn] *s.* Schwimmen *n*; **na·ta·to·ri·al** [,neɪtə'tɔ:rɪəl] *adj.* Schwimm…: ***~ bird***; **na·ta·to·ry** ['neɪtətərɪ] *adj.* Schwimm…

na·tion ['neɪʃn] *s.* **1.** Nati'on *f*: a) Volk *n*, b) Staat *m*; **2.** (Indi'aner)Stamm *m*.

na·tion·al ['næʃənl] **I** *adj.* ☐ **1.** natio'nal, National…, Landes…, Volks…: ***~ language*** Landessprache *f*; **2.** staatlich, öffentlich, Staats…: ***~ debt*** Staatsschuld *f*, öffentliche Schuld; **3.** (ein)heimisch; **4.** landesweit (*Streik etc.*), 'überregio,nal (*Zeitung etc.*); **II** *s.* **5.** Staatsangehörige(r *m*) *f*; **~ an·them** *s.* Natio'nalhymne *f*; **~ as·sem·bly** *s. pol.* Natio'nalversammlung *f*; **~ bank** *s.* ☤ Landes-, Natio'nalbank *f*; **~ cham·pi·on** *s.* Landesmeister(in); **~ con·ven·tion** *s. pol. Am.* Par'teikonvent *m* (*zur Nominierung des Präsidentschaftskandidaten etc.*); **~ e·con·o·my** *s.* ☤ Volkswirtschaft *f*; **≈ Gi·ro** *s.* 📯 *Brit.* Postscheck-, Postgirodienst *m*; **≈ Guard** *s. Am.* Natio'nalgarde *f* (*Art Miliz*); **≈ Health Ser·vice** *s. Brit.* Staatlicher Gesundheitsdienst; **~ in·come** *s.* ☤ Sozi'alpro,dukt *n*; **≈ In·sur·ance** *s. Brit.* Sozi'alversicherung *f*.

na·tion·al·ism ['næʃnəlɪzəm] *s.* **1.** Natio'nalgefühl *n*, Nationa'lismus *m*; **2.** ☤ *Am.* Ver'staatlichungspoli,tik *f*; **'na·tion·al·ist** [-ɪst] **I** *s. pol.* Nationa'list (-in); **II** *adj.* nationa'listisch; **na·tion·al·i·ty** [næʃə'nælətɪ] *s.* **1.** Nationali'tät *f*, Staatsangehörigkeit *f*; **2.** Nati'on *f*; **na·tion·al·i·za·tion** [,næʃnəlaɪ'zeɪʃn] *s.* **1.** *bsd. Am.* Einbürgerung *f*, Naturalisierung *f*; **2.** ☤ Verstaatlichung *f*; **3.** Verwandlung *f* in e-e (*einheitliche, unabhängige etc.*) Nation; **'na·tion·al·ize** [-laɪz] *v/t.* **1.** einbürgern, naturalisieren; **2.** ☤ verstaatlichen; **3.** zu e-r Nation machen; **4.** *Problem etc.* zur Sache der Nation machen.

na·tion·al| park *s.* Natio'nalpark *m* (*Naturschutzgebiet*); **~ prod·uct** *s.* ☤ Sozi'alpro,dukt *n*; **~ ser·vice** *s.* ⚔ Wehrdienst *m*; **≈ So·cial·ism** *s. pol. hist.* Natio'nalsozia,lismus *m*.

'na·tion|·hood [-hʊd] *s.* (natio'nale) Souveräni'tät; **'~-state** *s.* Natio'nalstaat *m*; **,~-'wide** *adj.* allgemein, das ganze Land um'fassend.

na·tive ['neɪtɪv] **I** *adj.* ☐ **1.** angeboren (***to s.o.*** j-m), na'türlich (*Recht etc.*); **2.** eingeboren, Eingeborenen…: ***~ quarter***; ***go ~*** unter den *od.* wie die Eingeborenen leben, *fig.* verwahrlosen; **3.** (ein)heimisch, inländisch, Landes…: ***~ plant*** ⚘ einheimische Pflanze; ***~ product***; **4.** heimatlich, Heimat…: ***~ country*** Heimat *f*, Vaterland *n*; ***~ language*** Muttersprache *f*; ***~ speaker*** *ling.* Muttersprachler(in); ***~ town*** Heimat-, Vaterstadt *f*; **5.** ursprünglich, urwüchsig, na'turhaft: ***~ beauty***; **6.** ursprünglich, eigentlich: ***the ~ sense of a word***; **7.** gediegen (*Metall etc.*); **8.** *min.* a) roh, Jungfern…, b) na'türlich vorkommend; **II** *s.* **9.** Eingeborene(r *m*) *f*; **10.** Einheimische(r *m*) *f*, Landeskind *n*: ***a ~ of Berlin*** ein gebürtiger Berliner; **11.** ⚘ einheimisches Gewächs; **12.** *zo.* einheimisches Tier; **13.** Na'tive *f*, (künstlich) gezüchtete Auster; **'~-born** *adj.* gebürtig: ***a ~ American***.

na·tiv·i·ty [nə'tɪvətɪ] *s.* **1.** Geburt *f* (*a. fig.*): ***the ≈*** *eccl.* a) die Geburt Christi (*a. paint. etc.*), b) Weihnachten *n*, c) Ma'riä Geburt (*8. September*); ***≈ play*** Krippenspiel *n*; **2.** *ast.* Nativi'tät *f*, (Ge'burts)Horo,skop *n*.

na·tron ['neɪtrən] *s. min.* kohlensaures Natron.

nat·ter ['nætə] *Brit.* F **I** *v/i.* plauschen, plaudern; **II** *s.* Plausch *m*, Schwatz *m*.

nat·ty ['nætɪ] *adj.* ☐ F schick, piekfein (angezogen), ele'gant (*a. fig.*).

nat·u·ral ['nætʃrəl] **I** *adj.* ☐ → ***naturally***; **1.** na'türlich, Natur…: ***~ disaster*** Naturkatastrophe *f*; ***~ law*** Naturgesetz *n*; ***die a ~ death*** e-s natürlichen Todes sterben; → ***person*** 1; **2.** na'turgemäß, -bedingt; **3.** angeboren, na'türlich, eigen (***to*** *dat.*): ***~ talent***; **4.** → ***natural-born***; **5.** re'al, wirklich, physisch; **6.** selbstverständlich, na'türlich: ***it comes quite ~ to him*** es ist ihm ganz selbstverständlich; **7.** na'türlich, ungekünstelt (*Benehmen etc.*); **8.** na'turgetreu, na'türlich (wirkend) (*Nachahmung, Bild etc.*); **9.** unbearbeitet, Natur…, Roh…: ***~ steel*** Rohstahl *m*; **10.** na'turhaft, urwüchsig; **11.** na'türlich, unehelich (*Kind, Vater etc.*); **12.** 𝔄 na'türlich: ***~ number*** natürliche Zahl; **13.** ♪ a) ohne Vorzeichen: ***~ key*** C-Dur-Tonart *f*, b) mit e-m Auflösungszeichen (versehen) (*Note*), c) Vokal…: ***~ music***; **II** *s.* **14.** *obs.* Idi'ot(in); **15.** ♪ a) Auflösungszeichen *n*, b) mit e-m Auflösungszeichen versehene Note, c) Stammton *m*, d) weiße Taste (*Klaviatur*); **16.** F a) Na'turta,lent *n* (*Person*), b) (sicherer) Erfolg (*a. Person*); *e-e* ‚klare Sache' (***for s.o.*** für j-n); **'~-born** *adj.* von Geburt, geboren: ***~ genius***; **~ fre·quen·cy** *s. phys.* 'Eigenfre,quenz *f*; **~ gas** *s. geol.* Erdgas *n*; **~ his·to·ry** *s.* Na'turgeschichte *f*.

nat·u·ral·ism ['nætʃrəlɪzəm] *s. phls., paint. etc.* Natura'lismus *m*; **'nat·u·ral·ist** [-ɪst] **I** *s.* **1.** *phls., paint. etc.* Natura'list *m*; **2.** Na'turwissenschaftler(in), -forscher(in), *bsd.* Zoo'loge *m*, Zoo'login *f od.* Bo'taniker(in); **3.** *Brit.* a) Tierhändler *m*, b) (ˈTier)Präpaˌrator *m*; **II** *adj.* **4.** naturaˈlistisch; **nat·u·ral·is·tic** [ˌnætʃrəˈlɪstɪk] *adj.* (□ **~ally**) **1.** *phls., paint. etc.* naturalistisch; **2.** naˈturkundlich, -geschichtlich.

nat·u·ral·i·za·tion [ˌnætʃrəlaɪˈzeɪʃn] *s.* Naturalisierung *f*, Einbürgerung *f*; **nat·u·ral·ize** [ˈnætʃrəlaɪz] *v/t.* **1.** naturalisieren, einbürgern; **2.** einbürgern (*a. ling. u. fig.*), ⚘, *zo.* heimisch machen; **3.** akklimatisieren (*a. fig.*).

nat·u·ral·ly [ˈnætʃrəlɪ] *adv.* **1.** von Naˈtur (aus); **2.** instinkˈtiv, sponˈtan; **3.** auf naˈtürlichem Wege, naˈtürlich; **4.** *a. int.* naˈtürlich, selbstverständlich; ˈ**nat·u·ral·ness** [-rəlnɪs] *s. allg.* Naˈtürlichkeit *f*.

nat·u·ral| phi·los·o·phy *s.* **1.** Naˈturphiloso,phie *f*, -kunde *f*; **2.** Phyˈsik *f*; **~ re·li·gion** *s.* Naˈturreligiˌon *f*; **~ rights** *s. pl.* ⚖, *pol.* Naˈturrechte *pl. des Menschen*; **~ scale** *s.* **1.** ♪ Stammtonleiter *f*; **2.** 𝔄 Achse *f* der naˈtürlichen Zahlen; **~ sci·ence** *s.* Naˈturwissenschaft *f*; **~ se·lec·tion** *s. biol.* naˈtürliche Auslese; **~ sign** *s.* ♪ Auflösungszeichen *n*; **~ state** *s.* Naˈturzustand *m*.

na·ture [ˈneɪtʃə] *s.* **1.** Naˈtur *f*, Schöpfung *f*; **2.** (*a.* 𝔑; *ohne art.*) Naˈtur(kräfte *pl.*) *f*: **law of ~** Naturgesetz *n*; **from ~** nach der Natur *malen etc.*; **back to ~** zurück zur Natur; **in the state of ~** in natürlichem Zustand, nackt; → **debt**, **true** 4; **3.** Naˈtur *f*, Veranlagung *f*, Chaˈrakter *m*, (Eigen-, Gemüts)Art *f*, Natuˈrell *n*: **animal ~** das Tierische *im Menschen*; **by ~** von Natur (aus); **human ~** die menschliche Natur; **of good ~** gutherzig, -mütig; **it is in her ~** es liegt in ihrem Wesen; → **second** 1; **4.** Art *f*, Sorte *f*: **of** (*od.* **in**) **the ~ of a trial** nach Art (*od.* in Form) e-s Verhörs; **~ of the business** Gegenstand *m* der Firma; **5.** (naˈtürliche) Beschaffenheit; **6.** Naˈtur *f*, naˈtürliche Landschaft: **~ conservation** Naturschutz *m*; 𝔑 **Conservancy** *Brit.* Naturschutzbehörde *f*; **~ reserve** Naturschutzgebiet *n*; **~ trail** Naturlehrpfad *m*; **7. ease** (*od.* **relieve**) **~** sich erleichtern (*urinieren etc.*).

-natured [neɪtʃəd] *in Zssgn* geartet, …artig, …mütig: **good-~** gutartig.

na·tur·ism [ˈneɪtʃərɪzəm] *s.* ˈFreikörperkulˌtur *f*; ˈ**na·tur·ist** [-ɪst] *s.* FKˈK-Anhänger(in).

na·tur·o·path [ˈneɪtʃərəʊpæθ] *s.* ⚕ **1.** Heilpraktiker(in); **2.** Naˈturheilkundige(r *m*) *f*.

naught [nɔːt] **I** *s.* Null *f*: **bring** (**come**) **to ~** zunichte machen (werden); **set at ~** *Mahnung etc.* in den Wind schlagen; **II** *adj. obs.* keineswegs.

naugh·ti·ness [ˈnɔːtɪnɪs] *s.* Ungezogenheit *f*, Unartigkeit *f*; **naugh·ty** [ˈnɔːtɪ] *adj.* □ **1.** ungezogen, unartig; **2.** ungehörig (*Handlung*); **3.** unanständig, schlimm (*Wort etc.*): **~, ~!** F aber, aber!

nau·se·a [ˈnɔːsjə] *s.* **1.** Übelkeit *f*, Brechreiz *m*; **2.** Seekrankheit *f*; **3.** *fig.* Ekel *m*; ˈ**nau·se·ate** [-sɪeɪt] **I** *v/i.* **1.** (e-n) Brechreiz empfinden, sich ekeln (**at** vor *dat.*); **II** *v/t.* **2.** sich ekeln vor (*dat.*); **3.** anekeln, *j-m* Übelkeit erregen: **be ~d** (**at**) → 1; ˈ**nau·se·at·ing** [-sɪeɪtɪŋ], ˈ**nau·seous** [-sjəs] *adj.* □ ekelerregend, widerlich.

nau·tic [ˈnɔːtɪk] → **nautical**.

nau·ti·cal [ˈnɔːtɪkl] *adj.* □ ⚓ nautisch, Schiffs…, See(fahrts)…; **~ al·ma·nac** *s.* nautisches Jahrbuch; **~ chart** *s.* Seekarte *f*; **~ mile** *s.* ⚓ Seemeile *f* (*1,852 km*).

na·val [ˈneɪvl] *adj.* ⚓ **1.** Flotten…, (Kriegs)Marine…; **2.** See…, Schiffs…; **~ a·cad·e·my** *s.* ⚓ **1.** Maˈrine-Akadeˌmie *f*; **2.** Navigatiˈonsschule *f*; **~ airplane** *s.* Maˈrineflugzeug *n*; **~ ar·chi·tect** *s.* ˈSchiffbauingeniˌeur *m*; **~ base** *s.* ˈFlottenstützpunkt *m*, -ˌbasis *f*; **~ bat·tle** *s.* Seeschlacht *f*; **~ ca·det** *s.* ˈSeekaˌdett *m*; **~ forc·es** *s. pl.* Seestreitkräfte *pl.*; **~ of·fi·cer** *s.* **1.** Maˈrineoffiˌzier *m*; **2.** *Am.* (höherer) Hafenzollbeamter; **~ pow·er** *s. pol.* Seemacht *f*.

nave[1] [neɪv] *s.* ⚠ Mittel-, Hauptschiff *n*: **~ of a cathedral**.

nave[2] [neɪv] *s.* ⚙ (Rad)Nabe *f*.

na·vel [ˈneɪvl] *s.* **1.** *anat.* Nabel *m*, *fig. a.* Mitte(lpunkt *m*) *f*; **2.** → **~ or·ange** *s.* ˈNaveloˌrange *f*; ˈ**~-string** *s. anat.* Nabelschnur *f*.

nav·i·cert [ˈnævɪsɜːt] *s.* ✝, ⚓ Naviˈcert *n* (*Geleitschein*).

na·vic·u·lar [nəˈvɪkjʊlə] *adj.* nachen-, kahnförmig: **~** (**bone**) *anat.* Kahnbein *n*.

nav·i·ga·bil·i·ty [ˌnævɪgəˈbɪlətɪ] *s.* **1.** ⚓ a) Schiffbarkeit *f* (*e-s Gewässers*), b) Fahrtüchtigkeit *f*; **2.** ✈ Lenkbarkeit *f*; **nav·i·ga·ble** [ˈnævɪgəbl] *adj.* **1.** ⚓ a) schiffbar, (be)fahrbar, b) fahrtüchtig; **2.** ✈ lenkbar (*Luftschiff*); **nav·i·gate** [ˈnævɪgeɪt] **I** *v/i.* **1.** schiffen, (zu Schiff) fahren; **2.** *bsd.* ⚓, ✈ steuern, orten (**to** nach); **II** *v/t.* **3.** *Gewässer* a) befahren, b) durchˈfahren; **4.** ✈ durchˈfliegen; **5.** steuern, lenken; **nav·i·ga·tion** [ˌnævɪˈgeɪʃn] *s.* **1.** ⚓ Nautik *f*, Navigatiˈon *f*, Schiffsführung *f*, Schiffahrtskunde *f*; **2.** ✈ Navigatiˈonskunde *f*; **3.** ⚓ Schiffahrt *f*, Seefahrt *f*; **4.** ✈, ⚓ a) Navigatiˈon *f*, b) Ortung *f*; **nav·i·ga·tion·al** [ˌnævɪˈgeɪʃnl] *adj.* Navigations…

nav·i·ga·tion| chan·nel *s.* Fahrwasser *n*; **~ chart** *s.* Navigatiˈonskarte *f*; **~ guide** *s.* Bake *f*; **~ light** *s.* Positiˈonslicht *n*; **~ of·fi·cer** *s.* ⚓, ✈ Navigatiˈonsoffiˌzier *m*.

nav·i·ga·tor [ˈnævɪgeɪtə] *s.* **1.** ⚓ a) Seefahrer *m*, b) Nautiker *m*, c) Steuermann *m*, d) *Am.* Navigatiˈonsoffiˌzier *m*; **2.** ✈ a) (Aero)ˈNautiker *m*, b) Beobachter *m*.

nav·vy [ˈnævɪ] *s.* **1.** *Brit.* Kaˈnal-, Erd-, Streckenarbeiter *m*; **2.** ⚙ Exkaˈvator *m*, Löffelbagger *m*.

na·vy [ˈneɪvɪ] *s.* ⚓ **1.** *mst* 𝔑 ˈKriegsmaˌrine *f*; **2.** (Kriegs)Flotte *f*; **~ blue** *s.* Maˈrineblau *n*; ˌ**~-ˈblue** *adj.* maˈrineblau; 𝔑 **Board** *s. Brit.* Admiraliˈtät *f*; **~ league** *s.* Flottenverein *m*; 𝔑 **List** *s.* Maˈrineˌrangliste *f*; **~ yard** *s.* Maˈrinewerft *f*.

nay [neɪ] **I** *adv.* **1.** *obs.* nein; **2.** *obs.* ja soˈgar; **II** *s.* **3.** *parl. etc.* Nein(stimme *f*) *n*: **the ~s have it!** der Antrag ist abgelehnt!

Naz·a·rene [ˌnæzəˈriːn] *s.* Nazaˈrener *m* (*a. Christus*).

naze [neɪz] *s.* Landspitze *f*.

Na·zi [ˈnɑːtsɪ] *pol. contp.* **I** *s.* Nazi *m*; **II** *adj.* Nazi…; ˈ**Na·zism** [-ɪzəm] *s.* Naˈzismus *m*.

neap [niːp] **I** *adj.* niedrig, abnehmend (*Flut*); **II** *s. a.* **~ tide** Nippflut *f*; **III** *v/i.* zuˈrückgehen (*Flut*).

near [nɪə] **I** *adv.* **1.** nahe, (ganz) in der Nähe; **2.** nahe (bevorstehend) (*Ereignis etc.*): **~ upon five o'clock** ziemlich genau um 5 Uhr; **3.** F annähernd, nahezu, fast: **not ~ so bad** bei weitem nicht so schlecht;

Besondere Redewendungen:

~ at hand a) nahe, in der Nähe, dicht dabei, b) *fig.* nahe bevorstehend, vor der Tür; **~ by** → **nearby** I; **come** (*od.* **go**) **~ to** a) sich ungefähr belaufen auf (*acc.*), b) *e-r Sache* sehr nahekommen, fast *et.* sein; **come ~ to doing s.th.** et. beinahe tun; **draw ~** heranrücken (*a. Zeitpunkt*); **live ~** sparsam *od.* kärglich leben; **sail ~ to the wind** ⚓ hart am Wind segeln;

II *adj.* □ → **I** *u.* **nearly**; **4.** nahe(gelegen), in der Nähe: **the ~est place** der nächste Ort; **~ miss** a) ⚔ Nahkrepierer *m*, b) ✈ Beinahzusammenstoß *m*, c) *fig.* fast ein Erfolg; **5.** kurz, nahe (*Weg*): **the ~est way** der kürzeste Weg; **6.** nahe (*Zeit*, *Ereignis*): **the ~ future**; **7.** nahe (verwandt): **the ~est relations** die nächsten Verwandten; **8.** eng (befreundet), inˈtim: **a ~ friend**; **9.** aˈkut, brennend (*Frage*, *Problem etc.*); **10.** knapp (*Entkommen*, *Rennen etc.*): **that was a ~ thing** F ‚das hätte ins Auge gehen können'; **11.** genau, (wort)getreu (*Übersetzung etc.*); **12.** sparsam, geizig; **13.** link (*vom Fahrer aus*; *Pferd*, *Fahrbahnseite etc.*): **~ horse** Handpferd *n*; **14.** Imitations…: **~ leather**; **~ beer** Dünnbier *n*; **~ silk** Halbseide *f*; **III** *prp.* **15.** nahe, in der Nähe von (*od. gen.*), nahe an (*dat.*) *od.* bei, unweit (*gen.*): **~ s.o.** j-m nahe; **~ doing s.th.** nahe daran, et. zu tun; **16.** (*zeitlich*) nahe, nicht weit von; **IV** *v/t. u. v/i.* **17.** sich nähern, näherkommen (*dat.*): **be ~ing completion** der Vollendung entgegengehen.

near·by I [ˌnɪəˈbaɪ] *adv. bsd. Am.* in der Nähe, nahe; **II** [ˈnɪəbaɪ] *adj.* nahe(gelegen).

Near East *s. geogr., pol.* **1.** *Brit. obs. die* Balkanstaaten *pl.*; **2.** *der* Nahe Osten.

near·ly [ˈnɪəlɪ] *adv.* **1.** beinahe, fast; **2.** annähernd: **not ~** bei weitem nicht, nicht annähernd; **3.** genau, gründlich; **near·ness** [ˈnɪənɪs] *s.* **1.** Nähe *f*; **2.** Innigkeit *f*, Vertrautheit *f*; **3.** große Ähnlichkeit; **4.** Knauserigkeit *f*.

near| point *s. opt.* Nahpunkt *m*; ˈ**~-side** *s. mot.* Beifahrerseite *f*; ˌ**~-ˈsight·ed** *adj.* kurzsichtig; ˌ**~-ˈsight·ed·ness** *s.* Kurzsichtigkeit *f*.

neat[1] [niːt] *adj.* □ **1.** sauber: a) ordentlich, reinlich, b) hübsch, nett (*a. fig.*), aˈdrett, geschmackvoll, c) klar, ˈübersichtlich, d) geschickt; **2.** treffend (*Antwort etc.*); **3.** a) rein: **~ silk**, b) pur: **~ whisky**; **4.** *sl.* prima.

neat[2] [niːt] **I** *s. pl.* **1.** *coll.* Rind-, Hornvieh *n*, Rinder *pl.*; **2.** Ochse *m*, Rind *n*; **II** *adj.* **3.** Rind(er)…

ˈ**neath, neath** [niːθ] *prp. poet. od. dial.* unter (*dat.*), ˈunterhalb (*gen.*).

neat·ness [ˈniːtnɪs] *s.* **1.** Ordentlichkeit *f*, Sauberkeit *f*; **2.** Gefälligkeit *f*, Nettigkeit *f*; Zierlichkeit *f*; **3.** schlichte Eleˈganz, Klarheit *f* (*Stil etc.*); **4.** Geschicklichkeit *f*; **5.** Unvermischtheit *f* (*Getränke etc.*).

'neat's|-foot oil *s.* Klauenfett *n*; **'~-leath·er** *s.* Rindsleder *n.*

neb·u·la ['nebjʊlə] *pl.* **-lae** [-li:] *s.* **1.** *ast.* Nebel(fleck) *m*; **2.** ✱ a) Trübheit *f* (*des Urins*), b) Hornhauttrübung *f*; **'neb·u·lar** [-lə] *adj. ast.* **1.** Nebel(fleck)..., Nebular...; **2.** nebelartig; **neb·u·los·i·ty** [ˌnebjʊ'lɒsətɪ] *s.* **1.** Neb(e)ligkeit *f*; **2.** Trübheit *f*; **3.** *fig.* Verschwommenheit *f*; **4.** → ***nebula*** 1; **'neb·u·lous** [-ləs] *adj.* □ **1.** neb(e)lig, wolkig (*a. Flüssigkeit*); *ast.* Nebel...; **2.** *fig.* verschwommen, nebelhaft.

nec·es·sar·i·ly ['nesəsərəlɪ] *adv.* **1.** notwendigerweise; **2.** unbedingt: ***you need not ~ do it***; **nec·es·sar·y** ['nesəsərɪ] **I** *adj.* □ **1.** notwendig, nötig, erforderlich (***to*** für): ***it is ~ for me to do it*** es ist nötig, daß ich es tue; ***a ~ evil*** ein notwendiges Übel; ***if ~*** nötigenfalls; **2.** unvermeidlich, zwangsläufig, notwendig: ***a ~ consequence***; **3.** notgedrungen; **II** *s.* **4.** Erfordernis *n*, Bedürfnis *n*: ***necessaries of life*** Notbedarf *m*, Lebensbedürfnisse; ***strict necessaries*** unentbehrliche Unterhaltsmittel; **5.** ✝ Be'darfsarˌtikel *m.*

ne·ces·si·tar·i·an [nɪˌsesɪ'teərɪən] *phls.* **I** *s.* Determi'nist *m*; **II** *adj.* determi'nistisch.

ne·ces·si·tate [nɪ'sesɪteɪt] *v/t.* **1.** notwendig *od.* nötig machen, erfordern, verlangen; **2.** *j-n* zwingen, nötigen; **ne·ces·si·ta·tion** [nɪˌsesɪ'teɪʃn] *s.* Nötigung *f*, Zwang *m*; **ne'ces·si·tous** [-təs] *adj.* □ **1.** bedürftig, notleidend; **2.** dürftig, ärmlich (*Umstände*); **3.** notgedrungen (*Handlung*); **ne'ces·si·ty** [-tɪ] *s.* **1.** Notwendigkeit *f*: a) Erforderlichkeit *f*, b) 'Unumˌgänglichkeit *f*, Unvermeidlichkeit *f*, c) Zwang *m*: ***as a ~***, ***of ~*** notwendigerweise; ***be under the ~ of doing*** gezwungen sein zu tun; **2.** (dringendes) Bedürfnis: (***the bare***) ***necessities of life*** (die dringendsten) Lebensbedürfnisse; **3.** Not *f*, Zwangslage *f*, *a.* ⚖ Notstand *m*: ***~ is the mother of invention*** Not macht erfinderisch; ***~ knows no law*** Not kennt kein Gebot; ***in case of ~*** im Notfall; → ***virtue*** 3; **4.** Not(lage) *f*, Bedürftigkeit *f.*

neck [nek] **I** *s.* **1.** Hals *m* (*a. Flasche*, *Gewehr*, *Saiteninstrument*); **2.** Nacken *m*, Genick *n*: ***break one's ~*** sich das Genick brechen; ***crane one's ~*** sich den Hals ausrenken (***at*** nach); ***get it in the ~*** *sl.* ‚eins aufs Dach bekommen'; ***risk one's ~*** Kopf u. Kragen riskieren; ***stick one's ~ out*** F viel riskieren, den Kopf hinhalten; ***be up to one's ~ in s.th.*** bis über die Ohren in et. stecken; ***win by a ~*** *sport* um e-e Kopflänge gewinnen (*Pferd*); ***~ and ~*** Kopf an Kopf (*a. fig.*); ***~ and crop*** mit Stumpf u. Stiel; ***~ or nothing*** a) (*adv.*) auf Biegen oder Brechen, b) (*attr.*) tollkühn, verzweifelt; ***it is ~ or nothing*** es geht um alles oder nichts; **3.** Hals-, Kammstück *n* (*Schlachtvieh*); **4.** Ausschnitt *m* (*Kleid*); **5.** *anat.* Hals *m e-s Organs*; **6.** △ Halsglied *n* (*Säule*); **7.** ⚙ a) Hals *m* (*Welle*), b) Schenkel *m* (*Achse*), c) (abgesetzter) Zapfen, d) Ansatz *m* (*Schraube*), e) Einfüllstutzen *m*; **8.** a) Landenge *f*, b) Engpaß *m*: ***~ of the woods*** ‚Ecke' *f e-s Landes*; **II** *v/t.* **9.** *e-m Huhn etc.* den Kopf abschlagen *od.* den Hals 'umdrehen; **10.** ⚙ *a.* ***~ out*** aushalsen; **11.** *sl.* ‚knutschen' *od.* ‚schmusen' mit; **III** *v/i.* **12.** *sl.* ‚knutschen'; **'~·cloth** *s.* Halstuch *n.*

neck·er·chief ['nekətʃɪf] *s.* Halstuch *n.*

neck·ing ['nekɪŋ] *s.* **1.** △ Säulenhals *m*; **2.** ⚙ a) Aushalsen *n e-s Hohlkörpers*, b) Querschnittverminderung *f*; **3.** *sl.* ‚Geknutsche' *n.*

neck·lace ['neklɪs], **'neck·let** [-lɪt] *s.* Halskette *f.*

neck| le·ver *s. Ringen*: Nackenhebel *m*; **'~·line** *s.* Ausschnitt *m* (*am Kleid*); **~ scis·sors** *s. pl. sg. konstr. Ringen*: Halsschere *f*; **'~·tie** *s.* Kra'watte *f*, Schlips *m*; **'~·wear** *s.* ✝ *coll.* Kra'watten *pl.*, Kragen *pl.*, Halstücher *pl.*

ne·crol·o·gy [ne'krɒlədʒɪ] *s.* **1.** Toten-, Sterbeliste *f*; **2.** Nachruf *m*; **nec·ro·man·cer** ['nekrəʊmænsə] *s.* **1.** Geister-, Totenbeschwörer *m*; **2.** *allg.* Schwarzkünstler *m*; **nec·ro·man·cy** ['nekrəʊmænsɪ] *s.* **1.** Geisterbeschwörung *f*, Nekroman'tie *f*; **2.** *allg.* Schwarze Kunst; **ne·croph·i·lism** [ne'krɒfɪlɪzəm] *s. psych.* Nekrophi'lie *f*; **ne·cro·sis** [ne'krəʊsɪs] *s.* ✱ Ne'krose *f*, Brand *m* (*a.* ⚘): ***~ of the bone*** Knochenfraß *m*; **ne·crot·ic** [ne'krɒtɪk] *adj.* ⚘, ✱ brandig.

nec·tar ['nektə] *s. myth.* Nektar *m* (*a.* ⚘ *u. fig.*), Göttertrank *m*; **'nec·ta·ry** [-ərɪ] *s.* ⚘, *zo.* Nek'tarium *n*, Honigdrüse *f.*

née, *bsd. Am.* **nee** [neɪ] *adj.* geborene (*vor dem Mädchennamen e-r Frau*).

need [ni:d] **I** *s.* **1.** (***of***, ***for***) (dringendes) Bedürfnis (nach), Bedarf *m* (an *dat.*): ***one's own ~s*** Eigenbedarf; ***be*** (*od.* ***stand***) ***in ~ of s.th.*** et. dringend brauchen, et. sehr nötig haben; ***fill a ~*** e-m Bedürfnis entgegenkommen, e-m Mangel abhelfen; ***in ~ of repair*** reparaturbedürftig; ***have no ~ to do*** kein Bedürfnis *od.* keinen Grund haben zu tun; **2.** Mangel *m* (***of***, ***for*** an *dat.*): ***feel the ~ of*** (*od.* ***for***) ***s.th.*** et. vermissen, Mangel an et. verspüren; **3.** dringende Notwendigkeit: ***there is no ~ for you to come*** du brauchst nicht zu kommen; **4.** Not(lage) *f*: ***in case of ~***, ***if ~ be***, ***if ~ arise*** nötigenfalls, im Notfall; **5.** Armut *f*, Not *f*; **6.** *pl.* Erfordernisse *pl.*, Bedürfnisse *pl.*; **II** *v/t.* **7.** benötigen, nötig haben, brauchen; **8.** erfordern: ***it ~s all your strength***; ***it ~ed doing*** es mußte (einmal) getan werden; **III** *v/aux.* **9.** müssen, brauchen: ***it ~s to be done*** es muß getan werden; ***it ~s but to become known*** es braucht nur bekannt zu werden; **10.** (*vor e-r Verneinung u. in Fragen*, *ohne* ***to***; *3. sg. pres.* ***need***) brauchen, müssen: ***she ~ not do it***; ***you ~ not have come*** du hättest nicht zu kommen brauchen; **'need·ful** [-fʊl] **I** *adj.* □ nötig; **II** *s. das* Nötige: ***the ~*** F das nötige Kleingeld; **'need·i·ness** [-dɪnɪs] *s.* Bedürftigkeit *f*, Armut *f.*

nee·dle ['ni:dl] **I** *s.* **1.** (*Näh-*, *a. Grammophon-*, *Magnet- etc.*)Nadel *f* (*a.* ✱, ⚘): ***knitting-~*** Stricknadel; ***as sharp as a ~*** *fig.* äußerst intelligent, ‚auf Draht'; ***~'s eye*** Nadelöhr *n*; ***get*** (*od.* ***take***) ***the ~*** F ‚hochgehen', e-e Wut kriegen; ***give s.o. the ~*** → 7; **2.** ⚙ a) Ven'tilnadel *f*, b) *mot.* Schwimmernadel *f* (*Vergaser*), c) Zeiger *m*, d) Zunge *f* (*Waage*), e) Radiernadel *f*; **3.** Nadel *f* (*Berg-*, *Felsspitze*); **4.** Obe'lisk *m*; **5.** *min.* Kri'stallnadel *f*; **II** *v/t.* **6.** (*mit e-r Nadel*) nähen, durch'stechen; ✱ punktieren: ***~ one's way through*** *fig.* sich hindurchschlängeln; **7.** F *durch Sticheleien* aufbringen, reizen; **8.** anstacheln; **9.** F *Getränk durch Alkoholzusatz* schärfen; ***~ bath*** *s.* Strahldusche *f*; **'~·book** *s.* Nadelbuch *n*; **'~-gun** *s.* ⚔ Zündnadelgewehr *n*; **'~·like** *adj.* nadelartig; ***~ point*** *s.* **1.** Petit'point-Stickeˌrei *f*; **2.** → **'~-point lace** *s.* Nadelspitze *f* (*Ggs. Klöppelspitze*).

need·less ['ni:dlɪs] *adj.* unnötig, 'überflüssig: ***~ to say*** selbstredend, selbstverständlich; ***~ly*** *adv.* unnötig(erweise); **'need·less·ness** [-nɪs] *s.* Unnötigkeit *f*, 'Überflüssigkeit *f.*

nee·dle| valve *s.* ⚙ 'Nadelvenˌtil *n*; **'~ˌwom·an** *s.* [*irr.*] Näherin *f*; **'~·work I** *s.* Handarbeit *f*, Nähe'rei *f*; **II** *adj.* Handarbeits...: ***~ shop***.

needs [ni:dz] *adv.* unbedingt, notwendigerweise: ***if you must ~ do it*** wenn du es durchaus tun willst.

need·y ['ni:dɪ] *adj.* □ arm, bedürftig, notleidend.

ne'er [neə] *poet. für* ***never***; **'~-do-well I** *s.* Taugenichts *m*, Tunichtgut *m*; **II** *adj.* nichtsnutzig.

ne·far·i·ous [nɪ'feərɪəs] *adj.* □ ruchlos, schändlich; **ne'far·i·ous·ness** [-nɪs] *s.* Ruchlosigkeit *f*, Bosheit *f.*

ne·gate [nɪ'geɪt] *v/t.* **1.** verneinen, negieren, leugnen; **2.** annullieren, unwirksam machen, aufheben, verwerfen; **ne'ga·tion** [-eɪʃn] *s.* **1.** Verneinung *f*, Verneinen *n*, Negieren *n*; **2.** Verwerfung *f*, Annullierung *f*, Aufhebung *f*; **3.** *phls.* a) (*Logik*) Negati'on *f*, b) Nichts *n.*

neg·a·tive ['negətɪv] **I** *adj.* □ **1.** negativ, verneinend; **2.** abschlägig, ablehnend (*Antwort etc.*); **3.** erfolglos, ergebnislos; **4.** negativ (*ohne positive Werte*); **5.** ⚗, ⚡, ⅌, ✱, *phot.*, *phys.* negativ: ***~ conductor*** ⚡ Minusleitung *f*; ***~ electrode*** Kathode *f*; ***~ lens*** *opt.* Zerstreuungslinse *f*; ***~ sign*** ⅌ Minuszeichen *n*, negatives Vorzeichen; ***~!*** Fehlanzeige!; **II** *s.* **6.** Verneinung *f*: ***answer in the ~*** verneinen; **7.** abschlägige Antwort; **8.** *ling.* Negati'on *f*; **9.** a) Einspruch *m*, Veto *n*, b) ablehnende Stimme; **10.** negative Eigenschaft, Negativum *n*; **11.** ⚡ negativer Pol; **12.** ⅌ a) Minuszeichen *n*, b) negative Zahl; **13.** *phot.* Negativ *n*; **III** *v/t.* **14.** negieren, verneinen; **15.** verwerfen, ablehnen; **16.** wider'legen; **17.** unwirksam machen, neutralisieren, aufheben; **'neg·a·tiv·ism** [-vɪzəm] *s.* Negati'vismus *m* (*a. phls.*, *psych.*); **ne·ga·tor** [nɪ'geɪtə] *s.* Verneiner *m*; **'neg·a·to·ry** [-tərɪ] *adj.* verneinend, negativ.

neg·lect [nɪ'glekt] **I** *v/t.* **1.** vernachlässigen; **2.** miß'achten; **3.** versäumen, unter'lassen (***to do*** *od.* ***doing*** zu tun); **4.** über'sehen, -'gehen; außer acht lassen; **II** *s.* **5.** Vernachlässigung *f*, Hint'ansetzung *f*; **6.** 'Mißachtung *f*; **7.** Unter'lassung *f*, Versäumnis *n*, ⚖ *a.* Fahrlässigkeit *f*: ***~ of duty*** Pflichtversäumnis; **8.** Verwahrlosung *f*: ***in a state of ~*** verwahrlost; **9.** Über'gehen *n*, Auslassung

f; **10.** Nachlässigkeit *f*; **neg'lect·ful** [-fʊl] *adj.* □ → ***negligent*** 1.
neg·li·gée ['negli:ʒeɪ] *s.* Negli'gé *n*: a) *ungezwungene Hauskleidung*, b) *dünner Morgenmantel.*
neg·li·gence ['neglɪdʒəns] *s.* **1.** Nachlässigkeit *f*, Unachtsamkeit *f*; **2.** ⚖ Fahrlässigkeit *f*: ***contributory ~*** mitwirkendes Verschulden; **'neg·li·gent** [-nt] *adj.* □ **1.** nachlässig, gleichgültig, unachtsam (***of*** gegen): ***be ~ of s.th.*** et. vernachlässigen, et. außer acht lassen; **2.** ⚖ fahrlässig; **3.** lässig, sa'lopp.
neg·li·gi·ble ['neglɪdʒəbl] *adj.* □ **1.** nebensächlich, unwesentlich; **2.** geringfügig, unbedeutend; → ***quantity*** 2.
ne·go·ti·a·bil·i·ty [nɪˌgəʊʃjə'bɪlətɪ] *s.* ✝ **1.** Verkäuflichkeit *f*; **2.** Begebbarkeit *f*; **3.** Bank-, Börsenfähigkeit *f*; **4.** Über'tragbarkeit *f*; **5.** Verwertbarkeit *f*; **ne·go·ti·a·ble** [nɪ'gəʊʃjəbl] *adj.* □ **1.** ✝ a) verkäuflich, veräußerlich, b) verkehrsfähig, c) bank-, börsenfähig, d) (durch Indossa'ment) über'tragbar, begebbar, e) verwertbar: ***~ instrument*** begebbares (Wert)Papier; ***not ~*** nur zur Verrechnung; **2.** über'windbar (*Hindernis*); befahrbar (*Straße*); **3.** auf dem Verhandlungsweg erreichbar: ***salary ~*** Gehalt nach Vereinbarung.
ne·go·ti·ate [nɪ'gəʊʃɪeɪt] **I** *v/i.* **1.** ver-, unter'handeln, in Unter'handlung stehen (***with*** mit, ***for***, ***about*** um, wegen): ***negotiating table*** Verhandlungstisch *m*; **II** *v/t.* **2.** *Vertrag etc.* zu'stande bringen, (ab)schließen; **3.** verhandeln über (*acc.*); **4.** ✝ *Wechsel* begeben: ***~ back*** zurückbegeben; **5.** *Hindernis etc.* über'winden, *a. Kurve* nehmen; **ne·go·ti·a·tion** [nɪˌgəʊʃɪ'eɪʃn] *s.* **1.** Ver-, Unter'handlung *f*: ***enter into ~s*** in Verhandlungen eintreten: ***by way of ~*** auf dem Verhandlungswege; **2.** Aushandeln *n* (*Vertrag*); **3.** ✝ Begebung *f*, Über'tragung *f* (*Wechsel etc.*): ***further ~*** Weiterbegebung; **4.** Über'windung *f*, Nehmen *n von Hindernissen*; **ne'go·ti·a·tor** [-tə] *s.* **1.** 'Unterhändler *m*; **2.** Vermittler *m*.
ne·gress ['ni:grɪs] *s. obs.* Negerin *f*.
ne·gro ['ni:grəʊ] **I** *pl.* **-groes** *s.* Neger (-in); **II** *adj.* Neger...: ***~ question*** Negerfrage *f*, -problem *n*; ***~ spiritual*** → ***spiritual*** 8; **'ne·groid** [-rɔɪd] *adj.* negro'id, negerartig.
Ne·gus¹ ['ni:gəs] *s. hist.* Negus *m* (*äthiopischer Königstitel*).
ne·gus² ['ni:gəs] *s.* Glühwein *m*.
neigh [neɪ] **I** *v/t. u. v/i.* wiehern; **II** *s.* Gewieher *n*, Wiehern *n*.
neigh·bo(u)r ['neɪbə] **I** *s.* **1.** Nachbar (-in); **2.** Nächste(r) *m*, Mitmensch *m*; **II** *adj.* **3.** → ***neighbo(u)ring***; **III** *v/t.* **4.** (an)grenzen an (*acc.*); **IV** *v/i.* **5.** benachbart sein, in der Nachbarschaft wohnen; **6.** grenzen (***upon*** an *acc.*); **'neigh·bo(u)r·hood** [-hʊd] *s.* **1.** Nachbarschaft *f* (*a. fig.*), Um'gebung *f*, Nähe *f*: ***in the ~ of*** a) in der Umgebung von, b) *fig.* F ungefähr, etwa, um ... herum; **2.** *coll.* Nachbarn *pl.*, Nachbarschaft *f*; **3.** (Wohn)Gegend *f*: ***a fashionable ~***; **'neigh·bo(u)r·ing** [-bərɪŋ] *adj.* benachbart, angrenzend, Nachbar...: ***~ state*** *a.* Anliegerstaat *m*; **'neigh·bo(u)r·li·ness** [-lɪnɪs] *s.* (gut)'nachbarliches Verhalten; Freundlichkeit *f*; **'neigh·bo(u)r·ly** [-lɪ] *adj. u. adv.* **1.** (gut)'nachbarlich; **2.** freundlich, gesellig.
nei·ther ['naɪðə] **I** *adj. u. pron.* **1.** kein (von beiden): ***~ of you*** keiner von euch (beiden); **II** *cj.* **2.** weder: ***~ you nor he knows*** weder du weißt es noch er; **3.** noch (auch), auch nicht, ebensowenig: ***he does not know, ~ do I*** er weiß es nicht, noch *od.* ebensowenig weiß ich es.
nem·a·tode ['nemətəʊd] *zo. s.* Nema'tode *f*, Fadenwurm *m*.
nem con [ˌnem'kɒn] *adv.* einstimmig.
nem·e·sis, *a.* ♀ ['nemɪsɪs] *s. myth. u. fig.* Nemesis *f*, (die Göttin der) Vergeltung *f*.
ne·mo ['ni:məʊ] *s. Radio, TV*: 'Außenrepor,tage *f*.
neo- [ni:əʊ] *in Zssgn* neu, jung, neo..., Neo...
ne·o·lith ['ni:əʊlɪθ] *s.* jungsteinzeitliches Gerät; **ne·o·lith·ic** [ˌni:əʊ'lɪθɪk] *adj.* jungsteinzeitlich, neo'lithisch: ♀ ***period*** Jungsteinzeit *f*.
ne·ol·o·gism [ni:'ɒlədʒɪzəm] *s.* **1.** *ling.* Neolo'gismus *m*, Wortneubildung *f*; **2.** *eccl.* neue Dok'trin; **ne'ol·o·gy** [-dʒɪ] *s.* **1.** → ***neologism*** 1 *u.* 2; **2.** *ling.* Neolo'gie *f*, Bildung *f* neuer Wörter.
ne·on ['ni:ən] *s.* ⚗ Neon *n*: ***~ lamp*** Neonlampe *f*, Leucht(stoff)röhre *f*; ***~ signs*** Leuchtreklame *f*.
ne·o·phyte ['ni:əʊfaɪt] *s.* **1.** *eccl.* Neubekehrte(r *m*) *f*, Konver'tit(in); **2.** *R.C.* a) No'vize *m*, *f*, b) Jungpriester *m*; **3.** *fig.* Neuling *m*, Anfänger(in).
ne·o·plasm ['ni:əʊplæzəm] *s.* ⚕ Neo'plasma *n*, Gewächs *n*.
ne·o·ter·ic [ˌni:əʊ'terɪk] *adj.* (□ ***~ally***) neuzeitlich, mo'dern.
Ne·o·zo·ic [ˌni:əʊ'zəʊɪk] *geol.* **I** *s.* Neo'zoikum *n*, Neuzeit *f*; **II** *adj.* neo'zoisch.
Nep·a·lese [ˌnepɔ:'li:z] **I** *s.* Nepa'lese *m*, Nepalesin *f*, Bewohner(in) von Ne'pal; Nepa'lesen *pl.*; **II** *adj.* nepa'lesisch.
neph·ew ['nevju:] Neffe *m*.
ne·phol·o·gy [nɪ'fɒlədʒɪ] *s.* Wolkenkunde *f*.
ne·phrit·ic [ne'frɪtɪk] *adj.* ⚕ Nieren...; **ne·phri·tis** [ne'fraɪtɪs] *s.* ⚕ Ne'phritis *f*, Nierenentzündung *f*; **neph·ro·lith** ['nefrəʊlɪθ] *s.* ⚕ Nierenstein *m*; **ne·phrol·o·gist** [ne'frɒlədʒɪst] *s.* ⚕ Nierenfacharzt *m*, Uro'loge *m*.
nep·o·tism ['nepətɪzəm] *s.* Nepo'tismus *m*, Vetternwirtschaft *f*.
Nep·tune ['neptju:n] *s. myth. u. ast.* Neptun *m*.
nerd [nɜ:d] *s.* **1.** Trottel *m*, Depp *m*; **2.** (*Computer- usw.*)Freak *m*.
Ne·re·id ['nɪərɪɪd] *s. myth.* Nere'ide *f*, Wassernymphe *f*.
ner·va·tion [nɜ:'veɪʃn], **nerv·a·ture** ['nɜ:vətʃʊə] *s.* **1.** Anordnung *f* der Nerven; **2.** ♀ Aderung *f*.
nerve [nɜ:v] **I** *s.* **1.** Nerv(enfaser *f*) *m*: ***get on s.o.'s ~s*** j-m auf die Nerven gehen; ***be all ~s, be a bag of ~s*** F ein Nervenbündel sein; ***a fit of ~s*** e-e Nervenkrise; ***strain every ~*** s-e ganze Kraft aufbieten; **2.** *fig.* a) Lebensnerv *m*, b) Stärke *f*, Ener'gie *f*, c) (innere) Ruhe, d) Mut *m*, e) *sl.* Frechheit *f*: ***lose one's ~*** die Nerven verlieren; ***have the ~ to do s.th.*** es wagen, et. zu tun; ***he has got a ~!*** *sl.* der hat vielleicht Nerven!; **3.** ♀ Nerv *m*, Ader *f* (*Blatt*); **4.** ⚠ (Gewölbe)Rippe *f*; **II** *v/t.* **5.** *fig.* (*körperlich od. seelisch*) stärken, ermutigen: ***~ o.s.*** sich aufraffen; ***~ cen·ter*** *Am.*, ***~ cen·tre*** *Brit. s.* Nervenzentrum *n* (*a. fig.*); ***~ cord*** *s.* Nervenstrang *m*.
nerved [nɜ:vd] *adj.* **1.** nervig (*mst in Zssgn*): ***strong-~*** nervenstark; **2.** ♀, *zo.* geädert, gerippt.
nerve·less ['nɜ:vlɪs] *adj.* □ **1.** *fig.* kraft-, ener'gielos; **2.** ohne Nerven; **3.** ♀ ohne Adern, nervenlos.
nerve| poi·son *s.* Nervengift *n*; **'~-ˌrack·ing** *adj.* nervenaufreibend.
nerv·ine ['nɜ:vi:n] *adj. u. s.* ⚕ nervenstärkend(es Mittel).
nerv·ous ['nɜ:vəs] *adj.* **1.** Nerven...(*-system, -zusammenbruch etc.*): ***~ excitement*** nervöse Erregtheit; **2.** nervenreich; **3.** ner'vös: a) nervenschwach, erregbar, b) ängstlich, scheu, c) aufgeregt; **4.** aufregend; **5.** *obs.* kräftig, nervig; **'ner·vous·ness** [-nɪs] *s.* Nervosi'tät *f*.
nerv·y ['nɜ:vɪ] *adj.* F **1.** frech; **2.** ner'vös; **3.** nervenaufreibend.
nes·ci·ence ['nesɪəns] *s.* (vollständige) Unwissenheit; **'nes·ci·ent** [-nt] *adj.* unwissend (***of*** in *dat.*).
ness [nes] *s.* Vorgebirge *n*.
nest [nest] **I** *s.* **1.** *orn.*, *zo.*, *a. geol.* Nest *n*; **2.** *fig.* Nest *n*, Zufluchtsort *m*, behagliches Heim; **3.** *fig.* Schlupfwinkel *m*, Brutstätte *f*: ***~ of vice*** Lasterhöhle *f*; **4.** Brut *f* (*junger Tiere*): ***take a ~*** ein Nest ausnehmen; **5.** ⚔ (Widerstands-, M'G-)Nest *n*; **6.** Serie *f*, Satz *m* (*ineinanderpassender Dinge*, *z.B. Schüsseln*); **7.** ⚙ Satz *m*, Gruppe *f*: ***~ of boiler tubes*** Heizrohrbündel *n*; **II** *v/i.* **8.** a) ein Nest bauen, b) nisten; **9.** sich einnisten, sich 'niederlassen; **10.** Vogelnester ausnehmen; **III** *v/t.* **11.** *Töpfe etc.* inein'anderstellen, -setzen; ***~ egg*** *s.* **1.** Nestei *n*; **2.** *fig.* Spar-, Notgroschen *m*.
nes·tle ['nesl] **I** *v/i.* **1.** *a.* ***~ down*** sich behaglich 'niederlassen; **2.** sich anschmiegen *od.* kuscheln (***to***, ***against*** an *acc.*); **3.** sich einnisten; **II** *v/t.* **4.** schmiegen, kuscheln (***on***, ***to***, ***against*** an *acc.*); **nest·ling** ['nestlɪŋ] *s.* **1.** *orn.* Nestling *m*; **2.** *fig.* Nesthäkchen *n*.
net¹ [net] **I** *s.* **1.** (*a. weitS. Straßen- etc.*, ⛿ Koordi'naten)Netz *n*; → *a.* ***network*** 4; **2.** *fig.* Falle *f*, Netz *n*, Garn *n*; **3.** netzartiges Gewebe, Netz *n*; ✝ Tüll *m*, Musse'lin *m*: ***~ curtain*** Store *m*; **4.** *Tennis*: Netzball *m*; **II** *v/t.* **5.** mit e-m Netz fangen; **6.** *fig.* (ein)fangen; **7.** mit e-m Netz um'geben *od.* bedecken; **8.** *Gewässer* mit Netzen abfischen; **9.** in Fi'let arbeiten, knüpfen; **10.** *Tennis*: Ball ins Netz schlagen; **III** *v/i.* **11.** Netz- *od.* Fi'letarbeit machen.
net² [net] **I** *adj.* ✝ **1.** netto, Netto..., Rein..., Roh...: ***~ income*** Nettoeinkommen *n*; **II** *v/t.* **2.** netto einbringen, e-n Reingewinn von ... abwerfen; **3.** netto verdienen, e-n Reingewinn haben von; ***~ a·mount*** *s.* Nettobetrag *m*, Reinertrag *m*; ***~ as·sets*** *s. pl.* Reinvermögen *n*; ***~ bor·row·ings*** *s. pl.* Nettokreditaufnahme *f*; ***~ cash*** *s.* ✝ netto Kasse: ***~ in advance*** Nettokasse im voraus; ***~ ef·fi·cien·cy*** *s.* ⚙ Nutzleistung *f*.
neth·er ['neðə] *adj.* **1.** unter, Unter...: ***~ regions***, ***~ world*** Unterwelt *f*; **2.** nieder, Nieder...

Neth·er·land·er ['neðələndə] *s.* Niederländer(in); **'Neth·er·land·ish** [-dɪʃ] *adj.* niederländisch.

'neth·er·most *adj.* unterst, tiefst.

net| load *s.* †, ⚙ Nutzlast *f*; **~ price** *s.* † Nettopreis *m*; **~ pro·ceeds** *s. pl.* † Nettoeinnahme(n *pl.*) *f*, Reinerlös *m*; **~ prof·it** *s.* † Reingewinn *m*.

net·ted ['netɪd] *adj.* **1.** netzförmig, maschig; **2.** von Netzen um'geben *od.* bedeckt; **'net·ting** [-tɪŋ] *s.* **1.** Netzstricken *n*, Fi'letarbeit *f*; **2.** Netz(werk) *n*, Geflecht *n* (*a. Draht*); ⚔ Tarnnetze *pl.*

net·tle ['netl] **I** *s.* **1.** ⚘ Nessel *f*: ***grasp the ~*** *fig.* den Stier bei den Hörnern packen; **II** *v/t.* **2.** mit *od.* an Nesseln brennen; **3.** *fig.* ärgern, reizen: ***be ~d at*** aufgebracht sein über (*acc.*); **~ cloth** *s.* Nesseltuch *n*; **~ rash** *s.* ⚕ Nesselausschlag *m*.

net| weight *s.* † Netto-, Rein-, Eigen-, Trockengewicht *n*; **'~·work I** *s.* **1.** Netz-, Maschenwerk *n*, Geflecht *n*, Netz *n*; **2.** Netz-, Fi'letarbeit *f*; **3.** *fig.* Netz *n*: ***~ of roads*** Straßennetz; ***~ of intrigues*** Netz von Intrigen; **4.** ϟ a) Leitungs-, Verteilungsnetz *n*, b) *Rundfunk*: Sendernetz *n*, -gruppe *f*; **II** *v/t.* *Computer*: vernetzen; **~ yield** *s.* † effek'tive Ren'dite *od.* Verzinsung, Nettoertrag *m*.

neu·ral ['njʊərəl] *adj. physiol.* Nerven…: ***~ axis*** Nervenachse *f*.

neu·ral·gia [ˌnjʊə'rældʒə] *s.* ⚕ Neural'gie *f*, Nervenschmerz *m*; **ˌneu'ral·gic** [-dʒɪk] *adj.* (☐ ***~ally***) neur'algisch.

neu·ras·the·ni·a [ˌnjʊərəs'θi:nɪə] *s.* ⚕ Neurasthe'nie *f*, Nervenschwäche *f*; **ˌneu·ras'then·ic** [-'θenɪk] ⚕ **I** *adj.* (☐ ***~ally***) neura'sthenisch; **II** *s.* Neura'stheniker(in).

neu·ri·tis [ˌnjʊə'raɪtɪs] *s.* Nervenentzündung *f*.

neu·rol·o·gist [ˌnjʊə'rɒlədʒɪst] *s.* Neuro'loge *m*, Nervenarzt *m*; **ˌneu'rol·o·gy** [-dʒɪ] *s.* Neurolo'gie *f*.

neu·ro·path ['njʊərəʊpæθ] *s.* ⚕ Nervenleidende(r *m*) *f*; **neu·ro·path·ic** [ˌnjʊərəʊ'pæθɪk] *adj.* (☐ ***~ally***) neuro'pathisch: a) ner'vös (*Leiden etc.*), b) nervenkrank; **neu·rop·a·thist** [ˌnjʊə'rɒpəθɪst] → ***neurologist***; **neu'rop·a·thy** [ˌnjʊə'rɒpəθɪ] *s.* Nervenleiden *n*.

neu·rop·ter·an [ˌnjʊə'rɒptərən] *zo.* **I** *adj.* Netzflügler…; **II** *s.* Netzflügler *m*.

neu·ro·sis [ˌnjʊə'rəʊsɪs] *pl.* **-ses** [-si:z] *s.* ⚕ Neu'rose *f*; **ˌneu'rot·ic** [-'rɒtɪk] **I** *adj.* (☐ ***~ally***) **1.** neu'rotisch; **2.** Nerven…(*-mittel, -leiden etc.*); **II** *s.* **3.** Neu'rotiker(in); **4.** Nervenmittel *n*; **ˌneu'rot·o·my** [-'rɒtəmɪ] *s.* **1.** 'Nervenanatoˌmie *f*; **2.** Nervenschnitt *m*.

neu·ter ['nju:tə] **I** *adj.* **1.** *ling.* a) sächlich, b) intransitiv (*Verb*); **2.** *biol.* geschlechtslos; **II** *s.* **3.** *ling.* a) Neutrum *n*, sächliches Hauptwort, b) intransitives Verb; **4.** ⚘ Blüte *f* ohne Staubgefäße u. Stempel; **5.** *zo.* geschlechtsloses *od.* kastriertes Tier; **III** *v/t.* **6.** kastrieren.

neu·tral ['nju:trəl] **I** *adj.* ☐ **1.** neu'tral (*a. pol.*), par'teilos, 'unparˌteiisch, unbeteiligt; **2.** neutral, unbestimmt, farblos; **3.** neutral (*a.* ⚗, ϟ), gleichgültig, 'indiffeˌrent; **4.** ⚘, *zo.* geschlechtslos; **5.** ⚙, *mot.* a) Ruhe…, Null… (*Lage*), b) Leerlauf… (*Gang*); **II** *s.* **6.** a) Neu'trale(r *m*) *f*, Par'teilose(r *m*) *f*, b) neutraler Staat, c) Angehörige(r *m*) *f* e-s neutralen Staates; **7.** *mot.*, ⚙ Ruhelage *f*, Leerlaufstellung *f*: ***put the car in ~*** den Gang herausnehmen; **~ ax·is** *s.* A, *phys.*, ⚙ neutrale Achse, Nullinie *f*; **~ con·duc·tor** *s.* ϟ Nulleiter *m*; **~ gear** *s.* ⚙ Leerlauf(gang) *m*.

neu·tral·ism ['nju:trəlɪzəm] *s.* Neutra'lismus *m*; **'neu·tral·ist** [-ɪst] **I** *s.* Neutra'list *m*; **II** *adj.* neutra'listisch.

neu·tral·i·ty [nju:'trælətɪ] *s.* Neutrali'tät *f* (*a.* ⚗, *pol.*).

neu·tral·i·za·tion [ˌnju:trəlaɪ'zeɪʃn] *s.* **1.** Neutralisierung *f*, Ausgleichung *f*, (gegenseitige) Aufhebung; **2.** ⚗ Neutralisati'on *f*; **3.** *pol.* Neutrali'tätserklärung *f* e-s *Staates etc.*; **4.** ϟ Entkopplung *f*; **5.** ⚔ Niederhaltung *f*, Lahmlegung *f*, *a. sport*: Ausschaltung *f*; **neu·tral·ize** ['nju:trəlaɪz] *v/t.* **1.** neutralisieren (*a.* ⚗), ausgleichen, aufheben: ***to ~ each other*** sich gegenseitig aufheben; **2.** *pol.* für neu'tral erklären; **3.** ϟ neutralisieren, entkoppeln; **4.** ⚔ niederhalten, -kämpfen, *a. sport*: *Gegner* ausschalten; *Kampfstoff* entgiften.

neu·tral| line *s.* **1.** A, *phys.* Neu'trale *f*, neu'trale Linie; **2.** *phys.* Nullinie *f*; **3.** → ***neutral axis***; **~ po·si·tion** *s.* **1.** ⚙ Nullstellung *f*, -lage *f*; Ruhestellung *f*; **2.** ϟ neutrale Stellung (*Anker etc.*).

neu·tro·dyne ['nju:trədaɪn] *s.* ϟ Neutro'dyn *n*.

neu·tron ['nju:trɒn] *phys.* **I** *s.* Neu'tron *n*; **II** *adj.* Neutronen…(*-bombe, -zahl etc.*).

né·vé ['neveɪ] (*Fr.*) *s.* Firn(feld *n*) *m*.

nev·er ['nevə] *adv.* **1.** nie, niemals, nimmer(mehr); **2.** durch'aus nicht, (ganz und) gar nicht, nicht im geringsten; **3.** (doch) wohl nicht;

Besondere Redewendungen:

~ fear nur keine Bange!; ***~ mind*** das macht nichts!; ***well I ~!*** F nein, so was!, das ist ja unerhört!; ***~ so*** auch noch so; ***he ~ so much as answered*** er hat noch nicht einmal geantwortet; ***~ say die!*** nur nicht verzweifeln!

'nev·er|-do-ˌwell *s.* Taugenichts *m*, Tunichtgut *m*; **ˌ~-'end·ing** [-ər'e-] *adj.* endlos, nicht enden wollend; **ˌ~-'fail·ing** *adj.* **1.** unfehlbar, untrüglich; **2.** nie versiegend; **ˌ~'more** *adv.* nimmermehr, nie wieder; **ˌ~-'nev·er** *s.* F **1.** ***buy on the ~*** ‚abstottern', auf Pump kaufen; **2.** *a.* ***~ land*** a) ‚Arsch *m* der Welt', b) *fig.* Wolken'kuckucksheim *n*.

ˌnev·er·the'less *adv.* nichtsdesto'weniger, dennoch, trotzdem.

ne·vus ['ni:vəs] *s.* ⚕ Muttermal *n*, Leberfleck *m*: ***vascular ~*** Feuermal.

new [nju:] **I** *adj.* ☐ → ***newly***; **1.** *allg.* neu: ***nothing ~*** nichts Neues; → ***broom***[2]; **2.** *a. ling.* neu, mo'dern; *bsd. contp.* neumodisch; **3.** neu (*Obst etc.*), frisch (*Brot, Milch etc.*); **4.** neu (*Ggs. alt*), gut erhalten: ***as good as ~*** so gut wie neu; **5.** neu(entdeckt *od.* -erschienen *od.* -erstanden *od.* -geschaffen): ***~ facts***; ***~ star***, ***~ moon*** Neumond *m*; ***~ publications*** Neuerscheinungen *pl.*; ***the ~ woman*** die Frau von heute; ***the ≈ World*** die Neue Welt (*Amerika*); ***that is not ~ to me*** das ist mir nichts Neues; **6.** unerforscht: ***~ ground*** Neuland *n* (*a. fig.*); **7.** neu(gewählt, -ernannt): ***the ~ president***; **8.** (***to***) a) *j-m* unbekannt, b) nicht vertraut (mit *e-r Sache*), unerfahren (in *dat.*), c) *j-m* ungewohnt; **9.** neu, ander, besser: ***feel a ~ man*** sich wie neugeboren fühlen; **10.** erneut: ***a ~ start***; **11.** (*bsd. bei Ortsnamen*) Neu…; **II** *adv.* **12.** neu(erlich), so'eben, frisch (*bsd. in Zssgn*): ***~-built*** neuerbaut.

'new|·born *adj.* neugeboren (*a. fig.*); **~ build·ing** *s.* Neubau *m*; **'~-come** *adj.* neuangekommen; **'~ˌcom·er** *s.* **1.** Neuankömmling *m*, Fremde(r *m*) *f*; **2.** Neuling *m* (***to*** in *e-m Fach*); **≈ Deal** *s. hist.* New Deal *m* (*Wirtschafts- u. Sozialpolitik des Präsidenten F. D. Roosevelt*).

new·el ['nju:əl] *s.* ⚙ **1.** Spindel *f* (*Wendeltreppe, Gußform etc.*); **2.** Endpfosten *m* (*Geländer*).

'new|ˌfan·gled [-ˌfæŋgld] *adj. contp.* neu(modisch); **'~-fledged** *adj.* **1.** flügge geworden; **2.** *fig.* neugebacken; **ˌ~-'found** *adj.* **1.** neugefunden; neuerfunden; **2.** neuentdeckt.

New·found·land (**dog**) [nju:'faʊndlənd], **New'found·land·er** [-də] *s.* Neu'fundländer *m* (*Hund*).

new·ish ['nju:ɪʃ] *adj.* ziemlich neu; **new·ly** ['nju:lɪ] *adv.* **1.** neulich, kürzlich, jüngst: ***~ married*** neu-, jungvermählt; **2.** von neuem; **new·ness** ['nju:nɪs] *s.* Neuheit *f*, *das* Neue; *fig.* Unerfahrenheit *f*.

ˌnew-'rich I *adj.* neureich; **II** *s.* Neureiche(r *m*) *f*, Parve'nü *m*.

news [nju:z] *s. pl. sg. konstr.* **1.** *das* Neue, Neuigkeit(en *pl.*) *f*, Neues *n*, Nachricht(en *pl.*) *f*: ***a piece of ~*** e-e Nachricht *od.* Neuigkeit; ***at this ~*** bei dieser Nachricht; ***commercial ~*** † Handelsteil *m* (*Zeitung*); ***break the (bad) ~ to s.o.*** j-m die (schlechte) Nachricht (schonend) beibringen; ***have ~ from s.o.*** von j-m Nachricht haben; ***it is ~ to me*** das ist mir (ganz) neu; ***what('s the) ~?*** was gibt es Neues?; ***~ certainly travels fast!*** es spricht sich alles herum!; ***he is bad ~s*** *Am. sl.* mit ihm werden wir Ärger kriegen; **2.** neueste (Zeitungs-, Radio)Nachrichten *pl.*: ***be in the ~*** (in der Öffentlichkeit) von sich reden machen; **~ a·gen·cy** *s.* 'Nachrichtenagenˌtur *f*, -büˌro *n*; **~ a·gent** *s.* Zeitungshändler(in); **~ black·out** *s.* Nachrichtensperre *f*; **'~·boy** *s.* Zeitungsjunge *m*; **~ butch·er** *s.* 🚂 *Am.* Verkäufer *m* von Zeitungen, Süßigkeiten *etc.*; **'~·cast** *s. Radio, TV*: Nachrichtensendung *f*; **'~ˌcast·er** *s.* Nachrichtensprecher(in); **~ cin·e·ma** *s.* Aktuali'tätenkino *n*; **~ con·fer·ence** *s.* 'Pressekonfeˌrenz *f*; **~ deal·er** *Am.* → ***news agent***; **~ flash** *s.* (eingeblendete) Kurzmeldung; **'~·hawk** *s.*, **'~·hound** *s. Am.* F 'Zeitungsreˌporter (-in); **~ i·tem** *s.* 'Pressenoˌtiz *f*; **'~-ˌlet·ter** *s.* (Nachrichten)Rundschreiben *n*, Zirku'lar *n*; **~ mag·a·zine** *s.* 'Nachrichtenmagaˌzin *n*; **'~·man** [-mæn] *s.* [*irr.*] **1.** Zeitungshändler *m*, -austräger *m*; **2.** Journa'list *m*; **'~ˌmon·ger** *s.* Neuigkeitskrämer(in).

'newsˌpa·per *s.* Zeitung *f*; **~ ad·ver·tise·ment** *s.* 'Zeitungsanˌnonce *f*, -anzeige *f*; **~ clip·ping** *Am.*, **~ cut·ting** *s.* Zeitungsausschnitt *m*; **'~·man** [-mæn] *s.* [*irr.*] **1.** Zeitungsverkäufer *m*; **2.** Journa'list *m*; **3.** Zeitungsverleger *m*.

ˈnews|·print *s.* ˈZeitungspaˌpier *n*; **ˈ~ˌread·er** *s. Brit.* für **newscaster**; **ˈ~·reel** *s.* Wochenschau *f*; **ˈ~·room** [-rʊm] *s.* **1.** ˈNachrichtenraum *m*, -zenˌtrale *f*; **2.** *Brit.* Zeitschriftenlesesaal *m*; **3.** *Am.* ˈZeitungsladen *m*, -kiˌosk *m*; **~ serv·ice** *s.* Nachrichtendienst *m*; **ˈ~·sheet** *s.* Informatiˈonsblatt *n*; **ˈ~·stall** *s. Brit.*, **ˈ~·stand** *s.* ˈZeitungskiˌosk *m*, -stand *m*.

New Style *s.* neue Zeitrechnung (*nach dem Gregorianischen Kalender*), neuer Stil.

news| ven·dor *s.* Zeitungsverkäufer(in); **ˈ~ˌwor·thy** *adj.* von Interˈesse (für den Zeitungsleser), aktuˈell.

news·y [ˈnju:zɪ] *adj.* F voller Neuigkeiten.

newt [nju:t] *s. zo.* Wassermolch *m*.

new·ton [ˈnju:tn] *s. phys.* Newton *n* (*Maßeinheit*).

New·to·ni·an [nju:ˈtəʊnjən] *adj.* Newton(i)sch: **~ force** Newtonsche Kraft.

new| year *s.* Neujahr *n*, *das* neue Jahr; **♀ Year** *s.* Neujahrstag *m*; ***happy ♀ Year!*** gutes neues Jahr!; **♀ Year's Day** *s.* Neujahrstag *m*; **♀ Year's Eve** *s.* Silˈvesterabend *m*.

next [nekst] **I** *adj.* **1.** nächst, nächstfolgend, -stehend: ***the ~ house (train)*** das nächste Haus (der nächste Zug); ***(the) ~ day*** am nächsten *od.* folgenden Tag; ***the ~ time I saw her*** als ich sie das nächste Mal sah; ***~ door*** (im Haus) nebenan; ***~ door to*** *fig.* beinahe, fast *unmöglich etc.*, so gut wie; ***~ to*** a) (gleich) neben, b) (gleich) nach (*Rang, Reihenfolge*), c) fast *unmöglich etc.*; ***~ to nothing*** fast gar nichts; ***~ to last*** zweitletzt; ***the ~ but one*** der (die, das) übernächste; ***~ in size*** a) nächstgrößer, b) nächstkleiner; ***~ friend*** ⚖ Prozeßpfleger *m*; ***the ~ of kin*** der (*pl.* die) nächste(n) Angehörige(n) *od.* Verwandte(n); ***be ~ best*** a) der (die, das) Zweitbeste sein, b) (***to***) *fig.* gleich kommen (nach), fast so gut sein (wie); ***week after ~*** übernächste Woche; ***what ~?*** was (denn) noch?; **II** *adv.* **2.** (*Ort, Zeit etc.*) zuˈnächst, gleich darˈauf, als nächste(r) *od.* nächstes: ***come ~*** (als nächstes) folgen; **3.** nächstens, demnächst, das nächste Mal; **4.** (*bei Aufzählung*) dann, darˈauf; **III** *prp.* **5.** (gleich) neben (*dat.*) *od.* bei (*dat.*) *od.* an (*dat.*); **6.** zuˈnächst nach, (*an Rang*) gleich nach; **IV** *s.* **7.** *der* (*die, das*) Nächste; **ˈnext-door** *adj.* nebenˈan, im Nachbar- *od.* Nebenhaus, benachbart.

nex·us [ˈneksəs] *s.* Verknüpfung *f*, Zs.-hang *m*.

nib [nɪb] *s.* **1.** Schnabel *m* (*Vogel*); **2.** (Gold-, Stahl)Spitze *f* (*Schreibfeder*); **3.** *pl.* Kaffee- *od.* Kaˈkaobohnenstückchen *pl.*

nib·ble [ˈnɪbl] **I** *v/t.* **1.** nagen, knabbern an (*dat.*): ***~ off*** abbeißen, -fressen; **2.** vorsichtig anbeißen (*Fische am Köder*); **II** *v/i.* **3.** nagen, knabbern (***at*** an *dat.*): ***~ at one's food*** im Essen herumstochern; **4.** *Kekse etc.* ‚knabbern', naschen; **5.** (fast) anbeißen (*Fisch*) (*a. fig. Käufer*); **6.** *fig.* kritteln, tadeln; **III** *s.* **7.** Nagen *n*, Knabbern *n*; **8.** (kleiner) Bissen, Happen *m*.

nib·lick [ˈnɪblɪk] *s. Golf: obs.* Niblick *m* (*Schläger*).

nibs [nɪbz] *s. pl. sg. konstr.* F ‚großes Tier': ***his ~*** ‚seine Hoheit'.

nice [naɪs] *adj.* □ **1.** fein (*Beobachtung, Sinn, Urteil, Unterschied etc.*); **2.** lekker, fein (*Speise etc.*); **3.** nett, freundlich (***to*** zu *j-m*); **4.** nett, hübsch, schön (*alle a. iro.*): ***~ girl***; ***~ weather***; ***a ~ mess*** *iro.* e-e schöne Bescherung; ***~ and fat*** schön fett; ***~ and warm*** hübsch warm; **5.** niedlich, nett; **6.** heikel, wählerisch (***about*** in *dat.*); **7.** (peinlich) genau, gewissenhaft; **8.** (*mst mit **not***) anständig; **9.** *fig.* heikel, schwierig; **ˈnice·ly** [-lɪ] *adv.* **1.** nett, fein: ***I was done ~*** *sl. iro.* ich wurde schön übers Ohr gehauen; **2.** gut, fein, befriedigend: ***that will do ~*** das paßt ausgezeichnet; ***she is doing ~*** F es geht ihr gut (*od.* besser), sie macht gute Fortschritte; **3.** sorgfältig, genau; **ˈnice·ness** [-nɪs] *s.* **1.** Feinheit *f*; **2.** Nettheit *f*; Niedlichkeit *f*; **3.** F Nettigkeit *f*; **4.** Schärfe *f des Urteils*; **5.** Genauigkeit *f*, Pünktlichkeit *f*; **ˈni·ce·ty** [-sətɪ] **1.** Feinheit *f*, Schärfe *f des Urteils etc.*; **2.** peinliche Genauigkeit, Pünktlichkeit *f*: ***to a ~*** aufs genaueste, bis aufs Haar; **3.** Spitzfindigkeit *f*; **4.** *pl.* kleine ˈUnterschiede *pl.*, Feinheiten *pl.*: ***not to stand upon niceties*** es nicht so genau nehmen; **5.** wählerisches Wesen; **6. *the niceties of life*** die Annehmlichkeiten des Lebens.

niche [nɪtʃ] **I** *s.* **1.** △, *a.* ⚕ Nische *f*; **2.** *fig.* Platz *m*, wo man hingehört: ***he finally found his ~ in life*** er hat endlich s-n Platz im Leben gefunden; **3.** *fig.* (ruhiges) Plätzchen; **II** *v/t.* **4.** mit e-r Nische versehen; **5.** in e-e Nische stellen.

ni·chrome [ˈnaɪkrəʊm] *s.* ⚙ Nickelchrom *n*.

Nick[1] [nɪk] *npr.* **1.** Niki *m* (*Koseform zu **Nicholas***); **2. *Old ~*** *sl.* der Teufel.

nick[2] [nɪk] **I** *s.* **1.** Kerbe *f*, Einkerbung *f*, Einschnitt *m*; **2.** Kerbholz *n*; **3.** *typ.* Signaˈtur(rinne) *f*; **4. *in the (very) ~ (of time)*** a) im richtigen Augenblick, wie gerufen, b) im letzten Moment; ***in good ~*** ‚gut in Schuß'; **5.** *Würfelspiel etc.*: (hoher) Wurf, Treffer *m*; **II** *v/t.* **6.** (ein)kerben, einschneiden: ***~ out*** auszacken, -furchen; ***~ o.s.*** sich *beim Rasieren* schneiden; **7.** *et.* glücklich treffen: ***~ the time*** gerade den richtigen Zeitpunkt treffen; **8.** erraten; **9.** *Zug etc.* erwischen, (noch) kriegen; **10.** *Brit. sl.* a) betrügen, reinlegen, b) ‚klauen', c) *j-n* ‚schnappen' *od.* ‚einlochen'.

nick·el [ˈnɪkl] **I** *s.* **1.** ⚗, *min.* Nickel *n*; **2.** *Am.* F Nickel *m*, Fünfˈcentstück *n*; **II** *adj.* **3.** Nickel...; **III** *v/t.* **4.** vernickeln; **~ bloom** *s. min.* Nickelblüte *f*; **ˈ~-clad sheet** *s.* ⚙ nickelplattiertes Blech.

nick·el·o·de·on [ˌnɪkəˈləʊdɪən] *s. Am.* **1.** *hist.* billiges (ˈFilm-, Varieˈté)Theˌater; **2.** Muˈsikautoˌmat *m*.

ˈnick·el|-plate *v/t.* ⚙ vernickeln; **ˈ~ˌplat·ing** *s.* Vernickelung *f*; **~ sil·ver** *s.* Neusilber *n*; **~ steel** *s.* Nickelstahl *m*.

nick·nack [ˈnɪknæk] → ***knickknack***.

nick·name [ˈnɪkneɪm] **I** *s.* Spitzname *m*; ⚔ Deckname *m*; **II** *v/t.* mit e-m Spitznamen bezeichnen, *j-m* e-n *od.* den Spitznamen geben.

nic·o·tine [ˈnɪkəti:n] *s.* ⚗ Nikoˈtin *n*; **ˈnic·o·tin·ism** [-nɪzəm] *s.* Nikoˈtinvergiftung *f*.

nide [naɪd] *s.* (Faˈsanen)Nest *n*.

nid·i·fy [ˈnɪdɪfaɪ] *v/i.* nisten.

nid-nod [ˈnɪdnɒd] *v/i.* (mehrmals *od.* ständig) nicken.

ni·dus [ˈnaɪdəs] *pl. a.* **-di** [-daɪ] *s.* **1.** *zo.* Nest *n*, Brutstätte *f*; **2.** *fig.* Lagerstätte *f*, Sitz *m*; **3.** ⚕ Herd *m e-r Krankheit*.

niece [ni:s] *s.* Nichte *f*.

nif·ty [ˈnɪftɪ] *adj. sl.* **1.** ‚sauber': a) hübsch, fesch, b) prima, c) raffiniert; **2.** *Brit.* stinkend.

nig·gard [ˈnɪgəd] **I** *s.* Knicker(in), Geizhals *m*, Filz *m*; **II** *adj.* □ geizig, knikk(er)ig, kärglich; **ˈnig·gard·li·ness** [-lɪnɪs] *s.* Knauseˈrei *f*, Geiz *m*; **ˈnig·gard·ly** [-lɪ] **I** *adv.* → ***niggard*** II; **II** *adj.* schäbig, kümmerlich: ***a ~ gift***.

nig·ger [ˈnɪgə] *s.* F *contp.* Nigger *m*.

nig·gle [ˈnɪgl] *v/i.* **1.** peˈdantisch sein *od.* herˈumtüfteln; **2.** trödeln; **3.** nörgeln, ‚meckern'.

nigh [naɪ] *obs. od. poet.* **I** *adv.* **1.** nahe (***to*** an *dat.*): ***~ (un)to death*** dem Tode nahe; ***~ but*** beinahe; ***draw ~ to*** sich nähern (*dat.*); **2.** *mst **well ~*** beinahe, nahezu; **II** *prp.* **3.** nahe bei, neben.

night [naɪt] *s.* **1.** Nacht *f*: ***at ~, by ~, in the ~***, F ***o'nights*** bei Nacht, nachts, des Nachts; ***~'s lodging*** Nachtquartier *n*; ***all ~ (long)*** die ganze Nacht (hindurch); ***over ~*** über Nacht; ***bid*** (*od.* ***wish***) ***s.o. good ~*** *j-m* gute Nacht wünschen; ***have an early ~*** früh zu Bett gehen; ***make a ~ of it*** die ganze Nacht durchmachen, -feiern, sich die Nacht um die Ohren schlagen; ***stay the ~ at*** übernachten in *e-m Ort od.* bei *j-m*; **2.** Abend *m*: ***last ~*** gestern abend; ***the ~ before last*** vorgestern abend; ***first ~*** *thea.* Erstaufführung *f*, Premiere *f*; ***a ~ of Wagner*** Wagnerabend; ***on the ~ of May 4th*** am Abend des 4. Mai; ***~ out*** freier Abend; ***have a ~ out*** e-n Abend ausspannen, ausgehen; **3.** *fig.* Nacht *f*, Dunkelheit *f*; **~ at·tack** *s.* ⚔ Nachtangriff *m*; **~ bird** *s.* **1.** Nachtvogel *m*; **2.** *fig.* Nachtschwärmer *m*; **ˈ~-blind** *adj.* ⚕ nachtblind; **ˈ~·cap** *s.* **1.** Nachtmütze *f*, -haube *f*; **2.** *fig.* Schlummertrunk *m*; **~ club** *s.* Nachtklub *m*, ˈNachtloˌkal *n*; **ˈ~·dress** *s.* Nachthemd *n* (*für Frauen u. Kinder*); **~ ex·po·sure** *s. phot.* Nachtaufnahme *f*; **ˈ~·fall** *s.* Einbruch *m* der Nacht; **~ fight·er** *s.* ✈, ⚔ Nachtjäger *m*; **~ glass** *s.* Nachtfernrohr *n*, -glas *n*; **ˈ~·gown** → ***nightdress***.

night·ie [ˈnaɪtɪ] F → ***nightdress***.

night·in·gale [ˈnaɪtɪŋgeɪl] *s. orn.* Nachtigall *f*.

ˈnight|·jar *s. orn.* Ziegenmelker *m*; **~ leave** *s.* ⚔ Urlaub *m* bis zum Wecken; **~ let·ter(-gram)** *s. Am.* (verbilligtes) ˈNachtteleˌgramm; **ˈ~·life** *s.* Nachtleben *n*; **ˈ~-long I** *adj.* e-e *od.* die ganze Nacht dauernd; **II** *adv.* die ganze Nacht (hinˈdurch).

night·ly [ˈnaɪtlɪ] **I** *adj.* **1.** nächtlich, Nacht...; **2.** jede Nacht *od.* jeden Abend stattfindend; **II** *adv.* **3.** a) (all-)nächtlich, jede Nacht, b) jeden Abend, (all)abendlich.

night·mare [ˈnaɪtmeə] *s.* **1.** Nachtmahr *m* (*böser Geist*); **2.** ⚕ Alp(drücken *n*) *m*, böser Traum; **3.** *fig.* Schreckgespenst *n*, Alptraum *m*, Spuk *m*; **ˈnight·mar·ish** [-eərɪʃ] *adj.* beklemmend, schauerlich.

night| nurse *s.* Nachtschwester *f*; **~ owl** *s.* **1.** *orn.* Nachteule *f* (*a.* F *fig. Nachtmensch*); **2.** F Nachtschwärmer *m*; **~ por·ter** *s.* 'Nachtporti,er *m*; **~ rate** *s.* Nachttarif *m.*

nights [naɪts] *adv.* F bei Nacht, nachts.

night| school *s.* Abend-, Fortbildungsschule *f*; **'~·shade** *s.* ⚘ Nachtschatten *m*: ***deadly ~*** Tollkirsche *f*; **~ shift** *s.* Nachtschicht *f*: ***be on ~*** Nachtschicht haben; **'~·shirt** *s.* Nachthemd *n* (*für Männer u. Knaben*); **'~·spot** *s.* F *für* ***nightclub***; **'~·stand** *s. Am.* Nachttisch *m*; **~ stick** *s. Am.* Schlagstock *m der Polizei*; **'~·stool** *s.* Nachtstuhl *m*; **'~·time** *s.* Nachtzeit *f*; **~ vi·sion** *s.* **1.** nächtliche Erscheinung; **2.** Nachtsehvermögen *n*; **~ watch** *s.* Nachtwache *f*; **,~'watch·man** [-mən] *s.* [*irr.*] Nachtwächter *m*; **'~·wear** *s.* Nachtzeug *n.*

night·y ['naɪtɪ] *s.* F (Damen-, Kinder-) Nachthemd *n.*

ni·hil·ism ['naɪlɪzəm] *s. phls., pol.* Nihi'lismus *m*; **'ni·hil·ist** [-ɪst] **I** *s.* Nihi'list (-in); **II** *adj.* → **ni·hil·is·tic** [,naɪ'lɪstɪk] *adj.* nihi'listisch.

nil [nɪl] *s.* Nichts *n*, Null *f* (*bsd. in Spielresultaten*): ***two goals to ~*** zwei zu null (2:0); ***~ report*** Fehlanzeige *f*; ***his influence is ~*** *fig.* sein Einfluß ist gleich null.

nim·ble ['nɪmbl] *adj.* □ flink, hurtig, gewandt, be'hend: ***~ mind*** *fig.* beweglicher Geist, rasche Auffassungsgabe; **,~'fin·gered** *adj.* **1.** geschickt; **2.** langfingerig, diebisch; **,~'foot·ed** *adj.* leicht-, schnellfüßig.

nim·ble·ness ['nɪmblnɪs] *s.* Flinkheit *f*, Gewandtheit *f*, *fig. a.* geistige Beweglichkeit.

nim·bus ['nɪmbəs] *pl.* **-bi** [-baɪ] *od.* **-bus·es** *s.* **1.** *a.* ***~ cloud*** graue Regenwolke; **2.** Nimbus *m*: a) Heiligenschein *m*, b) *fig.* Ruhm *m.*

nim·i·ny-pim·i·ny [,nɪmɪnɪ'pɪmɪnɪ] *adj.* affek'tiert, ‚etepe'tete'.

Nim·rod ['nɪmrɒd] *npr. Bibl. u. fig.* Nimrod *m* (*großer Jäger*).

nin·com·poop ['nɪnkəmpu:p] *s.* Einfaltspinsel *m*, Trottel *m.*

nine [naɪn] **I** *adj.* **1.** neun: ***~ days' wonder*** Tagesgespräch *n*, sensationelles Ereignis; ***~ times out of ten*** in neun von zehn Fällen; **II** *s.* **2.** Neun *f*, Neuner *m* (*Spielkarte etc.*): ***the ~ of hearts*** Herzneun; ***to the ~s*** in höchstem Maße; ***dressed up to the ~s*** piekfein gekleidet, aufgedonnert; **3.** ***the*** ℒ die neun Musen; **4.** *sport* Baseballmannschaft *f*; **'nine·fold I** *adj. u. adv.* neunfach; **II** *s. das* Neunfache; **'nine·pins** *s. pl.* **1.** Kegel *pl.*: ***~ alley*** Kegelbahn *f*; **2.** *a. sg. konstr.* Kegelspiel *n*: ***play ~*** Kegel spielen, kegeln.

nine·teen [,naɪn'ti:n] **I** *adj.* neunzehn; → ***dozen*** 2; **II** *s.* Neunzehn *f*; **,nine'teenth** [-θ] **I** *adj.* neunzehnt; **II** *s.* Neunzehntel *n*; **nine·ti·eth** ['naɪntɪɪθ] **I** *adj.* neunzigst; **II** *s.* Neunzigstel *n*; **nine·ty** ['naɪntɪ] **I** *s.* Neunzig *f*: ***he is in his nineties*** er ist in den Neunzigern; ***in the nineties*** in den neunziger Jahren (*e-s Jahrhunderts*); **II** *adj.* neunzig.

nin·ny ['nɪnɪ] F *s.* Trottel *m.*

ninth [naɪnθ] **I** *adj.* **1.** neunt: ***in the ~ place*** neuntens, an neunter Stelle; **II** *s.* **2.** *der* (*die, das*) Neunte; **3.** *a.* ***~ part*** Neuntel *n*; **4.** ♪ None *f*; **'ninth·ly** [-lɪ] *adv.* neuntens.

nip¹ [nɪp] **I** *v/t.* **1.** kneifen, zwicken, klemmen: ***~ off*** abzwicken, -kneifen, -beißen; **2.** (*durch Frost etc.*) beschädigen, vernichten, ka'puttmachen: ***~ in the bud*** *fig.* im Keim ersticken; **3.** *sl.* → ***nick²*** 10 b *u.* c; **II** *v/i.* **4.** schneiden (*Kälte, Wind*); ⚙ klemmen (*Maschine*); **5.** F ‚flitzen': ***~ in*** hineinschlüpfen; ***~ on ahead*** nach vorne flitzen; **III** *s.* **6.** Kneifen *n*, Kniff *m*, Biß *m*; **7.** Schneiden *n* (*Kälte etc.*); scharfer Frost; **8.** ⚘ Frostbrand *m*; **9.** Knick *m* (*Draht etc.*); **10.** ***~ and tuck***, *attr.* ***~-and-tuck*** *Am.* auf Biegen oder Brechen, scharf (*Kampf*), hart (*Rennen*).

nip² [nɪp] **I** *v/i. u. v/t.* nippen (an *dat.*); **II** *s.* Schlückchen *n.*

Nip [nɪp] *s. sl.* ‚Japs' *m.*

nip·per ['nɪpə] *s.* **1.** *zo.* a) Vorder-, Schneidezahn *m* (*bsd. des Pferdes*), b) Schere *f* (*Krebs etc.*); **2.** *mst pl.* ⚙ a) *u.* ***a pair of ~s*** (Kneif)Zange *f*, b) Pin'zette *f*; **3.** *pl.* Kneifer *m*; **4.** *Brit.* F Bengel *m*, ‚Stift' *m*; **5.** *pl.* F Handschellen *pl.*

nip·ping ['nɪpɪŋ] *adj.* □ **1.** kneifend; **2.** beißend, schneidend (*Kälte, Wind*); **3.** *fig.* bissig, scharf (*Worte*).

nip·ple ['nɪpl] *s.* **1.** *anat.* Brustwarze *f*; **2.** (Saug)Hütchen *n*, Sauger *m* (*e-r Saugflasche*); **3.** ⚙ (Speichen-, Schmier)Nippel *m*; (Rohr)Stutzen *m.*

nip·py ['nɪpɪ] **I** *adj.* **1.** → ***nipping*** 2, 3; **2.** F schnell, ‚fix'; spritzig (*Auto*); **II** *s.* **3.** *Brit.* F Kellnerin *f.*

ni·sei ['ni:,seɪ] *pl.* **-sei, -seis** *s.* Ja'paner (-in) geboren in den USA.

ni·si ['naɪsaɪ] (*Lat.*) *cj.* ⚖ wenn nicht: ***decree ~*** vorläufiges Scheidungsurteil.

Nis·sen hut ['nɪsn] *s.* ⚔ Nissenhütte *f*, 'Wellblechba,racke *f.*

nit [nɪt] *s. zo.* Nisse *f*, Niß *f.*

ni·ter *Am.* → ***nitre.***

'nit,pick·ing I *adj.* F kleinlich, ‚pingelig'; **II** *s.* ‚Pingeligkeit' *f.*

ni·trate ['naɪtreɪt] **I** *s.* ⚗ Ni'trat *n*, sal'petersaures Salz: ***~ of silver*** salpetersaures Silber, Höllenstein *m*; ***~ of soda*** (*od.* ***sodium***) salpetersaures Natrium; **II** *v/t.* nitrieren; **III** *v/i.* sich in Sal'peter verwandeln.

ni·tre ['naɪtə] *s.* ⚗ Sal'peter *m*: ***~ cake*** Natriumkuchen *m.*

ni·tric ['naɪtrɪk] *adj.* ⚗ sal'petersauer, Salpeter…, Stickstoff…; ***~ ac·id*** *s.* Sal'petersäure *f*; ***~ ox·ide*** *s.* 'Stickstoffo,xyd *n.*

ni·tride ['naɪtraɪd] **I** *s.* Ni'trid *n*; **II** *v/t.* nitrieren; **ni·trif·er·ous** [naɪ'trɪfərəs] *adj.* **1.** stickstoffhaltig; **2.** sal'peterhaltig; **'ni·tri·fy** [-trɪfaɪ] **I** *v/t.* nitrieren; **II** *v/i.* sich in Sal'peter verwandeln; **'ni·trite** [-aɪt] *s.* Ni'trit *n*, sal'pet(e)rigsaures Salz.

ni·tro·ben·zene [,naɪtrəʊ'benzi:n], **ni·tro·ben·zol(e)** [,naɪtrəʊ'benzɒl] *s.* ⚗ Nitroben'zol *n.*

ni·tro·cel·lu·lose [,naɪtrəʊ'seljʊləʊs] *s.* ⚗ Nitrozellu'lose *f*: ***~ lacquer*** Nitro(zellulose)lack *m.*

ni·tro·gen ['naɪtrədʒən] *s.* ⚗ Stickstoff *m*: ***~ carbide*** Stickkohlenstoff *m*; ***~ chloride*** Chlorstickstoff; ***~ oxide*** Stickoxid *n*; ***~ oxide reduction*** Entstickung *f*; **ni·tro·gen·ize** [naɪ'trɒdʒɪnaɪz] *v/t.* mit Stickstoff verbinden *od.* anreichern *od.* sättigen: ***~d foods*** stickstoffhaltige Nahrungsmittel; **ni·trog·e·nous** [naɪ'trɒdʒɪnəs] *adj.* stickstoffhaltig.

ni·tro·glyc·er·in(e) [,naɪtrəʊ'glɪsəri:n] *s.* ⚗ Nitroglyze'rin *n.*

ni·tro·hy·dro·chlo·ric ['naɪtrəʊ,haɪdrəʊ'klɒrɪk] *adj.* Salpetersalz…

ni·trous ['naɪtrəs] *adj.* ⚗ Salpeter…, sal'peterhaltig, sal'petrig; ***~ ac·id*** *s.* sal'petrige Säure; ***~ ox·ide*** *s.* 'Stickstoffoxy,dul *n*, Lachgas *n.*

nit·ty-grit·ty [,nɪtɪ'grɪtɪ] *s.*: ***get down to the ~*** F zur Sache kommen.

nit·wit ['nɪtwɪt] *s.* Schwachkopf *m.*

nix¹ [nɪks] *Am. sl. pron. adv.* ‚nix', nichts, *int. a.* nein.

nix² [nɪks] *pl.* **-es** *s.* Nix *m*, Wassergeist *m*; **'nix·ie** [-ksɪ] *s.* (Wasser)Nixe *f.*

no [nəʊ] **I** *adv.* **1.** nein: ***answer ~*** nein sagen; **2.** (*nach* ***or*** *am Ende e-s Satzes*) nicht (*jetzt mst* ***not***): ***whether … or ~*** ob … oder nicht; **3.** (*beim comp.*) um nichts, nicht: ***~ better a writer*** kein besserer Schriftsteller; ***~ longer (ago) than yesterday*** erst gestern; ***~!*** nicht möglich!, nein!; → ***more*** 2, 4, ***soon*** 1; **II** *adj.* **4.** kein(e): ***~ hope*** keine Hoffnung; ***~ one*** keiner; ***~ man*** niemand; ***~ parking*** Parkverbot; ***~ thoroughfare*** Durchfahrt gesperrt; ***in ~ time*** im Nu; ***~-claims bonus*** Vergütung *f* für Schadenfreiheit; ***no-fly zone*** Flugverbotszone *f*; **5.** kein, alles andere als ein(e): ***he is ~ artist***; ***~ such thing*** nichts dergleichen; **6.** (*vor ger.*): ***there is ~ denying*** es läßt sich *od.* man kann nicht leugnen; **III** *pl.* **noes** *s.* **7.** Nein *n*, verneinende Antwort, Absage *f*, Weigerung *f*; **8.** *parl.* Gegenstimme *f*: ***the ayes and ~es*** die Stimmen für u. wider; ***the ~es have it*** die Mehrheit ist dagegen, der Antrag ist abgelehnt.

'no-ac,count *adj. Am. dial.* unbedeutend (*mst Person*).

nob¹ [nɒb] *s. sl.* ‚Birne' *f* (*Kopf*).

nob² [nɒb] *s. sl.* ‚feiner Pinkel' (*vornehmer Mann*), ‚großes Tier'.

nob·ble ['nɒbl] *v/t. sl.* **1.** betrügen, ‚reinlegen'; **2.** *j-n* auf s-e Seite ziehen, ‚her'umkriegen'; **3.** bestechen; **4.** ‚klauen'.

nob·by ['nɒbɪ] *adj. sl.* schick.

No·bel Prize [nəʊ'bel] *s.* No'belpreis *m*: ***~ winner*** Nobelpreisträger(in); ***Nobel Peace Prize*** Friedensnobelpreis.

no·bil·i·ar·y [nəʊ'bɪlɪərɪ] *adj.* adlig, Adels…

no·bil·i·ty [nəʊ'bɪlətɪ] *s.* **1.** *fig.* Adel *m*, Würde *f*, Vornehmheit *f*: ***~ of mind*** vornehme Denkungsart; ***~ of soul*** Seelenadel; **2.** Adel(sstand) *m*, *die* Adligen *pl.*; (*bsd. in England*) *der* hohe Adel: ***the ~ and gentry*** der hohe u. niedere Adel.

no·ble ['nəʊbl] **I** *adj.* □ **1.** adlig, von Adel; edel, erlaucht; **2.** *fig.* edel, nobel, erhaben, groß(mütig), vor'trefflich: ***the ~ art (of self-defence***, *Am.* ***self-defense***) die edle Kunst der Selbstverteidigung (*Boxen*); **3.** prächtig, stattlich: ***a ~ edifice***; **4.** prächtig geschmückt (***with*** mit); **5.** *phys.* Edel…(*-gas, -metall*); **II** *s.* **6.** Edelmann *m*, (hoher) Adliger; **7.** *hist.* Nobel *m* (*Goldmünze*); **'~·man** [-mən] *s.* [*irr.*] **1.** Edelmann *m*, (hoher) Adliger; **2.** *pl. Schach*: Offi'ziere *pl.*; **,~-'mind·ed** *adj.* edeldenkend; **,~-**

ˈ**mind·ed·ness** *s.* vornehme Denkungsart, Edelmut *m*.
no·ble·ness [ˈnəʊblnɪs] *s.* **1.** Adel *m*, hohe Abstammung; **2.** *fig.* a) Adel *m*, Würde *f*, b) Edelsinn *m*, -mut *m*.
ˈ**no·bleˌwom·an** *s.* [*irr.*] Adlige *f*.
no·bod·y [ˈnəʊbədɪ] **I** *adj. pron.* niemand, keiner: ~ ***else*** sonst niemand, niemand anders; **II** *s. fig.* unbedeutende Perˈson, ‚Niemand' *m*, ‚Null' *f*: ***be*** (***a***) ~ *a.* nichts sein, nichts zu sagen haben.
nock [nɒk] **I** *s. Bogenschießen*: Kerbe *f*; **II** *v/t.* a) *Pfeil* auf die Kerbe legen, b) *Bogen* einkerben.
noc·tam·bu·la·tion [nɒkˌtæmbjʊˈleɪʃn], *a.* **noc·tam·bu·lism** [nɒkˈtæmbjʊlɪzəm] *s.* ☤ Somnambuˈlismus *m*, Nachtwandeln *n*; **noc·tam·bu·list** [nɒkˈtæmbjʊlɪst] *s.* Schlafwandler(in), Somnamˈbule(r *m*) *f*.
noc·turn [ˈnɒktɜːn] *s. R.C.* Nachtmette *f*; **noc·tur·nal** [nɒkˈtɜːnl] *adj.* □ nächtlich, Nacht…; **noc·turne** [ˈnɒktɜːn] *s.* **1.** *paint.* Nachtstück *n*; **2.** ♪ Notˈturno *n*.
noc·u·ous [ˈnɒkjʊəs] *adj.* □ **1.** schädlich; **2.** giftig (*Schlangen*).
nod [nɒd] **I** *v/i.* **1.** nicken: ~ ***to s.o.*** j-m zunicken, j-n grüßen; ***~ding acquaintance*** oberflächliche(r) Bekannte(r), Grußbekanntschaft *f*; ***we are on ~ding terms*** wir grüßen uns; **2.** sich neigen (*Blumen etc.*) (*a. fig.* ***to*** vor *dat.*); wippen (*Hutfeder*); **3.** nicken, (*sitzend*) schlafen: ~ ***off*** einnicken; **4.** *fig.* unaufmerksam sein, ‚schlafen': ***Homer sometimes ~s*** auch dem Aufmerksamsten entgeht manchmal etwas; **II** *v/t.* **5.** ~ ***one's head*** (mit dem Kopf) nicken; **6.** (*durch Nicken*) andeuten: ~ ***one's assent*** beifällig (zu)nicken; ~ ***s.o. out*** j-n hinauswinken; **III** *s.* **7.** (Kopf)Nicken *n*, Wink *m*: ***give s.o. a*** ~ j-m zunicken; ***go to the land of*** ~ einschlafen; ***on the*** ~ *Am. sl.* auf Pump.
nod·al [ˈnəʊdl] *adj.* Knoten…: ~ ***point*** a) ♪, *phys.* Schwingungsknoten *m*, b) 𝔄, *phys.* Knotenpunkt *m*.
nod·dle [ˈnɒdl] *s. sl.* Schädel *m*, ‚Birne' *f*, *fig.* ‚Grips' *m*.
node [nəʊd] *s.* **1.** *allg.* Knoten *m* (*a. ast.*, ⚘, 𝔄; *a. fig. im Drama etc.*): ~ ***of a curve*** 𝔄 Knotenpunkt *m* e-r Kurve; **2.** ☤ Knoten *m*, Knötchen *n*: ***gouty*** ~ Gichtknoten; **3.** *phys.* Schwingungsknoten *m*.
no·dose [ˈnəʊdəʊs] *adj.* knotig (*a.* ☤), voller Knoten; **no·dos·i·ty** [nəʊˈdɒsətɪ] *s.* **1.** knotige Beschaffenheit; **2.** → ***node*** 2.
nod·u·lar [ˈnɒdjʊlə] *adj.* knoten-, knötchenförmig: ***~-ulcerous*** ☤ tubero-ulzerös.
nod·ule [ˈnɒdjuːl] *s.* **1.** ⚘, ☤ Knötchen *n*: ***lymphatic*** ~ Lymphknötchen *n*; **2.** *geol.*, *min.* Nest *n*, Niere *f*.
no·dus [ˈnəʊdəs] *pl.* **-di** [-daɪ] *s.* Knoten *m*, Schwierigkeit *f*.
nog [nɒg] *s.* **1.** Holznagel *m*, -klotz *m*; **2.** △ a) Holm *m* (*querliegender Balken*), b) *Maurerei*: Riegel *m*.
nog·gin [ˈnɒgɪn] *s.* **1.** kleiner (Holz-)Krug; **2.** F ‚Birne' *f* (*Kopf*).
nog·ging [ˈnɒgɪŋ] *s.* △ Riegelmauer *f*, (ausgemauertes) Fachwerk.
ˈ**no-good** *Am.* F **I** *s.* Lump *m*, Nichtsnutz *m*; **II** *adj.* nichtsnutzig, elend, miseˈrabel.
ˈ**no·how** *adv.* F **1.** auf keinen Fall, durchˈaus nicht; **2.** nichtssagend, ungut: ***feel*** ~ nicht auf der Höhe sein; ***look*** ~ nach nichts aussehen.
noil [nɔɪl] *s. sg. u. pl.* ♆, ⚙ Kämmling *m*, Kurzwolle *f*.
ˌ**no-ˈi·ron** *adj.* bügelfrei (*Hemd etc.*).
noise [nɔɪz] **I** *s.* **1.** Geräusch *n*; Lärm *m*, Getöse *n*, Geschrei *n*: ~ ***of battle*** Gefechtslärm; ~ ***abatement***, ~ ***control*** Lärmbekämpfung *f*; ~ ***nuisance*** Lärmbelästigung *f*; ***hold your*** ~! F halt den Mund!; **2.** Rauschen *n* (*a.* ϟ *Störung*), Summen *n*: ~ ***factor*** ϟ Rauschfaktor *m*; **3.** *fig.* Streit *m*, Krach *m*: ***make a*** ~ Krach machen (***about*** wegen); → 4; **4.** *fig.* Aufsehen *n*, Geschrei *n*: ***make a great*** ~ ***in the world*** großes Aufsehen erregen; ***make a*** ~ viel Tamtam machen (***about*** um); **5.** ***a big*** ~ *sl.* ein hohes (*od.* großes) Tier (*wichtige Persönlichkeit*); **II** *v/i.* **6.** ~ ***it*** lärmen; **III** *v/t.* **7.** ~ ***abroad*** verbreiten, aussprengen.
noise·less [ˈnɔɪzlɪs] *adj.* □ laut-, geräuschlos (*a.* ⚙), still; ˈ**noise·less·ness** [-nɪs] *s.* Geräuschlosigkeit *f*.
noise| lev·el *s.* Lärm-, ϟ Störpegel *m*; ~ **sup·pres·sion** *s.* ϟ **1.** Störschutz *m*; **2.** Entstörung *f*; ~ **pol·lu·tion** *s.* Lärmbelästigung *f*; ~ **volt·age** *s.* ϟ **1.** Geräuschspannung *f*; **2.** Störspannung *f*.
nois·i·ness [ˈnɔɪzɪnɪs] *s.* Lärm *m*, Getöse *n*; lärmendes Wesen.
noi·some [ˈnɔɪsəm] *adj.* □ **1.** schädlich, ungesund; **2.** widerlich.
nois·y [ˈnɔɪzɪ] *adj.* □ **1.** geräuschvoll, laut; lärmend: ~ ***running*** ⚙ geräuschvoller Gang; ~ ***fellow*** Krakeeler *m*, Schreier *m*; **2.** *fig.* grell, schreiend (*Farbe etc.*); laut, aufdringlich (*Stil*).
nol·le [ˈnɒlɪ], **nol·le·pros** [ˌnɒlɪˈprɒs] (*Lat.*) ⚖ *Am.* **I** *v/i.* a) die Zuˈrücknahme e-r Klage einleiten, b) *im Strafprozeß*: das Verfahren einstellen; **II** *s.* → ***nolle prosequi***.
nol·le pros·e·qui [ˌnɒlɪˈprɒsɪkwaɪ] (*Lat.*) *s.* ⚖ a) Zuˈrücknahme *f* der (*Zivil*)Klage, b) Einstellung *f* des (*Straf-*)Verfahrens.
ˌ**no-ˈload** *s.* ϟ Leerlauf *m*: ~ ***speed*** Leerlaufdrehzahl *f*.
nol-pros [nɒlˈprɒs] → ***nolle*** I.
no·mad [ˈnɒməd] **I** *adj.* noˈmadisch, Nomaden…; **II** *s.* Noˈmade *m*, Noˈmadin *f*;
no·mad·ic [nəʊˈmædɪk] *adj.* (□ ***~ally***) **1.** → ***nomad*** I; **2.** *fig.* unstet; ˈ**no·mad·ism** [-dɪzəm] *s.* Noˈmadentum *n*, Wanderleben *n*.
ˈ**no-man's land** *s.* ⚔ Niemandsland *n* (*a. fig.*).
nom·bril [ˈnɒmbrɪl] *s.* Nabel *m* (*des Wappenschilds*).
nom de plume [ˌnɔ̃mdəˈpluːm] (*Fr.*) *s.* Pseudoˈnym *n*, Schriftstellername *m*.
no·men·cla·ture [nəʊˈmenklətʃə] *s.* **1.** Nomenklaˈtur *f*: a) (*wissenschaftliche*) Namengebung, b) Namensverzeichnis *n*; **2.** (*fachliche*) Terminoloˈgie; **3.** *coll.* *die* Namen *pl.*, Bezeichnungen *pl.* (*a.* 𝔄).
nom·i·nal [ˈnɒmɪnl] *adj.* □ **1.** Namen…; **2.** nomiˈnell, Nominal…: ~ ***consideration*** ⚖ formale Gegenleistung; ~ ***fine*** nominelle (*sehr geringe*) Geldstrafe; ~ ***rank*** Titularrang *m*; **3.** *ling.* nomiˈnal; **4.** ⚙, ϟ Nominal…, Nenn…, Soll…; ~ **ac·count** *s.* ♆ Sachkonto *n*; ~ **a·mount** *s.* ♆ Nennbetrag *m*; ~ **bal·ance** *s.* ♆ Sollbestand *m*; ~ **ca·pac·i·ty** *s.* ϟ, ⚙ Nennleistung *f*; ~ **cap·i·tal** *s.* ♆ ˈGrund-, ˈStammkapiˌtal *n*; ~ **fre·quen·cy** *s.* ϟ ˈSollfreˌquenz *f*; ~ **in·ter·est** *s.* ♆ Nomiˈnalzinsfuß *m*.
nom·i·nal·ism [ˈnɒmɪnəlɪzəm] *s. phls.* Nominaˈlismus *m*.
nom·i·nal| out·put *s.* ⚙ Nennleistung *f*; ~ **par** *s.* ♆ Nenn-, Nomiˈnalwert *m*; ~ **par·i·ty** *s.* ♆ ˈNennwertpariˌtät *f*; ~ **speed** *s.* ϟ Nenndrehzahl *f*; ~ **stock** *s.* ♆ ˈGründungs-, ˈStammkapiˌtal *n*; ~ **val·ue** *s.* ♆, ⚙ Nennwert *m*.
nom·i·nate *v/t.* [ˈnɒmɪneɪt] **1.** (***to***) berufen, ernennen (zu *e-r Stelle*), einsetzen (in *ein Amt*); **2.** nominieren, als (ˈWahl)Kandiˌdaten aufstellen; **nom·i·na·tion** [ˌnɒmɪˈneɪʃn] *s.* **1.** (***to***) Berufung *f*, Ernennung *f* (zu), Einsetzung *f* (in): ***in*** ~ vorgeschlagen (***for*** für); **2.** Vorschlagsrecht *n*; **3.** Nominierung *f*, Vorwahl *f* (*e-s Kandidaten*): ~ ***day*** Wahlvorschlagstermin *m*; **nom·i·na·tive** [ˈnɒmɪnətɪv] **I** *adj. ling.* nominativ (-isch): ~ ***case*** → ***II***; **II** *s. ling.* Nominativ *m*, erster Fall; ˈ**nom·i·na·tor** [-tə] *s.* Ernenn(end)er *m*; **nom·i·nee** [ˌnɒmɪˈniː] *s.* **1.** Vorgeschlagene(r *m*) *f*, Kandiˈdat(in); **2.** ♆ Begünstigte(r *m*) *f*, Empfänger(in) *e-r Rente etc.*
non- [nɒn] *in Zssgn*: nicht…, Nicht…, un…, miß…
ˌ**non(-)acˈcept·ance** *s.* Annahmeverweigerung *f*, Nichtannahme *f e-s Wechsels etc.*
ˌ**non(-)aˈchiev·er** *s.* Versager *m*.
non·age [ˈnəʊnɪdʒ] *s.* Unmündigkeit *f*, Minderjährigkeit *f*.
non·a·ge·nar·i·an [ˌnəʊnədʒɪˈneərɪən] **I** *adj.* neunzigjährig; **II** *s.* Neunzigjährige(r *m*) *f*.
ˌ**non-agˈgres·sion** *s.* Nichtangriff *m*: ~ ***treaty*** *pol.* Nichtangriffspakt *m*.
non·a·gon [ˈnɒnəgən] *s.* 𝔄 Nonaˈgon *n*, Neuneck *n*.
ˌ**non(-)al·coˈhol·ic** *adj.* alkoholfrei.
ˌ**non-aˈligned** *adj. pol.* bündnis-, blockfrei.
ˌ**non(-)apˈpear·ance** *s.* Nichterscheinen *n vor Gericht etc.*
ˌ**non(-)asˈsess·a·ble** *adj.* nicht steuerpflichtig, steuerfrei.
ˌ**non(-)atˈtend·ance** *s.* Nichterscheinen *n*.
ˌ**non(-)belˈlig·er·ent** **I** *adj.* nicht kriegführend; **II** *s.* nicht am Krieg teilnehmende Perˈson *od.* Natiˈon.
ˌ**non(-)ˈbusi·ness** *adj.* gemeinnützig.
nonce [nɒns] *s.* (*nur in*): ***for the*** ~ a) für das ˈeine Mal, nur für diesen Fall, b) einstweilen; ~ **word** *s. ling.* Ad-ˈhoc-Bildung *f*.
non·cha·lance [ˈnɒnʃələns] (*Fr.*) *s.* Nonchaˈlance *f*: a) (Nach)Lässigkeit *f*, Gleichgültigkeit *f*, b) Unbekümmertheit *f*; ˈ**non·cha·lant** [-nt] *adj.* □ lässig: a) gleichgültig, b) unbekümmert.
ˌ**non(-)ˈchlo·rine bleached** *adj.* chlorfrei (*Papier*).
ˌ**non(-)colˈle·gi·ate** *adj.* **1.** *Brit. univ.* keinem College angehörend; **2.** nicht akaˈdemisch; **3.** nicht aus Colleges bestehend (*Universität*).

non·com [ˌnɒnˈkɒm] F *für* ***non-commissioned*** (***officer***).

ˌnon(-)ˈcom·bat·ant ⚔ **I** *s.* ˈNichtkämpfer *m*, -kombatˌtant *m*; **II** *adj.* am Kampf nicht beteiligt.

ˌnon(-)comˈmis·sioned *adj.* **1.** unbestallt, nicht beˈvollmächtigt; **2.** ˈUnteroffiˌziersˌrang besitzend; ~ **of·fi·cer** *s.* ⚔ ˈUnteroffiˌzier *m*.

ˌnon-comˈmit·tal I *adj.* **1.** unverbindlich, nichtssagend, neuˈtral; **2.** zuˈrückhaltend, sich nicht festlegen wollend (*Person*); **II** *s.* Unverbindlichkeit *f*.

ˌnon(-)comˈmit·ted → ***non-aligned***.

ˌnon(-)comˈpli·ance *s.* **1.** Zuˈwiderhandeln *n* (***with*** gegen), Weigerung *f*; **2.** Nichterfüllung *f*, Nichteinhaltung *f* (***with*** von *od. gen.*).

non com·pos (**men·tis**) [ˌnɒnˈkɒmpəs(ˈmentɪs)] (*Lat.*) *adj.* ⚖ unzurechnungsfähig.

ˌnon-conˈduc·tor *s.* ϟ Nichtleiter *m*.

ˌnon·conˈform·ist I *s.* Nonkonforˈmist (-in): a) (soziˈaler *od.* poˈlitischer) Einzelgänger, b) *Brit. eccl.* Dissiˈdent(in), Freikirchler(in); **II** *adj.* ˈnonkonforˌmistisch; **ˌnon·conˈform·i·ty** *s.* **1.** mangelnde Überˈeinstimmung (***with*** mit) *od.* Anpassung (***to*** an *acc.*); **2.** Nonkonforˈmismus *m*; **3.** *eccl.* Dissiˈdententum *n*.

ˌnon-conˈtent *s. Brit. parl.* Neinstimme *f* (*im Oberhaus*).

ˌnon(-)conˈten·tious *adj.* □ nicht strittig: ~ ***litigation*** ⚖ freiwillige Gerichtsbarkeit.

ˌnon-conˈtrib·u·to·ry *adj.* beitragsfrei (*Organisation*).

ˈnon(-)co(-)ˌop·erˈa·tion *s.* Verweigerung *f* der Mit- *od.* Zuˈsammenarbeit; *pol.* passiver ˈWiderstand.

ˌnon(-)corˈrod·ing *adj.* ⚙ **1.** korrosiˈonsfrei; **2.** rostbeständig (*Eisen*).

ˌnon(-)ˈcreas·ing *adj.* ☤ knitterfrei.

ˌnon(-)ˈcut·ting *adj.* ⚙ spanlos: ~ ***shaping*** spanlose Formung.

ˌnon(-)ˈdaz·zling *adj.* ⚙ blendfrei.

ˌnon(-)deˈliv·er·y *s.* **1.** ☤, ⚖ Nichtauslieferung *f*, Nichterfüllung *f*; **2.** 📯 Nichtbestellung *f*.

ˈnon(-)deˌnom·iˈna·tion·al *adj.* nicht konfesˈsionsgebunden: ~ ***school*** Simultan-, Gemeinschaftsschule *f*.

non·de·script [ˈnɒndɪskrɪpt] **I** *adj.* schwer zu beschreiben(d), unbestimmbar, nicht klassifizierbar (*mst contp.*); **II** *s.* Perˈson *od.* Sache, die schwer zu klassifizieren ist *od.* über die nichts Näheres bekannt ist, *etwas* ˈUndefiˌnierbares.

ˌnon-diˈrec·tion·al *adj. Funk, Radio*: ungerichtet: ~ ***aerial*** (*bsd. Am.* ***antenna***) Rundstrahlantenne *f*.

ˌnon(-)ˈdu·rab·les *s. pl.* kurzlebige Konsumgüter *pl*.

none [nʌn] **I** *pron. u. s. mst pl. konstr.* kein, niemand: ~ ***of them is here*** keiner von ihnen ist hier; ***I have*** ~ ich habe keine(n); ~ ***but fools*** nur Narren; ***it's*** ~ ***of your business*** das geht dich nichts an; ~ ***of that*** nichts dergleichen; ~ ***of your tricks!*** laß deine Späße!; ***he will have*** ~ ***of me*** er will von mir nichts wissen; → ***other*** 8; **II** *adv.* in keiner Weise, nicht im geringsten, keineswegs: ~ ***too high*** keineswegs zu hoch; ~ ***the less*** nichtsdestoweniger; ~ ***too soon*** kein bißchen zu früh, im letzten Augenblick; → ***wise*** 3.

ˌnon-efˈfec·tive ⚔ **I** *adj.* dienstuntauglich; **II** *s.* Dienstuntaugliche(r) *m*.

ˌnon(-)ˈe·go *s. phls.* Nicht-Ich *n*.

non·en·ti·ty [nɒˈnentətɪ] *s.* **1.** Nicht(da)sein *n*; **2.** Unding *n*, Nichts *n*; *fig. contp.* Null *f* (*Person*).

nones [nəʊnz] *s. pl.* **1.** *antiq.* Nonen *pl.*; **2.** *R.C.* ˈMittagsofˌfizium *n*.

ˌnon(-)esˈsen·tial *Brit.* **I** *adj.* unwesentlich; **II** *s.* unwesentliche Sache, Nebensächlichkeit *f*: **~s** *a.* nicht lebenswichtige Dinge.

ˈnone·such I *adj.* **1.** unvergleichlich; **II** *s.* **2.** Perˈson *od.* Sache, die nicht ihresgleichen hat, Muster *n*; **3.** ⚘ a) Brennende Liebe, b) Nonpaˈreilleapfel *m*.

ˌnon·theˈless *adv.* nichtsdestoweniger, dennoch.

ˌnon(-)eˈvent *s.* F ‚Reinfall' *m*.

ˌnon(-)exˈist·ence *s.* Nicht(da)sein *n*; *weitS.* Fehlen *n*; **ˌnon(-)exˈist·ent** *adj.* nicht existierend.

ˌnon(-)ˈfad·ing *adj.* ⚙, ☤ lichtecht.

non(-)fea·sance [ˌnɒnˈfiːzəns] *s.* ⚖ pflichtwidrige Unterˈlassung.

ˌnon(-)ˈfer·rous *adj.* **1.** nicht eisenhaltig; **2.** Nichteisen...: ~ ***metal***.

ˌnon(-)ˈfic·tion *s.* Sachbücher *pl.*

ˌnon(-)ˈfreez·ing *adj.* ⚙ kältebeständig: ~ ***mixture*** Frostschutzmittel *n*.

ˌnon(-)ful·fil(l)·ment *s.* Nichterfüllung *f*.

ˌnon(-)ˈglar·ing *adj.* blendfrei.

ˌnon(-)ˈhu·man *adj.* nicht zur menschlichen Rasse gehörig.

ˌnon(-)inˈduc·tive *adj.* ϟ induktiˈonsfrei.

ˌnon(-)inˈflam·ma·ble *adj.* nicht feuergefährlich.

ˌnon-ˈin·ter·est-ˌbear·ing *adj.* ☤ zinslos.

ˈnon(-)ˌin·terˈven·tion *s. pol.* Nichteinmischung *f*.

ˌnon-ˈi·ron *adj.* bügelfrei.

ˌnon(-)ˈju·ry *adj.*: ~ ***trial*** ⚖ summarisches Verfahren.

ˌnon-ˈlad·der·ing *adj.* maschenfest.

ˌnon(-)ˈlead·ed [-ˈledɪd] *adj.* ⚗ bleifrei (*Benzin*).

ˌnon(-)ˈmet·al *s.* ⚗ ˈNichtmeˌtall *n*; **ˌnon(-)meˈtal·lic** *adj.* ˈnichtmeˌtallisch: ~ ***element*** Metalloid *n*.

ˌnon(-)neˈgo·ti·a·ble *adj.* ☤ ˈunüberˌtragbar, nicht begebbar: ~ ***bill*** (***cheque***, *Am.* ***check***) Rektawechsel *m* (-scheck *m*).

no-ˈnon·sense *adj.* sachlich, kühl.

ˌnon(-)ˈnu·cle·ar *adj.* **1.** a) *pol.* ohne Aˈtomwaffen, b) ⚔ konventioˈnell; **2.** ⚙ ohne Aˈtomkraft.

ˌnon(-)obˈjec·tion·a·ble *adj.* einwandfrei.

ˌnon(-)obˈserv·ance *s.* Nichtbe(ob)achtung *f*; Nichterfüllung *f*.

non·pa·reil [ˈnɒnpərəl] (*Fr.*) **I** *adj.* **1.** unvergleichlich; **II** *s.* **2.** *der* (*die, das*) Unvergleichliche; **3.** *typ.* Nonpaˈreille (-schrift) *f*; **4.** Liebesperlen(plätzchen *n*) *pl.*

ˌnon(-)ˈpar·ti·san *adj.* **1.** (parˈtei)unabhängig; ˈüberparˌteilich; **2.** objekˈtiv, ˈunparˌteiisch.

ˌnon(-)ˈpar·ty → ***non(-)partisan***.

ˌnon(-)ˈpay·ment *s.* Nicht(be)zahlung *f*, Nichterfüllung *f*.

ˌnon(-)perˈform·ance *s.* ⚖ Nichterfüllung *f*.

ˌnon(-)ˈper·ish·a·ble *adj.* haltbar: ~ ***foods***.

ˌnon(-)ˈper·son *s.* ‚ˈUnperson' *f*.

ˌnonˈplus I *v/t.* verblüffen, verwirren: **be ~(*s*)*ed*** *a.* verdutzt sein; **II** *s.* Verlegenheit *f*, Klemme *f*: ***at a*** ~ ratlos, verdutzt.

ˌnon(-)polˈlut·ing *adj.* ˈumweltfreundlich, ungiftig.

ˌnon(-)proˈduc·tive *adj.* ☤ ˈunprodukˌtiv (*a. Person*); unergiebig.

ˌnon(-)ˈprof·it (**mak·ing**) *adj.* gemeinnützig: ***a*** ~ ***institution***.

ˈnonˌpro·lif·erˈa·tion *s. pol.* Nichtweitergabe *f* von Aˈtomwaffen: ~ ***treaty*** Atomsperrvertrag *m*.

non-pros [ˌnɒnˈprɒs] *v/t.* ⚖ *e-n Kläger* (*wegen Nichterscheinens*) abweisen; **non pro·se·qui·tur** [ˌnɒnprəʊˈsekwɪtə] (*Lat.*) *s.* Abweisung *f* e-s Klägers *wegen Nichterscheinens*.

ˌnon(-)ˈquo·ta *adj.* ☤ nicht kontingenˈtiert: ~ ***imports***.

ˌnon(-)reˈcov·er·a·ble *adj.* ~ ***energy*** nicht erneuerbare Energie.

ˌnon-reˈcur·ring *adj.* einmalig (*Zahlung etc.*).

ˈnon(-)ˌrep·re·senˈta·tion·al *adj. Kunst*: gegenstandslos, abˈstrakt.

ˌnon(-)ˈres·i·dent I *adj.* **1.** außerhalb des Amtsbezirks wohnend; abwesend (*Amtsperson*); **2.** nicht ansässig: ~ ***traffic*** Durchgangsverkehr *m*; **3.** auswärtig (*Klubmitglied*); **II** *s.* **4.** Abwesende(r *m*) *f*; **5.** Nichtansässige(r *m*) *f*; nicht im Hause Wohnende(r *m*) *f*; **6.** ☤ Deˈvisenausländer *m*.

ˌnon(-)reˈturn·a·ble *adj.* ☤ Einweg...: ~ ***bottle***.

ˌnon(-)ˈrig·id *adj. Brit.* ✈ unstarr (*Luftschiff*; *a. phys. Molekül*).

ˌnon(-)ˈsched·uled *adj.* **1.** außerplanmäßig; **2.** ✈ Charter...

non·sense [ˈnɒnsəns] **I** *s.* Unsinn *m*, dummes Zeug: ***talk*** ~; ***stand no*** ~ sich nichts gefallen lassen; ***make*** ~ ***of*** a) ad absurdum führen, b) illusorisch machen; ***there's no*** ~ ***about him*** er ist ein ganz kühler Bursche; **II** *int.* Unsinn!, Blödsinn!; **III** *adj.* a) Nonsens...: ~ ***verses***, ~ ***word***, b) → **non·sen·si·cal** [nɒnˈsensɪkl] *adj.* □ unsinnig, sinnlos, abˈsurd.

non se·qui·tur [ˌnɒnˈsekwɪtə] (*Lat.*) *s.* Trugschluß *m*, irrige Folgerung.

ˌnon(-)ˈskid *adj. mot.* rutschsicher, Gleitschutz...

ˌnon(-)ˈslip *adj.* rutschfest.

ˌnon(-)ˈsmok·er *s.* **1.** Nichtraucher(in); **2.** Nichtraucher(abteil *n*) *m*.

ˌnon-ˈstand·ard *adj.* Sonder-.

ˌnon-ˈstart·er *s. fig.* F **1.** ‚Blindgänger' *m* (*Person*); **2.** ‚Pleite' *f*, ‚Reinfall' *m* (*Plan etc.*).

ˌnon(-)ˈstick *adj.* mit Antihaftbeschichtung, beschichtet.

ˌnon(-)ˈstop *adj.* ohne Halt, pausenlos, Nonstop..., ˈdurchgehend (*Zug*), ohne Zwischenlandung (*Flug*), *adv. a.* nonˈstop: ~ ***flight*** Nonstopflug *m*; ~ ***operation*** ⚙ 24-Stunden-Betrieb *m*; ~ ***run*** *mot.* Ohnehaltfahrt *f*.

ˈnon·such → ***nonesuch***.

ˌnon(-)ˈsuit ⚖ **I** *s.* **1.** (*gezwungene*) Zuˈrücknahme e-r Klage; **2.** Abweisung *f*

e-r Klage; **II** *v/t.* **3.** *den Kläger* mit der Klage abweisen.
ˌ**non(-)supˈport** *s.* ⚖ Nichterfüllung *f* einer ˈUnterhaltsverpflichtung.
ˌ**non-ˈsyn·chro·nous** *adj.* ⚙ *Brit.* asynˈchron.
ˌ**non-ˈU** *adj. Brit.* F unfein.
ˌ**non(-)ˈu·ni·form** *adj.* ungleichmäßig (*a. phys.*, ⩘), uneinheitlich.
ˌ**non(-)ˈun·ion** *Brit. adj.* ✝ keiner Gewerkschaft angehörig, nicht organisiert: ~ **shop** *Am.* gewerkschaftsfreier Betrieb; ˌ**non(-)ˈun·ion·ist** *s.* **1.** nicht organisierter Arbeiter; **2.** Gewerkschaftsgegner *m.*
ˌ**non(-)ˈus·er** *s.* ⚖ Nichtausübung *f* e-s Rechts.
ˌ**non(-)ˈval·ue bill** *s.* ✝ Gefälligkeitswechsel *m.*
ˌ**non(-)ˈva·lent** *adj.* ⩘, *phys.* nullwertig.
ˌ**non(-)ˈvi·o·lent** *adj.* gewaltlos.
ˌ**non(-)ˈwar·ran·ty** *s.* ⚖ Haftungsausschluß *m.*
noo·dle¹ [ˈnuːdl] *s.* **1.** F Trottel *m*; **2.** *sl.* ‚Birne' *f*, Schädel *m.*
noo·dle² [ˈnuːdl] *s.* Nudel *f*: ~ **soup** Nudelsuppe *f.*
nook [nʊk] *s.* (Schlupf)Winkel *m*, Ecke *f*, (stilles) Plätzchen.
noon [nuːn] **I** *s. a.* ˈ~**·day**, ˈ~**·tide**, ˈ~**·time** Mittag(szeit *f*) *m*: **at** ~ zu Mittag; **at high** ~ am hellen Mittag; **II** *adj.* mittägig, Mittags…
noose [nuːs] **I** *s.* Schlinge *f* (*a. fig.*): **running** ~ Lauf-, Gleitschlinge; **slip one's head out of the hangman's** ~ *fig.* mit knapper Not dem Galgen entgehen; **put one's head into the** ~ *fig.* den Kopf in die Schlinge stecken; **II** *v/t.* a) *et.* schlingen (**over** über *acc.*, **round** um), b) (mit e-r Schlinge) fangen.
ˌ**no-ˈpar** *adj.* ✝ nennwertlos (*Aktie*).
nope [nəʊp] *adv.* F ‚ne(e)', nein.
nor [nɔː] *cj.* **1.** (*mst nach neg.*) noch: **neither …** ~ weder … noch; **2.** (*nach e-m verneinten Satzglied od. zu Beginn e-s angehängten verneinten Satzes*) und nicht, auch nicht(s): ~ **do** (*od.* **am**) **I** ich auch nicht.
Nor·dic [ˈnɔːdɪk] **I** *adj.* nordisch: ~ **combined** *Skisport*: Nordische Kombination; **II** *s.* nordischer Mensch.
norm [nɔːm] *s.* **1.** Norm *f* (*a.* ⩘, ✝); **2.** *biol.* Typus *m*; **3.** *bsd. ped.* ˈDurchschnittsleistung *f*; ˈ**nor·mal** [-ml] **I** *adj.* □ → **normally**; **1.** norˈmal, Normal…; gewöhnlich, üblich: ~ **school** Pädagogische Hochschule; ~ **speed** ⚙ Betriebsdrehzahl *f*; **2.** ⩘ normal: a) richtig, b) lot-, senkrecht: ~ **line** → 5; **II** *s.* **3.** → **normalcy**; **4.** Norˈmaltyp *m*; **5.** ⩘ Norˈmale *f*, Senkrechte *f*, (Einfalls)Lot *n*; ˈ**nor·mal·cy** [-mlsɪ] *s.* Normaliˈtät *f*, Normalzustand *m*, *das* Norˈmale: **return to** ~ sich normalisieren; **nor·mal·i·ty** [nɔːˈmælətɪ] *s.* Normaliˈtät *f* (*a.* ⩘).
nor·mal·i·za·tion [ˌnɔːməlaɪˈzeɪʃn] *s.* **1.** Normalisierung *f*; **2.** Normung *f*, Vereinheitlichung *f*; **nor·mal·ize** [ˈnɔːməlaɪz] *v/t.* **1.** normalisieren; **2.** normen, vereinheitlichen; **3.** *metall.* norˈmalglühen; **nor·mal·ly** [ˈnɔːməlɪ] *adv.* norˈmalerweise, (für) gewöhnlich.
Nor·man [ˈnɔːmən] **I** *s.* **1.** *hist.* Norˈmanne *m*, Norˈmannin *f*; **2.** Bewohner(in) der Normanˈdie; **3.** *ling.* Norˈmannisch *n*; **II** *adj.* **4.** norˈmannisch.
nor·ma·tive [ˈnɔːmətɪv] *adj.* normaˈtiv.
Norse [nɔːs] **I** *adj.* **1.** skandiˈnavisch; **2.** altnordisch; **3.** (*bsd.* alt)norwegisch; **II** *s.* **4.** *ling.* a) Altnordisch *n*, b) (*bsd.* Alt)Norwegisch *n*; **5.** *coll.* a) *die* Skandinavier *pl.*, b) *die* Norweger *pl.*; ˈ~**·man** [-mən] *s.* [*irr.*] *hist.* Nordländer *m*, Norweger *m.*
north [nɔːθ] **I** *s.* **1.** *mst* **the** 𝔑 Nord(en *m*) (*Himmelsrichtung, Gegend etc.*): **to the** ~ **of** nördlich von; ~ **by east** ⚓ Nord zu Ost; **2. the** 𝔑 a) *Brit.* Nordengland *n*, b) *Am.* die Nordstaaten *pl.*, c) die Arktis; **II** *adj.* **3.** nördlich, Nord…; **III** *adv.* **4.** nördlich, nach *od.* im Norden (**of** von); 𝔑 **At·lan·tic Trea·ty** *s.* ˈNordatˌlantikˌpakt *m*; 𝔑 **Brit·ain** *s.* Schottland *n*; 𝔑 **Coun·try** *s.* Nord-England *n*; ~**-east** [ˌnɔːθˈiːst; ⚓ nɔːrˈiːst] **I** *s.* Nordˈost(en *m*): ~ **by east** ⚓ Nordost zu Ost; **II** *adj.* nordˈöstlich, Nordost…; **III** *adv.* nordöstlich, nach Nordosten; ~**-east·er** [ˌnɔːθˈiːstə; ⚓ nɔːrˈiːstə] *s.* Nordˈostwind *m*; ~**-east·er·ly** [ˌnɔːθˈiːstəlɪ; ⚓ nɔːrˈiːstəlɪ] *adj. u. adv.* nordöstlich, Nordost…; ˌ~**-ˈeast·ern** *adj.* nordöstlich; ˌ~**-ˈeast·ward I** *adj. u. adv.* nordöstlich; **II** *s.* nordöstliche Richtung.
north·er·ly [ˈnɔːðəlɪ] *adj. u. adv.* nördlich; ˈ**north·ern** [-ðn] *adj.* **1.** nördlich, Nord…: ~ **Europe** Nordeuropa *n*; ~ **lights** Nordlicht *n*; **2.** nordisch; ˈ**north·ern·er** [-ðənə] *s.* Bewohner(in) des nördlichen Landesteils, *bsd.* der amer. Nordstaaten; ˈ**north·ern·most** *adj.* nördlichst; **north·ing** [ˈnɔːθɪŋ] *s.* **1.** *ast.* nördliche Deklinatiˈon (*Planet*); **2.** Weg *m od.* Diˈstanz *f* nach Norden, nördliche Richtung.
ˈ**North|·man** [-mən] *s.* [*irr.*] Nordländer *m*; 𝔑 **point** *s. phys.* Nordpunkt *m*; ~ **Pole** *s.* Nordpol *m*; ~ **Sea** *s.* Nordsee *f*; 𝔑**-south di·vide** *s.* Nord-Süd-Gefälle *n*; ~ **Star** *s. ast.* Poˈlarstern *m.*
north·ward [ˈnɔːθwəd] *adj. u. adv.* nördlich (**of**, **from** von), nordwärts, nach Norden; ˈ**north·wards** [-dz] *adv.* → **northward**.
north-west [ˌnɔːθˈwest; ⚓ nɔːˈwest] **I** *s.* Nordˈwest(en *m*); **II** *adj.* nordˈwestlich, Nordwest…: 𝔑 **Passage** *geogr.* Nordwestpassage *f*; **III** *adv.* nordwestlich, nach *od.* von Nordwesten; **north-west·er** [ˌnɔːθˈwestə; ⚓ nɔːˈwestə] *s.* **1.** Nordˈwestwind *m*; **2.** *Am.* Ölzeug *n*; **north-west·er·ly** [ˌnɔːθˈwestəlɪ; ⚓ nɔːˈwestəlɪ] *adj. u. adv.* nordwestlich; ˌ**north-ˈwest·ern** *adj.* nordwestlich.
Nor·we·gian [nɔːˈwiːdʒən] **I** *adj.* **1.** norwegisch; **II** *s.* **2.** Norweger(in); **3.** *ling.* Norwegisch *n.*
nose [nəʊz] **I** *s.* **1.** *anat.* Nase *f* (*a. fig.* **for** für); **2.** *Brit.* Aˈroma *n*, starker Geruch (*Tee, Heu etc.*); **3.** ⚙ *etc.* a) Nase *f*, Vorsprung *m*, (⚔ Geschoß)Spitze *f*, Schnabel *m*, b) Schneidkopf *m* (*Drehstahl etc.*), Mündung *f*; **4.** a) ✈ (Rumpf)Nase *f*, (*a.* ⚓ Schiffs)Bug *m*, b) *mot.* ‚Schnauze' *f* (*Vorderteil*);
Besondere Redewendungen:
bite (*od.* **snap**) **s.o.'s** ~ **off** j-n scharf anfahren; **cut off one's** ~ **to spite one's face** sich ins eigene Fleisch schneiden; **follow one's** ~ a) immer der Nase nach gehen, b) s-m Instinkt folgen; **have a good** ~ **for s.th.** F e-e gute Nase *od.* e-n ‚Riecher' für et. haben; **hold one's** ~ sich die Nase zuhalten; **lead s.o. by the** ~ j-n völlig beherrschen; **keep one's** ~ **clean** F sich nichts zuschulden kommen lassen; **look down one's** ~ ein verdrießliches Gesicht machen; **look down one's** ~ **at** *j-n od. et.* verachten; **pay through the** ~ ‚bluten' *od.* übermäßig bezahlen müssen; **poke** (*od.* **put**, **thrust**) **one's** ~ **into** s-e Nase in *et.* stecken; **put s.o.'s** ~ **out of joint** a) j-n ausstechen, j-m die Freundin *etc.* ausspannen, b) j-m das Nachsehen geben; **not to see beyond one's** ~ a) die Hand nicht vor den Augen sehen können, b) *fig.* e-n engen (*geistigen*) Horizont haben; **turn up one's** ~ (**at**) die Nase rümpfen (über *acc.*); **as plain as the** ~ **in your face** sonnenklar; **under s.o.'s** (**very**) ~ direkt vor j-s Nase; **II** *v/t.* **5.** riechen, spüren, wittern; **6.** beschnüffeln; mit der Nase berühren *od.* stoßen; **7.** *fig.* a) sich *im Verkehr etc.* vorsichtig vortasten, b) *Auto etc.* vorsichtig (*aus der Garage etc.*) fahren; **8.** näseln(d aussprechen); **III** *v/i.* **9.** *a.* ~ **around** (herˈum)schnüffeln (**after**, **for** nach) (*a. fig.*);
Zssgn mit adv.:
nose| down ✈ **I** *v/t. Flugzeug* (an-) drücken; **II** *v/i.* im Steilflug niedergehen; ~ **out** *v/t.* **1.** ausschnüffeln, -spionieren, herˈausbekommen; **2.** um e-e Handbreit schlagen; ~ **o·ver** *v/i.* ✈ (sich) überˈschlagen, e-n ‚Kopfstand' machen; ~ **up** ✈ **I** *v/t. Flugzeug* hochziehen; **II** *v/i.* steil hochgehen.
nose| ape *s. zo.* Nasenaffe *m*; ˈ~**·bag** *s.* Futterbeutel *m*; ˈ~**·bleed** *s.* ⚕ Nasenbluten *n*; ˈ~**-cone** *s.* Raˈketenspitze *f.*
nosed [nəʊzd] *adj. mst in Zssgn* mit e-r *dicken etc.* Nase, …nasig.
ˈ**nose|·dive I** *s.* **1.** ✈ Sturzflug *m*; **2.** ✝ F (Kurs-, Preis)Sturz *m*; **II** *v/i.* **3.** e-n Sturzflug machen; **4.** ✝ ‚purzeln' (*Kurs, Preis*); ˈ~**·gay** *s.* Sträußchen *n*; ˈ~**-ˌheav·y** *adj.* ✈ vorderlastig; ˈ~**-ˌo·ver** *s.* ✈ ‚Kopfstand' *m beim Landen*; ˈ~**·piece** *s.* ⚙ a) Mundstück *n* (*Blasebalg, Schlauch etc.*), b) Reˈvolver *m* (*Objektivende e-s Mikroskops*), c) Steg *m* (*e-r Brille*); Nasensteg *m* (*Schutzbrille*); ˈ~**·rag** *s. sl.* ‚Rotzfahne' *f* (*Taschentuch*); ~ **tur·ret** *s.* ✈ vordere Kanzel; ˈ~ˌ**warm·er** *s. sl.* ‚Nasenwärmer' *m*, kurze Pfeife; ~ **wheel** *s.* ✈ Bugrad *n.*
nos·ey → **nosy**.
ˌ**no-ˈshow** *s.* ✈ *Am. sl.* **1.** *zur Abflugszeit nicht erschienener Flugpassagier*; **2.** ‚Phantom' *n* (*fiktiver Arbeitnehmer etc.*).
nos·o·log·i·cal [ˌnɒsəʊˈlɒdʒɪkl] *adj.* □ ⚕ noso-, pathoˈlogisch; **no·sol·o·gist** [nəʊˈsɒlədʒɪst] *s.* Pathoˈloge *m.*
nos·tal·gi·a [nɒˈstældʒɪə] *s.* ⚕ Nostalˈgie *f* (*a.* ⚕): a) Heimweh *n*, b) Sehnsucht *f nach etwas Vergangenem*; **nos·tal·gic** [nɒˈstældʒɪk] *adj.* (□ ~**ally**) **1.** Heimweh…; **2.** noˈstalgisch, wehmütig.
nos·tril [ˈnɒstrɪl] *s.* Nasenloch *n*, *bsd. zo.* Nüster *f*: **it stinks in one's** ~**s** es ekelt einen an.
nos·trum [ˈnɒstrəm] *s.* **1.** ⚕ Geheimmittel *n*, ˈQuacksalbermediˌzin *f*; **2.** *fig.* (*soziales, politisches*) Heilmittel *n*, Paˈtentreˌzept *n.*

nos·y ['nəʊzɪ] *adj.* **1.** F neugierig: **~ parker** *Brit.* neugierige Person; **2.** *Brit.* a) aro'matisch, duftend (*bsd. Tee*), b) muffig.

not [nɒt] *adv.* **1.** nicht; **~ that** nicht, daß, nicht als ob; **is it ~?**, F **isn't it?** nicht wahr?; → **at** 7; **2. ~ a** kein(e): **~ a few** nicht wenige.

no·ta·bil·i·ty [ˌnəʊtə'bɪlətɪ] *s.* **1.** wichtige Per'sönlichkeit, 'Standesperˌson *f*; **2.** her'vorragende Eigenschaft, Bedeutung *f*; **no·ta·ble** ['nəʊtəbl] **I** *adj.* ☐ **1.** beachtens-, bemerkenswert, denkwürdig, wichtig; **2.** beträchtlich: **a ~ difference**; **3.** angesehen, her'vorragend; **4.** ⚗ merklich; **II** *s.* **5.** → **notability** 1.

no·tar·i·al [nəʊ'teərɪəl] *adj.* ☐ ⚖ **1.** Notariats…, notari'ell; **2.** notariell beglaubigt; **no·ta·rize** ['nəʊtəraɪz] *v/t.* notariell be'urkunden *od.* beglaubigen; **no·ta·ry** ['nəʊtərɪ] *s. mst* **~ public** (öffentlicher) Notar.

no·ta·tion [nəʊ'teɪʃn] *s.* **1.** Aufzeichnung *f*, Notierung *f*; **2.** *bsd.* ⚗, A Schreibweise *f*, Bezeichnung *f*: **chemical ~** chemisches Formelzeichen; **3.** ♪ (Aufzeichnen *n* in) Notenschrift *f*.

notch [nɒtʃ] **I** *s.* **1.** *a.* ⚙ Kerbe *f*, Einschnitt *m*, Aussparung *f*, Falz *m*, Nute *f*, Raste *f*: **be a ~ above** F e-e Klasse besser sein als; **2.** (Vi'sier)Kimme *f* (*Schußwaffe*): **~ and bead sights** Kimme und Korn; **3.** *Am.* Engpaß *m*; **II** *v/t.* **4.** *bsd.* ⚙ (ein)kerben, (ein)schneiden, einfeilen; **5.** ⚙ a) ausklinken, b) nuten, falzen; **notched** [-tʃt] *adj.* **1.** ⚙ (ein-)gekerbt, mit Nuten versehen; **2.** ⚘ grob gezähnt (*Blatt*).

note [nəʊt] **I** *s.* **1.** (Kenn)Zeichen *n*, Merkmal *n*; *fig.* Ansehen *n*, Ruf *m*, Bedeutung *f*: **man of ~** bedeutender Mann; **nothing of ~** nichts von Bedeutung; **2.** *mst pl.* No'tiz *f*, Aufzeichnung *f*: **compare ~s** Meinungen *od.* Erfahrungen austauschen, sich beraten; **make a ~ of s.th.** sich et. vormerken *od.* notieren; **make a mental ~ of s.th.** sich et. merken; **take ~s of s.th.** sich über et. Notizen machen; **take ~ of s.th.** *fig.* et. zur Kenntnis nehmen, et. berücksichtigen; **3.** *pol.* (diplo'matische) Note: **exchange of ~s** Notenwechsel *m*; **4.** Briefchen *n*, Zettelchen *n*; **5.** *typ.* a) Anmerkung *f*, b) (Satz-)Zeichen *n*; **6.** † a) Nota *f*, Rechnung *f*: **as per ~** laut Nota, b) (Schuld)Schein *m*: **~ of hand** → **promissory**; **bought and sold ~** Schlußschein; **~s payable (receivable)** *Am.* Wechselverbindlichkeiten (-forderungen), c) Banknote *f*, d) Vermerk *m*, Notiz *f*: **urgent ~** Dringlichkeitsvermerk *m*, e) Mitteilung *f*: **advice ~** Versandanzeige *f*; **~ of exchange** Kursblatt *n*; **7.** ♪ a) Note *f*, b) Ton *m*, c) Taste *f*; **8.** *weitS.* a) Klang *m*, Melo'die *f*, Gesang *m* (*Vogel*), b) *fig.* Ton(art *f*) *m*: **change one's ~** e-n anderen Ton anschlagen; **strike the right ~** den richtigen Ton treffen; **strike a false ~** a) sich im Ton vergreifen, b) sich danebenbenehmen; **on this (encouraging** *etc.*) **~** mit diesen (ermutigenden *etc.*) Worten; **9.** *fig.* Brandmal *n*, Schandfleck *m*; **II** *v/t.* **10.** Kenntnis nehmen von, bemerken, be(ob)achten; **11.** besonders erwähnen; **12.** *a.* **~ down** niederschreiben, notieren, vermerken; **13.** † *Wechsel* protestieren; *Preise* angeben.

note| bank *s.* † Notenbank *f*; **'~·book** *s.* No'tizbuch *n*; †, ⚖ Kladde *f*; **~ broker** *s.* † *Am.* Wechselhändler *m*, Dis'kontmakler *m*.

not·ed ['nəʊtɪd] *adj.* ☐ **1.** bekannt, berühmt (**for** wegen); **2.** † notiert: **~ before official hours** vorbörslich (*Kurs*); **'not·ed·ly** [-lɪ] *adv.* ausgesprochen, deutlich, besonders.

note| pa·per *s.* 'Briefpaˌpier *n*; **~ press** *s.* † 'Banknotenpresse *f*, -druckeˌrei *f*; **'~ˌwor·thy** *adj.* bemerkens-, beachtenswert.

noth·ing ['nʌθɪŋ] **I** *pron.* **1.** nichts (**of** von): **~ much** nichts Bedeutendes; **II** *s.* **2.** Nichts *n*: **to ~** zu *od.* in nichts; **for ~** vergebens, umsonst; **3.** *fig.* Nichts *n*, Unwichtigkeit *f*, Kleinigkeit *f*; *pl.* Nichtigkeiten *pl.*; Null *f* (*a. Person*): **whisper sweet ~s** Süßholz raspeln; **III** *adv.* **4.** durch'aus nicht, keineswegs: **~ like complete** alles andere als vollständig; **IV** *int.* **5.** F keine Spur!, Unsinn!; *Besondere Redewendungen*: **good for ~** zu nichts zu gebrauchen; **~ doing** F a) (das) kommt gar nicht in Frage, b) nichts zu machen; **~ but** nichts als, nur; **~ else** nichts anderes, sonst nichts; **~ if not courageous** überaus mutig; **not for ~** nicht umsonst, nicht ohne Grund; **that is ~ to what we have seen** das ist nichts gegen das, was wir gesehen haben; **that's ~ to me** das bedeutet mir nichts; **that is ~ to you** das geht dich nichts an; **there is ~ like** es geht nichts über; **there is ~ to it** a) da ist nichts dabei, b) an der Sache ist nichts dran; **come to ~** *fig.* zunichte werden, sich zerschlagen; **feel like ~ on earth** sich hundeelend fühlen; **make ~ of s.th.** nicht viel Wesens von et. machen, sich nichts aus et. machen; **I can make ~ of it** ich kann daraus nicht klug werden; → **say** 2, **think** 3 e.

noth·ing·ness ['nʌθɪŋnɪs] *s.* **1.** Nichts *n*; **2.** Nichtigkeit *f*; **3.** Leere *f*.

no·tice ['nəʊtɪs] **I** *s.* **1.** Wahrnehmung *f*: **to avoid ~** (*Redew.*) um Aufsehen zu vermeiden; **come under s.o.'s ~** j-m bekanntwerden; **escape ~** unbemerkt bleiben; **take ~ of** Notiz nehmen von *et. od. j-m*, beachten; **~!** zur Beachtung!; **2.** No'tiz *f*, (*a. Presse*)Nachricht *f*, Anzeige *f* (*a.* †), (An)Meldung *f*, Ankündigung *f*, Mitteilung *f*; ⚖ Vorladung *f*; (Buch)Besprechung *f*; Kenntnis *f*: **~ of acceptance** † Annahmeerklärung *f*; **~ of arrival** † Eingangsbestätigung *f*; **~ of assessment** Steuerbescheid *m*; **~ of departure** (polizeiliche) Abmeldung *f*; **previous ~** Voranzeige *f*; **bring s.th. to s.o.'s ~** j-m et. zur Kenntnis bringen; **give ~ that** bekanntgeben, daß; **give s.o. ~ of s.th.** j-n von et. benachrichtigen; **give ~ of appeal** ⚖ Berufung einlegen; **give ~ of motion** *parl.* e-n Initiativantrag stellen; **give ~ of a patent** ein Patent anmelden; **have ~ of** Kenntnis haben von; **3.** Warnung *f*; Kündigung(sfrist) *f*: **give s.o. ~ (for Easter)** j-m (zu Ostern) kündigen; **I am under ~ to leave** mir ist gekündigt worden; **at a day's ~** binnen eines Tages; **at a moment's ~** sogleich, jederzeit; **at short ~** kurzfristig, auf (kurzen) Abruf, sofort; **subject to a month's ~** mit monatlicher Kündigung; **without ~** fristlos; **until further ~** bis auf weiteres; → **quit** 9; **II** *v/t.* **4.** bemerken, beobachten, wahrnehmen; **5.** beachten, achten auf (*acc.*); **6.** No'tiz nehmen von; **7.** *Buch* besprechen; **8.** anzeigen, melden, bekanntmachen, ⚖ benachrichtigen; **no·tice·a·ble** ['nəʊtɪsəbl] *adj.* ☐ **1.** wahrnehmbar, merklich, spürbar; **2.** bemerkenswert, beachtlich; **3.** auffällig, ins Auge fallend.

no·tice| board *s.* **1.** Anschlagtafel *f*, Schwarzes Brett; **2.** Warnschild *n*; **~ pe·ri·od** *s.* Kündigungsfrist *f*.

no·ti·fi·a·ble ['nəʊtɪfaɪəbl] *adj.* meldepflichtig; **no·ti·fi·ca·tion** [ˌnəʊtɪfɪ'keɪʃn] *s.* Anzeige *f*, Meldung *f*, Mitteilung *f*, Bekanntmachung *f*, Benachrichtigung *f*; **no·ti·fy** ['nəʊtɪfaɪ] *v/t.* **1.** bekanntgeben, anzeigen, avisieren, melden, (amtlich) mitteilen (**s.th. to s.o.** j-m et.); **2.** *j-n* benachrichtigen, in Kenntnis setzen (**of** von, **that** daß).

no·tion ['nəʊʃn] *s.* **1.** Begriff *m* (*a. phls.*, A), Gedanke *m*, I'dee *f*, Vorstellung *f* (**of** von): **not to have the vaguest ~ of s.th.** nicht die leiseste Ahnung von et. haben; **I have a ~ that** ich denke mir, daß; **2.** Meinung *f*, Ansicht *f*: **fall into the ~ that** auf den Gedanken kommen, daß; **3.** Neigung *f*, Lust *f*, Absicht *f* (**of doing** zu tun); **4.** *pl. Am.* a) Kurzwaren *pl.*, b) Kinkerlitzchen *pl.*; **'no·tion·al** [-ʃənl] *adj.* ☐ **1.** begrifflich, Begriffs…; **2.** *phls.* rein gedanklich, spekula'tiv; **3.** theo'retisch; **4.** fik'tiv, angenommen, imagi'när.

no·to·ri·e·ty [ˌnəʊtə'raɪətɪ] *s.* **1.** *bsd. contp.* allgemeine Bekanntheit, (traurige) Berühmtheit, schlechter Ruf; **2.** Berüchtigtsein *n*, *das* No'torische; **3.** allbekannte Per'sönlichkeit *od.* Sache; **no·to·ri·ous** [nəʊ'tɔːrɪəs] *adj.* ☐ no'torisch: a) offenkundig, b) all-, stadt-, weltbekannt, c) berüchtigt (**for** wegen).

not·with·stand·ing [ˌnɒtwɪθ'stændɪŋ] **I** *prp.* ungeachtet, trotz (*gen.*): **~ the objections** ungeachtet der Einwände; **his great reputation ~** trotz s-s hohen Ansehens; **II** *a.* **~ that** *cj.* ob'gleich; **III** *adv.* nichtsdesto'weniger, dennoch.

nou·gat ['nuːgɑː] *s. Art* türkischer Honig.

nought [nɔːt] *s. u. pron.* **1.** nichts: **bring to ~** ruinieren, zunichte machen; **come to ~** zunichte werden, mißlingen, fehlschlagen; **2.** Null *f* (*a. fig.*): **set at ~** *et.* in den Wind schlagen, verlachen, ignorieren.

noun [naʊn] *ling.* **I** *s.* Hauptwort *n*, Substantiv *n*: **proper ~** Eigenname *m*; **II** *adj.* substantivisch.

nour·ish ['nʌrɪʃ] *v/t.* **1.** (er)nähren, erhalten (**on** von); **2.** *fig. Gefühl* nähren, hegen; **'nour·ish·ing** [-ʃɪŋ] *adj.* nahrhaft, Nähr…; **'nour·ish·ment** [-mənt] *s.* **1.** Ernährung *f*; **2.** Nahrung *f* (*a. fig.*), Nahrungsmittel *n*: **take ~** Nahrung zu sich nehmen.

nous [naʊs] *s.* **1.** *phls.* Vernunft *f*, Verstand *m*; **2.** F Mutterwitz *m*, ‚Grütze' *f*, ‚Grips' *m*.

no·va ['nəʊvə] *pl.* **-vae** [-viː], *a.* **-vas** *s. ast.* Nova *f*, neuer Stern.

no·va·tion [nəʊ'veɪʃn] *s.* ⚖ Nova'tion *f* (*Forderungsablösung od. -übertragung*).

nov·el ['nɒvl] **I** *adj.* neu(artig); ungewöhnlich, über'raschend; **II** *s.* Ro'man *m*: **short ~** Kurzroman; **~-writer** → **novelist**; **no·vel·la** [nəʊ'velə] *s.* No'velle *f*; **nov·el·ette** [ˌnɒvə'let] *s.* **1.** kurzer Roman; **2.** *contp.* seichter Unter'haltungsroˌman; **nov·el·ist** ['nɒvəlɪst] *s.* Ro'manschriftsteller(in); **no·vel·is·tic** [ˌnɒvə'lɪstɪk] *adj.* ro'manhaft, Roman...; **'nov·el·ty** [-tɪ] *s.* **1.** Neuheit *f*: a) *das* Neue, b) *et.* Neues: **the ~ had soon worn off** der Reiz des Neuen war bald verflogen; **2.** Ungewöhnlichkeit *f*, *et.* Ungewöhnliches; **3.** *pl.* ✝ (billige) Neuheiten *pl.*: **~ item** Neuheit *f*, Schlager *m*, (billiger) Modeartikel; **4.** Neuerung *f*.

No·vem·ber [nəʊ'vembə] *s.* No'vember *m*: **in ~** im November.

nov·ice ['nɒvɪs] *s.* **1.** Anfänger(in), Neuling *m* (**at** auf *e-m Gebiet*); **2.** *R.C.* No'vize *m, f*, No'vizin *f*; **3.** *bibl.* Neubekehrte(r *m*) *f*.

now [naʊ] **I** *adv.* **1.** nun, gegenwärtig, jetzt: **from ~** von jetzt an; **up to ~** bis jetzt; **2.** so'fort, bald; **3.** eben, so'eben: **just ~** gerade eben, vor ein paar Minuten; **4.** nun, dann, dar'auf, damals; **5.** (*nicht zeitlich*) nun (aber); **II** *cj.* **6.** *a.* **~ that** nun aber, nun da, da nun, jetzt wo; **III** *s.* **7.** *poet.* Gegenwart *f*, Jetzt *n*; *Besondere Redewendungen*: **before ~** schon einmal, schon früher; **by ~** mittlerweile, jetzt; **~ if** wenn nun aber; **how ~?** nun?, was gibt's?, was soll das heißen?; **what is it ~?** was ist jetzt schon wieder los?; **now ... now ...** bald ... bald ...; **~ and again**, (**every**) **~ and then** von Zeit zu Zeit, hie(r) und da, dann und wann, gelegentlich; **~ then** (nun) also; **come ~!** nur ruhig!, sachte, sachte!; **what ~?** was nun?; **~ or never** jetzt oder nie.

now·a·days ['naʊədeɪz] **I** *adv.* heutzutage, jetzt; **II** *s. das* Heute *od.* Jetzt.

'no·way(s) [-weɪ(z)] F → **nowise**.

'no·where I *adv.* **1.** nirgends, nirgendwo: **be ~** a) *Sport*: unter ‚ferner liefen' enden, b) nichts erreicht haben; **get ~** nicht weiterkommen, nichts erreichen; **~ near** auch nicht annähernd; **2.** nirgendwohin; **II** *s.* **3.** Nirgendwo *n*: **from ~** aus dem Nichts; **in the middle of ~** 🚂 auf freier Strecke *halten*.

'no·wise *adv.* in keiner Weise.

nox·ious ['nɒkʃəs] *adj.* □ schädlich (**to** für): **~ substance** Schadstoff *m*; **~ emission** Schadstoffausstoß *m*.

noz·zle ['nɒzl] *s.* **1.** Schnauze *f*, Rüssel *m*; **2.** *sl.* ‚Rüssel' *m* (*Nase*); **3.** ⚙ a) Schnauze *f*, Tülle *f*, Schnabel *m*, Mundstück *n*, Ausguß *m*, Röhre *f*, (*an Gefäßen etc.*), b) Stutzen *m*, Mündung *f* (*an Röhren etc.*), c) (*Kraftstoff- etc.*)Düse *f*, d) 'Zapfpisˌtole *f*.

nth [enθ] *adj.* ⅍ n-te(r), n-tes: **to the ~ degree** a) ⅍ bis zum n-ten Grade, b) *fig.* im höchsten Maße; **for the ~ time** zum hundertsten Mal.

nu [nju:] *s.* Ny *n* (*griech. Buchstabe*).

nu·ance [nju:'ɑ̃:ns] (*Fr.*) *s.* Nu'ance *f*: a) Schattierung *f*, b) Feinheit *f*, feiner 'Unterschied.

nub [nʌb] *s.* **1.** Knopf *m*, Auswuchs *m*, Knötchen *n*; **2.** (kleiner) Klumpen, Nuß *f* (*Kohle etc.*); **3. the ~** F der springende Punkt (**of** bei); **'nub·bly** [-blɪ] *adj.* knotig.

nu·bile ['nju:baɪl] *adj.* **1.** heiratsfähig, ehemündig (*Frau*); **2.** attrak'tiv; **nu·bil·i·ty** [nju:'bɪlətɪ] *s.* Heiratsfähigkeit *f etc.*

nu·cle·ar ['nju:klɪə] **I** *adj.* **1.** kernförmig; *a. biol. etc.* Kern...; **2.** *phys.* nukle'ar, Nuklear..., (Atom)Kern..., ato'mar, Atom...: **~ test**; **~ weapon** Kernwaffe *f*; **3.** *a.* **~-powered** mit A'tomantrieb, Atom...: **~ submarine**; **II** *s.* **4.** Kernwaffe *f*, A'tomraˌkete *f*; **5.** *pol.* A'tommacht *f*; **~ bomb** *s.* A'tombombe *f*; **~ charge** *s. phys.* Kernladung *f*; **~ chem·is·try** *s.* 'Kerncheˌmie *f*; **~ dis·in·te·gra·tion** *s. phys.* Kernzerfall *m*; **~ en·er·gy** *s. phys.* **1.** 'Kernenerˌgie *f*; **2.** *allg.* A'tomenerˌgie *f*; **~ fam·i·ly** *s.* 'Kernfaˌmilie *f*; **~ fis·sion** *s. phys.* Kernspaltung *f*; **~ fuel** *s.* Kernbrennstoff *m*: **~ rod** Brennstab *m*; **~ fu·sion** *s. phys.* 'Kernfusˌion *f*; **~ par·ti·cle** *s. phys.* Kernteilchen *n*; **~ phys·ics** *s. pl. sg. konstr.* 'Kernphyˌsik *f*; **~ pow·er** *s.* **1.** *phys.* A'tomkraft *f*; **2.** *pol.* A'tommacht *f*; **~ re·ac·tor** *s. phys.* 'Kernreˌaktor *m*; **~ re·search** *s.* (A'tom)Kernforschung *f*; **~ ship** *s.* Re'aktorschiff *n*; **~ smug· gling** *s.* Atomschmuggel *m*; **~ the·o·ry** *s. phys.* 'Kerntheoˌrie *f*; **~ war(·fare)** *s.* A'tomkrieg(führung *f*) *m*; **~ war·head** *s.* ⚔ A'tomsprengkopf *m*; **~ waste** *s.* A'tommüll *m*.

nu·cle·i ['nju:klɪaɪ] *pl. von* **nucleus**.

nu·cle·o·lus [nju:'kli:ələs] *pl.* **-li** [-laɪ] *s.* ♀, *biol.* Kernkörperchen *n*.

nu·cle·on ['nju:klɪɒn] *s. phys.* Nukleon *n*, (A'tom)Kernbaustein *m*.

nu·cle·us ['nju:klɪəs] *pl.* **-e·i** [-ɪaɪ] *s.* **1.** *allg.* (*a.* A'tom-, Ko'meten-, Zell)Kern *m* (*a.* ⅍); **2.** *fig.* Kern *m*: a) Mittelpunkt *m*, b) Grundstock *m*; **3.** *opt.* Kernschatten *m*.

nude [nju:d] **I** *adj.* **1.** nackt (*a. fig. Tatsache etc.*), bloß; **2.** nackt, kahl: **~ hill**; **3.** ⚖ unverbindlich, nichtig: **~ contract**; **II** *s.* **4.** *paint. etc.* Akt *m*: **study from the ~** Aktstudie *f*; **5.** Nacktheit *f*: **in the ~** nackt.

nudge [nʌdʒ] **I** *v/t. j-n* anstoßen, ‚(an-) stupsen'; **II** *s.* Stups *m*.

nu·die ['nju:dɪ] *s. sl.* Nacktfilm *m*.

nud·ism ['nju:dɪzəm] *s.* 'Nackt-, 'Freikörperkulˌtur *f*, Nu'dismus *m*; **'nud·ist** [-ɪst] *s.* Nu'dist(in), FK'K-Anhänger (-in): **~ beach** Nacktbadestrand *m*; **~ camp**, **~ colony** FKK-Platz *m*; **'nu·di·ty** [-ətɪ] *s.* **1.** Nacktheit *f*, Blöße *f*; **2.** *fig.* Armut *f*; **3.** Kahlheit *f*; **4.** *paint. etc.* 'Akt(fiˌgur *f*) *m*.

nu·ga·to·ry ['nju:gətərɪ] *adj.* **1.** wertlos, albern; **2.** unwirksam (*a.* ⚖), eitel, leer.

nug·get ['nʌgɪt] *s.* **1.** Nugget *n* (*Goldklumpen*); **2.** *fig.* Brocken *m*.

nui·sance ['nju:sns] *s.* **1.** Ärgernis *n*, Plage *f*, *et.* Lästiges *od.* Unangenehmes; Unfug *m*, 'Mißstand *m*: **dust ~** Staubplage; **what a ~!** wie ärgerlich!; **2.** ⚖ Poli'zeiwidrigkeit *f*: **public ~** Störung *f od.* Gefährdung *f* der öffentlichen Sicherheit u. Ordnung, *a. fig. iro.* öffentliches Ärgernis; **private ~** Besitzstörung *f*; **commit no ~!** das Verunreinigen (dieses Ortes) ist verboten!; **3.** (*von Personen*) ‚Landplage' *f*, Quälgeist *m*, Nervensäge *f*: **be a ~ to s.o.** j-m lästig fallen; **make a ~ of o.s.** anderen auf die Nerven gehen; **~ raid** *s.* ⚔, ✈ Störangriff *m*; **~ tax** *s. sl. ärgerliche kleine* (*Verbraucher*)*Steuer*: **~ val·ue** *s.* Wert *m od.* Wirkung *f* als störender Faktor.

nuke [nu:k] *Am. sl.* **I** *s.* **1.** Kernwaffe *f*; **2.** 'Kernreˌaktor *m*; **II** *v/t.* **3.** mit Kernwaffen angreifen.

null [nʌl] **I** *adj.* **1.** ⚖ *u. fig.* nichtig, ungültig: **declare ~ and void** für null u. nichtig erklären; **2.** wertlos, leer, nichtssagend, unbedeutend; **II** *s.* **3.** ⅍, ⚡ Null *f*: **~ set** Nullmenge *f*.

nul·li·fi·ca·tion [ˌnʌlɪfɪ'keɪʃn] *s.* **1.** Aufhebung *f*, Nichtigerklärung *f*; **2.** Zu'nichtemachen *n*; **nul·li·fy** ['nʌlɪfaɪ] *v/t.* **1.** ungültig machen, für null u. nichtig erklären, aufheben; **2.** zu'nichte machen; **nul·li·ty** ['nʌlətɪ] *s.* **1.** Unwirksamkeit *f*; ⚖ Ungültigkeit *f*, Nichtigkeit *f*: **decree of ~** Nichtigkeitsurteil *n od.* Annullierung *f e-r Ehe*; **~ suit** Nichtigkeitsklage *f*; **be a ~** (null u.) nichtig sein; **2.** Nichts *n*; *fig.* Null *f* (*Person*).

numb [nʌm] **I** *adj.* □ starr, erstarrt (**with** vor *Kälte etc.*); taub (*empfindungslos*); *fig.* a) (wie) betäubt, starr (**with fear** vor Angst), b) abgestumpft; **II** *v/t.* starr *od.* taub machen, erstarren lassen; *fig.* a) betäuben, b) abstumpfen.

num·ber ['nʌmbə] **I** *s.* **1.** Zahl(enwert *m*) *f*, Ziffer *f*; **2.** (Haus-, Tele'fon- *etc.*) Nummer *f*: **by ~s** nummernweise; **~ engaged** *teleph.* besetzt; **have s.o.'s ~** F j-n durchschaut haben; **his ~ is up** F s-e Stunde hat geschlagen, jetzt ist er dran; → **number one**; **3.** (An)Zahl *f*: **a ~ of** e-e Anzahl von (*od. gen.*), mehrere; **a great ~ of** sehr viele *Leute etc.*; **five in ~** fünf an (der) Zahl; **in large ~s** in großen Mengen; **in round ~** rund; **one of their ~** einer aus ihrer Mitte; **~s of times** zu wiederholten Malen; **times without ~** unzählige Male; **five times the ~ of people** fünfmal so viele Leute; **4.** ✝ a) (An)Zahl *f*, Nummer *f*, b) Ar'tikel *m*, Ware *f*; **5.** Heft *n*, Nummer *f*, Ausgabe *f* (*Zeitschrift etc.*), Lieferung *f e-s Werkes*: **appear in ~s** in Lieferungen erscheinen; **6.** *thea. etc.* (Pro'gramm)Nummer *f*; **7.** ♪ a) Nummer *f* (*Satz*), b) *sl.* Tanznummer *f*, Schlager *m*; **8.** *poet. pl.* Verse *pl.*; **9.** *ling.* Numerus *m*: **plural** (**singular**) **~** Mehrzahl (Einzahl) *f*; **10.** ⚙ Feinheitsnummer *f* (*Garn*); **11.** *sl.* ‚Type' *f*, ‚Nummer' *f* (*Person*); **12. 2s** *bibl.* Numeri *pl.*, Viertes Buch Mose; **II** *v/t.* **13.** zs.-zählen, aufrechnen: **~ off** abzählen; **his days are ~ed** s-e Tage sind gezählt; **14.** zählen, rechnen (*a. fig.* **among**, **in**, **with** zu *od.* unter *acc.*); **15.** numerieren: **~ consecutively** durchnumerieren; **16.** zählen, sich belaufen auf (*acc.*); **17.** *Jahre* zählen, alt sein; **III** *v/i.* **18.** (auf)zählen; **19.** zählen (**among** zu *j-s Freunden etc.*); **'num·ber-ˌcrunch·ing** *Computer*: **1.** *s.* Zahlenverarbeitung *f*; **2.** *adj.* rechenintensiv; **'num·ber·ing** [-bərɪŋ] *s.* Numerierung *f*; **'num·ber·less** [-lɪs] *adj.* unzählig, zahllos.

num·ber| one I *adj.* **1.** a) erstklassig, b) (aller)höchst: **~ priority**; **II** *s.* **2.** Nummer *f* Eins; der (die, das) Erste; erste Klasse; **3.** F das liebe Ich: **look after ~**

auf seinen Vorteil bedacht sein, nur an sich selbst denken; **4. do ~** F sein ‚kleines Geschäft' machen; **'~·plate** *s. mot.* Nummernschild *n*; **~ pol·y·gon** *s.* ⩓ 'Zahlenvieleck *n*, -polyˌgon *n*; **~ two** *s.*: **do ~** F sein ‚großes Geschäft' machen.

numb·ness ['nʌmnɪs] *s.* Erstarrung *f*, Starr-, Taubheit *f*; *fig.* Betäubung *f*.

nu·mer·a·ble ['nju:mərəbl] *adj.* zählbar; **'nu·mer·al** [-rəl] **I** *adj.* **1.** Zahl…, Zahlen…, nu'merisch: **~ language** Ziffernsprache *f*; **II** *s.* **2.** Ziffer *f*, Zahlzeichen *n*; **3.** *ling.* Zahlwort *n*; **'nu·mer·ar·y** [-ərɪ] *adj.* Zahl(en)…; **'nu·mer·ate** [-rət] *adj.* rechenkundig; **nu·mer·a·tion** [ˌnju:mə'reɪʃn] *s.* **1.** Zählen *n*; Rechenkunst *f*; **2.** Numerierung *f*; **3.** (Auf-)Zählung *f*; **'nu·mer·a·tive** [-ətɪv] *adj.* zählend, Zahl(en)…: **~ system** Zahlensystem *n*; **'nu·mer·a·tor** [-məreɪtə] *s.* ⩓ Zähler *m e-s Bruchs*; **nu·mer·i·cal** [nju:'merɪkl] *adj.* □ nu'merisch: a) ⩓ Zahl(en)…: **~ value**; **~ equation** Zahlengleichung *f*, b) zahlenmäßig: **~ superiority**.

nu·mer·ous ['nju:mərəs] *adj.* □ zahlreich: **a ~ assembly**; **'nu·mer·ous·ness** [-nɪs] *s.* große Zahl, Menge *f*, Stärke *f*.

nu·mis·mat·ic [ˌnju:mɪz'mætɪk] *adj.* (□ **~ally**) numis'matisch, Münz(en)…; **ˌnu·mis'mat·ics** [-ks] *s. pl. sg. konstr.* Numis'matik *f*, Münzkunde *f*; **nu·mis·ma·tist** [nju:'mɪzmətɪst] *s.* Numis'matiker(in): a) Münzkenner(in), b) Münzsammler(in).

num·skull ['nʌmskʌl] *s.* Dummkopf *m*, Trottel *m*.

nun [nʌn] *s. eccl.* Nonne *f*.

nun·ci·a·ture ['nʌnʃɪətʃə] *s. eccl.* Nuntia'tur *f*; **nun·ci·o** ['nʌnʃɪəʊ] *pl.* **-os** *s.* Nuntius *m*.

nun·cu·pa·tive ['nʌnkjʊpeɪtɪv] *adj.* ⚖ mündlich: **~ will** mündliches Testament, *bsd.* ⚔ Not-, ⚓ Seetestament.

nun·ner·y ['nʌnərɪ] *s.* Nonnenkloster *n*.

nup·tial ['nʌptʃəl] **I** *adj.* hochzeitlich, Hochzeit(s)…, Ehe…, Braut…: **~ bed** Brautbett *n*; **~ flight** Hochzeitsflug *m der Bienen*; **II** *s. mst pl.* Hochzeit *f*.

nurse [nɜ:s] **I** *s.* **1.** *mst* **wet ~** (Säug-)Amme *f*; **2.** *a.* **dry ~** Kinderfrau *f*, -mädchen *n*; **3.** Krankenschwester *f*, *a.* **~-attendant** (Kranken)Pfleger(in): **head ~** Oberschwester; → **male** 1; **4.** a) Stillen *n*, Stillzeit *f*, b) Pflege *f*: **at ~** in Pflege; **put out to ~** *Kinder* in Pflege geben; **5.** *zo.* a) Amme *f*, b) Arbeiterin *f* (*Biene*); **6.** *fig.* Nährmutter *f*; **II** *v/t.* **7.** *Kind* säugen, nähren, stillen, *dem Kind* die Brust geben; **8.** *Kind* auf-, großziehen; **9.** a) *Kranke* pflegen, b) *Krankheit* auskurieren, c) *Glied*, *Stimme* schonen, d) *Knie etc.* (schützend) um'fassen: **~ one's leg** ein Bein über das andere schlagen, e) sparsam *od.* schonend 'umgehen mit: **~ a glass of wine** bedächtig ein Glas Wein trinken; **10.** *fig.* a) nähren, fördern, b) *Gefühl etc.* nähren, hegen; **11.** streicheln, hätscheln; *weitS. a. pol.* sich eifrig kümmern um, sich ‚warm halten': **~ one's constituency**; **III** *v/i.* **12.** a) säugen, stillen, b) die Brust nehmen (*Säugling*); **13.** als (Kranken)Pfleger(in) arbeiten.

nurse·ling → **nursling**.

'nurse·maid *s.* Kindermädchen *n*.

nurs·er·y ['nɜ:srɪ] *s.* **1.** Kinderzimmer *n*: **day ~** Spielzimmer *n*; **night ~** Kinderschlafzimmer; **2.** Kindertagesstätte *f*; **3.** Pflanz-, Baumschule *f*; Schonung *f*; *fig.* Pflanzstätte *f*, Schule *f*; **4.** Fischpflege *f*, Streckteich *m*; **5.** *a.* **~ stakes** (Pferde-)Rennen *n* für Zweijährige; **~ gov·er·ness** *s.* Kinderfräulein *n*; **'~·man** [-mən] *s.* [*irr.*] Pflanzenzüchter *m*; **~ rhyme** *s.* Kinderlied *n*, -reim *m*; **~ school** *s.* Kindergarten *m*; **~ slope** *s. Skisport*: ‚Idi'otenhügel' *m*, Anfängerhügel *m*; **~ tale** *s.* Ammenmärchen *n*.

nurs·ing ['nɜ:sɪŋ] **I** *s.* **1.** Säugen *n*, Stillen *n*; **2.** *a.* **sick~**, **~ care** (Kranken-)Pflege *f*; **II** *adj.* **3.** Nähr…, Pflege…, Kranken…; **~ ben·e·fit** *s.* Stillgeld *n*; **~ bot·tle** *s.* Säuglingsflasche *f*; **~ home** *s.* **1.** *bsd. Brit.* a) Pri'vatklinik *f*, b) pri'vate Entbindungsklinik; **2.** Pflegeheim *n*; **~ moth·er** *s.* stillende Mutter; **~ staff** *s.* 'Pflegeperso‚nal *n*.

nurs·ling ['nɜ:slɪŋ] *s.* **1.** Säugling *m*; **2.** Pflegling *m*; **3.** *fig.* a) Liebling *m*, Hätschelkind *n*, b) Schützling *m*.

nur·ture ['nɜ:tʃə] **I** *v/t.* **1.** (er)nähren; **2.** auf-, erziehen; **3.** *fig. Gefühle etc.* hegen; **II** *s.* **4.** Nahrung *f*; *fig.* Pflege *f*, Erziehung *f*.

nut [nʌt] **I** *s.* **1.** ♀ Nuß *f*; **2.** ⚙ a) Nuß *f*, b) (Schrauben)Mutter *f*: **~s and bolts** *fig.* praktische Grundlagen, wesentliche Details; **3.** ♪ a) Frosch *m* (*am Bogen*), b) Saitensattel *m*; **4.** *pl.* ⚒ Nußkohle *f*; **5.** *fig.* schwierige Sache: **a hard ~ to crack** e-e harte Nuß; **6.** *sl.* a) ‚Birne' *f* (*Kopf*): **be** (**go**) **off one's ~** verrückt sein (werden), b) *contp.* ‚Knülch' *m*, Kerl *m*, c) komischer Kauz, ‚Spinner' *m*, d) Idi'ot *m*, e) Geck *m*; **7.** *sl.* **be ~s** verrückt sein (**on** nach); **he is ~s about her** er ist in sie total verschossen; **drive s.o. ~s** j-n verrückt machen; **go ~s** überschnappen; **that's ~s to him** das ist genau sein Fall; **~s!** a) du spinnst wohl!, b) *a.* **~ to you!** ‚du kannst mich mal!'; **8.** *pl.* V ‚Eier' *pl.* (*Hoden*); **9. not for ~s** *sl.* überhaupt nicht; **he can't play for ~s** *sl.* er spielt miserabel; **II** *v/i.* **10.** Nüsse pflükken.

nut| bolt ⚙ **1.** Mutterbolzen *m*; **2.** Bolzen *m od.* Schraube *f* mit Mutter; **'~·ˌbut·ter** *s.* Nußbutter *f*; **'~·case** *s. sl.* ‚Spinner' *m*; **'~ˌcrack·er** *s.* **1.** *a. pl.* Nußknacker *m*; **2.** *orn.* Tannenhäher *m*; **'~·gall** *s.* Gallapfel *m*: **~ ink** Gallustinte *f*; **'~·hatch** *s. orn.* Kleiber *m*, Spechtmeise *f*; **'~·house** *s. sl.* ‚Klapsmühle' *f*.

nut·meg ['nʌtmeg] *s.* Mus'kat(nuß *f*) *m*: **~ butter** Muskatbutter *f*.

nu·tri·a ['nju:trɪə] *s.* **1.** *zo.* Biberratte *f*, Nutria *f*; **2.** ⚒ Nutriafell *n*.

nu·tri·ent ['nju:trɪənt] **I** *adj.* **1.** nährend, nahrhaft; **2.** Ernährungs…: **~ medium** *biol.* Nährsubstanz *f*; **~ solution** Nährlösung *f*; **II** *s.* **3.** Nährstoff *m*; **4.** *biol.* Baustoff *m*; **'nu·tri·ment** [-ɪmənt] *s.* Nahrung *f*, Nährstoff *m* (*a. fig.*); *biol.* Baustoff *m*.

nu·tri·tion [nju:'trɪʃn] *s.* **1.** Ernährung *f*; **2.** Nahrung *f*: **~ cycle** Nahrungskreislauf *m*; **nu'tri·tion·al** [-ʃənl] Ernährungs…; **nu'tri·tion·ist** [-ʃnɪst] *s.* Ernährungswissenschaftler(in), Diä'tetiker(in); **nu'tri·tious** [-ʃəs] *adj.* □ nährend, nahrhaft; **nu'tri·tious·ness** [-ʃəsnɪs] *s.* Nahrhaftigkeit *f*.

nu·tri·tive ['nju:trətɪv] *adj.* □ **1.** nährend, nahrhaft: **~ value** Nährwert *m*; **2.** Ernährungs…: **~ tract** Ernährungsbahn *f*.

nuts [nʌts] → **nut** 7.

nut| screw *s.* ⚙ **1.** Schraube *f* mit Mutter; **2.** Innengewinde *n*; **'~·shell** *s.* ♀ Nußschale *f*: (**to put it**) **in a ~** (*Redewendung*) mit 'einem Wort, kurz gesagt; **'~·tree** *s.* ♀ **1.** Haselnußstrauch *m*; **2.** Nußbaum *m*.

nut·ty ['nʌtɪ] *adj.* **1.** voller Nüsse; **2.** nußartig, Nuß…; **3.** pi'kant; **4.** *sl.* verrückt (**on** nach).

nuz·zle ['nʌzl] **I** *v/t.* **1.** mit der Schnauze aufwühlen; **2.** mit der Schnauze *od.* Nase reiben an (*dat.*); *fig. Kind* liebkosen, hätscheln; **3.** *e-m Schwein etc.* e-n Ring durch die Nase ziehen; **II** *v/i.* **4.** (mit der Schnauze) wühlen, schnüffeln (**in** in *dat.*, **for** nach); **5.** sich (an)schmiegen (**to** an *acc.*).

ny·lon ['naɪlɒn] *s.* Nylon *n*: **~s** F Nylonstrümpfe, Nylons.

nymph [nɪmf] *s.* **1.** *myth.* Nymphe *f* (*a. poet. u. iro. Mädchen*); **2.** *zo.* a) Puppe *f*, b) Nymphe *f*; **'nymph·et** [nɪm'fet] *s.* ‚Nymphchen' *n*; **nym·pho** ['nɪmfəʊ] *pl.* **-phos** *s.* F *für* **nymphomaniac II.**

nym·pho·ma·ni·a [ˌnɪmfəʊ'meɪnjə] *s.* ⚕ Nymphoma'nie *f*, Mannstollheit *f*; **ˌnym·pho'ma·ni·ac** [-nɪæk] **I** *adj.* nympho'man, mannstoll; **II** *s.* Nympho'manin *f*.

O

O, o¹ [əʊ] *s.* **1.** O *n*, o *n* (*Buchstabe*); **2.** *bsd. teleph.* Null *f*.

O, o² [əʊ] *int.* o(h)!, ah!, ach!

oaf [əʊf] *s.* **1.** Dummkopf *m*, ‚Esel' *m*; **2.** Lümmel *m*, Flegel *m*; **oaf·ish** [ˈəʊfɪʃ] *adj.* **1.** dumm, ‚blöd'; **2.** lümmel-, flegelhaft.

oak [əʊk] **I** *s.* **1.** ⚘ *a.* **~-tree** Eiche *f*, Eichbaum *m*; **2.** *poet.* Eichenlaub *n*; **3.** Eichenholz *n*; **4.** *Brit. univ. sl.* Eichentür *f*: ***sport one's ~*** die Tür verschlossen halten, nicht zu sprechen sein; **5.** ***the ≈s*** *sport Stutenrennen in Epsom*; **II** *adj.* **6.** eichen, Eichen...; **~ ap·ple** *s.* ⚘ Gallapfel *m*.

oak·en [ˈəʊkən] *adj.* **1.** *bsd. poet.* Eichen...; **2.** eichen, von Eichenholz; **oak·let** [ˈəʊklɪt], **oak·ling** [ˈəʊklɪŋ] *s.* ⚘ junge *od.* kleine Eiche.

oa·kum [ˈəʊkəm] *s.* Werg *n*: ***pick ~*** a) Werg zupfen, b) F ‚Tüten kleben', ‚Knast schieben'.

ˈoak·wood *s.* **1.** Eichenholz *n*; **2.** Eichenwald(ung *f*) *m*.

oar [ɔː] **I** *s.* **1.** Ruder *n* (*a. zo.*), *bsd. sport* Riemen *m*: ***four-~*** Vierer *m* (*Boot*); ***pull a good ~*** gut rudern; ***put*** (*od.* ***shove***) ***one's ~ in*** F sich einmischen, *im Gespräch* ‚s-n Senf dazugeben'; ***rest on one's ~s*** *fig.* sich auf s-n Lorbeeren ausruhen; → ***ship*** 8; **2.** *sport* Ruderer *m*, Ruderin *f*: ***a good ~***; **3.** *fig.* Flügel *m*, Arm *m*; **4.** *Brauerei*: Krücke *f*; **II** *v/t. u. v/i.* **5.** rudern; **oared** [ɔːd] *adj.* **1.** mit Rudern (versehen), Ruder...; **2.** *in Zssgn* ...rud(e)rig; **oar·lock** [ˈɔːlɒk] *s. Am.* Riemendolle *f*; **oars·man** [ˈɔːzmən] *s.* [*irr.*] Ruderer *m*; **oars·wom·an** [ˈɔːzˌwʊmən] *s.* [*irr.*] Ruderin *f*.

o·a·sis [əʊˈeɪsɪs] *pl.* **-ses** [-siːz] *s.* Oˈase *f* (*a. fig.*).

oast [əʊst] *s. Brauerei*: Darre *f*.

oat [əʊt] *s. mst pl.* Hafer *m*: ***be off one's ~s*** F keinen Appetit haben; ***he feels his ~s*** F a) ihn sticht der Hafer, b) er ist ‚groß in Form'; ***sow one's wild ~s*** sich austoben, sich die Hörner abstoßen; **oat·en** [ˈəʊtn] *adj.* **1.** Hafer...; **2.** Hafermehl...

oath [əʊθ; *pl.* əʊðz] *s.* **1.** Eid *m*, Schwur *m*: **~ *of allegiance*** Fahnen-, Treueid; **~ *of disclosure*** ⚖ Offenbarungseid; **~ *of office*** Amts-, Diensteid; ***false ~*** Falsch-, Meineid *m*; ***bind by ~*** eidlich verpflichten; **(*up*)*on ~*** unter Eid, eidlich; ***upon my ~!*** das kann ich beschwören!; ***administer*** (*od.* ***tender***) ***an ~ to s.o., put s.o. to*** (*od.* ***on***) ***his ~*** j-m e-n Eid abnehmen, j-n schwören lassen; ***swear*** (*od.* ***take***) ***an ~*** e-n Eid leisten, schwören (***on, to*** auf *acc.*); ***in lieu of an ~*** an Eides Statt; ***under ~*** unter Eid, eidlich verpflichtet; ***be on one's ~*** unter Eid stehen; **2.** Fluch *m*, Verwünschung *f*.

ˈoat·meal *s.* **1.** Hafermehl *n*, -grütze *f*; **2.** Haferschleim *m*.

ob·bli·ga·to [ˌɒblɪˈgɑːtəʊ] ♪ **I** *adj.* obliˈgat, hauptstimmig; **II** *pl.* **-tos** *s.* selbständige Begleitstimme.

ob·du·ra·cy [ˈɒbdjʊrəsɪ] *s. fig.* Verstocktheit *f*, Halsstarrigkeit *f*; **ˈob·du·rate** [-rət] *adj.* ☐ **1.** verstockt, halsstarrig; **2.** hartherzig.

o·be·di·ence [əˈbiːdjəns] *s.* **1.** Gehorsam *m* (***to*** gegen); **2.** *fig.* Abhängigkeit *f* (***to*** von): ***in ~ to*** gemäß (*dat.*), im Verfolg (*gen.*); ***in ~ to s.o.*** auf j-s Verlangen; **oˈbe·di·ent** [-nt] *adj.* ☐ **1.** gehorsam (***to*** *dat.*); **2.** ergeben, unterˈwürfig (***to*** *dat.*): ***Your ~ servant*** Hochachtungsvoll (*Amtsstil*); **3.** *fig.* abhängig (***to*** von).

o·bei·sance [əʊˈbeɪsəns] *s.* **1.** Verbeugung *f*; **2.** Ehrerbietung *f*, Huldigung *f*: ***do*** (*od.* ***make*** *od.* ***pay***) **~ *to s.o.*** j-m huldigen; **oˈbei·sant** [-nt] *adj.* huldigend, unterˈwürfig.

ob·e·lisk [ˈɒbəlɪsk] *s.* **1.** Obeˈlisk *m*; **2.** *typ.* a) → ***obelus***, b) Kreuz(zeichen) *n* (*für Randbemerkungen*).

ob·e·lus [ˈɒbɪləs] *pl.* **-li** [-laɪ] *s. typ.* **1.** Obeˈlisk *m* (*Zeichen für fragwürdige Stellen*); **2.** Verweisungszeichen *n auf Randbemerkungen*.

o·bese [əʊˈbiːs] *adj.* fettleibig, korpuˈlent, *a. fig.* fett, dick; **oˈbese·ness** [-nɪs], **oˈbes·i·ty** [-sətɪ] *s.* Fettleibigkeit *f*, Korpuˈlenz *f*.

o·bey [əˈbeɪ] **I** *v/t.* **1.** *j-m* gehorchen, folgen (*a. fig.*); **2.** *e-m Befehl etc.* Folge leisten, befolgen (*acc.*); **II** *v/i.* **3.** gehorchen, folgen (***to*** *dat.*).

ob·fus·cate [ˈɒbfʌskeɪt] *v/t.* **1.** verfinstern, trüben (*a. fig.*); **2.** *fig. Urteil etc.* trüben, verwirren; *die Sinne* benebeln; **ob·fus·ca·tion** [ˌɒbfʌsˈkeɪʃn] Verfinsterung *f etc.*

o·bit·u·ar·y [əˈbɪtjʊərɪ] **I** *s.* **1.** Todesanzeige *f*; **2.** Nachruf *m*; **3.** *eccl.* Totenliste *f*; **II** *adj.* **4.** Toten..., Todes...: **~ *notice*** Todesanzeige *f*.

ob·ject¹ [əbˈdʒekt] **I** *v/t.* **1.** *fig.* einwenden, vorbringen (***to*** gegen); **2.** vorhalten, vorwerfen (***to, against*** *dat.*); **II** *v/i.* **3.** Einwendungen machen, Einsprüche erheben, protestieren, reklamieren (***to, against*** gegen); **4.** et. einwenden, et. dagegen haben: **~ *to s.th.*** et. beanstanden; ***do you ~ to my smoking?*** haben Sie et. dagegen, wenn ich rauche?; ***if you don't ~*** wenn Sie nichts dagegen haben.

ob·ject² [ˈɒbdʒɪkt] *s.* **1.** Obˈjekt *n* (*a. Kunst*), Gegenstand *m* (*a. fig. des Mitleids etc.*): **~ *of invention*** ⚖ Erfindungsgegenstand; ***money is no ~*** Geld spielt keine Rolle; ***salary no ~*** Gehalt Nebensache; **2.** Absicht *f*, Ziel *n*, Zweck *m*: ***make it one's ~ to do s.th.*** es sich zum Ziel setzen, et. zu tun; **3.** F komische *od.* scheußliche Perˈson *od.* Sache: ***what an ~ you are!*** wie sehen Sie denn aus!; **4.** *ling.* a) Obˈjekt *n*: ***direct ~*** Akkusativobjekt; **~ *clause*** Objektsatz *m*, b) von e-r Präpositiˈon abhängiges Wort; **~ draw·ing** *s.* Zeichnen *n* nach Vorlagen *od.* Moˈdellen; **ˈ~-ˌfind·er** *s. phot.* (Objekˈtiv)Sucher *m*; **ˈ~-glass** *s. opt.* Objekˈtiv(linse *f*) *n*.

ob·jec·ti·fy [ɒbˈdʒektɪfaɪ] *v/t.* objektivieren.

ob·jec·tion [əbˈdʒekʃn] *s.* **1.** a) Einwendung *f* (*a.* ⚖), Einspruch *m*, -wand *m*, -wurf *m*, Bedenken *n* (***to*** gegen), b) *weitS.* Abneigung *f*, ˈWiderwille *m* (***against*** gegen): ***I have no ~ to him*** ich habe nichts gegen ihn *od.* an ihm nichts auszusetzen; ***make*** (*od.* ***raise***) ***an ~ to s.th.*** gegen et. e-n Einwand erheben; ***take ~ to s.th.*** gegen et. protestieren; **2.** Beanstandung *f*, Reklamatiˈon *f*; **obˈjec·tion·a·ble** [-ʃnəbl] *adj.* ☐ **1.** nicht einwandfrei, zu beanstanden(d), unerwünscht, anrüchig; **2.** unangenehm (***to*** *dat. od.* für); **3.** anstößig.

ob·jec·tive [əbˈdʒektɪv] **I** *adj.* ☐ **1.** objekˈtiv (*a. phls.*), sachlich, vorurteilslos; **2.** *ling.* Objekts...: **~ *case*** → 5; **~ *genitive*** objektiver Genitiv; **3.** Ziel...: **~ *point*** → 6; **II** *s.* **4.** *opt.* Objekˈtiv(linse *f*) *n*; **5.** *ling.* Obˈjektsfall *m*; **6.** (*bsd.* ⚔ Kampf-, Angriffs)Ziel *n*; **obˈjec·tive·ness** [-nɪs], **ob·jec·tiv·i·ty** [ˌɒbdʒekˈtɪvətɪ] *s.* Objektiviˈtät *f*.

ob·ject lens *s. opt.* Objekˈtiv(linse *f*) *n*.

ob·ject·less [ˈɒbdʒɪktlɪs] *adj.* gegenstands-, zweck-, ziellos.

ob·ject les·son *s.* **1.** *ped. u. fig.* ˈAnschauungsˌunterricht *m*; **2.** *fig.* Schulbeispiel *n*; **3.** *fig.* Denkzettel *m*.

ob·jec·tor [əbˈdʒektə] *s.* Gegner(in) (***to*** *gen*); → ***conscientious***.

ob·ject| plate, ~ slide *s.* Obˈjektträger *m* (*Mikroskop etc.*); **~ teach·ing** *s.* ˈAnschauungsˌunterricht *m*.

ob·jet d'art [ˌɒbʒeɪˈdɑː] (*Fr.*) *s.* (*bsd.* kleiner) Kunstgegenstand.

ob·jur·gate [ˈɒbdʒɜːgeɪt] *v/t.* tadeln, schelten.

ob·late¹ [ˈɒbleɪt] *adj.* ⩚, *phys.* (an den Polen) abgeplattet.

ob·late² [ˈɒbleɪt] *R.C.* Obˈlat(in) (*Laienbruder od. -schwester*).

ob·la·tion [əʊ'bleɪʃn] *s. bsd. eccl.* Opfer (-gabe *f*) *n*.

ob·li·gate *v/t.* ['ɒblɪgeɪt] *a.* ⚖ verpflichten; **ob·li·ga·tion** [ˌɒblɪ'geɪʃn] *s.* **1.** Verpflichten *n*; **2.** Verpflichtung *f*, Verbindlichkeit *f*: ***of ~*** obligatorisch; ***be under an ~ to s.o.*** j-m (zu Dank) verpflichtet sein; **3.** ☤ a) Schuldverschreibung *f*, Obligati'on *f*, b) (Schuld-) Verpflichtung *f*, Verbindlichkeit *f*: ***financial ~*** Zahlungsverpflichtung; ***~ to buy*** Kaufzwang *m*; ***no ~, without ~*** unverbindlich, freibleibend; **ob·li·ga·to·ry** [ə'blɪgətərɪ] *adj.* □ verpflichtend, bindend, (rechts)verbindlich, obliga'torisch (***on, upon*** für), Zwangs…

o·blige [ə'blaɪdʒ] **I** *v/t.* **1.** nötigen, zwingen: ***I was ~d to go*** ich mußte gehen; **2.** *fig. j-n* (zu Dank) verpflichten: ***much ~d!*** sehr verbunden!, danke bestens!; ***I am ~d to you for it*** ich habe es Ihnen zu verdanken; ***will you ~ me by*** (*ger.*)**?** wären Sie so freundlich, zu (*inf.*)?, *iro.* würden Sie gefälligst *et. tun*?; **3.** *j-m* gefällig sein, e-n Gefallen tun, dienen: ***to ~ you*** Ihnen zu Gefallen; ***~ the company with*** die Gesellschaft mit *e-m Lied etc.* erfreuen; **4.** ⚖ *j-n* (*durch Eid etc.*) binden (***to*** an *acc.*): ***~ o.s.*** sich verpflichten (***to do*** *et.* zu tun); **II** *v/i.* **5.** ***~ with*** F *Lied etc.* vortragen, zum besten geben; **6.** erwünscht sein: ***an early reply will ~*** um baldige Antwort wird gebeten; **ob·li·gee** [ˌɒblɪ'dʒiː] *s.* ⚖ Obligati'onsgläubiger (-in), Forderungsberechtigte(r *m*) *f*; **o'blig·ing** [-dʒɪŋ] *adj.* □ verbindlich, gefällig, zu'vor-, entgegenkommend; **o'blig·ing·ness** [-dʒɪŋnɪs] *s.* Gefälligkeit *f*, Zu'vorkommenheit *f*; **ob·li·gor** [ˌɒblɪ'gɔː] *s.* ⚖ (Obligati'ons)Schuldner(in).

ob·lique [ə'bliːk] *adj.* □ **1.** *bsd.* A schief, schräg: ***~(-angled)*** schiefwink(e)lig; ***at an ~ angle with*** im spitzen Winkel zu; **2.** 'indiˌrekt, versteckt, verblümt: ***~ accusation***; ***~ glance*** Seitenblick *m*; **3.** unaufrichtig, unredlich; **4.** *ling.* abhängig, 'indiˌrekt: ***~ case*** Beugefall *m*; ***~ speech*** indirekte Rede; **ob'lique·ness** [-nɪs], **ob·liq·ui·ty** [ə'blɪkwətɪ] *s.* **1.** Schiefe *f* (*a. ast.*), schiefe Lage *od.* Richtung, Schrägheit *f*; **2.** *fig.* Schiefheit *f*: ***moral ~*** Unredlichkeit *f*; ***~ of judg(e)ment*** Schiefe *f* des Urteils.

ob·lit·er·ate [ə'blɪtəreɪt] *v/t.* **1.** auslöschen, tilgen (*beide a. fig.*), *Schrift a.* ausstreichen, wegradieren; *Briefmarken* entwerten; **2.** ⚕ veröden; **ob·lit·er·a·tion** [əˌblɪtə'reɪʃn] *s.* **1.** Verwischung *f*, Auslöschung *f*; **2.** *fig.* Vernichtung *f*, Vertilgung *f*.

ob·liv·i·on [ə'blɪvɪən] *s.* **1.** Vergessenheit *f*: ***fall*** (*od.* ***sink***) ***into ~*** in Vergessenheit geraten; **2.** Vergessen *n*, Vergeßlichkeit *f*; **3.** ⚖, *pol.* Straferlaß *m*: (***Act of***) Ձ Amne'stie *f*; **ob'liv·i·ous** [-ɪəs] *adj.* □ vergeßlich: ***be ~ of s.th.*** et. vergessen (haben); ***be ~ to s.th.*** F *fig.* blind sein gegen et., et. nicht beachten.

ob·long ['ɒblɒŋ] **I** *adj.* **1.** länglich: ***~ hole*** ⚙ Langloch *n*; **2.** A rechteckig; **II** *s.* **3.** A Rechteck *n*.

ob·lo·quy ['ɒbləkwɪ] *s.* **1.** Verleumdung *f*, Schmähung *f*: ***fall into ~*** in Verruf kommen; **2.** Schmach *f*.

ob·nox·ious [əb'nɒkʃəs] *adj.* □ **1.** anstößig, anrüchig, verhaßt, ab'scheulich; **2.** (***to***) unbeliebt (bei), unangenehm (*dat.*); **ob'nox·ious·ness** [-nɪs] *s.* **1.** Anstößigkeit *f*, Anrüchigkeit *f*; **2.** Verhaßtheit *f*.

o·boe ['əʊbəʊ] *s.* ♪ O'boe *f*; **'o·bo·ist** [-əʊɪst] *s.* Obo'ist(in).

ob·scene [əb'siːn] *adj.* □ **1.** unzüchtig (*a.* ⚖), unanständig, zotig, ob'szön: ***~ libel*** ⚖ Veröffentlichung *f* unzüchtiger Schriften; ***~ talker*** Zotenreißer *m*; **2.** 'widerlich; **ob·scen·i·ty** [əb'senətɪ] *s.* **1.** Unanständigkeit *f*, Schmutz *m*, Zote *f*, *pl. a.* Obszöni'täten *pl.*; **2.** 'Widerlichkeit *f*.

ob·scur·ant ['ɒbskjʊərənt] *s.* Obsku'rant *m*, Dunkelmann, Bildungsfeind *m*; **ob·scur·ant·ism** [ˌɒbskjʊə'ræntɪzəm] *s.* Obskuran'tismus *m*, Bildungshaß *m*; **ob·scur·ant·ist** [ˌɒbskjʊə'ræntɪst] **I** *s.* → ***obscurant***; **II** *adj.* obskuran'tistisch.

ob·scu·ra·tion [ˌɒbskjʊ'reɪʃn] *s.* Verdunkelung *f* (*a. fig.*).

ob·scure [əb'skjʊə] **I** *adj.* □ **1.** dunkel, düster; **2.** *fig.* dunkel, unklar; **3.** *fig.* ob'skur, unbekannt, unbedeutend; **4.** *fig.* verborgen: ***live an ~ life***; **II** *v/t.* **5.** verdunkeln, verfinstern (*a. fig.*); **6.** *fig.* verkleinern, in den Schatten stellen; **7.** *fig.* unverständlich *od.* undeutlich machen; **8.** verbergen; **ob'scu·ri·ty** [-ərətɪ] *s.* **1.** Dunkelheit *f* (*a. fig.*); **2.** *fig.* Unklarheit *f*, Undeutlichkeit *f*, Unverständlichkeit *f*; **3.** *fig.* Unbekanntheit *f*, Verborgenheit *f*, Niedrigkeit *f der Herkunft*: ***be lost in ~*** vergessen sein.

ob·se·quies ['ɒbsɪkwɪz] *s. pl.* Trauerfeierlichkeit(en *pl.*) *f*.

ob·se·qui·ous [əb'siːkwɪəs] *adj.* □ unter'würfig (***to*** gegen), ser'vil, kriecherisch; **ob'se·qui·ous·ness** [-nɪs] *s.* Unter'würfigkeit *f*.

ob·serv·a·ble [əb'zɜːvəbl] *adj.* □ **1.** wahrnehmbar; **2.** bemerkenswert; **3.** zu be(ob)achten(d); **ob'serv·ance** [-vns] *s.* **1.** Befolgung *f*, Be(ob)achtung *f*, Ein-, Innehaltung *f von Gesetzen etc.*; **2.** *eccl.* Heilighaltung *f*, Feiern *n*; **3.** Brauch *m*, Sitte *f*; **4.** Regel *f*, Vorschrift *f*; **5.** *R.C.* Ordensregel *f*, Obser'vanz *f*; **ob'serv·ant** [-vnt] *adj.* □ **1.** beobachtend, befolgend (***of*** *acc.*): ***be very ~ of forms*** sehr auf Formen halten; **2.** aufmerksam, acht-, wachsam (***of*** auf *acc.*).

ob·ser·va·tion [ˌɒbzə'veɪʃn] **I** *s.* **1.** Beobachtung *f* (*a.* ⚕, ⚓ *etc.*), Über'wachung *f*, Wahrnehmung *f*: ***keep s.o. under ~*** j-n beobachten (lassen); **2.** ⚔ (Nah)Aufklärung *f*; **3.** Beobachtungsvermögen *n*; **4.** Bemerkung *f*; **5.** Befolgung *f*; **II** *adj.* **6.** Beobachtungs…, Aussichts…; ***~ bal·loon*** *s.* 'FesselbalˌIon *m*; ***~ car*** *s.* 🚃 Aussichtswagen *m*; ***~ coach*** *s.* Omnibus *m* mit Aussichtsplattform; ***~ post*** *s.* ⚔ Beobachtungsstand *m*, -posten *m*; ***~ tow·er*** *s.* Beobachtungswarte *f*, Aussichtsturm *m*; ***~ ward*** *s.* ⚕ Be'obachtungsstatiˌon *f*; ***~ win·dow*** *s.* ⚙ *etc.* Beobachtungsfenster *n*.

ob·serv·a·to·ry [əb'zɜːvətrɪ] *s.* Observa'torium *n*: a) Wetterwarte *f*, b) Sternwarte *f*.

ob·serve [əb'zɜːv] **I** *v/t.* **1.** beobachten: a) über'wachen, b) (be)merken, wahrnehmen, c) *Gesetz etc.* befolgen, (ein-) halten, beachten, *Fest etc.* feiern, begehen: ***~ silence*** Stillschweigen bewahren; **2.** bemerken, äußern, sagen; **II** *v/i.* **3.** Beobachtungen machen; **4.** Bemerkungen machen, sich äußern (***on, upon*** über *acc.*); **ob'serv·er** [-və] *s.* **1.** Beobachter(in) (*a. pol.*), Zuschauer(in); **2.** Befolger(in); **3.** ⚔, ✈ a) Beobachter *m*, b) *Flugmeldedienst*: Luftspäher *m*; **ob'serv·ing** [-vɪŋ] *adj.* □ aufmerksam, achtsam.

ob·sess [əb'ses] *v/t.* quälen, heimsuchen, verfolgen (*von Ideen etc.*): ***~ed by*** (*od.* ***with***) besessen von; **ob·ses·sion** [əb'seʃn] *s.* Besessenheit *f*, fixe I'dee; *psych.* Zwangsvorstellung *f*; **ob'ses·sive** [-sɪv] *adj. psych.* zwanghaft, Zwangs…: ***~ neurosis***.

ob·so·les·cence [ˌɒbsəʊ'lesns] *s.* Veralten *n*: ***planned ~*** ☤, ⚙ künstliche Veralterung; **ob·so'les·cent** [-nt] *adj.* veraltend.

ob·so·lete ['ɒbsəliːt] *adj.* □ **1.** veraltet, über'holt, altmodisch; **2.** abgenutzt, verbraucht; **3.** *biol.* zu'rückgeblieben, rudimen'tär.

ob·sta·cle ['ɒbstəkl] *s.* Hindernis *n* (***to*** für) (*a. fig.*): ***put ~s in s.o.'s way*** *fig.* j-m Hindernisse in den Weg legen; ***~ race*** *sport* Hindernisrennen *n*.

ob·stet·ric, ob·stet·ri·cal [ɒb'stetrɪk(l)] *adj.* Geburts(hilfe)…, Entbindungs…; **ob·ste·tri·cian** [ˌɒbste'trɪʃn] *s.* ⚕ Geburtshelfer(in); **ob'stet·rics** [-ks] *s. pl. mst sg. konstr.* Geburtshilfe *f*.

ob·sti·na·cy ['ɒbstɪnəsɪ] *s.* Hartnäckigkeit *f* (*a. fig.*, ⚕ *etc.*), Eigensinn *m*; **'ob·sti·nate** [-tənət] *adj.* □ hartnäckig (*a. fig.*), halsstarrig, eigensinnig.

ob·strep·er·ous [əb'strepərəs] *adj.* □ **1.** ungebärdig, tobend, 'widerspenstig; **2.** lärmend.

ob·struct [əb'strʌkt] **I** *v/t.* **1.** versperren, -stopfen, blockieren: ***~ s.o.'s view*** j-m die Sicht nehmen; **2.** *a. fig.* behindern, hemmen, lahmlegen; **3.** *fig., a. pol.* blockieren, vereiteln; **4.** *sport*: sperren, (*a. Amtsperson*) behindern (***in*** bei); **II** *v/i.* **5.** *pol.* Obstrukti'on treiben; **ob'struc·tion** [-kʃn] *s.* **1.** Versperrung *f*, Verstopfung *f*; **2.** Behinderung *f*, Hemmung *f*; **3.** Hindernis *n* (***to*** für); **4.** *pol.* Obstrukti'on *f*; **ob'struc·tion·ism** [-kʃənɪzəm] *s. bsd. pol.* Obstrukti'onspoliˌtik *f*; **ob'struc·tion·ist** [-kʃənɪst] **I** *s.* Obstrukti'onspoˌlitiker(in); **II** *adj.* Obstruktions…; **ob'struc·tive** [-tɪv] **I** *adj.* □ **1.** versperrend (*etc.* → ***obstruct*** I); **2.** (***of, to***) hinderlich, hemmend (für): ***be ~ to s.th.*** et. behindern; **3.** Obstruktions…; **II** *s.* **4.** Hindernis *n*.

ob·tain [əb'teɪn] **I** *v/t.* **1.** erlangen, erhalten, bekommen, erwerben, sich verschaffen, *Sieg* erringen: ***~ by flattery*** sich erschmeicheln; ***~ legal force*** Rechtskraft erlangen; ***details can be ~ed from*** Näheres ist zu erfahren bei; **2.** *Willen, Wünsche etc.* 'durchsetzen; **3.** erreichen; **4.** ☤ *Preis* erzielen; **II** *v/i.* **5.** (vor)herrschen, bestehen; Geltung haben, sich behaupten; **ob'tain·a·ble** [-nəbl] *adj.* erreichbar, erlangbar; erhältlich, zu erhalten(d) (***at*** bei); **ob'tain·ment** [-mənt] *s.* Erlangung *f*.

ob·trude [əb'truːd] **I** *v/t.* aufdrängen, -nötigen, -zwingen (***upon, on*** *dat.*): ***~***

o.s. upon → **II** *v/i.* sich aufdrängen (***upon***, ***on*** *dat.*); **ob'tru·sion** [-uːʒn] *s.* **1.** Aufdrängen *n*, Aufnötigung *f*; **2.** Aufdringlichkeit *f*; **ob'tru·sive** [-uːsɪv] *adj.* □ aufdringlich (*a. Sache*).

ob·tu·rate ['ɒbtjʊəreɪt] *v/t.* **1.** *a.* ⚕ verstopfen, verschließen; **2.** ⚙ (ab)dichten, lidern; **ob·tu·ra·tion** [ˌɒbtjʊə'reɪʃn] *s.* **1.** Verstopfung *f*, Verschließung *f*; **2.** ⚙ (Ab)Dichtung *f*.

ob·tuse [əb'tjuːs] *adj.* □ **1.** stumpf (*a.* ⩘): **~(*-angled*)** stumpfwink(e)lig; **2.** *fig.* begriffsstutzig, beschränkt; dumpf (*Ton*, *Schmerz etc.*); **ob'tuse·ness** [-nɪs] *s.* **1.** Stumpfheit *f* (*a. fig.*); **2.** Begriffsstutzigkeit *f*.

ob·verse ['ɒbvɜːs] **I** *s.* **1.** Vorderseite *f*; Bildseite *f e-r Münze*; **2.** Gegenstück *n*, *die* andere Seite, Kehrseite *f*; **II** *adj.* □ **3.** Vorder…, dem Beobachter zugekehrt; **4.** entsprechend, 'umgekehrt; **ob·verse·ly** [ɒb'vɜːslɪ] *adv.* 'umgekehrt.

ob·vi·ate ['ɒbvɪeɪt] *v/t.* **1.** *e-r Sache* begegnen, zu'vorkommen, vorbeugen, *et.* verhindern, verhüten; **2.** aus dem Weg räumen, beseitigen; **3.** erübrigen; **ob·vi·a·tion** [ˌɒbvɪ'eɪʃn] *s.* **1.** Vorbeugen *n*, Verhütung *f*; **2.** Beseitigung *f*.

ob·vi·ous ['ɒbvɪəs] *adj.* □ offensichtlich, augenfällig, klar, deutlich; naheliegend, einleuchtend: ***it is ~ that*** es liegt auf der Hand, daß; ***it was the ~ thing to do*** es war das Nächstliegende; ***he was the ~ choice*** kein anderer kam dafür in Frage; **'ob·vi·ous·ness** [-nɪs] *s.* Offensichtlichkeit *f*.

oc·ca·sion [ə'keɪʒn] **I** *s.* **1.** (günstige) Gelegenheit; **2.** (***of***) Gelegenheit *f* (zu), Möglichkeit *f* (*gen.*); **3.** (besondere) Gelegenheit, Anlaß *m*; (F festliches) Ereignis: ***on this ~*** bei dieser Gelegenheit; ***on the ~ of*** anläßlich (*gen.*); ***on ~*** a) bei Gelegenheit, b) gelegentlich, c) wenn nötig; ***for the ~*** für diese besondere Gelegenheit, eigens zu diesem Zweck; ***a great ~*** ein großes Ereignis; ***improve the ~*** die Gelegenheit (*bsd.* zu e-r Moralpredigt) benützen; ***rise to the ~*** sich der Lage gewachsen zeigen; **4.** Anlaß *m*, Anstoß *m*: ***give ~ to*** → 6; **5.** (***for***) Grund *m* (zu), Ursache *f* (*gen.*), Veranlassung *f* (zu); **II** *v/t.* **6.** verursachen (***s.o. s.th.***, ***s.th. to s.o.*** j-m et.), hervorrufen, bewirken, zeitigen; **7.** *j-n* veranlassen (***to do*** zu tun); **oc'ca·sion·al** [-ʒənl] *adj.* □ **1.** gelegentlich, Gelegenheits…(*-arbeit*, *-dichter*, *-gedicht etc.*); vereinzelt; **2.** zufällig; **oc'ca·sion·al·ly** [-ʒnəlɪ] *adv.* gelegentlich, hin u. wieder.

Oc·ci·dent ['ɒksɪdənt] *s.* **1.** 'Okzident *m*, Westen *m*, Abendland *n*; **2.** ♎ Westen *m*; **Oc·ci·den·tal** [ˌɒksɪ'dentl] **I** *adj.* □ **1.** abendländisch, westlich; **2.** ♎ westlich; **II** *s.* **3.** Abendländer(in).

oc·cip·i·tal [ɒk'sɪpɪtl] *anat.* **I** *adj.* Hinterhaupt(s)…; **II** *s.* 'Hinterhauptsbein *n*; **oc·ci·put** ['ɒksɪpʌt] *pl.* **oc·cip·i·ta** [ɒk'sɪpɪtə] *s. anat.* 'Hinterkopf *m*.

oc·clude [ɒ'kluːd] *v/t.* **1.** *a.* ⚕ verstopfen, verschließen; **2.** a) einschließen, b) ausschließen, c) abschließen (***from*** von); **3.** ⚗ okkludieren, adsorbieren; **oc'clu·sion** [-uːʒn] *s.* **1.** *a.* ⚕ a) Verstopfung *f*, Verschließung *f*, b) Verschluß *m*; **2.** Okklusi'on *f*: a) ⚗ Adsorpti'on *f*, b) ⚕ Biß(stellung *f*) *m*; ***abnormal ~*** Bißanomalie *f*.

oc·cult [ɒ'kʌlt] **I** *adj.* □ ok'kult: a) geheimnisvoll, verborgen (*a.* ⚕), b) magisch, 'übersinnlich, c) geheim, Geheim…: ***~ sciences*** Geheimwissenschaften; **II** *v/t.* verdecken; *ast.* verfinstern; **III** *s.* ***the ~*** das Ok'kulte; **oc·cult·ism** ['ɒkəltɪzəm] *s.* Okkul'tismus *m*; **oc·cult·ist** ['ɒkəltɪst] **I** *s.* Okkul'tist (-in); **II** *adj.* okkul'tistisch.

oc·cu·pan·cy ['ɒkjʊpənsɪ] *s.* **1.** Besitzergreifung *f* (*a.* ⚖); Einzug *m* (***of*** in *e-e Wohnung*); **2.** Innehaben *n*, Besitz *m*: ***during his ~ of the post*** solange er die Stelle innehatte; **3.** In'anspruchnahme *f* (*von Raum etc.*); **'oc·cu·pant** [-nt] *s.* **1.** *bsd.* ⚖ Besitzergreifer(in); **2.** Besitzer (-in), Inhaber(in); **3.** Bewohner(in), Insasse *m*, Insassin *f* (*Haus etc.*); **oc·cu·pa·tion** [ˌɒkjʊ'peɪʃn] *s.* **1.** Besitz *m*, Innehaben *n*; **2.** Besitznahme *f*, -ergreifung *f*; **3.** ⚔, *pol.* Besetzung *f*, Besatzung *f*, Okkupati'on *f*: ***~ troops*** Besatzungstruppen; → ***zone*** 1; **4.** Beschäftigung *f*: ***without ~*** beschäftigungslos; **5.** Beruf *m*, Gewerbe *n*: ***by ~*** von Beruf; ***employed in an ~*** berufstätig; ***in*** (*od.* ***as a***) ***regular ~*** hauptberuflich; **oc·cu·pa·tion·al** [ˌɒkjuː'peɪʃənl] *adj.* **1.** beruflich, Berufs…(*-gruppe*, *-krankheit etc.*), Arbeits…(*-psychologie*, *-unfall etc.*): ***~ hazard*** Berufsrisiko *n*; **2.** Beschäftigungs…: ***~ therapy***.

oc·cu·pi·er ['ɒkjʊpaɪə] → ***occupant***.

oc·cu·py ['ɒkjʊpaɪ] *v/t.* **1.** in Besitz nehmen, Besitz ergreifen von; *Wohnung* beziehen; ⚔ besetzen; **2.** besitzen, innehaben; *fig. Amt etc.* bekleiden, innehaben: ***~ the chair*** den Vorsitz führen; **3.** bewohnen; **4.** *Raum* einnehmen, (*a. Zeit*) in Anspruch nehmen; **5.** *j-n*, *j-s Geist* beschäftigen: ***~ o.s.*** sich beschäftigen *od.* befassen (***with*** mit); ***be occupied with*** (*od.* ***in***) ***doing*** damit beschäftigt sein, *et.* zu tun.

oc·cur [ə'kɜː] *v/i.* **1.** sich ereignen, vorfallen, -kommen, passieren, eintreten; **2.** vorkommen (***in Poe*** bei Poe); **3.** zustoßen, vorkommen, begegnen (***to s.o.*** j-m); **4.** einfallen (***to*** *dat.*): ***it ~red to me that*** es fiel mir ein *od.* es kam mir der Gedanke, daß; **oc·cur·rence** [ə'kʌrəns] *s.* **1.** Vorkommen *n*, Auftreten *n*; **2.** Ereignis *n*, Vorfall *m*, Vorkommnis *n*.

o·cean ['əʊʃn] *s.* **1.** Ozean *m*, Meer *n*: ***~ lane*** Schiffahrtsroute *f*; ***~ liner*** Ozeandampfer *m*; **2.** *fig.* Meer *n*: ***~s of*** F e-e Unmenge von; **~ bill of lad·ing** *s.* † Konnosse'ment *n*, Seefrachtbrief *m*; **'~-ˌgo·ing** *adj.* ⚓ Hochsee…, hochseetüchtig.

o·ce·an·ic [ˌəʊʃɪ'ænɪk] *adj.* oze'anisch, Ozean…, Meer(es)…

o·ce·a·no·graph·ic, **o·ce·a·no·graph·i·cal** [ˌəʊʃɪənəʊ'græfɪk(l)] *adj.* ozeano'graphisch; **o·ce·a·nog·ra·phy** [ˌəʊʃjə'nɒgrəfɪ] *s.* Meereskunde *f*; **o·ce·a·nol·o·gy** [ˌəʊʃjə'nɒlədʒɪ] *s.* Ozeanolo'gie *f*, Meereskunde *f*.

oc·el·lat·ed ['ɒsəleɪtɪd] *adj. zo.* **1.** augenfleckig; **2.** augenähnlich; **o·cel·lus** [əʊ'seləs] *pl.* **-li** [-laɪ] *s. zo.* **1.** Punktauge *n*; **2.** Augenfleck *m*.

o·cher *Am.* → ***ochre***.

och·loc·ra·cy [ɒk'lɒkrəsɪ] *s.* Ochlokra'tie *f*, Pöbelherrschaft *f*.

o·chre ['əʊkə] **I** *s.* **1.** *min.* Ocker *m*: ***blue*** (*od.* ***iron***) ***~*** Eisenocker *m*; ***brown*** (*od.* ***spruce***) ***~*** brauner Eisenocker; **2.** Ockerfarbe *f*, -gelb *n*; **II** *adj.* **3.** ockergelb; **o·chre·ous** ['əʊkrɪəs] *adj.* **1.** Ocker…; **2.** ockerhaltig *od.* -artig *od.* -farbig.

o'clock [ə'klɒk] Uhr (*bei Zeitangaben*): ***four ~*** vier Uhr.

oc·ta·gon ['ɒktəgən] *s.* ⩘ Achteck *n*; **oc·tag·o·nal** [ɒk'tægənl] *adj.* □ **1.** achteckig, -seitig; **2.** Achtkant…

oc·ta·he·dral [ˌɒktə'hedrəl] *adj.* ⩘, *min.* okta'edrisch, achtflächig; **ˌoc·ta'he·dron** [-drən] *pl.* **-drons** *od.* **-dra** [-drə] *s.* Okta'eder *n*.

oc·tal ['ɒktl] *adj.* ⚡ Oktal…

oc·tane ['ɒkteɪn] *s.* ⚗ Ok'tan *n*: ***~ number***, ***~ rating*** Oktanzahl *f*.

oc·tant ['ɒktənt] *s.* ⩘, ⚓ Ok'tant *m*.

oc·tave ['ɒktɪv; *eccl.* 'ɒkteɪv] *s.* ♪, *eccl.*, *phys.* Ok'tave *f*.

oc·ta·vo [ɒk'teɪvəʊ] *pl.* **-vos** *s.* **1.** Ok'tav(forˌmat) *n*; **2.** Ok'tavband *m*.

oc·til·lion [ɒk'tɪljən] *s.* ⩘ *Brit.* Oktilli'on *f*, *Am.* Quadrilli'arde *f*.

Oc·to·ber [ɒk'təʊbə] *s.* Ok'tober *m*: ***in ~*** im Oktober.

oc·to·dec·i·mo [ˌɒktəʊ'desɪməʊ] *pl.* **-mos** *s.* **1.** Okto'dezforˌmat *n*; **2.** Okto'dezband *m*.

oc·to·ge·nar·i·an [ˌɒktəʊdʒɪ'neərɪən] **I** *adj.* achtzigjährig; **II** *s.* Achtzigjährige(r *m*) *f*, Achtziger(in).

oc·to·pod ['ɒktəpɒd] *s. zo.* Okto'pode *m*, Krake *m*.

oc·to·pus ['ɒktəpəs] *pl.* **-pus·es** *od.* **'oc·to·pi** [-paɪ] *s.* **1.** *zo.* Krake *m*: a) 'Seepoˌlyp *m*, b) Okto'pode *m*; **2.** *fig.* Po'lyp *m*.

oc·to·syl·lab·ic [ˌɒktəʊsɪ'læbɪk] **I** *adj.* achtsilbig; **II** *s.* Achtsilb(l)er *m* (*Vers*); **oc·to·syl·la·ble** ['ɒktəʊˌsɪləbl] *s.* **1.** achtsilbiges Wort; **2.** → ***octosyllabic*** II.

oc·u·lar ['ɒkjʊlə] **I** *adj.* □ **1.** Augen… (*-bewegung*, *-zeuge etc.*); **2.** sichtbar (*Beweis*), augenfällig; **II** *s.* **3.** *opt.* Oku'lar *n*; **'oc·u·lar·ly** [-lɪ] *adv.* **1.** augenscheinlich; **2.** durch Augenschein, mit eigenen Augen; **'oc·u·list** [-lɪst] *s.* Augenarzt *m*.

odd [ɒd] **I** *adj.* □ → ***oddly***; **1.** sonderbar, seltsam, merkwürdig, kuri'os: ***an ~ fellow*** (*od.* F ***fish***) ein sonderbarer Kauz; **2.** (*nach Zahlen etc.*) und etliche, und einige *od.* etwas dar'über: ***50 ~*** über 50, einige 50; ***fifty ~ thousand*** zwischen 50000 u. 60000; ***it cost five pounds ~*** es kostete etwas über 5 Pfund; **3.** (*noch*) übrig, 'überzählig, restlich; **4.** ungerade: ***~ and even*** gerade u. ungerade; ***an ~ number*** eine ungerade Zahl; ***~ man out*** Überzählige(r) *m*; ***the ~ man*** der Mann mit der entscheidenden Stimme (*bei Stimmengleichheit*) (→ 6); **5.** a) einzeln (*Schuh etc.*): ***~ pair*** Einzelpaar *n*, b) vereinzelt: ***some ~ volumes*** einige Einzelbände, c) ausgefallen, wenig gefragt (*Kleidergröße*); **6.** gelegentlich, Gelegenheits…: ***~ jobs*** Gelegenheitsarbeiten; ***at ~ moments***, ***at ~ times*** dann und wann, zwischendurch; ***~ man*** Gelegenheitsarbeiter *m*; **II** *s.* **7.** → ***odds***; **'odd·ball** *s. Am.* F → ***oddity*** 2.

odd·i·ty ['ɒdɪtɪ] *s.* **1.** Seltsamkeit *f*, Wunderlichkeit *f*, Eigenartigkeit *f*; **2.** komischer Kauz, Unikum *n*; **3.** seltsame *od.* kuri'ose Sache; **odd·ly** ['ɒdlɪ] *adv.* **1.** → *odd* 1; **2.** *a.* ~ *enough* seltsamerweise; **odd·ments** ['ɒdmənts] *s. pl.* Reste *pl.*, 'Überbleibsel *pl.*; Krimskrams *m*; ✝ Einzelstücke *pl.*; **odd·ness** ['ɒdnɪs] *s.* Seltsamkeit *f*, Sonderbarkeit *f*.

'**odd**ˌ**num·bered** *adj.* ungeradzahlig.

odds [ɒdz] *s. pl. oft sg. konstr.* **1.** Verschiedenheit *f*, 'Unterschied *m*: ***what's the ~?*** F was macht es (schon) aus?; ***it makes no ~*** es macht nichts (aus); **2.** Vorgabe *f* (*im Spiel*): ***give s.o. ~*** j-m et. vorgeben; ***take ~*** sich vorgeben lassen; ***take the ~*** e-e ungleiche Wette eingehen; **3.** (Gewinn)Chancen *pl.*: ***the ~ are 10 to 1*** die Chancen stehen 10 zu 1; ***the ~ are in our favo(u)r*** (*od.* ***on us***) *a. fig.* wir haben die besseren Chancen; ***the ~ are against us*** unsere Chancen stehen schlecht, wir sind im Nachteil, ***against long ~*** mit wenig Aussicht auf Erfolg; ***by long ~*** bei weitem; ***the ~ are that he will come*** es ist sehr wahrscheinlich, daß er kommt; **4.** Uneinigkeit *f*: ***at ~ with*** im Streit mit, uneins mit; ***set at ~*** uneinig machen, gegeneinander aufhetzen; **5.** ***~ and ends*** a) allerlei Kleinigkeiten, Krimskrams *m*, dies u. das, b) Reste, Abfälle; ˌ**~-'on I** *adj.* aussichtsreich (*z.B. Rennpferd*): ***~ certainty*** sichere Sache; ***it's ~ that*** es ist so gut wie sicher, daß; **II** *s.* gute Chance.

ode [əʊd] *s.* Ode *f*.

o·di·ous ['əʊdjəs] *adj.* ☐ **1.** verhaßt, hassenswert, ab'scheulich; **2.** widerlich, ekelhaft; '**o·di·ous·ness** [-nɪs] *s.* **1.** Verhaßtheit *f*, Ab'scheulichkeit *f*; **2.** Widerlichkeit *f*; '**o·di·um** [-jəm] *s.* **1.** Verhaßtheit *f*; **2.** Odium *n*, Vorwurf *m*, Makel *m*; **3.** Haß *m*, Gehässigkeit *f*.

o·dom·e·ter [əʊ'dɒmɪtə] *s.* **1.** Weg(strecken)messer *m*; **2.** Kilo'meterzähler *m*.

o·don·tic [ɒ'dɒntɪk] *adj.* Zahn...: ***~ nerve***; **o·don·tol·o·gy** [ˌɒdɒn'tɒlədʒɪ] *s.* Zahn(heil)kunde *f*, Odontolo'gie *f*.

o·dor(·less) *Am.* → ***odour(less)***.

o·dor·ant ['əʊdərənt] *adj.*, **o·dor·if·er·ous** [ˌəʊdə'rɪfərəs] *adj.* ☐ **1.** wohlriechend, duftend; **2.** *allg.* riechend.

o·dour ['əʊdə] *s.* **1.** Geruch *m*; **2.** Duft *m*, Wohlgeruch *m*; **3.** *fig.* Geruch *m*, Ruf *m*: ***the ~ of sanctity*** der Geruch der Heiligkeit; ***to be in bad ~ with s.o.*** bei j-m in schlechtem Rufe stehen; '**o·dour·less** [-lɪs] *adj.* geruchlos.

Od·ys·sey ['ɒdɪsɪ] *s. lit.* (*fig. oft* ♀) Odys'see *f*.

oe·col·o·gy [iː'kɒlədʒɪ] → ***ecology***.

oec·u·men·i·cal [ˌiːkjʊ'menɪkəl] *etc.* → ***ecumenical*** *etc.*

oe·de·ma [iː'diːmə] *pl.* **-ma·ta** [-mətə] *s.* ⚕ Ö'dem *n*.

oe·di·pal ['iːdɪpl] *adj. psych.* ödi'pal, Ödipus...

Oed·i·pus com·plex ['iːdɪpəs] *s. psych.* 'Ödipuskomˌplex *m*.

oen·o·lo·gy [iː'nɒlədʒɪ] Wein(bau)kunde *f*, Önolo'gie *f*.

o'er ['əʊə] *poet. od. dial. für* ***over***.

oe·so·phag·e·al [iːˌsɒfə'dʒiːəl] *adj. anat.* Speiseröhren..., Schlund...: ***~ orifice*** Magenmund *m*; **oe·soph·a·gus** [iː'sɒfəgəs] *pl.* **-gi** [-gaɪ] *od.* **-gus·es** *s. anat.* Speiseröhre *f*.

of [ɒv, əv] *prp.* **1.** *allg.* von; **2.** *zur Bezeichnung des Genitivs*: ***the tail ~ the dog*** der Schwanz des Hundes; ***the tail ~ a dog*** der Hundeschwanz; **3.** *Ort*: bei: ***the battle ~ Hastings***; **4.** *Entfernung, Trennung, Befreiung*: a) von: ***south ~ (within ten miles ~) London***; ***cure (rid) ~ s.th.***; ***free ~***, b) *gen.*: ***robbed ~ his purse*** s-r Börse beraubt, c) um: ***cheat s.o. ~ s.th.***; **5.** *Herkunft*: von, aus: ***~ good family***; ***Mr. X ~ London***; **6.** *Teil*: von *od. gen.*: ***the best ~ my friends***; ***a friend ~ mine*** ein Freund von mir, e-r m-r Freunde; ***that red nose ~ his*** diese rote Nase, die er hat; **7.** *Eigenschaft*: von, mit: ***a man ~ courage***; ***a man ~ no importance*** ein unbedeutender Mensch; **8.** *Stoff*: aus, von: ***a dress ~ silk*** ein Kleid aus *od.* von Seide, ein Seidenkleid; ***(made) ~ steel*** aus Stahl (hergestellt), stählern, Stahl...; **9.** *Urheberschaft, Art u. Weise*: von: ***the works ~ Byron***; ***it was clever ~ him***; ***~ o.s.*** von selbst, von sich aus; **10.** *Ursache, Grund*: a) von, an (*dat.*): ***die ~ cancer*** an Krebs sterben, b) aus: ***~ charity***, c) vor (*dat.*): ***afraid ~***, d) auf (*acc.*): ***proud ~***, e) über (*acc.*): ***ashamed ~***, f) nach: ***smell ~***; **11.** *Beziehung*: hinsichtlich (*gen.*): ***quick ~ eye*** flinkäugig; ***nimble ~ foot*** leichtfüßig; **12.** *Thema*: a) von, über (*acc.*): ***speak ~ s.th.***, b) an (*acc.*): ***think ~ s.th.***; **13.** *Apposition, im Deutschen nicht ausgedrückt*: a) ***the city ~ London***; ***the University ~ Oxford***; ***the month ~ April***; ***the name ~ Smith***, b) *Maß*: ***two feet ~ snow***; ***a glass ~ wine***; ***a piece ~ meat***; **14.** *Genitivus objectivus*: a) zu: ***the love ~ God***, b) vor (*dat.*): ***the fear ~ God*** die Furcht vor Gott, die Gottesfurcht, c) bei: ***an audience ~ the king;*** **15.** *Zeit*: a) an (*dat.*), in (*dat.*), *mst gen.*: ***~ an evening*** e-s Abends; ***~ late years*** in den letzten Jahren, b) von: ***your letter ~ March 3rd*** Ihr Schreiben vom 3. März, c) *Am.* F vor (*bei Zeitangaben*): ***ten minutes ~ three***.

off [ɒf] **I** *adv.* **1.** *mst in Zssgn mit vb.* fort, weg, da'von: ***be ~*** a) weg *od.* fort sein, b) (weg)gehen, sich davonmachen, (ab)fahren, c) weg müssen; ***be ~!, ~ you go!, ~ with you!*** fort mit dir!, pack dich!, weg!; ***where are you ~ to?*** wo gehst du hin?; **2.** ab(*-brechen, -kühlen, -rutschen, -schneiden etc.*), her'unter(...), los(...): ***the apple is ~*** der Apfel ist ab; ***dash ~*** losrennen; ***have one's shoes*** *etc.* ***~*** s-e *od.* die Schuhe *etc.* ausgezogen haben; ***~ with your hat!*** herunter mit dem Hut!; **3.** entfernt, weg: ***3 miles ~***; **4.** *Zeitpunkt*: von jetzt an, hin: ***Christmas is a week ~*** bis Weihnachten ist es eine Woche; ***~ and on*** a) ab u. zu, hin u. wieder, b) ab u. an, mit (kurzen) Unterbrechungen; **5.** abgezogen, ab(züglich); **6.** a) aus(geschaltet), abgeschaltet, -gestellt (*Maschine, Radio etc.*), (ab)gesperrt (*Gas etc.*), zu (*Hahn etc.*), b) *fig.* aus, vor'bei, abgebrochen; gelöst (*Verlobung*): ***the bet is ~*** die Wette gilt nicht mehr; ***the whole thing is ~*** die ganze Sache ist abgeblasen *od.* ins Wasser gefallen; **7.** aus(gegangen), verkauft, nicht mehr vorrätig; **8.** frei (*von Arbeit*): ***take a day ~*** sich e-n Tag freinehmen; **9.** ganz, zu Ende: ***drink ~*** (ganz) austrinken; ***kill ~*** ausrotten; ***sell ~*** ausverkaufen; **10.** ✝ flau: ***the market is ~***; **11.** nicht frisch, (leicht) verdorben (*Nahrungsmittel*); **12.** *sport* außer Form; **13.** ⚓ vom Land *etc.* ab; **14.** ***well (badly) ~*** gut (schlecht) d(a)ran *od.* gestellt *od.* situiert; ***how are you ~ for ...?*** wie bist du dran mit ...?; **II** *prp.* **15.** von ... (weg, ab, her'unter): ***climb ~ the horse*** vom Pferd (herunter)steigen; ***eat ~ a plate*** von e-m Teller essen; ***take 3 percent ~ the price*** 3 Prozent vom Preis abziehen; ***be ~ a drug*** *sl.* von e-r Droge ‚heruntersein'; **16.** abseits von *od. gen.*, von ... ab: ***~ the street***; ***a street ~ Piccadilly*** e-e Seitenstraße von Piccadilly; ***~ one's balance*** aus dem Gleichgewicht; ***~ form*** außer Form; **17.** frei von: ***~ duty*** dienstfrei; **18.** ⚓ auf der Höhe von *Trafalgar etc.*, vor *der Küste*; **III** *adj.* **19.** (weiter) entfernt; **20.** Seiten..., Neben...: ***~ street***; **21.** recht (*von Tieren, Fuhrwerken etc.*): ***the ~ horse*** das rechte Pferd, das Handpferd; **22.** *Kricket*: abseitig (*rechts vom Schlagmann*); **23.** ab(-), los(gegangen); **24.** (arbeits-, dienst)frei: ***an ~ day***; → **25.** (*verhältnismäßig*) schlecht: ***an ~ day*** ein schlechter Tag (*an dem alles mißlingt etc.*); ***an ~ year for fruit*** ein schlechtes Obstjahr; **26.** ✝ a) flau, still, tot (*Saison*), b) von schlechter Quali'tät: ***~ shade*** Fehlfarbe *f*; **27.** ‚ab', unwohl, nicht auf dem Damm: ***I am feeling rather ~ today***; **28.** ***on the ~ chance*** auf gut Glück: ***I went there on the ~ chance of seeing him*** ich ging in der vagen Hoffnung hin, ihn zu sehen; **IV** *int.* **29.** weg!, fort!, raus!: ***hands ~!*** Hände weg!; **30.** her'unter!, ab!

of·fal ['ɒfl] *s.* **1.** Abfall *m*; **2.** *sg. od. pl. konstr.* Fleischabfall *m*, Inne'reien *pl.*; **3.** billige *od.* minderwertige Fische *pl.*; **4.** *fig.* Schund *m*, Ausschuß *m*.

ˌ**off**|'**beat** *adj.* F ausgefallen, extrava'gant (*Geschmack, Kleidung etc.*); '**~·cast I** *adj.* verworfen, abgetan; **II** *s.* abgetane Per'son *od.* Sache; ˌ**~-'cen·ter** *Am.*, ˌ**~-'cen·tre** *Brit. adj.* verrutscht; ⚙ außermittig, ex'zentrisch (*a. fig.*); ˌ**~-'col·o(u)r** *adj.* **1.** a) farblich abweichend, b) nicht lupenrein: ***~ jewel***; **2.** *fig.* nicht (ganz) in Ordnung; unpäßlich; **3.** zweideutig, schlüpfrig: ***~ jokes***; ˌ**~-'du·ty** *adj.* dienstfrei.

of·fence [ə'fens] *s.* **1.** *allg.* Vergehen *n*, Verstoß *m* (***against*** gegen); **2.** ⚖ a) *a.* ***criminal ~*** Straftat *f*, strafbare Handlung, De'likt *n*, b) *a.* ***lesser*** *od.* ***minor ~*** Über'tretung *f*; **3.** Anstoß *m*, Ärgernis *n*, Beleidigung *f*, Kränkung *f*: ***give ~*** Anstoß *od.* Ärgernis erregen (***to*** bei); ***take ~ (at)*** Anstoß nehmen (an *dat.*), beleidigt *od.* gekränkt sein (durch, über *acc.*), (*et.*) übelnehmen; ***no ~ (meant)!*** nichts für ungut!; **4.** Angriff *m*: ***arms of ~*** Angriffswaffen *pl.*; **of'fence·less** [-lɪs] *adj.* harmlos.

of·fend [ə'fend] **I** *v/t.* **1.** *j-n, j-s Gefühle etc.* verletzen, beleidigen, kränken: ***it ~s the eye*** es beleidigt das Auge; ***be ~ed at*** (*od.* ***by***) ***s.th.*** sich durch et. beleidigt fühlen; ***be ~ed with*** (*od.* ***by***) ***s.o.*** sich durch j-n beleidigt fühlen; **II**

v/i. **2.** Anstoß erregen; **3.** (***against***) verstoßen (gegen), sündigen, sich vergehen (an *dat.*); **of'fend·ed·ly** [-dɪdlɪ] *adv.* beleidigt; **of'fend·er** [-də] *s.* Übel-, Missetäter(in); ⚖ Straffällige(r *m*) *f*: ***first ~*** ⚖ nicht Vorbestrafte(r *m*) *f*, Ersttäter(in); ***second ~*** Rückfällige(r *m*) *f*; **of'fend·ing** [-dɪŋ] *adj.* **1.** verletzend, beleidigend; **2.** anstößig.

of·fense(·less) *Am.* → ***offence(less)***.

of·fen·sive [ə'fensɪv] **I** *adj.* □ **1.** beleidigend, anstößig, anstoß- *od.* ärgerniserregend; **2.** 'widerwärtig, ekelhaft, übel: ***~ smell***; **3.** angreifend, offen'siv: ***~ war*** Angriffs-, Offensivkrieg *m*; ***~ weapon*** Angriffswaffe *f*; **II** *s.* **4.** Offen'sive *f*, Angriff *m*: ***take the ~*** die Offensive ergreifen, zum Angriff übergehen; **of'fen·sive·ness** [-nɪs] *s.* **1.** *das* Beleidigende, Anstößigkeit *f*; **2.** 'Widerlichkeit *f*.

of·fer ['ɒfə] **I** *v/t.* **1.** *Geschenk*, *Ware etc.*, *a. Schlacht* anbieten; ✝ *a.* offerieren; *Preis*, *Summe* bieten: ***~ s.o. a cigarette***; ***~ one's hand*** (***to***) *j-m* die Hand bieten *od.* reichen; ***~ for sale*** zum Verkauf anbieten; **2.** *Ansicht*, *Entschuldigung etc.* vorbringen, äußern; **3.** *Anblick*, *Schwierigkeit etc.* bieten: ***no opportunity ~ed itself*** es bot sich keine Gelegenheit; **4.** sich bereit erklären zu, sich (an)erbieten zu; **5.** Anstalten machen zu, sich anschicken zu; **6.** *fig. Beleidigung* zufügen; *Widerstand* leisten; *Gewalt* antun (***to*** *dat.*); **7.** *a.* ***~ up*** opfern, *Opfer*, *Gebet*, *Geschenk* darbringen (***to*** *dat.*); **II** *v/i.* **8.** sich bieten, auftauchen: ***no opportunity ~ed*** es bot sich keine Gelegenheit; **III** *s.* **9.** *allg.* Angebot *n*, Anerbieten *n*; **10.** ✝ (An-) Gebot *n*, Of'ferte *f*, Antrag *m*: ***on ~*** zu verkaufen, verkäuflich; **11.** Vorbringen *n* (*e-s Vorschlags*, *e-r Meinung etc.*); **of·fer·ing** ['ɒfərɪŋ] *s.* **1.** *eccl.* Opfer *n*; **2.** *eccl.* Spende *f*; **3.** Angebot *n* (*Am. a.* ✝ *Börse*).

of·fer·to·ry ['ɒfətərɪ] *s. eccl.* **1.** *mst* ♀ Offer'torium *n*; **2.** Kol'lekte *f*, Geldsammlung *f*; **3.** Opfer(geld) *n*.

ˌoff|-'face *adj.* stirnfrei (*Damenhut*); **'~-fla·vo(u)r** *s.* (unerwünschter) Beigeschmack; **ˌ~'grade** *adj.* ✝ von geringerer Quali'tät: ***~ iron*** Ausfalleisen *n*.

off|·hand [ˌɒf'hænd] **I** *adv.* **1.** aus dem Stegreif *od.* Kopf, (so) ohne weiteres *sagen können etc.*; **II** *adj.* **2.** unvorbereitet, improvisiert, Stegreif...: ***an ~ speech***; **3.** lässig (*Art etc.*), 'hingeworfen (*Bemerkung*); **4.** kurz (angebunden); **ˌ~'hand·ed** [-dɪd] → ***offhand*** II; **ˌ~'hand·ed·ness** [-dɪdnɪs] *s.* Lässigkeit *f*.

of·fice ['ɒfɪs] *s.* **1.** Bü'ro *n*, Kanz'lei *f*, Kon'tor *n*; Geschäftsstelle *f* (*a.* ⚖ *des Gerichts*), Amt *n*; Geschäfts-, Amtszimmer *n od.* -gebäude *n*; **2.** Behörde *f*, Amt *n*, (Dienst)Stelle *f*; *mst* ♀ *bsd. Brit.* Mini'sterium *n*, (Ministeri'al)Amt *n*: ***Foreign*** ♀; **3.** Zweigstelle *f*, Fili'ale *f*; **4.** (*bsd.* öffentliches, staatliches) Amt, Posten *m*, Stellung *f*: ***take ~***, ***enter upon an ~*** ein Amt antreten; ***be in ~*** im Amt *od.* an der Macht sein; ***hold an ~*** ein Amt bekleiden *od.* innehaben; ***resign one's ~*** zurücktreten, sein Amt niederlegen; **5.** Funkti'on *f*, Aufgabe *f*, Pflicht *f*: ***it is my ~ to advise him***; **6.** Dienst(leistung *f*) *m*, Gefälligkeit *f*: ***good ~s*** *pol.* gute Dienste; ***do s.o. a good ~*** j-m e-n guten Dienst erweisen; ***through the good ~s of*** durch die freundliche Vermittlung von; **7.** *eccl.* Gottesdienst *m*: ♀ ***for the Dead*** Totenamt *n*; ***perform the last ~s to*** *e-n Toten* aussegnen; ***divine ~*** das Brevier; **8.** *pl. bsd. Brit.* Wirtschaftsteil *m*, -raum *m od.* -räume *pl. od.* -gebäude *n od. pl.*; **9.** *sl.* Wink *m*, Tip *m*.

of·fice| **ac·tion** *s.* (Prüfungs)Bescheid *m des Patentamts*; **'~-ˌbear·er** *s.* Amtsinhaber(in); **~ block** *s.* Bü'rogebäude *n*; **~ boy** *s.* Laufbursche *m*, Bü'rogehilfe *m*; **~ clerk** *s.* Konto'rist(in), Bü'roangestellte(r *m*) *f*; **~ girl** *s.* Bü'rogehilfin *f*; **'~ˌhold·er** *s.* Amtsinhaber(in), (Staats)Beamte(r) *m*, (Staats)Beamtin *f*; **~ hours** *s. pl.* Dienststunden *pl.*, Geschäftszeit *f*; **'~-ˌhunt·er** *s.* Postenjäger(in).

of·fi·cer ['ɒfɪsə] **I** *s.* **1.** ⚔, ⚓ Offi'zier *m*: ***~ of the day*** Offizier vom Tagesdienst; ***commanding ~*** Kommandeur *m*, Einheitsführer *m*; ***~ cadet*** Fähnrich *m*; ***~ candidate*** Offiziersanwärter *m*; ♀***s' Training Corps*** *Brit.* Offiziersausbildungskorps *n*; **2.** a) Poli'zist *m*, Poli'zeibeamte(r) *m*, b) Herr Wachtmeister (*Anrede*); **3.** Beamte(r) *m* (*a.* ✝ *etc.*), Beamtin *f*, Amtsträger(in): ***medical ~*** Amtsarzt *m*; ***public ~*** Beamte(r) im öffentlichen Dienst; **4.** Vorstandsmitglied *n*; **II** *v/t.* **5.** ⚔ a) mit Offizieren versehen, b) *e-e Einheit* als Offizier befehligen (*mst pass.*): ***be ~ed by*** befehligt werden von; **6.** *fig.* leiten, führen.

of·fice| **seek·er** *s. bsd. Am.* **1.** Stellungssuchende(r *m*) *f*; **2.** *b.s.* Postenjäger(in); **~ staff** *s.* Bü'roperso'nal *n*; **~ sup·plies** *s. pl.* Bü'romateriˌal *n*, -bedarf *m*.

of·fi·cial [ə'fɪʃl] **I** *adj.* □ **1.** offizi'ell, amtlich, dienstlich, behördlich: ***~ act*** Amtshandlung *f*; ***~ business*** ☎ Dienstsache *f*; ***~ call*** *teleph.* Dienstgespräch *n*; ***~ duties*** Amtspflichten; ***~ language*** Amtssprache *f*; ***~ oath*** Amtseid *m*; ***~ residence*** Amtssitz *m*; ***~ secret*** Amts-, Dienstgeheimnis *n*; ***through ~ channels*** auf dem Dienst- *od.* Instanzenweg; ***~ trip*** Dienstreise *f*; **2.** offiziell, amtlich (bestätigt *od.* autorisiert): ***an ~ report***; **3.** offizi'ell, for'mell: ***an ~ dinner***; **4.** ⚕ offizi'nell; **II** *s.* **5.** Beamte(r) *m*, Beamtin *f*; Funktio'när(in); **of'fi·cial·dom** [-dəm] *s.* → ***officialism*** 2 *u.* 3; **of·fi·cial·ese** [əˌfɪʃə'li:z] *s.* Behördensprache *f*, Amtsstil *m*; **of'fi·cial·ism** [-ʃəlɪzəm] *s.* **1.** Amtsme'thoden *pl.*; **2.** Bürokra'tie *f*, Amtsschimmel *m*; **3.** *coll. das* Beamtentum, *die* Beamten *pl.*

of·fi·ci·ate [ə'fɪʃɪeɪt] *v/i.* **1.** amtieren, fungieren (***as*** als); **2.** den Gottesdienst leiten: ***~ at the wedding*** die Trauung vornehmen.

of·fic·i·nal [ˌɒfɪ'saɪnl] **I** *adj.* ⚕ a) offizi'nell, als Arz'nei anerkannt, b) Arznei...: ***~ plants*** Heilkräuter *pl.*; **II** *s.* offizinelle Arznei.

of·fi·cious [ə'fɪʃəs] *adj.* □ **1.** aufdringlich, über'trieben diensteifrig, 'übereifrig; **2.** offizi'ös, halbamtlich; **of'fi·cious·ness** [-nɪs] *s.* Zudringlichkeit *f*, (aufdringlicher) Diensteifer.

of·fing ['ɒfɪŋ] *s.* ⚓ offene See, Seeraum *m*: ***in the ~*** a) auf offener See, b) *fig.* in (Aus)Sicht: ***be in the ~*** *a.* sich abzeichnen.

off·ish ['ɒfɪʃ] *adj.* F reserviert, unnahbar, kühl, steif.

'off|-key *adj. u. adv.* ♪ falsch; **'~-ˌli·cence** *s. Brit.* 'Schankkonzessiˌon *f* über die Straße; **'off(-)line** *adj. Computer*: off-line; **ˌ~'load** *v/t. fig.* abladen (***on s.o.*** auf j-n); **ˌ~-'peak** **I** *adj.* abfallend, unter der Spitze liegend: ***~ charges*** *pl.* verbilligter Tarif; ***~ hours*** verkehrsschwache Stunden; ***~ tariff*** Nacht(strom)tarif *m*; **II** *s.* ⚡ Belastungstal *n*; **~ po·si·tion** *s.* ⚙ Ausschalt-, Nullstellung *f*; **'~-print** **I** *s.* Sonder(ab)druck *m* (***from*** aus); **II** *v/t.* als Sonder(ab)druck herstellen; **'~-ˌput·ting** *adj.* F störend, unangenehm; **'~ˌscour·ings** *s. pl.* **1.** Kehricht *m*, Schmutz *m*; **2.** Abschaum *m* (*bsd. fig.*): ***the ~s of humanity***; **'~-scum** *s. fig.* Abschaum *m*, Auswurf *m*; **~ sea·son** *s.* 'Nebensaiˌson *f*, stille Sai'son.

off·set ['ɒfset] **I** *s.* **1.** Ausgleich *m*, Kompensati'on *f*; ✝ Verrechnung *f*: ***~ account*** Verrechnungskonto *n*; **2.** ✿ a) Ableger *m*, b) kurzer Ausläufer; **3.** Neben-, Seitenlinie *f* (*e-s Stammbaums etc.*); **4.** Abzweigung *f*; Ausläufer *m* (*bsd. e-s Gebirges*); **5.** *typ.* a) Offsetdruck *m*, b) Abziehen *n*, Abliegen *n* (*bsd. noch feuchten Druckes*), c) Abzug *m*, Pa'trize *f* (*Lithographie*); **6.** ⚙ a) Kröpfung *f*; Biegung *f e-s Rohrs*, b) ⚒ kurze Sohle, c) ⚡ (Ab)Zweigleitung *f*; **7.** *surv.* Ordi'nate *f*; **8.** △ Absatz *m e-r Mauer etc.*; **II** *v/t.* [*irr.* → ***set***] **9.** ausgleichen, aufwiegen, wettmachen: ***the gains ~ the losses***; **10.** ✝ *Am.* aufrechnen, ausgleichen; **11.** ⚙ kröpfen; **12.** △ *Mauer etc.* absetzen; **13.** *typ.* im Offsetverfahren drucken; **~ bulb** *s.* ✿ Brutzwiebel *f*; **~ sheet** *s. typ.* 'Durchschußbogen *m*.

'off|·shoot *s.* **1.** ✿ Sprößling *m*, Ausläufer *m*, Ableger *m*; **2.** Abzweigung *f*; **3.** *fig.* Seitenlinie *f* (*e-s Stammbaums etc.*); **'~·shore** **I** *adv.* **1.** von der Küste ab *od.* her; **2.** in einiger Entfernung von der Küste; **II** *adj.* **3.** küstennah: ***~ drilling*** Off-shore-Bohrung *f*; **4.** ablandig (*Wind*, *Strömung*); **5.** Auslands...: ***~ order*** *Am.* Off-shore-Auftrag *m*; **ˌ~-'side** *adj. u. adv. sport* abseits; **'~-side** **I** *s.* **1.** *sport* Abseits(stellung *f*) *n*; **2.** *mot.* Fahrerseite *f*; **II** *adj. u. adv.* abseits: ***be ~*** im Abseits stehen; ***~ trap*** Abseitsfalle *f*; **'~-size** *s.* ⚙ Maßabweichung *f*; **'~-spring** *s.* **1.** Nachkommen(schaft *f*) *pl.*; **2.** (*pl.* ***offspring***) Nachkomme *m*, Abkömmling *m*; **3.** *fig.* Frucht *f*, Ergebnis *n*; **ˌ~'stage** *adj.* hinter der Bühne, hinter den Ku'lissen (*a. fig.*); **'~-take** *s.* **1.** ✝ Abzug *m*; Einkauf *m*; **2.** ⚙ Abzug(srohr *n*) *m*; **ˌ~-the-'cuff** *adj. fig.* aus dem Handgelenk *od.* Stegreif; **ˌ~-the-'peg** *adj.* von der Stange, Konfektions...; **ˌ~-the-'rec·ord** *adj.* nicht für die Öffentlichkeit bestimmt, 'inoffiziˌell; **ˌ~-the-'shelf** *adj.* ✝, ⚙ Standard...: ***~ accessories***; **ˌ~-'white** *adj.* gebrochen weiß.

oft [ɒft] *adv. obs.*, *poet. u. in Zssgn* oft: ***~-told*** oft erzählt.

of·ten ['ɒfn] *adv.* oft(mals), häufig: ***as ~***

as not, ever so ~ sehr oft; ***more ~ than not*** meistens.

o·gee ['əʊdʒiː] *s.* **1.** S-Kurve *f*, S-förmige Linie; **2.** ⚠ a) Kar'nies *n*, Rinnleiste *f*, b) *a.* ***~ arch*** Eselsrücken *m* (*Bogenform*).

o·give ['əʊdʒaɪv] *s.* **1.** ⚠ a) Gratrippe *f e-s Gewölbes*, b) Spitzbogen *m*; **2.** ⚔ Geschoßspitze *f*; **3.** *Statistik*: Häufigkeitsverteilungskurve *f*.

o·gle ['əʊgl] **I** *v/t.* liebäugeln mit; **II** *v/i.* (***with***) liebäugeln (mit, *a. fig.*), ‚Augen machen' (*dat.*); **III** *s.* verliebter *od.* liebäugelnder Blick; **'o·gler** [-lə] *s.* Liebäugelnde(r *m*) *f*.

o·gre ['əʊgə] *s.* **1.** (menschenfressendes) Ungeheuer, *bsd.* Riese *m* (*im Märchen*); **2.** *fig.* Scheusal *n*, Ungeheuer *n* (*Mensch*); **o·gress** ['əʊgrɪs] *s.* Menschenfresserin *f*, Riesin *f* (*im Märchen*).

oh [əʊ] *int.* oh!; ach!

ohm [əʊm], **ohm·ad** ['əʊmæd] *s.* ⚡ Ohm *n*: ***2's Law*** Ohmsches Gesetz; **ohm·age** ['əʊmɪdʒ] *s.* Ohmzahl *f*; **ohm·ic** ['əʊmɪk] *adj.* Ohmsch: ***~ resistance***; **ohm·me·ter** ['əʊmˌmiːtə] *s.* ⚡ Ohmmeter *n*.

oil [ɔɪl] **I** *s.* **1.** Öl *n*: ***pour ~ on the flames*** *fig.* Öl ins Feuer gießen; ***pour ~ on troubled waters*** *fig.* die Gemüter beruhigen; ***smell of ~*** *fig.* mehr Fleiß als Geist *od.* Talent verraten; **2.** (Erd-)Öl *n*, Pe'troleum *n*: ***to strike ~*** a) Erdöl finden, auf Öl stoßen, fündig werden (*a. fig.*), b) *fig.* Glück *od.* Erfolg haben; **3.** *mst pl.* Ölfarbe *f*: ***paint in ~s*** in Öl malen; **4.** *mst pl.* F Ölgemälde *n*; **5.** *pl.* Ölzeug *n*, -haut *f*; **II** *v/t.* **6.** ⚙ (ein-)ölen, einfetten, schmieren; → ***palm***[1] 1; **'~ˌbear·ing** *adj. geol.* ölhaltig, -führend; **'~·berg** [-bɜːg] *s.* ⚓ Riesentanker *m*; **~ box** *s.* ⚙ Schmierbüchse *f*; **'~-brake** *s. mot.* Öldruckbremse *f*; **~ burn·er** *s.* ⚙ Ölbrenner *m*; **'~·cake** *s.* Ölkuchen *m*; **'~·can** *s.* 'ÖlkaˌNister *m*, -kännchen *n*; **~ change** *s. mot.* Ölwechsel *m*; **'~·cloth** *s.* **1.** Wachstuch *n*; **2.** → ***oilskin***; **~ col·o(u)r** *s. mst pl.* Ölfarbe *f*; **~ cri·sis** *s.* [*irr.*] ⚜ Ölkrise *f*; **'~·cup** *s.* ⚙ Öler *m*, Schmierbüchse *f*.

oiled [ɔɪld] *adj.* **1.** (ein)geölt; **2.** *bsd.* ***well ~*** *sl.* ‚blau', besoffen.

oil·er ['ɔɪlə] *s.* **1.** ⚓, ⚙ Öler *m*, Schmierer *m* (*Person u. Gerät*); **2.** ⚙ Öl-, Schmierkanne *f*; **3.** *Am.* F → ***oilskin*** 2; **4.** *Am.* Ölquelle *f*; **5.** ⚓ Öltanker *m*.

'oil|·field *s.* Ölfeld *n*; **'~ˌfired** *adj.* mit Ölfeuerung, ölbeheizt: ***~ central heating*** Ölzentralheizung *f*; **~ fu·el** *s.* **1.** Heizöl *n*; **2.** Öltreibstoff *m*; **~ gas** *s.* Ölgas *n*; **'~-ga(u)ge** *s.* ⚙ Ölstandsanzeiger *m*; **~ glut** *s.* Ölschwemme *f*.

oil·i·ness ['ɔɪlɪnɪs] *s.* **1.** ölige Beschaffenheit, Fettigkeit *f*, Schmierfähigkeit *f*; **2.** *fig.* Glattheit *f*, aalglattes Wesen; **3.** *fig.* Öligkeit *f*, salbungsvolles Wesen.

oil| lev·el *s. mot.* Ölstand *m*; **~ paint** *s.* Ölfarbe *f*; **~ paint·ing** *s.* **1.** 'ÖlmaleˌRei *f*; **2.** Ölgemälde *n*; **3.** ⚙ Ölanstrich *m*; **~ pan** *s. mot.* Ölwanne *f*; **'~-proˌduc·ing coun·try** *s.* Ölförderland *n*; **~ rig** *s.* Bohrinsel *f*; **~ seal** *s.* ⚙ **1.** Öldichtung *f*; **2.** *a.* ***~ ring*** Simmerring *m*; **'~·skin** *s.* **1.** Ölleinwand *f*; **2.** *pl.* Ölzeug *n*, -kleidung *f*; **~ slick** *s.* **1.** ⚙ Ölschlick *m*; **2.** Ölteppich *m* (*auf dem Meer etc.*); **~ stove** *s.* Ölofen *m*; **~ sump** *s.* ⚙ Ölwanne *f*; **~ switch** *s.* ⚙ Ölschalter *m*; **~ var·nish** *s.* Öllack *m*; **~ well** *s.* Ölquelle *f*.

oil·y ['ɔɪlɪ] *adj.* □ **1.** ölig, ölhaltig, Öl…; **2.** fettig, schmierig; **3.** *fig.* glatt(züngig), aalglatt, schmeichlerisch; **4.** *fig.* ölig, salbungsvoll.

oint·ment ['ɔɪntmənt] *s.* ⚕ Salbe *f*; → ***fly***[2] 1.

O.K., **OK**, **o·kay** [ˌəʊ'keɪ] F **I** *adj. u. int.* richtig, gut, in Ordnung, genehmigt; **II** *v/t.* genehmigen, gutheißen, *e-r Sache* zustimmen; **III** *s.* Zustimmung *f*, Genehmigung *f*.

old [əʊld] **I** *adj.* **1.** alt, betagt: ***grow ~*** alt werden, altern; **2.** *zehn Jahre etc.* alt: ***ten years ~***; **3.** alt('hergebracht): ***~ tradition***; ***as ~ as the hills*** uralt; **4.** alt, vergangen, früher: ***the ~ masters*** *paint. etc.* die alten Meister; → ***old boy***; **5.** alt(bekannt, -bewährt): ***an ~ friend***; **6.** alt, abgenutzt; (ab)getragen (*Kleider*): ***that is ~ hat*** das ist ein alter Hut; **7.** alt(modisch), verkalkt; **8.** alt, erfahren, gewitz(ig)t: ***~ offender*** alter Sünder; → ***hand*** 6; **9.** F (*guter*) alter, lieber: ***~ chap*** *od.* ***man*** ‚altes Haus'; ***nice ~ boy*** netter alter ‚Knabe'; ***the ~ man*** der ‚Alte' (*Chef*); ***my ~ man*** mein ‚Alter' (*Vater*); ***my ~ woman*** meine ‚Alte' (*Ehefrau*); **10.** *sl.* toll: ***have a fine ~ time*** sich toll amüsieren; ***any ~ thing*** irgend (et)was, egal was; ***any ~ time*** egal wann; **II** *s.* **11.** ***the ~*** die Alten *pl*; **12.** ***of ~***, ***in times of ~*** ehedem, vor alters; ***from of ~*** seit alters; ***times of ~*** alte Zeiten; ***a friend of ~*** ein alter Freund.

old| age *s.* (hohes) Alter, Greisenalter *n*: ***~ annuity***, ***~ pension*** (Alters)Rente *f*, Ruhegeld *n*; ***~ insurance*** Altersversicherung *f*; ***~ pensioner*** (Alters)Rentner(in), Ruhegeldempfänger(in); **~ boy** *s. Brit.* ehemaliger Schüler, Ehemalige(r) *m*; **~·clothes·man** [ˌəʊld'kləʊðzmæn] *s.* [*irr.*] Trödler *m*.

old·en ['əʊldən] *adj. Brit. obs. od. poet.* alt: ***in ~ times***.

Old| Eng·lish *s. ling.* Altenglisch *n*; **ˌ2-es'tab·lished** *adj.* alteingesessen (*Firma etc.*), alt (*Brauch etc.*); **ˌ2-'fash·ioned** *adj.* **1.** altmodisch: ***an ~ butler*** ein Butler der alten Schule; **2.** altklug (*Kind*); **ˌ2-'fo·g(e)y·ish** *adj.* altmodisch, verknöchert, verkalkt; **2 girl** *s.* **1.** *Brit.* ehemalige Schülerin; **2.** F ‚altes Mädchen'; **~ Glo·ry** *s.* Sternenbanner *n* (*Flagge der USA*); **~ Guard** *s. pol.* ‚alte Garde': a) *Am. der ultrakonservative Flügel der Republikaner*, b) *allg. jede streng konservative Gruppe*.

old·ie ['əʊldɪ] *s.* F **1.** Oldie *m* (*alter Schlager*); **2.** alter Witz.

old·ish ['əʊldɪʃ] *adj.* ältlich.

ˌold|-'line *adj.* **1.** konserva'tiv; **2.** traditio'nell; **3.** e-r alten Linie entstammend; **ˌ~-'maid·ish** *adj.* alt'jüngferlich.

old·ster ['əʊldstə] *s.* F ‚alter Knabe'.

old| style *s.* **1.** alte Zeitrechnung (*nach dem Julianischen Kalender*); **2.** *typ.* Mediä'val(schrift) *f*; **'~-time** *adj.* aus alter Zeit, alt; **ˌ~-'tim·er** *s.* F **1.** Oldtimer *m*: a) altmodische Sache, *z. B.* altes Auto, b) ‚alter Hase', ‚Vete'ran' *m*; **2.** → ***oldster***; **~ wives' tale** *s.* Ammenmärchen *n*; **ˌ~-'wom·an·ish** *adj.* alt'weiberhaft; **ˌ~-'world** *adj.* **1.** altertümlich, anheimelnd; **2.** alt, an'tik: ***~ furniture***; **3.** altmodisch.

o·le·ag·i·nous [ˌəʊlɪ'ædʒɪnəs] *adj.* ölig (*a. fig.*), ölhaltig, Öl…

o·le·ate ['əʊlɪeɪt] *s.* ⚗ ölsaures Salz: ***~ of potash*** ölsaures Kali.

o·le·fi·ant ['əʊlɪfaɪənt] *adj.* ⚗ ölbildend: ***~ gas***.

o·le·if·er·ous [ˌəʊlɪ'ɪfərəs] *adj.* ⚘ ölhaltig.

o·le·in ['əʊlɪɪn] *s.* ⚗ **1.** Ole'in *n*; **2.** (handelsübliche) Ölsäure.

o·le·o·graph ['əʊlɪəʊgrɑːf] *s.* Öldruck *m* (*Bild*); **o·le·og·ra·phy** [ˌəʊlɪ'ɒgrəfɪ] *s.* Öldruck(verfahren *n*) *m*.

o·le·o·mar·ga·rine ['əʊlɪəʊˌmɑːdʒə'riːn] *s.* Marga'rine *f*.

O lev·el *s. Brit. ped.* (*etwa*) mittlere Reife.

ol·fac·tion [ɒl'fækʃn] *s.* Geruchssinn *m*; **ol·fac·to·ry** [ɒl'fæktərɪ] *adj.* Geruchs…: ***~ nerves***.

ol·i·garch ['ɒlɪgɑːk] *s.* Olig'arch *m*; **'ol·i·garch·y** [-kɪ] *s.* Oligar'chie *f*.

o·li·o ['əʊlɪəʊ] *pl.* **-os** *s.* **1.** Ra'gout *n* (*a. fig.*); **2.** ♪ Potpourri *n*.

ol·ive ['ɒlɪv] **I** *s.* **1.** *a.* ***~-tree*** O'live *f*, Ölbaum *m*: ***Mount of 2s*** *bibl.* Ölberg; **2.** O'live *f* (*Frucht*); **3.** Ölzweig *m*; **4.** *a.* ***~-green*** O'livgrün *n*; **II** *adj.* **5.** o'livenartig, Oliven…; **6.** o'livgrau, -grün; **'~-branch** *s.* Ölzweig *m* (*a. fig.*): ***hold out the ~*** s-n Friedenswillen zeigen; **~ drab** *s.* **1.** O'livgrün *n*; **2.** *Am.* o'livgrünes Uni'formtuch; **ˌ~-'drab** *adj.* o'livgrün; **~ oil** *s.* O'livenöl *n*.

ol·la po·dri·da [ˌɒləpɒ'driːdə] → ***olio*** 1.

ol·o·gy ['ɒlədʒɪ] *s. humor.* Wissenschaft(szweig *m*) *f*.

O·lym·pi·ad [əʊ'lɪmpɪæd] *s. allg.* Olympi'ade *f*; **O'lym·pi·an** [-ɪən] *adj.* o'lympisch; **O'lym·pic** [-ɪk] **I** *adj.* o'lympisch: ***~ games*** → **II** *s. pl.* O'lympische Spiele *pl*.

om·buds·man ['ɒmbʊdzmən] *s.* [*irr.*] **1.** *pol.* Ombudsmann *m* (*Beauftragter für Beschwerden von Staatsbürgern*); **2.** Beschwerdestelle *f*, Schiedsrichter *m*.

om·e·let(te) ['ɒmlɪt] *s.* Ome'lett *n*: ***you cannot make an ~ without breaking eggs*** *fig.* wo gehobelt wird, (da) fallen Späne.

o·men ['əʊmen] **I** *s.* Omen *n*, (*bsd.* schlechtes) Vorzeichen (***for*** für): ***a good*** (***bad***, ***ill***) ***~***; **II** *v/i. u. v/t.* deuten (auf *acc.*), ahnen (lassen), prophe'zeien, (ver)künden.

o·men·tum [əʊ'mentəm] *pl.* **-ta** [-tə] *s. anat.* (Darm)Netz *n*.

om·i·nous ['ɒmɪnəs] *adj.* □ unheil-, verhängnisvoll, omi'nös, drohend.

o·mis·si·ble [əʊ'mɪsɪbl] *adj.* auslaßbar; **o·mis·sion** [ə'mɪʃn] *s.* **1.** Aus-, Weglassung *f* (***from*** aus); **2.** Unter'lassung *f*, Versäumnis *n*, Über'gehung *f*: ***sin of ~*** Unterlassungssünde *f*; **o·mit** [ə'mɪt] *v/t.* **1.** aus-, weglassen (***from*** aus *od.* von); über'gehen; **2.** unter'lassen, (es) versäumen (***doing***, ***to do*** *et.* zu tun).

om·ni·bus ['ɒmnɪbəs] **I** *s.* **1.** Omnibus *m*, (Auto)Bus *m*; **2.** Sammelband *m*, Antholo'gie *f*; **II** *adj.* **3.** Sammel… (*-konto*, *-klausel etc.*); **~ bar** *s.* ⚡ Sammelschiene *f*; **~ bill** *s. parl.* (Vorlage *f* zu e-m) Mantelgesetz *n*.

om·ni·di·rec·tion·al [ˌɒmnɪdɪ'rekʃənl] *s.*

ϟ Rundstrahl...(*-antenne*), Allrichtungs...(*-mikrofon*).
om·ni·far·i·ous [ˌɒmnɪˈfeərɪəs] *adj.* von aller(lei) Art, vielseitig.
om·nip·o·tence [ˌɒmˈnɪpətəns] *s.* Allmacht *f*; **omˈnip·o·tent** [-nt] *adj.* □ allˈmächtig.
om·ni·pres·ence [ˌɒmnɪˈprezns] *s.* Allˈgegenwart *f*; ˌ**om·niˈpres·ent** [-nt] *adj.* allˈgegenwärtig, überˈall.
om·nis·cience [ɒmˈnɪsɪəns] *s.* Allˈwissenheit *f*; **omˈnis·cient** [-nt] *adj.* □ allˈwissend.
om·ni·um [ˈɒmnɪəm] *s.* ✝ *Brit.* Omnium *n*, Gesamtwert *m e-r fundierten öffentlichen Anleihe*; ˌ**~-ˈgath·er·um** [-ˈgæðərəm] *s.* **1.** Sammelˈsurium *n*; **2.** bunte Gesellschaft.
om·niv·o·rous [ɒmˈnɪvərəs] *adj.* alles fressend.
o·mo·plate [ˈəʊməʊpleɪt] *s. anat.* Schulterblatt *n*.
om·phal·ic [ɒmˈfælɪk] *adj. anat.* Nabel...; **om·pha·lo·cele** [ˈɒmfələʊsiːl] *s.* ⚕ Nabelbruch *m*.
om·pha·los [ˈɒmfəlɒs] *pl.* **-li** [-laɪ] *s.* **1.** *anat.* Nabel *m* (*a. fig. Mittelpunkt*); **2.** *antiq.* Schildbuckel *m*.
on [ɒn; ən] **I** *prp.* **1.** *mst* auf (*dat. od. acc.*): *siehe die mit* **on** *verbundenen Wörter*; **2.** *Lage*: a) (*getragen von*): auf (*dat.*), an (*dat.*), in (*dat.*): ***~ board*** an Bord; ***~ earth*** auf Erden; ***the scar ~ the face*** die Narbe im Gesicht; ***~ foot*** zu Fuß; ***~ all fours*** auf allen vieren; ***~ the radio*** im Radio; ***have you a match ~ you?*** haben Sie ein Streichholz bei sich?, b) (*festgemacht od. unmittelbar*) an (*dat.*): ***~ the chain***; ***~ the Thames***; ***~ the wall***; **3.** *Richtung*, *Ziel*: auf (*acc.*) ... (hin) (*od.* los), nach ... (hin), an (*acc.*), zu: ***a blow ~ the chin*** ein Schlag ans Kinn; ***throw s.o.*** *od.* ***s.th. ~ the floor*** j-n *od.* et. zu Boden werfen; **4.** *fig.* a) *Grund*: auf ... (hin): ***~ his authority***; ***~ suspicion***; ***levy a duty ~ silk*** einen Zoll auf Seide erheben; ***~ his own theory*** nach s-r eigenen Theorie; ***~ these conditions*** unter diesen Bedingungen, b) *Aufeinanderfolge*: auf (*acc.*), über (*acc.*), nach: ***loss ~ loss*** Verlust auf *od.* über Verlust, ein Verlust nach dem andern, c) *gehörig* zu, *beschäftigt* bei, an (*dat.*): ***~ a committee*** zu e-m Ausschuß gehörend; ***be ~ the Stock Exchange*** an der Börse (beschäftigt) sein, d) *Zustand*: in, auf (*dat.*), zu: ***~ duty*** im Dienst; ***~ fire*** in Brand; ***~ leave*** auf Urlaub; ***~ sale*** verkäuflich, e) *gerichtet* auf (*acc.*): ***an attack ~***; ***~ business*** geschäftlich; ***a joke ~ me*** ein Spaß auf m-e Kosten; ***shut*** (***open***) ***the door ~ s.o.*** j-m die Tür verschließen (öffnen); ***have s.th. ~ s.o.*** *sl.* et. Belastendes über j-n wissen; ***have nothing ~ s.o.*** *sl.* j-m nichts anhaben können, *a.* j-m nichts voraus haben; ***this is ~ me*** F das geht auf m-e Rechnung; ***be ~ a pill*** e-e Pille (ständig) nehmen, f) *Thema*: über (*acc.*): ***agreement*** (***lecture***, ***opinion***) ***~***; ***talk ~ a subject***; **5.** *Zeitpunkt*: an (*dat.*): ***~ Sunday***; ***~ the 1st of April***; ***~ or before April 1st*** bis zum 1. April; ***~ his arrival*** bei *od.* (gleich) nach seiner Ankunft; ***~ being asked*** als ich *etc.* (danach) gefragt wurde; ***~ entering*** beim Eintritt; **II** *adv.* **6.** (*a. Zssgn mit vb.*) (dar)ˈauf(*-legen*, *-schrauben etc.*); **7.** *bsd. Kleidung*: a) an(*-haben*, *-ziehen*): ***have*** (***put***) ***a coat ~***, b) auf: ***keep one's hat ~***; **8.** (*a. in Zssgn mit vb.*) weiter(*-gehen*, *-sprechen etc.*): ***and so ~*** und so weiter; ***~ and ~*** immer weiter; ***~ and off*** a) ab u. zu, b) ab u. an, mit Unterbrechungen; ***from that day ~*** von dem Tage an; ***~ with the show!*** weiter im Programm!; ***~ to ...*** auf (*acc.*) ... (hinauf *od.* hinaus); **III** *adj. pred.* **9.** ***be ~*** a) im Gange sein (*Spiel etc.*), vor sich gehen: ***what's ~?*** was ist los?; ***have you anything ~ tomorrow?*** haben Sie morgen et. vor?; ***that's not ~!*** das ist nicht ‚drin'!, b) an sein (*Licht*, *Radio*, *Wasser etc.*), an-, eingeschaltet sein, laufen; auf sein (*Hahn*): ***~-off*** ⚙ An-Aus, c) *thea.* gegeben werden, laufen (*Film*), *Radio*, *TV*: gesendet werden, d) d(a)ran (*an der Reihe*) sein, e) (mit) dabeisein, mitmachen; **10.** ***be ~ to*** *sl. et.* ‚spitzgekriegt' haben, über *j-n od. et.* im Bilde sein; ***he is always ~ at me*** er ‚bearbeitet' mich ständig (***about*** wegen); **11.** *sl.* beschwipst: ***be a bit ~*** e-n Schwips haben.
o·nan·ism [ˈəʊnənɪzəm] *s.* ⚕ **1.** Coitus *m* interˈruptus; **2.** Onaˈnie *f*.
ˈ**on·board** *adj.* ✈ bordeigen, Bord...: ***~ computer***.
once [wʌns] **I** *adv.* **1.** einmal: ***~ again*** (*od.* ***more***) noch einmal; ***~ and again*** (*od.* ***~ or twice***) einige Male, ab u. zu; ***~ in a while*** (*od.* ***way***) zuweilen, hin u. wieder; ***~*** (***and***) ***for all*** ein für allemal; ***if ~ he should suspect*** wenn er erst einmal mißtrauisch würde; ***not ~*** kein einziges Mal; **2.** einmal, einst: ***~*** (***upon a time***) ***there was*** es war einmal (*Märchenanfang*); **II** *s.* **3.** ***every ~ in a while*** von Zeit zu Zeit; ***for ~***, ***this ~*** dieses ˈeine Mal, (für) diesmal (*ausnahmsweise*); **4.** ***at ~*** a) auf einmal, zugleich, gleichzeitig: ***don't all speak at ~***; ***at ~ a soldier and a poet*** Soldat u. Dichter zugleich, b) sogleich, sofort: ***all at ~*** plötzlich, mit ˈeinem Male; **III** *cj.* **5.** *a.* ***~ that*** soˈbald *od.* wenn ... (einmal), wenn erst; ˈ**-ˌo·ver** *s.* F ***give s.o.*** *od.* ***s.th. the ~*** a) *j-n* kurz mustern *od.* abschätzen, (sich) *j-n od. et.* (rasch) mal ansehen, b) *j-n* ‚in die Mache' nehmen.
ˈ**onˌcom·ing** *adj.* **1.** (herˈan)nahend, entgegenkommend: ***~ traffic*** Gegenverkehr *m*; **2.** *fig.* kommend: ***the ~ generation***.
one [wʌn] **I** *adj.* **1.** ein (eine, ein): ***~ hundred*** (ein)hundert; ***~ man in ten*** jeder zehnte; ***~ or two*** ein paar, einige; **2.** (*betont*) ein (eine, ein), ein einziger (eine einzige, ein einziges): ***all were of ~ mind*** sie waren alle ˈeines Sinnes; ***for ~ thing*** (zunächst) einmal; ***his ~ thought*** sein einziger Gedanke; ***the ~ way to do it*** die einzige Möglichkeit (es zu tun); **3.** ein gewisser (e-e gewisse, ein gewisses), ein (eine, ein): ***~ day*** e-s Tages (*in Zukunft od. Vergangenheit*); ***~ of these days*** irgendwann (ein)mal; ***~ John Smith*** ein gewisser J. S.; **II** *s.* **4.** Eins *f*, eins: ***Roman ~*** römische Eins; ***~ and a half*** ein(und)einhalb, anderthalb; ***at ~ o'clock*** um ein Uhr; **5.** *der* (*die*) einzelne, *das* einzelne (Stück): ***~ by ~***, ***~ after another*** e-r nach dem andern, einzeln; ***I for ~*** ich zum Beispiel; **6.** Einheit *f*: ***be at ~ with s.o.*** mit j-m ˈeiner Meinung *od.* einig sein; ***~ and all*** alle miteinander; ***all in ~*** alles in ˈeinem; ***it is all ~*** (***to me***) es ist (mir) ganz einerlei; ***be made ~*** ein (*Ehe*)Paar werden; ***make ~*** mit von der Partie sein; **7.** *bsd.* Einˈdollar- *od.* Einˈpfundnote *f*; **III** *pron.* **8.** ein, einer, jemand: ***like ~ dead*** wie ein Toter; ***~ of the poets*** einer der Dichter; ***~ another*** einander; ***~ who*** einer, der; ***the ~ who*** der(jenige), der; ***~ of these days*** dieser Tage; ***~ in the eye*** F *fig.* ein Denkzettel; **9.** (*Stützwort*, *mst unübersetzt*): ***a sly ~*** ein (ganz) Schlauer; ***the little ~s*** die Kleinen; ***a red pencil and a blue ~*** ein roter Bleistift u. ein blauer; ***that ~*** der (die, das) da *od.* dort; ***the ~s you mention*** die (von Ihnen) erwähnten; → ***each*** *etc.*; **10.** man: ***~ knows***; **11.** ***~'s*** sein: ***break ~'s leg*** sich das Bein brechen; ***take ~'s walk*** s-n Spaziergang machen; ˌ**~-ˈact play** *s. thea.* Einakter *m*; ˌ**~-ˈarmed** *adj.* einarmig: ***~ bandit*** F Spielautomat *m*; ˌ**~-ˈcrop sys·tem** *s.* ↗ ˈMonokulˌtur *f*; ˌ**~-ˈdig·it** *adj.* ⩕ einstellig (*Zahl*); ˌ**~-ˈeyed** *adj.* einäugig; ˌ**~-ˈhand·ed** *adj.* **1.** einhändig; **2.** mit nur ˈeiner Hand zu bedienen(d); ˌ**~-ˈhorse** *adj.* **1.** einspännig; **2.** ***~ town*** F (elendes) ‚Kaff' *n od.* ‚Nest' *n*; ˌ**~-ˈlegged** [-ˈlegd] *adj.* **1.** einbeinig; **2.** *fig.* einseitig; ˌ**~-ˈline busi·ness** *s.* ✝ Fachgeschäft *n*; ˌ**~-ˈman** *adj.* Einmann...: ***~ business*** ✝ Einzelunternehmen *n*; ***~ bus*** Einmannbus *m*; ***~ show*** a) One-man-Show *f* (*a. fig.*), b) Ausstellung *f* der Werke ˈeines Künstlers.
one·ness [ˈwʌnnɪs] *s.* **1.** Einheit *f*; **2.** Gleichheit *f*, Identiˈtät *f*; **3.** Einigkeit *f*, (völliger) Einklang.
ˌ**one|-ˈnight stand** *s. thea.* einmaliges Gastspiel (*a. fig.* F *sexuelles Abenteuer*); ˌ**one-ˈoff** *adj.* einmalig; ***~ production*** Einzelfertigung *f*; ˌ**~-ˈpiece** *adj.* **1.** einteilig: ***~ bathing-suit***; **2.** ⚙ aus ˈeinem Stück, Voll...; ˌ**~-ˈprice shop** *s.* Einheitspreisladen *m*.
on·er [ˈwʌnə] *s.* **1.** *sl.* ‚Kaˈnone' *f* (*Könner*) (***at*** in *dat.*); **2.** *sl.* ‚Mordsding' *n* (*bsd. wuchtiger Schlag*).
on·er·ous [ˈɒnərəs] *adj.* □ lästig, drükkend, beschwerlich (***to*** für); ˈ**on·er·ous·ness** [-nɪs] *s.* Beschwerlichkeit *f*, Last *f*.
oneˈself *pron.* **1.** *refl.* sich (selber): ***by ~*** aus eigener Kraft, von selbst; **2.** selbst, selber; **3.** *mst* ***one's self*** man (selbst *od.* selber).
ˌ**one|-ˈsid·ed** [-ˈsaɪdɪd] *adj.* □ einseitig (*a. fig.*); ˈ**~·time I** *adj.* einst-, ehemalig; **II** *adv.* einst-, ehemals; ˈ**~-track** *adj.* **1.** 🚂 eingleisig; **2.** *fig.* einseitig: ***you have a ~ mind*** du hast immer nur dasselbe im Kopf; **~-up·man·ship** [wʌnˈʌpmənʃɪp] *s.* die Kunst, dem andern immer (um eine Nasenlänge) vorˈaus zu sein; ˌ**~-ˈway** *adj.* **1.** Einweg...(*-flasche etc.*), Einbahn...(*-straße*, *-verkehr*): ***~ ticket*** *Am.* einfache Fahrkarte; **2.** *fig.* einseitig.
on·ion [ˈʌnjən] *s.* **1.** ♆ Zwiebel *f*; **2.** *sl.* ‚Rübe' *f* (*Kopf*): ***off one's ~*** *sl.* (total) verrückt; **3.** ***know one's ~s*** F sein Geschäft verstehen; ˈ**~·skin** *s.* **1.** Zwiebel-

schale *f*; **2.** 'Durchschlag- *od.* 'Luftpostpa,pier *n*.

'on(-)line *adj. Computer*: on-line.

'on,look·er *s.* Zuschauer(in) (***at*** bei); **'on,look·ing** *adj.* zuschauend.

on·ly ['əʊnlɪ] **I** *adj.* **1.** einzig, al'leinig: ***the ~ son*** der einzige Sohn; ***my one and ~ hope*** meine einzige Hoffnung; ***the ~ begotten Son of God*** Gottes eingeborener Sohn; **2.** einzigartig: ***the ~ and only Mr. X*** *a. iro.* der unvergleichliche, einzigartige Mr. X; **II** *adv.* **3.** nur, bloß: ***not ~ …, but*** (***also***) nicht nur …, sondern auch; ***if ~*** wenn nur; **4.** erst: ***~ yesterday*** erst gestern, gestern noch; ***~ just*** eben erst, gerade, kaum; **III** *cj.* **5.** je'doch, nur (daß), aber; **6.** ***~ that*** nur, daß; außer, wenn.

,on-'off switch *s.* ϟ Ein-Aus-Schalter *m*.

on·o·mat·o·poe·ia [,ɒnəʊmætəʊ'piːə] *s.* Lautmale'rei *f*; **,on·o·mat·o'poe·ic** [-'piːɪk], **on·o·mat·o·po·et·ic** [,ɒnəʊmætəʊpəʊ'etɪk] *adj.* (□ ***~ally***) lautnachahmend, onomatopo'etisch.

'on|-po,si·tion *s.* ⚙ Einschaltstellung *f*, -zustand *m*; **'~·rush** *s.* Ansturm *m* (*a. fig.*); **'~·set** *s.* **1.** Angriff *m*, At'tacke *f*; **2.** Anfang *m*, Beginn *m*, Einsetzen *n*: ***at the first ~*** gleich beim ersten Anlauf; **3.** ⚕ Ausbruch *m* (*e-r Krankheit*), Anfall *m*; **~'shore** *adj. u. adv.* **1.** landwärts; **2.** a) in Küstennähe, b) an Land; **3.** ✝ Inlands…: ***~ purchases***; **'on(-)site** *adj.* Vor-Ort-…; **~-slaught** ['ɒnslɔːt] *s.* (heftiger) Angriff *od.* Ansturm (*a. fig.*); **,~-the-'job** *adj.* praktisch: ***~ training***.

on·to ['ɒntʊ; -tə] *prp.* **1.** auf (*acc.*); **2.** ***be ~ s.th.*** *sl.* hinter et. gekommen sein; ***he's ~ you*** *sl.* er hat dich durchschaut.

on·to·gen·e·sis [,ɒntəʊ'dʒenɪsɪs] *s. biol.* Ontoge'nese *f*.

on·tol·o·gy [ɒn'tɒlədʒɪ] *s. phls.* Ontolo'gie *f*.

o·nus ['əʊnəs] (*Lat.*) *s. nur sg.* **1.** *fig.* Last *f*, Verpflichtung *f*, Onus *n*; **2.** *a.* ***~ of proof, ~ probandi*** ⚖ Beweislast *f*: ***the ~ rests with him*** die Beweislast trifft ihn.

on·ward ['ɒnwəd] **I** *adv.* vorwärts, weiter: ***from the tenth century ~*** vom 10. Jahrhundert an; **II** *adj.* vorwärts-, fortschreitend; **'on·wards** [-dz] → ***onward*** I.

on·yx ['ɒnɪks] *s.* **1.** *min.* Onyx *m*; **2.** ⚕ Nagelgeschwür *n* der Hornhaut, Onyx *m*.

o·o·blast ['əʊəblɑːst] *s. biol.* Eikeim *m*; **o·o·cyst** ['əʊəsɪst] *s.* Oo'zyste *f*.

oo·dles ['uːdlz] *s. pl.* F Unmengen *pl.*, ‚Haufen' *m*: ***he has ~ of money*** er hat Geld wie Heu.

oof [uːf] *s. Brit. sl.* ‚Kies' *m* (*Geld*).

oomph [ʊmf] *s. sl.* 'Sex-Ap'peal *m*.

o·o·sperm ['əʊəspɜːm] *s. biol.* befruchtetes Ei *od.* befruchtete Eizelle, Zy'gote *f*.

ooze [uːz] **I** *v/i.* **1.** ('durch-, aus-, ein)sikkern (***through, out of, into***); ein-, hin'durchdringen (*a. Licht etc.*): ***~ away*** a) versickern, b) *fig.* (dahin)schwinden; ***~ out*** a) entweichen (*Luft, Gas*), b) *fig.* durchsickern (*Geheimnis*); ***~ with sweat*** von Schweiß triefen; **II** *v/t.* **2.** ausströmen, -schwitzen; **3.** *fig.* ausstrahlen, *iro.* triefen von; **III** *s.* **4.** ⚙ Lohbrühe *f*: ***~ leather*** lohgares Leder; **5.** Schlick *m*, Schlamm(grund) *m*; **oo·zy** ['uːzɪ] *adj.* **1.** schlammig, schlikk(er)ig; **2.** schleimig; **3.** feucht.

o·pac·i·ty [əʊ'pæsətɪ] *s.* **1.** 'Undurch,sichtigkeit *f* (*a. fig.*); **2.** Dunkelheit *f* (*a. fig.*); **3.** *fig.* Borniertheit *f*; **4.** *phys.* ('Licht),Undurch,lässigkeit *f*; **5.** Deckfähigkeit *f* (*Farbe*).

o·pal ['əʊpl] *s. min.* O'pal *m*: ***~ blue*** Opalblau *n*; ***~ glass*** Opal-, Milchglas *n*; ***~ lamp*** Opallampe *f*; **o·pal·esce** [,əʊpə'les] *v/i.* opalisieren, bunt schillern; **o·pal·es·cence** [,əʊpə'lesns] *s.* Opalisieren *n*, Schillern *n*; **o·pal·es·cent** [,əʊpə'lesnt] *adj.* opalisierend, schillernd.

o·paque [əʊ'peɪk] *adj.* □ **1.** 'undurch,sichtig, o'pak: ***~ colo(u)r*** Deckfarbe *f*; **2.** 'undurch,lässig (***to*** für *Strahlen*): ***~ meal*** ⚕ Kontrastmahlzeit *f*; **3.** glanzlos, trüb; **4.** *fig.* a) unklar, dunkel, b) borniert, dumm; **o'paque·ness** [-nɪs] *s.* ('Licht),Undurch,lässigkeit *f*; Deckkraft *f* (*Farben*).

op art [ɒp] *s. Kunst*: Op-art *f*.

o·pen ['əʊpən] **I** *adj.* □ **1.** *allg.* offen (*z. B. Buch, Flasche*, ⛓ *Kette*, ϟ *Stromkreis*, ⚔ *Stadt, Tür*, ⚕ *Wunde*); offenstehend, auf: ***~ prison*** offenes Gefängnis; ***~ warfare*** ⚔ Bewegungskrieg *m*; ***keep one's eyes ~*** *fig.* die Augen offenhalten; → ***arm***[1] 1, ***bowels*** 1, ***order*** 5; **2.** zugänglich, frei, offen (*Gelände, Straße, Meer etc.*): ***~ field*** freies Feld; ***~ spaces*** öffentliche Plätze (*Parkanlagen etc.*); **3.** frei, bloß, offen (*Wagen etc.*; ϟ *Motor*); → ***lay open***; **4.** offen, eisfrei (*Wetter*, ⚓ *Hafen, Gewässer*); ⚓ klar (*Sicht*): ***~ winter*** frostfreier Winter; **5.** ge-, eröffnet (*Laden, Theater etc.*), offen (*a. fig.* ***to*** *dat.*), öffentlich (*Sitzung, Versteigerung etc.*); (jedem) zugänglich: ***a career ~ to talent***; ***~ competition*** freier Wettbewerb; ***~ market*** ✝ offener *od.* freier Markt; ***~ position*** freie *od.* offene (*Arbeits*)Stelle; ***~ policy*** a) ✝ Offenmarktpolitik *f*, b) *Versicherung*: Pauschalpolice *f*; ***~ scholarship*** *Brit.* offenes Stipendium; ***~ for subscription*** ✝ zur Zeichnung aufgelegt; ***in ~ court*** in öffentlicher Verhandlung, vor Gericht; **6.** (***to***) *fig.* *der Kritik, dem Zweifel etc.* ausgesetzt, unter'worfen: ***~ to question*** anfechtbar; ***~ to temptation*** anfällig gegen die Versuchung; ***leave o.s. wide ~*** (***to s.o.***) sich (j-m gegenüber) e-e (große) Blöße geben; **7.** zugänglich, aufgeschlossen (***to*** für *od. dat.*): ***an ~ mind***; ***be ~ to conviction*** (***an offer***) mit sich reden (handeln) lassen; ***that is ~ to argument*** darüber läßt sich streiten; **8.** offen(kundig), unverhüllt: ***~ contempt***; ***an ~ secret*** ein offenes Geheimnis; **9.** offen, freimütig: ***an ~ character***; ***~ letter*** offener Brief; ***I will be ~ with you*** ich will ganz offen mit dir reden; **10.** freigebig: ***with an ~ hand***; ***keep an ~ house*** ein offenes Haus führen, gastfrei sein; **11.** *fig.* unentschieden, offen (*Frage, Forderung, Kampf, Urteil etc.*); **12.** *fig.* frei (*ohne Verbote*): ***~ pattern*** ⚖ ungeschütztes Muster; ***~ season*** Jagd-, Fischzeit *f*; **13.** ✝ laufend (*Konto, Kredit, Rechnung*): ***~ cheque*** Barscheck *m*; **14.** ⚙ durch'brochen (*Gewebe, Handarbeit*); **15.** *ling.* offen (*Silbe, Vokal*): ***~ consonant*** Reibelaut *m*; **16.** ♪ a) weit (*Lage, Satz*), b) leer (*Saite etc.*): ***~ note*** Grundton *m*; **17.** *typ.* licht (*Satz*): ***~ type*** Konturschrift *f*; **II** *s.* **18.** ***the ~*** a) offenes Land, b) offene See: ***in the ~*** im Freien, unter freiem Himmel; ⚒ über Tag; ***bring into the ~*** *fig.* an die Öffentlichkeit bringen; ***come into the ~*** *fig.* sich erklären, offen reden, Farbe bekennen, (***with s.th.*** mit et.) an die Öffentlichkeit treten; **19.** ***the ~*** ⚐ *bsd. Golf*: offenes Turnier *für Amateure u. Berufsspieler*; **III** *v/t.* **20.** *allg.* öffnen, aufmachen; *Buch a.* aufschlagen; ϟ *Stromkreis* ausschalten, unter'brechen: ***~ the bowels*** ⚕ den Leib öffnen; ***~ s.o.'s eyes*** *fig.* j-m die Augen öffnen; → ***throttle*** 2; **21.** *Aussicht*, ✝ *Akkreditiv, Debatte*, ⚔ *das Feuer*, ✝ *Konto, Geschäft*, ⚖ *die Verhandlung etc.* eröffnen; *Verhandlungen* anknüpfen, in *Verhandlungen* eintreten; ✝ *neue Märkte* erschließen: ***~ s.th. to traffic*** *e-e Straße etc.* dem Verkehr übergeben; **22.** *fig.* *Gefühle, Gedanken* enthüllen, *s-e Absichten* entdecken: ***~ o.s. to s.o.*** sich j-m mitteilen; → ***heart*** *Redew.*; **IV** *v/i.* **23.** sich öffnen *od.* auftun, aufgehen; *fig.* sich *dem Auge, Geist etc.* erschließen, zeigen, auftun; **24.** führen, gehen (*Tür, Fenster*) (***on to*** auf *acc.*, ***into*** nach *dat.*); **25.** *fig.* a) anfangen, beginnen (*Schule, Börse etc.*), öffnen, aufmachen (*Laden etc.*), b) (e-n Brief, s-e Rede) beginnen (***with*** mit *e-m Kompliment etc.*); **26.** *allg.* öffnen; (ein Buch) aufschlagen; ***~ out*** **I** *v/t.* **1.** *et.* ausbreiten; **II** *v/i.* **2.** sich ausbreiten, -dehnen, sich erweitern; **3.** *mot.* Vollgas geben; ***~ up*** **I** *v/t.* **1.** *Land*, ✝ *Markt etc.* erschließen; **II** *v/i.* **2.** ⚔ das Feuer eröffnen; **3.** *fig.* a) ‚loslegen' (*mit Worten, Schlägen etc.*), b) ‚auftauen', mitteilsam werden; **4.** sich auftun *od.* zeigen.

,o·pen|-'ac·cess li·brar·y *s.* 'Freihandbiblio,thek *f*; **,~-'air** *adj.* Freilicht…, Freiluft…, unter freiem Himmel: ***~ swimming pool*** Freibad *n*; **,~-and-'shut** *adj.* ganz einfach, sonnenklar; **,~-'armed** *adj.* warm, herzlich (*Empfang*); **'~·cast min·ing** *s.* Tagebau *m*; **,~-'door** *adj.* frei zugänglich: ***~ policy*** (Handels)Politik *f* der offenen Tür; **,~-'end·ed** *adj.* **1.** zeitlich unbegrenzt: ***~ discussion*** Open-end-Diskussion *f*; **2.** ausbaufähig: ***~ program(me)***.

o·pen·er ['əʊpnə] *s.* **1.** (*fig.* Er)Öffner (-in); **2.** (*Büchsen- etc.*)Öffner *m*; *sport etc.* Eröffnung(sspiel *n*, *thea.* -nummer *f*) *f*.

,o·pen|-'eyed *adj.* **1.** mit großen Augen, staunend; **2.** wachsam; **,~-'hand·ed** *adj.* □ freigebig; **,~-'heart** *adj.*: ***~ surgery*** ⚕ Offenherzchirurgie *f*; **,~-'heart·ed** *adj.* □ offen(herzig), aufrichtig; **,~-'hearth** *adj.* ⚙ Siemens-Martin(*-ofen, -stahl*).

o·pen·ing ['əʊpnɪŋ] **I** *s.* **1.** *das* Öffnen; Eröffnung *f* (*a. fig. Akkreditiv, Konto, Testament, Unternehmen*); *fig.* Inbetriebnahme *f* (*e-r Anlage etc.*); *fig.* Erschließung *f* (*Land*, ✝ *Markt*); **2.** Öffnung *f*, Loch *n*, Lücke *f*, Bresche *f*, Spalt *m*, 'Durchlaß *m*; **3.** *Am.* (Wald-) Lichtung *f*; **4.** ⚙ (Spann)Weite *f*; **5.** *fig.*

Eröffnung *f* (*a. Schach, Kampf etc.*), Beginn *m*, einleitender Teil (*a.* ⚖); **6.** Gelegenheit *f*, (✝ Absatz)Möglichkeit *f*; **7.** ✝ offene *od.* freie Stelle; **II** *adj.* **8.** Öffnungs…; **9.** Eröffnungs…: **~ speech**; **~ price** ✝ Eröffnungskurs *m*; **~ night** *thea.* Eröffnungsvorstellung *f*.

ˌ**o·pen|-ˈmar·ket** *adj.* Freimarkt…: **~ paper** marktgängiges Wertpapier; **~ policy** Offenmarktpolitik *f*; ˌ**~-ˈmind·ed** *adj.* □ aufgeschlossen, vorurteilslos; ˌ**~-ˈmouthed** *adj.* mit offenem Mund, *fig. a.* gaffend; ˌ**~-ˈplan of·fice** *s.* ˈGroßraumbüˌro *n*; **~ ses·a·me** *s.* Sesam öffne dich *n*; **~ shop** *s. Am.* Betrieb *m*, der auch Nichtgewerkschaftsmitglieder beschäftigt; ♀ **U·ni·ver·si·ty** *s.* ˈFernsehuniversiˌtät *f*, ˈTelekolˌleg *n*; ˈ**~·work** *s.* ˈDurchbrucharbeit *f* (*Handarbeit*); **~ work·ing** *s.* ⚒ Tagebau *m*.

op·er·a¹ [ˈɒpərə] *s.* Oper *f* (*a. Gebäude*): **comic ~** komische Oper; **grand ~** große Oper.

op·er·a² [ˈɒpərə] *pl. von* **opus**.

op·er·a·ble [ˈɒpərəbl] *adj.* **1.** ˈdurchführbar; **2.** ⚙ betriebsfähig; **3.** ⚕ opeˈrabel.

op·er·a| cloak *s.* Abendmantel *m*; **~ glass(·es** *pl.*) *s.* Opern-, Theˈaterglas *n*; **~ hat** *s.* ˈKlappzyˌlinder *m*, Chapeauˈclaque *m*; **~ house** *s.* Opernhaus *n*, Oper *f*; **~ pump** *s. Am.* glatter Pumps.

op·er·ate [ˈɒpəreɪt] **I** *v/i.* **1.** arbeiten, in Betrieb sein, funktionieren, laufen (*Maschine etc.*): **be operating** in Betrieb sein; **~ on batteries** von Batterien betrieben werden; **~ at a deficit** ✝ mit Verlust arbeiten; **2.** wirksam werden *od.* sein, (ein)wirken (**on**, **upon** auf *acc.*, **as** als), hinwirken (**for** auf *acc.*); **3.** ⚕ (**on**, **upon**) *j-n* operieren: **be ~d on** operiert werden; **4.** ✝ F spekulieren, operieren: **~ for a fall** auf e-e Baisse spekulieren; **5.** ⚔ operieren; **II** *v/t.* **6.** bewirken, verursachen, (mit sich) bringen; **7.** ⚙ *Maschine* laufen lassen, bedienen, *Gerät* handhaben, *Schalter, Bremse etc.* betätigen, *Auto* fahren: **safe to ~** betriebssicher; **8.** *Unternehmen, Geschäft* betreiben, führen, *Vorhaben* ausführen.

op·er·at·ic [ˌɒpəˈrætɪk] *adj.* (□ **~ally**) opernhaft (*a. fig. contp.*), Opern…: **~ performance** Opernaufführung *f*; **~ singer** Opernsänger(in).

op·er·at·ing [ˈɒpəreɪtɪŋ] *adj.* **1.** *bsd.* ⚙ in Betrieb befindlich, Betriebs…, Arbeits…: **~ conditions** Betriebsbedingungen; **~ instructions** Bedienungsvorschrift *f*, Betriebsanweisung *f*; **~ lever** Betätigungshebel *m*; **~ system** *Computer*: Betriebssystem *n*; **2.** ✝ Betriebs…, betrieblich: **~ assets** Vermögenswerte; **~ costs** (*od.* **expenses**) Betriebs-, Geschäfts(un)kosten; **~ profit** Betriebsgewinn *m*; **~ statement** Betriebsbilanz *f*; **3.** ⚕ operierend, Operations…: **~ room** *od.* **~ theatre** (*Am.* **theater**) Operationssaal *m*; **~ surgeon** → **operator** 4; **~ table** Operationstisch *m*.

op·er·a·tion [ˌɒpəˈreɪʃn] *s.* **1.** Wirken *n*, Wirkung *f* (**on** auf *acc.*); **2.** *bsd.* ⚖ Wirksamkeit *f*, Geltung *f*: **by ~ of law** kraft Gesetzes; **come into ~** in Kraft treten; **3.** ⚙ Betrieb *m*, Tätigkeit *f*, Lauf *m* (*Maschine etc.*): **in ~** in Betrieb; **put** (*od.* **set**) **in** (**out of**) **~** in (außer) Betrieb setzen; **4.** *bsd.* ⚙ Wirkungs-, Arbeitsweise *f*; Arbeits(vor)gang *m*, (*Arbeits-, Denk- etc. a. chemischer*) Proˈzeß *m*; **5.** ⚙ Inbetriebsetzung *f*, Bedienung *f* (*Maschine, Gerät*), Betätigung *f* (*Bremse, Schalter*); **6.** Arbeit *f*: **building ~s** Bauarbeiten; **7.** ✝ a) Betrieb *m*: **continuous ~** durchgehender Betrieb; **in ~** in Betrieb, b) Unterˈnehmen *n*, -ˈnehmung *f*, c) Geschäft *n*: **trading ~** Tauschgeschäft; **8.** *Börse*: Transaktiˈon *f*; **9.** ⚕ Operatiˈon *f*, (chirˈurgischer) Eingriff: **~ for appendicitis** Blinddarmoperation; **~ to** (*od.* **on**) **the neck** Halsoperation; **major ~** a) größere Operation, b) *fig.* F große Sache, ‚schwere Geburt'; **10.** ⚔ Operatiˈon *f*, Einsatz *m*, Unterˈnehmung *f*; ˌ**op·erˈa·tion·al** [-ʃənl] *adj.* **1.** ⚙ a) Betriebs…, Arbeits…, b) betriebsbereit, -fähig; **2.** ✝ betrieblich, Betriebs…; **3.** ⚔ Einsatz…, Operations…, einsatzfähig: **~ objective** Operationsziel *n*; **4.** ⚓ klar, fahrbereit; **op·er·a·tive** [ˈɒpərətɪv] **I** *adj.* □ **1.** wirkend, treibend: **an ~ motive**; **2.** wirksam: **an ~ dose**; **become ~** ⚖ (rechts)wirksam werden, in Kraft treten; **the ~ word** das Wort, auf das es ankommt, ⚖ *a.* das rechtsbegründende Wort; **3.** praktisch; **4.** ✝, ⚙ Arbeits…, Betriebs…, betriebsfähig; **5.** ⚕ operaˈtiv, chirˈurgisch: **~ dentistry** Zahn- u. Kieferchirurgie *f*; **6.** arbeitend, tätig, beschäftigt; **II** *s.* **7.** (Fach)Arbeiter *m*, Meˈchaniker *m*; → **operator** 2; **8.** *Am.* Priˈvatdetekˌtiv(in); **op·er·a·tor** [ˈɒpəreɪtə] *s.* **1.** *der* (*die, das*) Wirkende; **2.** a) ⚙ Bedienungsperson *f*, Arbeiter(in), (*Kran- etc.*)Führer *m*: **engine ~** Maschinist *m*; **~'s license** *Am.* Führerschein *m*, b) Telegraˈfist(in), c) Telefoˈnist(in), d) (Film)Vorführer *m*, *a.* Kameramann *m*; **3.** ✝ a) Unterˈnehmer *m*, b) *Börse*: (berufsmäßiger) Spekuˈlant, *b.s.* Schieber *m*; **4.** ⚕ operierender Arzt, Operaˈteur *m*; **5.** *Computer*: Opeˈrator *m*.

o·per·cu·lum [əʊˈpɜːkjʊləm] *pl.* **-la** [-lə] *s.* **1.** ⚘ Deckel *m*; **2.** *zo.* a) Deckel *m* (*Schnecken*), b) Kiemendeckel *m* (*Fische*).

op·er·et·ta [ˌɒpəˈretə] *s.* Opeˈrette *f*.

oph·thal·mi·a [ɒfˈθælmɪə] *s.* ⚕ Bindehautentzündung *f*; **ophˈthal·mic** [-ɪk] *adj.* Augen…; augenkrank: **~ hospital** Augenklinik *f*; **oph·thal·mol·o·gist** [ˌɒfθælˈmɒlədʒɪst] *s.* Augenarzt *m*, Augenärztin *f*; **oph·thal·mol·o·gy** [ˌɒfθælˈmɒlədʒɪ] *s.* Augenheilkunde *f*, Ophthalmoloˈgie *f*; **oph·thal·mo·scope** [ɒfˈθælməskəʊp] *s.* ⚕ Augenspiegel *m*, Ophthalmoˈskop *n*.

o·pi·ate [ˈəʊpɪət] **I** *s.* **1.** ⚕ Opiˈat *n*, ˈOpiumpräpaˌrat *n*; **2.** Schlaf- *od.* Beruhigungs- *od.* Betäubungsmittel *n* (*a. fig.*): **~ for the people** Opium *n* fürs Volk; **II** *adj.* **3.** einschläfernd; betäubend (*a. fig.*).

o·pine [əʊˈpaɪn] **I** *v/i.* daˈfürhalten; **II** *v/t. et.* meinen.

o·pin·ion [əˈpɪnjən] *s.* **1.** Meinung *f*, Ansicht *f*, Stellungnahme *f*: **in my ~** m-s Erachtens, nach m-r Meinung *od.* Ansicht; **be of** (**the**) **~ that** der Meinung sein, daß; **that is a matter of ~** das ist Ansichtssache *f*; **public ~** die öffentliche Meinung; **2.** Achtung *f*, (gute) Meinung: **have a high** (**low** *od.* **poor**) **~ of** e-e (keine) hohe Meinung haben von, (nicht) viel halten von; **she has no ~ of Frenchmen** sie hält nicht viel von (den) Franzosen; **3.** (schriftliches) Gutachten (**on** über *acc.*): **counsel's ~** Rechtsgutachten; **4.** *mst pl.* Überˈzeugung *f*: **have the courage of one's ~s** zu s-r Überzeugung stehen; **5.** ⚖ (Urteils)Begründung *f*; **oˈpin·ion·at·ed** [-neɪtɪd] *adj.* **1.** starr-, eigensinnig; dogˈmatisch; **2.** schulmeisterlich, überˈheblich.

oˈpin·ion|-ˌform·ing *adj.* meinungsbildend; **~ form·er**, **~ lead·er**, **~-ˌmak·er** *s.* Meinungsbildner *m*; **~ poll** *s.* ˈMeinungsˌumfrage *f*; **~ re·search** *s.* Meinungsforschung *f*.

o·pi·um [ˈəʊpjəm] *s.* Opium *n*: **~-eater** Opiumesser *m*; **~ poppy** ⚘ Schlafmohn *m*; ˈ**o·pi·um·ism** [-mɪzəm] *s.* ⚕ **1.** Opiumsucht *f*; **2.** Opiumvergiftung *f*.

o·pos·sum [əˈpɒsəm] *s. zo.* Oˈpossum *n*, Beutelratte *f*.

op·po·nent [əˈpəʊnənt] **I** *adj.* entgegenstehend, -gesetzt, gegnerisch (**to** *dat.*); **II** *s.* Gegner(in) (*a.* ⚖, *sport*), Gegenspieler(in), ˈWidersacher(in), Oppoˈnent(in).

op·por·tune [ˈɒpətjuːn] *adj.* □ **1.** günstig, passend, gut angebracht, opporˈtun; **2.** rechtzeitig; ˈ**op·por·tune·ness** [-nɪs] *s.* Opportuniˈtät *f*, Rechtzeitigkeit *f*; günstiger Zeitpunkt.

op·por·tun·ism [ˈɒpətjuːnɪzm] *s.* Opportuˈnismus *m*; ˈ**op·por·tun·ist** [-ɪst] *s.* Opportuˈnist(in).

op·por·tu·ni·ty [ˌɒpəˈtjuːnətɪ] *s.* (*günstige*) Gelegenheit, Möglichkeit *f* (**of doing**, **to do** zu tun; **for s.th.** zu et.): **miss the ~** die Gelegenheit verpassen; **seize** (*od.* **take**) **an ~** e-e Gelegenheit ergreifen; **at the first ~** bei der ersten Gelegenheit; **~ for advancement** Aufstiegsmöglichkeit; **~ makes the thief** Gelegenheit macht Diebe.

op·pose [əˈpəʊz] *v/t.* **1.** (*vergleichend*) gegenˈüberstellen; **2.** entgegensetzen, -stellen (**to** *dat.*); **3.** entgegentreten (*dat.*), sich widerˈsetzen (*dat.*); angehen gegen, bekämpfen; **4.** ⚖ *Am.* gegen *e-e Patentanmeldung* Einspruch erheben; **opˈposed** [-zd] *adj.* **1.** gegensätzlich, entgegengesetzt (*a.* ⩓); **2.** (**to**) abgeneigt (*dat.*), feind (*dat.*), feindlich (gegen): **be ~ to** *j-m od. e-r Sache* feindlich *od.* ablehnend gegenüberstehen, gegen *j-n od. et.* sein; **3.** ⚙ Gegen…: **~ piston engine** Gegenkolben-, Boxermotor *m*; **opˈpos·ing** [-zɪŋ] *adj.* **1.** gegenˈüberliegend; **2.** opponierend, gegnerisch; **3.** *fig.* entgegengesetzt, unvereinbar.

op·po·site [ˈɒpəzɪt] **I** *adj.* □ **1.** gegenˈüberliegend, -stehend (**to** *dat.*): **~ angle** ⩓ Gegen-, Scheitelwinkel *m*; **2.** entgegengesetzt (gerichtet), ˈumgekehrt: **~ directions**; **~ signs** ⩓ entgegengesetzte Vorzeichen; **of ~ sign** ⩓ ungleichnamig; **~ pistons** ⚙ gegenläufige Kolben; **3.** gegensätzlich, entgegengesetzt, gegenteilig, (grund)verschieden, ander: **words of ~ meaning**; **4.** gegnerisch, Gegen…: **~ side** *sport* Gegenpartei *f*, gegnerische Mannschaft; **~ number** *sport, pol. etc.* Gegenspieler(in), ‚Gegenüber' *n*, *weitS.*

‚Kollege‘ *m*, ‚Kollegin‘ *f* (von der anderen Seite); **5.** ⚘ gegenständig (*Blätter*); **II** *s.* **6.** Gegenteil *n* (*a.* ⚗), -satz *m*: ***just the*** ~ das genaue Gegenteil; **III** *adv.* **7.** gegen'über; **IV** *prp.* **8.** gegenüber (*dat.*): ***the*** ~ ***house***; ***play*** ~ ***X.*** *sport, Film etc.* (der, die) Gegenspieler(in) von X sein.

op·po·si·tion [ˌɒpə'zɪʃn] *s.* **1.** Gegen'überstellung *f*; *das* Gegen'überstehen *od.* -liegen; ⚙ Gegenläufigkeit *f*; **2.** 'Widerstand *m* (***to*** gegen): ***offer*** ~ (***to***) Widerstand leisten (gegen); ***meet with*** (*od.* ***face***) ***stiff*** ~ auf heftigen Widerstand stoßen; **3.** Gegensatz *m*, 'Widerspruch *m*: ***act in*** ~ ***to*** zuwiderhandeln (*dat.*); **4.** *pol.* (*a. ast. u. fig.*) Oppositi'on *f*; **5.** ✝ Konkur'renz *f*; **6.** ⚖ a) 'Widerspruch *m*, b) *Am.* Einspruch *m* (***to*** gegen *e-e Patentanmeldung*); **7.** *Logik*: Gegensatz *m*; ˌ**op·po'si·tion·al** [-ʃənl] *adj.* **1.** *pol.* oppositio'nell, Oppositions…, regierungsfeindlich; **2.** gegensätzlich, Widerstands…

op·press [ə'pres] *v/t.* **1.** *seelisch* bedrükken; **2.** unter'drücken, tyrannisieren, schikanieren; **op'pres·sion** [-eʃn] *s.* **1.** Unter'drückung *f*, Tyrannisierung *f*; ⚖ a) Schi'kane(n *pl.*) *f*, b) 'Mißbrauch *m* der Amtsgewalt; **2.** Druck *m*, Bedrängnis *f*, Not *f*; **3.** Bedrücktheit *f*; **4.** ⚕ Beklemmung *f*; **op'pres·sive** [-sɪv] *adj.* ☐ **1.** *seelisch* (be)drückend; **2.** ty'rannisch, grausam, hart; ⚖ schika'nös; **3.** drückend (schwül); **op'pres·sive·ness** [-sɪvnɪs] *s.* **1.** Druck *m*; **2.** Schwere *f*, Schwüle *f*; **op'pres·sor** [-sə] *s.* Unter'drücker *m*, Ty'rann *m*.

op·pro·bri·ous [ə'prəʊbrɪəs] *adj.* ☐ **1.** schmähend, Schmäh…; **2.** schändlich, in'fam; **op'pro·bri·um** [-ɪəm] *s.* Schmach *f*, Schande *f*.

op·pugn [ɒ'pjuːn] *v/t.* anfechten.

opt [ɒpt] *v/i.* wählen (***between*** zwischen *dat.*), sich entscheiden (***for*** für, ***against*** gegen), *bsd. pol.* optieren (***for*** für); ~ ***out*** a) sich dagegen entscheiden, b) ‚aussteigen‘ (***of***, ***on*** aus *der Gesellschaft, e-r Unternehmung etc.*); **op·ta·tive** ['ɒptətɪv] **I** *adj.* Wunsch…, *ling.* optativ(isch): ~ ***mood*** → **II** *s. ling.* Optativ *m*, Wunschform *f*.

op·tic ['ɒptɪk] **I** *adj.* **1.** Augen…, Seh…, Gesichts…: ~ ***angle*** Seh-, Gesichtswinkel *m*; ~ ***axis*** a) optische Achse, b) Sehachse *f*; ~ ***nerve*** Sehnerv *m*; **2.** → ***optical***; **II** *s.* **3.** *mst pl. humor.* Auge *n*; **4.** *pl. sg. konstr. phys.* Optik *f*, Lichtlehre *f*; **'op·ti·cal** [-kl] *adj.* ☐ optisch: ~ ***illusion*** optische Täuschung; ~ ***microscope*** Lichtmikroskop *n*; ~ ***viewfinder*** *TV* optischer Sucher; **op·ti·cian** [ɒp'tɪʃn] *s.* Optiker(in).

op·ti·mal ['ɒptɪml] → ***optimum*** II.

op·ti·mism ['ɒptɪmɪzəm] *s.* Opti'mismus *m*; **'op·ti·mist** [-ɪst] *s.* Opti'mist(in); **op·ti·mis·tic** [ˌɒptɪ'mɪstɪk] *adj.* (☐ ~***ally***) opti'mistisch.

op·ti·mize ['ɒptɪmaɪz] *v/t.* ✝, ⚙ optimieren.

op·ti·mum ['ɒptɪməm] **I** *pl.* **-ma** [-mə] *s.* **1.** Optimum *n*, günstigster Fall, Bestfall *m*; **2.** ✝, ⚙ Bestwert *m*; **II** *adj.* **3.** opti'mal, günstigst, best.

op·tion ['ɒpʃn] *s.* **1.** Wahlfreiheit *f*, freie Wahl *od.* Entscheidung: ~ ***of a fine*** Recht *n*, e-e Geldstrafe (*an Stelle der Haft*) zu wählen; **2.** Wahl *f*: ***at one's*** ~ nach Wahl; ***make one's*** ~ s-e Wahl treffen; **3.** Alterna'tive *f*: ***I had no*** ~ ***but to*** ich hatte keine andere Wahl als; **4.** ✝ Opti'on *f* (*a. Versicherung*), Vorkaufsrecht *n*: ***buyer's*** ~ Kaufoption, Vorprämie *f*; ~ ***for the call*** (***the put***) Vor- (Rück)prämiengeschäft *n*; ~ ***rate*** Prämiensatz *m*; ~ ***of repurchase*** Rückkaufsrecht *n*; **op·tion·al** ['ɒpʃənl] *adj.* ☐ **1.** freigestellt, wahlfrei, freiwillig, fakulta'tiv: ~ ***bonds*** *Am.* kündbare Obligationen; ~ ***subject*** *ped.* Wahlfach *n*; **2.** ✝ Options…: ~ ***bargain*** Prämiengeschäft *n*.

op·u·lence ['ɒpjʊləns] *s.* Reichtum *m*, ('Über)Fülle *f*, 'Überfluß *m*: ***live in*** ~ im Überfluß leben; **'op·u·lent** [-nt] *adj.* ☐ **1.** (sehr) reich (*a. fig.*); **2.** üppig, opu'lent: ~ ***meal***.

o·pus ['əʊpəs] *pl.* **op·er·a** ['ɒpərə] (*Lat.*) *s.* (*einzelnes*) Werk, Opus *n*; → ***magnum opus***; **o·pus·cule** [ɒ'pʌskjuːl] *s.* ♪, *lit.* kleines Werk.

or[1] [ɔː] *cj.* **1.** oder: ~ ***else*** sonst, andernfalls; ***one*** ~ ***two*** ein bis zwei, einige; **2.** (*nach neg.*) noch, und kein, und auch nicht.

or[2] [ɔː] *s. her.* Gold *n*, Gelb *n*.

or·a·cle ['ɒrəkl] **I** *s.* **1.** O'rakel(spruch *m*) *n*; *fig. a.* Weissagung *f*: ***work the*** ~ F e-e Sache ‚drehen‘; **2.** *fig.* o'rakelhafter Ausspruch; **3.** *fig.* Pro'phet(in), unfehlbare Autori'tät; **II** *v/t. u. v/i.* **4.** o'rakeln; **o·rac·u·lar** [ɒ'rækjʊlə] *adj.* ☐ **1.** o'rakelhaft (*a. fig.*), Orakel…; **2.** *fig.* weise.

o·ral ['ɔːrəl] **I** *adj.* ☐ **1.** mündlich: ~ ***contract***; ~ ***examination***; **2.** ⚕ o'ral (*a. ling.*), Mund…: ***for*** ~ ***use*** zum innerlichen Gebrauch; ~ ***intercourse*** Oralverkehr *m*; ~ ***stage*** *psych.* orale Phase; **II** *s.* **3.** F mündliche Prüfung.

or·ange ['ɒrɪndʒ] **I** *s.* ⚘ O'range *f*, Apfel'sine *f*: ***bitter*** ~ Pomeranze *f*; ***squeeze the*** ~ ***dry*** F j-n ausquetschen wie e-e Zitrone; **II** *adj.* Orangen…; o'range (-farben); ~ ***lead*** [led] *s.* ⚙ O'rangemennige *f*, Bleisafran *m*; ~ ***peel*** *s.* **1.** O'rangenschale *f*; **2.** *a.* ~ ***effect*** ⚙ O'rangenschalenstrukˌtur *f* (*Lackierung*).

or·ange·ry ['ɒrɪndʒərɪ] *s.* Orange'rie *f*.

o·rang-ou·tang [ɔːˌræŋuː'tæŋ], **oˌrang-u'tan** [-uː'tæn] *s. zo.* 'Orang-'Utan *m*.

o·rate [ɔː'reɪt] *v/i.* **1.** e-e Rede halten; **2.** *humor. u. contp.* (lange) Reden halten *od.* ‚schwingen‘, reden; **o'ra·tion** [-'eɪʃn] *s.* **1.** *förmliche od. feierliche* Rede; **2.** *ling.* (*direkte etc.*) Rede *f*; **or·a·tor** ['ɒrətə] *s.* **1.** Redner(in); **2.** ⚖ *Am.* Kläger(in) (*in* ***equity***-*Prozessen*); **or·a·tor·i·cal** [ˌɒrə'tɒrɪkl] *adj.* ☐ rednerisch, Redner…, ora'torisch, rhe'torisch, Rede…; **or·a·to·ri·o** [ˌɒrə'tɔːrɪəʊ] *pl.* **-ri·os** *s.* ♪ Ora'torium *n*; **or·a·tor·ize** ['ɒrətəraɪz] → ***orate*** 2; **or·a·to·ry** ['ɒrətərɪ] *s.* **1.** Redekunst *f*, Beredsamkeit *f*, Rhe'torik *f*; **2.** *eccl.* Ka'pelle *f*, Andachtsraum *m*.

orb [ɔːb] **I** *s.* **1.** Kugel *f*, Ball *m*; **2.** *poet.* Gestirn *n*, Himmelskörper *m*; **3.** *poet.* a) Augapfel *m*, b) Auge *n*; **4.** *hist.* Reichsapfel *m*; **or·bic·u·lar** [ɔː'bɪkjʊlə] *adj.* ☐ **1.** kugelförmig; **2.** rund, kreisförmig; **3.** ringförmig; **or·bit** ['ɔːbɪt] **I** *s.* **1.** (*ast. etc.* Kreis-, *phys.* Elek'tronen-) Bahn *f*: ***get into*** ~ in e-e Umlaufbahn gelangen (*Erdsatellit*); ***put into*** ~ → 5; **2.** *fig.* Bereich *m*, Wirkungskreis *m*; *pol.* Einflußsphäre *f*; **3.** *anat.* a) Augenhöhle *f*, b) Auge *n*; **II** *v/t.* **4.** *die Erde etc.* um'kreisen; **5.** in e-e 'Umlaufbahn bringen; **III** *v/i.* **6.** die Erde *etc.* um'kreisen; **7.** ✈ (über dem Flugplatz) kreisen; **'or·bit·al** [-bɪtl] **I** *adj.* **1.** *anat.* Augenhöhlen…: ~ ***cavity*** Augenhöhle *f*; **2.** *ast., phys.* Bahn…: ~ ***electron***; **II** *s.* **3.** *Brit.* Ringstraße *f*.

or·chard ['ɔːtʃəd] *s.* Obstgarten *m*; 'Obstplanˌtage *f*: ***in*** ~ mit Obstbäumen bepflanzt; **'or·chard·ing** [-dɪŋ] *s.* **1.** Obstbau *m*; **2.** *coll. Am.* 'Obstkulˌturen *pl.*

or·ches·tic [ɔː'kestɪk] **I** *adj.* Tanz…; **II** *s. pl.* Or'chestik *f*.

or·ches·tra ['ɔːkɪstrə] *s.* **1.** ♪ Or'chester *n*; **2.** *thea.* a) Or'chester(raum *m*, -graben *m*) *n*, b) Par'terre *n*, c) *a.* ~ ***stalls*** Par'kett *n*; **or·ches·tral** [ɔː'kestrəl] *adj.* ♪ **1.** Orchester…; **2.** orche'stral; **'or·ches·trate** [-reɪt] *v/t.* **1.** *a. v/i.* ♪ orchestrieren, instrumentieren; **2.** *fig. Am.* ordnen, aufbauen; **or·ches·tra·tion** [ˌɔːke'streɪʃn] *s.* Instrumentati'on *f*.

or·chid ['ɔːkɪd] *s.* ⚘ Orchi'dee *f*.

or·chis ['ɔːkɪs] *pl.* **'or·chis·es** *s.* ⚘ **1.** Orchi'dee *f*; **2.** Knabenkraut *n*.

or·dain [ɔː'deɪn] *v/t.* **1.** *eccl.* ordinieren, (*zum Priester*) weihen; **2.** bestimmen, fügen (*Gott, Schicksal*); **3.** anordnen, verfügen.

or·deal [ɔː'diːl] *s.* **1.** *hist.* Gottesurteil *n*: ~ ***by fire*** Feuerprobe *f*; **2.** *fig.* Zerreiß-, Feuerprobe *f*, schwere Prüfung; **3.** *fig.* Qual *f*, Nervenprobe *f*, Tor'tur *f*, Mar'tyrium *n*.

or·der ['ɔːdə] **I** *s.* **1.** Ordnung *f*, geordneter Zustand: ***love of*** ~ Ordnungsliebe *f*; ***in*** ~ in Ordnung (*a. fig.*); ***out of*** ~ in Unordnung; → 8; **2.** (öffentliche) Ordnung: ***law and*** ~ Ruhe *f* u. Ordnung; **3.** Ordnung *f* (*a.* ⚘ *Kategorie*), Sy'stem *n*: ***social*** ~ soziale Ordnung; **4.** (An)Ordnung *f*, Reihenfolge *f*; *ling.* (Satz)Stellung *f*, Wortfolge *f*: ***in alphabetical*** ~ in alphabetischer Ordnung; ~ ***of priority*** Dringlichkeitsfolge *f*; ~ ***of merit*** (*od.* ***precedence***) Rangordnung; **5.** Ordnung *f*, Aufstellung *f*; ⌂ Stil *m*: ***in close*** (***open***) ~ ⚔ in geschlossener (geöffneter) Ordnung; ~ ***of battle*** a) ⚔ Schlachtordnung, Gefechtsaufstellung, b) ⚓ Gefechtsformation *f*; ***Doric*** ~ ⌂ dorische Säulenordnung; **6.** ⚔ vorschriftsmäßige Uni'form u. Ausrüstung; → ***marching***; **7.** (Geschäfts-) Ordnung *f*: ***standing*** ~***s*** *parl.* feststehende Geschäftsordnung; ***a call to*** ~ ein Ordnungsruf *m*; ***call to*** ~ zur Ordnung rufen; ***rise to*** (***a point of***) ~ zur Geschäftsordnung sprechen; ***2!***, ***2!*** zur Ordnung!; ***in*** (***out of***) ~ (un)zulässig; ~ ***of the day*** Tagesordnung; → 9; ***be the*** ~ ***of the day*** *fig.* an der Tagesordnung sein; ***pass to the*** ~ ***of the day*** zur Tagesordnung übergehen; → ***rule*** 15; **8.** Zustand *m*: ***in bad*** ~ nicht in Ordnung, in schlechtem Zustand; ***out of*** ~ nicht in Ordnung, defekt; ***in running*** ~ betriebsfähig; **9.** Befehl *m*, Instrukti'on *f*, Anordnung *f*: ***2 in Council*** *pol.* Kabinettsbefehl; ~ ***of the day*** ⚔ Tagesbefehl; ~ ***for remittance*** Überweisungsauftrag *m*; ***doctor's ~s*** ärztliche Anordnung; ***by ~*** a) befehls-, auftragsgemäß, b) im Auftrag (*vor der Unterschrift*); ***by*** (*od.* ***on the***) ***~ of*** auf Befehl von, im Auftrag von; ***be under ~s to do s.th.*** Befehl haben, et. zu tun; ***till further ~s*** bis auf weiteres; ***in short ~*** *Am.* F sofort; **10.** ⚖ (Gerichts)Beschluß *m*, Befehl *m*, Verfügung *f*; **11.** ⚚ Bestellung *f* (*a. Ware*), Auftrag *m* (***for*** für): ***a large*** (*od.* ***tall***) ***~*** F e-e (arge) Zumutung, (zu)viel verlangt; ***~s on hand*** Auftragsbestand *m*; ***give*** (*od.* ***place***) ***an ~*** e-n Auftrag erteilen, e-e Bestellung aufgeben; ***make to ~*** a) auf Bestellung anfertigen, b) nach Maß anfertigen; ***shoes made to ~*** Maßschuhe; ***last ~s, please*** Polizeistunde!; **12.** ⚚ Order *f* (*Zahlungsauftrag*): ***pay to s.o.'s ~*** an j-s Order zahlen; ***pay to the ~ of*** für mich an … (*Wechselindossament*); ***payable to ~*** zahlbar an Order; ***own ~*** eigene Order; **13.** → ***post-office order***, ***postal*** I; **14.** A Ordnung *f*, Grad *m*: ***equation of the first ~*** Gleichung *f* ersten Grades; **15.** Größenordnung *f*: ***of*** (*od.* ***in***) ***the ~ of*** in der Größenordnung von; **16.** Art *f*, Rang *m*: ***of a high ~*** von hohem Rang; ***of quite another ~*** von ganz anderer Art; ***on the ~ of*** nach Art von; **17.** (Gesellschafts)Schicht *f*, Klasse *f*, Stand *m*: ***the higher ~s*** die höheren Klassen; ***the military ~*** der Soldatenstand; **18.** Orden *m* (*Gemeinschaft*): ***the Franciscan ~*** *eccl.* der Franziskanerorden; ***the Teutonic ~*** *hist.* der Deutsche (*Ritter-*) Orden; **19.** Orden(szeichen *n*) *m*; → ***Garter*** 2; **20.** *pl. mst* ***holy ~s*** *eccl.* (heilige) Weihen, Priesterweihe *f*: ***take*** (***holy***) ***~s*** die (heiligen) Weihen empfangen; ***major ~s*** höhere Weihen; **21.** Einlaßschein *m*, *thea.* Freikarte *f*; **22.** ***in ~ to*** *inf.* um zu *inf.*; ***in ~ that*** damit; **II** *v/t.* **23.** *j-m od. e-e Sache* befehlen, *et.* anordnen: ***he ~ed him to come*** er befahl ihm zu kommen; **24.** *j-n* schikken, beordern (***to*** nach); **25.** ⚕ *j-m et.* verordnen; **26.** bestellen (*a.* ⚚; *a. im Restaurant*); **27.** regeln, leiten, führen; **28.** ***~ arms!*** ⚔ Gewehr ab!; **29.** ordnen, einrichten: ***~ one's affairs*** s-e Angelegenheiten in Ordnung bringen; **~ a·bout** *v/t.* her'umkommandieren; **~ a·way** *v/t.* **1.** weg-, fortschicken; **2.** abführen lassen; **~ back** *v/t.* zu'rückbeordern; **~ in** *v/t.* her'einkommen lassen; **~ off** *v/t. sport* vom Platz stellen; **~ out** *v/t.* **1.** hin'ausbeordern; **2.** hin'ausweisen.

or·der| bill *s.* ⚚ 'Orderpa͵pier *n*; **~ bill of lad·ing** *s.* ⚚, ⚙ 'Orderkonnosse͵ment *n*; **~ book** *s.* **1.** ⚚ Auftragsbuch *n*; **2.** *Brit. parl.* Liste *f* der angemeldeten Anträge; **~ check** *Am.*, **~ cheque** *Brit. s.* ⚚ Orderscheck *m*; **~ form** *s.* ⚚ Bestellschein *m*; **~ in·stru·ment** *s.* ⚚ 'Orderpa͵pier *n*.

or·der·less ['ɔːdəlɪs] *adj.* unordentlich, regellos; **'or·der·li·ness** [-lɪnɪs] *s.* **1.** Ordnung *f*, Regelmäßigkeit *f*; **2.** Ordentlichkeit *f*.

or·der·ly ['ɔːdəlɪ] **I** *adj.* **1.** ordentlich, (wohl)geordnet; **2.** plan-, regelmäßig, me'thodisch; **3.** *fig.* ruhig, friedlich: ***an ~ citizen***; **4.** ⚔ a) im *od.* vom Dienst, diensttuend, b) Ordonnanz…: ***on ~ duty*** auf Ordonnanz; **II** *adv.* **5.** ordnungsgemäß, planmäßig; **III** *s.* **6.** ⚔ a) Ordon'nanz *f*, b) Sani'täter *m*, Krankenträger *m*, c) (Offi'ziers)Bursche *m*; **7.** *allg.* (Kranken)Pfleger *m*; **~ of·fi·cer** *s.* ⚔ **1.** Ordon'nanzoffi͵zier *m*; **2.** Offi'zier *m* vom Dienst; **~ room** *s.* ⚔ Schreibstube *f*.

or·der| num·ber *s.* ⚚ Bestellnummer *f*; **~ pad** *s.* ⚚ Bestell(schein)block *m*; **~ pa·per** *s.* **1.** 'Sitzungspro͵gramm *n*, (*schriftliche*) Tagesordnung; **2.** ⚚ *Am.* 'Orderpa͵pier *n*; **~ proc·ess·ing** *s.* Auftragsabwicklung *f*; **~ slip** *s.* ⚚ Bestellzettel *m*.

or·di·nal ['ɔːdɪnl] **I** *adj.* **1.** A Ordnungs…, Ordinal…: ***~ number***; **2.** ⚘, *zo.* Ordnungs…; **II** *s.* **3.** A Ordnungszahl *f*; **4.** *eccl.* a) Ordi'nale *n* (*Regelbuch für die Ordinierung anglikanischer Geistlicher*), b) *oft* ℒ Ordi'narium *n* (*Ritualbuch od. Gottesdienstordnung*).

or·di·nance ['ɔːdɪnəns] *s.* **1.** *amtliche* Verordnung; **2.** *eccl.* (*festgesetzter*) Brauch, Ritus *m*.

or·di·nand [͵ɔːdɪ'nænd] *s. eccl.* Ordi'nandus *m*.

or·di·nar·i·ly ['ɔːdnrɪlɪ] *adv.* **1.** nor'malerweise, gewöhnlich; **2.** wie gewöhnlich *od.* üblich.

or·di·nar·y ['ɔːdnrɪ] **I** *adj.* □ → ***ordinarily***; **1.** gewöhnlich, nor'mal, üblich; **2.** gewöhnlich, mittelmäßig, Durchschnitts…: ***~ face*** Alltagsgesicht *n*; **3.** ständig; ordentlich (*Gericht*, *Mitglied*); **II** *s.* **4.** *das* Übliche, *das* Nor'male: ***nothing out of the ~*** nichts Ungewöhnliches; ***above the ~*** außergewöhnlich; **5.** ***in ~*** ordentlich, von Amts wegen; ***judge in ~*** ordentlicher Richter; ***physician in ~*** (***to a king***) Leibarzt *m* (e-s Königs); **6.** *eccl.* Ordi'narium *n*, Gottesdienst-, Meßordnung *f*; **7.** *a.* ℒ *eccl.* Ordi'narius *m* (*Bischof*); **8.** ⚖ a) ordentlicher Richter, b) *Am.* Nachlaßrichter *m*; **9.** *Brit. obs.* a) Hausmannskost *f*, b) Tagesgericht *n*; **10.** *Brit. obs.* Gaststätte *f*; **~ life in·sur·ance** *s.* Lebensversicherung *f* auf den Todesfall; **~ sea·man** *s.* 'Leichtma͵trose *m*; **~ share** *s.* ⚚ Stammaktie *f*.

or·di·nate ['ɔːdnət] *s.* A Ordi'nate *f*.

or·di·na·tion [͵ɔːdɪ'neɪʃn] *s.* **1.** *eccl.* Priesterweihe *f*, Ordinati'on *f*; **2.** Ratschluß *m* (*Gottes etc.*).

ord·nance ['ɔːdnəns] *s.* ⚔ **1.** Artille'rie *f*, Geschütze *pl.*: ***a piece of ~*** ein (schweres) Geschütz; **~ *technician*** Feuerwerker *m*; **2.** 'Feldzeugmateri͵al *n*; **3.** Feldzeugwesen *n*: ***Royal Army*** ℒ ***Corps*** Feldzeugkorps *n* des brit. Heeres; ℒ **De·part·ment** *s.* ⚔ Zeug-, Waffenamt *n*; **~ de·pot** *s.* ⚔ 'Feldzeug-, *bsd.* Artille'riede͵pot *n*; **~ map** *s.* ⚔ **1.** *Am.* Gene'ralstabskarte *f*; **2.** *Brit.* Meßtischblatt *n*; **~ of·fi·cer** *s.* **1.** ⚓ *Am.* Artille'rieoffi͵zier *m*; **2.** Offi'zier *m* der Feldzeugtruppe; **3.** 'Waffenoffi͵zier *m*; **~ park** *s.* ⚔ a) Geschützpark *m*, b) Feldzeugpark *m*; **~ ser·geant** *s.* ⚔ 'Waffen-, Ge'räte͵unteroffi͵zier *m*; ℒ **Sur·vey** *s.* amtliche Landesvermessung: ℒ ***map*** *Brit.* a) Meßtischblatt *n*, b) (*1:100000*) Generalstabskarte *f*.

or·dure ['ɔː͵djʊə] *s.* Kot *m*, Schmutz *m*, Unflat *m* (*a. fig.*).

ore [ɔː] *s.* **1.** Erz *n*; **2.** *poet.* (kostbares) Me'tall; **'~-͵bear·ing** *adj. geol.* erzführend, -haltig; **~ bed** *s.* Erzlager *n*.

or·gan ['ɔːgən] *s.* **1.** Or'gan *n*: a) *anat.* Körperwerkzeug *n*: **~ *donor*** Organspender *m*; **~ *transplant*** Organverpflanzung *f*; **~ *of sight*** Sehorgan, b) *fig.* Werkzeug *n*, Hilfsmittel *n*, c) Sprachrohr *n* (*Zeitschrift*): ***party ~*** Parteiorgan, d) *laute etc.* Stimme; **2.** ♪ a) Orgel *f*: **~ *stop*** Orgelregister *n*, b) Kla'vier *n* (*e-r Orgel*), c) *a.* ***American ~*** ***Art*** Har'monium *n*, d) → ***barrel-organ***: **~-*grinder*** Leier(kasten)mann *m*.

or·gan·die, **or·gan·dy** ['ɔːgəndɪ] *s.* Or'gandy *m* (*Baumwollgewebe*).

or·gan·ic [ɔː'gænɪk] *adj.* (□ **~*ally***) *allg.* **1.** or'ganisch; **2.** bio'logisch-or'ganisch: **~ *vegetables***; **~ chem·is·try** *s.* or'ganische Che'mie; **~ dis·ease** *s.* ⚕ or'ganische Krankheit; **~ e·lec·tric·i·ty** *s. zo.* tierische Elektrizi'tät; **~ far·mer** *s.* Ökobauer *m*; **~ food** *s.* Biokost *f*; **~ law** *s. pol.* Grundgesetz *n*.

or·gan·ism ['ɔːgənɪzəm] *s. biol. u. fig.* Orga'nismus *m*.

or·gan·ist ['ɔːgənɪst] *s.* ♪ Orga'nist(in).

or·gan·i·za·tion [͵ɔːgənaɪ'zeɪʃn] *s.* **1.** Organisati'on *f*: a) Organisierung *f*, Bildung *f*, Gründung *f*, b) (syste'matischer) Aufbau, Gliederung *f*, (Aus)Gestaltung *f*, c) Zs.-schluß *m*, Verband *m*, Gesellschaft *f*: ***administrative ~*** Verwaltungsapparat *m*; **2.** Orga'nismus *m*, Sy'stem *n*; **͵or·gan·i'za·tion·al** [-ʃənl] *adj.* organisa'torisch; **or·gan·ize** ['ɔːgənaɪz] **I** *v/t.* **1.** organisieren: a) aufbauen, einrichten, b) gründen, ins Leben rufen, c) veranstalten, *sport a.* ausrichten: **~*d tour*** Gesellschaftsreise *f*, d) gestalten; **2.** in ein Sy'stem bringen; **3.** (gewerkschaftlich) organisieren: **~*d labo(u)r***; **II** *v/i.* **4.** sich organisieren; **or·gan·iz·er** ['ɔːgənaɪzə] *s.* Organi'sator *m*; Veranstalter *m*, *sport a.* Ausrichter *m*; ⚖ Gründer *m*.

or·gan loft *s.* △ Orgelchor *m*.

or·gan·zine ['ɔːgənziːn] *s.* Organ'sin (-seide *f*) *m*, *n*.

or·gasm ['ɔːgæzəm] *s. physiol.* **1.** Or'gasmus *m*, (sexu'eller) Höhepunkt; **2.** heftige Erregung; **or·gi·as·tic** [͵ɔːdʒɪ'æstɪk] *adj.* orgi'astisch; **or·gy** ['ɔːdʒɪ] *s.* Orgie *f*.

o·ri·el ['ɔːrɪəl] *s.* △ Erker *m*.

o·ri·ent ['ɔːrɪənt] **I** *s.* **1.** Osten *m*; **2.** ***the*** ℒ der (Ferne) Osten, der Orient; **II** *adj.* **3.** aufgehend (*Sonne*); **4.** östlich; **5.** glänzend; **III** *v/t.* [-ɪent] **6.** orientieren, die Lage *od.* die Richtung bestimmen von, orten; *Landkarte* einnorden; *Instrument* einstellen; *Kirche* osten; **7.** *fig. geistig* (aus)richten, orientieren (***by*** an *dat.*): ***profit-~ed*** gewinnorientiert; **8.** ***~ o.s.*** sich orientieren (***by*** an *dat.*), sich zu'rechtfinden, sich informieren; **o·ri·en·tal** [͵ɔːrɪ'entl] **I** *adj.* **1.** östlich; **2.** *mst* ℒ orien'talisch, *bsd. Am. a.* ostasiatisch, östlich; **II** *s.* **3.** Orien'tale *m*, Orien'talin *f*, *bsd. Am. a.* Ostasiat(in); **o·ri·en·tal·ist** [͵ɔːrɪ'entəlɪst] *s.* Orienta'list(in); **o·ri·en·tate** ['ɔːrɪenteɪt] → ***orient*** 6, 7, 8; **o·ri·en·ta·tion** [͵ɔːrɪen'teɪʃn] *s.* **1.** △ Ostung *f* (*Kirche*); **2.** Anlage *f*, Richtung *f*; **3.** Orientierung *f* (*a.* ✈ *u. fig.*), Ortung *f*; Ausrichtung *f* (*a. fig.*); **4.** *a. fig.* Orientierung *f*, (Sich-) Zu'rechtfinden *n*: **~ *course*** Einfüh-

rungskurs *m*; **5.** Orientierungssinn *m*; **or·i·en·teer·ing** [ˌɔːrɪenˈtiːrɪŋ] *s.* Orientierungslauf *m*.
or·i·fice [ˈɒrɪfɪs] *s.* Öffnung *f* (*a. anat.*, ⚙), Mündung *f*.
or·i·flamme [ˈɒrɪflæm] *s.* Banner *n*, Fahne *f*; *fig.* Faˈnal *n*.
or·i·gin [ˈɒrɪdʒɪn] *s.* **1.** Ursprung *f*: a) Quelle *f*, b) *fig.* Herkunft *f*, Abstammung *f*: ***certificate of ~*** ✝ Ursprungszeugnis *n*; ***country of ~*** ✝ Ursprungsland *n*, c) Anfang *m*, Entstehung *f*: ***the ~ of species*** der Ursprung der Arten; **2.** ⩓ Koordiˈnatenursprung *m*, -nullpunkt *m*.
o·rig·i·nal [əˈrɪdʒənl] **I** *adj.* □ → ***originally***; **1.** origiˈnal, Original…, Ur…, ursprünglich, echt: ***the ~ text*** der Urod. Originaltext; **2.** erst, ursprünglich, Ur…: ***~ bill*** ✝ *Am.* Primawechsel *m*; ***~ capital*** ✝ Gründungskapital *n*; ***~ copy*** Erstausfertigung *f*; ***~ cost*** ✝ Selbstkosten *pl.*; ***~ inhabitants*** Ureinwohner; ***~ jurisdiction*** ⚖ erstinstanzliche Zuständigkeit; ***~ share*** ✝ Stammaktie *f*; → ***sin*** 1; **3.** origiˈnell, neu(artig); ***an ~ idea***; **4.** schöpferisch, ursprünglich: ***~ genius*** Originalgenie *n*, Schöpfergeist *m*; ***~ thinker*** selbständiger Geist; **5.** urwüchsig, Ur…: ***~ nature*** Urnatur *f*; **II** *s.* **6.** Origiˈnal *n*: a) Urbild *n*, -stück *n*, b) Urfassung *f*, -text *m*: ***in the ~*** im Original, im Urtext, ⚖ urschriftlich; **7.** Original *n* (*Mensch*); **8.** ♀, *zo.* Stammform *f*; **o·rig·i·nal·i·ty** [əˌrɪdʒəˈnælətɪ] *s.* **1.** Originaliˈtät *f*: a) Ursprünglichkeit *f*, Echtheit *f*, b) Eigenart *f*, origiˈneller Chaˈrakter, c) Neuheit *f*; **2.** *das* Schöpferische; **oˈrig·i·nal·ly** [-dʒənəlɪ] *adv.* **1.** ursprünglich, zuˈerst; **2.** hauptsächlich, eigentlich; **3.** von Anfang an, schon immer; **4.** origiˈnell.
o·rig·i·nate [əˈrɪdʒəneɪt] **I** *v/i.* **1.** (***from***) entstehen (aus), s-n Ursprung haben (in *dat.*), herrühren (von *od.* aus); **2.** (***with, from***) ausgehen (von *j-m*); **II** *v/t.* **3.** herˈvorbringen, verursachen, erzeugen, schaffen; **4.** den Anfang machen mit, den Grund legen zu; **o·rig·i·na·tion** [əˌrɪdʒəˈneɪʃn] *s.* **1.** Herˈvorbringung *f*, Schaffung *f*, Veranlassung *f*; **2.** → ***origin*** 1 b *u.* c; **oˈrig·i·na·tive** [-tɪv] *adj.* schöpferisch; **oˈrig·i·na·tor** [-tə] *s.* Urheber(in), Begründer(in), Schöpfer(in).
o·ri·ole [ˈɔːrɪəʊl] *s. orn.* Piˈrol *m*.
or·mo·lu [ˈɔːməʊluː] *s.* a) Malergold *n*, b) Goldbronze *f*.
or·na·ment I *s.* [ˈɔːnəmənt] Ornaˈment *n*, Verzierung *f* (*a.* ♪), Schmuck *m*; *fig.* Zier(de) *f* (***to*** für *od. gen.*): ***rich in ~*** reich verziert; **II** *v/t.* [-ment] verzieren, schmücken; **or·na·men·tal** [ˌɔːnəˈmentl] *adj.* □ ornamenˈtal, schmükkend, dekoraˈtiv, Zier…: ***~ castings*** ⚙ Kunstguß *m*; ***~ plants*** Zierpflanzen; ***~ type*** Zierschrift *f*; **or·na·men·ta·tion** [ˌɔːnəmenˈteɪʃn] *s.* Ornamentierung *f*, Verzierung *f*.
or·nate [ɔːˈneɪt] *adj.* □ **1.** reich verziert; **2.** überˈladen (*Stil etc.*); blumig (*Sprache*).
or·ni·tho·log·i·cal [ˌɔːnɪθəˈlɒdʒɪkl] *adj.* □ ornithoˈlogisch; **or·ni·thol·o·gist** [ˌɔːnɪˈθɒlədʒɪst] *s.* Ornithoˈloge *m*; **or·ni·thol·o·gy** [ˌɔːnɪˈθɒlədʒɪ] *s.* Ornitholoˈgie *f*, Vogelkunde *f*; **or·ni·thop·ter** [ˌɔːnɪˈθɒptə] *s.* ✈ Schwingenflügler *m*; **ˌor·ni·thoˈrhyn·chus** [-əˈrɪŋkəs] *s. zo.* Schnabeltier *n*.
o·rol·o·gy [ɒˈrɒlədʒɪ] *s.* Gebirgskunde *f*.
o·ro·pha·ryn·ge·al [ˈɔːrəʊˌfærɪnˈdʒiːəl] *adj.* ⚕ Mundrachen…
o·ro·tund [ˈɔːrəʊtʌnd] *adj.* **1.** volltönend; **2.** bomˈbastisch (*Stil*).
or·phan [ˈɔːfn] **I** *s.* **1.** (Voll)Waise *f*, Waisenkind *n*: ***~s' home*** → ***orphanage*** 1; **II** *adj.* **2.** Waisen…: ***an ~ child***; **III** *v/t.* **3.** zur Waise machen: ***be ~ed*** (zur) Waise werden, verwaisen; **or·phan·age** [ˈɔːfənɪdʒ] *s.* **1.** Waisenheim *n*, -haus *n*; **2.** Verwaistheit *f*; **or·phan·ize** [ˈɔːfnaɪz] *v/t.* → ***orphan*** 3.
or·rer·y [ˈɒrərɪ] *s.* Planeˈtarium *n*.
or·tho·chro·mat·ic [ˌɔːθəʊkrəʊˈmætɪk] *adj. phot.* orthochroˈmatisch, farb(wert)richtig.
or·tho·don·ti·a [ˌɔːθəʊˈdɒnʃɪə] *s.* ⚕ ˈKieferorthopäˌdie *f*.
or·tho·dox [ˈɔːθədɒks] *adj.* □ **1.** *eccl.* orthoˈdox: a) streng-, recht-, altgläubig, b) ♎ ˈgriechisch-orthoˈdox: ♎ ***Church***; **2.** *fig.* orthoˈdox: a) streng: ***an ~ opinion***, b) anerkannt, üblich, konventioˈnell; **ˈor·tho·dox·y** [-ksɪ] *s. eccl.* Orthodoˈxie *f* (*a. fig. orthodoxes Denken*).
or·thog·o·nal [ɔːˈθɒgənl] *adj.* ⩓ orthogoˈnal, rechtwink(e)lig.
or·tho·graph·ic, or·tho·graph·i·cal [ˌɔːθəʊˈgræfɪk(l)] *adj.* □ **1.** orthoˈgraphisch; **2.** ⩓ senkrecht, rechtwink(e)lig; **or·thog·ra·phy** [ɔːˈθɒgrəfɪ] *s.* Orthograˈphie *f*, Rechtschreibung *f*.
or·tho·p(a)e·dic [ˌɔːθəʊˈpiːdɪk] *adj.* ⚕ orthoˈpädisch; **ˌor·thoˈp(a)e·dics** [-ks] *s. pl. oft sg. konstr.* Orthopäˈdie *f*; **ˌor·thoˈp(a)e·dist** [-ɪst] *s.* Orthoˈpäde *m*; **or·tho·p(a)e·dy** [ˈɔːθəʊpiːdɪ] → ***orthop(a)edics***.
or·thop·ter [ɔːˈθɒptə] *s.* **1.** ✈ → ***ornithopter***; **2.** → **orˈthop·ter·on** [-ərɒn] *s. zo.* Geradflügler *m*.
or·tho·scope [ˈɔːθəʊskəʊp] *s.* ⚕ Orthoˈskop *n*.
Os·car [ˈɒskə] *s.* Oskar *m* (*Filmpreis*).
os·cil·late [ˈɒsɪleɪt] **I** *v/i.* **1.** oszillieren, schwingen, pendeln, vibrieren: ***oscillating axle*** *mot.* Schwingachse *f*; ***oscillating circuit*** ⚡ Schwingkreis *m*; **2.** *fig.* (hin- u. her) schwanken; **II** *v/t.* **3.** in Schwingungen versetzen; **os·cil·la·tion** [ˌɒsɪˈleɪʃn] *s.* **1.** Oszillatiˈon *f*, Schwingung *f*, Pendelbewegung *f*, Schwankung *f*; **2.** *fig.* Schwanken *n*; **3.** ⚡ a) Ladungswechsel *m*, b) Stoßspannung *f*, c) Periˈode *f*; **ˈos·cil·la·tor** [-tə] *s.* ⚡ Oszilˈlator *m*; **ˈos·cil·la·to·ry** [-lətərɪ] *adj.* oszillaˈtorisch, schwingend, schwingungsfähig: ***~ circuit*** ⚡ Schwingkreis *m*; **os·cil·lo·graph** [əˈsɪləʊgrɑːf] *s.* Oszilloˈgraph *m*; **os·cil·lo·scope** [əˈsɪləʊskəʊp] *s. phys.*, ⚡ Oszilloˈskop *n*.
os·cu·late [ˈɒskjʊleɪt] *v/t. u. v/i.* **1.** *humor.* (sich) küssen; **2.** ⩓ oskulieren.
o·sier [ˈəʊʒə] *s.* ♀ Korbweide *f*: ***~ basket*** Weidenkorb *m*; ***~ furniture*** Korbmöbel *pl.*
os·mic [ˈɒzmɪk] *adj.* ⚗ Osmium…
os·mo·sis [ɒzˈməʊsɪs] *s. phys.* Osˈmose *f*; **os·mot·ic** [ɒzˈmɒtɪk] *adj.* (□ ***~ally***) osˈmotisch.
os·prey [ˈɒsprɪ] *s.* **1.** *orn.* Fischadler *m*; **2.** ✝ Reiherfederbusch *m*.
os·se·in [ˈɒsiːn] *s. biol.*, ⚗ Knochenleim *m*.
os·se·ous [ˈɒsɪəs] *adj.* knöchern, Knochen…; **os·si·cle** [ˈɒsɪkl] *s. anat.* Knöchelchen *n*; **os·si·fi·ca·tion** [ˌɒsɪfɪˈkeɪʃn] Verknöcherung *f*; **os·si·fied** [ˈɒsɪfaɪd] *adj.* verknöchert (*a. fig.*); **os·si·fy** [ˈɒsɪfaɪ] **I** *v/t.* **1.** verknöchern (lassen); **2.** *fig.* verknöchern; (*in Konventionen*) erstarren lassen; **II** *v/i.* **3.** verknöchern; **4.** *fig.* verknöchern, (in Konventiˈonen) erstarren; **os·su·ar·y** [ˈɒsjʊərɪ] *s.* Beinhaus *n*.
os·te·i·tis [ˌɒstɪˈaɪtɪs] *s.* ⚕ Knochenentzündung *f*.
os·ten·si·ble [ɒˈstensəbl] *adj.* □ **1.** scheinbar; **2.** an-, vorgeblich: ***~ partner*** ✝ Strohmann *m*.
os·ten·ta·tion [ˌɒstenˈteɪʃn] *s.* **1.** (protzige) Schaustellung; **2.** Protzeˈrei *f*, Prahleˈrei *f*; **3.** Gepränge *n*; **ˌos·tenˈta·tious** [-ʃəs] *adj.* □ **1.** großtuerisch, prahlerisch, prunkend; **2.** (*absichtlich*) auffällig, ostentaˈtiv, betont; **ˌos·tenˈta·tious·ness** [-ʃəsnɪs] → ***ostentation***.
os·te·o·blast [ˈɒstɪəʊblɑːst] *s. biol.* Knochenbildner *m*; **os·te·oc·la·sis** [ˌɒstɪˈɒkləsɪs] *s.* ⚕ (operaˈtive) ˈKnochenfrakˌtur; **os·te·ol·o·gy** [ˌɒstɪˈɒlədʒɪ] *s.* Knochenlehre *f*; **os·te·o·ma** [ˌɒstɪˈəʊmə] *s.* ⚕ Osteˈom *n*, gutartige Knochengeschwulst; **os·te·o·ma·la·ci·a** [ˌɒstɪəʊməˈleɪʃɪə] *s.* ⚕ Knochenerweichung *f*; **ˈos·te·o·path** [-ɪəʊpæθ] *s.* ⚕ Osteoˈpath *m*.
ost·ler [ˈɒslə] *s.* Stallknecht *m*.
os·tra·cism [ˈɒstrəsɪzəm] *s.* **1.** *antiq.* Scherbengericht *n*; **2.** *fig.* a) Verbannung *f*, b) Ächtung *f*; **ˈos·tra·cize** [-saɪz] *v/t.* **1.** verbannen (*a. fig.*); **2.** *fig.* ächten, (aus der Gesellschaft) ausstoßen, verfemen.
os·trich [ˈɒstrɪtʃ] *s. orn.* Strauß *m*; ***~ pol·i·cy*** *s.* Vogel-ˈStrauß-Poliˌtik *f*.
oth·er [ˈʌðə] **I** *adj.* **1.** ander; **2.** (*vor s. im pl.*) andere, übrige: ***the ~ guests***; **3.** ander, weiter, sonstig: ***one ~ person*** e-e weitere Person, (noch) j-d anders; **4.** anders (***than*** als): ***no person ~ than yourself*** niemand außer dir; **5.** (***from, than***) anders (als), verschieden (von); **6.** zweit (*nur in*): ***every ~*** jeder (jede, jedes) zweite; ***every ~ day*** jeden zweiten Tag; **7.** (*nur in*): ***the ~ day*** neulich, kürzlich; ***the ~ night*** neulich abends; **II** *pron.* **8.** ander: ***the ~*** der (die, das) andere; ***each ~*** einander; ***the two ~s*** die beiden anderen; ***of all ~s*** vor allen anderen; ***no*** (*od.* ***none***) ***~ than*** kein anderer als; ***some day*** (*od.* ***time***) ***or ~*** eines Tages, irgendeinmal; ***some way or ~*** irgendwie, auf irgendeine Weise; → ***someone*** I; **III** *adv.* **9.** anders (***than*** als); **ˈ~·wise** [-waɪz] *adv.* **1.** (*a. cj.*) sonst, andernfalls; **2.** sonst, im übrigen: ***stupid but ~ harmless***; **3.** anderweitig: ***~ occupied***; ***unless you are ~ engaged*** wenn du nichts anderes vorhast; **4.** anders (***than*** als): ***we think ~*** wir denken anders; ***berries edible and ~*** eßbare u. nicht eßbare Beeren; **ˌ~ˈworld** *adj.* jenseitig; **ˌ~ˈworld·ly** *adj.* **1.** jenseitig, Jenseits…; **2.** auf das Jenseits gerichtet; **3.** weltfremd.
o·ti·ose [ˈəʊʃɪəʊs] *adj.* □ müßig: a) untätig, b) zwecklos.

o·to·lar·yn·gol·o·gist ['əʊtəʊˌlærɪŋ'gɒlədʒɪst] *s.* ⚕ Hals-Nasen-Ohren-Arzt *m*; **o·tol·o·gy** [əʊ'tɒlədʒɪ] *s.* Ohrenheilkunde *f*; **o·to·rhi·no·lar·yn·gol·o·gist** ['əʊtəʊˌraɪnəʊˌlærɪŋ'gɒlədʒɪst] → ***otolaryngologist***; **o·to·scope** ['əʊtəskəʊp] *s.* ⚕ Ohr(en)spiegel *m*.

ot·ter ['ɒtə] *s.* **1.** *zo.* Otter *m*; **2.** Otterfell *n*, -pelz *m*; '**~·hound** *s. hunt.* Otterhund *m*.

Ot·to·man ['ɒtəʊmən] **I** *adj.* **1.** os'manisch, türkisch; **II** *s. pl.* **-mans 2.** Os'mane *m*, Türke *m*; **3.** ♀ Otto'mane *f* (*Sofa*).

ouch [aʊtʃ] *int.* autsch!, au!

ought¹ [ɔːt] **I** *v/aux. ich, er, sie, es* sollte, *du* solltest, *ihr* solltet, *wir, sie, Sie* sollten: ***he ~ to do it*** er sollte es (eigentlich) tun; ***he ~ (not) to have seen it*** er hätte es (nicht) sehen sollen; ***you ~ to have known better*** du hättest es besser wissen sollen *od.* müssen; **II** *s.* (mo'ralische) Pflicht.

ought² [ɔːt] *s.* Null *f*.

ought³ [ɔːt] → ***aught***.

ounce¹ [aʊns] *s.* **1.** Unze *f* (*28,35 g*): ***by the ~*** nach (dem) Gewicht; **2.** *fig. ein* bißchen, Körnchen *n* (*Wahrheit etc.*): ***an ~ of practice is worth a pound of theory*** Probieren geht über Studieren.

ounce² [aʊns] *s.* **1.** *zo.* Irbis *m* (*Schneeleopard*); **2.** *poet.* Luchs *m*.

our ['aʊə] *poss. adj.* unser: ♀ ***Father*** *das* Vaterunser; **ours** ['aʊəz] *poss. pron.* **1.** *der* (*die, das*) uns(e)re: ***I like ~ better*** mir gefällt das unsere besser; ***a friend of ~*** ein Freund von uns; ***this world of ~*** diese unsere Welt; ***~ is a small group*** unsere Gruppe ist klein; **2.** unser, *der* (*die, das*) uns(e)re: ***it is ~*** es gehört uns, es ist unser; **ˌour'self** *pron.*: ***We*** ♀ Wir höchstselbst; **ˌour'selves** *pron.* **1.** *refl.* uns (selbst): ***we blame ~*** wir geben uns (selbst) die Schuld; **2.** (wir) selbst: ***let us do it ~***; **3.** uns (selbst): ***good for the others, not for ~*** gut für die andern, nicht für uns (selbst).

oust [aʊst] *v/t.* **1.** vertreiben, entfernen, verdrängen, hin'auswerfen (***from*** aus): ***~ s.o. from office***; ***~ from the market*** ✝ vom Markt verdrängen; **2.** ⚖ enteignen, um den Besitz bringen; **3.** berauben (***of*** *gen.*); '**oust·er** [-tə] *s.* ⚖ a) Enteignung *f*, b) Besitzvorenthaltung *f*.

out [aʊt] **I** *adv.* **1.** (*a. in Zssgn mit vb.*) hin'aus (*-gehen, -werfen etc.*), her'aus (*-kommen, -schauen etc.*), aus (*-brechen, -pumpen, -sterben etc.*): ***voyage ~*** Ausreise *f*; ***way ~*** Ausgang *m*; ***on the way ~*** beim Hinausgehen; ***~ with him!*** hinaus mit ihm!; ***~ with it!*** hinaus *od.* heraus damit!; ***have a tooth ~*** sich e-n Zahn ziehen lassen; ***insure ~ and home*** ✝ hin u. zurück versichern; ***have it ~ with s.o.*** *fig.* die Sache mit j-m ausfechten; ***that's ~!*** das kommt nicht in Frage!; **2.** außen, draußen, fort: ***some way ~*** ein Stück draußen; ***he is ~*** er ist draußen; **3.** nicht zu Hause, ausgegangen: ***be ~ on business*** geschäftlich verreist sein; ***a day ~*** ein freier Tag; ***an evening ~*** ein Ausgeh-Abend *m*; ***be ~ on account of illness*** wegen Krankheit der Arbeit fernbleiben; **4.** ausständig (*Arbeiter*): ***be ~*** streiken; **5.** a) ins Freie, b) draußen, im Freien, c) ⚓ draußen, auf See, d) ⚔ im Felde; **6.** a) ausgeliehen (*Buch*), b) verliehen (*Geld*), c) verpachtet, vermietet, d) (*aus dem Gefängnis etc.*) entlassen; **7.** her'aus *sein*: a) (***just***) ***~*** (soeben) erschienen (*Buch*), b) in Blüte (*Blumen*), entfaltet (*Blüte*), c) ausgeschlüpft (*Küken*), d) verrenkt (*Glied*), e) *fig.* enthüllt (*Geheimnis*): ***the girl is not yet ~*** das Mädchen ist noch nicht in die Gesellschaft eingeführt (worden); → ***blood*** 3, ***murder*** 1; **8.** *sport* aus, draußen: a) nicht (mehr) im Spiel, b) im Aus; **9.** *Boxen*: ausgezählt, kampfunfähig; **10.** *pol.* draußen, raus, nicht (mehr) im Amt, nicht (mehr) am Ruder; **11.** aus der Mode; **12.** aus, vor'bei (*zu Ende*): ***before the week is ~*** vor Ende der Woche; **13.** aus, erloschen (*Feuer, Licht*); **14.** aus(gegangen), verbraucht: ***the potatoes are ~***; **15.** aus der Übung: ***my hand is ~***; **16.** zu Ende, bis zum Ende, ganz: ***hear s.o. ~*** j-n bis zum Ende *od.* ganz anhören; **17.** ausgetreten, über die Ufer getreten (*Fluß*); **18.** löch(e)rig, 'durchgescheuert; → ***elbow*** 1; **19.** ärmer um *1 Dollar etc.*; **20.** unrichtig, im Irrtum (befangen): ***his calculations are ~*** s-e Berechnungen stimmen nicht; ***be (far) ~*** sich (gewaltig) irren, (ganz) auf dem Holzweg sein; **21.** entzweit, verkracht: ***be ~ with s.o.***; **22.** laut *lachen etc.*; **23.** ***~ for*** auf *e-e Sache* aus, auf der Jagd *od.* Suche nach: ***~ for prey*** auf Raub aus; **24.** ***~ to do s.th.*** darauf aus, et. zu tun; **25.** (*bsd. nach sup.*) *das Beste etc.* weit u. breit; **26.** ***~ and about*** (wieder) auf den Beinen; ***~ and away*** bei weitem; ***~ and ~*** durch u. durch; ***~ of*** → 31; **II** *adj.* **27.** Außen...: ***~ edge***; ***~ party*** Oppositionspartei *f*; **28.** *sport* auswärtig, Auswärts... (*-spiel*); **29.** *Kricket*: nicht schlagend: ***~ side*** → 34; **30.** 'übernorˌmal, Über...; → ***outsize***; **III** *prp.* **31.** ***~ of*** a) aus (... her'aus), zu ... hin'aus, b) *fig.* aus *Furcht, Mitleid etc.*, c) aus, von: ***two ~ of three*** zwei von drei *Personen etc.*, d) außerhalb, außer *Reichweite, Sicht etc.*, e) außer *Atem, Übung etc.*, ohne: ***be ~ of s.th.*** et. nicht (mehr) haben, ohne et. sein; → ***money*** 1, ***work*** 1, f) aus *der Mode, Richtung etc.*, nicht gemäß: ***~ of drawing*** verzeichnet; → ***focus*** 1, ***hand*** *Redew.*, ***question*** 4, g) außerhalb (*gen. od.* von): ***6 miles ~ of Oxford***; ***~ of doors*** im Freien, ins Freie; ***be ~ of it*** nicht dabeisein (dürfen); ***feel ~ of it*** sich ausgeschlossen *od.* nicht zugehörig fühlen, h) um *et. betrügen*: ***cheat s.o. ~ of s.th.***, i) aus, von: ***get s.th. ~ of s.o.*** et. von j-m bekommen; ***he got more (pleasure) ~ of it*** er hatte mehr davon, j) *hergestellt* aus: ***made ~ of paper***; **IV** *s.* **32.** *typ.* Auslassung *f*, ‚Leiche' *f*; **33.** *Tennis etc.*: Ausball *m*; **34.** ***the ~s*** *Kricket etc.*: die 'Feldparˌtei; **35.** ***the ~s*** *parl.* die Oppositi'on; **36.** *Am.* F Ausweg *m*, Schlupfloch *n*; **37.** → ***outage*** 2; **V** *v/t.* **38.** F rausschmeißen; **39.** *sport*: a) *den Gegner* ausschalten, b) *Boxen*: k.'o. schlagen, c) *Tennis*: *Ball* ins Aus schlagen; **VI** *int.* **40.** hin'aus!, raus!

ˌout'act *v/t. thea. etc. j-n* ‚an die Wand spielen'.

out·age ['aʊtɪdʒ] *s.* **1.** fehlende Menge; **2.** ⚙ (Strom- *etc.*)Ausfall *m*.

ˌout|-and-'out *adj.* abso'lut, völlig: ***an ~ villain*** ein Erzschurke; **ˌ~-and-'out·er** *s. sl.* **1.** 'Hundertproˌzentige(r *m*) *f*, ‚Waschechte(r' *m*) *f*; **2.** *et.* 'Hundertproˌzentiges *od.* ganz Typisches *s-r Art*; '**~·back** *s.* (*bsd. der* australische) Busch, *das* Hinterland; **ˌ~'bal·ance** *v/t.* über'wiegen; **ˌ~'bid** *v/t.* [*irr.* → ***bid***] über'bieten (*a. fig.*); '**~·board** ⚓ **I** *adj.* Außenbord...: ***~ motor***; **II** *adv.* außenbords; '**~·bound** *adj.* **1.** ⚓ nach auswärts bestimmt *od.* fahrend, auslaufend, ausgehend; **2.** ✈ im Abflug; **3.** ✝ nach dem Ausland bestimmt; **ˌ~'box** *v/t. j-n* ausboxen, *im Boxen* schlagen; **ˌ~'brave** *v/t.* **1.** trotzen (*dat.*); **2.** an Kühnheit *od.* Glanz über'treffen; '**~·break** *s. allg.* Ausbruch *m*; '**~ˌbuild·ing** *s.* Außen-, Nebengebäude *n*; '**~·burst** *s.* Ausbruch *m* (*a. fig.*); '**~·cast I** *adj.* **1.** ausgestoßen, verstoßen; **II** *s.* **2.** Ausgestoßene(r *m*) *f*; **3.** Abfall *m*, Ausschuß *m*; **ˌ~'class** *v/t. j-m* weit über'legen sein, *j-n* weit über'treffen, *sport a. j-n* deklassieren; '**~ˌclear·ing** *s.* ✝ Gesamtbetrag *m* der Wechsel- u. Scheckforderungen e-r Bank an das ***Clearing-House***; '**~·come** *s.* Ergebnis *n*, Resul'tat *n*, Folge *f*; '**~·crop I** *s.* **1.** *geol.* a) Zu'tageliegen *n*, Anstehen *n*, b) Anstehendes *n*, Ausbiß *m*; **2.** *fig.* Zu'tagetreten *n*; **II** *v/i.* **ˌout'crop 3.** *geol.* zu'tage liegen *od.* treten (*a. fig.*); '**~·cry** *s.* Aufschrei *m*, Schrei *m* der Entrüstung; **ˌ~'dat·ed** *adj.* über'holt, veraltet; **ˌ~'dis·tance** *v/t.* (weit) über'holen *od.* hinter sich lassen (*a. fig.*); **ˌ~'do** *v/t.* [*irr.* → ***do¹***] über'treffen (***o.s.*** sich selbst); '**~·door** *adj.* Außen..., draußen, außerhalb des Hauses, im Freien: ***~ aerial*** Außen-, Hochantenne *f*; ***~ dress*** Ausgehanzug *m*; ***~ exercise*** Bewegung *f* im Freien; ***~ performance*** *thea.* Freiluftaufführung *f*; ***~ season*** *bsd. sport* Freiluftsaison *f*; ***~ shot*** *phot.* Außen-, Freilichtaufnahme *f*; **ˌ~'doors I** *adv.* **1.** draußen, im Freien; **2.** hin'aus, ins Freie; **II** *adj.* **3.** → ***outdoor***; **III** *s.* **4.** das Freie; die freie Na'tur.

out·er ['aʊtə] *adj.* Außen...: ***~ garments***, ***~ wear*** Oberbekleidung *f*; ***~ cover*** ✈ Außenhaut *f*; ***~ diameter*** äußerer Durchmesser; ***~ harbo(u)r*** ⚓ Außenhafen *m*; ***the ~ man*** der äußere Mensch; ***~ skin*** Oberhaut *f*, Epidermis *f*; ***~ space*** Weltraum *m*; ***~ surface*** Außenfläche *f*, -seite *f*; ***~ world*** Außenwelt *f*; '**~·most** *adj.* äußerst.

ˌout|'face *v/t.* **1.** Trotz bieten (*dat.*), mutig *od.* gefaßt begegnen (*dat.*): ***~ a situation*** e-r Lage Herr werden; **2.** *j-n* mit Blicken aus der Fassung bringen; '**~·fall** *s.* Mündung *f*; '**~·field** *s.* **1.** *Baseball u. Kricket*: a) Außenfeld *n*, b) Außenfeldspieler *pl.*; **2.** *fig.* fernes Gebiet; **3.** weitabliegende Felder *pl.* (*e-r Farm*); '**~ˌfield·er** *s.* Außenfeldspieler(in); **ˌ~'fight** *v/t.* niederkämpfen, schlagen; '**~ˌfight·er** *s.* Di'stanzboxer *m*; '**~·fit I** *s.* **1.** Ausrüstung *f*, -stattung *f*: ***travel(l)ing ~***; ***~ of tools*** Werkzeug *n*; ***cooking ~*** Kochutensilien *pl.*; ***puncture ~*** Reifenflickzeug *n*; ***the whole ~*** F der ganze Kram; **2.** F a) ⚒ Einheit *f*, ‚Haufen' *m*, b) Gruppe *f*, c) F ‚Verein' *m*, ‚Laden' *m*, Gesellschaft *f*; **II** *v/t.* **3.** ausrüsten, -statten; '**~ˌfit·ter** *s.* ✝ **1.** 'Ausrüstungsliefer,ant *m*; **2.** Herrenausstatter *m*; **3.** (Fach)Händler *m*: ***electrical ~*** Elektrohändler; **,~'flank** *v/t*. **1.** ⚔ die Flanke um'fassen von: ***~ing attack*** Umfassungsangriff *m*; **2.** *fig.* über'listen; **'~·flow** *s*. Ausfluß *m* (*a*. ⚕): ***~ of gold*** ♆ Goldabfluß *m*; **,~'gen·er·al** → ***outmanoeuvre***; **,~'go I** *v/t*. [*irr*. → ***go***] *fig*. über'treffen; über'listen; **II** *s*. **'out·go** *pl*. **'~·goes** ♆ Ausgaben *pl*.; **,~'go·ing I** *adj*. weggehend; 🚂, ⚓, *teleph. etc.* abgehend (*a. Verkehr*, ⚡, *Strom*); ausziehend (*Mieter*); zu'rückgehend (*Flut*); abtretend (*Regierung*): ***~ mail*** Postausgang *m*; **II** *s*. Ausgehen *n*; *pl*. ♆ Ausgaben *pl*.; **'~·group** *s*. Fremdgruppe *f*; **,~'grow** *v/t*. [*irr*. → ***grow***] **1.** schneller wachsen als, hin'auswachsen über (*acc*.); **2.** *j-m* über den Kopf wachsen; **3.** her'auswachsen aus *Kleidern*; **4.** *fig. Gewohnheit etc.* (mit der Zeit) ablegen, her'auswachsen aus; **'~·growth** *s*. **1.** na'türliche Folge, Ergebnis *n*; **2.** Nebenerscheinung *f*; **3.** ⚕ Auswuchs *m*; **'~·guard** *s*. ⚔ Vorposten *m*, Feldwache *f*; **,~-'Her·od** [-'herəd] *v/t*.: ***~ Herod*** der schlimmste Tyrann sein; **'~·house** *s*. **1.** Nebengebäude *n*, Schuppen *m*; **2.** *Am.* Außenabort *m*.

out·ing ['aʊtɪŋ] *s*. Ausflug *m*: ***go for an ~*** e-n Ausflug machen; ***works ~, company ~*** Betriebsausflug.

,out|'jump *v/t*. höher *od*. weiter springen als; **~'land·ish** [-'lændɪʃ] *adj*. **1.** fremdartig, seltsam, e'xotisch; **2.** a) unkultiviert, b) rückständig; **3.** abgelegen; **4.** ausländisch; **,~'last** *v/t*. über'dauern, -'leben.

out·law ['aʊtlɔ:] **I** *s*. **1.** *hist*. Geächtete(r *m*) *f*, Vogelfreie(r *m*) *f*; **2.** Ban'dit *m*, Verbrecher *m*; **3.** *Am*. bösartiges Pferd; **II** *v/t*. **4.** *hist*. ächten, für vogelfrei erklären; **5.** ⚖ *Am*. für verjährt erklären: ***~ed claim*** verjährter Anspruch; **6.** für ungesetzlich erklären, verbieten; *Krieg etc.* ächten; **'out·law·ry** [-rɪ] *s*. **1.** *hist*. a) Acht *f* (u. Bann *m*), b) Ächtung *f*; **2.** Verfemung *f*, Verbot *n*, Ächtung *f*; **3.** Ge'setzesmiß,achtung *f*; **4.** Verbrechertum *n*.

'out|·lay *s*. (Geld)Auslage(n *pl*.) *f*: ***initial ~*** Anschaffungskosten *pl*.; **'~·let** *s*. **1.** Auslaß *m*, Abzug *m*, Abzugsöffnung *f*, 'Durchlaß *m*; *mot*. Abluftstutzen *m*; **2.** ⚡ Steckdose *f*; *weitS*. (***electric ~***) Stromverbraucher *m*; **3.** *fig*. Ven'til *n*, Betätigungsfeld *n*: ***find an ~ for one's emotions*** s-n Gefühlen Luft machen können; **4.** ♆ a) Absatzmarkt *m*, -möglichkeit *f*, b) Großabnehmer *m*, c) Verkaufsstelle *f*; **'~·line I** *s*. **1.** a) 'Umriß(linie *f*) *m*, b) *mst pl*. 'Umrisse *pl*., Kon'turen *pl*., Silhou'ette *f*; **2.** *Zeichnen*: a) Kon'turzeichnung *f*, b) 'Umriß-, Kon'turlinie *f*; **3.** Entwurf *m*, Skizze *f*; **4.** (***of***) *fig*. 'Umriß *m* (von), 'Überblick *m* (über *acc*.); **5.** Abriß *m*, Auszug *m*: ***an ~ of history***; **II** *v/t*. **6.** entwerfen, skizzieren; *fig*. *a*. um'reißen, e-n 'Überblick geben über (*acc*.), in groben Zügen darstellen; **7.** die 'Umrisse zeigen von: ***~d against*** scharf abgehoben von; **,~-'live** *v/t*. *j-n od. et*. über'leben; *et*. über'dauern; **'~·look** *s*. **1.** Aussicht *f*, (Aus-) Blick *m*; *fig*. Aussichten *pl*.; **2.** *fig*. Auffassung *f*, Einstellung *f*; Ansichten *pl*., (Welt)Anschauung *f*; *pol*. Zielsetzung *f*; **3.** Ausguck *m*, Warte *f*; **4.** Wacht *f*, Wache *f*; **'~,ly·ing** *adj*. **1.** außerhalb *od*. abseits gelegen, entlegen, Außen...: ***~ district*** Außenbezirk *m*; **2.** *fig*. am Rande liegend, nebensächlich; **,~·ma'neu·ver** *Am*., **,~·ma'noeu,vre** *Brit*. *v/t*. ausmanövrieren (*a. fig. überlisten*); **,~'match** *v/t*. über'treffen, (aus dem Felde) schlagen; **,~'mod·ed** *adj*. 'unmo,dern, veraltet, über'holt; **'~·most** [-məʊst] *adj*. äußerst (*a. fig*.); **,~'number** *v/t*. an Zahl über'treffen, zahlenmäßig über'legen sein (*dat*.): ***be ~ed*** in der Minderheit sein.

,out-of|-'bal·ance [,aʊtəv-] *adj*. ⚙ unausgeglichen: ***~ force*** Unwuchtkraft *f*; **,~-'date** *adj*. veraltet, 'unmo,dern; **,~-'door(s)** → ***outdoor(s)***; **,~-'pock·et ex·pens·es** *s*. *pl*. Barauslagen *pl*.; **,~-the-'way** [,aʊtəvðə-] *adj*. **1.** abgelegen, versteckt; **2.** ausgefallen, ungewöhnlich; **3.** ungehörig; **,~-'town** *adj*. auswärtig: ***~ bank*** ♆ auswärtige Bank; ***~ bill*** Distanzwechsel *m*; **,~-'turn** *adj*. unangebracht, taktlos, vorlaut; **,~-'work pay** *s*. Er'werbslosenunter,stützung *f*.

,out|'pace *v/t*. *j-n* hinter sich lassen; **'~,pa·tient** *s*. ⚕ ambu'lanter Pati'ent: ***~ treatment*** ambulante Behandlung; **,~'play** *v/t*. besser spielen als, schlagen; **,~'point** *v/t*. *sport* nach Punkten schlagen; **'~·port** *s*. ⚓ **1.** Vorhafen *m*; **2.** abgelegener Hafen; **'~·pour**, **'~,pour·ing** *s*. Erguß *m* (*a. fig*.); **'~·put** *s*. Output *m*: a) ♆, ⚙ (Arbeits)Leistung *f*, b) ♆ Ausstoß *m*, Produkti'on *f*, Ertrag *m*, c) ⚒ Förderung *f*, Fördermenge *f*, d) ⚡ Ausgang(sleistung *f*) *m*, e) *Computer*: (Daten)Ausgabe *f*: ***~ capacity*** ⚙ Leistungsfähigkeit *f*, *e-r Maschine*: *a*. Stückleistung *f*; ***~ voltage*** ⚡ Ausgangsspannung *f*.

out·rage ['aʊtreɪdʒ] **I** *s*. **1.** Frevel(tat *f*) *m*, Greuel(tat *f*) *m*, Ausschreitung *f*, Verbrechen *n*, *a. fig*. Ungeheuerlichkeit *f*; **2.** (***on, upon***) Frevel(tat *f*) *m* (an *dat*.), Atten'tat *n* (auf *acc*.) (*bsd. fig*.): ***an ~ upon decency*** e-e grobe Verletzung des Anstandes; ***an ~ upon justice*** e-e Vergewaltigung der Gerechtigkeit; **3.** Schande *f*, Schmach *f*; **II** *v/t*. **4.** sich vergehen an (*dat*.), *j-m* Gewalt antun (*a. fig*.); **5.** *Gefühle etc.* mit Füßen treten, gröblich beleidigen *od*. verletzen; **6.** *j-n* em'pören, schockieren; **out·rageous** [aʊt'reɪdʒəs] *adj*. □ **1.** frevelhaft, abscheulich, verbrecherisch; **2.** schändlich, em'pörend, ungeheuerlich: ***~ behavio(u)r***; **3.** heftig, unerhört: ***~ heat***.

,out|'range *v/t*. **1.** ⚔ e-e größere Reichweite haben als; **2.** hin'ausreichen über (*acc*.); **3.** *fig*. über'treffen; **,~'rank** *v/t*. **1.** im Rang höherstehen als; **2.** *fig*. wichtiger sein als; **,~'reach** → ***outrange*** 2, 3; **,~'ride** *v/t*. [*irr*. → ***ride***] **1.** besser *od*. schneller reiten *od*. fahren als; **2.** ⚓ *e-n Sturm* ausreiten; **'~,rid·er** *s*. Vorreiter *m*; **'~,rig·ger** *s*. **1.** ⚓, ⚙ *u*. *Rudern*: Ausleger *m*; **2.** Auslegerboot *n*; **'~·right I** *adj*. **1.** völlig, gänzlich, to'tal: ***an ~ loss***; ***an ~ lie*** e-e glatte Lüge; **2.** vorbehaltlos, offen: ***an ~ refusal*** e-e glatte Weigerung; **3.** gerade (her)'aus, di'rekt; **II** *adv*. ***out'right*** **4.** → 1; **5.** ohne Vorbehalt, ganz: ***refuse ~*** rundweg ablehnen; ***sell ~*** fest verkaufen; **6.** auf der Stelle, so'fort: ***kill ~***; ***buy ~ Am***. gegen sofortige Lieferung kaufen; ***laugh ~*** laut lachen; **,~'ri·val** *v/t*. über'treffen, über'bieten (***in*** an *od*. in *dat*.), ausstechen; **,~'run I** *v/t*. [*irr*. → ***run***] **1.** schneller laufen als, (im Laufen) besiegen; **2.** *fig*. über'schreiten; **II** *s*. ***'outrun*** **3.** *Skisport*: Auslauf *m*; **'~,run·ner** *s*. **1.** (Vor)Läufer *m* (*Bedienter*); **2.** Leithund *m*; **,~'sell** *v/t*. [*irr*. → ***sell***] **1.** mehr verkaufen als; **2.** sich besser verkaufen als; mehr einbringen als; **'~·set** *s*. **1.** Anfang *m*, Beginn *m*: ***at the ~*** am Anfang; ***from the ~*** gleich von Anfang an; **2.** Aufbruch *m zu e-r Reise*; **,~'shine** [*irr*. → ***shine***] *v/t*. über'strahlen, *fig*. *a*. in den Schatten stellen.

,out'side I *s*. **1.** *das* Äußere (*a. fig*.), Außenseite *f*: ***on the ~ of*** außerhalb, jenseits (*gen*.); **2.** *fig. das* Äußerste: ***at the ~*** äußerstenfalls, höchstens; **3.** *sport* Außenstürmer *m*: ***~ right*** Rechtsaußen *m*; **II** *adj*. **4.** äußer, Außen... (*-antenne, -durchmesser etc*.), von außen: ***~ broker*** ♆ freier Makler; ***~ capital*** Fremdkapital *n*; ***an ~ opinion*** die Meinung e-s Außenstehenden; **5.** außerhalb, (dr)außen; **6.** *fig*. äußerst (*Schätzung, Preis*); **7.** ***~ chance*** winzige Chance, *sport* Außenseiterchance *f*; **III** *adv*. **8.** draußen, außerhalb: ***~ of*** a) außerhalb, b) *Am*. F außer, ausgenommen; **9.** her'aus, hin'aus; **10.** außen, an der Außenseite; **IV** *prp*. **11.** außerhalb, jenseits (*gen*.) (*a. fig*.); **,out'sid·er** *s*. **1.** *allg*. Außenseiter(in); **2.** ♆ freier Makler.

,out|'sit *v/t*. [*irr*. → ***sit***] länger sitzen (bleiben) als; **'~·size I** *s*. 'Übergröße *f* (*a. Kleidungsstück*); **II** *adj*. *a*. **'~·sized** 'übergroß, -dimensio,nal; **'~·skirts** *s*. *pl*. nahe Um'gebung, Stadtrand *m*, *a. fig*. Rand(gebiet *n*) *m*, Periphe'rie *f*; **,~'smart** → ***outwit***; **,~'speed** *v/t*. [*irr*. → ***speed***] schneller sein als.

,out|'spo·ken *adj*. □ offen, freimütig; unverblümt: ***she was very ~ about it*** sie äußerte sich sehr offen darüber; **,~'spo·ken·ness** [-'spəʊkənnɪs] *s*. Offenheit *f*, Freimütigkeit *f*; Unverblümtheit *f*.

,out'stand·ing *adj*. **1.** her'vorragend (*bsd. fig. Leistung, Spieler etc*.); *fig*. her'vorstechend (*Eigenschaft etc*.), promi'nent (*Persönlichkeit*); **2.** *bsd*. ♆ unerledigt, aus-, offenstehend (*Forderung etc*.), unbezahlt (*Zinsen*): ***~ capital stock*** ausgegebenes Aktienkapital; ***~ debts*** → **'out,stand·ings** *s*. *pl*. ♆ Außenstände *pl*., Forderungen *pl*.

,out|'stare *v/t*. mit e-m Blick aus der Fassung bringen; **'~,sta·tion** *s*. **1.** 'Außenstati,on *f*; **2.** *Funk*: 'Gegenstati,on *f*; **,~'stay** *v/t*. länger bleiben als; → ***welcome*** 1; **,~'stretch** *v/t*. ausstrecken; **,~'strip** *v/t*. über'holen, hinter sich lassen, *fig*. *a*. über'flügeln, (aus dem Feld) schlagen; **,~'swim** *v/t*. [*irr*. → ***swim***] schneller schwimmen als, schlagen; **,~'talk** *v/t*. in Grund u. Boden reden; ‚über'fahren'; **'~·turn** *s*. **1.** Ertrag *m*; **2.** ♆ Ausfall *m*: ***~ sample*** Ausfallmuster *n*; **,~'vote** *v/t*. über'stimmen.

out·ward ['aʊtwəd] **I** *adj*. □ → ***outwardly***; **1.** äußer, sichtbar; Außen...; **2.** äußerlich (*a*. ⚕ *u. fig. contp*.); **3.** nach (dr)außen gerichtet *od*. führend,

Aus(wärts)..., Hin...: **~ cargo**, **~ freight** ⚓ ausgehende Ladung, Hinfracht *f*; **~ journey** Aus-, Hinreise *f*; **~ trade** Ausfuhrhandel *m*; **II** *adv*. **4.** (nach) auswärts, nach außen: **clear ~** *Schiff* ausklarieren; → **bound²**; **'out·ward·ly** [-lɪ] *adv*. äußerlich; außen, nach außen (hin); **'out·ward·ness** [-nɪs] *s*. Äußerlichkeit *f*; äußere Form; **'out·wards** [-dz] → **outward** II.

ˌout|'wear *v/t*. [*irr*. → **wear**] **1.** abnutzen; **2.** *fig*. erschöpfen; **3.** *fig*. über'dauern, haltbarer sein als; **ˌ~'weigh** *v/t*. **1.** mehr wiegen als; **2.** *fig*. über'wiegen, gewichtiger sein als, *e-e Sache* aufwiegen; **ˌ~'wit** *v/t*. über'listen, ‚austricksen'; **'~·work** *s*. **1.** ⚔ Außenwerk *n*; *fig*. Bollwerk *n*; **2.** ✝ Heimarbeit *f*; **'~ˌwork·er** *s*. **1.** Außenarbeiter(in); **2.** Heimarbeiter(in); **'~·worn** *adj*., *pred*. **ˌout'worn** **1.** abgetragen, abgenutzt; **2.** veraltet, über'holt; **3.** erschöpft.

ou·zel ['u:zl] *s*. *orn*. Amsel *f*.

o·va ['əʊvə] *pl*. *von* **ovum**.

o·val ['əʊvl] **I** *adj*. o'val; **II** *s*. O'val *n*.

o·var·i·an [ˌəʊ'veərɪən] *adj*. **1.** *anat*. Eierstock(s)...; **2.** ⚘ Fruchtknoten...; **o·va·ri·tis** [ˌəʊvə'raɪtɪs] *s*. Eierstockentzündung *f*; **o·va·ry** ['əʊvərɪ] *s*. **1.** *anat*. Eierstock *m*; **2.** ⚘ Fruchtknoten *m*.

o·va·tion [əʊ'veɪʃn] *s*. Ovati'on *f*, begeisterte Huldigung.

ov·en ['ʌvn] *s*. **1.** Backofen *m*, -rohr *n*; **2.** ⚙ Ofen *m*; **'~·dry** *adj*. ofentrocken; **'~ˌread·y** *adj*. bratfertig; **'~·ware** *s*. feuerfestes Geschirr.

o·ver ['əʊvə] **I** *prp*. **1.** *Lage*: über (*dat*.): **the lamp ~ his head**; **be ~ the signature of Mr. N.** von Herrn N. unterzeichnet sein; **2.** *Richtung, Bewegung*: über (*acc*.), über (*acc*.) ... hin *od*. (hin-) 'weg: **jump ~ the fence**; **the bridge ~ the Danube** die Brücke über die Donau; **~ the radio** im Radio; **all ~ the town** durch die ganze *od*. in der ganzen Stadt; **from all ~ Germany** aus ganz Deutschland; **be all ~ s.o.** *sl*. ganz hingerissen sein von j-m; **3.** über (*dat*.), auf der anderen Seite von (*od*. *gen*.): **~ the sea** in Übersee, jenseits des Meeres; **~ the street** über die Straße, auf der anderen Seite; **~ the way** gegenüber; **4.** a) über *der Arbeit einschlafen etc*., bei *e-m Glase Wein etc*., b) über (*acc*.), wegen: **laugh ~** über *et*. lachen; **5.** *Herrschaft, Rang*: über (*dat*. *od*. *acc*.): **be ~ s.o.** über j-m stehen; **6.** über (*acc*.), mehr als: **~ a mile**: **~ and above** zusätzlich zu, außer; → 21; **7.** über (*acc*.), während (*gen*.): **~ the weekend**; **~ night** die Nacht über; **8.** durch: **he went ~ his notes** er ging seine Notizen durch; **II** *adv*. **9.** hin'über, dar'über: **he jumped ~**; **10.** hin'über (**to** zu), auf die andere Seite; **11.** her'über: **come ~** herüberkommen (*a. weitS. zu Besuch*); **12.** drüben: **~ there** da drüben; **~ against** gegenüber (*dat*.; *a. fig. im Gegensatz zu*); **13.** (*genau*) dar'über: **the bird is directly ~**; **14.** über (*acc*.) ...; dar'über...(*-decken*, *-legen etc*.); über'...: **to paint ~** *et*. übermalen; **15.** (*mst in Verbindung mit vb*.) a) über'... (*-geben etc*.): **hand s.th. ~**, b) 'über... (*-kochen etc*.): **boil ~**; **16.** (*oft in Verbindung mit vb*.) a) 'um... (*-fallen*, *-werfen etc*.), b) (her)'um... (*-drehen etc*.): **see ~!** siehe umstehend; **17.** 'durch(weg), vom Anfang bis zum Ende: **the world ~** a) in der ganzen Welt, b) durch die ganze Welt; **read s.th. ~** *et*. (ganz) durchlesen; **18.** (gründlich) über'... (*-denken*, *-legen*): **think s.th. ~**; **talk s.th. ~** et. durchsprechen; **19.** nochmals, wieder: **do s.th. ~**; (**all**) **~ again** nochmals, (ganz) von vorn; **~ and ~** (**again**) immer wieder; **ten times ~** zehnmal hintereinander; **20.** 'übermäßig, allzu *sparsam etc*., 'über...(*-vorsichtig etc*.); **21.** dar'über, mehr: **10 years and ~** 10 Jahre und darüber; **~ and above** außerdem, überdies; → 6; **22.** übrig, über: **left ~** übrig (-gelassen *od*. -geblieben); **have s.th. ~** et. übrig haben; **23.** zu Ende, vor'über, vor'bei: **the lesson is ~**; **~ with** F erledigt, vorüber; **it's all ~** es ist aus und vorbei; **get s.th. ~** (**and done**) **with** F et. hinter sich bringen; *Funk*: **~!** over!, Ende!; **~ and out!** over and out!, Ende (*der Gesamtdurchsage*)!

ˌo·ver|-a'bun·dant [-vərə-] *adj*. □ 'überreich(lich), 'übermäßig; **ˌ~'act** [-vər'æ-] **I** *v/t*. *e-e Rolle* über'treiben, über'spielen; **II** *v/i*. (s-e Rolle) über'treiben; **'~·all** [-ərɔ:l] **I** *adj*. **1.** gesamt, Gesamt...: **~ length**; **~ efficiency** ⚙ Totalnutzeffekt *m*; **II** *s*. **2.** *a*. *pl*. Arbeits-, Mon'teur-, Kombinati'onsanzug *m*; (*Arzt- etc*.)Kittel *m*; **3.** *Brit*. Kittelschürze *f*; **4.** *pl*. *obs*. 'Überzieh-, Arbeitshose *f*; **ˌ~a'chiev·er** *s*. Überflieger *m*; **ˌ~-am'bi·tious** [-əræ-] *adj*. □ allzu ehrgeizig; **ˌ~'anx·ious** [-ər'æ-] *adj*. □ **1.** 'überängstlich; **2.** allzu begierig; **'~-arm stroke** [-ərɑ:m] *s*. *Schwimmen*: Hand-über-'Hand-Stoß *m*; **ˌ~'awe** [-ər'ɔ:] *v/t*. **1.** einschüchtern; **2.** tief beeindrucken; **ˌ~'bal·ance** **I** *v/t*. **1.** über'wiegen (*a. fig*.); **2.** 'umstoßen, -kippen; **II** *v/i*. **3.** 'umkippen, das 'Übergewicht bekommen; **III** *s*. **'overbalance** **4.** 'Übergewicht *n*; **5.** ✝ 'Überschuß *m*: **~ of exports**; **ˌ~'bear** *v/t*. [*irr*. → **bear¹**] **1.** niederdrücken; **2.** über'winden; **3.** tyrannisieren; **4.** *fig*. schwerer wiegen als; **ˌ~'bear·ance** *s*. Anmaßung *f*, Arro'ganz *f*; **ˌ~'bear·ing** *adj*. □ **1.** anmaßend, arro'gant, hochfahrend; **2.** von über'ragender Bedeutung; **ˌ~'bid** *v/t*. [*irr*. → **bid**] **1.** ✝ über'bieten; **2.** *Bridge*: über'reizen; **'~·blouse** *s*. Kasackbluse *f*; **ˌ~'blown** *adj*. **1.** am Verblühen (*a. fig*.); **2.** ♪ über'blasen (*Ton*); **3.** *metall*. 'übergar (*Stahl*); **4.** *fig*. schwülstig; **'~·board** *adv*. ⚓ über Bord: **throw ~** über Bord werfen (*a. fig*.); **go ~** (**about** *od*. **for**) F hingerissen sein (von); **ˌ~'brim** *v/i*. *u*. *v/t*. 'überfließen (lassen); **ˌ~'build** *v/t*. [*irr*. → **build**] **1.** über'bauen; **2.** zu dicht bebauen; **3. ~ o.s.** sich ‚verbauen'; **ˌ~'bur·den** *v/t*. über'bürden, -'laden, -'lasten; **ˌ~'bus·y** *adj*. **1.** zu sehr beschäftigt; **2.** 'übergeschäftig; **ˌ~'buy** [*irr*. → **buy**] ✝ **I** *v/t*. zu viel kaufen von; **II** *v/i*. zu teuer *od*. über Bedarf (ein)kaufen; **ˌ~-ca'pac·i·ty** *s*. Überkapazität *f*; **ˌ~-'cap·i·tal·ize** *v/t*. ✝ **1.** e-n zu hohen Nennwert für das 'Stammkapiˌtal *e-s Unternehmens* angeben: **~ a firm**; **2.** 'überkapitalisieren; **ˌ~'cast** **I** *v/t*. [*irr*. → **cast**] **1.** *mit Wolken* über'ziehen, bedecken, verdunkeln, trüben (*a. fig*.); **2.** *Naht* um'stechen; **II** *v/i*. [*irr*. → **cast**] **3.** sich bewölken, sich beziehen (*Himmel*); **III** *adj*. **'overcast** **4.** bewölkt, bedeckt (*Himmel*); **5.** trüb(e), düster (*a. fig*.); **6.** über'wendlich (genäht); **ˌ~'charge** **I** *v/t*. **1.** a) *j-m* zu'viel berechnen, b) *e-n Betrag* zu'viel verlangen, c) zu'viel anrechnen *od*. verlangen für *et*.; **2.** ⚙, ⚡ über'laden (*a. fig*.); **II** *s*. **3.** ✝ a) Mehrbetrag *m*, Aufschlag *m*: **~ for arrears** Säumniszuschlag *m*, b) Über'forderung *f*, Über'teuerung *f*; **4.** Über'ladung *f*, 'Überbelastung *f*; **ˌ~'cloud** → **overcast** 1, 3; **'~·coat** *s*. Mantel *m*; **ˌ~'come** [*irr*. → **come**] **I** *v/t*. über'winden, -'wältigen, -'mannen, bezwingen; *e-r Sache* Herr werden: **he was ~ with** (*od*. **by**) **emotion** er wurde von s-n Gefühlen übermannt; **II** *v/i*. siegen, triumphieren: **we shall ~!**; **ˌ~'com·pen·sate** *v/t*. *psych*. 'überkompensieren; **ˌ~-'con·fi·dence** *s*. **1.** übersteigertes Selbstvertrauen *od*. -bewußtsein; **2.** zu großes Vertrauen; **3.** zu großer Opti'mismus; **ˌ~-'con·fi·dent** *adj*. □ **1.** allzu'sehr vertrauend (**of** auf *acc*.); **2.** über'trieben selbstbewußt; **3.** (all)zu opti'mistisch; **ˌ~'crop** *v/t*. ⸕ Raubbau treiben mit; **ˌ~'crowd** *v/t*. über'füllen: **~ed profession** überlaufener Beruf; **ˌ~-de'vel·op** *v/t*. *bsd. phot*. 'überentwickeln; **ˌ~'do** *v/t*. [*irr*. → **do¹**] **1.** über'treiben, zu weit treiben; **2.** *fig*. zu weit gehen mit *od*. in (*dat*.), *et*. zu arg treiben: **~ it** (*od*. **things**) a) zu weit gehen, b) des Guten zuviel tun; **3.** 'überbeanspruchen; **4.** zu stark *od*. zu lange kochen *od*. braten; **ˌ~'done** *adj*. 'übergar; **'~·dose** **I** *s*. 'Überdosis *f*; **II** *v/t*. **ˌover'dose** a) *j-m* e-e zu starke Dosis geben, b) *et*. 'überdosieren; **'~·draft** *s*. ✝ a) ('Konto)Überˌziehung *f*, b) Über'ziehung *f*, über'zogener Betrag; **ˌ~'draw** *v/t*. [*irr*. → **draw**] **1.** *Konto* über'ziehen; **2.** *Bogen* über'spannen; **3.** *fig*. über'treiben; **ˌ~'dress** *v/t*. *u*. *v/i*. (sich) über'trieben anziehen; **ˌ~'drive** **I** *v/t*. [*irr*. → **drive**] **1.** abschinden, -hetzen; **2.** *et*. zu weit treiben; **II** *s*. **'overdrive** **3.** *mot*. Overdrive *m*, Schnell-, Schongang *m*; **ˌ~'due** *adj*. 'überfällig (*a*. 🚂, ✝): **the train is ~** der Zug hat Verspätung; **she is ~** sie müßte längst hier sein; **ˌ~'eat** [-ər'i:t] *v/i*. [*irr*. → **eat**] (*a*. **~ o.s.**) sich über'essen; **ˌ~'em·pha·size** [-ər'e-] *v/t*. 'überbetonen; **ˌ~-em'ploy·ment** *s*. Überbeschäftigung *f*; **ˌ~-'es·ti·mate** [-ər'estɪmeɪt] **I** *v/t*. über'schätzen, 'überbewerten; **II** *s*. [-mət] Über'schätzung *f*; **ˌ~-ex'cite** [-vərɪ-] *v/t*. **1.** über'reizen; **2.** ⚡ 'übererregen; **ˌ~-ex'ert** [-vərɪ-] *v/t*. über'anstrengen; **ˌ~-ex'pose** [-vərɪ-] *v/t*. *phot*. 'überbelichten; **ˌ~-ex'po·sure** [-vərɪ-] *s*. *phot*. 'Überbelichtung *f*; **ˌ~-fa'tigue** **I** *v/t*. über'müden, über'anstrengen; **II** *s*. Über'müdung *f*; **ˌ~'feed** *v/t*. [*irr*. → **feed**] über'füttern, 'überernähren; **ˌ~-fer·ti·li'za·tion** *s*. Überdüngung *f*; **ˌ~'fish·ing** *s*. Überfischen *n*; **ˌ~'flow** **I** *v/i*. **1.** 'überlaufen, 'überfließen, 'überströmen, sich ergießen (**into** in *acc*.); **2.** *fig*. 'überquellen (**with** von); **II** *v/t*. **3.** über'fluten, über'schwemmen; **4.** nicht mehr Platz finden in (*e-m Saal etc*.); **III** *s*. **'overflow** **5.** Über'schwemmung *f*, 'Überfließen *n*; **6.** ⚙ a) *a*. ⚡ 'Überlauf *m*, b) *a*. **~ pipe**

Überlaufrohr *n*, c) *a.* **~ *basin*** 'Überlaufbasˌsin *n*: **~ *valve*** Überströmventil *n*; **7.** 'Überschuß *m*: **~ *meeting*** Parallelversammlung *f*; **ˌ~'flow·ing I** *adj.* **1.** 'überfließend, -quellend, -strömend (*a. fig. Güte, Herz etc.*); **2.** 'überreich (*Ernte etc.*); **II** *s.* **3.** 'Überfließen *n*: ***full to ~*** voll (bis) zum Überlaufen, *weitS.* zum Platzen voll; **ˌ~'fly** *v/t.* [*irr.* → ***fly***[1]] über'fliegen; **ˌ~'fond** *adj.*: ***be ~ of doing s.th.*** et. leidenschaftlich gern tun; **'~·freight** *s.* ⚚ 'Überfracht *f*; **'~·ground** *adj.* über der Erde (befindlich); **ˌ~'grow** *v/t.* [*irr.* → ***grow***] **1.** über'wachsen, -'wuchern; **2.** hin'auswachsen über (*acc.*), zu groß werden für; **ˌ~'grown** *adj.* **1.** über'wachsen; **2.** 'übermäßig gewachsen, 'übergroß; **'~·growth** *s.* **1.** Über'wucherung *f*; **2.** 'übermäßiges Wachstum; **'~·hand** *adj. u. adv.* **1.** *Schlag etc.* von oben; **2.** *sport* 'überhand: **~ *stroke*** a) *Tennis*: Überhandschlag *m*, b) *Schwimmen*: Hand-über-Hand-Stoß *m*; **~ *service*** Hochaufschlag *m*; **3.** *Näherei*: über'wendlich; **ˌ~'hang I** *v/t.* [*irr.* → ***hang***] **1.** her'vorstehen *od.* -ragen *od.* 'überhängen über (*acc.*); **2.** *fig.* (drohend) schweben über (*dat.*), drohen (*dat.*); **II** *v/i.* [*irr.* → ***hang***] **3.** 'überhängen, -kragen (*a.* △), her'vorstehen, -ragen; **III** *s.* ***'overhang*** **4.** 'Überhang *m* (*a.* △, ⚓, ✈); ⚙ Ausladung *f*; **ˌ~-'hap·py** *adj.* 'überglücklich; **ˌ~-'hast·y** *adj.* über'eilt; **ˌ~'haul I** *v/t.* **1.** ⚙ *Maschine etc.* (gene'ral)überˌholen, (*a. fig.*) gründlich über'prüfen (*a. fig.*) u. in'stand setzen; **2.** ⚓ *Tau, Taljen etc.* 'überholen; **3.** a) einholen, b) über'holen; **II** *s.* ***'overhaul*** **4.** ⚙ Über'holung *f*, gründliche Über'prüfung (*a. fig.*); **'~·head I** *adj.* **1.** oberirdisch, Frei…, Hoch…(*-antenne*, *-behälter etc.*): **~ *line*** Frei-, Oberleitung *f*; **~ *railway*** Hochbahn *f*; **2.** *mot.* a) obengesteuert (*Motor*, *Ventil*), b) obenliegend (*Nockenwelle*); **3.** allgemein, Gesamt…: **~ *costs***, **~ *expenses*** → 5; **4.** *sport*: a) **~ *stroke*** → 6, b) **~ *kick*** (Fall-) Rückzieher *m*; **II** *s.* **5.** *a. pl.* allgemeine Unkosten *pl.*, Gemeinkosten *pl.*, laufende Geschäftskosten *pl.*; **6.** *Tennis*: Über'kopfball *m*; **III** *adv.* ***ˌover'head*** **7.** (dr)oben: ***works ~!*** Vorsicht, Dacharbeiten!; **ˌ~'hear** *v/t.* [*irr.* → ***hear***] belauschen, (zufällig) (mit'an)hören; **ˌ~'heat I** *v/t. Motor etc.*, *a. fig.* über'hitzen, *Raum* über'heizen: **~ *itself*** → II; **II** *v/i.* ⚙ heißlaufen; **'~·house** *adj.* Dach…(*-antenne etc.*); **ˌ~'hung** *adj.* ⚙ fliegend (angeordnet), freitragend; 'überhängend; **ˌ~·in'dulge** [-vərɪ-] **I** *v/t.* **1.** zu nachsichtig behandeln; **2.** *e-r Leidenschaft etc.* 'übermäßig frönen; **II** *v/i.* **3.** **~ *in*** sich allzu'sehr ergehen in (*dat.*); **ˌ~·in'dul·gence** [-vərɪ-] *s.* **1.** zu große Nachsicht; **2.** 'übermäßiger Genuß; **ˌ~-in'dul·gent** [-vərɪ-] *adj.* allzu nachsichtig; **ˌ~·in'sure** [-vərɪ-] *v/t. u. v/i.* (sich) 'überversichern; **ˌ~-'is·sue** [-ər'ɪ-] **I** *s.* 'Überemissiˌon *f*; **II** *v/t.* zu'viel *Banknoten etc.* ausgeben; **ˌ~'joyed** [-'dʒɔɪd] *adj.* außer sich vor Freude, 'überglücklich; **'~·kill** *s.* **1.** ⚔ Overkill *m*; **2.** *fig.* 'Übermaß *n*, Zu'viel *n* (***of*** an *dat.*); **ˌ~'lad·en** *adj.* über'laden (*a. fig.*); **ˌ~'land I** *adv.* über Land, auf dem Landweg; **II** *adj.* ***'overland*** Überland…: **~ *route*** Landweg *m*; **~ *transport*** Überland-, Fernverkehr *m*; **ˌ~'lap I** *v/t.* **1.** 'übergreifen auf (*acc.*) *od.* in (*acc.*), sich über'schneiden mit, teilweise zs.-fallen mit; ⚙ über'lappen; **2.** hin'ausgehen über (*acc.*); **II** *v/i.* **3.** sich *od.* ein'ander über'schneiden, sich teilweise decken, auf- *od.* inein'ander 'übergreifen; ⚙ über'lappen, 'übergreifen; **III** *s.* ***'overlap*** **4.** 'Übergreifen *n*, Über'schneiden *n*; ⚙ Über'lappung *f*; **ˌ~'lay I** *v/t.* [*irr.* → ***lay***[1]] **1.** belegen; ⚙ über'lagern; **2.** über'ziehen (***with*** mit *Gold etc.*); **3.** *typ.* zurichten; **II** *s.* ***'overlay*** **4.** Bedekkung *f*: **~ *mattress*** Auflegematratze *f*; **5.** Auflage *f*, 'Überzug *m*; **6.** *typ.* Zurichtung *f*; **7.** Planpause *f*; **ˌ~'leaf** *adv.* 'umstehend, 'umseitig; **ˌ~'lie** *v/t.* [*irr.* → ***lie***[2]] **1.** liegen auf *od.* über (*dat.*); **2.** *geol.* über'lagern; **ˌ~'load I** *v/t.* über'laden, 'überbelasten, *a.* ⚡ über'lasten; **II** *s.* ***'overload*** 'Überbelastung *f*, -beanspruchung *f*, *a.* ⚡ Über'lastung *f*; **ˌ~'long** *adj. u. adv.* 'überlang, (all)zu lang; **ˌ~'look** *v/t.* **1.** *Fehler etc.* (geflissentlich) über'sehen, nicht beachten, *fig. a.* ignorieren, (nachsichtig) hin'wegsehen über (*acc.*); **2.** über'blicken; *weitS. a.* Aussicht gewähren auf (*acc.*); **3.** über'wachen; (prüfend) 'durchsehen; **'~·lord** *s.* Oberherr *m*; **'~·lord·ship** *s.* Oberherrschaft *f*.

o·ver·ly ['əʊvəlɪ] *adv.* allzu('sehr).

ˌo·ver|'ly·ing *adj.* da'rüberliegend; **'~·man** [-mæn] *s.* [*irr.*] Aufseher *m*, Vorarbeiter *m*; ⚒ Steiger *m*; **ˌ~-'manned** *adj.* 'überbelegt, zu stark bemannt; **ˌ~'much I** *adj.* allzu'viel; **II** *adv.* allzu('sehr, -'viel), 'übermäßig; **ˌ~-'nice** *adj.* 'überfein; **ˌ~'night I** *adv.* über Nacht; **II** *adj.* Nacht…; Übernachtungs…: **~ *lodgings***; **~ *bag*** Reisetasche *f*; **~ *case*** Handkoffer *m*; **~ *guests*** Übernachtungsgäste; **~ *stay*** Übernachtung *f*; **~ *stop*** Aufenthalt *m* für e-e Nacht; **'~·pass** *s.* ('Straßen-, 'Eisenbahn)ÜberˌführungF *f*; **ˌ~'pay** *v/t.* [*irr.* → ***pay***] **1.** zu teuer bezahlen; **2.** 'überreichlich belohnen; **3.** 'überbezahlen; **ˌ~'peo·pled** *adj.* über'völkert; **ˌ~·per'suade** *v/t. j-n* (gegen s-n Willen) über'reden; **ˌ~'play** *v/t.* **1.** über'treiben; **2.** **~ *one's hand*** *fig.* sich über'nehmen, es über'treiben; **'~·plus** *s.* 'Überschuß *m*; **'~ˌpop·u'la·tion** *s.* 'Über(be)völkerung *f*; **ˌ~'pow·er** *v/t.* über'wältigen (*a. fig.*); **ˌ~'print I** *v/t.* **1.** *typ.* a) über'drucken, b) e-e zu große Auflage drucken von; **2.** *phot.* 'überkopieren; **II** *s.* ***'overprint*** **3.** *typ.* 'Überdruck *m*; **4.** a) Aufdruck *m* (*auf Briefmarken*), b) Briefmarke *f* mit Aufdruck; **ˌ~·pro'duce** *v/t.* ⚚ 'überproduzieren; **ˌ~·pro'duc·tion** *s.* 'ÜberproduktiˌOn *f*; **ˌ~'proof** *adj.* 'überproˌzentig (*alkoholisches Getränk*); **ˌ~'rate** *v/t.* **1.** über'schätzen, 'überbewerten (*a. sport*); **2.** ⚚ zu hoch veranschlagen; **ˌ~'reach** *v/t.* **1.** zu weit gehen für: **~ *one's purpose*** *fig.* über sein Ziel hinausschießen; **~ *o.s.*** es zu weit treiben, sich übernehmen; **2.** *j-n* über'vorteilen, -'listen; **ˌ~·re'act** *v/i.* 'überreagieren; **ˌ~'ride** *v/t.* [*irr.* → ***ride***] **1.** über'reiten; **2.** *fig.* sich (rücksichtslos) hin'wegsetzen über (*acc.*); **3.** *fig.* 'umstoßen, aufheben, nichtig machen; **4.** den Vorrang haben vor (*dat.*); **ˌ~'rid·ing** *adj.* über'wiegend, hauptsächlich; vorrangig; **ˌ~'ripe** *adj.* 'überreif; **ˌ~'rule** *v/t.* **1.** *Vorschlag etc.* verwerfen, zu'rückweisen; ⚖ *Urteil* 'umstoßen; **2.** *fig.* die Oberhand gewinnen über (*acc.*); **ˌ~'ruling** *adj.* beherrschend, 'übermächtig; **ˌ~'run** *v/t.* [*irr.* → ***run***] **1.** *fig. Land etc.* über'fluten, -'schwemmen (*a. fig.*), einfallen in (*acc.*), über'rollen (*a. fig.*): ***be ~ with*** wimmeln von, überlaufen sein von; **2.** *fig.* rasch um sich greifen in (*dat.*); **3.** *typ.* um'brechen; **ˌ~'run·ning** *adj.* ⚙ Freilauf…, Überlauf…: **~ *clutch***; **ˌ~'sea I** *adv. a.* **ˌ~'seas** nach *od.* in 'Übersee; **II** *adj.* 'überseeisch, Übersee…; **ˌ~'see** *v/t.* [*irr.* → ***see***[1]] beaufsichtigen, über'wachen; **'~ˌse·er** [-ˌsɪə] *s.* **1.** Aufseher(in), In'spektor *m*, Inspek'torin *f*; **2.** Vorarbeiter(in); ⚒ Steiger *m*; **ˌ~-'sen·si·tive** *adj.* ☐ 'überempfindlich; **ˌ~'set** *v/t.* [*irr.* → ***set***] → ***upset***[1] I; **ˌ~'sew** *v/t.* [*irr.* → ***sew***] über'wendlich nähen; **ˌ~'sexed** *adj* sexbesessen; **ˌ~'shad·ow** *v/t.* **1.** *fig.* in den Schatten stellen; **2.** *bsd. fig.* über'schatten, e-n Schatten werfen auf (*acc.*), verdüstern; **'~·shoe** *s.* 'Überschuh *m*; **ˌ~'shoot** *v/t.* [*irr.* → ***shoot***] **1.** über *ein Ziel* hin'ausschießen (*a. fig.*): **~ *o.s.*** (*od.* ***the mark***) zu weit gehen, übers Ziel hinausschießen; **'~·shot** *adj.* oberschlächtig (*Wasserrad*, *Mühle*); **'~·sight** *s.* **1.** Versehen *n*: ***by an ~*** aus Versehen; **2.** Aufsicht *f*; **ˌ~'sim·pli·fy** *v/t.* (zu) grob vereinfachen; **'~·size** *s.* 'Übergröße *f*; **'~·size(d)** *adj.* 'übergroß; **~·slaugh** ['əʊvəslɔː] *v/t.* **1.** ⚔ abkommandieren; **2.** *Am. bei der Beförderung* über'gehen; **ˌ~'sleep I** *v/t.* [*irr.* → ***sleep***] *e-n Zeitpunkt* verschlafen: **~ *o.s.*** → II; **II** *v/i.* [*irr.* → ***sleep***] (sich) verschlafen; **'~·sleeve** *s.* Ärmelschoner *m*; **ˌ~'speed** *v/t.* [*irr.* → ***speed***] *den Motor* über'drehen; **ˌ~'spend** [*irr.* → ***spend***] **I** *v/i.* **1.** zuviel ausgeben; **II** *v/t.* **2.** *Ausgabensumme* über'schreiten; **3.** **~ *o.s.*** über s-e Verhältnisse leben; **'~·spill** *s.* (*bsd.* Be'völkerungs)ˌÜberschuß *m*; **ˌ~'spread** *v/t.* [*irr.* → ***spread***] **1.** über'ziehen, sich ausbreiten über (*acc.*); **2.** (***with***) über'ziehen *od.* bedekken (mit); **ˌ~'staffed** *adj.* (perso'nell) 'überbesetzt; **ˌ~'state** *v/t.* über'treiben: **~ *one's case*** in s-n Behauptungen zu weit gehen; **ˌ~'state·ment** *s.* Über'treibung *f*; **ˌ~'stay** *v/t.* *e-e Zeit* über'schreiten: **~ *one's time*** über s-e Zeit hinaus bleiben; → ***welcome*** 1; **ˌ~'steer** *v/i.* *mot.* über'steuern; **ˌ~'step** *v/t.* über'schreiten (*a. fig.*); **ˌ~'stock I** *v/t.* **1.** 'überreichlich eindecken, ⚚ *a.* 'überbeliefern, *den Markt* über'schwemmen: **~ *o.s.*** → 3; **2.** ⚚ in zu großen Mengen auf Lager halten; **II** *v/i.* **3.** sich zu hoch eindecken; **ˌ~'strain I** *v/t.* über'anstrengen, 'überstrapazieren (*a. fig.*): **~ *one's conscience*** übertriebene Skrupel haben; **II** *s.* ***'overstrain*** Über'anstrengung *f*; **ˌ~'strung** *adj.* **1.** über'reizt (*Nerven od. Person*); **2.** ***'overstrung*** ♪ kreuzsaitig (*Klavier*); **ˌ~·sub'scribe** *v/t.* ⚚ *Anleihe* über'zeichnen; **ˌ~·sub'scrip·tion** *s.* ⚚ Über'zeichnung *f*; **ˌ~-sup'ply** *s.* (***of*** an *dat.*) **1.** 'Überangebot *n*; **2.** zu großer Vorrat.

o·vert ['əʊvɜːt] *adj.* ☐ offen(kundig): **~ *act*** ⚖ Ausführungshandlung *f*; **~ *hos-***

tility offene Feindschaft; **~ market** † offener Markt.

ˌo·verˈ|ˈtake *v/t.* [*irr.* → **take**] **1.** einholen (*a. fig.*); **2.** überˈholen (*a. v/i.*); **3.** *fig.* überˈraschen, -ˈfallen; **4.** *Versäumtes* nachholen; **ˌ~ˈtask** *v/t.* **1.** überˈbürden; **2.** über *j-s* Kräfte gehen; **ˌ~ˈtax** *v/t.* **1.** ˈüberbesteuern; **2.** zu hoch einschätzen; **3.** ˈüberbeanspruchen, zu hohe Anforderungen stellen an (*acc.*); *Geduld* strapazieren: **~ one's strength** sich (kräftemäßig) übernehmen; **ˌ~-the-ˈcount·er** *adj.* **1.** † freihändig (*Effektenverkauf*): **~ market** Freiverkehrsmarkt *m*; **2.** *pharm.* reˈzeptfrei; **ˌ~ˈthrow I** *v/t.* [*irr.* → **throw**] **1.** (ˈum-)stürzen (*a. fig. Regierung etc.*); **2.** niederwerfen, besiegen; **3.** niederreißen, vernichten; **II** *s.* **ˈoverthrow 4.** Sturz *m*, Niederlage *f* (*e-r Regierung etc.*); **5.** Vernichtung *f*, ˈUntergang *m*; **ˈ~·time I** *s.* † a) ˈÜberstunden *pl.*, b) *a.* **~ pay** Mehrarbeitszuschlag *m*, ˈÜberstundenlohn *m*; **II** *adv.*: **work ~** Überstunden machen; **ˌ~ˈtire** *v/t.* überˈmüden; **ˈ~·tone** *s.* **1.** ♪ Oberton *m*; **2.** *fig.* a) ˈUnterton *m*, b) *pl.* Neben-, Zwischentöne *pl.*: **it had ~s of** es schwang darin et. mit von; **ˌ~ˈtop**, **ˌ~ˈtow·er** *v/t.* überˈragen (*a. fig.*); **ˌ~ˈtrain** *v/t. u. v/i.* ˈübertrainieren; **ˈ~·trump** *v/t. u. v/i.* überˈtrumpfen.

o·ver·ture [ˈəʊvəˌtjʊə] *s.* **1.** ♪ Ouverˈtüre *f*; **2.** *fig.* Einleitung *f*, Vorspiel *n*; **3.** (forˈmeller Heirats-, Friedens)Antrag *m*, Angebot *n*; **4.** *pl.* Annäherungsversuche *pl.*

ˌo·ver|ˈturn I *v/t.* (ˈum)stürzen (*a. fig.*); ˈumstoßen, -kippen; **II** *v/i.* ˈumkippen, -schlagen, -stürzen, kentern; **III** *s.* **ˈoverturn** (ˈUm)Sturz *m*; **ˌ~ˈval·ue** *v/t.* zu hoch einschätzen, ˈüberbewerten; **ˈ~·view** *s. fig.* ˈÜberblick *m*; **ˌ~ˈween·ing** *adj.* **1.** anmaßend, überˈheblich; **2.** überˈtrieben; **ˈ~·weight I** *s.* ˈÜbergewicht *n* (*a. fig.*); **II** *adj.* **ˌoverˈweight** ˈübergewichtig, mit ˈÜbergewicht.

o·ver·whelm [ˌəʊvəˈwelm] *v/t.* **1.** überˈwältigen, -ˈmannen (*bsd. fig.*); **2.** *fig. mit Fragen, Geschenken etc.* überˈschütten, -ˈhäufen: **~ed with work** überlastet; **3.** erdrücken; **o·verˈwhelm·ing** [-mɪŋ] *adj.* überˈwältigend.

o·ver|·wind [ˌəʊvəˈwaɪnd] *v/t.* [*irr.* → **wind²**] *Uhr etc.* überˈdrehen; **ˌ~ˈwork I** *v/t.* **1.** überˈanstrengen, mit Arbeit überˈlasten, ˈüberstrapazieren (*a. fig.*): **~ o.s.** → 2; **II** *v/i.* **2.** sich überˈarbeiten; **III** *s.* **3.** ˈArbeitsüberˌlastung *f*; **4.** Überˈarbeitung *f*; **ˌ~ˈwrought** *adj.* **1.** überˈarbeitet, erschöpft; **2.** überˈreizt; **ˌ~ˈzeal·ous** *adj.* ˈübereifrig.

o·vi·duct [ˈəʊvɪdʌkt] *s. anat.* Eileiter *m*; **ˈo·vi·form** [-ɪfɔːm] *adj.* eiförmig, oˈval; **o·vip·a·rous** [əʊˈvɪpərəs] *adj.* oviˈpar, eierlegend.

o·vo·gen·e·sis [ˌəʊvəʊˈdʒenɪsɪs] *s. biol.* Eibildung *f*; **o·void** [ˈəʊvɔɪd] *adj. u. s.* eiförmig(er Körper).

o·vu·lar [ˈɒvjʊlə] *adj. biol.* Ei..., Ovular...; **o·vu·la·tion** [ˌɒvjʊˈleɪʃn] *s.* Ovulatiˈon *f*, Eisprung *m*; **o·vule** [ˈəʊvjuːl] *s.* **1.** *biol.* Ovulum *n*, kleines Ei; **2.** ⚘ Samenanlage *f*; **o·vum** [ˈəʊvəm] *pl.* **o·va** [ˈəʊvə] *s. biol.* Ovum *n*, Ei(zelle *f*) *n*.

owe [əʊ] **I** *v/t.* **1.** *Geld, Achtung, e-e Erklärung etc.* schulden, schuldig sein: **~ s.o. a grudge** gegen j-n e-n Groll hegen; **you ~ that to yourself** das bist du dir schuldig; **2.** bei *j-m* Schulden haben (**for** für); **3.** *et.* verdanken, zu verdanken haben, Dank schulden für: **I ~ him much** ich habe ihm viel zu verdanken; **II** *v/i.* **4.** Schulden haben; **5.** die Bezahlung schuldig sein (**for** für); **ow·ing** [ˈəʊɪŋ] *adj.* **1.** geschuldet: **be ~** zu zahlen sein, noch offenstehen; **have ~** ausstehen haben; **2. ~ to** infolge (*gen.*), wegen (*gen.*), dank (*dat.*): **be ~ to** zurückzuführen sein auf (*acc.*), zuzuschreiben sein (*dat.*).

owl [aʊl] *s.* **1.** *orn.* Eule *f*; **2.** *fig.* ‚alte Eule' (*Person*): **wise old ~** ‚kluges Kind'; **owl·ish** [ˈaʊlɪʃ] *adj.* □ eulenhaft.

own [əʊn] **I** *v/t.* **1.** besitzen; **2.** *Erben, Kind, Schuld etc.* anerkennen; **3.** zugeben, (ein)gestehen, einräumen: **~ o.s. defeated** sich geschlagen geben; **II** *v/i.* **4.** sich bekennen (**to** zu): **~ to** → 3; **5. ~ up** es zugeben *od.* gestehen; **III** *adj.* **6.** eigen: **my ~ self** ich selbst; **~ brother to s.o.** j-s leiblicher Bruder; **7.** eigen (-artig), besonder: **it has a value all its ~** es hat e-n ganz besonderen *od.* eigenen Wert; **8.** selbst: **I cook my ~ breakfast** ich mache mir das Frühstück selbst; **9.** (innig) geliebt, einzig: **my ~ child!**; **IV** *s.* **10. my ~** a) mein Eigentum *n*, b) meine Angehörigen *pl.*: **may I have it for my ~?** darf ich es haben?; **come into one's ~** a) s-n rechtmäßigen Besitz erlangen, b) zur Geltung kommen; **she has a car of her ~** sie hat ein eigenes Auto; **he has a way of his ~** er hat e-e eigene Art; **on one's ~** F a) selbständig, unabhängig, ohne fremde Hilfe, b) von sich aus, aus eigenem Antrieb, c) auf eigene Verantwortung; **be left on one's ~** F sich selbst überlassen sein; **get one's ~ back** F sich revanchieren, sich rächen (**on** an *dat.*); → **hold** 20.

-owned [əʊnd] *adj. in Zssgn* gehörig, gehörend (*dat.*), in *j-s* Besitz: **state-~** staatseigen, Staats...

own·er [ˈəʊnə] *s.* Eigentümer(in), Inhaber(in); **at ~'s risk** † auf eigene Gefahr; **~-driver** j-d, der sein eigenes Auto fährt; **~-occupation** Eigennutzung *f* (*e-s Hauses etc.*); **ˈown·er·less** [-lɪs] *adj.* herrenlos; **ˈown·er·ship** [-ʃɪp] *s.* **1.** Eigentum(srecht) *n*, Besitzerschaft *f*; **2.** Besitz *m*.

ox [ɒks] *pl.* **ox·en** [ˈɒksn] *s.* **1.** Ochse *m*; **2.** (Haus)Rind *n*.

ox·a·late [ˈɒksəleɪt] *s.* ⚗ Oxaˈlat *n*; **ox·al·ic** [ɒkˈsælɪk] *adj.* ⚗ oˈxalsauer: **~ acid** Oxalsäure *f*.

Ox·bridge [ˈɒksbrɪdʒ] *s. Brit.* F (die Universiˈtäten) Oxford *u.* Cambridge *pl.*

Ox·ford| man *s.* [*irr.*] → **Oxonian** II; **~ move·ment** *s. eccl.* Oxfordbewegung *f*.

ox·i·dant [ˈɒksɪdənt] *s.* ⚗ Oxydatiˈonsmittel *n*; **ˈox·i·date** [-deɪt] → **oxidize**; **ox·i·da·tion** [ˌɒksɪˈdeɪʃn] *s.* ⚗ Oxydatiˈon *f*, Oxydierung *f*; **ox·ide** [ˈɒksaɪd] *s.* ⚗ Oˈxyd *n*; **ˈox·i·dize** [-daɪz] *v/t. u. v/i.* ⚗ oxydieren; **ˈox·i·diz·er** [-daɪzə] *s.* ⚗ Oxydatiˈonsmittel *n*.

ˈox·lip *s.* ⚘ Hohe Schlüsselblume.

Ox·o·ni·an [ɒkˈsəʊnjən] **I** *adj.* Oxforder, Oxford...; **II** *s.* Mitglied *n od.* Graduierte(r *m*) *f* der Universiˈtät Oxford; *weitS.* Oxforder(in).

ˈox·tail *s.* Ochsenschwanz *m*: **~ soup**.

ox·y·a·cet·y·lene [ˌɒksɪəˈsetɪliːn] *adj.* ⚗, ⚙ Sauerstoff-Azetylen...: **~ torch** *od.* **burner** Schweißbrenner *m*; **~ welding** Autogenschweißen *n*.

ox·y·gen [ˈɒksɪdʒən] *s.* ⚗ Sauerstoff *m*: **~ apparatus** Atemgerät *n*; **~ tent** ⚕ Sauerstoffzelt *n*; **ox·yg·e·nant** [ɒkˈsɪdʒənənt] *s.* Oxydatiˈonsmittel *n*; **ox·y·gen·ate** [ɒkˈsɪdʒəneɪt], **ox·y·gen·ize** [ɒkˈsɪdʒənaɪz] *v/t.* **1.** oxydieren, mit Sauerstoff verbinden *od.* behandeln; **2.** mit Sauerstoff anreichern.

ox·y·hy·dro·gen [ˌɒksɪˈhaɪdrədʒən] ⚗, ⚙ **I** *adj.* Hydrooxygen..., Knallgas...; **II** *s.* Knallgas *n*.

o·yer [ˈɔɪə] *s.* ⚖ **1.** *hist.* gerichtliche Unterˈsuchung; **2.** → **~ and ter·mi·ner** [ˈtɜːmɪnə] *s.* ⚖ **1.** *hist.* gerichtliche Unterˈsuchung u. Entscheidung; **2.** *mst* **commission** (*od.* **writ**) **of ~** *Brit. königliche Ermächtigung an die Richter der Assisengerichte, Gericht zu halten.*

o·yez [əʊˈjes] *int.* hört (zu)!

oys·ter [ˈɔɪstə] *s.* **1.** *zo.* Auster *f*: **~s on the shell** frische Austern; **he thinks the world is his ~** *fig.* er meint, er kann alles haben; **2.** F ‚zugeknöpfter Mensch'; **~ bank**, **~ bed** *s.* Austernbank *f*; **~ catch·er** *s. orn.* Austernfischer *m*; **~ farm** *s.* Austernpark *m*.

o·zone [ˈəʊzəʊn] *s.* **1.** ⚗ Oˈzon *m*, *n*: **2.** F Oˈzon *m*, *n*, reine frische Luft; **~-deˈplet·ing** *adj.* ozonschädlich; **o·zon·ic** [əʊˈzɒnɪk] *adj.* **1.** oˈzonisch, Ozon...; **2.** oˈzonhaltig; **o·zo·nif·er·ous** [ˌəʊzəʊˈnɪfərəs] *adj.* **1.** oˈzonhaltig; **2.** oˈzonerzeugend; **o·zo·nize** [ˈəʊzəʊnaɪz] **I** *v/t.* ozonisieren; **II** *v/i.* sich in Oˈzon verwandeln; **o·zo·niz·er** [ˈəʊzəʊnaɪzə] *s.* Ozoniˈsator *m*.

P

P, p [piː] *s.* P *n*, p *n* (*Buchstabe*): ***mind one's P's and Q's*** sich sehr in acht nehmen.

pa [pɑː] *s.* F Pa'pa *m*, ‚Paps' *m*.

pab·u·lum ['pæbjʊləm] *s.* Nahrung *f* (*a. fig.*).

pace¹ [peɪs] **I** *s.* **1.** Schritt *m* (*a. als Maß*); **2.** Gang(art *f*) *m*: ***put a horse through its ~s*** ein Pferd alle Gangarten machen lassen; ***put s.o. through his ~s*** *fig.* j-n auf Herz u. Nieren prüfen; **3.** Paßgang *m* (*Pferd*); **4.** a) ⚔ Marschschritt *m*, b) (Marsch)Geschwindigkeit *f*, Tempo *n* (*a. sport*; *a. fig. e-r Handlung etc.*), Fahrt *f*, Schwung *m*: ***go the ~*** a) ein scharfes Tempo anschlagen, b) *fig.* flott leben; ***keep ~ with*** Schritt halten mit (*a. fig.*); ***set the ~*** *sport* das Tempo angeben (*a. fig.*) *od.* machen; ***at a great ~*** in schnellem Tempo; **II** *v/t.* **5.** *a.* ***~ out*** (*od.* ***off***) abschreiten; **6.** *Zimmer etc.* durch'schreiten, -'messen; **7.** *fig.* das Tempo (*gen.*) bestimmen; **8.** *sport* Schrittmacher sein für; **9.** *Pferd* im Paßgang gehen lassen; **III** *v/i.* **10.** (*auf u. ab etc.*) schreiten; **11.** im Paßgang gehen (*Pferd*).

pa·ce² ['peɪsɪ] (*Lat.*) *prp.* ohne (*dat.*) nahetreten zu wollen.

'pace|,mak·er *s. sport* (*a.* ✱ Herz-) Schrittmacher *m*: ***~ race*** *Radsport*: Steherrennen *n*; **'~,mak·ing** *s. sport* Schrittmacherdienste *pl.*

pac·er ['peɪsə] *s.* **1.** → ***pacemaker***; **2.** Paßgänger *m* (*Pferd*).

pach·y·derm ['pækɪdɜːm] *s. zo.* Dickhäuter *m* (*a. humor. fig.*); **pach·y·der·ma·tous** [,pækɪ'dɜːmətəs] *adj.* **1.** *zo.* dickhäutig; *fig. a.* dickfellig; **2.** ⚘ dickwandig.

pa·cif·ic [pə'sɪfɪk] *adj.* (☐ ***~ally***) **1.** friedfertig, versöhnlich, Friedens…: ***~ policy***; **2.** ruhig, friedlich; **3.** *2 geogr.* pa'zifisch, Pa'zifisch: ***the 2*** (***Ocean***) der Pazifische *od.* Stille Ozean, der Pa'zifik; **pac·i·fi·ca·tion** [,pæsɪfɪ'keɪʃn] *s.* **1.** Befriedung *f*; **2.** Beschwichtigung *f*.

pac·i·fi·er ['pæsɪfaɪə] *s.* **1.** Friedensstifter(in); **2.** *Am.* a) Schnuller *m*, b) Beißring *m für Kleinkinder*; **'pac·i·fism** [-fɪzəm] *s.* Pazi'fismus *m*; **'pac·i·fist** [-fɪst] **I** *s.* Pazi'fist *m*; **II** *adj.* pazi'fistisch; **'pac·i·fy** [-faɪ] *v/t.* **1.** *Land* befrieden; **2.** besänftigen, beschwichtigen.

pack [pæk] **I** *s.* **1.** Pack(en) *m*, Ballen *m*, Bündel *n*; **2.** *bsd. Am.* Packung *f*, Schachtel *f Zigaretten etc.*, Päckchen *n*: ***a ~ of films*** ein Filmpack *m*; **3.** ✱, *Kosmetik*: Packung *f*: ***face ~***; **4.** (Karten)Spiel *n*; **5.** ⚔ a) Tor'nister *m*, b) Rückentrage *f* (*Kabelrolle etc.*); **6.** Verpackungsweise *f*; **7.** (Schub *m*) Kon'serven *pl.*; **8.** Menge *f*: ***a ~ of lies*** ein Haufen Lügen; ***a ~ of nonsense*** lauter Unsinn; **9.** Packeis *n*; **10.** Pack *n*, Bande *f* (*Diebe etc.*); **11.** Meute *f*, Koppel *f* (*Hunde*); Rudel *n* (*Wölfe*, ⚔ *U-Boote*); **12.** *Rugby*: Sturm(reihe *f*) *m*; **II** *v/t.* **13.** *oft* ***~ up*** einpacken (*a.* ✱), zs.-, verpacken: ***~ it in!*** F *fig.* hör doch auf (damit)!; **14.** zs.-pressen, -pferchen; → ***sardine***; **15.** vollstopfen: ***a ~ed house*** *thea. etc.* ein zum Bersten volles Haus; **16.** eindosen, konservieren; **17.** ⚙ (ab)dichten; **18.** bepacken, -laden; **19.** *Geschworenenbank etc.* mit s-n Leuten besetzen; **20.** *Am.* F (bei sich) tragen: ***~ a hard punch*** *Boxen*: e-n harten Schlag haben; **21.** *a.* ***~ off*** (fort)schicken, (-)jagen; **III** *v/i.* **22.** packen (*oft* ***~ up***): ***~ up*** *fig.* ‚einpacken' (*es aufgeben*); **23.** sich *gut etc.* (ver)packen lassen; **24.** fest werden, sich fest zs.-ballen; **25.** *mst* ***~ off*** *fig.* sich packen *od.* da'vonmachen: ***send s.o. ~ing*** j-n fortjagen; **26.** ***~ up*** *sl.* ‚absterben', ‚verrecken' (*Motor*) (***on s.o.*** j-m).

pack·age ['pækɪdʒ] **I** *s.* **1.** Pack *m*, Ballen *m*; Frachtstück *n*; *bsd. Am.* Pa'ket *n*; **2.** Packung *f* (*Spaghetti etc.*): ***~ insert*** Packungsbeilage *f*; **3.** Verpackung *f*; **4.** ⚙ betriebsfertige Maschine *od.* Baueinheit; **5.** ☤, *pol.*, *fig.* Pa'ket *n* (*a. Computer*), *pol. a.* Junktim *n*: ***~ deal*** a) Kopplungsgeschäft *n*, b) Pau'schalarrange,ment *n*, -angebot *n*: ***~ tour*** Pauschalreise *f*, c) *pol.* Junktim *n*, d) (als Ganzes *od.* en bloc verkauftes) ('Fernseh- *etc.*)Pro,gramm *n*; **II** *v/t.* **6.** verpacken; **7.** *Lebensmittel etc.* abpakken; **8.** ☤ en bloc anbieten *od.* verkaufen; **'pack·ag·ing** [-dʒɪŋ] **I** *s.* (Einzel-)Verpackung *f*; **II** *adj.* Verpackungs…: ***~ machine***; ***~ waste*** Verpackungsmüll *m*.

'pack|-an·i·mal *s.* Pack-, Lasttier *n*; **'~-cloth** *s.* Packleinwand *f*; **'~-drill** *s.* ⚔ Strafexerzieren *n* in voller Marschausrüstung.

pack·er ['pækə] *s.* **1.** (Ver)Packer(in); **2.** ☤ Verpacker *m*, Großhändler *m*; *Am.* Kon'serven,hersteller *m*; **3.** Ver'packungsma,schine *f*.

pack·et ['pækɪt] **I** *s.* **1.** kleines Pa'ket, Päckchen *n*, Schachtel *f* (*Zigaretten etc.*); ***sell s.o. a ~*** F j-n ‚anschmieren'; **2.** ⚓ *a.* ***~ boat*** Postschiff *n*, Pa'ketboot *n*; **3.** *sl.* Haufen *m* Geld, *e-e* ‚(hübsche) Stange Geld'; **4.** *sl.* ‚Ding' *n* (*Schlag, Ärger etc.*); **II** *v/t.* **5.** verpacken, paketieren.

'pack|·horse *s.* **1.** Packpferd *n*; **2.** *fig.* Lastesel *m*; **~ ice** *s.* Packeis *n*.

pack·ing ['pækɪŋ] *s.* **1.** (Ver)Packen *n*: ***do one's ~*** packen; **2.** Konservierung *f*; **3.** Verpackung *f* (*a.* ☤); **4.** ⚙ a) (Ab-)Dichtung *f*, b) Dichtung *f*, c) 'Dichtungsmateri,al *n*, d) Füllung *f*, e) *Computer*: Verdichtung *f*; **5.** Zs.-ballen *n*; **~ box** *s.* **1.** Packkiste *f*; **2.** ⚙ Stopfbüchse *f*; **~ case** *s.* Packkiste *f*; **~ de·part·ment** *s.* ☤ Packe'rei *f*; **~ house** *s.* **1.** *Am.* Abpackbetrieb *m*; **2.** Warenlager *n*; **~ pa·per** *s.* 'Packpa,pier *n*; **~ ring** *s.* ⚙ Dichtring *m*, Man'schette *f*; **~ sleeve** *s.* ⚙ Dichtungsmuffe *f*.

pack| rat *s. zo.* Packratte *f*; **'~·sack** *s. Am.* Rucksack *m*, Tor'nister *m*; **'~,sad·dle** *s.* Pack-, Saumsattel *m*; **'~·thread** *s.* Packzwirn *m*, Bindfaden *m*; **~ train** *s.* 'Tragtierko,lonne *f*.

pact [pækt] *s.* Pakt *m*, Vertrag *m*.

pad¹ [pæd] **I** *s.* **1.** Polster *n*, (Stoß)Kissen *n*, Wulst *m*, Bausch *m*: ***oil ~*** ⚙ Schmierkissen *n*; **2.** *sport* Knie- *od.* Beinschützer *m*; **3.** 'Unterlage *f*; ⚙ Kon'sole *f für Hilfsgeräte*; **4.** ('Löschpa,pier-, Brief-, Schreib)Block *m*; **5.** Stempelkissen *n*; **6.** *zo.* (Fuß)Ballen *m*; **7.** *hunt.* Pfote *f*; **8.** *sl.* ‚Bude' *f* (*Zimmer od. Wohnung*); **9.** ✈ a) Startrampe *f*, b) (Ra'keten)Abschußrampe *f*; **10.** *Am. sl.* a) Schutzgelder *pl.*, b) Schmiergelder *pl.*; **II** *v/t.* **11.** (aus)polstern, wattieren: ***~ded cell*** Gummizelle *f* (*für Irre*): **12.** *fig. Rede, Schrift* ‚garnieren', ‚aufblähen'.

pad² [pæd] *v/t. u. v/i. a.* ***~ along*** *sl.* (da'hin)trotten, (-)latschen.

pad·ding ['pædɪŋ] *s.* **1.** (Aus)Polstern *n*; **2.** Polsterung *f*, Wattierung *f*, Einlage *f*; **3.** (Polster)Füllung *f*; **4.** *fig.* leeres Füllwerk, (Zeilen)Füllsel *n*; **5.** *a.* ***~ capacitor*** ϟ 'Paddingkonden,sator *m*.

pad·dle ['pædl] **I** *s.* **1.** Paddel *n*: **2.** ⚓ a) Schaufel(rad *n*) *f*, b) Raddampfer *m*; **3.** *obs.* Waschbleuel *m*; **4.** ⚙ Kratze *f*, Rührstange *f*; **5.** ⚙ a) Schaufel *f* (*Wasserrad*), b) Schütz *n*, Falltor *n* (*Schleuse*); **II** *v/i.* **6.** rudern, *bsd.* paddeln; → ***canoe*** I; **7.** *im Wasser* planschen; **8.** watscheln; **III** *v/t.* **9.** paddeln; **10.** *Am.* F verhauen; **~ steam·er** *s.* ⚓ Raddampfer *m*; **~ wheel** *s.* Schaufelrad *n*.

pad·dling pool ['pædlɪŋ] *s.* Planschbekken *n*.

pad·dock¹ ['pædək] *s.* **1.** (Pferde)Koppel *f*; **2.** *sport* a) Sattelplatz *m*, b) *mot.* Fahrerlager *n*.

pad·dock² ['pædək] *s. zo.* **1.** *obs. od. dial.* Frosch *m*; **2.** *obs.* Kröte *f*.

Pad·dy¹ ['pædɪ] *s.* F ‚Paddy' *m* (*Ire*).

pad·dy² ['pædɪ] *s.* ☤ roher Reis.

pad·dy³ ['pædɪ] *s.* F Wutanfall *m*; **~**

wag·on *s. Am.* F ‚grüne Minna' (*Polizeigefangenenwagen*).
pad·lock ['pædlɒk] **I** *s.* Vorhänge-, Vorlegeschloß *n*; **II** *v/t.* mit e-m Vorhängeschloß verschließen.
pa·dre ['pɑːdrɪ] *s.* Pater *m* (*Priester*); ⚔ Ka'plan *m*.
pae·an ['piːən] *s.* **1.** *antiq.* Pä'an *m*; **2.** *allg.* Freuden-, Lobgesang *m*.
paed·er·ast *etc.* → ***pederast*** *etc.*
pae·di·at·ric *etc.* → ***pediatric*** *etc.*
pa·gan ['peɪɡən] **I** *s.* Heide *m*, Heidin *f*; **II** *adj.* heidnisch; '**pa·gan·ism** [-nɪzəm] *s.* Heidentum *n*.
page¹ [peɪdʒ] **I** *s.* **1.** Seite *f* (*Buch etc.*); *typ.* Schriftseite *f*, Ko'lumne *f*: ***~ printer*** *tel.* Blattdrucker *m*; **2.** *fig.* Chronik *f*, Buch *n*; **3.** *fig.* Blatt *n aus der Geschichte etc.*; **II** *v/t.* **4.** paginieren.
page² [peɪdʒ] **I** *s.* **1.** *hist.* Page *m*; Edelknabe *m*; **2.** *a.* ***~ boy*** (Ho'tel)Page *m*; **II** *v/t.* **3.** *j-n* (durch e-n Pagen *od.* per Lautsprecher) ausrufen lassen; **4.** mit *j-m* über Funkrufempfänger Kon'takt aufnehmen, *j-n* ‚anpiepsen'.
pag·eant ['pædʒənt] *s.* **1.** a) (*bsd.* hi'storischer) Fest- *od.* Umzug, b) (historisches) Festspiel; **2.** (Schau)Gepränge *n*, Pomp *m*; **3.** *fig.* leerer Prunk; '**pag·eant·ry** [-rɪ] *s.* → ***pageant*** 2, 3.
pag·er ['peɪdʒə(r)] Funkrufempfänger *m*, ‚Piepser' *m*.
pag·i·nal ['pædʒɪnl] *adj.* Seiten…; '**pag·i·nate** [-neɪt] *v/t.* paginieren; **pag·i·na·tion** [ˌpædʒɪ'neɪʃn], *a.* **pag·ing** ['peɪdʒɪŋ] *s.* Paginierung *f*, 'Seitennumeˌrierung *f*.
pa·go·da [pə'ɡəʊdə] *s.* Pa'gode *f*; ***~ tree*** *s.* ⚘ So'phora *f*: ***shake the ~*** *obs. fig.* in Indien schnell ein Vermögen machen.
pah [pɑː] *int. contp.* a) pfui!, b) pah!
paid [peɪd] **I** *pret. u. p.p. von* ***pay***; **II** *adj.* bezahlt: ***~ in*** → ***paid-in***; ***~ up*** → ***paid-up***; ***put ~ to s.th.*** e-r Sache ein Ende setzen; ˌ**~-'in** *adj.* **1.** ✝ (voll) eingezahlt: ***~ capital*** Einlagekapital *n*; **2.** → ***paid-up*** 2; ˌ**~-'up** *adj.* **1.** → ***paid-in*** 1; **2.** ***fully ~ member*** Mitglied *n* ohne Beitragsrückstände, vollwertiges Mitglied.
pail [peɪl] *s.* Eimer *m*, Kübel *m*; '**pail·ful** [-fʊl] *s. ein* Eimer(voll) *m*: ***by ~s*** eimerweise.
pail·lasse ['pælɪæs] *s.* Strohsack *m* (*Matratze*).
pain [peɪn] **I** *s.* **1.** Schmerz(en *pl.*) *m*, Pein *f*; *pl.* ⚕ (Geburts)Wehen *pl.*: ***be in ~*** Schmerzen haben, leiden; ***you are a ~ in the neck*** F du gehst mir auf die Nerven; **2.** Schmerz(en *pl.*) *m*, Leid *n*, Kummer *m*: ***give*** (*od.* ***cause***) ***s.o. ~*** j-m Kummer machen; **3.** *pl.* Mühe *f*, Bemühungen *pl.*: ***be at ~s, take ~s*** sich Mühe geben, sich anstrengen; ***spare no ~s*** keine Mühe scheuen; ***all he got for his ~s*** der (ganze) Dank (für s-e Mühe); **4.** Strafe *f*: (***up***)***on*** (*od.* ***under***) ***~ of*** bei Strafe von; ***on*** (*od.* ***under***) ***~ of death*** bei Todesstrafe; **II** *v/t.* **5.** *j-m* weh tun, *j-n* schmerzen; *fig. a. j-n* schmerzlich berühren, peinigen; **pained** [-nd] *adj.* gequält, schmerzlich; '**pain·ful** [-fʊl] *adj.* ☐ **1.** schmerzhaft; **2.** a) schmerzlich, quälend, b) peinlich: ***produce a ~ impression*** peinlich wirken; **3.** mühsam; '**pain·ful·ness** [-fʊlnɪs] *s.* Schmerzhaftigkeit *f etc.*; '**pain-ˌkill·er** *s.* F schmerzstillendes Mittel; '**pain·less** [-lɪs] *adj.* ☐ schmerzlos (*a. fig.*).
pains·tak·ing ['peɪnzˌteɪkɪŋ] **I** *adj.* ☐ sorgfältig, gewissenhaft; eifrig; **II** *s.* Sorgfalt *f*, Mühe *f*.
paint [peɪnt] **I** *v/t.* **1.** *Bild* malen; *fig.* ausmalen, schildern: ***~ s.o.'s portrait*** j-n malen; **2.** an-, bemalen, (an)streichen; *Auto* lackieren: ***~ out*** übermalen; ***~ the town red*** *sl.* ‚auf die Pauke hauen', ‚(schwer) einen draufmachen'; → ***lily***; **3.** *Mittel* auftragen, *Hals*, *Wunde* (aus)pinseln; **4.** schminken: ***~ one's face*** sich schminken, sich ‚anmalen'; **II** *v/i.* **5.** malen; **6.** streichen; **7.** sich schminken; **III** *s.* **8.** (Anstrich-, Öl)Farbe *f*; (Auto)Lack *m*; Tünche *f*; **9.** *a.* ***coat of ~*** Anstrich *m*: ***as fresh as ~*** F frisch u. munter; **10.** Schminke *f*; **11.** ⚕ Tink'tur *f*; '**~·box** *s.* **1.** Tusch-, Malkasten *m*; **2.** Schminkdose *f*; '**~·brush** *s.* Pinsel *m*.
paint·ed ['peɪntɪd] *p.p. u. adj.* **1.** ge-, bemalt, gestrichen; lackiert; **2.** *bsd.* ⚘, *zo.* bunt, scheckig; **3.** *fig.* gefärbt; **2 La·dy** *s.* **1.** *zo.* Distelfalter *m*; **2.** ⚘ Rote Wucherblume; ***~ wom·an*** *s.* Hure *f*, ‚Flittchen' *n*.
paint·er¹ ['peɪntə] *s.* ⚓ Fangleine *f*: ***cut the ~*** *fig.* alle Brücken hinter sich abbrechen.
paint·er² ['peɪntə] *s.* **1.** (Kunst)Maler (-in); **2.** Maler *m*, Anstreicher *m*: ***~'s colic*** ⚕ Bleikolik *f*; ***~'s shop*** a) Malerwerkstatt *f*, b) (Auto)Lackiererei *f*; '**paint·ing** [-tɪŋ] *s.* **1.** Malen *n*, Male'rei *f*: ***~ in oil*** Ölmalerei *f*; **2.** Gemälde *n*, Bild *n*; **3.** ⚙ a) Farbanstrich *m*, b) Spritzlackieren *n*.
paint| re·fresh·er *s.* 'Neuglanzpoliˌtur *f*; ***~ re·mov·er*** *s.* (Farben)Abbeizmittel *n*.
paint·ress ['peɪntrɪs] *s.* Malerin *f*.
'**paint|-ˌspray·ing pis·tol** *s.* ⚙ ('Anstreich)ˌSpritzpiˌstole *f*; '**~·work** *s. mot.* Lackierung *f*, Lack *m*.
pair [peə] **I** *s.* **1.** Paar *n*: ***a ~ of boots, legs*** *etc.*; **2.** (*Zweiteiliges*, *mst unübersetzt*): ***a ~ of scales*** (***scissors, spectacles***) eine Waage (Schere, Brille); ***a ~ of trousers*** ein Paar Hosen, eine Hose; **3.** Paar *n*, Pärchen *n* (*Mann u. Frau; zo. Männchen u. Weibchen*): ***~ skating*** *sport* Paarlauf(en *n*) *m*; ***in ~s*** paarweise; **4.** Partner *m*; Gegenstück *n* (*von e-m Paar*); *der* (*die*, *das*) andere *od.* zweite: ***where is the ~ to this shoe?***; **5.** *pol.* a) *zwei Mitglieder verschiedener Parteien, die sich abgesprochen haben, sich der Stimme zu enthalten etc.*, b) *dieses Abkommen*, c) *e-r dieser Partner*; **6.** (Zweier)Gespann *n*: ***carriage and ~*** Zweispänner *m*; **7.** *sport* Zweier *m* (*Ruderboot*): ***~ with cox*** Zweier mit Steuermann; **8.** *a.* ***kinematic ~*** ⚙ Ele'mentenpaar *n*; **9.** *Brit.* ***~ of stairs*** (*od.* ***steps***) Treppe *f*: ***two ~ front*** (***back***) (Raum *m od.* Mieter *m*) im zweiten Stock nach vorn (hinten); **II** *v/t.* **10.** *a.* ***~ off*** a) paarweise anordnen, b) F *fig.* verheiraten; **11.** *Tiere* paaren (***with*** mit); **III** *v/i.* **12.** sich paaren (*Tiere*) (*a. fig.*); **13.** zs.-passen; **14.** ***~ off*** a) paarweise weggehen, b) F *fig.* sich verheiraten (***with*** mit), c) *pol.* (***with*** mit *e-m Mitglied e-r anderen Partei*) ein Abkommen treffen (→ 5a); **pair·ing** ['peərɪŋ] *s. biol.* Paarung *f* (*a. sport*): ***~ season, ~ time*** Paarungszeit *f*.
pair-oar ['peərɔː] **I** *s.* Zweier *m* (*Boot*); **II** *adj.* zweiruderig.
pa·ja·mas [pə'dʒɑːməs] *bsd. Am.* → ***pyjamas***.
Pak·i ['pækɪ] *s. Brit. sl.* Paki'stani *m*.
Pak·i·stan·i [ˌpɑːkɪ'stɑːnɪ] **I** *adj.* paki'stanisch; **II** *s.* Paki'staner(in), Paki'stani *m*.
pal [pæl] **I** *s.* F ‚Kumpel' *m*, ‚Spezi' *m*, Freund *m*; **II** *v/i. mst* ***~ up*** F sich anfreunden (***with s.o.*** mit j-m).
pal·ace ['pælɪs] *s.* Schloß *n*, Pa'last *m*, Pa'lais *n*: ***~ of justice*** Justizpalast; ***~ car*** *s.* 🚂 Sa'lonwagen *m*; ***~ guard*** *s.* **1.** Pa'lastwache *f*; **2.** *fig. contp.* Clique *f um e-n Regierungschef*, Kama'rilla *f*; ***~ rev·o·lu·tion*** *s. pol. fig.* Pa'lastrevoluˌtiˌon *f*.
pal·a·din ['pælədɪn] *s. hist.* Pala'din *m* (*a. fig.*).
pa·lae·og·ra·pher *etc.* → ***paleographer*** *etc.*
pal·at·a·ble ['pælətəbl] *adj.* ☐ wohlschmeckend, schmackhaft (*a. fig.*); '**pal·a·tal** [-tl] **I** *adj.* **1.** Gaumen…; **II** *s.* **2.** Gaumenknochen *m*; **3.** *ling.* Pala'tal (-laut) *m*; '**pal·a·tal·ize** [-təlaɪz] *v/t. ling. Laut* palatalisieren; **pal·ate** ['pælət] *s.* **1.** *anat.* Gaumen *m*: ***bony*** (*od.* ***hard***) ***~*** harter Gaumen, Vordergaumen; ***cleft ~*** Wolfsrachen *m*; ***soft ~*** weicher Gaumen, Gaumensegel *n*; **2.** *fig.* (***for***) Gaumen *m*, Sinn *m* (für), Geschmack *m* (an *dat.*).
pa·la·tial [pə'leɪʃl] *adj.* pa'lastartig, Palast…, Schloß…, Luxus…
pa·lat·i·nate [pə'lætɪnət] **I** *s.* **1.** *hist.* Pfalzgrafschaft *f*; **2.** ***the 2*** die (Rhein-) Pfalz; **II** *adj.* **3.** 2 Pfälzer, pfälzisch.
pal·a·tine¹ ['pælətaɪn] **I** *adj.* **1.** *hist.* Pfalz…, pfalzgräflich: ***Count 2*** Pfalzgraf; ***County 2*** Pfalzgrafschaft *f*; **2.** 2 pfälzisch, Pfälzer(…); **II** *s.* **3.** Pfalzgraf *m*; **4.** 2 (Rhein)Pfälzer(in).
pal·a·tine² ['pælətaɪn] *anat.* **I** *adj.* Gaumen…: ***~ tonsil*** Gaumen-, Halsmandel *f*; **II** *s.* Gaumenbein *n*.
pa·lav·er [pə'lɑːvə] **I** *s.* **1.** Unter'handlung *f*, -'redung *f*, Konfe'renz *f*; **2.** F ‚Pa'laver' *n*, Geschwätz *n*; **3.** F ‚Wirbel' *m*; **II** *v/i.* **4.** unter'handeln; **5.** pa'lavern, ‚quasseln'; **III** *v/t.* **6.** F *j-n* beschwatzen; *j-m* schmeicheln.
pale¹ [peɪl] **I** *s.* **1.** Pfahl *m* (*a. her.*); **2.** *bsd. fig.* um'grenzter Raum, Bereich *m*, (enge) Grenzen *pl.*: ***beyond the ~*** *fig.* jenseits der Grenzen des Erlaubten; ***within the ~ of the Church*** im Schoße der Kirche; **II** *v/t.* **3.** *a.* ***~ in*** einpfählen, -zäunen; *fig.* um'schließen; **4.** *hist.* pfählen.
pale² [peɪl] **I** *adj.* ☐ **1.** blaß, bleich, fahl: ***turn ~*** → 3; ***~ with fright*** schreckensbleich; ***as ~ as ashes*** (***clay, death***) aschfahl (kreidebleich, totenblaß); **2.** hell, blaß, matt (*Farben*): ***~ ale*** helles Bier; ***~ green*** Blaß-, Zartgrün; ***~ pink*** (Blaß)Rosa; **II** *v/i.* **3.** blaß werden, erbleichen, erblassen; **4.** *fig.* verblassen (***before*** *od.* ***beside*** vor *dat.*); **III** *v/t.* **5.** bleich machen, erbleichen lassen.
'**pale·face** *s.* Bleichgesicht *n* (*Ggs. Indianer*).
pale·ness ['peɪlnɪs] *s.* Blässe *f*, Farblosigkeit *f* (*a. fig.*).

pa·le·og·ra·pher [ˌpælɪ'ɒɡrəfə] *s.* Paläo'graph *m*; ˌ**pa·le'og·ra·phy** [-fɪ] *s.* **1.** alte Schriftarten *pl.*, alte Schriftdenkmäler *pl.*; **2.** Paläogra'phie *f*, Handschriftenkunde *f*.

pa·le·o·lith·ic [ˌpælɪəʊ'lɪθɪk] **I** *adj.* paläo'lithisch, altsteinzeitlich; **II** *s.* Altsteinzeit *f*.

pa·le·on·tol·o·gist [ˌpælɪɒn'tɒlədʒɪst] *s.* Paläonto'loge *m*; ˌ**pa·le·on'tol·o·gy** [-dʒɪ] *s.* Paläontolo'gie *f*.

pa·le·o·zo·ic [ˌpælɪəʊ'zəʊɪk] *geol.* **I** *adj.* paläo'zoisch: **~ era** → II; **II** *s.* Paläo'zoikum *n*.

Pal·es·tin·i·an [ˌpæle'stɪnɪən] **I** *adj.* paläsi'nensisch; **II** *s.* Palästi'nenser(in).

pal·e·tot ['pæltəʊ] *s.* **1.** 'Paletot *m*, 'Überzieher *m* (*für Herren*); **2.** loser (Damen)Mantel.

pal·ette ['pælət] *s. paint.* Pa'lette *f*, *fig. a.* Farbenskala *f*; **~ knife** *s.* Streichmesser *n*, Spachtel *m*, *f*.

pal·frey ['pɔːlfrɪ] *s.* Zelter *m*.

pal·ing ['peɪlɪŋ] *s.* Um'pfählung *f*, Pfahl-, Lattenzaun *m*, Sta'ket *n*.

pal·in·gen·e·sis [ˌpælɪn'dʒenɪsɪs] *s. bsd. eccl.* 'Wiedergeburt *f*, *a. biol.* Palinge'nese *f*.

pal·i·sade [ˌpælɪ'seɪd] **I** *s.* **1.** Pali'sade *f*; Pfahlzaun *m*, Sta'ket *n*; **2.** Schanzpfahl *m*; **II** *v/t.* **3.** mit Pfählen *od.* mit e-r Palisade um'geben.

pall¹ [pɔːl] *s.* **1.** Bahr-, Leichentuch *n*; **2.** *fig.* Mantel *m*, Hülle *f*, Decke *f*; **3.** a) (Rauch)Wolke *f*, b) Dunstglocke *f*; **4.** *eccl.* → ***pallium*** 2; **5.** *her.* Gabel(kreuz *n*) *f*.

pall² [pɔːl] **I** *v/i.* **1.** (***on***, ***upon***) jeden Reiz verlieren (für), *j-n* kalt lassen *od.* langweilen; **2.** schal *od.* fade werden, s-n Reiz verlieren; **II** *v/t.* **3.** *a. fig.* über'sättigen.

pal·la·di·um [pə'leɪdjəm] [-djə] *s.* Pal'ladium *n*: a) *pl.* **-di·a** *fig.* Hort *m*, Schutz *m*, b) ⚗ *ein Element.*

'**pall**ˌ**bear·er** *s.* Sargträger *m*.

pal·let¹ ['pælɪt] *s.* (Stroh)Lager *n*, Strohsack *m*, Pritsche *f*.

pal·let² ['pælɪt] *s.* **1.** ⚙ Dreh-, Töpferscheibe *f*; **2.** *paint.* Pa'lette *f*; **3.** Trokkenbrett *n* (*für Keramik*, *Ziegel etc.*); **4.** ⚙ Pa'lette: **~ *truck*** Gabelstapler *m*; '**pal·let·ize** [-lətaɪz] *v/t.* ⚙ palettieren.

pal·liasse ['pælɪæs] → ***paillasse***.

pal·li·ate ['pælɪeɪt] *v/t.* **1.** ⚕ lindern; **2.** *fig.* bemänteln, beschönigen; **pal·li·a·tion** [ˌpælɪ'eɪʃn] *s.* **1.** Linderung *f*; **2.** Bemäntelung *f*, Beschönigung *f*; '**pal·li·a·tive** [-ɪətɪv] **I** *adj.* **1.** ⚕ lindernd, pallia'tiv; **2.** *fig.* bemäntelnd, beschönigend; **II** *s.* **3.** ⚕ Linderungsmittel *n*; **4.** *fig.* Bemäntelung *f*.

pal·lid ['pælɪd] *adj.* □ *a. fig.* blaß, farblos; '**pal·lid·ness** [-nɪs] *s.* Blässe *f*.

pal·li·um ['pælɪəm] *pl.* **-li·a** [-lɪə], **-li·ums** *s.* **1.** *antiq.* 'Pallium *n*, Philo'sophenmantel *m*; **2.** *eccl.* a) Pallium *n* (*Schulterband des Erzbischofs*), b) Al'tartuch *n*; **3.** *anat.* (Ge)Hirnmantel *m*; **4.** *zo.* Mantel *m*.

pal·lor ['pælə] *s.* Blässe *f*.

pal·ly ['pælɪ] *adj.* F **1.** (eng) befreundet; **2.** kumpelhaft.

palm¹ [pɑːm] **I** *s.* **1.** Handfläche *f*, -teller *m*, hohle Hand: ***grease*** (*od.* ***oil***) ***s.o.'s* ~** j-n ,schmieren', bestechen; **2.** Hand(-breite) *f* (*als Maß*); **3.** Schaufel *f* (*Anker*, *Hirschgeweih*); **II** *v/t.* **4.** betasten, streicheln; **5.** a) palmieren (*wegzaubern*), b) *Am. sl.* ,klauen', stehlen; **6. ~ *s.th. off on s.o.*, ~ *s.o. off with s.th.*** j-m et. ,aufhängen' *od.* ,andrehen'; **~ *o.s. off*** (***as***) sich ausgeben (als).

palm² [pɑːm] *s.* **1.** ⚘ Palme *f*; **2.** *fig.* Siegespalme *f*, Krone *f*, Sieg *m*: ***bear*** (*od.* ***win***) ***the* ~** den Sieg davontragen; → ***yield*** 4.

pal·mate ['pælmɪt] *adj.* **1.** ⚘ handförmig (gefingert *od.* geteilt); **2.** *zo.* schwimmfüßig.

palm grease *s.* F Schmiergeld *n*.

pal·mi·ped ['pælmɪped], '**pal·mi·pede** [-ɪpiːd] *zo.* **I** *adj.* schwimmfüßig; **II** *s.* Schwimmfüßer *m*.

palm·ist ['pɑːmɪst] *s.* Handleser(in); '**palm·is·try** [-trɪ] *s.* Handlesekunst *f*, Chiroman'tie *f*.

palm| oil *s.* **1.** Palmöl *n*; **2.** → ***palm grease***; **♀ Sun·day** *s.* Palm'sonntag *m*; **~ tree** *s.* Palme *f*.

palm·y ['pɑːmɪ] *adj.* **1.** palmenreich; **2.** *fig.* glorreich, Glanz…, Blüte…

pa·loo·ka [pə'luːkə] *s. Am. sl.* **1.** *bsd. sport* ,Niete' *f*, ,Flasche' *f*; **2.** ,Ochse' *m*; **3.** Lümmel *m*.

palp [pælp] *s. zo.* Taster *m*, Fühler *m*; **pal·pa·bil·i·ty** [ˌpælpə'bɪlətɪ] *s.* **1.** Fühl-, Greif-, Tastbarkeit *f*; **2.** *fig.* Handgreiflichkeit *f*, Augenfälligkeit *f*; '**pal·pa·ble** [-pəbl] *adj.* □ **1.** fühl-, greif-, tastbar; **2.** *fig.* handgreiflich, augenfällig; '**pal·pa·ble·ness** [-pəblnɪs] → ***palpability***; '**pal·pate** [-peɪt] *v/t.* befühlen, abtasten (*a.* ⚕); **pal·pa·tion** [pæl'peɪʃn] *s.* Abtasten *n* (*a.* ⚕).

pal·pe·bra ['pælpɪbrə] *s. anat.* Augenlid *n*: ***lower* ~** Unterlid *n*.

pal·pi·tant ['pælpɪtənt] *adj.* klopfend, pochend; **pal·pi·tate** ['pælpɪteɪt] *v/i.* **1.** klopfen, pochen (*Herz*); **2.** (er)zittern; **pal·pi·ta·tion** [ˌpælpɪ'teɪʃn] *s.* Klopfen *n*, (heftiges) Schlagen: **~ (*of the heart*)** ⚕ Herzklopfen *n*.

pal·sied ['pɔːlzɪd] *adj.* **1.** gelähmt; **2.** zittrig, wacklig; **pal·sy** ['pɔːlzɪ] **I** *s.* **1.** ⚕ Lähmung *f*: ***shaking* ~** Schüttellähmung; ***wasting* ~** progressive Muskelatrophie; → ***writer*** 1; **2.** *fig.* Ohnmacht *f*, Lähmung *f*; **II** *v/t.* **3.** lähmen.

pal·ter ['pɔːltə] *v/i.* **1.** (***with***) gemein handeln (an *dat.*), sein Spiel treiben (mit); **2.** feilschen.

pal·tri·ness ['pɔːltrɪnɪs] *s.* Armseligkeit *f*, Schäbigkeit *f*; **pal·try** ['pɔːltrɪ] *adj.* □ **1.** armselig, karg: ***a* ~ *sum***; **2.** dürftig, fadenscheinig: ***a* ~ *excuse***; **3.** schäbig, schofel, gemein: ***a* ~ *fellow***; ***a* ~ *lie***; ***a* ~ *ten dollars*** lumpige zehn Dollar.

pam·pas ['pæmpəs] *s. pl.* Pampas *pl.* (*südamer. Grasebene[n]*).

pam·per ['pæmpə] *v/t.* verwöhnen, -hätscheln; *fig. Stolz etc.* nähren, ,hätscheln'; *e-m Gelüst* frönen.

pam·phlet ['pæmflɪt] *s.* **1.** Bro'schüre *f*, Druckschrift *f*, Heft *n*; **2.** Flugblatt *n*, -schrift *f*; **pam·phlet·eer** [ˌpæmflə'tɪə] *s.* Verfasser(in) von Flugschriften.

pan¹ [pæn] **I** *s.* **1.** Pfanne *f*: ***frying* ~** Bratpfanne; **2.** ⚙ Pfanne *f*, Tiegel *m*, Becken *n*, Mulde *f*, Trog *m*; **3.** Schale *f* (*e-r Waage*); **4.** ⚔ *hist.* (Zünd)Pfanne *f*; → ***flash*** 2; **5.** *sl.* Vi'sage *f*, Gesicht *n*; **6.** F ,Verriß' *m*, vernichtende Kri'tik; **II** *v/t.* **7.** *oft* **~ *out***, **~ *off*** *Gold*(*sand*) auswaschen; **8.** F ,verreißen', scharf kritisieren; **III** *v/i.* **9.** **~ *out*** *Am. sl.* sich bezahlt machen, ,klappen': **~ *out well*** a) *an Gold* ergiebig sein, b) *fig.* ,hinhauen', ,einschlagen'.

pan² [pæn] **I** *v/t. Filmkamera* schwenken, fahren; **II** *v/i.* a) panoramieren, die 'Filmˌkamera fahren *od.* schwenken, b) (her'um)schwenken (*Kamera*); **III** *s. Film*: Schwenk *m*.

pan- [pæn] *in Zssgn* all…, gesamt…; All…, Gesamt…, Pan…

pan·a·ce·a [ˌpænə'sɪə] *s.* All'heil-, Wundermittel *n*; *fig. a.* Pa'tentreˌzept *n*.

pa·nache [pə'næʃ] *s.* **1.** Helm-, Federbusch *m*; **2.** *fig.* Großtue'rei *f*.

Pan-A·mer·i·can [ˌpænə'merɪkən] *adj.* panameri'kanisch.

'**pan·cake I** *s.* **1.** Pfann-, Eierkuchen *m*; **2.** Leder *n* geringerer Qualität (*aus Resten hergestellt*); **3.** *a.* **~ *landing*** ✈ Bumslandung *f*; **II** *v/i.* **4.** ✈ *bei Landung* 'durchsacken; **III** *v/t.* **5.** ✈ *Maschine* 'durchsacken lassen; **IV** *adj.* **6.** Pfannkuchen…: **~ *Day*** F Fastnachtsdienstag *m*; **7.** flach: **~ *coil*** ⚡ Flachspule.

pan·chro·mat·ic [ˌpænkrəʊ'mætɪk] *adj.* ♪, *phot.* panchro'matisch.

pan·cre·as ['pæŋkrɪəs] *s. anat.* Bauchspeicheldrüse *f*, Pankreas *n*; **pan·cre·at·ic** [ˌpæŋkrɪ'ætɪk] *adj.* Bauchspeicheldrüsen…: **~ *juice*** Bauchspeichel *m*.

pan·da ['pændə] *s. zo.* Panda *m*, Katzenbär *m*; **~ car** *s. Brit.* (Funk-, Poli'zei)Streifenwagen *m*; **~ cross·sing** *s. Brit.* 'Fußgängerˌüberweg *m* mit Druckampel.

pan·dem·ic [pæn'demɪk] *adj.* ⚕ pan'demisch, ganz allgemein verbreitet.

pan·de·mo·ni·um [ˌpændɪ'məʊnjəm] *s. fig.* **1.** In'ferno *n*, Hölle *f*; **2.** Höllenlärm *m*.

pan·der ['pændə] **I** *s.* **1.** a) Kuppler(in), b) Zuhälter *m*; **2.** *fig.* j-d, der aus den Schwächen u. Lastern anderer Kapi'tal schlägt; j-d, der e-m Laster Vorschub leistet; **II** *v/t.* **3.** verkuppeln; **III** *v/i.* **4.** kuppeln; **5.** (***to***) *e-m Laster etc.* Vorschub leisten: **~ *to s.o.'s ambition*** j-s Ehrgeiz anstacheln.

Pan·do·ra's box [pæn'dɔːrəz] *s. myth. u. fig.* die Büchse der Pan'dora.

pane [peɪn] *s.* **1.** (Fenster)Scheibe *f*; **2.** ⚙ Feld *n*, Fach *n*, Platte *f*, Tafel *f*, Füllung *f* (*Tür*), ⚠ Kas'sette *f* (*Decke*): **~ *of glass*** *e-e* Tafel Glas; **3.** ebene Seitenfläche; Finne *f* (*Hammer*); Fa'cette *f* (*Edelstein*).

pan·e·gyr·ic [ˌpænɪ'dʒɪrɪk] **I** *s.* Lobrede *f*, -preisung *f*, -schrift *f*, Lobeshymne *f* (***on*** über *acc.*); **II** *adj.* → **pan·e'gyr·i·cal** [-kl] *adj.* □ lobpreisend, Lob(es)…; ˌ**pan·e'gyr·ist** [-ɪst] *s.* Lobredner *m*; **pan·e·gy·rize** ['pænɪdʒɪraɪz] **I** *v/t.* (lob)preisen, ,in den Himmel heben'; **II** *v/i.* sich in Lobeshymnen ergehen.

pan·el ['pænl] **I** *s.* **1.** ⚠ (vertieftes) Feld, Fach *n*, Füllung *f* (*Tür*), Täfelung *f* (*Wand*); **2.** Tafel *f* (*Holz*), Platte *f* (*Blech etc.*); **3.** *paint.* Holztafel *f*, Gemälde *n* auf Holz; **4.** *phot.* (Bild *n* im) 'Hochforˌmat *n*; **5.** Einsatz(streifen) *m am Kleid*; **6.** ✈ a) ⚔ 'Flieger-, Si'gnaltuch *n*, b) Stoffbahn *f* (*Fallschirm*), c) Streifen *m* der Bespannung (*am Flug-*

zeugflügel), Verkleidung(sblech *n*) *f* (*Flügelbauteil*); **7.** ⚡, ⚙ a) → ***instrument*** 6, b) Schalttafel(feld *n*) *f*, c) *Radio etc.*: Feld *n*, Einschub *m*, d) → ***panel board*** 2; **8.** (Bau)Abteilung *f*, Abschnitt *m*; **9.** ⚒ (Abbau)Feld *n*; **10.** ⚖ a) Liste *f* der Geschworenen, b) Geschworene *pl.*; **11.** ('Unter)Ausschuß *m*, Kommissi'on *f*, Gremium *n*, Kammer *f*; **12.** a) → ***panel discussion***, b) Diskussi'onsteilnehmer *pl.*; **13.** *Meinungsforschung*: Befragtengruppe *f*; **II** *v/t.* **14.** täfeln, paneelieren, in Felder einteilen; **15.** *Kleid* mit Einsatzstreifen verzieren.

pan·el| board *s.* **1.** ⚙ Füllbrett *n*, (Wand-, Par'kett)Tafel *f*; **2.** ⚡ Schaltbrett *n*, -tafel *f*; ~ **dis·cus·sion** *s.* Podiumsgespräch *n*, öffentliche Diskussi'on; ~ **game** *s. TV etc.*: Ratespiel *n*, 'Quiz(proˌgramm) *n*; ~ **heat·ing** *s.* Flächenheizung *f*.

pan·el·ist ['pænlɪst] *s.* **1.** Diskussi'onsteilnehmer(in); **2.** *TV etc.* Teilnehmer (-in) an e-m 'Quizproˌgramm.

pan·el·(l)ing ['pænlɪŋ] *s.* Täfelung *f*, Verkleidung *f*.

pan·el| sys·tem *s.* 'Listensyˌstem *n* (*für die Auswahl von Abgeordneten etc.*); ~ **saw** *s.* Laubsäge *f*; ~ **truck** *s. Am.* (kleiner) Lieferwagen; '~**·work** *s.* Tafel-, Fachwerk *n*.

pang [pæŋ] *s.* **1.** plötzlicher Schmerz, Stechen *n*, Stich *m*: ***death ~s*** Todesqualen; ***~s of hunger*** nagender Hunger; ***~s of love*** Liebesschmerz *m*; **2.** *fig.* aufschießende Angst, plötzlicher Schmerz, Qual *f*, Weh *n*, Pein *f*: ***~s of remorse*** heftige Gewissensbisse.

ˌPan-'Ger·man I *adj.* 'pangerˌmanisch, all-, großdeutsch; **II** *s.* 'Pangermaˌnist *m*, Alldeutsche(r) *m*.

pan·han·dle ['pænˌhændl] **I** *s.* **1.** Pfannenstiel *m*; **2.** *Am.* schmaler Fortsatz (*bes. e-s Staatsgebiets*); **II** *v/t. u. v/i.* **3.** *Am. sl. j-n* (an)betteln, *et.* ‚schnorren', erbetteln (*a. fig.*); **'panˌhan·dler** [-lə] *s. Am. sl.* Bettler *m*, ‚Schnorrer' *m*.

pan·ic¹ ['pænɪk] *s.* ⚘ (Kolben)Hirse *f*.

pan·ic² ['pænɪk] **I** *adj.* **1.** panisch: ~ ***fear***; ~ ***haste*** blinde Hast; ~ ***braking*** *mot.* scharfes Bremsen; ~ ***buying*** Angstkäufe; ***push the ~ button*** *fig.* F panisch reagieren; ***be at ~ stations*** F fast ‚'durchdrehen'; **II** *s.* **2.** Panik *f*, panischer Schrecken; **3.** ☤ Börsenpanik *f*, Kurssturz *m*: ***~-proof*** krisenfest; **4.** *Am. sl.* etwas zum Totlachen; **III** *v/t. pret. u. p.p.* **'pan·icked** [-kt] **5.** in Panik versetzen; **6.** in Panik geraten, *Am. sl. Publikum* hinreißen; **IV** *v/i.* **7.** von panischem Schrecken erfaßt werden: ***don't ~!*** nur die Ruhe!; **8.** sich zu e-r Kurzschlußhandlung hinreißen lassen, ‚'durchdrehen'; **'pan·ick·y** [-kɪ] *adj.* F **1.** 'überängstlich, -nerˌvös; **2.** in Panik.

pan·i·cle ['pænɪkl] *s.* ⚘ Rispe *f*.

'pan·ic|ˌmon·ger *s.* Bange-, Panikmacher(in); ~ **re·ac·tion** *s.* Kurzschlußhandlung *f*; **'~-ˌstrick·en**, **'~-struck** *adj.* von panischem Schrecken gepackt.

pan·jan·drum [pən'dʒændrəm] *s. humor.* Wichtigtuer *m*.

pan·nier ['pænɪə] *s.* **1.** (Trag)Korb *m*: ***a pair of ~s*** e-e Doppelpacktasche (*Fahr-, Motorrad*); **2.** a) Reifrock *m*, b) Reifrockgestell *n*.

pan·ni·kin ['pænɪkɪn] *s.* **1.** Pfännchen *n*; **2.** kleines Trinkgefäß.

pan·ning ['pænɪŋ] *s. Film*: Panoramierung *f*, (Kamera)Schwenkung *f*: ~ ***shot*** Schwenk *m*.

pan·o·plied ['pænəplɪd] *adj.* **1.** vollständig gerüstet (*a. fig.*); **2.** prächtig geschmückt; **pan·o·ply** ['pænəplɪ] *s.* **1.** vollständige Rüstung; **2.** *fig.* prächtige Um'rahmung *od.* Aufmachung, Schmuck *m*.

pan·o·ra·ma [ˌpænə'rɑːmə] *s.* **1.** Pano'rama *n* (*a. paint.*), Rundblick *m*; **2.** a) *Film*: Schwenk *m*, b) *phot.* Rundbildaufnahme *f*: ~ ***lens*** Weitwinkelobjektiv *n*; **3.** *fig.* vollständiger 'Überblick (***of*** über *acc.*); **ˌpan·o'ram·ic** [-'ræmɪk] *adj.* (□ ***~ally***) pano'ramisch, Rundblick...: ~ ***camera*** Panoramenkamera; ~ ***sketch*** Ansichtsskizze; ~ ***windshield*** *mot. Am.* Rundsichtverglasung.

pan shot *s.* (Kamera)Schwenk *m*.

pan·sy ['pænzɪ] *s.* **1.** ⚘ Stiefmütterchen *n*; **2.** *a.* ~ ***boy*** F a) ‚Bubi' *m*, b) ‚Homo' *m*, ‚Schwule(r)' *m*.

pant [pænt] **I** *v/i.* **1.** keuchen, japsen, schnaufen: ~ ***for breath*** nach Luft schnappen; **2.** *fig.* lechzen, dürsten, gieren (***for*** *od.* ***after*** nach); **II** *v/t.* **3.** ~ ***out*** *Worte* (her'vor)keuchen.

pan·ta·loon [ˌpæntə'luːn] *s.* **1.** *thea.* Hans'wurst *m*; **2.** *pl. hist.* Panta'lons *pl.* (*Herrenhose*).

pan·tech·ni·con [pæn'teknɪkən] *s. Brit.* **1.** Möbellager *n*; **2.** *a.* ~ ***van*** Möbelwagen *m*.

pan·the·ism ['pænθiːɪzəm] *s. phls.* Panthe'ismus *m*; **'pan·the·ist** [-ɪst] *s.* Panthe'ist(in); **pan·the·is·tic** [ˌpænθiː'ɪstɪk] *adj.* panthe'istisch.

pan·the·on ['pænθɪən] *s.* Pantheon *n*, Ehrentempel *m*, Ruhmeshalle *f*.

pan·ther ['pænθə] *s. zo.* Panther *m*.

pan·ties ['pæntɪz] *s. pl.* F **1.** Kinderhöschen *n od. pl.*; **2.** (Damen)Slip *m*.

pan·ti·hose ['pæntɪhəʊz] *s.* Strumpfhose *f*.

pan·tile ['pæntaɪl] *s.* Dachziegel *m*, -pfanne *f*, Hohlziegel *m*.

pan·to·graph ['pæntəʊgrɑːf] *s.* **1.** ⚡ Scherenstromabnehmer *m*; **2.** ⚙ Storchschnabel *m*.

pan·to·mime ['pæntəmaɪm] **I** *s.* **1.** *thea.* Panto'mime *f*; **2.** *Brit.* (Laien)Spiel *n*, englisches Weihnachtsspiel; **3.** Mienen-, Gebärdenspiel *n*; **II** *v/t.* **4.** panto'mimisch darstellen, mimen; **pan·to·mim·ic** [ˌpæntə'mɪmɪk] *adj.* (□ ***~ally***) panto'mimisch.

pan·try ['pæntrɪ] *s.* Vorratskammer *f*, Speiseschrank *m*: ***butlers ~*** Anrichteraum *m*.

pants [pænts] *s. pl.* **1.** lange (Herren-) Hose; → ***wear¹*** 1; **2.** *Brit.* Herrenunterhose *f*.

'pant| skirt [pænt] *s.* Hosenrock *m*; **pant(s) suit** *s. Am.* Hosenanzug *m*.

pant·y ['pæntɪ] → ***panties***; ~ **gir·dle** *s.* Miederhös-chen *n*; ~ **hose** *s.* Strumpfhose *f*; **'~·waist** *Am. s.* **1.** Hemdhöschen *n*; **2.** *sl.* Schwächling *m*.

pap [pæp] *s.* **1.** (Kinder)Brei *m*, Papp *m*; **2.** *fig. Am.* F Protekti'on *f*.

pa·pa [pə'pɑː] *s.* Pa'pa *m*.

pa·pa·cy ['peɪpəsɪ] *s.* **1.** päpstliches Amt; **2.** ♰ Papsttum *n*; **3.** Pontifi'kat *n*; **'pa·pal** [-pl] *adj.* □ **1.** päpstlich; **2.** 'römisch-ka'tholisch; **'pa·pal·ism** [-əlɪzəm] *s.* Papsttum *n*; **'pa·pal·ist** [-əlɪst] *s.* Pa'pist(in).

pa·per ['peɪpə] **I** *s.* **1.** ⚙ a) Pa'pier *n*, b) Pappe *f*, c) Ta'pete *f*; **2.** Blatt *n* Papier; **3.** Papier *n als Schreibmaterial*: ~ ***does not blush*** Papier ist geduldig; ***on ~*** *fig.* auf dem Papier, theoretisch; → ***commit*** 1; **4.** Doku'ment *n*, Schriftstück *n*; **5.** ☤ a) ('Wert)Paˌpier *n*, b) Wechsel *m*, c) Pa'piergeld *n*: ***best ~*** erstklassiger Wechsel; ***convertible ~*** (*in Gold*) einlösbares Papiergeld; ~ ***currency*** Papierwährung *f*; **6.** *pl.* a) 'Ausweis- *od.* Be'glaubigungspaˌpiere *pl.*, Doku'mente *pl.*: ***send in one's ~s*** den Abschied nehmen, b) Akten *pl.*, Schriftstücke *pl.*: ***~s on appeal*** ⚖ Berufungsakten; ***move for ~s*** *bsd. parl.* die Vorlage der Unterlagen *e-s Falles* beantragen; **7.** Prüfungsarbeit *f*; **8.** Aufsatz *m*, Abhandlung *f*, Vortrag *m*, -lesung *f*, Refe'rat *n*: ***read a ~*** e-n Vortrag halten, referieren (***on*** über *acc.*); **9.** Zeitung *f*, Blatt *n*; **10.** Brief *m*, Heft *n mit Nadeln etc.*; **11.** *thea. sl.* a) Freikarte *f*, b) Besucher *m* mit Freikarte; **II** *adj.* **12.** pa'pieren, Papier..., Papp...; **13.** *fig.* (hauch)dünn, schwach; **14.** nur auf dem Pa'pier vorhanden: ~ ***team***; **III** *v/t.* **15.** in Papier einwickeln; mit Papier ausschlagen: ~ ***over*** überkleben, *fig.* (notdürftig) übertünchen; **16.** tapezieren; **17.** mit 'Sandpaˌpier polieren; **18.** *thea. sl. Haus* mit Freikarten füllen; **'~·back** *s.* Paperback *n*, Taschenbuch *n*; ~ **bag** *s.* Tüte *f*; **'~·board** *s.* Pappdeckel *m*, Pappe...; ~ **chase** *s.* Schnitzeljagd *f*; ~ **clip** *s.* Bü'ro-, Heftklammer *f*; ~ **cup** *s.* Pappbecher *m*; ~ **cutter** *s.* **1.** Pa'pierˌschneidemaˌschine *f*; **2.** → ***paper knife***; ~ **ex·er·cise** *s.* ⚔ Planspiel *n*; ~ **fas·ten·er** *s.* Heftklammer *f*; ~ **feed** *s.* Papiereinzug *m*; **'~ˌhang·er** *s.* Tapezierer *m*; ~ **jam** *s.* Papierstau *m*; ~ **knife** *s.* Pa'piermesser *n*, Brieföffner *m*; ~ **mill** *s.* Pa'pierfaˌbrik *f*, -mühle *f*; ~ **mon·ey** *s.* Pa'piergeld *n*; ~ **plate** *s.* Pappteller *m*; ~ **profit** *s.* ☤ rechnerischer Gewinn; ~ **stainer** *s.* Ta'petenmaler *m*, -macher *m*; ~ **tape** *s. Computer*: Lochstreifen *m*; **'~·thin** *adj.* hauchdünn (*a. fig.*); ~ **tiger** *s. fig.* Pa'piertiger *m*; ~ **war(·fare)** *s.* **1.** Pressekrieg *m*, -fehde *f*, Federkrieg *m*; **2.** Pa'pierkrieg *m*; **'~-weight** *s.* **1.** Briefbeschwerer *m*; **2.** *sport* Pa'piergewicht(ler *m*) *n*; **'~-work** *s.* Schreib-, Bü'roarbeit *f*.

pa·per·y ['peɪpərɪ] *adj.* pa'pierähnlich; (pa'pier)dünn.

pa·pier-mâ·ché [ˌpæpjeɪ'mæʃeɪ] *s.* Pa'piermaˌché, 'Pappmaˌché *n*.

pa·pil·i·o·na·ceous [pəˌpɪlɪəʊ'neɪʃəs] *adj.* ⚘ schmetterlingsblütig.

pa·pil·la [pə'pɪlə] *pl.* **-pil·lae** [-liː] *s. anat.* Pa'pille *f* (*a.* ⚘), Warze *f*; **pap'il·lar·y** [-ərɪ] *adj.* **1.** warzenartig, papil'lär; **2.** mit Pa'pillen versehen.

pa·pist ['peɪpɪst] *s. contp.* Pa'pist *m*; **pa·pis·tic** *adj.*; **pa·pis·ti·cal** [pə'pɪstɪk(l)] *adj.* □ **1.** päpstlich; **2.** *contp.* pa'pistisch; **'pa·pist·ry** [-rɪ] *s.* Pa'pismus *m*, Papiste'rei *f*.

pa·poose [pə'puːs] *s.* **1.** Indi'anerbaby *n*; **2.** *Am. humor.* ‚Balg' *m*.

pap·pus ['pæpəs] *pl.* **-pi** [-aɪ] *s.* **1.** ⚘ a)

Haarkrone *f*, b) Federkelch *m*; **2.** Flaum *m*.

pap·py [ˈpæpɪ] *adj*. breiig, pappig.

Pap| test, ~ smear [pæp] *s*. ⚕ Abstrich *m*.

pa·py·rus [pəˈpaɪərəs] *pl*. **-ri** [-raɪ] *s*. **1.** ⚘ Paˈpyrus(staude *f*) *m*; **2.** *antiq*. Paˈpyrus(rolle *f*, -text) *m*.

par [pɑː] **I** *s*. **1.** ✝ Nennwert *m*, Pari *n*: ***issue ~*** Emissionskurs *m*; ***nominal*** (*od*. ***face***) ***~*** Nennbetrag *m* (*Aktie*), Nominalwert *m*; ***~ of exchange*** Wechselpari(tät *f*) *n*, Parikurs *m*; ***at ~*** zum Nennwert, al pari; ***above*** (***below***) ***~*** über (unter) Pari; **2.** *fig*. ***above ~*** in bester Form; ***up to*** (***below***) ***~*** F (nicht) auf der Höhe; ***be on a ~*** (***with***) ebenbürtig *od*. gewachsen sein (*dat*.), entsprechen (*dat*.); ***put on a ~ with*** gleichstellen (*dat*.); ***on a ~*** *Brit*. im Durchschnitt; **3.** *Golf*: Par *n*, festgesetzte Schlagzahl; **II** *adj*. **4.** ✝ pari: ***~ clearance*** *Am*. Clearing *n* zum Pariwert; ***~ value*** Pari-, Nennwert *m*.

para- [pærə] *in Zssgn* **1.** neben, über … hinˈaus; **2.** ähnlich; **3.** falsch; **4.** ⚗ neben, ähnlich; Verwandtschaft bezeichnend; **5.** ⚕ a) fehlerhaft, abˈnorm, b) ergänzend, c) umˈgebend; **6.** Schutz…; **7.** Fallschirm…

pa·ra [ˈpærə] *s*. F **1.** ⚔ Fallschirmjäger *m*; **2.** *typ*. Absatz *m*.

par·a·ble [ˈpærəbl] *s*. Paˈrabel *f*, Gleichnis *n* (*a*. *bibl*.).

pa·rab·o·la [pəˈræbələ] *s*. ⩘ Paˈrabel *f*: ***~ compasses*** Parabelzirkel *m*.

par·a·bol·ic [ˌpærəˈbɒlɪk] *adj*. **1.** → ***parabolical***; **2.** ⩘ paraˈbolisch, Parabel…: ***~ mirror*** Parabolspiegel *m*; **ˌpar·aˈbol·i·cal** [-kl] *adj*. ☐ paraˈbolisch, gleichnishaft; **pa·rab·o·loid** [pəˈræbəlɔɪd] *s*. ⩘ Paraboloˈid *n*.

ˈpar·a·brake *v/t*. ✈ durch Bremsfallschirm abbremsen.

par·a·chute [ˈpærəʃuːt] **I** *s*. **1.** ✈ Fallschirm *m*: ***~ jumper*** Fallschirmspringer *m*; **2.** ⚘ Schirmflieger *m*; **3.** ⚙ Sicherheits-, Fangvorrichtung *f*; **II** *v/t*. **4.** (mit dem Fallschirm) absetzen, -werfen; **III** *v/i*. **5.** mit dem Fallschirm abspringen; **6.** (wie) mit e-m Fallschirm schweben; ***~ flare*** *s*. ⚔ Leuchtfallschirm *m*; ***~ troops*** *s*. *pl*. ⚔ Fallschirmtruppen *pl*.

par·a·chut·ist [ˈpærəʃuːtɪst] *s*. ✈ **1.** Fallschirmspringer(in); **2.** ⚔ Fallschirmjäger *m*.

pa·rade [pəˈreɪd] **I** *s*. **1.** Paˈrade *f*, Vorführung *f*, Zurˈschaustellen *n*; ***make a ~ of*** → 7; **2.** ⚔ a) Paˈrade *f* (*Truppenschau u. Vorbeimarsch*): ***be on ~*** e-e Parade abhalten, b) Apˈpell *m*: ***~ rest!*** Rührt Euch!, c) *a*. ***~ ground*** Paˈrade-, Exerzierplatz *m*; **3.** (ˈUm)Zug *m*, (Auf-, Vorˈbei)Marsch *m*; **4.** *bsd*. *Brit*. Promeˈnade *f*; **5.** *fenc*. Paˈrade *f*; **II** *v/t*. **6.** zur Schau stellen, vorführen; **7.** zur Schau tragen, protzen mit; **8.** ⚔ auf-, vorˈbeimarschieren lassen; **9.** *Straße* entlangstolzieren; **III** *v/i*. **10.** ⚔ paradieren, (vorˈbei)marschieren; **11.** e-n Umzug veranstalten, durch die Straßen ziehen; **12.** sich zur Schau stellen, stolzieren.

par·a·digm [ˈpærədaɪm] *s*. *ling*. Paraˈdigma *n*, (Muster)Beispiel *n*; **par·a·dig·mat·ic** [ˌpærədɪgˈmætɪk] *adj*. (☐ ***~ally***) paradigˈmatisch.

par·a·dise [ˈpærədaɪs] *s*. (*bibl*. ♀) Paraˈdies *n* (*a*. *fig*.): ***bird of ~*** Paradiesvogel *m*; → ***fool's paradise***; **par·a·dis·i·ac** [ˌpærəˈdɪsɪæk], **par·a·di·si·a·cal** [ˌpærədɪˈsaɪəkl] *adj*. paraˈdiesisch.

par·a·dox [ˈpærədɒks] *s*. Paˈradoxon *n*, Paraˈdox *n*; **par·a·dox·i·cal** [ˌpærəˈdɒksɪkl] *adj*. ☐ paraˈdox.

ˈpar·a·drop *v/t*. ✈ mit dem Fallschirm abwerfen *od*. absetzen.

par·af·fin [ˈpærəfɪn], **par·af·fine** [ˈpærəfiːn] **I** *s*. Parafˈfin *n*: ***liquid ~***, *Brit*. ***~*** (***oil***) Paraffinöl *n*; ***solid ~*** Erdwachs *n*; ***~ wax*** Paraffin (*für Kerzen*); **II** *v/t*. ⚙ paraffinieren.

par·a·glid·er [ˈpærəˌglaɪdə] *s*. *sport* Gleitschirm *m*.

par·a·gon [ˈpærəgən] *s*. **1.** Muster *n*, Vorbild *n*: ***~ of virtue*** Muster *od*. *iro*. Ausbund *m* an Tugend; **2.** *typ*. Text *f* (*Schriftgrad*).

par·a·graph [ˈpærəgrɑːf] *s*. **1.** *typ*. a) Absatz *m*, Abschnitt *m*, Paraˈgraph *m*, b) Paraˈgraphzeichen *n*; **2.** kurzer (ˈZeitungs)Arˌtikel; **ˈpar·a·graph·er** [-fə] *s*. **1.** Verfasser *m* kleiner Zeitungsartikel; **2.** ˈLeitarˌtikler *m* (*e-r Zeitung*).

Par·a·guay·an [ˌpærəˈgwaɪən] **I** *adj*. paraˈguayisch; **II** *s*. Paraˈguayer(in).

par·a·keet [ˈpærəkiːt] *s*. *orn*. Sittich *m*: ***Australian grass ~*** Wellensittich.

par·al·de·hyde [pəˈrældɪhaɪd] *s*. ⚗ Paraldeˈhyd *n*.

par·al·lac·tic [ˌpærəˈlæktɪk] *adj*. *ast*., *phys*. paralˈlaktisch: ***~ motion*** parallaktische Verschiebung; **par·al·lax** [ˈpærəlæks] *s*. Paralˈlaxe *f*.

par·al·lel [ˈpærəlel] **I** *adj*. **1.** (***with***, ***to***) paralˈlel (zu, mit), gleichlaufend (mit): ***~ bars*** *Turnen*: Barren *m*; ***~ connection*** ⚡ Parallelschaltung *f*; ***run ~ to*** parallel verlaufen zu; **2.** *fig*. paralˈlel, gleich(gerichtet, -laufend), entsprechend: ***~ case*** Parallelfall *m*; ***~ passage*** Parallele *f in e-m Text*; **II** *s*. **3.** ⩘ *u*. *fig*. Paralˈlele *f* (***to*** zu): ***in ~ with*** parallel zu; ***draw a ~ between*** *fig*. e-e Parallele ziehen zwischen (*dat*.), (miteinander) vergleichen; **4.** ⩘ Paralleliˈtät *f* (*a*. *fig*. *Gleichheit*); **5.** *geogr*. Breitenkreis *m*; **6.** ⚡ Paralˈlelschaltung *f*: ***connect*** (*od*. ***join***) ***in ~*** parallelschalten; **7.** Gegenstück *n*, Entsprechung *f*: ***have no ~*** nicht seinesgleichen haben; ***without ~*** ohnegleichen; **III** *v/t*. **8.** (***with***, ***to***) anpassen, -gleichen (*dat*.); **9.** gleichkommen (*dat*.); **10.** et. Gleiches *od*. Entsprechendes finden zu; **11.** *bsd*. *Am*. F parallel laufen zu; **ˈpar·al·lel·ism** [-lɪzəm] *s*. ⩘ Paralleˈlismus *m* (*a*. *ling*., *phls*., *fig*.), Paralleliˈtät *f*; **par·al·lel·o·gram** [ˌpærəˈleləʊgræm] *s*. ⩘ Paralleloˈgramm *n*: ***~ of forces*** *phys*. Kräfteparallelogramm *n*.

pa·ral·o·gism [pəˈrælədʒɪzəm] *s*. *phls*. Paraloˈgismus *m*, Trugschluß *m*.

par·a·ly·sa·tion [ˌpærəlaɪˈzeɪʃn] *s*. **1.** ⚕ Lähmung *f* (*a*. *fig*.); **2.** *fig*. Lahmlegung *f*; **par·a·lyse** [ˈpærəlaɪz] *v/t*. **1.** ⚕ paralysieren, lähmen (*a*. *fig*.); **2.** *fig*. lahmlegen, lähmen, zum Erliegen bringen; **pa·ral·y·sis** [pəˈrælɪsɪs] *pl*. **-ses** [-siːz] *s*. **1.** ⚕ Paraˈlyse *f*, Lähmung *f*; **2.** *fig*. a) Lähmung *f*, Lahmlegung *f*, b) Daˈniederliegen *n*, c) Ohnmacht *f*; **par·a·lyt·ic** [ˌpærəˈlɪtɪk] **I** *adj*. (☐ ***~ally***) ⚕ paraˈlytisch: a) Lähmungs…, b) gelähmt (*a*. *fig*.), c) F volltrunken; **II** *s*. ⚕ Paraˈlytiker(in).

par·a·lyze *bsd*. *Am*. → ***paralyse***.

par·a·med·ic [ˌpærəˈmedɪk] *s*. *Am*. **1.** ärztlicher Assiˈstent, *a*. Saniˈtäter *m*; **2.** Arzt, der sich in abgelegenen Gegenden mit dem Fallschirm absetzen läßt.

pa·ram·e·ter [pəˈræmɪtə] *s*. ⩘ **1.** Paˈrameter *m*; **2.** Nebenveränderliche *f*.

ˌpar·aˈmil·i·tar·y *adj*. ˈparamiliˌtärisch.

par·a·mount [ˈpærəmaʊnt] **I** *adj*. ☐ **1.** höher stehend (***to*** als), oberst, höchst; **2.** *fig*. an der Spitze stehend, größt, überˈragend, ausschlaggebend: ***of ~ importance*** von (aller)größter Bedeutung.

par·a·mour [ˈpærəˌmʊə] *s*. Geliebte(r *m*) *f*, Buhle *m*, *f*.

par·a·noi·a [ˌpærəˈnɔɪə] *s*. ⚕ Paraˈnoia *f*; **ˌpar·aˈnoi·ac** [-ɪæk] **I** *adj*. paraˈnoisch; **II** *s*. Paraˈnoiker(in); **par·a·noid** [ˈpærənɔɪd] *adj*. paranoˈid.

par·a·pet [ˈpærəpɪt] *s*. **1.** ⚔ Wall *m*, Brustwehr *f*; **2.** ⚠ (Brücken)Geländer *n*, (Balˈkon-, Fenster)Brüstung *f*.

par·aph [ˈpærəf] *s*. Paˈraphe *f*, (ˈUnterschrifts)Schnörkel *m*.

par·a·pher·na·li·a [ˌpærəfəˈneɪljə] *s*. *pl*. **1.** Zubehör *n*, *m*, Utenˈsilien *pl*., ‚Drum u. ˈDran' *n*; **2.** ⚖ Parapherˈnalgut *n der Ehefrau*.

par·a·phrase [ˈpærəfreɪz] **I** *s*. Paraˈphrase *f* (*a*. ♪), Umˈschreibung *f*; freie ˈWiedergabe, Interpretatiˈon *f*; **II** *v/t*. *u*. *v/i*. paraphrasieren (*a*. ♪), interpretieren, *e-n Text* frei ˈwiedergeben; umˈschreiben.

par·a·ple·gi·a [ˌpærəˈpliːdʒə] *s*. Parapleˈgie *f*, doppelseitige Lähmung; **ˌpa·raˈpleg·ic** [-dʒɪk] *adj*. paraˈplegisch.

ˌpar·a·psyˈchol·o·gy [ˌpærəsaɪˈkɒlədʒɪ] *s*. ˈParapsycholoˌgie *f*.

par·a·scend·ing [ˌpærəˈsendɪŋ] *s*. Fallschirmsport *m*, -springen *n*.

par·a·sit·al [ˌpærəˈsaɪtl] *adj*. paraˈsitisch (*a*. *fig*.); **par·a·site** [ˈpærəsaɪt] **I** *s*. **1.** *biol*. *u*. *fig*. Schmaˈrotzer *m*, Paraˈsit *m*; **2.** *ling*. paraˈsitischer Laut; **II** *adj*. **3.** → ***parasitic*** 4; **ˌpar·aˈsit·ic**, **ˌpar·aˈsit·ic·al** [-ˈsɪtɪk(l)] *adj*. ☐ **1.** *biol*. paraˈsitisch (*a*. *ling*.), schmaˈrotzend; **2.** ⚕ paraˈsitisch, parasiˈtär; **3.** *fig*. schmaˈrotzerhaft, paraˈsitisch; **4.** ⚙, ⚡ (*nur* ***parasitic***) störend, parasiˈtär: ***~ current*** Fremdstrom *m*; **par·a·sit·ism** [ˈpærəsaɪtɪzəm] *s*. Parasiˈtismus *m* (*a*. ⚕), Schmaˈrotzertum *n*.

par·a·sol [ˈpærəsɒl] *s*. (Damen)Sonnenschirm *m*, *obs*. Paraˈsol *m*, *n*.

par·a·suit [ˈpærəsuːt] *s*. ✈ ˈFallschirmkombinatiˌon *f*.

par·a·thy·roid (**gland**) [ˌpærəˈθaɪrɔɪd] *s*. *anat*. Nebenschilddrüse *f*.

ˈpar·aˌtroop·er *s*. ⚔ Fallschirmjäger *m*; **ˈpar·a·troops** *s*. *pl*. ⚔ Fallschirmtruppen *pl*.

par·a·ty·phoid (**fe·ver**) [ˌpærəˈtaɪfɔɪd] *s*. ⚕ Paratyphus *m*.

par·a·vane [ˈpærəveɪn] *s*. ⚓ Minenabweiser *m*, Ottergerät *n*.

par·boil [ˈpɑːbɔɪl] *v/t*. **1.** halbgar kochen, ankochen; **2.** *fig*. überˈhitzen.

par·cel [ˈpɑːsl] **I** *s*. **1.** Paˈket *n*, Päckchen *n*; Bündel *n*; *pl*. Stückgüter *pl*.: ***~ of shares*** Aktienpaket; ***do up in ~s*** einpacken; **2.** ✝ Posten *m*, Parˈtie *f*, Los *n* (*Ware*): ***in ~s*** in kleinen Posten, stück-, packweise; **3.** *contp.* Haufe(n) *m*; **4.** *a.* **~ *of land*** Par'zelle *f*; **II** *v/t.* **5.** *mst* **~ *out*** auf-, aus-, abteilen, *Land* parzellieren; **6.** *a.* **~ *up*** einpacken, (ver)packen; **~ of·fice** *s.* Gepäckabfertigung(sstelle) *f*; **~ post** *s.* Pa'ketpost *f*.

par·ce·nar·y ['pɑːsɪnərɪ] *s.* ⚖ Mitbesitz *m* (*durch Erbschaft*); **'par·ce·ner** [-nə] *s.* Miterbe *m*.

parch [pɑːtʃ] **I** *v/t.* **1.** rösten, dörren; **2.** ausdörren, -trocknen, (ver)sengen: ***be ~ed (with thirst)***, ‚am Verdursten' sein; **II** *v/i.* **3.** ausdörren, -trocknen, rösten, schmoren; **'parch·ing** [-tʃɪŋ] *adj.* **1.** brennend (*Durst*); **2.** sengend (*Hitze*); **'parch·ment** [-mənt] *s.* **1.** Perga'ment *n*; **2.** *a.* ***vegetable ~*** Perga'mentpaˌpier *n*; **3.** Per'gament(urkunde *f*) *n*, Urkunde *f*.

pard [pɑːd], **'pard·ner** [-dnə] *s. bsd. Am.* F Partner *m*, ‚Kumpel' *m*.

par·don ['pɑːdn] **I** *v/t.* **1.** *j-m od. e-e Sache* verzeihen, *j-n od. et.* entschuldigen: ***~ me!*** Verzeihung!, entschuldigen Sie!, verzeihen Sie!; ***~ me for interrupting you!*** entschuldigen Sie, wenn ich Sie unterbreche!; **2.** *Schuld* vergeben; **3.** *j-m* das Leben schenken, *j-m* die Strafe erlassen, *j-n* begnadigen; **II** *s.* **4.** Verzeihung *f*: ***a thousand ~s*** ich bitte Sie tausendmal um Entschuldigung; ***beg*** (*od.* ***ask***) ***s.o.'s ~*** j-n um Verzeihung bitten; ***(I) beg your ~*** a) entschuldigen Sie bitte!, Verzeihung!, b) F *a.* ***~?*** wie sagten Sie (doch eben)?, wie bitte?, c) *empört*: erlauben Sie mal!; **5.** Vergebung *f*; *R.C.* Ablaß *m*; ⚖ Begnadigung *f*, Straferlaß *m*: ***general ~*** (allgemeine) Amnestie; **6.** Par'don *m*, Gnade *f*; **'par·don·a·ble** [-nəbl] *adj.* □ verzeihlich (*Fehler*), läßlich (*Sünde*); **'par·don·er** [-nə] *s. eccl. hist.* Ablaßkrämer *m*.

pare [peə] *v/t. Äpfel etc.* schälen; *Fingernägel etc.* (be)schneiden: **~ *down*** *fig.* beschneiden, einschränken; **~ *off*** (ab-)schälen (*a.* ⚙); → ***claw*** 1 b.

par·e·gor·ic [ˌpærə'gɒrɪk] *adj. u. s.* ⚕ schmerzstillend(es Mittel).

par·en·ceph·a·lon [ˌpæren'sefəlɒn] *s. anat.* Kleinhirn *n*.

pa·ren·chy·ma [pə'reŋkɪmə] *s.* **1.** Paren'chym *n* (*biol.*, ⚘ *Grund-*, *anat. Organgewebe*); **2.** ⚕ Tumorgewebe *n*.

par·ent ['peərənt] **I** *s.* **1.** *pl.* Eltern *pl.*: ***~-teacher association*** *ped.* (*amer.*, *a. brit.*) Eltern-Lehrer-Ausschuß *m*; ***~-teacher meeting*** Elternabend *m*; **2.** *a.* ⚖ Elternteil *m*; **3.** Vorfahr *m*; **4.** *biol.* Elter *m*; **5.** *fig.* Ursache *f*: ***the ~ of vice*** aller Laster Anfang; **6.** ⚚ F ‚Mutter' *f* (*Muttergesellschaft*); **II** *adj.* **7.** *biol.* Stamm..., Mutter...: **~ *cell*** Mutterzelle *f*; **8.** ursprünglich, Ur...: **~ *form*** Urform *f*; **9.** *fig.* Mutter..., Stamm...: **~ *company*** ⚚ Stammhaus *n*, Muttergesellschaft *f*; **~ *material*** Urstoff *m*, *geol.* Ausgangsgestein *n*; **~ *organization*** Dachorganisation *f*; **~ *patent*** ⚚ Stammpatent *n*; **~ *rock*** *geol.* Urgestein *n*; **~ *ship*** ⚓ Mutterschiff *n*; **~ *unit*** ⚔ Stammtruppenteil *m*; **'par·ent·age** [-tɪdʒ] *s.* **1.** Abkunft *f*, Abstammung *f*, Fa'milie *f*; **2.** Elternschaft *f*; **3.** *fig.* Urheberschaft *f*; **pa·ren·tal** [pə'rentl] *adj.* □ elterlich, Eltern...: **~ *authority*** ⚖ elterliche Gewalt.

pa·ren·the·sis [pə'renθɪsɪs] *pl.* **-the·ses** [-siːz] *s.* **1.** *ling.* Paren'these *f*, Einschaltung *f*: ***by way of ~*** *fig.* beiläufig; **2.** *mst pl. typ.* (runde) Klammer(n *pl.*): ***put in parentheses*** einklammern; **pa'ren·the·size** [-saɪz] *v/t.* **1.** einschalten, einflechten; **2.** *typ.* einklammern; **par·en·thet·ic, par·en·thet·i·cal** [ˌpærən'θetɪk(l)] *adj.* □ **1.** paren'thetisch, eingeschaltet; *fig.* beiläufig; **2.** eingeklammert.

par·ent·less ['peərəntlɪs] *adj.* elternlos.

pa·re·sis ['pærɪsɪs] *s.* ⚕ **1.** Pa'rese *f*, unvollständige Lähmung; **2.** *a.* ***general ~*** progres'sive Para'lyse.

par·get ['pɑːdʒɪt] **I** *s.* **1.** Gips(stein) *m*; **2.** Verputz *m*; **3.** Stuck *m*; **II** *v/t.* **4.** verputzen; **5.** mit Stuck verzieren.

par·he·li·on [pɑː'hiːljən] *pl.* **-li·a** [-ljə] *s.* Nebensonne *f*, Par'helion *n*.

pa·ri·ah ['pærɪə] *s.* Paria *m* (*a. fig.*).

pa·ri·e·tal [pə'raɪɪtl] **I** *adj.* **1.** *anat.* parie'tal: a) (*a.* ⚘, *biol.*) wandständig, Wand..., b) seitlich, c) Scheitel(bein)...; **2.** *ped. Am.* in'tern, Haus...; **II** *s.* **3.** *a.* **~ *bone*** Scheitelbein *n*.

par·ing ['peərɪŋ] *s.* **1.** Schälen *n*; (Be-)Schneiden *n*, Stutzen *n* (*a. fig.*); **2.** *pl.* Schalen *pl.*: ***potato ~s***; **3.** *pl.* ⚙ Späne *pl.*, Schabsel *pl.*, Schnitzel *pl.*; **~ knife** *s.* **1.** Schälmesser *n* (*für Obst etc.*); **2.** Beschneidmesser.

pa·ri pas·su [ˌpɑːrɪ'pæsuː] (*Lat.*) *adv.* gleichrangig, -berechtigt.

Par·is ['pærɪs] *adj.* Pa'riser; **~ blue** *s.* Ber'liner Blau *n*; **~ green** *s.* Pa'riser *od.* Schweinfurter Grün *n*.

par·ish ['pærɪʃ] **I** *s.* **1.** *eccl.* a) Kirchspiel *n*, Pfarrbezirk *m*, b) Gemeinde *f* (*a. coll.*); **2.** *a.* ***civil*** (*od.* ***poor-law***) **~** *pol. Brit.* (po'litische) Gemeinde: ***go*** (*od.* ***be***) ***on the ~*** der Gemeinde zur Last fallen; **II** *adj.* **3.** Kirchen..., Pfarr...: **~ *church*** Pfarrkirche *f*; **~ *clerk*** Küster *m*; **~ *register*** Kirchenbuch *n*; **4.** *pol.* Gemeinde...: **~ *council*** Gemeinderat *m*; ***~-pump politics*** Kirchturmpolitik *f*; **pa·rish·ion·er** [pə'rɪʃənə] *s.* Gemeindeglied *n*.

Pa·ri·sian [pə'rɪzjən] **I** *s.* Pa'riser(in); **II** *adj.* Pa'riser.

par·i·syl·lab·ic [ˌpærɪsɪ'læbɪk] *ling.* **I** *adj.* parisyl'labisch, gleichsilbig; **II** *s.* Pari'syllabum *n*.

par·i·ty ['pærətɪ] *s.* **1.** Gleichheit *f*, *a.* gleichberechtigte Stellung; **2.** ⚚ a) Pari'tät *f*, b) 'Umrechnungskurs *m*: ***at the ~ of*** zum Umrechnungskurs von; **~ *clause*** Paritätsklausel *f*; **~ *price*** Parikurs *m*.

park [pɑːk] **I** *s.* **1.** Park *m*, (Park)Anlagen *pl.*; **2.** Na'turschutzgebiet *n*, Park *m*: ***national ~***; **3.** *bsd.* ⚔ (Geschütz-, Fahrzeug- *etc.*)Park *m*; **4.** *Am.* Parkplatz *m*; **5.** a) *Am.* (Sport)Platz *m*, b) ***the ~*** *Brit.* F der Fußballplatz; **II** *v/t.* **6.** *mot. etc.* parken, ab-, aufstellen; F *et.* abstellen, *wo* lassen: **~ *o.s.*** sich ‚hinhocken'; **III** *v/i.* **7.** parken.

par·ka ['pɑːkə] *s.* Parka *m*, *f*.

ˌpark-and-'ride sys·tem *s.* 'Park-and-'ride-Syˌstem *n*.

park·ing ['pɑːkɪŋ] *s. mot.* **1.** Parken *n*: ***No ~!*** Parken verboten!; **2.** Parkplatz *m*, -plätze *pl.*, -fläche *f*; **~ brake** *s.* Feststellbremse *f*; **~ disc** *s.* Parkscheibe *f*; **~ fee** *s.* Parkgebühr *f*; **~ ga·rage** *s.* Parkhaus *n*; **~ light** *s.* Park-, Standlicht *n*; **~ lot** *s. Am.* Parkplatz *m*, -fläche *f*; **~ me·ter** *s.* Park(zeit)uhr *f*; **~ of·fend·er** *s.* Parksünder *m*; **~ place** *s.* Parkplatz *m*, -fläche *f*; **~ space** *s.* **1.** → ***parking place***; **2.** Abstellfläche *f*; -lücke *f*; **~ tick·et** *s.* Strafzettel *m* (für unerlaubtes Parken).

par·lance ['pɑːləns] *s.* Ausdrucksweise *f*, Sprache *f*: ***in common ~*** auf gut deutsch; ***in legal ~*** in der Rechtssprache; ***in modern ~*** im modernen Sprachgebrauch.

par·lay ['pɑːlɪ] *Am.* **I** *v/t.* **1.** *Wett-, Spielgewinn* wieder einsetzen; **2.** *fig.* aus *j-m od. et.* Kapi'tal schlagen; **3.** erweitern, ausbauen (***into*** zu); **II** *v/i.* **4.** e-n Spielgewinn wieder einsetzen; **III** *s.* **5.** erneuter Einsatz e-s Gewinns; **6.** Auswertung *f*; **7.** Ausweitung *f*, Ausbau *m*.

par·ley ['pɑːlɪ] **I** *s.* **1.** Unter'redung *f*, Verhandlung *f*; **2.** ⚔ (Waffenstillstands)Verhandlung(en *pl.*) *f*, Unter'handlung(en *pl.*) *f*; **II** *v/i.* **3.** sich besprechen (***with*** mit); **4.** ⚔ unter'handeln; **III** *v/t.* **5.** *humor.* parlieren: **~ *French*.**

par·lia·ment ['pɑːləmənt] *s.* Parla'ment *n*: ***enter*** (*od.* ***get into*** *od.* ***go into***) **~** ins Parlament gewählt werden; ***Member of ~*** *Brit.* Mitglied des Unterhauses, Abgeordnete(r *m*) *f*; **par·lia·men·tar·i·an** [ˌpɑːləmen'teərɪən] *pol.* **I** *s.* (erfahrener) Parlamen'tarier; **II** *adj.* → ***parliamentary***; **par·lia·men·ta·rism** [ˌpɑːlə'mentərɪzəm] *s.* parlamen'tarisches Sy'stem, Parlamenta'rismus *m*; **par·lia·men·ta·ry** [ˌpɑːlə'mentərɪ] *adj.* **1.** parlamen'tarisch, Parlaments...: ***~ Commissioner*** *Brit.* → ***ombudsman*** 1; **~ *group*** (*od.* ***party***) Fraktion *f*; **~ *party leader*** *Brit.* Fraktionsvorsitzende(r) *m*; **2.** *fig.* höflich (*Sprache*).

par·lo(u)r ['pɑːlə] **I** *s.* **1.** Wohnzimmer *n*; **2.** *obs.* Besuchszimmer *n*, Sa'lon *m*; **3.** Empfangs-, Sprechzimmer *n*; **4.** Klub-, Gesellschaftszimmer *n* (*Hotel*); **5.** *bsd. Am.* Geschäftsraum *m*, Sa'lon *m*; → ***beauty parlo(u)r***; **II** *adj.* **6.** Wohnzimmer...: **~ *furniture***; **7.** *fig.* Salon...: **~ *radical***, *Am.* **~ *red*** *pol.* Salonbolschewist(in); **~ car** *s.* 🚃 *Am.* Sa'lonwagen *m*; **~ game** *s.* Gesellschaftsspiel *n*; **'~·maid** *s.* Stubenmädchen *n*.

par·lous ['pɑːləs] *obs.* **I** *adj.* **1.** pre'kär; **2.** schlau; **II** *adv.* **3.** ‚furchtbar'.

pa·ro·chi·al [pə'rəʊkjəl] *adj.* □ **1.** parochi'al, Pfarr..., Gemeinde...: **~ *church council*** Kirchenvorstand *m*; **~ *school*** *Am.* Konfessionsschule *f*; **2.** *fig.* beschränkt, eng(stirnig): **~ *politics*** Kirchturmpolitik *f*; **pa'ro·chi·al·ism** [-lɪzəm] *s.* **1.** Parochi'alsyˌstem *n*; **2.** *fig.* Beschränktheit *f*, Spießigkeit *f*.

par·o·dist ['pærədɪst] *s.* Paro'dist(in); **par·o·dy** ['pærədɪ] **I** *s. a. fig.* Paro'die *f* (***of*** auf *acc.*); **II** *v/t.* parodieren.

pa·rol [pə'rəʊl] *adj.* ⚖ a) (bloß) mündlich, b) unbeglaubigt, ungesiegelt: **~ *contract*** formloser (*mündlicher od. schriftlicher*) Vertrag; **~ *evidence*** Zeugenbeweis *m*.

pa·role [pə'rəʊl] **I** *s.* **1.** ⚖ a) bedingte Haftentlassung *od.* Strafaussetzung, b) Hafturlaub *m*: ***put s.o. on ~*** → 4; **~ *officer*** *Am.* Bewährungshelfer *m*; **2.** *a.* **~ *of hono(u)r*** *bsd.* ⚔ Ehrenwort *n*: ***on***

~ auf Ehrenwort; **3.** ⚔ Pa'role *f*, Kennwort *n*; **II** *v/t.* **4.** ⚖ a) *j-n* bedingt (aus der Haft) entlassen, j-s Strafe bedingt aussetzen, b) *j-m* Hafturlaub gewähren; **pa·rol·ee** [pərəʊ'liː] *s.* ⚖ bedingt Haftentlassene(r *m*) *f*.

par·o·nym ['pærənɪm] *s. ling.* **1.** Paro'nym *n*, Wortableitung *f*; **2.** 'Lehnüberˌsetzung *f*; **pa·ron·y·mous** [pə'rɒnɪməs] *adj.* □ a) (stamm)verwandt, b) 'lehnüberˌsetzt (*Wort*).

par·o·quet ['pærəket] → ***parakeet***.

pa·rot·id [pə'rɒtɪd] *s. a.* ~ ***gland*** *anat.* Ohrspeicheldrüse *f*; **par·o·ti·tis** [ˌpærəʊ'taɪtɪs] *s.* Mumps *m*.

par·ox·ysm ['pærəksɪzəm] *s.* ⚕ Paro'xysmus *m*, Krampf *m*, Anfall *m* (*a. fig.*): ***~s of laughter*** Lachkrampf *m*; ***~s of rage*** Wutanfall *m*; **par·ox·ys·mal** [ˌpærek'sɪzməl] *adj.* krampfartig.

par·quet ['pɑːkeɪ] **I** *s.* **1.** Par'kett(fußboden *m*) *n*; **2.** *thea. bsd. Am.* Par'kett *n*; **II** *v/t.* **3.** parkettieren; **'par·quet·ry** [-kɪtrɪ] *s.* Par'kett(arbeit *f*) *n*.

par·ri·cid·al [ˌpærɪ'saɪdl] *adj.* vater-, muttermörderisch; **par·ri·cide** ['pærɪsaɪd] *s.* **1.** Vater-, Muttermörder(in); **2.** Vater-, Mutter-, Verwandtenmord *m*.

par·rot ['pærət] **I** *s. orn.* Papa'gei *m*, *fig. a.* Nachschwätzer(in); **II** *v/t.* nachplappern; ~ **dis·ease**, ~ **fe·ver** *s.* ⚕ Papa'geienkrankheit *f*.

par·ry ['pærɪ] **I** *v/t.* *Stöße*, *Schläge*, *Fragen etc.* parieren, abwehren (*beide a. v/i.*); **II** *s. fenc. etc.* Pa'rade *f*, Abwehr *f*.

parse [pɑːz] *v/t. ling. Satz* gram'matisch zergliedern, *Satzteil* bestimmen, *Wort* grammatisch definieren.

par·sec ['pɑːsek] *s. ast.* Parsek *n*, Sternweite *f* (*3,26 Lichtjahre*).

par·si·mo·ni·ous [ˌpɑːsɪ'məʊnjəs] *adj.* □ **1.** sparsam, geizig, knauserig (***of*** mit); **2.** armselig, kärglich; **ˌpar·si'mo·ni·ous·ness** [-nɪs], **par·si·mo·ny** ['pɑːsɪmənɪ] *s.* Sparsamkeit *f*, Geiz *m*, Knauserigkeit *f*.

pars·ley ['pɑːslɪ] *s.* ⚘ Peter'silie *f*.

pars·nip ['pɑːsnɪp] *s.* ⚘ Pastinak *m*.

par·son ['pɑːsn] *s.* Pastor *m*, Pfarrer *m*; F *contp.* Pfaffe *m*: ***~'s nose*** Bürzel *m* (*e-r Gans etc.*); **'par·son·age** [-nɪdʒ] *s.* Pfar'rei *f*, Pfarrhaus *n*.

part [pɑːt] **I** *s.* **1.** Teil *m*, *n*, Stück *n*: ***~ by volume*** (***weight***) *phys.* Raum(Gewichts)teil; ***~ of speech*** *ling.* Redeteil, Wortklasse *f*; ***in ~*** teilweise; ***payment in ~*** Abschlagszahlung *f*; ***be ~ and parcel of*** e-n wesentlichen Bestandteil bilden von (*od. gen.*); ***for the best ~ of the year*** fast das ganze Jahr (über); **2.** 𝔄 Bruchteil *m*: ***three ~s*** drei Viertel; **3.** ⚙ (Bau-, Einzel)Teil *n*: ***~s list*** Ersatzteil-, Stückliste *f*; **4.** ✝ Lieferung *f e-s Buches*; **5.** (Körper)Teil *m*, Glied *n*: ***soft ~*** Weichteil *n*; ***the*** (***privy***) ***~s*** die Geschlechtsteile; **6.** Anteil *m* (***of***, ***in*** an *dat.*): ***have a ~ in*** teilhaben an (*dat.*); ***have neither ~ nor lot in*** nicht das geringste mit *et.* zu tun haben; ***take ~*** (***in***) teilnehmen (an *dat.*), mitmachen (bei); ***he wanted no ~ of it*** er wollte davon nichts wissen *od.* damit zu tun haben; **7.** *fig.* Teil *m*, Seite *f*: ***the most ~*** die Mehrheit, das Meiste *von et.*; ***for my ~*** ich für mein(en) Teil; ***for the most ~*** meistens, größtenteils; ***on the ~ of*** von seiten, seitens (*gen.*); ***take in good*** (***bad***) ***~*** *et.* gut (übel) aufnehmen; **8.** Seite *f*, Par'tei *f*: ***he took my ~*** er ergriff m-e Partei; **9.** Pflicht *f*: ***do one's ~*** das Seinige *od.* s-e Schuldigkeit tun; **10.** *thea.* Rolle *f* (*a. fig.*): ***act*** (*od. a. fig.* ***play***) ***a ~*** e-e Rolle spielen; **11.** ♪ Sing- *od.* Instrumen'talstimme *f*, Par'tie *f*: ***for*** (*od.* ***in*** *od.* ***of***) ***several ~s*** mehrstimmig; **12.** *pl.* (geistige) Fähigkeiten *pl.*, Ta'lent *n*: ***a man of ~s*** ein fähiger Kopf; **13.** *oft pl.* Gegend *f*, Teil *m e-s Landes*, *der Erde*: ***in these ~s*** hierzulande; ***in foreign ~s*** im Ausland; **14.** *Am.* (Haar)Scheitel *m*; **II** *v/t.* **15.** teilen, ab-, ein-, zerteilen; trennen (***from*** von); **16.** *Streitende* trennen, *Metalle* scheiden, *Haar* scheiteln; **III** *v/i.* **17.** ausein'andergehen, sich lösen, zerreißen, brechen (*a.* ⚓), aufgehen (*Vorhang*); **18.** ausein'andergehen, sich trennen (*Menschen*, *Wege etc.*): ***~ friends*** als Freunde auseinandergehen; ***~ with*** sich von *j-m od. et.* trennen, ***~ with one's money*** mit dem Geld herausrücken; **IV.** *adj.* **19.** Teil...: ***~ damage*** Teilschaden *m*; ***~ delivery*** Teillieferung *f*; **V** *adv.* **20.** teilweise, zum Teil: ***made ~ of iron, ~ of wood*** teils aus Eisen, teils aus Holz.

part- [pɑːt] *in Zssgn* teilweise, zum Teil: ***~-done*** zum Teil erledigt; ***accept s.th. in ~-exchange*** et. in Zahlung nehmen; ***~-finished*** halbfertig; ***~-opened*** ein Stück geöffnet.

par·take [pɑː'teɪk] **I** *v/i.* [*irr.* → ***take***] **1.** teilnehmen, -haben (***in***, ***of*** an *dat.*); **2.** (***of***) *et.* an sich haben (von), *et.* teilen (mit): ***his manner ~s of insolence*** es ist et. Unverschämtes in s-m Benehmen; **3.** (***of***) mitessen, genießen, *j-s Mahlzeit* teilen; *Mahlzeit* einnehmen; **II** *v/t.* [*irr.* → ***take***] **4.** *obs.* teilen, teilhaben (an *dat.*).

par·terre [pɑː'teə] *s.* **1.** französischer Garten; **2.** *thea. bsd. Am.* Par'terre *n*.

par·the·no·gen·e·sis [ˌpɑːθɪnəʊ'dʒenɪsɪs] *s.* Parthenoge'nese *f*: a) ⚘ Jungfernfrüchtigkeit *f*, b) *zo.* Jungfernzeugung *f*, c) *eccl.* Jungfrauengeburt *f*.

Par·thi·an ['pɑːθjən] *adj.* parthisch: ***~ shot*** → ***parting shot***.

par·tial ['pɑːʃl] *adj.* □ → ***partially***; **1.** teilweise, parti'ell, Teil...: ***~ eclipse*** *ast.* partielle Finsternis; ***~ payment*** Teilzahlung *f*; ***~ view*** Teilansicht *f*; **2.** par'teiisch, eingenommen (***to*** für), einseitig: ***be ~ to s.th.*** e-e besondere Vorliebe haben für et.; **par·ti·al·i·ty** [ˌpɑːʃɪ'ælətɪ] *s.* **1.** Par'teilichkeit *f*, Voreingenommenheit *f*; **2.** Vorliebe *f* (***to***, ***for*** für); **'par·tial·ly** [-ʃəlɪ] *adv.* teilweise, zum Teil.

par·tic·i·pant [pɑː'tɪsɪpənt] **I** *s.* Teilnehmer(in) (***in*** an *dat.*); **II** *adj.* teilnehmend, Teilnehmer..., (mit)beteiligt; **par·tic·i·pate** [pɑː'tɪsɪpeɪt] *v/i.* **1.** teilhaben, -nehmen, sich beteiligen (***in*** an *dat.*), mitmachen (bei); beteiligt sein (an *dat.*); ✝ am Gewinn beteiligt sein; **2.** ***~ of*** *et.* an sich haben von; **par'tic·i·pat·ing** [-peɪtɪŋ] *adj.* **1.** ✝ gewinnberechtigt, mit Gewinnbeteiligung (*Versicherungspolice etc.*): ***~ share*** dividendenberechtigte Aktie; ***~ rights*** Gewinnbeteiligungsrechte; **2.** → ***participant*** II; **par·tic·i·pa·tion** [pɑːˌtɪsɪ'peɪʃn] *s.* **1.** Teilnahme *f*, Beteiligung *f*, Mitwirkung *f*; **2.** ✝ Teilhaberschaft *f*, (Gewinn)Beteiligung *f*; **par'tic·i·pa·tor** [-peɪtə] *s.* Teilnehmer(in) (***in*** an *dat.*).

par·ti·cip·i·al [ˌpɑːtɪ'sɪpɪəl] *adj.* □ *ling.* partizipi'al; **par·ti·ci·ple** ['pɑːtɪsɪpl] *s. ling.* Parti'zip *n*, Mittelwort *n*.

par·ti·cle ['pɑːtɪkl] *s.* **1.** Teilchen *n*, Stückchen *n*; **2.** *phys.* Par'tikel *n* (*a. f*), (Stoff-, Masse-, Elemen'tar)Teilchen *n*; **3.** *fig.* Fünkchen *n*, Spur *f*: ***not a ~ of truth in it*** nicht ein wahres Wort daran; **4.** *ling.* Par'tikel *f*.

par·ti·col·o(u)red ['pɑːtɪˌkʌləd] *adj.* bunt, vielfarbig.

par·tic·u·lar [pə'tɪkjʊlə] **I** *adj.* □ → ***particularly***; **1.** besonder, einzeln, spezi'ell, Sonder...: ***~ average*** ✝ kleine (besondere) Havarie; ***for no ~ reason*** aus keinem besonderen Grund; ***this ~ case*** dieser spezielle Fall; **2.** individu'ell, ausgeprägt; **3.** ausführlich; 'umständlich; **4.** peinlich genau, eigen: ***be ~ about*** es genau nehmen mit, Wert legen auf (*acc.*); **5.** wählerisch (***in***, ***about***, ***as to*** in *dat.*): ***none too ~ about*** *iro.* nicht gerade wählerisch (*in s-n Methoden etc.*); **6.** eigentümlich, sonderbar; **II** *s.* **7.** Einzelheit *f*, besonderer 'Umstand; *pl.* nähere Umstände *od.* Angaben *pl.*, *das* Nähere: ***in ~*** insbesondere; ***enter into ~s*** sich auf Einzelheiten einlassen; ***further ~s from*** Näheres (erfährt man) bei; **8.** Perso'nalien *pl.*, Angaben *pl. zur Person*; **9.** F Speziali'tät *f*, *et.* Typisches; **par'tic·u·lar·ism** [-ərɪzəm] *s. pol.* Partikula'rismus *m*: a) Sonderbestrebungen *pl.*, b) ˌKleinstaate'rei *f*; **par·tic·u·lar·i·ty** [pəˌtɪkjʊ'lærətɪ] *s.* **1.** Besonderheit *f*, Eigentümlichkeit *f*; **2.** besonderer 'Umstand, Einzelheit *f*; **3.** Ausführlichkeit *f*; **4.** (peinliche) Genauigkeit; **5.** Eigenheit *f*; **par·tic·u·lar·i·za·tion** [pəˌtɪkjʊləraɪ'zeɪʃn] *s.* Detaillierung *f*, Spezifizierung *f*; **par'tic·u·lar·ize** [-əraɪz] **I** *v/t.* spezifizieren, einzeln (*a.* 'umständlich) anführen, ausführlich angeben; **II** *v/i.* ins einzelne gehen; **par'tic·u·lar·ly** [-lɪ] *adv.* **1.** besonders, im besonderen, insbesondere: ***not ~*** nicht sonderlich; (***more***) ***~ as*** um so mehr als, zumal; **2.** ungewöhnlich; **3.** ausdrücklich.

part·ing ['pɑːtɪŋ] **I** *adj.* **1.** Scheide..., Abschieds...: ***~ kiss***; ***~ breath*** letzter Atemzug; **2.** trennend, abteilend: ***~ wall*** Trennwand *f*; **II** *s.* **3.** Abschied *m*, Scheiden *n*, Trennung *f* (***with*** von); *fig.* Tod *m*; **4.** Trennlinie *f*, (Haar)Scheitel *m*: ***~ of the ways*** Weggabelung, *fig.* Scheideweg; **5.** ⚗, *phys.* Scheidung *f*: ***~ silver*** Scheidesilber; **6.** ⚙ *Gießerei*: a) *a.* ***~ sand*** Streusand *m*, trockener Formsand, b) *a.* ***~ line*** Teilfuge *f* (*Gußform*); **7.** ⚓ Bruch *m*, Reißen *n*; ***~ shot*** *s. fig.* letzte boshafte Bemerkung (*beim Abschied*).

par·ti·san¹ ['pɑːtɪzn] *s.* ⚔ *hist.* Parti'sane *f* (*Stoßwaffe*).

par·ti·san² [ˌpɑːtɪ'zæn] **I** *s.* **1.** Par'teigänger(in), -genosse *m*, -genossin *f*; **2.** ⚔ Parti'san *m*, Freischärler *m*; **II** *adj.* **3.** Partei...; **4.** par'teiisch: ***~ spirit*** leidenschaftliche Parteilichkeit; **5.** ⚔ Partisanen..., **ˌpar·ti'san·ship** [-ʃɪp] *s.* **1.** *pl.* Par'teigängertum *n*; **2.** *fig.* Par'tei-, Vetternwirtschaft *f*.

par·tite ['pɑːtaɪt] *adj.* **1.** geteilt (*a.* ♀); **2.** *in Zssgn* …teilig.

par·ti·tion [pɑː'tɪʃn] **I** *s.* **1.** (Auf-, Ver-) Teilung *f*; **2.** ⚖ ('Erb)Ausein͵andersetzung *f*; **3.** Trennung *f*, Absonderung *f*; **4.** Scheide-, Querwand *f*, Fach *n* (*Schrank etc.*); (Bretter)Verschlag *m*: **~ wall** Zwischenwand *f*; **II** *v/t.* **5.** (auf-, ver)teilen; **6.** *Erbschaft* ausein'andersetzen; **7.** *mst* **~ off** abteilen, -fachen; **par·ti·tive** ['pɑːtɪtɪv] **I** *adj.* teilend, Teil…; *ling.* parti'tiv: **~ genitive**; **II** *s. ling.* Parti'tivum *n*.

part·ly ['pɑːtlɪ] *adv.* zum Teil, teilweise, teils: **~ …, ~ …** teils …, teils …

part·ner ['pɑːtnə] **I** *s.* **1.** *allg.* (*a. sport*, *a.* Tanz)Partner(in); **2.** ✝ Gesellschafter *m*, (Geschäfts)Teilhaber(in), Kompagnon *m*: **general ~** (unbeschränkt) haftender Gesellschafter, Komplementär *m*; **special ~** *Am.* Kommanditist (-in); → **dormant** 3; **limited** I; **silent** 2; **sleeping partner**; **3.** 'Lebenskame͵rad (-in), Gatte *m*, Gattin *f*; **II** *v/t.* **4.** zs.-bringen, -tun; **5.** sich zs.-tun, sich assoziieren (**with** mit *j-m*): **be ~ed with** *j-n* zum Partner haben; **'part·ner·ship** [-ʃɪp] *s.* **1.** Teilhaberschaft *f*, Partnerschaft *f*, Mitbeteiligung *f* (**in** an *dat.*); **2.** ✝ a) Handelsgesellschaft *f*, b) Perso'nalgesellschaft *f*: **general** *od.* **ordinary ~** Offene Handelsgesellschaft; → **limited** I; **special ~** *Am.* Kommanditgesellschaft *f*; **deed of ~** Gesellschaftsvertrag *m*; **enter into a ~ with** → **partner** 5.

part| own·er *s.* **1.** Miteigentümer(in); **2.** ⚓ Mitreeder *m*; **~ pay·ment** *s.* Teil-, Abschlagszahlung *f*.

par·tridge ['pɑːtrɪdʒ] *pl.* **par·tridge** *u.* **par·tridg·es** *s. orn.* Rebhuhn *n*.

part| sing·ing *s.* ♪ mehrstimmiger Gesang; **'~-time I** *adj.* Teilzeit…, Halbtags…: **~ job**; **~ farmer** Nebenerwerbslandwirt *m*; **II** *adv.* halbtags; **'~͵tim·er** *s.* Teilzeitbeschäftigte(r *m*) *f*, Halbtagskraft *f*.

par·tu·ri·ent [pɑː'tjʊərɪənt] *adj.* **1.** gebärend, kreißend; **2.** *fig.* (*mit e-r Idee*) schwanger; **par·tu·ri·tion** [͵pɑːtjʊə'rɪʃn] *s.* Gebären *n*.

par·ty ['pɑːtɪ] *s.* **1.** *pol.* Par'tei *f*: **~ boss** Parteibonze *m*; **~ spirit** Parteigeist *m*; → **whip** 4a; **2.** Par'tie *f*, Gesellschaft *f*: **hunting ~**; **make one of the ~** sich anschließen, mitmachen; **3.** Trupp *m*: a) ⚔ Kom'mando *n*, b) (Arbeits)Gruppe *f*, c) (Rettungs- *etc.*)Mannschaft *f*; **4.** Einladung *f*, Party *f*, Gesellschaft *f*: **give a ~**; **~ pooper** *sl.* Partykiller *m*; **5.** ⚖ (Pro'zeß- *etc.*)Par͵tei *f*: **contracting ~**, **~ to a contract** Vertragspartei, Kontrahent *m*; **a third ~** ein Dritter; **6.** Teilhaber(in), -nehmer(-in), Beteiligte(r *m*) *f*: **be a ~ to** beteiligt sein an, *et.* mitmachen; **the parties concerned** die Beteiligten; **7.** F ‚Typ' *m*, Per'son *f*; **~ card** *s.* Par'teibuch *n*; **~ line** *s.* **1.** *teleph.* Gemeinschaftsanschluß *m*; **2.** *pol.* Par'teilinie *f*, -direk͵tive *f*: **follow the ~** *parl.* linientreu sein; **voting was on ~s** bei der Abstimmung herrschte Fraktionszwang; **~ in·fight·ing** *s.* parteiinterne Querelen; **~ lin·er** *s. Am.* Linientreue(r *m*) *f*; **~ tick·et** *s.* **1.** Gruppenfahrkarte *f*; **2.** *pol. Am.* (Kandi'daten)liste *f e-r Partei.*

par·ve·nu ['pɑːvənjuː] (*Fr.*) *s.* Em'porkömmling *m*, Parve'nü *m*.

Pas·cal ['pæskl] Pas'cal *n*: a) *phys. Einheit des Drucks*, b) *e-e Computersprache.*

pa·sha ['pɑːʃə] *s.* Pascha *m*.

pasque·flow·er ['pæsk͵flaʊə] *s.* ♀ Küchenschelle *f*.

pass¹ [pɑːs] *s.* **1.** (Eng)Paß *m*, Zugang *m*, 'Durchgang *m*, -fahrt *f*, Weg *m*: **hold the ~** die Stellung halten (*a. fig.*); **sell the ~** *fig.* alles verraten; **2.** Joch *n*, Sattel *m* (*Berg*); **3.** schiffbarer Ka'nal; **4.** Fischgang *m* (*Schleuse etc.*).

pass² [pɑːs] **I** *s.* **1.** (Reise)Paß *m*; (Perso'nal)Ausweis *m*; Passierschein *m*; 🚂, *thea. a.* **free ~** Frei-, Dauerkarte *f*; **2.** ⚔ a) Urlaubsschein *m*, b) Kurzurlaub *m*: **be on ~** auf (Kurz)Urlaub sein; **3.** a) Bestehen *n*, 'Durchkommen *n im Examen etc.*, b) bestandenes Examen, c) Note *f*, Zeugnis *n*, d) *univ. Brit.* einfacher Grad; **4.** ✝, ⚙ Abnahme *f*, Genehmigung *f*; **5.** Bestreichung *f*, Strich *m beim Hypnotisieren etc.*; **6.** *Maltechnik*: Strich *m*; **7.** (Hand)Bewegung *f*, (Zauber)Trick *m*; **8.** *Fußball etc.*: Paß *m*, (Ball)Abgabe *f*, Vorlage *f*: **~ back** Rückgabe *f*; **low ~** Flachpaß; **9.** *fenc.* Ausfall *m*, Stoß *m*; **10.** *sl.* Annäherungsversuch *m*, *oft* **hard ~** Zudringlichkeit *f*: **make a ~ at** *e-r Frau gegenüber* zudringlich werden; **11.** *fig.* a) Zustand *m*, b) kritische Lage: **a pretty ~** F e-e ‚schöne Geschichte'; **be at a desperate ~** hoffnungslos sein; **things have come to such a ~** die Dinge haben sich derart zugespitzt; **12.** ⚙ Arbeitsgang *m* (*Werkzeugmaschine*); **13.** ⚙ (Schweiß)Lage *f*; **14.** *Walzwesen*: a) Gang *m*, b) Zug *m*; **15.** ⚡ Paß *m* (*frequenzabhängiger Vierpol*); **II** *v/t.* **16.** *et.* passieren, vor'bei-, vor'übergehen, -fahren, -fließen, -kommen, -reiten, -ziehen an (*dat.*); **17.** über'holen (*a. mot.*), vor'beilaufen, -fahren an (*dat.*); **18.** durch-, über'schreiten, passieren, durch'gehen, -'reisen *etc.*: **~ s.o.'s lips** über j-s Lippen kommen; **19.** über'steigen, -'treffen, hin'ausgehen über (*acc.*) (*a. fig.*): **it ~es my comprehension** es geht über m-n Verstand; **20.** *fig.* über'gehen, -'springen, keine No'tiz nehmen von; ✝ *e-e Dividende* ausfallen lassen; **21.** *durch et.* hin'durchleiten, -führen (*a.* ⚙), gleiten lassen: **~ (through a sieve)** durch ein Sieb passieren, durchseihen; ; **~ one's hand over** mit der Hand über *et.* fahren; **22.** *Gegenstand* reichen, (*a.* ⚖ *Falschgeld*) weitergeben; *Geld* in 'Umlauf setzen; (über-) 'senden, (*a. Funkspruch*) befördern; *sport Ball* abspielen, abgeben (**to** an *acc.* passen), (zu): **~ the chair** (**to**) den Vorsitz abgeben (an *j-n*); **~ the hat** (**round** *Brit.*) e-e Sammlung veranstalten (**for** für *j-n*); **~ the time of day** guten Tag *etc.* sagen, grüßen; **~ to s.o.'s account** j-m *e-n Betrag* in Rechnung stellen; **~ to s.o.'s credit** j-m gutschreiben; → **word** 5; **23.** *Türschloß* öffnen; **24.** vor'bei-, 'durchlassen, passieren lassen; **25.** *fig.* anerkennen, gelten lassen, genehmigen; **26.** ⚕ a) *Eiter, Nierenstein etc.* ausscheiden, b) *Eingeweide* entleeren, *Wasser* lassen; **27.** *Zeit* verbringen, -leben, -treiben; **28.** *parl. etc.* a) *Vorschlag* 'durchbringen, -setzen, b) *Gesetz* verabschieden, ergehen lassen, c) *Resolution* annehmen; **29.** rechtskräftig machen; **30.** ⚖ *Eigentum*, *Rechtstitel* über'tragen, *letztwillig* zukommen lassen; **31.** a) *Examen* bestehen, b) *Prüfling* bestehen lassen, 'durchkommen lassen; **32.** *Urteil* äußern, *s-e Meinung* aussprechen (**upon** über *acc.*), *Bemerkung* fallenlassen, *Kompliment* machen: **~ criticism on** Kritik üben an (*dat.*); → **sentence** 2 a; **III** *v/i.* **33.** sich fortbewegen, von e-m Ort zum andern gehen *od.* fahren *od.* ziehen *etc.*; **34.** vor'bei-, vor'übergehen *etc.* (**by** an *dat.*); **35.** 'durchgehen, passieren (*a. Linie*): **it just ~ed through my mind** *fig.* es ging mir eben durch den Kopf; **36.** ⚕ abgehen, abgeführt werden; **37.** 'durchkommen: a) ein Hindernis *etc.* bewältigen, b) (e-e Prüfung) bestehen; **38.** her'umgereicht werden, von Hand zu Hand gehen, her'umgehen; im 'Umlauf sein: **harsh words ~ed between them** es fielen harte Worte bei ihrer Auseinandersetzung; **39.** a) *sport* passen, (den Ball) zuspielen *od.* abgeben, b) (*Kartenspiel u. fig.*) passen: **I ~ on that!** da muß ich passen!; **40.** *fenc.* ausfallen; **41.** 'übergehen (**from …** [**in**]**to** von … zu), werden (**into** zu); **42.** *in andere Hände* 'übergehen, über'tragen werden (*Eigentum*); fallen (**to** an *Erben etc.*); *unter j-s Aufsicht* kommen, geraten; **43.** an-, hin-, 'durchgehen, leidlich sein, unbeanstandet bleiben, geduldet werden: **let that ~** reden wir nicht mehr davon; **44.** *parl. etc.* 'durchgehen, bewilligt *od.* zum Gesetz erhoben werden, Rechtskraft erlangen; **45.** gangbar sein, Geltung finden (*Ideen*, *Grundsätze*); **46.** angesehen werden, gelten (**for** als); **47.** urteilen, entscheiden (**upon** über *acc.*); ⚖ *a.* gefällt werden (*Urteil*); **48.** vergehen (*a. Schmerz etc.*), verstreichen (*Zeit*); endigen; sterben: **fashions ~** Moden kommen u. gehen; **49.** sich zutragen *od.* abspielen, passieren: **what ~ed between you and him?**; **bring to ~** bewirken; **it came to ~ that** *bibl.* es begab sich, daß;

Zssgn mit prp.:

pass| be·yond *v/i.* hin'ausgehen über (*acc.*) (*a. fig.*); **~ by** *v/i.* **1.** vor'bei-, vor'übergehen an (*dat.*); **2.** *et. od. j-n* über'gehen (**in silence** stillschweigend); **3.** unter *dem Namen* … bekannt sein; **~ for** → **pass** 46; **~ in·to I** *v/t.* **1.** *et.* einführen in (*acc.*); **II** *v/i.* **2.** (hin-'ein)gehen *etc.* in (*acc.*); **3.** führen *od.* leiten in (*acc.*); **4.** 'übergehen in (*acc.*): **~ law** (zum) Gesetz werden; **~ through I** *v/t.* **1.** durch … führen *od.* leiten *od.* stecken; 'durchschleusen; **II** *v/i.* **2.** durch'fahren, -'queren, -'schreiten *etc.*; durch … gehen *etc.*; durch'fließen; **3.** durch … führen (*Draht*, *Tunnel etc.*); **4.** durch'bohren; **5.** 'durchmachen, erleben;

Zssgn mit adv.:

pass| a·way I *v/t.* **1.** *Zeit* ver-, zubringen (**doing s.th.** mit et.); **II** *v/i.* **2.** vergehen (*Zeit etc.*); **3.** verscheiden, sterben; **~ by** *v/i.* **1.** vor'bei-, vor'übergehen (*a. Zeit*); **2.** → **pass over** 4; **~ down** *v/t.* *Bräuche etc.* über'liefern, weitergeben (***to*** an *dat.*); ~ **in** *v/t.* **1.** einlassen; **2.** einreichen, -händigen: ~ ***one's check*** *Am. sl.* ‚den Löffel abgeben' (*sterben*); ~ **off I** *v/t.* **1.** *j-n od. et.* ausgeben (***for***, ***as*** für, als); **II** *v/i.* **2.** vergehen (*Schmerz etc.*); **3.** *gut etc.* vor'übergehen, von'statten gehen; **4.** 'durchgehen (***as*** als); ~ **on I** *v/t.* **1.** weitergeben, -reichen (***to*** *dat. od.* an *acc.*); befördern; **2.** † abwälzen (***to*** auf *acc.*); **II** *v/i.* **3.** weitergehen; **4.** 'übergehen (***to*** zu); **5.** → ***pass away*** 3; ~ **out I** *v/i.* **1.** hin'ausgehen, -fließen, -strömen; **2.** *sl.* ‚umkippen', ohnmächtig werden; **II** *v/t.* **3.** ver-, austeilen; ~ **o·ver I** *v/i.* **1.** hin'übergehen; **2.** 'überleiten, -führen; **II** *v/t.* **3.** über'reichen, -'tragen; **4.** über'gehen (***in silence*** stillschweigend), ignorieren; **5.** → ***pass up*** 1; ~ **through** *v/i.* **1.** hin'durchführen; **2.** hin'durchgehen, -reisen *etc.*: ***be passing through*** auf der Durchreise sein; ~ **up** *v/t. sl.* **1.** a) sich *e-e Chance* entgehen lassen, b) *et.* ‚sausen' lassen; verzichten auf (*acc.*); **2.** *j-n* über'gehen.

pass·a·ble ['pɑːsəbl] *adj.* □ **1.** passierbar; gang-, befahrbar; **2.** † gangbar, gültig (*Geld etc.*); **3.** *fig.* leidlich, pas'sabel.

pas·sage ['pæsɪdʒ] *s.* **1.** Her'ein-, Her'aus-, Vor'über-, 'Durchgehen *n*, 'Durchgang *m*, -reise *f*, -fahrt *f*, 'Durchfließen *n*: ***no ~!*** kein Durchgang!, keine Durchfahrt!; → ***bird*** 1; **2.** † ('Waren-)Tran͵sit *m*, 'Durchgang *m*; **3.** Pas'sage *f*, ('Durch-, Verbindungs)Gang *m*; *bsd. Brit.* Korridor *m*; **4.** Ka'nal *m*, Furt *f*; **5.** ⚙ 'Durchlaß *m*, -tritt *m*; **6.** (See-, Flug)Reise *f*, ('Über)Fahrt *f*: ***book one's ~*** s-e Schiffskarte lösen (***to*** nach); ***work one's ~*** s-e Überfahrt durch Arbeit abverdienen; **7.** Vergehen *n*, Ablauf *m*: ***the ~ of time***; **8.** *parl.* 'Durchkommen *n*, Annahme *f*, In'krafttreten *n e-s Gesetzes*; **9.** Wortwechsel *m*; **10.** *pl.* Beziehungen *pl.*, *geistiger* Austausch; **11.** (Text)Stelle *f*, Passus *m*; **12.** ♪ Pas'sage *f* (*a. Reiten*); **13.** *fig.* 'Übergang *m*, -tritt *m* (***from … to***, ***into*** von … in *acc.*, zu); **14.** a) (Darm)Entleerung *f*, Stuhlgang *m*, b) *anat.* (*Gehör- etc.*)Gang *m*, (*Harn- etc.*) Weg(e *pl.*) *m*: ***auditory*** (***urinary***) ~; ~ **at arms** *s.* **1.** Waffengang; **2.** Wortgefecht *n*, ‚Schlagabtausch' *m*; ~ **boat** *s.* Fährboot *n*; '~**·way** *s.* 'Durchgang *m*, Korridor *m*, Pas'sage *f*.

'pass|·book *s.* **1.** *bsd. Brit.* a) Bank-, Kontobuch *n*, b) Sparbuch *n*; **2.** Buch *n* über kreditierte Waren; ~ **check** *s. Am.* Pas'sierschein *m*; ~ **de·gree** → ***pass²*** 3c.

pas·sé, **pas·sée** ['pɑːseɪ] (*Fr.*) *adj.* pas'sé: a) vergangen, b) veraltet, c) verblüht: ***a passée belle*** e-e verblühte Schönheit.

passe·men·terie ['pɑːsmɑ̃ntrɪ] (*Fr.*) *s.* Posamentierwaren *pl.*

pas·sen·ger ['pæsɪndʒə] *s.* **1.** Passa'gier *m*, Fahr-, Fluggast *m*, Reisende(r *m*) *f*, Insasse *m*: ~ ***cabin*** ✈ Fluggastraum *m*; **2.** F a) Schma'rotzer *m*, b) Drückeberger *m*; ~ **car** *s.* **1.** Per'sonen(kraft)wagen *m*, *abbr.* Pkw; **2.** 🚂 *Am.* Per'sonenwagen *m*, ~ **lift** *s. Brit.* Per'sonenaufzug *m*; ~ **pi·geon** *s. orn.* Wandertaube *f*; ~ **plane** *s.* ✈ Passa'gierflugzeug *n*; ~ **serv·ice** *s.* Per'sonenbeförderung *f*; ~ **traf·fic** *s.* Per'sonenverkehr *m*; ~ **train** *s.* 🚂 Per'sonenzug *m*.

passe-par·tout ['pæspɑːtuː] (*Fr.*) *s.* **1.** Hauptschlüssel *m*; **2.** Passepar'tout *n* (*Bildumrahmung*).

͵pass·er-'by *pl.* **͵pass·ers-'by** *s.* Pas'sant(in).

pass ex·am·i·na·tion *s. univ. Brit.* unterstes 'Abschlußeͺxamen.

pas·sim ['pæsɪm] (*Lat.*) *adv.* passim, hier u. da, an verschiedenen Orten.

pass·ing ['pɑːsɪŋ] **I** *adj.* **1.** vor'über-, 'durchgehend: ~ ***axle*** ⚙ durchgehende Achse; **2.** vergehend, vor'übergehend, flüchtig; **3.** beiläufig; **II** *s.* **4.** Vor'bei-, 'Durch-, Hin'übergehen *n*: ***in*** ~ im Vorbeigehen, *fig.* beiläufig, nebenbei; ***no ~!*** *mot.* Überholverbot!; **5.** 'Übergang *m*: ~ ***of title*** Eigentumsübertragung *f*; **6.** Da'hinschwinden *n*; **7.** Hinscheiden *n*, Ableben *n*; **8.** *pol.* 'Durchgehen *n e-s Gesetzes*; ~ **beam** *s. mot.* Abblendlicht *n*; ~ **lane** *s. mot.* Über'holspur *f*; ~ **note** *s.* ♪ 'Durchgangston *m*; ~ **shot** *s. Tennis*: Pas'sierschlag *m*; ~ **zone** *s. Staffellauf*: Wechselzone *f*.

pas·sion ['pæʃn] *s.* **1.** Leidenschaft *f*, heftige Gemütserregung, (Gefühls-)Ausbruch *m*; **2.** Zorn *m*: ***fly into a*** ~ e-n Wutanfall bekommen; → ***heat*** 6; **3.** Leidenschaft *f*: a) heiße Liebe, heftige Neigung, b) heißer Wunsch, c) Passi'on *f*, Vorliebe *f* (***for*** für), d) Liebhabe'rei *f*; Passi'on *f*: ***it has become a ~ with him*** es ist bei ihm zur Leidenschaft geworden, er tut es leidenschaftlich gern(e); **4.** ℒ *eccl.* Leiden *n* (Christi), Passion *f* (*a.* ♪, *paint. u. fig.*); **pas·sion·ate** ['pæʃənət] *adj.* □ **1.** leidenschaftlich (*a. fig.*); **2.** hitzig, jähzornig; **pas·sion·less** ['pæʃnlɪs] *adj.* □ leidenschaftslos.

pas·sion| play *s. eccl.* Passi'onsspiel *n*; ℒ **Sun·day** *s. eccl.* Passi'onssonntag *m*; ~ **week** *s.* **1.** Karwoche *f*; **2.** Woche zwischen Passi'onssonntag u. Palm'sonntag.

pas·si·vate ['pæsɪveɪt] *v/t.* ⚙, ⚗ passivieren.

pas·sive ['pæsɪv] **I** *adj.* □ **1.** passiv (*a. ling.*, ⚡, ⚗, *sport*), leidend, teilnahmslos, 'widerstandslos: ~ ***air defence*** Luftschutz; ~ ***smoker*** Passivraucher *m*; ~ ***smoking*** Passivrauchen *n*; ~ ***verb*** *ling.* passivisch konstruiertes Verb; ~ ***voice*** → 3; ~ ***vocabulary*** passiver Wortschatz; **2.** † untätig, nicht zinstragend, passiv: ~ ***debt*** unverzinsliche Schuld; ~ ***trade*** Passivhandel *m*; **II** *s.* **3.** *ling.* Passiv *n*, Leideform *f*; **'pas·sive·ness** [-nɪs], **pas·siv·i·ty** [pæ'sɪvətɪ] *s.* Passivi'tät *f*, Teilnahmslosigkeit *f*.

'pass·key *s.* **1.** Hauptschlüssel *m*; **2.** Drücker *m*; **3.** Nachschlüssel *m*.

pas·som·e·ter [pæ'sɒmɪtə] *s.* ⚙ Schrittmesser *m*.

Pass·o·ver ['pɑːsͺəʊvə] *s. eccl.* **1.** Passah(fest) *n*; **2.** ℒ Osterlamm *n*.

pass·port ['pɑːspɔːt] *s.* **1.** (Reise)Paß *m*: ~ ***inspection*** Paßkontrolle *f*; **2.** † Passierschein *m*; **3.** *fig.* Zugang *m*, Weg *m*, Schlüssel *m* (***to*** zu).

'pass·word *s.* Pa'role *f*, Losung *f*, Kennwort *n*.

past [pɑːst] **I** *adj.* **1.** vergangen, verflossen: ***for some time*** ~ seit einiger Zeit; **2.** *ling.* Vergangenheits…: ~ ***participle*** Mittelwort *n* der Vergangenheit, Partizip *n* Perfekt; ~ ***tense*** Vergangenheit *f*, Präteritum *n*; **3.** vorig, früher, ehemalig, letzt: ~ ***president***; ~ ***master*** *fig.* Altmeister *m*, großer Könner; **II** *s.* **4.** Vergangenheit *f* (*a. ling.*), *weitS. a.* Vorleben *n*: ***a woman with a ~*** eine Frau mit Vergangenheit; **III** *adv.* **5.** vor'bei, vor'über: ***to run*** ~; **IV** *prp.* **6.** (*Zeit*) nach, über (*acc.*): ***half ~ seven*** halb acht; ***she is ~ forty*** sie ist über vierzig; **7.** an … vorbei: ***he ran ~ the house***; **8.** über … hin'aus: ~ ***comprehension*** unfaßbar, unfaßlich; ~ ***cure*** unheilbar; ~ ***hope*** hoffnungslos; ***he is ~ it*** F er ist ‚darüber hinaus'; ***she is ~ caring*** das kümmert sie alles nicht mehr; ***I would not put it ~ him*** *sl.* ich traue es ihm glatt zu.

pas·ta ['pæstə] *s.* Teigwaren *pl.*

past-'due *ad.* † 'überfällig (*Wechsel etc.*); Verzugs…(*-zinsen*).

paste [peɪst] **I** *s.* **1.** Teig *m*, (*Fisch-, Zahn- etc.*)Paste *f*, Brei *m*; ⚙ Tonmasse *f*; Glasmasse *f*; **2.** Kleister *m*, Klebstoff *m*, Papp *m*; **3.** a) Paste *f* (*Diamantenherstellung*), b) künstlicher Edelstein, Simili *n*, *m*; **II** *v/t.* **4.** kleben, kleistern, pappen, bekleben (***with*** mit); **5.** ~ **up** a) auf-, ankleben (***on***, ***in*** auf, in *acc.*), b) verkleistern (*Loch*); **6.** *sl.* ('durch)hauen: ~ ***s.o. one*** j-m ‚eine kleben'; '~**·board I** *s.* **1.** Pappe *f*, Pappendeckel *m*, Kar'ton *m*; **2.** *sl.* (Eintritts-, Spiel-, Vi'siten)Karte *f*; **II** *adj.* **3.** aus Pappe, Papp…: ~ ***box*** Karton; **4.** *fig.* unecht, wertlos, kitschig, nachgemacht.

pas·tel I *s.* [pæ'stel] **1.** ♀ Färberwaid *m*; **2.** ⚙ Waidblau *n*; **3.** Pa'stellstift *m*, -farbe *f*; **4.** Pa'stellzeichnung *f*, -bild *n*; **II** *adj.* ['pæstl] **5.** zart, duftig, Pastell… (*Farbe*); **pas·tel·ist** ['pæstəlɪst], **pas·tel·list** [pæ'stelɪst] *s.* Pa'stellmaler(in).

pas·tern ['pæstɜːn] *s. zo.* Fessel *f* (*vom Pferd*).

'paste-up *s. typ.* 'Klebeͺumbruch *m*.

pas·teur·i·za·tion [͵pæstəraɪ'zeɪʃn] *s.* Pasteurisierung *f*; **pas·teur·ize** ['pæstəraɪz] *v/t.* pasteurisieren.

pas·tille ['pæstəl] *s.* **1.** Räucherkerzchen *n*; **2.** *pharm* Pa'stille *f*.

pas·time ['pɑːstaɪm] *s.* (***as a*** ~ zum) Zeitvertreib *m*.

past·i·ness ['peɪstɪnɪs] *s.* **1.** breiiger Zustand; breiiges Aussehen; **2.** *fig.* käsiges Aussehen.

past·ing ['peɪstɪŋ] *s.* **1.** Kleistern *n*, Kleben *n*; **2.** ⚙ Klebstoff *m*; **3.** *sl.* ‚Dresche' *f*, (Tracht *f*) Prügel *pl.*

pas·tor ['pɑːstə] *s.* Pfarrer *m*, Pastor *m*, Seelsorger *m*; **'pas·to·ral** [-tərəl] **I** *adj.* □ **1.** Schäfer…, Hirten…, i'dyllisch, ländlich; **2.** *eccl.* pasto'ral, seelsorgerlich: ~ ***staff*** Krummstab; **II** *s.* **3.** Hirtengedicht *n*, I'dylle *f*; **4.** *paint.* ländliche Szene; **5.** ♪ a) Schäferspiel *n*, b) Pasto'rale *n*; **6.** *eccl.* a) Hirtenbrief *m*, b) *pl. a.* ℒ ***Epistles*** Pasto'ralbriefe *pl.* (*von Paulus*); **'pas·tor·ate** [-ərət] *s.* **1.** Pasto'rat *n*, Pfarramt *n*; **2.** *coll. die* Geistlichen *pl.*; **3.** *Am.* Pfarrhaus *n*.

past per·fect *ling. s.* Vorvergangenheit *f*, 'Plusquamperͺfekt(um) *n*.

pas·try ['peɪstrɪ] *s.* **1.** a) *coll.* Kon'ditorwaren *pl.*, Feingebäck *n*, b) Kuchen *m*,

Torte *f*; **2.** (Kuchen-, Torten)Teig *m*; **~ cook** *s.* Kon'ditor *m*.

pas·tur·age ['pɑːstjʊrɪdʒ] *s.* **1.** Weiden *n* (*Vieh*); **2.** Weidegras *n*; **3.** Weide(land *n*) *f*; **4.** Bienenzucht *f* u. -fütterung *f*.

pas·ture ['pɑːstʃə] **I** *s.* **1.** Weidegras *n*, Viehfutter *n*; **2.** Weide(land *n*) *f*: ***seek greener ~s*** *fig.* sich nach besseren Möglichkeiten umsehen; ***retire to ~*** (in den Ruhestand) abtreten; **II** *v/i.* **3.** grasen, weiden; **III** *v/t.* **4.** *Vieh* auf die Weide treiben, weiden; **5.** *Wiese* abweiden.

past·y[1] ['peɪstɪ] *adj.* **1.** teigig, kleisterig; **2.** *fig.* ‚käsig', blaß.

past·y[2] ['pæstɪ] *s.* ('Fleisch)Pa͵stete *f*.

pat [pæt] **I** *s.* **1.** *Brit.* (*leichter*) Schlag, Klaps *m*: ***~ on the back*** *fig.* Schulterklopfen *n*, Lob *n*, Glückwunsch *m*; **2.** (Butter)Klümpchen *n*; **3.** Klopfen *n*, Getrappel *n*, Tapsen *n*; **II** *adj.* **4.** a) pa'rat, bereit, b) passend, treffend: ***~ answer*** schlagfertige Antwort; ***~ solution*** Patentlösung; ***a ~ style*** ein gekonnter Stil; ***know s.th. off*** (*od.* ***have it down***) **~** F et. (wie) am Schnürchen können; **5.** fest: ***stand ~*** festbleiben, sich nicht beirren lassen; **6.** (*a. adv.*) im rechten Augenblick, rechtzeitig, wie gerufen; **III** *v/t.* **7.** *Brit.* klopfen, tätscheln: ***~ s.o. on the back*** j-m (anerkennend) auf die Schulter klopfen, *fig. a.* j-n beglückwünschen.

pat[2] [pæt] *s.* Ire *m* (*Spitzname*).

'pat-a-cake backe, backe Kuchen (*Kinderspiel*).

patch [pætʃ] **I** *s.* **1.** Fleck *m*, Flicken *m*, Lappen *m*; ⚔ *etc.* Tuchabzeichen *n*: ***not a ~ on*** F gar nicht zu vergleichen mit; **2.** a) ⚕ Pflaster *n*, b) Augenbinde *f*; **3.** Schönheitspflästerchen *n*; **4.** Stück *n* Land, Fleck *m*; Stück *n* Rasen; Stelle *f* (*a. im Buch*): ***in ~es*** stellenweise; ***strike a bad ~*** e-e Pechsträhne *od.* e-n schwarzen Tag haben; **5.** (Farb)Fleck *m* (*bei Tieren etc.*); **6.** *pl.* Bruchstücke *pl.*, *et.* Zs.-gestoppeltes; **II** *v/t.* **7.** flikken, ausbessern; mit Flicken versehen; **8. ~ up** *bsd. fig.* a) zs.-stoppeln: ***~ up a textbook***, b) ‚zs.-flicken', c) *Ehe etc.* ‚kitten', d) *Streit* beilegen, e) über'tünchen, beschönigen; **'~·board** *s. Computer*: Schaltbrett; **~ kit** *s.* Flickzeug *n*.

patch·ou·li ['pætʃʊlɪ] *s.* 'Patschuli *n* (*Pflanze u. Parfüm*).

patch| pock·et *s.* aufgesetzte Tasche; **~ test** *s.* ⚕ Tuberku'linprobe *f*; **'~·word** *s. ling.* Flickwort *n*; **'~·work** *s. a. fig.* Flickwerk *n*.

patch·y ['pætʃɪ] *adj.* ☐ **1.** voller Flicken; **2.** *fig.* zs.-gestoppelt; **3.** fleckig; **4.** *fig.* ungleichmäßig.

pate [peɪt] *s.* F Schädel *m*, ‚Birne' *f*.

pâté ['pæteɪ] (*Fr.*) *s.* Pa'stete *f*.

pat·en ['pætən] *s. eccl.* Pa'tene *f*, Hostienteller *m*.

pa·ten·cy ['peɪtənsɪ] *s.* **1.** Offenkundigkeit *f*; **2.** ⚕ 'Durchgängigkeit *f* (*e-s Kanals etc.*).

pat·ent ['peɪtənt; *bsd.* ⚖ *u. Am.* 'pæ-] **I** *adj.* ☐ **1.** offen(kundig): ***to be ~*** auf der Hand liegen; **2. *letters ~*** → 6 *u.* 7; **3.** patentiert, gesetzlich geschützt: ***~ article*** Markenartikel *m*; ***~ fuel*** Preßkohlen *pl.*; ***~ leather*** Lack-, Glanzleder *n*; ***~-leather shoe*** Lackschuh *m*; ***~ medicine*** Marken-, Patentmedizin *f*; **4.** ⚖ Patent...: ***~ agent*** (*Am.* ***attorney***) Patentanwalt *m*; ***~ law*** *objektives* Patentrecht; ***ℒ Office*** Patentamt *n*; ***~ right*** *subjektives* Patentrecht; ***~ roll*** *Brit.* Patentregister *n*; ***~ specification*** Patentschrift *f*, -beschreibung *f*; **5.** *Brit.* F ‚pa'tent': ***~ methods***; **II** *s.* **6.** Pa'tent *n*, Privi'leg(ium) *n*, Freibrief *m*, Bestallung *f*; **7.** ⚖ Pa'tent(urkunde *f*) *n*: ***~ of addition*** Zusatzpatent; ***~ applied for***, ***~ pending*** Patent angemeldet; ***take out a ~ for*** → 10; **8.** *Brit.* F ‚Re'zept' *n*; **III** *v/t.* **9.** patentieren, gesetzlich schützen; **10.** patentieren lassen; **'pat·ent·a·ble** [-təbl] *adj.* pa'tentfähig; **pat·ent·ee** [͵peɪtən'tiː] *s.* Pa'tentinhaber(in).

pa·ter ['peɪtə] *s. ped. sl.* ‚alter Herr' (*Vater*).

pa·ter·nal [pə'tɜːnl] *adj.* ☐ väterlich, Vater...: ***~ grandfather*** Großvater väterlicherseits; **pa'ter·ni·ty** [-nətɪ] *s.* Vaterschaft *f* (*a. fig.*): ***~ suit*** ⚖ Vaterschaftsklage *f*; ***declare ~*** die Vaterschaft feststellen.

pa·ter·nos·ter [͵pætə'nɒstə] **I** *s.* **1.** *R.C.* a) Vater'unser *n*, b) Rosenkranz *m*; **2.** ⚙ Pater'noster *m* (*Aufzug*); **II** *adj.* **3.** ⚙ Paternoster...

path [pɑːθ] **~s** [pɑːðz] *s.* **1.** Pfad *m*, Weg *m* (*a. fig.*): ***cross s.o.'s ~*** j-m über den Weg laufen; **2.** ⚙, *phys.*, *sport* Bahn *f*: ***~ of electrons*** Elektronenbahn.

pa·thet·ic [pə'θetɪk] *adj.* (☐ ***~ally***) **1.** *obs.* pa'thetisch, allzu gefühlvoll: ***~ fallacy*** Vermenschlichung *f* der Natur (*in der Literatur*); **2.** mitleiderregend; **3.** *Brit.* F kläglich, jämmerlich, ‚zum Weinen'.

'path͵find·er *s.* **1.** ✈, ⚔ Pfadfinder *m*; **2.** Forschungsreisende(r) *m*; **3.** *fig.* Bahnbrecher *m*.

path·less ['pɑːθlɪs] *adj.* weglos.

path·o·gen·ic [͵pæθə'dʒenɪk] *adj.* ⚕ patho'gen, krankheitserregend.

path·o·log·i·cal [͵pæθə'lɒdʒɪkl] *adj.* ☐ ⚕ patho'logisch: a) krankhaft, b) *die Krankheitslehre betreffend*; **pa·thol·o·gist** [pə'θɒlədʒɪst] *s.* ⚕ Patho'loge *m*; **pa·thol·o·gy** [pə'θɒlədʒɪ] *s.* ⚕ **1.** Patholo'gie *f*, Krankheitslehre *f*; **2.** pathologischer Befund.

pa·thos ['peɪθɒs] *s.* **1.** *obs.* Pathos *n*; **2.** a) Mitleid *n*, b) *das* Mitleiderregende.

'path·way *s.* Pfad *m*, Weg *m*, Bahn *f*.

pa·tience ['peɪʃns] *s.* **1.** Geduld *f*; Ausdauer *f*: ***lose one's ~*** die Geduld verlieren; ***be out of ~ with s.o.*** aufgebracht sein gegen j-n; ***have no ~ with s.o.*** j-n nicht leiden können, nichts übrig haben für j-n; ***try s.o.'s ~*** j-s Geduld auf die Probe stellen; → ***Job***[2]; ***possess*** 2 b; **2.** *bsd. Brit.* Pati'ence *f* (*Kartenspiel*); **'pa·tient** [-nt] **I** *adj.* ☐ **1.** geduldig; nachsichtig; beharrlich: ***be ~ of*** ertragen; ***~ of two interpretations*** *fig.* zwei Deutungen zulassend; **II** *s.* **2.** Pati'ent(in), Kranke(r *m*) *f*; **3.** ⚖ *Brit.* Geistesgestörte(r *m*) *f* (*in e-r Heil- und Pflegeanstalt*).

pat·i·o ['pætɪəʊ] *s.* **1.** Innenhof *m*, Patio *m*; **2.** Ter'rasse *f*, Ve'randa *f*.

pa·tri·arch ['peɪtrɪɑːk] *s.* Patri'arch *m*; **pa·tri·ar·chal** [͵peɪtrɪ'ɑːkl] *adj.* patriar'chalisch (*a. fig. ehrwürdig*); **'pa·tri·arch·ate** [-kɪt] *s.* Patriar'chat *n*.

pa·tri·cian [pə'trɪʃn] **I** *adj.* pa'trizisch; *fig.* aristo'kratisch; **II** *s.* Pa'trizier(in).

pat·ri·cide ['pætrɪsaɪd] → ***parricide***.

pat·ri·mo·ni·al [͵pætrɪ'məʊnjəl] *adj.* ererbt, Erb...; **pat·ri·mo·ny** ['pætrɪmənɪ] *s.* **1.** väterliches Erbteil (*a. fig.*); **2.** Vermögen *n*; **3.** Kirchengut *n*.

pa·tri·ot ['pætrɪət] *s.* Patri'ot(in); **pa·tri·ot·eer** [͵pætrɪə'tɪə] *s.* Hur'rapatri͵ot *m*; **pa·tri·ot·ic** [͵pætrɪ'ɒtɪk] *adj.* (☐ ***~ally***) patri'otisch; **'pa·tri·ot·ism** [-tɪzəm] *s.* Patrio'tismus *m*, Vaterlandsliebe *f*.

pa·trol [pə'trəʊl] **I** *v/i.* **1.** ⚔ patroullieren, ✈ Pa'trouille fliegen; auf Streife sein (*Polizisten*), s-e Runde machen (*Wachmann*); **II** *v/t.* **2.** ⚔ abpatrouillieren, ✈ *Strecke* abfliegen; auf Streife sein in (*dat.*); **III** *s.* **3.** (***on ~*** auf) Pa'trouille *f*; Streife *f*; Runde *f*; **4.** ⚔ Pa'trouille *f*, Späh-, Stoßtrupp *m*; (Poli'zei-)Streife *f*: ***~ activity*** ⚔ Spähtrupptätigkeit *f*; ***~ car*** a) ⚔ (Panzer-)Spähwagen *m*, b) (Funk-, Poli'zei-)Streifenwagen *m*; ***~ wagon*** *Am.* Polizeigefangenenwagen *m*; ***~·man*** [-mæn] *s.* [*irr.*] Streifenbeamte(r) *m*.

pa·tron ['peɪtrən] *s.* **1.** Pa'tron *m*, Schutz-, Schirmherr *m*; **2.** Gönner *m*, Förderer *m*; **3.** *R.C.* a) 'Kirchenpa͵tron *m*, b) → ***patron saint***; **4.** a) ✝ (Stamm-)Kunde *m*, b) Stammgast *m*, *a. thea. etc.* regelmäßiger Besucher; **5.** *Brit. mot.* Pannenhelfer *m*; **pa·tron·age** ['pætrənɪdʒ] *s.* **1.** Schirmherrschaft *f*; **2.** Gönnerschaft *f*, Förderung *f*; **3.** ⚖ Patro'natsrecht *n*; **4.** Kundschaft *f*; **5.** gönnerhaftes Benehmen; **6.** *Am.* Recht *n* der Ämterbesetzung; **pa·tron·ess** ['peɪtrənɪs] *s.* Pa'tronin *f etc.* (→ ***patron***).

pa·tron·ize ['pætrənaɪz] *v/t.* **1.** beschirmen, beschützen; **2.** fördern, unter'stützen; **3.** (Stamm)Kunde *od.* Stammgast sein bei, *Theater etc.* regelmäßig besuchen; **4.** gönnerhaft behandeln; **'pa·tron·iz·er** [-zə] *s.* → ***patron*** 2, 4; **'pa·tron·iz·ing** [-zɪŋ] *adj.* ☐ gönnerhaft, her'ablassend: ***~ air*** Gönnermiene *f*.

pa·tron saint *s. R.C.* Schutzheilige(r) *m*.

pat·sy ['pætsɪ] *s. sl.* **1.** Sündenbock *m*; **2.** Gimpel *m*; **3.** 'Witzfi͵gur *f*.

pat·ten ['pætn] *s.* **1.** Holzschuh *m*; **2.** Stelzschuh *m*; **3.** △ Säulenfuß *m*.

pat·ter[1] ['pætə] **I** *v/i. u. v/t.* **1.** schwatzen, (da'her)plappern; ‚he'runterleiern'; **II** *s.* **2.** Geplapper *n*; **3.** ('Fach-)Jargon *m*; **4.** Gaunersprache *f*.

pat·ter[2] ['pætə] **I** *v/i.* **1.** prasseln (*Regen etc.*); **2.** trappeln (*Füße*); **II** *s.* **3.** Prasseln *n* (*Regen*); **4.** (Fuß)Getrappel *n*; **5.** Klappern *n*.

pat·tern ['pætən] **I** *s.* **1.** (*a.* Schnitt-, Stick)Muster *n*, Vorlage *f*, Mo'dell *n*: ***on the ~ of*** nach dem Muster von *od. gen.*; **2.** ✝ Muster *n*: a) (Waren)Probe *f*, b) Des'sin *n*, Mo'tiv *n* (*Stoff*): ***by ~ post*** als Muster ohne Wert; **3.** *fig.* Muster *n*, Vorbild *n*; **4.** *fig.* Plan *m*, Anlage *f*: ***~ of one's life***; **5.** ⚙ a) Scha'blone *f*, b) 'Gußmo͵dell *n*, c) Lehre *f*; **6.** *Weberei*: Pa'trone *f*; **7.** (***behavio[u]r***) **~** *psych.* (Verhaltens)Muster *n*; **II** *adj.* **8.** musterhaft, Muster...: ***a ~ wife***; **III** *v/t.* **9.** (nach)bilden, gestalten (***after***, ***on*** nach): ***~ one's conduct on s.o.*** sich (in s-m Benehmen) ein Beispiel an j-m nehmen; **10.** mit Muster(n) verzieren, mustern; **~ bomb·ing** *s.* ⚔ Flächenwurf *m*; **~ book** *s.* ✝ Musterbuch *n*; **~ mak·er** *s.* ⚙ Mo'dellmacher *m*; **~ paint·ing** *s.* ⚔ Tarnanstrich *m*.

pat·ty ['pætɪ] *s.* Pa'stetchen *n*.

pau·ci·ty ['pɔːsətɪ] *s.* geringe Zahl *od.* Menge, Knappheit.

Paul·ine ['pɔːlaɪn] *adj. eccl.* pau'linisch.

paunch [pɔːntʃ] *s.* **1.** (Dick)Bauch *m*, Wanst *m*; **2.** *zo.* Pansen *m*; **'paunch·y** [-tʃɪ] *adj.* dickbäuchig.

pau·per ['pɔːpə] **I** *s.* **1.** Arme(r *m*) *f*; **2.** *Am.* a) Unter'stützungsempfänger(in), b) ⚖ unter Armenrecht Klagende(r *m*) *f*; **II** *adj.* **3.** Armen…; **'pau·per·ism** [-ərɪzəm] *s.* Verarmung *f*, Massenarmut *f*; **pau·per·i·za·tion** [ˌpɔːpəraɪ'zeɪʃn] *s.* Verarmung *f*, Verelendung *f*; **'pau·per·ize** [-əraɪz] *v/t.* bettelarm machen.

pause [pɔːz] **I** *s.* **1.** Pause *f*, Unter'brechung *f*: ***make a ~*** innehalten, pausieren; ***it gives one ~ to think*** es gibt e-m zu denken; **2.** *typ.* Gedankenstrich *m*; **3.** ♪ Fer'mate *f*; **II** *v/i.* **4.** pausieren, innehalten; stehenbleiben; zögern; **5.** verweilen (***on***, ***upon*** bei): ***to ~ upon a note*** (*od.* ***tone***) ♪ e-n Ton aushalten.

pave [peɪv] *v/t.* *Straße* pflastern, *Fußboden* legen: ***~ the way for*** *fig.* den Weg ebnen für; → ***paving***; **'pave·ment** [-mənt] *s.* **1.** (Straßen)Pflaster *n*; **2.** *Brit.* Bürgersteig *m*, Trot'toir *n*: ***~ artist*** Pflastermaler *m*; ***~ café*** Straßencafé *n*; **3.** *Am.* Fahrbahn *f*; **4.** Fußboden(belag) *m*; **'pav·er** [-və] *s.* **1.** Pflasterer *m*; **2.** Fliesen-, Plattenleger *m*; **3.** Pflasterstein *m*, Fußbodenplatte *f*; **4.** *Am.* 'Straßenbeˌtonmischer *m*.

pa·vil·ion [pə'vɪljən] *s.* **1.** (großes) Zelt; **2.** Pavillon *m*, Gartenhäuschen *n*; **3.** ✝ (Messe)Pavillon *m*.

pav·ing ['peɪvɪŋ] *s.* Pflastern *n*; (Be)Pflasterung *f*, Straßendecke *f*; Fußbodenbelag *m*; **~ stone** *s.* Pflasterstein *m*; **~ tile** *s.* Fliese *f*.

pav·io(u)r ['peɪvjə] *s.* Pflasterer *m*.

paw [pɔː] **I** *s.* **1.** Pfote *f*, Tatze *f*; **2.** F ‚Pfote' *f* (*Hand*); **3.** F *humor.* ‚Klaue' *f* (*Handschrift*); **II** *v/t.* **4.** *mit dem Vorderfuß od. der Pfote* scharren; **5.** F ‚betatschen': a) derb *od.* ungeschickt anfassen, b) *j-n* ‚begrabschen': ***~ the air*** (in der Luft) herumfuchteln; **III** *v/i.* **6.** stampfen, scharren; **7.** ‚(he'rum)fummeln'.

pawl [pɔːl] *s.* **1.** ⚙ Sperrhaken *m*, -klinke *f*, Klaue *f*; **2.** ⚓ Pall *n*.

pawn[1] [pɔːn] *s.* **1.** *Schach:* Bauer *m*; **2.** *fig.* 'Schachfiˌgur *f*; ***sacrifice a ~*** ein Bauernopfer bringen.

pawn[2] [pɔːn] **I** *s.* **1.** Pfand(sache *f*) *n*; ⚖ *u. fig. a.* Faustpfand *n*: ***in*** (*od.* ***at***) ***~*** verpfändet, versetzt; **II** *v/t.* **2.** verpfänden (*a. fig.*), versetzen; **3.** ✝ lombardieren; **'~ˌbro·ker** *s.* Pfandleiher *m*.

pawn·ee [ˌpɔː'niː] *s.* ⚖ Pfandinhaber *m*, -nehmer *m*; **pawn·er**, **pawn·or** ['pɔːnə] *s.* Pfandschuldner *m*.

'pawn|·shop *s.* Pfandhaus *n*, Pfandleihe *f*; **~ tick·et** *s.* Pfandschein *m*.

pay [peɪ] **I** *s.* **1.** Bezahlung *f*; (Arbeits-)Lohn *m*, Löhnung *f*; Gehalt *n*; Sold *m* (*a. fig.*); ⚔ (Wehr)Sold *m*: ***in the ~ of s.o.*** bei j-m beschäftigt, in j-s Sold; **2.** *fig.* Belohnung *f*, Lohn *m*; **II** *v/t.* [*irr.*] **3.** zahlen, entrichten; *Rechnung* bezahlen *od.* begleichen, *Wechsel* einlösen, *Hypothek* ablösen; *j-n* bezahlen, *Gläubiger* befriedigen: ***~ into*** einzahlen auf *ein Konto*; ***~ one's way*** ohne Verlust arbeiten, s-n Verbindlichkeiten nachkommen, auskommen mit dem, was man hat; **4.** *fig.* (be)lohnen, vergelten (***for** et.*): ***~ home*** heimzahlen; **5.** *fig.* *Achtung* zollen; *Aufmerksamkeit* schenken; *Besuch* abstatten; *Ehre* erweisen; *Kompliment* machen; → ***court*** 10; ***homage*** 2; **6.** *fig.* sich lohnen für *j-n*; **III** *v/i.* [*irr.*] **7.** zahlen, Zahlung leisten: ***~ for*** (für) *et.* bezahlen (*a. fig. et. büßen*), die Kosten tragen für; ***he had to ~ dearly for it*** *fig.* er mußte es bitter büßen, es kam ihn teuer zu stehen; **8.** *fig.* sich lohnen, sich rentieren, sich bezahlt machen;

Zssgn mit adv.:

pay| back *v/t.* **1.** zu'rückzahlen, -erstatten; **2.** *fig.* a) *Besuch etc.* erwidern, b) *j-m* heimzahlen (***for s.th.*** et.); → ***coin*** 1; **~ down** *v/t.* **1.** bar bezahlen; **2.** e-e Anzahlung machen von; **~ in** *v/t. u. v/i.* (*auf ein Konto*) einzahlen; → ***paid-in***; **~ off I** *v/t.* **1.** *j-n* auszahlen, entlohnen; ⚓ abmustern; **2.** *et.* abbezahlen, tilgen; **3.** *Am. für* **pay back** 2b; **II** *v/i.* **4.** F → ***pay*** 8; **~ out** *v/t.* **1.** auszahlen; **2.** F *fig.* → ***pay back*** 2b; **3.** (*pret. u. p.p.* **payed**) *Kabel*, *Kette etc.* ausstekken, -legen, abrollen; **~ up** *v/t.* *j-n od. et.* voll *od.* so'fort bezahlen; *Schuld* tilgen; ✝ *Anteile*, *Versicherung etc.* voll einzahlen; → ***paid-up***.

pay·a·ble ['peɪəbl] *adj.* **1.** zahlbar, fällig: ***~ to bearer*** auf den Überbringer lautend; ***make a cheque*** (*Am.* ***check***) ***~ to s.o.*** e-n Scheck auf j-n ausstellen; **2.** ✝ ren'tabel.

ˌpay|-as-you-'earn *s. Brit.* Lohnsteuerabzug *m*; **ˌ~-as-you-'see tel·e·vi·sion** *s.* Münzfernsehen *n*; **~ bed** *s.* ⚕ Pri'vatbett *n*; **~ check** *s. Am.* Lohn-, Gehaltsscheck *m*; **~ claim** *s.* Lohn-, Gehaltsforderung *f*; **~ clerk** *s.* **1.** ✝ Lohnauszahler *m*; **2.** ⚔ Rechnungsführer *m*; **'~·day** *s.* Zahl-, Löhnungstag *m*; **~ desk** *s.* ✝ Kasse *f* (*im Kaufhaus*); **~ dirt** *s.* **1.** *geol.* goldführendes Erdreich; **2.** *fig. Am.* Geld *n*, Gewinn *m*: ***strike ~*** Erfolg haben.

pay·ee [peɪ'iː] *s.* **1.** Zahlungsempfänger (-in); **2.** Wechselnehmer(in).

pay en·ve·lope *s.* Lohntüte *f*.

pay·er ['peɪə] *s.* **1.** (Be)Zahler *m*; **2.** (*Wechsel*)Bezogene(r) *m*, Tras'sat *m*.

pay freeze *s.* Lohnstopp *m*.

pay·ing ['peɪɪŋ] *adj.* **1.** lohnend, einträglich, ren'tabel: ***not ~*** unrentabel; ***~ concern*** lohnendes Geschäft; **2.** Kassen…, Zahl(ungs)…: ***~ guest*** zahlender Gast; **ˌ~-'in slip** *s.* Einzahlungsschein *m*.

pay| load *s.* **1.** ⚙, ⚓, ✈ Nutzlast *f*: ***~ capacity*** Ladefähigkeit *f*; **2.** ⚔ Sprengladung *f*; **3.** ✝ *Am.* Lohnanteil *m*; **'~ˌmas·ter** *s.* ⚔ Zahlmeister *m*.

pay·ment ['peɪmənt] *s.* **1.** (Ein-, Aus-, Be)Zahlung *f*, Entrichtung *f*, Abtragung *f von Schulden*, Einlösung *f e-s Wechsels*: ***~ in kind*** Sachleistung *f*; ***in ~ of*** zum Ausgleich (*gen.*); ***on ~*** (***of***) nach Eingang (*gen.*), gegen Zahlung (von *od. gen.*); ***accept in ~*** in Zahlung nehmen; **2.** gezahlte Summe, Bezahlung *f*; **3.** Lohn *m*, Löhnung *f*, Besoldung *f*; **4.** *fig.* Lohn *m* (*a. Strafe*).

'pay|·off *s. sl.* **1.** Aus- *od.* Abzahlung *f*; **2.** *fig.* Abrechnung *f* (*Rache*); **3.** Resul'tat *n*; Entscheidung *f*; **4.** *Am.* Clou *m* (*Höhepunkt*); **~ of·fice** *s.* **1.** 'Lohnbüˌro *n*; **2.** Zahlstelle *f*.

pay·o·la [peɪ'əʊlə] *s. Am. sl.* Bestechungs-, Schmiergeld(er *pl.*) *n*.

pay| pack·et *s.* Lohntüte *f*; **~ pause** *s.* Lohnpause *f*; **'~·roll** *s.* Lohnliste *f*: ***have*** (*od.* ***keep***) ***s.o. on one's ~*** j-n (bei sich) beschäftigen; ***he is no longer on our ~*** er arbeitet nicht mehr für *od.* bei uns; **~ round** *s.* Tarifrunde *f*; **~ scale** *s.* Lohn- und Gehaltstarif *m*; **~ slip** *s.* Lohn-, Gehaltsstreifen *m*; **~ tel·e·phone** *s.* Münzfernsprecher *m*; **~ TV** *s.* 'Pay-TˌV *n*.

pea [piː] **I** *s.* ♀ Erbse *f*: ***as like as two ~s*** sich gleichend wie ein Ei dem andern; → ***sweet pea***; **II** *adj.* erbsengroß, -förmig.

peace [piːs] **I** *s.* **1.** Friede(n) *m*: ***at ~*** a) in Frieden, im Friedenszustand, b) in Frieden ruhend (*tot*); **2.** *a.* ***the King's*** (*od.* ***Queen's***) ***~***, ***public ~*** Landfrieden *m*, öffentliche Ruhe und Ordnung, öffentliche Sicherheit: ***breach of the ~*** ⚖ (öffentliche) Ruhestörung; ***disturb the ~*** die öffentliche Ruhe stören; ***keep the ~*** die öffentliche Sicherheit wahren; **3.** *fig.* Ruhe *f*, Friede(n) *m*: ***~ of mind*** Seelenruhe; ***hold one's ~*** sich ruhig verhalten; ***leave in ~*** in Ruhe *od.* Frieden lassen; **4.** Versöhnung *f*, Eintracht *f*: ***make one's ~ with s.o.*** sich mit j-m versöhnen; **II** *int.* **5.** sst!, still!, ruhig!; **III** *adj.* **6.** Friedens…: ***~ conference***; ***~ feelers***; ***~ movement***; ***~ offensive***; ***~ corps*** Friedenstruppe *f*; **'peace·a·ble** [-səbl] *adj.* ☐ friedlich: a) friedfertig, -liebend, b) ruhig, ungestört; **'peace·ful** [-fʊl] *adj.* ☐ friedlich; **'~ˌkeep·ing** *adj.*: ***~ force*** *pol.* ⚔ Friedenstruppe *f*; **'peace·less** [-lɪs] *adj.* friedlos.

peace·nik ['piːsnɪk] *s. Am. sl.* Kriegsgegner(in).

peace| of·fer·ing *s.* **1.** *eccl.* Sühneopfer *n*; **2.** Versöhnungsgeschenk *n*, versöhnliche Geste, Friedenszeichen *n*; **~ of·fi·cer** *s.* Sicherheitsbeamte(r) *m*, Schutzmann *m*; **~ re·search** *s.* Friedensforschung *f*; **~ set·tle·ment** *s.* Friedensregelung *f*; **'~·time I** *s.* Friedenszeit *f*; **II** *adj.* in Friedenszeiten, Friedens…; **~ trea·ty** *s. pol.* Friedensvertrag *m*.

peach[1] [piːtʃ] *s.* **1.** ♀ Pfirsich(baum) *m*; **2.** *sl.* ‚klasse' Per'son *od.* Sache: ***a ~ of a car*** ein ‚todschicker' Wagen; ***a ~ of a girl*** ein bildhübsches Mädchen.

peach[2] [piːtʃ] *v/i.*: ***~ against*** (*od.* ***on***) *Komplicen* ‚verpfeifen', *Schulkameraden* verpetzen.

peach·y ['piːtʃɪ] *adj.* **1.** pfirsichartig; **2.** *sl.* ‚prima', ‚schick', ‚klasse'.

pea·cock ['piːkɒk] *s.* **1.** *orn.* Pfau(hahn) *m*; **2.** *fig.* (eitler) Fatzke *m*; **~ blue** *s.* Pfauenblau *n* (*Farbe*).

'pea|·fowl *s. orn.* Pfau *m*; **'~·hen** *s. orn.* Pfauhenne *f*; **~ jack·et** *s.* ⚓ Ko'lani *m* (*Uniformjacke*).

peak[1] [piːk] **I** *s.* **1.** Spitze *f*; **2.** Bergspitze *f*; Horn *n*, spitzer Berg; **3.** (Mützen-)Schirm *m*; **4.** ⚓ Piek *f*; **5.** ⚡, *phys.* Höchst-, Scheitelwert *m*; **6.** *fig.* (Leistungs- *etc.*)Spitze *f*, Höchststand *m*; Gipfel *m des Glücks etc.*: **~ of traffic** Verkehrsspitze; **reach the ~** den Höchststand erreichen; **II** *adj.* **7.** Spitzen…, Höchst…, Haupt…: **~ factor** *phys.*, ⚡ Scheitelfaktor *m*; **~ load** Spitzenbelastung *f* (*a.* ⚡); **~ season** Hochsaison *f*, -konjunktur; **~ time** a) Hochkonjunktur *f*, b) Stoßzeit *f*, c) = **~ (traffic) hours** Hauptverkehrszeit *f*; **~ viewing time** TV Hauptsendezeit *f*.

peak² [pi:k] *v/i.* **1.** kränkeln, abmagern; **2.** spitz aussehen.

peaked [pi:kt] *adj.* **1.** spitz(ig): **~ cap** Schirmmütze; **2.** F ‚spitz', kränklich.

peak·y ['pi:kɪ] *adj.* **1.** gipfelig; **2.** spitz (-ig); **3.** → **peaked** 2.

peal [pi:l] **I** *s.* **1.** (Glocken)Läuten *n*; **2.** Glockenspiel *n*; **3.** (*Donner*)Schlag *m*, Dröhnen *n*: **~ of laughter** schallendes Gelächter; **II** *v/i.* **4.** läuten; erschallen, dröhnen, schmettern; **III** *v/t.* **5.** erschallen lassen.

'pea·nut I *s.* **1.** ⚘ Erdnuß *f*; **2.** *Am. sl.* a) *pl.* ‚kleine Fische' *pl.* (*geringer Betrag*), b) ‚kleines Würstchen' (*Person*); **II** *adj.* **3.** *Am. sl.* klein, unbedeutend, lächerlich: **a ~ politician**; **~ but·ter** *s.* Erdnußbutter *f*.

pear [peə] *s.* ⚘ **1.** Birne *f* (*a. weitS. Objekt*); **2.** *a.* **~ tree** Birnbaum *m*.

pearl [pɜ:l] **I** *s.* **1.** Perle *f* (*a. fig. u. pharm.*): **cast ~s before swine** Perlen vor die Säue werfen; **2.** Perl'mutt *n*; **3.** *typ.* Perl(schrift) *f*; **II** *adj.* **4.** Perlen…; Perlmutt(er)…; **III** *v/i.* **5.** Perlen bilden, perlen, tropfen; **~ bar·ley** *s.* Perlgraupen *pl.*; **~ div·er** *s.* Perlentaucher *m*; **'~-ˌoys·ter** *s. zo.* Perlmuschel *f*.

pearl·y ['pɜ:lɪ] *adj.* **1.** Perlen…, perlenartig, perlmutterartig; **2.** perlenreich.

'pear|-quince *s.* ⚘ Echte Quitte, Birnenquitte *f*; **'~-shaped** *adj.* birnenförmig.

peas·ant ['peznt] **I** *s.* **1.** (Klein)Bauer *m*; **2.** *fig.* F ‚Bauer' *m*; **II** *adj.* **3.** (klein-) bäuerlich, Bauern…: **~ woman** Bäuerin *f*; **'peas·ant·ry** [-rɪ] *s. die* (Klein-) Bauern *pl.*, Landvolk *n*.

pease [pi:z] *s. pl. Br. dial.* Erbsen *pl.*: **~ pudding** Erbs(en)brei *m*.

'pea|-ˌshoot·er *s.* **1.** Blas-, Pusterohr *n*; **2.** *Am.* Kata'pult *m, n*; **3.** *Am. sl.* ‚Ka'none' *f* (*Pistole*); **~ soup** *s.* **1.** Erbsensuppe *f*; **2.** *a.* **ˌ~-'soup·er** [-'su:pə] *s.* **1.** F ‚Waschküche' *f* (*dichter Nebel*); **2.** 'Frankokaˌnadier *m*; **ˌ~'soup·y** [-'su:pɪ] *adj.* F dicht u. gelb (*Nebel*).

peat [pi:t] *s.* **1.** Torf *m*: **cut** (*od.* **dig**) **~** Torf stechen: **~ bath** ⚕ Moorbad *n*; **~ coal** Torfkohle *f*: **~ moss** Torfmoos *n*; **2.** Torfstück *n*, -sode *f*.

peb·ble ['pebl] **I** *s.* **1.** Kiesel(stein) *m*: **you are not the only ~ on the beach** F man (*od.* ich) kann auch ohne dich auskommen; **2.** A'chat *m*; **3.** 'Bergkriˌstall *m*; **4.** *opt.* Linse *f* aus 'Bergkriˌstall; **II** *v/t.* **5.** *Weg* mit Kies bestreuen; **6.** ⚙ *Leder* krispeln; **'peb·bly** [-lɪ] *adj.* kieselig.

pec·ca·dil·lo [ˌpekə'dɪləʊ] *pl.* **-loes** *s.* ‚kleine Sünde', Kava'liersdeˌlikt *n*.

peck¹ [pek] *s.* **1.** Viertelscheffel *m* (*Brit. 9,1, Am. 8,8 Liter*); **2.** *fig.* Menge *f*, Haufen *m*: **a ~ of trouble**.

peck² [pek] **I** *v/t.* **1.** *mit dem Schnabel etc.* (auf)picken, (-)hacken; **2.** *j-m* ein Küßchen geben; **II** *v/i.* **3.** (**at**) picken, hacken (nach), einhacken (auf *acc.*): **~ing order** *zo.* u. *fig.* Hackordnung *f*; **~ at s.o.** *fig.* auf j-m ‚herumhacken'; **~ at one's food** *lustlos* im Essen herumstochern; **III** *s.* **4.** Schlag *m*, (Schnabel-) Hieb *m*; **5.** Loch *n*; **6.** leichter *od.* flüchtiger Kuß; **7.** *Brit. sl.* ‚Futter' *n* (*Essen*); **'peck·er** [-kə] *s.* **1.** Picke *f*, Haue *f*; **2.** ⚙ Abfühlnadel *f*; **3.** *sl.* ‚Zinken' *m* (*Nase*): **keep your ~ up!** halt die Ohren steif!; **4.** *Am. sl.* ‚Schwanz' *m* (*Penis*); **peck·ish** ['pekɪʃ] *adj.* F **1.** hungrig; **2.** *Am.* reizbar.

pec·to·ral ['pektərəl] **I** *adj.* **1.** *anat.*, ⚕ Brust…; **II** *s.* **2.** *hist.* Brustplatte *f*; **3.** *anat.* Brustmuskel *m*; **4.** *pharm.* Brustmittel *n*; **5.** *zo. a.* **~ fin** Brustflosse *f*; **6.** *R.C.* Brustkreuz *n*.

pec·u·late ['pekjʊleɪt] *v/t.* (*v/i.* öffentliche Gelder) unter'schlagen, veruntreuen; **pec·u·la·tion** [ˌpekjʊ'leɪʃn] *s.* Unter'schlagung *f*, Veruntreuung *f*, 'Unterschleif *m*; **'pec·u·la·tor** [-tə] *s.* Veruntreuer *m*.

pe·cul·iar [pɪ'kju:ljə] **I** *adj.* □ **1.** eigen (-tümlich) (**to** *dat.*); **2.** eigen, seltsam, absonderlich; **3.** besonder; **II** *s.* **4.** ausschließliches Eigentum; **pe·cu·li·ar·i·ty** [pɪˌkju:lɪ'ærətɪ] *s.* **1.** Eigenheit *f*, Eigentümlichkeit *f*, Besonderheit *f*; **2.** Eigenartigkeit *f*, Seltsamkeit *f*.

pe·cu·ni·ar·y [pɪ'kju:njərɪ] *adj.* □ Geld…, pekuni'är, finanzi'ell: **~ advantage** Vermögensvorteil.

ped·a·gog·ic, **ped·a·gog·i·cal** [ˌpedə'gɒdʒɪk(l)] *adj.* □ päda'gogisch, erzieherisch, Erziehungs…; **ˌped·a'gog·ics** [-ks] *s. pl. sg. konstr.* Päda'gogik *f*; **ped·a·gogue** ['pedəgɒg] *s.* **1.** Päda'goge *m*, Erzieher *m*; **2.** *contp. fig.* Pe'dant *m*, Schulmeister *m*; **ped·a·go·gy** ['pedəgɒdʒɪ] *s.* Päda'gogik *f*.

ped·al ['pedl] **I** *s.* **1.** Pe'dal *n* (*a.* ♪), Fußhebel *m*, Tretkurbel *f*; → **soft pedal**; **2.** *a.* **~ note** ♪ Pe'dal- *od.* Orgelton *m*; **II** *v/i.* **3.** ⚙, ♪ Pe'dal treten; **4.** radfahren, ‚strampeln'; **III** *v/t.* **5.** treten, fahren; **IV.** *adj.* **6.** Pedal…, Fuß…: **~ bin** Treteimer *m*; **~ car** Tretauto *n*; **~ brake** *mot.* Fußbremse *f*; **~ control** ✈ Pedalsteuerung *f*; **~ switch** ⚙ Fußschalter *m*.

ped·a·lo ['pedələʊ] *s.* Tretboot *n*.

ped·ant ['pedənt] *s.* Pe'dant(in), Kleinigkeitskrämer(in); **pe·dan·tic** [pɪ'dæntɪk] *adj.* (□ **~ally**) pe'dantisch, kleinlich; **'ped·ant·ry** [-trɪ] *s.* Pedante'rie *f*.

ped·dle ['pedl] **I** *v/i.* **1.** hausieren gehen; **2.** sich mit Kleinigkeiten abgeben, tändeln; **II** *v/t.* **3.** hausieren gehen mit (*a. fig.*), handeln mit: **~ drugs**; **~ new ideas**; **'ped·dler** [-lə] *Am.* → **pedlar**; **'ped·dling** [-lɪŋ] *adj. fig.* kleinlich; geringfügig, unbedeutend, wertlos.

ped·er·ast ['pedəræst] *s.* Päde'rast *m*; **'ped·er·as·ty** [-tɪ] *s.* Pädera'stie *f*, Knabenliebe *f*.

ped·es·tal ['pedɪstl] *s.* **1.** △ Sockel *m*, Posta'ment *n*, Säulenfuß *m*: **set s.o. on a ~** *fig.* j-n aufs Podest erheben; **2.** *fig.* Basis *f*, Grundlage *f*; **3.** ⚙ 'Untergestell *n*, Sockel *m*, (Lager)Bock *m*.

pe·des·tri·an [pɪ'destrɪən] **I** *adj.* **1.** zu Fuß, Fuß…; Spazier…; Fußgänger…: **~ precinct** (*od.* **area**) Fußgängerzone *f*; **2.** *fig.* pro'saisch, nüchtern; langweilig; **II** *s.* **3.** Fußgänger(in); **pe'des·tri·an·ize** [-naɪz] *v/t.* in e-e Fußgängerzone verwandeln.

pe·di·at·ric [ˌpi:dɪ'ætrɪk] *adj.* ⚕ pädi'atrisch, Kinder(heilkunde)…; **pe·di·a·tri·cian** [ˌpi:dɪə'trɪʃn] *s.* Kinderarzt *m*, -ärztin *f*; **ˌpe·di'at·rics** [-ks] *s. pl. sg. konstr.* Kinderheilkunde *f*, Pädia'trie *f*; **ˌpe·di'at·rist** [-ɪst] → **pediatrician**; **ped·i·at·ry** ['pi:dɪætrɪ] → **pediatrics**.

ped·i·cel ['pedɪsəl] *s.* **1.** ⚘ Blütenstengel *m*; **2.** *anat.*, *zo.* Stiel(chen *n*) *m*; **'ped·i·cle** [-kl] *s.* **1.** ⚘ Blütenstengel *m*; **2.** ⚕ Stiel *m* (*Tumor*).

ped·i·cure ['pedɪkjʊə] **I** *s.* Pedi'küre *f*: a) Fußpflege *f*, b) Fußpfleger(in); **II** *v/t. j-s* Füße behandeln *od.* pflegen; **'ped·i·cur·ist** [-ərɪst] → **pedicure** I b.

ped·i·gree ['pedɪgri:] **I** *s.* **1.** Stammbaum *m* (*a. zo. u. fig.*), Ahnentafel *f*; **2.** Entwicklungstafel *f*; **3.** Ab-, Herkunft *f*; **4.** lange Ahnenreihe; **II** *adj. a.* **'ped·i·greed** [-i:d] **5.** mit Stammbaum, reinrassig, Zucht…

ped·i·ment ['pedɪmənt] *s.* △ **1.** Giebel (-feld *n*) *m*; **2.** Ziergiebel *m*.

ped·lar ['pedlə] *s.* Hausierer *m*.

pe·dom·e·ter [pɪ'dɒmɪtə] *s. phys.* Schrittmesser *m*, -zähler *m*.

pe·dun·cle [pɪ'dʌŋkl] *s.* **1.** ⚘ Blütenstandstiel *m*, Blütenzweig *m*; **2.** *zo.* Stiel *m*, Schaft *m*; **3.** *anat.* Zirbel-, Hirnstiel *m*.

pee [pi:] *v/i.* F ‚Pi'pi machen', ‚pinkeln'.

peek¹ [pi:k] **I** *v/i.* **1.** gucken, spähen (**into** in *acc.*); **2.** **~ out** her'ausgucken (*a. fig.*); **II** *s.* **3.** flüchtiger *od.* heimlicher Blick.

peek² [pi:k] *s.* Piepsen *n* (*Vogel*).

peek·a·boo [ˌpi:kə'bu:] *s.* ‚Guck-Guck-Spiel' *n* (*kleiner Kinder*).

peel¹ [pi:l] **I** *v/t.* **1.** *Frucht, Kartoffeln, Bäume* schälen: **~ off** abschälen, -lösen; **~ed barley** Graupen *pl.*; **keep your eyes ~ed** *sl.* halt die Augen offen; **2.** *sl. Kleider* abstreifen; **II** *v/i.* **3.** *a.* **~ off** sich abschälen, sich abblättern, abbröckeln, abschilfern; **4.** *sl.* ‚sich entblättern', ‚strippen'; **5.** **~ off** ✈ *aus e-m Verband* ausscheren; **III** *s.* **6.** (*Zitronen- etc.*)Schale *f*; Rinde *f*; Haut *f*.

peel² [pi:l] *s.* **1.** Backschaufel *f*, Brotschieber *m*; **2.** *typ.* Aufhängekreuz *n*.

peel·er¹ ['pi:lə] *s.* **1.** (*Kartoffel- etc.*) Schäler *m*; **2.** *sl.* Stripperin *f*.

peel·er² ['pi:lə] *s. sl. obs.* ‚Bulle' *m* (*Polizist*).

peel·ing ['pi:lɪŋ] *s.* (*lose*) Schale, Rinde *f*, Haut *f*.

peen [pi:n] *s.* ⚙ Finne *f*, Hammerbahn *f*.

peep¹ [pi:p] **I** *v/i.* **1.** piep(s)en (*Vogel etc.*): **he never dared ~ again** er hat es nicht mehr gewagt, den Mund aufzumachen; **II** *s.* **2.** Piep(s)en *n*; **3.** *sl.* ‚Pieps' *m* (*Wort*).

peep² [pi:p] **I** *v/i.* **1.** gucken, neugierig *od.* verstohlen blicken (**into** in *acc.*): **~ at** e-n Blick werfen auf (*acc.*); **2.** *oft* **~ out** her'vorgucken, -schauen, -lugen (*a. fig. sich zeigen, zum Vorschein kommen*); **II** *s.* **3.** neugieriger *od.* verstohlener Blick: **have** (*od.* **take**) **a ~** → 1; **4.** Blick *m* (**of** in *acc.*), ('Durch)Sicht *f*; **5. at ~ of day** bei Tagesanbruch; **'peep·er** [-pə] *s.* **1.** Spitzel *m*; **2.** *sl.* ‚Gucker' *m* (*Auge*); **3.** *sl.* Spiegel *m*; Fenster *n*; Brille *f*.

ˈ**peep-hole** *s.* Guckloch *n*.

Peep·ing Tom [ˈpi:pɪŋ] *s.* ‚Spanner' *m* (*Voyeur*).

ˈ**peep|·scope** *s.* ‚Spion' *m* (*an der Tür*); **~ show** *s.* **1.** Guckkasten *m*; **2.** Peep-Show *f*.

peer¹ [pɪə] *v/i.* **1.** spähen, gucken (***into*** *acc.*): **~ *at*** sich *et.* genau an- *od.* begucken; **2.** *poet.* sich zeigen; **3.** → ***peep²*** 2.

peer² [pɪə] *s.* **1.** Gleiche(r *m*) *f*, Ebenbürtige(r *m*) *f*: ***without a ~*** ohnegleichen, unvergleichlich; ***he associates with his ~s*** er gesellt sich zu seinesgleichen; **~ *group*** *sociol.* Peer-group *f*; **2.** Angehörige(r) *m* des (brit.) Hochadels: **~ *of the realm*** *Brit.* Peer *m* (*Mitglied des Oberhauses*); **peer·age** [ˈpɪərɪdʒ] *s.* **1.** Peerage *f*: a) Peerswürde *f*, b) Hochadel *m*, (*die*) Peers *pl.*; **2.** ˈAdelskaˌlender *m*; **peer·ess** [ˈpɪərɪs] *s.* **1.** Gemahlin *f* e-s Peers; **2.** hohe Adlige: **~ *in her own right*** Peereß *f* im eigenen Recht; **peer·less** [ˈpɪəlɪs] *adj.* □ unvergleichlich, einzig(artig).

peeve [pi:v] F *v/t.* (ver)ärgern; **peeved** [-vd] *adj.* F ‚eingeschnappt', verärgert; ˈ**pee·vish** [-vɪʃ] *adj.* □ grämlich, übellaunig, verdrießlich.

peg [peg] **I** *s.* **1.** (Holz-, *surv.* Absteck-) Pflock *m*; (Holz)Nagel *m*; (Schuh)Stift *m*; ⚙ Dübel *m*; Sprosse *f* (*a. fig.*): ***take s.o. down a ~*** (***or two***) j-m ‚einen Dämpfer aufsetzen'; ***come down a ~*** gelindere Saiten aufziehen, ‚zurückstecken'; ***a round ~ in a square hole***, ***a square ~ in a round hole*** ein Mensch am falschen Platze; **2.** (Kleider)Haken *m*: ***off the ~*** von der Stange (*Anzug*); **3.** (Wäsche)Klammer *f*; **4.** (Zelt)Hering *m*; **5.** ♪ Wirbel *m* (*Saiteninstrument*); **6.** *fig.* ‚Aufhänger' *m*: ***a good ~ on which to hang a story***; **7.** *Brit.* ‚Gläs-chen' *n*, *bsd.* Whisky *m* mit Soda; **II** *v/t.* **8.** anpflöcken, -nageln; **9.** ⚙ (ver)dübeln; **10.** *a.* **~ *out*** *surv. Grenze, Land* abstecken: **~ *out one's claim*** *fig.* s-e Ansprüche geltend machen; **11.** ✝ *Löhne, Preise* stützen, halten: ***~ged price*** Stützkurs; **12.** F schmeißen (***at*** nach); **III** *v/i.* **13.** **~ *away*** (*od.* ***along***) F drauf'los arbeiten; **14.** **~ *out*** F a) ‚zs.-klappen', b) ‚abkratzen' (*sterben*); ˈ**~·top** *s.* Kreisel *m*.

peign·oir [ˈpeɪnwɑ:] (*Fr.*) *s.* Morgenrock *m*.

pe·jo·ra·tive [ˈpi:dʒərətɪv] **I** *adj.* □ abschätzig, her'absetzend, pejora'tiv; **II** *s. ling.* abschätziges Wort, Pejora'tivum *n*.

peke [pi:k] F *für* ***Pekingese*** 2.

Pe·king·ese [ˌpi:kɪŋˈi:z] *s. sg. u. pl.* **1.** Bewohner(in) von Peking; **2.** ♀ Peki'nese *m* (*Hund*).

pel·age [ˈpelɪdʒ] *s. zo.* Körperbedekkung *f* wilder Tiere (*Fell etc.*).

pel·ar·gon·ic [ˌpelɑ:ˈgɒnɪk] *adj.* ⚗ Pelargon…: **~ *acid***; ˌ**pel·arˈgo·ni·um** [-ˈgəʊnjəm] *s.* ⚘ Pelar'gonie *f*.

pelf [pelf] *s. contp.* Mammon *m*.

pel·i·can [ˈpelɪkən] *s. orn.* Pelikan *m*; **~ cross·ing** *s. mit Ampeln gesicherter* Fußgängerüberweg *m*.

pe·lisse [peˈli:s] *s.* (*langer*) Damen- *od.* Kindermantel.

pel·let [ˈpelɪt] *s.* **1.** Kügelchen *n*, Pille *f*; **2.** Schrotkorn *n* (*Munition*).

pel·li·cle [ˈpelɪkl] *s.* Häutchen *n*; Mem'bran *f*; **pel·lic·u·lar** [peˈlɪkjʊlə] *adj.* häutchenförmig, Häutchen…

pell-mell [ˌpelˈmel] **I** *adv.* **1.** durchein'ander, ‚wie Kraut u. Rüben'; **2.** 'unterschiedslos; **3.** Hals über Kopf; **II** *adj.* **4.** verworren, kunterbunt; **5.** hastig, über'eilt; **III** *s.* **6.** Durchein'ander *n*.

pel·lu·cid [peˈlju:sɪd] *adj.* □ 'durchsichtig, klar (*a. fig.*).

pelt¹ [pelt] *s.* Fell *n*, (Tier)Pelz *m*; ✝ *rohe* Haut.

pelt² [pelt] **I** *v/t.* **1.** *j-n mit Steinen etc.* bewerfen, (*fig. mit Fragen*) bombardieren; **2.** verhauen, prügeln; **II** *v/i.* **3.** *mit Steinen etc.* werfen (***at*** nach); **4.** niederprasseln: ***~ing rain*** Platzregen *m*; **III** *s.* **5.** Schlag *m*, Wurf *m*; **6.** Prasseln *n* (*Regen*); **7.** Eile *f*: (***at***) ***full ~*** in voller Geschwindigkeit.

pelt·ry [ˈpeltrɪ] *s.* **1.** Rauch-, Pelzwaren *pl.*; **2.** Fell *n*, Haut *f*.

pel·vic [ˈpelvɪk] *adj. anat.* Becken…: **~ *cavity*** Beckenhöhle; **pel·vis** [ˈpelvɪs] *pl.* **-ves** [-vi:z] *s. anat.* Becken *n*.

pem·(m)i·can [ˈpemɪkən] *s.* Pemmikan *n* (*Dörrfleisch*).

pen¹ [pen] **I** *s.* **1.** Pferch *m*, Hürde *f* (*Schafe*), Verschlag *m* (*Geflügel*), Hühnerstall *m*; **2.** kleiner Behälter *od.* Raum; **3.** ⚓ (U-Boot)Bunker *m*; **4.** *Am. sl.* ‚Kittchen' *n*, ‚Knast' *m*; **II** *v/t.* **5.** *a.* **~ *in***, **~ *up*** einpferchen, -schließen, -sperren.

pen² [pen] **I** *s.* **1.** (Schreib)Feder *f*, *a.* Federhalter *m*; Füller *m*; Kugelschreiber *m*: ***set ~ to paper*** die Feder ansetzen; **~ *and ink*** Schreibzeug *n*; **~ *friend*** Brieffreund(in); **2.** *fig.* Feder *f*, Stil *m*: ***he has a sharp ~*** er führt e-e spitze Feder; **II** *v/t.* **3.** (nieder)schreiben; abverfassen.

pe·nal [ˈpi:nl] *adj.* □ **1.** strafrechtlich, Straf…: **~ *code*** Strafgesetzbuch *n*; **~ *colony*** Sträflingskolonie *f*; **~ *duty*** Strafzoll *m*; **~ *institution*** Strafanstalt *f*; **~ *law*** Strafrecht *n*; **~ *reform*** Strafrechtsreform *f*; **~ *sum*** Vertrags-, Konventionalstrafe *f*; → ***servitude*** 2; **2.** sträflich, strafbar: **~ *act***; ˈ**pe·nal·ize** [-nəlaɪz] *v/t.* **1.** mit e-r Strafe belegen, bestrafen; **2.** benachteiligen, ‚bestrafen'; **pen·al·ty** [ˈpenltɪ] *s.* **1.** gesetzliche Strafe: ***on*** (*od.* ***under***) **~ *of*** bei Strafe von; → ***extreme*** 2; ***pay*** (*od.* ***bear***) ***the ~ of*** *et.* büßen; **2.** (Geld)Buße *f*, Vertragsstrafe *f*; **3.** *fig.* Nachteil *m*, Fluch *m des Ruhms etc.*; **4.** *sport* a) Strafe *f*, Strafpunkt *m*, b) *Fußball*: Elf'meter *m*, c) *Hockey*: Sieben'meter *m*, *Eishockey*: Penalty *m*: **~ *area*** *Fußball*: Strafraum *m*; **~ *box*** a) *Eishockey*: Strafbank, b) *Fußball*: Strafraum *m*; **~ *kick*** *Fußball*: Strafstoß *m*; **~ *shot*** *Eishockey*: Penalty *m*; **~ *shootout*** *Fußball*: Elfmeterschießen *n*; **~ *spot*** a) *Fußball*: Elfmeterpunkt *m*, b) *Hockey*: Siebenmeterpunkt *m*.

pen·ance [ˈpenəns] *s.* Buße *f*: ***do ~*** Buße tun.

ˌ**pen-and-ˈink** *adj.* Feder…, Schreiber…: **~ (*drawing*)** Federzeichnung *f*.

pence [pens] *pl. von* ***penny***.

pen·chant [ˈpɑ̃:ŋʃɑ̃:ŋ] (*Fr.*) *s.* (***for***) Neigung *f*, Hang *m* (für, zu), Vorliebe *f* (für).

pen·cil [ˈpensl] **I** *s.* **1.** Blei-, Zeichen-, Farbstift *m*: ***red ~*** Rotstift; ***in ~*** mit Bleistift; **2.** *paint. obs.* Pinsel *m*; *fig.* Stil *m e-s Malers*; **3.** *rhet.* Griffel *m*, Stift *m*; **4.** ⚙, ⚕, *Kosmetik*: Stift *m*; **5.** ⚡, *phys.* (Strahlen)Büschel *m*, *n*: **~ *of light*** *phot.* Lichtbündel *n*; **II** **6.** *v/t.* zeichnen; **7.** mit e-m Bleistift aufschreiben, anzeichnen *od.* anstreichen; **8.** mit e-m Stift behandeln, *z.B. die Augenbrauen* nachziehen; ˈ**pen·cil(l)ed** [-ld] *adj.* **1.** fein gezeichnet *od.* gestrichelt; **2.** mit e-m Bleistift gezeichnet *od.* angestrichen; **3.** ⚡, *phys.* gebündelt (*Strahlen etc.*).

pen·cil| push·er *s. humor.* ‚Bürohengst' *m*; **~ sharp·en·er** *s.* Bleistiftspitzer *m*.

ˈ**pen·craft** *s.* **1.** → ***penmanship***; **2.** Schriftstelle'rei *f*.

pend·ant [ˈpendənt] **I** *s.* **1.** Anhänger *m*, (*Schmuckstück*), Ohrgehänge *n*; **2.** a) Behang *m*, b) Hängeleuchter *m*; **3.** Bügel *m* (*Uhr*); **4.** △ Hängezierat *m*; **5.** *fig.* Anhang *m*, Anhängsel *n*; **6.** *fig.* Pen'dant *n*, Seiten-, Gegenstück *n* (***to*** zu); **7.** ⚓ → ***pennant*** 1; **II** *adj.* → ***pendent*** I; ˈ**pend·en·cy** [-dənsɪ] *s. fig. bsd.* ⚖ Schweben *n*, Anhängigkeit *f* (*e-s Prozesses*); ˈ**pen·dent** [-nt] **I** *adj.* **1.** (her'ab)hängend; 'überhängend; Hänge…; **2.** *fig.* → ***pending*** 3; **3.** *ling.* unvollständig; **II** *s.* **4.** → ***pendant*** I; ˈ**pend·ing** [-dɪŋ] **I** *adj.* **1.** hängend; **2.** bevorstehend; **3.** *bsd.* ⚖ schwebend, (noch) unentschieden; anhängig (*Klage*); → ***patent*** 7; **II** *prp.* **4.** a) während, b) bis zu.

pen·du·late [ˈpendjʊleɪt] *v/i.* **1.** pendeln; **2.** *fig.* fluktuieren, schwanken; ˈ**pen·du·lous** [-ləs] *adj.* hängend, pendelnd; Hänge…(*bauch etc.*), Pendel…(*-bewegung etc.*); ˈ**pen·du·lum** [-ləm] **I** *s.* **1.** *phys.* Pendel *n*; **2.** ⚙ a) Pendel *n*, Perpen'dikel *m*, *n* (*Uhr*), b) Schwunggewicht *n*; **3.** *fig.* Pendelbewegung *f*, wechselnde Stimmung *od.* Haltung; → ***swing*** 20; **II** *adj.* **4.** Pendel… (*-säge, -uhr, -waage etc.*): **~ *wheel*** Unruh *f der Uhr*.

pen·e·tra·bil·i·ty [ˌpenɪtrəˈbɪlətɪ] *s.* Durch'dringbarkeit *f*, Durch'dringlichkeit *f*; **pen·e·tra·ble** [ˈpenɪtrəbl] *adj.* □ durch'dringlich, erfaßbar, erreichbar; **pen·e·tra·li·a** [ˌpenɪˈtreɪljə] (*Lat.*) *s. pl.* **1.** *das* Innerste, *das* Aller'heiligste; **2.** *fig.* Geheimnisse *pl.*; in'time Dinge *pl.*

pen·e·trate [ˈpenɪtreɪt] **I** *v/t.* **1.** durch'dringen, eindringen in (*acc.*), durch'bohren, *a.* ⚔ durch'stoßen; **2.** *fig. seelisch* durch'dringen, erfüllen; **3.** *fig. geistig* eindringen in (*acc.*), ergründen, durch'schauen; **II** *v/i.* **4.** eindringen, 'durchdringen (***into***, ***to*** in *acc.*, zu); ✈, ⚔ einfliegen; **5.** 'durch-, vordringen (***to*** zu); **6.** *fig.* ergründen: **~ *into a secret***; ˈ**pen·e·trat·ing** [-tɪŋ] *adj.* □ **1.** 'durchdringend, durch'bohrend (*a. Blick*): **~ *power*** ⚔ Durchschlagskraft *f*; **2.** *fig.* durch'dringend, scharf(sinnig); **pen·e·tra·tion** [ˌpenɪˈtreɪʃn] *s.* **1.** Ein-, 'Durchdringen, Durch'bohren *n*; **2.** Eindringungsvermögen *n*, 'Durchschlagskraft *f* (*e-s Geschosses*); Tiefenwirkung *f*; **3.** ⚔ 'Durch-, Einbruch *m*; ✈ Einflug *m*; **4.** *phys.* Schärfe *f*, Auflösungsvermögen *n* (*Auge*, *Objektiv etc.*);

5. *fig.* Ergründung *f*; **6.** *fig.* Einflußnahme *f*, Durchdringung *f*: ***peaceful ~*** friedliche Durchdringung *e-s Landes*; **7.** *fig.* Scharfsinn *m*, durch'dringender Verstand; **'pen·e·tra·tive** [-trətɪv] *adj.* □ → ***penetrating.***
pen friend *s.* Brieffreund(in).
pen·guin ['peŋgwɪn] *s.* **1.** Pinguin *m*; **2.** ✈ Übungsflugzeug *n*; **~ suit** *s.* Raumanzug *m*.
'pen,hold·er *s.* Federhalter *m*.
pen·i·cil·lin [,penɪ'sɪlɪn] *s.* ⚕ Penicil'lin *n*.
pen·in·su·la [pɪ'nɪnsjʊlə] *s.* Halbinsel *f*; **pen'in·su·lar** [-lə] *adj.* **1.** Halbinsel...; **2.** halbinselförmig.
pe·nis ['pi:nɪs] *s. anat.* Penis *m*.
pen·i·tence ['penɪtəns] *s.* Bußfertigkeit *f*, Buße *f*, Reue *f*; **'pen·i·tent** [-nt] **I** *adj.* □ **1.** bußfertig, reuig, zerknirscht; **II** *s.* **2.** Bußfertige(r *m*) *f*, Büßer(in); **3.** Beichtkind *n*; **pen·i·ten·tial** [,penɪ'tenʃl] *eccl.* **I** *adj.* □ bußfertig, Buß...; **II** *s. a.* **~ book** *R.C.* Buß-, Pöni'tenzbuch *n*; **pen·i·ten·tia·ry** [,penɪ'tenʃərɪ] **I** *s.* **1.** *eccl.* Bußpriester *m*; **2.** *Am.* 'Straf(voll'zugs)anstalt *f*; **3.** *hist.* Besserungsanstalt *f*; **II** *adj.* **4.** *eccl.* Buß...
'pen|·knife *s.* [*irr.*] Feder-, Taschenmesser *n*; **'~·man** [-mən] *s.* [*irr.*] **1.** Kalli'graph *m*; **2.** Schriftsteller *m*; **'~·man·ship** [-mənʃɪp] *s.* **1.** Schreibkunst *f*; **2.** Stil *m*; schriftstellerisches Können; **~ name** *s.* Schriftstellername *m*, Pseudo'nym *n*.
pen·nant ['penənt] *s.* **1.** ⚓, ⚔ Wimpel *m*, Stander *m*, kleine Flagge; **2.** (Lanzen)Fähnchen *n*; **3.** *sport Am.* Siegeswimpel *m*; *fig.* Meisterschaft *f*; **4.** ♪ *Am.* Fähnchen *n*.
pen·ni·less ['penɪlɪs] *adj.* □ ohne (e-n Pfennig) Geld, mittellos.
pen·non ['penən] *s.* **1.** *bsd.* ⚔ Fähnlein *n*, Wimpel *m*, Lanzenfähnchen *n*; **2.** Fittich *m*, Schwinge *f*.
Penn·syl·va·nia Dutch [,pensɪl'veɪnjə] *s.* **1.** *coll.* in Pennsyl'vania lebende 'Deutsch-Ameri,kaner *pl.*; **2.** *ling.* Pennsyl'vanisch-Deutsch *n*.
pen·ny ['penɪ] *pl.* **-nies** *od. coll.* **pence** [pens] *s.* **1.** a) *Brit.* Penny *m* (= £ 0.01 = 1 p), b) *Am.* Centstück *n*: ***in for a ~, in for a pound*** wer A sagt, muß auch B sagen; ***the ~ dropped!*** *humor.* ‚der Groschen ist gefallen'!; ***spend a ~*** F ‚mal verschwinden' (*auf die Toilette*); **2.** *fig.* Pfennig *m*, Heller *m*, Kleinigkeit *f*: ***not worth a ~*** keinen Heller wert; ***he hasn't a ~ to bless himself with*** er hat keinen roten Heller; ***a ~ for your thoughts!*** (an) was denkst du denn (eben)?; **3.** *fig.* Geld *n*: ***turn an honest ~*** sich et. (durch ehrliche Arbeit) (da'zu)verdienen; ***a pretty ~*** ein hübsches Sümmchen.
,pen·ny|-a-'lin·er *s. bsd. Brit.* Schreiberling *m*, Zeilenschinder *m*; **~ arcade** *s.* 'Spielsa,lon *m*; **~ dread·ful** *s.* 'Groschen-, 'Schauerro,man *m*; Groschenblatt *n*; **,~-in-the-'slot ma·chine** *s.* (Verkaufs)Automat *m*; **'~-,pinch·er** *s.* F Pfennigfuchser *m*; **'~·weight** *s. Brit.* Pennygewicht *n* (*1½ Gramm*); **,~-'wise** *adj.* am falschen Ende sparsam: ***~ and pound-foolish*** im Kleinen sparsam, im Großen verschwenderisch; **'~·worth** ['penəθ] *s.* **1.** was man für e-n Penny kaufen kann: ***a ~ of tobacco*** für e-n Penny Tabak; **2.** (*bsd.* guter) Kauf: ***a good ~.***
pe·no·log·ic, pe·no·log·i·cal [,pi:nə'lɒdʒɪkl] *adj.* □ ⚖ krimi'nalkundlich, Strafvollzugs...; **pe·nol·o·gy** [pi:'nɒlədʒɪ] *s.* Krimi'nalstrafkunde *f*, *bsd.* Strafvollzugslehre *f*.
pen pal *Am. für* ***pen friend.***
pen·sion¹ ['pɑ̃:ŋsɪɔ̃:ŋ] (*Fr.*) *s.* Pensi'on *f*: a) Fremdenheim *n*, b) 'Unterkunft u. Verpflegung *f*: ***full ~.***
pen·sion² ['penʃn] **I** *s.* Pensi'on *f*, Ruhegeld *n*, Rente *f*: **~ fund** Pensionskasse *f*; ***~ plan, ~ scheme*** (Alters)Versorgungsplan *m*; ***entitled to a ~*** pensionsberechtigt; ***be on a ~*** in Rente *od.* Pension sein; **II** *v/t. oft* **~ off** *j-n* pensionieren; **'pen·sion·a·ble** [-ʃnəbl] *adj.* pensi'onsberechtigt, -fähig: ***of ~ age*** im Renten- *od.* Pensionsalter; **'pen·sion·er** [-ʃənə] *s.* **1.** Pensio'när *m*, Ruhegeldempfänger(in), Rentner(in); **2.** *Brit.* Stu'dent *m* (*in Cambridge*), der für Kost u. Wohnung im College zahlt.
pen·sive ['pensɪv] *adj.* □ **1.** nachdenklich, sinnend, gedankenvoll; **2.** ernst, tiefsinnig; **'pen·sive·ness** [-nɪs] *s.* Nachdenklichkeit *f*; Tiefsinn *m*, Ernst *m*.
'pen·stock *s.* **1.** Wehr *n*, Stauanlage *f*; **2.** *Am.* Druckrohr *n*.
pen·ta·cle ['pentəkl] → ***pentagram.***
pen·ta·gon ['pentəgən] *s.* ⩚ Fünfeck *n*: ***the* ♀ *Am.*** das Pentagon (*das amer. Verteidigungsministerium*); **pen·tag·o·nal** [pen'tægənl] *adj.* fünfeckig; **'pen·ta·gram** [-græm] *s.* Penta'gramm *n*, Drudenfuß *m*; **pen·ta·he·dral** [,pentə'hi:drəl] *adj.* ⩚ fünfflächig; **pen·ta·he·dron** [,pentə'hi:drɒn] *pl.* **-drons** *od.* **-dra** [-drə] *s.* ⩚ ,Penta'eder *n*; **pen·tam·e·ter** [pen'tæmɪtə] *s.* Pen'tameter *m*.
Pen·ta·teuch ['pentətju:k] *s. bibl.* Penta'teuch *m*, die Fünf Bücher Mose.
pen·tath·lete [pen'tæθli:t] *s. sport* Fünfkämpfer(in); **pen'tath·lon** [-lɒn] *s. sport* Fünfkampf *m*.
pen·ta·va·lent [,pentə'veɪlənt] *adj.* ⚗ fünfwertig.
Pen·te·cost ['pentɪkɒst] *s.* Pfingsten *n od. pl.*, Pfingstfest *n*; **Pen·te·cos·tal** [,pentɪ'kɒstl] *adj.* pfingstlich; Pfingst...
pent·house ['penthaʊs] *s.* ⚠ **1.** Wetter-, Vor-, Schirmdach *n*; **2.** Anbau *m*, Nebengebäude *n*, angebauter Schuppen; **3.** Penthouse *n*, 'Dachter,rassenwohnung *f*.
pen·tode ['pentəʊd] *s.* ⚡ Pen'tode *f*, Fünfpolröhre *f*.
,pent-'up *adj.* **1.** eingepfercht; **2.** *fig.* angestaut (*Gefühle*): **~ demand** ✝ *Am.* Nachholbedarf *m*.
pe·nult [pe'nʌlt] *s. ling.* vorletzte Silbe; **pe'nul·ti·mate** [-tɪmət] **I** *adj.* vorletzt; **II** *s.* → ***penult.***
pe·num·bra [pɪ'nʌmbrə] *pl.* **-bras** *s.* Halbschatten *m*.
pe·nu·ri·ous [pɪ'njʊərɪəs] *adj.* □ **1.** geizig, knauserig; **2.** karg; **pen·u·ry** ['penjʊrɪ] *s.* Knappheit *f*, Armut *f*, Not *f*, Mangel *m*.
pe·on ['pi:ən] *s.* **1.** Sol'dat *m*, Poli'zist *m*, Bote *m* (*in Indien u. Ceylon*); **2.** Tagelöhner *m* (*in Südamerika*); **3.** (*durch Geldschulden*) zu Dienst verpflichteter Arbeiter (*Mexiko*); **4.** *Am.* zu Arbeit her'angezogener Sträfling; **'pe·on·age** [-nɪdʒ] **'pe·on·ism** [-nɪzəm] *s.* Dienstbarkeit *f*, Leibeigenschaft *f*.
pe·o·ny ['pi:ənɪ] *s.* ⚘ Pfingstrose *f*.
peo·ple ['pi:pl] **I** *s.* **1.** *pl. konstr.* die Leute *pl.*, die Menschen *pl.*: ***English ~*** (die) Engländer; ***London ~*** die Londoner (Bevölkerung); ***country ~*** Landleute, -bevölkerung; ***literary ~*** (die) Literaten; ***a great many ~*** sehr viele Leute; ***some ~*** manche; ***he of all ~*** ausgerechnet er; **2.** ***the ~*** a) *a. sg. konstr.* das *gemeine* Volk, b) die Bürger *pl.*, die Wähler *pl.*; **3.** *pl.* **~s** Volk *n*, Nati'on *f*: ***the ~s of Europe; the chosen ~*** das auserwählte Volk; **4.** *pl. konstr.* F *j-s* Angehörige *pl.*, Fa'milie *f*: ***my ~*** m-e Leute; **5.** F man: ***~ say*** man sagt; **II** *v/t.* **6.** bevölkern (***with*** mit).
peo·ple's re·pub·lic *s. pol.* 'Volksrepu,blik *f*: ***the* ♀ *of China.***
pep [pep] *sl.* **I** *s.* E'lan *m*, Schwung *m*, ‚Schmiß' *m*: ***~ pill*** Aufputschtablette *f*; ***~ talk*** Anfeuerung *f*, ermunternde Worte; **II** *v/t.* **~ up** a) *j-n* ‚aufmöbeln', in Schwung bringen, b) *j-n* anfeuern, c) *Geschichte* ‚pfeffern', d) *et.* in Schwung bringen.
pep·per ['pepə] **I** *s.* **1.** Pfeffer *m* (*a. fig. et. Scharfes*); **2.** ⚘ Pfefferstrauch *m*, *bsd.* a) Spanischer Pfeffer, b) Roter Pfeffer, c) Paprika *m*; **3.** pfefferähnliches Gewürz: ***~ cake*** Ingwerkuchen *m*; **II** *v/t.* **4.** pfeffern; **5.** *fig. Stil etc.* würzen; **6.** *fig.* sprenkeln, bestreuen; **7.** *fig.* ‚bepfeffern', bombardieren (*a. mit Fragen etc.*); **8.** *fig.* 'durchprügeln; **,~-and-'salt I** *adj.* pfeffer-und-salz-farbig (*Stoff*); **II** *s.* a) Pfeffer u. Salz *n* (*Stoff*), b) Anzug *m* in Pfeffer u. Salz; **'~·box** *s. bsd. Brit.*, **'~-,cast·or** *s.* Pfefferbüchse *f*, -streuer *m*; **'~·corn** *s.* Pfefferkorn *n*; **'~·mint** *s.* **1.** ⚘ Pfefferminze *f*; **2.** Pfefferminzöl *n*; **3.** *a.* ***~ drop, ~ lozenge*** Pfefferminzplätzchen *n*.
pep·per·y ['pepərɪ] *adj.* **1.** pfefferig, scharf; **2.** *fig.* hitzig, jähzornig; **3.** gepfeffert, scharf (*Stil*).
pep·py ['pepɪ] *adj. sl.* schwungvoll, ‚schmissig', forsch.
pep·sin ['pepsɪn] *s.* ⚗ Pep'sin *n*; **pep·tic** ['peptɪk] *anat. adj.* **1.** Verdauungs...: ***~ gland*** Magendrüse *f*; ***~ ulcer*** Magengeschwür *n*; **2.** verdauungsfördernd, peptisch; **pep·tone** ['peptəʊn] *s. physiol.* Pep'ton *n*.
per [pɜ:; pə] *prp.* **1.** per, durch: ***~ bearer*** durch Überbringer; ***~ post*** durch die Post; ***~ rail*** per Bahn; **2.** pro, je, für: ***~ annum*** [pər'ænəm] pro Jahr, jährlich; ***~ capita*** ['kæpɪtə] pro Kopf, pro Person; ***~ capita income*** Pro-Kopf-Einkommen *n*; ***~ capita quota*** Kopfbetrag *m*; ***~ cent*** pro *od.* vom Hundert; ***~ second*** in der *od.* pro Sekunde; **3.** laut, gemäß (✝ *a.* ***as ~***).
per·ad·ven·ture [pərəd'ventʃə] *adv. obs.* viel'leicht, ungefähr.
per·am·bu·late [pə'ræmbjʊleɪt] **I** *v/t.* **1.** durch'wandern, -'reisen, -'ziehen; **2.** bereisen, besichtigen; **3.** die Grenzen *e-s Gebiets* abschreiten; **II** *v/i.* **4.** um'herwandern; **per·am·bu·la·tion** [pə,ræmbjʊ'leɪʃn] *s.* **1.** Durch'wanderung *f*; **2.** Bereisen *n*, Besichtigung(sreise) *f*; **3.** Grenzbegehung *f*; **per·am·bu·la·tor**

[pəˈræmbjʊleɪtə] *s. bsd. Brit.* Kinderwagen *m.*

per·ceiv·a·ble [pəˈsiːvəbl] *adj.* □ **1.** wahrnehmbar, spürbar, merklich; **2.** verständlich; **per·ceive** [pəˈsiːv] *v/t. u. v/i.* **1.** wahrnehmen, empfinden, (be-)merken, spüren; **2.** verstehen, erkennen, begreifen.

per·cent, *Brit.* **per cent** [pəˈsent] **I** *adj.* **1.** …prozentig; **II** *s.* **2.** Proˈzent *n* (%); **3.** *pl.* ˈWertpaˌpiere *pl.* mit feststehendem Zinssatz: ***three per cents*** dreiprozentige Wertpapiere; **perˈcent·age** [-tɪdʒ] *s.* **1.** Proˈzent-, Hundertsatz *m*; Prozentgehalt *m*: ***~ by weight*** Gewichtsprozent *n*; **2.** ⚚ Proˈzente *pl.*; **3.** *weitS.* Teil *m*, Anteil *m* (***of*** an *dat.*); **4.** ⚚ Gewinnanteil *m*, Provisiˈon *f*, Tanˈtieme *f*; **perˈcen·tal** [-tl], **perˈcen·tile** [-taɪl] *adj.* prozentuˈal, Prozent…

per·cep·ti·bil·i·ty [pəˌseptəˈbɪlətɪ] *s.* Wahrnehmbarkeit *f*; **per·cep·ti·ble** [pəˈseptəbl] *adj.* □ wahrnehmbar, merklich; **per·cep·tion** [pəˈsepʃn] *s.* **1.** (sinnliche *od.* geistige) Wahrnehmung, Empfindung *f*; **2.** Wahrnehmungsvermögen *n*; **3.** Auffassung(skraft) *f*; **4.** Begriff *m*, Vorstellung *f*; **5.** Erkenntnis *f*; **per·cep·tion·al** [pəˈsepʃənl] *adj.* Wahrnehmungs…, Empfindungs…; **per·cep·tive** [pəˈseptɪv] *adj.* □ **1.** wahrnehmend, Wahrnehmungs…; **2.** auffassungsfähig, scharfsichtig; **per·cep·tiv·i·ty** [ˌpɜːsepˈtɪvətɪ] *s.* → ***perception*** 2.

perch¹ [pɜːtʃ] *pl.* **ˈperch·es** [-ɪz] *od.* **perch** *s. ichth.* Flußbarsch *m.*

perch² [pɜːtʃ] **I** *s.* **1.** (Auf)Sitzstange *f für Vögel*, Hühnerstange *f*; **2.** F *fig.* hoher (sicherer) Sitz, ‚Thron' *m*: ***knock s.o. off his ~*** *fig.* j-n von s-m Sockel herunterstoßen; ***come off your ~!*** F tu nicht so überlegen!; **3.** *surv.* Meßstange *f*; **4.** Rute *f* (*Längenmaß = 5,029 m*); **5.** ⚓ Pricke *f*; **6.** Lang-, Lenkbaum *m e-s Wagens*; **II** *v/i.* **7.** sich setzen *od.* niederlassen (***on*** auf *acc.*), sitzen (*Vögel*); *fig.* hoch sitzen *od.* ‚thronen'; **III** *v/t.* **8.** (*auf et. Hohes*) setzen: ***~ o.s.*** sich setzen; ***be ~ed*** sitzen, ‚thronen'.

per·chance [pəˈtʃɑːns] *adv. poet.* vielˈleicht, zufällig.

perch·er [ˈpɜːtʃə] *s. orn.* Sitzvogel *m.*

per·chlo·rate [pəˈklɔːreɪt] *s.* ⚗ Perchloˈrat *n*; **perˈchlo·ric** [-ɪk] *adj.* ˈüberchlorig: ***~ acid*** Über- *od.* Perchlorsäure *f*; **perˈchlo·ride** [-raɪd] *s.* Perchloˈrid *n.*

per·cip·i·ence [pəˈsɪpɪəns] *s.* **1.** Wahrnehmen *n*; **2.** Wahrnehmung(svermögen *n*) *f*; **perˈcip·i·ent** [-nt] → ***perceptive*** 1.

per·co·late [ˈpɜːkəleɪt] **I** *v/t.* **1.** *Kaffee etc.* filtern, ˈdurchseihen, ˈdurchsickern lassen; **II** *v/i.* **2.** ˈdurchsickern (*a. fig.*): ***percolating tank*** Sickertank *m*; **3.** gefiltert werden; **per·co·la·tion** [ˌpɜːkəˈleɪʃn] *s.* ˈDurchseihung *f*, Filtratiˈon *f*; **ˈper·co·la·tor** [-tə] *s.* Filˈtriertrichter *m*, Perkoˈlator *m*, ˈKaffeemaˌschine *f.*

per·cuss [pəˈkʌs] *v/t. u. v/i.* ⚕ perkutieren, abklopfen; **perˈcus·sion** [-ʌʃən] **I** *s.* **1.** Schlag *m*, Stoß *m*, Erschütterung *f*, Aufschlag *m*; **2.** ⚕ a) Perkussiˈon *f*, Abklopfen *n*, b) ˈKlopfmasˌsage *f*; **3.** ♪ *coll.* ˈSchlaginstruˌmente *pl.*, -zeug *n*; **II** *adj.* **4.** Schlag…, Stoß…, Zünd…: ***~ cap*** Zündhütchen *n*; ***~ drill*** ⚙ Schlagbohrer *m*; ***~ fuse*** ✕ Aufschlagzünder *m*; ***~ instrument*** ♪ Schlaginstrument *n*; ***~ welding*** ⚙ Schlag-, Stoßschweißen *n*; **III** *v/t.* **5.** ⚕ a) perkutieren, abklopfen, b) durch Beklopfen massieren; **perˈcus·sion·ist** [-ʌʃnɪst] *s.* ♪ Schlagzeuger *m*; **perˈcus·sive** [-sɪv] → ***percussion*** 4.

per·cu·ta·ne·ous [ˌpɜːkjuːˈteɪnjəs] *adj.* □ ⚕ perkuˈtan, durch die Haut.

per di·em [ˌpɜːˈdaɪem] **I** *adj. u. adv.* täglich, pro Tag: ***~ rate*** Tagessatz *m*; **II** *s.* Tagegeld *n.*

per·di·tion [pəˈdɪʃn] *s.* **1.** Verderben *n*; **2.** a) ewige Verdammnis, b) Hölle *f.*

per·e·gri·nate [ˈperɪgrɪneɪt] **I** *v/i.* wandern, umˈherreisen; **II** *v/t.* durchˈwandern, bereisen; **per·e·gri·na·tion** [ˌperɪgrɪˈneɪʃn] *s.* **1.** Wanderschaft *f*; **2.** Wanderung *f*; **3.** *fig.* Weitschweifigkeit *f.*

per·emp·to·ri·ness [pəˈremptərɪnɪs] *s.* **1.** Entschiedenheit *f*, Bestimmtheit *f*; herrisches Wesen; **2.** Endgültigkeit *f*; **per·emp·to·ry** [pəˈremptərɪ] *adj.* □ **1.** entschieden, bestimmt; gebieterisch, herrisch; **2.** entscheidend, endgültig; zwingend, definiˈtiv: ***a ~ command***.

per·en·ni·al [pəˈrenjəl] **I** *adj.* □ **1.** das ganze Jahr *od.* Jahre hinˈdurch dauernd, beständig; **2.** immerwährend, anhaltend; **3.** ⚘ perennierend, winterhart; **II** *s.* **4.** ⚘ perennierende Pflanze.

per·fect [ˈpɜːfɪkt] **I** *adj.* □ → ***perfectly***; **1.** perˈfekt, vollˈendet: a) fehler-, makellos, ideˈal, b) fertig, abgeschlossen: ***make ~*** vervollkommnen; ***~ pitch*** ♪ absolutes Gehör; ***~ participle*** *ling.* Mittelwort *n* der Vergangenheit, Partizip *n* Perfekt; ***~ tense*** Perfekt *n*; **2.** gründlich (ausgebildet), perˈfekt (***in*** in *dat.*); **3.** gänzlich, ˈvollständig: ***a ~ circle***; ***~ strangers*** wildfremde Leute; **4.** F rein, ‚komˈplett': ***~ nonsense***; ***a ~ fool*** ein ausgemachter Narr; **II** *s.* **5.** *ling.* Perfekt *n*: ***past ~*** Plusquamperfekt; **III** *v/t.* [pəˈfekt] **6.** vollˈenden; verˈvollkommnen (***o.s.*** sich); **per·fect·i·ble** [pəˈfektəbl] *adj.* verˈvollkommnungsfähig; **per·fec·tion** [pəˈfekʃn] *s.* **1.** Verˈvollkommnung *f*; **2.** *fig.* Vollˈkommenheit *f*, Vollˈendung *f*, Perfektiˈon *f*: ***bring to ~*** vervollkommnen; ***to ~*** vollkommen, meisterlich; **3.** Vorˈtrefflichkeit *f*; **4.** Fehler-, Makellosigkeit *f*; **5.** *fig.* Gipfel *m*; **6.** *pl.* Fertigkeiten *pl.*; **per·fec·tion·ist** [pəˈfekʃnɪst] **I** *s.* Perfektioˈnist *m*; **II** *adj.* perfektioˈnistisch; **ˈper·fect·ly** [-ktlɪ] *adv.* **1.** vollkommen, fehlerlos; gänzlich, völlig; **2.** F ganz, absoˈlut, einfach *wunderbar etc.*

per·fid·i·ous [pəˈfɪdɪəs] *adj.* □ verräterisch, falsch, heimtückisch, perˈfid; **perˈfid·i·ous·ness** [-nɪs], **per·fi·dy** [ˈpɜːfɪdɪ] *s.* Falschheit *f*, Perfiˈdie *f*, Tücke *f*, Verrat *m.*

per·fo·rate **I** *v/t.* [ˈpɜːfəreɪt] durchˈbohren, -ˈlöchern, lochen, perforieren: ***~d disk*** ⚙ (Kreis)Lochscheibe *f*; ***~d tape*** Lochstreifen *m*; **II** *adj.* [-rɪt] durchˈlöchert, gelocht; **per·fo·ra·tion** [ˌpɜːfəˈreɪʃn] *s.* **1.** Durchˈbohrung *f*, -ˈlochung *f*, -ˈlöcherung *f*, Perforatiˈon *f*: ***~ of the stomach*** ⚕ Magendurchbruch *m*; **2.** Lochung *f*, gelochte Linie; **3.** Loch *n*, Öffnung *f*; **ˈper·fo·ra·tor** [-tə] *s.* Locher *m.*

per·force [pəˈfɔːs] *adv.* notgedrungen, gezwungenermaßen.

per·form [pəˈfɔːm] **I** *v/t.* **1.** *Arbeit, Dienst etc.* verrichten, leisten, machen, tun, ausführen; ⚕ *e-e Operation* ˈdurchführen (***on*** bei); **2.** vollˈbringen, -ˈziehen, ˈdurchführen; *e-r Verpflichtung* nachkommen, *e-e Pflicht, a. e-n Vertrag* erfüllen; **3.** *Theaterstück, Konzert etc.* aufführen, geben, spielen; *e-e Rolle* spielen, darstellen; **II** *v/i.* **4.** et. ausführen *od.* leisten; ⚙ funktionieren, arbeiten: ***~ well*** e-e gute Leistung bringen; **5.** *thea. etc.* e-e Vorstellung geben, auftreten, spielen: ***~ on the piano*** Klavier spielen, auf dem Klavier et. vortragen; **perˈform·ance** [-məns] *s.* **1.** Aus-, ˈDurchführung *f*: ***in the ~ of his duty*** in Ausübung s-r Pflicht; **2.** Leistung *f* (*a.* ⚖, ⚙), Erfüllung *f* (*Pflicht, Versprechen, Vertrag*), Vollˈziehung *f*: ***~ in kind*** Sachleistung; ***~ data*** ⚙ Leistungswerte *pl.*, ***~ principle*** *sociol.* Leistungsprinzip *n*; ***~ test*** *ped.* Leistungsprüfung *f*; ***~ of a machine*** (Arbeits)Leistung *od.* Arbeitsweise *f* e-r Maschine; **3.** ♪, *thea.* Aufführung *f*; Vorstellung *f*; Vortrag *m*; **4.** *thea.* Darstellung(skunst) *f*, Spiel *n*; **5.** *ling.* Perforˈmanz *f*; **perˈform·er** [-mə] *s.* **1.** Ausführende(r *m*) *f*; **2.** Leistungsträger(in): ***top ~***; **3.** Schauspieler(in); Darsteller(in); Musiker(in); Künstler(in); **perˈform·ing** [-mɪŋ] *adj.* **1.** *thea.* Aufführungs…: ***~ rights***; **2.** darstellend: ***~ arts***; **3.** dressiert (*Tier*).

per·fume **I** *v/t.* [pəˈfjuːm] **1.** mit Duft erfüllen, parfümieren (*a. fig.*); **II** *s.* [ˈpɜːfjuːm] **2.** Duft *m*, Wohlgeruch *m*; **3.** Parˈfüm *n*, Duftstoff *m*; **perˈfum·er** [-mə] *s.* Parfümeˈriehändler *m*, Parfüˈmeur *m*; **perˈfum·er·y** [-mərɪ] *s.* Parfümeˈrien *pl.*; Parfümeˈrie(geschäft *n*) *f.*

per·func·to·ry [pəˈfʌŋktərɪ] *adj.* □ **1.** oberflächlich, obenhin, flüchtig; **2.** meˈchanisch, interˈesselos.

per·go·la [ˈpɜːgələ] *s.* Laube *f*, offener Laubengang, Pergola *f.*

per·haps [pəˈhæps; præps] *adv.* vielˈleicht.

per·i·car·di·tis [ˌperɪkɑːˈdaɪtɪs] *s.* ⚕ Herzbeutelentzündung *f*, Perikarˈditis *f*; **per·i·car·di·um** [ˌperɪˈkɑːdjəm] *pl.* **-di·a** [-djə] *s. anat.* **1.** Herzbeutel *m*; **2.** Herzfell *n.*

per·i·carp [ˈperɪkɑːp] *s.* ⚘ Fruchthülle *f*, Periˈkarp *n.*

per·i·gee [ˈperɪdʒiː] *s. ast.* Erdnähe *f.*

per·i·he·li·on [ˌperɪˈhiːljən] *s. ast.* Sonnennähe *f e-s Planeten.*

per·il [ˈperəl] **I** *s.* Gefahr *f*, Risiko *n* (*a.* ⚚): ***in ~ of one's life*** in Lebensgefahr; ***at (one's) ~*** auf eigene Gefahr; ***at the ~ of*** auf die Gefahr hin, daß; **II** *v/t.* gefährden; **ˈper·il·ous** [-rələs] *adj.* □ gefährlich.

per·im·e·ter [pəˈrɪmɪtə] *s.* **1.** Peripheˈrie *f*: a) Ą ˈUmkreis *m*, b) *allg.* Rand *m*: ***~ position*** ✕ Randstellung *f*; **2.** ⚕, *opt.* Periˈmeter *n* (*Instrument*).

per·i·ne·um [ˌperɪˈniːəm] *pl.* **-ne·a** [-ə] *s. anat.* Damm *m*, Periˈneum *n.*

pe·ri·od [ˈpɪərɪəd] **I** *s.* **1.** Periˈode *f* (*a.* Ą, ϟ, ♪), Zeit(dauer *f*, -raum *m*, -spanne *f*) *f*, Frist *f*: ***~ of appeal*** ⚖ Berufungsfrist; ***~ of exposure*** *phot.* Belichtungszeit; ***~ of office*** Amtsdauer *f*; ***for***

a ~ für einige Zeit; ***for a ~ of*** auf die Dauer von; **2.** *ast.* 'Umlaufszeit *f*; **3.** (vergangenes *od.* gegenwärtiges) Zeitalter: ***glacial ~*** Eiszeit *f*; ***dresses of the ~*** zeitgenössische Kleider; ***a girl of the ~*** ein modernes Mädchen; **4.** *ped.* ('Unterrichts)Stunde *f*; **5.** *Sport*: Spielabschnitt *m*, *z.B. Eishockey*: Drittel *n*; **6.** *a.* ***monthly ~*** (*od.* ***~s*** *pl.*) ⚕ Periode *f der Frau*; **7.** (Sprech)Pause *f*, Absatz *m*; **8.** *ling.* a) Punkt *m*: ***put a ~ to*** *fig. e-r Sache* ein Ende setzen, b) Satzgefüge *n*, c) *allg.* wohlgefügter Satz; **II** *adj.* **9.** a) zeitgeschichtlich, Zeit...: ***~ play*** Zeitstück *n*; b) Stil...: ***~ furniture***; ***~ house*** Haus *n* im Zeitstil; ***~ dress*** historisches Kostüm.

pe·ri·od·ic¹ [ˌpɪərɪ'ɒdɪk] *adj.* (☐ ***~ally***) **1.** peri'odisch, Kreis..., regelmäßig 'wiederkehrend; **2.** *ling.* rhe'torisch, wohlgefügt (*Satz*).

per·i·od·ic² [ˌpɜːraɪ'ɒdɪk] *adj.* ⚗ per-, überjodsauer: ***~ acid*** Überjodsäure *f*.

pe·ri·od·i·cal [ˌpɪərɪ'ɒdɪkl] **I** *adj.* ☐ **1.** → ***periodic¹***; **2.** regelmäßig erscheinend; **3.** Zeitschriften...; **II** *s.* **4.** Zeitschrift *f*;

pe·ri·o·dic·i·ty [ˌpɪərɪə'dɪsətɪ] *s.* **1.** Periodizi'tät *f* (*a.* ⚕); **2.** ⚗ Stellung *f* e-s Ele'ments in der A'tomgewichtstafel; **3.** ϟ Fre'quenz *f*.

per·i·os·te·um [ˌperɪ'ɒstɪəm] *pl.* **-te·a** [-ə] *s. anat.* Knochenhaut *f*; **per·i·os·ti·tis** [ˌperɪə'staɪtɪs] *s.* ⚕ Knochenhautentzündung *f*.

per·i·pa·tet·ic [ˌperɪpə'tetɪk] *adj.* (☐ ***~ally***) **1.** um'herwandelnd; **2.** ♀ *phls.* peripa'tetisch; **3.** *fig.* weitschweifig.

pe·riph·er·al [pə'rɪfərəl] *adj.* ☐ **1.** peri'pherisch, Rand...; ***~ equipment*** *Computer*: Peripherie(geräte *pl.*) *f*; **2.** *anat.* peri'pher; **pe·riph·er·y** [pə'rɪfərɪ] *s.* Periphe'rie *f*; *fig. a.* Rand *m*, Grenze *f*.

pe·riph·ra·sis [pə'rɪfrəsɪs] *pl.* **-ses** [-siːz] *s.* Um'schreibung *f*, Peri'phrase *f*; **per·i·phras·tic** [ˌperɪ'fræstɪk] *adj.* (☐ ***~ally***) um'schreibend, peri'phrastisch.

per·i·scope ['perɪskəʊp] *s.* ⚔ **1.** Sehrohr *n* (*U-Boot*, *Panzer*); **2.** Beobachtungsspiegel *m*.

per·ish ['perɪʃ] **I** *v/i.* **1.** 'umkommen, 'untergehen, zu'grunde gehen, sterben, (tödlich) verunglücken (***by***, ***of***, ***with*** durch, von, an *dat.*): ***to ~ by drowning*** ertrinken; ***~ the thought!*** Gott behüte!; **2.** hinschwinden, absterben, eingehen; **II** *v/t.* **3.** vernichten (*mst pass.*): ***be ~ed with*** F (fast) umkommen vor *Kälte etc.*; '**per·ish·a·ble** [-ʃəbl] **I** *adj.* ☐ vergänglich; leichtverderblich (*Lebensmittel etc.*); **II** *s. pl.* leichtverderbliche Waren *pl.*; '**per·ish·er** [-ʃə] *s. Brit.* ***little ~*** kleiner Räuber (*Kind*); '**per·ish·ing** [-ʃɪŋ] **I** *adj.* ☐ vernichtend, tödlich (*a. fig.*); **II** *adv.* F scheußlich, verflixt: ***~ cold***.

per·i·style ['perɪstaɪl] *s.* ⚠ Säulengang *m*, Peri'styl *n*.

per·i·to·n(a)e·um [ˌperɪtəʊ'niːəm] *pl.* **-ne·a** [-ə] *s. anat.* Bauchfell *n*; ˌ**per·i·to'ni·tis** [-tə'naɪtɪs] *s.* ⚕ Bauchfellentzündung *f*.

per·i·wig ['perɪwɪɡ] *s.* Pe'rücke *f*.

per·i·win·kle ['perɪˌwɪŋkl] *s.* **1.** ⚘ Immergrün *n.*; **2.** *zo.* (*eßbare*) Uferschnecke.

per·jure ['pɜːdʒə] *v/t.*: ***~ o.s.*** e-n Meineid leisten, meineidig werden; ***~d*** meineidig; '**per·jur·er** [-dʒərə] *s.* Meineidige(r *m*) *f*; '**per·ju·ry** [-dʒərɪ] *s.* Meineid *m*.

perk¹ [pɜːk] *s. mst pl. bsd. Brit* F *für* ***perquisite*** 1.

perk² [pɜːk] **I** *v/i. mst* ***~ up*** **1.** (lebhaft) den Kopf recken, munter werden; **2.** *fig.* die Nase hoch tragen, selbstbewußt *od.* forsch auftreten; **3.** *fig.* sich erholen, munter werden; **II** *v/t. mst* ***~ up*** **4.** *den Kopf* recken; *die Ohren* spitzen; **5.** ***~ up*** *j-n* ,aufmöbeln'; **6.** ***~ o.s.*** (***up***) sich schön machen; '**perk·i·ness** [-kɪnɪs] *s.* Keckheit *f*, Selbstbewußtsein *n*; '**perk·y** [-kɪ] *adj.* ☐ **1.** flott, forsch; **2.** keck, dreist, frech.

perm [pɜːm] *s.* F Dauerwelle *f*.

per·ma·frost ['pɜːməfrɒst] *s.* Dauerfrostboden *m*.

per·ma·nence ['pɜːmənəns] *s.* **1.** Perma'nenz *f* (*a. phys.*), Ständigkeit *f*, (Fort)Dauer *f*; **2.** Beständigkeit *f*, Dauerhaftigkeit *f*; '**per·ma·nen·cy** [-sɪ] **1.** → ***permanence***; **2.** *et.* Dauerhaftes *od.* Bleibendes; feste Anstellung, Dauerstellung *f*; '**per·ma·nent** [-nt] *adj.* ☐ (fort)dauernd, bleibend, perma'nent; ständig (*Ausschuß*, *Bauten*, *Personal*, *Wohnsitz etc.*); dauerhaft, Dauer... (*-magnet*, *-stellung*, *-ton*, *-wirkung etc.*), mas'siv (*Bau*): ***~ assets*** ✝ Anlagevermögen *n*; ***~ call*** *teleph.* Dauerbelegung *f*; ***~ disposal*** Endlagerung *f*; ♀ ***Secretary*** *Brit.* ständiger (*fachlicher*) Staatssekretär; ***~ situation*** ✝ Dauer-, Lebensstellung *f*; ***~ wave*** Dauerwelle *f*; ***~ way*** 🚂 Bahnkörper *m*; Oberbau *m*.

per·man·ga·nate [pɜː'mæŋɡəneɪt] *s.* ⚗ Permanga'nat *n*: ***~ of potash*** Kaliumpermanganat; **per·man·gan·ic** [ˌpɜːmæŋ'ɡænɪk] *adj.* Übermangan...: ***~ acid***.

per·me·a·bil·i·ty [ˌpɜːmjə'bɪlətɪ] *s.* Durch'dringbarkeit *f*, *bsd. phys.* Permeabili'tät *f*: ***~ to gas(es)*** *phys.* Gasdurchlässigkeit *f*.

per·me·a·ble ['pɜːmjəbl] *adj.* ☐ 'durchlässig (***to*** für); **per·me·ance** ['pɜːmɪəns] *s.* **1.** Durch'dringung *f*; **2.** *phys.* ma'gnetischer Leitwert; **per·me·ate** ['pɜːmɪeɪt] **I** *v/t.* durch'dringen; **II** *v/i.* dringen (***into*** in *acc.*), sich verbreiten (***among*** unter *dat.*), 'durchsickern; **per·me·a·tion** [ˌpɜːmɪ'eɪʃn] *s.* Eindringen *n*, Durch'dringung *f*.

per·mis·si·ble [pə'mɪsəbl] *adj.* ☐ zulässig; **per'mis·sion** [-'mɪʃn] *s.* Erlaubnis *f*, Genehmigung *f*, Zulassung *f*: ***by special ~*** mit besonderer Erlaubnis; ***ask s.o. for ~***, ***ask s.o.'s ~*** j-n um Erlaubnis bitten; **per'mis·sive** [-sɪv] *adj.* ☐ **1.** gestattend, zulassend; ⚖ fakulta'tiv; **2.** tole'rant, libe'ral; (sexu'ell) freizügig: ***~ society*** tabufreie Gesellschaft; **per'mis·sive·ness** [-sɪvnɪs] *s.* **1.** Zulässigkeit *f*; **2.** Tole'ranz *f*; **3.** (sexu'elle) Freizügigkeit *f*.

per·mit [pə'mɪt] **I** *v/t.* **1.** *et.* erlauben, gestatten, zulassen, dulden: ***am I ~ted to*** darf ich?; ***~ o.s. s.th.*** sich et. erlauben; **II** *v/i.* **2.** erlauben: ***weather*** (***time***) ***~ting*** wenn es das Wetter (die Zeit) erlaubt; **3.** ***~ of*** *fig.* zulassen: ***the rule ~s of no exception***; **III** *s.* ['pɜːmɪt] **4.** Genehmigung(sschein *m*) *f*, Li'zenz *f*, Zulassung *f* (***to*** für); ✝ Aus-, Einfuhrerlaubnis *f*; **5.** Aus-, Einreiseerlaubnis *f*; **6.** Passierschein *m*; **per·mit·tiv·i·ty** [ˌpɜːmɪ'tɪvətɪ] *s.* ϟ Dielektrizi'tätskonˌstante *f*.

per·mu·ta·tion [ˌpɜːmjuː'teɪʃn] *s.* **1.** Vertauschung *f*, Versetzung *f*: ***~ lock*** Vexierschloß; **2.** ⅌ Permutati'on *f*.

per·ni·cious [pə'nɪʃəs] *adj.* ☐ **1.** verderblich, schädlich; **2.** ⚕ bösartig, pernizi'ös; **per'ni·cious·ness** [-nɪs] *s.* Schädlichkeit *f*; Bösartigkeit *f*.

per·nick·et·y [pə'nɪkətɪ] *adj.* **1.** F ,pingelig', kleinlich, wählerisch, pe'dantisch (***about*** mit); **2.** heikel (*a. Sache*).

per·o·rate ['perəreɪt] *v/i.* **1.** große Reden schwingen; **2.** e-e Rede abschließen; **per·o·ra·tion** [ˌperə'reɪʃn] *s.* (zs.-fassender) Redeschluß.

per·ox·ide [pə'rɒksaɪd] ⚗ 'Superoˌxyd *n*; *engS.* 'Wasserstoffˌsuperoˌxyd *n*: ***~ blonde*** F ,Wasserstoffblondine' *f*; **per'ox·i·dize** [-sɪdaɪz] *v/t. u. v/i.* peroxydieren.

per·pen·dic·u·lar [ˌpɜːpən'dɪkjʊlə] **I** *adj.* ☐ **1.** senk-, lotrecht (***to*** zu): ***~ style*** ⚠ englische Spätgotik; **2.** rechtwinklig (***to*** auf *dat.*); **3.** ⚒ seiger; **4.** steil; **5.** aufrecht (*a. fig.*); **II** *s.* **6.** (Einfalls)Lot *n*, Senkrechte *f*; Perpen'dikel *n*, *m*: ***out of*** (***the***) ***~*** schief, nicht senkrecht; ***raise*** (***let fall***) ***a ~*** ein Lot errichten (fällen); **7.** ⚙ (Senk)Lot *n*, Senkwaage *f*.

per·pe·trate ['pɜːpɪtreɪt] *v/t. Verbrechen etc.* begehen, verüben; F *fig. Buch etc.* ,verbrechen'; **per·pe·tra·tion** [ˌpɜːpɪ'treɪʃn] *s.* Begehung *f*, Verübung *f*; '**per·pe·tra·tor** [-tə] *s.* Täter *m*.

per·pet·u·al [pə'petʃʊəl] *adj.* ☐ **1.** fort-, immerwährend, unaufhörlich, beständig, ewig, andauernd: ***~ check*** Dauerschach *n*; ***~ motion machine*** Perpetuum mobile *n*; ***~ snow*** ewiger Schnee, Firn *m*; **2.** lebenslänglich, unabsetzbar: ***~ officer***; **3.** ✝ unablösbar, unkündbar: ***~ lease***; ***~ bonds*** Rentenanleihen; **4.** ⚘ perennierend; **per'pet·u·ate** *v/t.* [-tʃʊeɪt] verewigen, fortbestehen lassen, (immerwährend) fortsetzen; **per·pet·u·a·tion** [pəˌpetʃʊ'eɪʃn] *s.* Fortdauer *f*, endlose Fortsetzung, Verewigung *f*, Fortbestehenlassen *n*; **per·pe·tu·i·ty** [ˌpɜːpɪ'tjuːətɪ] *s.* **1.** Fortdauer *f*, unaufhörliches Bestehen, Unaufhörlichkeit *f*, Ewigkeit *f*: ***in*** (*od.* ***to*** *od.* ***for***) ***~*** auf ewig; **2.** ⚖ Unveräußerlichkeit(sverfügung) *f*; **3.** lebenslängliche (Jahres-) Rente.

per·plex [pə'pleks] *v/t.* verwirren, verblüffen, bestürzt machen; **per'plexed** [-kst] *adj.* ☐ **1.** verwirrt, verblüfft, verdutzt, bestürzt (*Person*); **2.** verworren, verwickelt (*Sache*); **per'plex·i·ty** [-ksətɪ] *s.* **1.** Verwirrung *f*, Bestürzung *f*, Verlegenheit *f*; **2.** Verworrenheit *f*.

per·qui·site ['pɜːkwɪzɪt] *s.* **1.** *mst pl. bsd. Brit.* a) Nebeneinkünfte *pl.*, -verdienst *m*, b) Vergünstigung *f*; **2.** Vergütung *f*, Gehalt *n*; **3.** per'sönliches Vorrecht.

per·se·cute ['pɜːsɪkjuːt] *v/t.* **1.** *bsd. pol.*, *eccl.* verfolgen; **2.** a) plagen, belästigen, b) drangsalieren, schikanieren; **per·se·cu·tion** [ˌpɜːsɪ'kjuːʃn] *s.* **1.** Verfolgung *f*: ***~ mania***, ***~ complex*** Verfolgungswahn *m*; **2.** Drangsalierung *f*, Schi'kane(n *pl.*) *f*; '**per·se·cu·tor** [-tə] *s.* **1.** Verfolger *m*; **2.** Peiniger(in).

per·se·ver·ance [ˌpɜːsɪˈvɪərəns] *s.* Beharrlichkeit *f*, Ausdauer *f*; **per·sev·er·ate** [pəˈsevəreɪt] *v/i. psych.* ständig *od.* immer ˈwiederkehren (*Melodie, Motiv, Gedanken etc.*); **per·se·vere** [ˌpɜːsɪˈvɪə] *v/i.* (**in**) beharren, ausdauern, aushalten (bei), fortfahren (mit), festhalten (an *dat.*); ˌ**per·seˈver·ing** [-ˈvɪərɪŋ] *adj.* ☐ beharrlich, standhaft.

Per·sian [ˈpɜːʃn] **I** *adj.* **1.** persisch; **II** *s.* **2.** Perser(in); **3.** *ling.* Persisch *n*; ~ **blinds** *s. pl.* Jalouˈsien *pl.*; ~ **car·pet** *s.* Perserteppich *m*; ~ **cat** *s.* Anˈgorakatze *f.*

per·si·flage [ˌpɜːsɪˈflɑːʒ] *s.* Persiˈflage *f*, (*feine*) Verspottung *f.*

per·sim·mon [pɜːˈsɪmən] *s.* ⚘ Persiˈmone *f*, Kaki-, Dattelpflaume *f.*

per·sist [pəˈsɪst] *v/i.* **1.** (**in**) aus-, verharren (bei), hartnäckig bestehen (auf *dat.*), beharren (auf *dat.*, bei), unbeirrt fortfahren (mit); **2.** weiterarbeiten (**with** an *dat.*); **3.** fortdauern, anhalten; fort-, weiterbestehen; **perˈsist·ence** [-təns], **perˈsist·en·cy** [-tənsɪ] *s.* **1.** Beharren *n* (**in** bei); Beharrlichkeit *f*; Fortdauer *f*; **2.** beharrliches *od.* hartnäckiges Fortfahren (**in** in *dat.*); **3.** Hartnäckigkeit *f*, Ausdauer *f*; **4.** *phys.* Beharrung(szustand *m*) *f*, Nachwirkung *f*; Wirkungsdauer *f*; *TV etc.* Nachleuchten *n*; *opt.* (Augen)Trägheit *f*; **perˈsist·ent** [-tənt] *adj.* ☐ **1.** beharrlich, ausdauernd, hartnäckig; **2.** ständig, nachhaltig; anhaltend (*a.* ✝ *Nachfrage*; *a. Regen*); ⚔ seßhaft (*Kampfstoff*), schwerflüchtig (*Gas*).

per·son [ˈpɜːsn] *s.* **1.** Perˈson *f* (*a. contp.*), (Einzel)Wesen *n*, Indiˈviduum *n*; *weitS.* Perˈsönlichkeit *f*: **any** ~ irgend jemand: **in** ~ in eigener Person, persönlich; **no** ~ niemand; **natural** ~ ⚖ natürliche Person; **~-to-~ call** *teleph.* Voranmeldung(sgespräch *n*) *f*; **2.** *das* Äußere, Körper *m*: **carry s.th. on one's** ~ et. bei sich tragen; **3.** *thea.* Rolle *f.*

per·so·na [pɜːˈsəʊnə] *pl.* **-nae** [-niː] *s.* (*Lat.*) **1.** a) *thea.* Chaˈrakter *m*, Rolle *f*, b) Gestalt *f* (*in der Literatur*); **2.** ~ (**non**) **grata** Persona (non) grata *f*, (nicht) genehme Person.

per·son·a·ble [ˈpɜːsnəbl] *adj.* **1.** von angenehmem Äußeren; **2.** symˈpathisch; ˈ**per·son·age** [-nɪdʒ] *s.* **1.** (hohe) Perˈsönlichkeit; **2.** → **persona** 1; ˈ**per·son·al** [-nl] **I** *adj.* ☐ **1.** perˈsönlich (*a. ling.*); Personal…(*-konto, -kredit, -steuer etc.*); Privat…(*-einkommen, -leben etc.*); eigen (*a. Meinung*): ~ **call** *teleph.* Voranmeldung(sgespräch *n*) *f*; ~ **column** → 5; ~ **damage** Personenschaden *m*; ~ **data** Personalien *pl.*; ~ **file** Personalakte *f*; ~ **injury** Körperverletzung *f*; ~ **property** (*od.* **estate**) → **personalty**; ~ **union** *pol.* Personalunion *f*; **2.** persönlich, priˈvat, vertraulich (*Brief etc.*); mündlich (*Auskunft etc.*): ~ **matter** Privatsache *f*; **3.** äußer, körperlich: ~ **charms**; ~ **hygiene** Körperpflege *f*; **4.** persönlich, anzüglich (*Bemerkung etc.*): **become** ~ anzüglich werden; **II** *s.* **5.** Perˈsönliches *n* (*Zeitung*); **per·son·al·i·ty** [ˌpɜːsəˈnælətɪ] *s.* **1.** Perˈsönlichkeit *f* (*a. jur.*), Perˈson *f*: ~ **clash** *psych.* Persönlichkeitskonflikt *m*; ~ **cult** *pol.* Personenkult *m*; ~ **test** *psych.* Persönlichkeitstest *m*; **2.** Individualiˈtät *f*; **3.** *pl.* Anzüglichkeiten *pl.*, anzügliche Bemerkungen *pl.*; **per·son·al·ize** [ˈpɜːsnəlaɪz] → **personify**; ˈ**per·son·al·ty** [-nltɪ] ⚖ bewegliches Vermögen; ˈ**per·son·ate** [-səneɪt] *v/t.* **1.** → **personify**; **2.** vor-, darstellen; **3.** nachahmen; **4.** sich (fälschlich) ausgeben als; **per·son·a·tion** [ˌpɜːsəˈneɪʃn] *s.* **1.** Vor-, Darstellung *f*; **2.** Personifikatiˈon *f*, Verkörperung *f*; **3.** Nachahmung *f*; **4.** ⚖ fälschliches Sichˈausgeben.

per·son·i·fi·ca·tion [pɜːˌsɒnɪfɪˈkeɪʃn] *s.* Verkörperung *f*; **per·son·i·fy** [pɜːˈsɒnɪfaɪ] *v/t.* personifizieren, verkörpern, versinnbildlichen.

per·son·nel [ˌpɜːsəˈnel] *s.* Persoˈnal *n*, Belegschaft *f*; ⚔, ⚓ Mannschaft(en *pl.*) *f*, Besatzung *f*: ~ **manager** ✝ Personalchef *m*.

per·spec·tiv·al [ˌpɜːspektˈtaɪvl] *adj.* perspekˈtivisch; **per·spec·tive** [pəˈspektɪv] **I** *s.* **1.** ♈, *paint. etc.* Perspekˈtive *f*: **in** (**true**) ~ in richtiger Perspektive; **2.** *a.* ~ **drawing** perspektivische Zeichnung; **3.** Perspekˈtive *f*: a) Aussicht *f*, -blick *m* (*beide a. fig.*), b) *fig.* klarer Blick: **he has no** ~ er sieht die Dinge nicht im richtigen Verhältnis (zueinander); **II** *adj.* ☐ → **perspectival**.

per·spex [ˈpɜːspeks] (*TM*) *s. Brit.* Sicherheits-, Plexiglas *n*.

per·spi·ca·cious [ˌpɜːspɪˈkeɪʃəs] *adj.* ☐ scharfsinnig, ˈdurchdringend; ˌ**per·spiˈcac·i·ty** [-ˈkæsətɪ] *s.* Scharfblick *m*, -sinn *m*; ˌ**per·spiˈcu·i·ty** [-ˈkjuːətɪ] *s.* Klarheit *f*, Verständlichkeit *f*; **per·spic·u·ous** [pəˈspɪkjʊəs] *adj.* ☐ deutlich, klar, (leicht)verständlich.

per·spi·ra·tion [ˌpɜːspəˈreɪʃn] *s.* **1.** Ausdünsten *n*, Schwitzen *n*; **2.** Schweiß *m*; **per·spir·a·to·ry** [pəˈspaɪərətərɪ] *adj.* Schweiß…: ~ **gland** Schweißdrüse *f*; **per·spire** [pəˈspaɪə] **I** *v/i.* schwitzen, transpirieren; **II** *v/t.* ausschwitzen, -dünsten.

per·suade [pəˈsweɪd] *v/t.* **1.** überˈreden, bereden (**to** *inf.*, **into** *ger.* zu *inf.*); **2.** überˈzeugen (**of** von, **that** daß): ~ **o.s.** a) sich überzeugen, b) sich einbilden *od.* einreden; **be ~d that** überzeugt sein, daß; **perˈsuad·er** [-də] *s.* **1.** Überˈredungskünstler(in), ‚Verführer' *m*; **2.** *sl.* Überˈredungsmittel *n* (*a. Pistole etc.*).

per·sua·sion [pəˈsweɪʒn] *s.* **1.** Überˈredung *f*; **2.** *a.* **powers of** ~ Überˈredungsgabe *f*, -künste *pl.*; **3.** Überˈzeugung *f*, fester Glaube; **4.** *eccl.* Glaube(nsrichtung *f*) *m*; **5.** F *humor.* a) Art *f*, Sorte *f*, b) Geschlecht *n*: **female** ~; **perˈsua·sive** [-eɪsɪv] *adj.* ☐ **1.** überˈredend; **2.** überˈzeugend; **perˈsua·sive·ness** [-eɪsɪvnɪs] *s.* **1.** **persuasion** 2; **2.** überˈzeugende Art.

pert [pɜːt] *adj.* ☐ keck (*a. fig. Hut etc.*), schnippisch, vorlaut.

per·tain [pɜːˈteɪn] *v/i.* (**to**) a) gehören (*dat. od.* zu), b) betreffen (*acc.*), sich beziehen (auf *acc.*): **~ing to** betreffend.

per·ti·na·cious [ˌpɜːtɪˈneɪʃəs] *adj.* ☐ **1.** hartnäckig, zäh; **2.** beharrlich, standhaft; ˌ**per·tiˈnac·i·ty** [-ˈnæsətɪ] *s.* Hartnäckigkeit *f*; Zähigkeit *f*, Beharrlichkeit *f*.

per·ti·nence [ˈpɜːtɪnəns], ˈ**per·ti·nen·cy** [-sɪ] *s.* **1.** Angemessenheit *f*, Gemäßheit *f*; **2.** Sachdienlichkeit *f*, Releˈvanz *f*; ˈ**per·ti·nent** [-nt] *adj.* ☐ **1.** angemessen, passend, gemäß; **2.** zur Sache gehörig, einschlägig, sachdienlich, gehörig (**to** zu): **be** ~ **to** Bezug haben auf (*acc.*).

pert·ness [ˈpɜːtnɪs] *s.* Keckheit *f*, schnippisches Wesen, vorlaute Art.

per·turb [pəˈtɜːb] *v/t.* beunruhigen, stören, verwirren, ängstigen; **per·tur·ba·tion** [ˌpɜːtəˈbeɪʃn] *s.* **1.** Unruhe *f*, Bestürzung *f*; **2.** Beunruhigung *f*, Störung *f*; **3.** *ast.* Perturbatiˈon *f*.

pe·ruke [pəˈruːk] *s. hist.* Peˈrücke *f*.

pe·rus·al [pəˈruːzl] *s.* sorgfältiges ˈDurchlesen, ˈDurchsicht *f*, Prüfung *f*: **for** ~ zur Einsicht; **pe·ruse** [pəˈruːz] *v/t.* (ˈdurch)lesen; *weitS.* ˈdurchgehen, prüfen.

Pe·ru·vi·an [pəˈruːvjən] **I** *adj.* peruˈanisch: ~ **bark** ⚘ Chinarinde *f*; **II** *s.* Peruˈaner(in).

per·vade [pəˈveɪd] *v/t.* durchˈdringen, -ˈziehen, erfüllen (*a. fig.*); **perˈva·sion** [-eɪʒn] *s.* Durchˈdringung *f* (*a. fig.*); **perˈva·sive** [-eɪsɪv] *adj.* ☐ ˈdurchdringend; *fig.* ˈüberall vorˈhanden, beherrschend.

per·verse [pəˈvɜːs] *adj.* ☐ **1.** verkehrt, Fehl…; **2.** verderbt, böse; **3.** verdreht, wunderlich; **4.** verstockt; **5.** launisch; **6.** *psych.* perˈvers (*a. fig.*), ˈwidernatürlich; **perˈver·sion** [-ɜːʒn] *s.* **1.** Verdrehung *f*, ˈUmkehrung *f*; Entstellung *f*: ~ **of justice** Rechtsbeugung *f*; ~ **of history** Geschichtsklitterung *f*; **2.** *bsd. eccl.* Verirrung *f*, Abkehr *f vom Guten etc.*; **3.** *psych.* Perversiˈon *f*; **4.** ♈ ˈUmkehrung *f* (*e-r Figur*); **perˈver·si·ty** [-sətɪ] *s.* **1.** Verdrehtheit *f*; **2.** Halsstarrigkeit *f*; **3.** Verderbtheit *f*; **4.** ˈWidernaˌtürlichkeit *f*, Perversiˈtät *f* (*a. fig.*); **perˈver·sive** [-sɪv] *adj.* verderblich (**of** für).

per·vert **I** *v/t.* [pəˈvɜːt] **1.** verdrehen, verkehren, entstellen, fälschen, pervertieren (*a. psych.*); mißˈbrauchen; **2.** *j-n* verderben, verführen; **II** *s.* [ˈpɜːvɜːt] **3.** Abtrünnige(r *m*) *f*; **4.** *a.* **sexual** ~ *psych.* perˈverser Mensch; **perˈvert·er** [-tə] *s.* Verdreher(in); Verführer(in).

per·vi·ous [ˈpɜːvjəs] *adj.* ☐ **1.** ˈdurchlässig (*a. phys.*), durchˈdringbar, gangbar (**to** für); **2.** *fig.* zugänglich (**to** für), offen (**to** *dat.*); **3.** ⚙ undicht.

pes·ky [ˈpeskɪ] *adj. u. adv. Am.* F ‚verflixt'.

pes·sa·ry [ˈpesərɪ] *s.* ⚕ Pesˈsar *n*.

pes·si·mism [ˈpesɪmɪzəm] *s.* Pessiˈmismus *m*, Schwarzseheˈrei *f*; ˈ**pes·si·mist** [-ɪst] **I** *s.* Pessiˈmist(in), Schwarzseher (-in); **II** *adj. a.* **pes·si·mis·tic** [ˌpesɪˈmɪstɪk] *adj.* (☐ **~ally**) pessiˈmistisch.

pest [pest] *s.* **1.** Pest *f*, Plage *f* (*a. fig.*); **2.** *fig.* Pestbeule *f*; **3.** *fig.* a) ‚Ekel' *n*, ‚Nervensäge' *f*, b) Plage *f*, lästige Sache; **4.** *bsd.* **insect** ~ *biol.* Schädling *m*: ~ **control** Schädlingsbekämpfung *f*.

pes·ter [ˈpestə] *v/t.* plagen, quälen, belästigen, *j-m* auf die Nerven gehen.

pes·ti·cide [ˈpestɪsaɪd] *s.* Schädlingsbekämpfungsmittel *n*.

pes·ti·lence [ˈpestɪləns] *s.* Seuche *f*, Pest *f*, Pestiˈlenz *f* (*a. fig.*); ˈ**pes·ti·lent** [-nt] *adj.* → **pes·ti·len·tial** [ˌpestɪˈlenʃl] *adj.* ☐ **1.** verpestend, ansteckend; **2.** *fig.* verderblich, schädlich; **3.** *oft humor.* ekelhaft.

pes·tle ['pesl] **I** *s.* **1.** Mörserkeule *f*, Stößel *m*; **2.** ⚗ Pi'still *n*; **II** *v/t.* **3.** zerstoßen.

pet[1] [pet] **I** *s.* **1.** (zahmes) Haustier; Stubentier *n*; **2.** gehätscheltes Tier *od.* Kind, Liebling *m*, ‚Schatz' *m*, ‚Schätzchen' *n*; **II** *adj.* **3.** Lieblings...: ***~ dog*** Schoßhund *m*; ***~ hate*** bevorzugtes Haßobjekt; ***~ mistake*** Lieblingsfehler *m*; ***~ name*** Kosename *m*; ***~ shop*** Tierhandlung *f*; → ***aversion*** 3; **III** *v/t.* **4.** (ver)hätscheln, liebkosen; **5.** F ‚abfummeln', Petting machen mit; **IV** *v/i.* **6.** F ‚fummeln', knutschen, Petting machen.

pet[2] [pet] *s.* schlechte Laune: ***in a ~*** verärgert, schlecht gelaunt.

pet·al ['petl] *s.* ♀ Blumenblatt *n*.

pe·tard [pe'tɑ:d] *s.* **1.** ⚔ *hist.* Pe'tarde *f*, Sprengbüchse *f*; → ***hoist***[1]; **2.** Schwärmer *m* (*Feuerwerk*).

pe·ter[1] ['pi:tə] *v/i.*: ***~ out*** a) (allmählich) zu Ende gehen, b) sich verlieren, c) sich totlaufen, versanden.

Pe·ter[2] ['pi:tə] *npr. u. s. bibl.* 'Petrus *m*: (***the Epistles of***) ***~*** die Petrusbriefe.

pe·ter[3] ['pi:tə] *s. sl.* ‚Zipfel' *m* (*Penis*).

pe·ter[4] ['pi:tə] *s. sl.* **1.** Geldschrank *m*; **2.** (Laden)Kasse *f*.

pet·it ['petɪ] → ***petty***.

pe·ti·tion [pɪ'tɪʃn] **I** *s.* Bitte *f*, *bsd.* Bittschrift *f*, Gesuch *n*; Eingabe *f* (*a. Patentrecht*); ⚖ (schriftlicher) Antrag: ***~ for divorce*** Scheidungsklage *f*; ***~ in bankruptcy*** Konkursantrag *m*; ***file one's ~ in bankruptcy*** Konkurs anmelden; ***~ for clemency*** Gnadengesuch *n*; **II** *v/i.* (*u. v/t. j-n*) bitten, an-, ersuchen (***for*** um), schriftlich einkommen (***s.o.*** bei j-m), e-e Bittschrift einreichen (***s.o.*** an j-n): ***~ for divorce*** die Scheidungsklage einreichen; **pe'ti·tion·er** [-ʃnə] *s.* Antragsteller(in): a) Bitt-, Gesuchsteller(in), Pe'tent *m*, b) ⚖ (Scheidungs)Kläger(in).

pet·rel ['petrəl] *s.* **1.** *orn.* Sturmvogel *m*; → ***stormy petrel***; **2.** Unruhestifter *m*.

pet·ri·fac·tion [ˌpetrɪ'fækʃn] *s.* Versteinerung *f* (*Vorgang u. Ergebnis*; *a. fig.*); **pet·ri·fy** ['petrɪfaɪ] **I** *v/t.* **1.** versteinern (*a. fig.*); **2.** *fig. durch Schrecken etc.* versteinern, erstarren lassen: ***petrified with horror*** starr vor Schrecken; **II** *v/i.* **3.** sich versteinern (*a. fig.*).

pe·tro·chem·is·try [ˌpetrəʊ'kemɪstrɪ] *s.* Petroche'mie *f*; **pe·trog·ra·phy** [pɪ'trɒgrəfɪ] *s.* Gesteinsbeschreibung *f*, -kunde *f*.

pet·rol ['petrəl] *s. mot. Brit.* Ben'zin *n*, Kraftstoff *m*: ***~ bomb*** Molotowcocktail *m*; ***~ coupon*** Benzingutschein *m*; ***~ engine*** Benzin-, Vergasermotor *m*; ***~ ga(u)ge*** Kraftstoffanzeige *f*; ***~ station*** Tankstelle *f*; **pet·ro·la·tum** [ˌpetrə'leɪtəm] *s.* **1.** ⚗ Petro'latum *n*, Vase'lin *n*; **2.** ⚕ Paraf'finöl *n*; **pe·tro·le·um** [pɪ'trəʊljəm] *s.* Pe'troleum *n*, Erd-, Mine'ralöl *n*: ***~ jelly*** → ***petrolatum***; **pe·trol·o·gy** [pɪ'trɒlədʒɪ] *s.* Gesteinskunde *f*.

pet·ti·coat ['petɪkəʊt] **I** *s.* **1.** 'Unterrock *m*; Petticoat *m*; **2.** *fig.* Frauenzimmer *n*, Weibsbild *n*, ‚Unterrock' *m*; **3.** Kinderröckchen *n*; **4.** ⚙ Glocke *f*; **5.** ϟ a) *a.* ***~ insulator*** 'Glockenisoˌlator *m*, b) Isolierglocke *f*; **6.** *mot.* (Ven'til)Schutzhaube *f*; **II** *adj.* **7.** Weiber...: ***~ government*** Weiberregiment *n*.

pet·ti·fog·ger ['petɪfɒgə] *s.* 'Winkeladvoˌkat *m*; Haarspalter *m*, Rabu'list *m*; **'pet·ti·fog·ging** [-gɪŋ] **I** *adj.* **1.** rechtsverdrehend; **2.** schika'nös, rabu'listisch; **3.** gemein, lumpig; **II** *s.* **4.** Rabu'listik *f*, Haarspalte'rei *f*, Rechtskniffe *pl.*

pet·ti·ness ['petɪnɪs] *s.* **1.** Geringfügigkeit *f*; **2.** Kleinlichkeit *f*.

pet·ting ['petɪŋ] *s.* F ‚Fumme'lei' *f*, Petting *n*.

pet·tish ['petɪʃ] *adj.* □ reizbar, mürrisch; **'pet·tish·ness** [-nɪs] *s.* Gereiztheit *f*.

pet·ti·toes ['petɪtəʊz] *s. pl. Küche*: Schweinsfüße *pl.*

pet·ty ['petɪ] *adj.* □ **1.** unbedeutend, geringfügig, klein, Klein...: ***~ cash*** † a) geringfügige Beträge, b) kleine Kasse, Portokasse; ***~ offence*** ⚖ Bagatelldelikt *n*; ***~ wares*** Kurzwaren; **2.** kleinlich; **~ bour·gois** ['bʊəʒwɑ:] **I** *s.* (*Fr.*) Kleinbürger(in); **II** *adj.* kleinbürgerlich; **~ bour·geoi·sie** [ˌbʊəʒwɑ:'zi:] *s.* (*Fr.*) Kleinbürgertum *n*; **~ ju·ry** *s.* ⚖ kleine Jury; **~ lar·ce·ny** *s.* ⚖ leichter Diebstahl; **~ of·fi·cer** *s.* ⚔, ⚓ Maat *m* (*Unteroffizier*); **~ ses·sions** *s. pl.* → ***magistrate***.

pet·u·lance ['petjʊləns] *s.* Gereiztheit *f*; **'pet·u·lant** [-nt] *adj.* □ gereizt.

pe·tu·ni·a [pɪ'tju:njə] *s.* ♀ Pe'tunie *f*.

pew [pju:] *s.* **1.** Kirchenstuhl *m*, -sitz *m*, Bank(reihe) *f*; **2.** *Brit.* F Platz *m*: ***take a ~*** sich ‚platzen'.

pe·wit ['pi:wɪt] *s. orn.* **1.** Kiebitz *m*; **2.** *a.* ***~ gull*** Lachmöwe *f*.

pew·ter ['pju:tə] **I** *s.* **1.** brit. Schüsselzinn *n*, Hartzinn *n*; **2.** *coll.* Zinngerät *n*; **3.** Zinnkrug *m*, -gefäß *n*; **4.** *Brit. sl. bsd. Sport*: Po'kal *m*; **II** *adj.* **5.** (Hart-)Zinn..., zinnern; **'pew·ter·er** [-ərə] *s.* Zinngießer *m*.

pha·e·ton ['feɪtn] *s.* Phaeton *m* (*Kutsche*; *mot. obs. Tourenwagen*).

phag·o·cyte ['fægəʊsaɪt] *s. biol.* Phago'cyte *f*, Freßzelle *f*.

phal·ange ['fælændʒ] *s.* **1.** *anat.* Finger-, Zehenknochen *m*; **2.** ♀ Staubfädenbündel *n*; **3.** *zo.* Tarsenglied *n*.

pha·lanx ['fælæŋks] *pl.* **-lanx·es** *od.* **-lan·ges** [fæ'lændʒi:z] *s.* **1.** ⚔ *hist.* Phalanx *f*, *fig. a.* geschlossene Front; **2.** → ***phalange*** 1 *u.* 2.

phal·lic ['fælɪk] *adj.* phallisch, Phallus...: ***~ symbol***; **phal·lus** ['fæləs] *pl.* **-li** [-laɪ] *s.* Phallus *m*.

phan·tasm ['fæntæzəm] → ***phantom*** 1 a *u.* b; **phan·tas·ma·go·ri·a** [ˌfæntæzmə'gɒrɪə] *s.* Phantasmago'rie *f*, Gaukelbild *n*, Blendwerk *n*; **phan·tas·ma·gor·ic** [ˌfæntæzmə'gɒrɪk] *adj.* (□ ***~ally***) phantasma'gorisch, gespensterhaft, trügerisch; **phan·tas·mal** [fæn'tæzml] *adj.* □ **1.** halluzina'torisch, eingebildet; **2.** geisterhaft; **3.** illu'sorisch, unwirklich, trügerisch.

phan·tom ['fæntəm] **I** *s.* **1.** Phan'tom *n*: a) Erscheinung *f*, Gespenst *n*, *a. fig.* Geist *m*, b) Wahngebilde *n*, Hirngespinst *n*; Trugbild *n*, c) *fig.* Alptraum *m*, Schreckgespenst *n*; **2.** *fig.* Schatten *m*, Schein *m*; **3.** ⚕ Phantom *n* (*Körpermodell*); **II** *adj.* **4.** Phantom..., Gespenster..., Geister...; **5.** scheinbar, Schein...; **~ cir·cuit** *s.* ϟ Phan'tomkreis *m*, Duplexleitung *f*; **~ (limb) pain** *s.* ⚕ Phan'tomschmerz *m*; **~ ship** *s.* Geisterschiff *n*; **~ view** *s.* ⚙ (Konstrukti'ons-)Durchsicht *f*.

phar·i·sa·ic, phar·i·sa·i·cal [ˌfærɪ'seɪɪk(l)] *adj.* □ phari'säisch, selbstgerecht, scheinheilig; **phar·i·sa·ism** ['færɪseɪɪzəm] *s.* Phari'säertum *n*, Scheinheiligkeit *f*; **Phar·i·see** ['færɪsi:] *s.* **1.** *eccl.* Phari'säer *m*; **2.** ~ *fig.* Phari'säer(in), Selbstgerechte(r *m*) *f*, Heuchler(in).

phar·ma·ceu·ti·cal [ˌfɑ:mə'sju:tɪkl] *adj.* □ pharma'zeutisch; Apotheker...; **ˌphar·ma'ceu·tics** [-ks] *s. pl. sg. konstr.* Pharma'zeutik *f*, Arz'neimittelkunde *f*; **phar·ma·cist** ['fɑ:məsɪst] *s.* **1.** Pharma'zeut *m*, Apo'theker *m*; **2.** pharma'zeutischer Chemiker; **phar·ma·col·o·gy** *s.* [ˌfɑ:mə'kɒlədʒɪ] ˌPharmakolo'gie *f*, Arz'neimittellehre *f*; **phar·ma·co·poe·ia** [ˌfɑ:məkə'pi:ə] *s.* **1.** ˌPharmako'pöe *f*, amtliches Arz'neibuch; **2.** Arz'neimittelvorrat *m*; **phar·ma·cy** ['fɑ:məsɪ] *s.* **1.** → ***pharmaceutics***; **2.** Apo'theke *f*.

pha·ryn·gal [fə'rɪŋgl]; **pha·ryn·ge·al** [ˌfærɪn'dʒi:əl] **I** *adj. anat.* Rachen... (*-mandeln etc.*; *a. ling. -laut*); **II** *s. anat.* Schlundknochen *m*; **phar·yn·gi·tis** [ˌfærɪn'dʒaɪtɪs] *s.* 'Rachenkaˌtarrh *m*; **phaˌryn·go'na·sal** [-gəʊ'neɪzl] *adj.* Rachen u. Nase betreffend; **phar·ynx** ['færɪŋks] *s.* Schlund *m*, Rachen(höhle *f*) *m*.

phase [feɪz] **I** *s.* **1.** ⚗, ϟ, ⚙, *ast., biol., phys.* Phase *f*: ***the ~s of the moon*** *ast.* Mondphasen; ***~ advancer*** (*od.* ***converter***) ϟ Phasenverschieber *m*; ***in ~*** (***out of ~***) ϟ phasengleich (phasenverschoben); **2.** (Entwicklungs)Stufe *f*, Stadium *n*, Phase *f* (*a. psych.*); **3.** ⚔ (Front)Abschnitt *m*; **II** *v/t.* **4.** ϟ in Phase bringen; **5.** aufeinander abstimmen, ⚙ synchronisieren; **6.** stufenweise durchführen, staffeln: ***~ down*** einstellen; ***~ in*** stufenweise einführen; ***~ out*** *et.* stufenweise einstellen *od.* abwickeln *od.* auflösen, *Produkt etc.* auslaufen lassen; **III** *v/i.* **7.** ***~ out*** sich stufenweise zurückziehen (***of*** aus).

pheas·ant ['feznt] *s. orn.* Fa'san *m*; **'pheas·ant·ry** [-rɪ] *s.* Fasane'rie *f*.

phe·nic ['fi:nɪk] *adj.* ⚗ kar'bolsauer, Karbol...: ***~ acid*** → **phe·nol** ['fi:nɒl] *s.* ⚗ Phe'nol *n*, Kar'bolsäure *f*; **phe·nol·ic** [fɪ'nɒlɪk] **I** *adj.* Phenol...: ***~ resin*** → **II** *s.* Phe'nolharz *n*.

phe·nom·e·nal [fɪ'nɒmɪnl] *adj.* □ phänome'nal: a) *phls.* Erscheinungs... (*-welt etc.*), b) unglaublich, ‚toll'; **phe'nom·e·nal·ism** [-nəlɪzəm] *s. phls.* Phänomena'lismus *m*; **phe·nom·e·non** [fɪ'nɒmɪnən] *pl.* **-na** [-nə] *s.* **1.** Phäno'men *n*, Erscheinung *f* (*a. phys. u. phls.*); **2.** *pl.* **-nons** *fig.* wahres Wunder; *a.* ***infant ~*** Wunderkind *n*.

phe·no·type ['fi:nəʊtaɪp] *s. biol.* 'Phänoˌtypus *m*, Erscheinungsbild *n*.

phen·yl ['fi:nɪl] *s.* Phe'nyl *n*; **phe·nyl·ic** [fɪ'nɪlɪk] *adj.* Phenyl..., phe'nolisch: ***~ acid*** → ***phenol***.

phew [fju:] *int.* puh!

phi·al ['faɪəl] *s.* Phi'ole *f* (*bsd.* Arz'nei-)Fläschchen *n*, Am'pulle *f*.

Phi Be·ta Kap·pa [ˌfaɪˌbi:tə'kæpə] *s. Am.* a) *studentische Vereinigung hervorragender Akademiker*, b) *ein Mitglied dieser Vereinigung*.

phi·lan·der [fɪˈlændə] *v/i.* ‚poussieren', schäkern; **phiˈlan·der·er** [-ərə] *s.* Schäker *m*, Schürzenjäger *m*.

phil·an·throp·ic, phil·an·throp·i·cal [ˌfɪlənˈθrɒpɪk(l)] *adj.* □ philanˈthropisch, menschenfreundlich; **phi·lan·thro·pist** [fɪˈlænθrəpɪst] **I** *s.* Philanˈthrop *m*, Menschenfreund *m*; **II** *adj.* → ***philanthropic***; **phi·lan·thro·py** [fɪˈlænθrəpɪ] *s.* Philanthroˈpie *f*, Menschenliebe *f*.

phil·a·tel·ic [ˌfɪləˈtelɪk] *adj.* philateˈlistisch; **phi·lat·e·list** [fɪˈlætəlɪst] **I** *s.* Philateˈlist *m*; **II** *adj.* philateˈlistisch; **phi·lat·e·ly** [fɪˈlætəlɪ] *s.* Philateˈlie *f*.

phil·har·mon·ic [ˌfɪlɑːˈmɒnɪk] *adj.* philharˈmonisch (*Konzert, Orchester*): **~ *society*** Philharmonie *f*.

Phi·lip·pi·ans [fɪˈlɪpɪənz] *s. pl. sg. konstr. bibl.* (Brief *m* des Paulus an die) Phiˈlipper *pl*.

phi·lip·pic [fɪˈlɪpɪk] *s.* Phiˈlippika *f*, Strafpredigt *f*.

Phil·ip·pine [ˈfɪlɪpiːn] *adj.* **1.** philipˈpinisch, Philippinen…; **2.** Filipino…

Phi·lis·tine [ˈfɪlɪstaɪn] **I** *s. fig.* Phiˈlister *m*, Spießbürger *m*, Spießer *m*; **II** *adj.* phiˈlisterhaft, spießbürgerlich; **ˈphi·lis·tin·ism** [-tɪnɪzəm] *s.* Phiˈlistertum *n*, Philisteˈrei *f*, Spießbürgertum *n*, Baˈnausentum *n*.

phil·o·log·i·cal [ˌfɪləˈlɒdʒɪkl] *adj.* □ philoˈlogisch, sprachwissenschaftlich; **phi·lol·o·gist** [fɪˈlɒlədʒɪst] *s.* Philoˈloge *m*, Philoˈlogin *f*, Sprachwissenschaftler (-in); **phi·lol·o·gy** [fɪˈlɒlədʒɪ] *s.* Philoloˈgie *f*, (Literaˈtur- u.) Sprachwissenschaft *f*.

phi·los·o·pher [fɪˈlɒsəfə] *s.* Philoˈsoph *m* (*a. fig. Lebenskünstler*): ***natural* ~** Naturforscher *m*; **~*s' stone*** Stein *m* der Weisen; **phil·o·soph·ic, phil·o·soph·i·cal** [ˌfɪləˈsɒfɪk(l)] *adj.* □ philoˈsophisch (*a. fig. weise, gleichmütig*); **phiˈlos·o·phize** [-faɪz] *v/i.* philosophieren; **phiˈlos·o·phy** [-fɪ] *s.* **1.** Philosoˈphie *f*: ***natural* ~** Naturwissenschaft *f*; **~ *of history*** Geschichtsphilosophie; **2.** a) *a.* **~ *of life*** (ˈLebens)Philosoˌphie *f*, Weltanschauung *f*, b) *fig.* (philoˈsophische) Gelassenheit, c) ‚Philosoˈphie' *f*, Denkbild *n*, -modell *n*.

phil·ter *Am.*, **phil·tre** *Brit.* [ˈfɪltə] *s.* **1.** Liebestrank *m*; **2.** Zaubertrank *m*.

phiz [fɪz] *s. sl.* Viˈsage *f*, Gesicht *n*.

phle·bi·tis [flɪˈbaɪtɪs] *s.* ⚕ Venenentzündung *f*, Phleˈbitis *f*.

phlegm [flem] *s.* **1.** *physiol.* Phlegma *n*, Schleim *m*; **2.** *fig.* Phlegma *n*: a) stumpfer Gleichmut, b) (geistige) Trägheit; **phleg·mat·ic** [flegˈmætɪk] **I** *adj.* (□ **~*ally***) *physiol. u. fig.* phlegˈmatisch; **II** *s.* Phlegˈmatiker(in).

pho·bi·a [ˈfəʊbɪə] *s. psych.* (***about***) Phoˈbie *f*, krankhafte Furcht (vor *dat.*) *od.* Abneigung (gegen).

Phoe·ni·cian [fɪˈnɪʃɪən] **I** *s.* **1.** Phöˈnizier (-in); **2.** *ling.* Phöˈnikisch *n*; **II** *adj.* **3.** phöˈnizisch.

phoe·nix [ˈfiːnɪks] *s. myth.* Phönix *m* (*legendärer Vogel*), *fig. a.* Wunder *n*.

phon [fɒn] *s. phys.* Phon *n*.

phone¹ [fəʊn] *s. ling.* (Einzel)Laut *m*.

phone² [fəʊn] *s.*, *v/t. u. v/i.* F → ***telephone***; **~*-in*** *Radio, TV* Sendung *f* mit telefonischer Publikumsbeteiligung.

pho·neme [ˈfəʊniːm] *s. ling.* **1.** Phoˈnem *n*; **2.** → ***phone¹***.

pho·net·ic [fəʊˈnetɪk] *adj.* (□ **~*ally***) phoˈnetisch, lautlich: **~ *spelling*, ~ *transcription*** Lautschrift *f*; **pho·ne·ti·cian** [ˌfəʊnɪˈtɪʃn] *s.* Phoˈnetiker *m*; **phoˈnet·ics** [-ks] *s. pl. mst sg. konstr.* Phoˈnetik *f*, Laut(bildungs)lehre *f*.

pho·ney [ˈfəʊnɪ] → ***phony***.

phon·ic [ˈfəʊnɪk] *adj.* **1.** lautlich, aˈkustisch; **2.** phoˈnetisch; **3.** ⚙ phonisch.

pho·no·gram [ˈfəʊnəgræm] *s.* Lautzeichen *n*; **ˈpho·no·graph** [-grɑːf] *s.* ⚙ **1.** Phonoˈgraph *m*, ˈSprechmaˌschine *f*; **2.** *Am.* Plattenspieler *m*, Grammoˈphon *n*; **pho·no·graph·ic** [ˌfəʊnəˈgræfɪk] *adj.* (□ **~*ally***) phonoˈgraphisch.

pho·nol·o·gy [fəʊˈnɒlədʒɪ] *s. ling.* Phonoloˈgie *f*, Lautlehre *f*.

pho·nom·e·ter [fəʊˈnɒmɪtə] *s. phys.* Phonoˈmeter *n*, Schall(stärke)messer *m*.

pho·ny [ˈfəʊnɪ] F **I** *adj.* **1.** falsch, gefälscht, unecht; Falsch…, Schwindel…, Schein…: **~ *war*** *hist.* ‚Sitzkrieg' *m*; **II** *s.* **2.** Schwindler(in), ‚Schauspieler(in)', Scharlatan *m*: ***he is* ~** *a.* der ist nicht ‚echt'; **3.** Fälschung *f*, Schwindel *m*.

phos·gene [ˈfɒzdʒiːn] *s.* ⚗ Phosˈgen *n*, Chlorˈkohlenoˌxyd *n*; **phos·phate** [ˈfɒsfeɪt] *s.* ⚗ **1.** Phosˈphat *n*: **~ *of lime*** phosphorsaurer Kalk; **2.** ⚒ Phosˈphat (-düngemittel) *n*; **phos·phat·ic** [fɒsˈfætɪk] *adj.* ⚗ phosˈphathaltig; **phos·phide** [ˈfɒsfaɪd] *s.* ⚗ Phosˈphid *n*; **phos·phite** [ˈfɒsfaɪt] *s.* **1.** ⚗ Phosˈphit *n*; **2.** *min.* ˈPhosphormeˌtall *n*; **phos·phor** [ˈfɒsfə] **I** *s.* **1.** *poet.* Phosphor *m*; **2.** ⚙ Leuchtmasse *f*; **II** *adj.* **3.** Phosphor…; **phos·pho·rate** [ˈfɒsfəreɪt] *v/t.* ⚗ **1.** phosphorisieren; **2.** phosphoreszierend machen; **phos·pho·resce** [ˌfɒsfəˈres] *v/i.* phosphoreszieren, (nach)leuchten; **phos·pho·res·cence** [ˌfɒsfəˈresns] *s.* **1.** ⚗, *phys.* Chemoluminesˈzenz *f*; **2.** *phys.* Phosphoresˈzenz *f*, Nachleuchten *n*; **phos·pho·res·cent** [ˌfɒsfəˈresnt] *adj.* phosphoreszierend; **phos·phor·ic** [fɒsˈfɒrɪk] *adj.* phosphorsauer, -haltig, Phosphor…; **phos·pho·rous** [ˈfɒsfərəs] *adj.* ⚗ phosˈphorig(sauer); **phos·pho·rus** [ˈfɒsfərəs] *pl.* **-ri** [-raɪ] *s.* **1.** ⚗ Phosphor *m*; **2.** *phys.* ˈLeuchtphosˌphore *f*, -masse *f*.

phot [fɒt] *s. phys.* Phot *n*.

pho·to [ˈfəʊtəʊ] F → ***photograph***.

photo- [fəʊtəʊ] *in Zssgn* Photo…, Foto…: a) Licht…, b) photoˈgraphisch; **ˈ~·cell** *s.* ⚡ Photozelle *f*; **ˌ~ˈchem·i·cal** *adj.* □ photoˈchemisch; **ˌ~·comˈpose** *v/t.* im Photosatz herstellen; **ˈ~ˌcop·i·er** *s.* Fotokoˈpiergerät *n*; **ˈ~ˌcop·y** → ***photostat*** 1 *u.* 3; **ˌ~·eˈlec·tric** [-təʊ-] *adj.*; **ˌ~·eˈlec·tri·cal** [-təʊ-] *adj.* □ *phys.* photoeˈlektrisch: **~ *barrier*** Lichtschranke *f*; **~ *cell*** Photozelle *f*; **ˌ~-enˈgrav·ing** [-təʊ-] *s.* Lichtdruck(verfahren *n*) *m*; **~ *fin·ish*** *s. sport* a) Fotofinish *n*, b) äußerst knappe Entscheidung; **ˈ~·fit** *s. Polizei*: Phanˈtombild *n*; **ˈ~-flash (lamp)** *s.* Blitzlicht(birne *f*) *n*.

pho·to·gen·ic [ˌfəʊtəʊˈdʒenɪk] *adj.* **1.** photoˈgen, bildwirksam; **2.** *biol.* lichterzeugend, Leucht…; **~·gram·me·try** [ˌfəʊtəˈgræmɪtrɪ] *s.* Photogrammeˈtrie *f*, Meßbildverfahren *n*.

pho·to·graph [ˈfəʊtəgrɑːf] **I** *s.* Fotograˈfie *f*, (Licht)Bild *n*, Aufnahme *f*: ***take a* ~** e-e Aufnahme machen (***of*** von); **II** *v/t.* fotografieren, aufnehmen, ‚knipsen'; **III** *v/i.* fotografieren; fotografiert werden: ***he does not* ~ *well*** er wird nicht gut auf den Bildern, er läßt sich schlecht fotografieren; **pho·tog·ra·pher** [fəˈtɒgrəfə] *s.* Fotoˈgraf(in); **pho·to·graph·ic** [ˌfəʊtəˈgræfɪk] *adj.* (□ **~*ally***) **1.** fotoˈgrafisch; **2.** *fig.* fotografisch genau; **pho·tog·ra·phy** [fəˈtɒgrəfɪ] *s.* Fotograˈfie *f*, Lichtbildkunst *f*.

pho·to·gra·vure [ˌfəʊtəgrəˈvjʊə] *s.* ˈPhotograˌvüre *f*, Kupferlichtdruck *m*; **ˌpho·toˈjour·nal·ism** *s.* ˈBildjournaˌlismus *m*; **ˌpho·toˈlith·o·graph** *typ.* **I** *s.* ˌPhotolithograˈphie *f* (*Erzeugnis*); **II** *v/t.* photolithographieren; **ˌpho·to·liˈthog·ra·phy** *s.* ˌPhotolithograˈphie *f* (*Verfahren*).

pho·tom·e·ter [fəʊˈtɒmɪtə] *s. phys.* Photoˈmeter *n*, Lichtstärkemesser *m*; **phoˈtom·e·try** [-trɪ] *s.* Lichtstärkemessung *f*.

ˌpho·toˈmi·cro·graph *s. phot.* ˈMikrofotograˌfie *f* (*Bild*).

ˌpho·to|·monˈtage *s.* ˈFotomonˌtage *f*; **ˌ~ˈmu·ral** *s.* Riesenvergrößerung *f* (*Wandschmuck*), *a.* ˈFototaˌpete *f*; **ˌ~ˈoff·set** *s. typ.* fotoˈgrafischer Offsetdruck *m*.

pho·ton [ˈfəʊtɒn] *s.* **1.** *phys.* Photon *n*, Lichtquant *n*; **2.** *opt.* Troland *n*.

ˈpho·to·play *s.* Filmdrama *n*.

pho·to·stat [ˈfəʊtəʊstæt] *phot.* **I** *s.* **1.** Fotokoˈpie *f*, Ablichtung *f*; **2.** ® Fotokoˈpiergerät *n* (*Handelsname*); **II** *v/t.* **3.** fotokopieren, ablichten; **pho·to·stat·ic** [ˌfəʊtəʊˈstætɪk] *adj.* Kopier…, Ablichtungs…: **~ *copy*** → ***photostat*** 1.

ˌpho·to·teˈleg·ra·phy *s.* ˈBildtelegraˌphie *f*; **ˈpho·to·type** *s. typ.* **I** *s.* Lichtdruck(bild *n*, -platte *f*) *m*; **II** *v/t.* im Lichtdruckverfahren vervielfältigen; **ˌpho·toˈtype·set** → ***photocompose***.

phrase [freɪz] **I** *s.* **1.** (Rede)Wendung *f*, Redensart *f*, Ausdruck *m*: **~ *of civility*** Höflichkeitsfloskel *f*; **~ *book*** a) Sammlung *f* von Redewendungen, b) Sprachführer *m*; **2.** Phrase *f*, Schlagwort *n*: **~ *monger*** Phrasendrescher *m*; ***as the* ~ *goes*** wie man so schön sagt; **3.** *ling.* a) Wortverbindung *f*, b) kurzer Satz, c) Sprechtakt *m*; **4.** ♪ Satz *m*; Phrase *f*; **II** *v/t.* **5.** ausdrücken, formulieren; **6.** ♪ phrasieren; **phra·se·ol·o·gy** [ˌfreɪzɪˈɒlədʒɪ] *s.* Phraseoloˈgie *f* (*a. Buch*), Ausdrucksweise *f*.

phren·ic [ˈfrenɪk] *anat.* **I** *adj.* Zwerchfell…; **II** *s.* Zwerchfell *n*.

phre·nol·o·gist [frɪˈnɒlədʒɪst] *s.* Phrenoˈloge *m*; **phreˈnol·o·gy** [-dʒɪ] *s.* Phrenoloˈgie *f*, Schädellehre *f*.

phthi·sis [ˈθaɪsɪs] *s.* Tuberkuˈlose *f*, Schwindsucht *f*.

phut [fʌt] **I** *int.* fft!; **II** *adj. sl.*: ***go* ~** a) futschgehen, b) ‚platzen'.

phy·col·o·gy [faɪˈkɒlədʒɪ] *f* Algenkunde *f*.

phyl·lox·e·ra [ˌfɪlɒkˈsɪərə] *pl.* **-rae** [-riː] *s. zo.* Reblaus *f*.

phy·lum [ˈfaɪləm] *pl.* **-la** [-lə] *s.* **1.** *bot. zo.* ˈUnterabteilung *f*, Ordnung; **2.** *biol.* Stamm *m*; **3.** *ling.* Sprachstamm *m*.

phys·ic [ˈfɪzɪk] **I** *s.* **1.** Arzˈnei(mittel *n*) *f*, *bsd.* Abführmittel *n*; **2.** *obs.* Heilkunde *f*; **3.** *pl. sg. konstr.* (die) Phy'sik; **II** *v/t. pret. u. p.p.* '**phys·icked** [-kt] **4.** *obs.* j-n (ärztlich) behandeln; '**phys·i·cal** [-kl] **I** *adj.* □ **1.** physisch, körperlich (*a. Liebe etc.*): **~ condition** Gesundheitszustand *m*; **~ culture** Körperkultur *f*; **~ education**, **~ training** *ped.* Leibeserziehung *f*; **~ examination** → 3; **~ force** physische Gewalt; **~ impossibility** absolute Unmöglichkeit; **~ inventory** ✝ Bestandsaufnahme *f*; **~ stock** ✝ Lagerbestand *m*; **2.** physi'kalisch; na'turwissenschaftlich: **~ geography** physikalische Geographie; **~ science** a) Physik *f*, b) Naturwissenschaft(en *pl.*) *f*; **II** *s.* **3.** ärztliche Unter'suchung, ⚔ Musterung *f*; **phy·si·cian** [fɪ'zɪʃn] *s.* Arzt *m*; '**phys·i·cist** [-ɪsɪst] *s.* Physiker *m*.

ˌ**phys·i·co-'chem·i·cal** [ˌfɪzɪkəʊ-] *adj.* □ physiko'chemisch.

phys·i·og·no·my [ˌfɪzɪ'ɒnəmɪ] *s.* **1.** Physiogno'mie *f* (*a. fig.*), Gesichtsausdruck *m*, -züge *pl.*; **2.** Phyio'gnomik *f*; ˌ**phys·i'og·ra·phy** [-'ɒgrəfɪ] *s.* **1.** ˌPhysio(geo)gra'phie *f*; **2.** Na'turbeschreibung *f*; **phys·i·o·log·i·cal** [ˌfɪzɪə'lɒdʒɪkl] *adj.* □ physio'logisch; ˌ**phys·i'ol·o·gist** [-'ɒlədʒɪst] *s.* Physio'loge *m*; ˌ**phys·i·'ol·o·gy** [-'ɒlədʒɪ] *s.* Physiolo'gie *f*; **phys·i·o·ther·a·pist** [ˌfɪzɪəʊ'θerəpɪst] *s.* ⚕ Physiothera'peut(in), *weitS.* Heilgymnastiker(in); **phys·i·o·ther·a·py** [ˌfɪzɪəʊ'θerəpɪ] *s.* ˌPhysiothera'pie *f*, 'Heilgymˌnastik *f*.

phy·sique [fɪ'ziːk] *s.* Körperbau *m*, -beschaffenheit *f*, Konstituti'on *f*.

phy·to·gen·e·sis [ˌfaɪtəʊ'dʒenɪsɪs] *s.* ⚘ Lehre *f* von der Entstehung der Pflanzen; **phy·tol·o·gy** [faɪ'tɒlədʒɪ] *s.* Pflanzenkunde *f*; **phy·to·to·my** [faɪ'tɒtəmɪ] *s.* ⚘ 'Pflanzenanatoˌmie *f*.

pi·an·ist ['pɪənɪst] *s.* ♪ Pia'nist(in), Kla'vierspieler(in).

pi·an·o¹ [pɪ'ænəʊ] *pl.* **-os** *s.* ♪ Kla'vier *n*, Piˌano('forte) *n*: **at** (**on**) **the ~** am (auf dem) Klavier.

pi·a·no² ['pjɑːnəʊ] ♪ **I** *pl.* **-nos** *s.* Pi'ano *n* (*leises Spiel*): **~ pedal** Pianopedal *n*; **II** *adv.* pi'ano, leise.

pi·an·o·for·te [ˌpjænəʊ'fɔːtɪ] → ***piano¹***.

pi·an·o play·er 1. → ***pianist***; **2.** Pia'nola *n*.

pi·az·za [pɪ'ætsə] *pl.* **-zas** (*Ital.*) *s.* **1.** öffentlicher Platz; **2.** *Am.* (große) Ve'randa.

pi·broch ['piːbrɒk; -ɒx] *s.* 'Kriegsmuˌsik *f* der Bergschotten; 'Dudelsackvariatiˌonen *pl.*

pi·ca ['paɪkə] *s. typ.* Cicero *f*, Pica *f*.

pic·a·resque [ˌpɪkə'resk] *adj.* pika'resk: **~ novel** Schelmenroman *m*.

pic·a·roon [ˌpɪkə'ruːn] *s.* **1.** Gauner *m*, Abenteurer *m*; **2.** Pi'rat *m*.

pic·a·yune [ˌpɪkɪ'juːn] *Am.* **I** *s.* **1.** *mst fig.* Pfennig *m*, Groschen *m*; **2.** *fig.* Lap'palie *f*; Tinnef *m*, *n*; **3.** *fig.* ‚Null' *f* (*unbedeutender Mensch*); **II** *adj.*, *a.* ˌ**pic·a'yun·ish** [-nɪʃ] **4.** unbedeutend, schäbig; klein(lich).

pic·ca·lil·li ['pɪkəlɪlɪ] *s. pl.* Picca'lilli *pl.* (*eingemachtes*, *scharf gewürztes Mischgemüse*).

pic·ca·nin·ny ['pɪkənɪnɪ] **I** *s. humor.* (*bsd.* Neger)Kind *n*, Gör *n*; **II** *adj.* kindlich; winzig.

pic·co·lo ['pɪkələʊ] *pl.* **-los** *s.* ♪ Pikkoloflöte *f*; **~ pi·an·o** *s.* ♪ Kleinklavier *n*.

pick [pɪk] **I** *s.* **1.** ⚙ a) Spitz-, Kreuzhacke *f*, Picke *f*, Pickel *m*, b) ⚒ (Keil)Haue *f*; **2.** Schlag *m*; **3.** Auswahl *f*, -lese *f*: ***the ~ of the bunch*** der (die, das) Beste von allen; ***take your ~!*** suchen Sie sich etwas aus!; Sie haben die Wahl!; **4.** *typ.* unreiner Buchstabe; **5.** ⸙ Ernte *f*; **II** *v/t.* **6.** aufhacken, -picken: → ***brain*** 2, ***hole*** 1; **7.** *Körner* aufpicken; auflesen; sammeln; *Blumen*, *Obst* pflücken; *Beeren* abzupfen; F lustlos essen, herumstochern in (*dat.*); **8.** *fig.* (sorgfältig) auswählen, -suchen: **~ *one's way*** (*od.* ***steps***) sich s-n Weg suchen *od.* bahnen, *fig.* sich durchlavieren; **~ *one's words*** s-e Worte (sorgfältig) wählen; **~ *a quarrel*** (***with s.o.***) (mit j-m) Streit suchen *od.* anbändeln; **9.** *Gemüse etc.* (ver)lesen, säubern; *Hühner* rupfen; *Metall* scheiden; *Wolle* zupfen; in *der Nase* bohren; in *den Zähnen* stochern; *e-n Knochen* (ab)nagen; → ***bone*** 1; **10.** *Schloß* mit e-m Dietrich öffnen, ‚knakken'; *j-m die Tasche* ausräumen (*Dieb*); **11.** ♪ *Am. Banjo etc.* spielen; **12.** ausfasern, zerpflücken: **~ *to pieces*** *fig. Theorie etc.* zerpflücken, herunterreißen; **III** *v/i.* **13.** hacken, picke(l)n; **14.** (lustlos) im Essen her'umstochern; **15.** sorgfältig wählen: **~ *and choose*** *a.* wählerisch sein; **16.** ‚sti'bitzen', stehlen;

Zssgn mit prp. u. adv.:

pick| at *v/i.* **1.** *im Essen* her'umstochern; **2.** F her'ummäkeln *od.* -nörgeln an (*dat.*); auf *j-m* her'umhacken; **~ off** *v/t.* **1.** (ab)pflücken, -rupfen; **2.** wegnehmen; **3.** (einzeln) abschießen, ‚wegputzen'; **~ on** *v/i.* **1.** aussuchen, sich entscheiden für; **2.** → ***pick at*** 2; **~ out** *v/t.* **1.** (sich) *et. od. j-n* auswählen; **2.** ausmachen, erkennen; *fig.* her'ausfinden, -bekommen; **3.** ♪ sich *e-e Melodie auf dem Klavier etc.* zs.-suchen; **4.** *mit e-r anderen Farbe* absetzen; **~ o·ver** *v/t.* **1.** (gründlich) 'durchsehen, -gehen; **2.** (das Beste) auslesen; **~ up I** *v/t.* **1.** *Boden* aufhacken; **2.** aufheben, -nehmen, -lesen; in die Hand nehmen: ***pick o.s. up*** sich ‚hochrappeln' (*a. fig.*); → ***gauntlet¹*** 2; **3.** *j-n im Fahrzeug* mitnehmen, abholen; **4.** F a) *j-n* ‚auflesen, -gabeln, -reißen', b) ‚hochnehmen' (*verhaften*), c) ‚klauen' (*stehlen*); **5.** *Strickmaschen* aufnehmen; **6.** a) *Rundfunksender* ‚(rein)kriegen', b) *Sendung* empfangen, aufnehmen, abhören, c) *Funkspruch etc.* auffangen; **7.** in Sicht bekommen; **8.** *fig. et.* ‚mitkriegen', *Wort*, *Sprache etc.* ‚aufschnappen'; **9.** erstehen, gewinnen: **~ *a livelihood*** sich mit Gelegenheitsarbeiten *etc.* durchschlagen; **~ *courage*** Mut fassen; **~ *speed*** auf Touren (*od.* in Fahrt) kommen; **II** *v/i.* **10.** sich (wieder) erholen (*a.* ✝); **11.** sich anfreunden (***with*** mit); **12.** auf Touren kommen, Geschwindigkeit aufnehmen; *fig.* stärker werden.

pick-a-back ['pɪkəbæk] *adj. u. adv.* huckepack *tragen etc.*: **~ *plane*** ✈ Huckepackflugzeug *n*.

pick·a·nin·ny → ***piccaninny***.

'**pick·ax(e)** *s.* (Spitz)Hacke *f*, (Beil)Pike *f*, Pickel *m*.

picked [pɪkt] *adj. fig.* ausgewählt, -gesucht, (aus)erlesen: **~ *troops*** ⚔ Kerntruppen *pl.*

pick·er·el ['pɪkərəl] *s. ichth.* (*Brit.* junger) Hecht.

pick·et ['pɪkɪt] **I** *s.* **1.** (Holz-, Absteck-) Pfahl *m*; Pflock *m*; **2.** ⚔ Vorposten *m*; **3.** Streikposten *m*; **II** *v/t.* **4.** einpfählen; **5.** an e-n Pfahl binden, anpflocken; **6.** Streikposten aufstellen vor (*dat.*), mit Streikposten besetzen; (als Streikposten) anhalten *od.* belästigen; **7.** ⚔ als Vorposten ausstellen; **III** *v/i.* **8.** Streikposten stehen.

pick·ings ['pɪkɪŋz] *s. pl.* **1.** Nachlese *f*, 'Überbleibsel *pl.*, Reste *pl.*; **2.** *a.* **~ *and stealings*** a) unehrliche Nebeneinkünfte *pl.*, b) Diebesbeute *f*, Fang *m*; **3.** Pro'fit *m*.

pick·le ['pɪkl] **I** *s.* **1.** Pökel *m*, Salzlake *f*, Essigsoße *f* (*zum Einlegen*); **2.** Essig-, Gewürzgurke *f*; **3.** *pl.* Eingepökelte(s) *n*, Pickles *pl.*; → ***mixed pickles***; **4.** ⚙ Beize *f*; **5.** F *a.* ***nice*** (*od.* ***sad*** *od.* ***sorry***) **~** mißliche Lage, ‚böse Sache': ***be in a ~*** (schön) in der Patsche sitzen; **6.** F Balg *m*, *n*, Gör *n*; **II** *v/t.* **7.** einpökeln, -salzen, -legen; **8.** ⚙ *Metall* (ab)beizen; *Bleche* dekapieren: ***pickling agent*** Abbeizmittel *n*; **9.** ⸙ *Saatgut* beizen; '**pick·led** [-ld] *adj.* **1.** gepökelt, eingesalzen; Essig..., Salz...: **~ *herring*** Salzhering *m*; **2.** *sl.* ‚blau' (*betrunken*).

'**pick|·lock** *s.* **1.** Einbrecher *m*; **2.** Dietrich *m*; '**~-me-up** *s.* F Schnäps-chen *n*, *a. fig.* Stärkung *f*; '**~-off** *adj.* ⚙ *Am.* 'abmonˌtierbar, Wechsel...; '**~ˌpock·et** *s.* Taschendieb *m*; '**~·up** *s.* **1.** Ansteigen *n*; ✝ Erholung *f*: **~ (*in prices*)** Anziehen *n* der Preise, Hausse *f*; **2.** *mot.* Start-, Beschleunigungsvermögen *n*; **3.** *a.* **~ *truck*** (kleiner) Lieferwagen; **4.** *Am.* → ***pick-me-up***; **5.** ⚙ Tonabnehmer *m*, Pick-up *m* (*am Plattenspieler*); Empfänger *m* (*Mikrophon*); Geber *m* (*Meßgerät*); **6.** *TV*: a) Abtasten *n*, b) Abtastgerät *n*, c) *a. Radio*: 'Aufnahme- und Über'tragungsapparaˌtur *f*; **7.** ⚡ a) Schalldose *f*, b) Ansprechen *n* (*Relais*); **8.** F a) Zufallsbekanntschaft *f*, b) ‚Flittchen' *n*, c) ‚Anhalter' *m*; **9.** *mst* **~ *dinner*** *sl.* improvisierte Mahlzeit, Essen *n* aus (Fleisch)Resten; **10.** *sl.* a) Verhaftung *f*, b) Verhaftete(r *m*) *f*; **11.** *sl.* Fund *m*.

pick·y ['pɪkɪ] *adj.* F wählerisch.

pic·nic ['pɪknɪk] **I** *s.* **1.** a) Picknick *n*, b) Ausflug *m*; **2.** F a) (reines) Vergnügen, b) Kinderspiel *n*: ***no ~*** keine leichte Sache, kein Honiglecken; **II** *v/i.* **3.** ein Picknick *etc.* machen; picknicken.

pic·to·gram ['pɪktəʊgræm] Pikto'gramm *n*.

pic·to·ri·al [pɪk'tɔːrɪəl] **I** *adj.* □ **1.** malerisch, Maler...: **~ *art*** Malerei; **2.** Bild(er)..., illustriert: **~ *advertising*** Bildwerbung; **3.** *fig.* bildmäßig (*a. phot.*), -haft; **II** *s.* **4.** Illustrierte *f* (*Zeitung*).

pic·ture ['pɪktʃə] **I** *s.* **1.** *allg.*, *a. TV* Bild *n*: (***clinical***) **~** ⚕ Krankheitsbild, Befund *m*; **2.** Abbildung *f*, Illustrati'on *f*, Bild *m*; **3.** Gemälde *n*, Bild *n*: ***sit for one's ~*** sich malen lassen; **4.** (geistiges) Bild, Vorstellung *f*: ***form a ~ of s.th.*** sich von et. ein Bild machen; **5.** *fig.* F Bild *n*, Verkörperung *f*: ***he looks the very ~ of health*** er sieht aus wie das blühende Leben; ***be the ~ of misery*** ein Bild des Jammers sein; **6.** Ebenbild *n*: ***the child is the ~ of his father***; **7.**

fig. anschauliche Darstellung *od.* Schilderung (*in Worten*), Bild *n*; **8.** F bildschöne Sache *od.* Per'son: ***she is a perfect ~*** sie ist bildschön; ***the hat is a ~*** der Hut ist ein Gedicht; **9.** *fig.* F Blickfeld *n*: ***be in the ~*** a) sichtbar sein, e-e Rolle spielen, b) im Bilde (*informiert*) sein; ***come into the ~*** in Erscheinung treten; ***put s.o. in the ~*** j-n ins Bild setzen; ***quite out of the ~*** gar nicht von Interesse, ohne Belang; **10.** *phot.* Aufnahme *f*, Bild *n*; **11.** a) Film *m*, Streifen *m*, b) *pl.* F Kino *n*, Film *m* (*Filmvorführung od. Filmwelt*): ***go to the ~s*** *Brit.* ins Kino gehen; **II** *v/t.* **12.** abbilden, darstellen, malen; **13.** *fig.* anschaulich schildern, beschreiben, ausmalen; **14.** *a.* ***~ to o.s.*** *fig.* sich ein Bild machen von, sich *et.* ausmalen *od.* vorstellen; **15.** *s-e Empfindung etc.* spiegeln, zeigen; **III** *adj.* **16.** Bild..., Bilder...; **17.** Film...: ***~ play*** Filmdrama *n*, **~ book** *s.* Bilderbuch *n*; **~ card** *s.* *Kartenspiel*: Fi'gurenkarte *f*, Bild *n*; **~ ed·i·tor** *s.* 'Bildredak,teur *m*; **'~,go·er** *s.* *Brit.* Kinobesucher(in); **~ post·card** *s.* Ansichtskarte *f*; **~ puz·zle** *s.* **1.** Vexierbild *n*; **2.** Bilderrätsel *n*.

pic·tur·esque [,pɪktʃə'resk] *adj.* ☐ malerisch (*a. fig.*).

pic·ture| te·leg·ra·phy *s.* 'Bildtelegra,phie *f*; **~ the·a·ter** *Am.*, **~ the·a·tre** *Brit.* *s.* 'Filmthe,ater *n*, Lichtspielhaus *n*, Kino *n*; **~ trans·mis·sion** *s.* 'Bildüber,tragung *f*, Bildfunk *m*; **~ tube** *s.* *TV* Bildröhre *f*; **~ writ·ing** *s.* Bilderschrift *f*.

pic·tur·ize ['pɪktʃəraɪz] *v/t.* **1.** *Am.* verfilmen; **2.** bebildern.

pid·dle ['pɪdl] *v/i.* **1.** (*v/t.* ver)trödeln; **2.** F ,Pi'pi machen', ,pinkeln'; **'pid·dling** [-lɪŋ] *adj.* ,lumpig'.

pidg·in ['pɪdʒɪn] *s.* **1.** *sl.* Angelegenheit *f*: ***that is your ~*** das ist deine Sache; **2.** ***~ English*** Pidgin-Englisch *n* (*Verkehrssprache zwischen Europäern u. Ostasiaten*); *weitS.* Kauderwelsch *n*.

pie¹ [paɪ] *s.* **1.** *orn.* Elster *f*; **2.** *zo.* Scheck(e) *m* (*Pferd*).

pie² [paɪ] *s.* **1.** ('Fleisch-, 'Obst- *etc.*)Pa,stete *f*, Pie *f*: ***~ in the sky*** F a) ein ,schöner Traum', b) leere Versprechung(en); ***a share in the ~*** ✝ F ein ,Stück vom Kuchen'; ***~-flinging*** ,Tortenschlacht' *f*; ***it's (as easy as) ~*** *sl.* es ist kinderleicht; → ***finger*** 1; ***humble*** I; **2.** (Obst)Torte *f*; **3.** *pol. Am. sl.* Protekti'on *f*, Bestechung *f*: ***~ counter*** ,Futterkrippe' *f*; **4.** F *e-e feine Sache, ein* ,gefundenes Fressen'.

pie³ [paɪ] **I** *s.* **1.** *typ.* Zwiebelfisch(e *pl.*) *m*; **2.** *fig.* Durchein'ander *n*; **II** *v/t.* **3.** *typ. Satz* zs.-werfen; **4.** *fig.* durchein'anderbringen.

pie·bald ['paɪbɔːld] **I** *adj.* scheckig, bunt; **II** *s.* scheckiges Tier; Schecke *m, f* (*Pferd*).

piece [piːs] **I** *s.* **1.** Stück *n*: ***a ~ of land*** ein Stück Land; ***a ~ of furniture*** ein Möbel(stück) *n*; ***a ~ of wallpaper*** e-e Rolle Tapete; ***a ~*** je, das Stück (*im Preis*); ***by the ~*** a) stückweise *verkaufen*, b) im Akkord *od.* Stücklohn *arbeiten od. bezahlen*; ***in ~s*** entzwei, ,kaputt'; ***of a ~*** gleichmäßig; ***all of a ~*** aus 'einem Guß; ***be all of a ~ with*** ganz passen zu; ***break*** (*od.* ***fall***) ***to ~s*** entzweigehen, zerbrechen; ***go to ~s*** a) in Stücke gehen (*a. fig.*), b) *fig.* zs.-brechen (*Person*); ***take to ~s*** auseinandernehmen, zerlegen; → ***pick*** 12, ***pull*** 16; **2.** *fig.* Beispiel *n*, Fall *m*, *mst* ein(e): ***a ~ of advice*** ein Rat(schlag) *m*; ***a ~ of folly*** e-e Dummheit; ***a ~ of news*** e-e Neuigkeit; → ***mind*** 4; **3.** Teil *m* (*e-s Service etc.*): ***two-~ set*** zweiteiliger Satz; **4.** (Geld)Stück *n*, Münze *f*; **5.** ⚔ Geschütz *n*; Gewehr *n*; **6.** a) *a.* ***~ of work*** Arbeit *f*, Stück *n*: ***a nasty ~ of work*** *fig.* F ein ,fieser' Kerl, b) *paint.* Stück *n*, Gemälde *n*, c) *thea.* (Bühnen-)Stück *n*, d) ♪ (Mu'sik)Stück *n*, e) (kleines) *literarisches* Werk; **7.** ('Spiel)Fi,gur *f*, Stein *m*; *Schach*: Offi'zier *m*, Figur *f*: ***minor ~s*** leichtere Figuren (*Läufer u. Springer*); **8.** F a) Stück *n* Wegs, kurze Entfernung, b) Weilchen *n*; **9.** V *a.* ***~ of ass*** a) ,heiße Biene', b) ,Nummer' *f* (*Koitus*); **II** *v/t* **10.** *a.* ***~ up*** flicken, ausbessern, zs.-stücken; **11.** verlängern, anstücken, -setzen (***on to*** an *acc.*); **12.** *oft* ***~ together*** zs.-setzen, -stücke(l)n (*a. fig.*); **13.** ver'vollständigen, ergänzen; **~ goods** *pl.* ✝ Meter-, Schnittware *f*; **'~·meal** *adv. u. adj.* stückchenweise, all'mählich; **~ rate** *s.* Ak'kordsatz *m*; **~ wag·es** *s. pl.* Ak'kord-, Stücklohn *m*; **'~·work** *s.* Ak'kordarbeit *f*; **'~,work·er** *s.* Ak'kordarbeiter(in).

pièce de ré·sis·tance [pɪ,esdərezɪ'stãːŋs] (*Fr.*) *s.* **1.** Hauptgericht *n*; **2.** *fig.* Glanzstück *n*, Krönung *f*.

pie| chart *s.* *Statistik*: 'Kreisdia,gramm *n*; **'~·crust** *s.* Pa'stetenkruste *f*, ungefüllte Pa'stete.

pied¹ [paɪd] *adj.* gescheckt, buntscheckig: ***℘ Piper (of Hamelin)*** *der* Rattenfänger von Hameln.

pied² [paɪd] *pret. u. p.p. von* ***pie³*** II.

'pie|-eyed *adj.* *Am. sl.* ,blau', ,besoffen'; **'~·plant** *s.* *Am.* Rha'barber *m*.

pier [pɪə] *s.* **1.** Pier *m, f* (*feste Landungsbrücke*); **2.** Kai *m*; **3.** Mole *f*, Hafendamm *m*; (Brücken- *od.* Tor- *od.* Stütz-)Pfeiler *m*; **pier·age** ['pɪərɪdʒ] *s.* Kaigeld *n*.

pierce [pɪəs] **I** *v/t.* **1.** durch'bohren, -'dringen, -'stechen, -'stoßen; ⚙ lochen; ⚔ durch'brechen, -'stoßen, eindringen in (*acc.*); **2.** *fig.* durch'dringen (*Kälte, Schrei, Schmerz etc.*): ***to ~ s.o.'s heart*** j-m ins Herz schneiden; **3.** *fig.* durch'schauen, ergründen, eindringen in *Geheimnisse etc.*; **II** *v/i.* **4.** (ein)dringen (***into*** in *acc.*) (*a. fig.*); dringen (***through*** durch); **'pierc·ing** [-sɪŋ] *adj.* ☐ 'durchdringend, scharf, schneidend, stechend (*a. Kälte, Blick, Schmerz*); gellend (*Schrei*).

pier| glass *s.* Pfeilerspiegel *m*; **'~·head** *s.* Molenkopf *m*.

pi·er·rot ['pɪərəʊ] *s.* Pier'rot *m*, Hans'wurst *m*.

pi·e·tism ['paɪətɪzəm] *s.* **1.** Pie'tismus *m*; **2.** → ***piety*** 1; **3.** *contp.* Frömme'lei *f*; **'pi·e·tist** [-ɪst] *s.* **1.** Pie'tist(in); **2.** *contp.* Frömmler(in).

pi·e·ty ['paɪətɪ] *s.* **1.** Frömmigkeit *f*; **2.** Pie'tät *f*, Ehrfurcht *f* (***to*** vor *dat.*).

pi·e·zo·e·lec·tric [paɪ,iːzəʊɪ'lektrɪk] *adj.* *phys.* pi'ezoe,lektrisch.

pif·fle ['pɪfl] F **I** *v/i.* Quatsch reden *od.* machen; **II** *s.* Quatsch *m*.

pig [pɪg] **I** *pl.* **pigs** *od. coll.* **pig** *s.* **1.** Ferkel *n*: ***sow in ~*** trächtiges Mutterschwein; ***sucking ~*** Spanferkel; ***buy a ~ in a poke*** *fig.* die Katze im Sack kaufen; ***~s might fly*** *iron.* ,man hat schon Pferde kotzen sehen'; ***in a*** (*od.* ***the***) ***~'s eye!*** *Am. sl.* Quatsch!, ,von wegen'!; **2.** *fig. contp.* a) ,Freßsack' *m*, b) ,Ekel' *n*, c) sturer Kerl, d) gieriger Kerl; **3.** *sl.* ,Bulle' *m* (*Polizist*); **4.** ⚙ a) Massel *f*, (Roheisen)Barren *m*, b) Roheisen *n*, c) Block *m*, Mulde *f* (*bsd. Blei*); **II** *v/i.* **5.** ferkeln, frischen; **6.** *mst* ***~ it*** F ,aufein'anderhocken', eng zs.-hausen.

pi·geon ['pɪdʒɪn] *s.* **1.** *pl.* **-geons** *od. coll.* **-geon** Taube *f*: ***that's not my ~*** F a) das ist nicht mein Fall, b) das ist nicht mein ,Bier'; **2.** *sl.* ,Gimpel' *m*; **3.** → ***clay pigeon***; **~ breast** *s.* ⚕ Hühnerbrust *f*; **'~·hole I** *s.* **1.** (Ablege-, Schub-)Fach *n*; **2.** Taubenloch *n*; **II** *v/t.* **3.** in ein Schubfach legen, einordnen, *Akten* ablegen; **4.** *fig.* zu'rückstellen, zu den Akten legen, auf die lange Bank schieben, die Erledigung *e-r Sache* verschleppen; **5.** *fig.* *Tatsachen*, *Wissen* (ein)ordnen, klassifizieren; **6.** mit Fächern versehen; **~ house**, **~ loft** *s.* Taubenschlag *m*; **'~,liv·ered** *adj.* feige.

pi·geon·ry ['pɪdʒɪnrɪ] *s.* Taubenschlag *m*.

pig·ger·y ['pɪgərɪ] *s.* **1.** Schweinezucht *f*; **2.** Schweinestall *m*; **3.** *fig. contp.* Saustall *m*; **pig·gish** ['pɪgɪʃ] *adj.* **1.** schweinisch, unflätig; **2.** gierig; **3.** dickköpfig; **pig·gy** ['pɪgɪ] **I** *s.* F **1.** Schweinchen *n*: ***~ bank*** Sparschwein(chen); **2.** *Am.* Zehe *f*; **II** *adj.* **3.** → ***piggish***; **'pig·gy·back** → ***pick-a-back***.

,pig|'head·ed *adj.* ☐ dickköpfig, stur; **~ i·ron** *s.* Massel-, Roheisen *n*; **~ Lat·in** *s. e-e Kindergeheimsprache*.

pig·let ['pɪglɪt] *s.* Ferkel *n*.

pig·ment ['pɪgmənt] **I** *s.* **1.** *a. biol.* Pig'ment *n*; **2.** Farbe *f*, Farbstoff *m*, -körper *m*; **II** *v/t. u. v/i.* **3.** (sich) pigmentieren, (sich) färben; **'pig·men·tar·y** [-tərɪ], *a.* **pig·men·tal** [pɪg'mentl] *adj.* Pigment...; **pig·men·ta·tion** [,pɪgmən'teɪʃn] *s.* **1.** *biol.* Pigmentati'on *f*, Färbung *f*; **2.** ⚕ Pigmentierung *f*.

pig·my ['pɪgmɪ] → ***pygmy***.

'pig|·nut *s.* ✿ 'Erdka,stanie *f*, -nuß *f*; **'~·skin** *s.* **1.** Schweinehaut *f*; **2.** Schweinsleder *n*; **'~,stick·ing** *s.* **1.** Wildschweinjagd *f*, Sauhatz *f*; **2.** Schweineschlachten *n*; **'~·sty** [-staɪ] *s.* Schweinestall *m* (*a. fig.*); **'~·tail** *s.* **1.** Zopf *m*; **2.** Rolle *f* ('Kau),Tabak.

pi·jaw ['paɪdʒɔː] *s.* *Brit. sl.* Mo'ralpredigt *f*, Standpauke *f*.

pike¹ [paɪk] *pl.* **pikes** *od. bsd. coll.* **pike** *s.* **1.** *ichth.* Hecht *m*; **2.** *Sport*: Hechtsprung *m*.

pike² [paɪk] *s.* **1.** ⚔ *hist.* Pike *f*, (Lang-)Spieß *m*; **2.** (Speer- *etc.*)Spitze *f*, Stachel *m*; **3.** a) Schlagbaum *m* (*Mautstraße*), b) Maut *f*, Straßenbenutzungsgebühr *f*, c) Mautstraße *f*, gebührenpflichtige Straße; **4.** *Brit. dial.* Bergspitze *f*.

'pike·man [-mən] *s.* [*irr.*] **1.** ⚒ Hauer *m*; **2.** Mauteinnehmer *m*; **3.** ⚔ *hist.* Pike'nier *m*.

pik·er ['paɪkə] *s.* *Am. sl.* **1.** Geizhals *m*; **2.** vorsichtiger Spieler.

ˈ**pike·staff** *s.*: ***as plain as a ~*** sonnenklar.
pi·las·ter [pɪˈlæstə] *s.* ⚠ Piˈlaster *m*, (*viereckiger*) Stützpfeiler.
pil·chard [ˈpɪltʃəd] *s.* Sarˈdine *f*.
pile[1] [paɪl] **I** *s.* **1.** Haufen *m*, Stoß *m*, Stapel *m* (*Akten, Holz etc.*): ***a ~ of arms*** e-e Gewehrpyramide; **2.** Scheiterhaufen *m*; **3.** großes Gebäude, Geˈbäudekomˌplex *m*; **4.** F ‚Haufen' *m*, ‚Masse' *f* (*bsd. Geld*): ***make a*** (*od.* ***one's***) ~ e-e Menge Geld machen, ein Vermögen verdienen; ***make a ~ of money*** e-e Stange Geld verdienen; **5.** ϟ a) (galˈvanische *etc.*) Säule: ***thermoelectrical ~*** Thermosäule, b) Batteˈrie *f*; **6.** *a.* ***atomic ~*** (Aˈtom)Meiler *m*, Reˈaktor *m*; **7.** *metall.* ˈSchweiß(eisen)paˈket *n*; **8.** *Am. sl.* ‚Schlitten' *m* (*Auto*); **9.** → ***piles***; **II** *v/t.* **10.** *a.* ***~ up*** (*od.* ***on***) (an-, auf)häufen, (auf)stapeln, aufschichten: ***~ arms*** ⚔ Gewehre zs.-setzen; **11.** aufspeichern (*a. fig.*); **12.** überˈhäufen, -ˈladen (*a. fig.*): ***~ a table with food***; ***~ up*** (*od.* ***on***) ***the agony*** F Schrecken auf Schrecken häufen; ***~ it on*** F dick auftragen; **13.** ***~ up*** F a) ⚓ *Schiff* auflaufen lassen, b) ✈ mit *dem Flugzeug* ‚Bruch machen', c) *mot. sein Auto* kaˈputtfahren; **III** *v/i.* **14.** *mst* ***~ up*** sich (auf- *od.* an)häufen, sich ansammeln *od.* stapeln (*a. fig.*); **15.** F sich (scharenweise) drängen (***into*** in *acc.*); **16.** ***~ up*** a) ⚓ auffahren, b) ✈ ‚Bruch machen', c) *mot.* aufeinˈanderprallen.
pile[2] [paɪl] **I** *s.* **1.** ⚙ (Stütz)Pfahl *m*, Pfeiler *m*; Bock *m*, Joch *n e-r Brücke*; **2.** *her.* Spitzpfahl *m*; **II** *v/t.* **3.** auspfählen, unterˈpfählen, durch Pfähle verstärken; **4.** (hinˈein)treiben *od.* (ein)rammen in (*acc.*).
pile[3] [paɪl] **I** *s.* **1.** Flaum *m*; **2.** (Woll-) Haar *n*, Pelz *m* (*des Fells*); **3.** *Weberei*: a) Samt *m*, Veˈlours *n*, b) Flor *m*, Pol *m* (*e-s Gewebes*); **II** *adj.* **4.** …fach gewebt (*Teppich etc.*): ***a three-~ carpet***.
pile| bridge (Pfahl)Jochbrücke *f*; **~ driv·er** *s.* ⚙ **1.** (Pfahl)Ramme *f*; **2.** Rammklotz *m*; **~ dwell·ing** *s.* Pfahlbau *m*; **~ fab·ric** *s.* Samtstoff *m*; *pl.* Polgewebe *pl.*
piles [paɪlz] *s. pl.* ⚕ Hämorrhoˈiden *pl.*
ˈ**pile·up** *s. mot.* ˈMassenkaramboˌlage *f*.
pil·fer [ˈpɪlfə] *v/t. u. v/i.* stehlen, stiˈbitzen; ˈ**pil·fer·age** [-ərɪdʒ] *s.* Diebeˈrei *f*; ˈ**pil·fer·er** [-ərə] *s.* Dieb(in).
pil·grim [ˈpɪlgrɪm] *s.* **1.** Pilger(in), Wallfahrer(in); **2.** *fig.* Pilger *m*, Wanderer *m*; **3.** ♀ (*pl. a.* ♀ ***Fathers***) *hist.* Pilgervater *m*; ˈ**pil·grim·age** [-mɪdʒ] **I** *s.* **1.** Pilger-, Wallfahrt *f* (*a. fig.*); **2.** *fig.* lange Reise; **II** *v/i.* **3.** pilgern, wallfahren.
pill [pɪl] **I** *s.* **1.** Pille *f* (*a. fig.*), Taˈblette *f*: ***swallow the ~*** die bittere Pille schlukken, in den sauren Apfel beißen; **~ *popper*** F Pillenschlucker *m*; → ***gild***[2] 2; **2.** *sl.* ‚Brechmittel' *n*, ‚Ekel' *n* (*Person*); **3.** *sport sl.* Ball *m*; *Brit. a.* Billard *n*; **4.** ⚔ *sl. od. humor.* ‚blaue Bohne' (*Gewehrkugel*), ‚Ei' *n*, ‚Koffer' *m* (*Granate, Bombe*); **5.** *sl.* ‚Stäbchen' *n* (*Zigarette*); **6.** ***the ~*** die (Antiˈbaby-) Pille: ***be on the ~*** die Pille nehmen; **II** *v/t.* **7.** *sl. bei e-r Wahl* durchfallen lassen.
pil·lage [ˈpɪlɪdʒ] **I** *v/t.* **1.** (aus)plündern; **2.** rauben, erbeuten; **II** *v/i.* **3.** plündern; **III** *s.* **4.** Plünderung *f*, Plündern *n*; **5.** Beute *f*.
pil·lar [ˈpɪlə] **I** *s.* **1.** Pfeiler *m*, Ständer *m* (*a. Reitsport*): ***a ~ of coal*** ⚒ Kohlenpfeiler; ***run from ~ to post*** *fig.* von Pontius zu Pilatus laufen; **2.** ⚠ (*a. weitS.* Luft-, Rauch- *etc.*)Säule *f*; **3.** *fig.* Säule *f*, (Haupt)Stütze *f*: ***the ~s of society*** (***wisdom***) die Säulen der Gesellschaft (der Weisheit); ***he was a ~ of strength*** er stand da wie ein Fels in der Brandung; **4.** ⚙ Stütze *f*, Supˈport *m*, Sockel *m*; **II** *v/t.* **5.** mit Pfeilern *od.* Säulen stützen *od.* schmücken; ˈ**~·box** *s. Brit.* Briefkasten *m* (in Säulenform).
pil·lared [ˈpɪləd] *adj.* **1.** mit Säulen *od.* Pfeilern (versehen); **2.** säulenförmig.
ˈ**pill·box** *s.* **1.** Pillenschachtel *f*; **2.** ⚔ *sl.* Bunker *m*, ˈUnterstand *m*.
pil·lion [ˈpɪljən] *s.* **1.** leichter (Damen-) Sattel; **2.** Sattelkissen *n*; **3.** *a.* ***~ seat*** *mot.* Soziussitz *m*: ***ride ~*** auf dem Soziussitz (mit)fahren; **~ *rid·er*** *s.* Soziusfahrer(in).
pil·lo·ry [ˈpɪlərɪ] **I** *s.* (***in the ~*** am) Pranger *m* (*a. fig.*); **II** *v/t.* an den Pranger stellen; *fig.* anprangern.
pil·low [ˈpɪləʊ] **I** *s.* **1.** (Kopf)Kissen *n*, Polster *n*: ***take counsel of one's ~*** *fig. die* Sache beschlafen; **2.** ⚙ (Zapfen)Lager *n*, Pfanne *f*; **II** *v/t.* **3.** (auf ein Kissen) betten, stützen (***on*** auf *acc.*): ***~ up*** hoch betten; ˈ**~·case** *s.* (Kopf)Kissenbezug *m*; **~ *fight*** *s.* Kissenschlacht *f*; ˈ**~·lace** *s.* Klöppel-, Kissenspitzen *pl.*; **~ *slip*** → ***pillowcase***.
pi·lose [ˈpaɪləʊs] *adj.* ⚘, *zo.* behaart.
pi·lot [ˈpaɪlət] **I** *s.* **1.** ⚓ Lotse *m*: ***drop the ~*** *fig.* den Lotsen von Bord schikken; **2.** ✈ Flugzeug-, Ballˈlonführer *m*, Piˈlot *m*: ***~'s licence*** Flug-, Pilotenschein *m*; ***second ~*** Kopilot *m*; **3.** *fig.* a) Führer *m*, Wegweiser *m*, b) Berater *m*; **4.** ⚙ a) Beˈtätigungseleˌment *n*, b) Führungszapfen *m*; **5.** → a) ***pilot program(me)***, b) ***pilot film***; **II** *v/t.* **6.** ⚓ lotsen (*a. mot. u. fig.*), steuern: ***~ through*** durchlotsen (*a. fig.*); **7.** ✈ steuern, fliegen; **8.** *bsd. fig.* führen, lenken, leiten; **III** *adj.* **9.** Versuchs…, Pilot…; **10.** Hilfs-…: ***~ parachute***; **11.** Steuer…, Kontroll…, Leit…: ***~ relay*** Steuer-, Kontrollrelais *n*; ˈ**pi·lot·age** [-tɪdʒ] *s.* **1.** ⚓ Lotsen(kunst *f*) *n*: ***certificate of ~*** Lotsenpatent *n*; **2.** Lotsengeld *n*; **3.** ✈ a) Flugkunst *f*, b) ˈBodennavigatiˌon *f*; **4.** *fig.* Leitung *f*, Führung *f*.
pi·lot| bal·loon *s.* ✈ Piˈlotbalˌlon *m*; **~ boat** *s.* Lotsenboot *n*; **~ burn·er** *s.* ⚙ Sparbrenner *m*; **~ cloth** *s.* dunkelblauer Fries; **~ en·gine** *s.* 🚂 ˈLeerfahrtlokomoˌtive *f*; **~ film** *s.* Piˈlotfilm *m*; **~ in·jec·tion** *s. mot.* Voreinspritzung *f*; **~ in·struc·tor** *s.* ✈ Fluglehrer(in); **~ jet** *s.* ⚙ Leerlaufdüse *f*; **~ lamp** *s.* ⚙ Konˈtrollampe *f*.
pi·lot·less [ˈpaɪlətlɪs] *adj.* führerlos, unbemannt: ***~ airplane***.
pi·lot| light *s.* **1.** → ***pilot burner***; **2.** → ***pilot lamp***; **~ of·fi·cer** *s.* ⚔ Fliegerleutnant *m*; **~ plant** *s.* **1.** Versuchsanlage *f*; **2.** Musterbetrieb *m*; **~ pro·gram(me** *Brit.*) *s. Radio, TV*: Piˈlotsendung *f*; **~ pro·ject** *s.*, **~ scheme** *s.* Piˈlot-, Verˈsuchsproˌjekt *n*; **~ stu·dy** *s.* Piˈlotstudie *f*; **~ train·ee** *s.* Flugschüler (-in); **~ valve** *s.* ⚙ ˈSteuervenˌtil *n*.
pi·lous [ˈpaɪləs] → ***pilose***.
pil·ule [ˈpɪljuːl] *s.* kleine Pille.
pi·men·to [pɪˈmentəʊ] *pl.* **-tos** *s.* ⚘ *bsd. Brit.* **1.** Piˈment *m, n*, Nelkenpfeffer *m*; **2.** Piˈmentbaum *m*.
pimp [pɪmp] **I** *s.* a) Kuppler *m*, b) Zuhälter *m*; **II** *v/i.* Kuppler *od.* Zuhälter sein.
pim·per·nel [ˈpɪmpənel] *s.* ⚘ Pimperˈnell *m*.
pim·ple [ˈpɪmpl] **I** *s.* Pustel *f*, (Haut)Pikkel *m*; **II** *v/i.* pickelig werden; ˈ**pimpled** [-ld], ˈ**pim·ply** [-lɪ] *adj.* pickelig.
pin [pɪn] **I** *s.* **1.** (Steck)Nadel *f*: ***~s and needles*** ‚Kribbeln' (*in eingeschlafenen Gliedern*); ***sit on ~s and needles*** *fig.* wie auf Kohlen sitzen; ***I don't care a ~*** das ist mir völlig schnuppe; **2.** (Schmuck-, Haar-, Hut)Nadel *f*: ***scarf-~*** Krawattennadel; **3.** (Ansteck)Nadel *f*, Abzeichen *n*; **4.** ⚙ Pflock *m*, Dübel *m*, Bolzen *m*, Zapfen *m*, Stift *m*: ***split ~*** Splint *m*; ***~ with thread*** Gewindezapfen *m*; ***~ bearing*** Nadel-, Stiftlager *n*; **5.** ⚙ Dorn *m*; **6.** *a.* ***drawing ~*** *Brit.* Reißnagel *m*, -zwecke *f*; **7.** *a.* ***clothes-~*** Wäscheklammer *f*; **8.** *a.* ***rolling ~*** Nudel-, Wellholz *n*; **9.** F ‚Stelzen' *pl.* (*Beine*): ***that knocked him off his ~s*** das hat ihn ‚umgehauen'; **10.** ♪ Wirbel *m* (*Streichinstrument*); **11.** a) *Kegelsport*: Kegel *m*, b) *Bowling*: Pin *m*; **II** *v/t.* **12.** (an)heften, -stecken, befestigen (***to, on*** an *acc.*): ***~ up*** auf-, hochstecken; ***~ one's faith on*** sein Vertrauen auf j-n setzen; ***~ one's hopes on*** s-e (ganze) Hoffnung setzen auf (*acc.*); ***~ a murder on s.o.*** F j-m e-n Mord ‚anhängen'; **13.** pressen, drücken, heften (***against, to*** gegen, an *acc.*), festhalten; **14.** *a.* ***~ down*** a) zu Boden pressen, b) *fig. j-n* festnageln (***to*** auf *ein Versprechen, e-e Aussage etc.*), c) ⚔ *Feindkräfte* fesseln (*a. Schach*), d) *et.* genau bestimmen *od.* definieren; **15.** ⚙ verbolzen, -dübeln, -stiften.
pin·a·fore [ˈpɪnəfɔː] *s.* (Kinder)Lätzchen *n*, (-)Schürze *f*.
ˈ**pin|·ball ma·chine** *s.* Flipper *m* (*Spielautomat*); **~ bit** *s.* ⚙ Bohrspitze *f*; **~ bolt** *s.* Federbolzen *m*.
pince-nez [ˈpæ̃ːnsneɪ] (*Fr.*) *s.* Kneifer *m*, Klemmer *m*.
pin·cer [ˈpɪnsə] *adj.* Zangen…: ***~ movement*** ⚔ Zangenbewegung *f*; ˈ**pin·cers** [-əz] *s. pl.* **1.** (Kneif-, Beiß)Zange *f*: ***a pair of ~*** eine Kneifzange; **2.** ⚕, *typ.* Pinˈzette *f*; **3.** *zo.* Krebsschere *f*.
pinch [pɪntʃ] **I** *v/t.* **1.** zwicken, kneifen, (ein)klemmen, quetschen: ***~ off*** abkneifen; **2.** beengen, einengen, -zwängen; *fig.* (be)drücken, beengen, beschränken: ***be ~ed for time*** wenig Zeit haben; ***be ~ed*** in Bedrängnis sein, Not leiden, knapp sein (***for, in, of*** an *dat.*); ***be ~ed for money*** knapp bei Kasse sein; ***~ed circumstances*** beschränkte Verhältnisse; **3.** *fig.* quälen: ***be ~ed with hunger*** ausgehungert sein; ***a ~ed face*** ein spitzes *od.* abgehärmtes Gesicht; **4.** *sl. et.* ‚klauen' (*stehlen*); **5.** *sl. j-n* ‚schnappen' (*verhaften*); **II** *v/i.* **6.** drücken, kneifen, zwicken: ***~ing want*** drückende Not; → ***shoe*** 1; **7.** *fig. a.* ***~ and scrape*** knausern, darben, sich nichts gönnen; **III** *s.* **8.** Kneifen *n*, Zwicken *n*; **9.** *fig.* Druck *m*, Qual *f*, Not(lage) *f*: ***at a ~*** im Notfall; ***if it***

comes to a ~ wenn es zum Äußersten kommt; **10.** Prise *f* (*Tabak etc.*); **11.** Quentchen *n*, (kleines) bißchen: ***a ~ of butter***; ***with a ~ of salt*** *fig.* mit Vorbehalt; **12.** *sl.* Festnahme *f*, Verhaftung *f*.

pinch·beck ['pɪntʃbek] **I** *s.* **1.** Tombak *m*, Talmi *n* (*a. fig.*); **II** *adj.* **2.** Talmi… (*a. fig.*); **3.** unecht.

'**pinch|·hit** *v/i.* [*irr.* → ***hit***] *Am. Baseball u. fig.* einspringen (***for*** für); '**~·hit·ter** *s. Am.* Ersatz(mann) *m*.

'**pinch,pen·ny I** *adj.* knick(e)rig; **II** *s.* knick(e)riger Mensch, Knicker *m*.

'**pin,cush·ion** *s.* Nadelkissen *n*.

pine[1] [paɪn] *s.* **1.** ⚘ Kiefer *f*, Föhre *f*, Pinie *f*; **2.** Kiefernholz *n*; **3.** F Ananas *f*.

pine[2] [paɪn] *v/i.* **1.** sich sehnen, schmachten (***after***, ***for*** nach); **2.** *mst* ***~ away*** verschmachten, vor Gram vergehen; **3.** sich grämen *od.* abhärmen (***at*** über *acc.*).

pin·e·al gland ['pɪnɪəl] *s. anat.* Zirbeldrüse *f*.

'**pine|,ap·ple** *s.* **1.** ⚘ Ananas *f*; **2.** ⚔ *sl.* a) 'Handgra,nate *f*, b) (kleine) Bombe; **~ cone** *s.* ⚘ Kiefernzapfen *m*; **~ mar·ten** *s. zo.* Baummarder *m*; **~ nee·dle** *s.* ⚘ Fichtennadel *f*; **~ oil** *s.* Kiefernöl *n*.

pine| tar *s.* Kienteer *m*; **~ tree** → ***pine***[1] 1.

ping [pɪŋ] **I** *v/i.* **1.** pfeifen (*Kugel*), schwirren (*Mücke etc.*); *mot.* klingeln; **II** *s.* **2.** Peng *n*; **3.** Pfeifen *n*, Schwirren *n*; *mot.* Klingeln *n*; '**~-pong** [-pɒŋ] *s.* Tischtennis *n*.

'**pin|·head** *s.* **1.** (Steck)Nadelkopf *m*; **2.** *fig.* Kleinigkeit *f*; **3.** F Dummkopf *m*; '**~·hole** *s.* **1.** Nadelloch *n*; **2.** kleines Loch (*a. opt.*): ***~ camera*** Lochkamera *f*.

pin·ion[1] ['pɪnjən] *s.* ⚙ **1.** Ritzel *n*, Antriebs(kegel)rad *n*: ***gear ~*** Getriebezahnrad *n*; ***~ drive*** Ritzelantrieb *m*; **2.** Kammwalze *f*.

pin·ion[2] ['pɪnjən] **I** *s.* **1.** *orn.* Flügelspitze *f*; **2.** *orn.* (Schwung)Feder *f*; **3.** *poet.* Schwinge *f*, Fittich *m*; **II** *v/t.* **4.** die Flügel stutzen (*dat.*) (*a. fig.*); **5.** fesseln (***to*** an *acc.*).

pink[1] [pɪŋk] **I** *s.* **1.** ⚘ Nelke *f*: ***plumed*** (*od.* ***feathered***) **~** Federnelke; **2.** Blaßrot *n*, Rosa *n*; **3.** *bsd. Brit.* (scharlach-)roter Jagdrock; **4.** *pol. Am. sl.* ‚rot Angehauchte(r)' *m*, Sa'lonbolsche,wist *m*; **5.** *fig.* Gipfel *m*, Krone *f*, höchster Grad: ***in the ~ of health*** bei bester Gesundheit; ***the ~ of perfection*** die höchste Vollendung; ***be in the ~*** (***of condition***) in ‚Hochform' sein; **II** *adj.* **6.** rosa(farben), blaßrot: ***~ slip*** ‚blauer Brief', Kündigungsschreiben *n*; **7.** *pol. sl.* ‚rötlich', kommu'nistisch angehaucht.

pink[2] [pɪŋk] *v/t.* **1.** *a.* ***~ out*** auszacken: ***~ing shears*** *pl.* Zickzackschere *f*; **2.** durch'bohren, -'stechen.

pink[3] [pɪŋk] *s.* ⚓ Pinke *f* (*Boot*).

pink[4] [pɪŋk] *v/i.* klopfen (*Motor*).

pink·ish ['pɪŋkɪʃ] *adj.* rötlich (*a. pol. sl.*), blaßrosa.

'**pin-,mon·ey** *s.* (*a.* selbstverdientes) Taschengeld (*der Frau*).

pin·na ['pɪnə] *pl.* **-nae** [-ni:] *s.* **1.** *anat.* Ohrmuschel *f*; **2.** *zo.* a) Feder *f*, Flügel *m*, b) Flosse *f*; **3.** ⚘ Fieder(blatt *n*) *f*.

pin·nace ['pɪnɪs] *s.* ⚓ Pi'nasse *f*.

pin·na·cle ['pɪnəkl] *s.* **1.** △ a) Spitzturm *m*, b) Zinne *f*; **2.** (Fels-, Berg)Spitze *f*, Gipfel *m*; **3.** *fig.* Gipfel *m*, Spitze *f*, Höhepunkt *m*.

pin·nate ['pɪnɪt] *adj.* gefiedert.

pin·ni·grade ['pɪnɪgreɪd], '**pin·ni·ped** [-ped] *zo.* **I** *adj.* flossen-, schwimmfüßig; **II** *s.* Flossen-, Schwimmfüßer *m*.

pin·nule ['pɪnju:l] *s.* **1.** Federchen *n*; **2.** *zo.* Flössel *n*; **3.** ⚘ Fiederblättchen *n*.

pin·ny ['pɪnɪ] F → ***pinafore***.

pi·noch·le, pi·noc·le ['pi:nʌkl] *s. Am.* Bi'nokel *n* (*Kartenspiel*).

'**pin|·point I** *v/t. Ziel* genau festlegen *od.* lokalisieren *od.* bombardieren; *fig. et.* genau bestimmen; **II** *adj.* genau, Punkt…: ***~ bombing*** Bombenpunktwurf *m*; ***~ strike*** ⚚ Schwerpunktstreik *m*; ***~ target*** Punktziel *n*; '**~·prick** *s.* **1.** Nadelstich *m* (*a. fig.*): ***policy of ~s*** Politik *f* der Nadelstiche; **2.** *fig.* Stiche'lei *f*, spitze Bemerkung; '**~-striped** *adj.* mit Nadelstreifen (*Anzug*).

pint [paɪnt] *s.* **1.** Pinte *f* (*Brit. 0,57, Am. 0,47 Liter*); **2.** F Halbe *f* (Bier); '**pint-size(d)** *adj.* F winzig.

pin·tle ['pɪntl] *s.* **1.** ⚙ (Dreh)Bolzen *m*; **2.** *mot.* Düsennadel *f*, -zapfen *m*; **3.** ⚓ Fingerling *m*, Ruderhaken *m*.

pin·to ['pɪntəʊ] *Am. pl.* **-tos** *s.* Scheck(e) *m*, Schecke *f* (*Pferd*).

'**pin-up (girl)** *s.* Pin-'up-Girl *n*.

pi·o·neer [,paɪə'nɪə] **I** *s.* **1.** ⚔ Pio'nier *m*; **2.** *fig.* Pio'nier *m*, Bahnbrecher *m*, Vorkämpfer *m*, Wegbereiter *m*; **II** *v/i.* **3.** *fig.* den Weg bahnen, bahnbrechende Arbeit leisten; **III** *v/t.* **4.** den Weg bahnen für (*a. fig.*); **IV.** *adj.* **5.** Pionier…: ***~ work***; **6.** *fig.* bahnbrechend, wegbereitend, Versuchs…, erst.

pi·ous ['paɪəs] *adj.* □ **1.** fromm (*a. iro.*), gottesfürchtig: ***~ fraud*** (***wish***) *fig.* frommer Betrug (Wunsch); ***~ effort*** F gutgemeinter Versuch; **2.** lieb (*Kind*).

pip[1] [pɪp] *s.* **1.** *vet.* Pips *m* (*Geflügelkrankheit*); **2.** *Brit.* F miese Laune: ***he gives me the ~*** er geht mir auf den ‚Wecker'.

pip[2] [pɪp] *s.* **1.** Auge *n* (*auf Spielkarten*), Punkt *m* (*auf Würfeln etc.*); **2.** (Obst-)Kern *m*; **3.** ⚔ *bsd. Brit. sl.* Stern *m* (*Rangabzeichen*); **4.** *Radar*: Blip *m* (*Bildspur*); **5.** *Brit. Radio*: Ton *m* (*Zeitzeichen*).

pip[3] [pɪp] *Brit.* F **I** *v/t.* **1.** 'durchfallen lassen (*bei e-r Wahl etc.*); **2.** *fig.* knapp besiegen, im Ziel abfangen; **3.** ‚abknallen' (*erschießen*); **II** *v/i.* **4.** *a.* ***~ out*** ‚abkratzen' (*sterben*).

pipe [paɪp] **I** *s.* **1.** ⚙ a) Rohr *n*, Röhre *f*, b) (Rohr)Leitung *f*; **2.** (Tabaks)Pfeife *f*: ***put that in your ~ and smoke it*** F laß dir das gesagt sein; **3.** ♪ Pfeife *f* (*Flöte*); Orgelpfeife *f*; ('Holz)Blasinstru,ment *n*; *mst pl.* Dudelsack *m*; **4.** a) Pfeifen *n* (*e-s Vogels*), Piep(s)en *n*, b) Pfeifenton *m*, c) Stimme *f*; **5.** F Luftröhre *f*: ***clear one's ~*** sich räuspern; **6.** *metall.* Lunker *m*; **7.** ⚒ (Wetter)Lutte *f*; **8.** ⚚ Pipe *f* (*Weinfaß = Brit. 477,3, Am. 397,4 Liter*); **II** *v/t.* **9.** (durch Röhren, *weitS.* durch Kabel) leiten, *weitS. a.* schleusen, *a. e-e Radiosendung* über'tragen: ***~d music*** Musik *f* aus dem Lautsprecher, Musikberieselung *f*; **10.** Röhren *od.* e-e Rohrleitung legen in (*acc.*); **11.** pfeifen, flöten; *Lied* anstimmen, singen; **12.** quieken, piepsen; **13.** ⚓ *Mannschaft* zs.-pfeifen; **14.** *Schneiderei*: paspelieren, mit Biesen besetzen; **15.** *Torte etc.* mit feinem Guß verzieren, spritzen; **16.** ***~ one's eye*** F ‚flennen', weinen; **III** *v/i.* **17.** pfeifen (*a. Wind etc.*), flöten; piep(s)en: ***~ down*** *sl.* ‚die Luft anhalten', ‚die Klappe halten'; ***~ up*** loslegen, anfangen; **~ bowl** *s.* Pfeifenkopf *m*; **~ burst** *s.* Rohrbruch *m*; **~ clamp** *s.* ⚙ Rohrschelle *f*; '**~·clay I** *s.* **1.** *min.* Pfeifenton *m*; **2.** ⚔ *fig.* ‚Kom'miß' *m*; **II** *v/t.* **3.** mit Pfeifenton weißen; **~ clip** *s.* ⚙ Rohrschelle *f*; **~ dream** *s.* F Luftschloß *n*, Hirngespinst *n*; **~ fit·ter** *s.* ⚙ Rohrleger *m*; '**~·line** *s.* **1.** Rohrleitung *f*; *für Erdöl, Erdgas*: Pipeline *f*: ***in the ~*** *fig.* in Vorbereitung (*Pläne etc.*), im Kommen (*Entwicklung etc.*); **2.** *fig.* ‚Draht' *m*, (geheime) Verbindung *od.* (Informati'ons)Quelle; **3.** (*bsd.* Ver'sorgungs)Sy,stem *n*.

pip·er ['paɪpə] *s.* Pfeifer *m*: ***pay the ~*** *fig.* die Zeche bezahlen, *weitS.* der Dumme sein.

pipe| rack *s.* Pfeifenständer *m*; **~ tongs** *s. pl.* ⚙ Rohrzange *f*.

pi·pette [pɪ'pet] *s.* ⚗ Pi'pette *f*.

pipe wrench *s.* ⚙ Rohrzange *f*.

pip·ing ['paɪpɪŋ] **I** *s.* **1.** ⚙ a) Rohrleitung *f*, -netz *n*, Röhrenwerk *n*, b) Rohrverlegung *f*; **2.** *metall.* a) Lunker *m*, b) Lunkerbildung *f*; **3.** Pfeifen *n*, Piep(s)en *n*; Pfiff *m*; **4.** *Schneiderei*: Paspel *f*, (*an Uniformen*) Biese *f*; **5.** (feiner) Zuckerguß, Verzierung *f* (*Kuchen*); **II** *adj.* **6.** pfeifend, schrill; **7.** friedlich, i'dyllisch (*Zeit*); **III** *adv.* **8.** ***~ hot*** siedend heiß, *fig.* ‚brühwarm'.

pip·pin ['pɪpɪn] *s.* **1.** Pippinapfel *m*; **2.** *sl.* a) ‚tolle Sache', b) ‚toller Kerl'.

'**pip·squeak** *s.* F ‚Grashüpfer' *m*, ‚Würstchen' *n* (*Person*).

pi·quan·cy ['pi:kənsɪ] *s.* Pi'kantheit *f*, *das* Pi'kante; '**pi·quant** [-nt] *adj.* □ pi'kant (*a. fig.*).

pique [pi:k] **I** *v/t.* **1.** (auf)reizen, sticheln, ärgern, *j-s Stolz etc.* verletzen: ***be ~d at*** über *et.* pikiert *od.* verärgert sein; **2.** *Neugier etc.* reizen, wecken; **3.** ***~ o.s.*** (***on***) sich et. einbilden (auf *acc.*), sich brüsten (mit); **II** *s.* **4.** Groll *m*; Gereiztheit *f*, Gekränktsein *n*, Ärger *m*.

pi·qué ['pi:keɪ] *s.* Pi'kee *m* (*Gewebe*).

pi·quet [pɪ'ket] *s.* Pi'kett *n* (*Kartenspiel*).

pi·ra·cy ['paɪərəsɪ] *s.* **1.** Pirate'rie *f*, Seeräube'rei *f*; **2.** Plagi'at *n*, *bsd.* a) Raubdruck *m*, b) Raubpressung *f* (*e-r Schallplatte f*); **3.** Pa'tentverletzung *f*; **pi·rate** ['paɪərət] **I** *s.* **1.** a) Pi'rat *m*, Seeräuber *m*, b) Seeräuberschiff *n*; **2.** Plagi'ator *m*, *bsd.* a) Raubdrucker *m*, b) Raubpresser *m* (*von Schallplatten*); **II** *adj.* **3.** Piraten…: ***~ ship***; **4.** ⚖ Raub…: ***~ record***; ***~ edition*** Raubdruck *m*; **5.** Schwarz…: ***~ listener***, ***~*** (***radio***) ***station*** Pi'raten-, Schwarzsender *m*; **III** *v/t.* **6.** kapern, (aus)plündern (*a. weitS.*); **7.** plagiieren, *bsd.* unerlaubt nachdrukken; **pi·rat·i·cal** [paɪ'rætɪkl] *adj.* □ **1.** (see)räuberisch, Piraten…; **2.** ***~ edition*** Raubdruck *m*.

pir·ou·ette [,pɪrʊ'et] **I** *s. Tanz etc.*: Pirou'ette *f*; **II** *v/i.* pirouettieren.

Pis·ces ['pɪsi:z] *s. pl. ast.* **1.** Fische *pl.*; **2.** *Person*: *ein* Fisch *m*.

pis·ci·cul·ture ['pɪsɪkʌltʃə] *s.* Fischzucht

f; **pis·ci·cul·tur·ist** [ˌpɪsɪˈkʌltʃərɪst] *s.* Fischzüchter *m*.

pish [pɪʃ] *int.* **1.** pfui!; **2.** pah!

pi·si·form [ˈpaɪsɪfɔːm] *adj.* erbsenförmig, Erbsen…

piss [pɪs] *sl.* **I** *v/i.* ‚pissen', ‚pinkeln': ***~ on s.th.*** *fig.* ‚auf et. scheißen'; ***~ off!*** hau ab!; **II** *v/t.* ‚be-, anpissen': ***~ the bed*** ins Bett pinkeln; **III** *s.* ‚Pisse' *f*; **pissed** [-st] *adj. sl.* **1.** ‚blau', besoffen; **2.** ***~ off*** ‚(stock)sauer'.

pis·tach·i·o [pɪˈstɑːʃɪəʊ] *pl.* **-i·os** *s.* ⚘ Piˈstazie *f*.

pis·til [ˈpɪstɪl] *s.* ⚘ Piˈstill *n*, Stempel *m*, Griffel *m*; ˈ**pis·til·late** [-lət] *adj.* mit Stempel(n), weiblich (*Blüte*).

pis·tol [ˈpɪstl] *s.* Piˈstole *f* (*a. phys.*): ***hold a ~ to s.o.'s head*** *fig.* j-m die Pistole auf die Brust setzen; **~ point** *s.*: ***at ~*** mit vorgehaltener Pistole; **~ shot** *s.* **1.** Piˈstolenschuß *m*; **2.** *Am.* Piˈstolenschütze *m*.

pis·ton [ˈpɪstən] *s.* **1.** ⚙ Kolben *m*: ***~ engine*** Kolbenmotor *m*; **2.** ⚙ (Druck-)Stempel *m*; **~ dis·place·ment** *s.* Kolbenverdrängung *f*, Hubraum *m*; **~ rod** *s.* Kolben-, Pleuelstange *f*; **~ stroke** *s.* Kolbenhub *m*.

pit¹ [pɪt] **I** *s.* **1.** Grube *f* (*a. anat.*): ***refuse ~*** Müllgrube; ***~ of the stomach*** Magengrube; *sl.* ***the ~s*** das Letzte, Mist *m*; **2.** Abgrund *m* (*a. fig.*): (***bottomless***) ***~***, ***~*** (***of hell***) (Abgrund der) Hölle *f*, Höllenschlund *m*; **3.** ⚒ a) (*bsd.* Kohlen)Grube *f*, Zeche *f*, b) (*bsd.* Kohlen)Schacht *m*; **4.** ⚘ (Rüben-*etc.*)Miete *f*; **5.** ⚙ a) *Gießerei*: Dammgrube *f*, b) Abstichherd *m*, Schlackengrube *f*; **6.** *thea.* a) *bsd. Brit.* Parˈkett *n*, b) Orˈchestergraben *m*; **7.** *mot. Sport*: Box *f*: ***~ stop*** Boxenstopp *m*; **8.** ✝ *Am.* Börse *f*, Maklerstand *m*: ***grain ~*** Getreidebörse; **9.** ⚕ (Blattern-, Pokken)Narbe *f*; **10.** ⚙ Rostgrübchen *n*; **II** *v/t.* **11.** Löcher *od.* Vertiefungen bilden in (*dat.*) *od.* graben in (*acc.*); ⚙ an-, zerfressen (*Korrosion*); ⚕ mit Narben bedecken: ***~ted with smallpox*** pokkennarbig; **12.** ⚘ *Rüben etc.* einmieten; **13.** (***against***) a) *feindlich* gegenˈüberstellen (*dat.*), b) *j-n* ausspielen (gegen), c) *s-e Kraft etc.* messen (mit), *Argument* ins Feld führen (gegen); **III** *v/i.* **14.** Löcher *od.* Vertiefungen bilden; ⚕ narbig werden; ⚙ sich festfressen (*Kolben*).

pit² [pɪt] *Am.* **I** *s.* (Obst)Stein *m*; **II** *v/t.* entsteinen.

pit-a-pat [ˌpɪtəˈpæt] **I** *adv.* ticktack (*Herz*); klippklapp (*Schritte*); **II** *s.* Getrappel *n*, Getrippel *n*.

pitch¹ [pɪtʃ] **I** *s.* Pech *n*; **II** *v/t.* (ver)pichen, teeren (*a.* ⚓).

pitch² [pɪtʃ] **I** *s.* **1.** Wurf *m* (*a. sport*): ***queer s.o.'s ~*** F j-m ‚die Tour vermasseln', j-m e-n Strich durch die Rechnung machen; ***what's the ~?*** *Am. sl.* was ist los?; **2.** ✝ (Waren)Angebot *n*; **3.** ⚓ Stampfen *n*; **4.** Neigung *f*, Gefälle *n* (*Dach etc.*); **5.** ⚙ a) Teilung *f* (*Gewinde, Zahnrad*), b) Schränkung *f* (*Säge*), c) Steigung *f* (*Luftschraube* ✈); **6.** ♪ a) Tonhöhe *f*, b) (*absolute*) Stimmung *e-s Instruments*, c) Norˈmalstimmung *f*, Kammerton *m*: ***above ~*** zu hoch; ***have absolute ~*** das absolute Gehör haben; ***sing true to ~*** tonrein singen; **7.** Grad *m*, Stufe *f*, Höhe *f* (*a. fig.*); *fig.* höchster Grad, Gipfel *m*: ***to the highest ~*** aufs äußerste; **8.** ✝ a) Stand *m e-s Händlers*, b) *sl.* Anpreisung *f*, Verkaufsgespräch *n*, c) *sl.* ‚Platte' *f*, ‚Masche' *f*; **9.** *sport Brit.* Spielfeld *n*; *Kricket*: (Mittel)Feld *n*; **II** *v/t.* **10.** (*gezielt*) werfen (*a. sport*), schleudern; *Golf*: *den Ball* heben (*hoch schlagen*); **11.** *Heu etc.* aufladen, -gabeln; **12.** *Pfosten etc.* einrammen, befestigen; *Zelt, Verkaufsstand etc.* aufschlagen; *Leiter, Stadt etc.* anlegen; **13.** ♪ a) *Instrument* stimmen, b) *Grundton* angeben, c) *Lied etc. in e-r Tonart* anstimmen *od.* singen *od.* spielen: ***high-~ed voice*** hohe Stimme; ***~ one's hopes too high*** *fig.* s-e Hoffnungen zu hoch stecken; ***~ a yarn*** *fig.* ein Garn spinnen; **14.** *fig. Rede etc.* abstimmen (***on*** auf *acc.*), *et.* ausdrücken; **15.** *Straße* beschottern, *Böschung* verpacken; **16.** *Brit. Ware* ausstellen, feilhalten; **17.** ⚔ ***~ed battle*** regelrechte *od.* offene (Feld)Schlacht; **III** *v/i.* **18.** (kopfˈüber) hinstürzen, -schlagen; **19.** ⚔ (sich) lagern; **20.** ✝ e-n (Verkaufs-)Stand aufschlagen; **21.** ⚓ stampfen (*Schiff*); *fig.* taumeln; **22.** sich neigen (*Dach etc.*); **23.** ***~ in*** F a) sich (tüchtig) ins Zeug legen, loslegen, b) tüchtig ‚zulangen' (*essen*); **24.** ***~ into*** F a) herfallen über *j-n* (*a. fig.*), b) herfallen über *das Essen*, c) sich (mit Schwung) an *die Arbeit* machen; **25.** ***~ on***, ***~ upon*** sich entscheiden für, verfallen auf (*acc.*); ˌ**~-and-ˈtoss** *s.* ‚Kopf oder Schrift' (*Spiel*); **~ an·gle** *s.* ⚙ Steigungswinkel *m*; ˌ**~-ˈblack** *adj.* pechschwarz; ˈ**~-blende** [-blend] *s. min.* (Uˈran)Pechblende *f*; **~ cir·cle** *s.* ⚙ Teilkreis *m* (*Zahnrad*); ˌ**~-ˈdark** *adj.* pechschwarz, stockdunkel (*Nacht*).

pitch·er¹ [ˈpɪtʃə] *s. sport* Werfer *m*.

pitch·er² [ˈpɪtʃə] *s.* (irdener) Krug (*mit Henkel*).

ˈ**pitch|·fork** **I** *s.* **1.** ⚘ Heu-, Mistgabel *f*; **2.** ♪ Stimmgabel *f*; **II** *v/t.* **3.** mit der Heugabel werfen; **4.** *fig.* rücksichtslos werfen: ***~ troops into a battle***; **5.** ‚schubsen' (***into*** in *ein Amt etc.*); **~ pine** *s.* ⚘ Pechkiefer *f*; **~ pipe** *s.* ♪ Stimmpfeife *f*.

pitch·y [ˈpɪtʃɪ] *adj.* **1.** pechartig; **2.** voll Pech; **3.** pechschwarz (*a. fig.*).

pit coal *s.* Schwarz-, Steinkohle *f*.

pit·e·ous [ˈpɪtɪəs] → ***pitiable*** 1.

ˈ**pit·fall** *s.* Fallgrube *f*, Falle *f*, *fig. a.* Fallstrick *m*.

pith [pɪθ] *s.* **1.** ⚘, *anat.* Mark *n*; **2.** *a.* ***~ and marrow*** *fig.* Mark *n*, Kern *m*, ˈQuintesˌsenz *f*; **3.** *fig.* Kraft *f*, Präˈgnanz *f* (*e-r Rede etc.*); **4.** *fig.* Gewicht *n*, Bedeutung *f*.

ˈ**pit·head** *s.* ⚒ **1.** Füllort *m*, Schachtöffnung *f*; **2.** Fördergerüst *n*.

pith·e·can·thro·pus [ˌpɪθɪkænˈθrəʊpəs] *s.* Javamensch *m*.

pith| hat, **~ hel·met** *s.* Tropenhelm *m*.

pith·i·ness [ˈpɪθɪnɪs] *s.* **1.** *das* Markige, Markigkeit *f*; **2.** *fig.* Kernigkeit *f*, Präˈgnanz *f*, Kraft *f*; **pith·less** [ˈpɪθlɪs] *adj.* marklos; *fig.* kraftlos, schwach; **pith·y** [ˈpɪθɪ] *adj.* ☐ **1.** mark(art)ig; **2.** *fig.* markig, kernig, präˈgnant.

pit·i·a·ble [ˈpɪtɪəbl] *adj.* ☐ **1.** mitleiderregend, bedauernswert; *a. contp.* erbärmlich, jämmerlich, elend, kläglich; **2.** *contp.* armselig, dürftig; ˈ**pit·i·ful** [-fʊl] *adj.* ☐ **1.** mitleidig, mitleidsvoll; **2.** → ***pitiable***; ˈ**pit·i·less** [-lɪs] *adj.* ☐ **1.** unbarmherzig; **2.** erbarmungslos, mitleidlos.

ˈ**pit|·man** [-mən] *s.* [*irr.*] Bergmann *m*, Knappe *m*, Grubenarbeiter *m*; **~ prop** *s.* ⚒ (Gruben)Stempel *m*; *pl.* Grubenholz *n*; **~ saw** *s.* ⚙ Schrot-, Längensäge *f*.

pit·tance [ˈpɪtəns] *s.* **1.** Hungerlohn *m*, ‚paar Pfennige' *pl.*; **2.** (kleines) bißchen: ***the small ~ of learning*** das kümmerliche Wissen.

pit·ting [ˈpɪtɪŋ] *s. metall.* Körnung *f*, Lochfraß *m*, ˈGrübchenkorrosiˌon *f*.

pi·tu·i·tar·y [pɪˈtjuːɪtərɪ] *physiol.* **I** *adj.* pituiˈtär, schleimabsondernd, Schleim…; **II** *s. a.* ***~ gland*** Hirnanhang(drüse *f*) *m*, Hypoˈphyse *f*.

pit·y [ˈpɪtɪ] **I** *s.* **1.** Mitleid *n*, Erbarmen *n*: ***feel ~ for***, ***have*** (*od.* ***take***) ***~ on*** Mitleid haben mit; ***for ~'s sake!*** um Himmels willen!; **2.** Jammer *m*: ***it is a*** (***great***) ***~*** es ist (sehr) schade; ***what a ~!*** wie schade!; ***it is a thousand pities*** es ist jammerschade; ***the ~ of it is that*** es ist ein Jammer, daß; **II** *v/t.* **3.** bemitleiden, bedauern, Mitleid haben mit: ***I ~ him*** er tut mir leid; **pit·y·ing** [ˈpɪtɪɪŋ] *adj.* ☐ mitleidig.

piv·ot [ˈpɪvət] **I** *s.* **1.** a) (Dreh)Punkt *m*, b) (Dreh)Zapfen *m*: ***~ bearing*** Zapfenlager, c) Stift *m*, d) Spindel *f*; **2.** (Tür-)Angel *f*; **3.** ⚔ stehender Flügel(mann), Schwenkungspunkt *m*; **4.** *fig.* a) Dreh-, Angelpunkt *m*, b) → ***pivot man***, c) *Fußball*: ˈSchaltstatiˌon *f* (*Spieler*); **II** *v/t.* **5.** ⚙ a) mit Zapfen *etc.* versehen, b) drehbar lagern, c) (ein)schwenken; **III** *v/i.* **6.** sich drehen (***upon***, ***on*** um) (*a. fig.*); ⚔ schwenken; ˈ**piv·ot·al** [-tl] *adj.* **1.** Zapfen…, Angel…: ***~ point*** Angelpunkt *m*; **2.** *fig.* zenˈtral, Kardinal…: ***a ~ question***.

piv·ot| bolt *s.* Drehbolzen *m*; **~ bridge** *s.* Drehbrücke *f*; **~ man** [-mən] *s.* [*irr.*] *fig.* ˈSchlüsselfiˌgur *f*; ˈ**~-ˌmount·ed** *adj.* schwenkbar; **~ tooth** *s.* ⚕ Stiftzahn *m*.

pix·el [ˈpɪksəl] *s. TV, Computer*: Bild(schirm)punkt *m*.

pix·ie → ***pixy***.

pix·i·lat·ed [ˈpɪksɪleɪtɪd] *adj. Am.* F **1.** ‚verdreht', leicht verrückt; **2.** ‚blau' (*betrunken*).

pix·y [ˈpɪksɪ] *s.* Fee *f*, Elf *m*, Kobold *m*.

piz·zle [ˈpɪzl] *s.* **1.** *zo.* Fiesel *m*; **2.** Ochsenziemer *m*.

pla·ca·ble [ˈplækəbl] *adj.* ☐ versöhnlich, nachgiebig.

plac·ard [ˈplækɑːd] **I** *s.* **1.** a) Plaˈkat *n*, b) Transpaˈrent *n*; **II** *v/t.* **2.** mit Plaˈkaten bekleben; **3.** durch Plaˈkate bekanntgeben, anschlagen.

pla·cate [pləˈkeɪt] *v/t.* beschwichtigen, besänftigen, versöhnlich stimmen.

place [pleɪs] **I** *s.* **1.** Ort *m*, Stelle *f*, Platz *m*: ***from ~ to ~*** von Ort zu Ort; ***in ~*** am Platze (*a. fig. angebracht*); ***in ~s*** stellenweise; ***in ~ of*** an Stelle (*gen.*), anstatt (*gen.*); ***out of ~*** *fig.* fehl am Platz, unangebracht; ***take ~*** stattfinden; ***take s.o.'s ~*** j-s Stelle einnehmen; ***take the ~ of*** ersetzen, an die Stelle treten von; ***if I were in your ~*** an Ihrer Stelle (*würde ich …*); ***put yourself in my ~*** versetzen Sie sich in meine Lage; **2.** Ort *m*, Stätte *f*: **~ *of amusement*** Vergnügungsstätte; **~ *of birth*** Geburtsort; **~ *of business*** ✝ Geschäftssitz *m*; **~ *of delivery*** ✝ Erfüllungsort; **~ *of jurisdiction*** Gerichtsstand *m*; **~ *of worship*** Gotteshaus *n*, Kultstätte *f*; ***from this ~*** ✝ ab hier; ***in*** (*od.* ***of***) ***your ~*** ✝ dort; ***go ~s*** *Am.* a) ‚groß ausgehen', b) die Sehenswürdigkeiten *e-s Ortes* ansehen, c) *fig.* es weit bringen (*im Leben*); **3.** Wohnsitz *m*; F Wohnung *f*, Haus *n*: ***at his ~*** bei ihm (zu Hause); **4.** Wohnort *m*; Ort(schaft *f*) *m*, Stadt *f*, Dorf *n*: ***in this ~*** hier; **5.** ⚓ Platz *m*, Hafen *m*: **~ *for tran*(*s*)*shipment*** Umschlagplatz; **6.** ⚔ Festung *f*; **7.** F Gaststätte *f*, Lo'kal *n*; **8.** (Sitz)Platz *m*; **9.** *fig.* Platz *m* (*in e-r Reihenfolge*; *a. sport*), Stelle *f* (*a. in e-m Buch*): ***in the first ~*** a) an erster Stelle, erstens, b) zuerst, von vornherein, c) in erster Linie, d) überhaupt (erst); ***in third ~*** *sport* auf dem dritten Platz; **10.** A (Dezi'mal)Stelle *f*; **11.** Raum *m* (*a. fig.*, *a. für Zweifel etc.*); **12.** *thea.* Ort *m* (der Handlung); **13.** (An)Stellung *f*, (Arbeits)Stelle *f*: ***out of ~*** stellenlos; **14.** Dienst *m*, Amt *n*: ***it is not my ~*** *fig.* es ist nicht meines Amtes; **15.** (sozi'ale) Stellung, Rang *m*, Stand *m*: ***keep s.o. in his ~*** j-n in s-n Schranken *od.* Grenzen halten; ***know one's ~*** wissen, wohin man gehört; ***put s.o. in his ~*** j-n in s-e Schranken weisen; **16.** *univ.* (Studien)Platz *m*; **II** *v/t.* **17.** stellen, setzen, legen (*a. fig.*); *teleph. Gespräch* anmelden; → ***disposal*** 3; **18.** ⚔ *Posten* aufstellen, (***o.s.*** sich) postieren; **19.** *j-n* an-, einstellen; ernennen, in ein Amt einsetzen; **20.** *j-n* 'unterbringen (*a. Kind*), *j-m* Arbeit *od.* e-e Anstellung verschaffen; **21.** ✝ *Anleihe, Kapital* 'unterbringen; *Auftrag* erteilen *od.* vergeben; *Bestellung* aufgeben; *Vertrag* abschließen; → ***account*** 5, ***credit*** 1; **22.** ✝ *Ware* absetzen; **23.** (der Lage nach) näher bestimmen; *fig.* *j-n* ‚'unterbringen' (*identifizieren*): ***I can't ~ him*** ich weiß nicht, wo ich ihn ‚unterbringen' *od.* ‚hintun' soll; **24.** *sport* plazieren: ***be ~d*** unter den ersten drei sein, sich plazieren; **~ bet** *s.* *Rennsport*: Platzwette *f*.

pla·ce·bo [plə'si:bəʊ] *pl.* **-bos** *s.* **1.** ⚕ Pla'cebo *n*, 'Blindpräpa,rat *n*; **2.** *fig.* Beruhigungspille *f*.

place| card *s.* Platz-, Tischkarte *f*; **~ hunt·er** *s.* Pöstchenjäger *m*; **~ hunt·ing** *s.* Pöstchenjäge'rei *f*; **~ kick** *s.* *sport* a) *Fußball*: Stoß *m* auf den ruhenden Ball (*Freistoß etc.*), b) *Rugby*: Platztritt *m*; **'~·man** [-mən] *s.* [*irr.*] *pol. contp.* ‚Pöstcheninhaber' *m*, ‚'Futterkrippenpo,litiker' *m*; **~ mat** *s.* Set *n*, Platzdeckchen *n*.

place·ment ['pleɪsmənt] *s.* **1.** (Hin-, Auf)Stellen *n*, Plazieren *n*; **2.** a) Einstellung *f e-s Arbeitnehmers*, b) Vermittlung *f e-s Arbeitsplatzes*, c) 'Unterbringung *f von Arbeitskräften, Waisen*; **3.** Stellung *f*, Lage *f*; Anordnung *f*; **4.** ✝ a) Anlage *f*, Unterbringung *f von Kapital*, b) Vergabe *f von Aufträgen*; **5.** *ped. Am.* Einstufung *f*.

place name *s.* Ortsname *m*.

pla·cen·ta [plə'sentə] *pl.* **-tae** [-ti:] *s.* **1.** *anat.* Pla'zenta *f*, Mutterkuchen *m*; **2.** ♀ Samenleiste *f*.

plac·er ['plæsə] *s.* *min.* **1.** *bsd. Am.* (*Gold- etc.*)Seife *f*; **2.** seifengold- *od.* erzseifenhaltige Stelle; **'~-gold** *s.* Seifen-, Waschgold *n*; **'~-,min·ing** *s.* Goldwaschen *n*.

pla·cet ['pleɪset] (*Lat.*) *s.* Plazet *n*, Zustimmung *f*, Ja *n*.

plac·id ['plæsɪd] *adj.* □ **1.** (seelen)ruhig, ‚gemütlich'; **2.** mild, sanft; **3.** selbstgefällig; **pla·cid·i·ty** [plæ'sɪdətɪ] *s.* Milde *f*, Gelassenheit *f*, (Seelen)Ruhe *f*.

plack·et ['plækɪt] *s.* *Mode*: a) Schlitz *m an Frauenkleid*, b) Tasche *f*.

pla·gi·a·rism ['pleɪdʒjərɪzəm] *s.* Plagi'at *n*; **'pla·gi·a·rist** [-ɪst] *s.* Plagi'ator *m*; **'pla·gi·a·rize** [-raɪz] **I** *v/t.* plagiieren, abschreiben; **II** *v/i.* ein Plagi'at begehen.

plague [pleɪg] **I** *s.* **1.** ⚕ Seuche *f*, Pest *f*: ***avoid like the ~*** *fig.* wie die Pest meiden; **2.** *bsd. fig.* Plage *f*, Heimsuchung *f*, Geißel *f*: ***the ten ~s*** *bibl.* die Zehn Plagen; ***a ~ on it!*** zum Henker damit!; **3.** *fig.* F a) Plage *f*, b) Quälgeist *m* (*Mensch*); **II** *v/t.* **4.** plagen, quälen; **5.** F belästigen, peinigen; **6.** *fig.* heimsuchen; **~ spot** *s.* *mst fig.* Pestbeule *f*.

plaice [pleɪs] *pl. coll.* **plaice** *s.* *ichth.* Scholle *f*.

plaid [plæd] **I** *s.* schottisches Plaid(tuch); **II** *adj.* 'buntka,riert.

plain [pleɪn] **I** *adj.* □ **1.** einfach, schlicht: **~ *clothes*** Zivil(kleidung *f*) *n*; ***~-clothes man*** Kriminalbeamte(r) *m od.* Polizist in Zivil; **~ *cooking*** bürgerliche Küche; **~ *fare*** Hausmannskost *f*; **~ *paper*** unliniertes Papier; **~ *postcard*** gewöhnliche Postkarte; **2.** schlicht, schmucklos, kahl (*Zimmer etc.*); ungemustert, einfarbig (*Stoff*): **~ *knitting*** Rechts-, Glattstrickerei *f*; **~ *sewing*** Weißnäherei *f*; **3.** unscheinbar, reizlos, hausbacken (*Gesicht, Mädchen etc.*); **4.** klar, leicht verständlich: ***in ~ language*** *tel.* im Klartext (*a. fig.*), offen; **5.** klar, offenbar, -kundig (*Irrtum etc.*); **6.** klar (und deutlich), 'unmißverständlich, 'unum,wunden: **~ *talk***; ***the ~ truth*** die nackte Wahrheit; **7.** offen, ehrlich: **~ *dealing*** ehrliche Handlungsweise; **8.** pur, unverdünnt (*Getränk*); *fig.* bar, rein (*Unsinn etc.*): **~ *folly*** heller Wahnsinn; **9.** *bsd. Am.* flach; ⚙ glatt: **~ *country*** *Am.* Flachland *n*; **~ *roll*** ⚙ Glattwalze *f*; **~ *bearing*** Gleitlager *n*; **~ *fit*** ⚙ Schlichtsitz *m*; *fig.* → ***sailing*** 1; **10.** ohne Filter (*Zigarette*); **II** *adv.* **11.** klar, deutlich; **III** *s.* **12.** Ebene *f*, Fläche *f*; Flachland *n*; *pl. bsd. Am.* Prä'rie *f*; **'plain·ness** [-nɪs] *s.* **1.** Einfachheit *f*, Schlichtheit *f*; **2.** Deutlichkeit *f*, Klarheit *f*; **3.** Offenheit *f*, Ehrlichkeit *f*; **4.** Reizlosigkeit *f* (*e-r Frau etc.*); **,plain-'spo·ken** *adj.* offen, freimütig: ***he is a ~ man*** er nimmt (sich) kein Blatt vor den Mund.

plaint [pleɪnt] *s.* **1.** Beschwerde *f*, Klage *f*; **2.** ⚖ (An)Klage(schrift) *f*; **'plain·tiff** [-tɪf] *s.* ⚖ (Zi'vil)Kläger(in): ***party ~*** klagende Partei; **'plain·tive** [-tɪv] *adj.* □ traurig, kläglich; wehleidig (*Stimme*); Klage…: **~ *song***.

plait [plæt] **I** *s.* **1.** Zopf *m*, Flechte *f*; (Haar-, Stroh)Geflecht *n*; **2.** Falte *f*; **II** *v/t.* **3.** *Haar, Matte etc.* flechten; **4.** verflechten.

plan [plæn] **I** *s.* **1.** (Spiel-, Wirtschafts-, Arbeits)Plan *m*, Entwurf *m*, Pro'jekt *n*, Vorhaben *n*: **~ *of action*** Schlachtplan (*a. fig.*); ***according to ~*** planmäßig; ***make ~s*** (***for the future***) (Zukunfts-)Pläne schmieden; **2.** (Lage-, Stadt-)Plan *m*: ***general ~*** Übersichtsplan; **3.** ⚙ (Grund)Riß *m*: **~ *view*** Draufsicht; **II** *v/t.* **4.** planen, entwerfen, e-n Plan entwerfen für *od.* zu: **~ *ahead*** (*a. v/i.*) vorausplanen; ***~ning board*** Planungsamt *n*; **5.** *fig.* planen, beabsichtigen.

plane¹ [pleɪn] *s.* ♀ Pla'tane *f*.

plane² [pleɪn] **I** *adj.* **1.** flach, eben; ⚙ plan; **2.** A eben: **~ *figure***; **~ *curve*** einfach gekrümmte Kurve; **II** *s.* **3.** Ebene *f*, (ebene) Fläche: **~ *of refraction*** *phys.* Brechungsebene; ***on the upward ~*** *fig.* im Anstieg; **4.** *fig.* Ebene *f*, Stufe *f*, Ni'veau *n*, Bereich *m*: ***on the same ~ as*** auf dem gleichen Niveau wie; **5.** ⚙ Hobel *m*; **6.** ⚒ Förderstrecke *f*; **7.** ✈ a) Tragfläche *f*: ***elevating*** (***depressing***) ***~s*** Höhen-(Flächen)steuer *n*, b) Flugzeug *n*; **III** *v/t.* **8.** (ein)ebnen, planieren, ⚙ *a.* schlichten, *Bleche* abrichten; **9.** (ab)hobeln; **10.** *typ.* bestoßen; **IV.** *v/i.* **11.** ✈ gleiten; fliegen; **'plan·er** [-nə] *s.* **1.** ⚙ 'Hobel(ma,schine *f*) *m*; **2.** *typ.* Klopfholz *n*.

plane sail·ing *s.* ⚓ Plansegeln *n*.

plan·et ['plænɪt] *s.* *ast.* Pla'net *m*.

'plane-,ta·ble *s.* *surv.* Meßtisch *m*: **~ *map*** Meßtischblatt *n*.

plan·e·tar·i·um [,plænɪ'teərɪəm] *s.* Plane'tarium *n*; **plan·e·tar·y** ['plænɪtərɪ] *adj.* **1.** *ast.* plane'tarisch, Planeten…; **2.** *fig.* um'herirrend; **3.** ⚙ Planeten…: **~ *gear*** Planetengetriebe *n*; **~ *wheel*** Umlaufrad *n*; **plan·et·oid** ['plænɪtɔɪd] *s.* *ast.* Planeto'id *m*.

'plane-tree → ***plane¹***.

pla·nim·e·ter [plæ'nɪmɪtə] *s.* ⚙ Plani'meter *n*, Flächenmesser *m*; **pla'nim·e·try** [-trɪ] *s.* Planime'trie *f*.

plan·ish ['plænɪʃ] ⚙ *v/t.* **1.** glätten, (ab-)schlichten, planieren; **2.** *Holz* glatthobeln; **3.** *Metall* glatthämmern; polieren.

plank [plæŋk] **I** *s.* **1.** (*a.* Schiffs)Planke *f*, Bohle *f*, (Fußboden)Diele *f*, Brett *n*: **~ *flooring*** Bohlenbelag *m*; ***walk the ~*** a) ⚓ *hist.* ertränkt werden, b) *fig. pol. etc.* ‚abgeschossen' werden; **2.** *pol. bsd. Am.* (Pro'gramm)Punkt *m e-r Partei*; **3.** ⚒ Schwarte *f*; **II** *v/t.* **4.** mit Planken *etc.* belegen, beplanken, dielen; **5.** verschalen, ⚒ verzimmern; **6.** *Speise* auf e-m Brett servieren; **7.** **~ *down*** (*od.* ***out***) F *Geld* auf den Tisch legen, hinlegen, ‚blechen'; **~ bed** *s.* (Holz)Pritsche *f* (*im Gefängnis etc.*).

plank·ing ['plæŋkɪŋ] *s.* Beplankung *f*, (Holz)Verschalung *f*, Bohlenbelag *m*; *coll.* Planken *pl.*

plank·ton ['plæŋktən] *s.* *zo.* Plankton *n*.

plan·less ['plænlɪs] *adj.* planlos; **'plan·ning** [-nɪŋ] *s.* **1.** Planen *n*, Planung *f*; **2.** ✝ Bewirtschaftung *f*, Planwirtschaft *f*.

pla·no-con·cave [,pleɪnəʊ'kɒnkeɪv] *adj.* *phys.* 'plan-kon,kav (*Linse*).

plant [plɑ:nt] **I** *s.* **1.** a) Pflanze *f*, Gewächs *n*, b) Setz-, Steckling *m*: ***in ~*** im Wachstum befindlich; **2.** ⚙ (Betriebs-, Fa'brik)Anlage *f*, Werk *n*, Fa'brik *f*, (Fabrikati'ons)Betrieb *m*: **~ *engineer***

Betriebsingenieur *m*; **3.** ⚙ (Ma'schinen)Anlage *f*, Aggre'gat *n*; Appara'tur *f*; **4.** (Be'triebs)Materi͵al *n*, Betriebseinrichtung *f*, Inven'tar *n*: **~ *equipment*** Werksausrüstung *f*; **5.** *sl.* a) *et.* Eingeschmuggeltes, Schwindel *m*, (*a.* Poli'zei)Falle *f*, b) (Poli'zei)Spitzel *m*; **II** *v/t.* **6.** (ein-, an)pflanzen: **~ *out*** aus-, um-, verpflanzen; **7.** *Land* a) bepflanzen, b) besiedeln, kolonisieren; **8.** *Kolonisten* ansiedeln; **9.** *Garten etc.* anlegen; *et.* errichten; *Kolonie etc.* gründen; **10.** *fig.* (***o.s.*** sich) *wo* aufpflanzen, (auf-)stellen, postieren; **11.** *Faust*, *Fuß wohin* setzen, ‚pflanzen'; **12.** *fig. Ideen etc.* (ein)pflanzen, einimpfen; **13.** *sl. Schlag* ‚landen', ‚verpassen'; *Schuß* setzen, knallen; **14.** *Spitzel* einschleusen; **15.** *sl. Belastendes etc.* (ein)schmuggeln, ‚deponieren': **~ *s.th. on j-m*** et. ‚unterschieben'; **16.** *j-n* im Stich lassen.

plan·tain¹ ['plæntɪn] *s.* ⚘ Wegerich *m*.

plan·tain² ['plæntɪn] *s.* ⚘ **1.** Pi'sang *m*; **2.** Ba'nane *f* (*Frucht*).

plan·ta·tion [plæn'teɪʃn] *s.* **1.** Pflanzung *f* (*a. fig.*), Plan'tage *f*; **2.** (Wald)Schonung *f*; **3.** *hist.* Ansiedlung *f*, Kolo'nie *f*.

plant·er ['plɑːntə] *s.* **1.** Pflanzer *m*, Plan'tagenbesitzer *m*; **2.** *hist.* Siedler *m*; **3.** 'Pflanzma͵schine *f*.

plan·ti·grade ['plæntɪgreɪd] *zo.* **I** *adj.* auf den Fußsohlen gehend; **II** *s.* Sohlengänger *m* (*Bär etc.*).

plant louse *s.* [*irr.*] *zo.* Blattlaus *f*.

plaque [plɑːk] *s.* **1.** (Schmuck)Platte *f*; **2.** A'graffe *f*, (Ordens)Schnalle *f*, Spange *f*; **3.** Gedenktafel *f*; **4.** (Namens-)Schild *n*; **5.** ⚕ Fleck *m*: ***dental* ~** Zahnbelag *m*.

plash¹ [plæʃ] *v/t. u. v/i.* (Zweige) zu e-r Hecke verflechten.

plash² [plæʃ] **I** *v/i.* **1.** platschen, plätschern (*Wasser*); *im Wasser* planschen; **II** *v/t.* **2.** platschen *od.* klatschen auf (*acc.*): **~!** platsch!; **III** *s.* **3.** Platschen *n*, Plätschern *n*, Spritzen *n*; **4.** Pfütze *f*, Lache *f*; **'plash·y** [-ʃɪ] *adj.* **1.** plätschernd, klatschend, spritzend; **2.** voller Pfützen, matschig, feucht.

plasm ['plæzəm], **'plas·ma** [-zmə] *s.* **1.** *biol.* ('Milch-, 'Blut-, 'Muskel)͵Plasma *n*; **2.** *biol.* Proto'plasma *n*; **3.** *min.*, *phys.* 'Plasma *n*; **plas·mat·ic** [plæz'mætɪk], **'plas·mic** [-zmɪk] *adj. biol.* plas'matisch, Plasma...

plas·ter ['plɑːstə] **I** *s.* **1.** *pharm.* (Heft-, Senf)Pflaster *n*; **2.** a) Gips *m* (*a.* ⚕), b) ⚙ Mörtel *m*, Verputz *m*, Bewurf *m*, Tünche *f*: **~ *cast*** a) Gipsabdruck *m*, b) ⚕ Gipsverband *m*; **3.** *mst* **~ *of Paris*** a) (gebrannter) Gips (*a.* ⚕), b) Stuck *m*, Gips(mörtel) *m*; **II** *v/t.* **4.** ⚙ (ver)gipsen, (über)'tünchen, verputzen; **5.** bepflastern (*a. fig. mit Plakaten, Steinwürfen etc.*); **6.** *fig.* über'schütten (***with*** mit *Lob etc.*); **7.** ***be ~ed*** *sl.* ‚besoffen' sein; **'plas·ter·er** [-ərə] *s.* Stukka'teur *m*; **'plas·ter·ing** [-ərɪŋ] *s.* **1.** Verputz *m*, Bewurf *m*; **2.** Stuck *m*; **3.** Gipsen *n*; **4.** Stukka'tur *f*.

plas·tic ['plæstɪk] **I** *adj.* (☐ **~*ally***) **1.** plastisch: **~ *art*** bildende Kunst, Plastik *f*; **2.** formgebend, gestaltend; **3.** ⚙ (ver)formbar, knetbar, plastisch: **~ *clay*** bildfähiger Ton; **4.** Kunststoff...: **~ *bag*** Plastikbeutel *m*, -tüte *f*; (***synthetic***) **~ *material*** → 9; **5.** ⚕ plastisch: **~ *surgery***; **~ *surgeon*** Facharzt *m* für plastische Chirurgie; **6.** *fig.* plastisch, anschaulich; **7.** *fig.* formbar (*Geist*); **8.** **~ *bomb*** Plastikbombe *f*; **II** *s.* **9.** ⚙ (Kunstharz)Preßstoff *m*, Plastik-, Kunststoff *m*; **'plas·ti·cine** [-ɪsiːn] *s.* Plasti'lin *n*, Knetmasse *f*; **plas·tic·i·ty** [plæ'stɪsətɪ] *s.* Plastizi'tät *f* (*a. fig. Bildhaftigkeit*), (Ver)Formbarkeit *f*; **'plas·ti·ciz·er** [-ɪsaɪzə] *s.* ⚙ Weichmacher *m*.

plat [plæt] → ***plait***, ***plot*** 1.

plate [pleɪt] **I** *s.* **1.** *allg.* Platte *f* (*a. phot.*); (Me'tall)Schild *n*, Tafel *f*; (Namen-, Firmen-, Tür)Schild *n*; **2.** *paint.* (Kupfer- *etc.*)Stich *m*; *weitS.* Holzschnitt *m*: ***etched* ~** Radierung *f*; **3.** (Bild)Tafel *f* (*Buch*); **4.** (Eß-, *eccl.* Kol'lekten)Teller *m*; Platte *f* (*a. Gang e-r Mahlzeit*); *coll.* (Gold-, Silber-, Tafel-)Geschirr *n od.* (-)Besteck *n*: ***German* ~** Neusilber *n*; ***have a lot on one's* ~** F viel am Hals haben; ***hand s.o. s.th. on a* ~** j-m et. ‚auf dem Tablett servieren'; **5.** ⚙ (Glas-, Me'tall)Platte *f*; Scheibe *f*, La'melle *f* (*Kupplung etc.*); Deckel *m*; **6.** ⚙ Grobblech *n*; Blechtafel *f*; **7.** ⚡ *Radio*: A'node *f e-r Röhre*; Platte *f*, Elek'trode *f e-s Kondensators*; **8.** *typ.* (Druck-, Stereo'typ)Platte *f*; **9.** Po'kal *m*, Preis *m beim Rennen*; **10.** *Am. Baseball*: (Schlag)Mal *n*; **11.** *a.* ***dental* ~** a) (Gaumen)Platte *f*, b) *weitS.* (künstliches) Gebiß; **12.** *Am. sl.* a) ('hyper)ele͵gante Per'son, b) ‚tolle Frau'; **13.** *pl. sl.* ‚Plattfüße' *pl.* (*Füße*); **II** *v/t.* **14.** mit Platten belegen; ⚔, ⚓ panzern, blenden; **15.** plattieren, (mit Me'tall) über'ziehen; **16.** *typ.* a) stereotypieren, b) *Typendruck*: in Platten formen; **~ *ar·mo(u)r*** *s.* ⚓, ⚙ Plattenpanzer(ung *f*) *m*.

pla·teau ['plætəʊ] *pl.* **-teaux**, **teaus** [-z] (*Fr.*) *s.* Pla'teau *n* (*a. fig. psych. etc.*), Hochebene *f*.

plate cir·cuit *s.* ⚡ An'odenkreis *m*.

plat·ed ['pleɪtɪd] *adj.* ⚙ plattiert, me'tallüber͵zogen, versilbert, -goldet, dubliert; **'plate·ful** [-fʊl] *pl.* **-fuls** *s. ein* Teller(voll) *m*.

plate| glass *s.* Scheiben-, Spiegelglas *n*; **'~-͵hold·er** *s. phot.* ('Platten)Kas͵sette *f*; **'~͵lay·er** *s.* 🚂 Streckenarbeiter *m*; **'~-mark** → ***hallmark***.

plat·en ['plætən] *s.* **1.** *typ.* Drucktiegel *m*, Platte *f*: **~ *press*** Tiegeldruckpresse *f*; **2.** ('Schreibma͵schinen)Walze *f*; **3.** 'Druckzy͵linder *m* (*Rotationsmaschine*).

plat·er ['pleɪtə] *s.* **1.** ⚙ Plattierer *m*; **2.** (minderwertiges) Rennpferd.

plate| shears *s. pl.* Blechschere *f*; **~ *spring*** *s.* ⚙ Blattfeder *f*.

plat·form ['plætfɔːm] *s.* **1.** Plattform *f*, ('Redner)Tri͵büne *f*, Podium *n*; **2.** ⚙ Rampe *f*; (Lauf-, Steuer)Bühne *f*: ***lifting* ~** Hebebühne *f*; **3.** Treppenabsatz *m*; **4.** *geogr.* a) Hochebene *f*, b) Ter'rasse *f* (*a. engS.*); **5.** 🚂 a) Bahnsteig *m*, b) Plattform *f am Wagenende*); **6.** ⚔ Bettung *f e-s Geschützes*; **7.** a) *a.* **~ *sole*** Pla'teausohle *f*, b) *pl*, *a.* **~ *shoes*** Schuhe *pl.* mit Plateausohle; **8.** *fig.* öffentliches Forum, Podiumsgespräch *n*; **9.** *pol.* Par'teipro͵gramm *n*, Plattform *f*; *bsd. Am.* program'matische Wahlerklärung; **~ *car*** *bsd. Am.* → ***flatcar***; **~ *scale*** *s.* ⚙ Brückenwaage *f*; **~ *tick·et*** *s.* Bahnsteigkarte *f*.

plat·ing ['pleɪtɪŋ] *s.* **1.** Panzerung *f*; **2.** ⚙ Beplattung *f*, Me'tall͵auflage *f*, Verkleidung *f* (*mit Metallplatten*); **3.** Plattieren *n*, Versilberung *f*.

pla·tin·ic [plə'tɪnɪk] *adj.* Platin...: **~ *acid*** ⚗ Platinchlorid *n*; **plat·i·nize** ['plætɪnaɪz] *v/t.* **1.** ⚙ platinieren, mit Platin über'ziehen; **2.** ⚗ mit Platin verbinden; **plat·i·num** ['plætɪnəm] *s.* Platin *n*: **~ *blonde*** F Platinblondine *f*.

plat·i·tude ['plætɪtjuːd] *s. fig.* Plattheit *f*, Gemeinplatz *m*, Plati'tüde *f*; **plat·i·tu·di·nar·i·an** ['plætɪ͵tjuːdɪ'neərɪən] *s.* Phrasendrescher *m*, Schwätzer *m*; **plat·i·tu·di·nize** [͵plætɪ'tjuːdɪnaɪz] *v/i.* sich in Gemeinplätzen ergehen, quatschen; **plat·i·tu·di·nous** [͵plætɪ'tjuːdɪnəs] *adj.* ☐ platt, seicht, phrasenhaft.

Pla·ton·ic [plə'tɒnɪk] *adj.* (☐ **~*ally***) pla'tonisch.

pla·toon [plə'tuːn] *s.* **1.** ⚔ Zug *m* (*Kompanieabteilung*): ***in*** (*od.* ***by***) **~*s*** zugweise; **2.** Poli'zeiaufgebot *n*.

plat·ter ['plætə] *s.* **1.** (Servier)Platte *f*: ***hand s.o. s.th. on a* ~** *fig.* F j-m et. ‚auf e-m Tablett servieren'; **2.** *Am. sl.* Schallplatte *f*.

plat·y·pus ['plætɪpəs] *pl.* **-pus·es** *s. zo.* Schnabeltier *n*.

plat·y(r)·rhine ['plætɪraɪn] *zo.* **I** *adj.* breitnasig; **II** *s.* Breitnase *f* (*Affe*).

plau·dit ['plɔːdɪt] *s. mst pl.* lauter Beifall, Ap'plaus *m*.

plau·si·bil·i·ty [͵plɔːzə'bɪlətɪ] *s.* **1.** Glaubwürdigkeit *f*, Wahr'scheinlichkeit *f*; **2.** gefälliges Äußeres, einnehmendes Wesen; **plau·si·ble** ['plɔːzəbl] *adj.* ☐ **1.** glaubhaft, einleuchtend, annehmbar, plau'sibel; **2.** einnehmend, gewinnend (*Äußeres*); **3.** glaubwürdig.

play [pleɪ] **I** *s.* **1.** (Glücks-, Wett-, Unter'haltungs)Spiel *n* (*a. sport*): ***be at* ~** a) spielen, b) *Kartenspiel*: am Ausspielen sein, c) *Schach*: am Zuge sein; ***it is your* ~** Sie sind am Spiel; ***in*** (***out of***) **~** *sport*: (noch) im Spiel (im Aus) (*Ball*); ***lose money at* ~** Geld verwetten; **2.** Spiel(weise *f*) *n*: ***that was pretty* ~** das war gut (gespielt); → ***fair¹*** 9, ***foul play***; **3.** Spiele'rei *f*, Kurzweil *f*, *a.* Liebesspiel(e *pl.*) *n*: ***a* ~ *of words*** ein Spiel mit Worten; ***a* ~ (*up*)*on words*** ein Wortspiel; ***in* ~** im Scherz; **4.** *thea.* (Schau)Spiel *n*, (The'ater)Stück *n*: ***at the* ~** im Theater; ***go to the* ~** ins Theater gehen; ***as good as a* ~** äußerst amüsant *od.* interessant; **5.** Spiel *n*, Vortrag *m*; **6.** *fig.* Spiel *n des Lichtes auf Wasser etc.*, spielerische Bewegung, (*Muskel- etc.*)Spiel *n*: **~ *of colo(u)rs*** Farbenspiel; **7.** Bewegung *f*, Gang *m*: ***bring into* ~** a) in Gang bringen, b) ins Spiel *od.* zur Anwendung bringen; ***come into* ~** ins Spiel kommen; ***make* ~** a) Wirkung haben, b) s-n Zweck erfüllen; ***make* ~ *with*** zur Geltung bringen, sich brüsten mit; ***make a* ~ *for*** *Am. sl. e-m Mädchen* den Kopf verdrehen wollen; **8.** Spielraum *m* (*a. fig.*); ⚙ *mst* Spiel *n*: ***allow*** (*od.* ***give***) ***full*** (*od.* ***free***) **~ *to e-r Sache, s-r Phantasie etc.*** freien Lauf lassen; **II** *v/i.* **9.** a) spielen (*a. sport, thea. u. fig.*) (***for*** um *Geld etc.*), b) mitspielen (*a. fig. mitmachen*): **~ *at*** a) *Ball, Karten etc.* spielen, b) *fig.* sich nur so nebenbei mit *et.* beschäftigen; **~ *at business*** ein bißchen in Geschäften machen; **~ *for***

time a) Zeit zu gewinnen suchen, b) *sport*: auf Zeit spielen; ~ ***into s.o.'s hands*** j-m in die Hände spielen; ~ (***up***)***on*** a) ♪ auf *einem Instrument* spielen, b) mit *Worten* spielen, c) *fig. j-s Schwächen* ausnutzen; ~ ***with*** spielen mit (*a. fig. e-m Gedanken*; *a. leichtfertig umgehen mit*; *a. engS. herumfingern an*); ~ ***safe*** ‚auf Nummer Sicher' gehen; ~! *Tennis etc.*: bitte! (= *fertig*); → ***fair***[1] 15, ***false*** II, ***fast***[2] 3, ***gallery*** 2; **10.** a) *Kartenspiel*: ausspielen, b) *Schach*: am Zug sein, ziehen; **11.** a) ‚her'umspielen', sich amüsieren, b) Unsinn treiben, c) scherzen; **12.** a) sich tummeln, b) flattern, gaukeln, c) spielen (*Lächeln, Licht etc.*) (***on*** auf *dat.*), d) schillern (*Farbe*), e) in Tätigkeit sein (*Springbrunnen*); **13.** a) schießen, b) spritzen, c) strahlen, streichen: ~ ***on*** gerichtet sein auf (*acc.*), bestreichen, bespritzen (*Schlauch, Wasserstrahl*), anstrahlen, absuchen (*Scheinwerfer*); **14.** ⚙ a) Spiel(raum) haben, b) sich bewegen (*Kolben etc.*); **15.** sich *gut etc.* zum Spielen eignen (*Boden etc.*); **III** *v/t.* **16.** *Karten, Tennis etc., a.* ♪, *a. thea. Rolle od. Stück, a. fig.* spielen: ~ (***s.th. on***) ***the piano*** (et. auf dem) Klavier spielen; ~ ***both ends against the middle*** *fig.* vorsichtig lavieren; ~ ***it safe*** a) kein Risiko eingehen, b) (*Wendung*) um (ganz) sicher zu gehen; ~ ***it low down*** *sl.* ein gemeines Spiel treiben (***on*** mit *j-m*); ~ ***the races*** bei (Pferde)Rennen wetten; → ***deuce*** 3, ***fool***[1] 2, ***game***[1] 4, ***havoc***, ***hooky***[2], ***trick*** 2, ***truant*** 1; **17.** a) *Karte* ausspielen (*a. fig.*): ~ ***one's cards well*** s-e Chancen gut (aus)nutzen, b) *Schachfigur* ziehen; **18.** spielen, Vorstellungen geben in (*dat.*): ~ ***the larger cities***; **19.** *Geschütz, Scheinwerfer, Licht-, Wasserstrahl etc.* richten (***on*** auf *acc.*): ~ ***a hose on*** *et.* bespritzen; ~ ***colo(u)red lights on*** *et.* bunt anstrahlen; **20.** *Fisch* auszappeln lassen;

Zssgn mit prp.:

play| at → ***play*** 9; ~ (**up·**)**on** → ***play*** 9, 12, 13, 19; ~ **up to** → ***play*** 9; ~ **with** → ***play*** 9;

Zssgn mit adv.:

play| a·round *v/i.* → ***play*** 11a; ~ **a·way I** *v/t. Geld* verspielen; **II** *v/i.* drauf'losspielen; ~ **back** *v/t. Platte, Band* abspielen; ~ **down** *v/t. fig.* ‚her'unterspielen'; ~ **off** *v/t.* **1.** *sport Spiel* a) beenden, b) *durch Stichkampf* entscheiden; **2.** *fig. j-n* ausspielen (***against*** gegen *e-n andern*); **3.** *Musik* her'unterspielen; ~ **out** *v/t.* erschöpfen: ***played out*** erschöpft, ‚fertig'; ~ **up I** *v/i.* **1.** ♪ lauter spielen; **2.** *sport* F ‚aufdrehen'; **3.** *Brit.* F ‚verrückt spielen' (*Auto etc.*); **4.** ~ ***to*** a) *j-m* schöntun, b) *j-n* unter'stützen; **II** *v/t.* **5.** *e-e Sache* ‚hochspielen'; **6.** F *j-n* ‚auf die Palme bringen' (*reizen*).

play·a·ble ['pleɪəbl] *adj.* **1.** spielbar; **2.** *thea.* bühnenreif, -gerecht.

'**play|·act** *v/i. contp.* ‚schauspielern'; ~ **ac·tor** *s. mst contp.* Schauspieler *m* (*a. fig.*); '~**·back** *s.* ⚡ **1.** Playback *n*, Abspielen *n*: ~ ***head*** Tonabnehmerkopf *m*; **2.** Wiedergabegerät *n*; '~**·bill** *s.* The'aterplaˌkat *n*; '~**·book** *s. thea.* Textbuch *n*; '~**·boy** *s.* Playboy *m*; '~**·day** *s.* (schul)freier Tag.

play·er ['pleɪə] *s.* **1.** *sport, a.* ♪ Spieler (-in); **2.** *Brit. sport* Berufsspieler *m*; **3.** (Glücks)Spieler *m*; **4.** Schauspieler(in); ~ **pi·an·o** *s.* me'chanisches Kla'vier.

'**playˌfel·low** → ***playmate***.

play·ful ['pleɪfʊl] *adj.* □ **1.** spielerisch; **2.** verspielt; **3.** ausgelassen, neckisch; '**play·ful·ness** [-nɪs] *s.* **1.** Munterkeit *f*; Ausgelassenheit *f*; **2.** Verspieltheit *f*.

'**play|·girl** *s.* Playgirl *n*; '~ˌ**go·er** *s.* The'aterbesucher(in); '~**·ground** *s.* **1.** Spiel-, Tummelplatz *m* (*a. fig.*); **2.** Schulhof *m*; '~**·house** *s.* **1.** *thea.* Schauspielhaus *n*; **2.** Spielhaus *n*, -hütte *f*.

play·ing| card ['pleɪɪŋ] *s.* Spielkarte *f*; ~ **field** *s. Brit.* Sport-, Spielplatz *m*.

play·let ['pleɪlɪt] *s.* kurzes Schauspiel.

'**play|·mate** *s.* 'Spielkameˌrad(in), Gespiele *m*, Gespielin *f*; '~**·off** *s. sport* Entscheidungsspiel *n*; '~**·pen** Laufgitter *n*; '~**·suit** *s.* Spielhöschen *n*; '~**·thing** *s.* Spielzeug *n* (*fig. a. Person*); '~**·time** *s.* **1.** Freizeit *f*; **2.** *ped.* große Pause; '~**·wright** *s.* Bühnenschriftsteller *m*, Dra'matiker *m*.

plea [pliː] *s.* **1.** Vorwand *m*, Ausrede *f*: ***on the ~ of*** (*od.* ***that***) unter dem Vorwand (*gen.*) *od.* daß; **2.** ⚖ a) Verteidigung *f*, b) Antwort *f* des Angeklagten: ~ ***of guilty*** Schuldgeständnis *n*; **3.** ⚖ Einrede *f*: ***make a*** ~ Einspruch erheben; ~ ***of the crown*** *Brit.* Strafklage *f*; **4.** *fig.* (dringende) Bitte (***for*** um), Gesuch *n*; **5.** *fig.* Befürwortung *f*.

plead [pliːd] **I** *v/i.* **1.** ⚖ *u. fig.* plädieren (***for*** für); **2.** ⚖ (*vor Gericht*) e-n Fall erörtern, Beweisgründe vorbringen; **3.** ⚖ sich zu s-r Verteidigung äußern: ~ ***guilty*** sich schuldig bekennen (***to*** *gen.*); **4.** dringend bitten (***for*** um, ***with s.o.*** j-n); **5.** sich einsetzen *od.* verwenden (***for*** für, ***with s.o.*** bei j-m); **6.** einwenden *od.* geltend machen (***that*** daß); **II** *v/t.* **7.** ⚖ *u. fig.* als Verteidigung *od.* Entschuldigung anführen, *et.* vorschützen: ~ ***ignorance***; **8.** ⚖ erörtern; **9.** ⚖ a) *Sache* vertreten, verteidigen: ~ ***s.o.'s cause***, b) (als Beweisgrund) vorbringen, anführen; '**plead·er** [-də] *s.* ⚖ *u. fig.* Anwalt *m*, Sachwalter *m*; '**plead·ing** [-dɪŋ] **I** *s.* **1.** ⚖ a) Plädo'yer *n*, b) Plädieren *n*, Führen *n* e-r Rechtssache, c) Parteivorbringen *n*, d) *pl.*, gerichtliche Verhandlungen *pl.*, e) *bsd. Brit.* vorbereitete Schriftsätze *pl.*, Vorverhandlung *f*; **2.** Fürsprache *f*; **3.** Bitten *n* (***for*** um); **II** *adj.* □ **4.** flehend, bittend, inständig.

pleas·ant ['pleznt] *adj.* □ **1.** angenehm (*a. Geruch, Traum etc.*), wohltuend, erfreulich (*Nachrichten etc.*), vergnüglich; **2.** freundlich (*a. Wetter, Zimmer*): ***please look*** ~! bitte recht freundlich!; '**pleas·ant·ness** [-nɪs] *s.* **1.** *das* Angenehme; angenehmes Wesen; **2.** Freundlichkeit *f*; **3.** Heiterkeit *f* (*a. fig.*); '**pleas·ant·ry** [-trɪ] *s.* **1.** Heiter-, Lustigkeit *f*; **2.** Scherz *m*: a) Witz *m*, b) Hänse'lei *f*.

please [pliːz] **I** *v/i.* **1.** gefallen, angenehm sein, befriedigen, Anklang finden: ~! bitte (sehr)!; ***as you*** ~ wie Sie wünschen; ***if you*** ~ a) wenn ich bitten darf, wenn es Ihnen recht ist, b) *iro.* gefälligst, c) man stelle sich vor, denken Sie nur; ~ ***come in!*** bitte, treten Sie ein!; **2.** befriedigen, zufriedenstellen: ***anxious to*** ~ dienstbeflissen, sehr eifrig; **II** *v/t.* **3.** *j-m* gefallen *od.* angenehm sein *od.* zusagen, *j-n* erfreuen: ***be ~d to do*** sich freuen *et.* zu tun; ***I am only too ~d to do it*** ich tue es mit dem größten Vergnügen; ***be ~d with*** a) befriedigt sein von, b) Vergnügen haben an (*dat.*), c) Gefallen finden an (*dat.*): ***I am ~d with it*** es gefällt mir; **4.** befriedigen, zufriedenstellen: ~ ***o.s.*** tun, was man will; ~ ***yourself*** a) wie Sie wünschen, b) bitte, bedienen Sie sich; ***only to ~ you*** nur Ihnen zuliebe; → ***hard*** 3; **5.** (*a. iro.*) geruhen, belieben (***to do*** *et.* zu tun): ~ ***God*** so Gott will; '**pleased** [-zd] *adj.* zufrieden (***with*** mit), erfreut (***at*** über *acc.*); → ***Punch***[4]; '**pleas·ing** [-zɪŋ] *adj.* □ angenehm, wohltuend, gefällig.

pleas·ur·a·ble ['pleʒərəbl] *adj.* □ angenehm, vergnüglich, ergötzlich.

pleas·ure ['pleʒə] **I** *s.* **1.** Vergnügen *n*, Freude *f*, (*a. sexueller*) Genuß, Lust *f*: ***with ~!*** mit Vergnügen!; ***give s.o. ~*** j-m Vergnügen (*od.* Freude) machen; ***have the ~ of doing*** das Vergnügen haben, *et.* zu tun; ***take ~ in*** (*od.* ***at***) Vergnügen *od.* Freude finden an (*dat.*): ***he takes*** (***a***) ~ ***in contradicting*** es macht ihm Spaß zu widersprechen; ***take one's*** ~ sich vergnügen; ***a man of*** ~ ein Genußmensch; **2.** Gefallen *m*, Gefälligkeit *f*: ***do s.o. a*** ~ j-m e-n Gefallen tun; **3.** Belieben *n*, Gutdünken *n*: ***at*** ~ nach Belieben; ***at the Court's*** ~ nach dem Ermessen des Gerichts; ⚖ ***during Her Majesty's*** ~ *Brit.* auf unbestimmte Zeit (*Freiheitsstrafe*); **II** *v/i.* **4.** sich erfreuen *od.* vergnügen; ~ **boat** *s.* Vergnügungsdampfer *m*; ~ **ground** *s.* Vergnügungs-, Rasenplatz *m*; ~ **prin·ci·ple** *s. psych.* 'Lustprinˌzip *n*; '~ˌ**seek·ing** *adj.* vergnügungssüchtig; ~ **tour** *s.*, ~ **trip** *s.* Vergnügungsreise *f*.

pleat [pliːt] **I** *s.* (Rock- *etc.*)Falte *f*; **II** *v/t.* falten, fälteln, plissieren.

ple·be·ian [plɪ'biːən] **I** *adj.* ple'bejisch; **II** *s.* Ple'bejer(in); **ple'be·ian·ism** [-nɪzəm] *s.* Ple'bejertum *n*.

pleb·i·scite ['plebɪsɪt] *s.* Plebis'zit *n*, Volksabstimmung *f*, -entscheid *m*.

plec·trum ['plektrəm] *pl.* **-tra** [-ə] *s.* ♪ Plektron *n*.

pledge [pledʒ] **I** *s.* **1.** (Faust-, 'Unter-) Pfand *n*, Pfandgegenstand *m*; Verpfändung *f*; Bürgschaft *f*, Sicherheit *f*; *hist.* Bürge *m*, Geisel *f*: ***in ~ of*** a) als Pfand für, b) *fig.* als Beweis für, zum Zeichen, daß; ***hold in ~*** als Pfand halten; ***put in ~*** verpfänden; ***take out of ~*** *Pfand* auslösen; **2.** Versprechen *n*, feste Zusage, Gelübde *n*, Gelöbnis *n*: ***take the ~*** dem Alkohol abschwören; **3.** *fig.* 'Unterpfand *n*, Beweis *m* (*der Freundschaft etc.*): ***under the ~ of secrecy*** unter dem Siegel der Verschwiegenheit; **4.** *a.* ~ ***of love*** *fig.* Pfand *n* der Liebe (*Kind*); **5.** Zutrinken *n*, Toast *m*; **6.** *bsd. univ. Am.* a) Versprechen *n*, e-r Verbindung *od.* e-m (Geheim)Bund beizutreten, b) Anwärter(in) auf solche Mitgliedschaft; **II** *v/t.* **7.** verpfänden (***s.th. to s.o.*** j-m et.); Pfand bestellen für, e-e Sicherheit leisten für; als Sicherheit *od.* zum Pfand geben: ~ ***one's word*** *fig.* sein Wort verpfänden; **~d article** Pfandobjekt; **~d merchandise** † sicherungsübereignete Ware(n); **~d securities** † lombardierte Effekten; **8.** *j-n* verpflichten (**to** zu, auf *acc.*): **~ o.s.** geloben, sich verpflichten; **9.** *j-m* zutrinken, auf das Wohl (*gen.*) trinken; **'pledge·a·ble** [-dʒəbl] *adj.* verpfändbar; **pledg·ee** [ple'dʒiː] *s.* Pfandnehmer(in), -inhaber (-in), -gläubiger(in); **pledge·or** [ple'dʒɔː], **'pledg·er** [-dʒə], **pledg·or** [ple'dʒɔː] *s.* ⚖ Pfandgeber(in), -schuldner(in).

Ple·iad ['plaɪəd] *pl.* **'Ple·ia·des** [-diːz] *s. ast., fig.* Siebengestirn *n.*

Pleis·to·cene ['plaɪstəʊsiːn] *s. geol.* Pleisto'zän *n*, Di'luvium *n.*

ple·na·ry ['pliːnərɪ] *adj.* **1.** □ voll(ständig), Voll..., Plenar...: **~ session** Plenarsitzung *f*; **2.** voll('kommen), uneingeschränkt: **~ indulgence** *R.C.* vollkommener Ablaß; **~ power** Generalvollmacht *f.*

plen·i·po·ten·ti·ar·y [ˌplenɪpəʊ'tenʃərɪ] **I** *s.* **1.** (Gene'ral)Beˌvollmächtigte(r *m*) *f*, bevollmächtigter Gesandter *od.* Mi'nister; **II** *adj.* **2.** bevollmächtigt; **3.** abso'lut, unbeschränkt.

plen·i·tude ['plenɪtjuːd] *s.* **1.** → **plenty** 1; **2.** Vollkommenheit *f.*

plen·te·ous ['plentjəs] *adj.* □ *poet.* reich(lich); **'plen·te·ous·ness** [-nɪs] *s. poet.* Fülle *f.*

plen·ti·ful ['plentɪfʊl] *adj.* □ reich(lich), im 'Überfluß (vor'handen); **'plen·ti·ful·ness** [-nɪs] → **plenty** 1.

plen·ty ['plentɪ] **I** *s.* Fülle *f*, 'Überfluß *m*, Reichtum *m* (**of** an *dat.*): **have ~ of s.th.** mit et. reichlich versehen sein, et. in Hülle u. Fülle haben; **in ~** im Überfluß; **~ of money** (**time**) jede Menge *od.* viel Geld (Zeit); **~ of times** sehr oft; → **horn** 4; **II** *adj. bsd. Am.* reichlich, jede Menge; **III** *adv.* F a) bei weitem, ‚lange', b) *Am.* ‚mächtig'.

ple·num ['pliːnəm] *s.* **1.** Plenum *n*, Vollversammlung *f*; **2.** *phys.* (vollkommen) ausgefüllter Raum.

ple·o·nasm ['plɪəʊnæzəm] *s.* Pleo'nasmus *m*; **ple·o·nas·tic** [ˌplɪəʊ'næstɪk] *adj.* (□ **~ally**) pleo'nastisch.

pleth·o·ra ['pleθərə] *s.* **1.** ⚕ Blutandrang *m*; **2.** *fig.* 'Überfülle *f*, Zu'viel *n* (**of** an *dat.*); **ple·thor·ic** [ple'θɒrɪk] *adj.* (□ **~ally**) **1.** ⚕ ple'thorisch; **2.** *fig.* 'übervoll, über'laden.

pleu·ra ['plʊərə] *pl.* **-rae** [-riː] *s. anat.* Brust-, Rippenfell *n*; **'pleu·ral** [-rəl] *adj.* Brust-, Rippenfell...; **'pleu·ri·sy** [-rəsɪ] *s.* ⚕ Pleu'ritis *f*, Brustfell-, Rippenfellentzündung *f.*

pleu·ro·car·pous [ˌplʊərəʊ'kɑːpəs] *adj.* ⚘ seitenfrüchtig; **ˌpleu·ro·pneu'mo·ni·a** [-njʊ'məʊnjə] *s.* **1.** ⚕ Lungen- u. Rippenfellentzündung *f*; **2.** *vet.* Lungen- u. Brustseuche *f.*

plex·or ['pleksə] *s.* ⚕ Perkussi'onshammer *m.*

plex·us ['pleksəs] *pl.* **-es** [-ɪz] *s.* **1.** *anat.* Plexus *m*, (Nerven)Geflecht *n*; **2.** *fig.* Flechtwerk *n*, Netz(werk) *n*, Kom'plex *m.*

pli·a·bil·i·ty [ˌplaɪə'bɪlətɪ] *s.* Biegsamkeit *f*, Geschmeidigkeit *f* (*a. fig.*); **pli·a·ble** ['plaɪəbl] *adj.* □ **1.** biegsam, geschmeidig (*a. fig.*); **2.** *fig.* nachgiebig, fügsam, leicht zu beeinflussen(d).

pli·an·cy ['plaɪənsɪ] *s.* Biegsamkeit *f*, Geschmeidigkeit *f* (*a. fig.*); **'pli·ant** [-nt] *adj.* □ → **pliable**.

pli·ers ['plaɪəz] *s. pl.* (*a. als sg. konstr.*) ⚙ (**a pair of ~** e-e) (Draht-, Kneif)Zange: **round(-nosed) ~** Rundzange *f.*

plight¹ [plaɪt] *s.* (mißliche) Lage, Not-, Zwangslage *f.*

plight² [plaɪt] *bsd. poet.* **I** *v/t.* **1.** *Wort*, *Ehre* verpfänden, *Treue* geloben: **~ed troth** gelobte Treue; **2.** verloben (**to** *dat.*); **II** *s.* **3.** *obs.* Gelöbnis *n*, feierliches Versprechen; **4.** *a.* **~ of faith** Verlobung *f.*

plim·soll ['plɪmsəl] *s.* Turnschuh *m.*

plinth [plɪnθ] *s.* ⚠ **1.** Plinthe *f*, Säulenplatte *f*; **2.** Fußleiste *f.*

Pli·o·cene ['plaɪəʊsiːn] *s. geol.* Plio'zän *n.*

plod [plɒd] **I** *v/i.* **1.** *a.* **~ along**, **~ on** mühsam *od.* schwerfällig gehen, sich da'hinschleppen, trotten, (ein'her)stapfen; **2.** **~ away** *fig.* sich abmühen *od.* -plagen (**at** mit), ‚schuften'; **II** *v/t.* **3.** **~ one's way** → 1; **'plod·der** [-də] *s. fig.* Arbeitstier *n*; **'plod·ding** [-dɪŋ] **I** *adj.* □ **1.** stapfend; **2.** arbeitsam, angestrengt *od.* unverdrossen (*arbeitend*); **II** *s.* **3.** Placke'rei *f*, Schufte'rei *f.*

plonk¹ [plɒŋk] *s.* F billiger u. schlechter Wein, *humor.* Fusel.

plonk² [plɒŋk] F **I** *v/t.* **1.** *a.* **~ down** *et.* ‚hinschmeißen'; **2.** ♪ zupfen auf (*acc.*); **3.** **~ down** *Am. sl.* ‚blechen', bezahlen; **II** *v/i.* **4.** ‚knallen'; **III** *adv.* **5.** knallend; **6.** ‚zack', genau: **~ in the eye**; **~!** wamm!

plop [plɒp] **I** *v/i.* plumpsen; **II** *v/t.* plumpsen lassen; **III** *s.* Plumps *m*, Plumpsen *n*; **IV** *adv.* mit e-m Plumps; **V** *int.* plumps!

plo·sion ['pləʊʒn] *s. ling.* Verschluß (-sprengung *f*) *m*; **plo·sive** ['pləʊsɪv] **I** *adj.* Verschluß...; **II** *s.* Verschlußlaut *m.*

plot [plɒt] **I** *s.* **1.** Stück(chen) *n* Land, Par'zelle *f*, Grundstück *n*: **a garden-~** ein Stück Garten; **2.** *bsd. Am.* (Lage-, Bau)Plan *m*, (Grund)Riß *m*, Dia'gramm *n*, graphische Darstellung; **3.** ✕ a) *Artillerie*: Zielort *m*, b) *Radar*: Standort *m*; **4.** (geheimer) Plan, Kom'plott *n*, Anschlag *m*, Verschwörung *f*, In'trige *f*: **lay a ~** ein Komplott schmieden; **5.** Handlung *f*, Fabel *f* (*Roman*, *Drama etc.*), *a.* In'trige *f* (*Komödie*); **II** *v/t.* **6.** e-n Plan von *et.* anfertigen, *et.* planen, entwerfen; aufzeichnen (*a.* **~ down**) (**on** in *dat.*); ⚓, ✈ *Kurs* abstecken, -setzen, ermitteln; ⩚ *Kurve* (graphisch) darstellen *od.* auswerten; *Luftbilder* auswerten: **~ted fire** ✕ Planfeuer *n*; **7.** *a.* **~ out** *Land* parzellieren; **8.** *Verschwörung* planen, aushecken, *Meuterei etc.* anzetteln; **9.** *Romanhandlung etc.* entwickeln, ersinnen; **III** *v/i.* **10.** (**against**) Ränke *od.* ein Komplott schmieden, intrigieren, sich verschwören (gegen), e-n Anschlag verüben (auf *acc.*); **'plot·ter** [-tə] *s.* **1.** Planzeichner (-in); **2.** Anstifter(in); **3.** Ränkeschmied *m*, Intri'gant(in), Verschwörer(in).

plough [plaʊ] **I** *s.* **1.** Pflug *m*: **put one's hand to the ~** s-e Hand an den Pflug legen; **2.** **the ~** *ast.* der Große Bär *od.* Wagen; **3.** *Tischlerei*: Falzhobel *m*; **4.** *Buchbinderei*: Beschneidhobel *m*; **5.** *univ. Brit. sl.* ‚('Durch)Rasseln' *n*, ‚'Durchfall' *m*; **II** *v/t.* **6.** *Boden* ('um-) pflügen: **~ back** unterpflügen, *fig. Gewinn* wieder in das Geschäft stecken; → **sand** 2; **7.** *fig.* a) *Wasser*, *Gesicht* (durch)'furchen, *Wellen* pflügen, b) sich (*e-n Weg*) bahnen: **~ one's way**; **8.** *univ. Brit. sl.* 'durchfallen lassen: **be** *od.* **get ~ed** durchrasseln; **III** *v/i.* **9.** *fig.* sich e-n Weg bahnen: **~ through a book** F ein Buch durchackern; **'~-land** *s.* Ackerland *n*; **'~·man** [-mən] *s.* [*irr.*] Pflüger *m*: **~'s lunch** Imbiß *m* aus Brot, Käse *etc.*; **~ plane** *s.* ⚙ Nuthobel *m*; **'~·share** *s.* ⚒ Pflugschar *f.*

plov·er ['plʌvə] *s. orn.* **1.** Regenpfeifer *m*; **2.** Gelbschenkelwasserläufer *m*; **3.** Kiebitz *m.*

plow [plaʊ] *etc. Am.* → **plough** *etc.*

ploy [plɔɪ] *s.* F Trick *m*, ‚Masche' *f.*

pluck [plʌk] **I** *s.* **1.** Rupfen *n*, Zupfen *n*, Zerren *n*; **2.** Ruck *m*, Zug *m*; **3.** Geschlinge *n von Schlachttieren*; **4.** *fig.* Schneid *m*, Mut *m*; **5.** → **plough** 5; **II** *v/t.* **6.** *Obst*, *Blumen etc.* pflücken, abreißen; **7.** *Federn*, *Haar*, *Unkraut etc.* ausreißen, -zupfen, *Geflügel* rupfen; ⚙ *Wolle* plüsen; → **crow¹** 1; **8.** zupfen, ziehen, zerren, reißen: **~ s.o. by the sleeve** j-n am Ärmel zupfen; **~ up courage** *fig.* Mut fassen; **9.** *sl. j-n* ‚rupfen', ausplündern; **10.** → **plough** 8; **III** *v/i.* **11.** (**at**) zupfen, ziehen, zerren (an *dat.*), schnappen, greifen (nach); **'pluck·i·ness** [-kɪnɪs] *s.* Schneid *m*, Mut *m*; **'pluck·y** [-kɪ] *adj.* □ F mutig, schneidig.

plug [plʌg] **I** *s.* **1.** Pflock *m*, Stöpsel *m*, Dübel *m*, Zapfen *m*; (Faß)Spund *m*; Pfropf(en) *m* (*a.* ⚕); Verschlußschraube *f*, (Hahn-, Ven'til)Küken *n*: **drain ~** Ablaßschraube; **2.** ⚡ Stecker *m*, Stöpsel *m*: **~-ended cord** Stöpselschnur *f*; **~ socket** Steckdose *f*; **3.** *mot.* Zündkerze *f*; **4.** ('Feuer)Hyˌdrant *m*; **5.** (Klo'sett-) Spülvorrichtung *f*; **6.** (Zahn)Plombe *f*; **7.** Priem *m* (*Kautabak*); **8.** → **plug hat**; **9.** † *sl.* Ladenhüter *m*; **10.** *sl.* alter Gaul; **11.** *sl.* a) (Faust)Schlag *m*, b) Schuß *m*, c) Kugel *f*: **take a ~ at** → 18; **12.** *Am. Radio*: Re'klame(hinweis *m*) *f*; **13.** F falsches Geldstück; **II** *v/t.* **14.** *a.* **~ up** zu-, verstopfen, zustöpseln; **15.** *Zahn* plombieren; **16.** **~ in** ⚡ *Gerät* einstecken, -stöpseln, *durch Steckkontakt* anschließen; **17.** F *im Radio etc.* (ständig) Reklame machen für; *Lied etc.* ständig spielen (lassen); **18.** *sl. j-m* ‚eine (*e-n Schlag*, *e-e Kugel*) verpassen'; **III** *v/i.* **19.** F *a.* **~ away** ‚schuften' (**at** an *dat.*); **~ box** *s.* 'Steckdose *f*, -konˌtakt *m*; **~ fuse** *s.* Stöpselsicherung *f*; **~ hat** *s. Am. sl.* ‚Angströhre' *f* (*Zylinder*); **'~-in** *adj.* ⚙ Steck..., Einschub...: **~ board** *Computer*: Steckkarte *f*; **~ telephone** umsteckbares Telefon; **'~-ˌug·ly** **I** *s. Am. sl.* Schläger *m*, Ra'bauke *m*; **II** *adj.* F abgrundhäßlich; **~ wrench** *s. mot.* Zündkerzenschlüssel *m.*

plum [plʌm] *s.* **1.** Pflaume *f*, Zwetsch(g)e *f*; **2.** Ro'sine (*im Pudding etc.*): **~ cake** Rosinenkuchen *m*; **3.** *fig.* a) ‚Ro'sine' *f* (*das Beste*), b) *a.* **~ job** ‚Bombenjob' *m*, c) *Am. sl.* Belohnung *f für Unterstützung bei der Wahl* (*Posten*, *Titel etc.*); **4.** *Am. sl.* unverhoffter Gewinn, † 'Sonderdiviˌdende *f.*

plum·age ['plu:mɪdʒ] *s.* Gefieder *n.*
plumb [plʌm] **I** *s.* **1.** (Blei)Lot *n*, Senkblei *n*: ***out of*** ~ aus dem Lot, nicht (mehr) senkrecht; **2.** ⚓ (Echo)Lot *n*; **II** *adj.* **3.** lot-, senkrecht; **4.** F völlig, rein (*Unsinn etc.*); **III** *adv.* **5.** *fig.* genau, ‚peng', platsch (*ins Wasser etc.*); **6.** *Am.* F ‚to'tal' (*verrückt etc.*); **IV** *v/t.* **7.** lotrecht machen; **8.** ⚓ *Meerestiefe* (ab-, aus)loten, sondieren; **9.** *fig.* sondieren, ergründen; **10.** ⚙ (mit Blei) verlöten, verbleien; **11.** F Wasser- *od.* Gasleitungen legen in (*e-m Haus*); **V** *v/i.* **12.** klempnern; **plum·ba·go** [plʌm'beɪgəʊ] *s.* **1.** *min.* a) Gra'phit *m*, b) Bleiglanz *m*; **2.** ⚘ Bleiwurz *f.*
'plumb-bob → ***plumb*** 1.
plum·be·ous ['plʌmbɪəs] *adj.* **1.** bleiartig; **2.** bleifarben; **3.** *Keramik*: mit Blei glasiert; **plumb·er** ['plʌmə(r)] *s.* **1.** Klempner *m*, Installa'teur *m*; **2.** Bleiarbeiter *m*; **'plum·bic** [-bɪk] *adj.* Blei...: ~ ***chloride*** ⚗ Bleitetrachlorid *n*; **plum·bif·erous** [plʌm'bɪfərəs] *adj.* bleihaltig; **'plumb·ing** [-mɪŋ] *s.* **1.** Klempner-, Installa'teurarbeit *f*; **2.** Rohr-, Wasser-, Gasleitung *f*; sani'täre Einrichtung; **3.** Blei(gießer)arbeit *f*; **4.** △, ⚓ Ausloten *n*; **'plum·bism** [-bɪzəm] *s.* ⚕ Bleivergiftung *f.*
'plumb-line **I** *s.* **1.** Senkschnur *f*, -blei *n*; **II** *v/t.* **2.** △, ⚓ ausloten; **3.** *fig.* sondieren, prüfen.
plumbo- [plʌmbəʊ] ⚗ *in Zssgn* Blei..., *z.B.* ***plumbosolvent*** bleizersetzend.
plumb rule *s.* ⚙ Lot-, Senkwaage *f.*
plume [plu:m] **I** *s.* **1.** *orn.* (*Straußen- etc.*) Feder *f*: ***adorn o.s. with borrowed ~s*** *fig.* sich mit fremden Federn schmükken; **2.** (Hut-, Schmuck)Feder *f*; **3.** Feder-, Helmbusch *m*; **4.** *fig.* ~ (***of cloud***) Wolkenstreifen *m*; ~ (***of smoke***) Rauchfahne *f*; **II** *v/t.* **5.** mit Federn schmücken: ~ ***o.s.*** (***up***)***on*** *fig.* sich brüsten mit; **~*d*** a) gefiedert, b) mit Federn geschmückt; **6.** *Gefieder* putzen; **'plume·less** [-lɪs] *adj.* ungefiedert.
plum·met ['plʌmɪt] **I** *s.* **1.** (Blei)Lot *n*, Senkblei *n*; **2.** ⚙ Senkwaage *f*; **3.** *Fischen*: (Blei)Senker *m*; **4.** *fig.* Bleigewicht *n*; **II** *v/i.* **5.** absinken, (ab)stürzen (*a. fig.*).
plum·my ['plʌmɪ] *adj.* **1.** pflaumenartig, Pflaumen...; **2.** reich an Pflaumen *od.* Ro'sinen; **3.** F ‚prima', ‚schick'; **4.** so'nor: ~ ***voice.***
plu·mose ['plu:məʊs] *adj.* **1.** *orn.* gefiedert; **2.** ⚘, *zo.* federartig.
plump¹ [plʌmp] **I** *adj.* drall, mollig, ‚pummelig': ~ ***cheeks*** Pausbacken; **II** *v/t. u. v/i. oft* ~ ***out*** prall *od.* fett machen (werden).
plump² [plʌmp] **I** *v/i.* **1.** (hin)plumpsen, schwer fallen, sich (*in e-n Sessel etc.*) fallen lassen; **2.** *pol.* kumulieren: ~ ***for*** a) *e-m Wahlkandidaten* s-e Stimme ungeteilt geben, b) *j-n* rückhaltlos unterstützen, c) sich sofort für *et.* entscheiden; **II** *v/t.* **3.** plumpsen lassen; **4.** mit *s-r Meinung etc.* her'ausplatzen, unverblümt her'aussagen; **III** *s.* **5.** F Plumps *m*; **IV** *adv.* **6.** plumpsend, mit e-m Plumps; **7.** F unverblümt, gerade her'aus; **V** *adj.* □ **8.** F plump (*Lüge etc.*), deutlich, glatt (*Ablehnung etc.*); **'plump·er** [-pə] *s.* **1.** Plumps *m*; **2.** Bausch *m*; **3.** *pol.* ungeteilte Wahlstimme; **4.** *sl.* plumpe Lüge.
plum pud·ding *s.* Plumpudding *m.*
plum·y ['plu:mɪ] *adj.* **1.** gefiedert; **2.** federartig.
plun·der ['plʌndə] **I** *v/t.* **1.** *Land, Stadt etc.* plündern; **2.** rauben, stehlen; **3.** *j-n* ausplündern; **II** *v/i.* **4.** plündern, räubern; **III** *s.* **5.** Plünderung *f*; **6.** Beute *f*, Raub *m*; **7.** *Am.* F Plunder *m*; **'plun·der·er** [-ərə] *s.* Plünderer *m*, Räuber *m.*
plunge [plʌndʒ] **I** *v/t.* **1.** (ein-, 'unter-) tauchen, stürzen (***in, into*** in *acc.*); *fig. j-n in Schulden etc.* stürzen; *e-e Nation in e-n Krieg* stürzen *od.* treiben; *Zimmer in Dunkel* tauchen *od.* hüllen; **2.** *Waffe* stoßen; **II** *v/i.* **3.** (ein-, 'unter-) tauchen (***into*** in *acc.*); **4.** (ab)stürzen (*a. fig. Klippe etc.*, ☤ *Preise*); **5.** *ins Zimmer etc.* stürzen, stürmen; *fig.* sich *in e-e Tätigkeit, in Schulden etc.* stürzen; **6.** ⚓ stampfen (*Schiff*); **7.** sich nach vorne werfen, ausschlagen (*Pferd*); **8.** *sl.* et. riskieren, alles auf 'eine Karte setzen; **III** *s.* **9.** (Ein-, 'Unter)Tauchen *n*; *sport* (Kopf)Sprung *m*: ***take the*** ~ *fig.* den entscheidenden Schritt *od.* den Sprung wagen; **10.** Sturz *m*, Stürzen *n*; **11.** Ausschlagen *n e-s Pferdes*; **12.** Sprung-, Schwimmbekken *n*; **13.** Schwimmen *n*, Bad *n*; **'plung·er** [-dʒə] *s.* **1.** Taucher *m*; **2.** ⚙ Tauchkolben *m*; **3.** ⚡ a) Tauchkern *m*, b) Tauchspule *f*; **4.** *mot.* Ven'tilkolben *m*; **5.** ⚔ Schlagbolzen *m*; **6.** *sl.* a) Hasar'deur *m*, Spieler *m*, b) wilder Speku'lant.
plunk [plʌŋk] → ***plonk²***.
plu·per·fect [ˌplu:'pɜ:fɪkt] *s. a.* ~ ***tense*** *ling.* Plusquamperfekt *n*, Vorvergangenheit *f.*
plu·ral ['plʊərəl] **I** *adj.* □ **1.** mehrfach: ~ ***marriage*** Mehrehe *f*; ~ ***society*** pluralistische Gesellschaft; ~ ***vote*** Mehrstimmenwahlrecht *n*; **2.** *ling.* Plural..., im Plural, plu'ralisch: ~ ***number*** → 3; **II** *s.* **3.** *ling.* Plural *m*, Mehrzahl *f*; **'plu·ral·ism** [-rəlɪzəm] *s.* **1.** Vielheit *f*; **2.** *eccl.* Besitz *m* mehrerer Pfründen *od.* Ämter; **3.** *phls., pol.* Plura'lismus *m*; **'plu·ral·ist** [-rəlɪst] *adj. phls., pol.* plura'listisch; **plu·ral·i·ty** [ˌplʊə'rælətɪ] *s.* **1.** Mehrheit *f*, 'Über-, Mehrzahl *f*; **2.** Vielheit *f*, -zahl *f*; **3.** *pol.* (*Am. bsd.* rela'tive) Stimmenmehrheit; **4.** → ***pluralism*** 2; **'plu·ral·ize** [-rəlaɪz] *v/t. ling.* **1.** in den Plural setzen; **2.** als *od.* im Plural gebrauchen.
plus [plʌs] **I** *prp.* **1.** plus, und; **2.** *bsd.* ☤ zuzüglich (*gen.*); **II** *adj.* **3.** Plus..., *a.* extra, Extra...; **4.** A, ⚡ positiv, Plus...: ~ ***quantity*** positive Größe; **5.** F plus, mit; **III** *s.* **6.** Plus(zeichen) *n*; **7.** Plus *n*, Mehr *n*, 'Überschuß *m*; **8.** *fig.* Plus (-punkt *m*) *n*; ˌ**~-'fours** *s. pl. weite* Knickerbocker- *od.* Golfhose.
plush [plʌʃ] **I** *s.* **1.** Plüsch *m*; **II** *adj.* **2.** Plüsch...; **3.** *sl.* (stink)vornehm, ‚feu'dal'; **'plush·y** [-ʃɪ] *adj.* **1.** plüschartig; **2.** → ***plush*** 3.
plus·(s)age ['plʌsɪdʒ] *s. Am.* 'Überschuß *m.*
Plu·to ['plu:təʊ] *s. myth. u. ast.* Pluto *m* (*Gott u. Planet*).
plu·toc·ra·cy [plu:'tɒkrəsɪ] *s.* **1.** Plutokra'tie *f*, Geldherrschaft *f*; **2.** 'Geldaristokraˌtie *f*, *coll.* Pluto'kraten *pl.*; **plu·to·crat** ['plu:təʊkræt] *s.* Pluto'krat *m*, Kapita'list *m*; **plu·to·crat·ic** [ˌplu:təʊ'krætɪk] *adj.* pluto'kratisch.
plu·ton·ic [plu:'tɒnɪk] *adj. geol.* plu'tonisch; **plu'to·ni·um** [-'təʊnjəm] *s.* ⚗ Plu'tonium *n.*
plu·vi·al ['plu:vjəl] *adj.* regnerisch; Regen...; **'plu·vi·o·graph** [-əʊgrɑ:f] *s. phys.* Regenschreiber *m*; **plu·vi·om·e·ter** [ˌplu:vɪ'ɒmɪtə] *s. phys.* Pluvio'meter *n*, Regenmesser *m*; **'plu·vi·ous** [-jəs] → ***pluvial.***
ply¹ [plaɪ] **I** *v/t.* **1.** *Arbeitsgerät* handhaben, hantieren mit; **2.** *Gewerbe* betreiben, ausüben; **3.** (***with***) bearbeiten (mit) (*a. fig.*); *fig. j-m* (mit *Fragen etc.*) zusetzen, *j-n* (mit *et.*) über'häufen: ~ ***s.o. with drink*** j-n zum Trinken nötigen; **4.** *Strecke* (regelmäßig) befahren; **II** *v/i.* **5.** verkehren, fahren, pendeln (***between*** zwischen); **6.** ⚓ aufkreuzen.
ply² [plaɪ] **I** *s.* **1.** Falte *f*; (Garn)Strähne *f*; (Stoff-, Sperrholz- *etc.*)Lage *f*, Schicht *f*: ***three-~*** dreifach (*z.B. Garn, Teppich*); **2.** *fig.* Hang *m*, Neigung *f*; **II** *v/t.* **3.** falten; *Garn* fachen; **'ply·wood** *s.* Sperrholz *n.*
pneu·mat·ic [nju:'mætɪk] **I** *adj.* (□ ***~ally***) **1.** ⚙, *phys.* pneu'matisch, Luft...; ⚙ Druck-, Preßluft...: ~ ***brake*** Druckluftbremse *f*; ~ ***tool*** Preßluftwerkzeug *n*; **2.** *zo.* lufthaltig; **II** *s.* **3.** Luftreifen *m*; **4.** Fahrzeug *n* mit Luftbereifung; ~ ***dispatch*** *s.* Rohrpost *f*; ~ ***drill*** *s.* Preßluftbohrer *m*; ~ ***float*** *s.* Floßsack *m*; ~ ***ham·mer*** *s.* Preßlufthammer *m.*
pneu·mat·ics [nju:'mætɪks] *s. pl. sg. konstr. phys.* Pneu'matik *f.*
pneu·mat·ic| tire (*od.* ***tyre***) *s.* Luftreifen *m*; *pl. a.* Luftbereifung *f*; ~ ***tube*** *s.* pneu'matische Röhre; *weitS., a. pl.* Rohrpost *f.*
pneu·mo·ni·a [nju:'məʊnjə] *s.* ⚕ Lungenentzündung *f*, Pneumo'nie *f*; **pneu'mon·ic** [-'mɒnɪk] *adj.* pneu'monisch, die Lunge *od.* Lungenentzündung betreffend.
poach¹ [pəʊtʃ] **I** *v/t.* **1.** *a.* ~ ***up*** *Erde* aufwühlen, *Rasen* zertrampeln; **2.** (zu e-m Brei) anrühren; **3.** wildern, unerlaubt jagen *od.* fangen; **4.** räubern (*a. fig.*); **5.** *sl.* wegschnappen; **6.** ⚙ *Papier* bleichen; **II** *v/i.* **7.** weich *od.* matschig werden (*Boden*); **8.** unbefugt eindringen (***on*** in *acc.*); → ***preserve*** 8b; **9.** *hunt.* wildern.
poach² [pəʊtʃ] *v/t.* *Eier* pochieren: **~*ed egg*** pochiertes *od.* verlorenes Ei.
poach·er¹ ['pəʊtʃə] *s.* Wilderer *m*, Wilddieb *m.*
poach·er² ['pəʊtʃə] *s.* Po'chierpfanne *f.*
poach·ing ['pəʊtʃɪŋ] *s.* Wildern *n*, Wilde'rei *f.*
PO Box [ˌpi: əʊ 'bɒks] *s.* Postfach *n.*
po·chette [pɒ'ʃet] (*Fr.*) *s.* Handtäschchen *n.*
pock [pɒk] *s.* ⚕ **1.** Pocke *f*, Blatter *f*; **2.** → ***pockmark.***
pock·et ['pɒkɪt] **I** *s.* **1.** (*Hosen- etc., a. zo. Backen- etc.*)Tasche *f*: ***have s.o. in one's ~*** *fig.* j-n in der Tasche *od.* Gewalt haben; ***put s.o. in one's ~*** *fig.* j-n in die Tasche stecken; ***put one's pride in one's ~*** s-n Stolz überwinden, klein beigeben; **2.** *fig.* Geldbeutel *m*, Fi'nanzen *pl.*: ***be in ~*** gut bei Kasse sein; ***be 3***

dollars in (***out of***) **~** drei Dollar profitiert (verloren) haben; ***put one's hand in one's ~*** (tief) in die Tasche greifen; → ***line***[2] 2; **3.** *Brit.* Sack *m Hopfen, Wolle* (= *76 kg*); **4.** *geol.* Einschluß *m*; **5.** *min.* (*Erz-, Gold*)Nest *n*; **6.** *Billard*: Tasche *f*, Loch *n*; **7.** ✈ (Luft)Loch *n*, Fallbö *f*; **8.** ⚔ Kessel *m*: ***~ of resistance*** Widerstandsnest *n*; **II** *adj.* **9.** Taschen…, im (*fig.* Westen)Taschenformat; **III** *v/t.* **10.** in die Tasche stecken, einstecken (*a. fig. einheimsen*); **11.** a) *fig. Kränkung* einstecken, hinnehmen, b) *Gefühle* unter'drücken, *s-n Stolz* über'winden; **12.** *Billardkugel* einlochen; **13.** *pol. Am. Gesetzesvorlage* nicht unter'schreiben, sein Veto einlegen gegen (*Präsident etc.*); **14.** ⚔ *Feind* einkesseln; **~ bat·tle·ship** *s.* ⚓ Westentaschenkreuzer *m*; **~ bil·liards** *s. pl. sing. konstr.* Poolbillard *n*; **~ book** *s.* **1.** Taschen-, No'tizbuch *n*; **2.** a) Brieftasche *f*, b) Geldbeutel *m* (*beide a. fig.*); **3.** *Am.* Handtasche *f*; **4.** Taschenbuch *n*; **~ cal·cu·la·tor** *s.* Taschenrechner *m*; **~ e·di·tion** *s.* Taschenausgabe *f*.

pock·et·ful ['pɒkɪtfʊl] *pl.* **-fuls** *s. e-e* Tasche(voll): ***a ~ of money***.

'pock·et|·knife *s.* [*irr.*] Taschenmesser *n*; **~ lamp** *s.* Taschenlampe *f*; **~ light·er** *s.* Taschenfeuerzeug *n*; **~ mon·ey** *s.* Taschengeld *n*; **'~-size(d)** *adj.* im (*fig.* Westen)Taschenformat; **~ ve·to** *s. pol. Am.* Zu'rückhalten *n od.* Verzögerung *f* e-s Gesetzentwurfs (*bsd. durch den Präsidenten etc.*).

'pock|·mark *s.* Pockennarbe *f*; **'~-marked** *adj.* pockennarbig.

pod[1] [pɒd] *s. zo.* **1.** Herde *f* (*Wale, Robben*); **2.** Schwarm *m* (*Vögel*).

pod[2] [pɒd] **I** *s.* **1.** ⚘ Hülse *f*, Schale *f*, Schote *f*: ***~ pepper*** Paprika *f*; **2.** *zo.* (Schutz)Hülle *f*, *a.* Ko'kon *m* (*der Seidenraupe*), Beutel *m* (*des Moschustiers*); **3.** *sl.* ‚Wampe' *f*, Bauch *m*: ***in ~*** ‚dick' (*schwanger*); **II** *v/i.* **4.** Hülsen ansetzen; **5.** *Erbsen etc.* aushülsen, -schoten.

po·dag·ra [pəʊ'dægrə] *s.* ⚕ Podagra *n*, (Fuß)Gicht *f*.

podg·y ['pɒdʒɪ] *adj.* F unter'setzt, dicklich.

po·di·a·trist [pəʊ'daɪətrɪst] *s. Am.* Fußpfleger(in); **po'di·a·try** [-trɪ] *s.* Fußpflege *f*, Pedi'küre *f*.

Po·dunk ['pəʊdʌŋk] *s. Am. contp.* ‚Krähwinkel' *n*.

po·em ['pəʊɪm] *s.* Gedicht *n* (*a. fig.*), Dichtung *f*; **po·et** ['pəʊɪt] *s.* Dichter *m*, Po'et *m*: ***~ laureate*** a) Dichterfürst *m*, b) *Brit.* Hofdichter *m*; **po·et·as·ter** [pəʊɪ'tæstə] *s.* Dichterling *m*; **po·et·ess** ['pəʊɪtɪs] *s.* Dichterin *f*.

po·et·ic, po·et·i·cal [pəʊ'etɪk(l)] *adj.* □ **1.** po'etisch, dichterisch: ***~ justice*** *fig.* ausgleichende Gerechtigkeit; → ***licence*** 4; **2.** *fig.* po'etisch, ro'mantisch, stimmungsvoll; **po'et·ics** [-ks] *s. pl. sg. konstr.* Po'etik *f*; **po·et·ize** ['pəʊɪtaɪz] **I** *v/i.* **1.** dichten; **II** *v/t.* **2.** in Verse bringen; **3.** (im Gedicht) besingen; **po·et·ry** ['pəʊɪtrɪ] *s.* **1.** Poe'sie *f* (*a. Ggs. Prosa*) (*a. fig.*), Dichtkunst *f*; **2.** Dichtung *f*, *coll.* Dichtungen *pl.*, Gedichte *pl.*: ***dramatic ~*** dramatische Dichtung.

po-faced [ˌpəʊ'feɪst] *Brit.* F grimmig (dreinschauend).

po·grom ['pɒgrəm] *s.* Po'grom *m, n*, (*bsd.* Juden)Verfolgung *f*.

poign·an·cy ['pɔɪnənsɪ] *s.* **1.** Schärfe *f von Gerüchen etc.*; **2.** *fig.* Bitterkeit *f*, Heftigkeit *f*, Schärfe *f*; **3.** Schmerzlichkeit *f*; **'poign·ant** [-nt] *adj.* □ **1.** scharf, beißend (*Geruch, Geschmack*); **2.** pi'kant (*a. fig.*); **3.** *fig.* a) bitter, quälend (*Reue, Hunger etc.*), b) ergreifend: ***a ~ scene***, c) beißend, scharf: ***~ wit***, d) treffend, präg'nant: ***~ remark***; **4.** 'durchdringend: ***a ~ look***.

point [pɔɪnt] **I** *s.* **1.** (Nadel-, Messer-, Bleistift- *etc.*)Spitze *f*: (***not***) ***to put too fine a ~ upon s.th.*** *fig.* et. (nicht gerade) gewählt ausdrücken; ***at the ~ of the pistol*** → ***pistol point***; ***at the ~ of the sword*** *fig.* unter Zwang, mit Gewalt; **2.** ⚙ a) Stecheisen *n*, b) Grabstichel *m*, Griffel *m*, c) Radiernadel *f*, d) Ahle *f*; **3.** *geogr.* a) Landspitze *f*, b) Himmelsrichtung *f*; → ***cardinal*** 1; **4.** *hunt.* a) (Geweih)Ende *n*, b) Stehen *n des Jagdhundes*; **5.** *ling.* a) *a.* ***full ~*** Punkt *m am Satzende*, b) ***~ of exclamation*** Ausrufezeichen *n*; → ***interrogation*** 1; **6.** *typ.* a) Punk'tur *f*, b) typo'graphischer Punkt (= *0,376 mm im Didot-System*); **7.** ✎ a) Punkt *m*: ***~ of intersection*** Schnittpunkt, b) (Dezi'mal)Punkt *m*, Komma *n*; **8.** (Kompaß)Strich *m*; **9.** Auge *n*, Punkt *m auf Karten, Würfeln*; **10.** → ***point lace***; **11.** *phys.* Grad *m e-r Skala* (*a. ast.*), Stufe *f* (*a.* ⚙ *e-s Schalters*), Punkt *m*: ***~ of action*** Angriffspunkt (der Kraft); ***~ of contact*** Berührungspunkt; ***~ of culmination*** Kulminations-, Gipfelpunkt; ***boiling-~*** Siedepunkt; ***freezing-~*** Gefrierpunkt; ***3 ~s below zero*** 3 Grad unter Null; ***to bursting*** ***~*** zum Bersten (*voll*); ***frankness to the ~ of insult*** *fig.* an Beleidigung grenzende Offenheit; ***up to a ~*** bis zu e-m gewissen Grad; ***when it came to the ~*** *fig.* als es so weit war, als es darauf ankam; → ***stretch*** 10; **12.** Punkt *m*, Stelle *f*, Ort *m*: ***~ of departure*** Ausgangsort; ***~ of destination*** Bestimmungsort; ***~ of entry*** ⚓ Eingangshafen *m*; ***~ of lubrication*** ⚙ Schmierstelle; ***~ of view*** *fig.* Gesichts-, Standpunkt; **13.** ⚡ a) Kon'takt(punkt) *m*, b) *Brit.* 'Steckkonˌtakt *m*; **14.** *Brit.* (Kon'troll)Posten *m e-s Verkehrspolizisten*; **15.** *pl.* 🚂 *Brit.* Weichen *pl.*; **16.** Punkt *m e-s Bewertungs- od. Bewirtschaftungssystems* (*a. Börse u. sport*): ***bad ~*** *sport* Strafpunkt; ***beat*** (***win***) ***on ~s*** nach Punkten schlagen (gewinnen); ***winner on ~s*** Punktsieger *m*; ***level on ~s*** punktgleich; ***give ~s to s.o.*** a) *sport* j-m vorgeben, b) *fig.* j-m überlegen sein; **17.** *Boxen*: ‚Punkt' *m* (*Kinnspitze*); **18.** *a.* ***~ of time*** Zeitpunkt *m*, Augenblick *m*: ***at the ~ of death***; ***at this ~*** a) in diesem Augenblick, b) an dieser Stelle, hier (*a. in e-r Rede etc.*); ***be on the ~ of doing s.th.*** im Begriff sein, et. zu tun; **19.** Punkt *m e-r Tagesordnung etc.*, (Einzel-, Teil)Frage *f*: ***a case in ~*** ein einschlägiger Fall, ein Beispiel; ***the case in ~*** der vorliegende Fall; ***at all ~s*** in allen Punkten, in jeder Hinsicht; ***~ of interest*** interessante Einzelheit; ***~ of law*** Rechtsfrage; ***~ of order*** a) (Punkt der) Tagesordnung *f*, b) Verfahrensfrage *f*; ***differ on many ~s*** in vielen Punkten nicht übereinstimmen; **20.** Kernpunkt *m*, -frage *f*, springender Punkt, Sache *f*: ***beside*** (*od.* ***off***) ***the ~*** nicht zur Sache gehörig, abwegig, unerheblich; ***come to the ~*** zur Sache kommen; ***the ~*** zur Sache gehörig, (zu)treffend, exakt; ***keep*** (*od.* ***stick***) ***to the ~*** bei der Sache bleiben; ***make*** (*od.* ***score***) ***a ~*** ein Argument anbringen, s-e Ansicht durchsetzen; ***make a ~ of s.th.*** Wert *od.* Gewicht auf et. legen, auf et. bestehen; ***make the ~ that*** die Feststellung machen, daß; ***that's the ~ I wanted to make*** darauf wollte ich hinaus; ***in ~ of*** hinsichtlich (*gen.*); ***in ~ of fact*** tatsächlich; ***that is the ~!*** das ist die Frage!; ***the ~ is that*** die Sache ist die, daß; ***it's a ~ of hono(u)r to him*** das ist Ehrensache für ihn; ***you have a ~ there!*** da haben Sie nicht unrecht!; ***I take your ~!*** ich verstehe, was Sie meinen!; → ***miss***[2] 1, ***press*** 8; **21.** Pointe *f e-s Witzes etc.*; **22.** Zweck *m*, Ziel *n*, Absicht *f*: ***what's your ~ in coming?***; ***carry*** (*od.* ***gain*** *od.* ***make***) ***one's ~*** sich (*od.* s-e Ansicht) durchsetzen, sein Ziel erreichen; ***there is no ~ in doing*** es hat keinen Zweck *od.* es ist sinnlos, zu tun; **23.** Nachdruck *m*: ***give ~ to one's words*** s-n Worten Nachdruck *od.* Gewicht verleihen; **24.** (her'vorstechende) Eigenschaft, (Vor)Zug *m*: ***a noble ~ in her*** ein edler Zug an ihr; ***it has its ~s*** es hat so s-e Vorzüge; ***strong ~*** starke Seite, Stärke; ***weak ~*** schwache Seite, wunder Punkt; **II** *v/t.* **25.** (an-, zu)spitzen; **26.** *fig.* pointieren; **27.** *Waffe etc.* richten (***at*** auf *acc.*): ***~ one's finger at*** (mit dem Finger) auf *j-n* deuten *od.* zeigen; ***~*** (***up***)***on*** *Augen, Gedanken etc.* richten auf (*acc.*); ***~ to*** *Kurs, Aufmerksamkeit* lenken auf (*acc.*), *j-n* bringen auf (*acc.*); **28.** ***~ out*** a) zeigen, b) *fig.* hinweisen *od.* aufmerksam machen auf (*acc.*), betonen, c) *fig.* aufzeigen (*a. Fehler*), klarmachen, d) ausführen, darlegen; **29.** ***~ off places*** ✎ (Dezimal-)Stellen abstreichen; **30.** ***~ up*** a) ⚠ verfugen, b) ⚙ *Fugen* glattstreichen, c) *Am. fig.* unter'streichen; **III** *v/i.* **31.** (mit dem Finger) zeigen, deuten, weisen (***at*** auf *acc.*); **32.** ***~ to*** nach *e-r Richtung* weisen *od.* liegen (*Haus etc.*); *fig.* a) hinweisen, -deuten auf (*acc.*), b) ab-, hinzielen auf (*acc.*); **33.** *hunt.* (vor)stehen (*Jagdhund*); **34.** ⚕ reifen (*Abszeß etc.*); **ˌ~-'blank** **I** *adj.* **1.** schnurgerade; **2.** ⚔ Kernschuß… (*weite etc.*): ***at ~ range*** aus kürzester Entfernung; ***~ shot*** Fleckschuß *m*; **3.** unverblümt, offen; glatt (*Ablehnung*); **II** *adv.* **4.** geradewegs; **5.** *fig.* 'rundher'aus, klipp u. klar; **'~ˌdu·ty** *s. Brit.* (Verkehrs)Postendienst *m* (*Polizei*).

point·ed ['pɔɪntɪd] *adj.* □ **1.** spitz, zugespitzt, Spitz…(*-bogen, -geschoß etc.*); **2.** scharf, pointiert (*Stil, Bemerkung*), anzüglich; **3.** treffend; **'point·ed·ness** [-nɪs] *s.* **1.** Spitzigkeit *f*; **2.** *fig.* Schärfe *f*, Deutlichkeit *f*; **3.** Anzüglichkeit *f*, Spitze *f*; **'point·er** [-tə] *s.* **1.** ⚔ 'Richtschütze *m*, -kanoˌnier *m*; **2.** Zeiger *m*, Weiser *m* (*Uhr, Meßgerät*); **3.** Zeigestock *m*; **4.** Radiernadel *f*; **5.** *hunt.* Vorsteh-, Hühnerhund *m*; **6.** F Fingerzeig *m*, Tip *m*.

point lace *s.* genähte Spitze(n *pl.*).

point·less [ˈpɔɪntlɪs] *adj.* □ **1.** ohne Spitze, stumpf; **2.** *sport etc.* punktlos; **3.** *fig.* witzlos, ohne Pointe; **4.** *fig.* sinn-, zwecklos.
ˈpoint-poˌlice·man [-mən] *s.* [*irr.*] → ***pointsman*** 2; **points·man** [ˈpɔɪntsmən] *s.* [*irr.*] *Brit.* **1.** 🚆 Weichensteller *m*; **2.** Verˈkehrspoliˌzist *m*; **point system** *s.* **1.** *sport, ped. etc.* ˈPunktsysˌtem *n* (*a. typ.*); **2.** Punktschrift *f für Blinde*; **ˌpoint-to-ˈpoint (race)** *s.* Geländejagdrennen *n.*
poise [pɔɪz] **I** *s.* **1.** Gleichgewicht *n*; **2.** Schwebe *f* (*a. fig. Unentschiedenheit*); **3.** (*Körper-, Kopf*)Haltung *f*; **4.** *fig.* sicheres Auftreten; Gelassenheit *f*; Haltung *f*; **II** *v/t.* **5.** im Gleichgewicht halten; *et.* balancieren: ***be ~d*** a) im Gleichgewicht sein, b) gelassen *od.* ausgeglichen sein, c) *fig.* schweben: ***~d for*** bereit zu; **6.** *Kopf, Waffe etc.* halten; **III** *v/i.* **7.** schweben.
poi·son [ˈpɔɪzn] **I** *s.* **1.** Gift *n* (*a. fig.*): ***what is your ~?*** F was wollen Sie trinken?; **II** *v/t.* **2.** (***o.s.*** sich) vergiften (*a. fig.*); **3.** ⚕ infizieren; **ˈpoi·son·er** [-nə] *s.* **1.** Giftmörder(in), Giftmischer(in); **2.** *fig.* Vergifter(in), ‚Giftspritze' *f.*
ˈpoi·son|-fang *s. zo.* Giftzahn *m*; **~ gas** *s.* ⚔ Kampfstoff *m*, *bsd.* Giftgas *n.*
poi·son·ing [ˈpɔɪznɪŋ] *s.* **1.** Vergiftung *f*; **2.** Giftmord *m*; **ˈpoi·son·ous** [-nəs] *adj.* □ **1.** giftig (*a. fig.*) Gift...; **2.** F ekelhaft.
ˌpoi·son-ˈpen let·ter *s.* verleumderischer *od.* obˈszöner (*anonymer*) Brief.
poke¹ [pəʊk] **I** *v/t.* **1.** *j-n* stoßen, puffen, knuffen: ***~ s.o. in the ribs*** j-m e-n Rippenstoß geben; **2.** *Loch* stoßen (***in*** in *acc.*); **3.** *a.* ***~ up*** *Feuer* schüren; **4.** *Kopf* vorstrecken, *Nase etc. wohin* stecken: ***she ~s her nose into everything*** sie steckt überall ihre Nase hinein; **5.** ***~ fun at s.o.*** sich über j-n lustig machen; **II** *v/i.* **6.** stoßen (***at*** nach); stöbern (***into*** in *dat.*): ***~ about*** (herum)tasten, -tappen (***for*** nach); **7.** *fig.* a) *a.* ***~ and pry*** (herˈum)schnüffeln, b) sich einmischen (***into*** in *acc.*); **8.** *a.* ***~ about*** F (herˈum)trödeln, bummeln; **III** *s.* **9.** (Rippen)Stoß *m*, Puff *m*, Knuff *m*; **10.** *Am.* → ***slowpoke***.
poke² [pəʊk] *s. obs.* Spitztüte *f*; → ***pig*** 1.
ˈpoke-bon·net *s.* Kiepe(nhut *m*) *f.*
pok·er¹ [ˈpəʊkə] *s.* Schürhaken *m*: ***be as stiff as a ~*** steif wie ein Stock sein.
po·ker² [ˈpəʊkə] *s.* Poker(spiel) *n.*
pok·er| face *s.* Pokergesicht *n* (*unbewegtes, undurchdringliches Gesicht, a. Person*); **~ work** *s.* Brandmaleˈrei *f.*
pok·y [ˈpəʊkɪ] *adj.* **1.** eng, winzig; **2.** ˈunelegant: ***~ dress***; **3.** langweilig, ‚lahm' (*a. Mensch*).
po·lar [ˈpəʊlə] **I** *adj.* □ **1.** poˈlar (*a. phys.*, ⚗), Polar...: ***~ air*** Polarluft *f*, polare Kaltluft; ***~ fox*** Polarfuchs *m*; ***~ lights*** Polarlicht *n*; ***Ձ Sea*** Polar-, Eismeer *n*; **2.** *fig.* poˈlar, genau entgegengesetzt (wirkend); **II** *s.* **3.** ⚗ Poˈlare *f*; **~ ax·is** *s.* ⚗, *ast.* Poˈlarachse *f*; **~ bear** *s. zo.* Eisbär *m*; **~ cir·cle** *s. geogr.* Poˈlarkreis *m.*
po·lar·i·ty [pəʊˈlærətɪ] *s. phys.* Polariˈtät *f* (*a. fig.*): ***~ indicator*** ⚡ Polsucher *m*; **po·lar·i·za·tion** [ˌpəʊləraɪˈzeɪʃn] *s.* ⚡, *phys.* Polarisatiˈon *f*; *fig.* Polarisierung *f*; **po·lar·ize** [ˈpəʊləraɪz] *v/t.* ⚡, *phys.* polarisieren (*a. fig.*); **po·lar·iz·er** [ˈpəʊləraɪzə] *s. phys.* Polariˈsator *m.*
pole¹ [pəʊl] **I** *s.* **1.** Pfosten *m*, Pfahl *m*; **2.** (*Bohnen-, Telegraphen-, Zelt- etc.*) Stange *f*; (*sport* Sprung)Stab *m*; (Wagen)Deichsel *f*; ⚡ (Leitungs)Mast *m*; (Schi)Stock *m*: ***~ jumper*** *sport* Stabhochspringer; ***be up the ~*** *sl.* a) in der Tinte sitzen, b) verrückt sein; **3.** ⚓ a) Flaggenmast *m*, b) Schifferstange *f*: ***under bare ~s*** ⚓ vor Topp und Takel; **4.** (Meß)Rute *f* (*5,029 Meter*); **II** *v/t.* **5.** *Boot* staken; **6.** *Bohnen etc.* stängen.
pole² [pəʊl] *s.* **1.** *ast., biol., geogr., phys.* Pol *m*: ***celestial ~*** Himmelspol; ***negative ~*** *phys.* negativer Pol, ⚡ *a.* Kathode *f*; → ***positive*** 8; **2.** *fig.* Gegenpol *m*, entgegengesetztes Exˈtrem: ***they are ~s apart*** Welten trennen sie.
Pole³ [pəʊl] *s.* Pole *m*, Polin *f.*
pole| aer·i·al *s.* ˈStabanˌtenne *f*; **ˈ~-ax(e)** *s.* **1.** Streitaxt *f*; **2.** ⚓ a) *hist.* Enterbeil *n*, b) Kappbeil *n*; **3.** Schlächterbeil *n*; **ˈ~-cat** *s. zo.* **1.** Iltis *m*; **2.** *Am.* Skunk *m*; **~ chang·er** *s.* ⚡ Polwechsler *m*; **~ charge** *s.* ⚔ gestreckte Ladung; **~ jump** *etc.* → ***polevault*** *etc.*
po·lem·ic [pɒˈlemɪk] **I** *adj.* (□ ***~ally***) **1.** poˈlemisch, Streit...; **II** *s.* **2.** Poˈlemiker (-in); **3.** Poˈlemik *f*; **poˈlem·i·cist** [-ɪsɪst] *s.* Poˈlemiker(in); **poˈlem·ics** [-ks] *s. pl. sg. konstr.* Poˈlemik *f.*
pole| star *s. ast.* Poˈlarstern *m*; *fig.* Leitstern *m*; **~ vault** *s. sport* Stabhochsprung *m*; **ˈ~-vault** *sport v/i.* stabhochspringen; **~ vault·er** *s. sport* Stabhochspringer *m.*
po·lice [pəˈliːs] **I** *s.* **1.** Poliˈzei(behörde, -truppe) *f*; **2.** *coll. pl. konstr.* Poliˈzei *f*, *einzelne* Poliˈzisten *pl.*: ***five ~***; **3.** ⚔ *Am.* Ordnungsdienst *m*: ***kitchen ~*** Küchendienst; **II** *v/t.* **4.** (poliˈzeilich) überˈwachen; **5.** *fig.* kontrollieren, überˈwachen; **6.** ⚔ *Am. Kaserne etc.* säubern, in Ordnung halten; **III** *adj.* **7.** poliˈzeilich, Polizei...(*-gericht, -gewalt, -staat etc.*): **~ blot·ter** *s. Am.* Dienstbuch *n*; **~ con·sta·ble** → ***policeman*** 1; **~ dog** *s.* **1.** Poliˈzeihund *m*; **2.** (deutscher) Schäferhund; **~ force** *s.* Poliˈzei(truppe) *f*; **~·man** [-mən] *s.* [*irr.*] **1.** Poliˈzist *m*, Schutzmann *m*; **2.** *zo.* Solˈdat *m* (*Ameise*); **~ of·fi·cer** *s.* Poliˈzeibeamte(r) *m*, Poliˈzist *m*; **~ rec·ord** *s.* ˈVorstrafenreˌgister *n*; **~ sta·tion** *s.* Poliˈzeiwache *f*, -reˌvier *n*; **~ trap** *s.* Autofalle *f*; **~ˌwo·man** *s.* Poliˈzistin *f.*
pol·i·clin·ic [ˌpɒlɪˈklɪnɪk] *s.* ⚕ Poliklinik *f*, Ambuˈlanz *f.*
pol·i·cy¹ [ˈpɒlɪsɪ] *s.* **1.** Verfahren(sweise *f*) *n*, Taktik *f*, Poliˈtik *f*: ***marketing ~*** ☤ Absatzpolitik *e-r Firma*; ***honesty is the best ~*** ehrlich währt am längsten; ***the best ~ would be to*** (*inf.*) das Beste *od.* Klügste wäre, zu (*inf.*); **2.** Poliˈtik *f* (*Wege u. Ziele der Staatsführung*), poˈlitische Linie: ***foreign ~*** Außenpolitik; ***~ adviser*** (politischer) Berater; **3.** ***public ~*** ⚖ Rechtsordnung *f*: ***against public ~*** sittenwidrig; **4.** Klugheit *f*: a) Zweckmäßigkeit *f*, b) Schlauheit *f.*
pol·i·cy² [ˈpɒlɪsɪ] *s.* **1.** (Verˈsicherungs-) Poˌlice *f*, Versicherungsschein *m*; **2.** *a.* ***~ racket*** *Am.* Zahlenlotto *n*; **ˈ~ˌhold·er** *s.* Versicherungsnehmer(in), Poˈliceninhaber(in); **ˈ~-ˌmak·ing** *adj.* die Richtlinien der Poliˈtik bestimmend.
pol·i·o [ˈpəʊlɪəʊ] *s.* ⚕ F **1.** Polio *f*; **2.** Polio-Fall *m.*
pol·i·o·my·e·li·tis [ˌpəʊlɪəʊmaɪəˈlaɪtɪs] *s.* ⚕ spiˈnale Kinderlähmung, Poliomyeˈlitis *f.*
Pol·ish¹ [ˈpəʊlɪʃ] **I** *adj.* polnisch; **II** *s. ling.* Polnisch *n.*
pol·ish² [ˈpɒlɪʃ] **I** *v/t.* **1.** polieren, glätten; *Schuhe etc.* wichsen; ⚙ abschleifen, -schmirgeln, glanzschleifen; **2.** *fig.* abschleifen, verfeinern: ***~ off*** F a) *Gegner* ‚erledigen', b) *Arbeit* ‚hinhauen' (*schnell erledigen*), c) *Essen* ‚wegputzen', ‚verdrücken' (*verschlingen*); ***~ up*** aufpolieren (*a. fig. Wissen auffrischen*); **II** *v/i.* **3.** glänzend werden; sich polieren lassen; **III** *s.* **4.** Poliˈtur *f*, (Hoch)Glanz *m*, Glätte *f*: ***give s.th. a ~*** et. polieren; **5.** Poliermittel *n*, Poliˈtur *f*; Schuhcreme *f*; Bohnerwachs *n*; **6.** *fig.* Schliff *m* (*feine Sitten*); **7.** *fig.* Glanz *m*; **ˈpol·ished** [-ʃt] *adj.* **1.** poliert, glatt, glänzend; **2.** *fig.* geschliffen: a) höflich, b) gebildet, fein, c) brilˈlant; **ˈpol·ish·er** [-ʃə] *s.* **1.** Polierer *m*, Schleifer *m*; **2.** ⚙ a) Polierfeile *f*, -stahl *m*, -scheibe *f*, -bürste *f*, b) Poˈliermaˌschine *f*; **3.** Poliermittel *n*, Poliˈtur *f*; **ˈpol·ish·ing** [-ʃɪŋ] **I** *s.* Polieren *n*, Glätten *n*, Schleifen *n*; **II** *adj.* Polier..., Putz...: ***~ file*** Polierfeile *f*; ***~ powder*** Polier-, Schleifpulver *n*; ***~ wax*** Bohnerwachs *n.*
po·lite [pəˈlaɪt] *adj.* □ **1.** höflich, artig (***to*** gegen); **2.** verfeinert, fein: ***~ arts*** schöne Künste; ***~ letters*** schöne Literatur, Belletristik; **poˈlite·ness** [-nɪs] *s.* Höflichkeit *f.*
pol·i·tic [ˈpɒlɪtɪk] *adj.* □ **1.** diploˈmatisch; **2.** *fig.* diploˈmatisch, (welt)klug, berechnend, poˈlitisch; **3.** poˈlitisch: ***body ~*** Staatskörper *m*; **po·lit·i·cal** [pəˈlɪtɪkl] *adj.* □ **1.** poˈlitisch: ***~ economy*** Volkswirtschaft *f*; ***~ science*** Politologie *f*; ***~ scientist*** Politologe *m*, Politikwissenschaftler *m*; ***a ~ issue*** ein Politikum; **2.** staatlich, Staats...: ***~ system*** Regierungssystem *n*; **pol·i·ti·cian** [ˌpɒlɪˈtɪʃn] *s.* **1.** Poˈlitiker *m*; **2.** a) (Parˈtei)Poˌlitiker *m* (*a. contp.*), b) *Am.* poˈlitischer Opportuˈnist; **po·lit·i·cize** [pəˈlɪtɪsaɪz] *v/i. u. v/t. allg.* politisieren; **po·lit·i·co** [pəˈlɪtɪkəʊ] *Am.* F *für* ***politician*** 2.
politico- [pəlɪtɪkəʊ] *in Zssgn* politisch-...: ***~-economical*** wirtschaftspolitisch.
pol·i·tics [ˈpɒlɪtɪks] *s. pl. oft sg. konstr.* **1.** Poliˈtik *f*, Staatskunst *f*; **2.** (Parˈtei-, ˈStaats)Poliˌtik: ***enter ~*** ins politische Leben (ein)treten; **3.** poˈlitische Überˈzeugung *od.* Richtung: ***what are his ~?*** wie ist er politisch eingestellt?; **4.** *fig.* (Interˈessen)Poliˌtik *f*; **5.** *Am.* (politische) Machenschaften *pl.*: ***play ~*** Winkelzüge machen, manipulieren; **ˈpol·i·ty** [-ɪtɪ] *s.* **1.** Regierungsform *f*, Verfassung *f*, politische Ordnung; **2.** Staats-, Gemeinwesen *n*, Staat *m.*
pol·ka [ˈpɒlkə] **I** *s.* ♪ Polka *f*; **II** *v/i.* Polka tanzen; **~ dot** *s.* Punktmuster *n* (*auf Textilien*).
poll¹ [pəʊl] **I** *s.* **1.** *bsd. dial. od. humor.* (Hinter)Kopf *m*; **2.** (ˈEinzel)Perˌson *f*; **3.** Abstimmung *f*, Stimmabgabe *f*, Wahl *f*: ***poor ~*** geringe Wahlbeteili-

gung; **4.** Wählerliste *f*; **5.** a) Stimmenzählung *f*, b) Stimmenzahl *f*; **6.** *mst pl.* 'Wahllo,kal *n*: ***go to the ~s*** zur Wahl (-urne) gehen; **7.** (Ergebnis *n* e-r) ('Meinungs),Umfrage *f*; **II** *v/t.* **8.** *Haar etc.* stutzen, (*a. Tier*) scheren; *Baum* kappen; *Pflanze* köpfen; *e-m Rind* die Hörner stutzen; **9.** in die Wahlliste eintragen; **10.** *Wahlstimmen* erhalten, auf sich vereinigen; **11.** *Bevölkerung* befragen; **III** *v/i.* **12.** s-e Stimme abgeben, wählen: ***~ for*** stimmen für.

poll² [pɒl] *s. univ. Brit. sl.* **1.** *coll.* ***the ~*** *Studenten, die sich nur auf den* ***poll degree*** (→ 2) *vorbereiten*; **2.** *a.* ***~ examination*** (leichteres) Bakkalaure'atsex,amen: ***~ degree*** *nach Bestehen dieses Examens erlangter Grad.*

poll³ [pəʊl] **I** *adj.* hornlos: ***~ cattle***; **II** *s.* hornloses Rind.

pol·lack ['pɒlək] *pl.* **-lacks**, *bsd. coll.* **-lack** *s.* Pollack *m*, Steinköhler *m* (*Dorsch*).

pol·lard ['pɒləd] **I** *s.* **1.** gekappter Baum; **2.** *zo.* a) hornloses Tier, b) Hirsch, der sein Geweih abgeworfen hat; **3.** (Weizen)Kleie *f*; **II** *v/t.* **4.** *Baum etc.* kappen, stutzen.

'**poll·book** *s.* Wählerliste *f*.

pol·len ['pɒlən] *s.* ⚘ Pollen *m*, Blütenstaub *m*: ***~ catarrh*** Heuschnupfen *m*; ***~ sac*** Pollensack *m*; ***~ tube*** Pollenschlauch *m*; '**pol·li·nate** [-neɪt] *v/t. bot.* bestäuben, befruchten.

poll·ing ['pəʊlɪŋ] **I** *s.* **1.** Wählen *n*, Wahl *f*; **2.** Wahlbeteiligung *f*: ***heavy (poor) ~*** starke (geringe) Wahlbeteiligung; **II** *adj.* **3.** Wahl...: ***~ booth*** Wahlzelle *f*; ***~ district*** Wahlkreis *m*; ***~ place*** *Am.*, ***~ station*** *bsd. Brit.* Wahllokal *n*.

pol·lock ['pɒlək] → ***pollack***.

poll·ster ['pəʊlstə] *s. Am.* Meinungsforscher *m*, Inter'viewer *m*.

'**poll-tax** *s.* Kopfsteuer *f*, -geld *n*.

pol·lu·tant [pə'lu:tənt] *s.* Schadstoff *m*; **pol·lute** [pə'lu:t] *v/t.* **1.** beflecken (*a. fig. Ehre etc.*), beschmutzen; **2.** *Wasser etc.* verunreinigen, *Umwelt etc.* verschmutzen; **3.** *fig.* besudeln; *eccl.* entweihen; *moralisch* verderben; **pol'lu·ter** [-tə] *s.* 'Umweltverschmutzer *m*, -sünder *m*; **pol'lu·tion** [-u:ʃn] *s.* **1.** Befleckung *f*, Verunreinigung *f* (*a. fig.*); **2.** *fig.* Entweihung *f*, Schändung *f*; **3.** *physiol.* Polluti'on *f*; **4.** ('Umwelt-, Luft-, Wasser)Verschmutzung *f*: ***~ control*** Umweltschutz *m*; ***~ level*** Schadstoffbelastung *f*; **pol'lu·tive** [-tɪv] *adj.* 'umweltverschmutzend, -feindlich.

po·lo ['pəʊləʊ] *s. sport* Polo *n*: ***~ (neck)*** Rollkragen(pullover) *m*; ***~ shirt*** Polohemd *n*.

po·lo·ny [pə'ləʊnɪ] *s.* grobe Zerve'latwurst.

pol·troon [pɒl'tru:n] *s.* Feigling *m*.

poly- [pɒlɪ] *in Zssgn* Viel..., Mehr..., Poly...; **pol·y·an·drous** [,pɒlɪ'ændrəs] *adj.* ⚘, *zo.*, *sociol.* poly'andrisch; ,**pol·y·a'tom·ic** *adj.* ⚗ 'viel-, 'mehra,tomig; ,**pol·y'bas·ic** *adj.* ⚗ mehrbasig; ,**pol·y·chro'mat·ic** *adj.* (□ ***~ally***) viel-, mehrfarbig; '**pol·y·chrome I** *adj.* **1.** viel-, mehrfarbig, bunt: ***~ printing*** Bunt-, Mehrfarbendruck; **II** *s.* **2.** Vielfarbigkeit *f*; **3.** buntbemalte Plastik; ,**pol·y'clin·ic** *s.* Klinik *f* (für alle Krankheiten).

po·lyg·a·mist [pə'lɪgəmɪst] *s.* Polyga'mist(in); **po'lyg·a·mous** [-məs] *adj.* poly'gam(isch ⚘, *zo.*); **po'lyg·a·my** [-mɪ] *s.* Polyga'mie *f* (*a. zo.*), Mehrehe *f*, Vielweibe'rei *f*.

pol·y·glot ['pɒlɪglɒt] **I** *adj.* **1.** vielsprachig; **II** *s.* **2.** Poly'glotte *f* (*Buch in mehreren Sprachen*); **3.** Poly'glotte(r *m*) *f* (*Person*).

pol·y·gon ['pɒlɪgən] *s.* ∡ a) Poly'gon *n*, Vieleck *n*, b) Polygo'nalzahl *f*: ***~ of forces*** *phys.* Kräftepolygon; **po·lyg·o·nal** [pɒ'lɪgənl] *adj.* polygo'nal, vieleckig.

po·lyg·y·ny [pə'lɪdʒɪnɪ] *s. allg.* Polygy'nie *f*.

pol·y·he·dral [,pɒlɪ'hedrl] *adj.* ∡ poly'edrisch, vielflächig, Polyeder...; ,**pol·y'he·dron** [-rən] *s.* ∡ Poly'eder *n*.

pol·y·mer·ic [,pɒlɪ'merɪk] *adj.* ⚗ ,poly'mer; **po·lym·er·ism** [pə'lɪmərɪzəm] *s.* Polyme'rie *f*; **pol·y·mer·ize** [pə'lɪməraɪz] ⚗ **I** *v/t.* polymerisieren; **II** *v/i.* poly'mere Körper bilden.

pol·y·mor·phic [,pɒlɪ'mɔ:fɪk] *adj.* poly'morph, vielgestaltig.

Pol·y·ne·sian [,pɒlɪ'ni:zjən] **I** *adj.* **1.** poly'nesisch; **II** *s.* **2.** Poly'nesier(in); **3.** *ling.* Poly'nesisch *n*.

pol·y·no·mi·al [,pɒlɪ'nəʊmjəl] **I** *adj.* ∡ poly'nomisch, vielglied(e)rig; **II** *s.* ∡ Poly'nom *n*.

pol·yp(e) ['pɒlɪp] *s.* ⚕, *zo.* Po'lyp *m*.

'**pol·y·phase** *adj.* ⚡ mehrphasig: ***~ current*** Mehrphasen-, Drehstrom *m*; ,**pol·y'phon·ic** [-'fɒnɪk] *adj.* **1.** vielstimmig, mehrtönig; **2.** ♪ poly'phon, kontra'punktisch; **3.** *ling.* pho'netisch mehrdeutig; '**pol·y·pod** [-pɒd] *s. zo.* Vielfüßer *m*.

pol·y·pus ['pɒlɪpəs] *pl.* **-pi** [-paɪ] *s.* **1.** *zo.* Po'lyp *m*, Tintenfisch *m*; **2.** ⚕ Po'lyp *m*.

pol·y·sty·rene [,pɒlɪ'staɪri:n] *s.* ⚗ Styro'por *n*.

,**pol·y·syl'lab·ic** *adj.* mehr-, vielsilbig; '**pol·y,syl·la·ble** *s.* vielsilbiges Wort; ,**pol·y'tech·nic I** *adj.* poly'technisch; **II** *s.* poly'technische Schule, Poly'technikum *n*; '**pol·y·the·ism** *s.* Polythe'ismus *m*, Vielgötte'rei *f*; **pol·y·thene** ['pɒlɪθi:n] *s.* ⚗ Polyäthy'len *n*: ***~ bag*** Plastiktüte *f*; ,**pol·y'trop·ic** *adj.* ∡, *biol.* poly'trop(isch); ,**pol·y'va·lent** *adj.* ⚗ polyva'lent, mehrwertig.

pol·y·zo·on [,pɒlɪ'zəʊɒn] *pl.* **-'zo·a** [-ə] *s.* Moostierchen *n*.

pom [pɒm] → ***pommy***.

po·made [pə'mɑ:d] **I** *s.* Po'made *f*; **II** *v/t.* pomadisieren, mit Po'made einreiben.

po·man·der [pəʊ'mændə] *s.* Duftkugel *f*.

po·ma·tum [pəʊ'meɪtəm] → ***pomade***.

pome [pəʊm] *s.* **1.** ⚘ Apfel-, Kernfrucht *f*; **2.** *hist.* Reichsapfel *m*.

pome·gran·ate ['pɒmɪ,grænɪt] *s.* **1.** *a.* ***~ tree*** Gra'natapfelbaum *m*; **2.** *a.* ***~ apple*** Gra'natapfel *m*.

Pom·er·a·nian [,pɒmə'reɪnjən] **I** *adj.* **1.** pommer(i)sch; **II** *s.* **2.** Pommer(in); **3.** *a.* ***~ dog*** Spitz *m*.

po·mi·cul·ture ['pəʊmɪ,kʌltʃə] *s.* Obstbaumzucht *f*.

pom·mel ['pʌml] **I** *s.* (Degen-, Sattel-, Turm)Knopf *m*, Knauf *m*; **II** *v/t.* mit den Fäusten bearbeiten, schlagen.

pom·my ['pɒmɪ] *s. sl. brit.* Einwanderer *m* (in Au'stralien *od.* Neu'seeland).

pomp [pɒmp] *s.* Pomp *m*, Prunk *m*.

pom·pon ['pɔ̃:mpɔ̃:ŋ] (*Fr.*) *s.* Troddel *f*, Quaste *f*.

pom·pos·i·ty [pɒm'pɒsətɪ] *s.* **1.** Prunk *m*; Pomphaftigkeit *f*, Prahle'rei *f*; wichtigtuerisches Wesen; **2.** Bom'bast *m*, Schwülstigkeit *f* (*im Ausdruck*); **pomp·ous** ['pɒmpəs] *adj.* □ **1.** pom'pös, prunkvoll; **2.** wichtigtuerisch, aufgeblasen; **3.** bom'bastisch, schwülstig (*Sprache*).

ponce [pɒns] *Brit. sl.* **I** *s.* **1.** Zuhälter *m*; **2.** ‚Homo' *m*; **II** *v/i.* **3.** Zuhälter sein; '**ponc·ing** [-sɪŋ] *s. Brit. sl.* Zuhälte'rei *f*.

pon·cho ['pɒntʃəʊ] *pl.* **-chos** [-z] *s.* Poncho *m*, 'Umhang *m*.

pond [pɒnd] *s.* Teich *m*, Weiher *m*: ***horse ~*** Pferdeschwemme *f*; ***big ~*** ‚Großer Teich' (*Atlantik*).

pon·der ['pɒndə] **I** *v/i.* nachdenken, -sinnen, (nach)grübeln (***on***, ***upon***, ***over*** über *acc.*): ***~ over s.th.*** et. überlegen; **II** *v/t.* über'legen, nachdenken über (*acc.*): ***~ one's words*** s-e Worte abwägen; ***~ing silence*** nachdenkliches Schweigen; **pon·der·a·bil·i·ty** [,pɒndərə'bɪlətɪ] *s. phys.* Wägbarkeit *f*; '**pon·der·a·ble** [-dərəbl] *adj.* wägbar (*a. fig.*); **pon·der·os·i·ty** [,pɒndə'rɒsətɪ] *s.* **1.** Gewicht *n*, Schwere *f*, Gewichtigkeit *f*; **2.** *fig.* Schwerfälligkeit *f*; '**pon·der·ous** [-dərəs] *adj.* □ **1.** schwer, massig, gewichtig; **2.** *fig.* schwerfällig (*Stil*); '**pon·der·ous·ness** [-dərəsnɪs] → ***ponderosity***.

pone¹ [pəʊn] *s. Am.* Maisbrot *n*.

po·ne² ['pəʊnɪ] *s. Kartenspiel*: **1.** Vorhand *f*; **2.** Spieler, der abhebt.

pong [pɒŋ] **I** *s.* **1.** dumpfes Dröhnen; **2.** *Br. sl.* Gestank *m*, ‚Mief' *m*; **II** *v/i.* **3.** dröhnen; **4.** *Br. sl.* stinken; **5.** *sl. thea.* improvisieren.

pon·tiff ['pɒntɪf] *s.* **1.** Hohe'priester *m*; **2.** Papst *m*; **pon·tif·i·cal** [pɒn'tɪfɪkl] *adj.* □ **1.** *antiq.* (ober)priesterlich; **2.** *R.C.* pontifi'kal: a) bischöflich, b) *bsd.* päpstlich: ***~ Mass*** Pontifikalamt *n*; **3.** *fig.* a) feierlich, würdig, b) päpstlich, über'heblich; **pon·tif·i·cate I** *s.* [pɒn'tɪfɪkət] Pontifi'kat *n*; **II** *v/i.* [-keɪt] a) sich päpstlich gebärden, b) ***~ (on)*** sich dogmatisch auslassen (über); '**pon·ti·fy** [-ɪfaɪ] → ***pontificate*** II.

pon·toon¹ [pɒn'tu:n] *s.* **1.** Pon'ton *m*, Brückenkahn *m*: ***~ bridge*** Ponton-, Schiffsbrücke *f*; ***~ train*** ⚔ Brückenkolonne *f*; **2.** ⚓ Kielleichter *m*, Prahm *m*; **3.** ✈ Schwimmer *m*.

pon·toon² [pɒn'tu:n] *s. Brit.* 'Siebzehnund'vier *n* (*Kartenspiel*).

po·ny ['pəʊnɪ] **I** *s.* **1.** *zo.* Pony *n*: a) kleines Pferd, b) *Am. a.* Mustang *m*, c) *pl. sl.* Rennpferde *pl.*; **2.** *Brit. sl.* £ 25; **3.** *Am.* F ‚Klatsche' *f*, Eselsbrücke *f* (*Übersetzungshilfe*); **4.** *Am.* F a) kleines (Schnaps- *etc.*)Glas, b) Gläs-chen *n* Schnaps *etc.*; **5.** *Am.* et. ‚im Westentaschenformat', Miniatur... (*z.B. Auto, Zeitschrift*); **II** *v/t.* **6.** ***~ up*** *Am. sl.* berappen, bezahlen; ***~ en·gine*** *s.* 🚂 Ran'gierlokomo,tive *f*; ***~ tail*** *s.* Pferdeschwanz *m* (*Frisur*).

pooch [pu:tʃ] *s. Am. sl.* Köter *m*.

poo·dle ['pu:dl] *s. zo.* Pudel *m*.

poof [pu:f] *Brit. sl.* ‚Schwule(r)' *m*, ‚Homo' *m*.

pooh [pu:] *int. contp.* pah!; ,**~-'pooh** *v/t.*

geringschätzig behandeln, *et.* als unwichtig abtun, die Nase rümpfen über (*acc.*), *et.* verlachen.

pool¹ [puːl] *s.* **1.** Teich *m*, Tümpel *m*; **2.** Pfütze *f*, Lache *f*: **~ of blood** Blutlache; **3.** (Schwimm)Becken *n*; **4.** *geol.* pe'troleumhaltige Ge'steinspar͵tie; **5.** ⚙ Schmelzbad *n*.

pool² [puːl] **I** *s.* **1.** *Kartenspiel*: a) (Gesamt)Einsatz *m*, b) (Spiel)Kasse *f*; **2.** *mst pl.* (Fußball- *etc.*)Toto *m*, *n*; **3.** *Billard*: a) *Brit.* Poulespiel *n* (*mit Einsatz*), b) *Am.* Poolbillard *n*; **4.** *fenc.* Ausscheidungsrunde *f*; **5.** † a) Pool *m*, Kar'tell *n*, Ring *m*, Inter'essengemeinschaft *f*, b) *a.* **working ~** Arbeitsgemeinschaft *f*, c) (Preis- *etc.*)Abkommen *n*; **6.** † gemeinsamer Fonds; **7.** **~** (**of players**) *sport* a) Kader *m*, b) Aufgebot *n*, Auswahl *f*; **II** *v/t.* **8.** † *Geld, Kapital* zs.-legen: **~ funds** zs.-schießen; *Gewinn* unterein'ander (ver)teilen; *Geschäftsrisiko* verteilen; **9.** † zu e-m Ring vereinigen; **10.** *fig. Kräfte, Wissen etc.* vereinigen, zs.-tun; **III** *v/i.* **11.** ein Kar'tell bilden; '**~·room** *s. Am.* **1.** Billardzimmer *n*; **2.** 'Spielsa͵lon *m*; **3.** Wettannahmestelle *f*.

poop¹ [puːp] ⚓ **I** *s.* **1.** Heck *n*; **2.** *a.* **~ deck** Achterdeck *n*; **3.** *obs.* Achterhütte *f*; **II** *v/t.* **4.** *Schiff* von hinten treffen (*Sturzwelle*): **be ~ed** e-e Sturzsee von hinten bekommen.

poop² [puːp] **I** *v/i.* **1.** tuten; **2.** ‚pupen', furzen; **II** *v/t.* **3.** *sl. j-n* ‚auspumpen': **~ed** (**out**) ‚fix u. fertig'.

poor [pʊə] **I** *adj.* □ → **poorly** II; **1.** arm, mittellos, (unter'stützungs)bedürftig: **~ person** ⚖ Arme(r *m*) *f*; **2.** *fig.* arm(selig), ärmlich, dürftig (*Kleidung, Mahlzeit etc.*); **3.** dürr, mager (*Boden, Erz, Vieh etc.*), schlecht, unergiebig (*Ernte etc.*): **~ coal** Magerkohle *f*; **4.** *fig.* arm (**in** an *dat.*); schlecht, mangelhaft, schwach (*Gesundheit, Leistung, Spieler, Sicht, Verständigung etc.*): **~ consolation** schwacher Trost; **a ~ lookout** schlechte Aussichten; **a ~ night** e-e schlechte Nacht; **5.** *fig. contp.* jämmerlich, traurig: **in my ~ opinion** *iro.* m-r unmaßgeblichen Meinung nach; **6.** F arm, bedauernswert: **~ me!** *humor.* ich Ärmste(r)!; **II** *s.* **7.** **the ~** die Armen *pl.*; '**~·house** *s. hist.* Armenhaus *n*; **~ law** *s. hist.* **1.** ⚖ Armenrecht *n*; **2.** *pl.* öffentliches Fürsorgerecht.

poor·ly ['pʊəlɪ] **I** *adj.* **1.** unpäßlich, kränklich: **he looks ~** er sieht schlecht aus; **II** *adv.* **2.** armselig, dürftig: **he is ~ off** es geht ihm schlecht; **3.** *fig.* schlecht, dürftig, schwach: **~ gifted** schwachbegabt; **think ~ of** nicht viel halten von; '**poor·ness** [-nɪs] *s.* **1.** Armut *f*, Mangel *m*; *fig.* Armseligkeit *f*, Ärmlichkeit *f*, Dürftigkeit *f*; **2.** ⚒ Magerkeit *f*, Unfruchtbarkeit *f* (*des Bodens*); *min.* Unergiebigkeit *f*.

poove [puːv] *s.* → **poof**; '**poov·y** *adj.* ‚schwul'.

pop¹ [pɒp] **I** *v/i.* **1.** knallen, puffen, losgehen (*Flaschenkork, Feuerwerk etc.*); **2.** aufplatzen (*Kastanien, Mais*); **3.** F knallen, ‚ballern' (**at** auf *acc.*); **4.** *mit adv.* flitzen, huschen: **~ in** hereinplatzen, auf e-n Sprung vorbeikommen (*Besuch*); **~ off** F a) ‚abhauen', sich aus dem Staub machen, plötzlich verschwinden, b) einnicken, c) ‚abkratzen' (*sterben*), d) *Am. sl.* ‚das Maul aufreißen'; **~ up** (plötzlich) auftauchen; **5.** *a.* **~ out** aus den Höhlen treten (*Augen*); **II** *v/t.* **6.** knallen *od.* platzen lassen; *Am. Mais* rösten; **7.** F *Gewehr etc.* abfeuern; **8.** abknallen, -schießen; **9.** schnell *wohin* tun *od.* stecken: **~ one's head in the door**; **~ on** *Hut* aufstülpen; **10.** her'ausplatzen mit (*e-r Frage etc.*): **~ the question** F (**to** *e-r Dame*) e-n Heiratsantrag machen; **11.** *Brit. sl.* versetzen, verpfänden; **III** *s.* **12.** Knall *m*, Puff *m*, Paff *m*; **13.** F Schuß *m*: **take a ~ at** schießen nach; **14.** *Am. sl.* Pi'stole *f*; **15.** F ‚Limo' *f* (*Limonade*); **16.** **in ~** *Brit. sl.* versetzt, verpfändet; **IV** *int.* **17.** puff!, paff!, husch!, zack!; **V** *adv.* **18.** a) mit e-m Knall, b) plötzlich: **go ~** knallen, platzen.

pop² [pɒp] *s. Am.* F **1.** Pa'pa *m*, Papi *m*; **2.** ‚Opa' *m*, Alter *m*.

pop³ [pɒp] F **I** *s.* **1.** *a.* **~ music** 'Schlager-, 'Popmu͵sik *f*; **2.** *a.* **~ song** Schlager *m*; **II** *adj.* **3.** Schlager…: **~ group** Popgruppe *f*; **~ singer** Schlager-, Popsänger(in).

pop⁴ [pɒp] → **popsicle**.

pop art *s. Kunst*: Pop-art *f*.

'**pop·corn** *s.* Puffmais *m*, Popcorn *n*.

pope [pəʊp] *s. R.C.* Papst *m* (*a. fig.*); '**pope·dom** [-dəm] *s.* Papsttum *n*; '**pop·er·y** [-pərɪ] *s. contp.* Papiste'rei *f*, Pfaffentum *n*.

'**pop|·eyed** *adj.* F glotzäugig: **be ~** Stielaugen machen (**with** vor *dat.*); '**~·gun** *s.* Kindergewehr *n*; ‚Knallbüchse' *f* (*a. fig. schlechtes Gewehr*).

pop·in·jay ['pɒpɪndʒeɪ] *s. obs.* Geck *m*, Laffe *m*, Fatzke *m*.

pop·ish ['pəʊpɪʃ] *adj.* □ *contp.* pa'pistisch.

pop·lar ['pɒplə] *s.* ♀ Pappel *f*.

pop·lin ['pɒplɪn] *s.* Pope'lin *m*, Pope'line *f* (*Stoff*).

pop·per ['pɒpə] *s.* F Druckknopf *m*.

pop·pet ['pɒpɪt] *s.* **1.** *obs. od. dial.* Püppchen *n* (*a. Kosewort*); **2.** ⚙ a) *a.* **~ head** Docke *f e-r Drehbank*, b) *a.* **~ valve** 'Schnüffelven͵til *n*.

pop·py ['pɒpɪ] *s.* **1.** ♀ Mohn(blume *f*) *m*; **2.** a) Mohnsaft *m*, b) Mohnrot *n*; '**~·cock** *s. Am.* F Quatsch *m*; ♀ **Day** *s. Brit.* F Volkstrauertag *m* (*Sonntag vor od. nach dem 11. November*); '**~·seed** *s.* Mohn(samen) *m*.

pops [pɒps] → **pop²** 2.

pop·si·cle ['pɒpsɪkl] *s. Am.* Eis *n* am Stiel.

pop·sy ['pɒpsɪ], *a.* ͵**~-'wop·sy** [-'wɒpsɪ] *s.* ‚süße Puppe', ‚Mädchen' *n*, ‚Schatz' *m*.

pop·u·lace ['pɒpjʊləs] *s.* **1.** Pöbel *m*; **2.** (gemeines) Volk, *der* große Haufen.

pop·u·lar ['pɒpjʊlə] *adj.* □ → **popularly**; **1.** Volks…: **~ election** allgemeine Wahl; **~ front** *pol.* Volksfront *f*; **~ government** Volksherrschaft *f*; **2.** allgemein, weitverbreitet (*Irrtum, Unzufriedenheit etc.*); **3.** popu'lär, (allgemein) beliebt (**with** bei): **the ~ hero** der Held des Tages; **make o.s. ~ with** sich bei *j-m* beliebt machen; **4.** a) popu'lär, volkstümlich, b) gemeinverständlich, Popular…: **~ magazine** populäre Zeitschrift; **~ music** volkstümliche Musik; **~ science** Popularwissenschaft *f*; **~ song** Schlager *m*; **~ writer** Volksschriftsteller(in); **5.** (für jeden) erschwinglich, Volks…: **~ edition** Volksausgabe *f*; **~ prices** volkstümliche Preise; **pop·u·lar·i·ty** [͵pɒpjʊ'lærətɪ] *s.* Populari'tät *f*, Volkstümlichkeit *f*, Beliebtheit *f* (**with** bei, **among** unter *dat.*); '**pop·u·lar·ize** [-əraɪz] *v/t.* **1.** popu'lär machen, (*beim Volk*) einführen; **2.** popularisieren, volkstümlich *od.* gemeinverständlich darstellen; '**pop·u·lar·ly** [-lɪ] *adv.* **1.** allgemein; im Volksmund; **2.** populär, volkstümlich, gemeinverständlich.

pop·u·late ['pɒpjʊleɪt] *v/t.* bevölkern, besiedeln; **pop·u·la·tion** [͵pɒpjʊ'leɪʃn] *s.* **1.** Bevölkerung *f*, Einwohnerschaft *f*: **~ density** Bevölkerungsdichte *f*; **~ explosion** Bevölkerungsexplosion *f*; **2.** Bevölkerungszahl *f*; **3.** Gesamtzahl *f*, Bestand *m*: **swine ~** Schweinebestand (*e-s Landes*); '**pop·u·lous** [-ləs] *adj.* □ dichtbesiedelt, volkreich; '**pop·u·lous·ness** [-ləsnɪs] *s.* dichte Besied(e)lung, Bevölkerungsdichte *f*.

por·ce·lain ['pɔːsəlɪn] **I** *s.* Porzel'lan *n*; **II** *adj.* Porzellan…: **~ clay** *min.* Porzellanerde *f*, Kaolin *n*.

porch [pɔːtʃ] *s.* **1.** (über'dachte) Vorhalle, Por'tal *n*; **2.** *Am.* Ve'randa *f*: **~ climber** *sl.* ‚Klettermaxe' *m*, Einsteigdieb *m*.

por·cine ['pɔːsaɪn] *adj.* **1.** *zo.* zur Fa'milie der Schweine gehörig; **2.** schweineartig; **3.** *fig.* schweinisch.

por·cu·pine ['pɔːkjʊpaɪn] *s. zo.* Stachelschwein *n*.

pore¹ [pɔː] *v/i.* **1.** (**over**) brüten (über *dat.*): **~ over one's books** über s-n Büchern hocken; **2.** (nach)grübeln (**on**, **upon** über *acc*).

pore² [pɔː] *s. biol. etc.* Pore *f*.

pork [pɔːk] *s.* **1.** Schweinefleisch *n*; **2.** *Am.* F *von der Regierung aus politischen Gründen gewährte* (*finanzielle*) *Begünstigung od. Stellung*; **~ bar·rel** *s. Am.* F *politisch berechnete* Geldzuwendung *der Regierung*; **~ butch·er** *s.* Schweineschlächter *m*; **~ chop** *s.* 'Schweinekote͵lett *n*.

pork·er ['pɔːkə] *s.* Mastschwein *n*; '**pork·ling** [-klɪŋ] *s.* Ferkel *n*.

pork pie *s.* 'Schweinefleischpa͵stete *f*.

'**pork-pie hat** *s.* runder Filzhut.

pork·y¹ ['pɔːkɪ] *adj.* fett(ig), dick.

por·ky² ['pɔːkɪ] *s. Am.* F Stachelschwein *n*.

porn [pɔːn], **por·no** ['pɔːnəʊ] *sl.* **I** *s.* **1.** Porno(gra'phie *f*) *m*; **2.** Porno(film) *m*; **II** *adj.* **3.** → **pornographic**.

por·no·graph·ic [͵pɔːnəʊ'græfɪk] *adj.* porno'graphisch, Porno…: **~ film** Porno(film) *m*; **por·nog·ra·phy** [pɔː'nɒgrəfɪ] *s.* Pornogra'phie *f*.

por·ny ['pɔːnɪ] *adj. sl.* → **pornographic**.

po·ros·i·ty [pɔː'rɒsətɪ] *s.* **1.** Porosi'tät *f*, ('Luft-, 'Wasser)͵Durchlässigkeit *f*; **2.** Pore *f*, po'röse Stelle; **po·rous** ['pɔːrəs] *adj.* po'rös: a) löch(e)rig, porig, b) ('luft-, 'wasser)͵durchlässig.

por·poise ['pɔːpəs] *pl.* **-pois·es**, *coll.* **-poise** *s. zo.* **1.** Tümmler *m*; **2.** Del'phin *m*.

por·ridge ['pɒrɪdʒ] *s.* Porridge *n*, *m*, Hafer(flocken)brei *m*, -grütze *f*: **pease-~** Erbsenbrei.

por·ri·go [pə'raɪgəʊ] *s.* ⚕ Grind *m*.

port[1] [pɔːt] *s.* **1.** ⚓, ✈ (See-, Flug)Hafen *m*: ***free ~*** Freihafen; ***inner ~*** Binnenhafen; ***~ of call*** a) ⚓ Anlaufhafen, b) ✈ Anflughafen; ***~ of delivery*** (*od.* ***discharge***) Löschhafen, -platz *m*; ***~ of departure*** a) ⚓ Abgangshafen, b) ✈ Abflughafen; ***~ of destination*** a) ⚓ Bestimmungshafen, b) ✈ Zielflughafen; ***~ of entry*** Einlaufhafen; ***~ of registry*** Heimathafen; ***~ of tran(s)shipment*** Umschlaghafen; ***any ~ in a storm*** *fig.* in der Not frißt der Teufel Fliegen; **2.** Hafenplatz *m*, -stadt *f*; **3.** *fig.* (sicherer) Hafen, Ziel *n*: ***come safe to ~.***

port[2] [pɔːt] ⚓ **I** *s.* Backbord(seite *f*) *n*: ***on the ~ beam*** an Backbord dwars; ***on the ~ bow*** an Backbord voraus; ***on the ~ quarter*** Backbord achtern; ***cast to ~*** nach Backbord abfallen; **II** *v/t. Ruder* nach der Backbordseite 'umlegen; **III** *v/i.* nach Backbord drehen (*Schiff*); **IV** *adj.* a) ⚓ Backbord…, b) ✈ link.

port[3] [pɔːt] *s.* **1.** Tor *n*, Pforte *f*; ***city ~*** Stadttor; **2.** ⚓ a) (Pfort-, Lade)Luke *f*, b) (Schieß)Scharte *f* (*a.* ⚔ *Panzer*); **3.** ⚙ (Auslaß-, Einlaß)Öffnung *f*, Abzug *m*; **4.** ⚡ Anschlußbuchse *f*.

port[4] [pɔːt] *s.* Portwein *m*.

port[5] [pɔːt] *v/t.* **1.** *obs.* tragen; **2.** ⚔ *Am.* ***~ arms!*** Gewehr in Schräghalte nach links!

port·a·ble ['pɔːtəbl] **I** *adj.* **1.** tragbar: ***~ radio*** (***set***) a) → 3a, b) ⚔ Tornisterfunkgerät; ***~ typewriter*** → 4; **2.** transpor'tabel, beweglich: ***~ derrick*** fahrbarer Kran; ***~ firearm*** Handfeuerwaffe *f*; ***~ railway*** Feldbahn *f*; ***~ search-light*** Handscheinwerfer *m*; **II** *s.* **3.** a) Kofferradio *n*, b) Portable *m*, *n*, tragbares Fernsehgerät, c) Phonokoffer *m*, d) Koffertonbandgerät *n*; **4.** 'Reiseschreibma,schine *f*.

por·tage ['pɔːtɪdʒ] *s.* **1.** (*bsd.* 'Trage-) Trans,port *m*; **2.** ☨ Fracht *f*, Rollgeld *n*; **3.** ⚓ a) Por'tage *f*, Trageplatz *m*, b) Tragen *n* (*von Kähnen etc.*) über e-e Portage.

por·tal[1] ['pɔːtl] *s.* **1.** △ Por'tal *n*, (Haupt)Eingang *m*, Tor *n*: ***~ crane*** ⚙ Portalkran *m*; **2.** *poet.* Pforte *f*, Tor *n*: ***~ of heaven.***

por·tal[2] ['pɔːtl] *anat.* **I** *adj.* Pfort(ader)…; **II** *s.* Pfortader *f*.

,**por·tal-to-'por·tal pay** *s.* ☨ *Arbeitslohn, berechnet für die Zeit vom Betreten der Fabrik etc. bis zum Verlassen.*

port·cul·lis [,pɔːt'kʌlɪs] *s.* ⚔ *hist.* Fallgatter *n*.

por·tend [pɔː'tend] *v/t.* vorbedeuten, anzeigen, deuten auf (*acc.*); **por·tent** ['pɔːtent] *s.* **1.** Vorbedeutung *f*; **2.** (*bsd.* schlimmes) (Vor-, An)Zeichen, Omen *n*; **3.** Wunder *n* (*Sache od. Person*); **por'ten·tous** [-ntəs] *adj.* ☐ **1.** omi'nös, unheil-, verhängnisvoll; **2.** ungeheuer, wunderbar, *a. humor.* unheimlich.

por·ter[1] ['pɔːtə] *s.* a) Pförtner *m*, b) Por'tier *m*.

por·ter[2] ['pɔːtə] *s.* **1.** 🚂 (Gepäck)Träger *m*, Dienstmann *m*; **2.** 🚂 *Am.* (Schlafwagen)Schaffner *m*.

por·ter[3] ['pɔːtə] *s.* Porter(bier *n*) *m*.

'**por·ter-house** *s.* **1.** *obs.* Bier-, Speisehaus *n*; **2.** *a.* ***~ steak*** Porterhousesteak *n*.

'**port**|,**fire** *s.* ⚔ Zeitzündschnur *f*, Lunte *f*; ,**~'fo·li·o** *s.* **1.** a) Aktentasche *f*, (*a.* Künstler- *etc.*)Mappe *f*, b) Porte'feuille *n* (*für Staatsdokumente*); **2.** *fig.* (Mi'nister)Porte,feuille *n*: ***without ~*** ohne Geschäftsbereich; **3.** ☨ ('Wechsel-) Porte,feuille *n*; '**~·hole** *s.* **1.** ⚓ a) (Pfort)Luke *f*, b) Bullauge *n*; **2.** ⚙ → ***port***[3] 3.

por·ti·co ['pɔːtɪkəʊ] *pl.* **-cos** *s.* △ Säulengang *m*.

por·tion ['pɔːʃn] **I** *s.* **1.** (An)Teil *m* (***of*** an *dat.*); **2.** Porti'on *f* (*Essen*); **3.** Teil *m*, Stück *n* (*Buch, Gebiet, Strecke etc.*); **4.** Menge *f*, Quantum *n*; **5.** ⚖ a) Mitgift *f*, Aussteuer *f*, b) Erbteil *n*: ***legal ~*** Pflichtteil *n*; **6.** *fig.* Los *n*, Schicksal *n*; **II** *v/t.* **7.** aufteilen: ***~ out*** aus-, verteilen; **8.** zuteilen; **9.** *Tochter* aussteuern.

port·li·ness ['pɔːtlɪnɪs] *s.* **1.** Stattlichkeit *f*; **2.** Wohlbeleibtheit *f*; **port·ly** ['pɔːtlɪ] *adj.* **1.** stattlich, würdevoll; **2.** wohlbeleibt.

port·man·teau [,pɔːt'mæntəʊ] *pl.* **-s** *u.* **-x** [-z] *s.* **1.** Handkoffer *m*; **2.** *obs.* Mantelsack *m*; **3.** *mst* ***~ word*** *ling.* Schachtelwort *n*.

por·trait ['pɔːtrɪt] *s.* **1.** a) Por'trät *n*, Bild(nis) *n*, b) *phot.* Por'trät(aufnahme *f*) *n*; ***take s.o.'s ~*** j-n porträtieren *od.* malen; → ***sit for*** 3; **2.** *fig.* Bild *n*, (lebenswahre) Schilderung *f*; '**por·trait·ist** [-tɪst] *s.* Por'trätmaler(in); '**por·trai·ture** [-tʃə] *s.* **1.** → ***portrait***; **2.** a) Por'trätmale,rei *f*, b) *phot.* Por'trätphotogra,phie *f*; **por·tray** [pɔː'treɪ] *v/t.* **1.** porträ'tieren, (ab)malen; **2.** *fig.* schildern, darstellen; **por·tray·al** [pɔː'treɪəl] *s.* **1.** Porträtieren *n*; **2.** Por'trät *n*; **3.** *fig.* Schilderung *f*.

Por·tu·guese [,pɔːtjʊ'giːz] **I** *pl.* **-guese** *s.* **1.** Portu'giese *m*, Portu'giesin *f*; **2.** *ling.* Portu'giesisch *n*; **II** *adj.* **3.** portu'giesisch.

pose[1] [pəʊz] **I** *s.* **1.** Pose *f* (*a. fig.*), Posi'tur *f*, Haltung *f*; **II** *v/t.* **2.** aufstellen, in Posi'tur setzen; **3.** *Frage* stellen, aufwerfen; **4.** *Behauptung* aufstellen, *Anspruch* erheben; **5.** (***as***) hinstellen (als), ausgeben (für); **III** *v/i.* **6.** sich in Posi'tur setzen; **7.** a) *paint etc.* Mo'dell stehen *od.* sitzen, b) sich photographieren lassen; **8.** posieren, sich in Pose werfen; **9.** auftreten *od.* sich ausgeben (***as*** als).

pose[2] [pəʊz] *v/t.* durch Fragen verwirren, verblüffen.

pos·er ['pəʊzə] *s.* **1.** → ***poseur***; **2.** ‚harte Nuß', knifflige Frage.

po·seur [pəʊ'zɜː] (*Fr.*) *s.* Po'seur *m*, ‚Schauspieler' *m*.

posh [pɒʃ] *adj.* F ‚pikfein', ‚todschick', ‚feu'dal'.

pos·it ['pɒzɪt] *phls.* **I** *v/t.* postulieren; **II** *n* Postu'lat *n*.

po·si·tion [pə'zɪʃn] **I** *s.* **1.** Positi'on *f*, Lage *f*, Standort *m*; ⚙ (Schalt- *etc.*) Stellung *f*: ***~ of the sun*** *ast.* Sonnenstand *m*; ***in*** (***out of***) ***~*** (nicht) in der richtigen Lage; **2.** *körperliche* Lage, Stellung *f*: ***horizontal ~***; **3.** ⚓, ✈ Positi'on *f* (*a. sport*), ⚓ *a.* Besteck *n*: ***~ lights*** a) ⚓, ✈ Positionslichter, b) *mot.* Begrenzungslichter; **4.** ⚔ Stellung *f*: ***~ warfare*** Stellungskrieg *m*; **5.** (Arbeits-) Platz *m*, Stellung *f*, Posten *m*, Amt *n*: ***hold a responsible ~*** e-e verantwortliche Stellung innehaben; **6.** *fig.* (sozi'ale) Stellung, (gesellschaftlicher) Rang: ***people of ~*** Leute von Rang; **7.** *fig.* Lage *f*, Situati'on *f*: ***an awkward ~***; ***be in a ~ to do s.th.*** in der Lage sein, et. zu tun; **8.** *fig.* (Sach)Lage *f*, Stand *m der Dinge*: ***financial ~*** Finanzlage, Vermögensverhältnisse *pl.*; ***legal ~*** Rechtslage; **9.** Standpunkt *m*, Haltung *f*: ***take up a ~ on a question*** zu e-r Frage Stellung nehmen; **10.** ⚖, *phls.* (Grund-, Lehr)Satz *m*; **II** *v/t.* **11.** *bsd.* ⚙ in die richtige Lage bringen, (ein-) stellen; anbringen; **12.** lokalisieren; **13.** *Polizisten etc.* postieren; **po'si·tion·al** [-ʃənl] *adj.* Stellungs…, Lage…: ***~ play*** *sport* Stellungsspiel *n*; **po·si·tion find·er** *s.* Ortungsgerät *n*; **po·si·tion pa·per** *s. pol.* 'Grundsatzpa,pier *n*.

pos·i·tive ['pɒzətɪv] **I** *adj.* ☐ **1.** bestimmt, defini'tiv, ausdrücklich (*Befehl etc.*), fest (*Versprechen etc.*), unbedingt: ***~ law*** ⚖ positives Recht; **2.** sicher, 'unum,stößlich, eindeutig (*Beweis, Tatsache*); **3.** positiv, tatsächlich; **4.** positiv, zustimmend: ***~ reaction***; **5.** über'zeugt, (abso'lut) sicher: ***be ~ about s.th.*** e-r Sache ganz sicher sein; **6.** rechthaberisch; **7.** F ausgesprochen, abso'lut: ***a ~ fool*** ein ausgemachter Narr; **8.** ⚡, ⚖, ⚕, *biol., phys., phot., phls.* positiv: ***~ electrode*** ⚡ Anode *f*; ***~ pole*** ⚡ Pluspol *m*; **9.** ⚙ zwangsläufig, Zwangs… (*Getriebe, Steuerung etc.*); **10.** *ling.* im Positiv stehend: ***~ degree*** Positiv *m*; **II** *s.* **11.** *et.* Positives, Positivum *n*; **12.** *phot.* Positiv *n*; **13.** *ling.* Positiv *m*; '**pos·i·tive·ness** [-nɪs] *s.* **1.** Bestimmtheit *f*; Wirklichkeit *f*; **2.** *fig.* Hartnäckigkeit *f*; '**pos·i·tiv·ism** [-vɪzəm] *s. phls.* Positi'vismus *m*.

pos·se ['pɒsɪ] *s.* (Poli'zei- *etc.*)Aufgebot *n*; *allg.* Haufen *m*, Schar *f*.

pos·sess [pə'zes] *v/t.* **1.** *allg.* (*a. Eigenschaften, Kenntnisse etc.*) besitzen, haben; im Besitz haben, (inne)haben: ***~ed of*** im Besitz *e-r Sache*; ***~ o.s. of*** *et.* in Besitz nehmen, sich *e-r Sache* bemächtigen; ***~ed noun*** *ling.* Besitzsubjekt *n*; **2.** a) (*a. fig. e-e Sprache etc.*) beherrschen, Gewalt haben über (*acc.*), b) erfüllen (***with*** mit *e-r Idee*, mit *Unwillen etc.*): ***like a man ~ed*** wie ein Besessener, wie toll; ***~ one's soul in patience*** sich in Geduld fassen; **pos'ses·sion** [-eʃn] *s.* **1.** *abstrakt*: Besitz *m* (*a.* ⚖): ***actual ~*** tatsächlicher *od.* unmittelbarer Besitz; ***adverse ~*** Ersitzung(sbesitz *m*) *f*; ***in the ~ of*** in *j-s* Besitz; ***in ~ of s.th.*** im Besitz e-r Sache; ***have ~ of*** im Besitze von *et.* sein; ***take ~ of*** Besitz ergreifen von, in Besitz nehmen; **2.** Besitz(tum *n*) *m*, Habe *f*; **3.** *pl.* Besitzungen *pl.*, Liegenschaften *pl.*: ***foreign ~s*** auswärtige Besitzungen; **4.** *fig.* Besessenheit *f*; **5.** *fig.* Beherrscht-, Erfülltsein *n* (***by*** von *e-r Idee etc.*); **6.** *mst* ***self-~*** *fig.* Fassung *f*, Beherrschung *f*; **pos'ses·sive** [-sɪv] **I** *adj.* ☐ **1.** Besitz…; **2.** besitzgierig, -betonend: ***~ instinct*** Sinn *m* für Besitz; **3.** *fig.* besitzergreifend (*Mutter etc.*); **4.** *ling.* posses'siv, besitzanzeigend: ***~ case*** → 5 b; **II** *s.* **5.** *ling.* a) Posses'siv(um) *n*, besitzanzeigendes Fürwort, b) Genitiv *m*, zweiter Fall; **pos'ses·sor** [-sə] *s.* Besitzer (-in), Inhaber(in); **pos'ses·so·ry** [-sərɪ] *adj.* Besitz…: ***~ action*** ⚖ Besitzstörungsklage *f*; ***~ right*** Besitzrecht *n*.

pos·si·bil·i·ty [ˌpɒsəˈbɪlətɪ] *s.* **1.** Möglichkeit *f* (**of** zu, für, **of doing** *et.* zu tun): ***there is no ~ of his coming*** es besteht keine Möglichkeit, daß er kommt; **2.** *pl.* (Entwicklungs)Möglichkeiten *pl.*, (-)Fähigkeiten *pl.*; **pos·si·ble** [ˈpɒsəbl] **I** *adj.* □ **1.** möglich (***with*** bei, ***to*** *dat.*, ***for*** für): ***this is ~ with him*** das ist bei ihm möglich; ***highest ~*** größtmöglich; **2.** eventuˈell, etwaig, denkbar; **3.** F annehmbar, pasˈsabel, leidlich; **II** *s.* **4. *the ~*** das (Menschen-)Mögliche, das Beste; *sport* die höchste Punktzahl; **5.** in Frage kommende Perˈson (*bei Wettbewerb etc.*); **pos·si·bly** [ˈpɒsəblɪ] *adv.* **1.** möglicherweise, vielˈleicht; **2.** (irgend) möglich: ***when I ~ can*** wenn ich irgend kann; ***I cannot ~ do this*** ich kann das unmöglich tun; ***how can I ~ do it?*** wie kann ich es nur *od.* bloß machen?

pos·sum [ˈpɒsəm] *s.* F *abbr. für* ***opossum***: ***to play ~*** sich nicht rühren, sich tot *od.* krank *od.* dumm stellen.

post¹ [pəʊst] **I** *s.* **1.** Pfahl *m*, Pfosten *m*, Ständer *m*, Stange *f*, Stab *m*: ***as deaf as a ~*** *fig.* stocktaub; **2.** Anschlagsäule *f*; **3.** *sport* (Start- *od.* Ziel)Pfosten *m*, Start- (*od.* Ziel)linie *f*: ***be beaten at the ~*** kurz vor dem Ziel geschlagen werden; **II** *v/t.* **4.** *mst* ***~ up*** *Plakate etc.* anschlagen, -kleben; **5.** *mst* ***~ over*** *Mauer mit Zetteln* bekleben; **6.** a) *et.* (durch Aushang *etc.*) bekanntgeben: ***~ as missing*** ⚓, ✈ als vermißt melden, b) *fig.* (öffentlich) anprangern.

post² [pəʊst] **I** *s.* **1.** ⚔ Posten *m* (*Stelle od. Soldat*): ***advanced ~*** vorgeschobener Posten; ***last ~*** *Brit.* Zapfenstreich *m*; ***at one's ~*** auf (s-m) Posten; **2.** ⚔ Standort *m*, Garniˈson *f*: ***℘ Exchange*** (*abbr.* ***PX***) *Am.* Einkaufsstelle *f*; ***~ headquarters*** Standortkommandantur *f*; **3.** Posten *m*, Platz *m*, Stand *m*; ✝ Börsenstand *m*; **4.** Handelsniederlassung *f*, -platz *m*; **5.** ✝ (Rechnungs)Posten *m*; **6.** Posten *m*, (An)Stellung *f*, Stelle *f*, Amt *n*: ***~ of a secretary*** Sekreˈtärsposten; **II** *v/t.* **7.** *Soldaten etc.* aufstellen, postieren; **8.** ⚔ a) ernennen, b) versetzen, (ab)kommandieren; **9.** ✝ eintragen, verbuchen; *Konto* (ins Hauptbuch) überˈtragen: ***~ up*** *Bücher* nachtragen, in Ordnung bringen.

post³ [pəʊst] **I** *s.* **1.** ✉ *bsd. Brit.* Post *f*: a) *als Einrichtung*, b) *Brit.* Postamt *n*, c) *Brit.* Post-, Briefkasten *m*, d) Postzustellung *f*, e) Postsendung(en *pl.*) *f*, -sachen *pl.*, *f*) Nachricht *f*: ***by ~*** per (*od.* mit der) Post; **2.** *hist.* a) Post(kutsche) *f*, b) Kuˈrier *m*; **3.** *bsd. Brit.* ˈBriefˌpapier *n* (*Format*); **II** *v/t.* **4.** *Brit.* zur Post geben, mit der Post (zu)senden, aufgeben, in den Briefkasten werfen; **5.** F *mst* ***~ up*** *j-n* informieren: ***keep s.o. ~ed*** j-n auf dem laufenden halten; ***well ~ed*** gut unterrichtet.

post- [pəʊst] *in Zssgn* nach, später, hinter, post…

post·age [ˈpəʊstɪdʒ] *s.* Porto *n*, Postgebühr *f*, -spesen *pl.*: ***additional*** (*od.* ***extra***) ***~*** Nachporto, Portozuschlag *m*; ***~ free***, ***~ paid*** portofrei, franko; **ˈ~-due** *s.* Nach-, Strafporto *n*; ***~ stamp*** *s.* Briefmarke *f*, Postwertzeichen *n*.

post·al [ˈpəʊstəl] **I** *adj.* poˈstalisch, Post…: ***~ card*** → II; ***~ cash order*** Postnachnahme *f*; ***~ code*** → ***postcode***; ***~ district*** Postzustellbezirk *m*; ***~ order*** *Brit.* Postanweisung *f*; ***~ parcel*** Postpaket *n*; ***~ tuition*** Fernunterricht *m*; ***~ vote*** *Brit.* Briefwahl *f*; ***~ voter*** Briefwähler(in); ***℘ Union*** Weltpostverein *m*; **II** *s. Am.* Postkarte *f* (*mit aufgedruckter Marke*).

ˈpost|·card [-sɑːk] *s.* Postkarte *f*; **ˈ~·code** *s. Brit.* Postleitzahl *f*.

ˌpost|-ˈdate *v/t.* **1.** *Brief etc.* voˈrausdaˌtieren; **2.** nachträglich *od.* später datieren; **ˈ~ˌen·try** *s.* **1.** ✝ nachträgliche (Ver)Buchung; **2.** ✝ Nachverzollung *f*; **3.** *sport* Nachnennung *f*.

post·er [ˈpəʊstə] *s.* **1.** Plaˈkatankleber *m*; **2.** Plaˈkat *n*: ***~ paint*** Plakatfarbe *f*; **3.** Poster *m, n*.

poste res·tante [ˌpəʊstˈrestɑ̃ːnt] (*Fr.*) **I** *adj.* postlagernd; **II** *s. bsd. Brit.* Aufbewahrungsstelle *f* für postlagernde Sendungen.

pos·te·ri·or [pɒˈstɪərɪə] **I** *adj.* □ a) später (***to*** als), b) hinter, Hinter…: ***be ~ to*** *zeitlich od. örtlich* kommen nach, folgen auf (*acc.*); **II** *s.* Hinterteil *n*, Hintern *m*; **pos·ter·i·ty** [pɒˈsterətɪ] *s.* **1.** Nachkommen(schaft *f*) *pl.*; **2.** Nachwelt *f*.

pos·tern [ˈpəʊstɜːn] *s. a.* ***~ door***, ***~ gate*** Hinter-, Neben-, Seitentür *f*.

ˌpost-ˈfree *adj.* portofrei.

ˌpostˈgrad·u·ate [-stˈg-] **I** *adj.* nach dem ersten akaˈdemischen Grad: ***~ studies***; **II** *s.* j-d, der nach dem ersten akaˈdemischen Grad weiterstudiert.

ˌpostˈhaste *adv.* eiligst.

post·hu·mous [ˈpɒstjʊməs] *adj.* □ poˈstum, postˈhum: a) *nach des Vaters Tod geboren*, b) nachgelassen, hinterˈlassen (*Schriftwerk*), c) nachträglich (*Ordensverleihung etc.*): ***~ fame*** Nachruhm *m*.

pos·til·(l)ion [pəˈstɪljən] *s. hist.* Postillion *m*.

post·ing [ˈpəʊstɪŋ] *s.* Versetzung *f*, ⚔ ˈAbkommanˌdierung *f*.

post|·man [ˈpəʊstmən] *s.* [*irr.*] Briefträger *m*, Postbote *m*; **ˈ~·mark** [-stm-] **I** *s.* Poststempel *m*; **II** *v/t.* (ab)stempeln; **ˈ~ˌmas·ter** [-stˌm-] *s.* Postamtsvorsteher *m*, Postmeister *m*: ***℘ General*** Postminister *m*.

post·me·rid·i·an [ˌpəʊstməˈrɪdɪən] *adj.* Nachmittags…, nachmittägig; **post me·rid·i·em** [-məˈrɪdɪəm] (*Lat.*) *adv.* (*abbr.* ***p.m.***) nachmittags.

ˈpostˌmis·tress [-stˌm-] *s.* Postmeisterin *f*.

post|-mor·tem [ˌpəʊstˈmɔːtəm] ⚖, ⚕ **I** *adj.* Leichen…, nach dem Tode (stattfindend); **II** *s.* (*abbr. für* ***~ examination***) Leichenöffnung *f*, Autoˈpsie *f*; *fig.* Maˈnöverkriˌtik *f*, nachträgliche Anaˈlyse; **ˌ~ˈna·tal** *adj.* nach der Geburt (stattfindend); **ˌ~ˈnup·tial** *adj.* nach der Hochzeit (stattfindend).

post of·fice *s.* **1.** Post(amt *n*) *f*: ***General ℘*** Hauptpost(amt); ***℘ Department*** *Am.* Postministerium *n*; **2.** *Am. ein Gesellschaftsspiel*; ***~ box*** *s.* Post(schließ)fach *n*; ***~ or·der*** *s.* Postanweisung *f*; ***~ savings bank*** *s.* Postsparkasse *f*.

ˌpostˈop·er·a·tive *adj.* ⚕ postoperaˈtiv, nachträglich.

ˌpost-ˈpaid *adj. u. adv.* freigemacht, frankiert.

post·pone [ˌpəʊstˈpəʊn] *v/t.* **1.** verschieben, auf-, hinˈausschieben; **2.** ˈunterordnen (***to*** *dat.*), hintˈansetzen; **ˌpostˈpone·ment** [-mənt] *s.* **1.** Verschiebung *f*, Aufschub *m*; **2.** ⚙, *a. ling.* Nachstellung *f*.

ˌpost·poˈsi·tion *s.* **1.** Nachstellung *f* (*a. ling.*); **2.** *ling.* nachgestelltes (Verhältnis)Wort; **ˌpostˈpos·i·tive** *ling.* **I** *adj.* nachgestellt; **II** *s.* → ***postposition*** 2.

ˌpostˈpran·di·al *adj.* nach dem Essen, nach Tisch (*Rede, Schläfchen etc.*).

post·script [ˈpəʊsskrɪpt] *s.* **1.** PostˈskriptumˈNachschrift: Post'skriptum *n* (*zu e-m Brief*), Nachschrift *f*; **2.** Nachtrag *m* (*zu e-m Buch*); **3.** Nachbemerkung *f*.

pos·tu·lant [ˈpɒstjʊlənt] *s.* **1.** Antragsteller(in); **2.** *R.C.* Postuˈlant(in); **pos·tu·late I** *v/t.* [ˈpɒstjʊleɪt] **1.** fordern, verlangen, begehren; **2.** postulieren, (als gegeben) vorˈaussetzen; **II** *s.* [-lət] **3.** Postuˈlat *n*, (ˈGrund)Vorˌaussetzung *f*.

pos·ture [ˈpɒstʃə] **I** *s.* **1.** (Körperˈ)Haltung *f*, Stellung *f*; (*a. thea., paint.*) Posiˈtur *f*, Pose *f*; **2.** Lage *f* (*a. fig. Situation*), Anordnung *f*; **3.** *fig. geistige* Haltung; **II** *v/t.* **4.** zuˈrechtstellen, arrangieren; **III** *v/i.* **5.** sich in Posiˈtur stellen *od.* in Pose werfen; posieren (*a. fig.* ***as*** als); **ˈpos·tur·er** [-ərə] *s.* **1.** Schlangenmensch *m* (*Artist*); **2.** → ***poseur***.

ˌpostˈwar *adj.* Nachkriegs…

po·sy [ˈpəʊzɪ] *s.* **1.** Sträußchen *n*; **2.** *obs.* Motto *n*, Denkspruch *m*.

pot [pɒt] **I** *s.* **1.** (*Blumen-, Koch-, Nacht- etc.*)Topf *m*: ***go to ~*** *sl.* a) kaputtgehen, b) ‚vor die Hunde gehen' (*Person*); ***keep the ~ boiling*** a) die Sache in Gang halten, b) sich über Wasser halten; ***the ~ calls the kettle black*** ein Esel schilt den andern Langohr; ***big ~*** *sl.* ‚großes Tier'; ***a ~ of money*** F ‚ein Heidengeld'; ***he has ~s of money*** F er hat Geld wie Heu; **2.** Kanne *f*; **3.** ⚙ Tiegel *m*, Gefäß *n*: ***~ annealing*** Kastenglühen *n*; ***~ galvanization*** Feuerverzinken *n*; **4.** *sport sl.* Poˈkal *m*; **5.** (Spiel)Einsatz *m*; **6.** → ***pot shot***; **7.** *sl.* Pot *n*, Mariˈhuˈana *n*; **II** *v/t.* **8.** in e-n Topf tun; *Pflanze* eintopfen; **9.** *Fleisch* einlegen, einmachen: ***~ted meat*** Fleischkonserven *pl.*; **10.** *Billardball* einlochen; **11.** *hunt.* (ab)schießen; **12.** F einheimsen, erbeuten; **13.** *Baby* aufs Töpfchen setzen; **14.** *fig.* F a) *Musik* ‚konservieren', b) *Stoff* mundgerecht machen; **III** *v/i.* **15.** (los)ballern, schießen (***at*** auf *acc.*).

po·ta·ble [ˈpəʊtəbl] **I** *adj.* trinkbar; **II** *s.* Getränk *n*.

po·tage [pɒˈtɑːʒ] (*Fr.*) *s.* (dicke) Suppe.

pot·ash [ˈpɒtæʃ] *s.* ⚗ **1.** Pottasche *f*, ˈKaliumkarboˌnat *n*: ***bicarbonate of ~*** doppeltkohlensaures Kali; ***~ fertilizer*** Kalidünger *m*; ***~ mine*** Kalibergwerk *n*; **2.** → ***caustic*** 1.

po·tas·si·um [pəˈtæsjəm] *s.* ⚗ Kalium *n*; ***~ bro·mide*** *s.* ˈKaliumbroˌmid *n*; ***~ car·bon·ate*** *s.* ˈKaliumkarboˌnat *n*, Pottasche *f*; ***~ cy·a·nide*** *s.* ˈKaliumcyaˌnid *n*, Zyanˈkali *n*; ***~ hy·drox·ide*** *s.* ˈKaliumhydroˌxyd *n*, Ätzkali *n*; ***~ ni·trate*** *s.* ˈKaliumniˌtrat *n*.

po·ta·tion [pəʊˈteɪʃn] *s.* **1.** Trinken *n*; Zecheˈrei *f*; **2.** Getränk *n*.

po·ta·to [pəˈteɪtəʊ] *pl.* **-toes** *s.* **1.** Kar-

ˈtoffel *f*: ***fried ~es*** Bratkartoffeln; ***small ~es*** *Am.* F ‚kleine Fische'; ***hot ~*** F ‚heißes Eisen'; ***drop s.th. like a hot ~*** et. wie eine heiße Kartoffel fallen lassen; ***think o.s. no small ~es*** *sl.* sehr von sich eingenommen sein; **2.** *Am. sl.* a) ‚Rübe' *f* (*Kopf*), b) Dollar *m*; **~ bee·tle** *s. zo.* Karˈtoffelkäfer *m*; **~ blight** → ***potato disease***; **~ bug** → ***potato beetle***; **~ chips** *s. pl.* a) *Brit.* Pommes frites *pl.*, b) *Am.* → **~ crisps** *s. pl.* Karˈtoffelchips *pl.*; **~ dis·ease** *s.* Karˈtoffelkrankheit *f*; **~ trap** *s. sl.* ‚Klappe' *f*, ‚Maul' *n*.

pot| bar·ley *s.* Graupen *pl.*; **ˈ~ˌbel·lied** *adj.* dickbäuchig; **ˈ~ˌbel·ly** *s.* Schmerbauch *m*; **ˈ~ˌboil·er** *s.* F *Kunst etc.*: reine Brotarbeit; **ˈ~·boy** *s. Brit.* Schankkellner *m*.

po·teen [pɒˈtiːn] *s.* heimlich gebrannter Whisky (*in Irland*).

po·ten·cy [ˈpəʊtənsɪ] *s.* **1.** Stärke *f*, Macht *f*; *fig. a.* Einfluß *m*; **2.** Wirksamkeit *f*, Kraft *f*; **3.** *physiol.* Poˈtenz *f*; **ˈpo·tent** [-nt] *adj.* ☐ **1.** mächtig, stark; **2.** einflußreich; **3.** poˈtent, fiˈnanzstark: ***a ~ bidder***; **4.** zwingend, überˈzeugend (*Argumente etc.*); **5.** stark (*Drogen, Getränk*); **6.** *physiol.* poˈtent; **ˈpo·ten·tate** [-teɪt] *s.* Potenˈtat *m*, Machthaber *m*, Herrscher *m*; **po·ten·tial** [pəʊˈtenʃl] **I** *adj.* ☐ **1.** potentiˈell: a) möglich, eventuˈell, b) in der Anlage vorhanden, laˈtent: **~ *market*** (***murderer***) potentieller Markt (Mörder); **2.** *ling.* Möglichkeits…: **~ *mood*** → 4; **3.** *phys.* potentiˈell, gebunden: **~ *energy*** potentielle Energie, Energie der Lage; **II** *s.* **4.** *ling.* Potentiˈalis *m*, Möglichkeitsform *f*; **5.** *phys.* Potentiˈal *n* (*a.* ↯), ↯ Spannung *f*: **~ *equation*** ⩚ Potentialgleichung *f*; **6.** (*Kriegs-, Menschen- etc.*)Potentiˈal *n*, Reˈserven *pl.*; **7.** Leistungsfähigkeit *f*, Kraftvorrat *m*; **po·ten·ti·al·i·ty** [pəʊˌtenʃɪˈælətɪ] *s.* **1.** Potentialiˈtät *f*, (Entwicklungs)Möglichkeit *f*; **2.** Wirkungsvermögen *n*, innere Kraft; **po·ten·ti·om·e·ter** [pəʊˌtenʃɪˈɒmɪtə] *s.* ↯ Potentioˈmeter *n* (*veränderbarer Widerstand*).

ˈpot·head *s. sl.* ‚Hascher' *m*.

po·theen [pɒˈθiːn] → ***poteen***.

poth·er [ˈpɒðə] **I** *s.* **1.** Aufruhr *m*, Lärm *m*, Aufregung *f*, ‚Theˈater' *n*: ***be in a ~ about s.th.*** e-n großen Wirbel wegen et. machen; **2.** Rauch-, Staubwolke *f*, Dunst *m*; **II** *v/t.* **3.** verwirren, aufregen; **III** *v/i.* **4.** sich aufregen.

ˈpot|·herb *s.* Küchenkraut *n*; **ˈ~·hole** *s.* **1.** *mot.* Schlagloch *n*; **2.** *geol.* Gletschertopf *m*, Strudelkessel *m*; **ˈ~ˌhol·er** *s.* Höhlenforscher *m*; **ˈ~·hook** *s.* **1.** Kesselhaken *m*; **2.** Schnörkel *m* (*Kinderschrift*); *pl.* Gekritzel *n*; **ˈ~·house** *s.* Wirtschaft *f*, Kneipe *f*; **ˈ~ˌhunt·er** *s. sl.* **1.** Aasjäger *m*; **2.** *sport* F Preisjäger *m*.

po·tion [ˈpəʊʃn] *s.* (Arzˈnei-, Gift-, Zauber)Trank *m*.

pot luck *s.*: ***take ~*** a) (***with s.o.***) (bei j-m) mit dem vorliebnehmen, was es gerade (zu essen) gibt, b) es aufs Geratewohl probieren.

pot·pour·ri [ˌpəʊˈpʊrɪ] *s.* Potpourri *n*: a) Dufttopf *m*, b) musiˈkalisches Allerˈlei, c) *fig.* Kunterbunt *n*, Allerˈlei *n*.

pot| roast *s.* Schmorfleisch *n*; **ˈ~·sherd** [-ʃɜːd] *s.* (Topf)Scherbe *f*; **~ shot** *s.* **1.** unweidmännischer Schuß; **2.** Nahschuß *m*, ˈhinterhältiger Schuß; **3.** (wahllos abgegebener) Schuß; **4.** *fig.* Seitenhieb *m*.

pot·tage [ˈpɒtɪdʒ] *s.* dicke Gemüsesuppe (mit Fleisch).

pot·ter[1] [ˈpɒtə] **I** *v/i.* **1.** *oft* **~ *about*** herˈumwerkeln, -hantieren; **2.** (herˈum-) trödeln: **~ *at*** herumspielen, -pfuschen an *od.* in (*dat.*); **II** *v/t.* **3.** **~ *away*** *Zeit* vertrödeln.

pot·ter[2] [ˈpɒtə] *s.* Töpfer(in): ***~'s clay*** Töpferton *m*; ***~'s lathe*** Töpferscheibentisch *m*; ***~'s wheel*** Töpferscheibe *f*; **ˈpot·ter·y** [-ərɪ] *s.* **1.** Töpfer-, Tonware(n *pl.*) *f*, Steingut *n*, Keˈramik *f*; **2.** Töpfeˈrei(werkstatt) *f*; **3.** Töpfeˈrei *f* (*Kunst*), Keˈramik *f*.

pot·ty [ˈpɒtɪ] *adj.* F **1.** verrückt; **2.** klein, unbedeutend.

ˈpot-ˌval·o(u)r *s.* angetrunkener Mut.

pouch [paʊtʃ] **I** *s.* **1.** Beutel (*a. zo.*, ⚘), (Leder-, Trage-, *a.* Post)Tasche *f*, (kleiner) Sack; **2.** Tabaksbeutel *m*; **3.** Geldbeutel *m*; **4.** ⚔ Paˈtronentasche *f*; **5.** *anat.* (Tränen)Sack *m*; **II** *v/t.* **6.** in e-n Beutel tun; **7.** *fig.* einstecken; **8.** (*v/i.* sich) beuteln *od.* bauschen; **pouched** [-tʃt] *adj. zo.* Beutel…

pouf(fe) [puːf] *s.* **1.** a) Haarknoten *m*, -rolle *f*, b) Einlage *f*; **2.** Puff *m* (*Sitzpolster*); **3.** Turˈnüre *f*; **4.** → ***poof***.

poul·ter·er [ˈpəʊltərə] *s.* Geflügelhändler *m*.

poul·tice [ˈpəʊltɪs] ✤ **I** *s.* ˈBreiˌumschlag *m*, Packung *f*; **II** *v/t.* e-n ˈBreiˌumschlag auflegen auf (*acc.*), e-e Packung machen um.

poul·try [ˈpəʊltrɪ] *s.* (Haus)Geflügel *n*, Federvieh *n*: **~ *farm*** Geflügelfarm *f*; **ˈ~·man** [-mən] *s. irr.* Geflügelzüchter *m od.* -händler *m*.

pounce[1] [paʊns] **I** *s.* **1.** a) Herˈabstoßen *n e-s Raubvogels*, b) Sprung *m*, Satz *m*: ***on the ~*** sprungbereit; **II** *v/i.* **2.** (herˈab)stoßen, sich stürzen (***on***, ***upon*** auf *acc.*) (*Raubvogel*); **3.** *fig.* a) (***on***, ***upon***) sich stürzen (auf *j-n, e-n Fehler, e-e Gelegenheit etc.*), losgehen (auf *j-n*), b) ‚zuschlagen'; **4.** (plötzlich) stürzen: **~ *into the room***.

pounce[2] [paʊns] **I** *s.* **1.** Glättpulver *n*, *bsd.* Bimssteinpulver *n*; **2.** Pauspulver *n*; **3.** ˈdurchgepaustes (*bsd.* Stick)Muster; **II** *v/t.* **4.** glatt abreiben, bimsen; **5.** ˈdurchpausen.

pound[1] [paʊnd] *s.* **1.** Pfund *n* (*abbr.* ***lb.*** *= 453,59 g*): **~ *cake*** *Am.* (reichhaltiger) Früchtekuchen *m*; **2.** *a.* **~ *sterling*** Pfund *n* (Sterling) (*abbr.* £): ***pay twenty shillings in the ~*** *fig. obs.* voll bezahlen.

pound[2] [paʊnd] **I** *s.* **1.** schwerer Stoß *od.* Schlag, Stampfen *n*; **II** *v/t.* **2.** (zer-) stoßen, (zer)stampfen; **3.** feststampfen, rammen; **4.** hämmern (auf), trommeln auf, schlagen: **~ *sense into s.o.*** *fig.* j-m Vernunft einhämmern; **~ *out*** a) glatthämmern, b) *Melodie* herunterhämmern (*auf dem Klavier*); **5.** ⚔ beschießen; **III** *v/i.* **6.** hämmern (*a. Herz*), pochen, schlagen; **7.** *mst* **~ *along*** (einˈher)stampfen, wuchtig gehen; **8.** stampfen (*Maschine etc.*); **9.** **~ (*away*) *at*** ⚔ unter schweren Beschuß nehmen.

pound[3] [paʊnd] **I** *s.* **1.** ˈTieraˌsyl *n*; **2.** Hürde *f*, Pferch *m*; **3.** Abstellplatz *m* für abgeschleppte Autos; **II** *v/t.* **4.** *oft* **~ *up*** einpferchen.

pound·age [ˈpaʊndɪdʒ] *s.* **1.** Anteil *m od.* Gebühr *f* pro Pfund (*Sterling*); **2.** Bezahlung *f* pro Pfund (*Gewicht*); **3.** Gewicht *n* in Pfund.

pound·er [ˈpaʊndə] *s. in Zssgn* …pfünder.

ˌpound-ˈfool·ish *adj.* unfähig, mit großen Summen *od.* Proˈblemen ˈumzugehen; → ***penny-wise***.

pour [pɔː] **I** *s.* **1.** Strömen *n*; **2.** (Regen-) Guß *m*; **3.** *metall.* Einguß *m*: **~ *test*** Stockpunktbestimmung; **II** *v/t.* **4.** gießen, schütten (***from***, ***out of*** aus, ***into***, ***in*** in *acc.*, ***on***, ***upon*** auf *acc.*): **~ *forth*** (*od.* ***out***) a) ausgießen, (aus)strömen lassen, b) *fig. Herz* ausschütten, *Kummer* ausbreiten, c) *Flüche etc.* ausstoßen; **~ *out drinks*** Getränke eingießen, -schenken; **~ *off*** abgießen; **~ *it on*** *Am. sl.* a) ‚rangehen', b) *a.* **~ *on the speed*** ‚volle Pulle' fahren; **5.** **~ *itself*** sich ergießen (*Fluß*); **III** *v/i.* **6.** strömen, gießen: **~ *down*** niederströmen; **~ *forth*** (*od.* ***out***) (*a. fig.*) sich ergießen, strömen (***from*** aus); ***it ~s with rain*** es gießt in Strömen; ***it never rains but it ~s*** *fig.* ein Unglück kommt selten allein; **7.** *fig.* strömen (*Menschenmenge etc.*): **~ *in*** hereinströmen (*a. Aufträge, Briefe etc.*); **8.** *metall. in die Form* gießen; **pour·a·ble** [ˈpɔːrəbl] *adj.* ⚙ vergießbar: **~ *compound*** Gußmasse *f*; **pour·ing** [ˈpɔːrɪŋ] **I** *adj.* **1.** strömend (*a. Regen*); **2.** ⚙ Gieß…, Guß…: **~ *gate*** Gießtrichter *m*; **II** *s.* **3.** ⚙ (Ver)Gießen *n*, Guß *m*.

pout[1] [paʊt] **I** *v/i.* **1.** die Lippen spitzen *od.* aufwerfen; **2.** a) e-e Schnute *od.* e-n Flunsch ziehen, b) *fig.* schmollen; **3.** vorstehen (*Lippen*); **II** *v/t.* **4.** *Lippen, Mund* (schmollend) aufwerfen, (*a. zum Kuß*) spitzen; **5.** schmollen(d sagen); **III** *s.* **6.** Flunsch *m*, Schnute *f*, Schmollmund *m*; **7.** Schmollen *n*: ***have the ~s*** schmollen, im Schmollwinkel sitzen.

pout[2] [paʊt] *s. ein* Schellfisch *m*.

pout·er [ˈpaʊtə] *s.* **1.** *a.* **~ *pigeon*** *orn.* Kropftaube *f*; **2.** → ***pout***[2].

pov·er·ty [ˈpɒvətɪ] *s.* **1.** (***of*** an *dat.*) Armut *f*, Mangel *m* (*beide a. fig.*): **~ *of ideas*** Ideenarmut; **2.** *fig.* Armseligkeit *f*, Dürftigkeit *f*; **3.** Armut *f*, geringe Ergiebigkeit (*des Bodens etc.*); **ˈ~-ˌstrick·en** *adj.* **1.** in Armut lebend, verarmt; **2.** *fig.* armselig.

pow·der [ˈpaʊdə] **I** *s.* **1.** (*Back-, Schieß- etc.*)Pulver *n*: ***not worth ~ and shot*** keinen Schuß Pulver wert; ***keep your ~ dry!*** sei auf der Hut!; ***take a ~*** *Am. sl.* ‚türmen'; **2.** Puder *m*: ***face ~***; **II** *v/t.* **3.** pulvern, pulverisieren: ***~ed milk*** Trokkenmilch *f*; ***~ed sugar*** Staubzucker *m*; **4.** (be)pudern: **~ *one's nose*** a) sich die Nase pudern, b) F ‚mal kurz verschwinden'; **5.** bestäuben, bestreuen (***with*** mit); **III** *v/i.* **6.** zu Pulver werden; **~ *box*** *s.* Puderdose *f*; **~ *keg*** *s. fig.* Pulverfaß *n*; **ˈ~-ˌmet·al·lur·gy** *s.* ˈSintermetallurˌgie *f*, Meˈtallkeˌramik *f*; **~ *mill*** *s.* ˈPulvermühle *f*, -faˌbrik *f*; **~ *puff*** *s.* Puderquaste *f*; **~ *room*** *s.* ˈDamentoiˌlette *f*.

pow·der·y [ˈpaʊdərɪ] *adj.* **1.** pulverig, Pulver…: **~ *snow*** Pulverschnee *m*; **2.** bestäubt.

pow·er [ˈpaʊə] **I** *s.* **1.** Kraft *f*, Stärke *f*,

Macht *f*, Vermögen *n*: ***do all in one's ~*** alles tun, was in s-r Macht steht; ***it was out of*** (*od.* ***not in***) ***his ~*** es stand nicht in s-r Macht (***to do*** zu tun); ***more ~ to you***(***r elbow***)***!*** nur zu!, viel Erfolg!; **2.** Kraft *f*, Ener'gie *f*; *weitS.* Wucht *f*, Gewalt *f*; **3.** *mst pl. hypnotische etc.* Kräfte *pl.*, (geistige) Fähigkeiten *pl.*, Ta'lent *n*: ***reasoning ~*** Denkvermögen *n*; **4.** Macht *f*, Gewalt *f*, Herrschaft *f*, Einfluß *m* (***over*** über *acc.*): ***be in ~*** *pol.* an der Macht *od.* am Ruder sein; ***be in s.o.'s ~*** in j-s Gewalt sein; ***come into ~*** *pol.* an die Macht kommen; ***~ politics*** Machtpolitik *f*; **5.** *pol.* Gewalt *f als Staatsfunktion*: ***legislative ~***; ***separation of ~s*** Gewaltenteilung *f*; **6.** *pol.* (Macht)Befugnis *f*, (Amts)Gewalt *f*; **7.** ⚖ (Handlungs-, Vertretungs)Vollmacht *f*, Befugnis *f*, Recht *n*: ***~ of testation*** Testierfähigkeit *f*; → ***attorney***; **8.** *pol.* Macht *f*, Staat *m*; **9.** Macht(faktor *m*) *f*, einflußreiche Stelle *od.* Per'son: ***the ~s that be*** die maßgeblichen (Regierungs)Stellen; ***~ behind the throne*** graue Eminenz; **10.** *mst pl.* höhere Macht: ***heavenly ~s***; **11.** F Masse *f*: ***a ~ of people***; **12.** 𝔄 Po'tenz *f*: ***raise to the third ~*** in die dritte Potenz erheben; **13.** ⚡, *phys.* Kraft *f*, Ener'gie *f*, Leistung *f*; *a.* ***~ current*** ⚡ (Stark)Strom *m*; *Funk, Radio, TV*: Sendestärke *f*; *opt.* Stärke *f e-r Linse*: ***~ cable*** Starkstromkabel *n*; ***~ economy*** Energiewirtschaft *f*; **14.** ⚙ me'chanische Kraft, Antriebskraft *f*: ***~-propelled*** kraftbetrieben, Kraft...; ***~ on*** (mit) Vollgas; ***~ off*** a) mit abgestelltem Motor, b) im Leerlauf; **II** *v/t.* **15.** mit (*elektrischer etc.*) Kraft versehen *od.* betreiben, antreiben: ***rocket-~ed*** raketengetrieben; **~ am·pli·fi·er** *s. Radio*: Kraft-, Endverstärker *m*; **'~-as,sis·ted** *adj. mot.* Servo... (*-lenkung etc.*); **~ brake** *s. mot.* 'Servobremse *f*; **~ con·sump·tion** *s.* ⚡ Strom-, Ener'gieverbrauch *m*; **~ cut** *s.* ⚡ **1.** Stromsperre *f*; **2.** → ***power failure***; **'~-drive** *s.* ⚙ Kraftantrieb *m*; **'~-,driv·en** *adj.* ⚙ kraftbetrieben, Kraft...; **~ en·gi·neer·ing** *s.* ⚡ 'Starkstrom,technik *f*; **~ fac·tor** *s.* ⚡, *phys.* 'Leistungs,faktor *m*; **,~-'fail pro·tec·tion** *s.* Netzausfallschutz *m*; **~ fail·ure** *s.* ⚡ Strom-, Netzausfall *m*.

pow·er·ful ['paʊəfʊl] *adj.* □ **1.** mächtig (*a. Körper, Schlag, Mensch*), stark (*a. opt. u. Motor*), gewaltig, kräftig; **2.** *fig.* kräftig, wirksam (*a. Argument*); wuchtig (*Stil*); packend (*Roman etc.*); **3.** F ,massig', gewaltig.

pow·er| glid·er *s.* ✈ Motorsegler *m*; **'~·house** *s.* **1.** → ***power station***; **2.** ⚙ Ma'schinenhaus *n*; **3.** *Am. sl.* a) *sport* ,Bombenmannschaft' *f*, b) *sport* ,Ka'none' *f* (*Spitzenspieler*), c) Riesenkerl *m*, d) ,Wucht' *f*, ,tolle' Person *od.* Sache; **~ lathe** *s.* ⚙ Hochleistungsdrehbank *f*.

pow·er·less ['paʊəlɪs] *adj.* □ kraft-, machtlos, ohnmächtig.

pow·er| line *s.* ⚡ **1.** Starkstromleitung *f*; **2.** 'Überlandleitung *f*; **,~-'op·er·at·ed** *adj.* ⚙ kraftbetätigt, -betrieben; **~ out·put** *s.* ⚡, ⚙ Ausgangs-, Nennleistung *f*; **~ pack** *s.* ⚡ Netzteil *n* (*Radio etc.*); **'~-plant** *s.* **1.** → ***power station***; **2.** Ma'schinensatz *m*, Aggre'gat *n*, Triebwerk(anlage *f*) *n*; **~ play** *s. sport* Powerplay *n*; **~ point** *s.* ⚡ Steckdose *f*; **~ pol·i·tics** *s. pl. sg. konstr.* 'Machtpoli,tik *f*; **~ saw** *s.* ⚙ Motorsäge *f*; **~ shar·ing** *s.* Teilhabe *f* an der Macht; **'~-,shov·el** *s.* ⚙ Löffelbagger *m*; **~ sta·tion** *s.* ⚡ Elektrizi'täts-, Kraftwerk *n*: ***long-distance ~*** Überlandzentrale *f*; **~ steer·ing** *s. mot.* Servolenkung *f*; **~ stroke** *s.* ⚙, ⚡, *mot.* Arbeitshub *m*, -takt *m*; **~ strug·gle** *s.* Machtkampf *m*; **~ sup·ply** *s.* ⚡ **1.** Ener'gieversorgung *f*, Netz(anschluß *m*) *n*; **2.** → ***power pack***; **~ trans·mis·sion** *s.* ⚙ 'Leistungs-, Ener'gieüber,tragung *f*; **~ un·it** *s.* **1.** → ***power station***; **2.** → ***power plant*** 2.

pow·wow ['paʊwaʊ] **I** *s.* **1.** a) indi'anisches Fest, b) Ratsversammlung *f*, c) indi'anischer Medi'zinmann; **2.** *Am.* F a) (lärmende, *a.* po'litische) Versammlung, b) Konfe'renz *f*, Besprechung *f*; **II** *v/i.* **3.** *bsd. Am.* F e-e Versammlung *etc.* abhalten; debattieren.

pox [pɒks] *s.* ⚕ **1.** Pocken *pl.*, Blattern *pl.*; Pusteln *pl.*; **2.** V Syphilis *f*.

prac·ti·ca·bil·i·ty [,præktɪkə'bɪlətɪ] *s.* 'Durchführbarkeit *f etc.*; **prac·ti·ca·ble** ['præktɪkəbl] *adj.* □ **1.** 'durch-, ausführbar, möglich; **2.** anwendbar, brauchbar; **3.** gang-, (be)fahrbar (*Straße, Furt etc.*).

prac·ti·cal ['præktɪkl] *adj.* □ → ***practically***; **1.** (*Ggs. theoretisch*) praktisch (*Kenntnisse, Landwirtschaft etc.*); angewandt: ***~ chemistry***; ***~ fact*** Erfahrungstatsache *f*; **2.** praktisch (*Anwendung, Versuch etc.*); **3.** praktisch, geschickt (*Person*); **4.** praktisch, in der Praxis tätig, ausübend: ***~ politician***; ***~ man*** Mann der Praxis, Praktiker; **5.** praktisch (*Denken*); **6.** praktisch, faktisch, tatsächlich; **7.** sachlich; **8.** praktisch anwendbar, 'durchführbar; **9.** handgreiflich, grob: ***~ joke***; **prac·ti·cal·i·ty** [,præktɪ'kælətɪ] *s. das* Praktische, praktisches Wesen, Sachlichkeit *f*; praktische Anwendbarkeit; **'prac·ti·cal·ly** *adv.* **1.** [-kəlɪ] → ***practical***; **2.** [-klɪ] praktisch, so gut wie *nichts etc.*

prac·tice ['præktɪs] **I** *s.* **1.** Praxis *f* (*Ggs. Theorie*): ***in ~*** in der Praxis; ***put into ~*** in die Praxis umsetzen, ausführen, verwirklichen; **2.** Übung *f* (*a.* ♪, ⚔), *mot. sport* Training *n*: ***in*** (***out of***) ***~*** in (aus) der Übung; ***~ makes perfect*** Übung macht den Meister; **3.** Praxis *f* (*Arzt, Anwalt*): ***be in ~*** praktizieren, s-e Praxis ausüben (*Arzt*); **4.** Brauch *m*, Gewohnheit *f*, übliches Verfahren, Usus *m*; **5.** Handlungsweise *f*, Praktik *f*; *oft pl. contp.* (unsaubere) Praktiken *pl.*, Machenschaften *pl.*, Schliche *pl.*; **6.** Verfahren *n*; ⚙ *a.* Technik *f*: ***welding ~*** Schweißtechnik; **7.** ⚖ Verfahren(sregeln *pl.*) *n*, for'melles Recht; **8.** Übungs..., Probe...: ***~ alarm***, ***~ alert*** Probealarm *m*; ***~ ammunition*** ⚔ Übungsmunition *f*; ***~ cartridge*** ⚔ Exerzierpatrone *f*; ***~ flight*** ✈ Übungsflug *m*; ***~ run*** *mot.* Trainingsfahrt *f*; **II** *v/t. u. v/i.* **9.** *Am.* → ***practise***.

prac·tise ['præktɪs] **I** *v/t.* **1.** *Beruf* ausüben; *Geschäft etc.* betreiben; tätig sein als *od.* in (*dat.*), *als Arzt, Anwalt* praktizieren: ***~ medicine*** (***law***); **2.** ♪ *etc.* (ein)üben, sich üben in (*dat.*); *et. auf e-m Instrument* üben; *j-n* schulen: ***~ Bach*** Bach üben; **3.** *fig. Höflichkeit etc.* üben: ***~ politeness***; **4.** verüben: ***~ a fraud on*** *j-n* arglistig täuschen; **II** *v/i.* **5.** praktizieren (*als Arzt, Jurist, a. Katholik*); **6.** (sich) üben (***on the piano*** auf dem Klavier, ***at shooting*** im Schießen); **7.** ***~ on*** (*od.* ***upon***) a) *j-n* ,bearbeiten', b) *j-s Schwäche etc.* ausnutzen, miß'brauchen; **'prac·tised** [-st] *adj.* geübt (*Person, a. Auge, Hand*).

prac·ti·tion·er [præk'tɪʃnə] *s.* **1.** Praktiker *m*; **2.** ***general*** (*od.* ***medical***) ***~*** praktischer Arzt; **3.** ***legal*** (*od.* ***general***) ***~*** (Rechts)Anwalt *m*.

prag·mat·ic [præg'mætɪk] *adj.* (□ ***~ally***) **1.** *phls.* prag'matisch; **2.** → **prag'mat·i·cal** [-kl] *adj.* □ **1.** *phls.* prag'matisch, *fig. a.* praktisch (denkend), sachlich; **2.** belehrend; **3.** geschäftig; **4.** 'übereifrig, aufdringlich; **5.** rechthaberisch; **prag·ma·tism** ['prægmətɪzəm] *s.* **1.** *phls.* Pragma'tismus *m*, *fig. a.* Sachlichkeit *f*, praktisches Denken; **2.** 'Übereifer *m*; **3.** rechthaberisches Wesen; **prag·ma·tize** ['prægmətaɪz] *v/t.* **1.** als re'al darstellen; **2.** vernunftmäßig erklären, rationalisieren.

prai·rie ['preərɪ] *s.* **1.** Grasebene *f*, Steppe *f*; **2.** Prä'rie *f* (*in Nordamerika*); **3.** *Am.* (grasbewachsene) Lichtung; **~ dog** *s. zo.* Prä'riehund *m*; **~ schoon·er** *s. Am.* Planwagen *m der frühen Siedler*.

praise [preɪz] **I** *v/t.* **1.** loben, rühmen, preisen; → ***sky*** 2; **2.** (*bsd. Gott*) (lob-)preisen, loben; **II** *s.* **3.** Lob *n*: ***sing s.o.'s ~*** j-s Lob singen; ***in ~ of s.o.***, ***in s.o.'s ~*** zu j-s Lob; **'~,wor·thi·ness** *s.* Löblichkeit *f*, lobenswerte Eigenschaft; **'~,wor·thy** *adj.* □ lobenswert, löblich.

pram¹ [præm] *s.* ⚓ Prahm *m*.

pram² [præm] *s.* F → ***perambulator***.

prance [prɑːns] *v/i.* **1.** a) sich bäumen, b) tänzeln (*Pferd*); **2.** (ein'her)stolzieren, paradieren; sich brüsten; **3.** F her'umtollen.

pran·di·al ['prændɪəl] *adj.* Essens..., Tisch...

prang [præŋ] *Brit.* F **I** *s.* **1.** ✈ Bruchlandung *f*; **2.** *mot.* schwerer Unfall; **3.** Luftangriff *m*; **4.** *fig.* ,tolles Ding'; **II** *v/i.* **5.** ,knallen', ,krachen'.

prank¹ [præŋk] *s.* **1.** Streich *m*, Ulk *m*, Jux *m*; **2.** *weitS.* Kapri'ole *f*, Faxe *f*.

prank² [præŋk] **I** *v/t. mst* ***~ out*** (*od.* ***up***) (her'aus)putzen, schmücken; **II** *v/i.* prunken, prangen.

prat [præt] *s.* F Trottel *m*.

prate [preɪt] **I** *v/i.* schwatzen, schwafeln (***of*** von); **II** *v/t.* (da'her)schwafeln; **III** *s.* Geschwätz *n*, Geschwafel *n*; **'prat·er** [-tə] *s.* Schwätzer(in); **'prat·ing** [-tɪŋ] *adj.* □ schwatzhaft, geschwätzig; **prat·tle** ['prætl] → ***prate***.

prawn [prɔːn] *s. zo.* Gar'nele *f*.

pray [preɪ] **I** *v/i.* **1.** beten (***to*** zu, ***for*** um, für); **2.** bitten, ersuchen (***for*** um); ⚖ beantragen (***that*** daß); **II** *v/t.* **3.** *j-n* inständig bitten, ersuchen, anflehen (***for*** um): ***~, consider!*** bitte, bedenken Sie doch!; **4.** *et.* erbitten, erflehen.

prayer [preə] *s.* **1.** Ge'bet *n*: ***put up a ~*** ein Gebet emporsenden; ***say one's ~s*** beten, s-e Gebete verrichten; ***he hasn't got a ~*** *Am. sl.* er hat nicht die geringste Chance; **2.** *oft pl.* Andacht *f*: ***evening ~*** Abendandacht; **3.** inständige

Bitte, Flehen *n*; **4.** Gesuch *n*; ⚖ *a.* Antrag *m*, Klagebegehren *n*; **5.** ['preə] Beter(in); ~ **book** *s.* Ge'betbuch *n*; ~ **meet·ing** *s.* Ge'betsversammlung *f*; ~ **wheel** *s.* Ge'betsmühle *f*.

pre- [pri:; prɪ] *in Zssgn* a) (*zeitlich*) vor (-her); vor...; früher als, b) (*räumlich*) vor, da'vor.

preach [pri:tʃ] **I** *v/i.* **1.** (***to***) predigen (zu *od.* vor *dat.*), e-e Predigt halten (*dat. od.* vor *dat.*); **2.** *fig.* ‚predigen': ***~ at s.o.*** j-m e-e (Moral)Predigt halten; **II** *v/t.* **3.** *et.* predigen: ***~ the gospel*** das Evangelium verkünden; ***~ a sermon*** e-e Predigt halten; **4.** ermahnen zu: ***~ charity*** Nächstenliebe predigen; **'preach·er** [-tʃə] *s.* Prediger(in); **'preach·i·fy** [-tʃɪfaɪ] *v/i.* sal'badern, Mo'ral predigen; **'preach·ing** [-tʃɪŋ] *s.* **1.** Predigen *n*; **2.** *bibl.* Lehre *f*; **'preach·y** [-tʃɪ] *adj.* ☐ F sal'badernd, moralisierend.

pre·am·ble [pri:'æmbl] *s.* **1.** Prä'ambel *f* (*a.* ⚖), Einleitung *f*; Oberbegriff *m e-r Patentschrift*; Kopf *m e-s Funkspruchs etc.*; **2.** *fig.* Vorspiel *n*, Auftakt *m*.

pre·ar·range [ˌpri:ə'reɪndʒ] *v/t.* **1.** vorher abmachen *od.* anordnen *od.* bestimmen; **2.** vorbereiten.

preb·end ['prebənd] *s. eccl.* Prä'bende *f*, Pfründe *f*; **'preb·en·dar·y** [-bəndərɪ] *s.* Pfründner *m*.

pre·cal·cu·late [ˌpri:'kælkjʊleɪt] *v/t.* vor'ausberechnen.

pre·car·i·ous [prɪ'keərɪəs] *adj.* ☐ **1.** pre'kär, unsicher (*a. Lebensunterhalt*), bedenklich (*a. Gesundheitszustand*); **2.** gefährlich; **3.** anfechtbar; **4.** ⚖ 'widerruflich; **pre'car·i·ous·ness** [-nɪs] *s.* **1.** Unsicherheit *f*; **2.** Gefährlichkeit *f*; **3.** Zweifelhaftigkeit *f*.

pre·cau·tion [prɪ'kɔ:ʃn] *s.* **1.** Vorkehrung *f*, Vorsichtsmaßregel *f*: ***take ~s*** Vorsichtsmaßregeln *od.* Vorsorge treffen; ***as a ~*** vorsichtshalber, vorsorglich; **2.** Vorsicht *f*; **pre'cau·tion·ar·y** [-ʃnərɪ] *adj.* **1.** vorbeugend, Vorsichts...: ***~ measures*** Vorkehrungen; **2.** Warn...: ***~ signal*** Warnsignal *n*.

pre·cede [ˌpri:'si:d] **I** *v/t.* **1.** vor'aus-, vor'angehen (*dat.*) (*a. fig. Buchkapitel, Zeitraum etc.*); **2.** den Vorrang *od.* Vortritt *od.* Vorzug haben vor (*dat.*), vorgehen (*dat.*); **3.** *fig.* (***by, with s.th.***) (durch et.) einleiten, (*e-r Sache* et.) vor'ausschicken; **II** *v/i.* **4.** vor'an-, vor'ausgehen; **5.** den Vorrang *od.* Vortritt haben; **ˌpre'ced·ence** [-dəns] *s.* **1.** Vor'hergehen *n*, Priori'tät *f*: ***have the ~ of*** *e-r Sache zeitlich* vorangehen; **2.** Vorrang *m*, Vorzug *m*, Vortritt *m*, Vorrecht *n*: ***take ~ of*** (*od.* ***over***) → ***precede*** 2; (***order of***) ~ Rangordnung *f*; **prec·e·dent** ['presɪdənt] **I** *s.* ⚖ Präze'denzfall *m*, Präju'diz *n*: ***without ~*** ohne Beispiel, noch nie dagewesen; ***set a ~*** e-n Präzedenzfall schaffen; **II** [prɪ'si:dənt] *adj.* ☐ vor'hergehend; **pre'ced·ing** [-dɪŋ] **I** *adj.* vor'hergehend: ***~ indorser*** ☤ Vor(der)mann *m* (*Wechsel*); **II** *prp.* vor (*dat.*).

pre·cen·sor [ˌpri:'sensə] *v/t.* e-r 'Vorzenˌsur unter'werfen.

pre·cen·tor [ˌpri:'sentə] *s.* ♪, *eccl.* Kantor *m*, Vorsänger *m*.

pre·cept ['pri:sept] *s.* **1.** (*a.* göttliches) Gebot; **2.** Regel *f*, Richtschnur *f*; **3.** Lehre *f*, Unter'weisung *f*; **4.** ⚖ Gerichtsbefehl *m*; **pre·cep·tor** [prɪ'septə] *s.* Lehrer *m*.

pre·cinct ['pri:sɪŋkt] *s.* **1.** Bezirk *m*: ***cathedral ~s*** Domfreiheit *f*; **2.** *bsd. Am.* Poli'zei-, Wahlbezirk *m*; **3.** *pl.* Bereich *m*, *pl. fig. a.* Grenzen *pl.*

pre·ci·os·i·ty [ˌpreʃɪ'ɒsətɪ] *s.* Geziertheit *f*, Affektiertheit *f*.

pre·cious ['preʃəs] **I** *adj.* ☐ **1.** kostbar, wertvoll (*a. fig.*): ***~ memories***; **2.** edel (*Steine etc.*): ***~ metals*** Edelmetalle; **3.** F ‚schön': a) *iro.* ‚nett': ***a ~ mess***, b) beträchtlich: ***a ~ lot better than*** bei weitem besser als; **4.** *fig.* prezi'ös, affektiert, geziert: ***~ style***; **II** *adv.* **5.** F reichlich, äußerst: ***~ little***; **III** *s.* **6.** Schatz *m*, Liebling *m*: ***my ~!***; **'pre·cious·ness** [-nɪs] *s.* **1.** Köstlichkeit *f*, Kostbarkeit *f*; **2.** → ***preciosity***.

prec·i·pice ['presɪpɪs] *s.* Abgrund *m*, *fig. a.* Klippe *f*.

pre·cip·i·ta·ble [prɪ'sɪpɪtəbl] *adj.* ⚗ abscheidbar, fällbar, niederschlagbar; **pre'cip·i·tance** [-təns], **pre·cip·i·tan·cy** [-tənsɪ] *s.* **1.** Eile *f*; **2.** Hast *f*, Über'stürzung *f*; **pre'cip·i·tant** [-tənt] **I** *adj.* ☐ **1.** (steil) abstürzend, jäh; **2.** *fig.* hastig, eilig; **3.** *fig.* über'eilt; **II** *s.* **4.** ⚗ Fällungsmittel *n*; **pre'cip·i·tate** [-teɪt] **I** *v/t.* **1.** hin'abstürzen (*a. fig.*); **2.** *fig. Ereignisse* her'aufbeschwören, (plötzlich) her'beiführen, beschleunigen; **3.** *j-n* (hin'ein)stürzen (***into*** in *acc.*): ***~ a country into war***; **4.** ⚗ (aus)fällen; **5.** *meteor.* niederschlagen, verflüssigen; **II** *v/i.* **6.** ⚗ *u. meteor.* sich niederschlagen; **III** *adj.* [-tət] **7.** jäh(lings) hin'abstürzend, steil abfallend; **8.** *fig.* über'stürzt, -'eilt, 'voreilig; eilig, hastig; **9.** plötzlich; **IV** *s.* [-teɪt] **10.** ⚗ Niederschlag *m*, 'Fällproˌdukt *n*; **pre'cip·i·tate·ness** [-tətnɪs] *s.* Über'eilung *f*, 'Voreiligkeit *f*; **pre·cip·i·ta·tion** [prɪˌsɪpɪ'teɪʃn] *s.* **1.** jäher Sturz, (Her'ab)Stürzen *n*; **2.** *fig.* Über'stürzung *f*; Hast *f*; **3.** ⚗ Fällung *f*; **4.** *meteor.* Niederschlag *m*; **5.** *Spiritismus*: Materialisati'on *f*; **pre'cip·i·tous** [-təs] *adj.* ☐ **1.** jäh, steil (abfallend), abschüssig; **2.** *fig.* über'stürzt.

pré·cis ['preɪsi:] (*Fr.*) **I** *pl.* **-cis** [-si:z] *s.* (kurze) 'Übersicht, Zs.-fassung *f*; **II** *v/t.* kurz zs.-fassen.

pre·cise [prɪ'saɪs] *adj.* ☐ **1.** prä'zis(e), klar, genau; **2.** ex'akt, (peinlich) genau, kor'rekt; *contp.* pe'dantisch; **3.** genau, richtig (*Betrag, Moment etc.*); **pre'cise·ly** [-lɪ] *adv.* **1.** → ***precise***; **2.** gerade, genau, ausgerechnet; **3.** ***~!*** genau!; **pre'cise·ness** [-nɪs] *s.* **1.** (über'triebene) Genauigkeit; **2.** (ängstliche) Gewissenhaftigkeit, Pedante'rie *f*; **pre·ci·sion** [prɪ'sɪʒn] **I** *s.* Genauigkeit *f*, Ex'aktheit *f*; *a.* ⚙, ⚔ Präzisi'on *f*; **II** *adj.* ⚙, ⚔ Präzisions..., Fein...: ***~ adjustment*** a) ⚙ Feineinstellung, b) ⚔ genaues Einschießen; ***~ bombing*** gezielter Bombenwurf; ***~ instrument*** Präzisionsinstrument *n*; ***~ mechanics*** Feinmechanik *f*; ***~-made*** Präzisions...

pre·clude [prɪ'klu:d] *v/t.* **1.** ausschließen (***from*** von); **2.** *e-r Sache* vorbeugen *od.* zu'vorkommen; *Einwände* vor'wegnehmen; **3.** *j-n* hindern (***from*** an *dat.*, ***from doing*** zu tun); **pre'clu·sion** [-u:ʒn] *s.* **1.** Ausschließung *f*, Ausschluß *m* (***from*** von); **2.** Verhinderung *f*; **pre'clu·sive** [-u:sɪv] *adj.* ☐ **1.** ausschließend (***of*** von); **2.** (ver)hindernd.

pre·co·cious [prɪ'kəʊʃəs] *adj.* ☐ **1.** frühreif, frühzeitig (entwickelt); **2.** *fig.* frühreif, altklug; **pre'co·cious·ness** [-nɪs], **pre'coc·i·ty** [-'kɒsətɪ] *s.* **1.** Frühreife *f*, -zeitigkeit *f*; **2.** *fig.* Frühreife *f*, Altklugheit *f*.

pre·cog·ni·tion [ˌpri:kɒg'nɪʃn] *s.* Präkogniti'on *f*, Vorauswissen *n*.

pre·con·ceive [ˌpri:kən'si:v] *v/t.* (sich) vorher ausdenken, sich vorher vorstellen: ***~d opinion*** → **pre·con·cep·tion** [ˌpri:kən'sepʃn] *s.* vorgefaßte Meinung, *a.* Vorurteil *n*.

pre·con·cert [ˌpri:kən'sɜ:t] *v/t.* vorher vereinbaren: ***~ed*** verabredet, *b.s.* abgekartet.

pre·con·di·tion [ˌpri:kən'dɪʃn] **I** *s.* **1.** Vorbedingung *f*, Vor'aussetzung *f*; **II** *v/t.* **2.** ⚙ vorbehandeln; **3.** *fig.* j-n einstimmen.

pre·co·nize ['pri:kənaɪz] *v/t.* **1.** öffentlich verkündigen; **2.** *R. C. Bischof* präkonisieren.

pre·cook [ˌpri:'kʊk] *v/t.* vorkochen.

pre·cool [ˌpri:'ku:l] *v/t.* vorkühlen.

pre·cur·sor [ˌpri:'kɜ:sə] *s.* **1.** Vorläufer (-in), Vorbote *m*, -botin *f*; **2.** (Amts-)Vorgänger(in); **ˌpre'cur·so·ry** [-ərɪ] *adj.* **1.** vor'ausgehend; **2.** einleitend, vorbereitend.

pre·da·ceous *Am.*, **pre·da·cious** *Brit.* [prɪ'deɪʃəs] *adj.* räuberisch: ***~ animal*** Raubtier *n*; ***~ instinct*** Raub(tier)instinkt *m*.

pre·date [ˌpri:'deɪt] *v/t.* **1.** zu'rück-, vordatieren; **2.** *zeitlich* vor'angehen.

pred·a·to·ry ['predətərɪ] *adj.* ☐ räuberisch, Raub...(*-krieg, -vogel etc.*).

pre·de·cease [ˌpri:dɪ'si:s] *v/t.* früher sterben als *j-d*, vor *j-m* sterben: ***~d parent*** ⚖ vorverstorbener Elternteil.

pred·e·ces·sor ['pri:dɪsesə] *s.* **1.** Vorgänger(in) (*a. fig. Buch etc.*): ***~ in interest*** ⚖ Rechtsvorgänger; ***~ in office*** Amtsvorgänger; **2.** Vorfahr *m*.

pre·des·ti·nate [ˌpri:'destɪneɪt] **I** *v/t.* *eccl. u. weitS.* prädestinieren, aus(er)wählen, (vor'her)bestimmen, ausersehen (***to*** für, zu); **II** *adj.* [-neɪt] prädestiniert, auserwählt; **pre·des·ti·na·tion** [pri:ˌdestɪ'neɪʃn] *s.* **1.** Vor'herbestimmung *f*; **2.** *eccl.* Prädestinati'on *f*, Gnadenwahl *f*; **ˌpre'des·tine** [-tɪn] → ***predestinate*** I.

pre·de·ter·mi·na·tion ['pri:dɪˌtɜ:mɪ'neɪʃn] *s.* Vor'herbestimmung *f*; **pre·de·ter·mine** [ˌpri:dɪ'tɜ:mɪn] *v/t.* **1.** *eccl., a.* ⚙ vor'herbestimmen; **2.** *Kosten etc.* vorher festsetzen *od.* bestimmen: ***~ s.o. to s.th.*** j-n für et. vorbestimmen.

pred·i·ca·ble ['predɪkəbl] **I** *adj.* aussagbar, *j-m* zuzuschreiben(d); **II** *s. pl. phls.* Prädika'bilien *pl.*, Allgemeinbegriffe *pl.*; **pre·dic·a·ment** [prɪ'dɪkəmənt] *s.* **1.** *phls.* Katego'rie *f*; **2.** (mißliche) Lage; **pred·i·cate** ['predɪkeɪt] **I** *v/t.* **1.** behaupten, aussagen; **2.** *phls.* prädizieren, aussagen; **3.** gründen, basieren (***on*** auf *dat.*): ***be ~d on*** basieren auf (*dat.*); **II** *s.* [-kət] **4.** *phls.* Aussage *f*; **5.** *ling.* Prädi'kat *n*, Satzaussage *f*: ***~ adjective*** prädikatives Adjektiv; ***~ noun*** Prädikatsnomen *n*; **pred·i·ca·tion**

[ˌpredɪˈkeɪʃn] *s.* Aussage *f* (*a. ling. im Prädikat*), Behauptung *f*; **pred·i·ca·tive** [prɪˈdɪkətɪv] *adj.* ☐ **1.** aussagend, Aussage…; **2.** *ling.* prädikaˈtiv; **pred·i·ca·to·ry** [prɪˈdɪkətərɪ] *adj.* **1.** predigend, Prediger…; **2.** gepredigt.

pre·dict [prɪˈdɪkt] *v/t.* vorˈher-, vorˈaussagen, propheˈzeien; **preˈdict·a·ble** [-təbl] *adj.* vorˈaussagbar, berechenbar (*a. Person, Politik etc.*): ***he's so ~*** bei ihm weiß man immer genau, was er tun wird; **preˈdict·a·bly** [-təblɪ] *adv.* a) wie vorherzusehen war, b) man kann jetzt schon sagen, daß; **preˈdic·tion** [-kʃn] *s.* Vorˈher-, Vorˈaussage *f*, Weissagung *f*, Propheˈzeiung *f*; **preˈdic·tor** [-tə] *s.* **1.** Proˈphet(in); **2.** ✈ Komˈmandogerät *n*.

pre·di·lec·tion [ˌpriːdɪˈlekʃn] *s.* Vorliebe *f*, Voreingenommenheit *f*.

pre·dis·pose [ˌpriːdɪˈspəʊz] *v/t.* **1.** (***for***) *j-n* (im vorˈaus) geneigt *od.* empfänglich machen *od.* einnehmen (für); **2.** (***to***) *bsd.* ⚕ prädisponieren, empfänglich *od.* anfällig machen (für); **pre·dis·po·si·tion** [ˈpriːˌdɪspəˈzɪʃn] *s.* (***to***) Neigung *f* (zu); Empfänglichkeit *f* (für); Anfälligkeit *f* (für) (*alle a.* ⚕).

pre·dom·i·nance [prɪˈdɒmɪnəns] *s.* **1.** Vorherrschaft *f*; Vormacht(stellung) *f*; **2.** *fig.* Vorherrschen *n*, Überˈwiegen *n*, ˈÜbergewicht *n* (***in*** in *dat.*, ***over*** über *acc.*); **3.** Überˈlegenheit *f*; **preˈdom·i·nant** [-nt] *adj.* ☐ **1.** vorherrschend, überˈwiegend, ˈvorwiegend; **2.** überˈlegen; **preˈdom·i·nate** [-neɪt] *v/i.* **1.** vorherrschen, überˈwiegen, vorwiegen; **2.** *zahlenmäßig, geistig, körperlich etc.* überˈlegen sein; **3.** die Oberhand *od.* das ˈÜbergewicht haben (***over*** über *acc.*); **4.** herrschen, die Herrschaft haben (***over*** über *acc.*).

pre-em·i·nence [ˌpriːˈemɪnəns] *s.* **1.** Herˈvorragen *n*, Überˈlegenheit *f* (***above, over*** über *acc.*); **2.** Vorrang *m*, -zug *m* (***over*** vor *dat.*); **3.** herˈvorragende Stellung; **ˌpre-ˈem·i·nent** [-nt] *adj.* ☐ herˈvorragend, überˈragend: ***be ~*** hervorstechen, sich hervortun.

pre-empt [ˌpriːˈempt] *v/t.* **1.** (*v/i.* Land) durch Vorkaufsrecht erwerben; **2.** (im voraus) mit Beschlag belegen; **ˌpre-ˈemp·tion** [-pʃn] *s.* Vorkauf(srecht *n*) *m*: ***~ price*** Vorkaufspreis *m*; **ˌpre-ˈemp·tive** [-tɪv] *adj.* **1.** Vorkaufs…: ***~ right***; **2.** ⚔ Präventiv…: ***~ strike*** Präventivschlag *m*; **ˌpreˈemp·tor** [-tə] *s.* Vorkaufsberechtigte(r *m*) *f*.

preen [priːn] *v/t. Gefieder etc.* putzen; *sein Haar* (her)richten: ***~ o.s.*** sich putzen (*a. Person*); ***~ o.s. on*** sich et. einbilden auf (*acc.*).

pre-en·gage [ˌpriːɪnˈgeɪdʒ] *v/t.* **1.** im vorˈaus *vertraglich* verpflichten; **2.** im vorˈaus in Anspruch nehmen; **3.** ☤ vorbestellen; **ˌpre-enˈgage·ment** [-mənt] *s.* vorher eingegangene Verpflichtung, frühere Verbindlichkeit.

pre-ex·am·i·na·tion [ˈpriːɪgˌzæmɪˈneɪʃn] *s.* vorˈherige Vernehmung, ˈVorunterˌsuchung *f*, -prüfung *f*.

pre-ex·ist [ˌpriːɪgˈzɪst] *v/i.* vorher vorˈhanden sein *od.* existieren; **ˌpre-exˈist·ence** [-təns] *s. bsd. eccl.* früheres Dasein, Präexiˈstenz *f*.

pre·fab [ˈpriːfæb] **I** *adj.* → ***prefabricated***; **II** *s.* Fertighaus *n*.

pre·fab·ri·cate [ˌpriːˈfæbrɪkeɪt] *v/t.* vorfabrizieren, *genormte* Fertigteile für *Häuser etc.* herstellen; **ˌpreˈfab·ri·cat·ed** [-tɪd] *adj.* vorgefertigt, zs.-setzbar, Fertig…: ***~ house*** Fertighaus *n*; ***~ piece*** Bauteil *n*.

pref·ace [ˈprefɪs] **I** *s.* Vorwort *n*, -rede *f*; Einleitung *f* (*a. fig.*); **II** *v/t. Rede etc.* einleiten (*a. fig.*), ein Vorwort schreiben zu *e-m Buch*.

pref·a·to·ry [ˈprefətərɪ] *adj.* ☐ einleitend, Einleitungs…

pre·fect [ˈpriːfekt] *s.* **1.** *pol.* Präˈfekt *m*; **2.** *Brit.* Vertrauensschüler *m*.

pre·fer [prɪˈfɜː] *v/t.* **1.** (es) vorziehen (***to*** *dat.*, ***rather than*** statt); bevorzugen: ***I ~ to go today*** ich gehe lieber heute; ***~red*** ☤ bevorzugt, Vorzugs…(*-aktie etc.*); **2.** befördern (***to*** [***the rank of***] zum); **3.** ⚖ *Gläubiger etc.* begünstigen, bevorzugt befriedigen; **4.** ⚖ *Gesuch, Klage* einreichen (***to*** bei, ***against*** gegen); *Ansprüche* erheben; **pref·er·a·ble** [ˈprefərəbl] *adj.* ☐ (***to***) vorzuziehen(d) (*dat.*); vorzüglicher (als); **pref·er·a·bly** [ˈprefərəblɪ] *adv.* vorzugsweise, lieber, am besten; **pref·er·ence** [ˈprefərəns] *s.* **1.** Bevorzugung *f*, Vorzug *m* (***above, before, over, to*** vor *dat.*); **2.** Vorliebe *f* (***for*** für): ***by ~*** mit (besonderer) Vorliebe; **3.** ☤, ⚖ a) Vor(zugs)recht *n*, Prioriˈtät *f*: ***~ bond*** Prioritätsobligation *f*; ***~ dividend*** *Brit.* Vorzugsdividende *f*; ***~ share*** (*od.* ***stock***) → e), b) Vorzug *m*, Bevorrechtigung *f*: ***~ as to dividends*** Dividendenbevorrechtigung *f*, c) bevorzugte Befriedigung (*a. Konkurs*): ***fraudulent ~*** Gläubigerbegünstigung *f*, d) *Zoll*: ˈMeistbegünstigung(staˌrif *m*) *f*, e) *Brit.* ˈVorzugsˌaktie *f*; **pref·er·en·tial** [ˌprefəˈrenʃl] *adj.* ☐ bevorzugt; *a.* ☤, ⚖ bevorrechtigt (*Forderung, Gläubiger etc.*), Vorzugs…(*-aktie, -dividende, -recht, -zoll*): ***~ treatment*** Vorzugsbehandlung *f*; **pref·er·en·tial·ly** [ˌprefəˈrenʃəlɪ] *adv.* vorzugsweise; **preˈfer·ment** [-mənt] *s.* **1.** Beförderung *f* (***to*** zu); **2.** höheres Amt, Ehrenamt *n* (*bsd. eccl.*); **3.** ⚖ Einreichung *f* (*Klage*).

pre·fig·u·ra·tion [ˈpriːˌfɪgjʊˈreɪʃn] *s.* **1.** vorbildhafte Darstellung, Vor-, Urbild *n*; **2.** vorˈherige Darstellung.

pre·fix I *v/t.* [ˌpriːˈfɪks] (*a. ling. Wort, Silbe*) vorsetzen, vorˈausgehen lassen (***to*** *dat.*); **II** *s.* [ˈpriːfɪks] *ling.* Präˈfix *n*, Vorsilbe *f*.

ˌpre-ˈfor·mat *v/t. Computer*: vorformatieren.

preg·gers [ˈpregəz] *adj.* F schwanger.

preg·nan·cy [ˈpregnənsɪ] *s.* **1.** Schwangerschaft *f*; *zo.* Trächtigkeit *f*; **2.** *fig.* Fruchtbarkeit *f*, Schöpferkraft *f*, Gedankenfülle *f*; **3.** *fig.* Präˈgnanz *f*, Bedeutungsgehalt *m*, -schwere *f*; **ˈpreg·nant** [-nt] *adj.* ☐ **1.** a) schwanger (*Frau*), b) trächtig (*Tier*); **2.** *fig.* fruchtbar, reich (***in*** an *dat.*); **3.** einfalls-, geistreich; **4.** *fig.* bedeutungsvoll, gewichtig; voll (***with*** von).

pre·heat [ˌpriːˈhiːt] *v/t.* vorwärmen (*a.* ⚙).

pre·hen·sile [prɪˈhensaɪl] *adj. zo.* Greif…: ***~ organ***.

pre·his·tor·ic, pre·his·tor·i·cal [ˌpriːhɪˈstɒrɪk(l)] *adj.* ☐ prähiˈstorisch, vorgeschichtlich; **pre·his·to·ry** [ˌpriːˈhɪstərɪ] *s.* Vor-, Urgeschichte *f*.

pre·ig·ni·tion [ˌpriːɪgˈnɪʃn] *s. mot.* Frühzündung *f*.

pre·judge [ˌpriːˈdʒʌdʒ] *v/t.* im vorˈaus *od.* vorschnell be- *od.* verurteilen.

prej·u·dice [ˈpredʒʊdɪs] **I** *s.* **1.** Vorurteil *n*, Voreingenommenheit *f*, *a.* ⚖ Befangenheit *f*; **2.** (*a.* ⚖) Nachteil *m*, Schaden *m*: ***to the ~ of*** zum Nachteil (*gen.*); ***without ~*** ohne Verbindlichkeit; ***without ~ to*** ohne Schaden für, unbeschadet (*gen.*); **II** *v/t.* **3.** mit e-m Vorurteil erfüllen, einnehmen (***in favo[u]r of*** für, ***against*** gegen): ***~d*** a) (vor)eingenommen, b) ⚖ befangen, c) vorgefaßt (*Meinung*); **4.** *a.* ⚖ beeinträchtigen, benachteiligen, schaden (*dat.*), *e-r Sache* abträglich sein; **prej·u·di·cial** [ˌpredʒʊˈdɪʃl] *adj.* ☐ nachteilig, schädlich (***to*** für): ***be ~ to*** → ***prejudice*** 4.

prel·a·cy [ˈpreləsɪ] *s. eccl.* **1.** Prälaˈtur *f* (*Würde od. Amtsbereich*); **2.** *coll.* Präˈlaten(stand *m*, -tum *n*) *pl.*; **prel·ate** [ˈprelɪt] *s.* Präˈlat *m*.

pre·lect [prɪˈlekt] *v/i.* lesen, e-e Vorlesung *od.* Vorlesungen halten (***on, upon*** über *acc.*, ***to*** vor *dat.*); **preˈlec·tion** [-kʃn] *s.* Vorlesung *f*, Vortrag *m*; **preˈlec·tor** [-tə] *s.* Vorleser *m*, (Universiˈtäts)Lektor *m*.

pre·lim [ˈpriːlɪm] **1.** F → ***preliminary examination***; **2.** *pl. typ.* Titeˈlei *f*.

pre·lim·i·nar·y [prɪˈlɪmɪnərɪ] **I** *adj.* ☐ **1.** einleitend, vorbereitend, Vor…: ***~ discussion*** Vorbesprechung *f*; ***~ inquiry*** ⚖ Voruntersuchung *f*; ***~ measures*** vorbereitende Maßnahmen; ***~ round*** *sport* Vorrunde *f*; ***~ work*** Vorarbeit *f*; **2.** vorläufig: ***~ dressing*** ⚕ Notverband *m*; **II** *s.* **3.** *mst pl.* Einleitung *f*, Vorbereitung(en *pl.*) *f*, vorbereitende Maßnahmen *pl.*; *pl.* Prälimiˈnarien *pl.* (*a.* ⚖ *e-s Vertrags*); **4.** ⚖ Vorverhandlungen *pl.*; **5.** → ***~ ex·am·i·na·tion*** *s. univ.* **1.** Aufnahmeprüfung *f*; **2.** a) Vorprüfung *f*, b) ⚕ Physikum *n*.

prel·ude [ˈpreljuːd] **I** *s.* **1.** ♪ Vorspiel *n*, Einleitung *f* (*beide a. fig.*), Präˈludium *n*; *fig.* Auftakt *m*; **II** *v/t.* **2.** ♪ a) einleiten, b) als Präˈludium spielen; **3.** *bsd. fig.* einleiten, das Vorspiel *od.* der Auftakt sein zu; **III** *v/i.* **4.** ♪ a) ein Präˈludium spielen, b) als Vorspiel dienen (***to*** für, zu); **5.** *fig.* das Vorspiel *od.* die Einleitung bilden (***to*** zu).

pre·mar·i·tal [ˌpriːˈmærɪtl] *adj.* vorehelich.

pre·ma·ture [ˌpreməˈtjʊə] *adj.* ☐ **1.** früh-, vorzeitig, verfrüht: ***~ birth*** Frühgeburt *f*; ***~ ignition*** *mot.* Frühzündung *f*; **2.** *fig.* voreilig, -schnell, überˈeilt; **3.** frühreif; **ˌpre·maˈture·ness** [-nɪs], **ˌpre·maˈtu·ri·ty** [-rətɪ] *s.* **1.** Frühreife *f*; **2.** Früh-, Vorzeitigkeit *f*; **3.** Überˈeiltheit *f*.

pre·med·i·cal [ˌpriːˈmedɪkl] *adj. univ. Am.* ˈvormediˌzinisch, in die Mediˈzin einführend: ***~ course*** Einführungskurs *m* in die Medizin; ***~ student*** Medizinstudent(in), der (die) e-n Einführungskurs besucht.

pre·me·di·e·val [ˈpriːˌmedɪˈiːvl] *adj.* frühmittelalterlich.

pre·med·i·tate [ˌpriːˈmedɪteɪt] *v/t. u. v/i.* vorher überˈlegen: ***~d murder*** vorsätzlicher Mord; **ˌpreˈmed·i·tat·ed·ly** [-tɪdlɪ] *adv.* mit Vorbedacht, vorsätzlich;

pre·med·i·ta·tion [priːˌmedɪˈteɪʃn] *s.* Vorbedacht *m*; Vorsatz *m*.
pre·mi·er [ˈpremjə] **I** *adj.* erst; oberst, Haupt...; **II** *s.* Premiˈer(miˌnister) *m*, Miˈnisterpräsiˌdent(in).
pre·mière [prəˈmjeə] (*Fr.*) *thea.* **I** *s.* **1.** Premiˈere *f*, Ur-, Erstaufführung *f*; **2.** a) Darstellerin *f*, b) Primaballeˈrina *f*; **II** *v/t.* **3.** ur-, erstaufführen.
pre·mi·er·ship [ˈpremjəʃɪp] *s.* Amt *n od.* Würde *f* des Premiˈermiˌnisters.
prem·ise[1] [ˈpremɪs] *s.* **1.** *phls.* Präˈmisse *f*, Vorˈaussetzung *f*, Vordersatz *m e-s Schlusses*; **2.** ⚖ a) *pl. das* Obenerwähnte: ***in the ~s*** im Vorstehenden; ***in these ~s*** in Hinsicht auf das eben Erwähnte, b) obenerwähntes Grundstück; **3.** *pl.* a) Grundstück *n*, b) Haus *n* nebst Zubehör (*Nebengebäude, Grund u. Boden*), c) Loˈkal *n*, Räumlichkeiten *pl.*: ***business ~s*** Geschäftsräume *pl.*, Werksgelände *n*; ***licensed ~*** Schanklokal *n*; ***on the ~s*** an Ort u. Stelle, auf dem Grundstück, im Hause *od.* Lokal.
pre·mise[2] [prɪˈmaɪz] *v/t.* **1.** vorˈausschicken; **2.** *phls.* postulieren.
pre·mi·um [ˈpriːmjəm] *s.* **1.** (Leistungs- *etc.*)Prämie *f*, Bonus *m*; Belohnung *f*, Preis *m*; Zugabe *f*: ***~ offers*** ✝ Verkauf *m* mit Zugaben; ***~ system*** Prämienlohnsystem *n*; **2.** (Versicherungs)Prämie *f*: ***free of ~*** prämienfrei; **3.** ✝ Aufgeld *n*, Agio *n*: ***at a ~*** a) ✝ über Pari, b) *fig.* hoch im Kurs (stehend), sehr gesucht; ***sell at a ~*** a) (*v/i.*) über Pari stehen, b) (*v/t.*) mit Gewinn verkaufen; **4.** Lehrgeld *n e-s Lehrlings*, ˈAusbildungshonoˌrar *n*.
pre·mo·ni·tion [ˌpriːməˈnɪʃn] *s.* **1.** Warnung *f*; **2.** (Vor)Ahnung *f*, (Vor)Gefühl *n*; **pre·mon·i·to·ry** [prɪˈmɒnɪtərɪ] *adj.* warnend: ***~ symptom*** ⚕ Frühsymptom *n*.
pre·na·tal [ˌpriːˈneɪtl] *adj.* ⚕ vor der Geburt, vorgeburtlich, pränaˈtal: ***~ care*** Schwangerenvorsorge *f*.
pre·oc·cu·pan·cy [ˌpriːˈɒkjʊpənsɪ] *s.* **1.** (Recht *n* der) frühere(n) Besitznahme; **2.** (***in***) Beschäftigtsein *n* (mit), Vertieftsein *n* (in *acc.*); **pre·oc·cu·pa·tion** [priːˌɒkjʊˈpeɪʃn] *s.* **1.** vorˈherige Besitznahme; **2.** (***with***) Beschäftigtsein *n* (mit), Vertieftsein *n* (in *acc.*), Inˈanspruchnahme *f* (durch); **3.** Hauptbeschäftigung *f*; **4.** Vorurteil *n*, Voreingenommenheit *f*; **ˌpreˈoc·cu·pied** [-paɪd] *adj.* vertieft (***with*** in *acc.*), gedankenverloren; **pre·oc·cu·py** [ˌpriːˈɒkjʊpaɪ] *v/t.* **1.** vorher *od.* vor anderen in Besitz nehmen; **2.** *j-n* (völlig) in Anspruch nehmen, *j-s Gedanken* ausschließlich beschäftigen, erfüllen.
pre·or·dain [ˌpriːɔːˈdeɪn] *v/t.* vorher anordnen, vorˈherbestimmen.
prep [prep] *s.* F **1.** a) *a.* ***~ school*** → ***preparatory school***, b) *Am.* Schüler (-in) e-r ***preparatory school***; **2.** *Brit.* → ***preparation*** 5.
pre·pack [ˌpriːˈpæk], **pre·pack·age** [ˌpriːˈpækɪdʒ] *v/t.* ✝ abpacken.
pre·paid [ˌpriːˈpeɪd] *adj.* vorˈausbezahlt; ✉ frankiert, (porto)frei.
prep·a·ra·tion [ˌprepəˈreɪʃn] *s.* **1.** Vorbereitung *f*: ***in ~ for*** als Vorbereitung auf (*acc.*); ***make ~s*** Vorbereitungen *od.* Anstalten treffen (***for*** für); **2.** (Zu-)Bereitung *f* (*von Tee, Speisen etc.*), Herstellung *f*; ⚒, ⚙ Aufbereitung *f* (*von Erz, Kraftstoff etc.*); Vorbehandlung *f*, Imprägnieren *n* (*von Holz etc.*); **3.** ⚗, ⚕ Präpaˈrat *n*, *pharm. a.* Arzˈnei (-mittel *n*) *f*; **4.** Abfassung *f e-r Urkunde etc.*; Ausfüllen *n e-s Formulars*; **5.** *ped. Brit.* (Anfertigung *f* der) Hausaufgaben *pl.*, Vorbereitung(sstunde) *f*; **6.** ♪ a) (Dissoˈnanz)Vorbereitung *f*, b) Einleitung *f*; **pre·par·a·tive** [prɪˈpærətɪv] **I** *adj.* □ → ***preparatory*** I; **II** *s.* Vorbereitung *f*, vorbereitende Maßnahme (***for*** auf *acc.*, ***to*** zu).
pre·par·a·to·ry [prɪˈpærətərɪ] **I** *adj.* □ **1.** vorbereitend, als Vorbereitung dienend (***to*** für); **2.** Vor(bereitungs)...; **3.** ***~ to*** *adv.* im Hinblick auf (*acc.*), vor (*dat.*): ***~ to doing s.th.*** bevor *od.* ehe man etwas tut; **II** *s.* **4.** *Brit.* → ***~ school*** *s.* (*Am.* priˈvate) Vor(bereitungs)schule.
pre·pare [prɪˈpeə] **I** *v/t.* **1.** (*a. Rede, Schularbeiten, Schüler etc.*) vorbereiten; zuˈrecht-, fertigmachen, (her)richten; *Speise etc.* (zu)bereiten; **2.** (aus)rüsten, bereitstellen; **3.** *j-n seelisch* vorbereiten (***to do*** zu tun, ***for*** auf *acc.*): a) geneigt *od.* bereit machen, b) gefaßt machen: ***~ o.s. to do s.th.*** sich anschikken, et. zu tun; **4.** anfertigen, ausarbeiten, *Plan* entwerfen, *Schriftstück* abfassen; **5.** ⚗, ⚙ a) herstellen, anfertigen, b) präparieren, zurichten; **6.** *Kohle* aufbereiten; **II** *v/i.* **7.** (***for***) sich (*a. seelisch*) vorbereiten (auf *acc.*), sich anschicken *od.* rüsten, Vorbereitungen *od.* Anstalten treffen (für): ***~ for war*** (sich) zum Krieg rüsten; ***~ to ...!*** ⚔ Fertig zum ...!; **preˈpared** [-eəd] *adj.* **1.** vor-, zubereitet, bereit; **2.** *fig.* bereit, gewillt; **3.** gefaßt (***for*** auf *acc.*); **preˈpar·ed·ness** [-eədnɪs] *s.* **1.** Bereitschaft *f*, -sein *n*; **2.** Gefaßtsein *n* (***for*** auf *acc.*).
pre·pay [ˌpriːˈpeɪ] *v/t.* [*irr.* → ***pay***] vorˈausbezahlen, *Brief etc.* frankieren; **ˌpreˈpay·ment** [-mənt] *s.* Vorˈaus(be)zahlung *f*; ✉ Frankierung *f*.
pre·pense [prɪˈpens] *adj.* □ ⚖ vorsätzlich, vorbedacht: ***with*** (*od.* ***of***) ***malice ~*** in böswilliger Absicht.
pre·pon·der·ance [prɪˈpɒndərəns] *s.* **1.** ˈÜbergewicht *n* (*a. fig.* ***over*** über *acc.*); **2.** *fig.* Überˈwiegen *n* (*an Zahl etc.*), überˈwiegende Zahl (***over*** über *acc.*); **preˈpon·der·ant** [-nt] *adj.* □ überˈwiegend, entscheidend; **pre·pon·der·ate** [prɪˈpɒndəreɪt] *v/i. fig.* überˈwiegen, vorherrschen: ***~ over*** (an Zahl) übersteigen, überlegen sein (*dat.*).
prep·o·si·tion [ˌprepəˈzɪʃn] *s. ling.* Präpositiˈon *f*, Verhältniswort *n*; **ˌprep·oˈsi·tion·al** [-ʃənl] *adj.* □ präpositioˈnal.
pre·pos·sess [ˌpriːpəˈzes] *v/t.* **1.** *mst pass. j-n, j-s Geist* einnehmen (***in favo[u]r of*** für): ***~ed*** voreingenommen; ***~ing*** einnehmend, anziehend; **2.** erfüllen (***with*** mit *Ideen etc.*); **ˌpre·posˈses·sion** [-eʃn] *s.* Voreingenommenheit *f* (***in favo[u]r of*** für), Vorurteil *n* (***against*** gegen); vorgefaßte (günstige) Meinung (***for*** von).
pre·pos·ter·ous [prɪˈpɒstərəs] *adj.* □ **1.** abˈsurd, un-, ˈwidersinnig; **2.** lächerlich, groˈtesk.
pre·po·tence [prɪˈpəʊtəns], **preˈpo·ten·cy** [-sɪ] *s.* **1.** Vorherrschaft *f*, Überˈlegenheit *f*; **2.** *biol.* stärkere Vererbungskraft; **preˈpo·tent** [-nt] *adj.* **1.** vorherrschend, (an Kraft) überˈlegen; **2.** *biol.* sich stärker fortpflanzend *od.* vererbend.
pre·print I *s.* [ˈpriːprɪnt] **1.** Vorabdruck *m* (*e-s Buches etc.*); **2.** Teilausgabe *f*; **II** *v/t.* [ˌpriːˈprint] **3.** vorabdrucken.
pre·puce [ˈpriːpjuːs] *s. anat.* Vorhaut *f*.
Pre-Raph·a·el·ite [ˌpriːˈræfəlaɪt] *paint.* **I** *adj.* präraffaeˈlitisch; **II** *s.* Präraffaeˈlit(in).
pre·re·cord·ed [ˌpriːrɪˈkɔːdɪd] *adj.* bespielt (*Musikkassette etc.*).
pre·req·ui·site [ˌpriːˈrekwɪzɪt] **I** *adj.* vorˈauszusetzen(d), erforderlich (***for, to*** für); **II** *s.* Vorbedingung *f*, (ˈGrund-) Vorˌaussetzung (***for, to*** für).
pre·rog·a·tive [prɪˈrɒgətɪv] **I** *s.* Priviˈleg(ium) *n*, Vorrecht *n*: ***royal ~*** Hoheitsrecht *n*; **II** *adj.* bevorrechtigt: ***~ right*** Vorrecht.
pre·sage [ˈpresɪdʒ] **I** *v/t.* **1.** *mst Böses* ahnen; **2.** (vorher) anzeigen *od.* ankündigen; **3.** weissagen, propheˈzeien; **II** *s.* **4.** Omen *n*, Warnungs-, Anzeichen *n*; **5.** (Vor)Ahnung *f*, Vorgefühl *n*; **6.** Vorbedeutung *f*: ***of evil ~***.
pres·by·op·ic [ˌprezbɪˈɒpɪk] *adj.* alters-(weit)sichtig.
pres·by·ter [ˈprezbɪtə] *s. eccl.* **1.** (Kirchen)Älteste(r) *m*; **2.** (Hilfs)Geistliche(r) *m* (*in Episkopalkirchen*); **Pres·by·te·ri·an** [ˌprezbɪˈtɪərɪən] **I** *adj.* presbyteriˈanisch; **II** *s.* Presbyteriˈaner(in); **ˈpres·by·ter·y** [-tərɪ] *s.* **1.** Presbyˈterium *n* (*a.* ⛪ *Chor*); **2.** Pfarrhaus *n*.
pre·school *ped.* **I** *adj.* [ˌpriːˈskuːl] vorschulisch, Vorschul...: ***~ child*** noch nicht schulpflichtiges Kind; **II** *s.* [ˈpriːskuːl] Vorschule *f*.
pre·sci·ence [ˈpresɪəns] *s.* Vorˈherwissen *n*, Vorˈaussicht *f*; **ˈpre·sci·ent** [-nt] *adj.* □ vorˈherwissend, -sehend (***of*** *acc.*).
pre·scribe [prɪˈskraɪb] **I** *v/t.* **1.** vorschreiben (***to s.o.*** j-m), *et.* anordnen: (***as***) ***~d*** (wie) vorgeschrieben, vorschriftsmäßig; **2.** ⚕ verordnen, -schreiben (***for*** *od.* ***to s.o.*** j-m, ***for s.th.*** gegen et.); **II** *v/i.* **3.** ⚕ et. verschreiben, ein Reˈzept ausstellen (***for s.o.*** j-m); **4.** ⚖ a) verjähren, b) Verjährung *od.* Ersitzung geltend machen (***for, to*** für, auf *acc.*).
pre·scrip·tion [prɪˈskrɪpʃn] **I** *s.* **1.** Vorschrift *f*, Verordnung *f*; **2.** ⚕ a) Reˈzept *n*, b) verordnete Mediˈzin; **3.** ⚖ a) (***positive***) ***~*** Ersitzung *f*, b) (***negative***) ***~*** Verjährung *f*; **II** *adj.* **4.** ärztlich verordnet: ***~ glasses***; ***~ pad*** Rezeptblock *m*; **preˈscrip·tive** [-ptɪv] *adj.* □ **1.** verordnend, vorschreibend; **2.** ⚖ a) ersessen: ***~ right***, b) Verjährungs...: ***~ period***; ***~ debt*** verjährte Schuld.
pre·se·lec·tion [ˌpriːsɪˈlekʃn] *s.* **1.** ⚙ Vorwahl *f*; **2.** *Radio*: ˈVorselektiˌon *f*; **ˌpre·seˈlec·tive** [-ktɪv] *adj.* ⚙, *mot.* Vorwähler...: ***~ gears***; **ˌpre·seˈlec·tor** [-ktə] *s.* ⚙ Vorwähler *m*.
pres·ence [ˈprezns] *s.* **1.** Gegenwart *f*, Anwesenheit *f*, ⚔ *pol.* Präˈsenz *f*: ***in the ~ of*** in Gegenwart *od.* in Anwesenheit von *od. gen., vor Zeugen*; ***saving your ~*** so sehr ich es bedaure, dies in Ihrer Gegenwart sagen zu müssen; → ***mind*** 2; **2.** (unmittelbare) Nähe, Vorˈhandensein *n*: ***be admitted into the ~*** (zur Audienz) vorgelassen werden; ***in the ~ of danger*** angesichts der Gefahr;

3. hohe Per'sönlichkeit(en *pl.*); **4.** Äußere(s) *n*, Aussehen *n*, (stattliche Erscheinung; *weitS.* Auftreten *n*, Haltung *f*; **5.** Anwesenheit *f* e-s unsichtbaren Geistes; **~ cham·ber** *s.* Audi'enzsaal *m.*

pres·ent¹ ['preznt] **I** *adj.* ☐ → ***presently***; **1.** (*räumlich*) gegenwärtig, anwesend; vor'handen (*a.* ⚗ *etc.*): ***~ company, those ~*** die Anwesenden; ***be ~ at*** teilnehmen an (*dat.*), beiwohnen (*dat.*), zugegen sein bei; ***~!*** (*bei Namensaufruf*) hier!; ***it is ~ to my mind*** *fig.* es ist mir gegenwärtig; **2.** (*zeitlich*) gegenwärtig, jetzig, augenblicklich, momen'tan: ***the ~ day*** (*od.* ***time***) die Gegenwart; ***~ value*** Gegenwartswert *m*; **3.** heutig (*bsd. Tag*), laufend (*bsd. Jahr, Monat*); **4.** vorliegend (*Fall, Urkunde etc.*): ***the ~ writer*** der Schreiber *od.* Verfasser (dieser Zeilen); **5.** *ling.* ***~ participle*** Mittelwort *n* der Gegenwart, Partizip *n* Präsens; ***~ perfect*** Perfekt *n*, zweite Vergangenheit; ***~ tense*** → 7; **II** *s.* **6.** Gegenwart *f*: ***at ~*** gegenwärtig, im Augenblick, jetzt, momentan; ***for the ~*** für den Augenblick, vorläufig, einstweilen; ***up to the ~*** bislang, bis dato; **7.** *ling.* Präsens *n*, Gegenwart *f*; **8.** *pl.* ⚖ (vorliegendes) Schriftstück *od.* Doku'ment: ***by these ~s*** hiermit, hierdurch; ***know all men by these ~s*** hiermit jedermann kund und zu wissen (*daß*).

pre·sent² [prɪ'zent] **I** *v/t.* **1.** (dar)bieten, (über)'reichen; *Nachricht etc.* über'bringen: ***~ one's compliments to*** sich *j-m* empfehlen; ***~ s.o. with*** j-n mit *et.* beschenken; ***~ s.th. to*** *j-m* et. schenken; **2.** *Gesuch etc.* einreichen, vorlegen, unter'breiten; ✝ *Scheck, Wechsel* (zur Zahlung) vorlegen, präsentieren; ⚖ *Klage* erheben: ***~ a case*** e-n Fall vor Gericht vertreten; **3.** *j-n für ein Amt* vorschlagen; **4.** *Bitte, Klage* vorbringen; *Gedanken, Wunsch etc.* äußern, unterbreiten; **5.** *j-n* vorstellen (***to*** *dat.*), einführen (***at*** bei *Hofe*): ***~ o.s.*** a) sich vorstellen, b) sich einfinden, erscheinen, sich melden (***for*** zu), c) *fig.* sich bieten (*Möglichkeit etc.*); **6.** *Schwierigkeiten* bieten, *Problem* darstellen; **7.** *thea. etc.* darbieten, *Film* vorführen, zeigen, *Sendung* bringen *od.* moderieren, *Rolle* spielen *od.* verkörpern; *fig.* vergegenwärtigen, darstellen, schildern; **8.** ⚔ a) *Gewehr* präsentieren, b) *Waffe* anlegen, richten (***at*** auf *acc.*).

pres·ent³ ['preznt] *s.* Geschenk *n*: ***make s.o. a ~ of s.th.*** j-m et. zum Geschenk machen.

pre·sent·a·ble [prɪ'zentəbl] *adj.* ☐ **1.** darstellbar; **2.** präsen'tabel (*Geschenk*); **3.** präsen'tabel (*Erscheinung*), anständig angezogen.

pres·en·ta·tion [ˌprezən'teɪʃn] *s.* **1.** Schenkung *f*, (feierliche) Über'reichung *od.* 'Übergabe: ***~ copy*** Widmungsexemplar *n*; **2.** Gabe *f*, Geschenk *n*; **3.** Vorstellung *f*, Einführung *f e-r Person*; **4.** Vorstellung *f*, Erscheinen *n*; **5.** *fig.* Darstellung *f*, Schilderung *f*, Behandlung *f e-s Falles, Problems etc.*; **6.** *thea., Film*: Darbietung *f*, Vorführung *f*; *Radio, TV*: Moderati'on *f*; ⚕ Demonstrati'on *f* (*im Kolleg*); **7.** Einreichung *f e-s Gesuchs etc.*; ✝ Vorlage *f e-s Wechsels*: (***up***)***on ~*** gegen Vorlage; ***payable on ~*** zahlbar bei Sicht; **8.** Vorschlag(srecht *n*) *m*; Ernennung *f* (*Brit. a. eccl.*); **9.** ⚕ (Kinds)Lage *f im Uterus*; **10.** *psych.* a) Wahrnehmung *f*, b) Vorstellung *f*.

ˌpres·ent-'day [ˌpreznt-] *adj.* heutig, gegenwärtig, mo'dern.

pre·sent·er [prɪ'zentə] *s. Brit.* ('Fernseh)Modeˌrator *m.*

pre·sen·tient [prɪ'senʃɪənt] *adj.* im vor'aus fühlend, ahnend (***of*** *acc.*); **pre·sen·ti·ment** [prɪ'zentɪmənt] *s.* (Vor-) Gefühl *n*, (*mst* böse Vor)Ahnung.

pres·ent·ly ['prezntlɪ] *adv.* **1.** (so-) 'gleich, bald (dar'auf), als'bald; **2.** jetzt, gegenwärtig; **3.** so'fort.

pre·sent·ment [prɪ'zentmənt] *s.* **1.** Darstellung *f*, 'Wiedergabe *f*, Bild *n*; **2.** *thea. etc.* Darbietung *f*, Aufführung *f*; **3.** ✝ (*Wechsel- etc.*)Vorlage *f*; **4.** ⚖ Anklage(schrift) *f*; Unter'suchung *f* von Amts wegen.

pre·serv·a·ble [prɪ'zɜːvəbl] *adj* erhaltbar, zu erhalten(d), konservierbar; **pres·er·va·tion** [ˌprezə'veɪʃn] *s.* **1.** Bewahrung *f*, (Er)Rettung *f*, Schutz *m* (***from*** vor *dat.*): ***~ of natural beauty*** Naturschutz; **2.** Erhaltung *f*, Konservierung *f*: ***in good ~*** gut erhalten: ***~ of evidence*** ⚖ Beweissicherung *f*; **3.** Einmachen *n*, -kochen *n*, Konservierung *f* (*von Früchten etc.*); **pre'serv·a·tive** [-vətɪv] **I** *adj.* **1.** bewahrend, Schutz...: ***~ coat*** ⚙ Schutzanstrich *m*; **2.** erhaltend, konservierend; **II** *s.* **3.** Konservierungsmittel *n* (*a.* ⚙); **pre·serve** [prɪ'zɜːv] **I** *v/t.* **1.** bewahren, behüten, (er)retten, (be)schützen (***from*** vor *dat.*); **2.** erhalten, vor dem Verderb schützen: ***well-~d*** gut erhalten; **3.** aufbewahren, -heben; ⚖ *Beweise* sichern; **4.** konservieren (*a.* ⚙), *Obst etc.* einkochen, -machen, -legen: ***~d meat*** Büchsenfleisch *n*, *coll.* Fleischkonserven *pl.*; **5.** *hunt. bsd. Brit. Wild, Fische* hegen; **6.** *fig. Haltung, Ruhe, Andenken etc.* (be)wahren: ***~ silence***; **II** *s.* **7.** *mst pl.* Eingemachte(s) *n*, Kon'serve(n *pl.*) *f*; **8.** *oft pl.* a) *hunt. bsd. Brit.* ('Wild)Reserˌvat *n*, (Jagd-, Fisch)Gehege *n*, b) *fig.* Gehege *n*: ***poach on s.o.'s ~s*** j-m ins Gehege kommen (*a. fig.*); **pre'serv·er** [-və] *s.* **1.** Bewahrer(in), Erhalter(in), (Er)Retter(in); **2.** Konservierungsmittel *n*; **3.** 'Einkochappaˌrat *m*; **4.** *hunt. Brit.* Heger *m*, Wildhüter *m*.

pre·set [ˌpriː'set] *v/t.* [*irr.* → ***set***] ⚙ voreinstellen.

pre·shrink [ˌpriː'ʃrɪŋk] *v/t.* [*irr.* → ***shrink***] ⚙ *Stoffe* krumpfen; vorwaschen.

pre·side [prɪ'zaɪd] *v/i.* **1.** den Vorsitz haben *od.* führen (***at*** bei, ***over*** über *acc.*), präsidieren: ***~ over*** (*od.* ***at***) ***a meeting*** e-e Versammlung leiten; ***presiding judge*** ⚖ Vorsitzende(r *m*) *f*; **2.** ♪ *u. fig.* führen.

pres·i·den·cy ['prezɪdənsɪ] *s.* **1.** Prä'sidium *n*, Vorsitz *m*, (Ober)Aufsicht *f*; **2.** *pol.* a) Präsi'dentschaft *f*, b) Amtszeit *f e-s Präsidenten*; **3.** *eccl.* (***First*** 2 oberste) Mor'monenbehörde *f*; **'pres·i·dent** [-nt] *s.* **1.** Präsi'dent *m* (*a. pol. u.* ⚖), Vorsitzende(r *m*) *f*, Vorstand *m e-r* Körperschaft; *Am.* ✝ (Gene'ral)Diˌrektor *m*: ***2 of the Board of Trade*** *Brit.* Handelsminister *m*; **2.** *univ. bsd. Am.* Rektor *m*; **pres·i·dent e·lect** *s. der* gewählte Präsi'dent (*vor Amtsantritt*); **pres·i·den·tial** [ˌprezɪ'denʃl] *adj.* ☐ Präsidenten..., Präsidentschafts...: ***~ message*** *Am.* Botschaft *f* des Präsidenten an den Kongreß; ***~ primary*** *Am.* Vorwahl *f* zur Nominierung des Präsidentschaftskandidaten *e-r Partei*; ***~ system*** Präsidialsystem *n*; ***~ term*** Amtsperiode *f* des Präsidenten; ***~ year*** *Am.* F Jahr *n* der Präsidentenwahl.

press [pres] **I** *v/t.* **1.** *allg., a. j-m die Hand* drücken, pressen (*a.* ⚙); **2.** drükken auf (*acc.*): ***~ the button*** auf den Knopf drücken (*a. fig.*); **3.** *Saft, Frucht etc.* (aus)pressen, keltern; **4.** (*vorwärts-, weiter- etc.*)drängen, (-)treiben: ***~ on***; **5.** *j-n* (be)drängen: a) in die Enge treiben, zwingen (***to do*** zu tun), b) *j-m* zusetzen, *j-n* bestürmen: ***~ s.o. for*** j-n dringend um *et.* bitten, von j-m *Geld* erpressen; ***be ~ed for money*** (***time***) in Geldverlegenheit sein (unter Zeitdruck stehen, es eilig haben); ***hard ~ed*** in Bedrängnis; **6.** ([***up***]***on*** *j-m*) *et.* aufdrängen, -nötigen; **7.** *Kleidungsstück* plätten; **8.** Nachdruck legen auf (*acc.*): ***~ a charge*** Anklage erheben; ***~ one's point*** auf s-r Forderung *od.* Meinung nachdrücklich bestehen; ***~ the point that*** nachdrücklich betonen, daß; ***~ home*** a) *Forderung etc.* 'durchsetzen, b) *Angriff* energisch 'durchführen, c) *Vorteil* ausnutzen (wollen); **9.** ⚔, ⚓ *in den Dienst* pressen; **II** *v/i.* **10.** drücken, (e-n) Druck ausüben (*a. fig.*); **11.** drängen, pressieren: ***time ~es*** die Zeit drängt; **12.** ***~ for*** dringen *od.* drängen auf (*acc.*), fordern; **13.** (sich) *wohin* drängen: ***~ forward*** (sich) vor(wärts)-drängen; ***~ on*** vorwärtsdrängen, weitereilen; ***~ in upon s.o.*** auf j-n eindringen (*a. fig.*); **III** *s.* **14.** (*Frucht-, Wein- etc.*)Presse *f*; **15.** *typ.* a) (Drucker-) Presse *f*, b) Drucke'rei(anstalt *f*, -raum *m*, -wesen *n*) *f*, c) Druck(en *n*) *m*: ***correct the ~*** Korrektur lesen; ***go to*** (***the***) ***~*** in Druck gehen; ***send to*** (***the***) ***~*** in Druck geben; ***in the ~*** im Druck; ***ready for the ~*** druckfertig; **16.** ***the ~*** die Presse (*Zeitungswesen, a. coll. die Zeitungen od. die Presseleute*): ***~ campaign*** Pressefeldzug *m*; ***~ conference*** Pressekonferenz *f*; ***~ photographer*** Pressephotograph *m*; ***have a good*** (***bad***) ***~*** e-e gute (schlechte) Presse haben; **17.** Spanner *m für Skier od. Tennisschläger*; **18.** (*Bücher- etc., bsd. Wäsche*)Schrank *m*; **19.** *fig.* a) Druck *m*, Hast *f*, b) Dringlichkeit *f*, Drang *m der Geschäfte*: ***the ~ of business***; **20.** ⚔, ⚓ *hist.* Zwangsaushebung *f*; **~ a·gen·cy** *s.* 'Presseagenˌtur *f*; **~ a·gent** *s. thea. etc.* 'Presseaˌgent *m*; **~ bar·on** *s.* Pressezar *m*; **'~-box** *s.* 'Pressetriˌbüne *f*; **~ but·ton** *s.* ⚡ (Druck)Knopf *m*; **~ clip·ping** *Am.* → ***press cutting***; **~ cop·y** *s.* **1.** 'Durchschlag *m*; **2.** Rezensi'onsexemˌplar *n*; **~ cor·rec·tor** *s. typ.* Kor'rektor *m*; **2 Coun·cil** *s. Brit.* Presserat *m*; **~ cut·ting** *s. Brit.* Zeitungsausschnitt *m*.

pressed [prest] *adj.* gepreßt, Preß... (*-glas, -käse, -öl, -ziegel etc.*); **'press·er** [-sə] *s.* **1.** ⚙ Presser(in); **2.** *typ.* Drukker *m*; **3.** Bügler(in); **4.** ⚙ Preßvorrichtung *f*; **5.** *typ. etc.* Druckwalze *f*.

press| **gal·ler·y** *s. parl. bsd. Brit.* 'Pressetri,büne *f*; '**~-gang I** *s.* ⚓ *hist.* 'Preßpa,trouille *f*; **II** *v/t.*: ***~ s.o. into doing s.th.*** F j-n zu et. zwingen.

press·ing ['presɪŋ] **I** *adj.* □ **1.** pressend, drückend; **2.** *fig.* a) (be)drückend, b) dringend, dringlich; **II** *s.* **3.** (Aus)Pressen *n*; **4.** ⚙ a) Stanzen *n*, b) *Papierfabrikation*: Satinieren *n*; **5.** ⚙ Preßling *m*; **6.** *Schallplattenfabrikation*: a) Preßplatte *f*, b) Pressung *f*, c) Auflage *f*.

press| **law** *s. mst pl.* Pressegesetz(e *pl.*) *n*; **~ lord** *s.* Pressezar *m*; '**~·man** [-mən] *s.* [*irr.*] **1.** (Buch)Drucker *m*; **2.** Zeitungsmann *m*, Pressevertreter *m*; '**~·mark** *s.* Signa'tur *f*, Biblio'theksnummer *f e-s Buches*; **~ proof** *s. typ.* letzte Korrek'tur, Ma'schinenrevisi,on *f*; **~ re·lease** *s.* Presseverlautbarung *f*; **~ room** *s.* Drucke'rei(raum *m*) *f*, Ma'schinensaal *m*; '**~·stud** *s.* Druckknopf *m*; ,**~-to-'talk but·ton** *s.* Sprechtaste *f*; '**~-up** *s. sport* Liegestütz *m*.

pres·sure ['preʃə] **I** *s.* **1.** Druck *m* (*a.* ⚙, *phys.*): ***~ hose*** (***pump***, ***valve***) ⚙ Druckschlauch *m*, (-pumpe *f*, -ventil *n*); ***work at high ~*** mit Hochdruck arbeiten (*a. fig.*); **2.** *meteor.* (Luft)Druck *m*: ***high*** (***low***) ***~*** Hoch-(Tief)druck; **3.** *fig.* Druck *m* (*Last od. Zwang*): ***act under ~*** unter Druck handeln; ***bring ~ to bear upon*** auf *j-n* Druck ausüben; ***the ~ of business*** der Drang *od.* Druck der Geschäfte; ***~ of taxation*** Steuerdruck *m*, -last *f*; **4.** *fig.* Drangsal *f*, Not *f*: ***monetary ~*** Geldknappheit *f*; ***~ of conscience*** Gewissensnot *f*; **II** *v/t.* **5.** → ***pressurize*** 1; **6.** *fig. j-n* (dazu) treiben *od.* zwingen (***into doing*** et. zu tun); **~ cab·in** *s.* ✈ 'Druckausgleichska,bine *f*; **~ cook·er** *s.* Schnellkochtopf *m*; **~ drop** *s.* **1.** ⚙ Druckgefälle *n*; **2.** ⚡ Spannungsabfall *m*; **~ e·qual·i·za·tion** *s.* Druckausgleich *m*; **~ ga(u)ge** *s.* ⚙ Druckmesser *m*, Mano'meter *n*; **~ group** *s. pol.* Inter'essengruppe *f*; **~ lu·bri·ca·tion** *s.* ⚙ 'Druck(,umlauf)-,schmierung *f*; '**~-,sen·si·tive** *adj.* ⚕ druckempfindlich; **~ suit** *s.* ✈ ('Über-)Druckanzug *m*; **~ tank** *s.* ⚙ Druckbehälter *m*.

pres·sur·ize ['preʃəraɪz] *v/t.* **1.** ⚒, ⚙ unter Druck setzen (*a. fig.*), unter 'Überdruck halten, *bsd.* ✈ druckfest machen: ***~d cabin*** → ***pressure cabin***; **2.** ⚒ belüften.

'**press·work** *s. typ.* Druckarbeit *f*.

pres·ti·dig·i·ta·tion ['prestɪ,dɪdʒɪ'teɪʃn] *s.* **1.** Fingerfertigkeit *f*; **2.** Taschenspielerkunst *f*; **pres·ti·dig·i·ta·tor** [,prestɪ'dɪdʒɪteɪtə] *s.* Taschenspieler *m* (*a. fig.*).

pres·tige [pre'sti:ʒ] (*Fr.*) *s.* Pre'stige *n*, Geltung *f*, Ansehen *n*.

pres·tig·ious [pre'stɪdʒəs] *adj.* berühmt, renom'miert.

pres·to ['prestəʊ] (*Ital.*) **I** *adv.* ♪ presto, (sehr) schnell (*a. fig.*): ***hey ~, pass!*** Hokuspokus (Fidibus)! (*Zauberformel*); **II** *adj.* blitzschnell.

pre·stressed [,pri:'strest] *adj.* ⚙ vorgespannt: ***~ concrete*** Spannbeton *m*.

pre·sum·a·ble [prɪ'zju:məbl] *adj.* □ vermutlich, mutmaßlich, wahr'scheinlich; **pre·sume** [prɪ'zju:m] **I** *v/t.* **1.** *als wahr* annehmen, vermuten; vor'aussetzen; schließen (***from*** aus): ***~d dead*** verschollen; **2.** sich *et.* erlauben; **II** *v/i.* **3.** vermuten, mutmaßen: ***I ~*** (wie) ich vermute, vermutlich; **4.** sich her'ausnehmen, sich erdreisten, (es) wagen (***to*** *inf.* zu *inf.*); anmaßend sein; **5.** ***~*** (***up***)***on*** ausnutzen *od.* miß'brauchen (*acc.*); **pre'sum·ed·ly** [-mɪdlɪ] *adv.* vermutlich; **pre'sum·ing** [-mɪŋ] *adj.* □ → ***presumptuous*** 1.

pre·sump·tion [prɪ'zʌmpʃn] *s.* **1.** Vermutung *f*, Annahme *f*, Mutmaßung *f*; **2.** ⚖ Vermutung *f*, Präsumti'on *f*: ***~ of death*** Todesvermutung, Verschollenheit *f*; ***~ of innocence*** Unschuldsvermutung *f*; ***~ of law*** Rechtsvermutung *f* (*der Wahrheit bis zum Beweis des Gegenteils*); **3.** Wahrscheinlichkeit *f*: ***there is a strong ~ of his death*** es ist (mit Sicherheit) anzunehmen, daß er tot ist; **4.** Vermessenheit *f*, Anmaßung *f*, Dünkel *m*; **pre'sump·tive** [-ptɪv] *adj.* □ vermutlich, mutmaßlich, präsum'tiv: ***~ evidence*** ⚖ Indizienbeweis *m*; ***~ title*** ⚖ präsumtives Eigentum; **pre'sump·tu·ous** [-ptjʊəs] *adj.* □ **1.** anmaßend, vermessen, dreist; **2.** über'heblich, dünkelhaft.

pre·sup·pose [,pri:sə'pəʊz] *v/t.* vor'aussetzen: a) im vor'aus annehmen, b) zur Vor'aussetzung haben; **pre·sup·po·si·tion** [,pri:sʌpə'zɪʃn] *s.* Vor'aussetzung *f*.

pre-tax [,pri:'tæks] *adj.* † vor Abzug der Steuern, *a.* Brutto…

pre-teen [,pri:'ti:n] *adj. u. s.* (Kind *n*) im Alter zwischen 10 u. 12.

pre·tence [prɪ'tens] *s.* **1.** Anspruch *m*: ***make no ~ to*** keinen Anspruch erheben auf (*acc.*); **2.** Vorwand *m*, Scheingrund *m*, Vortäuschung *f*: ***false ~s*** ⚖ Arglist *f*; ***under false ~s*** arglistig, unter Vorspiegelung falscher Tatsachen; **3.** *fig.* Schein *m*, Verstellung *f*: ***make ~ of doing s.th.*** sich den Anschein geben, als tue man etwas.

pre·tend [prɪ'tend] **I** *v/t.* **1.** vorgeben, -täuschen, -schützen, -heucheln; so tun als ob: ***~ to be sick*** sich krank stellen, krank spielen; **2.** → ***presume*** 2–4; **II** *v/i.* **3.** sich verstellen, heucheln: ***he is only ~ing*** er tut nur so; **4.** Anspruch erheben (***to*** auf *den Thron etc.*); **pre'tend·ed** [-dɪd] *adj.* □ vorgetäuscht, an-, vorgeblich; **pre'tend·er** [-də] *s.* **1.** Beanspruchende(r *m*) *f*; **2.** ('Thron-)Präten,dent *m*, Thronbewerber *m*.

pre·tense *Am.* → ***pretence***.

pre·ten·sion [prɪ'tenʃn] *s.* **1.** Anspruch *m* (***to*** auf *acc.*): ***of great ~s*** anspruchsvoll; **2.** Anmaßung *f*, Dünkel *m*; **pre'ten·tious** [-ʃəs] *adj.* □ **1.** anmaßend; **2.** prätenti'ös, anspruchsvoll; **3.** protzig; **pre'ten·tious·ness** [-ʃəsnɪs] *s.* Anmaßung *f*.

preter- [pri:tə] *in Zssgn* (hin'ausgehend) über (*acc.*), mehr als.

pret·er·it(e) ['pretərɪt] *ling.* **I** *adj.* Vergangenheits…; **II** *s.* Prä'teritum *n*, (erste) Vergangenheit; ,**~-'pres·ent** [-'preznt] *s.* Prä'terito,präsens *n*.

pre·ter·nat·u·ral [,pri:tə'nætʃrəl] *adj.* □ **1.** ab'norm, außergewöhnlich; **2.** 'überna,türlich.

pre·text ['pri:tekst] *s.* Vorwand *m*, Ausrede *f*: ***under*** (*od.* ***on***) ***the ~ of*** unter dem Vorwand (*gen.*).

pre·tri·al [,pri:'traɪəl] ⚖ **I** *s.* Vorverhandlung *f*; **II** *adj.* vor der (Haupt)Verhandlung, Untersuchungs…

pret·ti·fy ['prɪtɪfaɪ] *v/t.* F verschönern, hübsch machen; '**pret·ti·ly** [-ɪlɪ] *adv.* → ***pretty*** 1; '**pret·ti·ness** [-ɪnɪs] *s.* **1.** Hübschheit *f*, Niedlichkeit *f*; Anmut *f*; **2.** Geziertheit *f*; **pret·ty** ['prɪtɪ] **I** *adj.* □ **1.** hübsch, nett, niedlich; **2.** (*a. iro.*) schön, fein, tüchtig: ***a ~ mess!*** e-e schöne Geschichte!; **3.** F ‚(ganz) schön', ‚hübsch', beträchtlich: ***it costs a ~ penny*** es kostet e-e schöne Stange Geld; **II** *adv.* **4.** a) ziemlich, ganz, b) einigermaßen, leidlich: ***~ cold*** ganz schön kalt; ***~ good*** recht gut, nicht schlecht; ***~ much the same thing*** so ziemlich dasselbe; ***~ near*** nahe daran, ziemlich nahe; **5.** ***sitting ~*** *sl.* wie der Hase im Kohl, ‚warm' (sitzend); **III** *v/t.* **6.** ***~ up*** *et.* hübsch machen, ‚aufpolieren'.

pret·zel ['pretsəl] *s.* (Salz)Brezel *f*.

pre·vail [prɪ'veɪl] *v/i.* **1.** (***over***, ***against***) die Oberhand *od.* das 'Übergewicht gewinnen *od.* haben (über *acc.*), (*a.* ⚖ ob)siegen; *fig. a.* sich 'durchsetzen *od.* behaupten (gegen); **2.** *fig.* ausschlag-, maßgebend sein; **3.** *fig.* (vor)herrschen; (weit) verbreitet sein; **4.** ***~*** (***up***)***on s.o. to do*** j-n dazu bewegen *od.* bringen, *et.* zu tun; **pre'vail·ing** [-lɪŋ] *adj.* □ **1.** über'legen: ***~ party*** ⚖ obsiegende Partei; **2.** (vor)herrschend, maßgebend: ***the ~ opinion*** die herrschende Meinung; ***under the ~ circumstances*** unter den obwaltenden Umständen; ***~ tone*** † Grundstimmung *f*; **prev·a·lence** ['prevələns] *s.* **1.** (Vor)Herrschen *n*; Über'handnehmen *n*; **2.** (allgemeine) Gültigkeit; **prev·a·lent** ['prevələnt] *adj.* □ (vor)herrschend, über'wiegend; häufig, weit verbreitet.

pre·var·i·cate [prɪ'værɪkeɪt] *v/i.* Ausflüchte machen; die Wahrheit verdrehen; **pre·var·i·ca·tion** [prɪ,værɪ'keɪʃn] *s.* **1.** Ausflucht *f*, Tatsachenverdrehung *f*, Winkelzug *m*; **2.** ⚖ Anwaltstreubruch *m*; **pre'var·i·ca·tor** [-tə] *s.* Ausflüchtemacher(in), Wortverdreher(in).

pre·vent [prɪ'vent] *v/t.* **1.** verhindern, -hüten; *e-r Sache* vorbeugen *od.* zu'vorkommen; **2.** (***from***) *j-n* hindern (an *dat.*), abhalten (von): ***~ s.o. from coming*** j-n am Kommen hindern, j-n vom Kommen abhalten; **pre'vent·a·ble** [-təbl] *adj.* verhütbar, abwendbar; **pre'ven·tion** [-nʃn] *s.* **1.** Verhinderung *f*, Verhütung *f*: ***~ of accidents*** Unfallverhütung; **2.** *bsd.* ⚕ Vorbeugung *f*; **pre'ven·tive** [-tɪv] **I** *adj.* □ **1.** *a.* ⚕ vorbeugend, prophy'laktisch, Vorbeugungs…: ***~ medicine*** Vorbeugungsmedizin *f*; **2.** *bsd.* ⚖ präven'tiv: ***~ arrest*** Schutzhaft *f*; ***~ detention*** a) Sicherungsverwahrung, b) *Am.* Vorbeugehaft *f*; ***~ war*** *pol.* Präventivkrieg *m*; **II** *s.* **3.** *a.* ⚕ Vorbeugungs-, Schutzmittel *n*; **4.** Schutz-, Vorsichtsmaßnahme *f*.

pre·view ['pri:vju:] *s.* **1.** Vorbesichtigung *f*; *Film*: a) Probeaufführung *f*, b) (Pro'gramm)Vorschau *f*; *Radio*, *TV*: Probe *f*; **2.** Vorbesprechung *f e-s Buches*; **3.** (Vor)'Ausblick *m*.

pre·vi·ous ['pri:vjəs] **I** *adj.* □ → ***previously***; **1.** vor'her-, vor'ausgehend, früher, vor'herig, Vor…: ***~ conviction*** ⚖ Vorstrafe *f*; ***~ holder*** † Vor(der)-

mann *m*; ~ ***question*** *parl.* Vorfrage, ob ohne weitere Debatte abgestimmt werden soll; ***move the ~ question*** Übergang zur Tagesordnung beantragen; ***without ~ notice*** ohne vorherige Ankündigung; **2.** *mst* ***too ~*** F verfrüht, voreilig; **II** *adv.* **3.** ~ ***to*** bevor, vor (*dat.*); ~ ***to that*** zuvor; **'pre·vi·ous·ly** [-lɪ] *adv.* vorher, früher.

pre·vo·ca·tion·al [ˌpriːvəʊ'keɪʃənl] *adj.* vorberuflich.

pre·vue ['priːvjuː] *s. Am.* (Film)Vorschau *f.*

pre·war [ˌpriː'wɔː] *adj.* Vorkriegs…

prey [preɪ] **I** *s.* **1.** *zo. u. fig.* Raub *m*, Beute *f*, Opfer *n*: → ***beast*** 1, ***bird*** 1; ***become*** (*od.* ***fall***) ***a ~ to*** *j-m od. e-r Sache* zum Opfer fallen; **II** *v/i.* **2.** auf Raub *od.* Beute ausgehen; **3.** ~ (***up***)***on*** a) *zo.* Jagd machen auf (*acc.*), erbeuten, fressen, b) *fig.* berauben, aussaugen, c) *fig.* nagen *od.* zehren an (*dat.*): ***it ~ed upon his mind*** es ließ ihm keine Ruhe, der Gedanke quälte ihn.

price [praɪs] **I** *s.* **1.** † a) (Kauf)Preis *m*, Kosten *pl.*, b) *Börse*: Kurs(wert) *m*: ~ ***of issue*** Emissionspreis; ***bid ~*** gebotener Preis, *Börse*: Geldkurs; ***share*** (*od.* ***stock***) ~ Aktienkurs; ***secure a good ~*** e-n guten Preis erzielen; ***every man has his ~*** *fig.* keiner ist unbestechlich; (***not***) ***at any ~*** um jeden (keinen) Preis; **2.** (Kopf)Preis *m*: ***set a ~ on s.o.'s head*** e-n Preis auf j-s Kopf aussetzen; **3.** *fig.* Lohn *m*, Preis *m*; **4.** (Wett-)Chance(n *pl.*) *f*: ***what ~ ...?*** *sl.* wie steht es mit …?, welche Chancen hat …?; **II** *v/t.* **5.** † a) den Preis festsetzen für, b) *Waren* auszeichnen: ***~d*** mit Preisangaben (*Katalog*); ***high-~d*** hoch im Preis, teuer; **6.** bewerten: ~ ***s.th. high*** (***low***) e-r Sache großen (geringen) Wert beimessen; **7.** F nach dem Preis *e-r Ware* fragen; ~ **a·gree·ment** *s.* Preisabsprache *f*; ~ **ceil·ing** *s.* oberste Preisgrenze; **'~-ˌcon·scious** *adj.* preisbewußt; ~ **con·trol** *s.* 'Preiskonˌtrolle *f*, -überˌwachung *f*; ~ **cut** *s.* Preissenkung *f*; ~ **cut·ting** *s.* Preisdrücke'rei *f*, -senkung *f*, 'Preisunterˌbietung *f*; ~ **dif·fer·en·tial** *s.* Preisunterschied *m*, -gefälle *n*; ~ **floor** *s.* unterste Preisgrenze; ~ **freeze** *s.* Preisstopp *m*.

price·less ['praɪslɪs] *adj.* unschätzbar, unbezahlbar (*a.* F *köstlich*).

price| lev·el *s.* 'Preisniˌveau *n*; ~ **lim·it** *s.* (Preis)Limit *n*, Preisgrenze *f*; ~ **list** *s.* **1.** Preisliste *f*; **2.** *Börse*: Kurszettel *m*; **'~-mainˌtained** *adj.* † preisgebunden (*Ware*); ~ **main·te·nance** *s.* † Preisbindung *f*; ~ **peg·ging** *s.* Preisstützung *f*; ~ **range** *s.* Preisklasse *f*; ~ **tag**, ~ **tick·et** *s.* Preisschild *n*, -zettel *m*.

pric·ey ['praɪsɪ] *adj.* F (ganz schön) teuer.

prick [prɪk] **I** *s.* **1.** (*Insekten-, Nadel- etc.*)Stich *m*; **2.** stechender Schmerz, Stich *m*: ***~s of conscience*** *fig.* Gewissensbisse; **3.** spitzer Gegenstand; Stachel *m* (*a. fig.*): ***kick against the ~s*** wider den Stachel löcken; **4.** V a) ,Schwanz' *m*, b) ,blöder Hund'; **II** *v/t.* **5.** (ein-, 'durch)stechen, ,piken': ~ ***one's finger*** sich in den Finger stechen; ***his conscience ~ed him*** *fig.* er bekam Gewissensbisse; **6.** *a.* ~ ***out*** (aus)stechen, lochen; *Muster etc.* punktieren; **7.** ✓ pikieren: ~ ***in*** (***out***) ein-(aus)pflanzen; **8.** prickeln auf *od.* in (*dat.*); **9.** ~ ***up one's ears*** die Ohren spitzen (*a. fig.*); **III** *v/i.* **10.** stechen (*a. Schmerzen*); **11.** prickeln; **12.** ~ ***up*** sich aufrichten (*Ohren etc.*); **'prick·er** [-kə] *s.* **1.** ⚙ Pfriem *m*, Ahle *f*; **2.** *metall.* Schießnadel *f*; **'prick·et** [-kɪt] *s. zo.* Spießbock *m*.

prick·le ['prɪkl] **I** *s.* **1.** Stachel *m*, Dorn *m*; **2.** Prickeln *n*, Kribbeln *n* (*der Haut*); **II** *v/i.* **3.** stechen; **4.** prickeln, kribbeln; **'prick·ly** [-lɪ] *adj.* **1.** stachelig, dornig; **2.** stechend, pickelnd: ~ ***heat*** ⚕ Frieselausschlag *m*, Hitzebläschen *pl.*; **3.** *fig.* reizbar.

pric·y ['praɪsɪ] → ***pricey***.

pride [praɪd] **I** *s.* **1.** Stolz *m* (*a. Gegenstand des Stolzes*): ***civic ~*** Bürgerstolz *m*; ~ ***of place*** Ehrenplatz *m*, *fig.* Vorrang *m*, *b.s.* Standesdünkel *m*; ***take ~ of place*** die erste Stelle einnehmen; ***take*** (***a***) ~ ***in*** stolz sein auf (*acc.*); ***he is the ~ of his family*** er ist der Stolz s-r Familie; **2.** *b.s.* Stolz *m*, Hochmut *m*: ~ ***goes before a fall*** Hochmut kommt vor dem Fall; **3.** *rhet.* Pracht *f*; **4.** Höhe *f*, Blüte *f*: ~ ***of the season*** beste Jahreszeit; ***in the ~ of his years*** in s-n besten Jahren; **5.** *zo.* (Löwen)Rudel *n*; **6.** ***in his ~*** *her.* radschlagend (*Pfau*); **II** *v/t.* **7.** ~ ***o.s.*** (***on, upon***) stolz sein (auf *acc.*), sich et. einbilden (auf *acc.*), sich brüsten (mit).

priest [priːst] *s.* Priester *m*, Geistliche(r) *m*; **'priest·craft** *s. contp.* Pfaffenlist *f*; **'priest·ess** [-tɪs] *s.* Priesterin *f*; **'priest·hood** [-hʊd] *s.* **1.** Priesteramt *n*, -würde *f*; **2.** Priesterschaft *f*, Priester *pl.*; **'priest·ly** [-lɪ] *adj.* priesterlich, Priester…

prig [prɪg] *s.* (selbstgefälliger) Pe'dant; eingebildeter Mensch; Tugendbold *m*; **'prig·gish** [-gɪʃ] *adj.* □ **1.** selbstgefällig, eingebildet; **2.** pe'dantisch; **3.** tugendhaft.

prim [prɪm] **I** *adj.* □ **1.** steif, for'mell, *a.* affektiert, gekünstelt; **2.** spröde, ,etepe'tete'; **3.** → ***priggish***; **II** *v/t.* **4.** *Mund, Gesicht* affektiert verziehen.

pri·ma·cy ['praɪməsɪ] *s.* **1.** Pri'mat *m, n*, Vorrang *m*, Vortritt *m*; **2.** *eccl.* Pri'mat *m, n* (*Würde, Sprengel e-s Primas*); **3.** *R.C.* Pri'mat *m, n* (*Gerichtsbarkeit des Papstes*).

pri·ma don·na [ˌpriːmə'dɒnə] *s.* ♪ Prima'donna *f* (*a. fig.*).

pri·ma fa·ci·e [ˌpraɪmə'feɪʃiː] (*Lat.*) *adj. u. adv.* dem (ersten) Anschein nach: ~ ***case*** ⚖ Fall, bei dem der Tatbestand einfach liegt; ~ ***evidence*** ⚖ a) glaubhafter Beweis, b) Beweis des ersten Anscheins.

pri·mal ['praɪml] *adj.* □ **1.** erst, frühest, ursprünglich; **2.** wichtigst, Haupt…; **'pri·ma·ri·ly** [-mərəlɪ] *adv.* in erster Linie; **pri·ma·ry** ['praɪmərɪ] **I** *adj.* □ **1.** erst, ursprünglich, Anfangs…, Ur…: ~ ***instinct*** Urinstinkt *m*; ~ ***matter*** Urstoff *m*; ~ ***rocks*** Urgestein *n*, -gebirge *n*; ~ ***scream*** *psych.* Urschrei *m*; **2.** pri'mär, hauptsächlich, wichtigst, Haupt…: ~ ***accent*** *ling.* Hauptakzent *m*; ~ ***concern*** Hauptsorge *f*; ~ ***industry*** Grundstoffindustrie *f*; ~ ***liability*** ⚖ unmittelbare Haftung; ~ ***road*** Straße *f* erster Ordnung; ~ ***share*** † Stammaktie *f*; ***of ~ importance*** von höchster Wichtigkeit; **3.** grundlegend, elemen'tar, Grund…: ~ ***education*** Volksschul-, *Am.* Grundschul(aus)bildung *f*; ~ ***school*** Volks-, *Am.* Grundschule *f*; **4.** ϟ Primär…(*-batterie, -spule, -strom etc.*); **5.** ⚕ Primär…: ~ ***tumo***(***u***)***r*** Primärtumor *m*; **II** *s.* **6.** *a.* ~ ***colo***(***u***)***r*** Pri'mär-, Grundfarbe *f*; **7.** *a.* ~ ***feather*** *orn.* Haupt-, Schwungfeder *f*; **8.** *pol. Am.* a) *a.* ~ ***election*** Vorwahl *f* (*zur Aufstellung von Wahlkandidaten*), b) *a.* ~ ***meeting*** (*innerparteiliche*) Versammlung zur Nominierung der 'Wahlkandiˌdaten; **9.** *a.* ~ ***planet*** *ast.* 'Hauptplaˌnet *m*.

pri·mate ['praɪmət] *s. eccl. Brit.* Primas *m*: ***2 of England*** (*Titel des Erzbischofs von York*); ***2 of All England*** (*Titel des Erzbischofs von Canterbury*); **pri·ma·tes** [praɪ'meɪtiːz] *s. pl. zo.* Pri'maten *pl.*

prime [praɪm] **I** *adj.* □ **1.** erst, wichtigst, wesentlichst, Haupt…(*-grund etc.*): ***of ~ importance*** von größter Wichtigkeit; **2.** erstklassig (*Kapitalanlage, Qualität etc.*), prima: ~ ***bill*** † vorzüglicher Wechsel; ~ ***rate*** Vorzugszins *m* für erste Adressen; ~ ***time*** *TV* Haupteinschaltzeit *f*; **3.** pri'mär, grundlegend; **4.** erst, Erst…, Ur…; **5.** 𝔄 a) unteilbar, b) teilerfremd (***to*** zu): ~ ***factor*** (***number***) Primfaktor *m* (Primzahl *f*); **II** *s.* **6.** Anfang *m*: ~ ***of the day*** (***year***) Tagesanbruch *m* (Frühling *m*); **7.** *fig.* Blüte(zeit) *f*: ***in his ~*** in der Blüte s-r Jahre, im besten (Mannes)Alter; **8.** *das* Beste, höchste Voll'kommenheit; † Primasorte *f*, auserlesene Quali'tät; **9.** *eccl.* Prim *f*, erste Gebetsstunde; Frühgottesdienst *m*; **10.** 𝔄 a) Primzahl *f*, b) Strich *m* (*erste Ableitung e-r Funktion*): ***x ~*** (***x'***) x Strich (x'); **11.** Strichindex *m*; **12.** ♪ *u. fenc.* Prim *f*; **III** *v/t.* **13.** ⚔ *Bomben, Munition* scharfmachen: ***~d*** zündfertig; **14.** a) ⚙ *Pumpe* anlassen, b) *sl.* ,vollaufen lassen': ***~d*** ,besoffen'; **15.** *mot.* a) *Kraftstoff* vorpumpen, b) Anlaßkraftstoff einspritzen in (*acc.*); **16.** ⚙, *paint.* grundieren; **17.** mit Strichindex versehen; **18.** *fig.* instruieren, vorbereiten; ~ **cost** *s.* † **1.** Selbstkosten(preis *m*) *pl.*, Gestehungskosten *pl.*; **2.** Einkaufspreis *m*, Anschaffungskosten *pl.*; ~ **min·is·ter** *s.* Premi'ermiˌnister *m*, Mi'nisterpräsiˌdent *m*; ~ **mov·er** *s.* **1.** *phys.* Antriebskraft *f*; *fig.* Triebfeder *f*, treibende Kraft; **2.** ⚙ 'Antriebsmaˌschine *f*; 'Zugmaˌschine *f* (*Sattelschlepper*); ⚔ *Am.* Geschützschlepper *m*; Triebwagen *m* (*Straßenbahn*).

prim·er¹ ['praɪmə] *s.* **1.** ⚔ Zündvorrichtung *f*, -hütchen *n*, -pille *f*; Sprengkapsel *f*; **2.** ⚔ Zündbolzen *m* (*am Gewehr*); **3.** ⚒ Zünddraht *m*; **4.** ⚙ Einspritzvorrichtung *f* (*bsd. mot.*): ~ ***pump*** Anlaßeinspritzpumpe *f*; ~ ***valve*** Anlaßventil *n*; **5.** ⚙ Grundier-, Spachtelmasse *f*: ~ ***coat*** Voranstrich *m*; **6.** Grundierer *m*.

prim·er² ['praɪmə] *s.* **1.** a) Fibel *f*, b) Elemen'tarbuch *n*, c) *fig.* Leitfaden *m*; **2.** ['prɪmə] *typ.* a) ***great ~*** Tertia (-schrift) *f*, b) ***long ~*** Korpus(schrift) *f*, (-), Garmond(schrift) *f*.

pri·me·val [praɪ'miːvl] *adj.* □ urzeitlich, Ur…(*-wald etc.*).

prim·ing ['praɪmɪŋ] *s.* **1.** ⚔ Zündmasse

f, Zündung *f*: **~ charge** Zünd-, Initialladung *f*; **2.** ⚙ Grundierung *f*: **~ colo(u)r** Grundierfarbe *f*; **3.** *a.* **~ material** Spachtelmasse *f*; **4.** *mot.* Einspritzen *n* von Anlaßkraftstoff: **~ fuel injector** Anlaßeinspritzanlage *f*; **5.** ⚙ Angießen *n e-r Pumpe*; **6.** *a.* **~ of the tide** verfrühtes Eintreten der Flut; **7.** *fig.* Instrukti'on *f*, Vorbereitung *f*.

prim·i·tive ['prɪmɪtɪv] **I** *adj.* □ **1.** erst, ursprünglich, urzeitlich, Ur…: **2 Church** Urkirche; **~ races** Ur-, Naturvölker; **~ rocks** *geol.* Urgestein *n*; **2.** *allg.* (*a. contp.*) primi'tiv (*Kultur, Mensch, a. fig. Denkweise, Konstruktion etc.*); **3.** *ling.* Stamm…: **~ verb**; **4.** **~ colo(u)r** Grundfarbe *f*; **II** *s.* **5.** *der* (*die, das*) Primi'tive: **the ~s** die Primitiven (*Naturvölker*); **6.** *Kunst*: a) primi'tiver Künstler, b) Frühmeister *m*, c) Früher Meister (*der Frührenaissance, a. Bild*); **7.** *ling.* Stammwort *n*; **'prim·i·tive·ness** [-nɪs] *s.* **1.** Ursprünglichkeit *f*; **2.** Primitivi'tät *f*; **'prim·i·tiv·ism** [-vɪzəm] *s.* **1.** Primitivi'tät *f*; **2.** *Kunst*: Primiti'vismus *m*.

prim·ness ['prɪmnɪs] *s.* **1.** Steifheit *f*, Förmlichkeit *f*; **2.** Sprödigkeit *f*, Zimperlichkeit *f*.

pri·mo·gen·i·tor [ˌpraɪməʊ'dʒenɪtə] *s.* (Ur)Ahn *m*, Stammvater *m*; **ˌpri·mo'gen·i·ture** [-ɪtʃə] *s.* Erstgeburt(srecht *n* ⚖) *f*.

pri·mor·di·al [praɪ'mɔːdjəl] □ primordi'al (*a. biol.*), Ur…

prim·rose ['prɪmrəʊz] *s.* **1.** ⚘ Primel *f*, gelbe Schlüsselblume: **~ path** *fig.* Rosenpfad *m*; **2. evening ~** ⚘ Nachtkerze *f*; **3.** *a.* **~ yellow** Blaßgelb *n*.

prim·u·la ['prɪmjʊlə] *s.* ⚘ Primel *f*.

prince [prɪns] *s.* **1.** Fürst *m* (*Landesherr u. Adelstitel*): **2 of the Church** Kirchenfürst; **2 of Darkness** Fürst der Finsternis (*Satan*); **2 of Peace** Friedensfürst (*Christus*); **~ of poets** Dichterfürst; **merchant ~** Kaufherr *m*; **~ consort** Prinzgemahl *m*; **2.** Prinz *m*: **~ of the blood** Prinz von (königlichem) Geblüt; **2 Albert** *Am.* Gehrock *m*; **prince·dom** ['prɪnsdəm] *s.* **1.** Fürstenwürde *f*; **2.** Fürstentum *n*; **'prince·ling** [-lɪŋ] *s.* **1.** Prinzchen *n*; **2.** kleiner Herrscher, Duo'dezfürst *m*; **'prince·ly** [-lɪ] *adj.* fürstlich (*a. fig.*); prinzlich, königlich; **prin·cess** [prɪn'ses] **I** *s.* **1.** Prin'zessin *f*: **~ royal** *älteste Tochter e-s Herrschers*; **2.** Fürstin *f*; **II** *adj.* **3.** *Damenmode*: Prinzeß…(*-kleid etc.*).

prin·ci·pal ['prɪnsəpl] **I** *adj.* □ → **principally**; **1.** erst, hauptsächlich, Haupt…: **~ actor** Haupt(rollen)darsteller *m*; **~ office**, **~ place of business** Hauptgeschäftsstelle *f*, -niederlassung *f*; **2.** ♪, *ling.* Haupt…, Stamm…: **~ chord** Stammakkord; **~ clause** Hauptsatz; **~ parts** Stammformen *des Verbs*; **3.** ♦ Kapital…: **~ amount** Kapitalbetrag *m*; **II** *s.* **4.** 'Haupt(perˌson *f*) *n*; Vorsteher (-in), *bsd. Am.* ('Schul)Diˌrektor *m*, Rektor *m*; **5.** ♦ Chef(in), Prinzi'pal (-in); **6.** ♦, ⚖ Auftrag-, Vollmachtgeber (-in), Geschäftsherr *m*; **7.** ⚖ *a.* **~ in the first degree** Haupttäter(in), -schuldige(r *m*) *f*: **~ in the second degree** Mittäter(in); **8.** *a.* **~ debtor** Hauptschuldner(in); **9.** Duel'lant *m* (*Ggs. Sekundant*); **10.** ♦ ('Grund)Kapiˌtal *n*, Hauptsumme *f*; (*Nachlaß- etc.*)Masse *f*: **~ and interest** Kapital u. Zins(en); **11.** *a.* **~ beam** △ Hauptbalken *m*; **prin·ci·pal·i·ty** [ˌprɪnsɪ'pælətɪ] *s.* Fürstentum *n*; **'prin·ci·pal·ly** [-plɪ] *adv.* hauptsächlich, in der Hauptsache.

prin·ci·ple ['prɪnsəpl] *s.* **1.** Prin'zip *n*, Grundsatz *m*, -regel *f*: **a man of ~s** ein Mann mit Grundsätzen; **~ of law** Rechtsgrundsatz *m*; **in ~** im Prinzip, an sich; **on ~** aus Prinzip, grundsätzlich; **on the ~ that** nach dem Grundsatz, daß; **2.** *phys. etc.* Prinzip *n*, (Na'tur-) Gesetz *n*, Satz *m*: **~ of causality** Kausalitätsprinzip; **~ of averages** Mittelwertsatz: **~ of relativity** Relativitätstheorie *f*; **3.** Grund(lage *f*) *m*; **4.** ⚗ Grundbestandteil *m*; **'prin·ci·pled** [-ld] *adj.* mit *hohen etc.* Grundsätzen.

prink [prɪŋk] **I** *v/i.* *a.* **~ up** sich (auf)putzen, sich schniegeln; **II** *v/t.* (auf)putzen: **~ o.s. (up)**.

print [prɪnt] **I** *v/t.* **1.** *typ.* drucken (lassen), in Druck geben: **~ in italics** kursiv drucken; **2.** (ab)drucken: **~ed form** Vordruck *m*; **~ed matter** ✉ Drucksache(n *pl.*) *f*: **~ed circuit** ⚡ gedruckte Schaltung; **3.** bedrucken: **~ed goods** bedruckte Stoffe; **4.** in Druckschrift schreiben: **~ed characters** Druckbuchstaben; **5.** *Stempel etc.* (auf)drükken (**on** *dat.*), *Eindruck*, *Spur* hinter'lassen (**on** auf *acc.*), *Muster etc.* ab-, aufdrucken, drücken (**in** in *acc.*); **6.** *fig.* einprägen (**on s.o.'s mind** j-m); **7.** **~ out** a) *Computer*: ausdrucken, b) *a.* **~ off** *phot.* abziehen, kopieren; **II** *v/i.* **8.** *typ.* drucken; **9.** gedruckt werden, sich im Druck befinden: **the book is ~ing**; **10.** sich drucken (*phot.* abziehen) lassen; **III** *s.* **11.** (*Finger- etc.*)Abdruck *m*, Eindruck *m*, Spur *f*, Mal *n*; **12.** *typ.* Druck *m*: **colo(u)red ~** Farbdruck; **in ~** a) im Druck (erschienen), b) vorrätig; **out of ~** vergriffen; **in cold ~** *fig.* schwarz auf weiß; **13.** Druckschrift *f*, *bsd. Am.* Zeitung *f*, Blatt *n*: **rush into ~** sich in die Öffentlichkeit flüchten; **appear in ~** im Druck erscheinen; **14.** Druckschrift *f*, -buchstaben *pl.*; **15.** 'Zeitungspaˌpier *n*; **16.** (*Stahl- etc.*) Stich *m*; Holzschnitt *m*; Lithogra'phie *f*; **17.** bedruckter Kat'tun, Druckstoff *m*: **~ dress** Kattunkleid *n*; **18.** *phot.* Abzug *m*, Ko'pie *f*; **19.** ⚙ Stempel *m*, Form *f*: **~ cutter** Formenschneider *m*; **20.** *metall.* Gesenk *n*; *Eisengießerei*: Kernauge *n*; **21.** *fig.* Stempel *m*; **'print·a·ble** [-təbl] *adj.* **1.** druckfähig; **2.** druckfertig, -reif (*Manuskript*); **'print·er** [-tə] *s.* **1.** (Buch- *etc.*)Drucker *m*: **~'s devil** Setzerjunge *m*; **~'s error** Druckfehler *m*; **~'s flower** Vignette *f*; **~'s ink** Druckerschwärze *f*; **2.** Drucke'reibesitzer *m*; **3.** ⚙ 'Druck-, Ko'pierappaˌrat *m*; **4.** → **printing telegraph**; **'print·er·y** [-tərɪ] *s. bsd. Am.* Drucke'rei *f*.

print·ing ['prɪntɪŋ] *s.* **1.** Drucken *n*; (Buch)Druck *m*, Buchdruckerkunst *f*; **2.** Tuchdruck *m*; **3.** *phot.* Abziehen *n*, Kopieren *n*; **~ block** *s.* Kli'schee *n*; **~ frame** *s. phot.* Ko'pierrahmen *m*; **~ ink** *s.* Druckerschwärze *f*, -farbe *f*; **~ machine** *s. typ.* Schnellpresse *f*, ('Buch-) ˌDruckmaˌschine *f*; **~ of·fice** *s.* (Buch-) Drucke'rei *f*: **lithographic ~** lithographische Anstalt; **~ me·di·a** *s. pl.* Druckmedien *pl.*; **'~-out** *adj. phot.* Kopier…; **~ pa·per** *s.* **1.** 'Druckpaˌpier *n*; **2.** 'Lichtpauspaˌpier *n*; **3.** Ko'pierpaˌpier *n*; **~ press** *s.* Druckerpresse *f*: **~ type** Letter *f*, Type *f*; **~ space** *s.* Satzspiegel *m*; **~ tel·e·graph** *s.* 'Drucktele-ˌgraph *m*; **~ types** *s. pl.* Lettern *pl.*; **~ works** *s. pl. oft sg. konstr.* Drucke'rei *f*.

'print|ˌmak·er *s.* Graphiker(in); **'~·out** *s. Computer*: Ausdruck *m*, Printout *m*.

pri·or ['praɪə] **I** *adj.* **1.** (**to**) früher, älter (als): **~ art** *Patentrecht*: Stand *m* der Technik, Vorwegnahme *f*; **~ patent** älteres Patent; **~ use** Vorbenutzung *f*; **subject to ~ sale** ♦ Zwischenverkauf vorbehalten; **2.** vordringlich, Vorzugs…: **~ right** (*od.* **claim**) Vorzugsrecht *n*; **~ condition** erste Voraussetzung; **II** *adv.* **3.** **~ to** vor (*dat.*) (*zeitlich*); **III** *s. eccl.* **4.** Prior *m*; **'pri·or·ess** [-ərɪs] *s.* Pri'orin *f*; **pri·or·i·ty** [praɪ'ɒrətɪ] *s.* **1.** Priori'tät *f* (*a.* ⚖), Vorrang *m* (*a. e-s Anspruchs etc.*), Vorzug *m* (**over**, **to** vor *dat.*): **take ~ of** den Vorrang haben *od.* genießen vor (*dat.*); **set priorities** Prioritäten setzen, Schwerpunkte bilden; **~ share** ♦ Vorzugsaktie *f*; **2.** Dringlichkeit(sstufe) *f*: **~ call** *teleph.* Vorrangsgespräch *n*; **~ list** Dringlichkeitsliste *f*; **of first** (*od.* **top**) **~** von größter Dringlichkeit; **give ~ to** *et.* vordringlich behandeln; **3.** Vorfahrt(srecht *n*) *f*; **'pri·o·ry** [-ərɪ] *s. eccl.* Prio'rei *f*.

prise *bsd. Brit.* → **prize**³.

prism ['prɪzəm] *s.* Prisma *n* (*a. fig.*): **~ binoculars** Prismen(fern)glas *n*; **prismat·ic** [prɪz'mætɪk] *adj.* (□ **~ally**) pris'matisch, Prismen…: **~ colo(u)rs** Regenbogenfarben.

pris·on ['prɪzn] *s.* Gefängnis *n* (*a. fig.*), Strafanstalt *f*; **'~-ˌbreak·ing** *s.* Ausbruch *m* aus dem Gefängnis; **~ camp** *s.* **1.** (Kriegs)Gefangenenlager *n*; **2.** ‚offenes' Gefängnis; **~ ed·i·tor** *s.* (*presserechtlich verantwortlicher*) ‚'Sitzredakˌteur' *m*.

pris·on·er ['prɪznə] *s.* Gefangene(r *m*) *f* (*a. fig.*), Häftling *m*: **~ (at the bar)** Angeklagte(r *m*) *f*; **~ (on remand)** Untersuchungsgefangene(r); **~ of state** Staatsgefangene(r), politischer Häftling; **~ (of war)** Kriegsgefangene(r); **hold (take) s.o. ~** j-n gefangenhalten (-nehmen); **he is a ~ to** *fig.* er ist gefesselt an (*acc.*); **~'s bar(s)**, **~'s base** *s.* Barlauf(spiel *n*) *m*.

pris·on| of·fi·cer *s.* Strafvollzugsbeamte(r) *m*; **~ psy·cho·sis** *s.* [*irr.*] 'Haftpsyˌchose *f*.

pris·sy ['prɪsɪ] *adj. Am.* F zimperlich, etepe'tete.

pris·tine ['prɪstaɪn] *adj.* **1.** ursprünglich, -tümlich, unverdorben; **2.** vormalig, alt.

pri·va·cy ['prɪvəsɪ] *s.* **1.** Zu'rückgezogenheit *f*; Alleinsein *n*; Ruhe *f*: **disturb s.o.'s ~** j-n stören; **2.** Pri'vatleben *n*, *a.* ⚖ Pri'vat-, In'timsphäre *f*: **right of ~** Persönlichkeitsrecht *n*; **3.** Heimlichkeit *f*, Geheimhaltung *f*: **~ of letters** ⚖ Briefgeheimnis *n*; **talk to s.o. in ~** mit j-m unter vier Augen sprechen; **in strict ~** streng vertraulich.

pri·vate ['praɪvɪt] **I** *adj.* □ **1.** pri'vat, Privat…(*-konto, -leben, -person, -recht etc.*), per'sönlich: **~ affair** Privatangelegenheit *f*; ~ ***member's bill*** *parl.* Antrag *m* e-s Abgeordneten; ~ ***eye*** *Am. sl.* Privatdetektiv *m*; ~ ***firm*** ♰ Einzelfirma *f*; ~ ***gentleman*** Privatier *m*; ~ ***means*** Privatvermögen *n*; → ***nuisance*** 2; ~ ***property*** Privateigentum *n*; -besitz *m*; **2.** pri'vat, Privat...(*-pension*, *-schule etc.*), nicht öffentlich: ~ (***limited***) ***company*** ♰ *Brit.* Gesellschaft *f* mit beschränkter Haftung; ~ ***corporation*** a) ⚖ privatrechtliche Körperschaft, b) ♰ *Am.* Gesellschaft *f* mit beschränkter Haftung; ***sell by*** ~ ***contract*** unter der Hand verkaufen; ~ ***hotel*** Fremdenheim *n*; ~ ***industry*** Privatwirtschaft *f*; ~ ***road*** Privatweg *m*; ~ ***theatre*** Liebhabertheater *n*; ~ ***view*** Besichtigung *f* durch geladene Gäste; **3.** al'lein, zu'rückgezogen, einsam; **4.** geheim (*Gedanken, Verhandlungen etc.*), heimlich; vertraulich (*Mitteilung etc.*): ~ ***parts*** → 10; ~ ***prayer*** stilles Gebet; ~ ***reasons*** Hintergründe; ***keep s.th.*** ~ et. geheimhalten *od.* vertraulich behandeln; ***this is for your*** ~ ***ear*** dies sage ich Ihnen ganz im Vertrauen; **5.** außeramtlich (*Angelegenheit*); **6.** nicht beamtet; **7.** ⚖ außergerichtlich: ~ ***arrangement*** gütlicher Vergleich; **8.** ~ ***soldier*** → 9; **II** *s.* **9.** ⚔ (gewöhnlicher) Sol'dat; *pl.* Mannschaften *pl.*: ~ ***1st Class*** *Am.* Obergefreite(r) *m*; **10.** *pl.* Geschlechtsteile *pl.*; **11.** ***in*** ~ a) pri'vat(im), b) insge'heim, unter vier Augen.

pri·va·teer [ˌpraɪvə'tɪə] **I** *s.* **1.** ⚓ Freibeuter *m*, Kaperschiff *n*; **2.** Kapi'tän *m* e-s Kaperschiffes, Kaperer *m*; **3.** *pl.* Mannschaft *f* e-s Kaperschiffes; **II** *v/i.* **4.** Kape'rei treiben.

pri·va·tion [praɪ'veɪʃn] *s.* **1.** *a. fig.* Wegnahme *f*, Entziehung *f*, Entzug *m*; **2.** Not *f*, Entbehrung *f*.

priv·a·tive ['prɪvətɪv] **I** *adj.* □ **1.** entziehend, beraubend; **2.** *a. ling. od. phls.* verneinend, negativ; **II** *s.* **3.** *ling.* a) Ver'neinungsparˌtikel *f*, b) priva'tiver Ausdruck.

priv·et ['prɪvɪt] *s.* ⚘ Li'guster *m*.

priv·i·lege ['prɪvɪlɪdʒ] **I** *s.* **1.** Privi'leg *n*, Sonder-, Vorrecht *n*, Vergünstigung *f*, *Am. pol.* Grundrecht *n*; ***breach of a*** ~ a) Übertretung *f* der Machtbefugnis, b) *parl.* Vergehen *n* gegen die Vorrechte des Parlaments; ***Committee of*** **♔*s*** Ausschuß *m* zur Untersuchung von Rechtsübergriffen; ~ ***of Parliament*** *pol.* Immunität *f* e-s Abgeordneten; ~ ***of self-defence*** (Recht *n* der) Notwehr *f*; ***with kitchen*** **~*s*** mit Küchenbenutzung; **2.** *fig.* (besonderer) Vorzug: ***have the*** ~ ***of being admitted*** den Vorzug haben, zugelassen zu sein; ***it is a*** ~ ***to do*** es ist e-e besondere Ehre, *et.* zu tun; **3.** *pl.* ♰ Prämien- *od.* Stellgeschäft *n*; **II** *v/t.* **4.** privilegieren, bevorrecht(ig)en: ***the*** **~*d classes*** die privilegierten Stände; **~*d debt*** bevorrechtigte Forderung; **~*d communication*** ⚖ a) vertrauliche Mitteilung (*für die Schweigepflicht besteht*), b) Berufsgeheimnis *n*.

priv·i·ty ['prɪvətɪ] *s.* **1.** ⚖ (Inter'essen-) Gemeinschaft *f*; **2.** ⚖ Rechtsbeziehung *f*; **3.** ⚖ Rechtsnachfolge *f*; **4.** Mitwisserschaft *f*.

priv·y ['prɪvɪ] **I** *adj.* □ **1.** eingeweiht (***to*** in *acc.*); **2.** ⚖ (mit)beteiligt (***to*** an *dat.*); **3.** *mst. poet.* heimlich, geheim: ~ ***parts*** Scham-, Geschlechtsteile; ~ ***stairs*** Hintertreppe *f*; **II** *s.* **4.** 'Mitinteresˌsent(in) (***to*** an *dat.*); **5.** A'bort *m*, Abtritt *m*; ♔ **Coun·cil** *s. Brit.* (Geheimer) Staats- *od.* Kronrat: ***Judicial Committee of the*** ~ ⚖ Justizausschuß *m* des Staatsrats (*höchste Berufungsinstanz für die Dominions*); ♔ **Coun·cil·lor** *s. Brit.* Geheimer (Staats)Rat (*Person*); ♔ **Purse** *s. königliche* Pri'vatschaˌtulle; ♔ **Seal** *s. Brit.* Geheimsiegel *n*: ***Lord*** ~ königlicher Geheimsiegelbewahrer.

prize¹ [praɪz] **I** *s.* **1.** (Sieger)Preis *m* (*a. fig.*), Prämie *f*: ***the*** **~*s of a profession*** die höchsten Stellungen in e-m Beruf; **2.** (*a.* Lotte'rie)Gewinn *m*: ***the first*** ~ das Große Los; **3.** Lohn *m*, Belohnung *f*; **II** *adj.* **4.** preisgekrönt, prämiiert; **5.** Preis...: ~ ***medal***; **6.** a) erstklassig (*a. iro.*), b) Ƒ *contp.* Riesen...: ~ ***idiot***; **III** *v/t.* **7.** (hoch)schätzen, würdigen.

prize² [praɪz] **I** *s.* ⚓ Prise *f*, Beute *f* (*a. fig.*): ***make*** ~ ***of*** → **II** *v/t.* (als Prise) aufbringen, kapern.

prize³ [praɪz] *bsd. Brit.* **I** *v/t.* **1.** (auf-) stemmen: ~ ***open*** (mit e-m Hebel) aufbrechen; ~ ***up*** hochwuchten *od.* -stemmen; **II** *s.* **2.** Hebelwirkung *f*, -kraft *f*; **3.** Hebel *m*.

prize| com·pe·ti·tion *s.* Preisausschreiben *n*; ~ **court** *s.* ⚓ Prisengericht *n*; ~ **fight** *s.* Preisboxkampf *m*; ~ **fight·er** *s.* Preis-, Berufsboxer *m*; ~ **list** *s.* Gewinnliste *f*; **'~·man** [-mən] *s.* [*irr.*] Preisträger *m*; ~ **mon·ey** *s.* **1.** ⚓ Prisengeld(er *pl.*) *n*; **2.** Geldpreis *m*; ~ **ques·tion** *s.* Preisfrage *f*; ~ **ring** *s.* (Box)Ring *m*, *das* Berufsboxen; ~ **win·ner** *s.* Preisträger(in); **'~-ˌwin·ning** *adj.* preisgekrönt, präm(i)iert.

pro¹ [prəʊ] *pl.* **pros I** *s.* Ja-Stimme *f*, Stimme *f* da'für: ***the*** **~*s and cons*** das Für und Wider; **II** *adv.* (da)'für.

pro² [prəʊ] (*Lat.*) *prp.* für; pro, per; → ***pro forma, pro rata***.

pro³ [prəʊ] *s.* Ƒ **1.** *sport* Profi *m* (*a. fig.*); **2.** ‚Nutte' *f*.

pro- [prəʊ] *in Zssgn*: **1.** pro..., ...freundlich, *z.B.* **~*-German***; **2.** stellvertretend, Vize..., Pro...; **3.** vor (*räumlich u. zeitlich*).

prob·a·bil·i·ty [ˌprɒbə'bɪlətɪ] *s.* Wahrscheinlichkeit *f* (*a.* 𝔄): ***in all*** ~ aller Wahrscheinlichkeit nach, höchstwahrscheinlich; ***theory of*** ~, ~ ***calculus*** 𝔄 Wahrscheinlichkeitsrechnung *f*; ***the*** ~ ***is that*** es besteht die Wahrscheinlichkeit, daß; **prob·a·ble** ['prɒbəbl] *adj.* □ **1.** wahrscheinlich, vermutlich, mutmaßlich: ~ ***cause*** ⚖ hinreichender Verdacht; **2.** wahrscheinlich, glaubhaft, einleuchtend.

pro·bate ['prəʊbeɪt] ⚖ **I** *s.* **1.** gerichtliche (*bsd.* Testa'ments)Bestätigung; **2.** Testa'mentserˌöffnung *f*; **3.** Abschrift *f* e-s gerichtlich bestätigten Testaments; **II** *v/t.* **4.** *bsd. Am. Testament* a) bestätigen, b) eröffnen u. als rechtswirksam bestätigen lassen; ~ **court** *s.* Nachlaßgericht *n*, (*in U.S.A. a. zuständig in Sachen der freiwilligen Gerichtsbarkeit, bsd. als*) Vormundschaftsgericht *n*; ~ **du·ty** *s.* ⚖ Erbschaftssteuer *f*.

pro·ba·tion [prə'beɪʃn] *s.* **1.** (Eignungs-) Prüfung *f*, Probe(zeit) *f*: ***on*** ~ auf Probe(zeit); **2.** ⚖ a) Bewährungsfrist *f*, b) bedingte Freilassung *f*: ***place s.o. on*** ~ j-m Bewährungsfrist zubilligen, j-n unter Zubilligung von Bewährungsfrist freilassen: ~ ***officer*** Bewährungshelfer (-in); **3.** *eccl.* Novizi'at *n*; **pro'ba·tion·ar·y** [-ʃnərɪ], **pro'ba·tion·al** [-ʃənl] *adj.* Probe...: ~ ***period*** ⚖ Bewährungsfrist *f*; **pro'ba·tion·er** [-ʃnə] *s.* **1.** 'Probekandiˌdat(in), Angestellte(r *m*) *f* auf Probe, *z.B.* Lernschwester *f*; **2.** *fig.* Neuling *m*; **3.** *eccl.* No'vize *m*, *f*; **4.** ⚖ a) j-d, dessen Strafe zur Bewährung ausgesetzt ist, b) auf Bewährung bedingt Strafentlassene(r).

pro·ba·tive ['prəʊbətɪv] als Beweis dienend (***of*** für): ~ ***facts*** ⚖ beweiserhebliche Tatsachen; ~ ***force*** Beweiskraft *f*.

probe [prəʊb] **I** *v/t.* **1.** ⚕ sondieren (*a. fig.*); **2.** *fig.* eindringen in (*acc.*), erforschen, (gründlich) unter'suchen; **II** *v/i.* **3.** *fig.* (forschend) eindringen (***into*** in *acc.*); **III** *s.* **4.** ⚕, ✈, *a. Raumforschung etc.*: Sonde *f*; **5.** *fig.* Sondierung *f*, *bsd. Am.* Unter'suchung *f*.

prob·i·ty ['prəʊbətɪ] *s.* Rechtschaffenheit *f*, Redlichkeit *f*.

prob·lem ['prɒbləm] **I** *s.* **1.** Pro'blem *n* (*a. phls., Schach etc.*), proble'matische Sache, Schwierigkeit *f*: ***set a*** ~ ein Problem stellen; **2.** 𝔄 Aufgabe *f*, Problem *n*; **3.** *fig.* Rätsel *n* (***to*** für *j-n*); **II** *adj.* **4.** proble'matisch: ~ ***play*** Problemstück *n*; ~ ***child*** schwererziehbares Kind, Sorgenkind; ~ ***drinker*** Alkoholiker(in); **prob·lem·at·ic**, **prob·lem·at·i·cal** [ˌprɒblə'mætɪk(l)] *adj.* □ proble'matisch, zweifelhaft.

pro·bos·cis [prəʊ'bɒsɪs] *pl.* **-cis·es** [-sɪsi:z] *s. zo.* Rüssel *m* (*a. humor.*).

pro·ce·dur·al [prə'si:dʒərəl] *adj.* ⚖ verfahrensrechtlich; Verfahrens...: ~ ***law***; **pro·ce·dure** [prə'si:dʒə] *s.* **1.** *allg.* Verfahren *n* (*a.* ⚙), Vorgehen *n*; **2.** ⚖ (*bsd. prozeßrechtliches*) Verfahren: ***rules of*** ~ Prozeßvorschriften, Verfahrensbestimmungen; **3.** Handlungsweise *f*, Verhalten *n*.

pro·ceed [prə'si:d] *v/i.* **1.** weitergehen, -fahren *etc.*; sich begeben (***to*** nach); **2.** *fig.* weitergehen (*Handlung etc.*), fortschreiten; **3.** vor sich gehen, von'statten gehen; **4.** *fig.* fortfahren (***with***, ***in*** mit, in *s-r Rede etc.*), s-e Arbeit *etc.* fortsetzen: ~ ***on one's journey*** s-e Reise fortsetzen, weiterreisen; **5.** *fig.* vorgehen, verfahren: ~ ***with*** *et.* durchführen *od.* in Angriff nehmen; ~ ***on the assumption that*** davon ausgehen, daß; **6.** schreiten *od.* 'übergehen (***to*** zu), sich anschicken (***to do*** zu tun): ~ ***to business*** an die Arbeit gehen, anfangen; **7.** (***from***) ausgehen *od.* herrühren *od.* kommen (von) (*Geräusch, Hoffnung, Krankheit etc.*), (*e-r Hoffnung etc.*) entspringen; **8.** ⚖ (gerichtlich) vorgehen, e-n Pro'zeß anstrengen (***against*** gegen); **9.** *univ. Brit.* promovieren (***to*** [***the degree of***] zum); **pro'ceed·ing** [-dɪŋ] *s.* **1.** Vorgehen *n*, Verfahren *n*; **2.** *pl.* Verfahren *n*, (Gerichts)Verhandlung(en *pl.*) *f*: ***take*** (*od.* ***institute***) **~*s against*** ein Verfahren einleiten *od.* gerichtlich vorgehen gegen; **3.** *pl.* (Sitzungs-, Tätigkeits)Bericht(e *pl.*) *m*, (⚖ Pro'zeß)Akten *pl.*; **pro·ceeds** ['prəʊsi:dz] *s. pl.* **1.** Erlös *m* (***from a sale*** aus e-m Verkauf), Ertrag *m*, Gewinn *m*; **2.** Einnahmen *pl.*

pro·cess ['prəʊses] **I** *s.* **1.** Verfahren *n*, Pro'zeß *m* (*a.* ⚙, ⚗): ~ ***engineering*** Verfahrenstechnik *f*; ~ ***chart*** Arbeitsablaufdiagramm *n*; ~ ***control*** *Computer*: Prozeßsteuerung *f*; ~ ***of manufacture*** Herstellungsvorgang *m*, Werdegang *m*; ***in*** ~ ***of construction*** im Bau (befindlich); **2.** Vorgang *m*, Verlauf *m*, Pro'zeß *m* (*a. phys.*): ~ ***of combustion*** Verbrennungsvorgang; ***mental*** ~ Denkprozeß *m*; **3.** Arbeitsgang *m*; **4.** Fortgang *m*, -schreiten *n*, (Ver)Lauf *m*: ***in*** ~ ***of time*** im Laufe der Zeit; ***be in*** ~ im Gange sein; **5.** *typ.* 'photome,chanisches Reprodukti'onsverfahren: ~ ***printing*** Mehrfarbendruck *m*; **6.** *anat.* Fortsatz *m*; **7.** ⚘ Auswuchs *m*; **8.** ⚖ a) Zustellung(en *pl.*) *f*, *bsd.* Vorladung *f*, b) (ordentliches) Verfahren: ***due*** ~ ***of law*** rechtliches Gehör; **II** *v/t.* **9.** ⚙ *etc.* bearbeiten, (chemisch *etc.*) behandeln, e-m Verfahren unter'werfen; *Material*, *a. Daten* verarbeiten; *Lebensmittel* haltbar machen, *Milch etc.* sterilisieren: ~ ***into*** verarbeiten zu; **10.** ⚖ *j-n* gerichtlich belangen; **11.** *Am. fig. j-n* 'durchschleusen, abfertigen, *j-s Fall etc.* bearbeiten; **III** *v/i.* [prəʊ'ses] **12.** F in e-r Prozessi'on (mit)gehen; '**proc·ess·ing** [-sɪŋ] *s.* **1.** ⚙ Vered(e)lung *f*: ~ ***industry*** weiterverarbeitende Industrie, Veredelungsindustrie *f*; **2.** ⚙, *a. Computer*: Verarbeitung *f*; **3.** *bsd. Am. fig.* Bearbeitung *f*.

pro·ces·sion [prə'seʃn] *s.* **1.** Prozessi'on *f*, (feierlicher) (Auf-, 'Um)Zug: ***go in*** ~ e-e Prozession abhalten *od.* machen; **2.** Reihe(nfolge) *f*; **3.** *a.* ~ ***of the Holy Spirit*** *eccl.* Ausströmen *n* des Heiligen Geistes; **pro'ces·sion·al** [-ʃənl] **I** *adj.* Prozessions…; **II** *s. eccl.* a) Prozessi'onsbuch *n*, b) Prozessi'onshymne *f*.

pro·ces·sor ['prəʊsesə] *s.* **1.** ⚙ Verarbeiter *m*; Hersteller(in); **2.** *Am.* (Sach-) Bearbeiter(in); **3.** *Computer*: Pro'zessor *m*.

pro·claim [prə'kleɪm] *v/t.* **1.** proklamieren, (öffentlich) verkünd(ig)en, kundgeben: ~ ***war*** den Krieg erklären; ~ ***s.o. a traitor*** j-n zum Verräter erklären; ~ ***s.o. king*** j-n zum König ausrufen; **2.** den Ausnahmezustand verhängen über *ein Gebiet etc.*; **3.** in die Acht erklären; **4.** *Versammlung etc.* verbieten.

proc·la·ma·tion [,prɒklə'meɪʃn] *s.* **1.** Proklamati'on *f* (***to*** an *acc.*), (öffentliche *od.* feierliche) Verkündigung *od.* Bekanntmachung, Aufruf *m*: ~ ***of martial law*** Verhängung *f* des Standrechts; **2.** Erklärung *f*, Ausrufung *f zum König etc.*; **3.** Verhängung *f* des Ausnahmezustandes.

pro·cliv·i·ty [prə'klɪvətɪ] *s.* Neigung *f*, Hang *m* (***to***, ***toward*** zu).

pro·cras·ti·nate [prəʊ'kræstɪneɪt] **I** *v/i.* zaudern, zögern; **II** *v/t.* hi'nausziehen, verschleppen.

pro·cre·ant ['prəʊkrɪənt] *adj.* (er)zeugend; **pro·cre·ate** ['prəʊkrɪeɪt] *v/t.* (er-) zeugen, her'vorbringen (*a. fig.*); **pro·cre·a·tion** [,prəʊkrɪ'eɪʃn] *s.* (Er)Zeugung *f*, Her'vorbringen *n*; '**pro·cre·a·tive** [-ɪeɪtɪv] *adj.* **1.** zeugungsfähig, Zeugungs…: ~ ***capacity*** Zeugungsfähigkeit; **2.** fruchtbar; '**pro·cre·a·tor** [-ɪeɪtə] *s.* Erzeuger *m*.

Pro·crus·te·an [prəʊ'krʌstɪən] *adj.* Prokrustes… (*a. fig.*): ~ ***bed.***

proc·tor ['prɒktə] **I** *s.* **1.** *univ. Brit.* a) Diszipli'narbe,amte(r) *m*, b) Aufsichtsführende(r) *m*, (*bsd. bei Prüfungen*): ~***'s man***, ~***'s*** (***bull***)***dog*** *sl.* Pedell; **2.** ⚖ a) Anwalt *m* (*an Spezialgerichten*), b) *a.* ***King's*** (*od.* ***Queen's***) ~ Proku'rator *m* der Krone; **II** *v/t.* **3.** beaufsichtigen.

pro·cur·a·ble [prə'kjʊərəbl] *adj.* zu beschaffen(d), erhältlich; **proc·u·ra·tion** [,prɒkjʊə'reɪʃn] *s.* **1.** → ***procurement*** 1 *u.* 3; **2.** (Stell)Vertretung *f*; **3.** ☤ Pro'kura *f*, Vollmacht *f*: ***by*** ~ per Prokura; ***joint*** ~ Gesamthandlungsvollmacht; ***single*** (*od.* ***sole***) ~ Einzelprokura; **4.** → ***procuring*** 2; **proc·u·ra·tor** ['prɒkjʊəreɪtə] *s.* **1.** ⚖ Anwalt *m*: 2 ***General*** *Brit.* Königlicher Anwalt des Schatzamtes; **2.** ⚖ Bevollmächtigte(r) *m*, Sachwalter *m*; **3.** ~ ***fiscal*** ⚖ *Scot.* Staatsanwalt *m*.

pro·cure [prə'kjʊə] **I** *v/t.* **1.** (sich) be-, verschaffen, besorgen (***s.th. for s.o.***, ***s.o. s.th.*** j-m et.); *a. Beweise etc.* liefern, beibringen; **2.** erwerben, erlangen; **3.** verkuppeln; **4.** *fig.* bewirken, her'beiführen; **5.** veranlassen: ~ ***s.o. to commit a crime*** j-n zu e-m Verbrechen anstiften; **II** *v/i.* **6.** kuppeln; Zuhälte'rei treiben; **pro'cure·ment** [-mənt] *s.* **1.** Besorgung *f*, Beschaffung *f*; **2.** Erwerbung *f*; **3.** Vermittlung *f*; **4.** Veranlassung *f*; **pro'cur·er** [-ərə] *s.* **1.** Beschaffer(in), Vermittler(in); **2.** a) Kuppler *m*, b) Zuhälter *m*; **pro'cur·ess** [-ərɪs] *s.* Kupplerin *f*; **pro'cur·ing** [-ərɪŋ] *s.* **1.** Beschaffen *n etc.*; **2.** a) Kuppe'lei *f*, b) Zuhälte'rei *f*.

prod [prɒd] **I** *v/t.* **1.** stechen, stoßen; **2.** *fig.* anstacheln, -spornen (***into*** zu *et.*); **II** *s.* **3.** Stich *m*, Stechen *n*, Stoß *m* (*a. fig.*); **4.** *fig.* Ansporn *m*; **5.** Stachelstock *m*; **6.** Ahle *f*.

prod·i·gal ['prɒdɪgl] **I** *adj.* ☐ **1.** verschwenderisch (***of*** mit): ***be*** ~ ***of*** → ***prodigalize***; ***the*** ~ ***son*** *bibl.* der verlorene Sohn; **II** *s.* **2.** Verschwender(in); **3.** reuiger Sünder; **prod·i·gal·i·ty** [,prɒdɪ'gælətɪ] *s.* **1.** Verschwendung *f*; **2.** Üppigkeit *f*, Fülle *f* (***of*** an *dat.*); '**prod·i·gal·ize** [-gəlaɪz] *v/t.* verschwenden, verschwenderisch 'umgehen mit.

pro·di·gious [prə'dɪdʒəs] *adj.* ☐ **1.** erstaunlich, wunderbar, großartig; **2.** gewaltig, ungeheuer; **prod·i·gy** ['prɒdɪdʒɪ] *s.* **1.** Wunder *n* (***of*** *gen. od.* an *dat.*): ***a*** ~ ***of learning*** ein Wunder der *od.* an Gelehrsamkeit; **2.** *mst* ***infant*** ~ Wunderkind *n*.

pro·duce[1] [prə'dju:s] *v/t.* **1.** *allg.* erzeugen, machen, schaffen; ☤ *Waren etc.* produzieren, herstellen, erzeugen; *Kohle etc.* gewinnen, fördern; *Buch* a) verfassen, b) her'ausbringen; *thea. Stück* a) inszenieren, b) aufführen; *Film* produzieren; *Brit. thea.*, *Radio*: Re'gie führen bei: ~ ***o.s.*** *fig.* sich produzieren; **2.** ⚘ *Früchte etc.* her'vorbringen; **3.** ☤ *Gewinn*, *Zinsen* (ein)bringen, abwerfen; **4.** *fig.* erzeugen, bewirken, her'vorrufen, zeitigen; *Wirkung* erzielen; **5.** her'vorziehen, -holen (***from*** aus *der Tasche etc.*); *Ausweis etc.* (vor)zeigen, vorlegen; *Beweise*, *Zeugen etc.* beibringen; *Gründe* anführen; **6.** △ *Linie* verlängern.

prod·uce[2] ['prɒdju:s] *s.* (*nur sg.*) **1.** (*bsd.* 'Boden)Pro,dukt(e *pl.*) *n*, (Na'tur)Erzeugnis(se *pl.*) *n*: ~ ***market*** Produkten-, Warenmarkt *m*; **2.** Ertrag *m*, Gewinn *m*.

pro·duc·er [prə'dju:sə] *s.* **1.** *a.* ☤ Erzeuger(in), 'Hersteller(in): ~ ***country*** ☤ Erzeugerland *n*; **2.** ☤ Produ'zent *m*, Fabri'kant *m*: ~ ***goods*** Produktionsgüter; **3.** a) *Film*: Produ'zent *m*, Produkti'onsleiter *m*, b) *Brit. thea.*, *Radio*: Regis'seur *m*, Spielleiter *m*; **4.** ⚙ Gene'rator *m*: ~ ***gas*** Generatorgas *n*; **pro'duc·i·ble** [-səbl] *adj.* **1.** erzeug-, herstellbar, produzierbar; **2.** vorzuzeigen(d), beizubringen(d); **pro'duc·ing** [-sɪŋ] *adj.* Produktions…, Herstellungs…

prod·uct ['prɒdəkt] *s.* **1.** *a.* ☤, ⚙ Pro'dukt *n* (*a.* △, ⚗), Erzeugnis *n*: ***intermediate*** ~ Zwischenprodukt *n*; ~ ***liability*** Produkthaftung *f*; ~ ***line*** Erzeugnis(gruppe *f*) *n*; ~ ***patent*** Stoffpatent *n*; ~ ***range*** Produktpalette *f*; **2.** *fig.* (*a.* 'Geistes)Pro,dukt *n*, Ergebnis *n*, Werk *n*; **3.** *fig.* Pro'dukt *n* (*Person*).

pro·duc·tion [prə'dʌkʃn] *s.* **1.** (*z.B. Kälte-*, *Strom*)Erzeugung *f*, (*z.B. Rauch*)Bildung *f*; **2.** ☤ Produkti'on *f*, Herstellung *f*, Erzeugung *f*, Fertigung *f*; ⚗, ⚒, *min.* Gewinnung *f*; ⚒ Förderleistung *f*: ~ ***of gold*** Goldgewinnung; ***be in*** ~ serienmäßig hergestellt werden; ***be in good*** ~ genügend hergestellt werden; ***go into*** ~ a) in Produktion gehen, b) die Produktion aufnehmen (*Fabrik*); **3.** (*Arbeits*)Erzeugnis *n*, (*a.* Na'tur)Pro,dukt *n*, Fabri'kat *n*; **4.** *fig.* (*mst* lite'rarisches) Pro'dukt, Ergebnis *n*, Werk *n*, Schöpfung *f*, Frucht *f*; **5.** Her'vorbringen *n*, Entstehung *f*; **6.** Vorlegung *f*, -zeigung *f e-s Dokuments etc.*, Beibringung *f e-s Zeugen*, Erbringen *n e-s Beweises*; Vorführen *n*, Aufweisen *n*; **7.** Her'vorholen *n*, -ziehen *n*; **8.** *thea.* Vor-, Aufführung *f*, Inszenierung *f*; **9.** a) *Brit. thea.*, *Radio*, *TV*: Re'gie *f*, Spielleitung *f*, b) *Film*: Produkti'on *f*; **pro'duc·tion·al** [-ʃənl] *adj.* Produktions…

pro·duc·tion| ca·pac·i·ty *s.* Produkti'onskapazi,tät *f*, Leistungsfähigkeit *f*; ~ **car** *s. mot.* Serienwagen *m*; ~ **costs** *s. pl.* Gestehungskosten *pl.*; ~ **di·rec·tor** *s. Radio*: Sendeleiter *m*; ~ **en·gi·neer** *s.* Be'triebsingeni,eur *m*; ~ **goods** *s. pl.* Produkti'onsgüter *pl.*; ~ **line** *s.* ⚙ Fließband *n*, Fertigungsstraße *f*; ~ **lo·ca·tion** *s.* Produktionsstandort *m*; ~ **man·ag·er** *s.* ☤ 'Herstellungsleiter *m*.

pro·duc·tive [prə'dʌktɪv] *adj.* ☐ **1.** (***of*** *acc.*) her'vorbringend, erzeugend, schaffend: ***be*** ~ ***of*** führen zu, erzeugen; **2.** produk'tiv, ergiebig, ertragreich, fruchtbar, ren'tabel; **3.** produzierend, leistungsfähig; ⚒ abbauwürdig; **4.** *fig.* produk'tiv, fruchtbar, schöpferisch; **pro'duc·tive·ness** [-nɪs], **pro·duc·tiv·i·ty** [,prɒdʌk'tɪvətɪ] *s.* Produktivi'tät *f*: a) ☤ Rentabili'tät *f*, Ergiebigkeit *f*, b) ☤ Leistungs-, Ertragsfähigkeit *f*, c) *fig.* Fruchtbarkeit *f*.

pro·em ['prəʊem] *s.* Einleitung *f* (*a. fig.*), Vorrede *f*.

prof [prɒf] *s.* F Prof *m* (*Professor*).

prof·a·na·tion [,prɒfə'neɪʃn] *s.* Entweihung *f*, Profanierung *f*; **pro·fane**

[prəˈfeɪn] **I** *adj.* ☐ **1.** weltlich, proˈfan, ungeweiht, Profan…(*-bau, -geschichte*); **2.** lästerlich, gottlos: **~ *language***; **3.** uneingeweiht (***to*** in *acc.*); **II** *v/t.* **4.** entweihen, profanieren; **pro·fan·i·ty** [prəˈfænətɪ] *s.* **1.** Gott-, Ruchlosigkeit *f*; **2.** Weltlichkeit *f*; **3.** Fluchen *n*; *pl.* Flüche *pl.*

pro·fess [prəˈfes] *v/t.* **1.** (*a.* öffentlich) erklären, *Reue etc.* bekunden, sich bezeichnen (***to be*** als), sich bekennen zu (*e-m Glauben etc.*) *od.* als (*Christ etc.*): **~ *o.s. a communist***; **~ *Christianity***; **2.** beteuern, versichern, *b.s.* heucheln, zur Schau tragen; **3.** eintreten für, *Grundsätze etc.* vertreten; **4.** (*als Beruf*) ausüben, betreiben; **5.** *Brit.* Proˈfessor sein in (*dat.*), lehren; **proˈfessed** [-st] *adj.* ☐ **1.** erklärt (*Feind etc.*), ausgesprochen; **2.** an-, vorgeblich; **3.** Berufs…, berufsmäßig; **4.** (in einen Orden) aufgenommen: **~ *monk*** Profeß *m*; **proˈfess·ed·ly** [-sɪdlɪ] *adv.* **1.** angeblich; **2.** erklärtermaßen; **3.** offenkundig; **proˈfes·sion** [-eʃn] *s.* **1.** (*bsd.* akaˈdemischer *od.* freier) Beruf, Stand *m*: ***learned* ~** gelehrter Beruf; ***the* ~*s*** die akademischen Berufe; ***the military* ~** der Soldatenberuf; ***by* ~** von Beruf; **2.** ***the* ~** *coll.* der Beruf *od.* Stand: ***the medical* ~** die Ärzteschaft; **3.** (*bsd.* Glaubens)Bekenntnis *n*; **4.** Bekundung *f*, (*a.* falsche) Versicherung *od.* Behauptung, Beteuerung *f*: **~ *of friendship*** Freundschaftsbeteuerung *f*; **5.** *eccl.* Proˈfeß *f*, Gelübde(ablegung *f*) *n*; **proˈfes·sion·al** [-eʃənl] **I** *adj.* ☐ **1.** Berufs…, beruflich, Amts…, Standes…: **~ *discretion*** Schweigepflicht *f des Arztes etc.*; **~ *ethics*** Berufsethos *n*; **2.** Fach…, Berufs…, fachlich: **~ *association*** Berufsgenossenschaft *f*; **~ *school*** Fach-, Berufsschule *f*; **~ *studies*** Fachstudium *n*; **~ *terminology*** Fachsprache *f*; **~ *man*** Mann vom Fach (→ 4); **3.** professioˈnell, Berufs… (*a. sport*): **~ *player***; **4.** freiberuflich, akaˈdemisch; **~ *man*** Akademiker, Geistesarbeiter; ***the* ~ *classes*** die höheren Berufsstände; **5.** gelernt, fachlich ausgebildet: **~ *gardener***; **6.** *fig. iro.* unentwegt, ‚Berufs…‘: **~ *patriot***; **II** *s.* **7.** *sport* Berufssportler(in) *od.* -spieler (-in); **8.** Berufskünstler *m etc.*, Künstler *m* vom Fach; **9.** Fachmann *m*; **10.** Geistesarbeiter *m*; **proˈfes·sion·al·ism** [-eʃnəlɪzəm] *s.* Berufssportlertum *n*, -spielertum *n*, Profitum *n*.

pro·fes·sor [prəˈfesə] *s.* **1.** Proˈfessor *m*, Profesˈsorin *f*; → ***associate*** 8; **2.** *Am.* Hochschullehrer *m*; **3.** *a. humor.* Lehrmeister *m*; **4.** *bsd. Am. od. Scot.* (*a.* Glaubens)Bekenner *m*; **pro·fes·so·ri·al** [ˌprɒfɪˈsɔːrɪəl] *adj.* ☐ professoˈral; Professoren…: **~ *chair*** Lehrstuhl *m*, Professur *f*; **pro·fes·so·ri·ate** [ˌprɒfɪˈsɔːrɪət] *s.* **1.** Profesˈsoren(schaft *f*) *pl.*; **2.** → **proˈfes·sor·ship** [-ʃɪp] *s.* Profesˈsur *f*, Lehrstuhl *m*.

prof·fer [ˈprɒfə] **I** *s.* Angebot *n*; **II** *v/t.* (an)bieten.

pro·fi·cien·cy [prəˈfɪʃnsɪ] *s.* Können *n*, Tüchtigkeit *f*, (gute) Leistungen *pl.*; Fertigkeit *f*; **proˈfi·cient** [-nt] **I** *adj.* ☐ tüchtig, geübt, bewandert, erfahren (***in, at*** in *dat.*); **II** *s.* Fachmann *m*, Meister *m*.

pro·file [ˈprəʊfaɪl] **I** *s.* **1.** Proˈfil *n*: a) Seitenansicht *f*, b) Konˈtur *f*: ***keep a low* ~** *fig.* sich ‚bedeckt‘ *od.* im Hintergrund halten; **2.** (*a.* △, ⚙) Proˈfil *n*, Längsschnitt *m*; **3.** Querschnitt *m* (*a. fig.*); **4.** ˈKurzbiograˌphie *f*; **II** *v/t.* **5.** im Profil darstellen, profilieren; ⚙ im Quer- *od.* Längsschnitt zeichnen; **6.** ⚙ profilieren, fassonieren; kopierfräsen: **~ *cutter*** Fassonfräser *m*.

prof·it [ˈprɒfɪt] **I** *s.* **1.** (✝ *oft pl.*) Gewinn *m*, Proˈfit *m*: **~ *and loss account*** Gewinn- u. Verlustkonto *n*, Erfolgsrechnung *f*; **~ *margin*** Gewinnspanne *f*; **~ *maximization*** Gewinnmaximierung *f*; **~*-sharing*** Gewinnbeteiligung *f*; **~*-taking*** *Börse*: Gewinnmitnahme *f*; ***sell at a* ~** mit Gewinn verkaufen; ***leave a* ~** e-n Gewinn abwerfen; **2.** *oft pl.* a) Ertrag *m*, Erlös *m*, b) Reinertrag *m*; **3.** ⚖ Nutzung *f*, Früchte *pl.* (*aus Land*); **4.** Nutzen *m*, Vorteil *m*: ***turn s.th. to* ~** aus et. Nutzen ziehen; ***to his* ~** zu s-m Vorteil; **II** *v/i.* **5.** (***by, from***) (e-n) Nutzen *od.* Gewinn ziehen (aus), profitieren (von): **~ *by*** *a.* sich *et.* zunutze machen, *e-e Gelegenheit* ausnützen; **III** *v/t.* **6.** nützen, nutzen (*dat.*), von Nutzen sein für; **ˈprof·it·a·ble** [-təbl] *adj.* ☐ **1.** gewinnbringend, einträglich, lohnend, renˈtabel: ***be* ~** *a.* sich rentieren; **2.** vorteilhaft, nützlich (***to*** für); **ˈprof·it·a·ble·ness** [-təblnɪs] *s.* **1.** Einträglichkeit *f*, Rentabiliˈtät *f*; **2.** Nützlichkeit *f*; **prof·it·eer** [ˌprɒfɪˈtɪə] **I** *s.* Proˈfitmacher *m*, (Kriegs- *etc.*)Gewinnler *m*, ‚Schieber‘ *m*, Wucherer *m*; **II** *v/i.* Schieber- *od.* Wuchergeschäfte machen, ‚schieben‘; **prof·it·eer·ing** [ˌprɒfɪˈtɪərɪŋ] *s.* Schieber-, Wuchergeschäfte *pl.*, Preistreibeˈrei *f*; **ˈprof·it·less** [-lɪs] *adj.* ☐ **1.** ˈunrenˌtabel, ohne Gewinn; **2.** nutzlos.

prof·li·ga·cy [ˈprɒflɪgəsɪ] *s.* **1.** Lasterhaftigkeit *f*, Verworfenheit *f*; **2.** Verschwendung(ssucht) *f*; **ˈprof·li·gate** [-gət] **I** *adj.* ☐ **1.** verworfen, liederlich; **2.** verschwenderisch; **II** *s.* **3.** lasterhafter Mensch, Liederjan *m*; **4.** Verschwender(in).

pro for·ma [ˌprəʊˈfɔːmə] (*Lat.*) *adv. u. adj.* **1.** pro forma, zum Schein; **2.** ✝ Proforma…(*-rechnung*), Schein…(*-geschäft*): **~ *bill*** Proforma-, Gefälligkeitswechsel *m*.

pro·found [prəˈfaʊnd] *adj.* ☐ **1.** tief (*mst fig. Friede, Seufzer, Schlaf etc.*); **2.** tiefschürfend, inhaltsschwer, gründlich, proˈfund; **3.** *fig.* unergründlich, dunkel; **4.** *fig.* tief, groß (*Hochachtung etc.*), stark (*Interesse etc.*), vollkommen (*Gleichgültigkeit*); **proˈfound·ness** [-nɪs], **proˈfun·di·ty** [-ˈfʌndətɪ] *s.* **1.** Tiefe *f*, Abgrund *m* (*a. fig.*); **2.** Tiefgründigkeit *f*, -sinnigkeit *f*; **3.** Gründlichkeit *f*; **4.** *pl.* tiefgründige Proˈbleme *od.* Theoˈrien; **5.** *oft pl.* Weisheit *f*, proˈfunder Ausspruch; **6.** Stärke *f*, hoher Grad (*der Erregung etc.*).

pro·fuse [prəˈfjuːs] *adj.* ☐ **1.** (*a.* ˈüber-) reich (***of, in*** an *dat.*), ˈüberfließend, üppig; **2.** (*oft* allzu) freigebig, verschwenderisch (***of, in*** mit): ***be* ~ *in one's thanks*** überschwenglich danken; **~*ly illustrated*** reich(haltig) illustriert; **proˈfuse·ness** [-nɪs], **proˈfu·sion** [-uːʒn] *s.* **1.** (ˈÜber)Fülle *f*, ˈÜberfluß *m* (***of*** an *dat.*): ***in* ~** in Hülle u. Fülle; **2.** Verschwendung *f*, Luxus *m*, allzu große Freigebigkeit.

pro·gen·i·tive [prəʊˈdʒenɪtɪv] *adj.* **1.** Zeugungs…: **~ *act***; **2.** zeugungsfähig; **proˈgen·i·tor** [-tə] *s.* **1.** Vorfahr *m*, Ahn *m*; **2.** *fig.* Vorläufer *m*; **proˈgen·i·tress** [-trɪs] *s.* Ahne *f*; **proˈgen·i·ture** [-tʃə] *s.* **1.** Zeugung *f*; **2.** Nachkommenschaft *f*; **prog·e·ny** [ˈprɒdʒənɪ] *s.* **1.** Nachkommen(schaft *f a.* ⚘) *pl.*; *zo. die* Jungen *pl.*, Brut *f*; **2.** *fig.* Frucht *f*, Proˈdukt *n*.

pro·gna·thy [ˈprɒgnəθɪ] *s.* ⚕ **1.** Prognaˈthie *f*; **2.** Progeˈnie *f*.

prog·no·sis [prɒgˈnəʊsɪs] *pl.* **-ses** [-siːz] *s.* ⚕ *etc.* Proˈgnose *f*, Vorˈhersage *f*; **progˈnos·tic** [-ˈnɒstɪk] **I** *adj.* **1.** proˈgnostisch (*bsd.* ⚕), vorˈaussagend (***of*** *acc.*); **2.** warnend, vorbedeutend; **II** *s.* **3.** Vorˈhersage *f*; **4.** (An-, Vor)Zeichen *n*; **prog·nos·ti·cate** [prɒgˈnɒstɪkeɪt] *v/t.* **1.** (*a. v/i.*) vorˈher-, vorˈaussagen, prognostizieren; **2.** anzeigen; **prog·nos·ti·ca·tion** [prəgˌnɒstɪˈkeɪʃn] *s.* **1.** Vorˈher-, Vorˈaussage *f*, Proˈgnose *f* (*a.* ⚕); **2.** Propheˈzeiung *f*; **3.** Vorzeichen *n*.

pro·gram(me) [ˈprəʊgræm] **I** *s.* **1.** (ˈStudien-, Parˈtei- *etc.*)Proˌgramm *n*, Plan *m* (*a. fig.* F): ***manufacturing* ~** Herstellungsprogramm *n*; **2.** Proˈgramm *n*: a) *thea.* Spielplan *m*, b) Proˈgrammheft *n*, c) Darbietung *f*, d) *Radio, TV*: Sendefolge *f*, Sendung *f*: **~ *director*** Programmdirektor *m*; **~ *music*** Programmmusik *f*; **~ *picture*** Beifilm *m*; **~ *rating*** TV Einschaltquote *f*; **3.** *Computer*: Programm *n*: **~*-controlled*** programmgesteuert; **~ *step*** Programmschritt *m*; **II** *v/t.* **4.** ein Proˈgramm aufstellen für; **5.** auf das Proˈgramm setzen, planen, ansetzen; **6.** *Computer* programmieren; **ˈpro·grammed** [-md] *adj.* programmiert: **~ *instruction***; **~ *learning***; **ˈpro·gram·mer** [-mə] *s.* *Computer*: Programˈmierer(in); **ˈpro·gram·ming** [-mɪŋ] *s.* **1.** *Rundfunk, TV*: Proˈgrammgestaltung *f*; **2.** *Computer*: Programmierung *f*: **~ *language*** Programmiersprache *f*.

pro·gress I [ˈprəʊgres] *s.* (*nur sg. außer* 6) **1.** *fig.* Fortschritt(e *pl.*) *m*: ***make* ~** Fortschritte machen; **~ *engineer*** Entwicklungsingenieur *m*; **~ *report*** Zwischenbericht; **2.** (Weiter)Entwicklung *f*: ***in* ~** im Werden (begriffen); **3.** Fortschreiten *n*, Vorrücken *n*; ⚔ Vordringen *n*; **4.** Fortgang *m*, (Ver)Lauf *m*: ***be in* ~** im Gange sein; **5.** Überˈhandnehmen *n*, ˈUmsichgreifen *n*: ***the disease made rapid* ~** die Krankheit griff schnell um sich; **6.** *obs.* Reise *f*, Fahrt *f*; *Brit. mst hist.* Rundreise *f e-s Herrschers etc.*; **II** [prəʊˈgres] *v/i.* **7.** fortschreiten, weitergehen, s-n Fortgang nehmen; **8.** sich (fort-, weiter)entwickeln: **~ *towards completion*** s-r Vollendung entgegengehen; **9.** *fig.* Fortschritte machen, voˈran-, vorwärtskommen.

pro·gres·sion [prəʊˈgreʃn] *s.* **1.** Vorwärts-, Fortbewegung *f*; **2.** Weiterentwicklung *f*, Verlauf *m*; **3.** (Aufeinˈander)Folge *f*; **4.** Progressiˈon *f*: a) ⩚ Reihe *f*, b) Staffelung *f e-r Steuer etc.*; **5.** ♪ a) Seˈquenz *f*, b) Fortschreitung *f* (*Stimmbewegung*); **proˈgres·sion·ist**

[-ʃnɪst], **pro'gress·ist** [-esɪst] *s. pol.* Fortschrittler *m*; **pro'gres·sive** [-esɪv] **I** *adj.* □ **1.** fortschrittlich (*Person u. Sache*): **~ party** *pol.* Fortschrittspartei *f*; **2.** fortschreitend, -laufend, progres'siv: **a ~ step** *fig.* ein Schritt nach vorn; **~ assembly** ⚙ Fließbandmontage *f*; **3.** gestaffelt, progres'siv (*Besteuerung etc.*); **4.** (fort)laufend: **~ numbers**; **5.** *a.* ⚕ zunehmend, progres'siv: **~ paralysis**; **6.** *ling.* progres'siv: **~ form** Verlaufsform *f*; **II** *s.* **7.** *pol.* Progres'sive(r *m*) *f*, Fortschrittler *m*; **pro'gres·sive·ly** [-esɪvlɪ] *adv.* schritt-, stufenweise, nach u. nach, all'mählich.

pro·hib·it [prə'hɪbɪt] *v/t.* **1.** verbieten, unter'sagen (**s.th.** et., **s.o. from doing** j-m *et.* zu tun); **2.** verhindern (**s.th. being done** daß et. geschieht); **3.** hindern (**s.o. from doing** j-n daran, *et.* zu tun); **pro·hi·bi·tion** [ˌprəʊɪ'bɪʃn] *s.* **1.** Verbot *n*; **2.** (*hist. Am. mst* ♔) Prohibiti'on(szeit) *f*, Alkoholverbot *n*; **pro·hi·bi·tion·ist** [ˌprəʊɪ'bɪʃnɪst] *s. hist. Am.* Prohibitio'nist *m*, Verfechter *m* des Alkoholverbots; **pro'hib·i·tive** [-tɪv] *adj.* □ **1.** verbietend, unter'sagend; **2.** ✝ Prohibitiv..., Schutz..., Sperr...: **~ duty** Prohibitivzoll *m*; **~ tax** Prohibitivsteuer *f*; **3.** unerschwinglich (*Preis*), untragbar (*Kosten*); **pro'hib·i·to·ry** [-tərɪ] → **prohibitive**.

pro·ject I *v/t.* [prə'dʒekt] **1.** planen, entwerfen, projektieren; **2.** werfen, schleudern; **3.** *Bild, Licht, Schatten etc.* werfen, projizieren; **4.** *fig.* projizieren (*a.* ⩚): **~ o.s.** (*od.* **one's thoughts**) **into** sich versetzen in (*acc.*); **~ one's feelings into** s-e Gefühle übertragen auf (*acc.*); **II** *v/i.* **5.** vorspringen, -stehen, -ragen (**over** über *acc.*); **III** *s.* ['prɒdʒekt] **6.** Pro'jekt *n* (*a. Am. ped.*), Plan *m*, (*a.* Bau)Vorhaben *n*, Entwurf *m*: **~ engineer** Projektingenieur *m*.

pro·jec·tile [prəʊ'dʒektaɪl] **I** *s.* **1.** ⚔ Geschoß *n*, Projek'til *n*; **2.** (Wurf)Geschoß *n*; **II** *adj.* **3.** (an)treibend, Stoß..., Trieb...: **~ force**; **4.** Wurf...

pro·jec·tion [prə'dʒekʃn] *s.* **1.** Vorsprung *m*, vorspringender Teil *od.* Gegenstand *etc.*; ⚠ Auskragung *f*, -ladung *f*, 'Überhang *m*; **2.** Fortsatz *m*; **3.** Werfen *n*, Schleudern *n*, (Vorwärts)Treiben *n*; **4.** Wurf *m*, Stoß *m*; **5.** ⩚, *ast.* Projekti'on *f*: **upright ~** Aufriß *m*; **6.** *phot.* Projekti'on *f*: a) Projizieren *n* (*Lichtbilder*), b) Lichtbild *n*; **7.** Vorführen *n* (*Film*): **~ booth** Vorführkabine *f*; **~ screen** Projektions-, Leinwand *f*, Bildschirm *m*; **8.** *psych.* Projekti'on *f*; **9.** *fig.* 'Widerspiegelung *f*; **10.** a) Planen *n*, Entwerfen *n*, b) Plan *m*, Entwurf *m*; **11.** *Statistik etc.*: Hochrechnung *f*; **pro'jec·tion·ist** [-kʃnɪst] *s.* Filmvorführer *m*; **pro'jec·tor** [-ktə] *s.* **1.** Projekti'onsappaˌrat *m*, Vorführgerät *n*, Bildwerfer *m*, Pro'jektor *m*; **2.** ⚙ Scheinwerfer *m*; **3.** ⚔ (Ra'keten-, Flammen- *etc.*)Werfer *m*; **4.** a) Planer *m*, b) *contp.* Pläneschmied *m*, Pro'jektemacher *m*.

pro·lapse ['prəʊlæps] ⚕ **I** *s.* Vorfall *m*, Pro'laps(us) *m*; **II** *v/i.* [prə'læps] prolabieren, vorfallen; **pro·lap·sus** [prəʊ'læpsəs] → **prolapse** I.

prole [prəʊl] *s.* F Pro'let(in).

pro·le·tar·i·an [ˌprəʊlɪ'teərɪən] **I** *adj.* prole'tarisch, Proletarier...; **II** *s.* Prole'tarier(in); **ˌpro·le'tar·i·at(e)** [-ɪət] *s.* Proletari'at *n*.

pro·li·cide ['prəʊlɪsaɪd] *s.* ⚖ Tötung *f* der Leibesfrucht, Abtreibung *f*.

pro·lif·er·ate [prəʊ'lɪfəreɪt] *v/i. biol.* **1.** wuchern; **2.** sich fortpflanzen (*durch Zellteilung etc.*); **3.** sich stark vermehren; **pro·lif·e'ra·tion** [prəʊˌlɪfə'reɪʃn] *s.* **1.** Wuchern *n*; **2.** Fortpflanzung *f*; **3.** starke Vermehrung *od.* Ausbreitung; **pro'lif·ic** [-fɪk] *adj.* (□ **~ally**) **1.** *bsd. biol.* (*oft* 'überaus) fruchtbar; **2.** *fig.* reich (**of, in** an *dat.*); **3.** *fig.* fruchtbar, produk'tiv (*Schriftsteller etc.*).

pro·lix ['prəʊlɪks] *adj.* □ weitschweifig; **pro·lix·i·ty** [ˌprəʊ'lɪksətɪ] *s.* Weitschweifigkeit *f*.

pro·log *Am.* → **prologue**.

pro·logue ['prəʊlɒg] *s.* **1.** *bsd. thea.* Pro'log *m*, Einleitung *f* (**to** zu); **2.** *fig.* Vorspiel *n*, Auftakt *m*; **'pro·logu·ize** [-gaɪz] *v/i.* e-n Pro'log verfassen *od.* sprechen.

pro·long [prə'lɒŋ] *v/t.* **1.** verlängern, (aus)dehnen; **2.** ✝ *Wechsel* prolongieren; **pro'longed** [-ŋd] *adj.* anhaltend (*Beifall, Regen etc.*): **for a ~ period** längere Zeit; **pro·lon·ga·tion** [ˌprəʊlɒŋ'geɪʃn] *s.* **1.** Verlängerung *f*; **2.** Prolongierung *f e-s Wechsels etc.*, Fristverlängerung *f*, Aufschub *m*: **~ business** ✝ Prolongationsgeschäft *n*.

prom [prɒm] *s.* **1.** *Am.* F High-School-, College-Ball *m*; **2.** *bsd. Brit.* F a) 'Strandpromeˌnade *f*, b) → **promenade concert**.

prom·e·nade [ˌprɒmə'nɑːd] **I** *s.* **1.** Prome'nade *f*: a) Spaziergang *m*, -fahrt *f*, -ritt *m*, b) Spazierweg *m*, Wandelhalle *f*; **2.** [*a.* -'neɪd] feierlicher Einzug der (Ball)Gäste, Polo'naise *f*; **3.** → **prom** 1; **4.** → **promenade concert**; **II** *v/i.* **5.** promenieren, spazieren(gehen *etc.*); **III** *v/t.* **6.** promenieren *od.* (her'um)spazieren in (*dat.*) *od.* auf (*dat.*); **7.** spazierenführen, (um'her)führen; **~ concert** *s. Konzert in ungezwungener Atmosphäre*; **~ deck** *s.* ⚓ Prome'nadendeck *n*.

prom·i·nence ['prɒmɪnəns] *s.* **1.** (Her-) 'Vorragen *n*, -springen *n*; **2.** Vorsprung *m*, vorstehender Teil; *ast.* Protube'ranz *f*; **3.** *fig.* a) Berühmtheit *f*, b) Bedeutung *f*: **bring into ~** a) berühmt machen, b) klar herausstellen, hervorheben; **come into ~** in den Vordergrund rücken, hervortreten; → **blaze** 7; **'prom·i·nent** [-nt] *adj.* □ **1.** vorstehend, -springend (*a. Nase etc.*); **2.** mar'kant, auffallend, her'vorstechend (*Eigenschaft*); **3.** promi'nent: a) führend (*Persönlichkeit*), her'vorragend, b) berühmt.

prom·is·cu·i·ty [ˌprɒmɪ'skjuːətɪ] *s.* **1.** Vermischt-, Verworrenheit *f*, Durchein'ander *n*; **2.** Wahllosigkeit *f*; **3.** Promiskui'tät *f*, wahllose *od.* ungebundene Geschlechtsbeziehungen *pl.*; **pro·mis·cu·ous** [prə'mɪskjʊəs] *adj.* □ **1.** (kunter)bunt, verworren; **2.** wahl-, 'unterschiedslos; **3.** gemeinsam (*beider Geschlechter*): **~ bathing**.

prom·ise ['prɒmɪs] **I** *s.* **1.** Versprechen *n*, -heißung *f*, Zusage *f* (**to** *j-m* gegen'über): **~ to pay** ✝ Zahlungsversprechen; **break** (**keep**) **one's ~** sein Versprechen brechen (halten); **make a ~** ein Versprechen geben; **breach of ~** Bruch *m* des Eheversprechens; **Land of** ♔ → **Promised Land**; **2.** *fig.* Hoffnung *f od.* Aussicht *f* (**of** auf *acc.*, zu *inf.*): **of great ~** vielversprechend (*Aussicht, junger Mann etc.*); **show some ~** gewisse Ansätze zeigen; **II** *v/t.* **3.** versprechen, zusagen, in Aussicht stellen (**s.o. s.th., s.th. to s.o.** j-m et.): **I ~ you** a) das kann ich Ihnen versichern, b) ich warne Sie!; **4.** *fig.* versprechen, erwarten *od.* hoffen lassen, ankündigen; **5.** **be ~d** (in die Ehe) versprochen sein; **6.** **~ o.s. s.th.** sich et. versprechen *od.* erhoffen; **III** *v/i.* **7.** versprechen, zusagen; **8.** *fig.* Hoffnungen erwecken: **he ~s well** er läßt sich gut an; **the weather ~s fine** das Wetter verspricht gut zu werden; **Prom·ised Land** ['prɒmɪst] *s. bibl. u. fig. das* Gelobte Land, Land *n* der Verheißung; **prom·is·ee** [ˌprɒmɪ'siː] *s.* ⚖ Versprechensempfänger(in), Berechtigte(r *m*) *f*; **'prom·is·ing** [-sɪŋ] *adj.* □ *fig.* vielversprechend, hoffnungs-, verheißungsvoll, aussichtsreich; **'prom·i·sor** [-sɔː] *s.* ⚖ Versprechensgeber(in); **'prom·is·so·ry** [-sərɪ] *adj.* versprechend: **~ note** ✝ Schuldschein *m*, Eigen-, Solawechsel *m*.

pro·mo ['prəʊməʊ] F **I** *adj.* Reklame...; **II** *s. Radio, TV*: (Werbe)Spot *m*; *Zeitung*: Anzeige *f*.

prom·on·to·ry ['prɒməntrɪ] *s.* Vorgebirge *n*.

pro·mote [prə'məʊt] *v/t.* **1.** fördern, unter'stützen; *b.s.* Vorschub leisten (*dat.*); **2.** *j-n* befördern: **be ~d** a) befördert werden, b) *sport* aufsteigen; **3.** *parl. Antrag* a) unter'stützen, b) einbringen; **4.** ✝ *Gesellschaft* gründen; **5.** ✝ a) *Verkauf* (*durch Werbung*) steigern, b) werben für; **6.** *Boxkampf etc.* veranstalten; **7.** *ped. Am. Schüler* versetzen; **8.** *Schach*: *Bauern* verwandeln; **9.** *Am. sl.* ‚organisieren'; **pro'mot·er** [-tə] *s.* **1.** Förderer *m*; Befürworter *m*; *b.s.* Anstifter *m*; **2.** ✝ Gründer *m*: **~'s shares** Gründeraktien; **3.** *sport* Veranstalter *m*; **pro'mo·tion** [-əʊʃn] *s.* **1.** Beförderung *f* (*a.* ⚔): **~ list** Beförderungsliste *f*; **get one's ~** befördert werden; **~ prospects** *pl.* Aufstiegschancen *pl.*; **2.** Förderung *f*, Befürwortung *f*: **export ~** ✝ Exportförderung; **3.** ✝ Gründung *f*; **4.** ✝ Verkaufsförderung *f*, Werbung *f*; **5.** *ped. Am.* Versetzung *f*; **6.** *sport* Aufstieg *m*: **gain ~** aufsteigen; **7.** *Schach*: Umwandlung *f*; **pro'mo·tion·al** [-əʊʃənl] *adj.* **1.** Beförderungs...; **2.** fördernd; **3.** ✝ Reklame..., Werbe...; **pro'mo·tive** [-tɪv] *adj.* fördernd, begünstigend (**of** *acc.*).

prompt [prɒmpt] **I** *adj.* □ **1.** unverzüglich, prompt, so'fortig, 'umgehend: **a ~ reply** e-e prompte *od.* schlagfertige Antwort; **2.** schnell, rasch; **3.** bereit (-willig); **4.** ✝ a) pünktlich, b) bar, c) sofort liefer- u. zahlbar: **for ~ cash** gegen sofortige Kasse; **II** *adv.* **5.** pünktlich; **III** *v/t.* **6.** *j-n* antreiben, bewegen, (*a. et.*) veranlassen (**to** zu); **7.** *Gedanken, Gefühl etc.* eingeben, wecken; **8.** *j-m* das Stichwort geben, ein-, vorsagen; *thea. j-m* soufflieren: **~-book** Souffierbuch *n*; **~ box** Souffleurkasten; **~ facility** *Computer*: Bedienerführung *f*; **IV** *s.* **9.** † Ziel *n*, Zahlungsfrist *f*; '**prompt·er** [-tə] *s.* **1.** *thea.* Souf'fleur *m*, Souf'fleuse *f*; **2.** Vorsager(in); **3.** Anreger(in), Urheber(in); *b.s.* Anstifter(in); '**prompt·ing** [-tɪŋ] *s.* (*oft pl.*) *fig.* Eingebung *f*, Stimme *f des Herzens*; '**promp·ti·tude** [-tɪtju:d], '**prompt·ness** [-nɪs] *s.* **1.** Schnelligkeit *f*; **2.** Bereitwilligkeit *f*; **3.** *bsd.* † Promptheit *f*, Pünktlichkeit *f*.

'**prompt-note** *s.* † Verkaufsnota *f* mit Angabe der Zahlungsfrist.

pro·mul·gate ['prɒmlgeɪt] *v/t.* **1.** *Gesetz etc.* (öffentlich) bekanntmachen *od.* verkündigen; **2.** *Lehre etc.* verbreiten; **pro·mul·ga·tion** [ˌprɒml'geɪʃn] *s.* **1.** (öffentliche) Bekanntmachung, Verkündung *f*, -öffentlichung *f*; **2.** Verbreitung *f*.

prone [prəʊn] *adj.* □ **1.** auf dem Bauch *od.* mit dem Gesicht nach unten liegend, hingestreckt: **~ position** a) Bauchlage, b) ⚔ *etc.* Anschlag liegend; **2.** (vorn'über)gebeugt; **3.** abschüssig; **4.** *fig.* (**to**) neigend (zu), veranlagt (zu), anfällig (für); '**prone·ness** [-nɪs] *s.* (**to**) Neigung *f*, Hang *m* (zu), Anfälligkeit *f* (für).

prong [prɒŋ] **I** *s.* **1.** Zinke *f e-r* (*Heu- etc.*)*Gabel*; Zacke *f*, Spitze *f*, Dorn *m*; **2.** (Geweih)Sprosse *f*, -ende *n*; **3.** Horn *n*; **4.** (Heu-, Mist- *etc.*)Gabel *f*; **II** *v/t.* **5.** mit e-r Gabel stechen *od.* heben; **6.** aufspießen; **pronged** [-ŋd] *adj.* gezinkt, zackig: **two-~** zweizinkig.

pro·nom·i·nal [prə'nɒmɪnl] *adj.* □ *ling.* pronomi'nal.

pro·noun ['prəʊnaʊn] *s. ling.* Pro'nomen *n*, Fürwort *n*.

pro·nounce [prə'naʊns] **I** *v/t.* **1.** aussprechen (*a. ling.*); **2.** erklären für, bezeichnen als; **3.** *Urteil* aussprechen *od.* verkünden, *Segen* erteilen: **~ sentence of death** das Todesurteil fällen, auf Todesstrafe erkennen; **4.** behaupten (**that** daß); **II** *v/i.* **5.** Stellung nehmen, s-e Meinung äußern (**on** zu): **~ in favo(u)r of (against) s.th.** sich für (gegen) et. aussprechen; **pro'nounced** [-st] *adj.* □ **1.** ausgesprochen, ausgeprägt, deutlich (*Tendenz etc.*), sichtlich (*Besserung etc.*); **2.** bestimmt, entschieden (*Ansicht etc.*); **pro'nounc·ed·ly** [-sɪdlɪ] *adv.* ausgesprochen *gut, schlecht etc.*; **pro'nounce·ment** [-mənt] *s.* **1.** Äußerung *f*; **2.** Erklärung *f*, (⚖ *Urteils*)Verkünd(ig)ung *f*; **3.** Entscheidung *f*.

pron·to ['prɒntəʊ] *adv. Am.* F fix, schnell, ‚aber dalli'.

pro·nun·ci·a·tion [prəˌnʌnsɪ'eɪʃn] *s.* Aussprache *f*.

proof [pru:f] **I** *adj.* **1.** fest (**against**, **to** gegen), 'undurchˌlässig, (*wasser- etc.*) dicht, (*hitze*)beständig, (*kugel*)sicher; **2.** gefeit (**against** gegen) (*a. fig.*); *fig. a.* unzugänglich: **~ against bribes** unbestechlich; **3.** ⚗ *obs.* probehaltig, nor'malstark (*alkoholische Flüssigkeit*); **II** *s.* **4.** Beweis *m*, Nachweis *m*: **in ~ of** zum *od.* als Beweis (*gen.*); **give ~ of** *et.* beweisen; **5.** (*a.* ⚖) Beweis(mittel *n*, -stück *n*) *m*; Beleg(e *pl.*) *m*; **6.** Probe *f* (*a.* Ⱥ), (*a.* Materi'al)Prüfung *f*: **put to (the) ~** auf die Probe stellen; **the ~ of the pudding is in the eating** Probieren geht über Studieren; **7.** *typ.* a) Korrek'turfahne *f*, -bogen *m*, b) Probeabzug *m* (*a. phot.*): **clean ~** Revisionsbogen *m*; **8.** Nor'malstärke *f alkoholischer Getränke*; **III** *v/t.* **9.** ⚙ (*wasser- etc.*)dicht *od.* (*hitze- etc.*)beständig *od.* (*kugel- etc.*)fest machen, imprägnieren; '**~ˌread·er** *s. typ.* Kor'rektor *m*; '**~ˌread·ing** *s. typ.* Korrek'turlesen *n*; **~ sheet** → **proof** 7 a; **~ spir·it** *s.* Nor'malweingeist *m*.

prop¹ [prɒp] **I** *s.* **1.** Stütze *f* (*a.* ⚓), (Stütz)Pfahl *m*; **2.** *fig.* Stütze *f*, Halt *m*; **3.** ⛏, ⚙ Stempel *m*, Stützbalken *m*, Strebe *f*; **4.** ⚙ Drehpunkt *m e-s Hebels*; **5.** *pl. sl.* ‚Stelzen' *pl.* (*Beine*); **II** *v/t.* **6.** stützen (*a. fig.*); **7.** *a.* **~ up** a) (ab)stützen, ⚙ *a.* absteifen, verstreben, *mot.* aufbocken, b) *sich, et.* lehnen (**against** gegen).

prop² [prɒp] *s. thea.* Requi'sit *n* (*a. fig.*).

prop³ [prɒp] *s.* ✈ Pro'peller *m*.

prop·a·gan·da [ˌprɒpə'gændə] *s.* Propa'ganda *f*; † Werbung *f*, Re'klame *f*: **make ~ for**, **~ week** Werbewoche *f*; ˌ**prop·a'gan·dist** [-dɪst] **I** *s.* Propagan'dist(in); **II** *adj.* propagan'distisch; **prop·a·gan·dis·tic** [ˌprɒpəgæn'dɪstɪk] *adj.* propagan'distisch; ˌ**prop·a'gan·dize** [-daɪz] **I** *v/t.* **1.** Propa'ganda machen für, propagieren; **2.** *j-n* durch Propa'ganda beeinflussen; **II** *v/i.* **3.** Propa'ganda machen.

prop·a·gate ['prɒpəgeɪt] **I** *v/t.* **1.** *biol., a. phys. Ton, Bewegung, Licht* fortpflanzen; **2.** *Nachricht etc.* aus-, verbreiten, propagieren; **II** *v/i.* **3.** sich fortpflanzen; **prop·a·ga·tion** [ˌprɒpə'geɪʃn] *s.* **1.** Fortpflanzung *f* (*a. phys.*), Vermehrung *f*; **2.** Aus-, Verbreitung *f*; **prop·a·ga·tor** ['prɒpəgeɪtə] *s.* **1.** Fortpflanzer *m*; **2.** Verbreiter *m*, Propagan'dist *m*.

pro·pane ['prəʊpeɪn] *s.* ⚗ Pro'pan *n*.

pro·pel [prə'pel] *v/t.* (an-, vorwärts)treiben (*a. fig. od.* ⚙); **pro'pel·lant** [-lənt] *s.* ⚙ Treibstoff *m*, -mittel *n*: **~ (charge)** Treibladung *f e-r Rakete etc.*; **pro'pel·lent** [-lənt] **I** *adj.* **1.** (an-, vorwärts-) treibend: **~ gas** Treibgas; **~ power** Antriebs-, Triebkraft *f*; **II** *s.* **2.** *fig.* treibende Kraft; **3.** → **propellant**; **pro'pel·ler** [-lə] *s.* Pro'peller *m*: a) ✈ Luftschraube *f*, b) ⚓ Schiffsschraube *f*: **~ blade** ✈ Luftschraubenblatt *n*; **pro'pel·ling** [-lɪŋ] *adj.* Antriebs…, Trieb…, Treib…: **~ charge** Treibladung *f*, -satz *m e-r Rakete etc.*; **~ nozzle** ✈ Schubdüse *f*; **~ pencil** Drehbleistift *m*.

pro·pen·si·ty [prə'pensətɪ] *s. fig.* Hang *m*, Neigung *f* (**to**, **for** zu).

prop·er ['prɒpə] *adj.* □ **1.** richtig, passend, geeignet, angemessen, ordnungsgemäß, zweckmäßig: **in ~ form** in gebührender *od.* angemessener Form; **in the ~ place** am rechten Platz; **do as you think (it) ~** tun Sie, was Sie für richtig halten; **~ fraction** Ⱥ echter Bruch; **2.** anständig, schicklich, kor'rekt, einwandfrei (*Benehmen etc.*): **it is ~** es (ge)ziemt *od.* schickt sich; **3.** zulässig; **4.** eigen(tümlich) (**to** *dat.*), besonder; **5.** genau: **in the ~ meaning of the word** strenggenommen; **6.** (*mst nachgestellt*) eigentlich: **philosophy ~** die eigentliche Philosophie; **in the Middle East ~** im Mittleren Osten selbst; **7.** maßgebend, zuständig (*Dienststelle etc.*); **8.** F ‚richtig', ‚ordentlich', ‚anständig': **a ~ licking** e-e gehörige Tracht Prügel; **9.** *ling.* Eigen…: **~ name** (*od.* **noun**) Eigenname *m*; '**prop·er·ly** [-lɪ] *adv.* **1.** richtig (*etc.* → **proper** 1, 2), passend, wie es sich gehört: **behave ~** sich (anständig) benehmen; **2.** genau: **~ speaking** eigentlich, streng genommen; **3.** F gründlich, ‚anständig', ‚tüchtig'.

prop·er·tied ['prɒpətɪd] *adj.* besitzend, begütert: **the ~ classes**.

prop·er·ty ['prɒpətɪ] *s.* **1.** Eigentum *n*, Besitz(tum *n*) *m*, Gut *n*, Vermögen *n*: **common ~** Gemeingut; **damage to ~** Sachschaden *m*; **law of ~** ⚖ Sachenrecht *n*; **left ~** Hinterlassenschaft *f*; **lost ~** Fundsache *f*; **man of ~** begüterter Mann; **personal ~** → **personalty**; **2.** *a.* **landed ~** (Grund-, Land)Besitz *m*, Grundstück *n*, Liegenschaft *f*, Lände'reien *pl.*; **3.** ⚖ Eigentum(srecht) *n*: **industrial ~** gewerbliches Schutzrecht; **intellectual ~** geistiges Eigentum; **literary ~** literarisches Eigentum, Urheberrecht; **4.** *mst pl. thea.* Requi'sit(en *pl.*) *n*; **5.** Eigenart *f*, -heit *f*; Merkmal *n*; **6.** *phys. etc.* Eigenschaft *f*, ⚙ *a.* Fähigkeit *f*: **~ of material** Werkstoffeigenschaft; **insulating ~** Isolationsvermögen *n*; **~ as·sets** *s. pl.* † Vermögenswerte *pl.*; **~ in·sur·ance** *s.* Sachversicherung *f*; **~ man** [mæn] *s.* [*irr.*] *thea.* Requisi'teur *m*; **~ mar·ket** *s.* Immo'bilienmarkt *m*; **~ tax** *s.* **1.** Vermögenssteuer *f*; **2.** Grundsteuer *f*.

proph·e·cy ['prɒfɪsɪ] *s.* Prophe'zeiung *f*, Weissagung *f*; '**proph·e·sy** [-saɪ] *v/t.* prophe'zeien, weis-, vor'aussagen (**s.th. for s.o.** j-m et.).

proph·et ['prɒfɪt] *s.* Pro'phet *m* (*a. fig.*): **the Major (Minor) ℒs** *bibl.* die großen (kleinen) Propheten; '**proph·et·ess** [-tɪs] *s.* Pro'phetin *f*; **pro·phet·ic**, **pro·phet·i·cal** [prə'fetɪk(l)] *adj.* □ pro'phetisch.

pro·phy·lac·tic [ˌprɒfɪ'læktɪk] **I** *adj. bsd.* ⚕ prophy'laktisch, vorbeugend, Vorbeugungs…, Schutz…; **II** *s.* ⚕ Prophy'laktikum *n*, vorbeugendes Mittel; *fig.* vorbeugende Maßnahme; ˌ**pro·phy'lax·is** [-ksɪs] *s.* ⚕ Prophy'laxe *f*, Präven'tivbeˌhandlung *f*, Vorbeugung *f*.

pro·pin·qui·ty [prə'pɪŋkwətɪ] *s.* **1.** Nähe *f*; **2.** nahe Verwandtschaft.

pro·pi·ti·ate [prə'pɪʃɪeɪt] *v/t.* versöhnen, besänftigen, günstig stimmen; **pro·pi·ti·a·tion** [prəˌpɪʃɪ'eɪʃn] *s.* **1.** Versöhnung *f*; Besänftigung *f*; **2.** *obs.* (Sühn-) Opfer *n*, Sühne *f*; **pro'pi·ti·a·to·ry** [-ɪətərɪ] *adj.* □ versöhnend, sühnend, Sühn…

pro·pi·tious [prə'pɪʃəs] *adj.* □ **1.** günstig, vorteilhaft (**to** für); **2.** gnädig, geneigt.

'**prop·jet** *s.* ✈ **1.** *a.* **~ engine** Pro'pellerturˌbine(n-Triebwerk *n*) *f*; **2.** *a.* **~ plane** Flugzeug *n* mit Pro'pellerturˌbine(n).

pro·po·nent [prə'pəʊnənt] *s.* **1.** Vorschlagende(r *m*) *f*; *fig.* Befürworter(in); **2.** ⚖ präsum'tiver Testa'mentserbe.

pro·por·tion [prə'pɔ:ʃn] **I** *s.* **1.** (richtiges) Verhältnis; Gleich-, Ebenmaß *n*; *pl.* (Aus)Maße *pl.*, Größenverhältnisse *pl.*, Dimensi'onen *pl.*, Proporti'onen *pl.*: **in ~ as** in dem Maße wie, je nachdem wie; **in ~ to** im Verhältnis zu; **be out of (all) ~ to** in keinem Verhältnis stehen zu; ***sense of ~*** *fig.* Augenmaß *n*; **2.** *fig.* a) Ausmaß *n*, Größe *f*, Umfang *m*, b) Symmet'rie *f*, Harmo'nie *f*; **3.** Ⱥ, ⌂ Proporti'on *f*; **4.** Ⱥ a) Dreisatz(rechnung *f*) *m*, *obs.* Regelde'tri *f*, b) *a.* ***geometric ~*** Verhältnisgleichheit *f*; **5.** Anteil *m*, Teil *m*: ***in ~*** anteilig; **II** *v/t.* **6.** (***to***) in das richtige Verhältnis bringen (mit, zu), anpassen (*dat.*); **7.** verhältnismäßig verteilen; **8.** proportionieren, bemessen; **9.** sym'metrisch gestalten: ***well-~d*** ebenmäßig, wohlgestaltet; **pro'por·tion·al** [-ʃənl] **I** *adj.* □ **1.** proportio'nal, verhältnismäßig; anteilmäßig: ***~ numbers*** Ⱥ Proportionalzahlen *pl.*; ***~ representation*** *pol.* Verhältniswahl(system *n*) *f*; **2.** → ***proportionate***; **II** *s.* **3.** Ⱥ Proportio'nale *f*; **pro'por·tion·ate** [-ʃnət] *adj.* □ (***to***) im richtigen Verhältnis (stehend) (zu), angemessen (*dat.*), entsprechend (*dat.*): ***~ share*** † Verhältnisanteil *m*, anteilmäßige Befriedigung.

pro·pos·al [prə'pəuzl] *s.* **1.** Vorschlag *m*, (*a.* †, *a. Friedens*)Angebot *n*, (*a.* Heirats)Antrag *m*; **2.** Plan *m*; **pro·pose** [prə'pəuz] **I** *v/t.* **1.** vorschlagen (***s.th. to s.o.*** j-m et., ***s.o. for*** j-n zu *od.* als); **2.** *Antrag* stellen; *Resolution* einbringen; *Mißtrauensvotum* stellen *od.* beantragen; **3.** *Rätsel* aufgeben; *Frage* stellen; **4.** beabsichtigen, sich vornehmen; **5.** e-n Toast ausbringen auf (*acc.*), auf *et.* trinken; **II** *v/i.* **6.** beabsichtigen, vorhaben; planen: ***man ~s (but) God disposes*** der Mensch denkt, Gott lenkt; **7.** e-n Heiratsantrag machen (***to*** *dat.*), anhalten (***for*** um *j-n*, *j-s Hand*); **pro'pos·er** [-zə] *s. pol.* Antragsteller *m*; **prop·o·si·tion** [ˌprɒpə'zɪʃn] **I** *s.* **1.** Vorschlag *m*, Antrag *m*; **2.** (vorgeschlagener) Plan, Pro'jekt *n*; **3.** † Angebot *n*; **4.** Behauptung *f*; **5.** F a) Sache *f*, b) Geschäft *n*: ***an easy ~*** ‚kleine Fische', Kleinigkeit *f*; **6.** *phls.* Satz *m*; **7.** Ⱥ (Lehr)Satz *m*; **II** *v/t.* **8.** *j-m* e-n Vorschlag machen; **9.** *e-m Mädchen* e-n unsittlichen Antrag machen.

pro·pound [prə'paund] *v/t.* **1.** *Frage etc.* vorlegen, -tragen (***to*** *dat.*); **2.** vorschlagen; **3.** ***~ a will*** ⚖ auf Anerkennung e-s Testaments klagen.

pro·pri·e·tar·y [prə'praɪətərɪ] **I** *adj.* **1.** Eigentums…(*-recht etc.*), Vermögens…; **2.** Eigentümer…, Besitzer…: ***~ company*** † a) *Am.* Holding-, Dachgesellschaft *f*, b) *Brit.* Familiengesellschaft *f*; ***the ~ classes*** die besitzenden Schichten; **3.** gesetzlich geschützt (*Arznei*, *Ware*): ***~ article*** Markenartikel *m*; ***~ name*** Markenbezeichnung *f*; **II** *s.* **4.** Eigentümer *m od. pl.*; **5.** ⚕ a) medi'zinischer 'Markenarˌtikel, b) nicht re'zeptpflichtiges Medika'ment; **pro·pri·e·tor** [prə'praɪətə] *s.* Eigentümer *m*, Besitzer *m*, (Geschäfts)Inhaber *m*, Anteilseigner *m*, Gesellschafter *m*: ***~s' capital*** Eigenkapital *n e-r Gesellschaft*; ***sole ~*** a) Alleininhaber(in), b) † *Am.* Einzelkaufmann *m*; **pro'pri·e·tor·ship** [-təʃɪp] *s.* **1.** Eigentum(srecht) *n* (***in*** an *dat.*); **2.** Verlagsrecht *n*; **3.** *Bilanz*: 'Eigenkapiˌtal *n*; **4.** ***sole ~*** a) al'leiniges Eigentumsrecht, b) † *Am.* 'Einzelunterˌnehmen *n*; **pro'pri·e·tress** [-trɪs] *s.* Eigentümerin *f etc.*; **pro'pri·e·ty** [-tɪ] *s.* **1.** Schicklichkeit *f*, Anstand *m*; **2.** *pl.* Anstandsformen *pl.*; **3.** Angemessenheit *f*, Richtigkeit *f*.

props [prɒps] *s. pl. thea. sl.* **1.** Requi'siten *pl.*; **2.** *sg. konstr.* Requisi'teur *m*.

pro·pul·sion [prə'pʌlʃn] *s.* **1.** ⚙ Antrieb *m* (*a. fig.*), Antriebskraft *f*: ***~ nozzle*** Rückstoßdüse *f*; **2.** Fortbewegung *f*; **pro'pul·sive** [-lsɪv] *adj.* (an-, vorwärts-) treibend (*a. fig.*): ***~ force*** Triebkraft *f*; ***~ jet*** Treibstrahl *m*.

pro ra·ta [ˌprəʊ'rɑːtə] (*Lat.*) *adj. u. adv.* verhältnis-, anteilmäßig, pro 'rata; **pro·rate** ['prəʊreɪt] *Am v/t.* anteilmäßig ver-, aufteilen.

pro·ro·ga·tion [ˌprəʊrə'geɪʃn] *s. pol.* Vertagung *f*; **pro·rogue** [prə'rəʊg] *v/t. u. v/i.* (sich) vertagen.

pro·sa·ic [prəʊ'zeɪɪk] *adj.* (□ ***~ally***) *fig.* pro'saisch: a) all'täglich, b) nüchtern, trocken, c) langweilig.

pro·sce·ni·um [prəʊ'siːnjəm] *pl.* **-ni·a** [-njə] *s. thea.* Pro'szenium *n*.

pro·scribe [prəʊ'skraɪb] *v/t.* **1.** ächten, für vogelfrei erklären; **2.** *mst fig.* verbannen; **3.** *fig.* a) verurteilen, b) verbieten; **pro'scrip·tion** [-'skrɪpʃn] *s.* **1.** Ächtung *f*, Acht *f*, Proskripti'on *f* (*mst hist.*); **2.** Verbannung *f*; **3.** *fig.* Verurteilung *f*, Verbot *n*; **pro'scrip·tive** [-'skrɪptɪv] *adj.* □ **1.** Ächtungs…, ächtend; **2.** verbietend, Verbots…

prose [prəʊz] **I** *s.* **1.** Prosa *f*; **2.** *fig.* Prosa *f*, Nüchternheit *f*, All'täglichkeit *f*; **3.** *ped.* Über'setzung *f in die Fremdsprache*; **II** *adj.* **4.** Prosa…: ***~ writer*** Prosaschriftsteller(in); **5.** *fig.* pro'saisch; **III** *v/t. u. v/i.* **6.** in Prosa schreiben; **7.** langweilig erzählen.

pros·e·cute ['prɒsɪkjuːt] **I** *v/t.* **1.** *Plan etc.* verfolgen, weiterführen: ***~ an action*** ⚖ e-n Prozeß führen; **2.** *Gewerbe*, *Studien etc.* betreiben; **3.** *Untersuchung* 'durchführen; **4.** ⚖ a) strafrechtlich verfolgen, b) gerichtlich verfolgen, belangen, anklagen (***for*** wegen), c) *Forderung* einklagen; **II** *v/i.* **5.** gerichtlich vorgehen; **6.** ⚖ als Kläger auftreten, die Anklage vertreten: ***prosecuting counsel*** (*Am.* ***attorney***) → ***prosecutor***; **pros·e·cu·tion** [ˌprɒsɪ'kjuːʃn] *s.* **1.** Verfolgung *f*, Fortsetzung *f*, 'Durchführung *f e-s Plans etc.*; **2.** Betreiben *n e-s Gewerbes etc.*; **3.** ⚖ a) strafrechtliche Verfolgung, Strafverfolgung *f*, b) Einklagen *n e-r Forderung etc.*: ***liable to ~*** strafbar; ***Director of Public ≈s*** Leiter *m* der Anklagebehörde; **4. *the ~*** ⚖ die Staatsanwaltschaft, die Anklage(behörde); → ***witness*** 1; **'pros·e·cu·tor** [-tə] *s.* ⚖ (An)Kläger *m*, Anklagevertreter *m*: ***public ~*** Staatsanwalt *m*.

pros·e·lyte ['prɒsɪlaɪt] *s. eccl.* Prose'lyt (-in), Konver'tit(in), *a. fig.* Neubekehrte(r *m*) *f*; **'pros·e·lyt·ism** [-lɪtɪzəm] *s.* Prosely'tismus *m*: a) Bekehrungseifer *m*, b) Prose'lytentum *n*; **'pros·e·lyt·ize** [-lɪtaɪz] **I** *v/t.* (***to***) bekehren (zu), *fig. a.* gewinnen (für); **II** *v/i.* Anhänger gewinnen.

pros·i·ness ['prəʊzɪnɪs] *s.* **1.** Eintönigkeit *f*, Langweiligkeit *f*; **2.** Weitschweifigkeit *f*.

pros·o·dy ['prɒsədɪ] *s.* Proso'die *f* (*Silbenmessungslehre*).

pros·pect **I** *s.* ['prɒspekt] **1.** (Aus)Sicht *f*, (-)Blick *m* (***of*** auf *acc.*); **2.** *fig.* Aussicht *f*: ***hold out a ~ of*** *et.* in Aussicht stellen; ***have s.th. in ~*** auf et. Aussicht haben, et. in Aussicht haben; **3.** *fig.* Vor('aus)schau *f* (***of*** auf *acc.*); **4.** † *etc.* Interes'sent *m*, Reflek'tant *m*; † möglicher Kunde; **5.** ⚒ a) (*Erz- etc.*) Anzeichen *n*, b) Schürfprobe *f*, c) Schürfstelle *f*; **II** *v/t.* [prə'spekt] **6.** *Gebiet* durch'forschen, unter'suchen (***for*** nach *Gold etc.*); **III** *v/i.* [prə'spekt] **7.** (***for***) ⚒ suchen (nach, *a. fig.*), schürfen (nach); (nach *Öl*) bohren; **pro·spec·tive** [prə'spektɪv] *adj.* □ **1.** (zu)künftig, vor'aussichtlich, in Aussicht stehend, potenti'ell: ***~ buyer*** Kaufinteressent *m*, potentieller Käufer; **2.** *fig.* vor'ausschauend; **pros·pec·tor** [prə'spektə] *s.* Pro'spektor *m*, Schürfer *m*, Goldsucher *m*; **pro·spec·tus** [prə'spektəs] *s.* Pro'spekt *m*: a) Werbeschrift *f*, b) † Subskripti'onsanzeige *f*, c) *Brit.* 'Schulproˌspekt *m*.

pros·per ['prɒspə] **I** *v/i.* Erfolg haben (***in*** bei); gedeihen, florieren, blühen (*Unternehmen etc.*); **II** *v/t.* begünstigen, *j-m* hold *od.* gewogen sein; segnen, *j-m* gnädig sein (*Gott*); **pros·per·i·ty** [prɒ'sperətɪ] *s.* **1.** Wohlstand *m* (*a.* †), Gedeihen *n*, Glück *n*; **2.** † Prosperi'tät *f*, Blüte(zeit) *f*, (*a.* ***peak ~*** 'Hoch)Konjunkˌtur *f*; **'pros·per·ous** [-pərəs] *adj.* □ **1.** gedeihend, blühend, erfolgreich, glücklich; **2.** wohlhabend, Wohlstands…; **3.** günstig (*Wind etc.*).

pros·tate (gland) ['prɒsteɪt] *s. anat.* Prostata *f*, Vorsteherdrüse *f*.

pros·the·sis ['prɒsθɪsɪs] *pl.* **-ses** [-siːz] *s.* **1.** ⚕ Pro'these *f*, künstliches Glied; **2.** ⚕ Anfertigung *f* e-r Pro'these; **3.** *ling.* Pros'these *f* (*Vorsetzen e-s Buchstabens od. e-r Silbe vor ein Wort*).

pros·ti·tute ['prɒstɪtjuːt] **I** *s.* **1.** a) Prostituierte *f*, b) *a.* ***male ~*** Strichjunge *m*; **II** *v/t.* **2.** prostituieren: ***to ~ o.s.*** sich prostituieren *od.* verkaufen (*a. fig.*); **3.** *fig.* (für ehrlose Zwecke) her-, preisgeben, entwürdigen, *Talente etc.* wegwerfen; **pros·ti·tu·tion** [prɒstɪ'tjuːʃn] *s.* **1.** Prostituti'on *f*; **2.** *fig.* Her'ab-, Entwürdigung *f*.

pros·trate **I** *v/t.* [prɒ'streɪt] **1.** zu Boden werfen *od.* strecken, niederwerfen; **2.** ***~ o.s.*** *fig.* sich in den Staub werfen, sich demütigen (***before*** vor); **3.** entkräften, erschöpfen; *fig.* niederschmettern; **II** *adj.* ['prɒstreɪt] **4.** hingestreckt; **5.** *fig.* erschöpft (***with*** vor *dat.*), da'niederliegend, kraftlos; *weitS.* gebrochen (***with grief*** vom Gram); **6.** *fig.* a) demütig, b) fußfällig, im Staube liegend; **pros'tra·tion** [-eɪʃn] *s.* **1.** Fußfall *m* (*a. fig.*); **2.** *fig.* Niederwerfung *f*; Demütigung *f*; **3.** Erschöpfung, Entkräftung *f*; **4.** *fig.* Niedergeschlagenheit *f*.

pros·y ['prəʊzɪ] *adj.* □ **1.** langweilig, weitschweifig; **2.** nüchtern, pro'saisch.

pro·tag·o·nist [prəʊ'tægənɪst] *s.* **1.** *thea.* 'Hauptfiˌgur *f*, Held(in), Träger(in) der Handlung; **2.** *fig.* Vorkämpfer(in).

pro·te·an [prəʊ'tiːən] *adj.* **1.** *fig.* pro'teisch, vielgestaltig; **2.** *zo.* a'möbenartig: ***~ animalcule*** Amöbe *f*.

pro·tect [prə'tekt] *v/t.* **1.** (be)schützen (***from*** vor *dat.*, ***against*** gegen): ***~ interests*** Interessen wahren; **2.** † (durch Zölle) schützen; **3.** † a) *Sichtwechsel* honorieren, einlösen, b) *Wechsel mit Laufzeit* schützen; **4.** ⚙ (ab)sichern, abschirmen; *weitS.* schonen: **~ed against corrosion** korrosionsgeschützt; **~ed motor** ⚡ geschützter Motor; **5.** ⚔ (taktisch) sichern, abschirmen; **6.** *Schach*: *Figur* decken; **pro'tec·tion** [-kʃn] *s.* **1.** Schutz *m*, Beschützung *f* (**from** vor *dat.*); Sicherheit *f*: **~ of interests** Interessenwahrung *f*; (**legal**) **~ of registered designs** ⚖ Gebrauchsmusterschutz *m*; **~ of industrial property** gewerblicher Rechtsschutz; **2.** ✝ Wirtschaftsschutz *m*, 'Schutzzoll (-poli,tik *f*, -sy,stem *n*) *m*; **3.** ✝ Honorierung *f e-s Wechsels*: **find due ~** honoriert werden; **4.** Protekti'on *f*, Gönnerschaft *f*, Förderung *f*: **~** (**money**) *Am.* ‚Schutzgebühr' *f*; **5.** ⚙ Schutz *m*, Abschirmung *f*; **pro'tec·tion·ism** [-kʃənɪzəm] *s.* ✝ 'Schutzzollpoli,tik *f*; **pro'tec·tion·ist** [-kʃənɪst] **I** *s.* **1.** Protektio'nist *m*, Verfechter *m* der Schutzzollpolitik; **2.** Na'turschützer *m*; **II** *adj.* **3.** protektio'nistisch, Schutzzoll...; **pro'tec·tive** [-tɪv] *adj.* □ **1.** (be)schützend, schutzgewährend, Schutz...: **~ conveyance** ⚖ Sicherungsübereignung *f*; **~ custody** ⚖ Schutzhaft *f*; **~ duty** ✝ Schutzzoll *m*; **~ goggles** Schutzbrille *f*; **2.** ✝ Schutzzoll...; **3.** beschützerisch; **pro'tec·tor** [-tə] *s.* **1.** Beschützer *m*, Schutz-, Schirmherr *m*, Gönner *m*; **2.** ⚙ *etc.* Schutz(vorrichtung *f*, -mittel *n*) *m*, Schützer *m*, Schoner *m*; **3.** *hist.* Pro'tektor *m*, Reichsverweser *m*; **pro'tec·tor·ate** [-tərət] *s.* Protekto'rat *n*: a) Schutzherrschaft *f*, b) Schutzgebiet *n*; **pro'tec·tress** [-trɪs] *s.* Beschützerin *f*, Schutz-, Schirmherrin *f*.

pro·té·gé ['prəʊteʒeɪ] (*Fr.*) *s.* Schützling *m*, Prote'gé *m*.

pro·te·in ['prəʊti:n] *s. biol.* Prote'in *n*, Eiweiß(körper *m od. pl.*) *n*.

pro·test I *s.* ['prəʊtest] **1.** Pro'test *m*, Ein-, 'Widerspruch *m*: **in ~**, **as a ~** aus (*od.* als) Protest; **enter** (*od.* **lodge**) **a ~** Protest erheben *od.* Verwahrung einlegen (**with** bei); **accept under ~** unter Vorbehalt *od.* Protest annehmen; **2.** ✝, ⚖ ('Wechsel)Pro,test *m*; **3.** ⚓, ⚖ 'Seepro,test *m*, Verklarung *f*; **II** *v/i.* [prə'test] **4.** protestieren, Verwahrung einlegen, sich verwahren (**against** gegen); **III** *v/t.* [prə'test] **5.** protestieren gegen, reklamieren; **6.** beteuern (**s.th.** et., **that** daß): **~ one's loyalty**; **7.** ✝ *Wechsel* protestieren: **have a bill ~ed** e-n Wechsel zu Protest gehen lassen.

Prot·es·tant ['prɒtɪstənt] **I** *s.* Prote'stant (-in); **II** *adj.* prote'stantisch; **'Prot·es·tant·ism** [-tɪzəm] *s.* Protestan'tismus *m*.

prot·es·ta·tion [,prəʊte'steɪʃn] *s.* **1.** Beteuerung *f*; **2.** Pro'test *m*.

pro·to·col ['prəʊtəkɒl] **I** *s.* **1.** (Ver'handlungs)Proto,koll *n*; **2.** *pol.* Proto'koll *n*: a) *diplomatische Etikette*, b) *kleineres Vertragswerk*; **3.** *pol.* Einleitungs- u. Schlußformeln *pl. e-r Urkunde etc.*; **II** *v/t. u. v/i.* **4.** protokollieren.

pro·ton ['prəʊtɒn] *s. phys.* Proton *n*.

pro·to·plasm ['prəʊtəʊplæzəm] *s. biol.* **1.** Proto'plasma *n* (*Zellsubstanz*); **2.** Urschleim *m*; **'pro·to·plast** [-plæst] *s. biol.* Proto'plast *m*.

pro·to·type ['prəʊtəʊtaɪp] *s.* Proto'typ *m* (*a. biol.*): a) Urbild *n*, -typ *m*, -form *f*, b) (Ur)Muster *n*; ⚙ ('Richt)Mo,dell *n*, Ausgangsbautyp *m*.

pro·to·zo·on [,prəʊtəʊ'zəʊən] *pl.* **-'zo·a** [-'zəʊə] *s. zo.* Proto'zoon *n*, Urtierchen *n*, Einzeller *m*.

pro·tract [prə'trækt] *v/t.* **1.** in die Länge (*od.* hinaus)ziehen, verschleppen: **~ed illness** langwierige Krankheit; **~ed defence** ⚔ hinhaltende Verteidigung; **2.** ⚒ mit e-m Winkelmesser *od.* maßstabsgetreu zeichnen *od.* auftragen; **pro'trac·tion** [-kʃn] *s.* **1.** Hin'ausschieben *n*, -ziehen *n*, Verschleppen *n* (*a.* ⚕); **2.** ⚒ maßstabsgetreue Zeichnung; **pro'trac·tor** [-tə] *s.* **1.** ⚒ Transpor'teur *m*, Gradbogen *m*, Winkelmesser *m*; **2.** *anat.* Streckmuskel *m*.

pro·trude [prə'tru:d] **I** *v/i.* her'aus-, (her)'vorstehen, -ragen, -treten; **II** *v/t.* her'ausstrecken, (her)'vortreten lassen; **pro'tru·sion** [-u:ʒn] *s.* **1.** Her'vorstehen *n*, -treten *n*, Vorspringen *n*; **2.** Vorwölbung *f*, (her)'vorstehender Teil; **pro'tru·sive** [-u:sɪv] *adj.* □ vorstehend, her'vortretend.

pro·tu·ber·ance [prə'tju:bərəns] *s.* **1.** Auswuchs *m*, Beule *f*, Höcker *m*; **2.** *ast.* Protube'ranz *f*; **3.** (Her)'Vortreten *n*, -stehen *n*; **pro'tu·ber·ant** [-nt] *adj.* □ (her)'vorstehend, -tretend, -quellend (*a. Augen*).

proud [praʊd] **I** *adj.* □ **1.** stolz (**of** auf *acc.*, **to** *inf.* zu *inf.*): **a ~ day** *fig.* ein stolzer Tag *für uns etc.*; **2.** hochmütig, eingebildet; **3.** *fig.* stolz, prächtig; **4. ~ flesh** ⚕ wildes Fleisch; **II** *adv.* **5.** F stolz: **do s.o. ~** a) j-m große Ehre erweisen, b) j-n königlich bewirten; **do o.s. ~** a) stolz auf sich sein können, b) es sich gutgehen lassen.

prov·a·ble ['pru:vəbl] *adj.* □ be-, nachweisbar, erweislich; **prove** [pru:v] **I** *v/t.* **1.** er-, nach-, beweisen, **2.** ⚖ *Testament* bestätigen (lassen); **3.** bekunden, unter Beweis stellen, zeigen; **4.** (*a.* ⚙) prüfen, erproben: **a ~d remedy** ein erprobtes *od.* bewährtes Mittel; **~ o.s.** a) sich bewähren, b) sich erweisen als; → **proving** 1; **5.** ⚒ die Probe machen auf (*acc.*); **II** *v/i.* **6.** sich her'ausstellen *od.* erweisen (als): **he will ~** (**to be**) **the heir** es wird sich herausstellen, daß er der Erbe ist; **~ true** (**false**) a) sich als richtig (falsch) herausstellen, b) sich (nicht) bestätigen (*Voraussage etc.*); **7.** ausfallen, sich ergeben; **'prov·en** [-vən] *adj.* be-, erwiesen, nachgewiesen; *fig.* bewährt.

prov·e·nance ['prɒvənəns] *s.* Herkunft *f*, Ursprung *m*, Proveni'enz *f*.

prov·en·der ['prɒvɪndə] *s.* **1.** ⚘ (Trokken)Futter *n*; **2.** F *humor.* ‚Futter' *n* (*Lebensmittel*).

prov·erb ['prɒvɜ:b] **1.** *s.* Sprichwort *n*: **he is a ~ for shrewdness** s-e Schläue ist sprichwörtlich (*b.s.* berüchtigt); **2.** (**The Book of**) **ℒs** *pl. bibl.* die Sprüche *pl.* (Salo'monis); **pro·ver·bi·al** [prə'vɜ:bjəl] *adj.* □ sprichwörtlich (*a. fig.*).

pro·vide [prə'vaɪd] **I** *v/t.* **1.** versehen, -sorgen, ausstatten, beliefern (**with** mit); **2.** ver-, beschaffen, besorgen, liefern; zur Verfügung (*od.* bereit)stellen; *Gelegenheit* schaffen; **3.** ⚖ vorsehen, -schreiben, bestimmen (*a. Gesetze, Vertrag etc.*); **II** *v/i.* **4.** Vorsorge *od.* Vorkehrungen treffen, vorsorgen, sich sichern (**against** vor *dat.*, gegen): **~ against** a) sich schützen vor (*dat.*), b) *et.* unmöglich machen, verhindern; **~ for** a) sorgen für (*j-s Lebensunterhalt*), b) *Maßnahmen* vorsehen, *e-r Sache* Rechnung tragen, *Bedürfnisse* befriedigen, *Gelder etc.* bereitstellen; **5.** ⚖ den Vorbehalt machen (**that** daß): **unless otherwise ~d** sofern nichts Gegenteiliges bestimmt ist; **providing** (**that**) → **pro'vid·ed** [-dɪd] *cj. a.* **~ that 1.** vor'ausgesetzt (daß), unter der Bedingung, daß; **2.** wenn, so'fern.

prov·i·dence ['prɒvɪdəns] *s.* **1.** (göttliche) Vorsehung; **2. the ℒ** die Vorsehung, Gott *m*; **3.** Vorsorge *f*, (weise) Vor'aussicht; **'prov·i·dent** [-nt] *adj.* □ **1.** vor'ausblickend, vor-, fürsorglich: **~ bank** Sparkasse *f*; **~ fund** Unterstützungskasse *f*; **~ society** Versicherungsverein *m* auf Gegenseitigkeit; **2.** haushälterisch, sparsam; **prov·i·den·tial** [,prɒvɪ'denʃl] *adj.* □ **1.** schicksalhaft; **2.** glücklich, gnädig (*Geschick etc.*).

pro·vid·er [prə'vaɪdə] *s.* **1.** Versorger (-in), Ernährer *m*: **good ~** F treusorgende(r) Mutter (Vater); **2.** Liefe'rant *m*.

prov·ince ['prɒvɪns] *s.* **1.** Pro'vinz *f* (*a. Ggs. Stadt*), Bezirk *m*; **2.** *fig.* a) (Wissens)Gebiet *n*, Fach *n*, b) (Aufgaben-) Bereich *m*, Amt *n*: **it is not within my ~** a) es schlägt nicht in mein Fach, b) es ist nicht m-s Amtes (**to** *inf.* zu *inf.*).

pro·vin·cial [prə'vɪnʃl] **I** *adj.* □ **1.** Provinz..., provinzi'ell (*a. fig. engstirnig, spießbürgerlich*): **~ town**; **2.** provinzi'ell, ländlich, kleinstädtisch; **3.** *fig. contp.* pro'vinzlerisch (*ungebildet, plump*); **II** *s.* **4.** Pro'vinzbewohner(in); *contp.* Pro'vinzler(in); **pro'vin·cial·ism** [-ʃəlɪzəm] *s.* Provinzia'lismus *m* (*a. mundartlicher Ausdruck, a. contp. Kleingeisterei, Lokalpatriotismus, Plumpheit*); *contp.* Pro'vinzlertum *n*.

prov·ing ['pru:vɪŋ] *s.* **1.** Prüfen *n*, Erprobung *f*: **~ flight** Probe-, Erprobungsflug *m*; **~ ground** Versuchsgelände *n*; **2. ~ of a will** ⚖ Eröffnung *f* u. Bestätigung *f e-s* Testaments.

pro·vi·sion [prə'vɪʒn] **I** *s.* **1.** a) Vorkehrung *f*, -sorge *f*, Maßnahme *f*, b) Vor-, Einrichtung *f*: **make ~** sorgen *od.* Vorkehrungen treffen (**for** für), sich schützen (**against** vor *dat. od.* gegen); **2.** ⚖ Bestimmung *f*, Vorschrift *f*: **come within the ~s of the law** unter die gesetzlichen Bestimmungen fallen; **3.** ⚖ Bedingung *f*, Vorbehalt *m*; **4.** Beschaffung *f*, Besorgung *f*, Bereitstellung *f*; **5.** *pl.* (Lebensmittel)Vorräte *pl.*, Vorrat *m* (**of** an *dat.*), Nahrungsmittel *pl.*, Provi'ant *m*: **~s dealer** (*od.* **merchant**) Lebensmittel-, Feinkosthändler *m*; **~s industry** Nahrungsmittelindustrie *f*; **6.** *oft pl.* Rückstellungen *pl.*, -lagen *pl.*, Re'serven *pl.*: **~ for taxes** Steuerrückstellungen *pl.*; **II** *v/t.* **7.** mit Lebensmitteln versehen, verproviantieren; **pro'vi·sion·al** [-ʒənl] *adj.* □ provi'sorisch, einstweilig, behelfsmäßig: **~ agreement** Vorvertrag *m*; **~ arrangement** Provisorium *n*; **~ receipt** Interimsquittung *f*; **~ regulations** Übergangsbestimmungen; **~ result** *sport* vorläufiges *od.* inoffizielles Endergebnis.

pro·vi·so [prə'vaɪzəʊ] *s.* ⚖ Vorbehalt *m*, (Bedingungs)Klausel *f*, Bedingung *f*: **~ clause** Vorbehaltsklausel *f*; **pro'vi·so-**

ry [-zərɪ] *adj.* ☐ **1.** bedingend, bedingt, vorbehaltlich; **2.** provi'sorisch, vorläufig.

pro·vo ['prəʊvəʊ] *s. Mitglied der provisorischen irisch-republikanischen Armee.*

prov·o·ca·tion [ˌprɒvə'keɪʃn] *s.* **1.** Her'ausforderung *f*, Provokati'on *f* (*a.* ⚖); **2.** Aufreizung *f*, Erregung *f*; **3.** Verärgerung *f*, Ärger *m*: ***at the slightest ~*** beim geringsten Anlaß; **pro·voc·a·tive** [prə'vɒkətɪv] **I** *adj.* (*a.* zum 'Widerspruch) her'ausfordernd, aufreizend (***of*** zu), provozierend; **II** *s.* Reiz(mittel *n*) *m*, Antrieb *m* (***of*** zu).

pro·voke [prə'vəʊk] *v/t.* provozieren: a) erzürnen, aufbringen, b) *et.* her'vorrufen, *Gefühl a.* erregen, c) *j-n* (auf)reizen, her'ausfordern: ***~ s.o. to do s.th.*** j-n dazu bewegen, et. zu tun; **pro'vok·ing** [-kɪŋ] *adj.* ☐ **1.** → ***provocative*** I; **2.** unerträglich, unausstehlich.

prov·ost ['prɒvəst] *s.* **1.** Vorsteher *m* (*a. univ. Brit. e-s College*); **2.** *Scot.* Bürgermeister *m*; **3.** *eccl.* Propst *m*; **4.** [prə'vəʊ] ⚔ Pro'fos *m*, Offi'zier *m* der Mili'tärpoliˌzei; **~ mar·shal** [prə'vəʊ] *s.* ⚔ Komman'deur *m* der Mili'tärpoliˌzei.

prow [praʊ] *s.* ⚓, ✈ Bug *m*.

prow·ess ['praʊɪs] *s.* **1.** Tapferkeit *f*, Kühnheit *f*; **2.** über'ragendes Können, Tüchtigkeit *f*.

prowl [praʊl] **I** *v/i.* um'herschleichen, -streichen; **II** *v/t.* durch'streifen; **III** *s.* Um'herstreifen *n*, Streife *f*: ***be on the ~*** → I; **~ *car*** *Am.* (Polizei)Streifenwagen *m*; **'prowl·er** [-lə] *s.* Her'umtreiber *m*.

prox·i·mal ['prɒksɪml] *adj.* ☐ *anat.* proxi'mal, körpernah; **'prox·i·mate** [-mət] *adj.* ☐ **1.** nächst, folgend, (sich) unmittelbar (anschließend): ***~ cause*** unmittelbare Ursache; **2.** naheliegend; **3.** annähernd; **prox·im·i·ty** [prɒk'sɪmətɪ] *s.* Nähe *f*: ***~ fuse*** ⚔ Annäherungszünder *m*; **'prox·i·mo** [-məʊ] *adv.* (des) nächsten Monats.

prox·y ['prɒksɪ] *s.* **1.** (Stell)Vertretung *f*, (Handlungs)Vollmacht *f*: ***by ~*** in Vertretung (→ 2); ***marriage by ~*** Ferntrauung *f*; **2.** (Stell)Vertreter(in), Bevollmächtigte(r *m*) *f*: ***by ~*** durch e-n Bevollmächtigten; ***stand ~ for s.o.*** als Stellvertreter fungieren für j-n; **3.** Vollmacht(surkunde) *f*.

prude [pru:d] *s.* prüder Mensch: ***be a ~*** prüde sein.

pru·dence ['pru:dəns] *s.* **1.** Klugheit *f*, Vernunft *f*; **2.** 'Um-, Vorsicht *f*, Über'legtheit *f*: ***ordinary ~*** ⚖ die im Verkehr erforderliche Sorgfalt; **'pru·dent** [-nt] *adj.* ☐ **1.** klug, vernünftig; **2.** 'um-, vorsichtig, besonnen; **pru·den·tial** [prʊ'denʃl] *adj.* ☐ a) → ***prudent***, b) sachverständig: ***for ~ reasons*** aus Gründen praktischer Überlegung.

prud·er·y ['pru:dərɪ] *s.* Prüde'rie *f*; **'prud·ish** [-dɪʃ] *adj.* ☐ prüde.

prune¹ [pru:n] *s.* **1.** (*a.* Back)Pflaume *f*; **2.** *sl.* ‚Blödmann' *m*.

prune² [pru:n] *v/t.* **1.** *Bäume etc.* (aus-) putzen, beschneiden; **2.** *a.* ***~ off, ~ away*** wegschneiden; **3.** *fig.* zu('recht-) stutzen, befreien (***of*** von), säubern, *Text etc.* zs.-streichen, straffen, kürzen, *Überflüssiges* entfernen.

pru·nel·la¹ [prʊ'nelə] *s.* ✝ Pru'nell *m*, Lasting *m* (*Gewebe*).

pru·nel·la² [prʊ'nelə] *s.* ⚕ *obs.* Halsbräune *f*.

pru·nelle [prʊ'nel] *s.* Prü'nelle *f* (*getrocknete entkernte Pflaume*).

pru·nel·lo [prʊ'neləʊ] → ***prunelle***.

prun·ing| knife ['pru:nɪŋ] *s.* [*irr.*] Gartenmesser *n*; **~ shears** *s. pl.* Baumschere *f*.

pru·ri·ence ['prʊərɪəns], **'pru·ri·en·cy** [-sɪ] *s.* **1.** Geilheit *f*, Lüsternheit *f*; (Sinnen)Kitzel *m*; **2.** Gier *f* (***for*** nach); **'pru·ri·ent** [-nt] *adj.* ☐ geil, lüstern, las'ziv.

Prus·sian ['prʌʃn] **I** *adj.* preußisch; **II** *s.* Preuße *m*, Preußin *f*; **~ blue** *s.* Preußischblau *n*.

prus·si·ate ['prʌʃɪət] *s.* ⚗ Prussi'at *n*; **~ of pot·ash** *s.* ⚗ 'Kaliumferrocyaˌnid *n*.

prus·sic ac·id ['prʌsɪk] *s.* ⚗ Blausäure *f*, Zy'anwasserstoff(säure *f*) *m*.

pry¹ [praɪ] *v/i.* neugierig gucken *od.* sein, (***about*** her'um)spähen, (-)schnüffeln: ***~ into*** a) *et.* zu erforschen suchen, b) *contp.* s-e Nase stecken in (*acc.*).

pry² [praɪ] **I** *v/t.* **1.** *a.* ***~ open*** *mit e-m Hebel etc.* aufbrechen, -stemmen: ***~ up*** hochstemmen, -heben; **2.** *fig.* her'ausholen; **II** *s.* **3.** Hebel *m*; Brecheisen *n*; **4.** Hebelwirkung *f*.

pry·ing ['praɪɪŋ] *adj.* ☐ neugierig, naseweis.

psalm [sɑ:m] *s.* Psalm *m*: ***the (Book of) 2s*** *bibl.* die Psalmen; **'psalm·ist** [-mɪst] *s.* Psal'mist *m*; **psal·mo·dy** ['sælmədɪ] *s.* **1.** Psalmo'die *f*, Psalmengesang *m*; **2.** Psalmen *pl*.

Psal·ter ['sɔ:ltə] *s.* Psalter *m*, (Buch *n* der) Psalmen *pl.*; **psal·te·ri·um** [sɔ:l'tɪərɪəm] *pl.* **-ri·a** [-rɪə] *s. zo.* Blättermagen *m*.

pse·phol·o·gy [pse'fɒlədʒɪ] *s.* (wissenschaftliche) Ana'lyse von Wahlergebnissen u. -trends.

pseudo- ['psju:dəʊ] *in Zssgn* Pseudo…, pseudo…, falsch, unecht; **ˌpseu·do-'carp** [-'kɑ:p] *s.* ⚘ Scheinfrucht *f*; **'pseu·do·nym** [-dənɪm] *s.* Pseudo'nym *n*, Deckname *m*; **ˌpseu·do'nym·i·ty** [-də'nɪmətɪ] *s.* **1.** Pseudonymi'tät *f*; **2.** Führen *n* e-s Pseudo'nyms; **pseu'don·y·mous** [-'dɒnɪməs] *adj.* ☐ pseudo'nym.

pshaw [pʃɔ:] *int.* pah!

psit·ta·co·sis [psɪtə'kəʊsɪs] *s.* ⚕ Papa'geienkrankheit *f*.

pso·ri·a·sis [psɒ'raɪəsɪs] *s.* ⚕ Schuppenflechte *f*, Pso'riasis *f*.

Psy·che ['saɪkɪ] *s.* **1.** *myth.* Psyche *f*; **2.** 2 Psyche *f*, Seele *f*, Geist *m*.

psy·che·del·ic [ˌsaɪkɪ'delɪk] *adj.* psyche'delisch, bewußtseinserweiternd.

psy·chi·at·ric, psy·chi·at·ri·cal [ˌsaɪkɪ'ætrɪk(l)] *adj.* psychi'atrisch; **psy·chi·a·trist** [saɪ'kaɪətrɪst] *s.* ⚕ Psychi'ater *m*; **psy'chi·a·try** [saɪ'kaɪətrɪ] *s.* ⚕ Psychia'trie *f*.

psy·chic ['saɪkɪk] **I** *adj.* (☐ ***~ally***) **1.** psychisch, seelisch(-geistig), Seelen…; **2.** 'übersinnlich: ***~ forces***; **3.** medi'al (veranlagt), F ‚hellseherisch'; **4.** parapsycho'logisch: ***~ research*** Para-Forschung *f*; **II** *s.* **5.** medi'al veranlagte Per'son, Medium *n*; **6.** *das* Psychische; **7.** *pl. sg. konstr.* a) Seelenkunde *f*, -forschung *f*, b) Parapsycholo'gie *f*; **'psy·chi·cal** [-kl] *adj.* ☐ → ***psychic*** I.

psy·cho·a·nal·y·sis [ˌsaɪkəʊə'næləsɪs] *s.* ˌPsychoana'lyse *f*; **psy·cho·an·a·lyst** [ˌsaɪkəʊ'ænəlɪst] *s.* ˌPsychoana'lytiker (-in).

psy·cho·graph ['saɪkəʊgrɑ:f] *s.* Psycho'gramm *n*.

psy·cho·log·ic [ˌsaɪkə'lɒdʒɪk] → ***psychological***; **ˌpsy·cho'log·i·cal** [-kl] *adj.* ☐ psycho'logisch: ***~ moment*** richtiger Augenblick; ***~ warfare*** a) psychologische Kriegführung, b) *fig.* Nervenkrieg *m*; **psy·chol·o·gist** [saɪ'kɒlədʒɪst] *s.* Psycho'loge *m*, Psycho'login *f*; **psy·chol·o·gy** [saɪ'kɒlədʒɪ] *s.* Psycholo'gie *f* (*Wissenschaft od. Seelenleben*): ***good ~*** *fig.* das psychologisch Richtige.

psy·cho·path ['saɪkəʊpæθ] *s.* Psycho'path(in); **psy·cho·path·ic** [ˌsaɪkəʊ'pæθɪk] **I** *adj.* psycho'pathisch; **II** *s.* Psycho'path(in); **psy·chop·a·thy** [saɪ'kɒpəθɪ] *s.* Psychopa'thie *f*, Gemütskrankheit *f*.

psy·cho·sis [saɪ'kəʊsɪs] *pl.* **-ses** [-si:z] *s.* Psy'chose *f* (*a. fig.*).

psy·cho·ther·a·py [ˌsaɪkəʊ'θerəpɪ] *s.* ⚕ ˌPsychothera'pie *f*.

psy·chot·ic [saɪ'kɒtɪk] **I** *adj.* ☐ psy'chotisch; **II** *s.* Psy'chotiker(in).

ptar·mi·gan ['tɑ:mɪgən] *s. zo.* Schneehuhn *n*.

pto·maine ['təʊmeɪn] *s.* ⚗ Ptoma'in *n*, Leichengift *n*.

pub [pʌb] *s. bsd. Brit.* F Pub *n od. m*, Kneipe *f*; **'~-crawl** *s. bsd. Brit.* F Kneipenbummel *m*.

pu·ber·ty ['pju:bətɪ] *s.* **1.** Puber'tät *f*, Geschlechtsreife *f*; **2.** *a.* ***age of ~*** Puber'tät(salter *n*) *f*: ***~ vocal change*** Stimmbruch *m*.

pu·bes¹ ['pju:bi:z] *s. anat.* a) Schamgegend *f*, b) Schamhaare *pl*.

pu·bes² ['pju:bi:z] *pl. von* ***pubis***.

pu·bes·cence [pju:'besns] *s.* **1.** Geschlechtsreife *f*; **2.** ⚘, *zo.* Flaumhaar *n*; **pu'bes·cent** [-nt] *adj.* **1.** geschlechtsreif (werdend); **2.** Pubertäts…; **3.** ⚘, *zo.* fein behaart.

pu·bic ['pju:bɪk] *adj. anat.* Scham…

pu·bis ['pju:bɪs] *pl.* **-bes** [-bi:z] *s. anat.* Schambein *n*.

pub·lic ['pʌblɪk] **I** *adj.* ☐ **1.** öffentlich *stattfindend* (*z.B. Verhandlung, Versammlung, Versteigerung*): ***~ notice*** öffentliche Bekanntmachung, Aufgebot *n*; ***in the ~ eye*** im Lichte der Öffentlichkeit; **2.** öffentlich, allgemein bekannt: ***~ figure*** Persönlichkeit *f* des öffentlichen Lebens, prominente Gestalt; ***go ~*** a) sich an die Öffentlichkeit wenden, b) ✝ sich in e-e AG umwandeln; ***make ~*** (allgemein) bekanntmachen; **3.** a) öffentlich (*z.B. Anstalt, Bad, Dienst, Feiertag, Kredit, Sicherheit, Straße, Verkehrsmittel*), b) Staats…, staatlich (*z.B. Anleihe, Behörde, Papiere, Schuld, Stellung*), c) Volks… (*-bücherei, -gesundheit etc.*), d) Gemeinde…, Stadt…: ***~ accountant*** *Am.* Wirtschaftsprüfer *m*; ***~-address system*** öffentliche Lautsprecheranlage; ***2 Assistance*** *Am.* Sozialhilfe *f*; ***~ borrowing*** staatliche Kreditaufnahme; ***~ charge*** Sozialhilfeempfänger(in); ***~ (limited) company*** ✝ *Brit.* Aktiengesellschaft; ***~ convenience*** öffentliche Bedürfnisanstalt; ***~ corporation*** ⚖ öffentlich-rechtliche Körperschaft; ***~ economy*** Volkswirtschaft(slehre) *f*; ***~ enemy*** Staatsfeind *m*; ***~ expenditure***

s. öffentliche Ausgaben *pl.*; **~ house** *bsd. Brit.* → **pub**; **~ information** Unterrichtung der Öffentlichkeit; **~ law** öffentliches Recht; **~ opinion** öffentliche Meinung; **~ opinion poll** öffentliche Umfrage, Meinungsbefragung *f*; **~ relations** a) Public Relations *pl.*, Öffentlichkeitsarbeit *f*, b) *attr.* Presse…, Werbe…, Public-Relations-…; **~ revenue** Staatseinkünfte *pl.*; **~ school** a) *Brit.* Public School *f*, höhere Privatschule mit Internat, b) *Am.* staatliche Schule; **~ sector spending** öffentliche Ausgaben; **~ service** a) Staatsdienst *m*, b) öffentliche Versorgung (*Gas, Wasser, Elektrizität etc.*); **~ servant** a) (Staats)Beamte(r) *m*, b) Angestellte(r) *m* im öffentlichen Dienst; **~ works** öffentliche (Bau-)Arbeiten; → **nuisance** 2, **policy¹** 3, **prosecutor**, **utility** 3; **4.** natio'nal: **~ disaster**; **II** *s.* **5.** Öffentlichkeit *f*: **in ~** in der Öffentlichkeit, öffentlich; **6.** *sg. u. pl. konstr.* Öffentlichkeit *f*, *die* Leute *pl.*; *das* Publikum; Kreise *pl.*, Welt *f*: **appear before the ~** an die Öffentlichkeit treten; **exclude the ~** ⚖ die Öffentlichkeit ausschließen; **7.** *Brit.* F → **pub**; **'pub·li·can** [-kən] *s.* **1.** *Brit.* (Gast)Wirt *m*; **2.** *hist.*, *bibl.* Zöllner *m*; **pub·li·ca·tion** [ˌpʌblɪ'keɪʃn] *s.* **1.** Bekanntmachung *f*, -gabe *f*; **2.** Her'ausgabe *f*, Veröffentlichung *f* (*von Druckwerken*); **3.** Publikati'on *f*, Veröffentlichung *f*, Verlagswerk *n*; (Druck)Schrift *f*: **monthly ~** Monatsschrift; **new ~** Neuerscheinung *f*; **'pub·li·cist** [-ɪsɪst] *s.* **1.** Publi'zist *m*, Tagesschriftsteller *m*; **2.** Völkerrechtler *m*; **pub·lic·i·ty** [pʌb'lɪsətɪ] *s.* **1.** Publizi'tät *f*, Öffentlichkeit *f* (*a.* ⚖ *des Verfahrens*): **give s.th. ~** et. allgemein bekanntmachen; **seek ~** bekannt werden wollen; **2.** Re'klame *f*, Werbung *f*, Pu'blicity *f*: **~ agent**, **~ man** Werbefachmann *m*; **~ campaign** Werbefeldzug *m*; **~ manager** Werbeleiter *m*; **'pub·li·cize** [-ɪsaɪz] *v/t.* **1.** publizieren, (öffentlich) bekanntmachen; **2.** Re'klame machen für, propagieren.

ˌpub·lic|-'pri·vate *adj.* † gemischt-wirtschaftlich; **ˌ~-'spir·it·ed** *adj.* gemeinsinnig, sozi'al gesinnt.

pub·lish ['pʌblɪʃ] *v/t.* **1.** (offizi'ell) bekanntmachen, -geben; *Aufgebot etc.* verkünd(ig)en; **2.** publizieren, veröffentlichen; **3.** *Buch etc.* verlegen, her'ausbringen: **just ~ed** (so)eben erschienen; **~ed by Methuen** im Verlag Methuen erschienen; **~ed by the author** im Selbstverlag; **4.** ⚖ *Beleidigendes* äußern, verbreiten; **'pub·lish·er** [-ʃə] *s.* **1.** Verleger *m*, Her'ausgeber *m*; *bsd. Am.* Zeitungsverleger *m*; **2.** *pl.* Verlag *m*, Verlagsanstalt *f*; **'pub·lish·ing** [-ʃɪŋ] **I** *s.* Her'ausgabe *f*, Verlag *m*; **II** *adj.* Verlags…: **~ business** Verlagsgeschäft *n*, -buchhandel *m*; **~ house** → **publisher** 2.

puce [pju:s] *adj.* braunrot.

puck [pʌk] *s.* **1.** Kobold *m*; **2.** *Eishokkey*: Puck *m*, Scheibe *f*.

puck·a ['pʌkə] *adj. Brit.* F **1.** echt, wirklich; **2.** erstklassig, tadellos.

puck·er ['pʌkə] **I** *v/t. oft* **~ up** **1.** runzeln, fälteln, Runzeln *od.* Falten bilden in (*dat.*); **2.** *Mund, Lippen etc.* zs.-ziehen, spitzen; *a. Stirn, Stoff* kräuseln; **II** *v/i.* **3.** sich kräuseln, sich zs.-ziehen, sich falten, Runzeln bilden; **III** *s.* **4.** Runzel *f*, Falte *f*; **5.** Bausch *m*; **6.** F Aufregung *f* (**about** über *acc.*, wegen).

pud·ding ['pʊdɪŋ] *s.* **1.** a) Pudding *m*, b) Nach-, Süßspeise *f*; → **proof** 6; **2.** *Art* 'Fleischpaˌstete *f*; **3.** *e-e Wurstsorte*: **black ~** Blutwurst *f*; **white ~** Preßsack *m*; **'~-faced** *adj.* mit e-m Vollmondgesicht.

pud·dle ['pʌdl] **I** *s.* **1.** Pfütze *f*, Lache *f*; **2.** ⚙ Lehmschlag *m*; **II** *v/t.* **3.** mit Pfützen bedecken; in Matsch verwandeln; **4.** *Wasser* trüben (*a. fig.*); **5.** *Lehm* zu Lehmschlag verarbeiten; **6.** mit Lehmschlag abdichten *od.* auskleiden; **7.** *metall.* puddeln: **~(d) steel** Puddelstahl *m*; **III** *v/i.* **8.** her'umplanschen *od.* -waten; **9.** *fig.* her'umpfuschen; **'pud·dler** [-lə] *s.* ⚙ Puddler *m* (*Arbeiter od. Gerät*).

pu·den·cy ['pju:dənsɪ] *s.* Verschämtheit *f*.

pu·den·dum [pju:'dendəm] *mst im pl.* **-da** [-də] *s.* (weibliche) Scham, Vulva *f*.

pu·dent ['pju:dənt] *adj.* verschämt.

pudg·y ['pʌdʒɪ] *adj.* dicklich.

pu·er·ile ['pjʊəraɪl] *adj.* □ pue'ril, knabenhaft, kindlich, *contp.* kindisch; **pu·er·il·i·ty** [pjʊə'rɪlətɪ] *s.* **1.** Puerili'tät *f*, kindliches *od.* kindisches Wesen; **2.** Kinde'rei *f*.

pu·er·per·al [pju:'ɜ:pərəl] *adj.* Kindbett…: **~ fever**.

puff [pʌf] **I** *s.* **1.** Hauch *m*; (leichter) Windstoß; **2.** Zug *m beim Rauchen*; Paffen *n der Pfeife etc.*; **3.** (Rauch-, Dampf)Wölkchen *n*; **4.** leichter Knall; **5.** *Bäckerei*: Windbeutel *m*; **6.** Puderquaste *f*; **7.** Puffe *f*, Bausch *m an Kleidern*; **8.** a) marktschreierische Anpreisung, aufdringliche Re'klame, b) lobhudelnde Kri'tik: **~ is part of the trade** Klappern gehört zum Handwerk; **II** *v/t.* **9.** blasen, pusten (**away** weg, **out** aus); **10.** auspuffen, -paffen, -stoßen; **11.** *Zigarre etc.* paffen; **12.** *oft* **~ out**, **~ up** aufblasen, (-)blähen; *fig.* aufgeblasen machen: **~ed up with pride** stolzgeschwellt; **~ed eyes** geschwollene Augen; **~ed sleeve** Puffärmel *m*; **13.** außer Atem bringen: **~ed** außer Atem; **14.** marktschreierisch anpreisen: **~ up** *Preise* hochtreiben; **III** *v/i.* **15.** paffen (**at** an *e-r Zigarre etc.*); Rauch- *od.* Dampfwölkchen ausstoßen; **16.** pusten, schnaufen, keuchen; **17.** *Lokomotive etc.* (da'hin)dampfen, keuchen; **18.** **~ out** (*od.* **up**) sich (auf)blähen; **~ ad·der** *s. zo.* Puffotter *f*; **'~·ball** *s.* ⚘ Bofist *m*.

puff·er ['pʌfə] *s.* **1.** Paffer *m*; **2.** Marktschreier *m*; **3.** Preistreiber *m*, Scheinbieter *m bei Auktionen*; **'puff·er·y** [-ərɪ] *s.* Marktschreie'rei *f*; **puff·i·ness** ['pʌfɪnɪs] *s.* **1.** Aufgeblähtheit *f*, Aufgeblasenheit *f* (*a. fig.*); **2.** (Auf)Gedunsenheit *f*; **3.** Schwulst *m*; **puff·ing** ['pʌfɪŋ] *s.* **1.** Aufbauschung *f*, Aufblähung *f*; **2.** → **puff** 8 a; **3.** Scheinbieten *n bei Auktionen*, Preistreibe'rei *f*; **puff paste** *s.* Blätterteig *m*; **puff·y** ['pʌfɪ] *adj.* □ **1.** böig (*Wind*); **2.** kurzatmig, keuchend; **3.** aufgebläht, (an)geschwollen; **4.** bauschig (*Ärmel*); **5.** aufgedunsen, dick; **6.** *fig.* schwülstig.

pug¹ [pʌg] *s. a.* **~-dog** Mops *m*.

pug² [pʌg] *v/t.* **1.** *Lehm etc.* mischen u. kneten; schlagen; **2.** mit Lehmschlag *etc.* ausfüllen *od.* abdichten.

pug³ [pʌg] *s. sl.* Boxer *m*.

pu·gil·ism ['pju:dʒɪlɪzəm] *s.* (Berufs-)Boxen *n*; **'pu·gil·ist** [-ɪst] *s.* (Berufs-)Boxer *m*.

pug·na·cious [pʌg'neɪʃəs] *adj.* □ **1.** kampflustig, kämpferisch; **2.** streitsüchtig; **pug'nac·i·ty** [-'næsətɪ] *s.* **1.** Kampflust *f*; **2.** Streitsucht *f*.

'pug|-nose *s.* Stupsnase *f*; **'~-nosed** *adj.* stupsnasig.

puis·ne ['pju:nɪ] **I** *adj.* ⚖ rangjünger, 'untergeordnet: **~ judge** → II; **II** *s.* 'Unterrichter *m*, Beisitzer *m*.

puke [pju:k] **I** *v/t. u. v/i.* (sich) erbrechen, ‚kotzen'; **II** *s.* ‚Kotze' *f*.

puk·ka ['pʌkə] → **pucka**.

pul·chri·tude ['pʌlkrɪtju:d] *s. bsd. Am.* (weibliche) Schönheit; **pul·chri·tu·di·nous** [ˌpʌlkrɪ'tju:dɪnəs] *adj. Am.* schön.

pule [pju:l] *v/i.* **1.** wimmern, winseln; **2.** piepsen.

pull [pʊl] **I** *s.* **1.** Ziehen *n*, Zerren *n*; **2.** Zug *m*, Ruck *m*: **give a strong ~ (at)** kräftig ziehen (an *dat.*); **3.** *mot. etc.* Zug(kraft *f*) *m*, Ziehkraft *f*; **4.** Anziehungskraft *f* (*a. fig.*); **5.** *fig.* Zug-, Werbekraft *f*; **6.** Zug *m*, Schluck *m* (**at** aus); **7.** Zug(griff) *m*, -leine *f*: **bell ~** Glokkenzug; **8.** a) Bootfahrt *f*, Ruderpar'tie *f*, b) Ruderschlag *m*; **9.** (**long ~** große) Anstrengung, ‚Schlauch' *m*, *fig.* Durststrecke *f*; **10.** ermüdende Steigung; **11.** Vorteil *m* (**over**, **of** vor *dat.*, gegen'über); **12.** *sl.* (**with**) (heimlicher) Einfluß (auf *acc.*), Beziehungen *pl.* (zu); **13.** *typ.* Fahne *f*, (erster) Abzug; **II** *v/t.* **14.** ziehen, schleppen; **15.** zerren (an *dat.*), zupfen (an *dat.*): **~ about** umherzerren; **~ a muscle** sich e-e Muskelzerrung zuziehen; → **face** 2, **leg** *Redew.*, **string** 3, **trigger** 2; **16.** reißen: **~ apart** auseinanderreißen; **~ to pieces** a) zerreißen, in Stücke reißen, b) *fig.* (in e-r Kritik *etc.*) ‚verreißen'; **~ o.s. together** *fig.* sich zs.-reißen; **17.** *Pflanze* ausreißen; *Korken, Zahn* ziehen; *Blumen, Obst* pflücken; *Flachs* raufen; *Gans etc.* rupfen; *Leder* enthaaren; **18.** **~ one's punches** *Boxen*: verhalten schlagen, *fig.* sich zurückhalten; **not to ~ one's punches** *fig.* vom Leder ziehen, kein Blatt vor den Mund nehmen; **19.** *Pferd* zügeln; *Rennpferd* pullen; **20.** *Boot* rudern: **~ a good oar** gut rudern; → **weight** 1; **21.** *Am. Messer etc.* ziehen: **~ a pistol on** *j-n* mit der Pistole bedrohen; **22.** *typ. Fahne* abziehen; **23.** *sl. et.* ‚drehen', ‚schaukeln' (*ausführen*): **~ the job** das Ding drehen; **~ a fast one on s.o.** j-n ‚reinlegen'; **24.** *sl.* ‚schnappen' (*verhaften*); **25.** *sl.* e-e Razzia machen auf (*acc.*), *Spielhölle etc.* ausheben; **III** *v/i.* **26.** ziehen (**at** an *dat.*); **27.** zerren, reißen (**at** an *dat.*); **28.** *a.* **~ against the bit** am Zügel reißen (*Pferd*); **29.** a) e-n Zug machen, trinken (**at** aus *e-r Flasche*), b) ziehen (**at** an *e-r Pfeife etc.*); **30.** *gut etc.* ziehen (*Pfeife etc.*); **31.** sich vorwärtsarbeiten, -bewegen, -schieben: **~ into the station** 🚂 (in den Bahnhof) einfahren; **32.** rudern, pullen: **~ together** *fig.* zs.-arbeiten; **33.** (her'an)fahren (**to the kerb**

an den Bordstein); **34.** *sl.* ‚ziehen', Zugkraft haben (*Reklame*);
Zssgn mit adv.:
pull| away I *v/t.* **1.** wegziehen, -reißen; **II** *v/i.* **2.** anfahren (*Bus etc.*); **3.** sich losreißen; **4.** *a. sport* sich absetzen (von ***from***); **~ down** *v/t.* **1.** her'unterziehen, -reißen; *Gebäude* abreißen; **2.** *fig.* her'unterreißen, her'absetzen; **3.** *j-n* schwächen; *j-n* entmutigen; **~ in I** *v/t.* **1.** (her)'einziehen; **2.** *Pferd* zügeln, parieren; **II** *v/i.* **3.** anhalten, stehenbleiben; **4.** hin'einrudern; 🚂 einfahren; **~ off I** *v/t.* **1.** wegziehen, -reißen; **2.** *Schuhe etc.* ausziehen; *Hut* abnehmen (***to*** vor *dat.*); **3.** *Preis, Sieg* da'vontragen, erringen; **4.** F *et.* ‚schaukeln', ‚schaffen'; **II** *v/i.* **5.** sich in Bewegung setzen, abfahren; abstoßen (*Boot*); **~ on** *v/t. Kleid etc.* anziehen; **~ out I** *v/t.* **1.** her'ausziehen; ⚔ *Truppen* abziehen; **2.** ✈ *Flugzeug* hochziehen, *aus dem Sturzflug* abfangen; **3.** *fig.* in die Länge ziehen; **II** *v/i.* **4.** hin'ausrudern; abfahren (*Zug etc.*); ausscheren (*Fahrzeug*); ⚔ abziehen; *fig.* ‚aussteigen' (***of*** aus); **~ round I** *v/t.* *Kranken* wieder ‚hinkriegen', 'durchbringen; **II** *v/i.* wieder auf die Beine kommen, 'durchkommen, sich erholen; **~ through I** *v/t.* **1.** (hin)'durchziehen; **2.** *fig.* a) *j-m* 'durchhelfen, b) → ***pull round*** I; **3.** *et.* erfolgreich 'durchführen; **II** *v/i.* **4.** → ***pull round*** II; sich 'durchschlagen; **~ up I** *v/t.* **1.** hochziehen (*a.* ✈); ⚓ *Flagge* hissen; **2.** *Pferd, Wagen* anhalten; **3.** *j-n* zu'rückhalten, *j-m* Einhalt gebieten; *j-n* zur Rede stellen; **II** *v/i.* **4.** (an)halten, vorfahren; **5.** *fig.* bremsen; **6.** *sport* sich nach vorn schieben: **~ *to*** (*od.* ***with***) *j-n* einholen.

'pull|·back *s.* **1.** Hemmnis *n*; **2.** ⚔ Rückzug *m*; **~ date** *s.* ✝ Haltbarkeitsdatum *n*.

pul·let ['pʊlɪt] *s.* Hühnchen *n*.

pul·ley ['pʊlɪ] ⚙ *s.* **1.** a) Rolle *f* (*bsd. Flaschenzug*): ***rope ~*** Seilrolle *f*; ***block and ~, set of ~s*** Flaschenzug *m*, b) Flasche *f* (*Verbindung mehrerer Rollen*), c) Flaschenzug *m*; **2.** ⚓ Talje *f*; **3.** *a.* ***belt ~*** Riemenscheibe *f*; **~ block** *s.* ⚙ (Roll)Kloben *m*; **~ chain** *s.* Flaschenzugkette *f*; **~ drive** *s.* Riemenscheibenantrieb *m*.

Pull·man (car) ['pʊlmən] *pl.* **-mans** *s.* 🚂 Pullmanwagen *m*.

'pull|-off I *s.* **1.** ✈ Lösen *n* des Fallschirms (*beim Absprung*); **2.** *leichter etc.* Abzug (*Schußwaffe*); **II** *adj.* **3.** ⚙ Abzieh…(*-feder*); **'~-out I** *s.* **1.** Faltblatt *n*; **2.** (Zeitschriften)Beilage *f*; **3.** ⚔ (Truppen)Abzug *m*; **II** *adj.* **4.** ausziehbar: **~ *map*** Faltkarte *f*; **~ *seat*** Schiebesitz *m*; **'~ˌo·ver** *s.* Pull'over *m*; **~ switch** *s.* ⚡ Zugschalter *m*.

pul·lu·late ['pʌljʊleɪt] *v/i.* **1.** (her'vor-)sprossen, knospen; **2.** Knospen treiben; **3.** keimen (*Samen*); **4.** *biol.* sich (*durch Knospung*) vermehren; **5.** *fig.* wuchern, grassieren; **6.** *fig.* wimmeln.

'pull-up *s.* **1.** *Brit. mot.* Raststätte *f*; **2.** Klimmzug *m*.

pul·mo·nar·y ['pʌlmənərɪ] *adj. anat.* Lungen…; **'pul·mo·nate** [-neɪt] *zo. adj.* Lungen…, mit Lungen (ausgestattet): **~ (*mollusc*)** Lungenschnecke *f*;

pul·mon·ic [pʌl'mɒnɪk] **I** *adj.* Lungen…; **II** *s.* Lungenheilmittel *n*.

pulp [pʌlp] **I** *s.* **1.** Fruchtfleisch *n*, -mark *n*; **2.** ⚘ Stengelmark *n*; **3.** *anat.* (Zahn-)Pulpa *f*; **4.** Brei *m*, breiige Masse: ***beat to a ~*** *fig. j-n* zu Brei schlagen; **5.** ⚙ a) Pa'pierbrei *m*, Pulpe *f*, *bsd.* Ganzzeug *n*, b) Zellstoff *m*: ***~board*** Zellstoffpappe *f*; **~ *engine*** → ***pulper*** 1; **~ *factory*** Holzschleiferei *f*; **6.** Maische *f*, Schnitzel *pl.* (*Zucker*); **7.** *Am.* a) Schund *m*, b) *a.* **~ *magazine*** *Am.* Schundblatt *n*; **II** *v/t.* **8.** in Brei verwandeln; **9.** *Papier* einstampfen; **10.** *Früchte* entfleischen; **III** *v/i.* **11.** breiig werden *od.* sein; **'pulp·er** [-pə] *s.* **1.** ⚙ (Ganzzeug)Holländer *m* (*Papier*); **2.** ✓ (Rüben)Breimühle *f*; **'pulp·i·fy** [-pɪfaɪ] *v/t.* in Brei verwandeln; **'pulp·i·ness** [-pɪnɪs] *s.* **1.** Weichheit *f*; **2.** Fleischigkeit *f*; **3.** Matschigkeit *f*.

pul·pit ['pʊlpɪt] *s.* **1.** Kanzel *f*: ***in the ~*** auf der Kanzel; **~ *orator*** Kanzelredner *m*; **2.** ***the ~*** *coll.* die Geistlichkeit; **3.** *fig.* Kanzel *f*; **4.** ⚙ Bedienungsstand *m*.

pulp·y ['pʌlpɪ] *adj.* ☐ **1.** weich u. saftig; **2.** fleischig; **3.** schwammig; **4.** breiig, matschig.

pul·sate [pʌl'seɪt] *v/i.* **1.** pulsieren (*a.* ⚡), (rhythmisch) pochen *od.* schlagen; **2.** vibrieren; **3.** *fig.* pulsieren (***with*** von *Leben, Erregung*); **pul·sa·tile** ['pʌlsətaɪl] *adj.* ♪ Schlag…: **~ *instrument***; **pul'sat·ing** [-tɪŋ] *adj.* **1.** ⚡ pulsierend (*a. fig.*), stoßweise; **2.** *fig.* beschwingt (*Rhythmus, Weise*); **pul'sa·tion** [-eɪʃn] *s.* **1.** Pulsieren *n* (*a. fig.*), Pochen *n*, Schlagen *n*; **2.** Pulsschlag *m* (*a. fig.*); **3.** Vibrieren *n*.

pulse[1] [pʌls] **I** *s.* **1.** Puls(schlag) *m* (*a. fig.*): ***quick ~*** schneller Puls; ***~-rate*** ⚕ Pulszahl *f*; ***feel s.o.'s ~*** a) j-m den Puls fühlen, b) *fig.* j-m auf den Zahn fühlen, bei j-m vorfühlen; **2.** ⚡, *phys.* Im'puls *m*, (Strom)Stoß *m*; **II** *v/i.* **3.** → ***pulsate***.

pulse[2] [pʌls] *s.* Hülsenfrüchte *pl*.

pul·ver·i·za·tion [ˌpʌlvəraɪ'zeɪʃn] *s.* **1.** Pulverisierung *f*, (Feinst)Mahlung *f*; **2.** Zerstäubung *f von Flüssigkeiten*; **3.** *fig.* Zermalmung *f*; **pul·ver·ize** ['pʌlvəraɪz] **I** *v/t.* **1.** pulverisieren, *zu Staub* zermahlen, -stoßen, -reiben: ***~d coal*** feingemahlene Kohlen *pl.*, Kohlenstaub *m*; **2.** *Flüssigkeit* zerstäuben; **3.** *fig.* zermalmen; **II** *v/i.* **4.** (in Staub) zerfallen; **pul·ver·iz·er** ['pʌlvəraɪzə] *s.* **1.** ⚙ Zerkleinerer *m*, Pulverisiermühle *f*, Mahlanlage *f*; **2.** Zerstäuber *m*; **pul·ver·u·lent** [pʌl'verjələnt] *adj.* **1.** (fein)pulverig; **2.** (leicht) zerbröckelnd; **3.** staubig.

pu·ma ['pju:mə] *s. zo.* Puma *m*.

pum·ice ['pʌmɪs] **I** *s. a.* ***~-stone*** Bimsstein *m*; **II** *v/t.* mit Bimsstein abreiben, (ab)bimsen.

pum·mel ['pʌml] → ***pommel*** II.

pump[1] [pʌmp] **I** *s.* **1.** Pumpe *f*: (***dispensing***) **~** *mot.* Zapfsäule *f*; **~ *priming*** a) Anlassen *n* der Pumpe, b) ✝ Ankurbelung *f* der Wirtschaft; **2.** Pumpen(stoß *m*) *n*; **II** *v/t.* **3.** pumpen: **~ *dry*** aus-, leerpumpen; **~ *out*** auspumpen (*a. fig. erschöpfen*); **~ *up*** a) hochpumpen, b) *Reifen* aufpumpen (*a. fig.*); **~ *bullets into*** *fig. j-m* Kugeln in den Leib jagen; **~ *money into*** ✝ Geld in *et.* hineinpumpen; **4.** *fig. j-n* ausholen, -fragen, -horchen; **III** *v/i.* **5.** pumpen (*a. fig. Herz etc.*).

pump[2] [pʌmp] *s.* **1.** Pumps *m* (*Halbschuh*); **2.** *Brit.* Turnschuh *m*.

'pump-ˌhan·dle I *s.* Pumpenschwengel *m*; **II** *v/t.* F *j-s Hand* 'überschwenglich schütteln.

pump·kin ['pʌmpkɪn] *s.* ⚘ (*bsd.* Garten-)Kürbis *m*.

'pump-room *s.* Trinkhalle *f in Kurbädern*.

pun [pʌn] **I** *s.* Wortspiel *n* (***on*** über *acc.*, mit); **II** *v/i.* Wortspiele *od.* ein Wortspiel machen, witzeln.

punch[1] [pʌntʃ] **I** *s.* **1.** (Faust)Schlag *m*: ***beat s.o. to the ~*** *Am. fig.* j-m zuvorkommen; → ***pull*** 18; **2.** Schlagkraft *f* (*a. fig.*); → ***pack*** 20; **3.** F Wucht *f*, Schmiß *m*, Schwung *m*; **II** *v/t.* **4.** (*mit der Faust*) schlagen, boxen, knuffen; **5.** (ein)hämmern auf (*acc.*): **~ *the typewriter***.

punch[2] [pʌntʃ] ⚙ **I** *s.* **1.** Stanzwerkzeug *n*, Lochstanze *f*, -eisen *n*, Stempel *m*, 'Durchschlag *m*, Dorn *m*; **2.** Pa'trize *f*; **3.** Prägestempel *m*; **4.** Lochzange *f* (*a.* 🚂 *etc.*); **5.** (Pa'pier)Locher *m*; **II** *v/t.* **6.** (aus-, loch)stanzen, durch'schlagen, lochen; **7.** *Zahlen etc.* punzen, stempeln; **8.** *Fahrkarten etc.* lochen, knipsen: ***~ed card*** Lochkarte *f*; ***~ed tape*** Lochstreifen *m*.

punch[3] [pʌntʃ] *s.* Punsch *m*.

Punch[4] [pʌntʃ] *s.* Kasperle *n*, Hans'wurst *m*: **~ *and Judy show*** Kasperletheater *n*; ***he was as pleased as ~*** er hat sich königlich gefreut.

punch[5] [pʌntʃ] *s. Brit.* **1.** kurzbeiniges schweres Zugpferd; **2.** F ‚Stöpsel' *m* (*kleine dicke Person*).

'punch|·ball *s. Boxen*: Punchingball *m*, (Mais)Birne *f*; **~ card** *s.* Lochkarte *f*; **ˌ~-'drunk** *adj.* **1.** (von vielen Boxhieben) blöde (geworden); **2.** groggy.

pun·cheon[1] ['pʌntʃən] *s.* **1.** (Holz-, Stütz)Pfosten *m*; **2.** ⚙ → ***punch***[2] 1.

pun·cheon[2] ['pʌntʃən] *s. hist.* Puncheon *n* (*Faß von 315–540 l*).

punch·er ['pʌntʃə] *s.* **1.** ⚙ Locheisen *n*, Locher *m*; **2.** F Schläger *m* (*a. Boxer*); **3.** *Am.* F Cowboy *m*.

punch·ing| bag ['pʌntʃɪŋ] *s. Boxen*: Sandsack *m*; **'~-ball** *s. Boxen*: Punchingball *m*; **~ die** *s.* ⚙ 'Stanzmaˌtrize *f*.

punch| line *s. Am.* Po'inte *f*, 'Knalleffˌfekt *m*; **~ press** *s.* ⚙ Lochpresse *f*; **'~-up** *s.* F Schläge'rei *f*.

punc·til·i·o [pʌŋk'tɪlɪəʊ] *pl.* **-i·os** *s.* **1.** Punkt *m* der Eti'kette; Feinheit *f des Benehmens etc.*; **2.** heikler *od.* kitzliger Punkt: **~ *of hono(u)r*** Ehrenpunkt *m*; **3.** → ***punctiliousness***; **punc'til·i·ous** [-ɪəs] *adj.* ☐ **1.** peinlich (genau), pe'dantisch, spitzfindig; **2.** (über'trieben) förmlich; **punc'til·i·ous·ness** [-ɪəsnɪs] *s.* pe'dantische Genauigkeit, Förmlichkeit *f*.

punc·tu·al ['pʌŋktjʊəl] *adj.* ☐ pünktlich; **punc·tu·al·i·ty** [ˌpʌŋktjʊ'ælətɪ] *s.* Pünktlichkeit *f*.

punc·tu·ate ['pʌŋktjʊeɪt] *v/t.* **1.** interpunktieren, Satzzeichen setzen in (*acc.*); **2.** *fig.* a) unter'brechen (***with*** durch, mit), b) unter'streichen; **punc·tu·a·tion** [ˌpʌŋktjʊ'eɪʃn] *s.* **1.** Interpunkti'on *f*, Zeichensetzung *f*: ***close*** (***open***) **~** (weniger) strikte Zeichensetzung; **~ *mark*** Satzzeichen *n*; **2.** *fig.* a)

Unter'brechung *f*, b) Unter'streichung *f*.

punc·ture ['pʌŋktʃə] **I** *v/t.* **1.** durch'stechen, -'bohren; **2.** ⚕ punktieren; **II** *v/i.* **3.** ein Loch bekommen, platzen (*Reifen*); **4.** ϟ 'durchschlagen; **III** *s.* **5.** (Ein-)Stich *m*, Loch *n*; **6.** Reifenpanne *f*: **~ outfit** Flickzeug *n*; **7.** ⚕ Punk'tur *f*; **8.** ϟ 'Durchschlag *m*; **'~·proof** *adj. mot.* pannen-, ϟ 'durchschlagsicher.

pun·dit ['pʌndɪt] *s.* **1.** Pandit *m* (*brahmanischer Gelehrter*); **2.** *humor.* a) ‚gelehrtes Haus', b) ‚Weise(r)' *m* (*Experte*).

pun·gen·cy ['pʌndʒənsɪ] *s.* Schärfe *f* (*a. fig.*); **'pun·gent** [-nt] *adj.* □ **1.** scharf (*im Geschmack*); **2.** stechend (*Geruch etc.*), *a. fig.* beißend, scharf; **3.** *fig.* prickelnd, pi'kant.

pu·ni·ness ['pju:nɪnɪs] *s.* **1.** Schwächlichkeit *f*; **2.** Kleinheit *f*.

pun·ish ['pʌnɪʃ] *v/t.* **1.** *j-n* (be)strafen (**for** für, wegen); **2.** *Vergehen* bestrafen, ahnden; **3.** F *fig. Boxer etc.* übel zurichten, arg mitnehmen (*a. weitS. strapazieren*): **~ing** ‚mörderisch', zermürbend; **4.** F ‚reinhauen' (*ins Essen*); **'pun·ish·a·ble** [-ʃəbl] *adj.* □ strafbar; **'pun·ish·ment** [-mənt] *s.* **1.** Bestrafung *f* (**by** durch); **2.** Strafe *f* (*a.* ⚖): **for** (*od.* **as**) **a ~** als *od.* zur Strafe; **3.** F a) grobe Behandlung, b) *Boxen*: ‚Prügel' *pl.*: **take ~** ‚schwer einstecken' müssen; c) Stra'paze *f*, ‚Schlauch' *m*, d) ⚙, ✝ harte Beanspruchung.

pu·ni·tive ['pju:nətɪv] *adj.* Straf…

punk [pʌŋk] **I** *s.* **1.** Zunder(holz *n*) *m*; **2.** *sl. contp.* a) ‚Flasche' *f*, b) ‚Blödmann' *m*, c) ‚Mist' *m*; **3.** ‚Punk' *m* (*Bewegung u. Anhänger*), Punker(in); **II** *adj. sl.* **4.** mise'rabel; **5.** Punk… (*a.* ♪).

pun·ster ['pʌnstə] *s.* Wortspielmacher (-in), Witzbold *m*.

punt¹ [pʌnt] **I** *s.* Punt *n*, Stakkahn *m*; **II** *v/t. Boot* staken; **III** *v/i.* punten, im Punt fahren.

punt² [pʌnt] **I** *s. Rugby etc.*: Falltritt *m*; **II** *v/t. u. v/i.* (den Ball) aus der Hand (ab)schlagen.

punt³ [pʌnt] *v/i.* **1.** *Glücksspiel*: gegen die Bank setzen; **2.** (*auf ein Pferd*) setzen, *allg.* wetten.

pu·ny ['pju:nɪ] *adj.* □ schwächlich; winzig, *a. fig.* kümmerlich.

pup [pʌp] **I** *s.* junger Hund: **in ~** trächtig (*Hündin*); **conceited ~** → **puppy** 2; **sell s.o. a ~** F j-m et. andrehen, j-n ‚reinlegen'; **II** *v/t. u. v/i.* (Junge) werfen.

pu·pa ['pju:pə] *pl.* **-pae** [-pi:] *s. zo.* Puppe *f*; **'pu·pate** [-peɪt] *v/i. zo.* sich verpuppen; **pu·pa·tion** [pju:'peɪʃən] *s. zo.* Verpuppung *f*.

pu·pil¹ ['pju:pl] *s.* **1.** Schüler(in): **~ teacher** Junglehrer(in); **2.** ✝ Prakti'kant(in); **3.** ⚖ Mündel *m, n*.

pu·pil² ['pju:pl] *s. anat.* Pu'pille *f*.

pu·pil·(l)age ['pju:pɪlɪdʒ] *s.* **1.** Schüler-, Lehrjahre *pl.*; **2.** Minderjährigkeit *f*, Unmündigkeit *f*; **'pu·pil·(l)ar** [-lə] → **'pu·pil·(l)ar·y** [-lərɪ] *adj.* **1.** ⚖ Mündel…; **2.** *anat.* Pupillen…

pup·pet ['pʌpɪt] *s. a. fig.* Mario'nette *f*, Puppe *f*: **~ government** Marionettenregierung *f*; **~ show** (*od.* **play**) Puppenspiel *n*, Mario'nettenthe͵ater *n*.

pup·py ['pʌpɪ] *s.* **1.** *zo.* junger Hund, Welpe *m*, *a. weitS.* Junge(s) *n*: **~ love** → **calf love**; **2.** *fig.* (junger) Schnösel, Fatzke *m*; **'pup·py·hood** [-hʊd] *s.* Jugend-, Flegeljahre *pl.*

pup tent *s.* kleines Schutzzelt.

pur [pɜ:] → **purr**.

pur·blind ['pɜ:blaɪnd] *adj.* **1.** *fig.* kurzsichtig, dumm; **2.** a) halb blind, b) *obs.* (ganz) blind.

pur·chas·a·ble ['pɜ:tʃəsəbl] *adj.* käuflich (*a. fig.*); **pur·chase** ['pɜ:tʃəs] **I** *v/t.* **1.** kaufen, erstehen, (käuflich) erwerben; **2.** *fig.* erkaufen, erringen (**with** mit, durch); **3.** *fig.* kaufen (*bestechen*); **4.** ⚙, ⚓ a) hochwinden; b) (mit Hebelkraft) heben *od.* bewegen; **II** *s.* **5.** (An-, Ein)Kauf *m*: **by ~** durch Kauf, käuflich; **make ~s** Einkäufe machen; **6.** 'Kauf (-ob͵jekt *n*) *m*, Anschaffung *f*: **~s** *Bilanz*: Wareneingänge; **7.** ⚖ Erwerbung *f*; **8.** (Jahres)Ertrag *m*: **at ten years' ~** zum Zehnfachen des Jahresertrages; **his life is not worth a day's ~** er lebt keinen Tag mehr, er macht es nicht mehr lange; **9.** ⚙ Hebevorrichtung *f*, *bsd.* a) Flaschenzug *m*, b) ⚓ Talje *f*; **10.** Hebelkraft *f*, -wirkung *f*; **11.** (guter) Angriffs- *od.* Ansatzpunkt; **12.** *fig.* a) Machtstellung *f*, Einfluß *m*, b) Machtmittel *n*, Handhabe *f*.

pur·chase| ac·count *s.* ✝ Wareneingangskonto *n*; **~ dis·count** *s.* 'Einkaufsra͵batt *m*; **~ mon·ey** *s.* Kaufsumme *f*; **~ pat·tern** *s.* Käuferverhalten *n*; **~ price** *s.* Kaufpreis *m*.

pur·chas·er ['pɜ:tʃəsə] *s.* **1.** Käufer(in); Abnehmer(in); **2.** ⚖ Erwerber *m*: **first ~** Ersterwerber.

pur·chase tax *s. Brit.* Kaufsteuer *f*.

pur·chas·ing| a·gent ['pɜ:tʃəsɪŋ] *s.* ✝ Einkäufer *m*; **~ as·so·ci·a·tion** *s.* Einkaufsgenossenschaft *f*; **~ de·part·ment** *s.* Einkauf(sabteilung *f*) *m*; **~ man·ag·er** *s.* Einkaufsleiter *m*; **~ pow·er** *s.* Kaufkraft *f*.

pure [pjʊə] *adj.* □ **1.** rein: a) sauber, makellos (*a. fig. Freundschaft, Sprache, Ton etc.*), b) unschuldig, unberührt: **a ~ girl**, c) unvermischt: **~ gold** pures *od.* reines Gold, d) theo'retisch: **~ mathematics** reine Mathematik, e) völlig, bloß, pur: **~ nonsense**; **~ly** *adv. fig.* rein, bloß, ausschließlich; **2.** *biol.* reinrassig; **'~·bred I** *adj.* reinrassig, rasserein; **II** *s.* reinrassiges Tier.

pu·rée ['pjʊəreɪ] (*Fr.*) *s.* **1.** Pü'ree *n*; **2.** (Pü'ree)Suppe *f*.

pur·ga·tion [pɜ:'geɪʃn] *s.* **1.** *mst eccl. u. fig.* Reinigung *f*; **2.** ⚕ Darmentleerung *f*; **pur·ga·tive** ['pɜ:gətɪv] **I** *adj.* □ **1.** reinigend; **2.** ⚕ abführend, Abführ…; **II** *s.* **3.** ⚕ Abführmittel *n*; **pur·ga·to·ry** ['pɜ:gətərɪ] *s. R.C.* Fegefeuer *n* (*a. fig.*).

purge [pɜ:dʒ] **I** *v/t.* **1.** *mst fig j-n* reinigen (**of, from** von *Schuld, Verdacht*); **2.** *Flüssigkeit* klären, läutern; **3.** ⚕ a) *Darm* abführen, entschlacken, b) *j-m* Abführmittel geben; **4.** *Verbrechen* sühnen; **5.** *pol.* a) *Partei etc.* säubern, b) (aus der Par'tei) ausschließen, c) liquidieren (*töten*); **II** *v/i.* **6.** sich läutern; **7.** ⚕ a) abführen (*Medikament*), b) Stuhlgang haben; **III** *s.* **8.** Reinigung *f*; **9.** ⚕ a) Entleerung *f*, -schlackung *f*, b) Abführmittel *n*; **10.** *pol.* 'Säuberung(sakti͵on) *f*.

pu·ri·fi·ca·tion [͵pjʊərɪfɪ'keɪʃn] *s.* **1.** Reinigung *f* (*a. eccl.*); **2.** ⚙ Reinigung *f* (*a. metall.*), Klärung *f*, Abläuterung *f*; Regenerierung *f von Altöl*; **pu·ri·fi·er** ['pjʊərɪfaɪə] *s.* ⚙ Reiniger *m*, 'Reinigungsappa͵rat *m*; **pu·ri·fy** ['pjʊərɪfaɪ] **I** *v/t.* **1.** reinigen (**of, from** von) (*a. fig. läutern*); **2.** ⚙ reinigen, läutern, klären; aufbereiten, *Öl* regenerieren; **II** *v/i.* **3.** sich läutern.

pur·ism ['pjʊərɪzəm] *s. a. ling. u. Kunst*: Pu'rismus *m*; **'pur·ist** [-ɪst] *s.* Pu'rist *m*, *bsd.* Sprachreiniger *m*.

Pu·ri·tan ['pjʊərɪtən] **I** *s.* **1.** *hist.* (*fig. mst* ♀) Puri'taner(in); **II** *adj.* **2.** puri'tanisch; **3.** *fig.* (*mst* ♀) → **puritanical**; **pu·ri·tan·i·cal** [͵pjʊərɪ'tænɪkəl] *adj.* □ puritanisch, über'trieben sittenstreng; **'Pu·ri·tan·ism** [-tənɪzəm] *s.* Purita'nismus *m*.

pu·ri·ty ['pjʊərətɪ] *s.* Reinheit *f*: ♀ **Campaign** *fig.* Sauberkeitskampagne *f*.

purl¹ [pɜ:l] **I** *v/i.* murmeln, rieseln (*Bach*); **II** *s.* Murmeln *n*.

purl² [pɜ:l] **I** *v/t.* **1.** (um)'säumen, einfassen; **2.** (*a. v/i.*) linksstricken; **II** *s.* **3.** Gold-, Silberdrahtlitze *f*; **4.** Zäckchen (-borte *f*) *n*; **5.** Häkelkante *f*; **6.** Linksstricken *n*.

purl·er ['pɜ:lə] *s.* F **1.** schwerer Sturz: **come** (*od.* **take**) **a ~** schwer stürzen; **2.** schwerer Schlag.

pur·lieus ['pɜ:lju:z] *s. pl.* Um'gebung *f*, Randbezirk(e *pl.*) *m*.

pur·loin [pɜ:'lɔɪn] *v/t.* entwenden, stehlen (*a. fig.*); **pur'loin·er** [-nə] *s.* Dieb *m*; *fig.* Plagi'ator *m*.

pur·ple ['pɜ:pl] **I** *adj.* **1.** purpurn, purpurrot: ♀ **Heart** a) ⚔ *Am.* Verwundetenabzeichen *n*, b) *Brit.* F Amphetamintablette *f*; **2.** *fig.* bril'lant (*Stil*): **~ passage** Glanzsstelle *f*; **3.** *Am.* lästerlich; **II** *s.* **4.** Purpur *m* (*a. fig. Herrscher-, Kardinalswürde*): **raise to the ~** zum Kardinal ernennen; **III** *v/i.* **5.** sich purpurn färben.

pur·port ['pɜ:pət] **I** *v/t.* **1.** behaupten, vorgeben: **~ to be** (**do**) angeblich sein (tun), sein (tun) wollen; **2.** besagen, beinhalten, zum Inhalt haben, ausdrükken (wollen); **II** *s.* **3.** Tenor *m*, Inhalt *m*, Sinn *m*.

pur·pose ['pɜ:pəs] **I** *s.* **1.** Zweck *m*, Ziel *n*; Absicht *f*, Vorsatz *m*: **for what ~?** zu welchem Zweck?, wozu?; **for all practical ~s** praktisch; **for the ~ of** a) um zu, zwecks, b) im Sinne *e-s Gesetzes*; **of set ~** ⚖ vorsätzlich; **on ~** absichtlich; **to the ~** a) zur Sache (gehörig), b) zweckdienlich; **to no ~** vergeblich, umsonst; **answer** (*od.* **serve**) **the ~** dem Zweck entsprechen; **be to little ~** wenig Zweck haben; **turn to good ~** gut anwenden *od.* nützen; **novel with a ~**, **~-novel** Tendenzroman *m*; **2.** *a.* **strength of ~** Entschlußkraft *f*; **3.** Zielbewußtheit *f*; **4.** Wirkung *f*; **II** *v/t.* **5.** vorhaben, beabsichtigen, bezwecken; **'~-built** *adj.* spezi'algefertigt, Spezial…, Zweck…

pur·pose·ful ['pɜ:pəsfʊl] *adj.* □ **1.** zielbewußt, entschlossen; **2.** zweckmäßig, -voll; **3.** absichtlich; **'pur·pose·less** [-lɪs] *adj.* □ **1.** zwecklos; **2.** ziel-, planlos; **'pur·pose·ly** [-lɪ] *adv.* absichtlich, vorsätzlich; **'pur·pos·ive** [-sɪv] *adj.* **1.** zweckmäßig, -voll, -dienlich; **2.** ab-

sichtlich, bewußt, *a.* gezielt; **3.** zielstrebig.
'pur·pose-trained *adj.* mit Spezi'alausbildung.
purr [pɜː] **I** *v/i.* **1.** schnurren (*Katze etc.*); **2.** *fig.* surren, summen (*Motor etc.*); **3.** *fig.* vor Behagen schnurren; **II** *v/t.* **4.** *et.* summen, säuseln (*sagen*); **III** *s.* **5.** Schnurren *n*; Surren *n*.
purse [pɜːs] **I** *s.* **1.** a) Geldbeutel *m*, Börse *f*, b) (Damen)Handtasche *f*: ***a light*** (***long***) ***~*** *fig.* ein magerer (voller) Geldbeutel; ***public ~*** Staatssäckel *m*; **2.** Fonds *m*: ***common ~*** gemeinsame Kasse; **3.** Geldsammlung *f*, -geschenk *n*: ***make up a ~ for*** Geld sammeln für; **4.** *sport*: a) Siegprämie *f*, b) *Boxen*: Börse *f*; **II** *v/t.* **5.** *oft* ***~ up*** in Falten legen; *Stirn* runzeln; *Lippen* schürzen, *Mund* spitzen; **'~-proud** *adj.* geldstolz, protzig.
purs·er ['pɜːsə] *s.* **1.** ⚓ Zahl-, Provi'antmeister *m*; **2.** ✈ Purser(in).
'purse-strings *s. pl.*: ***hold the ~*** den Geldbeutel verwalten; ***tighten the ~*** den Daumen auf dem Beutel halten.
purs·lane ['pɜːslɪn] *s.* ⚘ Portulak(gewächs *n*) *m*.
pur·su·ance [pə'sjuːəns] *s.* Verfolgung *f*, Ausführung *f*: ***in ~ of*** a) im Verfolg (*gen.*), b) → ***pursuant***; **pur'su·ant** [-nt] *adj.* □: ***~ to*** gemäß *od.* laut *e-r Vorschrift etc.*
pur·sue [pə'sjuː] **I** *v/t.* **1.** (*a.* ⚔) verfolgen, *j-m* nachsetzen, *j-n* jagen; **2.** *fig. Zweck*, *Ziel*, *Plan* verfolgen; **3.** nach *Glück etc.* streben; *dem Vergnügen* nachgehen; **4.** *Kurs*, *Weg* einschlagen, folgen (*dat.*); **5.** *Beruf*, *Studien etc.* betreiben, nachgehen (*dat.*); **6.** *et.* weiterführen, fortsetzen, fortfahren in; **7.** *Thema etc.* weiterführen, (weiter) diskutieren; **II** *v/i.* **8.** ***~ after*** → 1; **9.** *im Sprechen etc.* fortfahren; **pur'su·er** [-juːə] *s.* **1.** Verfolger(in); **2.** ⚖ *Scot.* (An)Kläger(in).
pur·suit [pə'sjuːt] *s.* **1.** Verfolgung *f*, Jagd *f* (***of*** auf *acc.*): ***~ action*** ⚔ Verfolgungskampf *m*; ***in hot ~*** in wilder Verfolgung *od.* Jagd; **2.** *fig.* Streben *n*, Trachten *n*, Jagd *f* (***of*** nach); **3.** Verfolgung *f*, Verfolg *m e-s Plans etc.*: ***in ~ of*** im Verfolg *e-r Sache*; **4.** Beschäftigung *f*, Betätigung *f*; Ausübung *f e-s Gewerbes*, Betreiben *n von Studien etc.*; **5.** *pl.* Arbeiten *pl.*, Geschäfte *pl.*; Studien *pl.*; ***~ in·ter·cep·tor*** *s.* ✈ Zerstörer *m*; ***~ plane*** *s.* ✈ Jagdflugzeug *n*.
pur·sy[1] ['pɜːsɪ] *adj.* **1.** kurzatmig; **2.** korpu'lent; **3.** protzig.
pur·sy[2] ['pɜːsɪ] *adj.* zs.-gekniffen.
pu·ru·lence ['pjʊərʊləns] *s.* ⚕ **1.** Eitrigkeit *f*; **2.** Eiter *m*; **'pu·ru·lent** [-nt] *adj.* □ ⚕ eiternd, eit(e)rig; Eiter...: ***~ matter*** Eiter *m*.
pur·vey [pə'veɪ] **I** *v/t.* (***to***) *mst Lebensmittel* liefern (an *acc.*), (*j-n*) versorgen mit; **II** *v/i.* (***for***) liefern (an *acc.*), sorgen (für): ***~ for*** *j-n* beliefern; **pur'vey·ance** [-eɪəns] *s.* **1.** Lieferung *f*, Beschaffung *f*; **2.** (Mund)Vorrat *m*, Lebensmittel *pl.*; **pur'vey·or** [-eɪə] *s.* **1.** Liefe'rant *m*: ***♀ to Her Majesty*** Hoflieferant; **2.** Lebensmittelhändler *m*.
pur·view ['pɜːvjuː] *s.* **1.** ⚖ verfügender Teil (*e-s Gesetzes*); **2.** *bsd.* ⚖ (Anwendungs)Bereich *m e-s Gesetzes*, b) Zuständigkeit(sbereich *m*) *f*; **3.** Wirkungskreis *m*, Sphäre *f*, Gebiet *n*; **4.** Gesichtskreis *m*, Blickfeld *n* (*a. fig.*).
pus [pʌs] *s.* ⚕ Eiter *m*.
push [pʊʃ] **I** *s.* **1.** Stoß *m*, Schub *m*: ***give s.o. a ~*** a) j-m e-n Stoß versetzen, b) *mot.* j-n anschieben; ***give s.o. the ~*** *sl.* j-n ‚rausschmeißen' (*entlassen*); ***get the ~*** *sl.* ‚rausfliegen' (*entlassen werden*); **2.** ⚠, ⚙, *geol.* (horizon'taler) Druck, Schub *m*; **3.** Anstoß *m*, -trieb *m*; **4.** Anstrengung *f*, Bemühung *f*; **5.** *bsd.* ⚔ Vorstoß *m* (***for*** auf *acc.*); Offen'sive *f*; **6.** *fig.* Druck *m*, Drang *m der Verhältnisse*; **7.** kritischer Augenblick: ***at a ~*** im Notfall; ***bring to the last ~*** aufs Äußerste treiben; ***when it came to the ~*** als es darauf ankam; **8.** F Schwung *m*, Ener'gie *f*, Tatkraft *f*, Draufgängertum *n*; **9.** Protekti'on *f*: ***get a job by ~***; **10.** F Menge *f*, Haufen *m Menschen*; **11.** *sl.* a) (exklu'sive) Clique, b) ‚Verein' *m*, ‚Bande' *f*; **II** *v/t.* **12.** stoßen, *Karren etc.* schieben: ***~ open*** aufstoßen; **13.** stecken, schieben (***into*** in *acc.*); **14.** drängen: ***~ one's way ahead*** (***through***) sich vor- (durch)drängen; **15.** *fig.* (an)treiben, drängen (***to*** zu, ***to do*** zu tun): ***~ s.o. for*** j-n bedrängen *od.* j-m zusetzen wegen; ***~ s.o. for payment*** bei j-m auf Zahlung drängen; ***~ s.th. on s.o.*** j-m et. aufdrängen; ***be ~ed for time*** in Zeitnot *od.* im Gedränge sein; ***be ~ed for money*** in Geldverlegenheit sein; **16.** *a.* ***~ ahead*** (*od.* ***forward*** *od.* ***on***) *Angelegenheit* (e'nergisch) betreiben *od.* verfolgen, vor'antreiben; **17.** *a.* ***~ through*** 'durchführen, -setzen; *Anspruch* 'durchdrücken; *Vorteil* ausnutzen: ***~ s.th. too far*** et. zu weit treiben; **18.** Re'klame machen für, die Trommel rühren für; **19.** F verkaufen, mit *Rauschgift etc.* handeln; **20.** F sich *e-m Alter* nähern: ***be ~ing 70***; **III** *v/i.* **21.** stoßen, schieben; **22.** (sich) drängen; **23.** sich vorwärtsdrängen, sich vor'ankämpfen; **24.** sich tüchtig ins Zeug legen; **25.** *Billard*: schieben; ***~ a·round*** *v/t.* her'umschubsen (*a. fig.*); ***~ off*** **I** *v/t.* **1.** *Boot* abstoßen; **2.** ✝ *Waren* abstoßen, losschlagen; **II** *v/i.* **3.** ⚓ abstoßen (***from*** von); **4.** F ‚abhauen'; **5.** ***~!*** F ‚schieß los'!; ***~ up*** *v/t.* hoch-, hin'aufschieben, -stoßen; ✝ *Preise* hochtreiben; ***~ un·der*** *v/t.* F *j-n* ‚unterbuttern'.
'push|-ball *s.* Pushball(spiel *n*) *m*; **'~-bike** *s. Brit.* F Fahrrad *n*; **'~-ˌbut·ton** **I** *s.* ⚙ Druckknopf *m*, -taste *f*; **II** *adj.* druckknopfgesteuert, Druckknopf...: ***~ switch***; ***~ telephone*** Tastentelefon *n*; ***~ warfare*** automatische Kriegführung; **'~-cart** *s.* **1.** (Hand)Karren *m*; **2.** *Am.* Einkaufswagen *m*; **'~-chair** *s.* (Kinder-)Sportwagen *m*.
push·er ['pʊʃə] *s.* **1.** ⚙ Schieber *m* (*a. Kinderlöffel*); **2.** 🚂 'Hilfslokomoˌtive *f*; **3.** *a.* ***~ airplane*** Flugzeug *n* mit Druckschraube; **4.** F Streber *m*; Draufgänger *m*; **5.** *sl.* ‚Pusher' *m*, ‚Dealer' *m* (*Rauschgifthändler*).
push·ful ['pʊʃfʊl] *adj.* □ e'nergisch, unter'nehmend, draufgängerisch.
push·ing ['pʊʃɪŋ] *adj.* □ **1.** → ***pushful***; **2.** streberisch; **3.** zudringlich.
'push|-off *s.* F Anfang *m*, Start *m*; **'~ˌo·ver** *s.* F **1.** leicht zu besiegender Gegner; **2.** Gimpel *m*: ***he is a ~ for that*** darauf fällt er prompt herein; **3.** leichte Sache, Kinderspiel *n*; **ˌ~-'pull** *adj.* ⚡ Gegentakt...; ***~ start*** *s. mot.* Anschieben *n*; **ˌ~-to-'talk but·ton** *s.* ⚡ Sprechtaste *f*; **'~-up** *s.* Liegestütz *m*.
push·y ['pʊʃɪ] *adj.* F aufdringlich, pene'trant; aggres'siv.
pu·sil·la·nim·i·ty [ˌpjuːsɪlə'nɪmətɪ] *s.* Kleinmütigkeit *f*, Verzagtheit *f*; **pu·sil·lan·i·mous** [ˌpjuːsɪ'lænɪməs] *adj.* □ kleinmütig, verzagt.
puss[1] [pʊs] *s.* **1.** Mieze *f*, Kätzchen *n* (*a.* F *fig. Mädchen*): ***♀ in Boots*** *der* Gestiefelte Kater; ***~ in the corner*** Kämmerchen vermieten (*Kinderspiel*); **2.** *hunt.* Hase *m*.
puss[2] [pʊs] *s. sl.* ‚Fresse' *f*, Vi'sage *f*.
puss·l(e)y ['pʊslɪ] *s.* ⚘ *Am.* Kohlportulak *m*.
puss·y ['pʊsɪ] *s.* **1.** Mieze(kätzchen *n*) *f*, Kätzchen *n*; **2.** → ***tipcat***; **3.** *et.* Weiches u. Wolliges, *bsd.* ⚘ (Weiden)Kätzchen *n*; **4.** *vulg.* ‚Muschi' *f* (*Vulva*): ***have some ~*** ‚bumsen'; **'~-cat** **1.** → ***pussy*** 1; **2.** → ***pussy willow***; **'~-foot** **I** *v/i.* **1.** (wie e-e Katze) schleichen; **2.** *fig.* F a) leisetreten, b) sich nicht festlegen (***on*** auf *acc.*), her'umreden (um); **II** *pl.* **-foots** [-fʊts] *s.* **3.** Schleicher *m*; **4.** *fig.* F Leisetreter *m*; ***~ wil·low*** *s.* ⚘ Verschiedenfarbige Weide.
pus·tule ['pʌstjuːl] *s.* **1.** ⚕ Pustel *f*, Eiterbläschen *n*; **2.** ⚘, *zo.* Warze *f*.
put [pʊt] **I** *s.* **1.** *bsd. sport* Stoß *m*, Wurf *m*; **2.** ✝, *Börse*: Rückprämie *f*: ***~ and call*** Stellagegeschäft *n*; ***~ of more*** Nochgeschäft *n* ‚auf Geben'; **II** *adj.* **3.** F an Ort u. Stelle, unbeweglich: ***stay ~*** a) sich nicht (vom Fleck) rühren, b) festbleiben (*a. fig.*); **III** *v/t.* [*irr.*] **4.** legen, stellen, setzen, *wohin* tun; befestigen (***to*** an *dat.*): ***I shall ~ the matter before him*** ich werde ihm die Sache vorlegen; ***I ~ him above his brother*** ich stelle ihn über seinen Bruder; ***~ s.th. in hand*** *fig.* et. in die Hand nehmen, anfangen; **5.** stecken (***in one's pocket*** in die Tasche, ***in prison*** ins Gefängnis); **6.** *j-n in e-e unangenehme Lage*, ✝ *et. auf den Markt*, *in Ordnung*, *thea. ein Stück auf die Bühne etc.* bringen: ***~ s.o. across a river*** j-n über e-n Fluß übersetzen; ***~ it across s.o.*** F j-n ‚reinlegen'; ***~ one's brain to it*** sich darauf konzentrieren, die Sache in Angriff nehmen; ***~ s.o. in mind of*** j-n erinnern an (*acc.*); ***~ s.th. on paper*** et. zu Papier bringen; ***~ s.o. right*** j-n berichtigen; **7.** *ein Ende*, *in Kraft*, *in Umlauf*, *j-n auf Diät*, *in Besitz*, *in ein gutes od. schlechtes Licht*, *ins Unrecht*, *über ein Land*, *sich et. in den Kopf*, *j-n an e-e Arbeit* setzen: ***~ one's signature to*** s-e Unterschrift darauf *od.* darunter setzen; ***~ yourself in my place*** versetze dich in m-e Lage; **8.** ***~ o.s.*** sich in *j-s Hände etc.* begeben: ***~ o.s. under s.o.'s care*** sich in j-s Obhut begeben; ***~ yourself in***(***to***) ***my hands*** vertraue dich mir ganz an; **9.** ***~ out of*** aus ... hin'ausstellen *etc.*; werfen *od.* verdrängen aus; außer *Betrieb od. Gefecht etc.* setzen; → ***action*** 2, 9, ***running*** 1; **10.** unter'werfen, -'ziehen (***to*** *e-r Probe etc.*; ***through*** *e-m Verhör etc.*): ***~ s.o. through it*** j-n auf Herz u. Nieren prüfen; → ***confusion*** 3, ***death***

1, ***expense*** 2, ***shame*** 2, ***sword***, ***test*** 1; **11.** *Land* bepflanzen (***into***, ***under*** mit): ***land was ~ under potatoes***; **12.** (***to***) setzen (an *acc.*), (an)treiben *od.* zwingen (zu): ***~ s.o. to work*** j-n an die Arbeit setzen, j-n arbeiten lassen; ***~ to school*** zur Schule schicken, einschulen; ***~ to trade*** *j-n* ein Handwerk lernen lassen; ***~ s.o. to a joiner*** j-n bei e-m Schreiner in die Lehre geben; ***~ s.o. to it*** j-m zusetzen, j-n bedrängen; ***be hard ~ to it*** arg bedrängt werden; → ***flight***[1], ***pace***[1] 2; **13.** veranlassen, verlocken (***on***, ***to*** zu); **14.** *in Furcht, Wut etc.* versetzen; → ***countenance*** 2, ***ease*** 2, ***guard*** 11, ***mettle*** 2, ***temper*** 4; **15.** über'setzen (***into French*** *etc.* ins Französische *etc.*); **16.** *(un)klar etc.* ausdrükken, sagen *klug etc.* formulieren, *in Worte* fassen: ***the case was cleverly ~***; ***to ~ it mildly*** gelinde gesagt; ***how shall I ~ it?*** wie soll ich mich (*od.* es) ausdrücken; **17.** schätzen (***at*** auf *acc.*); **18.** (***to***) verwenden (für), anwenden (zu): ***~ s.th. to a good use*** et. gut verwenden; **19.** *Frage, Antrag etc.* vorlegen, stellen; *den Fall* setzen: ***I ~ it to you*** a) ich appelliere an Sie, b) ich stelle es Ihnen anheim; ***I ~ it to you that*** geben Sie zu, daß; **20.** *Geld* setzen, wetten (***on*** auf *acc.*); **21.** (***into***) *Geld* stecken (in *acc.*), anlegen (in *dat.*), investieren (in *dat.*); **22.** *Schuld* zuschieben, geben (***on*** *dat.*): ***they ~ the blame on him***; **23.** *Uhr* stellen; **24.** *bsd. sport* werfen, schleudern; *Kugel, Stein* stoßen; **25.** *Waffe* stoßen, *Kugel* schießen (***in***[***to***] in *acc.*); **IV.** *v/i.* [*irr.*] **26.** sich begeben (***to land*** an Land), fahren: ***~ to sea*** in See stechen; **27.** *Am.* münden, sich ergießen (*Fluß*) (***into*** in *e-n See etc.*); **28.** ***~ upon*** *mst pass.* a) *j-m* zusetzen, b) *j-n* ausnutzen, c) *j-n* ‚reinlegen';

Zssgn mit prp.:

→ *Beispiele unter* ***put*** 4 → 28;

Zssgn mit adv.:

put| a·bout I *v/t.* **1.** ⚓ wenden; **2.** *Gerücht* verbreiten; **3.** a) beunruhigen, b) quälen, c) ärgern; **II** *v/i.* **4.** ⚓ wenden; **~ a·cross** *v/t.* **1.** ⚓ 'übersetzen; **2.** *sl. et.* ‚schaukeln', erfolgreich 'durchführen, *Idee etc.* ‚verkaufen': ***put it across*** ‚es schaffen', Erfolg haben; **~ a·side** *v/t.* **1.** → ***put away*** 1 *u.* 3; **2.** *fig.* bei'seite schieben; **~ a·way I** *v/t.* **1.** weglegen, -stecken, -tun, beiseite legen; **2.** auf-, wegräumen; **3.** *Geld* zu'rücklegen, ‚auf die hohe Kante legen'; **4.** *Laster etc.* ablegen; **5.** F *Speisen* ‚verdrücken', *Getränke* ‚runterstellen'; **6.** F *j-n* ‚einsperren'; **7.** F *j-n* ‚beseitigen' (*umbringen*); **8.** *sl. et.* versetzen; **II** *v/i.* **9.** ⚓ auslaufen (***for*** nach); **~ back I** *v/t.* **1.** zu'rückschieben, -stellen, -tun; **2.** *Uhr* zu'rückstellen, *Zeiger* zu'rückdrehen; **3.** *fig.* aufhalten, hemmen; → ***clock***[1] 1; **4.** *Schüler* zu'rückversetzen; **II** *v/i.* **5.** ⚓ 'umkehren; **~ by** *v/t.* **1.** → ***put away*** 1 *u.* 3; **2.** *e-r Frage etc.* ausweichen; **3.** *fig.* bei'seite schieben, *j-n* über'gehen; **~ down** *v/t.* **1.** hin-, niederlegen, -stellen, -setzen; → ***foot*** 1; **2.** *j-n auf der Fahrt* absetzen, aussteigen lassen; **3.** *Weinkeller* anlegen; **4.** *Aufstand* niederwerfen, *a. Mißstand* unter'drücken; **5.** *j-n* demütigen, ducken; kurz abweisen; her'untersetzen; **6.** zum Schweigen bringen; **7.** a) *Preise* heruntersetzen, b) *Ausgaben* einschränken; **8.** (auf-, nieder)schreiben; **9.** (***to***) † a) *j-m* anschreiben, b) auf *j-s Rechnung* setzen: ***put s.th. down to s.o.'s account***; **10.** *j-n* eintragen *od.* vormerken (***for*** für *e-e Spende etc.*): ***put o.s. down*** sich eintragen; **11.** zuschreiben (***to*** *dat.*); **12.** schätzen (***at***, ***for*** auf *acc.*); **13.** ansehen (***as***, ***for*** als); **~ forth** *v/t.* **1.** her'vor-, hin'auslegen, -stellen, -schieben; **2.** *Hand etc.* ausstrecken; **3.** *Kraft etc.* aufbieten; **4.** ⚘ *Knospen etc.* treiben; **5.** veröffentlichen, *bsd. Buch* her'ausbringen; **6.** behaupten; **~ for·ward** *v/t.* **1.** vorschieben; *Uhr* vorstellen, *Zeiger* vorrücken; **2.** in den Vordergrund schieben: ***put o.s. forward*** a) sich hervortun, b) sich vordrängen; **3.** *fig.* vor'anbringen, weiterhelfen (*dat.*); **4.** *Meinung etc.* vorbringen, *et.* vorlegen, unter'breiten; *Theorie* aufstellen; **~ in I** *v/t.* **1.** her'ein-, hin'einlegen *etc.*; **2.** einschieben, -schalten: ***~ a word*** a) e-e Bemerkung einwerfen *od.* anbringen, b) ein Wort mitsprechen, c) ein Wort einlegen (***for*** für); ***~ an extra hour's work*** e-e Stunde mehr arbeiten; **3.** *Schlag etc.* anbringen; **4.** *Gesuch etc.* einreichen, *Dokument* vorlegen; *Anspruch* stellen *od.* erheben (***to***, ***for*** auf *acc.*); **5.** *j-n* anstellen, *in ein Amt* einsetzen; **6.** *Annonce* einrücken; **7.** F *Zeit* verbringen; **II** *v/i.* **8.** ⚓ einlaufen; **9.** einkehren (***at*** in *e-m Gasthaus etc.*); **10.** sich bewerben (***for*** um): ***~ for s.th.*** et. fordern *od.* verlangen; **~ in·side** *v/t.* F *j-n* ‚einlochen'; **~ off I** *v/t.* **1.** weg-, bei'seite legen, -stellen; **2.** *Kleider, bsd. fig. Zweifel etc.* ablegen; **3.** auf-, verschieben; **4.** *j-n* vertrösten, abspeisen (***with*** mit *Worten etc.*); **5.** *j-m* absagen; **6.** sich drücken vor (*dat.*); **7.** *j-n* abbringen, *j-m* abraten (***from*** von); **8.** hindern (***from*** an *dat.*); **9.** ***put s.th. off*** (***up***)***on s.o.*** j-m et. ‚andrehen'; **10.** F a) *j-n* aus der Fassung *od.* aus dem Kon'zept bringen, b) j-m die Lust nehmen, *j-n* abstoßen; **II** *v/i.* **11.** ⚓ auslaufen; **~ on** *v/t.* **1.** *Kleider* anziehen; *Hut, Brille* aufsetzen; *Rouge* auflegen; **2.** *Fett* ansetzen; → ***weight*** 1; **3.** *Charakter, Gestalt* annehmen; **4.** vortäuschen, -spiegeln, (er)heucheln: → ***air***[1] 7, ***dog*** *Redew.*; ***put it on*** F a) angeben, b) übertreiben, c) ‚schwer draufschlagen' (*auf den Preis*), d) heucheln; ***put it on thick*** F dick auftragen; ***his modesty is all ~*** s-e Bescheidenheit ist nur Mache; **5.** *Summe* aufschlagen (***on*** auf *den Preis*); **6.** *Uhr* vorstellen, *Zeiger* vorrücken; **7.** an-, einschalten, *Gas etc.* aufdrehen, *Dampf* anlassen, *Tempo* beschleunigen; **8.** *Kraft, a. Arbeitskräfte, Sonderzug etc.* einsetzen; **9.** *Schraube, Bremse* anziehen; **10.** *thea. etc. Stück, Sendung* bringen; **11.** ***put s.o. on to*** j-m e-n Tip geben für, j-n auf *e-e Idee* bringen; **12.** *sport Tor etc.* erzielen; **~ out I** *v/t.* **1.** hin'auslegen, -stellen *etc.*; **2.** *Hand, Fühler* ausstrecken; *Zunge* her'ausstrecken; *Ankündigung etc.* aushängen; **3.** *sport* zum Ausscheiden zwingen, ‚aus dem Rennen werfen'; **4.** *Glied* aus-, verrenken; **5.** *Feuer, Licht* (aus-)löschen; **6.** a) verwirren, außer Fassung bringen, b) verstimmen, ärgern: ***be ~ about s.th.***, c) *j-m* Ungelegenheiten bereiten, *j-n* stören; **7.** *Kraft etc.* aufbieten; **8.** *Geld* ausleihen (***at interest*** auf Zinsen), investieren; **9.** *Boot* aussetzen; **10.** *Augen* ausstechen; **11.** *Arbeit, a. Kind, Tier* außer Haus geben; † in Auftrag geben; → ***grass*** 3, ***nurse*** 4; **12.** *Knospen etc.* treiben; **II** *v/i.* **13.** ⚓ auslaufen: ***~*** (***to sea***) in See stechen; **~ o·ver I** *v/t.* **1.** *sl.* → ***put across*** 2; **2.** *e-m Film etc.* Erfolg sichern, popu'lär machen (*acc.*): ***put o.s. over*** sich durchsetzen, ‚ankommen'; **3.** ***put it over on*** *j-n* ‚reinlegen'; **II** *v/i.* **4.** ⚓ hin'überfahren; **~ through** *v/t.* **1.** 'durch-, ausführen; **2.** *teleph. j-n* verbinden (***to*** mit); **~ to** *v/t. Pferd* anspannen, *Lokomotive* vorspannen; **~ to·geth·er** *v/t.* **1.** zs.-setzen (*a. Schriftwerk*) zs.-stellen; **2.** zs.-zählen: → ***two*** 2; **3.** zs.-stecken; → ***head*** *Redew.*; **~ up I** *v/t.* **1.** hin'auflegen, -stellen; **2.** hochschieben, -ziehen; → ***back***[1] 7, ***shutter*** 1; **3.** *Hände* a) heben, b) *zum Kampf* hochnehmen; **4.** *Bild etc.* aufhängen; *Plakat* anschlagen; **5.** *Haar* aufstecken; **6.** *Schirm* aufspannen; **7.** *Zelt etc.* aufstellen, *Gebäude* errichten; **8.** F *et.* aushecken; *et.* ‚drehen', fingieren; **9.** *Gebet* em'porsenden; **10.** *Gast* (bei sich) aufnehmen, 'unterbringen; **11.** weglegen; **12.** aufbewahren; **13.** ein-, verwegpacken; zs.-legen; **14.** *Schwert* einstecken; **15.** konservieren, einkochen, -machen; **16.** *Spiel etc.* zeigen; *e-n Kampf* liefern; *Widerstand* leisten; **17.** (als Kandi'daten) aufstellen; **18.** *Auktion*: an-, ausbieten: ***~ for sale*** meistbietend verkaufen; **19.** *Preis etc.* hin'aufsetzen, erhöhen; **20.** *Wild* aufjagen; **21.** *Eheaufgebot* verkünden; **22.** bezahlen; **23.** (ein)setzen (*Wette etc.*), *Geld* bereitstellen, *od.* hinter'legen; **24.** ***~ to*** a) *j-n* anstiften zu, b) *j-n* informieren über (*acc.*), *a. j-m* e-n Tip geben für; **II** *v/i.* **25.** absteigen, einkehren (***at*** in); **26.** (***for***) sich aufstellen lassen, kandidieren (für), sich bewerben (um); **27.** ***~ with*** sich abfinden mit, sich gefallen lassen, hinnehmen.

pu·ta·tive ['pju:tətɪv] *adj.* □ **1.** vermeintlich; **2.** mutmaßlich; **3.** ⚖ pu'ta'tiv.

'put|·down *s.*: ***that was a ~*** damit wollte er *etc.* mich *etc.* fertigmachen; **'~·off** *s.* **1.** Ausflucht *f*; **2.** Verschiebung *f*; **'~-on I** *adj.* **1.** vorgetäuscht; **II** *s. Am. sl.* **2.** Bluff *m*; **3.** Getue *n*, ‚Mache' *f*, ‚Schau' *f*.

put-put ['pʌtpʌt] *s.* Tuckern *n* (*e-s Motors etc.*).

pu·tre·fa·cient [ˌpju:trɪ'feɪʃənt] → ***putrefactive***; **ˌpu·tre'fac·tion** [-'fækʃn] *s.* **1.** Fäulnis *f*, Verwesung *f*; **2.** Faulen *n*; **ˌpu·tre'fac·tive** [-'fæktɪv] **I** *adj.* **1.** faulig, Fäulnis...; **2.** fäulniserregend; **II** *s.* **3.** Fäulniserreger *m*; **pu·tre·fy** ['pju:trɪfaɪ] **I** *v/i.* (ver)faulen, verwesen; **II** *v/t.* verfaulen lassen.

pu·tres·cence [pju:'tresns] *s.* (Ver-)Faulen *n*, Fäulnis *f*; **pu'tres·cent** [-nt] *adj.* **1.** (ver)faulend, verwesend; **2.** faulig, Fäulnis...

pu·trid ['pju:trɪd] *adj.* □ **1.** verfault, verwest; faulig (*Geruch*), stinkend; **2.** *fig.* verderbt, kor'rupt; **3.** *fig.* verderblich; **4.** *fig.* ekelhaft; **5.** *sl.* mise'rabel.

putsch [pʊtʃ] (*Ger.*) *s. pol.* Putsch *m*, Staatsstreich *m*.

putt [pʌt] *Golf*: **I** *v/t. u. v/i.* putten; **II** *s.* Putt *m*.

put·tee ['pʌtɪ] *s.* 'Wickelgaˌmasche *f*.

putt·er ['pʌtə] *s. Golf*: Putter *m* (*Schläger od. Spieler*).

'putt·ing-green ['pʌtɪŋ] *s. Golf*: Putting green *n* (*Platzteil*).

put·ty ['pʌtɪ] **I** *s.* **1.** ⚙ Kitt *m*, Spachtel *m*: (***glaziers'***) ~ Glaserkitt; (***plasterers'***) ~ Kalkkitt; (***jewellers'***) ~ Zinnasche *f*; **2.** *fig.* Wachs *n*: ***he is ~ in her hand***; **II** *v/t.* **3.** *a.* ~ ***up*** (ver)kitten; ~ **knife** *s.* [*irr.*] Spachtelmesser *n*.

'put-up *adj.* F abgekartet: ***a ~ job*** e-e ‚Schiebung'.

puz·zle ['pʌzl] **I** *s.* **1.** Rätsel *n*; **2.** Puzzle-, Geduldspiel *n*; **3.** schwierige Sache, Prob'lem *n*; **4.** Verwirrung *f*, Verlegenheit *f*; **II** *v/t.* **5.** verwirren, vor ein Rätsel stellen, verdutzen; **6.** *et.* komplizieren, durchein'anderbringen; **7.** *j-m* Kopfzerbrechen machen, zu schaffen machen: ~ ***one's brains*** (*od.* ***head***) sich den Kopf zerbrechen (***over*** über *acc.*); **8.** ~ ***out*** austüfteln, -knobeln, her'ausbekommen; **III** *v/i.* **9.** verwirrt sein (***over***, ***about*** über *acc.*); **10.** sich den Kopf zerbrechen (***over*** über *acc.*); **'~-ˌhead·ed** *adj.* wirrköpfig, kon'fus; ~ **lock** *s.* Vexier-, Buchstabenschloß *n*.

puz·zle·ment ['pʌzlmənt] *s.* Verwirrung *f*; **'puz·zler** [-lə] → ***puzzle*** 3; **'puz·zling** [-lɪŋ] *adj.* □ **1.** rätselhaft; **2.** verwirrend.

py·e·li·tis [paɪə'laɪtɪs] *s.* ⚕ Nierenbeckenentzündung *f*.

pyg·m(a)e·an [pɪg'mi:ən] → ***pygmy*** II.

pyg·my ['pɪgmɪ] **I** *s.* **1.** ♀ Pyg'mäe *m*, Pyg'mäin *f* (*Zwergmensch*); **2.** *fig.* Zwerg *m*; **II** *adj.* **3.** Pygmäen…; **4.** winzig, Zwerg…; **5.** unbedeutend.

py·ja·mas [pə'dʒɑ:məz] *s. pl.* Schlafanzug *m*, Py'jama *m*.

py·lon ['paɪlən] *s.* **1.** ⚡ (freitragender) Mast (*für Hochspannungsleitungen etc.*); **2.** ✈ Orientierungsturm *m*, *bsd.* Wendeturm *m*.

py·lo·rus [paɪ'lɔ:rəs] *pl.* **-ri** [-raɪ] *s. anat.* Py'lorus *m*, Pförtner *m*.

pyr·a·mid ['pɪrəmɪd] *s.* Pyra'mide *f* (*a.* ⚔ *u. fig.*): ~ ***of ages*** Alterspyramide *f*; **py·ram·i·dal** [pɪ'ræmɪdl] *adj.* □ **1.** Pyramiden…; **2.** pyrami'dal (*a. fig. gewaltig*), pyra'midenartig, -förmig.

pyre ['paɪə] *s.* Scheiterhaufen *m*.

py·ret·ic [paɪ'retɪk] *adj.* ⚕ fieberhaft, Fieber…; **py'rex·i·a** [-eksɪə] *s.* ⚕ Fieberzustand *m*.

py·rite ['paɪraɪt] *s. min.* Py'rit *m*, Schwefel-, Eisenkies *m*; **py·ri·tes** [paɪ'raɪti:z] *s. min.* Py'rit *m*: ***copper ~*** Kupferkies; ***iron ~*** → ***pyrite***.

pyro- [paɪərəʊ] *in Zssgn* Feuer…, Brand…, Wärme…, Glut…; **'py·ro·gen** [-rədʒən] *s.* ⚕ fiebererregender Stoff; **py·rog·e·nous** [paɪ'rɒdʒɪnəs] *adj.* **1.** a) wärmeerzeugend, b) durch Wärme erzeugt; **2.** ⚕ a) fiebererregend, b) durch Fieber verursacht; **3.** *geol.* pyro'gen; **py·rog·ra·phy** [paɪ'rɒgrəfɪ] *s.* Brandmale'rei *f*; **py·ro·ma·ni·a** [ˌpaɪrəʊ'meɪnɪə] *s.* Pyroma'nie *f*, Brandstiftungstrieb *m*; **py·ro·ma·ni·ac** [ˌpaɪrəʊ'meɪnɪæk] *s.* Pyro'mane *m*, Pyro'manin *f*.

py·ro·tech·nic, py·ro·tech·ni·cal [ˌpaɪrəʊ'teknɪk(l)] *adj.* □ **1.** pyro'technisch; **2.** Feuerwerks…, feuerwerkartig; **3.** *fig.* bril'lant; **ˌpy·ro'tech·nics** [-ks] *s. pl.* **1.** Pyro'technik *f*, Feuerwerke'rei *f*; **2.** *fig.* Feuerwerk *n von Witz etc.*; **ˌpy·ro'tech·nist** [-ɪst] *s.* Pyro'techniker *m*.

Pyr·rhic vic·to·ry ['pɪrɪk] *s.* Pyrrhussieg *m*.

Py·thag·o·re·an [paɪˌθægə'rɪən] **I** *adj.* pythago'reisch; **II** *s. phls.* Pythago'reer *m*.

py·thon ['paɪθn] *s. zo.* **1.** Python(schlange *f*) *m*; **2.** *allg.* Riesenschlange *f*.

pyx [pɪks] **I** *s.* **1.** *R.C.* Pyxis *f*, Mon'stranz *f*; **2.** *Brit.* Büchse *f* mit Probemünzen; **II** *v/t.* **3.** *Münze* a) in der ***Pyx*** hinter'legen, b) auf Gewicht u. Feinheit prüfen.

Q

Q, q [kjuː] *s.* Q *n*, q *n* (*Buchstabe*).
ˈQ-boat *s.* ⚓ U-Boot-Falle *f*.
quack¹ [kwæk] **I** *v/i*. **1.** quaken; **2.** *fig.* schnattern, schwatzen; **II** *s*. **3.** Quaken *n*; *fig.* Geplapper *n*.
quack² [kwæk] **I** *s*. **1.** *a.* **~ doctor** Quacksalber *m*, Kurpfuscher *m*; **2.** Scharlatan *m*; Marktschreier *m*; **II** *adj.* **3.** quacksalberisch, Quacksalber…, **4.** marktschreierisch; **5.** Schwindel…; **III** *v/i. u. v/t.* **6.** quacksalbern, herˈumpfuschen (an *dat.*); **7.** marktschreierisch auftreten (*v/t.* anpreisen); **ˈquack·er·y** [-kərɪ] *s*. **1.** Quacksalbeˈrei *f*, Kurpfuscheˈrei *f*; **2.** Scharlataneˈrie *f*; **3.** marktschreierisches Auftreten.
quad¹ [kwɒd] F → ***quadrangle, quadrat, quadruped, quadruplet.***
quad² [kwɒd] **I** *s.* ⚡ Viererkabel *n*; **II** *v/t.* zum Vierer verseilen.
quad·ra·ble [ˈkwɒdrəbl] *adj.* 𝔄 quadrierbar.
quad·ra·ge·nar·i·an [kwɒdrədʒɪˈneərɪən] **I** *adj.* a) vierzigjährig, b) in den Vierzigern; **II** *s*. Vierziger(in), Vierzigjährige(r *m*) *f*.
quad·ran·gle [ˈkwɒdræŋgl] *s*. **1.** 𝔄 *u. weitS.* Viereck *n*; **2.** a) (*bsd.* Schul)Hof *m*, b) viereckiger Geˈbäudekomˌplex; **quad·ran·gu·lar** [kwɒˈdræŋgjʊlə] *adj.* □ 𝔄 viereckig.
quad·rant [ˈkwɒdrənt] *s*. **1.** 𝔄 Quaˈdrant *m*, Viertelkreis *m*, (ˈKreis)Segˌment *n*; **2.** ⚓, *ast.* Quaˈdrant *m*.
quad·ra·phon·ic [ˌkwɒdrəˈfɒnɪk] *adj.* ♪, *phys.* quadroˈphonisch; **ˌquad·raˈphon·ics** [-ks] *s. pl. sg. konstr.* Quadrophoˈnie *f*.
quad·rat [ˈkwɒdrət] *s. typ.* Quaˈdrat *n*, (großer) Ausschluß: ***em*** **~** Geviert *n*; ***en*** **~** Halbgeviert *n*.
quad·rate [ˈkwɒdrət] **I** *adj.* (annähernd) quaˈdratisch, *bsd. anat.* Quadrat…; **II** *v/t.* [kwɒˈdreɪt] in Überˈeinstimmung bringen (***with, to*** mit); **III** *v/i.* [kwɒˈdreɪt] überˈeinstimmen; **quad·rat·ic** [kwɒˈdrætɪk] **I** *adj.* quaˈdratisch (*Form*, 𝔄 *Gleichung*): **~ *curve*** Kurve *f* zweiter Ordnung; **II** *s*. 𝔄 quaˈdratische Gleichung; **quad·ra·ture** [ˈkwɒdrətʃə] *s*. **1.** 𝔄, *ast.* Quadraˈtur *f* (***of the circle*** des Kreises); **2.** ⚡ (Phasen)Verschiebung *f* um 90 Grad.
quad·ren·ni·al [kwɒˈdrenɪəl] **I** *adj.* □ **1.** vierjährig, vier Jahre dauernd; **2.** vierjährlich, alle vier Jahre stattfindend; **II** *s*. **3.** Zeitraum *m* von vier Jahren; **4.** vierter Jahrestag.
quad·ri·lat·er·al [ˌkwɒdrɪˈlætərəl] **I** *adj.* vierseitig; **II** *s.* Vierseit *n*, -eck *n*.
qua·drille [kwəˈdrɪl] *s*. Quaˈdrille *f* (*Tanz*).
quad·ril·lion [kwɒˈdrɪljən] *s*. 𝔄 **1.** *Brit.* Quadrilliˈon *f*; **2.** *Am.* Billiˈarde *f*.
quad·ri·par·tite [ˌkwɒdrɪˈpɑːtaɪt] *adj.* **1.** vierteilig (*a.* ⚘); **2.** Vierer…, zwischen vier Partnern abgeschlossen *etc.*: **~ *pact*** Viererpakt *m*.
quad·ro [ˈkwɒdrəʊ] *adj. u. adv.* ♪, *Radio*: quadro.
quadro- [kwɒdrəʊ] *in Zssgn* quadro…
ˌquad·roˈphon·ic [-ˈfɒnɪk] *etc.* → ***quadraphonic*** *etc.*
quad·ru·ped [ˈkwɒdrʊped] **I** *s.* Vierfüßer *m*; **II** *adj.* *a.* **quad·ru·pe·dal** [ˌkwɒdrəˈpiːdl] vierfüßig; **ˈquad·ru·ple** [-pl] **I** *adj.* **1.** *a.* **~ *to*** (*od.* ***of***) vierfach, -fältig; viermal so groß wie; **2.** Vierer…: **~ *machinegun*** ⚔ Vierlings-MG *n*; **~ *measure*** ♪ Viervierteltakt *m*; **~ *thread*** ⚙ viergängiges Gewinde; **II** *adv.* **3.** vierfach; **III** *s*. **4.** *das* Vierfache; **IV** *v/t.* **5.** vervierfachen; **6.** viermal so groß *od.* so viel sein wie; **V** *v/i.* **7.** sich vervierfachen; **ˈquad·ru·plet** [-plɪt] *s*. **1.** Vierling *m* (*Kind*); **2.** Vierergruppe *f*; **ˈquad·ru·plex** [-pleks] **I** *adj.* **1.** vierfach; **2.** ⚡ Quadruplex…, Vierfach…: **~ *system*** Vierfachbetrieb *m*, Doppelgegensprechen *n*; **II** *s*. **3.** ˈQuadruplextelegraph *m*; **quad·ru·pli·cate I** *v/t.* [kwɒˈdruːplɪkeɪt] **1.** vervierfachen; **2.** *Dokument* vierfach ausfertigen; **II** *adj.* [kwɒˈdruːplɪkət] **3.** vierfach; **III** *s*. [-kət] **4.** vierfache Ausfertigung.
quaff [kwɑːf] **I** *v/i.* zechen; **II** *v/t.* schlürfen, in langen Zügen (aus)trinken: **~ *off*** *Getränk* hinunterstürzen.
quag [kwæg] → ***quagmire***; **ˈquag·gy** [-gɪ] *adj.* **1.** sumpfig; **2.** schwammig; **ˈquag·mire** [-maɪə] *s*. Moˈrast *m*, Moor(boden *m*) *n*, Sumpf(land *n*) *m*: ***be caught in a*** **~** *fig.* in der Patsche sitzen.
quail¹ [kweɪl] *pl.* **quails**, *coll.* **quail** *s. orn.* Wachtel *f*.
quail² [kweɪl] *v/i.* **1.** verzagen; **2.** (vor Angst) zittern (***before*** vor *dat.*; ***at*** bei).
quaint [kweɪnt] *adj.* □ **1.** wunderlich, drollig, kuriˈos; **2.** malerisch, anheimelnd (*altmodisch*); **3.** seltsam, merkwürdig; **ˈquaint·ness** [-nɪs] *s*. **1.** Wunderlichkeit *f*; Seltsamkeit *f*; **2.** anheimelndes (*bsd.* altmodisches) Aussehen.
quake [kweɪk] **I** *v/i.* zittern, beben (***with, for*** vor *dat.*); **II** *s*. Zittern *n*, (*a.* Erd)Beben *n*, Erschütterung *f*.
Quak·er [ˈkweɪkə] *s*. **1.** *eccl.* Quäker *m*: **~*(s') meeting*** *fig.* schweigsame Versammlung; **2.** *a.* **~ *gun*** ⚔ *Am.* Geˈschützatˌtrappe *f*; **3.** *2*, *a.* ***2-bird*** *orn.* schwarzer Albatros; **ˈQuak·er·ess** [-ərɪs] *s*. Quäkerin *f*; **ˈQuak·er·ism** [-ərɪzəm] *s*. Quäkertum *n*.
ˈquak·ing-grass [ˈkweɪkɪŋ-] *s.* ⚘ Zittergras *n*.
qual·i·fi·ca·tion [ˌkwɒlɪfɪˈkeɪʃn] *s*. **1.** Qualifikatiˈon *f*, Befähigung *f*, Eignung *f* (***for*** für, zu): **~ *test*** Eignungsprüfung *f*; ***have the necessary*** **~*s*** den Anforderungen entsprechen; **2.** Vorbedingung *f*, (notwendige) Vorˈaussetzung (***of, for*** für), **3.** Eignungszeugnis *n*, **4.** Einschränkung *f*, Modifikatiˈon *f*: ***without any*** **~** ohne jede Einschränkung; **5.** *ling.* nähere Bestimmung; **6.** ☤ ˈMindestˌaktienkapiˌtal *n* (*e-s Aufsichtsratsmitglieds*); **qual·i·fied** [ˈkwɒlɪfaɪd] *adj.* **1.** qualifiziert, geeignet, befähigt (***for*** für); **2.** berechtigt: **~ *for a post*** anstellungsberechtigt; **~ *voter*** Wahlberechtigte(r *m*) *f*; **3.** eingeschränkt, bedingt, modifiziert: **~ *acceptance*** ☤ bedingte Annahme (*e-s Wechsels*); **~ *sale*** ☤ Konditionskauf *m*; ***in a*** **~ *sense*** mit Einschränkungen; **qual·i·fy** [ˈkwɒlɪfaɪ] **I** *v/t.* **1.** qualifizieren, befähigen, geeignet machen (***for*** für; ***for being, to be*** zu sein); **2.** berechtigen (***for*** zu); **3.** bezeichnen, charakterisieren (***as*** als); **4.** einschränken, modifizieren; **5.** abschwächen, mildern; **6.** *Getränke* verdünnen; **7.** *ling.* modifizieren, näher bestimmen; **II** *v/i.* **8.** sich qualifizieren *od.* eignen, die Eignung besitzen *od.* nachweisen, in Frage kommen (***for*** für; ***as*** als): **~*ing examination*** Eignungsprüfung *f*; **~*ing period*** Anwartschafts-, Probezeit *f*; **9.** *sport* sich qualifizieren (***for*** für): **~*ing round*** Ausscheidungsrunde *f*; **10.** die nötigen Fähigkeiten erwerben; **11.** die (juˈristischen) Vorbedingungen erfüllen, *bsd. Am.* den Eid ablegen; **qual·i·ta·tive** [ˈkwɒlɪtətɪv] *adj.* □ qualitaˈtiv (*a.* ⚗ *Analyse*, *a.* 𝔄 *Verteilung*); **qual·i·ty** [ˈkwɒlətɪ] *s*. **1.** Eigenschaft *f* (*Person u. Sache*): (***good***) **~** gute Eigenschaft; ***in the*** **~ *of*** (in der Eigenschaft) als; **2.** Art *f*, Naˈtur *f*, Beschaffenheit *f*; **3.** Fähigkeit *f*, Taˈlent *n*; **4.** *bsd.* ☤, ⚙ Qualiˈtät *f*: ***in*** **~** qualitativ; **5.** ☤ (Güte)Sorte *f*, Klasse *f*; **6.** gute Qualiˈtät, Güte *f*: **~ *goods*** Qualitätswaren; **~ *of life*** Lebensqualität; **7.** a) ♪ ˈTonqualiˌtät *f*, -farbe *f*, b) *ling.* Klangfarbe *f*; **8.** *phls.* Qualiˈtät *f*; **9.** vornehmer Stand: ***person of*** **~** Standesperson *f*; ***the people of*** **~** die vornehme Welt.
qualm [kwɑːm] *s*. **1.** Übelkeitsgefühl *n*, Schwäche(anfall *m*) *f*; **2.** Bedenken *pl.*, Zweifel *pl.*; Skrupel *m*; **ˈqualm·ish** [-mɪʃ] *adj.* □ **1.** (sich) übel (fühlend), unwohl; **2.** Übelkeits…: **~ *feelings***.
quan·da·ry [ˈkwɒndərɪ] *s*. Verlegenheit *f*, verzwickte Lage: ***be in a*** **~** sich in e-m

Dilemma befinden; nicht wissen, was man tun soll.

quan·go [kwæŋgəʊ] *s.* halbstaatliche Organisation.

quan·ta ['kwɒntə] *pl. von* ***quantum***.

quan·ti·fi·a·ble ['kwɒntɪfaɪəbl] *s.* quantitativ bestimmbar, meßbar; **quan·ti·fy** [-faɪ] *vt.* quantitativ bestimmen, messen.

quan·ti·ta·tive ['kwɒntɪtətɪv] *adj.* □ quantita'tiv (*a. ling.*), Mengen...: **~ analysis** ⚗ quantitative Analyse; **~ ratio** Mengenverhältnis *n*; **quan·ti·ty** ['kwɒntətɪ] *s.* **1.** Quanti'tät *f*, (bestimmte *od.* große) Menge, Quantum *n*: **~ of heat** *phys.* Wärmemenge; **a ~ of cigars** e-e Anzahl Zigarren; **in (large) quantities** in großen Mengen; **~ discount** ✝ Mengenrabatt *m*; **~ production** Massenerzeugung *f*, Serienfertigung *f*; **~ purchase** Großeinkauf *m*; **~ surveyor** *Brit.* Bausachverständige(r) *m*; **2.** ⩘ Größe *f*: **negligible ~** a) unwesentliche Größe, b) *fig.* völlig unbedeutende Person *etc.*; **numerical ~** Zahlengröße; **(un)known ~** (un)bekannte Größe (*a. fig.*); **3.** *ling.* Quanti'tät *f*, Lautdauer *f*; (Silben)Zeitmaß *n*.

quan·ti·za·tion [ˌkwɒntɪ'zeɪʃn] *s. phys.* Quantelung *f*; **quan·tize** ['kwɒntaɪz] *v/t.* **1.** *phys.* quanteln; **2.** *Computer*: quantisieren.

quan·tum ['kwɒntəm] *pl.* **-ta** [-tə] *s.* **1.** Quantum *n*, Menge *f*; **2.** (An)Teil *m*; **3.** *phys.* Quant *n*: **~ of radiation** Lichtquant; **~ me·chan·ics** *s. pl.* 'Quantenmeˌchanik *f*; **~ or·bit**, **~ path** *s.* Quantenbahn *f*.

quar·an·tine ['kwɒrəntiːn] **I** *s.* ⚕ **1.** Quaran'täne *f*: **absolute ~** Isolierung *f*; **~ flag** ⚓ Quarantäneflagge *f*; **put in ~** → 2; **II** *v/t.* **2.** unter Quaran'täne stellen; **3.** *fig. pol.*, ✝ *Land* völlig isolieren.

quar·rel ['kwɒrəl] **I** *s.* **1.** Streit *m*, Zank *m*, Hader *m* (**with** mit; **between** zwischen): **have no ~ with** (*od.* **against**) keinen Grund zum Streit haben mit, nichts auszusetzen haben an (*dat.*); → **pick** 8; **II** *v/i.* **2.** (sich) streiten, (sich) zanken (**with** mit; **for** wegen; **about** über *acc.*); **3.** sich entzweien; **4.** hadern (**with one's lot** mit s-m Schicksal); **5.** et. auszusetzen haben (**with** an *dat.*); → **bread** 2; '**quar·rel·(l)er** [-rələ] *s.* Zänker(in), ‚Streithammel' *m*; '**quar·rel·some** [-səm] *adj.* □ streitsüchtig; '**quar·rel·some·ness** [-səmnɪs] *s.* Streitsucht *f*.

quar·ri·er ['kwɒrɪə] *s.* Steinbrecher *m*.

quar·ry[1] ['kwɒrɪ] *s.* **1.** *hunt.* (verfolgtes) Wild, Jagdbeute *f*; **2.** *fig.* Wild *n*, Opfer *n*, Beute *f*.

quar·ry[2] ['kwɒrɪ] **I** *s.* **1.** Steinbruch *m*; **2.** Quaderstein *m*; **3.** 'unglasierte Kachel; **4.** *fig.* Fundgrube *f*, Quelle *f*; **II** *v/t.* **5.** *Steine* brechen, abbauen; **6.** *fig.* zs.-tragen, (mühsam) erarbeiten, ausgraben; stöbern (**for** nach); '**~·man** [-mən] *s.* [*irr.*] → **quarrier**; '**~·stone** *s.* Bruchstein *m*.

quart[1] [kwɔːt] *s.* **1.** Quart *n* (*Maß = Brit. 1,14 l, Am. 0,95 l*); **2.** *a.* **~-pot** Quartkrug *m*.

quart[2] [kɑːt] *s.* **1.** *fenc.* Quart *f*; **2.** *Kartenspiel*: Quart *f* (*Sequenz von 4 Karten gleicher Farbe*); **3.** ♪ Quart(e) *f*.

quar·tan ['kwɔːtn] ⚕ **I** *adj.* viertägig: **~ fever** → **II** *s.* Quar'tan-, Vier'tagefieber *n*.

quar·ter ['kwɔːtə] **I** *s.* **1.** Viertel *n*, vierter Teil: **~ of a century** Vierteljahrhundert *n*; **for a ~ the price** zum viertel Preis; **not a ~ as good** nicht annähernd so gut; **2.** *a.* **~ of an hour** Viertel(stunde *f*) *n*: **a ~ to six** (ein) Viertel vor sechs, drei Viertel sechs; **3.** *a.* **~ of a year** Vierteljahr *n*, Quar'tal *n*; **4.** Viertel(pfund *n*, -zentner *m*) *n*; **5.** *bsd.* Hinter)Viertel *n e-s Schlachttieres*; Kruppe *f e-s Pferdes*; **6.** *sport* a) (Spiel)Viertel *n*, b) Viertelmeile(nlauf *m*, *a.* **~-mile race**) *f*, c) → **quarterback** I; **7.** *Am.* Vierteldollar *m*, 25 Cent; **8.** Quarter *n*: a) *Handelsgewicht* (*Brit. 12,7 kg, Am. 11,34 kg*), b) *Hohlmaß* (*2,908 hl*); **9.** Himmelsrichtung *f*; **10.** Gegend *f*, Teil *m e-s Landes etc.*: **at close ~s** nahe aufeinander; **come to close ~s** handgemein werden; **from all ~s** von überall(her); **in this ~** hierzulande, in dieser Gegend; **11.** (Stadt)Viertel *n*: **poor ~** Armenviertel; **residential ~** Wohnbezirk *m*; **12.** *mst pl.* Quar'tier *n*, 'Unterkunft *f*, Wohnung *f*: **have free ~s** freie Wohnung haben; **13.** *mst pl.* ⚔ Quar'tier *n*, ('Truppen)ˌUnterkunft *f*: **be confined to ~s** Stubenarrest haben; **14.** Stelle *f*, Seite *f*, Quelle *f*: **higher ~s** höhere Stellen; **in the proper ~** bei der zuständigen Stelle; **from official ~s** von amtlicher Seite; **from a good ~** aus guter Quelle; → **informed** 1; **15.** *bsd.* ⚔ Par'don *m*, Schonung *f*: **find no ~** keine Schonung finden; **give no ~** keinen Pardon geben; **give fair ~** *fig.* Nachsicht üben; **16.** ⚓ Achterschiff *n*; **17.** ⚓ Posten *m*; **18.** *her.* Quar'tier *n*, (Wappen)Feld *n*; **19.** ⚙, ⛏ Stollenholz *n*; **II** *v/t.* **20.** *et.* vierteln; *weitS.* aufteilen, zerstückeln; **21.** *j-n* vierteilen; **22.** *Wappenschild* vieren; **23.** *j-n* beherbergen; ⚔ einquartieren, *Truppen* 'unterbringen (**[up]on** bei): **~ed in barracks** kaserniert; **be ~ed at** (*od.* **in**) in Garnison liegen in (*dat.*); **be ~ed (up)on** bei *j-m* in Quartier liegen; **~ o.s. upon s.o.** *fig.* sich bei j-m einquartieren; **24.** *Gegend* durch'stöbern (*Jagdhunde*).

'**quar·ter|·back I** *s. American Football*: ‚'Angriffsdiriˌgent' *m*; **II** *v/t. den Angriff* dirigieren (*a. fig.*); **~ bind·ing** *s. Buchbinderei*: Halbfranz(band *m*) *n*; **~ cir·cle** *s.* **1.** ⩘ Viertelkreis *m*; **2.** ⚙ Abrundung *f*; **~ day** *s.* Quar'talstag *m für fällige Zahlungen* (*in England: 25. 3., 24. 6., 29. 9., 25. 12.*; *in USA: 1. 1., 1. 4., 1. 7., 1. 10.*); '**~·deck** *s.* ⚓ **1.** Achterdeck *n*; **2.** *coll.* Offi'ziere *pl.*; ˌ**~'fi·nal** *s. sport* **1.** *mst pl.* 'Viertelfiˌnale *n*; **2.** 'Viertelfiˌnalspiel *n*; ˌ**~'fi·nal·ist** *s. sport* Teilnehmer(in) am Viertelfinale.

quar·ter·ly ['kwɔːtəlɪ] **I** *adj.* **1.** Viertel...; **2.** vierteljährlich, Quartals...; **II** *adv.* **3.** in *od.* nach Vierteln; **4.** vierteljährlich, quar'talsweise; **III** *s.* **5.** Viertel'jahresschrift *f*.

'**quar·terˌmas·ter** *s.* **1.** ⚔ Quar'tiermeister *m*; **2.** ⚓ a) Steuerer *m* (*Handelsmarine*), b) Steuermannsmaat *m* (*Kriegsmarine*); '**Q-'Gen·er·al** *s.* ⚔ Gene'ralquarˌtiermeister *m*.

quar·tern ['kwɔːtən] *s. bsd. Brit.* **1.** Viertel *n* (*bsd. e-s Maßes od. Gewichtes*): a) Viertelpinte *f*, b) Viertel *n* e-s engl. Pfunds; **2.** *a.* **~ loaf** Vier'pfundbrot *n*.

quar·ter| ses·sions *s. pl.* ⚖ **1.** *Brit. obs.* Krimi'nalgericht *n* (*mit vierteljährlichen Sitzungen, a. Berufungsinstanz für Zivilsachen; bis 1971*); **2.** *Am.* (*in einigen Staaten*) *ein ähnliches* Gericht für Strafsachen; '**~-tone** *s.* ♪ **1.** 'Vierteltoninterˌvall *n*; **2.** Viertelton *m*.

quar·tet(te) [kwɔː'tet] *s.* **1.** ♪ Quar'tett *n* (*a. humor. 4 Personen*); **2.** Vierergruppe *f*.

quar·tile ['kwɔːtaɪl] *s.* **1.** *ast.* Quadra'tur *f*, Geviertschein *m*; **2.** *Statistik*: Quar'til *n*, Viertelswert *m*.

quar·to ['kwɔːtəʊ] *pl.* **-tos** *typ.* **I** *s.* 'Quartforˌmat *n*; **II** *adj.* im 'Quartforˌmat.

quartz [kwɔːts] *s. min.* Quarz *m*: **crystallized ~** Bergkristall *m*; **~ clock** Quarzuhr *f*; **~ lamp** a) ⚙ Quarz(glas)lampe *f*, b) ⚕ Quarzlampe *f* (*Höhensonne*).

qua·sar ['kweɪzɑː] *s. ast.* Qua'sar *m*.

quash[1] [kwɒʃ] *v/t.* ⚖ **1.** *Verfügung etc.* aufheben, annullieren, verwerfen; **2.** *Klage* abweisen; **3.** *Verfahren* niederschlagen.

quash[2] [kwɒʃ] *v/t.* **1.** zermalmen, -stören; **2.** *fig.* unter'drücken.

qua·si ['kweɪzaɪ] *adv.* gleichsam, gewissermaßen, sozu'sagen; (*mst mit Bindestrich*) Quasi..., Schein..., ...ähnlich: **~ contract** vertragsähnliches Verhältnis; **~-judicial** quasigerichtlich; **~-official** halbamtlich.

qua·ter·na·ry [kwə'tɜːnərɪ] **I** *adj.* **1.** aus vier bestehend; **2.** Q *geol.* Quartär...; **3.** ⚗ vierbindig, quater'när; **II** *s.* **4.** Gruppe *f* von 4 Dingen; **5.** Vier *f* (*Zahl*); **6.** *geol.* Quar'tär(periˌode *f*) *n*.

quat·rain ['kwɒtreɪn] *s.* Vierzeiler *m*.

quat·re·foil ['kætrəfɔɪl] *s.* **1.** ⛏ Vierpaß *m*; **2.** ⚘ vierblättriges (Klee)Blatt.

qua·ver ['kweɪvə] **I** *v/i.* **1.** zittern; **2.** ♪ tremolieren (*weitS. a. beim Sprechen*); **II** *v/t. mst* **~ out 3.** mit über'triebenem Vi'brato singen; **4.** mit zitternder Stimme sagen, stammeln; **III** *s.* **5.** ♪ Trillern *n*, Tremolo *n*; **6.** ♪ *Brit.* Achtelnote *f*; '**qua·ver·y** [-vərɪ] *adj.* zitternd.

quay [kiː] *s.* ⚓ (**on the ~** am) Kai *m*; **quay·age** ['kiːɪdʒ] *s.* **1.** Kaigeld *n*, -gebühr *f*; **2.** Kaianlagen *pl.*

quea·si·ness ['kwiːzɪnɪs] *s.* **1.** Übelkeit *f*; **2.** ('Über)Empfindlichkeit *f*; **quea·sy** ['kwiːzɪ] *adj.* □ **1.** ('über)empfindlich (*Magen etc.*); **2.** heikel, mäkelig (*beim Essen etc.*); **3.** ekelerregend; **4.** unwohl: **I feel ~** mir ist übel; **5.** bedenklich.

queen [kwiːn] **I** *s.* **1.** Königin *f* (*a. fig.*): **Q of (the) May** Maikönigin; **the ~ of the watering-places** *fig.* die Königin *od.* Perle der Badeorte; **~'s metal** Weißmetall *n*; **~'s ware** gelbes Steingut; **Q Anne is dead!** *humor.* so'n Bart!; **2.** *zo.* Königin *f*: a) *a.* **~ bee** Bienenkönigin, b) *a.* **~ ant** Ameisenkönigin; **3.** *Kartenspiel, Schach*: Dame *f*: **~'s pawn** Damenbauer *m*; **4.** *sl.* a) ‚Schwule(r)' *m*, ‚Tunte' *f*, b) *Am.* ‚Prachtweib' *n*; **II** *v/i.* **5.** *mst* **~ it** die große Dame spielen: **~ it over** *j-n* von oben herab behandeln; **6.** *Schach*: in e-e Dame verwandelt werden (*Bauer*); **III** *v/t.* **7.** zur Königin machen; **8.** *Bienenstock* beweiseln; **9.** *Schach*: *Bauern* (in e-e Dame) verwandeln; **~ dow·a·ger** *s.* Königinwitwe *f*; **ˈ~·like** → ***queenly***.

queen·ly [ˈkwiːnlɪ] *adj. u. adv.* wie e-e Königin, majeˈstätisch.

queen moth·er *s.* Königinmutter *f.*

Queen's| Bench → ***King's Bench***; **~ Coun·sel** → ***King's Counsel***; **~ Eng·lish** → ***English*** 3; **~ Speech** → ***King's Speech***.

queer [kwɪə] **I** *adj.* ☐ **1.** seltsam, sonderbar, wunderlich, kuriˈos, ‚komisch': **~** (***in the head***) F leicht verrückt; **~ *fellow*** komischer Kauz; **2.** F fragwürdig, ‚faul' (*Sache*): ***be in* ♀ *Street*** a) ‚auf dem trockenen sitzen', b) ‚in der Tinte sitzen'; **3.** unwohl, schwummerig: ***feel* ~** sich ‚komisch' fühlen; **4.** *sl.* gefälscht; **5.** *sl.* ‚schwul' (*homosexuell*); **II** *v/t.* **6.** *sl.* verpfuschen, verderben; → ***pitch²*** 1; **7.** *sl. j-n* in ein falsches Licht setzen (***with*** bei); **III** *s.* **8.** *sl.* ‚Blüte' *f* (*Falschgeld*); **9.** *sl.* ‚Schwule(r)' *m*, ‚Homo' *m*.

quell [kwel] *v/t. rhet.* **1.** bezwingen; **2.** *Aufstand etc., a. Gefühle* unterˈdrükken, ersticken.

quench [kwentʃ] *v/t.* **1.** *rhet. Flammen, Durst etc.* löschen; **2.** *fig.* a) → ***quell*** 2, b) *Hoffnung* zuˈnichte machen, c) *Verlangen* stillen; **3.** ⚙ *Asche, Koks etc.* (ab)löschen; **4.** *metall.* abschrecken, härten: ***~ing and tempering*** (Stahl-)Vergütung *f*; **5.** ⚡ *Funken* löschen: ***~ed spark gap*** Löschfunkenstrecke *f*; **6.** *fig. j-m* den Mund stopfen; **ˈquench·er** [-tʃə] *s.* F Schluck *m*; **ˈquench·less** [-lɪs] *adj.* ☐ un(aus)löschbar.

que·nelle [kəˈnel] *s.* Fleisch- *od.* Fischknödel *m*.

que·rist [ˈkwɪərɪst] *s.* Fragesteller(in).

quer·u·lous [ˈkwerʊləs] *adj.* ☐ quengelig, nörgelnd, verdrossen.

que·ry [ˈkwɪərɪ] **I** *s.* **1.** (*bsd.* zweifelnde *od.* unangenehme) Frage; ✝ Rückfrage *f*: **~** (*abbr.* ***qu.***), ***was the money ever paid?*** Frage, wurde das Geld je bezahlt?; **2.** *typ.* (anzweifelndes) Fragezeichen; **3.** *fig.* Zweifel *m*; **II** *v/t.* **4.** fragen; **5.** *j-n* (aus-, be)fragen; **6.** *et.* in Zweifel ziehen, in Frage stellen, beanstanden; **7.** *typ.* mit e-m Fragezeichen versehen.

quest [kwest] **I** *s.* **1.** Suche *f*, Streben *n*, Trachten *n* (***for***, ***of*** nach): ***knightly* ~** Ritterzug *m*; ***the* ~ *for the* (*Holy*) *Grail*** die Suche nach dem (Heiligen) Gral; ***in* ~ *of*** auf der Suche nach; **2.** Nachforschung(en *pl.*) *f*; **II** *v/i.* **3.** suchen (***for***, ***after*** nach); **4.** Wild suchen (*Jagdhund*); **III** *v/t.* **5.** suchen *od.* trachten nach.

ques·tion [ˈkwestʃən] **I** *s.* **1.** Frage *f* (*a. ling.*): ***beg the* ~** die Antwort auf eine Frage schuldig bleiben; ***put a* ~ *to s.o.*** j-m e-e Frage stellen; ***the* ~ *does not arise*** die Frage ist belanglos; → ***pop¹*** 10; **2.** Frage *f*, Proˈblem *n*, Thema *n*, (Streit)Punkt *m*: ***the social* ~** die soziale Frage; ***~s of the day*** Tagesfragen; ***~ of fact*** ⚖ Tatfrage; ***~ of law*** ⚖ Rechtsfrage; ***the point in* ~** die fragliche *od.* vorliegende *od.* zur Debatte stehende Sache; ***come into* ~** in Frage kommen, wichtig werden; ***there is no* ~ *of*** *s.th. od. ger.* es ist nicht die Rede von *et. od.* davon, daß; ***~!*** *parl.* zur Sache!; **3.** Frage *f*, Sache *f*, Angelegenheit *f*: ***only a* ~ *of time*** nur e-e Frage der Zeit; **4.** Frage *f*, Zweifel *m*: ***beyond*** (***all***) **~** ohne Frage, fraglos; ***call in* ~** → 8; ***there is no* ~ *but*** (*od.* ***that***) es steht außer Frage, daß; ***out of* ~** außer Frage; ***that is out of the* ~** das kommt nicht in Frage; **5.** *pol.* Anfrage *f*: ***put to the* ~** zur Abstimmung über *e-e Sache* schreiten; **6.** ⚖ Vernehmung *f*; Unterˈsuchung *f*: ***put to the* ~** *hist. j-n* foltern; **II** *v/t.* **7.** *j-n* (aus-, be)fragen; ⚖ vernehmen, -hören; **8.** *et.* an-, bezweifeln, in Zweifel ziehen; **ˈques·tion·a·ble** [-tʃənəbl] *adj.* ☐ **1.** fraglich, zweifelhaft, ungewiß; **2.** bedenklich, fragwürdig; **ˈques·tion·ar·y** [-tʃənərɪ] → ***questionnaire***; **ˈques·tion·er** [-tʃənə] *s.* Fragesteller(in), Frager(in); **ˈques·tion·ing** [-tʃənɪŋ] **I** *adj.* ☐ fragend (*a. Blick, Stimme*); **II** *s.* Befragung *f*; ⚖ Vernehmung *f*.

ques·tion| mark *s.* Fragezeichen *n*; **~ mas·ter** *s.* Modeˈrator *m* e-r Quizsendung.

ques·tion·naire [ˌkwestɪəˈneə] (*Fr.*) *s.* Fragebogen *m*.

ques·tion time *s. parl.* Fragestunde *f*.

queue [kjuː] **I** *s.* **1.** (Haar)Zopf *m*; **2.** *bsd. Brit.* Schlange *f*, Reihe *f vor Geschäften etc.*: ***stand*** (*od.* ***wait***) ***in a* ~** Schlange stehen; → ***jump*** 25; **II** *v/i.* **3.** *mst* **~ *up*** *Brit.* Schlange stehen, sich anstellen; **ˈ~-ˌjump·er** *s.* F j-d., der sich vordrängelt, *mot.* Koˈlonnenspringer *m*.

quib·ble [ˈkwɪbl] **I** *s.* **1.** Spitzfindigkeit *f*, Wortklaubeˈrei *f*, Ausflucht *f*; **2.** *obs.* Wortspiel *n*; **II** *v/i.* **3.** herˈumreden, Ausflüchte machen; **4.** spitzfindig sein, Haarspalteˈrei betreiben; **5.** witzeln; **ˈquib·bler** [-lə] *s.* **1.** Wortklauber(in), -verdreher(in); **2.** Krittler(in); **ˈquib·bling** [-lɪŋ] *adj.* ☐ spitzfindig, haarspalterisch, wortklauberisch.

quick [kwɪk] **I** *adj.* ☐ **1.** schnell, soˈfortig: **~ *answer*** (***service***) prompte Antwort (Bedienung); **~ *returns*** ✝ schneller Umsatz; **2.** schnell, hurtig, geschwind, rasch: ***be* ~!** mach schnell!, beeile dich!; ***be* ~ *about s.th.*** sich mit et. beeilen; **3.** (geistig) gewandt, flink, aufgeweckt, schlagfertig, ‚fix'; beweglich, flink (*Geist*): **~ *wit*** Schlagfertigkeit *f*; **4.** scharf (*Auge, Ohr, Verstand*): ***a* ~ *ear*** ein feines Gehör; **5.** scharf (*Geruch, Geschmack, Schmerz*); **6.** voreilig, hitzig: ***a* ~ *temper***; **7.** *obs.* lebend (*a.* ⚘ *Hecke*), lebendig: **~ *with child*** (hoch)schwanger; **8.** *fig.* lebhaft (*a. Gefühle; a. Handel etc.*); **9.** lose, treibend (*Sand etc.*); **10.** *min.* erzhaltig, ergiebig; **11.** ✝ flüssig (*Anlagen, Aktiva*); **II** *s.* **12. *the* ~** die Lebenden *pl.*; **13.** (lebendes) Fleisch; *fig.* Mark *n*: ***to the* ~** a) (bis) ins Fleisch, b) *fig.* bis ins Mark *od.* Herz, c) durch u. durch; ***cut s.o. to the* ~** j-n tief verletzen; ***touched to the* ~** bis ins Mark getroffen; ***a Socialist to the* ~** ein Sozialist bis auf die Knochen; ***paint s.o. to the* ~** j-n malen wie er leibt u. lebt; **14.** *Am.* → ***quicksilver***; **III** *adv.* **15.** schnell, geschwind; **ˌ~-ˈac·tion** *adj.* ⚙ Schnell...; **ˈ~-break switch** *s.* ⚡ Moˈmentschalter *m*; **ˈ~-change** *adj.* **1. ~ *artist*** *thea.* Verwandlungskünstler(in); **2.** ⚙ Schnellwechsel...(*-futter, -getriebe etc.*); **ˈ~-ˌdry·ing** *adj.* schnelltrocknend (*Lack*); ä'therisch (*Öl*); **ˈ~-eared** *adj.* mit e-m feinen Gehör.

quick·en [ˈkwɪkən] **I** *v/t.* **1.** beschleunigen; **2.** (wieder) lebendig machen; beseelen; **3.** *Interesse etc.* an-, erregen; **4.** beleben, *j-m* neuen Auftrieb geben; **II** *v/i.* **5.** sich beschleunigen (*Puls, Schritte etc.*); **6.** (wieder) lebendig werden; **7.** gekräftigt werden; **8.** hochˈschwanger werden; **9.** sich bewegen (*Fötus*).

ˈquick|-eyed *adj.* scharfsichtig (*a. fig.*); **ˈ~-ˌfire, ˈ~-ˌfir·ing** *adj.* ⚔ Schnellfeuer...; **ˈ~-freeze** *v/t.* einfrieren, tiefkühlen; **ˈ~-ˌfreez·ing** *s.* Tiefkühl-, Gefrierverfahren *n*; **ˈ~-ˌfro·zen** *adj.* tiefgekühlt.

quick·ie [ˈkwɪkɪ] *s.* F **1.** *et.*, ‚Hingehauenes', ‚auf die Schnelle' gemachte Sache, *z. B.* billiger, improvisierter Film; **2.** ‚kurze Sache', *z. B.* kurzer Werbefilm; **3. *have a* ~** F rasch einen ‚kippen'.

ˈquick|·lime *s.* ⚗ gebrannter, ungelöschter Kalk, Ätzkalk *m*; **~ march** *s.* ⚔ Eilmarsch *m*; **ˈ~·match** *s.* ⚔, ⚒ Zündschnur *f*; **~ mo·tion** *s.* ⚙ Schnellgang *m*; **ˌ~-ˈmo·tion cam·er·a** *s. phot.* Zeitraffer(kamera *f*) *m*.

quick·ness [ˈkwɪknɪs] *s.* **1.** Schnelligkeit *f*; **2.** (geistige) Beweglichkeit *od.* Flinkheit; **3.** Hitzigkeit *f*: **~ *of temper***; **4. ~ *of sight*** gutes Sehvermögen; **5.** Lebendigkeit *f*, Kraft *f*.

ˈquick|·sand *s. geol.* Treibsand *m*; **ˈ~·set** *s.* **1.** heckenbildende Pflanze, *bsd.* Weißdorn *m*; **2.** Setzling *m*; **3.** *a.* **~ *hedge*** lebende Hecke; **ˌ~-ˈset·ting** *adj.* ⚙ schnell abbindend (*Zement etc.*); **ˌ~-ˈsight·ed** *adj.* scharfsichtig; **ˈ~ˌsil·ver** *s.* Quecksilber *n* (*a. fig.*); **ˈ~·step** *s.* **1.** ⚔ Schnellschritt *m*; **2.** ♪ Quickstep *m* (*schneller Foxtrott*); **ˌ~-ˈtem·pered** *adj.* hitzig, jäh; **~ time** *s.* ⚔ **1.** schnelles Marschtempo; **2.** exerziermäßiges Marschtempo: **~ *march!*** Im Gleichschritt, marsch!; **ˌ~-ˈwit·ted** *adj.* schlagfertig, aufgeweckt, ‚fix'.

quid¹ [kwɪd] *s.* **1.** Priem *m* (*Kautabak*); **2.** wiedergekäutes Futter.

quid² [kwɪd] *pl. mst* **quid** *s. Brit. sl.* Pfund *n* (Sterling).

quid·di·ty [ˈkwɪdətɪ] *s.* **1.** *phls.* Esˈsenz *f*, Wesen *n*; **2.** Feinheit *f*; **3.** Spitzfindigkeit *f*.

quid·nunc [ˈkwɪdnʌŋk] *s.* Neuigkeitskrämer *m*, Klatschtante *f*.

quid pro quo [ˌkwɪdprəʊˈkwəʊ] *pl.* **quid pro quos** (*Lat.*) *s.* Gegenleistung *f*, Vergütung *f*.

qui·es·cence [kwaɪˈesns] *s.* Ruhe *f*, Stille *f*; **quiˈes·cent** [-nt] *adj.* ☐ **1.** ruhig, bewegungslos; *fig.* ruhig, still: **~ *state*** Ruhezustand *m*; **2.** *ling.* stumm (*Buchstabe*).

qui·et [ˈkwaɪət] **I** *adj.* ☐ **1.** ruhig, still (*a. fig. Person, See, Straße etc.*); **2.** ruhig, leise, geräuschlos (*a.* ⚙): **~ *running*** *mot.* ruhiger Gang; ***be* ~!** sei still!; **~, *please!*** ich bitte um Ruhe!; ***keep* ~** a) sich ruhig verhalten, b) den Mund halten; **3.** bewegungslos, still; **4.** ruhig, friedlich (*a. Leben, Zeiten*); behaglich, beschaulich: **~ *conscience*** ruhiges Gewissen; ~ ***enjoyment*** ⚖ ruhiger Besitz, ungestörter Genuß; **5.** ruhig, unauffällig (*Farbe etc.*); **6.** versteckt, geheim, leise: ***keep s.th. ~*** et. geheimhalten, et. für sich behalten; **7.** † ruhig, still, ‚flau' (*Geschäft etc.*); **II** *s.* **8.** Ruhe *f*, Stille *f*; Frieden *m*: ***on the ~*** (*od.* ***on the q.t.***) F ‚klammheimlich', stillschweigend; **III** *v/t.* **9.** beruhigen, zur Ruhe bringen; **10.** besänftigen; **11.** zum Schweigen bringen; **IV** *v/i.* **12.** *mst* ~ ***down*** ruhig *od.* still werden, sich beruhigen; '**qui·et·en** [-tn] → ***quiet*** III *u.* IV.

qui·et·ism ['kwaɪɪtɪzəm] *s. eccl.* Quie'tismus *m.*

qui·et·ness ['kwaɪətnɪs] *s.* **1.** → ***quietude***; **2.** Geräuschlosigkeit *f*; **qui·e·tude** ['kwaɪɪtju:d] *s.* **1.** Stille *f*, Ruhe *f*; **2.** *fig.* Friede(n) *m*; **3.** (Gemüts)Ruhe *f.*

qui·e·tus [kwaɪ'i:təs] *s.* **1.** Ende *n*, Tod *m*; **2.** Todesstoß *m*: ***give s.o. his ~*** j-m den Garaus machen; **3.** (restlose) Tilgung *e-r Schuld*; **4.** ⚖ a) *Brit.* Endquittung *f*, b) *Am.* Entlastung *f des Nachlaßverwalters.*

quill [kwɪl] **I** *s.* **1.** *a.* ~***-feather*** *orn.* (Schwung-, Schwanz)Feder *f*; **2.** *a.* ~ ***pen*** Federkiel *m*; *fig.* Feder *f*; **3.** *zo.* Stachel *m* (*Igel etc.*); **4.** ♪ a) *hist.* Panflöte *f*, b) Plektrum *n*; **5.** Zahnstocher *m*; **6.** Zimtstange *f*; **7.** ⚙ Weberspule *f*; **8.** ⚙ Hohlwelle *f*; **II** *v/t.* **9.** rund fälteln, kräuseln; **10.** *Faden* aufspulen; '~**-ˌdriv·er** *s. contp.* Federfuchser *m.*

quilt [kwɪlt] **I** *s.* **1.** Steppdecke *f*; **2.** gesteppte (Bett)Decke; **II** *v/t.* **3.** steppen, 'durchnähen; **4.** wattieren, (aus)polstern; '**quilt·ing** [-tɪŋ] *s.* **1.** 'Durchnähen *n*, Steppen *n*: ~ ***seam*** Steppnaht *f*; **2.** gesteppte Arbeit; **3.** Füllung *f*, Wattierung *f*; **4.** Pi'kee *m* (*Gewebe*).

quim [kwɪm] *s.* V ‚Möse' *f.*

quince [kwɪns] *s.* ⚘ Quitte *f.*

qui·nine [*Brit.* kwɪ'ni:n; *Am.* 'kwaɪnaɪn] *s.* ⚗, *pharm.* Chi'nin *n.*

quin·qua·ge·nar·i·an [ˌkwɪŋkwədʒɪ'neərɪən] **I** *adj.* fünfzigjährig, in den Fünfzigern; **II** *s.* Fünfzigjährige(r *m*) *f*, Fünfziger(in); **quin·quen·ni·al** [kwɪŋ'kwenɪəl] *adj.* □ fünfjährig; fünfjährlich (*wiederkehrend*).

quins [kwɪnz] *s. pl.* F Fünflinge *pl.*

quin·sy ['kwɪnzɪ] *s.* ⚕ (Hals)Bräune *f*, Mandelentzündung *f.*

quint *s.* **1.** [kɪnt] *Pikett*: Quinte *f*; **2.** [kwɪnt] ♪ Quint(e) *f.*

quin·tal ['kwɪntl] *s.* Doppelzentner *m.*

quinte [kɛ̃t; kænt] (*Fr.*) *s. fenc.* Quinte *f.*

quint·es·sence [kwɪn'tesns] *s.* **1.** ⚗ 'Quintessenz *f* (*a. phls. u. fig.*); **2.** *fig.* Kern *m*, Inbegriff *m*; **3.** a) Urtyp *m*, b) klassisches Beispiel, c) (höchste) Voll'kommenheit *f.*

quin·tet(**te**) [kwɪn'tet] *s.* **1.** ♪ Quin'tett *n* (*a. humor. 5 Personen*); **2.** Fünfergruppe *f.*

quin·tu·ple ['kwɪntjʊpl] **I** *adj.* fünffach; **II** *s. das* Fünffache; **III** *v/t. u. v/i.* (sich) verfünffachen; '**quin·tu·plets** [-plɪts] *s. pl.* Fünflinge *pl.*

quip [kwɪp] **I** *s.* **1.** witziger Einfall, geistreiche Bemerkung, Bon'mot *n*; **2.** (Seiten)Hieb *m*, Stich(e'lei *f*) *m*; **II** *v/i.* **3.** witzeln, spötteln.

quire ['kwaɪə] *s.* **1.** *typ.* Buch *n* (*24 Bogen*); **2.** *Buchbinderei*: Lage *f.*

quirk [kwɜ:k] *s.* **1.** → ***quip*** 1, 2; **2.** Kniff *m*, Trick *m*; **3.** Zucken *n des Mundes etc.*; **4.** Eigenart *f*, seltsame Angewohnheit: ***by a ~ of fate*** durch e-n verrückten Zufall, wie das Schicksal so spielt; **5.** Schnörkel *m*; **6.** △ Hohlkehle *f*; '**quirk·y** [-kɪ] *adj.* F **1.** ‚gerissen' (*Anwalt etc.*); **2.** eigenartig, schrullig, ‚komisch'.

quis·ling ['kwɪzlɪŋ] *s. pol.* F Quisling *m*, Kollabora'teur *m.*

quit [kwɪt] **I** *v/t.* **1.** verzichten auf (*acc.*); **2.** *a. Stellung* aufgeben; *Dienst* quittieren; sich vom *Geschäft* zu'rückziehen; **3.** F aufhören (***s.th.*** mit et.; ***doing*** zu tun); **4.** verlassen; **5.** *Schuld* bezahlen, tilgen; **6.** ~ ***o.s.*** sich befreien (***of*** von); **7.** *poet.* vergelten (***love with hate*** Liebe mit Haß); **II** *v/i.* **8.** aufhören; **9.** weggehen; **10.** ausziehen (*Mieter*): ***notice to ~*** Kündigung *f*; ***give notice to ~*** (*j-m* die Wohnung) kündigen; **III** *adj. pred.* **11.** quitt, frei: ***go ~*** frei ausgehen; ***be ~ for*** davonkommen mit; **12.** frei, los (***of*** von): ~ ***of charges*** † nach Abzug der Kosten, spesenfrei; '~**-claim** *s.* ⚖ **1.** Verzicht(leistung *f*) *m auf Rechte*; **2.** ~ ***deed*** a) Grundstückskaufvertrag *m*, b) *Am.* Zessi'onsurkunde *f* (*beide*: *ohne Haftung für Rechts- od. Sachmängel*).

quite [kwaɪt] *adv.* **1.** ganz, völlig: ~ ***another*** ein ganz anderer; ~ ***wrong*** völlig falsch; **2.** wirklich, tatsächlich, ziemlich: ~ ***a disappointment*** e-e ziemliche Enttäuschung; ~ ***good*** recht gut; ~ ***a few*** ziemlich viele; ~ ***a gentleman*** wirklich ein feiner Herr; **3.** F ganz, durch'aus: ~ ***nice*** ganz *od.* sehr nett; ~ ***the thing*** genau das Richtige; ~ (***so***)***!*** ganz recht!

quit rent *s.* ⚖ Miet-, Pachtzins *m.*

quits [kwɪts] *adj.* quitt (*mit j-m*): ***call it ~*** quitt sein; ***get ~ with s.o.*** mit j-m quitt werden; → ***double*** 10.

quit·tance ['kwɪtəns] *s.* **1.** Vergeltung *f*, Entgelt *n*; **2.** Erledigung *f e-r Schuld etc.*; **3.** † Quittung *f.*

quit·ter ['kwɪtə] *s. Am. u.* F **1.** Drückeberger *m*; **2.** Feigling *m.*

quiv·er¹ ['kwɪvə] **I** *v/i.* beben, zittern (***with*** vor *dat.*); **II** *s.* Beben *n*, Zittern *n*: ***in a ~ of excitement*** *fig.* zitternd vor Aufregung.

quiv·er² ['kwɪvə] *s.* Köcher *m*: ***have an arrow left in one's ~*** *fig.* noch ein Eisen im Feuer haben; ***a ~ full of children*** *fig.* e-e ganze Schar Kinder.

qui vive [ˌki:'vi:v] (*Fr.*) *s.*: ***be on the ~*** auf dem Quivive *od.* auf der Hut sein.

quix·ot·ic [kwɪk'sɒtɪk] *adj.* (□ ~***ally***) donqui'chotisch (*weltfremd, überspannt*); **quix·ot·ism** ['kwɪksətɪzəm], **quix·ot·ry** ['kwɪksətrɪ] *s.* Donquichotte'rie *f*, Narre'tei *f.*

quiz [kwɪz] **I** *v/t.* **1.** *Am.* *j-n* prüfen, abfragen; **2.** (aus)fragen; **3.** *bsd. Brit.* aufziehen, hänseln; **4.** (spöttisch) anstarren, fixieren; **II** *pl.* '**quiz·zes** [-zɪz] *s.* **5.** *ped. Am.* Prüfung *f*, Klassenarbeit *f*; **6.** Ausfragen *n*; **7.** *Radio*, *TV*: Quiz *n*: ~ ***game*** Ratespiel *n*, Quiz; ~***master*** Quizmaster *m*; ~ ***program***(***me***), ~ ***show*** Quizsendung *f*; **8.** Denksportaufgabe *f*; **9.** *obs.* Foppe'rei *f*, Ulk *m.*

quiz·zi·cal ['kwɪzɪkl] *adj.* □ **1.** seltsam, komisch; **2.** spöttisch.

quod [kwɒd] *s. sl.* ‚Kittchen' *n*: ***be in ~*** *a.* ‚sitzen'.

quoin [kɔɪn] **I** *s.* **1.** △ a) (vorspringende) Ecke, b) Eckstein *m*; **2.** *typ.* Schließkeil *m*; **II** *v/t.* **3.** *typ.* *Druckform* schließen; **4.** ⚙ verkeilen; **5.** △ *Ecke* mit Keilsteinen versehen.

quoit [kɔɪt] *s.* **1.** Wurfring *m*; **2.** *pl. sg. konstr.* Wurfringspiel *n.*

quon·dam ['kwɒndæm] *adj.* ehemalig, früher.

Quon·set hut ['kwɒnsɪt] *s. Am.* (*Warenzeichen*) *e-e* Nissenhütte.

quo·rum ['kwɔ:rəm] *s.* **1.** beschlußfähige Anzahl *od.* Mitgliederzahl: ***be*** (*od.* ***constitute***) ***a ~*** beschlußfähig sein; **2.** ⚖ handlungsfähige Besetzung *e-s Gerichts.*

quo·ta ['kwəʊtə] *s.* **1.** *bsd.* † Quote *f*, Anteil *m*; **2.** † (*Einfuhr- etc.*)Kontin'gent *n*: ~ ***goods*** kontingentierte Waren; ~ ***system*** Zuteilungssystem *n*; **3.** ⚖ Kon'kursdividende(nquote) *f*; **4.** *Am.* Einwanderungsquote *f.*

quot·a·ble ['kwəʊtəbl] *adj.* zi'tierbar.

quo·ta·tion [kwəʊ'teɪʃn] *s.* **1.** Zi'tat *n*; Anführung *f*, Her'anziehung *f* (*a.* ⚖): ***familiar ~s*** geflügelte Worte; **2.** Beleg(-stelle *f*) *m*; **3.** † a) Preisangabe *f*, -ansatz *m*, b) (Börsen-, Kurs)Notierung *f*, Kurs *m*: ***final ~*** Schlußnotierung; **4.** *typ.* Steg *m*; ~ **marks** *s. pl.* Anführungszeichen *pl.*, ‚Gänsefüßchen' *pl.*

quote [kwəʊt] **I** *v/t.* **1.** zitieren (***from*** aus), (*a. als Beweis*) anführen, *weitS. a.* Bezug nehmen auf (*acc.*), sich auf *ein Dokument etc.* berufen, *e-e Quelle*, *e-n Fall* her'anziehen; **2.** † *Preis* aufgeben, ansetzen, berechnen; **3.** *Börse*: notieren: ***be ~d at*** (*od.* ***with***) notieren *od.* im Kurs stehen mit; **4.** *Am.* in Anführungszeichen setzen; **II** *v/i.* **5.** zitieren (***from*** aus): ~***: ...*** ich zitiere ..., Zitat...; **III** *s.* F **6.** Zi'tat *n*; **7.** *pl.* → ***quotation marks.***

quoth [kwəʊθ] *obs. ich, er, sie, es* sprach, sagte.

quo·tid·i·an [kwɒ'tɪdɪən] **I** *adj.* **1.** täglich: ~ ***fever*** → 3; **2.** all'täglich, gewöhnlich; **II** *s.* **3.** ⚕ Quotidi'anfieber *n.*

quo·tient ['kwəʊʃnt] *s.* Å Quoti'ent *m.*

R

R, r [ɑː] *s.* R *n*, r *n* (*Buchstabe*): ***the three Rs*** (*reading*, *[w]riting*, *[a]rithmetic*) (das) Lesen, Schreiben, Rechnen.
rab·bet [ˈræbɪt] ⚙ **I** *s.* **1.** a) Fuge *f*, Falz *m*, Nut *f*, b) Falzverbindung *f*; **2.** Stoßstahl *m*; **II** *v/t.* **3.** einfügen, (zs.-)fugen, falzen; **~ joint** *s.* Fuge *f*, Falzverbindung *f*; **~ plane** *s.* Falzhobel *m*.
rab·bi [ˈræbaɪ] *s.* **1.** Rabˈbiner *m*; **2.** Rabbi *m* (*Schriftgelehrter*); **rab·bin·ate** [ˈræbɪnət] *s.* **1.** Rabbiˈnat *n*; **2.** *coll.* Rabˈbiner *pl.*; **rab·bin·i·cal** [ræˈbɪnɪkl] *adj.* □ rabˈbinisch.
rab·bit [ˈræbɪt] *s.* **1.** *zo.* Kaˈninchen *n*; **2.** *zo. Am. allg.* Hase *m*; **3.** → ***Welsh rabbit***; **4.** *sport* F a) Anfänger(in), b) ‚Flasche' *f*, c) *Laufsport*: Tempomacher *m*; **~ fe·ver** *s.* Hasenpest *f*; **~ hutch** *s.* Kaˈninchenstall *m*; **~ punch** *s. Boxen*: Genickschlag *m*.
rab·ble¹ [ˈræbl] *s.* **1.** Mob *m*, Pöbelhaufen *m*; **2.** ***the ~*** der Pöbel: ***~-rousing*** aufwieglerisch, demagogisch.
rab·ble² [ˈræbl] ⚙ **I** *s.* Rührstange *f*, Kratze *f*; **II** *v/t.* ˈumrühren.
Rab·e·lai·si·an [ˌræbəˈleɪzɪən] *adj.* **1.** des Rabeˈlais; **2.** im Stil von Rabeˈlais (*grob-satirisch*, *geistvoll-frech*).
rab·id [ˈræbɪd] *adj.* □ **1.** wütend (*a. Haß etc.*), rasend (*a. fig. Hunger etc.*); **2.** rabiˈat, faˈnatisch: ***a ~ anti-Semite***; **3.** toll(wütig): ***a ~ dog***; **ˈrab·id·ness** [-nɪs] *s.* **1.** Rasen *n*, Wut *f*; **2.** (wilder) Fanaˈtismus.
ra·bies [ˈreɪbiːz] *s. vet.* Tollwut *f*.
rac·coon [rəˈkuːn] *s.* Waschbär *m*.
race¹ [reɪs] *s.* **1.** Rasse *f*: ***the white ~***; **2.** Rasse *f*: a) Rassenzugehörigkeit *f*, b) rassische Eigenart: ***differences of ~*** Rassenunterschiede; **3.** a) Geschlecht *n*, Faˈmilie *f*, b) Volk *n*; **4.** *biol.* Rasse *f*, Gattung *f*, ˈUnterart *f*; **5.** (*Menschen- etc.*)Geschlecht *n*: ***the human ~***; **6.** *fig.* Kaste *f*, Schlag *m*: ***the ~ of politicians***; **7.** Rasse *f des Weins etc.*
race² [reɪs] **I** *s.* **1.** *sport* (Wett)Rennen *n*, (Wett)Lauf *m*: ***motor ~*** Autorennen; **2.** *pl. sport* Pferderennen *n*; → ***play*** 16; **3.** *fig.* (***for***) Wettlauf *m*, Kampf *m* (um), Jagd *f* (nach): ***~ against time*** Wettlauf mit der Zeit; **4.** *ast.* Lauf *m* (*a. fig. des Lebens etc.*): ***his ~ is run*** er hat die längste Zeit gelebt; **5.** a) starke Strömung, b) Stromschnelle *f*, c) Flußbett *n*, d) Kaˈnal *m*, Gerinne *n*, e) Kaˈnalgewässer *n*; **6.** ⚙ a) Laufring *m* (*Kugellager*), (Gleit)Bahn *f*, b) *Weberei*: Schützenbahn *f*; **7.** → ***slipstream***; **II** *v/i.* **8.** an e-m Rennen teilnehmen, *bsd.* um die Wette laufen *od.* fahren (***with*** mit); laufen *etc.* (***for*** um); **9.** (daˈhin)rasen, (-)schießen, rennen; **10.** ⚙ ˈdurchdrehen (*Rad*); **III** *v/t.* **11.** um die Wette laufen *od.* fahren *etc.* mit; **12.** *Pferde* rennen *od.* laufen lassen; **13.** *Fahrzeug* rasen lassen, rasen mit; **14.** *fig.* (ˈdurch)hetzen, (-)jagen; *Gesetz* ˈdurchpeitschen; **15.** ⚙ a) *Motor* ˈdurchdrehen lassen, b) *Motor* hochjagen: ***~ up*** *Flugzeugmotor* abbremsen; **~ boat** *s.* Rennboot *n*; **ˈ~·course** *s.* (Pferde)Rennbahn *f*; **~ di·rec·tor** *s. mot.* Rennleiter *m*; **ˈ~·go·er** *s.* Rennplatzbesucher(in); **ˈ~·horse** *s.* Rennpferd *n*.
ra·ceme [rəˈsiːm] *s.* ⚘ Traube *f* (*Blütenstand*).
race meet·ing *s.* (Pferde)Rennen *n*.
rac·er [ˈreɪsə] *s.* **1.** a) (Renn)Läufer(in), b) Rennfahrer(in); **2.** Rennpferd *n*; **3.** Rennrad *n*, -boot *n*, -wagen *m*.
Race Re·la·tions Board *s. Brit.* Ausschuß *m* zur Verhinderung von Rassendiskriminierung.
race| ri·ot *s.* ˈRassenkraˌwall *m*; **ˈ~·track** *s.* **1.** *mot.* Rennstrecke *f*; **2.** → ***racecourse***; **ˈ~·way** *s.* **1.** (Mühl)Gerinne *n*; **2.** ⚙ Laufring *m*.
ra·chis [ˈreɪkɪs] *pl.* **rach·i·des** [ˈreɪkɪdiːs] *s.* **1.** ⚘, *zo.* Rhachis *f*, Spindel *f*; **2.** *anat.*, *zo.* Rückgrat *n*; **ra·chi·tis** [ræˈkaɪtɪs] *s.* ⚕ Raˈchitis *f*.
ra·cial [ˈreɪʃl] *adj.* □ rassisch, Rassen…: ***~ equality*** Rassengleichheit *f*; ***~ discrimination*** Rassendiskriminierung *f*; ***~ segregation*** Rassentrennung *f*; **ˈra·cial·ism** [-ʃəlɪzəm] *s.* **1.** Rasˈsismus *m*; **2.** Rassenkult *m*; **3.** ˈRassenpoliˌtik *f*; **ˈra·cial·ist** [-ʃəlɪst] **I** *s.* Rasˈsist(in); **II** *adj.* rasˈsistisch.
rac·i·ness [ˈreɪsɪnɪs] *s.* **1.** Rassigkeit *f*, Rasse *f*; **2.** Urwüchsigkeit *f*; **3.** *das* Piˈkante, Würze *f*; **4.** Schwung *m*, ‚Schmiß' *m*.
rac·ing [ˈreɪsɪŋ] **I** *s.* **1.** Rennen *n*; **2.** (Pferde)Rennsport *m*; **II** *adj.* **3.** Renn…(*-boot*, *-wagen etc.*): ***~ circuit*** *mot.* Rennstrecke *f*; ***~ cyclist*** Radrennfahrer *m*; ***~ driver*** Rennfahrer(in); ***~ man*** Pferdesport-Liebhaber *m*; ***~ world*** *die* Rennwelt.
rac·ism [ˈreɪsɪzəm] → ***racialism***; **ˈrac·ist** → ***racialist***.
rack¹ [ræk] **I** *s.* **1.** Gestell *n*, Gerüst *n*; (*Gewehr-*, *Kleider- etc.*)Ständer *m*; (*Streck-*, *Stütz*)Rahmen *m*; ⚒ Raufe *f*, Futtergestell *n*; 🚂 Gepäcknetz *n*; (Handtuch)Halter *m*; **2.** ˈFächerreˌgal *n*; **3.** *typ.* ˈSetzreˌgal *n*; **4.** ⚙ Zahnstange *f*: ***~(-and-pinion) gear*** Zahnstangengetriebe *n*; **5.** *hist.* Folterbank *f*, (Streck)Folter *f*; *fig.* (Folter)Qualen *pl.*: ***put on the ~*** *bsd. fig.* *j-n* auf die Folter spannen; **II** *v/t.* **6.** (aus)recken, strecken; **7.** auf *od.* in ein Gestell *od.* Reˈgal legen; **8.** *bsd. fig.* foltern, martern: ***~ one's brains*** sich den Kopf zermartern; ***~ed with pain*** schmerzgequält; ***~ing pains*** rasende Schmerzen; **9.** a) *Miete* (wucherisch) hochschrauben, b) → ***rack-rent*** 3; **10.** ***~ up*** ⚒ mit Futter versehen.
rack² [ræk] *s.*: ***go to ~ and ruin*** *a. fig.* kaˈputtgehen.
rack³ [ræk] *s.* Paßgang *m* (*Pferd*).
rack⁴ [ræk] **I** *s.* fliegendes Gewölk; **II** *v/i.* (daˈhin)ziehen (*Wolken*).
rack⁵ [ræk] *v/t. oft* ***~ off*** *Wein etc.* abziehen, -füllen.
rack·et¹ [ˈrækɪt] *s.* **1.** *sport* Raˈkett *n*, (*Tennis- etc.*)Schläger *m*: ***~ press*** Spanner *m*; **2.** *pl. oft sg. konstr.* Raˈkettspiel *n*, Wandballspiel *n*; **3.** Schneeteller *m*.
rack·et² [ˈrækɪt] **I** *s.* **1.** Krach *m*, Lärm *m*, Raˈdau *m*, Spekˈtakel *m*; **2.** ‚Wirbel' *m*, Aufregung *f*; **3.** a) ausgelassene Gesellschaft, rauschendes Fest, b) Vergnügungstaumel *m*, c) Trubel *m des Gesellschaftslebens*: ***go on the ~*** ‚auf die Pauke hauen'; **4.** harte (Nerven-)Probe, ‚Schlauch' *m*: ***stand the ~*** F a) die Sache durchstehen, b) die Folgen zu tragen haben, c) (alles) berappen; **5.** *sl.* a) Schwindel *m*, ‚Schiebung' *f*, b) Erpresserbande *f*, Racket *n*, c) organisierte Erpressung, d) ‚Masche' *f*, (einträgliches) Geschäft, e) *Am.* Beruf *m*, Branche *f*; **II** *v/i.* **6.** Krach machen, lärmen; **7.** *mst* ***~ about*** ‚(herum)sumpfen'; **rack·et·eer** [ˌrækəˈtɪə] **I** *s.* **1.** Gangster *m*, Erpresser *m*; **2.** Schieber *m*, Geschäftemacher *m*; **II** *v/i.* **3.** dunkle Geschäfte machen; **4.** organisierte Erpressung betreiben; **rack·et·eer·ing** [ˌrækəˈtɪərɪŋ] *s.* **1.** Gangstertum *n*, organisierte Erpressung; **2.** Geschäftemacheˈrei *f*; **ˈrack·et·y** [-tɪ] *adj.* **1.** lärmend; **2.** turbuˈlent; **3.** ausgelassen, ausschweifend.
rack| rail·way *s.* Zahnradbahn *f*; **ˈ~-rent I** *s.* **1.** Wuchermiete *f*; **2.** *Brit.* höchstmögliche Jahresmiete; **II** *v/t.* **3.** e-e Wuchermiete für *et. od.* von *j-m* verlangen; **~ wheel** *s.* Zahnrad *n*.
ra·coon → ***raccoon***.
rac·y [ˈreɪsɪ] *adj.* **1.** rassig (*a. fig. Auto*, *Stil etc.*), feurig (*Pferd*, *a. Musik etc.*); **2.** urtümlich, kernig: ***~ of the soil*** urwüchsig, bodenständig; **3.** *fig.* a) leˈbendig, geistreich, ‚spritzig', b) schwungvoll, schmissig: ***~ melody***; **4.** piˈkant, würzig (*Geruch etc.*) (*a. fig.*); **5.** F *u. Am.* schlüpfrig, gewagt.
rad [ræd] *s. pol.* Radiˈkale(r *m*) *f*.
ra·dar [ˈreɪdɑː] **I** *s.* **1.** Raˈdar *m*, *n*, Funkmeßtechnik *f*, -ortung *f*; **2.** *a.* ***~***

set Radargerät *n*; **II** *adj*. **3.** Radar…: ~ ***display*** Radarschirmbild *n*; ~ ***gun*** Radarpistole *f*; ~ ***scanner*** Radarsuchgerät *n*; ~ ***screen*** Radarschirm *m*; ~ ***scope*** Radarsichtgerät *n*; ~ ***trap*** Radarfalle *f* (*der Polizei*).

rad·dle [ˈrædl] **I** *s*. **1.** *min*. Rötel *m*; **II** *v/t*. **2.** mit Rötel bemalen; **3.** rot anmalen.

ra·di·al [ˈreɪdjəl] **I** *adj*. ☐ **1.** radiˈal, Radial…, Strahl(en)…; sternförmig; **2.** *anat*. Speichen…; **3.** ✿, *zo*. radiˈalsymˌmetrisch; **II** *s*. **4.** *anat*. → a) ***radial artery***, b) ***radial nerve***; ~ **ar·ter·y** *s*. Speichenschlagader *f*; ~ **drill** *s*. ⚙ Radiˈalbohrmaˌschine *f*; ~ **en·gine** *s*. Sternmotor *m*; ˈ~**-flow tur·bine** *s*. Radiˈalturˌbine *f*; ~ **nerve** *s*. Speichennerv *m*; ˈ~**(-ply) tire** (*Brit*. **tyre**) *s*. ⚙ Gürtelreifen *m*; ~ **route** *s*. Ausfallstraße *f*.

ra·di·ance [ˈreɪdjəns], ˈ**ra·di·an·cy** [-sɪ] *s*. **1.** *a. fig*. Strahlen *n*, strahlender Glanz; **2.** → ***radiation***; ˈ**ra·di·ant** [-nt] **I** *adj*. ☐ **1.** strahlend (*a. fig*. ***with*** vor *dat*., von): ~ ***beauty***; ~ ***with joy*** freudestrahlend; ***be*** ~ ***with health*** vor Gesundheit strotzen; **2.** *phys*. Strahlungs…(*-energie etc*.): ~ ***heating*** ⚙ Flächenheizung *f*; **3.** strahlenförmig (angeordnet); **II** *s*. **4.** Strahl(ungs)punkt *m*; ˈ**ra·di·ate** [-dɪeɪt] **I** *v/i*. **1.** ausstrahlen (***from*** von) (*a. fig*.); **2.** *a. fig*. strahlen, leuchten; **II** *v/t*. **3.** *Licht*, *Wärme etc*. ausstrahlen; **4.** *fig*. *Liebe etc*. ausstrahlen, -strömen: ~ ***health*** vor Gesundheit strotzen; **5.** *Radio*, *TV*: ausstrahlen, senden; **III** *adj*. [-dɪət] **6.** radiˈal, strahlig, Strahl(en)…; **ra·di·a·tion** [ˌreɪdɪˈeɪʃn] *s*. **1.** *phys*. (Aus)Strahlung *f* (*a. fig*.): ~ ***detection team*** ⚔ Strahlenspürtrupp *m*; **2.** *a*. ~ ***therapy*** ⚕ Strahlenbehandlung *f*, Bestrahlung *f*; ˈ**ra·di·a·tor** [-dɪeɪtə] *s*. **1.** ⚙ Heizkörper *m*; Strahlkörper *m*, -ofen *m*; **2.** ϟ ˈRaumstrahlanˌtenne *f*; **3.** *mot*. Kühler *m*: ~ ***core*** Kühlerblock *m*; ~ ***grid***, ~ ***grill*** Kühlergrill *m*; ~ ***mascot*** Kühlerfigur *f*.

rad·i·cal [ˈrædɪkl] **I** *adj*. ☐ → ***radically***; **1.** radiˈkal (*pol. oft* ♀); *weitS. a*. drastisch, gründlich: ~ ***cure*** Radikal-, Roßkur *f*; ***undergo a*** ~ ***change*** sich von Grund auf ändern; **2.** ursprünglich, eingewurzelt; fundamenˈtal (*Fehler etc*.); grundlegend, Grund…: ~ ***difference***; ~ ***idea***; **3.** *bsd*. ✿, ⩘ Wurzel…: ~ ***sign*** → 8b; ~ ***plane*** ⩘ Potenzebene *f*; **4.** *ling*. Wurzel…, Stamm…: ~ ***word*** Stamm(wort *n*) *m*; **5.** ♪ Grund(ton)…; **6.** *a*. ⚗ Radikal…; **II** *s*. **7.** *pol*. (*a*. ♀) Radiˈkale(r *m*) *f*; **8.** ⩘ a) Wurzel *f*, b) Wurzelzeichen *n*; **9.** *ling*. Wurzel(buchstabe *m*) *f*; **10.** ♪ Grundton *m* (*Akkord*); **11.** ⚗ Radiˈkal *n*; ˈ**rad·i·cal·ism** [-kəlɪzəm] *s*. Radikaˈlismus *m*; ˈ**rad·i·cal·ize** [-kəlaɪz] *v/t*. (*v/i*. sich) radikalisieren; ˈ**rad·i·cal·ly** [-kəlɪ] *adv*. **1.** radiˈkal, von Grund auf; **2.** ursprünglich.

rad·i·ces [ˈreɪdɪsiːz] *pl. von **radix***.

rad·i·cle [ˈrædɪkl] *s*. **1.** ✿ a) Keimwurzel *f*, b) Würzelchen *n*; **2.** *anat*. (Gefäß-, Nerven)Wurzel *f*.

ra·di·i [ˈreɪdɪaɪ] *pl. von **radius***.

ra·di·o [ˈreɪdɪəʊ] **I** *pl*. **-di·os** *s*. **1.** Funk(-betrieb) *m*; **2.** Radio *n*, Rundfunk *m*: ***on the*** ~ im Rundfunk; **3.** a) Radio(gerät) *n*, Rundfunkempfänger *m*, b) Funkgerät *n*; **4.** (Radio)Sender *m*; **5.** Rundfunkgesellschaft *f*; **6.** F Funkspruch *m*; **II** *v/t*. **7.** senden, funken, *e-e Funkmeldung* ˈdurchgeben; **8.** ⚕ a) e-e Röntgenaufnahme machen von, b) durchˈleuchten; **9.** ⚕ mit Radium bestrahlen.

ˌ**ra·di·o**|ˈ**ac·tive** *adj*. radioakˈtiv: ~ ***waste*** radioaktiver Müll, Atom-Müll *m*; ˌ~**·acˈtiv·i·ty** *s*. Radioaktiviˈtät *f*; ~ **am·a·teur** *s*. ˈFunkamaˌteur *m*; ~ **bea·con** *s*. Funkbake *f*; ~ **beam** *s*. Funk-, Richtstrahl *m*; ~ **bear·ing** *s*. **1.** Funkpeilung *f*; **2.** Peilwinkel *m*; ~ **car** *s*. Funk(streifen)wagen *m*; ˌ~ˈ**car·bon dat·ing** *s*. Radiokarˈbonmeˌthode, C-ˈ14-Meˌthode *f*; ˌ~ˈ**chem·is·try** *s*. ˈRadio-, ˈStrahlencheˌmie *f*; ˌ~**-conˈtrol I** *s*. Funksteuerung *f*; **II** *v/t*. fernsteuern; ˌ~ˈ**el·e·ment** *s*. radioakˈtives Eleˈment; ~ **en·gi·neer·ing** *s*. Funktechnik *f*; ~ **fre·quen·cy** *s*. ϟ ˈHochfreˌquenz *f*.

ra·di·o·gram [ˈreɪdɪəʊɡræm] *s*. **1.** ˈFunkmeldung *f*, -teleˌgramm *n*; **2.** *Brit*. a) → ***radiograph*** I, b) Muˈsiktruhe *f*.

ra·di·o·graph [ˈreɪdɪəʊɡrɑːf] ⚕ **I** *s*. Radioˈgramm *n*, *bsd*. Röntgenaufnahme *f*; **II** *v/t*. ein Radioˈgramm *etc*. machen von; **ra·di·o·gra·phy** [ˌreɪdɪˈɒɡrəfɪ] *s*. Röntgenograˈphie *f*.

ra·di·o·log·i·cal [ˌreɪdɪəʊˈlɒdʒɪkl] *adj*. ⚕ radioˈlogisch, Röntgen…; **ra·di·ol·o·gist** [ˌreɪdɪˈɒlədʒɪst] *s*. Röntgenoˈloge *m*; **ra·di·ol·o·gy** [ˌreɪdɪˈɒlədʒɪ] *s*. Strahlen-, ˈRöntgenkunde *f*.

ra·di·o| **mark·er** *s*. ✈ (Anflug)Funkbake *f*; ~ **mes·sage** *s*. Funkmeldung *f*; ~ **op·er·a·tor** *s*. (✈ Bord)Funker *m*.

ra·di·o·phone [ˈreɪdɪəʊfəʊn] *s*. **1.** *phys*. Radioˈphon *n*; **2.** → ***radiotelephone***.

ˌ**ra·di·o**|ˈ**pho·no·graph** *s*. *Am*. Muˈsiktruhe *f*; ˌ~ˈ**pho·to·graph** *s*. Funkbild *n*; ˌ~**·phoˈtog·ra·phy** *s*. Bildfunk *m*.

ra·di·os·co·py [ˌreɪdɪˈɒskəpɪ] *s*. ⚕ Röntgenoskoˈpie *f*, ˈRöntgenunterˌsuchung *f*.

ra·di·o| **set** *s*. → ***radio*** 3; ~ **sonde** [sɒnd] *s*. *meteor*. Radiosonde *f*; ˌ~ˈ**tel·e·gram** *s*. ˈFunkteleˌgramm *n*; ˌ~**·teˈleg·ra·phy** *s*. drahtlose Telegraˈfie; ˌ~ˈ**tel·e·phone** *s*. Funksprechgerät *n*; ˌ~**·teˈleph·o·ny** *s*. drahtlose Telefoˈnie; ˌ~ˈ**ther·a·py** *s*. ˈStrahlen-, ˈRöntgentheraˌpie *f*.

rad·ish [ˈrædɪʃ] *s*. **1.** *a*. ***large*** ~ Rettich *m*; **2.** *a*. ***red*** ~ Raˈdieschen *n*.

ra·di·um [ˈreɪdjəm] *s*. ⚗ Radium *n*.

ra·di·us [ˈreɪdjəs] *pl*. **-di·i** [-dɪaɪ] *od*. **-di·us·es** *s*. **1.** ⩘ Radius *m*, Halbmesser *m*: ~ ***of turn*** *mot*. Wendehalbmesser; **2.** ⚙, *anat*. Speiche *f*; **3.** ✿ Strahl (-blüte *f*) *m*; **4.** ˈUmkreis *m*: ***within a*** ~ ***of***; **5.** *fig*. (Wirkungs-, Einfluß)Bereich *m*: ~ (***of action***) Aktionsradius *m*, *mot*. Fahrbereich *m*.

ra·dix [ˈreɪdɪks] *pl*. **rad·i·ces** [ˈreɪdɪsiːz] *s*. **1.** ⩘ Basis *f*, Grundzahl *f*; **2.** ✿, *a*. *ling*. Wurzel *f*.

raf·fi·a [ˈræfɪə] *s*. Raffiabast *m*.

raff·ish [ˈræfɪʃ] *adj*. ☐ **1.** liederlich; **2.** pöbelhaft, ordiˈnär.

raf·fle [ˈræfl] **I** *s*. Tombola *f*, Verlosung *f*; **II** *v/t*. *oft* ~ ***off*** *et*. (in e-r Tombola) verlosen; **III** *v/i*. losen (***for*** um).

raft [rɑːft] **I** *s*. **1.** Floß *n*; **2.** zs.-gebundenes Holz; **3.** *Am*. Treibholz(ansammlung *f*) *n*; **4.** F Unmenge *f*, ‚Haufen' *m*, ‚Latte' *f*; **II** *v/t*. **5.** flößen, als *od*. mit dem Floß befördern; **6.** zu e-m Floß zs.-binden; **7.** mit e-m Floß befahren; ˈ**raft·er** [-tə] *s*. **1.** Flößer *m*; **2.** ⚙ (Dach-) Sparren *m*; **rafts·man** [ˈrɑːftsmən] *s*. [*irr*.] Flößer *m*.

rag[1] [ræɡ] *s*. **1.** Fetzen *m*, Lumpen *m*, Lappen *m*: ***in*** ~***s*** a) in Fetzen (*Stoff etc*.), b) zerlumpt (*Person*); ***not a*** ~ ***of evidence*** nicht den geringsten Beweis; ***chew the*** ~ a) ‚quatschen', plaudern, b) ‚meckern'; ***cook to*** ~***s*** zerkochen; ***it's a red*** ~ ***to him*** *fig*. es ist für ihn ein rotes Tuch; → ***ragtag***; **2.** *pl*. *Papierherstellung*: Hadern *pl*., Lumpen *pl*.; **3.** *humor*. ‚Fetzen' *m* (*Kleid*, *Anzug*): ***not a*** ~ ***to put on*** keinen Fetzen zum Anziehen *haben*; → ***glad*** 2; **4.** *humor*. ‚Lappen' *m* (*Geldschein*, *Taschentuch etc*.); **5.** (*contp*. Käse-, Wurst)Blatt *n* (*Zeitung*); **6.** ♪ F → ***ragtime***.

rag[2] [ræɡ] *sl*. **I** *v/t*. **1.** *j-n* ‚anschnauzen'; **2.** *j-n* ‚aufziehen'; **3.** *j-m* e-n Streich spielen; **4.** *j-n* ‚piesacken', übel mitspielen (*dat*.); **II** *v/i*. **5.** Raˈdau machen; **III** *s*. **6.** Raˈdau *m*; **7.** Ulk *m*, Jux *m*.

rag·a·muf·fin [ˈræɡəˌmʌfɪn] *s*. **1.** zerlumpter Kerl; **2.** Gassenkind *n*.

ˌ**rag**|**-and-ˈbone man** [-ɡənˈb-] *s*. Lumpensammler *m*; ~ **bag** *s*. Lumpensack *m*; *fig*. Sammelˈsurium *n*: ***out of the*** ~ aus der ‚Klamottenkiste'; ~ **doll** *s*. Stoffpuppe *f*.

rage [reɪdʒ] **I** *s*. **1.** Wut(anfall *m*) *f*, Zorn *m*, Rage *f*: ***be in a*** ~ vor Wut schäumen, toben; ***fly into a*** ~ in Wut geraten; **2.** Wüten *n*, Toben *n*, Rasen *n* (*der Elemente*, *der Leidenschaft etc*.); **3.** Sucht *f*, Maˈnie *f*, Gier *f* (***for*** nach): ~ ***for collecting things*** Sammelwut *f*; **4.** Begeisterung *f*, Taumel *m*, Rausch *m*, Ekˈstase *f*: ***it is all the*** ~ es ist jetzt die große Mode, alles ist wild darauf; **II** *v/i*. **5.** (*a. fig*.) toben, rasen, wüten (***at***, ***against*** gegen).

rag fair *s*. Trödelmarkt *m*.

rag·ged [ˈræɡɪd] *adj*. ☐ **1.** zerlumpt, abgerissen (*Person*, *Kleidung*); **2.** zottig, struppig; **3.** zerfetzt, ausgefranst (*Wunde*); **4.** zackig, gezackt (*Glas*, *Stein*); **5.** holp(e)rig: ~ ***rhymes***; **6.** verwildert: ***a*** ~ ***garden***; **7.** roh, unfertig, fehler-, mangelhaft; zs.-hanglos; **8.** rauh (*Stimme*, *Ton*).

ˈ**rag·man** [-mən] *s*. [*irr*.] Lumpensammler *m*.

ra·gout [ˈræɡuː] *s*. Raˈgout *n*.

rag| **pa·per** *s*. ⚙ ˈHadernpaˌpier *n*; ˈ~ˌ**pick·er** *s*. Lumpensammler(in); ˈ~**·tag** *s*. Pöbel *m*, Gesindel *n*: ~ ***and bobtail*** Krethi u. Plethi *pl*.; ˈ~**·time** *s*. ♪ Ragtime *m* (*Jazzstil*).

raid [reɪd] **I** *s*. **1.** Ein-, ˈÜberfall *m*; Raub-, Streifzug *m*; ⚔ ˈStoßtruppunterˌnehmen *n*; ⚓ Kaperfahrt *f*; ✈ (Luft-) Angriff *m*; **2.** (Poliˈzei)ˌRazzia *f*; **3.** *fig*. a) (An)Sturm *m* (***on***, ***upon*** auf *acc*.), b) *sport* Vorstoß *m*; **II** *v/t*. **4.** e-n ˈÜberfall machen auf (*acc*.), überˈfallen, angreifen (*a*. ✈): ~***ing party*** ⚔ Stoßtrupp *m*; **5.** stürmen, plündern; **6.** e-e Razzia machen in (*dat*.); **7.** ~ ***the market*** ✝ den Markt drücken.

rail[1] [reɪl] **I** *s*. **1.** ⚙ Schiene *f*, Riegel *m*, Querstange *f*; **2.** Geländer *n*; (***main***) ~ ⚓ Reling *f*; **3.** 🚂 a) Schiene *f*, b) *pl*. Gleis *n*: ***by*** ~ mit der Bahn; ***run off the*** ~***s*** entgleisen; ***off the*** ~***s*** *fig*. aus dem

Geleise, durcheinander; **4.** *pl.* ✝ 'Eisenbahn,aktien *pl.*; **II** *v/t.* **5.** *a.* ~ ***in*** mit e-m Geländer um'geben: ~ ***off*** durch ein Geländer (ab)trennen.

rail² [reɪl] *s. orn.* Ralle *f.*

rail³ [reɪl] *v/i.* schimpfen, lästern, fluchen (***at, against*** über *acc.*): ~ ***at*** (*od.* ***against***) über *et.* herziehen, gegen *et.* wettern.

rail| bus *s.* Schienenbus *m*; '~**·car** *s.* Triebwagen *m*; '~**·head** *s.* **1.** Kopfbahnhof *m*, ⚔ Ausladebahnhof *m*; **2.** 🚂 a) Schienenkopf *m*, b) im Bau befindliches Ende (*e-r neuen Strecke*).

rail·ing ['reɪlɪŋ] *s.* **1.** *a. pl.* Geländer *n*, Gitter *n*; **2.** ⚓ Reling *f.*

rail·ler·y ['reɪlərɪ] *s.* Necke'rei *f*, Stiche'lei *f*, (gutmütiger) Spott.

rail·road ['reɪlrəʊd] *bsd. Am.* **I** *s.* **1.** *allg.* Eisenbahn *f*; **2.** *pl.* ✝ 'Eisenbahn,aktien *pl.*; **II** *adj.* **3.** Eisenbahn…: ~ ***accident***; **III** *v/t.* **4.** mit der Eisenbahn befördern; **5.** F *Gesetzesvorlage etc.* 'durchpeitschen; **6.** F a) *j-n* ‚über'fahren', zwingen (***into doing*** et. zu tun), b) *j-n* ‚abservieren'; '**rail·road·er** [-də] *s. Am.* Eisenbahner *m.*

rail·way ['reɪlweɪ] **I** *s.* **1.** *bsd. Brit. allg.* Eisenbahn *f*; **2.** Lo'kalbahn *f*; **II** *adj.* **3.** Eisenbahn…: ~ ***accident***; ~ **car·riage** *s.* Per'sonenwagen *m*; ~ **guard** *s.* Zugbegleiter *m*; ~ **guide** *s.* Kursbuch *n*; '~**·man** [-weɪmən] *s.* [*irr.*] Eisenbahner *m.*

rai·ment ['reɪmənt] *s. poet.* Kleidung *f*, Gewand *n.*

rain [reɪn] **I** *s.* **1.** Regen *m*; *pl.* Regenfälle *pl.*, -güsse *pl.*: ***the*** ~***s*** die Regenzeit (*in den Tropen*); ~ ***or shine*** bei jedem Wetter; ***as right as*** ~ F ganz richtig, in Ordnung; **II** *v/i.* **2.** *impers.* regnen; → ***pour*** 6; **3.** *fig.* regnen; niederprasseln (*Schläge*); strömen (*Tränen*); **III** *v/t.* **4.** *Tropfen etc.* (her)'niedersenden, regnen: ***it's*** ~***ing cats and dogs*** es gießt in Strömen; **5.** *fig.* (nieder)regnen *od.* (-)hageln lassen; '~**·bow** [-bəʊ] *s.* Regenbogen *m*; ~ **check** *s. Am.* Einlaßkarte *f* für die Neuansetzung e-r wegen Regens abgebrochenen (Sport)Veranstaltung: ***may I take a*** ~ ***on it?*** *fig.* darf ich darauf (*auf Ihr Angebot etc.*) später einmal zurückkommen?; '~**·coat** *s.* Regenmantel *m*; '~**·drop** *s.* Regentropfen *m*; '~**·fall** *s.* **1.** Regen(schauer) *m*; **2.** *meteor.* Niederschlagsmenge *f*; ~ **forest** *s.* Regenwald *m.*

rain·i·ness ['reɪnɪnɪs] *s.* **1.** Regenneigung *f*; **2.** Regenwetter *n.*

'**rain|·proof I** *adj.* wasserdicht; **II** *s.* Regenmantel *m*; '~**·storm** *s.* heftiger Regenguß.

rain·y ['reɪnɪ] *adj.* □ regnerisch, verregnet; Regen…(*-wetter, -wind etc.*): ***save up for a*** ~ ***day*** *fig.* e-n Notgroschen zurücklegen.

raise [reɪz] **I** *v/t.* **1.** *oft* ~ ***up*** (in die Höhe) heben, auf-, em'por-, hochheben, erheben, erhöhen; *mit Kran etc.* hochwinden, -ziehen; *Augen* erheben, aufschlagen; ⚕ *Blasen* ziehen; *Kohle* fördern; *Staub* aufwirbeln; *Vorhang* hochziehen; *Teig, Brot* treiben: ~ ***one's glass to*** auf *j-n* das Glas erheben, *j-m* zutrinken; ~ ***one's hat*** (***to s.o.***) den Hut ziehen (vor j-m, *a. fig.*); → ***power*** 12; **2.** aufrichten, -stellen, aufrecht stellen; **3.** errichten, erstellen, (er)bauen; **4.** *Familie* gründen; *Kinder* auf-, großziehen; **5.** a) *Pflanzen* ziehen, b) *Tiere* züchten; **6.** aufwecken: ~ ***from the dead*** von den Toten erwecken; **7.** *Geister* zitieren, beschwören; **8.** *Gelächter, Sturm etc.* her'vorrufen, verursachen; *Erwartungen, Verdacht, Zorn* erwekken, erregen; *Gerücht* aufkommen lassen; *Schwierigkeiten* machen; **9.** *Geist, Mut* beleben, anfeuern; **10.** aufwiegeln (***against*** gegen); *Aufruhr* anstiften, -zetteln; **11.** *Geld etc.* beschaffen; *Anleihe, Hypothek, Kredit* aufnehmen; *Steuern* erheben; *Heer* aufstellen; **12.** *Stimme, Geschrei* erheben; **13.** *An-, Einspruch* erheben, *Einwand a.* vorbringen, geltend machen, *Forderung a.* stellen; *Frage* aufwerfen; *Sache* zur Sprache bringen; **14.** (ver)stärken, vergrößern, vermehren; **15.** *Lohn, Preis, Wert etc.* erhöhen, hin'aufsetzen; *Temperatur, Wette etc.* steigern; **16.** (im Rang) erhöhen: ~ ***to the throne*** auf den Thron erheben; **17.** *Belagerung, Blockade etc., a. Verbot* aufheben; **18.** ⚓ sichten; **II** *s.* **19.** Erhöhung *f*; *Am.* Steigung *f* (*Straße*); **20.** *bsd. Am.* (Gehalts-, Lohn)Erhöhung *f*, Aufbesserung *f*; **raised** [-zd] *adj.* **1.** erhöht; **2.** gesteigert; **3.** ⚙ erhaben; **4.** Hefe…: ~ ***cake***.

rai·sin ['reɪzn] *s.* Ro'sine *f.*

rai·son| d'é·tat [ˌreɪzɔ̃:n'deɪ'tɑ:] (*Fr.*) *s.* 'Staatsrä,son *f*; ~ **d'ê·tre** [-'deɪtrə] (*Fr.*) *s.* Daseinsberechtigung *f*, -zweck *m.*

raj [rɑ:dʒ] *s. Brit. Ind.* Herrschaft *f.*

ra·ja(h) ['rɑ:dʒə] *s.* Radscha *m* (*indischer Fürst*).

rake¹ [reɪk] **I** *s.* **1.** Rechen *m* (*a. des Croupiers etc.*), Harke *f*; **2.** ⚙ a) Rührstange *f*, b) Kratze *f*, c) Schürhaken *m*; **II** *v/t.* **3.** (glatt-, zs.-)rechen, (-)harken; **4.** *mst* ~ ***together*** zs.-scharren (*a. fig. zs.-raffen*); **5.** durch'stöbern (*a.* ~ ***up***, ~ ***over***): ~ ***up*** *fig. alte Geschichten* aufrühren; **6.** ⚔ (mit Feuer) bestreichen, ‚beharken'; **7.** über'blicken, absuchen; **III** *v/i.* **8.** rechen, harken; **9.** *fig.* her'umstöbern, -suchen (***for*** nach).

rake² [reɪk] *s.* Lebemann *m.*

rake³ [reɪk] **I** *v/i.* **1.** Neigung haben; **2.** ⚓ a) 'überhängen (*Steven*), b) Fall haben (*Mast, Schornstein*); **II** *v/t.* **3.** (nach rückwärts) neigen; **III** *s.* **4.** Neigung(swinkel *m*) *f.*

'**rake-off** *s.* F (Gewinn)Anteil *m.*

rak·ish¹ ['reɪkɪʃ] *adj.* □ ausschweifend, liederlich, wüst.

rak·ish² ['reɪkɪʃ] *adj.* **1.** ⚓, *mot.* schnittig (gebaut); **2.** *fig.* flott, verwegen, keck.

ral·ly¹ ['rælɪ] **I** *v/t.* **1.** *Truppen etc.* (wieder) sammeln *od.* ordnen; **2.** vereinigen, scharen (***round, to*** um *acc.*), zs.-trommeln; **3.** aufrütteln, -muntern, in Schwung bringen; **4.** *Kräfte etc.* sammeln, zs.-raffen; **II** *v/i.* **5.** sich (wieder) sammeln; **6.** *a. fig.* sich scharen (***round, to*** um *acc.*); sich zs.-tun; sich anschließen (***to*** *dat. od.* an *acc.*); **7.** *a.* ~ ***round*** sich erholen (*a. fig. u.* ✝), neue Kräfte sammeln; *sport etc.* sich (wieder) ‚fangen'; **8.** *Tennis etc.*: a) e-n Ballwechsel ausführen, b) sich einschlagen; **III** *s.* **9.** ⚔ Sammeln *n*; **10.** Zs.-kunft *f*, Treffen *n*, Tagung *f*, Kundgebung *f*, (Massen)Versammlung *f*; **11.** Erholung *f* (*a.* ✝ *der Preise, des Marktes*); **12.** *Tennis*: Ballwechsel *m*; **13.** *mot.* Rallye *f*, Sternfahrt *f.*

ral·ly² ['rælɪ] *v/t.* hänseln.

ral·ly·ing ['rælɪɪŋ] *adj.* Sammel…: ~ ***cry*** Parole *f*, Schlagwort *n*; ~ ***point*** Sammelpunkt *m*, -platz *m.*

ram [ræm] **I** *s.* **1.** *zo.* (*ast.* ♈) Widder *m*; **2.** ⚔ *hist.* Sturmbock *m*; **3.** ⚙ a) Ramme *f*, b) Rammbock *m*, -bär *m*, c) Preßkolben *m*; **4.** ⚓ Rammsporn *m*; **II** *v/t.* **5.** (fest-, ein)rammen (*a.* ~ ***down*** *od.* ***in***); *weitS.* (gewaltsam) stoßen, drükken; **6.** (hin'ein)stopfen: ~ ***up*** a) vollstopfen, b) verrammeln, verstopfen; **7.** *fig.* eintrichtern, -pauken: ~ ***s.th. into s.o.*** j-m et. einbleuen; → ***throat*** 1; **8.** ⚓, ✈ *etc.* rammen; *weitS.* stoßen, schmettern, ‚knallen'.

ram·ble ['ræmbl] **I** *v/i.* **1.** um'herwandern, -streifen, bummeln; **2.** sich winden (*Fluß etc.*); **3.** ⚘ wuchern, (üppig) ranken; **4.** *fig.* (vom Thema) abschweifen; drauf'losreden; **II** *s.* **5.** (Fuß)Wanderung *f*, Streifzug *m*; Bummel *m*; '**ram·bler** [-lə] *s.* **1.** Wand(e)rer *m*, Wand(r)erin *f*; **2.** *a.* ***crimson*** ~ ⚘ Kletterrose *f*; '**ram·bling** [-lɪŋ] **I** *adj.* □ **1.** um'herwandernd, -streifend: ~ ***club*** Wanderverein *m*; **2.** ⚘ (üppig) rankend, wuchernd; **3.** weitläufig, verschachtelt (*Gebäude*); **4.** *fig.* abschweifend, weitschweifig, planlos; **II** *s.* **5.** Wandern *n*, Um'herstreifen *n.*

ram·bunc·tious [ræm'bʌŋkʃəs] *adj.* laut, lärmend, wild.

ram·ie ['ræmi:] *s.* Ra'mie(faser) *f.*

ram·i·fi·ca·tion [ˌræmɪfɪ'keɪʃn] *s.* Verzweigung *f*, -ästelung *f* (*a. fig.*); **ram·i·fy** ['ræmɪfaɪ] *v/t. u. v/i.* (sich) verzweigen (*a. fig.*).

ram·jet (en·gine) ['ræmdʒet] *s.* ⚙ Staustrahltriebwerk *n.*

ramp¹ [ræmp] **I** *s.* **1.** Rampe *f* (*a.* △ *Abdachung*); **2.** (schräge) Auffahrt, (Lade)Rampe *f*; **3.** Krümmling *m* (*am Treppengeländer*); **4.** ✈ (fahrbare) Treppe; **II** *v/i.* **5.** sich (drohend) aufrichten, zum Sprung ansetzen (*Tier*); **6.** toben, wüten; **7.** ⚘ wuchern; **III** *v/t.* **8.** mit e-r Rampe versehen.

ramp² [ræmp] *s. Brit. sl.* Betrug *m.*

ram·page [ræm'peɪdʒ] **I** *v/i.* toben, wüten; **II** *s.*: ***be on the*** ~ a) (sich aus)toben, b) *fig.* grassieren, um sich greifen, wüten; **ram'pa·geous** [-dʒəs] *adj.* □ wild, wütend.

ramp·an·cy ['ræmpənsɪ] *s.* **1.** Über'handnehmen *n*, 'Umsichgreifen *n*, Grassieren *n*; **2.** *fig.* wilde Ausgelassenheit, Wildheit *f*; '**ramp·ant** [-nt] *adj.* □ **1.** wild, zügellos, ausgelassen; **2.** über'handnehmend: ***be*** ~ → ***rampage*** II b; **3.** üppig, wuchernd (*Pflanzen*); **4.** (drohend) aufgerichtet, sprungbereit (*Tier*); **5.** *her.* steigend.

ram·part ['ræmpɑ:t] *s.* ⚔ a) Brustwehr *f*, b) (Schutz)Wall *m* (*a. fig.*).

ram·rod ['ræmrɒd] *s.* ⚔ *hist.* Ladestock *m*: ***as stiff as a*** ~ als hätte *er etc.* e-n Ladestock verschluckt.

ram·shack·le ['ræmˌʃækl] *adj.* baufällig, wack(e)lig; klapp(e)rig.

ran¹ [ræn] *pret. von* ***run***.

ran² [ræn] *s.* **1.** Docke *f* Bindfaden; **2.** ⚓ aufgehaspeltes Kabelgarn.

ranch [rɑːntʃ; *bsd. Am.* ræntʃ] **I** *s.* Ranch *f*, (*bsd.* Vieh)Farm *f*; **II** *v/i.* Viehzucht treiben; **'ranch·er** [-tʃə] *s. Am.* **1.** Rancher *m*, Viehzüchter *m*; **2.** Farmer *m*; **3.** Rancharbeiter *m*.

ran·cid ['rænsɪd] *adj.* **1.** ranzig (*Butter etc.*); **2.** *fig.* widerlich; **ran·cid·i·ty** [ræn'sɪdətɪ], **'ran·cid·ness** [-nɪs] *s.* Ranzigkeit *f*.

ran·cor *Am.* → ***rancour.***

ran·cor·ous ['ræŋkərəs] *adj.* □ erbittert, voller Groll, giftig; **ran·cour** ['ræŋkə] *s.* Groll *m*, Haß *m*.

ran·dom ['rændəm] **I** *adj.* □ ziel-, wahllos, zufällig, aufs Gerate'wohl, Zufalls...: ***~ mating*** *biol.* Zufallspaarung *f*; ***~ sample*** (*od.* ***test***) Stichprobe *f*; ***~ shot*** Schuß *m* ins Blaue; ***~ access*** *Computer*: wahlfreier *od.* direkter Zugriff; **II** *s.*: ***at ~*** aufs Geratewohl, auf gut Glück, blindlings, zufällig: ***talk at ~*** (wild) drauflosreden.

rand·y ['rændɪ] *adj.* F geil.

ra·nee [ˌrɑː'niː] *s.* Rani *f* (*indische Fürstin*).

rang [ræŋ] *pret. von* ***ring²***.

range [reɪndʒ] **I** *s.* **1.** Reihe *f*; (*a.* Berg-) Kette *f*; **2.** (Koch-, Küchen)Herd *m*; **3.** Schießstand *m*, -platz *m*; **4.** Entfernung *f zum Ziel*, Abstand *m*: ***at a ~ of*** aus (*od.* in) e-r Entfernung von; ***at close ~*** aus der Nähe; ***find the ~*** ⚔ sich einschießen; ***take the ~*** die Entfernung schätzen; **5.** *bsd.* ⚔ Reich-, Trag-, Schußweite *f*; ⚓ Laufstrecke *f* (*Torpedo*); ✈ Flugbereich *m*: ***at close ~*** aus nächster Nähe; ***out of ~*** außer Schußweite; ***within ~ of vision*** in Sichtweite; → ***long-range***; **6.** Ausdehnung *f*, (ausgedehnte) Fläche; **7.** *fig.* Bereich *m*, Spielraum *m*, Grenzen *pl.*; (⚘, *zo.* Verbreitungs)Gebiet *n*: ***~ (of action)*** Aktionsbereich; ***~ (of activities)*** (Betätigungs)Feld *n*; ***~ of application*** Anwendungsbereich; ***~ of prices*** ✝ Preislage *f*, -klasse *f*; ***~ of reception*** *Funk*: Empfangsbereich; ***boiling ~*** *phys.* Siedebereich; **8.** ✝ Kollekti'on *f*, Sorti'ment *n*: ***a wide ~ (of goods)*** e-e große Auswahl, ein großes Angebot; **9.** Bereich *m*, Gebiet *n*, Raum *m*: ***~ of knowledge*** Wissensbereich; ***~ of thought*** Ideenkreis *m*; **10.** ♪ a) 'Ton-, 'Stimmˌumfang *m*, b) Ton-, Stimmlage *f*; **II** *v/t.* **11.** (in Reihen) aufstellen *od.* anordnen; **12.** einreihen, -ordnen: ***~ o.s. with*** (*od.* ***on the side of***) zu *j-m* halten; **13.** *Gebiet etc.* durch'streifen, -'wandern; **14.** längs *der Küste* fahren, entlangfahren; **15.** *Teleskop etc.* einstellen; **16.** ⚔ a) *Geschütz* richten (***on*** auf *acc.*), b) e-e Reichweite haben von, tragen; **III** *v/i.* **17.** (***with***) e-e Reihe *od.* Linie bilden (mit), in e-r Reihe *od.* Linie stehen (mit); **18.** sich erstrecken, verlaufen, reichen; **19.** *fig.* rangieren (***among*** unter), im gleichen Rang stehen (***with*** mit); zählen, gehören (***with*** zu); **20.** (um'her)streifen, (-)schweifen, wandern (*a. Auge, Blick*); **21.** ⚘, *zo.* vorkommen, verbreitet *od.* zu finden sein; **22.** schwanken, sich bewegen (***from ... to ...*** *od.* ***between ... and ...*** zwischen ... und ...) (*Zahlenwert, Preis etc.*); **23.** ⚔ sich einschießen (*Geschütz*).

'range-ˌfind·er *s.* ⚔, *phot.* Entfernungsmesser *m* (⚔ *a. Mann*).

rang·er ['reɪndʒə] *s.* **1.** *Am.* Ranger *m*: a) *Wächter e-s Nationalparks*, b) *mst* ♀ *Angehöriger e-r Schutztruppe e-s Bundesstaates*, c) ⚔ *Angehöriger e-r Kommandotruppe*; **2.** *Brit.* Aufseher *m* e-s königlichen Forsts *od.* Parks (*Titel*); **3.** *a.* ***~ guide*** *Brit.* Ranger *f* (*Pfadfinderin über 16 Jahre*).

rank¹ [ræŋk] **I** *s.* **1.** Reihe *f*, Linie *f*; **2.** ⚔ a) Glied *n*, b) Rang *m*, Dienstgrad *m*: ***the ~s*** (Unteroffiziere und) Mannschaften; ***~ and file*** ⚔ *der* Mannschaftsstand, *pol.* die Basis (*e-r Partei*); ***in ~ and file*** in Reih und Glied; ***close the ~s*** die Reihen schließen; ***join the ~s*** ins Heer eintreten; ***rise from the ~s*** von der Pike auf dienen (*a. fig.*); **3.** (sozi'ale) Klasse, Stand *m*, Schicht *f*, Rang *m*: ***man of ~*** Mann von Stand; ***~ and fashion*** die vornehme Welt; ***of second ~*** zweitrangig; ***take ~ of*** den Vorrang haben vor (*dat.*); ***take ~ with*** mit *j-m* gleichrangig sein; **II** *v/t.* **4.** (ein-) reihen, (-)ordnen, klassifizieren; **5.** *Truppe etc.* aufstellen, formieren; **6.** *fig.* rechnen, zählen (***with***, ***among*** zu): ***I ~ him above Shaw*** ich stelle ihn über Shaw; **III** *v/i.* **7.** sich reihen *od.* ordnen; ⚔ (in geschlossener Formati'on) marschieren; **8.** e-n Rang *od.* e-e Stelle einnehmen, rangieren (***above*** über *dat.*, ***below*** unter *dat.*, ***next to*** hinter *dat.*): ***~ as*** gelten als; ***~ first*** an erster Stelle stehen; ***~ high*** e-n hohen Rang einnehmen, *a.* e-n hohen Stellenwert haben; ***~ing officer*** *Am.* rangältester Offizier; **9.** ***~ among***, ***~ with*** gehören *od.* zählen zu.

rank² [ræŋk] *adj.* □ **1.** a) üppig, geil wachsend (*Pflanzen*), b) verwildert (*Garten*); **2.** fruchtbar, fett (*Boden*); **3.** stinkend, ranzig; **4.** widerlich, scharf (*Geruch od. Geschmack*); **5.** kraß: ***~ outsider***; ***~ beginner*** blutiger Anfänger; ***~ nonsense*** blühender Unsinn; **6.** ekelhaft, unanständig.

rank·er ['ræŋkə] *s.* ⚔ a) einfacher Sol'dat, b) aus dem Mannschaftsstand her'vorgegangener Offi'zier.

ran·kle ['ræŋkl] *v/i.* **1.** eitern, schwären (*Wunde*); **2.** *fig.* nagen, fressen, weh tun: ***~ with*** *j-n* wurmen, *j-m* weh tun.

ran·sack ['rænsæk] *v/t.* **1.** durch'wühlen; **2.** plündern, ausrauben.

ran·som ['rænsəm] **I** *s.* **1.** Loskauf *m*, Auslösung *f*; **2.** Lösegeld *n*: ***a king's ~*** e-e Riesensumme; ***hold to ~*** a) *j-n* gegen Lösegeld gefangenhalten, b) *fig. j-n* erpressen; **3.** *eccl.* Erlösung *f*; **II** *v/t.* **4.** los-, freikaufen; **5.** *eccl.* erlösen.

rant [rænt] **I** *v/i.* **1.** toben, lärmen; **2.** schwadronieren, Phrasen dreschen; **3.** *obs.* geifern (***at***, ***against*** über *acc.*); **II** *v/t.* **4.** pa'thetisch vortragen; **III** *s.* **5.** Wortschwall *m*; Schwulst *m*, leeres Gerede, ˌPhrasendresche'rei *f*; **'rant·er** [-tə] *s.* **1.** pa'thetischer Redner, Kanzelpauker *m*; **2.** Schwadro'neur *m*, Großsprecher *m*.

ra·nun·cu·lus [rə'nʌŋkjʊləs] *pl.* **-lus·es, -li** [-laɪ] *s.* ⚘ Ra'nunkel *f*.

rap¹ [ræp] **I** *v/t.* **1.** klopfen *od.* pochen an *od.* auf (*acc.*): ***~ s.o.'s fingers***, ***~ s.o. over the knuckles*** *bsd. fig.* j-m auf die Finger klopfen; **2.** *Am. sl.* a) *j-m* e-e ‚Zi'garre' verpassen, b) *j-n*, *et.* scharf kritisieren, c) *j-n* ‚verdonnern', d) *j-n* ‚schnappen'; **3.** ***~ out*** a) durch Klopfen mitteilen (*Geist*), b) *Worte* her'auspoltern, ‚bellen'; **II** *v/i.* **4.** klopfen, pochen, schlagen (***at*** an *acc.*); **III** *s.* **5.** Klopfen *n*; **6.** Schlag *m*; **7.** *Am.* F a) scharfe Kri'tik, b) ‚Zi'garre' *f*, Rüge *f*; **8.** *Am. sl.* a) Anklage *f*, b) Strafe *f*, c) Schuld *f*: ***~ sheet*** Strafregister *n*; ***beat the ~*** sich rauswinden; ***take the ~*** (zu e-r Strafe) ‚verdonnert' werden; **9.** *Am.* F ‚Plausch' *m*: ***~ session*** (Gruppen-) Diskussion *f*.

rap² [ræp] *s. fig.* Heller *m*, Deut *m*: ***I don't care*** (*od.* ***give***) ***a ~*** (***for it***) das ist mir ganz egal; ***it is not worth a ~*** es ist keinen Pfifferling wert.

ra·pa·cious [rə'peɪʃəs] *adj.* □ raubgierig, Raub...(*-tier*, *-vogel*); *fig.* (hab)gierig; **ra'pa·cious·ness** [-nɪs], **ra'pac·i·ty** [-'pæsətɪ] *s.* **1.** Raubgier *f*; **2.** *fig.* Habgier *f*.

rape¹ [reɪp] **I** *s.* **1.** Vergewaltigung *f* (*a. fig.*), ⚖ Notzucht *f*: ***~ and murder*** Lustmord *m*; ***statutory ~*** *Am.* ⚖ Unzucht mit Minderjährigen; **2.** Entführung *f*, Raub *m*; **II** *v/t.* **3.** vergewaltigen; **4.** *obs.* rauben.

rape² [reɪp] *s.* ⚘ Raps *m*.

rape³ [reɪp] *s.* Trester *pl.*

rape|·oil *s.* Rüb-, Rapsöl *n*; **'~·seed** *s.* Rübsamen *m*.

rap·id ['ræpɪd] **I** *adj.* □ **1.** schnell, rasch, ra'pid(e); reißend (*Fluß*; ✝ *Absatz*); Schnell...: ***~ fire*** ⚔ Schnellfeuer *n*; ***~ transit*** *Am.* Nahschnellverkehr *m*; **2.** jäh, steil (*Hang*); **3.** *phot.* a) lichtstark (*Objektiv*), b) hochempfindlich (*Film*); **II** *s.* **4.** *pl.* Stromschnelle(n *pl.*) *f*; **ra·pid·i·ty** [rə'pɪdətɪ] *s.* Schnelligkeit *f*, (rasende) Geschwindigkeit.

ra·pi·er ['reɪpjə] *s. fenc.* Ra'pier *n*: ***~ thrust*** *fig.* sar'kastische Bemerkung.

rap·ist ['reɪpɪst] *s.* Vergewaltiger *m*: ***~-killer*** Lustmörder *m*.

rap·port [ræ'pɔː] *s.* (enge, per'sönliche) Beziehung: ***be in*** (*od.* ***en***) ***~ with*** mit *j-m* in Verbindung stehen, *fig.* gut harmonieren mit.

rap·proche·ment [ræ'prɒʃmɑ̃ːŋ] (*Fr.*) *s. bsd. pol.* (Wieder)'Annäherung *f*.

rapt [ræpt] *adj.* **1.** versunken, verloren (***in*** in *acc.*): ***~ in thought***; **2.** hingerissen, entzückt (***with***, ***by*** von); **3.** verzückt (*Lächeln etc.*); gespannt (***upon*** auf *acc.*) (*a. Aufmerksamkeit*).

rap·to·ri·al [ræp'tɔːrɪəl] *orn.* **I** *adj.* Raub...; **II** *s.* Raubvogel *m*.

rap·ture ['ræptʃə] *s.* **1.** Entzücken *n*, Verzückung *f*, Begeisterung *f*, Taumel *m*: ***in ~s*** hingerissen (***at*** von); ***go into ~s*** in Verzückung geraten (***over*** über *acc.*); ***~ of the deep*** ⚕ Tiefenrausch *m*; **2.** *pl.* Ausbruch *m* des Entzückens, Begeisterungstaumel *m*; **'rap·tur·ous** [-tʃərəs] *adj.* □ **1.** entzückt, hingerissen; **2.** stürmisch, begeistert (*Beifall etc.*); **3.** verzückt (*Gesicht*).

rare¹ [reə] *adj.* □ **1.** selten, rar (*a. fig. ungewöhnlich, hervorragend, köstlich*): ***~ earth*** ⚗ seltene Erde; ***~ fun*** F Mordsspaß *m*; ***~ gas*** Edelgas *n*; **2.** *phys.* dünn (*Luft*).

rare² [reə] *adj.* halbgar, nicht 'durchgebraten (*Fleisch*); englisch (*Steak*).

rare·bit ['reəbɪt] *s.*: ***Welsh ~*** überbackene Käseschnitte.

rar·ee show ['reəriː] *s.* **1.** Guckkasten

m; **2.** Straßenzirkus *m*; **3.** *fig.* Schauspiel *n*.

rar·e·fac·tion [ˌreərɪˈfækʃn] *s. phys.* Verdünnung *f*; **rar·e·fy** [ˈreərɪfaɪ] **I** *v/t.* **1.** verdünnen; **2.** *fig.* verfeinern; **II** *v/i.* **3.** sich verdünnen.

rare·ness [ˈreənɪs] → ***rarity***.

rar·ing [ˈreərɪŋ] *adj.*: ***~ to do s.th.*** F ganz wild darauf, et. zu tun.

rar·i·ty [ˈreərətɪ] *s.* **1.** Seltenheit *f*: a) *seltenes Vorkommen*, b) Rariˈtät *f*, Kostbarkeit *f*; **2.** Vorˈtrefflichkeit *f*; **3.** *phys.* Verdünnung *f*.

ras·cal [ˈrɑːskəl] *s.* **1.** Schuft *m*, Schurke *m*, Haˈlunke *m*; **2.** *humor.* a) Gauner *m*, b) Frechdachs *m* (*Kind*); **ras·cal·i·ty** [rɑːˈskælətɪ] *s.* Schurkeˈrei *f*; ˈ**ras·cal·ly** [-kəlɪ] *adj u. adv.* niederträchtig, gemein.

rash[1] [ræʃ] *adj.* ☐ **1.** hastig, überˈeilt, -ˈstürzt, vorschnell: ***a ~ decision***; **2.** unbesonnen.

rash[2] [ræʃ] *s.* ⚕ (Haut)Ausschlag *m*.

rash·er [ˈræʃə] *s.* (dünne) Scheibe Frühstücksspeck *od.* Schinken.

rash·ness [ˈræʃnɪs] *s.* **1.** Hast *f*, Überˈeiltheit *f*, -ˈstürztheit *f*; **2.** Unbesonnenheit *f*.

rasp [rɑːsp] **I** *v/t.* **1.** raspeln, feilen, schaben; **2.** *fig. Gefühle etc.* verletzen; *Ohren* beleidigen; *Nerven* reizen; **3.** krächzen(d äußern); **II** *s.* **4.** Raspel *f*, Grobfeile *f*; Reibeisen *n*.

rasp·ber·ry [ˈrɑːzbərɪ] *s.* **1.** ⚘ Himbeere *f*; **2.** *a.* ***~ cane*** ⚘ Himbeerstrauch *m*; **3.** ***give*** (*od.* ***blow***) ***a ~*** *fig. sl.* verächtlich schnauben.

rasp·ing [ˈrɑːspɪŋ] **I** *adj.* ☐ **1.** kratzend, krächzend (*Stimme etc.*); **II** *s.* **2.** Raspeln *n*; **3.** *pl.* Raspelspäne *pl.*

ras·ter [ˈræstə] *s. opt.*, *TV* Raster *m*.

rat [ræt] **I** *s.* **1.** *zo.* Ratte *f*: ***smell a ~*** *fig.* Lunte *od.* den Braten riechen, Unrat wittern; ***like a drowned ~*** pudelnaß; ***~s!*** ‚Quatsch'!; **2.** *pol.* F ˈÜberläufer *m*, Abtrünnige(r *m*) *f*; **3.** F a) *allg.* Verräter *m*, b) ‚Schwein' *n*, c) Spitzel *m*, d) Streikbrecher *m*; **II** *v/i.* **4.** *pol.* F ˈüberlaufen, *allg.* Verrat begehen: ***~ on*** a) *j-n* verraten *od.* im Stich lassen, b) *Kumpane* ‚verpfeifen', c) *et.* widerrufen, d) aus *et.* ‚aussteigen'; **5.** Ratten fangen.

rat·a·bil·i·ty [ˌreɪtəˈbɪlətɪ] *s.* **1.** (Ab-) Schätzbarkeit *f*; **2.** Verhältnismäßigkeit *f*; **3.** *bsd. Brit.* Steuerbarkeit *f*, ˈUmlagepflicht *f*; **rat·a·ble** [ˈreɪtəbl] *adj.* ☐ **1.** (ab)schätzbar, abzuschätzen(d), bewertbar; **2.** anteilmäßig, proportioˈnal; **3.** *bsd. Brit.* (kommuˈnal)steuerpflichtig; zollpflichtig: ***~ value*** Einheitswert *m*.

ratch [rætʃ] *s.* ⚙ **1.** (gezahnte) Sperrstange; **2.** Auslösung *f* (*Uhr*).

ratch·et [ˈrætʃɪt] *s.* ⚙ Sperrklinke *f*; ***~ wheel*** *s.* ⚙ Sperrad *n*.

rate[1] [reɪt] **I** *s.* **1.** (Verhältnis)Ziffer *f*, Quote *f*, Maß(stab *m*) *n*, (*Wachstums-*, *Inflations- etc.*)Rate *f*: ***birth ~*** Geburtenziffer; ***death ~*** Sterblichkeitsziffer; ***at the ~ of*** im Verhältnis von (→ 2 *u.* 6); ***at a fearful ~*** in erschreckendem Ausmaß; **2.** (*Diskont-*, *Lohn-*, *Steuer- etc.*)Satz *m*, Kurs *m*, Taˈrif *m*: ***~ of exchange*** (Umrechnungs-, Wechsel-) Kurs; ***~ of the day*** Tageskurs; ***at the ~ of*** zum Satze von; **3.** (festgesetzter) Preis, Betrag *m*, Taxe *f*: ***at any ~*** *fig.* a) auf jeden Fall, b) wenigstens; ***at that ~*** unter diesen Umständen; **4.** (Post- *etc.*) Gebühr *f*, Porto *n*; (Gas-, Strom-) Preis *m*: ***inland ~*** Inlandporto; **5.** *Brit.* (Kommuˈnal)Steuer *f*, (Gemeinde)Abgabe *f*; **6.** (relaˈtive) Geschwindigkeit: ***~ of climb*** ✈ Steiggeschwindigkeit; ***~ of energy*** *phys.* Energiemenge *f* pro Zeiteinheit; ***~ of an engine*** Motorleistung *f*; ***~ plate*** ⚙ Leistungsschild *n*; ***at the ~ of*** mit e-r Geschwindigkeit von; **7.** Grad *m*, Rang *m*, Klasse *f*; **8.** ⚓ a) Klasse *f* (*Schiff*), b) Dienstgrad *m* (*Matrose*); **II** *v/t.* **9.** *et.* abschätzen, taxieren (***at*** auf *acc.*); **10.** *j-n* einschätzen, beurteilen; ⚓ *Seemann* einstufen; **11.** *Preis etc.* bemessen, ansetzen; *Kosten* veranschlagen: ***~ up*** höher versichern; **12.** *j-n* betrachten als, halten für; **13.** rechnen, zählen (***among*** zu); **14.** *Brit.* a) (zur Steuer) veranlagen, b) besteuern; **15.** *Am. sl. et.* wert sein, Anspruch haben auf (*acc.*); **III** *v/i.* **16.** angesehen werden, gelten (***as*** als): ***~ high*** (***low***) hoch (niedrig) ‚im Kurs stehen', e-n hohen Stellenwert haben; ***~ above*** (***below***) rangieren, stehen über (unter) *j-m od. e-r Sache*; ***~ with s.o.*** bei j-m e-n Stein im Brett haben; ***she*** (***it***) ***~d high with him*** sie (es) galt viel bei ihm; **17.** ***~ among*** zählen zu.

rate[2] [reɪt] **I** *v/t.* ausschelten (***for***, ***about*** wegen); **II** *v/i.* schimpfen (***at*** auf *acc.*).

rate·a·bil·i·ty *etc.* → ***ratability*** *etc.*

rat·ed [ˈreɪtɪd] *adj.* **1.** (gemeinde)steuerpflichtig; **2.** ⚙ Nenn...: ***~ power*** Nennleistung *f*.

ˈ**rateˌpay·er** *s. Brit.* (Gemeinde)Steuerzahler(in).

rath·er [ˈrɑːðə] *adv.* **1.** ziemlich, fast, etwas: ***~ cold*** ziemlich kalt; ***I would ~ think*** ich möchte fast glauben; ***I ~ expected it*** ich habe es fast erwartet; **2.** lieber, eher (***than*** als): ***I would*** (*od.* ***had***) ***much ~ go*** ich möchte viel lieber gehen; **3.** (***or*** oder) vielmehr, eigentlich, besser gesagt; **4.** *bsd. Brit.* F (ja) freilich!, allerˈdings!

rat·i·fi·ca·tion [ˌrætɪfɪˈkeɪʃn] *s.* **1.** Bestätigung *f*, Genehmigung *f*; **2.** *pol.* Ratifizierung *f*; **rat·i·fy** [ˈrætɪfaɪ] *v/t.* **1.** bestätigen, genehmigen, gutheißen; **2.** *pol.* ratifizieren.

rat·ing[1] [ˈreɪtɪŋ] *s.* **1.** (Ab)Schätzung *f*, Bewertung *f*, (*a.* Leistungs)Beurteilung *f*; *ped. Am.* (Zeugnis)Note *f*; *Radio*, *TV*: Einschaltquote *f*; **2.** (Leistungs-) Stand *m*, Niˈveau *n*; **3.** *fig.* Stellenwert *m*; **4.** ⚓ a) Dienstgrad *m*, b) *Brit.* Maˈtrose *m*, c) *pl. Brit.* Leute *pl.* e-s bestimmten Dienstgrades; **5.** ⚓ (Segel-) Klasse *f*; **6.** ✝ Kreˈditwürdigkeit *f*; **7.** Taˈrif *m*; **8.** *Brit.* a) (Gemeindesteuer-) Veranlagung *f*, b) Steuersatz *m*; **9.** ⚙ (Nenn)Leistung *f*, Betriebsdaten *pl.*

rat·ing[2] [ˈreɪtɪŋ] *s.* heftige Schelte.

ra·tio [ˈreɪʃɪəʊ] *s.* **1.** 𝔄 *etc.* Verhältnis *n*: ***~ of distribution*** Verteilungsschlüssel *m*; ***be in the inverse ~*** a) im umgekehrten Verhältnis stehen, b) 𝔄 umgekehrt proportional sein (***to*** zu); **2.** 𝔄 Quotiˈent *m*; **3.** ✝ Wertverhältnis *n* zwischen Gold u. Silber; **4.** ⚙ Überˈsetzungsverhältnis *n* (*e-s Getriebes*).

ra·ti·oc·i·na·tion [ˌrætɪɒsɪˈneɪʃn] *s.* **1.** logisches Denken; **2.** logischer Gedankengang *od.* Schluß.

ra·tion [ˈræʃn] **I** *s.* **1.** Ratiˈon *f*, Zuteilung *f*: ***~ card*** Lebensmittelkarte *f*; ***off the ~*** markenfrei; **2.** ⚔ (Tages)Verpflegungssatz *m*; **3.** *pl.* Lebensmittel *pl.*, Verpflegung *f*; **II** *v/t.* **4.** rationieren, (zwangs)bewirtschaften; **5.** *a.* ***~ out*** (in Rationen) zuteilen; **6.** ⚔ verpflegen.

ra·tion·al [ˈræʃənl] *adj.* ☐ **1.** vernünftig: a) vernunftmäßig, ratioˈnal, b) vernunftbegabt, c) verständig; **2.** zweckmäßig, ratioˈnal (*a.* 𝔄); **ra·tion·ale** [ˌræʃəˈnɑːl] *s.* **1.** ˈGrundprinˌzip *n*; **2.** vernunftmäßige Erklärung.

ra·tion·al·ism [ˈræʃnəlɪzəm] *s.* Rationaˈlismus *m*; ˈ**ra·tion·al·ist** [-ɪst] **I** *s.* Rationaˈlist *m*; **II** *adj.* → **ra·tion·al·is·tic** [ˌræʃnəˈlɪstɪk] *adj.* (☐ ***~ally***) rationaˈlistisch; **ra·tion·al·i·ty** [ˌræʃəˈnælətɪ] *s.* **1.** Vernünftigkeit *f*; **2.** Vernunft *f*, Denkvermögen *n*; **ra·tion·al·i·za·tion** [ˌræʃnəlaɪˈzeɪʃn] *s.* **1.** Rationalisieren *n*; **2.** ✝ Rationalisierung *f*; ˈ**ra·tion·al·ize** [-laɪz] **I** *v/t.* **1.** ratioˈnal erklären, vernunftgemäß deuten; **2.** ✝ rationalisieren; **II** *v/i.* **3.** ratioˈnell verfahren; **4.** rationaˈlistisch denken.

ra·tion·ing [ˈræʃnɪŋ] *s.* Rationierung *f*.

rat race *s.* **1.** ‚Hetzjagd' *f* (*des Lebens*); **2.** harter (Konkurˈrenz)Kampf; **3.** Teufelskreis *m*.

rats·bane [ˈrætsbeɪn] *s.* Rattengift *n*.

rat-tat [ˌrætˈtæt], *a.* **rat-tat-tat** [ˌrætəˈtæt] **I** *s.* Rattern *n*, Geknatter *n*; **II** *v/i.* knattern.

rat·ten [ˈrætn] *v/i. bsd. Brit.* (die Arbeit) sabotieren, Saboˈtage treiben.

rat·ter [ˈrætə] *s.* Rattenfänger *m* (*Hund od. Katze*).

rat·tle [ˈrætl] **I** *v/i.* **1.** rattern, klappern, rasseln, klirren: ***~ at the door*** an der Tür rütteln; ***~ off*** losrattern, davonjagen; **2.** röcheln; rasseln (*Atem*); **3.** *a.* ***~ away*** *od.* ***on*** plappern; **II** *v/t.* **4.** rasseln mit *od.* an (*dat.*); an *der Tür etc.* rütteln; mit *Geschirr etc.* klappern; → ***sabre*** 1; **5.** *a.* ***~ off*** *Rede etc.* ‚herˈunterrasseln'; **6.** F *j-n* aus der Fassung bringen, verunsichern; **III** *s.* **7.** Rattern *n*, Gerassel *n*, Klappern *n*; **8.** Rassel *f*, (Kinder)Klapper *f*; **9.** Röcheln *n*; **10.** Lärm *m*, Trubel *m*; **11.** ⚘ a) ***red ~*** Sumpfläusekraut *n*, b) ***yellow ~*** Klappertopf *m*; ˈ**~·brain** *s.* Hohl-, Wirrkopf *m*; ˈ**~·brained** [-breɪnd] ˈ**~-ˌpat·ed** [-ˌpeɪtɪd] *adj.* hohl-, wirrköpfig; ˈ**~·snake** *s.* Klapperschlange *f*; ˈ**~·trap** F **I** *s.* **1.** Klapperkasten *m* (*Fahrzeug etc.*); **2.** *mst pl.* (Trödel)Kram *m*; **II** *adj.* **3.** klapperig.

rat·tling [ˈrætlɪŋ] **I** *adj.* **1.** ratternd, klappernd; **2.** lebhaft; **3.** F schnell: ***at a ~ pace*** in rasendem Tempo; **4.** F ‚toll'; **II** *adv.* **5.** äußerst.

rat·ty [ˈrætɪ] *adj.* **1.** rattenverseucht; **2.** Ratten...; **3.** *sl.* gereizt, bissig.

rau·cous [ˈrɔːkəs] *adj.* ☐ rauh, heiser.

rav·age [ˈrævɪdʒ] **I** *s.* **1.** Verwüstung *f*, Verheerung *f*; **2.** *pl.* verheerende (Aus-) Wirkungen *pl.*: ***the ~s of time*** der Zahn der Zeit; **II** *v/t.* **3.** verwüsten, verheeren; plündern: ***a face ~d by grief*** *fig.* ein gramzerfurchtes Gesicht; **III** *v/i.* **4.** Verheerungen anrichten.

rave [reɪv] **I** *v/i.* **1.** a) phantasieren, irrereden, b) toben, wüten (*a. fig. Sturm* *etc.*), c) *fig.* wettern; **2.** schwärmen (***about***, ***of*** von); **II** *s.* **3.** Pracht *f*; **4.** F Schwärme'rei *f*: **~ *review*** ‚Bombenkritik' *f*; **5.** *Brit. sl.* a) Mode *f*, b) → ***rave-up***.

rav·el ['rævl] **I** *v/t.* **1.** *a.* **~ *out*** ausfasern, auftrennen; entwirren (*a. fig.*); **2.** verwirren, -wickeln (*a. fig.*); **II** *v/i.* **3.** *a.* **~ *out*** sich auftrennen, sich ausfasern; sich entwirren (*a. fig.*); **III** *s.* **4.** Verwirrung *f*, -wicklung *f*; **5.** loser Faden.

ra·ven¹ ['reɪvn] **I** *s. orn.* Rabe *m*; **II** *adj.* (kohl)rabenschwarz.

rav·en² ['rævn] **I** *v/i.* **1.** rauben, plündern; **2.** gierig (fr)essen; **3.** Heißhunger haben; **4.** lechzen (***for*** nach); **II** *v/t.* **5.** (gierig) verschlingen.

rav·en·ous ['rævənəs] *adj.* □ **1.** ausgehungert, heißhungrig (*beide a. fig.*); **2.** gierig (***for*** auf *acc.*): **~ *hunger*** Bärenhunger *m*; **3.** gefräßig; **4.** raubgierig (*Tier*).

'rave-up *s. Brit. sl.* ‚tolle Party'.

ra·vine [rə'vi:n] *s.* (Berg)Schlucht *f*, Klamm *f*; Hohlweg *m*.

rav·ing ['reɪvɪŋ] **I** *adj.* □ **1.** tobend, rasend; **2.** phantasierend, delirierend; **3.** F ‚toll', phan'tastisch: ***a ~ beauty***; **II** *s.* **4.** *mst pl.* a) Rase'rei *f*, b) De'lirien *pl.*, Fieberwahn *m*.

rav·ish ['rævɪʃ] *v/t.* **1.** entzücken, hinreißen; **2.** *obs. Frau* a) vergewaltigen, schänden, b) entführen; **3.** *rhet.* rauben, entreißen; **'rav·ish·er** [-ʃə] *s. obs.* **1.** Schänder *m*; **2.** Entführer *m*; **'rav·ish·ing** [-ʃɪŋ] *adj.* □ hinreißend, entzückend.

raw [rɔ:] **I** *adj.* □ **1.** roh (*a. fig. grob*); **2.** roh, ungekocht; **3.** ⚙, † roh, Roh..., unbearbeitet, *a.* ungegerbt (*Leder*), ungewalkt (*Tuch*), ungesponnen (*Wolle* etc.), unvermischt, unverdünnt (*Spirituosen*): **~ *material*** Rohmaterial *n*, -stoff *m* (*a. fig.*); **~ *silk*** Rohseide *f*; **4.** *phot.* unbelichtet; **5.** roh, noch nicht ausgewertet: **~ *data***; **6.** *Am.* nagelneu; **7.** wund(gerieben); offen (*Wunde*); **8.** unwirtlich, rauh, naßkalt (*Wetter*, *Klima etc.*); **9.** unerfahren, ‚grün'; **10.** *sl.* gemein: ***a ~ deal*** e-e Gemeinheit; **II** *s.* **11.** wund(gerieben)e Stelle; **12.** *fig.* wunder Punkt: ***touch s.o. on the ~*** j-n an s-r empfindlichen Stelle treffen; **13.** † Rohstoff *m*; **14.** ***in the ~*** a) im Naturzustand, b) nackt: ***life in the ~*** *fig.* die grausame Härte des Lebens; **'~-boned** *adj.* hager, (grob)knochig; **'~-hide** *s.* **1.** Rohhaut *f*, -leder *n*; **2.** Peitsche *f*.

raw·ness ['rɔ:nɪs] *s.* **1.** Rohzustand *m*; **2.** Unerfahrenheit *f*; **3.** Wundsein *n*; **4.** Rauheit *f des Wetters*.

ray¹ [reɪ] **I** *s.* **1.** (Licht)Strahl *m*; **2.** *fig.* (*Hoffnungs- etc.*)Strahl *m*, Schimmer *m*; **3.** *phys.*, ⚜, ⚘ Strahl *m*: **~ *treatment*** ⚕ Strahlenbehandlung *f*, Bestrahlung *f*; **II** *v/i.* **4.** Strahlen aussenden; **5.** sich strahlenförmig ausbreiten; **III** *v/t.* **6.** *a.* **~ *out*** ausstrahlen; **7.** bestrahlen (*a. phys.*, ⚕), ⚕ F röntgen.

ray² [reɪ] *s. ichth.* Rochen *m*.

ray·on ['reɪɒn] *s.* † 'Kunstseide(npro‚dukt *n*) *f*: **~ *staple*** Zellwolle *f*.

raze [reɪz] *v/t.* **1.** *Gebäude* niederreißen; *Festung* schleifen: **~ *s.th. to the ground*** et. dem Erdboden gleichmachen; **2.** *fig.* ausmerzen; **3.** ritzen, kratzen, streifen.

ra·zor ['reɪzə] *s.* Rasiermesser *n*: (***safety***) **~** Rasierapparat *m*; **~ *blade*** Rasierklinge *f*; ***as sharp as a ~*** messerscharf; ***be on the ~'s edge*** auf des Messers Schneide stehen; **~ *cut*** *s.* Messerschnitt *m* (*a. Frisur*); **~ *strop*** *s.* Streichriemen *m*.

razz [ræz] *v/t. Am. sl.* hänseln, ‚aufziehen'.

raz·zi·a ['ræzɪə] *s. hist.* Raubzug *m*.

raz·zle-daz·zle ['ræzl‚dæzl] *s. sl.* **1.** Saufe'rei *f*: ***go on the ~*** ‚auf die Pauke hauen'; **2.** ‚Rummel' *m*; **3.** *Am. sl.* a) ‚Kuddelmuddel' *m*, *n*, b) ‚Wirbel' *m*, Tam'tam *n*.

re [ri:] (*Lat.*) *prp.* **1.** ⚖ in Sachen; **2.** *bsd.* † betrifft, betreffs, bezüglich.

re- *in Zssgn* **1.** [ri:] wieder, noch einmal, neu: ***reprint***, ***rebirth***; **2.** [rɪ] zu'rück, wider: ***revert***, ***retract***.

're [ə] F *für* ***are***.

re·ab·sorb [‚ri:əb'sɔ:b] *v/t.* resorbieren.

reach [ri:tʃ] **I** *v/t.* **1.** (hin-, her)reichen, über'reichen, geben (***s.o. s.th.*** j-m et.); *j-m e-n Schlag* versetzen; **2.** (her)langen, nehmen: **~ *s.th. down*** et. herunterlangen; **3.** *oft* **~ *out*** (*od.* ***forth***) *Hand etc.* reichen, 'ausstrecken; **4.** reichen *od.* sich erstrecken bis an (*acc.*) *od.* zu: ***the water ~ed his knees*** das Wasser ging ihm bis an die Knie; **5.** *Zahl*, *Alter* erreichen; sich belaufen auf (*acc.*); *Auflagenzahl* erleben; **6.** erreichen, erzielen, gelangen zu: **~ *an understanding***; **~ *no conclusion*** zu keinem Schluß gelangen; **7.** *Ziel* erreichen, treffen; **8.** *Ort* erreichen, eintreffen in *od.* an (*dat.*): **~ *home*** nach Hause gelangen; **~ *s.o.'s ear*** j-m zu Ohren kommen; **9.** *j-n* erreichen (*Brief etc.*); **10.** *fig.* (ein)wirken auf (*acc.*), *durch Werbung etc.* ansprechen *od.* gewinnen *od.* erreichen, bei j-m (*geistig*) 'durchdringen; **II** *v/i.* **11.** (mit der Hand) reichen *od.* greifen *od.* langen; **12.** *a.* **~ *out*** langen, greifen (***after***, ***for***, ***at*** nach); **13.** reichen, sich erstrecken *od.* ausdehnen (***to*** bis [zu]): ***as far as the eye can ~*** soweit das Auge reicht; **14.** sich belaufen (***to*** auf *acc.*); **III** *s.* **15.** Griff *m*: ***make a ~ for s.th.*** nach et. greifen *od.* langen; **16.** Reich-, Tragweite *f* (*Geschoß*, *Waffe*, *Stimme etc.*) (*a. fig.*): ***within ~*** erreichbar; ***within s.o.'s ~*** in j-s Reichweite, für j-n erreichbar *od.* erschwinglich, j-m zugänglich; ***above*** (*od.* ***beyond*** *od.* ***out of***) **~** unerreichbar *od.* unerschwinglich (***of*** für); ***within easy ~ of the station*** vom Bahnhof aus leicht zu erreichen; **17.** Bereich *m*, 'Umfang *m*, Ausdehnung *f*; **18.** (geistige) Fassungskraft, Hori'zont *m*; **19.** a) Ka'nalabschnitt *m* (*zwischen zwei Schleusen*), b) Flußstrecke *f*; **'reach·a·ble** [-tʃəbl] *adj.* erreichbar.

'reach-me-‚down F **I** *adj.* **1.** Konfektions..., von der Stange; **2.** abgelegt (*Kleider*); **II** *s.* **3.** *mst pl.* Konfekti'onsanzug *m*, Kleid *n* von der Stange, *pl.* Konfekti'onskleidung *f*; **4.** abgelegtes Kleidungsstück *n* (*das von jüngeren Geschwistern etc. weiter getragen wird*).

re·act [rɪ'ækt] **I** *v/i.* **1.** ⚗, ⚕ reagieren (***to*** auf *acc.*): ***slow to ~*** reaktionsträge; **2.** *fig.* (***to***) reagieren, antworten, eingehen (auf *acc.*), aufnehmen (et.); sich verhalten (auf *acc.*, bei): **~ *against*** *e-r Sache* entgegenwirken *od.* widerstreben; **3.** ein-, zu'rückwirken, Rückwirkungen haben ([***up***]***on*** auf *acc.*): **~ *on each other*** sich gegenseitig beeinflussen; **4.** ✗ e-n Gegenschlag führen; **II** *v/t.* **5.** ⚗ zur Reakti'on bringen.

re-act [‚ri:'ækt] *v/t. thea. etc.* wieder'aufführen.

re·act·ance [rɪ'æktəns] *s.* ⚡ Reak'tanz *f*, 'Blind‚widerstand *m*.

re·ac·tion [rɪ'ækʃn] *s.* **1.** ⚗, ⚕, *phys.* Reakti'on *f*; **2.** Rückwirkung *f*, -schlag *m*, Gegen-, Einwirkung *f* (***from***, ***against*** gegen, [***up***]***on*** auf *acc.*); **3.** *fig.* (***to***) Reakti'on *f* (auf *acc.*), Verhalten *n* (bei), Stellungnahme *f* (zu); **4.** *pol.* Reakti'on *f* (*a. Bewegung*), Rückschritt (-lertum *n*) *m*; **5.** † rückläufige Bewegung, (*Kurs-*, *Preis- etc.*)Rückgang *m*; **6.** ✗ Gegenstoß *m*, -schlag *m*; **7.** ⚙ Gegendruck *m*; **8.** ⚡ Rückkopplung *f*, -wirkung *f*; **re'ac·tion·ar·y** [-ʃnərɪ] **I** *adj. bsd. pol.* reaktio'när; **II** *s. pol.* Reaktio'när(in).

re·ac·tion drive *s.* ⚙ Rückstoßantrieb *m*; **~ *time*** *s. psych.* Reakti'onszeit *f*.

re'ac·ti·vate [rɪ'æktɪveɪt] *v/t.* reaktivieren; **re·ac·tive** [rɪ'æktɪv] *adj.* □ **1.** reak'tiv, rück-, gegenwirkend; **2.** empfänglich (***to*** für), Reaktions...; **3.** ⚡ Blind... (*-strom*, *-leistung etc.*); **re·ac·tor** [rɪ'æktə] *s.* **1.** *phys.* ('Kern)Re‚aktor *m*; **2.** ⚡ Drossel(spule) *f*.

read¹ [ri:d] **I** *v/t.* [*irr.*] **1.** lesen (*a. fig.*): **~ *s.th. into*** et. in *e-n Text* hineinlesen; **~ *off*** *et.* ablesen; **~ *out*** a) *et.* (laut) vorlesen, b) *Buch etc.* auslesen; **~ *over*** a) durchlesen, b) *formell* vor-, verlesen (*Notar etc.*); **~ *up*** a) sich in *et.* einlesen, b) *et.* nachlesen; **~ *s.o.'s face*** in j-s Gesicht lesen; **2.** vor-, verlesen; *Rede etc.* ablesen; **3.** *parl. Vorlage* lesen: ***was read for the third time*** *die Vorlage* wurde in dritter Lesung behandelt; **4.** *Kurzschrift etc.* lesen können; *die Uhr* kennen: **~ *music*** a) Noten lesen, b) nach Noten spielen *etc.*; **5.** *Traum etc.* deuten; → ***fortune*** 3; **6.** *et.* auslegen, auffassen, verstehen: ***do you ~ me?*** a) *Funk*: können Sie mich verstehen?, b) *fig.* haben Sie mich verstanden?; ***we can take it as ~ that*** wir können (also) davon ausgehen, daß; **7.** *Charakter etc.* durch'schauen: ***I ~ you like a book*** ich lese in dir wie in e-m Buch; **8.** ⚙ a) anzeigen (*Meßgerät*), b) *Barometerstand etc.* ablesen; **9.** *Rätsel* lösen; **II** *v/i.* [*irr.*] **10.** lesen: **~ *to s.o.*** j-m vorlesen; **11.** e-e Vorlesung *od.* e-n Vortrag halten; **12.** *bsd. Brit.* (***for***) sich vorbereiten (auf *e-e Prüfung etc.*), *et.* studieren: **~ *for the bar*** sich auf den Anwaltsberuf vorbereiten; **~ *up on*** sich in *et.* einlesen *od.* einarbeiten; **13.** sich *gut etc.* lesen lassen; **14.** *so u. so.* lauten, heißen: ***the passage ~s as follows***.

read² [red] **I** *pret. u. p.p. von* ***read¹***; **II** *adj.* **1.** gelesen: ***the most-~ book*** das meistgelesene Buch; **2.** belesen (***in*** in *dat.*); → ***well-read***.

read·a·ble ['ri:dəbl] *adj.* □ lesbar: a) lesenswert, b) leserlich.

re·ad·dress [‚ri:ə'dres] *v/t.* **1.** *Brief* neu adressieren; **2.** **~ *o.s.*** sich nochmals wenden (***to*** an *j-n*).

read·er ['ri:də] *s.* **1.** Leser(in); **2.** Vorleser(in); **3.** (Verlags)Lektor *m*, (Ver'lags)Lek‚torin *f*; **4.** *typ.* Kor'rektor *m*; **5.** *univ. Brit.* außerordentlicher Pro'fessor, Do'zent(in); **6.** a) *ped.* Lesebuch *n*, b) Antholo'gie *f*; **7.** *Computer*: Lesegerät *n*; **'read·er·ship** [-ʃɪp] *s.* **1.** Vorleseramt *n*; **2.** *univ. Brit.* Do'zentenstelle *f*.

read·i·ly ['redɪlɪ] *adv.* **1.** so'gleich, prompt; **2.** bereitwillig, gern; **3.** leicht, ohne weiteres; **'read·i·ness** [-ɪnɪs] *s.* **1.** Bereitschaft *f*: **~ for war** Kriegsbereitschaft; **in ~** bereit, in Bereitschaft; **place in ~** bereitstellen; **2.** Schnelligkeit *f*, Raschheit *f*, Promptheit *f*: **~ of mind** *od.* **wit** Geistesgegenwart *f*; **3.** Gewandtheit *f*; **4.** Bereitwilligkeit *f*: **~ to help others** Hilfsbereitschaft *f*.

read·ing ['ri:dɪŋ] **I** *s.* **1.** Lesen *n*; *weitS.* Bücherstudium *n*; **2.** (Vor)Lesung *f*, Vortrag *m*; **3.** *parl.* Lesung *f*; **4.** Belesenheit *f*: **a man of vast ~** ein sehr belesener Mann; **5.** Lek'türe *f*, Lesestoff *m*: **this book makes good ~** dieses Buch liest sich gut; **6.** Lesart *f*, Versi'on *f*; **7.** Deutung *f*, Auslegung *f*, Auffassung *f*; **8.** ⚙ Anzeige *f*, Ablesung *f* (*Meßgerät*), (*Barometer- etc.*)Stand *m*; **II** *adj.* **9.** Lese…: **~ lamp**; **~ desk** *s.* Lesepult *n*; **~ glass** *s.* Vergrößerungsglas *n*, Lupe *f*; **~ glas·ses** *s. pl.* Lesebrille *f*; **~ head** *s. Computer*: Lesekopf *m*; **~ mat·ter** *s.* **1.** Lesestoff *m*; **2.** redaktio'neller Teil (*e-r Zeitung*); **~ pub·lic** *s.* Leserschaft *f*, 'Leser‚publikum *n*; **~ room** *s.* Lesezimmer *n*, -saal *m*.

re·ad·just [‚ri:ə'dʒʌst] *v/t.* **1.** wieder'anpassen; ⚙ nachstellen, -richten; **2.** wieder in Ordnung bringen; ✝ sanieren; *pol. etc.* neu orientieren; **‚re·ad'just·ment** [-stmənt] *s.* **1.** Wieder'anpassung *f*; **2.** Neuordnung *f*; ✝ wirtschaftliche Sanierung; **3.** ⚙ Korrek'tur *f*.

re·ad·mis·sion [‚ri:əd'mɪʃn] *s.* Wieder'zulassung *f* (**to** zu); **‚re·ad'mit** [-'mɪt] *v/t.* wieder zulassen.

'read|-on·ly mem·o·ry *s. Computer*: Festwertspeicher *m*; **~-out** *s. Computer*: Ausgabe *f* (*von lesbaren Worten*): **~ pulse** Leseimpuls *m*; **'~-through** *s. thea.* Leseprobe *f*.

read·y ['redɪ] **I** *adj.* □ → **readily**; **1.** bereit, fertig (**for** zu *et.*): **~ for action** ⚔ einsatzbereit; **~ for sea** ⚓ seeklar; **~ for service** ⚙ betriebsfertig; **~ for take-off** ✈ startbereit; **~ to operate** ⚙ betriebsbereit; **be ~ with s.th.** et. bereithaben *od.* -halten; **get** *od.* **make ~** (sich) bereit- *od.* fertigmachen; **are you ~? go!** *sport* Achtung-fertig-los!; **2.** bereit(willig), willens, geneigt (**to** zu); **3.** schnell, rasch, prompt: **find a ~ market** (*od.* **sale**) ✝ raschen Absatz finden, gut gehen; **4.** schlagfertig, prompt (*Antwort*), geschickt (*Arbeiter etc.*), gewandt: **a ~ pen** e-e gewandte Feder; **~ wit** Schlagfertigkeit *f*; **5.** im Begriff, nahe dar'an (**to do** zu tun); **6.** ✝ verfügbar, greifbar (*Vermögenswerte*), bar (*Geld*): **~ cash** *od.* **money** Bargeld *n*, -zahlung *f*; **~ money business** Bar-, Kassageschäft *n*; **7.** bequem, leicht: **~ at** (*od.* **to**) **hand** gleich zur Hand; **II** *v/t.* **8.** bereit-, fertigmachen; **III** *s.* **9.** *mst* **the ~** *sl.* Bargeld *n*; **10.** ⚔ **at the ~** schußbereit (*a. Kamera*); **IV** *adv.* **11.** fertig: **~-built house** Fertighaus *n*; **12.** **readier** schneller; **readiest** am schnellsten; **‚~-'made** *adj.* **1.** Konfektions…, von der Stange: **~ clothes** Konfektion(sbekleidung *f*) *f*; **~ shop** Konfektionsgeschäft *n*; **2.** gebrauchsfertig, Fertig…; **3.** *fig.* schablonisiert, ‚fertig', ‚vorgekaut'; **4.** *fig.* Patent…: **~ solution**; **~ reck·on·er** *s.* 'Rechenta‚belle *f*; **‚~-to-'serve** *adj.* tischfertig (*Speise*); **‚~-to-'wear** → **ready-made** 1; **‚~'wit·ted** *adj.* schlagfertig.

re·af·firm [‚ri:ə'fɜ:m] *v/t.* nochmals versichern *od.* beteuern.

re·af·for·est [‚ri:æ'fɒrɪst] *v/t.* wieder aufforsten.

re·a·gent [ri:'eɪdʒənt] *s.* **1.** ⚗ Re'agens *n*; **2.** *fig.* Gegenkraft *f*, -wirkung *f*; **3.** *psych.* 'Testperson *f*.

re·al [rɪəl] **I** *adj.* □ → **really**; **1.** re'al (*a. phls.*), tatsächlich, wirklich, wahr, eigentlich: **~ life** das wirkliche Leben; **the ~ thing** *sl.* das einzig Wahre; **2.** echt (*Seide etc., a. fig. Gefühle, Mann etc.*); **3.** ⚖ a) dinglich, b) unbeweglich: **~ account** ✝ Sach(wert)konto *n*; **~ action** dingliche Klage; **~ assets** unbewegliches Vermögen; **~ estate** *od.* **property** Grundeigentum *n*, Liegenschaften *pl.*, Immobilien *pl.*; **~ stock** ✝ Ist-Bestand *m*; **~ time** *Computer*: Echtzeit *f*; **~ wage** Reallohn *m*; **4.** *phys.*, 𝔄 re'ell (*Bild, Zahl etc.*); **5.** ⚡ ohmsch, Wirk…: **~ power** Wirkleistung *f*; **II** *adv.* **6.** *bsd. Am.* F sehr, äußerst, ‚richtig': **for ~** echt, im Ernst; **III** *s.* **7.** **the ~** *phls.* das Re'ale, die Wirklichkeit; **'re·al·ism** [-lɪzəm] *s.* Rea'lismus *m* (*a. phls., lit., paint.*); **'re·al·ist** [-lɪst] **I** *s.* Rea'list(in); **II** *adj.* → **re·al·is·tic** [‚rɪə'lɪstɪk] *adj.* (□ **~ally**) rea'listisch (*a. phls., lit., paint.*), wirklichkeitsnah, -getreu, sachlich; **re·al·i·ty** [rɪ'ælətɪ] *s.* **1.** Reali'tät *f*, Wirklichkeit *f*: **in ~** in Wirklichkeit, tatsächlich; **2.** Wirklichkeits-, Na'turtreue *f*; **3.** Tatsache *f*, Faktum *n*, Gegebenheit *f*; **re·al·iz·a·ble** ['rɪəlaɪzəbl] *adj.* □ **1.** realisierbar, aus-, 'durchführbar; **2.** ✝ realisierbar, verwertbar, kapitalisierbar, verkäuflich; **re·al·i·za·tion** [‚rɪəlaɪ'zeɪʃn] *s.* **1.** Realisierung *f*, Verwirklichung *f*, Aus-, 'Durchführung *f*; **2.** Vergegen'wärtigung *f*, Erkenntnis *f*; **3.** ✝ a) Realisierung *f*, Verwertung *f*, b) Liquidati'on *f*, Glattstellung *f*, c) Erzielung *f e-s Gewinns*: **~ account** Liquidationskonto *n*; **re·al·ize** ['rɪəlaɪz] *v/t.* **1.** (klar) erkennen, sich klarmachen, begreifen, erfassen: **he ~d that** er sah ein, daß; ihm wurde klar *od.* es kam ihm zum Bewußtsein, daß; **2.** verwirklichen, realisieren, aus-, 'durchführen; **3.** sich vergegen'wärtigen, sich (lebhaft) vorstellen; **4.** ✝ a) realisieren, verwerten, zu Geld *od.* flüssig machen, b) *Gewinn, Preis* erzielen; **re·al·ly** ['rɪəlɪ] *adv.* **1.** wirklich, tatsächlich, eigentlich: **not ~** eigentlich nicht; **not ~!** nicht möglich!; **2.** (*rügend*) **~!** ich muß schon sagen!; **3.** unbedingt: **you ~ must come!**

realm [relm] *s.* **1.** Königreich *n*: **Peer of the** ~ Mitglied *n* des Oberhauses; **2.** *fig.* Reich *n*, Sphäre *f*; **3.** Bereich *m*, (Fach-) Gebiet *n*.

re·al·tor ['rɪəltə] *s. Am.* Immo'bilienmakler *m*; **'re·al·ty** [-tɪ] *s.* Grundeigentum *n*, -besitz *m*, Liegenschaften *pl.*

ream¹ [ri:m] *s.* Ries *n* (*480 Bogen Papier*): **printer's ~**, **long ~** 516 Bogen Druckpapier; **~s and ~s of** *fig.* zahllose, große Mengen von.

ream² [ri:m] *v/t.* ⚙ **1.** *Bohrloch etc.* erweitern; **2.** *oft* **~ out** a) *Bohrung* (auf-, aus)räumen, b) *Kaliber* ausbohren, c) nachbohren; **'ream·er** [-mə] *s.* **1.** ⚙ Reib-, Räumahle *f*; **2.** *Am.* Fruchtpresse *f*.

re·an·i·mate [‚ri:'ænɪmeɪt] *v/t.* **1.** 'wiederbeleben; **2.** *fig.* neu beleben.

reap [ri:p] **I** *v/t.* **1.** *Getreide etc.* schneiden, ernten; **2.** *Feld* mähen, abernten; **3.** *fig.* ernten; **II** *v/i.* **4.** mähen, ernten: **he ~s where he has not sown** *fig.* er erntet, wo er nicht gesät hat; **'reap·er** [-pə] *s.* **1.** Schnitter(in), Mäher(in): **the Grim** ~ *fig.* der Sensenmann; **2.** 'Mähma‚schine *f*: **~-binder** Mähbinder *m*.

re·ap·pear [‚ri:ə'pɪə] *v/i.* wieder erscheinen; **‚re·ap'pear·ance** [-ərəns] *s.* 'Wiedererscheinen *n*.

re·ap·pli·ca·tion ['ri:‚æplɪ'keɪʃn] *s.* **1.** wieder'holte Anwendung; **2.** erneutes Gesuch; **re·ap·ply** [‚ri:ə'plaɪ] **I** *v/t.* wieder *od.* wieder'holt anwenden; **II** *v/i.* (**for**) (*et.*) wiederholt beantragen, erneut e-n Antrag stellen (auf *acc.*); sich erneut bewerben (um).

re·ap·point [‚ri:ə'pɔɪnt] *v/t.* wieder ernennen *od.* einsetzen *od.* anstellen.

re·ap·prais·al [‚ri:ə'preɪzl] *s.* Neubewertung *f*, -beurteilung *f*.

rear¹ [rɪə] **I** *v/t.* **1.** *Kind* auf-, großziehen, erziehen; *Tiere* züchten; *Pflanzen* ziehen; **2.** *Leiter etc.* aufrichten, -stellen; **3.** *rhet. Gebäude* errichten; **4.** *Haupt, Stimme etc.* (er)heben; **II** *v/i.* **5.** *a.* **~ up** sich (auf)bäumen (*Pferd etc.*); **6.** *oft* **~ up** (auf-, hoch)ragen.

rear² [rɪə] **I** *s.* **1.** 'Hinter-, Rückseite *f*; *mot.*, ⚓ Heck *n*: **at** (*Am.* in) **the ~ of** hinter (*dat.*); **2.** 'Hintergrund *m*: **in the ~ of** im Hintergrund (*gen.*); **3.** ⚔ Nachhut *f*: **bring up the ~** *allg.* die Nachhut bilden, den Zug beschließen; **take in the ~** den Feind im Rücken fassen; **4.** F a) ‚Hintern' *m*, b) *Brit.* ‚Lokus' *m* (*Abort*); **II** *adj.* **5.** hinter, Hinter…, Rück…: **~ axle**: *mot.* Hinterachse *f*; **~ echelon** ⚔ rückwärtiger Stab; **~ engine** *mot.* Heckmotor *m*; **~ ad·mi·ral** *s.* ⚓ 'Konteradmi‚ral *m*; **~ drive** *s. mot.* Heckantrieb *m*; **~ end** *s.* **1.** hinter(st)er Teil, Ende *n*; **2.** F ‚Hintern' *m*; **'~-guard** *s.* ⚔ Nachhut *f*: **~ action** Rückzugsgefecht *n* (*a. fig.*); **~ gun·ner** *s.* ✈ Heckschütze *m*; **~ lamp**, **~ light** *s. mot.* Schlußlicht *n*.

re·arm [‚ri:'ɑ:m] **I** *v/t.* 'wiederbewaffnen; **II** *v/i.* wieder'aufrüsten; **‚re'ar·ma·ment** [-məmənt] *s.* Wieder'aufrüstung *f*, 'Wiederbewaffnung *f*.

re·ar·range [‚ri:ə'reɪndʒ] *v/t.* neu-, 'umordnen, ändern; **‚re·ar'range·ment** [-mənt] *s.* **1.** 'Um-, Neuordnung *f*, Neugestaltung *f*; Änderung *f*; **2.** ⚗ 'Umlagerung *f*; **3.** 𝔄 'Umschreibung *f*.

rear| sight *s.* ⚔ Kimme *f*; **'~-view mir·ror**, **'~-‚vi·sion mir·ror** *s. mot.* Rückspiegel *m*.

rear·ward ['rɪəwəd] **I** *adj.* **1.** hinter, rückwärtig; **2.** Rückwärts…; **II** *adv. a.*

ˈ**rear·wards** [-dz] nach hinten, rückwärts, zuˈrück.

rea·son [ˈriːzn] **I** *s.* **1.** *ohne art.* Vernunft *f* (*a. phls.*), Verstand *m*, Einsicht *f*: ***Age of*** *ℒ hist. die* Aufklärung; ***bring s.o. to ~*** j-n zur Vernunft bringen; ***listen to ~*** Vernunft annehmen; ***lose one's ~*** den Verstand verlieren; ***it stands to ~*** es ist klar, es leuchtet ein (***that*** daß); ***there is ~ in what you say*** was du sagst, hat Hand u. Fuß; ***in*** (***all***) ***~*** a) in Grenzen, mit Maß u. Ziel, b) mit Recht; ***do everything in ~*** sein möglichstes tun (in gewissen Grenzen); **2.** Grund *m* (***of***, ***for*** *gen. od.* für), Ursache *f* (***for*** *gen.*), Anlaß *m*: ***the ~ why*** (der Grund) weshalb; ***by ~ of*** wegen (*gen.*), infolge (*gen.*); ***for this ~*** aus diesem Grund, deshalb; ***with ~*** aus gutem Grund, mit Recht; ***have ~ to do*** Grund *od.* Anlaß haben, zu tun; ***there is no ~ to suppose*** es besteht kein Grund zu der Annahme; ***there is every ~ to believe*** alles spricht dafür (***that*** daß); ***for ~s best known to oneself*** *iro.* aus unerfindlichen Gründen; **3.** Begründung *f*, Rechtfertigung *f*: ***~ of state*** Staatsräson *f*; **II** *v/i.* **4.** logisch denken; vernünftig urteilen; **5.** schließen, folgern (***from*** aus); **6.** (***with***) vernünftig reden (mit *j-m*), (*j-m*) gut zureden, (*j-n*) zu überˈzeugen suchen: ***he is not to be ~ed with*** er läßt nicht mit sich reden; **III** *v/t.* **7.** *a.* ***~ out*** durchˈdenken: ***~ed*** wohldurchdacht; **8.** ergründen (***why*** warum, ***what*** was); **9.** erörtern: ***~ away*** *et.* wegdisputieren; ***~ s.o. into*** (***out of***) ***s.th.*** j-m et. ein- (aus)reden; **10.** schließen, geltend machen (***that*** daß); ˈ**reason·a·ble** [-nəbl] *adj.* □ → ***reasonably***; vernünftig: a) vernunftgemäß, b) verständig, einsichtig (*Person*), c) angemessen, annehmbar, tragbar, billig (*Forderung*), zumutbar (*Bedingung*, *Frist*, *Preis etc.*): ***~ doubt*** berechtigter Zweifel; ***~ care and diligence*** ⚖ die im Verkehr erforderliche Sorgfalt; ˈ**rea·son·a·ble·ness** [-nəblnɪs] *s.* **1.** Vernünftigkeit *f*, Verständigkeit *f*; **2.** Annehmbarkeit *f*, Zumutbarkeit *f*, Billigkeit *f*; ˈ**rea·son·a·bly** [-nəblɪ] *adv.* **1.** vernünftig; **2.** vernünftiger-, billigerweise; **3.** ziemlich, leidlich: ***~ good***; ˈ**rea·son·er** [-nə] *s.* logischer Geist (*Person*); ˈ**rea·son·ing** [-nɪŋ] **I** *s.* **1.** Denken *n*, Folgern *n*, Urteilen *n*; **2.** *a.* ***line of ~*** Gedankengang *m*; **3.** Argumentatiˈon *f*, Beweisführung *f*; **4.** Schluß(folgerung *f*) *m*, Schlüsse *pl.*; **5.** Arguˈment *n*, Beweis *m*; **II** *adj.* **6.** Denk…, Urteils…

re·as·sem·ble [ˌriːəˈsembl] *v/t.* **1.** (*v/i.* sich) wieder versammeln; **2.** ⚙ wieder zs.-bauen.

re·as·sert [ˌriːəˈsɜːt] *v/t.* **1.** erneut feststellen; **2.** wieder behaupten; **3.** wieder geltend machen.

re·as·sess·ment [ˌriːəˈsesmənt] *s.* **1.** neuerliche (Ab)Schätzung; **2.** ⚚ Neuveranlagung *f*; **3.** *fig.* Neubeurteilung *f*.

re·as·sur·ance [ˌriːəˈʃʊərəns] *s.* **1.** Beruhigung *f*; **2.** nochmalige Versicherung, Bestätigung *f*; **3.** ⚚ Rückversicherung *f*; **re·as·sure** [ˌriːəˈʃʊə] *v/t.* **1.** *j-n* beruhigen; **2.** *et.* nochmals versichern *od.* beteuern; **3.** ⚚ wieder versichern; ˌ**re·as**ˈ**sur·ing** [-ərɪŋ] *adj.* □ beruhigend.

re·bap·tism [ˌriːˈbæptɪzəm] *s.* ˈWiedertaufe *f*; **re·bap·tize** [ˌriːbæpˈtaɪz] *v/t.* **1.** ˈwiedertaufen; **2.** ˈumtaufen.

re·bate¹ [ˈriːbeɪt] *s.* **1.** Raˈbatt *m*, (Preis-)Nachlaß *m*, Abzug *m*; **2.** Zuˈrückzahlung *f*, (Rück)Vergütung *f*.

re·bate² [ˈræbɪt] → ***rabbet***.

reb·el [ˈrebl] **I** *s.* Reˈbell(in), Empörer (-in) (*beide a. fig.*), Aufrührer(in); **II** *adj.* reˈbellisch, aufrührerisch; Rebellen…; **III** *v/i.* [rɪˈbel] rebellieren, sich empören *od.* auflehnen (***against*** gegen); **re·bel·lion** [rɪˈbeljən] *s.* **1.** Rebelliˈon *f*, Aufruhr *m*, Aufstand *m*, Empörung *f* (***against***, ***to*** gegen); **2.** Auflehnung *f*, offener ˈWiderstand; **reˈbel·lious** [rɪˈbeljəs] *adj.* □ **1.** reˈbellisch: a) aufrührerisch, -ständisch, b) *fig.* aufsässig, ˈwiderspenstig (*a. Sache*); **2.** ⚕ hartnäckig (*Krankheit*).

re·birth [ˌriːˈbɜːθ] *s.* ˈWiedergeburt *f* (*a. fig.*).

re·bore [ˌriːˈbɔː] *v/t.* ⚙ **1.** *Loch* nachbohren; **2.** *Motorzylinder* ausschleifen.

re·born [ˌriːˈbɔːn] *adj.* ˈwiedergeboren, neugeboren (*a. fig.*).

re·bound¹ I *v/i.* [rɪˈbaʊnd] **1.** zuˈrückprallen, -schnellen; **2.** *fig.* zuˈrückfallen (***upon*** auf *acc.*); **II** *s.* [ˈriːbaʊnd] **3.** Zuˈrückprallen *n*; **4.** Rückprall *m*; **5.** ˈWiderhall *m*; **6.** *fig.* Reaktiˈon *f* (***from*** auf *e-n Rückschlag etc.*): ***on the ~*** a) als Reaktion darauf, b) in e-r Krise (befindlich); ***take s.o. on*** (*od.* ***at***) ***the ~*** j-s Enttäuschung ausnutzen; **7.** *sport* Abpraller *m*.

re·bound² [ˌriːˈbaʊnd] *adj.* neugebunden (*Buch*).

re·broad·cast [ˌriːˈbrɔːdkɑːst] **I** *v/t.* [*irr.* → ***cast***] **1.** *Radio*, *TV*: *e-e Sendung* wiederˈholen; **2.** durch Reˈlais(statiˌonen) überˈtragen; **II** *v/i.* [*irr.* → ***cast***] **3.** über Reˈlais(statiˌonen) senden: ***~ing station*** Ballsender *m*; **III** *s.* **4.** Wiederˈholungssendung *f*; **5.** Reˈlaisüberˌtragung *f*, Ballsendung *f*.

re·buff [rɪˈbʌf] **I** *s.* **1.** (schroffe) Abweisung, Abfuhr *f*: ***meet with a ~*** abblitzen; **II** *v/t.* **2.** zuˈrück-, abweisen, abblitzen lassen; **3.** *Angriff* abweisen, zuˈrückschlagen.

re·build [ˌriːˈbɪld] *v/t.* [*irr.* → ***build***] **1.** wiederˈaufbauen (*a. fig.*); **2.** ˈumbauen; **3.** *fig.* wiederˈherstellen.

re·buke [rɪˈbjuːk] **I** *v/t.* **1.** *j-n* rügen, rüffeln, zuˈrechtweisen, *j-m* e-n scharfen Verweis erteilen; **2.** *et.* scharf tadeln, rügen; **II** *s.* **3.** Rüge *f*, (scharfer) Tadel, Rüffel *m*.

re·bus [ˈriːbəs] *pl.* **-bus·es** [-sɪz] *s.* Rebus *m*, *n*, Bilderrätsel *n*.

re·but [rɪˈbʌt] *bsd.* ⚖ **I** *v/t.* widerˈlegen, entkräften; **II** *v/i.* den Gegenbeweis antreten; **reˈbut·tal** [-tl] *s. bsd.* ⚖ Widerˈlegung *f*, Entkräftung *f*; **reˈbut·ter** [-tə] *s. bsd.* ⚖ Gegenbeweis *m*.

re·cal·ci·trance [rɪˈkælsɪtrəns] *s.* ˈWiderspenstigkeit *f*; **reˈcal·ci·trant** [-nt] *adj.* ˈwiderspenstig.

re·call [rɪˈkɔːl] **I** *v/t.* **1.** zuˈrückrufen, *Gesandten etc.* abberufen; ⚚ *defekte Autos etc.* (in die Werkstatt) zuˈrückrufen; **2.** sich erinnern an (*acc.*), sich ins Gedächtnis zurückrufen; **3.** *j-n* erinnern (***to*** an *acc.*): ***~ s.th. to s.o.*** (*od.* ***to s.o.'s mind***) j-m et. ins Gedächtnis zurückrufen; **4.** *poet. Gefühl* wieder wachrufen; **5.** *Versprechen etc.* zuˈrücknehmen, widerˈrufen: ***until ~ed*** bis auf Widerruf; **6.** ⚚ *Kapital*, *Kredit etc.* (auf)kündigen; **II** *s.* **7.** Zuˈrückrufung *f*; Abberufung *f e-s Gesandten etc.*; ⚙, ⚚ Rückruf *m* (*in die Werkstatt*); **8.** ˈWiderruf *m*, Zuˈrücknahme *f*: ***beyond*** (*od.* ***past***) ***~*** unwiderruflich, unabänderlich; **9.** ⚚ (Auf)Kündigung *f*, Aufruf *m*; **10.** ⚔ Siˈgnal *n* zum Sammeln; **11.** (***total*** absoˈlutes) Gedächtnis; ***~ test*** *s. ped.* Nacherzählung *f*.

re·cant [rɪˈkænt] **I** *v/t. Behauptung* (förmell) zuˈrücknehmen, widerˈrufen; **II** *v/i.* (öffentlich) widerˈrufen, Abbitte tun; **re·can·ta·tion** [ˌriːkænˈteɪʃn] *s.* Widerˈrufung *f*.

re·cap¹ [ˌriːˈkæp] *v/t.* ⚙ *Am. Autoreifen* runderneuern.

re·cap² [ˈriːkæp] F *für* ***recapitulate***, ***recapitulation***.

re·cap·i·tal·i·za·tion [ˈriːˌkæpɪtəlaɪˈzeɪʃn] *s.* ⚚ Neukapitalisierung *f*.

re·ca·pit·u·late [ˌriːkəˈpɪtjʊleɪt] *v/t. u. v/i.* rekapitulieren (*a. biol.*), (kurz) zs.-fassen *od.* wiederˈholen; **re·ca·pit·u·la·tion** [ˈriːkəˌpɪtjʊˈleɪʃn] *s.* ˌRekapitulatiˈon *f* (*a. biol.*), kurze Wiederˈholung *od.* Zs.-fassung.

re·cap·ture [ˌriːˈkæptʃə] **I** *v/t.* **1.** *et.* wieder (in Besitz) nehmen, ˈwiedererlangen; *j-n* wieder ergreifen; **2.** ⚔ zuˈrückerobern; **II** *s.* **3.** ˈWiedererlangung *f*, -ergreifung *f*; ⚔ Zuˈrückeroberung *f*.

re·cast [ˌriːˈkɑːst] **I** *v/t.* [*irr.* → ***cast***] **1.** ⚙ ˈumgießen; **2.** ˈumformen, neu-, ˈumgestalten; **3.** *thea. Stück*, *Rolle* ˈumbesetzen; *Rollen* neu verteilen; **4.** ˈdurchrechnen; **II** *s.* **5.** ⚙ ˈUmguß *m*; **6.** ˈUmarbeitung *f*, ˈUmgestaltung *f*; **7.** *thea.* Neu-, ˈUmbesetzung *f*.

re·cede [rɪˈsiːd] *v/i.* **1.** zuˈrücktreten, -weichen: ***receding*** fliehend (*Kinn*, *Stirn*); **2.** ent-, verschwinden; *fig. in den Hintergrund* treten; **3.** *fig.* (***from***) zurücktreten (von *e-m Amt*, *Vertrag*), (von *e-r Sache*) Abstand nehmen, (*e-e Ansicht*) aufgeben; *bsd.* ⚚ zuˈrückgehen, im Wert fallen.

re·ceipt [rɪˈsiːt] **I** *s.* **1.** Empfang *m e-s Briefes etc.*, Erhalt *m*; Annahme *f e-r Sendung*; Eingang *m von Waren*: ***on ~ of*** bei *od.* nach Empfang (*gen.*); ***be in ~ of*** im Besitz *e-r Sendung etc.* sein; **2.** Empfangsbestätigung *f*, Quittung *f*, Beleg *m*: ***~ stamp*** Quittungsstempel *m*; **3.** *pl.* ⚚ Einnahmen *pl.*, Eingänge *pl.*, eingehende Gelder *pl. od.* Waren *pl.*; **4.** *obs.* (ˈKoch)Reˌzept *n*; **II** *v/t. u. v/i.* **5.** quittieren.

re·ceiv·a·ble [rɪˈsiːvəbl] *adj.* **1.** annehmbar, zulässig (*Beweis etc.*): ***to be ~*** als gesetzliches Zahlungsmittel gelten; **2.** ⚚ ausstehend (*Forderung*, *Gelder*, *Guthaben*), debiˈtorisch (*Posten*): ***accounts ~***, ***~s*** *s. pl.* Außenstände, Forderungen; ***bills ~*** Rimessen; **re·ceive** [rɪˈsiːv] **I** *v/t.* **1.** *Brief etc.*, *a weitS. Befehl*, *Eindruck*, *Radiosendung*, *Sakramente*, *Wunde* empfangen, *a. Namen*, *Schock*, *Treffer* erhalten, bekommen; *Aufmerksamkeit* finden, auf sich ziehen; *Neuigkeit* erfahren; **2.** in Empfang nehmen, annehmen, *a. Beichte*, *Eid* entgegennehmen; *Geld etc.* einnehmen: ~ ***stolen goods*** ⚖ Hehlerei treiben; **3.** *j-n* bei sich aufnehmen, beherbergen; **4.** *Besucher*, *a. weitS. Schauspieler etc.* empfangen (***with applause*** mit Beifall); **5.** *j-n* aufnehmen (***into*** in *e-e Gemeinschaft*); *j-n* zulassen; **6.** *Nachricht etc.* aufnehmen, reagieren auf (*acc.*): ***how did he ~ this offer?***; **7.** *et.* erleben, erleiden, erfahren; *Beleidigung* einstecken; *Armbruch etc.* da'vontragen; **8.** ⚙ *Flüssigkeit*, *Schraube etc.* aufnehmen; **9.** *et.* (als gültig) anerkennen; **II** *v/i.* **10.** (Besuch) empfangen; **11.** *eccl.* das Abendmahl empfangen, *R.C.* kommunizieren; **re'ceived** [-vd] *adj.* **1.** erhalten: ~ ***with thanks*** dankend erhalten; **2.** allgemein anerkannt: ~ ***text*** echter *od.* authentischer Text; **3.** gültig, kor'rekt, vorschriftsmäßig; **re'ceiv·er** [-və] *s.* **1.** Empfänger(in); **2.** (Steuer-, Zoll)Einnehmer *m*; **3.** *a.* ***official*** ~ ⚖ a) (gerichtlich bestellter) Zwangs- *od.* Kon'kurs- *od.* Masseverwalter, b) Liqui'dator *m*, c) Treuhänder *m*; **4.** *a.* ~ ***of stolen goods*** ⚖ Hehler (-in); **5.** (Radio-, Funk)Empfänger *m*, Empfangsgerät *n*; **6.** *teleph.* Hörer *m*; **7.** ⚙ (Sammel)Becken *n*, (-)Behälter *m*; **8.** ⚗, *phys.* Rezipi'ent *m*; **re'ceiv·ership** [-vəʃɪp] *s.* ⚖ Zwangs-, Kon'kursverwaltung *f*, Geschäftsaufsicht *f*; **re'ceiv·ing** [-vɪŋ] *s.* **1.** Annahme *f*: ~ ***hopper*** ⚙ Schüttrumpf *m*; ~ ***office*** Annahmestelle *f*; ~ ***order*** ⚖ Konkurseröffnungsbeschluß *m*; **2.** *Funk*: Empfang *m*: ~ ***set*** → ***receiver*** 5; ~ ***station*** Empfangsstation *f*; **3.** ⚖ Hehle'rei *f*.

re·cen·cy ['riːsnsɪ] *s.* Neuheit *f*.

re·cen·sion [rɪ'senʃn] *s.* **1.** Prüfung *f*, Revisi'on *f*, 'Durchsicht *f e-s Textes etc.*; **2.** revidierter Text.

re·cent ['riːsnt] *adj.* ☐ **1.** vor kurzem *od.* unlängst (geschehen *od.* entstanden *etc.*): ***the ~ events*** die jüngsten Ereignisse; **2.** neu, jung, frisch: ***of ~ date*** neueren *od.* jüngeren Datums; **3.** neu, mo'dern; **'re·cent·ly** [-lɪ] *adv.* kürzlich, vor kurzem, unlängst, neulich.

re·cep·ta·cle [rɪ'septəkl] *s.* **1.** Behälter *m*, Gefäß *n*; **2.** *a.* ***floral*** ~ ⚘ Fruchtboden *m*; **3.** ⚡ a) Steckdose *f*, b) Gerätbuchse *f*.

re·cep·tion [rɪ'sepʃn] *s.* **1.** Empfang *m* (*a. Funk*, *TV*), Annahme *f*; **2.** Zulassung *f*; **3.** Aufnahme *f* (*a. fig.*): ***meet with a favo(u)rable ~*** e-e günstige Aufnahme finden (*Buch etc.*); **4.** (offizi'eller) Empfang, *a.* Empfangsabend *m*: ***a warm (cool) ~*** ein herzlicher (kühler) Empfang; ~ ***room*** Empfangszimmer *n*; **re'cep·tion·ist** [-ʃənɪst] *s.* **1.** Empfangsdame *f*; **2.** ⚕ Sprechstundenhilfe *f*.

re·cep·tive [rɪ'septɪv] *adj.* ☐ aufnahmefähig, empfänglich (***of*** für); **re·cep·tiv·i·ty** [ˌresep'tɪvətɪ] *s.* Aufnahmefähigkeit *f*, Empfänglichkeit *f*.

re·cess [rɪ'ses] **I** *s.* **1.** (zeitweilige) Unter'brechung (*a.* ⚖ *der Verhandlung*), (*Am. a.* Schul)Pause *f*, *bsd. parl.* Ferien *pl.*; **2.** Schlupfwinkel *m*, stiller Winkel; **3.** △ (Wand)Aussparung *f*, Nische *f*, Al'koven *m*; **4.** ⚙ Aussparung *f*, Vertiefung *f*, Einschnitt *m*; **5.** *pl. fig. das* Innere, Tiefe(n *pl.*) *f*, geheime Winkel *pl. des Herzens etc.*; **II** *v/t.* **6.** in e-e Nische stellen, zu'rücksetzen; **7.** aussparen; ausbuchten, einsenken, vertiefen; **III** *v/i.* **8.** *Am.* e-e Pause *od.* Ferien machen, unter'brechen, sich vertagen.

re·ces·sion [rɪ'seʃn] *s.* **1.** Zu'rücktreten *n*; **2.** *eccl.* Auszug *m*; **3.** △ *etc.* Vertiefung *f*; **4.** ☤ Rezessi'on *f*, (leichter) Konjunk'turrückgang: ***period of ~*** Rezessionsphase *f*; **re'ces·sion·al** [-ʃənl] **I** *adj.* **1.** *eccl.* Schluß...; **2.** *parl.* Ferien...; **3.** ☤ Rezessions...; **II** *s.* **4.** *a.* ~ ***hymn*** 'Schlußchoˌral *m*.

re·charge [ˌriː'tʃɑːdʒ] *v/t.* **1.** wieder (be-)laden; **2.** ⚔ a) von neuem angreifen, b) nachladen; **3.** ⚡ *Batterie* wieder aufladen.

re·cher·ché [rə'ʃeəʃeɪ] (*Fr.*) *adj. fig.* **1.** ausgesucht, exqui'sit; **2.** *iro.* gesucht, prezi'ös.

re·chris·ten [ˌriː'krɪsn] → ***rebaptize***.

re·cid·i·vism [rɪ'sɪdɪvɪzəm] *s.* ⚖ Rückfall *m*, -fälligkeit *f*; **re'cid·i·vist** [-ɪst] *s.* Rückfällige(r *m*) *f*; **re'cid·i·vous** [-vəs] *adj.* rückfällig.

rec·i·pe ['resɪpɪ] *s.* ('Koch)Reˌzept *n*.

re·cip·i·ent [rɪ'sɪpɪənt] **I** *s.* **1.** Empfänger (-in); **II** *adj.* **2.** aufnehmend; **3.** empfänglich (***of, to*** für).

re·cip·ro·cal [rɪ'sɪprəkl] **I** *adj.* ☐ **1.** wechsel-, gegenseitig, *Vertrag*, *Versicherung* auf Gegenseitigkeit: ~ ***service*** Gegendienst *m*; ~ ***relationship*** Wechselbeziehung *f*; **2.** 'umgekehrt; **3.** ⅍, *ling.*, *phls.* rezi'prok; **II** *s.* **4.** Gegenstück *n*; **5.** *a.* ~ ***value*** ⅍ reziproker Wert, Kehrwert *m*; **re'cip·ro·cate** [-keɪt] **I** *v/t.* **1.** *Gefühle etc.* erwidern, vergelten; *Glückwünsche etc.* austauschen; **II** *v/i.* **2.** sich erkenntlich zeigen, sich revanchieren (***for*** für, ***with*** mit): ***glad to ~*** zu Gegendiensten gern bereit; **3.** in Wechselbeziehung stehen; **4.** ⚙ sich hin- u. herbewegen: ***reciprocating engine*** Kolbenmaschine *f*, -motor *m*; **re·cip·ro·ca·tion** [rɪˌsɪprə'keɪʃn] *s.* **1.** Erwiderung *f*; **2.** Erkenntlichkeit *f*; **3.** Austausch *m*; **4.** Wechselwirkung *f*; **5.** ⚙ ˌHinund'herbewegung *f*; **rec·i·proc·i·ty** [ˌresɪ'prɒsətɪ] *s.* Reziprozi'tät *f*; Gegenseitigkeit *f* (*a.* ☤ *in Verträgen etc.*): ~ ***clause*** Gegenseitigkeitsklausel *f*.

re·cit·al [rɪ'saɪtl] *s.* **1.** Vortrag *m*, -lesung *f*; **2.** ♪ (Solo)Vortrag *m*, (*Orgel- etc.*) Kon'zert *n*: ***lieder ~*** Liederabend *m*; **3.** Bericht *m*, Schilderung *f*; **4.** Aufzählung *f*; **5.** ⚖ a) *a.* ~ ***of fact*** Darstellung *f* des Sachverhalts, b) Prä'ambel *f e-s Vertrags etc.*; **rec·i·ta·tion** [ˌresɪ'teɪʃn] *s.* **1.** Auf-, Hersagen *n*, Rezitieren *n*; **2.** Vortrag *m*, Rezitati'on *f*; **3.** *ped. Am.* Abfrage-, Übungsstunde *f*; **4.** Vortragsstück *n*, rezitierter Text; **rec·i·ta·tive** [ˌresɪtə'tiːv] ♪ **I** *adj.* rezita'tivartig; **II** *s.* Rezita'tiv *n*, Sprechgesang *m*; **re·cite** [rɪ'saɪt] *v/t.* **1.** (auswendig) her- *od.* aufsagen; **2.** rezitieren, vortragen, deklamieren; **3.** ⚖ a) *Sachverhalt* darstellen, b) anführen, zitieren; **re'cit·er** [-tə] *s.* **1.** Rezi'tator *m*, Rezita'torin *f*, Vortragskünstler(in); **2.** Vortragsbuch *n*.

reck·less ['reklɪs] *adj.* ☐ **1.** unbesorgt, unbekümmert (***of*** um); ***be ~ of*** sich nicht kümmern um; **2.** sorglos; leichtsinnig; verwegen; **3.** rücksichtslos; ⚖ (bewußt *od.* grob) fahrlässig; **'reck·less·ness** [-nɪs] *s.* **1.** Unbesorgtheit *f*, Unbekümmertheit *f* (***of*** um); **2.** Sorglosigkeit *f*, Leichtsinn *m*, Verwegenheit *f*; **3.** Rücksichtslosigkeit *f*.

reck·on ['rekən] **I** *v/t.* **1.** (be-, er)rechnen: ~ ***in*** einrechnen; ~ ***over*** nachrechnen; ~ ***up*** a) auf-, zs.-zählen, b) *j-n* einschätzen; **2.** halten für: ~ ***as*** *od.* ***for*** betrachten als; ~ ***among*** *od.* ***with*** rechnen *od.* zählen zu (*od.* unter *acc.*); **3.** der Meinung sein (***that*** daß); **II** *v/i.* **4.** zählen, rechnen: ~ ***with*** a) rechnen mit (*a. fig.*), b) abrechnen mit (*a. fig.*); ***he is to be ~ed with*** mit ihm muß man rechnen; ~ ***without*** nicht rechnen mit; ~ (***up***)***on*** *fig.* rechnen *od.* zählen auf *j-n*, *j-s Hilfe etc.*; ***I ~*** schätze ich, glaube ich; → ***host***² 2; **reck·on·er** ['reknə] *s.* **1.** Rechner(in); **2.** → ***ready reckoner***; **reck·on·ing** ['reknɪŋ] *s.* **1.** Rechnen *n*; **2.** Berechnung *f*, Kalkulati'on *f*; ⚓ Gissung *f*: ***dead ~*** gegißtes Besteck; ***be out of*** (*od.* ***out in***) ***one's ~*** sich verrechnet haben (*a. fig.*); **3.** Abrechnung *f*: ***day of ~*** a) *bsd. fig.* Tag *m* der Abrechnung, b) *eccl. der* Jüngste Tag; **4.** *obs.* Rechnung *f*, Zeche *f*.

re·claim [rɪ'kleɪm] *v/t.* **1.** *Eigentum*, *Rechte etc.* zu'rückfordern, her'ausverlangen, reklamieren; **2.** *Land* urbar machen, kultivieren, trockenlegen; **3.** *Tiere* zähmen; **4.** *Volk* zivilisieren; **5.** ⚙ *aus Altmaterial* gewinnen, *Altöl*, *Gummi etc.* regenerieren; **6.** *fig.* a) *j-n* bekehren, bessern, b) *j-n* zu'rückbringen, -führen (***from*** von, ***to*** zu); **re'claim·a·ble** [-məbl] *adj.* ☐ **1.** (ver)besserungsfähig; **2.** kul'turfähig (*Land*); **3.** ⚙ regenerierfähig.

rec·la·ma·tion [ˌreklə'meɪʃn] *s.* **1.** Reklamati'on *f*: a) Rückforderung *f*, b) Beschwerde *f*; **2.** *fig.* Bekehrung *f*, Besserung *f*, Heilung *f* (***from*** von); **3.** Urbarmachung *f*, Neugewinnung *f* (*von Land*); **4.** ⚙ Rückgewinnung *f*.

re·cline [rɪ'klaɪn] **I** *v/i.* **1.** sich (an-, zu'rück)lehnen: ***reclining chair*** (verstellbarer) Lehnstuhl; **2.** ruhen, liegen (***on***, ***upon*** an, auf *dat.*); **3.** *fig.* ~ ***upon*** sich stützen auf (*acc.*); **II** *v/t.* **4.** (an-, zu'rück)lehnen, legen (***on***, ***upon*** auf *acc.*).

re·cluse [rɪ'kluːs] **I** *s.* **1.** Einsiedler(in); **II** *adj.* **2.** einsam, abgeschieden (***from*** von); **3.** einsiedlerisch.

rec·og·ni·tion [ˌrekəg'nɪʃn] *s.* **1.** ('Wieder)Erkennen *n*: ~ ***vocabulary*** *ling.* passiver Wortschatz; ***beyond ~***, ***out of ~***, ***past (all) ~*** (bis) zur Unkenntlichkeit *verändert*, *verstümmelt etc.*; ***the capital has changed beyond (all) ~*** die Hauptstadt ist (überhaupt) nicht wiederzuerkennen; **2.** Erkenntnis *f*; **3.** Anerkennung *f* (*a. pol.*): ***in ~ of*** als Anerkennung für; ***win ~*** sich durchsetzen, Anerkennung finden; **rec·og·niz·a·ble** ['rekəgnaɪzəbl] *adj.* ☐ ('wieder-)erkennbar, kenntlich; **re·cog·ni·zance** [rɪ'kɒgnɪzəns] *s.* **1.** ⚖ schriftliche Verpflichtung; (Schuld)Anerkenntnis *n*, *f*: ***enter into ~s*** sich gerichtlich binden; **2.** ⚖ Sicherheitsleistung *f*, Kauti'on *f*; **re·cog·ni·zant** [rɪ'kɒgnɪzənt] *adj.*: ***be ~ of*** anerkennen; **rec·og·nize** ['rekəgnaɪz] *v/t.* **1.** ('wieder)erkennen; **2.** *j-n*, *e-e Regierung*, *Schuld etc.*, *a. lobend* anerkennen: ~ ***that*** zugeben, daß; **3.** No'tiz nehmen von; **4.** *auf der Straße* grüßen; **5.** *j-m* das Wort erteilen.

re·coil I *v/i.* [rɪˈkɔɪl] **1.** zuˈrückprallen; zuˈrückstoßen (*Gewehr etc.*); **2.** *fig.* zuˈrückprallen, -schrecken, -schaudern (***at, from*** vor *dat.*); **3.** ~ ***on*** *fig.* zuˈrückfallen auf (*acc.*); **II** *s.* [ˈriːkɔɪl] **4.** Rückprall *m*; **5.** ⚔ a) Rückstoß *m* (*Gewehr*), b) (Rohr)Rücklauf *m* (*Geschütz*); **reˈcoil·less** [-lɪs] *adj.* ⚔ rückstoßfrei.

rec·ol·lect [ˌrekəˈlekt] *v/t.* sich erinnern (*gen.*) *od.* an (*acc.*), sich ins Gedächtnis zuˈrückrufen.

re·col·lect [ˌriːkəˈlekt] *v/t.* wieder sammeln (*a. fig.*): ~ ***o.s.*** sich fassen.

rec·ol·lec·tion [ˌrekəˈlekʃn] *s.* Erinnerung *f* (*Vermögen u. Vorgang*), Gedächtnis *n*: ***it is within my*** ~ es ist mir erinnerlich; ***to the best of my*** ~ soweit ich mich (daran) erinnern kann.

re·com·mence [ˌriːkəˈmens] *v/t. u. v/i.* wieder beginnen.

rec·om·mend [ˌrekəˈmend] *v/t.* **1.** empfehlen (***s.th. to s.o.*** j-m et.): ~ ***s.o. for a post*** j-n für e-n Posten empfehlen; ~ ***caution*** Vorsicht empfehlen, zu Vorsicht raten; **2.** empfehlen, anziehend machen: ***his manners*** ~ ***him***; **3.** (an-) empfehlen, anvertrauen: ~ ***o.s. to s.o.***; **ˌrec·omˈmend·a·ble** [-dəbl] *adj.* □ empfehlenswert; **rec·om·men·da·tion** [ˌrekəmenˈdeɪʃn] *s.* **1.** Empfehlung *f* (*a. fig. Eigenschaft*), Befürwortung *f*, Vorschlag *m*: ***on the*** ~ ***of*** auf Empfehlung von; **2.** *a.* ***letter of*** ~ Empfehlungsschreiben *n*; **ˌrec·omˈmend·a·to·ry** [-dətərɪ] *adj.* empfehlend, Empfehlungs…

re·com·mis·sion [ˌriːkəˈmɪʃn] *v/t.* **1.** wieder anstellen *od.* beauftragen; ⚔ *Offizier* reaktivieren; **2.** ⚓ *Schiff* wieder in Dienst stellen.

re·com·mit [ˌriːkəˈmɪt] *v/t.* **1.** *parl.* (an e-n Ausschuß) zuˈrückverweisen; **2.** ⚖ a) *j-n* wieder *dem Gericht* überˈantworten, b) *j-n* wieder in *e-e* (*Straf- od. Heil-*) *Anstalt* einweisen.

re·com·pense [ˈrekəmpens] **I** *v/t.* **1.** *j-n* belohnen, entschädigen (***for*** für); **2.** *et.* vergelten, belohnen (***to s.o.*** j-m); **3.** *et.* erstatten, ersetzen, wiederˈgutmachen; **II** *s.* **4.** Belohnung *f*; *a. b.s.* Vergeltung *f*; **5.** Entschädigung *f*, Ersatz *m*.

re·com·pose [ˌriːkəmˈpəʊz] *v/t.* **1.** wieder zs.-setzen; **2.** neu (an)ordnen, ˈumgestalten, -gruppieren; **3.** *fig.* wieder beruhigen; **4.** *typ.* neu setzen.

rec·on·cil·a·ble [ˈrekənsaɪləbl] *adj.* **1.** versöhnbar; **2.** vereinbar (***with*** mit);

rec·on·cile [ˈrekənsaɪl] *v/t.* **1.** *j-n* ver-, aussöhnen (***to, with*** mit): ~ ***o.s. to, become*** ~***d to*** *fig.* sich versöhnen *od.* abfinden *od.* befreunden mit *et.*, sich fügen *od.* finden in (*acc.*); **2.** *fig.* in Einklang bringen, abstimmen (***with, to*** mit); **3.** *Streit* beilegen, schlichten; **rec·on·cil·i·a·tion** [ˌrekənsɪlɪˈeɪʃn] *s.* **1.** Ver-, Aussöhnung *f* (***to, with*** mit); **2.** Beilegung *f*, Schlichtung *f*; **3.** Ausgleich(ung *f*) *m*, Einklang *m* (***between*** zwischen *dat.*, unter *dat.*).

rec·on·dite [rɪˈkɒndaɪt] *adj.* □ *fig.* tief (-gründig), abˈstrus, dunkel.

re·con·di·tion [ˌriːkənˈdɪʃn] *v/t. bsd.* ⚙ wieder inˈstandsetzen, überˈholen, erneuern.

re·con·nais·sance [rɪˈkɒnɪsəns] *s.* ⚔ a) Erkundung *f*, Aufklärung *f*, b) *a.* ~ ***party*** *od.* ***patrol*** Spähtrupp *m*: ~ ***car*** Spähwagen *m*; ~ ***plane*** Aufklärungsflugzeug *n*, Aufklärer *m*.

rec·on·noi·ter *Am.*, **rec·on·noi·tre** *Brit.* [ˌrekəˈnɔɪtə] *v/t.* ⚔ erkunden, aufklären, auskundschaften (*a. fig.*), rekognoszieren (*a. geol.*).

re·con·quer [ˌriːˈkɒŋkə] *v/t.* ˈwieder-, zuˈrückerobern; **ˌreˈcon·quest** [-kwest] *s.* ˈWiedereroberung *f*.

re·con·sid·er [ˌriːkənˈsɪdə] *v/t.* **1.** von neuem erwägen, nochmals überˈlegen, nachprüfen; **2.** *pol.*, ⚖ *Antrag, Sache* nochmals behandeln; **re·con·sid·er·a·tion** [ˈriːkənˌsɪdəˈreɪʃn] *s.* nochmalige Überˈlegung *od.* Erwägung *od.* Prüfung.

re·con·stit·u·ent [ˌriːkənˈstɪtjʊənt] **I** *s.* ⚕ ˈRoborans *n*; **II** *adj. bsd.* ⚕ wiederˈaufbauend.

re·con·sti·tute [ˌriːˈkɒnstɪtjuːt] *v/t.* **1.** wieder einsetzen; **2.** wiederˈherstellen; neu bilden; ⚔ neu aufstellen; **3.** im Wasser auflösen.

re·con·struct [ˌriːkənˈstrʌkt] *v/t.* **1.** wieder aufbauen (*a. fig.*), wieder herstellen; **2.** ˈumbauen (*a.* ⚙ *neu konstruieren*), ˈumformen, -bilden; **3.** ✝ wiederˈaufbauen, sanieren; **ˌre·con·struc·tion** [ˌriːkənˈstrʌkʃn] *s.* **1.** Wiederˈaufbau *m*, -ˈherstellung *f*; **2.** ˈUmbau *m* (*a.* ⚙ *Neukonstruktion*), ˈUmformung *f*; **3.** Rekonstruktiˈon *f* (*a. e-s Verbrechens etc.*); **4.** ✝ Sanierung *f*, Wiederˈaufbau *m*.

re·con·ver·sion [ˌriːkənˈvɜːʃn] *s.* (ˈRück)ˌUmwandlung *f*, ˈUmstellung *f* (*bsd.* ✝ *e-s Betriebs, auf Friedensproduktion etc.*); **ˌre·conˈvert** [-ˈvɜːt] *v/t.* (wieder) ˈumstellen.

rec·ord¹ [ˈrekɔːd] *s.* **1.** Aufzeichnung *f*, Niederschrift *f*: ***on*** ~ a) (geschichtlich *etc.*) verzeichnet, schriftlich belegt, b) → 4 b, c) *fig. das beste etc.* aller Zeiten, bisher; ***off the*** ~ inoffiziell, nicht für die Öffentlichkeit bestimmt; ***on the*** ~ offiziell; ***matter of*** ~ verbürgte Tatsache; **2.** (schriftlicher) Bericht; **3.** *a.* ⚖ Urkunde *f*, Dokuˈment *n*, ˈUnterlage *f*; **4.** ⚖ a) Protoˈkoll *n*, Niederschrift *f*, b) (Gerichts)Akte *f*, Aktenstück *n*: ***on*** ~ aktenkundig; ***on the*** ~ ***of the case*** nach Aktenlage; ***go on*** ~ *fig.* a) sich erklären *od.* festlegen, b) sich erweisen (***as*** als); ***place on*** ~ aktenkundig machen; ***court of*** ~ ordentliches Gericht; ~ ***office*** Archiv *n*; (***just***) ***to put the*** ~ ***straight!*** (nur) um das mal klarzustellen!; ***just for the*** ~***!*** (nur) um das mal festzuhalten!; **5.** Reˈgister *n*, Liste *f*, Verzeichnis *n*: ***criminal*** ~ a) Strafregister, b) *weitS.* Vorstrafen *pl.*; ***have a*** (***criminal***) ~ vorbestraft sein; **6.** *a.* ⚙ Registrierung *f*; **7.** a) Ruf *m*, Leumund *m*, Vergangenheit *f*: ***a bad*** ~, b) *gute etc.* Leistung(en *pl.*) *in der Vergangenheit*; **8.** *fig.* Urkunde *f*, Zeugnis *n*: ***be a*** ~ ***of*** *et.* bezeugen; **9.** (Schall)Platte *f*: ~ ***changer*** Plattenwechsler *m*; ~ ***library*** a) Plattensammlung *f*, -archiv *n*, b) Plattenverleih *m*; ~ ***machine*** *Am.* Musikautomat *m*; ~ ***player*** Plattenspieler *m*; **10.** *sport, a. weitS.* Reˈkord *m*, Best-, Höchstleistung *f*: ~ ***high*** (***low***) ✝ Rekordhoch (-tief) *n*; ~ ***attendance*** Zuschauerrekord *m*; ~ ***performance*** *allg.* Spitzenleistung *f*; ~ ***prices*** ✝ Rekordpreise; ***in*** ~ ***time*** in Rekordzeit.

re·cord² [rɪˈkɔːd] *v/t.* **1.** schriftlich niederlegen; (*a.* ⚙) aufzeichnen, -schreiben; ⚖ beurkunden, protokollieren; zu den Akten nehmen; ✝ *etc.* eintragen, registrieren, erfassen: ***by*** ~***ed delivery*** 📯 per Einschreiben; **2.** ⚙ *Meßwerte* registrieren, verzeichnen; **3.** (*auf Tonband etc.*) aufnehmen, -zeichnen, *Sendung* mitschneiden, *a. fotografisch* festhalten; **4.** *fig.* aufzeichnen, festhalten, der Nachwelt überˈliefern; **5.** *Stimme* abgeben; **re·cord·er** [rɪˈkɔːdə] *s.* **1.** Regiˈstrator *m*; *weitS.* Chroˈnist *m*; **2.** Schrift-, Protoˈkollführer(in); **3.** ⚖ *Brit. obs.* Einzelrichter *m* der ***Quarter Sessions***; **4.** ⚙ Aufnahmegerät *n*: a) Regiˈstrierappaˌrat *m*, (Bild-, Selbst-) Schreiber *m*, b) ˈWiedergabegerät *n*; → ***tape recorder*** *etc.*; **5.** ♪ Blockflöte *f*;

re·cord·ing [rɪˈkɔːdɪŋ] **I** *s.* **1.** *a.* ⚙ Aufzeichnung *f*, Registrierung *f*; **2.** Beurkundung *f*; Protokollierung *f*; **3.** *Radio etc.*: Aufnahme *f*, Aufzeichnung *f*, Mitschnitt *m*; **II** *adj.* **4.** Protokoll…; **5.** registrierend: ~ ***chart*** Registrierpapier *n*; ~ ***head*** a) ⚡ Tonkopf *m* (*Tonbandgerät*), b) Schreibkopf *m* (*Computer*).

re·count¹ [rɪˈkaʊnt] *v/t.* **1.** (im einzelnen) erzählen; **2.** aufzählen.

re-count² [ˌriːˈkaʊnt] *v/t.* nachzählen.

re·coup [rɪˈkuːp] *v/t.* **1.** ˈwiedergewinnen, *Verlust etc.* wiederˈeinbringen; **2.** *j-n* entschädigen (***for*** für); **3.** ✝, ⚖ einbehalten.

re·course [rɪˈkɔːs] *s.* **1.** Zuflucht *f* (***to*** zu): ***have*** ~ ***to s.th.*** s-e Zuflucht zu et. nehmen; ***have*** ~ ***to foul means*** zu unredlichen Mitteln greifen; **2.** ✝, ⚖ Reˈgreß *m*, Reˈkurs *m*: ***with*** (***without***) ~ mit (ohne) Rückgriff; ***liable to*** ~ regreßpflichtig.

re·cov·er [rɪˈkʌvə] **I** *v/t.* **1.** (*a. fig. Appetit, Bewußtsein, Fassung etc.*) ˈwiedererlangen, -finden; zuˈrückerlangen, -gewinnen; ⚔ ˈwieder-, zuˈrückerobern; *Fahrzeug, Schiff* bergen: ~ ***one's breath*** wieder zu Atem kommen; ~ ***one's legs*** wieder auf die Beine kommen; ~ ***land from the sea*** dem Meer Land abringen; **2.** *Verluste etc.* wiederˈgutmachen, wiederˈeinbringen, ersetzen; *Zeit* wiederˈaufholen; **3.** ⚖ a) *Schuld etc.* einziehen, beitreiben, b) *Urteil* erwirken (***against*** gegen): ~ ***damages for*** Schadensersatz erhalten für; **4.** ⚙ *aus Altmaterial* regenerieren, ˈwiedergewinnen; **5.** ~ ***o.s.*** → 8 *u.* 9.: ***be*** ~***ed from*** wiederhergestellt sein von; **6.** (er)retten, befreien (***from*** aus *dat.*); **7.** *fenc. etc.* in die Ausgangsstellung bringen; **II** *v/i.* **8.** genesen, wieder gesund werden; **9.** sich erholen (***from, of*** von *e-m Schock etc.*) (*a.* ✝); **10.** wieder zu sich kommen, das Bewußtsein ˈwiedererlangen; **11.** ⚖ a) Recht bekommen, b) entschädigt werden, sich schadlos halten: ~ ***in one's*** (***law-***) ***suit*** s-n Prozeß gewinnen, obsiegen.

re·cov·er·a·ble [rɪˈkʌvərəbl] *adj.* **1.** ˈwiedererlangbar; **2.** wiederˈgutzumachen(d); **3.** ⚖ ein-, beitreibbar (*Schuld*); **4.** wiederˈherstellbar; **5.** ⚙ regenerierbar; **re·cov·er·y** [rɪˈkʌvərɪ] *s.* **1.** (Zu)ˈRück-, ˈWiedererlangung *f*, -gewinnung *f*; **2.** ⚖ a) Ein-, Beitreibung *f*, b) *mst* ~ ***of damages*** (Erlangung *f* von) Schadenersatz *m*; **3.** ⚙ Rückgewinnung *f aus Abfallstoffen etc.*; **4.** ⚓ *etc.* Bergung *f*, Rettung *f*: **~ *vehicle*** *mot.* Bergungsfahrzeug *n*; Abschleppwagen *m*; **5.** *fig.* Rettung *f*, Bekehrung *f*; **6.** Genesung *f*, Gesundung *f*, Erholung *f* (*a.* ☤), (*gesundheitliche*) Wieder'herstellung: ***economic* ~** Konjunkturaufschwung *m*, -belebung *f*; ***be past*** (*od.* ***beyond***) **~** unheilbar krank sein, *fig.* hoffnungslos darniederliegen; **7.** *sport* a) *fenc. etc.* Zu'rückgehen *n* in die Ausgangsstellung, b) *Golf*: Bunkerschlag *m.*

rec·re·an·cy ['rekrɪənsɪ] *s.* **1.** Feigheit *f*; **2.** Abtrünnigkeit *f*; **'rec·re·ant** [-nt] **I** *adj.* ☐ **1.** feig(e); **2.** abtrünnig, treulos; **II** *s.* **3.** Feigling *m*; **4.** Abtrünnige(r *m*) *f.*

rec·re·ate ['rekrɪeɪt] **I** *v/t.* **1.** erfrischen, *j-m* Erholung *od.* Entspannung gewähren; **2.** erheitern, unter'halten; **3. ~ *o.s.*** a) ausspannen, sich erholen, b) sich ergötzen *od.* unterhalten; **II** *v/i.* **4.** → 3.

re-cre·ate [ˌri:krɪ'eɪt] *v/t.* neu *od.* wieder (er)schaffen.

rec·re·a·tion [ˌrekrɪ'eɪʃn] *s.* Erholung *f*, Entspannung *f*, Erfrischung *f*; Belustigung *f*, Unter'haltung *f*: **~ *area*** Erholungsgebiet *n*; **~ *centre***, *Am.* **~ *center*** Freizeitzentrum *n*; **~ *ground*** Spiel-, Sportplatz *m*; **ˌrec·re'a·tion·al** [-ʃənl] *adj.* Erholungs…, Entspannungs…, *Ort etc.* der Erholung; Freizeit…: **~ *value*** Freizeitwert *m*; **rec·re·a·tive** ['rekrɪeɪtɪv] *adj.* **1.** erholsam, entspannend, erfrischend; **2.** unter'haltend.

re·crim·i·nate [rɪ'krɪmɪneɪt] *v/i. u. v/t.* Gegenbeschuldigungen vorbringen (gegen); **re·crim·i·na·tion** [rɪˌkrɪmɪ'neɪʃn] *s.* Gegenbeschuldigung *f.*

re·cru·desce [ˌri:kru:'des] *v/i.* **1.** wieder aufbrechen (*Wunde*); **2.** sich wieder verschlimmern (*Zustand*); **3.** *fig.* wieder'ausbrechen, -'aufflackern (*Übel*); **ˌre·cru'des·cence** [-sns] *s.* **1.** Wieder'aufbrechen *n* (*e-r Wunde etc.*); **2.** *fig.* a) Wieder'ausbrechen *n*, b) Wieder'aufleben *n.*

re·cruit [rɪ'kru:t] **I** *s.* **1.** ⚔ a) Re'krut *m*, b) *Am.* (einfacher) Sol'dat; **2.** Neuling *m* (*a. contp.*); **II** *v/t.* **3.** ⚔ rekrutieren: a) *Rekruten* ausheben, einziehen, b) anwerben, c) *Einheit* ergänzen, erneuern, d) *weitS. Leute* her'anziehen: ***be ~ed from*** sich rekrutieren aus, *fig. a.* sich zs.-setzen *od.* ergänzen aus; **4.** *j-n*, *j-s Gesundheit* wieder'herstellen; **5.** *fig.* stärken, erfrischen; **III** *v/i.* **6.** Rekruten ausheben *od.* anwerben; **7.** sich erholen; **re'cruit·al** [-tl] *s.* Erholung *f*, Wieder'herstellung *f*; **re'cruit·ing** [-tɪŋ] ⚔ **I** *s.* Rekrutierung *f*, (An)Werben *n*; **II** *adj.* Werbe…(*-büro*, *-offizier etc.*); Rekrutierungs…(*-stelle*); **re'cruit·ment** [-mənt] *s.* **1.** Verstärkung *f*, Auffrischung *f*; **2.** *bsd.* ⚔ Rekrutierung *f*; **3.** Erholung *f.*

rec·tal ['rektəl] *adj.* ☐ *anat.* rek'tal: **~ *syringe*** Klistierspritze *f.*

rec·tan·gle ['rekˌtæŋgl] *s.* Ѧ Rechteck *n*; **rec·tan·gu·lar** [rek'tæŋgjʊlə] *adj.* ☐ Ѧ **1.** rechteckig; **2.** rechtwink(e)lig.

rec·ti·fi·a·ble ['rektɪfaɪəbl] *adj.* **1.** zu berichtigen(d), korrigierbar; **2.** Ѧ, ⚙, ⚗ rektifizierbar; **rec·ti·fi·ca·tion** [ˌrektɪfɪ'keɪʃn] *s.* **1.** Berichtigung *f*, Verbesserung *f*, Richtigstellung *f*; **2.** Ѧ, ⚗ Rektifikati'on *f*; **3.** ϟ Gleichrichtung *f*; **4.** *phot.* Entzerrung *f*; **'rec·ti·fi·er** [-aɪə] *s.* **1.** Berichtiger *m*; **2.** ⚗ *etc.* Rektifizierer *m*; **3.** ϟ Gleichrichter *m*; **4.** *phot.* Entzerrungsgerät *n*; **rec·ti·fy** ['rektɪfaɪ] *v/t.* berichtigen, korrigieren, richtigstellen; *Mißstand etc.* beseitigen; Ѧ, ⚗, ⚙ rektifizieren; ϟ gleichrichten.

rec·ti·lin·e·al [ˌrektɪ'lɪnɪəl] *adj.*, **ˌrec·ti'lin·e·ar** [-ɪə] *adj.* ☐ geradlinig; **rec·ti·tude** ['rektɪtju:d] *s.* Geradheit *f*, Rechtschaffenheit *f.*

rec·tor ['rektə] *s.* **1.** *eccl.* Pfarrer *m*; **2.** *univ.* Rektor *m*; **3.** *Scot.* ('Schul)DiˌrektorRektor *m*; **'rec·tor·ate** [-ərət], **'rec·tor·ship** [-ʃɪp] *s.* **1.** *ped.* Rekto'rat *n*; **2.** *eccl.* a) Pfarrstelle *f*, b) Amt *n od.* Amtszeit *f* e-s Pfarrers; **'rec·to·ry** [-tərɪ] *s.* Pfar'rei *f*, Pfarre *f*: a) Pfarrhaus *n*, b) *Brit.* Pfarrstelle *f*, c) Kirchspiel *n.*

rec·tum ['rektəm] *pl.* **-ta** [-tə] *s. anat.* Mastdarm *m*, Rektum *n.*

re·cum·ben·cy [rɪ'kʌmbənsɪ] *s.* **1.** liegende Stellung, Liegen *n*; **2.** *fig.* Ruhe *f*; **re'cum·bent** [-nt] *adj.* ☐ (sich zu'rück)lehnend, liegend, *a. fig.* ruhend.

re·cu·per·ate [rɪ'kju:pəreɪt] **I** *v/i.* **1.** sich erholen (*a.* ☤); **II** *v/t.* **2.** 'wiedererlangen; **3.** *Verluste etc.* wettmachen; **re·cu·per·a·tion** [rɪˌkju:pə'reɪʃn] *s.* Erholung *f* (*a. fig.*); **re'cu·per·a·tive** [-rətɪv] *adj.* **1.** stärkend, kräftigend; **2.** Erholungs…

re·cur [rɪ'kɜ:] *v/i.* **1.** 'wiederkehren, wieder'auftreten (*Ereignis*, *Erscheinung etc.*); **2.** *fig. in Gedanken*, *im Gespräch* zu'rückkommen (***to*** auf *acc.*); **3.** *fig.* 'wiederkehren (*Gedanken*); **4.** zu'rückgreifen (***to*** auf *acc.*); **5.** Ѧ (peri'odisch) wiederkehren (*Kurve etc.*): ***~ring decimal*** periodische Dezimalzahl; **re·cur·rence** [rɪ'kʌrəns] *s.* **1.** 'Wiederkehr *f*, Wieder'auftreten *n*; **2.** Zu'rückgreifen *n* (***to*** auf *acc.*); **3.** *fig.* Zu'rückkommen *n* (*im Gespräch etc.*) (***to*** auf *acc.*); **re·cur·rent** [rɪ'kʌrənt] *adj.* ☐ **1.** 'wiederkehrend (*a. Zahlungen*, *Träume*), sich wieder'holend; **2.** peri'odisch auftretend: **~ *fever*** ⚕ Rückfallfieber *n*; **3.** ⚘, *anat.* rückläufig (*Nerv*, *Arterie etc.*).

re·cy·cla·ble [ˌri:'saɪkləbl] *adj.* recyclingfähig; **re·cy·cle** [ˌri:'saɪkl] *v/t.* **1.** ⚙ *Abfälle* 'wiederverwerten; ***~d paper*** Umweltpapier *n*; **2.** ☤ *Kapital* zu'rückschleusen; **re'cy·cling** [-lɪŋ] *s.* ⚙, ☤ Re'cycling *n*: a) ⚙ 'Wiederverwertung *f*: **~ *of waste material***, b) ☤ Rückschleusung *f*: **~ *of funds.***

red [red] **I** *adj.* **1.** rot: **~ *ant*** rote Waldameise; **ℒ *Book*** a) Adelskalender *m*, b) *pol.* Rotbuch *n*; **~ *cabbage*** Rotkohl *m*; **ℒ *Cross*** Rotes Kreuz; **~ *currant*** Johannisbeere *f*; **~ *deer*** Edel-, Rothirsch *m*; **ℒ *Ensign*** brit. Handelsflagge *f*; **~ *hat*** Kardinalshut *m*; **~ *heat*** Rotglut *f*; **~ *herring*** a) Bückling *m*, b) *fig.* Ablenkungsmanöver *n*, falsche Spur; ***draw a ~ herring across the path*** a) ein Ablenkungsmanöver durchführen, b) e-e falsche Spur zurücklassen; **~ *lead*** *min.* Mennige *f*; **~ *lead ore*** Rotbleierz *n*; **~ *light*** Warn-, Stopplicht *n*; ***see the ~ light*** *fig.* die Gefahr erkennen; ***the lights are at ~*** *mot.* die Ampel steht auf Rot; **~ *tape*** Amtsschimmel *m*, Bürokratismus *m*, Papierkrieg *m*; ***see ~*** ‚rotsehen', wild werden; → ***paint*** 2; ***rag***[1] 1; **2.** rot(glühend); **3.** rot(haarig); **4.** rot(häutig); **5.** *oft* ℒ *pol.* rot: a) kommu'nistisch, sozia'listisch, b) sow'jetisch: ***the ℒ Army*** die Rote Armee; **II** *s.* **6.** Rot *n*; **7.** *a.* ***~skin*** Rothaut *f* (*Indianer*); **8.** *oft* ℒ *pol.* Rote(r *m*) *f*; **9.** *bsd.* ☤ ***be in the ~*** in den roten Zahlen sein; ***get out of the ~*** aus den roten Zahlen herauskommen.

re·dact [rɪ'dækt] *v/t.* **1.** redigieren, her'ausgeben; **2.** *Erklärung etc.* abfassen; **re'dac·tion** [-kʃn] *s.* **1.** Redakti'on *f* (*Tätigkeit*), Her'ausgabe *f*; **2.** (Ab)Fassung *f*; **3.** Neubearbeitung *f.*

ˌred|-'blood·ed *adj. fig.* lebensprühend, vi'tal, feurig; **'~·breast** *s. orn.* Rotkehlchen *n*; **'~·cap** *s.* ‚Rotkäppchen' *n*: a) *Brit. sl.* Mili'tärpoliˌzist *m*, b) *Am.* (Bahnhofs)Gepäckträger *m*; **~ *car·pet*** *s.* roter Teppich: **~ *treatment*** ‚großer Bahnhof'.

red·den ['redn] **I** *v/t.* röten, rot färben; **II** *v/i.* rot werden: a) sich röten, b) erröten (***at*** über *acc.*, ***with*** vor *dat.*).

red·dish ['redɪʃ] *adj.* rötlich.

red·dle ['redl] *s.* Rötel *m.*

re·dec·o·rate [ˌri:'dekəreɪt] *v/t. Zimmer etc.* renovieren, neu streichen *od.* tapezieren.

re·deem [rɪ'di:m] *v/t.* **1.** *Verpflichtung* abzahlen, -lösen, tilgen, amortisieren; **2.** zu'rückkaufen; **3.** ☤ *Staatspapier* auslosen; **4.** *Pfand* einlösen; **5.** *Gefangene etc.* los-, freikaufen; **6.** *Versprechen* erfüllen, einlösen; **7.** *Fehler etc.* wieder'gutmachen, *Sünde* abbüßen; **8.** *schlechte Eigenschaft* aufwiegen, wettmachen, versöhnen mit: ***~ing feature*** a) versöhnender Zug, b) ausgleichendes Moment; **9.** *Ehre*, *Rechte* 'wiedererlangen, wieder'herstellen; **10.** (***from***) bewahren (vor *dat.*); (er)retten (von); befreien (von); **11.** *eccl.* erlösen (***from*** von); **12.** *Zeitverlust* wettmachen; **re'deem·a·ble** [-məbl] *adj.* ☐ **1.** abzahlbar, -lösbar, tilgbar; kündbar (*Anleihe*); rückzahlbar (*Wertpapier*): **~ *loan*** Tilgungsdarlehen *n*; **2.** zu'rückkaufbar; **3.** ☤ auslosbar (*Staatspapier*); **4.** einlösbar (*Pfand*, *Versprechen etc.*); **5.** wieder'gutzumachen(d) (*Fehler*), abzubüßen(d) (*Sünde*); **6.** 'wiedererlangbar; **7.** *eccl.* erlösbar; **re'deem·er** [-mə] *s.* **1.** Einlöser(in) *etc.*; **2.** ℒ *eccl.* Erlöser *m*, Heiland *m.*

re·de·liv·er [ˌri:dɪ'lɪvə] *v/t.* **1.** *j-n* wieder befreien; **2.** *et.* zu'rückgeben; rückliefern.

re·demp·tion [rɪ'dempʃn] *s.* **1.** Abzahlung *f*, Ablösung *f*, Tilgung *f*, Amortisati'on *f e-r Schuld etc.*: **~ *fund*** *Am.* ☤ Tilgungsfonds *m*; **~ *loan*** ☤ Ablösungsanleihe *f*; **2.** Rückkauf *m*; **3.** Auslosung *f von Staatspapieren*; **4.** Einlösung *f e-s Pfandes* (*fig. e-s Versprechens*); **5.** Los-, Freikauf *m e-r Geisel etc.*; **6.** Wieder'gutmachung *f e-s Fehlers*; Abbüßung *f e-r Sünde*; **7.** Ausgleich *m* (***of*** für), Wettmachen *n e-s Nachteils*; **8.** 'Wiedererlangung *f*, Wieder'herstellung *f e-s Rechts etc.*; **9.** *bsd. eccl.* Erlösung *f* (***from*** von): ***past*** *od.* ***beyond ~*** hoffnungs- *od.* rettungslos (verloren); **re'demp·tive** [-ptɪv] *adj. eccl.* erlösend, Erlösungs…

re·de·ploy [ˌri:dɪ'plɔɪ] *v/t.* **1.** *bsd.* ⚔ 'umgrupˌpieren; **2.** ⚔, *a.* ☤ verlegen;

ˌ**re·de'ploy·ment** [-mənt] *s.* **1.** 'Umgrupˌpierung *f*; (Truppen)Verschiebung *f*; **2.** Verlegung *f*.

re·de·vel·op [ˌriːdɪ'veləp] *v/t.* **1.** neu entwickeln; **2.** *phot.* nachentwickeln; **3.** *Stadtteil etc.* sanieren; ˌ**re·de'vel·op·ment** [-mənt] *s.* **1.** Neuentwicklung *f etc.*; **2.** (Stadt- *etc.*)Sanierung *f*: ~ ***area*** Sanierungsgebiet *n*.

ˌ**red-'hand·ed** *adj.*: ***catch s.o.*** ~ j-n auf frischer Tat ertappen.

red·hi·bi·tion [ˌredhɪ'bɪʃn] *s.* ⚖ Wandlung *f beim Kauf*; **red·hib·i·to·ry** [red'hɪbɪtərɪ] *adj.* Wandlungs…(*-klage etc.*): ~ ***defect*** Fehler *m* der Sache beim Kauf.

ˌ**red-'hot** *adj.* **1.** rotglühend; **2.** glühend heiß; **3.** *fig.* wild, toll; **4.** hitzig, jähzornig; **5.** allerneuest, 'brandaktuˌell: ~ ***news***.

red·in·te·grate [re'dɪntɪgreɪt] *v/t.* **1.** wieder'herstellen; **2.** erneuern.

re·di·rect [ˌriːdɪ'rekt] *v/t.* **1.** *Brief etc.* 'umadresˌsieren; **2.** *Verkehr* 'umleiten; **3.** *fig.* e-e neue Richtung geben (*dat.*), ändern.

re·dis·count [ˌriː'dɪskaʊnt] ✝ **I** *v/t.* **1.** rediskontieren; **II** *s.* **2.** Rediskon'tierung *f*; **3.** Redis'kont *m*: ~ ***rate*** *Am.* Rediskontsatz *m*; **4.** rediskon'tierter Wechsel.

re·dis·cov·er [ˌriːdɪ'skʌvə] *v/t.* 'wiederentdecken.

re·dis·trib·ute [ˌriːdɪ'strɪbjuːt] *v/t.* **1.** neu verteilen; **2.** wieder verteilen.

ˌ**red|-'let·ter day** *s. fig.* Freuden-, Glückstag *m*; ˌ**~-'light dis·trict** *s.* Bor'dellviertel *n*.

red·ness ['rednɪs] *s.* Röte *f*.

re·do [ˌriː'duː] *v/t.* [*irr.* → ***do***] **1.** nochmals tun *od.* machen; **2.** *Haar etc.* nochmals richten *etc.*

red·o·lence ['redəʊləns] *s.* Duft *m*, Wohlgeruch *m*; '**red·o·lent** [-nt] *adj.* duftend (***of***, ***with*** nach): ***be*** ~ ***of*** *fig. et.* atmen, stark gemahnen an (*acc.*), um'wittert sein von.

re·dou·ble [ˌriː'dʌbl] **I** *v/t.* **1.** verdoppeln; **2.** *Bridge*: *j-m* Re'kontra geben; **II** *v/i.* **3.** sich verdoppeln; **4.** *Bridge*: Re'kontra geben.

re·doubt [rɪ'daʊt] *s.* ⚔ **1.** Re'doute *f*; **2.** Schanze *f*; **re'doubt·a·ble** [-təbl] *adj. rhet. od. iro.* **1.** furchtbar, schrecklich; **2.** gewaltig.

re·dound [rɪ'daʊnd] *v/i.* **1.** ausschlagen *od.* gereichen (***to*** zu *j-s Ehre*, *Vorteil etc.*); **2.** zu'teil werden, erwachsen (***to*** *dat.*, ***from*** aus); **3.** zu'rückfallen, -wirken (***upon*** auf *acc.*).

re·draft [ˌriː'drɑːft] **I** *s.* **1.** neuer Entwurf; **2.** ✝ Rück-, Ri'kambiowechsel *m*; **II** *v/t.* **3.** → ***redraw*** I.

re·draw [ˌriː'drɔː] [*irr.* → ***draw***] **I** *v/t.* neu entwerfen; **II** *v/i.* ✝ zu'rücktrasˌsieren (***on*** auf *acc.*).

re·dress [rɪ'dres] **I** *s.* **1.** Abhilfe *f* (*a.* ⚖): ***legal*** ~ Rechtshilfe *f*: ***obtain*** ~ ***from s.o.*** gegen j-n Regreß nehmen; **2.** Behebung *f*, Beseitigung *f e-s Übelstandes*; **3.** Wieder'gutmachung *f e-s Unrechts*, *Fehlers etc.*; **4.** Entschädigung *f* (***for*** für); **II** *v/t.* **5.** *Mißstand* beheben, beseitigen, (*dat.*) abhelfen; *Unrecht* wieder'gutmachen; *Gleichgewicht etc.* wieder'herstellen; **6.** ✈ *Flugzeug* in die nor'male Fluglage zu'rückbringen.

ˌ**red|-'short** *adj. metall.* rotbrüchig; '**~·start** *s. orn.* Rotschwänzchen *n*; ˌ**~-'tape** *adj.* büro'kratisch; ˌ**~-'tap·ism** [-'teɪpɪzəm] *s.* Bürokra'tismus *m*; ˌ**~-'tap·ist** [-'teɪpɪst] *s.* Büro'krat(in), Aktenmensch *m*.

re·duce [rɪ'djuːs] **I** *v/t.* **1.** her'absetzen, vermindern, -ringern, -kleinern, reduzieren, *fig. a.* abbauen: **~*d scale*** verjüngter Maßstab; ***on a*** **~*d scale*** in verkleinertem Maßstab; **2.** *Preise* her'absetzen, ermäßigen: ***at*** **~*d prices*** zu herabgesetzten Preisen; ***at a*** **~*d fare*** zu ermäßigtem Fahrpreis; **3.** *im Rang*, *Wert etc.* her'absetzen, -mindern, -drücken, erniedrigen; *a.* ~ ***to the ranks*** ⚔ degradieren; **4.** schwächen, erschöpfen; (*finanziell*) erschüttern: ***in*** **~*d circumstances*** in beschränkten Verhältnissen, verarmt; **5.** (***to***) verwandeln (in *acc.*, zu), machen (zu): ~ ***to pulp*** zu Brei machen; **~*d to a skeleton*** zum Skelett abgemagert; **6.** bringen (***to*** zu): ~ ***to a system*** in ein System bringen; ~ ***to rules*** in Regeln fassen; ~ ***to writing*** schriftlich niederlegen, aufzeichnen; ~ ***theories into practice*** Theorien in die Praxis umsetzen; **7.** zu'rückführen, reduzieren (***to*** auf *acc.*): ~ ***to absurdity*** ad absurdum führen; **8.** zerlegen (***to*** in *acc.*); **9.** einteilen (***to*** in *acc.*); **10.** anpassen (***to*** *dat. od.* an *acc.*); **11.** 𝔄, ⚗, *biol.* reduzieren; *Gleichung* auflösen; ~ ***to a common denominator*** auf e-n gemeinsamen Nenner bringen; **12.** *metall.* (aus)schmelzen (***from*** aus); **13.** zwingen, *zur Verzweiflung etc.* bringen: ~ ***to obedience*** zum Gehorsam zwingen; ***he was*** **~*d to sell*** (***-ing***) ***his house*** er war gezwungen, sein Haus zu verkaufen; **~*d to tears*** zu Tränen gerührt; **14.** unter'werfen, erobern; *Festung* zur 'Übergabe zwingen; **15.** beschränken (***to*** auf *acc.*); **16.** *Farben etc.* verdünnen; **17.** *phot.* abschwächen; **18.** ⚕ einrenken, (wieder) einrichten; **II** *v/i.* **19.** (an Gewicht) abnehmen; e-e Abmagerungskur machen; **re'duc·er** [-sə] *s.* **1.** ⚗ Redukti'onsmittel *n*; **2.** *phot.* a) Abschwächer *m*, b) Entwickler *m*; **3.** ⚙ a) Redu'zierstück *n od.* -maˌschine *f*, b) → ***reducing gear***; **re'duc·i·ble** [-səbl] *adj.* **1.** reduzierbar (*a.* ⚕), zu'rückführbar (***to*** auf *acc.*): ***be*** ~ ***to*** sich reduzieren *od.* zurückführen lassen auf (*acc.*); **2.** verwandelbar (***to***, ***into*** in *acc.*); **3.** her'absetzbar.

re·duc·ing| a·gent [rɪ'djuːsɪŋ] *s.* ⚗ Redukti'onsmittel *n*; ~ **di·et** *s.* Abmagerungskur *f*; ~ **gear** *s.* ⚙ Unter'setzungsgetriebe *n*.

re·duc·tion [rɪ'dʌkʃn] *s.* **1.** Her'absetzung *f*, Verminderung *f*, -ringerung *f*, -kleinerung *f*, Reduzierung *f*, *fig. a.* Abbau *m*: ~ ***in*** (*od.* ***of***) ***prices*** Preisherabsetzung, -ermäßigung *f*; ~ ***in*** (*od.* ***of***) ***wages*** Lohnkürzung *f*; ~ ***of interest*** Zinsherabsetzung; ~ ***of staff*** Personalabbau *m*; **2.** (Preis)Nachlaß *m*, Abzug *m*, Ra'batt *m*; **3.** Verminderung *f*, Rückgang *m*: ***import*** ~ ✝ Einfuhrrückgang; **4.** Verwandlung *f* (***into***, ***to*** in *acc.*): ~ ***into gas*** Vergasung *f*; **5.** Zu'rückführung *f*, Reduzierung *f* (***to*** auf *acc.*); **6.** Zerlegung *f* (***to*** in *acc.*); **7.** ⚗ Redukti'on *f*; **8.** 𝔄 Redukti'on *f*, Kürzung *f*, Vereinfachung *f*; Auflösung *f von Gleichungen*; **9.** *metall.* (Aus-)Schmelzung *f*; **10.** Unter'werfung *f* (***to*** unter *acc.*); Bezwingung *f*, ⚔ Niederkämpfung *f*; **11.** *phot.* Abschwächung *f*; **12.** *biol.* Redukti'on *f*; **13.** ⚕ Einrenkung *f*; **14.** Verkleinerung *f* (*e-s Bildes etc.*); ~ **com·pass·es** *s. pl.* Redukti'onszirkel *m*; ~ **di·vi·sion** *s. biol.* Redukti'onsteilung *f*; ~ **gear** *s.* ⚙ Redukti'ons-, Unter'setzungsgetriebe *n*; ~ **ra·tio** *s.* ⚙ Unter'setzungsverhältnis *n*.

re·dun·dance [rɪ'dʌndəns], **re'dun·dan·cy** [-sɪ] *s.* **1.** 'Überfluß *m*, -fülle *f*; **2.** 'Überflüssigkeit *f*, ✝ *a.* Arbeitslosigkeit *f*: ~ ***letter*** *od.* ***notice*** Entlassungsschreiben *n*; **3.** Wortfülle *f*; **4.** *ling.*, *Informatik*: Redun'danz *f*; **re'dun·dant** [-nt] *adj.* ☐ **1.** 'überreichlich, -mäßig; **2.** 'überschüssig, -zählig: ~ ***workers*** freigesetzte (*entlassene*) Arbeitskräfte; ***make s.o.*** ~ j-n freisetzen, -stellen; **3.** 'überflüssig; **4.** üppig; **5.** 'überfließend (***of***, ***with*** von); **6.** über'laden (*Stil etc.*), *bsd.* weitschweifig; **7.** *ling.*, *Informatik*: redun'dant.

re·du·pli·cate [rɪ'djuːplɪkeɪt] *v/t.* **1.** verdoppeln; **2.** wieder'holen; **3.** *ling.* reduplizieren.

re·dye [ˌriː'daɪ] *v/t.* **1.** nachfärben; **2.** 'umfärben.

re·ech·o [riː'ekəʊ] **I** *v/i.* 'widerhallen (***with*** von); **II** *v/t.* widerhallen lassen.

reed [riːd] *s.* **1.** ⚘ Schilf *n*; (Schilf)Rohr *n*; Ried(gras) *n*: ***broken*** ~ *fig.* schwankes Rohr; **2.** *pl. Brit.* (Dachdecker-)Stroh *n*; **3.** Pfeil *m*; **4.** Rohrflöte *f*; **5.** ♪ a) (Rohr)Blatt *n*: ~ ***instruments***, ***the*** **~*s*** Rohrblattinstrumente, b) *a.* **~*-stop*** Zungenstimme *f* (*Orgel*); **6.** ⚙ Weberkamm *m*, Blatt *n*.

re-ed·it [ˌriː'edɪt] *v/t.* neu her'ausgeben; **re-e·di·tion** [ˌriːɪ'dɪʃn] *s.* Neuausgabe *f*.

re-ed·u·cate [ˌriː'edjʊkeɪt] *v/t.* 'umschulen; **re-ed·u·ca·tion** ['riːˌedjʊ'keɪʃn] *s.* 'Umschulung *f*.

reed·y ['riːdɪ] *adj.* **1.** schilfig, schilfreich; **2.** lang u. schlank; **3.** dünn, quäkend (*Stimme*).

reef[1] [riːf] *s.* **1.** (Felsen)Riff *n*; **2.** *min.* Ader *f*, (Quarz)Gang *m*.

reef[2] [riːf] ⚓ **I** *s.* Reff *n*; **II** *v/t.* *Segel* reffen.

reef·er ['riːfə] *s.* **1.** ⚓ a) Reffer *m*, b) *sl.* 'Seekaˌdett *m*, c) Bord-, Ma'trosenjakke *f*, d) *Am. sl.* Kühlschiff *n*; **2.** *Am. sl.* a) 🚃, *mot.* Kühlwagen *m*, b) Kühlschrank *m*; **3.** *sl.* Marihu'ana-Zigaˌrette *f*.

reek [riːk] **I** *s.* **1.** Gestank *m*, (üble) Ausdünstung, Geruch *m*; **2.** Dampf *m*, Dunst *m*, Qualm *m*; **II** *v/i.* **3.** stinken, riechen (***of***, ***with*** nach), üble Dünste ausströmen; **4.** dampfen, rauchen (***with*** von); **5.** *fig.* (***of***, ***with***) stark riechen (nach), voll sein (von); '**reek·y** [-kɪ] *adj.* **1.** dampfend, dunstend; **2.** rauchig.

reel[1] [riːl] **I** *s.* **1.** Haspel *f*, (*Garn- etc.*) Winde *f*; **2.** (*Garn-*, *Schlauch- etc.*) Rolle *f*, (*Bandmaß-*, *Farbband-*, *Film- etc.*)Spule *f*; ⚡ Kabeltrommel *f*; **3.** a) Film(streifen) *m*, b) (Film)Akt *m*; **II** *v/t.* **4.** *a.* ~ ***up*** aufspulen, -wickeln, -rollen: ~ ***off*** abhaspeln, -spulen, *fig.* ‚herunterrasseln‘: ~ ***off a poem***.

reel[2] [riːl] *v/i.* **1.** sich (schnell) drehen, wirbeln: ***my head*** **~*s*** mir schwindelt; **2.**

wanken, taumeln: ~ **back** zurücktaumeln.

reel³ [riːl] *s.* Reel *m* (*schottischer Volkstanz*).

re-e·lect [ˌriːɪˈlekt] *v/t.* ˈwiederwählen; ˌ**re-eˈlec·tion** [-kʃn] *s.* ˈWiederwahl *f*; **re-el·i·gi·ble** [ˌriːˈelɪdʒəbl] *adj.* ˈwiederwählbar.

re-em·bark [ˌriːɪmˈbɑːk] *v/t.* (*v/i.* sich) wieder einschiffen.

re-e·merge [ˌriːɪˈmɜːdʒ] *v/i.* wiederˈauftauchen, -ˈauftreten.

re-en·act [ˌriːɪˈnækt] *v/t.* **1.** wieder in Kraft setzen; **2.** *thea.* neu inszenieren; **3.** *fig.* wiederˈholen; ˌ**re-enˈact·ment** [-mənt] *s.* **1.** ˌWiederinˈkraftsetzung *f*; **2.** *thea.* Neuinszenierung *f*.

re-en·gage [ˌriːɪnˈgeɪdʒ] *v/t.* *j-n* wieder an- *od.* einstellen.

re-en·list [ˌriːɪnˈlɪst] ⚔ *v/t. u. v/i.* (sich) weiter-, ˈwiederverpflichten; (*nur v/i.*) kapitulieren: ~**ed man** Kapitulant *m*; ˌ**re-enˈlist·ment** [-mənt] *s.* Wiederˈanwerbung *f*.

re-en·ter [ˌriːˈentə] *v/t.* **1.** wieder betreten, wieder eintreten in (*acc.*); **2.** wieder eintragen (*in e-e Liste etc.*); **3.** ⚙ *Farben* auftragen; **re-en·trant** [riːˈentrənt] **I** *adj.* ⩓ einspringend (*Winkel*); **II** *s.* einspringender Winkel; **re·en·try** [riːˈentrɪ] *s.* Wiederˈeintritt *m* (*a. Raumfahrt*: *in die Erdatmosphäre*; *a.* ⚖ *in den Besitz*).

re-es·tab·lish [ˌriːɪˈstæblɪʃ] *v/t.* **1.** wiederˈherstellen; **2.** wiederˈeinführen, neu gründen.

reeve¹ [riːv] *s. Brit.* a) *hist.* Vogt *m*, b) Gemeindevorsteher *m*.

reeve² [riːv] *v/t.* ⚓ *Tauende* einscheren; *das Tau* ziehen (**around** um).

re-ex·am·i·na·tion [ˈriːɪgˌzæmɪˈneɪʃn] *s.* **1.** Nachprüfung *f*, Wiederˈholungsprüfung *f*; **2.** ⚖ a) nochmaliges (Zeugen-) Verhör, b) nochmalige Unterˈsuchung.

re-ex·change [ˌriːɪksˈtʃeɪndʒ] *s.* **1.** Rücktausch *m*; **2.** ✝ Rück-, Gegenwechsel *m*; **3.** ✝ Rückwechselkosten *pl.*

re-ex·port ✝ **I** *v/t.* [ˌriːekˈspɔːt] **1.** wiederˈausführen; **II** *s.* [ˌriːˈekspɔːt] **2.** Wiederˈausfuhr *f*; **3.** wiederˈausgeführte Ware.

re·fash·ion [ˌriːˈfæʃn] *v/t.* ˈumgestalten, -modeln.

re·fec·tion [rɪˈfekʃn] *s.* **1.** Erfrischung *f*; **2.** Imbiß *m*; **reˈfec·to·ry** [-ktərɪ] *s.* **1.** *R.C.* Refekˈtorium *n* (*Speiseraum*); **2.** *univ.* Mensa *f*.

re·fer [rɪˈfɜː] **I** *v/t.* **1.** verweisen, hinweisen (**to** auf *acc.*); **2.** *j-n um Auskunft, Referenzen etc.* verweisen (**to** an *j-n*); **3.** (zur Entscheidung *etc.*) überˈgeben, -ˈweisen (**to** an *acc.*): ~ **back to** ⚖ *Rechtssache* zurückverweisen an *die Unterinstanz*; ~ **to drawer** ✝ an Aussteller zurück; **4.** (**to**) zuschreiben (*dat.*), zuˈrückführen (auf *acc.*); **5.** zuordnen, -weisen (**to** *e-r Klasse etc.*); **II** *v/i.* **6.** (**to**) verweisen, hinweisen, sich beziehen, Bezug haben (auf *acc.*), betreffen (*acc.*): ~ **to s.th. briefly** et. kurz berühren; ~**ring to my letter** Bezug nehmend auf mein Schreiben; **the point** ~**red to** der erwähnte *od.* betreffende Punkt; **7.** sich beziehen *od.* berufen, Bezug nehmen (**to** auf *j-n*); **8.** (**to**) sich wenden (an *acc.*), (*a. Uhr, Wörterbuch etc.*) befragen; (in *e-m Buch*) nachschlagen, -sehen; **ref·er·a·ble** [rɪˈfɜːrəbl] *adj.* **1.** (**to**) zuzuschreiben(d) (*dat.*), zuˈrückführen(d) (auf *acc.*); **2.** (**to**) zu beziehen(d) (auf *acc.*), bezüglich (*gen.*); **ref·er·ee** [ˌrefəˈriː] **I** *s.* **1.** ⚖, *sport* Schiedsrichter *m*, ⚖ *a.* beauftragter Richter; *Boxen*: Ringrichter *m*; **2.** *parl. etc.* Refeˈrent *m*, Berichterstatter *m*; **3.** ⚖ *etc.* Sachbearbeiter(in), -verständige(r *m*) *f*; **II** *v/i. u. v/t.* **4.** als Schiedsrichter *etc.* fungieren (bei); **ref·er·ence** [ˈrefrəns] **I** *s.* **1.** Verweis(ung *f*) *m*, Hinweis *m* (**to** auf *acc.*): **cross-**~ Querverweis: (**list of**) ~**s** Quellenangabe *f*, Literaturverzeichnis *n*; **mark of** ~ → 2 a *u.* 4; **2.** a) Verweiszeichen *n*, b) Verweisstelle *f*, c) Beleg *m*, ˈUnterlage *f*; **3.** Bezugnahme *f* (**to** auf *acc.*); *Patentrecht*: Entgegenhaltung *f*: **in** (*od.* **with**) ~ **to** bezüglich (*gen.*); **for future** ~ zu späterer Verwendung; **terms of** ~ Richtlinien; **have** ~ **to** sich beziehen auf (*acc.*); **4.** *a.* ~ **number** Akten-, Geschäftszeichen *n*; **5.** (**to**) Anspielung *f* (auf *acc.*), Erwähnung *f* (*gen.*): **make** ~ **to** auf *et.* anspielen, *et.* erwähnen; **6.** (**to**) Zs.-hang *m* (mit), Beziehung *f* (zu): **have no** ~ **to** nichts zu tun haben mit; **with** ~ **to him** was ihn betrifft; **7.** Rücksicht *f* (**to** auf *acc.*): **without** ~ **to** ohne Berücksichtigung (*gen.*); **8.** (**to**) Nachschlagen *n*, -sehen *n* (in *dat.*), Befragen *n* (*gen.*): **book** (*od.* **work**) **of** ~ Nachschlagewerk *n*; ~ **library** Handbibliothek *f*; **9.** (**to**) Befragung *f* (*gen.*), Rückfrage *f* (bei); **10.** ⚖ Überˈweisung *f e-r Sache* (**to** an *ein Schiedsgericht etc.*); **11.** a) Refeˈrenz *f*, Empfehlung *f*, *allg.* Zeugnis *n*, b) Refeˈrenz *f* (*Auskunftgeber*); **II** *adj.* **12.** ⚙, ⩓ Bezugs…: ~ **frequency**; ~ **value**; **III** *v/t.* **13.** Verweise anbringen in *e-m Buch*; **ref·er·en·dum** [ˌrefəˈrendəm] *pl.* **-dums** *s. pol.* Volksentscheid *m*, -befragung *f*, Refeˈrendum *n*.

re·fill [ˌriːˈfɪl] **I** *v/t.* wieder füllen, nach-, auffüllen; **II** *v/i.* sich wieder füllen; **III** *s.* [ˈriːfɪl] Nach-, Ersatzfüllung *f*; ⚡ Erˈsatzbatteˌrie *f*; Ersatzmine *f* (*Bleistift etc.*); Einlage *f* (*Ringbuch*).

re·fine [rɪˈfaɪn] **I** *v/t.* **1.** ⚙ veredeln, raffinieren, *bsd.* a) *Eisen* frischen, b) *Metall* feinen, c) *Stahl* gar machen, d) *Glas* läutern, e) *Petroleum, Zucker* raffinieren; **2.** *fig.* bilden, verfeinern, kultivieren; **3.** *fig.* läutern, vergeistigen; **II** *v/i.* **4.** sich läutern; **5.** sich verfeinern *od.* kultivieren; **6.** (herˈum)tüfteln ([**up**]**on** an *dat.*); **7.** ~ (**up**)**on** verbessern, weiterentwickeln; **reˈfined** [-nd] *adj.* □ **1.** geläutert, raffiniert: ~ **sugar** Feinzukker *m*, Raffinade *f*; ~ **steel** Raffinierstahl *m*; **2.** *fig.* fein, gebildet, kultiviert; **3.** *fig.* raffiniert, subˈtil; **4.** (ˈüber)fein, (-)genau; **reˈfine·ment** [-mənt] *s.* **1.** ⚙ Veredelung *f*, Vergütungs-, Raffinatiˈonsbehandlung *f*; **2.** Verfeinerung *f*; **3.** Feinheit *f der Sprache*, *e-r Konstruktion etc.*, Raffiˈnesse *f* (*des Luxus etc.*); **4.** Vornehm-, Feinheit *f*, Kultiviertheit *f*, gebildetes Wesen; **5.** Klügeˈlei *f*, Spitzfindigkeit *f*; **reˈfin·er** [-nə] *s.* **1.** ⚙ a) (Eisen)Frischer *m*, b) Raffiˈneur *m*, (Zucker)Sieder *m*, c) *metall.* Vorfrischofen *m*; **2.** Verfeinerer *m*; **3.** Klügler (-in), Haarspalter(in); **reˈfin·er·y** [-nərɪ] *s.* ⚙ **1.** (*Öl-, Zucker- etc.*)Raffineˈrie *f*; **2.** *metall.* (Eisen-, Frisch)Hütte *f*; **reˈfin·ing fur·nace** [-nɪŋ] *s. metall.* Frisch-, Feinofen *m*.

re·fit [ˌriːˈfɪt] **I** *v/t.* **1.** wieder inˈstand setzen, ausbessern; **2.** neu ausrüsten; **II** *v/i.* **3.** ausgebessert *od.* überˈholt werden; **III** *s.* **4.** *a.* **re·fit·ment** [rɪˈfɪtmənt] Wiederinˈstandsetzung *f*, Ausbesserung *f*.

re·fla·tion [riːˈfleɪʃn] *s.* ✝ Reflatiˈon *f*.

re·flect [rɪˈflekt] **I** *v/t.* **1.** *Strahlen etc.* reflektieren, zuˈrückwerfen, -strahlen: ~**ing power** Reflexionsvermögen *n*; **2.** *Bild etc.* (ˈwider)spiegeln: ~**ing telescope** Spiegelteleskop *n*; **3.** *fig.* (ˈwider)spiegeln, zeigen: **be** ~**ed in** sich (wider)spiegeln in (*dat.*); ~ **credit on s.o.** j-m Ehre machen; **our prices** ~ **your commission** ✝ unsere Preise enthalten Ihre Provision; **4.** überˈlegen (**that** daß, **how** wie); **II** *v/i.* **5.** ([**up**]**on**) nachdenken, -sinnen (über *acc.*), (*et.*) überˈlegen; **6.** ~ (**up**)**on** a) sich abfällig äußern über (*acc.*), *et.* herˈabsetzen, b) ein schlechtes Licht werfen auf (*acc.*), *j-m* nicht gerade zur Ehre gereichen, c) *et.* ungünstig beeinflussen; **reˈflec·tion** [-kʃn] *s.* **1.** *phys.* Reflexiˈon *f*, Zuˈrückstrahlung *f*; **2.** (ˈWider)Spiegelung *f* (*a. fig.*); Reˈflex *m*, ˈWiderschein *m*: **a faint** ~ **of** *fig.* ein schwacher Abglanz (*gen.*); **3.** Spiegelbild *n*; **4.** *fig.* Nachwirkung *f*, Einfluß *m*; **5.** a) Überˈlegung *f*, Erwägung *f*, b) Betrachtung *f*, Gedanke *m* (**on** über *acc.*): **on** ~ nach einigem Nachdenken; **6.** abfällige Bemerkung (**on** über *acc.*), Anwurf *m*: **cast** ~**s upon** herabsetzen, in ein schlechtes Licht setzen; **7.** *anat.* a) Zuˈrückbiegung *f*, b) zuˈrückgebogener Teil; **8.** *physiol.* Reˈflex *m*; **reˈflec·tive** [-tɪv] *adj.* □ **1.** reflektierend, zuˈrückstrahlend; **2.** nachdenklich; **reˈflec·tor** [-tə] *s.* **1.** Reˈflektor *m*; **2.** Spiegel *m*; **3.** *mot. etc.* Rückstrahler *m*; Katzenauge *n* (*Fahrrad etc.*); **4.** Scheinwerfer *m*; **re·flex** [ˈriːfleks] **I** *s.* **1.** *physiol.* Reˈflex *m*: ~ **action** (*od.* **movement**) Reflexbewegung *f*; **2.** (ˈLicht)Reˌflex *m*, ˈWiderschein *m*; *fig.* Abglanz *m*: ~ **camera** (Spiegel)Reflexkamera *f*; **3.** Spiegelbild *n* (*a. fig.*); **II** *adj.* **4.** zuˈrückgebogen; **5.** Reflex…, Rück…; **re·flex·i·ble** [rɪˈfleksəbl] *adj.* reflektierbar; **re·flex·ion** [rɪˈflekʃn] *s.* → **reflection**; **re·flex·ive** [rɪˈfleksɪv] **I** *adj.* □ **1.** zuˈrückwirkend; **2.** *ling.* refleˈxiv, rückbezüglich, Reflexiv…; **II** *s.* **3.** *ling.* a) rückbezügliches Fürwort *od.* Zeitwort, b) reflexive Form.

re·float [ˌriːˈfləʊt] ⚓ **I** *v/t.* wieder flottmachen; **II** *v/i.* wieder flott werden.

re·flux [ˈriːflʌks] *s.* Zuˈrückfließen *n*, Rückfluß *m* (*a.* ✝ *von Kapital*).

re·for·est [ˌriːˈfɒrɪst] *v/t. Land* aufforsten.

re·form¹ [rɪˈfɔːm] **I** *s.* **1.** *pol. etc.* Reˈform *f*, Verbesserung *f*; **2.** Besserung *f*: ~ **school** Besserungsanstalt *f*; **II** *v/t.* **3.** reformieren, verbessern; **4.** *j-n* bessern; **5.** *Mißstand etc.* beseitigen; **6.** ⚖ *Am. Urkunde* berichtigen; **III** *v/i.* **7.** sich bessern.

re·form², **re-form** [ˌriːˈfɔːm] **I** *v/t.* ˈumformen, -gestalten, -bilden, neu gestalten; **II** *v/i.* sich ˈumformen, sich neu gestalten.

ref·or·ma·tion¹ [ˌrefəˈmeɪʃn] *s.* **1.** Reformierung *f*, Verbesserung *f*; **2.** Besserung *f des Lebenswandels etc.*; **3.** ♀ *eccl.* Reformatiˈon *f*; **4.** ⚖ *Am.* Berichtigung *f e-r Urkunde.*

re·for·ma·tion², re-for·ma·tion [ˌriːfɔːˈmeɪʃn] *s.* ˈUmbildung *f*, ˈUm-, Neugestaltung *f.*

re·form·a·to·ry [rɪˈfɔːmətərɪ] **I** *adj.* **1.** Besserungs...: ~ ***measures*** Besserungsmaßnahmen; **2.** Reform...; **II** *s.* **3.** Besserungsanstalt *f*; **reˈformed** [-md] *adj.* **1.** verbessert, neu u. besser gestaltet; **2.** gebessert: ~ ***drunkard*** geheilter Trinker; **3.** ♀ *eccl.* reformiert; **reˈform·er** [-mə] *s.* **1.** *bsd. eccl.* Reforˈmator *m*; **2.** *pol.* Reˈformer(in); **reˈform·ist** [-mɪst] *s.* **1.** *eccl.* Reformierte(r *m*) *f*; **2.** → ***reformer.***

re·fract [rɪˈfrækt] *v/t. phys. Strahlen* brechen; **reˈfract·ing** [-tɪŋ] *adj. phys.* lichtbrechend, Brechungs..., Refraktions...: ~ ***angle*** Brechungswinkel *m*; ~ ***telescope*** Refraktor *m*; **reˈfrac·tion** [-kʃn] *s. phys.* **1.** (*Licht-, Strahlen*)Brechung *f*, Refraktiˈon *f*; **2.** *opt.* Brechungskraft *f*; **reˈfrac·tive** [-tɪv] *adj. phys.* Brechungs..., Refraktions...; **reˈfrac·tor** [-tə] *s. phys.* **1.** Lichtbrechungskörper *m*; **2.** Reˈfraktor *m*; **reˈfrac·to·ri·ness** [-tərɪnɪs] *s.* **1.** ˈWiderspenstigkeit *f*; **2.** ˈWiderstandskraft *f*, *bsd.* a) ⚗ Strengflüssigkeit *f*, b) ⚙ Feuerfestigkeit *f*; **3.** ⚕ a) ˈWiderstandsfähigkeit *f gegen Krankheiten*, b) Hartnäckigkeit *f e-r Krankheit*; **reˈfrac·to·ry** [-tərɪ] **I** *adj.* **1.** ˈwiderspenstig, aufsässig; **2.** ⚗ strengflüssig; **3.** ⚙ feuerfest: ~ ***clay*** Schamotte(ton *m*) *f*; **4.** ⚕ a) ˈwiderstandsfähig (*Person*), b) hartnäckig (*Krankheit*); **II** *s.* **5.** ⚙ feuerfester Baustoff.

re·frain¹ [rɪˈfreɪn] *v/i.* (***from***) Abstand nehmen *od.* absehen (von), sich (*gen.*) enthalten: ~ ***from doing s.th.*** et. unterlassen, es unterlassen, et. zu tun.

re·frain² [rɪˈfreɪn] *s.* Reˈfrain *m.*

re·fran·gi·ble [rɪˈfrændʒɪbl] *adj. phys.* brechbar.

re·fresh [rɪˈfreʃ] **I** *v/t.* **1.** erfrischen, erquicken (*a. fig.*); **2.** *fig. sein Gedächtnis* auffrischen; *Vorrat etc.* erneuern; **II** *v/i.* **3.** sich erfrischen; **4.** frische Vorräte fassen (*Schiff etc.*); **reˈfresh·er** [-ʃə] *s.* **1.** Erfrischung *f*, ‚Gläs-chenʻ *n* (*Trunk*); **2.** *fig.* Auffrischung *f*: ~ ***course*** Auffrischungs-, Wiederholungskurs *m*; ***paint*** ~ Neuglanzpolitur *f*; **3.** ⚖ ˈNachschuß (-honoˌrar *n*) *m e-s Anwalts*; **reˈfresh·ing** [-ʃɪŋ] *adj.* □ erfrischend (*a. fig. wohltuend*); **reˈfresh·ment** [-mənt] *s.* Erfrischung *f* (*a. Getränk etc.*): ~ ***room*** (Bahnhofs)Büfett *n.*

re·frig·er·ant [rɪˈfrɪdʒərənt] **I** *adj.* **1.** kühlend, Kühl...; **II** *s.* **2.** ⚕ kühlendes Mittel, Kühltrank *m*; **3.** ⚙ Kühlmittel *n*; **re·frig·er·ate** [rɪˈfrɪdʒəreɪt] *v/t.* ⚙ kühlen; **reˈfrig·er·at·ing** [-reɪtɪŋ] *adj.* ⚙ Kühl...(*-raum etc.*), Kälte...(*-maschine etc.*); **re·frig·er·a·tion** [rɪˌfrɪdʒəˈreɪʃn] *s.* Kühlung *f*; Kälteerzeugung *f*, -technik *f*; **reˈfrig·er·a·tor** [-reɪtə] *s.* ⚙ Kühlschrank *m*, -raum *m*, -anlage *f*; ˈKältemaˌschine *f*: ~ ***van*** *Brit.*, ~ ***car*** *Am.* 🚂 Kühlwagen *m*; ~ ***van*** *od.* ***lorry*** *Brit.*, ~ ***truck*** *Am. mot.* Kühlwagen *m*; ~ ***vessel*** ⚓ Kühlschiff *n.*

re·fu·el [ˌriːˈfjʊəl] *v/t. u. v/i. mot.*, ✈ (auf)tanken.

ref·uge [ˈrefjuːdʒ] **I** *s.* **1.** Zuflucht *f* (*a. fig. Ausweg, a. Person, Gott*), Schutz *m* (***from*** vor): ***seek*** (*od.* ***take***) ~ ***in*** *fig.* s-e Zuflucht suchen in *od.* nehmen zu; ***house of*** ~ Obdachlosenasyl *n*; **2.** Zuflucht *f*, Zufluchtsort *m*; **3.** *a.* ~ ***hut*** *mount.* Schutzhütte *f*; **4.** Verkehrsinsel *f*; **II** *v/i.* **5.** Schutz suchen; **ref·u·gee** [ˌrefjʊˈdʒiː] *s.* Flüchtling *m*: ~ ***camp*** Flüchtlingslager *n.*

re·ful·gent [rɪˈfʌldʒənt] *adj.* □ glänzend, strahlend.

re·fund¹ **I** *v/t.* [riːˈfʌnd] **1.** *Geld* zuˈrückzahlen, -erstatten, *Verlust, Auslagen* ersetzen, rückvergüten; **2.** *j-m* Rückzahlung leisten, *j-m* seine Auslagen ersetzen; **II** *s.* [ˈriːfʌnd] **3.** Rückvergütung *f.*

re·fund² [ˌriːˈfʌnd] *v/t.* ⚜ *Anleihe etc.* neu fundieren.

re·fund·ment [rɪˈfʌndmənt] *s.* Rückvergütung *f.*

re·fur·bish [ˌriːˈfɜːbɪʃ] *v/t.* ˈaufpoˌlieren (*a. fig.*).

re·fur·nish [ˌriːˈfɜːnɪʃ] *v/t.* wieder *od.* neu möblieren *od.* ausstatten.

re·fu·sal [rɪˈfjuːzl] *s.* **1.** Ablehnung *f*, Zuˈrückweisung *f e-s Angebots etc.*; **2.** Verweigerung *f e-r Bitte, des Gehorsams etc., a. Reitsport*; **3.** abschlägige Antwort: ***he will take no*** ~ er läßt sich nicht abweisen; **4.** Weigerung *f* (***to do s.th.*** et. zu tun); **5.** ⚜ Vorkaufsrecht *n*, Vorhand *f*: ***first*** ~ ***of*** erstes Anrecht auf (*acc.*); ***give s.o. the*** ~ ***of s.th.*** j-m das Vorkaufsrecht auf e-e Sache einräumen.

re·fuse¹ [rɪˈfjuːz] **I** *v/t.* **1.** *Amt, Antrag, Kandidaten etc.* ablehnen; *Angebot* ausschlagen; *et. od. j-n* zuˈrückweisen; *j-n* abweisen; *j-m e-e Bitte* abschlagen; **2.** *Befehl, Forderung, Gehorsam* verweigern; *Bitte* abschlagen; **3.** *Kartenspiel*: *Farbe* verweigern; **4.** *Hindernis* verweigern, scheuen vor (*dat.*) (*Pferd*); **II** *v/i.* **5.** sich weigern, es ablehnen (***to do*** zu tun): ***he*** ~***d to believe it*** er wollte es einfach nicht glauben; ***he*** ~***d to be bullied*** er ließ sich nicht tyrannisieren; ***it*** ~***d to work*** es wollte nicht funktionieren, es ‚streikteʻ; **6.** absagen (*Gast*); **7.** scheuen (*Pferd*).

ref·use² [ˈrefjuːs] **I** *s.* **1.** ⚙ Abfall *m*, Ausschuß *m*; **2.** (Küchen)Abfall *m*, Müll *m*; **II** *adj.* **3.** wertlos; **4.** Abfall..., Müll...

ref·u·ta·ble [ˈrefjʊtəbl] *adj.* □ widerˈlegbar; **ref·u·ta·tion** [ˌrefjuːˈteɪʃn] *s.* Widerˈlegung *f*; **re·fute** [rɪˈfjuːt] *v/t.* widerˈlegen.

re·gain [rɪˈgeɪn] *v/t.* ˈwiedergewinnen; *a. Bewußtsein etc.* ˈwiedererlangen: ~ ***one's feet*** wieder auf die Beine kommen; ~ ***the shore*** den Strand wiedergewinnen (*erreichen*).

re·gal [ˈriːgl] *adj.* □ königlich (*a. fig. prächtig*); Königs...

re·gale [rɪˈgeɪl] **I** *v/t.* **1.** erfreuen, ergötzen; **2.** festlich bewirten: ~ ***o.s. on*** sich laben an (*dat.*); **II** *v/i.* **3.** (***on***) schwelgen (in *dat.*), sich gütlich tun (an *dat.*).

re·ga·li·a [rɪˈgeɪljə] *s. pl.* (ˈKrönungs-, ˈAmts)Inˌsignien *pl.*

re·gard [rɪˈgɑːd] **I** *v/t.* **1.** ansehen; betrachten (*a. fig.* ***with*** mit *Abneigung etc.*); **2.** *fig.* ~ ***as*** betrachten als, halten für: ***be*** ~***ed as*** gelten als *od.* für; **3.** *fig.* beachten, berücksichtigen; **4.** respektieren; **5.** achten, (hoch)schätzen; **6.** betreffen, angehen: ***as*** ~***s*** was ... betrifft; **II** *s.* **7.** (*fester od. bedeutsamer*) Blick; **8.** Hinblick *m*, -sicht *f* (***to*** auf *acc.*): ***in this*** ~ in dieser Hinsicht; ***in*** ~ ***to*** (*od.* ***of***), ***with*** ~ ***to*** hinsichtlich, bezüglich, was ... betrifft; ***have*** ~ ***to*** a) sich beziehen auf (*acc.*), b) in Betracht ziehen; **9.** (***to, for***) Rücksicht(nahme) *f* (auf *acc.*), Beachtung *f* (*gen.*): ***pay no*** ~ ***to s.th.*** sich um et. nicht kümmern; ***without*** ~ ***to*** (*od.* ***for***) ohne Rücksicht auf (*acc.*); ***have no*** ~ ***for s.o.'s feelings*** auf j-s Gefühle keine Rücksicht nehmen; **10.** (Hoch)Achtung *f* (***for*** vor *dat.*); **11.** *pl.* Grüße *pl.*, Empfehlungen *pl.*: ***with kind*** ~***s to*** mit herzlichen Grüßen an (*acc.*); ***give him my*** (***best***) ~***s*** grüße ihn (herzlich) von mir; **reˈgard·ful** [-fʊl] *adj.* □ **1.** achtsam, aufmerksam (***of*** auf *acc.*); **2.** rücksichtsvoll (***of*** gegen); **reˈgard·ing** [-dɪŋ] *prp.* bezüglich, betreffs, hinsichtlich (*gen.*); **reˈgard·less** [-lɪs] **I** *adj.* □ **1.** ~ ***of*** ungeachtet (*gen.*), ohne Rücksicht auf (*acc.*); **2.** rücksichts-, achtlos; **II** *adv.* **3.** F trotzdem, dennoch; ganz gleich, was passiert *od.* passieren würde; ohne Rücksicht auf Kosten *etc.*

re·gat·ta [rɪˈgætə] *s.* Reˈgatta *f.*

re·gen·cy [ˈriːdʒənsɪ] *s.* **1.** Reˈgentschaft *f* (*Amt, Gebiet, Periode*); **2.** ♀ *hist.* Regentschaft(szeit) *f*, *bsd.* a) Régence *f* (*in Frankreich, des Herzogs Philipp von Orléans* [*1715–23*]), b) *in England* (*1811–30*), *von Georg, Prinz von Wales* (*später Georg IV.*).

re·gen·er·ate [rɪˈdʒenəreɪt] **I** *v/t. u. v/i.* **1.** (sich) regenerieren (*a. biol., phys.*, ⚙) (sich) erneuern, (sich) neu *od.* wieder bilden; (sich) wieder erzeugen: ***to be*** ~***d*** *eccl.* wiedergeboren werden; **2.** *fig.* (sich) bessern *od.* reformieren; **3.** *fig.* (sich) neu beleben; **4.** ⚡ rückkoppeln; **II** *adj.* [-rət] **5.** ge- *od.* verbessert, reformiert; ˈwiedergeboren; **re·gen·er·a·tion** [rɪˌdʒenəˈreɪʃn] *s.* **1.** Regeneratiˈon *f* (*a. biol.*), Erneuerung *f*; **2.** *eccl.* ˈWiedergeburt *f*; **3.** Besserung *f*; **4.** ⚡ Rückkopplung *f*; **5.** ⚙ Regenerierung *f*, ˈWiedergewinnung *f*; **reˈgen·er·a·tive** [-nərətɪv] *adj.* □ **1.** (ver)bessernd; **2.** neuschaffend; **3.** Erneuerungs..., Verjüngungs...; **4.** ⚡ Rückkopplungs...

re·gent [ˈriːdʒənt] *s.* **1.** Reˈgent(in): ***Queen*** ♀ Regentin *f*; ***Prince*** ♀ Prinzregent *m*; **2.** *univ. Am.* Mitglied *n* des ˈAufsichtskomiˌtees; **ˈre·gent·ship** [-ʃɪp] *s.* Reˈgentschaft *f.*

reg·i·cide [ˈredʒɪsaɪd] *s.* **1.** Königsmörder *m*; **2.** Königsmord *m.*

re·gime, *a.* **ré·gime** [reɪˈʒiːm] *s.* **1.** *pol.* Reˈgime *n*, Regierungsform *f*; **2.** (vor-) herrschendes Syˈstem: ***matrimonial*** ~ ⚖ eheliches Güterrecht; **3.** → ***regimen*** 1.

reg·i·men [ˈredʒɪmən] *s.* **1.** ⚕ gesunde Lebensweise, *bsd.* Diˈät *f*; **2.** Regierung *f*, Herrschaft *f*; **3.** *ling.* Rektiˈon *f.*

reg·i·ment **I** *s.* [ˈredʒɪmənt] **1.** ⚔ Regiˈment *n*; **2.** *fig.* (große) Schar; **II** *v/t.* [ˈredʒɪment] **3.** *fig.* reglementieren, bevormunden; **4.** organisieren, systeˈmatisch einteilen.

reg·i·men·tal [ˌredʒɪˈmentl] *adj.* ☐ Regiments…: **~ officer** *Brit.* Truppenoffizier *m*; **reg·i·men·tals** [ˌredʒɪˈmentlz] *s. pl.* ⚔ (Regiˈments)Uniˌform *f*; **reg·i·men·ta·tion** [ˌredʒɪmenˈteɪʃn] *s.* **1.** Organisierung *f*, Einteilung *f*; **2.** Reglementierung *f*, Diriˈgismus *m*, Bevormundung *f*.

Re·gi·na [rɪˈdʒaɪnə] (*Lat.*) *s. Brit.* ⚖ *die* Königin; *weitS. die* Krone, *der* Staat: **~ versus John Doe.**

re·gion [ˈriːdʒən] *s.* **1.** Gebiet *n* (*a. meteor.*), (*a.* ⚕ *Körper*)Gegend *f*, (*a. Höhen-, Tiefen*)Regiˈon *f*, Landstrich *m*; (Verwaltungs)Bezirk *m*; **2.** *fig.* Gebiet *n*, Bereich *m*, Sphäre *f*; (*a. himmlische etc.*) Regiˈon: **in the ~ of** von ungefähr …; **ˈre·gion·al** [-dʒənl] *adj.* ☐ regioˈnal; örtlich, loˈkal (*beide a.* ⚕); Orts…; Bezirks…: **~ (station)** *Radio*: Regioˈnalsender *m*; **ˈre·gion·al·ism** [-dʒənəlɪzəm] *s.* **1.** Regionaˈlismus *m*, Loˈkalpatriotismus *m*; **2.** Heimatkunst *f*; **3.** *ling.* nur regioˈnal gebrauchter Ausdruck.

reg·is·ter [ˈredʒɪstə] **I** *s.* **1.** Reˈgister *n* (*a. Computer*), (Eintragungs)Buch *n*, (*a.* Inhalts)Verzeichnis *n*; (*Wähler- etc.*)Liste *f*: **~ of births, marriages, and deaths** Personenstandsregister; **~ of companies** Handelsregister; (**ship's**) **~** Schiffsregister; **~ ton** ⚓ Registertonne *f*; **2.** ⚙ a) Registriervorrichtung *f*, Zählwerk *n*: **cash ~** Registrier-, Kontrollkasse *f*, b) Schieber *m*, Klappe *f*, Venˈtil *n*; **3.** ♪ a) (ˈOrgel)Reˌgister *n*, b) Stimm-, Tonlage *f*, c) ˈStimmˌumfang *m*; **4.** *typ.* Reˈgister *n*; **5.** *phot.* genaue Einstellung; **6.** → **registrar**; **II** *v/t.* **7.** registrieren, (in ein Register *etc.*) eintragen *od.* -schreiben (lassen), anmelden (**for school** zur Schule); *weitS.* amtlich erfassen; (*a. fig. Erfolg etc.*) verzeichnen, -buchen: **~ a company** e-e Firma handelsgerichtlich eintragen; **8.** ⚚ *Warenzeichen* anmelden; *Artikel* gesetzlich schützen; **9.** *Postsachen* einschreiben (lassen); *Gepäck* aufgeben; **10.** ⚙ *Meßwerte* registrieren, anzeigen; **11.** *fig. Empfindung* zeigen, ausdrükken, registrieren; **12.** *typ.* in das Reˈgister bringen; **13.** ⚔ *Geschütz* einschießen; **III** *v/i.* **14.** sich (in das Hoˈtelreˌgister, in die Wählerliste *etc.*) eintragen (lassen); *univ. etc.* sich einschreiben (**for** für); **15.** sich (an)melden (**at, with** bei *der Polizei etc.*); **16.** *typ.* Reˈgister halten; **17.** ⚙ a) sich decken, genau passen, b) einrasten; **18.** ♪ registrieren; **19.** ⚔ sich einschießen; **ˈreg·is·tered** [-əd] *adj.* **1.** eingetragen (⚚ *Geschäftssitz, Gesellschaft, Warenzeichen*); **2.** ⚚ gesetzlich geschützt: **~ design** (*od.* **pattern**) Gebrauchsmuster *n*; **3.** ⚚ registriert, Namens…: **~ bonds** Namensschuldverschreibungen; **~ capital** autorisiertes (Aktien)Kapital; **~ share** (*Am.* **stock**) Namensaktie *f*; **4.** ✉ eingeschrieben, Einschreibe…(*-brief etc.*): **~!** Einschreiben!; **reg·is·trar** [ˌredʒɪˈstrɑː] *s.* Regiˈstrator *m*, Archiˈvar(in), Urkundsbeamte(r) *m*; *Brit.* Standesbeamte(r) *m*; ⚕ *Brit.* Krankenhausarzt *m*, -ärztin *f*: **~'s office** a) Standesamt *n*, b) Registratur *f*; **2-General** *Brit.* oberster Standesbeamter; **~ in bankruptcy** ⚖ *Brit.* Konkursrichter *m*; **reg·is·tra·tion** [ˌredʒɪˈstreɪʃn] *s.* **1.** (*bsd.* amtliche) Registrierung, Erfassung *f*; Eintragung *f* (*a.* ⚚ *e-r Gesellschaft, e-s Warenzeichens*); *mot.* Zulassung *f e-s Fahrzeugs*; **2.** (*polizeiliche, a. Hotel-, Schul- etc.*) Anmeldung, Einschreibung *f*: **compulsory ~** (An)Meldepflicht *f*; **~ fee** Anmelde-, Einschreibgebühr *f*; ⚚ Umschreibungsgebühr *f* (*Aktien*); **~ form** (An)Meldeformular *n*; **~ office** Meldestelle *f*, Einwohnermeldeamt *n*; **3.** Zahl *f* der Erfaßten, registrierte Zahl; **4.** ✉ Einschreibung *f*; **5.** *a.* **~ of luggage** *bsd. Brit.* Gepäckaufgabe *f*: **~ window** Gepäckschalter *m*; **ˈreg·is·try** [-trɪ] *s.* **1.** Registrierung *f* (*a. e-s Schiffs*): **~ fee** *Am.* Anmelde-, Einschreibegebühr *f*; **port of ~** ⚓ Registerhafen *m*; **2.** Reˈgister *n*; **3.** *a.* **~ office** a) Registraˈtur *f*, b) Standesamt *n*, c) ˈStellenverˌmittlungsbüˌro *n*.

reg·let [ˈreglɪt] *s.* **1.** △ Leistchen *n*; **2.** *typ.* a) Reˈglette *f*, b) (ˈZeilen)ˌDurchschuß *m*.

reg·nant [ˈregnənt] *adj.* regierend; *fig.* (vor)herrschend.

re·gress I *v/i.* [rɪˈgres] **1.** sich rückwärts bewegen; **2.** *fig.* a) sich rückläufig entwickeln, b) *biol., psych.* sich zuˈrückbilden *od.* -entwickeln; **II** *s.* [ˈriːgres] **3.** Rückwärtsbewegung *f*; **4.** rückläufige Entwicklung; **reˈgres·sion** [-eʃn] *s.* **1.** → **regress** II; **2.** Regressiˈon *f*: a) *biol. psych.* Rückentwicklung *f*, b) ✍ Beziehung *f*; **reˈgres·sive** [-sɪv] *adj.* ☐ **1.** rückläufig; **2.** rückwirkend (*Steuer etc., a. ling. Akzent*); **3.** *biol.* regresˈsiv.

re·gret [rɪˈgret] **I** *s.* **1.** Bedauern *n* (**at** über *acc.*): **to my ~** zu m-m Bedauern, leider; **2.** Reue *f*; **3.** Schmerz *m*, Trauer *f* (**for** um); **II** *v/t.* **4.** bedauern, bereuen: **it is to be ~ted** es ist bedauerlich; **I ~ to say** ich muß leider sagen; **5.** *Vergangenes etc., a. Tote* beklagen, trauern um, *j-m od. e-r Sache* nachtrauern; **reˈgret·ful** [-fʊl] *adj.* ☐ bedauernd, reue-, kummervoll; **reˈgret·ta·ble** [-təbl] *adj.* ☐ **1.** bedauerlich; **2.** bedauernswert, zu bedauern(d); **reˈgret·ta·bly** [-təblɪ] *adv.* bedauerlicherweise.

re·grind [ˌriːˈgraɪnd] *v/t.* [*irr.* → **grind**] ⚙ nachschleifen.

re·group [ˌriːˈgruːp] *v/t.* ˈum-, neugruppieren, (*a.* ⚚ *Kapital*) ˈumschichten; **reˈgroup·ment** [-mənt] *s.* ˈUmgrupˌpierung *f*.

reg·u·lar [ˈregjʊlə] **I** *adj.* ☐ **1.** *zeitlich* regelmäßig; 🚆 *etc.* fahrplanmäßig: **~ air service** regelmäßige Flugverbindung; **~ business** ⚚ laufende Geschäfte; **~ customer** → 14; **at ~ intervals** in regelmäßigen Abständen; **2.** regelmäßig (*in Form od. Anordnung*), ebenmäßig; symˈmetrisch; **3.** regelmäßig, geregelt, geordnet (*Lebensweise etc.*); **4.** pünktlich, genau; **5.** reguˈlär, norˈmal, gewohnt; **6.** richtig, geprüft, gelernt: **a ~ cook**; **~ doctor** approbierter Arzt; **7.** richtig, vorschriftsmäßig, formgerecht; **8.** F ‚richtig(gehend)'‘: **~ rascal**; **a ~ guy** *Am.* ein Pfundskerl; **9.** ⚔ a) reguˈlär (*Kampftruppe*), b) Berufs…, akˈtiv (*Heer, Soldat*); **10.** *sport*: Stamm…: **~ player**; **make the ~ team** sich e-n Stammplatz (*in der Mannschaft*) erobern; *eccl.* Ordens…; **II** *s.* **11.** Ordensgeistliche(r) *m*; **12.** ⚔ akˈtiver Solˈdat, Beˈrufssolˌdat *m*; *pl.* reguˈläre Truppen *pl.*; **13.** *pol. Am.* treuer Parˈteianhänger; **14.** F Stammkunde *m*, -kundin *f*, -gast *m*; **reg·u·lar·i·ty** [ˌregjʊˈlærətɪ] *s.* **1.** Regelmäßigkeit *f*: a) Gleichmäßigkeit *f*, Stetigkeit *f*, b) regelmäßige Form; **2.** Ordnung *f*, Richtigkeit *f*; **ˈreg·u·lar·ize** [-əraɪz] *v/t.* regeln, festlegen.

reg·u·late [ˈregjʊleɪt] *v/t.* **1.** *Geschäft, Verdauung, Verkehr etc.* regeln; ordnen; (*a.* ⚚ *Wirtschaft*) lenken; **2.** ⚖ (gesetzlich) regeln; **3.** ⚙ a) *Geschwindigkeit etc.* regulieren, regeln, b) *Gerät, Uhr* (ein)stellen; **4.** anpassen (**according to** an *acc.*); **ˈreg·u·lat·ing** [-tɪŋ] *adj.* ⚙ Regulier…, (Ein)Stell…: **~ screw** Stellschraube *f*; **~ switch** Regelschalter *m*; **reg·u·la·tion** [ˌregjʊˈleɪʃn] **I** *s.* **1.** Regelung *f*, Regulierung *f* (*a.* ⚙); ⚙ Einstellung *f*; **2.** Verfügung *f*, (Ausführungs)Verordnung *f*; *pl.* a) ˈDurchführungsbestimmungen *pl.*, b) Satzung(en *pl.*) *f*, Staˈtuten *pl.*, c) (Dienst-, Betriebs)Vorschrift *f*: **~s of the works** Betriebsordnung *f*; **traffic ~s** Verkehrsvorschriften; **according to ~s** nach Vorschrift, vorschriftsmäßig; **contrary to ~s** vorschriftswidrig; **II** *adj.* **3.** vorschriftsmäßig; ⚔ *a.* Dienst…(*-mütze etc.*); **ˈreg·u·la·tive** [-lətɪv] *adj.* regelnd, regulierend, *a. phls.* regulaˈtiv; **ˈreg·u·la·tor** [-tə] *s.* **1.** ⚡ Regler *m*; **2.** *Uhrmacherei*: Reguˈlator *m* (*a. Uhr*); **3.** ⚙ Regulier-, Stellvorrichtung *f*: **~ valve** Reglerventil *n*; **4.** ⚕ Reguˈlator *m*; **ˈreg·u·la·to·ry** [-leɪtərɪ] *adj.* Durch-, Ausführungs…

re·gur·gi·tate [rɪˈgɜːdʒɪteɪt] **I** *v/i.* zuˈrückfließen; **II** *v/t.* wieder ausströmen, -speien; *Essen* erbrechen.

re·ha·bil·i·tate [ˌriːəˈbɪlɪteɪt] *v/t.* **1.** rehabilitieren: a) wiederˈeinsetzen (**in** in *acc.*), b) *j-s* Ruf wiederˈherstellen, c) *e-n Versehrten* wieder ins Berufsleben eingliedern; **2.** *et. od. j-n* wiederˈherstellen; **3.** ⚖ *Strafentlassenen* resozialisieren; **4.** *Altbauten*, ⚚ *e-n Betrieb etc.* sanieren; **re·ha·bil·i·ta·tion** [ˈriːəˌbɪlɪˈteɪʃn] *s.* **1.** Rehabilitierung *f*: a) Wiederˈeinsetzung *f* (*in frühere Rechte*), b) Ehrenrettung *f*, c) *a.* **vocational ~** Wiederˈeingliederung *f* ins Berufsleben: **~ centre** (*Am.* **center**) Rehabilitationszentrum *n*; **2.** Wiederˈherstellung *f*; ⚚ Sanierung *f*: **industrial ~** wirtschaftlicher Wiederaufbau; **3.** *a.* **social ~** ⚖ Resozialisierung *f*.

re·hash [ˈriːhæʃ] **I** *s.* **1.** *fig. et.* Aufgewärmtes, Wiederˈholung *f*, ‚Aufgußʻ *m*; **2.** Wiederˈaufwärmen *n*; **II** *v/t.* [ˌriːˈhæʃ] **3.** *fig.* wiederˈaufwärmen, ˈwiederkäuen.

re·hear·ing [ˌriːˈhɪərɪŋ] *s.* ⚖ erneute Verhandlung.

re·hears·al [rɪˈhɜːsl] *s.* **1.** *thea.*, ♪ *u. fig.* Probe *f*: **be in ~** einstudiert werden; **final ~** Generalprobe; **2.** Einstudierung *f*; **3.** Wiederˈholung *f*; **4.** Aufsagen *n*, Vortrag *m*; **5.** *fig.* Litaˈnei *f*; **re·hearse** [rɪˈhɜːs] *v/t.* **1.** *thea.*, ♪ *et.* proben (*a. v/i. u. fig.*), *Rolle etc.* einstudieren; **2.** wiederˈholen; **3.** aufzählen; **4.** aufsagen, rezitieren; **5.** *fig. Möglichkeiten etc.* ˈdurchspielen.

reign [reɪn] **I** *s.* **1.** Regierung *f*, Regierungszeit *f*: **in** (*od.* **under**) **the ~ of**

unter der Regierung (*gen.*); **2.** Herrschaft *f* (*a. fig. der Mode etc.*): ***~ of law*** Rechtsstaatlichkeit *f*; ***2 of terror*** Schreckensherrschaft; **II** *v/i.* **3.** regieren, herrschen (***over*** über *acc.*); **4.** *fig.* (vor)herrschen: ***silence ~ed*** es herrschte Stille.

re·im·burs·a·ble [ˌriːɪmˈbɜːsəbl] *adj.* rückzahlbar; **re·im·burse** [ˌriːɪmˈbɜːs] *v/t.* **1.** *j-n* entschädigen (***for*** für): ***~ o.s.*** sich entschädigen *od.* schadlos halten; **2.** *et.* zuˈrückzahlen, vergüten, *Auslagen* erstatten, *Kosten* decken; ˌ**re·imˈburse·ment** [-mənt] *s.* **1.** Entschädigung *f*; **2.** (ˈWieder)Erstattung *f*, (Rück)Vergütung *f*, (Kosten)Deckung *f*: ***~ credit*** ✝ Rembourskredit *m*.

re·im·port ✝ **I** *v/t.* [ˌriːɪmˈpɔːt] **1.** wiederˈeinführen; **II** *s.* [ˌriːˈɪmpɔːt] **2.** ˈWiedereinfuhr *f*; **3.** *pl.* wiederˈeingeführte Waren *pl.*

rein [reɪn] **I** *s.* **1.** *oft pl.* Zügel *m mst pl.* (*a. fig.*): ***draw ~*** (an)halten, zügeln (*a. fig.*); ***give a horse the ~(s)*** die Zügel locker lassen; ***give free ~(s) to*** *s-r Phantasie* freien Lauf lassen *od.* die Zügel schießen lassen; ***keep a tight ~ on*** *j-n* fest an der Kandare haben; ***take*** (*od.* ***assume***) ***the ~s of government*** die Zügel (der Regierung) in die Hand nehmen; **II** *v/t.* **2.** *Pferd* aufzäumen; **3.** lenken: ***to ~ back*** (*od.* ***in, up***) (*a. v/i.*) a) anhalten, b) verhalten; **4.** *a.* ***~ in*** *fig.* zügeln, im Zaum halten.

re·in·car·na·tion [ˌriːɪnkɑːˈneɪʃn] *s.* Reinkarnatiˈon *f*: a) (Glaube *m* an die) Seelenwanderung *f*, b) ˈWiederverkörperung *f*, -geburt *f*.

rein·deer [ˈreɪnˌdɪə] *pl.* **-deer** *od.* **-deers** *s. zo.* Ren(ntier) *n*.

re·in·force [ˌriːɪnˈfɔːs] **I** *v/t.* **1.** verstärken (*a.* ⚙, *Gewebe etc.*, *a.* ⚔ *u. fig.* ⚙ *Beton* armieren: ***~d concrete*** Eisen-, Stahlbeton *m*; **2.** *fig. Gesundheit* kräftigen, *Worte* bekräftigen, *Beweis* unterˈmauern; **II** *s.* **3.** ⚙ Verstärkung *f*; ˌ**re·inˈforce·ment** [-mənt] *s.* **1.** Verstärkung *f*; Armierung *f* (*Beton*); *pl.* ⚔ Verstärkungstruppen *pl.*; **2.** *fig.* Unterˈmauerung *f*, Bekräftigung *f*.

re·in·stall [ˌriːɪnˈstɔːl] *v/t.* wiederˈeinsetzen; ˌ**re·inˈstal(l)·ment** [-mənt] *s.* Wiederˈeinsetzung *f*.

re·in·state [ˌriːɪnˈsteɪt] *v/t.* **1.** *j-n* wiederˈeinsetzen (***in*** in *acc.*); **2.** *et.* (wieder) inˈstand setzen; **3.** *j-n od. et.* wiederˈherstellen; *Versicherung etc.* wiederˈaufleben lassen; ˌ**re·inˈstate·ment** [-mənt] *s.* **1.** Wiederˈeinsetzung *f*; **2.** Wiederˈherstellung *f*.

re·in·sur·ance [ˌriːɪnˈʃʊərəns] *s.* ✝ Rückversicherung *f*; **re·in·sure** [ˌriːɪnˈʃʊə] *v/t.* **1.** rückversichern; **2.** nachversichern.

re·in·vest·ment [ˌriːɪnˈvestmənt] *s.* ✝ Neu-, ˈWiederanlage *f*.

re·is·sue [ˌriːˈɪʃuː] **I** *v/t.* **1.** *Banknoten etc.* wieder ausgeben; **2.** *Buch* neu herˈausgeben; **II** *s.* **3.** ˈWieder-, Neuausgabe *f*: ***~ patent*** Abänderungspatent *n*.

re·it·er·ate [riːˈɪtəreɪt] *v/t.* (ständig) wiederˈholen; **re·it·er·a·tion** [riːˌɪtəˈreɪʃn] *s.* Wiederˈholung *f*.

re·ject I *v/t.* [rɪˈdʒekt] **1.** *Antrag, Kandidaten, Lieferung, Verantwortung etc.* ablehnen; *Ersuchen, Freier etc.* ab-, zuˈrückweisen; *Bitte* abschlagen; *et.* verwerfen; *Nahrung* verweigern: ***be ~ed*** *pol. u. thea.* durchfallen; **2.** (als wertlos) ausscheiden; **3.** *Essen* wieder von sich geben (*Magen*); **4.** ⚕ *körperfremdes Gewebe etc.* abstoßen; **II** *s.* [ˈriːdʒekt] **5.** ⚔ Ausgemusterte(r) *m*, Untaugliche(r) *m*; **6.** ✝ ˈAusschußarˌtikel *m*; **re·jec·ta·men·ta** [rɪˌdʒektəˈmentə] *s. pl.* **1.** Abfälle *pl.*; **2.** Strandgut *n*; **3.** *physiol.* Exkreˈmente *pl.*; **reˈjec·tion** [-kʃn] *s.* **1.** Ablehnung *f*, Zuˈrückweisung *f*, Verwerfung *f*; ✝, ⚙ Abnahmeverweigerung *f*; **2.** Ausscheidung *f*; **3.** *pl.* Ausschußartikel *pl.*; **4.** ⚕ Abstoßung *f*; **5.** *pl. physiol.* Exkreˈmente *pl.*; **reˈjec·tor** [-tə] *s. a.* ***~ circuit*** ⚡ Sperrkreis *m*.

re·joice [rɪˈdʒɔɪs] **I** *v/i.* **1.** sich freuen, frohˈlocken (***in, at*** über *acc.*); **2.** ***~ in*** sich *e-r Sache* erfreuen; **II** *v/t.* **3.** erfreuen: ***~d at*** (*od.* ***by***) erfreut über (*acc.*); **reˈjoic·ing** [-sɪŋ] **I** *s.* **1.** Freude *f*, Frohˈlocken *n*; **2.** *oft pl.* (Freuden)Fest *n*, Lustbarkeit(en *pl.*) *f*; **II** *adj.* ☐ **3.** erfreut, froh (***in, at*** über *acc.*).

re-join [ˌriːˈdʒɔɪn] *v/t. u. v/i.* (sich) ˈwiedervereinigen (***to, with*** mit), (sich) wieder zs.-fügen.

re·join[1] [ˌriːˈdʒɔɪn] *v/t.* sich wieder anschließen (*dat.*) *od.* an (*acc.*), wieder eintreten in *e-e Partei etc.*; wieder zuˈrückkehren zu, *j-n* wieder treffen.

re·join[2] [rɪˈdʒɔɪn] *v/t.* **1.** erwidern; **2.** ⚖ e-e Gegenerklärung auf e-e Reˈplik abgeben; **reˈjoin·der** [-ndə] *s.* Erwiderung *f*; ⚖ Gegenerklärung *f* (*des Beklagten auf e-e Replik*).

re·ju·ve·nate [rɪˈdʒuːvɪneɪt] *v/t.* (*v/i.* sich) verjüngen; **re·ju·ve·na·tion** [rɪˌdʒuːvɪˈneɪʃn] *s.* Verjüngung *f*.

re·ju·ve·nesce [ˌriːdʒuːvɪˈnes] *v/t. u. v/i.* (sich) verjüngen (*a. biol.*); ˌ**re·ju·veˈnes·cence** [-sns] *s.* (*biol.* Zell)Verjüngung *f*.

re·kindle [ˌriːˈkɪndl] **I** *v/t.* **1.** wieder anzünden; **2.** *fig.* wieder entfachen, neu beleben; **II** *v/i.* **3.** sich wieder entzünden; **4.** *fig.* wieder entbrennen, wiederˈaufleben.

re·lapse [rɪˈlæps] **I** *v/i.* **1.** zuˈrückfallen, wieder (ver)fallen (***into*** in *acc.*); **2.** rückfällig werden; ⚕ e-n Rückfall bekommen; **II** *s.* **3.** ⚕ Rückfall *m*.

re·late [rɪˈleɪt] **I** *v/t.* **1.** berichten, erzählen (***to s.o.*** j-m); **2.** in Beziehung *od.* Zs.-hang bringen, verbinden (***to, with*** mit); **II** *v/i.* **3.** sich beziehen, Bezug haben (***to*** auf *acc.*): ***relating to*** in bezug auf (*acc.*), bezüglich (*gen.*); **4.** ***~ to s.o.*** a) sich j-m gegenüber verhalten, b) zu j-m e-e (*gute, innere etc.*) Beziehung haben; **reˈlat·ed** [-tɪd] *adj.* verwandt (***to, with*** mit) (*a. fig.*): ***~ by marriage*** verschwägert.

re·la·tion [rɪˈleɪʃn] *s.* **1.** Bericht *m*, Erzählung *f*; **2.** Beziehung *f* (*a. pol.*, ✝, A), (*a. Vertrags-, Vertrauens- etc.*)Verhältnis *n*; (*kausaler etc.*) Zs.-hang; Bezug *m*: ***business ~s*** Geschäftsbeziehungen; ***human ~s*** a) zwischenmenschliche Beziehungen, b) (innerbetriebliche) Kontaktpflege; ***in ~ to*** in bezug auf (*acc.*); ***be out of all ~ to*** in keinem Verhältnis stehen zu; ***bear no ~ to*** nichts zu tun haben mit; → ***public*** 3; **3.** a) Verwandte(r *m*) *f*, b) Verwandtschaft *f* (*a. fig.*): ***what ~ is he to you?*** wie ist er mit dir verwandt?; **reˈla·tion·ship** [-ʃɪp] *s.* **1.** Beziehung *f*, (*a. Rechts*)Verhältnis *n* (***to*** zu); **2.** Verwandtschaft *f* (***to*** mit) (*a. coll. u. fig.*).

rel·a·tive [ˈrelətɪv] **I** *adj.* ☐ **1.** bezüglich, sich beziehend (***to*** auf *acc.*): ***~ value*** A Bezugswert *m*; ***~ to*** bezüglich, hinsichtlich (*gen.*); **2.** relaˈtiv, verhältnismäßig, Verhältnis…; **3.** (***to***) abhängig (von), bedingt (durch); **4.** gegenseitig, entsprechend, jeweilig; **5.** *ling.* bezüglich, Relativ…; **6.** ♪ paralˈlel (*Tonart*); **II** *s.* **7.** Verwandte(r *m*) *f*; **8.** *ling.* a) Relaˈtivproˌnomen *n*, b) Relaˈtivsatz *m*; ˈ**rel·a·tive·ness** [-nɪs] *s.* Relativiˈtät *f*; ˈ**rel·a·tiv·ism** [-vɪzəm] *s. phls.* Relatiˈvismus *m*; **rel·a·tiv·i·ty** [ˌreləˈtɪvətɪ] *s.* **1.** Relativiˈtät *f*: ***theory of ~*** *phys.* Relativitätstheorie *f*; **2.** Abhängigkeit *f* (***to*** von).

re·lax [rɪˈlæks] **I** *v/t.* **1.** *Muskeln etc.*, ⚙ *Feder* entspannen; (*a. fig. Disziplin, Vorschrift etc.*) lockern: ***~ing climate*** Schonklima *n*; **2.** in *s-n Anstrengungen etc.* nachlassen; **3.** ⚕ abführend wirken; **II** *v/i.* **4.** sich entspannen (*Muskeln etc.*, *a. Geist, Person*); ausspannen, sich erholen (*Person*); es sich bequem machen: ***~ing*** entspannend, erholsam, Erholungs…; **5.** sich lockern (*Griff, Seil etc.*) (*a. fig.*); **6.** nachlassen (***in*** in *e-r Bemühung etc.*) (*a. Sturm etc.*); **7.** milder *od.* freundlicher werden; **re·lax·a·tion** [ˌriːlækˈseɪʃn] *s.* **1.** Entspannung *f* (*a. fig. Erholung*); Lockerung *f* (*a. fig.*); Erschlaffung *f*; **2.** Nachlassen *n*; **3.** Milderung *f e-r Strafe etc.*

re·lay [ˈriːleɪ] **I** *s.* **1.** a) frisches Gespann, b) Pferdewechsel *m*, c) *fig.* ✝, ⚔ Ablösung(smannschaft) *f*: ***~ attack*** ⚔ rollender Angriff; ***in ~s*** ⚔ in rollendem Einsatz; **2.** *sport a.* ***~ race*** Staffel(lauf *m*, -wettbewerb *m*) *f*: ***~ team*** Staffel *f*; **3.** a) [ˌriːˈleɪ] ⚡ Reˈlais *n*: ***~ station*** Relais-, Zwischensender *m*, ***~ switch*** Schaltschütz *n*, b) *Radio*: Überˈtragung *f*; **II** *v/t.* **4.** *allg.* weitergeben; **5.** [ˌriːˈleɪ] ⚡ mit Reˈlais steuern; *Radio*: (mit Reˈlais) überˈtragen.

re·lease [rɪˈliːs] **I** *s.* **1.** (Haft)Entlassung *f*, Freilassung *f* (***from*** aus); **2.** *fig.* Befreiung *f*, Erlösung *f* (***from*** von); **3.** Entlastung *f* (*a. e-s Treuhänders etc.*), Entbindung *f* (***from*** von *e-r Pflicht*); **4.** Freigabe *f* (*Buch, Film, Vermögen etc.*): ***first ~*** *Film*: Uraufführung *f*; (***press***) ***~*** (Presse)Verlautbarung *f*; ***~ of energy*** Freiwerden *n* von Energie; **5.** ⚖ a) Verzicht(leistung *f*, -urkunde *f*) *m*, b) (ˈRechts)Überˌtragung *f*, c) Quittung *f*; **6.** ⚙, *phot.* a) Auslöser *m*, b) Auslösung *f*: ***~ of bombs*** ⚔ Bombenabwurf *m*; **II** *v/t.* **7.** *Häftling* ent-, freilassen; **8.** *fig.* (***from***) a) befreien, erlösen (von), b) entbinden, -lasten (von *e-r Pflicht, Schuld etc.*); **9.** *Buch, Film, Guthaben* freigeben; **10.** ⚖ verzichten auf (*acc.*), *Recht* aufgeben *od.* überˈtragen; *Hypothek* löschen; **11.** ⚗, *phys.* freisetzen; **12.** ⚙ a) auslösen (*a. phot.*); *Bomben* abwerfen; *Gas* abblasen, b) ausschalten: ***~ the clutch*** auskuppeln.

rel·e·gate [ˈrelɪgeɪt] *v/t.* **1.** relegieren, verbannen (***out of*** aus): ***be ~d*** *sport* absteigen; **2.** verweisen (***to*** an *acc.*); **3.** (***to***) verweisen (in *acc.*), zuschreiben (*dat.*): ***~ to the sphere of legend*** in das Reich der Fabel verweisen; ***he was ~d to fourth place*** *sport* er wurde auf den vierten Platz verwiesen; **re·le·ga·tion** [ˌrelɪˈgeɪʃn] *s.* **1.** Verbannung *f* (***out of*** aus); **2.** Verweisung *f* (***to*** an *acc.*); **3.** *sport* Abstieg *m*: ***in danger of ~*** in Abstiegsgefahr.

re·lent [rɪˈlent] *v/i.* weicher *od.* mitleidig werden, sich erweichen lassen; **reˈlent·less** [-lɪs] *adj.* □ unbarmherzig, schonungslos, hart.

rel·e·vance [ˈrelɪvəns], **ˈrel·e·van·cy** [-sɪ] *s.* Releˈvanz *f*, (*a.* Beweis)Erheblichkeit *f*; Bedeutung *f* (***to*** für); **ˈrel·e·vant** [-nt] *adj.* □ **1.** einschlägig, sachdienlich; anwendbar (***to*** auf *acc.*); **2.** (beweis-, rechts- *etc.*)erheblich, belangvoll, von Bedeutung (***to*** für).

re·li·a·bil·i·ty [rɪˌlaɪəˈbɪlətɪ] *s.* Zuverlässigkeit *f*, ⚙ *a.* Betriebssicherheit *f*: ***~ test*** Zuverlässigkeitsprüfung *f*; **re·li·a·ble** [rɪˈlaɪəbl] *adj.* □ **1.** zuverlässig (*a.* ⚙ *betriebssicher*), verläßlich; **2.** glaubwürdig; **3.** vertrauenswürdig, reˈell (*Firma etc.*); **re·li·ance** [rɪˈlaɪəns] *s.* Vertrauen *n*: ***in ~ (up)on*** unter Verlaß auf (*acc.*), bauend auf; ***place ~ on*** (*od.* ***in***) Vertrauen in *j-n* setzen; **re·li·ant** [rɪˈlaɪənt] *adj.* **1.** vertrauensvoll; **2.** zuversichtlich.

rel·ic [ˈrelɪk] *s.* **1.** (ˈÜber)Rest *m*, ˈÜberbleibsel *n*, Reˈlikt *n*: ***~s of the past*** *fig.* Zeugen der Vergangenheit; **2.** *R.C.* Reˈliquie *f*.

re·lief[1] [rɪˈliːf] *s.* **1.** Erleichterung *f* (*a.* ⚕); → ***sigh*** 5; **2.** (angenehme) Unterˈbrechung, Abwechslung *f*, Wohltat *f* (***to*** für *das Auge etc.*); **3.** Trost *m*; **4.** Entlastung *f*; (*Steuer- etc.*)Erleichterung *f*; **5.** a) Unterˈstützung *f*, Hilfe *f*, b) *Am.* Soziˈalhilfe *f*; ***~ fund*** Unterstützungsfonds *m*, -kasse *f*; ***be on ~*** Sozialhilfe beziehen; **6.** ⚖ a) Rechtshilfe *f*: ***the ~ sought*** das Klagebegehren, b) Rechtsbehelf *m*, -mittel *n*; **7.** ⚔ a) *a. allg.* Ablösung *f*, b) Entsatz *m*, Entlastung *f*, c) *in Zssgn* Entlastungs…: ***~ attack*** (***road***, ***train***); ***~ driver*** *mot.* Beifahrer *m*.

re·lief[2] [rɪˈliːf] *s.* ⚠ *etc.* Reliˈef *n*; erhabene Arbeit: ***~ map*** Relief-, Höhenkarte *f*; ***be in ~ against*** sich (scharf) abheben gegen; ***set into vivid ~*** *fig. et.* plastisch schildern; ***stand out in*** (***bold***) ***~*** deutlich hervortreten (*a. fig.*); ***throw into ~*** hervortreten lassen (*a. fig.*).

re·lieve [rɪˈliːv] *v/t.* **1.** *Schmerzen etc.*, *a. Gewissen* erleichtern: ***~ one's feelings*** s-n Gefühlen Luft machen; ***~ s.o.'s mind*** j-n beruhigen; → ***nature*** 7; **2.** *j-n* entlasten: ***~ s.o. from*** (*od.* ***of***) j-m *et.* abnehmen, j-n von *e-r Pflicht etc.* entbinden, j-n *e-r Verantwortung etc.* entheben, j-n von *et.* befreien; ***~ s.o. of*** *humor.* j-n um *et.* ‚erleichtern', j-m *et.* stehlen; **3.** *j-n* erleichtern, beruhigen, trösten: ***I am ~d to hear*** es beruhigt mich, zu hören; **4.** ⚔ a) *Platz* entsetzen, b) *Kampftruppe* entlasten, c) *Posten*, *Einheit* ablösen; **5.** *Bedürftige* unterˈstützen, *Armen* helfen; **6.** *Eintöniges* beleben, Abwechslung bringen in (*acc.*); **7.** herˈvor-, abheben; **8.** *j-m* Recht verschaffen; *e-r Sache* abhelfen; **9.** ⚙ a) entlasten (*a.* ⚠), *Feder* entspannen, b) ˈhinterdrehen.

re·lie·vo [rɪˈliːvəʊ] *pl.* **-vos** *s.* Reliˈefarbeit *f*.

re·li·gion [rɪˈlɪdʒən] *s.* **1.** Religiˈon *f* (*a. iro.*): ***get ~*** F fromm werden; **2.** Frömmigkeit *f*; **3.** Ehrensache *f*, Herzenspflicht *f*; **4.** moˈnastisches Leben: ***enter ~*** in e-n Orden eintreten; **reˈli·gion·ist** [-dʒənɪst] *s.* religiˈöser Schwärmer *od.* Eiferer; **re·lig·i·os·i·ty** [rɪˌlɪdʒɪˈɒsətɪ] *s.* **1.** Religiosiˈtät *f*; **2.** Frömmeˈlei *f*.

re·li·gious [rɪˈlɪdʒəs] *adj.* □ **1.** Religions…, religiˈös (*Buch*, *Pflicht etc.*); **2.** religiˈös, fromm; **3.** Ordens…: ***~ order*** geistlicher Orden; **4.** *fig.* gewissenhaft, peinlich genau; **5.** *fig.* andächtig: ***~ silence***.

re·lin·quish [rɪˈlɪŋkwɪʃ] *v/t.* **1.** *Hoffnung*, *Idee*, *Plan etc.* aufgeben; **2.** (***to***) *Besitz*, *Recht* abtreten (*dat. od.* an *acc.*), preisgeben (*dat.*), überˈlassen (*dat.*); **3.** *et.* loslassen, fahrenlassen; **4.** verzichten auf (*acc.*); **reˈlin·quish·mont** [mont] *s.* **1.** Aufgabe *f*; **2.** Überˈlassung *f*; **3.** Verzicht *m* (***of*** auf *acc.*).

rel·i·quar·y [ˈrelɪkwərɪ] *s.* *R.C.* Reˈliquienschrein *m*.

rel·ish [ˈrelɪʃ] **I** *v/t.* **1.** gern essen, sich schmecken lassen; *a. fig.* (mit Behagen) genießen, Geschmack finden an (*dat.*): ***I do not much ~ the idea*** ich bin nicht gerade begeistert davon (***of doing*** zu tun); **2.** *fig.* schmackhaft machen; **II** *v/i.* **3.** schmecken *od.* (*fig.*) riechen (***of*** nach); **III** *s.* **4.** (Wohl)Geschmack *m*; **5.** *fig.* a) Kostprobe *f*, b) Beigeschmack *m* (***of*** von); **6.** a) Gewürz *n*, Würze *f* (*a. fig.*), b) Horsdˈœuvre *n*, Appeˈtithappen *m*; **7.** *fig.* (***for***) Geschmack *m* (an *dat.*), Sinn *m* (für): ***have no ~ for*** sich nichts machen aus; ***with*** (***great***) ***~*** mit (großem) Behagen, mit Wonne (*a. iro.*).

re·live [ˌriːˈlɪv] *v/t. et.* noch einmal durchˈleben *od.* erleben.

re·lo·cate [ˌriːləʊˈkeɪt] **I** *v/t.* **1.** ˈumsiedeln, *Betrieb*, *Werk*: *a.* verlegen; **2.** *Computer*: verschieben; **II** *v/i.* **3.** ˈumziehen (***to*** nach).

re·luc·tance [rɪˈlʌktəns] *s.* **1.** Widerˈstreben *n*, Abneigung *f* (***to*** gegen, ***to do s.th.*** *et.* zu tun): ***with ~*** widerstrebend, ungern, zögernd; **2.** *phys.* maˈgnetischer ˈWiderstand; **reˈluc·tant** [-nt] *adj.* □ ˈwiderwillig, widerˈstrebend, zögernd, ungern: ***be ~ to do s.th.*** sich sträuben, *et.* zu tun; *et.* nur ungern tun.

re·ly [rɪˈlaɪ] *v/i.* **1.** ***~ (up)on*** sich verlassen, vertrauen *od.* bauen *od.* zählen auf (*acc.*): ***~ on s.th.*** (***for***) auf *et.* angewiesen sein (hinsichtlich *gen.*), *et.* (ausschließlich) beziehen (von); **2.** ***~ (up)on*** sich auf *e-e Quelle etc.* stützen *od.* berufen.

re·main [rɪˈmeɪn] **I** *v/i.* **1.** *allg.* bleiben; **2.** (übrig)bleiben (*a. fig.* ***to s.o.*** j-m); zuˈrück-, verbleiben, noch übrig sein: ***it now ~s for me to explain*** es bleibt mir nur noch übrig, zu erklären; ***nothing ~s*** (***to us***) ***but to*** (*inf.*) es bleibt (uns) nichts anderes übrig, als zu (*inf.*); ***that ~s to be seen*** das bleibt abzuwarten; **3.** (bestehen) bleiben: ***~ in force*** in Kraft bleiben; **4.** *im Briefschluß*: verbleiben; **II** *s. pl.* **5.** *a. fig.* Reste *pl.*, ˈÜberreste *pl.*, -bleibsel *pl.*; **6.** *die* sterblichen Überreste *pl.*; **7.** *a.* ***literary ~s*** hinterˈlassene Werke *pl.*, liteˈrarischer Nachlaß; **reˈmain·der** [-də] **I** *s.* **1.** Rest *m* (*a.* ⅍), *das* übrige; **2.** ✝ Restbestand *m*, -betrag *m*: ***~ of a debt*** Restschuld *f*; **3.** ⚙ Rückstand *m*; **4.** *Buchhandel*: Restauflage *f*, Remitˈtenden *pl.*; **5.** ⚖ a) Anwartschaft *f* (auf Grundeigentum), b) Nacherbenrecht *n*; **II** *v/t.* **6.** *Bücher* billig abgeben; **reˈmain·der·man** [-dəmæn] *s.* [*irr.*] ⚖ a) Anwärter *m*, b) Nacherbe *m*; **reˈmain·ing** [-nɪŋ] *adj.* übrig(geblieben), Rest…, verbleibend, restlich.

re·make [ˌriːˈmeɪk] **I** *v/t.* [*irr.* → ***make***] wieder *od.* neu machen, *Film*: *a.* neu drehen; **II** *s.* [ˈriːmeɪk] ˈNeuverfilmung *f*, Reˈmake *n*.

re·mand [rɪˈmɑːnd] **I** *v/t.* ⚖ a) (in Unterˈsuchungshaft) zuˈrückschicken, b) *Rechtssache* (an die untere Inˈstanz) zuˈrückverweisen; **II** *s.* (Zuˈrücksendung *f* in die) Unterˈsuchungshaft *f*: ***~ prison*** Untersuchungsgefängnis *n*; ***prisoner on ~*** Untersuchungsgefangene(r *m*) *f*; ***be brought up on ~*** aus der Untersuchungshaft vorgeführt werden; ***~ centre*** (*od.* ***home***) Unterˈsuchungshaftanstalt *f* für Jugendliche.

re·mark [rɪˈmɑːk] **I** *v/t.* **1.** (be)merken, beobachten; **2.** bemerken, äußern (***that*** daß); **II** *v/i.* **3.** e-e Bemerkung *od.* Bemerkungen machen, sich äußern ([***up***]***on*** über *acc.*, zu); **III** *s.* **4.** Bemerkung *f*, Äußerung *f*: ***without ~*** ohne Kommentar; ***worthy of ~*** → **reˈmark·a·ble** [-kəbl] *adj.* □ bemerkenswert: a) beachtlich, b) ungewöhnlich; **reˈmark·a·ble·ness** [-kəblnɪs] *s.* **1.** Ungewöhnlichkeit *f*, Merkwürdigkeit *f*; **2.** Bedeutsamkeit *f*.

re·mar·riage [ˌriːˈmærɪdʒ] *s.* ˈWiederverˌheiratung *f*; **ˌreˈmar·ry** [-rɪ] *v/i.* wieder heiraten.

re·me·di·a·ble [rɪˈmiːdjəbl] *adj.* □ heil-, abstellbar: ***this is ~*** dem ist abzuhelfen; **reˈme·di·al** [-jəl] *adj.* □ **1.** heilend, Heil…: ***~ gymnastics*** Heilgymnastik *f*; ***~ teaching*** Förderunterricht *m* (für *Lernschwache*); **2.** abhelfend: ***~ measure*** Abhilfsmaßnahme *f*.

rem·e·dy [ˈremɪdɪ] **I** *s.* **1.** ⚕ (Heil-)Mittel *n*, Arzˈnei *f* (***for***, ***against*** für, gegen); **2.** *fig.* (Gegen)Mittel *n* (***for***, ***against*** gegen); Abhilfe *f*; ⚖ Rechtsmittel *n*, -behelf *m*; **3.** *Münzwesen*: Reˈmedium *n*, Toleˈranz *f*; **II** *v/t.* **4.** *Mangel*, *Schaden* beheben; **5.** *Mißstand* abstellen, abhelfen (*dat.*), in Ordnung bringen.

re·mem·ber [rɪˈmembə] **I** *v/t.* **1.** sich entsinnen (*gen.*) *od.* an (*acc.*), sich besinnen auf (*acc.*), sich erinnern an (*acc.*): ***I ~ that*** es fällt mir (gerade) ein, daß; **2.** sich merken, nicht vergessen; **3.** eingedenk sein (*gen.*), denken an (*acc.*), beherzigen, sich *et.* vor Augen halten; **4.** *j-n mit e-m Geschenk*, *in s-m Testament* bedenken; **5.** empfehlen, grüßen: ***~ me to him*** grüßen Sie ihn von mir; **II** *v/i.* **6.** sich erinnern *od.* entsinnen: ***not that I ~*** nicht, daß ich wüßte; **reˈmem·brance** [-brəns] *s.* **1.** Erinnerung *f*, Gedächtnis *n* (***of*** an *acc.*); **2.** Gedächtnis *n*, An-, Gedenken *n*: ***in ~ of*** im Gedenken *od.* zur Erinnerung an (*acc.*); ***ℒ Day*** Volkstrauertag *m* (*11. November*); **3.** Andenken *n* (*Sa-*

che); **4.** *pl.* Grüße *pl.*, Empfehlungen *pl.*

re·mi·gra·tion [ˌriːmaɪˈgreɪʃn] *s.* Rückwanderung *f.*

re·mil·i·ta·ri·za·tion [ˈriːˌmɪlɪtəraɪˈzeɪʃn] *s.* Remilitarisierung *f.*

re·mind [rɪˈmaɪnd] *v/t. j-n* erinnern (***of*** an *acc.*, ***that*** daß): ***that ~s me*** da(bei) fällt mir (et.) ein; ***this ~s me of home*** das erinnert mich an zu Hause; **reˈmind·er** [-də] *s.* **1.** Mahnung *f*: ***a gentle ~*** ein (zarter) Wink; **2.** Erinnerung *f* (***of*** an *acc.*); **3.** Gedächtnishilfe *f.*

rem·i·nisce [ˌremɪˈnɪs] *v/i.* in Erinnerungen schwelgen; **ˌrem·iˈnis·cence** [-sns] *s.* **1.** Erinnerung *f*; **2.** *pl.* (Lebens)Erinnerungen *pl.*, Reminisˈzenzen *pl.*; **3.** *fig.* Anklang *m*; **ˌrem·iˈnis·cent** [-snt] *adj.* □ **1.** sich erinnernd (***of*** an *acc.*), Erinnerungs…; **2.** Erinnerungen wachrufend (***of*** an *acc.*), erinnerungsträchtig; **3.** sich (gern) erinnernd, in Erinnerungen schwelgend.

re·mise[1] [rɪˈmaɪz] *s.* ⚖ Aufgabe *f e-s Anspruchs*, Rechtsverzicht *m.*

re·mise[2] [rəˈmiːz] *s.* **1.** *obs.* a) Reˈmise *f*, Wagenschuppen *m*, b) Mietkutsche *f*; **2.** *fenc.* Riˈmesse *f.*

re·miss [rɪˈmɪs] *adj.* □ (nach)lässig, säumig; lax, träge: ***be ~ in one's duties*** s-e Pflichten vernachlässigen; **reˈmis·si·ble** [-səbl] *adj.* **1.** erläßlich; **2.** verzeihlich; *R.C.* läßlich (*Sünde*); **reˈmis·sion** [-ɪʃn] *s.* **1.** Vergebung *f* (der Sünden); **2.** a) (teilweiser) Erlaß *e-r Strafe*, *Schuld*, *Gebühr etc.*, b) Nachlaß *m*, Ermäßigung *f*; **3.** Nachlassen *n der Intensität etc.*; ⚕ Remissiˈon *f*; **reˈmiss·ness** [-nɪs] *s.* (Nach)Lässigkeit *f.*

re·mit [rɪˈmɪt] **I** *v/t.* **1.** *Sünden* vergeben; **2.** *Schulden*, *Strafe* (ganz *od.* teilweise) erlassen; **3.** hinˈaus-, verschieben (***till***, ***to*** bis, ***to*** auf *acc.*); **4.** a) nachlassen in *s-n Anstrengungen etc.*, b) *Zorn etc.* mäßigen, c) aufhören mit, einstellen; **5.** † *Geld etc.* überˈweisen, -ˈsenden; **6.** *bsd.* ⚖ a) (*Fall etc. zur Entscheidung*) überˈtragen, b) → ***remand*** I b; **II** *v/i.* **7.** † Zahlung leisten, remittieren; **reˈmit·tal** [-tl] → ***remission***; **reˈmit·tance** [-təns] *s.* **1.** (*bsd.* Geld)Sendung *f*, Überˈweisung *f*; **2.** † (Geld-, Wechsel-) Sendung *f*, Überweisung *f*, Riˈmesse *f*: ***~ account*** Überweisungskonto *n*; ***make ~*** remittieren, Deckung anschaffen; **re·mit·tee** [ˌremɪˈtiː] *s.* † (Zahlungs-, Überˈweisungs)Empfänger *m*; **reˈmit·tent** [-tənt] *bsd.* ⚕ **I** *adj.* (vorˈübergehend) nachlassend; remittierend (*Fieber*); **II** *s.* remittierendes Fieber; **reˈmit·ter** [-tə] *s.* **1.** † Geldsender *m*, Überˈsender *m*; Remitˈtend *m*; **2.** ⚖ a) Wiederˈeinsetzung *f* (***to*** in *frühere Rechte etc.*), b) Überˈweisung *f e-s Falles.*

rem·nant [ˈremnənt] *s.* **1.** (ˈÜber)Rest *m*, ˈÜberbleibsel *n*; kläglicher Rest; *fig.* (letzter) Rest, Spur *f*; **2.** † (Stoff)Rest *m*; *pl.* Reste(r) *pl.*: ***~ sale*** Resteverkauf *m.*

re·mod·el [ˌriːˈmɒdl] *v/t.* ˈumbilden, -bauen, -formen, -gestalten.

re·mon·e·ti·za·tion [riːˌmʌnɪtaɪˈzeɪʃn] *s.* † Wiederinˈkurssetzung *f.*

re·mon·strance [rɪˈmɒnstrəns] *s.* (Gegen)Vorstellung *f*, Vorhaltung *f*, Einspruch *m*, Proˈtest *m*; **reˈmon·strant** [-nt] **I** *adj.* □ protestierend; **II** *s.* Einspruchерheber *m*; **re·mon·strate** [ˈremənstreɪt] **I** *v/i.* **1.** protestieren (***against*** gegen); **2.** Vorhaltungen *od.* Vorwürfe machen (***on*** über *acc.*, ***with s.o.*** j-m); **II** *v/t.* **3.** einwenden (***that*** daß).

re·morse [rɪˈmɔːs] *s.* Gewissensbisse *pl.*, Reue *f* (***at*** über *acc.*, ***for*** wegen): ***without ~*** unbarmherzig, kalt; **reˈmorse·ful** [-fʊl] *adj.* □ reumütig, reuevoll; **reˈmorse·less** [-lɪs] *adj.* □ unbarmherzig, hart(herzig).

re·mote [rɪˈməʊt] **I** *adj.* □ **1.** *räumlich u. zeitlich*, *a. fig.* fern, (weit) entfernt (***from*** von); *fig.* schwach, vage: ***~ antiquity*** graue Vorzeit; ***a ~ chance*** e-e winzige Chance; ***~ control*** ⚙ a) Fernsteuerung *f*, b) Fernbedienung *f*; ***~-control(led)*** ferngesteuert, -gelenkt, mit Fernbedienung; ***~ future*** ferne Zukunft; ***not the ~st idea*** keine blasse Ahnung; ***~ possibility*** vage Möglichkeit; ***~ relation*** entfernte(r) *od.* weitläufige(r) Verwandte(r); ***~ resemblance*** entfernte *od.* schwache Ähnlichkeit; **2.** abgelegen, entlegen; **3.** mittelbar, ˈindiˌrekt: ***~ damages*** ⚖ Folgeschäden; **4.** distanˈziert, unnahbar; **II** *s.* **5.** *Am. TV*: Außenübertragung *f*; **reˈmote·ness** [-nɪs] *s.* Ferne *f*, Entlegenheit *f.*

re·mount [ˌriːˈmaʊnt] **I** *v/t.* **1.** *Berg*, *Pferd etc.* wieder besteigen; **2.** ⚔ neue Pferde beschaffen für; **3.** ⚙ *Maschine* wieder aufstellen; **II** *v/i.* **4.** wieder aufsteigen; wieder aufsitzen (*Reiter*); **5.** *fig.* zuˈrückgehen (***to*** auf *acc.*); **III** *s.* [ˈriːmaʊnt] **6.** frisches Reitpferd; ⚔ Reˈmonte *f.*

re·mov·a·ble [rɪˈmuːvəbl] *adj.* □ **1.** absetzbar; **2.** ⚙ abnehmbar, auswechselbar; **3.** behebbar (*Übel*); **reˈmov·al** [-vl] *s.* **1.** Fort-, Wegschaffen *n*, -räumen *n*; Entfernen *n*; Abfuhr *f*, ˈAbtransˌport *m*; Beseitigung *f* (*a. fig. Behebung von Fehlern*, *Mißständen*, *e-s Gegners*); **2.** ˈUmzug *m* (***to*** in *acc.*, nach): ***~ of business*** Geschäftsverlegung *f*; ***~ man*** a) Spediteur *m*, b) Möbelpacker *m*; ***~ van*** Möbelwagen *m*; **3.** a) Absetzung *f*, Enthebung *f* (***from office*** aus dem Amt), b) (Straf)Versetzung *f*; **4.** ⚖ Verweisung *f* (***to*** an *acc.*);

re·move [rɪˈmuːv] **I** *v/t.* **1.** *allg.* (weg)nehmen, entfernen (***from*** aus); ⚙ abnehmen, abmontieren, ausbauen; *Kleidungsstück* ablegen; *Hut* abnehmen; *Hand* zuˈrückziehen; *fig. Furcht*, *Zweifel etc.* nehmen: ***~ from the agenda*** *et.* von der Tagesordnung absetzen; ***~ o.s.*** sich entfernen (***from*** von); **2.** wegräumen, -rücken, -bringen, fortschaffen, abtransportieren; (*a. fig. j-n*) aus dem Wege räumen: ***~ furniture*** (Wohnungs)Umzüge besorgen; ***~ a prisoner*** e-n Gefangenen abführen (lassen); ***~ mountains*** *fig.* Berge versetzen; ***~ by suction*** ⚙ absaugen; ***a first cousin once ~d*** Kind e-s Vetters *od.* e-r Kusine; **3.** *Fehler*, *Gegner*, *Hindernis*, *Spuren etc.* beseitigen; *Flecken* entfernen; *fig. Schwierigkeiten* beheben; **4.** *wohin* bringen, schaffen, verlegen; **5.** *Beamten* absetzen, entlassen, *s-s Amtes* entheben; **II** *v/i.* **6.** (aus-, ˈum-, ver)ziehen (***to*** nach); **III** *s.* **7.** Entfernung *f*, Abstand *m*: ***at a ~*** *fig.* mit einigem Abstand; **8.** Schritt *m*, Stufe *f*, Grad *m*; **9.** *Brit.* nächster Gang (*beim Essen*); **reˈmov·er** [-və] *s.* **1.** Abbeizmittel *n*; **2.** (ˈMöbel)Spediˌteur *m.*

re·mu·ner·ate [rɪˈmjuːnəreɪt] *v/t.* **1.** *j-n* entschädigen, belohnen (***for*** für); **2.** *et.* vergüten, Entschädigung zahlen für, ersetzen; **re·mu·ner·a·tion** [rɪˌmjuːnəˈreɪʃn] *s.* **1.** Entschädigung *f*, Vergütung *f*; **2.** Belohnung *f*; **3.** Honoˈrar *n*, Lohn *m*, Entgelt *n*; **reˈmu·ner·a·tive** [-nərətɪv] *adj.* □ einträglich, lohnend, lukraˈtiv, vorteilhaft.

Ren·ais·sance [reˈneɪsəns] (*Fr.*) *s.* **1.** Renaisˈsance *f*; **2.** ℘ ˈWiedergeburt *f*, -erwachen *n.*

re·nal [ˈriːnl] *adj. anat.* Nieren…

re·name [ˌriːˈneɪm] *v/t.* **1.** ˈumbenennen; **2.** neu benennen.

re·nas·cence [rɪˈnæsns] *s.* **1.** ˈWiedergeburt *f*, Erneuerung *f*; **2.** ℘ Renaisˈsance *f*; **reˈnas·cent** [-nt] *adj.* sich erneuernd, wieder auflebend, ˈwiedererwachend.

rend [rend] [*irr.*] **I** *v/t.* **1.** (zer)reißen: ***~ from*** *j-m* entreißen; ***~ the air*** die Luft zerreißen (*Schrei etc.*); **2.** spalten (*a. fig.*); **II** *v/i.* **3.** (zer)reißen.

ren·der [ˈrendə] *v/t.* **1.** *a.* ***~ back*** zuˈrückgeben, -erstatten: ***~ up*** herausgeben, *fig.* vergelten (***good for evil*** Böses mit Gutem); **2.** (*a.* ⚔ *Festung*) überˈgeben; † *Rechnung* (vor)legen: ***per account ~ed*** † laut (erteilter) Rechnung; ***~ a profit*** Gewinn abwerfen; → *a.* ***account*** 6 *u.* 7; **3.** (***to s.o.*** j-m) *e-n Dienst*, *Hilfe etc.* leisten; *Aufmerksamkeit*, *Ehre*, *Gehorsam* erweisen; *Dank* abstatten: ***for services ~ed*** für geleistete Dienste; **4.** *Grund* angeben; **5.** ⚖ *Urteil* fällen; **6.** *berühmt*, *schwierig*, *sichtbar etc.* machen: ***~ audible*** hörbar machen; ***~ possible*** möglich machen, ermöglichen; **7.** *künstlerisch* ˈwiedergeben, interpretieren; **8.** *sprachlich*, *sinngemäß* ˈwiedergeben, überˈsetzen; **9.** ⚙ *Fett* auslassen; **10.** △ roh bewerfen; **ˈren·der·ing** [-dərɪŋ] *s.* **1.** ˈÜbergabe *f*: ***~ of account*** † Rechnungslegung *f*; **2.** *künstlerische* ˈWiedergabe, ˌInterpretatiˈon *f*, Gestaltung *f*, Vortrag *m*; **3.** Überˈsetzung *f*, ˈWiedergabe *f*; **4.** △ Rohbewurf *m.*

ren·dez·vous [ˈrɒndɪvuː] *pl.* **-vous** [-vuːz] (*Fr.*) *s.* **1.** a) Rendezˈvous *n*, Verabredung *f*, Stelldichein *n*, b) Zs.-kunft *f*; **2.** Treffpunkt *m* (*a.* ⚔).

ren·di·tion [renˈdɪʃn] *s.* **1.** → ***rendering*** 2 *u.* 3; **2.** *Am.* (Urteils)Fällung *f*, (-)Verkündung *f.*

ren·e·gade [ˈrenɪgeɪd] *s.* Reneˈgat(in), Abtrünnige(r *m*) *f*, ˈÜberläufer(in).

re·nege [rɪˈniːg] **I** *v/i.* **1.** sein Wort brechen: ***~ on*** *et.* nicht (ein)halten, *e-r Sache* untreu werden; **2.** *Kartenspiel*: nicht bedienen; **II** *v/t.* **3.** ab-, verleugnen.

re·new [rɪˈnjuː] *v/t.* **1.** *allg.* erneuern (*z.B. Bekanntschaft*, *Angriff*, *Autoreifen*, *Gelöbnis*): ***~ed*** erneut; **2.** *Briefwechsel etc.* wiederˈaufnehmen: ***~ one's efforts*** sich erneut bemühen; **3.** *Jugend*, *Kraft* ˈwiedererlangen; *biol.* regenerieren; **4.** † *Vertrag etc.* erneuern, verlängern; *Wechsel* prolongieren; **5.** ergänzen, -setzen; **6.** wiederˈholen; **re-**

ˈnew·a·ble [-juːəbl] *adj.* **1.** erneuerbar, zu erneuern(d); **2.** ✝ erneuerungs-, verlängerungsfähig; prolongierbar (*Wechsel*); **reˈnew·al** [-juːəl] *s.* **1.** Erneuerung *f*; **2.** ✝ a) Erneuerung *f*, Verlängerung *f*, b) Prolongatiˈon *f*.

ren·i·form [ˈriːnɪfɔːm] *adj.* nierenförmig.

ren·net¹ [ˈrenɪt] *s.* ⚗, *zo.* Lab *n*.

ren·net² [ˈrenɪt] *s.* ⚘ *Brit.* Reˈnette *f*.

re·nounce [rɪˈnaʊns] **I** *v/t.* **1.** verzichten auf (*acc.*), *et.* aufgeben; entsagen (*dat.*); **2.** verleugnen; *dem Glauben etc.* abschwören; *Freundschaft* aufsagen; ✝ *Vertrag* kündigen; *et.* von sich weisen, ablehnen; sich von *j-m* lossagen; *j-n* verstoßen; **3.** *Kartenspiel*: *Farbe* nicht bedienen (können); **II** *v/i.* **4.** Verzicht leisten; **5.** *Kartenspiel*: nicht bedienen (können), passen.

ren·o·vate [ˈrenəʊveɪt] *v/t.* **1.** erneuern; wiederˈherstellen; **2.** renovieren; **ren·o·va·tion** [ˌrenəʊˈveɪʃn] *s.* Renovierung *f*, Erneuerung *f*; **ˈren·o·va·tor** [-tə] *s.* Erneuerer *m*.

re·nown [rɪˈnaʊn] *s. rhet.* Ruhm *m*, Ruf *m*, Berühmtheit *f*; **reˈnowned** [-nd] *adj.* berühmt, namhaft.

rent¹ [rent] **I** *s.* **1.** (Wohnungs)Miete *f*, Mietzins *m*: ***for ~*** *bsd. Am.* a) zu vermieten, b) zu verleihen; ***~-control(l)ed*** miet(preis)gebunden; ***~ tribunal*** Mieterschiedsgericht *n*; **2.** Pacht(geld *n*, -zins *m*) *f*; **II** *v/t.* **3.** vermieten; **4.** verpachten; **5.** mieten; **6.** (ab)pachten; **7.** *Am.* a) *et.* ausleihen, b) sich *et.* leihen; **III** *v/i.* **8.** vermietet *od.* verpachtet werden (***at*** *od.* ***for*** zu).

rent² [rent] **I** *s.* Riß *m*; Spalt(e *f*) *m*; **II** *pret. u. p.p. von* ***rend***.

rent·a·ble [ˈrentəbl] *adj.* (ver)mietbar.

ˌrent-a-ˈcar (serv·ice) *s. mot.* Autoverleih *m*.

ren·tal [ˈrentl] *s.* **1.** Miet-, Pachtbetrag *m*, -satz *m*: ***~ car*** Mietwagen *m*; ***~ library*** *Am.* Leihbücherei *f*: ***~ value*** Miet-, Pachtwert *m*; **2.** (Brutto)Mietertrag *m*; **3.** Zinsbuch *n*.

rent-boy *s.* Strichjunge *m*.

rent charge *pl.* **rents charge** *s.* Grundrente *f*; ***~ con·trol*** *s.* Mietbindung *f*.

rent·er [ˈrentə] *s. bsd. Am.* **1.** Pächter (-in), Mieter(in); **2.** Verpächter(in), -mieter(in), -leiher(in); **ˌrent-ˈfree** *adj.* miet-, pachtfrei.

re·nun·ci·a·tion [rɪˌnʌnsɪˈeɪʃn] *s.* **1.** (***of***) Verzicht *m* (auf *acc.*), Aufgabe *f* (*gen.*); **2.** Entsagung *f*; **3.** Ablehnung *f*.

re·o·pen [ˌriːˈəʊpən] **I** *v/t.* **1.** ˈwiedereröffnen; **2.** wieder beginnen, wiederˈaufnehmen; **II** *v/i.* **3.** sich wieder öffnen; **4.** ˈwiedereröffnen (*Geschäft etc.*); **5.** wieder beginnen.

re·or·gan·i·za·tion [ˈriːˌɔːgənaɪˈzeɪʃn] *s.* **1.** ˈUmbildung *f*, Neuordnung *f*, -gestaltung *f*; **2.** ✝ Sanierung *f*; **re·or·gan·ize** [ˌriːˈɔːgənaɪz] *v/t.* **1.** reorganisieren, neu gestalten, ˈumgestalten, ˈumgliedern; **2.** ✝ sanieren.

rep¹ [rep] *s.* Rips *m* (*Stoff*).

rep² [rep] *s. sl.* **1.** Wüstling *m*; **2.** *Am.* Ruf *m*.

re·pack [ˌriːˈpæk] *v/t.* ˈumpacken.

re·paint [ˌriːˈpeɪnt] *v/t.* neu (an)streichen, überˈmalen.

re·pair¹ [rɪˈpeə] **I** *v/t.* **1.** reparieren, (wieder) inˈstand setzen; ausbessern, flicken; **2.** wiederˈherstellen; **3.** wiederˈgutmachen; *Verlust* ersetzen; **II** *s.* **4.** Reparaˈtur *f*, Inˈstandsetzung *f*, Ausbesserung *f*; *pl.* Inˈstandsetzungsarbeit(en *pl.*) *f*: ***state of ~*** (baulicher *etc.*) Zustand; ***in good ~*** in gutem Zustand; ***in need of ~*** reparaturbedürftig; ***out of ~*** a) betriebsunfähig, b) baufällig; ***under ~*** in Reparatur; ***~ kit***, ***~ outfit*** Reparaturwerkzeug *n*, Flickzeug *n*.

re·pair² [rɪˈpeə] **I** *v/i.* sich begeben (***to*** nach, zu); **II** *s.* Zufluchtsort *m*, (beliebter) Aufenthaltsort.

re·pair·a·ble [rɪˈpeərəbl] *adj.* **1.** reparaˈturbedürftig; **2.** zu reparieren(d), reparierbar; **3.** → ***reparable***.

reˈpair|·man [-mæn] *s.* [*irr.*] *bsd. Am.* Meˈchaniker *m*, Autoschlosser *m*, (*Fernseh- etc.*)Techniker *m*; **~-shop** *s.* Reparaˈturwerkstatt *f*.

rep·a·ra·ble [ˈrepərəbl] *adj.* ☐ wiederˈgutzumachen(d); ersetzbar (*Verlust*);

rep·a·ra·tion [ˌrepəˈreɪʃn] *s.* **1.** Wiederˈgutmachung *f*: ***make ~*** Genugtuung leisten; **2.** Entschädigung *f*, Ersatz *m*; **3.** *pol.* Wiederˈgutmachungsleistung *f*; *pl.* Reparatiˈonen *pl*.

rep·ar·tee [ˌrepɑːˈtiː] *s.* schlagfertige Antwort, Schlagfertigkeit *f*: ***quick at ~*** schlagfertig.

re·par·ti·tion [ˌriːpɑːˈtɪʃn] **I** *s.* Aufteilung *f*, (Neu)Verteilung *f*; **II** *v/t.* (neu) auf-, verteilen.

re·pass [ˌriːˈpɑːs] *v/i.* (*u. v/t.*) wieder vorˈbeikommen (***an*** *dat.*).

re·past [rɪˈpɑːst] *s.* Mahl(zeit *f*) *n*.

re·pa·tri·ate [riːˈpætrɪeɪt] **I** *v/t.* repatriieren, (in die Heimat) zuˈrückführen; **II** *s.* Repatriierte(r *m*) *f*, Heimkehrer (-in); **re·pa·tri·a·tion** [ˌriːpætrɪˈeɪʃn] *s.* Rückführung *f*.

re·pay [*irr.* → ***pay***] **I** *v/t.* [riːˈpeɪ] **1.** *Geld etc.* zuˈrückzahlen, (zuˈrück)erstatten; **2.** *fig. Besuch*, *Gruß*, *Schlag etc.* erwidern; *Böses* heimzahlen, vergelten (***to s.o.*** j-m); **3.** *j-n* belohnen, (*a.* ✝) entschädigen (***for*** für); **4.** *et.* lohnen, vergelten (***with*** mit); **II** *v/i.* [ˌriːˈpeɪ] **5.** nochmals (be)zahlen; **reˈpay·a·ble** [-ˈpeɪəbl] *adj.* rückzahlbar; **reˈpay·ment** [-mənt] *s.* **1.** Rückzahlung *f*; **2.** Erwiderung *f*; **3.** Vergeltung *f*.

re·peal [rɪˈpiːl] **I** *v/t.* **1.** *Gesetz etc.* aufheben, außer Kraft setzen; **2.** widerˈrufen; **II** *s.* **3.** Aufhebung *f von Gesetzen*; **reˈpeal·a·ble** [-ləbl] *adj.* ˈwiderruflich, aufhebbar.

re·peat [rɪˈpiːt] **I** *v/t.* **1.** wiederˈholen: ***~ an experience*** et. nochmals durchmachen *od.* erleben; ***~ an order*** (***for s.th.*** et.) nachbestellen; **2.** nachsprechen, wiederˈholen; weitererzählen; **3.** *ped. Gedicht* aufsagen; **II** *v/i.* **4.** sich wiederˈholen (*Vorgang*); **5.** repetieren (*Uhr*, *Gewehr*); **6.** aufstoßen (*Speisen*); **III** *s.* **7.** Wiederˈholung *f* (*a. TV etc.*); **8.** *et.* sich Wiederˈholendes (*z.B. Muster*), *bsd. Stoff*, *Tapete*: Rapˈport *m*; **9.** ♪ a) Wiederˈholung *f*, b) Wiederˈholungszeichen *n*: **10.** ✝ *oft* ***~ order*** Nachbestellung *f*; **reˈpeat·ed** [-tɪd] *adj.* ☐ wiederˈholt, mehrmalig; neuerlich; **reˈpeat·er** [-tə] *s.* **1.** Wiederˈholende(r *m*) *f*; **2.** Repetieruhr *f*; **3.** Repetier-, Mehrladegewehr *n*; **4.** *Am. Wähler, der widerrechtlich mehrere Stimmen abgibt*; **5.** 𝔄 periˈodische Deziˈmalzahl *f*; **6.** ⚖ Rückfällige(r *m*) *f*; **7.** ⚓ Tochterkompaß *m*; **8.** ⚡ a) (Leitungs)Verstärker *m*, b) Überˈtrager *m*; **reˈpeat·ing** [-tɪŋ] *adj.* wiederˈholend: ***~ decimal*** → ***repeater*** 5; ***~ rifle*** → ***repeater*** 3; ***~ watch*** → ***repeater*** 2.

re·pel [rɪˈpel] *v/t.* **1.** *Angreifer* zuˈrückschlagen, -treiben; **2.** *Angriff* abschlagen, abweisen, *a. Schlag* abwehren; **3.** *fig.* ab-, zuˈrückweisen; **4.** *phys.* abstoßen; **5.** *fig. j-n* abstoßen, anwidern; **reˈpel·lent** [-lənt] *adj.* ☐ **1.** ab-, zuˈrückstoßend; **2.** *fig.* abstoßend.

re·pent [rɪˈpent] *v/t.* (*a. v/i.* ***of***) *et.* bereuen; **reˈpent·ance** [-təns] *s.* Reue *f*; **reˈpent·ant** [-tənt] *adj.* ☐ reuig (***of*** über *acc.*), bußfertig.

re·per·cus·sion [ˌriːpəˈkʌʃn] *s.* **1.** Rückprall *m*, -stoß *m*; **2.** ˈWiderhall *m*; **3.** *mst pl. fig.* Rück-, Auswirkungen *pl.* (***on*** auf *acc.*).

rep·er·toire [ˈrepətwɑː] → ***repertory*** 1.

rep·er·to·ry [ˈrepətərɪ] *s.* **1.** *thea.* Reperˈtoire *n*, Spielplan *m*: ***~ theatre*** (*Am.* ***theater***) Repertoirebühne *f*, -theater *n*; **2.** → ***repository*** 3.

rep·e·ti·tion [ˌrepɪˈtɪʃn] *s.* **1.** Wiederˈholung *f*: ***~ order*** ✝ Nachbestellung *f*; ***~ work*** ⚙ Reihenfertigung *f*; **2.** *ped.* (Stück *n* zum) Aufsagen *n*; **3.** Koˈpie *f*, Nachbildung *f*; **rep·e·ti·tious** [ˌrepɪˈtɪʃəs] *adj.* ☐ sich ständig wiederˈholend; ewig gleichbleibend; **re·pet·i·tive** [rɪˈpetətɪv] *adj.* ☐ **1.** sich wiederˈholend, wiederˈholt; **2.** → ***repetitious***.

re·pine [rɪˈpaɪn] *v/i.* murren, ˈmißvergnügt *od.* unzufrieden sein (***at*** über *acc.*); **reˈpin·ing** [-nɪŋ] *adj.* ☐ unzufrieden, murrend, mürrisch.

re·place [rɪˈpleɪs] *v/t.* **1.** wieder hinstellen, -legen; *teleph. Hörer* auflegen; **2.** *et. Verlorenes*, *Veraltetes* ersetzen, an die Stelle treten von; ⚙ austauschen, ersetzen, *a.* wieder einsetzen; **3.** *j-n* ersetzen *od.* ablösen *od.* vertreten, *j-s* Stelle einnehmen; **4.** *Geld* zuˈrückerstatten, ersetzen; **5.** 𝔄 vertauschen; **reˈplace·a·ble** [-səbl] *adj.* ersetzbar; ⚙ auswechselbar; **reˈplace·ment** [-mənt] *s.* **1.** a) Ersetzung *f*, b) Ersatz *m*: ***~ engine*** ⚙ Austauschmotor *m*; ***~ part*** Ersatzteil *n*; **2.** ⚔ a) Ersatzmann *m*, b) Ersatz *m*, Auffüllung *f*: ***~ unit*** Ersatztruppenteil *m*; **3.** *med.* Proˈthese *f*: ***~ surgery*** Ersatzteilchirurgie *f*.

re·plant [ˌriːˈplɑːnt] *v/t.* **1.** ˈumpflanzen; **2.** neu pflanzen.

re·play [ˈriːpleɪ] *s. sport* **1.** Wiederˈholungsspiel *n*; **2.** *TV*: Wiederˈholung *f e-r Spielszene*.

re·plen·ish [rɪˈplenɪʃ] *v/t.* (wieder) auffüllen, ergänzen; **reˈplen·ish·ment** [-mənt] *s.* **1.** Auffüllung *f*, Ersatz *m*; **2.** Ergänzung *f*.

re·plete [rɪˈpliːt] *adj.* **1.** (***with***) (zum Platzen) voll (von), angefüllt (von); **2.** reichlich versehen (***with*** mit); **reˈple·tion** [-iːʃn] *s.* (ˈÜber)Fülle *f*: ***full to ~*** bis zum Rande voll.

re·plev·in [rɪˈplevɪn] *s.* ⚖ **1.** (Klage *f* auf) Herˈausgabe *f* gegen Sicherheitsleistung; **2.** einstweilige Verfügung (auf Herausgabe).

rep·li·ca [ˈreplɪkə] *s.* **1.** *paint.* Reˈplik *f*, Origiˈnalkoˌpie *f*; **2.** Koˈpie *f*; **3.** *fig.* Ebenbild *n*.

rep·li·ca·tion [ˌreplɪ'keɪʃn] *s.* **1.** Erwiderung *f*; **2.** Echo *n*; **3.** ⚖ Re'plik *f*; **4.** Reprodukti'on *f*, Ko'pie *f*.

re·ply [rɪ'plaɪ] **I** *v/i.* **1.** antworten, erwidern (***to s.th.*** auf et., ***to s.o.*** j-m) (*a. fig.*); **2.** ⚖ replizieren; **II** *s.* **3.** Antwort *f*, Erwiderung *f*: ***in ~ to*** (als Antwort) auf; ***in ~ to your letter*** in Beantwortung Ihres Schreibens; ***~-paid telegram*** Telegramm *n* mit bezahlter Rückantwort; ***~ (postal) card*** Postkarte *f* mit Rückantwort; ***~ postage*** Rückporto *n*; (***there is***) ***no ~*** *teleph.* der Teilnehmer meldet sich nicht; **4.** *Funk*: Rückmeldung *f*; **5.** ⚖ Re'plik *f*.

re·port [rɪ'pɔːt] **I** *s.* **1.** *allg.* Bericht *m* (***on*** über *acc.*); ✝ (Geschäfts-, Sitzungs-, Verhandlungs)Bericht *m*: ***month under ~*** Berichtsmonat *m*; ***~ stage*** *parl.* Erörterungsstadium *n e-r Vorlage*; **2.** Gutachten *n*, Refe'rat *n*; **3.** ⚔ Meldung *f*; **4.** ⚖ Anzeige *f*; **5.** Nachricht *f*, (Presse)Bericht *m*, (-)Meldung *f*; **6.** (Schul)Zeugnis *n*; **7.** Gerücht *n*; **8.** Ruf *m*, Leumund *m*; **9.** Knall *m*; **II** *v/t.* **10.** berichten (***to s.o.*** j-m); Bericht erstatten, berichten über (*acc.*); erzählen: ***it is ~ed that*** es heißt, daß; ***he is ~ed as saying*** er soll gesagt haben; ***~ed speech*** *ling.* indirekte Rede; **11.** *Vorkommnis, Schaden etc.* melden; **12.** *j-n* (***o.s.*** sich) melden; anzeigen (***to*** bei, ***for*** wegen); **13.** *parl. Gesetzesvorlage* (wieder) vorlegen (*Ausschuß*); **III** *v/i.* **14.** (e-n) Bericht geben *od.* erstatten, berichten (***on, of*** über *acc.*); **15.** als Berichterstatter(in) arbeiten (***for*** für *e-e Zeitung*); **16.** (***to***) sich melden (bei); sich stellen (*dat.*): ***~ for duty*** sich zum Dienst melden; **17.** ***~ to*** *Am. j-m* unter'stellt sein; **re'port·a·ble** [-təbl] *adj.* **1.** ⚕ meldepflichtig (*Krankheit*); **2.** steuerpflichtig (*Einkommen*); **re'port·ed·ly** [-tɪdlɪ] *adv.* wie verlautet; **re'port·er** [-tə] *s.* **1.** Re'porter(in), (Presse)Berichterstatter(in); **2.** Berichterstatter (-in), Refe'rent(in); **3.** Proto'kollführer(in).

re·pose [rɪ'pəʊz] **I** *s.* **1.** Ruhe *f* (*a. fig.*); Erholung *f* (***from*** von): ***in ~*** in Ruhe, untätig (*a. Vulkan*); **2.** *fig.* Gelassenheit *f*, (Gemüts)Ruhe *f*; **II** *v/i.* **3.** ruhen (*a. Toter*); (sich) ausruhen, schlafen; **4.** ***~ on*** a) liegen *od.* ruhen auf (*dat.*), b) *fig.* beruhen auf (*dat.*), c) verweilen bei (*Gedanken*); **5.** ***~ in*** *fig.* vertrauen auf (*acc.*); **III** *v/t.* **6.** *j-m* Ruhe gewähren, *j-n* (sich aus)ruhen lassen: ***~ o.s.*** sich zur Ruhe legen; **7.** ***~ on*** legen *od.* betten auf (*acc.*); **8.** ***~ in*** *fig. Vertrauen, Hoffnung* setzen auf (*acc.*); **re·pos·i·to·ry** [rɪ'pɒzɪtərɪ] *s.* **1.** Behältnis *n*, Gefäß *n* (*a. fig.*); **2.** Verwahrungsort *m*; ✝ (Waren)Lager *n*, Niederlage *f*; **3.** *fig.* Fundgrube *f*, Quelle *f*; **4.** Vertraute(r *m*) *f*.

re·pos·sess [ˌriːpə'zes] *v/t.* **1.** wieder in Besitz nehmen; **2.** ***~ of*** *j-n* wieder in den Besitz *e-r Sache* setzen.

rep·re·hend [ˌreprɪ'hend] *v/t.* tadeln, rügen; **ˌrep·re'hen·si·ble** [-nsəbl] *adj.* □ tadelnswert, sträflich; **ˌrep·re'hen·sion** [-nʃn] *s.* Tadel *m*, Rüge *f*, Verweis *m*.

rep·re·sent [ˌreprɪ'zent] *v/t.* **1.** *j-n od. j-s Sache* vertreten: ***be ~ed at*** bei *e-r Sache* vertreten sein; **2.** (bildlich, graphisch) dar-, vorstellen, abbilden; **3.** *thea.* a) *Rolle* darstellen, verkörpern, b) *Stück* aufführen; **4.** *fig.* (*symbolisch*) darstellen, verkörpern, bedeuten, repräsentieren; *e-r Sache* entsprechen; **5.** darlegen, -stellen, schildern, vor Augen führen (***to*** *dat.*): ***~ to o.s.*** sich *et.* vorstellen; **6.** hin-, darstellen (***as*** *od.* ***to be*** als); behaupten, vorbringen: ***~ that*** behaupten, daß; es so hinstellen, als ob; ***~ to s.o. that*** j-m vorhalten, daß; **rep·re·sen·ta·tion** [ˌreprɪzen'teɪʃn] *s.* **1.** ⚖, ✝, *pol.* Vertretung *f*; → ***proportional*** 1; **2.** (*bildliche, graphische*) Darstellung, Bild *n*; **3.** *thea.* a) Darstellung *f e-r Rolle*, b) Aufführung *f e-s Stückes*; **4.** Schilderung *f*, Darstellung *f des Sachverhalts*: ***false ~s*** ⚖ falsche Angaben; **5.** Vorhaltung *f*: ***make ~s to*** bei *j-m* vorstellig werden, Vorstellungen erheben bei; **6.** ⚖ a) Anzeige *f* von Ge'fahrˌumständen (*Versicherung*), b) Rechtsnachfolge *f* (*bsd. Erbrecht*); **7.** *phls.* Vorstellung *f*, Begriff *m*; **ˌrep·re'sent·a·tive** [-tətɪv] **I** *s.* **1.** Vertreter (-in); Stellvertreter(in), Beauftragte(r *m*) *f*, Repräsen'tant(in): ***authorized ~*** Bevollmächtigte(r *m*) *f*; (***commercial***) ***~*** Handelsvertreter(in); **2.** *parl.* (Volks-) Vertreter(in), Abgeordnete(r *m*) *f*: ***House of ℒs*** *Am.* Repräsentantenhaus *n*; **3.** *fig.* typischer Vertreter, Musterbeispiel *n* (***of*** *gen.*); **II** *adj.* □ **4.** (***of***) vertretend (*acc.*), stellvertretend (für): ***in a ~ capacity*** als Vertreter(in); **5.** *pol.* repräsenta'tiv: ***~ government*** parlamentarische Regierung; **6.** darstellend (***of*** *acc.*): ***~ arts***; **7.** (***of***) *fig.* verkörpernd (*acc.*), sym'bolisch (für); **8.** typisch, kennzeichnend (***of*** für); *Statistik etc.*: repräsenta'tiv (*Auswahl, Querschnitt*): ***~ sample*** ✝ Durchschnittsmuster *n*; **9.** ⚘, *zo.* entsprechend (***of*** *dat.*).

re·press [rɪ'pres] *v/t.* **1.** *Gefühle, Tränen etc.* unter'drücken; **2.** *psych.* verdrängen; **re'pres·sion** [-eʃn] *s.* **1.** Unter'drückung *f*; **2.** *psych.* Verdrängung *f*; **re'pres·sive** [-sɪv] *adj.* □ **1.** repres'siv, unter'drückend; **2.** hemmend, Hemmungs…

re·prieve [rɪ'priːv] **I** *s.* **1.** ⚖ a) Begnadigung *f*, b) (Straf-, Voll'streckungs)Aufschub *m*; **2.** *fig.* (Gnaden)Frist *f*, Atempause *f*; **II** *v/t.* **3.** ⚖ *j-s* 'Urteilsvollˌstreckung aussetzen, (*a. fig.*) *j-m* e-e Gnadenfrist gewähren; **4.** *j-n* begnadigen; **5.** *fig. j-m* e-e Atempause gönnen.

rep·ri·mand ['reprɪmɑːnd] **I** *s.* Verweis *m*, Rüge *f*, Maßregelung *f*; **II** *v/t. j-m* e-n Verweis erteilen, *j-n* rügen *od.* maßregeln.

re·print [ˌriː'prɪnt] **I** *v/t.* neu drucken, nachdrucken, neu auflegen; **II** *s.* ['riːprɪnt] Nach-, Neudruck *m*, Re'print *m*, Neuauflage *f*.

re·pris·al [rɪ'praɪzl] *s.* Repres'salie *f*, Vergeltungsmaßnahme *f*: ***make ~s*** (***up***)***on*** Repressalien ergreifen gegen.

re·pro ['reprəʊ] *s.* F **1.** *typ.* ‚Repro' *f*, Reprodukti'on(svorlage) *f*; **2.** → ***reproduction*** 8.

re·proach [rɪ'prəʊtʃ] **I** *s.* **1.** Vorwurf *m*, Tadel *m*: ***without fear or ~*** ohne Furcht u. Tadel; ***heap ~es on*** *j-n* mit Vorwürfen überschütten; **2.** *fig.* Schande *f* (***to*** für): ***bring ~ (up)on*** *j-m* Schande machen; **II** *v/t.* **3.** vorwerfen, -halten, zum Vorwurf machen (***s.o. with s.th.*** j-m et.); **4.** *j-m* Vorwürfe machen, *j-n* tadeln (***for*** wegen); **5.** *et.* tadeln; **6.** *fig.* ein Vorwurf sein für, *et.* mit Schande bedecken; **re'proach·ful** [-fʊl] *adj.* □ vorwurfsvoll, tadelnd.

rep·ro·bate ['reprəʊbeɪt] **I** *adj.* **1.** ruchlos, lasterhaft; **2.** *eccl.* verdammt; **II** *s.* **3.** a) verkommenes Sub'jekt, b) Schurke *m*, c) Taugenichts *m*; **4.** (*von Gott*) Verworfene(r *m*) *f*; Verdammte(r *m*) *f*; **III** *v/t.* **5.** miß'billigen, verurteilen, verwerfen; verdammen (*Gott*); **rep·ro·ba·tion** [ˌreprəʊ'beɪʃn] *s.* 'Mißbilligung *f*, Verurteilung *f*.

re·pro·cess [ˌriː'prəʊses] *v/t.* ⚙ wieder'aufbereiten: ***~ing plant*** Wiederaufbereitungsanlage *f* (*für Kernbrennstoffe*).

re·pro·duce [ˌriːprə'djuːs] **I** *v/t.* **1.** *biol. u. fig.* ('wieder)erzeugen, (wieder) her'vorbringen; (***o.s.*** sich) fortpflanzen; **2.** *biol. Glied* regenerieren, neu bilden; **3.** *Bild etc.* reproduzieren; (*a.* ⚙) nachbilden, kopieren; *typ.* ab-, nachdrucken, vervielfältigen; **4.** *Stimme etc.* reproduzieren, 'wiedergeben; **5.** *Buch, Schauspiel* neu her'ausbringen; **6.** *et.* wieder'holen; **II** *v/i.* **7.** sich fortpflanzen *od.* vermehren; **ˌre·pro'duc·er** [-sə] *s.* **1.** ⚡ a) 'Tonˌwiedergabegerät *n*, b) Tonabnehmer *m*; **2.** *Computer*: (Loch)Kartendoppler *m*; **ˌre·pro'duc·i·ble** [-səbl] *adj.* reproduzierbar; **ˌre·pro'duc·tion** [-'dʌkʃn] *s.* **1.** *allg.* 'Wiedererzeugung *f*; **2.** *biol.* Fortpflanzung *f*; **3.** *typ., phot.* Reprodukti'on *f* (*a. psych. früherer Erlebnisse*); **4.** *typ.* Nachdruck *m*, Vervielfältigung *f*; **5.** ⚙ Nachbildung *f*; **6.** ♪, ⚡ *etc.* 'Wiedergabe *f*; **7.** *ped.* Nacherzählung *f*; **8.** Reproduktion *f*: a) Nachbildung *f*, b) *paint.* Ko'pie *f*; **ˌre·pro'duc·tive** [-'dʌktɪv] *adj.* □ **1.** sich vermehrend, fruchtbar; **2.** *biol.* Fortpflanzungs…: ***~ organs***; **3.** *psych.* reproduk'tiv, nachschöpferisch.

re·proof [rɪ'pruːf] *s.* Tadel *m*, Rüge *f*, Verweis *m*.

re·prov·al [rɪ'pruːvl] → ***reproof***; **re·prove** [rɪ'pruːv] *v/t. j-n* tadeln, rügen; *et.* miß'billigen; **re'prov·ing·ly** [-vɪŋlɪ] *adv.* tadelnd *etc.*

reps [reps] → ***rep***[1].

rep·tant ['reptənt] *adj.* ⚘, *zo.* kriechend; **'rep·tile** [-taɪl] **I** *s.* **1.** *zo.* Rep'til *n*, Kriechtier *n*; **2.** *fig.* a) Kriecher(in), b) ‚falsche Schlange'; **II** *adj.* **3.** kriechend, Kriech…; **4.** *fig.* a) kriecherisch, b) gemein, niederträchtig, **rep·til·i·an** [rep'tɪlɪən] **I** *adj.* **1.** *zo.* Reptilien…, Kriechtier…, rep'tilisch; **2.** → ***reptile*** 4 b; **II** *s.* **3.** → ***reptile*** 1 *u.* 2.

re·pub·lic [rɪ'pʌblɪk] *s. pol.* Repu'blik *f*: ***the ~ of letters*** *fig.* die Gelehrtenwelt, die literarische Welt; **re'pub·li·can** [-kən] (*USA pol.* ℒ) **I** *adj.* republi'kanisch; **II** *s.* Republi'kaner(in); **re'pub·li·can·ism** [-kənɪzəm] *s.* **1.** republi'kanische Staatsform; **2.** republi'kanische Gesinnung.

re·pub·li·ca·tion ['riːˌpʌblɪ'keɪʃn] *s.* **1.** 'Wiederveröffentlichung *f*; **2.** Neuauflage *f* (*a. Erzeugnis*); **re·pub·lish** [ˌriː'pʌblɪʃ] *v/t.* neu veröffentlichen.

re·pu·di·ate [rɪ'pjuːdɪeɪt] **I** *v/t.* **1.** *Autorität, Schuld etc.* nicht anerkennen; *Vertrag* für unverbindlich erklären; **2.** *als unberechtigt* zu'rückweisen, verwerfen;

3. *et.* ablehnen, nicht glauben; **4.** *Sohn etc.* verstoßen; **II** *v/i.* **5.** Staatsschulden nicht anerkennen; **re·pu·di·a·tion** [rɪˌpjuːdɪˈeɪʃn] *s.* **1.** Nichtanerkennung *f* (*bsd. e-r Staatsschuld*); **2.** Ablehnung *f*, Zuˈrückweisung *f*, Verwerfung *f*; **3.** Verstoßung *f*.

re·pug·nance [rɪˈpʌgnəns] *s.* **1.** ˈWiderwille *m*, Abneigung *f* (**to**, **against** gegen); **2.** Unvereinbarkeit *f*, (innerer) ˈWiderspruch (**of** *gen. od.* von, **to**, **with** mit); **reˈpug·nant** [-nt] *adj.* **1.** widerlich, zuˈwider(laufend), ˈwiderwärtig (**to** *dat.*); **2.** unvereinbar (**to**, **with** mit); **3.** widerˈstrebend.

re·pulse [rɪˈpʌls] **I** *v/t.* **1.** *Feind* zuˈrückschlagen, -werfen; *Angriff* abschlagen, -weisen; **2.** *fig. j-n* abweisen; *Bitte* abschlagen; **II** *s.* **3.** Zurückschlagen *n*, Abwehr *f*; **4.** *fig.* Zuˈrückweisung *f*, Absage *f*: **meet with a ~** abgewiesen werden (*a. fig.*); **5.** *phys.* Rückstoß *m*; **reˈpul·sion** [-lʃn] *s.* **1.** *phys.* Abstoßung *f*, Repulsiˈon *f*: **~ motor** ϟ Repulsionsmotor *m*; **2.** *fig.* Abscheu *m*, *f*; **reˈpul·sive** [-sɪv] *adj.* □ *fig.* abstoßend (*a. phys.*), ˈwiderwärtig; **reˈpul·sive·ness** [-sɪvnɪs] *s.* ˈWiderwärtigkeit *f*.

re·pur·chase [ˌriːˈpɜːtʃəs] **I** *v/t.* ˈwieder-, zuˈrückkaufen; **II** *s.* ⚚ Rückkauf *m*.

rep·u·ta·ble [ˈrepjʊtəbl] *adj.* □ **1.** achtbar, geachtet, angesehen, ehrbar; **2.** anständig; **rep·u·ta·tion** [ˌrepjʊˈteɪʃn] *s.* **1.** (guter) Ruf, Name *m*: **a man of ~** ein Mann von Ruf *od.* Namen; **2.** Ruf *m*: **good** (**bad**) **~**; **have the ~ of being** im Ruf stehen, *et.* zu sein; **have a ~ for** bekannt sein für *od.* wegen.

re·pute [rɪˈpjuːt] **I** *s.* **1.** Ruf *m*, Leumund *m*: **by ~** dem Rufe nach, wie es heißt; **of ill ~** von schlechtem Ruf, übelbeleumdet; **house of ill ~** Bordell *n*; **2.** → **reputation** 1: **be held in high ~** hohes Ansehen genießen; **II** *v/t.* **3.** halten für: **be ~d** (**to be**) gelten als; **be well** (**ill**) **~d** in gutem (üblem) Rufe stehen; **reˈput·ed** [-tɪd] *adj.* □ **1.** angeblich; **2.** ungeeicht, landesüblich (*Maß*); **3.** bekannt, berühmt; **reˈput·ed·ly** [-tɪdlɪ] *adv.* angeblich, dem Vernehmen nach.

re·quest [rɪˈkwest] **I** *s.* **1.** Bitte *f*, Wunsch *m*; (*a. formelles*) Ersuchen, Gesuch *n*, Antrag *m*; (*Zahlungs- etc.*) Aufforderung *f*: **at** (*od.* **by**) (**s.o.'s**) **~** auf (j-s) Ansuchen *od.* Bitte hin, auf (j-s) Veranlassung; **by ~** auf Wunsch; **no flowers by ~** Blumenspenden dankend verbeten; **~ denied!** *a. iro.* (Antrag) abgelehnt!; (**musical**) **~ program**(**me**) Wunschkonzert *n*; **~ stop** 🚌 *etc.* Bedarfshaltestelle *f*; **2.** Nachfrage *f* (*a.* ⚚): **to be in** (**great**) **~** (sehr) gefragt *od.* begehrt sein; **II** *v/t.* **3.** bitten *od.* ersuchen um: **~ s.th. from s.o.** j-n um et. ersuchen; **it is ~ed** es wird gebeten; **4.** *j-n* (höflich) bitten, *j-n* (*a. amtlich*) ersuchen (**to do** zu tun).

re·qui·em [ˈrekwɪem] *s.* Requiem *n* (*a.* ♪), Seelen-, Totenmesse *f*.

re·quire [rɪˈkwaɪə] **I** *v/t.* **1.** erfordern (*Sache*): **be ~d** erforderlich sein; **if ~d** erforderlichenfalls, wenn nötig; **2.** brauchen, nötig haben, *e-r Sache* bedürfen: **a task which ~s to be done** e-e Aufgabe, die noch erledigt werden muß; **3.** verlangen, fordern (**of s.o.** von j-m): **~** (**of**) **s.o. to do s.th.** j-n auffordern, et. zu tun; von j-m verlangen, daß er et. tue; **~d subject** *ped. Am.* Pflichtfach *n*; **4.** *Brit.* wünschen; **II** *v/i.* **5.** (es) verlangen; **reˈquire·ment** [-mənt] *s.* **1.** (*fig.* An)Forderung *f*; *fig.* Bedingung *f*, Vorˈaussetzung *f*: **meet the ~s** den Anforderungen entsprechen; **2.** Erfordernis *n*, Bedürfnis *n*; *mst pl.* Bedarf *m*: **~s of raw materials** Rohstoffbedarf *m*.

req·ui·site [ˈrekwɪzɪt] **I** *adj.* **1.** erforderlich, notwendig (**for**, **to** für); **II** *s.* **2.** Erfordernis *n*, Vorˈaussetzung *f* (**for** für); **3.** (Beˈdarfs-, Geˈbrauchs)Arˌtikel *m*: **office ~s** Büroartikel; **req·ui·si·tion** [ˌrekwɪˈzɪʃn] **I** *s.* **1.** Anforderung *f* (**for** an *dat.*): **~ number** Bestellnummer *f*; **2.** (amtliche) Aufforderung; *Völkerrecht*: Ersuchen *n*; **3.** ⚔ Requisitiˈon *f*, Beschlagnahme *f*; Inˈanspruchnahme *f*; **4.** Einsatz *m*, Beanspruchung *f*; **5.** Erfordernis *n*; **II** *v/t.* **6.** verlangen; **7.** in Anspruch nehmen; ⚔ requirieren.

re·quit·al [rɪˈkwaɪtl] *s.* **1.** Belohnung *f* (**for** für); **2.** Vergeltung *f* (**of** für); **3.** Vergütung *f* (**for** für); **re·quite** [rɪˈkwaɪt] *v/t.* **1.** belohnen: **~ s.o.** (**for s.th.**); **2.** vergelten.

re·read [ˌriːˈriːd] *v/t.* [*irr.* → **read**] nochmals (ˈdurch)lesen.

re·route [ˌriːˈruːt] *v/t.* ˈumleiten.

re·run [ˌriːˈrʌn] **I** *v/t.* [*irr.*] *thea. Film*: wieder aufführen; *Radio, TV, a. Computer*: *Programm* wiederˈholen; **II** *s.* [ˈriːrʌn] ˈWiederaufführung *f*; Wiederˈholung *f*; *Computer*: Wiederholungslauf *m*.

res [riːz] *pl.* **res** (*Lat.*) *s.* ⚖ Sache *f*: **~ judicata** rechtskräftig entschiedene Sache, *weitS.* (materielle) Rechtskraft; **~ gestae** (beweiserhebliche) Tatsachen, Tatbestand *m*.

re·sale [ˈriːseɪl] *s.* ˈWieder-, Weiterverkauf *m*: **~ price maintenance** Preisbindung *f* der zweiten Hand.

re·scind [rɪˈsɪnd] *v/t. Gesetz, Urteil etc.* aufheben, für nichtig erklären; *Kauf etc.* rückgängig machen; von *e-m Vertrag* zuˈrücktreten; **reˈscis·sion** [-ɪʒn] *s.* **1.** Aufhebung *f e-s Urteils etc.*; **2.** Rücktritt *m vom Vertrag*.

res·cue [ˈreskjuː] **I** *v/t.* **1.** (**from**) retten (aus), (*bsd.* ⚖ gewaltsam) befreien (von); (*bsd. et.*) bergen: **~ from oblivion** der Vergessenheit entreißen; **2.** (gewaltsam) zuˈrückholen; **II** *s.* **3.** Rettung *f* (*a. fig.*); Bergung *f*: **come to s.o.'s ~** j-m zu Hilfe kommen; **4.** (gewaltsame) Befreiung; **III** *adj.* **5.** Rettungs...: **~ operation** *a. fig.* Rettungsaktion *f*; **~ party** Rettungs-, Bergungsmannschaft *f*; **~ vessel** ⚓ Bergungsfahrzeug *f*; **ˈres·cu·er** [-jʊə] *s.* Befreier(in), Retter(in).

re·search [rɪˈsɜːtʃ] **I** *s.* **1.** Forschung(sarbeit) *f*, (wissenschaftliche) Unterˈsuchung (**on** über *acc.*, auf dem Gebiet *gen.*); **2.** (genaue) Unterˈsuchung, (Nach)Forschung *f* (**after**, **for** nach); **II** *v/i.* **3.** forschen, Forschungen anstellen, wissenschaftlich arbeiten (**on** über *acc.*): **~ into** → 4; **III** *v/t.* **4.** erforschen, unterˈsuchen; **IV** *adj.* **5.** Forschungs...: **reˈsearch·er** [-tʃə] *s.* Forscher(in).

re·seat [ˌriːˈsiːt] *v/t.* **1.** *Saal etc.* neu bestuhlen; **2.** *j-n* ˈumsetzen; **3.** **~ o.s.** sich wieder setzen; **4.** ⚙ *Ventile* nachschleifen.

re·sect [riːˈsekt] *v/t.* ⚕ herˈausschneiden; **reˈsec·tion** [-kʃn] *s.* ⚕ Resektiˈon *f*.

re·se·da [ˈresɪdə] *s.* **1.** ⚘ Reˈseda *f*; **2.** Reˈsedagrün *n*.

re·sell [ˌriːˈsel] *v/t.* [*irr.* → **sell**] wieder verkaufen, weiterverkaufen; **ˌreˈsell·er** [-lə] *s.* ˈWiederverkäufer *m*.

re·sem·blance [rɪˈzembləns] *s.* Ähnlichkeit *f* (**to** mit, **between** zwischen): **bear** (*od.* **have**) **~ to** → **re·sem·ble** [rɪˈzembl] *v/t.* (*dat.*) ähnlich sein *od.* sehen, gleichen, ähneln.

re·sent [rɪˈzent] *v/t.* übelnehmen, verübeln, sich ärgern über (*acc.*); **reˈsent·ful** [-fʊl] *adj.* □ **1.** (**against**, **of**) aufgebracht (gegen), ärgerlich *od.* voller Groll (auf *acc.*); **2.** übelnehmerisch, reizbar; **reˈsent·ment** [-mənt] *s.* **1.** Ressentiˈment *n*, Groll *m* (**against**, **at** gegen); **2.** Verstimmung *f*, Unmut *m*, Unwille *m*.

res·er·va·tion [ˌrezəˈveɪʃn] *s.* **1.** Vorbehalt *m*; ⚖ *a.* Vorbehaltsrecht *n od.* -klausel *f*: **without ~** ohne Vorbehalt; → **mental** 1; **2.** *oft pl. Am.* Vorbestellung *f*, Reservierung *f von Zimmern etc.*; **3.** *Am.* Reserˈvat *n*: a) Naˈturschutzgebiet *n*, b) Indiˈanerreservatiˌon *f*.

re·serve [rɪˈzɜːv] **I** *s.* **1.** *allg.* Reˈserve *f* (*a. fig.*), Vorrat *m*: **in ~** in Reserve, vorrätig; **~ seat** Notsitz *m*; **2.** ⚚ Reserve *f*, Rücklage *f*, -stellung *f*: **~ account** Rückstellungskonto *n*: **~ currency** Leitwährung *f*; **3.** ⚔ a) Reˈserve *f*: **~ officer** Reserveoffizier *m*; b) *pl. taktische* Reˈserven *pl.*; **4.** *sport* Ersatz(-mann) *m*, Reˈservespieler *m*; **5.** Reserˈvat *n*, Schutzgebiet *n*: **~ game** geschützter Wildbestand; **6.** Vorbehalt *m* (*a.* ⚖): **without ~** vorbehalt-, rückhaltlos; **with certain ~s** mit gewissen Einschränkungen; **~ price** ⚚ Mindestgebot *n* (*bei Versteigerungen*); **7.** *fig.* Zuˈrückhaltung *f*, Reˈserve *f*, zuˈrückhaltendes Wesen: **receive s.th. with ~** *e-e Nachricht etc.* mit Zurückhaltung aufnehmen; **II** *v/t.* **8.** (sich) aufsparen *od.* -bewahren, (zuˈrück)behalten, in Reˈserve halten; ⚔ *j-n* zuˈrückstellen; **9.** (sich) zuˈrückhalten mit, warten mit, *et.* verschieben: **~ judg**(**e**)**ment** ⚖ die Urteilsverkündung aussetzen; **10.** reservieren (lassen), vorbestellen, vormerken (**to**, **for** für); **11.** *bsd.* ⚖ a) vorbehalten (**to s.o.** j-m), b) sich vorbehalten: **~ the right to do** (*od.* **of doing**) **s.th.** sich das Recht vorbehalten, et. zu tun; **all rights ~d** alle Rechte vorbehalten; **reˈserved** [-vd] *adj.* □ *fig.* zuˈrückhaltend, reserviert; **reˈserv·ist** [-vɪst] *s.* ⚔ Reserˈvist *m*.

res·er·voir [ˈrezəvwɑː] *s.* **1.** Behälter *m* für Wasser *etc.*; Speicher *m*; **2.** (ˈWasser)Reserˌvoir *n*: a) Wasserturm *m*, b) Sammel-, Staubecken *n*, Basˈsin *n*; **3.** *fig.* Reserˈvoir *n* (**of** an *dat.*).

re·set [ˌriːˈset] *v/t.* [*irr.* → **set**] **1.** *Edelstein* neu fassen; **2.** *Messer* neu abziehen; **3.** *typ.* neu setzen; **4.** ⚙ nachrichten, -stellen; *Computer*: rücksetzen, nullstellen.

re·set·tle [ˌriːˈsetl] **I** *v/t.* **1.** *Land* wieder besiedeln; **2.** *j-n* wieder ansiedeln, ˈumsiedeln; **3.** wieder in Ordnung bringen; **II** *v/i.* **4.** sich wieder ansiedeln; **5.** *fig.* sich wieder setzen *od.* legen *od.* beruhigen; ˌ**re'set·tle·ment** [-mənt] *s.* **1.** 'Wiederansiedlung *f*, 'Umsiedlung *f*; **2.** Neuordnung *f*.

re·shape [ˌriː'ʃeɪp] *v/t.* neu formen, 'umgestalten.

re·ship [ˌriː'ʃɪp] *v/t.* **1.** *Güter* wieder verschiffen; **2.** 'umladen; ˌ**re'ship·ment** [-mənt] *s.* **1.** 'Wiederverladung *f*; **2.** Rückladung *f*, -fracht *f*.

re·shuf·fle [ˌriː'ʃʌfl] **I** *v/t.* **1.** *Spielkarten* neu mischen; **2.** *bsd. pol.* 'umgruppieren, -bilden; **II** *s.* **3.** *pol.* 'Umbildung *f*, 'Umgruppierung *f*.

re·side [rɪ'zaɪd] *v/i.* **1.** wohnen, ansässig sein, s-n (ständigen) Wohnsitz haben (*in*, *at* in *dat.*); **2.** *fig.* (*in*) a) wohnen (in *dat.*), b) innewohnen (*dat.*), c) zustehen (*dat.*), liegen, ruhen (bei *j-m*).

res·i·dence ['rezɪdəns] *s.* **1.** Wohnsitz *m*, -ort *m*; Sitz *m e-r Behörde etc.*: ***take up one's ~*** s-n Wohnsitz nehmen *od.* aufschlagen, sich niederlassen; **2.** Aufenthalt *m*: ***~ permit*** Aufenthaltsgenehmigung *f*; ***place of ~*** Wohn-, Aufenthaltsort *m*; **3.** (herrschaftliches) Wohnhaus; **4.** Wohnung *f*: ***official ~*** Dienstwohnung *f*; **5.** Wohnen *n*; **6.** Ortsansässigkeit *f*: ***~ is required*** es besteht Residenzpflicht; ***be in ~*** am Amtsort ansässig sein; '**res·i·dent** [-nt] **I** *adj.* **1.** (orts-) ansässig, (ständig) wohnhaft; **2.** im (*Schul- od. Kranken- etc.*)Haus wohnend: ***~ physician***; **3.** *fig.* innewohnend (*in dat.*); **4.** *zo.* seßhaft: ***~ birds*** Standvögel; **5.** *Computer* resident; **II** *s.* **6.** Ortsansässige(r *m*) *f*, Einwohner(in); *mot.* Anlieger *m*; **7.** ⚕ *Am.* Assis'tenzarzt *m*, -ärztin *f*; *pol. a.* ***minister-~*** Mi'nisterresiˌdent *m* (*Gesandter*); **res·i·den·tial** [ˌrezɪ'denʃl] *adj.* **1.** a) Wohn…: ***~ allowance*** Ortszulage *f*; ***~ area*** (*a.* vornehme) Wohngegend; ***~ university*** Internatsuniversität *f*, b) herrschaftlich; **2.** Wohnsitz…

re·sid·u·al [rɪ'zɪdjʊəl] **I** *adj.* **1.** Ꭿ zu'rückbleibend, übrig; **2.** übrig(geblieben), Rest… (*a. phys. etc.*): ***~ product*** ⚗, ⚙ Nebenprodukt *n*; ***~ soil*** *geol.* Eluvialboden *m*; **3.** *phys.* rema'nent: ***~ magnetism***; **II** *s.* **4.** Rückstand *m*, Rest *m*; **5.** Ꭿ Rest(wert) *m*, Diffe'renz *f*; **re'sid·u·ar·y** [-ərɪ] *adj.* restlich, übrig(geblieben): ***~ estate*** ⚖ Reinnachlaß *m*; ***~ legatee*** Nachvermächtnisnehmer(in); **res·i·due** ['rezɪdjuː] *s.* **1.** Rest *m* (*a.* Ꭿ, ✝); **2.** ⚗ Rückstand *m*; **3.** ⚖ reiner (Erb)Nachlaß; **re'sid·u·um** [-jʊəm] *pl.* **-u·a** [-jʊə] (*Lat.*) *s.* **1.** *bsd.* ⚗ Rückstand *m*, (*a.* Ꭿ) Re'siduum *n*; **2.** *fig.* Bodensatz *m*, Hefe *f e-s Volkes etc.*

re·sign [rɪ'zaɪn] **I** *v/t.* **1.** *Besitz*, *Hoffnung etc.* aufgeben; verzichten auf (*acc.*); *Amt* niederlegen; **2.** über'lassen (***to*** *dat.*); **3.** ***~ o.s.*** sich anvertrauen *od.* überlassen (***to*** *dat.*); **4.** ***~ o.s.*** (***to***) sich ergeben (in *acc.*), sich abfinden *od.* versöhnen (mit *s-m Schicksal etc.*); **II** *v/i.* **5.** (***to*** in *acc.*) sich ergeben, sich fügen; **6.** (***from***) a) zu'rücktreten (von *e-m Amt*), abdanken, b) austreten (aus); **res·ig·na·tion** [ˌrezɪg'neɪʃn] *s.* **1.** Aufgabe *f*, Verzicht *m*; **2.** Rücktritt(sgesuch *n*) *m*, Amtsniederlegung *f*, Abdankung *f*: ***send in*** (*od.* ***tender***) ***one's ~*** s-n Rücktritt einreichen; **3.** Ergebung *f* (***to*** in *acc.*); **re'signed** [-nd] *adj.* □ ergeben: ***he is ~ to his fate*** er hat sich mit s-m Schicksal abgefunden.

re·sil·i·ence [rɪ'zɪlɪəns] *s.* Elastizi'tät *f*: a) *phys.* Prallkraft *f*, b) *fig.* Spannkraft *f*; **re'sil·i·ent** [-nt] *adj.* e'lastisch: a) federnd, b) *fig.* spannkräftig, unverwüstlich.

res·in ['rezɪn] **I** *s.* **1.** Harz *n*; **2.** → ***rosin*** I; **II** *v/t.* **3.** harzen, mit Harz behandeln; '**res·in·ous** [-nəs] *adj.* harzig, Harz…

re·sist [rɪ'zɪst] **I** *v/t.* **1.** wider'stehen (*dat.*): ***I cannot ~ doing it*** ich muß es einfach tun; **2.** 'Widerstand leisten (*dat. od.* gegen), sich wider'setzen (*dat.*), sich sträuben gegen: ***~ing a public officer in the excecution of his duty*** ⚖ Widerstand *m* gegen die Staatsgewalt; **II** *v/i.* **3.** 'Widerstand leisten, sich wider'setzen; **III** *s.* **4.** ⚙ Deckmittel *n*, Schutzlack *m*; **re'sist·ance** [-təns] *s.* **1.** Widerstand *m* (***to*** gegen): ***air ~*** *phys.* Luftwiderstand; ***~ movement*** *pol.* Widerstandsbewegung *f*; ***offer ~*** Widerstand leisten (***to*** *dat.*); ***take the line of least ~*** den Weg des geringsten Widerstandes einschlagen; **2.** 'Widerstandskraft *f* (*a.* ⚕); ⚙ (*Hitze-*, *Kälte- etc.*)Beständigkeit *f*, (*Biegungs-*, *Säure-*, *Stoß- etc.*)Festigkeit *f*: ***~ to wear*** Verschleißfestigkeit *f*; **3.** ϟ Widerstand *m*; **re'sist·ant** [-tənt] *adj.* **1.** wider'stehend, -'strebend; **2.** ⚙ 'widerstandsfähig (***to*** gegen), beständig; **re·sis·tiv·i·ty** [rɪzɪ'stɪvətɪ] *s.* ϟ spe'zifischer Widerstand; **re'sis·tor** [-tə] *s.* ϟ Widerstand *m* (*Bauteil*).

re·sit **I** *s.* ['riːsɪt] *ped.* Wieder'holungsprüfung *f*; **II** *v/t.* [ˌriː'sɪt] [*irr.* → ***sit***] *Prüfung* wieder'holen; **III** *v/i.* [ˌriː'sɪt] [*irr.* → ***sit***] die Prüfung wieder'holen.

re·sole [ˌriː'səʊl] *v/t.* neu besohlen.

res·o·lu·ble [rɪ'zɒljʊbl] *adj.* **1.** ⚗ auflösbar; **2.** *fig.* lösbar.

res·o·lute ['rezəluːt] *adj.* □ entschieden, entschlossen, reso'lut; '**res·o·lute·ness** [-nɪs] *s.* Entschlossenheit *f*; reso'lute Art.

res·o·lu·tion [ˌrezə'luːʃn] *s.* **1.** Entschlossenheit *f*, Entschiedenheit *f*; **2.** Entschluß *m*: ***good ~s*** gute Vorsätze; **3.** ✝, *parl.* Beschluß(fassung *f*) *m*, Entschließung *f*, Resoluti'on *f*; **4.** ⚗, Ꭿ, ♪, *phys.*, *opt.* (*a. Metrik*) Auflösung *f* (***into*** in *acc.*); **5.** ⚙ Rasterung *f* (*Bild*); **6.** ⚕ a) Lösung *f e-r Entzündung etc.*, b) Zerteilung *f e-s Tumors*; **7.** *fig.* Lösung *f e-r Frage*; Behebung *f von Zweifeln*.

re·solv·a·ble [rɪ'zɒlvəbl] *adj.* (auf)lösbar (***into*** in *acc.*); **re'solve** [rɪ'zɒlv] **I** *v/t.* **1.** *a. opt.*, ⚗, ♪, Ꭿ auflösen (***into*** in *acc.*): ***be ~d into*** sich auflösen in (*acc.*); ***~d into dust*** in Staub verwandelt; ***resolving power*** *opt.*, *phot.* Auflösungsvermögen *n*; → ***committee***; **2.** analysieren; **3.** *fig.* zu'rückführen (***into***, ***to*** auf *acc.*); **4.** *fig. Frage etc.* lösen; **5.** *fig. Bedenken*, *Zweifel* zerstreuen; **6.** a) beschließen, sich entschließen (***to do*** *et.* zu tun), b) entscheiden; **II** *v/i.* **7.** sich auflösen (***into*** in *acc.*, ***to*** zu); **8.** (***on***, ***upon s.th.***) (et.) beschließen, sich entschließen (zu et.); **III** *s.* **9.** Entschluß *m*, Vorsatz *m*; **10.** *Am.* → ***resolution*** 3; **11.** *rhet.* Entschlossenheit *f*; **re'solved** [-vd] *p.p. u. adj.* □ (fest) entschlossen.

res·o·nance ['rezənəns] *s.* Reso'nanz *f* (*a.* ♪, ⚕, *phys.*), Nach-, 'Widerhall *m*, Mitschwingen *n*: ***~ box*** Resonanzkasten *m*; '**res·o·nant** [-nt] *adj.* □ **1.** 'wider-, nachhallend (***with*** von); **2.** volltönend (*Stimme*); **3.** *phys.* mitschwingend, Resonanz…; '**res·o·na·tor** [-neɪtə] *s.* **1.** *phys.* Reso'nator *m*; **2.** ϟ Reso'nanzkreis *m*.

re·sorb [rɪ'sɔːb] *v/t.* (wieder) aufsaugen, resorbieren; **re'sorb·ence** [-bəns] *s.*, **re'sorp·tion** [-ɔːpʃn] *s.* Resorpti'on *f*.

re·sort [rɪ'zɔːt] **I** *s.* **1.** Zuflucht *f* (***to*** zu); Mittel *n*: ***in the*** (*od.* ***as a***) ***last ~*** als letzter Ausweg, ‚wenn alle Stricke reißen'; ***have ~ to*** → 5; ***without ~ to force*** ohne Gewaltanwendung; **2.** Besuch *m*, Zustrom *m*: ***place of ~*** (beliebter) Treffpunkt; **3.** (Aufenthalts-, Erholungs)Ort *m*: ***health ~*** Kurort; ***summer ~*** Sommerurlaubsort; **II** *v/i.* **4.** ***~ to*** a) sich begeben zu *od.* nach, b) *Ort* oft besuchen; **5.** ***~ to*** s-e Zuflucht nehmen zu, zu'rückgreifen auf (*acc.*), greifen zu, Gebrauch machen von.

re·sound [rɪ'zaʊnd] **I** *v/i.* **1.** 'widerhallen (***with***, ***to*** von): ***~ing*** schallend; **2.** erschallen, ertönen (*Klang*); **II** *v/t.* **3.** 'widerhallen lassen.

re·source [rɪ'sɔːs] *s.* **1.** (Hilfs)Quelle *f*, (-)Mittel *n*; **2.** *pl.* a) Mittel *pl.*, Reichtümer *pl. e-s Landes*: ***natural ~s*** Bodenschätze, b) Geldmittel *pl.*, c) ✝ *Am.* Ak'tiva *pl.*; **3.** → ***resort*** 1; **4.** Findig-, Wendigkeit *f*; Ta'lent *n*: ***he is full of ~*** er weiß sich immer zu helfen; **5.** Entspannung *f*, Unter'haltung *f*; **re'source·ful** [-fʊl] *adj.* □ **1.** reich an Hilfsquellen; **2.** findig, wendig, einfallsreich.

re·spect [rɪ'spekt] **I** *s.* **1.** Rücksicht *f* (***to***, ***of*** auf *acc.*): ***without ~ to persons*** ohne Ansehen der Person; **2.** Hinsicht *f*, Beziehung *f*: ***in every*** (***some***) ***~*** in jeder (gewisser) Hinsicht; ***in ~ of*** (*od.* ***to***), ***with ~ to*** (*od.* ***of***) hinsichtlich (*gen.*), bezüglich (*gen.*), in Anbetracht (*gen.*); ***have ~ to*** sich beziehen auf (*acc.*); **3.** (Hoch)Achtung *f*, Ehrerbietung *f*, Re'spekt *m* (***for*** vor *dat.*); **4.** ***one's ~s*** *pl.* s-e Empfehlungen *pl. od.* Grüße *pl.* (***to*** an *acc.*): ***give him my ~s*** grüßen Sie ihn von mir; ***pay one's ~s to*** a) *j-n* bestens grüßen, b) *j-m* s-e Aufwartung machen; **II** *v/t.* **5.** sich beziehen auf (*acc.*), betreffen; **6.** (hoch)achten, ehren; **7.** *Gefühle*, *Gesetze etc.* respektieren, (be)achten; ***~ o.s.*** etwas auf sich halten; **re·spect·a·bil·i·ty** [rɪˌspektə'bɪlətɪ] *s.* **1.** Ehrbarkeit *f*, Achtbarkeit *f*; **2.** Ansehen *n*; ✝ Solidi'tät *f*; **3.** a) *pl.* Re'spektsperˌsonen *pl.*, Honorati'oren *pl.*, b) Re'spektsperˌson *f*; **4.** *pl.* Anstandsregeln *pl.*; **re'spect·a·ble** [-təbl] *adj.* □ **1.** ansehnlich, (recht) beachtlich; **2.** acht-, ehrbar; anständig, so'lide; **3.** angesehen, geachtet; **4.** kor'rekt, konventio'nell; **re'spect·er** [-tə] *s.*: ***be no ~ of persons*** ohne Ansehen der Person handeln; **re'spect·ful** [-fʊl] *adj.* □ re'spektvoll (*a. iro. Entfernung*), ehrerbietig, höflich: ***Yours ~ly*** mit vorzüglicher Hochachtung (*Briefschluß*); **re'spect·ing** [-tɪŋ] *prp.* bezüglich (*gen.*), hinsichtlich (*gen.*), über (*acc.*);

re'spec·tive [-tɪv] *adj.* □ jeweilig (*jedem einzeln zukommend*), verschieden: ***to our ~ places** wir gingen* jeder an s-n Platz; **re'spec·tive·ly** [-tɪvlɪ] *adv.* a) beziehungsweise, b) in dieser Reihenfolge.

res·pi·ra·tion [ˌrespə'reɪʃn] *s.* Atmung *f*, Atmen *n*, Atemholen *n*: ***artificial ~*** künstliche Beatmung; **res·pi·ra·tor** ['respəreɪtə] *s.* **1.** *Brit.* Gasmaske *f*; **2.** Atemfilter *m*; **3.** ⚕ Atemgerät *n*, 'Sauerstoffappaˌrat *m*; **re·spir·a·to·ry** [rɪ'spaɪərətərɪ] *adj. anat.* Atmungs…

re·spire [rɪ'spaɪə] **I** *v/i.* **1.** atmen; **2.** *fig.* aufatmen; **II** *v/t.* **3.** (ein)atmen; *poet.* atmen.

res·pite ['respaɪt] **I** *s.* **1.** Frist *f*, (Zahlungs)Aufschub *m*, Stundung *f*; **2.** ⚖ a) Aussetzung *f* des Voll'zugs (*der Todesstrafe*), b) Strafaufschub *m*; **3.** *fig.* (Atem-, Ruhe)Pause *f*; **II** *v/t.* **4.** auf-, verschieben; **5.** *j-m* Aufschub gewähren, e-e Frist einräumen; **6.** ⚖ die Voll'streckung des Urteils an *j-m* aufschieben; **7.** Erleichterung von *Schmerz etc.* verschaffen.

re·splend·ence [rɪ'splendəns], **re'splend·en·cy** [-sɪ] *s.* Glanz *m* (*a. fig. Pracht*); **re'splend·ent** [-nt] *adj.* □ glänzend, strahlend, prangend.

re·spond [rɪ'spɒnd] *v/i.* **1.** (*to*) antworten (auf *acc.*) (*a. eccl.*), *Brief etc.* beantworten; **2.** *fig.* antworten, er'widern (***with*** mit); **3.** *fig.* (*to*) reagieren *od.* ansprechen (auf *acc.*), empfänglich sein (für), eingehen auf (*acc.*): ***~ to a call*** e-m Rufe folgen; **4.** ⚙ ansprechen (*Motor*), gehorchen; **re'spond·ent** [-dənt] **I** *adj.* **1.** ***~ to*** reagierend auf (*acc.*), empfänglich für; **2.** ⚖ beklagt; **II** *s.* **3.** ⚖ a) (Scheidungs)Beklagte(r *m*) *f*, b) Berufungsbeklagte(r *m*) *f*.

re·sponse [rɪ'spɒns] *s.* **1.** Antwort *f*, Erwiderung *f*: ***in ~ to*** als Antwort auf (*acc.*), in Erwiderung (*gen.*); **2.** *fig.* a) Reakti'on *f* (*a. biol., psych.*), Antwort *f*, b) 'Widerhall *m* (*alle*: ***to*** auf *acc.*): ***meet with a good ~*** Widerhall *od.* e-e gute Aufnahme finden; **3.** *eccl.* Antwort(strophe) *f*; **4.** ⚙ Ansprechen *n* (*des Motors etc.*).

re·spon·si·bil·i·ty [rɪˌspɒnsə'bɪlətɪ] *s.* **1.** Verantwortlichkeit *f*; **2.** Verantwortung *f* (***for, of*** für): ***on one's own ~*** auf eigene Verantwortung; **3.** ⚖ a) Zurechnungsfähigkeit *f*, b) Haftbarkeit *f*; **4.** Vertrauenswürdigkeit *f*; † Zahlungsfähigkeit *f*; **5.** *oft pl.* Verbindlichkeit *f*, Verpflichtung *f*; **re·spon·si·ble** [rɪ'spɒnsəbl] *adj.* □ **1.** verantwortlich (***to*** *dat.*, ***for*** für): ***~ partner*** † persönlich haftender Gesellschafter; **2.** ⚖ a) zurechnungsfähig, b) geschäftsfähig, c) haftbar; **3.** verantwortungsbewußt, zuverlässig; † so'lide, zahlungsfähig; **4.** verantwortungsvoll, verantwortlich (*Stellung*): ***used to ~ work*** an selbständiges Arbeiten gewöhnt; **5.** (***for***) a) schuld (an *dat.*), verantwortlich (für), b) die Ursache (*gen. od.* von); **re·spon·sive** [rɪ'spɒnsɪv] *adj.* □ **1.** Antwort…, antwortend (***to*** auf *acc.*); **2.** (***to***) (leicht) reagierend (auf *acc.*), ansprechbar; *weitS.* empfänglich *od.* zugänglich *od.* aufgeschlossen (für): ***be ~ to*** a) ansprechen *od.* reagieren auf (*acc.*), b) eingehen auf (*j-n*), (*e-m Bedürfnis etc.*) entgegenkommen; **3.** ⚙ e'lastisch (*Motor*).

rest¹ [rest] **I** *s.* **1.** (*a.* Nacht)Ruhe *f*, Rast *f*; *fig.* a) Ruhe *f* (*Frieden, Untätigkeit*), b) Ruhepause *f*, Erholung *f*, c) ewige *od.* letzte Ruhe (*Tod*); *phys.* Ruhe(lage *f*): ***at ~*** in Ruhe, ruhig; ***be at ~*** a) ruhen (*Toter*), b) beruhigt sein, c) ⚙ sich in Ruhelage befinden; ***give a ~ to*** a) *Maschine etc.* ruhen lassen, b) F *et.* auf sich beruhen lassen; ***have a good night's ~*** gut schlafen; ***lay to ~*** zur letzten Ruhe betten; ***set s.o.'s mind at ~*** j-n beruhigen; ***set a matter at ~*** e-e Sache (endgültig) entscheiden *od.* erledigen; ***take a ~*** sich ausruhen; **2.** Ruheplatz *m* (*a. Grab*), Raststätte *f*; Aufenthalt *m*; Herberge *f*, Heim *n*; **3.** ⚙ a) Auflage *f*, Stütze *f*, (Arm)Lehne *f*, (Fuß)Raste *f*, *teleph.* Gabel *f*, b) Sup'port *m e-r Drehbank*, c) ⚔ (Gewehr)Auflage *f*; **4.** ♪ Pause *f*; **5.** *Metrik*: Zä'sur *f*; **II** *v/i.* **6.** ruhen, schlafen (*a. Toter*); **7.** (sich aus-) ruhen, rasten, e-e (Ruhe)Pause einlegen: ***let a matter ~*** *fig.* e-e Sache auf sich beruhen lassen; ***the matter cannot ~ there*** damit kann es nicht sein Bewenden haben; **8.** sich stützen: ***~ against*** sich stützen *od.* lehnen gegen, ⚙ anliegen an (*acc.*); ***~ (up)on*** a) ruhen auf (*dat.*) (*a. Last, Blick, Schatten etc.*), b) *fig.* beruhen auf (*dat.*), sich stützen auf (*acc.*), c) *fig.* sich verlassen auf (*acc.*); **9.** ***~ with*** bei *j-m* liegen (*Entscheidung, Schuld*), in *j-s* Händen liegen, von *j-m* abhängen, *j-m* über'lassen bleiben; **10.** ⚖ *Am.* → 16; **III** *v/t.* **11.** (aus)ruhen lassen, *j-m* Ruhe gönnen: ***~ o.s.*** sich ausruhen; ***God ~ his soul*** Gott hab' ihn selig; **12.** *Augen, Stimme* schonen; **13.** legen, lagern (***on*** auf *acc.*); **14.** *Am.* F *Hut etc.* ablegen; **15.** ***~ one's case*** ⚖ *Am.* den Beweisvortrag abschließen.

rest² [rest] **I** *s.* **1.** Rest *m*; (*das*) übrige, (*die*) übrigen: ***and all the ~ of it*** und alles übrige; ***the ~ of us*** wir übrigen; ***for the ~*** im übrigen; **2.** † *Brit.* Re'serveˌfonds *m*; **3.** † *Brit.* a) Bilanzierung *f*, b) Restsaldo *m*; **II** *v/i.* **4.** *in e-m Zustand* bleiben, weiterhin sein: ***~ assured that*** seien Sie versichert *od.* verlassen Sie sich darauf, daß; **5.** ***~ with*** → ***rest¹*** 9.

re·state [ˌriː'steɪt] *v/t.* neu (u. besser) formulieren; **ˌre'state·ment** [-mənt] *s.* neue Darstellung *od.* Formulierung.

res·tau·rant ['restərɔ̃ːŋ] (*Fr.*) *s.* Restau'rant *n*, Gaststätte *f*: ***~ car*** Speisewagen *m*.

rest| cure ⚕ Liegekur *f*; **~ home** *s.* Alten- *od.* Pflegeheim *n*.

rest·ed ['restɪd] *p.p. u. adj.* ausgeruht, erholt; **rest·ful** ['restfʊl] *adj.* □ **1.** ruhig, friedlich; **2.** erholsam, gemütlich; **3.** bequem, angenehm.

rest house *s.* Rasthaus *n*.

rest·ing place ['restɪŋ] *s.* **1.** Ruheplatz *m*; **2.** (letzte) Ruhestätte, Grab *n*.

res·ti·tu·tion [ˌrestɪ'tjuːʃn] *s.* **1.** Restituti'on *f*: a) (Zu)'Rückerstattung *f*, b) Entschädigung *f*, c) Wieder'gutmachung *f*, d) Wieder'herstellung *f von Rechten etc.*: ***make ~*** Ersatz leisten (***of*** für); **2.** *phys.* (e'lastische) Rückstellung; **3.** *phot.* Entzerrung *f*.

res·tive ['restɪv] *adj.* □ **1.** unruhig, ner'vös; **2.** störrisch, 'widerspenstig, bokkig (*a. Pferd*); **'res·tive·ness** [-nɪs] *s.* **1.** Unruhe *f*, Ungeduld *f*; **2.** 'Widerspenstigkeit *f*.

rest·less ['restlɪs] *adj.* □ **1.** ruhe-, rastlos; **2.** unruhig; **3.** schlaflos (*Nacht*); **'rest·less·ness** [-nɪs] *s.* **1.** Ruhe-, Rastlosigkeit *f*; **2.** (ner'vöse) Unruhe, Unrast *f*.

re·stock [ˌriː'stɒk] **I** *v/t.* **1.** † a) *Lager* wieder auffüllen, b) *Ware* wieder auf Lager nehmen; **2.** *Gewässer* wieder mit Fischen besetzen; **II** *v/i.* **3.** neuen Vorrat einlagern.

res·to·ra·tion [ˌrestə'reɪʃn] *s.* **1.** Wieder'herstellung *f* (*e-s Zustandes, der Gesundheit etc.*); **2.** Restaurierung *f e-s Kunstwerks etc.*; **3.** Rückerstattung *f*, -gabe *f*; **4.** Wieder'einsetzung *f* (***to*** in *ein Amt*); **5.** ***the 2*** *hist.* die Restaurati'on; **re·stor·a·tive** [rɪ'stɒrətɪv] ⚕ **I** *adj.* □ **1.** stärkend; **II** *s.* **2.** Stärkungsmittel *n*; **3.** 'Wiederbelebungsmittel *n*.

re·store [rɪ'stɔː] *v/t.* **1.** *Einrichtung, Gesundheit, Ordnung etc.* wieder'herstellen; **2.** a) *Kunstwerk etc.* restaurieren, b) ⚙ in'stand setzen; **3.** *j-n* wieder'einsetzen (***to*** in *acc.*); **4.** zu'rückerstatten, -bringen, -geben: ***~ s.th. to its place*** et. an s-n Platz zurückstellen; ***~ the receiver*** *teleph.* den Hörer auflegen *od.* einhängen; ***~ s.o.*** (***to health***) j-n gesund machen *od.* wiederherstellen; ***~ s.o. to liberty*** j-m die Freiheit wiedergeben; ***~ s.o. to life*** j-n ins Leben zurückrufen; ***~ a king*** (***to the throne***) e-n König wieder auf den Thron setzen; **re'stor·er** [-ɔːrə] *s.* **1.** Wieder'hersteller (-in); **2.** Restau'rator *m*, Restaura'torin *f*; **3.** Haarwuchsmittel *n*.

re·strain [rɪ'streɪn] *v/t.* **1.** zu'rückhalten: ***~ s.o. from doing s.th.*** j-n davon abhalten, et. zu tun; ***~ing order*** ⚖ Unterlassungsurteil *n*; **2.** a) in Schranken halten, Einhalt gebieten (*dat.*), b) *Pferd* im Zaum halten, zügeln (*a. fig.*); **3.** *Gefühl* unter'drücken, bezähmen; **4.** a) einsperren, -schließen, b) *Geisteskranken* in e-r Anstalt 'unterbringen; **5.** *Macht etc.* be-, einschränken; **6.** † *Produktion etc.* drosseln; **re'strained** [-nd] *adj.* □ **1.** zu'rückhaltend, beherrscht, maßvoll; **2.** verhalten, gedämpft; **re'straint** [-nt] *s.* **1.** Einschränkung *f*, Beschränkung(en *pl.*) *f*; Hemmnis *n*, Zwang *m*: ***~ of*** (*od.* ***upon***) ***liberty*** Beschränkung der Freiheit; ***~ of trade*** a) Beschränkung des Handels, b) Einschränkung des freien Wettbewerbs, Konkurrenzverbot *n*; ***~ clause*** Konkurrenzklausel *f*; ***call for ~*** Maßhalteappell *m*; ***without ~*** frei, ungehemmt, offen; **2.** ⚖ Freiheitsbeschränkung *f*, Haft *f*: ***place s.o. under ~*** j-n in Gewahrsam nehmen; **3.** a) Zu'rückhaltung *f*, Beherrschtheit *f*, b) (künstlerische) Zucht.

re·strict [rɪ'strɪkt] *v/t.* a) einschränken, b) beschränken (***to*** auf *acc.*): ***be ~ed to doing*** sich darauf beschränken müssen, *et.* zu tun; **re'strict·ed** [-tɪd] *adj.* □ eingeschränkt, beschränkt, begrenzt: ***~!*** nur für den Dienstgebrauch!; ***~ area*** Sperrgebiet *n*; ***~ district*** Gebiet *n* mit bestimmten Baubeschränkungen; **re'stric·tion** [-kʃn] *s.* **1.** Ein-, Beschränkung *f* (***of, on*** *gen.*): ***~s on imports***

Einfuhrbeschränkungen; ***~s of space*** räumliche Beschränktheit; ***without ~s*** uneingeschränkt; **2.** Vorbehalt *m*; **re'stric·tive** [-tɪv] **I** *adj.* □ be-, einschränkend (***of*** *acc.*): ***~ clause*** a) *ling.* einschränkender Relativsatz, b) ✝ einschränkende Bestimmung; ***~ practices*** wettbewerbsbeschränkende Praktiken; **II** *s. ling.* Einschränkung *f*.

rest room *s. Am.* Toi'lette *f* (*Hotel etc.*).

re·struc·ture [ˌriː'strʌktʃə] *v/t.* 'umstrukturieren.

re·sult [rɪ'zʌlt] **I** *s.* **1.** *a.* ⅄ Ergebnis *n*, Resul'tat *n*; (*a.* guter) Erfolg: ***without ~*** ergebnislos; **2.** Folge *f*, Aus-, Nachwirkung *f*: ***as a ~*** a) die Folge war, daß, b) folglich; ***get ~s*** Erfolge erzielen, et. erreichen; **II** *v/i.* **3.** sich ergeben, resultieren (***from*** aus): ***~ in*** hinauslaufen auf (*acc.*), zur Folge haben (*acc.*), enden mit (*dat.*); **re'sult·ant** [-tənt] **I** *adj.* **1.** sich ergebend, (dabei *od.* daraus) entstehend, resultierend (***from*** aus); **II** *s.* **2.** *phys.*, ⅄ Resul'tante *f*; **3.** (End)Ergebnis *n*.

re·sume [rɪ'zjuːm] **I** *v/t.* **1.** *Tätigkeit etc.* wieder'aufnehmen, wieder anfangen; fortsetzen: ***he ~d painting*** er begann wieder zu malen, er malte wieder; **2.** 'wiedererlangen; *Platz* wieder einnehmen; *Amt*, *Kommando* wieder über'nehmen; *Namen* wieder annehmen; **3.** resümieren, zs.-fassen; **II** *v/i.* **4.** s-e Tätigkeit wieder'aufnehmen; **5.** *in s-r Rede* fortfahren; **6.** wieder beginnen.

ré·su·mé ['rezjuːmeɪ] (*Fr.*) *s.* **1.** Resü'mee *n*, Zs.-fassung *f*; **2.** *bsd. Am.* Lebenslauf *m*.

re·sump·tion [rɪ'zʌmpʃn] *s.* **1.** a) Zu'rücknahme *f*, b) ✝ Li'zenzentzug *m*; **2.** Wieder'aufnahme *f e-r Tätigkeit*, *von Zahlungen etc.*

re·sur·gence [rɪ'sɜːdʒəns] *s.* Wiederem'porkommen *n*, Wieder'aufleben *n*, -'aufstieg *m*, 'Wiedererweckung *f*; **re'sur·gent** [-nt] *adj.* wieder'auflebend, 'wiedererwachend.

res·ur·rect [ˌrezə'rekt] *v/t.* **1.** ᖴ wieder zum Leben erwecken; **2.** *fig. Sitte* wieder'aufleben lassen; **3.** *Leiche* ausgraben; **ˌres·ur'rec·tion** [-kʃn] *s.* **1.** (*eccl.* ♀) Auferstehung *f*; **2.** *fig.* Wieder'aufleben *n*, 'Wiedererwachen *n*; **3.** Leichenraub *m*.

re·sus·ci·tate [rɪ'sʌsɪteɪt] **I** *v/t.* **1.** 'wiederbeleben; **2.** *fig.* 'wiedererwecken, wieder'aufleben lassen; **II** *v/i.* **3.** das Bewußtsein 'wiedererlangen; **4.** wieder'aufleben; **re·sus·ci·ta·tion** [rɪˌsʌsɪ'teɪʃn] *s.* **1.** 'Wiederbelebung *f* (*a. fig. Erneuerung*); **2.** Auferstehung *f*.

ret [ret] **I** *v/t. Flachs etc.* rösten, rötten; **II** *v/i.* verfaulen (*Heu*).

re·tail ['riːteɪl] **I** *s.* Einzel-, Kleinhandel *m*, Kleinverkauf *m*, De'tailgeschäft *n*: ***by*** (*Am.* ***at***) ***~*** → III; **II** *adj.* Einzel-, Kleinhandels...: ***~ bookseller*** Sortimentsbuchhändler *m*; ***~ dealer*** Einzelhändler *m*; ***~ price*** Einzelhandels-, Ladenpreis *m*; ***~ price maintenance*** Preisbindung *f*; ***~ trade*** → I; **III** *adv.* im Einzelhandel, einzeln, en de'tail: ***sell ~***; **IV** *v/t.* [riː'teɪl] a) *Waren* im kleinen *od.* en de'tail verkaufen, b) *Klatsch* weitergeben, (haarklein) weitererzählen; **V** *v/i.* [riː'teɪl] im Einzelhandel verkauft werden (***at*** zu *6 Dollar etc.*); **re·tail·er** [riː'teɪlə] *s.* **1.** ✝ Einzel-, Kleinhändler (-in); **2.** Erzähler(in), Verbreiter(in) *von Klatsch etc.*

re·tain [rɪ'teɪn] *v/t.* **1.** zu'rück(be)halten, einbehalten; **2.** *Eigenschaft*, *Posten etc.*, *a. im Gedächtnis* behalten; *a. Geduld etc.* bewahren; **3.** *Brauch* beibehalten; **4.** *j-n* in s-n Diensten halten: ***~ a lawyer*** e-n Anwalt nehmen; ***~ing fee*** → ***retainer*** 2 a; **5.** ⚙ halten, sichern, stützen; *Wasser* stauen: ***~ing nut*** Befestigungsmutter *f*; ***~ing ring*** Sprengring *m*; ***~ing wall*** Stutz-, Staumauer *f*; **re'tain·er** [-nə] *s.* **1.** *hist.* Gefolgsmann *m*: ***old ~*** ᖴ altes Faktotum; **2.** ⚖ a) Verpflichtung *f* e-s Anwalts, b) Hono'rarvorschuß *m*: ***general ~*** Pauschalhonorar *n*, c) Pro'zeßvollmacht *f*; **3.** ⚙ a) Befestigungsteil *n*, b) Käfig *m e-s Kugellagers*.

re·take [ˌriː'teɪk] **I** *v/t.* [*irr.* → ***take***] **1.** wieder (an-, ein-, zu'rück)nehmen; **2.** ⚔ wieder'einnehmen; **3.** *Film*: *Szene etc.* wieder'holen, nochmals (ab)drehen; **II** *s.* ['riːteɪk] **4.** *Film*: Re'take *n*, Wieder'holung *f*.

re·tal·i·ate [rɪ'tælɪeɪt] **I** *v/i.* Vergeltung üben, sich rächen (***upon s.o.*** an j-m); **II** *v/t.* vergelten, sich rächen für, heimzahlen; **re·tal·i·a·tion** [rɪˌtælɪ'eɪʃn] *s.* Vergeltung *f*: ***in ~*** als Vergeltung(smaßnahme); **re'tal·i·a·to·ry** [-ɪətərɪ] *adj.* Vergeltungs...: ***~ duty*** ✝ Kampfzoll *m*.

re·tard [rɪ'tɑːd] *v/t.* **1.** verzögern, -langsamen, aufhalten; **2.** *phys.* retardieren, verzögern; *Elektronen* bremsen: ***be ~ed*** nacheilen; **3.** *biol.* retardieren; **4.** *psych. j-s.* Entwicklung hemmen: ***~ed child*** zurückgebliebenes Kind; ***mentally ~ed*** geistig zurückgeblieben; **5.** *mot. Zündung* nachstellen: ***~ed ignition*** a) Spätzündung *f*, b) verzögerte Zündung; **re·tar·da·tion** [ˌriːtɑː'deɪʃn] *s.* **1.** Verzögerung *f* (*a. phys.*), -langsamung *f*, -spätung *f*; Aufschub *m*; **2.** ⅄, *phys.*, *biol.* Retardati'on *f*; *phys.* (*Elektronen-*) Bremsung *f*; **3.** *psych.* a) Entwicklungshemmung *f*, b) 'Unterentwickeltheit *f*; **4.** ♪ a) Verlangsamung *f*, b) aufwärtsgehender Vorhalt.

retch [retʃ] *v/i.* würgen (*beim Erbrechen*).

re·tell [ˌriː'tel] *v/t.* [*irr.* → ***tell***] **1.** nochmals erzählen *od.* sagen, wieder'holen; **2.** *ped.* nacherzählen.

re·ten·tion [rɪ'tenʃn] *s.* **1.** Zu'rückhalten *n*; **2.** Einbehaltung *f*; **3.** Beibehaltung *f* (*a. von Bräuchen etc.*), Bewahrung *f*; **4.** ⚕ Verhalten *n*; **5.** Festhalten *n*, Halt *m*: ***~ pin*** ⚙ Arretierstift *m*; **6.** Merken *n*, Merkfähigkeit *f*; **re'ten·tive** [-ntɪv] *adj.* □ **1.** (zu'rück)haltend (***of*** *acc.*); **2.** erhaltend, bewahrend; gut (*Gedächtnis*); **3.** Wasser speichernd.

re·think [ˌriː'θɪŋk] *v/t.* [*irr.* → ***think***] *et.* nochmals über'denken; **ˌre'think·ing** [-kɪŋ] *s.* 'Umdenken *n*.

ret·i·cence ['retɪsəns] *s.* **1.** Verschwiegenheit *f*, Schweigsamkeit *f*; **2.** Zu'rückhaltung *f*; **'ret·i·cent** [-nt] *adj.* □ verschwiegen (***about***, ***on*** über *acc.*), schweigsam; zu'rückhaltend.

ret·i·cle ['retɪkl] *s. opt.* Fadenkreuz *n*.

re·tic·u·lar [rɪ'tɪkjʊlə] *adj.* □ netzartig, -förmig, Netz...; **re'tic·u·late I** *adj.* □ [-lət] netzartig, -förmig; **II** *v/t.* [-leɪt] netzförmig mustern *od.* bedecken; **III** *v/i.* [-leɪt] sich verästeln; **re'tic·u·lat·ed** [-leɪtɪd] *adj.* netzförmig, maschig, Netz...: ***~ glass*** Filigranglas *n*; **re·tic·u·la·tion** [rɪˌtɪkjʊ'leɪʃn] *s.* Netzwerk *n*; **ret·i·cule** ['retɪkjuːl] *s.* **1.** → ***reticle***; **2.** Damentasche *f*; Arbeitsbeutel *m*; **re·ti·form** ['riːtɪfɔːm] *adj.* netz-, gitterförmig.

ret·i·na ['retɪnə] *s. anat.* Retina *f*, Netzhaut *f*.

ret·i·nue ['retɪnjuː] *s.* Gefolge *n*.

re·tire [rɪ'taɪə] **I** *v/i.* **1.** *allg.* sich zu'rückziehen (*a.* ⚔): ***~*** (***from business***) *a.* sich zur Ruhe setzen; ***~ into o.s.*** sich verschließen; ***~*** (***to rest***) sich zur Ruhe begeben, schlafen gehen; **2.** ab-, zu'rücktreten; in den Ruhestand treten, in Pensi'on *od.* Rente gehen, s-n Abschied nehmen (*Beamter*); **3.** *fig.* zu'rücktreten (*Hintergrund*, *Ufer etc.*); **II** *v/t.* **4.** zu'rückziehen (*a.* ⚔); **5.** ✝ *Noten* aus dem Verkehr ziehen; *Wechsel* einlösen; **6.** *bsd.* ⚔ verabschieden, pensionieren; → ***retired*** 1; **re'tired** [-əd] *p.p. u. adj.* □ **1.** pensioniert, im Ruhestand (lebend): ***~ general*** General a.D. *od.* außer Dienst; ***~ pay*** Ruhegeld *n*, Pension *f*; ***be placed on the ~ list*** ⚔ den Abschied erhalten; **2.** im Ruhestand (lebend); **3.** zu'rückgezogen (*Leben*); **4.** abgelegen, einsam (*Ort*): **re'tire·ment** [-mənt] *s.* **1.** (Sich)Zu'rückziehen *n*; **2.** Aus-, Rücktritt *m*, Ausscheiden *n*; **3.** Ruhestand *m*: ***early ~*** vorzeitiger Ruhestand; ***~ pension*** (Alters)Rente *f*, Ruhegeld *n*; ***~ pensioner*** (Alters)Rentner(in), Ruhegeldempfänger(in); ***go into ~*** sich ins Privatleben zurückziehen; **4.** *j-s* Zu'rückgezogenheit *f*; **5.** a) Abgeschiedenheit *f*, b) abgelegener Ort, Zuflucht *f*; **6.** ⚔ (planmäßige) Absetzbewegung, Rückzug *m*; **7.** ✝ Einziehung *f*; **re'tir·ing** [-ərɪŋ] *adj.* □ **1.** Ruhestands...: ***~ age*** Renten-, Pensionsalter *n*; ***~ pension*** Ruhegeld *n*; **2.** *fig.* zu'rückhaltend, bescheiden; **3.** unauffällig, de'zent (*Farbe etc.*); **4.** ***~ room*** a) Privatzimmer *n*, b) Toilette *f*.

re·tool [ˌriː'tuːl] *v/t. Fabrik* mit neuen Ma'schinen ausrüsten.

re·tort[1] [rɪ'tɔːt] **I** *s.* **1.** (scharfe *od.* treffende) Entgegnung, (schlagfertige) Antwort; Erwiderung *f*; **II** *v/t.* **2.** (darauf) erwidern; **3.** *Beleidigung etc.* zu'rückgeben (***on s.o.*** j-m); **III** *v/i.* **4.** (scharf *od.* treffend) erwidern, entgegnen.

re·tort[2] [rɪ'tɔːt] *s.* ⚗, ⚙ Re'torte *f*.

re·tor·tion [rɪ'tɔːʃn] *s.* **1.** (Sich)'Umwenden *n*, Zu'rückströmen *n*, -biegen *n*, -beugen *n*; **2.** *Völkerrecht*: Retorsi'on *f* (*Vergeltungsmaßnahme*).

re·touch [ˌriː'tʌtʃ] **I** *v/t. et.* über'arbeiten; *phot.* retuschieren; **II** *s.* Re'tusche *f*.

re·trace [rɪ'treɪs] **I** *v/t.* (*a. fig. Stammbaum etc.*) zu'rückverfolgen; *fig.* zu'rückführen (***to*** auf *acc.*): ***~ one's steps*** a) (denselben Weg) zurückgehen, b) *fig.* die Sache ungeschehen machen; **II** *s.* ⚡ Rücklauf *m*.

re·tract [rɪ'trækt] **I** *v/t.* **1.** *Behauptung* zu'rücknehmen, (*a.* ⚖ *Aussage*) wider'rufen; **2.** *Haut*, *Zunge etc.*, *a.* ⚖ *Anklage* zu'rückziehen; **3.** *zo. Klauen etc.*, *a.* ✈ *Fahrgestell* einziehen; **II** *v/i.* **4.**

sich zurückziehen; **5.** widerrufen, es zurücknehmen; **6.** zu'rücktreten (***from*** von *e-m Entschluß*, *e-m Vertrag etc.*); **re'tract·a·ble** [-təbl] *adj.* **1.** einziehbar: **~ *landing gear*** ✈ einziehbares Fahrgestell; **2.** zu'rückziehbar; **3.** zu'rücknehmbar, zu wider'rufen(d); **re·trac·ta·tion** [ˌriːtræk'teɪʃn] → ***retraction*** 1; **re'trac·tile** [-taɪl] *adj.* **1.** einziehbar; **2.** *a. anat.* zu'rückziehbar; **re'trac·tion** [-kʃn] *s.* **1.** Zu'rücknahme *f*, 'Widerruf *m*; **2.** Zu'rück-, Einziehen *n*; **3.** ⚕, *zo.* Retrakti'on *f*; **re'trac·tor** [-tə] *s.* **1.** *anat.* Retrakti'onsmuskel *m*; **2.** ⚕ Re'traktor *m*, Wundhaken *m*.

re·train [ˌriː'treɪn] *v/t. j-n* 'umschulen; **ˌre'train·ing** [-nɪŋ] *s. a.* ***occupational ~*** 'Umschulung *f*.

re·trans·late [ˌriːtræns'leɪt] *v/t.* (zu-)'rücküberˌsetzen; **ˌre·trans'la·tion** [-eɪʃn] *s.* 'Rücküberˌsetzung *f*.

re·tread [ˌriː'tred] **I** *v/t.* ⚙ *Reifen* runderneuern; **II** ['riːtred] *s.* runderneuerter Reifen.

re·treat [rɪ'triːt] **I** *s.* **1.** *bsd.* ⚔ Rückzug *m*: ***beat a ~*** *fig.* das Feld räumen, klein beigeben; ***sound the*** (*od.* ***a***) **~** zum Rückzug blasen; ***there was no ~*** es gab kein Zurück; **2.** Zufluchtsort *m*, Schlupfwinkel *m*; **3.** Anstalt *f für Geisteskranke etc.*; **4.** Zu'rückgezogenheit *f*, Abgeschiedenheit *f*; **5.** ⚔ Zapfenstreich *m*; **II** *v/i.* **6.** *a.* ⚔ sich zu'rückziehen; **7.** zu'rücktreten, -weichen (*z.B. Meer*): **~*ing chin*** fliehendes Kinn; **III** *v/t.* **8.** *bsd. Schachfigur* zu'rückziehen.

re-treat [ˌriː'triːt] *v/t. allg.* erneut behandeln.

re·trench [rɪ'trentʃ] **I** *v/t.* **1.** *Ausgaben etc.* einschränken, *a. Personal* abbauen; **2.** beschneiden, kürzen; **3.** a) *Textstelle* streichen, b) *Buch* zs.-streichen; **4.** *Festungswerk* mit inneren Verschanzungen versehen; **II** *v/i.* **5.** sich einschränken, Sparmaßnahmen 'durchführen, sparen; **re'trench·ment** [-mənt] *s.* **1.** Einschränkung *f*, (*Kosten-*, *Personal-*) Abbau *m*; Sparmaßnahme *f*; (Gehalts-) Kürzung *f*; **2.** Streichung *f*, Kürzung *f*; **3.** ⚔ Verschanzung *f*, innere Verteidigungsstellung.

re·tri·al [ˌriː'traɪəl] *s.* **1.** nochmalige Prüfung; **2.** ⚖ Wieder'aufnahmeverfahren *n*.

ret·ri·bu·tion [ˌretrɪ'bjuːʃn] *s.* Vergeltung *f*, Strafe *f*; **re·trib·u·tive** [rɪ'trɪbjʊtɪv] *adj.* □ vergeltend, Vergeltungs…

re·triev·a·ble [rɪ'triːvəbl] *adj.* □ **1.** 'wiederzugewinnen(d); **2.** wieder'gutzumachen(d), wettzumachen(d); **re'trieve** [rɪ'triːv] **I** *v/t.* **1.** *hunt.* apportieren; **2.** 'wiederfinden, -bekommen; **3.** (sich *et.*) zu'rückholen; **4.** *et.* her'ausholen, -fischen (***from*** aus); **5.** *fig.* 'wiedergewinnen, -erlangen; *Fehler* wieder'gutmachen; *Verlust* wettmachen; **6.** *j-n* retten (***from*** aus); **7.** *et.* der Vergessenheit entreißen; **II** *s.* **8.** ***beyond*** (*od.* ***past***) **~** unwiederbringlich dahin; **re'triev·er** [-və] *s. hunt.* Re'triever *m*, *allg.* Apportierhund *m*.

retro- [retrəʊ] *in Zssgn* zurück…, rück (-wärts)…, Rück…; entgegengesetzt; hinter…; **ˌret·ro'ac·tive** *adj.* □ **1.** ⚖ rückwirkend; **2.** zu'rückwirkend; **ˌret·ro'ces·sion** *s.* **1.** a) *a.* ⚕ Zu'rückgehen *n*, b) ⚕ Nach'innenschlagen *n*; **2.** ⚖ 'Wieder-, Rückabtretung *f*; **ˌret·ro·gra'da·tion** *s.* **1.** → ***retrogression*** 1; **2.** Zu'rückgehen *n*; **3.** *fig.* Rück-, Niedergang *m*; **ret·ro·grade** ['retrəʊgreɪd] **I** *adj.* **1.** ⚕, ♪, *ast.*, *zo.* rückläufig; **2.** *fig.* rückgängig, -läufig, Rückwärts…, rückschrittlich; **II** *v/i.* **3.** a) rückläufig sein, b) zu'rückgehen; **4.** rückwärts gehen; **5.** *bsd. biol.* entarten.

ret·ro·gres·sion [ˌretrəʊ'greʃn] *s.* **1.** *ast.* rückläufige Bewegung; **2.** *bsd. biol.* Rückentwicklung *f*; **3.** *fig.* Rückgang *m*, -schritt *m*; **ˌret·ro'gres·sive** [-esɪv] *adj.* □ **1.** *bsd. biol.* rückschreitend: **~ *metamorphosis*** *biol.* Rückbildung *f*; **2.** *fig.* rückschrittlich; **3.** *fig.* nieder-, zu'rückgehend; **ret·ro·rock·et** ['retrəʊˌrɒkɪt] *s.* 'Bremsraˌkete *f*; **ret·ro·spect** ['retrəʊspekt] *s.* Rückblick *m*, -schau *f* (***of***, ***on*** auf *acc.*): ***in*** (***the***) **~** rückschauend, im Rückblick; **ret·ro·spec·tion** [ˌretrəʊ'spekʃn] *s.* Erinnerung *f*; Zu'rückblicken *n*; **ret·ro·spec·tive** [ˌretrəʊ'spektɪv] *adj.* □ **1.** zu'rückblickend; **2.** nach rückwärts *od.* hinten (gerichtet); **3.** ⚖ rückwirkend.

ret·rous·sé [rə'truːseɪ] (*Fr.*) *adj.* nach oben gebogen: **~ *nose*** Stupsnase *f*.

re·try [ˌriː'traɪ] *v/t.* ⚖ a) *Prozeß* wieder'aufnehmen, b) neu verhandeln gegen *j-n*.

re·turn [rɪ'tɜːn] **I** *v/i.* **1.** zu'rückkehren, -kommen (***to*** zu); 'wiederkehren (*a. fig.*); *fig.* wieder auftreten (*Krankheit etc.*): **~ *to*** *fig.* a) auf *ein Thema* zurückkommen, b) zu *e-m Vorhaben* zurückkommen, c) in *e-e Gewohnheit etc.* zurückfallen, d) in *e-n Zustand* zurückkehren; **~ *to dust*** zu Staub werden; **~ *to health*** wieder gesund werden; **2.** zu'rückfallen (*Besitz*) (***to*** an *acc.*); **3.** erwidern, antworten; **II** *v/t.* **4.** *Gruß etc.*, *a. Besuch*, ⚔ *Feuer*, *Liebe*, *Schlag etc.* erwidern: **~ *thanks*** danken; **5.** zu'rückgeben, *Geld a.* zu'rückzahlen, -erstatten; **6.** zu'rückschicken, -senden: **~*ed empties*** † zurückgesandtes Leergut; **~*ed letter*** unzustellbarer Brief; **7.** (an s-n Platz) zu'rückstellen, -tun; **8.** (ein-) bringen, *Gewinn* abwerfen, *Zinsen* tragen; **9.** *Bericht* erstatten; ⚖ a) Voll'zugsbericht erstatten über (*acc.*), b) *Gerichtsbefehl* mit Vollzugsbericht rückvorlegen; **10.** ⚖ Schuldspruch fällen *od.* aussprechen: ***be ~ed guilty*** schuldig gesprochen werden; **11.** *Votum* abgeben; **12.** amtlich erklären für *od.* als, *j-n arbeitsunfähig etc.* schreiben; **13.** *Einkommen* zur Steuerveranlagung erklären, angeben (***at*** mit); **14.** *amtliche Liste etc.* vorlegen *od.* veröffentlichen; **15.** *parl. Brit. Wahlergebnis* melden; **16.** *parl. Brit.* als Abgeordneten wählen (***to Parliament*** ins Parlament); **17.** *sport Ball* zu'rückschlagen; **18.** *Echo*, *Strahlen* zu'rückwerfen; **19.** ⚙ zu'rückführen, -leiten; **III** *s.* **20.** Rückkehr *f*, -kunft *f*; 'Wiederkehr *f* (*a. fig.*): **~ *of health*** Genesung *f*; ***by ~ of post*** *Brit.*, ***by ~ mail*** *Am.* postwendend, umgehend; ***many happy ~s of the day!*** herzlichen Glückwunsch zum Geburtstag!; ***on my ~*** bei m-r Rückkehr; **21.** Wieder'auftreten *n* (*Krankheit etc.*): **~ *of influenza*** Gripperückfall *m*; **~ *of cold weather*** Kälterückfall *m*; **22.** 🚂 Rückfahrkarte *f*; **23.** Rück-, Her'ausgabe *f*: ***on sale or ~*** † in Kommission; **24.** *oft pl.* † Rücksendung *f* (*a. Ware*): **~*s*** a) Rückgut, b) *Buchhandel*: *a.* **~ *copies*** Remittenden; **25.** † Rückzahlung *f*, (-)Erstattung *f*; *Versicherung*: **~** (***of premium***) Ri'storno *n*; **26.** Entgelt *n*, Gegenleistung *f*, Entschädigung *f*: ***in ~*** dafür, dagegen; ***in ~ for*** (als Gegenleistung) für; ***without ~*** unentgeltlich; **27.** *oft pl.* † a) (*Kapital- etc.*)'Umsatz *m*: ***quick ~s*** schneller Umsatz, b) Ertrag *m*, Einnahme *f*, Verzinsung *f*, Gewinn *m*: ***yield*** (*od.* ***bring***) ***a ~*** Nutzen abwerfen, sich rentieren; **28.** Erwiderung *f* (*a. fig. e-s Grußes etc.*): **~ *of affection*** Gegenliebe *f*; **29.** (amtlicher) Bericht, (sta'tistischer) Ausweis, Aufstellung *f*; *pol. Brit.* Wahlbericht *m*, -ergebnis *n*: ***annual ~*** Jahresbericht *m*, -ausweis *m*; ***bank ~*** Bankausweis *m*; ***official ~s*** amtliche Ziffern; **30.** Steuererklärung *f*; **31.** ⚖ a) Rückvorlage *f* (*e-s Vollstreckungsbefehls etc.*) (mit Voll'zugsbericht), b) Voll'zugsbericht *m* (*des Gerichtsvollziehers etc.*); **32.** *a.* **~ *day*** ⚖ Ver'handlungsterˌmin *m*; **33.** ⚙ a) Rückführung *f*, -leitung *f*, b) Rücklauf *m*, c) ⚡ Rückleitung *f*; **34.** Biegung *f*, Krümmung *f*; **35.** △ a) 'Wiederkehr *f*, b) vorspringender *od.* zu'rückgesetzter Teil, c) (Seiten)Flügel *m*; **36.** *Tennis*: Re'turn *m*, Rückschlag *m* (*a. Ball*); **37.** *sport a.* **~ *match*** Rückspiel *n*; **38.** (leichter) Feinschnitt (*Tabak*); **IV** *adj.* **39.** Rück…(*-porto*, *-reise*, *-spiel etc.*): **~ *cable*** ⚡ Rückleitung *f*; **~ *cargo*** Rückfracht *f*, -ladung *f*; **~ *current*** ⚡ Rück-, Erdstrom *m*; **~ *ticket*** a) Rückfahrkarte *f*, b) ✈ Rückflugkarte *f*; **~ *valve*** ⚙ Rückschlagventil *n*; **~ *visit*** Gegenbesuch *m*; **~ *wire*** ⚡ Nulleiter *m*; **re'turn·a·ble** [-nəbl] *adj.* **1.** zu'rückzugeben(d); einzusenden(d): **~ *bottle*** Mehrwegflasche *f*; **2.** † rückzahlbar.

re·turn·ing of·fi·cer [rɪ'tɜːnɪŋ] *s. pol. Brit.* 'Wahlkommisˌsar *m*.

re·u·ni·fi·ca·tion [ˌriːjuːnɪfɪ'keɪʃn] *s. pol.* 'Wiedervereinigung *f*.

re·un·ion [ˌriː'juːnjən] *s.* **1.** 'Wiedervereinigung *f*; *fig.* Versöhnung *f*; **2.** (*Familien-*, *Klassen- etc.*)Treffen *n*, Zs.-kunft *f*.

re·u·nite [ˌriːjuː'naɪt] **I** *v/t.* 'wiedervereinigen; **II** *v/i.* sich wieder vereinigen.

re·us·a·ble [ˌriː'juːzəbl] *adj.* □ wiederverwendbar.

rev [rev] *mot.* F **I** *s.* Umdrehung *f*: **~*s per minute*** Dreh-, Tourenzahl *f*; **II** *v/t.* *mst* **~ *up*** auf Touren bringen; **III** *v/i.* laufen, auf Touren sein (*Motor*): **~ *up*** a) auf Touren kommen, b) den Motor ‚hochjagen' *od.* auf Touren bringen.

re·vac·ci·nate [ˌriː'væksɪneɪt] *v/t.* ⚕ 'wieder-, nachimpfen.

re·val·or·i·za·tion ['riːˌvælərаɪ'zeɪʃn] *s.* † Aufwertung *f*; **re·val·or·ize** [ˌriː'væləraɪz] *v/t.* aufwerten.

re·val·u·ate [ˌriː'væljʊeɪt] *v/t.* † **1.** neu bewerten; **2.** aufwerten; **'reˌval·u'a·tion** *s.* **1.** Neubewertung *f*; **2.** Aufwertung *f*.

re·val·ue [ˌriː'væljuː] → ***revaluate***.

re·vamp [ˌriː'væmp] *v/t.* F ‚aufpolieren'.

re·vanch·ist [rɪ'væntʃɪst] **I** *adj.* revan'chistisch; **II** *s.* Revan'chist *m*.

re·veal [rɪ'viːl] **I** *v/t.* (***to***) **1.** *eccl.*, *a. fig.*

offenbaren (*dat.*); **2.** enthüllen, zeigen (*dat.*) (*a. fig. erkennen lassen*), sehen lassen; **3.** *fig. Geheimnis etc.* enthüllen, verraten, aufdecken (*dat.*); **II** *s.* **4.** ⚙ a) innere Laibung (*Tür etc.*), b) Fensterrahmen *m* (*Auto*); **re'veal·ing** [-lɪŋ] *adj.* **1.** enthüllend, aufschlußreich; **2.** ‚offenherzig' (*Kleid*).

rev·eil·le [rɪ'vælɪ] *s.* ⚔ (Si'gnal *n* zum) Wecken *n.*

rev·el ['revl] **I** *v/i.* **1.** (lärmend) feiern, ausgelassen sein; **2.** (***in***) *fig.* a) schwelgen (in *dat.*), *et.* in vollen Zügen genießen, b) sich weiden *od.* ergötzen (***in*** an *dat.*); **II** *s.* **3.** *oft pl.* → ***revelry***.

rev·e·la·tion [ˌrevə'leɪʃn] *s.* **1.** Enthüllung *f*, Offen'barung *f*: ***it was a ~ to me*** es fiel mir wie Schuppen von den Augen; ***what a ~!*** welch überraschende Entdeckung!, ach so ist das!; **2.** (göttliche) Offenbarung: ***the ℒ*** (***of St. John***) *bibl.* die (Geheime) Offenbarung (des Johannes); **3.** F ‚Offenbarung' *f* (*et. Ausgezeichnetes*).

rev·el·(l)er ['revlə] *s.* **1.** Feiernde(r *m*) *f*; **2.** Zecher *m*; **3.** Nachtschwärmer *m*; **'rev·el·ry** [-lrɪ] *s.* lärmende Festlichkeit, Rummel *m*, Trubel *m.*

re·venge [rɪ'vendʒ] **I** *v/t.* **1.** *et., a. j-n* rächen ([***up***]***on*** an *dat.*): ***~ o.s. for s.th.*** sich für et. rächen; ***be ~d*** a) gerächt sein *od.* werden, b) sich rächen; **2.** sich rächen für, vergelten (***upon***, ***on*** an *dat.*); **II** *s.* **3.** Rache *f*: ***take one's ~*** Rache nehmen, sich rächen; ***in ~ for it*** dafür; **4.** Re'vanche *f* (*beim Spiel*): ***have one's ~*** sich revanchieren; **5.** Rachsucht *f*, -gier *f*; **re'venge·ful** [-fʊl] *adj.* □ rachsüchtig; **re'venge·ful·ness** [-fʊlnɪs] → ***revenge*** 5.

rev·e·nue ['revənjuː] *s.* **1.** *a.* ***public ~*** öffentliche Einnahmen *pl.*, Staatseinkünfte *pl.*; **2.** a) Fi'nanzverwaltung *f*, b) Fiskus *m*: ***defraud the ~*** Steuern hinterziehen; ***~ board*** → ***revenue office***; **3.** *pl.* Einnahmen *pl.*, Einkünfte *pl.*; **4.** Ertrag *m*, Nutzung *f*; **5.** Einkommensquelle *f*; **~ cut·ter** *s.* ⚓ Zollkutter *m*; **~ of·fice** *s.* Fi'nanzamt *n*; **~ of·fi·cer** *s.* Zollbeamte(r) *m*; Fi'nanzbeamte(r) *m*; **~ stamp** *s.* ☤ Bande'role *f*, Steuermarke *f.*

re·ver·ber·ate [rɪ'vɜːbəreɪt] *phys.* **I** *v/i.* **1.** zu'rückstrahlen; **2.** (nach-, 'wider-) hallen; **II** *v/t.* **3.** *Strahlen*, *Hitze*, *Klang* zu'rückwerfen; von *e-m Klange* widerhallen; **re·ver·ber·a·tion** [rɪˌvɜːbə'reɪʃn] *s.* **1.** Zu'rückwerfen *n*, -strahlen *n*; **2.** 'Widerhall(en *n*) *m*; Nachhall *m*; **re'ver·ber·a·tor** [-tə] *s.* ⚙ **1.** Re'flektor *m*; **2.** Scheinwerfer *m.*

re·vere [rɪ'vɪə] *v/t.* (ver)ehren.

rev·er·ence ['revərəns] **I** *s.* **1.** Verehrung *f* (***for*** für *od. gen.*); **2.** Ehrfurcht *f* (***for*** vor *dat.*); **3.** Ehrerbietung *f*; **4.** Reve'renz *f* (*Verbeugung od. Knicks*); **5.** *dial. od. humor.* ***Your*** (***His***) ***~*** Euer (Seine) Ehrwürden; **II** *v/t.* **6.** (ver)ehren; **'rev·er·end** [-nd] **I** *adj.* **1.** ehrwürdig; **2.** ℒ *eccl.* hochwürdig (*Geistlicher*): ***Very ℒ*** (*im Titel e-s Dekans*); ***Right ℒ*** (*Bischof*); ***Most ℒ*** (*Erzbischof*): ***ℒ Mother*** Mutter Oberin *f*; **II** *s.* **3.** Geistliche(r) *m*; **'rev·er·ent** [-nt] *adj.* □, **rev·er·en·tial** [ˌrevə'renʃl] *adj.* □ ehrerbietig, ehrfurchtsvoll.

rev·er·ie ['revərɪ] *s.* Träume'rei *f* (*a.* ♪): ***be lost in*** (***a***) ***~*** in Träumen versunken sein.

re·ver·sal [rɪ'vɜːsl] *s.* **1.** 'Umkehr(ung) *f*; 'Umschwung *m*, -schlagen *n*: ***~ of opinion*** Meinungsumschwung; ***~ process*** *phot.* Umkehrentwicklung *f*; **2.** ⚖ (Urteils)Aufhebung *f*, 'Umstoßung *f*; **3.** ⚙ 'Umsteuerung *f*; **4.** ϟ ('Strom)ˌUmkehr *f*; **5.** ☤ Stornierung *f*; **re'verse** [rɪ'vɜːs] **I** *s.* **1.** Gegenteil *n*, *das* 'Umgekehrte; **2.** Rückschlag *m*: ***~ of fortune*** Schicksalsschlag *m*; **3.** ⚔ Niederlage *f*, Schlappe *f*; **4.** Rückseite *f*, *bsd. fig.* Kehrseite *f*: ***~ of a coin*** Rückseite *od.* Revers *m* e-r Münze; ***~ of the medal*** *fig.* Kehrseite der Medaille; ***on the ~*** umstehend; ***take in ~*** ⚔ im Rücken packen; **5.** *mot.* Rückwärtsgang *m*; **6.** ⚙ 'Umsteuerung *f*; **II** *adj.* □ **7.** 'umgekehrt, verkehrt, entgegengesetzt (***to*** *dat.*): ***~-charge call*** *teleph.* R-Gespräch *n*; ***~ current*** ϟ Gegenstrom *m*; ***~ flying*** ✈ Rückenflug *m*; ***~ order*** umgekehrte Reihenfolge; ***~ side*** a) Rückseite *f*, b) linke (*Stoff*)Seite; **8.** rückläufig, rückwärts…: ***~ gear*** → 5; **III** *v/t.* **9.** 'umkehren (*a.* A, ϟ), 'umdrehen; *fig. Politik* (ganz) 'umstellen; *Meinung* völlig ändern: ***~ the charge***(***s***) *teleph.* ein R-Gespräch führen; ***~ the order of things*** die Weltordnung auf den Kopf stellen; **10.** ⚖ *Urteil* aufheben, 'umstoßen; **11.** ☤ stornieren; **12.** ⚙ im Rückwärtsgang *od.* rückwärts fahren *od.* laufen (lassen); **13.** ϟ a) 'umpolen, b) 'umsteuern; **IV** *v/i.* **14.** rückwärts fahren; **15.** *beim Walzer* 'linksherˌum tanzen; **re'vers·i·ble** [-səbl] *adj.* **1.** *a.* A, ⚗, *phys.* 'umkehrbar; **2.** doppelseitig, wendbar (*Stoff*, *Mantel*); **3.** ⚙ 'umsteuerbar; **4.** ⚖ 'umstoßbar; **re'vers·ing** [-sɪŋ] *adj.* ⚙, *phys.* Umkehr…, Umsteuerungs…: ***~ gear*** a) Umsteuerung *f*, b) Wendegetriebe *n*, c) Rückwärtsgang *m*; ***~ pole*** ϟ Wendepol *m*; ***~ switch*** ϟ Wendeschalter *m*; **re'version** [-ɜːʃn] *s.* **1.** *a.* A 'Umkehrung *f*; **2.** ⚖ a) Heim-, Rückfall *m*, b) *a.* ***right of ~*** Heimfallsrecht *n*; **3.** ⚖ a) Anwartschaft *f* (***of*** auf *acc.*), b) Anwartschaftsrente *f*; **4.** *biol.* a) Rückartung *f*, b) Ata'vismus *m*; **5.** ϟ 'Umpolung *f*; **re'ver·sion·ar·y** [-ɜːʃnərɪ] *adj.* **1.** ⚖ anwartschaftlich, Anwartschafts…: ***~ annuity*** Rente *f* auf den Überlebensfall; ***~ heir*** Nacherbe *m*; **2.** *biol.* ata'vistisch; **re'ver·sion·er** [-ɜːʃnə] *s.* ⚖ **1.** Anwartschaftsberechtigte(r *m*) *f*, Anwärter(in); **2.** Nacherbe *m*, -erbin *f*; **re·vert** [rɪ'vɜːt] **I** *v/i.* **1.** zu'rückkehren (***to*** zu *s-m Glauben etc.*); **2.** zu'rückkommen (***to*** auf *e-n Brief*, *ein Thema etc.*); **3.** wieder zu'rückfallen (***to*** in *acc.*): ***~ to barbarism***; **4.** ⚖ zu'rück-, heimfallen (***to s.o.*** an j-n); **5.** *biol.* zu'rückschlagen (***to*** zu); **II** *v/t.* **6.** *Blick* (zu'rück)wenden; **re'vert·i·ble** [-ɜːtəbl] *adj.* ⚖ heimfällig (*Besitz*).

re·vet·ment [rɪ'vetmənt] *s.* **1.** ⚙ Verkleidung *f*, Futtermauer *f* (*Ufer etc.*); **2.** ⚔ Splitterschutzwand *f.*

re·view [rɪ'vjuː] **I** *s.* **1.** 'Nachprüfung *f*, (Über)'Prüfung *f*, Revisi'on *f*: ***court of ~*** ⚖ Rechtsmittelgericht *n*; ***be under ~*** überprüft werden; **2.** (Buch)Besprechung *f*, Rezensi'on *f*, Kri'tik *f*: ***~ copy*** Rezensionsexemplar *n*; **3.** Rundschau *f*, kritische Zeitschrift; **4.** ⚔ Pa'rade *f*, Truppenschau *f*: ***naval ~*** Flottenparade; ***pass in ~*** a) mustern, b) (vorbei-) defilieren (lassen), c) → **5.** Rückblick *m*, -schau *f* (***of*** auf *acc.*): ***pass in ~*** a) Rückschau halten über (*acc.*), b) *im Geiste* Revue passieren lassen; **6.** Bericht *m*, 'Übersicht *f*, -blick *m* (***of*** über *acc.*): ***market ~*** ☤ Markt-, Börsenbericht; ***month under ~*** Berichtsmonat *m*; **7.** 'Durchsicht *f*; **8.** → ***revue***; **II** *v/t.* **9.** nachprüfen, (über)'prüfen, e-r Revisi'on unter'ziehen; **10.** ⚔ besichtigen, inspizieren; **11.** *fig.* zu'rückblicken auf (*acc.*); **12.** über'blicken, -'schauen: ***~ the situation***; **13.** e-n 'Überblick geben über (*acc.*); **14.** *Buch* besprechen, rezensieren; **III** *v/i.* **15.** (Buch)-Besprechungen schreiben; **re'viewer** [-juːə] *s.* Kritiker(in), Rezen'sent(in): ***~'s copy*** Rezensionsexemplar *n.*

re·vile [rɪ'vaɪl] *v/t. u. v/i.*: ***~*** (***at*** *od.* ***against***) ***s.th.*** et. schmähen *od.* verunglimpfen; **re'vile·ment** [-mənt] *s.* Schmähung *f*, Verunglimpfung *f.*

re·vis·al [rɪ'vaɪzl] *s.* **1.** (Nach)Prüfung *f*; **2.** (nochmalige) 'Durchsicht; **3.** *typ.* zweite Korrek'tur; **re·vise** [rɪ'vaɪz] **I** *v/t.* **1.** revidieren: a) *typ.* in zweiter Korrektur lesen, b) *Buch* über'arbeiten: ***~ed edition*** verbesserte Auflage, c) *fig. Ansicht* ändern; **2.** über'prüfen, (wieder)'durchsehen; **II** *s.* **3.** *a.* ***~ proof*** *typ.* Revisi'onsbogen *m*, Korrek'turabzug *m*; **4.** → ***revision***; **re'vis·er** [-zə] *s.* **1.** *typ.* Kor'rektor *m*; **2.** Bearbeiter *m*; **re·vi·sion** [rɪ'vɪʒn] *s.* **1.** Revisi'on *f*: a) 'Durchsicht *f*, b) Über'arbeitung *f*, c) Korrek'tur *f*; **2.** verbesserte Ausgabe *od.* Auflage.

re·vis·it [ˌriː'vɪzɪt] *v/t.* nochmals *od.* wieder besuchen: ***London ~ed*** Wiedersehen *n* mit London.

re·vi·tal·ize [ˌriː'vaɪtəlaɪz] *v/t.* neu beleben, 'wiederbeleben.

re·viv·al [rɪ'vaɪvl] *s.* **1.** 'Wiederbelebung *f* (*a.* ☤; *a.* ⚖ *von Rechten*): ***~ of architecture*** Neugotik *f*; ***ℒ of Learning*** *hist.* Renaissance *f*; **2.** Wieder'aufleben *n*, -'aufblühen *n*, Erneuerung *f*; **3.** *eccl.* a) Erweckung *f*, b) *a.* ***~ meeting*** Erweckungsversammlung *f*; **4.** Wieder'aufgreifen *n e-s veralteten Worts etc.*; *thea.* Wieder'aufnahme *f e-s vergessenen Stücks*; **re'viv·al·ism** [-vəlɪzəm] *s. bsd. U.S.A.* a) (religi'öse) Erweckungsbewegung, ˌEvangelisati'on *f*, b) Erweckungseifer *m*; **re·vive** [rɪ'vaɪv] **I** *v/t.* **1.** 'wiederbeleben (*a. fig.*); **2.** *Anspruch*, *Gefühl*, *Hoffnung*, *Streit etc.* wieder'aufleben lassen; *Gefühle* 'wiedererwecken; *Brauch*, *Gesetz* wieder'einführen; *Vertrag* erneuern; *Gerechtigkeit*, *Ruf* wieder'herstellen; *Thema* wieder'aufgreifen; **3.** *thea. Stück* wieder auf die Bühne bringen; **4.** ⚙ *Metall* frischen; **II** *v/i.* **5.** wieder (zum Leben) erwachen; **6.** das Bewußtsein 'wiedererlangen; **7.** *fig.* wieder'aufleben (*a. Rechte*); 'wiedererwachen (*Haß etc.*); wieder'aufblühen; ☤ sich erholen; **8.** wieder'auftreten; wieder'aufkommen (*Brauch etc.*); **re'viv·er** [-və] *s.* **1.** ⚙ Auffrischungs-, Regenerierungsmittel *n*; **2.** *sl.* (*alkoholische*) Stärkung; **re·viv·i·fy** [riː'vɪvɪfaɪ] *v/t.* **1.** 'wiederbe-

leben; **2.** *fig.* wieder'aufleben lassen, neu beleben.
rev·o·ca·ble ['revəkəbl] *adj.* ☐ 'widerruflich; **rev·o·ca·tion** [ˌrevə'keɪʃn] *s.* ⚖ 'Widerruf *m*, Aufhebung *f*; (*Lizenz- etc.*)Entzug *m*.
re·voke [rɪ'vəʊk] **I** *v/t.* wider'rufen, aufheben, rückgängig machen; **II** *v/i. Kartenspiel*: nicht Farbe bekennen, nicht bedienen.
re·volt [rɪ'vəʊlt] **I** *s.* **1.** Re'volte *f*, Aufruhr *m*, Aufstand *m*; **II** *v/i.* **2.** a) (*a. fig.*) revoltieren, sich em'pören, sich auflehnen (***against*** gegen), b) abfallen (***from*** von); **3.** *fig.* 'Widerwillen empfinden (***at*** über *acc.*), sich sträuben *od.* empören (***against***, ***at***, ***from*** gegen); **III** *v/t.* **4.** *fig.* empören, mit Abscheu erfüllen, abstoßen; **re'volt·ing** [-tɪŋ] *adj.* ☐ em'pörend, abstoßend, widerlich.
rev·o·lu·tion [ˌrevə'lu:ʃn] *s.* **1.** 'Umwälzung *f*, Um'drehung *f*, Rotati'on *f*: ***~s per minute*** ⚙ Umdrehungen pro Minute, Dreh-, Tourenzahl *f*; ***~ counter*** Drehzahlmesser *m*, Tourenzähler *m*; **2.** *ast.* a) Kreislauf *m* (*a. fig.*), b) Um'drehung *f*, c) 'Umlauf(zeit *f*) *m*; **3.** *fig.* Revoluti'on *f*: a) 'Umwälzung *f*, 'Umschwung *m*, b) *pol.* 'Umsturz *m*; ˌ**rev·o·'lu·tion·ar·y** [-ʃnərɪ] **I** *adj.* revolutio'när: a) *pol.* Revolutions..., Umsturz..., b) *fig.* 'umwälzend, e'pochemachend; **II** *s.* *a.* ˌ**rev·o'lu·tion·ist** [-ʃnɪst] Revolutio'när(in) (*a. fig.*); ˌ**rev·o'lu·tion·ize** [-ʃnaɪz] *v/t.* **1.** aufwiegeln, in Aufruhr bringen; **2.** *Staat* revolutionieren (*a. fig. von Grund auf umgestalten*).
re·volve [rɪ'vɒlv] **I** *v/i.* **1.** *bsd.* ∡, ⚙, *phys.* sich drehen, kreisen, rotieren (***on***, ***about*** um *e-e Achse*, ***round*** um *e-n Mittelpunkt*); **2.** e-n Kreislauf bilden, da'hinrollen (*Jahre etc.*); **II** *v/t.* **3.** drehen, rotieren lassen; **4.** *fig.* (hin u. her) über'legen, *Gedanken*, *Problem* wälzen; **re'volv·er** [-və] *s.* Re'volver *m*; **re'volv·ing** [-vɪŋ] *adj.* a) sich drehend, kreisend, drehbar (***about***, ***round*** um), b) Dreh...(*-bleistift*, *-brücke*, *-bühne*, *-tür etc.*): ***~ credit*** † Revolving-Kredit *m*; ***~ shutter*** Rolladen *m*.
re·vue [rɪ'vju:] *s. thea.* **1.** Re'vue *f*; **2.** (zeitkritisches) Kaba'rett, sa'tirische Kaba'rettvorführung.
re·vul·sion [rɪ'vʌlʃn] *s.* **1.** ⚕ Ableitung *f*; **2.** *fig.* 'Umschwung *m*; **3.** *fig.* Abscheu *m* (***against*** vor *dat.*); **re'vul·sive** [-lsɪv] *adj. u. s.* ableitend(es Mittel).
re·ward [rɪ'wɔ:d] **I** *s.* **1.** Entgelt *n*; Belohnung *f*, *a.* Finderlohn *m*; **2.** Vergeltung *f*, (gerechter) Lohn; **II** *v/t.* **3.** *j-n od. et.* belohnen (*a. fig.*); *fig. j-m* vergelten (***for s.th.*** et.); *j-n od. et.* bestrafen; **re'ward·ing** [-dɪŋ] *adj.* ☐ lohnend (*a. fig.*); *fig. a.* dankbar (*Aufgabe*).
re·wind [ˌri:'waɪnd] **I** *v/t. Film*, *Tonband etc.* (zu')rückspulen, 'umspulen; *Garn etc.* wieder'aufspulen; *Uhr* wieder aufziehen; **II** *s.* Rückspulung *f etc.*; Rücklauf *m* (*am Tonbandgerät etc.*): ***~ button*** Rücklauftaste *f*.
re·word [ˌri:'wɜ:d] *v/t.* neu *od.* anders formulieren.
re·write [ˌri:'raɪt] **I** *v/t. u. v/i.* [*irr.* → ***write***] **1.** nochmals *od.* neu schreiben; **2.** 'umschreiben; *Am. Pressebericht* redigieren, über'arbeiten; **II** *s.* **3.** *Am.* redigierter Bericht: ***~ man*** Überarbeiter *m*.
Rex [reks] (*Lat.*) *s.* ⚖ *Brit. der* König.
rhap·sod·ic, **rhap·sod·i·cal** [ræp'sɒdɪk(l)] *adj.* ☐ **1.** rhap'sodisch; **2.** *fig.* begeistert, 'überschwenglich, ek'statisch; **rhap·so·dist** ['ræpsədɪst] *s.* **1.** Rhap'sode *m*; **2.** *fig.* begeisterter Schwärmer; **rhap·so·dize** ['ræpsədaɪz] *v/i. fig.* schwärmen (***about***, ***on*** von); **rhap·so·dy** ['ræpsədɪ] *s.* **1.** Rhapso'die *f* (*a.* ♪); **2.** *fig.* (Wort)Schwall *m*, Schwärme'rei *f*: ***go into rhapsodies over*** in Ekstase geraten über (*acc.*).
rhe·o·stat ['rɪəʊstæt] *s.* ⚡ Rheo'stat *m*, 'Regelˌwiderstand *m*.
rhet·o·ric ['retərɪk] *s.* **1.** Rhe'torik *f*, Redekunst *f*; **2.** *fig. contp.* schöne Reden *pl.*, (leere) Phrasen *pl.*, Schwulst *m*; **rhe·tor·i·cal** [rɪ'tɒrɪkl] *adj.* ☐ **1.** rhe'torisch, Redner...: ***~ question*** rhetorische Frage; **2.** *contp.* schönrednerisch, phrasenhaft, schwülstig; **rhet·o·ri·cian** [ˌretə'rɪʃn] *s.* **1.** guter Redner, Redekünstler *m*; **2.** *contp.* Schönredner *m*, Phrasendrescher *m*.
rheu·mat·ic [ru:'mætɪk] ⚕ **I** *adj.* (☐ ***~ally***) **1.** rheu'matisch: ***~ fever*** Gelenkrheumatismus *m*; **II** *s.* **2.** Rheu'matiker(in); **3.** *pl.* F Rheuma *n*; **rheu·ma·tism** ['ru:mətɪzəm] *s.* Rheuma'tismus *m*, Rheuma *n*: ***articular ~*** Gelenkrheumatismus.
Rhine·land·er ['raɪnlændə] *s.* Rheinländer(in).
rhine·stone ['raɪnstəʊn] *s. min.* Rheinkiesel *m* (*Bergkristall*).
rhi·no[1] ['raɪnəʊ] *s. sl.* ‚Kies' *m* (*Geld*).
rhi·no[2] ['raɪnəʊ] *pl.* **-nos** *s.* F, **rhi·noc·er·os** [raɪ'nɒsərəs] *pl.* **-os·es**, *coll.* **-os** *s. zo.* Rhi'nozeros *n*, Nashorn *n*.
rhi·zoph·a·gous [raɪ'zɒfəgəs] *adj. zo.* wurzelfressend.
Rho·de·si·an [rəʊ'di:zjən] **I** *adj.* rho'desisch; **II** *s.* Rho'desier(in).
rho·do·cyte ['rəʊdəsaɪt] *s. physiol.* rotes Blutkörperchen.
rho·do·den·dron [ˌrəʊdə'dendrən] *s.* ⚘ Rhodo'dendron *n, m*.
rhomb [rɒm] → ***rhombus***; **rhom·bic** ['rɒmbɪk] *adj.* rhombisch, rautenförmig; **rhom·bo·he·dron** [ˌrɒmbə'hedrən] *pl.* **-he·dra** [-drə], **-he·drons** *s.* ∡ Rhombo'eder *n*; **rhom·boid** ['rɒmbɔɪd] **I** *s.* **1.** ∡ Rhombo'id *n*, Parallelo'gramm *n*; **II** *adj.* **2.** rautenförmig; **3.** → ***rhomboidal***; **rhom·boi·dal** [rɒm'bɔɪdl] *adj.* ∡ rhombo'idförmig, rhombo'idisch; **rhom·bus** ['rɒmbəs] *pl.* **-bus·es**, **-bi** [-baɪ] *s.* ∡ Rhombus *m*, Raute *f*.
rhu·barb ['ru:bɑ:b] *s.* **1.** ⚘ Rha'barber *m*; **2.** *Am. sl.* ‚Krach' *m*.
rhumb [rʌm] *s.* **1.** Kompaßstrich *m*; **2.** *a.* ***~-line*** a) ∡ loxo'dromische Linie, b) ⚓ Dwarslinie *f*.
rhyme [raɪm] **I** *s.* **1.** Reim *m* (***to*** auf *acc.*): ***without ~ or reason*** ohne Sinn und Zweck; **2.** *sg. od. pl.* a) Vers *m*, b) Reim *m*, Gedicht *n*, Lied *n*; **II** *v/i.* **3.** reimen, Verse machen; **4.** sich reimen (***with*** mit, ***to*** auf *acc.*); **III** *v/t.* **5.** reimen, in Reime bringen; **6.** *Wort* reimen lassen (***with*** auf *acc.*); **'rhyme·less** [-lɪs] *adj.* reimlos; **'rhym·er** [-mə], **'rhyme·ster** [-stə] *s.* Verseschmied *m*; **rhym·ing dic·tion·ar·y** ['raɪmɪŋ] *s.* Reimwörterbuch *n*.
rhythm ['rɪðəm] *s.* **1.** ♪ Rhythmus *m* (*a. Metrik u. fig.*); Takt *m*: ***three-four ~***; ***dance ~s*** Tanzrhythmen, beschwingte Weisen; ***~ method*** Knaus-Ogino-Methode *f* (*Empfängnisverhütung*); **2.** Versmaß *n*; **3.** ⚕ Pulsschlag *m*; **rhyth·mic**, **rhyth·mi·cal** ['rɪðmɪk(l)] *adj.* ☐ rhythmisch: a) taktmäßig, b) *fig.* regelmäßig ('wiederkehrend); **rhyth·mics** ['rɪðmɪks] *s. pl. sg. konstr.* ♪ Rhythmik *f* (*a. Metrik*).
ri·al·to [rɪ'æltəʊ] *s.* **1.** *Am.* The'aterviertel *n*; **2.** Börse *f*, Markt *m*.
rib [rɪb] **I** *s.* **1.** *anat.* Rippe *f*: ***~ cage*** Brustkorb *m*; **2.** *Küche*: a) *a.* ***~ roast*** Rippenstück *n*, b) Rippe(n)speer *m*; **3.** *humor.* ‚Ehehälfte' *f*; **4.** ⚘ (Blatt)Rippe *f*, (-)Ader *f*; **5.** ⚙ Stab *m*, Stange *f*, (*a. Heiz-*, *Kühl- etc.*)Rippe *f*; **6.** △ (*Gewölbe- etc.*)Rippe *f*, Strebe *f*; **7.** ⚓ a) (Schiffs)Rippe *f*, Spant *n*, b) Spiere *f*; **8.** ♪ Zarge *f*; **9.** (*Stoff*)Rippe *f*: ***~ stitch*** *Stricken*: linke Masche; **II** *v/t.* **10.** mit Rippen versehen; **11.** *Stoff etc.* rippen; **12.** *sl.* ‚aufziehen', hänseln.
rib·ald ['rɪbəld] **I** *adj.* **1.** lästerlich, frech; **2.** zotig, ‚saftig', ob'szön; **II** *s.* **3.** Spötter(in), Lästermaul *n*; **4.** Zotenreißer *m*; **'rib·ald·ry** [-drɪ] *s.* Zoten(reiße'rei *f*) *pl.*, ‚saftige' Späße *pl*.
rib·and ['rɪbənd] *s.* (Zier)Band *n*.
ribbed [rɪbd] *adj.* gerippt, geriffelt, Rippen...: ***~ cooler*** ⚙ Rippenkühler *m*; ***~ glass*** Riffelglas *n*.
rib·bon ['rɪbən] *s.* **1.** Band *n*, Borte *f*; **2.** Ordensband *n*; **3.** (schmaler) Streifen; **4.** Fetzen *m*: ***tear to ~s*** in Fetzen reißen; **5.** Farbband *n* (*Schreibmaschine*); **6.** ⚙ a) (Me'tall)Band *n*, (-)Streifen *m*, b) (Holz)Leiste *f*: ***~ cartridge*** Farbbandkassette *f*; ***~ microphone*** Bändchenmikrophon *n*; ***~ saw*** Bandsäge *f*; **7.** *pl.* Zügel *pl.*; **~ build·ing**, **~ de·vel·op·ment** *s. Brit.* Stadtrandsiedlung *f* entlang e-r Ausfallstraße.
rib·bon·ed ['rɪbənd] *adj.* **1.** bebändert; **2.** gestreift.
ri·bo·fla·vin [raɪbəʊ'fleɪvɪn] *s.* ⚕ Ribofla'vin *n* (*Vitamin* B_2).
ri·bo·nu·cle·ic ac·id [ˌraɪbəʊnju:'kli:ɪk] *s.* Ribonukleinsäure *f*.
rice [raɪs] *s.* ⚘ Reis *m*; **~ flour** *s.* Reismehl *n*; **~ pad·dy** *s.* Reisfeld *n*; **~ pa·per** *s.* 'Reispaˌpier *n*; **~ pud·ding** *s.* Milchreis *m*.
ric·er ['raɪsə] *s. Am.* Kar'toffelpresse *f*.
rich [rɪtʃ] **I** *adj* (☐ → ***richly***) **1.** reich (***in*** an *dat.*) (*a. fig.*), wohlhabend: ***~ in cattle*** viehreich; ***~ in hydrogen*** wasserstoffreich; ***~ in ideas*** ideenreich; **2.** schwer (*Stoff*), prächtig, kostbar (*Seide*, *Schmuck etc.*); **3.** reich(lich), reichhaltig, ergiebig (*Ernte etc.*); **4.** fruchtbar, fett (*Boden*); **5.** a) *geol.* (erz)reich, fündig (*Lagerstätte*), b) *min.* reich, fett (*Erz*): ***strike it ~*** *min.* a) auf Öl *etc.* stoßen, b) *fig.* arrivieren, zu Geld kommen, c) *fig.* das große Los ziehen, e-n Volltreffer landen; **6.** ⚒ schwer; *mot.* fett, gasreich (*Luftgemisch*); **7.** schwer, fett (*Speise*); **8.** schwer, kräftig (*Wein*, *Duft etc.*); **9.** satt, voll (*Farbton*); **10.** voll, satt (*Ton*); voll(tönend), klangvoll (*Stimme*); **11.** inhalt(s)reich; **12.** F ‚köstlich', ‚großartig'; **II** *s.* **13.** *coll.* ***the***

~ die Reichen *pl.*; **rich·es** ['rɪtʃɪz] *s. pl.* Reichtum *m*, -tümer *pl.*; '**rich·ly** [-lɪ] *adv.* reichlich, in reichem Maße; '**rich·ness** [-nɪs] *s.* **1.** Reichtum *m*, Reichhaltigkeit *f*, Fülle *f*; **2.** Pracht *f*; **3.** Ergiebigkeit *f*; **4.** Nahrhaftigkeit *f*; **5.** (Voll)Gehalt *m*, Schwere *f* (*Wein etc.*); **6.** Sattheit *f* (*Farbton*); **7.** Klangfülle *f*.

rick[1] [rɪk] ⚒ *bsd. Brit.* **I** *s.* (Getreide-, Heu)Schober *m*; **II** *v/t.* schobern.

rick[2] [rɪk] *v/t. bsd. Brit.* verrenken.

rick·ets ['rɪkɪts] *s. sg. od. pl. konstr.* ⚕ Ra'chitis *f*; '**rick·et·y** [-tɪ] *adj.* **1.** ⚕ ra'chitisch; **2.** gebrechlich (*Person*), wack(e)lig (*a. Möbel u. fig.*), klapp(e)rig (*Auto etc.*).

ric·o·chet ['rɪkəʃeɪ] **I** *s.* **1.** Abprallen *n*; **2.** ⚔ a) Rikoschettieren *n*, b) *a.* ~ **shot** Abpraller *m*, Querschläger *m*; **II** *v/i.* **3.** abprallen.

rid [rɪd] *v/t.* [*irr.*] befreien, frei machen (**of** von): **get** ~ **of** *j-n od. et.* loswerden; **be** ~ **of** *j-n od. et.* los sein; **rid·dance** ['rɪdəns] *s.* Befreiung *f*, Erlösung *f*: (**he is a**) **good** ~! man ist froh, daß man ihn (wieder) los ist!, den wären wir los!

rid·den ['rɪdn] **I** *p.p. von* **ride**; **II** *adj. in Zssgn.* bedrückt, geplagt, gepeinigt von: **fever-**~; **pest-**~ von der Pest heimgesucht.

rid·dle[1] ['rɪdl] **I** *s.* **1.** Rätsel *n* (*a. fig.*): **speak in** ~**s** → 4; **II** *v/t.* **2.** enträtseln: ~ **me** rate mal; **3.** *fig. j-n* vor ein Rätsel stellen; **III** *v/i.* **4.** *fig.* in Rätseln sprechen.

rid·dle[2] ['rɪdl] **I** *s.* **1.** Schüttelsieb *n*; **II** *v/t.* **2.** ('durch-, aus)sieben; **3.** *fig.* durch'sieben, durch'löchern: ~ **s.o. with bullets**; **4.** *fig. Argument etc.* zerpflücken; **5.** *fig.* mit Fragen bestürmen.

ride [raɪd] **I** *s.* **1.** a) Ritt *m*, b) Fahrt *f* (*bsd. auf e-m [Motor]Rad od. in e-m öffentlichen Verkehrsmittel*): **go for a** ~, **take a** ~ a) ausreiten, b) ausfahren; **give s.o. a.** ~ j-n reiten *od.* fahren lassen, j-n *im Auto etc.* mitnehmen; **take s.o. for a** ~ F a) j-n (im Auto entführen und) umbringen, b) j-n ‚reinlegen' (*betrügen*), c) j-n ‚auf den Arm nehmen' (*hänseln*); **2.** Reitweg *m*, Schneise *f*; **II** *v/i.* [*irr.*] **3.** reiten (*a. fig. rittlings sitzen*): ~ **out** F ausreiten; ~ **for** zustreben (*dat.*), entgegeneilen (*dat.*); ~ **for a fall** halsbrecherisch reiten, *fig.* in sein Verderben rennen; ~ **up** hochrutschen (*Kragen etc.*); **let it** ~! F laß die Karre laufen!; **he let the remark** ~ er ließ die Bemerkung hingehen; **Nixon** ~**s again!** *iro.* N. ist wieder da!; **4.** fahren: ~ **on a bicycle** radfahren; ~ **in a train** mit e-m Zug fahren; **5.** sich (fort)bewegen, da'hinziehen (*a. Mond, Wolken etc.*); **6.** (auf dem Wasser) treiben, schwimmen; *fig.* schweben: ~ **at anchor** ⚓ vor Anker liegen; ~ **on the waves of popularity** *fig.* von der Woge der Volksgunst getragen werden; ~ **on the wind** sich vom Wind tragen lassen (*Vogel*); **be riding on air** *fig.* selig sein (*vor Glück*); **7.** *fig.* ruhen, liegen, sich drehen (**on** auf *dat.*); **8.** sich über'lagern (*z.B.* ⚕ *Knochenfragmente*); ⚓ unklar laufen (*Tau*); **9.** ⚙ fahren, laufen, gleiten; **10.** zum Reiten *gut etc.* geeignet sein (*Boden*); **11.** im Reitdreß wiegen; **III** *v/t.* [*irr.*] **12.** reiten: ~ **at** *sein Pferd* lenken nach *od.* auf (*acc.*); ~ **to death** zu Tode reiten (*a. fig. Theorie, Witz etc.*); ~ **a race** an e-m Rennen teilnehmen; **13.** reiten *od.* rittlings sitzen (lassen) auf (*dat.*); *j-n auf den Schultern* tragen; **14.** *Motorrad etc.* fahren, lenken: ~ **over** a) *j-n* überfahren, b) → 17; c) über *e-e Sache* rücksichtslos hinweggehen; **15.** *fig.* reiten *od.* schwimmen *od.* schweben auf (*dat.*): ~ **the waves** auf den Wellen reiten; **16.** aufliegen *od.* ruhen auf (*dat.*); **17.** tyrannisieren, beherrschen; *weitS.* heimsuchen, plagen, quälen; *j-m* bös zusetzen (*a. mit Kritik*); *Am.* F *j-n* reizen, hänseln: **the devil** ~**s him** ihn reitet der Teufel; → **ridden** II; **18.** *Land* durch'reiten; ~ **down** *v/t.* **1.** über'holen; **2.** a) niederreiten, b) über'fahren; ~ **out** *v/t. Sturm etc.* (gut) über'stehen (*a. fig.*).

rid·er ['raɪdə] *s.* **1.** Reiter(in); **2.** (Mit-)Fahrer(in); **3.** ⚙ a) Oberteil *n*, b) Laufgewicht *n* (*Waage*); **4.** ⚠ Strebe *f*; **5.** ⚓ Binnenspant *n*; **6.** ⚖ a) Zusatz (-klausel *f*) *m*, b) Beiblatt *n*, c) ('Wechsel)Al,longe *f*, d) zusätzliche Empfehlung; **7.** A Zusatzaufgabe *f*; **8.** ⚒ Salband *n*.

ridge [rɪdʒ] **I** *s.* **1.** a) (Gebirgs)Kamm *m*, Grat *m*, Kammlinie *f*, b) Berg-, Hügelkette *f*, c) Wasserscheide *f*; **2.** Kamm *m e-r Welle*; **3.** Rücken *m der Nase, e-s Tiers*; **4.** ⚠ (Dach)First *m*; **5.** ⚒ a) (Furchen)Rain *m*, b) erhöhtes Mistbeet; **6.** ⚙ Wulst *m*; **7.** *meteor.* Hochdruckgürtel *m*; **II** *v/t. u. v/i.* **8.** (sich) furchen; ~ **pole** *s.* **1.** ⚠ Firstbalken *m*; **2.** Firststange *f* (*Zelt*); ~ **tent** *s.* Hauszelt *n*; ~ **tile** *s.* ⚠ Firstziegel *m*; '~**·way** *s.* Kammlinien-, Gratweg *m*.

rid·i·cule ['rɪdɪkju:l] **I** *s.* Spott *m*: **hold up to** ~ → II; **turn** (**in**)**to** ~ *et.* ins Lächerliche ziehen; **II** *v/t.* lächerlich machen, verspotten; **ri·dic·u·lous** [rɪ'dɪkjʊləs] *adj.* □ lächerlich; **ri·dic·u·lous·ness** [rɪ'dɪkjʊləsnɪs] *s.* Lächerlichkeit *f*.

rid·ing ['raɪdɪŋ] **I** *s.* **1.** Reiten *n*; Reitsport *m*; **2.** Fahren *n*; **3.** Reitweg *m*; **4.** *Brit.* Verwaltungsbezirk *m*; **II** *adj.* **5.** Reit...: ~ **horse** (**school**, **whip** *etc.*); ~ **breeches** *pl.* Reithose *f*; ~ **habit** Reitkleid *n*.

rife [raɪf] *adj. pred.* **1.** weit verbreitet, häufig: **be** ~ (vor)herrschen, grassieren; **grow** (*od.* **wax**) ~ überhandnehmen; **2.** (**with**) voll (von), angefüllt (mit).

rif·fle ['rɪfl] **I** *s.* **1.** ⚙ Rille *f*, Riefelung *f*; **2.** *Am.* a) seichter Abschnitt (*Fluß*), b) Stromschnelle *f*; **3.** Stechen *n* (*Mischen von Spielkarten*); **II** *v/t.* **4.** ⚙ riffeln; **5.** *Spielkarten* stechen (*mischen*); **6.** 'durchblättern; *Zettel etc.* durchein'anderbringen.

riff-raff ['rɪfræf] *s.* Pöbel *m*, Gesindel *n*, Pack *n*.

ri·fle[1] ['raɪfl] **I** *s.* **1.** Gewehr *n* (*mit gezogenem Lauf*), Büchse *f*; **2.** *pl.* ⚔ Schützen *pl.*; **II** *v/t.* **3.** *Gewehrlauf* ziehen.

ri·fle[2] ['raɪfl] *v/t.* (aus)plündern, *Haus a.* durch'wühlen.

ri·fle| corps *s.* Schützenkorps *n*; ~ **grenade** *s.* Ge'wehrgranate *f*; '~**man** [-mən] *s.* [*irr.*] ⚔ Schütze *m*, Jäger *m*; ~ **pit** *s.* ⚔ Schützenloch *n*; ~ **prac·tice** *s.* ⚔ Schießübung *f*; ~ **range** *s.* **1.** Schießstand *m*; **2.** Schußweite *f*; ~ **shot** *s.* **1.** Gewehrschuß *m*; **2.** Schußweite *f*.

ri·fling ['raɪflɪŋ] *s.* **1.** Ziehen *n e-s Gewehrlaufs etc.*; **2.** Züge *pl.*

rift [rɪft] **I** *s.* **1.** Spalte *f*, Spalt *m*, Ritze *f*; **2.** Sprung *m*, Riß *m*: **a little** ~ **within the lute** *fig.* der Anfang vom Ende; **II** *v/t.* **3.** (zer)spalten; ~ **saw** *s.* ⚙ Gattersäge *f*; ~ **val·ley** *s. geol.* Senkungsgraben *m*.

rig[1] [rɪg] **I** *s.* **1.** ⚓ Takelung *f*, Take'lage *f*; ✈ (Auf)Rüstung *f*; **2.** Ausrüstung *f*; Vorrichtung *f*; **3.** F *fig.* Aufmachung *f* (*Kleidung*): **in full** ~ in voller Montur; **4.** *Am.* a) Fuhrwerk *n*, b) Sattelschlepper *m*; **5.** Bohranlage *f*; **II** *v/t.* **6.** ⚓ a) *Schiff* auftakeln, b) *Segel* anschlagen; **7.** ✈ (auf)rüsten, montieren; **8.** ~ **out**, ~ **up** a) ⚓ *etc.* ausrüsten, -statten, b) F *fig. j-n* ‚auftakeln', ausstaffieren; **9.** *oft* ~ **up** (behelfsmäßig) zs.-bauen, zs.-basteln.

rig[2] [rɪg] **I** *v/t.* ✝ *Markt etc.*, *pol. Wahl* manipulieren; **II** *s.* ('Schwindel)Ma,növer *n*, Schiebung *f*.

rig·ger ['rɪgə] *s.* **1.** ⚓ Takler *m*; **2.** ✈ Mon'teur *m*, ('Rüst)Me,chaniker *m*; **3.** ⚡ Kabelleger *m*; **4.** ⚠ Schutzgerüst *n*; **5.** ⚙ Schnur-, Riemenscheibe *f*; **6.** ✝ Kurstreiber *m*.

rig·ging ['rɪgɪŋ] *s.* **1.** ⚓ Take'lage *f*, Takelwerk *n*: **running** (**standing**) ~ laufendes (stehendes) Gut; **2.** ✈ Verspannung *f*; **3.** → **rig**[2] II; ~ **loft** *s. thea.* Schnürboden *m*.

right [raɪt] **I** *adj.* □ → **rightly**; **1.** richtig, recht, angemessen: **it is only** ~ es ist nicht mehr als recht und billig; **he is** ~ **to do so** er tut recht daran (, so zu handeln); **the** ~ **thing** das Richtige; **say the** ~ **thing** das rechte Wort finden; **2.** richtig: a) kor'rekt, b) wahr(heitsgemäß): **the solution is** ~ die Lösung stimmt *od.* ist richtig; **is your watch** ~? geht Ihre Uhr richtig?; **be** ~ recht haben; **get s.th.** ~ et. klarlegen, et. in Ordnung bringen; ~? F klar?; **all** ~! a) alles in Ordnung, b) ganz recht!, c) abgemacht!, in Ordnung!, gut!, (na) schön! (→ *a.* 4); ~ **you are!** F richtig!, jawohl!; **that's** ~! ganz recht!, stimmt!; **3.** richtig, geeignet: **he is the** ~ **man** er ist der Richtige; **he is all** ~ F er ist in Ordnung (→ *a.* 4); **the** ~ **man in the** ~ **place** der rechte Mann am rechten Platz; **4.** gesund, wohl: **he is all** ~ a) es geht ihm gut, er fühlt sich wohl, b) ihm ist nichts passiert; **out of one's** ~ **mind, not** ~ **in one's** (*od.* **the**) **head** F nicht ganz bei Trost; **in one's** ~ **mind** bei klarem Verstand; **5.** richtig, in Ordnung: **come** ~ in Ordnung kommen; **put** (*od.* **set**) ~ a) in Ordnung bringen, b) *j-n* (über e-n Irrtum) aufklären, c) *Irrtum* richtigstellen, d) *j-n* gesund machen; **put o.s.** ~ **with s.o.** a) sich vor j-m rechtfertigen, b) sich mit j-m gut stellen; **6.** recht, Rechts... (*a. pol.*): ~ **arm** (*od.* **hand**) *fig.* rechte Hand; ~ **side** rechte Seite, Oberseite *f* (*a. Münze, Stoff etc.*); **on** (*od.* **to**) **the** ~ **side** rechts, rechter Hand; **on the** ~ **side of 40** noch nicht 40 (Jahre alt); ~ **turn** Rechtswendung *f* (um 90 Grad); ~ **wing** a) *sport u. pol.* rechter Flügel, b) *sport* Rechtsaußen *m* (*Spieler*); **7.** A a) recht(*er Winkel*), b) rechtwink(e)lig (*Dreieck*), c) gerade (*Linie*), d) senkrecht (*Figur*): ***at ~ angles*** rechtwink(e)lig; **8.** *obs.* rechtmäßig (*Erbe*); echt (*Kognak etc.*); **II** *adv.* **9.** richtig, recht: ***act*** (*od.* ***do***) ***~***; ***guess ~*** richtig (er)raten; **10.** recht, richtig, gut: ***nothing goes ~ with me*** (bei) mir geht alles schief; ***turn out ~*** gut ausgehen; → 5; **11.** rechts (***from*** von); nach rechts; auf der rechten Seite: ***~ and left*** a) rechts und links, b) *fig. a.* ***~, left and centre*** (*Am.* ***center***) überall, von *od.* auf *od.* nach allen Seiten; ***~ about face!*** ⚔ (ganze Abteilung,) kehrt!; **12.** gerade (-wegs), (schnur)stracks, so'fort: ***~ ahead, ~ on*** geradeaus; ***~ away*** (*od.* ***off***) *bsd. Am.* sofort, gleich; ***~ now*** *Am.* jetzt (gleich); **13.** völlig, ganz (und gar), di'rekt: ***rotten ~ through*** durch und durch faul; **14.** genau, gerade: ***~ in the middle***; **15.** F ‚richtig', ‚ordentlich': ***I was ~ glad; he's a big shot all ~*** (***but***) er ist schon ein ‚großes Tier' (, aber); **16.** *obs.* recht, sehr: ***know ~ well*** sehr wohl wissen; **17.** 2 *in Titeln*: hoch, sehr: ***~ Hono(u)rable*** Sehr Ehrenwert; → ***reverend*** 2; **III** *s.* **18.** Recht *n*: ***of*** (*od.* ***by***) ***~s*** von Rechts wegen, rechtmäßig, eigentlich; ***in the ~*** im Recht; ***~ and wrong*** Recht und Unrecht; ***do s.o. ~*** j-m Gerechtigkeit widerfahren lassen; ***give s.o. his ~s*** j-m sein Recht geben *od.* lassen; **19.** ⚖ (subjek'tives) Recht, Anrecht *n*, (Rechts)Anspruch *m* (***to*** auf *acc.*); Berechtigung *f*: ***~s and duties*** Rechte und Pflichten; ***~ of inheritance*** Erbschaftsanspruch; ***~ of possession*** Eigentumsrecht; ***~ of sale*** Verkaufsrecht; ***~ of way*** → ***right-of-way***; ***industrial ~s*** gewerbliche Schutzrechte; ***by ~ of*** kraft (*gen.*), auf Grund (*gen.*); ***in ~ of his wife*** a) im Namen s-r Frau, b) von seiten s-r Frau; ***in one's own ~*** aus eigenem Recht; ***be within one's ~s*** das Recht auf s-r Seite haben; **20.** *das* Rechte *od.* Richtige: ***do the ~***; **21.** *pl.* (richtige) Ordnung: ***bring*** (*od.* ***put*** *od.* ***set***) ***s.th. to ~s*** et. (wieder) in Ordnung bringen; **22.** wahrer Sachverhalt: ***know the ~s of a case***; **23.** *die* Rechte, rechte Seite (*a. Stoff*): ***on*** (*od.* ***to***) ***the ~*** rechts, zur Rechten; ***on the ~ of*** rechts von; ***keep to the ~*** sich rechts halten, *mot.* rechts fahren; ***turn to the ~*** (sich) nach rechts wenden; **24.** rechte Hand, Rechte *f*; **25.** *Boxen*: Rechte *f* (*Faust od. Schlag*); **26.** 2 *pol.* a) rechter Flügel, b) 'Rechtspar,tei *f*; **IV** *v/t.* **27.** (⚓ auf)richten, ins Gleichgewicht bringen; ✈ *Maschine* abfangen; **28.** *Fehler, Irrtum* berichtigen: ***~ itself*** a) sich wieder ausgleichen, b) (wieder) in Ordnung kommen; **29.** *Unrecht etc.* wieder'gutmachen, in Ordnung bringen; **30.** *Zimmer etc.* in Ordnung bringen; **31.** *j-m* zu s-m Recht verhelfen: ***~ o.s.*** sich rehabilitieren; **V** *v/i.* **32.** sich wieder aufrichten.

'right|·a·bout *s. a.* ***~ face*** (*od.* ***turn***) Kehrtwendung *f* (*a. fig.*): ***send s.o. to the ~*** j-m ‚heimleuchten'; **'~-,an·gled** → ***right*** 7 b; **'~·down** *adj. u. adv.* ‚regelrecht', ausgesprochen.

right·eous ['raɪtʃəs] **I** *adj.* ☐ gerecht (*a. Sache, Zorn*), rechtschaffen; **II** *s. coll.* ***the ~*** die Gerechten *pl.*; **'right·eous·ness** [-nɪs] *s.* Rechtschaffenheit *f*.

'right|·ful [-fʊl] *adj.* ☐ rechtmäßig; **'~-hand** *adj.* **1.** recht: ***~ bend*** Rechtskurve *f*; ***~ man*** a) ⚔ rechter Nebenmann, b) *fig.* rechte Hand; **2.** rechtshändig: ***~ blow*** *Boxen*: Rechte *f*; **3.** ⚙ Rechts…; rechtsgängig (*Schraube*); rechtsläufig (*Motor*): ***~ drive*** Rechtssteuerung *f*; ***~ thread*** Rechtsgewinde *n*; **,~-'hand·ed** *adj.* **1.** rechtshändig: ***~ person*** Rechtshänder(in); **2.** → ***right-hand*** 3; **,~-'hand·er** [-'hændə] *s.* F **1.** Rechtshänder(in); **2.** *Boxen*: Rechte *f* (*Schlag*).

right·ist ['raɪtɪst] **I** *adj. pol.* 'rechtsgerichtet, -stehend; **II** *s.* 'Rechtspar,teiler *m*, Rechte(r *m*) *f*.

right·ly ['raɪtlɪ] *adv.* **1.** richtig; **2.** mit Recht; **3.** F (*nicht*) genau.

,right-'mind·ed *adj.* rechtschaffen.

right·ness ['raɪtnɪs] *s.* **1.** Richtigkeit *f*; **2.** Rechtmäßigkeit *f*; **3.** Geradheit *f* (*Linie*).

right·o [,raɪt'əʊ] *int. Brit.* F gut!, schön!, in Ordnung!

,right|-of-'way *pl.* **,rights-of-'way** *s.* **1.** *Verkehr*: a) Vorfahrt(srecht *n*) *f*, b) Vorrang *m* (*e-r Straße, a. fig.*): ***yield the ~*** (die) Vorfahrt gewähren (***to*** *dat.*); **2.** Wegerecht *n*; **3.** öffentlicher Weg; **4.** *Am.* zu öffentlichen Zwecken beanspruchtes (*z.B.* Bahn)Gelände; **,~-'wing** *adj. pol.* Rechts…, dem rechten Flügel angehörend, rechtsstehend; **,~'wing·er** *s.* **1.** → ***rightist*** II; **2.** *sport* Rechtsaußen *m*.

right·oh → ***righto***.

rig·id ['rɪdʒɪd] *adj.* ☐ **1.** starr, steif; **2.** ⚙ a) starr, unbeweglich, b) (stand-, form-) fest, sta'bil: ***~ airship*** Starrluftschiff *n*; **3.** *fig.* a) streng (*Disziplin, Glaube, Sparsamkeit etc.*), b) starr (*Politik*, ✝ *Preise etc.*), c) streng, hart, unbeugsam (*Person*); **ri·gid·i·ty** [rɪ'dʒɪdətɪ] *s.* **1.** Starr-, Steifheit *f* (*a. fig.*), Starre *f*; **2.** ⚙ a) Starrheit *f*, Unbeweglichkeit *f*, b) (Stand-, Form)Festigkeit *f*, Stabili'tät *f*; **3.** *fig.* Strenge *f*, Härte *f*, Unnachgiebigkeit *f*.

rig·ma·role ['rɪgmərəʊl] *s.* **1.** Geschwätz *n*: ***tell a long ~*** lang u. breit erzählen; **2.** *iro.* Brim'borium *n*.

rig·or¹ ['rɪgə] *Am.* → ***rigour***.

rig·or² ['rɪgə] *s.* ⚕ **1.** Schüttel-, Fieberfrost *m*; **2.** Starre *f*; → **ri·gor mor·tis** ['raɪgɔː 'mɔːtɪs] *s.* ⚕ Leichenstarre *f*.

rig·or·ous ['rɪgərəs] *adj.* ☐ **1.** streng, hart, rigo'ros: ***~ measures***; **2.** streng (*Winter*); rauh (*Klima etc.*); **3.** (peinlich) genau, strikt, ex'akt.

rig·our ['rɪgə] *s.* **1.** Strenge *f*, Härte *f* (*a. des Winters*); Rauheit *f* (*Klima*): ***~s of the weather*** Unbilden der Witterung; **2.** Ex'aktheit *f*, Schärfe *f*.

rile [raɪl] *v/t.* F ärgern: ***be ~d at*** aufgebracht sein über (*acc.*).

rill [rɪl] *s.* Bächlein *n*, Rinnsal *n*.

rim [rɪm] **I** *s.* **1.** *allg.* Rand *m*; **2.** ⚙ a) Felge *f*, b) (Rad)Kranz *m*: ***~ brake*** Felgenbremse *f*; **3.** (Brillen)Rand *m*, Fassung *f*; **II** *v/t.* **4.** mit e-m Rand versehen; einfassen; **5.** ⚙ *Rad* befelgen.

rime [raɪm] *s. poet.* (Rauh)Reif *m*.

rim·less ['rɪmlɪs] *adj.* randlos.

rim·y ['raɪmɪ] *adj.* bereift, voll Reif.

rind [raɪnd] *s.* **1.** ⚘ (Baum)Rinde *f*, Borke *f*; **2.** (Brot-, Käse)Rinde *f*, Kruste *f*; **3.** (Speck)Schwarte *f*; **4.** (Obst-, Gemüse)Schale *f*; **5.** *fig.* Schale *f*, *das* Äußere.

ring¹ [rɪŋ] **I** *s.* **1.** *allg.* Ring *m* (*a.* ⚘, ⚗): ***form a ~*** *fig.* e-n Kreis bilden (*Personen*); **2.** ⚙ Öse *f*; **3.** *ast.* Hof *m*; **4.** (Zirkus)Ring *m*, Ma'nege *f*; **5.** (Box-) Ring *m*, *weitS.* (*das*) (Berufs)Boxen: ***be in the ~ for*** *fig.* kämpfen um; **6.** *Rennsport*: a) Buchmacherstand *m*, b) *coll. die* Buchmacher *pl.*; **7.** ✝ Ring *m*, Kar'tell *n*; **8.** (*Verbrecher-, Spionage- etc.*)Ring *m*, Organisati'on *f*; *weitS.* Clique *f*; **II** *v/t.* **9.** beringen; *e-m Tier* e-n Ring durch die Nase ziehen; **10.** ⚒ *Baum* ringeln; **11.** in Ringe schneiden: ***~ onions***; **12.** *mst* ***~ in*** (*od.* ***round*** *od.* ***about***) um'ringen, -'kreisen, einschließen; *Vieh* um'reiten, zs.-treiben.

ring² [rɪŋ] **I** *s.* **1.** a) Glockenklang *m*, -läuten *n*, b) Glockenspiel *n*, Läutwerk *n* (*Kirche*); **2.** Läut-, Rufzeichen *n*, Klingeln *n*; **3.** *teleph.* Anruf *m*: ***give me a ~*** rufe mich an; **4.** Klang *m*, Schall *m*: ***the ~ of truth*** der Klang der Wahrheit, der echte Klang; **II** *v/i.* [*irr.*] **5.** läuten (*Glocke*), klingeln (*Glöckchen*): ***~ at the door*** klingeln; ***~ for*** nach *j-m* klingeln; ***~ off*** *teleph.* (den Hörer) auflegen; **6.** klingen (*Münze, Stimme, Ohr etc.*): ***~ true*** wahr klingen; **7.** *oft* ***~ out*** erklingen, -schallen (***with*** von), ertönen (*a. Schuß*): ***~ again*** widerhallen; **III** *v/t.* [*irr.*] **8.** *Glocke* läuten: ***~ the bell*** a) klingeln, läuten, b) *fig.* → ***bell¹*** 1; ***~ down*** (***up***) ***the curtain*** *thea.* den Vorhang nieder- (hoch)gehen lassen; ***~ in the new year*** das neue Jahr einläuten; ***~ s.o. up*** *teleph. bsd. Brit.* j-n *od.* bei j-m anrufen; **9.** erklingen lassen; *fig. j-s Lob* erschallen lassen.

'ring|-a,round-a-'ros·y *s.* ‚Ringelreihen' *n* (*Kinderspiel*); **~ bind·er** *s.* Ringbuch *n*; **~ com·pound** *s.* ⚗ Ringverbindung *f*; **'~·dove** *s. orn.* **1.** Ringeltaube *f*; **2.** Lachtaube *f*.

ringed [rɪŋd] *adj.* **1.** beringt (*Hand etc.*); *fig.* verheiratet; **2.** *zo.* Ringel…

ring·er ['rɪŋə] *s.* **1.** Glöckner *m*; **2.** *Am. sl.* a) *Pferderennen*: ‚Ringer' *m vertauschtes Pferd*, b) *fig. a.* ***dead ~*** Doppelgänger(in), (genaues) Ebenbild, ‚Zwilling' *m* (***for*** von).

ring·ing ['rɪŋɪŋ] **I** *s.* **1.** (Glocken)Läuten *n*; **2.** Klinge(l)n *n*: ***he has a ~ in his ears*** ihm klingen die Ohren; **II** *adj.* ☐ **3.** klinge(l)nd, schallend: ***~ cheers*** brausende Hochrufe; ***~ laugh*** schallendes Gelächter.

'ring,lead·er *s.* Rädelsführer *m*.

ring·let ['rɪŋlɪt] *s.* **1.** Ringlein *n*; **2.** (Ringel)Löckchen *n*.

'ring|,mas·ter *s.* 'Zirkusdi,rektor *m*; **'~-road** *s. mot. bsd. Brit.* Ring-, Um'gehungsstraße *f*; **'~·side** *s.*: ***at the ~*** *Boxen*: am Ring; ***~ seat*** Ringplatz *m*, *weitS.* guter Platz; ***have a ~ seat*** *fig.* die Sache aus nächster Nähe verfolgen (können); **~ snake** *s. zo.* Ringelnatter *f*.

ring·ster ['rɪŋstə] *s. Am.* F *bsd. pol.* Mitglied *n* e-s Ringes *od.* e-r Clique.

'ring|-wall *s.* Ringmauer *f*; **'~-worm** *s.* ⚕ Ringelflechte *f*.

rink [rɪŋk] *s.* **1.** a) (*bsd.* Kunst)Eisbahn *f*, b) Rollschuhbahn *f*; **2.** a) *Bowls*: Spielfeld *n*, b) *Curling*: Rink *m*, Bahn *f*.

rinse [rɪns] **I** *v/t.* **1.** *oft* ***~ out*** (ab-, aus-, nach)spülen; **2.** *Haare* tönen; **II** *s.* **3.** Spülung *f*: ***give s.th. a good ~*** et. gut (ab- *od.* aus)spülen; **4.** Spülmittel *n*; **5.** Tönung *f* (*Haar*); **'rins·ing** [-sɪŋ] *s.* **1.** (Aus)Spülen *n*, Spülung *f*; **2.** *mst pl.* Spülwasser *n*.

ri·ot ['raɪət] **I** *s.* **1.** *bsd.* ⚖ Aufruhr *m*, Zs.-rottung *f*: ***2 Act*** *hist. Brit.* Aufruhrakte *f*; ***read the 2 Act to*** *fig. humor. j-n* (ernstlich) warnen, *j-m* die Leviten lesen; ***~ call*** *Am.* Hilfeersuchen *n* (der Polizei bei Aufruhr *etc.*); ***~ gun*** Straßenkampfwaffe *f*; ***~ squad***, ***~ police*** Überfallkommando *n*; ***~ stick*** Schlagstock *m*; **2.** Tu'mult *m*, Aufruhr *m*, (*a. fig. der Gefühle*), Kra'wall *m* (*a.* = Lärm *m*); **3.** *fig.* Ausschweifung *f*, 'Orgie *f* (*a. weitS. in Farben etc.*): ***run ~*** a) (sich aus)toben, b) durchgehen (*Phantasie etc.*), c) *hunt.* e-e falsche Fährte verfolgen (*Hund*), d) ♀ wuchern; ***he*** (***it***) ***is a ~*** F er (es) ist einfach ‚toll' *od.* ‚zum Schreien' (komisch); **II** *v/i.* **4.** a) an e-m Aufruhr teilnehmen, b) e-n Aufruhr anzetteln; **5.** randalieren, toben; **6.** *a. fig.* schwelgen (***in*** in *dat.*); **'ri·ot·er** [-tə] *s.* Aufrührer *m*; Randalierer *m*, Kra'wallmacher *m*; **'ri·ot·ous** [-təs] *adj.* □ **1.** aufrührerisch: ***~ assembly*** ⚖ Zs.-rottung *f*; **2.** tumultu'arisch, tobend; **3.** ausgelassen, wild (*a. Farbe etc.*); **4.** zügellos, toll.

rip [rɪp] **I** *v/t.* **1.** (zer)reißen, (-)schlitzen; *Naht etc.* (auf-, zer)trennen: ***~ off*** los-, wegreißen, *fig. sl.* ***sich*** *et.* ‚unter den Nagel reißen'; *Bank etc.* ausrauben; *j-n* ‚ausnehmen', neppen; ***~ up*** (*od.* ***open***) aufreißen, -schlitzen, -trennen; **II** *v/i.* **2.** reißen, (auf)platzen; **3.** F sausen: ***let her ~!*** gib Gas!; ***~ into*** *fig.* auf *j-n* losgehen; **4.** ***~ out with*** *Fluch etc.* ausstoßen; **III** *s.* **5.** Schlitz *m*, Riß *m*.

ri·par·i·an [raɪ'peərɪən] **I** *adj.* **1.** Ufer...: ***~ owner*** → 3; **II** *s.* **2.** Uferbewohner (-in); **3.** ⚖ Uferanlieger *m*.

'rip·cord *s.* ✈ Reißleine *f*.

ripe [raɪp] *adj.* □ **1.** reif (*Obst, Ernte etc.*); ausgereift (*Käse, Wein*); schlachtreif (*Tier*); *hunt.* abschußreif; ⚕ operati'onsreif (*Abszeß etc.*): ***~ beauty*** *fig.* reife Schönheit; **2.** *körperlich, geistig* reif, voll entwickelt; **3.** *fig.* reif, gereift, (*Alter, Urteil etc.*); voll'endet (*Künstler etc.*); ausgereift (*Plan etc.*); **4.** (*zeitlich*) reif (***for*** für); **5.** reif, bereit, fertig (***for*** für); **6.** F deftig (*Witz etc.*); **'rip·en** [-pən] **I** *v/i.* **1.** *a. fig.* reifen, reif werden; **2.** sich (voll) entwickeln, her'anreifen (***into*** zu); **II** *v/t.* **3.** reifen lassen; **'ripe·ness** [-nɪs] *s.* Reife *f* (*a. fig.*).

'rip-off *s. sl.* **1.** a) Diebstahl *m*, b) Raub *m*; **2.** ‚Nepp' *m*, *allg.* ‚Beschiß' *m*.

ri·poste [rɪ'pɒst] **I** *s.* **1.** *fenc.* Ri'poste *f*, Nachstoß *m*; **2.** *fig.* a) schlagfertige Erwiderung, b) scharfe Antwort; **II** *v/i.* **3.** *fenc.* ripostieren; Gegenstoß machen (*a. fig.*); **4.** *fig.* (schlagfertig *od.* hart) kontern.

rip·per ['rɪpə] *s.* **1.** ⚙ a) Trennmesser *n*, b) 'Trennmaˌschine *f*, c) → ***rip saw***; **2.** *sl.* a) 'Prachtexemˌplar *n*, b) Prachtkerl *m*; **3.** *blutrünstiger Mörder*; **rip·ping** ['rɪpɪŋ] *obs. Brit. sl. adj.* □ prächtig, ‚prima', ‚toll'.

rip·ple¹ ['rɪpl] **I** *s.* **1.** kleine Welle(n *pl.*), Kräuselung *f* (*Wasser, Sand etc.*): ***~ of laughter*** *fig.* leises Lachen; ***cause a ~*** *fig.* ein kleines Aufsehen erregen; **2.** Rieseln *n*, (Da'hin)Plätschern *n* (*a. fig. Gespräch*); **3.** *fig.* Spiel(en) *n* (*der Muskeln etc.*); **II** *v/i.* **4.** kleine Wellen schlagen, sich kräuseln; **5.** rieseln, (da'hin-) plätschern (*a. fig. Gespräch*); **6.** *fig.* spielen (*Muskeln etc.*); **III** *v/t.* **7.** *Wasser etc.* leicht bewegen, kräuseln.

rip·ple² ['rɪpl] ⚙ **I** *s.* Riffelkamm *m*; **II** *v/t. Flachs* riffeln.

'rip·ple| cloth *s.* Zibe'line *f* (*Wollstoff*); ***~ cur·rent*** *s.* ⚡ Brummstrom *m*; ***~ finish*** *s.* ⚙ Kräusellack *m*.

ˌrip|-'roar·ing *adj.* F ‚toll'; ***~ saw*** *s.* ⚙ Spaltsäge *f*; **'~ˌsnort·er** [-ˌsnɔːtə] *s. sl.* a) ‚tolle Sache', b) ‚toller Kerl'; **'~-'snort·ing** [-'snɔːtɪŋ] *adj. sl.* ‚toll'.

rise [raɪz] **I** *v/i.* [*irr.*] **1.** sich erheben, *vom Bett, Tisch etc.* aufstehen: ***~*** (***from the dead***) *eccl.* (von den Toten) auferstehen; **2.** a) aufbrechen, b) die Sitzung schließen, sich vertagen; **3.** auf-, em'por-, hochsteigen (*Vogel, Rauch etc.*; *a. Geruch*; *a. fig. Gedanke, Zorn etc.*): ***the curtain ~s*** *thea.* der Vorhang geht auf; ***my hair ~s*** die Haare stehen mir zu Berge; ***her colo(u)r rose*** die Röte stieg ihr ins Gesicht; ***land ~s to view*** Land kommt in Sicht; ***spirits rose*** die Stimmung hob sich; ***the word rose to her lips*** das Wort kam ihr auf die Lippen; **4.** steigen, sich bäumen (*Pferd*): ***~ to a fence*** zum Sprung über ein Hindernis ansetzen; **5.** sich erheben, em'porragen (*Berg etc.*); **6.** aufgehen (*Sonne etc.*; *a. Saat, Teig*); **7.** (an)steigen (*Gelände etc.*; *a. Wasser*; *a. Temperatur etc.*); **8.** (an)steigen, anziehen (*Preise etc.*); **9.** ⚕ sich bilden (*Blasen*); **10.** sich erheben, aufkommen (*Sturm*); **11.** sich erheben *od.* em'pören, revoltieren: ***~ in arms*** zu den Waffen greifen; ***my stomach ~s against*** (*od.* ***at***) ***it*** mein Magen sträubt sich dagegen, (*a. fig.*) es ekelt mich an; **12.** *beruflich od. gesellschaftlich* aufsteigen: ***~ in the world*** vorwärtskommen, es zu et. bringen; **13.** *fig.* sich erheben: a) erhaben sein (***above*** über *acc.*), b) sich em'porschwingen (*Geist*); → ***occasion*** 3; **14.** ♪ (an)steigen, anschwellen; **II** *v/t.* [*irr.*] **15.** aufsteigen lassen; *Fisch* an die Oberfläche locken; **16.** *Schiff* sichten; **III** *s.* **17.** (Auf)Steigen *n*, Aufstieg *m*; **18.** *ast.* Aufgang *m*; **19.** Auferstehung *f von den Toten*; **20.** Steigen *n* (*Fisch*), Schnappen *n* nach dem Köder: ***get*** (*od.* ***take***) ***a ~ out of s.o.*** *sl.* j-n ‚auf die Palme bringen'; **21.** *fig.* Aufstieg *m* (*Person, Nation etc.*): ***a young man on the ~*** ein aufstrebender junger Mann; **22.** (An)Steigen *n*, Erhöhung *f* (*Flut, Temperatur etc.*; ✝ *Preise etc.*); *Börse*: Aufschwung *m*, Hausse *f*; *bsd. Brit.* Aufbesserung *f*, Lohn-, Gehaltserhöhung *f*: ***buy for a ~*** auf Hausse spekulieren; ***on the ~*** im Steigen (begriffen) (*Preise*); **23.** Zuwachs *m*, -nahme *f*: ***~ in population*** Bevölkerungszuwachs; **24.** Ursprung *m* (*a. fig. Entstehung*): ***take*** (*od.* ***have***) ***its ~*** entspringen, entstehen; **25.** Anlaß *m*: ***give ~ to*** verursachen, hervorrufen, erregen; **26.** a) Steigung *f* (*Gelände*), b) Anhöhe *f*, Erhebung *f*; **27.** Höhe *f*; ⚠ Pfeilhöhe *f* (*Bogen*); **ris·en** ['rɪzn] *p.p. von* ***rise***; **'ris·er** [-zə] *s.* **1.** ***early ~*** Frühaufsteher (-in); ***late ~*** Langschläfer(in); **2.** Steigung *f e-r Treppenstufe*; **3.** a) ⚙ Steigrohr *n*, b) ⚡ Steigleitung *f*, c) *Gießerei*: Steiger *m*.

ris·i·bil·i·ty [ˌrɪzɪ'bɪlətɪ] *s.* **1.** *a. pl.* Lachlust *f*; **2.** Gelächter *n*; **ris·i·ble** ['rɪzɪbl] *adj.* **1.** lachlustig; **2.** Lach...: ***~ muscles***; **3.** lachhaft.

ris·ing ['raɪzɪŋ] **I** *adj.* **1.** (an)steigend (*a. fig.*): ***~ ground*** (Boden)Erhebung *f*, Anhöhe *f*; ***~ gust*** Steigbö *f*; ***~ main*** a) ⚙ Steigrohr *n*, b) ⚡ Steigleitung *f*; ***~ rhythm*** *Metrik*: steigender Rhythmus; **2.** her'anwachsend, kommend (*Generation*); **3.** aufstrebend: ***a ~ lawyer***; **II** *prp.* **4.** *Am.* F ***~ of*** a) (etwas) mehr als, b) genau; **III** *s.* **5.** Aufstehen *n*; **6.** (An-) Steigen *n* (*a. fig. Preise, Temperatur etc.*); **7.** Steigung *f*, Anhöhe *f*; **8.** *ast.* Aufgehen *n*; **9.** Aufstand *m*, Erhebung *f*; **10.** Steigerung *f*, Zunahme *f*; **11.** Aufbruch *m e-r Versammlung*; **12.** ⚕ a) Geschwulst *f*, b) Pustel *f*.

risk [rɪsk] **I** *s.* **1.** Wagnis *n*, Gefahr *f*, Risiko *n*: ***at one's own ~*** auf eigene Gefahr; ***at the ~ of one's life*** unter Lebensgefahr; ***at the ~ of*** (*ger.*) auf die Gefahr hin, zu (*inf.*); ***be at ~*** gefährdet sein, auf dem Spiel stehen; ***put at ~*** gefährden; ***run the ~ of doing s.th.*** Gefahr laufen, et. zu tun; ***run*** (*od.* ***take***) ***a ~*** ein Risiko eingehen; **2.** ✝ a) Risiko *n*, Gefahr *f*, b) versichertes Wagnis (*Ware od. Person*): ***~ capital*** Risikokapital *n*; ***~ spreading*** Risikostreuung *f*; ***security ~*** *pol.* Sicherheitsrisiko; **II** *v/t.* **3.** riskieren, wagen, aufs Spiel setzen: ***~ one's life***; **4.** *Verlust, Verletzung etc.* riskieren; **'risk·y** [-kɪ] *adj.* □ **1.** ris'kant, gewagt, gefährlich; **2.** → ***risqué***.

ris·qué ['riːskeɪ] *adj.* gewagt, schlüpfrig: ***a ~ story***.

ris·sole ['rɪsəʊl] (*Fr.*) *s. Küche*: Briso'lett *n*.

rite [raɪt] *s.* **1.** *bsd. eccl.*: Ritus *m*, Zeremo'nie *f*, feierliche Handlung: ***funeral ~s*** Totenfeier *f*, Leichenbegängnis *n*; ***last ~s*** Sterbesakramente; **2.** *oft 2 eccl.* Ritus *m*: a) Religi'onsform *f*, b) Litur'gie *f*; **3.** Gepflogenheit *f*, Brauch *m*.

rit·u·al ['rɪtʃʊəl] **I** *s.* **1.** *eccl. etc., a. fig.* Ritu'al *n*; **2.** *eccl.* Ritu'albuch *n*; **II** *adj.* □ **3.** ritu'al, Ritual...: ***~ murder*** Ritualmord *m*; **4.** ritu'ell, feierlich: ***~ dance***.

ritz·y ['rɪtsɪ] *adj. sl.* **1.** ‚stinkvornehm', ‚feu'dal'; **2.** angeberisch.

ri·val ['raɪvl] **I** *s.* **1.** Ri'vale *m*, Ri'valin *f*, Nebenbuhler(in), Konkur'rent(in): ***without a ~*** *fig.* ohnegleichen, unerreicht; **II** *adj.* **2.** rivalisierend, wetteifernd: ***~ firm*** ✝ Konkurrenzfirma *f*; **III** *v/t.* **3.** rivalisieren *od.* wetteifern *od.* konkurrieren mit, *j-m* den Rang streitig machen; **4.** *fig.* es aufnehmen mit; gleichkommen (*dat.*); **'ri·val·ry** [-rɪ] *s.* **1.** Rivali'tät *f*, Nebenbuhlerschaft *f*; **2.** Wettstreit *m*, -eifer *m*, Konkur'renz *f*: ***enter into ~ with s.o.*** j-m Konkurrenz machen.

rive [raɪv] **I** *v/t.* [*irr.*] **1.** (zer)spalten; **2.** *poet.* zerreißen; **II** *v/i.* [*irr.*] **3.** sich spalten; *fig.* brechen (*Herz*); **riv·en** ['rɪvən] *p.p. von* ***rive***.

riv·er ['rɪvə] *s.* **1.** Fluß *m*, Strom *m*: ***~ police*** Wasserschutzpolizei *f*; ***the ~***

Thames die Themse; ***Hudson*** ♀ der Hudson; ***down the*** ~ stromab(wärts); ***sell s.o. down the*** ~ F j-n ‚verkaufen'; ***up the*** ~ a) stromauf(wärts), b) *Am.* F in den *od.* im ‚Knast'; **2.** *fig.* Strom *m*, Flut *f*.

riv·er·ain ['rɪvəreɪn] **I** *adj.* Ufer…, Fluß…; **II** *s.* Ufer- *od.* Flußbewohner(in).

riv·er| ba·sin *s. geol.* Einzugsgebiet *n*; '**~-bed** *s.* Flußbett *n*; **~ dam** *s.* Staudamm *m*, Talsperre *f*; '**~-front** *s.* (Fluß-)Hafenviertel *n*; '**~-head** *s.* (Fluß)Quelle *f*, Quellfluß *m*; **~ horse** *s. zo.* Flußpferd *n*.

riv·er·ine ['rɪvəraɪn] *adj.* am Fluß (gelegen *od.* wohnend); Fluß…

riv·er| po·lice *s.* 'Wasserschutzpoli,zei *f*; '**~-side I** *s.* Flußufer *n*; **II** *adj.* am Ufer (gelegen), Ufer…

riv·et ['rɪvɪt] **I** *s.* ⚙ **1.** Niete *f*, Niet *m*: **~ *joint*** Nietverbindung *f*; **II** *v/t.* **2.** ⚙ (ver)nieten; **3.** befestigen (***to*** an *acc.*); **4.** *fig.* a) *Blick, Aufmerksamkeit* heften, richten (***on*** auf *acc.*), b) *Aufmerksamkeit, a. j-n* fesseln: ***stand ~ed to the spot*** wie angewurzelt stehenbleiben; '**riv·et·ing** [-tɪŋ] *s.* ⚙ **1.** Nietnaht *f*; **2.** (Ver)Nieten *n*: **~ *hammer*** Niethammer *m*.

riv·u·let ['rɪvjʊlɪt] *s.* Flüßchen *n*.

roach¹ [rəʊtʃ] *s. ichth.* Plötze *f*, Rotauge *n*: ***sound as a*** ~ kerngesund.

roach² [rəʊtʃ] *s.* ⚓ Gilling *f*.

roach³ [rəʊtʃ] → ***cockroach***.

road [rəʊd] **I** *s.* **1.** a) (Land)Straße *f*, b) Weg *m* (*a. fig.*), c) Strecke *f*, d) Fahrbahn *f*: ***by*** ~ a) auf dem Straßenweg, b) per Achse, mit dem Fahrzeug; ***on the*** ~ a) auf der Straße, b) auf Reisen, unterwegs, c) *thea.* auf Tournee; ***hold the*** ~ ***well*** *mot.* e-e gute Straßenlage haben; ***take*** (*sl.* ***hit***) ***the*** ~ aufbrechen; ***rule of the*** ~ Straßenverkehrsordnung *f*; ***the*** ~ ***to success*** *fig.* der Weg zum Erfolg; ***be in s.o.'s*** ~ *fig.* j-m im Wege stehen; **~ *up!*** Straßenarbeiten!; **2.** *mst pl.* ⚓ Reede *f*; **3.** 🚂 *Am.* Bahn(strecke) *f*; **4.** ⚒ Förderstrecke *f*; **II** *adj.* **5.** Straßen…, Weg…: **~ *conditions*** Straßenzustand *m*; **~ *haulage*** Güterkraftverkehr *m*; **~ *junction*** Straßenknotenpunkt *m*, -einmündung *f*; **~ *sign*** Straßenschild *n*, Wegweiser *m*.

road·a·bil·i·ty [,rəʊdə'bɪlətɪ] *s. mot.* Fahreigenschaften *pl.*; *engS.* Straßenlage *f*.

road| ac·ci·dent *s.* Verkehrsunfall *m*; '**~·bed** *s.* a) 🚂 Bahnkörper *m*, b) Straßenbettung *f*; '**~·block** *s.* **1.** Straßensperre *f*; **2.** Verkehrshindernis *n*; **3.** *fig.* Hindernis *n*; '**~·book** *s.* Reisehandbuch *n*; **~ haul·age** *s.* Güterkraftverkehr *m*; **~ hog** *s.* Verkehrsrowdy *m* (*rücksichtsloser Fahrer*); '**~,hold·ing** *s. mot.* Straßenlage *f*; **~ hole** *s.* Schlagloch *n*; **~ house** *s.* Rasthaus *n*; '**~·man** [-mən] *s.* [*irr.*] **1.** Straßenarbeiter *m*; **2.** Straßenhändler *m*; **~ man·a·ger** *s.* Roadmanager *m* (*e-r Rockgruppe*); **~ map** *s.* Straßen-, Autokarte *f*; **~ met·al** *s.* Straßenbeschotterung *f*, -schotter *m*; **~ roll·er** *s.* ⚙ Straßenwalze *f*; **~ sense** *s. mot.* Fahrverstand *m*; '**~·side I** *s.* (***by the*** ~ am) Straßenrand *m*; **II** *adj.* an der Landstraße (gelegen): **~ *inn***; '**~·stead** *s.* ⚓ Reede *f*.

road·ster ['rəʊdstə] *s.* **1.** *Am.* Roadster *m*, (offener) Sportzweisitzer; **2.** *sport* (starkes) Tourenrad.

road| tank·er *s. mot.* Tankwagen *m*; '**~-test** *mot.* **I** *s.* Probefahrt *f*; **II** *v/t. ein Auto* probefahren; **~ us·er** *s.* Verkehrsteilnehmer(in); '**~·way** *s.* Fahrdamm *m*, -bahn *f*; '**~·work** *s. sport* Lauftraining *n*; **~ works** *s. pl.* Straßenarbeiten *pl.*, Baustelle *f auf e-r Straße*; '**~,wor·thi·ness** *s. mot.* Verkehrssicherheit *f* (*Auto*); '**~,wor·thy** *adj. mot.* verkehrssicher (*Auto*).

roam [rəʊm] **I** *v/i. a.* **~ *about*** (um'her-)streifen, (-)wandern; **II** *v/t.* durch'streifen (*a. fig. Blick etc.*); **III** *s.* Wandern *n*, Um'herstreifen *n*.

roan [rəʊn] **I** *adj.* **1.** rötlichgrau; **2.** gefleckt; **II** *s.* **3.** Rotgrau *n*; **4.** *zo.* a) Rotschimmel *m*, b) rotgraue Kuh; **5.** Schafleder *n*.

roar [rɔː] **I** *v/i.* **1.** brüllen: **~ *at*** a) *j-n* anbrüllen, b) über *et.* schallend lachen; **~ *with*** vor *Schmerz, Lachen etc.* brüllen; **2.** *fig.* tosen, toben, brausen (*Wind, Meer*); krachen, (g)rollen (*Donner*); (er)dröhnen, donnern (*Geschütz, Motor etc.*); brausen, donnern (*Fahrzeug*); **3.** *vet.* keuchen (*Pferd*); **II** *v/t.* **4.** *et.* brüllen: **~ *out*** *Freude, Schmerz etc.* hinausbrüllen; **~ *s.o. down*** j-n niederschreien; **III** *s.* **5.** Brüllen *n*, Gebrüll *n* (*a. fig.*): ***set the table in a*** ~ (***of laughter***) bei der Gesellschaft schallendes Gelächter hervorrufen; **6.** *fig.* Tosen *n*, Toben *n*, Brausen *n* (*Wind, Meer*); Krachen *n*, Rollen *n* (*Donner*); Donner *m* (*Geschütze*); Dröhnen *n*, Lärm *m* (*Motor, Maschinen etc.*); Getöse *n*; '**roar·ing** [-rɪŋ] **I** *adj.* □ **1.** brüllend (*a. fig.* ***with*** vor *dat.*); **2.** lärmend, laut; **3.** tosend (*etc.* → ***roar*** 2); **4.** brausend, stürmisch (*Nacht, Fest*); **5.** a) großartig, ‚phan'tastisch': ***a*** ~ ***business*** (*od.* ***trade***) ein schwunghafter Handel, ein ‚Bombengeschäft'; ***in*** ~ ***health*** vor Gesundheit strotzend, b) ‚wild', ‚fa'natisch': ***a*** ~ ***Christian***; **II** *s.* **6.** → ***roar*** 5 *u.* 6; **7.** *vet.* Keuchen *n* (*Pferd*).

roast [rəʊst] **I** *v/t.* **1.** *Fleisch etc.* braten, rösten; schmoren: ***be ~ed alive*** a) bei lebendigem Leibe verbrannt werden *od.* verbrennen, b) *fig.* vor Hitze fast umkommen; **2.** *Kaffee etc.* rösten; **3.** *metall.* rösten, abschwelen; **4.** F a) ‚durch den Kakao ziehen', b) ‚verreißen' (*kritisieren*); **II** *v/i.* **5.** rösten, braten; schmoren (*a. fig. in der Sonne etc.*): ***I am simply ~ing*** *fig.* mir ist wahnsinnig heiß; **III** *s.* **6.** Braten *m*; → ***rule*** 13; **IV** *adj.* **7.** geröstet, gebraten, Röst…: **~ *beef*** Rinderbraten *m*; **~ *meat*** Braten *m*; **~ *pork*** Schweinebraten *m*; '**roast·er** [-tə] *s.* **1.** Röster *m*, 'Röstappa,rat *m*; **2.** *metall.* Röstofen *m*; **3.** Spanferkel *n*, Brathähnchen *n etc.*; '**roast·ing** [-tɪŋ] *s.*: ***give s.o. a.*** ~ F → ***roast*** 4.

rob [rɒb] *v/t.* **1.** a) *et.* rauben, stehlen, b) *Haus etc.* ausrauben, (-)plündern, c) *fig.* berauben (***of*** *gen.*); **2.** *j-n* berauben: **~ *s.o. of*** a) j-n *e-r Sache* berauben (*a. fig.*), b) *fig.* j-n um *et.* bringen, j-m *et.* nehmen; **rob·ber** ['rɒbə] *s.* Räuber *m*; **rob·ber·y** ['rɒbərɪ] *s.* **1.** *a.* ⚖ Raub *m* (***from*** an *dat.*); 'Raub,überfall *m*; **2.** *fig.* ‚Diebstahl' *m*, ‚Beschiß' *m*.

robe [rəʊb] **I** *s.* **1.** (Amts)Robe *f*, Ta'lar *m* (*Geistlicher, Richter etc.*): **~*s*** Amtstracht *f*; ***state*** ~ Staatskleid *n*; (***the gentlemen of***) ***the*** (***long***) ~ *fig.* die Juristen; **2.** Robe *f*: a) wallendes Gewand, b) Festkleid *n*, c) Abendkleid *n*, d) ✝ *einteiliges Damenkleid*, e) Bademantel *m*; **3.** *bsd.* Taufkleid *n* (*Säugling*); **II** *v/t.* **4.** *j-n* (feierlich an)kleiden, *j-m* die Robe anlegen; **5.** *fig.* (ein)hüllen; **III** *v/i.* **6.** die Robe anlegen.

rob·in ['rɒbɪn] *s.* **1.** *a.* **~ *red-breast*** *orn.* a) Rotkehlchen *n*, b) amer. Wanderdrossel *f*; **2.** → ***round robin***.

rob·o·rant ['rɒbərənt] ⚕ **I** *adj.* stärkend; **II** *s.* Stärkungsmittel *n*, Roborans *n*.

ro·bot ['rəʊbɒt] **I** *s.* **1.** Roboter *m* (*a. fig.*), ⚙ *a.* Auto'mat *m*; **2.** *a.* **~ *bomb*** ⚔ V-Geschoß *n*; **II** *adj.* **3.** auto'matisch: **~ *pilot*** ✈ Selbststeuergerät *n*.

ro·bot·ics [rəʊ'bɒtɪks] *s.* Robotertechnik *f*.

ro·bust [rəʊ'bʌst] *adj.* □ **1.** ro'bust: a) kräftig, stark (*Gesundheit, Körper, Person etc.*), b) kernig, gerade (*Geist*), c) derb (*Humor*); **2.** ⚙ sta'bil, 'widerstandsfähig; **3.** hart, schwer (*Arbeit etc.*); **ro'bust·ness** [-nɪs] *s.* Ro'bustheit *f*.

roc [rɒk] *s. myth.* (Vogel *m*) Rock *m*.

rock¹ [rɒk] *s.* **1.** Fels *m* (*a. fig.*), Felsen *m*; *coll.* Felsen *pl.*, (Fels)Gestein *n*: ***the*** ♀ *geogr.* Gibraltar; ***volcanic*** ~ *geol.* vulkanisches Gestein; (***as***) ***firm as a*** ~ *fig.* wie ein Fels, zuverlässig; **2.** Klippe *f* (*a. fig.*): ***on the ~s*** a) F ‚pleite', in Geldnot, b) F ‚kaputt', in die Brüche gegangen (*Ehe etc.*), c) on the rocks, mit Eiswürfeln (*Getränk*); ***see ~s ahead*** mit Schwierigkeiten rechnen; **3.** *Am.* Stein *m*: ***throw ~s at s.o.***; **4.** Pfefferminzstange *f*; **5.** *sl.* Stein, *bsd.* Diamant *m*, *pl.* ‚Klunkern' *pl.*; **6.** *Am. sl.* a) Geldstück *n*, *bsd.* Dollar *m*, b) *pl.* ‚Kies' *m* (*Geld*); **7.** *pl.* V ‚Eier' *pl.* (*Hoden*).

rock² [rɒk] **I** *v/t.* **1.** wiegen, schaukeln; *Kind* (in den Schlaf) wiegen: **~ *in security*** *fig. j-n* in Sicherheit wiegen; **2.** ins Wanken bringen, erschüttern: **~ *the boat*** *fig.* die Sache gefährden; **3.** *Sieb, Sand etc.* rütteln; **II** *v/i.* **4.** (sich) schaukeln, sich wiegen; **5.** (sch)wanken, wackeln, taumeln (*a. fig.*); **6.** ♪ a) Rock 'n' Roll tanzen, b) ‚rocken' (*spielen*); **III** *s.* **7.** → ***rock 'n' roll***.

rock| and roll [,rɒkən'rəʊl] → ***rock 'n' roll***; **~ bed** Felsengrund *m*; **~ bot·tom** *s. fig.* Tief-, Nullpunkt *m*: ***get down to*** ~ der Sache auf den Grund gehen; ***his supplies touched*** ~ s-e Vorräte waren erschöpft; **,~-'bot·tom** *adj.* F allerniedrigst, äußerst (*Preis etc.*); '**~-bound** *adj.* von Felsen um'schlossen; **~ cake** *s.* hartgebackenes Plätzchen; **~ can·dy** → ***rock¹*** 4; **~ climb·ing** *s.* Felsenklettern *n*; **~ cork** *s. min.* 'Bergas,best *m*, -kork *m*; **~ crys·tal** *s. min.* 'Bergkri,stall *m*; **~ de·bris** *geol.* Felsgeröll *n*; **~ draw·ings** *s. pl.* Felszeichnungen *pl.*; **~ drill** *s.* ⚙ Steinbohrer *m*.

rock·er ['rɒkə] *s.* **1.** Kufe *f* (*Wiege etc.*): ***off one's*** ~ *sl.* ‚übergeschnappt', verrückt; **2.** a) Schaukelpferd *n*, b) *Am.* Schaukelstuhl *m*; **3.** ⚙ a) Wippe *f*, b)

Wiegemesser *n*, c) Schwing-, Kipphebel *m*; **4.** Schwingtrog *m* (*zur Goldwäsche*); **5.** *Eislauf*: a) Holländer(schlittschuh) *m*, b) Kehre *f*; **6.** *pl. Brit.* Rokker *pl.*, ‚Lederjacken' *pl.* (*Jugendliche*); **~ arm** *s.* ⚙ Kipphebel *m*; **~ switch** *s.* ⚡ Wippschalter *m*.

rock·er·y [ˈrɒkərɪ] *s.* Steingarten *m*.

rock·et¹ [ˈrɒkɪt] **I** *s.* **1.** *allg.* Raˈkete *f*; **2.** *fig.* F ‚Ziˈgarre' *f*, Anpfiff *m*; **II** *adj.* **3.** Raketen…: **~ bomb**; **~ aircraft, ~-driven airplane** Raketenflugzeug *n*; **~-assisted take-off** ✈ Raketenstart *m*; **III** *v/i.* **4.** (wie e-e Raˈkete) hochschießen; **5.** ✝ hochschnellen (*Preise*); **6.** *fig.* e-n koˈmetenhaften Aufstieg nehmen; **IV** *v/t.* **7.** ⚔ mit Raketen beschießen; **8.** mit e-r Raˈkete *in den Weltraum etc.* befördern.

rock·et² [ˈrɒkɪt] *s.* ♀ **1.** ˈNachtviˌole *f*; **2.** Rauke *f*; **3.** → **~ salad**; **4.** *a.* **~ cress** (echtes) Barbarakraut.

rock·et·eer [ˌrɒkɪˈtɪə] *s.* ⚔ **1.** Raˈketenkanoˌnier *m od.* -piˌlot *m*; **2.** Raˈketenforscher *m*, -fachmann *m*.

rock·et| jet *s.* Raˈketentriebwerk *n*; **~ launch·er** *s.* ⚔ Raˈketenwerfer *m*; **ˈ~-ˌlaunch·ing site** *s.* ⚔ Raˈketenabschußbasis *f*; **ˈ~-ˌpow·ered** *adj.* mit Raˈketenantrieb; **~ pro·jec·tor** *s.* ⚔ (Raˈketen)Werfer *m*.

rock·et·ry [ˈrɒkɪtrɪ] *s.* **1.** Raˈketentechnik *f od.* -forschung *f*; **2.** *coll.* Raˈketen *pl.*

rock·et sal·ad *s.* ♀ Senfkohl *m*.

rock| flour *s. min.* Bergmehl *n*; **~ garden** *s.* Steingarten *m*.

rock·i·ness [ˈrɒkɪnɪs] *s.* felsige *od.* steinige Beschaffenheit.

rock·ing| chair [ˈrɒkɪŋ] *s.* Schaukelstuhl *m*; **~ horse** *s.* Schaukelpferd *n*; **~ le·ver** *s.* Schwinghebel *m*.

rock| leath·er → **rock cork**; **~ 'n' roll** [ˌrɒkənˈrəʊl] *s.* Rock 'n' Roll *m* (*Musik u. Tanz*); **~ oil** *s.* Stein-, Erdöl *n*, Peˈtroleum *n*; **~ plant** *s.* ♀ Felsen-, Alpen-, Steingartenpflanze *f*; **ˈ~·rose** *s.* ♀ Cistrose *f*; **~ salt** *s.* ⚒ Steinsalz *n*; **ˈ~·slide** *s.* Steinschlag *m*, Felssturz *m*; **ˈ~·wood** *s. min.* ˈHolzasˌbest *m*; **ˈ~·work** *s.* **1.** Gesteinsmasse *f*; **2.** a) Steingarten *m*, b) Grottenwerk *n*; **3.** △ Quaderwerk *n*.

rock·y¹ [ˈrɒkɪ] *adj.* **1.** felsig; **2.** steinhart (*a. fig.*).

rock·y² [ˈrɒkɪ] *adj.* □ F wack(e)lig (*a. fig.*), wankend.

ro·co·co [rəʊˈkəʊkəʊ] **I** *s.* **1.** Rokoko *n*; **II** *adj.* **2.** Rokoko…; **3.** verschnörkelt, überˈladen.

rod [rɒd] *s.* **1.** Rute *f*, Gerte *f*; *a. fig. bibl.* Reis *n*; **2.** (Zucht)Rute *f* (*a. fig.*): **have a ~ in pickle for s.o.** mit j-m noch ein Hühnchen zu rupfen haben; **kiss the ~** sich unter die Rute beugen; **make a ~ for one's own back** *fig.* sich die Rute selber flechten; **spare the ~ and spoil the child** wer die Rute spart, verzieht das Kind; **3.** a) Zepter *n*, b) Amtsstab *m*, c) *fig.* Amtsgewalt *f*, d) *fig.* Knute *f*, Tyranˈnei *f*; → **Black Rod**; **4.** (Holz)Stab *m*, Stock *m*; **5.** ⚙ (Rund-)Stab *m*, (Treib-, Verbindungs- *etc.*) Stange *f*: **~ aerial** ⚡ Stabantenne *f*; *Kernkraft*: Brennstab *m*; **6.** a) Angelrute *f*, b) Angler *m*; **7.** Meßlatte *f*, -stab *m*; **8.** a) Rute *f* (*Längenmaß*), b) Quaˈdratrute *f* (*Flächenmaß*); **9.** *Am. sl.* ‚Kaˈnone' *f* (*Pistole*); **10.** *anat.* Stäbchen *n* (*Netzhaut*); **11.** *biol.* ˈStäbchenbakˌterie *f*; **12.** *Am. sl.* → **hot rod**.

rode [rəʊd] *pret. von* **ride**.

ro·dent [ˈrəʊdənt] **I** *adj.* **1.** *zo.* nagend; Nage…: **~ teeth**; **2.** ⚕ fressend (*Geschwür*); **II** *s.* **3.** Nagetier *n*.

ro·de·o [rəʊˈdeɪəʊ] *pl.* **-s** *s. Am.* Roˈdeo *m, n*: a) Zs.-treiben *n* von Vieh, b) *Sammelplatz für diesen Zweck*, c) ˈCowboy-Turˌnier *n*, Wildwest-Vorführung *f*, d) ˈMotorrad-, ˈAutoroˌdeo *m, n*.

roe¹ [rəʊ] *s. zo.* **1.** *a.* **hard ~** Rogen *m*, Fischlaich *m*: **~ corn** Fischei *n*; **2.** *a.* **soft ~** Milch *f*; **3.** Eier *pl.* (*vom Hummer etc.*).

roe² [rəʊ] *pl.* **roes**, *coll.* **roe** *s. zo.* **1.** Reh *n*; **2.** a) Ricke *f* (*weibliches Reh*), b) Hirschkuh *f*; **ˈ~·buck** *s.* Rehbock *m*; **ˈ~·deer** *s.* Reh *n*.

roent·gen → **röntgen**.

ro·ga·tion [rəʊˈgeɪʃn] *s. eccl.* a) (Für-)Bitte *f*, (ˈBitt)Litaˌnei *f*, b) *mst pl.* Bittgang *m*: **℞ Sunday** Sonntag *m* Rogate; **℞ week** Himmelfahrts-, Bittwoche *f*;

rog·a·to·ry [ˈrɒgətərɪ] *adj.* ⚖ Untersuchungs…: **~ commission**; **letters ~** Amtshilfeersuchen *n*.

rog·er [ˈrɒdʒə] **1.** *int. Funk*: Roger!, Verstanden!; **2.** F in Ordnung!

rogue [rəʊg] *s.* **1.** Schurke *m*, Gauner *m*: **~s' gallery** Verbrecheralbum *n*; **2.** *humor.* Schelm *m*, Schlingel *m*, Spitzbube *m*; **3.** ♀ a) aus der Art schlagende Pflanze, b) ˈMißbildung *f*; **4.** *zo. a.* **~ elephant**, **~ buffalo** *etc.* bösartiger Einzelgänger; **5.** *Pferderennen*: a) bokkendes Pferd, b) Ausreißer *m* (*Pferd*); **ˈro·guer·y** [-gərɪ] *s.* **1.** Schurkeˈrei *f*, Gauneˈrei *f*; **2.** Spitzbübeˈrei *f*; **ˈro·guish** [-gɪʃ] *adj.* □ **1.** schurkisch; **2.** schelmisch, schalkhaft, spitzbübisch.

roist·er [ˈrɔɪstə] *v/i.* **1.** kraˈkeelen; **2.** aufschneiden, prahlen; **ˈroist·er·er** [-tərə] *s.* **1.** Kraˈkeeler *m*; **2.** Großmaul *n*.

role, rôle [rəʊl] (*Fr.*) *s. thea. u. fig.* Rolle *f*: **play a ~** e-e Rolle spielen.

roll [rəʊl] **I** *s.* **1.** (*Haar-, Kragen-, Papier- etc.*)Rolle *f*; **2.** a) *hist.* Schriftrolle *f*, Pergaˈment *n*, b) Urkunde *f*, c) (*bsd.* Namens)Liste *f*, Verzeichnis *n*, d) ⚖ Anwaltsliste *f*: **~ of hono(u)r** Ehrenliste, -tafel *f* (*bsd. der Gefallenen*); **the ℞s** Staatsarchiv *n* (*Gebäude in London*); **call the ~** die (Namens- *od.* Anwesenheits)Liste verlesen, Appell abhalten; **strike s.o. off the ~** j-n von der Anwaltsliste streichen; → **master** 13; **3.** △ a) *a.* **~-mo(u)lding** Rundleiste *f*, Wulst *m*, b) *antiq.* Voˈlute *f*; **4.** ⚙ Rolle *f*, Walze *f*; **5.** Brötchen *n*, Semmel *f*; **6.** (*bsd.* ˈFleisch)Rouˌlade *f*; **7.** *sport* Rolle *f* (*a.* ✈ *Kunstflug*); **8.** ⚓ Rollen *n*, Schlingern *n* (*Schiff*); **9.** wiegender Gang, Seemannsgang *m*; **10.** Fließen *n*, Fluß *m* (*des Wassers*; *a. fig. der Rede, von Versen etc.*); **11.** (*Orgel- etc.*)Brausen *n*; (*Donner*)Rollen *n*; (*Trommel-*)Wirbel *m*; Dröhnen *n* (*Stimme etc.*); Rollen *n*, Trillern *n* (*Vogel*); **12.** *Am. sl.* a) Geldscheinbündel *n*, b) *fig.* (*e-e Masse*) Geld *n*; **II** *v/i.* **13.** rollen (*Ball etc.*): **start ~ing** ins Rollen kommen; **14.** rollen, fahren (*Fahrzeug*); **15.** *a.* **~ along** sich (daˈhin)wälzen, daˈhinströmen (*Fluten*) (*a. fig.*); **16.** daˈhinziehen (*Gestirn, Wolken*); **17.** sich wälzen: **be ~ing in money** F im Geld schwimmen; **18.** *sport, a.* ✈ e-e Rolle machen; **19.** ⚓ schlingern; **20.** wiegend gehen: **~ing gait** → 9; **21.** (g)rollen (*Donner*); brausen (*Orgel*); dröhnen (*Stimme*); wirbeln (*Trommel*); trillern (*Vogel*); **22.** a) ⚙ sich walzen lassen, b) *typ.* sich verteilen (*Druckfarbe*); **III** *v/t.* **23.** *Faß, Rad etc., a. Augen* rollen; (herˈum)wälzen, (-)drehen: **~ a problem round in one's mind** *fig.* ein Problem wälzen; *Film*: **~ film!**, **~ it** *Am.* Kamera an!; **24.** *Wagen etc.* rollen, fahren, schieben; **25.** *Wassermassen* wälzen (*Fluß*); **26.** (zs.-, auf-, ein)rollen, (-)wickeln; **27.** *Teig* (aus)rollen; *Zigarette* drehen; *Schneeball etc.* formen: **~ed ham** Rollschinken *m*; **28.** ⚙ *Metalle* walzen, strecken; *Rasen, Straße* walzen: **~ed glass** gezogenes Glas; **~ed gold** Walzgold *n*, Golddublee *n*; **~ed iron** (*od.* **products**) Walzeisen *n*; **~ on** *et.* aufwalzen; **29.** *typ.* a) *Papier* kaˈlandern, glätten, b) *Druckfarbe* auftragen; **30.** rollen(d sprechen): **~ one's r's**; **~ed r** Zungen-R *n*; **31.** *Trommel* wirbeln; **32.** ⚓ *Schiff* zum Rollen bringen; **33.** *Körper etc. beim Gehen* wiegen; **34.** *Am. sl. Betrunkenen etc.* ausplündern; *Zssgn mit adv.*:

roll| back *v/t. fig.* herˈunterschrauben, reduzieren; **~ in** *v/i.* **1.** *fig.* herˈeinströmen, eintreffen (*Angebote, Geld etc.*); **2.** F schlafen gehen; **~ out** *v/t.* **1.** *metall.* auswalzen, strecken; **2.** *Teig* ausrollen; **3.** a) *Lied etc.* (hinˈaus)schmettern, b) *Verse* deklamieren; **~ o·ver** *v/t.* (*v/i.* sich) heˈrumwälzen, -drehen; **~ up I** *v/i.* **1.** (her)ˈanrollen, (-)ˈanfahren; F vorfahren; **2.** F ‚aufkreuzen', auftauchen; **3.** sich zs.-rollen; **4.** *fig.* sich ansammeln *od.* (-)häufen; **II** *v/t.* **5.** herˈanfahren; **6.** aufrollen, -wickeln; **7.** ⚔ *gegnerische Front* aufrollen; **8.** *sl.* ansammeln: **~ a fortune**.

ˈroll|·back *s. Am.* **1.** ⚔ Zuˈrückwerfen *n* (*des Feinds*); **2.** ✝ Zuˈrückschrauben *n* (*der Preise*); **ˈ~·bar** *s. mot.* ˈÜberrollbügel *m*; **~ call** *s.* **1.** Namensaufruf *m*: **~ (vote)** *pol.* namentliche Abstimmung; **2.** ⚔ ˈAnwesenheitsapˌpell *m*.

roll·er [ˈrəʊlə] *s.* **1.** ⚙ a) Walzwerkarbeiter *m*, b) Fördermann *m*; **2.** (Stoff-, Garn- *etc.*)Rolle *f*; **3.** ⚙ a) (Gleit-, Lauf-, Führungs)Rolle *f*, b) (Gleit)Rolle *f*, Rädchen *n* (*unter Möbeln, an Rollschuhen etc.*); **4.** a) Walze *f*, b) Zyˈlinder *m*, Trommel *f*; **5.** *typ.* Druckwalze *f*; **6.** Rollstab *m* (*Landkarte etc.*); **7.** ⚓ Roller *m*, Sturzwelle *f*; **8.** *orn.* a) Flug-, Tümmlertaube *f*, b) *e-e Racke*: **common ~** Blauracke, c) Harzer Roller *m*; **~ band·age** *s.* ⚕ Rollbinde *f*; **~ bear·ing** *s.* ⚙ Rollen-, Wälzlager *n*; **~ clutch** *s.* ⚙ Rollen-, Freilaufkupplung *f*; **~ coast·er** *s.* Achterbahn(wagen *m*) *f*; **ˈ~-mill** *s.* ⚙ **1.** Mahl-, Quetschwerk *n*; **2.** → **rolling mill**; **ˈ~-skate I** *s.* Rollschuh *m*; **II** *v/i.* rollschuhlaufen; **~ skat·ing** *s.* Rollschuhlaufen *n*; **~ tow·el** *s.* Rollhandtuch *n*.

roll| film *s. phot.* Rollfilm *m*; **ˈ~-front cab·i·net** *s.* Rollschrank *m*.

rol·lick [ˈrɒlɪk] *v/i.* **1.** a) ausgelassen *od.* ˈübermütig sein, b) herˈumtollen; **2.** das

Leben genießen; **'rol·lick·ing** [-kɪŋ] *adj.* ausgelassen, 'übermütig.

roll·ing ['rəʊlɪŋ] **I** *s.* **1.** Rollen *n*; **2.** Da'hinfließen *n* (*Wasser etc.*); **3.** Rollen *n* (*Donner*); Brausen *n* (*Wasser*); **4.** *metall.* Walzen *n*, Strecken *n*; **5.** ⚓ Schlingern *n*; **II** *adj.* **6.** rollend *etc.*; → ***roll*** II; **~ bar·rage** *s.* ⚔ Feuerwalze *f*; **~ cap·i·tal** *s.* † Be'triebskapi,tal *n*; **~ chair** *s.* ⚕ Rollstuhl *m*; **~ kitch·en** *s.* ⚔ Feldküche *f*; **~ mill** *s.* ⚙ **1.** Walzwerk *n*, Hütte *f*; **2.** 'Walzma,schine *f*; **3.** Walz(en)straße *f*; **~ pin** *s.* Nudel-, Wellholz *n*; **~ press** *s.* ⚙ **1.** Walzen-, Rotati'onspresse *f*; **2.** *Papierfabrikation*: Sati'niermaschine *f*; **~ stock** *s.* 🚂 rollendes Materi'al, Betriebsmittel *pl.*; **~ stone** *s.* *fig.* Zugvogel *m*: ***a ~ gathers no moss*** wer rastet, der rostet; **~ ti·tle** *s.* *Film*: Rolltitel *m*.

roll| lathe *s.* ⚙ Walzendrehbank *f*; **'~·mop** *s.* Rollmops *m*; **'~·neck** *s.* 'Rollkragen(pul,lover) *m*; **'~-on** *s.* **1.** E'lastikschlüpfer *m*; **2.** Deorollstift *m*; **'~-top desk** *s.* Rollpult *n*; **~ train** *s.* *metall.* Walzenstrecke *f*.

ro·ly-po·ly [,rəʊlɪ'pəʊlɪ] **I** *s.* **1.** *a.* ***~ pudding*** Art Pudding *m*; **2.** Pummelchen *n* (*Person*); **II** *adj.* **3.** mollig, pummelig.

Ro·ma·ic [rəʊ'meɪɪk] **I** *adj.* ro'maisch, neugriechisch; **II** *s.* *ling.* Neugriechisch *n*.

Ro·man ['rəʊmən] **I** *adj.* **1.** römisch: ***~ arch*** ⚠ romanischer Bogen; ***~ candle*** Leuchtkugel *f* (*Feuerwerk*); ***~ holiday*** *fig.* a) blutrünstiges Vergnügen, b) Vergnügen *n* auf Kosten anderer, c) Riesenskandal *m*; ***~ law*** römisches Recht; ***~ nose*** Römer-, Adlernase *f*; ***~ numeral*** römische Ziffer; **2.** (römisch-)ka'tholisch; **3.** *mst* 𝔯 *typ.* Antiqua…; **II** *s.* **4.** Römer(in); **5.** *mst* 𝔯 *typ.* An'tiqua *f*; **6.** *eccl.* Katho'lik(in); **7.** *pl. bibl.* (Brief *m* des Paulus an die) Römer *pl.*

ro·man à clef [rəʊ,mɑ:nɑ:'kleɪ] (*Fr.*) *s.* 'Schlüsselro,man *m*.

Ro·man Cath·o·lic *eccl.* **I** *adj.* (römisch-)ka'tholisch; **II** *s.* Katho'lik(in); **~ Church** *s.* Römische *od.* (Römisch-)Ka'tholische Kirche.

ro·mance¹ [rəʊ'mæns] **I** *s.* **1.** *hist.* ('Ritter-, 'Vers)Ro,man *m*; **2.** Ro'manze *f*: a) (ro'mantischer) 'Liebes-, 'Abenteuerro,man, b) *fig.* 'Liebesaf,färe *f*, c) ♪ *Lied od. lyrisches Instrumentalstück*; **3.** *fig.* Märchen *n*, Phantaste'rei *f*; **4.** *fig.* Ro'mantik *f*: a) Zauber *m*, b) ro'mantische I'deen *pl.*; **II** *v/i.* **5.** (Ro'manzen) dichten; **6.** *fig.* a) fabulieren, ‚Ro'mane erzählen', b) ins Schwärmen geraten.

Ro·mance² [rəʊ'mæns] *bsd. ling.* **I** *adj.* ro'manisch: ***~ peoples*** Romanen; ***~ philologist*** Romanist(in); **II** *s.* a) Ro'manisch *n*, b) *a.* ***the ~ languages*** die romanischen Sprachen *pl.*

ro·manc·er [rəʊ'mænsə] *s.* **1.** Ro'manzendichter(in); Verfasser(in) e-s ('Vers-)Ro,mans; **2.** a) Phan'tast(in), b) Aufschneider(in).

Rom·a·nes ['rɒmənes] *s.* Zi'geunersprache *f*.

Ro·man·esque [,rəʊmə'nesk] **I** *adj.* **1.** ⚠, *ling.* ro'manisch; **2.** *ling.* proven'zalisch; **3.** 𝔯 *fig.* ro'mantisch; **II** *s.* **4.** *a.* ***~ style*** romanischer (Bau)Stil; *das Ro'manische*; **5.** → ***Romance²*** II.

ro·man-fleuve [rəʊ,mɑ̃:ŋ'flɜ:v] (*Fr.*) *s.* Fa'milienro,man *m*.

Ro·man·ic [rəʊ'mænɪk] *adj.* **1.** → ***Romance²*** I; **2.** römisch (*Kulturform*).

Ro·man·ism ['rəʊmənɪzəm] *s.* **1.** a) Roma'nismus *m*, römisch-ka'tholische Einstellung, b) Poli'tik *f od.* Gebräuche *pl.* der römischen Kirche; **2.** *hist.* das Römertum; **'Ro·man·ist** [-ɪst] *s.* **1.** *ling.*, ⚖ Roma'nist(in); **2.** ('Römisch-)Ka,tholische(r *m*) *f*.

ro·man·tic [rəʊ'mæntɪk] **I** *adj.* (□ ***~ally***) **1.** *allg.* ro'mantisch: a) Kunst *etc.*: *die Romantik betreffend*: ***the ~ movement*** die Romantik, b) ro'manhaft, phan'tastisch (*a. iro.*): ***a ~ tale***, c) ro'mantisch veranlagt: ***a ~ girl***, d) malerisch: ***a ~ town***, e) gefühlvoll: ***a ~ scene***; **II** *s.* **2.** Ro'mantiker(in) (*a. fig.*); **3.** *das* Ro'mantische; **4.** *pl.* romantische I'deen *pl. od.* Gefühle *pl.*; **ro'man·ti·cism** [-ɪsɪzəm] *s.* **1.** *Kunst*: Ro'mantik *f*; **2.** (Sinn *m* für) Romantik *f*; **ro'man·ti·cist** [-ɪsɪst] *s.* *Kunst*: Ro'mantiker(in); **ro'man·ti·cize** [-ɪsaɪz] **I** *v/t.* **1.** romantisieren; **2.** in ro'mantischem Licht sehen; **II** *v/i.* **3.** *fig.* schwärmen.

Rom·a·ny ['rɒmənɪ] *s.* **1.** Zi'geuner(in); **2.** *coll. die* Zigeuner *pl.*; **3.** Romani *n*, Zi'geunersprache *f*.

Rome [rəʊm] *npr.* Rom *n* (*a. fig. hist. das Römerreich*; *eccl. die Katholische Kirche*): ***~ was not built in a day*** Rom ist nicht an einem Tag erbaut worden; ***do in ~ as the Romans do!*** man sollte sich immer s-r Umgebung anpassen!

romp [rɒmp] **I** *v/i.* **1.** um'hertollen, sich balgen, toben: ***~ through*** *fig.* spielend durchkommen; **2.** ‚rasen', flitzen: ***~ away*** davonziehen (*Rennpferd etc.*); **II** *s.* **3.** *obs.* Wildfang *m*, Range *f*; **4.** Tollen *n*, Balge'rei *f*; **5.** F *sport* leichter Sieg; **6.** F ‚(wilde) Schmuse'rei'; **'romp·ers** [-pəz] *s. pl.* Spielanzug *m* (*für Kinder*); **'romp·y** [-pɪ] *adj.* ausgelassen, wild.

ron·deau ['rɒndəʊ] *pl.* **-deaus** [-dəʊz] *s.* *Metrik*: Ron'deau *n*, Ringelgedicht *n*; **ron·del** ['rɒndl] *s.* vierzehnzeiliges Rondeau.

ron·do ['rɒndəʊ] *s.* ♪ Rondo *n*.

rönt·gen ['rɒntjən] **I** *s. phys.* Röntgen *n* (*Maßeinheit*); **II** *adj.* *mst* 𝔯 Röntgen…: ***~ rays***; **III** *v/t.* → **'rönt·gen·ize** [-tgənaɪz] *v/t.* röntgen; **rönt·gen·o·gram** [rɒnt'genəgræm] *s.* Röntgenaufnahme *f*; **rönt·gen·og·ra·phy** [,rɒntgə'nɒgrəfɪ] *s.* 'Röntgenphotogra,phie *f* (*Verfahren*); **rönt·gen·ol·o·gist** [,rɒntgə'nɒlədʒɪst] *s.* Röntgeno'loge *f*; **rönt·gen·os·co·py** [,rɒntgə'nɒskəpɪ] *s.* 'Röntgendurch,leuchtung *f*, -unter,suchung *f*; **rönt·gen·o·ther·a·py** [,rɒntgənə'θerəpɪ] *s.* 'Röntgenthera,pie *f*.

rood [ru:d] **I** *s.* **1.** *eccl.* Kruzi'fix *n*; **2.** Viertelacre *m* (*Flächenmaß*); **3.** Rute *f* (*Längenmaß*); **II** *adj.* **4.** ⚠ Lettner…: ***~ altar***; ***~ loft*** Chorbühne *f*; ***~ screen*** Lettner *m*.

roof [ru:f] **I** *s.* **1.** ⚠ (Haus)Dach *n*: ***under my ~*** *fig.* unter m-m Dach, in m-m Haus; ***raise the ~*** F Krach schlagen; **2.** *mot.* Verdeck *n*; **3.** *fig.* (*Blätter-, Zelt-etc.*)Dach *n*, (*Himmels*)Gewölbe *n*, (-)Zelt *n*: ***~ of the mouth*** *anat.* Gaumen(dach *n*) *m*; ***the ~ of the world*** das Dach der Welt; **4.** ⚒ Hangende(s) *n*; **II** *v/t.* **5.** bedachen: ***~ in*** *Haus* (ein)dekken; ***~ over*** überdachen: ***~ed-in*** überdacht, umbaut; **'roof·age** [-fɪdʒ] → ***roofing*** 2; **'roof·er** [-fə] *s.* Dachdecker *m*; **roof gar·den** *s.* **1.** Dachgarten *m*; **2.** *Am.* 'Dachrestau,rant *n*; **'roof·ing** [-fɪŋ] **I** *s.* **1.** Bedachen *n*, Dachdeckerarbeit *f*; **2.** a) 'Deckmateri,alien *pl.*, b) Dachwerk *n*; **II** *adj.* **3.** Dach…: ***~ felt*** Dachpappe *f*; **'roof·less** [-lɪs] *adj.* **1.** ohne Dach, unbedeckt; **2.** *fig.* obdachlos; **roof rack** *s. mot.* Dachgepäckträger *m*; **roof tree** *s.* **1.** ⚠ Firstbalken *m*; **2.** *fig.* Dach *n*.

rook¹ [rʊk] **I** *s.* **1.** *orn.* Saatkrähe *f*; **2.** *fig.* Gauner *m*, Bauernfänger *m*; **II** *v/t.* **3.** *j-n* betrügen.

rook² [rʊk] *s.* *Schachspiel*: Turm *m*.

rook·er·y ['rʊkərɪ] *s.* **1.** a) Krähenhorst *m*, b) 'Krähenkolo,nie *f*; **2.** *orn.*, *zo.* Brutplatz *m*; **3.** *fig.* a) 'Elendsquar,tier *n*, -viertel *n*, b) 'Mietska,serne *f*.

rook·ie ['rʊkɪ] *s. sl.* **1.** ⚔ Re'krut *m*; **2.** Neuling *m*, Anfänger(in).

room [ru:m] **I** *s.* **1.** Raum *m*, Platz *m*: ***make ~ (for)*** *a. fig.* Platz machen (*dat.*); ***no ~ to swing a cat (in)*** sehr wenig Platz; ***in the ~ of*** an Stelle von (*od. gen.*); **2.** Raum *m*, Zimmer *n*, Stube *f*: ***next ~*** Nebenzimmer; ***~ heating*** Raumheizung *f*; ***~ temperature*** (*a. normale*) Raum-, Zimmertemperatur *f*; **3.** *pl. Brit.* Wohnung *f*; **4.** *fig.* (Spiel-)Raum *m*; Gelegenheit *f*, Anlaß *m*: ***~ for complaint*** Anlaß zur Klage; ***there is no ~ for hope*** es besteht keinerlei Hoffnung; ***there is ~ for improvement*** es ließe sich noch manches besser machen; **II** *v/i.* **5.** *bsd. Am.* wohnen, logieren (***at*** in *dat.*, ***with*** bei): ***~ together*** zs.-wohnen; **-roomed** [ru:md] *adj. in Zssgn.* …zimmerig; **room·er** ['ru:mə] *s. bsd. Am.* 'Untermieter(in); **'room·ful** [-fʊl] *pl.* **-fuls** *s.*: ***a ~ of people*** ein Zimmer voll(er) Leute; **room·i·ness** ['ru:mɪnɪs] *s.* Geräumigkeit *f*.

room·ing| house ['ru:mɪŋ] *s. Am.* Fremdenheim *n*, Pensi'on *f*; **,~-'in** *n* ⚕ Rooming-'in *n* (*gemeinsame Unterbringung von Mutter und Kind*).

'room·mate *s.* 'Stubenkame,rad(in).

room·y ['ru:mɪ] *adj.* □ geräumig.

roost [ru:st] **I** *s.* a) Schlafplatz *m*, -sitz *m* (*Vogel*), b) Hühnerstange *f od.* -stall *m*: ***at ~*** auf der Stange; ***come home to ~*** *fig.* auf den Urheber zurückfallen; → ***rule*** 13; **II** *v/i. orn.* a) auf der Stange sitzen, b) sich (zum Schlafen) niederhocken; **'roost·er** [-tə] *s. bsd. Am.* (Haus)Hahn *m*.

root¹ [ru:t] **I** *s.* **1.** ⚘ Wurzel *f* (*a. weitS. Wurzelgemüse, Knolle, Zwiebel*): ***~ and branch*** *fig.* mit Stumpf u. Stiel; ***pull out by the ~*** mit der Wurzel herausreißen (*a. fig. ausrotten*); ***put down ~s*** *fig.* Wurzel schlagen, seßhaft werden; ***strike at the ~ of*** *fig. et.* an der Wurzel treffen; ***strike*** (*od.* ***take***) ***~*** Wurzel schlagen (*a. fig.*); ***~s of a mountain*** *der* Fuß e-s Berges; **2.** *anat.* (*Haar-, Nagel-, Zahn-, Zungen- etc.*) Wurzel *f*; **3.** ⅋ a) Wurzel *f*, b) eingesetzter *od.* gesuchter Wert (*Gleichung*): ***~ extraction*** Wurzelziehen *n*; **4.** *ling.* Wurzel(wort *n*) *f*, Stammwort *n*; **5.** ♪ Grundton *m*; **6.** *fig.* a) Quelle *f*, Ursache *f*, Wurzel *f*: ***~ of all evil*** Wurzel alles Bösen; ***get at the ~ of*** *e-r Sache* auf den Grund gehen; ***have its ~ in, take its ~ from*** → 8, b) *pl.* Wurzeln *pl.*, Ursprung *m*, c) Kern *m*, Wesen *n*, Gehalt *m*: ***~ of the matter*** Kern der Sache; ***~ idea*** Grundgedanke *m*; **II** *v/i.* **7.** Wurzel fassen *od.* schlagen, (ein)wurzeln (*a. fig.*): ***deeply ~ed*** *fig.* tief verwurzelt; ***stand ~ed to the ground*** wie angewurzelt dastehen; **8. *~ in*** beruhen auf (*dat.*), s-n Grund *od.* Ursprung haben in (*dat.*); **III** *v/t.* **9.** tief einpflanzen, einwurzeln lassen: ***fear ~ed him to the ground*** *fig.* er stand vor Furcht wie angewurzelt; **10. *~ up, ~ out, ~ away*** a) ausreißen, b) *fig.* ausrotten, vertilgen.

root² [ru:t] **I** *v/i.* **1.** wühlen (***for*** nach) (*Schwein*); **2. *~ about*** *fig.* her'umwühlen; **II** *v/t.* **3.** *Boden* auf-, 'umwühlen; **4. *~ out, ~ up*** *a. fig.* ausgraben, aufstöbern.

root³ [ru:t] *v/i.* ***~ for*** *Am. sl.* a) *sport j-n* anfeuern, b) *fig.* Stimmung machen für *j-n od. et.*

ˌroot-and-ˈbranch *adj.* radi'kal, restlos.

root·ed ['ru:tɪd] *adj.* □ (fest) eingewurzelt (*a. fig.*); **'root·ed·ly** [-lɪ] *adv.* von Grund auf, zu'tiefst; **'root·ed·ness** [-nɪs] *s.* Verwurzelung *f*, Eingewurzeltsein *n.*

root·er ['ru:tə] *s. sport Am.* F begeisterter Anhänger, ‚Fa'natiker' *m.*

root·less ['ru:tlɪs] *adj.* wurzellos (*a. fig.*); **root·let** ['ru:tlɪt] *s.* ⚘ Wurzelfaser *f.*

ˌroot|-mean-ˈsquare *s.* ∧ qua'dratischer Mittelwert; **'~-stock** *s.* **1.** ⚘ Wurzelstock *m*; **2.** *fig.* Wurzel *f*; ***~ treatment*** *s.* ⚕ (Zahn)Wurzelbehandlung *f.*

rope [rəʊp] **I** *s.* **1.** Seil *n*, Tau *n*; Strick *m*, Strang *m* (*beide a. zum Erhängen*); ⚓ (Tau)Ende *n*: ***the ~*** *fig.* der Strick (*Tod durch den Strang*); ***be at the end of one's ~*** mit s-m Latein am Ende sein; ***know the ~s*** sich auskennen, ‚den Bogen raushaben'; ***learn the ~s*** sich einarbeiten; ***show s.o. the ~s*** j-m die Kniffe beibringen; **2.** *mount.* (Kletter)Seil *n*: ***on the ~*** angeseilt; ***~ (team)*** Seilschaft *f*; **3.** (Ar'tisten)Seil *n*: ***on the high ~s*** *fig.* a) hochgestimmt, b) hochmütig; **4.** *Am.* Lasso *n, m*; **5.** *pl. Boxen*: (Ring)Seile *pl.*: ***be on the ~s*** a) (angeschlagen) in den Seilen hängen, b) *fig.* am Ende *od.* ‚fertig' sein; ***have s.o. on the ~s*** *sl.* j-n ‚zur Schnecke' gemacht haben; **6.** *fig.* Strang *m Tabak etc.*; Bund *n Zwiebeln etc.*; Schnur *f Perlen etc.*: ***~ of sand*** *fig.* Illusion *f*; **7.** Faden *m* (*Flüssigkeit*); **8.** *fig.* Spielraum *m*, Handlungsfreiheit *f*: ***give s.o.*** (***plenty of***) ***~***; **II** *v/t.* **9.** (mit e-m Seil) zs.-binden; festbinden; **10.** *mst* ***~ in*** (*od.* ***off*** *od.* ***out***) *Platz* (durch ein Seil) absperren *od.* abgrenzen; **11.** *mount.* anseilen: ***~ down*** (***up***) *j-n* ab- (auf)seilen; **12.** *Am.* mit dem Lasso einfangen: ***~ in*** *sl. Wähler, Kunden etc.* fangen, *j-n* ‚an Land ziehen', sich *ein Mädchen etc.* ‚anlachen'; **III** *v/i.* **13.** Fäden ziehen (*Flüssigkeit*); **14.** *a.* ***~ up*** *mount.* sich anseilen: ***~ down*** sich abseilen; ***~ dancer*** *s.* Seiltänzer(in); ***~ lad·der*** *s.* **1.** Strickleiter *f*; **2.** ⚓ Seefallreep *n*; ***~ mo(u)ld·ing*** *s.* △ Seilleiste *f*; ***~ quoit*** *s.* ⚓, *sport* Seilring *m*; ***~ rail·way*** → ***ropeway.***

rop·er·y ['rəʊpərɪ] *s.* Seile'rei *f.*

'rope's-end ⚓ **I** *s.* Tauende *n*; **II** *v/t.* mit dem Tauende prügeln.

rope| tow *s. Skisport*: Schlepplift *m*; **'~·walk** *s.* Seiler-, Reeperbahn *f*; **'~ˌwalk·er** *s.* Seiltänzer(in); **'~·way** *s.* (Seil)Schwebebahn *f*; **'~·yard** *s.* Seile'rei *f*; ***~ yarn*** *s.* **1.** ⚙ Kabelgarn *n*; **2.** *fig.* Baga'telle *f.*

rop·i·ness ['rəʊpɪnɪs] *s.* Dickflüssigkeit *f*, Klebrigkeit *f*; **'rop·y** [-pɪ] *adj.* □ **1.** klebrig, zäh, fadenziehend: ***~ sirup***; **2.** kahmig: ***~ wine***; **3.** F ‚mies'.

ror·qual ['rɔ:kwəl] *s. zo.* Finnwal *m.*

ro·sace ['rəʊzeɪs] (*Fr.*) *s.* △ **1.** Ro'sette *f*; **2.** → ***rose window.***

ro·sa·ceous [rəʊ'zeɪʃəs] *adj.* **1.** ⚘ a) zu den Rosa'zeen gehörig, b) rosenblütig; **2.** Rosen…

ro·sar·i·an [rəʊ'zeərɪən] *s.* **1.** Rosenzüchter *m*; **2.** *R.C.* Mitglied *n* einer Rosenkranzbruderschaft.

ro·sa·ry ['rəʊzərɪ] *s.* **1.** *R.C.* Rosenkranz *m*: ***say the ≈*** den Rosenkranz beten; **2.** Rosengarten *m*, -beet *n.*

rose¹ [rəʊz] **I** *s.* **1.** ⚘ Rose *f*: ***~ of Jericho*** Jerichorose; ***~ of May*** Weiße Narzisse; ***~ of Sharon*** a) *bibl.* Sharon-Tulpe *f*, b) Großblumiges Johanniskraut; ***the ~ of*** *fig.* die Rose (*das schönste Mädchen*) von; ***gather*** (***life's***) ***~s*** sein Leben genießen; ***on a bed of ~s*** *fig.* auf Rosen gebettet; ***it is no bed of ~s*** es ist kein Honiglecken; ***it is not all ~s*** es ist nicht so rosig, wie es aussieht; ***under the ~*** im Vertrauen; **2.** → ***rose colo(u)r***; **3.** *her. hist.* Rose *f*: ***Red ≈*** Rote Rose (*Haus Lancaster*); ***White ≈*** Weiße Rose (*Haus York*); ***Wars of the ≈s*** Rosenkriege; **4.** △ Ro'sette *f* (*a. Putz*; *a. Edelstein[schliff]*); **5.** Brause *f* (*Gießkanne etc.*); **6.** *phys.* 'Kreisˌskala *f*; **7.** ⚓ *etc.* Windrose *f*; **8.** ⚕ Wundrose *f*; **II** *adj.* **9.** Rosen…; **10.** rosenfarbig.

rose² [rəʊz] *pret. von* ***rise.***

ro·se·ate ['rəʊzɪət] *adj.* □ → ***rosecolo(u)red.***

rose| bit *s.* ⚙ Senkfräser *m*; **'~·bud** *s.* ⚘ Rosenknospe *f* (*a. fig. Mädchen*); **'~-bush** *s.* Rosenstrauch *m*; ***~ col·o(u)r*** *s.* Rosa-, Rosenrot *n*: ***life is not all ~*** *fig.* das Leben besteht nicht nur aus Annehmlichkeiten; **'~-ˌcol·o(u)red** *adj.* **1.** rosa-, rosenfarbig, rosenrot; **2.** *fig.* rosig, opti'mistisch: ***see things through ~ spectacles*** die Dinge durch e-e rosa (-rote) Brille sehen; **'~·hip** *s.* ⚘ Hagebutte *f.*

rose·mar·y ['rəʊzmərɪ] *s.* ⚘ Rosmarin *m.*

ro·se·o·la [rəʊ'zi:ələ] *s.* ⚕ **1.** Rose'ole *f* (*Ausschlag*); **2.** → ***German measles.***

ˌrose|-ˈpink I *s.* ⚙ Rosenlack *m*, roter Farbstoff; **II** *adj.* rosa, rosenrot (*a. fig.*); ***~ rash*** → ***roseola*** 1; **ˌ~-ˈred** *adj.* rosenrot.

ro·ser·y → ***rosary*** 2.

rose tree *s.* Rosenstock *m.*

ro·sette [rəʊ'zet] *s.* Ro'sette *f* (*a.* △); **ro'set·ted** [-tɪd] *adj.* **1.** mit Rosetten geschmückt; **2.** ro'settenförmig.

'rose|-ˌwa·ter I *s.* **1.** Rosenwasser *n*; **2.** *fig.* a) Schmeiche'leien *pl.*, b) Gefühlsduse'lei *f*; **II** *adj.* **3.** *fig.* a) ('über)fein, (-)zart, b) affek'tiert, c) sentimen'tal; ***~ win·dow*** *s.* △ ('Fenster)Roˌsette *f*, (-)Rose *f*; **'~·wood** *s.* Rosenholz *n.*

ros·in ['rɒzɪn] **I** *s.* ⚗ (Terpen'tin)Harz *n*, *bsd.* Kolo'phonium *n*, Geigenharz *n*; **II** *v/t.* mit Kolo'phonium einreiben.

ros·i·ness ['rəʊzɪnɪs] *s.* Rosigkeit *f*, rosiges Aussehen.

ros·ter ['rəʊstə] *s.* ⚔ **1.** (Dienst-, Namens)Liste *f*; **2.** Dienstplan *m.*

ros·tral ['rɒstrəl] *adj.* (schiffs)schnabelförmig; **'ros·trate(d)** [-reɪt(ɪd)] *adj.* **1.** ⚘, *zo.* geschnäbelt; **2.** → ***rostral.***

ros·trum ['rɒstrəm] *pl.* **-tra** [-trə] *s.* **1.** a) Rednerbühne *f*, Podium *n*, b) Kanzel *f*, c) *fig.* Plattform *f*; **2.** ⚓ *hist.* Schiffsschnabel *m*; **3.** ⚘, *zo.* Schnabel *m*; **4.** *zo.* a) Kopfspitze *f*, b) Rüssel *m* (*Insekt*).

ros·y ['rəʊzɪ] *adj.* □ **1.** rosenrot, -farbig; ***~ red*** Rosenrot *n*; **2.** rosig, blühend (*Wangen etc.*); **3.** *fig.* rosig.

rot [rɒt] **I** *v/i.* **1.** (ver)faulen, (-)modern (*a. fig. im Gefängnis*); verrotten, verwesen; *geol.* verwittern; **2.** *fig.* verkommen, verrotten; **3.** *Brit. sl.* ‚quatschen', Unsinn reden; **II** *v/t.* **4.** faulen lassen; **5.** *bsd. Flachs* rotten; **6.** *Brit. sl. Plan etc.* vermurksen; **7.** *Brit. sl.* j-n ‚anpflaumen' (*hänseln*); **III** *s.* **8.** a) Fäulnis *f*, Verwesung *f*, b) Fäule *f*, c) *et.* Verfaultes; → ***dry-rot***; **9.** ⚘, *zo.* a) Fäule *f*, b) *vet.* Leberfäule *f* (*Schaf*); **10.** *Brit. sl., a. int.* ‚Quatsch' *m*, Blödsinn *m.*

ro·ta ['rəʊtə] *s.* **1.** → ***roster***; **2.** *Brit.* a) 'Dienstˌturnus *m*, b) *a.* ***~ system*** Turnusplan *m*; **3.** *mst ≈ R.C.* Rota *f* (*oberster Gerichtshof der römisch-katholischen Kirche*).

Ro·tar·i·an [rəʊ'teərɪən] **I** *s.* Ro'tarier *m*; **II** *adj.* Rotary…, Rotarier…

ro·ta·ry ['rəʊtərɪ] **I** *adj.* **1.** rotierend, kreisend, sich drehend, 'umlaufend; Rotations…, Dreh…: ***~ crane*** Dreh-, Schwenkkran *m*; ***~ file*** Drehkartei *f*; ***~ pump*** Umlaufpumpe *f*; ***~ switch*** ϟ Drehschalter *m*; ***~ traffic*** Kreisverkehr *m*; **II** *s.* **2.** ⚙ *durch Rotation arbeitende Maschine, bsd.* a) → ***rotary engine***, b) → ***rotary machine***, c) → ***rotary press***; **3.** ≈ → ≈ **Club** *s.* Rotary-Club *m*; ***~ cur·rent*** *s.* ϟ Drehstrom *m*; ***~ en·gine*** *s.* Drehkolbenmotor *m*; ***~ hoe*** *s.* ⚒ Hackfräse *f*; ≈ **In·ter·na·tion·al** *s.* Weltvereinigung *f* der Rotary-Clubs; ***~ ma·chine*** *s. typ.* Rotati'onsmaˌschine *f*; ***~ pis·ton en·gine*** *s.* → ***rotary engine***; ***~ press*** *s. typ.* Rotati'ons(druck)presse *f.*

ro·tate¹ [rəʊ'teɪt] **I** *v/i.* **1.** rotieren, kreisen, sich drehen; **2.** der Reihe nach *od.* turnusmäßig wechseln: ***~ in office***; **II** *v/t.* **3.** rotieren *od.* (um)'kreisen lassen; **4.** *Personal* turnusmäßig *etc.* auswechseln; **5.** ⚒ *Frucht* wechseln: ***~ crops*** im Fruchtwechsel anbauen.

ro·tate² ['rəʊteɪt] *adj.* ⚘, *zo.* radförmig.

ro·ta·tion [rəʊ'teɪʃn] *s.* **1.** ⚙, *phys.* Rotati'on *f*, (Achsen-, 'Um)Drehung *f*, 'Um-, Kreislauf *m*, Drehbewegung *f*: ***~ of the earth*** (tägliche) Erdumdrehung (*um die eigene Achse*); **2.** Wechsel *m*, Abwechslung *f*: ***in*** (*od.* ***by***) ***~*** der Reihe nach, abwechselnd, im Turnus; ***~ in office*** turnusmäßiger Wechsel im Amt; ***~ of crops*** ⚒ Fruchtwechsel, -folge *f*; **ro·ta·tive** ['rəʊtətɪv] *adj.* **1.** → ***rotary*** 1; **2.** abwechselnd, regelmäßig 'wiederkehrend; **ro·ta·to·ry** ['rəʊtətərɪ] *adj.* **1.** → ***rotary*** 1; **2.** *fig.* abwechselnd *od.* turnusmäßig (aufein'anderfolgend): **~ assemblies**; **3.** **~ muscle** *anat.* Dreh-, Rollmuskel *m.*

rote [rəʊt] *s.*: **by ~** *fig.* a) (rein) mechanisch, b) auswendig.

'rot·gut *s. sl.* Fusel *m.*

ro·ti·fer ['rəʊtɪfə] *s. zo.* Rädertier(chen) *n*; **Ro·tif·er·a** [rəʊ'tɪfərə] *s. pl. zo.* Rädertiere *pl.*

ro·to·gra·vure [ˌrəʊtəʊgrə'vjʊə] *s. typ.* **1.** Kupfer(tief)druck *m*; **2.** → **roto section**.

ro·tor ['rəʊtə] *s.* **1.** ✈ Rotor *m*, Drehflügel *m*; **2.** ⚡ Rotor *m*, Anker *m*; **3.** ⚙ Rotor *m* (*Drehteil e-r Maschine*); **4.** ⚓ (Flettner)Rotor *m.*

ro·to sec·tion ['rəʊtəʊ] *s.* Kupfertiefdruckbeilage *f e-r Zeitung.*

rot·ten ['rɒtn] *adj.* □ **1.** faul, verfault: **~ to the core** a) kernfaul, b) *fig.* durch u. durch korrupt; **2.** morsch, mürbe; **3.** brandig, stockig (*Holz*); **4.** ⚕ faul(ig) (*Zahn*); **5.** *fig.* a) verderbt, kor'rupt, b) niederträchtig, gemein; **6.** *sl.* (ˌ'hunds-) miseˌrabel': **~ luck** Saupech *n*; **~ weather** Sauwetter *n*; **'rot·ten·ness** [-nɪs] *s.* **1.** Fäule *f*, Fäulnis *f*; **2.** *fig.* Verderbtheit *f*, Kor'ruptheit *f*; **rot·ter** ['rɒtə] *s. Brit. sl.* Schweinehund *m*, ‚Scheißkerl' *m.*

ro·tund [rəʊ'tʌnd] *adj.* □ **1.** *obs.* rund, kreisförmig; **2.** rundlich (*Mensch*); **3.** *fig.* a) voll(tönend) (*Stimme*), b) hochtrabend, blumig, pom'pös (*Ausdruck*); **4.** *fig.* ausgewogen (*Stil*); **ro'tun·da** [-də] *s.* ⚠ Rundbau *m*; **ro'tun·date** [-deɪt] *adj. bsd.* ⚘ abgerundet; **ro'tun·di·ty** [-dətɪ] *s.* **1.** Rundheit *f*; **2.** Rundlichkeit *f*; **3.** Rundung *f*; **4.** *fig.* Ausgewogenheit *f* (*des Stils etc.*).

rou·ble ['ru:bl] *s.* Rubel *m* (*russische Währung*).

rou·é ['ru:eɪ] (*Fr.*) *s. obs.* Rou'é *m*, Lebemann *m.*

rouge [ru:ʒ] **I** *s.* Rouge *n*, (rote) Schminke; ⚙ Polierrot *n*; **II** *adj. her.* rot; **III** *v/i.* Rouge auflegen, sich schminken; **IV** *v/t.* (rot) schminken.

rough [rʌf] **I** *adj.* □ → **roughly**; **1.** rauh (*Oberfläche, a. Haut, Tuch etc.*; *a. Stimme*); **2.** rauh, struppig (*Fell, Haar*); **3.** holp(e)rig, uneben (*Gelände, Weg*); **4.** rauh, unwirtlich, zerklüftet (*Landschaft*); **5.** rauh (*Wind etc.*); stürmisch (*See, Überfahrt, Wetter*): **~ sea** ⚓ grobe See; **6.** grob, roh (*Mensch, Manieren etc.*); rauhbeinig, ungehobelt (*Person*); heftig (*Temperament etc.*): **~ play** rohes *od.* hartes Spiel; **~ stuff** F Gewalttätigkeit(en *pl.*) *f*; **7.** rauh, barsch, schroff (*Person od. Redeweise*): **~ words**; **have a ~ tongue** e-e rauhe Sprache sprechen; **8.** F rauh (*Behandlung, Empfang etc.*), hart (*Leben, Tag etc.*), garstig, böse: **it was ~** es war e-e böse Sache; **I had a ~ time** es ist mir ziemlich ‚mies' ergangen; **that's ~ luck for him** da hat er aber Pech (gehabt); **9.** roh, grob: a) ohne Feinheit, b) unbearbeitet, im Rohzustand: **~ cloth** ungewalktes Tuch; **~ food** grobe Kost; **~ rice** unpolierter Reis; **~ style** grober *od.* ungeschliffener Stil; **~ stone** a) unbehauener Stein, b) ungeschliffener (Edel-) Stein; → **diamond** 1, **rough-and-ready**; **10.** ⚙ Grob…: **~ carpenter** Grobtischler *m*; **~ file** Schruppfeile *f*; **11.** unfertig, Roh…: **~ copy** Konzept *n*; **~ draft** (*od.* **sketch**) Faustskizze *f*, Rohentwurf *m*; **in a ~ state** im Rohzustand; **12.** *fig.* grob: a) annähernd (richtig), ungefähr, b) flüchtig, im 'Überschlag: **~ analysis** Rohanalyse *f*; **~ calculation** Überschlag *m*; **~ size** ⚙ Rohmaß *n*; **13.** *typ.* noch nicht beschnitten (*Buchrand*); **14.** herb, sauer (*bsd. Wein*); **15.** stark (wirkend) (*Arznei*); **16.** *Brit. sl.* schlecht, ungenießbar (*Fisch*); **II** *adv.* **17.** rauh, hart, roh: **play ~**; **cut up ~** ‚massiv' werden; **18.** grob, flüchtig; **III** *s.* **19.** Rauheit *f*, *das Rauhe*: **over ~ and smooth** über Stock und Stein; **take the ~ with the smooth** *fig.* das Leben nehmen, wie es ist; → **rough-and-tumble** II; **20.** *bsd. Brit.* ‚Schläger' *m*, Rowdy *m*, Rohling *m*; **21.** Rohzustand *m*: **from the ~** aus dem Rohen *arbeiten*; **in the ~** im Groben, im Rohzustand; **take s.o. in the ~** j-n nehmen, wie er ist; **22.** a) holperiger Boden, b) *Golf*: Rough *n*; **23.** Stollen *m* (*am Pferdehufeisen*); **IV** *v/t.* **24.** an-, aufrauhen; **25.** *j-n* miß'handeln, übel zurichten; **26.** *mst* **~ out** *Material* roh *od.* grob bearbeiten, vorbearbeiten; *metall.* vorwalzen; *Linse, Edelstein* grob schleifen; **27.** *Pferd* zureiten; **28.** *Pferd(ehuf)* mit Stollen versehen; **29.** **~ in, ~ out** entwerfen, flüchtig skizzieren; **30.** **~ up** *Haare etc.* gegen den Strich streichen: **~ the wrong way** *fig. j-n* reizen *od.* verstimmen; **31.** *sport Gegner* hart ‚nehmen'; **V** *v/i.* **32.** rauh werden; **33.** *sport* (über'trieben) hart spielen; **34.** **~ it** F primi'tiv *od.* anspruchslos leben, ein spar'tanisches Leben führen.

rough·age ['rʌfɪdʒ] *s.* a) ⚘ Rauhfutter *n*, b) grobe Nahrung, c) *biol.* Ballaststoffe *pl.*

ˌrough|-and-'read·y *adj.* **1.** grob (gearbeitet), Not…, Behelfs…: **~ rule** Faustregel *f*; **2.** rauh *od.* grob, aber zuverlässig (*Person*); **3.** schludrig: **a ~ worker**; **ˌ~-and-'tum·ble** **I** *adj.* **1.** wild, heftig, verworren: **a ~ fight**; **II** *s.* **2.** wildes Handgemenge, wüste Keile'rei; **3.** *fig.* Wirren *pl. des Krieges, des Lebens etc.*; **'~·cast** **I** *s.* **1.** *fig.* roher Entwurf; **2.** ⚠ Rohputz *m*, Berapp *m*; **II** *adj.* **3.** im Entwurf, unfertig; **4.** roh verputzt, angeworfen; **III** *v/t.* [*irr.* → **cast**] **5.** im Entwurf anfertigen, roh entwerfen; **6.** ⚠ berappen, (*mit Rohputz*) anwerfen; **'~·dry** *v/t. Wäsche* (nur) trocknen (*ohne sie zu bügeln od. mangeln*).

rough·en ['rʌfən] **I** *v/i.* rauh(er) werden; **II** *v/t. a.* **~ up** an-, aufrauhen, rauh machen.

ˌrough|-'grind *v/t.* [*irr.* → **grind**] **1.** ⚙ vorschleifen; **2.** *Korn* schroten; **~-'han·dle** *v/t.* grob *od.* bru'tal behandeln; **ˌ~-'hew** *v/t.* [*irr.* → **hew**] **1.** *Holz, Stein etc.* roh behauen, grob bearbeiten; **2.** *fig.* in groben Zügen entwerfen; **ˌ~-'hewn** *adj.* **1.** ⚙ roh behauen; **2.** *fig.* in groben Zügen entworfen *od.* gestaltet; **3.** *fig.* grobschlächtig, ungehobelt; **'~·house** *sl.* **I** *s.* a) Ra'dau *m*, b) wüste Keile'rei; **II** *v/t.* → **rough** 25; **III** *v/i.* Ra'dau machen, toben.

rough·ly ['rʌflɪ] *adv.* **1.** rauh, roh, grob; **2.** a) grob, ungefähr, annähernd: **~ speaking** etwa, ungefähr, b) ganz allgemein (gesagt).

ˌrough|-ma'chine *v/t.* ⚙ grob bearbeiten; **'~·neck** *s. Am. sl.* **1.** Rauhbein *n*, Grobian *m*; **2.** Rowdy *m.*

rough·ness ['rʌfnɪs] *s.* **1.** Rauheit *f*, Unebenheit *f*; **2.** ⚙ rauhe Stelle; **3.** *fig.* Roheit *f*, Grobheit *f*, Ungeschliffenheit *f*; **4.** Wildheit *f*, Heftigkeit *f*; **5.** Herbheit *f* (*Wein*).

ˌrough|-'plane *v/t.* ⚙ vorhobeln; **'~·rid·er** *s.* **1.** Zureiter *m*; **2.** verwegener Reiter; **3.** *Am.* ⚔ *hist.* a) 'irreguˌlärer Kavalle'rist, b) ♀ *Angehöriger e-s im spanisch-amer. Krieg aufgestellten Kavallerie-Freiwilligenregiments*; **'~·shod** *adj.* scharf beschlagen (*Pferd*): **ride ~ over** *fig.* a) *j-n* rücksichtslos behandeln, *j-n* schikanieren, b) rücksichtslos über *et.* hinweggehen.

rou·lade [ru:'lɑ:d] (*Fr.*) *s.* **1.** ♪ Rou'lade *f*, Pas'sage *f*; **2.** *Küche*: Rou'lade *f.*

rou·lette [ru:'let] *s.* **1.** Rou'lett *n* (*Glücksspiel*); **2.** ⚙ Rollrädchen *n.*

Rou·ma·ni·an → **Rumanian**.

round [raʊnd] **I** *adj.* □ → **roundly**; **1.** *allg.* rund: a) kugelrund, b) kreisrund, c) zy'lindrisch, d) abgerundet, e) bogenförmig, f) e-n Kreis beschreibend (*Bewegung, Linie etc.*), g) rundlich, dick (*Arme, Wangen etc.*): → **round angle** (**hand**, **robin** *etc.*); **2.** *ling.* gerundet (*Vokal*); **3.** weich, vollmundig (*Wein*); **4.** ⚗ ganz (*ohne Bruch*): **in ~ numbers** a) in ganzen Zahlen, b) auf- *od.* abgerundet; **5.** *fig.* rund, voll: **a ~ dozen**; **6.** rund, annähernd (richtig); **7.** rund, beträchtlich (*Summe*); **8.** (ab)gerundet, flüssig (*Stil*); **9.** voll(tönend) (*Stimme*); **10.** flott, scharf: **at a ~ pace**; **11.** offen, unverblümt: **a ~ answer**; **~ lie** freche Lüge; **12.** kräftig, derb, ‚saftig': **in ~ terms** in unmißverständlichen Ausdrücken; **II** *s.* **13.** Rund *n*, Kreis *m*, Ring *m*; **14.** Rund (-teil *n*, -bau *m*) *n*, *et.* Rundes; **15.** a) (runde) Stange, b) ⚙ Rundstab *m*, c) (Leiter)Sprosse *f*; **16.** Rundung *f*: **out of ~** ⚙ unrund; **worked on the ~** über e-n Leisten gearbeitet (*Schuh*); **17.** *Kunst*: Rundplastik *f*: **in the ~** a) plastisch, b) *fig.* vollkommen; **18.** *a.* **~ of beef** Rindskeule *f*; **19.** *Brit.* Scheibe *f*, Schnitte *f* (*Brot etc.*); **20.** Kreislauf *m*, Runde *f*: **the ~ of the seasons**; **the daily ~** der tägliche Trott; **21.** a) (Dienst)Runde *f*, Rundgang *m* (*Briefträger, Polizist etc.*), b) ⚔ Streife *f*: **make the ~ of** e-n Rundgang machen um; **22.** a) (Inspekti'ons)Rundgang *m*, -fahrt *f*, b) Rundreise *f*, Tour *f*; **23.** *fig.* Reihe *f*, Folge *f von Besuchen, Pflichten etc.*: **a ~ of pleasures**; **24.** a) *Boxen, Golf etc.*: Runde *f*, b) (Verhandlungs- *etc.*)Runde *f*: **first ~ to him!** die erste Runde geht an ihn!, *fig. humor. a.* eins zu null für ihn!; **25.** Runde *f*, Lage *f* (*Bier etc.*): **stand a ~** (**of drinks**) ‚e-n ausgeben' (*für alle*); **26.** Runde *f*, Kreis *m* (*Personen*): **go** (*od.* **make**) **the ~** (**of**) die Runde machen, kursieren (bei, in *dat.*) (*Gerücht, Witz etc.*); **27.** a) ⚔ Salve *f*, b) Schuß *m*: **20 ~s** (**of cartridge**) 20 Schuß (Patronen); **28.** *fig.* Lach-, Beifallssalve *f*: **~ after ~ of applause** nicht enden wollender Beifall; **29.** ♪ a) Rundgesang *m*, Kanon *m*, b) Rundtanz *m*, Reigen *m*; **III** *adv.* **30.** *a.* **~ about** rund-, rings(her)'um; **31.**

rund(her)'um, im ganzen 'Umkreis, auf *od.* von allen Seiten: ***all ~*** a) ringsum, überall, b) *fig.* durch die Bank, auf der ganzen Linie; ***for a mile ~*** im Umkreis von e-r Meile; **32.** rundherum, im Kreise: ***~ and ~*** immer rundherum; ***hand s.th. ~*** et. herumreichen; ***look ~*** um sich blicken; ***turn ~*** (sich) umdrehen; ***the wheels go ~*** die Räder drehen sich; **33.** außen her'um: ***a long way ~*** ein weiter Umweg; **34.** *zeitlich*: her'an: ***comes ~ again*** *der Sommer etc.* kehrt wieder; **35.** e-e Zeit lang: ***all the year ~*** das ganze Jahr lang *od.* hindurch; ***the clock ~*** volle 24 Stunden; **36.** a) hin'über, b) her'über: ***ask s.o. ~*** j-n zu sich bitten; ***order one's car ~*** (den Wagen) vorfahren lassen; **IV** *prp.* **37.** (rund) um: ***a tour ~ the world***; **38.** um (… her'um): ***sail ~ the Cape***; ***just ~ the corner*** gleich um die Ecke; **39.** in *od.* auf (*dat.*) … herum: ***~ all the shops*** in allen Läden herum; **40.** um (… herum), im 'Umkreis von (*od. gen.*); **41.** um (… herum): ***write a book ~ a story***; ***argue ~ and ~ a subject*** um ein Thema herumreden; **42.** *zeitlich*: durch, während (*gen.*); **V** *v/t.* **43.** rund machen, (*a. fig.* ab)runden: ***~ed edge*** abgerundete Kante; ***~ed number*** auf- *od.* abgerundete Zahl; ***~ed teaspoon*** gehäufter Teelöffel; ***~ed vowel*** *ling.* gerundeter Vokal; **44.** um'kreisen; **45.** um'geben, -'schließen; **46.** *Ecke, Landspitze etc.* um'fahren, -'segeln, her'umfahren *od.* biegen um; **47.** *mot. Kurve* ausfahren; **VI** *v/i.* **48.** rund werden, sich runden; **49.** *fig.* sich abrunden, voll'kommen werden; **50.** ⚓ drehen, wenden; **51.** ***~ on*** F a) *j-n* ‚anfahren', b) über *j-n* herfallen;

Zssgn mit adv.:

round| off *v/t.* **1.** abrunden (*a. fig.*); **2.** *Fest, Rede etc.* beschließen, krönen; **3.** *Zahlen* auf *od.* abrunden; **4.** *Schiff* wenden; **~ out I** *v/t.* **1.** (*v/i.* sich) runden *od.* ausfüllen; **2.** *fig.* abrunden; **II** *v/i.* **3.** rundlich werden (*Person*); **~ to** *v/i.* ⚓ beidrehen; **~ up** *v/t.* **1.** *Vieh* zs.-treiben; **2.** F a) *Verbrecherbande* ausheben, b) *Leute etc.* zs.-trommeln, *a. et.* auftreiben, c) zs.-klauben; **3.** *Zahl etc.* aufrunden.

'round·a·bout I *adj.* **1.** 'umständlich, weitschweifig (*Erklärung etc.*): ***~ way*** Umweg *m*; **2.** rundlich (*Person*); **II** *s.* **3.** 'Umweg *m*; **4.** *fig.* 'Umschweife *pl.*; **5.** *bsd. Brit.* Karus'sell *n*; → ***swing*** 24; **6.** *Brit.* Kreisverkehr *m*.

round| an·gle *s.* ∢ Vollwinkel *m*; **~ arch** *s.* △ (ro'manischer) Rundbogen; **~ dance** *s.* Rundtanz *m*; Dreher *m*.

roun·del ['raʊndl] *s.* **1.** kleine runde Scheibe; **2.** Medail'lon *n* (*a. her.*), runde Schmuckplatte; **3.** △ a) rundes Feld *od.* Fenster, b) runde Nische; **4.** *Metrik*: → ***rondel***.

roun·de·lay ['raʊndɪleɪ] *s.* **1.** ♪ Re'frainliedchen *n*, Rundgesang *m*; **2.** Rundtanz *m*; **3.** (Vogel)Lied *n*.

round·er ['raʊndə] *s.* **1.** *Brit. sport* a) *pl. sg. konstr.* Rounders *n*, Rundball *m* (*Art Baseball*), b) ganzer 'Umlauf; **2.** *Am. sl.* a) liederlicher Kerl, b) Säufer *m*.

'round|-eyed *adj.* mit großen Augen, staunend; **~ hand** *s.* Rundschrift *f*; **'~·head** *s.* **1.** ℒ *hist.* Rundkopf *m* (*Puritaner*); **2.** Rundkopf *m* (*Person*; *a.* ⚙): ***~ screw*** Rundkopfschraube *f*; **'~-house** *s.* **1.** 🚂 Lokomo'tivschuppen *m*; **2.** ⚓ *hist.* Achterhütte *f*; **3.** *hist.* Turm *m*, Gefängnis *n*; **4.** *Am. sl.* (wilder) Schwinger (*Schlag*).

round·ing ['raʊndɪŋ] *s.* Rundung *f* (*a. ling.*): ***~-off*** Abrundung *f*; **'round·ish** [-ɪʃ] *adj.* rundlich; **'round·ly** [-dlɪ] *adv.* **1.** rund, ungefähr; **2.** rundweg, rundher'aus; **3.** gründlich, gehörig; **'round·ness** [-dnɪs] *s.* **1.** Rundheit *f* (*a. fig.*); Rundung *f*; **2.** *fig.* Unverblümtheit *f*; **'round-nose(d)** *adj.* ⚙ Rund…: ***~ pliers*** Rundzange *f*; **round rob·in** *s.* **1.** Petiti'on *f*, Denkschrift *f* (*bsd. mit im Kreis herum geschriebenen Unterschriften*); **2.** *sport Am. Turnier, bei dem jeder gegen jeden antritt*; **round shot** *s.* ⚔ *hist.* Ka'nonenkugel *f*.

rounds·man ['raʊndzmən] *s.* [*irr.*] *Brit.* Austräger *m*, Laufbursche *m*: ***milk ~*** Milchmann *m*.

round| steak *s. aus der Keule geschnittenes Beefsteak*; **~ ta·ble** *s.* **1.** a) runder Tisch, b) Tafelrunde *f*: ***the*** ℒ die Tafelrunde (des König Artus); **2.** ***round-table conference*** Konfe'renz *f* am runden Tisch, 'Round-table-Konfe,renz *f*; **'~-the-clock** *adj.* 24stündig, rund um die Uhr; **'~·top** *s.* ⚓ Krähennest *n*; **~ tow·el** *s.* Rollhandtuch *n*; **~ trip** *s.* *Am.* 'Hin- u. 'Rückfahrt *f od.* -flug *m*; **,~-'trip** *adj.*: ***~ ticket*** *Am.* a) Rückfahrkarte *f*, b) ✈ Rückflugticket *n*; **~ turn** *s.* ⚓ Rundtörn *m* (*Knoten*): ***bring up with a ~*** *j-n* jäh unterbrechen; **'~·up** *s.* **1.** Zs.-treiben *n von Vieh*; **2.** *fig.* a) Zs.-treiben *n*, Sammeln *n*, b) Razzia *f*, Aushebung *f* von Verbrechern, c) Zs.-fassung *f*, 'Übersicht *f*: ***football ~***; ***~ of the news*** Nachrichtenüberblick *m*; **'~·worm** *s. zo.*, ⚕ Spulwurm *m*.

roup [ruːp] *s. vet.* a) Darre *f der Hühner*, b) Pips *m*.

rouse [raʊz] **I** *v/t.* **1.** *oft* ***~ up*** wachrütteln, (auf)wecken (***from*** aus); **2.** *Wild etc.* aufjagen; **3.** *fig. j-n* auf-, wachrütteln, ermuntern: ***~ o.s.*** sich aufraffen; **4.** *fig. j-n* in Wut bringen, aufbringen, reizen; **5.** *fig. Gefühle etc.* erwecken, wachrufen, *Haß* entflammen, *Zorn* erregen; **6.** ⚙ *Bier etc.* ('um)rühren; **II** *v/i.* **7.** *mst* ***~ up*** aufwachen (*a. fig.*); **8.** aufschrecken; **III** *s.* **9.** ⚔ *Brit.* Wecken *n*; **'rous·er** [-zə] *s.* F **1.** Sensati'on *f*; **2.** faustdicke Lüge, Schwindel *m*; **'rous·ing** [-zɪŋ] *adj.* □ **1.** *fig.* aufrüttelnd, zündend, mitreißend (*Ansprache*, *Lied etc.*); **2.** brausend, stürmisch (*Beifall etc.*); **3.** aufregend, spannend; **4.** F ‚toll'.

roust·a·bout ['raʊstəbaʊt] *s.* **1.** *Am.* a) Werft-, Hafenarbeiter *m*, b) *oft contp.* Gelegenheitsarbeiter *m*; **2.** Handlanger *m*, Hilfsarbeiter *m*.

rout¹ [raʊt] **I** *s.* **1.** Rotte *f*, wilder Haufen; **2.** ⚖ Zs.-rottung *f*, Auflauf *m*; **3.** *bsd.* ⚔ a) wilde Flucht, b) Schlappe *f*, Niederlage *f*: ***put to ~*** → 5; **4.** *obs.* (große) Abendgesellschaft; **II** *v/t.* **5.** ⚔ in die Flucht *od.* vernichtend schlagen.

rout² [raʊt] *v/t.* **1.** → ***root²*** II; **2.** ***~ out***, ***~ up*** *j-n aus dem Bett od. e-m Versteck etc.* (her'aus)treiben, (-)jagen; **3.** vertreiben; **4.** ⚙ ausfräsen (*a. typ.*), ausschweifen.

route [ruːt; ⚔ *a.* raʊt] **I** *s.* **1.** (Reise-, Fahrt)Route *f*, (-)Weg *m*: ***en ~*** (*Fr.*) unterwegs; **2.** (Bahn-, Bus-, Flug-) Strecke *f*, Route *f*; (Verkehrs)Linie *f*; ⚓ Schiffahrtsweg *m*; (Fern)Straße *f*; **3.** ⚡ Leit(ungs)weg *m*; **4.** ⚔ a) Marschroute *f*, b) *Brit.* Marschbefehl *m*: ***~ march*** *Brit.* Übungsmarsch *m*, *Am.* Marsch *m* mit Marscherleichterungen; ***~ step, march!*** ohne Tritt(, marsch)!; **5.** ⚘ *Am.* Versand(art *f*) *m*; **II** *v/t.* **6.** *Truppen* in Marsch setzen; *Transportgüter etc.* befördern, *a. weitS.* leiten (***via*** über *acc.*); **7.** die Route (*od.* ⚙ den Arbeitsgang) festlegen von (*od. gen.*); **8.** *Anträge etc.* (auf dem Dienstweg) weiterleiten; **9.** a) ⚡ legen, führen: ***~ lines***, b) *tel.* leiten.

rou·tine [ruː'tiːn] **I** *s.* **1.** a) (Ge'schäfts-, 'Amts- *etc.*)Rou,tine *f*, übliche *od.* gleichbleibende Proze'dur, gewohnter Gang, b) me'chanische Arbeit, (ewiges) Einerlei, c) Rou'tinesache *f*, d) *contp.* Scha'blone *f*, e) *contp.* (alter) Trott; **2.** *Am.* a) (Zirkus- *etc.*)Nummer *f*, b) *contp.* ‚Platte' *f*, Geschwätz *n*; **3.** *Computer etc.*: Rou'tine *f*, (Unter)Pro'gramm *n*; **II** *adj.* **4.** a) all'täglich, immer gleichbleibend, üblich, b) laufend, regel-, rou'tinemäßig: ***~ check***; **5.** *contp.* me'chanisch, scha'blonenhaft; **rou'tine·ly** [-lɪ] *adv.* **1.** rou'tinemäßig; **2.** *contp.* mechanisch; **rou'tin·ist** [-nɪst] *s.* Gewohnheitsmensch *m*; **rou'tin·ize** [-naɪz] *v/t.* **1.** e-r Rou'tine *etc.* unter'werfen; **2.** *et.* zur Routine machen.

roux [ruː] *s. pl.* **roux** [ruːz] Mehlschwitze *f*, Einbrenne *f*.

rove¹ [rəʊv] **I** *v/i. a.* ***~ about*** um'herstreifen, -schweifen, -wandern (*a. fig. Augen etc.*); **II** *v/t.* durch'streifen; **III** *s.* (Um'her)Wandern *n*; Wanderschaft *f*.

rove² [rəʊv] **I** *v/t.* **1.** ⚙ vorspinnen; **2.** *Wolle etc.* ausfasern; *Gestricktes* auftrennen, aufräufeln; **II** *s.* **3.** Vorgespinst *n*; **4.** (*Woll- etc.*)Strähne *f*.

rov·er¹ ['rəʊvə] *s.* ⚙ 'Vorspinnma,schine *f*.

rov·er² ['rəʊvə] *s.* **1.** Wanderer *m*; **2.** Pi'rat(enschiff *n*) *m*; **3.** Wandertier *n*; **4.** *obs. Brit. Pfadfinder über 17.*

rov·ing ['rəʊvɪŋ] *adj.* **1.** um'herziehend, -streifend; **2.** *fig.* ausschweifend: ***~ fancy***; ***have a ~ eye*** gern ein Auge riskieren; **3.** *fig.* ‚fliegend': ***~ reporter***, ***~ force*** (Polizei)Einsatztruppe *f*.

row¹ [rəʊ] *s.* **1.** *allg.* (*a. Häuser-, Sitz-*) Reihe *f*: ***in ~s*** in Reihen, reihenweise; ***a hard ~ to hoe*** *fig.* e-e schwierige Sache; **2.** Straße *f*: ***Rochester*** ℒ; **3.** △ Baufluchtlinie *f*.

row² [rəʊ] **I** *v/i.* **1.** rudern; **II** *v/t.* **2.** *Boot, a. Rennen, a. j-n* rudern: ***~ down*** *j-n* (*beim Rudern*) überholen; **3.** rudern gegen, mit *j-m* (wett)rudern; **III** *s.* **4.** Rudern *n*; 'Ruderpar,tie *f*: ***go for a ~*** rudern gehen.

row³ [raʊ] F **I** *s.* Krach *m*: a) Kra'wall *m*, Spek'takel *m*, b) Streit *m*, c) Schläge'rei *f*: ***get into a ~*** a) ‚eins aufs Dach bekommen', b) Krach bekommen (***with*** mit); ***have a ~ with*** Krach haben mit; ***kick up a ~*** Krach schlagen; ***what's the ~?*** was ist denn los?; **II** *v/t. j-n* ‚zs.-stauchen'; **III** *v/i.* randalieren.

row·an [ˈraʊən] *s.* ⚘ Eberesche *f*; ˈ**~ˌber·ry** *s.* Vogelbeere *f*.

row·di·ness [ˈraʊdɪnɪs] *s.* Pöbelhaftigkeit *f*, rüpelhaftes Benehmen *od.* Wesen; **row·dy** [ˈraʊdɪ] **I** *s.* ˈRowdy *m*, Raˈbauke *m*, Schläger *m*; **II** *adj.* rüpel-, rowdyhaft, gewalttätig; ˈ**row·dy·ism** [-ɪɪzəm] *s.* **1.** Rowdytum *n*, rüpelhaftes Benehmen; **2.** Gewalttätigkeit *f*, Rüpeˈlei *f*.

row·el [ˈraʊəl] **I** *s.* Spornrädchen *n*; **II** *v/t. e-m Pferd* die Sporen geben.

row·en [ˈraʊən] *s.* ✓ Grummet *n*.

row·ing [ˈrəʊɪŋ] **I** *s.* Rudern *n*, Rudersport *m*; **II** *adj.* Ruder…: **~ boat**; **~ machine** Ruderapparat *m*.

row·lock [ˈrɒlək] *s.* ⚓ Dolle *f*.

roy·al [ˈrɔɪəl] **I** *adj.* ☐ **1.** königlich, Königs…: **His 2 Highness** S-e Königliche Hoheit; **~ prince** Prinz *m* von königlichem Geblüt; → **princess** 1; **2 Academy** Königliche Akademie der Künste (*Großbritanniens*); **~ blue** Königsblau *n*; **2 Exchange** *die* Londoner Börse (*Gebäude*); **~ flush** *Poker*: Royal Flush *m*; **2 Navy** (Königlich-Brit.) Marine *f*; **~ paper** → 6; **~ road** *fig.* leichter *od.* bequemer Weg (**to** zu); **~ speech** Thronrede *f*; **2.** fürstlich (*a. fig.*): **the ~ and ancient game** das Golfspiel; **3.** *fig.* (*a.* F) prächtig, großartig: **in ~ spirits** F in glänzender Stimmung; **~ stag** *hunt.* Kapitalhirsch *m*; **~ tiger** *zo.* Königstiger *m*; **4.** edel (*a. Gas*); **II** *s.* **5.** F Mitglied *n* des Königshauses; **6.** Royˈalpaˌpier *n* (*Format*); **7.** *a.* **~ sail** ⚓ Ober(bram)segel *n*; **roy·al·ist** [ˈrɔɪəlɪst] **I** *s.* Royaˈlist(in), Königstreue(r *m*) *f*; **II** *adj.* königstreu; ˈ**roy·al·ty** [-ltɪ] *s.* **1.** Königtum *n*: a) Königswürde *f*, b) Königreich *n*: **insignia of ~** Kroninsignien *pl.*; **2.** königliche Abkunft; **3.** a) fürstliche Perˈsönlichkeit, b) *pl.* Fürstlichkeiten *pl.*, c) Königshaus *n*; **4.** Krongut *n*; **5.** Reˈgal *n*, königliches Priviˈleg; **6.** Abgabe *f* an die Krone, Pachtgeld *n*: **mining ~** Bergwerksabgabe *f*; **7.** monˈarchische Regierung; **8.** ⚖ (Auˈtoren- *etc.*)TantiˌEme *f*, Gewinnanteil *m*; **9.** ⚖ a) Liˈzenz *f*, b) Liˈzenzgebühr *f*: **~ fees** Paˈtentgebühren; **subject to payment of royalties** lizenzpflichtig.

roz·zer [ˈrɒzə] *s. Br. sl.* Bulle *m* (*Polizist*).

rub [rʌb] **I** *s.* **1.** (Ab)Reiben *n*, Polieren *n*: **give it a ~** reibe es (doch einmal); **have a ~ with a towel** sich (mit dem Handtuch) abreiben *od.* abtrocknen; **2.** *fig.* Schwierigkeit *f*, Haken *m*: **there's the ~!** F da liegt der Hase im Pfeffer!; **there's a ~ in it** F die Sache hat e-n Haken; **3.** Unannehmlichkeit *f*; **4.** *fig.* Sticheˈlei *f*; **5.** rauhe *od.* aufgeriebene Stelle; **6.** Unebenheit *f*; **II** *v/t.* **7.** reiben: **~ one's hands** sich die Hände reiben (*mst fig.*); **~ shoulders with** *fig.* verkehren mit, (*dat.*) nahe stehen; **~ it in, ~ s.o.'s nose in it** es j-m ‚unter die Nase reiben'; → **rub up**; **8.** reiben, (reibend) streichen; massieren; **9.** einreiben (**with** mit *e-r Salbe etc.*); **10.** streifen, reiben an (*dat.*); (wund) scheuern; **11.** a) scheuern, schaben, b) *Tafel etc.* abwischen, c) polieren, d) wichsen, bohnern, e) abreiben, frottieren; **12.** ⚙ (ab)schleifen, (ab)feilen: **~ with emery** (**pumice**) abschmirgeln (abbimsen); **13.** *typ.* abklatschen; **III** *v/i.* **14.** reiben, streifen (**against** *od.* [**up**]**on** *dat.*, gegen); **15.** *fig.* sich schlagen (**through** durch);

Zssgn mit adv.:

rub| a·long *v/i.* **1.** sich (mühsam) ˈdurchschlagen; **2.** (gut) auskommen (**with** mit *j-m*); **~ down** *v/t.* **1.** abreiben, frottieren; *Pferd* striegeln; **2.** herˈunter-, wegreiben; **~ in** *v/t.* **1.** *a. Zeichnung* einreiben; **2.** *sl.* ‚herˈumreiten' auf (*dat.*); → **rub** 7; **~ off I** *v/t.* **1.** ab-, wegreiben; abschleifen; **II** *v/i.* **2.** abgehen (*Lack etc.*); **3.** *fig.* sich abnützen; **4.** *fig.* F abfärben (**onto** auf *acc.*); **~ out I** *v/t.* **1.** ausradieren; **2.** wegwischen, -reiben; **3.** *Am. sl.* ‚ˈumlegen' (*töten*); **II** *v/i.* **4.** weggehen (*Fleck etc.*); **~ up** *v/t.* **1.** (auf)polieren; **2.** *fig.* a) *Kenntnisse etc.* auffrischen, b) *Gedächtnis etc.* stärken; **3.** *fig.* F **rub s.o. up the right way** j-n richtig behandeln; **rub s.o. up the wrong way** j-n ‚verschnupfen' *od.* verstimmen; **it rubs me up the wrong way** es geht mir gegen den Strich; **4.** *Farben etc.* verreiben.

rub-a-dub [ˈrʌbədʌb] *s.* Taˈramtamtam *n*, Trommelwirbel *m*.

rub·ber[1] [ˈrʌbə] **I** *s.* **1.** Gummi *n*, *m*, (Naˈtur)Kautschuk *m*; **2.** (Radier-) Gummi *m*; **3.** *a.* **~ band** Gummiring *m*, -band *n*; **4.** **~ tyre** (*od. bsd. Am.* **tire**) Gummireifen *m*; **5.** *pl.* a) *Am.* (ˈGummi)ˌÜberschuhe *pl.*, b) *Brit.* Turnschuhe *pl.*; **6.** *sl.* ‚Gummi' *m*, ‚Paˈriser' *m* (*Kondom*); **7.** Reiber *m*, Polierer *m*; **8.** Masˈseur(in), Masˈseuse *f*; **9.** Reibzeug *n*; **10.** a) Frottier(hand)tuch *n*, -handschuh *m*, b) Wischtuch *n*, c) Polierkissen *n*, d) *Brit.* Geschirrtuch *n*; **11.** Reibfläche *f*; **12.** ⚙ a) Schleifstein *m*, b) Putzfeile *f*; **13.** *typ.* Farbläufer *m*; **14.** ˈSchmirgelpaˌpier *n*; ˈGlaspaˌpier *n*; **15.** (weicher) Formziegel; **16.** F *Eishockey*: Puck *m*, Scheibe *f*; **17.** *Baseball*: Platte *f*; **II** *v/t.* **18.** → **rubberize**; **III** *v/i.* **19.** → **rubberneck** 4, 5; **IV** *adj.* **20.** Gummi…: **~ solution** Gummilösung *f*.

rub·ber[2] [ˈrʌbə] *s. Kartenspiel*: Robber *m*.

rub·ber| boat *s.* Gummi-, Schlauchboot *n*; **~ ce·ment** *s.* ⚙ Gummilösung *f*; **~ check** *s. Am.*, **~ cheque** *s. Brit.* F geplatzter Scheck; **~ coat·ing** *s.* Gummierung *f*; **~ din·ghi** *s.* Schlauchboot *n*.

rub·ber·ize [ˈrʌbəraɪz] *v/t.* ⚙ mit Gummi imprägnieren, gummieren.

ˈ**rub·ber|·neck** *Am.* F **I** *s.* **1.** Gaffer(in), Neugierige(r *m*) *f*; **2.** Touˈrist(in); **II** *adj.* **3.** neugierig, schaulustig; **III** *v/i.* **4.** neugierig gaffen, ‚sich den Hals verrenken'; **5.** die Sehenswürdigkeiten (*e-r Stadt etc.*) ansehen; **IV** *v/t.* **6.** neugierig betrachten; **~ plant** *s.* ⚘ Kautschukpflanze *f*, *bsd.* Gummibaum *m*; **~ stamp** *s.* **1.** Gummistempel *m*; **2.** F a) sturer Beamter, b) bloßes Werkzeug, c) Nachbeter *m*; **3.** *bsd. Am.* F (abgedroschene) Phrase; **ˌ~-ˈstamp** *v/t.* **1.** abstempeln; **2.** F (rouˈtinemäßig) genehmigen; **~ tree** *s.* ⚘ a) Gummibaum *m*, b) Kautschukbaum *m*.

rub·bing [ˈrʌbɪŋ] *s.* **1.** a) *phys.* Reibung *f*, b) ⚙ Abrieb *m*; **2.** *typ.* Reiberdruck *m*; **~ cloth** *s.* Frottier-, Wisch-, Scheuertuch *n*; **~ con·tact** *s.* ⚡ ˈReibe-ˈSchleifkonˌtakt *m*; ˈ**~·stone** *s.* Schleif-, Wetzstein *m*; **~ var·nish** *s.* ⚙ Schleiflack *m*.

rub·bish [ˈrʌbɪʃ] **I** *s.* **1.** Abfall *m*, Kehricht *m*, Müll *m*: **~ bin** Abfalleimer *m*; **~ chute** Müllschlucker *m*; **2.** (Gesteins-) Schutt *m* (*a. geol.*); **3.** F Schund *m*, Plunder *m*; **4.** F *a. int.* Blödsinn *m*, Quatsch *m*; **5.** ⚒ a) *über Tage*: Abraum *m*, b) *unter Tage*: taubes Gestein; ˈ**rub·bish·y** [-ʃɪ] *adj.* **1.** schuttbedeckt; **2.** F Schund…, wertlos.

rub·ble [ˈrʌbl] *s.* **1.** Bruchstein(e *pl.*) *m*, Schotter *m*; **2.** *geol.* (Stein)Schutt *m*, Geröll *n*, Geschiebe *n*; **3.** (rohes) Bruchsteinmauerwerk; **4.** loses Packeis; **~ ma·son·ry** → **rubble** 3; ˈ**~·stone** *s.* Bruchstein *m*; ˈ**~·work** → **rubble** 3.

ˈ**rub·down** *s.* Abreibung *f*: **have a ~** sich trockenreiben *od.* frottieren.

rube [ru:b] *s. Am. sl.* ‚Lackel' *m*.

ru·be·fa·cient [ˌru:bɪˈfeɪʃjənt] ⚕ **I** *adj.* (*bsd.* haut)rötend; **II** *s.* (*bsd.* haut)rötendes Mittel; **ˌru·beˈfac·tion** [-ˈfækʃn] *s.* ⚕ Hautröte *f*, -rötung *f*.

ru·bi·cund [ˈru:bɪkənd] *adj.* rötlich, rot, rosig (*Person*).

ru·bric [ˈru:brɪk] **I** *s.* **1.** *typ.* Ruˈbrik *f* ([*roter*] *Titelkopf od. Buchstabe*; *Abschnitt*); **2.** *eccl.* Rubrik *f*, liˈturgische Anweisung; **II** *adj.* **3.** rot (gedruckt *etc.*), rubriziert; ˈ**ru·bri·cate** [-keɪt] *v/t.* **1.** rot bezeichnen; **2.** rubrizieren.

ˈ**rub·stone** *s.* Schleifstein *m*.

ru·by [ˈru:bɪ] **I** *s.* **1.** *a.* **true ~**, **Oriental ~** *min.* Ruˈbin *m*; **2.** (Ruˈbin)Rot *n*; **3.** *fig.* Rotwein *m*; **4.** *fig.* roter (Haut)Pikkel; **5.** *Uhrmacherei*: Stein *m*; **6.** *typ.* Paˈriser Schrift *f*, Fünfeinˈhalbpunktschrift *f*; **II** *adj.* **7.** (karˈmin-, ruˈbin)rot.

ruche [ru:ʃ] *s.* Rüsche *f*; **ruched** [-ʃt] *adj.* mit Rüschen besetzt; ˈ**ruch·ing** [-ʃɪŋ] *s.* **1.** *coll.* Rüschen(besatz *m*) *pl.*; **2.** Rüschenstoff *m*.

ruck[1] [rʌk] *s.* **1.** *sport das* (Haupt)Feld; **2.** **the** (**common**) **~** *fig.* die breite Masse: **rise out of the ~** *fig.* sich über den Durchschnitt erheben.

ruck[2] [rʌk] **I** *s.* Falte *f*; **II** *v/t.* oft **~ up** hochschieben, zerknüllen, -knittern; **III** *v/i.* oft **~ up** Falten werfen, hochrutschen.

ruck·sack [ˈrʌksæk] (*Ger.*) *s.* Rucksack *m*.

ruck·us [ˈrʌkəs] → **ruction**.

ruc·tion [ˈrʌkʃn] *s. oft pl.* F a) Tohuwaˈbohu *n*, b) Krach *m*, Kraˈwall *m*, c) Schlägeˈrei *f*.

rud·der [ˈrʌdə] *s.* **1.** ⚓ (Steuer)Ruder *n*, Steuer *n*; **2.** ✈ Seitenruder *n*, -steuer *n*: **~ controls** Seitensteuerung *f*; **3.** *fig.* Richtschnur *f*; **4.** *Brauerei*: Rührkelle *f*; ˈ**rud·der·less** [-lɪs] *adj.* **1.** ohne Ruder; **2.** *fig.* führer-, steuerlos.

rud·di·ness [ˈrʌdɪnɪs] *s.* Röte *f*; **rud·dy** [ˈrʌdɪ] *adj.* ☐ **1.** rot, rötlich, gerötet; gesund (*Gesichtsfarbe*); **2.** *Brit. sl.* verflixt.

rude [ru:d] *adj.* ☐ **1.** grob, unverschämt; rüde, ungehobelt; **2.** roh, unsanft (*a. fig. Erwachen*); **3.** wild, heftig (*Kampf*, *Leidenschaft*); rauh (*Klima etc.*); hart (*Los*, *Zeit etc.*); **4.** wild (*Landschaft*); holp(e)rig (*Weg*); **5.** wirr (*Masse etc.*): **~ chaos** chaotischer Urzustand; **6.** *allg.* primiˈtiv: a) unzivilisiert, b) ungebildet, c) kunstlos, d) behelfsmäßig; **7.** ro'bust, unverwüstlich (*Gesundheit*): ***be in ~ health*** vor Gesundheit strotzen; **8.** roh, unverarbeitet (*Stoff*); **9.** plump, ungeschickt; **10.** a) ungefähr, b) flüchtig, grob: ***~ sketch***; ***a ~ observer*** ein oberflächlicher Beobachter; **'rude·ness** [-nıs] *s.* **1.** Grobheit *f*; **2.** Roheit *f*; **3.** Heftigkeit *f*; **4.** Wild-, Rauheit *f*; **5.** Primitivi'tät *f*; **6.** Unebenheit *f*.

ru·di·ment ['ru:dımənt] *s.* **1.** Rudi'ment *n* (*a. biol. rudimentäres Organ*), Ansatz *m*; **2.** *pl.* Anfangsgründe *pl.*, Grundlagen *pl.*, Rudi'mente *pl.*; **ru·di·men·tal** [ˌru:dı'mentl], **ru·di·men·ta·ry** [ˌru:dı'mentərı] *adj.* □ **1.** elemen'tar, Anfangs…; **2.** rudimen'tär (*a. biol.*).

rue¹ [ru:] *s.* ⚘ Gartenraute *f*.

rue² [ru:] *v/t.* bereuen, bedauern; *Ereignis* verwünschen: ***he will live to ~ it*** er wird es noch bereuen; **'rue·ful** [-fʊl] *adj.* □ **1.** kläglich, jämmerlich: ***the Knight of the ≈ Countenance*** der Ritter von der traurigen Gestalt (*Don Quichotte*); **2.** wehmütig; **3.** reumütig; **'rue·ful·ness** [-fʊlnıs] *s.* **1.** Gram *m*, Traurigkeit *f*; **2.** Jammer *m*.

ruff¹ [rʌf] *s.* **1.** Halskrause *f* (*a. zo., orn.*); **2.** (Pa'pier)Krause *f* (*Topf etc.*); **3.** Rüsche *f*; **4.** *orn.* a) Kampfläufer *m*, b) Haustaube *f* mit Halskrause.

ruff² [rʌf] **I** *s. Kartenspiel*: Trumpfen *n*; **II** *v/t. u. v/i.* mit Trumpf stechen.

ruff(e)³ [rʌf] *s. ichth.* Kaulbarsch *m*.

ruf·fi·an ['rʌfjən] *s.* **1.** Rüpel *m*; **2.** Raufbold *m*; **'ruf·fi·an·ism** [-nızəm] *s.* Roheit *f*, Brutali'tät *f*; **'ruf·fi·an·ly** [-lı] *adj.* **1.** roh, bru'tal; **2.** wild.

ruf·fle ['rʌfl] **I** *v/t.* **1.** *Wasser etc., a. Tuch* kräuseln; *Stirn* kraus ziehen; **2.** *Federn, Haare* sträuben: ***~ one's feathers*** sich aufplustern (*a. fig.*); **3.** *Papier* zerknittern; **4.** durchein'anderbringen, -werfen; **5.** *fig. j-n* aus der Fassung bringen; *j-n* (ver)ärgern: ***~ s.o.'s temper*** j-n verstimmen; **II** *v/i.* **6.** sich kräuseln; **7.** zerknüllt *od.* zerzaust werden; **8.** *fig.* die Ruhe verlieren; **9.** *fig.* sich aufspielen, anmaßend auftreten; **III** *s.* **10.** Kräuseln *n*; **11.** Rüsche *f*, Krause *f*; **12.** *orn.* Halskrause *f*; **13.** *fig.* Aufregung *f*, Störung *f*: ***without ~ or excitement*** in aller Ruhe.

ru·fous ['ru:fəs] *adj.* rotbraun.

rug [rʌg] *s.* **1.** (kleiner) Teppich, (Bett-, Ka'min)Vorleger *m*, Brücke *f*: ***pull the ~ from under s.o.*** *fig.* j-m den Boden unter den Füßen wegziehen; **2.** *bsd. Brit.* dicke wollene (Reise- *etc.*)Decke.

rug·by (foot·ball) ['rʌgbı] *s. sport* Rugby *n*.

rug·ged ['rʌgıd] *adj.* □ **1.** zerklüftet, wild (*Landschaft etc.*), zackig, schroff (*Fels etc.*), felsig; **2.** durch'furcht (*Gesicht etc.*), uneben (*Boden etc.*), holperig (*Weg etc.*), knorrig (*Gestalt*); **3.** rauh (*Rinde, Tuch, a. fig. Manieren, Sport etc.*): ***life is ~*** das Leben ist hart; ***~ individualism*** krasser Individualismus; **4.** ruppig, grob; **5.** *bsd. Am. a.* ⚙ ro'bust, stark, sta'bil; **'rug·ged·ness** [-nıs] *s.* **1.** Rauheit *f*; **2.** Grobheit *f*; **3.** *Am.* Ro'bustheit *f*.

rug·ger ['rʌgə] *Brit.* F *für* ***Rugby***.

ru·in ['rʊın] **I** *s.* **1.** Ru'ine *f* (*a. fig. Person etc.*); *pl.* Ruine(n *pl.*) *f*, Trümmer *pl.*: ***lay in ~s*** in Schutt u. Asche legen; ***lie in ~s*** in Trümmern liegen; **2.** Verfall *m*: ***go to ~*** verfallen; **3.** Ru'in *m*, 'Untergang *m*, Zs.-bruch *m*, Verderben *n*: ***bring to ~*** → 5; ***the ~ of my hopes (plans)*** das Ende m-r Hoffnungen (Pläne); ***it will be the ~ of him*** es wird sein Untergang sein; **II** *v/t.* **4.** vernichten, zerstören; **5.** *j-n, a. Sache, Gesundheit etc.* ruinieren, zu'grunde richten; *Hoffnungen, Pläne* zu'nichte machen; *Augen, Aussichten etc.* verderben; *Sprache* verhunzen; **6.** *Mädchen* verführen;

ru·in·a·tion [rʊı'neıʃn] *s.* **1.** Zerstörung *f*, Verwüstung *f*; **2.** F *j-s* Ru'in *m*, Verderben *n*, 'Untergang *m*; **'ru·in·ous** [-nəs] *adj.* □ **1.** verfallen(d), baufällig, ru'inenhaft; **2.** verderblich, mörderisch, ruinierend, rui'nös: ***a ~ price*** a) ruinöser *od.* enormer Preis, b) Schleuderpreis *m*; **'ru·in·ous·ness** [-nəsnıs] *s.* **1.** Baufälligkeit *f*; **2.** Verderblichkeit *f*.

rule [ru:l] **I** *s.* **1.** Regel *f*, Nor'malfall *m*: ***as a ~*** in der Regel; ***as is the ~*** wie es allgemein üblich ist; ***become the ~*** zur Regel werden; ***make it a ~ to*** (*inf.*) es sich zur Regel machen, zu (*inf.*); ***by all the ~s*** eigentlich; → ***exception*** 1; **2.** Regel *f*, Richtschnur *f*, Grundsatz *m*; *sport etc.* Spielregel *f* (*a. fig.*): ***against the ~s*** regelwidrig; ***~s of action*** (*od.* ***conduct***) Verhaltensmaßregeln, Richtlinien; ***~ of thumb*** Faustregel, praktische Erfahrung; ***by ~ of thumb*** über den Daumen gepeilt; ***serve as a ~*** als Richtschnur *od.* Maßstab dienen; **3.** ⚖ a) Vorschrift *f*, (gesetzliche) Bestimmung, Norm *f*, b) gerichtliche Entscheidung, c) Rechtsgrundsatz *m*: ***~s of the air*** Luftverkehrsregeln; ***work to ~*** Dienst nach Vorschrift tun (*als Streikmittel*); → ***road*** 1; **4.** *pl.* (Geschäfts-, Gerichts- *etc.*)Ordnung *f*: ***(standing) ~s of court*** ⚖ Prozeßordnung; ***~s of procedure*** a) Verfahrensordnung, b) Geschäftsordnung; **5.** *a.* ***standing ~*** Satzung *f*: ***against the ~s*** satzungswidrig; ***the ~s (and by-laws)*** die Satzungen, die Statuten; **6.** *eccl.* Ordensregel *f*; **7.** ☤ U'sance *f*, Handelsbrauch *m*; **8.** A Regel *f*, Rechnungsart *f*: ***~ of proportion***, ***~ of three*** Regeldetri *f*, Dreisatz *m*; **9.** Herrschaft *f*, Regierung *f*: ***during (under) the ~ of*** während (unter) der Regierung (*gen.*); ***~ of law*** Rechtsstaatlichkeit *f*; **10.** a) Line'al *n*, b) *a.* ***folding ~*** Zollstock *m*; **11.** a) Richtmaß *n*, b) Winkel(eisen *n*, -maß *n*) *m*; **12.** *typ.* a) (Messing)Linie *f*: ***~ case*** Linienkasten *m*, b) Ko'lumnenmaß *n* (*Satzspiegel*), c) *Brit.* Strich *m*: ***em ~*** Gedankenstrich; ***en ~*** Halbgeviert *n*; **II** *v/t.* **13.** *a.* ***~ over*** *Land, Gefühl etc.* beherrschen, herrschen über (*acc.*), regieren: ***~ the roast*** (*od.* ***roost***) *fig.* das Regiment führen, Herr im Haus sein; **14.** lenken, leiten: ***be ~d by*** sich leiten lassen von; **15.** *bsd.* ⚖ anordnen, verfügen, entscheiden: ***~ out*** a) *j-n od. et.* ausschließen (*a. sport*), b) *et.* ablehnen; ***~ s.o. out of order*** *parl.* j-m das Wort entziehen; ***~ s.th. out of order*** et. nicht zulassen; **16.** a) *Papier* linieren, b) *Linie* ziehen: ***~ s.th. out*** et. durchstreichen; ***~d paper*** liniertes Papier; **III** *v/i.* **17.** herrschen *od.* regieren (***over*** über *acc.*); **18.** entscheiden (***that*** daß); **19.** ☤ *hoch etc.* stehen, liegen, notieren (*Preise*): ***~ high (low)***; weiterhin hoch notieren; **20.** vorherrschen; **21.** gelten, in Kraft sein (*Recht etc.*); **'rul·er** [-lə] *s.* **1.** Herrscher(in); **2.** Line'al *n*; ⚙ Richtscheit *n*; **3.** ⚙ Li'niermaˌschine *f*; **'rul·ing** [-lıŋ] **I** *s.* **1.** ⚖ (gerichtliche) Entscheidung; Verfügung *f*; **2.** Linie(n *pl.*) *f*; **3.** Herrschaft *f*; **II** *adj.* **4.** herrschend; *fig.* (vor-)herrschend; **5.** maßgebend, grundlegend: ***~ case***; **6.** ☤ bestehend, laufend: ***~ price*** Tagespreis *m*.

rum¹ [rʌm] *s.* Rum *m*, *Am. a.* Alkohol *m*.

rum² [rʌm] *adj.* □ *bsd. Brit. sl.* **1.** ‚komisch' (*eigenartig*): ***~ customer*** komischer Kauz; ***~ go*** dumme Geschichte; ***~ start*** (tolle) Überraschung; **2.** ulkig, drollig.

Ru·ma·ni·an [ru:'meınjən] **I** *adj.* **1.** ru'mänisch; **II** *s.* **2.** Ru'mäne *m*, Ru'mänin *f*; **3.** *ling.* Ru'mänisch *n*.

rum·ba ['rʌmbə] *s.* Rumba *m*, *f*.

rum·ble¹ ['rʌmbl] **I** *v/i.* **1.** poltern (*a. Stimme*); rattern (*Gefährt, Zug etc.*), rumpeln, rollen (*Donner*), knurren (*Magen*); **II** *v/t.* **2.** *a.* ***~ out*** *Worte* her'auspoltern, *Lied* grölen; **III** *s.* **3.** Gepolter *n*, Rattern *n*, Rumpeln *n*, Rollen *n* (*Donner*); **4.** ⚙ Poliertrommel *f*; **5.** a) Bedientensitz *m*, b) Gepäckraum *m*, c) → ***rumble seat***; **6.** *Am.* (Straßen-)Schlacht *f* (*zwischen jugendlichen Banden*).

rum·ble² ['rʌmbl] *v/t. sl.* **1.** *j-n* durch'schauen; **2.** *et.* ‚spitzkriegen'; **3.** *Am. j-n* argwöhnisch machen.

rum·ble seat *s. Am. mot.* Not-, Klappsitz *m*.

rum·bus·tious [rʌm'bʌstıəs] *adj.* F **1.** laut, lärmend; **2.** wild, ausgelassen.

ru·men ['ru:men] *pl.* **-mi·na** [-mınə] *s. zo.* Pansen *m*; **'ru·mi·nant** [-mınənt] **I** *adj.* □ **1.** *zo.* 'wiederkäuend; **2.** *fig.* grübelnd; **II** *s.* **3.** *zo.* 'Wiederkäuer *m*; **'ru·mi·nate** [-mıneıt] **I** *v/i.* **1.** 'wiederkäuen; **2.** *fig.* grübeln (***about***, ***over*** über *acc.*); **II** *v/t.* **3.** *fig.* grübeln über (*acc., dat.*); **ru·mi·na·tion** [ˌru:mı'neıʃn] *s.* **1.** 'Wiederkäuen *n*; **2.** *fig.* Grübeln *n*; **'ru·mi·na·tive** [-mınətıv] *adj.* □ nachdenklich, grüblerisch.

rum·mage ['rʌmıdʒ] **I** *v/t.* **1.** durch'stöbern, -'wühlen, wühlen in (*dat.*); **2.** *a.* ***~ out***, ***~ up*** aus-, her'vorkramen; **II** *v/i.* **3.** *a.* ***~ about*** (her'um)stöbern *od.* (-)wühlen (***in*** in *dat.*); **III** *s.* **4.** *mst* ***~ goods*** Ramsch *m*, Ausschuß *m*, Restwaren *pl.*; ***~ sale*** *s.* **1.** Ramschverkauf *m*; **2.** 'Wohltätigkeitsbaˌzar *m*.

rum·mer ['rʌmə] *s.* Römer *m*, ('Wein-)Poˌkal *m*.

rum·my¹ ['rʌmı] *s.* Rommé *n* (*Kartenspiel*).

rum·my² ['rʌmı] *adj.* □ → ***rum²*** 1 *u.* 2.

ru·mo(u)r ['ru:mə] **I** *s.* a) Gerücht *n*, b) Gerede *n*: ***~ has it***, ***the ~ runs*** es geht das Gerücht; **II** *v/t.* (als Gerücht) verbreiten (*mst pass.*): ***it is ~ed that*** man sagt *od.* es geht das Gerücht, daß; ***he is ~ed to be*** man munkelt *od.* es heißt, er sei.

rump [rʌmp] *s.* **1.** *zo.* Steiß *m*, 'Hinterteil *n* (*a. des Menschen*); *orn.* Bürzel *m*; ***~ steak*** *Küche*: Rumpsteak *n*; **2.** *fig.* Rumpf *m*, kümmerlicher Rest: ***the ≈***

(***Parliament***) *hist.* das Rumpfparlament.

rum·pie ['rʌmpɪ] *s.* Aufsteiger *m*, der auf dem Lande wohnt (= ***rural upwardly-mobile professional***).

rum·ple ['rʌmpl] *v/t.* **1.** zerknittern, -knüllen; **2.** *Haar etc.* zerwühlen.

rum·pus ['rʌmpəs] *s.* F **1.** Krach *m*, Kra'wall *m*; **2.** Trubel *m*; **3.** Streit *m*, ‚Krach' *m*; **~ room** *s. Am.* Hobby- *od.* Partyraum *m*.

'rum-ˌrun·ner *s. Am.* Alkoholschmuggler *m*.

run [rʌn] **I** *s.* **1.** Laufen *n*, Rennen *n*; **2.** Lauf *m* (*a. sport u. fig.*); Lauf-, ⚔ Sturmschritt *m*: ***at the ~*** im Lauf(-schritt), im Dauerlauf; ***in the long ~*** *fig.* auf die Dauer, am Ende, schließlich; ***in the short ~*** fürs nächste; ***on the ~*** a) auf der Flucht, b) (immer) auf den Beinen (*tätig*); ***be in the ~*** *bsd. Am. pol. bei e-r Wahl* in Frage kommen *od.* im Rennen liegen, kandidieren; ***come down with a ~*** schnell *od.* plötzlich fallen (*a. Barometer, Preis*); ***go for*** (*od.* ***take***) ***a ~*** e-n Lauf machen; ***have a ~ for one's money*** sich abhetzen müssen; ***have s.o. on the ~*** j-n herumjagen, -hetzen; **3.** a) Anlauf *m*: ***take a ~*** (e-n) Anlauf nehmen, b) *Baseball, Kricket*: erfolgreicher Lauf; **4.** *Reiten*: schneller Ga'lopp; **5.** ⚓, *mot.* Fahrt *f*; **6.** *oft* ***short ~*** Spazierfahrt *f*; **7.** Abstecher *m*, kleine Reise (***to*** nach); **8.** ✈ (Bomben)Zielanflug *m*; **9.** ♪ Lauf *m*; **10.** Zulauf *m*, ✝ Ansturm *m*, Run *m* (***on*** auf *e-e Bank etc.*); ✝ stürmische Nachfrage (***on*** nach *e-r Ware*); **11.** *fig.* Lauf *m*, (Fort)Gang *m*: ***the ~ of events***; **12.** *fig.* Verlauf *m*: ***the ~ of the hills***; **13.** *fig.* a) Ten'denz *f*, b) Mode *f*; **14.** Folge *f*, (*sport* Erfolgs-, Treffer)Serie *f*: ***a ~ of bad*** (***good***) ***luck*** e-e Pechsträhne (e-e Glückssträhne); **15.** *Am.* kleiner Wasserlauf; **16.** *bsd. Am.* Laufmasche *f*; **17.** (Bob-, Rodel)Bahn *f*; **18.** ✈ Rollstrecke *f*; **19.** a) (Vieh-)Trift *f*, Weide *f*, b) (Hühner)Hof *m*, Auslauf *m*; **20.** ⚙ a) Bahn *f*, b) Laufschiene *f*, c) Rinne *f*; **21.** Mühl-, Mahlgang *m*; **22.** ⚙ a) Herstellungsgröße *f*, (Rohr- *etc.*)Länge *f*, b) (Betriebs)Leistung *f*, Ausstoß *m*, c) Gang *m*, 'Arbeitsperiˌode *f*, d) 'Durchlauf *m* (*von Beschickungsgut*), e) Charge *f*, Menge *f*, f) Bedienung *f*; **23.** Auflage *f* (*Zeitung*); **24.** *Kartenspiel*: Se'quenz *f*; **25.** (Amts-, Gültigkeits-, Zeit)Dauer *f*: ***~ of office***; **26.** *thea.*, *Film*: Laufzeit *f*: ***have a ~ of 20 nights*** 20mal nacheinander gegeben werden; **27.** a) Art *f*, Schlag *m*; Sorte *f* (*a.* ✝), b) *mst* ***common*** (*od.* ***general*** *od.* ***ordinary***) ***~*** 'Durchschnitt *m*, *die* große Masse: ***~ of the mill*** Durchschnitt *m*; **28.** Herde *f*; **29.** Schwarm *m* (*Fische*); **30.** ⚓ (Achter)Piek *f*; **31.** (***of***) a) freie Benutzung (*gen.*), b) freier Zutritt (zu); **II** *v/i.* [*irr.*] **32.** laufen, rennen; eilen, stürzen; **33.** da'vonlaufen, Reiß'aus nehmen; **34.** *sport* a) (um die Wette) laufen, b) (an e-m Lauf *od.* Rennen) teilnehmen, laufen, c) als *Zweiter etc.* einlaufen: ***also ran*** ferner liefen; **35.** *fig.* laufen (*Blick, Feuer, Finger, Schauer etc.*): ***his eyes ran over ...*** sein Blick überflog ...; ***the tune keeps ~ning through my head*** die Melodie geht mir nicht aus dem Kopf; **36.** *pol.* kandidieren (***for*** für); **37.** ⚓ *etc.* fahren; (*in den Hafen*) einlaufen: ***~ before the wind*** vor dem Wind segeln; **38.** wandern (*Fische*); **39.** 🚂 *etc.* verkehren, *auf e-r Strecke* fahren, gehen; **40.** fließen, strömen (*beide a. fig. Blut in den Adern, Tränen, a. Verse*): ***it ~s in the blood*** (***family***) es liegt im Blut (in der Familie); **41.** lauten (*Schriftstück*); **42.** gehen (*Melodie*); **43.** verfließen, -streichen (*Zeit etc.*); **44.** dauern: ***three days ~ning*** drei Tage hintereinander; **45.** laufen, gegeben werden (*Theaterstück etc.*); **46.** verlaufen (*Straße etc., a. Vorgang*), sich erstrecken; führen, gehen (*Weg etc.*): ***my taste*** (***talent***) ***does not ~ that way*** dafür habe ich keinen Sinn (keine Begabung); **47.** ⚙ laufen, gleiten (*Seil etc.*); **48.** ⚙ laufen: a) in Gang sein, arbeiten, b) gehen (*Uhr etc.*), funktionieren; **49.** in Betrieb sein (*Fabrik, Hotel etc.*); **50.** aus-, zerlaufen (*Farbe*); **51.** tropfen, strömen, triefen (***with*** vor *dat.*) (*Gesicht etc.*); laufen (*Nase, Augen*); 'übergehen (*Augen*): ***~ with tears*** in Tränen schwimmen; **52.** rinnen, laufen (*Gefäß*); **53.** schmelzen (*Metall*); tauen (*Eis*); **54.** ⚕ eitern, laufen; **55.** fluten, wogen: ***a heavy sea was ~ning*** es ging e-e schwere See; **56.** *Am.* a) laufen, fallen (*Masche*), b) Laufmaschen bekommen (*Strumpf*); **57.** ⚖ laufen, gelten, in Kraft sein *od.* bleiben: ***the period ~s*** die Frist läuft; **58.** ✝ sich stellen (*Preis, Ware*); **59.** *mit adj.*: werden, sein: ***~ dry*** a) versiegen, b) keine Milch mehr geben, c) erschöpft sein, d) sich ausgeschrieben haben (*Schriftsteller*); → 80; ***~ low*** (*od.* ***short***) zur Neige gehen, knapp werden; → ***high*** 22, ***riot*** 3, ***wild*** 2; **60.** *im Durchschnitt* sein, *klein etc.* ausfallen (*Früchte etc.*); **III** *v/t.* [*irr.*] **61.** *Weg etc.* laufen; *Strecke* durch'laufen, zu'rücklegen; *Weg* einschlagen; **62.** fahren (*a.* ⚓); *Strecke* be-, durch'fahren: ***~ a car against a tree*** mit e-m Wagen gegen e-n Baum fahren; **63.** *Rennen* austragen, laufen, *Wettlauf* machen; **64.** um die Wette laufen mit: ***~ s.o. close*** dicht an j-n herankommen (*a. fig.*); **65.** *Pferd* treiben; **66.** *hunt.* hetzen, *a. Spur* verfolgen (*a. fig.*); **67.** *Botschaften* über'bringen; *Botengänge od. Besorgungen* machen: ***~ errands***; **68.** *Blokkade* brechen; **69.** a) *Pferd etc.* laufen lassen, b) *pol. j-n* als Kandi'daten aufstellen (***for*** für); **70.** a) *Vieh* treiben, b) weiden lassen; **71.** 🚂, ⚓ *etc.* fahren *od.* verkehren lassen; **72.** *Am. Annonce* veröffentlichen; **73.** transportieren; **74.** *Schnaps etc.* schmuggeln; **75.** *Augen, Finger etc.* gleiten lassen: ***~ one's hand through one's hair*** (sich) mit den Fingern durchs Haar fahren; **76.** *Film* laufen lassen; **77.** ⚙ *Maschine etc.* laufen lassen, bedienen; **78.** *Betrieb etc.* führen, leiten, verwalten; *Geschäft etc.* betreiben; *Zeitung* her'ausgeben; **79.** hin'eingeraten (lassen) in (*acc.*): ***~ debts*** Schulden machen; ***~ a firm into debt*** e-e Firma in Schulden stürzen; ***~ the danger of*** (*ger.*) Gefahr laufen zu (*inf.*); → ***risk*** 1; **80.** ausströmen, fließen lassen; *Wasser etc.* führen (*Leitung*): ***~ dry*** leerlaufen lassen; → 59; **81.** *Gold etc.* (mit sich) führen (*Fluß*); **82.** *Metall* schmelzen; **83.** *Blei, Kugel* gießen; **84.** *Fieber, Temperatur* haben; **85.** stoßen, stechen, stecken; **86.** *Graben, Linie, Schnur etc.* ziehen; *Straße etc.* anlegen; *Brücke* schlagen; *Leitung* legen; **87.** leicht (ver)nähen, heften; **88.** *j-n* belangen (***for*** wegen);
Zssgn mit prp.:

run| a·cross *v/i. j-n* zufällig treffen, stoßen auf (*acc.*); **~ aft·er** *v/i.* hinter ... (*dat.*) herlaufen *od.* sein, nachlaufen (*dat.*) (*alle a. fig.*); **~ a·gainst I** *v/i.* **1.** zs.-stoßen mit, laufen *od.* rennen *od.* fahren gegen; **2.** *pol.* kandidieren gegen; **II** *v/t.* **3.** *et.* stoßen gegen: ***run one's head against*** mit dem Kopf gegen *die Wand etc.* stoßen; **~ at** *v/i.* losstürzen auf (*acc.*); **~ for** *v/i.* **1.** auf ... (*acc.*) zulaufen *od.* -rennen; laufen nach; **2.** ***~ it*** Reiß'aus nehmen; **3.** *fig.* sich bemühen *od.* bewerben um; *pol.* → ***run*** 36; **~ in·to I** *v/i.* **1.** (hin'ein)laufen *od.* (-)rennen in (*acc.*); **2.** ⚓ in *den Hafen* einlaufen; **3.** → ***run against*** 1; **4.** → ***run across***; **5.** geraten *od.* sich stürzen in (*acc.*): ***~ debt***; **6.** werden *od.* sich entwickeln zu; **7.** sich belaufen auf (*acc.*): ***~ four editions*** vier Auflagen erleben; ***~ money*** ins Geld laufen; **II** *v/t.* **8.** *Messer etc.* stoßen *od.* rennen in (*acc.*); **~ off** *v/i.* her'unterfahren *od.* -laufen von: ***~ the rails*** entgleisen; **~ on** *v/i.* **1.** sich drehen um, betreffen; **2.** sich beschäftigen mit; **3.** losfahren auf (*acc.*); **4.** → ***run across***; **5.** mit *e-m Treibstoff* fahren, (an)getrieben werden von; **~ o·ver** *v/i.* **1.** laufen *od.* gleiten über (*acc.*); **2.** über'fahren; **3.** 'durchgehen, -lesen, über'fliegen; **~ through** *v/i.* **1.** → ***run over*** 3; **2.** kurz erzählen, streifen; **3.** 'durchmachen, erleben; **4.** sich hin'durchziehen durch; **5.** *Vermögen* 'durchbringen; **~ to** *v/i.* **1.** sich belaufen auf (*acc.*); **2.** (aus)reichen für (*Geldmittel*); **3.** sich entwickeln zu, neigen zu; **4.** F sich *et.* leisten; **5.** allzusehr *Blätter etc.* treiben (*Pflanze*); → ***fat*** 5, ***seed*** 1; **~ up·on** → ***run on***; **~ with** *v/i.* über'einstimmen mit;
Zssgn mit adv.:

run| a·way *v/i.* **1.** da'vonlaufen (***from*** von *od. dat.*): ***~ from a subject*** von einem Thema abschweifen; **2.** 'durchgehen (*Pferd etc.*): ***~ with*** a) durchgehen mit *j-m* (*a. Phantasie, Temperament*); ***don't ~ with the idea that*** glauben Sie bloß nicht, daß, b) *et.* ‚mitgehen lassen', c) *viel Geld* kosten *od.* verschlingen, d) *sport Satz etc.* klar gewinnen; **~ down I** *v/i.* **1.** hin'unterlaufen (*a. Träne etc.*); **2.** ablaufen (*Uhr*); **3.** *fig.* her'unterkommen; **II** *v/t.* **4.** über'fahren; **5.** ⚓ in den Grund bohren; **6.** *j-n* einholen; **7.** *Wild, Verbrecher* zur Strecke bringen; **8.** aufstöbern, ausfindig machen; **9.** erschöpfen, *Batterie a.* zu stark entladen: ***be ~*** *fig.* erschöpft *od.* ab(gearbeitet, -gespannt) sein; **10.** *Betrieb etc.* her'unterwirtschaften; **~ in I** *v/i.* **1.** hin'ein, her'einlaufen; **2.** ***~ with*** *fig.* über'einstimmen mit; **II** *v/t.* **3.** hin'einlaufen lassen; **4.** einfügen (*a. typ.*); **5.** F *Verbrecher* ‚einlochen'; **6.** ⚙ *Maschine* (sich) einlaufen lassen, *Auto etc.*

einfahren; ~ **off I** *v/i.* **1.** → ***run away***; **2.** ablaufen, -fließen; **II** *v/t.* **3.** *et.* schnell erledigen; *Gedicht etc.* her'unterrasseln; **4.** *typ.* abdrucken, -ziehen; **5.** *Rennen etc.* a) austragen, b) zur Entscheidung bringen; ~ **on** *v/i.* **1.** weiterlaufen; **2.** *fig.* fortlaufen, fortgesetzt werden (***to*** bis); **3.** a) (unaufhörlich) reden, fortplappern, b) *in der Rede* fortfahren; **4.** anwachsen (***into*** zu); **5.** *typ.* (ohne Absatz) fortlaufen; ~ **out I** *v/i.* **1.** hin'aus-, her'auslaufen; **2.** her'ausfließen, -laufen; **3.** (aus)laufen (*Gefäß*); **4.** *fig.* ablaufen, zu Ende gehen; **5.** ausgehen, knapp werden (*Vorrat*): ***I have ~ of tobacco*** ich habe keinen Tabak mehr; **6.** her'ausragen; sich erstrecken; **II** *v/t.* **7.** hin'ausjagen, -treiben; **8.** erschöpfen: ***run o.s. out*** bis zur Erschöpfung laufen; ***be ~*** a) *vom Laufen* ausgepumpt sein, b) ausverkauft sein; ~ **o·ver I** *v/i.* **1.** hin'überlaufen; **2.** 'überlaufen, -fließen; **II** *v/t.* **3.** über'fahren; ~ **through** *v/t.* **1.** durch'bohren, -'stoßen; **2.** *Wort* 'durchstreichen; **3.** *Zug* 'durchfahren lassen; ~ **up I** *v/i.* **1.** hin'auflaufen, -fahren; **2.** zulaufen (***to*** auf *acc.*); **3.** schnell anwachsen, hochschießen; **4.** einlaufen, -gehen (*Kleider*); **II** *v/t.* **5.** *Vermögen etc.* anwachsen lassen; **6.** *Rechnung* auflaufen lassen; **7.** *Angebot, Preis* in die Höhe treiben; **8.** *Flagge* hissen; **9.** schnell zs.-zählen; **10.** *Haus etc.* schnell hochziehen; **11.** *Kleid etc.* ‚zs.-hauen' (*schnell nähen*).

'**run|·a·bout** *s.* **1.** Her'umtreiber(in); **2.** *a.* ~ ***car*** *mot.* Kleinwagen *m*, Stadtauto *n*; **3.** leichtes Motorboot; '~**-a·round** *s. Am.* F: ***give s.o. the ~*** a) j-n von Pontius zu Pilatus schicken, b) j-n hinhalten, c) *j-n* ‚an der Nase herumführen'; '~**·a·way I** *s.* **1.** Ausreißer(in), 'Durchgänger *m* (*a. Pferd*); **2.** 'Durchgehen *n e-s Atomreaktors*; **II** *adj.* **3.** 'durchgebrannt, flüchtig (*Häftling etc.*): ~ ***car*** Wagen, der sich selbständig gemacht hat; ~ ***inflation*** † galoppierende Inflation; ~ ***match*** Heirat *f* e-s durchgebrannten Liebespaares; ~ ***victory*** *sport* Kantersieg *m*; '~**-down I** *adj.* **1.** erschöpft (*a.* ⚡ *Batterie*), abgespannt, ‚erledigt'; **2.** heruntergekommen, baufällig; **3.** abgelaufen (*Uhr*); **II** ['rʌndaʊn] *s.* **4.** F (ausführlicher) Bericht.

rune [ruːn] *s.* Rune *f*.

rung¹ [rʌŋ] *p.p. von* ***ring***².

rung² [rʌŋ] *s.* **1.** (*bsd.* Leiter)Sprosse *f*; **2.** *fig.* Stufe *f*, Sprosse *f*; **3.** (Rad)Speiche *f*; **4.** Runge *f*.

ru·nic ['ruːnɪk] **I** *adj.* **1.** runisch; Runen…; **II** *s.* **2.** Runeninschrift *f*; **3.** *typ.* Runenschrift *f*.

'**run-in** *s.* **1.** *sport Brit.* Einlauf *m*; **2.** *typ.* Einschiebung *f*; **3.** ⚙ a) Einfahren *n* (*Auto etc.*), b) Einlaufen *n* (*Maschine*); **4.** *Am.* F ‚Krach' *m*, Zs.-stoß *m* (*Streit*); ~ **groove** *s.* Einlaufrille *f* (*Schallplatte*).

run·let ['rʌnlɪt] *s.* Bach *m*.

run·nel ['rʌnl] *s.* **1.** Rinnsal *n*; **2.** Rinne *f*, Rinnstein *m*.

run·ner ['rʌnə] *s.* **1.** (*a.* Wett)Läufer (-in); **2.** Rennpferd *n*; **3.** a) Bote *m*, b) Laufbursche *m*, c) ⚔ Melder *m*; **4.** † *Am.* a) Unter'nehmer *m*, b) F Vertreter *m*, c) F ‚Renner' *m*, Verkaufsschlager *m*; **5.** *mst in Zssgn* Schmuggler *m*; **6.** Läufer *m* (*Teppich*); **7.** (*Schlitten- etc.*) Kufe *f*; **8.** ⚙ a) Laufschiene *f*, b) Seilring *m*, c) (*Turbinen- etc.*) Laufrad *n*, d) (Gleit-, Lauf)Rolle *f*, e) Rollwalze *f*; **9.** *typ.* Zeilenzähler *m*; **10.** ⚒ Drillschar *f*; **11.** ⚓ Drehreep *n*; **12.** ⚘ a) Ausläufer *m*, b) Kletterpflanze *f*, c) Stangenbohne *f*; **13.** *orn.* Ralle *f*; **14.** *ichth.* Goldstöcker *m*; ˌ~**-'up** *s.* (***to*** hinter *dat.*) Zweite(r *m*) *f*, *sport a.* Vizemeister(in).

run·ning ['rʌnɪŋ] **I** *s.* **1.** Laufen *n*, Lauf *m* (*a.* ⚙): ***be still in the ~*** noch gut im Rennen liegen (*a. fig.* ***for*** um); ***be out of the ~*** aus dem Rennen sein (*a. fig.* ***for*** um); ***make the ~*** a) das Tempo machen, b) das Tempo angeben; ***put s.o. out of the ~*** j-n aus dem Rennen werfen (*a. fig.*); ***take (up) the ~*** sich an die Spitze setzen (*a. fig.*); **2.** Schmuggel *m*; **3.** Leitung *f*, Aufsicht *f*; Bedienung *f*, Über'wachung *f e-r Maschine*; **4.** Durch'brechen *n e-r Blockade*; **II** *adj.* **5.** laufend (*a.* ⚙): ~ ***fight*** ⚔ a) Rückzugsgefecht *n*, b) laufendes Gefecht (*a. fig.*); ~ ***gear*** ⚙ Laufwerk *n*; ~ ***glance*** *fig.* flüchtiger Blick; ~ ***jump*** Sprung *m* mit Anlauf; ~ ***knot*** laufender Knoten; ~ ***mate*** *pol. Am.* 'Vizepräsiˌdentschaftsbewerber(in); ~ ***shot*** *Film*: Fahraufnahme *f*; ~ ***speed*** Fahr- *od.* Umlaufgeschwindigkeit *f*; ~ ***start*** *sport* fliegender Start; ***in ~ order*** ⚙ betriebsfähig; **6.** *fig.* laufend (*ständig*), fortlaufend: ~ ***account*** † a) laufende Rechnung, b) Kontokorrent *n*; ~ ***commentary*** a) laufender Kommentar, b) (Funk)Reportage *f*; ~ ***debts*** laufende Schulden; ~ ***hand*** Schreibschrift *f*; ~ ***head(line)***, ~ ***title*** Kolumnentitel *m*; ~ ***pattern*** fortlaufendes Muster; ~ ***text*** fortlaufender Text; **7.** fließend (*Wasser*); **8.** ⚕ laufend, eiternd (*Wunde*); **9.** aufein'anderfolgend: ***five times (for three days) ~*** fünfmal (drei Tage) hintereinander; ~ ***fire*** ⚔ Lauffeuer *n*; **10.** line'ar gemessen: ***per ~ metre*** pro laufenden Meter; **11.** ⚘ a) rankend, b) kriechend; **12.** ♪ laufend: ~ ***passages*** Läufe; ~ **board** *s. mot.*, 🚂 *etc.* Tritt-, Laufbrett *n*; ˌ~**-'in test** *s.* ⚙ Probelauf *m*.

'**run|-off** *s. sport* Entscheidungslauf *m*, -rennen *n*; '~**-off vote** *s. pol.* Stichwahl *f*; ˌ~**-of-the-'mill** *adj.* Durchschnitts…, mittelmäßig; '~**·proof** *adj.* maschenfest; '~**-on** *typ.* **I** *adj.* angehängt, fortlaufend gesetzt; **II** *s.* angehängtes Wort.

runs [rʌnz] *s. pl.* F *bsd. Brit.* Durchfall *m*, ‚Scheißerei' *f*.

runt [rʌnt] *s.* **1.** *zo.* Zwergrind *n*, -ochse *m*; **2.** *fig.* (*contp.* lächerlicher) Zwerg; **3.** *orn. große kräftige Haustaubenrasse*.

'**run|·through** *s.* **1.** a) Überfliegen *n* (*e-s Briefs etc.*), b) kurze Zs.-fassung; **2.** *thea.* schnelle Probe; '~**-up** *s.* **1.** *sport.* Anlauf *m*: ***in the ~ to*** *fig.* im Vorfeld *der Wahlen etc.*; **2.** ⚔ (Ziel)Anflug *m*; **3.** ✈ kurzer Probelauf *der Motoren*; '~**·way** *s.* **1.** ✈ Start-, Lande-, Rollbahn *f*; **2.** *sport* Anlaufbahn *f*; **3.** *hunt.* Wildpfad *m*, (-)Wechsel *m*: ~ ***watching*** Ansitzjagd *f*; **4.** *bsd. Am.* Laufsteg *m*.

ru·pee [ruː'piː] *s.* Rupie *f* (*Geld*).

rup·ture ['rʌptʃə] **I** *s.* **1.** Bruch *m* (*a.* ⚕ *u. fig.*), (*a.* ⚕ *Muskel- etc.*)Riß *m*: ***diplomatic ~*** Abbruch *m der diplomatischen Beziehungen*; ~ ***support*** ⚕ Bruchband *n*; **2.** Brechen *n* (*a.* ⚙): ~ ***limit*** ⚙ Bruchgrenze *f*; **II** *v/t.* **3.** brechen (*a. fig.*), zersprengen, -reißen (*a.* ⚕): ~ ***o.s.*** → 6; **4.** *fig.* abbrechen, trennen; **III** *v/i.* **5.** zerspringen, (-)reißen; **6.** ⚕ sich e-n Bruch heben.

ru·ral ['rʊərəl] *adj.* □ **1.** ländlich, Land…; **2.** landwirtschaftlich; '**ru·ral·ize** [-rəlaɪz] **I** *v/t.* **1.** e-n ländlichen Cha'rakter geben; **2.** auf das Landleben 'umstellen; **II** *v/i.* **3.** auf dem Lande leben; **4.** sich auf das Landleben umstellen; **5.** ländlich werden, verbauern.

Ru·ri·ta·ni·an [ˌrʊərɪ'teɪnjən] *adj. fig.* abenteuerlich.

ruse [ruːz] *s.* List *f*, Trick *m*.

rush¹ [rʌʃ] *s.* ⚘ Binse *f*; *coll.* Binsen *pl.*: ***not worth a ~*** *fig.* keinen Pfifferling wert.

rush² [rʌʃ] **I** *v/i.* **1.** rasen, stürzen, (da'hin)jagen, stürmen, (he'rum)hetzen: ~ ***at s.o.*** auf j-n losstürzen; ~ ***in*** hereinstürzen, -stürmen; ~ ***into extremes*** *fig.* ins Extrem verfallen: ~ ***through*** a) hasten durch, b) *et.* hastig erledigen *etc.*; ***an idea ~ed into my mind*** ein Gedanke schoß mir durch den Kopf; ***blood ~ed to her face*** das Blut schoß ihr ins Gesicht; **2.** (da'hin)brausen (*Wind*); **3.** *fig.* sich (*vorschnell*) stürzen (***into*** in *od.* auf *acc.*); → ***conclusion*** 3, ***print*** 13; **II** *v/t.* **4.** (an)treiben, drängen, hetzen, jagen: ***I refuse to be ~ed*** ich lasse mich nicht drängen; ~ ***up prices*** *Am.* die Preise in die Höhe treiben; ***be ~ed for time*** F unter Zeitdruck stehen; **5.** schnell *od.* auf dem schnellsten Wege *wohin* bringen *od.* schaffen: ~ ***s.o. to the hospital***; **6.** schnell erledigen, *Arbeit etc.* her'unterhasten, hinhauen: ~ ***a bill (through)*** e-e Gesetzesvorlage durchpeitschen; **7.** über'stürzen, -'eilen; **8.** losstürmen auf (*acc.*), angreifen; **9.** im Sturm nehmen (*a. fig.*), stürmen (*a. fig.*): ~ ***s.o. off his feet*** j-n in Trab halten; **10.** über *ein Hindernis* hin'wegsetzen; **11.** *Am. sl.* mit Aufmerksamkeiten über'häufen, um'werben; **12.** *Brit. sl.* ‚neppen', ‚bescheißen' (**£5** um 5 Pfund); **III** *s.* **13.** Vorwärtsstürmen *n*, Da'hinschießen *n*; Brausen *n* (*Wind*): ***on the ~*** F in aller Eile; ***with a ~*** plötzlich; **14.** ⚔ a) Sturm *m*, b) Sprung *m*: ***by ~es*** sprungweise; **15.** *American Football*: Vorstoß *m*, 'Durchbruch *m*; **16.** *fig.* a) (An)Sturm *m* (***for*** auf *acc.*), b) (Massen)Andrang *m*, c) *a.* † stürmische Nachfrage (***on*** *od.* ***for*** nach): ***make a ~ for*** losstürzen auf (*acc.*); **17.** ⚕ a) (Blut)Andrang *m*, b) (Adrena'lin- *etc.*)Stoß *m*; **18.** *fig.* plötzlicher Ausbruch (*von Tränen etc.*); plötzliche Anwandlung, Anfall *m*: ~ ***of pity***; **19.** a) Drang *m der Geschäfte*, ‚Hetze' *f*, b) Hochbetrieb *m*, -druck *m*, c) Über'häufung *f* (***of*** mit *Arbeit*); ~ **hour** *s.* Hauptverkehrs-, Stoßzeit *f*; '~**-ˌhour** *adj.* Hauptverkehrs…, Stoß…: ~ ***traffic*** Stoßverkehr *m*; ~ **job** *s.* eilige Arbeit, dringende Sache; ~ **or·der** *s.* † Eilauftrag *m*.

rusk [rʌsk] *s.* **1.** Zwieback *m*; **2.** Sandkuchengebäck *n*.

rus·set ['rʌsɪt] **I** *adj.* **1.** a) rostbraun, b) rotgelb, -grau; **2.** *obs.* grob; **II** *s.* **3.** a)

Rostbraun *n*, b) Rotgelb *n*, -grau *n*; **4.** grobes handgewebtes Tuch; **5.** Boskop *m* (*rötlicher Winterapfel*).

Rus·sia leath·er ['rʌʃə] *s.* Juchten(leder) *n*; **'Rus·sian** [-ʃn] **I** *s.* **1.** Russe *m*, Russin *f*; **2.** *ling.* Russisch *n*; **II** *adj.* **3.** russisch; **'Rus·sian·ize** [-ʃənaɪz] *v/t.* russifizieren.

Russo- [rʌsəʊ] *in Zssgn* a) russisch, b) russisch-…

rust [rʌst] **I** *s.* **1.** Rost *m* (*a. fig.*): ***gather ~*** Rost ansetzen; **2.** Rost- *od.* Moderfleck *m*; **3.** ⚘ a) Rost *m*, Brand *m*, b) *a.* ***~-fungus*** Rostpilz *m*; **II** *v/i.* **4.** (ver-)rosten, einrosten (*a. fig.*), rostig werden; **5.** moderfleckig werden; **III** *v/t.* **6.** rostig machen; **7.** *fig.* einrosten lassen.

rus·tic ['rʌstɪk] **I** *adj.* □ (***~ally***) **1.** ländlich, rusti'kal, Land…, Bauern…; **2.** simpel, schlicht, anspruchslos; **3.** grob, ungehobelt, bäurisch; **4.** rusti'kal, roh (gearbeitet): ***~ furniture***; **5.** △ a) Rustika…, b) mit Bossenwerk verziert; **6.** *typ.* unregelmäßig geformt; **II** *s.* **7.** (einfacher) Bauer, Landmann *m*; **8.** *fig.* Bauer *m*; **'rus·ti·cate** [-keɪt] **I** *v/i.* **1.** auf dem Lande leben; **2.** a) ein ländliches Leben führen, b) verbauern; **II** *v/t.* **3.** aufs Land senden; **4.** *Brit. univ.* relegieren, (zeitweilig) von der Universi'tät verweisen; **5.** △ mit Bossenwerk verzieren; **rus·ti·ca·tion** [ˌrʌstɪ'keɪʃn] *s.* **1.** Landaufenthalt *m*; **2.** Verbauerung *f*; **3.** *Brit. univ.* (zeitweise) Relegati'on; **rus·tic·i·ty** [rʌ'stɪsətɪ] *s.* **1.** ländlicher Cha'rakter; **2.** grobe *od.* bäurische Art; **3.** (ländliche) Einfachheit.

rus·tic| ware *s.* hellbraune Terra'kotta; **~ work** *s.* **1.** △ Bossenwerk *n*, Rustika *f*; **2.** *roh gezimmerte Möbel etc.*

rust·i·ness ['rʌstɪnɪs] *s.* **1.** Rostigkeit *f*; **2.** *fig.* Eingerostetsein *n*.

rus·tle ['rʌsl] **I** *v/i.* **1.** rascheln (*Blätter etc.*), rauschen, knistern (*Seide etc.*); **2.** *Am. sl.* ‚rangehen', (e'nergisch) zupakken; **II** *v/t.* **3.** rascheln mit (*od.* in *dat.*), rascheln machen; **4.** *Am. sl. Vieh* stehlen; **5.** ***~ up*** F a) *et.* ‚organisieren', auftreiben, b) *Essen* ‚zaubern'; **III** *s.* **6.** Rauschen *n*, Rascheln *n*, Knistern *n*; **'rus·tler** [-lə] *s. Am. sl.* **1.** Viehdieb *m*; **2.** Mordsanstrengung *f*.

rust·less ['rʌstlɪs] *adj.* rostfrei, nicht rostend: ***~ steel***.

rust·y ['rʌstɪ] *adj.* □ **1.** rostig, verrostet; **2.** *fig.* eingerostet (*Kenntnisse etc.*); **3.** rostfarben; **4.** ⚘ vom Rost(pilz) befallen; **5.** schäbig (*Kleidung*); **6.** rauh (*Stimme*).

rut¹ [rʌt] **I** *s.* **1.** (Wagen-, Rad)Spur *f*, Furche *f*; **2.** *fig.* altes Geleise, alter Trott: ***be in a ~*** sich in ausgefahrenem Gleis bewegen; ***get into a ~*** in e-n (immer gleichen) Trott verfallen; **II** *v/t.* **3.** furchen.

rut² [rʌt] *zo.* **I** *s.* **1.** a) Brunst *f*, b) Brunft *f* (*Hirsch*); **2.** Brunst-, Brunftzeit *f*; **II** *v/i.* **3.** brunften, brunsten.

ru·ta·ba·ga [ˌruːtə'beɪgə] *s.* ⚘ *Am.* Gelbe Kohlrübe.

Ruth¹ [ruːθ], *a.* **book of ~** *s. bibl.* (das Buch) Ruth *f*.

ruth² [ruːθ] *s. obs.* Mitleid *n*.

ruth·less ['ruːθlɪs] *adj.* □ **1.** unbarmherzig, mitleidlos; **2.** rücksichts-, skrupellos; **'ruth·less·ness** [-nɪs] *s.* **1.** Unbarmherzigkeit *f*; **2.** Rücksichts-, Skrupellosigkeit *f*.

rut·ting ['rʌtɪŋ] *zo.* **I** *s.* Brunst *f*; **II** *adj.* Brunst…, Brunft…: ***~ time***; **rut·tish** ['rʌtɪʃ] *adj. zo.* brunftig, brünstig.

rut·ty ['rʌtɪ] *adj.* durch'furcht, ausgefahren (*Weg*).

rye [raɪ] *s.* **1.** ⚘ Roggen *m*; **2.** *a.* ***~-whisky*** Roggenwhisky *m*.

S

S, s [es] *s.* S *n*, s *n* (*Buchstabe*).
's [z] **1.** F *für* **is**: ***he's here***; **2.** F *für* **has**: ***she's just come***; **3.** [s] F *für* **us**: ***let's go***; **4.** [s] F *für* **does**: ***what's he think about it?***
Sab·bath ['sæbəθ] *s.* Sabbat *m*; *weitS.* 2 Sonn-, Ruhetag *m*: ***break*** (***keep***) ***the ~*** den Sabbat entheiligen (heiligen); ***witches' ~*** Hexensabbat; **'~break·er** *s.* Sabbatschänder(in).
Sab·bat·ic [sə'bætɪk] *adj.* (□ ***~ally***) → ***sabbatical*** I; **sab'bat·i·cal** [-kl] **I** *adj.* □ 2 Sabbat…; **II** *s. a.* ***~ year*** a) Sabbatjahr *n*, b) *univ.* Ferienjahr *n e-s Professors*.
sa·ber ['seɪbə] *Am.* → ***sabre***.
sa·ble ['seɪbl] **I** *s.* **1.** *zo.* a) Zobel *m*, b) (*bsd.* Fichten)Marder *m*; **2.** Zobelfell *n*, -pelz *m*; **3.** *her.* Schwarz *n*; **4.** *mst pl. poet.* Trauer(kleidung) *f*; **II** *adj.* **5.** Zobel…; **6.** *her.* schwarz; **7.** *poet.* schwarz, finster.
sa·bot ['sæbəʊ] *s.* **1.** Holzschuh *m*; **2.** ⚔ Geschoß-, Führungsring *m*.
sab·o·tage ['sæbətɑːʒ] **I** *s.* Sabo'tage *f*; **II** *v/t.* sabotieren; **III** *v/i.* Sabo'tage treiben; **sa·bo·teur** [ˌsæbə'tɜː] (*Fr.*) *s.* Sabo'teur *m*.
sa·bre ['seɪbə] **I** *s.* **1.** Säbel *m*: ***rattle the ~*** *fig.* mit dem Säbel rasseln; **2.** ⚔ *hist.* Kavalle'rist *m*; **II** *v/t.* **3.** niedersäbeln; **~ rat·tling** *s. fig.* Säbelrasseln *n*.
sab·u·lous ['sæbjʊləs] *adj.* sandig, Sand…: ***~ urine*** ⚕ Harngrieß *m*.
sac [sæk] *s.* **1.** ⚘, *anat.*, *zo.* Sack *m*, Beutel *m*; **2.** ⚙ (Tinten)Sack *m* (*Füllhalter*).
sac·cha·rate ['sækəreɪt] *s.* ⚗ Saccha'rat *n*; **sac·char·ic** [sə'kærɪk] *adj.* ⚗ Zucker…: ***~ acid***; **sac·cha·rif·er·ous** [ˌsækə'rɪfərəs] *adj.* ⚗ zuckerhaltig *od.* -erzeugend; **sac·char·i·fy** [sə'kærɪfaɪ] *v/t.* **1.** verzuckern, saccharifizieren; **2.** süßen; **sac·cha·rim·e·ter** [ˌsækə'rɪmɪtə] *s.* Zuckermesser *m*, Sacchari'meter *n*.
sac·cha·rin(e) ['sækərɪn] *s.* ⚗ Saccha'rin *n*; **'sac·cha·rine** [-raɪn] *adj.* **1.** Zucker…, Süßstoff…: **2.** *fig.* süßlich: ***a ~ smile***; **'sac·cha·roid** [-rɔɪd] *adj.* ⚗, *min.* zuckerartig, körnig; **sac·cha·rom·e·ter** [ˌsækə'rɒmɪtə] → ***saccharimeter***; **'sac·cha·rose** [-rəʊs] *s.* ⚗ Rohrzucker *m*, Saccha'rose *f*.
sac·cule ['sækjuːl] *s. bsd. anat.* Säckchen *n*.
sac·er·do·tal [ˌsæsə'dəʊtl] *adj.* □ priesterlich, Priester…; **ˌsac·er'do·tal·ism** [-təlɪzəm] *s.* **1.** Priestertum *n*; **2.** *contp.* Pfaffentum *n*.
sa·chem ['seɪtʃəm] *s.* **1.** Indi'anerhäuptling *m*; **2.** *Am. humor.* ‚großes Tier', *bsd. pol.* ‚Par'teiboß' *m*.
sa·chet ['sæʃeɪ] *s.* **1.** Säckchen *n*, Tütchen *n*; **2.** Duftkissen *n*.
sack¹ [sæk] **I** *s.* **1.** Sack *m*; **2.** F ‚Laufpaß' *m*: ***get the ~*** a) ‚fliegen', ‚an die Luft gesetzt (*entlassen*) werden', b) *von e-m Mädchen* den Laufpaß bekommen; ***give s.o. the ~*** → 7; **3.** *Am.* a) (Verpackungs)Beutel *m*, Tüte *f*, b) Beutel (-inhalt) *m*; **4.** a) 'Umhang *m*, b) (kurzer) loser Mantel, c) → ***sack coat***, ***sack dress***; **5.** *sl.* ‚Falle' *f*, ‚Klappe' *f* (*Bett*): ***hit the ~*** sich ‚hinhauen'; **II** *v/t.* **6.** einsacken, in Säcke *od.* Beutel abfüllen; **7.** F a) *j-n* ‚rausschmeißen' (*entlassen*), b) *e-m Liebhaber* den Laufpaß geben.
sack² [sæk] **I** *s.* Plünderung *f*: ***put to ~*** → **II** *v/t. Stadt etc.* (aus)plündern.
sack³ [sæk] *s.* heller Südwein.
'sack|·but [-bʌt] *s.* ♪ **1.** *hist.* 'Zugpoˌsaune *f*; **2.** *bibl.* Harfe *f*; **'~·cloth** *s.* Sackleinen *n*: ***in ~ and ashes*** *fig.* in Sack u. Asche *Buße tun od. trauern*; **~ coat** *s. Am.* Sakko *m*, *n*; **~ dress** *s.* Sackkleid *n*; **'~·ful** [-fʊl] *pl.* **-fuls** *s.* Sack(voll) *m*; **~ race** *s.* Sackhüpfen *n*.
sa·cral ['seɪkrəl] **I** *adj.* **1.** *eccl.* sa'kral, Sakral…; **2.** *anat.* Sakral…, Kreuz(bein)…; **II** *s.* **3.** Sa'kralwirbel *m*; **4.** Sa'kralnerv *m*.
sac·ra·ment ['sækrəmənt] *s.* **1.** *eccl.* Sakra'ment *n*: ***the*** (***Blessed*** *od.* ***Holy***) ***~*** a) das (heilige) Abendmahl, b) *R.C.* die heilige Kommunion; ***the last ~s*** die Sterbesakramente; **2.** Sym'bol *n* (***of*** für); **3.** My'sterium *n*; **4.** feierlicher Eid; **sac·ra·men·tal** [ˌsækrə'mentl] **I** *adj.* □ sakramen'tal, Sakraments…; *fig.* heilig, weihevoll; **II** *s. R.C.* heiliger *od.* sakramen'taler Ritus *od.* Gegenstand; *pl.* Sakramen'talien *pl.*
sa·cred ['seɪkrɪd] *adj.* □ **1.** *eccl. u. fig.* heilig (*a. Andenken*, *Pflicht*, *Recht etc.*), geheiligt, geweiht (***to*** *dat.*): ***~ cow*** *fig.* ‚heilige Kuh'; **2.** geistlich, kirchlich, Kirchen… (*Dichtung*, *Musik*); **'sa·cred·ness** [-nɪs] *s.* Heiligkeit *f*.
sac·ri·fice ['sækrɪfaɪs] **I** *s.* **1.** *eccl. u. fig.* a) Opfer *n* (*Handlung u. Sache*), b) *fig.* Aufopferung *f*, Verzicht *m* (***of*** auf *acc.*): ***~ of the Mass*** Meßopfer *n*; ***the great*** (*od.* ***last***) ***~*** das höchste Opfer, *bsd.* der Heldentod; ***make a ~ of*** *et.* opfern; ***make ~s*** → 6; ***at some ~ of accuracy*** unter einigem Verzicht auf Genauigkeit; **2.** ✝ Verlust *m*: ***sell at a ~*** → 4; **II** *v/t.* **3.** *eccl. u. fig.*, *a. Schach*: opfern (***to*** *dat.*): ***~ one's life***; **4.** ✝ mit Verlust verkaufen; **III** *v/i.* **5.** *eccl.* opfern; **6.** *fig.* Opfer bringen; **sac·ri·fi·cial** [ˌsækrɪ'fɪʃl] *adj.* □ **1.** *eccl.* Opfer…; **2.** aufopferungsvoll.
sac·ri·lege ['sækrɪlɪdʒ] *s.* Sakri'leg *n*: a) Kirchenschändung *f*, -raub *m*, b) Entweihung *f*, c) *allg.* Frevel *m*; **sac·ri·le·gious** [ˌsækrɪ'lɪdʒəs] *adj.* □ sakri'legisch, *allg.* frevlerisch.
sa·crist ['seɪkrɪst], **sac·ris·tan** ['sækrɪstən] *s. eccl.* Sakri'stan *m*, Mesner *m*, Küster *m*; **sac·ris·ty** ['sækrɪstɪ] *s. eccl.* Sakri'stei *f*.
sac·ro·sanct ['sækrəʊsæŋkt] *adj.* (*a. iro.*) sakro'sankt, hochheilig.
sa·crum ['seɪkrəm] *s. anat.* Kreuzbein *n*, Sakrum *n*.
sad [sæd] *adj.* □ → ***sadly***; **1.** (***at***) traurig (über *acc.*), bekümmert, niedergeschlagen (wegen); melan'cholisch: ***a ~der and a wiser man*** j-d, der durch Schaden klug geworden ist; **2.** traurig (*Pflicht*), tragisch (*Unfall etc.*): ***~ to say*** bedauerlicherweise; **3.** schlimm, arg (*Zustand*); **4.** *contp.* elend, mise'rabel, jämmerlich, F arg, ‚furchtbar': ***a ~ dog*** ein mieser Kerl; **5.** dunkel, matt (*Farbe*); **6.** teigig, klitschig: ***~ bread***; **sad·den** ['sædn] **I** *v/t.* traurig machen, betrüben; **II** *v/i.* traurig werden (***at*** über *acc.*).
sad·dle ['sædl] **I** *s.* **1.** (*Pferde-*, *Fahrrad-etc.*)Sattel *m*: ***in the ~*** im Sattel, *fig.* fest im Sattel, im Amt, an der Macht; ***put the ~ on the wrong*** (***right***) ***horse*** *fig.* die Schuld dem Falschen (Richtigen) geben *od.* zuschreiben; **2.** a) (*Pferde*)Rücken *m*, b) Rücken(stück *n*) *m* (*Schlachtvieh etc.*): ***~ of mutton*** Hammelrücken; **3.** (Berg)Sattel *m*; **4.** Buchrücken *m*; **5.** ⚙ a) Querholz *n*, b) Bettschlitten *m*, Sup'port *m* (*Werkzeugmaschine*), c) Lager *n*, d) Türschwelle *f*; **II** *v/t.* **6.** *Pferd* satteln; **7.** *bsd. fig.* a) belasten, b) *Aufgabe etc.* aufbürden, -halsen (***on***, ***upon*** *dat.*), c) *et.* zur Last legen (***on***, ***upon*** *dat.*); **'~·back** *s.* **1.** Bergsattel *m*; **2.** △ Satteldach *n*; **3.** *zo. Tier mit sattelförmiger Rückenzeichnung*, *bsd.* a) Nebelkrähe *f*, b) männliche Sattelrobbe; **4.** hohlrückiges Pferd; **'~·backed** *adj.* **1.** hohlrückig (*Pferd etc.*); **2.** sattelförmig; **'~·bag** *s.* Satteltasche *f*; **~ blan·ket** *s.* Woilach *m*; **~ horse** *s.* Reitpferd *n*; **'~·nose** *s.* Sattelnase *f*.
sad·dler·y ['sædlərɪ] *s.* **1.** Sattle'rei *f*; **2.** Sattelzeug *n*.
sad·ism ['seɪdɪzəm] *s. psych.* Sa'dismus *m*; **'sad·ist** [-ɪst] **I** *s.* Sa'dist(in); **II** *adj.* → **sa·dis·tic** [sə'dɪstɪk] *adj.* (□ ***~ally***) sa'distisch.
sad·ly ['sædlɪ] *adv.* **1.** traurig, betrübt; **2.** *a.* ***~ enough*** unglücklicherweise, leider; **3.** erbärmlich, arg, schmählich *vernachlässigt etc.*

sad·ness ['sædnɪs] *s.* Traurigkeit *f.*
sa·fa·ri [sə'fɑːrɪ] *s.* (***on*** ~ auf) Sa'fari *f.*
safe [seɪf] **I** *adj.* □ **1.** sicher (***from*** vor *dat.*): ***we are ~ now*** jetzt sind wir in Sicherheit; ***keep s.th. ~*** et. sicher aufbewahren; ***better to be ~ than sorry!*** ‚Vorsicht ist die Mutter der Porzellankiste!'; **2.** sicher, unversehrt, heil; außer Gefahr (*a. Patient*): ***~ and sound*** heil u. gesund *ankommen etc.*; **3.** sicher, ungefährlich: ***~ period*** ⚕ unfruchtbare Tage *pl.* (*der Frau*); ~ (***to operate***) ⚙ betriebssicher; ***~ stress*** ⚙ zulässige Beanspruchung; ***the rope is ~*** das Seil hält; ***is it ~ to go there?*** ist es ungefährlich, da hinzugehen?; ***in ~ custody*** → 7; ***as ~ as houses*** F absolut sicher; ***it is ~ to say*** man kann (ruhig) sagen; ***to be on the ~ side*** um ganz sicher zu gehen; → ***play*** 9; **4.** vorsichtig (*Fahrer, Schätzung etc.*); **5.** sicher, zuverlässig: ***a ~ leader, a ~ method***; **6.** sicher, wahrscheinlich: ***a ~ winner; he is ~ to be there*** er wird sicher *od.* bestimmt da sein; **7.** in sicherem Gewahrsam (*a. Verbrecher*); **II** *s.* **8.** Safe *m*, Tre'sor *m*, Geldschrank *m*; **9.** → ***meat-safe***; '~,**blow·er**, '~,**crack·er** *s.* F Geldschrankknacker *m*; ~ **con·duct** *s.* **1.** Geleitbrief *m*; **2.** freies *od.* sicheres Geleit; ~ **de·pos·it** *s.* Stahlkammer *f*, Tre'sor(raum) *m*; '~-**de,pos·it box** *s.* Tre'sor(fach *n*) *m*, Safe *m*; '~·**guard I** *s.* Sicherung *f*: a) Schutz (***against*** gegen, vor *dat.*), Vorsichtsmaßnahme *f* (gegen), b) Sicherheitsklausel *f*, c) ⚙ Schutzvorrichtung *f*; **II** *v/t.* sichern, schützen; *Interessen* wahrnehmen: ***~ing duty*** Schutzzoll *m*; ~ **keep·ing** *s.* sichere Verwahrung, Gewahrsam *m.*
safe·ness ['seɪfnɪs] → ***safety*** 1–3.
safe·ty ['seɪftɪ] *s.* **1.** Sicherheit *f*: ***be in ~***; ***jump to ~*** sich durch e-n Sprung retten; **2.** Sicherheit *f*, Gefahrlosigkeit *f*: ~ (***of operation***) ⚙ Betriebssicherheit; ***~ glass*** Sicherheitsglas *n*; ***~ measure*** Sicherheitsmaßnahme *f*, -vorkehrung *f*; ***~ in flight*** ✈ Flugsicherheit; ***~ on the road*** Verkehrssicherheit; ***there is ~ in numbers*** zu mehreren ist man sicherer; ***~ first!*** Sicherheit über alles!; ***~ first scheme*** Unfallverhütungsprogramm *n*; ***play for ~*** sichergehen (wollen), Risiken vermeiden; **3.** Sicherheit *f*, Zuverlässigkeit *f*, Verläßlichkeit *f* (*Mechanismus, Verfahren etc.*); **4.** *a.* ***~ device*** ⚙ Sicherung *f*, Schutz-, Sicherheitsvorrichtung *f*; **5.** Sicherung(sflügel *m*) *f* (*Gewehr etc.*): ***at ~*** gesichert; ~ **belt** *s.* **1.** Rettungsgürtel *m*; **2.** ✈, *mot.* Sicherheitsgurt *m*; ~ **bolt** *s.* ⚙, ⚔ Sicherheitsbolzen *m*; ~ **buoy** *s.* Rettungsboje *f*; ~ **catch** *s.* **1.** ⚙ Sicherung *f* (*Lift etc.*); **2.** Sicherungsflügel *m* (*Gewehr etc.*): ***release the ~*** entsichern; ~ **curtain** *s. thea.* eiserner Vorhang; ~ **fuse** *s.* **1.** ⚙ Sicherheitszünder *m*, -zündschnur *f*; **2.** ⚡ a) (Schmelz)Sicherung *f*, b) Sicherheitsausschalter *m*; ~ **is·land** *s.* Verkehrsinsel *f*; ~ **lamp** *s.* ⚒ Grubenlampe *f*; ~ **lock** *s.* **1.** Sicherheitsschloß *n*; **2.** Sicherung *f* (*Gewehr, Mine etc.*); ~ **match** *s.* Sicherheitszündholz *n*; ~ **net** *s. Zirkus etc.* (*a. fig. soziales*) Netz; ~ **pin** *s.* Sicherheitsnadel *f*; ~ **razor** *s.* Ra'sierappa,rat *m*; ~ **rules** *pl.* ⚙ Sicherheits-, Unfallverhütungsvorschriften *pl.*; ~ **sheet** *s.* Sprungtuch *n* (*Feuerwehr*); ~ **valve** *s.* **1.** ⚙ 'Überdruck-, 'Sicherheitsven,til *n*; **2.** *fig.* Ven'til *n*: ***sit on the ~*** Unterdrückungspolitik treiben; ~ **zone** *s.* Verkehrsinsel *f.*
saf·fi·an ['sæfjən] *s.* Saffian(leder *n*) *m.*
saf·flow·er ['sæflaʊə] *s.* **1.** ⚘ Sa'flor *m*, Färberdistel *f*; **2.** getrocknete Sa'florblüten *pl.*: ***~ oil*** Safloröl *n.*
saf·fron ['sæfrən] *s.* **1.** ⚘ echter Safran; **2.** *pharm.*, *Küche*: Safran *m*; **3.** Safrangelb *n.*
sag [sæg] **I** *v/i.* **1.** sich senken, ab-, 'durchsacken; *bsd.* ⚙ 'durchhängen; **2.** (he'rab)hängen (*a. Unterkiefer etc.*): ***~ging shoulders*** hängende *od.* abfallende Schultern; **3.** schief hängen (*Rocksaum etc.*); **4.** *fig.* sinken, nachlassen, abfallen; † nachgeben (*Markt, Preise*): ***~ging spirits*** sinkender Mut; **5.** ⚓ (*mst* ***~ to leeward*** nach Lee) (ab-) treiben; **II** *s.* **6.** 'Durch-, Absacken *n*; **7.** Senkung *f*; ⚙ 'Durchhang *m*; **8.** † (Preis)Abschwächung *f.*
sa·ga ['sɑːgə] *s.* **1.** Saga *f* (*Heldenerzählung*); **2.** Sage *f*, Erzählung *f*; **3.** *a.* ***~ novel*** Fa'milienro,man *m.*
sa·ga·cious [sə'geɪʃəs] *adj.* □ scharfsinnig, klug (*a. Tier*); **sa·gac·i·ty** [sə'gæsɪtɪ] *s.* Scharfsinn *m.*
sage[1] [seɪdʒ] **I** *s.* Weise(r) *m*; **II** *adj.* □ weise, klug, verständig.
sage[2] [seɪdʒ] *s.* ⚘ Salbei *m, f*: ***~ tea.***
Sag·it·ta·ri·us [,sædʒɪ'teərɪəs] *s. ast.* Schütze *m.*
sa·go ['seɪgəʊ] *s.* Sago *m.*
said [sed; səd] **I** *pret. u. p.p. von* ***say***: ***he is ~ to have been ill*** er soll krank gewesen sein; es heißt, er sei krank gewesen; **II** *adj. bsd.* ⚖ vorerwähnt, besagt.
sail [seɪl] **I** *s.* **1.** ⚓ a) Segel *n*, b) *coll.* Segel(werk *n*) *pl.*: ***make ~*** a) die Segel (bei)setzen, b) mehr Segel beisetzen, c) *a.* ***set ~*** unter Segel gehen, auslaufen (***for*** nach); ***take in ~*** a) Segel einholen, b) *fig.* zurückstecken; ***under ~*** unter Segel, auf der Fahrt; ***under full ~*** mit vollen Segeln; → ***trim*** 9; **2.** ⚓ (Segel-) Schiff(e *pl.*) *n*: ***a fleet of 20 ~***; ***~ ho!*** Schiff ho! (*in Sicht*); **3.** ⚓ Fahrt *f*: ***have a ~*** segeln gehen; **4.** ⚙ a) Segel *n e-s Windmühlenflügels*, b) Flügel *m e-r Windmühle*; **II** *v/i.* **5.** a) *allg.* mit e-m Schiff *od.* zu Schiff fahren *od.* reisen, b) fahren (*Schiff*), c) *bsd. sport* segeln; → ***wind***[1] 1; **6.** ⚓ a) auslaufen (*Schiff*), b) abfahren, -segeln (***for*** *od.* ***to*** nach): ***ready to ~*** seeklar; **7.** a) ✈ fliegen, b) *a.* ***~ along*** *fig.* da'hinschweben, (-)segeln (*Wolke, Vogel*); **8.** *fig.* (*bsd. stolz*) schweben, ‚rauschen', schreiten; **9.** ***~ in*** F ‚sich ranmachen', zupacken; **10.** ***~ into*** F a) *j-n od. et.* attackieren, 'herfallen über (*acc.*), b) ‚rangehen' an (*acc.*), *et.* tüchtig anpacken; **III** *v/t.* **11.** durch'segeln, befahren; **12.** *Segelboot* segeln, *allg. Schiff* steuern; **13.** *poet.* durch *die Luft* schweben; '~·**boat** → ***sailing boat.***
sail·er ['seɪlə] *s.* ⚓ Segler *m* (*Schiff*).
sail·ing ['seɪlɪŋ] **I** *s.* **1.** ⚓ (Segel-) Schiffahrt *f*, Navigati'on *f*: ***plain*** (*od.* ***smooth***) ***~*** *fig.* ‚klare Sache'; ***from now on it is all plain ~*** von jetzt an geht alles glatt (über die Bühne); **2.** Segelsport *m*, Segeln *n*; **3.** Abfahrt *f* (***for*** nach); **II** *adj.* **4.** Segel…; ~ **boat** *s.* Segelboot *n*; ~ **mas·ter** *s.* Navi'gator *m e-r Jacht*; ~ **or·ders** *s. pl.* ⚓ **1.** Fahrtauftrag *m*; **2.** Befehl *m* zum Auslaufen; ~ **ship**, ~ **ves·sel** *s.* ⚓ Segelschiff *n.*
sail loft *s.* ⚓ Segelmacherwerkstatt *f* (*an Bord*).
sail·or ['seɪlə] *s.* **1.** Ma'trose *m*, Seemann *m*: ***~ hat*** Matrosenhut *m*; ***~s' home*** Seemannsheim *n*; ***~'s knot*** Schifferknoten *m*; **2.** *von Seereisenden*: ***be a good ~*** seefest sein; ***be a bad ~*** leicht seekrank werden; **3.** Ma'trosenanzug *m od.* -hut *m für Kinder*; '**sail·or·ly** [-lɪ] *adj.* seemännisch.
'**sail·plane I** *s.* Segelflugzeug *n*; **II** *v/i.* segelfliegen.
saint [seɪnt] **I** *s.* (*vor Eigennamen* ♀, *abbr.* ***St*** *od.* ***S*** [snt]) *eccl.* (*a. fig., iro. a.* ***~ on wheels***) Heilige(r *m*) *f*: ***St Bernard*** (***dog***) Bernhardiner *m* (*Hund*); ***St Anthony's fire*** ⚕ *die* Wundrose; ***St Elmo's fire*** *meteor. das* Elmsfeuer; (***the Court of***) ***St James('s)*** der brit. Hof; ***St-John's-wort*** ⚘ *das* Johanniskraut; ***St Monday*** *Brit.* F ‚blauer Montag'; ***St Martin's summer*** Altweibersommer *m*; ***St Paul's*** *die* Paulskathedrale (*in London*); ***St Peter's*** *die* Peterskirche (*in Rom*); ***St Valentine's day*** *der* Valentinstag; ***St Vitus's dance*** ⚕ *der* Veitstanz; **II** *v/t.* heiligsprechen; **III** *v/i. mst* ***~ it*** a) wie ein Heiliger leben, b) den Heiligen spielen; '**saint·ed** [-tɪd] *p.p. u. adj.* **1.** *eccl.* heilig(gesprochen); **2.** heilig, fromm; **3.** anbetungswürdig; **4.** geheiligt, geweiht (*Ort*); **5.** selig (*Verstorbener*); '**saint·hood** [-hʊd] *s.* (Stand *m* der) Heiligkeit *f.*
'**saint·like** → ***saintly.***
saint·li·ness ['seɪntlɪnɪs] *s.* Heiligkeit *f* (*a. iro.*); **saint·ly** ['seɪntlɪ] *adj.* **1.** heilig; **2.** fromm; **3.** heiligmäßig (*Leben*).
saith [seθ] *obs. od. poet. 3. sg. pres. von* ***say.***
sake [seɪk] *s.*: ***for the ~ of*** um … (*gen.*) willen, *j-m* zuliebe; wegen (*gen.*), halber (*gen.*): ***for heaven's ~*** um Himmels willen; ***for his ~*** ihm zuliebe, seinetwegen; ***for my own ~ as well as yours*** um meinetwillen ebenso wie um deinetwillen; ***for peace(')*** ~ um des lieben Friedens willen; ***for old times' ~***, ***for old ~'s ~*** eingedenk alter Zeiten.
sal [sæl] *s.* ⚗, *pharm.* Salz *n*: ***~ ammoniac*** Salmiak(salz) *n.*
sa·laam [sə'lɑːm] **I** *s.* Selam *m* (*orientalischer Gruß*); **II** *v/t. u. v/i.* mit e-m Selam *od.* e-r tiefen Verbeugung (be-) grüßen.
sal·a·bil·i·ty [,seɪlə'bɪlətɪ] *s.* † Verkäuflichkeit *f*, Marktfähigkeit *f*; **sal·a·ble** ['seɪləbl] *adj.* □ † **1.** verkäuflich; **2.** marktfähig, gangbar.
sa·la·cious [sə'leɪʃəs] *adj.* □ **1.** geil, lüstern; **2.** ob'szön, zotig; **sa'la·cious·ness** [-nɪs], **sa·lac·i·ty** [sə'læsətɪ] *s.* **1.** Geilheit *f*, Wollust *f*; **2.** Obszöni'tät *f.*
sal·ad ['sæləd] *s.* **1.** Sa'lat *m* (*a. fig. Durcheinander*); **2.** ⚘ Sa'lat(gewächs *n*, -pflanze *f*) *m*; ~ **days** *s. pl.*: ***in my ~*** in m-n wilden Jugendtagen; ~ **dress·ing** *s.* Sa'latsoße *f*; ~ **oil** *s.* Sa'latöl *n.*
sal·a·man·der ['sælə,mændə] *s.* **1.** *zo.* Sala'mander *m*; **2.** Sala'mander *m* (*Feuergeist*); **3.** *j-d der große Hitze ertragen*

kann; **4.** a) rotglühendes (Schür)Eisen (*zum Anzünden*), b) *glühende Eisenschaufel, die über Gebäck gehalten wird, um es zu bräunen*; **5.** *metall.* Ofensau *f.*

sa·la·mi [sə'lɑːmɪ] *s.* Sa'lami *f*; **~ tac·tics** *s. pl. pol.* Sa'lamitaktik *f.*

sa·lar·i·at [sə'leərıæt] *s.* (Klasse *f* der) Gehaltsempfänger *pl.*

sal·a·ried ['sælərıd] *adj.* **1.** (fest)bezahlt, festangestellt: **~ *employee*** Gehaltsempfänger(in), Angestellte(r *m*) *f*; **2.** bezahlt (*Stellung*); **sal·a·ry** ['sælərı] **I** *s.* Gehalt *n*, Besoldung *f*; **II** *v/t.* (mit e-m Gehalt) bezahlen, *j-m* ein Gehalt zahlen.

sale [seıl] *s.* **1.** Verkauf *m*, -äußerung *f*: ***by private ~*** unter der Hand; ***for ~*** zu verkaufen; ***not for ~*** unverkäuflich; ***be on ~*** angeboten *od.* verkauft werden; ***forced ~*** Zwangsverkauf *m*; ***~ of work*** Basar *m*; **2.** ✝ Verkauf *m*, Vertrieb *m*; → ***return*** 23; **3.** ✝ Ab-, 'Umsatz *m*, Verkaufsziffer *f*: ***slow ~*** schleppender Absatz; ***meet with a ready ~*** schnellen Absatz finden, gut ‚gehen'; **4.** (öffentliche) Versteigerung, Aukti'on *f*: ***put up for ~*** versteigern, meistbietend verkaufen; **5.** ✝ *a. pl.* (Sai'son)Schlußverkauf *m*; **sale·a·bil·i·ty** *etc. bsd. Brit.* → ***salability*** *etc.*; **'sale·room** → ***salesroom***.

sales| ac·count [seılz] *s.* ✝ Verkaufskonto *n*; **~ a·gent** *s.* (Handels)Vertreter *m*; **~ ap·peal** *s.* Zugkraft *f e-r Ware*; **'~·clerk** *s.* ✝ *Am.* (Laden)Verkäufer (-in); **~ de·part·ment** *s.* ✝ Verkauf(s-abteilung *f*) *m*; **~ drive** *s.* ✝ Ver'kaufskam͵pagne *f*; **~ en·gi·neer** *s.* ✝ Ver'kaufsingeni͵eur *m*; **~ fi·nance com·pa·ny** *s. Am.* **1.** Absatzfinanzierungsgesellschaft *f*; **2.** 'Teilzahlungskre͵ditinsti͵tut *n*; **'~·girl** *s.* (Laden)Verkäuferin *f*; **'~͵la·dy** *Am.* → ***saleswoman***; **'~·man** [-mən] *s.* [*irr.*] **1.** ✝ a) Verkäufer *m*, b) *Am.* (Handlungs)Reisende(r) *m*, (Handels)Vertreter *m*; **2.** *fig. Am.* Reisende(r) *m* (**of** in *dat.*); **~ man·ag·er** *s.* ✝ Verkaufsleiter *m.*

sales·man·ship ['seılzmənʃıp] *s.* **1.** a) Verkaufstechnik, b) ✝ Verkaufsgewandtheit *f*, Geschäftstüchtigkeit *f*; **2.** *fig.* Über'zeugungskunst *f*, wirkungsvolle Art, e-e Idee *etc.* zu ‚verkaufen' *od.* ‚an den Mann zu bringen'.

sales| pro·mo·tion *s.* ✝ Verkaufsförderung *f*; **~ re·sist·ance** *s.* ✝ Kaufabneigung *f*, 'Widerstand *m* (des potenti'ellen Kunden); **'~·room** [-rʊm] *s.* Ver'kaufs-, *bsd.* Aukti'onsraum *m*, -lo͵kal *n*; **~ slip** *s. Am.* Kassenbeleg *m*; **~ talk** *s.* **1.** ✝ Verkaufsgespräch *n*; **2.** anpreisende Worte *pl.*; **~ tax** *s.* ✝ 'Umsatzsteuer *f*; **'~͵wom·an** *s.* [*irr.*] ✝ **1.** Verkäuferin *f*; **2.** *Am.* (Handels)Vertreterin *f.*

Sal·ic¹ ['sælık] *adj. hist.* salisch: **~ *law*** Salisches Gesetz.

sal·ic² ['sælıc] *adj. min.* salisch.

sal·i·cyl·ic [͵sælı'sılık] *adj.* Salizyl…

sa·li·ence ['seıljəns], **'sa·li·en·cy** [-sı] *s.* **1.** Her'vorspringen *n*, Her'ausragen *n*; **2.** vorspringende Stelle, Vorsprung *m*: ***give ~ to*** *fig. e-e Sache* herausstellen; **'sa·li·ent** [-nt] **I** *adj.* **1.** (her)'vorspringend, her'ausragend: **~ *angle*** ausspringender Winkel; **~ *point*** *fig.* springender Punkt; **2.** *fig.* her'vorstechend, ins Auge springend; **3.** *her. u. humor.* springend; **4.** *poet.* (her'vor)sprudelnd; **II** *s.* **5.** ⚔ Frontausbuchtung *f.*

sa·lif·er·ous [sə'lıfərəs] *adj.* **1.** salzbildend; **2.** *bsd. geol.* salzhaltig.

sa·line I *adj.* ['seılaın] **1.** salzig, salzhaltig, Salz…; **2.** *pharm.* sa'linisch; **II** *s.* [sə'laın] **3.** Salzsee *m od.* -sumpf *m od.* -quelle *f*; **4.** Sa'line *f*, Salzwerk *n*; **5.** ⚗ a) *pl.* Salze *pl.*, b) Salzlösung *f*; **6.** *pharm.* sa'linisches Mittel; **sa·lin·i·ty** [sə'lınətı] *s.* **1.** Salzigkeit *f*; **2.** Salzhaltigkeit *f*, Salzgehalt *m.*

sa·li·va [sə'laıvə] *s.* Speichel(flüssigkeit *f*) *m*; **sal·i·var·y** ['sælıvərı] *adj.* Speichel…; **sal·i·vate** ['sælıveıt] **I** *v/t.* **1.** (vermehrten) Speichelfluß her'vorrufen bei *j-m*; **II** *v/i.* **2.** Speichelfluß haben; **3.** Speichel absondern; **sal·i·va·tion** [͵sælı'veıʃn] *s.* **1.** Speichelabsonderung *f*; **2.** (vermehrter) Speichelfluß.

sal·low¹ ['sæləʊ] *s.* ⚘ (*bsd.* Sal)Weide *f.*

sal·low² ['sæləʊ] *adj.* bläßlich, fahl.

sal·ly ['sælı] **I** *s.* **1.** ⚔ Ausfall *m*: **~ *port*** *hist.* Ausfallstor *n*; **2.** *fig.* geistreicher Ausspruch *od.* Einfall, Geistesblitz *m*, *a.* (Seiten)Hieb *m*; **3.** (Zornes)Ausbruch *m*; **II** *v/i.* **4.** *oft* **~ *out*** ⚔ e-n Ausfall machen, her'vorbrechen; **5.** *mst* **~ *forth*** (*od.* ***out***) sich aufmachen, aufbrechen.

Sal·ly Lunn [͵sælı'lʌn] *s. leichter Teekuchen.*

sal·ma·gun·di [͵sælmə'gʌndı] *s.* **1.** bunter Teller (*Salat, kalter Braten etc.*); **2.** *fig.* Mischmasch *m.*

salm·on ['sæmən] *pl.* **-mons**, *coll.* **-mon I** *s.* **1.** *ichth.* Lachs *m*, Salm *m*: **~ *ladder*** (*od.* ***leap, pass***) Lachsleiter *f*; **~ *peal***, **~ *peel*** junger Lachs; **~ *trout*** Lachsforelle *f*; **2.** *a.* **~ *colo*(*u*)*r***, **~ *pink*** Lachs(farbe *f*) *n*; **II** *adj.* **3.** *a.* **~*-colo*(*u*)*red***, **~*-pink*** lachsfarben, -rot.

sal·mo·nel·la [͵sælmə'nelə] *pl.* **-lae** [-liː] *s. biol.* Salmo'nelle *f.*

sa·lon ['sælɔ̃ːŋ] (*Fr.*) *s.* Sa'lon *m* (*a. Ausstellungsraum, vornehmes Geschäft; a. fig. schöngeistiger Treffpunkt*).

sa·loon [sə'luːn] *s.* **1.** Sa'lon *m* (*bsd. in Hotels etc.*), (Gesellschafts)Saal *m*: ***billiard ~*** *Brit.* Billiardzimmer *n*; ***shaving ~*** Rasiersalon; **2.** a) ✈ Sa'lon *m* (*Aufenthaltsraum*), b) ⚓ *a.* **~ *cabin*** Ka'bine *f* erster Klasse, c) → ***saloon car***, d) → ***saloon bar***: ***sleeping ~*** 🚃 (Luxus-)Schlafwagen *m*; **3.** *Am.* Kneipe *f*; **4.** *obs.* Sa'lon *m*, Empfangszimmer *n*; **~ bar** *s. Brit. vornehmerer Teil e-s Lokals*; **~ car** *s.* **1.** *mot. Brit.* a) Limou'sine *f*, b) *sport* Tourenwagen *m*; **2.** → **~ car·riage** *s.* 🚃 Sa'lonwagen *m*; **~ deck** *s.* ⚓ Sa'londeck *n*; **~ pis·tol** *s. Brit.* 'Übungspi͵stole *f.*

salt [sɔːlt] **I** *s.* **1.** (Koch)Salz *n*: ***eat s.o.'s ~*** *fig.* a) j-s Gast sein, b) von j-m abhängen; ***with a grain of ~*** *fig.* mit Vorbehalt, cum grano salis; ***not to be worth one's ~*** keinen Schuß Pulver wert sein; ***the ~ of the earth*** *bibl. u. fig.* das Salz der Erde; **2.** Salz(fäßchen) *n*: ***above*** (***below***) ***the ~*** am oberen (unteren) Ende der Tafel; **3.** ⚗ Salz *n*; **4.** *oft pl. pharm.* a) (*bsd.* Abführ)Salz *n*, b) *mst* ***smelling ~s*** Riechsalz, c) F → ***Epsom salt***; **5.** *fig.* Würze *f*, Salz *n*; **6.** *fig.* Witz *m*, E'sprit *m*; **7.** *bsd.* ***old ~*** F alter Seebär; **II** *v/t.* **8.** salzen, würzen (*beide a. fig.*); **9.** (ein)salzen, *bsd.* pökeln: **~*ed meat*** Pökel-, Salzfleisch *n*; **10.** ✝ F a) *Bücher etc.* ‚frisieren', b) *Bohrloch etc.* (betrügerisch) ‚anreichern'; **11.** *fig.* durch'setzen mit; **12.** **~ *away*** (*od.* ***down***) a) einsalzen, -pökeln, b) F *Geld etc.* ‚auf die hohe Kante legen'; **III** *adj.* **13.** salzig, Salz…: **~ *spring*** Salzquelle *f*; **14.** ⚘ halo'phil, Salz…; **15.** → ***salted*** 1.

sal·tant ['sæltənt] *adj. her.* springend;

sal·ta·tion [sæl'teıʃn] *s.* **1.** Springen *n*; **2.** Sprung *m*; **3.** plötzlicher 'Umschwung; **4.** *biol.* Erbsprung *m*; **'sal·ta·to·ry** [-tətərı] *adj.* **1.** springend; **2.** Spring…, Sprung…; **3.** Tanz…; **4.** *fig.* sprunghaft.

'salt͵cel·lar *s.* **1.** Salzfäßchen *n*; **2.** *Brit.* F ‚Salzfäßchen' *n* (*Vertiefung über dem Schlüsselbein*).

salt·ed ['sɔːltıd] *adj.* **1.** gesalzen; **2.** (ein-)gesalzen, gepökelt: **~ *herring*** Salzhering *m*; **3.** *sl.* routi'niert, ausgekocht, erfahren; **'salt·ern** [-tən] *s.* ⚙ **1.** Sa'line *f*, **2.** Salzgarten *m* (*Bassins*).

'salt-free *adj.* salzlos.

salt·i·ness ['sɔːltınıs] *s.* Salzigkeit *f.*

salt| lick *s.* Salzlecke *f* (*für Wild*); **~ marsh** *s.* **1.** Salzsumpf *m*; **2.** Butenmarsch *f*; **~ mine** *s.* Salzbergwerk *n.*

salt·ness ['sɔːltnıs] *s.* Salzigkeit *f.*

'salt·pan *s.* **1.** ⚙ Salzsiedepfanne *f*; **2.** (*geol.* na'türliches) Ver'dunstungsbas͵sin.

salt·pe·ter *Am.*, **salt·pe·tre** *Brit.* ['sɔːlt͵piːtə] *s.* ⚗ Sal'peter *m.*

salt| pit *s.* Salzgrube *f*; **'~͵wa·ter** *adj.* Salzwasser…; **'~·works** *s. pl. oft sg. konstr.* Sa'line *f.*

salt·y ['sɔːltı] *adj.* **1.** salzig; **2.** *fig.* gesalzen, gepfeffert: **~ *remarks***.

sa·lu·bri·ous [sə'luːbrıəs] *adj.* ☐ heilsam, gesund, zuträglich, bekömmlich; **sa'lu·bri·ty** [-rətı] *s.* Heilsamkeit *f*, Zuträglichkeit *f.*

sal·u·tar·i·ness ['sæljʊtərınıs] → ***salubrity***; **sal·u·tar·y** ['sæljʊtərı] *adj.* heilsam, gesund (*a. fig.*).

sal·u·ta·tion [͵sæljuː'teıʃn] *s.* **1.** Begrüßung *f*, Gruß *m*: ***in ~*** zum Gruß; **2.** Anrede *f* (*im Brief*); **sa·lu·ta·to·ry** [sə'luːtətərı] *adj.* Begrüßungs…: **~ (*oration*)** *bsd. ped. Am.* Begrüßungsrede *f*; **sa·lute** [sə'luːt] **I** *v/t.* **1.** grüßen, begrüßen (*durch e-e Geste etc.*); *weitS.* empfangen, *j-m* begegnen; **~ *with a smile***; **2.** (*dem Auge, dem Ohr*) begegnen, *j-n* begrüßen (*Anblick, Geräusch etc.*); **3.** ⚔, ⚓ salutieren vor (*dat.*), grüßen; **4.** *fig.* grüßen, ehren, feiern; **II** *v/i.* **5.** grüßen (**to** *acc.*); **6.** ⚔ (**to**) salutieren (vor *dat.*), grüßen (*acc.*); **7.** Sa'lut schießen; **III** *s.* **8.** Gruß *m* (*a. fenc.*), Begrüßung *f*; **9.** ⚔, ⚓ a) Gruß *m*, Ehrenbezeigung *f*, b) Sa'lut *m* (***of six guns*** von 6 Schuß): **~ *of colo*(*u*)*rs*** ⚓ Flaggensalut; ***stand at the ~*** salutieren; ***take the ~*** a) den Gruß erwidern, b) die Parade abnehmen, c) die Front (der Ehrenkompanie) abschreiten; **10.** *obs.* (Begrüßungs)Kuß *m*; **11.** *Am.* Frosch *m* (*Feuerwerk*).

sal·vage ['sælvıdʒ] **I** *s.* **1.** a) Bergung *f*, Rettung *f* (*Schiff, Ladung etc.*), b) Bergungsgut *n*, c) *a.* **~ *money*** Bergegeld *n*: **~ *vessel*** Bergungs-, *a.* Hebeschiff *n*, d) *Versicherung*: Wert *m* der geretteten Güter; **2.** *a.* ~ ***work*** Aufräumungsarbeiten *pl.*; **3.** ⚙ a) verwertbares 'Altmateri,al, b) 'Wiederverwertung *f*: ~ ***value*** Schrottwert *m*; **4.** *fig.* (Er-)Rettung *f* (***from*** aus); **II** *v/t.* **5.** bergen, retten (*a.* ⚓ *u. fig.*); **6.** *Schrott etc.* verwerten.

sal·va·tion [sæl'veɪʃn] *s.* **1.** (Er)Rettung *f*; **2.** a) Heil *n*, Rettung *f*, b) Retter *m*; **3.** *eccl.* a) (Seelen)Heil *n*, b) Erlösung *f*: ***S Army*** Heilsarmee *f*; **sal'va·tion·ist** [-nɪst] *s. eccl.* Mitglied *n* der 'Heilsar,mee.

salve¹ [sælv] **I** *s.* **1.** (Heil)Salbe *f*; **2.** *fig.* Balsam *m*, Pflaster *n*, Trost *m*; **3.** *fig.* Beruhigungsmittel *n fürs Gewissen etc.*; **II** *v/t.* **4.** (ein)salben; **5.** *fig. Gewissen etc.* beschwichtigen; **6.** *fig. Mangel* beschönigen; **7.** *Schaden*, *Zweifel etc.* beheben.

salve² [sælv] → ***salvage*** 5.

sal·ver ['sælvə] *s.* Ta'blett *n*.

sal·vo¹ ['sælvəʊ] *pl.* **-vos, -voes** *s.* **1.** ⚔ a) Salve *f*, Lage *f*, b) *a.* ~ ***bombing*** ✈ Schüttwurf *m*; ~ ***fire*** a) ⚔ Laufsalve, b) ⚓ Salvenfeuer; **2.** *fig.* (*Beifalls*)Salve *f*.

sal·vo² ['sælvəʊ] *pl.* **-vos** *s.* **1.** Ausrede *f*; **2.** *bsd.* ⚖ Vorbehalt(sklausel *f*) *m*.

sal·vor ['sælvə] *s.* ⚓ **1.** Berger *m*; **2.** Bergungsschiff *n*.

Sa·mar·i·tan [sə'mærɪtən] **I** *s.* Samari'taner(in), Sama'riter(in): ***good*** ~ *bibl. u. fig.* barmherziger Samariter; **II** *adj.* sama'ritisch; *fig.* barmherzig.

same [seɪm] **I** *adj.* **1.** selb, gleich, nämlich: ***at the ~ price as*** zu demselben Preis wie; ***it comes to the ~ thing*** es läuft auf dasselbe hinaus; ***the very*** (*od.* ***just the*** *od.* ***exactly the***) ~ ***thing*** genau dasselbe; ***one and the ~ thing*** ein u. dasselbe; ***he is no longer the ~ man*** er ist nicht mehr der gleiche *od.* der alte; → ***time*** 4; **2.** *ohne Artikel fig.* eintönig; **II** *pron.* **3.** der-, die-, dasselbe, der *od.* die *od.* das gleiche: ***it is much the ~*** es ist (so) ziemlich das gleiche; ~ ***here*** F so geht es mir auch, ‚ganz meinerseits'; ***it is all the ~ to me*** es ist mir ganz gleich *od.* einerlei; **4.** ***the*** ~ a) *a.* ⚖ der- *od.* dieselbe, die besagte Person, b) ⚖ der- *od.* dieselbe, die erwähnte Person, *a. eccl.* er, sie, es, dieser, diese, dies(es); **5.** *ohne Artikel* ⚓ *od.* F der- *od.* die- *od.* dasselbe: ***£5 for alterations to*** ~; **III** *adv.* **6.** ***the*** ~ in derselben Weise, genau so, ebenso (***as*** wie): ***all the*** ~ gleichviel, trotzdem; ***just the*** ~ F a) genau so, b) trotzdem; (***the***) ~ ***to you!*** (*danke*,) gleichfalls!; **'same·ness** [-nɪs] *s.* **1.** Gleichheit *f*, Identi'tät *f*; **2.** Einförmigkeit *f*, -tönigkeit *f*.

sam·let ['sæmlɪt] *s.* junger Lachs.

sam·pan ['sæmpæn] *s.* Sampan *m* (*chinesisches* [*Haus*]*Boot*).

sam·ple ['sɑːmpl] **I** *s.* **1.** ⚓ a) (Waren-, Quali'täts)Probe *f*, (Stück-, Typen-) Muster *n*, b) Probepackung *f*, c) (Ausstellungs)Muster *n*, d) Stichprobe(nmuster *n*) *f*: ***by ~ post*** (als) Muster ohne Wert; ***up to*** ~ dem Muster entsprechend; ~***s only*** Muster ohne Wert; **2.** *Statistik*: Sample *n*, Stichprobe *f*; **3.** *fig.* Probe *f*: ***a ~ of his courage***; ***that's a ~ of her behavio(u)r*** das ist typisch für sie; **II** *v/t.* **4.** probieren, e-e Probe nehmen von, *bsd. Küche*: kosten; **5.** e-e Stichprobe machen bei; **6.** e-e Probe zeigen von; ⚓ *et.* bemustern; **7.** als Muster dienen für; **8.** *Computer*: a) abfragen, b) abtasten; **III** *v/i.* **9.** ~ ***out*** ausfallen; **IV** *adj.* **10.** Muster...(*-buch*, *-karte*, *-koffer etc.*), Probe...; **'sam·pler** [-lə] *s.* **1.** Probierer(in), Prüfer *m*; **2.** *Stickerei*: Sticktuch *n*; **3.** *TV* Farbschalter *m*; **4.** *Computer*: Abtaster *m*; **'sam·pling** [-lɪŋ] *s.* **1.** ⚓ a) 'Musterkollekti,on *f*, b) Bemusterung *f*; **2.** Stichprobenerhebung *f*.

Sam·son ['sæmsn] *s. fig.* Samson *m*, Herkules *m*.

Sam·u·el ['sæmjʊəl] *npr. u. s. bibl.* (das Buch) Samuel *m*.

san·a·tive ['sænətɪv] *adj.* heilend, heilsam, -kräftig; **san·a·to·ri·um** [,sænə'tɔːrɪəm] *pl.* **-ri·ums, -ri·a** [-rɪə] *s.* ⚕ **1.** Sana'torium *n*, *bsd.* a) Lungenheilstätte *f*, b) Erholungsheim *n*; **2.** (*bsd.* Höhen-) Luftkurort *m*; **3.** *Brit.* (Inter'nats-) Krankenzimmer *n*; **'san·a·to·ry** [-tərɪ] → ***sanative***.

sanc·ti·fi·ca·tion [,sæŋktɪfɪ'keɪʃn] *s. eccl.* **1.** Heilig(mach)ung *f*; **2.** Weihung *f*, Heiligung *f*; **sanc·ti·fied** ['sæŋktɪfaɪd] *adj.* **1.** geheiligt, geweiht; **2.** heilig u. unverletzlich; **3.** → ***sanctimonious***; **sanc·ti·fy** ['sæŋktɪfaɪ] *v/t.* heiligen: a) weihen, b) (von Sünden) reinigen, c) *fig.* rechtfertigen: ***the end sanctifies the means*** der Zweck heiligt die Mittel.

sanc·ti·mo·ni·ous [,sæŋktɪ'məʊnjəs] *adj.* ☐ frömmelnd, scheinheilig; **,sanc·ti'mo·ni·ous·ness** [-nɪs], **sanc·ti·mo·ny** ['sæŋktɪmənɪ] *s.* Scheinheiligkeit *f*, Frömme'lei *f*.

sanc·tion ['sæŋkʃn] **I** *s.* **1.** Sankti'on *f*, (nachträgliche) Billigung *od.* Zustimmung: ***give one's ~ to*** → 3 a; **2.** ⚖ a) Sanktionierung *f e-s Gesetzes etc.*, b) *pol.* Sankti'on *f*, Zwangsmittel *n*, c) *gesetzliche* Strafe, d) *hist.* De'kret *n*; **II** *v/t.* **3.** sanktionieren: a) billigen, gutheißen, b) dulden, c) *Eid etc.* bindend machen, d) Gesetzeskraft verleihen (*dat.*).

sanc·ti·ty ['sæŋktətɪ] *s.* **1.** Heiligkeit *f* (*a. fig. Unverletzlichkeit*); **2.** *pl.* heilige Ide'ale *pl. od.* Gefühle *pl.*

sanc·tu·ar·y ['sæŋktjʊərɪ] *s.* **1.** Heiligtum *n* (*a. fig.*); **2.** *eccl.* Heiligtum *n*, heilige Stätte; *bsd. bibl.* Aller'heiligste(s) *n*; **3.** Frei- (*fig. a.* Zufluchts)stätte *f*, A'syl *n*: (***rights of***) ~ Asylrecht *n*; ***break the*** ~ das Asylrecht verletzen; **4.** *hunt.* a) Schonzeit *f*, b) Schutzgebiet *n*.

sanc·tum ['sæŋktəm] *s.* Heiligtum *n*: a) heilige Stätte, b) *fig.* Pri'vat-, Studierzimmer *n*, c) innerste Sphäre; ~ ***sanc·to·rum*** [sæŋk'tɔːrəm] *s. eccl.*, *a. humor. das* Aller'heiligste.

sand [sænd] **I** *s.* **1.** Sand *m*: ***built on*** ~ *fig.* auf Sand gebaut; ***rope of*** ~ *fig.* trügerische Sicherheit; **2.** *oft pl.* a) Sandbank *f*, b) Sand(fläche *f*, -wüste *f*) *m*: ***plough the*** ~(***s***) *fig.* s-e Zeit verschwenden; **3.** *mst pl.* Sand(körner *pl.*) *m*: ***his ~s are running out*** s-e Tage sind gezählt; **4.** *Am. sl.* ‚Mumm' *m*; **II** *v/t.* **5.** mit Sand bestreuen; **6.** (ab-) schmirgeln.

san·dal¹ ['sændl] *s.* San'dale *f*.

san·dal² ['sændl], **'~·wood** *s.* **1.** (rotes) Sandelholz; **2.** Sandelbaum *m*.

'sand|·bag [-n*d*b-] **I** *s.* **1.** Sandsack *m*; **II** *v/t.* **2.** *bsd.* ⚔ mit Sandsäcken befestigen; **3.** mit e-m Sandsack niederschlagen; **'~·bank** [-n*d*b-] *s.* Sandbank *f*; **'~·blast** [-n*d*b-] ⚙ **I** *s.* Sandstrahl(gebläse *n*) *m*; **II** *v/t.* sandstrahlen; **'~·box** [-n*d*b-] *s.* **1.** *hist.* Streusandbüchse *f*; **2.** *Gießerei*: Sandform *f*; **3.** Sandkasten *m*; **'~·boy** [-n*d*b-] *s.*: (***as***) ***happy as a*** ~ kreuzfidel; ~ ***drift*** *s. geol.* Flugsand *m*.

sand·er ['sændə] *s.* ⚙ **1.** Sandstrahlgebläse *n*; **2.** 'Sandpa,pier,schleifma,schine *f*.

'sand|·fly *s.* a) Sandfliege *f*, b) Gnitze *f*, c) Kriebelmücke *f*; **'~·glass** *s.* Sanduhr *f*, Stundenglas *n*; **'~·grouse** *s. orn.* Flughuhn *n*; **'~·lot** *s. Am.* Sandplatz *m* (*Behelfsspielplatz für Baseball etc.*); **'~·man** [-n*d*mæn] *s.* [*irr.*] Sandmann *m*, -männchen *n*; **'~-,mar·tin** [-n*d*,m-] *s. orn.* Uferschwalbe *f*; **'~,pa·per** [-n*d*,p-] **I** *s.* 'Sandpa,pier *n*; **II** *v/t.* (ab)schmirgeln; **'~,pip·er** [-n*d*,p-] *s. orn.* Flußuferläufer *m*; **'~·pit** [-n*d*p-] *s.* **1.** Sandgrube *f*; **2.** Sandkasten *m*; ~ ***shoes*** *s. pl.* Strandschuhe *pl.*; ~ ***spout*** *s.* Sandhose *f*; **'~·stone** [-n*d*s-] *s. geol.* Sandstein *m*; **'~·storm** [-n*d*s-] *s.* Sandsturm *m*; ~ ***table*** *s.* ⚔ Sandkasten *m*; ~ ***trap*** *s. Golf*: Sandhindernis *n*.

sand·wich ['sænwɪdʒ] **I** *s.* Sandwich *n* (*belegtes Doppelbrot*): ***open*** ~ belegtes Brot; ***sit*** ~ *fig.* eingezwängt sitzen; **II** *v/t. a.* ~ ***in*** *fig.* einlegen, schieben; einklemmen, -zwängen; *sport Gegner* ‚in die Zange nehmen'; ~ ***cake*** *s.* Schichttorte *f*; ~ ***course*** *s. ped. Kurs*, *bei dem sich theoretische u. praktische Ausbildung abwechseln*; ~ ***man*** [-mæn] *s.* [*irr.*] Sandwichman *m*, Pla'katträger *m*.

sand·y¹ ['sændɪ] *adj.* **1.** sandig, Sand...: ~ ***desert*** Sandwüste *f*; **2.** *fig.* sandfarben; rotblond (*Haare*); **3.** sandartig; **4.** *fig.* a) unsicher, b) *Am. sl.* frech.

Sand·y² ['sændɪ] *s.* **1.** *bsd. Scot. Kurzform für* ***Alexander***; **2.** (*Spitzname für*) Schotte *m*.

sand yacht *s.* Strandsegler *m*.

sane [seɪn] *adj.* ☐ **1.** geistig gesund *od.* nor'mal; **2.** vernünftig, gescheit.

San·for·ize ['sænfəraɪz] *v/t.* sanforisieren (*Gewebe schrumpffest machen*).

sang [sæŋ] *pret. u. p.p. von* ***sing***.

sang·froid [,sɑ̃ːŋ'frwɑː] (*Fr.*) *s.* Kaltblütigkeit *f*.

San·grail [sæŋ'greɪl], **San·gre·al** ['sæŋgrɪəl] *s.* der Heilige Gral.

san·gui·nar·y ['sæŋgwɪnərɪ] *adj.* ☐ **1.** blutig, mörderisch (*Kampf etc.*); **2.** blutdürstig, grausam: ***a ~ person***; ~ ***laws***; **3.** blutig, Blut...; **4.** *Brit.* unflätig; **san·guine** ['sæŋgwɪn] **I** *adj.* ☐ **1.** heiter, lebhaft, leichtblütig; **2.** 'voll-, heißblütig, hitzig; **3.** zuversichtlich (*a. Bericht*, *Hoffnung etc.*): ***be ~ of success*** zuversichtlich auf Erfolg rechnen; **4.** rot, blühend, von gesunder Gesichtsfarbe; **5.** ⚕ *hist.* sangu'inisch; **6.** (blut-) rot; **II** *s.* **7.** Rötelstift *m*; **8.** Rötelzeichnung *f*; **san·guin·e·ous** [sæŋ'gwɪnɪəs] *adj.* → ***sanguine*** I.

sa·ni·es ['seɪnɪiːz] *s.* ⚕ pu'trider Eiter, Jauche *f*.

san·i·tar·i·an [,sænɪ'teərɪən] **I** *adj.* **1.** → ***sanitary*** 1; **II** *s.* **2.** Hygi'eniker *m*; **3.** Ge'sundheitsa,postel *m*; **,san·i'tar·i·um** [-rɪəm] *pl.* **-i·ums, -i·a** [-ɪə] *s. bsd. Am. für* ***sanatorium***; **san·i·tar·y** ['sænɪtərɪ] **I** *adj.* ☐ **1.** hygi'enisch, Gesundheits...,

(*a.* ⚙) sani'tär: **~ towel** (*Am.* **napkin**) Damenbinde *f*; **2.** hygi'enisch (einwandfrei), gesund; **II** *s.* **3.** *Am.* öffentliche Bedürfnisanstalt; ˌ**san·i'ta·tion** [-'teɪʃn] *s.* **1.** sani'täre Einrichtungen *pl.* (*in Gebäuden*); **2.** Gesundheitspflege *f*, -wesen *n*, Hygi'ene *f*.
san·i·tize ['sænɪtaɪz] *v/t.* **1.** → **sterilize** a; **2.** *fig. Image etc.* ‚aufpolieren'.
san·i·ty ['sænətɪ] *s.* **1.** geistige Gesundheit; *bsd.* ⚖ Zurechnungsfähigkeit *f*; **2.** gesunder Verstand.
sank [sæŋk] *pret. von* **sink**.
san·se·rif [ˌsæn'serɪf] *s. typ.* Gro'tesk *f*.
San·skrit ['sænskrɪt] *s.* Sanskrit *n*.
San·ta Claus [ˌsæntə'klɔːz] *npr.* der Nikolaus, der Weihnachtsmann.
sap¹ [sæp] **I** *s.* **1.** ⚘ Saft *m*; **2.** *fig.* (Lebens)Saft *m*, (-)Kraft *f*, Mark *n*; **3.** *a.* **~-wood** Splint(holz *n*) *m*; **II** *v/t.* **4.** entsaften.
sap² [sæp] **I** *s.* **1.** ⚔ Sappe *f*, Grabenkopf *m*; **II** *v/t.* **2.** (*a. fig. Gesundheit etc.*) unter'graben, -mi'nieren; **3.** *Kräfte etc.* erschöpfen, schwächen.
sap³ [sæp] *s.* F Trottel *m*.
sap⁴ [sæp] *Am. sl.* **I** *s.* Totschläger *m* (*Waffe*); **II** *v/t.* *j-n* (mit e-m Totschläger) bewußtlos schlagen.
'**sap·head** *s.* **1.** ⚔ Sappenkopf *m*; **2.** F Trottel *m*.
sap·id ['sæpɪd] *adj.* **1.** e-n Geschmack habend; **2.** schmackhaft; **3.** *fig.* interes'sant; **sa·pid·i·ty** [sə'pɪdətɪ] *s.* Schmackhaftigkeit *f*.
sa·pi·ence ['seɪpjəns] *s. mst iro.* Weisheit *f*; '**sa·pi·ent** [-nt] *adj.* □ *mst iro.* weise.
sap·less ['sæplɪs] *adj.* saftlos (*a. fig. kraftlos*).
sap·ling ['sæplɪŋ] *s.* **1.** junger Baum, Schößling *m*; **2.** *fig.* Grünschnabel *m*, Jüngling *m*.
sap·o·na·ceous [ˌsæpəʊ'neɪʃəs] *adj.* **1.** seifenartig, seifig; **2.** *fig.* glatt.
sa·pon·i·fi·ca·tion [səˌpɒnɪfɪ'keɪʃn] *s.* ⚗ Verseifung *f*; **sa·pon·i·fy** [sə'pɒnɪfaɪ] *v/t. u. v/i.* verseifen.
sap·per ['sæpə] *s.* ⚔ Pio'nier *m*, Sap'peur *m*.
Sap·phic ['sæfɪk] **I** *adj.* **1.** sapphisch; **2.** 2 lesbisch; **II** *s.* **3.** sapphischer Vers.
sap·phire ['sæfaɪə] **I** *s.* **1.** *min.* Saphir *m* (*a. am Plattenspieler*); **2.** *a.* **~ blue** Saphirblau *n*; **3.** *orn.* Saphirkolibri *m*; **II** *adj.* **4.** saphirblau; **5.** Saphir...
sap·py ['sæpɪ] *adj.* **1.** saftig; **2.** *fig.* kraftvoll, markig; **3.** *sl.* blöd, doof.
Sar·a·cen ['særəsn] **I** *s.* Sara'zene *m*, Sara'zenin *f*; **II** *adj.* sara'zenisch.
sar·casm ['sɑːkæzəm] *s.* Sar'kasmus *m*: a) beißender Spott, b) sar'kastische Bemerkung; **sar·cas·tic** [sɑː'kæstɪk] *adj.* (□ **~ally**) sarkastisch.
sar·co·ma [sɑː'kəʊmə] *pl.* **-ma·ta** [-mətə] *s.* ⚕ Sar'kom *n* (*Geschwulst*); **sar'coph·a·gous** [-'kɒfəgəs] *adj. zo.* fleischfressend; **sar'coph·a·gus** [-'kɒfəgəs] *pl.* **-gi** [-gaɪ] *s.* Sarko'phag *m* (*Steinsarg*).
sard [sɑːd] *s. min.* Sard(er) *m*.
sar·dine¹ [sɑː'diːn] *pl.* **sar·dines** *od. coll.* **sar·dine** *s. ichth.* Sar'dine *f*: **packed like ~s** zs.-gepfercht wie die Heringe.
sar·dine² ['sɑːdaɪn] → **sard**.
sar·don·ic [sɑː'dɒnɪk] *adj.* (□ **~ally**) ⚕ *u. fig.* sar'donisch.
sa·ri ['sɑːrɪ] *s.* Sari *m*.
sark [sɑːk] *s. Scot. od. dial.* Hemd *n*.
sark·y ['sɑːkɪ] F *für* **sarcastic**.
sa·rong [sə'rɒŋ] *s.* Sarong *m*.
sar·sen ['sɑːsn] *s. geol.* großer Sandsteinblock.
sar·to·ri·al [sɑː'tɔːrɪəl] *adj.* □ **1.** Schneider...; **2.** Kleidung(s)...: **~ elegance** Eleganz der Kleidung; **sar'to·ri·us** [-rɪəs] *s. anat.* Schneidermuskel *m*.
sash¹ [sæʃ] *s.* Schärpe *f*.
sash² [sæʃ] *s.* **1.** (schiebbarer) Fensterrahmen; **2.** schiebbarer Teil *e-s Schiebefensters*; **~ saw** *s.* ⚙ Schlitzsäge *f*; **~ win·dow** *s.* Schiebe-, Fallfenster *n*.
Sas·se·nach ['sæsənæk] *Scot. u. Irish* **I** *s.* ‚Sachse' *m*, Engländer *m*; **II** *adj.* englisch.
sat [sæt] *pret. u. p.p. von* **sit**.
Sa·tan ['seɪtən] *s.* Satan *m*, Teufel *m* (*fig.* 2); **sa·tan·ic** [sə'tænɪk] *adj.* (□ **~ally**) sa'tanisch, teuflisch.
satch·el ['sætʃəl] *s.* Schultasche *f*, -mappe *f*, *bsd.* Schulranzen *m*.
sate¹ [seɪt] *v/t.* über'sättigen: **be ~d with** übersättigt sein von.
sate² [sæt; seɪt] *obs. für* **sat**.
sa·teen [sæ'tiːn] *s.* ('Baum)Wollsaˌtin *m*.
sat·el·lite ['sætəlaɪt] *s.* **1.** *ast.* a) Satel'lit *m*, Tra'bant *m*, b) (*künstlicher*) ('Erd-) Satelˌlit *m*: **~ picture** Satellitenbild *n*; **~ transmission** *TV etc.* Satellitenübertragung *f*; **2.** Tra'bant *m*, Anhänger *m*; **3.** *fig.* a) *a.* **~ state** *od.* **nation** *pol.* Satel'lit(enstaat) *m*, b) *a.* **~ town** Tra'bantenstadt *f*, c) *a.* **~ airfield** Ausweichflugplatz *m*, d) ♱ Zweigfirma *f*.
sa·ti·ate ['seɪʃɪeɪt] *v/t.* **1.** über'sättigen; **2.** vollauf sättigen *od.* befriedigen; **sa·ti·a·tion** [ˌseɪʃɪ'eɪʃn] *s.* (Über)'Sättigung *f*; **sa·ti·e·ty** [sə'taɪətɪ] *s.* **1.** (**of**) Übersättigung *f* (mit), 'Überdruß *m* (an *dat.*): **to ~** bis zum Überdruß; **2.** Sattheit *f*.
sat·in ['sætɪn] **I** *s.* ⚙ **1.** Sa'tin *m*, Atlas *m* (*Stoff*); **2.** *a.* **white ~** *sl.* Gin *m*; **II** *adj.* **3.** Satin...; **4.** a) seidenglatt, b) glänzend; **III** *v/t.* **5.** ⚙ satinieren, glätten; **sat·i·net(te)** [ˌsætɪ'net] *s.* Halbatlas *m*.
'**sat·in|-ˌfin·ished** *adj.* ⚙ mattiert; **~ pap·er** *s.* satiniertes Pa'pier, 'Atlaspaˌpier *n*.
sat·in·y ['sætɪnɪ] *adj.* seidig.
sat·ire ['sætaɪə] *s.* **1.** Sa'tire *f*, *bsd.* a) Spottgedicht *n*, -schrift *f* ([**up**]**on** auf *acc.*), b) sa'tirische Litera'tur, c) Spott *m*; **2.** *fig.* Hohn *m* ([**up**]**on** auf *acc.*); **sa·tir·ic, sa·tir·i·cal** [sə'tɪrɪk(l)] *adj.* □ sa'tirisch; **sat·i·rist** ['sætərɪst] *s.* Sa'tiriker(in); **sat·i·rize** ['sætəraɪz] *v/t.* verspotten, e-e Sa'tire machen auf (*acc.*).
sat·is·fac·tion [ˌsætɪs'fækʃn] *s.* **1.** Befriedigung *f*, Zu'friedenstellung *f*: **find ~ in** Befriedigung finden in (*dat.*); **give ~** befriedigen; **2.** (**at, with**) Zufriedenheit *f* (mit), Befriedigung *f*, Genugtuung *f* (über *acc.*): **to the ~ of all** zur Zufriedenheit aller; **3.** *eccl.* Sühne *f*; **4.** Satisfakti'on *f*, Genugtuung *f* (*Duell etc.*); **5.** ⚖, ♱ Befriedigung *f e-s Anspruchs*; Erfüllung *f e-r Verpflichtung*; (Be)Zahlung *f e-r Schuld*; **6.** Gewißheit *f*: **show to the court's ~** ⚖ einwandfrei glaubhaft machen; ˌ**sat·is'fac·to·ri·ness** [-ktərɪnɪs] *s. das* Befriedigende; ˌ**sat·is'fac·to·ry** [-ktərɪ] *adj.* □ **1.** befriedigend, zu'friedenstellend; **2.** *eccl.* sühnend; **sat·is·fy** ['sætɪsfaɪ] **I** *v/t.* **1.** befriedigen, zu'friedenstellen, genügen (*dat.*): **be satisfied with s.th.** mit et. zufrieden sein; **2.** a) *j-n* sättigen, b) *Hunger etc., a. Neugier* stillen, c) *fig. Wunsch* erfüllen, *Bedürfnis, a. Trieb* befriedigen; **3.** ♱ *Anspruch* befriedigen; *Schuld* begleichen, tilgen; *e-r Verpflichtung* nachkommen; *Bedingungen*, ⚖ *a. Urteil* erfüllen; **4.** a) *j-n* entschädigen, b) *Gläubiger* befriedigen; **5.** *den Anforderungen* entsprechen, genügen; **6.** ⅄ *Bedingung, Gleichung* erfüllen; **7.** *j-n* über'zeugen (**of** von): **~ o.s. that** sich überzeugen *od.* vergewissern, daß; **I am satisfied that** ich bin davon (*od.* habe mich) überzeugt, daß; **II** *v/i.* **8.** befriedigen; **sat·is·fy·ing** ['sætɪsfaɪɪŋ] *adj.* □ **1.** befriedigend, zu'friedenstellend; **2.** sättigend.
sa·trap ['sætrəp] *s. hist.* Sa'trap *m* (*a. fig.*), Statthalter *m*.
sat·u·rant ['sætʃərənt] **I** *adj.* **1.** *bsd.* ⚗ sättigend; **II** *s.* **2.** neutralisierender Stoff; **3.** ⚕ Mittel *n* gegen Magensäure; **sat·u·rate** ['sætʃəreɪt] *v/t.* **1.** ⚗ *u. fig.* sättigen, saturieren (*a.* ♱ *Markt*); **2.** (durch)'tränken, durch'setzen: **be ~d with** *fig.* erfüllt *od.* durchdrungen sein von; **3.** ⚔ mit Bombenteppichen belegen; **sat·u·rat·ed** ['sætʃəreɪtɪd] *adj.* **1.** durch'tränkt, -'setzt; **2.** tropfnaß; **3.** satt (*Farbe*); **4.** ⚗ a) *a. fig.* saturiert, gesättigt, b) reakti'onsträge.
sat·u·ra·tion [ˌsætʃə'reɪʃn] *s.* **1.** *bsd.* ⚗, *phys. u. fig.* Sättigung *f*, Saturierung *f*; **2.** (Durch)'Tränkung *f*, Durch'setzung *f*; **3.** Sattheit *f* (*Farbe*); **~ bomb·ing** *s.* ⚔ Bombenteppich(e *pl.*) *m*; **~ point** *s.* ⚗ Sättigungspunkt *m*.
Sat·ur·day ['sætədɪ] *s.* Sonnabend *m*, Samstag *m*: **on ~** am Sonnabend *od.* Samstag; **on ~s** sonnabends, samstags.
Sat·urn ['sætən] *s.* **1.** *antiq.* Sa'turn(us) *m* (*Gott*); **2.** *ast.* Sa'turn *m* (*Planet*); **3.** ⚗ *hist.* Blei *n*; **4.** *her.* Schwarz *n*; **Sat·ur·na·li·a** [ˌsætə'neɪljə] *s. pl. antiq.* Satur'nalien *pl.*; **Sat·ur·na·li·an** [ˌsætə'neɪljən] *adj.* **1.** *antiq.* satur'nalisch; **2.** 2 *fig.* orgi'astisch; **Sa·tur·ni·an** [sæ'tɜːnjən] *adj.* **1.** *ast.* Saturn...; **2.** *myth, a. fig. poet.* sa'turnisch: **~ age** *fig.* goldenes Zeitalter; '**sat·ur·nine** [-naɪn] *adj.* □ **1.** düster, finster (*Person, Gesicht etc.*); **2.** 2 im Zeichen des Sa'turn geboren; **3.** *min.* Blei...
sat·yr ['sætə] *s.* **1.** *oft* 2 *myth.* Satyr *m* (*Waldgott*); **2.** *fig.* Satyr *m* (*geiler Mensch*); **3.** ⚕ Satyro'mane *m*; **sat·y·ri·a·sis** [ˌsætə'raɪəsɪs] *s.* ⚕ Saty'riasis *f*; **sa·tyr·ic** [sə'tɪrɪk] *adj.* Satyr..., satyrhaft.
sauce [sɔːs] **I** *s.* **1.** Sauce *f*, Soße *f*, Tunke *f*: **hunger is the best ~** Hunger ist der beste Koch; **what is ~ for the goose is ~ for the gander** was dem einen recht ist, ist dem andern billig; **2.** *fig.* Würze *f*; **3.** *Am.* Kom'pott *n*; **4.** F Frechheit *f*; **5.** ⚙ a) Beize *f*, b) (Tabak-) Brühe *f*; **II** *v/t.* **6.** mit Soße würzen; **7.** *fig.* würzen; **8.** F frech sein zu; '**~·boat** *s.* Saucière *f*, Soßenschüssel *f*; '**~·dish** *s. Am.* Kom'pottschüssel *f*, -schale *f*;

'**~·pan** [-pən] *s.* Kochtopf *m*, Kasse'rolle *f*.
sau·cer ['sɔːsə] *s.* 'Untertasse *f*; → ***flying saucer***; **~ eye** [-əraɪ] *s.* Glotz-, Kullerauge *n*; '**~-eyed** [-əraɪd] *adj.* glotzäugig.
sau·ci·ness ['sɔːsɪnɪs] *s.* **1.** Frechheit *f*; **2.** Keßheit *f*; **sau·cy** ['sɔːsɪ] *adj.* □ **1.** frech, unverschämt; **2.** F keß, flott, fesch: ***a ~ hat***.
sau·na ['sɔːnə] *s.* Sauna *f*.
saun·ter ['sɔːntə] **I** *v/i.* schlendern: ***~ about*** um'herschlendern, (-)bummeln; **II** *s.* (Um'her)Schlendern *n*, Bummel *m*.
sau·ri·an ['sɔːrɪən] *zo.* **I** *s.* Saurier *m*; **II** *adj.* Saurier…, Echsen…
sau·sage ['sɒsɪdʒ] *s.* **1.** Wurst *f*; **2.** *a.* ***~ balloon*** ⚔ F 'Fesselbalˌlon *m*; **3.** *sl.* Deutsche(r *m*) *f*; **~ dog** *s. Brit.* F Dakkel *m*; **~ meat** *s.* Wurstmasse *f*, Brät *n*.
sau·té ['səʊteɪ] (*Fr.*) **I** *adj. Küche*: sau'té, sautiert; **II** *s.* Sau'té *n*.
sav·age ['sævɪdʒ] **I** *adj.* □ **1.** *allg.* wild: a) primi'tiv (*Volk etc.*), b) ungezähmt (*Tier*), c) bru'tal, grausam, d) F wütend, e) wüst (*Landschaft*); **II** *s.* **2.** Wilde(r *m*) *f*; **3.** Rohling *m*; **4.** bösartiges Tier, *bsd.* bissiges Pferd; **III** *v/t.* **5.** *j-n* übel zurichten, *a. fig. j-m* übel mitspielen; **6.** *j-n* anfallen, beißen (*Pferd etc.*); '**sav·age·ness** [-nɪs] *s.* **1.** Wildheit *f*, Roheit *f*, Grausamkeit *f*; **2.** Wut *f*, Bissigkeit *f*; '**sav·age·ry** [-dʒərɪ] *s.* **1.** Unzivilisiertheit *f*, Wildheit *f*; **2.** Roheit *f*, Grausamkeit *f*.
sa·van·na(h) [sə'vænə] *s. geogr.* Sa'vanne *f*.
sa·vant ['sævənt] *s.* großer Gelehrter.
save¹ [seɪv] **I** *v/t.* **1.** (er)retten (***from*** von, vor *dat.*): ***~ s.o.'s life*** j-m das Leben retten; **2.** ⚓ bergen; **3.** bewahren, schützen (***from*** vor *dat.*): ***God ~ the Queen*** Gott erhalte die Königin; ***~ the situation*** die Situation retten; → ***appearance*** 3, ***face*** 4, ***harmless*** 2; **4.** *Geld etc.* sparen, einsparen: ***~ time*** Zeit gewinnen *od.* sparen; **5.** (auf)sparen, aufheben, -bewahren: ***~ it!*** *sl.* ‚geschenkt'!, halt's Maul!; → ***breath*** 1; **6.** *a. Augen* schonen; schonend *od.* sparsam 'umgehen mit; **7.** *j-m e-e Mühe etc.* ersparen: ***it ~d me the trouble of going there***; **8.** *eccl.* (***from***) retten (aus), erlösen (von); **9.** *Brit.* ausnehmen: ***~ the mark!*** verzeihen Sie die Bemerkung!; ***~ your presence*** (*od.* ***reverence***) mit Verlaub; **10.** *a.* ***~ up*** aufsparen; **11.** *sport*: a) *Schuß* halten, b) *Tor* verhindern; **II** *v/i.* **12.** sparen; **13.** *sport* ‚retten', halten; **III** *s.* **14.** *sport* Pa'rade *f* (*Tormann*).
save² [seɪv] *prp. u. cj.* außer (*dat.*), mit Ausnahme von (*od. gen.*), ausgenommen (*nom.*), abgesehen von: ***~ for*** bis auf (*acc.*); ***~ that*** abgesehen davon, daß; nur, daß.
sav·e·loy [ˌsævə'lɔɪ] *s.* Zerve'latwurst *f*.
sav·er ['seɪvə] *s.* **1.** Retter(in); **2.** Sparer (-in); **3.** sparsames Gerät *etc.*
sav·ing ['seɪvɪŋ] **I** *adj.* □ **1.** sparsam (***of*** mit); **2.** …sparend: ***time-~***; **3.** rettend: ***~ grace*** *eccl.* seligmachende Gnade; ***~ humo(u)r*** befreiender Humor; **4.** ⚖ Vorbehalts…: ***~ clause***; **II** *s.* **5.** (Er-)Rettung *f*; **6.** a) Sparen *n*, b) Ersparnis *f*, Einsparung *f*: ***~ of time*** Zeitersparnis; **7.** *pl.* Ersparnis(se *pl.*) *f*; Spargeld (-er *pl.*) *n*; **8.** ⚖ Vorbehalt *m*; **III** *prp. u. cj.* **9.** außer (*dat.*), ausgenommen: ***~ your presence*** (*od.* ***reverence***) mit Verlaub.
sav·ings| ac·count ['seɪvɪŋz] *s.* Sparkonto *n*; **~ bank** *s.* Sparkasse *f*: ***~ (deposit) book*** Spar(kassen)buch *n*; **~ de·pos·it** *s.* Spareinlage *f*.
sav·io(u)r ['seɪvjə] *s.* (Er)Retter *m*, Erlöser *m*: ***the*** ℒ *eccl.* der Heiland *od.* Erlöser.
sa·voir| faire [ˌsævwɑː'feə] (*Fr.*) *s.* Gewandtheit *f*, Takt(gefühl *n*) *m*, Savoir-'faire *n*; **~ vi·vre** [-'viːvr] (*Fr.*) *s.* feine Lebensart, Savoir-'vivre *n*.
sa·vor·y ['seɪvərɪ] *s.* ⚘ Bohnenkraut *n*, Kölle *f*.
sa·vo(u)r ['seɪvə] **I** *s.* **1.** (Wohl)Geschmack *m*; **2.** *bsd. fig.* Würze *f*, Reiz *m*; **3.** *fig.* Beigeschmack *m*, Anstrich *m*; **II** *v/t.* **4.** *bsd. fig.* genießen, auskosten; **5.** *bsd. fig.* würzen; **6.** *fig.* e-n Beigeschmack *od.* Anstrich haben von, riechen nach; **III** *v/i.* **7.** ***~ of*** a) *a. fig.* schmecken *od.* riechen nach, b) → 6; '**sa·vo(u)r·i·ness** [-vərɪnɪs] *s.* Wohlgeschmack *m*, -geruch *m*, Schmackhaftigkeit *f*; '**sa·vo(u)r·less** [-lɪs] *adj.* geschmack-, geruchlos, fade; '**sa·vo(u)r·y** [-vərɪ] **I** *adj.* □ **1.** wohlschmeckend, -riechend, schmackhaft; **2.** *a. fig.* appe'titlich, angenehm; **3.** würzig, pi'kant (*a. fig.*); **II** *s.* **4.** *Brit.* pi'kante Vor- *od.* Nachspeise.
sa·voy [sə'vɔɪ] *s.* Wirsing(kohl) *m*.
sav·vy ['sævɪ] *sl.* **I** *v/t.* ‚kapieren', verstehen; **II** *s.* ‚Köpfchen' *n*, ‚'Durchblick' *m*, Verstand *m*.
saw¹ [sɔː] *pret. von* ***see¹***.
saw² [sɔː] *s.* Sprichwort *n*.
saw³ [sɔː] **I** *s.* **1.** ⚙ Säge *f*: ***singing*** (*od.* ***musical***) ***~*** ♪ singende Säge; **II** *v/t.* **2.** [*irr.*] sägen: ***~ down*** *Baum* umsägen; ***~ off*** absägen; ***~ out*** *Bretter* zuschneiden; ***~ up*** zersägen; ***~ the air*** (***with one's hands***) (mit den Händen) herumfuchteln; **III** *v/i.* [*irr.*] **3.** sägen; **4.** (auf der Geige) ‚kratzen'.
'**saw|·bones** *s. pl. sg. konstr. sl.* a) ‚Bauchaufschneider' *m* (*Chirurg*), b) ‚Medi'zinmann' *m* (*Arzt*); '**~·buck** *s. Am.* **1.** Sägebock *m*; **2.** *sl.* 10-Dollar-Note *f*; '**~·dust** *s.* Sägemehl *n*: ***let the ~ out of*** *fig.* die Hohlheit zeigen von; '**~·fish** *s. ichth.* Sägefisch *m*; '**~·fly** *s. zo.* Blattwespe *f*; **~ frame**, **~ gate** *s.* ⚙ Sägegatter *n*; '**~·horse** *s.* Sägebock *m*; '**~·mill** *s.* Sägewerk *n*, -mühle *f*.
sawn [sɔːn] *p.p. von* ***saw³***.
Saw·ney ['sɔːnɪ] *s.* F **1.** (*Spitzname für*) Schotte *m*; **2.** ℒ Trottel *m*.
saw| set *s.* ⚙ Schränkeisen *n*; '**~·tooth I** *s.* **1.** Sägezahn *m*; **II** *adj.* **2.** Sägezahn…: ***~ roof*** Säge-, Scheddach *n*; **3.** ⚡ Sägezahn…, Kipp…(*-spannung etc.*); '**~·wort** *s.* ⚘ Färberdistel *f*.
saw·yer ['sɔːjə] *s.* Säger *m*.
Saxe [sæks] *s.* Sächsischblau *n*.
sax·horn ['sækshɔːn] *s.* ♪ Saxhorn *n*.
sax·i·frage ['sæksɪfrɪdʒ] *s.* ⚘ Steinbrech *m*.
Sax·on ['sæksn] **I** *s.* **1.** Sachse *m*, Sächsin *f*; **2.** *hist.* (Angel)Sachse *m*, (Angel-)Sächsin *f*; **3.** *ling.* Sächsisch *n*; **II** *adj.* **4.** sächsisch; **5.** (alt-, angel)sächsisch, *ling. oft* ger'manisch: ***~ genitive*** sächsischer Genitiv; **~ blue** → ***Saxe***; '**Sax·o·ny** [-nɪ] *s.* **1.** *geogr.* Sachsen *n*; **2.** ℒ feiner, glänzender Wollstoff.
sax·o·phone ['sæksəfəʊn] *s.* ♪ Saxo'phon *n*; **sax·o·phon·ist** [sæk'sɒfənɪst] *s.* Saxopho'nist(in).
say [seɪ] **I** *v/t.* [*irr.*] **1.** *et.* sagen, sprechen; **2.** sagen, äußern, berichten: ***he has nothing to ~ for himself*** a) er ist sehr zurückhaltend, b) *contp.* mit ihm ist nicht viel los; ***have you nothing to ~ for yourself?*** hast du nichts zu deiner Rechtfertigung zu sagen?; ***to ~ nothing of*** ganz zu schweigen von, geschweige; ***the Bible ~s*** die Bibel sagt, in der Bibel heißt es; ***people*** (*od.* ***they***) ***~ he is ill***, ***he is said to be ill*** man sagt *od.* es heißt, er sei krank, er soll krank sein; **3.** sagen, behaupten, versprechen: ***you said you would come***; → ***soon*** 2; **4.** a) *a.* ***~ over*** *Gedicht etc.* auf-, hersagen, b) *Gebet* sprechen, c) *R.C. Messe* lesen; **5.** (be)sagen, bedeuten: ***that is to ~*** das heißt; ***$500, ~, five hundred dollars*** $500, in Worten: fünfhundert Dollar; ***that is ~ing a great deal*** das will viel heißen; **6.** annehmen: (***let us***) ***~ it happens*** angenommen, es passiert; ***a sum of, ~, $20*** e-e Summe von, sagen wir (mal), *od.* von etwa $20; ***I should ~*** ich dächte, ich würde sagen; **II** *v/i.* [*irr.*] **7.** sagen, meinen: ***you may well ~ so!*** das kann man wohl sagen!; ***it is hard to ~*** es ist schwer zu sagen; ***what do you ~*** (*od.* ***what ~ you***) ***to …?*** was hältst du von …?, wie wäre es mit …?; ***you don't ~ (so)!*** was Sie nicht sagen!, nicht möglich!; ***it ~s*** es lautet (*Schreiben etc.*); ***it ~s here*** hier steht (*geschrieben*), hier heißt es; **8.** ***I ~!*** *int.* a) hör(en Sie) mal!, sag(en Sie) mal!, b) *erstaunt od. beifällig*: Donnerwetter!; **III** *s.* **9.** ***have one's ~*** (***to*** *od.* ***on***) s-e Meinung äußern (über *acc. od.* zu); **10.** Mitspracherecht *n*: ***have a (no) ~ in*** et. (nichts) zu sagen haben bei; ***it is my ~ now!*** jetzt rede ich!; **11.** *a.* ***final ~*** endgültige Entscheidung: ***who has the ~ in this matter?*** wer hat in dieser Sache zu entscheiden *od.* das letzte Wort zu reden?
say·est ['seɪɪst] *obs. 2. sg. pres. von* ***say***: ***thou ~*** du sagst.
say·ing ['seɪɪŋ] *s.* **1.** Reden *n*: ***it goes without ~*** es ist selbstverständlich; ***there is no ~*** man kann nicht sagen *od.* wissen (*ob, wann etc.*); **2.** Ausspruch *m*; **3.** Sprichwort *n*, Redensart *f*: ***as the ~ goes*** (*od.* ***is***) wie es (im Sprichwort) heißt, wie man sagt.
says [sez; səz] *3. sg. pres. von* ***say***: ***he ~*** er sagt.
'**say-so** *s.* F **1.** (bloße) Behauptung; **2.** → ***say*** 11.
scab [skæb] **I** *s.* **1.** ⚕ a) Grind *m*, (Wund)Schorf *m*, b) Krätze *f*; **2.** *vet.* Räude *f*; **3.** ⚘ Schorf *m*; **4.** *sl.* Ha'lunke *m*; **5.** *sl.* a) Streikbrecher(in), b) Nichtgewerkschaftler *m*: ***~ work*** Schwarzarbeit *f*, *a.* Arbeit unter Tariflohn; **6.** ⚙ Gußfehler *m*; **II** *v/i.* **7.** verschorfen, sich verkrusten; **8.** *a.* ***~ it*** *sl.* als Streikbrecher *od.* unter Ta'riflohn arbeiten.
scab·bard ['skæbəd] *s.* (Schwert- *etc.*) Scheide *f*.
scabbed [skæbd] *adj.* **1.** → ***scabby***; **2.** ⚘ schorfig.
scab·by ['skæbɪ] *adj.* □ **1.** ⚕ schorfig,

grindig; **2.** *vet.* räudig; **3.** F schäbig, schuftig.
sca·bi·es ['skeɪbiːz] → ***scab*** 1 b *u.* 2.
sca·bi·ous¹ ['skeɪbjəs] *adj.* **1.** ⚕ skabi'ös, krätzig; **2.** *vet.* räudig.
sca·bi·ous² ['skeɪbjəs] *s.* ♀ Skabi'ose *f.*
sca·brous ['skeɪbrəs] *adj.* **1.** rauh, schuppig (*Pflanze etc.*); **2.** heikel, kniff(e)lig: ***a ~ question***; **3.** *fig.* schlüpfrig, anstößig.
scaf·fold ['skæfəld] **I** *s.* **1.** (Bau-, Arbeits)Gerüst *n*; **2.** Blutgerüst *n*, (*a.* Tod *m* auf dem) Scha'fott *n*; **3.** ('Redner-, 'Zuschauer)Tri,büne *f*; **4.** *anat.* a) Knochengerüst *n*, b) Stützgewebe *n*; **5.** ⚙ Ansatz *m* (*im Hochofen*); **II** *v/t.* **6.** ein Gerüst anbringen an (*dat.*); **7.** auf e-m Gestell aufbauen; **'scaf·fold·ing** [-dɪŋ] *s.* **1.** (Bau)Gerüst *n*; **2.** Ge'rüstmateri,al *n*; **3.** Errichtung *f* des Gerüsts.
scal·a·ble ['skeɪləbl] *adj.* ersteigbar.
scal·age ['skeɪlɪdʒ] *s.* **1.** ✝ *Am.* Schwundgeld *n*; **2.** Holzmaß *n.*
sca·lar ['skeɪlə] 𝔄 **I** *adj.* ska'lar, ungerichtet; **II** *s.* Ska'lar *m.*
scal·a·wag ['skæləwæg] *s.* **1.** Kümmerling *m* (*Tier*); **2.** F Lump *m.*
scald¹ [skɔːld] *s.* Skalde *m* (*nordischer Sänger*).
scald² [skɔːld] **I** *v/t.* **1.** verbrühen; **2.** *Milch etc.* abkochen: ***~ing hot*** a) kochendheiß, b) glühendheiß (*Tag etc.*); ***~ing tears*** *fig.* heiße Tränen; **3.** *Obst etc.* dünsten; **4.** *Geflügel, Schwein etc.* abbrühen; **5.** *a.* ***~ out*** *Gefäß, Instrumente* auskochen; **II** *s.* **6.** Verbrühung *f.*
scale¹ [skeɪl] **I** *s.* **1.** *zo.* Schuppe *f*; *coll.* Schuppen *pl.*; **2.** ⚕ Schuppe *f*: ***come off in ~s*** → 11; ***the ~s fell from my eyes*** es fiel mir wie Schuppen von den Augen; **3.** a) ♀ Schuppenblatt *n*, b) (*Erbsen- etc.*)Hülse *f*, Schale *f*; **4.** (*Messer*)Schale *f*; **5.** Ablagerung *f*, *bsd.* a) Kesselstein *m*, b) ⚕ Zahnstein *m*; **6.** *a. pl. metall.* Zunder *m*: ***iron ~*** Hammerschlag *m*, Glühspan *m*; **II** *v/t.* **7.** *a.* ***~ off*** *Fisch* (ab)schuppen; *Schicht etc.* ablösen, -schälen, -häuten; **8.** a) abklopfen, den Kesselstein entfernen aus, b) *Zähne* vom Zahnstein befreien; **9.** e-e Kruste *od.* Kesselstein ansetzen in (*dat.*) *od.* an (*dat.*); **10.** *metall.* zunderfrei machen, ausglühen; **III** *v/i.* **11.** *a.* ***~ off*** sich abschuppen *od.* -lösen, abblättern; **12.** Kessel- *od.* Zahnstein ansetzen.
scale² [skeɪl] **I** *s.* **1.** Waagschale *f* (*a. fig.*): ***hold the ~s even*** *fig.* gerecht urteilen; ***throw into the ~*** *fig. Argument, Schwert etc.* in die Waagschale werfen; ***turn*** (*od.* ***tip***) ***the ~(s)*** *fig.* den Ausschlag geben; ***turn the ~ at 55 lbs*** 55 Pfund wiegen; → ***weight*** 4; **2.** *mst pl.* Waage *f*: ***a pair of ~s*** eine Waage; ***go to ~*** *sport* gewogen werden (*Jockey, Boxer*); ***go to ~ at 90 lbs*** 90 Pfund auf die Waage bringen; **3.** ***2s*** *pl. ast.* Waage *f*; **II** *v/t.* **4.** wiegen; **5.** F (ab-, aus-) wiegen; **III** *v/i.* **6.** ***~ in*** (***out***) vor (nach) dem Rennen gewogen werden (*Jokkey*).
scale³ [skeɪl] **I** *s.* **1.** ⚙, *phys.* Skala *f*: ***~ division*** Gradeinteilung *f*; ***~ disk*** Skalenscheibe *f*; ***~ line*** Teilstrich *m*; **2.** a) Stufenleiter *f*, Staffelung *f*, b) Skala *f*, Ta'rif *m*: ***~ of fees*** Gebührenordnung *f*; ***~ of wages*** Lohnskala, -tabelle *f*; **3.** Stufe *f* (*auf e-r Skala, Tabelle etc.*; *a. fig.*): ***social ~*** Gesellschaftsstufe; **4.** 𝔄, ⚙ a) Maßstab(angabe *f*) *m*, b) loga'rithmischer Rechenstab: ***in*** (*od.* ***to***) ***~*** maßstab(s)gerecht: ***drawn to a ~ of 1:5*** im Maßstab 1:5 gezeichnet; ***~ model*** maßstab(s)getreues Modell; **5.** *fig.* Maßstab *m*, 'Umfang *m*: ***on a large ~*** in großem Umfang, im großen; **6.** 𝔄 (nu'merische) Zahlenreihe: ***decimal ~*** Dezimalreihe *f*; **7.** ♪ a) Tonleiter *f*, b) 'Ton,umfang *m* (*Instrument*): ***learn one's ~s*** Tonleitern üben; **8.** *Am. Börse*: ***on a ~*** zu verschiedenen Kurswerten (*Wertpapiere*); **9.** *fig.* Leiter *f*: ***a ~ to success***; **II** *v/t.* **10.** erklimmen, erklettern (*a. fig.*); **11.** maßstab(s)getreu zeichnen: ***~ down*** (***up***) maßstäblich verkleinern (vergrößern); **12.** einstufen: ***~ down*** *Löhne* herunterschrauben, drücken; ***~ up*** *Preise etc.* hochschrauben; **III** *v/i.* **13.** *auf e-r Skala od. fig.* klettern, steigen: ***~ down*** fallen.
scale| ar·mo(u)r *s.* Schuppenpanzer *m*; **~ beam** *s.* Waagebalken *m*; **~ buy·ing** *s.* ✝ (spekula'tiver) Aufkauf von 'Wertpa,pieren.
scaled [skeɪld] *adj.* **1.** *zo.* schuppig, Schuppen...; **2.** abgeschuppt: ***~ herring***; **3.** mit e-r Skala (versehen).
'scale-down *s.* maßstab(s)gerechte Verkleinerung.
scale·less ['skeɪllɪs] *adj.* schuppenlos.
sca·lene ['skeɪliːn] 𝔄 **I** *adj.* ungleichseitig (*Figur*), schief (*Körper*); **II** *s.* schiefwinkliges Dreieck.
scal·ing ['skeɪlɪŋ] *s.* **1.** (Ab)Schuppen *n*; **2.** Kesselstein- *od.* Zahnsteinentfernung *f*; **3.** Erklettern *n*, Aufstieg *m* (*a. fig.*); **4.** ✝ (spekula'tiver) Auf- *u.* Verkauf *m* von 'Wertpa,pieren.
scall [skɔːl] *s.* ⚕ (Kopf)Grind *m.*
scal·la·wag → ***scalawag.***
scal·lion ['skæljən] *s.* ♀ Scha'lotte *f.*
scal·lop ['skɒləp] **I** *s.* **1.** *zo.* Kammuschel *f*; **2.** *a.* ***~ shell*** Muschelschale *f* (*a. aus Porzellan zum Servieren von Speisen*); **3.** *Näherei*: Lan'gette *f*; **II** *v/t.* **4.** ⚙ ausbogen, bogenförmig verzieren; **5.** *Näherei*: langettieren; **6.** *Speisen* in der (Muschel)Schale über'backen.
scalp [skælp] **I** *s.* **1.** *anat.* Kopfhaut *f*; **2.** Skalp *m* (*abgezogene Kopfhaut als Siegeszeichen*): ***be out for ~s*** sich auf dem Kriegspfad befinden, *fig.* kampf-, angriffslustig sein; **3.** *fig.* ('Sieges)Tro,phäe *f*; **II** *v/t.* **4.** skalpieren; **5.** ✝ *Am.* F *Wertpapiere* mit kleinem Pro'fit weiterverkaufen; **6.** *Am. sl. Eintrittskarten* auf dem schwarzen Markt verkaufen.
scal·pel ['skælpəl] *s.* ⚕ Skal'pell *n.*
scal·y ['skeɪlɪ] *adj.* **1.** schuppig, geschuppt; **2.** Schuppen...; **3.** schuppenförmig; **4.** sich abschuppend, schilferig.
scam [skæm] *s.* F betrügerischer Trick.
scamp [skæmp] **I** *s.* Ha'lunke *m*; *humor. a.* Spitzbube *m*; **II** *v/t. Arbeit etc.* schlud(e)rig ausführen, hinschlampen.
scam·per ['skæmpə] **I** *v/i.* **1.** *a.* ***~ about*** (he'rum)tollen, her'umhüpfen; **2.** hasten: ***~ away*** (*od.* ***off***) sich davonmachen; **II** *s.* **3.** (He'rum)Tollen *n.*
scan [skæn] **I** *v/t.* **1.** genau *od.* kritisch prüfen, forschend *od.* scharf ansehen; **2.** *Horizont etc.* absuchen; **3.** über'fliegen: ***~ the headlines***; **4.** *Vers* skandieren; **5.** ⚡ *Computer, Radar, TV*: abtasten; **II** *v/i.* **6.** *Metrik*: a) skan'dieren, b) sich *gut etc.* skandieren (lassen).
scan·dal ['skændl] *s.* **1.** Skan'dal *m*: a) skanda'löses Ereignis, b) (öffentliches) Ärgernis: ***cause ~*** Anstoß erregen, c) Schande *f*, Schmach *f* (***to*** für); **2.** Verleumdung *f*, (böswilliger) Klatsch: ***talk ~*** klatschen; ***~ sheet*** Skandal-, Revolverblatt *n*; **3.** ⚖ üble Nachrede (*im Prozeß*); **4.** ‚unmöglicher' Mensch.
scan·dal·ize¹ ['skændəlaɪz] *v/t.* Anstoß erregen bei (*dat.*), *j-n* schockieren: ***be ~d at*** Anstoß nehmen an (*dat.*), empört sein über (*acc.*).
scan·dal·ize² ['skændəlaɪz] *v/t.* ⚓ *Segel* verkleinern, ohne zu reffen.
'scan·dal,mon·ger *s.* Lästermaul *n*, Klatschbase *f.*
scan·dal·ous ['skændələs] *adj.* □ **1.** skanda'lös, anstößig, schockierend; **2.** schändlich, schimpflich; **3.** verleumderisch, Schmäh...: ***~ stories***; **4.** klatschsüchtig (*Person*).
Scan·di·na·vi·an [,skændɪ'neɪvjən] **I** *adj.* **1.** skandi'navisch; **II** *s.* **2.** Skandi'navier(in); **3.** *ling.* a) Skandi'navisch *n*, b) Altnordisch *n.*
scan·ner ['skænə] *s.* **1.** *Computer, Radar*: Abtaster *m*; **2.** → ***scanning disk.***
scan·ning ['skænɪŋ] *s. allg.* Abtastung *f*; **~ disk** *s. TV* Abtastscheibe *f*; **~ lines** *s. pl. TV* Rasterlinien *pl.*
scan·sion ['skænʃn] *s. Metrik*: Skandierung *f*, Skansi'on *f.*
Scan·so·res [skæn'sɔːriːz] *s. pl. orn.* Klettervögel *pl.*; **scan'so·ri·al** [-rɪəl] *adj. orn.* **1.** Kletter...; **2.** zu den Klettervögeln gehörig.
scant [skænt] *adj.* knapp (***of*** an *dat.*), spärlich, dürftig, gering: ***a ~ 2 hours*** knapp 2 Stunden; **'scan·ties** [-tɪz] *s. pl.* Damenslip *m*; **'scant·i·ness** [-tɪnɪs], **'scant·ness** [-nɪs] *s.* **1.** Knappheit *f*, Kargheit *f*; **2.** Unzulänglichkeit *f*; **'scant·y** [-tɪ] *adj.* □ **1.** → ***scant***; **2.** unzureichend; **3.** eng, beengt (*Raum etc.*).
scape [skeɪp] *s.* **1.** ♀, *zo.* Schaft *m*; **2.** ⚠ (Säulen)Schaft *m.*
'scape·goat *s. fig.* Sündenbock *m.*
'scape·grace *s.* Taugenichts *m.*
scaph·oid ['skæfɔɪd] *anat.* **I** *adj.* scapho'id, Kahn...; **II** *s. a.* ***~ bone*** Kahnbein *n.*
scap·u·la ['skæpjʊlə] *pl.* **-lae** [-liː] *s. anat.* Schulterblatt *n*; **'scap·u·lar** [-lə] **I** *adj.* **1.** *anat.* Schulter(blatt)...; **II** *s.* **2.** → ***scapulary***; **3.** ⚕ Schulterbinde *f*; **'scap·u·lar·y** [-lərɪ] *s. eccl.* Skapu'lier *n.*
scar¹ [skɑː] **I** *s.* **1.** Narbe *f* (*a.* ♀; *a. fig. u. psych.*); **2.** Schramme *f*, Kratzer *m*; **3.** *fig.* (Schand)Fleck *m*, Makel *m*; **II** *v/t.* **4.** e-e Narbe *od.* Narben hinter'lassen auf (*dat.*); **5.** *fig.* bei *j-m* ein Trauma hinter'lassen; **6.** *fig.* entstellen, verunstalten; **III** *v/i.* **7.** *a.* ***~ over*** vernarben (*a. fig.*).
scar² [skɑː] *s. Brit.* Klippe *f*, steiler (Felsen)Abhang.
scar·ab ['skærəb] *s.* **1.** *zo.* Skara'bäus *m* (*a. Schmuck etc.*); **2.** *zo.* Mistkäfer *m.*
scarce [skeəs] **I** *adj.* □ **1.** knapp, spärlich: ***~ commodities*** ✝ Mangelwaren; **2.** selten, rar: ***make o.s. ~*** F a) sich rar machen, b) ‚sich dünnmachen'; **II** *adv.* **3.** *obs.* → **'scarce·ly** [-lɪ] *adv.* **1.** kaum,

gerade erst: ~ ***anything*** kaum etwas, fast nichts; ~ ***... when*** kaum ... als; **2.** wohl nicht, kaum, schwerlich; **'scarce·ness** [-nɪs], **'scar·ci·ty** [-sətɪ] *s.* **1.** a) Knappheit *f*, Mangel *m* (***of*** an *dat.*), b) Verknappung *f*; **2.** (Hungers)Not *f*; **3.** Seltenheit *f*: ~ ***value*** Seltenheitswert *m*.

scare [skeə] **I** *v/t.* **1.** erschrecken, *j-m* e-n Schrecken einjagen, ängstigen: ***be ~d of s.th.*** sich vor et. fürchten; **2.** *a.* ~ ***away*** verscheuchen, -jagen; **3.** ~ ***up*** a) *Wild etc.* aufscheuchen, b) F *Geld etc.* auftreiben, *et.* ‚organisieren'; **II** *v/i.* **4.** erschrecken: ***he does not ~ easily*** er läßt sich nicht leicht ins Bockshorn jagen; **III** *s.* **5.** Schreck(en) *m*, Panik *f*: ~ ***buying*** Angstkäufe *pl.*; ~ ***news*** Schreckensnachricht(en *pl.*) *f*; **6.** blinder A'larm; **'~·crow** *s.* **1.** Vogelscheuche *f* (*a. fig. Person*); **2.** *fig.* Schreckgespenst *n*; **'~-ˌhead(·ing)** *s.* (riesige) Sensati'onsschlagzeile; **'~ˌmon·ger** *s.* Panikmacher(in); **'~ˌmon·ger·ing** *s.* Panikmache *f*.

scared·y-cat ['skeə(r)dɪkæt] *s.* Angsthase *m*.

scarf¹ [skɑːf] *pl.* **scarfs**, **scarves** [-vz] *s.* **1.** Hals-, Kopf-, Schultertuch *n*, Schal *m*; **2.** (breite) Kra'watte (*für Herren*); **3.** ⚔ Schärpe *f*; **4.** *eccl.* Seidenstola *f*; **5.** Tischläufer *m*.

scarf² [skɑːf] **I** *s.* **1.** ⚙ Laschung *f*, Blatt *n* (*Hölzer*); ⚓ Lasch *m*; **2.** ⚙ → ***scarf joint***; **II** *v/t.* **3.** ⚙ zs.-blatten; ⚓ (ver)laschen; **4.** *e-n Wal* aufschneiden.

scarf| joint *s.* ⚙ Blattfuge *f*, Verlaschung *f*; **'~·pin** *s.* Kra'wattennadel *f*; **'~·skin** *s. anat.* Oberhaut *f*.

scar·i·fi·ca·tion [ˌskeərɪfɪ'keɪʃn] *s.* ⚕ Hautritzung *f*; **scar·i·fi·ca·tor** ['skeərɪfɪkeɪtə], **scar·i·fi·er** ['skeərɪfaɪə] *s.* **1.** ⚕ Stichelmesser *n*; **2.** ✓ Messeregge *f*; **3.** ⚙ Straßenaufreißer *m*; **scar·i·fy** ['skeərɪfaɪ] *v/t.* **1.** *Haut* ritzen, ⚕ skarifizieren; **2.** ✓ a) *Boden* auflockern, b) *Samen* anritzen; **3.** *fig.* a) *Gefühle etc.* verletzen, b) scharf kritisieren.

scar·la·ti·na [ˌskɑːlə'tiːnə] *s.* ⚕ Scharlach(fieber *n*) *m*.

scar·let ['skɑːlət] **I** *s.* **1.** Scharlach(rot *n*) *m*; **2.** Scharlach(tuch *n*, -gewand *n*) *m*; **II** *adj.* **3.** scharlachrot: ***flush*** (*od.* ***turn***) ~ dunkelrot werden; **4.** *fig.* unzüchtig; ~ **fe·ver** *s.* ⚕ Scharlach(fieber *n*) *m*; ~ **hat** *s.* **1.** Kardi'nalshut *m*; **2.** *fig.* Kardi'nalswürde *f*; ~ **run·ner** *s.* ♀ Scharlach-, Feuerbohne *f*; ♀ **Wom·an** *s.* **1.** *bibl. die* (scharlachrot gekleidete) Hure; **2.** *fig. contp.* (*das* heidnische *od.* päpstliche) Rom.

scarp [skɑːp] **I** *s.* **1.** steile Böschung; **2.** ⚔ Es'karpe *f*; **II** *v/t.* **3.** abböschen, abdachen; **scarped** [-pt] *adj.* steil, abschüssig.

scarred [skɑːd] *adj.* narbig.

scarves [skɑːvz] *pl. von* ***scarf¹***.

scar·y ['skeərɪ] *adj.* F **1.** a) grus(e)lig, schaurig, b) unheimlich; **2.** schreckhaft, ängstlich.

scat¹ [skæt] F **I** *int.* **1.** ‚hau ab'!; **2.** Tempo!; **II** *v/i.* **3.** ‚verduften'; **4.** flitzen.

scat² [skæt] *s. Jazz*: Scat *m* (*Singen zs.-hangloser Silben*).

scathe [skeɪð] **I** *v/t.* **1.** *poet.* versengen; **2.** *obs. od. Scot.* verletzen; **3.** *fig.* vernichtend kritisieren; **II** *s.* **4.** Schaden *m*: ***without ~***; **5.** Beleidigung *f*; **'scathe·less** [-lɪs] *adj.* unversehrt; **'scath·ing** [-ðɪŋ] *adj.* □ *fig.* **1.** vernichtend, ätzend (*Kritik etc.*); **2.** verletzend.

sca·tol·o·gy [skə'tɒlədʒɪ] *s.* **1.** ⚕ Skatolo'gie *f*, Kotstudium *n*; **2.** *fig.* Beschäftigung *f* mit dem Ob'szönen (in der Litera'tur).

scat·ter ['skætə] **I** *v/t.* **1.** *a.* ~ ***about*** (aus-, um'her-, ver)streuen; **2.** verbreiten, -teilen; **3.** bestreuen (***with*** mit); **4.** *Menge etc.* zerstreuen, *a. Vögel etc.* ausein'anderscheuchen: ***be ~ed to the four winds*** in alle Winde zerstreut werden *od.* sein; **5.** *Geld* verschleudern, verzetteln: ~ ***one's strength*** *fig.* sich verzetteln; **6.** *phys. Licht etc.* zerstreuen; **II** *v/i.* **7.** sich zerstreuen (*Menge*), ausein'anderstieben (*a. Vögel etc.*), sich zerteilen (*Nebel*); **8.** a) sich verbreiten (***over*** über *acc.*), b) verstreut sein; **III** *s.* **9.** *allg.*, *a. phys. etc.* Streuung *f*; **'~·brain** *s.* Wirrkopf *m*; **'~·brained** *adj.* wirr, kon'fus.

scat·tered ['skætəd] *adj.* **1.** ver-, zerstreut (liegend *od.* vorkommend *etc.*); **2.** vereinzelt (auftretend): ~ ***rain showers***; **3.** *fig.* wirr; **4.** *phys.* dif'fus, Streu...

'scat·ter|·gun *s. Am.* Schrotflinte *f*; ~ **rug** *s. Am.* Brücke *f* (*Teppich*).

scaur [skɔː] *bsd. Scot. für* ***scar²***.

scav·enge ['skævɪndʒ] **I** *v/t.* **1.** *Straßen etc.* reinigen, säubern; **2.** *mot. Zylinder von Gasen* reinigen, spülen: ~ ***stroke*** Spültakt *m*, Auspuffhub *m*; **3.** *Am.* a) *Abfälle etc.* auflesen, b) *et.* auftreiben, c) *et.* durch'stöbern (***for*** nach); **II** *v/i.* **4.** ~ ***for*** (her'um)suchen nach; **'scav·en·ger** [-dʒə] *s.* **1.** Straßenkehrer *m*; **2.** Müllmann *m*; **3.** a) Trödler *m*, b) Lumpensammler *m*; **4.** ⚗ Reinigungsmittel *n*; **5.** *zo.* Aasfresser *m*: ~ ***beetle*** aasfressender Käfer.

sce·nar·i·o [sɪ'nɑːrɪəʊ] *pl.* **-ri·os** *s.* **1.** a) *thea.* Sze'nar(io) *n*, b) *Film*: Drehbuch *n*; **2.** *fig.* Sze'nario *n*, Plan *m*; **sce·na·rist** ['siːnərɪst] *s.* Drehbuchautor *m*.

scene [siːn] *s.* **1.** *thea.*, *Film*, *TV*: a) Szene *f*, Auftritt *m*, b) Ort *m* der Handlung, Schauplatz *m* (*a. Roman etc.*); → ***lay*** 6, c) Ku'lisse *f*, d) → ***scenery*** b: ***behind the ~s*** hinter den Kulissen (*a. fig.*); ***change of ~*** Szenenwechsel *m*, *fig.* ‚Tapetenwechsel'; **2.** Szene *f*, Epi'sode *f* (*Roman etc.*); **3.** 'Hintergrund *m e-r Erzählung etc.*; **4.** *fig.* Szene *f*, Schauplatz *m*: ~ ***of accident*** (***crime***) Unfallort *m* (Tatort *m*); **5.** Szene *f*, Anblick *m*; *paint.* (Landschafts-) Bild *n*: ~ ***of destruction*** *fig.* Bild der Zerstörung; **6.** Szene *f*: a) Vorgang *m*, b) (heftiger) Auftritt: ***make*** (***s.o.***) ***a.*** ~ (j-m) e-e Szene machen; **7.** *fig.* (Welt-) Bühne *f*: ***quit the ~*** von der Bühne abtreten, sterben; **8.** *sl.* (Drogen-, Pop- *etc.*)Szene *f*: ***that's not my ~*** *fig.* das ist nicht mein Fall; ~ **dock** *s. thea.* Requi'sitenraum *m*; ~ **paint·er** *s.* Bühnenmaler(in).

scen·er·y ['siːnərɪ] *s.* Szene'rie *f*: a) Landschaft *f*, Gegend *f*, b) *thea.* Bühnenbild *n*, -ausstattung *f*.

'sceneˌshift·er *s. thea.* Bühnenarbeiter *m*, Ku'lissenschieber *m*.

sce·nic ['siːnɪk] **I** *adj.* (□ ***~ally***) **1.** landschaftlich, Landschafts...; **2.** (landschaftlich) schön, malerisch: ~ ***railway*** (in e-r künstlichen Landschaft angelegte) Liliputbahn; ~ ***road*** landschaftlich schöne Strecke (*Hinweis auf Autokarte*); **3.** *thea.* a) szenisch, Bühnen...: ~ ***designer*** Bühnenbildner(in), b) dra'matisch (*a. Gemälde etc.*), c) Ausstattungs...; **II** *s.* **4.** Na'turfilm *m*.

sce·no·graph·ic, **sce·no·graph·i·cal** [ˌsiːnə'græfɪk(l)] *adj.* □ szeno'graphisch, perspek'tivisch.

scent [sent] **I** *s.* **1.** (*bsd.* Wohl)Geruch *m*, Duft *m*; **2.** Par'füm *n*; **3.** *hunt.* a) Witterung *f*, b) Spur *f*, Fährte *f* (*a. fig.*): ***blazing ~*** warme Fährte; ***on the*** (***wrong***) ~ auf der (falschen) Fährte; ***put on the ~*** auf die Fährte setzen; ***put*** (*od.* ***throw***) ***off the ~*** von der (richtigen) Spur ablenken; **4.** a) Geruchssinn *m*, b) *zo. u. fig.* Spürsinn *m*, *gute etc.* Nase: ***have a ~ for s.th.*** *fig.* e-e Nase für et. haben; **II** *v/t.* **5.** *et.* riechen; **6.** *a.* ~ ***out*** *hunt. u. fig.* wittern, (auf)spüren; **7.** mit Wohlgeruch erfüllen; **8.** parfümieren; **scent bag** *s.* **1.** *zo.* Duftdrüse *f*; **2.** *Fuchsjagd*: künstliche Schleppe; **3.** Duftkissen *n*; **scent bot·tle** *s.* Par'fümfläschchen *n*; **'scent·ed** [-tɪd] *adj.* **1.** duftend; **2.** parfümiert; **scent gland** *s. zo.* Duft-, Moschusdrüse *f*; **'scent·less** [-lɪs] *adj.* **1.** geruchlos; **2.** *hunt.* ohne Witterung (*Boden*).

scep·sis ['skepsɪs] *s.* **1.** Skepsis *f*; **2.** *phls.* Skepti'zismus *m*.

scep·ter ['septə] *etc. Am.* → ***sceptre*** *etc.*

scep·tic ['skeptɪk] *s.* **1.** (*phls. mst* ♀) Skeptiker(in); **2.** *eccl.* Zweifler(in), *allg.* Ungläubige(r *m*) *f*, Athe'ist(in); **'scep·ti·cal** [-kl] *adj.* □ skeptisch (*a. phls.*), mißtrauisch, ungläubig: ***be ~ about*** (*od.* ***of***) ***s.th.*** e-r Sache skeptisch gegenüberstehen, et. bezweifeln, an et. zweifeln; **'scep·ti·cism** [-ɪzɪzəm] → ***scepsis***.

scep·tre ['septə] *s.* Zepter *n*: ***wield the ~*** das Zepter führen, herrschen; **'scep·tered** [-əd] *adj.* **1.** zeptertragend, herrschend (*a. fig.*); **2.** *fig.* königlich.

sched·ule [*Brit.* 'ʃedjuːl; *Am.* 'skedʒʊl] **I** *s.* **1.** Liste *f*, Ta'belle *f*, Aufstellung *f*, Verzeichnis *n*; **2.** *bsd.* ⚖ Anhang *m*; **3.** *bsd. Am.* a) (Arbeits-, Lehr-, Stunden-) Plan *m*, b) Fahrplan *m*: ***be behind ~*** Verspätung haben, *weitS.* im Verzug sein; ***on ~*** (fahr)planmäßig, pünktlich; **4.** Formblatt *n*, Vordruck *m*, Formu'lar *n*; **5.** Einkommensteuerklasse *f*; **II** *v/t.* **6.** *et.* in e-r Liste *etc. od.* tabel'larisch zs.-stellen; **7.** (in e-e Liste *etc.*) eintragen, -fügen: ***~d departure*** (fahr)planmäßige Abfahrt; ***~d flight*** ✈ Linienflug *m*; ***the train is ~d to leave at 6*** der Zug fährt fahrplanmäßig um 6; **8.** *bsd.* ⚖ (als Anhang) beifügen (***to*** *dat.*); **9.** a) festlegen, b) planen.

sche·mat·ic [skɪ'mætɪk] *adj.* (□ ***~ally***) sche'matisch; **sche·ma·tize** ['skiːmətaɪz] *v/t. u. v/i.* schematisieren.

scheme [skiːm] **I** *s.* **1.** Schema *n*, Sy'stem *n*, Anlage *f*: ~ ***of colo***(***u***)***r*** Farbenzusammenstellung *f*, -skala *f*; ~ ***of philosophy*** philosophisches System; **2.** a) Schema *n*, Aufstellung *f*, Ta'belle *f*, b) 'Übersicht *f*, c) sche'matische Darstellung; **3.** Plan *m*, Pro'jekt *n*, Pro'gramm *n*: ***irrigation ~***; **4.** (dunkler) Plan, In'trige *f*, Kom'plott *n*; **II** *v/t.* **5.** *a.*

~ ***out*** planen, entwerfen; **6.** *Böses* planen, aushecken; **7.** in ein Schema *od.* Sy'stem bringen; **III** *v/i.* **8.** Pläne schmieden, *bsd. b.s.* Ränke schmieden, intrigieren; '**schem·er** [-mə] *s.* **1.** Plänemacher *m*; **2.** Ränkeschmied *m*, Intri'gant *m*; '**schem·ing** [-mɪŋ] *adj.* □ ränkevoll, intri'gant.

scher·zan·do [skeət'sændəʊ] (*Ital.*) *adv.* ♪ scher'zando, heiter; **scher·zo** ['skeətsəʊ] *s.* ♪ Scherzo *n.*

schism ['sɪzəm] *s.* **1.** *eccl.* a) Schisma *n*, Kirchenspaltung *f*, b) Lossagung *f*; **2.** *fig.* Spaltung *f*, Riß *m*; **schis·mat·ic** [sɪz'mætɪk] *bsd. eccl.* **I** *adj.* (□ ~***ally***) schis'matisch, abtrünnig; **II** *s.* Schis'matiker *m*, Abtrünnige(r) *m*; **schis'mat·i·cal** [sɪz'mætɪkl] *adj.* □ → ***schismatic*** I.

schist [ʃɪst] *s. geol.* Schiefer *m.*

schiz·oid ['skɪtsɔɪd] *psych.* **I** *adj.* schizo'id; **II** *s.* Schizo'ide(r *m*) *f.*

schiz·o·my·cete [ˌskɪtsəʊmaɪ'si:t] *s.* ⚘ Spaltpilz *m*, Schizomy'zet *m.*

schiz·o·phrene ['skɪtsəʊfri:n] *s. psych.* Schizo'phrene(r *m*) *f*; **schiz·o·phre·ni·a** [ˌskɪtsəʊ'fri:njə] *s. psych.* Schizophre'nie *f*; **schiz·o·phren·ic** [ˌskɪtsəʊ'frenɪk] *psych.* **I** *s.* Schizophrene(r *m*) *f*; **II** *adj.* schizo'phren.

schle·miel, schle·mihl [ʃle'mi:l] *s. Am. sl.* **1.** Pechvogel *m*; **2.** Tolpatsch *m.*

schlep(p) [ʃlep] *Am. sl.* **I** *v/t.* (*v/i.* sich) schleppen; **II** *s.* → '**schlep·per** [-pə] *s. Am. sl.* ‚Blödmann' *m.*

schmaltz [ʃmɔ:lts] (*Ger.*) *s. sl.* **1.** ‚Schmalz' *m* (*a. Musik*); **2.** Kitsch *m*; '**schmaltz·y** [-tsɪ] *adj.* ‚schmalzig', sentimen'tal.

schnap(p)s [ʃnæps] (*Ger.*) *s.* Schnaps *m.*

schnit·zel ['ʃnɪtsəl] (*Ger.*) *s. Küche*: Wiener Schnitzel *n.*

schnor·kel ['ʃnɔ:kəl] → ***snorkel.***

schol·ar ['skɒlə] *s.* **1.** a) Gelehrte(r) *m*, *bsd.* Geisteswissenschaftler *m*, b) Gebildete(r) *m*; **2.** Studierende(r *m*) *f*: ***he is an apt*** ~ er lernt gut; ***he is a good French*** ~ er ist im Französischen gut beschlagen; ***he is not much of a*** ~ F mit s-r Bildung ist es nicht weit her; **3.** *ped. univ.* Stipendi'at *m*; **4.** *obs. od. poet.* Schüler(in), Jünger(in); '**schol·ar·ly** [-lɪ] *adj. u. adv.* **1.** gelehrt; **2.** gelehrtenhaft; '**schol·ar·ship** [-ʃɪp] *s.* **1.** Gelehrsamkeit *f*: ***classical*** ~ humanistische Bildung; **2.** *ped.* Sti'pendium *n.*

scho·las·tic [skə'læstɪk] **I** *adj.* (□ ~***ally***) **1.** aka'demisch (*Bildung etc.*); **2.** schulisch, Schul…, Schüler…; **3.** erzieherisch: ~ ***profession*** Lehr(er)beruf *m*; **4.** *phls.* scho'lastisch (*a. fig. contp. spitzfindig, pedantisch*); **II** *s.* **5.** *phls.* Scho'lastiker *m*; **6.** *fig.* Schulmeister *m*, Pe'dant *m*; **scho'las·ti·cism** [-ɪsɪzəm] *s.* **1.** *a.* ♀ Scho'lastik *f*; **2.** *fig.* Pedante'rie *f.*

school¹ [sku:l] **I** *s.* **1.** Schule *f* (*Anstalt*): ***at*** ~ auf der Schule; → ***high school*** *etc.*; → 4; **2.** (Schul)Stufe *f*: ***lower*** ~ Unterstufe; ***senior*** (*od.* ***upper***) ~ Oberstufe; **3.** Lehrgang *m*, Kurs(us) *m*; **4.** *mst ohne art.* ('Schul),Unterricht *m*, Schule *f*: ***at*** (*od.* ***in***) ~ in der Schule, im Unterricht; ***go to*** ~ zur Schule gehen; ***put to*** ~ einschulen; → ***tale*** 5; **5.** Schule *f*, Schulhaus *n*, -gebäude *n*; **6.** *univ.* a) Fakul'tät *f*: ***the law*** ~ die juristische Fakultät, b) Fachbereich *m*, (selbständige) Abteilung innerhalb e-r Fakul'tät; **7.** *Am.* Hochschule *f*; **8.** *pl.* 'Schlußexˌamen *n* (*für den Grad e-s* ***Bachelor of Arts***; *Oxford*); **9.** *fig. harte etc.* Schule, Lehre *f*: ***a severe*** ~; **10.** *phls., paint. etc.* Schule *f* (*Richtung u. Anhängerschaft*): ~ ***of thought*** (geistige) Richtung; ***the Hegelian*** ~ *phls.* die hegelianische Schule *od.* Richtung, die Hegelianer *pl.*; ***a gentleman of the old*** ~ ein Kavalier der alten Schule; **11.** ♪ Schule *f*: a) Lehrbuch *n*, b) Lehre *f*, Sy'stem *n*; **II** *v/t.* **12.** einschulen; **13.** schulen, unter'richten, ausbilden, trainieren; **14.** *Temperament, Zunge etc.* zügeln; **15.** ~ ***o.s.*** (***to***) sich erziehen (zu), sich üben (in *dat.*); ~ ***o.s. to do s.th.*** lernen *od.* sich daran gewöhnen et. zu tun; **16.** *Pferd* dressieren; **17.** *obs.* tadeln.

school² [sku:l] *s. ichth.* Schwarm *m* (*a. fig.*), Schule *f*, Zug *m* (*Wale etc.*).

school| age *s.* schulpflichtiges Alter; '~**-age** *adj.* schulpflichtig; '~**·board** *s.* (lo'kale) Schulbehörde; '~**·boy** *s.* Schüler *m*, Schuljunge *m*; '~**·bus** *s.* Schulbus *m*; ~ **days** *pl.* (alte) Schulzeit; '~ˌ**fel·low** → ***schoolmate***; '~**·girl** *s.* Schülerin *f*, Schulmädchen *n*; '~ˌ**girl·ish** *adj.* schulmädchenhaft; '~**·house 1.** (*bsd.* Dorf-) Schulhaus *n*; **2.** *Brit.* (Wohn)Haus *n* des Schulleiters.

school·ing ['sku:lɪŋ] *s.* **1.** ('Schul)ˌUnterricht *m*; **2.** Schulung *f*, Ausbildung *f*; **3.** Schulgeld *n*; **4.** *sport* Schulreiten *n*; **5.** *obs.* Verweis *m.*

school| leav·er ['li:və] *s.* Schulabgänger (-in); ~ **leav·ing cer·tif·i·cate** *s.* Abgangszeugnis *n*; '~**·ma'am** [-mæm] *s. Am. für* ***schoolmarm***; '~**·man** [-mən] *s.* [*irr.*] **1.** Päda'goge *m*; **2.** *hist.* Scho'lastiker *m*; '~**·marm** [-mɑ:m] F **1.** Lehrerin *f*; **2.** *fig. contp.* Schulmeisterin *f*; '~ˌ**mas·ter** *s.* **1.** Schulleiter *m*; **2.** Lehrer *m*; **3.** *fig. contp.* Schulmeister *m*; '~ˌ**mas·ter·ly** *adj.* schulmeisterlich; '~**·mate** *s.* 'Schulkameˌrad(in); '~ˌ**mis·tress** *s.* **1.** Schulleiterin *f*; **2.** Lehrerin *f*; ~ **re·port** *s.* Schulzeugnis *n*; '~**·room** [-rʊm] *s.* Klassenzimmer *n*; ~ **ship** *s.* ⚓ Schulschiff *n*; ~ **tie** *s.*: ***old*** ~ *Brit.* a) Krawatte *f* mit den Farben e-r ***Public School***, b) *Spitzname für e-n ehemaligen Schüler e-r* ***Public School***, c) sentimentale Bindung an die alte Schule, d) *der* Einfluß der ***Public Schools*** auf das öffentliche Leben in England, e) *contp.* Cliquenwirtschaft *f* unter ehemaligen Schülern e-r ***Public School***, f) *contp.* arrogantes Gehabe solcher Schüler; ~ **u·ni·form** *s.* (einheitliche) Schulkleidung; '~**·work** *s.* (in der Schule zu erledigende) Aufgaben *pl.*; '~**·yard** *s. Am.* Schulhof *m.*

schoon·er ['sku:nə] *s.* **1.** ⚓ Schoner *m*; **2.** *bsd. Am.* → ***prairie schooner***; **3.** großes Bierglas.

schorl [ʃɔ:l] *s. min.* Schörl *m*, (schwarzer) Turma'lin.

schot·tische [ʃɒ'ti:ʃ] *s.* ♪ Schottische(r) *m* (*a. Tanz*).

schuss [ʃʊs] (*Ger.*) *Skisport*: **I** *s.* Schuß (-fahrt *f*) *m*; **II** *v/i.* Schuß fahren.

schwa [ʃwɑ:] *s. ling.* Schwa *n*: a) *kurzer Vokal von unbestimmter Klangfarbe*, b) *das phonetische Symbol* ə.

sci·a·gram ['skaɪəgræm], '**sci·a·graph** [-grɑ:f] *s.* ⚕ Röntgenbild *n*; **sci·ag·ra·phy** [skaɪ'ægrəfɪ] *s.* **1.** ⚕ Herstellung *f* von Röntgenaufnahmen; **2.** Schattenmale'rei *f*, Schattenriß *m.*

sci·at·ic [saɪ'ætɪk] *adj.* ⚕ **1.** Ischias…; **2.** an Ischias leidend; **sci'at·i·ca** [-kə] *s.* ⚕ Ischias *f.*

sci·ence ['saɪəns] *s.* **1.** Wissenschaft *f*: ***man of*** ~ Wissenschaftler *m*; ~ ***park*** Technologiezentrum *n*; **2.** *a.* ***natural*** ~ *coll. die* Na'turwissenschaft(en *pl.*); **3.** *fig.* Lehre *f*, Kunde *f*: ~ ***of gardening*** Gartenbaukunst *f*; **4.** *phls., eccl.* Erkenntnis *f* (***of*** von); **5.** Kunst (-fertigkeit) *f*, (gute) Technik (*a. sport*); **6.** ♀ → ***Christian Science***; ~ **fic·tion** *s.* 'Science-'fiction *f.*

sci·en·ter [saɪ'entə] (*Lat.*) ⚖ *adv.* wissentlich.

sci·en·tif·ic [ˌsaɪən'tɪfɪk] *adj.* (□ ~***ally***) **1.** (*engS.* na'tur)wissenschaftlich; **2.** wissenschaftlich, ex'akt, syste'matisch; **3.** *fig. sport etc.* kunstgerecht; **sci·en·tist** ['saɪəntɪst] *s.* (Na'tur)Wissenschaftler *m.*

sci-fi [ˌsaɪ'faɪ] F *für* ***science fiction.***

scil·i·cet ['saɪlɪset] *adv.* (*abbr.* ***scil.*** *od.* ***sc.***) nämlich, d. h. (das heißt).

scim·i·tar, scim·i·ter ['sɪmɪtə] *s.* (orien'talischer) Krummsäbel.

scin·til·la [sɪn'tɪlə] *s. bsd. fig.* Fünkchen *n*: ***not a*** ~ ***of truth***; **scin·til·lant** ['sɪntɪlənt] *adj.* funkelnd, schillernd; **scin·til·late** ['sɪntɪleɪt] **I** *v/i.* **1.** Funken sprühen; **2.** funkeln (*a. fig. Augen*), sprühen (*a. fig. Geist, Witz*); **II** *v/t.* **3.** *Funken, fig. Geistesblitze* (ver)sprühen; **scin·til·la·tion** [ˌsɪntɪ'leɪʃn] *s.* **1.** Funkensprühen *n*, Funkeln *n*; **2.** Schillern *n*; **3.** *fig.* Geistesblitz *m.*

sci·o·lism ['saɪəʊlɪzəm] *s.* Halbwissen *n*; '**sci·o·list** [-lɪst] *s.* Halbgebildete(r) *m*, -wisser *m.*

sci·on ['saɪən] *s.* **1.** ⚘ Ableger *m*, Steckling *m*, (Pfropf)Reis *n*; **2.** *fig.* Sproß *m*, Sprößling *m.*

scir·rhous ['sɪrəs] *adj.* ⚕ szir'rhös, hart geschwollen; '**scir·rhus** [-rəs] *pl.* **-rhus·es** *s.* ⚕ Szirrhus *m*, harte Krebsgeschwulst.

scis·sor ['sɪzə] *v/t.* **1.** (*mit der Schere*) (zer-, zu-, aus)schneiden; **2.** scherenartig bewegen *etc.*; ~ **kick** *s. Fußball, Schwimmen*: Scherenschlag *m.*

scis·sors ['sɪzəz] *s. pl.* **1.** *a.* ***pair of*** ~ Schere *f*; **2.** *sg. konstr. sport* (*Hochsprung*: *a.* ~ ***jump***, *Ringen*: *a.* ~ ***hold***) Schere *f.*

scis·sure ['sɪʒə] *s. bsd.* ⚕ Fis'sur *f*, Riß *m.*

scle·ra ['sklɪərə] *s. anat.* Sklera *f*, Lederhaut *f* des Auges.

scle·ro·ma [ˌsklɪə'rəʊmə] *pl.* **-ma·ta** [-mətə] *s.* ⚕ Skle'rom *n*, Verhärtung *f*; ˌ**scle'ro·sis** [-'rəʊsɪs] *pl.* **-ro·ses** [-si:z] *s.* **1.** ⚕ Skle'rose *f*, Verhärtung *f* (*des Zellgewebes*); **2.** ⚘ Verhärtung *f* (*der Zellwand*); **scle'rot·ic** [-'rɒtɪk] **I** *adj.* ⚕, *anat.* skle'rotisch; *fig.* verkalkt; **II** *s. anat.* → ***sclera***; **scle·rous** ['sklɪərəs] *adj.* ⚕ skle'rös, verhärtet.

scoff [skɒf] **I** *s.* **1.** Spott *m*, Hohn *m*; **2.** Zielscheibe *f* des Spotts; **II** *v/i.* **3.** spotten (*at* über *acc.*); '**scoff·er** [-fə] *s.* Spötter(in).

scold [skəʊld] **I** *v/t. j-n* (aus)schelten, auszanken; **II** *s.* zänkisches Weib, (Haus)Drachen *m*; '**scold·ing** [-dɪŋ] *s.* **1.** Schelten *n*; **2.** Schelte *f*: ***get a (good) ~*** (tüchtig) ausgeschimpft werden.

scol·lop ['skɒləp] → ***scallop***.

sconce¹ [skɒns] *s.* **1.** (Wand-, Kla'vier-) Leuchter *m*; **2.** Kerzenhalter *m*.

sconce² [skɒns] *s.* ⚔ Schanze *f*.

sconce³ [skɒns] *univ.* **I** *v/t. zu e-r Strafe* verdonnern; **II** *s.* Strafe *f*.

sconce⁴ [skɒns] *s. sl.* ‚Birne' *f*, Schädel *m*.

scone [skɒn] *s.* weiches Teegebäck.

scoop [sku:p] **I** *s.* **1.** a) Schöpfkelle *f*, (*a.* Wasser)Schöpfer *m*, b) (*a. Zucker- etc.*) Schaufel *f*, Schippe *f*, c) ⚙ Baggereimer *m*, -löffel *m*; **2.** *Äpfel-*, *Käse*-Stecher *m*; **3.** ⚕ Spatel *m*; **4.** (Aus)Schöpfen *n*; **5.** Schub *m*: ***in one ~*** mit 'einem Schub; **6.** *sport* Schlenzer *m*; **7.** *sl.* a) ‚Schnitt' *m*, (großer) Fang, b) *Zeitung*: sensatio'nelle Erstmeldung, Exklu'sivbericht *m*, ‚Knüller' *m*; **II** *v/t.* **8.** schöpfen, schaufeln: ***~ out water*** Wasser ausschöpfen; ***~ up*** (auf)schaufeln, *fig. Geld* scheffeln; **9.** *mst* ***~ out*** *Loch* (aus-) graben; **10.** *oft* ***~ in*** *sl. Gewinn* einstekken, *Geld* scheffeln; **11.** *sl. Konkurrenzzeitung* durch e-e Erstmeldung ausstechen, *j-m* zu'vorkommen (***on*** bei, mit).

scoot [sku:t] F *v/t.* **1.** rasen, flitzen; **2.** ‚abhauen'; '**scoot·er** [-tə] *s.* **1.** (Kinder-, *a.* Motor)Roller *m*; **2.** *sport Am.* Eisjacht *f*.

scope [skəʊp] *s.* **1.** Bereich *m*, Gebiet *n*; ⚖ Anwendungsbereich *m*; Reichweite *f*: ***within the ~ of*** im Rahmen (*gen.*); ***come within the ~ of*** unter *ein Gesetz etc.* fallen; ***an undertaking of wide ~*** ein großangelegtes Unternehmen; **2.** Ausmaß *n*, 'Umfang *m*: ***~ of authority*** ⚖ Vollmachtsumfang; **3.** (Spiel)Raum *m*, Bewegungsfreiheit *f*: ***give one's fancy full ~*** s-r Phantasie freien Lauf lassen; ***have free ~*** freie Hand haben (***for*** bei); **4.** (geistiger) Hori'zont, Gesichtskreis *m*.

scor·bu·tic [skɔ:'bju:tɪk] ⚕ **I** *adj.* (□ ***~ally***) **1.** skor'butisch, Skorbut…; **II** *s.* **2.** Skor'butkranke(r *m*) *f*.

scorch [skɔ:tʃ] **I** *v/t.* **1.** versengen, -brennen: ***~ed earth*** ⚔ verbrannte Erde; **2.** (aus)dörren; **3.** ⚡ verschmoren; **4.** *fig.* (durch scharfe Kritik *od.* beißenden Spott) verletzen; **II** *v/i.* **5.** versengt werden; **6.** ausdörren; **7.** F *mot. etc.* rasen; '**scorch·er** [-tʃə] *s.* **1.** F et. sehr Heißes, *bsd.* glühendheißer Tag; **2.** *sl.* ‚Ding' *n*: a) beißende Bemerkung, b) scharfe Kritik, c) böser Brief, d) ‚tolle' Sache; **3.** F *mot.* ‚Raser' *m*; **4.** *sport sl.* a) ‚Bombenschuß' *m*, b) knallharter Schlag; '**scorch·ing** [-tʃɪŋ] *adj.* □ **1.** sengend, brennend (heiß); **2.** vernichtend (*Kritik etc.*).

score [skɔ:] **I** *s.* **1.** Kerbe *f*, Rille *f*; **2.** (Markierungs)Linie *f*; *sport* Start-, Ziellinie *f*: ***get off at full ~*** a) losrasen, b) *fig.* außer sich geraten; **3.** Zeche *f*, Rechnung *f*: ***run up a ~*** Schulden machen; ***settle old ~s*** *fig.* e-e alte Rechnung begleichen; ***on the ~ of*** *fig.* auf Grund von, wegen; ***on that ~*** in dieser Hinsicht; ***on what ~?*** aus welchem Grund?; **4.** *bsd. sport* a) (Spiel)Stand *m*, b) *erzielte* Punkt- *od.* Trefferzahl, (Spiel)Ergebnis *n*, (Be)Wertung *f*, c) Punktliste *f*: ***know the ~*** F Bescheid wissen; ***make a ~ off s.o.*** F *fig.* j-m ‚eins auswischen'; ***what is the ~?*** a) wie steht das Spiel?, b) *fig. Am.* wie ist die Lage?; ***~ one for me!*** *humor.* eins zu null für mich!; **5.** (Satz *m* von) 20, 20 Stück: ***four ~ and seven years*** 87 Jahre; **6.** *pl.* große (An)Zahl *f*, Menge *f*: ***~s of times*** *fig.* hundert-, x-mal; **7.** ♪ Parti'tur *f*; **II** *v/t.* **8.** einkerben; **9.** markieren: ***~ out*** aus-, durchstreichen; **10.** *oft* ***~ up*** *Schulden*, *Zechen* anschreiben, -rechnen: ***~ (up) s.th. against*** (*od.* ***to***) ***s.o.*** *fig.* j-m et. ankreiden; **11.** *ped. psych. j-s Leistung etc.* bewerten; **12.** *sport* a) *Punkte*, *Treffer* erzielen, sammeln, *Tore* schießen, *fig. Erfolge*, *Sieg* verzeichnen, erringen, b) *Punkte*, *Spielstand etc.* aufschreiben: ***~ a hit*** a) e-n Treffer erzielen, b) *fig.* e-n Bombenerfolg haben; ***~ s.o. off*** F *fig.* j-m ‚eins auswischen'; **13.** *sport* zählen: ***a try ~s 6 points***; **14.** ♪ a) in Parti'tur setzen, b) instrumentieren; **15.** *Am. fig.* scharf kritisieren *od.* angreifen; **III** *v/i.* **16.** *sport* a) e-n Punkt *od.* Treffer erzielen, Punkte sammeln, b) die Punkte zählen *od.* aufschreiben; **17.** F Erfolg *od.* Glück haben, e-n Vorteil erzielen: ***~ over*** *j-n*, *et.* übertreffen; **18.** zählen, gezählt werden: ***that ~s for us***; '**~-board** *s.* Anzeigetafel *f im Stadion etc.*; '**~-card** *s. sport* **1.** Spielberichtsbogen *m*; **2.** *Boxen etc.*: Punktzettel *m*; *Golf*: Zählkarte *f*.

score·less ['skɔ:lɪs] *adj. sport* torlos.

scor·er ['skɔ:rə] *s. sport* a) Schreiber *m*, b) Torschütze *m*.

sco·ri·a ['skɔ:rɪə] *pl.* **-ri·ae** [-rɪi:] *s.* (⚙ Me'tall-, *geol.* Gesteins)Schlacke *f*; **sco·ri·a·ceous** [ˌskɔ:rɪ'eɪʃəs] *adj.* schlackig; '**sco·ri·fy** [-ɪfaɪ] *v/t.* verschlacken.

scorn [skɔ:n] **I** *s.* **1.** Verachtung *f*: ***think ~ of*** verachten; **2.** Spott *m*, Hohn *m*: ***laugh to ~*** verlachen; **3.** Zielscheibe *f* des Spottes, *das* Gespött (*der Leute etc.*); **II** *v/t.* **4.** verachten: a) geringschätzen, b) verschmähen; '**scorn·ful** [-fʊl] *adj.* □ **1.** verächtlich; **2.** spöttisch.

Scor·pi·o ['skɔ:pɪəʊ] *s. ast.* Skorpi'on *m*; '**scor·pi·on** [-pjən] *s. zo.* Skorpi'on *m*.

Scot¹ [skɒt] *s.* Schotte *m*, Schottin *f*.

scot² [skɒt] *s.* **1.** (Zahlungs)Beitrag *m*: ***pay (for) one's ~s*** s-n Beitrag leisten; **2.** *a.* ***~ and lot*** *hist.* Gemeindeabgabe *f*: ***pay ~ and lot*** *fig.* alles auf Heller u. Pfennig bezahlen.

Scotch¹ [skɒtʃ] **I** *adj.* **1.** schottisch (*bsd. Whisky etc.*): ***~ broth*** *dicke Rindfleischsuppe mit Gemüse u. Graupen*; ***~ mist*** dichter, nasser Nebel; ***~ tape*** durchsichtiger Klebestreifen; ***~ terrier*** Scotchterrier *m*; ***~ woodcock*** *heißer Toast mit Anchovispaste u. Rührei*; **II** *s.* **2.** Scotch *m*, schottischer Whisky; **3.** ***the ~*** *coll.* die Schotten *pl.*; **4.** *ling.* Schottisch *n*.

scotch² [skɒtʃ] **I** *v/t.* **1.** (leicht) verwunden, schrammen; **2.** *fig. et.* im Keim ersticken: ***~ s.o.'s plans*** j-m e-n Strich durch die Rechnung machen; **3.** *Rad etc. mit e-m Bremsklotz* blockieren; **II** *s.* **4.** (Ein)Schnitt *m*, Kerbe *f*; **5.** ⚙ Bremsklotz *m*, Hemmschuh *m* (*a. fig.*).

'**Scotch·man** [-mən] *s.* [*irr.*] → ***Scotsman***.

ˌ**scot-'free** [ˌskɒt-] *adj.*: ***go*** (*od.* ***get off***) ***~*** *fig.* ungeschoren davonkommen.

Scot·land Yard ['skɒtlənd] *s.* Scotland Yard *m* (*die Londoner Kriminalpolizei*).

Scots [skɒts] **I** *s. ling.* Schottisch *n*; **II** *adj.* schottisch: ***~ law***; '**~·man** [-mən] *s.* [*irr.*] *bsd. Scot.* Schotte *m*; '**~ˌwom·an** *s.* [*irr.*] *bsd. Scot.* Schottin *f*.

Scot·ti·cism ['skɒtɪsɪzəm] *s.* schottische (Sprach)Eigenheit.

Scot·tish ['skɒtɪʃ] *adj.* schottisch.

scoun·drel ['skaʊndrəl] *s.* Schurke *m*, Schuft *m*, Ha'lunke *m*; '**scoun·drel·ly** [-rəlɪ] *adj.* schurkisch, niederträchtig, gemein.

scour¹ ['skaʊə] *v/t.* **1.** scheuern, schrubben; *Messer etc.* polieren; **2.** *Kleider etc.* säubern, reinigen; **3.** *Kanal etc.* schlämmen, *Rohr etc.* (aus)spülen; **4.** *Pferd etc.* putzen, striegeln; **5.** ⚙ *Wolle* waschen: ***~ing mill*** Wollwäscherei *f*; **6.** *Darm* entschlacken; **7.** *a.* ***~ away***, ***~ off*** *Flecken etc.* entfernen, *Schmutz* abreiben.

scour² ['skaʊə] **I** *v/i.* **1.** *a.* ***~ about*** (um'her)rennen, (-)jagen; **2.** (suchend) um'herstreifen; **II** *v/t.* **3.** durch'suchen, -'stöbern, *Gegend a.* -'kämmen, *Stadt a.* ‚abklappern' (***for*** nach).

scourge [skɜ:dʒ] **I** *s.* **1.** Geißel *f*: a) Peitsche *f*, b) *fig.* Plage *f*; **II** *v/t.* **2.** geißeln, (aus)peitschen; **3.** *fig.* a) *durch Kritik etc.* geißeln, b) züchtigen, c) quälen, peinigen.

scouse¹ [skaʊs] *s.* Labskaus *n*.

scouse² [skaʊs] *s. Brit.* F *s.* **1.** Liverpooler(in); **2.** Liverpooler Jar'gon *m*.

scout [skaʊt] **I** *s.* **1.** Kundschafter *m*, Späher *m*; **2.** ⚔ a) Erkundungsfahrzeug *n*: ***~ car*** Spähwagen *m*, b) ⚓ *a.* ***~ vessel*** Aufklärungsfahrzeug *n*, c) ✈ *a.* ***~ (air)plane*** Aufklärer *m*; **3.** Kundschaften *n*; ⚔ Erkundung *f*: ***on the ~*** auf Erkundung; **4.** Pfadfinder *m*, *Am.* Pfadfinderin *f*; **5.** ***a good ~*** F ein feiner Kerl; **6.** *univ. Brit.* Hausdiener *m* e-s College (*Oxford*); **7.** *mot. Brit.* Straßenwachtfahrer *m* (*Automobilklub*); **8.** a) *sport* ‚Späher' *m*, Beobachter *m* (*gegnerischer Mannschaften*), b) *a.* ***talent ~*** Ta'lentsucher *m*; **II** *v/i.* **9.** auf Erkundung sein: ***~ about*** (*od.* ***around***) sich umsehen (***for*** nach); ***~ing party*** ⚔ Spähtrupp *m*; **III** *v/t.* **10.** auskundschaften, erkunden; '**~ˌmas·ter** *s.* Führer *m* (e-r Pfadfindergruppe).

scow [skaʊ] *s.* ⚓ (See)Leichter *m*.

scowl [skaʊl] **I** *v/i.* finster blicken: ***~ at*** finster anblicken; **II** *s.* finsterer Blick *od.* (Gesichts)Ausdruck; '**scowl·ing** [-lɪŋ] *adj.* □ finster.

scrab·ble ['skræbl] **I** *v/i.* **1.** kratzen, scharren: ***~ about*** *bsd. fig.* (herum)suchen (***for*** nach); **2.** *fig.* sich (ab)plagen (***for*** für, um); **3.** krabbeln; **4.** kritzeln; **II** *v/t.* **5.** scharren nach; **6.** bekritzeln.

scrag [skræg] **I** *s.* **1.** *fig.* ‚Gerippe' *n* (*dürrer Mensch etc.*); **2.** *mst* ***~ end*** (***of mutton***) (Hammel)Hals *m*; **3.** F ‚Kragen' *m*, Hals *m*; **II** *v/t.* **4.** *sl.* a) *j-n*

‚abmurksen', *j-m* den Hals 'umdrehen, b) *j-n* aufhängen; **'scrag·gi·ness** [-gɪnɪs] *s.* Magerkeit *f*; **'scrag·gy** [-gɪ] *adj.* □ **1.** dürr, hager, knorrig; **2.** zerklüftet, rauh.

scram [skræm] *v/i. sl.* ‚abhauen', verduften: **~!** hau ab!, raus!

scram·ble ['skræmbl] **I** *v/i.* **1.** krabbeln, klettern: ***~ to one's feet*** sich aufrappeln; **2.** *a. fig.* sich raufen *od.* balgen (***for*** um): ***~ for a living*** sich (um s-n Lebensunterhalt) ‚abstrampeln'; **II** *v/t.* **3.** *oft* ***~ up***, ***~ together*** zs.-scharren, -raffen; **4.** ⚡ *Funkspruch etc.* zerhakken; **5.** *Eier* verrühren: ***~d eggs*** Rührei *n*; **6.** *Karten etc.* durchein'anderwerfen; *Flugplan etc.* durchein'anderbringen; **III** *s.* **7.** Krabbe'lei *f*, Klette'rei *f*; **8.** *a. fig.* (***for***) Balge'rei *f* (um), Jagd *f* (nach *Geld etc.*); **9.** *Brit.* Moto-'Cross-Rennen *n*; **10.** ✈ a) A'larmstart *m*, b) Luftkampf *m*; **'scram·bler** [-lə] *s. tel.* Zerhacker *m*.

scrap¹ [skræp] **I** *s.* **1.** Stück(chen) *n*, Brocken *m*, Fetzen *m*, Schnitzel *n*, *m*: ***a ~ of paper*** ein Fetzen Papier (*a. fig.*); ***not a ~*** kein bißchen; **2.** *pl.* Abfall *m*, (*bsd.* Speise)Reste *pl.*; **3.** (Zeitungs-) Ausschnitt *m*; ausgeschnittenes Bild *etc. zum Einkleben*; **4.** *mst pl. fig.* Bruchstück *n*, (Gesprächs- *etc.*)Fetzen *m*: ***~s of conversation***; **5.** *mst pl.* (Fett)Grieben *pl.*; **6.** ⚙ a) Schrott *m*, b) Ausschuß *m*, c) Abfall *m*: ***~ value*** Schrottwert *m*; **II** *v/t.* **7.** (als unbrauchbar) ausrangieren; **8.** *fig.* zum alten Eisen *od.* über Bord werfen: ***~ methods***; **9.** ⚙ verschrotten.

scrap² [skræp] *sl.* **I** *s.* **1.** Streit *m*, Ausein'andersetzung *f*; **2.** Keile'rei *f*, Prüge'lei *f*; **3.** (Box)Kampf *m*; **II** *v/i.* **4.** streiten; **5.** sich prügeln; kämpfen (***with*** mit).

'scrap·book *s.* Sammelalbum *n*, Einklebebuch *n*.

scrape [skreɪp] **I** *s.* **1.** Kratzen *n*, Scharren *n*; **2.** Kratzer *m*, Schramme *f*; **3.** *fig. obs.* Kratzfuß *m*; **4.** *fig.* ‚Klemme' *f*: ***be in a ~*** in der Klemme sein *od.* sitzen; **5.** ***bread and ~*** F dünngeschmiertes Butterbrot; **II** *v/t.* **6.** kratzen, schaben: ***~ off*** ab-, wegkratzen; ***~ together*** (*od.* ***up***) *a. fig. Geld etc.* zs.-kratzen; ***~ (an) acquaintance with*** a) oberflächlich bekannt werden mit, b) *contp.* sich bei *j-m* anbiedern; ***~ a living*** → 11; **7.** kratzen *od.* scharren mit *den Füßen etc.*; **III** *v/i.* **8.** kratzen, schaben, scharren; **9.** scheuern, sich reiben (***against*** an *dat.*); **10.** kratzen (***on*** auf *e-r Geige etc.*); **11.** *mst* ***~ along*** *fig.* sich (mühsam) 'durchschlagen: ***~ through*** (***an examination***) mit Ach u. Krach durchkommen (durch e-e Prüfung); **'scrap·er** [-pə] *s.* **1.** Fußabstreifer *m*; **2.** ⚙ a) Schaber *m*, Kratzer *m*, Streichmesser *n*, b) ⚠ *etc.* Schrapper *m*, c) Planierpflug *m*.

scrap heap *s.* Abfall-, Schrotthaufen *m*: ***fit only for the ~*** völlig wertlos; ***throw on the ~*** *fig. a. j-n* zum alten Eisen werfen.

scrap·ing ['skreɪpɪŋ] *s.* **1.** Kratzen *n etc.*; **2.** *pl.* (Ab)Schabsel *pl.*, Späne *pl.*; **3.** *pl. fig. contp.* Abschaum *m*.

scrap| i·ron *s.*, **~ met·al** *s.* ⚙ (Eisen-) Schrott *m*, Alteisen *n*.

scrap·per ['skræpə] *s. sl.* Raufbold *m*.

scrap·py¹ ['skræpɪ] *adj.* □ *sl.* rauflustig.

scrap·py² ['skræpɪ] *adj.* □ **1.** aus (Speise)Resten (hergestellt): ***~ dinner***; **2.** bruchstückhaft; **3.** zs.-gestoppelt.

'scrap·yard *s.* Schrottplatz *m*.

scratch [skrætʃ] **I** *s.* **1.** Kratzer *m*, Schramme *f* (*beide a. fig. leichte Verwundung*), Riß *m*; **2.** Kratzen *n* (*a. Geräusch*): ***by the ~ of a pen*** mit 'einem Federstrich; **3.** *sport* a) Startlinie *f*, b) nor'male Startbedingungen *pl.*: ***come up to (the) ~*** a) sich stellen, s-n Mann stehen, b) den Erwartungen entsprechen; ***keep s.o. up to (the) ~*** j-n bei der Stange halten; ***start from ~*** a) ohne Vorgabe starten, b) *fig.* ganz von vorne anfangen; ***up to ~*** auf der Höhe, in Form; **4.** *pl. mst sg. konstr. vet.* Mauke *f*; **II** *adj.* **5.** Konzept..., Schmier...: ***~ paper***, ***~ pad*** a) Notizblock *m*, b) *Computer*: Notizblockspeicher *m*; **6.** *sport* a) ohne Vorgabe: ***~ race***, b) zs.-gewürfelt: ***~ team***; **III** *v/t.* **7.** (zer)kratzen: ***~ the surface of*** *fig. et.* (nur) oberflächlich behandeln; **8.** kratzen; *Tier* kraulen: ***~ one's head*** sich (*aus Verlegenheit etc.*) den Kopf kratzen; ***~ together*** (*od.* ***up***) *bsd. fig.* zs.-kratzen, -scharren; **9.** kritzeln; **10.** *a.* ***~ out***, ***~ through*** aus-, 'durchstreichen; **11.** *sport Pferd etc.* vom Rennen, *a. Nennung* zu'rückziehen; **12.** *pol. Kandidaten* streichen; **IV** *v/i.* **13.** kratzen (*a. Schreibfeder etc.*); **14.** sich kratzen *od.* scheuern; **15.** scharren (***for*** nach); **16.** ***~ along***, ***~ through*** → ***scrape*** 11; **17.** *sport* s-e Meldung zu'rückziehen, ausscheiden; **'scratch·y** [-tʃɪ] *adj.* □ **1.** kratzend; **2.** zerkratzt; **3.** kritzelig; **4.** *sport* a) → ***scratch*** 6, b) unausgeglichen; **5.** *vet.* an Mauke erkrankt.

scrawl [skrɔːl] **I** *v/t.* kritzeln, hinschmieren; **II** *v/i.* kritzeln; **III** *s.* Gekritzel *n*; Geschreibsel *n*.

scray [skreɪ] *s. Brit.* Seeschwalbe *f*.

scream [skriːm] **I** *s.* **1.** (gellender) Schrei; **2.** Gekreisch(e) *n*: ***~s of laughter*** brüllendes Gelächter; ***he (it) was a (perfect) ~*** *sl.* er (es) war zum Schreien (komisch); **3.** Heulen *n* (*Sirene etc.*); **II** *v/i.* **4.** schreien (*a. fig. Farben etc.*), gellen; kreischen: ***~ out*** aufschreien; ***~ with laughter*** vor Lachen brüllen; **5.** heulen (*Wind etc.*), schrill pfeifen; **III** *v/t.* **6.** *oft* ***~ out*** (her'aus)schreien; **'scream·er** [-mə] *s.* **1.** Schreiende(r *m*) *f*; **2.** *sl.* a) ‚tolle Sache', b) *bsd. Am.* F Riesenschlagzeile *f*; **'scream·ing** [-mɪŋ] *adj.* □ **1.** schrill, gellend; **2.** *fig.* schreiend, grell: ***~ colo(u)rs***; **3.** F a) ‚toll', großartig, b) *a.* ***~ly funny*** zum Schreien (komisch).

scree [skriː] *s. geol. Brit.* **1.** Geröll *n*; **2.** Geröllhalde *f*.

screech [skriːtʃ] **I** *v/i.* (gellend) schreien; kreischen (*a. Bremsen etc.*); **II** *v/t. et.* kreischen; **III** *s.* ('durchdringender) Schrei; **~ owl** *s. orn.* schreiende Eule.

screed [skriːd] *s.* **1.** lange Liste; **2.** langatmige Rede *etc.*, Ti'rade *f*.

screen [skriːn] **I** *s.* **1.** (Schutz)Schirm *m*, (-)Wand *f*; **2.** ⚠ a) Zwischenwand *f*, b) *eccl.* Lettner *m*; **3.** a) (Film)Leinwand *f*, b) *coll.* ***the ~*** der Film, das Kino: ***~ star*** Filmstar *m*; ***on the ~*** im Film; **4.** a) *TV*, *Radar*, *Computer*: Bildschirm *m*, b) ⚕ Röntgenschirm *m*: ***~ flicker*** Bildschirmflimmern *n*; **5.** Drahtgitter *n*, -netz *n*; **6.** Fliegenfenster *n*; **7.** ⚙ Gittersieb *n für Sand etc.*; **8.** ⚔ a) *taktische* Abschirmung, (⚓ Geleit-) Schutz *m*, b) (Rauch-, Schützen-) Schleier *m*, Nebelwand *f*, c) Tarnung *f*; **9.** *fig.* a) Schutz *m*, Schirm *m*, b) Tarnung *f*, Maske *f*; **10.** *phys.* a) *a.* ***optical ~*** Filter *m*, Blende *f*, b) *a.* ***electric ~*** Abschirmung *f*, c) *a.* ***ground ~*** Erdungsebene *f*; **11.** *phot.*, *typ.* Raster (-platte *f*) *m*; **12.** *mot.* Windschutzscheibe *f*; **II** *v/t.* **13.** *a.* ***~ off*** abschirmen, verdecken; *Licht* abblenden; **14.** (be-) schirmen (***from*** vor *dat.*); **15.** *fig. j-n* decken; **16.** ⚔ a) tarnen (*a. fig.*), b) einnebeln; **17.** ⚙ *Sand etc.* ('durch)sieben: ***~ed coal*** Würfelkohle *f*; **18.** *phot. Bild* projizieren; **19.** *Film*: a) verfilmen, b) für den Film bearbeiten; **20.** *fig. Personen* (aus)sieben, (über)'prüfen; **III** *v/i.* **21.** sich (ver)filmen lassen; sich für den Film eignen (*a. Person*); **~ grid** *s.* ⚡ Schirmgitter *n*; **'~·land** [-lənd] *s. Am.* Filmwelt *f*; **'~·play** *s. Film*: Drehbuch *n*; **'~·print I** *s.* Siebdruck *m*; **II** *v/t.* im Siebdruckverfahren herstellen; **~ sav·er** *s. Computer:* Bildschirmschoner *m*; **~ test** *s. Film*: Probeaufnahme *f*; **'~-test** *v/t. Film*: Probeaufnahmen machen von; **~ wash·er** *s. mot.* Scheibenwaschanlage *f*; **~ wire** *s.* ⚙ Maschendraht *m*.

screw [skruː] **I** *s.* **1.** ⚙ Schraube *f* (*ohne Mutter*): ***there is a ~ loose (somewhere)*** *fig.* da stimmt et. nicht; ***he has a ~ loose*** F bei ihm ist e-e Schraube locker; **2.** ⚙ Spindel *f* (*Presse*); **3.** (Flugzeug-, Schiffs)Schraube *f*; **4.** ⚓ Schraubendampfer *m*; **5.** F *fig.* Druck *m*: ***apply the ~ to, put the ~(s) on*** *j-n* unter Druck setzen; ***give another turn to the ~*** *a. fig.* die Schraube anziehen; **6.** *Brit.* Tütchen *n Tabak etc.*; **7.** *bsd. sport* Ef'fet *m*; **8.** *Brit.* Geizhals *m*; **9.** *Brit.* alter Klepper (*Pferd*); **10.** *Brit. sl.* Lohn *m*, Gehalt *n*; **11.** Korkenzieher *m*; **12.** *sl.* Gefängniswärter *m*; **13.** V ‚Nummer' *f*: ***have a ~*** ‚bumsen'; ***be a good ~*** gut ‚bumsen'; **II** *v/t.* **14.** schrauben: ***~ down*** ein-, festschrauben; ***~ on*** an-, aufschrauben; ***~ up*** a) zuschrauben, b) *Papier* zerknüllen; ***his head is ~ed on the right way*** F er ist nicht auf den Kopf gefallen; **15.** *fig. Augen*, *Körper etc.* (ver)drehen; *Mund etc.* verziehen; **16.** ***~ down (up)*** ✝ *Preise* her'unter- (hoch)schrauben; ***~ s.th. out of*** et. aus *j-m* herauspressen; ***~ up one's courage*** Mut fassen; **17.** *sport dem Ball* Ef'fet geben; **18.** F *j-n* ‚reinlegen'; **19.** ***~ up*** F ‚vermasseln'; **20.** V ‚bumsen', ‚vögeln': ***~ you!***, ***get ~ed*** *bsd. Am.* geh zum Teufel!; **III** *v/i.* **21.** sich (ein)schrauben lassen; **22.** knausern; **23.** V ‚bumsen', ‚vögeln'; **24.** ***~ around*** *Am. sl.* sich he'rumtreiben.

'screw|·ball *Am.* **I** *s.* **1.** *Baseball*: Ef'fetball *m*; **2.** *sl.* ‚Spinner' *m*; **II** *adj.* **3.** *sl.* verrückt; **~ bolt** *s.* ⚙ Schraubenbolzen *m*; **~ cap** *s.* **1.** Schraubdeckel *m*, Verschlußkappe *f*; **2.** 'Überwurfmutter *f*; **~ con·vey·er** *s.* Förderschnecke *f*; **~ die** *s.* Gewindeschneideeisen *n*; **'~·driv·er** *s.* Schraubenzieher *m*.

screw·ed [skruːd] *adj.* **1.** verschraubt;

2. mit Gewinde; **3.** verdreht, gewunden; **4.** F ,besoffen'.
screw| gear(·ing) *s.* ⚙ **1.** Schneckenrad *n*; **2.** Schneckengetriebe *n*; **~ jack** *s.* **1.** Hebespindel *f*; **2.** Wagenheber *m*; **~ nut** *s.* Mutterschraube *f*; **~ press** *s.* Spindel- *od.* Schraubenpresse *f*; **~ steam·er** → ***screw*** 4; **~ tap** *s.* ⚙ Gewindebohrer *m*; **~ top** *s.* Schraubverschluß *m*; **~ wrench** *s.* ⚙ Schraubenschlüssel *m*.
screw·y ['skru:ɪ] *adj.* **1.** schraubenartig; **2.** F ,beschwipst'; **3.** *Am. sl.* verrückt; **4.** knickerig.
scrib·ble ['skrɪbl] **I** *v/t.* **1.** *a.* **~ *down*** (hin)kritzeln, (-)schmieren: **~ *over*** bekritzeln; **2.** ⚙ *Wolle* krempeln; **II** *v/i.* **3.** kritzeln; **III** *s.* **4.** Gekritzel *n*, Geschreibsel *n*; **'scrib·bler** [-lə] *s.* **1.** Kritzler *m*, Schmierer *m*; **2.** Schreiberling *m*; **3.** ⚙ 'Krempelma͵schine *f*.
scrib·bling| block, **~ pad** ['skrɪblɪŋ] *s. Brit.* Schmier-, No'tizblock *m*.
scribe [skraɪb] **I** *s.* **1.** Schreiber *m* (*a. hist.*), Ko'pist *m*; **2.** *bibl.* Schriftgelehrte(r) *m*; **3.** *humor.* a) Schriftsteller *m*, b) Journa'list *m*; **4.** ⚙ *a.* **~ *awl*** Reißnadel *f*; **II** *v/t.* **5.** ⚙ anreißen; **'scrib·er** [-bə] → ***scribe*** 4.
scrim [skrɪm] *s.* leichter Leinen- *od.* Baumwollstoff.
scrim·mage ['skrɪmɪdʒ] *s.* **1.** Handgemenge *n*, Getümmel *n*; **2.** a) *American Football*: Scrimmage *n* (*Rückpaß*), b) *Rugby*: Gedränge *n*.
scrimp [skrɪmp] **I** *v/t.* **1.** knausern mit, knapp bemessen; **2.** *j-n* knapp halten (***for*** mit); **II** *v/i.* **3.** *a.* **~ *and save*** knausern (***on*** mit); **III** *adj.* **4.** → **'scrimp·y** [-pɪ] knapp, eng.
'scrim·shank *v/i. bsd.* ⚔ *Brit. sl.* sich drücken.
scrip¹ [skrɪp] *s. hist.* (Pilger-, Schäfer-)Tasche *f*, Ränzel *n*.
scrip² [skrɪp] *s.* **1.** ✝ a) Berechtigungsschein *m*, b) Scrip *m*, Interimsschein *m*, -aktie *f*, *coll. die* Scrips *pl. etc.*; **2.** *a.* **~ *money*** a) Er'satzpa͵piergeldwährung *f*, b) ⚔ Besatzungsgeld *n*.
script [skrɪpt] *s.* **1.** Handschrift *f*; **2.** Schrift(art) *f*: ***phonetic* ~** Lautschrift; **3.** *typ.* (Schreib)Schrift *f*; **4.** a) Text *m*, b) *thea. etc.* Manu'skript *n*, c) *Film*: Drehbuch *n*; **5.** ⚖ Urschrift *f*; **6.** *ped. Brit.* (schriftliche) Prüfungsarbeit; **~ ed·i·tor** *s. Film*, *thea.*, *TV*: Drama'turg *m*; **~ girl** *s. Film*: Scriptgirl *n* (*Ateliersekretärin*).
scrip·tur·al ['skrɪptʃərəl] *adj.* **1.** Schrift...; **2.** *a.* ℒ biblisch, der Heiligen Schrift; **scrip·ture** ['skrɪptʃə] *s.* **1.** ℒ, *mst* ***the* ℒ*s*** *die* Heilige Schrift, *die* Bibel; **2.** *obs.* ℒ Bibelstelle *f*; **3.** heilige (nichtchristliche) Schrift: ***Buddhist* ~**; **4.** *a.* **~ *class*** (*od.* ***lesson***) *ped.* Religi'onsstunde *f*.
'script͵writ·er *s.* **1.** *Film*, *TV*: Drehbuchautor(in); **2.** *Radio*: Hörspielautor(in).
scrive·ner ['skrɪvnə] *s. hist.* **1.** (öffentlicher) Schreiber; **2.** No'tar *m*.
scrof·u·la ['skrɒfjʊlə] *s.* ⚕ Skrofu'lose *f*; **'scrof·u·lous** [-ləs] *adj.* ☐ ⚕ skrofu'lös.
scroll [skrəʊl] *s.* **1.** Schriftrolle *f*; **2.** a) △ Vo'lute *f*, b) ♪ Schnecke *f*, c) Schnörkel *m* (*Schrift*); **3.** Liste *f*, Verzeichnis *n*; **4.** ⚙ Triebkranz *m*; **~ chuck** *s.* ⚙ Univer'salspannfutter *n*; **~ gear** *s.* ⚙ Schneckenrad *n*; **~ saw** *s.* ⚙ Laubsäge *f*; **'~·work** *s.* **1.** Schneckenverzierung *f*; **2.** Laubsägearbeit *f*.
scro·tum ['skrəʊtəm] *pl.* **-ta** [-tə] *s. anat.* Hodensack *m*, Skrotum *n*.
scrounge [skraʊndʒ] F **I** *v/t.* **1.** ,organisieren': a) ,klauen', b) beschaffen; **2.** schnorren; **II** *v/i.* **3.** ,klauen'; **4.** schnorren, nassauern; **'scroung·er** [-dʒə] *s.* F **1.** Dieb *m*; **2.** Schnorrer *m*, Nassauer *m*.
scrub¹ [skrʌb] **I** *v/t.* **1.** schrubben, scheuern; **2.** ⚙ *Gas* reinigen; **3.** F *fig.* streichen, ausfallen lassen; **II** *v/i.* **4.** schrubben, scheuern; **III** *s.* **5.** Schrubben *n*: ***that wants a good* ~** das muß tüchtig gescheuert werden; **6.** *sport* a) Re'servespieler *m*, b) *a.* **~ *team*** zweite Mannschaft *od.* ,Garni'tur', c) *a.* **~ *game*** Spiel *n* der Re'servemannschaften.
scrub² [skrʌb] *s.* **1.** Gestrüpp *n*, Buschwerk *n*; **2.** Busch *m* (*Gebiet*); **3.** a) verkümmerter Baum, b) Tier *n* minderwertiger Abstammung, c) Knirps *m*, d) *fig. contp.* ,Null' *f* (*Person*).
'scrub(·bing) brush ['skrʌbɪŋ] *s.* Scheuerbürste *f*.
scrub·by ['skrʌbɪ] *adj.* **1.** verkümmert, -krüppelt; **2.** gestrüppreich; **3.** armselig, schäbig; **4.** stopp(e)lig.
scruff [skrʌf], **~ of the neck** *s.* Genick *n*: ***take s.o. by the* ~ *of the neck*** j-n beim Kragen packen.
scruff·y ['skrʌfɪ] *adj.* F schmudd(e)lig, dreckig.
scrum·mage ['skrʌmɪdʒ] → ***scrimmage***.
scrump·tious ['skrʌmpʃəs] *adj.* F ,toll', ,prima'.
scrunch [skrʌntʃ] **I** *v/t.* **1.** knirschend (zer)kauen; **2.** zermalmen; **II** *v/i.* **3.** knirschen; **4.** knirschend kauen; **III** *s.* **5.** Knirschen *n*.
scru·ple ['skru:pl] **I** *s.* **1.** Skrupel *m*, Zweifel *m*, Bedenken *n* (*alle mst pl.*): ***have* ~*s about doing*** Bedenken haben, *et.* zu tun; ***without* ~** skrupellos; **2.** *pharm.* Skrupel *n* (*= 20 Gran od. 1,296 Gramm*); **II** *v/i.* **3.** Skrupel *od.* Bedenken haben; **'scru·pu·lous** [-pjʊləs] *adj.* ☐ **1.** voller Skrupel *od.* Bedenken, (allzu) bedenklich (***about*** in *dat.*); **2.** ('über)gewissenhaft, peinlich (genau); **3.** ängstlich, vorsichtig.
scru·ti·neer [͵skru:tɪ'nɪə] *s. pol.* Wahlprüfer *m*; **scru·ti·nize** ['skru:tɪnaɪz] *v/t.* **1.** (genau) prüfen, unter'suchen; **2.** genau ansehen, studieren; **scru·ti·ny** ['skru:tɪnɪ] *s.* **1.** (genaue) Unter'suchung, *pol.* Wahlprüfung *f*; **2.** prüfender *od.* forschender Blick.
scu·ba ['sku:bə] *s.* (Schwimm)Tauchgerät *n*: **~ *diving*** Sporttauchen *n*.
scud [skʌd] **I** *v/i.* **1.** eilen, jagen; **2.** ⚓ lenzen; **II** *s.* **3.** (Da'hin)Jagen *n*; **4.** (tieftreibende) Wolkenfetzen *pl.*; **5.** (Wind)Bö *f*.
scuff [skʌf] **I** *v/i.* **1.** schlurfen(d gehen); **2.** ab-, aufscharren; **II** *v/t.* **3.** *bsd. Am.* abstoßen, abnutzen; **4.** boxen.
scuf·fle ['skʌfl] **I** *v/i.* **1.** sich balgen, raufen; **2.** → ***scuff*** 1; **II** *s.* **3.** Balge'rei *f*, Raufe'rei *f*, Handgemenge *n*; **4.** Schlurfen *n*.
scull [skʌl] ⚓ **I** *s.* **1.** Heck-, Wriggriemen *m*; **2.** Skullboot *n*; **II** *v/i. u. v/t.* **3.** wriggen; **4.** skullen; **'scul·ler** [-lə] *s.* **1.** Skuller *m* (*Ruderer*); **2.** → ***scull*** 2.
scul·ler·y ['skʌlərɪ] *s. Brit.* Spülküche *f*: **~-*maid*** Spül-, Küchenmädchen *n*; **'scul·lion** [-ljən] *s. hist. Brit.* Küchenjunge *m*.
sculp(t) [skʌlp(t)] F *für* ***sculpture*** II *u.* III.
sculp·tor ['skʌlptə] *s.* Bildhauer *m*; **'sculp·tress** [-trɪs] *s.* Bildhauerin *f*; **'sculp·tur·al** [-tʃərəl] *adj.* ☐ bildhauerisch, Skulptur...; **'sculp·ture** [-tʃə] **I** *s.* Plastik *f*: a) Bildhauerkunst *f*, b) Skulp'tur *f*, Bildhauerwerk *n*; **II** *v/t.* formen, (her'aus)meißeln *od.* (-)schnitzen; **III** *v/i.* bildhauern.
scum [skʌm] **I** *s.* (⚙ *u. fig.* Ab)Schaum *m*: ***the* ~ *of the earth*** *fig.* der Abschaum der Menschheit; **II** *v/t. u. v/i.* abschäumen.
scum·ble ['skʌmbl] *paint.* **I** *v/t.* **1.** *Farben, Umrisse* vertreiben, dämpfen; **II** *s.* **2.** Gedämpftheit *f*; **3.** La'sur *f*.
scum·my ['skʌmɪ] *adj.* **1.** schaumig; **2.** *fig.* gemein, ,fies'.
scup·per ['skʌpə] **I** *s.* **1.** ⚓ Speigatt *n*; **II** *v/t.* ⚔ *Brit. sl.* **2.** niedermetzeln; **3.** *Schiff* versenken; **4.** *fig.* ka'puttmachen.
scurf [skɜ:f] *s.* **1.** ⚕ a) Schorf *m*, Grind *m*, b) *bsd. Brit.* (Kopf)Schuppen *pl.*; **2.** abblätternde Kruste; **'scurf·y** [-fɪ] *adj.* schorfig, grindig; schuppig.
scur·ril·i·ty [skʌ'rɪlətɪ] *s.* **1.** zotige Scherzhaftigkeit; **2.** Zotigkeit *f*; **3.** Zote *f*; **scur·ril·ous** ['skʌrɪləs] *adj.* ☐ **1.** ordi'när-scherzhaft, ,frech'; **2.** unflätig, zotig.
scur·ry ['skʌrɪ] **I** *v/i.* **1.** huschen, hasten; **II** *s.* **2.** Hasten *n*; Getrippel *n*; **3.** *sport* a) Sprint *m*, b) *Pferdesport*: Fliegerrennen *n*; **4.** Schneetreiben *n*.
scur·vy ['skɜ:vɪ] **I** *s.* ⚕ Skor'but *m*; **II** *adj.* (hunds)gemein, ,fies'.
scut [skʌt] *s.* **1.** *hunt.* Blume *f*, kurzer Schwanz (*Hase*), Wedel *m* (*Rotwild*); **2.** Stutzschwanz *m*.
scu·tage ['skju:tɪdʒ] *s.* ⚔ *hist.* Schildpfennig *m*, Rittersteuer *f*.
scutch [skʌtʃ] ⚙ **I** *v/t.* **1.** *Flachs* schwingen; **2.** *Baumwolle od. Seidenfäden* (durch Schlagen) entwirren; **II** *s.* **3.** (Flachs)Schwingmesser *n*, ('Flachs-)͵Schwingma͵schine *f*.
scutch·eon ['skʌtʃən] *s.* **1.** → ***escutcheon***; **2.** → ***scute***.
scute [skju:t] *s. zo.* Schuppe *f*.
scu·tel·late(d) ['skju:təleɪt(ɪd)] *adj. zo.* schuppig; **scu'tel·lum** [skju:'teləm] *pl.* **-la** [-lə] *s.* ⚘, *zo.* Schildchen *n*.
scut·tle¹ ['skʌtl] *s.* **1.** Kohlenkasten *m*, -eimer *m*; **2.** (flacher) Korb.
scut·tle² ['skʌtl] **I** *v/i.* **1.** hasten, flitzen; **2.** **~ *out of*** ⚔ *u. fig.* sich hastig zu'rückziehen aus *od.* von; **II** *s.* **3.** hastiger Rückzug.
scut·tle³ ['skʌtl] **I** *s.* **1.** (Dach-, Boden-)Luke *f*; **2.** ⚓ (Spring)Luke *f*; **3.** *mot.* Stirnwand *f*, Spritzbrett *n*; **II** *v/t.* **4.** ⚓ a) *Schiff* anbohren *od.* die 'Bodenven͵tile öffnen, b) (selbst) versenken; **'~·butt** *s.* **1.** ⚓ Trinkwassertonne *f od.* -anlage *f*; **2.** *Am.* F Gerücht *n*.
scythe [saɪð] **I** *s.* **1.** Sense *f*; **II** *v/t.* **2.** (ab)mähen; **3.** **~ *down*** *Fußball*: ,umsäbeln'.

sea [siː] *s.* **1.** a) See *f*, Meer *n* (*a. fig.*), b) Ozean *m*, Weltmeer *n*: ***at*** **~** auf *od.* zur See; *mst* ***all at*** **~** *fig.* ratlos, im dunkeln tappend; ***beyond the*** **~**, ***over*** **~(*****s*****)** nach *od.* in Übersee; ***by*** **~** auf dem Seeweg; ***on the*** **~** a) auf *od.* zur See, b) an der See *od.* Küste (gelegen); ***follow the*** **~** zur See fahren; ***put*** (***out***) ***to*** **~** in See stechen; ***the four*** **~*****s*** die vier (*Großbritannien umgebenden*) Meere; ***the high*** **~*****s*** die hohe See, die Hochsee; **2.** ⚓ See(gang *m*) *f*: ***heavy*** **~**; ***long*** (***short***) **~** lange (kurze) See; **3.** ⚓ See *f*, hohe Welle; → ***ship*** 7; **~ an·chor** *s.* **1.** ⚓ Treibanker *m*; **2.** ✈ Wasseranker *m*; **~ bear** *s. zo.* **1.** Eisbär *m*; **2.** Seebär *m*; **'~·board I** *s.* (See)Küste *f*; **II** *adj.* Küsten…; **'~-born** *adj.* **1.** aus dem Meer stammend; **2.** *poet.* meergeboren; **'~·borne** *adj.* auf dem Seewege befördert, See…: **~ *goods*** Seehandelsgüter; **~ *invasion*** ⚔ Landungsunternehmen *n* von See aus; **~ *trade*** Seehandel *m*; **~ calf** → ***sea dog*** 1a; **~ cap·tain** *s.* ('Schiffs)Kapiˌtän *m*; **~ cock** *s.* ⚓ 'Bordvenˌtil *n*; **~ cow** *s. zo.* **1.** Seekuh *f*, Si'rene *f*; **2.** Walroß *n*; **~ dog** *s.* **1.** *zo.* a) Gemeiner Seehund, Meerkalb *n*, b) → ***dogfish***; **2.** *fig.* ⚓ (alter) Seebär; **'~·drome** [-drəʊm] *s.* ✈ Wasserflughafen *m*; **~ el·e·phant** *s. zo.* 'See-Eleˌfant *m*; **'~ˌfar·er** [-ˌfeərə] *s.* Seefahrer *m*, -mann *m*; **'~ˌfar·ing** [-ˌfeərɪŋ] **I** *adj.* seefahrend: **~ *man*** Seemann *m*; **~ *nation*** Seefahrernation *f*; **II** *s.* Seefahrt *f*; **~ farm·ing** *s.* 'Aquakulˌtur *f*; **'~·food** *s.* Meeresfrüchte *pl.*; **'~·fowl** *s.* Seevogel *m*; **~ front** *s.* Seeseite *f* (*e-r Stadt etc.*); **~ ga(u)ge** *s.* ⚓ **1.** Tiefgang *m*; **2.** Lotstock *m*; **'~·girt** *adj. poet.* 'meerumˌschlungen; **~ god** *s.* Meeresgott *m*; **'~ˌgo·ing** *adj.* ⚓ seetüchtig, Hochsee…; **~ green** *s.* Meergrün *n*; **~ gull** *s. orn.* Seemöwe *f*; **~ hog** *s. zo.* Schweinswal *m*, *bsd.* Meerschwein *n*; **~ horse** *s.* **1.** *zo.* a) Seepferdchen *n*, b) Walroß *n*; **2.** *myth.* Seepferd *n*; **3.** große Welle.

seal¹ [siːl] **I** *s.* **1.** *pl.* **seals**, *bsd. coll.* **seal** *zo.* Robbe *f*, *engS.* Seehund *m*; **2.** → ***sealskin***; **II** *v/i.* **3.** auf Robbenjagd gehen.

seal² [siːl] **I** *s.* **1.** Siegel *n*: ***set one's*** **~** ***to*** sein Siegel auf *et.* drücken, *bsd. fig. et.* besiegeln (*bekräftigen*); ***under the*** **~** ***of secrecy*** *fig.* unter dem Siegel der Verschwiegenheit; **2.** Siegel(prägung *f*) *n*; **3.** Siegel(stempel *m*) *n*, Petschaft *n*; → ***Great Seal***; **4.** ⚖ *etc.* Siegel *n*, Verschluß *m*; *Zollverkehr etc.*: Plombe *f*: ***under*** **~** unter Verschluß; **5.** ⚙ a) (wasser-, luftdichter) Verschluß, b) (Ab-)Dichtung *f*, c) Versiegelung *f* (*Kunststoff etc.*); **6.** *fig.* Siegel *n*, Besiegelung *f*, Bekräftigung *f*; **7.** Zeichen *n*, Garan'tie *f*; **8.** *fig.* Stempel *m*, Zeichen *n des Todes etc.*; **II** *v/t.* **9.** *Urkunde* siegeln; **10.** *Rechtsgeschäft etc.* besiegeln (*bekräftigen*); **11.** *fig.* besiegeln: ***his fate is*** **~*****ed***; **12.** *fig.* zeichnen, s-n Stempel aufdrücken (*dat.*); **13.** versiegeln: **~*****ed offer*** ✝ versiegeltes Angebot; ***under*** **~*****ed orders*** ✝ mit versiegelter Order; **14.** *Verschluß etc.* plombieren; **15.** *oft* **~ *up*** her'metisch (*od.* ⚙ wasser-, vakuumdicht) abschließen *od.* abdichten, *Holz, Kunststoff etc.* versiegeln, ⚙ *a.* einzementieren, zuschmelzen, *mit Klebestreifen etc.* verschließen: ***it is a*** **~*****ed book to me*** *fig.* es ist mir ein Buch mit sieben Siegeln; **~ *a letter*** e-n Brief zukleben; **16.** **~ *off*** *fig.* a) ⚔ *etc.* abriegeln, b) dichtmachen: **~ *off the border***.

sea lane *s.* See-, Schiffahrtsweg *m*.

seal·ant ['siːlənt] *s.* ⚙ Dichtungsmittel *n*.

sea| law·yer *s.* ⚓ F Queru'lant *m*; **'~-legs** *s. pl.*: ***get*** *od.* ***find one's*** **~** ⚓ seefest werden.

seal·er¹ ['siːlə] *s.* ⚓ Robbenfänger *m* (*Mann od. Schiff*).

seal·er² ['siːlə] *s.* ⚙ a) Versiegler *m*, b) Verschließvorrichtung *f*, c) Versiegelungsmasse *f*.

'seal·er·y [-ərɪ] *s.* **1.** Robbenfang *m*; **2.** Robbenfangplatz *m*.

sea lev·el *s.* Meeresspiegel *m*, -höhe *f*: ***corrected to*** **~** auf Meereshöhe umgerechnet.

'seal-ˌfish·er·y → ***sealery*** 1.

seal·ing ['siːlɪŋ] *s.* **1.** (Be)Siegeln *n*; **2.** Versiegeln *n*, ⚙ *a.* (Ab)Dichtung *f*: **~ (*****compound*****)** Dichtungsmasse *f*; **~ *machine*** → ***sealer²*** b; **~ *ring*** Dichtungsring *m*; **~ wax** *s.* Siegellack *m*.

sea| li·on *s. zo.* Seelöwe *m*; **♀ Lord** *s.* ⚓ *Brit.* Seelord *m* (*Amtsleiter in der brit. Admiralität*).

'seal|-ˌrook·er·y *s. zo.* Brutplatz *m* von Robben; **'~·skin** *s.* **1.** Seal(skin) *m*, *n*, Seehundsfell *n*; **2.** Sealmantel *m*, -cape *n*.

seam [siːm] **I** *s.* **1.** Saum *m*, Naht *f* (*a.* ⚕): ***burst at the*** **~*****s*** aus den Nähten platzen (*a. fig.*); **2.** ⚙ a) (Guß-, Schweiß)Naht *f*: **~ *welding*** Nahtschweißen *n*, b) *bsd.* ⚓ Fuge *f*, c) Sprung *m*, d) Falz *m*; **3.** Runzel *f*; **4.** Narbe *f*; **5.** *geol.* (Nutz)Schicht *f*, Flöz *n*; **II** *v/t.* **6.** *a.* **~ *up***, **~ *together*** zs.-nähen; **7.** säumen; **8.** *bsd. fig.* (durch-)'furchen; **9.** (zer)schrammen; **10.** ⚙ durch e-e (Guß- *od.* Schweiß)Naht verbinden.

sea·man ['siːmən] *s.* [*irr.*] ⚓ **1.** Seemann *m*, Ma'trose *m*; **2.** ⚔ *Am.* (Ma'rine)Obergefreite(r) *m*: **~ *recruit*** Matrose; **'sea·man·like** *adj. u. adv.* seemännisch; **'sea·man·ship** [-ʃɪp] *s.* Seemannschaft *f*.

sea| mark *s.* Seezeichen *n*; **~ mew** *s. orn.* Sturmmöwe *f*; **~ mile** *s.* Seemeile *f*; **~ mine** *s.* ⚔ Seemine *f*.

seam·less ['siːmlɪs] *adj.* ☐ **1.** naht-, saumlos: **~*****-drawn tube*** ⚙ nahtlos gezogene Röhre; **2.** fugenlos.

sea mon·ster *s.* Meeresungeheuer *n*.

seam·stress ['semstrɪs] *s.* Näherin *f*.

sea mud *s.* Seeschlamm *m*, Schlick *m*.

seam·y ['siːmɪ] *adj.* gesäumt: ***the*** **~** ***side*** a) die linke Seite, b) *fig.* die Kehr- *od.* Schattenseite.

se·ance, sé·ance ['seɪɑ̃ːns] (*Fr.*) *s.* Sé'ance *f*, (spiri'tistische) Sitzung.

'sea|·piece *s. paint.* Seestück *n*; **'~-plane** *s.* See-, Wasserflugzeug *n*; **'~·port** *s.* Seehafen *m*, Hafenstadt *f*; **~ pow·er** *s.* Seemacht *f*; **'~·quake** *s.* Seebeben *n*.

sear¹ [sɪə] **I** *v/t.* **1.** versengen; **2.** ⚕ (aus-)brennen; **3.** *Fleisch* anbraten; **4.** *bsd. fig.* brandmarken; **5.** *fig.* abstumpfen: ***a*** **~*****ed conscience***; **6.** verdorren lassen; **II** *v/i.* **7.** verdorren; **III** *adj.* **8.** *poet.* verdorrt, -welkt: ***the*** **~** ***and yellow leaf*** *fig.* der Herbst des Lebens.

sear² [sɪə] *s.* ⚔ Abzugsstollen *m* (*Gewehr*).

search [sɜːtʃ] **I** *v/t.* **1.** durch'suchen, -'stöbern (***for*** nach); **2.** ⚖ *Person, Haus etc.* durch'suchen, visitieren; **3.** unter'suchen; **4.** *fig. Gewissen etc.* erforschen, prüfen; **5.** *mst* **~ *out*** auskundschaften, ausfindig machen; **6.** durch'dringen (*Wind, Geschosse etc.*); **7.** ⚔ mit Tiefenfeuer belegen *od.* bestreichen; **8.** *sl.* **~ *me!*** keine Ahnung!; **II** *v/i.* **9.** (***for***) suchen, forschen (nach); ⚖ fahnden (nach): **~ *into*** ergründen, untersuchen; **10.** **~ *after*** streben nach; **III** *s.* **11.** Suchen *n*, Forschen *n* (***for, of*** nach): ***in*** **~** ***of*** auf der Suche nach; ***go in*** **~** ***of*** auf die Suche gehen nach; **12.** ⚖ a) Fahndung *f*, b) Haussuchung *f*, c) ('Leibes)Visitatiˌon *f*, d) Einsichtnahme *f in öffentliche Bücher*, e) Überprüfung *f*, *Patentwesen*: Re'cherche *f*: ***right of*** (***visit and***) **~** ⚓ Recht *n* auf Durchsuchung neutraler Schiffe; **'search·er** [-tʃə] *s.* **1.** Sucher *m*, (Er)Forscher *m*; **2.** (*Zoll- etc.*)Prüfer *m*; **3.** ⚕ Sonde *f*; **'search·ing** [-tʃɪŋ] *adj.* ☐ **1.** gründlich, eingehend, tiefschürfend; **2.** forschend (*Blick*); durch'dringend (*Wind etc.*): **~ *fire*** ⚔ Tiefen-, Streufeuer *n*.

'search|·light *s.* (Such)Scheinwerfer *m*; **~ par·ty** *s.* Suchtrupp *m*; **~ ra·dar** *s.* ⚔ Ra'dar-Suchgerät *n*; **~ war·rant** *s.* ⚖ Haussuchungsbefehl *m*.

'sea|-ˌres·cue *adj.* Seenot…; **~ risk** *s.* ⚖ Seegefahr *f*; **~ room** *s.* ⚓ Seeräumte *f*; **~ route** *s.* See-, Schiffahrtsweg *m*; **'~·scape** *s.* **1.** *paint.* Seestück *n*; **2.** (Aus)Blick *m* auf das Meer; **~ ser·pent** *s. zo. u. myth.* Seeschlange *f*; **'~·shore** *s.* Seeküste *f*; **'~·sick** *adj.* seekrank; **'~·sick·ness** *s.* Seekrankheit *f*; **'~·side I** *s.* See-, Meeresküste *f*: ***go to the*** **~** an die See fahren; **II** *adj.* an der See gelegen, See…: **~ *place***, **~ *resort*** Seebad *n*.

sea·son ['siːzn] **I** *s.* **1.** (Jahres)Zeit *f*; **2.** a) (Reife- *etc.*)Zeit *f*, rechte Zeit (*für et.*), b) *hunt.* (*Paarungs- etc.*)Zeit *f*: ***in*** **~** a) (gerade) reif, (günstig auf dem Markt) zu haben (*Frucht*), b) zur rechten Zeit, c) *hunt.* jagdbar, d) brünstig (*Tier*); ***out of*** **~** a) nicht (auf dem Markt) zu haben, b) *fig.* unpassend; ***in and out of*** **~** jederzeit; ***cherries are now in*** **~** jetzt ist Kirschenzeit; ***a word in*** **~** ein Rat zur rechten Zeit; ***for a*** **~** e-e Zeitlang; → ***close season***; **3.** ✝ Sai'son *f*, Haupt(betriebs-, -geschäfts)zeit *f*: ***dull*** (*od.* ***slack***) **~** stille Saison, tote Jahreszeit; ***height of the*** **~** Hochsaison; **4.** (*Veranstaltungs*)Sai'son *f*: ***theatrical*** **~** Theatersaison, Spielzeit *f*; **5.** (*Bade-, Kur- etc.*)Sai'son *f*: ***holiday*** **~** Ferienzeit *f*; **6.** Festzeit *f*; → ***compliment*** 3; **7.** F → ***season ticket***; **II** *v/t.* **8.** *Speisen* würzen (*a. fig.*): **~*****ed with wit*** geistreich; **9.** *Tabak etc.* (aus)reifen lassen: **~*****ed wine*** abgelagerter *od.* ausgereifter Wein; **10.** *Holz* ablagern; **11.** *Pfeife* einrauchen; **12.** gewöhnen (***to*** an *acc.*), abhärten: ***be*** **~*****ed to*** an *ein Klima etc.* gewöhnt sein; **~*****ed soldiers*** fronterfahrene Soldaten; **~*****ed by battle*** kampfgewohnt; **13.** *obs.* mildern; **III** *v/i.* **14.** reifen; **15.** ablagern (*Holz*);

'sea·son·a·ble [-nəbl] *adj.* □ **1.** rechtzeitig; **2.** jahreszeitlich; **3.** zeitgemäß; **4.** passend, angebracht, oppor'tun, günstig; **'sea·son·al** [-zənl] *adj.* □ **1.** jahreszeitlich; **2.** sai'sonbedingt, -gemäß: **~ *closing-out sale*** ✝ Saisonschlußverkauf *m*; **~ *trade*** Saisongewerbe *n*; **~ *work(er)*** Saisonarbeit(er *m*) *f*; **sea·son·al·ly** [-nəlɪ] *adv.*: **~ *adjusted*** saisonbereinigt; **'sea·son·ing** [-nɪŋ] *s.* **1.** Würze *f* (*a. fig.*), Gewürz *n*; **2.** Reifen *n etc.*; **sea·son tick·et** *s.* **1.** 🚂 *etc. Brit.* Dauer-, Zeitkarte *f*; **2.** *thea. etc.* Abonne'ment(skarte *f*) *n*.

seat [si:t] **I** *s.* **1.** Sitz(gelegenheit *f*, -platz *m*) *m*; Stuhl *m*, Sessel *m*, Bank *f*; **2.** (*Stuhl- etc.*)Sitz *m*; **3.** Platz *m bei Tisch etc.*: ***take a ~*** Platz nehmen; ***take one's ~*** s-n Platz einnehmen; ***take your ~s!*** 🚂 einsteigen!; **4.** *thea. etc.* Platz *m*, Sitz *m*: ***book a ~*** e-e (*Theater- etc.*)Karte kaufen; **5.** (Präsi'denten- *etc.*) Sitz *m* (*a. fig. Amt*); **6.** (Amts-, Regierungs-, ✝ Geschäfts)Sitz *m*; **7.** *parl. etc.* Sitz *m* (*a. Mitgliedschaft*), *parl. a.* Man'dat *n*: ***a ~ in parliament***; ***have ~ and vote*** Sitz u. Stimme haben; **8.** Wohn-, Fa'milien-, Landsitz *m*; **9.** *fig.* Sitz *m*: a) Stätte *f*, (Schau)Platz *m*: **~ *of war*** Kriegsschauplatz, b) ⚕ Herd *m e-r Krankheit* (*a. fig.*); **10.** Gesäß *n*, Sitzfläche *f*; Hosenboden *m*; **11.** *Reitsport etc.*: Sitz *m* (*Haltung*); **12.** ⚙ Auflager *n*, Funda'ment *n*; **II** *v/t.* **13.** *j-n wohin* setzen, *j-m* e-n Sitz anweisen: **~ *o.s.*** sich setzen; ***be ~ed*** sitzen; **14.** Sitzplätze bieten für: ***the hall ~s 600 persons***; **15.** *Raum* bestuhlen, mit Sitzplätzen versehen; **16.** *Stuhl* mit e-m (neuen) Sitz versehen; **17.** ⚙ a) auflegen, lagern (***on*** auf *dat.*), b) einpassen, *Ventil* einschleifen; **18.** *pass.* sitzen, s-n Sitz haben, liegen (***in*** in *dat.*); **seat belt** *s.* ✈, *mot.* Sicherheitsgurt *m*; **'seat·ed** [-tɪd] *adj.* **1.** sitzend: ***be ~*** → ***seat*** 18; ***be ~!*** nehmen Sie Platz!; ***remain ~*** sitzen bleiben, Platz behalten; **2.** *in Zssgn* ...sitzig: ***two-~***; **'seat·er** [-tə] *s. in Zssgn* ...sitzer *m*: ***two-~***; **'seat·ing** [-tɪŋ] **I** *s.* **1.** a) Anweisen *n* von Sitzplätzen, b) Platznehmen *n*; **2.** Sitzgelegenheit(en *pl.*) *f*, Bestuhlung *f*; **II** *adj.* **3.** Sitz...: **~ *accommodation*** Sitzgelegenheiten; **seat mile** *s.* ⚓ Passa'giermeile *f*.

sea| trout *s.* 'Meer-, 'Lachsfo͵relle *f*; **~ ur·chin** *s. zo.* Seeigel *m*; **'~·wall** *s.* Deich *m*; (Hafen)Damm *m*.

sea·ward ['si:wəd] **I** *adj. u. adv.* seewärts; **II** *s.* Seeseite *f*; **'sea·wards** [-dz] *adv.* seewärts.

sea| wa·ter *s.* See-, Meerwasser *n*; **'~·way** *s.* **1.** ⚓ Fahrt *f*; **2.** Seeweg *m*; **3.** Seegang *m*; **'~·weed** *s.* **1.** (See)Tang *m*, Alge *f*; **2.** *allg.* Meerespflanze(n *pl.*) *f*; **'~͵wor·thy** *adj.* seetüchtig.

se·ba·ceous [sɪ'beɪʃəs] *adj. physiol.* Talg...

sec [sek] (*Fr.*) *adj.* sec, trocken (*Wein*).

se·cant ['si:kənt] **I** *s.* ⩘ a) Se'kante *f*, b) Schnittlinie *f*; **II** *adj.* schneidend.

sec·a·teur ['sekətɜ:] (*Fr.*) *s. mst* (***a pair of***) **~*s*** *pl.* (e-e) Baumschere.

se·cede [sɪ'si:d] *v/i. bsd. eccl., pol.* sich trennen *od.* lossagen, abfallen (***from*** von); **se'ced·er** [-də] *s.* Abtrünnige(r *m*) *f*, Separa'tist *m*.

se·ces·sion [sɪ'seʃn] *s.* **1.** Sezessi'on *f* (*USA hist. oft* ♀), (Ab-, *eccl.* Kirchen-) Spaltung *f*, Abfall *m*, Lossagung *f*; **2.** 'Übertritt *m* (***to*** zu); **se'ces·sion·al** [-ʃənl] *adj.* Sonderbunds..., Abfall..., Sezessions...; **se'ces·sion·ist** [-nɪst] *s.* Abtrünnige(r *m*) *f*, Sonderbündler *m*, Sezessio'nist *m* (*Am. hist. oft* ♀).

se·clude [sɪ'klu:d] *v/t.* (***o.s.*** sich) abschließen, absondern (***from*** von); **se'clud·ed** [-dɪd] *adj.* □ einsam, abgeschieden: a) zu'rückgezogen (*Lebensweise*), b) abgelegen (*Ort*); **se'clu·sion** [-u:ʒn] *s.* **1.** Abschließung *f*; **2.** Zu'rückgezogenheit *f*, Abgeschiedenheit *f*: ***live in ~*** zurückgezogen leben.

sec·ond ['sekənd] **I** *adj.* □ → ***secondly***; **1.** zweit; nächst: **~ *Advent*** (*od.* ***Coming***) *eccl.* 'Wiederkunft *f* (Christi); **~ *ballot*** Stichwahl *f*; **~ *Chamber*** *parl.* Oberhaus *n*; **~ *floor*** a) *Brit.* zweiter Stock, b) *Am.* erster Stock (*über dem Erdgeschoß*); **~ *in height*** zweithöchst; ***at ~ hand*** aus zweiter Hand; ***in the ~ place*** zweitens; ***it has become ~ nature with him*** es ist ihm zur zweiten Natur geworden *od.* in Fleisch u. Blut übergegangen; → ***self*** 1, ***sight*** 1, ***thought*** 3, ***wind***[1] 6; **2.** (***to***) 'untergeordnet (*dat.*), geringer (als): **~ *cabin*** ⚓ Kabine *f* zweiter Klasse; **~ *cousin*** Vetter *m* zweiten Grades; **~ *lieutenant*** ⚔ Leutnant *m*; ***come ~*** *fig.* an zweiter Stelle kommen; **~ *to none*** unerreicht; ***he is ~ to none*** er ist unübertroffen; → ***fiddle*** 1; **II** *s.* **3.** *der* (*die, das*) Zweite: **~ *in command*** ⚔ a) stellvertretender Kommandeur, b) ⚓ erster Offizier; **4.** *sport* Zweite(r *m*) *f*, zweiter Sieger: ***run ~*** den zweiten Platz belegen; ***be a good ~*** nur knapp geschlagen werden; **5.** *univ.* → ***second class*** 2; **6.** F 🚂 *etc.* zweite Klasse; **7.** *Duell, Boxen*: Sekun'dant *m*; *fig.* Beistand *m*; **8.** Se'kunde *f*; *weitS. a.* Augenblick *m*, Mo'ment *m*; **9.** ♪ a) Se'kunde *f*, b) Begleitstimme *f*; **10.** *pl.* ✝ Ware(n *pl.*) *f* zweiter Quali'tät *od.* Wahl; **11.** **~ *of exchange*** ✝ Se'kundawechsel *m*; **III** *v/t.* **12.** sekundieren (*dat.*) (*a. fig.*); **13.** *fig.* unter'stützen (*a. parl.*), beistehen (*dat.*); **14.** [sɪ'kɒnd] ⚔ *Brit. Offizier* abstellen, abkommandieren.

sec·ond·ar·i·ness ['sekəndərɪnɪs] *s. das* Sekun'däre, Zweitrangigkeit *f*; **sec·ond·ar·y** ['sekəndərɪ] **I** *adj.* □ **1.** sekun'där, zweitrangig, 'untergeordnet, nebensächlich: ***of ~ importance***; **2.** ⚡, ⚗, *biol., geol., phys.* sekun'där, Sekundär...: **~ *electron***; **3.** Neben...: **~ *colo(u)r***, **~ *effect***; **4.** Neben..., Hilfs...: **~ *line*** 🚂 Nebenbahn; **5.** *ling.* a) sekun'där, abgeleitet, b) Neben...: **~ *accent*** Nebenakzent *m*; **~ *derivative*** Sekundärableitung *f*; **~ *tense*** Nebentempus *n*; **6.** *ped.* Oberschul...: **~ *education*** höhere Schulbildung; **~ *school*** höhere Schule; **II** *s.* **7.** 'Untergeordnete(r *m*) *f*, Stellvertreter(in); **8.** ⚡ a) Sekun'där(strom)kreis *m*, b) Sekun'därwicklung *f*; **9.** *ast. a.* **~ *planet*** Satel'lit *m*; **10.** *orn.* Nebenfeder *f*.

'sec·ond|-best *adj.* zweitbest: ***come off ~*** *fig.* den kürzeren ziehen; **~ *class*** *s.* **1.** 🚂 *etc.* zweite Klasse; **2.** *univ. Brit. akademischer Grad zweiter Klasse*; **͵~-'class** [-nd'k-] *adj.* **1.** zweitklassig, -rangig; **2.** 🚂 *etc. Wagen etc.* zweiter Klasse: **~ *mail*** a) *Am.* Zeitungspost *f*, b) *Brit.* gewöhnliche Inlandspost; **͵~-de'gree** *adv.* **1.** zweiten Grades: **~ *burns***; **2.** **~ *murder*** ⚖ Totschlag *m*; **͵~'guess** *v/t. Am.* **1.** im nachhinein kritisieren; **2.** a) durch'schauen, b) vor'hersehen; **'~·hand I** *adj.* **1.** über'nommen, *a. Wissen etc.* aus zweiter Hand; **2.** 'indi͵rekt; **3.** gebraucht, alt; anti'quarisch (*Bücher*): **~ *bookshop*** Antiquariat *n*; **~ *car*** Gebrauchtwagen *m*; **~ *dealer*** Altwarenhändler *m*; **II** *adv.* **4.** gebraucht: ***buy s.th. ~***; **~ *hand*** *s.* Se'kundenzeiger *m*.

sec·ond·ly ['sekəndlɪ] *adv.* zweitens.

se·cond·ment [sɪ'kɒndmənt] *s. Brit.* **1.** ⚔ Abkommandierung *f*; **2.** Versetzung *f*.

͵sec·ond|-'rate *adj.* zweitrangig, -klassig, mittelmäßig; **͵~-'rat·er** *s.* mittelmäßige Per'son *od.* Sache.

se·cre·cy ['si:krəsɪ] *s.* **1.** Verborgenheit *f*; **2.** Heimlichkeit *f*: ***in all ~***, ***with absolute ~*** ganz im geheimen, insgeheim; **3.** Verschwiegenheit *f*; Geheimhaltung(spflicht) *f*; (*Wahl- etc.*)Geheimnis *n*: ***official ~*** Amtsverschwiegenheit *f*; ***professional ~*** Berufsgeheimnis *n*, Schweigepflicht *f*; → ***swear*** 6; **se·cret** ['si:krɪt] **I** *adj.* □ **1.** geheim, heimlich, Geheim...(*-dienst, -diplomatie, -tür etc.*): **~ *ballot*** geheime Wahl; → ***keep*** 13; **2.** a) verschwiegen, b) verstohlen (*Person*); **3.** verschwiegen (*Ort*); **4.** unerforschlich, verborgen; **II** *s.* **5.** Geheimnis *n* (***from*** vor *dat.*): ***the ~ of success*** *fig.* das Geheimnis des Erfolgs, der Schlüssel zum Erfolg; ***in ~*** a) heimlich, im geheimen, b) im Vertrauen; ***be in the ~*** (in das Geheimnis) eingeweiht sein; ***let s.o. into the ~*** j-n (in das Geheimnis) einweihen; ***make no ~ of*** kein Geheimnis *od.* Hehl aus *et.* machen.

se·cre·taire [͵sekrə'teə] (*Fr.*) *s.* Sekre'tär *m*, Schreibschrank *m*.

se·cre·tar·i·al [͵sekrə'teərɪəl] *adj.* **1.** Sekretärs...: **~ *help*** Schreibkraft *f*; **2.** Schreib..., Büro...; **͵sec·re'tar·i·at(e)** [-ɪət] *s.* Sekretari'at *n*.

sec·re·tar·y ['sekrətrɪ] *s.* **1.** Sekre'tär (-in): **~ *of embassy*** Botschaftsrat *m*; **2.** Schriftführer *m*; ✝ a) Geschäftsführer *m*, b) Syndikus *m*; **3.** *pol. Brit.* a) **~ (*of state*)** Mi'nister *m*, b) 'Staatssekre͵tär *m*: ♀ ***of State for Foreign Affairs***, ***Foreign*** ♀ Außenminister *m*; ♀ ***of State for Home Affairs***, ***Home*** ♀ Innenminister; **4.** *pol. Am.* Mi'nister *m*: ♀ ***of Defense*** Verteidigungsminister; ♀ ***of State*** a) Außenminister, b) Staatssekretär *m e-s Bundesstaats*; **5.** → ***secretaire***; **~ bird** *s. orn.* Sekre'tär *m*; **͵~-'gen·er·al** *pl.* **͵sec·re·tar·ies-'gen·er·al** *s.* Gene'ralsekre͵tär *m*.

sec·re·tar·y·ship ['sekrətrɪʃɪp] *s.* **1.** Posten *m od.* Amt *n* e-s Sekre'tärs *etc.*; **2.** Mi'nisteramt *n*.

se·crete [sɪ'kri:t] *v/t.* **1.** *physiol.* absondern, abscheiden; **2.** verbergen (***from*** vor *dat.*); ⚖ *Vermögensstücke* bei'seite schaffen; **se'cre·tion** [-i:ʃn] *s.* **1.** *physiol.* a) Sekreti'on *f*, Absonderung *f*, b) Se'kret *n*; **2.** Verheimlichung *f*; **se'cre·tive** [-tɪv] *adj.* □ heimlich, verschlossen, geheimnistuerisch: ***be ~ about*** mit

et. geheim tun; **se'cre·tive·ness** [-tɪvnɪs] *s.* Heimlichtue'rei *f*; Verschwiegenheit *f*.
'se·cret,mon·ger *s.* Geheimniskrämer(in).
se·cre·to·ry [sɪ'kri:tərɪ] *physiol.* **I** *adj.* sekre'torisch, Sekretions…; **II** *s.* sekretorische Drüse.
sect [sekt] *s.* **1.** Sekte *f*; **2.** Religi'onsgemeinschaft *f*.
sec·tar·i·an [sek'teərɪən] **I** *adj.* **1.** sek'tiererisch; **2.** Konfessions…; **II** *s.* **3.** Anhänger(in) e-r Sekte; **4.** Sek'tierer (-in); **sec'tar·i·an·ism** [-nɪzəm] *s.* Sek'tierertum *n*.
sec·tion ['sekʃn] **I** *s.* **1.** a) Durch'schneidung *f*, b) (*a. mikroskopischer*) Schnitt, c) ⚕ Sekti'on *f*, Schnitt *m*; **2.** Ab-, Ausschnitt *m*, Teil *m* (*a. der Bevölkerung etc.*); **3.** Abschnitt *m*, Absatz *m* (*Buch etc.*); ⚖ (*Gesetzes- etc.*)Para'graph *m*; **4.** *a.* ~ **mark** Para'graph(enzeichen *n*) *m*; **5.** ⚙ Teil *m*, *n*; **6.** A, ⚙ Schnitt(bild *n*) *m*, Querschnitt *m*, Pro'fil *n*: **horizontal** ~ Horizontalschnitt *m*; **7.** 🚂 *Am.* a) Streckenabschnitt *m*, b) Ab'teil *n e-s Schlafwagens*; **8.** *Am.* Bezirk *m*; **9.** *Am.* 'Landpar,zelle *f* von e-r Qua'dratmeile; **10.** ♀, *zo.* 'Untergruppe *f*; **11.** Ab'teilung *f*, Refe'rat *n* (*Verwaltung*); **12.** ⚔ a) *Brit.* Gruppe *f*, b) *Am.* Halbzug *m*, c) ✈ Halbstaffel *f*, d) Stabsabteilung *f*; **II** *v/t.* **13.** (ab-, ein-) teilen, unter'teilen; **14.** e-n Schnitt machen von; **'sec·tion·al** [-ʃənl] *adj.* ☐ **1.** Schnitt…(*-fläche, -zeichnung etc.*); **2.** Teil…(*-ansicht, -streik etc.*); **3.** zs.-setzbar, montierbar: ~ **furniture** Anbaumöbel *pl.*; **4.** ⚙ Profil…, Form…(*-draht, -stahl*); **5.** regio'nal, *contp.* partikula'ristisch: ~ **pride** Lokalpatriotismus *m*; **'sec·tion·al·ism** [-nəlɪzəm] *s.* Partikula'rismus *m*.
sec·tor ['sektə] *s.* **1.** A (Kreis- *od.* Kugel)Sektor *m*; **2.** A, *ast.* Sektor *m* (*a. fig. Bereich*); **3.** ⚔ Sektor *m*, Frontabschnitt *m*.
sec·u·lar ['sekjʊlə] **I** *adj.* ☐ **1.** weltlich: a) diesseitig, b) pro'fan: ~ **music**, c) nicht kirchlich (*Erziehung etc.*): ~ **arm** weltliche Gerichtsbarkeit; **2.** 'freireligi,ös, -denkerisch; **3.** *eccl.* weltgeistlich, Säkular…: ~ **clergy** Weltgeistlichkeit *f*; **4.** säku'lar: a) hundertjährlich, b) hundertjährig, c) säku'lar; **5.** jahr'hundertelang; **6.** *ast., phys.* säku'lar; **II** *s.* **7.** *R.C.* Weltgeistliche(r) *m*; **'sec·u·lar·ism** [-ərɪzəm] *s.* **1.** Säkula'rismus *m* (*a. phls.*), Weltlichkeit *f*; **2.** Antiklerika'lismus *m*; **sec·u·lar·i·ty** [,sekjʊ'lærətɪ] *s.* **1.** Weltlichkeit *f*; **2.** *pl.* weltliche Dinge *pl.*; **sec·u·lar·i·za·tion** [,sekjʊləraɪ'zeɪʃn] *s.* **1.** *eccl.* Säkularisierung *f*; **2.** Verweltlichung *f*; **'sec·u·lar·ize** [-əraɪz] *v/t.* **1.** kirchlichem Einfluß entziehen; **2.** *kirchlichen Besitz, a. Ordensgeistliche* säkularisieren; **3.** verweltlichen; *Sonntag etc.* entheiligen; **4.** mit freidenkerischen I'deen durch'dringen.
sec·un·dine ['sekəndɪn] *s.* **1.** *mst pl.* ⚕ Nachgeburt *f*; **2.** ♀ inneres Integu'ment der Samenanlage.
se·cure [sɪ'kjʊə] **I** *adj.* ☐ **1.** sicher: a) geschützt (**from** vor *dat.*), b) fest (*Grundlage etc.*), c) gesichert (*Existenz*), d) gewiß (*Hoffnung, Sieg etc.*); **2.** ruhig, sorglos: **a** ~ **life**; **II** *v/t.* **3.** sichern, schützen (**from**, **against** vor *dat.*); **4.** sichern, garantieren (**s.th. to s.o.** *od.* **s.o. s.th.** j-m et.); **5.** sich *et.* sichern *od.* beschaffen; erreichen, erlangen; *Patent, Urteil etc.* erwirken; **6.** ⚙ *etc.* sichern, befestigen; *Türe etc.* (fest) (ver)schließen: ~ **by bolts** festschrauben; **7.** *Wertsachen* sicherstellen; **8.** *Verbrecher* festnehmen; **9.** *bsd.* † sicherstellen: a) *et.* sichern (**on**, **by** durch *Hypothek etc.*), b) *j-m* Sicherheit bieten: ~ **a creditor**; **10.** ⚕ *Ader* abbinden.
se·cu·ri·ty [sɪ'kjʊərətɪ] *s.* **1.** Sicherheit *f* (*Zustand od. Schutz*) (**against**, **from** vor *dat.*, gegen): ♀ Sicherheit(sabteilung) *f*; † *a.* Werkspolizei *f*; ♀ **Council** *pol.* Sicherheitsrat *m*; ~ **check** Sicherheitsüberprüfung *f*; ~ **clearance** Unbedenklichkeitsbescheinigung *f*; ♀ **Force** Friedenstruppe *f*; → **risk** 2; **2.** (innere) Sicherheit, Sorglosigkeit *f*; **3.** Gewißheit *f*; **4.** ⚖, † a) Bürge *m*, b) Sicherheit *f*, Bürgschaft *f*, Kauti'on *f*: ~ **bond** Bürgschaftswechsel *m*; **give** (*od.* **put up**, **stand**) ~ Bürgschaft leisten, Kaution stellen; **5.** † a) Schuldverschreibung *f*, b) Aktie *f*, c) *pl.* 'Wertpa,piere *pl.*: ~ **market** Effektenmarkt *m*; **public securities** Staatspapiere.
se·dan [sɪ'dæn] *s.* **1.** *mot.* Limou'sine *f*; **2.** *a.* ~ **chair** Sänfte *f*.
se·date [sɪ'deɪt] *adj.* ☐ **1.** ruhig, gelassen; **2.** gesetzt, ernst; **se'date·ness** [-nɪs] *s.* **1.** Gelassenheit *f*; **2.** Gesetztheit *f*; **se'da·tion** [-eɪʃn] *s.*: **be under** ~ ⚕ unter dem Einfluß von Beruhigungsmitteln stehen.
sed·a·tive ['sedətɪv] *bsd.* ⚕ **I** *adj.* beruhigend; **II** *s.* Beruhigungsmittel *n*.
sed·en·tar·i·ness ['sedntərɪnɪs] *s.* **1.** sitzende Lebensweise; **2.** Seßhaftigkeit *f*;
sed·en·tar·y ['sedntərɪ] *adj.* ☐ **1.** sitzend (*Beschäftigung, Statue etc.*): ~ **life** sitzende Lebensweise; **2.** seßhaft: ~ **birds** Standvögel.
sedge [sedʒ] *s.* ♀ **1.** Segge *f*; **2.** *allg.* Riedgras *n*.
sed·i·ment ['sedɪmənt] *s.* Sedi'ment *n*: a) (Boden)Satz *m*, Niederschlag *m*, b) *geol.* Schichtgestein *n*; **sed·i·men·ta·ry** [,sedɪ'mentərɪ] *adj.* sedimen'tär, Sediment…; **sed·i·men·ta·tion** [,sedɪmen'teɪʃn] *s.* **1.** Sedimentati'on *f*: a) Ablagerung *f*, b) *geol.* Schichtenbildung *f*; **2.** *a.* **blood** ~ ⚕ Blutsenkung *f*: ~ **rate** Senkungsgeschwindigkeit *f*.
se·di·tion [sɪ'dɪʃn] *s.* **1.** Aufwiegelung *f*, *a.* ⚖ Volksverhetzung *f*; **2.** Aufruhr *m*; **se'di·tious** [-ʃəs] *adj.* ☐ aufrührerisch, 'umstürzlerisch, staatsgefährdend.
se·duce [sɪ'dju:s] *v/t.* **1.** *Frau etc.* verführen (*a. fig. verleiten*; **into**, **to** zu; **into doing s.th.** dazu, et. zu tun); **2.** ~ **from** *j-n* von *s-r Pflicht etc.* abbringen; **se'duc·er** [-sə] *s.* Verführer *m*; **se·duc·tion** [sɪ'dʌkʃn] *s.* **1.** (*a. sexuelle*) Verführung; Verlockung *f*; **2.** *fig.* Versuchung *f*, verführerischer Zauber; **se·duc·tive** [sɪ'dʌktɪv] *adj.* ☐ verführerisch (*a. fig.*).
se·du·li·ty [sɪ'dju:lətɪ] *s.* Emsigkeit *f*, (emsiger) Fleiß; **sed·u·lous** ['sedjʊləs] *adj.* ☐ emsig, fleißig.
see¹ [si:] **I** *v/t.* [*irr.*] **1.** sehen: ~ **page 15** siehe Seite 15; **I** ~ **him come** (*od.* **coming**) ich sehe ihn kommen; **I cannot** ~ **myself doing it** *fig.* ich kann mir nicht vorstellen, daß ich es tue; **I** ~ **things otherwise** *fig.* ich sehe *od.* betrachte die Dinge anders; ~ **o.s. obliged to** *fig.* sich gezwungen sehen zu; **2.** (ab)sehen, erkennen: ~ **danger ahead**; **3.** ersehen, entnehmen (**from** aus *der Zeitung etc.*); **4.** (ein)sehen, verstehen: **as I** ~ **it** wie ich es sehe, in m-n Augen; **I do not** ~ **the use of it** ich weiß nicht, wozu es gut sein soll; → **joke** 2; **5.** (sich) ansehen, besuchen: ~ **a play**; **6.** a) *j-n* besuchen: **go** (**come**) **to** ~ **s.o.** j-n besuchen (gehen *od.* kommen), b) *Anwalt etc.* aufsuchen, konsultieren (**about** wegen), *j-n* sprechen (**on business** geschäftlich); **7.** *j-n* empfangen: **he refused to** ~ **me**; **8.** nachsehen, her'ausfinden; **9.** dafür sorgen (daß): ~ (**to it**) **that it is done!** sorge dafür *od.* sieh zu, daß es geschieht!; ~ **justice done to s.o.** dafür sorgen, daß j-m Gerechtigkeit widerfährt; **10.** sehen, erleben: **live to** ~ erleben; ~ **action** ⚔ im Einsatz sein, Kämpfe mitmachen; **he has seen better days** er hat (schon) bessere Tage gesehen; **11.** *j-n* begleiten, geleiten, bringen (**to the station** zum Bahnhof); → **see off**, **see out**; **II** *v/i.* [*irr.*] **12.** sehen; → **fit¹** 3; **13.** verstehen, einsehen: **I** ~**!** (ich) verstehe!, aha!, ach so!; (**you**) ~ wissen Sie, weißt du; (**you**) ~**?** F verstehst du?; **14.** nachsehen; **15.** sehen, sich über'legen: **let me** ~**!** warte mal!, laß mich überlegen!; **we'll** ~ wir werden sehen, mal abwarten.
Zssgn mit prp.:
see| a·bout *v/i.* **1.** sich kümmern um; **2.** F sich *et.* überlegen; ~ **af·ter** *v/i.* sehen nach, sich kümmern um; ~ **in·to** *v/i.* e-r Sache auf den Grund gehen; ~ **o·ver** *v/i.* sich ansehen; ~ **through I** *v/i.* *j-n od. et.* durch'schauen; **II** *v/t.* *j-m* über *et.* hin'weghelfen; ~ **to** *v/i.* sich kümmern um; → **see¹** 9.
Zssgn mit adv.:
see| off *v/t.* *j-n* fortbegleiten, verabschieden; ~ **out** *v/t.* **1.** *j-n* hin'ausbegleiten; **2.** F *et.* bis zum Ende ansehen *od.* mitmachen; ~ **through I** *v/t.* **1.** *j-m* 'durchhelfen (**with** in *e-r Sache*); **2.** *et.* (bis zum Ende) 'durchhalten *od.* -fechten; **II** *v/i.* **3.** F durchhalten.
see² [si:] *s.* *eccl.* **1.** (Erz)Bischofssitz *m*; → **Holy See**; **2.** (Erz)Bistum *n*.
seed [si:d] **I** *s.* **1.** ♀ a) Same *m*, b) (Obst-)Kern *m*, c) *coll.* Samen *pl.*, d) ⚘ Saat (-gut *n*) *f*: **go** (*od.* **run**) **to** ~ in Samen schießen, *fig.* herunterkommen; **2.** *zo.* a) Ei *n od.* Eier *pl.* (*des Hummers etc.*), b) Austernbrut *f*; **3.** *physiol.* Samen *m*; *fig.* Nachkommenschaft *f*: **the** ~ **of Abraham** *bibl.* der Same Abrahams; **4.** *pl. fig.* Saat *f*, Keim *m*: **sow the** ~**s of discord** (die Saat der) Zwietracht säen; **II** *v/t.* **5.** entsamen; *Obst* entkernen; **6.** *Acker* besäen; **7.** *sport Spieler* setzen; **III** *v/i.* **8.** ♀ a) Samen tragen, b) in Samen schießen, c) sich aussäen; **'~·bed** *s.* Treibbeet *n*; *fig.* Pflanz-, *contp.* Brutstätte *f*; **'~·cake** *s.* Kümmelkuchen *m*; **'~·case** *s.* ♀ Samenkapsel *f*; ~ **corn** *s.* **1.** Saatkorn *n*; **2.** *Am.* Saatmais *m*; ~ **drill** → **seeder** 1.

seed·er ['siːdə] *s.* **1.** ⚒ 'Sämaˌschine *f*; **2.** (Frucht)Entkerner *m*.

seed·i·ness ['siːdɪnɪs] *s.* F **1.** Schäbigkeit *f*, Abgerissenheit *f*; verwahrloster Zustand; **2.** ‚Flauheit' *f des Befindens*.

seed leaf *s.* [*irr.*] ⚘ Keimblatt *n*.

seed·less ['siːdlɪs] *adj.* kernlos; **'seed·ling** [-lɪŋ] *s.* ⚘ Sämling *m*.

seed| oys·ter *s. zo.* **1.** Saatauster *f*; **2.** *pl.* Austernlaich *m*; **~ pearl** *s.* Staubperle *f*; **~ plot** *s.* → ***seedbed***; **~ po·ta·to** *s.* 'Saatkarˌtoffel *f*.

seed·y ['siːdɪ] *adj.* **1.** ⚘ samentragend, -reich; **2.** F schäbig: a) fadenscheinig, b) her'untergekommen (*Person*); **3.** F ‚flau', ‚mies' (*Befinden*): ***look ~*** elend aussehen.

see·ing ['siːɪŋ] **I** *s.* Sehen *n*: ***worth ~*** sehenswert; **II** *cj. a.* **~ *that*** da doch; in Anbetracht dessen, daß; **III** *prp.* angesichts (*gen.*), in Anbetracht (*gen.*); **'~-eye dog** *s. Am.* Blindenhund *m*.

seek [siːk] **I** *v/t.* [*irr.*] **1.** suchen; **2.** *Bett, Schatten, j-n* aufsuchen; **3.** (***of***) *Rat, Hilfe etc.* suchen (bei), erbitten (von); **4.** begehren, erstreben, nach *Ruhm etc.* trachten; ⚖ *etc.* beantragen, begehren: ***~ divorce***; → ***life*** *Redew.*; **5.** (ver)suchen, trachten (*et. zu tun*); **6.** zu ergründen suchen; **7.** ***be to ~ obs.*** (noch) fehlen, zu wünschen übrig lassen; **8.** *a.* ***~ out*** her'ausfinden, aufspüren, *fig.* aufs Korn nehmen; **II** *v/i.* [*irr.*] **9.** suchen, fragen, forschen (***for, after*** nach): ***~ after a.*** begehren; **'seek·er** [-kə] *s.* **1.** Sucher(in): ***~ after truth*** Wahrheitssucher; **2.** ⚕ Sonde *f*.

seem [siːm] *v/i.* **1.** (zu sein) scheinen, anscheinend sein, erscheinen: ***it ~s impossible to me*** es (er)scheint mir unmöglich; **2.** *mit inf.* scheinen: ***you ~ to believe it*** du scheinst es zu glauben; ***apples ~ not to grow here*** Äpfel wachsen hier anscheinend nicht; ***I ~ to hear voices*** mir ist, als hörte ich Stimmen; **3.** *impers.* ***it ~s that*** es scheint, daß; anscheinend; ***it ~s as if*** (*od.* ***though***) es sieht so aus *od.* es scheint so als ob; ***it ~s to me that it will rain*** mir scheint, es wird regnen; ***it should*** (*od.* ***would***) ***~ that*** man sollte glauben, daß; ***I can't ~ to open this door*** ich bringe diese Tür einfach nicht auf; **'seem·ing** [-mɪŋ] *adj.* ☐ **1.** scheinbar: ***a ~ friend***; **2.** anscheinend; **'seem·li·ness** [-lɪnɪs] *s.* Anstand *m*, Schicklichkeit *f*; **'seem·ly** [-lɪ] *adj. u. adv.* geziemend, schicklich.

seen [siːn] *p.p. von* ***see***[1].

seep [siːp] *v/i.* ('durch)sickern (*a. fig.*), tropfen, lecken: ***~ away*** versickern; ***~ in a. fig.*** einsickern, -dringen; **'seep·age** [-pɪdʒ] *s.* **1.** ('Durch-, Ver)Sickern *n*; **2.** 'Durchgesickertes *n*; **3.** Leck *n*.

se·er ['siːə] *s.* Seher(in).

seer·suck·er ['sɪəˌsʌkə] *s.* leichtes, kreppartiges Leinen.

see·saw ['siːsɔː] **I** *s.* **1.** Wippen *n*, Schaukeln *n*; **2.** Wippe *f*, Wippschaukel *f*; **3.** *fig.* (ständiges) Auf u. Ab *od.* Hin u. Her; **II** *adj.* **4.** schaukelnd, (*a. fig.*) Schaukel…(*-bewegung, -politik*); **III** *v/i.* **5.** wippen, schaukeln; **6.** sich auf u. ab *od.* hin u. her bewegen; **7.** *fig.* (hin u. her) schwanken.

seethe [siːð] *v/i.* **1.** kochen, sieden, wallen (*alle a. fig.* ***with*** vor *dat.*); **2.** *fig.* brodeln, gären (***with*** vor *dat.*): ***seething with rage*** vor Wut kochend; **3.** wimmeln (***with*** von).

'see-through *adj.* **1.** 'durchsichtig: ***~ blouse***; **2.** Klarsicht…: ***~ package***.

seg·ment ['segmənt] **I** *s.* **1.** Abschnitt *m*, Teil *m, n*; **2.** *bsd.* ⩘ (*Kreis- etc.*) Seg'ment *n*; **3.** *biol.* a) *allg.* Glied *n*, Seg'ment *n*, b) 'Körpersegˌment *n*, Ring *m* (*Wurm etc.*); **II** *v/t.* [seg'ment] **4.** (*v/i.* sich) in Segmente teilen; **seg·men·tal** [seg'mentl] *adj.* ☐, **'seg·men·tar·y** [-tərɪ] *adj.* segmen'tär; **seg·men·ta·tion** [ˌsegmən'teɪʃn] *s.* **1.** Segmenta'ti'on *f*; **2.** *biol.* Zellteilung *f*, (Ei)Furchung *f*.

seg·ment| gear *s.* Seg'ment(zahnrad)getriebe *n*; **~ saw** *s.* **1.** Baumsäge *f*; **2.** Bogenschnittsäge *f*.

seg·re·gate ['segrɪgeɪt] **I** *v/t.* **1.** trennen (*a. nach Rassen etc.*), absondern; **2.** ⚙ ausseigern, -scheiden; **II** *v/i.* **3.** sich absondern *od.* abspalten (*a. fig.*); ⚗ sich abscheiden; **4.** *biol.* mendeln; **III** *adj.* [-gɪt] **5.** abgesondert, isoliert; **seg·re·ga·tion** [ˌsegrɪ'geɪʃn] *s.* **1.** Absonderung *f*, -trennung *f*; **2.** Rassentrennung *f*; **3.** ⚗ Ausscheidung *f*; **4.** abgespaltener Teil; **seg·re·ga·tion·ist** [ˌsegrɪ'geɪʃnɪst] **I** *s.* Verfechter(in) der Rassentrennung; **II** *adj.* die Rassentrennung befürwortend; **'seg·re·ga·tive** [-gətɪv] *adj.* sich absondernd, Trennungs…

sei·gneur [se'njɜː], **sei·gnor** ['seɪnjə] *s.* **1.** *hist.* Lehns-, Feu'dalherr *m*; **2.** Herr *m*; **seign·ior·age** ['seɪnjərɪdʒ] *s.* **1.** Re'gal *n*, Vorrecht *n*; **2.** a) *königliche* Münzgebühr, b) Schlagschatz *m*; **sei·'gno·ri·al** [-'njɔːrɪəl] *adj.* feu'dalherrschaftlich; **seign·ior·y** ['seɪnjərɪ] *s.* **1.** Feu'dalrechte *pl.*; **2.** (feu'dal)herrschaftliche Do'mäne.

seine [seɪn] *s.* ⚓ Schlagnetz *n*.

seise [siːz] → ***seize*** 4; **'sei·sin** [-zɪn] → ***seizin***.

seis·mic ['saɪzmɪk] *adj.* seismisch.

seis·mo·graph ['saɪzməgrɑːf] *s.* Seismo'graph *m*, Erdbebenmeßgerät *n*; **seis·mol·o·gist** [saɪz'mɒlədʒɪst] *s.* Seismo'loge *m*; **seis·mol·o·gy** [saɪz'mɒlədʒɪ] *s.* Erdbebenkunde *f*, Seismik *f*; **seis·mom·e·ter** [saɪz'mɒmɪtə] *s.* Seismo'meter *n*; **'seis·mo·scope** [-əskəʊp] *s.* Seismo'skop *n*.

seiz·a·ble ['siːzəbl] *adj.* **1.** (er)greifbar; **2.** ⚖ pfändbar; **seize** [siːz] **I** *v/t.* **1.** *et. od. j-n* (er)greifen, packen, fassen (*alle a. fig. Panik etc.*): ***~d with*** ⚕ von *e-r Krankheit* befallen; ***~d with apoplexy*** ⚕ vom Schlag getroffen; **2.** ⚔ (ein-)nehmen, erobern; **3.** sich *e-r Sache* bemächtigen, *Macht etc.* an sich reißen; **4.** ⚖ *j-n* in den Besitz setzen (***of*** von *od. gen.*): ***be ~d with, stand ~d of*** im Besitz *e-r Sache* sein; **5.** *j-n* ergreifen, festnehmen; **6.** beschlagnahmen; **7.** *Gelegenheit* ergreifen, wahrnehmen; **8.** *geistig* erfassen, begreifen; **9.** ⚓ (bei)zeisen, zurren; **II** *v/i.* **10.** ***~*** (***up***)***on*** *Gelegenheit* ergreifen, *Idee* (begierig) aufgreifen, *a.* einhaken bei; **11.** *oft* ***~ up*** ⚙ sich festfressen; **'sei·zin** [-zɪn] *s.* ⚖ *Am.* (Grund)Besitz *m*, verbunden mit Eigentumsvermutung; **'seiz·ings** [-zɪŋz] *s. pl.* ⚓ Zurrtau *n*; **sei·zure** ['siːʒə] *s.* **1.** Ergreifung *f*; **2.** Inbesitznahme *f*; **3.** ⚖ a) Beschlagnahme *f*, b) Festnahme *f*; **4.** ⚕ Anfall *m*.

sel·dom ['seldəm] *adv.* selten.

se·lect [sɪ'lekt] **I** *v/t.* **1.** auswählen, -lesen; **II** *adj.* **2.** ausgewählt: ***~ committee*** *parl. Brit.* Sonderausschuß *m*; **3.** erlesen (*Buch, Geist, Speise etc.*); exklu'siv (*Gesellschaft etc.*); **4.** wählerisch; **se·lect·ee** [sɪˌlek'tiː] *s.* ⚔ *Am.* Einberufene(r) *m*; **se'lec·tion** [-kʃn] *s.* **1.** Wahl *f*; **2.** Auswahl *f*, -lese *f*; **3.** *biol.* Zuchtwahl *f*: ***natural ~*** natürliche Auslese; **4.** Auswahl *f* (***of*** an *dat.*); **se'lec·tive** [-tɪv] *adj.* ☐ **1.** auswählend, Auswahl…: ***~ service*** ⚔ *Am.* a) Wehrpflicht *f*, -dienst *m*, b) Einberufung; ***~ strike*** punktueller Streik, Schwerpunktstreik *m*; **2.** ϟ trennscharf, selek'tiv: ***~ circuit*** Trennkreis *m*; **se·lec·tiv·i·ty** [ˌsɪlek'tɪvətɪ] *s. Radio, TV*: Trennschärfe *f*; **se'lect·man** [-mən] *s.* [*irr.*] *Am.* Stadtrat *m*; **se'lec·tor** [-tə] *s.* **1.** Auswählende(r *m*) *f*; **2.** Sortierer(in); **3.** ⚙ a) *a.* ϟ Wähler *m*, b) Schaltgriff *m*, c) *mot.* Gangwähler *m*, d) *Computer*: Se'lektor *m*.

se·le·nic [sɪ'lenɪk] *adj.* ⚗ se'lensauer, Selen…; **se·le·ni·um** [sɪ'liːnjəm] *s.* ⚗ Se'len *n*.

sel·e·nog·ra·phy [ˌselɪ'nɒgrəfɪ] *s.* Mondbeschreibung *f*; **ˌsel·e'nol·o·gy** [-ɒlədʒɪ] *s.* Selenolo'gie *f*, Mondkunde *f*.

self [self] **I** *pl.* **selves** [selvz] *s.* **1.** Selbst *n*, Ich *n*: ***my better*** (***second***) ***~*** mein besseres Selbst (mein zweites Ich); ***my humble*** (*od.* ***poor***) ***~*** meine Wenigkeit; ***the study of the ~*** *phls.* das Studium des Ich; → ***former***[2] 1; **2.** Selbstsucht *f*, das eigene *od.* liebe Ich; **3.** *biol.* a) Tier *n od.* Pflanze *f* von einheitlicher Färbung, b) auto'games Lebewesen; **II** *adj.* **4.** einheitlich, *bsd.* ⚘ einfarbig; **III** *pron.* **5.** ✝ *od.* F → ***myself*** *etc.*

ˌself|-a'ban·don·ment *s.* (Selbst)Aufopferung *f*, (bedingungslose) Hingabe; **ˌ~-a'base·ment** *s.* Selbsterniedrigung *f*; **ˌ~-ab'sorbed** *adj.* **1.** mit sich selbst beschäftigt; **2.** ego'zentrisch; **ˌ~-a'buse** *s.* Selbstbefleckung *f*; **ˌ~-'act·ing** *adj.* ⚙ selbsttätig; **ˌ~-ad'he·sive** *adj.* selbstklebend; **ˌ~-ad'just·ing** *adj.* ⚙ selbstregelnd, -einstellend; **ˌ~-ap'point·ed** *adj.* selbsternannt; **ˌ~-as'ser·tion** *s.* **1.** Geltendmachung *f* s-r Rechte, s-s Willens, s-r Meinung *etc.*; **2.** anmaßendes Auftreten; **ˌ~-as'sert·ive** *adj.* **1.** anmaßend, über'heblich; **2.** ***~ person*** j-d, der sich 'durchzusetzen weiß; **ˌ~-as'sur·ance** *s.* Selbstsicherheit *f*, -bewußtsein *n*; **ˌ~-as'sured** *adj.* selbstbewußt; **ˌ~-'ca·ter·ing** *adj.* für Selbstversorger, mit Selbstverpflegung; **ˌ~-'cent(e)red** *adj.* ichbezogen, ego'zentrisch; **ˌ~-'col·o(u)red** *adj.* **1.** einfarbig; **2.** na'turfarben; **ˌ~-com'mand** *s.* Selbstbeherrschung *f*; **ˌ~-com'pla·cent** *adj.* selbstgefällig, -zufrieden; **ˌ~-con'ceit** *s.* Eigendünkel *m*; **ˌ~-con'fessed** *adj.* selbsterklärt: ***a ~ racist*** j-d, der zugibt, Rassist zu sein; **ˌ~-'con·fi·dence** *s.* Selbstvertrauen *n*, -bewußtsein *n*; **ˌ~-'con·scious** *adj.* befangen, gehemmt; **ˌ~-'con·scious·ness** *s.* Befangenheit *f*; **ˌ~-con'tained** *adj.* **1.** *a.* ⚙ (in sich) geschlossen, unabhängig, selbständig: ***~ country*** Selbstversorgerland *n*; ***~ flat*** abgeschlossene Wohnung; ***~ house*** Einfamilienhaus *n*; **2.** reserviert, zu-

ˈrückhaltend (*Charakter*, *Person*); **3.** selbstbeherrscht; **ˈ~-ˌcon·traˈdic·tion** *s.* innerer ˈWiderspruch; **ˈ~-ˌcon·traˈdic·to·ry** *adj.* ˈwidersprüchlich; **ˌ~-conˈtrol** *s.* Selbstbeherrschung *f*; **ˌ~-deˈceit**, **ˌ~-deˈcep·tion** *s.* Selbsttäuschung *f*, -betrug *m*; **ˌ~-deˈfeat·ing** *adj.* genau das Gegenteil bewirkend, sinn- und zwecklos; **ˌ~-deˈfence** *Brit.*, **ˌ~-deˈfense** *Am. s.* **1.** Selbstverteidigung *f*; **2.** ⚖ Notwehr *f*; **ˌ~-deˈni·al** *s.* Selbstverleugnung *f*; **ˌ~-deˈny·ing** *adj.* selbstverleugnend; **ˌ~-deˈspair** *s.* Verzweiflung *f* an sich selbst; **ˌ~-deˈstruc·tion** *s.* **1.** Selbstzerstörung *f*; **2.** Selbstvernichtung *f*, -mord *m*; **ˈ~-deˌter·miˈna·tion** *s.* **1.** *pol. etc.* Selbstbestimmung *f*; **2.** *phls.* freier Wille; **ˌ~-deˈvo·tion** → ***self-abandonment***; **ˌ~-disˈtrust** *s.* Mangel *m* an Selbstvertrauen; **ˌ~-ˈdoubt** *s.* Selbstzweifel *pl.*; **ˌ~-ˈed·u·cat·ed** → ***self-taught*** 1; **ˌ~-emˈployed** *adj.* ✝ selbständig (*Handwerker etc.*); **ˌ~-esˈteem** *s.* **1.** Selbstachtung *f*; **2.** Eigendünkel *m*; **ˌ~-ˈev·i·dent** *adj.* ☐ selbstverständlich; **ˌ~-exˈplan·a·to·ry** *adj.* ohne Erläuterung verständlich, für sich (selbst) sprechend; **ˌ~-exˈpres·sion** *s.* Ausdruck *m* der eigenen Perˈsönlichkeit; **ˌ~-ˈfeed·ing** *adj.* ⚙ autoˈmatisch (*Material od. Brennstoff*) zuführend; **ˌ~-forˈget·ful** *adj.* ☐ selbstvergessen, -los; **ˌ~-fulˈfil(l)·ment** *s.* Selbstverwirklichung *f*; **ˌ~-ˈgov·ern·ing** *adj. pol.* ˈselbstverwaltet, autoˈnom, unabhängig; **ˌ~-ˈgov·ern·ment** *s. pol.* Selbstverwaltung *f*, -regierung *f*, Autonoˈmie *f*; **ˌ~-ˈhelp** *s.* Selbsthilfe *f*: **~ *group***; **ˌ~-igˈni·tion** *s. mot.* Selbstzündung *f*; **ˌ~-ˈim·age** *s. psych.* Selbstverständnis *n*; **ˌ~-imˈpor·tance** *s.* ˈSelbstüberˌhebung *f*, Wichtigtueˈrei *f*; **ˌ~-imˈpor·tant** *adj.* überˈheblich, wichtigtuerisch; **ˌ~-inˈduced** *adj.* **1.** ⚡ selbstinduziert; **2.** selbstverursacht; **ˌ~-inˈdul·gence** *s.* **1.** Sichˈgehenlassen *n*; **2.** Zügellosigkeit *f*, Maßlosigkeit *f*; **ˌ~-inˈdul·gent** *adj.* **1.** schwach, nachgiebig gegen sich selbst; **2.** zügellos; **ˌ~-inˈflict·ed** *adj.* selbstzugefügt: **~ *wounds*** ⚔ Selbstverstümmelung *f*; **ˌ~-inˈstruc·tion** *s.* ˈSelbstˌunterricht *m*; **ˌ~-inˈstruc·tion·al** *adj.* Selbstlehr..., Selbstunterrichts...: **~ *manual***; **ˌ~-ˈin·ter·est** *s.* Eigennutz *m*, eigenes Interˈesse.

self·ish [ˈselfɪʃ] *adj.* ☐ selbstsüchtig, egoˈistisch, eigennützig; **ˈself·ish·ness** [-nɪs] *s.* Selbstsucht *f*, Egoˈismus *m*.

ˌself|-ˈknowl·edge *s.* Selbst(er)kenntnis *f*; **ˈ~-ˌlac·erˈa·tion** *s.* Selbstzerfleischung *f*.

self·less [ˈselflɪs] *adj.* selbstlos; **ˈself·less·ness** [-nɪs] *s.* Selbstlosigkeit *f*.

ˌself|-ˈload·ing *adj.* Selbstlade...; **ˌ~-ˈlove** *s.* Eigenliebe *f*; **ˌ~-ˈlu·bri·cat·ing** *adj.* ⚙ selbstschmierend; **ˌ~-ˈmade** *adj.* selbstgemacht: **~ *man*** j-d, der durch eigene Kraft hochgekommen ist, Selfmademan *m*; **ˌ~-negˈlect** *s.* **1.** Selbstlosigkeit *f*; **2.** Vernachlässigung *f* s-s Äußeren; **ˌ~-oˈpin·ion·at·ed** *adj.* **1.** eingebildet; **2.** rechthaberisch; **ˌ~-ˈpit·y** *s.* Selbstmitleid *n*; **ˌ~-ˈpor·trait** *s.* ˈSelbstporˌträt *n*, -bildnis *n*; **ˌ~-posˈses·sion** *s.* Selbstbeherrschung *f*; **ˌ~-ˈpraise** *s.* Eigenlob *n*; **ˈ~-ˌpres·erˈva·tion** *s.* Selbsterhaltung *f*: ***instinct of* ~** Selbsterhaltungstrieb *m*; **ˌ~-proˈpelled** *adj.* ⚙ Selbstfahr..., mit Eigenantrieb; **ˈ~-ˌre·al·i·ˈza·tion** *s.* Selbstverwirklichung *f*; **ˌ~-reˈcord·ing** *adj.* ⚙ selbstschreibend; **ˌ~-reˈgard** *s.* **1.** Eigennutz *m*; **2.** Selbstachtung *f*; **ˌ~-reˈli·ance** *s.* Selbstvertrauen *n*, -sicherheit *f*; **ˌ~-reˈli·ant** *adj.* selbstbewußt, -sicher; **ˌ~-reˈproach** *s.* Selbstvorwurf *m*; **ˌ~-reˈspect** *s.* Selbstachtung *f*; **ˌ~-reˈspect·ing** *adj.*: ***every ~ craftsman*** jeder Handwerker, der etwas auf sich hält; **ˌ~-reˈstraint** *s.* Selbstbeherrschung *f*; **ˌ~-ˈright·eous** *adj.* selbstgerecht; **ˌ~-ˈsac·ri·fice** *s.* Selbstaufopferung *f*; **ˌ~-ˈsac·ri·fic·ing** *adj.* aufopferungsvoll; **ˈ~-same** *adj.* ebenderselbe, -dieselbe, -dasselbe; **ˌ~-ˈsat·is·fied** *adj.* selbstzufrieden; **ˌ~-ˈseal·ing** *adj.* **1.** ⚙ selbstdichtend; **2.** selbstklebend (*bsd. Briefumschlag*); **3.** schußsicher; **ˌ~-ˈseek·er** *s.* Egoˈist(in); **ˌ~-ˈserv·ice I** *adj.* Selbstbedienungs...: **~ *shop***; **II** *s.* Selbstbedienung *f*; **ˌ~-ˈstart·er** *s. mot.* (Selbst-)Anlasser *m*; **ˌ~-ˈstyled** *adj. iron.* von eigenen Gnaden; **ˌ~-sufˈfi·cien·cy** *s.* **1.** Unabhängigkeit *f* (von fremder Hilfe); **2.** ✝ Autarˈkie *f*; **3.** Eigendünkel *m*; **ˌ~-sufˈfi·cient** *adj.* **1.** unabhängig, Selbstversorger..., ✝ *a.* auˈtark; **2.** dünkelhaft; **ˌ~-sugˈges·tion** *s. psych.* ˌAutosuggestiˈon *f*; **ˌ~-supˈpli·er** *s.* Selbstversorger *m*; **ˌ~-supˈport·ing** *adj.* **1.** → ***self-sufficient*** 1; **2.** ⚙ freitragend (*Brücke etc.*); **ˌ~-ˈtaught** *adj.* **1.** autodiˈdaktisch: **~ *person*** Autodidakt *m*; **2.** selbsterlernt; **ˌ~-ˈtim·er** *s. phot.* Selbstauslöser *m*; **ˌ~-ˈwill** *s.* Eigensinn *m*; **ˌ~-ˈwilled** *adj.* eigensinnig; **ˌ~-ˈwind·ing** *adj.* autoˈmatisch (*Uhr*).

sell [sel] **I** *s.* **1.** F a) Reinfall *m*, b) Schwindel *m*; **2.** ✝ F (***hard ~*** aggresˈsive) Verˈkaufsmeˌthode; → ***soft*** 1; **II** *v/t.* [*irr.*] **3.** verkaufen, -äußern (***to*** an *acc.*), ✝ *a. Ware* absetzen; → ***life*** *Redew.*; **4.** ✝ *Waren* führen, handeln mit, vertreiben; **5.** *fig.* verkaufen, e-n guten Absatz sichern (*dat.*): ***his name will ~ the book***; **6.** *fig.* ‚verkaufen', verraten; **7.** *sl.* ‚anschmieren'; **8.** F *j-m et.* ‚verkaufen', aufschwatzen, schmackhaft machen: **~ *s.o. on*** j-m *et.* andrehen, j-n zu *et.* überreden; ***be sold on*** *fig.* von *et.* überzeugt *od.* begeistert sein; **III** *v/i.* [*irr.*] **9.** verkaufen; **10.** verkauft werden (***at*** für); **11.** sich *gut etc.* verkaufen, *gut etc.* gehen, ‚ziehen'; **~ *off*** *v/t.* ausverkaufen, *Lager* räumen; **~ *out*** *v/t.* **1.** → ***sell off***: ***be sold out*** ausverkauft sein; **2.** *Wertpapiere* realisieren; **3.** *fig.* → ***sell*** 6; **~ *up*** *v/t.* **1.** (*v/i.* sein) *Geschäft etc.* verkaufen; **2. ~ *s.o. up*** j-n auspfänden.

sell·er [ˈselə] *s.* **1.** Verkäufer(in); Händler(in): ***~s' market*** ✝ Verkäufermarkt *m*; ***~'s option*** Verkaufsoption *f*, *Börse*: Rückprämie(ngeschäft *n*) *f*; **2. *good ~*** ✝ gutgehende Ware, zugkräftiger Arˈtikel.

sell·ing [ˈselɪŋ] **I** *adj.* **1.** Verkaufs..., Absatz..., Vertriebs...: **~ *area*** *od.* ***space*** Verkaufsfläche *f*; **II** *s.* **2.** Verkauf *m*; **3.** → ***sell*** 2.

ˈsell-out *s.* **1.** Ausverkauf *m* (*a. fig. pol.*); **2.** ausverkaufte Veranstaltung, volles Haus; **3.** *fig.* Verrat *m*.

Selt·zer (**wa·ter**) [ˈseltsə] *s.* Selters (-wasser) *n*.

sel·vage [ˈselvɪdʒ] *s. Weberei*: Salband *n*.

selves [selvz] *pl. von* ***self***.

se·man·tic [sɪˈmæntɪk] *adj. ling.* seˈmantisch; **seˈman·tics** [-ks] *s. pl. mst sg. konstr.* Seˈmantik *f*, (Wort)Bedeutungslehre *f*.

sem·a·phore [ˈseməfɔː] **I** *s.* **1.** ⚙ Semaˈphor *m*: a) 🚂 (ˈFlügel)SiˌgnaImast *m*, b) optischer Teleˈgraph; **2.** ⚔, ⚓ (Flaggen)Winken *n*: **~ *message*** Winkspruch *m*; **II** *v/t. u. v/i.* **3.** signalisieren.

sem·blance [ˈsembləns] *s.* **1.** (äußere) Gestalt, Erscheinung *f*: ***in the ~ of*** in Gestalt (*gen.*); **2.** Ähnlichkeit *f* (***to*** mit); **3.** (An)Schein *m*: ***the ~ of honesty***; ***under the ~ of*** unter dem Deckmantel (*gen.*).

se·mei·ol·o·gy [ˌsemɪˈɒlədʒɪ] *s.*, **ˌse·meiˈot·ics** [-ˈɒtɪks] *s. pl. sg. konstr.* Semiˈotik *f*: a) *Lehre von den Zeichen*, b) ⚕ Symptomatoloˈgie *f*.

se·men [ˈsiːmen] *s. physiol.* Samen *m* (*a.* ✿), Sperma *n*, Samenflüssigkeit *f*.

se·mes·ter [sɪˈmestə] *s. univ. bsd. Am.* Seˈmester *n*, Halbjahr *n*.

sem·i [ˈsemɪ] *s.* F *für* a) ***semidetached*** II, b) ***semifinal*** I, c) *Am.* ***semitrailer***.

semi- [semɪ] *in Zssgn* halb..., Halb...; **ˌ~-ˈan·nu·al** *adj.* ☐ halbjährlich; **ˈ~ˌau·toˈmat·ic** *adj.* (☐ ***~ally***) ˈhalbautoˌmatisch; **ˌ~ˈbold** *adj. u. s. typ.* halbfett(e Schrift); **ˈ~·breve** *s.* ♪ ganze Note: **~ *rest*** ganze Pause; **ˈ~ˌcir·cle** *s.* **1.** Halbkreis *m*; **2.** ⟑ Winkelmesser *m*; **ˌ~ˈcir·cu·lar** *adj.* halbkreisförmig; **ˌ~ˈco·lon** *s.* Semiˈkolon *n*, Strichpunkt *m*; **ˌ~·conˈduc·tor** *s.* ⚡ Halbleiter *m*; **ˌ~ˈcon·scious** *adj.* nicht bei vollem Bewußtsein; **ˌ~-deˈtached I** *adj.*: **~ *house*** → **II** *s.* Doppelhaushälfte *f*; **ˌ~ˈfi·nal** *sport* **I** *s.* **1.** ˈSemi-, ˈHalbfiˌnale *n*, Vorschlußrunde *f*; **2.** ˈHalbfiˌnalspiel *n*; **II** *adj.* **3.** Halbfinal...; **ˌ~ˈfi·nal·ist** *s. sport* ˈHalbfinaˌlist(in); **ˌ~ˈfin·ished** *adj.* ⚙ halbfertig: **~ *product*** Halbfabrikat *n*; **ˌ~ˈflu·id**, **ˌ~ˈliq·uid** *adj.* halb-, zähflüssig; **ˈ~ˌman·uˈfac·tured** → ***semifinished***; **ˌ~ˈmonth·ly I** *adj. u. adv.* halbmonatlich; **II** *s.* Halbmonatsschrift *f*.

sem·i·nal [ˈsemɪnl] *adj.* ☐ **1.** ✿, *physiol.* Samen...: **~ *duct*** Samengang *m*, -leiter *m*; **~ *fluid*** Samenflüssigkeit *f*, Sperma *n*; **~ *leaf*** ✿ Keimblatt *n*; **~ *power*** Zeugungsfähigkeit *f*; **2.** *fig.* a) zukunftsträchtig, fruchtbar, b) folgenreich; **3.** noch unentwickelt: ***in the ~ state*** im Entwicklungsstadium.

sem·i·nar [ˈsemɪnɑː] *s. univ.* Semiˈnar *n*.

sem·i·nar·y [ˈsemɪnərɪ] *s.* **1.** (*eccl.* ˈPriester)SemiˌNar *n*, Bildungsanstalt *f*; **2.** *fig.* Schule *f*, Pflanzstätte *f*, *contp.* Brutstätte *f*.

sem·i·na·tion [ˌsemɪˈneɪʃn] *s.* (Aus)Säen *n*.

ˌsem·i·ofˈfi·cial *adj.* ☐ halbamtlich, offiziˈös.

se·mi·ol·o·gy [ˌsemɪˈɒlədʒɪ] *s.*, **ˌse·miˈot·ics** [-ˈɒtɪks] *s. pl. sg. konstr.* → ***semeiology***.

ˈsem·i|ˌpre·cious *adj.* halbedel: **~ *stone*** Halbedelstein *m*; **ˌ~·proˈfes·sion·al I** *adj.* ˈhalbprofessioˌnell; **II** *s. sport* ‚Halbprofi' *m*; **ˈ~ˌqua·ver** *s.* ♪ Sechzehntel(note *f*) *n*: **~ *rest*** Sechzehntelpause *f*; **ˌ~ˈrig·id** *adj.* halbstarr (*Luft-*

schiff); ˌ~ˈ**skilled** *adj.* angelernt (*Arbeiter*).

Sem·ite [ˈsiːmaɪt] **I** *s.* Seˈmit(in); **II** *adj.* seˈmitisch; **Se·mit·ic** [sɪˈmɪtɪk] **I** *adj.* seˈmitisch; **II** *s. ling.* Seˈmitisch *n.*

ˈ**sem·i|·steel** *s.* ⚙ Halb-, *Am.* Puddelstahl *m*; ˈ**~·tone** *s.* ♪ Halbton *m*; ˈ**~ˌtrail·er** *s. mot.* Sattelschlepper(anhänger) *m*; ˈ**~ˌvow·el** *s. ling.* ˈHalbvoˌkal *m*; ˌ**~ˈweek·ly I** *adj. u. adv.* halbwöchentlich; **II** *s.* halbwöchentlich erscheinende Veröffentlichung.

sem·o·li·na [ˌseməˈliːnə] *s.* Grieß(mehl *n*) *m.*

sem·pi·ter·nal [ˌsempɪˈtɜːnl] *adj. rhet.* immerwährend, ewig.

semp·stress [ˈsem*p*strɪs] → ***seamstress.***

sen·ate [ˈsenɪt] *s.* **1.** Seˈnat *m* (*a. univ.*); **2.** ♀ *parl. Am.* Seˈnat *m* (*Oberhaus*); **sen·a·tor** [ˈsenətə] *s.* Seˈnator *m*; **sen·a·to·ri·al** [ˌsenəˈtɔːrɪəl] *adj.* ☐ **1.** senaˈtorisch, Senats...; **2.** *Am.* zur Wahl von Senaˈtoren berechtigt.

send [send] [*irr.*] **I** *v/t.* **1.** *j-n, Brief, Hilfe etc.* senden, schicken (**to** *dat.*): ***~ s.o. to bed*** (***to a school, to prison***) j-n ins Bett (auf e-e Schule, ins Gefängnis) schicken; → ***word*** 6; **2.** *Ball, Kugel etc. wohin* senden, schießen, jagen; **3.** *mit adj. od. pres.p.* machen: ***~ s.o. mad; ~ s.o. flying*** a) j-n verjagen, b) j-n hinschleudern; ***~ s.o. reeling*** j-n taumeln machen *od.* lassen; **4.** *sl. Zuhörer etc.* in Ekˈstase versetzen, ˈhinreißen; **II** *v/i.* **5.** ***~ for*** a) nach *j-m* schicken, *j-n* kommen lassen, *j-n* holen *od.* rufen (lassen), b) (sich) *et.* kommen lassen, bestellen; **6.** ⚡, *Radio etc.*: senden;
Zssgn mit adv.:

send| a·way I *v/t.* **1.** weg-, fortschikken; **2.** *Brief etc.* absenden; **II** *v/i.* **3.** ***~ for*** (***to s.o.***) sich (von j-m) *et.* kommen lassen; **~ down** *v/t.* **1.** *fig. Preise, Temperatur* (herˈab)drücken; **2.** *univ.* relegieren; **3.** F *j-n* einsperren; **~ forth** *v/t.* **1.** *j-n, et., a. Licht* aussenden; *Wärme etc.* ausstrahlen; **2.** *Laut etc.* von sich geben; **3.** herˈvorbringen; **4.** *fig.* veröffentlichen, verbreiten; **~ in** *v/t.* **1.** einsenden, -schicken, -reichen; → ***name*** *Redew.*; **2.** *sport Ersatzmann* aufs Feld schicken; **~ off** *v/t.* **1.** → ***send away*** I; **2.** *j-n* (herzlich) verabschieden; **3.** *sport* vom Platz stellen; **~ on** *v/t.* vorˈaus-, nachschicken; **~ out** → ***send forth***; **~ up** *v/t.* **1.** *j-n, a. Ball etc.* hinˈaufsenden; **2.** *Schrei* ausstoßen; **3.** *fig. Preise, Fieber* in die Höhe treiben; **4.** *Brit.* F ,durch den Kaˈkao' ziehen, parodieren; **5.** F ,einlochen'.

send·er [ˈsendə] *s.* **1.** Absender(in); **2.** (Über)ˈSender(in); **3.** *tel.* Geber *m* (*Sendegerät*).

ˈ**send|·off** *s.* F **1.** Abschied *m*, Abschiedsfeier *f*, Geleit(e) *n*; **2.** gute Wünsche *pl.* zum Anfang; **3.** *sport u. fig.* Start *m*; ˈ**~-up** *s. Brit.* F Verulkung *f*, Paroˈdie *f.*

se·nes·cence [sɪˈnesns] *s.* Altern *n*; **seˈnes·cent** [-nt] *adj.* **1.** alternd; **2.** Alters...

sen·es·chal [ˈsenɪʃl] *s. hist.* Seneschall *m*, Majorˈdomus *m.*

se·nile [ˈsiːnaɪl] *adj.* **1.** seˈnil: a) greisenhaft, b) ,verkalkt', kindisch; **2.** Alters...: ***~ decay*** Altersabbau *m*; ***~ speckle*** ⚕ Altersfleck *m*; **se·nil·i·ty** [sɪˈnɪlətɪ] *s.* Seniliˈtät *f.*

sen·ior [ˈsiːnjə] **I** *adj.* **1.** (*nachgestellt, abbr. in England* **sen.**, *in USA* **Sr.**) senior: ***Mr. John Smith sen.*** (***Sr.***) Herr John Smith sen.; **2.** älter (**to** als): ***~ citizen*** älterer Mitbürger, Rentner(in); ***~ citizens*** Senioren *pl.*; ***~ partner*** † Seniorchef *m*, Hauptteilhaber; **3.** rang-, dienstälter, ranghöher, Ober...: ***a ~ man*** *Brit.* ein höheres Semester (*Student*); ***~ officer*** a) höherer Offizier, *mein etc.* Vorgesetzter, b) Rangälteste(r); ***~ service*** *Brit. die* Kriegsmarine; **4.** *ped.* Ober...: ***~ classes*** Oberklassen; **5.** *Am.* im letzten Schuljahr (stehend): ***the ~ class*** die oberste Klasse; ***~ high*** (***school***) *Am. die obersten Klassen der High-School*; ***~ college*** *College, an dem das 3. und 4. Jahr eines Studiums absolviert wird*; **II** *s.* **6.** Ältere(r *m*) *f*; Älteste(r *m*) *f*: ***he is my ~ by four years, he is four years my ~*** er ist vier Jahre älter als ich; **7.** Rang-, Dienstälteste(r *m*) *f*; **8.** Vorgesetzte(r *m*) *f*; **9.** *Am.* Stuˈdent *m od.* Schüler *m* im letzten Studienjahr.

sen·ior·i·ty [ˌsiːnɪˈɒrətɪ] *s.* **1.** höheres Alter; **2.** höheres Dienstalter: ***by ~*** *Beförderung* nach dem Dienstalter.

sen·na [ˈsenə] *s. pharm.* Sennesblätter *pl.*

sen·sate [ˈsenseɪt] *adj.* sinnlich (wahrgenommen).

sen·sa·tion [senˈseɪʃn] *s.* **1.** (Sinnes-) Wahrnehmung *f*, (-)Empfindung *f*; **2.** Gefühl *n*: ***pleasant ~***; ***~ of thirst*** Durstgefühl *n*; **3.** Empfindungsvermögen *n*; **4.** Sensatiˈon *f* (*a. Ereignis*), (großer) Eindruck, Aufsehen *n*: ***make*** (*od.* ***create***) ***a ~*** großes Aufsehen erregen; **senˈsa·tion·al** [-ʃənl] *adj.* ☐ **1.** sensatioˈnell, Sensations...; **2.** sinnlich, Sinnes...; **3.** *phls.* sensuaˈlistisch; **senˈsa·tion·al·ism** [-ʃnəlɪzəm] *s.* **1.** Sensatiˈonsgier *f*, -lust *f*; **2.** ,Sensatiˈonsmache' *f*; **3.** *phls.* Sensuaˈlismus *m.*

sense [sens] **I** *s.* **1.** Sinn *m*, ˈSinnesorˌgan n: ***the five ~s*** die fünf Sinne; ***~ of smell*** (***touch***) Geruchs- (Tast)sinn; ***~ organ*** Sinnesorgan *n*; → ***sixth*** 1; **2.** *pl.* Sinne *pl.*, (klarer) Verstand: ***in*** (***out of***) ***one's ~s*** bei (von) Sinnen; ***in one's right ~s*** bei Verstand; ***lose one's ~s*** den Verstand verlieren; ***bring s.o. to his ~s*** j-n zur Besinnung bringen; **3.** *fig.* Vernunft *f*, Verstand *m*: ***a man of ~*** ein vernünftiger *od.* kluger Mensch; ***common*** (*od.* ***good***) ***~*** gesunder Menschenverstand; ***have the ~ to do s.th.*** so klug sein, et. zu tun; ***knock some ~ into s.o.*** j-m den Kopf zurechtsetzen; **4.** Sinne *pl.*, Empfindungsvermögen *n*; **5.** Gefühl *n*, Empfindung *f* (**of** für): ***~ of pain*** Schmerzgefühl, -empfindung; ***~ of security*** Gefühl der Sicherheit; **6.** Sinn *m*, Gefühl *n* (**of** für): ***~ of beauty*** Schönheitssinn; ***~ of duty*** Pflichtgefühl; ***~ of humo(u)r*** (Sinn für) Humor *m*; ***~ of justice*** Gerechtigkeitssinn; ***~ of locality*** Ortssinn; ***~ of purpose*** Zielstrebigkeit *f*; **7.** Sinn *m*, Bedeutung *f* (*e-s Wortes etc.*): ***in a ~*** gewissermaßen; **8.** Sinn *m* (*et. Vernünftiges*): ***what is the ~ of doing this?*** was hat es für e-n Sinn, das zu tun?; ***talk ~*** vernünftig reden; ***it does not make ~*** es hat keinen Sinn; **9.** (allgemeine) Ansicht, Meinung *f*: ***take the ~ of*** die Meinung (*gen.*) einholen; **10.** ⚙ Richtung *f*: ***~ of rotation*** Drehsinn *m*; **II** *v/t.* **11.** fühlen, spüren, ahnen; **12.** *Am.* F ,kapieren', begreifen; **13.** *Computer*: a) abtasten, ⚡ *a.* (ab)fühlen, b) abfragen; ˈ**sense·less** [-lɪs] *adj.* ☐ **1.** a) besinnungslos, b) gefühllos; **2.** unvernünftig, dumm, verrückt (*Mensch*); **3.** sinnlos, unsinnig (*Sache*); ˈ**sense·less·ness** [-lɪsnɪs] *s.* **1.** Unempfindlichkeit *f*; **2.** Bewußtlosigkeit *f*; **3.** Unvernunft *f*; **4.** Sinnlosigkeit *f.*

sen·si·bil·i·ty [ˌsensɪˈbɪlətɪ] *s.* **1.** Sensibiliˈtät *f*, Empfindungsvermögen *n*; **2.** *phys. etc.* Empfindlichkeit *f*: ***~ to light*** Lichtempfindlichkeit; **3.** *fig.* Empfänglichkeit *f* (**to** für); **4.** Sensibiliˈtät *f*, Empfindsamkeit *f*; **5.** *a. pl.* Fein-, Zartgefühl *n*; **sen·si·ble** [ˈsensəbl] *adj.* ☐ **1.** vernünftig (*Person, Sache*); **2.** fühl-, spürbar; **3.** merklich, wahrnehmbar; **4.** bei Bewußtsein; **5.** bewußt (**of** *gen.*): ***be ~ of*** a) sich *e-r Sache* bewußt sein, b) *et.* empfinden; **sen·si·ble·ness** [ˈsensəblnɪs] *s.* Vernünftigkeit *f*, Klugheit *f.*

sens·ing| el·e·ment [ˈsensɪŋ] *s.* ⚙ (Meß)Fühler *m*; **~ head** *s. Computer*: Abtastkopf *m.*

sen·si·tive [ˈsensɪtɪv] **I** *adj.* ☐ **1.** fühlend (*Kreatur etc.*); **2.** Empfindungs...: ***~ nerves***; **3.** sensiˈtiv, (ˈüber)empfindlich (**to** gegen): ***be ~ to*** empfindlich reagieren auf (*acc.*); **4.** senˈsibel, feinfühlig, empfindsam; **5.** *phys. etc.* (*phot.* licht-) empfindlich: ***~ to heat*** wärmeempfindlich; ***~ plant*** ♀ Sinnpflanze *f*; ***~ spot*** *fig.* empfindliche Stelle, neuralgischer Punkt; ***~ subject*** *fig.* heikles Thema; **6.** schwankend (*a.* † *Markt*); **7.** ⚔ gefährdet; **II** *s.* **8.** sensiˈtiver Mensch; ˈ**sen·si·tive·ness** [-nɪs], **sen·si·tiv·i·ty** [ˌsensɪˈtɪvətɪ] *s.* **1.** → ***sensibility*** 1 *u.* 2: ***~ group*** *psych.* Trainingsgruppe *f*; ***~ training*** *psych.* Sensitivitätstraining *n*; **2.** Sensitiviˈtät *f*, Feingefühl *n.*

sen·si·tize [ˈsensɪtaɪz] *v/t.* sensibilisieren, (*phot.* licht)empfindlich machen.

sen·sor [ˈsensə] *s.* ⚡, ⚙ Sensor *m.*

sen·so·ri·al [senˈsɔːrɪəl] → ***sensory***; **senˈso·ri·um** [-əm] *pl.* **-ri·a** [-rɪə] *s. anat., psych.* **1.** Senˈsorium *n*, ˈSinnesappaˌrat *m*; **2.** Sitz *m* des Empfindungsvermögens, Bewußtsein *n*; **sen·so·ry** [ˈsensərɪ] *adj.* senˈsorisch, Sinnes...: ***~ perception.***

sen·su·al [ˈsensjʊəl] *adj.* ☐ **1.** sinnlich: a) Sinnes..., b) wollüstig, *bsd. bibl.* fleischlich; **2.** *phls.* sensuaˈlistisch; ˈ**sen·su·al·ism** [-lɪzəm] *s.* **1.** Sinnlichkeit *f*, Lüsternheit *f*; **2.** *phls.* Sensuaˈlismus *m*; ˈ**sen·su·al·ist** [-lɪst] *s.* **1.** sinnlicher Mensch; **2.** *phls.* Sensuaˈlist *m*; **sen·su·al·i·ty** [ˌsensjʊˈælətɪ] *s.* Sinnlichkeit *f*; ˈ**sen·su·al·ize** [-laɪz] *v/t.* **1.** sinnlich machen; **2.** versinnlichen.

sen·su·ous [ˈsensjʊəs] *adj.* ☐ sinnlich: a) Sinnes..., b) sinnenfroh; ˈ**sen·su·ous·ness** [-nɪs] *s.* Sinnlichkeit *f.*

sent [sent] *pret. u. p.p. von* ***send.***

sen·tence [ˈsentəns] **I** *s.* **1.** *ling.* Satz (-verbindung *f*) *m*: ***complex ~*** Satzgefüge *n*; ***~ stress*** Satzbetonung *f*; **2.** ⚖ a) (*bsd.* Straf)Urteil *n*: ***pass ~*** (***up***)***on*** das (*fig.* ein) Urteil fällen über (*acc.*), verurteilen (*a. fig.*), b) Strafe *f*: ***under ~ of death*** zum Tode verurteilt; ***serve***

a ~ of imprisonment e-e Freiheitsstrafe verbüßen; **3.** *obs.* Sen'tenz *f*, Sinnspruch *m*; **II** *v/t.* **4.** ⚖ *u. fig.* verurteilen (***to*** zu).

sen·ten·tious [sen'tenʃəs] *adj.* □ **1.** sententi'ös, prä'gnant, kernig; **2.** spruchreich, lehrhaft; *contp.* aufgeblasen, salbungsvoll; **sen'ten·tious·ness** [-nɪs] *s.* **1.** Prä'gnanz *f*; **2.** Spruchreichtum *m*, Lehrhaftigkeit *f*; **3.** Großspreche'rei *f*.

sen·ti·ence ['senʃəns] *s.* **1.** Empfindungsvermögen *n*; **2.** Empfindung *f*; **'sen·tient** [-nt] *adj.* □ **1.** empfindungsfähig; **2.** fühlend.

sen·ti·ment ['sentɪmənt] *s.* **1.** Empfindung *f*, (Gefühls)Regung *f*, Gefühl *n* (***towards*** *j-m* gegenüber); **2.** *pl.* Gedanken *pl.*, Meinung *f*, (Geistes)Haltung *f*: ***noble ~s*** edle Gesinnung; ***them's my ~s*** *humor.* (so) denke ich; **3.** (Fein)Gefühl *n*, Innigkeit *f* (*a. Kunst*); **4.** *contp.* Sentimentali'tät *f*.

sen·ti·men·tal [ˌsentɪ'mentl] *adj.* □ **1.** sentimen'tal: a) gefühlvoll, empfindsam, b) *contp.* rührselig; **2.** gefühlsmäßig, Gefühls..., emotio'nal: ***~ value*** † Liebhaberwert *m*; **ˌsen·ti'men·tal·ism** [-təlɪzəm] **1.** Empfindsamkeit *f*; **2.** → ***sentimentality***; **ˌsen·ti'men·tal·ist** [-təlɪst] *s.* Gefühlsmensch *m*; **sen·ti·men·tal·i·ty** [ˌsentɪmen'tælətɪ] *s. contp.* Sentimentali'tät *f*, Rührseligkeit *f*, Gefühlsduse'lei *f*; **ˌsen·ti'men·tal·ize** [-təlaɪz] **I** *v/t.* sentimen'tal gestalten; **II** *v/i.* (***about, over***) in Gefühlen schwelgen (bei), sentimen'tal werden (bei, über *dat.*).

sen·ti·nel ['sentɪnl] *s.* **1.** Wächter *m*: ***stand ~ over*** bewachen; **2.** ⚔ → ***sentry*** 1; **3.** *Computer*: 'Trennsymˌbol *n*.

sen·try ['sentrɪ] ⚔ *s.* **1.** (Wach)Posten *m*, Wache *f*; **2.** Wache *f*, Wachdienst *m*; **'~-box** *s.* Wachhäus-chen *n*; **'~-go** *s.* Wachdienst *m*.

se·pal ['sepəl] *s.* ⚘ Kelchblatt *n*.

sep·a·ra·ble ['sepərəbl] *adj.* □ (ab-)trennbar; **'sep·a·rate** ['sepəreɪt] **I** *v/t.* **1.** trennen (***from*** von): a) *Freunde, a. Kämpfende etc.* ausein'anderbringen, ⚖ (ehelich) trennen, b) abtrennen, -schneiden, c) (ab)sondern, (aus)scheiden, d) ausein'anderhalten, unter'scheiden zwischen; **2.** (auf-, zer)teilen (***into*** in *acc.*); **3.** ⚗, ⚙ a) scheiden, (ab)spalten, b) sortieren, c) aufbereiten; **4.** *Milch* zentrifugieren; **5.** ⚔ *Am.* entlassen; **II** *v/i.* **6.** sich (⚖ ehelich) trennen (***from*** von), ausein'andergehen; **7.** ⚗, ⚙ sich absondern; **III** *adj.* ['seprət] □ **8.** getrennt, besonder, sepa'rat, Separat..., Sonder...: ***~ account*** † Sonderkonto *n*; ***~ estate*** ⚖ eingebrachtes Sondergut (*der Ehefrau*); **9.** einzeln, gesondert, getrennt, Einzel...: ***~ questions*** gesondert zu behandelnde Fragen; **10.** einzeln, isoliert; **IV** *s.* ['seprət] **11.** *typ.* Sonder(ab)druck *m*; **sep·a·rate·ness** ['seprətnɪs] *s.* **1.** Getrenntheit *f*; **2.** Besonderheit *f*; **3.** Abgeschiedenheit *f*, Isoliertheit *f*; **sep·a·ra·tion** [ˌsepə'reɪʃn] *s.* **1.** (⚖ eheliche) Trennung, Absonderung *f*: ***judicial ~*** (gerichtliche) Aufhebung der ehelichen Gemeinschaft; ***~ of powers*** *pol.* Gewaltenteilung *f*; ***~ allowance*** Trennungszulage *f*; **2.** ⚙, ⚗ a) Abscheidung *f*, -spaltung *f*, b) Scheidung *f*, Klassierung *f von Erzen*; **3.** ⚔ *Am.* Entlassung *f*; **'sep·a·ra·tism** [-ətɪzəm] *s.* Separa'tismus *m*; **'sep·a·ra·tist** [-ətɪst] **I** *s.* **1.** Separa'tist(in); **2.** *eccl.* Sektierer (-in); **II** *adj.* **3.** separa'tistisch; **'sep·a·ra·tive** [-ətɪv] *adj.* trennend, Trennungs...; **sep·a·ra·tor** ['sepəreɪtə] *s.* **1.** ⚙ a) (Ab)Scheider *m*, b) (*bsd.* 'Milch-) Zentriˌfuge *f*; **2.** *a. ~ **stage*** ⚡ Trennstufe *f*; **3.** *bsd.* ⚕ Spreizvorrichtung *f*.

Se·phar·dim [se'fɑːdɪm] (*Hebrew*) *s. pl.* Se'phardim *pl.*

se·pi·a ['siːpjə] *s.* **1.** *zo.* Sepia *f*, (Gemeiner) Tintenfisch *m*; **2.** Sepia *f* (*Sekret od. Farbstoff*); **3.** *paint.* a) Sepia *f* (*Farbe*), b) Sepiazeichnung *f*; **4.** *phot.* Sepiadruck *m*.

sep·sis ['sepsɪs] *s.* ⚕ Sepsis *f*.

sept- [sept] *in Zssgn* sieben...

sep·ta ['septə] *pl. von **septum**.*

sep·tan·gle ['septæŋgl] *s.* ⚠ Siebeneck *n*.

Sep·tem·ber [sep'tembə] *s.* Sep'tember *m*: ***in ~*** im September.

sep·te·mi·a [sep'tiːmɪə] → ***septic(a)emia***.

sep·te·nar·y [sep'tiːnərɪ] **I** *adj.* **1.** aus sieben bestehend, Sieben...; **2.** → ***septennial***; **II** *s.* **3.** Satz *m* von sieben Dingen; **4.** Sieben *f*.

sep·ten·ni·al [sep'tenjəl] *adj.* □ **1.** siebenjährlich; **2.** siebenjährig.

sep·tet(te) [sep'tet] *s.* ♪ Sep'tett *n*.

sep·tic ['septɪc] **I** *adj.* (□ ***~ally***) ⚕ septisch: ***~ sore throat*** septische Angina; **II** *s.* Fäulniserreger *m*.

sep·ti·c(a)e·mi·a [ˌseptɪ'siːmɪə] *s.* ⚕ Blutvergiftung *f*, Sepsis *f*.

sep·tu·a·ge·nar·i·an [ˌseptjʊədʒɪ'neərɪən] **I** *s.* Siebzigjährige(r *m*) *f*, Siebziger(in); **II** *adj.* a) siebzigjährig, b) in den Siebzigern; **Sep·tu·a·ges·i·ma (Sun·day)** [ˌseptjʊə'dʒesɪmə] *s.* Septua'gesima *f* (*9. Sonntag vor Ostern*).

sep·tum ['septəm] *pl.* **-ta** [-tə] *s.* ⚘, *anat., zo.* (Scheide)Wand *f*, Septum *n*.

sep·tu·ple ['septjʊpl] **I** *adj.* siebenfach; **II** *s. das* Siebenfache; **III** *v/t.* (*v/i.* sich) versiebenfachen.

sep·tu·plet ['septjʊplɪt] *s.* **1.** Siebenergruppe *f*; **2.** *mst pl.* Siebenling *m* (*Kind*).

sep·ul·cher *Am.* → ***sepulchre***; **se·pulchral** [sɪ'pʌlkrəl] *adj.* □ **1.** Grab..., Begräbnis...; **2.** *fig.* düster, Grabes... (*-stimme etc.*); **sep·ul·chre** ['sepəlkə] *s.* **1.** Grab(stätte *f*, -mal *n*) *n*; **2.** *a. **Easter ~** R.C.* Ostergrab *n* (*Schrein*).

sep·ul·ture ['sepəltʃə] *s.* (Toten)Bestattung *f*.

se·quel ['siːkwəl] *s.* **1.** (Aufein'ander-) Folge *f*: ***in the ~*** in der Folge; **2.** Folge (-erscheinung) *f*, (Aus)Wirkung *f*, Konse'quenz *f*; (*gerichtliches etc.*) Nachspiel; **3.** (Ro'man- *etc.*)Fortsetzung *f*, (*a.* Hörspiel- *etc.*)Folge *f*.

se·quence ['siːkwəns] *s.* **1.** (Aufein'ander)Folge *f*: ***~ of operations*** ⚙ Arbeitsablauf *m*; ***~ of tenses*** *ling.* Zeitenfolge; **2.** (Reihen)Folge *f*: ***in ~*** der Reihe nach; **3.** Folge *f*, Reihe *f*, Serie *f*; **4.** → ***sequel*** 2; **5.** ♪, *eccl., a. Kartenspiel*: Se'quenz *f*; **6.** *Film*: Szene *f*; **7.** Folgerichtigkeit *f*; **8.** *fig.* Vorgang *m*; **'sequent** [-nt] **I** *adj.* **1.** (aufein'ander)folgend; **2.** (logisch) folgend; **II** *s.* **3.** (*zeitliche od. logische*) Folge; **se·quen·tial** [sɪ'kwenʃl] *adj.* □ **1.** (*regelmäßig*) (aufein'ander)folgend; **2.** folgend (***to*** auf *acc.*); **3.** folgerichtig, konse'quent.

se·ques·ter [sɪ'kwestə] *v/t.* **1.** (*o.s.* sich) absondern (***from*** von); **2.** ⚖ → ***sequestrate***; **se'ques·tered** [-əd] *adj.* einsam, weltabgeschieden; zu'rückgezogen; **se'ques·trate** [-treɪt] *v/t.* ⚖ beschlagnahmen: a) unter Treuhänderschaft stellen, b) konfiszieren; **se·ques·tra·tion** [ˌsiːkwe'streɪʃn] *s.* **1.** Absonderung *f*, Ausschluß *m* (***from*** von, *eccl.* aus *der Kirche*); **2.** ⚖ Beschlagnahme *f*: a) Zwangsverwaltung *f*, b) Einziehung *f*; **3.** Zu'rückgezogenheit *f*.

se·quin ['siːkwɪn] *s.* **1.** *hist.* Ze'chine *f* (*Goldmünze*); **2.** Ziermünze *f*; **3.** Pail'lette *f*.

se·quoi·a [sɪ'kwɔɪə] *s.* ⚘ Mammutbaum *m*.

se·ra·glio [se'rɑːlɪəʊ] *s.* Se'rail *n*.

se·rai [se'raɪ] *s.* Karawanse'rei *f*.

ser·aph ['serəf] *pl.* **'ser·aphs, 'ser·a·phim** [-fɪm] *s.* Seraph *m* (*Engel*); **se·raph·ic** [se'ræfɪk] *adj.* (□ ***~ally***) se'raphisch, engelhaft, verzückt.

Serb [sɜːb], **'Ser·bi·an** [-bjən] **I** *s.* **1.** Serbe *m*, Serbin *f*; **2.** *ling.* Serbisch *n*; **II** *adj.* **3.** serbisch.

sere [sɪə] → ***sear***[1] 7.

ser·e·nade [ˌserə'neɪd] ♪ **I** *s.* **1.** Sere'nade *f*, Ständchen *n*, 'Nachtmuˌsik *f*; **2.** Sere'nade *f* (*vokale od. instrumentale Abendmusik*); **II** *v/i. u. v/t.* **3.** (*j-m*) ein Ständchen bringen; **ˌser·e'nad·er** [-də] *s.* j-d, der ein Ständchen bringt.

se·rene [sɪ'riːn] *adj.* □ **1.** heiter, klar (*Himmel, Wetter etc.*), ruhig (*See*), friedlich (*Natur etc.*): ***all ~*** *sl.* ‚alles in Butter'; **2.** heiter, gelassen (*Person, Gemüt etc.*); **3.** 2 durch'lauchtig: ***His 2 Highness*** Seine Durchlaucht; **se·ren·i·ty** [sɪ'renətɪ] *s.* **1.** Heiterkeit *f*, Klarheit *f*; **2.** Gelassenheit *f*, heitere (Gemüts)Ruhe; **3.** (***Your***) 2 (Eure) 'Durchlaucht *f* (*Titel*).

serf [sɜːf] *s.* **1.** *hist.* Leibeigene(r *m*) *f*; **2.** *obs. od. fig.* Sklave *m*; **'serf·age** [-fɪdʒ], **'serf·dom** [-dəm] *s.* **1.** Leibeigenschaft *f*; **2.** *obs. od. fig.* Sklave'rei *f*.

serge [sɜːdʒ] *s.* Serge *f* (*Stoff*).

ser·geant ['sɑːdʒənt] *s.* **1.** ⚔ Feldwebel *m*; *Artillerie, Kavallerie*: Wachtmeister *m*: ***~ first class*** *Am.* Oberfeldwebel; ***first ~*** Hauptfeldwebel; **2.** (Poli'zei-) Wachtmeister *m*; **3.** → ***serjeant***; ***~ major*** *s.* ⚔ Hauptfeldwebel *m*.

se·ri·al ['sɪərɪəl] **I** *s.* **1.** in Fortsetzungen *od.* in regelmäßiger Folge erscheinende Veröffentlichung, *bsd.* 'Fortsetzungsroˌman *m*; **2.** (Veröffentlichungs)Reihe *f*; Lieferungswerk *n*; peri'odische Zeitschrift; **3.** a) Sendereihe *f*, b) (Hörspiel-, Fernseh)Folge *f*, Serie *f*; **II** *adj.* □ **4.** Serien..., Fortsetzungs...: ***~ story; ~ rights*** Copyright *n* e-s Fortsetzungsromans; **5.** serienmäßig, Serien..., Reihen...: ***~ manufacture; ~ number*** a) laufende Nummer, b) Fabrikationsnummer *f*; ***~ photograph*** Reihenbild *n*; ***~ processing*** *Computer* serielle Verarbeitung; **6.** ♪ Zwölfton...; **'se·ri·al·ize** [-laɪz] *v/t.* **1.** peri'odisch *od.* in Fortsetzungen veröffentlichen; **2.** reihenweise anordnen; **se·ri·a·tim** [ˌsɪərɪ'eɪtɪm] (*Lat.*) *adv.* der Reihe nach.

se·ri·ceous [sɪˈrɪʃəs] *adj.* **1.** Seiden…; **2.** seidig; **3.** ♀, *zo.* seidenhaarig; **ser·i·cul·ture** [ˈserɪˌkʌltʃə] *s.* Seidenraupenzucht *f.*

se·ries [ˈsɪəriːz] *pl.* **-ries** *s.* **1.** Serie *f*, Folge *f*, Kette *f*, Reihe *f*: ***in*** ~ der Reihe nach (→ 3 *u.* 9); **2.** (Arˈtikel-, Buch- *etc.*)Serie *f*, Reihe *f*, Folge *f*; **3.** ⚙ Serie *f*, Baureihe *f*: ~ ***production*** Reihen-, Serienbau *m*; ***in*** ~ serienmäßig; **4.** (*Briefmarken- etc.*)Serie *f*; **5.** 🙰 Reihe *f*; **6.** ⚗ homoˈloge Reihe; **7.** *geol.* Schichtfolge *f*; **8.** *zo.* Abˈteilung *f*; **9.** *a.* ~ ***connection*** ⚡ Serien-, Reihenschaltung *f*: ~ ***motor*** Reihen(schluß)motor *m*; ***connect in*** ~ hintereinanderschalten.

ser·if [ˈserɪf] *s. typ.* Seˈrife *f.*

ser·in [ˈserɪn] *s. orn.* wilder Kaˈnarienvogel.

se·ri·o·com·ic [ˌsɪərɪəʊˈkɒmɪk] *adj.* (□ ~***ally***) ernst-komisch.

se·ri·ous [ˈsɪərɪəs] *adj.* □ **1.** ernst(haft): a) feierlich, b) von ernstem Chaˈrakter, seriˈös, c) schwerwiegend, bedeutend: ~ ***dress*** seriöse Kleidung; ~ ***music*** ernste Musik; ~ ***problem*** ernstes Problem; ~ ***artist*** ernsthafter Künstler; **2.** ernstlich, bedenklich, gefährlich: ~ ***illness***; ~ ***rival*** ernstzunehmender Rivale; **3.** ernst(haft, -lich), ernstgemeint (*Angebot etc.*): ***are you*** ~***?*** meinst du das im Ernst?; **ˈse·ri·ous·ly** [-lɪ] *adv.* ernst (-lich); im Ernst: ~ ***ill*** ernstlich krank; ~ ***wounded*** schwerverwundet; ***now,*** ~***!*** im Ernst!; **ˈse·ri·ous·ness** [-nɪs] *s.* **1.** Ernst *m*, Ernsthaftigkeit *f*; **2.** Wichtigkeit *f*, Bedeutung *f.*

ser·jeant [ˈsɑːdʒənt] *s.* ⚖ **1.** Gerichtsdiener *m*; **2.** ***Common*** ♌ Stadtsyndikus *m* (*London*); **3.** *a.* ~ ***at law*** höherer Barrister (des Gemeinen Rechts); ~ ***at arms*** *s. parl.* Ordnungsbeamte(r) *m.*

ser·mon [ˈsɜːmən] *s.* **1.** Predigt *f*: ♌ ***on the Mount*** *bibl.* Bergpredigt; **2.** *iro.* (Moˈral-, Straf)Predigt *f*; **ˈser·mon·ize** [-naɪz] **I** *v/i.* (*a. iro.*) predigen; **II** *v/t.* *j-m* e-e (Moˈral)Predigt halten.

se·rol·o·gist [ˌsɪəˈrɒlədʒɪst] *s.* ⚕ Seroˈloge *m*; **seˈrol·o·gy** [-dʒɪ] *s.* Seroloˈgie *f*, Serumkunde *f*; **seˈros·i·ty** [-ɒsətɪ] *s.* ⚕ **1.** seˈröser Zustand; **2.** seˈröse Flüssigkeit; **se·rous** [ˈsɪərəs] *adj.* ⚕ seˈrös.

ser·pent [ˈsɜːpənt] *s.* **1.** (*bsd. große*) Schlange; **2.** *fig.* (Gift)Schlange *f* (*Person*); **3.** ♌ *ast.* Schlange *f*; **ˈser·pen·tine** [-taɪn] **I** *adj.* **1.** schlangenförmig, Schlangen…; **2.** sich schlängelnd *od.* windend, geschlängelt, Serpentinen…: ~ ***road***; **3.** *fig.* falsch, tückisch; **II** *s.* **4.** *geol.* Serpenˈtin *m*; **5.** *Eislauf*: Schlangenbogen *m*; **6.** ♌ *Teich im Hyde Park.*

ser·pi·go [sɜːˈpaɪgəʊ] *s.* ⚕ fressende Flechte.

ser·rate [ˈserɪt], **ser·rat·ed** [seˈreɪtɪd] *adj.* (sägeförmig) gezackt; **ˌser·rate-ˈden·tate** *adj.* ♀ gesägt-gezähnt.

ser·ra·tion [seˈreɪʃn] *s.* (sägeförmige) Auszackung.

ser·ried [ˈserɪd] *adj.* dichtgeschlossen (*Reihen*).

se·rum [ˈsɪərəm] *s.* **1.** *physiol.* (Blut-) Serum *n*; **2.** ⚕ (Heil-, Schutz)Serum *n.*

ser·val [ˈsɜːvəl] *s. zo.* Serval *m.*

serv·ant [ˈsɜːvənt] *s.* **1.** Diener *m* (*a. fig. Gottes, der Kunst etc.*); (***domestic***) ~ Dienstbote *m*, -mädchen *n*, Hausangestellte(r *m*) *f*; ~***s' hall*** Gesindestube *f*; ***your obedient*** ~ hochachtungsvoll (*Amtsstil*); **2.** *bsd.* ***public*** ~ Beamte(r) *m*, Angestellte(r) *m* (*im öffentlichen Dienst*); → ***civil*** 2; **3.** ⚖ (Handlungs-) Gehilfe *m*, Angestellte(r) *m* (*Ggs.* ***master*** 5 b); ~ ***girl***, ~ ***maid*** *s.* Dienstmädchen *n.*

serve [sɜːv] **I** *v/t.* **1.** *j-m*, *a. Gott*, *s-m Land etc.* dienen; arbeiten für, im Dienst stehen bei; **2.** *j-m* dienlich sein, helfen (*a. Sache*); **3.** *Dienstzeit* (*a.* ⚔) ableisten; *Lehre* ˈdurchmachen; ⚖ *Strafe* absitzen, verbüßen; **4.** a) *Amt* ausüben, innehaben, b) Dienst tun in (*dat.*), *Gebiet*, *Personenkreis* betreuen, versorgen; **5.** *e-m Zweck* dienen *od.* entsprechen, *e-n Zweck* erfüllen, *e-r Sache* nützen: ***it*** ~***s no purpose*** es hat keinen Zweck; **6.** genügen (*dat.*), ausreichen für: ***enough to*** ~ ***us a month***; **7.** *j-m bei Tisch* aufwarten; *j-n*, ✝ *Kunden* bedienen; **8.** *a.* ~ ***up*** *Essen etc.* servieren, auftragen, reichen: ***dinner is*** ~***d!*** es ist serviert *od.* angerichtet!; ~ ***up*** F *fig.* ‚auftischen'; **9.** ⚔ *Geschütz* bedienen; **10.** versorgen (***with*** mit): ~ ***the town with gas***; **11.** *oft* ~ ***out*** aus-, verteilen; **12.** *mst* F a) *j-n schändlich etc.* behandeln, b) *j-m et.* zufügen: ~ ***s.o. a trick*** j-m e-n Streich spielen; ~ ***s.o. out*** es j-m heimzahlen; (***it***) ~***s him right*** (das) geschieht ihm recht; **13.** *Verlangen* befriedigen, frönen (*dat.*); **14.** *Stute etc.* decken; **15.** ⚖ *Vorladung etc.* zustellen (*dat.*): ~ ***s.o. a writ***, ~ ***a writ on s.o.***; **16.** ⚙ umˈwickeln; **17.** ⚓ *Tau* bekleiden; **II** *v/i.* **18.** dienen, Dienst tun (*beide a.* ⚔); in Dienst stehen, angestellt sein (***with*** bei); **19.** servieren, bedienen: ~ ***at table***; **20.** fungieren, amtieren (***as*** als): ~ ***on a committee*** in e-m Ausschuß tätig sein; **21.** dienen, nützen: ***it*** ~***s to*** *inf.* es dient dazu, zu *inf.*; ***it*** ~***s to show his cleverness*** daran kann man s-e Klugheit erkennen; **22.** dienen (***as***, ***for*** als): ***a blanket*** ~***d as a curtain***; **23.** genügen, den Zweck erfüllen; **24.** günstig sein, passen: ***as occasion*** ~***s*** bei passender Gelegenheit; ***the tide*** ~***s*** ⚓ der Wasserstand ist (*zum Auslaufen etc.*) günstig; **25.** *sport* a) *Tennis etc.*: aufschlagen, b) *Volleyball*: aufgeben: ***X to*** ~***!*** Aufschlag X; **26.** *R.C.* ministrieren; **III** *s.* **27.** → ***service*** 20; **ˈserv·er** [-və] *s.* **1.** *R.C.* Miniˈstrant *m*; **2.** a) *Tennis*: Aufschläger *m*, b) *Volleyball*: Aufgeber *m*; **3.** a) Tabˈlett *n*, b) Warmhalteplatte *f*, c) Serviertischchen *n od.* -wagen *m*, d) Tortenheber *m.*

serv·ice[1] [ˈsɜːvɪs] *s.* ♀ **1.** Spierbaum *m*; **2.** *a.* ***wild*** ~(***tree***) Elsbeerbaum *m.*

serv·ice[2] [ˈsɜːvɪs] **I** *s.* **1.** Dienst *m*, Stellung *f* (*bsd. v. Hausangestellten*): ***be in*** ~ in Stellung sein; ***take s.o. into*** ~ j-n einstellen; **2.** a) Dienstleistung *f* (*a.* ✝, ⚖), Dienst *m* (***to*** an *dat.*), b) (guter) Dienst, Gefälligkeit *f*: ***do*** (*od.* ***render***) ***s.o. a*** ~ j-m e-n Dienst erweisen; ***at your*** ~ zu Ihren Diensten; ***be*** (***place***) ***at s.o.'s*** ~ j-m zur Verfügung stehen (stellen); **3.** ✝ Bedienung *f*: ***prompt*** ~; **4.** Nutzen *m*: ***be of*** ~ ***to*** *j-m* nützen; **5.** (*Nacht-*, *Nachrichten-*, *Presse-*, *Telefon- etc.*)Dienst *m*; **6.** a) Versorgungsdienst *m*, b) Versorgungsbetrieb *m*: ***water*** ~ Wasserversorgung *f*; **7.** Funktiˈon *f*, Amt *n* (*e-s Beamten*); **8.** (öffentlicher) Dienst, Staatsdienst *m*: ***diplomatic*** ~; ***on Her Majesty's*** ♌ *Brit.* ✉ Dienstsache *f*; **9.** 🚂 *etc.* Verkehr *m*, Betrieb *m*: ***twenty-minute*** ~ Zwanzig-Minuten-Takt *m*; **10.** ⚙ Betrieb *m*: ***in*** (***out of***) ~ in (außer) Betrieb; ~ ***conditions*** Betriebsbeanspruchung *f*; ~ ***life*** Lebensdauer *f*; **11.** ⚙ Wartung *f*, Kundendienst *m*, Service *m*; **12.** ⚔ a) (Wehr-) Dienst *m*, b) Waffengattung *f*, c) *pl.* Streitkräfte *pl.*, d) *Brit.* Maˈrine *f*: ***be on active*** ~ aktiv dienen; ~ ***pistol*** Dienstpistole *f*; **13.** ⚔ *Am.* (technische) Versorgungstruppe; **14.** ⚔ Bedienung *f* (*Geschütz*); **15.** *mst pl.* Hilfsdienst *m*: ***medical*** ~(***s***); **16.** *eccl.* a) *a.* ***divine*** ~ Gottesdienst *m*, b) Liturˈgie *f*; **17.** Serˈvice *n*, Tafelgerät *n*; **18.** ⚖ Zustellung *f*; **19.** ⚓ Bekleidung *f* (*Tau*); **20.** *sport* a) *Tennis etc.*: Aufschlag, b) *Volleyball*: Aufgabe *f*; **II** *v/t.* **21.** ⚙ a) warten, pflegen, b) überˈholen; **22.** ✝ *bsd. Am.* Kundendienst verrichten für *od.* bei; **23.** *zo. Stute* decken; **ˈserv·ice·a·ble** [-səbl] *adj.* □ **1.** brauch-, verwendbar, nützlich; betriebs-, leistungsfähig; **2.** zweckdienlich; **3.** haltbar, strapazierfähig.

serv·ice| a·re·a *s.* **1.** *Radio, TV*: Sendebereich *m*; **2.** *Brit.* (Autobahn)Raststätte *f* (mit Tankstelle); ~ **book** *s. eccl.* Gebet-, Gesangbuch *n*; ~ **box** *s.* ⚡ Anschlußkasten *m*; ~ **brake** *s. mot.* Betriebsbremse *f*; ~ **charge** *s.* **1.** *econ.* Bedienungszuschlag *m*; **2.** ✝ Bearbeitungsgebühr *f*; ~ **com·pa·ny** *s.* Dienstleistungsbetrieb *m*; ~ **court** *s. Tennis etc.*: Aufschlagfeld *n*; ~ **dress** → ***service uniform***; ~ **en·gi·neer** *s.* Kundendiensttechniker *m*; ~ **flat** *s. Brit.* Eˈtagenwohnung *f* mit Bedienung; ~ **hatch** *s. Brit.* ˈDurchreiche *f* (*für Speisen*); ~ **in·dus·try** *s.* **1.** *mst pl.* Dienstleistungsbetriebe *pl.*, -gewerbe *n*; **2.** ˈZulieferinduˌstrie *f*; ~ **life** *s.* ⚙ Lebensdauer *f*; ~ **line** *s. Tennis etc.*: Aufschlaglinie *f*; **ˈ~·man** [-mən] *s.* [*irr.*] **1.** Solˈdat *m*, Miliˈtärangehörige(r) *m*; **2.** ⚙ a) ˈKundendienstmeˌchaniker *m*, b) ˈWartungsmonˌteur *m*; ~ **mod·ule** *s.* Versorgungsteil *m e-s Raumschiffs*; ~ **so·ci·e·ty** *s.* Dienstleistungsgesellschaft *f*; ~ **sta·tion** *s.* **1.** Kundendienst- *od.* Reparaˈturwerkstatt *f*; **2.** (Groß)Tankstelle *f*; ~ **trade** *s.* Dienstleistungsgewerbe *n*; ~ **u·ni·form** *s.* ⚔ Dienstanzug *m.*

ser·vi·ette [sɜːvɪˈet] *s.* Serviˈette *f.*

ser·vile [ˈsɜːvaɪl] *adj.* □ **1.** serˈvil, unterˈwürfig, kriecherisch; **2.** *fig.* sklavisch (*Gehorsam*, *Genauigkeit etc.*); **ser·vil·i·ty** [sɜːˈvɪlətɪ] *s.* Unterˈwürfigkeit *f*; Kriecheˈrei *f.*

serv·ing [ˈsɜːvɪŋ] *s.* Portiˈon *f.*

ser·vi·tor [ˈsɜːvɪtə] *s.* **1.** *obs.* Diener(in) (*a. fig.*); **2.** *obs. od. poet.* Gefolgsmann *m*; **3.** *univ. hist.* Stipendiˈat *m.*

ser·vi·tude [ˈsɜːvɪtjuːd] *s.* **1.** Sklaveˈrei *f*, Knechtschaft *f* (*a. fig.*); **2.** ⚖ Zwangsarbeit *f*: ***penal*** ~ Zuchthausstrafe *f*; **3.** ⚖ Serviˈtut *n*, Nutzungsrecht *n.*

ˈser·vo|-asˌsist·ed [ˈsɜːvəʊ-] *adj.* ⚙ Servo…; ~ **brake** *s.* Servobremse *f*; ~ **steer·ing** *s.* Servolenkung *f.*

ses·a·me ['sesəmɪ] *s.* **1.** ⚘ Indischer Sesam; **2.** → ***open sesame.***
ses·a·moid ['sesəmɔɪd] *adj. anat.* Sesam…: ~ ***bones*** Sesamknöchelchen.
sesqui- [seskwɪ] *in Zssgn* 'andert'halb; ˌ**~'al·ter** [-'æltə], ˌ**~'al·ter·al** [-'æltərəl] *adj.* im Verhältnis 3:2 *od.* 1:1½ stehend; ˌ**~·cen'ten·ni·al I** *adj.* 150jährig; **II** *s.* 150-Jahr-Feier *f*; ˌ**~·pe'da·li·an** [-pɪ'deɪljən] *adj.* **1.** 'andert'halb Fuß lang; **2.** *fig. humor.* sehr lang, mon'strös: ~ ***word***; **3.** *fig.* schwülstig; '**~·plane** [-pleɪn] *s.* ✈ Anderthalbdekker *m*.
ses·sile ['sesɪl] *adj.* **1.** ⚘ stiellos; **2.** *zo.* ungestielt.
ses·sion ['seʃn] *s.* **1.** *parl.* ⚖ a) Sitzung *f*, b) 'Sitzungsperiˌode *f*: ***be in*** ~ e-e Sitzung abhalten, tagen; **2.** (*einzelne*) Sitzung (*a.* ⚕ *psych.*), Konfe'renz *f*; **3.** ***⁓s*** *pl.* → ***magistrates' court, Quarter Sessions***; **4.** a) ***Court of ⁓*** *oberstes schottisches Zivilgericht*, b) ***Court of ⁓s*** *Am.* (*einzelstaatliches*) *Gericht für Strafsachen*; **5.** *univ.* a) *Brit.* aka'demisches Jahr, b) *Am.* ('Studien)SeˌMester *n*; '**ses·sion·al** [-ʃənl] *adj.* □ **1.** Sitzungs…; **2.** *univ. Brit.* Jahres…: ~ ***course.***
ses·tet [ses'tet] *s.* **1.** ♪ Sex'tett *n*; **2.** *Metrik*: sechszeilige Strophe.
set [set] **I** *s.* **1.** Satz *m Briefmarken, Dokumente, Werkzeuge etc.*; (*Möbel-, Toiletten- etc.*)Garni'tur *f*; (*Speise- etc.*) Ser'vice *n*, Besteck *n*; (*Farben- etc.*) Sorti'ment *n*; **2.** ✝ Kollekti'on *f*; **3.** Sammlung *f*: ***a ~ of Shakespeare's works***; **4.** (Schriften)Reihe *f*, (Ar'tikel-) Serie *f*; **5.** ⚙ (Ma'schinen)Anlage *f*; **6.** (Häuser)Gruppe *f*; **7.** (Zimmer)Flucht *f*; **8.** ⚙ a) (Ma'schinen)Satz *m*, (-)Anlage *f*, Aggre'gat *n*, b) (*Radio- etc.*)Gerät *n*, Appa'rat *m*; **9.** a) *thea.* Bühnenausstattung *f*, b) *Film*: Szenenaufbau *m*; **10.** *Tennis etc.*: Satz *m*; **11.** ∢ a) Zahlenreihe *f*, b) Menge *f*; **12.** ~ ***of teeth*** Gebiß *n*; **13.** (Per'sonen)Kreis *m*: a) Gesellschaft(sschicht) *f*, *vornehme, literarische etc.* Welt, b) *contp.* Klüngel *m*, Clique *f*: ***the chic*** ~ die ‚Schickeria'; ***the fast*** ~ die Lebewelt; **14.** Sitz *m*, Schnitt *m von Kleidern*; **15.** Haltung *f*; **16.** Richtung *f*, (Ver)Lauf *m e-r Strömung etc.*; **17.** Neigung *f*, Ten'denz *f*; **18.** *poet.* 'Untergang *m der Sonne etc.*: ***the ~ of the day*** das Tagesende; **19.** ⚙ → ***setting*** 10; **20.** *hunt.* Vorstehen *n des Hundes*: ***make a dead ~ at*** *fig.* a) über *j-n* herfallen, b) es auf *e-n Mann* abgesehen haben (*Frau*); **21.** *hunt.* (*Dachs- etc.*)Bau *m*; **22.** ⚘ Setzling *m*, Ableger *m*; **II** *adj.* **23.** starr (*Gesicht, Lächeln*); **24.** fest (*Meinung*); **25.** festgesetzt: ***at the ~ day***; **26.** vorgeschrieben, festgelegt: ~ ***rules***; ~ ***books*** *od.* ***reading*** Pflichtlektüre *f*; **27.** for'mell, konventio'nell: ~ ***party***; **28.** 'wohlüberˌlegt, einstudiert: ~ ***speech***; **29.** a) bereit, b) fest entschlossen (***on doing*** zu tun); **30.** zs.-gebissen (*Zähne*); **31.** eingefaßt (*Edelstein*); **32.** ~ ***piece*** *paint. etc.* Gruppenbild *n*; **33.** ~ ***fair*** beständig (*Barometer*); **34.** *in Zssgn* …gebaut; **III** *v/t.* [*irr.*] **35.** setzen, stellen, legen: ~ ***the glass to one's lips*** das Glas an die Lippen setzen; ~ ***a match to*** ein Streichholz halten an (*acc.*), *et.* in Brand stecken; → ***hand*** 7, ***sail*** 1 *etc.*; **36.** (ein-, her)richten, (an)ordnen, zu'rechtmachen; *thea. Bühne* aufbauen; *Tisch* decken; ⚙ *etc.* (ein)stellen, (-) richten, regulieren; *Uhr, Wecker* stellen; ⚙ *Säge* schränken; *hunt. Falle* (auf-) stellen; ⚕ *Bruch, Knochen* (ein)richten; *Messer* abziehen; *Haar* legen; **37.** ♪ a) vertonen, b) arrangieren; **38.** *typ.* absetzen; **39.** ⚘ a) *a.* ~ ***out*** *Setzlinge* (aus)pflanzen, b) *Boden* bepflanzen; **40.** a) *Bruthenne* setzen, b) *Eier* 'unterlegen; **41.** a) *Edelstein* fassen, b) *mit Edelsteinen etc.* besetzen; **42.** *Wache* (auf)stellen; **43.** *Aufgabe, Frage* stellen; **44.** *j-n* anweisen (***to do s.th.*** et. zu tun), *j-n* an (*e-e Sache*) setzen: ~ ***o.s. to do s.th.*** sich daran machen, et. zu tun; **45.** vorschreiben; **46.** *Zeitpunkt* festlegen; **47.** *Hund etc.* hetzen (***on*** auf *j-n*): ~ ***spies on*** *j-n* bespitzeln lassen; **48.** (veran)lassen (***doing*** zu tun): ~ ***going*** in Gang setzen; ~ ***s.o. laughing*** j-n zum Lachen bringen; ~ ***s.o. thinking*** j-m zu denken geben; **49.** *in e-n Zustand* versetzen; → ***ease*** 2; **50.** *Flüssiges* fest werden lassen; *Milch* gerinnen lassen; **51.** *Zähne* zs.-beißen; **52.** *Wert* bemessen, festsetzen; **53.** *Preis* aussetzen (***on*** auf *acc.*); **54.** *Geld, Leben* riskieren; **55.** *Hoffnung, Vertrauen* setzen (***on*** auf *acc.*; ***in*** in *acc.*); **56.** *Grenzen, Schranken etc.* setzen (***to*** *dat.*); **IV** *v/i.* [*irr.*] **57.** 'untergehen (*Sonne etc.*); **58.** a) auswachsen (*Körper*), b) ausreifen (*Charakter*); **59.** fest werden (*Flüssiges*); abbinden (*Zement etc.*); erstarren (*a. Gesicht, Muskel*); gerinnen (*Milch*); ⚕ sich einrenken; **60.** sitzen (*Kleidung*); **61.** fließen, laufen (*Flut etc.*); wehen, kommen (***from*** aus, von) (*Wind*) *fig.* sich neigen *od.* richten (***against*** gegen); **62.** ⚘ Frucht ansetzen (*Blüte, Baum*); **63.** *hunt.* (vor)stehen (*Hund*);
Zssgn mit prp.:
set| a·bout *v/i.* **1.** sich an *et.* machen, *et.* in Angriff nehmen; **2.** F über *j-n* herfallen; ~ **a·gainst** *v/t.* **1.** entgegen- *od.* gegen'überstellen (*dat.*): ***set o.s.*** (*od.* ***one's face***) ***against*** sich *e-r Sache* widersetzen; **2.** *j-n* aufhetzen gegen; ~ **(up·)on** *v/i.* herfallen über *j-n*.
Zssgn mit adv.:
set| a·part *v/t.* **1.** *Geld etc.* bei'seite legen; **2.** ***set s.o. apart*** (***from***) j-n unter'scheiden (von); ~ **a·side** *v/t.* **1.** a) bei'seite legen, b) → ***set apart*** 1; **2.** *Plan etc.* fallenlassen; **3.** außer acht lassen, ausklammern; **4.** verwerfen, *bsd.* ⚖ aufheben; ~ **back I** *v/t.* **1.** *Uhr* zu'rückstellen; **2.** *Haus etc.* zu'rücksetzen; **3.** *fig. j-n, et.* zu'rückwerfen; **4.** *j-n* ärmer machen (um); **II** *v/i.* **5.** zu'rückfließen (*Flut etc.*); ~ **by** *v/t. Geld etc.* zu'rücklegen, sparen; ~ **down** *v/t.* **1.** *Last, a. Fahrgast, a. das Flugzeug* absetzen; **2.** (schriftlich) niederlegen, aufzeichnen; **3.** *j-m* e-n ‚Dämpfer' aufsetzen; **4.** ~ ***as*** *j-n* abtun *od.* betrachten als; **5.** *et.* zuschreiben (***to*** *dat.*); **6.** *et.* festlegen, -setzen; ~ **forth I** *v/t.* **1.** bekanntmachen; **2.** → ***set out*** 1; **3.** zur Schau stellen; **II** *v/i.* **4.** aufbrechen: ~ ***on a journey*** e-e Reise antreten; **5.** *fig.* ausgehen (***from*** von); ~ **for·ward I** *v/t.* **1.** *Uhr* vorstellen; **2.** a) *et.* vor'antreiben, b) *j-n od. et.* weiterbringen; **3.** vorbringen, darlegen; **II** *v/i.* **4.** sich auf den Weg machen; ~ **in** *v/i.* einsetzen (*beginnen*); ~ **off I** *v/t.* **1.** her'vortreten lassen, abheben (***from*** von); **2.** her'vorheben; **3.** a) *Rakete* abschießen, b) *Sprengladung* zur Explosi'on bringen, c) *Feuerwerk* abbrennen; **4.** *Alarm etc.* auslösen (*a. Streik etc.*), führen zu; **5.** ✝ auf-, anrechnen (***against*** gegen); **6.** ⚖ als Ausgleich nehmen (***against*** für); **7.** *Verlust etc.* ausgleichen; **II** *v/i.* **8.** → ***set forth*** 4; **9.** *fig.* anfangen; ~ **on** *v/t.* **1.** a) *j-n* drängen (***to do*** zu tun), b) *j-n* aufhetzen (***to*** zu); **2.** *Hund etc.* hetzen (***to*** auf *acc.*); ~ **out I** *v/t.* **1.** (ausführlich) darlegen, aufzeigen; **2.** anordnen, arrangieren; **II** *v/i.* **3.** aufbrechen, sich aufmachen, sich auf den Weg machen (***for*** nach); **4.** sich vornehmen, da'rangehen (***to do*** *et.* zu tun); ~ **to** *v/i.* **1.** sich dar'anmachen, sich ‚da'hinterklemmen', ‚loslegen'; **2.** aufein'ander losgehen; ~ **up I** *v/t.* **1.** errichten: ~ ***a monument***; **2.** ⚙ *Maschine etc.* aufstellen, montieren; **3.** *Geschäft etc.* gründen; *Regierung* bilden, einsetzen; **4.** *j-m* zu e-m (guten) Start verhelfen, *j-n* etablieren: ~ ***s.o. up in business***; ~ ***o.s. up*** (***as***) → 15; **5.** *Behauptung etc., a. Rekord* aufstellen; ⚖ *Anspruch* geltend machen, *a. Verteidigung* vorbringen; **6.** *Kandidaten* aufstellen; **7.** *j-n* erhöhen (***over*** über *acc.*), *a. j-n* auf den Thron setzen; **8.** *Stimme, Geschrei* erheben; **9.** *a. Krankheit* verursachen; **10.** a) *j-n* kräftigen, b) *gesundheitlich* wieder'herstellen; **11.** *j-m* (finanzi'ell) ‚auf die Beine helfen'; **12.** *j-n* versehen, -sorgen (***with*** mit); **13.** F a) *j-m* e-e Falle stellen, b) *j-m* et. ‚anhängen'; **14.** *typ.* (ab-) setzen: ~ ***in type***; **II** *v/i.* **15.** sich niederlassen *od.* etablieren (***as*** als): ~ ***for o.s.*** sich selbständig machen; **16.** ~ ***for*** sich ausgeben für *od.* als, sich aufspielen als.
se·ta·ceous [sɪ'teɪʃəs] *adj.* borstig.
'**set|·aˌside** *s.* **1.** *Am.* Rücklage *f*; **2.** *EU* Flächenstillegung *f*; '**~·back** *s.* **1.** *fig.* a) Rückschlag *m*, b) ‚Schlappe' *f*; **2.** ⚠ a) Rücksprung *m e-r Wand*, b) zu'rückgesetzte Fas'sade; '**~·down** *s.* **1.** Dämpfer *m*; **2.** Rüffel *m*; '**~·off** *s.* **1.** Kon'trast *m*; **2.** ⚖ a) Gegenforderung *f*, b) Ausgleich *m* (*a. fig*; ***against*** für); **3.** ✝ Aufrechnung *f*; '**~·out** *s.* **1.** a) Aufbruch *m*, b) Anfang *m*; **2.** Aufmachung *f*; **3.** F a) Vorführung *f*, b) Party *f*; ~ **piece** *s.* **1.** *Kunst*: formvollendetes Werk; **2.** ⚔ sorgfältig geplante Operati'on; **3.** → ***set*** 32; ~ **point** *s.* **1.** *Tennis etc.*: Satzball *m*; **2.** ⚙ Sollwert *m*; '**~·screw** *s.* ⚙ Stellschraube *f*; ~ **square** *s.* Winkel *m*, Zeichendreieck *n*.
sett [set] *s.* Pflasterstein *m*.
set·tee [se'ti:] *s.* **1.** Sitz-, Polsterbank *f*; **2.** kleineres Sofa: ~ ***bed*** Bettcouch *f*.
set·ter ['setə] *s.* **1.** *allg.* Setzer(in), Einrichter(in); **2.** *typ.* (Schrift)Setzer *m*; **3.** Setter *m* (*Vorstehhund*); **4.** (Poli'zei-) Spitzel *m*; ˌ**~-'on** [-ər'ɒn] *pl.* ˌ**~s-'on** *s.* Aufhetzer(in).
set the·o·ry *s.* ∢ Mengenlehre *f*.
set·ting ['setɪŋ] *s.* **1.** (*typ.* Schrift)Setzen *n*; Einrichten *n*; (Ein)Fassen *n* (*Edelstein*); **2.** Schärfen *n* (*Messer*); **3.**

(*Gold- etc.*)Fassung *f*; **4.** Lage *f*, 'Hintergrund *m* (*a. fig. Rahmen*); **5.** Schauplatz *m*, 'Hintergrund *m e-s Romans etc.*; **6.** *thea.* szenischer 'Hintergrund, Bühnenbild *n*; *a. Film*: Ausstattung *f*; **7.** ♪ a) Vertonung *f*, b) Satz *m*; **8.** (*Sonnen- etc.*)'Untergang *m*; **9.** ⚙ Einstellung *f*; **10.** ⚙ Hartwerden *n*, Abbinden *n von Zement etc.*: **~ point** Stockpunkt *m*; **11.** ⚙ Schränkung *f* (*Säge*); **12.** Gedeck *n*; **~ lo·tion** *s.* (Haar)Festiger *m*; **'~-rule** *s. typ.* Setzlinie *f*; **'~-stick** *s. typ.* Winkelhaken *m*; **'~-up** *s.* **1.** *bsd.* ⚙ Einrichtung *f*, Aufstellung *f*; **2. ~ exercises** *Am.* Gymnastik *f*, Freiübungen *pl*.

set·tle ['setl] **I** *v/i.* **1.** sich niederlassen *od.* setzen (*a. Vogel etc.*); **2.** a) sich ansiedeln, b) **~ in** sich *in e-r Wohnung etc.* einrichten, c) **~ in** sich einleben *od.* eingewöhnen; **3.** a) *a.* **~ down** sich *in e-m Ort* niederlassen, b) sich (häuslich) niederlassen, c) *a.* **marry and ~ down** e-n Hausstand gründen, d) seßhaft werden, zur Ruhe kommen, sich einleben; **4. ~ down to** sich widmen (*dat.*), sich an *e-e Arbeit etc.* machen; **5.** sich legen *od.* beruhigen (*Wut etc.*); **6. ~ on** sich zuwenden (*dat.*), fallen auf (*acc.*) (*Zuneigung etc.*); **7.** ⚕ sich festsetzen (**on**, **in** in *dat.*), sich legen (**on** auf *acc.*) (*Krankheit*); **8.** beständig werden (*Wetter*): **it ~d in for rain** es regnete sich ein; **it is settling for a frost** es wird Frost geben; **the wind has ~d in the west** der Wind steht im Westen; **9.** sich senken (*Mauern etc.*); **10.** langsam absakken (*Schiff*); **11.** sich klären (*Flüssigkeit*); **12.** sich setzen (*Trübstoff*); **13.** sich legen (*Staub*); **14.** (**upon**) sich entscheiden (für), sich entschließen (zu); **15. ~ for** sich begnügen *od.* abfinden mit; **16.** e-e Vereinbarung treffen; **17.** a) **~ up** zahlen *od.* abrechnen (**with** mit), b) **~ with** e-n Vergleich schließen mit, *Gläubiger* abfinden; **II** *v/t.* **18.** *Füße, Hut etc.* (fest) setzen (**on** auf *acc.*): **~ o.s.** sich niederlassen; **~ o.s. to** sich an *e-e Arbeit etc.* machen, sich anschikken zu; **19.** a) *Menschen* ansiedeln, b) *Land* besiedeln; **20.** *j-n beruflich, häuslich etc.* etablieren, 'unterbringen; *Kind etc.* versorgen, ausstatten, *a.* verheiraten; **21.** a) *Flüssigkeit* ablagern lassen, klären, b) *Trübstoff* sich setzen lassen; **22.** *Boden etc., a. fig. Glauben, Ordnung etc.* festigen; **23.** *Institutionen* gründen, aufbauen (**on** auf *dat.*); **24.** *Zimmer etc.* in Ordnung bringen; **25.** *Frage etc.* klären, regeln, erledigen: **that ~s it** a) damit ist der Fall erledigt, b) *iro.* jetzt ist es endgültig aus; **26.** *Streit* schlichten, beilegen; *strittigen Punkt* beseitigen; **27.** *Nachlaß* regeln, *s-e Angelegenheiten* in Ordnung bringen: **~ one's affairs**; **28.** ([**up**]**on**) *Besitz* über'schreiben, -'tragen (auf *acc.*), *letztwillig* vermachen (*dat.*), *Legat, Rente* aussetzen (für); **29.** bestimmen, festlegen, -setzen; **30.** vereinbaren, sich einigen auf (*acc.*); **31.** *a.* **~ up** ☨ erledigen, in Ordnung bringen: a) *Rechnung* begleichen, b) *Konto* ausgleichen, c) *Anspruch* befriedigen, d) *Geschäft* abwickeln; → **account** 5; **32.** ⚖ *Prozeß* durch Vergleich beilegen; **33.** *Magen, Nerven* beruhigen; **34.** *j-n* ‚fertigmachen', zum Schweigen bringen (F *a. töten*); **III** *s.* **35.** Sitzbank *f* (mit hoher Lehne); **'set·tled** [-ld] *adj.* **1.** fest, bestimmt; entschieden; feststehend (*Tatsache*); **2.** fest begründet (*Ordnung*); **3.** fest, ständig (*Wohnsitz, Gewohnheit*); **4.** beständig (*Wetter*); **5.** ruhig, gesetzt (*Person, Leben*).

set·tle·ment ['setlmənt] *s.* **1.** Ansied(e)lung *f*; **2.** Besied(e)lung *f e-s Landes*; **3.** Siedlung *f*, Niederlassung *f*; **4.** 'Unterbringung *f*, Versorgung *f* (*Person*); **5.** Regelung *f*, Klärung *f*, Erledigung *f e-r Frage etc.*; **6.** Schlichtung *f*, Beilegung *f e-s Streits*; **7.** Festsetzung *f*; **8.** (endgültige) Entscheidung; **9.** Über'einkommen *n*, Abmachung *f*; **10.** ☨ a) Begleichung *f von Rechnungen*, b) Ausgleich(ung *f*) *m von Konten*, c) *Börse*: Abrechnung *f*, d) Abwicklung *f e-s Geschäfts*, e) Vergleich *m*, Abfindung *f*: **~ day** Abrechnungstag *m*; **day of ~** *fig.* Tag *m* der Abrechnung; **in ~ of all claims** zum Ausgleich aller Forderungen; **11.** ⚖ a) (*Eigentums*)Über'tragung *f*, b) Vermächtnis *n*, c) Aussetzung *f e-r Rente etc.*, d) Schenkung *f*, Stiftung *f*; **12.** ⚖ Ehevertrag *m*; **13.** a) ständiger Wohnsitz, b) Heimatberechtigung *f*; **14.** sozi'ales Hilfswerk.

set·tler ['setlə] *s.* **1.** (An)Siedler(in), Kolo'nist(in); **2.** F a) entscheidender Schlag, b) *fig.* vernichtendes Argu'ment, c) Abfuhr *f*; **'set·tling** [-lɪŋ] *s.* **1.** Festsetzen *n etc.*; → **settle**; **2.** ⚙ Ablagerung *f*; **3.** *pl.* (Boden)Satz *m*; **4.** ☨ Abrechnung *f*: **~ day** Abrechnungstag *m*; **'set·tlor** [-lə] *s.* ⚖ Verfügende(r *m*) *f*.

set-to [ˌset'tu:] *pl.* **-tos** *s.* F **1.** Schläge'rei *f*; **2.** (kurzer) heftiger Kampf; **3.** heftiger Wortwechsel.

set-up ['setʌp] *s.* **1.** Aufbau *m*; **2.** Anordnung *f* (*a.* ⚙); **3.** ⚙ Mon'tage *f*: **~ costs** Rüstkosten *pl.*; **~ time** Rüstzeit *f*; **4.** *Film, TV*: a) (Kamera)Einstellung *f*, b) Bauten *pl.*; **5.** *Am.* Konstituti'on *f*; **6.** *Am.* F a) Situati'on *f*, b) Pro'jekt *n*; **7.** *Am.* F ‚Laden' *m* (*Firma etc.*), ‚Bude' *f* (*Wohnung etc.*); **8.** *Am.* F a) Schiebung *f*, b) Gimpel *m*, leichtes Opfer.

sev·en ['sevn] **I** *adj.* sieben: **~-league boots** Siebenmeilenstiefel; **the** ♀ **Years' War** der Siebenjährige Krieg; **II** *s.* Sieben *f* (*Zahl, Spielkarte etc.*); **'~·fold** *adj. u. adv.* siebenfach.

sev·en·teen ['sevnti:n] **I** *adj.* siebzehn; **II** *s.* Siebzehn *f*: **sweet ~** ‚göttliche Siebzehn' (*Mädchenalter*); **ˌsev·en'teenth** [-nθ] **I** *adj.* **1.** siebzehnt; **II** *s.* **2.** *der* (*die, das*) Siebzehnte; **3.** Siebzehntel *n*.

sev·enth ['sevnθ] **I** *adj.* **1.** siebent; **II** *s.* **2.** *der* (*die, das*) Sieb(en)te: **the ~ of May** der 7. Mai; **3.** Sieb(en)tel *n*; **4.** ♪ Sep'time *f*; **'sev·enth·ly** [-lɪ] *adv.* sieb(en)tens.

sev·en·ti·eth ['sevntɪɪθ] **I** *adj.* **1.** siebzigst; **II** *s.* **2.** *der* (*die, das*) Siebzigste; **3.** Siebzigstel *n*; **sev·en·ty** ['sevntɪ] **I** *adj.* siebzig; **II** *s.* Siebzig *f*: **the seventies** a) die siebziger Jahre (*e-s Jahrhunderts*), b) die Siebziger(jahre) (*Alter*).

sev·er ['sevə] **I** *v/t.* **1.** (ab)trennen (**from** von); **2.** ('durch)trennen; **3.** *fig. Freundschaft etc.* lösen, *Beziehungen* abbrechen; **4. ~ o.s.** (**from**) sich trennen *od.* lösen (von), (aus *der Kirche etc.*) austreten; **5.** (vonein'ander) trennen; **6.** ⚖ *Besitz etc.* teilen; **II** *v/i.* **7.** (zer)reißen; **8.** sich trennen (**from** von); **9.** sich (vonein'ander) trennen; **sev·er·al** ['sevrəl] **I** *adj.* □ **1.** mehrere: **~ people**; **2.** verschieden, getrennt: **three ~ occasions**; **3.** einzeln, verschieden: **the ~ reasons**; **4.** besonder, eigen: **we went our ~ ways** wir gingen jeder seinen (eigenen) Weg; → **joint** 6; **II** *s.* **5.** mehrere *pl.*: **~ of you**; **sev·er·al·ly** ['sevrəlɪ] *adv.* **1.** einzeln, getrennt; **2.** beziehungsweise; **'sev·er·ance** [-ərəns] *s.* **1.** (Ab)Trennung *f*; **2.** Lösung *f e-r Freundschaft etc.*, Abbruch *m von Beziehungen*: **~ pay** ☨ Entlassungsabfindung *f*.

se·vere [sɪ'vɪə] *adj.* □ **1.** streng: a) hart, scharf (*Kritik, Richter, Strafe etc.*), b) ernst(haft) (*Miene, Person*), c) rauh (*Wetter*), hart (*Winter*), d) herb (*Schönheit, Stil*), schmucklos, e) ex'akt, strikt; **2.** schwer, schlimm (*Krankheit, Verlust etc.*); **3.** heftig (*Schmerz, Sturm etc.*); **4.** scharf (*Bemerkung*); **se'vere·ly** [-lɪ] *adv.* **1.** streng, strikt; **2.** schwer, ernstlich: **~ ill**; **se·ver·i·ty** [sɪ'verətɪ] *s.* **1.** *allg.* Strenge *f*: a) Schärfe *f*, Härte *f*, b) Rauheit *f* (*des Wetters etc.*), c) Ernst *m*, d) (herbe) Schlichtheit *f* (*Stil*), e) Ex'aktheit *f*; **2.** Heftigkeit *f*.

sew [səʊ] *v/t.* [*irr.*] **1.** nähen (*a. v/i.*): **~ on** annähen; **~ up** zu-, vernähen (→ 3); **2.** *Bücher* heften, broschieren; **3. ~ up** F a) *Brit. j-n* ‚restlos fertigmachen', b) *Am.* sich *et. od. j-n* sichern, c) *et.* ‚per'fekt machen': **~ up a deal**.

sew·age ['sju:ɪdʒ] *s.* **1.** Abwasser *n*: **~ farm** Rieselfeld *n*; **~ sludge** Klärschlamm *m*; **~ system** Kanalisation *f*; **~ works** Kläranlage *f*; **2.** → **sewerage**; **sew·er** ['sjʊə] **I** *s.* **1.** 'Abwasserkaˌnal *m*, Klo'ake *f*: **~ gas** Faulschlammgas *n*; **~ pipe** Abzugrohr *n*; **~ rat** *zo.* Wanderratte *f*; **2.** Gosse *f*; **II** *v/t.* **3.** kanalisieren; **sew·er·age** ['sjʊərɪdʒ] *s.* **1.** Kanalisati'on *f* (*System u. Vorgang*); **2.** → **sewage** 1.

sew·in ['sju:ɪn] *s.* 'Lachsfoˌrelle *f*.

sew·ing ['səʊɪŋ] *s.* Näharbeit *f*; **~ machine** *s.* 'Nähmaˌschine *f*.

sex [seks] **I** *s.* **1.** *biol.* Geschlecht *n*; **2.** (*männliches od. weibliches*) Geschlecht (*als Gruppe*): **the ~** *humor.* die Frauen; **the gentle** (*od.* **weaker** *od.* **softer**) **~** das zarte *od.* schwache Geschlecht; **of both ~es** beiderlei Geschlechts; **3.** a) Geschlechtstrieb *m*, b) e'rotische Anziehungskraft, 'Sex(-Apˌpeal) *m*, c) Sexu'al-, Geschlechtsleben *n*, d) Sex(uali'tät *f*) *m*, e) Geschlechtsteil(e *pl.*) *n*, f) (Geschlechts)Verkehr *m*, ‚Sex' *m*: **have ~ with** mit *j-m* schlafen; **II** *v/t.* **4.** das Geschlecht bestimmen von; **5. ~ up** F a) *Film etc.* ‚sexy' gestalten, b) *j-n* ‚scharf machen'; **III** *adj.* **6.** a) Sexual…: **~ crime** (**education**, **hygiene** *etc.*); **~ appeal** → 3b; **~ life** → 3c; **~ object** Lustobjekt *n*, b) Geschlechts…: **~ act** (**hormone**, **organ**, *etc.*), c) Sex…: **~ film** (**magazine**, *etc.*).

sex- [seks] *in Zssgn* sechs.

sex·a·ge·nar·i·an [ˌseksədʒɪ'neərɪən] **I** *adj.* a) sechzigjährig, b) in den Sechzi-

gern; **II** *s.* Sechzigjährige(r *m*) *f*; Sechziger(in).
sex·ag·e·nar·y [sek'sædʒənərɪ] **I** *adj.* **1.** sechzigteilig; **2.** → ***sexagenarian*** I; **II** *s.* **3.** → ***sexagenarian*** II.
Sex·a·ges·i·ma (Sun·day) [ˌseksə'dʒesɪmə] *s.* Sonntag *m* Sexa'gesima (*8. Sonntag vor Ostern*); ˌ**sex·a'ges·i·mal** [-məl] ⩚ **I** *adj.* Sexagesimal…; **II** *s.* Sexagesi'malbruch *m.*
sex·an·gu·lar [sek'sæŋgjʊlə] *adj.* □ sechseckig.
sex·cen·te·nar·y [ˌsekssen'ti:nərɪ] **I** *adj.* sechshundertjährig; **II** *s.* Sechshundert'jahrfeier *f.*
sex·en·ni·al [sek'senɪəl] *adj.* □ **1.** sechsjährig; **2.** sechsjährlich.
sex·i·ness ['seksɪnɪs] *s.* F *für* ***sex*** 3b.
sex·ism ['seksɪzəm] *s.* Se'xismus *m*; '**sex·ist** [-ɪst] **I** *adj.* se'xistisch; **II** *s.* Se'xist *m.*
sex·less ['sekslɪs] *adj. biol.* geschlechtslos (*a. fig.*), a'gamisch.
sex·ol·o·gy [sek'sɒlədʒɪ] *s. biol.* Sexu'alwissenschaft *f.*
sex·par·tite [seks'pɑ:taɪt] *adj.* sechsteilig.
'**sex·pot** *s. sl.* a) ‚Sexbombe' *f*, b) ‚Sexbolzen' *m.*
sex·tain ['sekstem] *s. Metrik*: sechszeilige Strophe.
sex·tant ['sekstənt] *s.* **1.** ⚓, *ast.* Sex'tant *m*; **2.** ⩚ Kreissechstel *n.*
sex·tet(te) [seks'tet] *s.* ♪ Sex'tett *n.*
sex·to ['sekstəʊ] *pl.* **-tos** *s. typ.* 'Sexto (-forˌmat) *n*; **sex·to·dec·i·mo** [ˌsekstəʊ'desɪməʊ] *pl.* **-mos** *s.* **1.** Se'dez(forˌmat) *n*; **2.** Se'dezband *m.*
sex·ton ['sekstən] *s.* Küster *m* (u. Totengräber *m*); ~ **bee·tle** *s. zo.* Totengräber *m* (*Käfer*).
sex·tu·ple ['sekstjʊpl] **I** *adj.* sechsfach; **II** *s. das* Sechsfache; **III** *v/t. u. v/i.* (sich) versechsfachen.
sex·u·al ['seksjʊəl] *adj.* □ sexu'ell, geschlechtlich, Geschlechts…, Sexual…: ~ ***harassment*** sexuelle Belästigung; ~ ***intercourse*** Geschlechtsverkehr *m*; **sex·u·al·i·ty** [ˌseksjʊ'ælətɪ] *s.* **1.** Sexuali'tät *f*; **2.** Sexu'al-, Geschlechtsleben *n*; '**sex·y** [-sɪ] *adj.* ‚sexy', ‚scharf'.
shab·bi·ness ['ʃæbɪnɪs] *s.* Schäbigkeit *f* (*a. fig.*).
shab·by ['ʃæbɪ] *adj.* □ *allg.* schäbig: a) fadenscheinig (*Kleider*), b) abgenutzt (*Sache*), c) ärmlich, her'untergekommen (*Person, Haus, Gegend etc.*), d) niederträchtig, e) geizig; ˌ~-**gen'teel** *adj.* vornehm, aber arm: ***the*** ~ die verarmten Vornehmen.
shab·rack ['ʃæbræk] *s.* ⚔ Scha'bracke *f*, Satteldecke *f.*
shack [ʃæk] **I** *s.* Hütte *f*, Ba'racke *f* (*a. contp.*); **II** *v/i.* ~ ***up*** *sl.* zs.-leben (***with*** mit).
shack·le ['ʃækl] **I** *s.* **1.** *pl.* Fesseln *pl.*, Ketten *pl.* (*a. fig.*); **2.** ⚙ Gelenkstück *n e-r Kette*; Bügel *m*, Lasche *f*; ⚓ (Anker-)Schäkel *m*; ⚡ Schäkel *m*; **II** *v/t.* **3.** fesseln (*a. fig. hemmen*); **4.** ⚓, ⚙ laschen.
'**shack·town** *s. Am.* → ***shantytown.***
shad [ʃæd] *pl.* **shads**, *coll.* **shad** *s. ichth.* Alse *f.*
shade [ʃeɪd] **I** *s.* **1.** Schatten *m* (*a. paint. u. fig.*): ***put*** (*od.* ***throw***) ***into the*** ~ *fig.* in den Schatten stellen; (***the***) ~***s of Goethe!*** *iro.* (das) erinnert doch sehr an Goethe!; **2.** schattiges Plätzchen; **3.** *myth.* a) Schatten *m* (*Seele*), b) *pl.* Schatten(reich *n*) *pl.*; **4.** a) Farbton *m*, Schattierung *f* (*a. fig.*), b) dunkle Tönung; **5.** *fig.* Spur *f*, ‚I'dee' *f*: ***a*** ~ ***better*** ein kleines bißchen besser; **6.** (*Schutz-, Lampen-, Sonnen- etc.*)Schirm *m*; **7.** *Am.* Rou'leau *n*; **8.** *pl.* F Sonnenbrille *f*; **II** *v/t.* **9.** beschatten, verdunkeln (*a. fig.*); **10.** *Augen etc.* abschirmen, schützen (***from*** gegen); **11.** *paint.* a) schattieren, b) schraffieren, c) dunkel tönen; **12.** *a.* ~ ***off*** a) *fig.* abstufen, b) ✝ *Preise* nach u. nach senken, c) *a.* ~ ***away*** all'mählich übergehen lassen (***into*** in *acc.*), d) *a.* ~ ***away*** all'mählich verschwinden lassen; **III** *v/i.* **13.** *a.* ~ ***off*** (*od.* ***away***) a) all'mählich 'übergehen (***into*** in *acc.*), b) nach u. nach verschwinden; '**shade·less** [-lɪs] *adj.* schattenlos; '**shad·i·ness** [-dɪnɪs] *s.* **1.** Schattigkeit *f*; **2.** *fig.* Anrüchigkeit *f*; '**shad·ing** [-dɪŋ] *s. paint. u. fig.* Schattierung *f.*
shad·ow ['ʃædəʊ] **I** *s.* **1.** Schatten *m* (*a. paint. u. fig.*); Schattenbild *n*: ***live in the*** ~ im Verborgenen leben; ***worn to a*** ~ zum Skelett abgemagert; ***he is but the*** ~ ***of his former self*** er ist nur noch ein Schatten s-r selbst; ***coming events cast their*** ~***s before*** kommende Ereignisse werfen ihre Schatten voraus; ***may your*** ~ ***never grow less*** *fig.* möge es dir immer gut gehen; **2.** Schemen *m*, Phan'tom *n*: ***catch*** (*od.* ***grasp***) ***at*** ~***s*** Phantomen nachjagen; **3.** *fig.* Spur *f*, Kleinigkeit *f*: ***without a*** ~ ***of doubt*** ohne den leisesten Zweifel; **4.** *fig.* Schatten *m*, Trübung *f* (*e-r Freundschaft etc.*); **5.** *fig.* Schatten *m* (*Begleiter od. Verfolger*); **II** *v/t.* **6.** e-n Schatten werfen auf (*acc.*), verdunkeln (*beide a. fig.*); **7.** *j-n* beschatten, verfolgen; **8.** *mst* ~ ***forth*** (*od.* ***out***) a) dunkel andeuten, b) versinnbildlichen; '~ˌ**box·ing** *s. sport* Schattenboxen *n*, *fig. a.* Spiegelfechte'rei *f*; ~ **cab·i·net** *s. pol.* 'Schattenkabiˌnett *n*; ~ **fac·to·ry** *s.* Schatten-, Ausweichbetrieb *m.*
shad·ow·less ['ʃædəʊlɪs] *adj.* schattenlos; '**shad·ow·y** [-əʊɪ] *adj.* **1.** schattig: a) dämmerig, düster, b) schattenspendend; **2.** *fig.* schattenhaft, vage; **3.** *fig.* unwirklich.
shad·y ['ʃeɪdɪ] *adj.* □ **1.** → ***shadowy*** 1 *u.* 2: ***on the*** ~ ***side of forty*** *fig.* über die Vierzig hinaus; **2.** F anrüchig, zwielichtig, fragwürdig.
shaft [ʃɑ:ft] *s.* **1.** (*Pfeil- etc.*)Schaft *m*; **2.** *poet.* Pfeil *m* (*a. fig. des Spottes*), Speer *m*; **3.** (Licht)Strahl *m*; **4.** ⚘ Stamm *m*; **5.** a) Stiel *m* (*Werkzeug etc.*), b) Deichsel(arm *m*) *f*, c) Welle *f*, Spindel *f*; **6.** (Fahnen)Stange *f*; **7.** Säulenschaft *m*, *a.* Säule *f*; **8.** (*Aufzugs-, Bergwerks- etc.*)Schacht *m*; → ***sink*** 17.
shag [ʃæg] **I** *s.* **1.** Zotte(l) *f*; zottiges Haar; **2.** a) (lange, grobe) Noppe, b) Plüsch(stoff) *m*; **3.** Shag(tabak) *m*; **4.** *orn.* Krähenscharbe *f*; **II** *v/t.* **5.** zottig machen, aufrauhen; **III** *v/i.* **6.** *sl.* ‚bumsen'; **shag·gy** ['ʃægɪ] *adj.* □ **1.** zottig, struppig; rauhhaarig: ~-***dog story*** a) surrealistischer Witz, b) kalauerhafte Geschichte; **2.** verwildert, verwahrlost; **3.** *fig.* verschroben.
sha·green [ʃæ'gri:n] *s.* Cha'grin *n*, Körnerleder *n.*
shah [ʃɑ:] *s.* Schah *m.*
shake [ʃeɪk] **I** *s.* **1.** Schütteln *n*, Rütteln *n*: ~ ***of the hand*** Händeschütteln; ~ ***of the head*** Kopfschütteln; ***give s.th. a good*** ~ et. tüchtig schütteln; ***give s.o. the*** ~ *Am. sl.* j-n ‚abwimmeln'; ***in two*** ~***s*** (***of a lamb's tail***) F im Nu; **2.** (*a.* seelische) Erschütterung; (*Wind- etc.*) Stoß *m*; *Am.* F Erdstoß *m*: ***he*** (***it***) ***is no great*** ~***s*** F mit ihm (damit) ist nicht viel los; **3.** Beben *n*: ***the*** ~***s*** ‚Tatterich' *m*; ***all of a*** ~ am ganzen Leibe zitternd; **4.** (Milch- *etc.*)Shake *m*; **5.** ♪ Triller *m*; **6.** Riß *m*, Spalt *m*; **II** *v/i.* [*irr.*] **7.** (sch)wanken; **8.** zittern, beben (*a. Stimme*) (***with*** vor *Furcht etc.*); **9.** ♪ trillern; **III** *v/t.* [*irr.*] **10.** schütteln: ~ ***one's head*** den Kopf schütteln; ~ ***one's finger at s.o.*** j-m mit dem Finger drohen; ***be shaken before taken!*** vor Gebrauch schütteln!; → ***hand*** *Redew.*, ***side*** 4; **11.** (*a. fig. Entschluß, Gegner, Glauben, Zeugenaussage*) erschüttern; **12.** a) *j-n* (seelisch) erschüttern, b) *j-n* aufrütteln; **13.** rütteln an (*dat.*) (*a. fig.*); **14.** ♪ *Ton* trillern;
Zssgn mit adv. :
shake| down I *v/t.* **1.** *Obst etc.* her'unterschütteln; **2.** *Stroh etc.* (zu e-m Nachtlager) ausbreiten; **3.** *Gefäßinhalt* zu'rechtschütteln; **4.** *Am. sl.* a) *j-n* ausplündern (*a. fig.*), b) erpressen, c) ‚filzen', durch'suchen; **5.** *bsd. Am.* F *Schiff, Flugzeug* testen; **II** *v/i.* **6.** sich setzen (*Masse*); **7.** a) sich ein (Nacht-)Lager zu'rechtmachen, b) ‚sich hinhauen'; **8.** *Am.* F a) sich vor'übergehend niederlassen (*an e-m Ort*), b) sich einleben, -gewöhnen, c) sich ‚einpendeln' (*Sache*), d) sich beschränken (***to*** auf *acc.*); ~ **off** *v/t.* **1.** *Staub etc.*, *a. fig. Joch, a. Verfolger etc.* abschütteln; **2.** *fig. j-n od. et.* loswerden; ~ **out** *v/t.* **1.** ausschütteln; **2.** *Fahne etc.* ausbreiten; ~ **up** *v/t.* **1.** *Bett, Kissen* aufschütteln; **2.** *et.* zs.-, 'umschütteln, mischen; **3.** *fig.* a) *j-n* aufrütteln, b) *j-n* arg mitnehmen; **4.** *Betrieb etc.* 'umkrempeln.
'**shake|·down** *s.* **1.** (Not)Lager *n*; **2.** *Am. sl.* a) Ausplünderung *f*, b) Erpressung *f*, c) Durch'suchung *f*; **3.** *bsd. Am.* F Testfahrt *f*, -flug *m*; ˌ~-'**hands** *s.* Händedruck *m.*
shak·en ['ʃeɪkən] **I** *p.p. von* ***shake***; **II** *adj.* **1.** erschüttert, (sch)wankend (*a. fig.*): (***badly***) ~ arg mitgenommen; **2.** → ***shaky*** 5.
'**shake-out** *s.* ✝ Gesundschrumpfung *f*; Personalabbau *m.*
shak·er ['ʃeɪkə] *s.* **1.** Mixbecher *m*, (Cocktail- *etc.*)Shaker *m*; **2.** ♎ *eccl.* Zitterer *m* (*Sektierer*).
Shake·spear·i·an [ʃeɪk'spɪərɪən] **I** *adj.* shakespearisch; **II** *s.* Shakespeareforscher(in).
'**shake-up** *s.* **1.** F Aufrütt(e)lung *f*; **2.** drastische (*bsd.* perso'nelle) Veränderungen *pl.*, 'Umkrempelung *f*, -gruppierung *f.*
shak·i·ness ['ʃeɪkɪnɪs] *s.* Wack(e)ligkeit *f* (*a. fig.*).
shak·ing ['ʃeɪkɪŋ] **I** *s.* **1.** Schütteln *n*; Erschütterung *f*; **II** *adj.* **2.** Schüttel…; → ***palsy*** 1; **3.** zitternd; **4.** wackelnd.
shak·y ['ʃeɪkɪ] *adj.* □ **1.** wack(e)lig (*a.*

fig. Person, Gesundheit, Kredit, Kenntnisse): ***in rather ~ English*** in ziemlich holprigem Englisch; **2.** zitt(e)rig, bebend: ***~ hands***; ***~ voice***; **3.** *fig.* (sch)wankend; **4.** *fig.* unsicher, zweifelhaft; **5.** (kern)rissig (*Holz*).

shale [ʃeɪl] *s. geol.* Schiefer(ton) *m*: ***~ oil*** Schieferöl *n*.

shall [ʃæl; ʃəl] *v/aux.* [*irr.*] **1.** *Futur*: *ich* werde, *wir* werden; **2.** *Befehl, Pflicht*: *ich, er, sie, es* soll, *du* sollst, *ihr* sollt, *wir, Sie, sie* sollen: ***~ I come?***; **3.** ⚖ *Mußbestimmung* (*im Deutschen durch Indikativ wiederzugeben*): ***any person ~ be liable*** jede Person ist verpflichtet ...; **4.** → ***should*** 1.

shal·lop [ˈʃæləp] *s.* ⚓ Schaˈluppe *f*.

shal·low [ˈʃæləʊ] **I** *adj.* □ seicht, flach (*beide a. fig. oberflächlich*); **II** *s.* (*a. pl.*) seichte Stelle, Untiefe *f*; **III** *v/t. u. v/i.* (sich) verflachen; **ˈshal·low·ness** [-nɪs] *s.* Seichtheit *f* (*a. fig.*).

shalt [ʃælt; ʃəlt] *obs. 2. sg. pres. von* ***shall***: ***thou ~*** du sollst.

sham [ʃæm] **I** *s.* **1.** (Vor)Täuschung *f*, (Be)Trug *m*, Heucheˈlei *f*; **2.** Schwindler(in), Scharlatan *m*; **3.** Heuchler(in); **II** *adj.* **4.** vorgetäuscht, fingiert, Schein...: ***~ battle*** Scheingefecht *n*; **5.** unecht, falsch: ***~ diamond***; ***~ piety***; **III** *v/t.* **6.** vortäuschen, -spiegeln, fingieren, simulieren; **IV** *v/i.* **7.** sich (ver)stellen, heucheln: ***~ ill*** simulieren, krank spielen.

sha·man [ˈʃæmən] *s.* Schaˈmane *m*.

sham·a·teur [ˈʃæmətə] *s.* F *sport* ˈScheinamaˌteur *m*.

sham·ble [ˈʃæmbl] **I** *v/i.* watscheln; **II** *s.* watschelnder Gang.

sham·bles [ˈʃæmblz] *s. pl. sg. konstr.* **1.** a) Schlachthaus *n*, b) Fleischbank *f*; **2.** *fig.* a) Schlachtfeld *n* (*a. iro. wüstes Durcheinander*), b) Trümmerfeld *n*, Bild *n* der Verwüstung, c) Scherbenhaufen *m*: ***his marriage was a ~***.

shame [ʃeɪm] **I** *s.* **1.** Scham(gefühl *n*) *f*: ***for ~!*** pfui, schäm dich!; ***feel ~ at*** sich über *et.* schämen; **2.** Schande *f*, Schmach *f*: ***be a ~ to*** → 5; ***~ on you!*** schäm dich!, pfui!; ***put s.o. to ~*** a) Schande über j-n bringen, b) j-n beschämen (*übertreffen*); ***to cry ~ upon s.o.*** pfui über j-n rufen; **3.** F Schande *f* (*Gemeinheit*): ***what a ~!*** a) es ist e-e Schande!, b) es ist ein Jammer!; **II** *v/t.* **4.** *j-n* beschämen, mit Scham erfüllen: ***~ s.o. into doing s.th.*** j-n so beschämen, daß er et. tut; **5.** *j-m* Schande machen; **6.** Schande bringen über (*acc.*); **ˈ~-faced** [-feɪst] *adj.* □ **1.** verschämt, schamhaft; **2.** schüchtern; **3.** schamrot.

shame·ful [ˈʃeɪmfʊl] *adj.* □ **1.** schmachvoll, schändlich; **2.** schimpflich; **3.** unanständig, anstößig; **ˈshame·ful·ness** [-nɪs] *s.* **1.** Schändlichkeit *f*; **2.** Anstößigkeit *f*; **ˈshame·less** [-lɪs] *adj.* □ schamlos (*a. fig. unverschämt*); **ˈshame·less·ness** [-lɪsnɪs] *s.* Schamlosigkeit *f* (*a. fig. Unverschämtheit*).

sham·mer [ˈʃæmə] *s.* **1.** Schwindler(in); **2.** Heuchler(in); **3.** Simuˈlant(in).

sham·my (leath·er) [ˈʃæmɪ] *s.* Sämisch-, Wildleder *n*.

sham·poo [ʃæmˈpuː] **I** *v/t.* **1.** *Kopf, Haare* schamponieren, waschen; **2.** *j-m* den Kopf *od.* das Haar waschen; **II** *s.* **3.** Haar-, Kopfwäsche *f*: ***~ and set*** Waschen u. Legen *n*; **4.** Shamˈpoo *n*, Schampon *n* (*Haarwaschmittel*).

sham·rock [ˈʃæmrɒk] *s.* **1.** ⚘ Weißer Feldklee; **2.** Shamrock *m* (*Kleeblatt als Wahrzeichen Irlands*).

sham·us [ˈʃeɪməs] *s. Am. sl.* **1.** ‚Schnüffler' *m* (*Detektiv*); **2.** ‚Bulle' *m* (*Polizist*).

shan·dy [ˈʃændɪ] *s. Mischgetränk aus Bier u. Limonade.*

shang·hai [ʃæŋˈhaɪ] *v/t.* F **1.** ⚓ schangˈhaien (*gewaltsam anheuern*); **2.** *fig. j-n* zwingen (***into doing*** *et.* zu tun).

shank [ʃæŋk] *s.* **1.** a) ˈUnterschenkel *m*, Schienbein *n*, b) F Bein *n*, c) Hachse *f* (*vom Schlachttier*): ***go on 2's pony*** (*od.* ***mare***) auf Schusters Rappen reiten; **2.** (Anker-, Bolzen-, Säulen- *etc.*) Schaft *m*; **3.** (Schuh)Gelenk *n*; **4.** *typ.* (Schrift)Kegel *m*; **5.** ⚘ Stiel *m*; **shanked** [-kt] *adj.* **1.** ...schenk(e)lig; **2.** gestielt.

shan't [ʃɑːnt] F *für* ***shall not***.

shan·ty¹ [ˈʃæntɪ] *s.* Shanty *n*, Seemannslied *n*.

shan·ty² [ˈʃæntɪ] *s.* Hütte *f*, Baˈracke *f*; **ˈ~·town** *s.* Barackensiedlung *f*, -stadt *f*.

shape [ʃeɪp] **I** *s.* **1.** Gestalt *f*, Form *f* (*a. fig.*): ***in the ~ of*** in Form *e-s Briefes etc.*; ***in human ~*** in Menschengestalt; ***put*** *od.* ***get into ~*** formen, gestalten, *s-e Gedanken* ordnen; ***in no ~*** in keiner Weise; **2.** Fiˈgur *f*, Gestalt *f*; **3.** feste Form, Gestalt *f*: ***take ~*** Gestalt annehmen (*a. fig.*); → ***lick*** 1; **4.** *körperliche od. geistige* Verfassung, Form *f*: ***be in*** (***good***) ***~*** in (guter) Form sein; **5.** ⚙ a) Form *f*, Fasˈson *f*, Moˈdell *n*, b) Formteil *n*; **6.** *Küche*: a) (Pudding- *etc.*)Form *f*, b) Stürzpudding *m*; **II** *v/t.* **7.** gestalten, formen, bilden (*alle a. fig.*), *Charakter a.* prägen; **8.** anpassen (***to*** *dat.*); **9.** planen, entwerfen: ***~ the course for*** ⚓ *u. fig.* den Kurs setzen auf (*acc.*); **10.** ⚙ formen; **III** *v/i.* **11.** Gestalt *od.* Form annehmen, sich formen; **12.** sich entwickeln, sich gestalten: ***~*** (***up***) ***well*** sich ‚machen' *od.* gut anlassen, vielversprechend sein; ***~ up*** F e-e endgültige Form annehmen, sich (gut) entwickeln; **13.** ***~ up to*** a) Boxstellung einnehmen gegen, b) *fig. j-n* herausfordern; **shaped** [-pt] *adj.* geformt, ...gestaltet, ...förmig; **ˈshape·less** [-lɪs] *adj.* □ **1.** form-, gestaltlos; **2.** unförmig; **ˈshape·less·ness** [-lɪsnɪs] *s.* **1.** Fom-, Gestaltlosigkeit *f*; **2.** Unförmigkeit *f*; **ˈshape·li·ness** [-lɪnɪs] *s.* Wohlgestalt *f*, schöne Form; **ˈshape·ly** [-lɪ] *adj.* wohlgeformt, schön, hübsch; **ˈshap·er** [-pə] *s.* **1.** Former(in), Gestalter(in); **2.** ⚙ a) ˈWaagrecht-ˈStoßmaˌschine *f*, b) Schnellhobler *m*.

shard [ʃɑːd] *s.* **1.** (Ton)Scherbe *f*; **2.** *zo.* (harte) Flügeldecke (*Insekt*).

share¹ [ʃeə] *s.* (Pflug)Schar *f*.

share² [ʃeə] **I** *s.* **1.** (An)Teil *m* (*a. fig.*): ***fall to s.o.'s ~*** j-m zufallen; ***go ~s with*** mit *j-m* teilen (***in s.th.*** et.); ***~ and ~ alike*** zu gleichen Teilen; **2.** (An)Teil *m*, Beitrag *m*; Kontinˈgent *n*: ***do one's ~*** sein(en) Teil leisten; ***take a ~ in*** sich beteiligen an (*dat.*); ***have*** (*od.* ***take***) ***a large ~ in*** e-n großen Anteil haben an (*dat.*); **3.** ✝ Beteiligung *f*; Geschäftsanteil *m*; Kapiˈtaleinlage *f*: ***~ in a ship*** Schiffspart *m*; **4.** ✝ a) Gewinnanteil *m*, b) Aktie *f*, c) ⚒ Kux *m*: ***hold ~s in*** Aktionär in *e-r Gesellschaft* sein; **II** *v/t.* **5.** (*a. fig. sein Bett, e-e Ansicht, den Ruhm etc.*) teilen (***with*** mit); **6.** *mst* ***~ out*** aus-, verteilen; **7.** teilnehmen, -haben an (*dat.*); sich an *den Kosten etc.* beteiligen; **III** *v/i.* **8.** ***~ in*** → 7; **9.** sich teilen (***in*** in *acc.*); ***~ cer·tif·i·cate*** *s.* ✝ *Brit.* ˈAktienzertifiˌkat *n*; **ˈ~ˌcrop·per** *s. Am. kleiner* Farmpächter (*der s-e Pacht mit e-m Teil der Ernte entrichtet*); ***~ de·nom·i·na·tion*** *s.* Aktienstückelung *f*; **ˈ~ˌhold·er** *s.* ✝ *Brit.* Aktioˈnär(in); ***~ list*** *s.* ✝ *Brit.* (Aktien)Kurszettel *m*; ***~ mark·et*** *s.* ✝ *Brit.* Aktienmarkt *m*; **ˈ~·out** [-əraʊt] *s.* Aus-, Verteilung *f*.

shark [ʃɑːk] *s.* **1.** *ichth.* Hai(fisch) *m*; **2.** *fig.* Gauner *m*, Betrüger *m*; **3.** *fig.* Schmaˈrotzer *m*; **4.** *Am. sl.* ‚Kaˈnone' *f* (*Könner*).

sharp [ʃɑːp] **I** *adj.* □ **1.** scharf (*Messer etc., a. Gesichtszüge, Kurve etc.*); **2.** spitz (*Giebel etc.*); **3.** steil; **4.** *fig. allg.* scharf: a) deutlich (*Gegensatz, Umrisse etc.*), b) herb (*Geschmack*), c) schneidend (*Befehl, Stimme*), schrill (*Schrei, Ton*), d) heftig (*Schmerz etc.*), schneidend (*a. Frost, Wind*), e) hart (*Antwort, Kritik*), spitz (*Bemerkung, Zunge*), f) schnell (*Tempo, Spiel etc.*): ***~'s the word*** F mach fix!; **5.** scharf, wachsam (*Auge, Ohr*); angespannt (*Aufmerksamkeit*); **6.** scharfsinnig, gescheit, aufgeweckt, ‚auf Draht': ***~ at figures*** gut im Rechnen; **7.** gerissen, raffiniert: ***~ practice*** Gaunerei *f*; **8.** F eleˈgant, schick; **9.** ♪ a) (zu) hoch, b) (*durch Kreuz* um e-n Halbton) erhöht, c) Kreuz...: ***C ~*** Cis *n*; **10.** *ling.* stimmlos (*Konsonant*); **II** *adv.* **11.** scharf; **12.** plötzlich; **13.** pünktlich, genau: ***at 3 o'clock ~*** Punkt 3 Uhr, genau um 3 Uhr; **14.** schnell: ***look ~*** mach schnell!; **15.** ♪ zu hoch; **III** *v/i. u. v/t.* **16.** ♪ zu hoch singen *od.* spielen; **17.** betrügen; **IV** *s.* **18.** *pl.* lange Nähnadeln *pl.*; **19.** *pl.* ✝ *Brit.* grobes Kleienmehl; **20.** ♪ a) Kreuz *n*, b) Erhöhung *f*, Halbton *m*, c) nächsthöhere Taste; **21.** F → ***sharper***; **ˌ~-ˈcut** *adj.* **1.** scharf (geschnitten); **2.** festumˈrissen, deutlich; **ˌ~-ˈedged** *adj.* scharfkantig.

sharp·en [ˈʃɑːpən] **I** *v/t.* **1.** *Messer etc.* schärfen, schleifen, wetzen; *Bleistift etc.* (an)spitzen; **2.** *fig. j-n* ermuntern *od.* anspornen; *Sinn, Verstand* schärfen; *Appetit* anregen; **3.** *Rede etc.* verschärfen; *s-r Stimme etc.* e-n scharfen Klang geben; **II** *v/i.* **4.** scharf *od.* schärfer werden, sich verschärfen (*a. fig.*); **ˈsharp·en·er** [-pnə] *s.* (*Bleistift- etc.*) Spitzer *m*.

sharp·er [ˈʃɑːpə] *s.* **1.** Gauner *m*, Betrüger *m*; **2.** Falschspieler *m*.

ˌsharp-ˈeyed → ***sharp-sighted***.

sharp·ness [ˈʃɑːpnɪs] *s.* **1.** Schärfe *f*, Spitzigkeit *f*; **2.** *fig.* Schärfe *f* (*Herbheit, Strenge, Heftigkeit*); **3.** (Geistes)Schärfe *f*, Scharfsinn *m*; Gerissenheit *f*; **4.** (*phot.* Rand)Schärfe *f*, Deutlichkeit *f*.

ˌsharp|-ˈset *adj.* **1.** (heiß)hungrig; **2.** *fig.* scharf, erpicht (***on*** auf *acc.*); **ˈ~-ˌshoot·er** *s.* Scharfschütze *m*; **ˌ~-ˈsight·ed** *adj.* **1.** scharfsichtig; **2.** *fig.* scharfsinnig; **ˌ~-ˈtongued** *adj. fig.* scharfzüngig (*Person*); ˌ**~-ˈwit·ted** *adj.* scharfsinnig.

shat·ter [ˈʃætə] **I** *v/t.* **1.** zerschmettern, -schlagen, -trümmern (*alle a. fig.*); *fig. Hoffnungen* zerstören; **2.** *Gesundheit, Nerven* zerrütten: ***I was (absolutely) ~ed*** F ich war ‚am Boden zerstört'; **II** *v/i.* **3.** in Stücke brechen, zerspringen; ˈ**shat·ter·ing** [-ərɪŋ] *adj.* □ **1.** vernichtend (*a. fig.*); **2.** *fig.* a) ˈumwerfend, eˈnorm, b) entsetzlich, verheerend; ˈ**shat·ter-proof** *adj.* ⚙ a) bruchsicher, b) splitterfrei, -sicher (*Glas*).

shave [ʃeɪv] **I** *v/t.* **1.** (***o.s.*** sich) rasieren: **~ (*off*)** *Bart* abrasieren; ***get ~d*** rasiert werden; **2.** *Rasen etc.* (kurz) scheren; *Holz* (ab)schälen *od.* glatthobeln; *Häute* abschaben; **3.** streifen, *a.* knapp vorˈbeikommen an (*dat.*); **II** *v/i.* **4.** sich rasieren; **5.** ***~ through*** F (gerade noch) ‚ˈdurchrutschen' (*in e-r Prüfung*); **III** *s.* **6.** Raˈsur *f*, Rasieren *n*: ***have*** (*od.* ***get***) ***a ~*** sich rasieren (lassen); ***have a close*** (*od.* ***narrow***) ***~*** F *fig.* mit knapper Not davonkommen; ***that was a close ~*** F ‚das hätte ins Auge gehen können'; ***by a ~*** F um ein Haar; **7.** (Ab)Schabsel *n*, Span *m*; **8.** ⚙ Schabeisen *n*; **9.** *obs.* F Schwindel *m*, Betrug *m*; ˈ**shave·ling** [-lɪŋ] *s. obs. contp.* **1.** Pfaffe *m*; **2.** Mönch *m*; ˈ**shav·en** [-vn] *adj.* **1.** (***clean-~*** glatt)rasiert; **2.** (kahl)geschoren (*Kopf*); ˈ**shav·er** [-və] *s.* **1.** Barˈbier *m*; **2.** Raˈsierappaˌrat *m*; **3.** *mst* ***young ~*** F Grünschnabel *m*.

Sha·vi·an [ˈʃeɪvjən] *adj.* Shawsch, für G. B. Shaw charakteˈristisch: ***~ humo(u)r*** Shawscher Humor.

shav·ing [ˈʃeɪvɪŋ] *s.* **1.** Rasieren *n*: ***~ brush (cream, mirror)*** Rasierpinsel *m* (-creme *f*, -spiegel *m*); ***~ head*** Scherkopf *m*; ***~ soap, ~ stick*** Rasierseife *f*; **2.** *mst pl.* Schnitzel *m*, *n*, (Hobel)Span *m*.

shawl [ʃɔːl] *s.* **1.** ˈUmhängetuch *n*; **2.** Kopftuch *n*.

shawm [ʃɔːm] *s.* ♪ Schalˈmei *f*.

she [ʃiː; ʃɪ] **I** *pron.* **1.** a) sie (*3. sg. für alle weiblichen Lebewesen*), b) (*beim Mond*) er, (*bei Ländern*) es, (*bei Schiffen mit Namen*) sie, (*bei Schiffen ohne Namen*) es, (*bei Motoren u. Maschinen, wenn personifiziert*) er, es; **2.** sie, die (-jenige); **II** *s.* **3.** Sie *f*: a) Mädchen *n*, Frau *f*, b) Weibchen *n* (*Tier*); **III** *adj. in Zssgn* **4.** weiblich: ***~-bear*** Bärin *f*; ***~-dog*** Hündin *f*; **5.** *contp.* Weibs…: ***~-devil*** Weibsteufel *m*.

sheaf [ʃiːf] **I** *pl.* **-ves** [-vz] *s.* **1.** ✓ Garbe *f*; **2.** (*Papier-, Pfeil-, phys. Strahlen-*) Bündel *n*: ***~ of fire*** ⚔ Feuer-, Geschoßgarbe *f*; **II** *v/t.* **3.** → ***sheave***[1].

shear [ʃɪə] **I** *v/t.* [*irr.*] **1.** scheren: ***~ sheep***; **2.** *a.* ***~ off*** (ab)scheren, abschneiden; **3.** *fig.* berauben; → ***shorn***; **4.** *fig. j-n* ‚schröpfen'; **5.** *poet. mit dem Schwert* (ab)hauen; **II** *v/i.* [*irr.*] **6.** ✓ sicheln, mähen; **III** *s.* **7.** *pl.* große Schere; ⚙ Meˈtall-, Blechschere *f*; **8.** → ***shearing force, shearing stress***; ˈ**shear·er** [-ərə] *s.* **1.** (Schaf)Scherer *m*; **2.** Schnitter *m*.

shear·ing [ˈʃɪərɪŋ] *s.* **1.** Schur *f* (*Schafescheren od. Schurertrag*); **2.** *phys.* (Ab-) Scherung *f*; **3.** *Scot. od. dial.* Mähen *n*, Mahd *f*; ***~ force*** *s. phys.* Scher-, Schubkraft *f*; ***~ strength*** *s. phys.* Scherfestigkeit *f*; ***~ stress*** *s. phys.* Scherbeanspruchung *f*.

shear·ling [ˈʃɪəlɪŋ] *s.* erst ˈeinmal geschorenes Schaf.

shear| pin *s.* ⚙ Scherbolzen *m*; ***~ stress*** → ***shearing stress***; ˈ**~ˌwa·ter** *s. orn.* Sturmtaucher *m*.

sheath [ʃiːθ] *s.* **1.** (*Schwert- etc.*)Scheide *f*; **2.** Futteˈral *n*, Hülle *f*; **3.** ⚘, *zo.* Scheide *f*; **4.** *zo.* Flügeldecke *f* (*Käfer*); **5.** Konˈdom *n*, *m*; **6.** Futteˈralkleid *n*;

sheathe [ʃiːð] *v/t.* **1.** *das Schwert* in die Scheide stecken; **2.** in e-e Hülle *od.* ein Futteˈral stecken; **3.** *bsd.* ⚙ umˈhüllen, -ˈmanteln, überˈziehen; *Kabel* armieren; **sheath·ing** [ˈʃiːðɪŋ] *s.* ⚙ Verschalung *f*, -kleidung *f*; Beschlag *m*; ˈÜberzug *m*, Mantel *m*; (Kabel)Bewehrung *f*.

sheave[1] [ʃiːv] *v/t.* ✓ in Garben binden.

sheave[2] [ʃiːv] *s.* ⚙ Scheibe *f*, Rolle *f*.

sheaves [ʃiːvz] **1.** *pl. von* ***sheaf***; **2.** *pl. von* ***sheave***[2].

she·bang [ʃəˈbæŋ] *s. Am. sl.* **1.** ‚Bude' *f*, ‚Laden' *m*; **2.** ***the whole ~*** der ganze Plunder *od.* Kram.

shed[1] [ʃed] *s.* **1.** Schuppen *m*; **2.** Stall *m*; **3.** ✈ *kleine* Flugzeughalle; **4.** Hütte *f*.

shed[2] [ʃed] *v/t.* [*irr.*] F **1.** verschütten, *a. Blut, Tränen* vergießen; **2.** ausstrahlen, -strömen, *Duft, Licht, Frieden etc.* verbreiten; → ***light*** 1; **3.** *Wasser* abstoßen (*Stoff*); **4.** *biol. Laub, Federn etc.* abwerfen, *Hörner* abstoßen, *Zähne* verlieren: ***~ one's skin*** sich häuten; **5.** *Winterkleider etc., a. fig. Gewohnheit, a. iro. Freunde* ablegen.

she'd [ʃiːd] F *für* a) ***she would***, b) ***she had***.

sheen [ʃiːn] *s.* Glanz *m* (*bsd. von Stoffen*), Schimmer *m*.

sheen·y[1] [ˈʃiːnɪ] *adj.* glänzend.

sheen·y[2] [ˈʃiːnɪ] *s. sl.* ‚Itzig' *m* (*Jude*).

sheep [ʃiːp] *pl. coll.* **sheep** *s.* **1.** *zo.* Schaf *n*: ***cast ~'s eyes at s.o.*** j-m schmachtende Blicke zuwerfen; ***separate the ~ and the goats*** *bibl.* die Schafe von den Böcken trennen; ***you might as well be hanged for a ~ as (for) a lamb!*** wenn schon, denn schon!; → ***black sheep***; **2.** *fig. contp.* Schaf *n* (*Person*); **3.** *pl. fig.* Schäflein *pl.*, Herde *f* (*Gemeinde e-s Pfarrers etc.*); **4.** Schafleder *n*; ˈ**~-dip** *s.* Desinfektiˈonsbad *n* für Schafe; ˈ**~-dog** *s.* Schäferhund *m*; ˈ**~-farm** *s. Brit.* Schaf(zucht)farm *f*; ˈ**~ˌfarm·ing** *s. Brit.* Schafzucht *f*; ˈ**~-fold** *s.* Schafhürde *f*.

sheep·ish [ˈʃiːpɪʃ] *adj.* □ **1.** schüchtern; **2.** einfältig, blöd(e); **3.** verlegen, ‚belämmert'.

ˈ**sheep|·man** [-mən] *s.* [*irr.*] *Am.* Schafzüchter *m*; ˈ**~·pen** → ***sheepfold***; ***~ run*** → ***sheepwalk***; ˈ**~ˌshear·ing** *s.* Schafschur *f*; ˈ**~·skin** *s.* **1.** Schaffell *n*; **2.** (*a.* Pergaˈment *n* aus) Schafleder *n*; **3.** F a) Urkunde *f*, b) Diˈplom *n*; ˈ**~·walk** *s.* Schafweide *f*.

sheer[1] [ʃɪə] **I** *adj.* □ **1.** bloß, rein, pur, nichts als: ***~ nonsense***; ***by ~ force*** mit bloßer *od.* nackter Gewalt; **2.** völlig, glatt: ***~ impossibility***; **3.** rein, unvermischt, pur: ***~ ale***; **4.** steil, jäh; **5.** hauchdünn (*Textilien*); **II** *adv.* **6.** völlig; **7.** senkrecht; **8.** diˈrekt.

sheer[2] [ʃɪə] **I** *s.* **1.** ⚓ a) Ausscheren *n*, b) Sprung *m* (*Deckerhöhung*); **II** *v/i.* **2.** ⚓ abscheren, (ab)gieren (*Schiff*); **3.** *fig.* *a.* ***~ away (from)*** a) abweichen (von), b) sich losmachen (von); ***~ off*** *v/i.* **1.** → ***sheer***[2] 2; **2.** abhauen; **3.** ***~ from*** aus dem Wege gehen (*dat.*).

sheet [ʃiːt] **I** *s.* **1.** Bettuch *n*, (Bett)Laken *n*; Leintuch *n*: ***stand in a white ~*** reumütig s-e Sünden bekennen; (***as***) ***white as a ~*** *fig.* kreidebleich; **2.** (*typ.* Druck)Bogen *m*, Blatt *n* (*Papier*): ***a blank ~*** *fig.* ein unbeschriebenes Blatt; ***a clean ~*** *fig.* e-e reine Weste; ***in (the) ~s*** (noch) nicht gebunden, ungefalzt (*Buch*); **3.** Bogen *m* (*von Briefmarken*); **4.** a) Blatt *n*, Zeitung *f*, b) (Flug-) Schrift *f*; **5.** ⚙ (dünne) (*Blech-, Glas- etc.*)Platte *f*; **6.** *metall.* (Fein)Blech *n*; **7.** weite Fläche (*von Wasser etc.*); (wogende) Masse; (*Feuer-, Regen*)Wand *f*; *geol.* Schicht *f*: ***rain came down in ~s*** es regnete in Strömen; **8.** ⚓ Schot(e) *f*, Segelleine *f*: ***have three ~s in the wind*** *sl.* ‚sternhagelvoll' sein; **9.** ⚓ Vorder- (*u.* Achter)Teil *m*, *n* (*Boot*); **II** *v/t.* **10.** *Bett* beziehen; **11.** (in Laken) (ein)hüllen; **12.** ⚙ mit Blech verkleiden; **13.** *a.* ***~ home*** *Segel* anholen; ***~ an·chor*** *s.* ⚓ Notanker *m* (*a. fig.*); ***~ cop·per*** *s.* Kupferblech *n*; ***~ glass*** *s.* Tafelglas *n*.

sheet·ing [ˈʃiːtɪŋ] *s.* **1.** Bettuchstoff *m*; **2.** Blechverkleidung *f*.

sheet| i·ron *s.* Eisenblech *n*; ***~ lightning*** *s.* **1.** Wetterleuchten *n*; **2.** Flächenblitz *m*; ***~ met·al*** *s.* (Meˈtall)Blech *n*; ***~ mu·sic*** *s.* Noten(blätter) *pl.*; ***~ steel*** *s.* Stahlblech *n*.

sheik(h) [ʃeɪk] *s.* **1.** Scheich *m*; **2.** *fig.* F a) ‚Scheich' *m* (*Freund*), b) *Am.* ‚Schwarm' *m* (*Person*); ˈ**sheik(h)·dom** [-dəm] *s.* Scheichtum *n*.

shek·el [ˈʃekl] *s.* **1.** a) S(ch)ekel *m* (*hebräische Gewichts- u. Münzeinheit*), b) Schekel *m* (*Münzeinheit in Israel*); **2.** *pl.* F ‚Zaster' *m* (*Geld*).

shel·drake [ˈʃeldreɪk] *s. orn.* Brandente *f*.

shelf [ʃelf] *pl.* **shelves** [-vz] *s.* **1.** (Bücher-, Wand-, Schrank)Brett *n*; (ˈBücher-, ˈWaren- *etc.*)Reˌgal *n*, Bord *n*, Fach *n*, Sims *m*: ***be put*** (*od.* ***laid***) ***on the ~*** *fig.* a) ausrangiert werden (*a. Beamter etc.*), b) auf die lange Bank geschoben werden; ***get on the ~*** ‚sitzenbleiben' (*Mädchen*); **2.** Riff *n*, Felsplatte *f*; **3.** ⚓ a) Schelf *m*, *n*, Küstensockel *m*, b) Sandbank *f*; **4.** *geol.* Festlandssockel *m*, Schelf *m*, *n*; ***~ fil·ler*** *s.* Regalauffüller *m*; ***~ life*** *s.* ✝ Lagerfähigkeit *f*; ˈ**~ˌwarm·er** *s.* ‚Ladenhüter' *m*.

shell [ʃel] **I** *s.* **1.** *allg.* Schale *f*; **2.** *zo.* a) Muschelschale *f*, b) Schneckenhaus *n*, c) Flügeldecke *f* (*Käfer*), d) Rückenschild *m* (*Schildkröte*): ***come out of one's ~*** *fig.* aus sich herausgehen; ***retire into one's ~*** *fig.* sich in sein Schneckenhaus zurückziehen; **3.** (Eier-) Schale *f*: ***in the ~*** a) (noch) unausgebrütet, b) *fig.* noch in der Entwicklung; **4.** a) Muschel *f*, b) Perlmutt *n*, c) Schildpatt *n*; **5.** (Nuß- *etc.*)Schale *f*, Hülse *f*; **6.** ⚓, ✈ Schale *f*, Außenhaut *f*; (Schiffs)Rumpf *m*; **7.** Gerippe *n*, Gerüst *n* (*a. fig.*), △ *a.* Rohbau *m*; **8.** ⚙ Kapsel *f*, (*Scheinwerfer- etc.*)Gehäuse *n*; **9.** ⚔ a) Graˈnate *f*, b) Hülse *f*, c) *Am.* Paˈtrone *f*; **10.** (ˈFeuerwerks)Raˌkete *f*; **11.** *Küche*: (Paˈsteten)Hülle *f*;

12. *phys.* (Elek'tronen)Schale *f*; **13.** *sport* (leichtes) Renn(ruder)boot; **14.** (*Degen- etc.*)Korb *m*; **15.** *fig. das* (bloße) Äußere; **16.** *ped. Brit.* Mittelstufe *f*; **II** *v/t.* **17.** schälen; *Erbsen etc.* enthülsen; *Nüsse* knacken; *Körner* von der Ähre *od.* vom Kolben entfernen; **18.** ⚔ (mit Gra'naten) beschießen; **~ out** *v/t. u. v/i. sl.* ‚blechen' (*bezahlen*).
shel·lac [ʃəˈlæk] **I** *s.* **1.** ⚗ Schellack *m*; **II** *v/t. pret. u. p.p.* **shel'lacked** [-kt] **2.** mit Schellack behandeln; **3.** *fig. Am. sl. j-n* ‚vermöbeln'.
'shell,cra·ter *s.* ⚔ Gra'nattrichter *m.*
shelled [ʃeld] *adj.* …schalig.
shell| egg *s.* Frischei *n*; **'~·fish** *s. zo.* Schalentier *n*; **~ game** *s. Am.* Falschspielertrick *m* (*a. fig.*).
shell·ing [ˈʃelɪŋ] *s.* ⚔ Beschuß *m*, (Artille'rie)Feuer *n.*
shell shock *s.* ⚔ 'Kriegsneu,rose *f.*
shel·ter [ˈʃeltə] **I** *s.* **1.** Schutzhütte *f*, -dach *n*; Schuppen *m*; **2.** Obdach *n*, Herberge *f*; **3.** Zuflucht *f*; **4.** Schutz *m*: ***take*** (*od.* ***seek***) **~** Schutz suchen (***with*** bei, ***from*** vor *dat.*); **5.** ⚔ a) Bunker *m*, 'Unterstand *m*, b) Deckung *f*; **II** *v/t.* **6.** (be)schützen, beschirmen (***from*** vor): ***a ~ed life*** ein behütetes Leben; **7.** schützen, bedecken, über'dachen; **8.** *j-m* Schutz *od.* Zuflucht gewähren: **~ *o.s.*** *fig.* sich verstecken (***behind*** hinter *j-m etc.*); ***~ed trade*** † *Brit.* (*durch Zölle*) geschützter Handelszweig; ***~ed workshop*** beschützende Werkstatt; **9.** *j-n* beherbergen; **III** *v/i.* **10.** Schutz suchen; sich 'unterstellen; **~ half** *s.* ⚔ *Am.* Zeltbahn *f.*
shelve¹ [ʃelv] *v/t.* **1.** *Bücher* (in ein Re'gal) einstellen, auf ein (Bücher)Brett stellen; **2.** *fig.* a) *et.* zu den Akten legen, bei'seite legen, b) *j-n* ausrangieren; **3.** aufschieben; **4.** mit Fächern *od.* Re'galen versehen.
shelve² [ʃelv] *v/i.* (sanft) abfallen.
shelves [ʃelvz] *pl. von* ***shelf.***
shelv·ing¹ [ˈʃelvɪŋ] *s.* (Bretter *pl.* für) Fächer *pl. od.* Re'gale *pl.*
shelv·ing² [ˈʃelvɪŋ] *adj.* schräg, abfallend.
she·nan·i·gan [ʃɪˈnænɪgən] *s. mst pl.* F **1.** ‚Mumpitz' *m*, ‚fauler Zauber'; **2.** Trick *m*; **3.** ‚Blödsinn' *m*, Streich *m.*
shep·herd [ˈʃepəd] **I** *s.* **1.** (Schaf)Hirt *m*, Schäfer *m*; **2.** *fig. eccl.* (Seelen)Hirt *m* (*Geistlicher*): ***the*** (***good***) **2** *bibl.* der Gute Hirte (*Christus*); **II** *v/t.* **3.** *Schafe etc.* hüten; **4.** *fig. Menschenmenge etc.* treiben, führen, ‚bugsieren'; **'shep·herd·ess** [-dɪs] *s.* (Schaf)Hirtin *f*, Schäferin *f.*
shep·herd's| crook *s.* Hirtenstab *m*; **~ dog** *s.* Schäferhund *m*; **~ pie** *s.* Auflauf *m* aus Hackfleisch u. Kar'toffelbrei; **,~-'purse** *s.* ⚘ Hirtentäschel *n.*
sher·bet [ˈʃɜːbət] *s.* **1.** Sor'bett *n*, *m* (*Frucht-, Eisgetränk*); **2.** *bsd. Am.* Fruchteis *n*; **3.** *a.* **~ *powder*** Brausepulver *n.*
sherd [ʃɜːd] → ***shard.***
sher·iff [ˈʃerɪf] *s.* ⚖ Sheriff *m*: a) *in England, Wales u. Irland der höchste Verwaltungsbeamte e-r Grafschaft*, b) *in den USA der gewählte höchste Exekutivbeamte e-s Verwaltungsbezirkes*, c) *in Schottland e-e Art Amtsrichter.*
sher·ry [ˈʃerɪ] *s.* Sherry *m.*
she's [ʃiːz; ʃɪz] F *für* a) ***she is***, b) ***she has.***
shew [ʃəʊ] *obs. für* ***show.***
shib·bo·leth [ˈʃɪbəleθ] *s. fig.* **1.** Schib'boleth *n*, Erkennungszeichen *n*, -wort *n*; **2.** Kastenbrauch *m*; **3.** Plati'tüde *f.*
shield [ʃiːld] **I** *s.* **1.** Schild *m*; **2.** Schutzschild *m*, -schirm *m*; **3.** *fig.* a) Schutz *m*, Schirm *m*, b) (Be)Schützer(in); **4.** ⚡, ⚙ (Ab)Schirmung *f*; **5.** Arm-, Schweißblatt *n*; **6.** *zo.* (Rücken)Schild *m*, Panzer *m* (*Insekt etc.*); **7.** *her.* (Wappen-)Schild *m*; **II** *v/t.* **8.** (be)schützen, (be-)schirmen (***from*** vor *dat.*); **9.** *bsd. b.s. j-n* decken; **10.** ⚡, ⚙ (ab)schirmen; **'~-,bear·er** *s.* Schildknappe *m*; **~ fern** *s.* ⚘ Schildfarn *m*; **~ forc·es** *s. pl.* ⚔ Schildstreitkräfte *pl.*
shiel·ing [ˈʃiːlɪŋ] *s. Scot.* **1.** (Vieh)Weide *f*; **2.** Hütte *f.*
shift [ʃɪft] **I** *v/i.* **1.** den Platz *od.* die Lage wechseln, sich bewegen; **2.** sich verlagern (*a.* ⚖ *Beweislast*), sich verwandeln (*a. Szene*), sich verschieben (*a. ling.*), wechseln; **3.** ⚓ 'überschießen, sich verlagern (*Ballast, Ladung*); **4.** die Wohnung wechseln; **5.** 'umspringen (*Wind*); **6.** *mot.* schalten: **~ *up*** (***down***) hinaufschalten (herunterschalten); **7.** *Kugelstoßen*: angleiten; **8. ~ *for o.s.*** a) auf sich selbst gestellt sein, b) sich selbst (weiter)helfen, sich durchschlagen; **9.** Ausflüchte machen; **10.** *mst* **~ *away*** F sich da'vonmachen; **II** *v/t.* **11.** (aus-, 'um)wechseln, (aus)tauschen; → ***ground*** 2; **12.** (*a. fig.*) verschieben, -lagern, (*a. Schauplatz,* ⚔ *das Feuer*) verlegen; *Betrieb* 'umstellen (***to*** auf *acc.*); *thea. Kulissen* schieben; **13.** ⚙ schalten, ausrücken, verstellen, *Hebel* 'umlegen: **~ *gears*** *mot.* schalten; **14.** ⚓ a) *Schiff* verholen, b) *Ladung* 'umstauen; **15.** *Kleidung* wechseln; **16.** *Schuld, Verantwortung* (ab)schieben, abwälzen (**[*up*]*on*** auf *acc.*); **17.** *j-n* loswerden; **18.** *Am.* F a) *Essen etc.* ‚wegputzen', b) *Schnaps etc.* ‚kippen'; **III** *s.* **19.** Verschiebung *f*, -änderung *f*, -lagerung *f*, Wechsel *m*; **20.** † (Arbeits)Schicht *f* (*Arbeiter od. Arbeitszeit*); **21.** Ausweg *m*, Hilfsmittel *n*, Notbehelf *m*: ***make*** (***a***) **~** a) sich durchschlagen, b) es fertigbringen, es möglich machen (***to do*** zu tun), c) sich behelfen (***with*** mit, ***without*** ohne); **22.** Kniff *m*, List *f*, Ausflucht *f*; **23. ~ *of crop*** ⚒ *Brit.* Fruchtwechsel *m*; **24.** *geol.* Verwerfung *f*; **25.** ♪ a) Lagenwechsel *m* (*Streichinstrumente*), b) Zugwechsel *m* (*Posaune*), c) Verschiebung *f* (*Klavierpedal etc.*); **26.** *ling.* Lautverschiebung *f*; **27.** *Kugelstoßen*: Angleiten *n*; **28.** *obs.* ('Unter-)Hemd *n der Frau*; **'shift·er** [-tə] *s.* **1.** *thea.* Ku'lissenschieber *m*; **2.** *fig.* schlauer Fuchs; **3.** ⚙ a) Schalter *m*, b) Ausrückvorrichtung *f*; **'shift·i·ness** [-tɪnɪs] *s.* **1.** Gewandtheit *f*; **2.** Verschlagenheit *f*; **3.** Unzuverlässigkeit *f*; **'shift·ing** [-tɪŋ] *adj.* sich verschiebend, veränderlich: **~ *sand*** Treib-, Flugsand *m.*
shift key *s.* 'Umschalter *m* (*Schreibmaschine*).
shift·less [ˈʃɪftlɪs] *adj.* □ **1.** hilflos (*a. fig. unfähig*); **2.** unbeholfen, einfallslos; **3.** träge, faul.
shift| work *s.* **1.** Schichtarbeit *f*; **2.** *ped.* 'Schicht,unterricht *m*; **~ work·er** *s.* Schichtarbeiter(in).
shift·y [ˈʃɪftɪ] *adj.* □ **1.** a) wendig, b) schlau, gerissen, c) verschlagen, falsch; **2.** *fig.* unstet.
shil·ling [ˈʃɪlɪŋ] *s. Brit. obs.* Schilling *m*: ***a ~ in the pound*** 5 Prozent; ***pay twenty ~s in the pound*** s-e Schulden *etc.* auf Heller u. Pfennig bezahlen; ***cut s.o. off with a ~*** j-n enterben; **~ shock·er** *s.* 'Schundro,man *m.*
shil·ly-shal·ly [ˈʃɪlɪ,ʃælɪ] **I** *v/i.* zögern, schwanken; **II** *s.* Schwanken *n*, Zögern *n*; **III** *adj. u. adv.* zögernd, schwankend.
shim [ʃɪm] ⚙ *s.* Keil *m*, Klemmstück *n*, Ausgleichsscheibe *f.*
shim·mer [ˈʃɪmə] **I** *v/i.* schimmern; **II** *s.* Schimmer *m*; **'shim·mer·y** [-ərɪ] *adj.* schimmernd.
shim·my [ˈʃɪmɪ] **I** *s.* **1.** Shimmy *m* (*Tanz*); **2.** ⚙ Flattern *n* (*der Vorderräder*); **3.** F (Damen)Hemd *n*; **II** *v/i.* **4.** Shimmy tanzen; **5.** ⚙ flattern (*Vorderräder*).
shin [ʃɪn] **I** *s.* **1.** Schienbein *n*; **2. ~ *of beef*** Rinderhachse *f*; **II** *v/i.* **3. ~ *up*** *e-n Baum etc.* hin'aufklettern; **4.** *Am.* rennen; **III** *v/t.* **5.** *j-n* ans Schienbein treten; **6. ~ *o.s.*** sich das Schienbein verletzen; **'~·bone** *s.* Schienbein(knochen *m*) *n.*
shin·dig [ˈʃɪndɪg] *s.* **1.** *sl.* ‚Schwof' *m*, Tanz(veranstaltung *f*) *m*; *weitS.* (‚wilde') Party; **2.** → ***shindy.***
shin·dy [ˈʃɪndɪ] *s.* F Krach *m*, Ra'dau *m.*
shine [ʃaɪn] **I** *v/i.* [*irr.*] **1.** scheinen; leuchten, strahlen (*a. Augen etc.*; ***with joy*** vor Freude): **~ *out*** hervorleuchten, *fig.* herausragen; **~ (*up*)*on*** *et.* beleuchten; **~ *up to*** *Am. sl.* sich bei *j-m* anbiedern; **2.** glänzen (*a. fig. sich hervortun* ***as*** als, ***at*** in *dat.*); **II** *v/t.* [*irr.*] **3.** F *Schuhe etc.* polieren; **III** *s.* **4.** (*Sonnen- etc.*)Schein *m*; → ***rain*** 1; **5.** Glanz *m*: ***take the ~ out of*** a) *e-r Sache* den Glanz nehmen, b) *et. od. j-n* in den Schatten stellen; **6.** Glanz *m* (*bsd. auf Schuhen*): ***have a ~?*** Schuhputzen gefällig?; **7. *kick up a ~*** F Radau machen; **8. *take a ~ to s.o.*** F j-n ins Herz schließen; **'shin·er** [-nə] *s.* **1.** glänzender Gegenstand; **2.** *sl.* a) Goldmünze *f* (*bsd. Sovereign*), b) Dia'mant *m*, c) *pl.* ‚Kies' *m* (*Geld*); **3.** *sl.* ‚Veilchen' *n*, blau(geschlagen)es Auge.
shin·gle¹ [ˈʃɪŋgl] **I** *s.* **1.** (Dach)Schindel *f*; **2.** Herrenschnitt *m* (*Damenfrisur*); **3.** *Am.* F (Firmen)Schild *n*: ***hang out one's ~*** sich (als Arzt *etc.*) etablieren, ‚s-n eigenen Laden aufmachen'; **II** *v/t.* **4.** mit Schindeln decken; **5.** *Haar* (sehr) kurz schneiden: ***~d hair*** → 2.
shin·gle² [ˈʃɪŋgl] *s. Brit.* **1.** grober Strandkies(el) *m*; **2.** Kiesstrand *m.*
shin·gle³ [ˈʃɪŋgl] *v/t. metall.* zängen.
shin·gles [ˈʃɪŋglz] *s. pl. sg. konstr.* ⚕ Gürtelrose *f.*
shin·gly [ˈʃɪŋglɪ] *adj.* kies(el)ig.
shin·ing [ˈʃaɪnɪŋ] *adj.* □ leuchtend (*a. fig. Beispiel*), strahlend; glänzend (*a. fig.*): ***a ~ light*** e-e Leuchte (*Person*).
shin·ny [ˈʃɪnɪ] *v/i. Am.* F klettern.
shin·y [ˈʃaɪnɪ] *adj. allg.* glänzend: a) leuchtend (*a. fig.*), funkelnd (*a. Auto etc.*), b) strahlend (*Tag etc.*), c) blank (-geputzt), d) abgetragen: ***a ~ jacket.***

ship [ʃɪp] **I** *s.* **1.** ⚓ *allg.* Schiff *n*: **~'s articles** → **shipping articles**; **~'s company** Besatzung *f*; **~'s husband** Mitreeder *m*; **~'s papers** Schiffspapiere; **~ of the desert** *fig.* Wüstenschiff (*Kamel*); **take ~** sich einschiffen (**for** nach); **about ~!** klar zum Wenden!; **when my ~ comes home** *fig.* wenn ich mein Glück mache; **2.** ⚓ Vollschiff *n* (*Segelschiff*); **3.** Boot *n*; **4.** *Am.* a) Luftschiff *n*, b) Flugzeug *n*, c) Raumschiff *n*; **II** *v/t.* **5.** an Bord bringen *od.* (*a. Passagiere*) nehmen, verladen; **6.** ⚓ verschiffen, transportieren; **7.** ☤ a) verladen, b) versenden, -frachten, (aus-)liefern (*a. zu Lande*), c) *Ware zur Verladung* abladen, d) ⚓ *Ladung* über'nehmen: **~ a sea** e-e See (*Sturzwelle*) übernehmen; **8.** ⚓ *Ruder* einlegen, *Mast* einsetzen: **~ the oars** die Riemen einlegen; **9.** ⚓ *Matrosen* (an)heuern; **10.** F *a.* **~ off** fortschicken; **III** *v/i.* **11.** sich einschiffen; **12.** sich anheuern lassen; **~ bis·cuit** *s.* Schiffszwieback *m*; '**~·board** *s.*: **on ~** an Bord; '**~·borne air·craft** *s.* ✈ Bordflugzeug *n*; '**~ˌbuild·er** *s.* ⚓ 'Schiffsarchiˌtekt *m*, -bauer *m*; '**~ˌbuild·ing** *s.* ⚓ Schiff(s)bau *m*; **~ ca·nal** *s.* ⚓ 'Seekaˌnal *m*; **~ chan·dler** *s.* Schiffsausrüster *m*; '**~·load** *s.* (volle) Schiffsladung (*als Maß*); '**~ˌmas·ter** *s.* ⚓ ('Handels)Kapiˌtän *m*.

ship·ment ['ʃɪpmənt] *s.* **1.** ⚓ a) Verladung *f*, b) Verschiffung *f*, 'Seetransˌport *m*, c) (Schiffs)Ladung *f*; **2.** ☤ (*a. zu Lande*) a) Versand *m*, b) (Waren)Sendung *f*, Lieferung *f*.

'**shipˌown·er** *s.* Reeder *m*.

ship·per ['ʃɪpə] *s.* ☤ **1.** Verschiffer *m*, Ablader *m*; **2.** Spedi'teur *m*.

ship·ping ['ʃɪpɪŋ] *s.* **1.** Verschiffung *f*; **2.** ☤ a) Abladung *f* (*Anbordnahme*), b) Verfrachtung *f*, Versand *m* (*a. zu Lande etc.*); **3.** ⚓ *coll.* Schiffsbestand *m* (*e-s Landes etc.*); **~ a·gent** *s.* **1.** 'Schiffsaˌgent *m*; **2.** Schiffsmakler *m*; **~ ar·ti·cles** *s. pl.* ⚓ 'Schiffsarˌtikel *pl.*, Heuervertrag *m*; **~ bill** *s. Brit.* Mani'fest *n*; **~ clerk** *s.* ☤ Leiter *m* der Versandabteilung; **~ com·pa·ny** *s.* ⚓ Reede'rei *f*; **~ fore·cast** *s.* Seewetterbericht *m*.

'**ship|·shape** *pred. adj. u. adv.* in tadelloser Ordnung, blitzblank; **ˌ~-to-'ship** *adj.* Bord-Bord-…; **ˌ~-to-'shore** *adj.* Bord-Land-…; '**~·way** *s.* Stapel *m*, Helling *f*; '**~·wreck I** *s.* **1.** ⚓ Wrack *n*; **2.** Schiffbruch *m*, *fig. a.* Scheitern *n von Plänen etc.*: **make ~ of** → 4; **II** *v/t.* **3.** scheitern lassen: **be ~ed** schiffbrüchig werden *od.* sein; **4.** *fig.* zum Scheitern bringen, vernichten; **III** *v/i.* **5.** Schiffbruch erleiden, scheitern (*beide a. fig.*); '**~·wright** *s.* **1.** → **shipbuilder**; **2.** Schiffszimmermann *m*; '**~·yard** *s.* (Schiffs)Werft *f*.

shir [ʃɜː] → **shirr**.

shire ['ʃaɪə] *s.* **1.** brit. Grafschaft *f*; **2.** au'stralischer Landkreis; **3.** *a.* **~ horse** *ein schweres Zugpferd*.

shirk [ʃɜːk] **I** *v/t.* sich drücken vor (*dat.*); **II** *v/i.* sich drücken (**from** vor *dat.*); '**shirk·er** [-kə] *s.* Drückeberger *m*.

shirr [ʃɜː] **I** *s.* e'lastisches Gewebe, eingewebte Gummischnur, Zugband *n*; **II** *v/t. Gewebe* kräuseln; **shirred** [ʃɜːd] *adj.* e'lastisch, gekräuselt.

shirt [ʃɜːt] *s.* **1.** (Herren-, Ober-, *a.* 'Unter-, Nacht)Hemd *n*: **get s.o.'s ~ out** j-n ‚auf die Palme bringen'; **give away the ~ off one's back** sein letztes Hemd *für j-n* hergeben; **keep one's ~ on** *sl.* sich nicht aufregen; **lose one's ~** ‚sein letztes Hemd verlieren'; **put one's ~ on** *sl.* alles auf *ein Pferd etc.* setzen; **2.** *a.* **~ blouse** Hemdbluse *f*; **~ front** *s.* Hemdbrust *f*.

shirt·ing ['ʃɜːtɪŋ] *s.* Hemdenstoff *m*.

'**shirt-sleeve I** *s.* Hemdsärmel *m*: **in one's ~s** in Hemdsärmeln; **II** *adj. fig.* ‚hemdsärmelig', ungezwungen, le'ger: **~ diplomacy** offene Diplomatie.

shirt·y ['ʃɜːtɪ] *adj. sl.* unverschämt, ungehobelt.

shit [ʃɪt] V **I** *s.* **1.** Scheiße *f*: **have a ~** scheißen; **2.** *fig.* ‚Scheiße' *f*, ‚Scheiß (-dreck)' *m*; **3.** *fig.* Arschloch *n*; **4.** *pl.* ‚Scheiße'rei' *f*; **5.** *sl.* ‚Shit' *n* (*Haschisch*); **II** *v/i.* [*irr.*] **6.** scheißen: **~ on** a) auf *j-n od. et.* scheißen, b) *fig. j-n* ‚verpfeifen'; **III** *v/t.* **7.** vollscheißen, scheißen in (*acc.*); **shit·ty** ['ʃɪtɪ] *adj.* ‚beschissen'.

shiv·er¹ ['ʃɪvə] **I** *s.* **1.** Splitter *m*, (Bruch-)Stück *n*, Scherbe *f*; **2.** *min.* Dachschiefer *m*; **II** *v/t.* **3.** zersplittern, zerschmettern; **III** *v/i.* **4.** (zer)splittern.

shiv·er² ['ʃɪvə] **I** *v/i.* **1.** (**with** vor *dat.*) zittern, (er)schauern, frösteln; **2.** flattern (*Segel*); **II** *s.* **3.** Schauer *m*, Zittern *n*, Frösteln *n*: **the ~s** a) ⚕ der Schüttelfrost, b) F *fig.* das kalte Grausen; '**shiv·er·ing** [-vərɪŋ] *s.* Schauer(n *n*) *m*: **~ fit** Schüttelfrost *m*; '**shiv·er·y** [-ərɪ] *adj.* **1.** fröstelnd; **2.** fiebrig.

shoal¹ [ʃəʊl] **I** *s.* Schwarm *m*, Zug *m von Fischen*; *fig.* Unmenge *f*, Masse *f*; **II** *v/i.* in Schwärmen auftreten.

shoal² [ʃəʊl] **I** *s.* **1.** Untiefe *f*, seichte Stelle; Sandbank *f*; **2.** *fig.* Klippe *f*; **II** *adj.* **3.** seicht; **III** *v/i.* **4.** seicht(er) werden; '**shoal·y** [-lɪ] *adj.* seicht.

shock¹ [ʃɒk] **I** *s.* **1.** Stoß *m*, Erschütterung *f* (*a. fig. des Vertrauens etc.*); **2.** Zs.-stoß *m*, Zs.-prall *m*, Anprall *m*; **3.** ⚕ (Nerven)Schock *m*, Schreck *m*, (plötzlicher) Schlag (**to** für), *seelische* Erschütterung (**to** *gen.*): **be in (a state of) ~** e-n Schock haben; **get the ~ of one's life** a) zu Tode erschrecken, b) sein blaues Wunder erleben; **with a ~** mit Schrecken; **4.** Schock *m*, Ärgernis *n* (**to** für); **5.** ϟ Schlag *m*, (*a.* ⚕ E'lektro-) Schock *m*; **II** *v/t.* **6.** erschüttern, erbeben lassen; **7.** *fig.* schockieren, em'pören: **~ed** empört *od.* entrüstet (**at** über *acc.*, **by** durch); **8.** *fig. j-m* e-n Schock versetzen, *j-n* erschüttern: **I was ~ed to hear** zu m-m Entsetzen hörte ich; **9.** *j-m* e-n e'lektrischen Schlag versetzen; ⚕ *j-n* schocken.

shock² [ʃɒk] ⚘ **I** *s.* Mandel *f*, Hocke *f*; **II** *v/t.* in Mandeln aufstellen.

shock³ [ʃɒk] **I** *s.* (**~ of hair** Haar)Schopf *m*; **II** *adj.* zottig: **~ head** Strubbelkopf *m*.

shock| ab·sorb·er *s.* ⚙ **1.** Stoßdämpfer *m*; **2.** 'Schwingmeˌtall *n*; **~ ab·sorp·tion** *s.* ⚙ Stoßdämpfung *f*.

shock·er ['ʃɒkə] *s.* **1.** *allg.* ‚Schocker' *m*; **2.** Elektri'sierappaˌrat *m*.

'**shock-ˌhead·ed** *adj.* strubb(e)lig: **~ Peter** (der) Struwwelpeter.

shock·ing ['ʃɒkɪŋ] **I** *adj.* ☐ **1.** schockierend, em'pörend, unerhört, anstößig; **2.** entsetzlich, haarsträubend; **3.** F scheußlich, schrecklich, mise'rabel; **II** *adv.* F **4.** schrecklich, unheimlich (*groß etc.*).

'**shock|·proof** *adj.* ⚙ stoß-, erschütterungsfest; **~ tac·tics** *s. pl. sg. konstr.* ⚔ 'Durchbruchs-, Stoßtaktik *f*; **~ ther·a·py**, **~ treat·ment** *s.* ⚕ 'Schocktheraˌpie *f*, -behandlung *f*; **~ troops** *s. pl.* ⚔ Stoßtruppen *pl.*; **~ wave** *s.* Druckwelle *f*; *fig.* Erschütterung *f*, Schock *m*; **~ work·er** *s. DDR etc.*: Stoßarbeiter *m*.

shod [ʃɒd] **I** *pret. u. p.p. von* **shoe**; **II** *adj.* **1.** beschuht; **2.** beschlagen (*Pferd, Stock etc.*); **3.** bereift.

shod·dy ['ʃɒdɪ] **I** *s.* **1.** Shoddy *n*, (langfaserige) Reißwolle; **2.** Shoddytuch *n*; **3.** *fig.* Schund *m*, Kitsch *m*; **4.** *fig.* Protzentum *n*; **II** *adj.* **5.** Shoddy…; **6.** *fig.* a) unecht, falsch: **~ aristocracy** Talmiaristokratie *f*, b) kitschig, Schund…: **~ literature**, c) protzig.

shoe [ʃuː] **I** *s.* **1.** (*bsd. Brit.* Halb)Schuh *m*: **dead men's ~s** *fig.* ungeduldig erwartetes Erbe; **be in s.o.'s ~s** *fig.* in j-s Haut stecken; **know where the ~ pinches** *fig.* wissen, wo der Schuh drückt; **shake in one's ~s** *fig.* vor Angst schlottern; **step into s.o.'s ~s** j-s Stelle einnehmen; **that is another pair of ~s** *fig.* das sind zwei Paar Stiefel; **now the ~ is on the other foot** F jetzt will er *etc.* (plötzlich) nichts mehr davon wissen; **2.** Hufeisen *n*; **3.** ⚙ Schuh *m*, (Schutz)Beschlag *m*; **4.** ⚙ a) Bremsschuh *m*, -klotz *m*, b) Bremsbacke *f*; **5.** ⚙ (Reifen)Decke *f*; **6.** ϟ Gleitschuh *m*; **II** *v/t.* [*irr.*] **7.** a) beschuhen, b) *Pferd, a. Stock* beschlagen; '**~·black** *s.* Schuhputzer *m*; '**~·horn** *s.* Schuhlöffel *m*; '**~·lace** *s.* Schnürsenkel *m*; '**~ˌmak·er** *s.* Schuhmacher *m*: **~'s thread** Pechdraht *m*; '**~·shine** *s. Am.* Schuhputzen *n*: **~ boy** Schuhputzer *m*; '**~·string I** *s.* → **shoelace**: **on a ~** F mit ein paar Groschen, praktisch mit nichts *anfangen etc.*; **II** *adj.* F a) fi'nanzschwach, b) ‚klein', c) armselig.

shone [ʃɒn] *pret. u. p.p. von* **shine**.

shoo [ʃuː] **I** *int.* **1.** husch!, sch!, fort!; **II** *v/t.* **2.** *a.* **~ away** *Vögel etc.* verscheuchen; **3.** *Am.* F *j-n* ‚scheuchen'; **III** *v/i.* **4.** husch! *od.* sch! rufen.

shook¹ [ʃʊk] *bsd. Am. s.* **1.** Bündel *n* Faßdauben; **2.** Pack *m* Kistenbretter; **3.** → **shock²** I.

shook² [ʃʊk] *pret. von* **shake**.

shoot [ʃuːt] **I** *s.* **1.** a) (*a.* Wett)Schießen *n*, b) Schuß *m*; **2.** *hunt.* a) Jagd *f*, b) 'Jagd(reˌvier *n*) *f*, c) Jagdgesellschaft *f*, d) *Am.* Strecke *f*; **3.** *Am.* Ra'ketenabschuß *m*; **4.** *phot.* (Film)Aufnahme *f*; **5.** (Holz- *etc.*)Rutsche *f*, Rutschbahn *f*; **6.** Stromschnelle *f*; **7.** ⚘ Schößling *m*, Trieb *m*; **II** *v/t.* [*irr.*] **8.** *Pfeil, Kugel etc.* (ab)schießen, (-)feuern: **~ questions at s.o.** j-n mit Fragen bombardieren; → **shoot off** I; **9.** a) *Wild* schießen, erlegen, b) *a. j-n* anschießen, c) *a.* **~ dead** *j-n* erschießen (**for** wegen); **10.** *hunt.* in *e-m Revier* jagen; **11.** *sport Ball, Tor* schießen; **12.** ⚓ *Sonne etc.* schießen (*Höhe messen*); → **moon** 1; **13.** *fig. Strahl etc.* schießen, senden: **~ a glance at** e-n schnellen Blick werfen auf (*acc.*); **14.** a) *Film, Szene* drehen,

b) ‚schießen', aufnehmen, fotografieren; **15.** *fig.* stoßen, schleudern, werfen; **16.** *fig.* unter *e-r Brücke etc.* hin'durchschießen, über *e-e Stromschnelle etc.* hin'wegschießen; **17.** *Riegel* vorschieben; **18.** *mit Fäden* durch'schießen, -'wirken; **19.** *a.* ~ ***forth*** ⚘ *Knospen etc.* treiben; **20.** *Müll, Karren etc.* abladen, auskippen; **21.** *Faß* schroten; **22.** ⚕ (ein)spritzen; → ***shoot up*** 2; **III** *v/i.* [*irr.*] **23.** *a. sport* schießen, feuern (***at*** nach, auf *acc.*): ***~!*** *Am. sl.* schieß los! (*sprich!*); **24.** *hunt.* jagen, schießen: ***go ~ing*** auf die Jagd gehen; **25.** *fig.* (da-'hin-, vor'bei- *etc.*)schießen, (-)jagen, (-)rasen: ~ ***ahead*** nach vorn schießen, voranstürmen; ~ ***ahead of*** vorbeischießen an (*dat.*), überholen; **26.** stechen (*Schmerz, Glied*); **27.** *a.* ~ ***forth*** ⚘ sprossen, keimen; **28.** a) filmen, b) fotografieren; **29.** ⚓ 'überschießen (*Ballast*);

Zssgn mit adv.:

shoot| down *v/t.* **1.** *j-n* niederschießen; **2.** *Flugzeug etc.* abschießen; **3.** F ‚abschmettern'; ~ **off I** *v/t.* *Waffe* abschießen: ~ ***one's mouth*** a) ‚blöd daherreden', b) ‚quatschen', ‚(weiter-)tratschen'; **II** *v/i.* stechen (*bei gleicher Trefferzahl*); ~ **out I** *v/t.* **1.** *Auge etc.* ausschießen; **2.** ***shoot it out*** die Sache mit ‚blauen Bohnen' entscheiden; **3.** her'ausschleudern, hin'auswerfen; **4.** *Faust, Fuß* vorschnellen (lassen); *Zunge* her'ausstrecken; **5.** her'ausragen lassen; **II** *v/i.* **6.** ⚘ her'vorsprießen; **7.** vor-, her'ausschnellen; ~ **up I** *v/t.* **1.** *sl.* zs.-schießen; **2.** *sl. Heroin etc.* ‚drükken'; **II** *v/i.* **3.** in die Höhe schießen, rasch wachsen (*Pflanze, Kind*); **4.** em'porschnellen (*a.* † *Preise*); **5.** (jäh) aufragen (*Klippe etc.*).

shoot·er ['ʃu:tə] *s.* **1.** Schütze *m*, Schützin *f*; **2.** F ‚Schießeisen' *n*.

shoot·ing ['ʃu:tɪŋ] **I** *s.* **1.** a) Schießen *n*, b) Schieße'rei *f*; **2.** Erschießen *n*; **3.** *fig.* Stechen *n* (*Schmerz*); **4.** *hunt.* a) Jagd *f*, b) Jagdrecht *n*, c) 'Jagdreˌvier *n*; **5.** Aufnahme(n *pl.*) *f zu e-m Film*, Dreharbeiten *pl.*; **II** *adj.* **6.** schießend, Schieß…; **7.** *fig.* stechend (*Schmerz*); **8.** Jagd…; ~ **box** *s.* Jagdhütte *f*; ~ **gal·ler·y** *s.* **1.** ⚔, *sport* Schießstand *m*; **2.** Schießbude *f*; ~ **i·ron** *s. sl.* ‚Schießeisen' *n*; ~ **li·cense** *s.* Jagdschein *m*; ~ **match** *s.* Preis-, Wettschießen *n*: ***the whole*** ~ F der ganze ‚Kram'; ~ **range** *s.* Schießstand *m*; ~ **star** *s. ast.* Sternschnuppe *f*; ~ **war** *s.* heißer Krieg, Schießkrieg *m*.

shop [ʃɒp] **I** *s.* **1.** (Kauf)Laden *m*, Geschäft *n*: ***set up*** ~ ein Geschäft eröffnen; ***shut up*** ~ das Geschäft schließen, den Laden dichtmachen (*a. für immer*); ***come to the wrong*** ~ F an die falsche Adresse geraten; ***all over the*** ~ *sl.* a) überall verstreut, b) in alle Himmelsrichtungen; **2.** ⚙ Werkstatt *f*; **3.** a) Betrieb *m*, Fa'brik *f*, b) Ab'teilung *f in e-r Fabrik*: ***talk*** ~ fachsimpeln; ***sink the*** ~ F a) nicht vom Geschäft reden, b) s-n Beruf verheimlichen; → ***closed shop***, ***open shop***; **4.** *bsd. Brit. sl.* a) ‚Laden' *m* (*Institut etc.*), ‚Penne' *f* (*Schule*), ‚Uni' *f* (*Universität*), b) ‚Kittchen' *n* (*Gefängnis*); **II** *v/i.* **5.** einkaufen, Einkäufe machen: ***go ~ping***; ~ ***around*** F a) *vor dem Einkauf* die Preise vergleichen, b) *fig.* sich umsehen (***for*** nach); **III** *v/t.* **6.** *bsd. Brit. sl.* a) *j-n* ‚verpfeifen', b) *j-n* ‚ins Kittchen bringen'; ~ **as·sist·ant** *s. Brit.* Verkäufer(in); ~ **com·mit·tee** *s.* † *Am.* Betriebsrat *m*; '~ˌ**fit·ter** *s.* Ladeneinrichter *m*, -ausstatter *m*; ~ **floor** *s.* **1.** Produkti'onsstätte *f*; **2.** Arbeiter *pl.*, Belegschaft *f*; '~**·girl** *s.* Ladenmädchen *n*; '~ˌ**keep·er** *s.* Ladenbesitzer(in): ***nation of ~s*** *fig. contp.* Krämervolk *n*; '~ˌ**keep·ing** *s.* **1.** Kleinhandel *m*; **2.** Betrieb *m e-s* (Laden)Geschäfts; '~ˌ**lift·er** *s.* Ladendieb(in); '~ˌ**lift·ing** *s.* Ladendiebstahl *m*.

shop·per ['ʃɒpə] *s.* (Ein)Käufer(in); **shop·ping** ['ʃɒpɪŋ] *s.* **1.** Einkauf *m*, Einkaufen *n* (*in Läden*): ~ ***centre*** *Brit.*, ~ ***center*** *Am.* Einkaufszentrum *n*; ~ ***list*** Einkaufsliste *f*; ***do one's*** ~ (seine) Einkäufe machen; **2.** Einkäufe *pl.* (*Ware*).

ˌ**shop|-'soiled** *adj.* **1.** † angestaubt, beschädigt; **2.** *fig.* abgenutzt; ~ **stew·ard** *s.* † (gewerkschaftlicher) Vertrauensmann; '~**·talk** *s.* Fachsimpe'lei *f*; '~ˌ**walk·er** *s. Brit.* (aufsichtführender) Ab'teilungsleiter (*im Kaufhaus*); ˌ~'**win·dow** *s.* Schaufenster *n*, Auslage *f*: ***put all one's goods in the*** ~ *fig.* ‚ganz auf Wirkung machen'; '~**·worn** → ***shop-soiled***.

shore[1] [ʃɔ:] **I** *s.* **1.** Stütz-, Strebebalken *m*, Strebe *f*; **2.** ⚓ Schore *f* (*Spreizholz*); **II** *v/t.* **3.** *mst* ~ ***up*** a) abstützen, b) *fig.* (unter)'stützen.

shore[2] [ʃɔ:] **I** *s.* **1.** Küste *f*, Strand *m*, Ufer *n*, Gestade *n*: ***my native*** ~ *fig.* mein Heimatland; **2.** ⚓ Land *n*: ***on*** ~ an(s) Land; ***in*** ~ in Küstennähe; **II** *adj.* **3.** Küsten…, Strand…, Land…: ~ ***battery*** ⚔ Küstenbatterie *f*; ~ ***leave*** ⚓ Landurlaub *m*; '**shore·less** [-lɪs] *adj.* ohne Ufer, uferlos (*a. poet. fig.*); '**shore·ward** [-wəd] **I** *adj.* küstenwärts gelegen *od.* gerichtet *etc.*; **II** *adv. a.* ***~s*** küstenwärts, (nach) der Küste zu.

shorn [ʃɔ:n] *p.p. von* ***shear***: ~ ***of*** *fig. e-r Sache* beraubt.

short [ʃɔ:t] **I** *adj.* □ → ***shortly***; **1.** *räumlich u. zeitlich* kurz: ***a ~ life***; ***a ~ memory***; ***a ~ street***; ***a ~ time ago*** vor kurzer Zeit, vor kurzem; ~ ***sight*** Kurzsichtigkeit *f* (*a. fig.*); ***get the ~ end of the stick*** *Am.* F schlecht wegkommen (*bei e-r Sache*); ***have by the ~ hairs*** *Am.* F *j-n od. et.* ‚in der Tasche' haben; **2.** kurz, gedrungen, klein; **3.** zu kurz (***for*** für): ***fall*** (*od.* ***come***) ~ ***of*** *fig. et.* nicht erreichen, *den Erwartungen etc.* nicht entsprechen, hinter (*dat.*) zurückbleiben; **4.** *fig.* kurz, knapp: ***a ~ speech***; ***be ~ for*** die Kurzform sein von; **5.** kurz angebunden, barsch (***with*** gegen); **6.** knapp, unzureichend: ~ ***rations***; ~ ***weight*** Fehlgewicht *n*; ***run*** ~ knapp werden; **7.** knapp (***of*** an *dat.*): ~ ***of breath*** kurzatmig; ~ ***of cash*** knapp bei Kasse; ***they ran ~ of bread*** das Brot ging ihnen aus; **8.** knapp, nicht ganz: ***a ~ hour*** (***mile***); **9.** geringer, weniger (***of*** als): ***nothing ~ of*** nichts weniger als, geradezu (→ *a.* 17); **10.** mürbe (*Gebäck etc.*): ~ ***pastry*** Mürbeteig *m*; **11.** *metall.* brüchig; **12.** *bsd.* † kurzfristig, *Wechsel etc.* auf kurze Sicht: ***at ~ date*** kurzfristig; ***at ~ notice*** a) kurzfristig (kündbar), b) schnell, prompt; **13.** † *Börse*: a) Baisse…, b) ungedeckt, dekkungslos: ***sell ~***; **14.** a) klein, in e-m Gläs-chen serviert, b) stark (*Getränk*); **II** *adv.* **15.** kurz(erhand), plötzlich, ab'rupt: ***cut s.o. ~***, ***take s.o. up ~*** j-n (jäh) unterbrechen; ***be taken ~*** F ‚dringend (austreten) müssen'; ***stop ~*** plötzlich innehalten (→ *a.* 17); **16.** zu kurz; **17.** ~ ***of*** a) knapp *od.* kurz vor (*dat.*), b) *fig.* abgesehen von, außer (*dat.*): ***anything ~ of murder***; ~ ***of lying*** ehe ich lüge; ***stop ~ of*** zurückschrecken vor (*dat.*); **III** *s.* **18.** *et.* Kurzes, *z. B.* Kurzfilm *m*; **19.** ***in ~*** kurzum; ***called Bill for ~*** kurz *od.* der Kürze halber Bill genannt; **20.** ↯ F ‚Kurze(r)' *m* (*Kurzschluß*); **21.** † a) 'Baissespekuˌlant *m*, b) *pl.* ohne Deckung verkaufte 'Wertpaˌpiere *pl. od.* Waren *pl.*; **22.** *ling.* a) kurzer Vo'kal, b) kurze Silbe; **23.** *pl.* a) Shorts *pl.*, kurze Hose, b) *Am.* kurze 'Unterhose; **IV** *v/t.* **24.** F → ***short-circuit*** 1, 2; '**short·age** [-tɪdʒ] *s.* **1.** Knappheit *f*, Mangel *m* (***of*** an *dat.*); **2.** Fehlbetrag *m*, Defizit *n*.

'**short|·bread**, '~**·cake** *s.* Mürbe-, Teekuchen *m*; ˌ~'**change** *v/t.* F *j-m* zu'wenig (Wechselgeld) her'ausgeben; *fig. j-n* ‚übers Ohr hauen'; ~ **cir·cuit** *s.* ↯ Kurzschluß *m*; ˌ~-'**cir·cuit** *v/t.* **1.** ↯ e-n Kurzschluß verursachen in (*dat.*); **2.** ↯ kurzschließen; **3.** *fig.* F a) *et.* ‚torpedieren', b) *et.* um'gehen; ˌ~'**com·ing** *s.* **1.** Unzulänglichkeit *f*; **2.** Fehler *m*, Mangel *m*; **3.** Pflichtversäumnis *n*; **4.** Fehlbetrag *m*; ~ **cut** *s.* Abkürzung *f* (*Weg*); *fig.* abgekürztes Verfahren: ***take a*** ~ (den Weg) abkürzen; ˌ~'**dat·ed** *adj.* † kurzfristig: ~ ***bond***; ˌ~'**dis·tance** *adj.* Nah…

short·en ['ʃɔ:tn] **I** *v/t.* **1.** (ab-, ver)kürzen, kürzer machen; *Bäume etc.* stutzen; *fig.* vermindern; **2.** ⚓ *Segel* reffen; **3.** *Teig* mürbe machen; **II** *v/i.* **4.** kürzer werden; **5.** fallen (*Preise*); '**short·en·ing** [-nɪŋ] *s.* **1.** (Ab-, Ver)Kürzung *f*; **2.** (Ver)Minderung *f*; **3.** Backfett *n*.

'**short|·fall** *s.* Fehlbetrag *m*; '~**·hand I** *s.* **1.** Kurzschrift *f*; **II** *adj.* **2.** in Kurzschrift (geschrieben), stenographiert; **3.** Kurzschrift…: ~ ***typist*** Stenotypistin *f*; ~ ***writer*** Stenograph(in); ˌ~-'**hand·ed** *adj.* knapp an Arbeitskräften; ~ **haul** *s.* Nahverkehr *m*; '~**·horn** *s. zo.* Shorthorn *n*, Kurzhornrind *n*.

short·ie ['ʃɔ:tɪ] → ***shorty***.

short·ish ['ʃɔ:tɪʃ] *adj.* etwas *od.* ziemlich kurz (geraten).

short| list *s.*: ***be on the ~*** in der engeren Wahl sein; '~**-list** *v/t.* *j-n* in die engere Wahl ziehen; ˌ~'**lived** [-'lɪvd] *adj.* kurzlebig, *fig. a.* von kurzer Dauer.

short·ly ['ʃɔ:tlɪ] *adv.* **1.** in Kürze, bald: ~ ***after*** kurz (da)nach; **2.** in kurzen Worten; **3.** kurz (angebunden), schroff; **short·ness** ['ʃɔ:tnɪs] *s.* **1.** Kürze *f*; **2.** Schroffheit *f*, **3.** Knappheit *f*, Mangel *m* (***of*** an *dat.*): ~ ***of breath*** Kurzatmigkeit *f*; **4.** Mürbe *f* (*Gebäck etc.*).

'**short|-range** *adj.* **1.** Kurzstrecken…, Nah…, ⚔ *a.* Nahkampf…; **2.** *fig.* kurzfristig; ~ **rib** *s. anat.* falsche Rippe; ~ **sale** *s.* † Leerverkauf *m*; ˌ~-'**sight·ed** [-'saɪtɪd] *adj.* □ kurzsichtig (*a. fig.*); ˌ~-'**sight·ed·ness** [-'saɪtɪdnɪs] *s.* Kurzsichtigkeit *f* (*a. fig.*); ˌ~-'**spo·ken** *adj.* kurz angebunden, schroff; **~ sto·ry** *s.* Kurzgeschichte *f*; **~ tem·per** *s.* Reizbarkeit *f*, Heftigkeit *f*; **ˌ~-ˈtem·pered** *adj.* reizbar, aufbrausend; **ˈ~-term** *adj. bsd.* ☨ kurzfristig: **~ *credit***; **~ time** *s.* ☨ Kurzarbeit *f*: ***work*** (*od.* ***be on***) **~** kurzarbeiten; **~ ton** *s. bsd. Am.* Tonne *f* (*2000 lbs.*); **~ wave** *s.* ↯ Kurzwelle *f*; **ˌ~-ˈwave** *adj.* ↯ **1.** kurzwellig; **2.** Kurzwellen…; **~ wind** *s.* Kurzatmigkeit *f* (*a. fig.*); **ˌ~-ˈwind·ed** *adj.* kurzatmig (*a. fig.*).

short·y [ˈʃɔːtɪ] *s.* F **1.** ‚Knirps' *m*; **2.** a) kleines Ding, b) kurze Sache.

shot¹ [ʃɒt] **I** *pret. u. p.p. von* ***shoot***; **II** *adj.* **1.** *a.* **~ *through*** durchˈschossen, gesprenkelt (*Seide etc.*); **2.** changierend, schillernd (*Stoff, Farbe*); **3.** *sl.* ‚kaˈputt', erschöpft.

shot² [ʃɒt] *s.* **1.** Schuß *m* (*a. Knall*): ***a long ~ fig.*** ein kühner Versuch; ***by a long ~ sl.*** weitaus; ***not by a long ~*** längst nicht, kein bißchen; ***call the ~s fig.*** ‚am Drücker sein', das Sagen haben; ***like a ~*** F wie der Blitz, sofort; ***take a ~ at*** schießen auf (*acc.*); **2.** Schußweite *f*: ***out of ~*** außer Schußweite; **3.** *a.* ***small ~*** a) Schrotkugel *f*, -korn *n*, b) *coll.* Schrot(kugeln *pl.*) *m*; **4.** (Kaˈnonen)Kugel *f*, Geschoß *n*: ***a ~ in the locker*** F Geld in der Tasche; **5.** *guter etc.* Schütze: ***big ~*** F ‚großes *od.* hohes Tier'; **6.** *sport* Schuß *m*, Wurf *m*, Stoß *m*, Schlag *m*; **7.** *sport* Kugel *f*: → ***shot put***; **8.** a) (Film)Aufnahme *f*, (-)Szene *f*, b) *phot.* F Aufnahme *f*, Schnappschuß *m*; **9.** *fig.* Versuch *m*: ***at the third ~*** beim dritten Versuch; ***have a ~ at*** es (einmal) mit *et.* versuchen; **10.** *fig.* (Seiten)Hieb *m*; **11.** ⚕ Spritze *f* (*Injektion*): ***~ in the arm*** F *fig.* ‚Spritze' *f* (*bsd.* ☨ *finanzielle Hilfe*); **12.** F Schuß *m Rum etc.*; ‚Gläs-chen' *n Schnaps*: ***stand ~*** die Zeche (für alle) bezahlen; **13.** ⚙ a) Sprengladung *f*, b) Sprengung *f*; **14.** *Am. sl.* Chance *f*; **ˈ~·gun** *s.* Schrotflinte *f*: **~ *wedding*** F ‚Mußheirat' *f*; **~ put** *s. sport* a) Kugelstoßen *n*, b) Stoß *m*; **ˈ~ˌput·ter** *s. sport* Kugelstoßer(in).

shot·ten [ˈʃɒtn] *adj. ichth.* gelaicht habend: **~ *herring*** Laichhering *m*.

shot weld·ing *s.* ⚙ Schußschweißen *n*.

should [ʃʊd; ʃəd] **1.** *pret. von* ***shall***, *a. konditional futurisch: ich, er, sie, es* sollte, *du* solltest, *wir, Ihr, Sie, sie* sollten: ***I ~ have gone*** ich hätte gehen sollen; ***if he ~ come*** falls er kommen sollte; ***~ it prove false*** sollte es sich als falsch erweisen; **2.** *konditional: ich* würde, *wir* würden: ***I ~ go if …***; ***I ~ not have come if*** ich wäre nicht gekommen, wenn; ***I ~ like to*** ich würde *od.* möchte gern; **3.** *nach Ausdrücken des Erstaunens*: ***it is incredible that he ~ have failed*** es ist unglaublich, daß er versagt hat.

shoul·der [ˈʃəʊldə] **I** *s.* **1.** Schulter *f*, Achsel *f*: ***~ to ~ bsd. fig.*** Schulter an Schulter; ***put one's ~ to the wheel fig.*** sich tüchtig ins Zeug legen; (***straight***) ***from the ~ fig.*** unverblümt, geradeheraus; ***give s.o. the cold ~ fig.*** j-m die kalte Schulter zeigen; → ***rub*** 7; ***he has broad ~s fig.*** er hat e-n breiten Rükken; **2.** Bug *m*, Schulterstück *n* (*von Tieren*): ***~ of mutton*** Hammelkeule *f*; **3.** *fig.* Schulter *f*, Vorsprung *m*; **4.** *a.* ***hard ~*** a) Banˈkett *n*, Seitenstreifen *m*, b) *mot.* Standspur *f*; **5.** ✈ ˈÜbergangsstreifen *m* (*Flugplatz*); **II** *v/t.* **6.** (mit der Schulter) stoßen *od.* drängen: ***~ one's way through the crowd*** sich e-n Weg durch die Menge bahnen; **7.** *et.* schultern, auf die Schulter nehmen; ⚔ *Gewehr* ˈübernehmen; *Aufgabe, Verantwortung etc.* auf sich nehmen; **~ bag** *s.* ˈUmhängetasche *f*; **~ belt** *s.* **1.** ⚔ Schulterriemen *m*; **2.** *mot.* Schultergurt *m*; **~ blade** *s. anat.* Schulterblatt *n*; **~ strap** *s.* **1.** Träger *m* (*bsd. an Damenunterwäsche*); **2.** ⚔ Schulterstück *n*.

should·n't [ˈʃʊdnt] F *für* ***should not***.

shout [ʃaʊt] **I** *v/i.* **1.** (laut) rufen, schreien (***for*** nach): ***~ to s.o.*** j-m zurufen; **2.** schreien, brüllen (***with*** vor *Schmerz, Lachen*): ***~ at s.o.*** j-n anschreien; **3.** jauchzen (***for, with*** vor *dat.*); **II** *v/t.* **4.** (laut) rufen, schreien: ***~ disapproval*** laut sein Mißfallen äußern; ***~ s.o. down*** j-n niederbrüllen; ***~ out*** a) herausschreien, b) *Namen etc.* ausrufen; **III** *s.* **5.** Schrei *m*, Ruf *m*; **6.** Geschrei *n*, Gebrüll *n*: ***a ~ of laughter*** brüllendes Lachen; **7.** ***my ~!*** F jetzt bin ich dran! (*zum Stiften von Getränken*); **ˈshout·ing** [-tɪŋ] *s.* Schreien *n*, Geschrei *n*: ***all is over but*** *od.* ***bar the ~*** es ist so gut wie gelaufen.

shove [ʃʌv] **I** *v/t.* **1.** *beiseite etc.* schieben, stoßen: ***~ s.o. around*** *bsd. fig.* F j-n ‚herumschubsen'; **2.** (achtlos *od.* rasch) *wohin* schieben, stecken; **II** *v/i.* **3.** schieben, stoßen; **4.** (sich) dränge(l)n; **5.** ***~ off*** a) vom Ufer abstoßen, b) *sl.* ‚abschieben', sich daˈvonmachen; **III** *s.* **6.** Stoß *m*, Schubs *m*.

shov·el [ˈʃʌvl] **I** *s.* **1.** Schaufel *f*; **2.** ⚙ a) Löffel *m* (*e-s Löffelbaggers*), b) Löffelbagger *m*; **II** *v/t.* **3.** schaufeln: ***~ up*** (*od.* ***in***) ***money*** Geld scheffeln; **ˈshov·el·ful** [-fʊl] *pl.* **-fuls** *s. e-e* Schaufel(voll).

show [ʃəʊ] **I** *s.* **1.** (Her)Zeigen *n*: ***vote by ~ of hands*** durch Handzeichen wählen; **2.** Schau *f*, Zurˈschaustellung *f*: ***a ~ of force*** *fig.* e-e Demonstration der Macht; **3.** *künstlerische etc.* Darbietung, Vorführung *f*, -stellung *f*, Show *f*: ***put on a ~*** F *fig.* ‚e-e Schau abziehen'; ***steal s.o. the ~*** F *fig.* j-m ‚die Schau stehlen'; **4.** F (Theˈater-, Film)Vorstellung *f*; **5.** Schau *f*, Ausstellung *f*: ***flower ~***; ***on ~*** ausgestellt, zu besichtigen(d); **6.** *prunkvoller* ˈUmzug; **7.** Schaubude *f auf Jahrmärkten*; **8.** Anblick *m*: ***make a sorry ~*** e-n traurigen Eindruck hinterlassen; ***make a good ~*** (e-e) ‚gute Figur' machen; **9.** F *gute etc.* Leistung: ***good ~!*** gut gemacht!, bravo!; **10.** Protzeˈrei *f*, Angebeˈrei *f*: ***for ~*** um Eindruck zu machen, (nur) fürs Auge; ***be fond of ~*** gern großtun; ***make a ~ of*** mit *et.* protzen (→ *a.* 11); **11.** (leerer) Schein: ***in outward ~*** nach außen hin; ***make a ~ of rage*** sich wütend stellen; **12.** Spur *f*: ***no ~ of*** keine Spur von; **13.** F Chance *f*: ***give s.o. a ~***; **14.** F ‚Laden' *m*, ‚Kiste' *f*, ‚Kram' *m*: ***run the ~*** *sl.* ‚den Laden schmeißen'; ***give the*** (***whole***) ***~ away*** F den ganzen Schwindel verraten; ***a dull*** (***poor***) ***~*** e-e langweilige (armselige) Sache; **II** *v/t.* [*irr.*] **15.** zeigen (***s.o. s.th.***, ***s.th. to s.o.*** j-m *et.*), sehen lassen, *Fahrkarten etc. a.* vorzeigen, -weisen: ***~ o.s.*** *od.* ***one's face*** sich zeigen *od.* blicken lassen, *fig.* sich *grausam etc.* zeigen, sich erweisen als; ***~ s.o. the door*** j-m die Tür weisen; ***we had nothing to ~ for it*** wir hatten nichts vorzuweisen; **16.** ausstellen, (auf e-r Ausstellung) zeigen; **17.** *thea. etc.* zeigen, vorführen; **18.** *j-n ins Zimmer etc.* geleiten, führen: ***~ s.o. over the house*** j-n durch das Haus führen; **19.** *Absicht etc.* (auf)zeigen, kundtun, darlegen; **20.** zeigen, beweisen, nachweisen; ⚖ *a.* glaubhaft machen: ***~ proof*** den Beweis erbringen; ***that goes to ~ that*** das zeigt *od.* beweist, daß; **21.** zeigen, erkennen lassen, verraten: ***~ bad taste***; **22.** *Gunst etc.* erweisen; **23.** *j-m* zeigen *od.* erklären (*wie et. gemacht wird*): ***~ s.o. how to write*** j-m das Schreiben beibringen; **III** *v/i.* [*irr.*] **24.** sich zeigen, sichtbar werden *od.* sein: ***it ~s*** man sieht es; **25.** F sich *in Gesellschaft* zeigen, erscheinen;

Zssgn mit adv.:

show| forth *v/t.* darlegen, kundtun; **~ in** *v/t. j-n* herˈeinführen; **~ off I** *v/t.* **1.** protzen mit; **2.** *a.* ***~ to advantage*** vorteilhaft zur Geltung bringen; **II** *v/i.* **3.** angeben; **~ out** *v/t.* hinˈausgeleiten, -bringen; **~ up I** *v/t.* **1.** herˈauf-, hinˈaufführen; **2.** F a) *j-n* bloßstellen, entlarven, b) *et.* aufdecken; **II** *v/i.* **3.** F ‚aufkreuzen', -tauchen, erscheinen; **4.** sich abheben (***against*** gegen).

show| biz F → ***show business***; **ˈ~·boat** *s.* Theˈaterschiff *n*; **~ busi·ness** *s.* Showbusineß *n*, Show-, Schaugeschäft *n*; **~ card** *s.* ☨ **1.** Musterkarte *f*; **2.** ˈWerbeplaˌkat *n* (*im Schaufenster*); **ˈ~·case** *s.* Schaukasten *m*; **ˈ~·down** *s.* **1.** Aufdecken *n* der Karten (*a. fig.*); **2.** entscheidende Kraftprobe, endgültige Auseinˈandersetzung, ‚Showdown' *m*.

show·er [ˈʃaʊə] **I** *s.* **1.** (*Regen-, Hagel- etc.*)Schauer *m*; **2.** Guß *m*; **3.** *fig.* a) (*Funken-, Kugel- etc.*)Regen *m*, (*Geschoß-, Stein*)Hagel *m*, b) Schwall *m*, Unmenge *f*; **4.** *Am.* a) Brautgeschenke *pl.*, b) *a.* ***~ party*** Party *f* zur Überˈreichung der Brautgeschenke; **5.** → ***shower bath***; **II** *v/t.* **6.** überˈschütten, begießen: ***~ gifts*** *etc.* ***upon s.o.*** j-n mit Geschenken *etc.* überhäufen; **7.** *j-n* duschen; **8.** niederprasseln lassen; **III** *v/i.* **9.** (***~ down*** nieder)prasseln; **10.** (sich) duschen; **show·er bath** *s.* **1.** Dusche *f*: a) Brausebad *n*, b) Brause *f* (*Vorrichtung*); **2.** Duschraum *m*; **show·er·y** [ˈʃaʊərɪ] *adj.* **1.** mit einzelnen (Regen-) Schauern; **2.** schauerartig.

show flat *s.* Musterwohnung *f*.

show| girl *s.* Reˈvuegirl *n*; **~ glass** → ***showcase***.

show·i·ness [ˈʃəʊɪnɪs] *s.* **1.** Prunkhaftigkeit *f*, Gepränge *n*; **2.** Protzigkeit *f*, Auffälligkeit *f*; **3.** pomˈpöses Auftreten.

show·ing [ˈʃəʊɪŋ] *s.* **1.** Zurˈschaustellung *f*; **2.** Ausstellung *f*; **3.** Vorführung *f* (*e-s Films etc.*); **4.** Darlegung *f*, Erklärung *f*; Beweis(e *pl.*) *m*: ***on*** (*od.* ***by***) ***your own ~*** nach Ihrer eigenen Darstellung; ***upon proper ~*** ⚖ nach erfolgter Glaubhaftmachung; **5.** *gute etc.* Leistung; **6.** Stand *m* der Dinge: ***on present ~*** so wie es derzeit aussieht; **ˌ~-ˈoff** *s.* Angebeˈrei *f*.

show| jump·er *s. sport* **1.** Springreiter (-in); **2.** Springpferd *n*; **~ jump·ing** *s.* Springreiten *n.*

'show·man [-mən] *s.* [*irr.*] **1.** Schausteller *m*; **2.** ‚Showman' *m*: a) *j-d der im Showgeschäft tätig ist*, b) *fig.* geschickter Propagan'dist, wirkungsvoller Redner *etc.*, j-d, der sich gut ‚zu verkaufen' versteht, *contp.* ‚Schauspieler' *m*; **'show·man·ship** [-ʃɪp] *s.* ‚Showmanship' *f*: a) ef'fektvolle Darbietung, b) *die* Kunst, sich in Szene zu setzen, Publikumswirksamkeit *f.*

shown [ʃəʊn] *p.p. von* **show**.

'show|-off *s.* F **1.** ‚Angabe' *f*, Protze'rei *f*; **2.** ‚Angeber(in)' *m*; **'~·piece** *s.* Schau-, Pa'radestück *n*; **'~·place** *s.* Ort *m* mit vielen Sehenswürdigkeiten; **'~room** *s.* **1.** Ausstellungsraum *m*; **2.** Vorführungssaal *m*; **~ tri·al** *s.* ⚖ 'Schaupro͵zeß *m*; **~ win·dow** *s.* Schaufenster *n.*

show·y ['ʃəʊɪ] *adj.* □ **1.** a) prächtig, b) protzig; **2.** auffällig, grell.

shrank [ʃræŋk] *pret. von* **shrink**.

shrap·nel ['ʃræpnl] *s.* ⚔ **1.** Schrap'nell *n*; **2.** Schrap'nelladung *f.*

shred [ʃred] **I** *s.* **1.** Fetzen *m* (*a. fig.*), Lappen *m*: **in ~s** in Fetzen; **tear to ~s** a) → 4, b) *fig. Argument etc.* zerpflükken, -reißen; **2.** Schnitzel *m, n*; **3.** *fig.* Spur *f*, A'tom *n*: **not a ~ of doubt** nicht der leiseste Zweifel; **II** *v/t.* [*irr.*] **4.** zerfetzen, in Fetzen reißen; **5.** in Streifen schneiden, *Küche*: *a.* schnetzeln; **III** *v/i.* [*irr.*] **6.** zerreißen, in Fetzen gehen; **'shred·der** [-də] *s.* **1.** ⚙ Reißwolf *m*; **2.** *Küche*: a) 'Schnitzelma͵schine *f*, -einsatz *m*, b) Reibeisen *n.*

shrew¹ [ʃruː] *s.* Xan'thippe *f*, zänkisches Weib.

shrew² [ʃruː] *s. zo.* Spitzmaus *f.*

shrewd [ʃruːd] *adj.* □ **1.** schlau, gerieben; **2.** scharfsinnig, klug, gescheit: **this was a ~ guess** das war gut geraten; **3.** *obs.* scharf; **'shrewd·ness** [-nɪs] *s.* **1.** Schlauheit *f*; **2.** Scharfsinn *m*, Klugheit *f.*

shrew·ish ['ʃruːɪʃ] *adj.* □ zänkisch.

shriek [ʃriːk] **I** *s.* **1.** schriller *od.* spitzer Schrei; **2.** Kreischen *n* (*a. von Bremsen etc.*): **~s of laughter** kreischendes Lachen; **II** *v/i.* **3.** schreien, schrille Schreie ausstoßen; **4.** (gellend) aufschreien (**with** vor *Schmerz etc.*): **~ with laughter** kreischen vor Lachen; **5.** schrill klingen; kreischen (*Bremsen etc.*); **III** *v/t.* **6.** **~ out** *et.* kreischen *od.* gellend schreien.

shriev·al·ty ['ʃriːvltɪ] *s.* Amt *n* des Sheriffs.

shrift [ʃrɪft] *s.* **1.** *obs. eccl.* Beichte *f* (u. Absoluti'on *f*); **2. give s.o. short ~** *fig.* mit j-m kurzen Prozeß machen, j-n kurz abfertigen.

shrike [ʃraɪk] *s. orn.* Würger *m.*

shrill [ʃrɪl] **I** *adj.* □ **1.** schrill, gellend; **2.** *fig.* grell (*Farbe etc.*); **3.** *fig.* heftig; **II** *v/t.* **4.** *et.* kreischen *od.* gellend schreien; **III** *v/i.* **5.** schrillen; **'shrill·ness** [-nɪs] *s.* schriller Klang.

shrimp [ʃrɪmp] **I** *s.* **1.** *pl. coll.* **shrimp** *zo.* Gar'nele *f*; **2.** *fig. contp.* Knirps *m*, ‚Gartenzwerg' *m*; **II** *v/i.* **3.** Gar'nelen fangen.

shrine [ʃraɪn] *s.* **1.** *eccl.* a) (Re'liquien-) Schrein *m*, b) Heiligengrab *n*, c) Al'tar *m*; **2.** *fig.* Heiligtum *n.*

shrink [ʃrɪŋk] **I** *v/i.* [*irr.*] **1.** sich zs.-ziehen, (zs.-, ein)schrumpfen; **2.** einlaufen, -gehen (*Stoff*); **3.** abnehmen, schwinden; **4.** *fig.* zu'rückweichen (**from** vor *dat.*): **~ from doing s.th.** et. höchst widerwillig tun; **5.** *a.* **~ back** zu'rückschrecken, -schaudern, -beben (**from, at** vor *dat.*); **6.** sich scheuen *od.* fürchten (**from** vor *dat.*); **7. ~ away** sich da'vonschleichen; **II** *v/t.* [*irr.*] **8.** (ein-, zs.-)schrumpfen lassen; **9.** *Stoffe* einlaufen lassen, krump(f)en; **10.** *fig.* zum Schwinden bringen; **11. ~ on** ⚙ aufschrumpfen: **~ fit** Schrumpfsitz *m*; **III** *s.* **12.** *sl.* Psychi'ater *m*; **'shrink·age** [-kɪdʒ] *s.* **1.** (Zs.-, Ein)Schrumpfen *n*; **2.** Schrumpfung *f*; **3.** Verminderung *f*; Schwund *m* (*a.* ✝, ⚙); **4.** Einlaufen *n* (*Textilien*); **'shrink·ing** [-kɪŋ] *adj.* □ **1.** schrumpfend; **2.** abnehmend; **3.** 'widerwillig; **4.** scheu; **'shrink·proof** *adj.* nicht einlaufend (*Gewebe*); **'shrink-wrap** *v/t. Bücher etc.* einschweißen.

shriv·el ['ʃrɪvl] **I** *v/t.* **1.** *a.* **~ up** (ein-, zs.-) schrumpfen lassen; **2.** (ver)welken lassen, ausdörren; **3.** runzeln; **II** *v/i.* **4.** *oft* **~ up** (zs.-, ein)schrumpfen, schrumpeln; **5.** runz(e)lig werden; **6.** (ver)welken; **7.** *fig.* verkümmern.

shroud [ʃraʊd] **I** *s.* **1.** Leichentuch *n*, Totenhemd *n*; **2.** *fig.* Hülle *f*, Schleier *m*; **3.** *pl.* ⚓ Wanten *pl.*; **4.** *a.* **~ line** Fangleine *f* (*am Fallschirm*); **II** *v/t.* **5.** in ein Leichentuch (ein)hüllen; **6.** *fig. in Nebel, Geheimnis* hüllen; **7.** *fig. et.* verschleiern.

Shrove| Mon·day [ʃrəʊv] *s.* Rosen'montag *m*; **'~·tide** *s.* Faschings-, Fastnachtszeit *f*; **~ Tues·day** *s.* Faschings-, Fastnachts'dienstag *m.*

shrub¹ [ʃrʌb] *s.* Strauch *m*, Busch *m.*

shrub² [ʃrʌb] *s. Art* Punsch *m.*

shrub·ber·y ['ʃrʌbərɪ] *s.* ⚘ Strauchwerk *n*, Sträucher *pl.*, Gebüsch *n*; **'shrub·by** [-bɪ] *adj.* ⚘ strauchig, buschig, Strauch…, Busch…

shrug [ʃrʌg] **I** *v/t.* **1.** *die Achseln* zucken: **she ~ged her shoulders**; **2. ~ s.th. off** *fig.* et. mit e-m Achselzucken abtun; **II** *v/i.* **3.** die Achseln zucken; **III** *s.* **4.** *a.* **~ of the shoulders** Achselzucken *n.*

shrunk [ʃrʌŋk] **I** *p.p. von* **shrink**; **II** *adj.* **1.** (ein-, zs.-)geschrumpft; **2.** eingelaufen, dekatiert (*Stoff*); **'shrunk·en** [-kən] **I** → **shrunk** 1; **II** *adj.* abgemagert, -gezehrt; eingefallen (*Wangen*).

shuck [ʃʌk] *bsd. Am.* **I** *s.* **1.** Hülse *f*, Schote *f* (*von Bohnen etc.*); **2.** grüne Schale (*von Nüssen etc.*), *a.* Austernschale *f*; **3. I don't care ~s!** F das ist mir völlig ‚schnurz'!; **~s!** F Quatsch!; **II** *v/t.* **4.** enthülsen, -schoten; schälen.

shud·der ['ʃʌdə] **I** *v/i.* schaudern, (er-) zittern (**at** bei, **with** vor *dat.*): **I ~ at the thought, I ~ to think of it** es schaudert mich bei dem Gedanken; **II** *s.* Schauder(n *n*) *m.*

shuf·fle ['ʃʌfl] **I** *s.* **1.** Schlurfen *n*, schlurfender Gang; **2.** *Tanz*: a) Schleifschritt *m*, b) Schleifer *m* (*Tanz*); **3.** (Karten-) Mischen *n*; **4.** Ausflucht *f*; Trick *m*; **II** *v/i.* **5.** schlurfen; (mit den Füßen) scharren: **~ through s.th.** *fig.* et. flüchtig erledigen; **6.** *fig.* a) Ausflüchte machen, sich her'auszureden suchen, b) sich her'auswinden (**out of** aus); **7.** (die Karten) mischen; **III** *v/t.* **8.** hin- u. herschieben, *fig. a.* ‚jonglieren' mit: **~ one's feet** → 5; **9.** schmuggeln: **~ away** wegpraktizieren; **10. ~ off** a) *Kleider* abstreifen, b) *fig.* abschütteln, sich befreien von, sich *e-r Verpflichtung* entziehen, *Schuld etc.* abwälzen (**on[to]** auf *acc.*); **11. ~ on** *Kleider* mühsam anziehen; **12.** *Karten* mischen: **~ together** *et.* zs.-werfen, -raffen; **'shuf·fle·board** *s.* a) Beilkespiel *n*, b) ⚓ *ein ähnliches Bordspiel*; **'shuf·fler** [-lə] *s.* **1.** Schlurfende(r *m*) *f*; **2.** Ausflüchtemacher *m*; Schwindler(in); **'shuf·fling** [-lɪŋ] *adj.* □ **1.** schlurfend, schleppend; **2.** unaufrichtig, unredlich; **3.** ausweichend: **a ~ answer**.

shun [ʃʌn] *v/t.* (ver)meiden, ausweichen (*dat.*), sich fernhalten von.

shunt [ʃʌnt] **I** *v/t.* **1.** bei'seite schieben; **2.** 🚂 *Zug etc.* rangieren, auf ein anderes Gleis fahren; **3.** ⚡ nebenschließen, shunten; **4.** *fig. et.* aufschieben; **5.** *fig. j-n* beiseite schieben, *j-n* kaltstellen; **6.** abzweigen; **II** *v/i.* **7.** 🚂 rangieren; **8.** *fig. von e-m Thema, Vorhaben etc.* abkommen, -springen; **III** *s.* **9.** 🚂 a) Rangieren *n*, b) Weiche *f*; **10.** ⚡ a) Nebenschluß *m*, b) 'Neben͵widerstand *m*; **'shunt·er** [-tə] *s.* 🚂 a) Weichensteller *m*, b) Rangierer *m*; **'shunt·ing** [-tɪŋ] 🚂 **I** *s.* Rangieren *n*; Weichenstellen *n*; **II** *adj.* Rangier…, Verschiebe…: **~ engine**.

shush [ʃʌʃ] **I** *int.* sch!, pst!; **II** *v/i.* ‚sch' *od.* ‚pst' machen; **III** *v/t. j-n* zum Schweigen bringen.

shut [ʃʌt] **I** *v/t.* [*irr.*] **1.** (ver)schließen, zumachen: **~ one's mind** (*od.* **heart**) **to s.th.** *fig.* sich gegen et. verschließen; → *Verbindungen mit anderen Substantiven*; **2.** einschließen, -sperren (**into, in** in *dat., acc.*); **3.** ausschließen, -sperren (**out of** aus); **4.** *Finger etc.* (ein)klemmen; **5.** *Taschenmesser, Buch etc.* schließen, zs.-, zuklappen; **II** *v/i.* [*irr.*] **6.** sich schließen, zugehen; **7.** schließen (*Fenster etc.*); **III** *p.p. u. adj.* **8.** ge-, verschlossen, zu: **the shops are ~** die Geschäfte sind geschlossen *od.* zu; *Zssgn mit adv.*:

shut| down **I** *v/t.* **1.** *Fenster etc.* schließen; **2.** *Fabrik etc.* schließen, stillegen; **II** *v/i.* **3.** die Arbeit *od.* den Betrieb einstellen, ‚zumachen'; **4. ~ (up)on** F ein Ende machen mit; **~ in** *v/t.* **1.** einschließen (*a. fig.*); **2.** *Aussicht* versperren; **~ off** *v/t.* **1.** *Wasser, Motor etc.* abstellen; **2.** abschließen (**from** von); **~ out** *v/t.* **1.** *j-n, a. Licht, Luft etc.* ausschließen, -sperren; **2.** *Landschaft* den Blicken entziehen; **3.** *sport Am. Gegner* (ohne Gegentor *etc.*) besiegen; **~ to** **I** *v/t.* → **shut** 1; **II** *v/i.* → **shut** 6; **~ up** **I** *v/t.* **1.** *Haus etc.* (fest) verschließen, -riegeln; → **shop** 1; **2.** *j-n* einsperren, -schließen; **3.** F *j-m* den Mund stopfen; **II** *v/i.* **4.** F die ‚Klappe' halten: **~!** halt's Maul!

'shut|·down *s.* **1.** Arbeitsniederlegung *f*; **2.** Schließung *f*, (Betriebs)Stillegung *f*; **3.** *Radio, TV*: Sendeschluß *m*; **'~·eye** *s.*: **catch some ~** *sl.* ein Schläfchen machen; **'~·off** *s.* **1.** ⚙ Abstell-, Absperrvorrichtung *f*; **2.** *hunt.* Schonzeit *f*; **'~·out** *s.* **1.** Ausschließung *f*; **2.** *sport* Zu-'Null-Niederlage *f od.* -Sieg *m.*

shut·ter ['ʃʌtə] **I** *s.* **1.** Fensterladen *m*,

Rolladen m: **put up the ~s** fig. das Geschäft (am Abend od. für immer) schließen; **2.** Klappe f; Verschluß m (a. phot.); **3.** △ Schalung f; **4.** Wasserbau: Schütz(e f) n; **5.** ♪ Jalou'sie f (Orgel); **II** v/t. **6.** mit Fensterläden versehen od. verschließen; '**~·bug** s. F ‚Fotonarr' m; **~ speed** s. phot. Belichtung(szeit) f.

shut·tle ['ʃʌtl] **I** s. **1.** ⚙ a) Weberschiff (-chen) n, (Web)Schütze(n) m, b) Schiffchen n (Nähmaschine); **2.** Schütz (-entor) n (Schleuse); **3.** Pendelroute f; → a. **shuttle service**, **shuttle train**; **4.** (Raum)Fähre f; **II** v/t. **5.** (schnell) hin- u. herbewegen od. -befördern; **III** v/i. **6.** sich (schnell) hin- u. herbewegen; **7.** 🚂 etc. pendeln (**between** zwischen); '**~·cock I** s. sport Federball(spiel n) m; **II** v/t. fig. 'hin- u. 'herjagen; **~ di·plo·ma·cy** s. 'Reisediploma‚tie f; **~ race** s. sport Pendelstaffel(lauf m) f; **~ ser·vice** s. Pendelverkehr m; **~ train** s. Pendel-, Vorortzug m.

shy¹ [ʃaɪ] **I** adj. □ **1.** scheu (Tier); **2.** scheu, schüchtern; **3.** zu'rückhaltend: **be** (od. **fight**) **~ of s.o.** j-m aus dem Weg gehen; **4.** argwöhnisch; **5.** zaghaft: **be ~ of doing s.th.** Hemmungen haben, et. zu tun; **6.** sl. knapp (**of** an dat.); **7.** **I'm ~ of one dollar** sl. mir fehlt (noch) ein Dollar; **II** v/i. **8.** scheuen (Pferd etc.); **9.** fig. zu'rückscheuen, -schrecken (**at** vor dat.); **III** s. **10.** Scheuen n (Pferd etc.).

shy² [ʃaɪ] **I** v/t. u. v/i. **1.** werfen; **II** s. **2.** Wurf m; **3.** fig. Hieb m, Stiche'lei f; **4.** **have a ~ at (doing) s.th.** F es (mal) mit et. versuchen.

shy·ness ['ʃaɪnɪs] s. **1.** Scheu f; **2.** Schüchternheit f; **3.** Zu'rückhaltung f; **4.** 'Mißtrauen n.

shy·ster ['ʃaɪstə] s. Am. sl. **1.** 'Winkeladvo‚kat m; **2.** fig. Gauner m.

Si·a·mese [ˌsaɪə'mi:z] **I** adj. **1.** sia'mesisch; **II** pl. ˌ**Si·a'mese** s. **2.** Sia'mese m, Sia'mesin f; **3.** ling. Sia'mesisch n; **~ cat** s. zo. Siamkatze f; **~ twins** s. pl. Sia'mesische Zwillinge pl. (a. fig.).

Si·be·ri·an [saɪ'bɪərɪən] **I** adj. si'birisch; **II** s. Si'birier(in).

sib·i·lance ['sɪbɪləns] s. **1.** Zischen n; **2.** ling. Zischlaut m; '**sib·i·lant** [-nt] **I** adj. **1.** zischend; **2.** ling. Zisch…: **~ sound**; **II** s. **3.** ling. Zischlaut m; '**sib·i·late** [-leɪt] v/t. u. v/i. zischen; **sib·i·la·tion** [ˌsɪbɪ'leɪʃn] s. **1.** Zischen n; **2.** ling. Zischlaut m.

sib·ling ['sɪblɪŋ] s. biol. Bruder m, Schwester f; pl. Geschwister pl.

sib·yl ['sɪbɪl] s. **1.** myth. Si'bylle f; **2.** fig. a) Seherin f, b) Hexe f; **sib·yl·line** [sɪ'bɪlaɪn] adj. **1.** sibyl'linisch; **2.** pro'phetisch; geheimnisvoll, dunkel.

sic·ca·tive ['sɪkətɪv] **I** adj. trocknend; **II** s. Trockenmittel n.

Si·cil·ian [sɪ'sɪljən] **I** adj. si'zilisch, sizili'anisch; **II** s. Si'zilier(in), Sizili'aner(in).

sick¹ [sɪk] **I** adj. **1.** (Brit. nur attr.) krank (**of** an dat.): **fall ~** krank werden, erkranken; **go ~** bsd. ✕ sich krank melden; **2.** Brechreiz verspürend: **be ~** sich erbrechen od. übergeben; **I feel ~** mir ist schlecht od. übel; **she turned ~** ihr wurde übel, sie mußte (sich er)brechen; **it makes me ~** mir wird übel davon, fig. a. es widert od. ekelt mich an; **3.** fig. krank (**of** vor dat.; **for** nach); **4.** fig. enttäuscht, ärgerlich (**with** über j-n; **at** über et.): **~ at heart** a) todunglücklich, b) angsterfüllt; **5.** F fig. (**of**) 'überdrüssig (gen.), angewidert (von): **I am ~ (and tired) of it** ich habe es satt, es hängt mir zum Hals heraus; **6.** fahl (Farbe, Licht); **7.** F matt (Lächeln); **8.** schlecht (Nahrungsmittel, Luft); trüb (Wein); **9.** F grausig, ma'kaber: **~ jokes**; **~ humo(u)r** ‚schwarzer' Humor; **II** s. **10.** **the ~** pl. die Kranken pl.

sick² [sɪk] v/t. Hund, Polizei etc. hetzen (**on** auf acc.): **~ him!** faß!

sick| bay s. ⚓ ('Schiffs)Laza‚rett n; '**~·bed** s. Krankenbett n; **~ ben·e·fit** s. Brit. Krankengeld n; **~ call** s. ✕ Re'vierstunde f: **go on ~** sich krank melden; **~ cer·tif·i·cate** s. 'Krankheitsat‚test n.

sick·en ['sɪkn] **I** v/i. **1.** erkranken, krank werden: **be ~ing for** e-e Krankheit ‚ausbrüten'; **2.** kränkeln; **3.** sich ekeln (**at** vor dat.); **4.** 'überdrüssig od. müde sein od. werden (**of** gen.): **be ~ed with** e-r Sache überdrüssig sein; **II** v/t. **5.** j-m Übelkeit verursachen, j-n zum Erbrechen reizen; **6.** anekeln, anwidern; '**sick·en·er** [-nə] s. fig. Brechmittel n; '**sick·en·ing** [-nɪŋ] adj. □ **1.** Übelkeit erregend: **this is ~** dabei kann einem (ja) übel werden; **2.** fig. ekelhaft, widerlich.

sick| head·ache s. **1.** Kopfschmerz(en pl.) m mit Übelkeit; **2.** Mi'gräne f; **~ in·sur·ance** s. Krankenversicherung f, -kasse f.

sick·ish ['sɪkɪʃ] adj. □ **1.** kränklich, unpäßlich, unwohl; **2.** → **sickening**.

sick·le ['sɪkl] s. ⚘ u. fig. Sichel f.

sick leave s. Fehlen n wegen Krankheit: **be on ~** wegen Krankheit fehlen; **request ~** sich krank melden.

sick·li·ness ['sɪklɪnɪs] s. **1.** Kränklichkeit f; **2.** kränkliches Aussehen; **3.** Unzuträglichkeit f.

sick list s. ⚓, ✕ Krankenliste f: **be on the ~** krank (gemeldet) sein.

sick·ly ['sɪklɪ] adj. u. adv. **1.** kränklich, schwächlich; **2.** kränklich, blaß (Aussehen etc.); matt (Lächeln); **3.** ungesund (Gebiet, Klima); **4.** 'widerwärtig (Geruch etc.); **5.** fig. wehleidig, süßlich: **~ sentimentality**.

sick·ness ['sɪknɪs] s. **1.** Krankheit f: **~ insurance** → **sick insurance**; **2.** Übelkeit f, Erbrechen n.

sick| nurse s. Krankenschwester f; **~ pay** s. Krankengeld n; **~ re·port** s. ✕ **1.** Krankenbericht m, -liste f; **2.** Krankmeldung f; '**~·room** s. Krankenzimmer n, -stube f.

side [saɪd] **I** s. **1.** allg. Seite f: **~ by ~** Seite an Seite (**with** mit); **at** (od. **by**) **the ~ of** an der Seite von (od. gen.); **by the ~ of** fig. neben (dat.), verglichen mit; **stand by s.o.'s ~** fig. j-m zur Seite stehen; **on all ~s** überall; **on the ~** sl. nebenbei verdienen etc.; **on the ~ of** a) auf der Seite von, b) seitens (gen.); **on this** (**the other**) **~ of** diesseits (jenseits) (gen.); **this ~ up!** Vorsicht, nicht stürzen!; **be on the small ~** ziemlich klein sein; **keep on the right ~ of** sich mit j-m gut stellen; **put on one ~** Frage etc. zurückstellen, ausklammern; → **dark** 5, **right** 6, **sunny**, **wrong** 2; **2.** Ꭿ Seite f (a. Gleichung); Seitenlinie f, -fläche f; **3.** (Seiten)Rand m; **4.** (Körper)Seite f: **shake** (od. **split**) **one's ~s with laughter** sich schütteln vor Lachen; **5.** (Speck-, Hammel- etc.)Seite f; **6.** Seite f: a) Hang m, Flanke f, a. Wand f e-s Berges, b) Ufer(seite f) n; **7.** Seite f, (Abstammungs)Linie f: **on one's father's ~**, **on the paternal ~** väterlicherseits; **8.** fig. Seite f, (Cha'rakter)Zug m; **9.** Seite f: a) Par'tei f (a. ⚖ u. sport), b) sport Spielfeld(hälfte f) n: **be on s.o.'s ~** auf j-s Seite stehen; **change ~s** a) ins andere Lager überwechseln, b) sport die Seiten wechseln; **take ~s** → 16; **win s.o. over to one's ~** j-n auf s-e Seite ziehen; **10.** sport Brit. Mannschaft f; **11.** ped. Brit. Ab'teilung f: **classical ~** humanistische Abteilung; **12.** Billiard: Ef'fet n; **13.** **put on ~** sl. ‚angeben'; **II** adj. **14.** seitlich (liegend, stehend etc.), Seiten…; **15.** Seiten…, Neben…: **~ door**; **III** v/i. **16.** (**with**) Par'tei ergreifen (gen. od. für), es halten (mit); **~ aisle** s. △ Seitenschiff n (Kirche); **~ arms** s. pl. ✕ Seitenwaffen pl.; **~ band** s. ϟ, Radio: 'Seiten(fre‚quenz)band n; '**~·board** s. **1.** Anrichtetisch m; **2.** Sideboard n: a) Bü'fett n, b) Anrichte f; **3.** pl. → '**~·burns** s. pl. Kote'letten pl. (Backenbart); '**~·car** s. **1.** Beiwagen m: **~ motorcycle** Seitenwagenmaschine f; **2.** → **jaunting-car**; **3.** ein Cocktail.

sid·ed ['saɪdɪd] adj. in Zssgn …seitig: **four-~**.

side| dish s. **1.** Zwischengang m; **2.** Beilage f; **~ ef·fect** s. Nebenwirkung f; **~ face** s. Pro'fil n; **~ glance** s. Seitenblick m (a. fig.); **~ is·sue** s. Nebenfrage f, -sache f, 'Randpro‚blem n; '**~·kick** s. Am. sl. Kum'pan m, Kumpel m, ‚Spezi' m; '**~·light** s. **1.** Seitenleuchte f; ⚓ Seitenlampe f; ✈ Positi'onslicht n; mot. Begrenzungslicht n; **2.** Seitenfenster n; **3.** fig. Streiflicht n: **~s** interessante Aufschlüsse (**on** über acc.); '**~·line** s. **1.** Seitenlinie f (a. sport): **on the ~s** am Spielfeldrand; **keep on the ~s** fig. sich im Hintergrund halten; **2.** 🚂 Nebenstrecke f; **3.** Nebenbeschäftigung f, -verdienst m; **4.** † a) Nebenzweig m e-s Gewerbes, b) 'Nebenar‚tikel m; '**~·long** adj. u. adv. seitlich, seitwärts, schräg: **~ glance** Seitenblick m.

si·de·re·al [saɪ'dɪərɪəl] adj. ast. si'derisch, Stern(en)…: **~ day** Sterntag m.

sid·er·ite ['saɪdəraɪt] s. ⚒, min. **1.** Side'rit m; **2.** Mete'orgestein n.

'**side|ˌsad·dle** s. Damensattel m; '**~·show** s. **1.** a) Nebenvorstellung f, -ausstellung f, b) kleine Schaubude; **2.** fig. a) Nebensache f, b) Epi'sode f (am Rande); '**~·slip** v/i. **1.** seitwärts rutschen; **2.** ✈ seitlich abrutschen; **3.** mot. (seitlich) ausbrechen.

sides·man ['saɪdzmən] s. [irr.] Kirchenrat m.

'**side|ˌsplit·ting** adj. zwerchfellerschütternd; '**~·step I** s. **1.** Seit(en)schritt m; **II** v/t. **2.** Boxen: e-m Schlag (durch Seitschritt) ausweichen; **3.** ausweichen (dat.) (a. fig.): **~ a decision**; **III** v/i. **4.** e-n Seit(en)schritt machen; **5.** ausweichen (a. fig.); '**~·stroke** s. Seitenschwimmen n; '**~·swipe I** v/t. Am. F **1.** j-m e-n ‚Wischer' verpassen; **2.** mot.

Fahrzeug streifen, *a.* seitlich abdrängen (*beim Überholen*); **II** *s.* **3.** ‚Wischer' *m* (*Streifschlag*); **4.** *fig.* Seitenhieb *m*; **'~·track I** *s.* **1.** → ***siding*** 1; **II** *v/t.* **2.** 🚂 *Waggon* auf ein Nebengleis schieben; **3.** *fig.* a) *et.* aufschieben, abbiegen, b) *j-n* ablenken (*a. v/i.*), c) *j-n* kaltstellen; **~ view** *s.* Seitenansicht *f*; **'~·walk** *s. bsd. Am.* Bürgersteig *m*: **~ *artist*** Pflastermaler *m*; **~ *superintendent*** *humor.* (besserwisserischer) Zuschauer *bei Bauarbeiten*.

side·ward ['saɪdwəd] **I** *adj.* seitlich; **II** *adv.* seitwärts; **'side·wards** [-dz] → ***sideward*** II; **'side·ways** → ***sideward.***

side| whis·kers *pl.* → ***sideburns***; **'~ˌwind·er** [-ˌwaɪndə] *s. Am. sl.* **1.** (harter) Haken (*Schlag*); **2.** *Art* Klapperschlange *f*.

side·wise ['saɪdwaɪz] → ***sideward.***

sid·ing ['saɪdɪŋ] *s.* **1.** 🚂 Neben-, Anschluß-, Rangiergleis *n*; **2.** *fig.* Par'teinahme *f*.

si·dle ['saɪdl] *v/i.* sich schlängeln: **~ *away*** sich davonschleichen; **~ *up to*** sich an *j-n* heranmachen.

siege [siːdʒ] *s.* **1.** ⚔ Belagerung *f*: ***state of ~*** Belagerungszustand *m*; ***lay ~ to*** a) *Stadt etc.* belagern, b) *fig. j-n* bestürmen; **2.** *fig.* a) heftiges Zusetzen, Bestürmen *n*, b) Zermürbung *f*; **3.** ⚙ a) Werktisch *m*, b) Glasschmelzofenbank *f*.

si·es·ta [sɪ'estə] *s.* Si'esta *f*, Mittagsruhe *f*, -schlaf *m*.

sieve [sɪv] **I** *s.* **1.** Sieb *n*: ***have a memory like a ~*** ein Gedächtnis wie ein Sieb haben; **2.** *fig.* Klatschmaul *n*; **3.** Weidenkorb *m* (*a. Maß*); **II** *v/t. u. v/i.* **4.** ('durch-, aus)sieben.

sift [sɪft] **I** *v/t.* **1.** ('durch)sieben: **~ *out*** a) aussieben, b) erforschen, ausfindig machen; **2.** *Zucker etc.* streuen; **3.** *fig.* sichten, sorgfältig (über)'prüfen; **II** *v/i.* **4.** 'durchrieseln, -dringen (*a. Licht etc.*); **'sift·er** [-tə] *s.* Sieb(vorrichtung *f*) *n*; **'sift·ing** [-tɪŋ] *s.* **1.** ('Durch)Sieben *n*; **2.** Sichten *n*, (sorgfältige) Unter'suchung; **3.** *pl.* a) *das* 'Durchgesiebte, b) Siebabfälle *pl.*

sigh [saɪ] **I** *v/i.* **1.** (auf)seufzen; tief (auf-) atmen; **2.** schmachten, seufzen (***for*** nach): **~*ed-for*** heißbegehrt; **3.** *fig.* seufzen, ächzen (*Wind*); **II** *v/t.* **4.** *oft* **~ *out*** seufzen(d äußern); **III** *s.* **5.** Seufzer *m*: ***a ~ of relief*** ein Seufzer der Erleichterung, ein erleichtertes Aufatmen.

sight [saɪt] **I** *s.* **1.** Sehvermögen *n*, -kraft *f*, Auge(nlicht) *n*: ***good ~*** gute Augen; ***long*** (***near***) **~** Weit- (Kurz)Sichtigkeit *f*; ***second ~*** Zweites Gesicht; ***lose one's ~*** das Augenlicht verlieren, erblinden; **2.** *fig.* Auge *n*: ***in my ~*** in m-n Augen; ***in the ~ of God*** vor Gott; ***find favo(u)r in s.o.'s ~*** Gnade vor j-s Augen finden; **3.** (An)Blick *m*, Sicht *f*: ***at*** (*od.* ***on***) **~** beim ersten Anblick, auf Anhieb; sofort (*er*)*schießen etc.*; ***at ~*** vom Blatt *singen*, *spielen*, *übersetzen*; ***at first ~*** auf den ersten Blick; ***by ~*** vom Sehen *kennen*; ***catch*** (*od.* ***get***) **~ *of*** zu Gesicht bekommen, erblicken; ***lose ~ of*** a) aus den Augen verlieren (*a. fig.*), b) *et.* übersehen; **4.** Sicht(weite) *f*: (***with***)***in ~*** a) in Sicht(weite), b) *fig.* in Sicht; ***within ~ of*** kurz vor *dem Sieg etc.*; ***out of ~*** außer Sicht; ***out of ~, out of mind*** aus den Augen, aus dem Sinn; (***get***) ***out of my ~!*** geh mir aus den Augen!; ***come in ~*** in Sicht kommen; ***put out of ~*** wegtun; **5.** ⚚ Sicht *f*: ***payable at ~*** bei Sicht fällig; ***30 days*** (***after***) **~** 30 Tage (nach) Sicht; **~ *unseen*** unbesehen *kaufen*; **~ *bill*** (*od.* ***draft***) Sichtwechsel *m*, -tratte *f*; **6.** Anblick *m*: ***a sorry ~***; ***a ~ for sore eyes*** ein erfreulicher Anblick, eine Augenweide; ***be*** (*od.* ***look***) ***a ~*** F gräßlich *od.* ‚verboten' aussehen; ***I did look a ~!*** F ich sah vielleicht aus!; ***what a ~ you are!*** F wie siehst denn du aus!; → ***god*** 1; **7.** Sehenswürdigkeit *f*: ***the ~s of a town***; **8.** F Menge *f*, Masse *f Geld etc.*: ***a long ~ better*** zehnmal besser; ***not by a long ~*** bei weitem nicht; **9.** ⚔ *etc.* Visier *n*; Zielvorrichtung *f*: ***take ~*** (an-) visieren, zielen; ***have in one's ~s*** im Visier haben (*a. fig.*); ***lower one's ~s*** *fig.* zurückstecken; ***raise one's ~s*** höhere Ziele anstreben; **10.** *Am. sl.* Aussicht *f*, Chance *f*; **II** *v/t.* **11.** sichten, zu Gesicht bekommen; **12.** ⚔ a) anvisieren (*a.* ⚓, *ast.*), b) *Geschütz* richten; **13.** ⚚ *Wechsel* präsentieren; **'sight·ed** [-tɪd] *adj. in Zssgn* …sichtig; **'sight·ing** [-tɪŋ] *adj.* ⚔ Ziel…, Visier…: **~ *mechanism*** Zieleinrichtung *f*, -gerät *n*; **~ *shot*** Anschuß *m* (*Probeschuß*); **~ *telescope*** Zielfernrohr *n*; **'sight·less** [-lɪs] *adj.* □ blind; **'sight·li·ness** [-lɪnɪs] *s.* Ansehnlichkeit *f*, Stattlichkeit *f*; **'sight·ly** [-lɪ] *adj.* gutaussehend, stattlich.

'sight|-read *v/t. u. v/i.* [*irr.* → ***read***] **1.** ♪ vom Blatt singen *od.* spielen; **2.** *ling.* vom Blatt über'setzen; **'~ˌsee·ing I** *s.* Besichtigung *f* von Sehenswürdigkeiten; **II** *adj.* Besichtigungs…: **~ *bus*** Rundfahrtautobus *m*; **~ *tour*** Stadtrundfahrt *f*, Besichtigungstour *f*; **'~ˌse·er** [-ˌsiːə] *s.* Tou'rist(in).

sign [saɪn] **I** *s.* **1.** (*a.* Schrift)Zeichen *n*, Sym'bol *n* (*a. fig.*): **~ (*of the cross*)** *eccl.* Kreuzzeichen; ***in ~ of*** *fig.* zum Zeichen (*gen.*); **2.** 𝒜, ♪ (Vor)Zeichen *n*; **3.** Zeichen *n*, Wink *m*: ***give s.o. a ~, make a ~ to s.o.*** j-m ein Zeichen geben; **4.** (An)Zeichen *n*, Sym'ptom *n* (*a.* ⚕): ***no ~ of life*** kein Lebenszeichen; ***the ~s of the times*** die Zeichen der Zeit; ***make no ~*** sich nicht rühren; **5.** Kennzeichen *n*; **6.** *ast.* (Tierkreis)Zeichen *n*; **7.** (Aushänge-, Wirtshaus-) Schild *n*: ***at the ~ of*** im Wirtshaus zum *Hirsch etc.*; **8.** (Wunder)Zeichen *n*: **~*s and wonders*** Zeichen u. Wunder; **9.** *hunt. etc.* Spur *f*; **II** *v/t.* **10.** unter'zeichnen, -'schreiben, (*a. typ. u. paint.*) signieren; **11.** mit *s-m Namen* unter'zeichnen: **~ *one's name*** unterschreiben; **12.** **~ *away*** *Vermögen etc.* über'tragen, -'schreiben; **13.** **~ *on*** (*od.* ***up***) (vertraglich) verpflichten, anstellen, -mustern, ⚓ anheuern; **14.** *eccl.* das Kreuzeichen machen über (*acc. od. dat.*); *Täufling* segnen; **15.** *j-m* bedeuten (***to do*** zu tun), *j-m et.* (durch Gebärden) zu verstehen geben: **~ *one's assent***; **III** *v/i.* **16.** unter'zeichnen, -'schreiben: **~ *in*** a) sich eintragen, b) *bei Arbeitsbeginn* einstempeln; **~ *out*** a) sich austragen, b) ausstempeln; **17.** **~ *on*** (***off***) *Radio*, *TV*: sein Pro'gramm beginnen (beenden); **~ *off*** *fig.* F *a.* Schluß machen; **~ *on*** (*od.* ***up***) a) sich (vertraglich) verpflichten (***for*** zu), e-e Arbeit annehmen, b) ⚓ anheuern, ⚔ sich verpflichten (***for*** auf *3 Jahre etc.*).

sig·nal ['sɪgnl] **I** *s.* **1.** *a.* ⚔ *etc.* Si'gnal *n*, (*a.* verabredetes) Zeichen: **~ *of distress*** Notzeichen *n*; **2.** (Funk)Spruch *m*: ***the ≈s Brit.*** Fernmeldetruppe *f*; **3.** *fig.* Si'gnal *n*, (*auslösendes*) Zeichen (***for*** für, zu); **4.** *Kartenspiel*: Si'gnal *n*; **II** *adj.* □ **5.** Signal…: **~ *beacon***; **≈ *Corps*** *Am.* Fernmeldetruppe *f*; **~ *communications*** ⚔ Fernmeldewesen *n*; **6.** *fig.* beachtlich, außerordentlich; **III** *v/t.* **7.** *j-m* Zeichen geben, winken; **8.** *Nachricht* signalisieren (*a. fig.*); *et.* melden; **IV** *v/i.* **9.** signalisieren; **~ book** *s.* ⚓ Si'gnalbuch *n*; **~ box** *s.* 🚂 Stellwerk *n*; **~ check** *s.* Sprechprobe *f* (*Mikrophon*); **~ code** *s.* Zeichenschlüssel *m*.

sig·nal·er *Am.* → ***signaller.***

sig·nal·ize ['sɪgnəlaɪz] *v/t.* **1.** aus-, kennzeichnen: **~ *o.s. by*** sich hervortun durch; **2.** her'vorheben; **3.** *a. fig.* ankündigen, signalisieren.

sig·nal·ler ['sɪgnələ] *s.* Si'gnalgeber *m*, *bsd.* a) ⚔ Blinker *m*, Melder *m*, b) ⚓ Si'gnalgast *m*.

'sig·nal|·man [-mən] *s.* [*irr.*] **1.** 🚂 Stellwärter *m*; **2.** ⚓ Si'gnalgast *m*; **~ of·fi·cer** *s.* ⚔ *Am.* **1.** 'Fernmeldeoffiˌzier *m*; **2.** Leiter *m* des Fernmeldedienstes; **~ rock·et** *s.* ⚔ Leuchtkugel *f*; **~ tow·er** *s.* **1.** ⚙ Si'gnalturm *m*; **2.** 🚂 *Am.* Stellwerk *n*.

sig·na·ry ['sɪgnərɪ] *s.* ('Schrift)Zeichensyˌstem *n*.

sig·na·to·ry ['sɪgnətərɪ] **I** *adj.* **1.** unter'zeichnend, vertragschließend, Signatar…: **~ *powers*** → 3c; **2.** ⚚ Zeichnungs…: **~ *power*** Unterschriftsvollmacht *f*; **II** *s.* **3.** a) ('Mit)Unterˌzeichner (-in), b) *pol.* Signa'tar *m* (*Unterzeichnerstaat*), c) *pl. pol.* Signa'tarmächte *pl.* (***to a treaty*** e-s Vertrags).

sig·na·ture ['sɪgnɪtʃə] *s.* **1.** 'Unterschrift(sleistung) *f*, Namenszug *m*; **2.** Signa'tur *f* (*e-s Buchs etc.*, *a. pharm. Aufschrift*); **3.** ♪ Signa'tur *f*, Vorzeichnung *f*; **4.** *a.* **~ *tune*** *Radio*: 'Kennmeloˌdie *f*; **5.** *typ.* a) *a.* **~ *mark*** Signa'tur *f*, Bogenzeichen *n*, b) signierter Druckbogen.

'sign·board *s.* (*bsd.* Firmen-, Aushänge)Schild *n*.

sign·er ['saɪnə] *s.* Unter'zeichner(in).

sig·net ['sɪgnɪt] *s.* Siegel *n*, Petschaft *n*: ***privy ~*** Privatsiegel des Königs; **~ ring** *s.* Siegelring *m*.

sig·nif·i·cance [sɪg'nɪfɪkəns], *a.* **sig'nif·i·can·cy** [-sɪ] *s.* **1.** Bedeutung *f*, (tiefe-rer) Sinn; **2.** Bedeutung *f*, Wichtigkeit *f*: ***of no ~*** nicht von Belang; **sig'nif·i·cant** [-nt] *adj.* □ **1.** bedeutsam, wichtig, von Bedeutung; **2.** merklich; **3.** bezeichnend (***of*** für); **4.** *fig.* vielsagend: ***a ~ gesture***; **5.** 𝒜 geltend; **sig·ni·fi·ca·tion** [ˌsɪgnɪfɪ'keɪʃn] *s.* **1.** (*bestimmte*) Bedeutung, Sinn *m*; **2.** Bezeichnung *f*, Bekundung *f*; **sig'nif·i·ca·tive** [-ətɪv] *adj.* □ **1.** Bedeutungs…, bedeutsam; **2.** bezeichnend, kennzeichnend (***of*** für).

sig·ni·fy ['sɪgnɪfaɪ] **I** *v/t.* **1.** an-, bedeuten, kundtun, zu verstehen geben; **2.** bedeuten, ankündigen; **3.** bedeuten; **II** *v/i.* **4.** F wichtig sein: ***it does not ~*** es hat nichts auf sich.

sign| lan·guage *s.* Zeichen-, *bsd.* Fingersprache *f*; **~ man·u·al** *s.* **1.** (eigenhändige) 'Unterschrift; **2.** Handzeichen *n*; **~ paint·er** *s.* Schilder-, Pla'katmaler *m*; **'~·post I** *s.* **1.** Wegweiser *m*; **2.** (Straßen)Schild *n*, (Verkehrs)Zeichen *n*; **II** *v/t.* **3.** *Straße etc.* aus-, beschildern.

si·lage ['saɪlɪdʒ] ✓ **I** *s.* Silofutter *n*; **II** *v/t. Gärfutter* silieren.

si·lence ['saɪləns] **I** *s.* **1.** (Still)Schweigen *n* (*a. fig.*), Ruhe *f*, Stille *f*: ***keep ~*** a) schweigen, still sein, b) Stillschweigen wahren (***on*** über *acc.*); ***in ~*** (still-)schweigend; ***~ gives consent*** wer schweigt, scheint zuzustimmen; ***~ is golden*** Schweigen ist Gold; ***~!*** Ruhe!; → ***pass over*** 4; **2.** Schweigsamkeit *f*; **3.** Verschwiegenheit *f*; **4.** Vergessenheit *f*; **5.** *a.* ⚙ Geräuschlosigkeit *f*; **II** *v/t.* **6.** zum Schweigen bringen (*a.* ⚔ *u. fig.*); **'si·lenc·er** [-sə] *s.* **1.** ⚔, ⚙ Schalldämpfer *m*; **2.** *mot.* Auspufftopf *m*; **'si·lent** [-nt] *adj.* □ **1.** still, ruhig, schweigsam: ***be ~*** (sich aus)schweigen (***on*** über *acc.*) (*a. fig.*); **2.** still (*Gebet etc.*), stumm (*Schmerz etc.*; *a. ling. Buchstabe*): ***~ film*** Stummfilm *m*; ***~ partner*** † stiller Teilhaber (mit unbeschränkter Haftung); **3.** *fig.* stillschweigend: ***~ consent***; ***~ majority*** *die* schweigende Mehrheit; **4.** *a.* ⚙ geräuschlos, leise.

Si·le·sian [saɪ'li:zjən] **I** *adj.* schlesisch; **II** *s.* Schlesier(in).

sil·hou·ette [ˌsɪlu:'et] **I** *s.* **1.** Silhou'ette *f*: a) Schattenbild *n*, -riß *m*, b) 'Umriß *m* (*a. fig.*): ***~ (target)*** ⚔ Kopfscheibe *f*; ***stand out in ~ against*** → 4; **2.** Scherenschnitt *m*; **II** *v/t.* **3.** silhouettieren; **4.** ***be ~d*** sich abheben (***against*** gegen).

sil·i·ca ['sɪlɪkə] *s.* ⚗ **1.** Kieselerde *f*; **2.** Quarz(glas *n*) *m*; **'sil·i·cate** [-kɪt] *s.* ⚗ Sili'kat *n*; **'sil·i·cat·ed** [-keɪtɪd] *adj.* siliziert; **si·li·ceous** [sɪ'lɪʃəs] *adj.* kiesel(erde-, -säure)haltig, -artig, Kiesel…; **si'lic·ic** [sɪ'lɪsɪk] *adj.* Kiesel(erde)…; **si·lic·i·fy** [sɪ'lɪsɪfaɪ] *v/t. u. v/i.* verkieseln; **si·li·cious** → ***siliceous***; **'sil·i·con** [-kən] *s.* ⚗ Si'lizium *n*; **sil·i·co·sis** [ˌsɪlɪ'kəʊsɪs] *s.* ⚕ Sili'kose *f*, Staublunge *f*.

silk [sɪlk] **I** *s.* **1.** Seide *f*: a) Seidenfaser *f*, b) Seidenfaden *m*, c) Seidenstoff *m*, -gewebe *n*; **2.** Seide(nkleid *n*) *f*: ***in ~s and satins*** in Samt u. Seide; **3.** ⚖ *Brit.* a) → ***silk gown***, b) F Kronanwalt *m*: ***take ~*** Kronanwalt werden; **4.** *fig.* Seide *f*, *zo. bsd.* Spinnfäden *pl.*; **5.** Seidenglanz *m* (*von Edelsteinen*); **II** *adj.* **6.** seiden, Seiden…: ***make a ~ purse out of a sow's ear*** *fig.* aus e-m Kieselstein e-n Diamanten schleifen; ***~ culture*** Seidenraupenzucht *f*; **'silk·en** [-kən] *adj.* **1.** *poet.* seiden, Seiden…; **2.** → ***silky*** 1 *u.* 2.

silk| gown *s. Brit.* 'Seidentaˌlar *m* (*e-s* ***King's*** *od.* ***Queen's Counsel***); **~ hat** *s.* Zy'linder(hut) *m*.

silk·i·ness ['sɪlkɪnɪs] *s.* **1.** *das* Seidige, seidenartige Weichheit; **2.** *fig.* Sanftheit *f*.

silk| moth *s. zo.* Seidenspinner *m*; **'~-screen print·ing** *s. typ.* Seidensiebdruck *m*; **~ stock·ing** *s.* **1.** Seidenstrumpf *m*; **2.** *fig. Am.* ele'gante *od.* vornehme Per'son; **'~·worm** *s. zo.* Seidenraupe *f*.

silk·y ['sɪlkɪ] *adj.* □ **1.** seidig (glänzend), seidenweich: ***~ hair***; **2.** *fig.* sanft, einschmeichelnd, zärtlich (*Person*, *Stimme etc.*), *contp.* ölig, (aal)glatt; **3.** lieblich (*Wein*).

sill [sɪl] *s.* **1.** (Tür)Schwelle *f*; **2.** Fensterbrett *n*; **3.** ⚙ Schwellbalken *m*; **4.** *geol.* Lagergang *m*.

sil·la·bub ['sɪləbʌb] *s. Getränk aus Wein, Sahne u. Gewürzen.*

sil·li·ness ['sɪlɪnɪs] *s.* **1.** Dummheit *f*, Albernheit *f*; **2.** Verrücktheit *f*.

sil·ly ['sɪlɪ] **I** *adj.* □ **1.** dumm, albern, blöd(e), verrückt (*Person u. Sache*); **2.** dumm, unklug (*Handlungsweise*); **3.** benommen, betäubt; **II** *s.* **4.** Dummkopf *m*, Dummerchen *n*; **~ sea·son** *s.* ‚Saure'gurkenzeit' *f*.

si·lo ['saɪləʊ] **I** *pl.* **-los** *s.* **1.** ✓, ⚙ Silo *m*; **2.** ⚔ 'unterirdische Ra'ketenabschußrampe; **II** *v/t.* **3.** ✓ *Futter* a) in e-m Silo aufbewahren, b) einmieten.

silt [sɪlt] **I** *s.* Treibsand *m*, Schlamm *m*, Schlick *m*; **II** *v/i. u. v/t. mst* ***~ up*** verschlammen.

sil·van ['sɪlvən] → ***sylvan***.

sil·ver ['sɪlvə] **I** *s.* **1.** ⚗, *min.* Silber *n*; **2.** a) Silber(geld) *n*, b) *allg.* Geld *n*; **3.** Silber(geschirr *n*, -zeug *n*) *n*; **4.** Silber (-farbe *f*, -glanz *m*) *n*; **5.** *phot.* 'Silbersalz *n*, -niˌtrat *n*; **II** *adj.* **6.** silbern, Silber…: ***~ paper*** *phot.* Silberpapier *n*; **7.** silb(e)rig, silberglänzend; **8.** *fig.* silberhell (*Stimme etc.*); **III** *v/t.* **9.** versilbern; *Spiegel* belegen; **10.** silbern färben; **IV** *v/i.* **11.** silberweiß werden (*Haar etc.*); **~ fir** *s.* ⚘ Edel-, Weißtanne *f*; **~ foil** *s.* **1.** Silberfolie *f*; **2.** 'Silberpaˌpier *n*; **~ fox** *s. zo.* Silberfuchs *m*; **~ gilt** *s.* vergoldetes Silber; **~ glance** *s.* Schwefelsilber *n*; **ˌ~-'gray** *bsd. Am.*, **ˌ~-'grey** *adj.* silbergrau; **~ leaf** *s.* ⚙ Blattsilber *n*; **~ lin·ing** *s. fig.* Silberstreifen *m* am Hori'zont, Lichtblick *m*: ***every cloud has its ~*** jedes Unglück hat auch sein Gutes; **~ med·al** *s.* 'Silbermeˌdaille *f*; **~ med·al·(l)ist** *s.* 'Silbermeˌdaillengewinner(in); **~ ni·trate** *s.* ⚗, *phot.* 'Silberniˌtrat *n*; *bsd.* ⚕ Höllenstein *m*; **~ plate** *s.* **1.** Silberauflage *f*; **2.** Silber(geschirr *n*, -zeug *n*) *n*, Tafelsilber *n*; **'~-plate** *v/t.* versilbern; **~ point** *s. paint.* Silberstiftzeichnung *f*; **~ screen** *s.* **1.** (Film)Leinwand *f*; **2.** *coll. der* Film; **'~·side** *s.* bester Teil der Rindskeule; **'~·smith** *s.* Silberschmied *m*; **~ spoon** *s.* Silberlöffel *m*: ***be born with a ~ in one's mouth*** *fig.* ein Glückskind *od.* das Kind reicher Eltern sein; **ˌ~-'tongued** *adj.* redegewandt; **'~·ware** → ***silver plate*** 2; **~ wed·ding** *s.* silberne Hochzeit.

sil·ver·y ['sɪlvərɪ] → ***silver*** 7 *u.* 8.

sil·vi·cul·ture ['sɪlvɪkʌltʃə] *s.* Waldbau *m*, 'Forstkulˌtur *f*.

sim·i·an ['sɪmɪən] **I** *adj. zo.* affenartig, Affen…; **II** *s.* (*bsd.* Menschen)Affe *m*.

sim·i·lar ['sɪmɪlə] **I** *adj.* □ → ***similarly***; **1.** ähnlich (*a.* Ⱥ), (annähernd) gleich (***to*** *dat.*); **2.** gleichartig, entsprechend; **3.** *phys.*, ϟ gleichnamig; **II** *s.* **4.** *das* Ähnliche *od.* Gleichartige; **5.** *pl.* ähnliche *od.* gleichartige Dinge *pl.*; **sim·i·lar·i·ty** [ˌsɪmɪ'lærətɪ] *s.* **1.** Ähnlichkeit *f* (***to*** mit), Gleichartigkeit *f*; **2.** *pl.* Ähnlichkeiten *pl.*; **'sim·i·lar·ly** [-lɪ] *adv.* ähnlich, entsprechend.

sim·i·le ['sɪmɪlɪ] *s.* Gleichnis *n*, Vergleich *m*; **si·mil·i·tude** [sɪ'mɪlɪtju:d] *s.* **1.** Ähnlichkeit *f* (*a.* Ⱥ); **2.** Gleichnis *n*; **3.** (Eben)Bild *n*.

sim·mer ['sɪmə] **I** *v/i.* **1.** sieden, wallen, brodeln; **2.** *fig.* kochen (***with*** vor *dat.*), gären (*Gefühl*, *Aufstand*): ***~ down*** sich ‚abregen' *od.* beruhigen; **II** *v/t.* **3.** zum Brodeln *od.* Wallen bringen; **III** *s.* **4.** ***keep at a*** (*od.* ***on the***) ***~*** sieden lassen.

Si·mon ['saɪmən] *npr.* Simon *m*: ***Simple ~*** *fig.* F Einfaltspinsel *m*.

si·mo·ny ['saɪmənɪ] *s.* Simo'nie *f*, Ämterkauf *m*.

simp [sɪmp] *s. Am. sl.* Simpel *m*.

sim·per ['sɪmpə] **I** *v/i.* albern *od.* geziert lächeln; **II** *s.* einfältiges *od.* geziertes Lächeln.

sim·ple ['sɪmpl] **I** *adj.* □ → ***simply***; **1.** *allg.* einfach: a) simpel, leicht: ***a ~ explanation***; ***a ~ task***, b) schlicht (*Person*, *Lebensweise*, *Stil etc.*): ***~ beauty***, c) unkompliziert: ***a ~ design***; ***~ fracture*** ⚕ einfacher (Knochen)Bruch, d) nicht zs.-gesetzt, unzerlegbar: ***~ equation*** Ⱥ einfache Gleichung; ***~ fraction*** Ⱥ einfacher *od.* gemeiner Bruch; ***~ fruit*** ⚘ einfache Frucht; ***~ interest*** † Kapitalzinsen *pl.*; ***~ larceny*** einfacher Diebstahl; ***~ sentence*** *ling.* einfacher Satz, e) niedrig: ***of ~ birth***; **2.** ♪ einfach; **3.** a) einfältig, simpel, b) na'iv, leichtgläubig; **4.** gering(fügig): ***~ efforts***; **5.** rein, glatt: ***~ madness***; **II** *s.* **6.** *pharm.* Heilkraut *n*, -pflanze *f*; **ˌ~-'heart·ed**, **ˌ~-'mind·ed** *adj.* **1.** schlicht, einfach; **2.** → ***simple*** 3; **ˌ~-'mind·ed·ness** *s.* **1.** Schlichtheit *f*; **2.** Einfalt *f*; **3.** Arglosigkeit *f*.

sim·ple·ton ['sɪmpltən] *s.* Einfaltspinsel *m*.

sim·plex ['sɪmpleks] **I** *adj.* **1.** ⚙, ϟ Simplex…; **II** *s.* **2.** *ling.* Simplex *n*; **3.** ϟ, *teleph. etc.* Simplex-, Einfachbetrieb *m*.

sim·plic·i·ty [sɪm'plɪsətɪ] *s.* **1.** Einfachheit *f*; **2.** Einfalt *f*.

sim·pli·fi·ca·tion [ˌsɪmplɪfɪ'keɪʃn] *s.* Vereinfachung *f*; **sim·pli·fi·ca·tive** ['sɪmplɪfɪkətɪv] *adj.* vereinfachend; **sim·pli·fy** ['sɪmplɪfaɪ] *v/t.* **1.** vereinfachen (*a. erleichtern*, *a. als einfach hinstellen*); **2.** ⚙, † *Am.* normieren.

sim·plis·tic [sɪm'plɪstɪk] *adj.* (zu) stark vereinfachend.

sim·ply ['sɪmplɪ] *adv.* **1.** einfach (*etc.* → ***simple***); **2.** bloß, nur; **3.** F einfach (*großartig etc.*).

sim·u·la·crum [ˌsɪmjʊ'leɪkrəm] *pl.* **-cra** [-krə] *s.* **1.** (Ab)Bild *n*; **2.** Scheinbild *n*, Abklatsch *m*; **3.** leerer Schein.

sim·u·lant ['sɪmjʊlənt] *adj. bsd. biol.* ähnlich (***of*** *dat.*); **sim·u·late** ['sɪmjʊleɪt] *v/t.* **1.** vortäuschen, (-)heucheln, *bsd. Krankheit* simulieren: ***~d account*** † fingierte Rechnung; **2.** *j-n od. et.* nachahmen; **3.** sich tarnen als; **4.** ähneln (*dat.*); **5.** *ling.* sich angleichen an (*acc.*); **6.** ⚙ simulieren; **sim·u·la·tion** [ˌsɪmjʊ'leɪʃn] *s.* **1.** Vorspiegelung *f*, -täuschung *f*; **2.** Heuche'lei *f*, Verstellung *f*; **3.** Nachahmung *f*; **4.** Simulieren *n*, Krankspielen *n*; **5.** ⚙ Simulierung *f*; **sim·u·la·tor** ['sɪmjʊleɪtə] *s.* **1.** Heuchler(in); **2.** Simu'lant(in); **3.** ⚙ *allg.* Simu'lator *m*.

si·mul·ta·ne·i·ty [ˌsɪməltə'nɪətɪ] *s.* Gleichzeitigkeit *f*; **si·mul·ta·ne·ous** [ˌsɪməl'teɪnjəs] *adj.* □ gleichzeitig, si-

mul'tan (***with*** mit): ~ ***translation*** Simultandolmetschen *n*.
sin [sɪn] **I** *s*. **1.** *eccl*. Sünde *f*: ***cardinal*** ~ Hauptsünde; ***deadly*** (*od*. ***mortal***) ~ Todsünde; ***original*** ~ Erbsünde; ***like*** ~ F wie der Teufel; ***live in*** ~ *obs. od. humor.* in Sünde leben; **2.** *fig*. (***against***) Sünde *f* (*Verstoß*) (gegen), Versündigung *f* (an *dat*.); **II** *v/i*. **3.** sündigen; **4.** *fig*. (***against***) sündigen, verstoßen (gegen *et*.), sich versündigen (an *j-m*).
sin·a·pism ['sɪnəpɪzəm] *s*. ⚕ Senfpflaster *n*.
since [sɪns] **I** *adv*. **1.** seit'dem, -'her: ***ever*** ~ seit der Zeit, seitdem: ***long*** ~ seit langem, schon lange; ***how long*** ~***?*** seit wie langer Zeit?; ***a short time*** ~ vor kurzem; **2.** in'zwischen, mittler'weile; **II** *prp*. **3.** seit: ~ ***1945***; ~ ***Friday***; ~ ***seeing you*** seitdem ich dich sah; **III** *cj*. **4.** seit(dem): ***how long is it*** ~ ***it happened?*** wie lange ist es her, daß das geschah?; **5.** da (ja), weil.
sin·cere [sɪn'sɪə] *adj*. □ **1.** aufrichtig, ehrlich, offen: ***a*** ~ ***friend*** ein wahrer Freund; **2.** aufrichtig, echt (*Gefühl etc*.); **3.** rein, lauter; **sin'cere·ly** [-lɪ] *adv*. aufrichtig: ***Yours*** ~ Mit freundlichen Grüßen (*Briefschluß*); **sin'cere·ness** [-nɪs], **sin·cer·i·ty** [sɪn'serətɪ] *s*. **1.** Aufrichtigkeit *f*; **2.** Lauterkeit *f*, Echtheit *f*.
sin·ci·put ['sɪnsɪpʌt] *s*. *anat*. Schädeldach *n*, *bsd*. Vorderhaupt *n*.
sine[1] [saɪn] *s*. ⩘ Sinus *m*: ~ ***of angle*** Winkelsinus; ~ ***curve*** Sinuskurve *f*; ~ ***wave*** *phys*. Sinuswelle *f*.
si·ne[2] ['saɪnɪ] (*Lat*.) *prp*. ohne.
si·ne·cure ['saɪnɪkjʊə] *s*. Sine'kure *f*: a) *eccl. hist*. Pfründe *f* ohne Seelsorge, b) einträglicher Ruheposten.
si·ne di·e [ˌsaɪnɪ'daɪiː] (*Lat*.) *adv*. ⚖ auf unbestimmte Zeit; **si·ne qua non** [ˌsaɪnɪkweɪ'nɒn] (*Lat*.) *s*. unerläßliche Bedingung, Con'ditio *f* sine qua non.
sin·ew ['sɪnjuː] *s*. **1.** *anat*. Sehne *f*, Flechse *f*; **2.** *pl*. Muskeln *pl*., (Muskel-) Kraft *f*: ***the*** ~***s of war*** *fig*. das Geld *od*. die Mittel (zur Kriegführung *etc*.); **'sin·ewed** [-juːd] → ***sinewy***; **'sin·ew·less** [-lɪs] *adj*. *fig*. kraftlos, schwach; **'sin·ew·y** [-juːɪ] *adj*. **1.** sehnig; **2.** zäh (*Fleisch*); **3.** *fig*. a) stark, zäh, b) kräftig, kraftvoll (*a. Stil*).
sin·ful ['sɪnfʊl] *adj*. □ sündig, sündhaft.
sing [sɪŋ] **I** *v/i*. [*irr*.] **1.** singen (*a. fig. dichten*): ~ ***of*** → 9; ~ ***to s.o.*** j-m vorsingen; ~ ***small*** *fig*. F kleinlaut werden, klein beigeben; **2.** summen (*Biene, Wasserkessel etc*.); **3.** krähen (*Hahn*); **4.** *fig*. pfeifen, sausen (*Geschoß*); heulen (*Wind*); **5.** ~ ***out*** F (laut) rufen, schreien; **6.** *a*. ~ ***out*** *sl*. gestehen, alle(s) verraten, ‚singen' (*Verbrecher*); **7.** sich *gut etc*. singen lassen; **II** *v/t*. [*irr*.] **8.** *Lied* singen: ~ ***a child to sleep*** ein Kind in den Schlaf singen; ~ ***out*** ausrufen, schreien; **9.** *poet*. (be)singen; **III** *s*. **10.** *Am*. F (Gemeinschafts)Singen *n*.
singe [sɪndʒ] **I** *v/t*. **1.** ver-, ansengen; → ***wing*** 1; **2.** *Geflügel, Schwein* sengen; **3.** *a*. ~ ***off*** *Borsten etc*. absengen; **4.** *Haar* sengen (*Friseur*); **II** *v/i*. **5.** versengen; **III** *s*. **6.** Versengung *f*; **7.** versengte Stelle.
sing·er ['sɪŋə] *s*. **1.** Sänger(in); **2.** *poet*. Sänger *m* (*Dichter*).
sing·ing ['sɪŋɪŋ] **I** *adj*. **1.** singend *etc*.; **2.** Sing…, Gesangs…: ~ ***lesson***; **II** *s*. **3.** Singen *n*, Gesang *m*; **4.** *fig*. Klingen *n*, Summen *n*, Pfeifen *n*, Sausen *n*: ***a*** ~ ***in the ears*** (ein) Ohrensausen; ~ ***bird*** *s*. Singvogel *m*; ~ ***voice*** *s*. Singstimme *f*.
sin·gle ['sɪŋgl] **I** *adj*. □ → ***singly***; **1.** einzig: ***not a*** ~ ***one*** kein *od*. nicht ein einziger; **2.** einzeln, einfach, Einzel…, Ein(fach)…: ~***-decker*** ✈ Eindecker *m* (*a. Bus*); ~***-stage*** einstufig; (***bookkeeping by***) ~ ***entry*** ✝ einfache Buchführung; ~***(-trip) ticket*** → 10; **3.** einzeln, al'lein, Einzel…: ~ ***bed*** Einzelbett *n*; ~ ***bill*** ✝ Solawechsel *m*; ~ ***combat*** ⚔ Einzel-, Zweikampf *m*; ~ ***game*** *sport* Einzel(spiel) *n*; ~ ***house*** Einfamilienhaus *n*; **4.** a) allein, einsam, für sich (lebend), b) al'leinstehend, ledig, unverheiratet; → *a*. 14; **5.** einmalig: ~ ***payment***; **6.** ⚘ einfach; **7.** *fig* ungeteilt, einzig: ~ ***purpose***; ***have a*** ~ ***eye for*** nur Sinn haben für, nur denken an (*acc*.); ***with a*** ~ ***voice*** wie aus 'einem Munde; **8.** *fig*. aufrichtig: ~ ***mind***; **II** *s*. **9.** *der* (*die, das*) Einzelne *od*. Einzige; Einzelstück *n*; **10.** *Brit*. a) 🚂 einfache Fahrkarte, b) ✈ einfaches (Flug)Ticket *n*; **11.** *pl. sg. konstr. sport* Einzel *n*: ***play a*** ~***s***; ***men's*** ~***s*** Herreneinzel; **12.** Single *f* (*Schallplatte*); **13.** Einbettzimmer *n*; **14.** Single *m*, al'leinstehende Per'son; **III** *v/t*. **15.** ~ ***out*** a) auslesen, -suchen, -wählen (***from*** aus), b) bestimmen (***for*** für *e-n Zweck*), c) her'ausheben; ˌ~**-'act·ing** *adj*. ⚙ einfach wirkend; ˌ~**-'breast·ed** *adj*.: ~ ***suit*** Einreiher *m*; ˌ~**-'en·gined** *adj*. 'einmoˌtorig (*Flugzeug*); ˌ~**-'eyed** → ***single-minded***; ˌ~**-'hand·ed** *adj. u. adv*. **1.** einhändig; mit 'einer Hand; **2.** *fig*. eigenhändig, al'lein, ohne (fremde) Hilfe; auf eigene Faust; ˌ~**-'heart·ed** *adj*. □ → ***single-minded***; ˌ~**-'line** *adj*. 🚂 eingleisig; ˌ~**-'mind·ed** *adj*. **1.** aufrichtig, redlich; **2.** zielbewußt, -strebig.
sin·gle·ness ['sɪŋglnɪs] *s*. **1.** Einmaligkeit *f*; **2.** Ehelosigkeit *f*; **3.** *a*. ~ ***of purpose*** Zielstrebigkeit *f*; **4.** *fig*. Aufrichtigkeit *f*.
ˌ**sin·gle|-'phase** *adj*. ⚡ einphasig, Einphasen…; ˌ~**-'seat·er** *bsd*. ✈ **I** *s*. Einsitzer *m*; **II** *adj*. Einsitzer…, einsitzig; '~**·stick** *s*. *sport* 'Stockraˌpier(fechten) *n*.
sin·glet ['sɪŋglɪt] *s*. ärmelloses 'Unterod. Tri'kothemd *n*.
sin·gle·ton ['sɪŋgltən] *s*. **1.** *Kartenspiel*: Singleton *m* (*einzige Karte e-r Farbe*); **2.** einziges Kind; **3.** Indi'viduum *n*; **4.** Einzelgegenstand *m*.
ˌ**sin·gle-'track** *adj*. **1.** einspurig (*Straße*); **2.** 🚂 eingleisig (*a. fig*. F *einseitig*).
sin·gly ['sɪŋglɪ] *adv*. **1.** einzeln, al'lein; **2.** → ***single-handed*** 2.
'**sing·song** **I** *s*. **1.** Singsang *m*; **2.** *Brit*. Gemeinschaftssingen *n*; **II** *adj*. **3.** eintönig; **III** *v/t. u. v/i*. **4.** eintönig sprechen *od*. singen.
sin·gu·lar ['sɪŋgjʊlə] **I** *adj*. □ **1.** *ling*. singu'larisch: ~ ***number*** → 6; **2.** ⩘, *phls*. singu'lär; **3.** *bsd*. ⚖ einzeln: ***all and*** ~ jeder (jede, jedes) einzelne; **4.** *fig*. einzigartig, außer-, ungewöhnlich, einmalig; **5.** *fig*. eigentümlich, seltsam; **II** *s*. **6.** *ling*. Singular *m*, Einzahl *f*; **sin·gu·lar·i·ty** [ˌsɪŋgjʊ'lærətɪ] *s*. **1.** Eigentümlichkeit *f*, Seltsamkeit *f*; **2.** Einzigartigkeit *f*; **'sin·gu·lar·ize** [-əraɪz] *v/t*. **1.** her'ausstellen; **2.** *ling*. in die Einzahl setzen.
sin·is·ter ['sɪnɪstə] *adj*. □ **1.** böse, drohend, unheilvoll, schlimm; **2.** finster, unheimlich; **3.** *her*. link.
sink [sɪŋk] **I** *v/i*. [*irr*.] **1.** sinken, 'untergehen (*Schiff, Gestirn etc*.); **2.** (her'ab-, nieder)sinken (*Arm, Kopf, Person etc*.): ~ ***into a chair***; ~ ***into the grave*** ins Grab sinken; **3.** *im Wasser, Schnee etc*. versinken, ein-, 'untersinken: ~ ***or swim*** *fig*. egal, was passiert; **4.** sich senken: a) her'absinken (*Dunkelheit, Wolken etc*.), b) abfallen (*Gelände*), c) einsinken (*Haus, Grund*), d) sinken (*Preise, Wasserspiegel, Zahl etc*.); **5.** 'umsinken; **6.** ~ ***under*** erliegen (*dat*.); **7.** (***into***) a) (ein)dringen, (ein)sickern (in *acc*.), b) *fig*. (in *j-s Geist*) eindringen, sich einprägen (*dat*.): ***he allowed his words to*** ~ ***in*** er ließ s-e Worte wirken; **8.** ~ ***into*** in *Ohnmacht* fallen *od*. sinken, in *Schlaf, Schweigen etc*. versinken; **9.** nachlassen, schwächer werden; **10.** sich dem Ende nähern (*Kranker*): ***he is*** ~***ing fast*** er verfällt zusehends; **11.** *im Wert, in j-s Achtung etc*. sinken; **12.** *b.s*. (ver)sinken (***into*** in *acc*.), *in Armut, Vergessenheit* geraten, *dem Laster etc*. verfallen; **13.** sich senken (*Blick, Stimme*); **14.** sinken (*Mut*): ***his heart sank*** ihn verließ der Mut; **II** *v/t*. [*irr*.] **15.** *Schiff etc*. versenken; **16.** *bsd. in den Boden* ver-, einsenken; **17.** *Grube etc*. ausheben; *Brunnen, Loch* bohren: ~ ***a shaft*** ⚒ e-n Schacht abteufen; **18.** ⚙ a) einlassen, -betten, b) eingravieren, c) *Stempel* schneiden; **19.** *Wasserspiegel etc*., *a. Preis, Wert* senken; **20.** *Blick, Kopf, Stimme* senken; **21.** *fig. Niveau, Stand* her'abdrücken; **22.** zu'grunde richten: ***we are sunk*** *sl*. wir sind ‚erledigt'; **23.** *Tatsache* unter'drücken, vertuschen; **24.** *et*. ignorieren; *Streit* beilegen; *Ansprüche, Namen etc*. aufgeben; **25.** a) ✝ *Kapital* fest (*bsd*. ungünstig) anlegen, ‚stecken' (***into*** in *acc*.), b) (*bsd*. durch 'Fehlinvestiˌtion) verlieren; **26.** ✝ *Schuld* tilgen; **III** *s*. **27.** Ausguß(becken *n*, -loch *n*) *m*, Spülstein *m* (*Küche*); **28.** a) Abfluß *m* (*Rohr*), b) Senkgrube *f*, c) *fig*. Pfuhl *m*: ~ ***of iniquity*** *fig*. Sündenpfuhl, Lasterhöhle *f*; **29.** *thea*. Versenkung *f*; **'sink·a·ble** [-kəbl] *adj*. zu versenken(d), versenkbar (*bsd. Schiff*); **'sink·er** [-kə] *s*. **1.** ⚒ Abteufer *m*; **2.** ⚙ Stempelschneider *m*; **3.** *Weberei*: Pla'tine *f*; **4.** ⚓ a) Senkblei *n* (*Lot*), b) Senkgewicht *n* (*Angelleine, Fischnetz*); **5.** *Am. sl*. Krapfen *m*; **'sink·ing** [-kɪŋ] **I** *s*. **1.** (Ver)Sinken *n*; **2.** Versenken *n*; **3.** ⚕ a) Schwächegefühl *n*, b) Senkung *f e-s Organs*; **4.** ✝ Tilgung *f*; **II** *adj*. **5.** sinkend (*a. Mut etc*.): ***a*** ~ ***feeling*** Beklommenheit *f*, flaues Gefühl (im Magen); **6.** ✝ Tilgungs…: ~ ***fund*** Amortisationsfonds *m*.
sin·less ['sɪnlɪs] *adj*. □ sünd(en)los, unschuldig, schuldlos.
sin·ner ['sɪnə] *s. eccl*. Sünder(in) (*a. fig. Übeltäter; a. humor. Halunke*).
Sinn Fein [ˌʃɪn'feɪn] *s. pol*. Sinn Fein *m*

(*nationalistische Bewegung u. Partei in Irland*).

Sino- [sɪnəʊ] *in Zssgn* chi'nesisch, Chinesen..., China...; **si·nol·o·gy** [sɪ'nɒlədʒɪ] *s.* Sinolo'gie *f* (*Erforschung der chinesischen Sprache, Kultur etc.*).

sin·ter ['sɪntə] **I** *s. geol. u. metall.* Sinter *m*; **II** *v/t. Erz* sintern.

sin·u·ate ['sɪnjʊət] *adj.* ☐ ⚘ gebuchtet (*Blatt*); **sin·u·os·i·ty** [ˌsɪnjʊ'ɒsətɪ] *s.* **1.** Biegung *f*, Krümmung *f*; **2.** Gewundenheit *f* (*a. fig.*); **'sin·u·ous** [-jʊəs] *adj.* ☐ **1.** gewunden, sich schlängelnd: **~ line** Wellen-, Schlangenlinie *f*; **2.** ⩓ sinusförmig gekrümmt; **3.** *fig.* a) verwickelt, b) winkelzügig; **4.** geschmeidig.

si·nus ['saɪnəs] *s.* **1.** Krümmung *f*, Kurve *f*; **2.** Ausbuchtung *f* (*a.* ⚘, ⚕); **3.** *anat.* Sinus *m*, (Knochen-, Neben)Höhle *f*; **4.** ⚕ Fistelgang *m*; **si·nus·i·tis** [ˌsaɪnə'saɪtɪs] *s.* ⚕ Sinu'sitis *f*, Nebenhöhlenentzündung *f*: **frontal ~** Stirnhöhlenkatarrh *m*; **si·nus·oi·dal** [ˌsaɪnə'sɔɪdl] *adj.* ⩓, ⚡, *phys.* sinusförmig: **~ wave** Sinuswelle *f*.

Sioux [su:] *pl.* **Sioux** [su:; su:z] *s.* **1.** 'Sioux(indiˌaner[in]) *m, f*; **2.** *pl. die* 'Sioux(indiˌaner) *pl.*

sip [sɪp] **I** *v/t.* **1.** nippen an (*acc.*) *od.* von, schlürfen (*a. fig.*); **II** *v/i.* **2.** (**of**) nippen (an *dat. od.* von), schlückchenweise trinken (von); **III** *s.* **3.** Nippen *n*; **4.** Schlückchen *n*.

si·phon ['saɪfn] **I** *s.* **1.** (Saug)Heber *m*; Siphon *m*; **2.** *a.* **~ bottle** Siphonflasche *f*; **3.** *zo.* Sipho *m*; **II** *v/t.* **4. ~ out** (*a.* ⚕ *Magen*) aushebe(r)n; **5. ~ off** a) absaugen, b) *fig.* abziehen, *Gewinne etc.* abschöpfen; **6.** *fig.* (weiter)leiten; **III** *v/i.* **7.** ablaufen.

sip·pet ['sɪpɪt] *s.* **1.** (Brot-, Toast)Brokken *m* (*zum Eintunken*); **2.** geröstete Brotschnitte.

sir [sɜ:] *s.* **1.** (mein) Herr! (*respektvolle Anrede*): **yes, ~!** ja(wohl)!; 2(**s**) *Anrede in* (*Leser*)*Briefen* (*unübersetzt*); **Dear 2s** Sehr geehrte Herren! (*Anrede in Briefen*); **my dear ~!** *iro.* mein Verehrtester!; **2.** 2 *Brit.* Sir *m* (*Titel e-s* **baronet** *od.* **knight**); **3.** *Brit. Anrede für den* **Speaker** *im Unterhaus*.

sire ['saɪə] **I** *s.* **1.** *poet.* a) Vater *m*, Erzeuger *m*, b) Vorfahr *m*; **2.** *zo.* Vater (-tier *n*) *m*, *bsd.* Zuchthengst *m*; **3.** 2*!* Sire!, Eure Maje'stät!; **II** *v/t.* **4.** zeugen: **be ~d by** abstammen von (*bsd. Zuchtpferd*).

si·ren ['saɪərən] *s.* **1.** *myth.* Si'rene *f* (*a. fig. verführerische Frau, bezaubernde Sängerin*); **2.** ⚙ Si'rene *f*; **3.** *zo.* a) Armmolch *m*, b) → **si·re·ni·an** [saɪ'riːnjən] *s. zo.* Seekuh *f*, Si'rene *f*.

sir·loin ['sɜ:lɔɪn] *s.* Lendenstück *n*.

si·roc·co [sɪ'rɒkəʊ] *pl.* **-cos** *s.* Schi'rokko *m* (*Wind*).

sir·up ['sɪrəp] → **syrup**.

sis [sɪs] *s.* F Schwester *f*.

si·sal (hemp) ['saɪsl] *s.* ⚘ Sisal(hanf) *m*.

sis·sy ['sɪsɪ] *s.* F **1.** Weichling *m*, ‚Heulsuse' *f*; **2.** ‚Waschlappen' *m*, Feigling *m*.

sis·ter ['sɪstə] **I** *s.* **1.** Schwester *f* (*a. fig. Genossin*): **the three 2s** *myth.* die drei Schicksalsschwestern; **Hey, ~!** *Am. sl.* He, Kleine!; **2.** *fig.* Schwester *f* (*Gleichartiges*); **3.** *eccl.* (Ordens)Schwester *f*: **2s of Mercy** Barmherzige Schwestern; **4.** ⚕ *bsd. Brit.* a) Oberschwester *f*, b) (Kranken)Schwester *f*; **5.** *a.* **~ company** ✝ Schwester(gesellschaft) *f*; **II** *adj.* **6.** Schwester... (*a. fig.*); **'sis·ter·hood** [-hʊd] *s.* **1.** schwesterliches Verhältnis; **2.** *eccl.* Schwesternschaft *f*; **'sis·ter-in-law** [-ərɪn-] *pl.* **'sis·ters-in-law** *s.* Schwägerin *f*; **'sis·ter·ly** [-lɪ] *adj.* schwesterlich.

Sis·tine ['sɪstaɪn] *adj.* six'tinisch: **~ Chapel**; **~ Madonna**.

Sis·y·phe·an [ˌsɪsɪ'fi:ən] *adj.*: **~ task** (*od.* **labo**[**u**]**r**) Sisyphusarbeit *f*.

sit [sɪt] [*irr.*] **I** *v/i.* **1.** sitzen; **2.** sich setzen; **3.** (**to** *j-m*) (Por'trät *od.* Mo'dell) sitzen; **4.** sitzen, brüten (*Henne*); **5.** sitzen (*Sache, a. Wind*); **6.** Sitzung (ab-) halten, tagen; **7.** (**on**) beraten (über *acc.*), (*e-n Fall etc.*) unter'suchen; **8.** sitzen, e-n Sitz (inne)haben (**in Parliament** im Parlament): **~ on a committee** e-m Ausschuß angehören; **~ on the bench** Richter sein; **~ on a jury** Geschworener sein; **9.** (**on**) sitzen, passen (*dat.*) (*Kleidung*); *fig.* (*j-m*) *gut etc.* zu Gesicht stehen; **II** *v/t.* **10. ~ o.s.** sich setzen; **11.** sitzen auf (*dat.*): **~ a horse well** gut zu Pferde sitzen;

Zssgn mit adv.:

sit| back *v/i.* **1.** sich zu'rücklehnen; **2.** *fig.* die Hände in den Schoß legen; **~ by** *v/i.* untätig zusehen; **~ down I** *v/i.* **1.** sich (hin)setzen, sich niederlassen, Platz nehmen: **~ to work** sich an die Arbeit machen; **2. ~ under** *e-e Beleidigung etc.* hinnehmen; **3.** ✈ aufsetzen; **II** *v/t.* **4.** *j-n* (hin)setzen; **~ in** *v/i.* F **1.** babysitten; **2.** F mitmachen (**at, on** bei); **3. ~ for** für *j-n* einspringen; **4.** a) ein Sit-'in veranstalten, b) an e-m Sit-'in teilnehmen; **~ out I** *v/t.* **1.** *e-r Vorstellung etc.* bis zu Ende beiwohnen; **2.** länger bleiben *od.* aushalten als; **3.** *Spiel, Tanz* auslassen; **II** *v/i.* **4.** aussetzen, nicht mitmachen (*bei e-m Spiel etc.*); **5.** im Freien sitzen; **~ up** *v/i.* **1.** aufrecht sitzen; **2.** sich aufsetzen: **~ (and beg)** ‚schönmachen' (*Hund*); **make s.o. ~** a) j-n aufrütteln, b) j-n aufhorchen lassen; **~ (and take notice)** F aufhorchen; **3.** sich *im Bett etc.* aufrichten; **4.** aufsitzen, -bleiben; wachen (**with** bei *e-m Kranken*);

Zssgn mit prp.:

sit| for *v/i.* **1.** *e-e Prüfung* machen; **2.** *parl. e-n Wahlkreis* vertreten; **3. ~ one's portrait** sich porträtieren lassen; **~ on** → **sit** 7, 8, 9, **sit upon**; **~ through** → **sit out** 1 (*Zssgn mit adv.*); **~ un·der** *v/i.* **1.** *eccl.* zu *j-s* Gemeinde gehören; **2.** *j-s* Schüler sein; **~ up·on** *v/i.* **1.** lasten auf *j-m*; im *Magen* liegen; **2.** *sl. j-m* ‚aufs Dach steigen'; **3.** F *Nachricht etc.* zu'rückhalten; auf *e-m Antrag* ‚sitzen'.

sit|·com ['sɪtkɒm] *s. thea.* F Situati'onskoˌmödie *f*; **'~-down** *s.* **1.** Verschnaufpause *f*; **2.** a) *a.* **~ strike** ✝ Sitzstreik *m*, b) 'Sitzdemonstratiˌon *f*.

site [saɪt] **I** *s.* **1.** Lage *f* (*e-s Gebäudes, e-r Stadt etc.*): **~ plan** Lageplan *m*; **2.** Stelle *f* (*a.* ⚕), Örtlichkeit *f*; **3.** Bauplatz *m*, Grundstück *n*; **4.** ✝ a) (Ausstellungs)Gelände *n*, b) Sitz *m* (*e-r Industrie*); **5.** Stätte *f*, Schauplatz *m*; **II** *v/t.* **6.** plazieren, legen, 'unterbringen: **well-~d** gutgelegen, in guter Lage (*Haus*).

'sit-in *s.* Sit-'in *n*.

sit·ter ['sɪtə] *s.* **1.** Sitzende(r *m*) *f*; **2.** a) Glucke *f*: **a good ~** e-e gute Brüterin, b) brütender Vogel; **3.** *paint.* Mo'dell *n*; **4.** *a.* **~-in** Babysitter *m*; **5.** *sl.* a) *hunt.* leichter Schuß, b) *fig.* leichte Beute, c) ‚todsichere Sache'.

sit·ting ['sɪtɪŋ] **I** *s.* **1.** Sitzen *n*; **2.** *bsd.* ⚖, *parl.* Sitzung *f*, Tagung *f*; **3.** *paint., phot. etc.* Sitzung *f*: **at a ~** *fig.* in 'einem Zug; **4.** a) Brutzeit *f*, b) Gelege *n*; **5.** *eccl., thea.* Sitz(platz) *m*; **II** *adj.* **6.** sitzend, Sitz...: **~ duck** *fig.* leichtes Opfer; **7.** brütend; **~ room** *s.* **1.** Platz *m* zum Sitzen; **2.** Wohnzimmer *n*.

sit·u·ate ['sɪtjʊeɪt] **I** *v/t.* **1.** aufstellen, *e-r Sache* e-n Platz geben, den Platz festlegen (*gen.*); **2.** in e-e Lage bringen; **II** *adj.* **3.** ⚖ *od. obs.* → **situated** 1; **'sit·u·at·ed** [-tɪd] *adj.* **1.** gelegen: **be ~** liegen *od.* sein (*Haus etc.*); **2.** in e-r *schwierigen etc.* Lage: **thus ~** in dieser Lage; **well ~** gutsituiert, wohlhabend.

sit·u·a·tion [ˌsɪtjʊ'eɪʃn] *s.* **1.** Lage *f e-s Hauses etc.*; **2.** Situati'on *f*: a) Lage *f*, Zustand *m*, b) Sachlage *f*, 'Umstände *pl.*: **difficult ~**; **3.** *thea.* dra'matische Situati'on, Höhepunkt *m*: **~ comedy** Situationskomödie *f*; **4.** Stellung *f*, Stelle *f*, Posten *m*: **~s offered** Stellenangebote; **~s wanted** Stellengesuche.

si·tus ['saɪtəs] (*Lat.*) *s.* **1.** ⚕ Situs *m*, Lage *f* (*e-s Organs*); **2.** Sitz *m*, Lage *f*: **in situ** an Ort u. Stelle.

six [sɪks] **I** *adj.* **1.** sechs: **it is ~ of one and half a dozen of the other** *fig.* das ist gehupft wie gesprungen; **2.** *in Zssgn* sechs...: **~-cylinder**(**ed**) sechszylindrig, Sechszylinder... (*Motor*); **II** *s.* **3.** Sechs *f* (*Zahl, Spielkarte etc.*): **at ~es and sevens** a) ganz durcheinander, b) uneins; **4.** *Kricket*: *a.* **six·er** ['sɪksə] *s.* F Sechserschlag *m*; **'six·fold** [-fəʊld] *adj. u. adv.* sechsfach.

ˌsix|-'foot·er *s.* F sechs Fuß langer *od.* ‚baumlanger' Mensch; **'~·pence** *s. Brit. obs.* Sixpencestück *n*, ½ Schilling *m*: **it does not matter** (**a**) **~** das ist ganz egal; **ˌ~-'shoot·er** *s.* F sechsschüssiger Re'volver.

six·teen [ˌsɪks'ti:n] **I** *s.* Sechzehn *f*; **II** *adj.* sechzehn; **ˌsix'teenth** [-nθ] **I** *adj.* **1.** sechzehnt; **2.** sechzehntel; **II** *s.* **3.** *der* (*die, das*) Sechzehnte; **4.** Sechzehntel *n*; **5.** *a.* **~ note** ♪ Sechzehntel(note *f*) *n*.

sixth [sɪksθ] **I** *adj.* **1.** sechst: **~ sense** *fig.* sechster Sinn; **II** *s.* **2.** *der* (*die, das*) Sechste; **3.** Sechstel *n*; **4.** ♪ Sext *f*; **5.** *a.* **~ form** *ped. Brit.* Abschlußklasse *f*; **'sixth·ly** [-lɪ] *adv.* sechstens.

six·ti·eth ['sɪkstɪɪθ] **I** *adj.* **1.** sechzigst; **2.** sechzigstel; **II** *s.* **3.** *der* (*die, das*) Sechzigste; **4.** Sechzigstel *n*.

Six·tine ['sɪkstaɪn] → **Sistine**.

six·ty ['sɪkstɪ] **I** *adj.* **1.** sechzig; **II** *s.* **2.** Sechzig *f*; **3.** *pl.* a) *die* sechziger Jahre *pl.* (*e-s Jahrhunderts*), b) *die* Sechziger (-jahre) *pl.* (*Alter*).

'six-ˌwheel·er *s. mot.* Dreiachser *m*.

siz·a·ble ['saɪzəbl] *adj.* (ziemlich) groß, ansehnlich, beträchtlich.

siz·ar ['saɪzə] *s. univ.* Stipendi'at *m* (*in Cambridge od. Dublin*).

size[1] [saɪz] **I** *s.* **1.** Größe *f*, Maß *n*, For-

ˈmat *n*, ˈUmfang *m*: ***all of a ~*** (alle) gleich groß; ***of all ~s*** in allen Größen; ***the ~ of*** so groß wie; ***that's about the ~ of it*** F (genau) so ist es; ***cut s.o. down to ~*** *fig.* j-n in die Schranken verweisen; **2.** (Schuh-, Kleider- *etc.*) Größe *f*, Nummer *f*: ***two ~s too big*** zwei Nummern zu groß; ***what ~ do you take?*** welche Größe haben Sie?; **3.** *fig.* a) Größe *f*, Ausmaß *n*, b) *geistiges etc.* Forˈmat *e-r Person*; **II** *v/t.* **4.** nach Größen ordnen; **5.** ***~ up*** F ab-, einschätzen, taxieren (*alle a. fig.*); **III** *v/i.* **6.** ***~ up*** F gleichkommen (***to, with*** *dat.*).

size² [saɪz] **I** *s.* **1.** (*paint.* Grundier)Leim *m*, Kleister *m*; **2.** a) *Weberei*: Appreˈtur *f*, b) *Hutmacherei*: Steife *f*; **II** *v/t.* **3.** leimen; **4.** *paint.* grundieren; **5.** *Stoff* appretieren; **6.** *Hutfilz* steifen.

-size [saɪz] → ***-sized***.

size·a·ble [ˈsaɪzəbl] → ***sizable***.

-sized [saɪzd] *adj. in Zssgn* …groß, von *od.* in … Größe.

siz·er¹ [ˈsaɪzə] *s.* **1.** Sortierer(in); **2.** ⚙ a) (ˈGrößen)Sorˌtiermaˌschine *f*, b) (ˈHolz)ˌZuschneidemaˌschine *f*.

siz·er² [ˈsaɪzə] *s.* ⚙ **1.** Leimer *m*; **2.** *Textilindustrie*: Schlichter *m*.

siz·zle [ˈsɪzl] **I** *v/i.* zischen; *Radio etc.*: knistern; **II** *s.* Zischen *n*; **ˈsiz·zling** [-lɪŋ] *adj.* **1.** zischend, brutzelnd; **2.** glühend heiß.

skald [skɔːld] → ***scald¹***.

skat [skæt] *s.* Skat(spiel *n*) *m*.

skate¹ [skeɪt] *pl.* **skates**, *bsd. coll.* **skate** *s. ichth.* (Glatt)Rochen *m*.

skate² [skeɪt] **I** *s.* **1.** a) Schlittschuh *m*, b) Kufe *f*; **2.** Rollschuh *m*; **II** *v/i.* **3.** Schlittschuh *od.* Rollschuh laufen: ***~ over*** *fig. Schwierigkeiten etc.* überspielen; → ***ice*** 1; **ˈskate·board** *s.* Skateboard *n*; **ˈskat·er** [-tə] *s.* **1.** Schlittschuh-, Eisläufer(in); **2.** Rollschuhläufer(in); **skate sail·ing** *s.* Eissegeln *n*.

skat·ing [ˈskeɪtɪŋ] *s.* **1.** Schlittschuhlauf(en *n*) *m*, Eislauf(en *n*) *m*; **2.** Rollschuhlauf((en *n*) *m*; **~ rink** *s.* **1.** Eisbahn *f*; **2.** Rollschuhbahn *f*.

ske·dad·dle [skɪˈdædl] F **I** *v/i.* ‚türmen', ‚abhauen'; **II** *s.* ‚Türmen' *n*.

skeet (shoot·ing) [skiːt] *s. sport* Skeetschießen *n*.

skein [skeɪn] *s.* **1.** Strang *m*, Docke *f* (*Wolle etc.*); **2.** Skein *n*, Warp *n* (*Baumwollmaß*); **3.** Kette *f*, Schwarm *m* (*Wildenten etc.*); **4.** *fig.* Gewirr *n*.

skel·e·tal [ˈskelɪtl] *adj.* **1.** ⚕ Skelett…; **2.** skeˈlettartig; **skel·e·tol·o·gy** [ˌskelɪˈtɒlədʒɪ] *s.* Knochenlehre *f*.

skel·e·ton [ˈskelɪtn] **I** *s.* **1.** Skeˈlett *n*, Knochengerüst *n*, Gerippe *n* (*alle a. fig.*): ***~ in the cupboard*** (*Am.* ***closet***), ***family ~*** *fig.* dunkler Punkt, (düsteres) Familiengeheimnis; ***~ at the feast*** Gespenst *n* der Vergangenheit; **2.** ⚘ Rippenwerk *n* (*Blatt*); **3.** △, ⚙ (*Stahl- etc.*)Skeˈlett *n*, (*a. Schiffs-, Flugzeug-*) Gerippe *n*; (*a. Schirm*)Gestell *n*; **4.** *fig.* a) Entwurf *m*, Rohbau *m*, b) Rahmen *m*; **5.** a) ˈStamm(persoˌnal *n*) *m*, b) ⚔ Kader *m*, Stammtruppe *f*; **6.** *sport* Skeleton *m* (*Schlitten*); **II** *adj.* **7.** Skelett…: ***~ construction*** △ Skelettbauweise *f*; ***~-face type*** *typ.* Skelettschrift *f*; **8.** ☿, ⚖ Rahmen…: ***~ agreement***; ***~ law***; ***~ bill*** Wechselblankett *n*; ***~ wage agreement*** Manteltarif(vertrag) *m*; **9.** ⚔ Stamm…: ***~ crew*** Stamm-, Restmannschaft *f*, *weitS.* Notbelegschaft *f*; **ˈskel·e·ton·ize** [-tənaɪz] *v/t.* **1.** skelettieren; **2.** *fig.* skizzieren, in großen ˈUmrissen darstellen; **3.** *fig.* zahlenmäßig reduzieren.

skel·e·ton| key *s.* Dietrich *m*, Nachschlüssel *m*; **~ ser·vice** *s.* Bereitschaftsdienst *m*.

skep [skep] *s.* **1.** (Weiden)Korb *m*; **2.** Bienenkorb *m*.

skep·tic [ˈskeptɪk] *etc. Am.* → ***sceptic*** *etc.*

sker·ry [ˈskerɪ] *s. bsd. Scot.* kleine Felseninsel.

sketch [sketʃ] **I** *s.* **1.** *paint. etc.* Skizze *f*, Studie *f*: ***~ block***; **2.** Grundriß *m*, Schema *n*, Entwurf *m*; **3.** *fig.* (*a. literarische*) Skizze; **4.** *thea.* Sketch *m*; **II** *v/t.* **5.** *oft* ***~ in*** (*od.* ***out***) skizzieren; **6.** *fig.* skizzieren, in großen Zügen darstellen; **III** *v/i.* **7.** e-e Skizze *od.* Skizzen machen; **ˈsketch·i·ness** [-tʃɪnɪs] *s.* Skizzenhaftigkeit *f*, *fig. a.* Oberflächlichkeit *f*; **ˈsketch·y** [-tʃɪ] *adj.* ☐ **1.** skizzenhaft, flüchtig; **2.** *fig.* a) oberflächlich, b) unzureichend: ***a ~ meal***; **3.** *fig.* unklar, vage.

skew [skjuː] **I** *adj.* **1.** schief, schräg: ***~ bridge***; **2.** abschüssig; **3.** Ⱥ ˈasymˌmetrisch; **II** *s.* **4.** Schiefe *f*; **5.** Ⱥ Asymmeˈtrie *f*; **6.** △ a) schräger Kopf (*Strebepfeiler*), b) ˈUntersatzstein *m*; **ˈ~·back** *s.* △ schräges ˈWiderlager; **ˈ~·bald I** *adj.* scheckig (*bsd. Pferd*); **II** *s.* Schecke *m*.

skewed [skjuːd] *adj.* schief, abgeschrägt, verdreht; **skew·er** [ˈskjuːə] **I** *s.* **1.** Fleischspieß *m*; **2.** *humor.* Schwert *n*, Dolch *m*; **II** *v/t.* **3.** *Fleisch* spießen, *Wurst* speilen; **4.** *fig.* aufspießen.

ˈskew|-eyed *adj. Brit.* schielend; **~ gear·ing** *s.* ⚙ Stirnradgetriebe *n*.

ski [skiː] **I** *pl.* **ski**, **skis** *s.* **1.** *sport* Ski *m*; **2.** ✈ (Schnee)Kufe *f*; **II** *v/i. pret. u. p.p. Brit.* **ski'd**, *Am.* **skied 3.** *sport* Ski laufen *od.* fahren; **ˈ~·bob** *s.* Skibob *m*.

skid [skɪd] **I** *s.* **1.** Stützbalken *m*; **2.** Ladebalken *m*, (Lasten)Rolle *f*: ***put the ~s under*** *od.* ***on s.o.*** *fig.* F j-n ‚fertigmachen' *od.* ‚abschießen'; ***he is on the ~s*** *sl.* mit ihm geht's abwärts; **3.** Hemmschuh *m*, Bremsklotz *m*; **4.** ✈ (Gleit)Kufe *f*, Sporn(rad *n*) *m*; **5.** *a. mot.* Rutschen *n*, Schleudern *n*: ***go into a ~*** ins Schleudern geraten (*a. fig.* F); ***~ chain*** Schneekette *f*; ***~ mark*** Bremsspur *f*; **II** *v/t.* **6.** *Rad* bremsen, hemmen; **III** *v/i.* **7.** *a. mot. etc.* a) rutschen, b) schleudern; **ˈ~·lid** *s. sl.* Sturzhelm *m*; **ˈ~·proof** *adj.* rutschfest; **~ row** [rəʊ] *s. Am.* F a) billiges Vergnügungsviertel, b) ‚Pennergegend' *f*.

ski·er [ˈskiːə] *s. sport* Skiläufer(in), -fahrer(in).

skies [skaɪz] *pl. von* ***sky***.

skiff [skɪf] *s.* Skiff *n* (*Ruderboot*).

ski·ing [ˈskiːɪŋ] *s.* Skilaufen *n*, -fahren *n*, -sport *m*.

ski|-jor·ing [ˈskiːˌdʒɔːrɪŋ] *s. sport* Ski(k)jöring *n*; **~ jump** *s.* **1.** Skisprung *m*; **2.** Sprungschanze *f*; **~ jump·ing** *s.* Skispringen *n*, Sprunglauf *m*.

skil·ful [ˈskɪlfʊl] *adj.* ☐ geschickt: a) gewandt, b) kunstgerecht (*Arbeit, Operation etc.*), c) geübt, (sach)kundig (***at, in*** in *dat.*): ***be ~ at*** sich verstehen auf (*acc.*); **ˈskil·ful·ness** [-nɪs] → ***skill***.

skill [skɪl] *s.* **1.** Geschick(lichkeit *f*) *n*: a) (Kunst)Fertigkeit *f*, Können *n*, b) Gewandtheit *f*; **2.** (Fach-, Sach)Kenntnis *f* (***at, in*** in *dat.*); **skilled** [-ld] *adj.* **1.** geschickt, gewandt, erfahren (***in*** in *dat.*); **2.** Fach…: ***~ labo(u)r*** Facharbeiter *pl.*; ***~ trades*** Fachberufe; ***~ workman*** gelernter Arbeiter, Facharbeiter *m*.

skil·let [ˈskɪlɪt] *s.* **1.** a) Tiegel *m*, b) Kasseˈrolle *f*; **2.** *Am.* Bratpfanne *f*.

skill·ful(·ness) *Am.* → ***skilful(ness)***.

skil·ly [ˈskɪlɪ] *s. Brit.* dünne Hafergrütze.

skim [skɪm] **I** *v/t.* **1.** (*a. fig.* ☿ *Gewinne*) abschöpfen: ***~ the cream off*** den Rahm abschöpfen (*oft fig.*); **2.** abschäumen; **3.** *Milch* entrahmen: ***~med milk*** → ***skim milk***; **4.** *fig.* (hin)gleiten über (*acc.*); **5.** *fig. Buch etc.* überˈfliegen, flüchtig lesen; **II** *v/i.* **6.** gleiten, streichen (***over*** über *acc.*, ***along*** entlang); **7.** ***~ over*** → 5; **ˈskim·mer** [-mə] *s.* **1.** Schaum-, Rahmkelle *f*; **2.** ⚙ Abstreicheisen *n*; **3.** ⚓ *Brit.* leichtes Rennboot; **skim milk** *s.* entrahmte Milch, Magermilch *f*; **ˈskim·ming** [-mɪŋ] *s.* **1.** *mst pl. das* Abgeschöpfte; **2.** *pl.* Schaum *m* (*auf Kochgut etc.*); **3.** *pl.* ⚙ Schlacken *pl.*; **4.** Abschöpfen *n*, -schäumen *n*: ***~ of excess profit*** ☿ Gewinnabschöpfung *f*.

skimp [skɪmp] *etc.* → ***scrimp*** *etc.*

skin [skɪn] **I** *s.* **1.** Haut *f* (*a. biol.*): ***dark*** (***fair***) ***~*** dunkle (helle) Haut(farbe); ***he is mere ~ and bone*** er ist nur noch Haut u. Knochen; ***be in s.o.'s ~*** *fig.* in j-s Haut stecken; ***get under s.o.'s ~*** F a) j-m ‚unter die Haut' gehen, b) j-n ärgern; ***have a thick*** (***thin***) ***~*** dickfellig (zartbesaitet) sein; ***save one's ~*** mit heiler Haut davonkommen; ***by the ~ of one's teeth*** mit knapper Not; ***that's no ~ off my nose*** F das ‚juckt' mich nicht; → ***jump*** 12; **2.** Fell *n*, Pelz *m*, Balg *m* (*von Tieren*); **3.** (*Obst- etc.*) Schale *f*, Haut *f*, Hülse *f*, Rinde *f*; **4.** ⚙ *etc.* dünne Schicht, Haut *f* (*auf der Milch etc.*); **5.** Oberfläche *f*, *bsd.* a) ⚓ Außenhaut *f*, b) ✈ Bespannung *f*, c) (*Ballon*)Hülle *f*; **6.** (*Wein- etc.*) Schlauch *m*; **7.** *sl.* Klepper *m* (*Pferd*); **II** *v/t.* **8.** enthäuten, (ab)häuten, schälen: ***keep one's eyes ~ned*** F die Augen offenhalten; **9.** *a.* ***~ out*** *Tier* abbalgen, -ziehen; **10.** *Knie etc.* aufschürfen; **11.** *sl. j-m* das Fell über die Ohren ziehen, *j-n* ‚rupfen' (*beim Spiel etc.*); **12.** F *Strumpf etc.* abstreifen; **III** *v/i.* **13.** ***~ over*** (zu)heilen (*Wunde*); **14.** ***~ out*** *Am. sl.* ‚abhauen'; **ˌ~-ˈdeep** *adj. u. adv.* (nur) oberflächlich; **~ dis·ease** *s.* Hautkrankheit *f*; **~ div·ing** *s.* Sporttauchen *n*; **ˈ~·flicks** *s.* F Sexfilm *m*; **ˈ~·flint** *s.* Knicker *m*, Geizhals *m*; **~ food** *s.* Nährcreme *f*; **~ fric·tion** *s. phys.* Oberflächenreibung *f*; **~ game** *s.* F Schwindel *m*, Bauernfängeˈrei *f*; **~ graft** *s.* ⚕ ˈHauttransplanˌtat *n*; **ˈ~-graft·ing** *s.* ⚕ ˈHauttransplantatiˌon *f*.

skinned [skɪnd] *adj.* **1.** häutig; **2.** enthäutet; **3.** *in Zssgn* …häutig, …fellig; **ˈskin·ner** [-nə] *s.* **1.** Pelzhändler *m*, Kürschner *m*; **2.** Abdecker *m*; **ˈskin·ny** [-nɪ] *adj.* **1.** häutig; **2.** mager, abgemagert, dünn; **3.** *fig.* knauserig.

ˌskin|ˈtight *adj.* hauteng (*Kleidung*); **~ wool** *s.* Schlachtwolle *f*.

skip[1] [skɪp] **I** *v/i.* **1.** hüpfen, hopsen, springen; **2.** seilhüpfen; **3.** *fig.* Sprünge machen, *von e-m Thema zum andern* springen; *ped. Am.* e-e Klasse über'springen; Seiten über'schlagen (*in e-m Buch*): **~ off** abschweifen; **~ over** *et.* übergehen; **4.** aussetzen, e-n Sprung tun (*Herz etc., a.* ⚙); **5.** *oft* **~ out** F ‚abhauen'; **~ (over) to** e-n Abstecher nach *e-m Ort* machen; **II** *v/t.* **6.** springen über (*acc.*): **~ (a) rope** seilhüpfen; **7.** *fig.* (*ped. Am. a. e-e Klasse*) über'springen, auslassen, *Buchseite* über'schlagen: **~ it!** ‚geschenkt'!; **8.** F a) verschwinden aus *e-r Stadt etc.*, b) sich vor *e-r Verabredung etc.* drücken, *Schule etc.* schwänzen; **9.** F **~ it** ‚abhauen'; **III** *s.* **10.** Hopser *m*; *Tanzen*: Hüpfschritt *m*.

skip[2] [skɪp] → **skipper** 2.

skip[3] [skɪp] *s.* (Stu'denten)Diener *m*.

skip[4] [skɪp] *s.* ⚙ Förderkorb *m*.

'**skip·jack** *s.* **1.** *coll. pl. ichth.* a) *ein* Thunfisch *m*, b) Blaufisch *m*; **2.** *zo.* Springkäfer *m*; **3.** Stehaufmännchen *n* (*Spielzeug*).

ski plane *s.* Flugzeug *n* mit Schneekufen.

skip·per ['skɪpə] *s.* **1.** ⚓, ✈ Kapi'tän *m*, ⚓ *a.* Schiffer *m*; **2.** *sport* a) 'Mannschaftskapi,tän *m*, b) *Am.* Manager *m od.* Trainer *m*.

skip·ping ['skɪpɪŋ] *s.* Hüpfen *n*, (*bsd.* Seil)Springen *n*; **~ rope** *s.* Springseil *n*.

skirl [skɜːl] *dial.* **I** *v/i.* **1.** pfeifen (*bsd. Dudelsack*); **2.** Dudelsack spielen; **II** *s.* **3.** Pfeifen *n* (*des Dudelsacks*).

skir·mish ['skɜːmɪʃ] **I** *s.* ⚔ *u. fig.* Geplänkel *n*: **~ line** Schützenlinie *f*; **II** *v/i.* plänkeln; '**skir·mish·er** [-ʃə] *s.* ⚔ Plänkler *m* (*a. fig.*).

skirt [skɜːt] **I** *s.* **1.** (Frauen)Rock *m*; **2.** *sl.* ‚Weibsbild' *n*, ‚Schürze' *f*; **3.** (Rock-, Hemd-, *etc.*)Schoß *m*; **4.** Saum *m*, Rand *m* (*fig. oft pl.*); **5.** *pl.* Außenbezirk *m*, Randgebiet *n*; **6.** Kutteln *pl.*: **~ of beef**; **II** *v/t.* **7.** a) (um)'säumen, b) sich entlangziehen an (*dat.*); **8.** entlang- *od.* her'umgehen *od.* -fahren um; **9.** *fig.* um'gehen; **III** *v/i.* **10.** **~ along** am Rande entlanggehen *od.* -fahren, sich entlangziehen; '**skirt·ed** [-tɪd] *adj.* **1.** e-n Rock tragend; **2.** *in Zssgn* a) mit e-m *langen etc.* Rock: **long-~**, b) *fig.* eingesäumt; '**skirt·ing** [-tɪŋ] *s.* **1.** Rand *m*, Saum *m*; **2.** Rockstoff *m*; **3.** *mst* **~ board** △ (*bsd.* Fuß-, Scheuer)Leiste *f*.

'**ski-run** *s.* Skipiste *f*.

skit [skɪt] *s.* **1.** Stiche'lei *f*, Seitenhieb *m*; **2.** Paro'die *f*, Sa'tire *f* (**on** über, auf *acc.*).

ski tow *s.* Schlepplift *m*.

skit·ter ['skɪtə] *v/i.* **1.** jagen, rennen; **2.** rutschen; **3.** hopsen; **4.** den Angelhaken an der Wasseroberfläche hinziehen.

skit·tish ['skɪtɪʃ] *adj.* □ **1.** ungebärdig, scheu (*Pferd*); **2.** ner'vös, ängstlich; **3.** *fig.* a) lebhaft, wild, b) (kindisch) ausgelassen (*bsd. Frau*), c) fri'vol, d) sprunghaft, kaprizi'ös.

skit·tle ['skɪtl] **I** *s.* **1.** *bsd. Brit.* Kegel *m*; **2.** *pl. sg. konstr.* Kegeln *n*, Kegelspiel *n*: **play (at) ~s** kegeln; **II** *int.* **3.** **~s!** F Quatsch!, Unsinn!; **III** *v/t.* **4.** **~ out** *Kricket*: *Schläger od. Mannschaft* (rasch) ‚erledigen'; **~ al·ley** *s.* Kegelbahn *f*.

skive[1] [skaɪv] **I** *v/t.* **1.** *Leder, Fell* spalten; **2.** *Edelstein* abschleifen; **II** *s.* **3.** Dia'mantenschleifscheibe *f*.

skive[2] [skaɪv] *Brit. sl.* **I** *v/t.* ‚sich drükken' vor (*dat.*); **II** *v/i. a.* **~ off** sich drücken.

skiv·vy ['skɪvɪ] *s. Brit. contp.* Dienstmagd *f*.

sku·a ['skjuːə] *s. orn.* (**great ~** Riesen-) Raubmöwe *f*.

skul·dug·ger·y [skʌl'dʌgərɪ] *s.* F Gaune'rei *f*, Schwindel *m*.

skulk [skʌlk] *v/i.* **1.** lauern; **2.** (um'her-) schleichen: **~ after s.o.** j-m nachschleichen; **3.** *fig.* sich drücken; '**skulk·er** [-kə] *s.* **1.** Schleicher(in); **2.** Drückeberger(in).

skull [skʌl] *s.* **1.** *anat.* Schädel *m*, Hirnschale *f*: **fractured ~** ⚕ Schädelbruch *m*; **2.** Totenschädel *m*: **~ and crossbones** a) Totenkopf *m* (*Giftzeichen etc.*), b) *hist.* Totenkopf-, Piratenflagge *f*; **3.** *fig.* Schädel *m* (*Verstand*): **have a thick ~** ein Brett vor dem Kopf haben; '**~·cap** *s.* **1.** *anat.* Schädeldach *n*; **2.** Käppchen *n*.

skunk [skʌŋk] **I** *s.* **1.** *zo.* Skunk *m*, Stinktier *n*; **2.** Skunk(s)pelz *m*; **3.** *fig. sl.* ‚Scheißkerl' *m*, ‚Schwein' *n*; **II** *v/t.* **4.** *Am.* F a) ‚vermöbeln' (*a. sport*), b) ‚bescheißen'.

sky [skaɪ] **I** *s.* **1.** *oft pl.* (*Wolken*)Himmel *m*: **in the ~** am Himmel; **out of a clear ~** *bsd. fig.* aus heiterem Himmel; **2.** *oft pl.* Himmel *m* (*a. fig.*), Himmelszelt *n*: **under the open ~** unter freiem Himmel; **praise to the skies** *fig.* in den Himmel heben; **the ~ is the limit** F nach oben sind keine Grenzen gesetzt; **3.** a) Klima *n*, b) Himmelsstrich *m*, Gegend *f*, c) ⚔, ✈ Luftraum *m*; **II** *v/t.* **4.** *Ball etc.* hoch in die Luft schlagen *od.* werfen; **5.** F *Bild* (zu) hoch aufhängen (*in e-r Ausstellung*); **~ ad·ver·tis·ing** *s.* ✝ Luftwerbung *f*; **,~-'blue** *adj.* himmelblau; '**~·coach** *s.* ✈ *Am. Passagierflugzeug ohne Service*; '**~,div·er** *s. sport* Fallschirmspringer(in); '**~,div·ing** *s. sport* Fallschirmspringen *n*; **,~-'high** *adj. u. adv.* himmelhoch (*a. fig.*): **blow ~** a) sprengen, b) *fig. Theorie etc.* über den Haufen werfen; '**~·jack** **I** *v/t. Flugzeug* entführen; **II** *s.* Flugzeugentführung *f*; '**~,jack·er** *s.* Flugzeugentführer (-in); '**~,jack·ing** *s.* → **skyjack** II; '**~·lab** *s.* 'Raumla,bor *n*; '**~·lark** **I** *s.* **1.** *orn.* (Feld)Lerche *f*; **2.** Spaß *m*, Ulk *m*; **II** *v/i.* **3.** he'rumtollen, ‚Blödsinn' treiben; um'hertollen; '**~·light** *s.* Oberlicht *n*, Dachfenster *n*; '**~·line** *s.* Hori'zont (-linie *f*) *m*, (*Stadt- etc.*)Silhou'ette *f*; '**~-,lin·er** → **airliner**; **~ mar·shal** *s. Am. Bundespolizist, der zur Verhinderung von Flugzeugentführungen eingesetzt wird*; **~ pi·lot** *s. sl.* ‚Schwarzrock' *m* (*Geistlicher*); '**~,rock·et** **I** *s. Feuerwerk*: Ra'kete *f*; **II** *v/i.* in die Höhe schießen (*Preise etc.*), sprunghaft ansteigen; **III** *v/t.* sprunghaft ansteigen lassen; '**~·scape** [-skeɪp] *s. paint.* Wolkenlandschaft *f* (*Bild*); '**~,scrap·er** *s.* Wolkenkratzer *m*; **~ sign** *s.* ✝ 'Leuchtre,klame *f* (*auf Häusern etc.*).

sky·ward ['skaɪwəd] **I** *adv.* himmel'an, -wärts; **II** *adj.* himmelwärts gerichtet; '**sky·wards** [-dz] → **skyward** I.

'**sky|·way** *s. bsd. Am.* **1.** ✈ Luftroute *f*; **2.** Hochstraße *f*; '**~,writ·er** *s.* Himmelsschreiber *m*; '**~,writ·ing** *s.* Himmelsschrift *f*.

slab [slæb] **I** *s.* **1.** (Me'tall-, Stein-, Holz- *etc.*)Platte *f*, Tafel *f*, Fliese *f*: **on the ~** F a) auf dem Operationstisch, b) im Leichenschauhaus; **2.** (dicke) Scheibe (*Brot, Fleisch etc.*); **3.** ⚙ Schwarten-, Schalbrett *n*; **4.** *metall.* Bramme *f* (*Roheisenblock*); **5.** *Am. sl. Baseball*: Schlagmal *n*; **6.** (*westliche USA*) Be'tonstraße *f*; **II** *v/t.* **7.** ⚙ a) *Stamm* abschwarten, b) in Platten *od.* Bretter zersägen.

slack[1] [slæk] **I** *adj.* □ **1.** schlaff, locker, lose (*alle a. fig.*): **keep a ~ rein** (*od.* **hand**) die Zügel locker lassen (*a. fig.*); **2.** a) langsam, träge (*Strömung etc.*), b) flau (*Brise*); **3.** ✝ flau, lustlos; → **season** 3; **4.** (nach)lässig, lasch, schlaff: **be ~ in one's duties** s-e Pflichten vernachlässigen; **~ performance** schlappe Leistung; **5.** *ling.* locker: **~ vowel** offener Vokal; **II** *s.* **6.** ⚓ Lose *n* (*loses Tauende*); **7.** ⚙ Spiel *n*: **take up the ~** Druckpunkt nehmen (*beim Schießen*); **8.** ⚓ Stillwasser *n*; **9.** Flaute *f* (*a.* ✝); **10.** F (Ruhe)Pause *f*; **11.** *pl.* Freizeithose *f*; **III** *v/t.* **12.** *a.* **~ off** → **slacken** 1; **13.** *a.* **~ up** → **slacken** 2 u. 3; **14.** → **slake** 2; **IV** *v/i.* **15.** → **slacken** 5; **16.** *oft* **~ off** a) nachlassen, b) F trödeln; **17.** **~ up** langsamer werden *od.* fahren.

slack[2] [slæk] *s.* ⚒ Kohlengrus *m*.

slack·en ['slækən] **I** *v/t.* **1.** *Seil, Muskel etc.* lockern, locker machen, entspannen; **2.** lösen; ⚓ *Segel* lose machen; (*Tau*)*Ende* fieren; **3.** *Tempo* verlangsamen, her'absetzen; **4.** nachlassen *od.* nachlässig werden in (*dat.*); **II** *v/i.* **5.** sich lockern, schlaff werden; **6.** *fig.* erlahmen, nachlassen, nachlässig werden; **7.** langsamer werden; **8.** ✝ stocken; '**slack·er** [-kə] *s.* Bumme'lant *m*, Faulpelz *m*; '**slack·ness** [-knɪs] *s.* **1.** Schlaffheit *f*, Lockerheit *f*; **2.** Flaute *f*, Stille *f* (*a. fig.*); **3.** ✝ Flaute *f*, (Geschäfts)Stockung *f*; Unlust *f*; **4.** *fig.* Schlaffheit *f*, (Nach)Lässigkeit *f*, Trägheit *f*; **5.** ⚙ Spiel *n*, toter Gang.

slack| suit *s. Am.* Freizeitanzug *m*; **~ wa·ter** → **slack**[1] 8.

slag [slæg] **I** *s.* **1.** ⚙ (*geol.* vul'kanische) Schlacke: **~ concrete** Schlackenbeton *m*; **2.** *Brit. sl.* Schlampe *f*; **II** *v/t. u. v/i.* **3.** verschlacken; '**slag·gy** [-gɪ] *adj.* schlackig.

slain [sleɪn] *p.p. von* **slay**.

slake [sleɪk] *v/t.* **1.** *Durst, a. fig. Begierde etc.* stillen; **2.** ⚙ *Kalk* löschen: **~d lime** ⚗ Löschkalk *m*.

sla·lom ['slɑːləm] *s. sport* Slalom *m*, Torlauf *m*.

slam[1] [slæm] **I** *v/t.* **1.** *a.* **~ to** *Tür, Deckel* zuschlagen, zuknallen; **2.** *et. auf den Tisch etc.* knallen: **~ down** *et.* hinknallen; **3.** *j-n* schlagen; **4.** *sl. sport* ‚über'fahren' (*besiegen*); **5.** F *j-n od. et.* ‚in die Pfanne hauen'; **II** *v/i.* **6.** *a.* **~ to** zuschlagen (*Tür*); **III** *s.* **7.** Knall *m*; **IV** *adv.* **8.** *a. int.* bums(!), peng(!).

slam[2] [slæm] *s. Kartenspiel*: Schlemm *m*: **grand ~** Groß-Schlemm.

slan·der ['slɑːndə] **I** *s.* **1.** ⚖ *mündliche* Verleumdung, üble Nachrede; **2.** *allg.* Verleumdung *f*, Klatsch *m*; **II** *v/t.* **3.** verleumden; '**slan·der·er** [-dərə] *s.*

Verleumder(in); **'slan·der·ous** [-dərəs] *adj.* ☐ verleumderisch.

slang [slæŋ] **I** *s.* Slang *m*, Jar'gon *m*: a) Sonder-, Berufssprache *f*: ***schoolboy*** ~ Schülersprache; ***thieves'*** ~ Gaunersprache, *das* Rotwelsch, b) sa'loppe 'Umgangssprache; **II** *v/t. j-n* (wüst) beschimpfen: ~***ing match*** wüste gegenseitige Beschimpfungen *pl.*; **'slang·y** [-ɪ] *adj.* sa'lopp, Slang…

slant [slɑːnt] **I** *s.* **1.** Schräge *f*, schräge Fläche *od.* Richtung *od.* Linie: ***on the*** (*od.* ***on a***) ~ schräg, schief; **2.** Abhang *m*; **3.** *fig.* a) Ten'denz *f*, ‚Färbung' *f*, b) Einstellung *f*, Gesichtspunkt *m*: ***take a ~ at*** *Am.* F e-n (Seiten)Blick werfen auf (*acc.*); **II** *adj.* ☐ **4.** schräg; **III** *v/i.* **5.** schräg liegen; sich neigen, kippen; **6.** *fig.* tendieren (***towards*** zu *et.* hin); **IV** *v/t.* **7.** schräg legen, kippen, e-e schräge Richtung geben (*dat.*): ~***ed*** schräg; **8.** *fig.* e-e Ten'denz geben, ‚färben'; **'~-eye** *s.* Schlitzauge *n* (*Asiate etc.*); **'slant-eyed** *adj.* schlitzäugig; **'slant·ing** [-tɪŋ] *adj.* ☐ schräg; **'slant·wise** *adj. u. adv.* schräg, schief.

slap [slæp] **I** *s.* **1.** Schlag *m*, Klaps *m*: ***give s.o. a ~ on the back*** j-m anerkennend auf den Rücken klopfen; ***a ~ in the face*** e-e Ohrfeige, ein Schlag ins Gesicht (*a. fig.*); ***have a*** (***bit of***) ***~ and tickle*** F ‚knutschen'; **II** *v/t.* **2.** schlagen, e-n Klaps geben (*dat.*): ***~ s.o.'s face*** j-n ohrfeigen; **3.** → ***slam***¹ 2; **4.** scharf tadeln; **5.** ***~ on*** F a) *et.* draufklatschen, b) *Zuschlag etc.* ‚draufhauen'; **III** *v/i.* **6.** schlagen, klatschen (*a. Regen etc.*); **IV** *adv.* **7.** F genau, bums, ‚zack': ***I ran ~ into him***; **ˌ~-'bang** *adv.* **1.** → ***slap*** 7; **2.** Knall u. Fall; **'~·dash I** *adv.* **1.** blindlings, Hals über Kopf; **2.** hoppla'hopp, ‚auf die Schnelle'; **3.** aufs Gerate'wohl; **II** *adj.* **4.** heftig, ungestüm; **5.** schlampig, schlud(e)rig: ***~ work***; **'~ˌhap·py** *adj.* unbekümmert; **'~·jack** *s. Am.* **1.** Pfannkuchen *m*; **2.** *ein Kinderkartenspiel*; **'~·stick I** *s.* **1.** (Narren)Pritsche *f*; **2.** *thea.* a) Slapstick *m*, Kla'mauk *m*, b) 'Slapstickkoˌmödie *f*; **II** *adj.* **3.** Slapstick…, Klamauk…: ***~ comedy*** → 2 b; **'~-up** *adj. sl.* ‚todschick', prima, ‚toll'.

slash [slæʃ] **I** *v/t.* **1.** (auf)schlitzen; zerfetzen; **2.** *Kleid etc.* schlitzen: ~***ed sleeve*** Schlitzärmel *m*; **3.** a) peitschen, b) *Peitsche* knallen lassen; **4.** *Ball etc.* ‚dreschen'; **5.** *fig.* geißeln, scharf kritisieren; **6.** *fig.* drastisch kürzen *od.* her'absetzen, zs.-streichen; **II** *v/i.* **7.** hauen (***at*** nach): ***~ out*** um sich hauen (*a. fig.*); **III** *s.* **8.** Hieb *m*, Streich *m*; **9.** Schnitt (-wunde *f*) *m*; **10.** Schlitz *m*; **11.** Holzschlag *m*; **12.** a) drastische Kürzung, b) drastischer Preisnachlaß; **'slash·ing** [-ʃɪŋ] **I** *s.* **1.** ⚔ Verhau *m*; **II** *adj.* **2.** schneidend, schlitzend: ***~ weapon*** ⚔ Hiebwaffe *f*; **3.** *fig.* vernichtend, beißend (*Kritik etc.*); **4.** F ‚toll'.

slat [slæt] *s.* **1.** Leiste *f*, (*a.* Jalou'sie-) Stab *m*; **2.** *pl. sl.* a) Rippen *pl.*, b) ‚Arschbacken' *pl.*

slate¹ [sleɪt] **I** *s.* **1.** *geol.* Schiefer *m*; **2.** (Dach)Schiefer *m*, Schieferplatte *f*; **3.** Schiefertafel *f* (*zum Schreiben*): ***have a clean ~*** *fig.* e-e reine Weste haben; ***clean the ~*** *fig.* reinen Tisch machen; → ***wipe off*** 2; **4.** *Film*: Klappe *f*; **5.** *pol. etc. Am.* Kandi'datenliste *f*; **6.** Schiefergrau *n* (*Farbe*); **II** *v/t.* **7.** *Dach* mit Schiefer decken; **8.** *Am.* a) *Kandidaten* (vorläufig) aufstellen, vorschlagen: ***be ~d for*** für *e-n Posten* vorgesehen sein, b) *zeitlich* ansetzen; **III** *adj.* **9.** schieferartig, -farbig; Schiefer…

slate² [sleɪt] *v/t. sl.* **1.** ‚vermöbeln'; **2.** *fig.* a) *et.* ‚verreißen' (*kritisieren*), b) *j-n* abkanzeln.

ˌslate|-'blue *adj.* schieferblau; **'~-club** *s. Brit.* Sparverein *m*; **ˌ~-'gray**, **ˌ~-'grey** *adj.* schiefergrau; **~ pen·cil** *s.* Griffel *m*.

slath·er ['slæðə] *Am.* F **I** *v/t.* **1.** dick schmieren *od.* auftragen; **2.** verschwenden; **II** *s.* **3.** *mst pl.* große Menge.

slat·ing ['sleɪtɪŋ] *s. sl.* **1.** ‚Verriß' *m*, beißende Kri'tik; **2.** Standpauke *f*.

slat·tern ['slætɜːn] *s.* **1.** Schlampe *f*; **2.** *Am.* ‚Nutte' *f*; **'slat·tern·ly** [-lɪ] *adj. u. adv.* schlampig, schmudd(e)lig.

slat·y ['sleɪtɪ] *adj.* schief(e)rig.

slaugh·ter ['slɔːtə] **I** *s.* **1.** Schlachten *n*; **2.** *fig.* a) Abschlachten *n*, Niedermetzeln *n*, b) Gemetzel *n*, Blutbad *n*; → ***innocent*** 7; **II** *v/t.* **3.** *Vieh* schlachten; **4.** *fig.* a) (ab)schlachten, niedermetzeln, b) F *j-n* ‚auseinandernehmen' (*a. sport*); **'slaugh·ter·er** [-ərə] *s.* Schlächter *m*; **'slaugh·ter·house** *s.* **1.** Schlachthaus *n*; **2.** *fig.* Schlachtbank *f*.

Slav [slɑːv] **I** *s.* Slawe *m*, Slawin *f*; **II** *adj.* slawisch, Slawen…

slave [sleɪv] **I** *s.* **1.** Sklave *m*, Sklavin *f*; **2.** *fig.* Sklave *m*, Arbeitstier *n*, Kuli *m*: ***work like a ~*** → 4; **3.** *fig.* Sklave *m* (***to***, ***of*** *gen.*): ***a ~ to one's passions***; ***a ~ to drink*** alkoholsüchtig; **II** *v/i.* **4.** schuften, wie ein Kuli arbeiten; **~ driv·er** *s.* **1.** Sklavenaufseher *m*; **2.** *fig.* Leuteschinder *m*.

slav·er¹ ['sleɪvə] *s.* **1.** Sklavenschiff *n*; **2.** Sklavenhändler *m*.

slav·er² ['slævə] **I** *v/i.* **1.** geifern, sabbern (*a. fig.*): ***~ for*** *fig.* lechzen nach; **2.** *fig.* katzbuckeln; **II** *v/t.* **3.** *obs.* besabbern; **III** *s.* **4.** Geifer *m*.

slav·er·y ['sleɪvərɪ] *s.* **1.** Sklave'rei *f* (*a. fig.*): ***~ to*** *fig.* sklavische Abhängigkeit von; **2.** Sklavenarbeit *f*; *fig.* Placke'rei *f*, Schinde'rei *f*.

slave| ship *s.* Sklavenschiff *n*; **~ trade** *s.* Sklavenhandel *m*; **~ trad·er** *s.* Sklavenhändler *m*.

slav·ey ['sleɪvɪ] *s. Brit.* F ‚dienstbarer Geist'.

Slav·ic ['slɑːvɪk] **I** *adj.* slawisch; **II** *s. ling.* Slawisch *n*.

slav·ish ['sleɪvɪʃ] *adj.* **1.** ☐ sklavisch, Sklaven…; **2.** *fig.* knechtisch, kriecherisch, unter'würfig; **3.** *fig.* sklavisch: ***~ imitation***; **'slav·ish·ness** [-nɪs] *s. das* Sklavische, sklavische Gesinnung.

slaw [slɔː] *s. Am.* 'Krautsaˌlat *m*.

slay [sleɪ] [*irr.*] **I** *v/t.* töten, erschlagen, ermorden; **II** *v/i.* morden; **slay·er** ['sleɪə] *s.* Mörder(in).

sleaze [sliːz] *s.* F a) Kungelei *f*, b) Unmoral *f*.

slea·zy ['sliːzɪ] *adj.* **1.** dünn (*a. fig.*), verschlissen (*Gewebe*); **2.** → ***shabby***.

sled [sled] → ***sledge***¹ 1; **'sled·ding** [-dɪŋ] *s. bsd. Am.* 'Schlittenfahren *n*, -transˌport *m*: ***hard*** (***smooth***) ***~*** *fig.* schweres (glattes) Vorankommen.

sledge¹ [sledʒ] **I** *s.* **1.** a) *a.* ⚙ Schlitten *m*, b) (Rodel)Schlitten *m*; **2.** *bsd. Brit.* (leichterer) Pferdeschlitten; **II** *v/t.* **3.** mit e-m Schlitten befördern *od.* fahren; **III** *v/i.* **4.** Schlitten fahren, rodeln.

sledge² [sledʒ] ⚙ *s.* **1.** Vorschlag-, Schmiedehammer *m*; **2.** schwerer Treibfäustel; **3.** ⚒ Schlägel *m*; **'~ˌham·mer I** *s.* → ***sledge***² 1; **II** *adj. fig.* a) Holzhammer…(*-argumente etc.*), b) wuchtig, vernichtend (*Schlag*), c) ungeschlacht (*Stil*).

sleek [sliːk] **I** *adj.* ☐ **1.** glatt, glänzend (*Haar*); **2.** geschmeidig, glatt (*Körper*; *a. fig. Wesen*); **3.** *fig.* a) gepflegt, ele'gant, schick, b) schnittig (*Form*); **4.** *fig. b.s.* aalglatt, ölig; **II** *v/t.* **5.** *a.* ⚙ glätten; *Haar* glatt kämmen *od.* bürsten; ⚙ *Leder* schlichten; **'sleek·ness** [-nɪs] *s.* Glätte *f*, Geschmeidigkeit *f* (*a. fig.*).

sleep [sliːp] **I** *v/i.* [*irr.*] **1.** schlafen, ruhen (*beide a. fig. Dorf*, *Streit*, *Toter etc.*): ***~ late*** lange schlafen; ***~ like a log*** (*od.* ***top*** *od.* ***dormouse***) schlafen wie ein Murmeltier; ***~*** [***up***]***on*** (*od.* ***over***) ***s.th.*** *fig.* et. überschlafen; **2.** schlafen, über'nachten: ***~ in*** (***out***) im (außer) Haus schlafen; **3.** stehen (*Kreisel*); **4.** ***~ with*** mit *j-m* schlafen; ***~ around*** mit vielen Männern ins Bett gehen; **II** *v/t.* [*irr.*] **5.** schlafen: ***~ the ~ of the just*** den Schlaf des Gerechten schlafen; **6.** ***~ away*** Zeit verschlafen; **7.** ***~ off*** *Kopfweh etc.* ausschlafen: ***~ it off*** s-n Rausch *etc.* ausschlafen; **8.** Schlafgelegenheit bieten für; *j-n* 'unterbringen; **III** *s.* **9.** Schlaf *m*, Ruhe *f* (*a. fig.*): ***in one's ~*** im Schlaf; ***the last ~*** *fig.* die letzte Ruhe, der Tod(esschlaf); ***get some ~*** ein wenig schlafen; ***go to ~*** a) schlafen gehen, b) einschlafen (*a. fig. sterben*); ***put to ~*** *allg.*, *a.* ⚕ einschläfern; **10.** *zo.* (Winter)Schlaf *m*; **11.** ⚘ Schlafbewegung *f*; **'sleep·er** [-pə] *s.* **1.** Schläfer(in): ***be a light*** (***sound***) ***~*** e-n leichten (festen) Schlaf haben; **2.** 🚂 a) Schlafwagen *m*, b) *Brit.* Schwelle *f*; **3.** *Am.* Lastwagen *m* mit Schlafkoje; **4.** *Am.* a) ('Kinder-)Pyˌjama *m*, b) (Baby)Schlafsack *m*; **5.** *Am.* F über'raschender Erfolg; **6.** † *Am.* Ladenhüter *m*; **'sleep-in** *s.* Sleep-in *n*, 'Schlafdemonstratiˌon *f*; **'sleep·i·ness** [-pɪnɪs] *s.* **1.** Schläfrigkeit *f*; **2.** *a. fig.* Verschlafenheit *f*.

sleep·ing ['sliːpɪŋ] *adj.* **1.** schlafend; **2.** Schlaf…: ***~ accommodation*** Schlafgelegenheit *f*; **~ bag** *s.* Schlafsack *m*; ♀ **Beau·ty** *s.* Dorn'rös-chen *n*; **~ car** *s.* 🚂 Schlafwagen *m*; **~ draught** *s.* Schlaftrunk *m*, -mittel *n*; **~ part·ner** *s.* † *Brit.* stiller Teilhaber (mit unbeschränkter Haftung); **~ sick·ness** *s.* ⚕ Schlafkrankheit *f*; **~ suit** *s.* → ***sleeper*** 4 a; **~ tab·let** *s.* ⚕ 'Schlaftaˌblette *f*.

sleep·less ['sliːplɪs] *adj.* ☐ **1.** schlaflos; **2.** *fig.* a) rast-, ruhelos, b) wachsam; **'sleep·less·ness** [-nɪs] *s.* **1.** Schlaflosigkeit *f*; **2.** *fig.* Rast-, Ruhelosigkeit *f*; **3.** Wachsamkeit *f*.

'sleep|ˌwalk·er *s.* Nachtwandler(in); **'~ˌwalk·ing I** *s.* Nacht-, Schlafwandeln *n*; **II** *adj.* schlafwandelnd; nachtwandlerisch.

sleep·y ['sliːpɪ] *adj.* ☐ **1.** schläfrig, müde; **2.** *fig.* schläfrig, schlafmützig, träge; **3.** *fig.* verschlafen, verträumt (*Dorf etc.*); **4.** teigig (*Obst*); **'~·head** *s. fig.* Schlafmütze *f*.

sleet [sliːt] *meteor.* **I** *s.* **1.** Graupel(n *pl.*) *f*, Schloße(n *pl.*) *f*; **2.** a) *Brit.* Schneeregen *m*, b) *Am.* Graupelschauer *m*; **3.** F 'Eis,überzug *m auf Bäumen etc.*; **II** *v/i.* **4.** graupeln; '**sleet·y** [-tɪ] *adj.* graupelig.

sleeve [sliːv] *s.* **1.** Ärmel *m*: ***have s.th. up*** (*od.* ***in***) ***one's ~*** a) et. auf Lager *od.* in petto haben, b) et. im Schild führen; ***laugh in one's ~*** sich ins Fäustchen lachen; ***roll up one's ~s*** die Ärmel hochkrempeln (*a. fig.*); **2.** ⚙ Muffe *f*, Buchse *f*, Man'schette *f*; **3.** (Schutz-)Hülle *f*; **sleeved** [-vd] *adj.* **1.** mit Ärmeln; **2.** *in Zssgn* …ärmelig; '**sleeve·less** [-lɪs] *adj.* ärmellos.

sleeve| link *s.* Man'schettenknopf *m*; **~ tar·get** *s.* ⚔ Schleppsack *m*; **~ valve** *s.* ⚙ 'Muffenven,til *n*.

sleigh [sleɪ] **I** *s.* (Pferde- *od.* Last)Schlitten *m*; **II** *v/i.* (im) Schlitten fahren; **~ bell** *s.* Schlittenschelle *f*.

sleight [slaɪt] *s.* **1.** Geschicklichkeit *f*; **2.** Trick *m*; **,~-of-'hand** *s.* **1.** (Taschenspieler)Kunststück *n*, (-)Trick *m* (*a. fig.*); **2.** (Finger)Fertigkeit *f*.

slen·der ['slendə] *adj.* □ **1.** schlank; **2.** schmal, schmächtig; **3.** *fig.* a) schmal, dürftig: ***~ income***, b) gering, schwach: ***a ~ hope***; **4.** mager, karg (*Essen*); '**slen·der·ize** [-əraɪz] *v/t. u. v/i.* schlank (-er) machen *od.* werden; '**slen·der·ness** [-nɪs] *s.* **1.** Schlankheit *f*, Schmalheit *f*; **2.** *fig.* Dürftigkeit *f*; **3.** Kargheit *f* (*des Essens*).

slept [slept] *pret. u. p.p. von* ***sleep***.

sleuth [sluːθ] **I** *s. a.* ***~hound*** Spürhund *m* (*a. fig. Detektiv*); **II** *v/i.* ‚(he'rum-) schnüffeln'; **III** *v/t. j-s* Spur verfolgen.

slew¹ [sluː] *pret. von* ***slay***.

slew² [sluː] *s. Am. od. Canad.* Sumpf (-land *n*, -stelle *f*) *m*.

slew³ [sluː] **I** *v/t. a.* ***~ round*** her'umdrehen, (-)schwenken; **II** *v/i.* sich her'umdrehen.

slew⁴ [sluː] *s. Am.* F (große) Menge, Haufe(n) *m*: ***a ~ of people***.

slice [slaɪs] **I** *s.* **1.** Scheibe *f*, Schnitte *f*, Stück *n*: ***a ~ of bread***; **2.** *fig.* Stück *n Land etc.*; (An)Teil *m*: ***a ~ of the profits*** ein Anteil am Gewinn; ***a ~ of luck*** *fig.* e-e Portion Glück; **3.** (*bsd.* Fisch-) Kelle *f*; **4.** ⚙ Spa(ch)tel *m*; **5.** *Golf, Tennis*: Slice *m* (*Schlag u. Ball*); **II** *v/t.* **6.** in Scheiben schneiden, aufschneiden: ***~ off*** *Stück* abschneiden; **7.** *a. Luft, Wellen* durch'schneiden; **8.** *fig.* aufteilen; **9.** *Golf, Tennis*: *den Ball* slicen; **III** *v/i.* **10.** Scheiben schneiden; **11.** *Golf, Tennis*: slicen; '**slic·er** [-sə] *s.* (*Brot-, Gemüse- etc.*)'Schneidema,schine *f*; (*Gurken-, Kraut- etc.*)Hobel *m*.

slick [slɪk] F **I** *adj.* □ **1.** glatt, glitschig; **2.** *Am.* Hochglanz…; → *a.* 8; **3.** F a) geschickt, raffiniert, b) ‚schick', ‚flott'; **II** *adv.* **4.** geschickt; **5.** flugs; **6.** genau, ‚peng': ***~ in the eye***; **III** *v/t.* **7.** glätten; **8.** ‚auf Hochglanz bringen'; **IV** *s.* **9.** Ölfläche *f*; **10.** F *a.* ***~ paper*** *Am.* F ele'gante Zeitschrift; '**slick·er** [-kə] *s. Am.* **1.** Regenmantel *m*; **2.** F a) raffinierter Kerl, Schwindler *m*, b) ‚Großstadtpinkel' *m*.

slid [slɪd] *pret. u. p.p. von* ***slide***.

slide [slaɪd] **I** *v/i.* [*irr.*] **1.** gleiten (*a. Riegel etc.*): ***~ down*** hinunterrutschen, -gleiten; ***~ from*** entgleiten (*dat.*); ***let things ~*** *fig.* die Dinge laufen lassen; **2.** *auf Eis* schlittern; **3.** (aus)rutschen; **4.** ***~ over*** *fig.* leicht über *ein Thema* hin'weggehen; **5.** ***~ into*** *fig.* in *et.* hin'einschlittern; **II** *v/t.* [*irr.*] **6.** *Gegenstand, s-e Hände etc. wohin* gleiten lassen, schieben: ***~ in*** *fig. Wort* einfließen lassen; **III** *s.* **7.** Gleiten *n*; **8.** Schlittern *n auf Eis*; **9.** a) Schlitterbahn *f*, b) Rodelbahn *f*, c) (*a.* Wasser)Rutschbahn *f*; **10.** *geol.* Erd-, Fels-, Schneerutsch *m*; **11.** ⚙ a) Rutsche *f*, b) Schieber *m*, c) Schlitten *m* (*Drehbank etc.*), Führung *f*; **12.** ♪ Zug *m*; **13.** Spange *f*; **14.** *phot.* Dia(posi'tiv) *n*: ***~ lecture*** Lichtbildervortrag *m*; **15.** *Mikroskop*: Ob'jektträger *m*; **16.** (*Haar- etc.*)Spange *f*; **~ cal·i·per** *s.* ⚙ Schieb-, Schublehre *f*; **~ rest** *s.* ⚙ Sup'port *m*; **~ rule** *s.* ⚙ Rechenschieber *m*; **~ valve** *s.* ⚙ 'Schieber(ven,til *n*) *m*.

slid·ing ['slaɪdɪŋ] *adj.* □ **1.** gleitend; **2.** Schiebe…: ***~ door***; **~ fit** *s.* ⚙ Gleitsitz *m*; **~ roof** *s. mot.* Schiebedach *n*; **~ rule** → ***slide rule***; **~ scale** *s.* ✝ **1.** gleitende (Lohn- *od.* Preis)Skala; **2.** 'Staffelta,rif *m*; **~ seat** *s. Rudern*: Gleit-, Rollsitz *m*; **~ ta·ble** *s.* Ausziehtisch *m*; **~ time** *s.* ✝ *Am.* Gleitzeit *f*.

slight [slaɪt] **I** *adj.* □ → ***slightly***; **1.** schmächtig, dünn; **2.** schwach (*Konstruktion*); **3.** leicht, schwach (*Geruch etc.*); **4.** leicht, gering(fügig), unbedeutend: ***a ~ increase***; ***not the ~est doubt*** nicht der geringste Zweifel; **5.** schwach, gering (*Intelligenz etc.*); **6.** flüchtig, oberflächlich (*Bekanntschaft etc.*); **II** *v/t.* **7.** *j-n* kränken; **8.** *et.* auf die leichte Schulter nehmen; **III** *s.* **9.** Kränkung *f*; '**slight·ing** [-tɪŋ] *adj.* □ abschätzig, kränkend; '**slight·ly** [-lɪ] *adv.* leicht, schwach, etwas, ein bißchen; '**slight·ness** [-nɪs] *s.* **1.** Geringfügigkeit *f*; **2.** Schmächtigkeit *f*; **3.** Schwäche *f*.

sli·ly ['slaɪlɪ] *adv. von* ***sly***.

slim [slɪm] **I** *adj.* □ **1.** schlank, dünn; **2.** *fig.* gering, dürftig, schwach: ***a ~ chance***; **3.** schlau, gerieben; **II** *v/t.* **4.** schlank(er) machen; **5.** ***~ down*** F *fig.* ‚abspecken', *a.* gesundschrumpfen; **III** *v/i.* **6.** schlank(er) werden; **7.** e-e Schlankheitskur machen; '**slim·down** *s. fig.* ‚Schlankheitskur' *f*, Gesundschrumpfung *f*.

slime [slaɪm] **I** *s.* **1.** *bsd.* ⚘, *zo.* Schleim *m*; **2.** Schlamm *m*; *fig.* Schmutz *m*; **II** *v/t.* **3.** mit Schlamm *od.* Schleim über'ziehen *od.* bedecken; '**slim·i·ness** [-mɪnɪs] *s.* **1.** Schleimigkeit *f*, *das* Schleimige; **2.** Schlammigkeit *f*.

'**slim·line** *v/t.* (*v/i.* sich) gesundschrumpfen.

slim·ming ['slɪmɪŋ] **I** *s.* Abnehmen *n*; Schlankheitskur *f*; **II** *adj.* Schlankheits…: ***~ cure***; ***~ diet***; '**slim·ness** [-mnɪs] *s.* **1.** Schlankheit *f*; **2.** *fig.* Dürftigkeit *f*.

slim·y ['slaɪmɪ] *adj.* □ **1.** schleimig, glitschig; **2.** schlammig; **3.** *fig.* a) ‚schleimig', kriecherisch, b) schmierig, schmutzig, c) widerlich, ‚fies'.

sling¹ [slɪŋ] **I** *s.* **1.** Schleuder *f*; **2.** (Schleuder)Wurf *m*; **II** *v/t.* [*irr.*] **3.** schleudern: ***~ ink*** F schriftstellern.

sling² [slɪŋ] **I** *s.* **1.** Schlinge *f zum Heben von Lasten*; **2.** ⚕ (Arm)Schlinge *f*, Binde *f*; **3.** Tragriemen *m*; **4.** *mst pl.* ⚓ Stropp *m*, Tauschlinge *f*; **II** *v/t.* [*irr.*] **5.** a) e-e Schlinge legen um *e-e Last*, b) *Last* hochziehen; **6.** aufhängen: ***be slung from*** hängen *od.* baumeln von; **7.** ⚔ *Gewehr* 'umhängen; **8.** ⚕ *Arm* in die Schlinge legen.

sling³ [slɪŋ] *s. Art* Punsch *m*.

'**sling·shot** *s.* **1.** (Stein)Schleuder *f*; **2.** *Am.* Kata'pult *n, m*.

slink [slɪŋk] **I** *v/i.* [*irr.*] **1.** schleichen, sich *wohin* stehlen: ***~ off*** wegschleichen, sich fortstehlen; **2.** *zo.* fehlgebären, *bsd.* verkalben (*Kuh*); **II** *v/t.* [*irr.*] **3.** *Junges* vor der Zeit werfen, zu früh zur Welt bringen; '**slink·y** [-kɪ] *adj.* **1.** aufreizend; **2.** geschmeidig; **3.** hauteng (*Kleid*).

slip [slɪp] **I** *s.* **1.** (Aus)Gleiten *n*, (-)Rutschen *n*; Fehltritt *m* (*a. fig.*); **2.** *fig.* (Flüchtigkeits)Fehler *m*, Schnitzer *m*, Lapsus *m*: ***~ of the pen*** Schreibfehler *m*; ***~ of the tongue*** ‚Versprecher' *m*; ***it was a ~ of the tongue*** ich habe mich (er hat sich *etc.*) versprochen; **3.** *fig.* ‚Panne' *f*: a) Mißgeschick *n*, b) Fehler *m*, Fehlleistung *f*; **4.** 'Unterkleid *n*, -rock *m*; **5.** (Kissen)Bezug *m*; **6.** (Hunde)Leine *f*, Koppel *f*: ***give s.o. the ~*** *fig.* j-m entwischen; **7.** ⚓ (Schlipp)Helling *f*; **8.** ⚙ Schlupf *m* (*Nachbleiben der Drehzahl*); **9.** *geol.* Erdrutsch *m*; **10.** ⚘ Pfropfreis *n*, Setzling *m*; **11.** *fig.* Sprößling *m*; **12.** Streifen *m*, Stück *n Holz od. Papier*, Zettel *m*: ***a ~ of a boy*** *fig.* ein schmächtiges Bürschchen; ***a ~ of a room*** ein winziges Zimmer; **13.** (Kon'troll- *etc.*)Abschnitt *m*; **14.** *typ.* Fahne *f*; **15.** *Kricket*: Eckmann *m*; **II** *v/i.* **16.** gleiten, rutschen: ***~ from*** *der Hand, a. dem Gedächtnis* entgleiten; **17.** sich (hoch- *etc.*)schieben, (ver)rutschen; **18.** sich lösen (*Knoten*); **19.** *wohin* schlüpfen: ***~ away*** a) *a.* ***~ off*** entschlüpfen, -wischen, sich davonstehlen, b) *a.* ***~ by*** verstreichen (*Tage, Zeit*); ***~ in*** sich einschleichen (*a. fig. Fehler etc.*), hineinschlüpfen; ***~ into*** in *ein Kleid, Zimmer etc.* schlüpfen *od.* gleiten; ***let an opportunity ~*** sich e-e Gelegenheit entgehen lassen; **20.** *a.* F ***~ up*** e-n Fehler machen, sich vertun: ***he is ~ping*** F er läßt nach; **III** *v/t.* **21.** *Gegenstand, s-e Hand etc. wohin* gleiten lassen, (*bsd.* heimlich) *wohin* stecken *od.* schieben: ***~ s.o. s.th.*** j-m et. zustecken; ***~ in*** a) *et.* hineingleiten lassen, b) *Bemerkung* einfließen lassen; **22.** *Ring, Kleid etc.* 'über- *od.* abstreifen: ***~ on*** (***off***); **23.** *j-m* entwischen; **24.** *j-s Aufmerksamkeit* entgehen: ***have ~ped s.o.'s memory*** (*od.* ***mind***) j-m entfallen sein; **25.** *et.* fahrenlassen; **26.** a) *Hundehalsband, a. Fessel etc.* abstreifen, b) *Hund etc.* loslassen; **27.** *Knoten* lösen; **28.** → ***slink*** 3; '**~-case** *s.* **1.** ('Bücher)Kas,sette *f*; **2.** → '**~,cov·er** *s.* Schutzhülle *f* (*für Bücher*); Schonbezug *m* (*für Möbel*); '**~-knot** *s.* Laufknoten *m*; '**~-on I** *s.* Kleidungsstück *n* zum 'Überstreifen, *bsd.* a) Slipon *m* (*Mantel*), b) Pull'over *m*, c) Slipper *m*; **II** *adj.* a) Umhänge…, Überzieh…, b) ⚙ Aufsteck…

slip·per ['slɪpə] **I** *s.* **1.** a) Pan'toffel *m*, b) Slipper *m* (*leichter Haus- od. Straßenschuh*); **2.** ⚙ Hemmschuh *m*; **II** *v/t.* **3.** mit e-m Pantoffel schlagen.

slip·per·i·ness ['slɪpərɪnɪs] *s.* **1.** Schlüpfrigkeit *f*; **2.** *fig.* Gerissenheit *f*; **slip·per·y** ['slɪpərɪ] *adj.* □ **1.** schlüpfrig, glatt, glitschig; **2.** *fig.* gerissen (*Person*); **3.** *fig.* zweifelhaft, unsicher; **4.** *fig.* heikel (*Thema*); **slip·py** ['slɪpɪ] *adj.* F **1.** → ***slippery*** 1; **2.** fix, flink: ***look ~!*** mach fix!

slip| ring *s.* ⚡ Schleifring *m*; **~ road** *s. Brit.* (Autobahn)Zubringerstraße *f*; **'~·shod** *adj.* schlampig, schludrig; **'~·slop** *s.* F labberiges Zeug (*Getränk*; *a. fig. leeres Gewäsch*); **~ sole** *s.* Einlegesohle *f*; **'~·stick** *s. Am.* Rechenschieber *m*; **'~·stream** *s.* **1.** ✈ Luftschraubenstrahl *m*; **2.** *sport* Windschatten *m*; **'~·up** *s.* → ***slip*** 2, 3; **'~·way** *s.* ⚓ Helling *f*.

slit [slɪt] **I** *v/t.* [*irr.*] **1.** aufschlitzen, -schneiden; **2.** zerschlitzen; **3.** spalten; **4.** ritzen; **II** *v/i.* [*irr.*] **5.** reißen, schlitzen, e-n Riß bekommen; **III** *s.* **6.** Schlitz *m*; **'~-eyed** *adj.* schlitzäugig.

slith·er ['slɪðə] *v/i.* **1.** schlittern, rutschen, gleiten; **2.** (schlangenartig) gleiten; **'slith·er·y** [-ðərɪ] *adj.* schlüpfrig.

sliv·er ['slɪvə] **I** *s.* **1.** Splitter *m*, Span *m*; **2.** *Spinnerei*: a) Kammzug *m*, b) Florband *n*; **II** *v/t.* **3.** *Span etc.* abspalten; **4.** zersplittern; **III** *v/i.* **5.** zersplittern.

slob [slɒb] *s.* **1.** *bsd. Ir.* Schlamm *m*; **2.** *sl.* a) ‚fieser Typ', b) ordi'närer Kerl, c) ‚Blödmann' *m*.

slob·ber ['slɒbə] **I** *v/i.* **1.** geifern, sabbern; **2. ~ *over*** *fig.* kindisch schwärmen von; **II** *v/t.* **3.** begeifern, -sabbern; **4.** *j-n* abküssen; **III** *s.* **5.** Geifer *m*; **6.** *fig.* sentimen'tales Gewäsch; **'slob·ber·y** [-ərɪ] *adj.* **1.** sabbernd; **2.** besabbert; **3.** *fig.* gefühlsduselig; **4.** schlampig.

sloe [sləʊ] *s.* ♀ **1.** Schlehe *f*; **2.** *a.* **~ *bush***, **~ *tree*** Schleh-, Schwarzdorn *m*; **'~·worm** → ***slowworm***.

slog [slɒg] F **I** *v/t.* **1.** hart schlagen; **2.** (ver)prügeln; **II** *v/i.* **3. ~ *on***, **~ *away*** a) sich da'hinschleppen, b) sich ‚'durchbeißen'; **4.** *a.* **~ *away*** sich plagen, schuften; **III** *s.* **5.** harter Schlag; **6.** *fig.* Schinde'rei *f*: ***a long ~*** e-e ‚Durststrecke'.

slo·gan ['sləʊgən] *s.* **1.** *Scot.* Schlachtruf *m*; **2.** Slogan *m*: a) Schlagwort *n*, b) ✝ Werbespruch *m*.

slog·ger ['slɒgə] *s.* **1.** *sport* harter Schläger; **2.** *fig.* ‚Arbeitstier' *n*.

sloop [slu:p] *s.* ⚓ Scha'luppe *f*.

slop¹ [slɒp] **I** *s.* **1.** Pfütze *f*; **2.** *pl.* a) Spülwasser *n*, b) Schmutzwasser *n*; **3.** Schweinetrank *m*; **4.** *pl.* a) Krankensüppchen *n*, b) ‚labberiges Zeug', ‚Spülwasser' *n*; **5.** F rührseliges Zeug; **II** *v/t.* **6.** (ver)schütten; **7.** *a.* **~ *up*** geräuschvoll essen *od.* trinken; **III** *v/i.* **8. ~ *over*** 'überschwappen; **9. ~ *over*** F kindisch schwärmen; **10.** patschen, waten; **11.** *a.* **~ *around*** ‚her'umhängen, -schlurfen'.

slop² [slɒp] *s.* **1.** Kittel *m*, lose Jacke; **2.** *pl.* (billige) Konfekti'onskleider *pl.*; **3.** ⚓ ‚Kla'motten' *pl.* (*Kleidung u. Bettzeug*).

slop ba·sin *s.* Schale *f* für Tee- *od.* Kaffeereste.

slope [sləʊp] **I** *s.* **1.** (Ab)Hang *m*; **2.** Böschung *f*; **3.** a) Neigung *f*, Gefälle *n*, b) Schräge *f*, geneigte Ebene: ***on the ~*** schräg, abfallend; **4.** *geol.* Senke *f*; **5.** ***at the ~*** ⚔ mit Gewehr über; **II** *v/i.* **6.** sich neigen; (schräg) abfallen; **III** *v/t.* **7.** neigen, senken; **8.** abschrägen (*a.* ⚙); **9.** schräg legen; **10.** (ab)böschen; **11.** ⚔ *Gewehr* 'übernehmen; **12.** F a) *a.* **~ *off*** ‚abhauen', b) **~ *around*** her'umschlendern; **'slop·ing** [-pɪŋ] *adj.* □ schräg, abfallend; ansteigend.

'slop-pail *s.* Toi'letteneimer *m*.

slop·pi·ness ['slɒpɪnɪs] *s.* **1.** Matschigkeit *f*; **2.** Matsch *m*; **3.** Schlampigkeit *f*; **4.** F Rührseligkeit *f*; **slop·py** ['slɒpɪ] *adj.* □ **1.** matschig (*Boden etc.*); **2.** naß, bespritzt (*Tisch etc.*); **3.** *fig.* labberig (*Speisen*); **4.** schlampig, nachlässig (*Arbeit etc.*), sa'lopp (*Sprache*); **5.** rührselig.

'slop·shop *s. Laden mit billiger Konfektionsware.*

slosh [slɒʃ] **I** *s.* **1.** → ***slush*** 1 *u.* 2; **II** *v/i.* **2.** im (Schmutz)Wasser her'umpatschen; **3.** schwappen; **III** *v/t.* **4.** bespritzen: **~ *on Farbe etc.*** a) draufklatschen, b) klatschen auf (*acc.*); **5.** *Bier im Glas etc.* schwenken; **6.** *a.* **~ *down*** F *Bier etc.* ‚hin'unterschütten'; **'sloshed** [-ʃt] *adj. sl.* ‚besoffen'.

slot¹ [slɒt] **I** *s.* **1.** Schlitz(einwurf) *m*; Spalte *f*; **2.** ⚙ Nut *f*: **~ *and key*** Nut u. Feder (*Metall*); **3.** F (freie) Stelle, Platz *m*: ***find a ~ for*** (***in***) → 5; **II** *v/t.* **4.** ⚙ nuten, schlitzen: **~*ting-machine*** Nutenstoßmaschine *f*; **5.** F *j-n od. et.* 'unterbringen (***into*** in *dat.*); **III** *v/i.* **6. ~ *into*** F *a. fig.* (hin'ein)passen in (*acc.*).

slot² [slɒt] *s. hunt.* Spur *f*.

sloth [sləʊθ] *s.* **1.** Faulheit *f*; **2.** *zo.* Faultier *n*; **'sloth·ful** [-fʊl] *adj.* □ faul, träge.

slot ma·chine *s.* ('Waren-, 'Spiel)Auto,mat *m*.

slouch [slaʊtʃ] **I** *s.* **1.** krumme, nachlässige Haltung; **2.** latschiger Gang; **3.** a) her'abhängende Hutkrempe, b) → ***slouch hat***; **4.** F ‚Flasche' *f*, ‚Niete' *f* (*Nichtskönner*): ***he is no ~*** ‚er ist auf Draht'; ***the show is no ~*** das Stück ist nicht ohne; **II** *v/i.* **5.** krumm dasitzen *od.* -stehen; **6.** *a.* **~ *along*** latschen, latschig gehen; **7.** her'abhängen (*Krempe*); **III** *v/t.* **8.** *Schultern* hängen lassen; **9.** *Krempe* her'unterbiegen; **slouch hat** *s.* Schlapphut *m*; **'slouch·ing** [-tʃɪŋ] *adj.* □, **'slouch·y** [-tʃɪ] *adj.* **1.** krumm (*Haltung*); latschig (*Gang*, *Haltung*, *Person*); **2.** her'abhängend (*Krempe*); **3.** lax, faul.

slough¹ [slaʊ] *s.* **1.** Sumpf-, Schmutzloch *n*; **2.** Mo'rast *m* (*a. fig.*): ***♀ of Despond*** Sumpf *m* der Verzweiflung.

slough² [slʌf] **I** *s.* **1.** abgestreifte Haut (*bsd. Schlange*); **2.** ⚕ Schorf *m*; **II** *v/i.* **3.** *oft* **~ *away*** (*od.* ***off***) sich häuten; **4.** sich ablösen (*Schorf etc.*); **III** *v/t.* **5.** *a.* **~ *off*** *Haut etc.* abstreifen, -werfen; *fig. Gewohnheit etc.* ablegen; **'slough·y** [-fɪ] *adj.* ⚕ schorfig.

slov·en ['slʌvn] *s.* a) Schlamper *m*, b) Schlampe *f*; **'slov·en·ly** [-lɪ] *adj. u. adv.* schlampig, schlud(e)rig.

slow [sləʊ] **I** *adj.* □ **1.** *allg.* langsam: **~ *and sure*** langsam, aber sicher; **~ *train*** 🚂 Personenzug *m*; ***be ~ in arriving*** lange ausbleiben, auf sich warten lassen; ***be ~ to write*** sich mit dem Schreiben Zeit lassen; ***be ~ to take offence*** nicht leicht et. übelnehmen; ***not to be ~ to do s.th.*** et. prompt tun, nicht lange mit et. fackeln; ***the clock is 20 minutes ~*** die Uhr geht 20 Minuten nach; **2.** all'mählich, langsam: **~ *growth***; **3.** säumig (*a. Zahler*); unpünktlich; **4.** schwach (*Feuer*); **5.** schleichend (*Fieber*, *Gift*); **6.** ✝ schleppend, schlecht (*Geschäft*); **7.** schwerfällig, schwer von Begriff, begriffsstutzig: ***be ~ in learning s.th.*** et. nur schwer lernen; ***be ~ of speech*** e-e schwere Zunge haben; **8.** langweilig, fad(e), ‚müde'; **9.** langsam (*Rennbahn*); schwer (*Boden*); **10.** *mot.* Leerlauf…; **II** *adv.* **11.** langsam: ***go ~*** *fig.* a) ‚langsam treten', b) ✝ e-n Bummelstreik machen; **III** *v/t.* **12.** *mst* **~ *down*** (*od.* ***off***, ***up***) a) *Geschwindigkeit* verlangsamen, verringern, b) *et.* verzögern; **IV** *v/i.* **13. ~ *down*** *od.* ***up*** sich verlangsamen, langsamer werden, *fig.* ‚langsamer tun'; **'~-,burn·ing stove** *s.* Dauerbrandofen *m*; **'~·coach** *s. contp.* ‚Schlafmütze' *f*; **'~·down** *s.* **1.** Verlangsamung *f*; **2.** *Am.* Bummelstreik *m*; **~ lane** *s. mot.* Kriechspur *f*; **~ march** *s.* ♪ Trauermarsch *m*; **~ match** *s.* ⚔ Zündschnur *f*, Lunte *f*; **~ mo·tion** *s.* Zeitlupentempo *n*; **,~-'mo·tion** *adj.* Zeitlupen…: **~ *picture*** Zeitlupe(naufnahme) *f*.

slow·ness ['sləʊnɪs] *s.* **1.** Langsamkeit *f*; **2.** Schwerfälligkeit *f*, Begriffsstutzigkeit *f*; **3.** Langweiligkeit *f*, ‚Lahmheit' *f*.

'slow|·poke *Am.* F Langweiler *m*; **,~-'speed** *adj.* ⚙ langsam(laufend); **~ train** *s.* Bummel-, Per'sonenzug *m*; **,~-'wit·ted** → ***slow*** 7; **'~·worm** *s. zo.* Blindschleiche *f*.

sloyd [slɔɪd] *s. ped.* 'Werk,unterricht *m* (*bsd. Schnitzen*).

sludge [slʌdʒ] *s.* **1.** Schlamm *m*, (*a.* Schnee)Matsch *m*; **2.** ⚙ Schlamm *m*, Bodensatz *m*; **3.** Klärschlamm *m*; **4.** Treibeis *n*; **'sludg·y** [-dʒɪ] *adj.* schlammig, matschig.

slue [slu:] → ***slew³*** *u.* ***slew⁴***.

slug¹ [slʌg] **I** *s. zo.* **1.** (Weg)Schnecke *f*; **2.** F Faulpelz *m*; **II** *v/i.* **3.** faulenzen.

slug² [slʌg] *s.* **1.** Stück *n* 'Rohme,tall; **2.** a) *hist.* Mus'ketenkugel *f*, b) grobes Schrot, c) (Luftgewehr-, *Am.* Pi'stolen-) Kugel *f*; **3.** *Am.* a) falsche Münze, b) Gläs-chen *n Schnaps etc.*; **4.** *typ.* a) Re'glette *f*, b) 'Setzma,schinenzeile *f*, c) Zeilenguß *m*; **5.** *phys.* Masseneinheit *f*.

slug³ [slʌg] **I** *bsd. Am.* harter Schlag; **II** *v/t.* *j-m* ‚ein Ding verpassen'.

slug·a·bed ['slʌgəbed] *s.* Langschläfer(in).

slug·gard ['slʌgəd] **I** *s.* Faulpelz *m*; **II** *adj.* □ faul.

slug·ger ['slʌgə] *s. Am.* F *Baseball*, *Boxen*: harter Schläger.

slug·gish ['slʌgɪʃ] *adj.* □ **1.** träge (*a.* ⚕ *Organ*), langsam, schwerfällig; **2.** ✝ *etc.* schleppend; **3.** träge fließend (*Fluß etc.*); **'slug·gish·ness** [-nɪs] *s.* Trägheit *f*, Langsamkeit *f*, Schwerfälligkeit *f*.

sluice [slu:s] **I** *s.* ⚙ **1.** Schleuse *f* (*a. fig.*); **2.** Stauwasser *n*; **3.** 'Schleusenka,nal *m*; **4.** *min.* (Erz-, Gold)Waschrinne *f*; **II** *v/t.* **5.** *Wasser* ablassen; **6.** *min. Erz etc.* waschen; **7.** (aus)spülen; **III** *v/i.* **8.** (aus)strömen; **~ gate** *s.* Schleusentor *n*; **'~·way** → ***sluice*** 3.

slum [slʌm] **I** *s.* **1.** schmutzige Gasse; **2.** *mst pl.* Slums *pl.*, Elendsviertel *n*; **II** *v/i.*

3. *mst* ***go ~ming*** die Slums aufsuchen (*bsd. aus Neugierde*); **4.** in primi'tiven Verhältnissen leben; **III** *v/t.* **5.** ***~ it*** → 4.

slum·ber ['slʌmbə] **I** *v/i.* **1.** *bsd. poet.* schlummern (*a. fig.*); **2.** da'hindösen; **II** *v/t.* **3.** ***~ away*** *Zeit* verschlafen; **III** *s. mst pl.* **4.** (*fig.* tiefer) Schlummer; **'slum·ber·ous** [-bərəs] *adj.* □ **1.** schläfrig; **2.** einschläfernd.

slump [slʌmp] **I** *v/i.* **1.** (hin'ein)plumpsen; **2.** *mst* ***~ down*** (in sich) zs.-sacken (*Person*); **3.** ✝ stürzen (*Preise*); **4.** völlig versagen; **II** *s.* **5.** ✝ a) (Börsen-, Preis)Sturz *m*, Baisse *f*, b) starker Konjunk'turrückgang, Wirtschaftskrise *f*; **6.** *allg.* plötzlicher Rückgang.

slung [slʌŋ] *pret. u. p.p. von* ***sling.***

slung shot *s. Am.* Schleudergeschoß *n*.

slunk [slʌŋk] *pret. u. p.p. von* ***slink.***

slur[1] [slɜ:] **I** *v/t.* **1.** verunglimpfen, verleumden; **II** *s.* **2.** Makel *m* (Schand-)Fleck *m*: ***put*** *od.* ***cast a ~ (up)on*** a) → 1, b) *j-s Ruf etc.* schädigen; **3.** Verunglimpfung *f*.

slur[2] [slɜ:] **I** *v/t.* **1.** a) undeutlich schreiben, b) *typ.* schmitzen, verwischen; **2.** undeutlich aussprechen; *Silbe etc.* verschleifen, -schlucken; **3.** ♪ a) *Töne* binden, b) *Noten* mit Bindebogen bezeichnen; **4.** *oft* ***~ over*** (leicht) über *ein Thema* hin'weggehen; **II** *v/i.* **5.** undeutlich schreiben *od.* sprechen; **6.** ♪ le'gato singen *od.* spielen; **III** *s.* **7.** Undeutlichkeit *f*, ‚Genuschel' *n*; **8.** ♪ a) Bindung *f*, b) Bindebogen *m*; **9.** *typ.* Schmitz *m*.

slurp [slɜ:p] *v/t. u. v/i.* schlürfen.

slush [slʌʃ] **I** *s.* **1.** Schneematsch *m*; **2.** Schlamm *m*, Matsch *m*; **3.** ⚙ Schmiere *f*, Rostschutzmittel *n*; **4.** ⚙ Pa'pierbrei *m*; **5.** *fig.* Gefühlsduse'lei *f*; **6.** *fig.* Kitsch *m*, Schund *m*; **II** *v/t.* **7.** bespritzen; **8.** ⚙ schmieren; **III** *v/i.* **9.** → ***slosh*** 2 *u.* 3; **slush fund** *s. pol. Am.* Schmiergelderfonds *m*; **'slush·y** [-ʃɪ] *adj.* **1.** matschig, schlammig; **2.** rührselig, kitschig.

slut [slʌt] *s.* **1.** Schlampe *f*; **2.** Hure *f*, ‚Nutte' *f*; **3.** *humor.* ‚kleines Luder' (*Mädchen*); **4.** *Am.* Hündin *f*; **'slut·tish** [-tɪʃ] *adj.* □ schlampig, liederlich.

sly [slaɪ] *adj.* □ **1.** schlau, verschlagen, listig; **2.** verstohlen, heimlich, 'hinterhältig: ***a ~ dog*** ein ganz Schlauer; ***on the ~*** ‚klammheimlich'; **3.** durch'trieben, pfiffig; **'sly·boots** *s. humor.* Pfiffikus *m*, Schlauberger *m*; **'sly·ness** [-nɪs] *s.* Schlauheit *f etc.*

smack[1] [smæk] **I** *s.* **1.** (Bei)Geschmack *m* (***of*** von); **2.** Prise *f Salz etc.*; **3.** *fig.* Beigeschmack *m*, Anflug *m* (***of*** von); **II** *v/i.* **4.** schmecken (***of*** nach); **5.** *fig.* schmecken *od.* riechen (***of*** nach).

smack[2] [smæk] **I** *s.* **1.** Klatsch *m*, Klaps *m*: ***a ~ in the eye*** *fig.* a) ein Schlag ins Gesicht, b) ein Schlag ins Kontor; **2.** Schmatzen *n*; **3.** (*Peitschen- etc.*)Knall *m*; **4.** Schmatz *m* (*Kuß*); **II** *v/t.* **5.** *et.* schmatzend genießen; **6.** ***~ one's lips*** a) (mit den Lippen) schmatzen, b) sich die Lippen lecken; **7.** *Hände etc.* zs.-schlagen; **8.** mit *der Peitsche* knallen; **9.** *j-m* e-n Klaps geben; **10.** *et.* hinklatschen; **III** *v/i.* **11.** schmatzen; **12.** knallen (*Peitsche etc.*); **13.** (hin)klatschen (***on*** auf *acc.*); **IV** *adv. u. int.* **14.** F a) klatsch(!), platsch(!), b) ‚zack', di'rekt: ***run ~ into s.th.***

smack[3] [smæk] *s.* ⚓ Schmack(e) *f*.

smack·er ['smækə] *s.* **1.** F Schmatz *m* (*Kuß*); **2.** *sl.* a) *Brit.* Pfund *n*, b) *Am.* Dollar *m*; **'smack·ing** [-kɪŋ] *s.* Tracht *f* Prügel.

small [smɔ:l] **I** *adj.* **1.** *allg.* klein; **2.** klein, schmächtig; **3.** klein, gering (*Anzahl, Ausdehnung, Grad etc.*): ***they came in ~ numbers*** es kamen nur wenige; **4.** klein, armselig, dürftig; **5.** wenig: ***~ blame to him*** das macht ihm kaum Schande; ***~ wonder*** kein Wunder; ***have ~ cause for*** kaum Anlaß zu *Dankbarkeit etc.* haben; **6.** klein, mit wenig Besitz: ***~ farmer*** Kleinbauer *m*; **7.** klein, (sozi'al) niedrig: ***~ people*** kleine Leute; **8.** klein, unbedeutend: ***a ~ man***; ***a ~ poet***; **9.** trivi'al, klein: ***the ~ worries*** die kleinen Sorgen: ***a ~ matter*** e-e Kleinigkeit; **10.** klein, bescheiden: ***a ~ beginning***; ***in a ~ way*** a) bescheiden *leben etc.*, b) im Kleinen handeln *etc.*; **11.** *contp.* kleinlich; **12.** *b.s.* niedrig (*Gesinnung etc.*): ***feel ~*** sich schämen; ***make s.o. feel ~*** j-n beschämen; **13.** dünn (*Bier*); **14.** schwach (*Stimme, Puls*); **II** *s.* **15.** schmal(st)er *od.* verjüngter Teil: ***~ of the back*** *anat.* das Kreuz; **16.** *pl. Brit.* F 'Unterwäsche *f*, Taschentücher *pl. etc.*; ***~ arms*** *s. pl.* ⚔ Hand(feuer)waffen *pl.*; ***~ beer*** *s.* **1.** *obs.* Dünnbier *n*; **2.** *bsd. Brit.* F a) Lap'palie *f*, b) ‚Null' *f*, unbedeutende Per'son: ***think no ~ of o.s.*** F e-e hohe Meinung von sich haben; ***~ cap·i·tals*** *s. pl. typ.* Kapi'tälchen *pl.*; ***~ change*** *s.* **1.** Kleingeld *n*; **2.** → ***small beer*** 2; **'~·clothes** *s.* **1.** *pl. hist.* Kniehosen *pl.*; **2.** 'Unterwäsche *f*; **3.** Kinderkleidung *f*; ***~ coal*** *s.* Feinkohle *f*, Grus *m*; ***~ fry*** *s.* **1.** junge, kleine Fische *pl.*; **2.** ‚junges Gemüse', *die* Kleinen *pl.*; **3.** → ***small beer*** 2; **'~ˌhold·er** *s. Brit.* Kleinbauer *m*; **'~ˌhold·ing** *s. Brit.* Kleinlandbesitz *m*; ***~ hours*** *s. pl. die* frühen Morgenstunden *pl.*

small·ish ['smɔ:lɪʃ] *adj.* ziemlich klein.

small| let·ter *s.* Kleinbuchstabe *m*; **ˌ~-'mind·ed** *adj.* engstirnig, kleinlich, ‚kleinkariert'.

small·ness ['smɔ:lnɪs] *s.* **1.** Kleinheit *f*; **2.** geringe Anzahl; **3.** Geringfügigkeit *f*; **4.** Kleinlichkeit *f*; **5.** niedrige Gesinnung.

small| pi·ca *s. typ.* kleine Cicero (-schrift); **'~·pox** [-pɒks] *s.* ⚕ Pocken *pl.*, Blattern *pl.*; ***~ print*** *s. das* Kleingedruckte *e-s Vertrags*; ***~ shot*** *s.* Schrot *m, n*; **'~·sword** *s. fenc.* Flo'rett *n*; ***~ talk*** *s.* oberflächliche Konversati'on, Geplauder *n*: ***he has no ~*** er kann nicht (unverbindlich) plaudern; **'~·time** *adj. Am. sl.* unbedeutend, klein, ‚Schmalspur…'; **'~·ware** *s.* Kurzwaren *pl.*

smalt [smɔ:lt] *s.* **1.** ⚒ S(ch)malte *f*, Kobaltblau *n*; **2.** Kobaltglas *n*.

smar·agd ['smærægd] *s. min.* Sma'ragd *m*.

smarm-ball ['smɑ:m-] *s.* F Schleimer *m*.

smarm·y ['smɑ:mɪ] *adj.* □ *Brit.* F **1.** ölig; **2.** kriecherisch; **3.** kitschig.

smart [smɑ:t] **I** *adj.* □ **1.** klug, gescheit, intelli'gent, pa'tent; **2.** geschickt, gewandt; **3.** geschäftstüchtig; **4.** *b.s.* gerissen, raffiniert; **5.** witzig, geistreich; **6.** *contp.* ‚superklug', ‚klugscheißerisch'; **7.** flink, fix; **8.** schmuck, gepflegt; **9.** a) ele'gant, fesch, schick, b) modisch (*Person, Kleidung, Wort etc.*): ***the ~ set*** die elegante Welt, die ‚Schikkeria'; **10.** forsch, schneidig: ***~ pace***; ***salute ~ly*** zackig grüßen; **11.** hart, empfindlich (*Schlag, Strafe*); **12.** scharf (*Schmerz, Kritik etc.*); **13.** F beträchtlich; **II** *v/i.* **14.** schmerzen, brennen; **15.** leiden (***from, under*** unter *dat.*): ***he ~ed under the insult*** die Kränkung nagte an s-m Herzen; **III** *s.* **16.** Schmerz *m*; **smart al·eck** ['ælɪk] *s.* F ‚Klugscheißer' *m*; **'smart-ˌal·eck·y** [-kɪ] → ***smart*** 6; **'smart·en** [-tn] **I** *v/t.* **1.** *a.* ***~ up*** her'ausputzen; **2.** *fig. j-n* ‚auf Zack' bringen; **II** *v/i.* *mst* ***~ up*** **3.** sich schönmachen, sich ‚in Schale werfen'; **4.** *fig.* aufwachen; **'smart-ˌmon·ey** *s.* Schmerzensgeld *n*; **'smart·ness** [-nɪs] *s.* **1.** Klugheit *f*, Gescheitheit *f*; **2.** Gewandtheit *f*; **3.** *b.s.* Gerissenheit *f*; **4.** flotte Ele'ganz, Schick *m*; **5.** Forschheit *f*; **6.** Schärfe *f*, Heftigkeit *f*; **'smart·y** [-tɪ] → ***smart aleck.***

smash [smæʃ] **I** *v/t.* **1.** *oft* ***~ up*** zertrümmern, -schmettern, -schlagen: ***~ in*** einschlagen; **2.** *j-n* (zs.-)schlagen; *Feind* vernichtend schlagen; *fig.* *Argument* restlos wider'legen, *Gegner* ‚fertigmachen'; **3.** *j-n* (finanzi'ell) ruinieren; **4.** *Faust, Stein etc. wohin* schmettern; **5.** *Tennis*: *Ball* schmettern; **II** *v/i.* **6.** zersplittern, in Stücke springen; **7.** krachen, knallen (***against*** gegen, ***through*** durch); **8.** zs.-stoßen, -krachen (*Autos etc.*); ✈ Bruch machen; **9.** a) *oft* ***~ up*** ‚zs.-krachen', bank'rott gehen, b) zu'schanden werden, c) (gesundheitlich) ka'puttgehen; **III** *adv.* (*a. int.*) **10.** krachend, krach(!); **IV** *s.* **11.** Zerkrachen *n*; **12.** Krach *m*; **13.** (*a.* finanzi'eller) Zs.-bruch, Ru'in *m*: ***go ~*** a) völlig zs.-brechen, ‚kaputtgehen', b) → 9; **14.** F voller Erfolg; **15.** *Tennis*: Schmetterball *m*; **16.** *kaltes Branntwein-Mischgetränk*; **ˌsmash-and-'grab raid** [-ʃn'g-] *s.* Schaufenstereinbruch *m*; **smashed** [-ʃt] *adj. sl.* **1.** ‚blau', besoffen; **2.** ‚high' (*unter Drogeneinfluß*); **'smash·er** [-ʃə] *s. sl.* **1.** schwerer Schlag (*a. fig.*); **2.** vernichtendes Argu'ment; **3.** ‚Wucht' *f*: a) ‚tolle Sache', b) ‚tolle Person': ***a ~ (of a girl)*** ein tolles Mädchen; **smash hit** *s.* F Schlager *m*, Bombenerfolg *m*; **'smash·ing** [-ʃɪŋ] *adj.* **1.** F ‚toll', sagenhaft; **2.** vernichtend (*Schlag, Niederlage*); **'smash-up** *s.* **1.** völliger Zs.-bruch; **2.** Bank'rott *m*; **3.** *mot. etc.* Zs.-stoß *m*; **4.** ✈ Bruch(landung *f*) *m*.

smat·ter·er ['smætərə] *s.* Stümper *m*, Halbwisser *m*; Dilet'tant *m*; **'smat·ter·ing** [-tərɪŋ] *s.* oberflächliche Kenntnis: ***he has a ~ of French*** er kann ein bißchen Französisch.

smear [smɪə] **I** *v/t.* **1.** *Fett etc.* schmieren (***on*** auf *acc.*); **2.** *et.* beschmieren, bestreichen (***with*** mit); **3.** (ein)schmieren; **4.** *Schrift* verschmieren; **5.** beschmieren, besudeln; **6.** *fig.* a) *j-s Ruf etc.* besudeln, b) *j-n* verleumden, ‚durch den Dreck ziehen'; **7.** *sport Am.* F ‚über'fahren'; **II** *v/i.* **8.** schmieren; **9.** sich verwischen; **III** *s.* **10.** Schmiere *f*; **11.** (Fett-, Schmutz)Fleck *m*; **12.** *fig.* Besudelung *f*; **13.** ⚕ Abstrich *m*; ***~ cam·paign*** *s. pol.* Ver'leumdungskam-

ˌpagne *f*; '~·**case** *s. Am.* Quark *m*; ~ **sheet** *s.* Skan'dalblatt *n*; ~ **test** *s.* ⚕ Abstrich *m*.

smear·y ['smɪərɪ] *adj.* □ **1.** schmierig; **2.** verschmiert.

smell [smel] **I** *v/t.* [*irr.*] **1.** *et.* riechen; **2.** *et.* beriechen, riechen an (*dat.*); **3.** *fig. Verrat etc.* wittern; → ***rat*** 1; **4.** *fig.* sich *et.* genauer besehen; **5.** ~ ***out*** *hunt.* aufspüren (*a. fig. entdecken, ausschnüffeln*); **II** *v/i.* [*irr.*] **6.** riechen (***at*** an *dat.*): ~ ***about*** (*od.* ***round***) *fig.* herumschnüffeln; **7.** *gut etc.* riechen: ***his breath*** ~***s*** er riecht aus dem Mund; **8.** ~ ***of*** riechen nach (*a. fig.*); **III** *s.* **9.** Geruch(ssinn) *m*; **10.** Geruch *m*: a) Duft *m*, b) Gestank *m*; **11.** *fig.* Anflug *m*, -strich *m* (***of*** von); **12.** ***take a*** ~ ***at s.th.*** et. beriechen (*a. fig.*); '**smell·er** [-lə] *s. sl.* **1.** ‚Riechkolben' *m* (*Nase*); **2.** Schlag *m* auf die Nase; Sturz *m*; '**smell·y** [-lɪ] *adj.* F übelriechend, muffig: ~ ***feet*** Schweißfüße.

smelt[1] [smelt] *pl.* **smelts** *coll. a.* **smelt** *s. ichth.* Stint *m*.

smelt[2] [smelt] *v/t.* **1.** *Erz* (ein)schmelzen, verhütten; **2.** *Kupfer etc.* ausschmelzen.

smelt[3] [smelt] *pret. u. p.p. von* ***smell***.

smelt·er ['smeltə] *s.* Schmelzer *m*; '**smelt·er·y** [-ərɪ] *s.* Schmelzhütte *f*; '**smelt·ing** [-tɪŋ] *s.* ⚙ Verhüttung *f*: ~ ***furnace*** Schmelzofen *m*.

smile [smaɪl] **I** *v/i.* **1.** lächeln (*a. fig. Sonne etc.*): ~ ***at*** a) *j-m* zulächeln, b) *et.* belächeln, lächeln über (*acc.*); ***come up smiling*** *fig.* die Sache leicht überstehen; **2.** ~ (***up***)***on*** *fig. j-m* lächeln, hold sein: ***fortune*** ~***d on him***; **II** *v/t.* **3.** ~ ***away*** *Tränen etc.* hin'weglächeln; **4.** ~ ***approval*** (***consent***) beifällig (zustimmend) lächeln; **III** *s.* **5.** Lächeln *n*: ***be all*** ~***s*** (über das ganze Gesicht) strahlen; **6.** *mst pl.* Gunst *f*; '**smil·ing** [-lɪŋ] *adj.* □ **1.** lächelnd (*a. fig. heiter*); **2.** *fig.* huldvoll.

smirch [smɜːtʃ] **I** *v/t.* besudeln (*a. fig.*); **II** *s.* Schmutzfleck *m*; *fig.* Schandfleck *m*.

smirk [smɜːk] **I** *v/i.* affektiert *od.* blöd lächeln, grinsen; **II** *s.* einfältiges Lächeln, Grinsen *n*.

smite [smaɪt] [*irr.*] **I** *v/t.* **1.** *bibl., rhet., a. humor.* schlagen (*a. erschlagen, heimsuchen*): ***smitten with the plague*** von der Pest befallen; **2.** *j-n* quälen, peinigen (*Gewissen*); **3.** *fig.* packen: ***smitten with*** von *Begierde etc.* gepackt; **4.** *fig.* hinreißen: ***he was smitten with*** (*od.* ***by***) ***her charms*** er war hingerissen von ihrem Charme; ***be smitten by*** (sinnlos) verliebt sein in (*acc.*); **II** *v/i.* **5.** ~ ***upon*** *bsd. fig.* an *das Ohr etc.* schlagen.

smith [smɪθ] *s.* Schmied *m*.

smith·er·eens [ˌsmɪðə'riːnz] *s. pl.* F Fetzen *pl.*, Splitter *pl.*: ***smash to*** ~ in (tausend) Stücke schlagen.

smith·er·y ['smɪðərɪ] *s.* **1.** Schmiedearbeit *f*; **2.** Schmiedekunst *f*.

smith·y ['smɪðɪ] *s.* Schmiede *f*.

smit·ten ['smɪtn] **I** *p.p. von* ***smite***; **II** *adj.* **1.** betroffen, befallen; **2.** (***by***) hingerissen (von), ‚verknallt', verliebt (in *acc.*); → ***smite*** 4.

smock [smɒk] **I** *s.* **1.** (Arbeits)Kittel *m*: ~ ***frock*** *Art* Fuhrmannskittel *m*; **2.** Kinderkittel *m*; **II** *v/t.* **3.** *Bluse etc.* smoken, mit Smokarbeit verzieren; '**smock·ing** [-kɪŋ] *s.* Smokarbeit *f* (*Vorgang u. Verzierung*).

smog [smɒg] *s.* (*aus* ***smoke*** *u.* ***fog***) Smog *m*, Dunstglocke *f*; '~·**bound** *adj.* von Smog eingehüllt.

smok·a·ble ['sməʊkəbl] *adj.* rauchbar;

smoke [sməʊk] **I** *s.* **1.** Rauch *m* (*a.* ⚗, *phys.*): ***like*** ~ *sl.* wie der Teufel; ***no*** ~ ***without a fire*** *fig.* irgend etwas ist immer dran (*an e-m Gerücht*); **2.** Qualm *m*, Dunst *m*: ***end*** (*od.* ***go up***) ***in*** ~ *fig.* in nichts zerrinnen, zu Wasser werden; **3.** ⚔ (Tarn)Nebel *m*; **4.** Rauchen *n e-r Zigarre etc.*: ***have a*** ~ ‚eine' rauchen; **5.** F ‚Glimmstengel' *m*, Zi'garre *f*, Ziga'rette *f*; **6.** *sl.* a) ‚Hasch' *n*, b) Marihu'ana *n*; **II** *v/i.* **7.** rauchen, qualmen (*Schornstein, Ofen etc.*); **8.** dampfen (*a. Pferd*); **9.** rauchen: ***do you*** ~***?***; **III** *v/t.* **10.** *Pfeife etc.* rauchen; **11.** ~ ***out*** a) ausräuchern (*a. fig.*), b) *fig.* ans Licht bringen; **12.** *Fisch etc.* räuchern; **13.** *Glas etc.* schwärzen; ~ **ball**, ~ **bomb** *s.* Nebel-, Rauchbombe *f*; ~ **con·sum·er** *s.* Rauchverzehrer *m*; '~-**dried** *adj.* geräuchert; ~ **hel·met** *s.* Rauchmaske *f* (*Feuerwehr*).

smoke·less ['sməʊklɪs] *adj.* □ *a.* ⚔ rauchlos.

smok·er ['sməʊkə] *s.* **1.** Raucher(in): ~***'s cough*** Raucherhusten *m*; ~***'s heart*** ⚕ Nikotinherz *n*; **2.** 🚂 Raucher(abteil *n*) *m*.

smoke| **room** [rʊm] *s.* Herren-, Rauchzimmer *n*; ~ **screen** *s.* ⚔ Rauch-, Nebelvorhang *m*; *fig.* Tarnung *f*, Nebel *m*; '~·**stack** *s.* ⚓, 🚂, ⚙ Schornstein *m*.

smok·ing ['sməʊkɪŋ] **I** *s.* **1.** Rauchen *n*; **II** *adj.* **2.** Rauch…; **3.** Raucher…; ~ **car**, ~ **com·part·ment** *s.* 🚂 'Raucherabˌteil *n*.

smok·y ['sməʊkɪ] *adj.* □ **1.** qualmend; **2.** dunstig, verräuchert; **3.** rauchig (*a. Stimme*); rauchgrau.

smol·der ['sməʊldə] *Am.* → ***smoulder***.

smooch [smuːtʃ] *v/i. sl.* **1.** schmusen, knutschen; **2.** *Brit.* engum'schlungen tanzen.

smooth [smuːð] **I** *adj.* □ **1.** *allg.* glatt; **2.** glatt, ruhig (*See*): ***I am in*** ~ ***water now*** *fig.* jetzt habe ich es geschafft; **3.** ⚙ ruhig (*Gang*); *mot. a.* zügig (*Fahren, Schalten*); ✈ glatt (*Landung*); **4.** *fig.* glatt, reibungslos: ***make things*** ~ ***for*** *j-m* den Weg ebnen; **5.** fließend, geschliffen (*Rede etc.*); schwungvoll (*Melodie, Stil*); **6.** *fig.* sanft, weich (*Stimme, Ton*); **7.** glatt, gewandt (*Manieren, Person*); *b.s.* aalglatt: ***a*** ~ ***tongue*** e-e glatte Zunge; **8.** *Am. sl.* a) fesch, schick, b) ‚sauber', prima; **9.** geschmeidig, nicht klumpig (*Teig etc.*); **10.** lieblich (*Wein*); **II** *adv.* **11.** glatt, ruhig: ***things have gone*** ~ ***with me*** bei mir ging alles glatt; **III** *v/t.* **12.** glätten (*a. fig.*): ~ ***the way for*** *fig. j-m od. e-r Sache* den Weg ebnen; **13.** besänftigen; **IV** *v/i.* **14.** → ***smooth down*** 1;

Zssgn mit adv.:

smooth| **a·way** *v/t. Schwierigkeiten etc.* wegräumen, ‚ausbügeln'; ~ **down I** *v/i.* **1.** sich glätten *od.* beruhigen (*Meer etc.*) (*a. fig.*); **II** *v/t.* **2.** glattstreichen, glätten; **3.** *fig.* besänftigen; **4.** *Streit* schlichten; ~ **out** *v/t.* **1.** *Falte* ausplätten (***from*** aus); **2.** → ***smooth away***; ~ **o·ver** *v/t.* **1.** *Fehler etc.* bemänteln; **2.** *Streit* schlichten.

'**smooth**|·**bore** *adj. u. s.* (Gewehr *n*) mit glattem Lauf; '~-**faced** *adj.* **1.** a) bartlos, b) glattrasiert; **2.** *fig.* glatt, schmeichlerisch; ~ **file** *s.* ⚙ Schlichtfeile *f*.

smooth·ie ['smuːðɪ] *s.* F **1.** ‚dufter Typ'; **2.** aalglatter Bursche.

smooth·ing| **i·ron** ['smuːðɪŋ] *s.* Plätt-, Bügeleisen *n*; ~ **plane** *s.* ⚙ Schlichthobel *m*.

smooth·ness ['smuːðnɪs] *s.* **1.** Glätte *f* (*a. fig.*); **2.** Reibungslosigkeit *f* (*a. fig.*); **3.** *fig.* glatter Fluß, Ele'ganz *f e-r Rede etc.*; **4.** Glätte *f*, Gewandtheit *f*; **5.** Sanftheit *f*.

'**smooth-tongued** *adj.* glattzüngig, schmeichlerisch, aalglatt.

smote [sməʊt] *pret. von* ***smite***.

smoth·er ['smʌðə] **I** *v/t.* **1.** *j-n, a. Feuer, Rebellion, Ton* ersticken; **2.** *bsd. fig.* über'häufen (***with*** mit *Arbeit etc.*): ~ ***s.o. with kisses*** j-n abküssen; **3.** ~ ***in*** (*od.* ***with***) völlig bedecken mit, einhüllen in (*dat.*), begraben unter (*Blumen, Decken etc.*); **4.** *oft* ~ ***up*** *Gähnen, Wut etc., a. Geheimnis etc.* unter'drücken, *Skandal* vertuschen; **II** *v/i.* **5.** ersticken; **6.** *sport* F ‚über'fahren'; **III** *s.* **7.** dicker Qualm; **8.** Dampf-, Dunst-, Staubwolke *f*; **9.** (erdrückende) Masse.

smoul·der ['sməʊldə] **I** *v/i.* **1.** glimmen, schwelen (*a. fig. Feindschaft, Rebellion etc.*); **2.** glühen (*a. fig. Augen*); **II** *s.* **3.** schwelendes Feuer.

smudge [smʌdʒ] **I** *s.* **1.** Schmutzfleck *m*, Klecks *m*; **2.** qualmendes Feuer (*gegen Mücken, Frost etc.*); **II** *v/t.* **3.** beschmutzen; **4.** be-, verschmieren, 'vollklecksen; **5.** *fig. Ruf etc.* besudeln; **III** *v/i.* **6.** schmieren (*Tinte, Papier etc.*); **7.** schmutzig werden; '**smudg·y** [-dʒɪ] *adj.* □ verschmiert, schmierig, schmutzig.

smug [smʌg] *adj.* □ **1.** *obs.* schmuck; **2.** geschniegelt u. gebügelt; **3.** selbstgefällig, blasiert.

smug·gle ['smʌgl] **I** *v/t. Waren, a. weitS. Brief, j-n etc.* schmuggeln: ~ ***in*** einschmuggeln; **II** *v/i.* schmuggeln; '**smug·gler** [-lə] *s.* **1.** Schmuggler *m*; **2.** Schmuggelschiff *n*; '**smug·gling** [-lɪŋ] *s.* Schmuggel *m*.

smut [smʌt] **I** *s.* **1.** Ruß-, Schmutzflocke *f od.* -fleck *m*; **2.** *fig.* Zote(n *pl.*) *f*, Schmutz *m*, Schweine'rei(en *pl.*) *f*: ***talk*** ~ Zoten reißen, ‚schweinigeln'; **3.** ⚘ (*bsd.* Getreide)Brand *m*; **II** *v/t.* **4.** beschmutzen; **5.** ⚘ brandig machen.

smutch [smʌtʃ] **I** *v/t.* beschmutzen; **II** *s.* schwarzer Fleck.

smut·ty ['smʌtɪ] *adj.* □ **1.** schmutzig, rußig; **2.** *fig.* zotig, ob'szön: ~ ***joke*** Zote *f*; **3.** ⚘ brandig.

snack [snæk] *s.* **1.** a) Imbiß *m*, b) Happen *m*, Bissen *m*; **2.** Anteil *m*: ***go*** ~***s*** teilen; ~ **bar** *s.* Imbißstube *f*.

snaf·fle ['snæfl] **I** *s.* **1.** *a.* ~ ***bit*** Trense(ngebiß *n*) *f*; **II** *v/t.* **2.** *e-m Pferd* die Trense anlegen; **3.** mit der Trense lenken; **4.** *Brit. sl.* ‚klauen'.

sna·fu [snæ'fuː] *Am. sl.* **I** *adj.* in heillosem Durchein'ander, ‚beschissen'; **II** *s.* ‚beschissene Lage'; **III** *v/t.* ‚versauen'.

snag [snæg] **I** *s.* **1.** Aststumpf *m*; **2.** Baumstumpf *m* (*in Flüssen*); *fig.* ‚Haken‘ *m*: ***strike a ~*** auf Schwierigkeiten stoßen; **3.** a) Zahnstumpf *m*, b) *Am.* Raffzahn *m*; **II** *v/t.* **4.** *Boot* gegen e-n Stumpf fahren lassen; **5.** *Fluß* von Baumstümpfen befreien; **snagged** [-gd], **'snag·gy** [-gɪ] *adj.* **1.** ästig, knorrig; **2.** voller Baumstümpfe (*Fluß*).

snail [sneɪl] *s.* **1.** *zo.* Schnecke *f* (*a. fig. lahmer Kerl*): ***at a ~'s pace*** im Schneckentempo; **2.** → ***snail wheel***; **~ shell** *s.* Schneckenhaus *n*; **~ wheel** *s.* Schnecke(nrad *n*) *f* (*Uhr*).

snake [sneɪk] **I** *s.* **1.** Schlange *f* (*a. fig.*): ***~ in the grass*** a) verborgene Gefahr, b) (falsche) Schlange; ***see ~s*** F weiße Mäuse sehen; **2.** ✝ Währungsschlange *f*; **II** *v/i.* **3.** sich schlängeln (*a. Weg*); **snake charm·er** *s.* Schlangenbeschwörer *m*; **snake pit** *s.* **1.** Schlangengrube *f*; **2.** Irrenanstalt *f*; **3.** *fig.* Hölle *f*; **'snake·skin** *s.* **1.** Schlangenhaut *f*; **2.** Schlangenleder *n*; **snak·y** ['sneɪkɪ] *adj.* □ **1.** Schlangen…; **2.** schlangenartig, gewunden; **3.** *fig.* 'hinterhältig.

snap [snæp] **I** *s.* **1.** Schnappen *n*, Biß *m*; **2.** Knacken *n*, Knacks *m*, Klicken *n*; **3.** (*Peitschen- etc.*)Knall *m*; **4.** Reißen *n*; **5.** Schnappschloß *n*, Schnapper *m*; **6.** *phot.* Schnappschuß *m*; **7.** *etwa*: Schnipp-Schnapp *n* (*Kartenspiel*); **8.** *fig.* Schwung *m*, Schmiß *m*; **9.** kurze Zeit: ***in a ~*** im Nu; ***cold ~*** Kältewelle *f*; **10.** (knuspriges) Plätzchen; **11.** *Am.* F Kleinigkeit *f*, ‚Kinderspiel‘ *n*; **II** *adj.* **12.** Schnapp…; **13.** spontan, Schnell…: ***~ decision*** rasche Entscheidung; ***~ judgement*** (vor)schnelles Urteil; ***~ vote*** Blitzabstimmung *f*; **III** *adv. u. int.* **14.** knack(s)(!), krach(!), schnapp(!); **IV** *v/i.* **15.** schnappen (***at*** nach *a. fig. e-m Angebot etc.*), zuschnappen: ***~ at the chance*** zugreifen, die Gelegenheit beim Schopfe fassen; ***~ at s.o.*** j-n anschnauzen; **16.** *a.* ***~ to*** zuschnappen, zuknallen (*Schloß*, *Tür*); **17.** knacken, klicken; **18.** knallen (*Peitsche etc.*); **19.** (zer)springen, (-)reißen, entzweigehen: ***there something ~ped in me*** da ‚drehte ich durch‘; **20.** schnellen: ***~ to attention*** ⚔ ‚Männchen bauen‘; ***~ to it!*** F mach Tempo!; ***~ out of it!*** F komm, komm!, laß das (sein)!; **V** *v/t.* **21.** (er)schnappen; beißen: ***~ off*** abbeißen; ***~ s.o.'s head*** (*od.* ***nose***) ***off*** → ***snap up*** 4; **22.** (zu)schnappen lassen; **23.** *phot.* knipsen; **24.** zerknicken, -knacken, -brechen, -reißen: ***~ off*** abbrechen; **25.** mit *der Peitsche* knallen; mit *den Fingern* schnalzen: ***~ one's fingers at*** *fig.* auslachen, verhöhnen; **26.** *a.* ***~ out*** *Wort* her'vorstoßen, bellen; ***~ up*** *v/t.* **1.** auf-, wegschnappen; **2.** (gierig) an sich reißen, *Angebot* schnell annehmen: ***snap it up!*** F mach fix!; **3.** *Häuser etc.* aufkaufen; **4.** a) *j-n* anschnauzen, b) *j-m* das Wort abschneiden.

snap| catch *s.* ⚙ Schnapper *m*; **'~,drag·on** *s.* **1.** ⚘ Löwenmaul *n*; **2.** Ro'sinenfischen *n aus brennendem Branntwein* (*Spiel*); **~ fas·ten·er** *s.* Druckknopf *m*; **~ hook** *s.* Kara'binerhaken *m*; **~ lock** *s.* Schnappschloß *n*.

snap·pish ['snæpɪʃ] *adj.* □ **1.** bissig (*Hund, a. Person*); **2.** schnippisch.

snap·py ['snæpɪ] *adj.* □ **1.** → ***snappish***; **2.** F a) schnell, fix, b) ‚zackig‘, forsch, c) schwungvoll, schmissig, d) schick: ***make it ~!, look ~!*** mach mal fix!

snap| shot *s.* ⚔ Schnellschuß *m*; **'~·shot** *phot.* **I** *s.* Schnappschuß *m*; **II** *v/t.* e-n Schnappschuß machen von, *et.* knipsen.

snare [sneə] **I** *s.* **1.** Schlinge (*a.* ⚕), Fallstrick *m*, *fig. a.* Fußangel *f*: ***set a ~ for s.o.*** j-m e-e Falle stellen; **2.** ♪ Schnarrsaite *f*; **II** *v/t.* **3.** mit e-r Schlinge fangen; **4.** *fig.* um'stricken, fangen, *j-m* e-e Falle stellen; **5.** sich *et.* ‚angeln‘ *od.* unter den Nagel reißen; **~ drum** *s.* ♪ kleine Trommel, Schnarrtrommel *f*.

snarl[1] [snɑːl] *bsd. Am.* **I** *s.* **1.** Knoten *m*, ‚Fitz‘ *m*; **2.** *fig.* wirres Durchein'ander, Gewirr *n*, *a.* Verwicklung *f*: (***traffic***) ***~*** Verkehrschaos *n*; **II** *v/t.* **3.** *a.* ***~ up*** verwirren, durchein'anderbringen; **III** *v/i.* **4.** *a.* ***~ up*** sich verwirren; (völlig) durchein'andergeraten.

snarl[2] [snɑːl] **I** *v/i.* wütend knurren, die Zähne fletschen (*Hund, a. Person*): ***~ at j-n*** anfauchen; **II** *v/t. et.* knurren, wütend her'vorstoßen; **III** *s.* Knurren *n*, Zähnefletschen *n*.

'snarl-up *s.* F → ***snarl***[1] 2.

snatch [snætʃ] **I** *v/t.* **1.** *et.* schnappen, packen, (er)haschen, fangen: ***~ up*** aufraffen; **2.** *fig. Gelegenheit etc.* ergreifen; *et., a. Schlaf* ergattern: ***~ a hurried meal*** rasch et. zu sich nehmen; **3.** *et.* an sich reißen; *a. Kuß* rauben; **4.** ***~*** (***away***) ***from*** *j-m et., a. j-n dem Meer, dem Tod, durch den Tod* entreißen: ***he was ~ed away from us*** er wurde uns *durch e-n frühen Tod etc.* entrissen; **5.** ***~ off*** weg-, her'unterreißen; **6.** *Am. sl. Kind* rauben; **7.** *Gewichtheben*: reißen; **II** *v/i.* **8.** ***~ at*** schnappen *od.* greifen *od.* haschen nach: ***~ at the offer*** *fig.* mit beiden Händen zugreifen; **III** *s.* **9.** Schnappen *n*, schneller Griff: ***make a ~ at*** → 8; **10.** *fig.* (kurzer) Augenblick: ***~es of sleep***; **11.** *pl.* Bruchstücke *pl.*, ‚Brokken‘ *pl.*, Aufgeschnappte(s) *n*: ***~es of conversation*** Gesprächsfetzen *pl.*; ***by*** (*od.* ***in***) ***~es*** a) hastig, ruckweise, b) ab und zu; **12.** *Am.* V a) ‚Möse‘ *f*, b) ‚Nummer‘ *f* (*Koitus*); **'snatch·y** [-tʃɪ] *adj.* □ abgehackt, ruckweise, spo'radisch.

snaz·zy ['snæzɪ] *adj.* F ‚todschick‘.

sneak [sniːk] **I** *v/i.* **1.** (sich *wohin*) schleichen: ***~ about*** herumschleichen, -schnüffeln; ***~ out of*** *fig.* sich von *et.* drücken, sich aus *e-r Sache* herauswinden; **2.** *ped. Brit. sl.* ‚petzen‘: ***~ on s.o.*** j-n verpetzen; **II** *v/t.* **3.** *et.* (heimlich) *wohin* schmuggeln; **4.** *sl.* ‚sti'bitzen‘; **III** *s.* **5.** *contp.* ‚Leisetreter‘ *m*, Kriecher *m*; **6.** *Brit.* F ‚Petze‘ *f*; **~ at·tack** *s.* ⚔ Über'raschungsangriff *m*.

sneak·ers ['sniːkəz] *s. pl. bsd. Am.* leichte Turnschuhe *pl.*; **'sneak·ing** [-kɪŋ] *adj.* □ **1.** verstohlen; **2.** 'hinterlistig, gemein; **3.** *fig.* heimlich, leise (*Verdacht etc.*).

sneak| pre·view *s. Am.* F *inoffizielle erste Vorführung e-s neuen Films*; **~ thief** *s.* Einsteig- *od.* Gelegenheitsdieb *m*.

sneak·y ['sniːkɪ] → ***sneaking***.

sneer [snɪə] **I** *v/i.* **1.** höhnisch grinsen, ‚feixen‘ (***at*** über *acc.*); **2.** spötteln (***at*** über *acc.*); **II** *v/t.* **3.** *et.* höhnen(d äußern); **III** *s.* **4.** Hohnlächeln *n*; **5.** Hohn *m*, Spott *m*, höhnische Bemerkung; **'sneer·er** [-ərə] *s.* Spötter *m*, ‚Feixer‘ *m*; **'sneer·ing** [-ərɪŋ] *adj.* □ höhnisch, spöttisch, ‚feixend‘.

sneeze [sniːz] **I** *v/i.* niesen: ***not to be ~d at*** F nicht zu verachten; **II** *s.* Niesen *n*; **'~·wort** *s.* ⚘ Sumpfgarbe *f*.

snick [snɪk] **I** *v/t.* (ein)kerben; **II** *s.* Kerbe *f*.

snick·er ['snɪkə] **I** *v/i.* **1.** kichern; **2.** wiehern; **II** *v/t.* **3.** F *et.* kichern; **III** *s.* **4.** Kichern *n*; **,~'snee** [-'sniː] *s. humor.* ‚Dolch‘ *m* (*Messer*).

snide [snaɪd] *adj.* abfällig, höhnisch.

sniff [snɪf] **I** *v/i.* **1.** schniefen; **2.** schnüffeln (***at*** an *dat.*); **3.** *fig.* die Nase rümpfen (***at*** über *acc.*); **II** *v/t.* **4.** *a.* ***~ in*** (*od.* ***up***) durch die Nase einziehen; **5.** schnuppern an (*dat.*); **6.** riechen (*a. fig. wittern*); **III** *s.* **7.** Schnüffeln *n*; **8.** kurzer Atemzug; **9.** Naserümpfen *n*.

snif·fle ['snɪfl] *Am.* **I** *v/i.* **1.** schniefen; **2.** greinen, heulen; **II** *s.* **3.** Schnüffeln *n*; **4.** ***the ~s*** *pl.* F Schnupfen *m*.

sniff·y ['snɪfɪ] *adj.* □ F **1.** naserümpfend, hochnäsig, verächtlich; **2.** muffig.

snif·ter ['snɪftə] *s.* **1.** Schnäps-chen *n*, ‚Gläs-chen‘ *n*; **2.** *Am.* Kognakschwenker *m*.

snift·ing valve ['snɪftɪŋ] *s.* ⚙ 'Schnüffelven,til *n*.

snig·ger ['snɪgə] → ***snicker***.

snip [snɪp] **I** *v/t.* **1.** schnippeln, schnipseln, schneiden; **2.** *Fahrkarte* knipsen; **II** *s.* **3.** Schnitt *m*; **4.** Schnippel *m*, Schnipsel *m, n*; **5.** *sl.* a) todsichere Sache, b) günstige (Kauf)Gelegenheit: ***it's a ~!***; **6.** *Am.* F (frecher) Knirps.

snipe [snaɪp] **I** *s.* **1.** *orn.* Schnepfe *f*; **II** *v/i.* **2.** *hunt.* Schnepfen jagen *od.* schießen; **3.** ⚔ aus dem 'Hinterhalt schießen (***at*** auf *acc.*); **III** *v/t.* **4.** ⚔ abschießen, ‚wegputzen‘; **'snip·er** [-pə] *s.* **1.** ⚔ Scharf-, Heckenschütze *m*: ***~scope*** ⚔ 'Infrarotvi,sier *n*; **2.** Todesschütze *m*, Killer *m*.

snip·pet ['snɪpɪt] *s.* **1.** (Pa'pier)Schnipsel *m, n*; **2.** *pl. fig.* Bruchstücke *pl.*, ‚Brokken‘ *pl.*

snitch [snɪtʃ] *sl.* **I** *v/t.* ‚klauen‘, sti'bitzen; **II** *v/i.* ***~ on*** *j-n* ‚verpfeifen‘.

sniv·el ['snɪvl] **I** *v/i.* **1.** schniefen; **2.** greinen, plärren; **3.** wehleidig tun; **II** *v/t.* **4.** *et.* (her'aus)schluchzen; **III** *s.* **5.** Greinen *n*, Plärren *n*; **6.** wehleidiges Getue; **'sniv·el·(l)er** [-lə] *s.* ‚Heulsuse‘ *f*; **'sniv·el·(l)ing** [-lɪŋ] **I** *adj.* **1.** triefnasig; **2.** wehleidig; **II** *s.* **3.** → ***snivel*** 5 *u.* 6.

snob [snɒb] *s.* Snob *m*: ***~ appeal*** Snob-Appeal *m*; **'snob·ber·y** [-bərɪ] *s.* Sno'bismus *m*; **'snob·bish** [-bɪʃ] *adj.* □ sno'bistisch, versnobt.

snog [snɒg] *v/i.* F knutschen.

snook [snuːk] *s.*: ***cock a ~ at*** *j-m* e-e lange Nase machen, *fig. j-n* auslachen.

snook·er ['snuːkə] *s. a.* ***~ pool*** *Billard*: Snooker Pool *m*; **'snook·ered** [-əd] *adj.* F ‚to'tal erledigt‘.

snoop [snuːp] *bsd. Am.* F **I** *v/i.* **1.** *a.* ***~ around*** her'umschnüffeln; **II** *s.* **2.** Schnüffe'lei *f*; **3.** → **'snoop·er** [-pə] ‚Schnüffler‘ *m*; **'snoop·y** [-pɪ] *adj.* F schnüffelnd, neugierig.

snoot [snuːt] *s. Am.* F **1.** ‚Schnauze‘ *f* (*Nase, Gesicht*); **2.** Gri'masse *f*, ‚Schnute‘ *f*; **'snoot·y** [-tɪ] *adj. Am.* F ‚großkotzig‘, hochnäsig, patzig.

snooze [snu:z] **I** *v/i.* **1.** ein Nickerchen machen; **2.** dösen; **II** *v/t.* **3.** *~ away* Zeit vertrödeln; **III** *s.* **4.** Nickerchen *n*: *have a ~* → 1.

snore [snɔ:] **I** *v/i.* schnarchen; **II** *s.* Schnarchen *n*; **snor·er** ['snɔ:rə] *s.* Schnarcher *m*.

snor·kel ['snɔ:kl] **I** *s.* ⚓, ⚔ *etc.* Schnorchel *m*; **II** *v/i.* schnorcheln.

snort [snɔ:t] **I** *v/i.* (*a.* wütend *od.* verächtlich) schnauben; prusten; **II** *v/t. a. ~ out Worte* (wütend) schnauben; **III** *s.* Schnauben *n*; Prusten *n*; **'snort·er** [-tə] *s.* F **1.** heftiger Sturm; **2.** Mordsding *n*; **3.** Mordskerl *m*.

snot [snɒt] *s.* **1.** Rotz *m*; **2.** ‚Schwein' *n*; **'snot·ty** [-tɪ] *adj.* □ **1.** V rotzig, Rotz...; **2.** F ‚dreckig', gemein; **3.** *Am. sl.* patzig.

snout [snaʊt] *s.* **1.** *zo.* Schnauze *f* (*a.* F *fig. Nase, Gesicht*); **2.** ‚Schnauze' *f*, Vorderteil *n* (*Auto etc.*); **3.** ⚙ Schnabel *m*, Tülle *f*.

snow [snəʊ] **I** *s.* **1.** Schnee *m* (*a.* ⛷ *u. Küche*; *a. TV*); **2.** Schneefall *m*; **3.** *pl.* Schneemassen *pl.*; **4.** *sl.* ‚Snow' *m*, ‚Schnee' *m* (*Kokain, Heroin*); **II** *v/i.* **5.** schneien: *~ in* hereinschneien (*a. fig.*); *~ed in* (*od. up, under*) eingeschneit; *be ~ed under fig.* a) *mit Arbeit etc.* überhäuft sein, *von Sorgen etc.* erdrückt werden, b) *pol. Am. in e-r Wahl* vernichtend geschlagen werden; **6.** *fig.* regnen, hageln; **III** *v/t.* **7.** her'unterrieseln lassen; **'~·ball I** *s.* **1.** Schneeball *m* (*a.* ⚘): *~ fight* Schneeballschlacht *f*; **2.** *fig.* La'wine *f*: *~ system* Schneeballsystem *n*; **3.** *Getränk aus Eierlikör u. Zitronenlimonade*; **II** *v/t.* **4.** Schneebälle werfen auf; **III** *v/i.* **5.** sich mit Schneebällen bewerfen; **6.** *fig.* la'winenartig anwachsen; **'~·bank** *s.* Schneewehe *f*; **'~·bird** *s.* **1.** → *snow bunting*; **2.** *sl.* ‚Kokser' *m*, Koka'inschnupfer *m*; **'~-blind** *adj.* schneeblind; **'~·board** *s.* Snowboard *n*; **'~,board·er** *s.* Snowboardfahrer(in); **'~·bound** *adj.* eingeschneit, durch Schnee(massen) abgeschnitten; *~* **bun·ny** *s.* F ‚Skihaserl' *n*; *~* **bun·ting** *s. orn.* Schneeammer *f*; **'~·cap** *s. orn. ein* Kolibri *m*; **'~-capped** *adj.* schneebedeckt; **'~·drift** *s.* Schneewehe *f*; **'~·drop** *s.* ⚘ Schneeglöckchen *n*; **'~·fall** *s.* Schneefall *m*, -menge *f*; **'~·field** *s.* Schneefeld *n*; **'~·flake** *s.* Schneeflocke *f*; *~* **gog·gles** *s. pl.* Schneebrille *f*; *~* **line** *s.* Schneegrenze *f*; **'~·man** *s.* [*irr.*] Schneemann *m*: *Abominable* 𝔖 Schneemensch *m*, *der* Jeti; **'~·mo,bile** [-məʊ,bi:l] *s.* Motorschlitten *m*; **'~·plough**, *Am.* **'~·plow** *s.* Schneepflug *m* (*a. beim Skifahren*); **'~·shoe I** *s.* Schneeschuh *m*; **II** *v/i.* auf Schneeschuhen gehen; **'~·slide**, **'~·slip** *s.* Schneerutsch *m*; **'~·storm** *s.* Schneesturm *m*; *~* **tire** (*Brit.* **tyre**) *s. mot.* Winterreifen *m*; **,~-'white** *adj.* schneeweiß; 𝔖 **White** *npr.* Schnee'wittchen *n*.

snow·y ['snəʊɪ] *adj.* □ **1.** schneeig, Schnee...: *~ weather*; **2.** schneebedeckt, Schnee...; **3.** schneeweiß.

snub[1] [snʌb] **I** *v/t.* **1.** *j-n* brüskieren, vor den Kopf stoßen; **2.** *j-n* kurz abfertigen; **3.** *j-m* über den Mund fahren; **II** *s.* **4.** Brüskierung *f*.

snub[2] [snʌb] *adj.* stumpf: *~ nose* Stupsnase *f*; **'~-nosed** *adj.* stupsnasig.

snuff[1] [snʌf] **I** *v/t.* **1.** *a. ~ up* durch die Nase einziehen; **2.** beschnüffeln; **II** *v/i.* **3.** schnüffeln (*at* an *dat.*); **4.** (Schnupftabak) schnupfen; **III** *s.* **5.** Atemzug *m*, Einziehen *n*; **6.** Schnupftabak *m*, Prise *f*: *take ~* schnupfen; *be up to ~* F a) ‚schwer auf Draht sein', b) (toll) in Form sein; *give s.o. ~* F j-m ‚Saures geben'.

snuff[2] [snʌf] **I** *s.* **1.** Schnuppe *f e-r Kerze*; **II** *v/t.* **2.** *Kerze* putzen; **3.** *~ out* auslöschen (*a. fig.*); *fig.* ersticken, vernichten; **4.** *~ it Brit.* F ‚abkratzen' (*sterben*).

'snuff|·box *s.* Schnupftabaksdose *f*; **'~-,col·o(u)red** *adj.* gelbbraun, tabakfarben.

snuf·fle ['snʌfl] **I** *v/i.* **1.** schnüffeln, schnuppern; **2.** schniefen; **3.** näseln; **II** *v/t.* **4.** *mst ~ out et.* näseln; **III** *s.* **5.** Schnüffeln *n*; **6.** Näseln; **7.** *the ~s pl.* Schnupfen *m*.

'snuff|-,tak·er *s.* Schnupfer(in); **'~-,tak·ing** *s.* (Tabak)Schnupfen *n*.

snug [snʌg] **I** *adj.* □ **1.** gemütlich, behaglich, traulich; **2.** geborgen, gut versorgt: *as ~ as a bug in a rug* F wie die Made im Speck; **3.** angenehm; **4.** auskömmlich, ‚hübsch' (*Einkommen etc.*); **5.** kom'pakt; **6.** ordentlich; **7.** eng anliegend (*Kleid*): *~ fit* a) guter Sitz, b) ⚙ Paßsitz *m*; **8.** ⚓ schmuck, seetüchtig (*Schiff*); **9.** verborgen: *keep s.th. ~* et. geheimhalten; *lie ~* sich verborgen halten; **II** *v/i.* **10.** → *snuggle* I; **III** *v/t.* **11.** *oft ~ down* gemütlich *od.* bequem machen; **12.** *mst ~ down* ⚓ *Schiff* auf Sturm vorbereiten; **'snug·ger·y** [-gərɪ] *s.* **1.** behagliche Bude, warmes Nest (*Zimmer etc.*); **2.** kleines Nebenzimmer; **'snug·gle** [-gl] **I** *v/i.* sich schmiegen *od.* kuscheln ([*up*] *in* in *e-e Decke*, *up to* an *acc.*): *~ down* (*in bed*) sich ins Bett kuscheln; **II** *v/t.* an sich schmiegen, (lieb)'kosen.

so [səʊ] **I** *adv.* **1.** (*mst vor adj. u. adv.*) so, dermaßen: *I was ~ surprised*; *not ~ ... as* nicht so ... wie; *~ great a man* ein so großer Mann; → *far* 3, *much Redew.*; **2.** (*mst exklamatorisch*) (ja) so, 'überaus: *I am ~ glad!*; **3.** so, in dieser Weise: *and ~ on* (*od. forth*) und so weiter; *is that ~?* wirklich?; *~ as to* so daß, um zu; *~ that* so daß; *or ~* etwa, oder so; *~ saying* mit *od.* bei diesen Worten; → *if* 1; **4.** (*als Ersatz für ein Prädikativum od. e-n Satz*) a) es, das: *I hope ~* ich hoffe (es); *I have never said ~* das habe ich nie behauptet, b) auch: *you are tired, ~ am I* du bist müde, ich (bin es) auch, c) allerdings, ja: *are you tired? ~ I am* bist du müde? ja *od.* allerdings; *I am stupid! ~ you are* ich bin dumm! allerdings (das bist du); *~ what?* F na und?; **5.** so ... daß: *it was ~ hot I took my coat off*; **II** *cj.* **6.** daher, folglich, also, und so: *it was necessary ~ we did it* es war nötig, und so taten wir es (denn); *~ you came after all!* du bist also doch (noch) gekommen!

soak [səʊk] **I** *v/i.* **1.** sich vollsaugen, durch'tränkt werden: *~ing wet* tropfnaß; **2.** ('durch)sickern; **3.** *fig.* langsam *ins Bewußtsein* einsickern *od.* -dringen; **4.** *sl.* ‚saufen'; **II** *v/t.* **5.** *et.* einweichen; **6.** durch'tränken, -'nässen, -'feuchten; ⚙ *a.* imprägnieren (*in* mit); **7.** *~ o.s. in fig.* sich ganz versenken in; **8.** *~ in* einsaugen: *~ up* a) aufsaugen, b) *fig. Wissen etc.* in sich aufnehmen; **9.** *sl. et.* ‚saufen'; **10.** *sl. j-n* ‚schröpfen'; **11.** *sl. j-n* verdreschen; **III** *s.* **12.** Einweichen *n*, Durch'tränken *n*; ⚙ Imprägnieren *n*; **13.** *sl.* a) Säufer *m*, b) Saufe'rei *f*; **14.** F Regenguß *m*, ‚Dusche' *f*; **'soak·age** [-kɪdʒ] *s.* **1.** 'Durchsickern *n*; **2.** 'durchgesickerte Flüssigkeit, Sickerwasser *n*; **'soak·er** [-kə] → *soak* 14.

'so-and-so ['səʊənsəʊ] *pl.* **-sos** *s.* **1.** (Herr *etc.*) Soundso: *Mr. ~*; **2.** F ‚(blöder) Hund'.

soap [səʊp] **I** *s.* Seife *f* (*a.* ⛷): *no ~! Am.* F nichts zu machen!; **II** *v/t. a. ~ down* a) (ein-, ab)seifen, b) → *soft-soap*; **'~·box I** *s.* **1.** 'Seifenkiste *f*, -kar,ton *m*; **2.** ‚Seifenkiste' *f* (*improvisierte Rednerbühne od. Fahrzeug*); **II** *adj.* **3.** Seifenkisten...: *~ derby* Seifenkistenrennen *n*; *~ orator* Straßenredner *m*; *~* **bub·ble** *s.* Seifenblase *f* (*a. fig.*); *~* **dish** *s.* Seifenschale *f*; *~* **op·er·a** *s. Radio, TV*: ‚Seifenoper' *f* (*rührselige Serie*); **'~·stone** *s. min.* Seifen-, Speckstein *m*; **'~·suds** *s. pl.* Seifenlauge *f*, -wasser *n*; **'~·works** *s. pl. oft sg. konstr.* Seifensiede'rei *f*.

soap·y ['səʊpɪ] *adj.* □ **1.** seifig, Seifen...; **2.** *fig.* ölig, schmeichlerisch.

soar [sɔ:] *v/i.* **1.** (hoch) aufsteigen, sich erheben (*Vogel, Berge etc.*); **2.** in großer Höhe schweben; **3.** ✈ segelfliegen, segeln; **4.** *fig.* sich em'porschwingen (*Geist*): *~ing thoughts* hochfliegende Gedanken; **5.** ✝ in die Höhe schnellen (*Preise*); **soar·ing** ['sɔ:rɪŋ] **I** *adj.* □ **1.** hochfliegend (*a. fig.*); **2.** *fig.* em'porstrebend; **II** *s.* **3.** ✈ Segeln *n*.

sob [sɒb] **I** *v/i.* schluchzen; **II** *v/t. a ~ out Worte* (her'aus)schluchzen; **III** *s.* Schluchzen *n*; schluchzender Laut: *~ sister sl.* a) Briefkastenonkel *m*, -tante *f* (*Frauenzeitschrift*), b) Verfasser(in) rührseliger Romane *etc.*; *~ stuff sl.* rührseliges Zeug, Schnulze(n *pl.*) *f*.

so·ber ['səʊbə] **I** *adj.* □ **1.** nüchtern: a) nicht betrunken, b) *fig.* sachlich: *~ facts* nüchterne Tatsachen; *in ~ fact* nüchtern betrachtet, c) unauffällig, gedeckt (*Farbe etc.*); **2.** mäßig; **II** *v/t.* **3.** *oft ~ up* ernüchtern; **III** *v/i.* **4.** *oft ~ down od. up* a) (wieder) nüchtern werden, b) *fig.* vernünftig werden; **,~-'mind·ed** *adj.* besonnen, nüchtern; **'~·sides** *s.* fader Kerl, ‚Trauerkloß' *m*, Spießer *m*.

so·bri·e·ty [səʊ'braɪətɪ] *s.* **1.** Nüchternheit *f* (*a. fig.*); **2.** Mäßigkeit *f*; **3.** Ernst (-haftigkeit *f*) *m*.

so·bri·quet ['səʊbrɪkeɪ] (*Fr.*) *s.* Spitzname *m*.

soc·age ['sɒkɪdʒ] *s.* ⚖ *hist.* **1.** Lehensleistung *f* (*ohne Ritter- u. Heeresdienst*); **2.** Frongut *n*.

,so-'called [,səʊ-] *adj.* sogenannt (*a. angeblich*).

soc·cage ['sɒkɪdʒ] → *socage*.

soc·cer ['sɒkə] **I** *s. sport* Fußball *m* (*Spiel*); **II** *adj.* Fußball...: *~ team*; *~ ball* Fußball *m*.

so·cia·bil·i·ty [,səʊʃə'bɪlətɪ] *s.* Geselligkeit *f*, 'Umgänglichkeit *f*; **so·cia·ble** ['səʊʃəbl] **I** *adj.* □ **1.** gesellig (*a. zo. etc.*), 'umgänglich, freundlich; **2.** gesellig, gemütlich, ungezwungen: *~ eve-*

ning; **II** *s.* **3.** Kremser *m* (*Kutschwagen*); **4.** Zweisitzer *m* (*Dreirad etc.*); **5.** Plaudersofa *n*; **6.** *bsd. Am.* → ***social*** 7.

so·cial [ˈsəʊʃl] **I** *adj.* ☐ **1.** *zo. etc.* gesellig; **2.** gesellschaftlich, Gesellschafts…, soziˈal, Sozial…: **~ *action*** Bürgerinitiative *f*; **~ *climber*** *contp.* gesellschaftlicher ‚Aufsteiger'; **~ *contract*** *hist.* Gesellschaftsvertrag *m*; **~ *criticism*** Sozialkritik *f*; **~ *engineering*** angewandte Sozialwissenschaft; **~ *evil*** *die* Prostitution; **~ *order*** Gesellschaftsordnung *f*; **~ *rank*** gesellschaftlicher Rang, soziale Stellung; **~ *register*** Prominentenliste *f*; **~ *science*** Sozialwissenschaft *f*; **3.** soziˈal, Sozial…: **~ *insurance*** Sozialversicherung *f*; **~ *insurance contribution*** Sozialversicherungsbeitrag *m*; **~ *policy*** Sozialpolitik *f*; **~ *security*** a) soziale Sicherheit, b) Sozialversicherung *f*, c) Sozialhilfe *f*; ***be on* ~ *security*** Sozialhilfe beziehen; **~ *services*** a) Sozialeinrichtungen, b) staatliche Sozialleistungen; **~ *spending*** Sozialausgaben *pl.*; **~ *studies*** Gemeinschaftskunde *f*; **~ *work*** Sozialarbeit *f*; **~ *worker*** Sozialarbeiter(in); **4.** *pol.* Sozial…: **2 *Democrat*** Sozialdemokrat(in); **5.** gesellschaftlich, gesellig: **~ *activities*** gesellschaftliche Veranstaltungen; **6.** → ***sociable*** 1; **II** *s.* **7.** geselliges Beiˈsammensein; ˈ**so·cial·ism** [-ʃəlɪzəm] *s. pol.* Soziaˈlismus *m*; ˈ**so·cial·ist** [-ʃəlɪst] **I** *s.* Soziaˈlist(in); **II** *adj. a.* **so·cial·is·tic** [ˌsəʊʃəˈlɪstɪk] *adj.* (☐ **~*ally***) soziaˈlistisch; ˈ**so·cial·ite** [-ʃəlaɪt] *s. Am.* F Angehörige(r *m*) *f* der oberen Zehnˈtausend, Promiˈnente(r *m*) *f*.

so·cial·i·za·tion [ˌsəʊʃəlaɪˈzeɪʃn] *s.* **1.** *pol.*, ✝ Sozialisierung *f*; **2.** *sociol. ped.* Sozialisation *f*; **so·cial·ize** [ˈsəʊʃəlaɪz] **I** *v/i.* **1.** unter die Leute gehen; **2.** (***with***) a) Umgang haben *od.* zs.-sein (mit), b) sich unterhalten (mit); **II** *v/t.* **3.** *pol.*, ✝ sozialisieren, verstaatlichen, vergesellschaften; **4.** *sociol. ped.* sozialisieren.

so·ci·e·ty [səˈsaɪətɪ] *s. allg.* Gesellschaft *f*: a) Gemeinschaft *f*: ***human* ~**, b) Kulˈturkreis *m*, c) (*die* große *od.* eleˈgante) Welt: **~ *lady*** Dame *f* der großen Gesellschaft; ***not fit for good* ~** nicht salon- *od.* gesellschaftsfähig, d) (gesellschaftlicher) ˈUmgang, e) Anwesenheit *f*, f) Verein(igung *f*) *m*: **2 *of Friends*** Gesellschaft der Freunde (*die Quäker*); **2 *of Jesus*** Gesellschaft Jesu.

socio- [səʊsjəʊ] *in Zssgn* a) Sozial…, b) sozioˈlogisch: **~*biology*** Soziobiologie *f*; **~*critical*** sozialkritisch; **~*political*** sozialpolitisch; **~*psychology*** Sozialpsychologie *f*.

so·ci·og·e·ny [ˌsəʊsɪˈɒdʒənɪ] *s.* Wissenschaft *f* vom Ursprung der menschlichen Gesellschaft; **so·ci·o·gram** [ˈsəʊsjəgræm] *s.* Sozioˈgramm *n*; **so·ci·o·log·ic**, **so·ci·o·log·i·cal** [ˌsəʊsjəˈlɒdʒɪk(l)] *adj.* ☐ sozioˈlogisch; **so·ci·ol·o·gist** [ˌsəʊsɪˈɒlədʒɪst] *s.* Sozioˈloge *m*; **so·ci·ol·o·gy** [ˌsəʊsɪˈɒlədʒɪ] *s.* Sozioloˈgie *f*.

sock¹ [sɒk] *s.* **1.** Socke *f*: ***pull up one's* ~*s*** *Brit.* F ‚sich am Riemen reißen', sich anstrengen; ***put a* ~ *in it!*** *Brit. sl.* hör auf!, halt's Maul!; **2.** *Brit.* Einlegesohle *f*.

sock² [sɒk] *sl.* **I** *v/t. j-m* ‚eine knallen *od.* reinhauen': **~ *it to s.o.*** j-m ‚Bescheid stoßen', j-m ‚Saures geben'; **II** *s.* (Faust)Schlag *m*; **III** *adj. Am.* ‚toll'.

sock·et [ˈsɒkɪt] *s.* **1.** *anat.* a) (Augen-, Zahn)Höhle *f*, b) (Gelenk)Pfanne *f*; **2.** ⚙ Muffe *f*, Rohransatz *m*; **3.** ⚡ a) Steckdose *f*, b) Fassung *f*, c) Sockel *m* (*für Röhren etc.*), d) Anschluß *m*; **~ *joint*** *s.* ⚙, *anat.* Kugelgelenk *n*; **~ *wrench*** *s.* ⚙ Steckschlüssel *m*.

so·cle [ˈsɒkl] *s.* ⚠ Sockel *m*.

sod¹ [sɒd] **I** *s.* **1.** Grasnarbe *f*: ***under the* ~** unterm Rasen (*tot*); **2.** Rasenstück *n*; **II** *v/t.* **3.** mit Rasen bedecken.

sod² [sɒd] *sl.* **I** *s.* **1.** ‚Heini' *m*, Blödmann *m*; **2.** Kerl *m*: ***the poor* ~**; **II** *v/t.* **3.** **~ *it!*** ‚Mist!'

so·da [ˈsəʊdə] *s.* ⚗ **1.** Soda *f*, *n*, kohlensaures Natrium: (***bicarbonate of***) **~** → ***sodium bicarbonate***; **2.** → ***sodium hydroxide***; **3.** ˈNatriumoˌxyd *n*; **4.** Soda(wasser *n*) *f*, *n*: ***whisky and* ~**; **5.** → ***soda water*** 2; **~ *foun·tain*** *s.* **1.** Siphon *m*; **2.** *Am.* Erfrischungshalle *f*, Eisbar *f*; **~ *jerk*(·*er*)** *s. Am.* F Verkäufer *m* in e-r Erfrischungshalle *od.* Eisbar; **~ *lye*** *s.* Natronlauge *f*; **~ *pop*** *s. Am.* ‚Limo' *f*; **~ *wa·ter*** *s.* **1.** Sodawasser *n*; **2.** Selters (-wasser) *n*, Sprudel *m*.

sod·den [ˈsɒdn] *adj.* **1.** durchˈweicht, -ˈnäßt; **2.** teigig, klitschig (*Brot etc.*); **3.** *fig.* a) ‚voll', ‚besoffen', b) blöd(e) (*vom Trinken*); **4.** aufgedunsen; **5.** *sl.* a) ‚blöd', ‚doof', b) fad.

so·di·um [ˈsəʊdjəm] *s.* ⚗ Natrium *n*; **~ *bi·car·bon·ate*** *s.* ˈNatriumbikarboˌnat *n*, doppeltkohlensaures Natrium; **~ *car·bon·ate*** *s.* Soda *f*, *n*, ˈNatriumkarboˌnat *n*; **~ *chlor·ide*** *s.* ˈNatriumchloˌrid *n*, Kochsalz *n*; **~ *hy·drox·ide*** *s.* ˈNatriumhydroˌxyd *n*, Ätznatron *n*; **~ *ni·trate*** *s.* ˈNatriumniˌtrat *n*.

sod·o·my [ˈsɒdəmɪ] *s.* **1.** Sodoˈmie *f*; **2.** *allg.* ˈwidernaˌtürliche Unzucht.

so·ev·er [səʊˈevə] *adv.* (*mst in Zssgn wer etc.*) auch immer.

so·fa [ˈsəʊfə] *s.* Sofa *n*; **~ *bed*** *s.* Bettcouch *f*.

sof·fit [ˈsɒfɪt] *s.* ⚠ Laibung *f*.

soft [sɒft] **I** *adj.* ☐ **1.** *allg.* weich (*a. fig. Person, Charakter etc.*): ***as* ~ *as silk*** seidenweich; **~ *currency*** ✝ weiche Währung; **~ *prices*** ✝ nachgiebige Preise; **~ *sell*** ✝ weiche Verkaufstaktik; **2.** ⚙ weich, *bsd.* a) ungehärtet (*Eisen*), b) schmiedbar (*Metall*), c) enthärtet (*Wasser*): **~ *coal*** ⚒ Weichkohle *f*; **~ *solder*** Weichlot *n*; **3.** *fig.* weich, sanft (*Augen, Worte etc.*); → ***spot*** 5; **4.** mild, sanft (*Klima, Regen, Schlaf, Wind, a. Strafe etc.*): ***be* ~ *with*** sanft umgehen mit *j-m*; **5.** leise, sacht (*Bewegung, Geräusch, Rede*); **6.** sanft, gedämpft (*Licht, Farbe, Musik*); **7.** schwach, verschwommen: **~ *outlines***; **~ *negative*** *phot.* weiches Negativ; **8.** mild, lieblich (*Wein*); **9.** *Brit.* schwül, feucht, regnerisch; **10.** höflich, ruhig, gewinnend; **11.** zart, zärtlich, verliebt: **~ *nothings*** zärtliche Worte; → ***sex*** 2; **12.** schlaff (*Muskeln*); **13.** *fig.* verweichlicht, schlapp; **14.** angenehm, leicht, ‚gemütlich': **~ *job***; ***a* ~ *thing*** e-e ruhige Sache, e-e ‚Masche' (*einträgliches Geschäft*); **15.** *a.* **~ *in the head*** F ‚leicht bescheuert', ‚doof'; **16.** a) alkoholfrei: **~ *drinks***, b) weich: **~ *drug*** Soft drug *f*, weiche Droge; **II** *adv.* **17.** sanft, leise; **III** *s.* **18.** F Trottel *m*; ˈ**~·*ball*** *s. Am. sport Form des Baseball mit weicherem Ball u. kleinerem Feld*; ˈ**~-*boiled*** *adj.* **1.** weich(gekocht) (*Ei*); **2.** F weichherzig; ˈ**~-ˌ*cen·tred*** *adj. Brit.* mit Cremefüllung.

sof·ten [ˈsɒfn] **I** *v/t.* **1.** weich machen; ⚙ *Wasser* enthärten; **2.** *Ton, Farbe* dämpfen; **3.** *a.* **~ *up*** ⚔ a) *Gegner* zermürben, b) *Festung etc.* sturmreif schießen; **4.** *fig.* mildern; *j-n* erweichen; *j-s Herz* rühren; *contp. j-n* ‚kleinkriegen'; **5.** *fig.* verweichlichen; **II** *v/i.* **6.** weich(er) werden, sich erweichen; ˈ**sof·ten·er** [-nə] *s.* ⚙ **1.** Enthärtungsmittel *n*; **2.** Weichmacher *m* (*bei Kunststoff, Öl etc.*); ˈ**sof·ten·ing** [-nɪŋ] *s.* **1.** Erweichen *n*: **~ *of the brain*** ⚕ Gehirnerweichung *f*; **~ *point*** ⚙ Erweichungspunkt *m*; **2.** *fig.* Besänftigung *f*.

soft| goods *s. pl.* Texˈtilien *pl.*; **~ *hail*** *s.* Eisregen *m*; ˈ**~·*head*** *s.* Schwachkopf *m*; ˌ**~ˈ*heart·ed*** *adj.* weichherzig; ˌ**~ˈ*land*** *v/t. u. v/i.* weich landen.

soft·ness [ˈsɒftnɪs] *s.* **1.** Weichheit *f*; **2.** Sanftheit *f*; **3.** Milde *f*; **4.** Zartheit *f*; **5.** *contp.* Weichlichkeit *f*.

soft| ped·al *s.* ♪ (Piˈano)Peˌdal *n*; ˌ**~ˈ*ped·al*** *v/t.* **1.** (*a. v/i.*) mit dem Piˈanopeˌdal spielen; **2.** F *et.* ‚herˈunterspielen'; **~ *sci·ence*** *s. Ggs. exakte Wissenschaft, z.B. Soziologie, Psychologie etc.*; **~ *soap*** *s.* **1.** Schmierseife *f*; **2.** *sl.* ‚Schmus' *m*, Schmeicheˈlei(en *pl.*) *f*; ˌ**~ˈ*soap*** *v/t. sl. j-m* ‚um den Bart gehen', *j-m* Honig ums Maul schmieren; ˌ**~ˈ*sol·der*** *v/t.* ⚙ weichlöten; ˈ**~-ˌ*spo·ken*** *adj.* **1.** leise sprechend; **2.** *fig.* gewinnend, freundlich; ˈ**~·*ware*** *s. Computer*: Software *f*; **~ *provider*** Softwareanbieter *m*; ˈ**~·*wood*** *s.* **1.** Weichholz *n*; **2.** Nadelbaumholz *n*; **3.** Baum *m* mit weichem Holz.

soft·y [ˈsɒftɪ] *s.* F **1.** ‚Softie' *m*; **2.** ‚Schlappschwanz' *m*.

sog·gy [ˈsɒgɪ] *adj.* **1.** feucht, sumpfig (*Land*); **2.** durchˈnäßt, -ˈweicht; **3.** klitschig (*Brot etc.*); **4.** F ‚doof'.

soi-di·sant [ˌswɑːdiːˈzɑ̃ːŋ] (*Fr.*) *adj.* angeblich, sogenannt.

soil [sɔɪl] **I** *v/t.* **1.** a) schmutzig machen, verunreinigen, b) *bsd. fig.* besudeln, beflecken, beschmutzen; **II** *v/i.* **2.** schmutzig werden, *leicht etc.* schmutzen; **III** *s.* **3.** Verschmutzung *f*; **4.** Schmutzfleck *m*; **5.** Schmutz *m*; **6.** Dung *m*.

soil² [sɔɪl] *s.* **1.** (Erd)Boden *m*, Erde *f*, (Acker)Krume *f*, Grund *m*; **2.** *fig.* (Heimat)Erde *f*, Land *n*: ***on British* ~** auf britischem Boden; ***one's native* ~** die heimatliche Erde.

soil³ [sɔɪl] *v/t.* ✓ mit Grünfutter füttern; ˈ**soil·age** [-lɪdʒ] *s.* ✓ Grünfutter *n*.

soil pipe *s.* ⚙ Abflußrohr *n*.

soi·rée [ˈswɑːreɪ] (*Fr.*) *s.* Soiˈree *f*, Abendgesellschaft *f*.

so·journ [ˈsɒdʒɜːn] **I** *v/i.* sich (vorˈübergehend) aufhalten, (ver)weilen (***in*** in *od.* an *dat.*, ***with*** bei); **II** *s.* (vorˈübergehender) Aufenthalt; ˈ**so·journ·er** [-nə] *s.* Gast *m*, Besucher(in).

soke [səʊk] *s.* ⚖ *hist. Brit.* Gerichtsbarkeit(sbezirk *m*) *f*.

sol·ace [ˈsɒləs] **I** *s.* Trost *m*: ***she found* ~ *in religion***; **II** *v/t.* trösten.

so·la·num [səʊˈleɪnəm] *s.* ⚘ Nachtschatten *m*.

so·lar [ˈsəʊlə] *adj.* **1.** *ast.* Sonnen…(-*system, -tag, -zeit etc.*), Solar…: **~ *eclipse*** Sonnenfinsternis *f*; **~ *plexus*** *anat.* Solarplexus *m*, F Magengrube *f*; **2.** ⚙ a) Sonnen…: **~ cell** (**energy** *etc.*); **~ collector** *od.* **panel** Sonnenkollektor *m*, b) durch ˈSonnenenerˌgie angetrieben: **~ power station** Sonnen-, Solarkraftwerk *n*.

so·lar·i·um [səʊˈleərɪəm] *pl.* **-i·a** [-ɪə], **-i·ums** *s. allg.* Soˈlarium *n*, ⚕ *a.* Sonnenliegehalle *f*.

so·lar·ize [ˈsəʊləraɪz] *v/t.* **1.** ⚕ *j-n* mit Lichtbädern behandeln; **2.** ⚙ *Haus* auf ˈSonnenenerˌgie ˈumstellen; **3.** *phot.* solarisieren (*a. v/i.*).

sold [səʊld] *pret. u. p.p. von* **sell**.

sol·der [ˈsɒldə] **I** *s.* **1.** ⚙ Lot *n*, ˈLötmeˌtall *n*; **II** *v/t.* **2.** (ver)löten: **~ed joint** Lötstelle *f*; **~ing iron** Lötkolben *m*; **3.** *fig.* zs.-schweißen; **III** *v/i.* **4.** löten.

sol·dier [ˈsəʊldʒə] **I** *s.* **1.** Solˈdat *m* (*a. engS. Feldherr*): **~ of Christ** Streiter *m* Christi; **~ of fortune** Glücksritter *m*; **old ~** a) F ‚alter Hase', b) *sl.* leere Flasche; **2.** ⚔ (einfacher) Solˈdat, Schütze *m*, Mann *m*; **3.** *fig.* Kämpfer *m*; **4.** *zo.* Krieger *m*, Solˈdat *m* (*bei Ameisen etc.*); **II** *v/i.* **5.** (als Solˈdat) dienen: **go ~ing** Soldat werden; **6. ~ on** *fig.* (unbeirrt) weitermachen; **ˈsol·dier·ly** [-lɪ] *adj.* **1.** solˈdatisch; **2.** Soldaten…; **ˈsol·dier·y** [-ərɪ] *s.* **1.** Miliˈtär *n*; **2.** Solˈdaten *pl.*, *contp.* Soldaˈteska *f*.

sole¹ [səʊl] **I** *s.* **1.** (Fuß- *od.* Schuh)Sohle *f*: **~ leather** Sohlleder *n*; **2.** Bodenfläche *f*, Sohle *f*; **II** *v/t.* **3.** besohlen.

sole² [səʊl] *adj.* □ → **solely**; **1.** einzig, alˈleinig, Allein…: **~ agency** Alleinvertretung *f*; **~ bill** ⚚ Solawechsel *m*; **~ heir** Allein-, Universalerbe *m*; **2.** ⚖ unverheiratet.

sole³ [səʊl] *pl.* **soles**, *coll.* **sole** *s. ichth.* Seezunge *f*.

sol·e·cism [ˈsɒlɪsɪzəm] *s.* Schnitzer *m*, Verstoß *m*, ‚Sünde' *f*: a) *ling.* Sprachsünde, b) Fauxˈpas *m*; **sol·e·cis·tic** [ˌsɒlɪˈsɪstɪk] *adj.* **1.** *ling.* ˈunkorˌrekt; **2.** ungehörig.

sole·ly [ˈsəʊllɪ] *adv.* (einzig u.) alˈlein, ausschließlich, nur.

sol·emn [ˈsɒləm] *adj.* □ **1.** *allg.* feierlich, ernst, soˈlenn; **2.** feierlich (*Eid etc.*); ⚖ forˈmell (*Vertrag*); **3.** gewichtig, ernst: **a ~ warning**; **4.** hehr, erhaben: **~ building**; **5.** düster; **so·lem·ni·ty** [səˈlemnətɪ] *s.* **1.** Feierlichkeit *f*, (feierlicher *od.* würdevoller) Ernst; **2.** *oft pl.* feierliches Zeremoniˈell; **3.** *bsd. eccl.* Festlich-, Feierlichkeit *f*; **ˈsol·em·nize** [-mnaɪz] *v/t.* **1.** feierlich begehen; **2.** *Trauung* (feierlich) vollˈziehen.

so·le·noid [ˈsəʊlənɔɪd] *s.* ⚡, ⚙ Solenoˈid *n*, Zyˈlinderspule *f*: **~ brake** Solenoidbremse *f*.

sol-fa [ˌsɒlˈfɑː] ♪ **I** *s.* **1.** *a.* **~ syllables** Solmisatiˈonssilben *pl.*; **2.** Tonleiter *f*; **3.** Solmisatiˈon(sübung) *f*; **II** *v/t.* **4.** auf Solmisatiˈonssilben singen; **III** *v/i.* **5.** solmisieren.

so·lic·it [səˈlɪsɪt] **I** *v/t.* **1.** (dringend) bitten, angehen (**s.o.** j-n; **s.th.** um et.; **s.o. for s.th.** *od.* **s.th. of s.o.** j-n um et.); **2.** sich um *ein Amt etc.* bemühen; ⚚ um *Aufträge*, *Kundschaft* werben; **3.** *j-n* ansprechen (*Prostituierte*); **4.** ⚖ anstiften; **II** *v/i.* **5.** dringend bitten (**for** um); **6.** ⚚ Aufträge sammeln; **7.** sich anbieten (*Prostituierte*); **so·lic·i·ta·tion** [səˌlɪsɪˈteɪʃn] *s.* **1.** dringende Bitte; **2.** ⚚ (Auftrags-, Kunden)Werbung *f*; **3.** Ansprechen *n* (*durch Prostituierte*); **4.** ⚖ Anstiftung *f* (**of** zu).

so·lic·i·tor [səˈlɪsɪtə] *s.* **1.** ⚖ *Brit.* Soˈlicitor *m*, Anwalt *m* (*der nur vor niederen Gerichten plädieren darf*); **2.** *Am.* ˈRechtsrefeˌrent *m e-r Stadt etc.*; **3.** *Am.* ⚚ Aˈgent *m*, Werber *m*; **~ gen·er·al** *pl.* **so·lic·i·tors gen·er·al** *s.* **1.** ⚖ zweiter Kronanwalt (*in England*); **2.** *USA* a) stellvertretender Juˈstizmiˌnister, b) oberster Juˈstizbeamter (*in einigen Staaten*).

so·lic·it·ous [səˈlɪsɪtəs] *adj.* □ **1.** besorgt (**about** um, **for** um, wegen); **2.** fürsorglich; **3.** (**of**) eifrig bedacht (auf *acc.*), begierig (nach); **4.** bestrebt *od.* eifrig bemüht (**to do** zu tun); **soˈlic·i·tude** [-tjuːd] *s.* **1.** Besorgtheit *f*, Sorge *f*; **2.** (überˈtriebener) Eifer; **3.** *pl.* Sorgen *pl.*

sol·id [ˈsɒlɪd] **I** *adj.* □ **1.** *allg.* fest (*Eis*, *Kraftstoff*, *Speise*, *Wand etc.*): **~ body** Festkörper *m*; **~ lubricant** ⚙ Starrschmiere *f*; **~ state** *phys.* fester (Aggregat)Zustand; **~ waste** Festmüll *m*; **on ~ ground** auf festem Boden (*a. fig.*); **2.** kräftig, staˈbil, derb, fest: **~ build** kräftiger Körperbau; **~ leather** Kernleder *n*; **a ~ meal** ein kräftiges Essen; **a ~ blow** ein harter Schlag; **3.** masˈsiv (*Ggs. hohl*), Voll…(*-gummi*, *-reifen*); **4.** masˈsiv, gediegen: **~ gold**; **5.** *fig.* soˈlid(e), gründlich: **~ learning**; **6.** *fig.* gewichtig, triftig (*Grund etc.*), stichhaltig, handfest (*Argument etc.*); **7.** soˈlid(e), gediegen, zuverlässig (*Person*); **8.** ⚚ soˈlid(e), gutfundiert; **9.** a) soliˈdarisch, b) einmütig, geschlossen (**for** für *j-n od. et.*): **be ~ for s.o.**; **be ~ly behind s.o.** geschlossen hinter j-m stehen; **a ~ vote** e-e einstimmige Wahl; **10. be ~ (with s.o.)** *Am.* F (mit j-m) auf gutem Fuß stehen; **11.** *Am. sl.* ‚prima', erstklassig; **12.** ⩓ a) körperlich, räumlich, b) Kubik…, Raum…: **~ capacity**; **~ geometry** Stereometrie *f*; **~ measure** Raummaß *n*; **13.** geschlossen: **a ~ row of buildings**; **14.** F voll, ‚geschlagen': **a ~ hour**; **15.** F toˈtal: **booked ~** total ausgebucht; **II** *s.* **16.** ⩓ Körper *m*; **17.** *phys.* Festkörper *m*; **18.** *pl.* feste Bestandteile *pl.*: **the ~s of milk**.

sol·i·dar·i·ty [ˌsɒlɪˈdærətɪ] *s.* Solidariˈtät *f*, Zs.-halt *m*, Zs.-gehörigkeitsgefühl *n*; **sol·i·dar·y** [ˈsɒlɪdərɪ] *adj.* soliˈdarisch.

ˈsol·id|-drawn *adj.* ⚙ gezogen: **~ axle**; **~ tube** nahtlos gezogenes Rohr; **ˈ~-hoofed** *adj. zo.* einhufig.

so·lid·i·fi·ca·tion [səˌlɪdɪfɪˈkeɪʃn] *s. phys. etc.* Erstarrung *f*, Festwerden *n*; **so·lid·i·fy** [səˈlɪdɪfaɪ] **I** *v/t.* **1.** fest werden lassen; **2.** verdichten; **3.** *fig. Partei* festigen, konsolidieren; **II** *v/i.* **4.** fest werden, erstarren.

so·lid·i·ty [səˈlɪdətɪ] *s.* **1.** Festigkeit *f* (*a. fig.*); komˈpakte *od.* masˈsive Strukˈtur; Dichtigkeit *f*; **2.** *fig.* Gediegenheit *f*, Zuverlässigkeit *f*, Solidiˈtät *f*; ⚚ Kreˈditfähigkeit *f*.

ˈsol·id-state chem·is·try *s.* ˈFestkörperchemie *f*.

sol·id·un·gu·late [ˌsɒlɪdˈʌŋgjʊleɪt] *adj. zo.* einhufig.

so·lil·o·quize [səˈlɪləkwaɪz] **I** *v/i.* Selbstgespräche führen, *bsd. thea.* monologisieren; **II** *v/t. et.* zu sich selbst sagen; **soˈlil·o·quy** [-kwɪ] *s.* Selbstgespräch *n*, *bsd. thea.* Monoˈlog *m*.

sol·i·ped [ˈsɒlɪped] *zo.* **I** *s.* Einhufer *m*; **II** *adj.* einhufig.

sol·i·taire [ˈsɒlɪteə] *s.* **1.** Soliˈtär(spiel) *n*; **2.** Paˈtience *f*; **3.** Soliˈtär *m* (*einzeln gefaßter Edelstein*).

sol·i·tar·y [ˈsɒlɪtərɪ] *adj.* □ **1.** einsam (*Leben*, *Spaziergang etc.*); → **confinement** 2; **2.** einsam, abgelegen (*Ort*); **3.** einsam, einzeln (*Baum*, *Reiter etc.*); **4.** ⚘, *zo.* soliˈtär; **5.** *fig.* einzig: **~ exception**; **ˈsol·i·tude** [-tjuːd] *s.* **1.** Einsamkeit *f*; **2.** (Ein)Öde *f*.

sol·mi·za·tion [ˌsɒlmɪˈzeɪʃn] *s.* ♪ a) Solmisatiˈon *f*, b) Solmisatiˈonsübung *f*.

so·lo [ˈsəʊləʊ] *pl.* **-los I** *s.* **1.** *bsd.* ♪ Solo(gesang *m*, -spiel *n*, -tanz *m etc.*) *n*; **2.** *Kartenspiele*: Solo *n*; **3.** ✈ Alˈleinflug *m*; **II** *adj.* **4.** *bsd.* ♪ Solo…; **5.** Allein…: **~ flight** → 3; **~ run** *sport* Alleingang *m*; **III** *adv.* **6.** alˈlein, ‚solo': **fly ~** e-n Alleinflug machen; **ˈso·lo·ist** [-əʊɪst] *s.* Soˈlist(in).

sol·stice [ˈsɒlstɪs] *s. ast.* Sonnenwende *f*: **summer ~**; **sol·sti·tial** [sɒlˈstɪʃl] *adj.* Sonnenwende…: **~ point** Umkehrpunkt *m*.

sol·u·bil·i·ty [ˌsɒljʊˈbɪlətɪ] *s.* **1.** ⚗ Löslichkeit *f*; **2.** *fig.* Lösbarkeit *f*; **sol·u·ble** [ˈsɒljʊbl] *adj.* **1.** ⚗ löslich; **2.** *fig.* (auf-)lösbar.

so·lu·tion [səˈluːʃn] *s.* **1.** ⚗ a) Auflösung *f*, b) Lösung *f*: **aqueous ~** wässerige Lösung; (**rubber**) **~** Gummilösung *f*; **2.** ⩓ *etc.* (Auf)Lösung *f*; **3.** *fig.* Lösung *f* (*e-s Problems etc.*); (Er)Klärung *f*.

solv·a·ble [ˈsɒlvəbl] → **soluble**.

solve [sɒlv] *v/t.* **1.** *Aufgabe*, *Problem* lösen; **2.** lösen, (er)klären: **~ a mystery**; **~ a crime** ein Verbrechen aufklären; **ˈsol·ven·cy** [-vənsɪ] *s.* ⚚ Zahlungsfähigkeit *f*; **ˈsol·vent** [-vənt] **I** *adj.* **1.** ⚗ (auf)lösend; **2.** *fig.* zersetzend; **3.** *fig.* erlösend: **the ~ power of laughter**; **4.** ⚚ zahlungsfähig, solˈvent, liˈquid; **II** *s.* **5.** ⚗ Lösungsmittel *n*; **6.** *fig.* zersetzendes Eleˈment; **sol·vent-based** *adj.* lösungsmittelhaltig; **sol·vent-free** *adj.* lösungsmittelfrei.

so·mat·ic [səʊˈmætɪk] *adj. biol.*, ⚕ **1.** körperlich, physisch; **2.** soˈmatisch: **~ cell** Somazelle *f*.

so·ma·tol·o·gy [ˌsəʊməˈtɒlədʒɪ] *s.* ⚕ Somatoloˈgie *f*, Körperlehre *f*; **so·ma·to·psy·chic** [ˌsəʊmətəʊˈsaɪkɪk] *adj.* ⚕, *psych.* psychosoˈmatisch.

som·ber *Am.*, **som·bre** *Brit.* [ˈsɒmbə] *adj.* □ **1.** düster, trübe (*a. fig.*); **2.** dunkel(farbig); **3.** *fig.* melanˈcholisch; **ˈsom·ber·ness** *Am.*, **ˈsom·bre·ness** *Brit.* [-nɪs] *s.* **1.** Düsterkeit *f*, Trübheit *f* (*a. fig.*); **2.** *fig.* Trübsinnigkeit *f*.

some [sʌm; səm] **I** *adj.* **1.** (*vor Substantiven*) (irgend)ein: **~ day** eines Tages; **~ day** (**or other**), **~ time** irgendwann (einmal), mal; **2.** (*vor pl.*) einige, ein paar: **~ few** einige wenige; **3.** manche; **4.** ziemlich (viel), beträchtlich, e-e ganze Menge; **5.** gewiß: **to ~ extent** in gewissem Grade, einigermaßen; **6.** etwas, ein (klein) wenig: **~ bread** (etwas) Brot; **take ~ more!** nimm noch etwas!; **7.** ungefähr, gegen: **a village of ~ 60 houses** ein Dorf von etwa 60 Häusern; **8.** *sl.* beachtlich, ‚ganz hübsch': **~ race!**

das war vielleicht ein Rennen!; ~ ***teacher!*** *contp.* ein ‚schöner' Lehrer (ist das)!; **II** *adv.* **9.** *bsd. Am.* etwas, ziemlich; **10.** F ‚e'norm', ‚toll'; **III** *pron.* **11.** (irgend)ein: ~ ***of these days*** dieser Tage, demnächst; **12.** etwas: ~ ***of it*** etwas davon; ~ ***of these people*** einige dieser Leute; **13.** welche: ***will you have*** ~**?**; **14.** *Am. sl.* dar'über hin'aus, noch mehr; **15.** ***some ... some*** die einen ... die anderen.

some|·bod·y ['sʌmbədɪ] **I** *pron.* jemand, (irgend)einer; **II** *s.* e-e bedeutende Per'sönlichkeit: ***he thinks he is*** ~ er bildet sich ein, er sei jemand; '**~·how** *adv. oft* ~ ***or other*** **1.** irgend'wie, auf irgendeine Weise; **2.** aus irgendeinem Grund(e), ‚irgendwie': ~ (***or other***) ***I don't trust him***; '**~·one I** *pron.* jemand, (irgend)einer: ~ ***or other*** irgendeiner; **II** *s.* → ***somebody*** II; '**~·place** *adv. Am.* irgendwo('hin).

som·er·sault ['sʌməsɔːlt] **I** *s.* a) Salto *m*, b) Purzelbaum *m* (*a. fig.*): ***turn*** *od.* ***do a*** ~ → **II** *v/i.* e-n Salto machen *od.* e-n Purzelbaum schlagen.

Som·er·set House ['sʌməsɪt] *s. Verwaltungsgebäude in London mit Personenstandsregister, Notariats- u. Inlandssteuerbehörden etc.*

'**some|·thing** ['sʌm-] **I** *s.* **1.** (irgend) etwas, was: ~ ***or other*** irgend etwas; ***a certain*** ~ ein gewisses Etwas; **2.** ~ ***of*** so etwas wie: ***he is*** ~ ***of a mechanic***; **3.** ***or*** ~ oder so (etwas Ähnliches); **II** *adv.* **4.** ~ ***like*** a) so etwas wie, so ungefähr, b) F wirklich, mal: ***that's*** ~ ***like a pudding!***; ***that's*** ~ ***like!*** das lasse ich mir gefallen!; '**~·time I** *adv.* **1.** irgend (-wann) einmal (*bsd. in der Zukunft*): ***write*** ~**!** schreib (ein)mal!; **2.** früher, ehemals; **II** *adj.* **3.** ehemalig, weiland (*Professor etc.*); '**~·times** *adv.* manchmal, hie und da, gelegentlich, zu'weilen; '**~·what** *adv. u. s.* etwas, ein wenig, ein bißchen: ***she was*** ~ ***puzzled***; ~ ***of a shock*** ein ziemlicher Schock; '**~·where** *adv.* **1.** irgend'wo; **2.** irgend'wo'hin: ~ ***else*** sonstwohin, woandershin; **3.** ~ ***about*** so etwa, um ... her'um.

som·nam·bu·late [sɒm'næmbjʊleɪt] *v/i.* schlaf-, nachtwandeln; **som'nam·bu·lism** [-lɪzəm] *s.* Schlaf-, Nachtwandeln *n*; **som'nam·bu·list** [-lɪst] *s.* Schlaf-, Nachtwandler(in); **som·nam·bu·lis·tic** [sɒmˌnæmbjʊ'lɪstɪk] *adj.* schlaf-, nachtwandlerisch.

som·nif·er·ous [sɒm'nɪfərəs] *adj.* einschläfernd.

som·no·lence ['sɒmnələns] *s.* **1.** Schläfrigkeit *f*; **2.** ⚕ Schlafsucht *f*; '**som·no·lent** [-nt] *adj.* ☐ **1.** schläfrig; **2.** einschläfernd.

son [sʌn] *s.* **1.** Sohn *m*: ~ ***and heir*** Stammhalter *m*; ~ ***of God*** (*od.* ***man***), ***the*** ♀ *eccl.* Gottes-, Menschensohn (*Christus*); **2.** *fig.* Sohn *m*, Abkomme *m*: ~ ***of a bitch*** *Am. sl.* a) ‚Scheißkerl' *m*, b) ‚Scheißding' *n*; ~ ***of a gun*** *Am. sl.* a) ‚toller Hecht', b) ‚(alter) Gauner'; **3.** *fig. pl. coll.* Schüler *pl.*, Jünger *pl.*; Söhne *pl.* (*e-s Volks, e-r Gemeinschaft etc.*); **4.** → ***sonny***.

so·nance ['səʊnəns] *s.* **1.** Stimmhaftigkeit *f*; **2.** Laut *m*; '**so·nant** [-nt] *ling.* **I** *adj.* stimmhaft; **II** *s.* a) So'nant *m*, b) stimmhafter Laut.

so·nar ['səʊnɑː] *s.* ⚓ Sonar *n*, S-Gerät *n* (*aus* ***sound navigation and ranging***).

so·na·ta [sə'nɑːtə] *s.* ♪ So'nate *f*; **so·na·ti·na** [ˌsɒnə'tiːnə] *s.* ♪ Sona'tine *f*.

song [sɒŋ] *s.* **1.** ♪ Lied *n*, Gesang *m*: ~ (***and dance***) F *fig.* Getue *n*, ‚The'ater' *n* (***about*** wegen); ***for a*** ~ *fig.* für ein Butterbrot; **2.** Song *m*; **3.** *poet.* a) Lied *n*, Gedicht *n*, b) Dichtung *f*: ♀ ***of Solomon***, ♀ ***of Songs*** *bibl. das* Hohelied (Salomonis); ♀ ***of the Three Children*** *bibl. der* Gesang der drei Männer *od.* Jünglinge im Feuerofen; **4.** Singen *n*, Gesang *m*: ***break*** (*od.* ***burst***) ***into*** ~ zu singen anfangen; '**~·bird** *s.* **1.** Singvogel *m*; **2.** ‚Nachtigall' *f* (*Sängerin*); '**~·book** *s.* Liederbuch *n*.

song·ster ['sɒŋstə] *s.* **1.** ♪ Sänger *m*; **2.** Singvogel *m*; **3.** *Am.* (*bsd.* volkstümliches) Liederbuch; '**song·stress** [-trɪs] *s.* Sängerin *f*.

'**song-thrush** *s. orn.* Singdrossel *f*.

son·ic ['sɒnɪk] *adj.* ⚙ Schall...; ~ **bang** → ***sonic boom***; ~ **bar·ri·er** → ***sound barrier***; ~ **boom** *s.* ✈ Düsen-, 'Überschallknall *m*; ~ **depth find·er** *s.* ⚓ Echolot *n*.

'**son-in-law** *pl.* '**sons-in-law** *s.* Schwiegersohn *m*.

son·net ['sɒnɪt] *s.* So'nett *n*.

son·ny ['sʌnɪ] *s.* Junge *m*, Kleiner *m* (*Anrede*).

son·o·buoy ['səʊnəbɔɪ] *s.* ⚓ Schallboje *f*.

so·nom·e·ter [səʊ'nɒmɪtə] *s.* Schallmesser *m*.

so·nor·i·ty [sə'nɒrətɪ] *s.* **1.** Klangfülle *f*, (Wohl)Klang *m*; **2.** *ling.* (Ton)Stärke *f* (*e-s Lauts*); **so·no·rous** [sə'nɔːrəs] *adj.* ☐ **1.** tönend, reso'nant (*Holz etc.*); **2.** volltönend (*a. ling.*), klangvoll, so'nor (*Stimme, Sprache*); **3.** *phys.* Schall..., Klang...

son·sy ['sɒnsɪ] *adj. Scot.* **1.** drall (*Mädchen*); **2.** gutmütig.

soon [suːn] *adv.* **1.** bald, unverzüglich; **2.** (sehr) bald, (sehr) schnell: ***no*** ~***er ... than*** kaum ... als; ***no*** ~***er said than done*** gesagt, getan; **3.** bald, früh: ***as*** ~ ***as*** sobald als *od.* wie; ~***er or later*** früher oder später; ***the*** ~***er the better*** je früher desto besser; **4.** gern: (***just***) ***as*** ~ ebenso gern; ***I would*** ~***er ... than*** ich möchte lieber ... als; '**soon·er** [-nə] *comp. adv.* **1.** früher, eher; **2.** schneller; **3.** lieber; → ***soon*** 2, 3, 4; '**soon·est** [-nɪst] *sup. adv.* frühestens.

soot [sʊt] **I** *s.* Ruß *m*; **II** *v/t.* mit Ruß bedecken, be-, verrußen.

sooth [suːθ] *s. Brit. obs.*: ***in*** ~, ~ ***to say*** fürwahr, wahrlich.

soothe [suːð] *v/t.* **1.** besänftigen, beruhigen, beschwichtigen; **2.** *Schmerz etc.* mildern, lindern; '**sooth·ing** [-ðɪŋ] *adj.* ☐ **1.** besänftigend; **2.** lindernd; **3.** wohltuend, sanft: ~ ***light***; ~ ***music***.

sooth·say·er ['suːθˌseɪə] *s.* Wahrsager(in).

soot·y ['sʊtɪ] *adj.* ☐ **1.** rußig; **2.** geschwärzt; **3.** schwarz.

sop [sɒp] **I** *s.* **1.** eingetunkter Bissen (*Brot etc.*); **2.** *fig.* Beschwichtigungsmittel *n*, ‚Schmiergeld' *n*, ‚Brocken' *m*; → ***Cerberus***; **3.** *fig.* Weichling *m*; **II** *v/t.* **4.** *Brot etc.* eintunken; **5.** durch'nässen, -'weichen; **6.** ~ ***up*** *Wasser* aufwischen.

soph [sɒf] F *für* ***sophomore***.

soph·ism ['sɒfɪzəm] *s.* **1.** So'phismus *m*, Spitzfindigkeit *f*, 'Scheinargu̦ment *n*; **2.** Trugschluß *m*; '**Soph·ist** [-ɪst] *s. phls.* So'phist *m* (*a. fig. spitzfindiger Mensch*); '**soph·ist·er** [-ɪstə] *s. univ. hist. Student im 2. od. 3. Jahr (in Cambridge, Dublin)*.

so·phis·tic, so·phis·ti·cal [sə'fɪstɪk(l)] *adj.* ☐ so'phistisch; **so'phis·ti·cate** [-keɪt] **I** *v/t.* **1.** verfälschen; **2.** *j-n* verbilden; **3.** *j-n* verfeinern; **II** *v/i.* **4.** So'phismen gebrauchen; **III** *s.* **5.** weltkluge (*etc.*) Per'son (→ ***sophisticated*** 1 *u.* 2); **so'phis·ti·cat·ed** [-keɪtɪd] *adj.* **1.** weltklug, intellektu'ell, (geistig) anspruchsvoll; **2.** *contp.* blasiert, ‚auf mo'dern *od.* intellektuell machend', ‚hochgestochen'; **3.** verfeinert, kultiviert, raffiniert (*Stil etc.*); hochentwickelt (*a.* ⚙ *Maschinen*); **4.** anspruchsvoll, exqui'sit (*Roman etc.*); **5.** unecht, verfälscht; **so·phis·ti·ca·tion** [səˌfɪstɪ'keɪʃn] *s.* **1.** Intellektua'lismus *m*, Kultiviertheit *f*; **2.** Blasiertheit *f*, hochgestochene Art; **3.** *das* (geistig) Anspruchsvolle; **4.** ⚙ Ausgereiftheit, (technisches) Raffine'ment; **5.** (Ver)Fälschung *f*; **6.** → ***sophistry***; **soph·ist·ry** ['sɒfɪstrɪ] *s.* **1.** Spitzfindigkeit *f*, Sophiste'rei *f*; **2.** So'phismus *m*, Trugschluß *m*.

soph·o·more ['sɒfəmɔː] *s. ped. Am.* 'College-Stu̦dent(in) *od.* Schüler(in) e-r ***High School*** im 2. Jahr.

so·po·rif·ic [ˌsɒpə'rɪfɪk] **I** *adj.* einschläfernd, schlaffördernd; **II** *s. bsd. pharm.* Schlafmittel *n*.

sop·ping ['sɒpɪŋ] *adj. a.* ~ ***wet*** patschnaß, triefend (naß); '**sop·py** [-pɪ] *adj.* ☐ **1.** durch'weicht (*Boden etc.*); **2.** regnerisch; **3.** F saftlos, fad(e); **4.** F rührselig, ‚schmalzig'; **5.** F ‚verknallt' (***on s.o.*** in j-n).

so·pran·o [sə'prɑːnəʊ] *pl.* **-nos I** *s.* **1.** So'pran *m* (*Singstimme*); **2.** So'pranstimme *f*, -par̦tie *f* (*e-r Komposition*); **3.** Sopra'nist(in); **II** *adj.* **4.** Sopran...

sorb [sɔːb] *s.* ⚘ **1.** Eberesche *f*; **2.** *a.* ~ ***apple*** Elsbeere *f*.

sor·be·fa·cient [ˌsɔːbɪ'feɪʃənt] **I** *adj.* absorbierend, absorpti'onsfördernd; **II** *s.* ⚕ Ab'sorbens *n*.

sor·bet ['sɔːbɪt] *s.* Fruchteis *n*.

sor·cer·er ['sɔːsərə] *s.* Zauberer *m*; '**sor·cer·ess** [-rɪs] *s.* Zauberin *f*, Hexe *f*; '**sor·cer·ous** [-rəs] *adj.* Zauber..., Hexen...; '**sor·cer·y** [-rɪ] *s.* Zaube'rei *f*, Hexe'rei *f*.

sor·did ['sɔːdɪd] *adj.* ☐ *bsd. fig.* schmutzig, schäbig; '**sor·did·ness** [-nɪs] *s.* Schmutzigkeit *f* (*a. fig.*).

sor·dine ['sɔːdiːn], **sor·di·no** [sɔː'diːnəʊ] *pl.* **-ni** [-niː] ♪ Dämpfer *m*, Sor'dine *f*.

sore [sɔː] **I** *adj.* ☐ → ***sorely***; **1.** weh(e), wund: ~ ***feet***; ~ ***heart*** *fig.* wundes Herz, Leid *n*; ***like a bear with a*** ~ ***head*** *fig.* brummig, bärbeißig; → ***spot*** 5; **2.** entzündet, schlimm, ‚böse': ~ ***finger***; ~ ***throat*** Halsentzündung *f*; → ***sight*** 6; **3.** *fig.* schlimm, arg: ~ ***calamity***; **4.** F verärgert, beleidigt, böse (***about*** über *acc.*, wegen); **5.** heikel (*Thema*); **II** *s.* **6.** Wunde *f*, wunde Stelle, Entzündung *f*: ***an open*** ~ a) e-e offene Wunde (*a. fig.*), b) *fig.* ein altes Übel, ein ständiges Ärgernis; **III** *adv.*

7. → ***sorely*** 1; **'sore·head** *s. Am.* F mürrischer Mensch; **'sore·ly** [-lɪ] *adv.* **1.** arg, ‚bös': a) sehr, bitter, b) schlimm; **2.** dringend; **3.** bitterlich *weinen etc.*

so·ror·i·ty [sə'rɒrətɪ] *s.* **1.** *Am.* Verbindung *f* von Stu'dentinnen; **2.** *eccl.* Schwesternschaft *f.*

sorp·tion ['sɔːpʃn] *s.* ⚗, *phys.* (Ab-)Sorpti'on *f.*

sor·rel¹ ['sɒrəl] **I** *s.* **1.** Rotbraun *n*; **2.** (Rot)Fuchs *m* (*Pferd*); **II** *adj.* **3.** rotbraun.

sor·rel² ['sɒrəl] *s.* ⚘ **1.** Sauerampfer *m*; **2.** Sauerklee *m.*

sor·row ['sɒrəʊ] **I** *s.* **1.** Kummer *m*, Leid *n*, Gram *m* (***at*** über *acc.*, ***for*** um): ***to my ~*** zu m-m Kummer *od.* Leidwesen; **2.** Leid *n*, Unglück *n*; *pl.* Leid(en *pl.*) *n*; **3.** Reue *f* (***for*** über *acc.*); **4.** *bsd. iro.* Bedauern *n*: ***without much ~***; **5.** Klage *f*, Jammer *m*; **II** *v/i.* **6.** sich grämen *od.* härmen (***at***, ***over***, ***for*** über *acc.*, wegen, um); **7.** klagen, trauern (***after***, ***for*** um, über *acc.*); **sor·row·ful** ['sɒrəʊfʊl] *adj.* ☐ **1.** sorgen-, kummervoll, bekümmert; **2.** klagend, traurig: ***a ~ song***; **3.** traurig, beklagenswert: ***a ~ accident.***

sor·ry ['sɒrɪ] *adj.* ☐ **1.** betrübt: ***I am*** (*od.* ***feel***) ***~ for him*** er tut mit leid; ***be ~ for o.s.*** sich selbst bedauern; (***I am***) (***so***) ***~!*** (es) tut mir (sehr) leid!, (ich) bedaure!, Verzeihung!; ***we are ~ to say*** wir müssen leider sagen; **2.** reuevoll: ***be ~ about*** *et.* bereuen *od.* bedauern; **3.** *contp.* traurig, erbärmlich (*Anblick*, *Zustand etc.*): ***a ~ excuse*** ‚e-e faule Ausrede'.

sort [sɔːt] **I** *s.* **1.** Sorte *f*, Art *f*, Klasse *f*, Gattung *f*; ☤ *a.* Marke *f*, Quali'tät *f*: ***all ~s of people*** allerhand *od.* alle möglichen Leute; ***all ~s of things*** alles mögliche; **2.** Art *f*: ***after a ~*** gewissermaßen; ***nothing of the ~*** nichts dergleichen; ***something of the ~*** so etwas, et. Derartiges; ***he is not my ~*** er ist nicht mein Fall *od.* Typ; ***he is not the ~ of man who ...*** er ist nicht der Mann, der *so et. tut*; ***what ~ of a ...?*** was für ein ...?; ***he is a good ~*** er ist ein guter *od.* anständiger Kerl; (***a***) ***~ of a peace*** so etwas wie ein Frieden; ***I ~ of expected it*** F ich habe es irgendwie *od.* halb erwartet; ***he ~ of hinted*** F er machte so eine *od.* e-e vage Andeutung; **3.** ***of a ~, of ~s*** *contp.* so was wie: ***a politician of ~s***; **4.** ***out of ~s*** a) unwohl, nicht auf der Höhe, b) verstimmt; → 5; **5.** *typ.* 'Schriftgarni,tur *f*: ***out of ~*** ausgegangen; **II** *v/t.* **6.** sortieren, (ein)ordnen, sichten; **7.** sondern, trennen (***from*** von); **8.** *oft* ***~ out*** auslesen, -suchen, -sortieren; **9.** ***~ s.th. out*** *fig.* a) et. ‚auseinanderklauben', sich Klarheit verschaffen über et., b) e-e Lösung finden für et.; ***~ itself out*** sich von selbst erledigen; **10.** ***~ s.o. out*** F a) j-m den Kopf zurechtsetzen, b) j-n ‚zur Schnecke machen'; ***~ o.s. out*** zur Ruhe kommen, mit sich ins reine kommen; **11.** *a.* ***~ together*** zs.-stellen, -tun (***with*** mit); **'sort·er** [-tə] *s.* Sortierer(in).

sor·tie ['sɔːtiː] **I** *s.* ⚔ a) Ausfall *m*, b) ✈ (Einzel)Einsatz *m*, Feindflug *m*; **II** *v/i.* ⚔ a) e-n Ausfall machen, b) ✈ e-n Einsatz fliegen, c) ⚓ auslaufen.

sor·ti·lege ['sɔːtɪlɪdʒ] *s.* Wahrsagen *n* (aus Losen).

so-so, so so ['səʊsəʊ] *adj. u. adv.* F so la'la (*leidlich, mäßig*).

sot [sɒt] **I** *s.* Säufer *m*; **II** *v/i.* (sich be-)saufen; **sot·tish** ['sɒtɪʃ] *adj.* ☐ **1.** ‚versoffen'; **2.** ‚besoffen'; **3.** ‚blöd' (*albern*).

sot·to vo·ce [ˌsɒtəʊ'vəʊtʃɪ] (*Ital.*) *adv.* ♪ *u. fig.* leise, gedämpft.

sou·brette [suː'bret] (*Fr.*) *s. thea.* Sou'brette *f.*

sou·bri·quet ['suːbrɪkeɪ] → ***sobriquet.***

souf·fle ['suːfl] *s.* ⚕ Geräusch *n.*

souf·flé ['suːfleɪ] (*Fr.*) *s.* Auflauf *m*, Souf'flé *n.*

sough [saʊ] **I** *s.* Rauschen *n* (*des Windes*); **II** *v/i.* rauschen.

sought [sɔːt] *pret. u. p.p. von* ***seek.***

soul [səʊl] *s.* **1.** *eccl.*, *phls.* Seele *f*: ***upon my ~!*** ganz bestimmt!; **2.** Seele *f*, Herz *n*, *das* Innere: ***he has a ~ above mere money-grubbing*** er hat auch noch Sinn für andere Dinge als Geldraffen; **3.** *fig.* Seele *f* (*Triebfeder*): ***he was the ~ of the enterprise***; **4.** *fig.* Geist *m* (*Person*): ***the greatest ~s of the past***; **5.** Seele *f*, Mensch *m*: ***the ship went down with 300 ~s***; ***a good ~*** e-e gute Seele, e-e Seele von e-m Menschen; ***poor ~*** armer Kerl; ***not a ~*** keine Menschenseele, niemand; **6.** Inbegriff *m*, *ein* Muster (***of*** an *dat.*): ***the ~ of generosity*** *er ist* die Großzügigkeit selbst; **7.** Inbrunst *f*, Kraft *f*, *künstlerischer* Ausdruck; **8.** *a.* ***~ music*** ♪ Soul *m*; **9.** ***~ brother***, ***~ sister*** *Am.* Schwarze(r *m*) *f*; **'soul-de,stroy·ing** *adj.* geisttötend (*Arbeit etc.*); **'soul·ful** [-fʊl] *adj.* ☐ seelenvoll (*a. fig. u. iro.*); **'soul·less** [-lɪs] *adj.* ☐ seelenlos (*a. fig. gefühllos*, *egoistisch*, *ausdruckslos*); **'soul-,stir·ring** *adj.* ergreifend.

sound¹ [saʊnd] **I** *adj.* ☐ **1.** gesund: ***as ~ as a bell*** kerngesund; ***~ in mind and body*** körperlich u. geistig gesund; ***of ~ mind*** ⚖ voll zurechnungs- *od.* handlungsfähig; **2.** fehlerfrei (*Holz etc.*), tadellos, in'takt: ***~ fruit*** unverdorbenes Obst; **3.** gesund, fest (*Schlaf*); **4.** ☤ gesund, so'lide (*Firma*, *Währung*); sicher (*Kredit*); **5.** gesund, vernünftig (*Urteil etc.*); gut, brauchbar (*Rat*, *Vorschlag*); kor'rekt, folgerichtig (*Denken etc.*); ⚖ begründet, gültig; **6.** zuverlässig (*Freund etc.*); **7.** gut, tüchtig (*Denker*, *Schläfer*, *Stratege etc.*); **8.** tüchtig, kräftig, gehörig: ***a ~ slap*** e-e saftige Ohrfeige; **II** *adv.* **9.** fest, tief *schlafen.*

sound² [saʊnd] *s.* **1.** Sund *m*, Meerenge *f*; **2.** *ichth.* Fischblase *f.*

sound³ [saʊnd] **I** *v/t.* **1.** ⚓ (aus)loten, peilen; **2.** *Meeresboden etc.* erforschen (*a. fig.*); **3.** ⚕ a) sondieren, b) → ***sound⁴*** 14; **4.** *fig.* a) sondieren, erkunden, b) *j-n* ausholen, *j-m* auf den Zahn fühlen; **II** *v/i.* **5.** ⚓ loten; **6.** (weg)tauchen (*Wal*); **7.** *fig.* sondieren; **III** *s.* **8.** ⚕ Sonde *f.*

sound⁴ [saʊnd] **I** *s.* **1.** Schall *m*, Laut *m*, Ton *m*: ***~ amplifier*** Lautverstärker *m*; ***faster than ~*** mit Überschallgeschwindigkeit; ***~ and fury*** *fig.* a) Schall und Rauch, b) hohles Getöse; ℒ ***Peter Brown*** *Film*, *TV*: Ton: Peter Brown; ***within ~*** in Hörweite; **2.** Geräusch *n*, Laut *m*: ***without a ~*** geräusch-, lautlos; **3.** Ton *m*, Klang *m*, *a. fig.* Tenor *m* (*e-s Briefes*, *e-r Rede etc.*); **4.** ♪ Klang *m*, *Jazz etc.*: Sound *m*; **5.** *ling.* Laut *m*; **II** *v/i.* **6.** (er)schallen, (-)tönen, (-)klingen; **7.** (*a. fig. gut*, *unwahrscheinlich etc.*) klingen; **8.** ***~ off*** F ‚tönen' (***about***, ***on*** von): ***~ off against*** ‚herziehen' über (*acc.*); **9.** ***~ in*** ⚖ auf *Schadenersatz etc.* gehen *od.* lauten (*Klage*); **III** *v/t.* **10.** *Trompete etc.* erschallen *od.* ertönen *od.* erklingen lassen: ***~ s.o.'s praises*** *fig.* j-s Lob singen; **11.** *durch ein Signal* verkünden; → ***alarm*** 1; ***retreat*** 1; **12.** äußern, von sich geben: ***~ a note of fear***; **13.** *ling.* aussprechen; **14.** ⚕ abhorchen, -klopfen; ***~ bar·rier*** *s.* ✈, *phys.* Schallgrenze *f*, -mauer *f*; ***~ board*** *s.* ♪ Reso'nanzboden *m*, Schallbrett *n*; ***~ box*** *s.* **1.** ♪ Reso'nanzkasten *m*; **2.** *Film etc.*: 'Tonka,bine *f*; ***~ broad·cast·ing*** *s.* Hörfunk *m*; ***~ ef·fects*** *s. pl. Film*, *TV*: 'Tonef,fekte *pl.*, Geräusche *pl.*; ***~ en·gi·neer*** *s. Film*: Tonmeister *m.*

sound·er ['saʊndə] *s.* **1.** ⚓ a) Lot *n*, b) ⚔ Lotgast *m*; **2.** *tel.* Klopfer *m.*

sound film *s.* Tonfilm *m.*

sound·ing¹ ['saʊndɪŋ] *adj.* ☐ **1.** tönend, schallend; **2.** wohlklingend; **3.** *contp.* lautstark, bom'bastisch.

sound·ing² ['saʊndɪŋ] *s.* **1.** Loten *n*; **2.** *pl.* (ausgelotete *od.* auslotbare) Wassertiefe: ***take a ~*** loten, *fig.* sondieren.

sound·ing| bal·loon *s.* Ver'suchsbal,lon *m*, Bal'lonsonde *f*; ***~ board*** *s.* ♪ **1.** → ***sound board***; **2.** Schallmuschel *f* (*für Orchester etc. im Freien*); **3.** Schalldämpfungsbrett *n*; **4.** *fig.* Podium *n.*

sound·less ['saʊndlɪs] *adj.* ☐ laut-, geräuschlos.

sound mix·er *s. Film etc.*: Tonmeister *m.*

sound·ness ['saʊndnɪs] **1.** Gesundheit *f* (*a. fig.*); **2.** Vernünftigkeit *f*; **3.** Brauchbarkeit *f*; **4.** Folgerichtigkeit *f*; **5.** Zuverlässigkeit *f*; **6.** Tüchtigkeit *f*; **7.** ⚖ Rechtmäßigkeit *f*, Gültigkeit *f.*

'sound|-on-film *s.* Tonfilm *m*; **'~·proof** [-ndp-] **I** *adj.* schalldicht; **II** *v/t.* schalldicht machen, isolieren; **'~,proof·ing** [-ndp-] *s.* ⚙ Schalldämpfung *f*, Schallisolierung *f*; ***~ rang·ing*** **I** *s.* ⚔ Schallmessen *n*; **II** *adj.* Schallmeß...; ***~ re·cord·er*** *s.* Tonaufnahmegerät *n*; ***~ shift*** *s. ling.* Lautverschiebung *f*; ***~ track*** *s. Film*: Tonstreifen *m*, -spur *f*; ***~ truck*** *s. Am.* Lautsprecherwagen *m*; ***~ wave*** *s. phys.* Schallwelle *f.*

soup [suːp] **I** *s.* **1.** Suppe *f*, Brühe *f*: ***be in the ~*** F ‚in der Tinte sitzen'; ***from ~ to nuts*** F von A bis Z; **2.** *fig.* dicker Nebel, ‚Waschküche' *f*; **3.** *phot.* F Entwickler *m*; **4.** *mot. sl.* P'S *f*; **II** *v/t.* **5.** *Am. sl.* ***~ up*** a) *Motor* ‚frisieren', b) *fig. et.* ‚aufmöbeln', c) *fig.* Dampf hinter *e-e Sache* machen.

soup·çon ['suːpsɔ̃ːŋ] *s.* Spur *f* (***of*** *Knoblauch*, *a. Ironie etc.*).

soup| kitch·en *s.* **1.** Armenküche *f*; **2.** ⚔ Feldküche *f*; **'~·mix** *s.* 'Suppenpräpa,rat *n.*

sour ['saʊə] **I** *adj.* ☐ **1.** sauer (*a. Geruch*, *Milch*); herb, bitter: ***~ grapes*** *fig.* saure Trauben; ***turn*** *od.* ***go ~*** → 8 *u.* 9; **2.** *fig.* sauer (*Gesicht etc.*); **3.** *fig.* sauertöpfisch, mürrisch, bitter; **4.** naßkalt (*Wetter*); **5.** ⚒ sauer (*kalkarm*, *naß*) (*Boden*); **II** *s.* **6.** Säure *f*; **7.** *fig.* Bitternis *f*: ***take the sweet with the ~*** das

Leben nehmen, wie es (eben) ist; **III** *v/i.* **8.** sauer werden; **9.** *fig.* a) verbittert *od.* ‚sauer' werden, b) die Lust verlieren (***on*** an *dat.*), c) ‚mies' werden, d) ‚ka'puttgehen'; **IV** *v/t.* **10.** sauer machen, säuern; **11.** *fig.* verbittern.

source [sɔːs] *s.* **1.** Quelle *f*, *poet.* Quell *m*; **2.** Quellfluß *m*; **3.** *poet.* Strom *m*; **4.** *fig.* (*Licht-, Strom- etc.*)Quelle *f*: ~ ***impedance*** ↯ Quellwiderstand *m*; ~ ***material*** Ausgangsstoff *m* (→ *a.* 6); **5.** *fig.* Quelle *f*, Ursprung *m*: ~ ***of information*** Nachrichtenquelle *f*; ***from a reliable*** ~ aus zuverlässiger Quelle; ***have its*** ~ ***in*** s-n Ursprung haben in (*dat.*); ***take its*** ~ ***from*** entspringen (*dat.*); **6.** *fig. literarische* Quelle: ~ ***material*** Quellenmaterial *n*; **7.** ☤ (*Einnahme-, Kapital- etc.*)Quelle *f*: ~ ***of supply*** Bezugsquelle; ***levy a tax at the*** ~ e-e Steuer an der Quelle erheben; ~ **lan·guage** *s. ling.* Ausgangssprache *f* (*Übersetzung etc.*).

sour| **cream** *s. Brit.* Sauerrahm *m*; '~**·dough** *s. Am.* **1.** Sauerteig *m*; **2.** A'laska-Schürfer *m*.

sour·ing ['saʊərɪŋ] *s.* ⚗ Säuerung *f*; '**sour·ish** [-ərɪʃ] *adj.* säuerlich, angesäuert; '**sour·ness** [-ənɪs] *s.* **1.** Herbheit *f*; **2.** Säure *f* (*als Eigenschaft*); **3.** *fig.* Bitterkeit *f*.

'**sour·puss** *s.* F ‚Sauertopf' *m*.

souse [saʊs] **I** *s.* **1.** Pökelfleisch *n*; **2.** Pökelbrühe *f*, Lake *f*; **3.** Eintauchen *n*; **4.** Sturz *m* ins Wasser; **5.** ‚Dusche' *f*, (Regen)Guß *m*; **6.** *sl.* a) Saufe'rei *f*, b) *Am.* Säufer *m*, c) *Am.* ‚Suff' *m*; **II** *v/t.* **7.** eintauchen; **8.** durch'tränken, einweichen; **9.** *Wasser etc.* ausgießen (***over*** über *acc.*); **10.** (ein)pökeln; **11.** ~***d*** *sl.* ‚voll', besoffen.

sou·tane [suː'tɑːn] *s. R.C.* Sou'tane *f*.

sou·ten·eur [ˌsuːtə'nɜː] (*Fr.*) *s.* Zuhälter *m*.

south [saʊθ] **I** *s.* **1.** Süden *m*: ***in the*** ~ ***of*** im Süden von; ***to the*** ~ ***of*** → 6; **2.** *a.* Ꝛ Süden *m* (*Landesteil*): ***from the*** Ꝛ aus dem Süden (*Person, Wind*); ***the*** Ꝛ der Süden, die Südstaaten (*der USA*); **3.** *poet.* Südwind *m*; **II** *adj.* **4.** südlich, Süd…: Ꝛ ***Pole*** Südpol *m*; Ꝛ ***Sea*** Südsee *f*; **III** *adv.* **5.** nach Süden, südwärts; **6.** ~ ***of*** südlich von; **7.** aus dem Süden (*Wind*); Ꝛ **Af·ri·can I** *adj.* 'südafri'kanisch; **II** *s.* 'Südafri'kaner(in): ~ ***Dutch*** Afrikaander(in); ~ **by east** *s.* Südsüd'ost *m*; ~**·east** [ˌsaʊθ'iːst, ⚓ saʊ'iːst] **I** *s.* Süd'osten *m*; **II** *adj.* süd'östlich, Südost…; **III** *adv.* süd'östlich; nach Süd'osten.

south|·east·er [ˌsaʊθ'iːstə] *s.* Süd'ostwind *m*, -'oststurm *m*; ˌ~-'**east·er·ly** [-lɪ] **I** *adj.* → ***southeast*** II; **II** *adv.* von *od.* nach Süd'osten; ˌ~-'**east·ern** [-ən] → ***southeast*** II; ˌ~-'**east·ward** [-stwəd] **I** *adj. u. adv.* nach Süd'osten, süd'östlich; **II** *s.* süd'östliche Richtung; ˌ~-'**east·wards** [-stwədz] *adv.* nach Süd'osten.

south·er·ly ['sʌðəlɪ] **I** *adj.* südlich, Süd…; **II** *adv.* von *od.* nach Süden.

south·ern ['sʌðən] **I** *adj.* **1.** südlich, Süd…: Ꝛ ***Cross*** *ast. das* Kreuz des Südens; ~ ***lights*** *ast. das* Südlicht; **2.** Ꝛ südstaatlich, … der Südstaaten (*der USA*); **II** *s.* **3.** → ***southerner***; '**south·ern·er** [-nə] *s.* **1.** Bewohner(in) des Südens (*e-s Landes*); **2.** Ꝛ Südstaatler(in) (*in den USA*); '**south·ern·ly** [-lɪ] → ***southerly***; '**south·ern·most** *adj.* südlichst.

south·ing ['saʊθɪŋ] *s.* **1.** ⚓ a) Südrichtung *f*, südliche Fahrt, b) 'Breitenˌunterschied *m* bei südlicher Fahrt; **2.** *ast.* a) Kulminati'on *f* (*des Mondes etc.*), b) südliche Deklinati'on (*e-s Gestirns*).

'**south|·most** *adj.* südlichst; '~**·paw** *sport* **I** *adj.* linkshändig; **II** *s.* Linkshänder *m*; *Boxen*: Rechtsausleger *m*; ˌ~**south'east** [⚓ ˌsaʊsaʊ'iːst] **I** *adj.* südsüd'östlich, Südsüdost…; **II** *adv.* nach *od.* aus Südsüd'osten; **III** *s.* Südsüd'osten *m*; '~**·ward** [-wəd] *adj. u. adv.* nach Süden, südwärts.

south|-west [ˌsaʊθ'west; ⚓ saʊ'west] **I** *adj.* süd'westlich, Südwest…; **II** *adv.* nach *od.* aus Süd'westen; **III** *s.* Süd'westen *m*; ˌ~'**west·er** [-tə] *s.* **1.** Süd'westwind *m*; **2.** → ***sou'wester*** 1; ˌ~'**west·er·ly** [-təlɪ] *adj.* nach *od.* aus Süd'westen; ˌ~'**west·ern** [-tən] *adj.* süd'westlich, Südwest…; ˌ~-'**west·ward** [-wəd] *adj. u. adv.* nach Süd'westen.

sou·ve·nir [ˌsuːvə'nɪə] *s.* Andenken *n*, Souve'nir *n*: ~ ***shop***.

sou'·west·er [saʊ'westə] *s.* **1.** Süd'wester *m* (*wasserdichter Hut*); **2.** → ***southwester*** 1.

sov·er·eign ['sɒvrɪn] **I** *s.* **1.** Souve'rän *m*, Mon'arch(in); **2.** *die* Macht im Staate (*Person od. Gruppe*); **3.** souve'räner Staat; **4.** ☤ *Brit.* Sovereign *m* (*alte 20-Schilling-Münze aus Gold*); **II** *adj.* **5.** höchst, oberst; **6.** 'unumˌschränkt, souve'rän, königlich: ~ ***power***; **7.** souve'rän (*Staat*); **8.** äußerst, größt: ~ ***contempt*** tiefste Verachtung; **9.** 'unüberˌtrefflich; '**sov·er·eign·ty** [-rəntɪ] *s.* **1.** höchste (Staats)Gewalt; **2.** Landeshoheit *f*, Souveräni'tät *f*; **3.** Oberherrschaft *f*.

so·vi·et ['səʊvɪət] **I** *s. oft* Ꝛ **1.** So'wjet *m*: ***Supreme*** Ꝛ Oberster Sowjet; **2.** Ꝛ So'wjetsyˌstem *n*; **3.** *pl. die* So'wjets; **II** *adj.* **4.** Ꝛ so'wjetisch, Sowjet…; '**so·vi·et·ize** [-taɪz] *v/t.* sowjetisieren.

sow¹ [saʊ] *s.* **1.** Sau *f*, (Mutter)Schwein *n*: ***get the wrong*** ~ ***by the ear*** a) den Falschen erwischen, b) sich gewaltig irren; **2.** *metall.* a) (Ofen)Sau *f*, b) Massel *f* (*Barren*).

sow² [səʊ] [*irr.*] **I** *v/t.* **1.** säen; **2.** *Land* besäen; **3.** *fig.* säen, ausstreuen; → ***seed*** 4, ***wind¹*** 1; **4.** *et.* verstreuen; **II** *v/i.* **5.** säen.

sown [səʊn] *p.p. von* ***sow²***.

soy [sɔɪ] *s.* **1.** Sojabohnenöl *n*; **2.** → '**so·ya** (**bean**) ['sɔɪə], '**soy·bean** *s.* Sojabohne *f*.

soz·zled ['sɒzld] *adj. Brit. sl.* ‚blau'.

spa [spɑː] *s.* a) Mine'ralquelle *f*, b) Badekurort *m*, Bad *n*.

space [speɪs] **I** *s.* **1.** Raum *m* (*Ggs. Zeit*): ***disappear into*** ~ ins Nichts verschwinden; ***look into*** ~ ins Leere starren; **2.** Raum *m*, Platz *m*: ***require much*** ~; ***for*** ~ ***reasons*** aus Platzgründen; **3.** (Welt)Raum *m*; **4.** (Zwischen-)Raum *m*, Stelle *f*, Lücke *f*; **5.** Zwischenraum *m*, Abstand *m*; **6.** Zeitraum *m*: ***a*** ~ ***of three hours***; ***after a*** ~ nach e-r Weile; ***for a*** ~ e-e Zeitlang; **7.** *typ.* Spatium *n*, Ausschlußstück *n*; **8.** *tel.* Abstand *m*, Pause *f*; **9.** *Am.* a) Raum *m* für Re'klame (*Zeitung*), b) *Radio, TV*: (Werbe)Zeit *f*; **II** *v/t.* **10.** räumlich *od.* zeitlich einteilen: ~***d out over 10 years*** auf 10 Jahre verteilt; **11.** in Zwischenräumen anordnen; **12.** *mst* ~ ***out*** *typ.* a) ausschließen, b) gesperrt setzen, sperren: ~***d type*** Sperrdruck *m*; **13.** gesperrt schreiben (*auf der Schreibmaschine*); ~ **age** *s.* Weltraumzeitalter *n*; ~ **bar** *s.* Leertaste *f*; '~**·borne** *adj.* **1.** Weltraum…: ~ ***satellite***; **2.** über Satel'lit, Satelliten…: ~ ***television***; ~ **capsule** *s.* Raumkapsel *f*; '~**·craft** *s.* Raumfahrzeug *n*, -schiff *n*; ~ **flight** *s.* Raumflug *m*; ~ **heat·er** *s.* Raumerhitzer *m*, -strahler *m*; '~**·lab** *s.* 'Raumlaˌbor *n*; '~**·man** *s.* [*irr.*] **1.** Raumfahrer *m*, Astro'naut *m*; **2.** Außerirdische(r) *m*; ~ **med·i·cine** *s.* ⚕ 'Raumfahrtmediˌzin *f*; ~ **probe** *s.* Raumsonde *f*.

spac·er ['speɪsə] *s.* ⚙ **1.** Di'stanzstück *n*; **2.** → ***space bar***.

space| **race** *s.* Wettlauf *m* um die Eroberung des Weltraums; ~ **re·search** *s.* (Welt)Raumforschung *f*; '~-ˌ**sav·ing** *adj.* raumsparend; '~**·ship** *s.* Raumschiff *n*; ~ **shut·tle** *s.* Raumfähre *f*; ~ **sta·tion** *s.* 'Raumstatiˌon *f*; '~**·suit** *s.* Raumanzug *m*; ˌ~-'**time I** *s.* 𝔄, *phls.* Zeit-Raum *m*; **II** *adj.* Raum-Zeit-…; ~ **trav·el** *s.* (Welt)Raumfahrt *f*; '~**·walk** *s.* Weltraumspaziergang *m*; '~ˌ**wom·an** *s.* [*irr.*] **1.** Raumfahrerin *f*, Astro'nautin *f*; **2.** Außerirdische *f*; ~ **writ·er** *s.* (Zeitungs- *etc.*)Schreiber, der nach dem 'Umfang s-s Beitrags bezahlt wird.

spa·cious ['speɪʃəs] *adj.* □ **1.** geräumig, weit, ausgedehnt; **2.** *fig.* weit, 'umfangreich, um'fassend; '**spa·cious·ness** [-nɪs] *s.* **1.** Geräumigkeit *f*; **2.** *fig.* Weite *f*, 'Umfang *m*, Ausmaß *n*.

spade¹ [speɪd] **I** *s.* **1.** Spaten *m*: ***call a*** ~ ***a*** ~ *fig.* das Kind beim (rechten) Namen nennen; ***dig the first*** ~ den ersten Spatenstich tun; **2.** ⚔ La'fettensporn *m*; **II** *v/t.* **3.** 'umgraben, mit e-m Spaten bearbeiten; **III** *v/i.* **4.** graben.

spade² [speɪd] *s.* **1.** Pik(karte *f*) *n*, Schippe *f* (*französisches Blatt*), Grün *n* (*deutsches Blatt*): ***seven of*** ~***s*** Piksieben *f*; ***in*** ~***s*** *Am.* F mit Zins u. Zinseszinsen; **2.** *mst pl.* Pik(farbe *f*) *n*.

spade·ful ['speɪdfʊl] *pl.* **-fuls** *s. ein* Spaten(voll) *m*.

'**spade·work** *s. fig.* (mühevolle) Vorarbeit, Kleinarbeit *f*.

spa·dix ['speɪdɪks] *pl.* **spa·di·ces** [speɪ'daɪsiːz] *s.* ♀ (Blüten)Kolben *m*.

spa·do ['speɪdəʊ] *pl.* **spa·do·nes** [spɑː'dəʊniːz] (*Lat.*) *s.* **1.** Ka'strat *m*; **2.** kastriertes Tier.

spa·ghet·ti [spə'getɪ] (*Ital.*) *s.* **1.** Spa'ghetti *pl.*; **2.** *sl.* 'Filmsaˌlat *m*.

spake [speɪk] *obs. pret. von* ***speak***.

spall [spɔːl] **I** *s.* (Stein-, Erz)Splitter *m*; **II** *v/t.* ⚙ *Erz* zerstückeln; **III** *v/i.* zerbröckeln, absplittern.

span [spæn] **I** *s.* **1.** Spanne *f*: a) *gespreizte Hand*, b) *engl. Maß = 9 inches*; **2.** △ a) Spannweite *f* (*Brückenbogen*), b) Stützweite *f* (*e-r Brücke*), c) (einzelner) Brückenbogen; **3.** ✈ Spannweite *f*; **4.** ⚓ Spann *n*, *m* (*Haltetau, -kette*); **5.** *fig.* Spanne *f*, 'Umfang *m*; **6.** *fig.* (kurze) Zeitspanne; **7.** Lebensspanne *f*, -zeit *f*; **8.** ⚕, *psych.* (*Gedächtnis-, Seh- etc.*) Spanne *f*; **9.** Gewächshaus *n*; **10.** *Am.* Gespann *n*; **II** *v/t.* **11.** abmessen; **12.**

um'spannen (*a. fig.*); **13.** sich erstrecken über (*acc.*) (*a. fig.*), über'spannen; **14.** *Fluß* über'brücken; **15.** *fig.* überspannen, bedecken.

span·drel ['spændrəl] *s.* **1.** ⚠ Span'drille *f*, (Gewölbe-, Bogen)Zwickel *m*; **2.** ⚙ Hohlkehle *f*.

span·gle ['spæŋgl] **I** *s.* **1.** Flitter(plättchen *n*) *m*, Pail'lette *f*; **2.** ⚘ Gallapfel *m*; **II** *v/t.* **3.** mit Flitter besetzen; **4.** *fig.* schmücken, über'säen (***with*** mit): ***the ~d heavens*** der gestirnte Himmel.

Span·iard ['spænjəd] *s.* Spanier(in).

span·iel ['spænjəl] *s. zo.* Spaniel *m*, Wachtelhund *m*: ***a*** (***tame***) ***~*** *fig.* ein Kriecher.

Span·ish ['spænɪʃ] **I** *adj.* **1.** spanisch; **II** *s.* **2.** *coll. die* Spanier; **3.** *ling.* Spanisch *n*; ~ **A·mer·i·can I** *adj.* la'teinameri,kanisch; **II** *s.* La'teinameri,kaner(in); ~ **chest·nut** *s.* ⚘ 'Eßka,stanie *f*; ~ **pa·pri·ka** *s.* ⚘ Spanischer Pfeffer, Paprika *m*.

spank [spæŋk] F **I** *v/t.* **1.** verhauen, *j-m* ‚den Hintern versohlen'; **2.** *Pferde etc.* antreiben; **II** *v/i.* **3.** ~ ***along*** da'hinflitzen; **III** *s.* **4.** Schlag *m*, Klaps *m*; **'spank·er** [-kə] *s.* **1.** F Renner *m* (*Pferd*); **2.** ⚓ Be'san *m*; **3.** *sl.* a) Prachtkerl *m*, b) 'Prachtexem,plar *n*; **'spank·ing** [-kɪŋ] F **I** *adj.* ☐ **1.** schnell, tüchtig; **2.** scharf, stark: ~ ***breeze*** steife Brise; **3.** prächtig, ‚toll'; **II** *adv.* **4.** prächtig; **III** *s.* **5.** ‚Haue' *f*, Schläge *pl*.

span·ner ['spænə] *s.* ⚙ Schraubenschlüssel *m*: ***throw a ~ in(to) the works*** F ‚querschießen'.

spar¹ [spɑː] *s. min.* Spat *m*.

spar² [spɑː] *s.* **1.** ⚓ Rundholz *n*, Spiere *f*; **2.** ✈ Holm *m*.

spar³ [spɑː] **I** *v/i.* **1.** *Boxen*: sparren: ~ ***for time*** *fig.* Zeit schinden; **2.** (mit Sporen) kämpfen (*Hähne*); **3.** sich streiten (***with*** mit), sich in den Haaren liegen; **II** *s.* **4.** *Boxen*: Sparringskampf *m*; **5.** Hahnenkampf *m*; **6.** (Wort)Geplänkel *n*.

spare [speə] **I** *v/t.* **1.** *j-n od. et.* verschonen; *Gegner, j-s Gefühle, j-s Leben etc.* schonen: ***if we are ~d*** wenn wir verschont *od.* am Leben bleiben; ~ ***his blushes!*** bring ihn doch nicht in Verlegenheit!; **2.** sparsam 'umgehen mit, schonen; kargen mit: ~ ***neither trouble nor expense*** weder Mühe noch Kosten scheuen; (***not to***) ~ ***o.s.*** sich (nicht) schonen; **3.** *j-m et.* ersparen, *j-n* verschonen mit; **4.** entbehren: ***we cannot ~ him just now***; **5.** *et.* erübrigen, übrig haben: ***can you ~ me a cigarette*** (***a moment***)***?*** hast du e-e Zigarette (e-n Augenblick Zeit) für mich (übrig)?; ***no time to ~*** keine Zeit (zu verlieren); → ***enough*** II; **II** *v/i.* **6.** sparen; **7.** Gnade walten lassen; **III** *adj.* ☐ **8.** Ersatz…, Reserve…: ~ ***part*** → 14; ~ ***tyre*** (*od.* ***tire***) a) Ersatzreifen *m*, b) *humor.* ‚Rettungsring' *m* (*Fettwulst*); **9.** 'überflüssig, übrig: ~ ***hours*** (*od.* ***time***) Freizeit *f*, Mußestunden *pl.*; ~ ***moment*** freier Augenblick; ~ ***room*** Gästezimmer *n*; ~ ***money*** übriges Geld; **10.** sparsam, kärglich; **11.** → ***sparing*** 2; **12.** sparsam (*Person*); **13.** hager, dürr (*Person*); **IV** *s.* **14.** ⚙ Ersatzteil *n*; **15.** *Bowling*: Spare *m*; **'spare·ness** [-nɪs] *s.* **1.** Magerkeit *f*; **2.** Kärglichkeit *f*.

'spare|-part sur·ger·y *s.* ⚕ Er'satzteilchirur,gie *f*; **'~·rib** *s.* Rippe(n)speer *m*.

spar·ing ['speərɪŋ] *adj.* ☐ **1.** sparsam (***in, of*** mit), karg; mäßig: ***be ~ of*** sparsam umgehen mit, mit *et., a. Lob* kargen; **2.** spärlich, dürftig, knapp, gering; **'spar·ing·ness** [-nɪs] *s.* **1.** Sparsamkeit *f*; **2.** Spärlichkeit *f*, Dürftigkeit *f*.

spark¹ [spɑːk] **I** *s.* **1.** Funke(n) *m* (*a. fig.*): ***the vital ~*** der Lebensfunke; ***strike ~s out of s.o.*** j-n in Fahrt bringen; **2.** *fig.* Funke(n) *m*, Spur *f* (***of*** von *Intelligenz, Leben etc.*); **3.** ϟ a) (e'lektrischer) Funke, b) Entladung *f*, c) (Licht-) Bogen *m*; **4.** *mot.* (Zünd)Funke *m*: ***advance*** (***retard***) ***the ~*** die Zündung vor-(zurück)stellen; **5.** → ***sparks***; **II** *v/i.* **6.** Funken sprühen, funke(l)n; **7.** ⚙ zünden; **III** *v/t.* **8.** *fig. j-n* befeuern; **9.** *fig. et.* auslösen.

spark² [spɑːk] **I** *s.* **1.** flotter Kerl; **2.** ***bright ~*** *Brit. iro.* ‚Intelli'genzbolzen' *m*; **II** *v/t.* **3.** *j-m* den Hof machen.

spark| ad·vance *s. mot.* Vor-, Frühzündung *f*; ~ **ar·rest·er** *s.* ϟ Funkenlöscher *m*; ~ **dis·charge** *s.* ϟ Funkenentladung *f*; ~ **gap** *s.* ϟ (Meß)Funkenstrecke *f*.

spark·ing plug ['spɑːkɪŋ] *s. mot.* Zündkerze *f*.

spar·kle ['spɑːkl] **I** *v/i.* **1.** funkeln (*a. fig. Augen etc.*; ***with*** vor *Zorn etc.*); **2.** *fig.* a) funkeln, sprühen (*Geist, Witz*), b) brillieren, glänzen (*Person*): ***his conversation ~d with wit*** s-e Unterhaltung sprühte vor Witz; **3.** Funken sprühen; **4.** perlen (*Wein*); **II** *v/t.* **5.** *Licht* sprühen; **III** *s.* **6.** Funkeln *n*, Glanz *m*; **7.** Funke(n) *m*; **8.** *fig.* Bril'lanz *f*; **'spar·kler** [-lə] *s.* **1.** *sl.* Dia'mant *m*; **2.** Wunderkerze *f* (*Feuerwerk*); **'spark·let** [-lɪt] *s.* **1.** Fünkchen *n* (*a. fig.*); **2.** Kohlen'dioxydkapsel *f* (*für Siphonflaschen*); **'spar·kling** [-lɪŋ] *adj.* ☐ **1.** funkelnd, sprühend (*beide a. fig. Witz etc.*); **2.** *fig.* geistsprühend (*Person*); **3.** schäumend, moussierend: ~ ***wine*** Schaumwein *m*, Sekt *m*.

'spark|,o·ver *s.* ϟ ('Funken),Überschlag *m*; ~ **plug** *s.* **1.** *mot.* Zündkerze *f*; **2.** F ‚Motor' *m*, treibende Kraft.

sparks [spɑːks] *s.* F **1.** ⚓ Funker *m*; **2.** E'lektriker *m*.

spar·ring ['spɑːrɪŋ] *s.* **1.** *Boxen*: Sparring *n*: ~ ***partner*** Sparringspartner *m*; **2.** *fig.* Wortgefecht *n*.

spar·row ['spærəʊ] *s. orn.* Spatz *m*, Sperling *m*; **'~·grass** *s.* F Spargel *m*; ~ **hawk** *s. orn.* Sperber *m*.

sparse [spɑːs] *adj.* ☐ spärlich, dünn(gesät); **'sparse·ness** [-nɪs], **'spar·si·ty** [-sətɪ] *s.* Spärlichkeit *f*.

Spar·tan ['spɑːtən] **I** *adj. antiq. u. fig.* spar'tanisch; **II** *s.* Spar'taner(in).

spasm ['spæzəm] *s.* **1.** ⚕ Krampf *m*, Spasmus *m*, Zuckung *f*; **2.** *a. fig.* Anfall *m*; **spas·mod·ic** [spæz'mɒdɪk] *adj.* (☐ ***~ally***) **1.** ⚕ krampfhaft, -artig, spas'modisch; **2.** *fig.* sprunghaft, vereinzelt; **spas·tic** ['spæstɪk] ⚕ **I** *adj.* (☐ ***~ally***) spastisch, Krampf…; **II** *s.* Spastiker(in).

spat¹ [spæt] *zo.* **I** *s.* **1.** Muschel-, Austernlaich *m*; **2.** a) *coll.* junge Schaltiere *pl.*, b) junge Auster; **II** *v/i.* **3.** laichen (*bsd. Muscheln*).

spat² [spæt] *s.* Ga'masche *f*.

spat³ [spæt] F **I** *s.* **1.** Klaps *m*; **2.** *Am.* Kabbe'lei *f*; **II** *v/i.* **3.** *Am.* sich kabbeln.

spat⁴ [spæt] *pret. u. p.p. von* ***spit***.

spatch·cock ['spætʃkɒk] **I** *s.* sofort nach dem Schlachten gegrilltes Huhn *etc.*; **II** *v/t.* F *Worte etc.* einflicken.

spate [speɪt] *s.* **1.** Über'schwemmung *f*, Hochwasser *n*; **2.** *fig.* Flut *f*, (Wort-) Schwall *m*.

spathe [speɪð] *s.* ⚘ Blütenscheide *f*.

spa·tial ['speɪʃl] *adj.* ☐ räumlich, Raum…

spat·ter ['spætə] **I** *v/t.* **1.** bespritzen (***with*** mit); **2.** (ver)spritzen; **3.** *fig. j-s Namen* besudeln, *j-n* ‚mit Dreck bewerfen'; **II** *v/i.* **4.** spritzen; **5.** prasseln, klatschen; **III** *s.* **6.** Spritzen *n*; **7.** Klatschen *n*, Prasseln *n*; **8.** Spritzer *m*, Spritzfleck *m*; **'~·dash** → ***spat²***.

spat·u·la ['spætjʊlə] *s.* ⚙, ⚕ Spatel *m*, Spachtel *m, f*; **'spat·u·late** [-lɪt] *adj.* spatelförmig.

spav·in ['spævɪn] *s. vet.* Spat *m*; **'spav·ined** [-nd] *adj.* spatig, lahm.

spawn [spɔːn] **I** *s.* **1.** *ichth.* Laich *m*; **2.** ⚘ My'zel(fäden *pl.*) *n*; **3.** *fig. contp.* Brut *f*; **II** *v/i.* **4.** *ichth.* laichen; **5.** *fig. contp.* a) sich wie Ka'ninchen vermehren, b) wie Pilze aus dem Boden schießen; **III** *v/t.* **6.** *ichth. Laich* ablegen; **7.** *fig. contp. Kinder* massenweise in die Welt setzen; **8.** *fig.* ausbrüten, her'vorbringen; **'spawn·er** [-nə] *s. ichth.* Rogener *m*, Fischweibchen *n* zur Laichzeit; **'spawn·ing** [-nɪŋ] **I** *s.* **1.** Laichen *n*; **II** *adj.* **2.** Laich…; **3.** *fig.* sich stark vermehrend.

spay [speɪ] *v/t. vet.* die Eierstöcke (*gen.*) entfernen, kastrieren.

speak [spiːk] [*irr.*] **I** *v/i.* **1.** reden, sprechen (***to*** mit, zu, ***about, of, on*** über *acc.*): ***spoken*** *thea.* gesprochen (*Regieanweisung*); ***so to ~*** sozusagen; ***the portrait ~s*** *fig.* das Bild ist sprechend ähnlich; → ***speak of*** *u.* ***to, speaking*** I; **2.** (öffentlich) sprechen *od.* reden; **3.** *fig.* ertönen (*Trompete etc.*); **4.** ⚓ signalisieren; **II** *v/t.* **5.** sprechen, sagen; **6.** *Gedanken, s-e Meinung etc.* aussprechen, äußern, *die Wahrheit etc.* sagen; **7.** verkünden (*Trompete etc.*); **8.** *Sprache* sprechen (können): ***he ~s French*** er spricht Französisch; **9.** *fig. Eigenschaft etc.* verraten; **10.** ⚓ *Schiff* ansprechen;

Zssgn mit prp.:

speak| for *v/i.* **1.** sprechen *od.* eintreten für: ***that speaks well for him*** das spricht für ihn; ~ ***o.s.*** a) selbst sprechen, b) s-e eigene Meinung äußern; ***that speaks for itself*** das spricht für sich selbst; **2.** zeugen von; ~ **of** *v/i.* **1.** sprechen von *od.* über (*acc.*): ***nothing to ~*** nicht der Rede wert; ***not to ~*** ganz zu schweigen von; **2.** *et.* verraten, zeugen von; ~ **to** *v/i.* **1.** *j-n* ansprechen; mit *j-m* reden (*a. mahnend etc.*); **2.** *et.* bestätigen, bezeugen; **3.** zu sprechen kommen auf (*acc.*);

Zssgn mit adv.:

speak| out I *v/i.* → ***speak up*** 1 *u.* 2; **II** *v/t.* aussprechen; ~ **up** *v/i.* **1.** laut u. deutlich sprechen: ***~!*** (sprich) lauter!; **2.** kein Blatt vor den Mund nehmen, frei her'aussprechen: ***~!*** heraus mit der Sprache!; **3.** sich einsetzen (***for*** für).

'speak,eas·y *pl.* **-,eas·ies** *s. Am. sl.* Flüsterkneipe *f* (*ohne Konzession*).

speak·er ['spi:kə] *s.* **1.** Sprecher(in), Redner(in); **2.** ♀ *parl.* Sprecher *m*, Prä'si'dent *m*: ***the ♀ of the House of Commons***; ***Mr ♀!*** Herr Vorsitzender!; **3.** ⚡ Lautsprecher *m*.

speak·ing ['spi:kɪŋ] **I** *adj.* ☐ **1.** sprechend (*a. fig. Ähnlichkeit*): ***~!*** *teleph.* am Apparat!; ***Brown ~!*** *teleph.* (hier) Brown!; ***have a ~ knowledge of*** *e-e Sprache* (*nur*) sprechen können; ***~ acquaintance*** flüchtige(r) Bekannte(r); → ***term*** 9; **2.** Sprech…, Sprach…: ***a ~ voice*** e-e (gute) Sprechstimme; **II** *s.* **3.** Sprechen *n*, Reden *n*; **III** (*adverbial*) **4.** ***generally ~*** allgemein; ***legally ~*** vom rechtlichen Standpunkt aus (gesehen); ***strictly ~*** strenggenommen; **~ clock** *s. teleph.* Zeitansage *f*; **~ trum·pet** *s.* Sprachrohr *n*; **~ tube** *s.* **1.** Sprechverbindung *f* zwischen zwei Räumen *etc.*; **2.** Sprachrohr *n*.

spear [spɪə] **I** *s.* **1.** (Wurf)Speer *m*, Lanze *f*; Spieß *m*: ***~ side*** männliche Linie *e-r Familie*; **2.** *poet.* Speerträger *m*; **3.** ✿ Halm *m*, Sproß *m*; **II** *v/t.* **4.** durch'bohren, aufspießen; **III** *v/i.* **5.** ✿ (auf-) sprießen; **~ gun** *s.* Har'punenbüchse *f*; **'~·head I** *s.* **1.** Lanzenspitze *f*; **2.** ⚔ a) Angriffsspitze *f*, b) Stoßkeil *m*; **3.** *fig.* a) Anführer *m*, Vorkämpfer *m*, b) Spitze *f*; **II** *v/t.* **4.** *fig.* an der Spitze (*gen.*) stehen, die Spitze (*gen.*) bilden; **'~·mint** *s.* ✿ Grüne Minze.

spec [spek] *s.* F Spekulati'on *f*: ***on ~*** auf ‚Verdacht', auf gut Glück.

spe·cial ['speʃl] **I** *adj.* ☐ → ***specially***; **1.** spezi'ell: a) (ganz) besonder: ***a ~ occasion***; ***his ~ charm***; ***my ~ friend***; ***on ~ days*** an bestimmten Tagen, b) spezialisiert, Spezial…, Fach…: ***~ knowledge*** Fachkenntnis(se *pl.*) *f*; **2.** Sonder…(*-erlaubnis, -fall, -schule, -steuer, -zug etc.*), Extra…, Ausnahme…: ***~ area*** *Brit.* Notstandsgebiet *n*; ***♀ Branch*** *Brit.* Staatssicherheitspolizei *f*; ***~ constable*** → 3a; ***~ correspondent*** → 3b; ***~ delivery*** ✉ *Am.* Eilzustellung *f*, ‚durch Eilboten'; ***~ edition*** → 3c; ***~ levy*** EU Sonderabschöpfung *f*; ***~ offer*** ✝ Sonderangebot *n*; **II** *s.* **3.** a) 'Hilfspoli,zist *m*, b) Sonderberichterstatter *m*, c) Sonderausgabe *f*, d) Sonderzug *m*, e) Sonderprüfung *f*, f) ✝ *Am.* Sonderangebot *n*, g) *Radio, TV*: Sondersendung *f*, h) *Am.* Tagesgericht (*im Restaurant*); **'spe·cial·ist** [-ʃəlɪst] **I** *s.* **1.** Spezia'list *m*: a) Fachmann *m*, b) ⚕ Facharzt *m* (***in*** für); **2.** *Am. Börse*: Jobber *m* (*der sich auf e-e bestimmte Kategorie von Wertpapieren beschränkt*); **II** *adj.* **3.** → **spe·cial·ist·ic** [,speʃə'lɪstɪk] *adj.* spezialisiert, Fach…, Spezial…; **spe·ci·al·i·ty** [,speʃɪ'ælətɪ] *s. bsd. Brit.* **1.** Besonderheit *f*; **2.** besonderes Merkmal; **3.** Spezi'alfach *n*, -gebiet *n*; **4.** Speziali'tät *f* (*a.* ✝); **5.** ✝ a) Spezi'alar,tikel *m*, b) Neuheit *f*; **spe·cial·i·za·tion** [,speʃəlaɪ'zeɪʃn] *s.* Spezialisierung *f*; **'spe·cial·ize** [-ʃəlaɪz] **I** *v/i.* **1.** sich spezialisieren (***in*** auf *acc.*); **II** *v/t.* **2.** spezialisieren: ***~d*** spezialisiert, Spezial…, Fach…; **3.** näher bezeichnen; **4.** *biol. Organe* besonders entwickeln; **'spe·cial·ly** [-ʃəlɪ] *adv.* **1.** besonders, im besonderen; **2.** eigens, extra, ausdrücklich; **'spe·cial·ty** [-tɪ] *s.* **1.** *bsd. Am.* → ***speciality***; **2.** ⚖ a) besiegelte Urkunde, b) formgebundener Vertrag.

spe·cie ['spi:ʃɪ] *s.* **1.** Hartgeld *n*, Münze *f*; **2.** Bargeld *n*: ***~ payments*** Barzahlung *f*; ***in ~*** a) in bar, b) in natura, c) *fig.* in gleicher Münze.

spe·cies ['spi:ʃi:z] *s. sg. u. pl.* **1.** *allg.* Art *f*, Sorte *f*; **2.** *biol.* Art *f*, Spezies *f*: ***our*** (*od.* ***the***) ***~*** die Menschheit; **3.** *Logik*: Art *f*, Klasse *f*; **4.** *eccl.* (sichtbare) Gestalt (von Brot u. Wein).

spe·cif·ic [spɪ'sɪfɪk] **I** *adj.* (☐ ***~ally***) **1.** spe'zifisch, spezi'ell, bestimmt; **2.** eigen(tümlich); **3.** typisch, kennzeichnend, besonder; **4.** wesentlich; **5.** genau, defini'tiv, prä'zis(e), kon'kret: ***a ~ statement***; **6.** *biol.* Art…: ***~ name***; **7.** ⚕ spe'zifisch (*Heilmittel, Krankheit*); **8.** *phys.* spe'zifisch: ***~ gravity*** spezifisches Gewicht, *die* Wichte; **II** *s.* **9.** ⚕ Spe'zifikum *n*.

spec·i·fi·ca·tion [,spesɪfɪ'keɪʃn] *s.* **1.** Spezifizierung *f*; **2.** genaue Aufzählung, Einzelaufstellung *f*; **3.** *mst pl.* Einzelangaben *pl.*, -vorschriften *pl.*, *bsd.* a) ⚠ Baubeschrieb *m*, b) ⚙ (technische) Beschreibung; **4.** ⚖ Pa'tentbeschreibung *f*, -schrift *f*; **5.** ⚖ Spezifikati'on *f* (*Eigentumserwerb durch Verarbeitung*); **spec·i·fy** ['spesɪfaɪ] **I** *v/t.* **1.** (einzeln) angeben *od.* aufführen, (be)nennen, spezifizieren; **2.** bestimmen, (im einzelnen) festsetzen; **3.** in e-r Aufstellung besonders anführen; **II** *v/i.* **4.** genaue Angaben machen.

spec·i·men ['spesɪmɪn] *s.* **1.** Exem'plar *n*: ***a fine ~***; **2.** Muster *n* (*a. typ.*), Probe(stück *n*) *f*, ⚙ Prüfstück *n*: ***~ of s.o.'s handwriting*** Handschriftenprobe; **3.** *fig.* Probe *f*, Beispiel *n* (***of*** *gen.*); **4.** *fig. contp.* a) ‚Exem'plar' *n*, ‚Muster' *n* (***of*** an), b) ‚Type' *f*, komischer Kauz; **~ cop·y** *s.* 'Probeexem,plar *n*; **~ sig·na·ture** *s.* 'Unterschriftsprobe *f*.

spe·cious ['spi:ʃəs] *adj.* ☐ *äußerlich* blendend, bestechend, trügerisch, Schein…(*Argument etc.*): ***~ prosperity*** scheinbarer Wohlstand; **'spe·cious·ness** [-nɪs] *s.* **1.** *das* Bestechende; **2.** trügerischer Schein.

speck [spek] **I** *s.* **1.** Fleck(en) *m*, Fleckchen *n*; **2.** Stückchen *n*, *das* bißchen: ***a ~ of dust*** ein Stäubchen; **3.** faule Stelle (*im Obst*); **4.** *fig.* Pünktchen *n*; **II** *v/t.* **5.** sprenkeln; **'speck·le** [-kl] **I** *s.* Fleck (-en) *m*, Sprenkel *m*, Tupfen *m*, Punkt *m*; **II** *v/t.* → ***speck*** 5; **'speck·led** [-ld] *adj.* **1.** gefleckt, gesprenkelt, getüpfelt; **2.** (bunt)scheckig; **'speck·less** [-lɪs] *adj.* ☐ fleckenlos, sauber, rein (*a. fig.*).

specs [speks] *s. pl.* F Brille *f*.

spec·ta·cle ['spektəkl] *s.* **1.** Schauspiel *n* (*a. fig.*); **2.** Schaustück *n*: ***make a ~ of o.s.*** sich zur Schau stellen, (unangenehm) auffallen; **3.** *trauriger etc.* Anblick; **4.** *pl. a.* ***a pair of ~s*** e-e Brille; **'spec·ta·cled** [-ld] *adj.* **1.** bebrillt; **2.** *zo.* Brillen…(*-bär etc.*): ***~ cobra*** Brillenschlange *f*; **spec·tac·u·lar** [spek'tækjʊlə] **I** *adj.* ☐ **1.** Schau…, schauspielartig; **2.** spektaku'lär, aufsehenerregend, sensatio'nell; **II** *s.* **3.** *Am.* große (Fernseh)Schau, 'Galare,vue *f*; **spec·ta·tor** [spek'teɪtə] *s.* Zuschauer(in): ***~ sport*** Zuschauersport *m*.

spec·ter ['spektə] *Am.* → ***spectre***.

spec·tra ['spektrə] *pl. von* ***spectrum***; **'spec·tral** [-trəl] *adj.* ☐ **1.** geisterhaft, gespenstisch; **2.** *phys.* Spektral…: ***~ colo(u)r*** Spektral-, Regenbogenfarbe *f*; **'spec·tre** [-tə] *s.* **1.** Geist *m*, Gespenst *n*; **2.** *fig.* a) (Schreck)Gespenst *n*, b) *fig.* Hirngespinst *n*.

spec·tro·gram ['spektrəʊgræm] *s. phys.* Spektro'gramm *n*; **'spec·tro·graph** [-grɑ:f] *s. phys.* **1.** Spektro'graph *m*; **2.** Spektro'gramm *n*; **spec·tro·scope** ['spektrəskəʊp] *s. phys.* Spektro'skop *n*.

spec·trum ['spektrəm] *pl.* **-tra** [-trə] *s.* **1.** *phys.* Spektrum *n*: ***~ analysis*** Spektralanalyse *f*; **2.** *a.* ***radio ~*** ⚡ (Fre'quenz)Spektrum *n*; **3.** *a.* ***ocular ~*** *opt.* Nachbild *n*; **4.** *fig.* Spektrum *n*, Skala *f*: ***all across the ~*** auf der ganzen Linie.

spec·u·la ['spekjʊlə] *pl. von* ***speculum***; **'spec·u·lar** [-lə] *adj.* **1.** spiegelnd, Spiegel…: ***~ iron*** *min.* Eisenglanz *m*; **2.** ⚕ Spekulum…

spec·u·late ['spekjʊleɪt] *v/i.* **1.** nachsinnen, -denken, theoretisieren, Vermutungen anstellen, ‚spekulieren' (***on, upon, about*** über *acc.*); **2.** ✝ spekulieren (***for, on*** auf *Baisse etc.*, ***in*** in *Kupfer etc.*); **spec·u·la·tion** [,spekjʊ'leɪʃn] *s.* **1.** Nachdenken *n*, Grübeln *n*; **2.** Betrachtung *f*, Theo'rie *f*, Spekulati'on *f* (*a. phls.*); **3.** Vermutung *f*, Mutmaßung *f*, Rätselraten *n*, Spekulati'on *f*: ***mere ~***; **4.** ✝ Spekulati'on *f*; **'spec·u·la·tive** [-lətɪv] *adj.* ☐ **1.** *phls.* spekula'tiv; **2.** theo'retisch; **3.** nachdenkend, grüblerisch; **4.** forschend, abwägend (*Blick etc.*); **5.** ✝ spekula'tiv, Spekulations…; **'spec·u·la·tor** [-leɪtə] *s.* ✝ Speku'lant *m*.

spec·u·lum ['spekjʊləm] *pl.* **-la** [-lə] *s.* **1.** (Me'tall)Spiegel *m* (*bsd. für Teleskope*); **2.** ⚕ Spekulum *n*, Spiegel *m*.

sped [sped] *pret. u. p.p. von* ***speed***.

speech [spi:tʃ] **I** *s.* **1.** Sprache *f*, Sprechvermögen *n*: ***recover one's ~*** die Sprache wiedergewinnen; **2.** Reden *n*, Sprechen *n*: ***freedom of ~*** Redefreiheit *f*; **3.** Rede *f*, Äußerung *f*: ***direct one's ~ to*** das Wort an *j-n* richten; **4.** Gespräch *n*: ***have ~ with*** mit *j-m* reden; **5.** Rede *f*, Ansprache *f*, Vortrag *m*; ⚖ Plädoy'er *n*; **6.** a) (Landes)Sprache *f*, b) Dia'lekt *m*: ***in common ~*** in der Umgangssprache, landläufig; **7.** Sprech-, Ausdrucksweise *f*, Sprache *f* (*e-r Person*); **8.** ♪ Klang *m e-r Orgel etc.*; **II** *adj.* **9.** Sprach…, Sprech…: ***~ area*** *ling.* Sprachraum *m*; ***~ centre*** (*Am.* ***center***) *anat.* Sprechzentrum *n*; ***~ clinic*** ⚕ Sprachklinik *f*; ***~ day*** *ped.* (Jahres-) Schlußfeier *f*; ***~ defect*** Sprachfehler *m*; ***~ island*** Sprachinsel *f*; ***~ map*** Sprachenkarte *f*; ***~ record*** Sprechplatte *f*; ***~ therapist*** Logopäde *m*; ***~ therapy*** Logopädie *f*.

speech·i·fi·ca·tion [,spi:tʃɪfɪ'keɪʃn] *s. contp.* Redenschwingen *n*; **speech·i·fi·er** ['spi:tʃɪfaɪə] *s.* Viel-, Volksredner *m*; **speech·i·fy** ['spi:tʃɪfaɪ] *v/i.* Reden schwingen.

speech·less ['spi:tʃlɪs] *adj.* ☐ **1.** *fig.* sprachlos (***with*** vor *Empörung etc.*): ***that left him ~*** das verschlug ihm die Sprache; **2.** stumm, wortkarg; **3.** *fig.* unsäglich: ***~ grief***; **'speech·less·ness** [-nɪs] *s.* Sprachlosigkeit *f*.

speed [spiːd] **I** *s.* **1.** Geschwindigkeit *f*, Schnelligkeit *f*, Eile *f*, Tempo *n*: ***at a ~ of*** mit e-r Geschwindigkeit von; ***at full ~*** mit Höchstgeschwindigkeit; ***at the ~ of light*** mit Lichtgeschwindigkeit; ***full ~ ahead*** ⚓ volle Kraft voraus; ***that's not my ~!*** *sl.* das ist nicht mein Fall!; **2.** ⚙ a) Drehzahl *f*, b) *mot. etc.* Gang *m*: ***three-~ bicycle*** Fahrrad mit Dreigangschaltung; **3.** *phot.* a) Lichtempfindlichkeit *f*, b) Verschlußgeschwindigkeit *f*; **4.** *obs.*: ***good ~!*** viel Erfolg!, viel Glück!; **5.** *sl.* ‚Speed' *m* (*Aufputschmittel*); **II** *adj.* **6.** Schnell…, Geschwindigkeits…; **III** *v/t.* [*irr.*] **7.** *Gast* (rasch) verabschieden, *j-m* Lebe'wohl sagen; **8.** *j-m* beistehen: ***God ~ you!*** Gott sei mit dir!; **9.** rasch befördern; **10.** *Lauf etc.* beschleunigen; **11.** *mst* ***~ up*** (*pret. u. p.p.* ***speeded***) *Maschine* beschleunigen, *fig. Sache* vo'rantreiben; *Produktion* erhöhen; **IV** *v/i.* [*irr.*] **12.** (da'hin-)eilen, rasen; **13.** *mot.* (zu) schnell fahren; → ***speeding***; **14.** ***~ up*** (*pret. u. p.p.* ***speeded***) die Geschwindigkeit erhöhen; **15.** *obs.* gedeihen, Glück haben; **'~·boat** *s.* **1.** ⚓ Schnellboot *n*; **2.** *sport* Rennboot *n*; **~ cop** *s.* F motorisierter Ver'kehrspoli͵zist; **~ count·er** *s.* ⚙ Drehzahlmesser *m*, Tourenzähler *m*.

speed·er ['spiːdə] *s.* **1.** ⚙ Geschwindigkeitsregler *m*; **2.** *mot.* ‚Raser' *m*.

speed in·di·ca·tor *s.* **1.** → ***speedometer***; **2.** → ***speed counter***.

speed·i·ness ['spiːdɪnɪs] *s.* Schnelligkeit *f*, Zügigkeit *f*.

speed·ing ['spiːdɪŋ] *s. mot.* zu schnelles Fahren, Ge'schwindigkeitsüber͵tretung *f*: ***no ~!*** Schnellfahren verboten!

speed| lathe *s.* ⚙ Schnelldrehbank *f*; **~ lim·it** *s. mot.* Geschwindigkeitsbegrenzung *f*, Tempolimit *n*; **~ mer·chant** *s. mot. Brit. sl.* ‚Raser' *m*.

speed·o ['spiːdəʊ] *s. mot.* F ‚Tacho' *m*.

speed·om·e·ter [spɪ'dɒmɪtə] *s. mot.* Tacho'meter *m, n*.

'speed|-͵read·ing *s.* 'Schnelleseme͵thode *f*; **~ skat·er** *s. sport* Eisschnellläufer(in); **~ skat·ing** *s.* Eisschnellauf *m*.

speed·ster ['spiːdstə] *s.* **1.** → ***speeder*** 2; **2.** ‚Flitzer' *m* (*Sportwagen*).

speed| trap *s.* Ra'darfalle *f*; **'~-up** *s.* **1.** Beschleunigung *f*; **2.** Produkti'onserhöhung *f*; **'~·way** *s.* **1.** *sport* a) Speedwayrennen *pl.*, b) *a.* ***~ track*** Speedwaybahn *f*; **2.** *Am.* a) Schnellstraße *f*, b) Autorennstrecke *f*.

speed·well ['spiːdwel] *s.* ⚘ Ehrenpreis *n, m*.

speed·y ['spiːdɪ] *adj.* □ schnell, zügig, rasch, prompt: ***wish s.o. a ~ recovery*** j-m gute Besserung wünschen.

speiss [spaɪs] *s.* ⚒, *metall.* Speise *f*.

spe·le·ol·o·gist [͵spelɪ'ɒlədʒɪst] *s.* Höhlenforscher *m*; **͵spe·le'ol·o·gy** [-dʒɪ] *s.* Speläolo'gie *f*, Höhlenforschung *f*.

spell¹ [spel] **I** *v/t.* [*a. irr.*] **1.** buchstabieren: ***~ backward*** a) rückwärts buchstabieren, b) *fig.* völlig verdrehen; **2.** (ortho'graphisch richtig) schreiben; **3.** *Wort* bilden, ergeben: ***l-e-d ~s led***; **4.** *fig.* bedeuten: ***it ~s trouble***; **5.** ***~ out*** (*od.* ***over***) (mühsam) entziffern; **6.** *oft* ***~ out*** *fig.* a) darlegen, b) (***for s.o.*** j-m) *et.* ‚ausein'anderklauben'; **II** *v/i.* [*a. irr.*] **7.** (richtig) schreiben; **8.** geschrieben werden, sich schreiben.

spell² [spel] **I** *s.* **1.** Arbeit(szeit) *f*: ***have a ~ at*** sich e-e Zeitlang mit *et.* beschäftigen; **2.** (Arbeits)Schicht *f*: ***give s.o. a ~*** → 7; **3.** *Am.* (*Husten- etc.*)Anfall *m*, (ner'vöser) Zustand; **4.** a) Zeit(abschnitt *m*) *f*, b) *ein* Weilchen *n*: ***for a ~***; **5.** *Am.* F Katzensprung *m* (*kurze Strekke*); **6.** *meteor.* Peri'ode *f*: ***a ~ of fine weather*** e-e Schönwetterperiode; ***hot ~*** Hitzewelle *f*; **II** *v/t.* **7.** *Am. j-n* (bei der Arbeit) ablösen.

spell³ [spel] **I** *s.* **1.** Zauber(wort *n*) *m*; **2.** *fig.* Zauber *m*, Bann *m*, Faszinati'on *f*: ***be under a ~*** a) verzaubert sein, b) *fig.* gebannt *od.* fasziniert sein; ***break the ~*** den Zauberbann (*fig.* das Eis) brechen; ***cast a ~ on*** → 3; **II** *v/t.* **3.** *j-n* a) verzaubern, b) *fig.* bezaubern, fesseln, faszinieren; **'~·bind** *v/t.* [*irr.* → ***bind***] → ***spell³*** 3; **'~͵bind·er** *s.* faszinierender Redner, fesselnder Ro'man *etc.*; **'~·bound** *adj. u. adv.* (wie) gebannt, fasziniert.

spell·er ['spelə] *s.* **1.** ***he is a good ~*** er ist in der Orthographie gut beschlagen; **2.** Fibel *f*; **'spell·ing** [-lɪŋ] *s.* **1.** Buchstabieren *n*; **2.** Rechtschreibung *f*, Orthogra'phie *f*: ***~ bee*** Rechtschreibewettbewerb *m*; ***~ checker*** *Computer* Rechtschreibhilfeprogramm *n*.

spelt¹ [spelt] *s.* ⚘ Spelz *m*, Dinkel *m*.

spelt² [spelt] *pret. u. p.p. von* ***spell¹***.

spel·ter ['speltə] *s.* **1.** ♆ (Handels-, Roh)Zink *n*; **2.** *a.* ***~ solder*** ⚙ Messingschlaglot *n*.

spe·lunk [spɪ'lʌŋk] *v/i. Am.* Höhlen erforschen (*als Hobby*).

spen·cer¹ ['spensə] *s. hist. u. Damenmode*: Spenzer *m* (*kurze Überjacke*).

spen·cer² ['spensə] *s.* ⚓ *hist.* Gaffelsegel *n*.

spend [spend] [*irr.*] **I** *v/t.* **1.** verbrauchen, aufwenden, ausgeben (***on*** für): ***~ money***; → ***penny*** 1; **2.** *Geld, Zeit etc.* verwenden, anlegen (***on*** für): ***~ time on s.th.*** Zeit für et. verwenden; **3.** verschwenden, -geuden, 'durchbringen; **4.** *Zeit* zu-, verbringen; **5.** (***o.s.*** sich) erschöpfen, verausgaben: ***the storm is spent*** der Sturm hat sich gelegt *od.* ausgetobt; **II** *v/i.* **6.** Geld ausgeben, Ausgaben machen; **7.** laichen (*Fische*).

spend·ing ['spendɪŋ] *s.* **1.** (*das*) Geldausgeben; **2.** Ausgabe(n *pl.*) *f*; **~ mon·ey** *s.* Taschengeld *n*; **~ pow·er** *s.* Kaufkraft *f*.

spend·thrift ['spendθrɪft] **I** *s.* Verschwender(in); **II** *adj.* verschwenderisch.

Spen·se·ri·an [spen'sɪərɪən] *adj.* (Edmund) Spenser betreffend: ***~ stanza*** Spenserstanze *f*.

spent [spent] **I** *pret. u. p.p. von* ***spend***; **II** *adj.* **1.** matt, verausgabt, erschöpft, entkräftet: ***~ bullet*** matte Kugel; ***~ liquor*** ⚙ Ablauge *f*; **2.** verbraucht; **3.** *zo.* (*von Eiern od. Samen*) entleert (*Insekten, Fische*): ***~ herring*** Hering *m* nach dem Laichen.

sperm¹ [spɜːm] *s. physiol.* **1.** Sperma *n*, Samenflüssigkeit *f*; **2.** Samenzelle *f*.

sperm² [spɜːm] *s.* **1.** Walrat *m, n*; **2.** → ***sperm whale***; **3.** → ***sperm oil***.

sper·ma·ce·ti [͵spɜːmə'setɪ] *s.* Walrat *m, n*.

sper·ma·ry ['spɜːmərɪ] *s. physiol.* Keimdrüse *f*; **sper·mat·ic** [spɜː'mætɪk] *adj. physiol.* sper'matisch, Samen…: ***~ cord*** Samenstrang *m*; ***~ filament*** Samenfaden *m*; ***~ fluid*** → ***sperm¹*** 1.

sper·ma·to·blast ['spɜːmətəʊblæst] *s. biol.* Ursamenzelle *f*; **͵sper·ma·to'gen·e·sis** [-əʊ'dʒenɪsɪs] *s. biol.* Samenbildung *f*; **͵sper·ma·to'zo·on** [-əʊ'zəʊɒn] *pl.* **-'zo·a** [-'zəʊə] *s. biol.* Spermato'zoon *n*, Spermium *n*.

spermo- [spɜːməʊ] *in Zssgn* Samen…

sperm oil *s.* Walratöl *n*.

sper·mo·log·i·cal [͵spɜːmə'lɒdʒɪkl] *adj.* **1.** ⚕ spermato'logisch; **2.** ⚘ samenkundlich.

sperm whale *s. zo.* Pottwal *m*.

spew [spjuː] **I** *v/i.* sich erbrechen, ‚spukken', ‚speien'; **II** *v/t.* (er)brechen: ***~ forth*** (*od.* ***out***, ***up***) (aus)speien, (-)spucken, (-)werfen; **III** *s. das* Erbrochene.

sphac·e·la·tion [͵sfæsɪ'leɪʃn] *s.* ⚕ Brandbildung *f*; **sphac·e·lous** ['sfæsɪləs] *adj.* ⚕ gangrä'nös, ne'krotisch.

sphaero- [sfɪərəʊ] *in Zssgn* Kugel…, Sphaero…

sphe·nog·ra·phy [sfɪ'nɒgrəfɪ] *s.* Keilschriftkunde *f*; **sphe·noid** ['sfiːnɔɪd] **I** *adj.* **1.** keilförmig; **2.** *anat.* Keilbein…; **II** *s.* **3.** *min.* Spheno'id *n* (*Kristallform*).

sphere [sfɪə] *s.* **1.** Kugel *f* (*a.* 𝔄; *a. sport Ball*), kugelförmiger Körper; Erd-, Himmelskugel *f*; Himmelskörper *m*: ***doctrine of the ~*** 𝔄 Sphärik *f*; **2.** *antiq. ast.* Sphäre *f*: ***music of the ~s*** Sphärenmusik *f*; **3.** *poet.* Himmel *m*, Sphäre *f*; **4.** *fig.* (*Einfluß-, Interessen- etc.*)Sphäre *f*, Gebiet *n*, Bereich *m*, Kreis *m*: ***~ of influence***; ***~*** (***of activity***) Wirkungskreis; **5.** Mili'eu *n*, (gesellschaftliche) Um'gebung; **spher·ic** ['sferɪk] **I** *adj.* **1.** *poet.* himmlisch; **2.** kugelförmig; **3.** sphärisch; **II** *s. pl.* **4.** → ***spherics¹***; **spher·i·cal** ['sferɪkl] *adj.* □ **1.** kugelförmig; **2.** 𝔄 Kugel…(*-ausschnitt, -vieleck etc.*), sphärisch: ***~ astronomy***; ***~ trigonometry***; **sphe·ric·i·ty** [sfɪ'rɪsətɪ] *s.* Kugelgestalt *f*, sphärische Gestalt.

spher·ics¹ ['sferɪks] *s. pl. sg. konstr.* 𝔄 Sphärik *f*, Kugellehre *f*.

spher·ics² ['sferɪks] *s. pl. sg. konstr.* Wetterbeobachtung *f* mit elek'tronischen Geräten.

sphero- → ***sphaero-***.

sphe·roid ['sfɪərɔɪd] **I** *s.* 𝔄 Sphäro'id *n*; **II** *adj.* → **sphe·roi·dal** [͵sfɪə'rɔɪdl] *adj.* □ sphäro'idisch, kugelig; **sphe·roi·dic**, **sphe·roi·di·cal** [͵sfɪə'rɔɪdɪk(l)] *adj.* □ → ***spheroidal***.

spher·ule ['sferjuːl] *s.* Kügelchen *n*.

sphinc·ter ['sfɪŋktə] *s. a.* ***~ muscle*** *anat.* Schließmuskel *m*.

sphinx [sfɪŋks] *pl.* **'sphinx·es** *s.* **1.** *mst* ♀ *myth. u.* ⚠ Sphinx *f* (*a. fig. rätselhafter Mensch*); **2.** a) *a.* ***~ moth*** Sphinx *f* (*Nachtfalter*), b) *a.* ***~ baboon*** Sphinxpavian *m*; **'~·like** *adj.* sphinxartig (*a. fig. rätselhaft*).

spi·ca ['spaɪkə] *pl.* **-cae** [-siː] *s.* **1.** ⚘ Ähre *f*; **2.** ⚕ Kornährenverband *m*; **'spi·cate** [-keɪt] *adj.* ⚘ a) ährentragend (*Pflanze*), b) ährenförmig (angeordnet) (*Blüte*).

spice [spaɪs] **I** *s.* **1.** a) Gewürz *n*, Würze *f*, b) *coll.* Gewürze *pl.*; **2.** *fig.* Würze *f*; **3.** *fig.* Beigeschmack *m*, Anflug *m*; **II** *v/t.* **4.** würzen (*a. fig.*); **spiced** [-st] → ***spicy*** 1 *u.* 2; **'spic·er·y** [-sərɪ] *s. coll.*

Gewürze *pl.*; ˈ**spic·i·ness** [-sɪnɪs] *s. fig. das* Würzige, *das* Piˈkante.

spick-and-span [ˌspɪkənˈspæn] *adj.* **1.** funkelnagelneu; **2.** a) blitzsauber, b) ‚wie aus dem Ei gepellt' (*Person*).

spic·u·lar [ˈspaɪkjʊlə] *adj.* **1.** *zo.* nadelförmig; **2.** ⚘ ährchenförmig; **spic·ule** [ˈspaɪkjuːl] *s.* **1.** (Eis- *etc.*)Nadel *f*; **2.** *zo.* nadelartiger Fortsatz, *bsd.* Skeˈlettnadel *f* (*e-s Schwammes etc.*); **3.** ⚘ Ährchen *n*.

spic·y [ˈspaɪsɪ] *adj.* □ **1.** gewürzt; **2.** würzig, aroˈmatisch (*Duft etc.*); **3.** Gewürz…; **4.** *fig.* a) gewürzt, witzig, b) piˈkant, gepfeffert, schlüpfrig; **5.** *sl.* a) ‚gewieft', geschickt, b) schick.

spi·der [ˈspaɪdə] *s.* **1.** *zo.* Spinne *f*; **2.** ⚙ a) Armkreuz *n*, b) Drehkreuz *n*, c) Armstern *m* (*Rad*); **3.** ⚡ Ständerkörper *m*; **4.** *Am.* Dreifuß *m* (*Untersatz*); **~ catch·er** *s. orn.* **1.** Spinnenfresser *m*; **2.** Mauerspecht *m*; **~ line** *s. mst pl.* ⚙, *opt.* Faden(kreuz *n*) *m*, Ableselinie *f*; **~ web**, *a.* **~'s web** *s.* Spinn(en)gewebe *n* (*a. fig.*).

spi·der·y [ˈspaɪdərɪ] *adj.* **1.** spinnenartig; **2.** spinnwebartig; **3.** voll von Spinnen.

spiel [spiːl] *s. Am. sl.* **1.** Werbesprüche *pl.*; **2.** ‚Platte' *f*, Gequassel *n*.

spiff·ing [ˈspɪfɪŋ] *adj. sl.* ‚toll', ‚(tod-)schick'.

spif·(f)li·cate [ˈspɪflɪkeɪt] *v/t. sl.* ‚es *j-m* besorgen'.

spig·ot [ˈspɪɡət] *s.* ⚙ **1.** (Faß)Zapfen *m*; **2.** Zapfen *m* (*e-s Hahns*); **3.** (Faß-, Leitungs)Hahn *m*; **4.** Muffenverbindung *f* (*bei Röhren*).

spike¹ [spaɪk] *s.* ⚘ **1.** (Gras-, Korn)Ähre *f*; **2.** (Blüten)Ähre *f*.

spike² [spaɪk] **I** *s.* **1.** Stift *m*, Spitze *f*, Dorn *m*, Stachel *m*; **2.** ⚙ (Haken-, Schienen)Nagel *m*, Bolzen *m*; **3.** (Zaun)Eisenspitze *f*; **4.** a) *mst pl.* Spike *m* (*am Rennschuh etc.*), b) *pl. mot.* Spikes *pl.* (*am Reifen*); **5.** *hunt.* Spieß *m* (*e-s Junghirsches*); **6.** *ichth.* junge Maˈkrele; **II** *v/t.* **7.** festnageln; **8.** mit (Eisen)Spitzen versehen; **9.** aufspießen; **10.** *sport* mit den Spikes verletzen; **11.** ⚔ *Geschütz* vernageln: **~ *s.o.'s guns*** *fig.* j-m e-n Strich durch die Rechnung machen; **12.** a) e-n Schuß Alkohol geben in *ein Getränk*, b) *fig.* ‚pfeffern'.

spiked¹ [spaɪkt] *adj.* ⚘ ährentragend.

spiked² [spaɪkt] *adj.* **1.** mit Nägeln *od.* (Eisen)Spitzen (versehen): **~ *shoes***; **~ *helmet*** Pickelhaube *f*; **2.** mit ‚Schuß' (*Getränk*).

spike·nard [ˈspaɪknɑːd] *s.* **1.** Laˈvendelöl *n*; **2.** ⚘ Indische Narde; **3.** ⚘ Traubige Aˈralie.

spike oil → ***spikenard*** 1.

spik·y [ˈspaɪkɪ] *adj.* **1.** spitz, dornenartig, stachelig; **2.** *Brit.* F a) eigensinnig, b) empfindlich.

spile [spaɪl] **I** *s.* **1.** (Faß)Zapfen *m*, Spund *m*; **2.** Pflock *m*, Pfahl *m*; **II** *v/t.* **3.** verspunden; **4.** anzapfen; ˈ**~·hole** *s.* Spundloch *n*.

spill¹ [spɪl] *s.* **1.** (Holz)Splitter *m*; **2.** Fidibus *m*.

spill² [spɪl] **I** *v/t.* [*irr.*] **1.** aus-, verschütten, ˈüberlaufen lassen; **2.** *Blut* vergießen; **3.** umˈher-, verstreuen; **4.** ⚓ *Segel* killen lassen; **5.** a) *Reiter* abwerfen, b) *j-n* schleudern; **6.** *sl.* ausplaudern, verraten; → ***bean*** 1; **II** *v/i.* [*irr.*] **7.** ˈüberlaufen, verschüttet werden; **8.** *a.* **~ *over*** sich ergießen (*a. fig.*); **9.** **~ *over with*** *fig.* wimmeln von; **10.** *sl.* ‚auspacken', ‚singen'; **III** *s.* **11.** F Sturz *m* (*vom Pferd etc.*); **12.** ☤ Preissturz *m*.

spil·li·kin [ˈspɪlɪkɪn] *s.* **1.** (*bsd.* Miˈkado-)Stäbchen *n*; **2.** *pl. sg. konstr.* Miˈkado *n*.

ˈ**spill·way** *s.* ⚙ ˈÜberlauf(rinne *f*) *m*, ˈAbflußkaˌnal *m*.

spilt [spɪlt] *pret. u. p.p. von* ***spill²***; → ***milk*** 1.

spin [spɪn] **I** *v/t.* [*irr.*] **1.** *Wolle*, *Flachs etc.* (zu Fäden) spinnen; **2.** *Fäden*, *Garn* spinnen; **3.** schnell drehen, (herˈum)wirbeln; *Kreisel* treiben; ✈ *Flugzeug* trudeln lassen; *Münze* hochwerfen; *Wäsche* schleudern; *Schallplatte* ‚laufen lassen'; **4.** a) sich *et.* ausdenken, *Pläne* aushecken, b) erzählen; → ***yarn*** 3; **5.** **~ *out*** in die Länge ziehen, *Geschichte* ausspinnen, *a. Suppe etc.* ‚strecken'; **6.** *sport Ball* mit Efˈfet schlagen; **7.** *sl. Kandidaten* ‚ˈdurchrasseln' lassen; **II** *v/i.* [*irr.*] **8.** spinnen; **9.** *a.* **~ *round*** sich (im Kreis um die eigene Achse) drehen, herˈumwirbeln: ***send s.o. ~ning*** j-n hinschleudern; ***my head ~s*** mir dreht sich alles; **10.** **~ *along*** daˈhinsausen (*fahren*); **11.** ✈ trudeln; **12.** *mot.* ˈdurchdrehen (*Räder*); **13.** *sl.* ‚durchrasseln' (*Prüfungskandidat*); **III** *s.* **14.** *das* Herˈumwirbeln; **15.** schnelle Drehung, Drall *m*; **16.** *phys.* Spin *m*, Drall *m* (*des Elektrons*); **17.** ***go for a ~*** F e-e Spritztour machen; **18.** ✈ a) (Ab)Trudeln *n*, b) ˈSturzspiˌrale *f*; **19.** *sport* Efˈfet *m*.

spin·ach [ˈspɪnɪdʒ] *s.* **1.** ⚘ Spiˈnat *m*; **2.** *Am. sl.* ‚Mist' *m*.

spi·nal [ˈspaɪnl] *adj. anat.* spiˈnal, Rückgrat…, Rückenmarks…; **~ col·umn** *s.* Wirbelsäule *f*, Rückgrat *n*; **~ cord**, **~ mar·row** *s.* Rückenmark *n*; **~ nerve** *s.* Spiˈnalnerv *m*.

spin·dle [ˈspɪndl] **I** *s.* **1.** ⚙ a) (Hand-, *a.* Drehbank)Spindel *f*, b) Welle *f*, Achszapfen *m*, c) Triebstock *m*, d) Hydroˈmeter *n*; **2.** *ein Garnmaß*; **3.** *biol.* Kernspindel *f*; **4.** ⚘ Spindel *f*; **II** *v/i.* **5.** (auf)schießen (*Pflanze*); **6.** in die Höhe schießen (*Person*); ˈ**~-legged** *adj.* storchbeinig; ˈ**~·legs**, ˈ**~·shanks** *s. pl.* **1.** ‚Storchbeine' *pl.*; **2.** *sg. konstr.* ‚Storchbein' *n* (*Person*).

spin·dling [ˈspɪndlɪŋ], ˈ**spin·dly** [-lɪ] *adj.* lang u. dünn, spindeldürr.

ˌ**spin**|-ˈ**dry** *v/t.* *Wäsche* schleudern; ˌ**~-**ˈ**dry·er**, *a.* ˌ**~-**ˈ**dri·er** *s.* Wäscheschleuder *f*.

spine [spaɪn] *s.* **1.** ⚘, *zo.* Stachel *m*; **2.** *anat.* Rückgrat *n* (*a. fig. fester Charakter*), Wirbelsäule *f*; **3.** (Gebirgs)Grat *m*; **4.** Buchrücken *m*; **spined** [-nd] *adj.* **1.** *bot.*, *zo.* stachelig, Stachel…; **2.** Rückgrat…, Wirbel…; ˈ**spine·less** [-lɪs] *adj.* **1.** stachellos; **2.** rückgratlos (*a. fig.*).

spin·et [spɪˈnet] *s.* ♪ Spiˈnett *n*.

spin·na·ker [ˈspɪnəkə] *s.* ⚓ Spinnaker *m* (*großes Dreiecksegel*).

spin·ner [ˈspɪnə] *s.* **1.** *poet. od. dial.* Spinne *f*; **2.** Spinner(in); **3.** ⚙ ˈSpinnmaˌschine *f*; **4.** Kreisel *m*; **5.** (Polier-)Scheibe *f*; **6.** → ˈ**spin·ner·et** [-əret] *s. zo.* Spinndrüse *f*.

spin·ney [ˈspɪnɪ] *pl.* **-neys** *s. Brit.* Dickicht *n*.

spin·ning| **jen·ny** [ˈspɪnɪŋ] *s.* ˈFeinspinnmaˌschine *f*; **~ mill** *s.* Spinneˈrei *f*; **~ wheel** *s.* Spinnrad *n*.

ˈ**spin-off** *s.* ⚙ ˈNebenproˌdukt *n* (*a. fig.*).

spi·nose [ˈspaɪnəʊs], ˈ**spi·nous** [-nəs] *adj.* stach(e)lig.

spin·ster [ˈspɪnstə] *s.* **1.** älteres Fräulein, alte Jungfer; **2.** *Brit.* ⚖ a) unverheiratete Frau, b) *nach dem Namen*: ledig: **~ *aunt*** unverheiratete Tante; ˈ**spin·ster·hood** [-hʊd] *s.* **1.** Altˈjüngferlichkeit *f*; **2.** Altˈjungfernstand *m*; **3.** lediger Stand; ˈ**spin·ster·ish** [-ərɪʃ], ˈ**spin·ster·ly** [-lɪ] *adj.* altˈjüngferlich.

spin·y [ˈspaɪnɪ] *adj.* **1.** ⚘, *zo.* stach(e)lig; **2.** *fig.* heikel (*Thema etc.*).

spi·ra·cle [ˈspaɪərəkl] *s.* **1.** Atem-, Luftloch *n*, *bsd. zo.* Traˈchee *f*; **2.** *zo.* Spritzloch *n* (*bei Walen etc.*).

spi·ral [ˈspaɪərəl] **I** *adj.* □ **1.** gewunden, schrauben-, schneckenförmig, spiˈral, Spiral…: **~ *balance*** ⚙ (Spiral)Federwaage *f*; **~ *staircase*** Wendeltreppe *f*; **2.** ⚒ spiˈralig, Spiral…; **II** *s.* **3.** ⚒ *etc.* Spiˈrale *f*; **4.** Windung *f e-r Spirale*; **5.** ⚙ a) *a.* **~ *conveyer*** Förderschnecke *f*, b) *a.* **~ *spring*** Spiˈralfeder *f*; **6.** ⚡ a) Spule *f*, b) Wendel *f* (*Glühlampe*); **7.** *a.* **~ *nebula*** *ast.* Spiˈralnebel *m*; **8.** ✈ Spiˈralflug *m*, Spiˈrale *f*; **9.** ☤ (*Preis-*, *Lohn- etc.*)Spiˈrale *f*: ***wage-price ~*** Lohn-Preis-Spirale; **III** *v/t.* **10.** spiˈralig machen; **11.** **~ *up*** (***down***) *Preise etc.* hinˈauf- (herˈunter)schrauben; **IV** *v/i.* **12.** sich spiˈralförmig nach oben *od.* unten bewegen, *a.* ✈, ☤ sich hoch- *od.* niederschrauben.

spi·rant [ˈspaɪərənt] *ling.* **I** *s.* Spirans *f*, Reibelaut *m*; **II** *adj.* spiˈrantisch.

spire¹ [ˈspaɪə] *s.* **1.** → ***spiral*** 4; **2.** Spiˈrale *f*; **3.** *zo.* Gewinde *n*.

spire² [ˈspaɪə] **I** *s.* **1.** (*Dach-*, *Turm-*, *a. Baum-*, *Berg- etc.*)Spitze *f*; **2.** Spitzturm *m*; **3.** Kirchturm(spitze *f*) *m*; **4.** spitz zulaufender Körper *od.* Teil, *z.B.* (Blüten)Ähre *f*, Grashalm *m*, (Geweih)Gabel *f*; **II** *v/i. u. v/t.* **5.** spitz zulaufen (lassen).

spired¹ [ˈspaɪəd] *adj.* spiˈralförmig.

spired² [ˈspaɪəd] *adj.* **1.** spitz (zulaufend); **2.** spitztürmig.

spir·it [ˈspɪrɪt] **I** *s.* **1.** *allg.* Geist *m*: a) Odem *m*, Lebenshauch *m*, b) innere Vorstellung: ***in*** (***the***) **~** im Geiste, c) Seele *f* (*a. e-s Toten*), d) Gespenst *n*, e) Gesinnung *f*, (*Gemein- etc.*)Sinn *m*, f) Chaˈrakter *m*, g) Sinn *m*: ***the ~ of the law***; → ***enter into*** 4; **2.** Stimmung *f*, Gemütsverfassung *f*, *pl. a.* Lebensgeister *pl.*: ***in high*** (***low***) **~*s*** gehobener (in gedrückter) Stimmung; **3.** Feuer *n*, Schwung *m*, Eˈlan *m*; Enerˈgie *f*, Mut *m*; **4.** (Mann *m* von) Geist *m*, Kopf *m*, Geˈnie *n*; **5.** Seele *f e-s Unternehmens*; **6.** (Zeit)Geist *m*: **~ *of the age***; **7.** ⚗ Destilˈlat *n*, Geist *m*, Spiritus *m*: **~(*s*) *of hartshorn*** Hirschhornspiritus, -geist; **~(*s*) *of turpentine*** Terpentinöl *n*; **~(*s*) *of wine*** Weingeist; **8.** *pl.* alkoˈholische *od.* geistige Getränke *pl.*, Spirituˈosen *pl.*; **9.** *a. pl.* ⚗ *Am.* Alkohol *m*; **II** *v/t.* **10.** *a.* **~ *up*** aufmuntern, anstacheln; **11.** **~ *away***, **~ *off*** wegschaffen, -zaubern, verschwinden lassen; ˈ**spir·it·ed** [-tɪd] *adj.* □ **1.** leˈbendig, lebhaft, schwungvoll, tempera'mentvoll; **2.** e'nergisch, beherzt; **3.** feurig (*Pferd etc.*); **4.** (geist)sprühend, le'bendig (*Rede, Buch etc.*).

-spir·it·ed [spɪrɪtɪd] *adj. in Zssgn* **1.** ...gesinnt: → ***public-~***; **2.** ...gestimmt: → ***low-~***.

spir·it·ed·ness ['spɪrɪtɪdnɪs] *s.* **1.** Lebhaftigkeit *f*, Le'bendigkeit *f*; **2.** Ener'gie *f*, Beherztheit *f*; **3.** *in Zssgn*: ***low-~*** Niedergeschlagenheit *f*; ***public-~*** Gemeinsinn *m*.

spir·it·ism ['spɪrɪtɪzəm] *s.* Spiri'tismus *m*; **'spir·it·ist** [-ɪst] *s.* Spiri'tist(in); **spir·it·is·tic** [ˌspɪrɪ'tɪstɪk] *adj.* (□ ***~ally***) spiri'tistisch.

spir·it·less ['spɪrɪtlɪs] *adj.* □ **1.** geistlos; **2.** leb-, lust-, schwunglos, schlapp; **3.** niedergeschlagen, mutlos; **'spir·it·less·ness** [-nɪs] *s.* **1.** Geistlosigkeit *f*; **2.** Lust-, Schwunglosigkeit *f*; **3.** Kleinmut *m*.

spir·it| lev·el *s.* ⚙ Nivellier-, Wasserwaage *f*; **~ rap·ping** *s.* Geisterklopfen *n*.

spir·it·u·al ['spɪrɪtjʊəl] **I** *adj.* □ **1.** geistig, unkörperlich; **2.** geistig, innerlich, seelisch: ***~ life*** Seelenleben *n*; **3.** vergeistigt (*Person, Gesicht etc.*); **4.** göttlich (inspiriert); **5.** a) religi'ös, b) kirchlich, c) geistlich (*Gericht, Lied etc.*); **6.** geistig, intellektu'ell; **7.** geistreich, -voll; **II** *s.* **8.** ♪ (Neger)Spiritual *n*; **'spir·it·u·al·ism** [-lɪzəm] *s.* **1.** Geisterglaube *m*, Spiri'tismus *m*; **2.** *phls.* a) Spiritua'lismus *m*, b) meta'physischer Idea'lismus; **3.** *das* Geistige; **'spir·it·u·al·ist** [-lɪst] *s.* **1.** Spiritua'list *m*, Idea'list *m*; **2.** Spiri'tist *m*; **spir·it·u·al·i·ty** [ˌspɪrɪtjʊ'ælətɪ] *s.* **1.** *das* Geistige; **2.** *das* Geistliche; **3.** Unkörperlichkeit *f*, geistige Na'tur; **4.** *oft pl. hist.* geistliche Rechte *pl. od.* Einkünfte *pl.*; **'spir·it·u·al·ize** [-laɪz] *v/t.* **1.** vergeistigen; **2.** im über'tragenen Sinne deuten.

spir·it·u·ous ['spɪrɪtjʊəs] *adj.* **1.** alko'holisch: ***~ liquors*** Spirituosen; **2.** destilliert.

spir·y¹ ['spaɪərɪ] → ***spired¹***.

spir·y² ['spaɪərɪ] *adj.* **1.** spitz zulaufend; **2.** vieltürmig.

spit¹ [spɪt] **I** *v/i.* [*irr.*] **1.** spucken: ***~ on*** *fig.* auf *et.* spucken; ***~ on*** (*od.* ***at***) ***s.o.*** j-n anspucken; ***~ s.o. in the eye*** j-m ins Gesicht spucken (*a. fig.*); **2.** spritzen, klecksen (*Federhalter*); **3.** sprühen (*Regen*); **4.** fauchen, zischen (*Katze etc.*): ***~ at s.o.*** j-n anfauchen; **5.** (her'aus)sprudeln, (-)spritzen (*kochendes Wasser etc.*); **II** *v/t.* [*irr.*] **6.** *a.* ***~ out*** (aus)spucken; **7.** *Feuer etc.* speien; **8.** *a.* ***~ out*** *fig.* *Worte* (heftig) her'vorstoßen, zischen: ***~ it out!*** F nun sag's schon!; **III** *s.* **9.** Spucke *f*, Speichel *m*: ***~ and polish*** ⚓, ⚔ *sl.* a) Putz- u. Flickstunde *f*, b) peinliche Sauberkeit, c) Leuteschinderei *f*; ***~-and-polish*** F *attr.* ‚wie aus dem Ei gepellt'; **10.** Fauchen *n* (*e-r Katze*); **11.** Sprühregen *m*; **12.** F Eben-, Abbild *n*: ***she is the ~*** (***and image***) ***of her mother*** sie ist ihrer Mutter wie aus dem Gesicht geschnitten.

spit² [spɪt] **I** *s.* **1.** (Brat)Spieß *m*; **2.** *geogr.* Landzunge *f*; **3.** spitz zulaufende Sandbank; **II** *v/t.* **4.** an e-n Bratspieß stecken; **5.** aufspießen.

spit³ [spɪt] *s.* Spatenstich *m*.

spite [spaɪt] **I** *s.* **1.** Boshaftigkeit *f*, Gehässigkeit *f*: ***from pure*** (*od.* ***in*** *od.* ***out of***) ***~*** aus reiner Bosheit; **2.** Groll *m*: ***have a ~ against*** *j-m* grollen; ***~ vote*** *pol.* Protest-, Trotzwahl *f*; **3.** (***in***) ***~ of*** trotz, ungeachtet (*gen.*): ***in ~ of that*** dessenungeachtet; ***in ~ of o.s.*** unwillkürlich; **II** *v/t.* **4.** *j-m* ‚eins auswischen'; → ***nose*** *Redew.*; **'spite·ful** [-fʊl] *adj.* □ boshaft, gehässig; **'spite·ful·ness** [-fʊlnɪs] → ***spite*** 1.

'spit|fire *s.* **1.** Feuer-, Hitzkopf *m*, *bsd.* ‚Drachen' *m* (*Frau*); **2.** feuerspeiender Vul'kan.

spit·tle ['spɪtl] *s.* Spucke *f*, Speichel *m*.

spit·toon [spɪ'tu:n] *s.* Spucknapf *m*.

spitz (dog) [spɪts] *s. zo.* Spitz *m* (*Hund*).

spiv [spɪv] *s. Brit. sl.* Schieber *m*, Schwarzhändler *m*.

splanch·nic ['splæŋknɪk] *adj. anat.* Eingeweide...

splash [splæʃ] **I** *v/t.* **1.** (mit Wasser *od.* Schmutz *etc.*) bespritzen; **2.** *Wasser etc.* spritzen, gießen, *Farbe etc.* klatschen (***on, over*** über *acc. od.* auf *acc.*); **3.** *s-n Weg* patschend bahnen; **4.** *Plakate* anbringen; **5.** F *in der Zeitung* in großer Aufmachung bringen; **II** *v/i.* **6.** spritzen; **7.** platschen: a) planschen, b) klatschen (*Regen etc.*), c) plumpsen: ***~ down*** wassern (*Raumkapsel*); **III** *adv. u. int.* **8.** p(l)atsch(!), klatsch(!); **IV** *s.* **9.** a) Spritzen *n*, b) Platschen *n*, Klatschen *n*, c) Schwapp *m*, Guß *m*; **10.** Spritzer *m*, (Spritz)Fleck *m*; **11.** (Farb-, Licht)Fleck *m*; **12.** F a) Aufsehen *n*, Sensati'on *f*, b) große Aufmachung, c) großer Aufwand: ***get a ~*** groß herausgestellt werden; ***make a ~*** Aufsehen erregen, Furore machen; **13.** *Brit.* F Schuß *m* (Soda)Wasser (*zum Whisky etc.*); **'~·board** *s.* ⚙ Schutzblech *n*; **'~·down** *s.* Wasserung *f*, Eintauchen *n* (*e-r Raumkapsel*).

splash·er ['splæʃə] *s.* **1.** Schutzblech *n*; **2.** Wandschoner *m*.

splash| guard *s.* ⚙ Spritzschutz *m*; **'~·proof** *adj.* ⚙ spritzwassergeschützt.

splash·y ['splæʃɪ] *adj.* **1.** spritzend; **2.** klatschend, platschend; **3.** bespritzt, beschmutzt; **4.** matschig; **5.** F sensatio'nell, ‚toll'.

splat·ter ['splætə] → ***splash*** 1, 2, 6, 7.

splay [spleɪ] **I** *v/t.* **1.** ausbreiten, -dehnen; **2.** ⚠ ausschrägen; **3.** (ab)schrägen; **4.** *bsd. vet. Schulterknochen* ausrenken (*bei Pferden*); **II** *v/i.* **5.** ausgeschrägt sein; **III** *adj.* **6.** breit u. flach; **7.** gespreizt, auswärts gebogen (*Fuß*); **8.** schief, schräg; **9.** *fig.* linkisch; **IV** *s.* **10.** ⚠ Ausschrägung *f*; **splayed** [-eɪd] → ***splay*** 7.

'splay|·foot I *s.* ⚕ Spreiz-, Plattfuß *m*; **II** *adj. a.* **ˌ~'foot·ed** spreiz- *od.* plattfüßig.

spleen [spli:n] *s.* **1.** *anat.* Milz *f*; **2.** *fig.* schlechte Laune; **3.** *obs.* Hypochon'drie *f*, Melancho'lie *f*; **4.** *obs.* Spleen *m*, ‚Tick' *m*; **'spleen·ful** [-fʊl], **'spleen·ish** [-nɪʃ] *adj.* □ **1.** mürrisch, übelgelaunt; **2.** hypo'chondrisch.

splen·dent ['splendənt] *adj. min. u. fig.* glänzend, leuchtend.

splen·did ['splendɪd] *adj.* □ **1.** *alle a.* F glänzend, großartig, herrlich, prächtig: ***~ isolation*** *pol. hist.* Splendid isolation *f*; **2.** glorreich; **3.** wunderbar, her'vorragend: ***~ talents***; **'splen·did·ness** [-nɪs] *s.* **1.** Glanz *m*, Pracht *f*; **2.** Großartigkeit *f*.

splen·dif·er·ous [splen'dɪfərəs] *adj.* F *od. humor.* herrlich, prächtig.

splen·do(u)r ['splendə] *s.* **1.** heller Glanz; **2.** Pracht *f*; **3.** Großartigkeit *f*, Bril'lanz *f*, Größe *f*.

sple·net·ic [splɪ'netɪk] **I** *adj.* (□ ***~ally***) **1.** ⚕ Milz...; **2.** milzkrank; **3.** → ***spleenish***; **II** *s.* **4.** ⚕ Milzkranke(r *m*) *f*; **5.** Hypo'chonder *m*.

splen·ic ['splenɪk] *adj.* ⚕ Milz...: ***~ fever*** Milzbrand *m*.

splice [splaɪs] **I** *v/t.* **1.** spleißen, zs.-splissen; **2.** (ein)falzen; **3.** verbinden, zs.-fügen, *bsd. Filmstreifen, Tonband* (zs.-)kleben; **4.** F verheiraten: ***get ~d*** getraut werden; **II** *s.* **5.** ⚓ Spleiß *m*, Splissung *f*; **6.** ⚙ (Ein)Falzung *f*; **7.** Klebestelle *f* (*an Filmen etc.*).

spline [splaɪn] *s.* **1.** längliches, dünnes Stück Holz *od.* Me'tall; **2.** *Art* 'Kurvenlineˌal *n*; **3.** ⚙ a) Keil *m*, Splint *m*, b) (Längs)Nut *f*.

splint [splɪnt] **I** *s.* **1.** ⚕ Schiene *f*: ***in ~s*** geschient; **2.** ⚙ Span *m*; **3.** → ***splint bone*** 1; **4.** *vet.* a) → ***splint bone*** 2, b) Knochenauswuchs *m*, Tumor *m* (*Pferdefuß*); **5.** *a.* ***~ coal*** Schieferkohle *f*; **II** *v/t.* **6.** ⚕ schienen; **~ bone** *s.* **1.** *anat.* Wadenbein *n*; **2.** *vet. Knochen des Pferdefußes hinter dem Schienbein.*

splin·ter ['splɪntə] **I** *s.* **1.** (*a. Bomben-, Knochen- etc.*)Splitter *m*, Span *m*: ***go*** (***in***)***to ~s*** → 4; **2.** *fig.* Splitter *m*, Bruchstück *n*; **II** *v/t.* **3.** zersplittern (*a. fig.*); **III** *v/i.* **4.** zersplittern (*a. fig.*): ***~ off*** (*fig.* sich) absplittern; ***~ group*** *s.* Splittergruppe *f*; ***~ par·ty*** *s. pol.* 'Splitterparˌtei *f*; **'~·proof** *adj.* splittersicher.

splin·ter·y ['splɪntərɪ] *adj.* **1.** *bsd. min.* splitterig, schieferig; **2.** leicht splitternd; **3.** Splitter...

split [splɪt] **I** *v/t.* [*irr.*] **1.** (zer)spalten, zerteilen, schlitzen; *Holz, fig. Haare* spalten; **2.** zerreißen; → ***side*** 4; **3.** *fig.* zerstören; **4.** *Gewinn, Flasche Wein etc.* (unterein'ander) teilen, sich in *et.* teilen; ✝ *Aktien* splitten: ***~ the difference*** a) ✝ sich in die Differenz teilen, b) sich auf halbem Wege entgegenkommen *od.* einigen; → ***ticket*** 7; **5.** trennen, entzweien, *Partei etc.* spalten; **6.** *sl. Plan etc.* verraten; **7.** *Am.* F *Whisky etc.* ‚spritzen' (*mit Wasser verdünnen*); **8.** ⚛, *phys. Atome etc.* (auf)spalten: ***~ off*** abspalten; **II** *v/i.* [*irr.*] **9.** sich aufspalten, reißen; platzen, bersten, zerspringen: ***my head is ~ing*** *fig.* ich habe rasende Kopfschmerzen; **10.** zerschellen (*Schiff*); **11.** sich spalten (***into*** in *acc.*): ***~ off*** sich abspalten; **12.** sich entzweien *od.* trennen (***over*** wegen *e-r Sache*); **13.** sich teilen (***on*** in *acc.*); **14.** ***~ on*** *j-n* ‚verpfeifen'; **15.** a) F sich schütteln vor Lachen, b) *sl.* ‚abhauen'; **16.** *pol. Am.* panaschieren; **III** *s.* **17.** Spalt *m*, Riß *m*, Sprung *m*; **18.** *fig.* Spaltung *f*, Zersplitterung *f* (*e-r Partei etc.*); **19.** *fig.* Entzweiung *f*, Bruch *m*; **20.** *pol.* Splittergruppe *f*; **21.** ⚙ Schicht *f von Spaltleder*; **22.** (*bsd.* Ba'nanen)Split *m*; **23.** F a) halbe Flasche (*Mineralwasser etc.*), b) halbgefülltes (*Schnaps- etc.*) Glas; **24.** *pl.* a) *Akrobatik*: Spa'gat *m*: ***do the ~s*** e-n Spagat machen, b) *sport*

Grätsche *f*; **25.** *sl.* Spitzel *m*; **IV** *adj.* **26.** zer-, gespalten, Spalt...: **~ *infinitive*** *ling.* gespaltener Infinitiv; **~-*level house*** Halbgeschoßhaus *n*; **~ *peas*(*e*)** getrocknete halbe Erbsen (*für Püree etc.*); **~ *personality*** *psych.* gespaltene Persönlichkeit; **~ *second*** Bruchteil *m* e-r Sekunde; **~-*second watch*** *sport* Stoppuhr *f*; **~ *ticket*** *Am.* Wahlzettel *m* mit Stimmen für Kandidaten mehrerer Parteien; **'split·ting** [-tɪŋ] **I** *adj.* **1.** (*ohren- etc.*)zerreißend; **2.** rasend, heftig (*Kopfschmerzen*); **3.** blitzschnell; **4.** zwerchfellerschütternd: ***a ~ farce***; **II** *s.* **5.** Spaltung *f*; **6.** ✝ Splitting *n*: a) Aktienteilung *f*, b) *Besteuerung e-s Ehepartners zur Hälfte des gemeinsamen Einkommens*; **'split-up** *s.* **1.** → ***split*** 17–19; **2.** ✝ (Aktien)Split *m*.

splodge [splɒdʒ], **splotch** [splɒtʃ] **I** *s.* Fleck *m*, Klecks *m*; **II** *v/t.* beklecksen; **splotch·y** ['splɒtʃɪ] *adj.* fleckig, schmutzig.

splurge [splɜːdʒ] F **I** *s.* **1.** ‚Angabe' *f*, protziges Getue; **2.** verschwenderischer Aufwand; **II** *v/i.* **3.** protzen, angeben; **4.** prassen.

splut·ter ['splʌtə] **I** *v/i.* **1.** stottern; **2.** ‚stottern', ‚kotzen' (*Motor*); **3.** zischen (*Braten etc.*); **4.** klecksen (*Schreibfeder*); **5.** spritzen, platschen (*Wasser etc.*); **II** *v/t.* **6.** *Worte* her'aussprudeln, -stottern; **7.** verspritzen; **8.** bespritzen; **9.** *j-n* (*beim Sprechen*) bespucken; **III** *s.* **10.** Geplapper *m*; **11.** Spritzen *n*; Sprudeln *n*; Zischen *n*.

spoil [spɔɪl] **I** *v/t.* [*irr.*] **1.** *et., a. Appetit, Spaß* verderben, ruinieren, vernichten; *Plan* vereiteln; **2.** *Charakter etc.* verderben, *Kind* verziehen, -wöhnen: ***a ~ed brat*** ein verzogener Fratz; **3.** (*pret. u. p.p. nur* ***~ed***) berauben, entblößen (***of*** *gen.*); **4.** (*pret. u. p.p. nur* ***~ed***) *obs.* (aus)plündern; **II** *v/i.* [*irr.*] **5.** verderben, ‚ka'puttgehen', schlecht werden (*Obst etc.*); **6. *be ~ing for*** brennen auf (*acc.*); ***~ing for a fight*** streitlustig; **III** *s.* **7.** *mst pl.* (Sieges)Beute *f*, Raub *m*; **8.** Beute(stück *n*) *f*; **9.** *mst pl. bsd. Am.* a) Ausbeute *f*, b) *pol.* Gewinn *m*, Einkünfte *pl.* (*e-r Partei nach dem Wahlsieg*); **10.** Errungenschaft *f*, Gewinn *m*; **11.** *pl.* 'Überreste *pl.*, -bleibsel *pl.* (*von Mahlzeiten*); **'spoil·age** [-lɪdʒ] *s.* **1.** *typ.* Makula'tur *f*; **2.** ✝ Verderb *m von Waren*; **'spoil·er** [-lə] *s.* **1.** *mot.* Spoiler *m*; **2.** ✈ Störklappe *f*.

spoils·man ['spɔɪlzmən] *s.* [*irr.*] *pol. Am.* j-d, der nach der ‚Futterkrippe' strebt.

'spoil·sport *s.* Spielverderber(in).

spoils sys·tem *s. pol. Am.* 'Futterkrippensyˌstem *n*.

spoilt [spɔɪlt] *pret. u. p.p. von* ***spoil***.

spoke¹ [spəʊk] **I** *s.* **1.** (Rad)Speiche *f*; **2.** (Leiter)Sprosse *f*; **3.** ⚓ Spake *f* (*des Steuerrads*); **4.** Bremsvorrichtung *f*: ***put a ~ in s.o.'s wheel*** *fig.* j-m e-n Knüppel zwischen die Beine werfen; **II** *v/t.* **5.** *Rad* a) verspeichen, b) (ab)bremsen.

spoke² [spəʊk] *pret. u. obs. p.p. von* ***speak***.

spoke bone *s. anat.* Speiche *f*.

spo·ken ['spəʊkən] **I** *p.p. von* ***speak***; **II** *adj.* **1.** gesprochen, mündlich: ***~ English*** gesprochenes Englisch; **2.** *in Zssgn* ...sprechend.

spokes·man ['spəʊksmən] *s.* [*irr.*] Wortführer *m*, Sprecher *m*: ***government ~*** *pol.* Regierungssprecher.

spo·li·ate ['spəʊlɪeɪt] *v/t. u. v/i.* plündern; **spo·li·a·tion** [ˌspəʊlɪ'eɪʃn] *s.* **1.** Plünderung *f*, Beraubung *f*; **2.** ⚓, ⚔ *kriegsrechtliche Plünderung neutraler Schiffe*; **3.** ⚖ unberechtigte Änderung *e-s Dokuments*.

spon·da·ic [spɒn'deɪɪk] *adj. Metrik*: spon'deisch; **spon·dee** ['spɒndiː] *s.* Spon'deus *m*.

spon·dyl(**e**) ['spɒndɪl] *s. anat.*, *zo.* Wirbelknochen *m*.

sponge [spʌndʒ] **I** *s.* **1.** *zo. u. weitS.* Schwamm *m*: ***pass the ~ over*** *fig.* aus dem Gedächtnis löschen, vergessen; ***throw up the ~*** *Boxen*: das Handtuch werfen (*a. fig. sich geschlagen geben*); **2.** ⚔ Wischer *m*; **3.** *fig.* Schma'rotzer *m*, ‚Nassauer' *m* (*Person*); **4.** *Küche*: a) aufgegangener Teig, b) *lockerer, gekochter Pudding*; **II** *v/t.* **5.** *a.* ***~ down*** (mit e-m Schwamm) reinigen, abwaschen: ***~ off***, ***~ away*** weg-, abwischen; ***~ out*** auslöschen (*a. fig.*); **6. *~ up*** *Wasser etc.* (mit e-m Schwamm) aufsaugen, -nehmen; **7.** (kostenlos) ergattern, ‚schnorren'; **III** *v/i.* **8.** Schwämme sammeln; **9.** F schma'rotzen, ‚nassauern': ***~ on s.o.*** auf j-s Kosten leben; **~ *bag*** *s.* Kul'turbeutel *m*; **~ *cake*** *s.* Bis'kuitkuchen *m*; **~ *cloth*** *s.* ✝ *Art* Frot'tee *n*; **'~-*down*** *s.* Abreibung *f* (mit e-m Schwamm).

spong·er ['spʌndʒə] *s.* **1.** ⚙ Dekatierer *m*; **2.** ⚙ Deka'tiermaˌschine *f*; **3.** Schwammtaucher *m*; **4.** → ***sponge*** 3.

sponge rub·ber *s.* Schaumgummi *m*.

spon·gi·ness ['spʌndʒɪnɪs] *s.* Schwammigkeit *f*; **spon·gy** ['spʌndʒɪ] *adj.* **1.** schwammig, po'rös, Schwamm...; **2.** *metall.* locker, porös; **3.** sumpfig, matschig.

spon·sal ['spɒnsəl] *adj.* Hochzeits...

spon·sion ['spɒnʃn] *s.* **1.** ('Übernahme *f* e-r) Bürgschaft *f*; **2.** ⚖, *pol.* (*von e-m nicht bsd. bevollmächtigten Vertreter*) *für e-n Staat übernommene Verpflichtung*.

spon·sor ['spɒnsə] **I** *s.* **1.** Bürge *m*, Bürgin *f*; **2.** (Tauf)Pate *m*, (-)Patin *f*: ***stand ~ to*** (*od.* ***for***) Pate stehen bei; **3.** Förderer *m*, Gönner(in); **4.** Schirmherr(in); **5.** Sponsor *m*, Geldgeber *m*; **II** *v/t.* **6.** bürgen für; **7.** fördern; **8.** die Schirmherrschaft (*gen.*) über'nehmen; **9.** *Radio, TV, sport etc.* sponsern, (als Sponsor) finanzieren; **spon·so·ri·al** [spɒn'sɔːrɪəl] *adj.* Paten...; **'spon·sor·ship** [-ʃɪp] *s.* **1.** Bürgschaft *f*; **2.** Gönnerschaft *f*, Schirmherrschaft *f*; **3.** Patenschaft *f*; **4.** *bsd. sport* finanzielle Förderung, Sponsoring *n*.

spon·ta·ne·i·ty [ˌspɒntə'neɪətɪ] *s.* **1.** Spontanei'tät *f*, Freiwilligkeit *f*, eigener *od.* freier Antrieb; **2.** *das* Impul'sive, impul'sives *od.* spon'tanes Handeln; **3.** Ungezwungenheit *f*, Na'türlichkeit *f*; **spon·ta·ne·ous** [spɒn'teɪnjəs] ☐ *adj.* **1.** spon'tan: a) plötzlich, impul'siv, b) freiwillig, von innen her'aus (erfolgend), c) ungekünstelt, ungezwungen (*Stil etc.*); **2.** auto'matisch, 'unwillˌkürlich; **3.** ♀ wildwachsend; **4.** selbsttätig, von selbst (entstanden): ***~ combustion*** *phys.* Selbstverbrennung *f*; ***~ generation*** *biol.* Urzeugung *f*; ***~ ignition*** ⚙ Selbstentzündung *f*; **spon·ta·ne·ous·ness** [spɒn'teɪnjəsnɪs] → ***spontaneity***.

spoof [spuːf] F **I** *s.* **1.** Humbug *m*, Schwindel *m*; **2.** Ulk *m*; **II** *v/t.* **3.** beschwindeln; **4.** verulken.

spook [spuːk] **I** *s.* F **1.** Spuk *m*, Gespenst *n*; **2.** *Am. sl.* Ghostwriter *m*; **II** *v/i.* **3.** (her'um)geistern, spuken; **'spook·ish** [-kɪʃ], **'spook·y** [-kɪ] *adj.* **1.** gespenstisch, spukhaft, schaurig; **2.** *Am.* schreckhaft.

spool [spuːl] **I** *s.* Rolle *f*, Spule *f*, Haspel *f*; **II** *v/t.* (auf)spulen.

spoon [spuːn] **I** *s.* **1.** Löffel *m*; **2.** ⚓ Löffelruder(blatt) *n*; **3.** ⚓, ⚔ Führungsschaufel *f* (*Torpedorohr*); **4.** → ***spoon bait***; **5.** *sport* Spoon *m* (*Golfschläger*); **6.** F Einfaltspinsel *m*; **II** *v/t.* **7.** *mst* ***~ up***, ***~ out*** auslöffeln: ***~ out*** *a.* (löffelweise) austeilen; **8.** *sport Ball* schlenzen; **III** *v/i.* **9.** mit e-m Blinker angeln; **10.** *sl. obs.* ‚schmusen'; **~ *bait*** *s. Angeln*: Blinker *m*; **'~-*bill*** *s. orn.* **1.** Löffelreiher *m*; **2.** Löffelente *f*.

spoon·er·ism ['spuːnərɪzəm] *s.* (*un*)*beabsichtigtes Vertauschen von Buchstaben od. Silben* (*z. B.* ***queer old dean*** *statt* ***dear old queen***).

'spoon|·feed *v/t.* [*irr.* → ***feed***] **1.** mit dem Löffel füttern; **2.** *fig.* *j-n* auf-, hochpäppeln, *a.* verwöhnen; **3. *~ s.th. to s.o.*** *fig.* a) j-m et. ‚vorkauen', b) j-m et. eintrichtern; **4. *~ s.o.*** *fig.* j-n (geistig) bevormunden; **'~·*ful*** [-fʊl] *pl.* **-*fuls*** *s. ein* Löffel(voll) *m*; **~ *meat*** *s.* (Kinder-, Kranken)Brei *m*, ‚Papp' *m*.

spoor [spʊə] *hunt.* **I** *s.* Spur *f*, Fährte *f*; **II** *v/t.* aufspüren; **III** *v/i.* e-e Spur verfolgen.

spo·rad·ic [spə'rædɪk] *adj.* (☐ ***~ally***) spo'radisch, vereinzelt (auftretend).

spore [spɔː] *s.* **1.** *biol.* Spore *f*, Keimkorn *n*; **2.** *fig.* Keim(zelle *f*) *m*.

spo·rif·er·ous [spɔː'rɪfərəs] *adj.* sporentragend, -bildend.

spo·ro·zo·a [ˌspɔːrə'zəʊə] *s. pl. zo.* Sporentierchen *pl.*, Sporo'zoen *pl.*

spor·ran ['spɒrən] *s.* beschlagene Felltasche (*Schottentracht*).

sport [spɔːt] **I** *s.* **1.** *oft pl.* Sport *m*: ***go in for ~s*** Sport treiben; **2.** 'Sport(art *f*, -disziˌplin *f*) *m*, *engS.* Jagd-, Angelsport *m*; **3.** Kurzweil *f*, Zeitvertreib *m*; **4.** Spaß *m*, Scherz *m*: ***in ~*** im Spaß, zum Scherz; ***make ~ of*** sich lustig machen über (*acc.*); **5.** Zielscheibe *f* des Spottes; **6.** *fig.* Spielball *m* (*des Schicksals, der Wellen etc.*); **7.** feiner *od.* anständiger Kerl: ***be a*** (***good***) ***~*** a) sei kein Spielverderber, b) sei ein guter Kerl, nimm es nicht übel; **8.** *Am.* F a) Sportbegeisterte(r *m*) *f*, *bsd.* Spieler *m*, b) Genießer *m*; **9.** *biol.* Spiel-, Abart *f*; **II** *adj.* **10.** sportlich, Sport...; **III** *v/i.* **11.** sich belustigen; **12.** sich tummeln, her'umtollen; **13.** sich lustig machen (***at***, ***over***, ***upon*** über *acc.*); **IV** *v/t.* **14.** stolz (zur Schau) tragen, protzen mit; **'sport·ing** [-tɪŋ] *adj.* ☐ **1.** a) Sport...: ***~ editor***, b) Jagd...: ***~ gun***; **2.** sportlich (*a. fig. fair, anständig*): ***a ~ chance*** e-e faire Chance; **3.** unter'nehmungslustig, mutig; **'spor·tive** [-tɪv] *adj.* ☐ **1.** a) mutwillig, b) verspielt; **2.** spaßhaft.

sports [spɔːts] *adj.* Sport...: ***~ car*** Sportwagen *m*; ***~ coat***, ***~ jacket*** Sportsakko *m*, *n*; **'~·cast** *s. Radio*, *TV*: *Am.* Sportsendung *f*; **'~,cast·er** *s. Am.* 'Sportre,porter *m*; **'~·man** [-mən] *s.* [*irr.*] **1.** Sportsmann *m*, Sportler *m*; **2.** *fig.* fairer, anständiger Kerl; **'~·man·like** [-mənlaɪk] *adj.* sportlich, fair; **'~·man·ship** [-mənʃɪp] *s.* sportliches Benehmen, Fairneß *f*; **'~·wear** *s.* Sport- *od.* Freizeitkleidung *f*; **'~,wom·an** *s.* [*irr.*] Sportlerin *f*.

sport·y ['spɔ:tɪ] *adj.* F **1.** angeberisch, auffallend; **2.** sportlich: a) sporttreibend, b) fair, c) schick.

spor·ule ['spɒrju:l] *s. biol.* (kleine) Spore.

spot [spɒt] **I** *s.* **1.** (Schmutz-, Rost- *etc.*) Fleck(en) *m*; **2.** *fig.* Schandfleck *m*, Makel *m*; **3.** (Farb)Fleck *m*, Tupfen *m* (*a. zo.*); **4.** ⚕ a) Leberfleck *m*, Hautmal *n*, b) Pustel *f*, Pickel *m*; **5.** Stelle *f*, Ort *m*, Platz *m*: ***on the ~*** a) zur Stelle, da, b) an Ort u. Stelle, ‚vor Ort', c) auf der Stelle, sofort, d) ‚auf Draht', e) *sl.* in der ‚Tinte' *od.* Klemme; ***put on the ~*** F a) *j-n* in Verlegenheit bringen, b) *j-n* ‚umlegen' (*töten*); ***on the ~ of four*** Punkt 4 Uhr; ***in ~s*** stellenweise; ***soft ~*** *fig.* Schwäche (***for*** für); ***sore*** (*od.* ***tender***) ***~*** *fig.* wunder Punkt, empfindliche Stelle; **6.** Fleckchen *n*, Stückchen *n* (*Erde*); **7.** *bsd. Brit.* F a) Bissen *m*, Häppchen *n* (*Essen*), b) Tropfen *m*, Schluck *m* (*Whisky etc.*); **8.** *Billard*: Point *m*; **9.** *Am.* Auge *n* (*Würfel etc.*); **10.** *pl.* ☤ Lokowaren *pl.*; **11.** ☤, *Radio*, *TV*: (Werbe)Spot *m*; **12.** *Am.* F Nachtklub *m*; **13.** → ***spotlight*** I; **II** *adj.* **14.** ☤ a) so'fort lieferbar, b) so'fort zahlbar (*bei Lieferung*), c) bar, Bar...: ***~ business*** Lokogeschäft *n*; ***~ goods*** → 10; → ***spot cash***; **III** *v/t.* **15.** beflekken (*a. fig.*); **16.** tüpfeln, sprenkeln; **17.** F entdecken, erspähen, her'ausfinden; **18.** placieren: ***~ a billiard ball***; **19.** ⚔, ✈ (genau) ausmachen; **IV** *v/i.* **20** e-n Fleck *od.* Flecke machen; **21.** flecken, fleckig werden.

spot| an·nounce·ment → ***spot*** 11; **~ ball** *s. Billard*: auf dem Point stehender Ball; **~ cash** *s.* ☤ Barzahlung *f*, so'fortige Kasse; **~ check** *s.* Stichprobe *f*; **'~-check** *v/t.* stichprobenweise über'prüfen.

spot·less ['spɒtlɪs] *adj.* □ fleckenlos (*a. fig.*); **'spot·less·ness** [-nɪs] *s.* Flekken-, Makellosigkeit *f* (*a. fig.*).

'spot|·light I *s.* **1.** *thea.* (Punkt)Scheinwerfer(licht *n*) *m*; **2.** *fig.* Rampenlicht *n* (der Öffentlichkeit): ***in the ~*** im Brennpunkt des Interesses; **3.** *mot.* Suchscheinwerfer *m*; **II** *v/t.* **4.** anstrahlen; **5.** *fig.* die Aufmerksamkeit lenken auf (*acc.*); **~ news** *s. pl.* Kurznachrichten *pl.*; **,~-'on** *adj. Brit.* F haargenau; **~ price** *s.* ☤ Kassapreis *m*; **~ re·mov·er** *s.* Fleckentferner *m*.

spot·ted ['spɒtɪd] *adj.* **1.** fleckig, gefleckt, getüpfelt, gesprenkelt; **2.** *fig.* besudelt, befleckt; **3.** ⚕ Fleck...: **~** fever a) Fleckfieber *n*, b) Genickstarre *f*; **'spot·ter** [-tə] *s.* **1.** *Am.* F Detek'tiv *m*; **2.** ⚔ a) (Luft)Aufklärer *m*, Artille'riebeobachter *m*, b) *Luftschutz*: Flugmelder *m*.

spot test → ***spot check***.

spot·ty ['spɒtɪ] *adj.* □ **1.** → ***spotted*** 1; **2.** uneinheitlich; **3.** pickelig.

'spot-weld *v/t.* ⚙ punktschweißen.

spous·al ['spaʊzl] **I** *adj.* **1.** a) Hochzeits..., b) ehelich; **II** *s.* **2.** *mst pl.* Hochzeit *f*; **3.** *obs.* Ehe(stand *m*) *f*;

spouse [spaʊz] *s.* (*a.* ⚖ Ehe)Gatte *m*, Gattin *f*, Gemahl(in).

spout [spaʊt] **I** *v/t.* **1.** *Wasser etc.* (aus-) speien, (her'aus)spritzen; **2.** a) *Gedicht etc.* deklamieren, b) ‚her'unterrasseln', c) *Fragen etc.* her'aussprudeln; **3.** *sl.* versetzen, -pfänden; **II** *v/i.* **4.** Wasser speien, spritzen (*a. Wal*); **5.** her'vorsprudeln, her'ausschießen, -spritzen (*Blut*, *Wasser etc.*); **6.** a) deklamieren, b) *contp.* sal'badern; **III** *s.* **7.** Tülle *f*, Schnauze *f e-r Kanne*; **8.** Abfluß-, Speirohr *n*; **9.** (kräftiger) Wasserstrahl; **10.** *zo.* a) Fon'täne *f* (*e-s Wals*); b) → ***spout hole***; **11.** ***up the ~*** *fig.* F a) versetzt, verpfändet, b) ‚im Eimer', futsch, c) ‚in Schwulitäten' (*Person*); ***she's up the ~*** bei ihr ist was ‚unterwegs'; **'spout·er** [-tə] *s.* **1.** (spritzender) Wal; **2.** Ölquelle *f*; **3.** ‚Redenschwinger' *m*.

spout hole *s. zo.* Spritzloch *n* (*Wal*).

sprag[1] [spræg] *s.* **1.** Bremsklotz *m*; **2.** ⚙ Spreizholz *n*.

sprag[2] [spræg] *s. ichth.* Dorsch *m*.

sprain [spreɪn] **I** *v/t.* verstauchen; **II** *s.* ⚕ Verstauchung *f*.

sprang [spræŋ] *pret. von* ***spring***.

sprat [spræt] *s. ichth.* Sprotte *f*: ***throw a ~ to catch a whale*** (*od.* ***mackerel***) *fig.* mit der Wurst nach der Speckseite werfen.

sprawl [sprɔ:l] **I** *v/i.* **1.** ausgestreckt daliegen: ***send s.o. ~ing*** j-n zu Boden strecken; **2.** sich spreizen; **3.** sich (hin-) rekeln *od.* (-)lümmeln; **4.** sich ausbreiten: ***~ing town***; ***~ ing hand*** ausladende Handschrift; **5.** ⚘ wuchern; **II** *v/t.* **6.** *mst* ***~ out*** ausstrecken, -spreizen; **III** *s.* **7.** Rekeln *n*, Sich'breitmachen *n*; **8.** Ausbreitung *f des Stadtgebiets etc.*: ***urban ~***.

spray[1] [spreɪ] *s.* **1.** Zweig(chen *n*) *m*, Reis *n*; **2.** *coll.* a) Gezweig *n*, b) Reisig *n*; **3.** Zweigverzierung *f*.

spray[2] [spreɪ] **I** *s.* **1.** Gischt *m*, *f*, Schaum *m*; Sprühnebel *m*, -regen *m*, -wasser *n*; **2.** ⚙, *pharm.* a) Spray *m*, *n*, b) Zerstäuber *m*, Sprüh-, Spraydose *f*; **II** *v/t.* **3.** zerstäuben, (ver)sprühen; *vom Flugzeug* abregnen; **4.** *a.* ***~ on*** ⚙ aufsprühen, -spritzen; **5.** *et.* besprühen, -spritzen, *Haar* sprayen; *mot. etc.* spritzlackieren; **~ art·ist** *s.* Sprayer(in); **'spray·er** [-eɪə] → ***spray***[2] 2b.

spray| gun *s.* ⚙ 'Spritzpi,stole *f*; **~ noz·zle** *s.* **1.** (Gießkannen)Brause *f*; **2.** Brause *f*; **3.** *mot.* Spritzdüse *f*; **'~-paint** *v/t. Parolen etc.* sprühen (***on*** auf *acc.*).

spread [spred] **I** *v/t.* [*irr.*] **1.** *oft* ***~ out*** *Hände*, *Flügel*, *Teppich etc.* ausbreiten, *Arme etc. a.* ausstrecken: ***~ the table*** den Tisch decken; ***the peacock ~s its tail*** der Pfau schlägt ein Rad; **2.** *oft* ***~ out*** ausdehnen; *Beine etc.* spreizen (*a.* ⚙); **3.** bedecken, über'ziehen, -'säen (***with*** mit); **4.** *Heu etc.* ausbreiten; **5.** *Butter etc.* aufstreichen, *Farbe*, *Mörtel etc.* auftragen; **6.** *Brot* streichen, schmieren; **7.** breitschlagen; **8.** *Krankheit*, *Geruch etc.*, *a. Furcht* verbreiten; **9.** *a.* ***~ abroad*** *Gerücht*, *Nachricht* verbreiten, aussprengen, -streuen; **10.** *zeitlich* verteilen; **11.** ***~ o.s.*** *sl.* a) sich *als Gastgeber etc.* mächtig anstrengen, b) ‚angeben'; **II** *v/i.* [*irr.*] **12.** *a.* ***~ out*** sich ausbreiten *od.* verteilen; **13.** sich ausbreiten (*Fahne etc.*; *a. Lächeln etc.*); sich spreizen (*Beine etc.*); **14.** sich *vor den Augen* ausbreiten *od.* -dehnen, sich erstrecken (*Landschaft*); **15.** ⚙ sich strecken *od.* dehnen (lassen) (*Werkstoff*); **16.** sich streichen *od.* auftragen lassen (*Butter*, *Farbe*); **17.** sich ver- *od.* ausbreiten (*Geruch*, *Pflanze*, *Krankheit*, *Gerücht etc.*), 'übergreifen (***to*** auf *acc.*) (*Feuer*, *Epidemie etc.*); **III** *s.* **18.** Ausbreitung *f*, -dehnung *f*; **19.** Aus-, Verbreitung *f* (*e-r Krankheit*, *von Wissen etc.*); **20.** Ausdehnung *f*, Weite *f*, 'Umfang *m*; **21.** (weite) Fläche; **22.** *orn.*, ✈ (Flügel)Spanne *f*; **23.** ⚗, *phys.*, *a. Ballistik*: Streuung *f*; **24.** (Zwischen)Raum *m*, Abstand *m*, Lücke *f* (*a. fig.*); (*a. Zeit*)Spanne *f*; **25.** Dehnweite *f*; **26.** Körperfülle *f*; **27.** (Bett- *etc.*)Decke *f*; **28.** Brotaufstrich *m*; **29.** F fürstliches Mahl; **30.** *typ.* Doppelseite *f*; **31.** ☤ Stel'lagegeschäft *n*; **32.** ☤ *Am.* Marge *f*, (Verdienst-) Spanne *f*, Differ'enz *f*; **IV** *adj.* **33.** verbreitet; ausgebreitet; **34.** gespreizt; **35.** Streich...: ***~ cheese***.

spread| ea·gle *s.* **1.** *her.* Adler *m*; **2.** *Am.* F Chauvi'nismus *m*; **3.** *Eiskunstlauf*: Mond *m*; **,~-'ea·gle I** *adj.* **1.** F angeberisch, bom'bastisch; **2.** F chauvi'nistisch; **II** *v/t.* **3.** ausbreiten, spreizen.

spread·er ['spredə] *s.* Streu- *od.* Spritzgerät *n*, *bsd.* a) ('Dünger)Streuma,schine *f*, b) Abstandsstütze *f*, c) Zerstäuber *m*, d) Spritzdüse *f*, e) Buttermesser *n*.

spread·sheet ['spredʃi:t] *s. Computer*: Ta'bellen,kalkulation(spro,gramm *n*) *f*.

spree [spri:] F *s.* (*Kauf- etc.*)Orgie *f*: ***go on a ~*** a) ‚einen draufmachen', b) e-e ‚Sauftour' machen; ***go on a buying*** (*od.* ***shopping***, ***spending***) ***~*** wie verrückt einkaufen.

sprig [sprɪg] **I** *s.* **1.** Zweigchen *n*, Schößling *m*, Reis *n*; **2.** F Sprößling *m*, ‚Ableger' *m*; **3.** Bürschchen *n*; **4.** → ***spray***[1] 3; **5.** ⚙ Zwecke *f*, Stift *m*; **II** *v/t.* **6.** mit e-m Zweigmuster verzieren; **7.** anheften.

spright·li·ness ['spraɪtlɪnɪs] *s.* Lebhaftigkeit *f*, Munterkeit *f*; **spright·ly** ['spraɪtlɪ] *adj. u. adv.* lebhaft, munter, ‚spritzig'.

spring [sprɪŋ] **I** *v/i.* [*irr.*] **1.** springen: ***~ at*** (*od.* [***up***]***on***) auf *j-n* losspringen, *j-n* anfallen; **2.** aufspringen; **3.** springen, schnellen, hüpfen: ***~ open*** aufspringen (*Tür*); ***the trap sprang*** die Falle schnappte zu; **4.** *oft* ***~ forth*** (*od.* ***out***) a) her'ausschießen, (-)sprudeln (*Wasser*, *Blut etc.*), b) (her'aus)sprühen, springen (*Funken etc.*); **5.** (***from***) entspringen (*dat.*): a) quellen (aus), b) *fig.* herkommen, abstammen (von): ***be sprung from*** entstanden sein aus; **6.** *mst* ***~ up*** a) aufkommen (*Wind*), b) *fig.* plötzlich entstehen *od.* aufkommen (*Ideen*, *Industrie etc.*): ***~ into existence***; ***~ into fame*** plötzlich berühmt werden; **7.** aufschießen (*Pflanzen etc.*); **8.** (hoch) aufragen; **9.** auffliegen (*Rebhühner etc.*); **10.** ⚙ a) sich werfen, b) springen, platzen (*Holz*); **11.** ⚔ explodieren (*Mine*); **II** *v/t.* [*irr.*] **12.** *Falle* zuschnappen lassen, *et.* zu'rückschnellen lassen; **13.** *Riß etc.*, ⚓ *Leck* bekommen; **14.** explodieren lassen; → ***mine***[2] 8; **15.** mit *e-r Neuigkeit etc.* ‚her'ausplatzen': ~ ***s.th. on s.o.*** j-m et. plötzlich eröffnen; **16.** △ *Bogen* wölben; **17.** ⚙ (ab)federn; **18.** *Brit.* F *Geld etc.* springen lassen; **19.** *Brit.* F *j-n* erleichtern (***for*** um *Geld etc.*); **20.** *sl. j-n* ‚rausholen' (*befreien*); **III** *s.* **21.** Sprung *m*, Satz *m*; **22.** Frühling *m*, Lenz *m* (*beide a. fig.*); **23.** Elastizi'tät *f*, Sprung-, Schnellkraft *f*; **24.** *fig.* (geistige) Spannkraft; **25.** Sprung *m*, Riß *m im Holz etc.*; Krümmung *f e-s Bretts*; **26.** (*a. Mineral-, Öl*)Quelle *f*, Brunnen *m*: ***hot ~s*** heiße Quellen; **27.** *fig.* Quelle *f*, Ursprung *m*; **28.** *fig.* Triebfeder *f*, Beweggrund *m*; **29.** △ a) (Bogen)Wölbung *f*, b) Gewölbeanfang *m*; **30.** ⚙ (*bsd.* Sprung)Feder *f*; Federung *f*; **IV** *adj.* **31.** Sprung…, Schwung…; **32.** Feder…; **33.** Frühlings…; ~ **bal·ance** *s.* ⚙ Federwaage *f*; ~ **bed** *s.* 'Sprungfederma‚tratze *f*; '**~·board** *s. sport* Sprungbrett *n* (*a. fig.*): ~ ***diving*** Kunstspringen *n*; '**~·bok** [-bɒk] *pl.* **-boks**, *bsd. coll.* **-bok** *s. zo.* Springbock *m*; ~ **bows** [bəʊz] *s. pl.* ⚙ Federzirkel *m*; ~ **chick·en** *s.* Brathühnchen *n*: ***she is no ~*** *fig.* F a) sie ist nicht mehr die jüngste, b) sie ist nicht von gestern; ‚**~-'clean·ing** *s.* Frühjahrsputz *m*.

spринge [sprɪndʒ] **I** *s.* **1.** *hunt.* Schlinge *f*; **2.** *fig.* Falle *f*; **II** *v/t.* **3.** *Tier* mit e-r Schlinge fangen.

spring·er ['sprɪŋə] *s.* **1.** *a.* ~ ***spaniel*** *hunt.* Springerspaniel *m*; **2.** △ (Bogen-)Kämpfer *m*.

spring| fe·ver *s.* **1.** Frühjahrsmüdigkeit *f*; **2.** (*rastlose*) Frühlingsgefühle *pl.*; ~ **gun** *s.* Selbstschuß *m*.

spring·i·ness ['sprɪŋɪnɪs] → ***spring*** 23.

spring·ing ['sprɪŋɪŋ] *s.* **1.** ⚙ Federung *f*; **2.** △ Kämpferlinie *f*.

spring| leaf *s.* ⚙ Federblatt *n*; ~ **lock** *s.* ⚙ Schnappschloß *n*; ~ **mat·tress** → ***spring bed***; ~ **sus·pen·sion** *s.* ⚙ federnde Aufhängung, Federung *f*; '**~·tide** → ***spring*** 22; ~ **tide** *s.* ⚓ Springflut *f*; *fig.* Flut *f*, Über'schwemmung *f*; '**~·time** → ***spring*** 22; ~ **wheat** *s.* ⚒ Sommerweizen *m*.

spring·y ['sprɪŋɪ] *adj.* □ **1.** federnd, e'lastisch; **2.** *fig.* schwungvoll.

sprin·kle ['sprɪŋkl] **I** *v/t.* **1.** *Wasser etc.* sprenkeln, (ver)sprengen (***on*** auf *acc.*); **2.** *Salz, Pulver etc.* sprenkeln, streuen; **3.** (ver-, zer)streuen, verteilen; **4.** *et.* besprenkeln, besprengen, bestreuen, (be)netzen (***with*** mit); **5.** *Stoff etc.* sprenkeln; **II** *v/i.* **6.** sprenkeln; **7.** (nieder)sprühen; **III** *s.* **8.** Sprühregen *m*; **9.** leichter Schneefall; **10.** Prise *f Salz etc.*; **11.** → ***sprinkling*** 2; '**sprin·kler** [-lə] *s.* **1.** a) 'Spreng-, Be'rieselungsappa‚rat *m*: ~ ***system*** Sprinkler-, Beregnungsanlage *f*, b) Sprinkler *m*, Rasensprenger *m*, c) Brause *f*, Gießkannenkopf *m*, d) Sprinkler *m* (*e-r Feuerlöschanlage*), e) Sprengwagen *m*, f) Streuer *m*, Streudose *f*; **2.** *R.C.* Weihwasserwedel *m*; '**sprin·kling** [-lɪŋ] *s.* **1.** → ***sprinkle*** 8–10; **2.** *a.* ~ ***of*** *fig.* ein bißchen, etwas, e-e Spur, ein paar *Leute etc.*, ein wenig *Salz etc.*

sprint [sprɪnt] **I** *v/i.* **1.** rennen; **2.** *sport* sprinten (*Läufer*), *allg.* spurten; **II** *s.* **3.** *sport* a) Sprint *m*, Kurzstreckenlauf *m*, b) *allg.* Spurt *m* (*a. fig.*); c) *Pferde-, Radsport*: Fliegerrennen *n*; '**sprint·er** [-tə] *s. sport* **1.** Sprinter(in), *a. allg.* Spurter(in); **2.** *Radsport*: Flieger *m*.

sprit [sprɪt] *s.* ⚓ Spriet *n*.

sprite [spraɪt] *s.* **1.** Elfe *f*, Fee *f*; Kobold *m*; **2.** Geist *m*, Schemen *n*.

sprit·sail ['sprɪtsl] *s.* ⚓ Sprietsegel *n*.

sprock·et ['sprɒkɪt] *s.* ⚙ **1.** Zahn *m* e-s (Ketten)Rades; **2.** *a.* ~ ***wheel*** (Ketten-)Zahnrad *n*, Kettenrad *n*; **3.** 'Filmtrans‚porttrommel *f*.

sprout [spraʊt] **I** *v/i.* **1.** *a.* ~ ***up*** sprießen, (auf)schießen, aufgehen; **2.** keimen; **3.** schnell wachsen, sich schnell entwikkeln; in die Höhe schießen (*Person*); wie Pilze aus dem Boden schießen (*Gebäude etc.*); **II** *v/t.* **4.** (her'vor)treiben, wachsen *od.* keimen lassen, entwikkeln; **III** *s.* **5.** Sproß *m*, Sprößling *m* (*a. fig.*), Schößling *m*; **6.** *pl.* → ***Brussels sprouts***.

spruce[1] [spru:s] *s.* ♀ **1.** *a.* ~ ***fir*** Fichte *f*, Rottanne *f*; **2.** Fichte(nholz *n*) *f*.

spruce[2] [spru:s] **I** *adj.* □ **1.** schmuck, (blitz)sauber, a'drett; **2.** geschniegelt; **II** *v/t.* **3.** *oft* ~ ***up*** *j-n* feinmachen, (her'aus)putzen: ~ ***o.s. up*** → 4; **III** *v/i.* **4.** *oft* ~ ***up*** sich feinmachen, sich ‚in Schale werfen'; '**spruce·ness** [-nɪs] *s.* A'drettheit *f*; *contp.* Affigkeit *f*.

sprung [sprʌŋ] **I** *pret. u. p.p. von* ***spring***; **II** *adj.* **1.** ⚙ gefedert; **2.** rissig (*Holz*).

spry [spraɪ] *adj.* **1.** flink, hurtig; **2.** lebhaft, munter.

spud [spʌd] **I** *s.* **1.** ⚒ a) Jätmesser *n*, Reutspaten *m*, b) Stoßeisen *n*; **2.** Spachtel *m, f*; **3.** F Kar'toffel *f*; **II** *v/t.* **4.** *mst* ~ ***up***, ~ ***out*** ausgraben, -jäten; **5.** *Ölquelle* anbohren.

spue [spju:] → ***spew***.

spume [spju:m] *s.* Schaum *m*, Gischt *m, f*; '**spu·mous** [-məs], '**spu·my** [-mɪ] *adj.* schäumend.

spun [spʌn] **I** *pret. u. p.p. von* ***spin***; **II** *adj.* gesponnen: ~ ***glass*** Glasgespinst *n*; ~ ***gold*** Goldgespinst *n*; ~ ***silk*** Schappseide *f*.

spunk [spʌŋk] *s.* **1.** Zunderholz *n*; **2.** Zunder *m*, Lunte *f*; **3.** F a) Feuer *n*, Schwung *m*, b) ‚Mumm' *m*, Mut *m*; '**spunk·y** [-kɪ] *adj.* **1.** schwungvoll; **2.** mutig, draufgängerisch; **3.** *Am.* reizbar.

spur [spɜ:] **I** *s.* **1.** (Reit)Sporn *m*: ***~s*** Sporen *pl.*; ***put*** (*od.* ***set***) ***~s to*** → 8; ***win one's ~s*** *fig.* sich die Sporen verdienen; **2.** *fig.* Ansporn *m*, -reiz *m*: ***on the ~ of the moment*** der Eingebung des Augenblicks folgend, ohne Überlegung, spontan; **3.** ♀ a) Dorn *m*, Stachel *m* (*kurzer Zweig etc.*), b) Sporn *m* (*Nektarbehälter*); **4.** *zo.* Sporn *m*, Stachel *m* (*des Hahns*); **5.** *geogr.* Ausläufer *m*, (Gebirgs)Vorsprung *m*; **6.** △ a) Strebe *f*, Stütze *f*, b) Strebebalken *m*, c) (Mauer)Vorsprung *m*; **7.** ⚔ *hist.* Außen-, Vorwerk *n*; **II** *v/t.* **8.** *Pferd* spornen, die Sporen geben (*dat.*); **9.** *oft* ~ ***on*** *fig. j-n* anspornen, -stacheln: ~ ***s.o. into action***; **10.** mit Sporen versehen, Sporen (an)schnallen an (*acc.*); **III** *v/i.* **11.** (das Pferd) spornen; **12.** a) sprengen, eilen, b) *fig.* (vorwärts)drängen.

spurge [spɜ:dʒ] *s.* ♀ Wolfsmilch *f*.

spur| gear *s.* ⚙ **1.** Geradstirnrad *n*; **2.** → ~ **gear·ing** *s.* Geradstirnradgetriebe *n*.

spu·ri·ous ['spjʊərɪəs] *adj.* □ **1.** falsch, unecht, Pseudo…, *a.* ♀, *zo.* Schein…: ~ ***fruit***; **2.** nachgemacht, gefälscht; **3.** unehelich; '**spu·ri·ous·ness** [-nɪs] *s.* Unechtheit *f*.

spurn [spɜ:n] *v/t.* **1.** *obs.* mit dem Fuß (weg)stoßen; **2.** verschmähen, verächtlich zu'rückweisen, *j-n a.* abweisen.

spurred [spɜ:d] *adj.* gespornt; *a.* ♀, *zo.* sporentragend.

spurt[1] [spɜ:t] **I** *s.* **1.** *sport* (*a.* Zwischen-)Spurt *m*; **2.** plötzliche Aktivi'tät, ruckartige Anstrengung; **3.** ✝ plötzliches Anziehen (*von Preisen etc.*); **II** *v/i.* **4.** *sport* spurten; **5.** plötzlich ak'tiv werden.

spurt[2] [spɜ:t] **I** *v/t. u. v/i.* (her'aus)spritzen; **II** *s.* (*Wasser- etc.*)Strahl *m*.

spur| track *s.* 🚂 Neben-, Seitengleis *n*; ~ **wheel** → ***spur gear*** 1.

sput·ter ['spʌtə] → ***splutter***.

spu·tum ['spju:təm] *pl.* **-ta** [-tə] *s.* ⚕ Sputum *n*, Auswurf *m*.

spy [spaɪ] **I** *v/t.* **1.** *a.* ~ ***out*** ausspionieren, -spähen, -kundschaften: ~ ***out*** *a.* herausfinden; ~ ***the land*** *fig.* ‚die Lage peilen'; **2.** erspähen, entdecken; **II** *v/i.* **3.** ⚔ *etc.* spionieren, Spio'nage treiben: ~ (***up***)***on*** *j-m* nachspionieren, *j-n* bespitzeln, *Gespräch etc.* abhören; **4.** her'umspionieren; **III** *s.* **5.** Späher(in), Kundschafter(in); **6.** ⚔, *pol.* Spi'on(in) (*a. fig. Spitzel*); '**~·glass** *s.* Fernglas *n*; '**~·hole** *s.* Guckloch *n*; ~ **ring** *s.* Spio'nagering *m*; ~ **sat·el·lite** *s.* ⚔ ‚'Himmelsspi‚on' *m*.

squab·ble ['skwɒbl] **I** *v/i.* sich zanken *od.* kabbeln; **II** *v/t. typ.* verquirlen; **III** *s.* Zank *m*, Kabbe'lei *f*; '**squab·bler** [-lə] *s.* ‚Streithammel' *m*.

squab·by ['skwɒbɪ] *adj.* unter'setzt, feist, plump.

squad [skwɒd] *s.* **1.** ⚔ Gruppe *f*, Korpo'ralschaft *f*: ***awkward ~*** a) ‚patschnasse' Re'kruten, b) *fig.* ‚Flaschenverein' *m*; **2.** (Arbeits- *etc.*)Trupp *m*; **3.** *Polizei*: a) ('Überfall- *etc.*)Kom‚mando *n*, b) ('Raub- *etc.*)Dezer‚nat *n*; → ***murder squad*** *etc.*; ~ ***car*** *Am.* (Funk)Streifenwagen *m*; **4.** *sport* Riege *f*, Kader *m*.

squad·ron ['skwɒdrən] *s.* **1.** ⚔ a) ('Reiter)Schwa‚dron *f*, b) ('Panzer)Batail‚lon *n*; **2.** ⚓, ⚔ (Flotten)Geschwader *n*; **3.** ✈ Staffel *f*; **4.** *allg.* Gruppe *f*, Ab'teilung *f*, Mannschaft *f*; ~ **lead·er** *s.* ('Flieger)Ma‚jor *m*.

squail [skweɪl] *s.* **1.** *pl. sg. konstr.* Flohhüpfen *n*; **2.** Spielplättchen *n*.

squal·id ['skwɒlɪd] *adj.* □ schmutzig, verkommen (*beide a. fig.*), verwahrlost; **squa·lid·i·ty** [skwɒ'lɪdətɪ], '**squal·id·ness** [-nɪs] *s.* Schmutz *m*, Verkommenheit *f* (*beide a. fig.*), Verwahrlosung *f*.

squall[1] [skwɔ:l] **I** *s.* **1.** *meteor.* Bö *f*, heftiger Windstoß: ***white ~*** Sturmbö aus heiterem Himmel; **2.** F ‚Sturm' *m*, ‚Gewitter' *n*: ***look out for ~s*** die Augen offen halten, auf der Hut sein; **II** *v/i.* **3.** stürmen.

squall[2] [skwɔ:l] **I** *v/i.* kreischen, schreien (*a. Kind*); **II** *v/t. oft* ~ ***out*** *et.* kreischen; **III** *s.* schriller Schrei: ***~s*** Geschrei *n*; '**squall·er** [-lə] *s.* Schreihals *m*.

squall·y ['skwɔːlɪ] *adj.* böig, stürmisch (*a.* F *fig.*).

squal·or ['skwɒlə] → ***squalidity***.

squa·ma ['skweɪmə] *pl.* **-mae** [-miː] *s.* ⚘, *anat.*, *zo.* Schuppe *f*, schuppenartige Or'ganbildung; '**squa·mate** [-meɪt], '**squa·mous** [-məs] *adj.* schuppig.

squan·der ['skwɒndə] *v/t.* *oft* ~ ***away*** *Geld, Zeit etc.* verschwenden, -geuden: ~ ***o.s.*** *od.* ***one's energies*** sich verzetteln *od.* ‚verplempern'; '**squan·der·er** [-dərə] *s.* Verschwender(in); '**squan·der·ing** [-dərɪŋ] **I** *adj.* ☐ verschwenderisch; **II** *s.* Verschwendung *f*, -geudung *f*.

squan·der·ma·ni·a [ˌskwɒndə'meɪnjə] *s.* Verschwendungssucht *f*.

square [skweə] **I** *s.* **1.** 𝔄 Qua'drat *n* (*Figur*); **2.** Qua'drat *n*, Viereck *n*, qua'dratisches Stück (*Glas, Stoff etc.*), Karo *n*; **3.** Feld *n* (*Schachbrett etc.*): ***be back to ~ one*** *fig.* wieder da sein, wo man angefangen hat; **4.** Häuserblock *m*; **5.** (öffentlicher) Platz; **6.** ⚙ a) Winkel(maß *n*) *m*, b) *bsd. Zimmerei*: Geviert *n*: ***on the*** ~ a) rechtwink(e)lig, b) F ehrlich, anständig, in Ordnung; ***out of*** ~ a) nicht rechtwink(e)lig, b) *fig.* nicht in Ordnung; **7.** 𝔄 Qua'drat(zahl *f*) *n*: ***in the*** ~ im Quadrat; **8.** ⚔ *hist.* Kar'ree *n*; **9.** ('Wort-, 'Zahlen)Quaˌdrat *n*; **10.** △ Säulenplatte *f*; **11.** *sl.* Spießer *m*; **II** *v/t.* **12.** rechtwink(e)lig *od.* qua'dratisch machen; **13.** *a.* ~ ***off*** in Qua'drate einteilen, *Papier etc.* karieren: ***~d paper*** Millimeterpapier *n*; **14.** auf s-e Abweichung vom rechten Winkel prüfen; **15.** 𝔄 a) den Flächeninhalt berechnen von (*od. gen.*), b) *Zahl* quadrieren, ins Qua'drat erheben, c) *Figur* quadrieren; → ***circle*** 1; **16.** ⚙ vierkantig behauen; **17.** *Schultern* straffen; **18.** *fig.* in Einklang bringen (***with*** mit), anpassen (***to*** an *acc.*); **19.** (*a.* ☨ *Konten*) ausgleichen; → ***account*** 5; **20.** *Schuld* begleichen; **21.** *Gläubiger* befriedigen; **22.** *sl. j-n* ‚schmieren', bestechen; **23.** *sport Kampf* unentschieden beenden; **III** *v/i.* **24.** ~ ***up*** (*Am. a.* ***off***) in Boxerstellung *od.* in Auslage gehen: ~ ***up to*** sich vor *j-m* aufpflanzen, *fig. Problem* anpacken; **25.** (***with***) über'einstimmen (mit), passen (zu); **26.** ~ ***up*** ☨ *u. fig.* abrechnen (***with*** mit); **IV** *adj.* ☐ **27.** 𝔄 qua'dratisch, Quadrat...(*-meile, -wurzel, -zahl etc.*); **28.** im Qua'drat: ***2 feet*** ~; **29.** rechtwink(e)lig, im rechten Winkel (stehend) (***to*** zu); **30.** (vier)eckig; **31.** ⚙ Vierkant...; **32.** gerade, gleichmäßig; **33.** breit(schulterig), stämmig, vierschrötig; **34.** *fig.* in Einklang (stehend) (***with*** mit), stimmend, in Ordnung: ***get things*** ~ die Sache in Ordnung bringen; **35.** ☨ abgeglichen (*Konten*): ***get ~ with*** mit *j-m* quitt werden (*a. fig.*); **36.** F a) re'ell, anständig, b) offen, ehrlich: ~ ***deal*** a) reeller Handel, b) anständige Behandlung; **37.** klar, deutlich: ***a ~ refusal***; **38.** F ordentlich, reichlich: ***a ~ meal***; **39.** *sl.* ‚spießig'; **40.** zu viert: ~ ***game***; **V** *adv.* **41.** qua'dratisch, viereckig; rechtwink(e)lig; **42.** F anständig, ehrlich; **43.** *Am.* di'rekt, gerade; ˌ**~-'built** → ***square*** 33; ~ **dance** *s. Am.* Square dance *m*; '**~·head** *s. contp.* ‚Qua'dratschädel' *m* (*Skandinavier od. Deutscher in U.S.A. od. Kanada*); ~ **meas·ure** *s.* Flächenmaß *n*.

square·ness ['skweənɪs] *s.* **1.** *das* Qua'dratische *od.* Viereckige; **2.** Vierschrötigkeit *f*; **3.** F Ehrlichkeit *f*; **4.** *sl.* ‚Spießigkeit' *f*.

ˌ**square**|**-'rigged** *adj.* ⚓ mit Rahen getakelt; '**~-ˌrig·ger** *s.* ⚓ Rahsegler *m*; ~ **root** *s.* 𝔄 (Qua'drat)Wurzel *f*; ~ **sail** *s.* ⚓ Rahsegel *n*; ~ **shoot·er** *s. Am.* F ehrlicher *od.* anständiger Kerl; ˌ**~-'shoul·dered** *adj.* breitschultrig; ˌ**~-'toed** *adj. fig.* a) altmodisch, b) steif.

squash [skwɒʃ] **I** *v/t.* **1.** (zu Brei) zerquetschen, zs.-drücken; breitschlagen; **2.** *fig. Aufruhr etc.* niederschlagen, im Keim ersticken; **3.** F *j-n* ‚fertigmachen'; **II** *v/i.* **4.** zerquetscht werden; **5.** glucksen (*Schuhe im Morast etc.*); **III** *s.* **6.** Matsch *m*, Brei *m*; **7.** Gedränge *n*; **8.** ⚘ Kürbis *m*; **9.** (Zi'tronen- *etc.*)Saft *m*; **10.** Glucksen *n*, Platsch(en *n*) *m*; **11.** *sport* a) *a.* ~ ***tennis*** Squash *n*, b) *a.* ~ ***rackets*** *ein dem Squash ähnliches Spiel*; '**squash·y** [-ʃɪ] *adj.* ☐ **1.** weich, breiig; **2.** matschig (*Boden*).

squat [skwɒt] **I** *v/i.* **1.** hocken, kauern: ~ ***down*** sich hinhocken; **2.** sich ducken (*Tier*); **3.** F ‚hocken' (*sitzen*); **4.** sich ohne Rechtstitel ansiedeln; **II** *v/t.* **5.** *leerstehendes Haus* besetzen; **III** *adj.* **6.** unter'setzt, vierschrötig (*Person*); **7.** flach, platt; **IV** *s.* **8.** Hockstellung *f*, Hocke *f* (*a. sport*); **9.** Sitz *m*, Platz *m*; '**squat·ter** [-tə] *s.* **1.** Hockende(r *m*) *f*; **2.** Hausbesetzer *m*; **3.** Squatter *m*, Ansiedler *m* ohne Rechtstitel; **4.** Siedler *m* auf regierungseigenem Land; **5.** *Austral.* Schafzüchter *m*.

squaw [skwɔː] *s.* **1.** Squaw *f*, Indi'anerfrau *f*; **2.** *Am.* F (Ehe)Frau *f*.

squawk [skwɔːk] **I** *v/i.* **1.** *bsd. orn.* kreischen; **2.** *fig.* F zetern, aufbegehren; **II** *s.* **3.** *bsd. orn.* Kreischen *n*; **4.** F Gezeter *n*.

squeak [skwiːk] **I** *v/i.* **1.** quiek(s)en, piep(s)en; **2.** quietschen (*Bremsen, Türangel etc.*); **3.** *sl.* → ***squeal*** 5; **II** *v/t.* **4.** *et.* quiek(s)en; **III** *s.* **5.** Gequiek(s)e *n*, Piep(s)en *n*; **6.** Quietschen *n*; **7.** ***have a narrow*** (*od.* ***close***) ~ F mit knapper Not davonkommen; '**squeak·y** [-kɪ] *adj.* ☐ **1.** quiek(s)end; **2.** quietschend.

squeal [skwiːl] **I** *v/i.* **1.** kreischen, (auf-)schreien; **2.** quietschen (*Bremsen etc.*); **3.** quieken, piepsen; **4.** F zetern, schimpfen (***about***, ***against*** gegen); **5.** *sl.* ‚pfeifen', ‚singen' (*verraten*): ~ ***on s.o.*** j-n verpetzen *od.* ‚verpfeifen' (***to*** bei); **II** *v/t.* **6.** *et.* schreien, kreischen; **III** *s.* **7.** schriller Schrei; **8.** Kreischen *n*, Quieken *n*; **9.** F *fig.* Aufschrei *m*; '**squeal·er** [-lə] *s.* **1.** Schreier *m*; **2.** Täubchen *n*, *allg.* junger Vogel; **3.** *sl.* Verräter *m*.

squeam·ish ['skwiːmɪʃ] *adj.* ☐ **1.** ('über)empfindlich, zimperlich; **2.** a) heikel (*im Essen*), b) (leicht) Ekel empfindend; **3.** 'übergewissenhaft, pe'nibel; '**squeam·ish·ness** [-nɪs] **1.** 'Überempfindlichkeit *f*, Zimperlichkeit *f*; **2.** 'Übergewissenhaftigkeit *f*; **3.** a) heikle Art, b) Ekel *m*, Übelkeit *f*.

squee·gee [ˌskwiː'dʒiː] *s.* **1.** Gummischrubber *m*; **2.** *phot. etc.* (Gummi-)Quetschwalze *f*.

squeez·a·ble ['skwiːzəbl] *adj.* **1.** zs.-drückbar; **2.** *fig.* gefügig; '**squeeze** [skwiːz] **I** *v/t.* **1.** (zs.-)drücken; **2.** a) *Frucht* auspressen, -quetschen, *Schwamm* ausdrücken, b) F *j-n* ‚ausnehmen', ‚schröpfen'; **3.** *oft* ~ ***out*** *Saft etc.* (her)'auspressen, -quetschen (***from*** aus): ~ ***a tear*** *fig.* e-e Träne zerdrükken, ein paar Krokodilstränen weinen; **4.** drücken, quetschen, zwängen (***into*** in *acc.*); eng (zs.-)packen: ~ ***o.s.*** (*od.* ***one's way***) ***into*** (***through***) sich hinein- (hindurch)zwängen; **5.** F fest *od.* innig an sich drücken; **6.** F a) unter Druck setzen, erpressen, b) *Geld etc.* her'auspressen, *Vorteil etc.* her'ausschinden (***out of*** aus); **7.** e-n Abdruck machen von (*e-r Münze etc.*); **II** *v/i.* **8.** quetschen, drücken, pressen; **9.** sich zwängen: ~ ***through*** (***in***) sich durch- (hinein)zwängen; **III** *s.* **10.** Druck *m*, Pressen *n*, Quetschen *n*; **11.** Händedruck *m*; **12.** (innige) Um'armung; **13.** Gedränge *n*; **14.** F a) Klemme *f*, *bsd.* Geldverlegenheit *f*, b) ‚Druck' *m*, Erpressung *f*: ***put the ~ on s.o.*** j-n unter Druck setzen; **15.** ☨ wirtschaftlicher Engpaß, (*a.* Geld)Knappheit *f*; **16.** (*bsd.* Wachs)Abdruck *m*; **squeeze bot·tle** *s.* (Plastik)Spritzflasche *f*; **squeeze box** *s.* ♪ F ‚'Quetschkomˌmode' *f*; '**squeez·er** [-zə] *s.* **1.** (Frucht-)Presse *f*; **2.** ⚙ a) ('Aus)Preßmaˌschine *f*, b) Quetschwerk *n*, c) 'Preßformmaˌschine *f*.

squelch [skweltʃ] **I** *v/t.* **1.** zermalmen; **2.** *fig.* F *j-n* ‚kurz fertigmachen', *j-m* den Mund stopfen, *Kritik etc.* abwürgen; **II** *v/i.* **3.** p(l)atschen; **4.** glucksen (*nasser Schuh etc.*); **III** *s.* **5.** Matsch *m*; **6.** P(l)atschen *n*, Glucksen *n*; **7.** → '**squelch·er** [-tʃə] *s.* F **1.** vernichtender Schlag; **2.** vernichtende Antwort.

squib [skwɪb] *s.* **1.** a) Frosch *m*, (Feuerwerks)Schwärmer *m*, b) *Brit. allg.* (Hand)Feuerwerkskörper *m*: ***damp*** ~ *fig.* ‚Flop' *m*, Schlag *m* ins Wasser; **2.** ⚒, *a.* ⚔ *hist.* Zündladung *f*; **3.** Spottgedicht *n*, Sa'tire *f*.

squid [skwɪd] *pl.* **squids**, *bsd. coll.* **squid** *s.* **1.** *zo. ein* zehnarmiger Tintenfisch; **2.** *künstlicher Köder in Tintenfischform.*

squif·fy ['skwɪfɪ] *adj. sl.* beschwipst.

squig·gle ['skwɪgl] **I** *s.* **1.** Schnörkel *m*; **II** *v/i.* **2.** kritzeln; **3.** sich winden.

squill [skwɪl] *s.* **1.** ⚘ a) Meerzwiebel *f*, b) Blaustern *m*; **2.** *zo.* Heuschreckenkrebs *m*.

squint [skwɪnt] **I** *v/i.* **1.** schielen (*a. weitS.*); **2.** ~ ***at*** a) schielen nach, b) e-n Blick werfen auf (*acc.*), c) scheel *od.* argwöhnisch blicken auf (*acc.*); **3.** blinzeln, zwinkern; **II** *v/t.* **4.** *Augen* a) verdrehen, b) zs.-kneifen; **III** *s.* **5.** Schielen *n* (*a. fig.*): ***have a*** ~ schielen; **6.** F (rascher *od.* verstohlener) Blick: ***have a ~ at*** → 2b; **IV** *adj.* **7.** schielend; **8.** schief, schräg; '**~-eyed** *adj.* **1.** schielend; **2.** *fig.* scheel, böse.

squir·arch·y ['skwaɪərɑːkɪ] *s.* → ***squirearchy***.

squire ['skwaɪə] **I** *s.* **1.** *englischer* Landjunker, *a.* Gutsherr *m*, Großgrundbesitzer *m*; **2.** *bsd.* F (*a. Am.*) a) (Friedens)Richter *m*, b) *andere Person mit lokaler Obrigkeitswürde*; **3.** *hist.* Edelknabe *m*, (Schild)Knappe *m*; **4.** Kava'lier *m*: a) Begleiter *m* (*e-r Dame*), b) Ga'lan *m*: **~ *of dames*** Frauenheld *m*; **II** *v/t. u. v/i.* **5.** *obs.* a) (e-e Dame) begleiten, b) (e-r Dame) Ritterdienste leisten *od.* den Hof machen; **'squire·arch·y** [-ərɑːkɪ] *s.* Junkertum *n*: a) *coll. die* (Land)Junker *pl.*, b) (Land-)Junkerherrschaft *f*; **'squire·ling** [-əlɪŋ] *s. contp.* Krautjunker *m*.

squirm [skwɜːm] **I** *v/i.* **1.** sich krümmen, sich winden (*a. fig.* ***with*** vor *Scham etc.*): **~ *out of*** a) sich (mühsam) aus *e-m Kleid* ‚herausschälen', b) *fig.* sich aus *e-r Notlage etc.* (heraus)winden; **II** *s.* **2.** Krümmen *n*, Sich'winden *n*; **3.** ⚓ Kink *m im Tau*; **'squirm·y** [-mɪ] *adj.* **1.** sich windend; **2.** *fig.* eklig.

squir·rel ['skwɪrəl] *s.* **1.** *zo.* Eichhörnchen *n*: ***flying*** **~** Flughörnchen *n*; **2.** Feh *n* (*Pelzwerk*); **~ cage** *s.* **1.** a) Laufradkäfig *m*, b) *fig.* ‚Tretmühle' *f*; **2.** ⚡ Käfiganker *m*; **'~-cage** *adj.* ⚡ Käfig…, Kurzschluß…

squirt [skwɜːt] **I** *v/i.* **1.** spritzen; **2.** her'vorspritzen, -sprudeln; **II** *v/t.* **3.** *Flüssigkeit etc.* her'vor-, her'ausspritzen; **4.** bespritzen; **III** *s.* **5.** (Wasser- *etc.*)Strahl *m*; **6.** Spritze *f*: **~ *can*** ⚙ Spritzkanne *f*; **7.** *a.* **~ *gun*** 'Wasserpiˌstole *f*; **8.** F ‚kleiner Scheißer'.

squish [skwɪʃ] F **I** *v/t.* zermatschen; **II** *v/i.* → ***squelch*** 4.

stab [stæb] **I** *v/t.* **1.** *j-n* a) (nieder)stechen, b) erstechen, erdolchen; **2.** *Messer etc.* bohren, stoßen (***into*** in *acc.*); **3.** *fig.* verletzen: **~ *s.o. in the back*** j-m in den Rücken fallen; **~ *s.o.'s reputation*** an j-m Rufmord begehen; **4.** ⚙ *Mauer* rauh hauen; **II** *v/i.* **5.** stechen (***at*** nach); **6.** *mit den Fingern etc.* stoßen (***at*** nach, auf *acc.*); **7.** stechen (*Schmerz*); **III** *s.* **8.** (Dolch- *etc.*)Stoß *m*, Stich *m*: **~ *in the back*** *fig.* Dolchstoß; ***have*** (*od.* ***make***) ***a*** **~ *at*** F *et.* probieren; **9.** Stich (-wunde *f*) *m*; **10.** *fig.* Stich *m* (*Schmerz, jähes Gefühl*); **~ cell** *s. biol.* Stabzelle *f*.

sta·bil·i·ty [stə'bɪlətɪ] *s.* **1.** Stabili'tät *f*: a) Standfestigkeit *f*, b) (Wert)Beständigkeit *f*, Festigkeit *f*, Haltbarkeit *f*, c) Unveränderlichkeit *f* (*a.* A), d) ⚗ Resi'stenz *f*: ***monetary*** **~** ⚚ Währungsstabilität; **2.** *fig.* Beständigkeit *f*, Standhaftigkeit *f*, (Cha'rakter)Festigkeit *f*; **3.** a) ⚙ Kippsicherheit *f*, b) ✈ dy'namisches Gleichgewicht, c) **~ *on curves*** *mot.* Kurvenstabilität *f*.

sta·bi·li·za·tion [ˌsteɪbɪlaɪ'zeɪʃn] *s. allg.*, *bsd.* ⚙, ⚚ Stabilisierung *f*; **sta·bi·lize** ['steɪbɪlaɪz] *v/t.* stabilisieren (*a.* ⚙, ⚓, ✈): a) festigen, stützen, b) kon'stant halten: **~*d warfare*** ⚔ Stellungskrieg *m*; **sta·bi·liz·er** ['steɪbɪlaɪzə] *s.* ⚙, ✈, ⚓, ⚗ Stabili'sator *m*.

sta·ble[1] ['steɪbl] *adj.* ☐ **1.** sta'bil (*a.* ⚚): a) standfest, -sicher (*a.* ⚙), b) (wert-)beständig, fest, dauerhaft, haltbar, c) unveränderlich (*a.* A), d) ⚗ resi'stent; **2.** ⚚, *pol.* sta'bil: **~ *currency***; **3.** *fig.* beständig, (*a.* cha'rakterlich) gefestigt.

sta·ble[2] ['steɪbl] **I** *s.* **1.** (Pferde-, Kuh-)Stall *m*; **2.** Stall(bestand) *m*; **3.** Rennstall *m* (*bsd. coll. Pferde, a. Rennfahrer*); **4.** *fig.* ‚Stall' *m* (*Mannschaft etc., a. Familie*); **5.** *pl.* ⚔ *Brit.* a) Stalldienst *m*, b) → ***stable call***; **II** *v/t.* **6.** *Pferd* einstallen; **III** *v/i.* **7.** im Stall stehen (*Pferd*); **8.** *fig.* hausen; **'~·boy** *s.* Stalljunge *m*; **~ call** *s.* ⚔ Si'gnal *n* zum Stalldienst; **~ com·pan·ion** → ***stablemate***; **'~·man** [-mən] *s.* [*irr.*] Stallknecht *m*; **'~·mate** *s.* Stallgefährte *m* (*a. fig. Radsport etc.*).

sta·ble·ness ['steɪblnɪs] → ***stability***.

sta·bling ['steɪblɪŋ] *s.* **1.** Einstallung *f*; **2.** Stallung(en *pl.*) *f*, Ställe *pl.*

stac·ca·to [stə'kɑːtəʊ] (*Ital.*) *adv.* **1.** ♪ stak'kato; **2.** *fig.* abgehackt.

stack [stæk] **I** *s.* **1.** Schober *m*, Feim *m*; **2.** Stoß *m*, Stapel *m* (*Holz, Bücher etc.*); **3.** *Brit. Maßeinheit für Holz u. Kohlen* (*3,05814* m^3); **4.** *Am.* ('Bücher-)Reˌgal *n*; *pl.* 'Hauptmagaˌzin *n e-r Bibliothek*; **5.** ⚔ (Ge'wehr)Pyraˌmide *f*; **6.** a) *bsd.* 🚂, ⚓ Schornstein *m*, Ka'min *m*, b) (Schmiede)Esse *f*, c) *mot.* Auspuffrohr *n*, d) Aggre'gat *n*, Satz *m*, e) (gestockte) An'tennenkombinatiˌon, f) *Computer*: Stapelspeicher *m*: ***blow one's*** **~** F ‚in die Luft gehen'; **7.** Felssäule *f*; **II** *v/t.* **8.** *Heu etc.* aufschobern; **9.** aufschichten, -stapeln; **10.** *et.* 'vollstapeln; **11.** ⚔ *Gewehre* zs.-setzen: **~ *arms***; **12.** **~ *the cards*** die Karten ‚packen' (*um zu betrügen*): ***the cards are ~ed against him*** *fig.* er hat kaum e-e Chance; **'stack·er** [-kə] *s.* Stapler *m* (*Person u. Gerät*).

sta·di·a[1] ['steɪdjə] *pl. von* ***stadium***.

sta·di·a[2] ['steɪdjə] *s. a.* **~ *rod*** *surv.* Meßlatte *f*.

sta·di·um ['steɪdjəm] *pl.* **-di·a** [-djə] *s.* **1.** *antiq.* Stadion *n* (*Kampfbahn u. Längenmaß*); **2.** *pl. mst* **'sta·di·ums** *sport* Stadion *n*; **3.** *bsd.* ⚕, *biol.* Stadium *n*.

staff[1] [stɑːf] **I** *s.* **1.** Stock *m*, Stecken *m*; **2.** (*a.* Amts-, Bischofs-, Kom'mando-, Meß-, Wander)Stab *m*; **3.** (Fahnen-)Stange *f*, ⚓ Flaggenstock *m*; **4.** *fig.* a) Stütze *f des Alters etc.*, b) *das* Nötige *od.* Wichtigste: **~ *of life*** Brot *n*, Nahrung *f*; **5.** Unruhewelle *f* (*Uhr*); **6.** a) (Assi'stenten-, Mitarbeiter)Stab *m*, b) Beamtenkörper *m*, -stab *m*, c) Lehrkörper *m*, 'Lehrerkolˌlegium *n*, d) Perso'nal *n*, Belegschaft *f*: ***editorial*** **~** Redaktion(sstab *m*) *f*; ***nursing*** **~** ⚕ Pflegepersonal; ***the senior*** **~** ⚚ die leitenden Angestellten; ***be on the*** **~** (***of***) zum Stab *od.* Lehrkörper *od.* Personal gehören (*gen.*), Mitarbeiter sein (bei), fest angestellt sein (bei); **7.** ⚔ Stab *m*: **~ *order*** Stabsbefehl *m*; **8.** *pl.* **staves** [steɪvz] ♪ 'Noten(linien)syˌstem *n*; **II** *adj.* **9.** *bsd.* ⚔ Stabs…; **10.** Personal…; **III** *v/t.* **11.** (mit Perso'nal) besetzen: ***well ~ed*** gut besetzt; **~*ing level*** Personaldecke *f*; **12.** mit e-m Stab *od.* Lehrkörper *etc.* versehen; **13.** den Lehrkörper *e-r Schule* bilden.

staff[2] [stɑːf] *s.* ⚙ *Baustoff aus Gips u. (Hanf)Fasern.*

staff| car *s.* ⚔ Befehlsfahrzeug *n*; **~ col·lege** *s.* ⚔ Gene'ralstabsakadeˌmie *f*; **~ man·a·ger** *s.* ⚚ Perso'nalchef *m*; **~ mem·ber** *s.* Mitarbeiter(in); **~ no·ta·tion** *s.* ♪ Liniennotenschrift *f*; **~ of·fi·cer** *s.* ⚔ 'Stabsoffiˌzier *m*; **~ re·duc·tions** *pl.* ⚚ Perso'nalabbau *m*; **~ room** *s. ped.* Lehrerzimmer *n*; **~ ser·geant** *s.* ⚔ (*Brit.* Ober)Feldwebel *m*; **~ turn·o·ver** *s.* Personalfluktuation *f*.

stag [stæg] **I** *s.* **1.** *hunt.*, *zo.* a) Rothirsch *m*, b) Hirsch *m*; **2.** *zo. bsd. dial.* Männchen *n*; **3.** *nach der Reife kastriertes männliches Tier*; **4.** F a) Herr *m* ohne Damenbegleitung, b) *bsd. Am.* → ***stag party***; **5.** ⚚ *Brit.* Kon'zertzeichner *m*; **II** *adj.* **6.** F a) Herren…: **~ *dinner***, b) Sex…: **~ *film***; **III** *v/i.* **7.** ⚚ *Brit. sl.* in neu ausgegebenen Aktien spekulieren; **8.** *a.* ***go*** **~** F ohne Damenbegleitung *od.* ‚solo' gehen; **~ bee·tle** *s. zo.* Hirschkäfer *m*.

stage [steɪdʒ] **I** *s.* **1.** Bühne *f*, Gerüst *n*; ⚓ Landungsbrücke *f*; **2.** *thea.* Bühne *f* (*a. fig. Theaterwelt, Bühnenlaufbahn*): ***the*** **~** *fig.* die Bühne, das Theater; ***be on the*** **~** Schauspieler(in) *od.* beim Theater sein; ***bring on the*** **~** → 11a; ***go on the*** **~** zur Bühne gehen; ***hold the*** **~** sich auf der Bühne halten; ***set the*** **~ *for*** *fig.* alles vorbereiten für; **3.** *hist.* a) ('Post)Statiˌon *f*, b) Postkutsche *f*; **4.** a) *Brit.* Teilstrecke *f*, Fahrzone *f* (*Bus etc.*), b) (Reise)Abschnitt *m*, E'tappe *f* (*a. fig. u. Radsport*): ***by*** (*od.* ***in***) (***easy***) **~*s*** etappenweise; **5.** ⚕, ⚚, *biol. etc.* Stadium *n*, (Entwicklungs)Stufe *f*, Phase *f*: ***at this*** **~** zum gegenwärtigen Zeitpunkt; ***critical*** (***experimental, initial***) **~** kritisches (Versuchs-, Anfangs-)Stadium; **~*s of appeal*** ⚖ Instanzenweg *m*; **6.** ⚙ (Schalt- *etc.*, ⚡ Verstärker-, *a.* Ra'keten)Stufe *f*; **7.** *geol.* Stufe *f e-r Formation*; **8.** Ob'jektträger *m* (*am Mikroskop*); **9.** ⚙ Farbläufer *m*; **10.** *Am.* Höhe *f* des Spiegels (*e-s Flusses*); **II** *v/t.* **11.** *Theaterstück* a) auf die Bühne bringen, inszenieren, b) für die Bühne bearbeiten; **12.** *fig.* a) *allg.* veranstalten, b) inszenieren, aufziehen: **~ *a demonstration***; **13.** ⚙ berüsten; **14.** ⚔ *Am. Personen* 'durchschleusen; **~ box** *s. thea.* Pro'sceniumsloge *f*; **'~·coach** *s. hist.* Postkutsche *f*; **'~·craft** *s.* drama'turgisches *od.* schauspielerisches Können; **~ de·sign·er** *s.* Bühnenbildner(in); **~ di·rec·tion** *s.* Bühnen-, Re'gieanweisung *f*; **~ di·rec·tor** *s.* Regis'seur *m*; **~ door** *s.* Bühneneingang *m*; **~ ef·fect** *s.* **1.** 'Bühnenwirkung *f*, -efˌfekt *m*; **2.** *fig.* Thea'tralik *f*; **~ fe·ver** *s.* The'aterbesessenheit *f*; **~ fright** *s.* Lampenfieber *n*; **'~·hand** *s.* Bühnenarbeiter *m*; **ˌ~-'man·age** → ***stage*** 12; **~ man·ag·er** *s.* Inspizi'ent *m*; **~ name** *s.* Bühnen-, Künstlername *m*; **~ play** *s.* Bühnenstück *n*.

stag·er ['steɪdʒə] *s. mst* ***old*** **~** ‚alter Hase'.

stage| race *s. Radsport*: E'tappenrennen *n*; **~ rights** *s. pl.* ⚖ Aufführungs-, Bühnenrechte *pl.*; **'~-struck** *adj.* the'aterbesessen; **~ ver·sion** *s. thea.* Bühnenfassung *f*; **~ whis·per** *s.* **1.** *thea.* nur für das Publikum bestimmtes Flüstern; **2.** *fig.* weithin hörbares Geflüster; **'~ˌworth·y** *adj.* bühnenfähig, -gerecht (*Schauspiel*).

stage·y ['steɪdʒɪ] *adj. Am. für* ***stagy***.

stag·fla·tion [stæg'fleɪʃn] *s.* ⚚ Stagflati'on *f*.

stag·ger ['stægə] **I** *v/i.* **1.** (sch)wanken, taumeln, torkeln; **2.** *fig.* wanken(d werden); **II** *v/t.* **3.** ins Wanken bringen, erschüttern (*a. fig.*); **4.** *fig.* verblüffen, *stärker*: 'umwerfen, über'wältigen; **5.** ⚙ gestaffelt *od.* versetzt anordnen; (*a. fig. Arbeitszeit*) staffeln; **III** *s.* **6.** Schwanken *n*, Taumeln *n*; **7.** *pl. sg. konstr.*: a)

Schwindel *m*, b) *vet.* Schwindel *m* (*von Rindern*), Koller *m* (*von Pferden*), Drehkrankheit *f* (*von Schafen*); **8.** ⚙, ✈ *u. fig.* Staffelung *f*; **9.** *Leichtathletik*: Kurvenvorgabe *f*; **ˈstag·gered** [-əd] *adj.* **1.** ⚙ versetzt (angeordnet), gestaffelt; **2.** gestaffelt (*Arbeitszeit etc.*); **ˈstag·ger·ing** [-ərɪŋ] *adj.* □ **1.** (sch)wankend, taumelnd; **2.** wuchtig, heftig (*Schlag*); **3.** *fig.* a) ˈumwerfend, phanˈtastisch, b) schwindelerregend (*Preise etc.*).

stag·i·ness [ˈsteɪdʒɪnɪs] *s.* Theaˈtralik *f*, Effekthascheˈrei *f*.

stag·ing [ˈsteɪdʒɪŋ] *s.* **1.** *thea.* a) Inszenierung *f* (*a. fig.*), b) Bühnenbearbeitung *f*; **2.** (Bau)Gerüst *n*; **3.** ⚓ Hellinggerüst *n* (*e-r Werft*); **~ a·re·a** *s.* ⚔ **1.** Bereitstellungsraum *m*; **2.** Auffangraum *m*.

stag·nan·cy [ˈstægnənsɪ] *s.* Stagnatiˈon *f*: a) Stockung *f*, Stillstand *m*, b) *bsd.* ✝ Flauheit *f*, c) *fig.* Trägheit *f*; **ˈstag·nant** [-nt] *adj.* □ stagnierend: a) stockend (*a.* ✝), stillstehend, b) abgestanden (*Wasser*), c) *fig.* träge; **ˈstag·nate** [-neɪt] *v/i.* stagnieren, stocken; **stag·na·tion** [stægˈneɪʃn] → ***stagnancy***.

stag par·ty *s.* F (*bsd.* feuchtfröhlicher) Herrenabend *m*.

stag·y [ˈsteɪdʒɪ] *adj.* □ **1.** bühnenmäßig, Bühnen…; **2.** *fig.* theaˈtralisch.

staid [steɪd] *adj.* □ gesetzt, seriˈös; ruhig (*a. Farbe*), gelassen; **ˈstaid·ness** [-nɪs] *s.* Gesetztheit *f*.

stain [steɪn] **I** *s.* **1.** (Schmutz-, *a.* Farb-)Fleck *m*: ***~-resistant*** schmutzabweisend; **2.** *fig.* Schandfleck *m*, Makel *m*; **3.** Färbung *f*; **4.** ⚙ Farbe *f*, Färbemittel *n* (*a. beim Mikroskopieren*); **5.** (Holz-)Beize *f*; **II** *v/t.* **6.** beschmutzen, beflekken, besudeln (*alle a. fig.*); **7.** färben; *Holz* beizen; *Glas etc.* bemalen; *Stoff etc.* bedrucken: ***~ed glass*** buntes (Fenster)Glas; **III** *v/i.* **8.** Flecken verursachen; **9.** Flecken bekommen, schmutzen; **ˈstain·ing** [-nɪŋ] **I** *s.* **1.** (Ver)Färbung *f*; **2.** Verschmutzung *f*; **3.** ⚙ Färben *n*, Beizen *n*: ***~ of glass*** Glasmalerei *f*; **II** *adj.* **4.** Färbe…; **ˈstain·less** [-lɪs] *adj.* □ **1.** *bsd. fig.* fleckenlos, unbefleckt; **2.** rostfrei, nichtrostend (*Stahl*).

stair [steə] *s.* **1.** Treppe *f*, Stiege *f*; **2.** (Treppen)Stufe *f*; **3.** *pl.* Treppe(nhaus *n*) *f*: ***below ~s*** a) unten, b) *Br. obs.* beim Hauspersonal; **ˈ~·case** → ***stair*** 3; **ˈ~·head** *s.* oberster Treppenabsatz; **ˈ~·way** → ***stair*** 3.

stake¹ [steɪk] **I** *s.* **1.** (*a.* Grenz)Pfahl *m*, Pfosten *m*: ***pull up ~s*** *Am.* F *fig.* s-e Zelte abbrechen; **2.** Marter-, Brandpfahl *m*: ***the ~*** *fig.* der (Tod auf dem) Scheiterhaufen; **3.** Pflock *m* (*zum Anbinden von Tieren*); **4.** (Wagen)Runge *f*; **5.** Absteckpfahl *m*, -pflock *m*; **6.** kleiner (Hand)Amboß; **II** *v/t.* **7.** *oft* ***~ off***, ***~ out*** abstecken (*a. fig.*): ***~ out a claim*** *fig.* s-e Ansprüche anmelden (***to*** auf *acc.*); ***~ in*** (*od.* ***out***) mit Pfählen einzäunen; **8.** *Pflanze* mit e-m Pfahl stützen; **9.** *Tier* anpflocken; **10.** a) mit e-m Pfahl durchˈbohren, aufspießen, b) pfählen (*als Strafe*).

stake² [steɪk] **I** *s.* **1.** (Wett-, Spiel)Einsatz *m*: ***place one's ~s on*** setzen auf (*acc.*); ***be at ~*** *fig.* auf dem Spiel stehen; ***play for high ~s*** a) um hohe Einsätze spielen, b) *fig.* ein hohes Spiel spielen, allerhand riskieren; ***sweep the ~s*** den ganzen Gewinn kassieren; **2.** *fig.* Interˈesse *n*, Anteil *m* (*a.* ✝): ***have a ~ in*** interessiert *od.* beteiligt sein an (*dat.*); **3.** *pl.* *Pferderennen*: a) Dotierung *f*, b) Rennen *n*; **II** *v/t.* **4.** *Geld* setzen (***on*** auf *acc.*); **5.** *fig.* (ein)setzen, aufs Spiel setzen, riskieren: ***I'd ~ my life on that*** darauf gehe ich jede Wette ein; **6.** *Am.* F Geld in *j-n od. et.* investieren.

ˈstake|ˌhold·er *s.* ˈUnparˌteiische(r), der die Wetteinsätze verwahrt; **~ net** *s.* ⚓ Staknetz *n*; **ˈ~·out** *s.* F (poliˈzeiliche) Überˈwachung (***on*** *gen.*).

Sta·kha·no·vism [stæˈkænəvɪzəm] *s.* Staˈchanow-Syˌstem *n*.

sta·lac·tic, **sta·lac·ti·cal** [stəˈlæktɪk(l)] *adj.* → ***stalactitic***; **sta·lac·tite** [ˈstæləktaɪt] *s.* Stalakˈtit *m*, hängender Tropfstein; **stal·ac·tit·ic** [ˌstæləkˈtɪtɪk] *adj.* (□ ***~ally***) stalakˈtitisch, Stalaktiten…

sta·lag·mite [ˈstæləgmaɪt] *s. min.* Stalagˈmit *m*, stehender Tropfstein; **stal·ag·mit·ic** [ˌstæləgˈmɪtɪk] *adj.* (□ ***~ally***) stalagˈmitisch.

stale¹ [steɪl] **I** *adj.* □ **1.** *allg.* alt (*Ggs. frisch*), *bsd.* a) schal, abgestanden (*Wasser, Wein*), b) alt(backen) (*Brot*), c) schlecht, verdorben (*Lebensmittel*); **2.** verbraucht (*Luft*); **3.** schal (*Geruch, Geschmack, fig. Vergnügen*); **4.** fad, abgedroschen, (ur)alt (*Witz*); **5.** a) verbraucht (*Person, Geist*), überˈanstrengt, b) ‚eingerostet', aus der Übung (gekommen); **6.** ⚖ verjährt (*Scheck, Schuld etc.*), gegenstandslos (geworden); **II** *v/i.* **7.** schal *etc.* werden.

stale² [steɪl] **I** *v/i.* stallen, harnen (*Vieh*); **II** *s.* Harn *m*.

stale·mate [ˈsteɪlmeɪt] **I** *s.* **1.** *Schach*: Patt *n*; **2.** *fig.* ˈPatt(situatiˌon *f*) *n*, Sackgasse *f*; **II** *v/t.* **3.** patt setzen; **4.** *fig.* a) in e-e Sackgasse führen, b) matt setzen.

stale·ness [ˈsteɪlnɪs] *s.* **1.** Schalheit *f* (*a. fig.*); **2.** a) Verbrauchtheit *f*, b) Abgedroschenheit *f*.

Sta·lin·ism [ˈstɑːlɪnɪzəm] *s. pol.* Staliˈnismus *m*; **ˈSta·lin·ist** [-nɪst] **I** *s.* Staliˈnist(in); **II** *adj.* staliˈnistisch.

stalk¹ [stɔːk] *s.* **1.** ⚘ Stengel *m*, Stiel *m*, Halm *m*; **2.** *biol.*, *zo.* Stiel *m* (*Träger e-s Organs*); **3.** *zo.* Federkiel *m*; **4.** Stiel *m* (*e-s Weinglases etc.*); **5.** (Faˈbrik-)Schlot *m*.

stalk² [stɔːk] **I** *v/i.* **1.** *hunt.* (sich an)pirschen; **2.** (einˈher)schreiten, (-)stolzieren; **3.** *fig.* ˈumgehen (*Krankheit, Gespenst etc.*); **4.** staken, steifbeinig gehen; **II** *v/t.* **5.** *hunt. u. fig.* sich herˈanpirschen an (*acc.*); **6.** *hunt.* durchˈjagen; **7.** *j-n* verfolgen; **8.** ˈumgehen in (*dat.*) (*Gespenst etc.*); **III** *s.* **9.** Pirsch (-jagd) *f*.

stalked [stɔːkt] *adj.* ⚘, *zo.* gestielt, …stielig.

stalk·er [ˈstɔːkə] *s.* Pirschjäger *m*.

ˈstalk·ing-horse [ˈstɔːkɪŋ] *s.* **1.** *hunt.*, *hist.* Versteckpferd *n*; **2.** *fig.* Deckmantel *m*; **3.** *pol.* Strohmann *m*.

stalk·less [ˈstɔːklɪs] *adj.* **1.** ungestielt; **2.** ⚘ stengellos, sitzend.

stalk·y [ˈstɔːkɪ] *adj.* **1.** stengel-, stielartig; **2.** hochaufgeschossen.

stall¹ [stɔːl] **I** *s.* **1.** Box *f* (*im Stall*); **2.** (Verkaufs)Stand *m*, (Markt)Bude *f*: ***~ money*** Standgeld *n*; **3.** Chor-, Kirchenstuhl *m*; **4.** *pl. thea. Brit.* Sperrsitz *m*; **5.** Hülle *f*, Schutz *m*; **6.** ⚒ Arbeitsstand *m*; **7.** ✈ Sackflug *m*; **8.** (markierter) Parkplatz; **II** *v/t.* **9.** *Tiere* in Boxen ˈunterbringen; **10.** im Stall füttern *od.* mästen; **11.** a) *Wagen* durch ‚Abwürgen' des Motors zum Stehen bringen, b) *Motor* abwürgen, c) ✈ überˈziehen: ***~ing speed*** kritische Geschwindigkeit; **III** *v/i.* **12.** steckenbleiben (*Wagen*); **13.** absterben (*Motor*); **14.** ✈ abrutschen.

stall² [stɔːl] **I** *s.* **1.** Ausflucht *f*, ˈHinhaltemaˌnöver *n*; **2.** *Am.* Komˈplize *m*; **II** *v/i.* **3.** a) Ausflüchte machen, ausweichen, b) *a.* ***~ for time*** Zeit schinden; **4.** *sport* a) auf Zeit spielen, b) ‚kurztreten'; **III** *v/t.* **5.** *a.* ***~ off*** a) *j-n* hinhalten, b) *et.* hinˈauszögern.

stall·age [ˈstɔːlɪdʒ] *s. Brit.* Standgeld *n*.

stal·lion [ˈstæljən] *s. zo.* (Zucht)Hengst *m*.

stal·wart [ˈstɔːlwət] **I** *adj.* □ **1.** roˈbust, stramm, (hand)fest; **2.** *bsd. pol.* unentwegt, treu; **II** *s.* **3.** strammer Kerl; **4.** *bsd. pol.* treuer Anhänger, Unentwegte(r *m*) *f*.

sta·men [ˈsteɪmən] *s.* ⚘ Staubblatt *n*, -gefäß *n*, -faden *m*.

stam·i·na [ˈstæmɪnə] *s.* **1.** a) Lebenskraft *f* (*a. fig.*), b) Vitaliˈtät *f*; **2.** Zähigkeit *f*, Ausdauer *f*, ˈDurchhalte-, Stehvermögen *n*; **3.** *a.* ⚔ ˈWiderstandskraft *f*; **ˈstam·i·nal** [-nl] *adj.* **1.** Lebens…, viˈtal; **2.** Widerstands…, Konditions…; **3.** ⚘ Staubblatt…

stam·mer [ˈstæmə] **I** *v/i.* (*v/t. a.* ***~ out***) stottern, stammeln; **II** *s.* Stottern *n* (*a.* ⚕), Gestammel *n*; **ˈstam·mer·er** [-ərə] *s.* Stotterer *m*, Stotterin *f*; **ˈstam·mer·ing** [-ərɪŋ] **I** *adj.* □ stotternd; **II** *s.* → ***stammer*** II.

stamp [stæmp] **I** *v/t.* **1.** stampfen (auf *acc.*): ***~ one's foot*** → 12; ***~ down*** a) feststampfen, b) niedertrampeln; ***~ out*** a) *Feuer* austreten, b) zertrampeln, c) ausmerzen, d) *Aufstand* niederschlagen; **2.** *Geld* prägen; **3.** aufprägen (***on*** auf *acc.*); **4.** *Namen etc.* aufstempeln; **5.** *Urkunde etc.* stempeln; **6.** *Gewichte* eichen; **7.** *Brief etc.* frankieren, e-e Brief- *od.* Gebührenmarke (auf)kleben auf (*acc.*): ***~ed envelope*** Freiumschlag *m*; **8.** kennzeichnen; **9.** *fig.* stempeln, kennzeichnen, charakterisieren (***as*** als); **10.** *fig.* (fest) einprägen: ***~ed on s.o.'s memory*** j-s Gedächtnis eingeprägt, unverrückbar in j-s Erinnerung; **11.** ⚙ a) *a.* ***~ out*** (aus)stanzen, b) pressen, c) *Erz* pochen, d) *Lumpen etc.* einstampfen; **II** *v/i.* **12.** (auf)stampfen; **13.** stampfen, trampeln (***upon*** auf *acc.*); **III** *s.* **14.** Stempel *m*, (*Dienst-etc.*)Siegel *n*; **15.** *fig.* Stempel *m* (*der Wahrheit etc.*), Gepräge *n*: ***bear the ~ of*** den Stempel *des Genies etc.* tragen, das Gepräge *j-s od. e-r Sache* haben; **16.** (Brief)Marke *f*, (Post)Wertzeichen *n*; **17.** (Stempel-, Steuer-, Gebühren-)Marke *f*; **18.** ✝ Raˈbattmarke *f*; **19.** ✝ (Firmen)Zeichen *n*, Etiˈkett *n*; **20.** *fig.* Art *f*, Schlag *m*: ***a man of his ~*** ein Mann s-s Schlages; ***of a different ~*** aus e-m andern Holz geschnitzt; **21.** ⚙ a)

Prägestempel *m*, b) Stanze *f*, c) Stampfe *f*, d) Presse *f*, e) Pochstempel *m*, f) Pa'trize *f*; **22.** Prägung *f*; **23.** Aufdruck *m*; **24.** Eindruck *m*, Spur *f*; **♀ Act** *s. hist.* Stempelakte *f*; **~ col·lec·tor** *s.* Briefmarkensammler *m*; **~ du·ty** *s.* Stempelgebühr *f*.

stam·pede [stæm'pi:d] **I** *s.* **1.** a) wilde, panische Flucht, Panik *f*, b) wilder Ansturm; **2.** (Massen)Ansturm *m* (*von Käufern etc.*); **3.** *Am. pol.* a) (krasser) 'Meinungsˌumschwung, b) ‚Erdrutsch' *m*; **II** *v/i.* **4.** (in wilder Flucht) da'vonstürmen, 'durchgehen; **5.** (in Massen) losstürmen; **III** *v/t.* **6.** in wilde Flucht jagen; **7.** a) in Panik versetzen, b) *j-n* treiben (**into doing** dazu, *et.* zu tun), c) über'rumpeln, d) *Am. pol.* e-n Erdrutsch her'vorrufen bei.

stamp·ing ['stæmpɪŋ] *s.* ⚙ **1.** Ausstanzen *n etc.*; **2.** Stanzstück *n*; **3.** Preßstück *n*; **4.** Prägung *f*; **~ die** *s.* ⚙ 'Schlagma'trize *f*; **~ ground** *s. zo. u. fig.* Tummelplatz *m*, Re'vier *n*.

stamp(·ing) mill *s.* ⚙ a) Stampfwerk *n*, b) Pochwerk *n*.

stance [stæns] *s.* Stellung *f*, Haltung *f* (*a. sport*).

stanch¹ [stɑ:ntʃ] *v/t. Blutung* stillen.

stanch² [stɑ:ntʃ] → **staunch²**.

stan·chion ['stɑ:nʃn] **I** *s.* Pfosten *m*, Stütze *f* (*a.* ⚓); **II** *v/t.* (ab)stützen, verstärken.

stand [stænd] **I** *s.* **1.** Stillstand *m*, Halt *m*; **2.** Standort *m*, Platz *m*, *fig.* Standpunkt *m*: **take one's ~** a) sich (auf)stellen (**at** bei, auf *dat.*), b) Stellung beziehen; **3.** *fig.* Eintreten *n*: **make a ~ for** sich einsetzen für; **make a ~ against** sich entgegenstellen *od.* -stemmen (*dat.*); **4.** (Verkaufs-, Messe)Stand *m*; **5.** Stand(platz) *m für Taxis*; **6.** ('Zuschauer)Triˌbüne *f*; **7.** Podium *n*; **8.** *Am.* ⚖ Zeugenstand *m*: **take the ~** a) den Zeugenstand betreten, b) als Zeuge aussagen; **9.** (Kleider-, Noten- *etc.*) Ständer *m*; **10.** Gestell *n*; **11.** *phot.* Sta'tiv *n*; **12.** (Baum)Bestand *m*; **13.** 🌾 Stand *m des Getreides etc.*, (zu erwartende) Ernte: **~ of wheat** stehender Weizen; **14. ~ of arms** ⚔ ('vollständige) Ausrüstung *e-s Soldaten*; **II** *v/i.* [*irr.*] **15.** *allg.* stehen: **~ alone** a) allein (da)stehen *mit e-r Ansicht etc.*, b) unerreicht dastehen *od.* sein; **~ fast** (*od.* **firm**) hart bleiben (**on** in *e-r Sache*); **~ or fall** siegen oder untergehen; **~s at 78** *das Thermometer* steht auf 78 Grad (Fahrenheit); **the wind ~s in the west** der Wind weht von Westen; **~ well with s.o.** mit j-m gut stehen; **~ to lose** (**win**) (mit Sicherheit) verlieren (gewinnen); **as matters ~** (so) wie die Dinge (jetzt) liegen, nach Lage der Dinge; **I want to know where I ~** ich will wissen, woran ich bin; **16.** aufstehen, sich erheben; **17.** sich *wohin* stellen, treten: **~ back** (*od.* **clear**) zurücktreten; **18.** sich *wo* befinden, stehen, liegen (*Sache*); **19.** *a.* **~ still** stehenbleiben, stillstehen: **~!** halt!; **~ fast!** ⚔ *Brit.* stillgestanden!, *Am.* Abteilung halt!; **20.** *bestürzt etc.* sein: **~ aghast**; **~ convicted** überführt sein; **~ corrected** s-n Irrtum *od.* sein Unrecht zugeben; **~ in need of** benötigen; **21.** groß sein, messen: **he ~s six feet** (**tall**); **22.** *neutral etc.* bleiben: **~ unchallenged** unbeanstandet bleiben; **and so it ~s** und dabei bleibt es; **23.** *a.* **~ good** gültig bleiben, (weiterhin) gelten: **my offer ~s** mein Angebot bleibt bestehen; **24.** bestehen, sich behaupten: **~ through** *et.* überstehen, -dauern; **25.** ⚓ *auf e-m Kurs* liegen, steuern; **26.** zu'statten kommen (**to** *dat.*); **27.** *hunt.* vorstehen (**upon** *dat.*) (*Hund*); **III** *v/t.* [*irr.*] **28.** *wohin* stellen; **29.** *e-m Angriff etc.* standhalten; **30.** *Beanspruchung*, *Kälte etc.* aushalten; *Klima*, *Person* (v)ertragen: **I cannot ~ him** ich kann ihn nicht ausstehen; **31.** sich *et.* gefallen lassen, dulden: **I won't ~ it any longer**; **32.** sich *e-r Sache* unter'ziehen; *Pate* stehen; → **trial** 2; **33.** a) aufkommen für *et.*; *Bürgschaft* leisten, b) *j-m ein Essen etc.* spendieren: **~ a drink** ‚einen ausgeben'; → **treat** 11; **34.** *e-e Chance* haben;

Zssgn mit prp.:

stand| by *v/i.* **1.** *fig. j-m* zur Seite stehen, zu *j-m* halten *od.* stehen; **2.** *s-m Wort*, *s-n Prinzipien etc.* treu bleiben, stehen zu; **~ for** *v/i.* **1.** stehen für, bedeuten; **2.** eintreten für, vertreten; **3.** *bsd. Brit.* sich um *ein Amt* bewerben; **4.** *pol. Brit.* kandidieren für *e-n Sitz im Parlament*: **~ election** kandidieren, sich zur Wahl stellen; **5.** → **stand** 31; **~ on** *v/i.* **1.** bestehen *od.* halten auf (*acc.*); → **ceremony** 2; **2.** auf *sein Recht etc.* pochen; **3.** ⚓ *Kurs* beibehalten; **~ o·ver** *v/i. j-m* auf die Finger sehen; **~ to** *v/i.* **1.** → **stand by** 1; **2.** zu *s-m Versprechen etc.* stehen, bei *s-m Wort* bleiben: **~ it that** dabei bleiben *od.* darauf beharren, daß; **~ one's duty** (treu) s-e Pflicht tun; **~ up·on** → **stand on**;

Zssgn mit adv.:

stand| a·loof, **~ a·part** *v/i.* **1.** a) abseits *od.* für sich stehen, b) sich ausschließen, nicht mitmachen; **2.** *fig.* sich distanzieren (**from** von); **~ a·side** *v/i.* **1.** bei'seite treten; **2.** *fig. zu j-s Gunsten* verzichten, zu'rücktreten; **3.** tatenlos her'umstehen; **~ by** *v/i.* **1.** da'bei sein u. zusehen (müssen), (ruhig) zusehen; **2.** a) *bsd.* ⚔ bereitstehen, sich in Bereitschaft halten, b) **~!** Achtung!, ⚓ klar zum Manöver!; **3.** *Funk*: a) auf Empfang bleiben, b) sendebereit sein; **~ down** *v/i.* **1.** ⚖ den Zeugenstand verlassen; **2.** → **stand aside** 2; **~ in** *v/i.* **1.** einspringen (**for** für *j-n*): **~ for s.o.** *Film*: j-n doubeln; **2. ~ with** ‚unter e-r Decke stecken' mit *j-m*; **3.** ⚓ landwärts anliegen; **~ off I** *v/i.* **1.** sich entfernt halten (**from** von); **2.** *fig.* Abstand halten (*im Umgang*); **3.** ⚓ seewärts anliegen; **II** *v/t.* **4.** ✝ *j-n* (vor'übergehend) entlassen; **5.** sich *j-n* vom Leibe halten; **~ out** *v/i.* **1.** (*a. fig.* deutlich) her'vortreten: **~ against** sich gut abheben von; → 4; **2.** abstehen (*Ohren*); **3.** *fig.* her'ausragen, her'vorstechen; **4.** aus-, 'durchhalten: **~ against** sich hartnäckig wehren gegen; **5. ~ for** bestehen auf (*dat.*); **6. ~ to sea** ⚓ in See stechen; **~ o·ver I** *v/i.* **1.** (**to** auf *acc.*) a) sich vertagen, b) verschoben werden; **2.** *für später* liegenbleiben, warten; **II** *v/t.* **3.** vertagen, verschieben (**to** auf *acc.*); **~ to** ⚔ **I** *v/t.* in Bereitschaft versetzen; **II** *v/i.* in Bereitschaft stehen; **~ up I** *v/i.* **1.** aufstehen, sich erheben (*beide a. fig.*); **2.** sich aufrichten (*Stachel etc.*); **3.** eintreten *od.* sich einsetzen (**for** für); **4. ~ to** (mutig) gegen'übertreten (*dat.*); **5.** (**under**, **to**) sich (gut) halten (unter, gegen), standhalten (*dat.*); **II** *v/t.* **6.** F *j-n* ‚versetzen'.

stand·ard¹ ['stændəd] **I** *s.* **1.** Standard *m*, Norm *f*; **2.** Muster *n*, Vorbild *n*; **3.** Maßstab *m*: **apply another ~** e-n anderen Maßstab anlegen; **~ of value** Wertmaßstab; **by present-day ~s** nach heutigen Begriffen; **double ~** doppelte Moral; **4.** Richt-, Eichmaß *n*; **5.** Richtlinie *f*; **6.** (Mindest)Anforderungen *pl.*: **be up to** (**below**) **~** den Anforderungen (nicht) genügen *od.* entsprechen; **set a high ~** hohe Anforderungen stellen, viel verlangen; **~ of living** Lebensstandard *m*; **7.** ✝ 'Standard(qualiˌtät *f* *od.* -ausführung *f*) *m*; **8.** (*Gold- etc.*) Währung *f*, (-)Standard *m*; **9.** Standard *m*: a) (gesetzlich vorgeschriebener) Feingehalt (*der Edelmetalle*), b) Münzfuß *m*; **10.** Ni'veau *n*, Grad *m*: **be of a high ~** ein hohes Niveau haben; **~ of knowledge** Bildungsgrad, -stand *m*; **~ of prices** Preisniveau; **11.** *ped. bsd. Brit.* Stufe *f*, Klasse *f*; **II** *adj.* **12.** nor'mal, Normal…(*-film*, *-wert*, *-zeit etc.*); Standard…, Einheits…(*-modell etc.*); Durchschnitts…(*-wert etc.*): **~ ga(u)ge** 🚂 Normalspur *f*; **~ set** Seriengerät *n*; **~ size** gängige Größe (*Schuhe etc.*); **13.** gültig, maßgebend, Standard…(*-muster*, *-werk*), *ling.* hochsprachlich: **~ German** Hochdeutsch *n*; **14.** klassisch: **~ novel**; **~ author** Klassiker *m*.

stand·ard² ['stændəd] **I** *s.* **1.** a) *pol. u.* ⚔ Stan'darte *f*, b) Fahne *f*, Flagge *f*, c) Wimpel *m*, d) *fig.* Banner *n*: **~-bearer** Fahnen-, *a. fig.* Bannerträger *m*; **2.** ⚙ a) Ständer *m*, b) Pfosten *m*, Pfeiler *m*, Stütze *f*; **3.** 🌾 Hochstämmchen *n*, Bäumchen *n*; **II** *adj.* **4.** Steh…: **~ lamp**; **5.** 🌾 hochstämmig: **~ rose**.

stand·ard·i·za·tion [ˌstændədaɪ'zeɪʃn] *s.* **1.** Normung *f*, Standardisierung *f*: **~ committee** Normenausschuß *m*; **2.** ⚗ Titrierung *f*; **3.** Eichung *f*; **stand·ard·ize** ['stændədaɪz] *v/t.* **1.** normen, normieren, standardisieren; **2.** ⚗ einstellen, titrieren; **3.** eichen.

'stand|-by [-ndb-] **I** *pl.* **-bys** *s.* **1.** Stütze *f*, Beistand *m*, Hilfe *f*: (**old**) **~** altbewährte Sache; (**on ~** in) (A'larm- *etc.*) Bereitschaft *f*; **2.** ⚙ Hilfs-, Re'servegerät *n*; **II** *adj.* **3.** Hilfs…, Ersatz…, Reserve…: **~ unit** ⚡ Notaggregat *n*; **~ credit** ✝ Beistandskredit *m*; **4.** *bsd.* ⚔ Bereitschafts…(*-dienst etc.*); **'~-down** *s.* Pause *f*.

stand·ee [stæn'di:] *s. Am.* F Stehplatzinhaber(in).

'stand-in *s.* **1.** *Film*: Double *n*; **2.** Vertreter(in), Ersatzmann *m*.

stand·ing ['stændɪŋ] **I** *s.* **1.** Stehen *n*: **no ~** keine Stehplätze; **2.** a) Stand *m*, Rang *m*, Stellung *f*, b) Ruf *m*, Ansehen *n*, c) ✝ Bonität *f*, Kreditwürdigkeit *f*: **of high ~** hochangesehen, -stehend; **3.** Dauer *f*: **of long ~** alt (*Brauch*, *Freundschaft etc.*); **II** *adj.* **4.** stehend, Steh…: **~ army** stehendes Heer; **~ corn** Getreide *n* auf dem Halm; **~ jump** Sprung *m* aus dem Stand; **~ ovation** stürmischer Beifall; **~ rule** stehende Regel; **~ start**

stehender Start; **5.** *fig.* ständig (*a. Ausschuß etc.*); **6.** ✝ laufend (*Unkosten etc.*); **7.** üblich, gewohnt: ***a ~ dish***; **8.** bewährt, alt (*Witz etc.*); **~ order** *s.* **1.** ✝ Dauerauftrag *m*; **2.** *pl. parl. etc.* Geschäftsordnung *f*; **3.** ⚔ Dauerbefehl *m*; **~ room** *s.* Platz *m* zum Stehen: ***~ only!*** nur Stehplätze!

'stand|·off *s.* **1.** *Am.* Distanzierung *f*; **2.** *fig.* Sackgasse *f*; **ˌ~'off·ish** [-'ɒfɪʃ] *adj.* □ reserviert, (sehr) ablehnend, unnahbar; **ˌ~'pat(·ter)** [-nd'pæt(ə)] *s. pol. Am.* F sturer Konserva'tiver; **'~·pipe** [-ndp-] *s.* ⚙ Standrohr *n*; **'~·point** [-ndp-] *s.* Standpunkt *m* (*a. fig.*); **'~·still** [-nds-] **I** *s.* Stillstand *m*: ***be at a ~*** stillstehen, stocken, ruhen; ***to a ~*** zum Stillstand *kommen, bringen*; **II** *adj.* stillstehend: ***~ agreement*** *pol.* Stillhalteabkommen *n*; **'~-up** *adj.* **1.** stehend: ***~ collar*** Stehkragen *m*; **2.** F im Stehen eingenommen: ***~ meal***; **3.** wild, wüst (*Schlägerei*).

stank [stæŋk] *pret. von* ***stink***.

stan·na·ry ['stænərɪ] *Brit.* **I** *s.* **1.** Zinngrubengebiet *n*; **2.** Zinngrube *f*; **II** *adj.* **3.** Zinn(gruben)…; **'stan·nate** [-nət] *s.* ⚗ Stan'nat *n*; **'stannic** [-nɪk] *adj.* ⚗ Zinn…; **'stan·nite** [-naɪt] *s.* **1.** *min.* Zinnkies *m*, Stan'nin *n*; **2.** ⚗ Stan'nit *n*; **'stan·nous** [-nəs] *adj.* ⚗ Zinn…

stan·za ['stænzə] *pl.* **-zas** *s.* **1.** Strophe *f*; **2.** Stanze *f*.

sta·ple¹ [steɪpl] **I** *s.* **1.** ✝ Haupterzeugnis *n e- Landes etc.*; **2.** ✝ Stapelware *f*: a) 'Hauptarˌtikel *m*, b) Massenware *f*; **3.** ✝ Rohstoff *m*; **4.** ⚙ Stapel *m*: a) *Fadenlänge od. -qualität*: ***of short ~*** kurzstapelig, b) *Büschel Schafwolle*; **5.** ⚙ a) Rohwolle *f*, b) Faser *f*: ***~ fibre*** (*Am.* ***fiber***) Zellwolle *f*; **6.** *fig.* Hauptgegenstand *m*, -thema *n*; **7.** ✝ a) Stapelplatz *m*, b) Handelszentrum *n*, c) *hist.* Markt *m* (mit Stapelrecht); **II** *adj.* **8.** Stapel…: ***~ goods***; **9.** Haupt…: ***~ food***; ***~ industry***; ***~ topic*** Hauptthema *n*; **10.** ✝ a) Haupthandels…, b) gängig, c) Massen…; **III** *v/t.* **11.** *Wolle* (nach Stapel) sortieren.

sta·ple² [steɪpl] ⚙ **I** *s.* **1.** (Draht)Öse *f*; **2.** Krampe *f*; **3.** Heftdraht *m*, -klammer *f*; **II** *v/t.* **4.** (mit Draht) heften; klammern (***to*** an *acc.*): ***stapling machine*** → ***stapler¹***.

sta·pler¹ ['steɪplə] *s.* ⚙ 'Heftmaˌschine *f*.

sta·pler² ['steɪplə] *s.* ✝ **1.** (Baumwoll-)Sortierer *m*; **2.** Stapelkaufmann *m*.

star [stɑː] **I** *s.* **1.** *ast.* a) Stern *m*, b) *mst* ***fixed ~*** Fixstern *m*; **2.** Stern *m*: a) sternähnliche Figur, b) *fig.* Größe *f*, Berühmtheit *f* (*Person*), c) Orden *m*, d) *typ.* Sternchen *n*, e) *weißer Stirnfleck*, *bsd. e-s Pferdes*: ***2s and Stripes*** *das* Sternenbanner (*Nationalflagge der USA*); ***see ~s*** F Sterne sehen (*nach e-m Schlag*); **3.** a) Stern *m* (*Schicksal*), b) *a.* ***lucky ~*** Glücksstern *m*: ***unlucky ~*** Unstern *m*; ***his ~ is in the ascendant*** (***is*** *od.* ***has set***) sein Stern ist im Aufgehen (ist untergegangen); ***my good ~*** mein guter Stern; ***you may thank your ~s*** Sie können von Glück sagen (, daß); **4.** *thea.* (Bühnen-, *bsd.* Film)Star *m*; **5.** *sport* Star *m*; **II** *adj.* **6.** Stern…; **7.** Haupt…: ***~ prosecution witness*** ⚖ Hauptbelastungszeuge *m*; **8.** *thea.*, *sport* Star…: ***~ performance*** Elitevorstellung *f*; ***~ turn*** Hauptattraktion *f*; **9.** *Segeln*: Star *m* (*Boot*); **III** *v/t.* **10.** mit Sternen schmücken, besternen; **11.** *j-n* in der Hauptrolle zeigen: ***~ring X.*** mit X. in der Hauptrolle; **12.** *typ. Wort* mit Sternchen versehen; **IV** *v/i.* **13.** die *od.* e-e Hauptrolle spielen: ***~ in a film***.

star·board ['stɑːbəd] ⚓ **I** *s.* Steuerbord *n*; **II** *adj.* Steuerbord…; **III** *adv.* a) nach Steuerbord, b) steuerbord(s).

starch [stɑːtʃ] **I** *s.* **1.** Stärke *f*: a) Stärkemehl *n*, b) Wäschestärke *f*, c) Stärkekleister *m*, d) ⚗ A'mylum *n*; **2.** *pl.* stärkereiche Nahrungsmittel *pl.*, 'Kohle(n)hyˌdrate *pl.*; **3.** *fig.* Steifheit *f*, Förmlichkeit *f*; **4.** *Am.* F ‚Mumm' *m*: ***take the ~ out of s.o.*** j-m ‚die Gräten ziehen'; **II** *v/t.* **5.** *Wäsche* stärken.

Star Cham·ber *s.* ⚖ *hist.* Sternkammer *f* (*nur dem König verantwortliches Willkürgericht bis 1641*).

starched [stɑːtʃt] *adj.* □ **1.** gestärkt, gesteift; **2.** → ***starchy*** 4; **'starch·i·ness** [-tʃɪnɪs] *s. fig.* F Steifheit *f*, Förmlichkeit *f*; **'starch·y** [-tʃɪ] *adj.* □ **1.** stärkehaltig: ***~ food***; **2.** Stärke…; **3.** gestärkt; **4.** *fig.* F steif, förmlich.

'star-crossed *adj. poet.* von e-m Unstern verfolgt, unglückselig.

star·dom ['stɑːdəm] *s.* **1.** Welt *f* der Stars; **2.** *coll.* Stars *pl.*; **3.** Berühmtheit *f*: ***rise to ~*** ein Star werden.

star dust *s. ast.* **1.** Sternennebel *m*; **2.** kosmischer Staub.

stare [steə] **I** *v/i.* **1.** (***~ at*** an)starren, (-)stieren; **2.** große Augen machen, erstaunt blicken: ***~ at*** anstaunen, angaffen; ***make s.o. ~*** j-n in Erstaunen versetzen; **II** *v/t.* **3.** ***~ s.o. out*** (*od.* ***down***) j-n durch Anstarren aus der Fassung bringen; **4.** ***~ s.o. in the face*** *fig.* a) j-m in die Augen springen, b) j-m deutlich *od.* drohend vor Augen stehen; **III** *s.* **5.** (starrer *od.* erstaunter) Blick, Starrblick *m*, Starren *n*.

'star|·finch *s. orn.* Rotschwänzchen *n*; **'~ˌgaz·er** *s. humor.* **1.** Sterngucker *m*; **2.** Träumer(in); **3.** ‚Anbeter(in)' (*von Idolen*).

star·ing ['steərɪŋ] **I** *adj.* □ **1.** stier, starrend: ***~ eyes***; **2.** auffallend: ***a ~ tie***; **3.** grell (*Farbe*); **II** *adv.* **4.** to'tal.

stark [stɑːk] **I** *adj.* □ **1.** steif, starr; **2.** rein, völlig: ***~ folly***; ***~ nonsense*** barer Unsinn; **3.** *fig.* rein sachlich (*Bericht*); **4.** kahl, öde (*Landschaft*); **II** *adv.* **5.** ganz, völlig: ***~*** (***staring***) ***mad*** ‚total' verrückt; ***~ naked*** → ***stark·ers*** ['stɑːkəz] *adj.* F splitternackt.

star·less ['stɑːlɪs] *adj.* sternlos.

star·let ['stɑːlɪt] *s.* **1.** Sternchen *n*; **2.** *fig.* Starlet(t) *n*, Filmsternchen *n*.

'star·light **I** *s.* Sternenlicht *n*; **II** *adj.* → ***starlit***.

star·ling¹ ['stɑːlɪŋ] *s. orn.* Star *m*.

star·ling² ['stɑːlɪŋ] *s.* ⚙ Pfeilerkopf *m* (*Eisbrecher e-r Brücke*).

'star·lit *adj.* sternhell, -klar.

star map *s. ast.* Sternkarte *f*, -tafel *f*.

starred [stɑːd] *p.p. u. adj.* **1.** gestirnt (*Himmel*); **2.** sternengeschmückt; **3.** *typ. etc.* mit (e-m) Sternchen bezeichnet.

star·ry ['stɑːrɪ] *adj.* **1.** Sternen…, Stern…; **2.** → a) ***starlit***, b) ***starred*** 2; **3.** strahlend: ***~ eyes***; **4.** sternförmig; **ˌ~-'eyed** *adj.* **1.** mit strahlenden Augen; **2.** *fig.* a) ‚blauäugig', na'iv, b) ro'mantisch.

star| shell *s.* ⚔ Leuchtgeschoß *n*; **'~-ˌspan·gled** *adj.* sternenbesät: ***Star-Spangled Banner*** *Am. das* Sternenbanner (*Nationalflagge od. -hymne der USA*).

start [stɑːt] **I** *s.* **1.** *sport* Start *m* (*a. fig.*): ***good ~***; ***~-and-finish line*** Start u. Ziel; ***give s.o. a ~*** (***in life***) j-m zu e-m Start ins Leben verhelfen; **2.** Startzeichen *n* (*a. fig.*): ***give the ~***; **3.** a) Aufbruch *m*, b) Abreise *f*, c) Abfahrt *f*, d) ✈ Abflug *m*, Start *m*, e) Abmarsch *m*; **4.** Beginn *m*, Anfang *m*: ***at the ~*** am Anfang; ***from the ~*** von Anfang an; ***from ~ to finish*** von Anfang bis Ende; ***make a fresh ~*** e-n neuen Anfang machen, noch einmal von vorn anfangen; **5.** *sport* a) Vorgabe *f*, b) Vorsprung *m* (*a. fig.*): ***get*** (*od.* ***have***) ***the ~ of one's rivals*** s-n Rivalen zuvorkommen; **6.** Auf-, Zs.-fahren *n*, -schrecken *n*; Schreck *m*: ***give a ~*** → 12; ***give s.o. a ~*** j-n erschrecken; ***with a ~*** jäh, erschrokken; **II** *v/i.* **7.** aufbrechen, sich aufmachen (***for*** nach): ***~ on a journey*** e-e Reise antreten; **8.** a) abfahren, abgehen (*Zug etc.*), b) auslaufen (*Schiff*), ✈ abfliegen, starten (***for*** nach); **9.** anfangen, beginnen (***on*** mit *e-r Arbeit etc.*, ***doing*** zu tun): ***~ in business*** ein Geschäft anfangen *od.* eröffnen; ***to ~ with*** (*Redew.*) a) erstens, als erstes, b) zunächst, c) um es gleich zu sagen, d) … als Vorspeise; **10.** *fig.* ausgehen (***from*** von *e-m Gedanken*); **11.** entstehen, aufkommen; **12.** a) auffahren, -schrekken, b) zs.-fahren, -zucken (***at*** vor *dat.*, bei *e-m Laut etc.*); **13.** a) aufspringen, b) losstürzen; **14.** stutzen (***at*** bei); **15.** aus den Höhlen treten (*Augen*); **16.** sich lockern *od.* lösen; **17.** ⚙, *mot.* anspringen, anlaufen; **III** *v/t.* **18.** in Gang *od.* in Bewegung setzen; ⚙ *a.* anlassen; *Feuer* anzünden, in Gang bringen; **19.** *Brief*, *Streit etc.* anfangen; *Aktion* starten; *Geschäft*, *Zeitung* gründen, aufmachen; **20.** *Frage* aufwerfen, *Thema* anschneiden; **21.** *Gerücht* in 'Umlauf setzen; **22.** *sport* starten (lassen); **23.** *Läufer*, *Pferd* aufstellen, an den Start bringen; **24.** 🚂 *Zug* abfahren lassen; **25.** *fig. j-m* zu e-m Start verhelfen: ***~ s.o. in business***; **26.** *j-n* (veran)lassen (***doing*** zu tun); **27.** lockern, lösen; **28.** aufscheuchen; ***~ in*** (*Am. a.* ***out***) *v/i.* F anfangen (***to do*** zu tun); ***~ off*** → ***start*** 9, 18; ***~ up*** → ***start*** 12 a, 13 a, 17, 18.

start·er ['stɑːtə] *s.* **1.** *sport* a) Starter *m* (*Kampfrichter u. Wettkampfteilnehmer [-in]*); **2.** *mot.* Starter *m*, Anlasser *m*; **3.** *fig.* Initi'ator *m*; **4.** F *bsd. Brit.* Vorspeise *f*; **5.** ***for ~s*** F a) als erstes, b) zunächst, c) um es gleich zu sagen.

start·ing ['stɑːtɪŋ] **I** *s.* **1.** Starten *n*, Ablauf *m*; **2.** ⚙ Anlassen *n*, In'gangsetzen *n*, Starten *n*: ***cold ~*** *mot.* Kaltstart *m*; **II** *adj.* **3.** Start…(*-block*, *-geld*, *-linie*, *-schuß etc.*); *mot. etc.* Anlaß…(*-kurbel*, *-motor*, *-schalter*); ***~ gate*** *s. Pferderennen*: 'Startmaˌschine *f*; ***~ point*** *s.* Ausgangspunkt *m* (*a. fig.*); ***~ price*** *s.* **1.** *Pferderennen*: Eventu'alquote *f*; **2.** *Auktion*: Mindestgebot *n*; ***~ sal·a·ry*** *s.* Anfangsgehalt *n*.

star·tle ['stɑːtl] **I** *v/t.* **1.** erschrecken; **2.**

aufschrecken; **3.** über'raschen: a) bestürzen, b) verblüffen; **II** *v/i.* **4.** auf-, erschrecken: ~ ***easily*** sehr schreckhaft sein; **'star·tling** [-lɪŋ] *adj.* □ **1.** erschreckend, bestürzend; **2.** verblüffend, aufsehenerregend.

star·va·tion [stɑː'veɪʃn] *s.* **1.** Hungern *n*: ~ ***diet*** Hungerkur *f*; ~ ***wages*** Hungerlohn *m*, -löhne *pl.*; **2.** Hungertod *m*, Verhungern *n*.

starve [stɑːv] **I** *v/i.* **1.** *a.* ~ ***to death*** verhungern: ***I am simply starving*** F ich komme fast um vor Hunger; **2.** hungern (*a. fig.* ***for*** nach), Hunger (*fig.* Not) leiden; **3.** fasten; **4.** *fig.* verkümmern; **II** *v/t.* **5.** *a.* ~ ***to death*** verhungern lassen; **6.** aushungern; **7.** hungern lassen: ***be ~d*** Hunger leiden, ausgehungert sein (*a. fig.* ***for*** nach); **8.** darben lassen (*a. fig.*): ***be ~d of*** *od.* ***for*** knapp sein an (*dat.*); **'starve·ling** [-lɪŋ] *obs.* **I** *s.* **1.** Hungerleider *m*; **2.** Kümmerling *m*; **II** *adj.* **3.** hungrig; **4.** abgemagert; **5.** kümmerlich.

star wheel *s.* ⚙ Sternrad *n*.

stash [stæʃ] *v/t. sl.* **1.** *mst* ~ ***away*** verstecken, bei'seite tun; **2.** aufhören mit.

sta·sis ['steɪsɪs] *pl.* **-ses** [-siːz] *s.* ⚕ Stase *f*, (*Blut- etc.*)Stauung *f*.

state [steɪt] **I** *s.* **1.** *mst* ♀ *pol.*, *a. zo.* Staat *m*: ***affairs of*** ~ Staatsgeschäfte; **2.** *pol. Am.* (Bundes-, Einzel)Staat *m*: ***the*** ♀***s*** die (Vereinigten) Staaten; ~ ***law*** Rechtsordnung *f* des Einzelstaates; ♀***'s attorney*** ⚖ Staatsanwalt *m*; ***turn ~'s evidence*** ⚖ als Kronzeuge auftreten, gegen s-e Komplizen aussagen; **3.** (*Gesundheits-*, *Geistes- etc.*)Zustand *m*: ~ ***of health***; ~ ***of aggregation*** *phys.* Aggregatzustand; ~ ***of war*** Kriegszustand; ***in a*** ~ F a) in e-m schrecklichen Zustand, b) ‚ganz aus dem Häuschen'; → ***emergency*** I; **4.** Stand *m*, Lage *f* (***of affairs*** der Dinge): ~ ***of the art*** neuester Stand der Technik; **5.** (Fa'milien-) Stand *m*: ***married*** ~ Ehestand; **6.** ⚕, *zo.* Stadium *n*; **7.** (gesellschaftliche) Stellung, Stand *m*: ***in a style befitting one's*** ~ standesgemäß; **8.** Pracht *f*, Staat *m*: ***in*** ~ feierlich, mit großem Zeremoniell *od.* Pomp; ***lie in*** ~ feierlich aufgebahrt liegen; ***live in*** ~ großen Aufwand treiben; **9.** *pl. pol. hist.* (Land-*etc.*)Stände *pl.*; **10.** *Kupferstecherei*: (Ab)Druck *m*; **II** *adj.* **11.** Staats…, staatlich, po'litisch: ~ ***borrowing*** staatliche Kreditaufnahme; ~ ***capitalism*** Staatskapitalismus *m*; ~ ***funeral*** Staatsbegräbnis *n*; ~ ***mourning*** Staatstrauer *f*; ~ ***prison*** staatliche Strafanstalt (*in U.S.A. e-s Bundesstaates*); ~ ***prisoner*** politischer Häftling *od.* Gefangener; **12.** Staats…, Prunk…, Parade…, feierlich: ~ ***apartment*** → ***stateroom*** 1; ~ ***carriage*** Prunk-, Staatskarosse *f*; **III** *v/t.* **13.** festsetzen, -legen; *e-e Regel* aufstellen; → ***stated*** 1; **14.** erklären: a) darlegen, b) *a.* ⚖ (aus)sagen, *Gründe*, *Klage etc.* vorbringen, *Tatsachen etc.* anführen; → ***case***[1] 1, c) *Einzelheiten etc.* angeben; **15.** feststellen, konstatieren; **16.** behaupten; **17.** erwähnen, bemerken; **18.** *Problem etc.* stellen; **19.** ✎ (mathe'matisch) ausdrücken.

ˌstate|-con'trolled *adj.* staatlich gelenkt, unter staatlicher Aufsicht: ~ ***economy*** Zwangswirtschaft *f*; **'~·craft** *s. pol.* Staatskunst *f*.

stat·ed ['steɪtɪd] *p.p. u. adj.* **1.** festgesetzt: ***at the*** ~ ***time***; ***at*** ~ ***intervals*** in regelmäßigen Abständen; ~ ***meeting*** *bsd. Am.* ordentliche Versammlung; **2.** festgestellt; **3.** bezeichnet, (*a.* amtlich) anerkannt; **4.** angegeben: ***as*** ~ ***above***; ~ ***case*** ⚖ Sachdarstellung *f*.

State| De·part·ment *s. pol. Am.* 'Außenminiˌsterium *n*; ♀**·hood** ['steɪthʊd] *s. pol. bsd. Am.* Eigenstaatlichkeit *f*, Souveräni'tät *f*; **'~·house** *s. pol. Am.* Parla'mentsgebäude *n od.* Kapi'tol *n* (*e-s Bundesstaats*).

state·less ['steɪtlɪs] *adj. pol.* staatenlos: ~ ***person*** Staatenlose(r *m*) *f*.

state·li·ness ['steɪtlɪnɪs] *s.* **1.** Stattlichkeit *f*; Vornehmheit *f*; **2.** Würde *f*; **3.** Pracht *f*; **'state·ly** [-lɪ] *adj.* **1.** stattlich, impo'sant; prächtig; **2.** würdevoll; **3.** erhaben, vornehm.

state·ment ['steɪtmənt] *s.* **1.** (*a.* amtliche *etc.*) Erklärung: ***make a*** ~ e-e Erklärung abgeben; **2.** a) (Zeugen- *etc.*) Aussage *f*, b) Angabe(n *pl.*) *f*: ***false*** ~; ~ ***of facts*** Sachdarstellung *f*, Tatbestand *m*; ~ ***of contents*** Inhaltsangabe; **3.** Behauptung *f*; **4.** *bsd.* ⚖ (schriftliche) Darlegung, (Par'tei)Vorbringen *n*: ~ ***of claim*** Klageschrift *f*; ~ ***of defence*** (*Am.* ***defense***) a) Klagebeantwortung *f*, b) Verteidigungsschrift *f*; **5.** *bsd.* ✝ (*Geschäfts-*, *Monats-*, *Rechenschafts- etc.*)Bericht *m*, (*Bank-*, *Gewinn-*, *Jahres- etc.*)Ausweis *m*, (*statistische etc.*) Aufstellung: ~ ***of affairs*** Situationsbericht, Status *m e-r Firma*; ~ ***of account*** Kontoauszug *m*; ***financial*** ~ Gewinn- und Verlustrechnung *f*; **6.** *Am.* ✝ Bi'lanz *f*: ~ ***of assets and liabilities***; **7.** Darstellung *f*, Darlegung *f e-s Sachverhalts*; **8.** ✝ Lohn *m*, Ta'rif *m*; **9.** *fig.* Aussage *f*, Statement *n e-s Autors etc.*

'state·room *s.* **1.** Staats-, Prunkzimmer *n*; **2.** ⚓ ('Einzel)Kaˌbine *f*; **3.** 🚂 *Am.* Pri'vatabteil *n* (*mit Betten*).

'state·side *oft* ♀ *Am.* **I** *adj.* ameri'kanisch, Heimat…; ~ ***duty*** *bsd.* ⚔ Dienst *m* in der Heimat; **II** *adv.* in den *od.* in die Staaten (zurück).

states·man ['steɪtsmən] *s.* [*irr.*] **1.** *pol.* Staatsmann *m*; **2.** (bedeutender) Po'litiker; **'states·man·like** [-laɪk], **'states·man·ly** [-lɪ] *adj.* staatsmännisch; **'states·man·ship** [-ʃɪp] *s.* Staatskunst *f*.

States' rights *s. pl.* Staatsrechte *pl.* (*der Einzelstaaten der USA*).

stat·ic ['stætɪk] **I** *adj.* (□ ~***ally***) **1.** *phys. u. fig.* statisch: ~ ***sense*** ⚕ Gleichgewichtssinn *m*; **2.** ⚡ (elektro)'statisch; **3.** *Funk*: a) atmo'sphärisch (*Störung*), b) Störungs…; **II** *s.* **4.** ⚡ statische *od.* atmo'sphärische Elektrizi'tät; **5.** *pl. sg. konstr.* phys. Statik *f*; **6.** *pl. Funk*: atmo'sphärische Störung(en *pl.*).

sta·tion ['steɪʃn] **I** *s.* **1.** Platz *m*, Posten *m* (*a. sport*); **2.** (*Rettungs-*, *Unfall- etc.*) Stati'on *f*, (*Beratungs-*, *Dienst-*, *Tank- etc.*)Stelle *f*; (Tele'grafen)Amt *n*; (Tele'fon)Sprechstelle *f*; ('Wahl)Loˌkal *n*; (Handels)Niederlassung *f*; (Feuer)Wache *f*; **3.** (Poli'zei)Wache *f*; **4.** 🚂 a) Bahnhof *m*, b) ('Bahn)Statiˌon *f*; **5.** *Am.* (Bus- *etc.*)Haltestelle *f*; **6.** (Zweig-) Postamt *n*; **7.** ('Forschungs)Statiˌon *f*; (Erdbeben)Warte *f*; **8.** (Rundfunk-) Sender *m*, Stati'on *f*; **9.** Kraftwerk *n*; **10.** ⚔ a) Posten *m*, (⚓ Flotten)Stützpunkt *m*, b) Standort *m*, c) ✈ *Brit.* Fliegerhorst *m*; **11.** *biol.* Standort *m*; **12.** ⚓, ⚔ Positi'on *f*; **13.** Stati'on *f* (*Rastort*); **14.** *R.C.* a) *a.* ~ ***of the cross*** ('Kreuzweg)Statiˌon *f*, b) Stati'onskirche *f*; **15.** *eccl. a.* ~ ***day*** Wochen-Fasttag *m*; **16.** *surv.* a) Stati'on *f* (*Ausgangspunkt*), b) Basismeßstrecke *f*; **17.** *Austral.* (Rinder-, Schafs)Zuchtfarm *f*; **18.** *fig.* a) *gesellschaftliche etc.* Stellung: ~ ***in life***, b) Stand *m*, Rang *m*: ***below one's*** ~ nicht standesgemäß *heiraten etc.*; ***men of*** ~ Leute von Rang; **II** *v/t.* **19.** aufstellen, postieren; **20.** ⚔, ⚓ stationieren: ***be ~ed*** stehen.

sta·tion·ar·y ['steɪʃnərɪ] *adj.* **1.** ⚙ *etc.* statio'när (*a. ast.*, ⚕), ortsfest, fest(stehend): ~ ***treatment*** ⚕ stationäre Behandlung; ~ ***warfare*** Stellungskrieg *m*; **2.** seßhaft; **3.** gleichbleibend, stationär, unveränderlich: ***remain*** ~ unverändert sein *od.* bleiben; **4.** (still)stehend: ***be*** ~ stehen; ~ ***dis·ease*** *s.* ⚕ lo'kal auftretende u. jahreszeitlich bedingte Krankheit.

sta·tion·er ['steɪʃnə] *s.* Pa'pier-, Schreibwarenhändler *m*; **'sta·tion·er·y** [-ərɪ] *s.* **1.** Schreib-, Pa'pierwaren *pl.*: ***office*** ~ Büromaterial *n*, -bedarf *m*; **2.** 'Brief-, 'Schreibpaˌpier *n*.

sta·tion| hos·pi·tal *s.* ⚔ 'Standortlazaˌrett *n*; ~ **house** *s.* **1.** a) Poli'zeiwache *f*, b) Feuerwache *f*; **2.** 🚂 'Bahnstatiˌon *f*; **'~ˌmas·ter** *s.* 🚂 Stati'onsvorsteher *m*; ~ **se·lec·tor** *s.* ⚡ Stati'onswähler *m*, Sendereinstellung *f*; ~ **wag·on** *s. mot. Am.* Kombiwagen *m*.

stat·ism ['steɪtɪzəm] *s.* ✝, *pol.* Diri'gismus *m*, Planwirtschaft *f*; **'stat·ist** [-tɪst] **I** *s.* **1.** Sta'tistiker *m*; **2.** Anhänger(in) der Planwirtschaft; **II** *adj.* **3.** *pol.* diri'gistisch.

sta·tis·tic, **sta·tis·ti·cal** [stə'tɪstɪk(l)] *adj.* □ sta'tistisch; **stat·is·ti·ci·an** [ˌstætɪ'stɪʃn] *s.* Sta'tistiker *m*; **sta'tis·tics** [-ks] *s. pl.* **1.** *sg. konstr. allg.* Sta'tistik *f*; **2.** Sta'tistik(en *pl.*) *f*.

sta·tor ['steɪtə] *s.* ⚙, ⚡ Stator *m*.

stat·u·ar·y ['stætjʊərɪ] **I** *s.* **1.** Bildhauerkunst *f*; **2.** (Rund)Plastiken *pl.*, Statuen *pl.*, Skulp'turen *pl.*; **3.** Bildhauer *m*; **II** *adj.* **4.** Bildhauer…; **5.** (rund)plastisch; **6.** Statuen…: ~ ***marble***; **stat·ue** ['stætʃuː] *s.* Statue *f*, Standbild *n*, Plastik *f*; **stat·u·esque** [ˌstætjʊ'esk] *adj.* □ statuenhaft (*a. fig.*); **stat·u·ette** [ˌstætjʊ'et] *s.* Statu'ette *f*.

stat·ure ['stætʃə] *s.* **1.** Sta'tur *f*, Wuchs *m*, Gestalt *f*; **2.** Größe *f*; **3.** *fig.* (geistige *etc.*) Größe, For'mat *n*, Ka'liber *n*.

sta·tus ['steɪtəs] *pl.* **-es** [-ɪz] *s.* **1.** ⚖ a) Status *m*, Rechtsstellung *f*, b) *a.* ***legal*** ~ Rechtsfähigkeit *f*, c) Ak'tivlegitimatiˌon *f*: ~ ***of ownership*** Eigentumsverhältnisse *pl.*; ***equality of*** ~ (politische) Gleichberechtigung; ***national*** ~ Staatsangehörigkeit *f*; **2.** (Fa'milien-, Per'sonen)Stand *m*; **3.** *a.* ***military*** ~ (Wehr-) Dienstverhältnis *n*; **4.** (gesellschaftliche *etc.*) Stellung *f*, (Sozi'al)Preˌstige *n*, Status *m*: ~ ***symbol*** Statussymbol *n*; **5.** ✝ (geschäftliche) Lage: ***financial*** ~ Vermögenslage; **6.** *a.* ⚕ Zustand *m*, Status *m*; ~ **quo** [kwəʊ] (*Lat.*) *s. der* Status quo (*der jetzige Zustand*); **~ quo an·te** [kwəʊˈæntɪ] (*Lat.*) *s.* der Status quo ante (*der vorherige Zustand*).

stat·ute [ˈstætju:t] *s.* **1.** ⚖ a) Gesetz *n* (*vom Parlament erlassene Rechtsvorschrift*), b) Gesetzesvorschrift *f*, c) *parl.* Parlaˈmentsakte *f*: **~ *of bankruptcy*** Konkursordnung *f*; **2.** **~ (*of limitations*)** ⚖ (Gesetz *n* über) Verjährung *f*: ***not subject to the ~*** unverjährbar; **3.** Staˈtut *n*, Satzung *f*; **ˈ~-barred** *adj.* ⚖ verjährt; **~ book** *s.* Gesetzessammlung *f*; **~ law** *s.* Gesetzesrecht *n* (*Ggs.* ***common law***); **~ mile** *s.* (gesetzliche) Meile (*1,60933 km*).

stat·u·to·ry [ˈstætjʊtərɪ] *adj.* □ **1.** ⚖ gesetzlich (*Erbe*, *Feiertag*, *Rücklage etc.*): **~ *corporation*** Körperschaft *f* des öffentlichen Rechts; **~ *declaration*** eidesstattliche Erklärung; **2.** Gesetzes…; **3.** ⚖ (dem Gesetz nach) strafbar; → ***rape***[1] 1; **4.** ⚖ Verjährungs…; **5.** satzungsgemäß.

staunch[1] [stɔ:ntʃ] → ***stanch***[1].

staunch[2] [stɔ:ntʃ] *adj.* □ **1.** (ge)treu, zuverlässig; **2.** standhaft, fest, eisern; **ˈstaunch·ness** [-ʃnɪs] *s.* Festigkeit *f*, Zuverlässigkeit *f*.

stave [steɪv] **I** *s.* **1.** (Faß)Daube *f*; **2.** (Leiter)Sprosse *f*; **3.** Stock *m*; **4.** Strophe *f*, Vers *m*; **5.** ♪ ˈNoten(linien)syˌstem *n*; **II** *v/t.* [*irr.*] **6.** *mst* **~ *in*** a) einschlagen, b) *Loch* schlagen; **7.** **~ *off*** a) *j-n* hinhalten *od.* abweisen, b) *Unheil etc.* abwenden, abwehren, c) *et.* aufschieben; **8.** mit Dauben *od.* Sprossen versehen; **~ rhyme** *s.* Stabreim *m*.

staves [steɪvz] *pl. von* ***staff***[1] 8.

stay [steɪ] **I** *v/i.* **1.** bleiben (***with*** bei *j-m*): **~ *away*** fernbleiben (***from*** *dat.*); **~ *behind*** zurückbleiben; **~ *clean*** rein bleiben; ***come to ~*** (für immer) bleiben; **~ *in*** zu Hause *od.* drinnen bleiben; **~ *on*** (noch länger) bleiben; **~ *for*** (*od.* ***to***) ***dinner*** zum Essen bleiben; **2.** sich (vorˈübergehend) aufhalten, wohnen, weilen (***at***, ***in*** in *dat.*, ***with*** bei *j-m*); **3.** stehenbleiben; **4.** (sich) verweilen; **5.** warten (***for s.o.*** auf j-n); **6.** *bsd. sport* F a) ˈdurchhalten, b) **~ *with*** *Am.* mithalten (können) mit; **II** *v/t.* **7.** a) aufhalten, hemmen, Halt gebieten (*dat.*), b) zuˈrückhalten (***from*** von): **~ *one's hand*** sich zurückhalten; **8.** ⚖ *Urteilsvollstreckung*, *Verfahren* aussetzen; *Verfahren*, *Zwangsvollstreckung* einstellen; **9.** *Hunger etc.* stillen; **10.** *a.* **~ *up*** stützen (*a. fig.*); **11.** ⚙ a) absteifen, b) ab-, verspannen, c) verankern; **III** *s.* **12.** (vorˈübergehender) Aufenthalt; **13.** a) Halt *m*, Stockung *f*, b) Hemmnis *n* (***upon*** für): ***put a ~ on*** *s-e Gedanken etc.* zügeln; **14.** ⚖ Aussetzung *f*, Einstellung *f*, (Vollˈstreckungs)Aufschub *m*; **15.** F Ausdauer *f*; **16.** ⚙ a) Stütze *f*, b) Strebe *f*, c) Verspannung *f*, d) Anker *m*; **17.** ⚓ Stag *n*, Stütztau *n*; **18.** *pl.* Korˈsett *n*; **19.** *fig.* Stütze *f des Alters etc.*

stay|-at-home [ˈsteɪəthəʊm] **I** *s.* Stubenhocker(in); **II** *adj.* stubenhockerisch; **ˈ~-down (strike)** *s.* ⚒ *Brit.* Sitzstreik *m*.

stay·er [ˈsteɪə] *s.* **1.** ausdauernder Mensch; **2.** *Pferdesport*: Steher *m*.

stay·ing pow·er [ˈsteɪɪŋ] *s.* Stehvermögen *n*, Ausdauer *f*.

ˈstay-in strike *s.* Sitzstreik *m*.

stead [sted] *s.* **1.** Stelle *f*: ***in his ~*** an s-r Statt, statt seiner; **2.** Nutzen *m*: ***stand s.o. in good ~*** j-m (gut) zustatten kommen (*Kenntnisse etc.*).

stead·fast [ˈstedfəst] *adj.* □ fest: a) unverwandt (*Blick*), b) standhaft, unentwegt, treu (*Person*), c) unerschütterlich (*Person*, *a. Entschluß*, *Glaube etc.*); **ˈstead·fast·ness** [-nɪs] *s.* Standhaftigkeit *f*, Festigkeit *f*.

stead·i·ness [ˈstedɪnɪs] *s.* **1.** Festigkeit *f*; **2.** Beständigkeit *f*, Stetigkeit *f*; **3.** soˈlide Art; **stead·y** [ˈstedɪ] **I** *adj.* □ **1.** (stand)fest, staˈbil: ***a ~ ladder***; ***not ~ on one's legs*** nicht fest auf den Beinen; **2.** gleichbleibend, -mäßig, unveränderlich; ausgeglichen (*Klima*); ✝ fest, staˈbil (*Preise*); **3.** stetig, ständig: **~ *progress***; **~ *work***; **4.** regelmäßig: **~ *customer*** Stammkunde *m*; ***go ~ with*** F mit *e-m Mädchen* (fest) ‚gehen'; **5.** ruhig (*Augen*, *Nerven*), sicher (*Hand*); **6.** → ***steadfast***; **7.** soˈlide, ordentlich, zuverlässig (*Person*, *Lebensweise*); **II** *int.* **8.** sachte!, ruhig Blut!; **9.** **~ *on!*** halt!; **III** *v/t.* **10.** festigen, fest *od.* sicher *etc.* machen: **~ *o.s.*** sich stützen; **11.** *Pferd* zügeln; **12.** *j-n* zur Vernunft bringen; **IV** *v/i.* **13.** fest *od.* ruhig *od.* sicher *etc.* werden; sich festigen (*a.* ✝ *Kurse*); **V** *s.* **14.** Stütze *f* (*für Hand od. Werkzeug*); **15.** F fester Freund *od.* feste Freundin; **~ state** *s. phys.* Fließgleichgewicht *n*.

steak [steɪk] *s.* **1.** (*bsd.* Beef)Steak *n*; **2.** (ˈFisch)KoteˌIett *n*, (-)FiˌIet *n*; **~ hammer** *s.* Fleischklopfer *m*.

steal [sti:l] **I** *v/t.* [*irr.*] **1.** (***from s.o.*** j-m) stehlen (*a. fig. plagiieren*); **2.** *fig.* stehlen, erhaschen, ergattern: **~ *a kiss*** e-n Kuß rauben; **~ *a look*** e-n verstohlenen Blick werfen; → ***march***[1] 10, ***show*** 3, ***thunder*** 1; **3.** *fig. wohin* schmuggeln; **II** *v/i.* [*irr.*] **4.** stehlen; **5.** schleichen: **~ *away*** sich davonstehlen; **~ *into*** sich einschleichen *od.* sich stehlen in (*acc.*); **6.** **~ *over*** *od.* (***up***)***on*** *fig. j-n* beschleichen, überˈkommen (*Gefühl*); **III** *s.* **7.** F a) Diebstahl *m*, b) *Am.* Schiebung *f*.

stealth [stelθ] *s.* Heimlichkeit *f*: ***by ~*** heimlich: ⚔ **~ *bomber*** Tarnkappenbomber *m*; **ˈstealth·i·ness** [-θɪnɪs] *s.* Heimlichkeit *f*; **ˈstealth·y** [-θɪ] *adj.* □ verstohlen, heimlich.

steam [sti:m] **I** *s.* **1.** (Wasser)Dampf *m*: ***at full ~*** mit Volldampf (*a. fig.*); ***get up ~*** Dampf aufmachen (*a. fig.*); ***let*** (*od.* ***blow***) ***off ~*** Dampf ablassen, *fig. a.* sich *od.* s-m Zorn Luft machen; ***put on ~*** a) Dampf anlassen, b) *fig.* Dampf dahinter machen; ***he ran out of ~*** ihm ging die Puste aus; ***under one's own ~*** mit eigener Kraft (*a. fig.*); **2.** Dunst *m*, Dampf *m*, Schwaden *pl.*; **3.** *fig.* Kraft *f*, Wucht *f*; **II** *v/i.* **4.** dampfen (*a. Pferd etc.*); **5.** verdampfen; **6.** ⚓, 🚂 dampfen (*fahren*): **~ *ahead*** F *fig.* a) sich (mächtig) ins Zeug legen, b) gut vorankommen; **7.** **~ *over*** *od.* ***up*** (sich) beschlagen (*Glas*); **8.** F vor Wut kochen (***about*** wegen); **III** *v/t.* **9.** a) *Speisen etc.* dämpfen, dünsten, b) *Holz etc.* mit Dampf behandeln, dämpfen, *Stoff* dekatieren; **10.** **~ *up*** *Glas* beschlagen; **11.** **~ *up*** F a) ankurbeln, b) *j-n* in Rage bringen: ***be ~ed up*** → 8; **~ bath** *s.* Dampfbad *n*; **ˈ~·boat** *s.* Dampfboot *n*; **~ boil·er** *s.* Dampfkessel *m*; **~ en·gine** *s.* ˈDampfmaˌschine *f od.* -lokomoˌtive *f*.

steam·er [ˈsti:mə] *s.* **1.** Dampfer *m*, Dampfschiff *n*; **2.** a) Dampfkochtopf *m*, b) ˈDämpfappaˌrat *m*.

steam| fit·ter *s.* (ˈHeizungs)InstallaˌIteur *m*; **~ ga(u)ge** *s.* Manoˈmeter *n*; **~ hammer** *s.* Dampfhammer *m*; **~ heat** *s.* **1.** durch Dampf erzeugte Hitze; **2.** *phys.* speˈzifische Verdampfungswärme; **~ nav·vy** *Brit.* → ***steam-shovel***; **ˈ~ˌroll·er I** *s.* **1.** Dampfwalze *f* (*a. fig.*); **II** *v/t.* **2.** glattwalzen; **3.** *fig.* a) *Opposition etc.* niederwalzen, ‚überˈfahren', b) *Antrag etc.* ˈdurchpeitschen; **ˈ~·ship** → ***steamer*** 1; **ˈ~-ˌshov·el** *s.* ⚙ (Dampf)Löffelbagger *m*; **~ tug** *s.* Schleppdampfer *m*.

steam·y [ˈsti:mɪ] *adj.* □ dampfig, dunstig, dampfend, Dampf…

ste·a·rate [ˈstɪəreɪt] *s.* ⚗ Steaˈrat *n*.

ste·ar·ic [stɪˈærɪk] *adj.* ⚗ Stearin…; **ste·a·rin** [ˈstɪərɪn] *s.* **1.** Steaˈrin *n*; **2.** *der feste Bestandteil e-s Fettes*.

ste·a·tite [ˈstɪətaɪt] *s. min.* Steaˈtit *m*.

steed [sti:d] *s. rhet.* (Streit)Roß *n*.

steel [sti:l] **I** *s.* **1.** Stahl *m*: **~*s*** ✝ Stahlaktien *pl.*; ***of ~*** → 3; **2.** Stahl *m*: a) *oft* ***cold ~*** kalter Stahl, Schwert *n*, Dolch *m*, b) Wetzstahl *m*, c) Feuerstahl *m*, d) Korsettstäbchen *n*; **II** *adj.* **3.** stählern (*a. fig.*), aus Stahl, Stahl…; **III** *v/t.* **4.** ⚙ (ver)stählen; **5.** *fig.* stählen, (ver)härten, wappnen: **~ *o.s. for*** (***against***) ***s.th.*** sich für (gegen) et. wappnen; **ˈ~-clad** *adj.* stahlgepanzert; **~ en·grav·ing** *s.* Stahlstich *m*; **~ mill** *s.* Stahl(walz)werk *n*; **~ wool** *s.* Stahlspäne *pl.*, -wolle *f*; **ˈ~·works** *s. pl. mst sg. konstr.* Stahlwerk(e *pl.*) *n*.

steel·y [ˈsti:lɪ] *adj.* → ***steel*** 3.

steel·yard [ˈsti:ljɑ:d] *s.* Laufgewichtswaage *f*.

steep[1] [sti:p] **I** *adj.* □ **1.** steil, jäh; **2.** F *fig.* a) ‚happig', ‚gepfeffert', unverschämt (*Preis etc.*), b) ‚toll', unglaublich; **II** *s.* **3.** steiler Abhang.

steep[2] [sti:p] **I** *v/t.* **1.** eintauchen, -weichen; **2.** (***in***, ***with***) (durch)ˈtränken (mit); imprägnieren (mit); **3.** (***in***) *fig.* durchˈdringen (mit), versenken (in *acc.*), erfüllen (von): **~ *o.s. in*** sich in *ein Thema etc.* versenken; **~*ed in*** versunken in (*dat.*), *b.s.* tief in *et.* verstrickt; **II** *s.* **4.** Einweichen *n*, -tauchen *n*; **5.** (Wasch)Lauge *f*.

steep·en [ˈsti:pən] *v/t. u. v/i.* steil(er) machen (werden); *fig.* (sich) erhöhen.

stee·ple [ˈsti:pl] *s.* **1.** Kirchturm(spitze *f*) *m*; **2.** Spitzturm *m*; **ˈ~·chase** *sport s.* **1.** *Pferdesport*: Steeplechase *f*, Hindernis-, Jagdrennen *n*; **2.** Hindernislauf *m*.

stee·pled [ˈsti:pld] *adj.* **1.** betürmt (*Gebäude*); **2.** vieltürmig (*Stadt*).

ˈstee·ple·jack *s.* Schornstein- *od.* Turmarbeiter *m*.

steep·ness [ˈsti:pnɪs] *s.* **1.** Steilheit *f*, Steile *f*; **2.** steile Stelle.

steer[1] [stɪə] *s.* (*bsd.* junger) Ochse.

steer[2] [stɪə] **I** *v/t.* **1.** *Schiff*, *Fahrzeug*, *a. fig. Staat etc.* steuern, lenken; **2.** *Weg*, *Kurs* verfolgen, einhalten; **3.** *j-n wohin* lotsen, dirigieren; **II** *v/i.* **4.** steuern: **~ *clear of*** *fig.* vermeiden, aus dem Wege gehen (*dat.*); **~ *for*** lossteuern auf (*acc.*) (*a. fig.*); **ˈsteer·a·ble** [-ərəbl] *adj.* lenkbar; **ˈsteer·age** [-ərɪdʒ] *s. mst* ⚓ **1.**

Steuerung *f*; **2.** Steuerwirkung *f*: **~*way*** ⚓ Steuerfahrt *f*; **3.** Zwischendeck *n*.
steer·ing ['stɪərɪŋ] **I** *s*. **1.** Steuern *n*; **2.** Steuerung *f*; **II** *adj*. **3.** Steuer...; **~ col·umn** *s. mot.* Lenksäule *f*: **~ *lock*** Lenk(-rad)schloß *n*; **~ com·mit·tee** *s.* Lenkungsausschuß *m*; (Kon'greß- *etc.*)Leitung *f*; **~ gear** *s.* **1.** *mot.*, ✈ Steuerung *f*, Lenkung *f*; **2.** ⚓ Steuergerät *n*, Ruderanlage *f*; **~ lock** *s. mot.* Lenkungseinschlag *m*; **~ wheel** *s.* ⚓ Steuer-, *mot. a.* Lenkrad *n*.
steeve[1] [stiːv] ⚓ *v/t.* traven, *Ballenladung* zs.-pressen.
steeve[2] [stiːv] *s.* ⚓ Steigung *f* (*des Bugspriets*).
stein [staɪn] (*Ger.*) *s.* Bier-, Maßkrug *m*.
stel·lar ['stelə] *adj.* stel'lar, Stern(en)...
stel·late ['stelət] *adj.* sternförmig: **~ *leaves*** ⚘ quirlständige Blätter.
stem[1] [stem] **I** *s*. **1.** (Baum)Stamm *m*; **2.** a) Stengel *m*, b) (Blüten-, Blatt-, Frucht)Stiel *m*, c) Halm *m*; **3.** Bündel *n* Bananen; **4.** (*Pfeifen-, Weinglas- etc.*) Stiel *m*; (Lampen)Fuß *m*; (Ven'til-) Schaft *m*; (Thermo'meter)Röhre *f*; **5.** (Aufzieh)Welle *f* (*Uhr*); **6.** Geschlecht *n*, Stamm *m*; **7.** *ling.* (Wort)Stamm *m*; **8.** ♪ (Noten)Hals *m*; **9.** *typ.* Grundstrich *m*; **10.** ⚓ (Vorder)Steven *m*: ***from ~ to stern*** von vorn bis achtern; **II** *v/t.* **11.** entstielen; **III** *v/i.* **12.** stammen (***from*** von).
stem[2] [stem] **I** *v/t.* **1.** *Fluß etc.* eindämmen (*a. fig.*); **2.** *Blutung* stillen; **3.** ⚓ ankämpfen gegen *die Strömung etc.*; **4.** *fig.* a) aufhalten, Einhalt gebieten (*dat.*), b) ankämpfen gegen, sich entgegenstemmen (*dat.*); **II** *v/i.* **5.** *Skisport*: stemmen.
stem·less ['stemlɪs] *adj.* stengellos, ungestielt.
stem| turn *s. Skisport*: Stemmbogen *m*; **'~ˌwind·er** *s.* Remon'toiruhr *f*.
stench [stentʃ] *s.* Gestank *m*.
sten·cil ['stensl] **I** *s.* **1.** *a.* **~ *plate*** ('Maler)Schaˌblone *f*, Pa'trone *f*; **2.** *typ.* ('Wachs)Maˌtrize *f*; **3.** Scha'blonenzeichnung *f*, -muster *n*; **4.** Ma'trizenabzug *m*; **II** *v/t.* **5.** *Oberfläche, Buchstaben* schablonieren; **6.** auf Matrize(n) schreiben.
Sten gun [sten] *s.* ⚔ leichtes Ma'schinengewehr, LMG *n*.
sten·o ['stenəʊ] F → a) ***stenograph*** 4, b) *Am.* ***stenographer***.
sten·o·graph ['stenəgrɑːf] **I** *s.* **1.** Steno'gramm *n*; **2.** Kurzschriftzeichen *n*; **3.** Stenogra'phiermaˌschine *f*; **II** *v/t.* **4.** stenographieren; **ste·nog·ra·pher** [ste'nɒgrəfə] *s.* **1.** Steno'graph(in); **2.** *Am.* Stenoty'pistin *f*; **sten·o·graph·ic** [ˌstenə'græfɪk] *adj.* (□ **~*ally***) steno'graphisch; **ste·nog·ra·phy** [ste'nɒgrəfɪ] *s.* Stenogra'phie *f*, Kurzschrift *f*.
sten·o·type ['stenəʊtaɪp] → ***stenograph*** 2 *u.* 3.
sten·to·ri·an [sten'tɔːrɪən] *adj.* 'überlaut: **~ *voice*** Stentorstimme *f*.
step [step] **I** *s.* **1.** Schritt *m* (*a. Geräusch, Maß*): **~ *by* ~** Schritt für Schritt (*a. fig.*); ***take a* ~** e-n Schritt machen; **2.** Fußstapfen *m*: ***tread in s.o.'s ~s*** *fig.* in j-s Fußstapfen treten; **3.** *eiliger etc.* Schritt, Gang *m*; **4.** (Tanz)Schritt *m*; **5.** (Gleich)Schritt *m*: ***in* ~** im Gleichschritt; ***out of* ~** außer Tritt; ***out of* ~ *with*** *fig.* nicht im Einklang mit; ***fall in* ~** Tritt fassen; ***keep* ~ (*with*)** Schritt halten (mit); **6.** ein paar Schritte *pl.*, *ein* ‚Katzensprung' *m*: ***it is only a* ~ *to the inn***; **7.** *fig.* Schritt *m*, Maßnahme *f*: ***take ~s*** Schritte unternehmen; ***take legal ~s against*** gegen *j-n* gerichtlich vorgehen; ***a false* ~** ein Fehler, e-e Dummheit; → ***watch*** 17; **8.** *fig.* Schritt *m*, Stufe *f*: ***a great* ~ *forward*** ein großer Schritt vorwärts; **9.** Stufe *f* (*e-r Treppe etc.*; *a.* ⚡ *e-s Verstärkers etc.*); (Leiter)Sprosse *f*; ⚙, ⚡ Schaltschritt *m*; **10.** (***pair of***) **~s** *pl.* Trittleiter *f*; **11.** Tritt(brett *n*) *m*; **12.** *geogr.* Stufe *f*, Ter'rasse *f*; Pla'teau *n*; **13.** ♪ a) (Ton-, Inter'vall)Schritt *m*, b) Inter'vall *n*, c) (Tonleiter)Stufe *f*; **14.** *fig.* a) (Rang-) Stufe *f*, Grad *m*, b) *bsd.* ⚔ Beförderung *f*; **II** *v/i.* **15.** schreiten, treten: **~ *into a fortune*** *fig.* unverhofft zu e-m Vermögen kommen; **16.** *wohin* gehen, treten: **~ *in!*** herein!; **17.** → ***step out*** 2; **18.** treten (**[*up*]*on*** auf *acc.*): **~ *on the gas*** (*od.* **~ *on it***) (F *a. fig.*) Gas geben; **~ *on it!*** F Tempo!; **III** *v/t.* **19.** *Schritt* machen: **~ *it*** zu Fuß gehen; **20.** *Tanz* tanzen; **21.** *a.* **~ *off*** (*od.* ***out***) *Entfernung etc.* a) abschreiten, b) abstecken; **22.** abstufen;
Zssgn mit adv.:
step| a·side *v/i.* **1.** zur Seite treten; **2.** → ***step down*** 2; **~ back I** *v/i. a. fig.* zu'rücktreten; **II** *v/t.* abstufen; **~ down I** *v/i.* **1.** her'unter-, hin'unterschreiten; **2.** *fig.* zu'rücktreten (***in favo[u]r of*** zu'gunsten); **II** *v/t.* **3.** verringern, verzögern; **4.** ⚡ her'untertransformieren; **~ in** *v/i.* **1.** eintreten, -steigen; **2.** *fig.* einschreiten, -greifen; **~ out I** *v/i.* **1.** her'austreten, aussteigen; **2.** (forsch) ausschreiten; **3.** F (viel) ausgehen; **II** *v/t.* **4.** → ***step*** 21a; **~ up I** *v/i.* **1.** hin'auf-, her'aufsteigen; **2.** zugehen (***to*** auf *acc.*); **II** *v/t.* **3.** *Produktion etc.* steigern, ankurbeln; **4.** ⚡ hochtransformieren.
step- [step] *in Zssgn* Stief...: **~*child*** Stiefkind *n*; **~*father*** Stiefvater *m*.
step| dance *s.* Step(tanz) *m*; **'~-down** *adj.* ⚡ Umspann...: **~ *transformer*** Abwärtstransformator *m*; **'~-in I** *adj.* **1.** zum Hin'einschlüpfen, Schlupf...; **II** *s.* **2.** *mst pl.* Schlüpfer *m*; **3.** *pl. a.* **~ *shoes*** Slipper *pl.*; **'~ˌlad·der** *s.* Trittleiter *f*; **'~ˌmoth·er·ly** *adj. a. fig.* stiefmütterlich.
steppe [step] *s. geogr.* Steppe *f*.
step·ping stone ['stepɪŋ] *s.* **1.** (Tritt-) Stein *m im Wasserlauf etc.*; **2.** *fig.* Sprungbrett *n* (***to*** zu).
'step-up I *adj.* stufenweise erhöhend: **~ *transformer*** ⚡ Aufwärtstransformator *m*; **II** *s.* Steigerung *f*.
'step·wise *adv.* schritt-, stufenweise.
ster·e·o ['sterɪəʊ] F **I** *s.* **1.** a) → ***stereotype*** 1, b) → ***stereoscope***; **2.** a) Stereogerät *n*, b) Stereo(schall)platte *f*; **II** *adj.* **3.** → ***stereoscopic***; **4.** stereo, Stereo...: **~ *record*** → 2b.
stereo- [sterɪəʊ] *in Zssgn* a) starr, fest, b) 'dreidimensioˌnal, stereo..., Stereo..., Raum...; **ster·e·o·chem·is·try** [ˌsterɪəʊ'kemɪstrɪ] *s.* 'Stereo-, 'Raumcheˌmie *f*; **ster·e·og·ra·phy** [ˌsterɪ'ɒgrəfɪ] *s.* ⩓ Stereogra'phie *f*, Körperzeichnung *f*; **ster·e·om·e·try** [ˌsterɪ'ɒmɪtrɪ] *s.* **1.** *phys.* Stereome'trie *f*; **2.** ⩓ Geome'trie *f* des Raumes.
ster·e·o·phon·ic [ˌsterɪəʊ'fɒnɪk] *adj.* (□ **~*ally***) stereo'phonisch, Stereoton...: **~ *sound*** Raumton *m*.
ster·e·o·plate ['sterɪəpleɪt] *s. typ.* Stereo'typplatte *f*, Stereo *n*.
ster·e·o·scope ['sterɪəskəʊp] *s.* Stereo'skop *n*; **ster·e·o·scop·ic** [ˌsterɪə'skɒpɪk] *adj.* (□ **~*ally***) stereo'skopisch, Stereo...; **ster·e·os·co·py** [ˌsterɪ'ɒskəpɪ] *s.* Stereosko'pie *f*.
ster·e·o·type ['stɪərɪətaɪp] **I** *s.* **1.** *typ.* a) Steroty'pie *f*, Plattendruck *m*, b) Stereo'type *f*, Druckplatte *f*; **2.** *fig.* Kli'schee *n*, Scha'blone *f*; **II** *v/t.* **3.** *typ.* stereotypieren; **4.** *fig. Redensart etc.* stereo'typ wieder'holen; **5.** e-e feste Form geben (*dat.*); **'ster·e·o·typed** [-pt] *adj.* **1.** *typ.* stereotypiert; **2.** *fig.* stereo'typ, scha'blonenhaft; **ster·e·o·ty·pog·ra·phy** [ˌstɪərɪəʊtaɪ'pɒgrəfɪ] *s. typ.* Stereo'typdruck(verfahren *n*) *m*; **'ster·e·oˌtyp·y** [-pɪ] *s. typ.* Stereoty'pie *f*.
ster·ile ['steraɪl] *adj.* **1.** ste'ril: a) ⚕ keimfrei, b) ⚘, *physiol.* unfruchtbar (*a. fig. Geist etc.*); **2.** *fig.* fruchtlos (*Arbeit, Diskussion etc.*); leer, gedankenarm (*Stil*); **ste·ril·i·ty** [ste'rɪlətɪ] *s.* Sterili'tät *f* (*a. fig.*).
ster·i·li·za·tion [ˌsterəlaɪ'zeɪʃn] *s.* **1.** Sterilisati'on *f*: a) Entkeimung *f*, b) Unfruchtbarmachung *f*; **2.** Sterili'tät *f*; **ster·i·lize** ['sterəlaɪz] *v/t.* sterilisieren: a) keimfrei machen, b) unfruchtbar machen; **'ster·i·li·zer** ['sterəlaɪzə] *s.* Sterili'sator *m* (*Apparat*).
ster·ling ['stɜːlɪŋ] **I** *adj.* **1.** ✝ Sterling(...): ***ten pounds* ~** 10 Pfund Sterling; **~ *area*** Sterlinggebiet *n*, -block *m*; **2.** von Standardwert (*Gold, Silber*); **3.** *fig.* echt, gediegen, bewährt; **II** *s.* **4.** ✝ Sterling *m*.
stern[1] [stɜːn] *adj.* □ **1.** streng, hart: **~ *discipline***; **~ *penalty***; **2.** unnachgiebig; **3.** streng, finster: ***a* ~ *face***.
stern[2] [stɜːn] **I** *s.* **1.** ⚓ Heck *n*, Achterschiff *n*: (***down***) ***by the* ~** hecklastig; **2.** *zo.* a) 'Hinterteil *n*, b) Schwanz *m*; **3.** *allg.* hinterer Teil; **II** *adj.* **4.** ⚓ Heck...
ster·nal ['stɜːnl] *adj. anat.* Brustbein...
'stern|-ˌchas·er *s.* ⚓ *hist.* Heckgeschütz *n*; **'~-fast** *s.* ⚓ Achtertau *n*.
stern·ness ['stɜːnnɪs] *s.* Strenge *f*, Härte *f*, Düsterkeit *f*.
'stern·post *s.* ⚓ Achtersteven *m*.
ster·num ['stɜːnəm] *pl.* **-na** [-nə] *s. anat.* Brustbein *n*.
ster·to·rous ['stɜːtərəs] *adj.* □ röchelnd.
stet [stet] (*Lat.*) *typ.* **I** *imp.* stehenlassen!, bleibt!; **II** *v/t.* mit ‚stet' markieren.
steth·o·scope ['steθəskəʊp] ⚕ **I** *s.* Stetho'skop *n*, Hörrohr *n*; **II** *v/t.* abhorchen; **steth·o·scop·ic** [ˌsteθə'skɒpɪk] *adj.* (□ **~*ally***) stetho'skopisch.
ste·ve·dore ['stiːvədɔː] *s.* ⚓ **1.** Stauer *m*, Schauermann *m*; **2.** Stauer *m* (*Unternehmer*).
stew[1] [stjuː] **I** *v/t.* **1.** schmoren, dämpfen, langsam kochen; → ***stewed*** 1; **II** *v/i.* **2.** schmoren; → ***juice*** 1; **3.** *fig.* ‚schmoren', vor Hitze (fast) 'umkommen; **4.** F sich aufregen; **III** *s.* **5.** Schmor-, Eintopfgericht *n*; **6.** F Aufregung *f*.

stew[2] [stjuː] *s. Brit.* a) Fischteich *m*, b) Fischbehälter *m*.

stew·ard ['stjʊəd] *s.* **1.** Verwalter *m*; **2.** Haushalter *m*, Haushofmeister *m*; **3.** Tafelmeister *m*, Kämmerer *m* (*e-s College, Klubs etc.*); **4.** ⚓, ✈ Steward *m*; **5.** (Fest- *etc.*)Ordner *m*; *mot.* 'Rennkommis,sar *m*; → ***shop steward***; **'stew·ard·ess** [-dɪs] *s.* ⚓, ✈ Stewardeß *f*; **'stew·ard·ship** [-ʃɪp] *s.* Verwalteramt *n*.

stewed [stjuːd] *adj.* **1.** geschmort, gedämpft, gedünstet; **2.** *sl.* ‚besoffen'.

'stew|·pan *s.* Schmorpfanne *f*; **'~·pot** *s.* Schmortopf *m*.

stick[1] [stɪk] **I** *s.* **1.** Stecken *m*, Stock *m*, (trockener) Zweig; *pl.* Klein-, Brennholz *n*: ***dry ~s*** (dürres) Reisig; **2.** Scheit *n*, Stück *n* Holz; **3.** Gerte *f*, Rute *f*; **4.** Stengel *m*, Stiel *m* (*Rhabarber, Sellerie*); **5.** Stock *m* (*a. fig. Schläge*), Stab *m*: ***get*** (***give***) ***the ~*** e-e Tracht Prügel bekommen (verabreichen); ***get hold of the wrong end of the ~*** *fig.* die Sache falsch verstehen; **6.** (Besen- *etc.*)Stiel *m*; **7.** (Spazier)Stock *m*; **8.** (Zucker-, Siegellack)Stange *f*; **9.** a) (Stück *n*) Rasierseife *f*, b) (Lippen- *etc.*)Stift *m*; **10.** ♪ a) Taktstock *m*, b) (Trommel)Schlegel *m*, c) (Geigen)Bogen *m*; **11.** *sport* a) Schläger *m*, *Hockey etc.*: Stock *m*, b) *Pferdesport*: Hürde *f*; **12.** a) ✈ Steuerknüppel *m*, b) *mot.* Schalthebel *m*; **13.** ⚔ Bombenreihe *f*; **14.** *typ.* Winkelhaken *m*; **15.** F *a.* ***dry*** (*od.* ***dull***) ***~*** Stockfisch *m*, *allg.* Kerl *m*; **16.** *pl. Am.* F finsterste Pro'vinz; **II** *v/t.* **17.** *Pflanze* mit e-m Stock stützen; **18.** *typ.* a) setzen, b) in e-m Winkelhaken anein'anderreihen.

stick[2] [stɪk] **I** *v/t.* [*irr.*] **1.** durch'stechen, -'bohren; *Schweine* (ab)stechen; **2.** stechen mit *e-r Nadel etc.* (***in***, ***into*** in *acc.*); *et.* stecken, stoßen; **3.** *auf e-e Gabel etc.* stecken, aufspießen; **4.** *Kopf, Hand etc. wohin* stecken *od.* strecken; **5.** F legen, setzen, *in die Tasche etc.* stecken; **6.** (an)stecken, anheften; **7.** 'vollstecken (***with*** mit); **8.** *Briefmarke, Plakat etc.* ankleben, *Fotos etc.* (ein)kleben: ***~ together*** *et.* zs.-kleben; **9.** bekleben; **10.** zum Stecken bringen, festfahren: ***be stuck*** *im Schlamm etc.* stecken(bleiben *a. fig.*), festsitzen (*a. fig.*); ***be stuck on*** F vernarrt sein in (*acc.*); ***be stuck with s.th.*** et. ‚am Hals haben'; ***be stuck for s.th.*** um et. verlegen sein; **11.** *j-n* verwirren; **12.** F *j-n* ‚blechen' lassen (***for*** für); **13.** *sl. j-n* ‚leimen' (*betrügen*); **14.** *sl. et. od. j-n* aushalten, -stehen, (v)ertragen: ***I can't ~ him***; **15.** ***~ it*** (***out***) F 'durchhalten, es aushalten; **16.** ***~ it on*** F a) e-n unverschämten Preis verlangen, b) ‚dick auftragen', über'treiben; **II** *v/i.* [*irr.*] **17.** stecken; **18.** (fest)kleben, haften: ***~ together*** zs.-kleben; **19.** sich festklammern *od.* heften (***to*** an *acc.*); **20.** haften, hängenbleiben (*a. fig. Spitzname etc.*): ***some of it will ~*** et. (*von e-r Verleumdung*) bleibt immer hängen; ***~ in the mind*** im Gedächtnis haftenbleiben; ***make s.th. ~*** *fig.* dafür sorgen, daß et. ‚sitzt'; **21.** ***~ to*** bei *j-m od. e-r Sache* bleiben, *j-m* nicht von der Seite weichen: ***~ to the point*** *fig.* bei der Sache bleiben; ***~ to it*** dranbleiben; → ***gun*** 1; **22.** ***~ to*** treu bleiben (*dat.*), zu *j-m*, *s-m Wort etc.* stehen, bei *s-r Ansicht etc.* bleiben, sich an *e-e Regel etc.* halten; ***~ together*** zs.-halten (*Freunde*); **23.** *im Hals, im Schmutz, a. fig. beim Lesen etc.* steckenbleiben; → ***mud*** 2; **24.** ***~ at nothing*** vor nichts zurückschrecken; **25.** her'vorstehen (***from***, ***out of*** aus);

Zssgn mit adv.:

stick| a·round *v/i.* F in der Nähe bleiben; **~ out I** *v/i.* **1.** ab-, her'vor-, her'ausstehen; **2.** *fig.* auffallen; **3.** bestehen (***for*** auf *dat.*); **II** *v/t.* **4.** *Arm, Brust, a. Kopf, Zunge* her'ausstrecken; **5.** → ***stick***[2] 15; **~ up I** *v/t.* **1.** *sl.* über'fallen, ausrauben; **2.** ***~ 'em up!*** *sl.* Hände hoch!; **II** *v/i.* **3.** in die Höhe stehen; **4.** ***~ for*** sich für *j-n* einsetzen; **5.** ***~ to*** mutig gegen'übertreten (*dat.*), Pa'roli bieten (*dat.*).

stick·er ['stɪkə] *s.* **1.** a) (Schweine-) Schlächter *m*, b) Schlachtmesser *n*; **2.** Klebezettel *m*, Aufkleber *m*; **3.** *Am.* (*angeklebter*) Strafzettel; **4.** *fig.* zäher Kerl; **5.** F ‚Hocker' *m*, (zu) lange bleibender Gast; **6.** F ‚Ladenhüter' *m*; **7.** ‚harte Nuß'.

stick·i·ness ['stɪkɪnɪs] *s.* **1.** Klebrigkeit *f*; **2.** Schwüle *f*; **3.** F Schwierigkeit *f*.

stick·ing plas·ter ['stɪkɪŋ] *s.* Heftpflaster *n*.

stick-in-the-mud ['stɪkɪnðəmʌd] F **I** *adj.* rückständig, -schrittlich; **II** *s.* Rückschrittler *m*, *bsd. pol.* Reaktio'när *m*.

'stick·jaw *s.* F ‚Plombenzieher' *m* (*zäher Bonbon etc.*).

stick·le ['stɪkl] *v/i.* **1.** harnäckig zanken *od.* streiten: ***~ for s.th.*** et. hartnäckig verfechten; **2.** Bedenken äußern, Skrupel haben.

stick·le·back ['stɪklbæk] *s. ichth.* Stichling *m*.

stick·ler ['stɪklə] *s.* **1.** Eiferer *m*; **2.** Verfechter *m* (***for*** *gen.*); **3.** Kleinigkeitskrämer *m*, Pe'dant *m*, j-d, der es ganz genau nimmt (***for*** mit).

stick-to-it·ive [ˌstɪk'tuːətɪv] *adj. Am.* F hartnäckig, zäh.

'stick-up I *adj.* **1.** ***~ collar*** → 2; **II** *s.* **2.** F Stehkragen *m*; **3.** *sl.* ('Raub)ˌÜberfall *m*.

stick·y ['stɪkɪ] *adj.* ☐ **1.** klebrig, zäh: ***~ charge*** ⚔ Haftladung *f*; ***~ label*** *Brit.* Klebezettel *m*; **2.** schwül, stickig (*Wetter etc.*); **3.** F *fig.* a) klebrig, b) eklig, c) schwierig, heikel (*Sache*), d) kritisch, e) kitschig: ***be ~ about doing s.th.*** et. nur ungern tun.

stiff [stɪf] **I** *adj.* ☐ **1.** *allg.* steif, starr (*a. Gesicht, Person*): ***~ collar*** steifer Kragen; ***~ neck*** steifer Hals; → ***lip*** 1; **2.** zäh, dick, steif (*Teig etc.*); **3.** steif (*Brise*), stark (*Wind, Strömung*); **4.** stark (*Dosis, Getränk*), steif (*Grog*); **5.** *fig.* starrköpfig; **6.** *fig.* hart (*Gegner, Kampf etc.*), scharf (*Konkurrenz, Opposition*); **7.** schwierig (*Aufstieg, Prüfung etc.*); **8.** hart (*Strafe*); **9.** steif, for'mell, gezwungen (*Benehmen, Person etc.*); **10.** steif, linkisch (*Stil*); **11.** F unglaublich: ***a bit ~*** ziemlich stark, allerhand; **12.** F ‚zu Tode' *gelangweilt, erschrocken*; **13.** † a) sta'bil, fest (*Preis, Markt*), b) hoch, unverschämt (*Forderung, Preis*); **II** *s. sl.* **14.** a) Leiche *f*, b) Besoffene(r) *m*; **15.** a) Langweiler *m*, b) Blödmann *m*; **16.** *Am.* a) ‚Lappen' *m* (*Banknote*), b) ‚Blüte' *f* (*Falschgeld*), c) ‚Kas'siber' *m* (*im Gefängnis*); **'stiff·en** [-fn] **I** *v/t.* **1.** (ver)steifen, (ver)stärken; *Stoff etc.* stärken, steifen; **2.** steif *od.* starr machen (*Flüssigkeit, Glieder etc.*), verdicken (*Flüssiges*); **3.** *fig.* a) *et.* verschärfen, b) (be)stärken, *j-m* den Nacken steifen; **II** *v/i.* **4.** sich versteifen, -stärken; starr werden; **5.** *fig.* hart werden, sich versteifen; **6.** steif *od.* förmlich werden; **7.** † sich festigen (*Preise etc.*); **'stiff·en·er** [-fnə] *s.* **1.** Versteifung *f*; **2.** F ‚Seelenwärmer' *m*, Stärkung *f* (*Getränk*); **'stiff·en·ing** [-fnɪŋ] *s.* Versteifung *f*: a) Steifwerden *n*, b) 'Steifmateriˌal *n*.

ˌstiff-'necked *adj. fig.* halsstarrig.

stiff·ness ['stɪfnɪs] *s.* **1.** Steifheit *f* (*a. fig. Förmlichkeit*), Steife *f*, Starrheit *f*; **2.** Zähigkeit *f*, Dickflüssigkeit *f*; **3.** *fig.* Härte *f*, Schärfe *f*.

sti·fle[1] ['staɪfl] **I** *v/t.* **1.** *j-n* ersticken; **2.** *Fluch etc., a. Gefühl, a. Aufstand etc.* ersticken, unter'drücken, *Diskussion etc.* abwürgen; **II** *v/i.* **3.** (*weitS.* schier) ersticken.

sti·fle[2] ['staɪfl] *s. zo.* **1.** *a.* ***~ joint*** Kniegelenk *n* (*Pferd, Hund*); **2.** *vet.* Kniegelenkgalle *f* (*Pferd*); ***~ bone*** *s.* Kniescheibe *f* (*Pferd*).

sti·fling ['staɪflɪŋ] *adj.* ☐ erstickend (*a. fig.*), stickig.

stig·ma ['stɪgmə] *pl.* **-mas, -ma·ta** [-mətə] *s.* **1.** *fig.* Brand-, Schandmal *n*, Stigma *n*; **2.** ⚕ Sym'ptom *n*; **3.** ⚕ (*pl.* ***-mata***) Mal *n*, roter Hautfleck; **4.** ***stigmata*** *pl. eccl.* Wundmale *pl.*, Stigmata *pl.*; **5.** ⚘ Narbe *f* (*Blüte*); **6.** *zo.* Luftloch *n* (*Insekt*); **stig·mat·ic** [stɪg'mætɪk] *adj.* (☐ ***~ally***) **1.** stig'matisch (*a. opt.*); **2.** ⚘ narbenartig; **3.** *opt.* (ana-) stig'matisch; **'stig·ma·tize** [-ətaɪz] *v/t.* **1.** ⚕, *eccl.* stigmatisieren; **2.** *bsd. fig.* brandmarken.

stile[1] [staɪl] *s.* Zauntritt *m*.

stile[2] [staɪl] *s.* Seitenstück *n* (*e-r Täfelung*), Höhenfries *m* (*e-r Tür*).

sti·let·to [stɪ'letəʊ] *pl.* **-tos** [-z] *s.* Sti'lett *n*: ***~*** (***heel***) Pfennigabsatz *m*.

still[1] [stɪl] **I** *adj.* ☐ **1.** *allg.* still: a) reglos, unbeweglich, b) ruhig, lautlos, c) leise, gedämpft, d) friedlich, ruhig: ***keep ~!*** sei ruhig!; → ***water*** 11; **2.** nicht moussierend: ***~ wine*** Stillwein *m*; **3.** *phot.* Stand…, Steh…, Einzel(aufnahme)…; **II** *s.* **4.** *poet.* Stille *f*; **5.** *phot.* Standfoto *n*, Einzelaufnahme *f*; **III** *v/t.* **6.** *Geräusche etc.* zum Schweigen bringen; **7.** *j-n* beruhigen, *Verlangen etc.* stillen; **IV** *v/i.* **8.** still werden.

still[2] [stɪl] **I** *adv.* **1.** (immer) noch, noch immer, bis jetzt; **2.** (*beim comp.*) noch, immer: ***~ higher***, ***higher ~*** noch höher; ***~ more so because*** um so mehr als; **3.** dennoch, doch; **II** *cj.* **4.** (und) dennoch, und doch, in'des(sen).

still[3] [stɪl] *s.* a) Destillierkolben *m*, b) Destil'lierappaˌrat *m*.

stil·lage ['stɪlɪdʒ] *s.* Gestell *n*.

'still|·birth *s.* Totgeburt *f*; **'~·born** *adj.* totgeboren (*a. fig.*); **'~-fish** *v/i.* vom verankerten Boot aus angeln; **~ hunt** *s.* Pirsch(jagd) *f*; **'~-hunt** *v/i.* (*v/t.* an)pirschen; **~ life** *s. paint.* Stilleben *n*.

still·ness ['stɪlnɪs] *s.* Stille *f*.

still room *s. bsd. Brit.* **1.** *hist.* Destillati'onsraum *m*; **2.** a) Vorratskammer *f*, b) Servierraum *m*.

stilt [stɪlt] *s.* **1.** Stelze *f*; **2.** △ Pfahl *m*, Pfeiler *m*; **3.** *a.* ~ ***bird*** *orn.* Stelzenläufer *m*; **'stilt·ed** [-tɪd] *adj.* □ **1.** gestelzt, gespreizt, geschraubt (*Rede*, *Stil etc.*); **2.** △ erhöht; **'stilt·ed·ness** [-tɪdnɪs] *s.* Gespreiztheit *f*.

stim·u·lant ['stɪmjʊlənt] **I** *s.* **1.** ⚕ Stimulans *n*, Anregungs-, Weckmittel *n*; **2.** Genußmittel *n*, *bsd.* Alkohol *m*; **3.** Anreiz *m* (***of*** für); **II** *adj.* **4.** → ***stimulating*** 1; **stim·u·late** ['stɪmjʊleɪt] *v/t.* **1.** ⚕ *etc.*, *a. fig.* stimulieren, anregen (***s.o. into*** j-n zu *et.*); *fig. a.* anspornen, anstacheln; beleben, ankurbeln; **2.** *Nerv* reizen; **'stim·u·lat·ing** [-leɪtɪŋ] *adj.* **1.** *a. fig.* stimulierend, anregend, belebend; **2.** *fig.* anspornend; **stim·u·la·tion** [ˌstɪmjʊ'leɪʃn] *s.* **1.** Anreiz *m*, Antrieb *m*, Anregung *f*, Belebung *f*; **2.** ⚕ Reizung *f*, Reiz *m*; **'stim·u·la·tive** [-lətɪv] → ***stimulating***; **'stim·u·lus** [-ləs] *pl.* **-li** [-laɪ] *s.* **1.** Stimulus *m*: a) (An)Reiz *m*, Antrieb *m*, Ansporn *m* (***to*** zu), b) ⚕ Reiz *m*: ~ ***threshold*** Reizschwelle *f*; **2.** → ***stimulant*** 1; **3.** ⚘ Nesselhaar *n*.

sti·my ['staɪmɪ] → ***stymie***.

sting [stɪŋ] **I** *v/t.* [*irr.*] **1.** stechen (*Insekt*, *Nessel etc.*); **2.** brennen, beißen in *od.* auf (*dat.*); **3.** schmerzen, weh tun (*Schlag etc.*): ***stung by remorse*** *fig.* von Reue geplagt; **4.** *fig.* *j-n* verletzen, kränken; **5.** anstacheln, reizen (***into*** zu); **6.** *sl.* ‚neppen' (***for*** um *Geld*); **II** *v/i.* [*irr.*] **7.** stechen; **8.** brennen, beißen (*Pfeffer etc.*); **9.** *a. fig.* schmerzen, weh tun; **III** *s.* **10.** Stachel *m* (*Insekt*; *a. fig. des Todes*, *der Eifersucht etc.*); **11.** ⚘ Brennborste *f*; **12.** Stich *m*, Biß *m*: ~ ***of conscience*** *fig.* Gewissensbisse *pl.*; **13.** Schärfe *f*; **14.** Pointe *f*, Spitze *f* (*e-s Witzes*); **15.** Schwung *m*, Wucht *f*; **'sting·er** [-ŋə] *s.* **1.** a) stechendes Insekt, b) stechende Pflanze; **2.** F a) schmerzhafter Schlag, b) beißende Bemerkung.

sting·i·ness ['stɪndʒɪnɪs] *s.* Geiz *m*.

sting·ing ['stɪŋɪŋ] *adj.* □ **1.** ⚘, *zo.* stechend; **2.** *fig.* schmerzhaft (*Schlag etc.*); schneidend (*Kälte*, *Wind*); scharf, beißend, verletzend (*Worte*, *Tadel*); ~ **net·tle** *s.* ⚘ Brennessel *f*.

stin·gy ['stɪndʒɪ] *adj.* □ **1.** geizig, knikkerig: ***be ~ of s.th.*** mit et. knausern; **2.** dürftig, kärglich.

stink [stɪŋk] **I** *v/i.* [*irr.*] **1.** stinken, übel riechen (***of*** nach): ~ ***of money*** *fig.* F vor Geld stinken; **2.** *fig.* verrufen sein, ‚stinken': ~ ***to high heaven*** zum Himmel stinken; → ***nostril***; **3.** *fig.* F ('hunds)miseˌrabel sein; **II** *v/t.* [*irr.*] **4.** *a.* ~ ***out***, ***up*** verstänkern; **5.** ~ ***out*** a) *Höhle*, *Tiere* ausräuchern, b) *j-n* durch Gestank vertreiben; **6.** *sl.* (den Gestank *gen.*) riechen: ***you can ~ it a mile off***; **III** *s.* **7.** Gestank *m*; **8.** Stunk *m*, Krach *m*: ***raise*** (*od.* ***kick up***) ***a*** ~ Stunk machen (***about*** wegen); **9.** *pl. Brit. sl.* Che'mie *f*; **10.** *Am.* F (billiges) Par'füm; **'stink·ard** [-kəd] *s.* **1.** *zo.* Stinktier *n*; **2.** → ***stinker*** 1; **'stink·er** [-kə] *s.* **1.** a) ‚Stinker' *m*, b) *sl.* Dreckskerl *m*; **2.** a) ‚Stinka'dores' *m* (*Käse*), b) ‚Stinka'dores' *f* (*Zigarre*); **3.** *sl.* a) gemeiner Brief, b) böse Bemerkung *od.* Kri'tik, c) ‚böse' (*schwierige etc.*) Sache, d) ‚Mist' *m*; **'stink·ing** [-kɪŋ] **I** *adj.* □ **1.** stinkend; **2.** *sl.* a) widerlich, b) mise'rabel; **3.** → ***stinko***; **II** *adv.* **4.** ~ ***rich*** *sl.* ‚stinkreich'.

stinko ['stɪŋkəʊ] *adj. Am. sl.* ‚(stink)besoffen', (to'tal) ‚blau'.

'stink·pot *s.* **1.** ⚓ *hist.* Stinktopf *m*; **2.** F → ***stinker*** 1.

stint [stɪnt] **I** *v/t.* **1.** *j-n od. et.* einschränken, *j-n* kurz *od.* knapp halten (***in***, ***of*** mit): ~ ***o.s. of*** sich einschränken mit, sich *et.* versagen; **2.** knausern *od.* kargen mit (*Geld*, *Lob etc.*); **II** *s.* **3.** Be-, Einschränkung *f*: ***without*** ~ ohne Einschränkung, rückhaltlos; **4.** a) (zugewiesene) Arbeit, Pensum *n*, b) (vorgeschriebenes) Maß; **5.** ⚒ Schicht *f*; **'stint·ed** [-tɪd] *adj.* □ knapp, karg.

stipe [staɪp] *s.* ⚘, *zo.* Stiel *m*.

sti·pend ['staɪpend] *s.* Gehalt *n* (*bsd. e-s Geistlichen*); **sti·pen·di·ar·y** [staɪ'pendjərɪ] **I** *adj.* besoldet: ~ ***magistrate*** → **II** *s. Brit.* Richter *m an e-m* ***magistrates' court***.

stip·ple ['stɪpl] **I** *v/t.* **1.** *paint.* tüpfeln, punktieren; **II** *s.* **2.** Punk'tiermaˌnier *f*, Pointil'lismus *m*; **3.** Punktierung *f*.

stip·u·late ['stɪpjʊleɪt] *bsd.* ⚖, ☨ **I** *v/i.* **1.** (***for***) a) e-e Vereinbarung treffen (über *acc.*), b) *et.* zur Bedingung machen; **II** *v/t.* **2.** festsetzen, vereinbaren, ausbedingen; **3.** ⚖ *Tatbestand* einverständlich feststellen, außer Streit stellen; **stip·u·la·tion** [ˌstɪpjʊ'leɪʃn] *s.* **1.** ☨, ⚖ (vertragliche) Abmachung, Über'einkunft *f*; **2.** Klausel *f*, Bedingung *f*; **3.** ⚖ Par'teienüberˌeinkunft *f*.

stip·ule ['stɪpju:l] *s.* ⚘ Nebenblatt *n*.

stir[1] [stɜ:] **I** *v/t.* **1.** *Kaffee*, *Teig etc.* rühren: ~ ***up*** a) (gut) umrühren, b) *Schlamm* aufwühlen; **2.** *Feuer* (an-)schüren; **3.** *Glied etc.* rühren, bewegen: ***not to ~ a finger*** keinen Finger krumm machen; **4.** *Blätter*, *See etc.* bewegen (*Wind*); **5.** ~ ***up*** *a. fig.* *j-n* auf-, wachrütteln; **6.** ~ ***up*** *fig.* a) *j-n* aufreizen, -hetzen, b) *Neugier etc.* erregen, c) *Streit etc.* entfachen; **7.** *fig.* aufwühlen, bewegen, erregen; *j-s Blut* in Wallung bringen; **II** *v/i.* **8.** sich rühren *od.* regen (*a. fig. geschäftig sein*): ***not to ~ from the spot*** sich nicht von der Stelle rühren; ***he never ~red abroad*** er ging nie aus; ***he is not ~ring yet*** er ist noch nicht auf(gestanden); **9.** a) im Gange *od.* 'Umlauf sein, b) geschehen, sich ereignen; **III** *s.* **10.** Rühren *n*; **11.** Bewegung *f*; **12.** Aufregung *f*; **13.** Aufsehen *n*, Sensati'on *f*: ***create*** *od.* ***make a*** ~ Aufsehen erregen.

stir[2] [stɜ:] *s. sl.* ‚Kittchen' *n*, ‚Knast' *m* (*Gefängnis*): ***in*** ~ im Knast.

stirps [stɜ:ps] *pl.* **stir·pes** ['stɜ:pi:z] *s.* **1.** Fa'milie(nzweig *m*) *f*; **2.** ⚖ a) Stammvater *m*, b) Stamm *m*: ***by stirpes*** *Erbfolge* nach Stämmen.

stir·rer ['stɜ:rə] *s.* a) Rührlöffel *m*, b) Rührwerk *n*.

stir·ring ['stɜ:rɪŋ] *adj.* □ **1.** bewegt; **2.** *fig.* rührig; **3.** erregend, aufwühlend; zündend (*Rede*); bewegt (*Zeiten*).

stir·rup ['stɪrəp] *s.* **1.** Steigbügel *m*; **2.** ⚙ Bügel *m*; **3.** ⚓ Springpferd *n* (*Haltetau*); ~ **bone** *s. anat.* Steigbügel *m* (*im Ohr*); ~ **i·ron** *s.* Steigbügel *m* (*ohne Steigriemen*); ~ **leath·er** *s.* Steig(bügel)riemen *m*.

stitch [stɪtʃ] **I** *s.* **1.** *Nähen etc.*: Stich *m*: ***a ~ in time saves nine*** gleich getan ist viel gespart; ***put ~es in*** → 7; **2.** *Strikken*, *Häkeln etc.*: Masche *f*; → ***take up*** 14; **3.** Stich(art *f*) *m*, Strick-, Häkelart *f*; **4.** F Faden *m*: ***not to have a dry ~ on one*** keinen trockenen Faden am Leibe haben; ***without a ~ on*** splitternackt; **5.** a) Stich *m*, Stechen *n* (*Schmerz*), b) *a.* ***~es in the side*** Seitenstechen *n*: ***be in ~es*** F sich kaputtlachen; **II** *v/t.* **6.** nähen, steppen, (be)sticken; **7.** ~ ***up*** vernähen (*a.* ⚕), (zs.-)flicken; **8.** *Buchbinderei*: (zs.-)heften, broschieren.

sto·a ['stəʊə] *pl.* **-ae** [-i:] *s. antiq.* Stoa *f*: a) △ Säulenhalle *f*, b) ♎ stoische Philoso'phie.

stoat [stəʊt] *s. zo.* **1.** Herme'lin *n*; **2.** Wiesel *n*.

stock [stɒk] **I** *s.* **1.** (*Baum-*, *Pflanzen-*) Strunk *m*; **2.** *fig.* ‚Klotz' *m* (*steifer Mensch*); **3.** ⚘ Lev'koje *f*; **4.** ↗ ('Pfropf)ˌUnterlage *f*; **5.** (*Peitschen-*, *Werkzeug*)Griff *m*; **6.** ⚔ a) (Gewehr-) Schaft *m*, b) Schulterstütze *f* (*MG*); **7.** ⚙ 'Unterlage *f*, Block *m*; (Amboß-) Klotz *m*; **8.** ⚓ Stapel *m*: ***on the ~s*** im Bau, im Werden (*a. fig.*); **9.** *hist.* Stock *m* (*Strafmittel*); **10.** ⚙ (Grund-, Werk)Stoff *m*: ***paper*** ~ Papierstoff; **11.** a) ⚙ (*Füll- etc.*)Gut *n*, Materi'al *n*, b) (Fleisch-, Gemüse)Brühe *f* (*als Suppengrundlage*); **12.** steifer Kragen; *bsd.* ⚔ Halsbinde *f*; **13.** Stamm *m*, Rasse *f*, Her-, Abkunft *f*; **14.** *allg.* Vorrat *m*; ☨ (Waren)Lager *n*, Inven'tar *n*: ~ (***on hand***) Warenbestand *m*; ***in*** (***out of***) ~ (nicht) vorrätig; ***take*** ~ Inventur machen, *a. fig.* (e-e) Bestandsaufnahme machen; ***take ~ of*** *fig.* sich klarwerden über (*acc.*), *j-n od. et.* abschätzen; **15.** ☨ Ware(n *pl.*) *f*; **16.** *fig.* (*Wissens- etc.*) Schatz *m*: ***a ~ of information***; **17.** a) *a.* ***live*** ~ lebendes Inven'tar, Vieh(bestand *m*) *n*, b) *a.* ***dead*** ~ totes Inventar, Materi'al *n*: ***fat*** ~ Schlachtvieh *n*; **18.** a) ☨ 'Anleihekapiˌtal *n*, b) 'Grundkapiˌtal *n*, c) 'Aktienkapiˌtal *n*, d) Geschäftsanteil *m*; **19.** ☨ a) *Am.* Aktie(n *pl.*) *f*: ***issue*** ~ Aktien ausgeben, b) *pl.* Aktien *pl.*, c) *pl.* Ef'fekten *pl.*, 'Wertpaˌpiere *pl.*: ***his ~ has gone up*** s-e Aktien sind gestiegen (*a. fig.* F); **20.** ☨ a) Schuldverschreibung *f*, b) *pl. Brit.* 'Staatspaˌpiere *pl.*; **21.** *thea.* Reper'toire(theˌater) *n*; **II** *adj.* **22.** (stets) vorrätig, Lager..., Serien...: ~ ***size*** Standardgröße *f*; **23.** *fig.* stehend, stereo'typ: ~ ***phrase***; **24.** ↗ Vieh..., Zucht...; **25.** ☨ *bsd. Am.* Aktien...; **26.** *thea.* Repertoire...; **III** *v/t.* **27.** versehen, -sorgen, ausstatten, füllen (***with*** mit); **28.** *a.* ~ ***up*** auf Lager legen, (auf)speichern; **29.** ☨ *Ware* vorrätig haben, führen; **30.** ↗ anpflanzen; **31.** *Gewehr*, *Werkzeug* schäften; **IV** *v/i.* **32.** *a.* ~ ***up*** sich eindecken; ~ **ac·count** *s.* ☨ *Brit.* Kapi'tal-, Ef'fektenkonto *n*, -rechnung *f*.

stock·ade [stɒ'keɪd] **I** *s.* **1.** Sta'ket *n*, Einpfählung *f*; **2.** ⚔ a) Pali'sade *f*, b) *Am.* Mili'tärgefängnis *n*; **II** *v/t.* **3.** einpfählen, mit Sta'ket um'geben.

stock| **book** *s.* ☨ **1.** Lagerbuch *n*; **2.** *Am.* Aktienbuch *n*; **'~·breed·er** *s.* Viehzüchter *m*; **'~·bro·ker** *s.* Ef'fekten-, Börsenmakler *m*; **'~·car** *s.* 🚂 *Am.* Viehwagen *m*; ~ **car** *s. mot.* Serienwagen *m*, *sport* Stock-Car *m*; **~ cer·tif·i·cate** *s.* 'Aktienzertifi͵kat *n*; **~ clear·ance** *s.* Lagerräumung *f*; **~ com·pa·ny** *s.* **1.** † *Am.* Aktiengesellschaft *f*; **2.** *thea.* Reper'toiregruppe *f*, En'semble *n*; **~ cor·po·ra·tion** *s.* † *Am.* **1.** Kapi'talgesellschaft *f*; **2.** Aktiengesellschaft *f*; **~ div·i·dend** *s.* † *Am.* Divi'dende *f* in Form von Gratisaktien *pl.*; **~ ex·change** *s.* † (Ef'fekten-, Aktien-)Börse *f*; **~ farm·er** *s.* Viehzüchter *m*; **~ farm·ing** *s.* Viehzucht *f*; **'~·fish** *s.* Stockfisch *m*; **'~͵hold·er** *s.* † *bsd. Am.* Aktio'när *m*; **'~͵hold·ing** *s.* † *Am.* Aktienbesitz *m*.

stock·i·net [͵stɒkɪ'net] *s.* Stocki'nett *n*, Tri'kot *m*, *n*.

stock·ing ['stɒkɪŋ] *s.* **1.** Strumpf *m*; **2.** *zo.* Färbung *f* am Fuß; **~ mask** *s.* Strumpfmaske *f*; **'~͵weav·er** *s.* Strumpfwirker *m*.

͵**stock|-in-'trade** *s.* **1.** † a) Warenbestand *m*, b) Betriebsmittel *pl.*, c) 'Arbeitsmateri͵al *n*; **2.** *fig.* a) Rüstzeug *n*, b) ‚Reper'toire' *n*; **'~·job·ber** → **jobber** 3, 4; **~ ledg·er** *s.* † *Am.* Aktienbuch *n*; **'~·list** *s.* (Aktien- *od.* Börsen)Kurszettel *m*; **~ mar·ket** *s.* † **1.** → **stock exchange**; **2.** Börsenkurse *pl.*; **'~·pile** **I** *s.* Vorrat *m* (**of** an *dat.*); **II** *v/t.* e-n Vorrat anlegen von, aufstapeln; **'~·pot** *s.* Suppentopf *m*; **~ room** *s.* Lager(-raum *m*) *n*; **~ shot** *s.* *phot.* Ar'chivaufnahme *f*; ͵**~-'still** *adj.* stockstill, -steif; **'~͵tak·ing** *s.* † Bestandsaufnahme *f* (*a. fig.*), Inven'tur *f*.

stock·y ['stɒkɪ] *adj.* □ stämmig, unter'setzt.

'**stock·yard** *s.* Viehhof *m*.

stodge [stɒdʒ] *sl.* **I** *v/i. u. v/t.* sich (*den Magen*) vollstopfen; **II** *s.* a) dicker Brei, b) schwerverdauliches Zeug (*a. fig.*); '**stodg·y** [-dʒɪ] *adj.* □ **1.** schwerverdaulich (*a. fig. Stil etc.*), *fig. a.* schwerfällig (*a. Person*); langweilig; **2.** *fig.* ‚spießig'.

sto·gie, sto·gy ['stəʊgɪ] *s.* *Am.* billige Zi'garre.

Sto·ic ['stəʊɪk] **I** *s.* *phls.* Stoiker *m* (*a. fig.* 2); **II** *adj.*, *a.* '**Sto·i·cal** [-kl] □ *phls.* stoisch (*a. fig.* 2 *unerschütterlich, gleichmütig*); '**Sto·i·cism** [-ɪsɪzəm] *s.* Stoi'zismus *m*: a) *phls.* Stoa *f*, b) 2 *fig.* Gleichmut *m*.

stoke [stəʊk] **I** *v/t.* **1.** *Feuer etc.* schüren (*a. fig.*); **2.** *Ofen etc.* (an)heizen, beschicken; **3.** F a) 'vollstopfen, b) *Essen etc.* hin'einstopfen; **II** *v/i.* **4.** schüren, stochern; **5.** heizen, feuern; **'~·hold** *s.* ⚓ Heizraum *m*; **'~·hole** **1.** → **stokehold**; **2.** Schürloch *n*.

stok·er ['stəʊkə] *s.* **1.** Heizer *m*; **2.** (auto'matische) Brennstoffzuführung.

stole[1] [stəʊl] *s.* *eccl. u. Damenkleidung*: Stola *f*.

stole[2] [stəʊl] *pret.*, '**sto·len** [-lən] *p.p. von* **steal**.

stol·id ['stɒlɪd] *adj.* □ **1.** stur, stumpf; **2.** gleichmütig, unerschütterlich; **sto·lid·i·ty** [stɒ'lɪdətɪ] *s.* **1.** Gleichmut *m*, Unerschütterlichkeit *f*; **2.** Stur-, Stumpfheit *f*.

sto·ma ['stəʊmə] *pl.* **-ma·ta** ['stɒmətə] *s.* **1.** ⚘ Stoma *n*, Spaltöffnung *f*; **2.** *zo.* Atmungsloch *n*.

stom·ach ['stʌmək] **I** *s.* **1.** Magen *m*: **on an empty ~** auf leeren Magen, nüchtern; **2.** Bauch *m*, Leib *m*; **3.** Appe'tit *m* (**for** auf *acc.*); **4.** Lust *f* (**for** zu); **II** *v/t.* **5.** verdauen (*a. fig.*); **6.** *fig.* a) (v)ertragen, b) ‚einstecken', hinnehmen; **'~·ache** *s.* Magenschmerz(en *pl.*) *m*.

stom·ach·er ['stʌməkə] *s.* *hist.* Mieder *n*, Brusttuch *n*.

sto·mach·ic [stəʊ'mækɪk] **I** *adj.* **1.** Magen…; **2.** magenstärkend; **II** *s.* **3.** ⚕ Magenmittel *n*.

sto·ma·ti·tis [͵stəʊmə'taɪtɪs] *s.* ⚕ Mundschleimhautentzündung *f*, Stoma'titis *f*.

stomp [stɒmp] → **stamp** 1, 12, 13.

stone [stəʊn] **I** *s.* **1.** *allg.* (*a. Grab-, Schleif- etc.*)Stein *m*: **a ~'s throw** ein Steinwurf (weit), (nur) ein ‚Katzensprung'; **leave no ~ unturned** nichts unversucht lassen; **throw ~s at** *fig.* mit Steinen nach *j-m* werfen; → **rolling stone**; **2.** *a.* **precious ~** (Edel)Stein *m*; **3.** (*Obst*)Kern *m*, Stein *m*; **4.** ⚕ a) (Gallen- *etc.*)Stein *m*, b) Steinleiden *n*; **5.** (Hagel)Korn *n*; **6.** *brit. Gewichtseinheit* (= *6,35 kg*); **II** *adj.* **7.** steinern, Stein…; **III** *v/t.* **8.** mit Steinen bewerfen; **9.** *a.* **~ to death** steinigen; **10.** *Obst* entkernen, -steinen; **11.** ⚙ schleifen, glätten; 2 **Age** *s.* Steinzeit *f*; **'~-blind** *adj.* stockblind; ͵**~-'broke** *adj.* ‚pleite', völlig ‚abgebrannt'; **~ coal** *s.* Steinkohle *f*, *bsd.* Anthra'zit *m*; **'~·crop** *s.* ⚘ Steinkraut *n*; **'~͵cut·ter** *s.* **1.** Steinmetz *m*, -schleifer *m*; **2.** 'Steinschneidema͵schine *f*.

stoned [stəʊnd] *adj.* **1.** entsteint, -kernt; **2.** *sl.* a) ‚(stink)besoffen', b) ‚high' (*im Drogenrausch*).

͵**stone|-'dead** *adj.* mausetot; ͵**~-'deaf** *adj.* stocktaub; **~ fruit** *s.* Steinfrucht *f*; *coll.* Steinobst *n*.

stone·less ['stəʊnlɪs] *adj.* steinlos (*Obst*).

stone| mar·ten *s.* *zo.* Steinmarder *m*; **'~͵ma·son** *s.* Steinmetz *m*; **~ pit** *s.* Steinbruch *m*; ͵**~'wall** **I** *v/i.* **1.** *sport* mauern (*defensiv spielen*); **2.** *pol.* Obstrukti'on treiben (**on** gegen); **II** *v/t.* **3.** *pol. Antrag* durch Obstrukti'on zu Fall bringen; ͵**~'wall·ing** *s.* **1.** *sport* Mauern *n*; **2.** *pol.* Obstrukti'on *f*; **'~·ware** *s.* Steinzeug *n*.

ston·i·ness ['stəʊnɪnɪs] *s.* **1.** steinige Beschaffenheit; **2.** *fig.* Härte *f*; **ston·y** ['stəʊnɪ] *adj.* □ **1.** steinig; **2.** steinern (*a. fig. Herz*), Stein…; **3.** starr (*Blick*); **4.** *a.* **~-broke** → **stone-broke**.

stood [stʊd] *pret. u. p.p. von* **stand**.

stooge [stu:dʒ] *s.* **1.** *thea.* Stichwortgeber *m*; **2.** *sl.* Handlanger *m*, Krea'tur *f*; **3.** *Am. sl.* (Lock)Spitzel *m*; **4.** *Brit. sl.* ‚Heini' *m*.

stool [stu:l] *s.* **1.** Hocker *m*; (Bü'ro-, Kla'vier)Stuhl *m*: **fall between two ~s** sich zwischen zwei Stühle setzen; **2.** Schemel *m*; **3.** Nachtstuhl *m*; **4.** ⚕ Stuhl *m*: a) Kot *m*, b) Stuhlgang *m*: **go to ~** Stuhlgang haben; **5.** ⚘ a) Wurzelschößling *m*, b) Wurzelstock *m*, c) Baumstumpf *m*; **~ pi·geon** *s.* **1.** Lockvogel *m* (*a. fig.*); **2.** *bsd. Am. sl.* (Lock-)Spitzel *m*.

stoop[1] [stu:p] **I** *v/i.* **1.** sich bücken, sich (vorn'über)beugen; **2.** sich krumm halten, gebeugt gehen; **3.** *fig. contp.* a) sich her'ablassen, b) sich erniedrigen, die Hand reichen (**to** zu *et.*, **to do** zu tun); **4.** her'abstoßen (*Vogel*); **II** *v/t.* **5.** neigen, beugen; *Schultern* hängen lassen; **III** *s.* **6.** (Sich)Beugen *n*; **7.** gebeugte *od.* krumme Haltung; krummer Rücken; **8.** Niederstoßen *n* (*Vogel*).

stoop[2] [stu:p] *s.* *Am.* kleine Ve'randa (*vor dem Haus*).

stop [stɒp] **I** *v/t.* **1.** aufhören (**doing** zu tun): **~ it!** hör auf (damit)!; **2.** aufhören mit, *Besuche*, † *Lieferung*, *Zahlung*, *Tätigkeit*, ⚖ *Verfahren* einstellen; *Kampf*, *Verhandlungen etc.* abbrechen; **3.** ein Ende machen *od.* bereiten (*dat.*), Einhalt gebieten (*dat.*); **4.** *Angriff*, *Fortschritt*, *Gegner*, *Verkehr etc.* aufhalten, zum Stehen bringen, *Ball* stoppen; *Wagen*, *Zug*, *a. Uhr* anhalten, stoppen; *Maschine*, *a. Gas*, *Wasser* abstellen; *Fabrik* stillegen; *Lohn*, *Scheck etc.* sperren; *Redner etc.* unter'brechen; *Lärm etc.* unter'binden; **5.** verhindern; hindern (**from** an *dat.*, **from doing** zu tun); **6.** *Boxen etc.*: a) *Schlag* parieren, b) *Gegner* besiegen, stoppen: **~ a bullet** e-e (Kugel) ‚verpaßt' kriegen; **7.** *a.* **~ up** *Ohren etc.* verstopfen: **~ s.o.'s mouth** *fig.* j-m den Mund stopfen; → **gap** 4; **8.** *Weg* versperren; **9.** *Blut*, *Wunde* stillen; **10.** *Zahn* plombieren, füllen; **11.** ♪ a) *Saite*, *Ton* greifen, b) *Griffloch* zuhalten, c) *Instrument*, *Ton* stopfen; **12.** *ling.* interpunktieren; **13.** **~ down** *phot. Objektiv* abblenden; **14.** **~ out** *Ätzkunst*: abdecken; **II** *v/i.* **15.** (an)halten, haltmachen, stehenbleiben, stoppen; **16.** aufhören, an-, innehalten, e-e Pause machen: **~ dead** (*od.* **short**) jäh aufhören; **~ at nothing** *fig.* vor nichts zurückschrecken; **17.** aufhören (*Vorgang*, *Lärm etc.*); **18.** **~ for** warten auf (*acc.*); **19.** F *im Bett etc.* bleiben: **~ away** (**from**) fernbleiben (*dat.*); **~ by** *Am.* (rasch) bei *j-m* ‚reinschauen'; **~ in** zu Hause bleiben; **~ off** *od.* **over** Zwischenstation machen; **~ out** a) wegbleiben, nicht heimkommen, b) † weiterstreiken; **III** *s.* **20.** Halt *m*, Stillstand *m*: **come to a ~** anhalten; **come to a full ~** aufhören, zu e-m Ende kommen; **put a ~ to** → 3; **21.** Pause *f*; **22.** 🚂 *etc.* Aufenthalt *m*, Halt *m*; **23.** a) Stati'on *f* (*Zug*), b) Haltestelle *f* (*Autobus*), c) Anlegestelle *f* (*Schiff*); **24.** 'Absteigequar͵tier *n*; **25.** ⚙ Anschlag *m*, Sperre *f*, Hemmung *f*; **26.** † Sperrung *f*, Sperrauftrag *m* (*für Scheck etc.*); → *a.* **stop order**; **27.** ♪ a) Griff *m*, Greifen *n* (*e-r Saite etc.*), b) Griffloch *n*, c) Klappe *f*, d) Ven'til *n*, e) Re'gister *n* (*Orgel etc.*), f) *a.* **~ knob** Re'gisterzug *m*: **pull out all the ~s** *fig.* alle Register ziehen; **pull out the pathetic ~** *fig.* pathetisch werden; **28.** *phot.* f-stop Blende *f* (*Einstellmarke*); **29.** *ling.* a) Knacklaut *m*, b) Verschlußlaut *m*; **30.** a) Satzzeichen *n*, b) Punkt *m*; ͵**~-and-'go** *adj.* durch Verkehrsampeln geregelt: **~ traffic** Stop-and-go-Verkehr *m*; **'~·cock** *s.* ⚙ Absperrhahn *m*; **'~·gap** **I** *s.* Lückenbüßer *m*, Notbehelf *m*; † Über'brückung *f*; **II** *adj.* Not…; Behelfs…; † Überbrückungs…(*-hilfe*, *-kredit*); **'~·light** *s.* **1.** *mot.* Bremslicht *n*; **2.** rotes (Verkehrs)Licht; **'~·loss** *adj.* † zur Vermeidung weiterer Verluste: **~ order** → **~ or·der** *s.* † Stopp-loss-Auftrag *m*; **'~͵o·ver** *s.* **1.** 'Reise-, 'Fahrtunter͵brechung *f*, (kurzer) Aufenthalt; **2.** 'Zwischenstatiˌon *f*.

stop·page ['stɒpɪdʒ] *s*. **1.** a) (An)Halten *n*, b) Stillstand *m*, c) Aufenthalt *m*; **2.** (Verkehrs- *etc.*)Stockung *f*; **3.** ⚙ a) (Betriebs)Störung *f*, Hemmung *f*, b) *a*. ⚕ Verstopfung *f*; **4.** Sperrung *f*, (✝ *Kredit- etc.*, ⚡ *Strom*)Sperre *f*; **5.** (Arbeits-, Betriebs-, Zahlungs)Einstellung *f*; **6.** (Gehalts)Abzug *m*.

stop pay·ment *s*. ✝ Zahlungssperre *f* (*für Schecks etc.*).

stop·per ['stɒpə] **I** *s*. **1.** a) Stöpsel *m*, Pfropf(en) *m*, b) Stopfer *m*: ***put a ~ on*** *fig. e-r Sache* ein Ende setzen; **2.** ⚙ Absperrvorrichtung *f*; Hemmer *m*: ~ ***circuit*** ⚡ Sperrkreis *m*; **3.** *Werbung*: F Blickfang *m*; **II** *v/t*. **4.** zustöpseln.

stop·ping ['stɒpɪŋ] *s*. ⚕ (Zahn)Füllung *f*, Plombe *f*; ~ **dis·tance** *s*. *mot*. Anhalteweg *m*; ~ **place** *s*. Haltestelle *f*; ~ **train** *s*. 🚂 Bummelzug *m*.

stop·ple ['stɒpl] **I** *s*. Stöpsel *m*; **II** *v/t*. zustöpseln.

stop| press *s*. (Spalte *f* für) letzte (nach Redakti'onsschluß eingelaufene) Meldungen *pl*.; ~ **screw** *s*. ⚙ Anschlagschraube *f*; ~ **sign** *s*. *mot*. Stoppschild *n*; ~ **valve** *s*. ⚙ 'Absperrvenˌtil *n*; ~ **vol·ley** *s*. *Tennis*: Stoppflugball *m*; '~**·watch** *s*. Stoppuhr *f*.

stor·a·ble ['stɔːrəbl] **I** *adj*. lagerfähig, Lager…; **II** *s*. lagerfähige Ware.

stor·age ['stɔːrɪdʒ] *s*. **1.** (Ein)Lagerung *f*, Lagern *n*; *a*. ⚡ *u*. *Computer*: Speicherung *f*; → ***cold storage***; **2.** Lager(raum *m*) *n*, De'pot *n*; **3.** Lagergeld *n*; ~ **bat·ter·y** *s*. ⚡ Akku(mu'lator) *m*; ~ **cam·er·a** *s*. Speicherkamera *f*; ~ **heat·er** *s*. Speicherofen *m*.

store [stɔː] **I** *s*. **1.** (Vorrats)Lager *n*, Vorrat *m*: ***in ~*** vorrätig, auf Lager; ***be in ~ for s.o.*** *fig*. j-m bevorstehen, auf j-n warten; ***have*** (*od*. ***hold***) ***in ~ for*** *fig. Überraschung etc.* bereithalten für *j-n*, *j-m e-e Enttäuschung etc.* bringen; **2.** *pl*. a) Vorräte *pl*., Ausrüstung *f* (u. Verpflegung *f*), Provi'ant *m*, b) *a*. ***military ~s*** Mili'tärbedarf *m*, Versorgungsgüter *pl*., c) *a*. ***naval*** (*od*. ***ship's***) ***~s*** Schiffsbedarf *m*; **3.** *a*. *pl*. *bsd*. *Brit*. Kauf-, Warenhaus *n*; **4.** *Am*. (Kauf)Laden *m*, Geschäft *n*; **5.** *bsd*. *Brit*. Lagerhaus *n*, Speicher *m* (*a*. *Computer*); **6.** *a*. *pl*. *fig*. (große) Menge, Fülle *f*, Reichtum *m* (***of*** an *dat*.): ***a great ~ of knowledge*** ein großer Wissensschatz; **7.** ***set great*** (***little***) ***~ by*** *fig*. a) hoch (gering) einschätzen, b) großen (wenig) Wert legen auf (*acc*.); **II** *v/t*. **8.** versorgen, -sehen, eindecken (***with*** mit); *Schiff* verproviantieren; *fig*. *s-n Kopf mit Wissen etc.* anfüllen; **9.** *a*. ***~ up*** einlagern, (auf-) speichern; *fig*. *im Gedächtnis* bewahren; **10.** *Möbel etc.* einstellen, -lagern; **11.** fassen, aufnehmen, 'unterbringen; **12.** ⚡, *phys*., *a*. *Computer*: speichern; ~ **cat·tle** *s*. Mastvieh *n*; '~**·house** *s*. **1.** Lagerhaus *n*; **2.** *fig*. Fundgrube *f*; '~**ˌkeep·er** *s*. **1.** Lagerverwalter *m*; ⚔ Kammer-, Geräteverwalter *m*; **2.** *Am*. Ladenbesitzer(in); '~**·room** *s*. **1.** Lagerraum *m*; **2.** Verkaufsraum *m*.

sto·rey ['stɔːrɪ] → ***story²***; '**sto·reyed** [-ɪd] → ***storied²***.

sto·ried¹ ['stɔːrɪd] *adj*. **1.** geschichtlich, berühmt; **2.** 'sagenumˌwoben; **3.** mit Bildern aus der Geschichte geschmückt: ***a ~ frieze***.

sto·ried² ['stɔːrɪd] *adj*. mit Stockwerken: ***two-~*** zweistöckig (*Haus*).

stork [stɔːk] *s*. *orn*. Storch *m*; '~**s·bill** *s*. ⚘ Storchschnabel *m*.

storm [stɔːm] **I** *s*. **1.** Sturm *m* (*a*. ⚔ *u*. *fig*.), Unwetter *n*: ***~ of applause*** Beifallssturm *m*; ***~ and stress*** *hist*. Sturm u. Drang; ***~ in a teacup*** *fig*. Sturm im Wasserglas; ***take by ~*** im Sturm erobern (*a*. *fig*.); **2.** (Hagel-, Schnee-) Sturm *m*, Gewitter *n*; **II** *v/i*. **3.** stürmen, wüten, toben (*Wind etc.*) (*a*. *fig*. ***at*** gegen, über *acc*.); **4.** ⚔ stürmen; **5.** *wohin* stürmen, stürzen; **III** *v/t*. **6.** ⚔ (er-) stürmen; **7.** *fig*. bestürmen; **8.** *et*. wütend ausstoßen; ~ **an·chor** *s*. *bsd*. *fig*. Notanker *m*; '~**-ˌbeat·en** *adj*. sturmgepeitscht; '~**·bird** → ***stormy petrel*** 1; '~**·bound** *adj*. vom Sturm aufgehalten; ~ **cen·ter** *Am*., ~ **cen·tre** *Brit*. *s*. **1.** *meteor*. Sturmzentrum *n*; **2.** *fig*. Unruheherd *m*; ~ **cloud** *s*. Gewitterwolke *f* (*a*. *fig*.); '~**-tossed** *adj*. sturmgepeitscht; '~**-troops** *s*. *pl*. **1.** ⚔ Schock-, Sturmtruppe(n *pl*.) *f*; **2.** *hist*. (*Nazi-*)'Sturmabˌteilung *f*, S'A *f*.

storm·y ['stɔːmɪ] *adj*. □ stürmisch (*a*. *fig*.); ~ **pet·rel** *s*. **1.** *orn*. Sturmschwalbe *f*; **2.** *fig*. a) Unruhestifter *m*, b) Unglücksbote *m*.

sto·ry¹ ['stɔːrɪ] *s*. **1.** (*a*. amü'sante) Geschichte, Erzählung *f*: ***the same old ~*** *fig*. das alte Lied; **2.** Fabel *f*, Handlung *f*, Story *f e-s Dramas etc.*; **3.** Bericht *m*, Geschichte *f*: ***the ~ goes*** man erzählt sich; ***to cut*** (*od*. ***make***) ***a long ~ short*** (*Redewendung*) um es kurz zu machen, kurz u. gut; ***tell the full ~*** *fig*. ‚auspakken'; ***that's quite another ~*** das ist et. ganz anderes; **4.** (Lebens)Geschichte *f*, Story *f*: ***the Glenn Miller ~***; **5.** *bsd*. *Am*. ('Zeitungs)Arˌtikel *m*; **6.** F (Lügen-, Ammen)Märchen *n*.

sto·ry² ['stɔːrɪ] *s*. Stock(werk *n*) *m*, Geschoß *n*, E'tage *f*; → ***upper*** I.

'**sto·ry|·book** **I** *s*. Geschichten-, Märchenbuch *n*; **II** *adj*. *fig*. ‚Bilderbuch…', märchenhaft; '~**ˌtell·er** *s*. **1.** (Märchen-, Geschichten)Erzähler(in); **2.** F Lügenbold *m*.

stoup [stuːp] *s*. **1.** *R.C.* Weihwasserbekken *n*; **2.** *Scot*. Eimer *m*; **3.** *dial*. a) Becher *m*, b) Krug *m*.

stout [staʊt] **I** *adj*. □ **1.** dick, beleibt; **2.** stämmig, kräftig; **3.** ausdauernd, zäh; **4.** mannhaft, beherzt, tapfer; **5.** heftig (*Angriff*, *Wind*); **6.** kräftig, ro'bust (*Material etc.*); **II** *s*. **7.** Stout *m* (*dunkles Bier*); ˌ**stout'heart·ed** *adj*. □ → ***stout*** 4; '**stout·ness** [-nɪs] *s*. **1.** Stämmigkeit *f*; **2.** Beleibtheit *f*, Korpu'lenz *f*; **3.** Tapferkeit *f*, Mannhaftigkeit *f*; **4.** Ausdauer *f*.

stove¹ [stəʊv] **I** *s*. **1.** Ofen *m*; **2.** (Koch-) Herd *m*; **3.** ⚙ a) Brennofen *m*, b) Trokkenraum *m*; **4.** 🌱 Treibhaus *n*; **II** *v/t*. **5.** trocknen, erhitzen; **6.** ⚘ im Treibhaus ziehen.

stove² [stəʊv] *pret*. *u*. *p.p*. *von* ***stave***.

stove| en·am·el *s*. ⚙ Einbrennlack *m*; '~**·pipe** *s*. **1.** Ofenrohr *n*; **2.** *a*. ***~ hat*** *bsd*. *Am*. F Zy'linder *m*, ‚Angströhre' *f*; **3.** *pl*. F Röhrenhose *f*.

stow [stəʊ] **I** *v/t*. **1.** ⚓ (ver)stauen; **2.** verstauen, packen: ***~ away*** a) wegräumen, -stecken, b) F *Essen* ‚verdrücken'; **3.** *sl*. aufhören mit: ***~ it!*** hör auf (damit)!, halt's Maul!; **II** *v/i*. **4.** *a*. ***~ away*** sich an Bord schmuggeln; **stow·age** ['stəʊɪdʒ] *s*. *bsd*. ⚓ **1.** Stauen *n*; **2.** Laderaum *m*; **3.** Ladung *f*; **4.** Staugeld *n*; '**stow·a·way** [-əʊə-] *s*. blinder Passa'gier.

stra·bis·mus [strə'bɪzməs] *s*. ⚕ Schielen *n*; **stra'bot·o·my** [-'bɒtəmɪ] *s*. ⚕ 'Schieloperatiˌon *f*.

strad·dle ['strædl] **I** *v/i*. **1.** a) die Beine spreizen, grätschen, b) breitbeinig *od*. mit gespreizten Beinen gehen *od*. stehen *od*. sitzen, c) rittlings sitzen; **2.** sich spreizen; **3.** sich (aus)strecken; **4.** *Am*. *fig*. schwanken, es mit beiden Par'teien halten; **II** *v/t*. **5.** rittlings sitzen auf (*dat*.); **6.** mit gespreizten Beinen stehen über (*dat*.); **7.** *die Beine* spreizen; **8.** *fig*. sich nicht festlegen wollen bei *e-r Streitfrage etc.*; **9.** ⚔ *Ziel* eingabeln; **10.** *Poker*: *den Einsatz* blind verdoppeln; **III** *s*. **11.** a) (Beine)Spreizen *n*, b) breitbeiniges *od*. ausgreifendes Gehen, c) breitbeiniges (Da)Stehen, d) Rittlingssitzen *n*; **12.** a) *Turnen*: Grätsche *f*, b) *Hochsprung*: Straddle *m*; **13.** ✝ Stel'lage(geschäft *n*) *f*.

strafe [*Brit*. strɑːf; *Am*. streɪf] **I** *v/t*. **1.** ⚔, ✈ im Tiefflug mit Bordwaffen angreifen; **2.** *fig*. F *j-n* anschnauzen; **II** *s*. **3.** → '**straf·ing** [-fɪŋ] *s*. **1.** (Bordwaffen)Beschuß *m*; **2.** *fig*. ‚Anpfiff' *m*.

strag·gle ['strægl] *v/i*. **1.** um'herstreifen; **2.** (hinter'drein- *etc.*)bummeln, (-)zotteln; **3.** ⚘ wuchern; **4.** zerstreut liegen *od*. stehen (*Häuser etc.*); sich hinziehen (*Vorstadt etc.*); **5.** *fig*. abschweifen; '**strag·gler** [-lə] *s*. **1.** Bummler(in); **2.** Nachzügler *m* (*a*. ⚓); **3.** ⚔ Versprengte(r) *m*; **4.** ⚘ wilder Schößling; '**strag·gling** [-lɪŋ] *adj*. □, '**strag·gly** [-lɪ] *adj*. **1.** *beim Marsch etc.* zu'rückgeblieben; **2.** ausein'andergezogen (*Kolonne*); **3.** zerstreut (liegend); **4.** weitläufig; **5.** ⚘ wuchernd; **6.** lose, 'widerspenstig (*Haar etc.*).

straight [streɪt] **I** *adj*. □ **1.** gerade: ***~ angle*** △ gestreckter Winkel; ***~ hair*** glattes Haar; ***~ left*** *Boxen*: linke Gerade; ***~ line*** gerade Linie, △ Gerade *f*; ***keep a ~ face*** das Gesicht nicht verziehen; **2.** ordentlich: ***put ~*** in Ordnung bringen; ***put things ~*** Ordnung schaffen; ***set s.o. ~ on*** j-n berichtigen hinsichtlich (*gen*.); → ***record¹*** 4; **3.** gerade, di'rekt; **4.** *fig*. gerade, offen, ehrlich, re'ell: ***as ~ as a die*** a) grundehrlich, b) kerzengerade; **5.** anständig; **6.** F zuverlässig: ***a ~ tip***; **7.** pur: ***~ whisk(e)y***; **8.** *pol*. *Am*. 'hundertproˌzentig: ***a ~ Republican***; → ***ticket*** 7; **9.** ✝ *Am*. *sl*. ohne ('Mengen)Raˌbatt; **10.** *thea*. a) konventio'nell (*Stück*), b) ef'fektlos (*Spiel*); **11.** nor'mal, konventio'nell (*Roman etc.*); **II** *adv*. **12.** gerade('aus); **13.** di'rekt, gerade(s)wegs: ***~ from London***; **14.** anständig, ordentlich: ***live ~***; **15.** richtig: ***get s.o. ~*** j-n richtig verstehen; ***I can't think ~*** ich kann nicht (richtig) denken; **16.** ***~ away***, ***~ off*** so'fort, auf der Stelle; **17.** ***~ out*** 'rundherˌaus; **III** *s*. **18.** Geradheit *f*: ***out of the ~*** krumm, schief; **19.** *sport* a) Gerade *f*: ***back ~*** Gegengerade; ***home ~*** Zielgerade, b) (Erfolgs-, Treffer- *etc.*)

Serie *f*; **20.** *Poker*: Straight *m*; **21.** ***be on the ~ and narrow*** auf dem Pfad der Tugend wandeln; **22.** ***the ~ of it*** *Am.* F die (reine) Wahrheit; **23.** *sl.* ‚Spießer' *m*; **ˌ~·a'way I** *adv.* → ***straight*** 16; **II** *s. Am.* → ***straight*** 19a; **'~-edge** *s.* ⚙ Li'ne'al *n*, Richtscheit *n*.

straight·en ['streɪtn] **I** *v/t.* **1.** gerade machen, -biegen, (gerade-, aus)richten; ⚔ *Front* begradigen: ***~ one's face*** e-e ernste Miene aufsetzen; ***~ o.s. up*** sich aufrichten; **2.** *oft* ***~ out*** in Ordnung bringen: ***~ one's affairs***; ***things will ~ themselves out*** das wird von allein (wieder) in Ordnung kommen; **3.** *oft* ***~ out*** entwirren, klarstellen; **4.** ***~ s.o. out*** j-m den Kopf zurechtsetzen; **II** *v/i.* **5.** geade werden; **6.** ***~ up*** *Am.* a) sich aufrichten, b) F ein anständiges Leben beginnen.

'straight|-faced *adj.* mit unbewegtem Gesicht; **~ flush** *s. Poker*: Straightflush *m*; **ˌ~'for·ward** [-'fɔ:wəd] **I** *adj.* □ **1.** di'rekt, offen, freimütig; **2.** ehrlich, redlich, aufrichtig; **3.** einfach, ganz nor'mal, unkompliziert (*Aufgabe etc.*); **II** *adv.* **4.** → I; **ˌ~'for·ward·ness** [-'fɔ:wədnɪs] *s.* Geradheit *f*, Offenheit *f*, Ehrlichkeit *f*, Aufrichtigkeit *f*; **ˌ~-from-the-'shoul·der** *adj.* unverblümt; **'~-line** *adj.* A, ⚙ geradlinig, line'ar (*a.* ⚖).

straight·ness ['streɪtnɪs] *s.* Geradheit *f*: a) Geradlinigkeit *f*, b) *fig.* Offenheit *f*, Aufrichtigkeit *f*.

'straight-out *adj. Am.* F **1.** rückhaltlos; **2.** offen, aufrichtig.

strain¹ [streɪn] **I** *s.* **1.** Beanspruchung *f*, Spannung *f*, Zug *m*; **2.** ⚙ (verformende) Spannung, Verdehnung *f*; **3.** ⚕ a) Zerrung *f*, b) Über'anstrengung *f* (***on*** *gen.*); **4.** Anstrengung *f*, -spannung *f*, Kraftaufwand *m*; **5.** (***on***) Anstrengung *f*, Stra'paze *f* (für); starke In'anspruchnahme (*gen.*); *nervliche*, *finanzielle etc.* Belastung (für); Druck *m* (auf *acc.*); Last *f der Verantwortung etc.*: ***be a ~ on***, ***put a*** (***great***) ***~ on*** stark beanspruchen *od.* belasten, strapazieren; **6.** *mst pl.* ♪ Weise *f*, Melo'die *f*: ***to the ~s of*** unter den Klängen (*gen.*); **7.** *fig.* Ton *m*, Ma'nier *f*: ***a humorous ~***; **8.** Laune *f*; **II** *v/t.* **9.** (an)spannen; **10.** ⚙ verformen, -dehnen; **11.** ⚕ *Muskel etc.* zerren; *Handgelenk etc.* verstauchen; *s-e Augen*, *das Herz etc.* über'anstrengen; → ***nerve*** 1; **12.** *fig.* über'spannen, strapazieren, *j-s Geduld*, *Kräfte etc.* über'fordern; *Befugnisse* über'schreiten; *Recht*, *Sinn* vergewaltigen, strapazieren: ***~ a point*** zu weit gehen; **13.** ('durch)seihen, filtrieren: ***~ off*** (*od.* ***out***) abseihen; **14.** ***~ s.o. to one's breast*** j-n ans Herz drücken; **III** *v/i.* **15.** sich (an)spannen; **16.** ⚙ sich verdehnen, -formen; **17.** ***~ at*** zerren an (*dat.*); → ***gnat*** 1; **18.** sich anstrengen: ***~ after*** sich abmühen um, streben nach; → ***effect*** 3; **19.** drücken, pressen.

strain² [streɪn] *s.* **1.** Abstammung *f*; **2.** Linie *f*, Geschlecht *n*; **3.** *biol.* a) Rasse *f*, b) (Spiel)Art *f*; **4.** (Rassen)Merkmal *n*, Zug *m*, Schuß *m* (*indischen Bluts etc.*); **5.** (Erb)Anlage *f*, (Cha'rakter-)Zug *m*; **6.** Anflug *m* (***of*** von).

strained [streɪnd] *adj.* □ **1.** gezwungen: ***~ smile***; **2.** gespannt: ***~ relations***; **'strain·er** [-nə] *s.* Sieb *n*, Filter *m*, *n*.

strait [streɪt] **I** *s.* **1.** *oft pl.* Straße *f*, Meerenge *f*: ***the* 2*s of Dover*** die Straße von Dover; **2*s Settlements*** *ehemalige brit. Kronkolonie* (*Malakka*, *Penang*, *Singapur*); ***the* 2*s*** a) (*früher*) die Meerenge von Gibraltar, b) (*heute*) die Malakkastraße; **2.** *oft pl.* Not *f*, *bsd. finanzielle* Verlegenheit, Engpaß *m*: ***in dire ~s*** in e-r ernsten Notlage; **II** *adj.* □ **3.** *obs.* eng, schmal; **4.** streng, hart; **'strait·en** [-tn] *v/t.* beschränken, beengen: ***in ~ed circumstances*** in beschränkten Verhältnissen; ***~ed for*** verlegen um.

'strait|ˌjack·et I *s.* Zwangsjacke *f* (*a. fig.*); **II** *v/t.* in e-e Zwangsjacke stecken (*a. fig.*); **'~-laced** *adj.* sittenstreng, puri'tanisch, prüde.

strand¹ [strænd] **I** *s.* **1.** *poet.* Gestade *n*, Ufer *n*; **II** *v/t.* **2.** ⚓ auf den Strand setzen, auf Grund treiben; **3.** *fig.* stranden *od.* scheitern lassen: ***~ed*** a) gestrandet (*a. fig.*), b) *mot.* steckengeblieben, c) *fig.* arbeits-, mittellos; ***be*** (***left***) ***~ed*** a) auf dem trockenen sitzen, b) ‚aufgeschmissen' sein; **III** *v/i.* **4.** stranden.

strand² [strænd] **I** *s.* **1.** Strang *m* (*e-s Taus od. Seils*); **2.** (*Draht-*, *Seil*)Litze *f*; **3.** *biol.* (Gewebe)Faser *f*; **4.** (Haar-)Strähne *f*; **5.** (Perlen)Schnur *f*; **6.** *fig.* Faden *m*, Zug *m* (*e-s Ganzen*); **II** *v/t.* **7.** ⚙ *Seil* drehen; *Kabel* verseilen: ***~ed wire*** Litzendraht *m*, Drahtseil *n*; **8.** *Tau etc.* brechen.

strange [streɪndʒ] *adj.* □ **1.** fremd, neu, unbekannt, ungewohnt (***to*** *j-m*); **2.** seltsam, sonderbar, merkwürdig: ***~ to say*** seltsamerweise; **3.** (***to***) nicht gewöhnt (an *acc.*), nicht vertraut (mit); **'strange·ness** [-nɪs] *s.* **1.** Fremdheit *f*; Fremdartigkeit *f*; **2.** Seltsamkeit *f*, *das* Merkwürdige; **'stran·ger** [-dʒə] *s.* **1.** Fremde(r *m*) *f*, Unbekannte(r *m*) *f*, Fremdling *m*: ***I am a ~ here*** ich bin hier fremd; ***you are quite a ~*** Sie sind ein seltener Gast; ***he is no ~ to me*** er ist mir kein Fremder; ***I spy*** (*od.* ***see***) ***~s*** *parl. Brit.* ich beantrage die Räumung der Zuschauertribüne; ***the little ~*** der kleine Neuankömmling (*Kind*); **2.** Neuling *m* (***to*** in *dat.*): ***be a ~ to*** nicht vertraut sein mit; ***he is no ~ to poverty*** die Armut ist ihm nicht unbekannt.

stran·gle ['stræŋgl] **I** *v/t.* **1.** erwürgen, erdrosseln; **2.** *j-n* würgen, *den Hals* einschnüren (*Kragen etc.*); **3.** *fig.* a) *Seufzer etc.* ersticken, b) *et.* abwürgen; **II** *v/i.* **4.** ersticken; **'~·hold** *s.* Würgegriff *m*, *fig. a.* to'tale Gewalt (***on*** über *acc.*).

stran·gu·late ['stræŋgjʊleɪt] *v/t.* **1.** ⚕ abschnüren, abbinden; **2.** → ***strangle*** 1; **stran·gu·la·tion** [ˌstræŋgjʊ'leɪʃn] *s.* **1.** Erdrosselung *f*, Strangulierung *f*; **2.** ⚕ Abschnürung *f*.

stran·gu·ry ['stræŋgjʊrɪ] *s.* ⚕ Harnzwang *m*.

strap [stræp] **I** *s.* **1.** (Leder-, *a.* Trag-, ⚙ Treib)Riemen *m*, Gurt *m*, Band *n*; **2.** a) Halteriemen *m im Bus etc.*, b) (Stiefel)Schlaufe *f*; **3.** a) Träger *m am Kleid*, b) Steg *m an der Hose*; **4.** Achselklappe *f*; **5.** Streichriemen *m*; **6.** ⚙ a) (Me'tall-)Band *n*, b) Bügel *m* (*a. am Kopfhörer*); **7.** ⚓ Stropp *m*; **8.** ♀ Blatthäutchen *n*; **II** *v/t.* **9.** festschnallen (***to*** an *dat.*): ***~ o.s. in*** sich anschnallen; **10.** *Messer* abziehen; **11.** mit e-m Riemen schlagen; **12.** ⚕ ein (Heft)Pflaster kleben auf *e-e Wunde*; **'~ˌhang·er** *s.* F Stehplatzinhaber(in) *im Omnibus etc.*; **~ i·ron** *s.* ⚙ *Am.* Bandeisen *n*.

strap·less ['stræplɪs] *adj.* trägerlos (*Kleid*); **'strap·per** [-pə] *s.* a) strammer Bursche, b) strammes *od.* dralles Mädchen; **'strap·ping** [-pɪŋ] **I** *adj.* **1.** stramm (*Bursche*, *Mädchen*), drall (*Mädchen*); **II** *s.* **2.** Riemen *pl.*; **3.** Tracht *f* Prügel; **4.** ⚕ Heftpflaster(verband *m*) *n*.

stra·ta ['strɑ:tə] *pl. von* ***stratum***.

strat·a·gem ['strætɪdʒəm] *s.* **1.** Kriegslist *f*; **2.** List *f*, Kunstgriff *m*.

stra·te·gic [strə'ti:dʒɪk] *adj.* (□ ***~ally***) *allg.* stra'tegisch, *a.* stra'tegisch wichtig, *a.* kriegswichtig, *a.* Kriegs…(*-lage*, *-plan*): ***~ arms*** strategische Waffen; **strat·e·gist** ['strætɪdʒɪst] *s.* Stra'tege *m*; **strat·e·gy** ['strætɪdʒɪ] *s.* Strate'gie *f*: a) Kriegskunst *f*, b) (Art *f* der) Kriegsführung *f*, c) *fig.* Taktik *f* (*a. sport*), d) *fig.* List *f*.

strat·i·fi·ca·tion [ˌstrætɪfɪ'keɪʃn] *s.* Schichtung *f* (*a. fig. Gliederung*); **strat·i·fied** ['strætɪfaɪd] *adj.* geschichtet, schichtenförmig: ***~ rock*** *geol.* Schichtgestein *n*; **strat·i·form** ['strætɪfɔ:m] *adj.* schichtenförmig; **strat·i·fy** ['strætɪfaɪ] **I** *v/t.* schichten, *fig. a.* gliedern; **II** *v/i.* (*a. fig.* gesellschaftliche) Schichten bilden, *fig. a.* sich gliedern.

stra·tig·ra·phy [strə'tɪgrəfɪ] *s. geol.* Formati'onskunde *f*.

strat·o·cruis·er ['strætəʊˌkru:zə] *s.* ✈ Strato'sphärenflugzeug *n*.

strat·o·sphere ['strætəʊˌsfɪə] *s.* Strato'sphäre *f*; **strat·o·spher·ic** [ˌstrætəʊ'sferɪk] *adj.* **1.** strato'sphärisch; **2.** *Am.* F ‚astro'nomisch', e'norm.

stra·tum ['strɑ:təm] *pl.* **-ta** [-tə] *s.* **1.** *allg.* (*a.* Gewebe-, Luft)Schicht *f*, Lage *f*; **2.** *geol.* (Gesteins- *etc.*)Schicht *f*, Formati'on *f*; **3.** *fig.* (gesellschaftliche *etc.*) Schicht.

stra·tus ['streɪtəs] *pl.* **-ti** [-taɪ] *s.* Stratus *m*, Schichtwolke *f*.

straw [strɔ:] **I** *s.* **1.** Strohhalm *m*: ***draw ~s*** Strohhalme ziehen (*als Lose*); ***catch*** (*od.* ***grasp***) ***at a ~*** sich an e-n Strohhalm klammern; ***the last ~ that breaks the camel's back*** der Tropfen, der das Faß zum Überlaufen bringt; ***that's the last ~!*** das hat gerade noch gefehlt!, jetzt reicht es mir aber!; ***he doesn't care a ~*** es ist ihm völlig ‚schnurz'; **2.** Stroh *n*; → ***man*** 3; **3.** Trinkhalm *m*; **4.** Strohhut *m*; **II** *adj.* **5.** Stroh…

straw·ber·ry ['strɔ:bərɪ] *s.* **1.** ♀ Erdbeere *f*; **2.** F ‚Knutschfleck' *m*; **~ mark** *s.* ⚕ rotes Muttermal; **~ tongue** *s.* ⚕ Himbeerzunge *f* (*bei Scharlach*).

straw| bid *s.* ⚖ *Am.* Scheingebot *n*; **'~ˌcol·o(u)red** *adj.* strohfarbig, -farben; **~ hat** *s.* Strohhut *m*; **~ mat·tress** *s.* Strohsack *m*; **~ vote** *s. bsd. Am.* Probeabstimmung *f*.

straw·y ['strɔ:ɪ] *adj.* **1.** strohern; **2.** mit Stroh bestreut.

stray [streɪ] **I** *v/i.* **1.** (um'her)streunen (*a. Tier*): ***~ to*** *j-m* zulaufen; **2.** weglaufen (***from*** von); **3.** a) abirren (***from***

von), sich verlaufen, b) her'umirren, c) *fig.* in die Irre gehen, vom rechten Weg abkommen; **4.** *fig.* abirren, -schweifen (*Gedanken etc.*); **5.** ⚡ streuen, vagabundieren; **II** *s.* **6.** verirrtes *od.* streunendes Tier; **7.** Her'umirrende(r *m*) *f*, Heimatlose(r *m*) *f*; **8.** *pl.* ⚡ atmo'sphärische Störungen *pl.*; **III** *adj.* **9.** *a.* ***strayed*** verirrt (*a. Kugel*), verlaufen, streunend (*Hund*, *Kind*); **10.** vereinzelt: ***~ customers***; **11.** beiläufig: ***a ~ remark***; **12.** ⚡ Streu…, vagabundierend (*Strom*).

streak [stri:k] **I** *s.* **1.** Streif(en) *m*, Strich *m*; (Licht)Streifen *m*, (-)Strahl *m*: ***~ of lightning*** Blitzstrahl; ***like a ~ (of lightning)*** F blitzschnell; **2.** Maser *f*, Ader *f* (*im Holz*); **3.** *fig.* Spur *f*, Anflug *m*; **4.** Anlage *f*, *humoristische etc.* Ader; **5.** ***~ of (bad) luck*** (Pech-)Glückssträhne *f*; **6.** ⚗ Schliere *f*; **7.** ⚕ Aufstreichimpfung *f*: ***~ culture*** Strichkultur *f*; **II** *v/t.* **8.** streifen; **9.** adern; **III** *v/i.* **10.** F flitzen; **streaked** [-kt] *adj.*, **'streak·y** [-kɪ] *adj.* ☐ **1.** gestreift; **2.** gemasert (*Holz*); **3.** durch'wachsen (*Speck*; *a. Am. fig.* F).

stream [stri:m] **I** *s.* **1.** Wasserlauf *m*, Flüßchen *n*, Bach *m*; **2.** Strom *m*, Strömung *f*: ***against (with) the ~*** gegen den (mit dem) Strom *schwimmen* (*a. fig.*); **3.** (*a. Blut-*, *Gas-*, *Menschen- etc.*) Strom *m*, (*Licht-*, *Tränen- etc.*)Flut *f*: ***~ of words*** Wortschwall *m*; ***~ of consciousness*** *psych.* Bewußtseinsstrom; **4.** *ped.* Leistungsgruppe *f*; **5.** *fig.* a) Strömung *f*, Richtung *f*, b) Strom *m*, Lauf *m der Zeit etc.*; **II** *v/i.* **6.** strömen, fluten (*a. Licht*, *Menschen etc.*); **7.** strömen (*Tränen*), tränen (*Augen*): ***~ with*** triefen vor (*dat.*); **8.** *im Wind* flattern; **9.** fließen (*langes Haar*); **III** *v/t.* **10.** aus-, verströmen; **'stream·er** [-mə] *s.* **1.** Wimpel *m*; flatternde Fahne; **2.** (langes, flatterndes) Band; Pa'pierschlange *f*; **3.** Lichtstreifen *m* (*bsd. des Nordlichts*); **4.** *a.* ***~ headline*** *Zeitung*: breite Schlagzeile; **'stream·ing** [-mɪŋ] *s. ped.* Einteilung *f e-r Klasse* in Leistungsgruppen; **'stream·let** [-lɪt] *s.* Bächlein *n.*

'stream|·line I *s.* **1.** *phys.* Stromlinie *f*; **2.** *a.* ***~ shape*** Stromlinienform *f*, *weitS.* schnittige Form; **II** *adj.* **3.** → ***streamlined*** 1; **III** *v/t.* **4.** ⚙ stromlinienförmig konstruieren; windschnittig gestalten *od.* verkleiden; **5.** *fig.* a) modernisieren, b) rationalisieren, 'durchorganisieren, c) *pol.* ‚gleichschalten'; **'~·lined** *adj.* **1.** ⚙ stromlinienförmig, windschnittig, Stromlinien…; **2.** schnittig, formschön; **3.** *fig.* a) modernisiert, fortschrittlich, b) ratio'nell, c) *pol.* ‚gleichgeschaltet'; **'~ˌlin·er** *s. Am.* Stromlinienzug *m.*

street [stri:t] *s.* **1.** Straße *f*: ***in the ~*** auf der Straße; ***~s ahead*** F haushoch überlegen (***of*** *dat.*); ***~s apart*** F völlig verschieden; ***not in the same ~ as*** F nicht zu vergleichen mit; ***walk the ~s*** ‚auf den Strich' gehen (*Prostituierte*); ***that's (right) up my ~*** das ist genau mein Fall; → ***man*** 3; **2. *the ~*** a) Hauptgeschäfts- *od.* Börsenviertel *n*, b) *Brit.* → ***Fleet Street***, c) *Am.* → ***Wall Street***, d) Finanzwelt *f*; **~ Ar·ab** *s.* Gassenjunge *m*; **'~·car** *s. Am.* Straßenbahn(wagen *m*) *f*; **'~ˌclean·er** → ***streetsweeper***; **~ map** *s.* Stadtplan *m*; **~ mar·ket** *s.* ✝ **1.** Freiverkehrsmarkt *m*; **2.** *Brit.* Nachbörse *f*; **'~ˌsweep·er** *s. bsd. Brit.* **1.** Straßenkehrer *m*; **2.** Kehrfahrzeug *n*; **~ the·a·ter** *Am.*, **~ the·a·tre** *Brit. s.* 'Straßentheˌater *n*; **'~ˌwalk·er** *s.* Straßen-, Strichmädchen *n*, Prostituierte *f.*

strength [streŋθ] *s.* **1.** Kraft *f*, Kräfte *pl.*, Stärke *f*: ***~ of body (mind, will)*** Körper- (Geistes-, Willens)kraft, -stärke: ***go from ~ to ~*** immer stärker werden; **2.** *fig.* Stärke *f*: ***his ~ is*** (*od.* ***lies***) ***in endurance*** s-e Stärke ist die Ausdauer; **3.** ⚔ (Truppen)Stärke *f*, Bestand *m*: ***actual ~*** Iststärke; ***in full ~*** in voller Stärke, vollzählig; ***in (great) ~*** in großer Zahl; **4.** ⚔ Stärke *f*, (Heeres- *etc.*)Macht *f*, Schlagkraft *f*; **5.** ⚙ (⚡ *Strom-*, *Feld- etc.*)Stärke *f*, (*Bruch-*, *Zerreiß- etc.*)Festigkeit *f*; ⚗, *phys.* Stärke *f* (*a. e-s Getränks*), Wirkungsgrad *m*; **6.** Stärke *f*, Intensi'tät *f* (*Farbe*, *Gefühl etc.*); **7.** (Beweis-, Über'zeugungs)Kraft *f*: ***on the ~ of*** auf Grund (*gen.*), kraft (*gen.*), auf (*acc.*) … hin; **'strength·en** [-θn] **I** *v/t.* **1.** stärken: ***~ s.o.'s hand*** *fig.* j-m Mut machen; **2.** *fig.* bestärken; **3.** (*zahlenmäßig*, *a.* ⚙, ⚡) verstärken; **II** *v/i.* **4.** stark *od.* stärker werden, sich verstärken; **'strength·en·er** [-θənə] *s.* **1.** ⚙ Verstärkung *f*; **2.** ⚕ Stärkungsmittel *n*; **3.** *fig.* Stärkung *f*; **'strength·en·ing** [-θənɪŋ] **I** *s.* **1.** Stärkung *f*; **2.** Verstärkung *f* (*a.* ⚙, ⚡); **II** *adj.* **3.** stärkend; **4.** verstärkend; **'strength·less** [-lɪs] *adj.* kraftlos.

stren·u·ous ['strenjʊəs] *adj.* ☐ **1.** emsig, rührig; **2.** eifrig, tatkräftig; **3.** e'nergisch: ***~ opposition***; **4.** anstrengend, mühsam; **'stren·u·ous·ness** [-nɪs] *s.* **1.** Emsigkeit *f*; **2.** Eifer *m*, Tatkraft *f*; **3.** Ener'gie *f*; **4.** *das* Anstrengende.

stress [stres] **I** *s.* **1.** ♪, *ling.* a) Ton *m*, ('Wort-, 'Satz)Akˌzent *m*, b) Betonung *f*: ***the ~ is on …*** der Ton liegt auf *der zweiten Silbe*; **2.** *fig.* Nachdruck *m*: ***lay ~ (up)on*** → 7; **3.** ⚙, *phys.* a) Beanspruchung *f*, Druck *m*, b) Spannung *f*, Dehnung *f*: ***~ analyst*** Statiker *m*; **4.** *seelische etc.* Belastung, Druck *m*, Streß *m*: ***~ disease*** ⚕ Streß-, Managerkrankheit *f*; **5.** Zwang *m*, Druck *m*: ***under (the) ~ of circumstances*** unter dem Druck der Umstände; **6.** Ungestüm *n*; Unbilden *pl. der Witterung*; **II** *v/t.* **7.** ♪, *ling.*, *a. fig.* betonen, den Ak'zent legen auf (*acc.*); *fig.* Nachdruck *od.* Gewicht legen auf (*acc.*), her'vorheben; **8.** ⚙, *phys. u. fig.* beanspruchen, belasten; **'stress·ful** [-fʊl] *adj.* anstrengend, ‚stressig', Streß…

stretch [stretʃ] **I** *v/t.* **1.** *oft* ***~ out*** (aus-)strecken, *bsd. Kopf*, *Hals* recken: ***~ o.s. (out)*** → 11; ***~ one's legs*** sich die Beine vertreten; **2.** ***~ out*** *Hand etc.* aus-, hinstrecken; **3.** *j-n* niederstrecken; **4.** *Seil*, *Saite*, *Tuch etc.* spannen (***over*** über *dat. od. acc.*), straff ziehen; *Teppich etc.* ausbreiten; **5.** strecken; *Handschuhe etc.* ausweiten;. *Hosen* spannen; **6.** ⚙ spannen, dehnen; **7.** *Nerven*, *Muskel* anspannen; **8.** *fig.* über'spannen, -'treiben: ***~ a principle***; **9.** 'überbeanspruchen, *Befugnisse*, *Kredit etc.* über'schreiten; **10.** *fig.* es mit *der Wahrheit*, *e-r Vorschrift etc.* nicht allzu genau nehmen: ***~ a point*** fünf gerade sein lassen, ein Auge zudrücken; **II** *v/i.* **11.** sich (aus)strecken; sich dehnen *od.* rekeln; **12.** langen (***for*** nach); **13.** sich erstrecken *od.* hinziehen (***to*** [bis] zu) (*Gebirge etc.*, *a. Zeit*): ***~ down to*** zurückreichen *od.* -gehen (bis) zu *od.* in (*acc.*) (*Zeitalter*, *Erinnerung etc.*); **14.** sich *vor dem Blick* ausbreiten; **15.** sich dehnen (lassen); **16.** *mst* ***~ out*** a) *sport* im gestreckten Galopp reiten, b) F sich ins Zeug legen, c) reichen (*Vorrat*); **III** *s.* **17. *have a ~, give o.s. a ~*** sich strecken; **18.** Strecken *n*, (Aus-)Dehnen *n*; **19.** Spannen *n*; **20.** (An-)Spannung *f*, (Über)'Anstrengung *f*: ***by every ~ of the imagination*** unter Aufbietung aller Phantasie; ***on the ~*** (an-)gespannt (*Nerven etc.*); **21.** Über'treiben *n*; **22.** Über'schreiten *n von Befugnissen*, *Mitteln etc.*; **23.** (Weg)Strecke *f*; Fläche *f*, Ausdehnung *f*; **24.** *sport*: Gerade *f*; **25.** Zeit(spanne) *f*: ***a ~ of 10 years***; ***at a ~*** ununterbrochen, hintereinander, auf 'einen Sitz; **26. *do a ~*** *sl.* ‚Knast schieben', ‚sitzen'; **'stretch·er** [-tʃə] *s.* **1.** ⚕ (Kranken)Trage *f*: ***~-bearer*** Krankenträger *m*; **2.** (*Schuh- etc.*) Spanner *m*; **3.** ⚙ Streckvorrichtung *f*; **4.** *paint.* Keilrahmen *m*; **5.** Fußleiste *f im Boot*; **6.** △ Läufer(stein) *m*; **'stretch·y** [-tʃɪ] *adj.* dehnbar.

strew [stru:] *v/t.* [*irr.*] **1.** (aus)streuen; **2.** bestreuen; **strewn** [stru:n] *p.p. von* ***strew.***

stri·a ['straɪə] *pl.* **stri·ae** ['straii:] *s.* **1.** Streifen *m*, Furche *f*, Riefe *f*; **2.** *pl.* ⚕ Striemen *pl.*, Streifen *pl.*, Striae *pl.*; **3.** *zo.* Stria *f*; **4.** *pl. geol.* (Gletscher-)Schrammen *pl.*; **5.** △ Riffel *m* (*an Säulen*); **stri·ate I** *v/t.* [straɪ'eɪt] **1.** streifen, furchen, riefeln; **2.** *geol.* kritzen; **II** *adj.* ['straɪɪt] **3.** → **stri·at·ed** [straɪ'eɪtɪd] *adj.* **1.** gestreift, geriefelt; **2.** *geol.* gekritzt; **stri·a·tion** [straɪ'eɪʃn] *s.* **1.** Streifenbildung *f*, Riefung *f*; **2.** Streifen *m*, *pl.*, Riefe(n *pl.*) *f*; **3.** *geol.* Schramme(n *pl.*) *f.*

strick·en ['strɪkən] **I** *p.p. von* ***strike***; **II** *adj.* **1.** *obs.* verwundet; **2.** (***with***) heimgesucht, schwer betroffen (von *Unglück etc.*), befallen (von *Krankheit*), ergriffen (von *Schrecken*, *Schmerz etc.*); schwergeprüft (*Person*): ***~ in years*** hochbetagt, vom Alter gebeugt; ***~ area*** Katastrophengebiet *n*; **3.** *fig.* (nieder)geschlagen, (gram)gebeugt; verzweifelt (*Blick*); **4.** *allg.* angeschlagen: ***a ~ ship***; **5.** gestrichen (voll).

strick·le ['strɪkl] ⚙ **I** *s.* **1.** Abstreichlatte *f*; **2.** Streichmodel *m*; **II** *v/t.* **3.** ab-, glattstreichen.

strict [strɪkt] *adj.* ☐ → ***strictly***; **1.** strikt, streng (*Person*; *Befehl*, *Befolgung*, *Disziplin*; *Wahrheit etc.*); streng (*Gesetz*, *Moral*, *Untersuchung*): ***be ~ with*** mit *j-m* streng sein; ***in ~ confidence*** streng vertraulich; **2.** streng, genau: ***in the ~ sense*** im strengen Sinne; **'strict·ly** [-lɪ] *adv.* **1.** streng *etc.*; **2.** *a.* ***~ speaking*** genaugenommen; **3.** völlig, ausgesprochen; **4.** ausschließlich, rein; **'strict·ness** [-nɪs] *s.* Strenge *f*: a) Härte *f*, b) Genauigkeit *f.*

stric·ture ['strɪktʃə] *s.* **1.** *oft pl.* (***on, upon***) scharfe Kri'tik (an *dat.*), kritische Bemerkung (über *acc.*); **2.** ⚕ Strik'tur *f*, Verengung *f*.

strid·den ['strɪdn] *p.p. von* ***stride***.

stride [straɪd] **I** *v/i.* [*irr.*] **1.** schreiten; **2.** *a.* ~ ***out*** ausschreiten; **II** *v/t.* [*irr.*] **3.** *et.* entlang-, abschreiten; **4.** über-, durch'schreiten; **5.** mit gespreizten Beinen stehen über (*dat.*) *od.* gehen über (*acc.*); **6.** rittlings sitzen auf (*dat.*); **III** *s.* **7.** (langer *od.* großer) Schritt: ***get into one's*** ~ *fig.* (richtig) in Schwung kommen; ***take s.th. into*** (*od.* ***hit***) ***one's*** ~ *fig.* et. spielend (leicht) schaffen; **8.** Schritt(weite *f*) *m*; **9.** *mst pl. fig.* Fortschritt(e *pl.*) *m*: ***with rapid*** ~***s*** mit Riesenschritten.

stri·dent ['straɪdnt] *adj.* □ **1.** 'durchdringend, schneidend, grell (*Stimme*, *Laut*); **2.** knirschend; **3.** *fig.* scharf, heftig.

strife [straɪf] *s.* Streit *m*: a) Hader *m*, b) Kampf *m*: ***be at*** ~ sich streiten, uneins sein.

stri·gose ['straɪgəʊs] *adj.* **1.** ⚘ Borsten...; **2.** *zo.* fein gestreift.

strike [straɪk] **I** *s.* **1.** (*a. Glocken*)Schlag *m*, Hieb *m*, Stoß *m*; **2.** a) *Bowling*: Strike *m* (*Abräumen beim 1. Wurf*), b) *Am. Baseball*: (Verlustpunkt *m* bei) Schlagfehler *m*; **3.** *fig.* ‚Treffer' *m*, Glücksfall *m*; **4.** ✝ Streik *m*, Ausstand *m*: ***be on*** ~ streiken; ***go on*** ~ in (den) Streik *od.* in den Ausstand treten; ***on*** ~ streikend; **5.** ⚔ a) (*bsd.* Luft)Angriff *m*, b) A'tomschlag *m*; **II** *v/t.* [*irr.*] **6.** schlagen, Schläge *od.* e-n Schlag versetzen (*dat.*); *allg.* treffen: ~ ***off*** abschlagen, -hauen; ***struck by a stone*** von e-m Stein getroffen; **7.** *Waffe* stoßen (***into*** in *acc.*); **8.** *Schlag* führen; → ***blow***² 1; **9.** ♪ *Ton*, *a. Glocke*, *Saite*, *Taste* anschlagen; → ***note*** 8; **10.** *Zündholz* anzünden, *Feuer* machen, *Funken* schlagen; **11.** *Kopf*, *Fuß etc.* (an)stoßen, schlagen (***against*** gegen); **12.** stoßen *od.* schlagen gegen *od.* auf (*acc.*); zs.-stoßen mit; ⚓ auflaufen auf; einschlagen in (*acc.*) (*Geschoß*, *Blitz*); fallen auf (*acc.*) (*Strahl*); *Auge*, *Ohr* treffen (*Lichtstrahl*, *Laut*): ~ ***s.o.'s eye*** j-m ins Auge fallen; **13.** *j-m* einfallen, in den Sinn kommen; **14.** *j-m* auffallen; **15.** *j-n* beeindrucken, Eindruck machen auf (*acc.*); **16.** *j-m wie* vorkommen: ***how does it*** ~ ***you?*** was hältst du davon?; ***it*** ~***s me as ridiculous*** es kommt mir lächerlich vor; **17.** stoßen auf (*acc.*): a) (zufällig) treffen *od.* entdecken, b) *Gold etc.* finden; → ***oil*** 2, ***rich*** 5; **18.** *Wurzeln* schlagen; **19.** *Lager*, *Zelt* abbrechen; **20.** ⚓ *Flagge*, *Segel* streichen; **21.** *Angeln*: *Fisch* mit e-m Ruck auf den Haken spießen; **22.** *Giftzähne* schlagen in (*acc.*) (*Schlange*); **23.** ⚙ glattstreichen; **24.** a) ⚹ *Durchschnitt*, *Mittel* nehmen, b) ✝ *Bilanz*: *den Saldo* ziehen; → ***balance*** 6; **25.** (***off*** von *e-r Liste etc.*) streichen; **26.** *Münze* schlagen, prägen; **27.** *Stunde* schlagen (*Uhr*); **28.** *fig. j-n* schlagen, treffen (*Unglück etc.*), befallen (*Krankheit*); **29.** (***with*** mit *Schrecken*, *Schmerz etc.*) erfüllen; **30.** *blind etc.* machen; → ***blind*** 1, ***dumb*** 1; **31.** *Haltung*, *Pose* einnehmen; **32.** *Handel* abschließen; → ***bargain*** 2; **33.** ~ ***work*** die Arbeit niederlegen: a) Feierabend machen, b) in Streik treten; **III** *v/i.* [*irr.*] **34.** (zu)schlagen, (-)stoßen; **35.** schlagen, treffen: ~ ***at*** a) *j-n od.* nach *j-m* schlagen, b) *fig.* zielen auf (*acc.*); **36.** ([***up***]***on***) a) (an)schlagen, stoßen (an *acc.*, gegen), b) ⚓ auflaufen (auf *acc.*), auf Grund stoßen; **37.** fallen (*Licht*), auftreffen (*Lichtstrahl*, *Schall etc.*) ([***up***]***on*** auf *acc.*); **38.** *fig.* stoßen ([***up***]***on*** auf *acc.*); **39.** schlagen (*Uhrzeit*): ***the hour has struck*** die Stunde hat geschlagen (*a. fig.*); **40.** sich entzünden, angehen (*Streichholz*); **41.** einschlagen (*Geschoß*, *Blitz*); **42.** Wurzel schlagen; **43.** den Weg einschlagen, sich (plötzlich) *nach links etc.* wenden: ~ ***for home*** F heimzu gehen; ~ ***into*** a) einbiegen in (*acc.*), *Weg* einschlagen, b) *fig.* plötzlich verfallen in (*acc.*), *et.* beginnen, *a.* sich *e-m Thema* zuwenden; **44.** ✝ streiken (***for*** für); **45.** ⚓ die Flagge streichen (***to*** vor *dat.*) (*a. fig.*); **46.** (zu)beißen (*Schlange*); **47.** *fig.* zuschlagen (*Feind etc.*);

Zssgn mit adv.:

strike| back *v/i.* zu'rückschlagen (*a. fig.*); ~ **down** *v/t.* niederschlagen, -strecken (*a. fig.*); ~ **in** *v/i.* **1.** beginnen, einfallen (*a.* ♪); **2.** ⚕ (sich) nach innen schlagen; **3.** einfallen, unter'brechen (***with*** mit *e-r Frage etc.*); **4.** sich einmischen, -schalten, *a.* mitmachen: ~ ***with*** a) sich richten nach, b) mitmachen bei; ~ **in·wards** → ***strike in*** 2; ~ **off** *v/t.* **1.** → ***strike*** 6; **2.** a) *Wort etc.* ausstreichen, *Eintragung* löschen, b) *j-n von e-r Liste etc.* streichen, *j-m die Berufserlaubnis etc.* entziehen; **3.** *typ.* abziehen; ~ **out I** *v/t.* **1.** → ***strike off*** 2 a; **2.** *fig. et.* ersinnen; **3.** *mst fig. e-n Weg* einschlagen; **II** *v/i.* **4.** a) (los-, zu)schlagen, b) (zum Schlag) ausholen; **5.** (forsch) ausschreiten, *a.* (los)schwimmen (***for*** nach, auf *e-n Ort* zu); **6.** *fig.* loslegen; **7.** *mit den Armen beim Schwimmen* ausgreifen; ~ **through** *v/t.* *Wort etc.* 'durchstreichen; ~ **up I** *v/i.* **1.** ♪ einsetzen (*Spieler*, *Melodie*); **II** *v/t.* **2.** ♪ a) *Lied etc.* anstimmen, b) *Kapelle* einsetzen lassen; **3.** *Bekanntschaft*, *Freundschaft* schließen, *a. Gespräch* anknüpfen (***with*** mit).

strike| bal·lot *s.* Urabstimmung *f*; '~**·bound** *adj.* bestreikt (*Fabrik etc.*); '~ˌ**break·er** *s.* Streikbrecher *m*; ~ **call** *s.* Streikaufruf *m*; ~ **pay** *s.* Streikgeld *n*; '~**-prone** *adj.* streikanfällig.

strik·er ['straɪkə] *s.* **1.** Schläger(in); **2.** Streikende(r *m*) *f*, Ausständige(r *m*) *f*; **3.** Hammer *m*, Klöppel *m* (*Uhr*); **4.** ⚔ Schlagbolzen *m*; **5.** ⚡ Zünder *m*; **6.** *bsd. Fußball*: Stürmer *m*, ‚Spitze' *f*: ***be*** ~ Spitze spielen.

strike vote → ***strike ballot***.

strik·ing ['straɪkɪŋ] *adj.* □ **1.** schlagend, Schlag...; **2.** *fig.* a) bemerkenswert, auffallend, eindrucksvoll, b) über'raschend, verblüffend, c) treffend: ~ ***example***; **3.** streikend.

string [strɪŋ] **I** *s.* **1.** Schnur *f*, Bindfaden *m*; **2.** (*Schürzen-*, *Schuh- etc.*)Band *n*, Kordel *f*: ***have s.o. on a*** ~ j-n am Gängelband *od.* in s-r Gewalt haben; **3.** (Puppen)Draht *m*: ***pull*** ~***s*** *fig.* s-e Beziehungen spielen lassen; ***pull the*** ~***s*** *fig.* der Drahtzieher sein; **4.** (Bogen-)Sehne *f*: ***have two*** ~***s to one's bow*** *fig.* zwei Eisen im Feuer haben; ***be a second*** ~ das zweite Eisen im Feuer sein (→ 5); **5.** ♪ a) Saite *f*, b) *pl.* 'Streichinstruˌmente *pl.*, *die* Streicher *pl.*; ***first*** (***second*** *etc.*) ~ *sport etc.* erste (zweite *etc.*) ‚Garnitur'; ***be a second*** ~ zur zweiten Garnitur gehören; ***harp on one*** ~ *fig.* immer auf derselben Sache herumreiten; **6.** Schnur *f* (*Perlen etc.*); **7.** *fig.* Reihe *f*, Kette *f* (*von Fragen*, *Fahrzeugen etc.*); **8.** Koppel *f* (*Pferde etc.*); **9.** ⚘ a) Faser *f*, Fiber *f*, b) Faden *m von Bohnen*; **10.** *zo. obs.* Flechse *f*; **11.** △ Fries *m*, Sims *m*; **12.** F Bedingung *f*, ‚Haken' *m*: ***no*** ~***s attached*** ohne Bedingungen; **II** *v/t.* [*irr.*] **13.** *Schnur etc.* spannen; **14.** (zu-, ver-)schnüren, zubinden; **15.** *Perlen etc.* aufreihen; **16.** *fig.* anein'anderreihen: ~ ***s.th. out*** et. ‚strecken', et. ‚ausspinnen'; **17.** *Bogen* spannen; **18.** ♪ a) besaiten, bespannen (*a. Tennisschläger*), b) *Instrument* stimmen; **19.** *mit Girlanden etc.* behängen; **20.** *Bohnen* abziehen; **21.** ~ ***up*** *sl.* ‚aufknüpfen', -hängen; **22.** ~ ***up*** *Nerven* anspannen: ~ ***o.s. up to*** a) sich in *e-e Erregung etc.* hineinsteigern, b) sich aufraffen (***to do*** *et.* zu tun); → ***high-strung***; **23.** *Am. sl. j-n* ‚verkohlen', aufziehen; **24.** ~ ***along*** F a) *j-n* hinhalten, b) *j-n* ‚einwickeln'; **III** *v/i.* [*irr.*] **25.** Fäden ziehen (*Flüssigkeit*); **26.** ~ ***along*** mitmachen (***with*** mit, bei); ~ **bag** *s.* Einkaufsnetz *n*; ~ **band** *s.* ♪ 'Streichorˌchester *n*; ~ **bean** *s.* ⚘ Gartenbohne *f*; '~**·course** → ***string*** 11.

stringed [strɪŋd] *adj.* **1.** ♪ Saiten..., Streich...: ~ ***instruments***; ~ ***music*** Streichmusik *f*; **2.** ♪ *in Zssgn* ...saitig; **3.** aufgereiht (*Perlen etc.*).

strin·gen·cy ['strɪndʒənsɪ] *s.* **1.** Strenge *f*, Schärfe *f*; **2.** Bündigkeit *f*, zwingende Kraft: ***the*** ~ ***of an argument***; **3.** ✝ (Geld-, Kre'dit)Verknappung *f*, Knappheit *f*; '**strin·gent** [-nt] *adj.* □ **1.** streng, scharf; **2.** zwingend: ~ ***necessity***; **3.** zwingend, über'zeugend, bündig: ~ ***arguments***; **4.** ✝ knapp (*Geld*), gedrückt (*Geldmarkt*).

string·er ['strɪŋə] *s.* **1.** ♪ Saitenaufzieher *m*; **2.** ⚙ Längs-, Streckbalken *m*; △ (Treppen)Wange *f*; 🚂 Langschwelle *f*; ✈ Längsversteifung *f*; ⚓ Stringer *m*.

string·i·ness ['strɪŋɪnɪs] *s.* **1.** Faserigkeit *f*; **2.** Zähigkeit *f*.

string| or·ches·tra *s.* ♪ 'Streichorˌchester *n*; ~ **quar·tet(te)** *s.* ♪ 'Streichquarˌtett *n*.

string·y ['strɪŋɪ] *adj.* **1.** faserig, zäh, sehnig; **2.** zäh(flüssig), klebrig, Fäden ziehend.

strip [strɪp] **I** *v/t.* **1.** *Haut etc.* abziehen, (-)schälen; *Baum* abrinden; **2.** *Bett* abziehen; **3.** *a.* ~ ***off*** *Kleid etc.* ausziehen, abstreifen; **4.** *j-n* entkleiden, ausziehen (***to the skin*** bis auf die Haut): ~***ped*** a) nackt, entblößt, b) *mot.* ‚nackt' (*ohne Extras*); **5.** *fig.* entblößen, berauben (***of*** *gen.*), (aus)plündern: ~ ***s.o. of his office*** j-n s-s Amtes entkleiden; **6.** *Haus etc.* ausräumen; *Fabrik* demontieren; **7.** ⚓ abtakeln; **8.** ⚙ zerlegen; **9.** ⚙ *Gewinde* über'drehen; **10.** *Kuh* ausmelken; **11.** *Kohlenlager etc.* freilegen; **II** *v/i.* **12.** a) sich ausziehen, b) ‚strippen': ~ ***to the waist*** den Oberkörper frei machen; **III** *s.* **13.** a) (Sich)Ausziehen *n*, b) → ***striptease***; **14.** ✈ Start- u. Landestreifen *m*; **15.** *sport* F Dreß *m*; **16.** Streifen *m* (*Papier etc.*, *a. Land*); **17.** ⚙ a) Walzrohling *m*, b) Bandeisen *n*, -stahl *m*; **18.** → ~ **car·toon** *s.* Comic strip *m*.

stripe [straɪp] **I** *s.* **1.** *mst andersfarbiger* Streifen (*a. zo.*), Strich *m*; **2.** ⚔ Tresse *f*, (Ärmel)Streifen *m*: ***get one's ~s*** (zum Unteroffizier) befördert werden; ***lose one's ~s*** degradiert werden; **3.** Striemen *m*; **4.** (Peitschen- *etc.*)Hieb *m*; **5.** *fig. Am.* Sorte *f*, Schlag *m*; **II** *v/t.* **6.** streifen: **~*d*** gestreift, streifig.

strip light·ing *s.* Sof'fittenbeleuchtung *f*.

strip·ling ['strɪplɪŋ] *s.* Bürschchen *n*.

strip| min·ing *s.* ⚒ Tagebau *m*; **'~·tease** *s.* Striptease *m*, *n*; **'~ˌteas·er** *s.* Stripteasetänzerin *f*, ‚Stripperin' *f*.

strive [straɪv] *v/i.* [*irr.*] **1.** sich (be)mühen, bestrebt sein (***to do*** zu tun); **2.** (***for***, ***after***) streben (nach), ringen, sich mühen (um); **3.** (erbittert) kämpfen (***against*** gegen, ***with*** mit), ringen (***with*** mit); **striv·en** ['strɪvn] *p.p. von* ***strive***.

strobe [strəʊb] *s.* **1.** *phot.* Röhrenblitz *m*; **2.** *Radar*: Schwelle *f*.

strode [strəʊd] *pret. von* ***stride***.

stroke [strəʊk] **I** *s.* **1.** (*a. Blitz-*, *Flügel-*, *Schicksals*)Schlag *m*; Hieb *m*, Streich *m*, Stoß *m*: ***at a*** (*od.* ***one***) ~ *a. fig.* mit 'einem Schlag, auf 'einen Streich; ***a good ~ of business*** ein gutes Geschäft; ***~ of luck*** Glückstreffer *m*, -fall *m*; ***not to do a ~ of work*** keinen Finger rühren; **2.** (Glocken-, Hammer-, Herz- *etc.*)Schlag *m*: ***on the ~*** pünktlich; ***on the ~ of nine*** Punkt neun; **3.** ⚕ Anfall *m*, *bsd.* Schlag(anfall) *m*; **4.** *mot.* a) (Kolben)Hub *m*, b) Hubhöhe *f*, c) Takt *m*; **5.** *sport* a) *Schwimmen*: Stoß *m*, (Bein)Schlag *m*, (Arm)Zug *m*, b) *Golf*, *Rudern*, *Tennis etc.*: Schlag *m*, c) *Rudern*: Schlagzahl *f*; **6.** *Rudern*: Schlagmann *m*: ***row ~*** → 11; **7.** (Pinsel-, Feder)Strich *m* (*a. typ.*), (Feder)Zug *m*: ***with a ~ of the pen*** mit einem Federstrich (*a. fig.*); **8.** *fig.* (glänzender) Einfall, Leistung *f*: ***a clever ~*** ein geschickter Schachzug; ***a ~ of genius*** ein Geniestreich; **9.** ♪ a) Bogenstrich *m*, b) Anschlag *m*, c) (Noten)Balken *m*; **10.** Streicheln *n*; **II** *v/t.* **11.** ***~ a boat*** *Rudern*: am Schlag (e-s Bootes) sitzen; **12.** streichen über (*acc.*); glattstreichen; **13.** streicheln.

stroll [strəʊl] **I** *v/i.* **1.** schlendern, (um'her)bummeln, spazieren(gehen); **2.** um'herziehen: ***~ing actor*** (*od.* ***player***) → ***stroller*** 2; **II** *s.* **3.** Spaziergang *m*, Bummel *m*: ***go for a ~***, ***take a ~*** e-n Bummel machen; **'stroll·er** [-lə] *s.* **1.** Bummler(in), Spaziergänger(in); **2.** Wanderschauspieler(in); **3.** (Kinder-)Sportwagen *m*.

stro·ma ['strəʊmə] *pl.* **-ma·ta** [-mətə] *s. biol.* Stroma *n* (*a.* ⚘).

strong [strɒŋ] **I** *adj.* ☐ → ***strongly***; **1.** *allg.* stark (*a. Gift*, *Kandidat*, *Licht*, *Nerven*, *Schlag*, *Verdacht*, *Gefühl etc.*); kräftig (*a. Farbe*, *Gesundheit*, *Stimme*, *Wort*): ***~ face*** energisches *od.* markantes Gesicht; ***~ man*** *pol.* starker Mann; ***have ~ feelings about*** sich erregen über (*acc.*); ***use ~ language*** Kraftausdrücke gebrauchen; → ***point*** 24; **2.** stark (an Zahl *od.* Einfluß), mächtig: ***a company 200 ~*** e-e 200 Mann starke Kompanie; **3.** *fig.* scharf (*Verstand*), klug (*Kopf*): ***~ in*** tüchtig in (*dat.*); **4.** fest (*Glaube*, *Überzeugung*); **5.** eifrig, über'zeugt: ***a ~ Tory***; **6.** gewichtig, zwingend: ***~ arguments***; **7.** stark, gewaltsam, e'nergisch (*Anstrengung*, *Maßnahmen*): ***with a ~ hand*** mit starker Hand; **8.** stark, schwer (*Getränk*, *Speise*, *Zigarre*); **9.** a) stark (*Geruch*, *Geschmack*, *Parfüm*), b) übelriechend *od.* -schmeckend, *a.* ranzig; **10.** *ling.* stark: ***~ declination***; ***~ verb***; **11.** † a) anziehend (*Preis*), b) fest (*Markt*), c) lebhaft (*Nachfrage*); **II** *adv.* **12.** stark, e'nergisch, nachdrücklich; **13.** F tüchtig, mächtig: ***be going ~*** gut in Schuß *od.* Form sein; ***come*** (*od.* ***go***) ***it ~*** mächtig ‚rangehen', auftrumpfen; **'~·arm** F **I** *adj.* Gewalt…: ***~ methods***; ***~ man*** Schläger *m*; **II** *v/t.* a) *j-n* einschüchtern, b) über'fallen, c) zs.-schlagen; **'~·box** *s.* ('Geld-, 'Stahl)Kasˌsette *f*; Tre'sorfach *n*; **ˌ~'head·ed** *adj.* starrköpfig; **'~·hold** *s.* **1.** ⚔ Feste *f*; **2.** *fig.* Bollwerk *n*; **3.** *fig.* Hochburg *f*.

strong·ly ['strɒŋlɪ] *adv.* **1.** kräftig, stark; heftig: ***feel ~ about*** sich erregen über (*acc.*); **2.** nachdrücklich, sehr.

ˌstrong|-'mind·ed *adj.* willensstark, e'nergisch; **~ point** *s.* **1.** ⚔ Stützpunkt *m*; **2.** *fig.* → ***point*** 24; **~ room** *s.* Tre'sor(raum) *m*; **ˌ~-'willed** *adj.* **1.** willensstark; **2.** eigenwillig, -sinnig.

stron·ti·um ['strɒntɪəm] *s.* ⚗ Strontium *n*.

strop [strɒp] **I** *s.* **1.** Streichriemen *m* (*für Rasiermesser*); **2.** ⚓ Stropp *m*; **II** *v/t.* **3.** *Rasiermesser etc.* abziehen.

stro·phe ['strəʊfɪ] *s.* Strophe *f*; **stroph·ic** ['strɒfɪk] *adj.* strophisch.

strop·py ['strɒpɪ] *adj.* F 'widerspenstig, -borstig.

strove [strəʊv] *pret. von* ***strive***.

struck [strʌk] **I** *pret. u. p.p. von* ***strike***; **II** *adj.* † *Am.* bestreikt.

struc·tur·al ['strʌktʃərəl] *adj.* ☐ **1.** struktu'rell (bedingt), Struktur… (*a. fig.*): ***~ unemployment*** strukturelle Arbeitslosigkeit; **2.** ⚙ baulich, Bau… (*-stahl*, *-teil*, *-technik etc.*), Konstruktions…; **3.** *biol.* a) morpho'logisch, Struktur…, b) or'ganisch (*Krankheit etc.*); **4.** *geol.* tek'tonisch; **5.** ⚗ Struktur…; **'struc·tur·al·ism** [-lɪzəm] *s. ling.*, *phls.* Struktura'lismus *m*.

struc·ture ['strʌktʃə] **I** *s.* **1.** Struk'tur *f* (*a.* ⚗, *biol.*, *phys.*, *psych.*, *sociol.*), Gefüge *n*, (Auf)Bau *m*, Gliederung *f* (*alle a. fig.*): ***~ of a sentence*** Satzbau *m*; ***price ~*** † Preisstruktur, -gefüge; **2.** ⚙, △ Bau(art *f*) *m*, Konstrukti'on *f*; **3.** Bau(werk *n*) *m*, Gebäude *n* (*a. fig.*); *pl.* Bauten *pl.*; **4.** *fig.* Gebilde *n*; **II** *v/t.* **5.** strukturieren; **'struc·ture·less** [-tʃəlɪs] *adj.* struk'turlos; **'struc·tur·ize** [-raɪz] *v/t.* strukturieren.

strug·gle ['strʌgl] **I** *v/i.* **1.** (***against***, ***with***) kämpfen (gegen, mit), ringen (mit) (***for*** um *Atem*, *Macht etc.*); **2.** sich winden, zappeln, sich sträuben (***against*** gegen); **3.** sich (ab)mühen (***with*** mit, ***to do*** *et.* zu tun), sich anstrengen *od.* quälen: ***~ through*** sich durchkämpfen; ***~ to one's feet*** mühsam aufstehen, sich ‚hochrappeln'; **II** *s.* **4.** Kampf *m*, Ringen *n*, Streit *m* (***for*** um, ***with*** mit): ***~ for existence*** a) *biol.* Kampf ums Dasein, b) Existenzkampf; **5.** Anstrengung(en *pl.*) *f*, Streben *n*; **6.** Zappeln *n*, Sich'aufbäumen *n*; **'strug·gler** [-lə] *s.* Kämpfer *m*.

strum [strʌm] **I** *v/t.* **1.** klimpern auf (*dat.*): ***~ a piano***; **2.** *Melodie* (her'unter)klimpern *od.* (-)hämmern; **II** *v/i.* **3.** klimpern (***on*** auf *dat.*); **III** *s.* **4.** Geklimper *n*.

stru·ma ['stru:mə] *pl.* **-mae** [-mi:] *s.* ⚕ **1.** Struma *f*, Kropf *m*; **2.** Skrofu'lose *f*; **'stru·mose** [-məʊs], **'stru·mous** [-məs] *adj.* **1.** ⚕ stru'mös; **2.** ⚕ skrofu'lös; **3.** ⚘ kropfig.

strum·pet ['strʌmpɪt] *s. obs.* Metze *f*, Dirne *f*, Hure *f*.

strung [strʌŋ] *pret. u. p.p. von* ***string***.

strut¹ [strʌt] **I** *v/i.* **1.** (ein'her)stolzieren; **2.** *fig.* großspurig auftreten, sich spreizen; **II** *s.* **3.** Stolzieren *n*, stolzer Gang; **4.** *fig.* großspuriges Auftreten.

strut² [strʌt] △, ⚙ **I** *s.* Strebe *f*, Stütze *f*, Spreize *f*; **II** *v/t.* verstreben, abspreizen, -stützen.

strut·ting¹ ['strʌtɪŋ] **I** *adj.* ☐ großspurig, -tuerisch; **II** *s.* → ***strut¹*** II.

strut·ting² ['strʌtɪŋ] *s.* ⚙, △ Verstrebung *f*, Abstützung *f*.

strych·nic ['strɪknɪk] *adj.* ⚗ Strychnin…; **'strych·nin(e)** [-ni:n] *s.* ⚗ Strych'nin *n*.

stub [stʌb] **I** *s.* **1.** (Baum)Stumpf *m*; **2.** (Kerzen-, Bleistift- *etc.*)Stummel *m*, Stumpf *m*; **3.** Ziga'retten-, Zi'garrenstummel *m*, ‚Kippe' *f*; **4.** kurzer stumpfer Gegenstand, *z. B.* Kuppnagel *m*; **5.** *Am.* Kon'trollabschnitt *m*; **II** *v/t.* **6.** *Land* roden; **7.** *mst* **~ *up*** *Bäume etc.* ausroden; **8.** mit *der Zehe etc.* (an)stoßen; **9.** *mst* **~ *out*** *Zigarette* ausdrücken.

stub·ble ['stʌbl] *s.* **1.** Stoppel *f*; **2.** *coll.* (Getreide-, Bart- *etc.*)Stoppeln *pl.*; **3.** *a.* ***~ field*** Stoppelfeld *n*; **'stub·bly** [-lɪ] *adj.* stopp(e)lig, Stoppel…

stub·born ['stʌbən] *adj.* ☐ **1.** eigensinnig, halsstarrig, störrisch, stur; 'widerspenstig (*a. Sache*); **2.** hartnäckig (*a. Widerstand etc.*); **3.** standhaft, unbeugsam; **4.** spröde, hart; *metall.* strengflüssig; **'stub·born·ness** [-nɪs] *s.* **1.** Eigen-, Starrsinn *m*, Halsstarrigkeit *f*; **2.** Hartnäckigkeit *f*; **3.** Standhaftigkeit *f*.

stub·by ['stʌbɪ] *adj.* **1.** stummelartig, kurz; **2.** unter'setzt, kurz und dick; **3.** stopp(e)lig.

stuc·co ['stʌkəʊ] △ **I** *pl.* **-coes** *s.* **1.** Stuck *m* (*Gipsmörtel*); **2.** Stuck(arbeit *f*, -verzierung *f*) *m*, Stucka'tur *f*; **II** *v/t.* **3.** mit Stuck verzieren, stuckieren; **'~·work** → ***stucco*** 2.

stuck [stʌk] *pret. u. p.p. von* ***stick***.

ˌstuck-'up *adj.* F hochnäsig.

stud¹ [stʌd] **I** *s.* **1.** Beschlagnagel *m*, Knopf *m*, Knauf *m*, Buckel *m*; **2.** △ (Wand)Pfosten *m*, Ständer *m*; **3.** ⚙ a) Kettensteg *m*, b) Stift *m*, Zapfen *m*, c) Stiftschraube *f*, d) Stehbolzen *m*; **4.** ⚔ (Führungs)Warze *f* (*e-s Geschosses*); **5.** Kragen- *od.* Man'schettenknopf *m*; **6.** ⚡ a) Kon'taktbolzen *m*, b) Brücke *f*; **7.** Stollen *m* (*am Fußballschuh etc.*); **II** *v/t.* **8.** (mit Beschlagnägeln *etc.*) beschlagen *od.* verzieren; **9.** *a. fig.* besetzen, über'säen; **10.** verstreut sein über (*acc.*).

stud² [stʌd] **I** *s.* **1.** Gestüt *n*; **2.** *coll.* a) Zucht *f* (*Tiere*), b) Stall *m* (*Pferde*); **3.** a) (Zucht)Hengst *m*, b) *allg.* männliches Zuchttier, c) *sl.* ‚Zuchtbulle' *m*, ‚Aufreißer' *m*; **II** *adj.* **4.** Zucht…; **5.** Stall…; **'~·book** *s.* **1.** Gestütbuch *n für Pferde*; **2.** *allg.* Zuchtstammbuch *n*.

stu·dent ['stju:dnt] *s.* **1.** a) *univ.* Stu'dent(in), b) *ped. bsd. Am. u. allg.* Schüler(in), c) Lehrgangs-, Kursteilnehmer(in): **~ *adviser*** Studienberater (-in); **~ *driver*** *Am.* Fahrschüler(in); **~ *hostel*** Studentenwohnheim *n*; **~ *teacher*** *ped.* Praktikant(in); **2.** Gelehrte(r *m*) *f*, Forscher(in); Büchermensch *m*; **3.** Beobachter(in), Erforscher(in) *des Lebens etc.*; **'stu·dent·ship** [-ʃɪp] *s.* **1.** Stu'dentenzeit *f*; **2.** *Brit.* Sti'pendium *n*.

stud| farm *s.* Gestüt *n*; **~ horse** *s.* Zuchthengst *m*.

stud·ied ['stʌdɪd] *adj.* □ **1.** gewollt, gesucht, gekünstelt; **2.** absichtlich, geflissentlich; **3.** wohlüberlegt.

stu·di·o ['stju:dɪəʊ] *s.* **1.** *paint., phot. etc.* Ateli'er *n*, *a. thea. etc.* Studio *n*; **2.** ('Film)Ateli,er *n*: **~ *shot*** Atelieraufnahme *f*; **3.** (Fernseh-, Rundfunk)Studio *n*, Aufnahme-, Senderaum *m*; **~ couch** *s.* Schlafcouch *f*.

stu·di·ous ['stju:dɪəs] *adj.* □ **1.** gelehrtenhaft; **2.** fleißig, beflissen, lernbegierig; **3.** (eifrig) bedacht (***of*** auf *acc.*), bemüht (***to do*** zu tun); **4.** sorgfältig, peinlich (gewissenhaft); **5.** → ***studied***; **'stu·di·ous·ness** [-nɪs] *s.* **1.** Fleiß *m*, (Studier)Eifer *m*, Beflissenheit *f*; **2.** Sorgfalt *f*.

stud·y ['stʌdɪ] **I** *s.* **1.** Studieren *n*; **2.** Studium *n*: ***studies*** Studien *pl.*, Studium *n*; ***make a ~ of*** *et.* sorgfältig studieren; ***make a ~ of doing s.th.*** *fig.* bestrebt sein, et. zu tun; ***in a (brown) ~*** *fig.* in Gedanken versunken, geistesabwesend; **3.** Studie *f*, Unter'suchung *f* (***of, in*** über *acc.*, zu); **4.** 'Studienfach *n*, -zweig *m*, -ob,jekt *n*, Studium *n*: ***his face was a perfect ~*** *fig.* sein Gesicht war sehenswert; **5.** Studier-, Arbeitszimmer *n*; **6.** *Kunst, Literatur*: Studie *f*, Entwurf *m*; **7.** ♪ E'tüde *f*; **8.** ***be a good (slow) ~*** *thea.* s-e Rolle leicht (schwer) lernen; **II** *v/t.* **9.** *allg.* studieren: a) *Fach etc.* erlernen, b) unter'suchen, erforschen, genau lesen: **~ *out*** *sl.* ausknobeln, c) mustern, prüfen(d ansehen), d) *sport etc. Gegner* abschätzen; **10.** *thea. Rolle* einstudieren; **11.** *Brit. j-m* gegenüber aufmerksam *od.* rücksichtsvoll sein; **12.** sich bemühen um *et.* (*od.* ***to do*** zu tun), bedacht sein auf (*acc.*): **~ *one's own interests***; **III** *v/i.* **13.** studieren; **~ group** *s.* Arbeitsgruppe *f*, -gemeinschaft *f*.

stuff [stʌf] **I** *s.* **1.** (*a.* Roh)Stoff *m*, Materi'al *n*; **2.** a) (Woll)Stoff *m*, Zeug *n*, b) *Brit.* (*bsd.* Kamm)Wollstoff *m*; **3.** ⚙ Bauholz *n*; **4.** ⚙ Ganzzeug *n* (*Papier*); **5.** Lederschmiere *f*; **6.** *coll.* Zeug *n*, Sachen *pl.* (*Gepäck, Ware etc.*): ***green ~*** Grünzeug, Gemüse *n*; **7.** *contp.* (wertloses) Zeug, Kram *m* (*a. fig.*): **~ *(and nonsense)*** dummes Zeug; **8.** *fig.* Zeug *n*, Stoff *m*: ***the ~ that heroes are made of*** das Zeug, aus dem Helden gemacht sind; ***he is made of sterner ~*** er ist aus härterem Holz geschnitzt; ***do your ~!*** F zeig mal, was du kannst!; ***he knows his ~*** F er kennt sich aus (*ist gut bewandert*); ***good ~!*** bravo!, prima!; ***that's the ~ (to give them)!*** F so ist's richtig!; → ***rough*** 6; **9.** F a) ‚Zeug' *n*, ‚Stoff' *m* (*Schnaps etc.*), b) ‚Stoff' *m* (*Drogen*); **II** *v/t.* **10.** (*a. fig. sich den Kopf mit Tatsachen etc.*) vollstopfen; *e-e Pfeife* stopfen: **~ *o.s.*** (***on***) sich vollstopfen (mit *Essen*); **~ *s.o.*** (***with lies***) F j-m die Hucke voll lügen; **~*ed shirt*** *sl.* Fatzke *m*, Wichtigtuer *m*, ‚lackierter Affe'; **11.** *a.* **~ *up*** ver-, zustopfen; **12.** *Sofa etc.* polstern; **13.** *Geflügel* a) stopfen, nudeln, b) *Küche*: füllen; **14.** *Tiere* ausstopfen; **15.** *Am. Wahlurne* mit gefälschten Stimmzetteln füllen; **16.** *Leder* mit Fett imprägnieren; **17.** *et. wohin* stopfen; **18.** V *Frau* ‚bumsen': ***get ~ed!*** leck mich (am Arsch)!; **III** *v/i.* **19.** sich (den Magen) vollstopfen; **'stuff·i·ness** [-fɪnɪs] *s.* **1.** Dumpfheit *f*, Schwüle *f*, Stickigkeit *f*; **2.** Langweiligkeit *f*; **3.** F a) Spießigkeit *f*, b) Steifheit *f*, c) Verstaubtheit *f*, d) ‚Muffigkeit' *f*.

stuff·ing ['stʌfɪŋ] *s.* **1.** Füllung *f*, 'Füllmateri,al *n*; Füllhaar *n*, 'Polstermateri,al *n*: ***knock the ~ out of*** *fig.* a) *j-n* ‚zur Schnecke machen', b) *j-n* fix u. fertig machen, c) *j-n gesundheitlich* kaputtmachen; **2.** *Küche*: Füllung *f*, Farce *f*; **3.** *fig.* Füllsel *n*; **4.** Lederschmiere *f*; **~ box** *s.* ⚙ Stopfbüchse *f*.

stuff·y ['stʌfɪ] *adj.* □ **1.** stickig, dumpf, schwül; **2.** *fig.* langweilig, fad; **3.** F a) beschränkt, spießig, b) pe'dantisch, c) verknöchert, d) F ‚muffig', e) prüde.

stul·ti·fi·ca·tion [,stʌltɪfɪ'keɪʃn] *s.* Verdummung *f*; **stul·ti·fy** ['stʌltɪfaɪ] *v/t.* **1.** *a.* **~ *the mind*** verdummen; **2.** *j-n* veralbern; **3.** wirkungslos *od.* zu'nichte machen.

stum·ble ['stʌmbl] **I** *v/i.* **1.** stolpern, straucheln (***at*** *od.* ***over*** über *acc.*) (*a. fig.*): **~ *in(to)*** *fig.* in *e-e Sache* (hinein-) stolpern, (-)schlittern; **~ *(up)on*** (*od.* ***across***) *fig.* zufällig stoßen auf (*acc.*); **2.** stolpern, wanken; **3.** *fig.* e-n Fehltritt tun, straucheln; **4.** stottern, stokken: **~ *through*** *Rede etc.* herunterstottern; **II** *s.* **5.** Stolpern *n*, Straucheln *n*; *fig. a.* Fehltritt *m*; **6.** *fig.* ‚Schnitzer' *m*, Fehler *m*; **stum·bling block** ['stʌmblɪŋ] *s. fig.* **1.** Hindernis *n* (***to*** für); **2.** Stolperstein *m*.

stu·mer ['stju:mə] *s. Brit. sl.* **1.** Fälschung *f*; **2.** gefälschter *od.* ungedeckter Scheck.

stump [stʌmp] **I** *s.* **1.** (*Baum-, Kerzen-, Zahn- etc.*)Stumpf *m*, Stummel *m*; (*Ast*)Strunk *m*: **~ *foot*** ⚕ Klumpfuß *m*; ***up a ~*** *Am. sl.* in der Klemme; **2.** ***go on*** (*od.* ***take***) ***the ~*** *bsd. Am. pol.* e-e Propagandareise machen, öffentliche Reden halten; **3.** *Kricket*: Torstab *m*: ***draw (the) ~s*** das Spiel beenden; **4.** *sl.* ‚Stelzen' *pl.* (*Beine*): ***stir one's ~s*** ‚Tempo machen', sich beeilen; **5.** *Zeichnen*: Wischer *m*; **II** *v/t.* **6.** *a.* **~ *out*** *Kricket*: *den Schläger* ‚aus' *machen*; **7.** F *j-n durch e-e Frage etc.* verblüffen: ***he was ~ed*** er war verblüfft *od.* aufgeschmissen; **~*ed for*** verlegen um *e-e Antwort etc.*; **8.** *bsd. Am.* F *Gegend* als Wahlredner bereisen; **~ *it*** F → 2; **9.** F sta(m)pfen über (*acc.*); **10.** *Zeichnung* abtönen; **11.** *Am.* F *j-n* her'ausfordern (***to do*** zu tun); **12.** **~ *up*** *Brit.* F ‚berappen', ‚blechen'; **III** *v/i.* **13.** (da'her-) sta(m)pfen; **14.** → 12; **15.** → 2; **'stump·er** [-pə] *s.* **1.** *Kricket*: Torwächter *m*; **2.** F harte Nuß; **3.** *Am.* F a) Wahlredner *m*, b) Agi'tator *m*; **stump speech** *s. Am.* Wahlrede *f*; **'stump·y** [-pɪ] *adj.* □ **1.** stumpfartig; **2.** gedrungen, unter'setzt; **3.** plump.

stun [stʌn] *v/t.* **1.** *durch Schlag etc., a. durch Lärm etc.* betäuben; **2.** *fig.* betäuben: a) verblüffen, b) niederschmettern, c) über'wältigen: **~*ned*** wie betäubt *od.* gelähmt.

stung [stʌŋ] *pret. u. p.p. von* ***sting***.

stunk [stʌŋk] *pret. u. p.p. von* ***stink***.

stun·ner ['stʌnə] *s.* F a) ‚toller Kerl', b) ‚tolle Frau', c) ‚tolle Sache'; **'stun·ning** [-nɪŋ] *adj.* □ **1.** betäubend (*a. fig. niederschmetternd*); **2.** *sl.* ‚toll', phänome'nal.

stunt¹ [stʌnt] *v/t.* **1.** (*im Wachstum, in der Entwicklung etc.*) hemmen; **2.** verkümmern lassen, verkrüppeln: **~*ed*** verkümmert, verkrüppelt.

stunt² [stʌnt] **I** *s.* **1.** Kunst-, Glanzstück *n*; Kraftakt *m*; **2.** Sensati'on *f*: a) Schaunummer *f*, b) Bra'vourstück *n*, c) Schlager *m*; **3.** ✈ Flugkunststück *n*; *pl. a.* Kunstflug *m*; **4.** (Re'klame- *etc.*)Trick *m*, ‚tolle I'dee', *weitS.* ‚tolles Ding'; **II** *v/i.* **5.** (Flug)Kunststücke machen, kunstfliegen; **'stunt·er** [-tə] *s.* F **1.** Kunstflieger(in); **2.** Akro'bat(in).

stunt| fly·ing *s.* ✈ Kunstflug *m*; **~ man** *s.* [*irr.*] *Film*: Stuntman *m*, Double *n* (*für gefährliche Szenen*).

stupe [stju:p] ⚕ **I** *s.* heißer 'Umschlag *od.* Wickel; **II** *v/t.* heiße 'Umschläge legen auf (*acc.*), *j-m* heiße 'Umschläge machen.

stu·pe·fa·cient [,stju:pɪ'feɪʃnt] **I** *adj.* betäubend, abstumpfend; **II** *s.* ⚕ Betäubungsmittel *n*; **,stu·pe'fac·tion** [-'fækʃn] *s.* **1.** Betäubung *f*; **2.** Abstumpfung *f*; **3.** Abgestumpftheit *f*; **4.** Bestürzung *f*, Verblüffung *f*; **stu·pe·fy** ['stju:pɪfaɪ] *v/t.* **1.** betäuben; **2.** verdummen; **3.** abstumpfen; **4.** verblüffen, bestürzen.

stu·pen·dous [stju:'pendəs] *adj.* □ erstaunlich; riesig, gewaltig, e'norm.

stu·pid ['stju:pɪd] **I** *adj.* □ **1.** dumm; **2.** stumpfsinnig, blöd, fad; **3.** betäubt, benommen; **II** *s.* **4.** Dummkopf *m*; **stu·pid·i·ty** [stju:'pɪdətɪ] *s.* **1.** Dummheit *f* (*a. Handlung, Idee*); **2.** Stumpfsinn *m*; **stu·por** ['stju:pə] *s.* **1.** Erstarrung *f*, Betäubung *f*; **2.** Stumpfheit *f*; **3.** ⚕, *psych.* Stupor *m*: a) Benommenheit *f*, b) Stumpfsinn *m*.

stur·di·ness ['stɜ:dɪnɪs] *s.* **1.** Ro'bustheit *f*, Kräftigkeit *f*; **2.** Standhaftigkeit *f*; **stur·dy** ['stɜ:dɪ] *adj.* □ **1.** ro'bust, kräftig, sta'bil (*a. Material etc.*); **2.** *fig.* standhaft, fest.

stur·geon ['stɜ:dʒən] *pl.* **'stur·geons**, *coll.* **'stur·geon** *s. ichth.* Stör *m*.

stut·ter ['stʌtə] **I** *v/i.* **1.** stottern (*a. Motor*); **2.** keckern (*MG etc.*); **II** *v/t.* **3.** *a.* **~ *out*** (her'vor)stottern; **III** *s.* **4.** Stottern *n*: ***have a ~*** stottern; **'stut·ter·er** [-ərə] *s.* Stotterer *m*.

sty¹ [staɪ] *s.* Schweinestall *m* (*a. fig.*).

sty², stye [staɪ] *s.* ⚕ Gerstenkorn *n*.

Styg·i·an ['stɪdʒɪən] *adj.* **1.** stygisch; **2.** finster; **3.** höllisch.

style [staɪl] **I** *s.* **1.** *allg.* Stil *m*: a) Art *f*, Typ *m*, b) Manier *f*, Art *f* u. Weise *f*, *sport* Technik *f*: **~ *of singing*** Gesangsstil; ***in superior* ~** in überlegener Manier, souverän; ***it cramps my* ~** dabei kann ich mich nicht recht entfalten, c) guter Stil: ***in* ~** stilvoll (→ e, f), d) Lebensart *f*, -stil: ***in good* (*bad*) ~** stil-, geschmackvoll (-los), e) vornehme Lebensart, Ele'ganz *f*: ***in* ~** vornehm; ***put on* ~** *Am.* F vornehm tun, f) Mode *f*: ***in* ~** modisch, g) *literarische etc.* Ausdrucksweise *od.* -kraft: ***commercial* ~** Geschäftsstil, h) Kunst-, Baustil: ***in proper* ~** stilecht; **2.** (Mach)Art *f*, Ausführung *f*, Fas'son *f*; **3.** a) Titel *m*, Anrede *f*, b) ✝ (Firmen)Bezeichnung *f*, Firma *f*: ***under the* ~ *of*** unter dem Namen …, ✝ unter der Firma …; **4.** a) *antiq.* (Schreib)Griffel *m*, b) (Schreib-, Ritz)Stift *m*, c) Radiernadel *f*, d) Feder *f e-s Dichters*, e) Nadel *f* (*Plattenspieler*); **5.** ⚕ Sonde *f*; **6.** Zeiger *m* der Sonnenuhr; **7.** Zeitrechnung *f*, Stil *m*: ***Old* (*New*)** ♎; **8.** ⚘ Griffel *m*; **9.** *anat.* Griffelfortsatz *m*; **II** *v/t.* **10.** betiteln, benennen, bezeichnen, anreden (mit *od.* als); **11.** a) ⚙, ✝ entwerfen, gestalten, b) modisch zuschneiden; **'styl·er** [-lə] *s.* **1.** Modezeichner(in), -schöpfer (-in); **2.** ⚙ (Form)Gestalter *m*, Designer *m*.

sty·let ['staɪlɪt] *s.* **1.** Sti'lett *n* (*Dolch*); **2.** ⚕ Man'drin *m*, Sondenführer *m*.

styl·ing ['staɪlɪŋ] *s.* **1.** Stilisierung *f*; **2.** ✝, ⚙ Styling *n*, (Form)Gestaltung *f*.

styl·ish ['staɪlɪʃ] *adj.* □ **1.** stilvoll; **2.** modisch, ele'gant, flott; **'styl·ish·ness** [-nɪs] *s.* Ele'ganz *f*.

styl·ist ['staɪlɪst] *s.* **1.** Sti'list(in); **2.** → ***styler***; **sty·lis·tic** [staɪ'lɪstɪk] *adj.* (□ **~*ally***) sti'listisch, Stil…

sty·lite ['staɪlaɪt] *s. eccl.* Sty'lit *m*, Säulenheilige(r) *m*.

styl·ize ['staɪlaɪz] *v/t.* **1.** *allg.* stilisieren; **2.** der Konventi'on unter'werfen.

sty·lo ['staɪləʊ] *pl.* **-los** F, **'sty·lo·graph** [-ləgrɑːf], **sty·lo·graph·ic pen** [ˌstaɪləʊ'græfɪk] *s.* **1.** Tintenkuli *m*; **2.** Füll(feder)halter *m*.

sty·lus ['staɪləs] *s.* **1.** → ***style*** 4 a *u.* e, 6, 8, 9; **2.** Kopierstift *m*; **3.** Schreibstift *m e-s Registriergeräts.*

sty·mie, *a.* **sty·my** ['staɪmɪ] **I** *s. Golf*: **1.** a) *Situation, wenn der gegnerische Ball zwischen dem Ball des Spielers u. dem Loch liegt, auf das er spielt*, b) *Lage des gegnerischen Balles wie in 1a*; **2.** *den Gegner* (*durch die Ballage von 1*) hindern; **3.** *fig.* a) *Gegner* matt setzen, b) *Plan etc.* vereiteln: ***be stymied*** ‚aufgeschmissen' sein.

styp·tic ['stɪptɪk] *adj. u. s.* ⚕ blutstillend (-es Mittel).

Styr·i·an ['stɪrɪən] **I** *adj.* stei(e)risch, steiermärkisch; **II** *s.* Steiermärker(in).

Sua·bi·an ['sweɪbjən] → ***Swabian***.

su·a·ble ['sjuːəbl] *adj.* ⚖ **1.** (ein)klagbar (*Sache*); **2.** (passiv) pro'zeßfähig (*Person*).

sua·sion ['sweɪʒn] *s.* **1.** (***moral* ~** gütliches) Zureden; **2.** Über'redung(sversuch *m*) *f*; **sua·sive** ['sweɪsɪv] *adj.* □ **1.** über'redend, zuredend; **2.** über'zeugend.

suave [swɑːv] *adj.* □ **1.** verbindlich, höflich, zu'vorkommend, sanft; *contp.* ölig; **2.** lieblich, mild (*Wein etc.*); **suav·i·ty** ['swɑːvətɪ] *s.* **1.** Höflichkeit *f*, Verbindlichkeit *f*; **2.** Lieblichkeit *f*, Milde *f*; **3.** *pl.* a) Artigkeiten *pl.*, b) Annehmlichkeiten *pl.*

sub¹ [sʌb] **I** *s.* F *abbr. für* ***submarine***, ***subordinate***, ***subway***, ***subaltern***, ***sublieutenant*** *etc.*; **II** *adj.* Aushilfs…, Not…; **III** *v/i.* F (***for***) einspringen (für), vertreten (*acc.*).

sub² [sʌb] (*Lat.*) *prp.* unter: **~ *finem*** am Ende (*e-s zitierten Kapitels*); **~ *judice*** (noch) anhängig, (noch) nicht entschieden (*Rechtsfall*); **~ *rosa*** unter dem Siegel der Verschwiegenheit, vertraulich; **~ *voce*** unter dem angegebenen Wort (*in e-m Wörterbuch etc.*).

sub- [sʌb; səb] *in Zssgn* a) Unter…, Grund…, Sub…, b) 'untergeordnet, Neben…, Unter…, c) annähernd, d) ⚗ basisch, e) ⚘ 'umgekehrt.

ˌsub'ac·e·tate [ˌsʌb-] *s.* ⚗ basisch essigsaures Salz.

ˌsub'ac·id [ˌsʌb-] *adj.* **1.** säuerlich; **2.** *fig.* bissig, säuerlich.

ˌsub'a·gent [ˌsʌb-] *s.* **1.** ✝ a) 'Untervertreter *m*, b) 'Zwischenspediˌteur *m*; **2.** ⚖ 'Unterbevollmächtigte(r *m*) *f*.

ˌsub'al·pine [ˌsʌb-] ⚘, *zo.* **I** *adj.* subal'pin(isch); **II** *s.* a) subal'pines Tier, b) subal'pine Pflanze.

sub·al·tern ['sʌbltən] **I** *adj.* **1.** subal'tern, 'untergeordnet, Unter…; **II** *s.* **2.** Subal'terne(r *m*) *f*, Unter'gebene(r *m*) *f*; **3.** ✕ *bsd. Brit.* Subal'ternoffiˌzier *m*.

sub·a·qua [səb'ækwə] *adj.* **1.** Unterwasser…; **2.** (Sport)Taucher…

ˌsub'arc·tic [ˌsʌb-] *adj. geogr.* sub'arktisch.

sub'au·di·ble [səb-] *adj.* **1.** *phys.* unter der Hörbarkeitsgrenze; **2.** kaum hörbar.

sub'cal·i·ber *Am.*, **sub'cal·i·bre** *Brit.* [səb-] *adj.* **1.** Kleinkaliber…; **2.** ✕ *Artillerie*: Abkommkaliber…

'sub·comˌmit·tee ['sʌb-] *s.* 'Unterausschuß *m*.

ˌsub'com·pact (**car**) [ˌsʌb-] *s. mot.* Kleinwagen *m*.

ˌsub'con·scious [ˌsʌb-] ⚕, *psych.* **I** *adj.* □ 'unterbewußt; **II** *s.* 'Unterbewußtsein *n*, *das* 'Unterbewußte.

ˌsub'con·ti·nent [ˌsʌb-] *s. geogr.* 'Subkontiˌnent *m*.

sub'con·tract [səb-] *s.* Nebenvertrag *m*; **ˌsub·con'trac·tor** [ˌsʌb-] *s.* ✝ 'Subunterˌnehmer(in), *a.* Zulieferer *m*.

ˌsub'cul·ture [ˌsʌb-] *s. sociol.* 'Subkulˌtur *f*.

sub·cu·ta·ne·ous [ˌsʌbkjuː'teɪnjəs] *adj.* □ *anat.* subku'tan, unter der *od.* die Haut.

sub·deb [ˌsʌb'deb] *s. Am.* F **1.** → ***subdebutante***; **2.** Teenager *m*; **ˌsub'deb·u·tante** [ˌsʌb-] *s. Am.* noch nicht in die Gesellschaft eingeführtes junges Mädchen.

ˌsub·di'vide [ˌsʌb-] *v/t.* (*v/i.* sich) unter'teilen; **'sub·diˌvi·sion** *s.* **1.** Unter'teilung *f*; **2.** 'Unterabˌteilung *f*.

sub·due [səb'djuː] *v/t.* **1.** unter'werfen (***to*** *dat.*), unter'jochen; **2.** über'winden, -'wältigen, **3.** *fig.* besiegen, bändigen, zähmen: **~ *one's passions***; **4.** *Farbe, Licht, Stimme, Wirkung etc.*, *a. Begeisterung, Stimmung etc.* dämpfen; **5.** *fig. j-m* e-n Dämpfer aufsetzen; **sub'dued** [-juːd] *adj.* **1.** unter'worfen, -'jocht; **2.** gebändigt; **3.** gedämpft (*a. fig.*).

ˌsub'ed·it [ˌsʌb-] *v/t. Zeitung etc.* redigieren; **ˌsub'ed·i·tor** *s.* Redak'teur *m*.

'subˌhead(·ing) ['sʌb-] *s.* **1.** 'Unter-, Zwischentitel *m*; **2.** 'Unterabˌteilung *f e-s Buches etc.*

ˌsub'hu·man [ˌsʌb-] *adj.* **1.** halbtierisch; **2.** unmenschlich.

sub·ja·cent [sʌb'dʒeɪsənt] *adj.* **1.** dar'unter *od.* tiefer liegend; **2.** *fig.* zu'grunde liegend.

sub·ject ['sʌbʒɪkt] **I** *s.* **1.** (*Gesprächs- etc.*)Gegenstand *m*, Thema *n*, Stoff *m*: **~ *of conversation***; ***on the* ~ *of*** über (*acc.*), bezüglich (*gen.*); **2.** *ped.* (Lehr-, Schul-, Studien)Fach *n*, Fachgebiet *n*: ***compulsory* ~** Pflichtfach; **3.** Grund *m*, Anlaß *m* (***for complaint*** zur Beschwerde); **4.** Ob'jekt *n*, Gegenstand *m* (***of ridicule*** des Spotts); **5.** *paint. etc.* Thema *n* (*a.* ♪), Su'jet *n*, Vorwurf *m*; **6.** *ling.* Sub'jekt *n*, Satzgegenstand *m*; **7.** 'Untertan(in), *a.* Staatsbürger(in), -angehörige(r *m*) *f*: ***a British* ~**; **8.** *bsd.* ⚕ a) Ver'suchsperˌson *f*, -tier *n*, b) Leichnam *m für Sektionszwecke*, c) Pati'ent (-in), *hysterische etc.* Per'son; **9.** *ohne Artikel* die betreffende Person *etc.* (*in Informationen*); **10.** *phls.* a) Sub'jekt *n*, Ich *n*, b) Sub'stanz *f*; **II** *adj. pred.* **11.** 'untertan, unter'geben (***to*** *dat.*); **12.** abhängig (***to*** von); **13.** ausgesetzt (***to*** *dem Gespött etc.*); **14.** (***to***) unter'worfen, -'liegend (*dat.*), abhängig (von), vorbehaltlich (*gen.*): **~ *to approval*** genehmigungspflichtig; **~ *to your consent*** vorbehaltlich Ihrer Zustimmung; **~ *to change without notice*** Änderungen vorbehalten; **~ *to being unsold***, **~ *to* (*prior*) *sale*** ✝ freibleibend, Zwischenverkauf vorbehalten; **15.** (***to***) neigend (zu), anfällig (für): **~ *to headaches***; **III** *v/t.* [səb'dʒekt] **16.** (***to***) a) unter'werfen (*dat.*), abhängig machen (von), b) *e-r Behandlung, Prüfung etc.* unter'ziehen, c) *dem Gespött, der Hitze etc.* aussetzen; **~ cat·a·logue** *s.* 'Schlagwortkataˌlog *m*; **~ head·ing** *s.* Ru'brik *f* in e-m 'Sachreˌgister; **~ in·dex** *s.* 'Sachreˌgister *n*.

sub·jec·tion [səb'dʒekʃn] *s.* **1.** Unter'werfung *f*; **2.** Unter'worfensein *n*; **3.** Abhängigkeit *f*: ***be in* ~ *to s.o.*** von j-m abhängig sein.

sub·jec·tive [səb'dʒektɪv] **I** *adj.* □ **1.** *allg.*, *a.* ⚕, *phls.* subjek'tiv; **2.** *ling.* Subjekts…; **II** *s.* **3.** *a.* **~ *case*** *ling.* Nominativ *m*; **sub'jec·tive·ness** [-nɪs] *s.* Subjektivi'tät *f*; **sub'jec·tiv·ism** [-vɪzəm] *s. bsd. phls.* Subjekti'vismus *m*.

sub·jec·tiv·i·ty [ˌsʌbdʒek'tɪvətɪ] *s.* Subjektivi'tät *f*.

sub·ject| mat·ter *s.* **1.** Gegenstand *m* (*e-r Abhandlung etc.*, *a.* ⚖); **2.** Stoff *m*, Inhalt *m* (*Ggs. Form*); **~ ref·er·ence** *s.* Sachverweis *m*.

ˌsub'join [ˌsʌb-] *v/t.* **1.** hin'zufügen, -setzen; **2.** beilegen, -fügen.

sub ju·di·ce [ˌsʌb'dʒuːdɪsɪ] *s.* ⚖ ***be* ~** verhandelt werden.

sub·ju·gate ['sʌbdʒʊgeɪt] *v/t.* **1.** unter'jochen, -'werfen (***to*** *dat.*); **2.** *bsd. fig.* bezwingen, bändigen; **sub·ju·ga·tion**

[ˌsʌbdʒʊˈgeɪʃn] *s.* Unterˈwerfung *f*, -ˈjochung *f*.

sub·junc·tive [səbˈdʒʌŋktɪv] *ling.* **I** *adj.* ☐ **1.** konjunktiv(isch); **II** *s.* **2.** *a.* **~ mood** Konjunktiv *m*; **3.** Konjunktivform *f*.

ˌsubˈlease [ˌsʌb-] **I** *s.* ˈUntermiete *f*, -pacht *f*, -vermietung *f*, -verpachtung *f*; **II** *v/t.* ˈuntervermieten, -verpachten; **ˌsub·lesˈsee** *s.* ˈUntermieter(in), -pächter(in); **ˌsub·lesˈsor** [-ˈsɔː] *s.* ˈUntervermieter(in), -verpächter(in).

sub·let [ˌsʌbˈlet] *v/t.* [*irr.* → **let**¹] ˈunter-, weitervermieten.

sub·lieu·ten·ant [ˌsʌblefˈtenənt] *s.* ⚓ *Brit.* Oberleutnant *m* zur See.

sub·li·mate [ˈsʌblɪmeɪt] **I** *v/t.* **1.** ⚗ sublimieren; **2.** *fig.* sublimieren (*a. psych.*), veredeln, vergeistigen; **II** *s.* [-mɪt] **3.** ⚗ Subliˈmat *n*; **sub·li·ma·tion** [ˌsʌblɪˈmeɪʃn] *s.* **1.** ⚗ Sublimatiˈon *f*; **2.** *fig.* Sublimierung *f* (*a. psych.*).

sub·lime [səˈblaɪm] **I** *adj.* ☐ **1.** erhaben, hehr, suˈblim; **2.** a) großartig (*a. iro.*): **~ ignorance**, b) *iro.* komˈplett: **a ~ idiot**, c) kraß: **~ indifference**; **II** *s.* **3.** **the ~** das Erhabene; **III** *v/t.* **4.** → **sublimate** 1 *u.* 2; **IV** *v/i.* **5.** ⚗ sublimiert werden; **6.** *fig.* sich läutern.

sub·lim·i·nal [ˌsʌbˈlɪmɪnl] *psych.* **I** *adj.* **1.** ˈunterbewußt: **~ self** → 3; **2.** ˈunterschwellig (*Reiz etc.*, ✝ *Werbung*); **II** *s.* **3.** *das* ˈUnterbewußte.

ˌsub·maˈchine-gun [ˌsʌb-] *s.* ⚔ Maˈschinenpiˌstole *f*.

sub·man [ˈsʌbmæn] *s.* [*irr.*] **1.** tierischer Kerl; **2.** Idiˈot *m*.

ˌsub·maˈrine [ˌsʌb-] **I** *s.* **1.** ⚓, ⚔ ˈUnterseeboot *n*, U-Boot *n*; **II** *adj.* **2.** ˈunterseeisch, Untersee…, submaˈrin; **3.** ⚓, ⚔ Unterseeboot…, U-Boot-…: **~ warfare**; **~ chaser** U-Boot-Jäger *m*; **~ pen** U-Boot-Bunker *m*.

sub·merge [səbˈmɜːdʒ] **I** *v/t.* **1.** ein-, ˈuntertauchen; **2.** überˈschwemmen, unter Wasser setzen; **3.** *fig.* a) unterˈdrücken, b) überˈtönen; **II** *v/i.* **4.** ˈuntertauchen, -sinken; **5.** ⚓ tauchen (*U-Boot*); **subˈmerged** [-dʒd] *adj.* **1.** ˈuntergetaucht; ⚓, ⚔ *Angriff etc.* unter Wasser; **2.** überˈschwemmt; **3.** *fig.* verelendet, verarmt.

sub·mersed [səbˈmɜːst] *adj.* **1.** → **submerged** 1 *u.* 2; **2.** *bsd.* ⚘ Unterwasser…: **~ plants**; **subˈmers·i·ble** [-səbl] **I** *adj.* **1.** ˈuntertauch-, versenkbar; **2.** überˈschwemmbar; **3.** ⚓ tauchfähig; **II** *s.* **4.** ⚓ ˈUnterseeboot *n*; **subˈmer·sion** [-ɜːʃn] *s.* **1.** Ein-, ˈUntertauchen *n*; **2.** Überˈschwemmung *f*.

sub·mis·sion [səbˈmɪʃn] *s.* **1.** (**to**) Unterˈwerfung *f* (unter *acc.*), Ergebenheit *f* (in *acc.*), Gehorsam *m* (gegen); **2.** Unterˈwürfigkeit *f*: **with all due ~** mit allem schuldigen Respekt; **3.** *bsd.* ⚖ Vorlage *f e-s Dokuments etc.*, Unterˈbreitung *f e-r Frage etc.*; **4.** ⚖ a) Sachvorlage *f*, Behauptung *f*, b) Komproˈmiß *m*, *n*; **subˈmis·sive** [-ɪsɪv] *adj.* ☐ **1.** ergeben, gehorsam; **2.** unterˈwürfig; **subˈmis·sive·ness** [-ɪsɪvnɪs] *s.* **1.** Ergebenheit *f*; **2.** Unterˈwürfigkeit *f*; **subˈmit** [-ˈmɪt] **I** *v/t.* **1.** unterˈwerfen, -ˈziehen, aussetzen (**to** *dat.*): **~ o.s.** (**to**) → 4; **2.** *bsd.* ⚖ unterˈbreiten, vortragen, -legen (**to** *dat.*); **3.** *bsd.* ⚖ beantragen, behaupten, zu bedenken geben, anˈheimstellen (**to** *dat.*); *bsd. parl.* ergebenst bemerken; **II** *v/i.* **4.** (**to**) gehorchen (*dat.*), sich fügen (*dat. od.* in *acc.*); sich *j-m*, *e-m Urteil etc.* unterˈwerfen, sich *e-r Operation etc.* unterˈziehen; **subˈmit·tal** [-ˈmɪtl] *s.* Vorlage *f*, Unterˈbreitung *f*.

ˌsubˈnor·mal [ˌsʌb-] *adj.* ☐ **1.** a) ˈunterˌdurchschnittlich, b) minderbegabt, c) schwachsinnig; **2.** Ⱥ ˈsubnorˌmal.

ˈsubˌor·der [ˈsʌb-] *s. biol.* ˈUnterordnung *f*.

sub·or·di·nate [səˈbɔːdnɪt] **I** *adj.* ☐ **1.** ˈuntergeordnet: a) unterˈstellt (**to** *dat.*): **~ position** untergeordnete Stellung, b) zweitrangig, nebensächlich: **~ clause** *ling.* Nebensatz *m*; **be ~ to** *e-r Sache* an Bedeutung nachstehen; **II** *s.* **2.** Unterˈgebene(r *m*) *f*; **III** [-dɪneɪt] *v/t.* **3.** *a. ling.* ˈunterordnen (**to** *dat.*); **4.** zuˈrückstellen (**to** hinter *acc.*); **sub·or·di·na·tion** [səˌbɔːdɪˈneɪʃn] *s.* ˈUnterordnung *f* (**to** unter *acc.*); **subˈor·di·na·tive** [-dɪnətɪv] *adj. ling.* ˈunterordnend: **~ conjunction**.

sub·orn [sʌˈbɔːn] *v/t.* ⚖ (*bsd.* zum Meineid) anstiften; *Zeugen* bestechen; **sub·or·na·tion** [ˌsʌbɔːˈneɪʃn] *s.* ⚖ Anstiftung *f*, Verleitung *f* (**of** zum *Meineid*, zu *falscher Zeugenaussage*), (Zeugen)Bestechung *f*.

sub·pe·na *Am.* → **subpoena**.

ˈsub·plot [ˈsʌb-] *s.* Nebenhandlung *f*.

sub·poe·na [səbˈpiːnə] ⚖ **I** *s.* (Vor)Ladung *f* (unter Strafandrohung); **II** *v/t.* vorladen.

sub·ro·gate [ˈsʌbrəʊgeɪt] *v/t.* ⚖ einsetzen (**for s.o.** an j-s Stelle; **to the rights of** in *j-s* Rechte); **sub·ro·ga·tion** [ˌsʌbrəʊˈgeɪʃn] *s.* ⚖ ˈForderungsˌübergang *m* (kraft Gesetzes); Ersetzung *f e-s Gläubigers durch e-n anderen*: **~ of rights** Rechtseintritt *m*.

sub·scribe [səbˈskraɪb] **I** *v/t.* **1.** *Vertrag etc.* unterˈzeichnen, (ˈunterschriftlich) anerkennen; **2.** *et.* mit *s-m Namen etc.* (unter)ˈzeichnen; **3.** *Geldbetrag* zeichnen (**for** für *Aktien*, **to** für *e-n Fonds*); **II** *v/i.* **4.** e-n Geldbetrag zeichnen (**to** für *e-n Fonds*, **for** für *e-e Anleihe etc.*); **5.** **~ for** *Buch* vorbestellen; **6.** **~ to** *Zeitung etc.* abonnieren; **7.** unterˈschreiben, -ˈzeichnen (**to** *acc.*); **8.** **~ to** *fig. et.* unterˈschreiben, gutheißen, billigen; **subˈscrib·er** [-bə] *s.* **1.** Unterˈzeichner (-in), -ˈzeichnete(r *m*) *f* (**to** *gen.*); **2.** Befürworter(in) (**to** *gen.*); **3.** Subskriˈbent(in), Abonˈnent(in); *teleph.* Teilnehmer(in); **4.** Zeichner *m*, Spender *m* (**to** *e-s Geldbetrages*).

sub·scrip·tion [səbˈskrɪpʃn] *s.* **1.** a) Unterˈzeichnung *f*, b) ˈUnterschrift *f*; **2.** (**to**) (ˈunterschriftliche) Einwilligung (in *acc.*), Zustimmung *f* (zu); **3.** (**to**) Beitrag *m* (zu, für), Spende *f* (für), (gezeichneter) Betrag; (*teleph.* Grund)Gebühr *f*; **4.** *Brit.* (Mitglieds)Beitrag *m*; **5.** Abonneˈment *n*, Bezugsrecht *n*, Subskriptiˈon *f* (**to** auf *acc.*): **by ~** im Abonnement; **take out a ~ to** *Zeitung etc.* abonnieren; **6.** ✝ Zeichnung *f* (**of** *e-r Summe*, *Anleihe etc.*): **~ for shares** Aktienzeichnung; **open for ~** zur Zeichnung aufgelegt; **invite ~s for a loan** e-e Anleihe (zur Zeichnung) auflegen; **~ list** *s.* **1.** ✝ Subskriptiˈonsliste *f*; **2.** *Zeitung*: Zeichnungsliste *f*; **~ price** *s.* Bezugspreis *m*.

ˈsubˌsec·tion [ˈsʌb-] *s.* ˈUnterabˌteilung *f*, -abschnitt *m*.

sub·se·quence [ˈsʌbsɪkwəns] *s.* **1.** späteres Eintreten; **2.** Ⱥ Teilfolge *f*; **ˈsub·se·quent** [-nt] *adj.* ☐ (nach)folgend, später, nachträglich, Nach…: **~ to** a) später als, b) nach, im Anschluß an (*acc.*), folgend (*dat.*); **~ upon** a) infolge (*gen.*), b) *nachgestellt*: (daraus) entstehend, (daraufhin) erfolgend; **ˈsub·se·quent·ly** [-ntlɪ] *adv.* **1.** ˈhinterher, nachher; **2.** anschließend; **3.** später.

sub·serve [səbˈsɜːv] *v/t.* dienlich *od.* förderlich sein (*dat.*); **subˈser·vi·ence** [-vjəns] *s.* **1.** Dienlich-, Nützlichkeit *f* (**to** für); **2.** Abhängigkeit *f* (**to** von); **3.** Unterˈwürfigkeit *f*; **subˈser·vi·ent** [-vjənt] *adj.* ☐ **1.** dienstbar, ˈuntergeordnet (**to** *dat.*); **2.** unterˈwürfig (**to** gegenüber); **3.** dienlich, förderlich (**to** *dat.*).

sub·side [səbˈsaɪd] *v/i.* **1.** sich senken: a) sinken (*Flut etc.*), b) (ein)sinken, absacken (*Boden etc.*), sich setzen (*Haus*); **2.** ⚗ sich niederschlagen; **3.** *fig.* abklingen, abflauen, sich legen: **~ into** verfallen in (*acc.*); **4.** *in e-n Stuhl etc.* sinken.

sub·sid·i·ar·y [səbˈsɪdjərɪ] **I** *adj.* ☐ **1.** Hilfs…, Unterstützungs…, Subsidien…: **be ~ to** ergänzen, unterstützen; **2.** ˈuntergeordnet (**to** *dat.*), Neben…: **~ company** → 4; **~ stream** Nebenfluß *m*; **II** *s.* **3.** *oft pl.* Hilfe *f*, Stütze *f*; **4.** ✝ Tochtergesellschaft *f*.

sub·si·dize [ˈsʌbsɪdaɪz] *v/t.* subventionieren; **ˈsub·si·dy** [-dɪ] *s.* **1.** Beihilfe *f* (aus öffentlichen Mitteln), Subventiˈon *f*; **2.** *oft pl. pol.* Subˈsidien *pl.*, Hilfsgelder *pl.*

sub·sist [səbˈsɪst] **I** *v/i.* **1.** existieren, bestehen; **2.** weiterbestehen, fortdauern; **3.** sich ernähren *od.* erhalten, leben ([**up**]**on** von *e-r Nahrung*, **by** von *e-m Beruf*); **II** *v/t.* **4.** *j-n* er-, unterˈhalten; **subˈsist·ence** [-təns] *s.* **1.** Dasein *n*, Exiˈstenz *f*; **2.** (ˈLebens)ˌUnterhalt *m*, Auskommen *n*, Exiˈstenz(möglichkeit) *f*: **~ level** Existenzminimum *n*; **3.** *bsd.* ⚔ Verpflegung *f*, -sorgung *f*; **4.** **~ money** a) (Lohn)Vorschuß *m*, b) ˈUnterhaltsbeihilfe *f*, -zuschuß *m*.

ˈsub·soil [ˈsʌb-] *s.* ˈUntergrund *m*.

ˌsubˈson·ic [ˌsʌb-] **I** *adj.* Unterschall…; **II** *s.* ˈUnterschallflug(zeug *n*) *m*.

ˈsubˌspe·cies [ˈsʌb-] *s. biol.* ˈUnterart *f*, Subˈspezies *f*.

sub·stance [ˈsʌbstəns] *s.* **1.** Subˈstanz *f*, Maˈterie *f*, Stoff *m*, Masse *f*; **2.** feste Konsiˈstenz, Körper *m* (*Tuch etc.*); **3.** *fig.* Subˈstanz *f*: a) Wesen *n*, b) *das* Wesentliche, wesentlicher Inhalt *od.* Bestandteil, Kern *m*: **this essay lacks ~**; **in ~** im wesentlichen *übereinstimmen etc.*, c) Gehalt *m*: **arguments of little ~** wenig stichhaltige Argumente; **4.** *phls.* a) Subˈstanz *f*, b) Wesen *n*, Ding *n*; **5.** Vermögen *n*, Kapiˈtal *n*: **a man of ~** ein vermögender Mann.

subˈstand·ard [səb-] *adj.* **1.** unter der Norm, klein…, Klein…; **2.** *ling.* ˈumgangssprachlich.

sub·stan·tial [səbˈstænʃl] *adj.* ☐ → **substantially**; **1.** materiˈell, stofflich, wirklich; **2.** fest, kräftig; **3.** nahrhaft, kräftig: ***a ~ meal***; **4.** beträchtlich, wesentlich (*Fortschritt*, *Unterschied etc.*), namhaft (*Summe*); **5.** wesentlich: ***in ~ agreement*** im wesentlichen übereinstimmend; **6.** vermögend, kapi'talkräftig; **7.** *phls.* substanti'ell, wesentlich; **sub·stan·ti·al·i·ty** [səbˌstænʃɪ'ælətɪ] *s.* **1.** Wirklichkeit *f*, Stofflichkeit *f*; **2.** Festigkeit *f*; **3.** Nahrhaftigkeit *f*; **4.** Gediegenheit *f*; **5.** Stichhaltigkeit *f*; **6.** *phls.* Substantiali'tät *f*; **sub'stan·tial·ly** [-ʃəlɪ] *adv.* **1.** dem Wesen nach; **2.** im wesentlichen, wesentlich; **3.** beträchtlich, wesentlich, in hohem Maße; **4.** wirklich; **sub'stan·ti·ate** [-ʃɪeɪt] *v/t.* **1.** a) begründen, b) erhärten, beweisen, c) glaubhaft machen; **2.** Gestalt *od.* Wirklichkeit verleihen (*dat.*), konkretisieren; **3.** stärken, festigen; **sub·stan·ti·a·tion** [səbˌstænʃɪ'eɪʃn] *s.* **1.** a) Begründung *f*, b) Erhärtung *f*, Beweis *m*, c) Glaubhaftmachung *f*: ***in ~ of*** zur Erhärtung *od.* zum Beweis von (*od. gen.*); **2.** Verwirklichung *f*.

sub·stan·ti·val [ˌsʌbstən'taɪvl] *adj.* □ *ling.* substantivisch, Substantiv…; **sub·stan·tive** ['sʌbstəntɪv] **I** *s.* **1.** *ling.* a) Substantiv *n*, Hauptwort *n*, b) substantivisch gebrauchte Form; **II** *adj.* □ **2.** *ling.* substantivisch (gebraucht); **3.** selbständig; **4.** wesentlich; **5.** wirklich, re'al; **6.** fest; **7.** ⚖ materi'ell: ***~ law***.

'subˌsta·tion ['sʌb-] *s.* **1.** Neben-, Außenstelle *f*: ***post office ~*** Zweigpostamt *n*; **2.** ⚡ 'Unterwerk *n*; **3.** *teleph.* (Teilnehmer)Sprechstelle *f*.

sub·sti·tute ['sʌbstɪtju:t] **I** *s.* **1.** Ersatz(-mann) *m*: a) (Stell)Vertreter(in), b) *sport* Auswechselspieler(in): ***act as a ~ for*** *j-n* vertreten; **2.** Ersatz(stoff) *m*, Surro'gat *n* (***for*** für); **3.** *ling.* Ersatzwort *n*; **II** *adj.* **4.** Ersatz…: ***~ driver***; ***~ material*** ⚙ Austausch(werk)stoff *m*; ***~ power of attorney*** ⚖ Untervollmacht *f*; **III** *v/t.* **5.** (***for***) einsetzen (für, an Stelle von), an die Stelle setzen (von *od. gen.*): ***~ A for B*** B durch A ersetzen, B gegen A austauschen *od.* auswechseln (*alle a. sport*); **6.** ersetzen, an *j-s* Stelle treten; **IV** *v/i.* **7.** (***for***) als Ersatz dienen, als Stellvertreter fungieren (für), vertreten (*acc.*), an die Stelle treten (von *od. gen.*); **sub·sti·tu·tion** [ˌsʌbstɪ'tju:ʃn] *s.* **1.** Einsetzung *f* (⚖ *e-s Ersatzerben*, *Unterbevollmächtigten*); *bsd. b.s.* (*Kindes- etc.*)'Unterschiebung *f*; **2.** Ersatz *m*, Ersetzung *f*; (ersatzweise) Verwendung; **3.** Stellvertretung *f*; **4.** 𝒜, ⚗, *ling.* Substituti'on *f*; **sub·sti·tu·tion·al** [ˌsʌbstɪ'tju:ʃənl] *adj.* □ **1.** stellvertretend, Stellvertretungs…; **2.** Ersatz…

ˌsub'stra·tum [ˌsʌb-] *s.* [*irr.*] **1.** 'Unter-, Grundlage *f* (*a. fig.*); **2.** *geol.* 'Unterschicht *f*; **3.** *biol.* a) Sub'strat *n*, Nähr-, Keimboden *m*, b) *a.* ⚗ Träger *m*, Medium *n*; **4.** *phot.* Grundschicht *f*; **5.** *ling.* Sub'strat *n*; **6.** *phls.* Sub'stanz *f*.

'subˌstruc·ture ['sʌb-] *s.* **1.** △ Funda'ment *n*, 'Unterbau *m* (*a.* 🚗); **2.** *fig.* Grundlage *f*.

sub·sume [səb'sju:m] *v/t.* **1.** zs.-fassen, 'unterordnen (***under*** unter *dat. od. acc.*); **2.** einordnen, -reihen, -schließen (***in*** in *acc.*); **3.** *phls.* *als Prämisse* vor'ausschicken; **sub'sump·tion** [-'sʌmpʃn] *s.* **1.** Zs.-fassung *f* (***under*** unter *dat. od. acc.*); **2.** Einordnung *f*.

ˌsub'ten·ant [ˌsʌb-] *s.* 'Untermieter *m*, -pächter *m*.

sub·ter·fuge ['sʌbtəfju:dʒ] *s.* **1.** Vorwand *m*, Ausflucht *f*; **2.** List *f*.

sub·ter·ra·ne·an [ˌsʌbtə'reɪnjən] *adj.*, **ˌsub·ter'ra·ne·ous** [-njəs] *adj.* □ **1.** 'unterirdisch (*a. fig.*); **2.** *fig.* verborgen, heimlich.

sub·tile ['sʌtl], **sub·til·i·ty** [sʌb'tɪlətɪ] → ***subtle***, ***subtlety***; **sub·til·i·za·tion** [ˌsʌtɪlaɪ'zeɪʃn] *s.* **1.** Verfeinerung *f*; **2.** Spitzfindigkeit *f*; **3.** ⚗ Verflüchtigung *f*; **sub·til·ize** ['sʌtɪlaɪz] **I** *v/t.* **1.** verfeinern; **2.** spitzfindig diskutieren *od.* erklären; ausklügeln; **3.** ⚗ verflüchtigen, -dünnen; **II** *v/i.* **4.** spitzfindig argumentieren.

'subˌti·tle ['sʌb-] **I** *s.* 'Untertitel *m* (*Buch*, *Film*); **II** *v/t.* *Film* unter'titeln.

sub·tle ['sʌtl] *adj.* □ **1.** *allg.* fein: ***~ delight***; ***~ odo(u)r***; ***~ smile***; **2.** fein(sinnig), sub'til: ***~ distinction***; ***~ irony***; **3.** scharf(sinnig), spitzfindig; **4.** heikel, schwierig: ***a ~ point***; **5.** raffiniert; **6.** schleichend (*Gift*); **'sub·tle·ty** [-tɪ] *s.* **1.** Feinheit *f*; sub'tile Art; **2.** Spitzfindigkeit *f*; **3.** Scharfsinn(igkeit *f*) *m*; **4.** Gerissenheit *f*, Raffi'nesse *f*; **5.** schlauer Einfall, Fi'nesse *f*.

sub·to·pi·a [sʌb'təʊpɪə] *s. Brit.* zersiedelte Landschaft.

sub'to·tal [səb-] *s.* 𝒜 Zwischen-, Teilsumme *f*.

sub·tract [səb'trækt] **I** *v/t.* 𝒜 abziehen, subtrahieren; **II** *v/i. fig.* (***from***) Abstriche machen (von), schmälern (*acc.*); **sub'trac·tion** [-kʃn] *s.* **1.** 𝒜 Subtrakti'on *f*, Abziehen *n*; **2.** *fig.* Abzug *m*.

sub·tra·hend ['sʌbtrəhənd] *s.* 𝒜 Subtra'hend *m*.

sub·trop·i·cal [ˌsʌb'trɒpɪkl] *adj.* *geogr.* subtropisch; **ˌsub'trop·ics** [-ks] *s. pl.* *geogr.* Subtropen *pl*.

sub·urb ['sʌbɜ:b] *s.* Vorstadt *f*, -ort *m*; **sub·ur·ban** [sə'bɜ:bən] **I** *adj.* **1.** vorstädtisch, Vorstadt…, Vororts…; **2.** *contp.* kleinstädtisch, spießig; **II** *s.* **3.** → ***suburbanite***; **sub·ur·ban·ite** [sə'bɜ:bənaɪt] *s.* Vorstadtbewohner(in); **sub·ur·bi·a** [sə'bɜ:bɪə] *s. oft contp.* **1.** Vorstadt *f*; **2.** *coll. die* Vorstädter *pl*.

'sub·vaˌri·e·ty ['sʌb-] *s.* ⚘, *zo.* 'untergeordnete Abart.

sub·ven·tion [səb'venʃn] *s.* (staatliche) Subventi'on, (geldliche) Beihilfe, Unter'stützung *f*; **sub'ven·tioned** [-nd] *adj.* subventioniert.

sub·ver·sion [səb'vɜ:ʃn] *s.* **1.** *pol.* a) 'Umsturz *m*, Sturz *m e-r Regierung*, b) Staatsgefährdung *f*, Verfassungsverrat *m*; **2.** Unter'grabung *f*, Zerrüttung *f*; **sub'ver·sive** [-ɜ:sɪv] *adj.* **1.** *pol.* 'umstürzlerisch, staatsgefährdend, Wühl…, subver'siv; **2.** zerstörerisch; **3.** zerrüttend; **sub'vert** [-ɜ:t] *v/t.* **1.** *Regierung* stürzen; *Gesetz* 'umstoßen; *Verfassung* gewaltsam ändern; **2.** *Glauben*, *Moral*, *Ordnung etc.* unter'graben, zerrütten.

'sub·way ['sʌb-] *s.* **1.** ('Straßen-, 'Fußgänger)Unterˌführung *f*; **2.** *Am.* U-Bahn *f*.

ˌsub'ze·ro [ˌsʌb-] *adj.* unter dem Gefrierpunkt.

suc·ceed [sək'si:d] **I** *v/i.* **1.** glücken, gelingen, erfolgreich sein *od.* verlaufen, Erfolg haben (*Sache*); **2.** Erfolg haben, erfolgreich sein, sein Ziel erreichen (*Person*) (***as*** als, ***in*** mit *et.*, ***with*** bei *j-m*): ***he ~ed in doing s.th.*** es gelang ihm, et. zu tun; ***~ in an action*** ⚖ obsiegen; **3.** (***to***) a) Nachfolger werden (in *e-m Amt etc.*), b) erben (*acc.*): ***~ to the throne*** auf den Thron folgen; ***~ to s.o.'s rights*** in j-s Rechte eintreten; **4.** (***to***) *unmittelbar* folgen (*dat. od.* auf *acc.*), nachfolgen (*dat.*); **II** *v/t.* **5.** nachfolgen (*dat.*), folgen (*dat. od.* auf *acc.*); *j-s* (Amts-, Rechts)Nachfolger werden, an *j-s* Stelle treten; *j-n* beerben: ***~ s.o. in office*** j-s Amt übernehmen.

suc·cès d'es·time [sʊkˌseɪdes'ti:m] (*Fr.*) *s.* Achtungserfolg *m*.

suc·cess [sək'ses] *s.* **1.** (guter) Erfolg, Gelingen *n*: ***with ~*** erfolgreich; ***without ~*** erfolglos; ***be a (great) ~*** ein (großer) Erfolg sein (*Sache u. Person*), (gut) einschlagen; ***crowned with ~*** von Erfolg gekrönt (*Bemühung*); ***~ rate*** Erfolgsquote *f*; **2.** Erfolg *m*, Glanzleistung *f*; **3.** *beruflicher etc.* Erfolg; **suc'cess·ful** [-fʊl] *adj.* □ **1.** erfolgreich: ***be ~ in doing s.th.*** et. mit Erfolg tun, Erfolg haben bei *od.* mit et.; **2.** erfolgreich, glücklich (*Sache*): ***be ~*** → ***succeed*** 1.

suc·ces·sion [sək'seʃn] *s.* **1.** (Aufein'ander-, Reihen)Folge *f*: ***in ~*** nach-, auf-, hintereinander; ***in rapid ~*** in rascher Folge; **2.** Reihe *f*, Kette *f*, ('ununterˌbrochene) Folge (***of*** *gen. od.* von); **3.** Nach-, Erbfolge *f*, Sukzessi'on *f*: ***~ to the throne*** Thronfolge; ***in ~ to*** als Nachfolger von; ***be next in ~ to s.o.*** als nächster auf j-n folgen; ***~ to an office*** Übernahme *f* e-s Amtes, Amtsnachfolge; ***Apostolic ≈*** *eccl.* Apostolische Sukzession; ***the War of the Spanish ≈*** *hist.* der Spanische Erbfolgekrieg; **4.** ⚖ a) Rechtsnachfolge *f*, b) Erbfolge *f*, c) *a.* ***order of ~*** Erbfolgeordnung *f*, d) *a.* ***law of ~*** *objektives* Erb(folge)recht, e) ***~ to*** 'Übernahme *f e-s Erbes*: ***~ duties*** Erbschaftssteuer *f* (*für unbewegliches Vermögen*); ***~ rights*** *subjektive* Erbrechte; **5.** *coll.* Nachkommenschaft *f*, Erben *pl.*; **suc'ces·sive** [-esɪv] *adj.* □ (aufein'ander)folgend, sukzes'siv: ***3 ~ days*** 3 Tage hintereinander; **suc'ces·sive·ly** [-esɪvlɪ] *adv.* nach-, hinterein'ander, der Reihe nach; **suc'ces·sor** [-esə] *s.* **1.** Nachfolger(in), (***to***, ***of*** *j-s*, für *j-n*): ***~ in office*** Amtsnachfolger; ***~ to the throne*** Thronfolger *m*; **2.** *a.* ***~ in interest*** (*od.* ***title***) ⚖ Rechtsnachfolger(in).

suc·cinct [sək'sɪŋkt] *adj.* □ kurz (und bündig), knapp, la'konisch, prä'gnant; **suc'cinct·ness** [-nɪs] *s.* Kürze *f*, Bündigkeit *f*, Prä'gnanz *f*.

suc·cor ['sʌkə] *Am.* → ***succour***.

suc·co·ry ['sʌkərɪ] *s.* ⚘ Zi'chorie *f*.

suc·cour ['sʌkə] **I** *s.* Hilfe *f*, Beistand *m*; ⚔ Entsatz *m*; **II** *v/t.* beistehen (*dat.*), zu Hilfe kommen (*dat.*); ⚔ entsetzen.

suc·cu·lence ['sʌkjʊləns], **'suc·cu·len·cy** [-sɪ] *s.* Saftigkeit *f*; **'suc·cu·lent** [-nt] *adj.* □ **1.** saftig, fleischig, sukku'lent (*Frucht etc.*); **2.** *fig.* kraftvoll, saftig.

suc·cumb [sə'kʌm] *v/i.* **1.** zs.-brechen (***to*** unter *dat.*); **2.** (***to***) (*j-m*) unter'liegen, (*e-r Krankheit*, *s-n Verletzungen* *etc.*, *a. der Versuchung*) erliegen; **3.** (***to***, ***under***, ***before***) nachgeben (*dat.*).

such [sʌtʃ; sətʃ] **I** *adj.* **1.** solch, derartig: ***no ~ thing*** nichts dergleichen; ***there are ~ things*** so etwas gibt es *od.* kommt vor; ***~ people as you see here*** die(jenigen) *od.* alle Leute, die man hier sieht; ***a system ~ as this*** ein derartiges System; ***~ a one*** ein solcher, eine solche, ein solches; ***~ and ~ persons*** die u. die Personen; **2.** ähnlich, derartig: ***silk and ~ luxuries***; ***poets ~ as Spenser*** Dichter wie Spenser; **3.** *pred.* so (beschaffen), derart(ig) (***as to*** daß): ***~ is life*** so ist das Leben; ***~ as it is*** wie es nun einmal ist; ***~ being the case*** da es sich so verhält; **4.** solch, so (groß *od.* klein *etc.*), dermaßen: ***~ a fright that*** e-n derartigen Schrecken, daß…; ***~ was the force of the explosion*** so groß war die Gewalt der Explosion; **5.** F so (gewaltig), solch: ***we had ~ fun*** wir hatten e-n Riesenspaß; **II** *adv.* **6.** so, derart: ***~ a nice day*** so ein schöner Tag; ***~ a long time*** e-e so lange Zeit; **III** *pron.* **7.** solch, der, die das, die *pl.*: ***~ as*** a) diejenigen welche, alle die, b) wie (zum Beispiel); ***~ was not my intention*** das war nicht meine Absicht; ***man as ~*** der Mensch als solcher; ***and ~*** (***like***) u. dergleichen; **8.** F *u.* † der-, die-, das'selbe, die'selben *pl.*; **'~·like** *adj. u. pron.* dergleichen.

suck [sʌk] **I** *v/t.* **1.** saugen (***from***, ***out of*** aus *dat.*); **2.** saugen an (*dat.*), aussaugen; **3.** *a.* ***~ in***, ***~ up*** ein-, aufsaugen, absorbieren (*a. fig.*); **4.** ***~ in*** einsaugen, verschlingen; **5.** lutschen (an *dat.*): ***~ one's thumb*** (am) Daumen lutschen; **6.** schlürfen: ***~ soup***; **7.** *fig.* holen, gewinnen, ziehen: ***~ advantage out of*** Vorteil ziehen aus; **8.** *fig.* aussaugen: ***~ s.o.'s brain*** j-n ausholen, j-m s-e Ideen stehlen; **II** *v/i.* **9.** saugen, lutschen (***at*** an *dat.*); **10.** Luft saugen *od.* ziehen (*Pumpe*); **11.** ***~ up to*** *sl.* *j-m* ‚in den Arsch kriechen'; **III** *s.* **12.** Saugen *n*, Lutschen *n*: ***give ~ to*** → ***suckle*** 1; **13.** Sog *m*, Saugkraft *f*; **14.** saugendes Geräusch; **15.** Strudel *m*; **16.** F kleiner Schluck; **17.** *sl.* ‚Arschkriecher' *m*; **'suck·er** [-kə] *s.* **1.** *zo.* saugendes Jungtier, *bsd.* Spanferkel *n*; **2.** *zo.* a) Saugrüssel *m*, b) Saugnapf *m*; **3.** *ichth.* a) *ein* Karpfenfisch *m*, b) Neunauge *n*, c) Lumpenfisch *m*, d) Schildfisch *m*; **4.** ⚙ 'Saugvenˌtil *n od.* -kolben *m od.* -rohr *n*; **5.** Lutscher *m* (*Bonbon*); **6.** ⚘ (*a. Wurzel*)Schößling *m*; **7.** *sl.* Dumme(r) *m*, Gimpel *m*: ***be a ~ for*** a) stets hereinfallen auf (*acc.*), b) scharf sein auf (*acc.*); ***play s.o. for a ~*** j-n ‚anschmieren'; ***there's a ~ born every minute*** die Dummen werden nicht alle.

suck·ing ['sʌkɪŋ] *adj.* **1.** saugend; Saug…; **2.** *fig.* angehend, ‚grün', Anfänger…; ***~ coil*** *s.* ⚙ Tauchkernspule *f*; ***~ disk*** *s. zo.* Saugnapf *m*; ***~ pig*** *s. zo.* (Span)Ferkel *n*.

suck·le ['sʌkl] *v/t.* **1.** *Kind*, *a. Jungtier* säugen, *Kind* stillen; **2.** *fig.* nähren, pflegen; **'suck·ling** [-lɪŋ] *s.* **1.** Säugling *m*; **2.** *zo.* (noch nicht entwöhntes) Jungtier.

su·crose ['sju:krəʊs] *s.* Rohr-, Rübenzucker *m*, Su'crose *f*.

suc·tion ['sʌkʃn] **I** *s.* **1.** (An)Saugen *n*; ⚙ *a.* Saugwirkung *f*; *phys.* Saugfähigkeit *f*; **2.** ⚙, *phys.* Sog *m*; **3.** *mot.* Hub (-höhe *f*, -kraft *f*) *m*; **II** *adj.* **4.** Saug… (*-leistung*, *-pumpe etc.*): ***~ cleaner*** (*od.* ***sweeper***) Staubsauger *m*; ***~ cup*** *s.* ⚙ Saugnapf *m*; ***~ pipe*** *s.* ⚙ Ansaugrohr *n*; ***~ plate*** *s.* ⚕ Saugplatte *f* (*für Zahnprothese*); ***~ stroke*** *s. mot.* (An)Saughub *m*.

Su·da·nese [ˌsu:də'ni:z] **I** *adj.* suda'nesisch; **II** *s.* Suda'nese *m*, Suda'nesin *f*; *pl.* Suda'nesen *pl.*

su·dar·i·um [sju:'deərɪəm] *s. eccl.* Schweißtuch *n* (der Heiligen Ve'ronika); **su·da·to·ri·um** [ˌsju:də'tɔ:rɪəm] *pl.* **ri·a** [-rɪə] → ***sudatory*** 3; **su·da·to·ry** ['sju:dətərɪ] **I** *adj.* **1.** Schwitz(bad)…; **2.** ⚕ schweißtreibend; **II** *s.* **3.** Schwitzbad *n*; **4.** ⚕ schweißtreibendes Mittel.

sud·den ['sʌdn] **I** *adj.* □ plötzlich, jäh, unvermutet, ab'rupt, über'stürzt; **II** *s.*: ***on a ~***, (***all***) ***of a ~*** (ganz) plötzlich; **'sud·den·ness** [-nɪs] *s.* Plötzlichkeit *f*.

su·dor·if·er·ous [ˌsju:də'rɪfərəs] *adj.* Schweiß absondernd: ***~ glands*** Schweißdrüsen; **ˌsu·dor'if·ic** [-fɪk] *adj. u. s.* schweißtreibend(es Mittel).

suds [sʌdz] *s. pl.* **1.** Seifenwasser *n*, -lauge *f*; **2.** *Am.* F Bier *n*; **'suds·y** [-zɪ] *adj. Am.* schaumig, seifig.

sue [sju:] **I** *v/t.* **1.** ⚖ *j-n* (gerichtlich) belangen, verklagen (***for*** auf *acc.*, wegen); **2.** ***~ out*** *Gerichtsbeschluß etc.* erwirken; **3.** *j-n* bitten (***for*** um); **4.** *obs.* werben *od.* anhalten um *j-n*; **II** *v/i.* **5.** (***for***) klagen (auf *acc.*), Klage einreichen (wegen); (*e-e Schuld*) einklagen: ***~ for a divorce*** auf Scheidung klagen; **6.** nachsuchen (***to s.o.*** bei j-m, ***for s.th.*** um et.).

suede, **suède** [sweɪd] *s.* Wildleder *n*, Ve'lours(leder) *n*.

su·et ['sjʊɪt] *s.* Nierenfett *n*, Talg *m*.

suf·fer ['sʌfə] **I** *v/i.* **1.** leiden (***from*** an *e-r Krankheit etc.*); **2.** leiden (***under*** [*od.* ***from***] unter *dat.*) (*Handel*, *Ruf*, *Maschine etc.*), Schaden leiden, zu Schaden kommen (*a. Person*); **3.** ⚔ Verluste erleiden; **4.** büßen, bezahlen müssen (***for*** für); **5.** hingerichtet werden; **II** *v/t.* **6.** *Strafe*, *Tod*, *Verlust etc.* erleiden, *Durst etc.* leiden, erdulden; **7.** *et. od. j-n* ertragen *od.* aushalten; **8.** a) dulden, (zu)lassen, b) erlauben, gestatten: ***he ~ed himself to be cheated*** er ließ sich betrügen; **'suf·fer·a·ble** [-fərəbl] *adj.* □ erträglich; **'suf·fer·ance** [-fərəns] *s.* **1.** Duldung *f*, Einwilligung *f*: ***on ~*** unter stillschweigender Duldung, nur geduldet(erweise); **2.** *obs.* a) Ergebung *f*, (Er)Dulden *n*, b) Leiden *n*, Not *f*: ***remain in ~*** † weiter Not leiden (*Wechsel*); **'suf·fer·er** [-fərə] *s.* **1.** Leidende(r *m*) *f*, Dulder(in): ***be a ~ by*** (***from***) leiden durch (an *dat.*); **2.** Geschädigte(r *m*) *f*; **3.** Märtyrer(in); **'suf·fer·ing** [-fərɪŋ] **I** *s.* Leiden *n*, Dulden *n*; **II** *adj.* leidend.

suf·fice [sə'faɪs] **I** *v/i.* genügen, (aus)reichen: ***~ it to say*** es genüge zu sagen; **II** *v/t. j-m* genügen.

suf·fi·cien·cy [sə'fɪʃnsɪ] *s.* **1.** Hinlänglichkeit *f*, Angemessenheit *f*; **2.** hinreichende Menge *od.* Zahl: ***a ~ of money*** genug Geld; **3.** hinreichendes Auskommen, auskömmliches Vermögen; **suf'fi·cient** [-nt] **I** *adj.* □ **1.** genügend, genug, aus-, hin-, zureichend (***for*** für): ***be ~*** genügen, (aus)reichen; ***~ reason*** zureichender Grund; ***I am not ~ of a scientist*** ich bin in den Naturwissenschaften nicht bewandert genug; **2.** *obs.* tauglich, fähig; **II** *s.* **3.** F genügende Menge, genug; **suf'fi·cient·ly** [-ntlɪ] *adv.* genügend, genug, hinlänglich.

suf·fix ['sʌfɪks] **I** *s.* **1.** *ling.* Suf'fix *n*, Nachsilbe *f*; **II** *v/t.* **2.** *ling.* als Nachsilbe anfügen; **3.** anfügen, -hängen.

suf·fo·cate ['sʌfəkeɪt] **I** *v/t.* ersticken (*a. fig.*); **II** *v/i.* (***with***) ersticken (an *dat.*), (fast) 'umkommen (vor *dat.*); **'suf·fo·cat·ing** [-tɪŋ] *adj.* □ erstickend, stickig; **suf·fo·ca·tion** [ˌsʌfə'keɪʃn] *s.* Ersticken *n*, Erstickung *f*.

suf·fra·gan ['sʌfrəgən] *eccl.* **I** *adj.* Hilfs…, Suffragan…; **II** *s. a.* ***~ bishop*** Weihbischof *m*.

suf·frage ['sʌfrɪdʒ] *s.* **1.** *pol.* Wahl-, Stimmrecht *n*: ***female ~*** Frauenstimmrecht; ***universal ~*** allgemeines Wahlrecht; **2.** (Wahl)Stimme *f*; **3.** Abstimmung *f*, Wahl *f*; **4.** Zustimmung *f*; **suf·fra·gette** [ˌsʌfrə'dʒet] *s.* Suffra'gette *f*, Stimmrechtlerin *f*.

suf·fuse [sə'fju:z] *v/t.* **1.** über'strömen, benetzen; über'gießen, -'ziehen, bedekken (***with*** mit *e-r Farbe*); durch'fluten (*Licht*): ***a face ~d with blushes*** ein von Schamröte übergossenes Gesicht; **2.** *fig.* (er)füllen; **suf'fu·sion** [-ju:ʒn] *s.* **1.** Über'gießen *n*, -'flutung *f*; **2.** 'Überzug *m*; **3.** ⚕ 'Blutunterˌlaufung *f*; **4.** *fig.* Schamröte *f*.

sug·ar ['ʃʊgə] **I** *s.* **1.** Zucker *m* (*a.* ⚗, *physiol.*); **2.** ⚗ 'Kohlehyˌdrat *n*; **3.** *fig.* honigsüße Worte *pl.*; **4.** *sl.* ‚Zaster' *m* (*Geld*); **5.** F ‚Schätzchen' *n*; **II** *v/t.* **6.** zuckern, süßen; (über)'zuckern; **7.** *a.* ***~ over*** *fig.* a) versüßen, b) über'tünchen; ***~ ba·sin*** *s. Brit.* Zuckerdose *f*; ***~ beet*** *s.* ⚘ Zuckerrübe *f*; ***~ bowl*** *s. Am.* Zuckerdose *f*; ***~ can·dy*** *s.* Kandis(zucker) *m*; ***~ cane*** *s.* ⚘ Zuckerrohr *n*; **'~-coat** *v/t.* mit Zuckerguß über'ziehen; verzukkern (*a. fig.*): ***~ed pill*** Dragée *n*, verzuckerte Pille (*a. fig.*); **'~-ˌcoat·ing** *s.* **1.** Über'zuckerung *f*, Zuckerguß *m*; **2.** *fig.* Versüßen *n*; Beschönigung *f*; ***~ dad·dy*** *s.* alter ‚Knacker', der ein junges Mädchen aushält.

sug·ared ['ʃʊgəd] *adj.* **1.** gezuckert, gesüßt; **2.** mit Zuckerguß; **3.** *fig.* (honig)süß.

sug·ar| loaf *s.* Zuckerhut *m*; ***~ ma·ple*** *s.* ⚘ Zuckerahorn *m*; **'~·plum** *s.* **1.** Bon'bon *m*, *n*, Süßigkeit *f*; **2.** *fig.* Lockspeise *f*, Schmeiche'lei *f*; ***~ re·fin·er·y*** *s.* 'Zuckerraffineˌrie *f*; ***~ tongs*** *s. pl.* Zukkerzange *f*.

sug·ar·y ['ʃʊgərɪ] *adj.* **1.** zuckerhaltig, zuck(e)rig, süß; **2.** süßlich (*a. fig.*); **3.** *fig.* zuckersüß.

sug·gest [sə'dʒest] *v/t.* **1.** *et. od. j-n* vorschlagen, empfehlen; *et.* anregen; *et.* nahelegen (***to*** *dat.*); **2.** *Idee etc.* eingeben, -flüstern, suggerieren: ***the idea ~s itself*** der Gedanke drängt sich auf (***to*** *dat.*); **3.** hindeuten, -weisen, schließen lassen auf (*acc.*); **4.** denken lassen *od.* erinnern *od.* gemahnen an (*acc.*); **5.** *et.* andeuten, anspielen auf (*acc.*); zu verstehen geben (***that*** daß); **6.** behaupten, meinen (***that*** daß); **sug'gest·i·ble** [-təbl] *adj.* **1.** beeinflußbar, sugge'stibel; **2.** suggerierbar; **sug'ges·tion** [-tʃn] *s.* **1.** Vorschlag *m*, Anregung *f*: ***at the ~ of*** auf Vorschlag von (*od. gen.*); **2.** Wink *m*, Hinweis *m*; **3.** Spur *f*, I'dee *f*: ***not even a ~ of fatigue*** nicht die leiseste Spur von Müdigkeit; **4.** Vermutung *f*: ***a mere ~***; **5.** Erinnerung *f* (***of*** an *acc.*); **6.** Andeutung *f*, Anspielung *f* (***of*** auf *acc.*); **7.** Suggesti'on *f*, Beeinflussung *f*; **8.** Eingebung *f*, -flüsterung *f*; **sug'ges·tive** [-tɪv] *adj.* ☐ **1.** anregend, gehaltvoll; **2.** (***of***) andeutend (*acc.*), erinnernd (an *acc.*): ***be ~ of*** → ***suggest*** 3, 4; **3.** vielsagend; *b.s.* zweideutig, schlüpfrig; **4.** *psych.* sugge'stiv; **sug'ges·tive·ness** [-tɪvnɪs] *s.* **1.** *das* Anregende *od.* Vielsagende, Gedanken-, Beziehungsreichtum *m*; **2.** Schlüpfrigkeit *f*, Zweideutigkeit *f*.

su·i·cid·al [sjʊɪ'saɪdl] *adj.* ☐ selbstmörderisch (*a. fig.*), Selbstmord…; **su·i·cide** ['sjʊɪsaɪd] **I** *s.* **1.** Selbstmord *m* (*a. fig.*), Freitod *m*: ***commit ~*** Selbstmord begehen; **2.** Selbstmörder(in); **II** *adj.* **3.** Selbstmord…

su·int [swɪnt] *s.* Wollfett *n*.

suit [su:t] **I** *s.* **1.** Satz *m*, Garni'tur *f*: ***~ of armo(u)r*** Rüstung *f*; **2.** a) *a.* ***~ of clothes*** (Herren)Anzug *m*, b) ('Damen)Koˌstüm *n*: ***cut one's ~ according to one's cloth*** *fig.* sich nach der Decke strecken; **3.** *Kartenspiel*: Farbe *f*: ***long ~*** lange Hand; ***follow ~*** a) Farbe bekennen, b) *fig.* ‚nachziehen', dasselbe tun, j-s Beispiel folgen; **4.** ⚖ Rechtsstreit *m*, Pro'zeß *m*, Klage(sache) *f*; **5.** Werbung *f*, (Heirats)Antrag *m*; **6.** Anliegen *n*, Bitte *f*; **II** *v/t.* **7.** (***to***) anpassen (*dat. od.* an *acc.*), einrichten (nach): ***~ the action to the word*** das Wort in die Tat umsetzen; ***~ one's style to*** sich im Stil nach *dem Publikum* richten; ***a task ~ed to his powers*** e-e s-n Kräften angemessene Aufgabe; **8.** entsprechen (*dat.*): ***~ s.o.'s purpose***; **9.** passen zu; *j-m* stehen, *j-n* kleiden; **10.** passen für, sich eignen zu *od.* für; → ***suited*** 1; **11.** sich schicken *od.* ziemen für *j-n*; **12.** *j-m* bekommen, zusagen (*Klima, Speise etc.*); **13.** *j-m* gefallen, *j-n* zufriedenstellen: ***try to ~ everybody*** es allen Leuten recht machen wollen; ***~ o.s.*** nach Belieben handeln; ***~ yourself*** mach, was du willst; ***are you ~ed?*** haben Sie et. Passendes gefunden?; **14.** *j-m* recht sein *od.* passen; **III** *v/i.* **15.** passen, (an)genehm sein; **16.** (***with, to***) passen (zu), über'einstimmen (mit); **suit·a·bil·i·ty** [ˌsu:tə'bɪlətɪ] *s.* **1.** Eignung *f*; **2.** Angemessenheit *f*; **3.** Schicklichkeit *f*; **'suit·a·ble** [-təbl] *adj.* ☐ passend, geeignet; angemessen (***to, for*** für, zu): ***be ~*** a) passen, sich eignen, b) sich schicken; **'suit·a·ble·ness** [-təblnɪs] → ***suitability***.

'suit·case *s.* Handkoffer *m*.

suite [swi:t] *s.* **1.** Gefolge *n*; **2.** Folge *f*, Reihe *f*, Serie *f*; **3.** *a.* ***~ of rooms*** a) Suite *f*, Zimmerflucht *f*, b) Apparte'ment *n*; **4.** ('Möbel)Garniˌtur *f*, (Zimmer)Einrichtung *f*; **5.** Fortsetzung *f* (*Roman etc.*); **6.** ♪ Suite *f*.

suit·ed ['su:tɪd] *adj.* **1.** passend, geeignet (***to, for*** für): ***he is not ~ for*** (*od.* ***to be***) ***a teacher*** er eignet sich nicht zum Lehrer; **2.** *in Zssgn*: gekleidet; **'suit·ing** [-ɪŋ] *s.* Anzugstoff *m*.

suit·or ['su:tə] *s.* **1.** Freier *m*; **2.** ⚖ Kläger *m*, (Pro'zeß)Parˌtei *f*; **3.** Bittsteller *m*.

sulfa drugs, **sul·fate** *etc.* → ***sulpha drugs***, ***sulphate*** *etc.*

sulk [sʌlk] **I** *v/i.* schmollen (***with*** mit), trotzen, schlechter Laune *od.* ‚eingeschnappt' sein; **II** *s. mst pl.* Schmollen *n*, (Anfall *m* von) Trotz *m*, schlechte Laune: ***be in the ~s*** → I; **'sulk·i·ness** [-kɪnɪs] *s.* Schmollen *n*, Trotzen *n*, schlechte Laune, mürrisches Wesen; **'sulk·y** [-kɪ] **I** *adj.* ☐ **1.** mürrisch, launisch; **2.** schmollend, trotzend; **3.** *Am.* für 'eine Per'son (bestimmt): ***a ~ set of China***; **4.** ↗, ⚙ *Am.* Pflug mit Fahrersitz; **II** *s.* **5.** a) zweirädriger, einsitziger Einspänner, b) *sport* Sulky *n*, Traberwagen *m*.

sul·len ['sʌlən] *adj.* ☐ **1.** mürrisch, grämlich, verdrossen; **2.** düster (*Miene, Landschaft etc.*); **3.** 'widerspenstig, störrisch (*bsd. Tiere u. Dinge*); **4.** langsam, träge (*Schritt etc.*); **'sul·len·ness** [-nɪs] *s.* **1.** mürrisches Wesen, Verdrossenheit *f*; **2.** Düsterkeit *f*; **3.** 'Widerspenstigkeit *f*; **4.** Trägheit *f*.

sul·ly ['sʌlɪ] *v/t. mst fig.* besudeln, beflecken.

sul·pha drugs ['sʌlfə] *s. pl. pharm.* Sulfona'mide *pl.*

sul·phate ['sʌlfeɪt] ⚗ **I** *s.* schwefelsaures Salz, Sul'fat *n*: ***~ of copper*** Kupfervitriol *n*, -sulfat; **II** *v/t.* sulfatieren; **'sul·phide** [-faɪd] *s.* ⚗ Sul'fid *n*; **'sul·phite** [-faɪt] *s.* ⚗ schwefeligsaures Salz, Sul'fit *n*.

sul·phur ['sʌlfə] *s.* **1.** ⚗ Schwefel *m*: ***~ dioxide*** Schwefeldioxyd *n*; **2.** *a.* ***~ yellow*** Schwefelgelb *n* (*Farbe*); **3.** *zo. ein* Weißling *m* (*Falter*); **'sul·phu·rate** [-fjʊreɪt] → ***sulphurize***; **sul·phu·re·ous** [sʌl'fjʊərɪəs] *adj.* **1.** schwef(e)lig, schwefelhaltig, Schwefel…; **2.** schwefelfarben; **'sul·phu·ret** [-fjʊret] ⚗ **I** *s.* Sul'fid *n*; **II** *v/t.* schwefeln: ***~ted*** geschwefelt; ***~ted hydrogen*** Schwefelwasserstoff *m*; **sul·phu·ric** [sʌl'fjʊərɪk] *adj.* ⚗ Schwefel…; **'sul·phu·rize** [-jʊəraɪz] ⚗, ⚙ *v/t.* **1.** schwefeln; **2.** vulkanisieren; **'sul·phu·rous** [-fərəs] *adj.* **1.** ⚗ → ***sulphureous***; **2.** *fig.* hitzig, heftig.

sul·tan ['sʌltən] *s.* Sultan *m*; **sul·tan·a** [sʌl'tɑ:nə] *s.* **1.** Sultanin *f*; **2.** [səl'tɑ:nə] *a.* ***~ raisin*** ⚘ Sulta'nine *f*; **'sul·tan·ate** [-tənɪt] *s.* Sulta'nat *n*.

sul·tri·ness ['sʌltrɪnɪs] *s.* Schwüle *f*; **sul·try** ['sʌltrɪ] *adj.* ☐ **1.** schwül (*a. fig. erotisch*); **2.** *fig.* heftig, heiß, hitzig (*Temperament etc.*).

sum [sʌm] **I** *s.* **1.** *allg.* Summe *f*: a) *a.* ***~ total*** (Gesamt-, End)Betrag *m*, b) (Geld)Betrag *m*, c) *fig.* Ergebnis *n*, d) *fig.* Gesamtheit *f*: ***in ~*** insgesamt, *fig.* mit 'einem Wort; **2.** F a) Rechenaufgabe *f*, b) *pl.* Rechnen *n*: ***do ~s*** rechnen; ***he is good at ~s*** er kann gut rechnen; **3.** *fig.* Inbegriff *m*, Kern *m*, Sub'stanz *f*; **4.** Zs.-fassung *f*; **II** *v/t.* **5.** *a.* ***~ up*** summieren, zs.-zählen; **6.** ***~ up*** *Ergebnis* ausmachen; **7.** ***~ up*** *fig.* (kurz) zs.-fassen, rekapitulieren; **8.** ***~ up*** (kurz) einabschätzen, (mit Blicken) messen; **III** *v/i.* **9.** ***~ up*** (das Gesagte) zs.-fassen, resümieren.

sum·ma·ri·ness ['sʌmərɪnɪs] *s. das* Sum'marische, Kürze *f*; **'sum·ma·rize** [-raɪz] *v/t. u. v/i.* (kurz) zs.-fassen; **'sum·ma·ry** [-rɪ] **I** *s.* Zs.-fassung *f*, (gedrängte) 'Übersicht, Abriß *m*, (kurze) Inhaltsangabe; **II** *adj.* sum'marisch: a) knapp, gedrängt, b) ⚖ abgekürzt, Schnell…: ***~ procedure***; ***~ offence*** Übertretung *f*; ***~ dismissal*** fristlose Entlassung; **sum·ma·tion** [sʌ'meɪʃn] *s.* **1.** a) Zs.-zählen *n*, b) Summierung *f*, c) (Gesamt)Summe *f*; **2.** ⚖ Resü'mee *n*.

sum·mer¹ ['sʌmə] **I** *s.* **1.** Sommer *m*: ***in (the) ~*** im Sommer; **2.** Lenz *m* (*Lebensjahr*): ***a lady of 20 ~s***; **II** *v/t.* **3.** *Vieh etc.* über'sommern lassen; **III** *v/i.* **4.** den Sommer verbringen; **IV** *adj.* **5.** Sommer…

sum·mer² ['sʌmə] *s.* ⚠ **1.** Oberschwelle *f*; **2.** Trägerbalken *m*; **3.** Tragstein *m auf Pfeilern*.

'sum·mer|·house *s.* **1.** Gartenhaus *n*, (-)Laube *f*; **2.** Landhaus *n*; **~ light·ning** *s.* Wetterleuchten *n*.

'sum·mer·like [-laɪk], **sum·mer·ly** ['sʌməlɪ] *adj.* sommerlich.

sum·mer| re·sort *s.* Sommerfrische *f*, -kurort *m*; **~ school** *s. bsd. univ.* Ferien-, Sommerkurs *m*; **~ term** *s. univ.* 'Sommerseˌmester *n*; **'~·time** *s.* Sommer *m*, Sommerzeit *f*; **~ time** *s.* Sommerzeit *f* (*Uhrzeit*).

sum·mer·y ['sʌmərɪ] *adj.* sommerlich.

ˌsum·ming-'up [ˌsʌmɪŋ-] (kurze) Zs.-fassung, Resü'mee *n* (*a.* ⚖).

sum·mit ['sʌmɪt] *s.* **1.** Gipfel *m* (*a. fig. pol.*), Kuppe *f e-s Berges*: ***~ conference*** *pol.* Gipfelkonferenz *f*; **2.** Scheitel *m e-r Kurve etc.*; Kappe *f*, Krone *f e-s Dammes etc.*; **3.** *fig.* Gipfel *m*, Höhepunkt *m*: ***at the ~ of power*** auf dem Gipfel der Macht; **4.** höchstes Ziel; **'sum·mit·ry** [-trɪ] *s. pol.* 'Gipfelpoliˌtik *f*.

sum·mon ['sʌmən] *v/t.* **1.** auffordern, -rufen (***to do*** *et.* zu tun); **2.** rufen, kommen lassen, (her)zitieren; **3.** ⚖ vorladen; **4.** *Konferenz etc.* zs.-rufen, einberufen; **5.** *oft* ***~ up*** *Kräfte, Mut etc.* zs.-nehmen, zs.-raffen, aufbieten; **'sum·mon·er** [-nə] *s.* (*hist.* Gerichts)Bote *m*; **'sum·mons** [-nz] *s.* **1.** Ruf *m*, Berufung *f*; **2.** Aufforderung *f*, Aufruf *m*; **3.** ⚖ (Vor)Ladung *f*: ***take out a ~ against s.o.*** j-n (vor)laden lassen; **4.** Einberufung *f*.

sump [sʌmp] *s.* **1.** Sammelbehälter *m*, Senkgrube *f*; **2.** ⚙, *mot.* Ölwanne *f*; **3.** ⚒ (Schacht)Sumpf *m*.

sump·ter ['sʌmptə] **I** *s.* Saumtier *n*; **II** *adj.* Pack…: ***~ horse***; ***~ saddle.***

sump·tion ['sʌmpʃn] *s. phls.* **1.** Prä'misse *f*; **2.** Obersatz *m*.

sump·tu·ar·y ['sʌmptjʊərɪ] *adj.* Aufwands…, Luxus…; **'sump·tu·ous** [-əs] *adj.* ☐ **1.** kostspielig; **2.** kostbar, prächtig, herrlich; **3.** üppig; **'sump·tu·ous·ness** [-əsnɪs] *s.* **1.** Kostspieligkeit *f*; **2.** Pracht *f*; Aufwand *m*, Luxus *m*.

sun [sʌn] **I** *s.* **1.** Sonne *f*: ***a place in the ~*** *fig.* ein Platz an der Sonne; ***under the ~*** *fig.* unter der Sonne, auf Erden; ***with the ~*** bei Tagesanbruch; ***his ~ is set*** *fig.* sein Stern ist erloschen; **2.** Sonne *f*, Sonnenwärme *f*, -licht *n*, -schein *m*: ***have the ~ in one's eyes*** die Sonne genau im Gesicht haben; **3.** *poet.* a) Jahr *n*, b) Tag *m*; **II** *v/t. u. v/i.* **4.** (sich) sonnen; **ˌ~-and-'plan·et (gear)** *s.* ⚙

Pla'netengetriebe *n*; '~·**baked** *adj.* von der Sonne ausgedörrt *od.* getrocknet; ~ **bath** *s.* Sonnenbad *n*; '~·**bathe** *v/i.* Sonnenbäder *od.* ein Sonnenbad nehmen; '~·**beam** *s.* Sonnenstrahl *m*; ~ **blind** *s. Brit.* Mar'kise *f*; '~·**block** *s.* Sunblocker *m*; '~·**burn** *s.* **1.** Sonnenbrand *m*; **2.** Sonnenbräune *f*; '~·**burned**, '~·**burnt** *adj.* **1.** sonn(en)verbrannt: ***be ~ a.*** e-n Sonnenbrand haben; **2.** sonnengebräunt; '~·**burst** *s.* **1.** plötzlicher 'Durchbruch der Sonne; **2.** Sonnenbanner *n (Japans)*.

sun·dae ['sʌndeɪ] *s.* Eisbecher *m*.

Sun·day ['sʌndɪ] **I** *s.* **1.** Sonntag *m*: ***on ~*** (am) Sonntag; ***on ~(s)*** sonntags; ***~ evening, ~ night*** Sonntagabend *m*; **II** *adj.* **2.** sonntäglich, Sonntags...: ***~ best*** F Sonntagsstaat *m*, -kleider *pl.*; ***~ school*** *eccl.* Sonntagsschule *f*; **3.** F Sonntags...: ***~ driver***, ***~ painter***.

sun·der ['sʌndə] *poet.* **I** *v/t.* **1.** trennen, sondern (***from*** von); **2.** *fig.* entzweien; **II** *v/i.* **3.** sich trennen; **III** *s.* **4.** ***in ~*** entzwei, auseinander.

'**sun|·di·al** *s.* Sonnenuhr *f*; '~·**down** → ***sunset***; '~ˌ**down·er** *s.* F **1.** *Austral.* Landstreicher *m*; **2.** Dämmerschoppen *m*.

sun·dries ['sʌndrɪz] *s. pl.* Di'verses *n*, Verschiedenes *n*, allerlei Dinge; di'verse Unkosten; **sun·dry** ['sʌndrɪ] *adj.* verschiedene, di'verse, allerlei, -hand: ***all and ~*** all u. jeder, alle miteinander.

'**sun|·fast** *adj. Am.* lichtecht; '~ˌ**flow·er** *s.* Sonnenblume *f*.

sung [sʌŋ] *pret. u. p.p. von* ***sing***.

'**sun|ˌglass·es** *s. pl. a.* ***pair of ~*** Sonnenbrille *f*; '~·**glow** *s.* **1.** Morgen- *od.* Abendröte *f*; **2.** Sonnenhof *m*; ~ **god** *s.* Sonnengott *m*; ~ **hel·met** *s.* Tropenhelm *m*.

sunk [sʌŋk] **I** *pret. u. p.p. von* ***sink***; **II** *adj.* **1.** vertieft; **2.** *bsd.* ⚙ eingelassen, versenkt: ***~ screw***; '**sunk·en** [-kn] **I** *obs. p.p. von* ***sink***; **II** *adj.* **1.** versunken; **2.** eingesunken: ***~ rock*** blinde Klippe; **3.** tiefliegend, vertieft (angelegt); **4.** ⚙ → ***sunk*** 2; **5.** *fig.* hohl (*Augen, Wangen*), eingefallen (*Gesicht*).

sun| lamp *s.* **1.** ⚕ Ultravio'lettlampe *f*; **2.** *Film*: Jupiterlampe *f*; '~·**light** *s.* Sonnenschein *m*, -licht *n*; '~·**lit** *adj.* sonnenbeschienen.

sun·ni·ness ['sʌnɪnɪs] *fig. das* Sonnige; **sun·ny** ['sʌnɪ] *adj.* □ sonnig (*a. fig. Gemüt, Lächeln etc.*), Sonnen...: ***~ side*** Sonnenseite *f* (*a. fig. des Lebens*), *fig. a. die* heitere Seite; ***be on the ~ side of forty*** noch nicht 40 sein.

sun| par·lor, ~ **porch** *s. Am.* 'Glasveˌranda *f*; ~ **pow·er** *s. phys.* 'Sonnenenerˌgie *f*; '~·**proof** *adj.* **1.** für Sonnenstrahlen 'unˌdurchlässig; **2.** lichtfest; '~·**rise** *s.* (***at ~*** bei) Sonnenaufgang *m*; '~·**roof** *s.* **1.** 'Dachterˌrasse *f*; **2.** *mot.* Schiebedach *n*; '~·**screen** *s.* Sonnenschutzmittel *n*; '~·**set** *s.* (***at ~*** bei) 'Sonnenˌuntergang *m*: ***~ of life*** *fig.* Lebensabend *m*; '~·**shade** *s.* **1.** Sonnenschirm *m*; **2.** Mar'kise *f*; **3.** *phot.* Gegenlichtblende *f*; **4.** *pl.* Sonnenbrille *f*; '~·**shine** *s.* Sonnenschein *m* (*a. fig.*); sonniges Wetter: ***~ roof*** *mot.* Schiebedach *n*; ~ **show·er** *s.* F leichter Schauer bei Sonnenschein; ~ **spot** *s.* **1.** *ast.* Sonnenfleck *m*; **2.** Sommersprosse *f*; **3.** *Brit.* F sonnige Gegend; '~·**stroke** *s.* ⚕ Sonnenstich *m*; '~·**struck** *adj.*: ***be ~*** e-n Sonnenstich haben; '~·**tan** *s.* (Sonnen-)Bräune *f*: ***~ lotion*** Sonnenöl *n*; '~·**trap** *s.* sonniges Plätzchen; '~·**up** *s. dial.* Sonnenaufgang *m*; ~ **vi·sor** *s. mot.* Sonnenblende *f*; ~ **wor·ship·(p)er** *s.* Sonnenanbeter *m*.

sup[1] [sʌp] *v/i. obs.* zu Abend essen (***off*** *od.* ***on s.th.*** et).

sup[2] [sʌp] **I** *v/t. a.* ***~ off***, ***~ out*** löffeln, schlürfen: ***~ sorrow*** *fig.* leiden; **II** *v/i.* nippen, löffeln; **III** *s.* Mundvoll *m*, kleiner Schluck: ***a bite and a ~*** et. zu essen u. zu trinken; ***neither bit*** (*od.* ***bite***) ***nor ~*** nichts zu nagen u. zu beißen.

super- [su:pə] *in Zssgn* a) 'übermäßig, Über..., über..., b) oberhalb (von *od. gen.*) *od.* über (*dat.*) befindlich, c) Super... (*bsd. in wissenschaftlichen Ausdrücken*), d) 'übergeordnet, Ober...

su·per ['su:pə] **I** *s.* **1.** F *für* a) ***superintendent***, b) ***supernumerary***, c) ***superhet(erodyne)***; **2.** ✝ F a) Spitzenklasse *f*, b) Quali'tätsware *f*; **II** *adj.* **3.** *a. iro.* Super...; **4.** F ‚super', ‚toll'; **III** *v/i. thea.* als Sta'tist(in) mitspielen.

su·per·a·ble ['su:pərəbl] *adj.* über'windbar, besiegbar.

ˌ**su·per|·a'bound** [-ərə-] *v/i.* **1.** im 'Überfluß vor'handen sein; **2.** Überfluß *od.* e-e 'Überfülle haben (***in, with*** an *dat.*); ˌ~·**a'bun·dance** [-ərə-] *s.* 'Überfülle *f*, -fluß *m* (***of*** an *dat.*); ˌ~·**a'bun·dant** [-ərə-] *adj.* □ **1.** 'überreichlich; **2.** 'überschwenglich; ˌ~'**add** [-ər'æd] *v/t.* noch hin'zufügen (***to*** zu): ***be ~ed*** (***to***) noch dazukommen (zu *et.*).

su·per|·an·nu·ate [ˌsu:pə'rænjʊeɪt] *v/t.* **1.** pensionieren, in den Ruhestand versetzen; **2.** (als zu alt *od.* als veraltet) ausscheiden *od.* zurückweisen; ˌ~'**an·nu·at·ed** [-tɪd] *adj.* **1.** a) pensioniert, b) über'altert (*Person*); **2.** veraltet, über'holt; **3.** ausgedient (*Sache*); ~·**an·nu·a·tion** ['su:pəˌrænjʊ'eɪʃn] *s.* **1.** Pensionierung *f*; **2.** Ruhestand *m*; **3.** (Alters)Rente *f*, Ruhegeld *n*, Pensi'on *f*: ***~ fund*** Pensionskasse *f*.

su·perb [sju:'pɜ:b] *adj.* □ **1.** herrlich, prächtig; **2.** vor'züglich.

ˌ**su·per|'cal·en·der** ⚙ **I** *s.* 'Hochkaˌlander *m*; **II** *v/t. Papier* hochsatinieren; '~ˌ**car·go** *s.* Frachtaufseher *m*, Super'kargo *m*; '~·**charge** *v/t.* **1.** über'laden; **2.** ⚙, *mot.* vor-, 'überverdichten: ***~d engine*** Lader-, Kompressormotor *m*; '~ˌ**charg·er** *s.* ⚙ Kom'pressor *m*, Gebläse *n*.

su·per·cil·i·ous [ˌsu:pə'sɪlɪəs] *adj.* □ hochmütig, her'ablassend; ˌ**su·per'cil·i·ous·ness** [-nɪs] *s.* Hochmut *m*, Hochnäsigkeit *f*.

ˌ**su·per|·con'duc·tive** *adj. phys.* supraleitend; ˌ~·**con'duc·tor** *s. phys.* Supraleiter *m*; ˌ~'**du·ty** *adj.* ⚙ Höchstleistungs...; ˌ~·**el·e'va·tion** [-ere-] *s.* ⚙ Über'höhung *f*; ˌ~'**em·i·nence** [-ər'e-] *s.* **1.** Vorrang(stellung *f*) *m*; **2.** über'ragende Bedeutung *od.* Quali'tät, Vortrefflichkeit *f*.

su·per·er·o·ga·tion ['su:pərˌerə'geɪʃn] *s.* Mehrleistung *f*: ***works of ~*** *eccl.* überschüssige (gute) Werke; ***work of ~*** *fig.* Arbeit über die Pflicht hinaus; **su·per·e·rog·a·to·ry** [ˌsu:pere'rɒgətərɪ] *adj.* **1.** über das Pflichtmaß hin'ausgehend, 'übergebührlich; **2.** 'überflüssig.

su·per·fi·ci·al [ˌsu:pə'fɪʃl] *adj.* □ **1.** oberflächlich, Oberflächen...; **2.** Flächen..., Quadrat...: ***~ measurement*** Flächenmaß *n*; **3.** äußerlich, äußer: ***~ characteristics***; **4.** *fig.* oberflächlich: a) flüchtig, b) *contp.* seicht; **su·per·fi·ci·al·i·ty** ['su:pəˌfɪʃɪ'ælətɪ] *s.* **1.** Oberflächenlage *f*; **2.** *fig.* Oberflächlichkeit *f*; **su·per·fi·ci·es** [ˌsu:pə'fɪʃi:z] *s.* **1.** (Ober)Fläche *f*; **2.** *fig.* Oberfläche *f*, äußerer Anschein.

'**su·per|-film** *s.* Monumen'talfilm *m*; ˌ~'**fine** *adj.* **1.** *bsd.* ✝ extra-, hochfein; **2.** über'feinert.

su·per·flu·i·ty [ˌsu:pə'flʊətɪ] *s.* **1.** 'Überfluß *m*, Zu'viel *n* (***of*** an *dat.*); **2.** *mst pl.* Entbehrlichkeit *f*, 'Überflüssigkeit *f*; **su·per·flu·ous** [su:'pɜ:flʊəs] *adj.* □ 'überflüssig.

ˌ**su·per|'heat** *v/t.* ⚙ über'hitzen; '~ˌ**he·ro** *s.* Superheld *m*; '~·**het** [-het], ˌ~'**het·er·o·dyne** [-'hetərədaɪn] **I** *adj.* Überlagerungs..., Superhet...; **II** *s.* Über'lagerungsempfänger *m*, Super(het) *m*; '~·**high fre·quen·cy** *s.* ⚡ 'Höchstfreˌquenz(bereich *m*) *f*; ˌ~'**high·way** *s. Am.* Autobahn *f*; ˌ~'**hu·man** *adj.* 'übermenschlich: ***~ beings***; ***~ efforts***; ˌ~·**im'pose** [-ərɪ-] *v/t.* **1.** dar'auf-, dar'übersetzen *od.* -legen; **2.** setzen, legen, lagern (***on*** auf, über *acc.*): ***one ~d on the other*** übereinandergelagert; **3.** (***on***) hin'zufügen (zu), folgen lassen (*dat.*); **4.** ⚡, *phys.* über'lagern; **5.** *Film etc.*: 'durch-, einblenden, einkopieren.

su·per·in·tend [ˌsu:pərɪn'tend] *v/t.* die (Ober)Aufsicht haben über (*acc.*), beaufsichtigen, über'wachen, leiten; ˌ**su·per·in'tend·ence** [-dəns] *s.* (Ober-)Aufsicht *f* (***over*** über *acc.*), Leitung *f* (***of*** *gen.*); ˌ**su·per·in'ten·dent** [-dənt] **I** *s.* **1.** Leiter *m*, Vorsteher *m*, Di'rektor *m*: ***~ of public works***; **2.** Oberaufseher *m*, Aufsichtsbeamte(r) *m*, In'spektor *m*: ***~ of schools***; **3.** a) *Brit. etwa* 'Hauptkommisˌsar *m*, b) *Am.* Poli'zeichef *m*; **4.** *eccl.* Superinten'dent *m*; **5.** Hausverwalter *m*; **II** *adj.* **6.** aufsichtführend, leitend, Aufsichts...

su·pe·ri·or [su:'pɪərɪə] **I** *adj.* □ **1.** höherliegend, ober: ***~ planets*** *ast.* äußere Planeten; ***~ wings*** *zo.* Flügeldecken; **2.** höher(stehend), Ober..., vorgesetzt: ***~ court*** ⚖ höhere Instanz; ***~ officer*** vorgesetzter *od.* höherer Beamter *od.* Offizier, Vorgesetzte(r) *m*; **3.** über'legen, -'ragend: ***~ man***; ***~ skill***; → ***style*** 1b; **4.** besser (***to*** als), her'vorragend, erlesen: ***~ quality***; **5.** (***to***) größer, stärker (als), über'legen (*dat.*): ***~ forces*** ⚔ Übermacht *f*; ***~ in number*** zahlenmäßig überlegen, in der Überzahl; **6.** *fig.* erhaben (***to*** über *acc.*): ***~ to prejudice***; ***rise ~ to*** sich über *et.* erhaben zeigen; **7.** *fig.* über'legen, -'heblich: ***~ smile***; **8.** *iro.* vornehm: ***~ persons*** bessere *od.* feine Leute; **9.** *typ.* hochgestellt; **II** *s.* **10.** ***be s.o.'s ~*** j-m überlegen sein (***in*** im *Denken etc.*, an *Mut etc.*); **11.** Vorgesetzte(r *m*) *f*; **12.** *eccl.* a) Su'perior *m*, b) *mst* ***lady ~*** Oberin *f*; **su·pe·ri·or·i·ty** [su:ˌpɪərɪ'ɒrətɪ] *s.* **1.** Erhabenheit *f* (***to, over*** über *acc.*); **2.** Über'legenheit *f*, 'Übermacht *f* (***to, over*** über *acc.*, ***in*** in *od.* an *dat.*); **3.** Vorrecht *n*, -rang *m*, -zug *m*; **4.** Über'heblichkeit *f*:

~ complex *psych.* Superioritätskomplex *m.*
su·per·la·tive [suːˈpɜːlətɪv] **I** *adj.* ☐ **1.** höchst; **2.** überˈragend, ˈunüberˌtrefflich; **3.** *ling.* superlativisch, Superlativ…: **~ degree** → 5; **II** *s.* **4.** höchster Grad, Gipfel *m*; *contp.* Ausbund *m* (**of** von *od.* an *dat.*); **5.** *ling.* Superlativ *m*: **talk in ~s** *fig.* in Superlativen reden.
ˈsu·per|·man [-mæn] *s.* [*irr.*] **1.** ˈÜbermensch *m*; **2.** a) 2 *ein Comics-Held*, b) *iro.* Supermann *m*; **ˈ~ˌmar·ket** *s.* Supermarkt *m*; **ˌ~ˈnat·u·ral I** *adj.* ☐ ˈübernaˌtürlich; **II** *s.* *das* ˈÜbernaˌtürliche; **ˌ~ˈnor·mal** *adj.* ☐ **1.** ˈüberˌdurchschnittlich; **2.** außer-, ungewöhnlich; **ˌ~ˈnu·mer·ar·y** [-ˈnjuːmərərɪ] **I** *adj.* **1.** ˈüberzählig, außerplanmäßig, extra; **2.** ˈüberflüssig; **II** *s.* **3.** ˈüberzählige Perˈson *od.* Sache; **4.** außerplanmäßiger Beamter *od.* Offiˈzier; **5.** Hilfskraft *f*, -arbeiter(in); **6.** *thea.* *etc.* Staˈtist(in); **ˌ~ˈox·ide** [-ərˈɒ-] *s.* ⚗ ˈSuper-, ˈPeroˌxyd *n*; **ˌ~ˈphos·phate** *s.* ⚗ ˈSuperphosˌphat *n.*
su·per·pose [ˌsuːpəˈpəʊz] *v/t.* **1.** (auf)legen, lagern, schichten (**on** über, auf *acc.*); **2.** übereinˈanderlegen, -lagern (*a.* A); **3.** ϟ überˈlagern; **ˌsu·per·poˈsi·tion** *s.* **1.** Aufschichtung *f*, -lagerung *f*; **2.** Übereinˈandersetzen *n*; **3.** *geol.* Schichtung *f*; **4.** ⚘, A Superpositiˈon *f*; **5.** ϟ Überˈlagerung.
ˈsu·per|ˌpow·er I *s.* *pol.* Supermacht *f*; **II** *adj.* ϟ Groß…: **~ station** Großkraftwerk *n*; **ˈ~·race** *s.* Herrenvolk *n.*
su·per·sede [ˌsuːpəˈsiːd] *v/t.* **1.** *j-n od. et.* ersetzen (**by** durch); **2.** *et.* abschaffen, beseitigen, *Gesetz etc.* aufheben; **3.** *j-n* absetzen, s-s Amtes entheben; **4.** *j-n in der Beförderung etc.* überˈgehen; **5.** *et.* verdrängen, ersetzen, ˈüberflüssig machen; **6.** an die Stelle treten von (*od.* *gen.*), *j-n od. et.* ablösen: **be ~d by** abgelöst werden von; **ˌsu·perˈse·de·as** [-dɪæs] *s.* **1.** ⚖ Sistierungsbefehl *m*, ˈWiderruf *m e-r Anordnung*; **2.** *fig.* aufschiebende Wirkung, Hemmnis *n*; **ˌsu·perˈsed·ence** [ˌsuːpəˈsiːdəns] → **supersession.**
ˌsu·perˈsen·si·tive *adj.* ˈüberempfindlich.
ˌsu·perˈses·sion *s.* **1.** Ersetzung *f* (**by** durch); **2.** Abschaffung *f*, Aufhebung *f*; **3.** Absetzung *f*; **4.** Verdrängung *f.*
ˌsu·per|ˈson·ic I *adj.* **1.** *phys.* Ultraschall…; **2.** ✈ Überschall…: **~ boom**, **~ bang** → **sonic bang**; **at ~ speed** mit Überschallgeschwindigkeit; **II** *s.* **3.** ✈, *phys.* ˈÜberschallflug(zeug *n*) *m*; **ˌ~ˈson·ics** *pl.* *phys.* a) Ultraschallwellen *pl.*, b) *mst sg. konstr.* Fachgebiet *n* des Ultraschalls; **ˈ~·star** *s.* Superstar *m*; **ˈ~·state** *s.* *pol.* Supermacht *f.*
su·per·sti·tion [ˌsuːpəˈstɪʃn] *s.* Aberglaube(n) *m*; **ˌsu·perˈsti·tious** [-ʃəs] *adj.* ☐ abergläubisch; **ˌsu·perˈsti·tious·ness** [-ʃəsnɪs] *s.* *das* Abergläubische, Aberglaube(n) *m.*
ˌsu·per|ˈstra·tum *s.* [*irr.*] **1.** *geol.* obere Schicht; **2.** *ling.* Superˈstrat *n*; **ˈ~ˌstruc·ture** *s.* **1.** Ober-, Aufbau *m*: **~ work** Hochbau *m*; **2.** ⚓ (Decks)Aufbauten *pl.*; **3.** *fig.* Oberbau *m*; **ˈ~·tax** *s.* **1.** → **surtax** I; **2.** *Brit.* Einkommensteuerzuschlag *m.*
su·per·vene [ˌsuːpəˈviːn] *v/i.* **1.** (noch) hinˈzukommen ([**up**]**on** zu); **2.** (unvermutet) eintreten, daˈzwischenkommen; **3.** (unmittelbar) folgen, sich ergeben; **ˌsu·perˈven·tion** [-ˈvenʃn] *s.* **1.** Hinˈzukommen *n* (**on** zu); **2.** Daˈzwischenkommen *n.*
su·per·vise [ˈsuːpəvaɪz] *v/t.* beaufsichtigen, überˈwachen, die Aufsicht haben *od.* führen über (*acc.*), kontrollieren; **ˌsu·perˈvi·sion** [-ˈvɪʒn] *s.* **1.** Beaufsichtigung *f*; **2.** (Ober)Aufsicht *f*, Leitung *f*, Konˈtrolle *f* (**of** über *acc.*): **police ~** Polizeiaufsicht; **3.** *ped.* ˈSchulinspektiˈon *f*; **ˈsu·per·vi·sor** [-zə] *s.* **1.** Aufseher *m*, Aufsichtführende(r) *m*, Inˈspektor *m*, Kontrolˈleur *m*; **2.** *Am.* (leitender) Beamter e-s Stadt- *od.* Kreisverwaltungsvorstandes; **3.** *univ.* Doktorvater *m*; **ˈsu·per·vi·so·ry** [-zərɪ] *adj.* Aufsichts…: **in a ~ capacity** aufsichtführend.
su·pine¹ [ˈsjuːpaɪn] *s.* *ling.* Suˈpinum *n.*
su·pine² [sjuːˈpaɪn] *adj.* ☐ **1.** auf dem Rücken liegend, aus-, hingestreckt: **~ position** Rückenlage *f*; **2.** *poet.* zuˈrückgelehnt; **3.** *fig.* (nach)lässig, untätig, träge.
sup·per [ˈsʌpə] *s.* **1.** Abendessen *n*: **have ~** zu Abend essen; **~ club** *Am.* exklusiver Nachtklub; **2. the** 2 *eccl.* a) *a.* **the Last** 2 das letzte Abendmahl, b) *a.* **the Lord's** 2 das heilige Abendmahl, *R.C.* die heilige Kommunion.
sup·plant [səˈplɑːnt] *v/t.* *j-n od. et.* verdrängen, *Rivalen etc.* ausstechen.
sup·ple [ˈsʌpl] **I** *adj.* ☐ **1.** geschmeidig: a) biegsam, b) *fig.* beweglich (*Geist etc.*); **2.** unterˈwürfig; **II** *v/t.* **3.** geschmeidig machen.
sup·ple·ment I *s.* [ˈsʌplɪmənt] **1.** (**to**) Ergänzung *f* (*gen.* *od.* zu), Zusatz *m* (zu); **2.** Nachtrag *m*, Anhang *m* (*zu e-m Buch*), Ergänzungsband *m*; **3.** (*Zeitungs- etc.*)Beilage *f*; **4.** A Ergänzung (*auf 180 Grad*); **II** *v/t.* [ˈsʌplɪment] **5.** ergänzen; **sup·ple·ment·al** [ˌsʌplɪˈmentl] *adj.* ☐, **sup·ple·men·ta·ry** [ˌsʌplɪˈmentərɪ] *adj.* ☐ **1.** ergänzend, Ergänzungs…, Zusatz…, Nach(trags)…: **be ~ to** *et.* ergänzen; **~ agreement** *pol.* Zusatzabkommen *n*; **~ budget**, **~ estimates** Nachtragshaushalt *m*, -etat *m*; **~ order** Nachbestellung *f*; **~ question** Zusatzfrage *f*; **~ proceedings** ⚖ (Zwangs)Vollstreckungsverfahren *n*; **take a ~ ticket** (e-e Fahrkarte) nachlösen; **2.** A supplemenˈtär; **3.** Hilfs…, Ersatz…, Zusatz…; **sup·ple·men·ta·tion** [ˌsʌplɪmenˈteɪʃn] *s.* Ergänzung *f*: a) Nachtragen *n*, b) Nachtrag *m*, Zusatz *m.*
sup·ple·ness [ˈsʌplnɪs] *s.* Geschmeidigkeit *f* (*a. fig.*).
sup·pli·ant [ˈsʌplɪənt] **I** *s.* (demütiger) Bittsteller; **II** *adj.* ☐ flehend, demütig (bittend).
sup·pli·cant [ˈsʌplɪkənt] → **suppliant**; **sup·pli·cate** [ˈsʌplɪkeɪt] **I** *v/i.* **1.** demütig *od.* dringlich bitten, flehen (**for** um); **II** *v/t.* **2.** anflehen, demütig bitten (**s.o. for s.th.** j-n um et.); **3.** erbitten, erflehen, bitten um; **sup·pli·ca·tion** [ˌsʌplɪˈkeɪʃn] *s.* **1.** demütige Bitte (**for** um), Flehen *n*; **2.** (Bitt)Gebet *n*; **3.** Bittschrift *f*, Gesuch *n*; **ˈsup·pli·ca·to·ry** [-ətərɪ] *adj.* flehend, Bitt…
sup·pli·er [səˈplaɪə] *s.* Lieferant(in), *a. pl.* Lieferfirma *f.*
sup·ply¹ [səˈplaɪ] **I** *v/t.* **1.** *Ware*, ϟ *Strom etc.*, *a. fig. Beweis etc.* liefern; beschaffen, bereitstellen, zuführen; **2.** *j-n* beliefern, versorgen, -sehen, ausstatten; ⚙, ϟ speisen (**with** mit); **3.** *Fehlendes* ergänzen; *Verlust* ausgleichen, ersetzen; *Defizit* decken; **4.** *Bedürfnis* befriedigen; *Nachfrage* decken: **~ a want** e-m Mangel abhelfen; **5.** *e-e Stelle* ausfüllen, einnehmen; *Amt* vorˈübergehend versehen: **~ the place of** *j-n* vertreten; **II** *s.* **6.** Lieferung *f* (**to** an *acc.*); Beschaffung *f*, Bereitstellung *f*; An-, Zufuhr *f*; **7.** Belieferung *f*, Versorgung *f* (**of** mit): **~ of power** Energie-, Stromversorgung; **8.** ⚙, ϟ (Netz)Anschluß *m*; **9.** Ergänzung *f*; Beitrag *m*, Zuschuß *m*; **10.** ☤ Angebot *n*: **~ and demand** Angebot und Nachfrage; **be in short ~** knapp sein; **11.** *pl.* ☤ Arˈtikel *pl.*, Bedarf *m*: **office supplies** Bürobedarf; **12.** *mst pl.* Vorrat *m*, Lager *n*, Bestand *m*; **13.** *mst pl.* ⚔ Nachschub *m*, Verˈsorgung(smateriˌal *n*) *f*, Proviˈant *m*; **14.** *mst pl. parl.* bewilligter Eˈtat, (ˈAusgabe)Buˌdget *n*: **Committee of** 2 Haushaltsausschuß *m*; **15.** (Amts-, Stell)Vertretung *f*: **on ~** in Vertretung, als Ersatz; **16.** (Stell)Vertreter *m* (*Lehrer etc.*); **III** *adj.* **17.** Versorgungs…, Liefer(ungs)…: **~ house** Lieferfirma *f*; **~-side economics** *pl.* angebotsorientierte Wirtschaftspolitik *sg.*; **18.** ⚔ Versorgungs…(*-bombe*, *-gebiet*, *-offizier*, *-schiff*), Nachschub…: **~ base** Versorgungs-, Nachschubbasis *f*; **~ depot** Nachschublager *n*; **~ lines** Nachschubverbindungen; **~ sergeant** Kammerunteroffizier *m*; **19.** ⚙, ϟ Speise…(*-leitung*, *-stromkreis etc.*): **~ pipe** Zuleitung(srohr *n*) *f*; **20.** Hilfs…, Ersatz…: **~ teacher** Hilfslehrer *m.*
sup·ply² [ˈsʌplɪ] *adv.* → **supple.**
sup·port [səˈpɔːt] **I** *v/t.* **1.** *Gewicht*, *Wand etc.* tragen, (ab)stützen, (aus-)halten; **2.** ertragen, (er)dulden, aushalten; **3.** *j-n* unterˈstützen, stärken, *j-m* beistehen, *j-m* Rückendeckung geben; **4.** *sich*, *e-e Familie etc.* er-, unterˈhalten, sorgen für, ernähren (**on** von): **~ o.s.** für s-n Lebensunterhalt sorgen; **5.** *et.* finanzieren; **6.** *Debatte etc.* in Gang halten; **7.** eintreten für, unterˈstützen, fördern, befürworten; **8.** *Theorie etc.* vertreten; **9.** *Anklage*, *Anspruch etc.* beweisen, erhärten, begründen, rechtfertigen; **10.** ☤ *Währung* decken; **11.** a) *thea.* *Rolle* spielen, b) als Nebendarsteller auftreten mit *e-m Star etc.*; **II** *s.* **12.** *allg.* Stütze *f*: **walk without ~**; **13.** *bsd.* ⚙ Stütze *f*, Träger *m*, Ständer *m*, Strebe *f*, Absteifung *f*, Bettung *f*; Staˈtiv *n*; △ ˈDurchzug *m*; ⚔ (Gewehr-)Auflage *f*; **14.** *fig.* (*a.* ⚔ taktische) Unterˈstützung, Beistand *m*: **~ buying** ☤ Stützungskäufe *pl.*; **give ~ to** → 3; **in ~ of s.o.** zur Unterstützung von j-m; **15.** (ˈLebens)ˌUnterhalt *m*; **16.** Unterˈhaltung *f e-r Einrichtung*; **17.** *fig.* Stütze *f*, (Rück)Halt *m*; **18.** Beweis *m*, Erhärtung *f*: **in ~ of** zur Bestätigung (*gen.*); **19.** ⚔ Reˈserve *f*, Verstärkung *f*; **20.** *thea.* a) Partner(in) e-s Stars, b) Unterˈstützung *f e-s Stars durch das Ensemble*, c) Enˈsemble *n*; **supˈport·a·ble**

[-təbl] *adj.* □ **1.** haltbar, vertretbar (*Ansicht etc.*); **2.** erträglich, zu ertragen(d); **sup'port·er** [-tə] *s.* **1.** ⚙, △ Stütze *f*, Träger *m*; **2.** Stütze *f*, Beistand *m*, Helfer(in), Unter'stützer(in); **3.** Erhalter(in); **4.** Anhänger(in), Verfechter (-in), Vertreter(in); **5.** ⚕ Tragbinde *f*, Stütze *f*; **sup'port·ing** [-tɪŋ] *adj.* **1.** tragend, stützend, Stütz…, Trag…, *fig. a.* Unterstützungs…: ***~ actor*** *thea.* Nebendarsteller *m*; ***~ cast*** *thea. etc.* Ensemble *n*; ***~ bout*** *Boxen*: Rahmenkampf *m*; ***~ fire*** ⚔ Unterstützungsfeuer *n*; ***~ measures*** flankierende Maßnahmen; ***~ part*** Nebenrolle *f*; ***~ program(me)*** *Film*: Beiprogramm *n*; ***~ purchases*** ⚚ Stützungskäufe; ***~ surfaces*** ✈ Tragwerk *n*; **2.** erhärtend: ***~ document*** Beleg *m*, Unterlage *f*; ***~ evidence*** ⚖ zusätzliche Beweise *pl.*

sup·pose [sə'pəʊz] **I** *v/t.* **1.** (als möglich *od.* gegeben) annehmen, sich vorstellen: ***~*** (*od.* ***supposing*** *od.* ***let us ~***) angenommen, gesetzt den Fall; ***it is to be ~d that*** es ist anzunehmen, daß; **2.** *imp.* (*e-n Vorschlag einleitend*) wie wäre es, wenn *wir e-n Spaziergang machten!*: ***~ we went for a walk!***; ***~ you meet me at 10 o'clock*** ich schlage vor, du triffst mich um 10 Uhr; **3.** vermuten, glauben, meinen: ***I don't ~ we shall be back*** ich glaube nicht, daß wir zurück sein werden; ***they are British, I ~*** es sind wohl *od.* vermutlich Briten; ***I ~ so*** ich nehme an, wahrscheinlich, vermutlich; **4.** (*mit acc. u. inf.*) halten für: ***I ~ him to be a painter***; ***he is ~d to be rich*** er soll reich sein; **5.** (mit Notwendigkeit) vor'aussetzen: ***creation ~s a creator***; **6.** (*pass. mit inf.*) sollen: ***isn't he ~d to be at home?*** sollte er nicht eigentlich zu Hause sein?; ***he is ~d to do*** man erwartet *od.* verlangt von ihm, daß er *et.* tut; ***what is that ~d to be*** (*od.* ***mean***) was soll das sein (*od.* heißen)?; **II** *v/i.* **7.** denken, glauben, vermuten; **sup'posed** [-zd] *adj.* □ **1.** angenommen: ***a ~ case***; **2.** vermutlich; **3.** vermeintlich, angeblich.

sup·po·si·tion [ˌsʌpə'zɪʃn] *s.* **1.** Vor'aussetzung *f*, Annahme *f*: ***on the ~ that*** unter der Voraussetzung, daß; **2.** Vermutung *f*, Mutmaßung *f*, Annahme *f*; **ˌsup·po'si·tion·al** [-ʃənl] *adj.* □ angenommen, hypo'thetisch; **sup·pos·i·ti·tious** [səˌpɒzɪ'tɪʃəs] *adj.* □ **1.** unecht, gefälscht; **2.** 'untergeschoben (*Kind, Absicht etc.*), erdichtet; **3.** → ***suppositional.***

sup·pos·i·to·ry [sə'pɒzɪtərɪ] *s.* ⚕ Zäpfchen *n*, Supposi'torium *n*.

sup·press [sə'pres] *v/t.* **1.** *Aufstand etc., a. Gefühl, Lachen etc., a.* ϟ unter'drükken; **2.** *et.* abstellen, abschaffen; **3.** *Buch* verbieten *od.* unter'drücken; **4.** *Textstelle* streichen; **5.** *Skandal, Wahrheit etc.* verheimlichen, vertuschen, unter'schlagen; **6.** ⚕ *Blutung* stillen, *Durchfall* stopfen; **7.** *psych.* verdrängen; **sup'pres·sant** [-sənt] *s. pharm.* Dämpfungsmittel *n*, (Appe'tit- *etc.*) Zügler *m*; **sup'pres·sion** [-eʃn] *s.* **1.** Unter'drückung *f* (*a. fig. u.* ϟ); **2.** Aufhebung *f*, Abschaffung *f*; **3.** Verheimlichung *f*, Vertuschung *f*; **4.** ⚕ (Blut)Stillung *f*; Stopfung *f*, (Harn)Verhaltung *f*; **5.** *psych.* Verdrängung *f*; **sup'pres·sive** [-sɪv] *adj.* unter'drückend, Unterdrückungs…; **sup'pres·sor** [-sə] *s.* ϟ a) Sperrgerät *n*, b) Entstörer *m*: ***~ grid*** Bremsgitter *n*.

sup·pu·rate ['sʌpjʊəreɪt] *v/i.* ⚕ eitern; **sup·pu·ra·tion** [ˌsʌpjʊə'reɪʃn] *s.* Eiterung *f*; **'sup·pu·ra·tive** [-rətɪv] *adj.* eiternd, eitrig, Eiter…

su·pra ['suːprə] (*Lat.*) *adv.* oben (*bei Verweisen in e-m Buch etc.*).

supra- [suːprə] *in Zssgn* über, supra…, Supra…

ˌsupra|·con'duc·tor *s. phys.* Supraleiter *m*; **ˌ~'mun·dane** *adj.* 'überweltlich; **ˌ~'nas·al** *adj. anat.* über der Nase (befindlich); **ˌ~'na·tion·al** *adj.* überstaatlich; **ˌ~'re·nal** *s. anat.* Nebenniere *f*.

su·prem·a·cy [sʊ'preməsɪ] *s.* **1.** Oberhoheit *f*: a) *pol.* höchste Gewalt, Souveräni'tät *f*, b) Supre'mat *m, n* (*in Kirchensachen*); **2.** *fig.* Vorherrschaft *f*, Über'legenheit *f*: ***air ~*** ⚔ Luftherrschaft *f*; **3.** Vorrang *m*; **su·preme** [sʊ'priːm] **I** *adj.* □ **1.** höchst, oberst, Ober…: ***~ authority*** höchste (Regierungs)Gewalt; ***~ command*** ⚔ Oberbefehl *m*, -kommando *n*; ***~ commander*** ⚔ Oberbefehlshaber *m*; ***♀ Court*** *Am.* a) oberstes Bundesgericht, b) oberstes Gericht (*e-s Bundesstaates*); ***♀ Court (of Judicature)*** *Brit.* Oberster Gerichtshof; ***reign ~*** herrschen (*a. fig.*); **2.** höchst, größt, äußerst, über'ragend: ***~ courage***; ***♀ Being*** → 6; ***the ~ good*** *phls.* das höchste Gut; ***the ~ punishment*** die Todesstrafe; ***stand ~ among*** den höchsten Rang einnehmen unter (*dat.*); **3.** letzt: ***~ moment*** Augenblick *m* des Todes; ***~ sacrifice*** Hingabe *f* des Lebens; **4.** entscheidend, kritisch: ***the ~ hour in the history of a nation***; **II** *s.* **5.** ***the ~*** der *od.* die *od.* das Höchste; **6.** ***the ♀*** der Allerhöchste, Gott *m*; **su·preme·ly** [sʊ'priːmlɪ] *adv.* höchst, aufs äußerste, 'überaus.

su·pre·mo [sʊ'priːməʊ] *s. Brit.* F Oberboß *m*.

sur-¹ [sɜː] *in Zssgn* über, auf.

sur-² [sə] → ***sub-.***

sur·cease [sɜː'siːs] *obs.* **I** *v/i.* **1.** ablassen (***from*** von); **2.** aufhören; **II** *s.* **3.** Ende *n*, Aufhören *n*; **4.** Pause *f*.

sur·charge I *s.* ['sɜːtʃɑːdʒ] **1.** *bsd. fig.* Über'lastung *f*; **2.** ⚚ a) Über'forderung *f* (*a. fig.*), b) 'Überpreis *m*, (*a.* Steuer-) Zuschlag *m*, c) Strafporto *n*; **3.** 'Über-, Aufdruck *m* (*Briefmarke etc.*); **II** *v/t.* [sɜː'tʃɑːdʒ] **4.** über'lasten, -'fordern; **5.** ⚚ a) e-n Zuschlag *od.* ein Nachporto erheben auf (*acc.*), b) *Konto* zusätzlich belasten; **6.** *Briefmarken etc.* (*mit neuer Wertangabe*) über'drucken; **7.** über'füllen, -'sättigen.

sur·cingle ['sɜːˌsɪŋgl] *s.* Sattel-, Packgurt *m*.

sur·coat ['sɜːkəʊt] *s.* **1.** *hist.* a) Wappenrock *m*, b) 'Überrock *m* (*der Frauen*); **2.** Freizeitjacke *f*.

surd [sɜːd] **I** *adj.* **1.** Ⱥ 'irratioˌnal (*Zahl*); **2.** *ling.* stimmlos; **II** *s.* **3.** Ⱥ 'irratioˌnale Größe, *a.* Wurzelausdruck *m*; **4.** *ling.* stimmloser Laut.

sure [ʃʊə] **I** *adj.* □ → ***surely***; **1.** *pred.* (***of***) sicher, gewiß (*gen.*), über'zeugt (von): ***I am ~ he is there***; ***are you ~ (about it)?*** bist du (dessen) sicher?; ***he is*** (*od.* ***feels***) ***~ of success*** er ist sich s-s Erfolges sicher; ***I'm ~ I didn't mean to hurt you*** ich wollte Sie ganz gewiß nicht verletzen; ***are you ~ you won't come?*** wollen Sie wirklich nicht kommen?; **2.** *pred.* sicher, gewiß, (ganz) bestimmt, zweifellos (*objektiver Sachverhalt*): ***he is ~ to come*** er kommt sicher *od.* bestimmt; ***man is ~ of death*** dem Menschen ist der Tod gewiß *od.* sicher; ***make ~ that …*** sich (davon) überzeugen, daß …; ***make ~ of s.th.*** a) sich von et. überzeugen, sich e-r Sache vergewissern, b) sich et. sichern; ***to make ~*** (*Redewendung*) um sicher zu gehen; ***be ~ to*** (*od.* ***and***) ***shut the window!*** vergiß nicht, das Fenster zu schließen!; ***to be ~*** (*Redewendung*) sicher(lich), natürlich (*a. einschränkend = freilich, allerdings*); ***~ thing*** *Am.* F (tod)sicher, klar; **3.** sicher, fest: ***a ~ footing***; ***~ faith*** *fig.* fester Glaube; **4.** sicher, untrüglich: ***a ~ proof***; **5.** verläßlich, zuverlässig; **6.** sicher, unfehlbar: ***a ~ cure*** (***method, shot***); **II** *adv.* **7.** *obs. od.* F sicher(lich): (***as***) ***~ as eggs*** ‚bombensicher'; ***~ enough*** a) ganz bestimmt, sicher(lich), b) tatsächlich; **8.** F wirklich, ‚echt': ***it ~ was cold***; **9.** ***~!*** *bsd. Am.* F sicher!, klar!; **'~-ˌfire** *adj.* F (tod)sicher, zuverlässig; **ˌ~-'foot·ed** *adj.* **1.** sicher (auf den Füßen *od.* Beinen; **2.** *fig.* sicher.

sure·ly ['ʃʊəlɪ] *adv.* **1.** sicher(lich), zweifellos; **2.** (ganz) bestimmt *od.* gewiß, doch (wohl): ***~ something can be done to help him***; **3.** sicher: ***slowly but ~***; **sure·ness** ['ʃʊənɪs] *s.* Sicherheit *f*: a) Gewißheit *f*, b) feste Über'zeugung, c) Zuverlässigkeit *f*; **sure·ty** ['ʃʊərətɪ] *s.* **1.** *bsd.* ⚖ a) Bürge *m*, b) Bürgschaft *f*, Sicherheit *f*: ***stand ~ for*** bürgen *od.* Bürgschaft leisten (***for*** für *j-n*); **2.** Gewähr(leistung) *f*, Garan'tie *f*; **3.** *obs.* Sicherheit *f*: ***of a ~*** sicher(lich), ohne Zweifel; **sure·ty·ship** ['ʃʊərətɪʃɪp] *s. bsd.* ⚖ Bürgschaft(sleistung) *f*.

surf [sɜːf] **I** *s.* Brandung *f*; **II** *v/i. sport* surfen; **III** *v/t. Computer*: surfen: ***~ the internet*** im Internet surfen.

sur·face ['sɜːfɪs] **I** *s.* **1.** *allg.* Oberfläche *f*: ***~ of water*** Wasseroberfläche *f*; ***come*** (*od.* ***rise***) ***to the*** → 13; **2.** *fig.* Oberfläche *f*, *das* Äußere: ***on the ~*** a) äußerlich, b) vordergründig, c) oberflächlich betrachtet; → ***scratch*** 7; **3.** Ⱥ a) (Ober)Fläche *f*, b) Flächeninhalt *m*: ***lateral ~*** Seitenfläche; **4.** (Straßen)Belag *m*, (-)Decke *f*; **5.** ✈ (Trag)Fläche *f*; **6.** ⚒ Tag *m*: ***on the ~*** über Tag, im Tagebau; **II** *adj.* **7.** Oberflächen… (*a.* ⚙ *-härtung etc.*); **8.** *fig.* oberflächlich: a) flüchtig, b) vordergründig, äußerlich, Schein…; **III** *v/t.* **9.** ⚙ *allg.* die Oberfläche behandeln von; glätten; *Lackierung* spachteln; *Straße* mit e-m Belag versehen; **10.** ⚙ flach-, plandrehen; **11.** ⚓ *U-Boot* auftauchen lassen; **IV** *v/i.* **12.** ⚓ auftauchen (*U-Boot*); **13.** an die Oberfläche (*fig.* ans Tageslicht) kommen, sich zeigen; ***~ mail*** *s. Brit.* gewöhnliche Post (*Ggs. Luftpost*); **'~·man** [-mən] *s.* [*irr.*] 🚂 Streckenarbeiter *m*; ***~ noise*** *s.* Rauschen *n* (*e-r Schallplatte*); ***~ print·ing*** *s. typ.* Reli'ef-, Hochdruck *m*.

sur·fac·er ['sɜːfɪsə] *s.* ⚙ **1.** Spachtelmasse *f*; **2.** 'Plandreh- *od.* -hobelmaˌschine *f*.

ˌ**sur·face|-to-'air mis·sile** s. ⚔ 'Boden-'Luft-Raˌkete f; **~ work** s. ⚒ Über'tagearbeit f.

'**surf|·board** *sport* I s. Surfbrett n; II v/i. surfen; '**~·boat** s. ⚓ Brandungsboot n.

sur·feit ['sɜːfɪt] I s. 1. 'Übermaß n (**of** an dat.); 2. a. *fig.* Über'sättigung f (**of** mit); 3. 'Überdruß m: **to (a) ~** bis zum Überdruß; II v/t. 4. über'sättigen, -'füttern (**with** mit); 5. über'füllen, -'laden; III v/i. 6. sich über'sättigen (**of, with** mit).

surf·er ['sɜːfə] s. *sport* Surfer(in); **surf·ing** ['sɜːfɪŋ] s. *sport* Surfen n.

surge [sɜːdʒ] I s. 1. Woge f, Welle f (*beide a. fig.*); 2. Brandung f; 3. a. *fig.* Wogen n, (An)Branden n; Aufwallung f *der Gefühle*; 4. ⚡ Spannungsstoß m; II v/i. 5. wogen: a) (hoch)branden (a. *fig.*), b) *fig.* (vorwärts)drängen (*Menge*), c) brausen (*Orgel, Verkehr etc.*); 6. *fig.* (auf)wallen (*Blut, Gefühl etc.*); 7. ⚡ plötzlich ansteigen, heftig schwanken (*Spannung etc.*).

sur·geon ['sɜːdʒən] s. 1. Chir'urg m; 2. ⚔ leitender Sani'tätsoffiˌzier: **~ general** *Brit.* Stabsarzt m; **ⵍ General** *Am.* a) General(stabs)arzt m, b) ⚓ Marineadmiralarzt m; **~ major** *Brit.* Oberstabsarzt m; 3. Schiffsarzt m; 4. *hist.* Bader m; '**sur·ger·y** [-dʒərɪ] s. ⚕ 1. Chirur'gie f; 2. chir'urgische Behandlung, opera'tiver Eingriff; 3. Operati'onssaal m; 4. *Brit.* Sprechzimmer n: **~ hours** Sprechstunden; '**sur·gi·cal** [-dʒɪkl] adj. □ ⚕ 1. chir'urgisch: **~ cotton** (Verband)Watte f; 2. Operations…: **~ wound**; **~ fever** septisches Fieber; 3. medi'zinisch: **~ boot** orthopädischer Schuh; **~ stocking** Stützstrumpf m; **~ spirit** Wundbenzin n.

surg·ing ['sɜːdʒɪŋ] I s. 1. a. *fig.* Wogen n, Branden n; 2. ⚡ Pendeln n (*der Spannung etc.*); II adj. 3. a. '**surg·y** [-dʒɪ] adj. wogend, brandend (a. *fig.*).

sur·li·ness ['sɜːlɪnɪs] s. Verdrießlichkeit f, mürrisches Wesen; Bärbeißigkeit f; **sur·ly** ['sɜːlɪ] adj. □ 1. verdrießlich, mürrisch; 2. grob, bärbeißig; 3. zäh (*Boden*).

sur·mise I s. ['sɜːmaɪz] Vermutung f, Mutmaßung f, Einbildung f; II v/t. [sɜː'maɪz] mutmaßen, vermuten, sich et. einbilden.

sur·mount [sɜː'maʊnt] v/t. 1. über'steigen; 2. *fig.* über'winden; 3. bedecken, krönen: **~ed by** gekrönt od. überdeckt od. überragt von; **sur'mount·a·ble** [-təbl] adj. 1. über'steigbar, ersteigbar; 2. *fig.* über'windbar.

sur·name ['sɜːneɪm] I s. 1. Fa'milien-, Nach-, Zuname m; 2. *obs.* Beiname m; II v/t. 3. j-m den Zu- od. *obs.* Beinamen … geben: **~d** mit Zunamen.

sur·pass [sə'pɑːs] v/t. 1. *j-n od. et.* über'treffen (**in** an dat.): **~ o.s.** sich selbst übertreffen; 2. *et., j-s Kräfte etc.* über'steigen; **sur'pass·ing** [-sɪŋ] adj. □ her'vorragend, 'unüberˌtrefflich, unerreicht.

sur·plice ['sɜːplɪs] s. *eccl.* Chorhemd n, -rock m.

sur·plus ['sɜːpləs] I s. 1. 'Überschuß m, Rest m; 2. ♆ a) 'Überschuß m, Mehr (-betrag m) n, b) Mehrertrag m, 'überschüssiger Gewinn, c) (unverteilter) Reingewinn, d) Mehrwert m; II adj. 3. 'überschüssig, Über(schuß)…, Mehr…: **~ population** Bevölkerungsüberschuß m; **~ weight** Mehr-, Übergewicht n; '**sur·plus·age** [-sɪdʒ] s. 1. 'Überschuß m, -fülle f (**of** an dat.); 2. *et.* 'Überflüssiges; 3. ⚖ unerhebliches Vorbringen.

sur·prise [sə'praɪz] I v/t. 1. über'raschen: a) ertappen, b) verblüffen, in Erstaunen (ver)setzen: **be ~d at s.th.** über et. erstaunt sein, sich über et. wundern, c) *bsd.* ⚔ über'rumpeln; 2. befremden, empören; 3. **~ s.o. into (doing) s.th.** j-n zu et. verleiten, j-n dazu verleiten, et. zu tun; II s. 4. Über'raschung f: a) Über'rump(e)lung f: **take by ~** *j-n, feindliche Stellung etc.* überrumpeln, *Festung etc.* im Handstreich nehmen, b) *et.* Über'raschendes: **it came as a great ~ (to him)** es kam (ihm) sehr überraschend, c) Verblüffung f, Erstaunen n, Verwunderung f, Bestürzung f (**at** über acc.): **to my ~** zu m-r Überraschung; **stare in ~** große Augen machen; III adj. 5. über'raschend, Überraschungs…: **~ attack**; **~ visit**; **sur'pris·ed·ly** [-zɪdlɪ] adv. über'rascht; **sur'pris·ing** [-zɪŋ] adj. □ über'raschend, erstaunlich; **sur'pris·ing·ly** [-zɪŋlɪ] adv. über'raschend(erweise), erstaunlich(erweise).

sur·re·al·ism [sə'rɪəlɪzəm] s. Surrea'lismus m; **sur're·al·ist** [-ɪst] I s. Surrea'list(in); II adj. → **sur·re·al·is·tic** [səˌrɪə'lɪstɪk] adj. (□ **~ally**) surrea'listisch.

sur·re·but [ˌsʌrɪ'bʌt] v/i. ⚖ e-e Quintu'plik vorbringen; ˌ**sur·re'but·ter** [-tə] s. ⚖ Quintu'plik f.

sur·re·join·der [ˌsʌrɪ'dʒɔɪndə] s. ⚖ Tri'plik f.

sur·ren·der [sə'rendə] I v/t. 1. *et.* über'geben, ausliefern, -händigen (**to** dat.): **~ o.s. (to)** → 5, 6, 7; 2. *Amt, Vorrecht, Hoffnung etc.* aufgeben; *et.* abtreten, verzichten auf (acc.); 3. ⚖ a) *Sache, Urkunde* her'ausgeben, b) *Verbrecher* ausliefern; 4. ♆ *Versicherungspolice* zum Rückkauf bringen; II v/i. 5. ⚔ u. *fig.* sich ergeben (**to** dat.), kapitulieren; 6. sich *der Verzweiflung etc.* hingeben od. über'lassen; 7. ⚖ sich *der Polizei etc.* stellen; III s. 8. 'Übergabe f, Auslieferung f, -händigung f; 9. ⚔ 'Übergabe f, Kapitulati'on f; 10. (**of**) Auf-, Preisgabe f, Abtretung f (gen.), Verzicht m (auf acc.); 11. Hingabe f, Sich'über'lassen n; 12. ⚖ Aufgabe f e-r Versicherung: **~ value** Rückkaufswert m; 13. ⚖ a) Aufgabe f *e-s Rechts etc.*, b) Her'ausgabe f, c) Auslieferung f *e-s Verbrechers*.

sur·rep·ti·tious [ˌsʌrep'tɪʃəs] adj. □ 1. erschlichen, betrügerisch; 2. heimlich, verstohlen: **a ~ glance**; **~ edition** unerlaubter Nachdruck.

sur·ro·gate ['sʌrəgɪt] s. 1. Stellvertreter m (*bsd. e-s Bischofs*); 2. ⚖ *Am.* Nachlaß- u. Vormundschaftsrichter m; 3. Ersatz m, Surro'gat n (**of, for** für).

sur·round [sə'raʊnd] I v/t. 1. um'geben, -'ringen (a. *fig.*): **~ed by danger (luxury)** von Gefahr umringt od. mit Gefahr verbunden (von Luxus umgeben); **circumstances ~ing s.th.** (Begleit)Umstände e-r Sache; 2. ⚔ *etc.* um'zingeln, -'stellen, einkreisen, -schließen; II s. 3. Einfassung f, *bsd.* Boden(schutz)belag m zwischen Wand u. Teppich; 4. *hunt.* *Am.* Treibjagd f; **sur'round·ing** [-dɪŋ] I adj. um'gebend, 'umliegend; II s. pl. Um'gebung f: a) 'Umgegend f, b) 'Umwelt f, c) 'Umfeld n.

sur·tax ['sɜːtæks] I s. (a. Einkommen-) Steuerzuschlag m; II v/t. mit e-m Steuerzuschlag belegen.

sur·veil·lance [sɜː'veɪləns] s. Über'wachung f, (a. Poli'zei)Aufsicht f: **be under ~** unter Polizeiaufsicht stehen; **keep under ~** überwachen.

sur·vey I v/t. [sə'veɪ] 1. über'blicken, -'schauen; 2. genau betrachten, (sorgfältig) prüfen, mustern; 3. abschätzen, begutachten; 4. besichtigen, inspizieren; 5. *Land etc.* vermessen, aufnehmen; 6. *fig.* e-n 'Überblick geben über (acc.); II s. ['sɜːveɪ] 7. *bsd. fig.* 'Überblick m, -sicht f (**of** über acc.); 8. Besichtigung f, Prüfung f; 9. Schätzung f, Begutachtung f; 10. Gutachten n, (Prüfungs)Bericht m; 11. (Land)Vermessung f, Aufnahme f; 12. (Lage)Plan m; 13. (sta'tistische) Erhebung, 'Umfrage f; 14. ⚕ 'Reihenunterˌsuchung f; **sur'vey·ing** [-eɪɪŋ] s. 1. (Land-, Feld)Vermessung f, Vermessungsurkunde f, -wesen n; 2. Vermessen n, Aufnehmen n (*von Land etc.*); **sur'vey·or** [-eɪə] s. 1. Landmesser m, Geo'meter m: **~'s chain** Meßkette f; 2. (amtlicher) In'spektor od. Verwalter od. Aufseher: **~ of highways** Straßenmeister m; **Board of ⵍs** Baubehörde f; 3. *Brit.* (ausführender) Archi'tekt; 4. Sachverständige(r) m, Gutachter m.

sur·viv·al [sə'vaɪvl] s. 1. Über'leben n: **~ of the fittest** *biol.* Überleben der Tüchtigsten; **~ kit** Überlebensausrüstung f; **~ rate** Überlebensquote f; **~ shelter** atomsicherer Bunker; **~ time** ⚔ Überlebenszeit f; 2. Weiterleben n; 3. Fortbestand m; 4. 'Überbleibsel n *alten Brauchtums etc.*; **sur·vive** [sə'vaɪv] I v/t. 1. *j-n od. et.* über'leben (a. *fig.* F *ertragen*), über'dauern, länger leben als; 2. *Unglück etc.* über'leben, -'stehen; II v/i. 3. am Leben bleiben, übrigbleiben, über'leben; 4. noch leben od. bestehen; übriggeblieben sein; 5. weiter-, fortleben od. -bestehen; **sur'viv·ing** [-vɪŋ] adj. 1. über'lebend: **~ wife**; 2. hinter'blieben: **~ dependents** Hinterbliebene; 3. übrigbleibend: **~ debts** ♆ Restschulden; **sur'vi·vor** [-və] s. 1. Über'lebende(r m) f; 2. ⚖ Über'lebender, auf den nach dem Ableben der Miteigentümer das Eigentumsrecht 'übergeht.

sus·cep·ti·bil·i·ty [səˌseptə'bɪlətɪ] s. 1. Empfänglichkeit f, Anfälligkeit f (**to** für); 2. Empfindlichkeit f; 3. pl. (leicht verletzbare) Gefühle pl., Feingefühl n; **sus·cep·ti·ble** [sə'septəbl] adj. □ 1. anfällig (**to** für); 2. empfindlich (**to** gegen); 3. (**to**) empfänglich (für *Reize, Schmeicheleien etc.*), zugänglich (dat.); 4. (leicht) zu beeindrucken(d); 5. **be ~ of** (od. **to**) *et.* zulassen.

sus·cep·tive [sə'septɪv] adj. 1. aufnehmend, aufnahmefähig, rezep'tiv; 2. → **susceptible**.

sus·pect [sə'spekt] I v/t. 1. *j-n* verdächtigen (**of** gen.), im Verdacht haben (**of doing** *et.* getan zu haben od. daß *j-d et.* tut): **be ~ed of doing s.th.** im Verdacht stehen od. verdächtigt werden, et. getan zu haben; **2.** argwöhnen, befürchten; **3.** für möglich halten, halb glauben; **4.** vermuten, glauben (***that*** daß); **5.** *Echtheit, Wahrheit etc.* anzweifeln, miß'trauen (*dat.*); **II** *v/i.* **6.** (e-n) Verdacht hegen, argwöhnisch sein; **III** *s.* ['sʌspekt] **7.** Verdächtige(r *m*) *f*, verdächtige Per'son, Ver'dachtsper,son *f*: ***smallpox ~*** ⚕ Pockenverdächtige(r); **IV** *adj.* ['sʌspekt] **8.** verdächtig, su'spekt (*a. fig. fragwürdig*).

sus·pend [sə'spend] *v/t.* **1.** *a.* ⚙ aufhängen (***from*** an *dat.*); **2.** *bsd.* ⚗ suspendieren, (*in Flüssigkeiten etc.*) schwebend halten; **3.** *Frage etc.* in der Schwebe *od.* unentschieden lassen; **4.** *einstweilen* auf-, verschieben; ⚖ *Verfahren, Vollstreckung* aussetzen: ***~ a sentence*** ⚖ e-e Strafe zur Bewährung aussetzen; **5.** *Verordnung etc.* zeitweilig aufheben *od.* außer Kraft setzen; **6.** *die Arbeit,* ⚔ *die Feindseligkeiten,* ✝ *Zahlungen etc.* (zeitweilig) einstellen; **7.** *j-n* (zeitweilig) des Amtes entheben, suspendieren; **8.** *Mitglied* zeitweilig ausschließen; **9.** *Sportler* sperren; **10.** mit *s-r Meinung etc.* zu'rückhalten; **11.** ♪ *Ton* vorhalten; **sus'pend·ed** [-dɪd] *adj.* **1.** hängend, Hänge...(*-decke, -lampe etc.*): ***be ~*** hängen (***by*** an *dat.*, ***from*** von); **2.** schwebend; **3.** unter'brochen, ausgesetzt, zeitweilig eingestellt: ***~ animation*** ⚕ Scheintod *m*; **4.** ⚖ zur Bewährung ausgesetzt (*Strafe*): ***~ sentence of two years*** zwei Jahre mit Bewährung; **5.** suspendiert (*Beamter*); **sus'pend·er** [-də] *s.* **1.** *pl. bsd. Am.* Hosenträger *pl.*; **2.** *Brit.* Strumpf- *od.* Sockenhalter *m*: ***~ belt*** Hüftgürtel *m*, Straps *m*; **3.** Aufhängevorrichtung *f*.

sus·pense [sə'spens] *s.* **1.** Spannung *f*, Ungewißheit *f*: ***anxious ~*** Hangen u. Bangen *n*; ***in ~*** gespannt, voller Spannung; ***be in ~*** in der Schwebe sein; ***keep in ~*** a) *j-n* in Spannung halten, im ungewissen lassen, b) *et.* in der Schwebe lassen; ***~ account*** ✝ Interimskonto *n*; ***~ entry*** ✝ transitorische Buchung; **2.** → ***suspension*** 6; **sus'pense·ful** [-fʊl] *adj.* spannend; **su'spen·sion** [-nʃn] *s.* **1.** Aufhängen *n*; **2.** *bsd.* ⚙ Aufhängung *f*: ***front-wheel ~***; ***~ bridge*** Hängebrükke *f*; ***~ file*** Hängeordner *m*; ***~ railway*** Schwebebahn *f*; **3.** ⚙ Federung *f*: ***~ spring*** Tragfeder *f*; **4.** ⚗, *phys.* Suspensi'on *f*; *pl.* Aufschlämmungen *pl.*; **5.** (einstweilige) Einstellung (*der Feindseligkeiten etc.*): ***~ of payment(s)*** ✝ Zahlungseinstellung; **6.** ⚖ Aufschub *m*, Aussetzung *f*; vor'übergehende Aufhebung *e-s Rechts*; Hemmung *f der Verjährung*; **7.** Aufschub *m*, Verschiebung *f*; **8.** Suspendierung *f* (***from*** von), (Dienst-, Amts)Enthebung *f*; **9.** zeitweiliger Ausschluß; **10.** *sport* Sperre *f*; **11.** ♪ Vorhalt *m*; **sus'pen·sive** [-sɪv] *adj.* □ **1.** aufschiebend, suspen'siv: ***~ condition***; ***~ veto***; **2.** unter'brechend, hemmend; **3.** unschlüssig; **4.** unbestimmt; **sus'pen·so·ry** [-sərɪ] **I** *adj.* **1.** hängend, Schwebe..., Hänge...; **2.** *anat.* Aufhänge...; **3.** ⚖ → ***suspensive*** 1; **II** *s.* **4.** *anat.* a) *a.* ***~ ligament*** Aufhängeband *n*, b) *a.* ***~ muscle*** Aufhängemuskel *m*; **5.** ⚕ a) *a.* ***~ bandage*** Suspen'sorium *n*, b) Bruchband *n*.

sus·pi·cion [sə'spɪʃn] *s.* **1.** Argwohn *m*, 'Mißtrauen *n* (***of*** gegen); **2.** (***of***) Verdacht *m* (gegen *j-n*), Verdächtigung *f* (*gen.*): ***above ~*** über jeden Verdacht erhaben; ***on ~ of murder*** unter Mordverdacht *festgenommen werden*; ***be under ~*** unter Verdacht stehen; ***cast a ~ on*** e-n Verdacht auf *j-n* werfen; ***have a ~ that*** e-n Verdacht haben *od.* hegen, daß; **3.** Vermutung *f*: ***no ~*** keine Ahnung; **4.** *fig.* Spur *f*: ***a ~ of brandy*** (***arrogance***); ***a ~ of a smile*** der Anflug e-s Lächelns; **sus'pi·cious** [-ʃəs] *adj.* □ **1.** 'mißtrauisch, argwöhnisch (***of*** gegen): ***be ~ of s.th.*** et. befürchten; **2.** verdächtig, verdachterregend; **sus'pi·cious·ness** [-ʃəsnɪs] *s.* **1.** Mißtrauen *n*, Argwohn *m* (***of*** gegen); 'mißtrauisches Wesen; **2.** *das* Verdächtige.

sus·tain [sə'steɪn] *v/t.* **1.** stützen, tragen: ***~ing wall*** Stützmauer *f*; **2.** *Last, Druck, fig. den Vergleich etc.* aushalten; *e-m Angriff etc.* standhalten; **3.** *Niederlage, Schaden, Verletzungen, Verlust etc.* erleiden, da'vontragen; **4.** *et.* (aufrecht-) erhalten, in Gang halten; *Interesse* wachhalten: ***~ing program*** *Am. Radio, TV*: Programm *n* ohne Reklameeinblendungen; **5.** *j-n* er-, unter'halten, *Familie etc.* ernähren; *Heer* verpflegen; **6.** *Institution* unter'halten, -'stützen; **7.** *j-n, j-s Forderung* unter'stützen; **8.** ⚖ als rechtsgültig anerkennen, *e-m Antrag, Einwand etc.* stattgeben; **9.** *Behauptungen etc.* bestätigen, rechtfertigen, erhärten; **10.** *j-n* aufrecht halten; *j-m* Kraft geben; **11.** ♪ *Ton* (aus)halten; **12.** *Rolle* (gut) spielen; **sus'tain·a·ble** [-əbl] *adj.* □ **1.** nachhaltig; **2.** *fig.* vernünftig, tragbar; **3.** umweltverträglich; **sus'tained** [-nd] *adj.* **1.** anhaltend (*a. Interesse etc.*), Dauer...(*-feuer, -geschwindigkeit etc.*); **2.** ♪ a) (aus)gehalten (*Ton*), b) getragen; **3.** *phys.* ungedämpft.

sus·te·nance ['sʌstɪnəns] *s.* **1.** ('Lebens-) ,Unterhalt *m*, Auskommen *n*; **2.** Nahrung *f*; **3.** Nährwert *m*; **4.** Erhaltung *f*, Ernährung *f*; **5.** *fig.* Beistand *m*, Stütze *f*; **sus·ten·ta·tion** [,sʌsten'teɪʃn] *s.* **1.** → ***sustenance*** 1, 2, 4; **2.** Unter'haltung *f e-s Instituts etc.*; **3.** (Aufrecht-) Erhaltung *f*; **4.** Unter'stützung *f*.

su·sur·rant [sjʊ'sʌrənt] *adj.* **1.** flüsternd, säuselnd; **2.** raschelnd.

sut·ler ['sʌtlə] *s.* ⚔ *hist.* Marke'tender(in).

su·ture ['sju:tʃə] **I** *s.* **1.** ⚕, ♀, *anat.* Naht *f*; **2.** ⚕ (Zs.-)Nähen *n*; **3.** ⚕ 'Nahtmateri,al *n*, Faden *m*; **II** *v/t.* **4.** *bsd.* ⚕ (zu-, ver)nähen.

su·ze·rain ['su:zəreɪn] **I** *s.* **1.** Oberherr *m*, Suze'rän *m*; **2.** *pol.* Pro'tektorstaat *m*; **3.** *hist.* Oberlehensherr *m*; **II** *adj.* **4.** oberhoheitlich; **5.** *hist.* oberlehensherrlich; **'su·ze·rain·ty** [-tɪ] *s.* **1.** Oberhoheit *f*; **2.** *hist.* Oberlehensherrlichkeit *f*.

svelte [svelt] *adj.* schlank, gra'zil.

swab [swɒb] **I** *s.* **1.** a) Scheuerlappen *m*, b) Schrubber *m*, c) Mop *m*, d) Handfeger *m*, e) ⚓ Schwabber *m*; **2.** ⚕ a) Tupfer *m*, b) Abstrich *m*; **II** *v/t.* **3.** *a.* ***~ down*** aufwischen, ⚓ *Deck* schrubben; **4.** ⚕ a) *Blut etc.* abtupfen, b) *Wunde* betupfen.

Swa·bi·an ['sweɪbjən] **I** *s.* Schwabe *m*, Schwäbin *f*; **II** *adj.* schwäbisch.

swad·dle ['swɒdl] **I** *adj.* **1.** *Säugling* wikkeln, in Windeln legen; **2.** um'wickeln, einwickeln; **II** *s.* **3.** *Am.* Windel *f*.

swad·dling ['swɒdlɪŋ] *s.* Wickeln *n e-s Babys*; ***~ clothes*** [kləʊðz] *s. pl.* Windeln *pl.*: ***be still in one's ~*** *fig.* ,noch in den Windeln liegen'.

swag [swæg] *s.* **1.** Gir'lande *f* (*Zierat*); **2.** *sl.* Beute *f*, Raub *m*.

swage [sweɪdʒ] **I** *s.* ⚙ **1.** Gesenk *n*; **2.** Präge *f*, Stanze *f*; **II** *v/t.* **3.** im Gesenk bearbeiten.

swag·ger ['swægə] **I** *v/i.* **1.** (ein'her)stolzieren; **2.** prahlen, aufschneiden, renommieren (***about*** mit); **II** *s.* **3.** stolzer Gang, Stolzieren *n*; **4.** Großtue'rei *f*, Prahle'rei *f*; **III** *adj.* **5.** F (tod)schick: ***~ stick*** ⚔ Offi'ziersstöckchen *n*; **'swag·ger·er** [-ərə] *s.* Großtuer *m*, Aufschneider *m*; **'swag·ger·ing** [-ərɪŋ] *adj.* □ **1.** stolzierend; **2.** schwadronierend.

swain [sweɪn] *s.* **1.** *mst poet.* Bauernbursche *m*, Schäfer *m*; **2.** *poet. od. humor.* Liebhaber *m*, Verehrer *m*.

swal·low¹ ['swɒləʊ] **I** *v/t.* **1.** (ver)schlukken, verschlingen: ***~ down*** hinunterschlucken; **2.** *fig. Buch etc.* verschlingen, *Ansicht etc.* begierig in sich aufnehmen; **3.** *Gebiet etc.* ,schlucken', sich einverleiben; **4.** *mst* ***~ up*** *fig. j-n, Schiff, Geld, Zeit etc.* verschlingen; **5.** ,schlucken', für bare Münze nehmen; **6.** *Beleidigung etc.* schlucken, einstekken; **7.** *Tränen, Ärger* hin'unterschlukken; **8.** *Behauptung* zu'rücknehmen: ***~ one's words***; **II** *v/i.* **9.** schlucken (*a. vor Erregung*): ***~ hard*** *fig.* kräftig schlucken; ***~ the wrong way*** sich verschlucken; **III** *s.* **10.** Schlund *m*, Kehle *f*; **11.** Schluck *m*.

swal·low² ['swɒləʊ] *s. orn.* Schwalbe *f*: ***one ~ does not make a summer*** eine Schwalbe macht noch keinen Sommer; **'~·tail** *s.* **1.** *orn.* Schwalbenschwanz-Kolibri *m*; **2.** *zo.* Schwalbenschwanz *m* (*Schmetterling*); **3.** ⚙ Schwalbenschwanz *m*; **4.** *a. pl.* Frack *m*; **'~-tailed** *adj.* Schwalbenschwanz...: ***~ coat*** Frack *m*.

swam [swæm] *pret. von* ***swim***.

swa·mi ['swɑ:mɪ] *s.* **1.** Meister *m* (*bsd. Brahmane*); **2.** → ***pundit*** 2.

swamp [swɒmp] **I** *s.* **1.** Sumpf *m*; **2.** (Flach)Moor *n*; **II** *v/t.* **3.** über'schwemmen (*a. fig.*): ***be ~ed with*** mit *Arbeit, Einladungen etc.* überhäuft werden *od.* sein, sich nicht mehr retten können vor (*dat.*); **4.** ⚓ *Boot* vollaufen lassen, zum Sinken bringen; **5.** *Am. pol. Gesetz* zu Fall bringen; **6.** *sport* ,über'fahren'; **'swamp·y** [-pɪ] *adj.* sumpfig, mo'rastig, Sumpf...

swan [swɒn] *s.* **1.** *zo.* Schwan *m*: ***ꝰ of Avon*** *fig.* der Schwan vom Avon (*Shakespeare*); **2.** ꝰ *ast.* Schwan *m* (*Sternbild*).

swank [swæŋk] F **I** *s.* **1.** Protze'rei *f*, ,Angabe' *f*; **2.** ,Angeber' *m*; **II** *v/i.* **3.** protzen, ,angeben'; **III** *adj.* **4.** → **'swank·y** [-kɪ] *adj.* F **1.** protzig; **2.** (tod)schick.

'swan|·like *adj. u. adv.* schwanengleich; ***~ maid·en*** *s. myth.* Schwan(en)jungfrau *f*; **'~·neck** *s.* ⚙ Schwanenhals *m*.

swan·ner·y ['swɒnərɪ] *s.* Schwanenteich *m*.

swan| song *s. bsd. fig.* Schwanengesang *m*; **'~-,up·ping** *s. Brit. Einfangen u. Kennzeichnen der jungen Schwäne* (*bsd. auf der Themse*).

swap [swɒp] F **I** *v/t.* (aus-, ein)tauschen (***s.th. for*** et. für); *Pferde etc.* tauschen, wechseln: ***to ~ stories*** *fig.* Geschichten austauschen; **II** *v/i.* tauschen; **III** *s.* Tausch(handel) *m*; † Swap(geschäft *n*) *m*.

sward [swɔ:d] *s.* Rasen *m*, Grasnarbe *f*; **'sward·ed** [-dɪd] *adj.* mit Rasen bedeckt.

swarm[1] [swɔ:m] **I** *s.* **1.** (Bienen- *etc.*) Schwarm *m*; **2.** Schwarm *m* (*Kinder, Soldaten etc.*); **3.** *fig.* Haufen *m*, Masse *f* (*Briefe etc.*); **II** *v/i.* **4.** schwärmen (*Bienen*); **5.** (um'her)schwärmen, (zs.-)strömen: ***~ out*** a) ausschwärmen, b) hinausströmen; ***~ to a place*** zu e-m Ort (hin)strömen; ***beggars ~ in that town*** in dieser Stadt wimmelt es von Bettlern; **6.** (***with***) wimmeln (von); **III** *v/t.* **7.** um'schwärmen, -'drängen; **8.** *Örtlichkeit* in Schwärmen über'fallen; **9.** *Bienen* ausschwärmen lassen.

swarm[2] [swɔ:m] **I** *v/t.* a) hochklettern an (*dat.*), b) hin'aufklettern auf (*acc.*); **II** *v/i.* klettern.

swarth·i·ness ['swɔ:ðɪnɪs] *s.* dunkle Gesichtsfarbe, Schwärze *f*, Dunkelbraun *n*; **swarth·y** ['swɔ:ðɪ] *adj.* □ dunkel (-häutig), schwärzlich.

swash [swɒʃ] **I** *v/i.* **1.** klatschen, schwappen (*Wasser etc.*); **2.** planschen (*im Wasser*); **II** *v/t.* **3.** *Wasser etc.* a) spritzen lassen, b) klatschen; **III** *s.* **4.** Platschen *n*, Schwappen *n*; **5.** Platsch *m*, Klatsch *m* (*Geräusch*); **'~ˌbuck·ler** [-ˌbʌklə] *s.* **1.** Schwadro'neur *m*, Bra'marbas *m*; **2.** verwegener Kerl; **3.** hi'storischer 'Abenteuerfilm *m od.* -roˌman *m*; **'~ˌbuck·ling** [-ˌbʌklɪŋ] **I** *s.* Bramarbasieren *n*, Prahlen *n*; **II** *adj.* schwadronierend, prahlerisch; ***~ plate*** *s.* ⚙ Taumelscheibe *f*.

swas·ti·ka ['swɒstɪkə] *s.* Hakenkreuz *n*.

swat [swɒt] F **I** *v/t.* **1.** schlagen; **2.** *Fliege etc.* totschlagen; **II** *s.* **3.** (wuchtiger) Schlag; **4.** → ***swatter***.

swath [swɔ:θ] *s.* ✓ Grasnarbe *f*.

swathe[1] [sweɪð] **I** *v/t.* **1.** (um)'wickeln (***with*** mit), einwickeln; **2.** (*wie e-n Verband*) her'umwickeln; **3.** einhüllen; **II** *s.* **4.** Binde *f*, Verband *m*; **5.** (Wickel-)Band *n*; **6.** ⚕ 'Umschlag *m*.

swathe[2] [sweɪð] → ***swath***.

swat·ter ['swɒtə] *s.* Fliegenklatsche *f*.

sway [sweɪ] **I** *v/i.* **1.** schwanken, schaukeln, sich wiegen; **2.** sich neigen; **3.** (***to***) *fig.* sich zuneigen (*dat.*) (*öffentliche Meinung etc.*); **4.** herrschen; **II** *v/t.* **5.** *et.* schwenken, schaukeln, wiegen; **6.** neigen; **7.** ⚓ *mst* ***~ up*** *Masten etc.* aufheißen; **8.** *fig.* beeinflussen, lenken; **9.** beherrschen, herrschen über (*acc.*); *Publikum* mitreißen; **10.** *rhet. Zepter etc.* schwingen; **III** *s.* **11.** Schwanken *n*, Schaukeln *n*, Wiegen *n*; **12.** Schwung *m*, Wucht *f*; **13.** 'Übergewicht *n*; **14.** Einfluß *m*: ***under the ~ of*** unter dem Einfluß *od.* im Banne (*gen.*) (→ 15); **15.** Herrschaft *f*, Gewalt *f*, Macht *f*: ***hold ~ over*** beherrschen, herrschen über (*acc.*); ***under the ~ of*** in der Gewalt *od.* unter der Herrschaft (*gen.*).

swear [sweə] **I** *v/i.* [*irr.*] **1.** schwören, e-n Eid leisten (***on the Bible*** auf die Bibel): ***~ by*** a) bei *Gott etc.* schwören, b) F schwören auf (*acc.*), felsenfest glauben an (*acc.*); ***~ by all that's holy*** Stein u. Bein schwören; ***~ off*** F *e-m Laster* abschwören; ***~ to*** a) *et.* beschwören, b) *et.* geloben; **2.** fluchen (***at*** auf *acc.*); **II** *v/t.* [*irr.*] **3.** *Eid* schwören, leisten; **4.** *et.* beschwören, eidlich bekräftigen; ***~ out*** ⚖ *Am. Haftbefehl* durch eidliche Strafanzeige erwirken; **5.** *Rache, Treue etc.* schwören; **6.** *a.* ***~ in*** *j-n* vereidigen: ***~ s.o. into an office*** j-n in ein Amt einschwören; ***~ s.o. to secrecy*** j-n eidlich zur Verschwiegenheit verpflichten; **III** *s.* **7.** F Fluch *m*; **'swear·ing** [-əərɪŋ] *s.* **1.** Schwören *n*: ***~-in*** ⚖ Vereidigung *f*; **2.** Fluchen *n*; **'swear·word** *s.* Fluch(wort *n*) *m*.

sweat [swet] **I** *s.* **1.** Schweiß *m*: ***cold ~*** kalter Schweiß, Angstschweiß; ***by the ~ of one's brow*** im Schweiße s-s Angesichts; ***be in a ~*** a) in Schweiß gebadet sein, b) F (vor Angst, Erregung *etc.*) schwitzen; ***get into a ~*** in Schweiß geraten; ***no ~!*** F kein Problem!; **2.** Schwitzen *n*, Schweißausbruch *m*; **3.** ⚙ Ausschwitzung *f*, Feuchtigkeit *f*; **4.** F Placke'rei *f*; **5.** ***old ~*** ⚔ *sl.* alter Haudegen *m*; **II** *v/i.* [*Am. irr.*] **6.** schwitzen (***with*** vor *dat.*); **7.** ⚙, *phys. etc.* schwitzen, anlaufen; gären (*Tabak*); **8.** F schwitzen, sich schinden; **9.** † für e-n Hungerlohn arbeiten; **III** *v/t.* [*Am. irr.*] **10.** schwitzen: ***~ blood*** Blut schwitzen; ***~ out*** a) *Krankheit etc.* (her)ausschwitzen, b) *fig. et.* mühsam hervorbringen; ***~ it out*** F durchhalten, es durchstehen; **11.** *Kleidung* 'durchschwitzen; **12.** *j-n* schwitzen lassen (*a.* F *fig. im Verhör etc.*); *fig.* schuften lassen, *Arbeiter* ausbeuten; F *j-n* ‚bluten lassen'; **13.** ⚙ schwitzen *od.* gären lassen; *metall.* (***~ out*** aus)seigern; (heiß-, weich)löten; *Kabel* schweißen; **'~·band** *s.* Schweißleder *n* (*im Hut*); *bsd. sport* Schweißband *n*.

sweat·ed ['swetɪd] *adj.* † **1.** für Hungerlöhne hergestellt; **2.** ausgebeutet, 'unterbezahlt; **'sweat·er** [-tə] *s.* **1.** Sweater *m*, Pull'over *m*; **2.** † Ausbeuter *m*.

sweat gland *s. physiol.* Schweißdrüse *f*.

sweat·i·ness ['swetɪnɪs] *s.* Verschwitztheit *f*, Schweißigkeit *f*.

sweat·ing ['swetɪŋ] *s.* **1.** Schwitzen *n*; **2.** † Ausbeutung *f*; ***~ bath*** *s.* ⚕ Schwitzbad *n*; ***~ sys·tem*** *s.* † 'Ausbeutungssyˌstem *n*.

'sweat|·shirt *s.* Sweatshirt *n*; **'~·shop** *s.* † Ausbeutungsbetrieb *m*; **'~·suit** *s.* Trainingsanzug *m*.

sweat·y ['swetɪ] *adj.* □ **1.** schweißig, verschwitzt; **2.** anstrengend.

Swede [swi:d] *s.* **1.** Schwede *m*, Schwedin *f*; **2.** ⚘ *Brit.* → ***Swedish turnip***.

Swed·ish ['swi:dɪʃ] **I** *adj.* **1.** schwedisch; **II** *s.* **2.** *ling.* Schwedisch *n*; **3.** ***the ~*** *coll.* die Schweden *pl.*; ***~ tur·nip*** *s.* ⚘ *Brit.* Schwedische Rübe, Gelbe Kohlrübe.

sweep [swi:p] **I** *v/t.* [*irr.*] **1.** kehren, fegen: ***~ away*** (***off, up***) weg-(fort-, auf-) kehren; **2.** freimachen, säubern (***of*** von; *a. fig.*); **3.** hin'wegstreichen über (*acc.*) (*Wind etc.*); **4.** *Flut etc.* jagen, treiben: ***~ before one*** *Feind* vor sich her treiben; ***~ all before one*** *fig.* auf der ganzen Linie siegen; **5.** *a.* ***~ away*** (*od.* ***off***) *fig.* fort-, mitreißen (*Flut etc.*): ***~ along with one*** *Zuhörer* mitreißen; ***~ s.o. off his feet*** j-s Herz im Sturm erobern; **6.** *a.* ***~ away*** *Hindernis etc.* (aus dem Weg) räumen, *e-m Übelstand etc.* abhelfen, aufräumen mit: ***~ aside*** *et.* abtun, beiseite schieben; ***~ off*** *j-n* hinwegraffen (*Tod, Krankheit*); **7.** *mit der Hand* streichen über (*acc.*); **8.** *Geld* einstreichen: ***~ the board*** *Kartenspiel u. fig.* alles gewinnen; **9.** a) *Gebiet* durch'streifen, b) *Horizont etc.* absuchen (*a.* ⚔ *mit Scheinwerfern, Radar*) (***for*** nach), c) hingleiten über (*acc.*) (*Blick etc.*); **10.** ⚔ *mit MG-Feuer* bestreichen; **11.** ♪ *Saiten, Tasten* (be)rühren, schlagen, (hin)gleiten über (*acc.*); **II** *v/i.* [*irr.*] **12.** kehren, fegen; **13.** fegen, stürmen, jagen (*Wind, Regen etc., a. Krieg, Heer*), fluten (*Wasser, Truppen etc.*); *durchs Land* gehen (*Epidemie etc.*): ***~ along*** (***down, over***) entlang- *od.* einher- (hernieder-, darüber hin)fegen *etc.*; ***~ down on*** sich (herab-) stürzen auf (*acc.*); ***fear swept over him*** Furcht überkam ihn; **14.** maje'stätisch ein'herschreiten: ***she swept from the room*** sie rauschte aus dem Zimmer; **15.** in weitem Bogen gleiten; **16.** sich da'hinziehen (*Küste, Straße etc.*); **17.** (***for***) ⚓ (nach *et.*) dreggen; ⚔ *Minen* suchen, räumen; **III** *s.* **18.** Kehren *n*, Fegen *n*: ***give s.th. a ~*** et. kehren; ***make a clean ~*** (***of***) *fig.* gründlich aufräumen (mit); **19.** *mst pl.* Müll *m*; **20.** *bsd. Brit.* Schornsteinfeger *m*; **21.** Da'hinfegen *n*, (Da'hin)Stürmen *n* (*des Windes etc.*); **22.** schwungvolle (*Hand- etc.*)Bewegung; Schwung *m* (*e-r Sense, Waffe etc.*); (Ruder)Schlag *m*; **23.** *fig.* Reichweite *f*, Bereich *m*, Spielraum *m*; weiter (geistiger) Hori'zont; **24.** Schwung *m*, Bogen *m* (*Straße etc.*); **25.** ausgedehnte Strecke, weite Fläche; **26.** Auffahrt *f zu e-m Haus*; **27.** Ziehstange *f*, Schwengel *m* (*Brunnen*); **28.** ⚓ langes Ruder; **29.** ♪ Tusch *m*; **30.** *Radar*: Abtaststrahl *m*; **31.** *Kartenspiel*: Gewinn *m* aller Stiche *od.* Karten; **IV** *adj.* **32.** ⚡ Kipp…

'sweep·back ✈ **I** *s.* Pfeilform *f*; **II** *adj.* pfeilförmig, Pfeil…

sweep·er ['swi:pə] *s.* **1.** (Straßen-)Kehrer *m*, Feger(in); **2.** 'Kehrmaˌschine *f*; **3.** ⚓ Such-, Räumboot *n*; **4.** *Fußball*: Ausputzer *m*; **'sweep·ing** [-pɪŋ] **I** *adj.* □ **1.** kehrend, Kehr…; **2.** sausend, stürmisch (*Wind etc.*); **3.** ausgedehnt; **4.** schwungvoll (*a. fig. mitreißend*); **5.** 'durchschlagend, über'wältigend (*Sieg, Erfolg*); **6.** 'durchgreifend, radi'kal: ***~ changes***; **7.** um'fassend, weitreichend, *a.* (zu) stark verallgemeinernd, sum'marisch: ***~ statement***; **II** *s.* **8.** *pl.* a) → ***sweep*** 19, b) *fig. contp.* Abschaum *m*.

sweep| net *s.* **1.** ⚓ Schleppnetz *n*; **2.** Schmetterlingsnetz *n*; **'~·stake** *s. sport* **1.** *sg. od. pl.* a) *Pferderennen, dessen Dotierung rein aus Nenngeldern besteht*, b) *aus den Nenngeldern gebildete Dotierung*; **2.** *Lotterie, deren Gewinne sich ausschließlich aus den Einsätzen zs.-setzen*; **3.** *fig.* Rennen *n*, Kampf *m*.

sweet [swi:t] **I** *adj.* □ **1.** süß (*im Geschmack*); **2.** süß, lieblich (duftend): ***be ~ with*** duften nach; **3.** frisch (*Butter, Fleisch, Milch*); **4.** Frisch…, Süß…: ***~ water***; **5.** süß, lieblich (*Musik, Stimme*), **6.** süß, angenehm: ***~ dreams***; ***~ sleep***; **7.** süß, lieb: ***~ face***; ***at her own***

~ will (ganz) nach ihrem Köpfchen; → **seventeen** II; **8.** (**to** zu *od.* gegenüber *j-m*) lieb, nett, freundlich, sanft: **~ nature** *od.* **temper**; **be ~ on s.o.** in j-n verliebt sein; **9.** F ‚süß', reizend, goldig (*alle a. iro.*): **what a ~ dress!**; **10.** leicht, bequem; glatt, ruhig; **11.** ⚗ a) säurefrei (*Mineralien*), b) schwefelfrei, süß (*bsd. Benzin, Rohöl*); **12.** ⚒ nicht sauer (*Boden*); **13.** *Jazz*: ‚sweet', melodi'ös; **II** *s.* **14.** Süße *f*; **15.** *Brit.* a) Bon'bon *m, n*, Süßigkeit *f*, b) *oft pl.* Nachtisch *m*, Süßspeise *f*; **16.** *mst pl. fig.* Freude *f*, Annehmlichkeit *f*: **the ~(s) of life**; → **sour** 7; **17.** *mst in der Anrede*: Liebling *m*, Süße(r *m*) *f*; **ˌ~-and-'sour** *adj.* süß-sauer (*Soße etc.*); **'~·bread** *s.* Bries n; **~ chest·nut** *s.* 'Edelkaˌstanie *f*; **~ corn** *s.* **1.** ⚘ Zuckermais *m*; **2.** grüne Maiskolben *pl.*

sweet·en ['swi:tn] **I** *v/t.* **1.** süßen; **2.** *fig.* versüßen, angenehm(er) machen; **II** *v/i.* **3.** süß(er) werden; **4.** milder *od.* sanfter werden; **'sweet·en·er** [-nə] *s.* Süßstoff *m*.

'sweet|·heart *s.* Liebste(r *m*) *f*, Schatz *m*; **~ herbs** *s. pl.* Küchen-, Gewürzkräuter *pl.*

sweet·ie ['swi:tɪ] *s.* **1.** F Schätzchen *n*, ‚Süße' *f*; **2.** *Brit.* Bon'bon *m, n, pl. a.* Süßigkeiten *pl.*

sweet·ing ['swi:tɪŋ] *s.* ⚘ Jo'hannisapfel *m*, Süßling *m*.

sweet·ish ['swi:tɪʃ] *adj.* süßlich.

'sweet|·meat *s.* Bon'bon *m, n*; **ˌ~-'natured** → **sweet** 8.

sweet·ness ['swi:tnɪs] *s.* **1.** Süße *f*, Süßigkeit *f*; **2.** süßer Duft; **3.** Frische *f*; **4.** *fig. et.* Angenehmes, Annehmlichkeit *f*, *das* Süße; **5.** Freundlichkeit *f*, Liebenswürdigkeit *f*.

sweet| oil *s.* O'livenöl *n*; **~ pea** *s.* ⚘ Gartenwicke *f*; **~ po·ta·to** *s.* ⚘ 'Süßkarˌtoffel *f*, Ba'tate *f*; **ˌ~'scent·ed** *adj. bsd.* ⚘ wohlriechend, duftend; **'~-shop** *s. bsd. Brit.* Süßwarengeschäft *n*; **'~-talk** *v/t. Am.* F *j-m* schmeicheln; **ˌ~-'tempered** *adj.* sanft-, gutmütig; **~ tooth** *s.* F: **she has a ~** sie ißt gern Süßigkeiten; **~ wil·liam** *s.* ⚘ Stu'dentennelke *f*.

sweet·y ['swi:tɪ] → **sweetie**.

swell [swel] **I** *v/i.* [*irr.*] **1.** *a.* **~ up**, **~ out** (an-, auf)schwellen (**into**, **to** zu), dick werden; **2.** sich aufblasen *od.* -blähen (*a. fig.*); **3.** anschwellen, (an)steigen (*Wasser etc., a. fig. Preise, Anzahl etc.*); **4.** sich wölben: a) ansteigen (*Land etc.*), b) sich ausbauchen *od.* bauschen (*Mauerwerk, Möbel etc.*), c) ⚓ sich blähen (*Segel*); **5.** her'vorbrechen (*Quelle, Tränen*); **6.** *bsd.* ♪ a) anschwellen (**into** zu), b) (an- u. ab-) schwellen (*Ton, Orgel etc.*); **7.** *fig.* bersten (wollen) (**with** vor): **his heart ~s with indignation**; **8.** aufwallen, sich steigern (**into** zu) (*Gefühl*); **II** *v/t.* [*irr.*] **9.** **~ up**, **~ out** *a.* ♪ *u. fig. Buch etc.* anschwellen lassen; **10.** aufblasen, -blähen, -treiben; **11.** *fig.* aufblähen (**with** vor): **~ed** (**with pride**) stolzgeschwellt; **III** *s.* **12.** (An)Schwellen *n*; **13.** Schwellung *f*; **14.** ⚓ Dünung *f*; **15.** Wölbung *f*, Ausbauchung *f*; **16.** kleine Anhöhe, sanfte Steigung; **17.** *fig.* Anschwellen *n*, -wachsen *n*, (An)Steigen *n*; **18.** ♪ a) An- (u. Ab)Schwellen *n*, b) Schwellzeichen *n*, c) Schwellwerk *n* (*Orgel etc.*); **19.** F a) ‚hohes Tier', ‚Größe' *f*, b) ‚feiner Pinkel', c) ‚Ka'none' *f*, ‚Mordskerl' *m* (**at** in *dat.*); **IV** *adj.* **20.** (*a. int.*) F ‚prima', ‚bombig'; **21.** F (tod)schick, ‚piekfein', feu'dal; **swelled** [-ld] *adj.* **1.** (an)geschwollen, aufgebläht: **~ head** F *fig.* Aufgeblasenheit *f*; **2.** geschweift (*Möbel*); **'swell·ing** [-lɪŋ] **I** *s.* **1.** (*a. fig. u.* ♪ An)Schwellen *n*; **2.** ⚕ Schwellung *f*, Geschwulst *f*, *a.* Beule *f*: **hunger ~** Hungerödem *n*; **3.** Wölbung *f*: a) Erhöhung *f*, b) ⚠ Ausbauchung *f*, ⚙ Schweifung *f*; **II** *adj.* ☐ **4.** (an)schwellend; **5.** ‚geschwollen' (*Stil etc.*).

swell| man·u·al *s.* ♪ 'Schwellmanuˌal *n* (*Orgel*); **~ mob** *s. sl. die* Hochstapler *pl.*; **~ or·gan** *s.* ♪ Schwellwerk *n*.

swel·ter ['sweltə] **I** *v/i.* **1.** vor Hitze (fast) 'umkommen *od.* verschmachten; **2.** in Schweiß gebadet sein; **3.** (vor Hitze) kochen (*Stadt etc.*); **II** *s.* **4.** drückende Hitze, Schwüle *f*; **5.** F *fig.* Hexenkessel *m*; **'swel·ter·ing** [-tərɪŋ], **'swel·try** [-trɪ] *adj.* **1.** vor Hitze vergehend, verschmachtend; **2.** in Schweiß gebadet; **3.** drückend, schwül.

swept [swept] *pret. u. p.p. von* **sweep**; **'~-back wing** → **swept wing**; **~ volume** *s. mot.* Hubraum *m*; **~ wing** *s.* ✈ Pfeilflügel *m*.

swerve [swɜ:v] **I** *v/i.* **1.** ausbrechen (*Auto, Pferd*); **2.** *mot.* das Steuer her'umreißen; **3.** ausweichen; **4.** schwenken (*Straße*); **5.** *fig.* abweichen (**from** von); **II** *v/t.* **6.** *sport Ball* anschneiden; **7.** *fig. j-n* abbringen (**from** von); **III** *s.* **8.** Ausweichbewegung *f*, *mot.* Schlenker *m*.

swift [swɪft] **I** *adj.* ☐ **1.** *allg.* schnell, rasch; **2.** flüchtig (*Zeit, Stunde etc.*); **3.** geschwind, eilig; **4.** flink, hurtig, *a.* geschickt: **a ~ worker**; **~ wit** rasche Auffassungsgabe; **5.** rasch, schnell bereit: **~ to anger** jähzornig; **~ to take offence** leicht beleidigt; **II** *adv.* **6.** *mst poet. od. in Zssgn* schnell, geschwind, rasch; **III** *s.* **7.** *orn.* (*bsd.* Mauer)Segler *m*; **8.** *e-e brit. Taubenrasse*; **9.** *zo.* → **newt**; **10.** ⚙ Haspel *f*; **ˌswift'foot·ed** *adj.* schnellfüßig, flink; **'swift·ness** [-nɪs] *s.* Schnelligkeit *f*.

swig [swɪg] F **I** *v/t. Getränk* ‚hin'unterkippen'; **II** *v/i.* e-n kräftigen Schluck nehmen (**at** aus); **III** *s.* (kräftiger) Schluck.

swill [swɪl] **I** *v/t.* **1.** *bsd. Brit.* (ab)spülen: **~ out** ausspülen; **2.** *Bier etc.* ‚saufen'; **II** *v/i.* **3.** ‚saufen'; **III** *s.* **4.** (Ab)Spülen *n*; **5.** Schweinetrank *m*, -futter *n*; **6.** Spülicht *n* (*a. fig. contp.*); **7.** *fig. contp.* a) ‚Gesöff' *n*, b) ‚Saufraß' *m*.

swim [swɪm] **I** *v/i.* [*irr.*] **1.** schwimmen; **2.** schwimmen (*Gegenstand*), treiben; **3.** schweben, (sanft) gleiten; **4.** a) schwimmen (**in** in *dat.*), b) über'schwemmt sein, 'überfließen (**with** von): **his eyes were ~ming with tears** s-e Augen schwammen in Tränen; **~ in** *fig.* schwimmen in (*Geld etc.*); **5.** (ver-) schwimmen (**before one's eyes** vor den Augen): **my head ~s** mir ist schwind(e)lig; **II** *v/t.* [*irr.*] **6.** *Strecke etc.* schwimmen, *Gewässer* durch'schwimmen; **7.** *Person, Pferd etc.* schwimmen lassen; **8.** F mit *j-m* um die Wette schwimmen; **III** *s.* **9.** Schwimmen *n*, Bad *n*: **go for a ~** schwimmen gehen; **be in** (**out of**) **the ~** F *fig.* a) (nicht) auf dem laufenden sein, b) (nicht) mithalten können; **10.** *Angelsport*: tiefe u. fischreiche Stelle (*e-s Flusses*); **11.** Schwindel(anfall) *m*; **'swim·mer** [-mə] *s.* **1.** Schwimmer(in); **2.** *zo.* 'Schwimmorˌgan *n*.

swim·mer·et ['swɪməret] *s. zo.* Schwimmfuß *m* (*Krebs*).

swim·ming ['swɪmɪŋ] **I** *s.* **1.** Schwimmen *n*; **2.** **~ of the head** Schwindelgefühl *n*; **II** *adj.* ☐ → **swimmingly**; **3.** Schwimm…; **~ bath** *s.* Schwimmbad *n*; **~ blad·der** *s. zo.* Schwimmblase *f*.

swim·ming·ly ['swɪmɪŋlɪ] *adv. fig.* glatt, reibungslos.

swim·ming| pool *s.* **1.** Schwimmbecken *n*, Swimmingpool *m*; **2.** Schwimmbad *n*: a) Freibad *n*, b) *mst* **indoor ~** Hallenbad *n*; **~ trunks** *s. pl.* Badehose *f*.

swin·dle ['swɪndl] **I** *v/i.* **1.** betrügen, mogeln; **II** *v/t.* **2.** *j-n* beschwindeln, betrügen (**out of s.th.** um et.); **3.** *et.* erschwindeln (**out of s.o.** von j-m); **III** *s.* **4.** Schwindel *m*, Betrug *m*; **'swin·dler** [-lə] *s.* Schwindler(in), Betrüger(in).

swine [swaɪn] *pl.* **swine** *s. zo., mst* ⚒*, poet. od. obs.* Schwein *n* (*a. fig. contp.*); **~ fe·ver** *s. vet.* Schweinepest *f*; **'~·herd** *s. poet.* Schweinehirt *m*; **'~·pox** *s.* **1.** ⚕ *hist.* Wasserpocken *pl.*; **2.** *vet.* Schweinepocken *pl.*

swing [swɪŋ] **I** *v/t.* [*irr.*] **1.** *Stock, Keule, Lasso etc.* schwingen; **2.** *Glocke etc.* schwingen, (hin- u. her)schwenken: **~ one's arms** mit den Armen schlenkern; **~ s.th. about** et. (im Kreis) herumschwenken; **3.** *Beine etc.* baumeln lassen, *a. Tür etc.* pendeln lassen; *Hängematte etc.* aufhängen (**from** an *dat.*): **~ open** (**to**) *Tor* auf-(zu)stoßen; **4.** *j-n in e-r Schaukel* schaukeln; **5.** *auf die Schulter etc.* (hoch)schwingen; **6.** ⚔ (**~ in** *od.* **out** ein- *od.* aus)schwenken lassen; **7.** ⚓ (rund)schwojen; **8.** *bsd. Am.* F a) *et.* ‚schaukeln', ‚hinkriegen', b) *Wähler* her'umkriegen; **II** *v/i.* [*irr.*] **9.** (hin- u. her)schwingen, pendeln, ausschlagen (*Pendel, Zeiger*): **~ into motion** in Schwung *od.* Gang kommen; **10.** schweben, baumeln (**from** an *dat.*) (*Glocke etc.*); **11.** (sich) schaukeln; **12.** F ‚baumeln' (*gehängt werden*): **he must ~ for it**; **13.** sich (*in den Angeln*) drehen (*Tür etc.*): **~ open** (**to**) auffliegen (zuschlagen); **~ round** a) sich ruckartig umdrehen, b) sich drehen (*Wind etc.*), c) *fig.* umschlagen (*öffentliche Meinung etc.*); **14.** ⚓ schwojen; **15.** schwenken, mit schwungvollen Bewegungen gehen, (flott) marschieren: **~ into line** ⚔ einschwenken; **16.** *a.* **~ it** *sl.* a) ‚toll leben', b) ‚auf den Putz hauen'; **17.** schwanken; **18.** (zum Schlag) ausholen: **~ at** nach *j-m* schlagen; **19.** ♪ swingen; **III** *s.* **20.** (Hin- u. Her)Schwingen *n*, Pendeln *n*, Schwingung *f*; ⚙ Schwungweite *f*, Ausschlag *m* (*e-s Pendels od. Zeigers*): **the ~ of the pendulum** der Pendelschlag (*a. fig. od. pol.*); **free ~** Bewegungsfreiheit *f*, Spielraum *m* (*a. fig.*); **in full ~** in vollem Gange, im Schwung; **give full ~ to** a) *e-r Sache* freien Lauf lassen, b) *j-m* freie Hand lassen; **21.** Schaukeln *n*; **22.** a) Schwung *m beim Gehen, Skilauf etc.*, schwingender Gang, Schlenkern *n*, b) ♪ *etc.* Schwung *m*, (schwingender) Rhythmus: **go with**

a ~ a) Schwung haben, b) *fig.* wie am Schnürchen gehen; **23.** ♪ Swing *m* (*Jazz*); **24.** Schaukel *f*: ***lose on the ~s what you make on the roundabouts*** *fig.* genau so weit sein wie am Anfang; ***you make up on the ~s what you lose on the roundabouts*** was man hier verliert, macht man dort wieder wett; **25.** ✝ a) Swing *m*, Spielraum *m* für Kre'ditgewährung, b) *Am.* F Konjunk'turperiˌode *f*; **26.** *Boxen*: Schwinger *m*; **27.** Schwenkung *f*; **'~·back** *s.* **1.** *phot.* Einstellscheibe *f*; **2.** *fig.* (***to***) Rückkehr *f* (zu), Rückfall *m* (in *acc.*); **'~·boat** *s.* Schiffsschaukel *f*; **~ bridge** *s.* Drehbrücke *f*; **~ cred·it** *s.* ✝ 'Swingkreˌdit *m*; **~ door** *s.* Pendeltür *f*.

swinge [swɪndʒ] *v/t. obs.* 'durchprügeln, (aus)peitschen; **'swinge·ing** [-dʒɪŋ] *adj. fig.* drastisch, ex'trem.

swing·er ['swɪŋə] *s. sl.* lebenslustige Per'son.

swing·ing ['swɪŋɪŋ] *adj.* □ **1.** schwingend, schaukelnd, pendelnd, Schwing…; **2.** Schwenk…; **3.** rhythmisch, schwungvoll; **4.** lebenslustig; **5.** schwankend: ***~ temperature*** ⚕ Temperaturschwankungen *pl.*

swin·gle [swɪŋgl] **I** *s.* ⚙ (Flachs-, Hanf-) Schwinge *f*; **II** *Flachs, Hanf* schwingeln; **'~·tree** *s.* Ortscheit *n*, Wagenschwengel *m*.

'swing|-out *adj.* ⚙ ausschwenkbar; **~ seat** *s.* Hollywoodschaukel *f*; **~ shift** *s. Am.* ✝ Spätschicht *f*; **'~-wing** *s.* ✈ **1.** Schwenkflügel *m*; **2.** Schwenkflügler *m*.

swin·ish ['swaɪnɪʃ] *adj.* □ schweinisch, säuisch.

swipe [swaɪp] **I** *v/i.* **1.** dreinschlagen, hauen; *sport* aus vollem Arm schlagen; **II** *v/t.* **2.** (hart) schlagen; **3.** *sl.* ‚klauen', stehlen; **III** *s.* **4.** *bsd. sport* harter Schlag, Hieb *m*; **5.** *pl. sl.* Dünnbier *n*.

swirl [swɜːl] **I** *v/i.* **1.** wirbeln (*Wasser, a. fig. Kopf*), e-n Strudel bilden; **2.** (her'um)wirbeln; **II** *v/t.* **3.** *et.* her'umwirbeln; **III** *s.* **4.** Wirbel *m*, Strudel *m*; **5.** *Am.* (Haar)Wirbel *m*; **6.** Wirbel(n *n*) *m* (*Drehbewegung*).

swish [swɪʃ] **I** *v/i.* **1.** schwirren, zischen, sausen; **2.** rascheln (*Seide*); **II** *v/t.* **3.** sausen *od.* schwirren lassen; **4.** *Brit.* 'durchprügeln; **III** *s.* **5.** Sausen *n*, Zischen *n*; **6.** Rascheln *n*; **7.** *Brit.* (Ruten-) Streich *m*, Peitschenhieb *m*; **IV** *adj.* **8.** *Brit. sl.* ‚(tod)schick'.

Swiss [swɪs] **I** *pl.* **Swiss** *s.* **1.** Schweizer (-in); **2.** ⚙ ♀, *a.* ***~ muslin*** 'Schweizermusseˌlin *m* (*Stoff*); **II** *adj.* **3.** schweizerisch, Schweizer: ***~ German*** Schweizerdeutsch *n*; ***~ Guard*** *R.C.* a) Schweizergarde *f*, b) Schweizer *m*; ***~ roll*** Biskuitrolle *f*.

switch [swɪtʃ] **I** *s.* **1.** Gerte *f*, Rute *f*; **2.** (Ruten)Streich *m*; **3.** falscher Zopf; **4.** ⚡, ⚙ Schalter *m*; **5.** 🚂 Weiche *f*; **6.** (***to***) *fig.* a) 'Umstellung *f* (auf *acc.*), Wechsel *m* (zu), b) Verwandlung *f* (in *acc.*), c) Vertauschung *f*; **II** *v/t.* **7.** peitschen; **8.** zucken mit; **9.** ⚡, ⚙ ('um)schalten: ***~ on*** einschalten, *Licht* anschalten, *teleph. j-n* verbinden; ***~ off*** *Gerät etc.* ab-, ausschalten, abstellen, *teleph. j-n* trennen; ***~ to*** anschließen an (*acc.*); **10.** 🚂 a) *Zug* rangieren, b) *Waggons* 'umstellen; **11.** *fig. Produktion etc.* 'umstellen, *Methode, Thema etc.* wechseln, *Gedanken, Gespräch* 'überleiten (***to*** auf *acc.*); **III** *v/i.* **12.** 🚂 rangieren; **13.** ⚡, ⚙ (*a.* ***~ over*** 'um)schalten; ***~ off*** abschalten, *teleph.* trennen; **14.** *fig.* 'umstellen: ***~*** (***off*** *od.* ***over***) ***to*** übergehen zu, sich umstellen auf (*acc.*), *univ. etc.* umsatteln auf (*acc.*); **'~·back** *s. Brit.* **1.** *a.* ***~ road*** Serpen'tinenstraße *f*; **2.** Achterbahn *f*; **'~·blade knife** *s.* Schnappmesser *n*; **'~·board** *s.* ⚡ **1.** Schaltbrett *n*, -tafel *f*; **2.** (Tele'fon)ZenˌtraIe *f*, Vermittlung *f*: ***~ operator*** Telefonist(in); **~ box** *s.* **1.** ⚡ Schaltkasten *m*; **2.** 🚂 Stellwerk *n*.

switch·er·oo [ˌswɪtʃə'ruː] *s. Am. sl.* **1.** unerwartete Wendung; **2.** → ***switch*** 6 b u. c.

switch·ing ['swɪtʃɪŋ] **I** *s.* **1.** ⚡, ⚙ ('Um-) Schalten *n*; ***~-on*** Einschalten; ***~-off*** Ab-, Ausschalten; **2.** 🚂 Rangieren *n*; **II** *adj.* **3.** ⚡, ⚙ (Um)Schalt…; **4.** 🚂 Rangier…

switch| plug *s.* ⚡, ⚙ Schaltstöpsel *m*; **'~·yard** *s.* 🚂 *Am.* Rangier-, Verschiebebahnhof *m*.

swiv·el ['swɪvl] **I** *s.* Drehzapfen *m*, -ring *m*, -gelenk *n*, (⚓ Ketten)Wirbel *m*; **II** *v/t.* (*auf e-m Zapfen etc.*) drehen *od.* schwenken; **III** *v/i.* sich drehen; **IV** *adj.* dreh-, schwenkbar, Dreh…, Schwenk…; **~ bridge** *s.* ⚙ Drehbrücke *f*; **~ chair** *s.* Drehstuhl *m*; **~ joint** *s.* ⚙ Drehgelenk *n*.

swiz·zle stick ['swɪzl] *s.* Sektquirl *m*.

swol·len ['swəʊlən] **I** *p.p. von* ***swell***; **II** *adj.* ⚕ geschwollen (*a. fig.*): ***~-headed*** aufgeblasen.

swoon [swuːn] **I** *v/i. oft* ***~ away*** in Ohnmacht fallen (***with*** vor *dat.*); **II** *s.* Ohnmacht(sanfall *m*) *f*.

swoop [swuːp] **I** *v/i.* **1.** *oft* ***~ down*** ([***up***]***on, at***) her'abstoßen, sich stürzen (auf *acc.*), *fig.* zuschlagen, herfallen (über *acc.*); **II** *v/t.* **2.** *mst* ***~ up*** F packen, ‚schnappen'; **III** *s.* **3.** Her'abstoßen *n* (*Raubvogel*); **4.** *fig.* a) 'Überfall *m*, b) Razzia *f*; **5.** ***at one*** (***fell***) ***~*** mit 'einem Schlag.

swop [swɒp] → ***swap***.

sword [sɔːd] *s.* Schwert *n* (*a. fig.*); Säbel *m*, Degen *m*; *allg.* Waffe *f*: ***draw*** (***sheathe***) ***the ~*** das Schwert ziehen (in die Scheide stecken), *fig.* den Kampf beginnen (beenden); ***put to the ~*** über die Klinge springen lassen; → ***cross*** 11, ***measure*** 16; **~ belt** *s.* **1.** Schwertgehenk *n*; **2.** ⚔ Degenkoppel *n*; **~ cane** *s.* Stockdegen *m*; **~ dance** *s.* Schwert(er)tanz *m*; **'~·fish** *s.* Schwertfisch *m*; **~ knot** *s.* ⚔ Degen-, Säbelquaste *f*; **~ lil·y** *s.* ⚘ Schwertel *m*, Siegwurz *f*; **'~·play** *s.* **1.** (Degen-, Säbel)Kampf *m*; **2.** Fechtkunst *f*; **3.** *fig.* Gefecht *n*, Du'ell *n*.

swords·man ['sɔːdzmən] *s.* [*irr.*] Fechter *m*; Kämpfer *m*; **'swords·man·ship** [-ʃɪp] *s.* Fechtkunst *f*.

'sword·stick → ***sword cane***.

swore [swɔː] *pret. von* ***swear***; **sworn** [swɔːn] **I** *p.p. von* ***swear***; **II** *adj.* **1.** ⚖ (gerichtlich) vereidigt, beeidigt: ***~ expert***; **2.** eidlich: ***~ statement***; **3.** geschworen (*Gegner*): ***~ enemies*** Todfeinde; **4.** verschworen (*Freunde*).

swot [swɒt] *ped. Brit.* F **I** *v/i.* **1.** büffeln, pauken; **II** *v/t.* **2.** *mst* ***~ up*** *Lehrstoff* pauken, büffeln; **III** *s.* **3.** Büffler(in), Streber(in); **4.** Büffe'lei *f*, Pauke'rei *f*; *weitS.* hartes Stück Arbeit.

swum [swʌm] *p.p. von* ***swim***.

swung [swʌŋ] *pret. u. p.p. von* ***swing***.

syb·a·rite ['sɪbəraɪt] *s. fig.* Syba'rit *m*, Genußmensch *m*; **syb·a·rit·ic** [ˌsɪbə'rɪtɪk] *adj.* (□ ***~ally***) syba'ritisch, genußsüchtig; **'syb·a·rit·ism** [-rɪtɪzəm] *s.* Genußsucht *f*.

syc·a·more ['sɪkəmɔː] *s.* ⚘ **1.** *Am.* Pla'tane *f*; **2.** *a.* ***~ maple*** *Brit.* Bergahorn *m*; **3.** Syko'more *f*, Maulbeerfeigenbaum *m*.

syc·o·phan·cy ['sɪkəfənsɪ] *s.* Krieche'rei *f*, Speichellecke'rei *f*; **'syc·o·phant** [-nt] *s.* Schmeichler *m*, Kriecher *m*, Speichellecker *m*; **syc·o·phan·tic** [ˌsɪkəʊ'fæntɪk] *adj.* (□ ***~ally***) schmeichlerisch, kriecherisch.

syl·la·bar·y ['sɪləbərɪ] *s.* 'Silbentaˌbelle *f*; **'syl·la·bi** [-baɪ] *pl. von* ***syllabus***.

syl·lab·ic [sɪ'læbɪk] *adj.* (□ ***~ally***) **1.** syl'labisch (*a.* ♪), Silben…: ***~ accent***; **2.** silbenbildend, silbisch; **3.** *in Zssgn* …silbig; **syl'lab·i·cate** [-keɪt], **syl'lab·i·fy** [-ɪfaɪ], **syl·la·bize** ['sɪləbaɪz] *v/t. ling.* syllabieren, in Silben teilen, Silbe für Silbe (aus)sprechen.

syl·la·ble ['sɪləbl] **I** *s.* **1.** *ling.* Silbe *f*: ***not a ~*** *fig.* keine Silbe *od.* kein Sterbenswörtchen *sagen*; **2.** ♪ Tonsilbe *f*; **II** *v/t.* **3.** → ***syllabicate***; **'syl·la·bled** [-ld] *adj.* …silbig.

syl·la·bus ['sɪləbəs] *pl.* **-bi** [-baɪ] *s.* **1.** Auszug *m*, Abriß *m*; zs.-fassende Inhaltsangabe; **2.** (*bsd.* Vorlesungs)Verzeichnis *n*; Lehr-, 'Unterrichtsplan *m*; **3.** ⚖ Kom'pendium *n von richtungweisenden Entscheidungen*; **4.** *R.C.* Syllabus *m*.

syl·lep·sis [sɪ'lepsɪs] *s. ling.* Syl'lepsis, Syl'lepse *f*.

syl·lo·gism ['sɪlədʒɪzəm] *s. phls.* Syllo'gismus *m*, (Vernunft)Schluß *m*; **'syl·lo·gize** [-dʒaɪz] *v/i.* syllogisieren, folgerichtig denken.

sylph [sɪlf] *s.* **1.** *myth.* Sylphe *m*, Luftgeist *m*; **2.** *fig.* Syl'phide *f*, gra'ziles Mädchen; **'sylph·ish** [-fɪʃ], **'sylph·like** [-laɪk], **'sylph·y** [-fɪ] *adj.* sylphenhaft, gra'zil.

syl·van ['sɪlvən] *adj. poet.* waldig, Wald…

sym·bi·o·sis [ˌsɪmbɪ'əʊsɪs] *s. biol. u. fig.* Symbi'ose *f*; **ˌsym·bi'ot·ic** [-ɪ'ɒtɪk] *adj.* (□ ***~ally***) *biol.* symbi'o(n)tisch.

sym·bol ['sɪmbl] *s.* Sym'bol *n*, Sinnbild *n*, Zeichen *n*; **sym·bol·ic, sym·bol·i·cal** [sɪm'bɒlɪk(l)] *adj.* □ sym'bolisch, sinnbildlich (***of*** für): ***be ~ of s.th.*** et. versinnbildlichen; **sym·bol·ics** [sɪm'bɒlɪks] *s. pl. mst sg. konstr.* **1.** Studium *n* alter Sym'bole; **2.** *eccl.* Sym'bolik *f*; **'sym·bol·ism** [-bəlɪzəm] *s.* **1.** Sym'bolik *f* (*a. eccl.*), sym'bolische Darstellung; ♂ Forma'lismus *m*; **2.** sym'bolische Bedeutung; **3.** *coll.* Sym'bole *pl.*; **4.** *paint. etc.* Symbo'lismus *m*; **'sym·bol·ize** [-bəlaɪz] *v/t.* **1.** symbolisieren: a) versinnbildlichen, b) sinnbildlich darstellen; **2.** sym'bolisch auffassen.

sym·met·ric, sym·met·ri·cal [sɪ'metrɪk(l)] *adj.* □ sym'metrisch, ebenˌgleichmäßig: ***~ axis*** ♂ Symmetrieachse *f*; **sym·me·trize** ['sɪmɪtraɪz] *v/t.* sym'metrisch machen; **sym·me·try** ['sɪmɪtrɪ] *s.* Symme'trie *f* (*a. fig. Ebenmaß*).

sym·pa·thet·ic [ˌsɪmpə'θetɪk] **I** *adj.* (□

~ally) **1.** mitfühlend, teilnehmend: ~ ***strike*** Sympathiestreik *m*; **2.** einfühlend, verständnisvoll; **3.** gleichgesinnt, geistesverwandt, kongeni'al; **4.** sym'pathisch; **5.** F wohlwollend (***to**[**ward**]* gegen['über]); **6.** sympa'thetisch (*Kur, Tinte etc.*); **7.** ⚕, *physiol.* sym'pathisch (*Nervensystem etc.*); → 9a; **8.** ♪, *phys.* mitschwingend: ~ ***vibration*** Sympathieschwingung *f*; **II** *s.* **9.** a) *a.* ~ ***nerve*** *physiol.* Sym'pathikus(nerv) *m*, b) Sym'pathikussys,tem *n*.

sym·pa·thize ['sɪmpəθaɪz] *v/i.* **1.** (***with***) a) sympathisieren (mit), gleichgesinnt sein (*dat.*), b) über'einstimmen (mit), wohlwollend gegen'überstehen (*dat.*), c) mitfühlen (mit); **2.** sein Mitgefühl *od.* Beileid ausdrücken (***with*** *dat.*); **3.** ⚕ in Mitleidenschaft gezogen werden (***with*** von); '**sym·pa·thiz·er** [-zə] *s.* j-d, der *mit j-m od. e-r Sache* sympathisiert, Anhänger(in), *bsd. pol.* Sympathi'sant(in); '**sym·pa·thy** [-θɪ] *s.* **1.** Sympa'thie *f*, Zuneigung *f* (***for*** für): ~ ***strike*** Sympathiestreik *m*; **2.** Gleichgestimmtheit *f*; **3.** Mitleid *n*, -gefühl *n* (***with*** mit, ***for*** für): ***feel*** ~ ***for*** (*od.* ***with***) Mitleid haben mit *j-m*, Anteil nehmen an *e-r Sache*; **4.** *pl.* (An)Teilnahme *f*, Beileid *n*: ***letter of*** ~ Beileidschreiben *n*; ***offer one's sympathies to s.o.*** j-m sein Beileid bezeigen, j-m kondolieren; **5.** ⚕ Mitleidenschaft *f*; **6.** Wohlwollen *n*, Zustimmung *f*; **7.** Über'einstimmung *f*, Einklang *m*; **8.** *biol., psych.* Sympa'thie *f*, Wechselwirkung *f*.

sym·phon·ic [sɪm'fɒnɪk] *adj.* (□ ***~ally***) sin'fonisch, sym'phonisch, Sinfonie..., Symphonie...: ~ ***poem*** ♪ symphonische Dichtung; **sym'pho·ni·ous** [-'fəʊnjəs] *adj.* har'monisch (*a. fig.*); **sym·pho·nist** ['sɪmfənɪst] *s.* ♪ Sin'foniker *m*, Sym'phoniker *m*; **sym·pho·ny** ['sɪmfənɪ] **I** *s.* **1.** ♪ Sinfo'nie *f*, Sympho'nie *f*; **2.** *fig.* (*Farben- etc.*)Sympho'nie *f*, (*a. häusliche etc.*) Harmo'nie, Zs.-klang *m*; **II** *adj.* **3.** Sinfonie..., Symphonie...: ~ ***orchestra***.

sym·po·si·um [sɪm'pəʊzjəm] *pl.* **-si·a** [-zjə] *s.* **1.** *antiq.* Sym'posion *n*: a) Gastmahl *n*, b) *Titel philosophischer Dialoge*; **2.** *fig.* Sammlung *f* von Beiträgen (*über e-e Streitfrage*); **3.** Sym'posium *n*, (Fach)Tagung *f*.

symp·tom ['sɪmptəm] *s.* ⚕ *u. fig.* Sym'ptom *n* (***of*** für, von), (An)Zeichen *n*; **symp·to·mat·ic, symp·to·mat·i·cal** [,sɪmptə'mætɪk(l)] *adj.* □ *bsd.* ⚕ sympto'matisch (*a. fig. bezeichnend*) (***of*** für); **symp·tom·a·tol·o·gy** [,sɪmptəmə'tɒlədʒɪ] *s.* ⚕ Symptomatolo'gie *f*.

syn- [sɪn] *in Zssgn* mit, zusammen.

syn·a·gogue ['sɪnəgɒg] *s. eccl.* Syna'goge *f*.

syn·a·l(o)e·pha [,sɪnə'li:fə] *s. ling.* Syna'loiphe *f*, Verschleifung *f*.

syn·an·ther·ous [sɪ'nænθərəs] *adj.* ⚘ syn'andrisch: ~ ***plant*** Korbblüt(l)er *m*, Komposite *f*.

sync [sɪŋk] F *für* a) ***synchronization*** 1: ***in*** (***out of***) ~ (nicht) synchron, *fig.* (nicht) in Einklang, b) ***synchronize*** 5.

syn·carp ['sɪnkɑ:p] *s.* ⚘ Sammelfrucht *f*.

,**syn·chro**|'**flash** [,sɪŋkrəʊ-] *s. phot.* Syn'chronblitz(licht *n*) *m*; ,~'**mesh** [-'meʃ] ⚙ **I** *adj.* Synchron...; **II** *s. a.* ~ ***gear*** Syn'chrongetriebe *n*.

syn·chro·nism ['sɪŋkrənɪzəm] *s.* **1.** Synchro'nismus *m*, Gleichzeitigkeit *f*; **2.** Synchronisati'on *f*; **3.** synchro'nistische (Ge'schichts)Ta,belle; **4.** *phys.* Gleichlauf *m*; **syn·chro·ni·za·tion** [,sɪŋkrənaɪ'zeɪʃn] *s.* **1.** *bsd. Film, TV*: Synchronisati'on *f*; **2.** Gleichzeitigkeit *f*, zeitliches Zs.-fallen; **syn·chro·nize** ['sɪŋkrənaɪz] **I** *v/i.* **1.** gleichzeitig sein, zeitlich zs.-fallen *od.* über'einstimmen; **2.** syn'chron gehen (*Uhr*) *od.* laufen (*Maschine*); **3.** synchronisiert sein (*Bild u. Ton e-s Films*); **II** *v/t.* **4.** *Uhren, Maschinen* synchronisieren: ***~d shifting*** *mot.* Synchron(gang)schaltung *f*; **5.** *Film, TV*: synchronisieren; **6.** *Ereignisse* synchro'nistisch darstellen, *Gleichzeitiges* zs.-stellen; **7.** *Geschehnisse* (zeitlich) zs.-fallen lassen *od.* aufein'ander abstimmen: ***~d swimming*** Synchronschwimmen *n*; **8.** ♪ a) *Ausführende* zum (genauen) Zs.-spiel bringen, b) *Stelle, Bogenstrich etc.* genau zu'sammen ausführen (lassen); '**syn·chro·nous** [-nəs] *adj.* □ **1.** gleichzeitig: ***be*** ~ (zeitlich) zs.-fallen; **2.** syn'chron: a) ⚙, ↯ gleichlaufend (*Maschine etc.*), gleichgehend (*Uhr*), b) ↯, ⚙ von gleicher Phase u. Schwingungsdauer: ~ ***motor*** Synchronmotor *m*.

syn·co·pal ['sɪŋkəpl] *adj.* **1.** syn'kopisch; **2.** ⚕ Ohnmachts...; '**syn·co·pate** [-peɪt] *v/t.* **1.** *ling. Wort* synkopieren, zs.-ziehen; **2.** ♪ synkopieren; **syn·co·pa·tion** [,sɪŋkə'peɪʃn] *s.* **1.** → ***syncope*** 1; **2.** ♪ a) Synkopierung *f*, b) Syn'kope(n *pl.*) *f*, c) syn'kopische Mu'sik; **syn·co·pe** ['sɪŋkəpɪ] *s.* **1.** *ling.* a) Syn'kope *f*, kontrahiertes Wort, b) Kontrakti'on *f*; **2.** ♪ Syn'kope *f*; **3.** ⚕ Syn'kope *f*, tiefe Ohnmacht.

syn·dic ['sɪndɪk] *s.* **1.** ⚖, ✝ Syndikus *m*, Rechtsberater *m*; **2.** *univ. Brit.* Se'natsmitglied *n*; '**syn·di·cal·ism** [-kəlɪzəm] *s.* Syndika'lismus *m* (*radikaler Gewerkschaftssozialismus*); '**syn·di·cate** **I** *s.* [-kɪt] **1.** ✝, ⚖ Syndi'kat *n*, Kon'sortium *n*; **2.** ✝ a) Ring *m*, Verband *m*, 'Absatzkar,tell *n*, b) 'Zeitungssyndi,kat *n* *od.* -gruppe *f*; **3.** 'Pressezen,trale *f*; **4.** ‚Syndi'kat' *n*, Verbrecherring *m*; **II** *v/t.* [-keɪt] **5.** ✝ zu e-m Syndi'kat vereinigen; **6.** a) *Artikel etc.* in mehreren Zeitungen zu'gleich veröffentlichen, b) über ein Syndi'kat verkaufen, c) *Zeitungen* zu e-m Syndi'kat zs.-schließen; **III** *v/i.* [-keɪt] **7.** ✝ sich zu e-m Syndi'kat zs.-schließen; **IV** *adj.* [-kɪt] **8.** ✝ Kon'sortial...; **syn·di·ca·tion** [,sɪndɪ'keɪʃn] *s.* ✝ Syndi'katsbildung *f*.

syn·drome ['sɪndrəʊm] *s.* ⚕ Syn'drom *n* (*a. sociol. etc.*).

syn·er·get·ic [sɪnə'djetɪk] *adj.* synerge'tisch; ~ ***effect*** Synergieeffekt *m*; **syn·er·gy** ['sɪnədjɪ] *s.* Synergie *f*.

syn·od ['sɪnəd] *s. eccl.* Syn'ode *f*; '**syn·od·al** [-dl], **syn·od·ic, syn·od·i·cal** [sɪ'nɒdɪk(l)] *adj.* □ syn'odisch (*a. ast.*), Synoden...

syn·o·nym ['sɪnənɪm] *s. ling.* Syno'nym *n*, bedeutungsgleiches *od.* -ähnliches Wort: ***be a*** ~ ***for*** *fig.* gleichbedeutend sein mit; **syn·on·y·mous** [sɪ'nɒnɪməs] *adj.* □ **1.** *ling.* syno'nym(isch), bedeutungsgleich *od.* -ähnlich; **2.** *allg.* gleichbedeutend (***with*** mit).

syn·op·sis [sɪ'nɒpsɪs] *pl.* **-ses** [-si:z] *s.* **1.** Syn'opse *f*: a) Zs.-fassung *f*, 'Übersicht *f*, Abriß *m*, b) *eccl.* (vergleichende) Zs.-schau; **syn'op·tic** [-ptɪk] *adj.* (□ ***~ally***) **1.** syn'optisch, 'übersichtlich, zs.-fassend: ~ ***chart*** *meteor.* synoptische Karte; **2.** um'fassend (*Genie*); **3.** *oft* ♀ *eccl.* syn'optisch; **Syn'op·tist**, *a.* ♀ [-ptɪst] *s. eccl.* Syn'optiker *m* (*Matthäus, Markus u. Lukas*).

syn·o·vi·a [sɪ'nəʊvɪə] *s. physiol.* Gelenkschmiere *f*; **syn'o·vi·al** [-əl] *adj.* Synovial...: ~ ***fluid*** → ***synovia***; **syn·o·vi·tis** [,sɪnə'vaɪtɪs] *s.* ⚕ Gelenkentzündung *f*.

syn·tac·tic, syn·tac·ti·cal [sɪn'tæktɪk(l)] *adj.* □ *ling.* syn'taktisch, Syntax...; **syn'tac·ti·cals** [-ɪklz] *s. pl. sg. konstr.* Syn'taktik *f*; **syn·tax** ['sɪntæks] *s.* **1.** *ling.* Syntax *f*: a) Satzbau *m*, b) Satzlehre *f*; **2.** 𝔄, *phls.* Syntax *f*, Be'weistheo,rie *f*.

syn·the·sis ['sɪnθɪsɪs] *pl.* **-ses** [-si:z] *s. allg.* Syn'these *f*; '**syn·the·size** [-saɪz] *v/t.* **1.** zs.-fügen, (durch Syn'these) aufbauen; **2.** ⚗, ⚙ syn'thetisch *od.* künstlich herstellen; **syn·thet·ic** [sɪn'θetɪk] **I** *adj.* (□ ***~ally***) syn'thetisch: a) *bsd. ling., phls.* zs.-fügend: ~ ***language***, b) ⚗ künstlich (*a. fig. unecht*), Kunst...: ~ ***rubber***; ~ ***trainer*** ✈ (Flug)Simulator *m*; **II** *s.* Kunststoff *m*; **syn·thet·i·cal** [sɪn'θetɪkl] *adj.* □ → ***synthetic*** I; '**syn·the·tize** [-ɪtaɪz] → ***synthesize***.

syn·ton·ic [sɪn'tɒnɪk] *adj.* (□ ***~ally***) **1.** ↯ (auf gleiche Fre'quenz) abgestimmt; **2.** *psych.* extravertiert; **syn·to·nize** ['sɪntənaɪz] *v/t.* ↯ (***to*** auf *e-e bestimmte Frequenz*) abstimmen *od.* einstellen; **syn·to·ny** ['sɪntənɪ] *s.* **1.** ↯ (Fre'quenz-) Abstimmung *f*, Reso'nanz *f*; **2.** *psych.* Extraversi'on *f*.

syph·i·lis ['sɪfɪlɪs] *s.* ⚕ Syphilis *f*; **syph·i·lit·ic** [sɪfɪ'lɪtɪk] **I** *adj.* syphi'litisch; **II** *s.* Syphi'litiker(in).

sy·phon ['saɪfn] → ***siphon***.

Syr·i·an ['sɪrɪən] **I** *adj.* syrisch; **II** *s.* Syr(i)er(in).

sy·rin·ga [sɪ'rɪŋgə] *s.* ⚘ Sy'ringe *f*, Flieder *m*.

syr·inge ['sɪrɪndʒ] **I** *s.* **1.** ⚕, ⚙ Spritze *f*; **II** *v/t.* **2.** *Flüssigkeit etc.* (ein)spritzen; **3.** *Ohr* ausspritzen; **4.** *Pflanze etc.* ab-, bespritzen.

syr·inx ['sɪrɪŋks] *s.* **1.** *antiq.* Pan-, Hirtenflöte *f*; **2.** a) *anat.* Eu'stachische Röhre, b) ⚕ Fistel *f*; **3.** *orn.* Syrinx *f*, unterer Kehlkopf.

Syro- [saɪərəʊ] *in Zssgn* Syro..., syrisch.

syr·up ['sɪrəp] *s.* **1.** Sirup *m*, Zuckersaft *m*; **2.** *fig.* ‚süßliches Zeug', Kitsch *m*; '**syr·up·y** [-pɪ] *adj.* **1.** sirupartig, dickflüssig, klebrig; **2.** *fig.* süßlich, sentimen'tal.

sys·tem ['sɪstəm] *s.* **1.** *allg.* Sy'stem *n* (*a.* 𝔄, ♪, ⚗, ⚘, *zo.*): a) Gefüge *n*, Aufbau *m*, Anordnung *f*, b) Einheit *f*, geordnetes Ganzes, c) *phls., eccl.* Lehrgebäude *n*, d) ⚙ Anlage *f*, e) Verfahren *n*: ~ ***crash*** *Computer*: Systemausfall *m*; ~ ***of government*** Regierungssystem; ~ ***of logarithms*** 𝔄 Logarithmensystem; ***electoral*** ~ *pol.* Wahlsystem, -verfahren; ***mountain*** ~ Gebirgssystem; ***savings-bank*** ~ Sparkassenwesen *n*; ***lack*** ~ kein System haben; **2.** *ast.* Sy'stem *n*: ***solar*** ~; ***the*** ~ das Weltall; **3.** *geol.* Formati'on *f*; **4.** *physiol.* a) (Or'gan)Sy-

ˌstem *n*, b) ***the* ~** der Organismus: ***digestive* ~** Verdauungssystem; ***get s.th. out of one's* ~** F et. loswerden; **5.** (*Eisenbahn-*, *Straßen-*, *Verkehrs- etc.*)Netz *n*: **~ *of roads*; sys·tem·at·ic, sys·tem·at·i·cal** [ˌsɪstɪ'mætɪk(l)] *adj.* □ syste'matisch: a) plan-, zweckmäßig, -voll, b) me'thodisch (*vorgehend od. geordnet*); **'sys·tem·a·tist** [-mətɪst] *s.* Syste'matiker *m*; **sys·tem·a·ti·za·tion** [ˌsɪstɪmətaɪ'zeɪʃn] *s.* Systematisierung *f*; **'sys·tem·a·tize** [-tɪmətaɪz] *v/t.* systematisieren, in ein Sy'stem bringen.

sys·tem·ic [sɪs'temɪk] *adj.* (□ **~*ally***) *physiol.* Körper…, Organ…: **~ *circulation*** großer Blutkreislauf; **~ *disease*** Systemerkrankung *f*.

sys·tems| a·nal·y·sis *s. Computer*: Sy'stemanaˌlyse *f*; **~ an·a·lyst** *s.* Sy'stemanaˌlytiker *m*.

sys·to·le ['sɪstəlɪ] *s.* Sy'stole *f*: a) ⚕ *Zs.-ziehung des Herzmuskels*, b) *Metrik*: *Verkürzung e-r langen Silbe.*

T

T, t [tiː] *pl.* **T's, Ts, t's, ts** *s.* **1.** T *n*, t *n* (*Buchstabe*): ***to a T*** haargenau; ***it suits me to a T*** das paßt mir ausgezeichnet; ***cross the T's*** a) peinlich genau sein, b) es klar u. deutlich sagen; **2.** *a.* ***flanged T*** ⚙ T-Stück *n*.

ta [tɑː] *int. Brit.* F danke.

Taal [tɑːl] *s. ling.* Afri'kaans *n*.

tab [tæb] *s.* **1.** Streifen *m*, *bsd.* a) Schlaufe *f*, (Mantel)Aufhänger *m*, b) Lappen *m*, Zipfel *m*, c) (Schuh)Lasche *f*, (Stiefel)Strippe *f*, d) Dorn *m am Schnürsenkel*, e) Ohrklappe *f* (*Mütze*); **2.** ⚔ (Kragen)Spiegel *m*; **3.** Schildchen *n*, Anhänger *m*, Eti'kett *n*; (Kar'tei)Reiter *m*; **4.** F a) Rechnung *f*, b) Kon'trolle *f*: ***keep ~(s) on*** *fig.* kontrollieren, beobachten, sich auf dem laufenden halten über (*acc.*); ***pick up the ~*** *Am.* (die Rechnung) bezahlen; **5.** ⚙ Nase *f*; **6.** ✈ Trimmruder *n*.

tab·by ['tæbɪ] **I** *s.* **1.** *obs.* Moi'ré *m*, *n* (*Stoff*); **2.** *mst* ***~ cat*** a) getigerte *od.* gescheckte Katze, b) (weibliche) Katze; **3.** F a) alte Jungfer, b) Klatschbase *f*; **II** *adj.* **4.** *obs.* Moiré...; **5.** gestreift; scheckig; **III** *v/t.* **6.** *Seide* moirieren.

tab·er·nac·le ['tæbənækl] *s.* **1.** *bibl.* Zelt *n*, Hütte *f*; **2.** ☊ *eccl.* Stiftshütte *f der Juden*: ***Feast of ☊s*** Laubhüttenfest *n*; **3.** *eccl.* a) (jüdischer) Tempel, b) ☊ Mor'monentempel *m*, c) Bethaus *n der Dissenter*; **4.** Taber'nakel *n*: a) *R.C.* Sakra'mentshäuschen *n*, b) △ Statuennische *f*; **5.** *fig.* Leib *m* (*als Wohnsitz der Seele*); **6.** ⚓ Mastbock *m*.

tab·la·ture ['tæblətʃə] *s.* **1.** Bild *n*: a) Tafelgemälde *n*, b) bildliche Darstellung (*a. fig.*); **2.** ♪ *hist.* Tabula'tur *f*.

ta·ble ['teɪbl] **I** *s.* **1.** *allg.* Tisch *m*: ***lay*** (*od.* ***put***) ***s.th. on the ~*** → 14 u. 15a; ***set*** (*od.* ***lay, spread***) ***the ~*** den Tisch decken; ***lay s.th. on the ~*** → 15a; ***turn the ~s*** (***on s.o.***) den Spieß umdrehen (gegenüber j-m); ***the ~s are turned*** das Blatt hat sich gewendet; **2.** Tafel *f*, Tisch *m*: a) gedeckter Tisch, b) Kost *f*, Essen *n*: ***at ~*** bei Tisch, beim Essen; ***keep*** (*od.* ***set***) ***a good ~*** e-e gute Küche führen; ***the Lord's ~*** der Tisch des Herrn, das Heilige Abendmahl; **3.** (Tisch-, Tafel)Runde *f*; → ***round table***; **4.** Komi'tee *n*, Ausschuß *m*; **5.** *geol.* Tafel(land *n*) *f*, Pla'teau *n*: ***~ mountain*** Tafelberg *m*; **6.** △ a) Tafel *f*, Platte *f*, b) Sims *m*, *n*, Fries *m*; **7.** (Holz-, Stein-, *a.* Gedenk- *etc.*)Tafel *f*: ***the*** (***two***) ***~s of the law*** die Gesetzestafeln, die Zehn Gebote Gottes; **8.** Ta'belle *f*, Verzeichnis *n*: ***~ of contents*** Inhaltsverzeichnis; ***~ of wages*** Lohntabelle; **9.** 𝔄 Tabelle *f*: ***~ of logarithms*** Logarithmentafel *f*; ***learn one's ~s*** rechnen lernen; **10.** *anat.* Tafel *f*, Tabula *f* (ex'terna *od.* in'terna) (*Schädeldach*); **11.** ⚙ (Auflage)Tisch *m*; **12.** *opt.* Bildebene *f*; **13.** *Chiromantie*: Handteller *m*; **II** *v/t.* **14.** auf den Tisch legen (*a. fig. vorlegen*); **15.** *bsd. parl.* a) *Brit. Antrag etc.* einbringen, b) *Am.* zu'rückstellen, *bsd. Gesetzesvorlage* ruhen lassen; **16.** in e-e Tabelle eintragen, tabel'larisch verzeichnen.

ta·bleau ['tæbləʊ] *pl.* **'ta·bleaux** [-əʊz] *s.* **1.** Bild *n*: a) Gemälde *n*, b) anschauliche Darstellung; **2.** *Brit.* dra'matische Situati'on, über'raschende Szene: ***~!*** Tableau!, man stelle sich die Situation vor!; **3.** → ***~ vi·vant*** [viː'vɑ̃ːŋ] (*Fr.*) *s.* a) lebendes Bild, b) *fig.* malerische Szene.

'ta·ble|·cloth *s.* Tischtuch *n*, -decke *f*; **'~-cut** *adj.* mit Tafelschnitt (versehen) (*Edelstein*).

ta·ble d'hôte [ˌtɑːbl'dəʊt] (*Fr.*) *s. a.* ***~ meal*** Me'nü *n*.

ta·ble| knife *s.* [*irr.*] *Brit.* Tafel-, Tischmesser *n*; **'~·land** *s. geogr.*, *geol.* Tafelland *n*, Hochebene *f*; **'~ˌlift·ing** → ***table-turning***; **~ light·er** *s.* Tischfeuerzeug *n*; **~ lin·en** *s.* Tischwäsche *f*; **~ mat** *s.* Set *n*, *m*; **~ nap·kin** *s.* Servi'ette *f*; **'~ˌrap·ping** *s. Spiritismus*: Tischklopfen *n*; **~ salt** *s.* Tafelsalz *n*; **~ set** *s. Radio, TV*: Tischgerät *n*; **'~·spoon** *s.* Eßlöffel *m*; **'~ˌspoon·ful** *s. ein* Eßlöffel(voll) *m*.

tab·let ['tæblɪt] *s.* **1.** Täfelchen *n*; **2.** (Gedenk-, Wand- *etc.*)Tafel *f*; **3.** *hist.* Schreibtafel *f*; **4.** (No'tiz-, Schreib-, Zeichen)Block *m*; **5.** a) Stück *n Seife*, b) Tafel *f Schokolade*; **6.** *pharm.* Ta'blette *f*; **7.** △ Kappenstein *m*.

ta·ble| talk *s.* Tischgespräch *n*; **~ ten·nis** *s.* Tischtennis *n*; **~ top** *s.* Tischplatte *f*; **'~ˌturn·ing** *s. Spiritismus*: Tischrücken *n*; **'~·ware** *s.* Tischgeschirr *n*; **~ wa·ter** *s.* Tafel-, Mine'ralwasser *n*.

tab·loid ['tæblɔɪd] **I** *s.* **1.** Bildzeitung *f*, Boule'vard-, Sensati'onsblatt *n*; *pl. a.* Boule'vardpresse *f*; **2.** *Am.* Informati'onsblatt *n*; **3.** *fig.* Kurzfassung *f*; **II** *adj.* **4.** konzentriert: ***in ~ form***.

ta·boo [tə'buː] **I** *adj.* ta'bu: a) unantastbar, b) verboten, c) verpönt; **II** *s.* Ta'bu *n*: ***put s.th. under*** (***a***) ***~*** → **III** *v/t.* für tabu erklären, tabuisieren.

tab·o(u)·ret ['tæbərɪt] *s.* **1.** Hocker *m*, Tabu'rett *n*; **2.** Stickrahmen *m*.

tab·u·lar ['tæbjʊlə] *adj.* ☐ **1.** tafelförmig, Tafel..., flach; **2.** dünn; **3.** blättrig; **4.** tabel'larisch, Tabellen...: ***~ standard*** ⚕ Preisindexwährung *f*.

ta·bu·la ra·sa [ˌtæbjʊlə'rɑːsə] (*Lat.*) *s.* Tabula *f* rasa: a) unbeschriebenes Blatt, völlige Leere, b) reiner Tisch.

tab·u·late ['tæbjʊleɪt] **I** *v/t.* tabellarisieren, tabel'larisch (an)ordnen; **II** *adj.* → ***tabular***; **tab·u·la·tion** [ˌtæbjʊ'leɪʃn] *s.* **1.** Tabellarisierung *f*; **2.** Ta'belle *f*; **'tab·u·la·tor** [-tə] *s.* **1.** Tabellarisierer *m*; **2.** ⚙ Tabu'lator *m* (*Schreibmaschine*).

tach [tæk] F *für* ***tachometer***.

tach·o·graph ['tækəʊgrɑːf] *s.* ⚙ Tacho'graph *m*, Fahrtenschreiber *m*.

ta·chom·e·ter [tæ'kɒmɪtə] *s.* ⚙ Tacho'meter *n*, Geschwindigkeitsmesser *m*.

tac·it ['tæsɪt] *adj.* ☐ *bsd.* ⚖ stillschweigend: ***~ approval***.

tac·i·turn ['tæsɪtɜːn] *adj.* ☐ schweigsam, wortkarg; **tac·i·tur·ni·ty** [ˌtæsɪ'tɜːnətɪ] *s.* Schweigsamkeit *f*, Verschlossenheit *f*.

tack¹ [tæk] **I** *s.* **1.** (Nagel)Stift *m*, Reißnagel *m*, Zwecke *f*; **2.** *Näherei*: Heftstich *m*; **3.** ⚓ a) Halse *f*, b) Haltetau *n*; **4.** ⚓ Schlag *m*, Gang *m* (*beim Lavieren od. Kreuzen*): ***be on the port ~*** auf Backbordhalsen liegen; **5.** ⚓ Lavieren *n* (*a. fig.*); **6.** *fig.* Kurs *m*, Weg *m*, Richtung *f*: ***on the wrong ~*** auf dem Holzwege; ***try another ~*** es anders versuchen; **7.** *parl. Brit.* 'Zusatzantrag *m*, -arˌtikel *m*; **8.** ⚙ Klebrigkeit *f*; **II** *v/t.* **9.** heften (***to*** an *acc.*); **10.** *a.* ***~ down*** festmachen; **11.** *a.* ***~ together*** anein'anderfügen (*a. fig.*); **12.** (***on, to***) anfügen (an *acc.*): ***~ mortgages*** *Brit.* Hypotheken (verschiedenen Ranges) zs.-schreiben; ***~ securities*** ⚖ *Brit.* Sicherheiten zs.-fassen; ***~ a rider to a bill*** *parl. Brit.* e-e Vorlage mit e-m Zusatzantrag koppeln; **13.** ⚙ heftschweißen; **III** *v/i.* **14.** ⚓ a) wenden, b) lavieren (*a. fig.*).

tack² [tæk] *s.* F Nahrung *f*, ‚Fraß' *m*.

tack·le ['tækl] **I** *s.* **1.** Gerät *n*, (Werk-)Zeug *n*, Ausrüstung *f*; **2.** (Pferde)Geschirr *n*; **3.** *a.* ***block and ~*** ⚙ Flaschenzug *m*; **4.** ⚓ Talje *f*; **5.** ⚓ Takel-, Tauwerk *n*; **6.** *Fußball etc.*: Angreifen *n* (*e-s Gegners im Ballbesitz*); **7.** *amer. Fußball*: Halbstürmer *m*; **II** *v/t.* **8.** *et. od. j-n* packen; **9.** *Fußball etc.*: *Gegner im Ballbesitz* angreifen, stoppen; **10.** *j-n* angreifen, anein'andergeraten mit; **11.** *fig. j-n* (*mit Fragen etc.*) angehen (***on*** wegen); **12.** *fig.* a) *Problem etc.* anpacken, angehen, in Angriff nehmen, b) *Aufgabe etc.* lösen, fertig werden mit.

'tack-weld *v/t.* ⚙ heftschweißen.

tack·y ['tækɪ] *adj.* **1.** klebrig, zäh; **2.** *Am.* F a) schäbig, her'untergekommen, b) 'unmoˌdern, c) protzig.

tact [tækt] *s.* **1.** Takt *m*, Takt-, Zartgefühl *n*; **2.** Feingefühl *n* (**of** für); **3.** ♪ Takt(schlag) *m*; **'tact·ful** [-fʊl] *adj.* □ taktvoll; **'tact·ful·ness** [-fʊlnɪs] → **tact** 1.

tac·ti·cal ['tæktɪkl] *adj.* □ ⚔ taktisch (*a. fig. planvoll, klug*); **tac·ti·cian** [tæk'tɪʃn] *s.* ⚔ Taktiker *m* (*a. fig.*); **'tac·tics** [-ks] *s.* **1.** *sg. od. pl. konstr.* ⚔ Taktik *f*; **2.** *nur pl. konstr. fig.* Taktik *f*, planvolles Vorgehen.

tac·tile ['tæktaɪl] *adj.* **1.** tak'til, Tast...: **~ sense** Tastsinn *m*; **~ hair** *zo.*, ♀ Tasthaar *n*; **2.** tast-, greifbar; **tac·til·i·ty** [tæk'tɪlətɪ] *s.* Greif-, Tastbarkeit *f*.

tact·less ['tæktlɪs] *adj.* □ taktlos; **'tact·less·ness** [-nɪs] *s.* Taktlosigkeit *f*.

tac·tu·al ['tæktjʊəl] *adj.* □ tastbar, Tast...: **~ sense** Tastsinn *m*.

tad·pole ['tædpəʊl] *s. zo.* Kaulquappe *f*.

taf·fe·ta ['tæfɪtə] *s.* Taft *m*.

taf·fy[1] ['tæfɪ] *s.* **1.** *Am.* → **toffee**; **2.** F ‚Schmus' *m*, Schmeiche'lei *f*.

Taf·fy[2] ['tæfɪ] *s. sl.* Wa'liser *m*.

tag[1] [tæg] **I** *s.* **1.** (loses) Ende, Anhängsel *n*, Zipfel *m*, Fetzen *m*, Lappen *m*; **2.** Eti'kett *n*, Anhänger *m*, Schildchen *n*; Abzeichen *n*, Pla'kette *f*: **~ day** *Am.* Sammeltag *m*; **3.** a) Schlaufe *f am Stiefel*, b) (Schnürsenkel)Stift *m*; **4.** ⚙ a) Lötklemme *f*, b) Lötfahne *f*; **5.** a) Schwanzspitze *f* (*bsd. e-s Fuchses*), b) Wollklunker *f*, *m* (*Schaf*); **6.** (Schrift-)Schnörkel *m*; **7.** *ling.* Frageanhängsel *n*; **8.** Re'frain *m*, Kehrreim *m*; **9.** Schlußwort *n*, Po'inte *f*, Mo'ral *f*; **10.** stehende Redensart, bekanntes Zi'tat; **11.** Bezeichnung *f*, Beiname *m*; **12.** *Computer*: Identifizierungskennzeichen *n*; **13.** *Am.* Strafzettel *m*; **14.** → **rag-tag**; **II** *v/t.* **15.** mit e-m Etikett *etc.* versehen, etikettieren; *Waren* auszeichnen; *et.* markieren; **16.** mit e-m Schlußwort *od.* e-r Moral versehen; **17.** *Rede etc.* verbrämen; **18.** *et.* anhängen (**to** an *acc.*); **19.** *Schafen* Klunkerwolle abscheren; **20.** F hinter *j-m* ‚herlatschen'; **III** *v/i.* **21.** **~ along** F hinter'herlaufen: **~ after** → 20.

tag[2] [tæg] **I** *s.* Fangen *n*, Haschen *n* (*Kinderspiel*); **II** *v/t.* haschen.

tag end *s.* F **1.** ‚Schwanz' *m*, Schluß *m*; **2.** *Am.* a) (letzter) Rest, b) Fetzen *m* (*a. fig.*).

Ta·hi·ti·an [tɑː'hiːʃn] **I** *s.* **1.** Tahiti'aner (-in); **2.** *ling.* Ta'hitisch *n*; **II** *adj.* **3.** ta'hitisch.

tail[1] [teɪl] **I** *s.* **1.** *zo.* Schwanz *m*, (Pferde-)Schweif *m*: **turn ~** *fig.* ausreißen, davonlaufen; **twist s.o.'s ~** j-n piesacken; **close on s.o.'s ~** j-m dicht auf den Fersen; **~s up** fidel, hochgestimmt; **keep your ~ up!** laß dich nicht unterkriegen!; **with one's ~ between one's legs** *fig.* mit eingezogenem Schwanz; **the ~ wags the dog** *fig.* der Kleinste hat das Sagen; **2.** F Hinterteil *m*, Steiß *m*; **3.** *fig.* Schwanz *m*, Ende *n*, Schluß *m* (*e-r Marschkolonne, e-s Briefes etc.*): **~ of a comet** *ast.* Kometenschweif *m*; **the ~ of the class** *ped.* der ‚Schwanz' *od.* die Schlechtesten der Klasse; **~ of a note** ♪ Notenhals *m*; **~ of a storm** (ruhigeres) Ende e-s Sturms; **out of the ~ of one's eye** aus den Augenwinkeln; **4.** Haarzopf *m*, -schwanz *m*; **5.** a) Schleppe *f e-s Kleides*, b) (Rock-, Hemd)Schoß *m*, c) *pl.* Gesellschaftsanzug *m*, *bsd.* Frack *m*; **6.** ✈ Schwanz *m*, Heck *n*; **7.** *mst pl.* Rück-, Kehrseite *f e-r Münze*; **8.** a) Gefolge *n*, b) Anhang *m e-r Partei*, große Masse *e-r Gemeinschaft*; **9.** F ‚Beschatter' *m* (*Detektiv etc.*): **put a ~ on s.o.** j-n beschatten lassen; **10.** ✈ a) Leitwerk *n*, b) Heck *n*, Schwanz *m*; **II** *v/t.* **11.** mit e-m Schwanz versehen; **12.** *Marschkolonne etc.* beschließen; **13.** *a.* **~ on** befestigen, anhängen (**to** an *acc.*); **14.** *Tier* stutzen; **15.** *Beeren* zupfen, entstielen; **16.** F *j-n* ‚beschatten', verfolgen; **III** *v/i.* **17.** sich hinziehen: **~ away** (*od.* **off**) a) abflauen, -nehmen, sich verlieren, b) zurückbleiben, -fallen, c) sich auseinanderziehen (*Marschkolonne etc.*); **18.** F hinter'herlaufen (**after s.o.** j-m); **19.** **~ back** *mot. Brit.* e-n Rückstau bilden; **20.** △ eingelassen sein (**in**[**to**] in *acc. od. dat.*).

tail[2] [teɪl] ⚖ **I** *s.* Beschränkung *f* (*der Erbfolge*), beschränktes Erb- *od.* Eigentumsrecht: **heir in ~** Vorerbe *m*; **estate in ~ male** Fideikommiß *m*; **II** *adj.* beschränkt: **estate ~**.

'tail|·back *s. mot. Brit.* Rückstau *m*; **'~·board** *s.* Ladeklappe *f* (*a. mot.*); **~ coat** *s.* Frack *m*; **~ comb** *s.* Stielkamm *m*.

tailed [teɪld] *adj.* **1.** geschwänzt; **2.** *in Zssgn* ...schwänzig.

tail| end *s.* **1.** Schluß *m*, Ende *n*; **2.** → **tail**[1] 2; **ı~'end·er** *s. sport* ‚Schlußlicht' *n*; **~ fin** *s.* **1.** *ichth.* Schwanzflosse *f*; **2.** ✈ Seitenflosse *f*; **~ fly** *s. Am.* (Angel-)Fliege *f*; **'~·gate I** *s.* **1.** a) → **tailboard**, b) *mot.* Hecktür *f*; **2.** Niedertor *n* (*e-r Schleuse*); **II** *v/t. u. v/i. mot.* (zu) dicht auffahren (auf *acc.*); **'~·gun** *s.* ✈ Heckwaffe *f*; **'~-ıheav·y** *adj.* ✈ schwanzlastig.

tail·ing ['teɪlɪŋ] *s.* **1.** △ eingelassenes Ende; **2.** *pl.* a) (*bsd.* Erz)Abfälle *pl.*, b) Ausschußmehl *n*.

tail lamp *s. mot. etc.* Rück-, Schlußlicht *n*.

tail·less ['teɪllɪs] *adj.* schwanzlos.

'tail-light → **tail-lamp**.

tai·lor ['teɪlə] **I** *s.* **1.** Schneider *m*: **the ~ makes the man** Kleider machen Leute; **II** *v/t.* **2.** schneidern; **3.** schneidern für *j-n*; **4.** *j-n* kleiden; **5.** nach Maß arbeiten; **6.** *fig.* zuschneiden (**to** für *j-n*, auf *et.*); **'tai·lored** [-ləd] *adj.* maßgeschneidert, gut sitzend, tadellos gearbeitet: **~ suit** Maßanzug *m*; **~ costume** Schneiderkostüm *n*; **ıtai·lor'ess** [-ə'res] *s.* Schneiderin *f*.

'tai·lor-made I *adj.* **1.** → **tailored** 1; **2.** ele'gant gekleidet (*Dame*); **3.** auf Bestellung angefertigt; **4.** *fig.* (genau) zugeschnitten (**for** auf *acc.*); **II** *s.* **5.** 'Schneiderkoıstüm *n*.

'tail|·piece *s.* **1.** ♪ Saitenhalter *m*; **2.** *typ.* 'Schlußviıgnette *f*; **~ pipe** *s. mot.* Auspuffrohr(ende) *n*; **~ plane** *s.* ✈ Höhenflosse *f*; **~ skid** *s.* ✈ Schwanzsporn *m*; **'~·spin** *s.* **1.** ✈ (Ab)Trudeln *n*; **2.** *fig.* Panik *f*; **'~·stock** *s.* ⚙ Reitstock *m* (*Drehbank*); **~ u·nit** *s.* ✈ (Schwanz)Leitwerk *n*; **~ wind** *s.* ✈ Rückenwind *m*.

taint [teɪnt] **I** *s.* **1.** *bsd. fig.* Fleck *m*, Makel *m*; *fig.* a) *krankhafter etc.* Zug, b) Spur *f*: **a ~ of suspicion** ein Anflug von Mißtrauen; **2.** ⚕ a) (verborgene) Ansteckung, b) (verborgene) Anlage (**of** zu *e-r Krankheit*): **hereditary ~** erbliche Belastung; **3.** *fig.* verderblicher Einfluß, Gift *n*; **II** *v/t.* **4.** *a. fig.* verderben, -giften; **5.** anstecken; **6.** *fig.* verderben: **be ~ed with** behaftet sein mit; **7.** *bsd. fig.* beflecken, besudeln; **III** *v/i.* **8.** verderben, schlecht werden; **'taint·less** [-lɪs] *adj.* □ makellos.

take [teɪk] **I** *s.* **1.** a) *Fischerei*: Fang *m*, b) *hunt.* Beute *f* (*beide a.* F *fig.*); **2.** F Einnahme(n *pl.*) *f*; **3.** F Anteil *m* (**of** an *dat.*); **4.** *Film etc.*: Aufnahme *f*; **5.** *typ.* Porti'on *f* (*Manuskript*); **6.** ⚕ a) Reakti'on *f* (*a. fig.*), b) Anwachsen *n* (*e-s Transplantats*); **7.** *Schach etc.*: Schlagen *n* (*e-r Figur*); **II** *v/t.* [*irr.*] **8.** *allg.*, *a. Abschied, Partner, Unterricht etc.* nehmen: **~ it or leave it** *sl.* mach, was du willst; **~n all in all** im großen ganzen; **taking one thing with another** eins zum anderen gerechnet; → **account** 9, **action** 8, **aim** 6, **care** 4, **consideration** 1, **effect** 1 *etc.*; **9.** (weg)nehmen; **10.** nehmen, fassen, packen, ergreifen; **11.** *Fische etc.* fangen; **12.** *Verbrecher etc.* fangen, ergreifen; **13.** ⚔ gefangennehmen, *Gefangene* machen; **14.** ⚔ *Stadt, Stellung etc.* (ein)nehmen, *a. Land* erobern; *Schiff* kapern; **15.** *j-n* erwischen, ertappen (**stealing** beim Stehlen, **in a lie** bei e-r Lüge); **16.** nehmen, sich aneignen, Besitz ergreifen von, sich bemächtigen (*gen.*); **17.** *Gabe etc.* (an-, entgegen)nehmen, empfangen; **18.** bekommen, erhalten; *Geld, Steuer etc.* einnehmen; *Preis etc.* gewinnen; **19.** (her'aus)nehmen (**from, out of** aus); *a. fig. Zitat etc.* entnehmen (**from** *dat.*): **I ~ it from s.o. who knows** ich habe (*weiß*) es von j-m, der es genau weiß; **20.** *Speise etc.* zu sich nehmen; *Mahlzeit* einnehmen; *Gift, Medizin etc.* nehmen; **21.** sich *e-e Krankheit* holen *od.* zuziehen: **be ~n ill** krank werden; **22.** nehmen: a) auswählen: **I am not taking any** *sl.* ‚ohne mich'!, b) kaufen, c) mieten, d) *Eintritts-, Fahrkarte* lösen, e) *Frau* heiraten, f) *e-r Frau* beischlafen, g) *Weg* wählen; **23.** mitnehmen: **~ me with you** nimm mich mit; **you can't ~ it with you** *fig.* im Grabe nützt (dir) aller Reichtum nichts mehr; **24.** (hin- *od.* weg)bringen; *j-n wohin* führen: **business took him to London**; **he was ~n to the hospital** er wurde in die Klinik gebracht; **25.** *j-n durch den Tod* nehmen, wegraffen; **26.** ⚗ abziehen (**from** von); **27.** *j-n* treffen, erwischen (*Schlag*); **28.** *Hindernis* nehmen; **29.** *j-n* befallen, packen (*Empfindung, Krankheit*): **be ~n with** *e-e Krankheit* bekommen (→ 42); **~n with fear** von Furcht gepackt; **30.** *Gefühl* haben, bekommen, *Mitleid etc.* empfinden, *Mut* fassen, *Anstoß* nehmen; *Ab-, Zuneigung* fassen (**to** gegen, für): **~ alarm** beunruhigt sein (**at** über *acc.*); **~ comfort** sich trösten; → **fancy** 5, **pride** 1; **31.** *Feuer* fangen; **32.** *Bedeutung, Sinn, Eigenschaft, Gestalt* annehmen, bekommen: **~ a new meaning**; **33.** *Farbe, Geruch, Geschmack* annehmen; **34.** *sport u. Spiele*: a) *Ball, Punkt, Figur, Stein* abnehmen (**from** *dat.*), b) *Stein* schlagen, c) *Karte* stechen, d)

Spiel gewinnen; **35.** ⚖ *etc.* erwerben, *bsd.* erben; **36.** *Ware, Zeitung* beziehen; ✝ *Auftrag* her'einnehmen; **37.** nehmen, verwenden: **~ 4 eggs** *Küche*: man nehme 4 Eier; **38.** *Zug, Taxi etc.* nehmen, benutzen; **39.** *Gelegenheit, Vorteil* ergreifen, wahrnehmen; → ***chance*** 2; **40.** (als Beispiel) nehmen; **41.** *Platz* einnehmen: **~n** besetzt; **42.** *fig. j-n, das Auge, den Sinn* gefangennehmen, fesseln, (für sich) einnehmen: ***be ~n with*** (*od.* ***by***) begeistert *od.* entzückt sein von (→ 29); **43.** *Befehl, Führung, Rolle, Stellung, Vorsitz* über'nehmen; **44.** *Mühe, Verantwortung* auf sich nehmen; **45.** leisten: a) *Arbeit, Dienst* verrichten, b) *Eid, Gelübde* ablegen, c) *Versprechen* (ab)geben; **46.** *Notiz, Aufzeichnung* machen, niederschreiben, *Diktat, Protokoll* aufnehmen; **47.** *phot. et. od. j-n* aufnehmen, *Bild* machen; **48.** *Messung, Zählung etc.* vornehmen, 'durchführen; **49.** *wissenschaftlich* ermitteln, *Größe, Temperatur etc.* messen; *Maß* nehmen; **50.** machen, tun: ***~ a look*** e-n Blick tun *od.* werfen; ***~ a swing*** schaukeln; **51.** *Maßnahme* ergreifen, treffen; **52.** *Auswahl* treffen; **53.** *Entschluß* fassen; **54.** *Fahrt, Spaziergang, a. Sprung, Verbeugung, Wendung etc.* machen; *Anlauf* nehmen; **55.** *Ansicht* vertreten; → ***stand*** 2, ***view*** 11; **56.** a) verstehen, b) auffassen, auslegen, c) *et. gut etc.* aufnehmen: ***do you ~ me?*** verstehen Sie(, was ich meine)?; ***I ~ it that*** ich nehme an, daß; ***~ s.th. ill of s.o.*** j-m et. übelnehmen; ***~ it seriously*** es ernst nehmen; **57.** ansehen *od.* betrachten (***as*** als); halten (***for*** für): ***I took him for an honest man***; **58.** sich *Rechte, Freiheiten* (her'aus)nehmen; **59.** a) *Rat, Auskunft* einholen, b) *Rat* annehmen, befolgen; **60.** *Wette, Angebot* annehmen; **61.** glauben: ***you may ~ it from me*** verlaß dich drauf!; **62.** *Beleidigung, Verlust etc., a. j-n* hinnehmen, *Strafe, Folgen* auf sich nehmen, sich *et.* gefallen lassen: ***~ people as they are*** die Leute nehmen, wie sie (eben) sind; **63.** *et.* ertragen, aushalten: ***can you ~ it?*** kannst du das aushalten?; ***~ it*** F es ‚kriegen', es ausbaden (müssen); **64.** ⚕ sich *e-r Behandlung etc.* unter'ziehen; **65.** *ped. Prüfung* machen, ablegen: ***~ French*** Examen im Französischen machen; → ***degree*** 3; **66.** *Rast, Ferien etc.* machen, *Urlaub, a. Bad* nehmen; **67.** *Platz, Raum* ein-, wegnehmen, beanspruchen; **68.** a) *Zeit, Material etc., a. fig. Geduld, Mut etc.* brauchen, erfordern, kosten, *gewisse Zeit* dauern: ***it took a long time*** es dauerte *od.* brauchte lange; ***it ~s brains and courage*** es erfordert Verstand u. Mut; ***it ~s a man to do that*** das kann nur ein Mann (fertigbringen), b) *j-n et.* kosten, *j-m et.* abverlangen: ***it took him*** (*od.* ***he took***) ***3 hours*** es kostete *od.* er brauchte 3 Stunden; → ***time*** 9; **69.** *Kleidergröße, Nummer* haben: ***which size in hats do you ~?***; **70.** *ling.* a) *grammatische Form* annehmen, im *Konjunktiv etc.* stehen, b) *Akzent, Endung, Objekt etc.* bekommen; **71.** aufnehmen, fassen, Platz bieten für; **III** *v/i.* [*irr.*] **72.** ⚘ *Wurzel* schlagen; **73.** ⚘, ⚕ anwachsen (*Pfropfreis, Steckling, Transplantat*); **74.** ⚕ wirken, anschlagen (*Droge etc.*); **75.** F ‚ankommen', ‚ziehen', ‚einschlagen', Anklang finden (*Buch, Theaterstück etc.*); **76.** ⚖ das Eigentumsrecht erlangen, *bsd.* erben, (als Erbe) zum Zuge kommen; **77.** sich *gut etc.* fotografieren (lassen); **78.** Feuer fangen; **79.** anbeißen (*Fisch*); **80.** ⚙ an-, eingreifen;

Zssgn mit prp.:

take| aft·er *v/i. j-m* nachschlagen, -geraten, ähneln (*dat.*); **~ for** *v/t.* **1.** halten für; **2.** auf *e-n Spaziergang etc.* mitnehmen; **~ from I** *v/t.* **1.** *j-m* wegnehmen; **2.** A abziehen von; **II** *v/i.* **3.** Abbruch tun (*dat.*), schmälern (*acc.*), her'absetzen (*acc.*); **4.** beeinträchtigen, mindern, (ab)schwächen; **~ in·to** *v/t.* **1.** (hin)'einführen in (*acc.*); **2.** bringen in (*acc.*); **~ to** *v/i.* **1.** a) sich begeben in (*acc.*) *od.* nach *od.* zu, b) sich flüchten in (*acc.*) *od.* zu, c) *fig.* Zuflucht nehmen zu: ***~ the stage*** zur Bühne gehen; → ***bed*** 1, ***heel***[1] *Redew.*, ***road*** 1; **2.** a) (her'an)gehen *od.* sich begeben an *e-e Arbeit etc.*, b) sich *e-r Sache* widmen, sich abgeben mit: ***~ doing s.th.*** dazu übergehen, et. zu tun; **3.** *et.* anfangen, sich ergeben (*dat.*), sich verlegen auf (*acc.*); *schlechte Gewohnheiten* annehmen: ***~ drink(ing)*** sich aufs Trinken verlegen, das Trinken anfangen; **4.** sich hingezogen fühlen zu, Gefallen finden an *j-m*; **~ up·on** *v/t.*: ***~ o.s.*** *et.* auf sich nehmen: ***take it upon o.s. to do s.th.*** a) es auf sich nehmen, et. zu tun, b) sich berufen fühlen, et. zu tun; **~ with** *v/i.* verfangen bei *j-m*: ***that won't ~ me*** das ‚zieht' bei mir nicht;

Zssgn mit adv.:

take| a·back *v/t.* verblüffen, über'raschen; → ***aback*** 3; **~ a·long** *v/t.* mitnehmen; **~ a·part** *v/t.* (*a.* F *fig. Gegner etc.*) ausein'andernehmen; **~ a·side** *v/t. j-n* bei'seite nehmen; **~ a·way** *v/t.* wegnehmen (***from s.o.*** j-m, ***from s.th.*** von et.): ***pizzas to ~*** (*Schild*) Pizzas zum Mitnehmen; **~ back** *v/t.* **1.** zu'rücknehmen (*a. fig. sein Wort*); **2.** *j-n im Geist* zu'rückversetzen (***to*** in *e-e Zeit*); **~ down** *v/t.* **1.** her'unter-, abnehmen; **2.** *Gebäude* abreißen, abtragen, *Gerüst* abnehmen; **3.** ⚙ *Motor etc.* zerlegen; **4.** *Baum* fällen; **5.** *Arznei etc.* (hin'unter-) schlucken; **6.** *j-n* demütigen, ‚ducken'; **7.** nieder-, aufschreiben, notieren; **~ for·ward** *v/t.* weiterführen, -bringen; **~ in** *v/t.* **1.** *Wasser etc.* (her)'einlassen; **2.** *Gast etc.* einlassen, aufnehmen; **3.** *Heimarbeit* annehmen; **4.** *Geld* einnehmen; **5.** ✝ *Waren* her'einnehmen; **6.** *Zeitung* halten; **7.** *fig.* in sich aufnehmen; *Lage* über'schauen; **8.** für bare Münze nehmen, glauben; **9.** her'einnehmen, einziehen, ⚓ *Segel* einholen; **10.** *Kleider* kürzer *od.* enger machen; **11.** einschließen (*a. fig. umfassen*); **12.** F *j-n* reinlegen: ***be taken in*** a) reinfallen, b) reingefallen sein; **~ off I** *v/t.* **1.** wegnehmen, -bringen, -schaffen; fortführen: ***take o.s. off*** sich fortmachen; **2.** *durch den Tod* hinraffen; **3.** *Verkehrsmittel* einstellen; **4.** *Hut etc.* abnehmen, *Kleidungsstück* ablegen, ausziehen; **5.** ⚕ abnehmen, amputieren; **6.** a) *Rabatt* abziehen, b) *Steuer etc.* senken; **7.** hin'unter-, austrinken; **8.** *thea. Stück* absetzen; **9.** ***take a day off*** sich e-n Tag freinehmen; **10.** *j-n* nachmachen, -äffen, imitieren; **II** *v/i.* **11.** *sport* abspringen; **12.** ✈ aufsteigen, starten; **13.** fortgehen, sich entfernen; **~ on I** *v/t.* **1.** *Arbeit* annehmen, über'nehmen; **2.** *Arbeiter* ein-, anstellen; *Mitglied* aufnehmen; **3.** a) *j-n* (als Gegner) annehmen, b) es aufnehmen mit *od.* gegen; **4.** *Wette* eingehen; **5.** *Eigenschaft, Gestalt, Farbe* annehmen; **II** *v/i.* **6.** F ‚sich haben', großes The'ater machen: ***don't ~ so!***; **~ out** *v/t.* **1.** a) her'ausnehmen, *a. Geld* abheben, b) wegnehmen, entfernen (***of*** von, aus); **2.** *Fleck* entfernen (***of*** aus); **3.** ✝, ⚖ *Patent, Vorladung etc.* erwirken; *Versicherung* abschließen; **4.** ***take it out*** sich schadlos halten (***in*** an *e-r Sache*); ***take it out of*** a) sich rächen *od.* schadlos halten für (*Beleidigung etc.*), b) *j-n* ‚kaputtmachen', erschöpfen, c) *sl. j-n* ‚wegputzen', liquidieren: ***take it out on s.o.*** s-n Zorn an j-m auslassen; **5.** (***of s.o.*** j-m) *den Unsinn etc.* austreiben; **6.** *j-n zum Abendessen etc.* ausführen; *Kinder* spazierenführen; **~ o·ver I** *v/t.* **1.** *Amt, Aufgabe, die Macht etc., a. Idee etc.* über'nehmen; **II** *v/i.* **2.** die Amtsgewalt, Leitung *etc.* über'nehmen; die Sache in die Hand nehmen: ***~ for s.o.*** j-s Stelle einnehmen; **3.** *fig.* in den Vordergrund treten; **~ up I** *v/t.* **1.** aufheben, -nehmen; **2.** *Pflaster* aufreißen; **3.** *Gerät, Waffe* erheben, ergreifen (***against*** gegen); **4.** *Reisende* mitnehmen; **5.** *Flüssigkeit* aufsaugen, -nehmen; **6.** *Tätigkeit* aufnehmen; sich befassen mit, sich verlegen auf (*acc.*); *Beruf* ergreifen; **7.** *Fall, Idee etc.* aufgreifen: ***take s.o. up on s.th.*** bei j-m wegen e-r Sache einhaken (→ 17); **8.** *Erzählung etc.* fortführen; **9.** *Platz, Zeit, Gedanken etc.* ausfüllen, beanspruchen, in Anspruch nehmen: ***taken up with*** in Anspruch genommen von; **10.** *Wohnsitz* aufschlagen; **11.** *Stelle* antreten; **12.** *Posten* einnehmen; **13.** *Verbrecher* aufgreifen, verhaften; **14.** *Masche* aufnehmen; **15.** ⚕ *Gefäß* abbinden; **16.** ✝ a) *Anleihe, Kapital* aufnehmen, b) *Aktien* zeichnen, c) *Wechsel* einlösen; **17.** *Wette, Herausforderung* annehmen: ***take s.o. up on it*** die Herausforderung annehmen; **18.** a) *e-m Redner* ins Wort fallen, b) *j-n* zu'rechtweisen, korrigieren; **II** *v/i.* **19.** ***~ with*** anbändeln *od.* sich einlassen mit.

'take|·a·way *Brit.* **I** *adj.* zum Mitnehmen: ***~ meals***; **II** *s.* Restau'rant *n* mit Straßenverkauf; **'~·down I** *adj.* zerlegbar; **II** *s.* Zerlegen *n*; **'~-home pay** *s.* Nettolohn *m*, -gehalt *n*; **'~-in** *s.* F **1.** Schwindel *m*, Betrug *m*; **2.** ‚Reinfall' *m*.

tak·en ['teɪkən] *p.p. von* ***take***.

'take|-off *s.* **1.** ✈ Start *m* (*a. mot.*), Abflug *m*; → ***assist*** 1; **2.** *sport* a) Absprung *m*, b) Absprungstelle *f*: ***~ board*** Absprungbalken *m*; **3.** *a.* ***~ point*** *fig.* Ausgangspunkt *m*; **4.** Nachahmung *f*, -äffung *f*, Karika'tur *f*; **'~·out** *Am.* **I** *adj.* **1.** → ***takeaway*** I; **II** *s.* **2.** → ***takeaway*** II; **3.** *sl.* Liquidierung *f*; **'~ˌo·ver** *s.* **1.** ✝ 'Übernahme *f e-r Firma*: ***~ bid*** Übernahmeangebot *n*; **2.** *pol.* 'Machtˌübernahme *f*.

tak·er [ˈteɪkə] *s.* **1.** Nehmer(in); **2.** ✝ Käufer(in); **3.** Wettende(r *m*) *f*.

tak·ing [ˈteɪkɪŋ] **I** *s.* **1.** (An-, Ab-, Auf-, Ein-, Ent-, Hin-, Weg- *etc.*)Nehmen *n* (*etc.* → ***take*** II); ⚖ Wegnahme *f*; **2.** Inbeˈsitznahme *f*; **3.** ⚔ Einnahme *f*, Eroberung *f*; **4.** *pl.* ✝ Einnahmen *pl.*; **5.** F Aufregung *f*; **II** *adj.* □ **6.** fesselnd; **7.** anziehend, einnehmend, gewinnend; **8.** F ansteckend.

talc [tælk] *s.* Talk *m*.

tal·cum [ˈtælkəm] *s.* Talk *m*; **~ pow·der** *s.* **1.** Talkum(puder *m*) *n*; **2.** Körperpuder *m*.

tale [teɪl] *s.* **1.** Erzählung *f*, Bericht *m*: ***it tells its own ~*** es spricht für sich selbst; **2.** Erzählung *f*, Geschichte *f*: ***old wives' ~*** Ammenmärchen *n*; ***thereby hangs a ~*** damit ist e-e Geschichte verknüpft; **3.** Sage *f*, Märchen *n*; **4.** Lüge(ngeschichte) *f*, Unwahrheit *f*; **5.** Klatschgeschichte *f*: ***tell*** (*od.* ***carry, bear***) ***~s*** klatschen; ***tell ~s*** (***out of school***) *fig.* aus der Schule plaudern; **ˈ~ˌbear·er** *s.* Klatschmaul *n*; **ˈ~ˌbear·ing** *s.* Zuträgeˈrei *f*, Klatsch(eˈrei *f*) *m*.

tal·ent [ˈtælənt] *s.* **1.** Taˈlent *n*, Begabung *f* (*beide a. Person*): ***~ for languages*** Sprachtalent; **2.** *coll.* Taˈlente *pl.* (*Personen*): ***engage the best ~*** die besten Kräfte verpflichten; ***~ scout*** Talentsucher *m*; ***~ show*** ‚Talentschuppenˈ *m*; **3.** *bibl.* Pfund *n*; **ˈtal·ent·ed** [-tɪd] *adj.* talenˈtiert, taˈlentvoll, begabt; **ˈtal·ent·less** [-lɪs] *adj.* ˈuntalenˌtiert, taˈlentlos.

ta·les·man [ˈteɪli:zmən] *s.* [*irr.*] Ersatzgeschworene(r) *m*.

ˈtaleˌtell·er *s.* **1.** Märchen-, Geschichtenerzähler(in); **2.** Flunkerer *m*; **3.** Klatschmaul *n*.

tal·is·man [ˈtælɪzmən] *pl.* **-mans** *s.* ˈTalisman *m*.

talk [tɔ:k] **I** *s.* **1.** Reden *n*; **2.** Gespräch *n*: a) Unterˈhaltung *f*, Plaudeˈrei *f*, b) *a. pol.* Unterˈredung *f*: ***have a ~ with s.o.*** mit j-m reden *od.* plaudern, sich mit j-m unterhalten; **3.** Ansprache *f*; **4.** *bsd. Radio*: a) Plaudeˈrei *f*, b) Vortrag *m*; **5.** Gerede *n*, Geschwätz *n*: ***he is all ~*** er ist ein großer Schwätzer; ***end in ~*** im Sand verlaufen; ***there is ~ of his being bankrupt*** es heißt, daß er bank(e)rott ist; → ***small talk***; **6.** Gesprächsgegenstand *m*: ***be the ~ of the town*** Stadtgespräch sein; **7.** Sprache *f*, Art *f* zu reden; → ***baby talk***; **II** *v/i.* **8.** reden, sprechen: ***~ big*** große Reden führen, ‚angebenˈ; ***~ round s.th.*** um et. herumreden; **9.** reden, sprechen, plaudern, sich unterˈhalten (***about, on*** über *acc.*, ***of*** von): ***~ at*** *j-n* indirekt ansprechen, meinen; ***~ to s.o.*** a) mit j-m sprechen *od.* reden, b) F j-m die Meinung sagen; ***~ to o.s.*** Selbstgespräche führen; ***~ing of*** da wir gerade von ... sprechen; ***you can ~!*** F du hast gut reden!; ***now you are ~ing!*** *sl.* das läßt sich eher hören!; **10.** *contp.* reden, schwatzen; **11.** *b.s.* reden, klatschen (***about*** über *acc.*); **III** *v/t.* **12.** *et.* reden: ***~ nonsense***; ***~ sense*** vernünftig reden; **13.** reden *od.* sprechen über (*acc.*): ***~ business*** (***politics***); **14.** *Sprache* sprechen: ***~ French***; **15.** reden: ***~ o.s. hoarse*** sich heiser reden; ***~ s.o. into believing s.th.*** j-n et. glauben machen; ***~ s.o. into*** (***out of***) ***s.th.*** j-m et. ein- (aus-) reden;

Zssgn mit adv.:

talk| a·way *v/t. Zeit* verplaudern; **~ back** *v/i.* e-e freche Antwort geben; **~ down I** *v/t.* **1.** a) *j-n* unter den Tisch reden, b) niederschreien; **2.** *Flugzeug* ‚herˈuntersprechenˈ; **II** *v/i.* **3.** (***to***) sich dem (*niedrigen*) Niˈveau (*e-r Zuhörerschaft*) anpassen; **~ o·ver** *v/t.* **1.** *j-n* überˈreden; **2.** *et.* besprechen, ˈdurchsprechen; **~ round** → ***talk over*** 1; **~ up I** *v/i.* **1.** laut u. deutlich reden; **II** *v/t. Am.* F **2.** *et.* rühmen, anpreisen; **3.** *et.* frei herˈaussagen.

talk·a·thon [ˈtɔ:kəθɒn] *s. Am.* F Marathonsitzung *f*.

talk·a·tive [ˈtɔ:kətɪv] *adj.* □ geschwätzig, gesprächig, redselig; **ˈtalk·a·tive·ness** [-nɪs] *s.* Geschwätzigkeit *f etc.*

talk·ee-talk·ee [ˌtɔ:kɪˈtɔ:kɪ] *s.* F *contp.* Geschwätz *n*.

talk·er [ˈtɔ:kə] *s.* **1.** Schwätzer(in); **2.** Sprecher *m*, Sprechende(r *m*) *f*: ***he is a good ~*** er kann (gut) reden.

talk·ie [ˈtɔ:kɪ] *s.* F Tonfilm *m*.

talk·ing [ˈtɔ:kɪŋ] **I** *s.* **1.** Sprechen *n*, Reden *n*: ***he did all the ~*** er führte allein das Wort; ***let him do the ~*** laß(t) ihn (für uns alle) sprechen; **II** *adj.* **2.** sprechend: ***~ doll***; ***~ parrot***; **3.** *teleph.* Sprech...: ***~ current***; **4.** *fig.* sprechend: ***~ eyes***; **~ film, ~ (mo·tion) pic·ture** *s.* Tonfilm *m*; **ˈ~-to** *s.* F: ***give s.o. a ~*** j-m e-e Standpauke halten.

ˈtalk-show *s. bsd. Am. TV*: Talk-Show *f*.

talk·y [ˈtɔ:kɪ] *adj.* F geschwätzig (*a. fig.*); **ˈ~-talk** *s.* F Geschwätz *n*.

tall [tɔ:l] **I** *adj.* **1.** groß, hochgewachsen: ***he is six feet ~*** er ist sechs Fuß groß; **2.** hoch: ***~ house*** hohes Haus; **3.** F a) großsprecherisch, b) überˈtrieben, unglaublich (*Geschichte*): ***that's a ~ order*** das ist ein bißchen viel verlangt; **II** *adv.* **4.** F prahlerisch: ***talk ~*** prahlen; **ˈtall·boy** *s.* hohe Komˈmode; **ˈtall·ish** [-lɪʃ] *adj.* ziemlich groß; **ˈtall·ness** [-nɪs] *s.* Größe *f*, Höhe *f*, Länge *f*.

tal·low [ˈtæləʊ] **I** *s.* **1.** *ausgelassener* Talg: ***vegetable ~*** Pflanzenfett *n*; **2.** ⚙ Schmiere *f*; **3.** Talg-, Unschlittkerze *f*; **II** *v/t.* **4.** (ein)talgen, schmieren; **5.** *Tiere* mästen; **ˈ~-faced** *adj.* bleich, käsig.

tal·low·y [ˈtæləʊɪ] *adj.* talgig.

tal·ly[1] [ˈtælɪ] **I** *s.* **1.** *hist.* Kerbholz *n*, -stock *m*; **2.** ✝ (Ab)Rechnung *f*; **3.** (Gegen)Rechnung *f*; **4.** ✝ Kontogegenbuch *n* (*e-s Kunden*); **5.** Seiten-, Gegenstück *n* (***of*** zu); **6.** Zählstrich *m*: ***by the ~*** ✝ nach dem Stück *kaufen*; **7.** Etiˈkett *n*, Marke *f*, Kennzeichen *n* (*auf Kisten etc.*); **8.** Kuˈpon *m*; **II** *v/t.* **9.** (stückweise) nachzählen, buchen, kontrollieren; **10.** *oft* ***~ up*** berechnen; **III** *v/i.* **11.** (***with***) überˈeinstimmen (mit), entsprechen (*dat.*); **12.** stimmen.

tal·ly[2] [ˈtælɪ] *v/t.* ⚓ *Schoten* beiholen.

tal·ly-ho [ˌtælɪˈhəʊ] *hunt.* **I** *int.* halˈlo!, ho! (*Jagdruf*); **II** *pl.* **-hos** *s.* Hallo *n*; **III** *v/i.* ‚halloˈ rufen.

ˈtal·ly|-sheet *s.* ✝ Konˈtrolliste *f*; **ˈ~-shop** *s.* ✝ *bsd. Brit.* Abzahlungsgeschäft *n*; **~ sys·tem, ~ trade** *s.* ✝ *bsd. Brit.* ˈAbzahlungsgeschäft *n*, -syˌstem *n*.

tal·mi gold [ˈtælmɪ] *s.* Talmigold *n*.

Tal·mud [ˈtælmʊd] *s.* Talmud *m*; **Tal·mud·ic** [tælˈmʊdɪk] *adj.* talˈmudisch; **ˈTal·mud·ist** [-dɪst] *s.* Talmuˈdist *m*.

tal·on [ˈtælən] *s.* **1.** *orn.* Klaue *f*, Kralle *f*; **2.** ⚠ Kehlleiste *f*; **3.** *Kartenspiel*: Taˈlon *m*; **4.** ✝ Taˈlon *m*, ˈZinskuˌpon *m*.

ta·lus[1] [ˈteɪləs] *pl.* **-li** [-laɪ] *s.* **1.** *anat.* Talus *m*, Sprungbein *n*; **2.** Fußgelenk *n*; **3.** ⚕ Klumpfuß *m*.

ta·lus[2] [ˈteɪləs] *s.* **1.** Böschung *f*; **2.** *geol.* Geröll-, Schutthalde *f*.

tam [tæm] → ***tam-o'-shanter***.

tam·a·ble [ˈteɪməbl] *adj.* (be)zähmbar.

tam·a·rack [ˈtæməræk] *s.* ⚘ **1.** Nordamer. Lärche *f*; **2.** Tamarakholz *n*;

tam·a·rind [ˈtæmərɪnd] *s.* ⚘ Tamaˈrinde *f*; **tam·a·risk** [ˈtæmərɪsk] *s.* ⚘ Tamaˈriske *f*.

tam·bour [ˈtæmˌbʊə] **I** *s.* **1.** (große) Trommel; **2.** *a.* ***~ frame*** Stickrahmen *m*; **3.** Tambuˈrierstickeˌrei *f*; **4.** ⚠ a) Säulentrommel *f*, b) Tambour *m* (*Unterbau e-r Kuppel*); **5.** *Festungsbau*: Tambour *m*; **II** *v/t.* **6.** *Stoff* tamburieren.

tam·bou·rine [ˌtæmbəˈri:n] *s.* ♪ (flaches) Tamb(o)uˈrin.

tame [teɪm] **I** *adj.* □ **1.** *allg.* zahm: a) gezähmt (*Tier*), b) friedlich, c) folgsam, d) harmlos (*Witz*), e) lahm, fad(e): ***a ~ affair***; **II** *v/t.* **2.** zähmen, bändigen (*a. fig.*); **3.** *Land* urbar machen; **ˈtame·ness** [-nɪs] *s.* **1.** Zahmheit *f* (*a. fig.*); **2.** Unterˈwürfigkeit *f*; **3.** Harmlosigkeit *f*; **4.** Lahmheit *f*, Langweiligkeit *f*; **ˈtam·er** [-mə] *s.* (Be)Zähmer(in), Bändiger(in).

Tam·ma·ny [ˈtæmənɪ] *s. pol. Am.* **1.** → a) ***Tammany Hall***, b) ***Tammany Society***; **2.** *fig.* poˈlitische Korruptiˈon, ‚Filzˈ *m*; **~ Hall** *s. pol. Am.* **1.** *Zentrale der* ***Tammany Society*** *in New York*; **2.** *fig. a.* **~ So·ci·e·ty** *s. pol. Am. organisierte demokratische Partei in New York*.

tam-o'-shan·ter [ˌtæməˈʃæntə] *s.* Schottenmütze *f*.

tamp [tæmp] *v/t.* ⚙ **1.** *Bohrloch* besetzen; zustopfen; **2.** *Sprengladung* verdämmen; **3.** *Lehm etc.* feststampfen; *Beton* rammen.

tamp·er[1] [ˈtæmpə] *s.* ⚙ Stampfer *m*.

tam·per[2] [ˈtæmpə] *v/i.* ***~ with*** **1.** sich (unbefugt) zu schaffen machen mit, herˈumbasteln *od.* -pfuschen an (*dat.*), *bsd. Urkunde etc.* verfälschen, ‚frisierenˈ; **2.** a) sich (ein)mischen in (*acc.*), b) hinˈeinpfuschen in (*acc.*); **3.** a) mit *j-m* intrigieren, b) *bsd. Zeugen* (zu) bestechen (suchen).

tam·pon [ˈtæmpən] **I** *s.* **1.** ⚕, *a. typ.* Tamˈpon *m*; **2.** *allg.* Pfropfen *m*; **II** *v/t.* **3.** ⚕, *typ.* tamponieren.

tan [tæn] **I** *s.* **1.** ⚙ Lohe *f*; **2.** ⚗ Gerbstoff *m*; **3.** Lohfarbe *f*; **4.** (gelb)braunes Kleidungsstück (*bsd. Schuh*); **5.** (Sonnen)Bräune *f*; **II** *v/t.* **6.** ⚙ a) *Leder* gerben (*a. phot.*), b) beizen; **7.** *Haut* bräunen; **8.** F versohlen, *j-m* das Fell gerben; **III** *v/i.* **9.** a) sich bräunen (*Haut*), b) braun werden; **IV** *adj.* **10.** lohfarben, gelbbraun; **11.** Gerb...

tan·dem [ˈtændəm] **I** *adv.* **1.** hintereinˈander (angeordnet) (*bsd. Pferde, Maschinen etc.*); **II** *s.* **2.** Tandem *n* (*Gespann, Wagen, Fahrrad*): ***work in ~ with*** *fig.* zs.-arbeiten mit; **3.** ⚙ Reihe *f*, Tandem *n*; **4.** ϟ Kasˈkade *f*; **III** *adj.* **5.** Tandem..., hintereinˈander angeordnet; ~ ***bicycle*** Tandem *n*; ~ ***connection*** ⚡ Kaskadenschaltung *f* ~ ***compound*** (***engine***) Reihenverbundmaschine *f*.

tang¹ [tæŋ] *s.* **1.** ⚙ a) Griffzapfen *m* (*Messer etc.*), b) Angel *f*, c) Dorn *m*; **2.** scharfer Geruch *od.* Geschmack; Beigeschmack *m* (***of*** von) (*a. fig.*).

tang² [tæŋ] **I** *s.* (scharfer) Klang; **II** *v/i. u. v/t.* (laut u. scharf) ertönen (lassen).

tang³ [tæŋ] *s.* ⚘ Seetang *m*.

tan·gent [ˈtændʒənt] **I** *s.* ⩘ Tanˈgente *f*: ***fly*** (*od.* ***go***) ***off at a*** ~ *fig.* plötzlich (vom Thema) abspringen; **II** *adj.* → ***tangential*** 1; **tan·gen·tial** [tænˈdʒenʃl] *adj.* □ **1.** ⩘ berührend, tangentiˈal, Berührungs…, Tangential…: ~ ***force*** Tangentialkraft *f*; ~ ***plane*** Berührungsebene *f*; ***be*** ~ ***to*** *et.* berühren; **2.** *fig.* a) sprunghaft, flüchtig, b) ziellos, c) ˈuntergeordnet, Neben…

tan·ge·rine [ˌtændʒəˈriːn] *s.* ⚘ Mandaˈrine *f*.

tan·gi·ble [ˈtændʒəbl] *adj.* □ greifbar: a) fühlbar, b) *fig.* handgreiflich, c) † reˈal: ~ ***assets*** materielle Vermögenswerte; ~ ***property*** Sachvermögen *n*.

tan·gle [ˈtæŋgl] **I** *v/t.* **1.** verwirren, -wickeln, durcheinˈanderbringen (*alle a. fig.*); **2.** verstricken (*a. fig.*); **II** *v/i.* **3.** sich verheddern; **4.** ~ ***with*** sich mit *j-m* (in e-n Kampf *etc.*) einlassen; **III** *s.* **5.** Gewirr *n*, wirrer Knäuel; **6.** Verwirrung *f*, -wicklung *f*, Durcheinˈander *n*.

tan·go [ˈtæŋgəʊ] **I** *pl.* **-gos** *s.* Tango *m* (*Tanz*); **II** *v/i. pret. u. p.p.* **-goed** Tango tanzen.

tank [tæŋk] **I** *s.* **1.** *mot. etc.* Tank *m*; **2.** (Wasser)Becken *n*, Ziˈsterne *f*; **3.** 🚂 a) Wasserkasten *m*, b) ˈTenderlokomoˌtive *f*; **4.** *phot.* Bad *n*; **5.** ⚔ Panzer(wagen) *m*, Tank *m*; **6.** *Am. sl.* a) ‚Kittchen' *n*, b) (Haft)Zelle *f*; **II** *v/t. u. v/i.* **7.** tanken; **8.** ~ ***up*** a) auf-, volltanken, b) *sl.* sich ‚vollaufen' lassen: ~***ed*** besoffen; **ˈtank·age** [-kɪdʒ] *s.* **1.** Fassungsvermögen *n* e-s Tanks; **2.** (Gebühr *f* für) Aufbewahrung *f* in Tanks; **3.** ⚒ Fleischmehl *n* (*Düngemittel*); **ˈtank·ard** [-kəd] *s.* (*bsd.* Bier)Krug *m*, Humpen *m*.

ˈtank|-ˌbust·er *s.* ⚔ *sl.* **1.** Panzerknakker *m*; **2.** Jagdbomber *m* zur Panzerbekämpfung; ~ **car** *s.* 🚂 Kesselwagen *m*; ~ **de·stroy·er** *s.* ⚔ Sturmgeschütz *n*; ~ **dra·ma** *s. thea. Am.* F Sensatiˈonsstück *n*.

tank·er [ˈtæŋkə] *s.* **1.** ⚓ Tanker *m*, Tankschiff *n*; **2.** *a.* ~ ***aircraft*** ✈ Tankflugzeug *n*; **3.** *mot.* Tankwagen *m*; ~ **farm·ing** *s.* ˈHydrokulˌtur *f*.

tank top *s.* Pullˈunder *m*.

tan liq·uor *s.* ⚙ Beizbrühe *f*.

tanned [tænd] *adj.* braungebrannt.

tan·ner¹ [ˈtænə] *s. Brit. obs. sl.* Sixpencestück *n*.

tan·ner² [ˈtænə] *s.* ⚙ (Loh)Gerber *m*; **ˈtan·ner·y** [-ərɪ] *s.* Gerbeˈrei *f*; **ˈtan·nic** [-nɪk] *adj.* Gerb…: ~ ***acid***; **ˈtan·nin** [-nɪn] *s.* ⚗ Tanˈnin *n*.

tan·ning [ˈtænɪŋ] *s.* **1.** Gerben *n*; **2.** (Tracht *f*) Prügel *pl.*

tan| ooze, ~ **pick·le** → ***tan liquor***; **ˈ~-pit** *s. Gerberei*: Lohgrube *f*.

tan·ta·li·za·tion [ˌtæntəlaɪˈzeɪʃn] *s.* **1.** Quälen *n*, Zappelnlassen *n*; **2.** (Tantalus)Qual *f*; **tan·ta·lize** [ˈtæntəlaɪz] *v/t. fig.* peinigen, quälen, zappeln lassen; **tan·ta·liz·ing** [ˈtæntəlaɪzɪŋ] *adj.* □ quälend, aufreizend, verlockend.

tan·ta·mount [ˈtæntəmaʊnt] *adj.* gleichbedeutend (***to*** mit): ***be*** ~ ***to*** *a.* gleichkommen (*dat.*).

tan·tiv·y [tænˈtɪvɪ] **I** *s.* **1.** schneller Gaˈlopp; **2.** Hussa *n* (*Jagdruf*); **II** *adv.* **3.** eiligst, spornstreichs.

tan·trum [ˈtæntrəm] *s.* F **1.** schlechte Laune; **2.** Wut(anfall *m*) *f*, Koller *m*: ***fly into a*** ~ e-n Koller kriegen.

tap¹ [tæp] **I** *s.* **1.** Zapfen *m*, Spund *m* (Faß)Hahn *m*: ***on*** ~ a) angestochen, angezapft (*Faß*), b) vom Faß (*Bier etc.*), c) *fig.* (sofort) verfügbar; **2.** *Brit.* a) (Wasser-, Gas)Hahn *m*, b) Wasserleitung *f*: ***turn on the*** ~ F ‚losflennen'; **3.** F (Getränke)Sorte *f*; **4.** *Brit.* → ***taproom***; **5.** ⚙ a) Gewindebohrer *m*, b) (Ab)Stich *m*, c) Abzweigung *f*; **6.** ⚡ a) Stromabnehmer *m*, b) Zapfstelle *f*; **7.** ⚕ Punktiˈon *f*; **II** *v/t.* **8.** mit e-m Zapfen *od.* Hahn versehen; **9.** *Flüssigkeit* abzapfen; **10.** *Faß* anstechen; **11.** ⚕ punktieren; **12.** ⚡ *Telefonleitung etc.* anzapfen: ~ ***the wire***(***s***) a) Strom abzapfen, b) Telefongespräche *etc.* abhören; **13.** ⚡ a) *Spannung* abgreifen, b) anschließen; **14.** ⚙ mit (e-m) Gewinde versehen; **15.** *metall. Schlacke* abstechen; **16.** *fig. Hilfsquellen etc.* erschließen; **17.** *fig. Vorräte etc.* angreifen, anbrechen; **18.** *sl. j-n* ‚anpumpen' (***for*** um).

tap² [tæp] **I** *v/t.* **1.** (leicht) klopfen *od.* pochen an (*acc.*) *od.* auf (*acc.*) *od.* gegen, *et.* beklopfen; **2.** klopfen mit; **3.** *Schuh* flicken; **II** *v/i.* **4.** klopfen (***on***, ***at*** gegen, an *acc.*); **III** *s.* **5.** Klaps *m*, leichter Schlag; **6.** *pl.* ⚔ *Am.* Zapfenstreich *m*; **7.** Stück *n* Leder *m*, Flicken *m*.

tap| dance *s.* Steptanz *m*; **ˈ~-dance** *v/i.* steppen; ~ **danc·er** *s.* Steptänzer(in); ~ **danc·ing** *s.* Steptanz *m*.

tape [teɪp] **I** *s.* **1.** schmales (Leinen-) Band, Zwirnband *n*; **2.** (Isolier-, Meß-, Meˈtall- *etc.*)Band *n*, (Paˈpier-, Kleb- *etc.*)Streifen *m*; ⚕ Heftpflaster *n*; **3.** a) *Telegrafie*: Papierstreifen *m*, b) *Fernschreiber*, *Computer*: Lochstreifen *m*; **4.** ⚡ (Video-, Ton)Band *n*; **5.** *sport* Zielband *n*: ***breast the*** ~ das Zielband durchreißen; **II** *v/t.* **6.** mit Band versehen; (mit Band) umˈwickeln *od.* binden; **7.** mit Heftpflaster verkleben; **8.** *Buchteile* heften; **9.** mit dem Bandmaß messen: ***I've got him*** ~***d*** *sl.* ich habe ihn durchschaut, ich weiß genau Bescheid über ihn; **10.** mitschneiden: a) auf (Ton)Band aufnehmen, b) *TV* aufzeichnen; ~ **deck** *s.* ⚡ Tapedeck *n*; ~ **li·brar·y** *s.* ˈBandarˌchiv *n*; ~ **line**, ~ **meas·ure** *s.* Meßband *n*, Bandmaß *n*; ~ **play·er** *s.* ⚡ ˈBandˌwiedergabegerät *n*.

ta·per [ˈteɪpə] **I** *s.* **1.** (dünne) Wachskerze; **2.** ⚙ Verjüngung *f*; **3.** ⚡ ˈWiderstandsverteilung *f*; **II** *adj.* **4.** spitz zulaufend, verjüngt; **III** *v/t.* **5.** zuspitzen, verjüngen; **6.** ~ ***off*** *fig.* F *Produktion*, *a. den Tag etc.* auslaufen lassen; **IV** *v/i.* **7.** *oft* ~ ***off*** spitz zulaufen, sich verjüngen; allˈmählich dünn werden; **8.** ~ ***off*** F allmählich aufhören, auslaufen.

ˈtape|-reˌcord *v/t.* → ***tape*** 10; ~ **re·cord·er** *s.* ⚡ Tonbandgerät *n*; ~ **re·cord·ing** *s.* **1.** (Ton)Bandaufnahme *f*; **2.** *TV*: Aufzeichnung *f*.

ta·pered [ˈteɪpəd] *adj.*, **ˈta·per·ing** [-ərɪŋ] → ***taper*** 4.

tap·es·tried [ˈtæpɪstrɪd] *adj.* gobeˈlingeschmückt; **tap·es·try** [ˈtæpɪstrɪ] *s.* **1.** a) Gobeˈlin *m*, Wandteppich *m*, gewirkte Taˈpete, b) Dekoratiˈonsstoff *m*; **2.** Tapisseˈrie *f*.

ˈtape·worm *s. zo.* Bandwurm *m*.

tap·pet [ˈtæpɪt] *s.* ⚙ **1.** Daumen *m*, Mitnehmer *m*; **2.** (Venˈtil- *etc.*)Stößel *m*; **3.** (Wellen)Nocke *f*; **4.** (Steuer)Knagge *f*.

ˈtap|·room [-rʊm] *s.* Schankstube *f*; **ˈ~·root** *s.* ⚘ Pfahlwurzel *f*.

tar [tɑː] **I** *s.* **1.** Teer *m*; **2.** F ‚Teerjacke' *f* (*Matrose*); **II** *v/t.* **3.** teeren: ~ ***and feather*** *j-n* teeren u. federn; ~***red with the same brush*** (*od.* ***stick***) kein Haar besser.

tar·a·did·dle [ˈtærədɪdl] *s.* F **1.** Flunkeˈrei *f*; **2.** Quatsch *m*.

ta·ran·tu·la [təˈræntjʊlə] *s. zo.* Taˈrantel *f*.

ˈtar|·board *s.* Dach-, Teerpappe *f*; **ˈ~·brush** *s.* Teerpinsel *m*: ***he has a touch of the*** ~ F er hat Neger- *od.* Indianerblut in den Adern.

tar·di·ness [ˈtɑːdɪnɪs] *s.* **1.** Langsamkeit *f*; **2.** Unpünktlichkeit *f*; **3.** Verspätung *f*; **tar·dy** [ˈtɑːdɪ] *adj.* □ **1.** langsam, träge; **2.** säumig, unpünktlich; **3.** spät, verspätet: ***be*** ~ (zu) spät kommen.

tare¹ [teə] *s.* **1.** ⚘ (*bsd.* Futter)Wicke *f*; **2.** *bibl.* Unkraut *n*.

tare² [teə] † **I** *s.* Tara *f*: ~ ***and tret*** Tara u. Gutgewicht *n*; **II** *v/t.* tarieren.

tar·get [ˈtɑːgɪt] **I** *s.* **1.** (Schieß-, Ziel-) Scheibe *f*; **2.** ⚔, *Radar etc.*: Ziel *n* (*a. fig.*): ***be off*** ~ das Ziel verfehlen, danebenschießen, *fig.* ‚danebenhauen'; ***be on*** ~ a) das Ziel erfaßt haben, *a.* sich eingeschossen haben, *sport* aufs Tor gehen (*Schuß*), b) treffen, sitzen (*Schuß etc.*), c) *fig.* richtig geraten haben; **3.** *fig.* Zielscheibe *f des Spottes etc.*; **4.** *fig.* (Leistungs-, Produktiˈons- *etc.*)Ziel *n*, Soll *n*; **5.** 🚂 ˈWeichensiˌgnal *n*; **6.** ⚡ a) ˈFangelekˌtrode *f*, b) ˈAntikaˌthode *f von Röntgenröhren*, c) *Kernphysik*: Target *n*; **7.** *her.* runder Schild; **II** *adj.* **8.** Ziel…: ~ ***area*** ⚔ Zielbereich *m*, -raum *m*; ~ ***bombing*** gezielter Bombenwurf; ~ ***date*** Stichtag *m*, Termin *m*; ~ ***electrode*** → 6a; ~ ***group*** † Zielgruppe *f*; ~ ***language*** Zielsprache *f*; ~ ***pistol*** Übungspistole *f*; ~ ***practice*** Übungs-, Scheibenschießen *n*; ~***-seeking*** zielsuchend (*Rakete etc.*).

tar·iff [ˈtærɪf] **I** *s.* **1.** ˈZolltaˌrif *m*; **2.** Zoll (-gebühr *f*) *m*; **3.** (Geˈbühren-, ˈKosten- *etc.*)Taˌrif *m*; **4.** Preisverzeichnis *n* (*in e-m Hotel etc.*); **II** *v/t.* **5.** e-n Taˈrif aufstellen für; **6.** *Ware* mit Zoll belegen; ~ **rate** *s.* **1.** Taˈrifsatz *m*; **2.** Zollsatz *m*; ~ **wall** *s.* Zollschranke *f e-s Staates*.

tar·mac [ˈtɑːmæk] *s. Brit.* ˈTeermakaˌdam(straße *f*, ✈ -rollfeld *n*) *m*, ✈ *a.* Hallenvorfeld *n*.

tar·nish [ˈtɑːnɪʃ] **I** *v/t.* **1.** trüben, matt *od.* blind machen, *e-r Sache* den Glanz nehmen; **2.** *fig.* besudeln, beflecken; **3.** ⚙ mattieren; **II** *v/i.* **4.** matt *od.* trübe werden; **5.** anlaufen (*Metall*); **III** *s.* **6.** Trübung *f*; Beschlag *m*, Anlaufen *n* (*von Metall*); **7.** *fig.* Fleck *m*, Makel *m*.

tarp [tɑːp] *abbr.* → **tar·pau·lin** [tɑːˈpɔːlɪn] *s.* **1.** ⚓ a) Perˈsenning *f* (*geteertes Segeltuch*), b) Ölzeug *n* (*Hose, Mantel*); **2.** Plane *f*, Wagendecke *f*; **3.** Zeltbahn *f*.
tar·ra·did·dle → ***taradiddle***.
tar·ry¹ [ˈtɑːrɪ] *adj.* teerig.
tar·ry² [ˈtærɪ] **I** *v/i.* **1.** zögern, zaudern, säumen; **2.** (ver)weilen, bleiben; **II** *v/t.* **3.** *obs. et.* abwarten.
tar·sal [ˈtɑːsl] *anat.* **I** *adj.* **1.** Fußwurzel…; **2.** (Augen)Lidknorpel…; **II** *s.* **3.** *a.* ~ ***bone*** Fußwurzelknochen *m*; **4.** (Augen)Lidknorpel *m*.
tar·si·a [ˈtɑːsɪə] *s.* Inˈtarsia *f*, Einlegearbeit *f* in Holz.
tar·sus [ˈtɑːsəs] *pl.* **-si** [-saɪ] *s.* **1.** → ***tarsal*** 3 *u.* 4; **2.** *orn.* Laufknochen *m*; **3.** *zo.* Fußglied *n*.
tart¹ [tɑːt] *adj.* □ **1.** sauer, herb, scharf; **2.** *fig.* scharf, beißend: ~ ***reply***.
tart² [tɑːt] **I** *s.* **1.** a) (Obst)Torte *f*, Obstkuchen *m*, b) *bsd. Am.* (*Creme-*, Obst-) Törtchen *n*; **2.** *sl.* ‚Nutte' *f*; **II** *v/t.* ~ ***up*** *sl.* ‚aufputzen', ‚aufmotzen'.
tar·tan¹ [ˈtɑːtən] *s.* Tartan *m*: a) Schottentuch *n*, b) Schottenmuster *n*: ~ ***plaid*** Schottenplaid *n*.
tar·tan² [ˈtɑːtən] *s. sport* Tartan *n* (*Bahnbelag*).
Tar·tar¹ [ˈtɑːtə] **I** *s.* **1.** Taˈtar(in); **2.** *a.* ℒ Wüterich *m*, böser Kerl: ***catch a*** ~ an den Unrechten kommen; **II** *adj.* **3.** taˈtarisch.
tar·tar² [ˈtɑːtə] *s.* **1.** Weinstein *m*: ~ ***emetic*** ⚕ Brechweinstein; **2.** Zahnstein *m*; **tar·tar·ic** [tɑːˈtærɪk] *adj.*: ~ ***acid*** ⚗ Weinsäure *f*.
tart·ness [ˈtɑːtnɪs] *s.* Schärfe *f*: a) Säure *f*, Herbheit *f*, b) *fig.* Schroffheit *f*, Bissigkeit *f*.
task [tɑːsk] **I** *s.* **1.** Aufgabe *f*: ***take to*** ~ *fig. j-n* ins Gebet nehmen (***for*** wegen); **2.** Pflicht *f*, (auferlegte) Arbeit; **3.** *ped.* (Prüfungs)Aufgabe *f*; **II** *v/t.* **4.** *j-m* Arbeit zuweisen *od.* aufbürden, *j-n* beschäftigen; **5.** *fig. Kräfte etc.* stark beanspruchen, *sein Gedächtnis etc.* anstrengen; ~ **force** *s.* **1.** ⚔ *gemischter* Kampfverband (*für Sonderunternehmen*), Task force *f*; **2.** *Polizei*: a) Speziˈaleinheit *f*, Einsatzgruppe *f*, b) ˈSonderdezerˌnat *n*; **3.** ☤ Proˈjektgruppe *f*; ˈ~ˌ**mas·ter** *s.* **1.** (*bsd.* strenger) Arbeitgeber: ***severe*** ~ *fig.* strenger Zuchtmeister; **2.** ⚙ (Arbeit)Anweiser *m*; ~ **wag·es** *s. pl.* ☤ Akˈkord-, Stücklohn *m*; ˈ~**work** *s.* **1.** ☤ Akˈkordarbeit *f*; **2.** harte Arbeit.
tas·sel [ˈtæsl] **I** *s.* Quaste *f*, Troddel *f*; **II** *v/t.* mit Quasten schmücken.
taste [teɪst] **I** *v/t.* **1.** *Speisen etc.* kosten, (ab)schmecken, probieren, versuchen (*a. fig.*); **2.** kosten, *Essen* anrühren: ***he had not ~d food for days***; **3.** *et.* (herˈaus)schmecken; **4.** *fig.* kosten, kennenlernen, erleben; **5.** *fig.* genießen; **II** *v/i.* **6.** schmecken (***of*** nach); **7.** kosten, versuchen (***of*** von *od. acc.*); **8.** ~ ***of*** → 4; **III** *s.* **9.** Geschmack *m*: ***a*** ~ ***of garlic*** ein Knoblauchgeschmack; ***leave a bad*** ~ ***in one's mouth*** *bsd. fig.* e-n üblen Nachgeschmack haben; **10.** Geschmackssinn *m*; **11.** (Kost)Probe *f* (***of*** von *od. gen.*): a) kleiner Bissen, b) Schlückchen *n*; **12.** *fig.* (Kost)Probe *f*, Vorgeschmack *m* (***of*** *gen.*); **13.** *fig.* Beigeschmack *m*, Anflug *m* (***of*** von); **14.** *fig.* (künstlerischer *od.* guter) Geschmack: ***in bad*** ~ geschmacklos (*a. weitS. unfein, taktlos*); ***in good*** ~ a) geschmackvoll, b) taktvoll; ***each to his*** (***own***) ~ jeder nach s-m Geschmack; **15.** Geschmacksrichtung *f*, Mode *f*; **16.** a) Neigung *f*, Sinn *m* (***for*** für), b) Geschmack *m*, Gefallen *n* (***for*** an *dat.*): ***not to my*** ~ nicht nach m-m Geschmack; **taste bud** *s. anat.* Geschmacksbecher *m*; ˈ**taste·ful** [-fʊl] *adj.* □ *fig.* geschmackvoll; ˈ**taste·ful·ness** [-fʊlnɪs] *s. fig.* guter Geschmack *e-r Sache, das* Geschmackvolle; ˈ**taste·less** [-lɪs] *adj.* □ **1.** unschmackhaft, fade; **2.** *fig.* geschmacklos; ˈ**taste·less·ness** [-lɪsnɪs] *s.* **1.** Unschmackhaftigkeit *f*; **2.** *fig.* Geschmack-, Taktlosigkeit *f*; ˈ**tast·er** [-tə] *s.* **1.** (berufsmäßiger Tee-, Wein- *etc.*)Koster *m*; **2.** *hist.* Vorkoster *m*; **3.** Proˈbiergläs-chen *n* (*für Wein*); **4.** (Käse)Stecher *m*; ˈ**tast·i·ness** [-tɪnɪs] *s.* **1.** Schmackhaftigkeit *f* (*Speise etc.*); **2.** *fig.* → ***tastefulness***; ˈ**tast·y** [-tɪ] *adj.* □ F **1.** schmackhaft; **2.** *fig.* geschmack-, stilvoll.
ta-ta [ˌtæˈtɑː] *int. Brit.* F ‚Tschüs'!, auf ˈWiedersehen!
Ta·tar [ˈtɑːtə] **I** *s.* Taˈtar(in); **II** *adj.* taˈtarisch; **Ta·tar·i·an** [tɑːˈteərɪən], **Ta·tar·ic** [tɑːˈtærɪk] *adj.* tatarisch.
tat·ter [ˈtætə] *s.* Lumpen *m*, Fetzen *m*: ***in ~s*** zerfetzt; ***tear to ~s*** (*a. fig. Argument etc.*) zerfetzen, -reißen; ˈ**tat·tered** [-təd] *adj.* **1.** zerlumpt, abgerissen; **2.** zerrissen, zerfetzt; **3.** ramponiert (*Ruf etc.*).
tat·tle [ˈtætl] **I** *v/i.* klatschen, ‚tratschen'; **II** *v/t.* ausplaudern; **III** *s.* Klatsch *m*, ‚Tratsch' *m*; ˈ**tat·tler** [-lə] *s.* Klatschbase *f*, -maul *n*.
tat·too¹ [təˈtuː] **I** *s.* **1.** ⚔ a) Zapfenstreich *m* (*Signal*), b) ˈAbendpaˌrade *f* mit Muˈsik; **2.** Trommeln *n*, Klopfen *n*: ***beat a*** (*od.* ***the devil's***) ~ ungeduldig mit den Fingern trommeln; **II** *v/i.* **3.** den Zapfenstreich blasen *od.* trommeln; **4.** trommeln, klopfen.
tat·too² [təˈtuː] **I** *v/t. pret. u. p.p.* **tatˈtooed** [-uːd] **1.** *Haut* tätowieren; **2.** *Muster* eintätowieren (***on*** in *acc.*); **II** *s.* **3.** Tätowierung *f*.
tat·ty [ˈtætɪ] *adj.* schäbig, schmuddelig, ‚billig'.
taught [tɔːt] *pret. u. p.p. von* ***teach***.
taunt [tɔːnt] **I** *v/t.* verhöhnen, -spotten: ~ ***s.o. with*** j-m *et.* (höhnisch) vorwerfen; **II** *v/i.* höhnen, spotten; **III** *s.* Spott *m*, Hohn *m*; ˈ**taunt·ing** [-tɪŋ] *adj.* □ spöttisch, höhnisch.
tau·rine [ˈtɔːraɪn] *adj.* **1.** *zo.* a) rinderartig, b) Rinder…, Stier…; **2.** *ast.* Stier…; **Tau·rus** [ˈtɔːrəs] *s. ast.* Stier *m* (*Sternbild u. Tierkreiszeichen*).
taut [tɔːt] *adj.* □ **1.** straff, stramm (*Seil etc.*), angespannt (*a. Nerven, Gesicht, Person*); **2.** schmuck (*Schiff etc.*); ˈ**taut·en** [-tən] **I** *v/t.* stramm ziehen, straff anspannen; **II** *v/i.* sich straffen *od.* spannen.
tau·to·log·ic, tau·to·log·i·cal [ˌtɔːtəˈlɒdʒɪk(l)] *adj.* □ tautoˈlogisch, unnötig dasˈselbe wiederˈholend; **tau·tol·o·gy** [tɔːˈtɒlədʒɪ] *s.* Tautoloˈgie *f*, Doppelaussage *f*.
tav·ern [ˈtævən] *s.* **1.** *obs.* Taˈverne *f*, Schenke *f*; **2.** *Am.* Gasthaus *n*.
taw¹ [tɔː] *v/t.* weißgerben.
taw² [tɔː] *s.* **1.** Murmel *f*; **2.** Murmelspiel *n*; **3.** Ausgangslinie *f*.
taw·dri·ness [ˈtɔːdrɪnɪs] *s.* **1.** Flitterhaftigkeit *f*, grelle Buntheit, Kitsch *m*; **2.** Wertlosigkeit *f*, Billigkeit *f*; **taw·dry** [ˈtɔːdrɪ] *adj.* □ **1.** flitterhaft, Flitter…; **2.** geschmacklos aufgemacht; **3.** grell, knallig; **4.** kitschig, billig.
tawed [tɔːd] *adj. Gerberei*: aˈlaungar (*Leder*); **taw·er** [ˈtɔːə] *s.* Weißgerber *m*; **taw·er·y** [ˈtɔːərɪ] *s.* Weißgerbeˈrei *f*.
taw·ny [ˈtɔːnɪ] *adj.* lohfarben, gelbbraun: ~ ***owl*** *orn.* Waldkauz *m*.
taws(e) [tɔːz] *s. Brit.* Peitsche *f*.
tax [tæks] **I** *s.* **1.** (Staats)Steuer *f* (***on*** auf *acc.*), Abgabe *f*: ~ ***on land*** Grundsteuer; **2.** Besteuerung *f* (***on*** *gen.*); ***after*** (***before***) ~ nach (vor) Abzug der Steuern, *a.* netto (brutto); **3.** Taxe *f*, Gebühr *f*; **4.** *fig.* a) Bürde *f*, Last *f*, b) Belastung *f*, Beanspruchung *f* (***on*** *gen. od.* von): ***a heavy*** ~ ***on his time*** e-e starke Inanspruchnahme s-r Zeit; **II** *v/t.* **5.** *j-n od. et.* besteuern, *j-m* e-e Steuer auferlegen; **6.** ⚖ *Kosten etc.* schätzen, taxieren, ansetzen (***at*** auf *acc.*); **7.** *fig.* belasten; **8.** *fig.* stark in Anspruch nehmen, anstrengen, strapazieren; **9.** auf e-e harte Probe stellen; **10.** *j-n* zuˈrechtweisen: ~ ***s.o. with*** j-n *e-r Sache* beschuldigen *od.* bezichtigen; **tax·a·ble** [ˈtæksəbl] **I** *adj.* □ **1.** besteuerbar; **2.** steuerpflichtig: ~ ***income***; **3.** Steuer…: ~ ***value***; **4.** ⚖ gebührenpflichtig; **II** *s.* *Am.* **5.** steuerpflichtiges Einkommen; **6.** Steuerpflichtige(r *m*) *f*; **tax·a·tion** [tækˈseɪʃn] *s.* **1.** Besteuerung *f*; **2.** *coll.* Steuern *pl.*; **3.** ⚖ Schätzung *f*, Taxierung *f*.
tax| **a·bate·ment** *s.* Steuernachlaß *m*; ~ **al·low·ance** *s.* Steuerfreibetrag *m*; ~ **as·sess·ment** *s.* Steuerveranlagung *f*; ~ **a·void·ance** (leˈgale) ˈSteuerumˌgehung; ~ **brack·et** *s.* Steuerklasse *f*, -gruppe *f*; ~ **bur·den** *s.* Steuerlast *f*; ~ **col·lec·tor** *s.* Steuereinnehmer *m*; ˈ~**deˌduct·i·ble** *adj.* steuerabzugsfähig; ~ **dodg·er**, ~ **e·vad·er** *s.* ˈSteuerhinterˌzieher *m*; ~ **e·va·sion** *s.* ˈSteuerhinterˌziehung *f*; ˌ~**-exˈempt**, ˌ~**-ˈfree** *adj.* steuerfrei; ~ **fraud** *s.* Steuerbetrug *m*; ~ **ha·ven** *s.* ˈSteueroˌase *f*; ~ **hol·i·day** *s.* vorübergehende Steuerbefreiung.
tax·i [ˈtæksɪ] **I** *pl.* ˈ**tax·is** *s.* **1.** → ***taxicab***; **II** *v/i.* **2.** mit e-m Taxi fahren; **3.** ✈ rollen; ˈ~**·cab** *s.* Taxi *n*; ~ **danc·er** *s. Am.* Taxigirl *n*.
tax·i·der·mal [ˌtæksɪˈdɜːml], **tax·iˈder·mic** [-mɪk] *adj.* taxiˈdermisch; **tax·i·der·mist** [ˈtæksɪdɜːmɪst] *s.* Präpaˈrator *m*, Ausstopfer *m* (*von Tieren*); **tax·i·der·my** [ˈtæksɪdɜːmɪ] *s.* Taxiderˈmie *f*.
ˈ**tax·i**|**-ˌdriv·er** *s.*, ˈ~**-man** [-mæn] *s.* [*irr.*] ˈTaxichaufˌfeur *m*, -fahrer *m*; ˈ~ˌ**me·ter** *s.* Taxaˈmeter *m*, Zähler *m*, Fahrpreisanzeiger *m*; ˈ~**·plane** *s.* Lufttaxi *n*; ~ **rank** *s.* Taxistand *m*; ~ **strip**, ˈ~**·way** *s.* ✈ Rollbahn *f*.
ˈ**tax**|ˌ**pay·er** *s.* Steuerzahler *m*; ~ **rate** *s.* Steuersatz *m*; ~ **re·fund** *s.* Steuerrückzahlung *f*; ~ **re·lief** *s.* Steuererleichterung(en *pl.*) *f*; ~ **re·turn** *s.* Steuererklärung *f*; ~ **shel·ter** *s.* Steuerbegünstigung *f*.

'T-bone steak *s.* T-bone-Steak *n* (*Steak aus dem Rippenstück des Rinds*).

tea [ti:] *s.* **1.** Tee *m*; **2.** Tee(mahlzeit *f*) *m*: ***five-o'clock ~*** Fünfuhrtee; **3.** *Am. sl.* ‚Grass' *n* (*Marihuana*); **~ bag** *s.* Teebeutel *m*; **~ ball** *s. Am.* Tee-Ei *n*; **~ bread** *s. ein* Teekuchen *m*; **~ cad·dy** *s.* Teebüchse *f*; **~ cake** *s.* Teekuchen *m*; **'~·cart** *s.* Teewagen *m*.

teach [ti:tʃ] *pret. u. p.p.* **taught** [tɔ:t] **I** *v/t.* **1.** *Fach* lehren, 'Unterricht geben in (*dat.*); **2.** *j-n et.* lehren, *j-n* unter'richten, -'weisen in (*dat.*), *j-m* 'Unterricht geben in (*dat.*); **3.** *j-m et.* zeigen, beibringen: ***~ s.o. to whistle*** j-m das Pfeifen beibringen; ***~ s.o. better*** j-n e-s Besser(e)n belehren; ***I will ~ you to steal*** F dich werd' ich das Stehlen lehren!; ***that'll ~ you!*** F a) das wird dir e-e Lehre sein!, b) das kommt davon!; **4.** *Tier* dressieren, abrichten; **II** *v/i.* **5.** unter'richten, 'Unterricht geben; **'teach·a·ble** [-tʃəbl] *adj.* **1.** lehrbar (*Fach etc.*); **2.** gelehrig (*Person*); **'teach·er** [-tʃə] *s.* Lehrer(in): ***~s college*** *Am.* Pädagogische Hochschule.

'teach-in *s.* Teach-in *n*.

teach·ing ['ti:tʃɪŋ] **I** *s.* **1.** Unter'richten *n*, Lehren *n*; **2.** *oft pl.* Lehre *f*, Lehren *pl.*; **3.** Lehrberuf *m*; **II** *adj.* **4.** lehrend, unter'richtend: ***~ aid*** Lehrmittel *n*; ***~ machine*** Lehr-, Lernmaschine *f*; ***~ profession*** Lehrberuf *m*; ***~ staff*** Lehrkörper *m*.

tea| cloth *s.* **1.** kleine Tischdecke; **2.** *Am.* Geschirrtuch *n*; **~ co·sy** *s.*, *Am.* **~ co·zy** *s.* Teewärmer *m*; **'~·cup** *s.* Teetasse *f*; → ***storm*** 1; **'~·cup,ful** [-ˌfʊl] *pl.* **-fuls** *s. e-e* Teetasse(voll); **~ dance** *s.* Tanztee *m*; **~ egg** *s.* Tee-Ei *n*; **~ gar·den** *s.* 'Gartenrestauˌrant *n*; **~ gown** *s.* Nachmittagskleid *n*; **'~·house** *s.* Teehaus *n* (*in China u. Japan*).

teak [ti:k] *s.* **1.** ⚘ Teakholzbaum *m*; **2.** Teak(holz) *n*.

teal [ti:l] *pl.* **teal** *s. orn.* Krickente *f*.

team [ti:m] **I** *s.* **1.** Gespann *n*; **2.** *bsd. sport u. fig.* Mannschaft *f*, Team *n*; **3.** (*Arbeits- etc.*)Gruppe *f*, Team *n*: ***by a ~ effort*** mit vereinten Kräften; **4.** Ab'teilung *f*, Ko'lonne *f von Arbeitern*; **5.** *orn.* Flug *m*, Zug *m*; **II** *v/t.* **6.** *Zugtiere* zs.-spannen; **7.** F *Arbeit* (an Unter'nehmer) vergeben; **III** *v/i.* **8.** **~ up** *bsd. Am.* sich zs.-tun (***with*** mit); **~ e·vent** *s. sport* Mannschaftswettbewerb *m*; **'~·mate** *s.* 'Mannschaftskameˌrad *m*; **~ spir·it** *s.* **1.** *sport* Mannschaftsgeist *m*; **2.** *fig.* Gemeinschafts-, 'Korpsgeist *m*.

team·ster ['ti:mstə] *s.* **1.** Fuhrmann *m*; **2.** *Am.* Lastwagenfahrer *m*.

team| teach·ing *s. Am.* gemeinsamer 'Unterricht (*Fachlehrer*); **'~·work** *s.* **1.** *sport, thea.* Zs.-spiel *n*; **2.** *fig.* (gute) Zs.-arbeit, Teamwork *n*.

tea| par·ty *s.* Teegesellschaft *f*: ***the Boston* ♀ ♀** *hist.* der Teesturm von Boston (*1773*); **'~·pot** *s.* Teekanne *f*; → ***tempest*** 1.

tear¹ [tɪə] *s.* **1.** Träne *f*: ***in ~s*** in Tränen (aufgelöst), unter Tränen; → ***fetch*** 3, ***squeeze*** 3; **2.** ⚙ (Harz- *etc.*)Tropfen *m*; (Glas)Träne *f*.

tear² [teə] **I** *s.* **1.** Riß *m*; **2.** ***at full ~*** in vollem Schwung; ***in a ~*** in wilder Hast; **II** *v/t.* [*irr.*] **3.** zerreißen: ***~ in*** (*od.* ***to***) ***pieces*** in Stücke reißen; ***~ open*** aufreißen; ***~ out*** herausreißen; ***torn between hope and despair*** *fig.* zwischen Hoffnung u. Verzweiflung hin- u. hergerissen;: ***a country torn by civil war*** ein vom Bürgerkrieg zerrissenes Land; ***that's torn it!*** *sl.* jetzt ist es passiert!, damit ist alles ‚im Eimer'!; **4.** *Haut etc.* aufreißen; **5.** *Loch* reißen; **6.** zerren, (aus)reißen: ***~ one's hair*** sich die Haare (aus)raufen; **7.** *a.* ***~ away, ~ off*** ab-, wegreißen (***from*** von): ***~ o.s. away*** sich losreißen (*a. fig.*); ***~ s.th. from s.o.*** j-m et. entreißen; **III** *v/i.* [*irr.*] **8.** (zer-)reißen; **9.** reißen, zerren (***at*** an *dat.*); **10.** F rasen, sausen, ‚fegen': ***~ about*** herumsausen; **~ up** *v/t.* **1.** aufreißen; **2.** *Baum etc.* ausreißen; **3.** zerreißen, in Stücke reißen; **4.** *fig.* unter'graben, zerstören.

tear·a·way ['teərəweɪ] **I** *adj.* ‚wild'; **II** *s.* ‚wilder' Kerl, Ra'bauke *m*.

tear| bomb [tɪə] Tränengasbombe *f*; **'~·drop** *s.* **1.** Träne *f*; **2.** Anhänger *m* (*Ohrring*).

tear·ful ['tɪəfʊl] *adj.* ☐ **1.** tränenreich; **2.** weinend, in Tränen; **3.** weinerlich; **4.** schmerzlich.

tear| gas [tɪə] *s.* ⚔ Tränengas *n*; **~ gland** *s. anat.* Tränendrüse *f*.

tear·ing ['teərɪŋ] *adj. fig.* F **1.** rasend, toll (*Tempo, Wut etc.*); **2.** ‚toll'; **~ strength** *s.* ⚙ Zerreißfestigkeit *f*.

'tear|,jerk·er [tɪə] *s. Am.* F ‚Schnulze' *f*, ‚Schmachtfetzen' *m*.

'tear-off ['teərɒf] *adj.* Abreiß...: ***~ calendar***.

'tea|·room [-rʊm] *s.* Teestube *f*, Ca'fé *n*; **~ rose** *s.* ⚘ Teerose *f*.

tear sheet [teə] *s. Am.* Belegbogen *m*.

'tear-stained ['tɪə-] *adj.* **1.** tränennaß; **2.** verweint (*Augen*).

tease [ti:z] **I** *v/t.* **1.** ⚙ a) *Wolle* kämmen, krempeln, b) *Flachs* hecheln, c) *Werg* auszupfen; **2.** ⚙ *Tuch* krempeln, karden; **3.** *fig.* quälen: a) hänseln, aufziehen, b) ärgern, c) bestürmen, belästigen (***for*** wegen); **4.** (auf)reizen; **II** *s.* **5.** F a) → ***teaser*** 1, 2, b) Plage *f*, lästige Sache.

tea·sel ['ti:zl] **I** *s.* **1.** ⚘ Karde(ndistel) *f*; **2.** *Weberei:* Karde *f*; **II** *v/t.* **3.** → ***tease*** 2.

teas·er ['ti:zə] *s.* **1.** Necker *m*; **2.** Quäl-, Plagegeist *m*; **3.** *sl.* Frau, die ‚alles verspricht und nichts hält'; **4.** F ‚harte Nuß', schwierige Sache; **5.** F et. Verlockendes.

tea| serv·ice, ~ set *s.* 'Teeserˌvice *n*; **'~·shop** → ***tearoom***; **'~·spoon** *s.* Teelöffel *m*; **'~·spoon,ful** [-ˌfʊl] *pl.* **-fuls** *s. ein* Teelöffel(voll) *m*.

teat [ti:t] *s.* **1.** *zo.* Zitze *f*; **2.** *anat.* Brustwarze *f*; **3.** (Gummi)Sauger *m*; **4.** ⚙ Warze *f*.

'tea|-things *s. pl.* Teegeschirr *n*; **'~·time** *s.* Teestunde *f*; **~ tow·el** *s.* Geschirrtuch *n*; **'~·urn** *s.* **1.** 'Teemaˌschine *f*; **2.** Gefäß *n* zum Heißhalten des Teewassers.

tea·zel, tea·zle → ***teasel***.

tec [tek] *s. sl.* Detek'tiv *m*.

tech·nic ['teknɪk] **I** *adj.* → ***technical***; **II** *s. mst pl.* → a) ***technics***, b) ***technology***, c) ***technique***; **'tech·ni·cal** [-kl] *adj.* ☐ → ***technically***; **1.** ⚙ 'technisch: ***~ bureau*** Konstruktionsbüro *n*; **2.** technisch (*a. sport*), fachlich, fachmännisch, Fach..., Spezial...: ***~ book*** (technisches) Fachbuch; ***~ dictionary*** Fachwörterbuch *n*; ***~ school*** Fachhochschule *f*; ***~ skill*** a) (technisches) Geschick, b) ♪ Technik *f*; ***~ staff*** technisches Personal; ***~ term*** Fachausdruck *m*; **3.** *fig.* technisch: a) sachlich, b) (rein) for'mal, c) theo'retisch: ***~ knockout*** *Boxen:* technischer K. o.; ***on ~ grounds*** ⚖ aus formaljuristischen *od.* verfahrenstechnischen Gründen; **tech·ni·cal·i·ty** [ˌteknɪ'kælətɪ] *s.* **1.** *das* Technische; **2.** technische Besonderheit *od.* Einzelheit; **3.** Fachausdruck *m*; **4.** *bsd.* ⚖ (reine) Formsache, (for'male) Spitzfindigkeit; **'tech·ni·cal·ly** [-kəlɪ] *adv.* **1.** technisch *etc.*; **2.** genaugenommen, eigentlich; **tech·ni·cian** [tek'nɪʃn] *s.* **1.** Techniker(in) (*a. weitS. Virtuose etc.*), (technischer) Fachmann; **2.** ⚔ *Am.* Techniker *m* (*Dienstrang für Spezialisten*).

tech·nics ['teknɪks] *s pl.* **1.** *mst sg. konstr.* Technik *f*, *bsd.* Ingeni'eurwissenschaft *f*; **2.** technische Einzelheiten *pl.*; **3.** Fachausdrücke *pl.*; **4.** → **technique** [tek'ni:k] *s.* **1.** ⚙ (Arbeits)Verfahren *n*, (*Schweiß- etc.*)Technik *f*; **2.** ♪, *paint., sport etc.* Technik *f*: a) Me'thode *f*, b) Art *f* der Ausführung, c) Geschicklichkeit *f*; **tech·noc·ra·cy** [tek'nɒkrəsɪ] *s.* Technokra'tie *f*; **tech·no·crat** ['teknəʊkræt] *s.* Techno'krat *m*.

tech·no·log·ic, tech·no·log·i·cal [ˌteknə'lɒdʒɪk(l)] *adj.* ☐ **1.** techno'logisch, technisch; **2.** ✝ techno'logisch (bedingt): ***~ unemployment***; **tech·nol·o·gist** [tek'nɒlədʒɪst] *s.* Techno'loge *m*; **tech·nol·o·gy** [tek'nɒlədʒɪ] *s.* **1.** Technolo'gie *f*: ***~ transfer*** Technologietransfer *m*; ***school of ~*** technische Universität; **2.** technische 'Fachterminoloˌgie.

tech·y ['tetʃɪ] → ***testy***.

tec·tol·o·gy [tek'tɒlədʒɪ] *s. biol.* Struk'turlehre *f*.

tec·ton·ic [tek'tɒnɪk] *adj.* (☐ ***~ally***) **1.** △, *geol.* tek'tonisch; **2.** *biol.* struktu'rell; **tec'ton·ics** [-ks] *s. pl. mst sg. konstr.* **1.** △ *etc.* Tek'tonik *f*; **2.** *geol.* ('Geo)Tekˌtonik *f*.

tec·to·ri·al [tek'tɔ:rɪəl] *adj. physiol.* Schutz..., Deck...: ***~ membrane***.

tec·tri·ces [tek'traɪsi:z] *s. pl. zo.* Deckfedern *pl.*

ted·der ['tedə] *s.* ✓ Heuwender *m*.

Ted·dy bear ['tedɪ] *s.* Teddybär *m*.

te·di·ous ['ti:djəs] *adj.* ☐ **1.** langweilig, öde, ermüdend; **2.** weitschweifig; **'te·di·ous·ness** [-nɪs] *s.* **1.** Langweiligkeit *f*; **2.** Weitschweifigkeit *f*; **'te·di·um** [-jəm] *s.* **1.** Lang(e)weile *f*; **2.** Langweiligkeit *f*.

tee¹ [ti:] **I** *s.* ⚙ T-Stück *n*; **II** *adj.* T-...: ***~ iron***; **III** *v/t.* ⚡ abzweigen: ***~ across*** (***together***) in Brücke (parallel)schalten.

tee² [ti:] **I** *s. sport* Tee *n*: a) *Curling:* Mittelpunkt *m* des Zielkreises, b) *Golf:* Abschlag(stelle *f*) *m*: ***to a ~*** *fig.* aufs Haar; **II** *v/t. Golf: Ball* auf die Abschlagstelle legen; **III** *v/i.* **~ off** a) *Golf:* abschlagen, b) *fig.* anfangen.

teem¹ [ti:m] *v/i.* **1.** wimmeln, voll sein (***with*** von): ***the roads are ~ing with people***; ***this page ~s with mistakes*** diese Seite strotzt von Fehlern; **2.**

reichlich vor'handen sein: ***fish ~ in that river*** in dem Fluß wimmelt es von Fischen; **3.** *obs.* a) schwanger sein, b) ⚘ Früchte tragen, c) *zo.* Junge gebären.

teem² [ti:m] **I** *v/t. bsd.* ⚙ *flüssiges Metall* (aus)gießen; **II** *v/i.* gießen (*a. fig. Regen*).

teen [ti:n] *Am.* → ***teenage(r)***; **'teen·age** [-eɪdʒ] **I** *adj. a.* ***teenaged*** **1.** im Teenageralter; **2.** Teenager…; **II** *s.* **3.** → ***teens*** 1; **'teen,ag·er** [-ˌeɪdʒə] *s.* Teenager *m.*

teens [ti:nz] *s. pl.* **1.** Teenageralter *n.*: ***be in one's ~*** ein Teenager sein; **2.** Teenager *pl.*

tee·ny¹ ['ti:nɪ], *a.* **ˌ~-'wee·ny** [-'wi:nɪ] *adj.* F klitzeklein.

teen·y² ['ti:nɪ] *s.* F ‚Teeny' *m.*

'tee-shirt ['ti:-] *s.* 'T-Shirt *n.*

tee·ter ['ti:tə] *v/i. Am.* F **1.** (*a. v/t.*) schaukeln, wippen; **2.** (sch)wanken.

teeth [ti:θ] *pl. von* ***tooth***.

teethe [ti:ð] *v/i.* zahnen, (die) Zähne bekommen: ***teething troubles*** a) Beschwerden beim Zahnen, b) *fig.* Kinderkrankheiten.

tee·to·tal [ti:'təʊtl] *adj.* absti'nent, Abstinenzler…; **tee'to·tal·(l)er** [-tlə] *s.* Absti'nenzler(in), ˌAntialko'holiker (-in); **tee'to·tal·ism** [-tlɪzəm] *s.* **1.** Absti'nenz *f*; **2.** Absti'nenzprinˌzip *n.*

tee·to·tum [ˌti:təʊ'tʌm] *s.* Drehwürfel *m.*

teg·u·ment ['tegjʊmənt] *etc.* → ***integument*** *etc.*

tele-¹ [telɪ] *in Zssgn* a) Fern…, b) Fernseh…

tele-² [telɪ] *in Zssgn* a) Ziel, b) Ende.

'tel·e,cam·er·a *s. TV* Fernsehkamera *f.*

'tel·e·cast I *v/t.* [*irr.* → ***cast***] im Fernsehen über'tragen *od.* bringen; **II** *s.* Fernsehsendung *f*; **'tel·e·cast·er** *s.* (Fernseh)Ansager(in).

'tel·e·comˌmu·ni'ca·tion I *s.* **1.** Fernmeldeverbindung *f*, -verkehr *m*, 'Telekommunikatiˌon *f*; **2.** *pl.* Fernmeldewesen *n*, -technik *f*; **II** *adj.* **3.** Fernmelde…

'tel·e·com·mut·er → ***teleworker***.

tel·e·con·fer·ence ['telɪˌkɒnfərəns] *s.* Tele'fonkonfeˌrenz *f.*

'tel·e·course *s.* Fernsehkurs *m.*

tel·e·di·ag·no·sis ['telɪˌdaɪəg'nəʊsɪs] *s.* [*irr.*] ⚕ 'Ferndiagˌnose *f.*

'tel·e·film *s.* Fernsehfilm *m.*

tel·e·gen·ic [ˌtelɪ'dʒenɪk] *adj. TV* tele'gen.

tel·e·gram ['telɪgræm] *s.* Tele'gramm *n*: ***by ~*** telegrafisch.

tel·e·graph ['telɪgrɑ:f; -græf] **I** *s.* **1.** Tele'graf *m*; **2.** Tele'gramm *n*; **3.** → ***telegraph board***; **II** *v/t.* **4.** telegrafieren; **5.** *j-n* tele'grafisch benachrichtigen; **6.** (*durch Zeichen*) zu verstehen geben, signalisieren; **7.** *sport Spielstand etc.* auf e-r Tafel anzeigen; **8.** *sl. Boxen: Schlag* ‚telegrafieren' (*erkennbar ansetzen*); **III** *v/i.* **9.** telegrafieren (***to*** *dat. od.* an *acc.*); **~ board** *s. bsd. sport* Anzeigetafel *f*; **~ code** *s.* Tele'grammschlüssel *m.*

te·leg·ra·pher [tɪ'legrəfə] *s.* Telegra'fist(in).

tel·e·graph·ese [ˌtelɪgrɑ:'fi:z] *s.* Tele'grammstil *m*; **tel·e·graph·ic** [ˌtelɪ'græfɪk] *adj.* (□ ***~ally***) **1.** tele'grafisch: ***~ address*** Tele'grammadresse *f*, Drahtanschrift *f*; **2.** tele'grammartig (*Kürze, Stil*); **te·leg·ra·phist** [tɪ'legrəfɪst] *s.* Telegra'fist(in).

tel·e·graph| line *s.* Tele'grafenleitung *f*; **~ pole**, **~ post** *s.* Tele'grafenstange *f*, -mast *m.*

te·leg·ra·phy [tɪ'legrəfɪ] *s.* Telegra'fie *f.*

tel·e·ki·ne·sis [ˌtelɪkɪ'ni:sɪs] *s. psych.* Teleki'nese *f.*

tel·e·lens ['telɪlens] *s. phot.* 'Teleobjekˌtiv *n.*

te·lem·e·ter ['telɪmi:tə] *s.* Tele'meter *n*: a) ⚙ Entfernungsmesser *m*, b) ⚡ Fernmeßgerät *n.*

tel·e·o·log·ic, **tel·e·o·log·i·cal** [ˌteliə'lɒdʒɪk(l)] *adj.* □ *phls.* teleo'logisch: ***~ argument*** teleologischer Gottesbeweis; **tel·e·ol·o·gy** [ˌtelɪ'ɒlədʒɪ] *s.* Teleolo'gie *f.*

tel·e·path·ic [ˌtelɪ'pæθɪk] *adj.* (□ ***~ally***) tele'pathisch; **te·lep·a·thy** [tɪ'lepəθɪ] *s.* Telepa'thie *f*, Ge'dankenüberˌtragung *f.*

tel·e·phone ['telɪfəʊn] **I** *s.* **1.** Tele'fon *n*, Fernsprecher *m*: ***at the ~*** am Apparat; ***by ~*** telefonisch; ***on the ~*** telefonisch, durch das *od.* am Telefon; ***be on the ~*** a) Telefonanschluß haben, b) am Telefon sein; ***over the ~*** durch das *od.* per Telefon; **II** *v/t.* **2.** *j-n* anrufen, antelefonieren; **3.** *Nachricht etc.* telefonieren, tele'fonisch über'mitteln (***s.th. to s.o., s.o. s.th.*** j-m et.); **III** *v/i.* **4.** telefonieren; **~ bank·ing** *s.* Tele'fonˌbanking *n*; **~ booth**, *Brit.* **~ box** *s.* Tele'fon-, Fernsprechzelle *f*; **~ call** *s.* Tele'fongespräch *n*, (Tele'fon)Anruf *m*; **~ connec·tion** *s.* Tele'fonanschluß *m*; **~ direc·to·ry** *s.* Tele'fon-, Fernsprechbuch *n*; **~ ex·change** *s.* Fernsprechamt *n*, Tele'fonzenˌtrale *f*; **~ op·er·a·tor** *s.* Telefo'nist(in); **~ re·ceiv·er** *s.* (Tele'fon-)Hörer *m*; **~ sub·scrib·er** *s.* Fernsprechteilnehmer(in); **~ sur·vey** *s.* telefonische Befragung.

tel·e·phon·ic [ˌtelɪ'fɒnɪk] *adj.* (□ ***~ally***) tele'fonisch, fernmündlich, Telefon…; **tel·e·pho·nist** [tɪ'lefənɪst] *s.* Telefo'nist(in); **te·leph·o·ny** [tɪ'lefənɪ] *s.* Telefo'nie *f*, Fernsprechwesen *n.*

ˌtel·e'pho·to *phot.* **I** *adj.* **1.** Telefoto(grafie)…, Fernaufnahme…: ***~ lens*** → ***telelens***; **II** *s.* **2.** 'Telefoto(graˌfie *f*) *n*, Fernbild *n*; **3.** 'Bildteleˌgramm *n*; **4.** Funkbild *n*; **ˌtel·e'pho·to·graph** → ***telephoto*** II; **'tel·eˌpho·to'graph·ic** *adj.* (□ ***~ally***) **1.** 'fernfotoˌgrafisch; **2.** 'bildteleˌgrafisch; **ˌtel·e·pho'tog·ra·phy** *s.* **1.** 'Tele-, 'Fernfotograˌfie *f*; **2.** 'Bildtelegraˌfie *f.*

tel·e·play ['telɪpleɪ] *s.* Fernsehspiel *n.*

'tel·eˌprint·er *s.* Fernschreiber *m* (*Gerät*): ***~ message*** Fernschreiben *n*; ***~ operator*** Fernschreiber(in).

tel·e·proc·ess·ing *s.* Datenfernverarbeitung *f.*

tel·e·prompt·er ['telɪˌprɒmptə] *s. TV* Teleprompter *m* (*optisches Souffliergerät, Textband*).

'tel·e·reˌcord·ing *s.* (Fernseh)Aufzeichnung *f.*

tel·e·scope ['telɪskəʊp] **I** *s.* Tele'skop *n*, Fernrohr *n*; **II** *v/t. u. v/i.* a) (sich) inein'anderschieben, b) (sich) verkürzen; **III** *adj.* → ***telescopic***.

tel·e·scop·ic [ˌtelɪ'skɒpɪk] *adj.* (□ ***~ally***) **1.** tele'skopisch, Fernrohr…: ***~ sight*** ⚔ Zielfernrohr *n*; **2.** inein'anderschiebbar, ausziehbar, Auszieh…, Teleskop…

'tel·e·screen *s. TV* Bildschirm *m.*

tel·e·text ['telɪtekst] *s. TV* Videotext *m.*

ˌtel·e·ther'mom·e·ter *s. phys.* 'Fern-, 'Telethermoˌmeter *n.*

'tel·e·type, **ˌtel·e'typeˌwrit·er** *Am.* → ***teleprinter***.

'tel·e·view I *v/t.* sich (im Fernsehen) ansehen; **II** *v/i.* fernsehen; **'tel·eˌview·er** *s.* Fernsehzuschauer(in).

tel·e·vise ['telɪvaɪz] → ***telecast*** I; **'tel·eˌvi·sion I** *s.* **1.** Fernsehen *n*: ***watch ~*** fernsehen; ***on ~*** im Fernsehen; ***~ ratings*** Fernseheinschaltquoten *pl.*; **2.** *a.* ***~ set*** Fernsehgerät *n*, Fernseher *m*; **II** *adj.* Fernseh…; **'tel·e·vi·sor** *s.* **1.** → ***television*** 2; **2.** → ***telecaster***; **3.** → ***televiewer***; **tel·e·work·er** *s. Computer*: Telearbeiter *m*, Heimarbeiter *m*; **tel·e·work·ing** *s. Computer*: Telearbeit *f*, Heimarbeit *f.*

tel·ex ['teleks] **I** *s.* **1.** Telex *n*, Fernschreibernetz *n*: ***be on the ~*** Telex- *od.* Fernschreibanschluß haben; **2.** Fernschreiber *m* (*Gerät*): ***~ operator*** Fernschreiber(in); **3.** Fernschreiben *n*: ***by ~*** per Telex *od.* Fernschreiben; ***~ operator*** Fernschreiber(in); **II** *v/t.* **4.** *j-m et.* telexen *od.* per Fernschreiben mitteilen.

tell [tel] [*irr.*] **I** *v/t.* **1.** sagen, erzählen (***s.o. s.th., s.th. to s.o.*** j-m et): ***I can ~ you that …*** ich kann Sie *od.* Ihnen versichern, daß; ***I have been told*** mir ist gesagt worden; ***I told you so!*** ich habe es (dir) ja gleich gesagt!, ‚siehste'!; ***you are ~ing me!*** *sl.* wem sagen Sie das!; ***~ the world*** F (es) hinausposaunen; **2.** mitteilen, berichten, *a. die Wahrheit* sagen; *Neuigkeit* verkünden: ***~ a lie*** lügen; **3.** *Geheimnis* verraten; **4.** erkennen (***by, from*** an *dat.*), feststellen, sagen: ***~ by ear*** mit dem Gehör feststellen, hören; **5.** (mit Bestimmtheit) sagen: ***I cannot ~ what it is***; ***it is difficult to ~*** es ist schwer zu sagen; **6.** unter'scheiden (***one from the other*** eines vom andern): ***~ apart*** auseinanderhalten; **7.** sagen, befehlen: ***~ s.o. to do s.th.*** j-m sagen, er solle et. tun; j-n et. tun heißen; ***do as you are told*** tu wie dir geheißen; **8.** *bsd. pol. Stimmen* zählen: ***all told*** alles in allem; **9.** ***~ off*** a) abzählen, b) ⚔ abkommandieren, c) F *j-m* ‚Bescheid stoßen'; **II** *v/i.* **10.** berichten, erzählen (***of*** von, ***about*** über *acc.*); **11.** *fig.* ein Zeichen *od.* Beweis sein (***of*** für, von); **12.** *et.* sagen können, wissen: ***how can you ~?, you never can ~*** man kann nie wissen; **13.** ‚petzen': ***~ on s.o.*** j-n verpetzen *od.* verraten; ***don't ~!*** nicht verraten!; **14.** sich auswirken (***on*** bei, auf *acc.*): ***the hard work began to ~ on him***; ***his troubles have told on him*** s-e Sorgen haben ihn sichtlich mitgenommen; ***every blow (word) ~s*** jeder Schlag (jedes Wort) sitzt; ***that ~s against you*** das spricht gegen Sie; **15.** sich (deutlich) abheben (***against*** gegen, von); zur Geltung kommen (*Farbe etc.*); **'tell·er** [-lə] *s.* **1.** Erzähler(in); **2.** Zähler (-in); *bsd. parl.* Stimmenzähler *m*; **3.** Kassierer(in), Schalterbeamte(r) *m* (*Bank*): ***~'s department*** Hauptkasse *f*; ***automatic ~*** Geldautomat *m*; **'tell·ing** [-lɪŋ] *adj.* □ **1.** wirkungsvoll (*a. Schlag*), wirksam, eindrucksvoll;

'durchschlagend (*Erfolg*, *Wirkung*); **2.** *fig.* aufschlußreich; ,**tell·ing-'off** *s.*: ***give s.o. a ~*** j-m ‚Bescheid stoßen'.

'**tell·tale I** *s.* **1.** Klatschbase *f*, Zuträger (-in), ‚Petze' *f*; **2.** verräterisches (Kenn-) Zeichen; **3.** ⚙ (selbsttätige) Anzeigevorrichtung; **II** *adj.* **4.** *fig.* verräterisch: ***a ~ tear***; **5.** sprechend (*Ähnlichkeit*); **6.** ⚙ a) Anzeige…, b) Warnungs…: ***~ clock*** Kontrolluhr *f*.

tel·ly ['telɪ] *s. Brit.* F Fernseher *m* (*Gerät*): ***on the ~*** im Fernsehen.

tel·o·type ['teləʊtaɪp] *s.* **1.** e'lektrischer 'Schreib- *od.* 'Drucktele,graph; **2.** auto'matisch gedrucktes Tele'gramm.

tel·pher ['telfə] **I** *s.* Wagen *m* e-r Hängebahn; **II** *adj.* (Elektro)Hängebahn…; '**tel·pher·age** [-ərɪdʒ] *s.* e'lektrische Lastenbeförderung; '**tel·pher·way** *s.* Telpherbahn *f*, E'lektrohängebahn *f*.

te·mer·i·ty [tɪ'merətɪ] *s.* **1.** (Toll)Kühnheit *f*, Verwegenheit *f*, *b.s.* Frechheit *f*.

temp [temp] *s. Brit.* F 'Zeitsekre,tärin *f*.

tem·per ['tempə] **I** *s.* **1.** Tempera'ment *n*, Natu'rell *n*, Gemüt(sart *f*) *n*, Cha'rakter *m*, Veranlagung *f*: ***even ~*** Gleichmut *m*; ***have a quick ~*** ein hitziges Temperament haben; **2.** Stimmung *f*, Laune *f*: ***in a bad ~*** (in) schlechter Laune, schlecht gelaunt; **3.** Gereiztheit *f*, Zorn *m*, Wut *f*: ***be in a ~*** gereizt *od.* wütend sein; ***fly*** (*od.* ***get***) ***into a ~*** in Wut geraten; **4.** Gemütsruhe *f* (*obs. außer in den Redew.*): ***keep one's ~*** ruhig bleiben; ***lose one's ~*** in Wut geraten, die Geduld verlieren; ***out of ~*** übelgelaunt; ***put s.o. out of ~*** j-n wütend machen *od.* erzürnen; **5.** Zusatz *m*, Beimischung *f*, *metall.* Härtemittel *n*; **6.** *bsd.* ⚙ richtige Mischung; **7.** *metall.* Härte(grad *m*) *f*; **II** *v/t.* **8.** mildern (***with*** durch); **9.** *Farbe*, *Kalk*, *Mörtel* mischen, anmachen; **10.** ⚙ a) *Stahl* härten, anlassen, b) *Eisen* ablöschen, c) *Gußeisen* adouzieren, d) *Glas* rasch abkühlen; **11.** ♪ *Klavier etc.* temperieren; **III** *v/i.* **12.** ⚙ den richtigen Härtegrad erreichen *od.* haben.

tem·per·a ['tempərə] *s.* 'Tempera(male,rei) *f*.

tem·per·a·ment ['tempərəmənt] *s.* **1.** → ***temper*** 1; **2.** Tempera'ment *n*, Lebhaftigkeit *f*; **3.** ♪ Tempera'tur *f*; **tem·per·a·men·tal** [,tempərə'mentl] *adj.* ☐ **1.** tempera'mentvoll, veranlagungsmäßig, Temperaments…; **2.** a) reizbar, launisch, b) leicht erregbar; **3.** eigenwillig; **4. *be ~*** F (s-e) ‚Mucken' haben (*Gerät etc.*).

tem·per·ance ['tempərəns] *s.* **1.** Mäßigkeit *f*, Enthaltsamkeit *f*; **2.** Mäßigkeit *f* im *od.* Absti'nenz *f* vom Alkoholgenuß; ***~ ho·tel*** *s.* alkoholfreies Hotel; ***~ move·ment*** *s.* Absti'nenzbewegung *f*.

tem·per·ate ['tempərət] *adj.* ☐ **1.** gemäßigt, maßvoll: ***~ language***; **2.** zu'rückhaltend; **3.** mäßig: ***~ enthusiasm***; **4.** a) mäßig, enthaltsam (*bsd. im Essen u. Trinken*), b) absti'nent (*alkoholische Getränke meidend*); **5.** gemäßigt, mild (*Klima etc.*); '**tem·per·ate·ness** [-nɪs] *s.* **1.** Gemäßigtheit *f*; **2.** Beherrschtheit *f*, Zu'rückhaltung *f*; **3.** geringes Ausmaß; **4.** a) Mäßigkeit *f*, Enthaltsamkeit *f*, Mäßigung *f* (*bsd. im Essen u. Trinken*), b) Absti'nenz *f* (*von alkoholischen Getränken*); **5.** Milde *f* (*des Klimas etc.*).

tem·per·a·ture ['temprətʃə] *s.* **1.** *phys.* Tempera'tur *f*: ***at a ~ of*** bei e-r Temperatur von; **2.** *physiol.* ('Körper)Tempera,tur *f*: ***to take s.o.'s ~*** j-s Temperatur messen; ***to have*** (*od.* ***run***) ***a ~*** ⚕ F Fieber *od.* (erhöhte) Temperatur haben.

tem·pest ['tempɪst] *s.* **1.** (wilder) Sturm: ***~ in a teapot*** *fig.* ‚Sturm im Wasserglas'; **2.** *fig.* Sturm *m*, Ausbruch *m*; **3.** Gewitter *n*; **tem·pes·tu·ous** [tem'pestjʊəs] *adj.* ☐ *a. fig.* stürmisch, ungestüm, heftig; **tem·pes·tu·ous·ness** [tem'pestjʊəsnɪs] *s.* Ungestüm *n*, Heftigkeit *f*.

Tem·plar ['templə] *s.* **1.** *hist.* Templer *m*, Tempelherr *m*, -ritter *m*; **2.** Tempelritter *m* (*Freimaurer*); **3.** *oft* ***Good ℒ*** Guttempler *m* (*ein Temperenzler*).

tem·plate ['templɪt] *s.* **1.** ⚙ Scha'blone *f*; **2.** ⚠ a) 'Unterleger *m* (*Balken*), b) (Dach)Pfette *f*, c) Kragholz *n*; **3.** ⚓ Mallbrett *n*.

tem·ple¹ ['templ] *s.* **1.** *eccl.* Tempel *m* (*a. fig.*); **2.** *Am.* Syna'goge *f*; **3.** ℒ ⚖ Temple *m* (*in London, Sitz zweier Rechtskollegien*: ***the Inner ℒ*** *u.* ***the Middle ℒ***).

tem·ple² ['templ] *s. anat.* Schläfe *f*.

tem·ple³ ['templ] *s. Weberei*: Tömpel *m*.

tem·plet ['templɪt] → ***template***.

tem·po ['tempəʊ] *pl.* **-pi** *s.* ♪ Tempo *n* (*a. fig. Geschwindigkeit*): ***~ turn*** *Skisport*: Temposchwung *m*.

tem·po·ral¹ ['tempərəl] *adj.* ☐ **1.** zeitlich: a) Zeit… (*Ggs. räumlich*), b) irdisch; **2.** weltlich (*Ggs. geistlich*): ***~ courts***; **3.** *ling.* tempo'ral, Zeit…: ***~ adverb*** Umstandswort *n* der Zeit; ***~ clause*** Temporalsatz *m*.

tem·po·ral² ['tempərəl] *anat.* **I** *adj.* a) Schläfen…, b) Schläfenbein…; **II** *s.* Schläfenbein *n*.

tem·po·rar·i·ness ['tempərərɪnɪs] *s.* Einst-, Zeitweiligkeit *f*; **tem·po·rar·y** ['tempərərɪ] *adj.* ☐ provi'sorisch: a) vorläufig, einst-, zeitweilig, vor'übergehend, tempo'rär, b) behelfsmäßig, Not…, Hilfs…, Interims…: ***~ arrangement*** Übergangsregelung *f*; ***~ bridge*** Behelfs-, Notbrücke *f*; ***~ credit*** † Zwischenkredit *m*.

tem·po·rize ['tempəraɪz] *v/i.* **1.** Zeit zu gewinnen suchen, abwarten, sich nicht festlegen, lavieren: ***~ with s.o.*** j-n hinhalten; **2.** mit dem Strom schwimmen, s-n Mantel nach dem Wind hängen; '**tem·po·riz·er** [-zə] *s.* **1.** j-d, der Zeit zu gewinnen sucht *od.* sich nicht festlegt; **2.** Opportu'nist(in); '**tem·po·riz·ing** [-zɪŋ] *adj.* ☐ **1.** hinhaltend, abwartend; **2.** opportu'nistisch.

tempt [tempt] *v/t.* **1.** *eccl.*, *a. allg. j-n* versuchen, in Versuchung führen; **2.** *j-n* verlocken, -leiten, da'zu bringen (***to do*** zu tun): ***be ~ed to do*** versucht *od.* geneigt sein, zu tun; **3.** reizen, locken (*Angebot*, *Sache*); **4.** *Gott*, *sein Schicksal* versuchen, her'ausfordern; **temp·ta·tion** [temp'teɪʃn] *s.* Versuchung *f*, -führung *f*, -lockung *f*: ***lead into ~*** in Versuchung führen; '**tempt·er** [-tə] *s.* Versucher *m*, -führer *m*: ***the ℒ*** *eccl.* der Versucher; '**tempt·ing** [-tɪŋ] *adj.* ☐ verführerisch, -lockend; '**tempt·ing·ness** [-tɪŋnɪs] *s.* das Verführerische; '**tempt·ress** [-trɪs] *s.* Versucherin *f*, Verführerin *f*.

ten [ten] **I** *adj.* **1.** zehn; **II** *s.* **2.** Zehn *f* (*Zahl*, *Spielkarte*): ***the upper ~*** *fig.* die oberen Zehntausend; **3.** F Zehner *m* (*Geldschein etc.*); **4.** zehn (Uhr).

ten·a·ble ['tenəbl] *adj.* **1.** haltbar (⚔ *Stellung*, *fig. Behauptung etc.*); **2.** verliehen (***for*** für, auf *acc.*): ***an office ~ for two years***; '**ten·a·ble·ness** [-nɪs] *s.* Haltbarkeit *f* (*a. fig.*).

te·na·cious [tɪ'neɪʃəs] *adj.* ☐ **1.** zäh(e), klebrig; **2.** *fig.* zäh(e), hartnäckig: ***be ~ of*** zäh an *et.* festhalten; ***~ of life*** zählebig; ***~ ideas*** zählebige Ideen; **3.** verläßlich, gut (*Gedächtnis*); **te'na·cious·ness** [-nɪs], **te·nac·i·ty** [tɪ'næsɪtɪ] *s.* **1.** *allg.* Zähigkeit *f*: a) Klebrigkeit *f*, b) *phys.* Zug-, Zähfestigkeit *f*, c) *fig.* Hartnäckigkeit *f*: ***~ of life*** zähes Leben; ***~ of purpose*** Zielstrebigkeit *f*; **2.** Verläßlichkeit *f* (*des Gedächtnisses*).

ten·an·cy ['tenənsɪ] *s.* ⚖ **1.** Pacht-, Mietverhältnis *n*: ***~ at will*** jederzeit beiderseits kündbares Pachtverhältnis; **2.** a) Pacht-, Mietbesitz *m*, b) Eigentum *n*: ***~ in common*** Miteigentum *n*; **3.** Pacht-, Mietdauer *f*; '**ten·ant** [-nt] **I** *s.* **1.** ⚖ Pächter(in), Mieter(in): ***~ farmer*** Gutspächter *m*; **2.** ⚖ Inhaber(in) (*von Realbesitz*, *Renten etc.*); **3.** Bewohner (-in); **4.** *hist.* Lehnsmann *m*; **II** *v/t.* **5.** bewohnen; **6.** *als Mieter etc.* beherbergen; '**ten·ant·a·ble** [-ntəbl] *adj.* **1.** ⚖ pacht-, mietbar; **2.** bewohnbar; '**ten·ant·less** *adj.* **1.** unverpachtet; **2.** unvermietet, leer(stehend); '**ten·ant·ry** [-trɪ] *s. coll.* Pächter *pl.*, Mieter *pl.*

tench [tenʃ] *pl.* '**tench·es**, *bsd. coll.* **tench** *s. ichth.* Schleie *f*.

tend¹ [tend] *v/i.* **1.** sich *in e-r bestimmten Richtung* bewegen; (hin)streben (***to*** [***-ward***] nach): ***~ from*** wegstreben von; **2.** *fig.* a) tendieren, neigen (***to***[***wards***] zu), b) da'zu neigen (***to do*** zu tun); **3.** abzielen, gerichtet sein (***to*** auf *acc.*); **4.** (da'zu) führen *od.* beitragen (***to*** [***do***] zu [tun]); hin'auslaufen (***to*** auf *acc.*); **5.** ⚓ schwoien.

tend² [tend] *v/t.* **1.** ⚙ *Maschine* bedienen; **2.** sich kümmern um, sorgen für, *Kranke* pflegen, *Vieh* hüten.

ten·den·cious → ***tendentious***.

tend·en·cy ['tendənsɪ] *s.* **1.** Ten'denz *f*: a) Richtung *f*, Strömung *f*, Hinstreben *n*, b) (bestimmte) Absicht, Zweck *m*, c) Hang *m* (***to***, ***toward*** zu), Neigung *f* (***to*** für); **2.** Gang *m*, Lauf *m*: ***the ~ of events***.

ten·den·tious [ten'denʃəs] *adj.* ☐ tendenzi'ös, Tendenz…; **ten'den·tious·ness** [-nɪs] *s.* tendenzi'öser Cha'rakter.

ten·der¹ ['tendə] *adj.* ☐ **1.** zart, weich, mürbe (*Fleisch etc.*); **2.** *allg.* zart (*a. Alter*, *Farbe*, *Gesundheit*): ***~ passion*** Liebe *f*; **3.** zart, zärtlich, sanft; **4.** zart, empfindlich (*Körperteil*, *a. Gewissen*): ***~ spot*** *fig.* wunder Punkt; **5.** heikel, kitzlig (*Thema*); **6.** bedacht (***of*** auf *acc.*).

ten·der² ['tendə] **I** *v/t.* **1.** (for'mell) anbieten; → ***oath*** 1, ***resignation*** 2; **2.** *s-e Dienste etc.* anbieten, zur Verfügung stellen; **3.** *s-n Dank*, *s-e Entschuldigung* zum Ausdruck bringen; **4.** †, ⚖ als Zahlung (*e-r Verpflichtung*) anbieten;

II *v/i.* **5.** sich an e-r Ausschreibung beteiligen, ein Angebot machen: ***~ and contract for a supply*** e-n Lieferungsvertrag abschließen; **III** *s.* **6.** Anerbieten *n*, Angebot *n*: ***make a ~ of*** → 2; **7.** ☤ (***legal*** gesetzliches) Zahlungsmittel; **8.** ☤ Angebot *n*, Of'ferte *f bei Ausschreibung*: ***invite ~s for*** *ein Projekt* ausschreiben; ***put to ~*** in freier Ausschreibung vergeben; ***by ~*** in Submission; **9.** ☤ Kosten(vor)anschlag *m*; **10.** ⚖ Zahlungsangebot *n*; **11.** ***~ of resignation*** Rücktrittsgesuch *n*

tend·er³ ['tendə] *s.* **1.** Pfleger(in); **2.** 🚂 Tender *m*, Kohlewagen *m*; **3.** ⚓ Tender *m*, Begleitschiff *n*.

'ten·der|·foot *pl.* **-feet** *od.* **-foots** *s. Am.* F **1.** Anfänger(in), Greenhorn *n*; **2.** neuaufgenommener Pfadfinder; **ˌ~-'heart·ed** *adj.* □ weichherzig; **'~·loin** *s.* zartes Lendenstück, Fi'let *n*.

ten·der·ness ['tendənɪs] *s.* **1.** Zartheit *f*, Weichheit *f* (*a. fig.*); **2.** Empfindlichkeit *f* (*a. fig. des Gewissens etc.*); **3.** Zärtlichkeit *f*.

ten·di·nous ['tendɪnəs] *adj.* **1.** sehnig, flechsig; **2.** *anat.* Sehnen...; **ten·don** ['tendən] *s. anat.* Sehne *f*, Flechse *f*; **ten·do·vag·i·ni·tis** ['tendəʊˌvædʒɪ'naɪtɪs] *s.* ✱ Sehnenscheidenentzündung *f*.

ten·dril ['tendrɪl] *s.* ⚘ Ranke *f*.

ten·e·brous ['tenɪbrəs] *adj.* dunkel, finster, düster.

ten·e·ment ['tenɪmənt] *s.* **1.** Wohnhaus *n*; **2.** *a.* ***~ house*** Miet(s)haus *n*, *bsd.* 'Mietskaˌserne *f*; **3.** Mietwohnung *f*; **4.** Wohnung *f*; **5.** ⚖ a) (Pacht)Besitz *m*, b) beständiger Besitz, beständiges Privi'legium.

te·nes·mus [tɪ'nezməs] *s.* ✱ Te'nesmus *m*: ***rectal ~*** Stuhldrang *m*; ***vesical ~*** Harndrang *m*.

ten·et ['tiːnet] *s.* (Grund-, Lehr)Satz *m*, Lehre *f*.

'ten·fold I *adj. u. adv.* zehnfach; **II** *s. das* Zehnfache.

ˌten-'gal·lon hat *s. Am.* breitrandiger Cowboyhut.

ten·ner ['tenə] *s.* F ,Zehner' *m*: a) *Brit.* Zehn'pfundnote *f*, b) *Am.* Zehn'dollarnote *f*.

ten·nis ['tenɪs] *s. sport* Tennis *n*; **~ arm** *s.* ✱ Tennisarm *m*; **~ ball** *s.* Tennisball *m*; **~ court** *s.* Tennisplatz *m*; **~ rack·et** *s.* Tennisschläger *m*.

ten·on ['tenən] ⚙ **I** *s.* Zapfen *m*; **II** *v/t.* verzapfen; **~ saw** *s.* ⚙ Ansatzsäge *f*, Fuchsschwanz *m*.

ten·or ['tenə] **I** *s.* **1.** Verlauf *m*; **2.** 'Tenor *m*, (wesentlicher) Inhalt, Sinn *m*; **3.** Absicht *f*; **4.** ☤ Laufzeit *f* (*Wechsel etc.*); **5.** ♪ Te'nor(stimme *f*, -parˌtie *f*, -sänger *m*, -instruˌment *n*) *m*; **II** *adj.* **6.** ♪ Tenor...

'ten·pin *s. Am.* **1.** Kegel *m*; **2.** *pl. sg. konstr. Am.* Bowling *n*.

tense¹ [tens] *s. ling.* Zeit(form) *f*, Tempus *n*: ***simple*** (***compound***) ***~s*** einfache (zs.-gesetzte) Zeiten.

tense² [tens] **I** *adj.* □ **1.** gespannt (*a. ling. Laut*); **2.** *fig.* a) (an)gespannt (*Person*, *Nerven*), b) spannungsgeladen: ***a ~ moment***; **II** *v/t.* **3.** straffen, (an)spannen; **III** *v/i.* **4.** sich straffen *od.* (an)spannen; **5.** *fig.* (vor Nervosi'tät *etc.*) starr werden; **'tense·ness** [-nɪs] *s.* **1.** Straffheit *f*; **2.** *fig.* (ner'vöse) Spannung; **'ten·si·ble** [-səbl] *adj.* dehnbar; **'ten·sile** [-saɪl] *adj.* dehn-, streckbar; *phys.* Dehn(ungs)..., Zug...: ***~ strength*** (***stress***) Zugfestigkeit *f* (-beanspruchung *f*); **ten·sim·e·ter** [ten'sɪmɪtə] *s.* ⚙ Gas-, Dampfdruckmesser *m*; **ten·si·om·e·ter** [tensɪ'ɒmɪtə] *s.* ⚙ Zugmesser *m*.

ten·sion ['tenʃn] *s.* **1.** Spannung *f* (*a.* ϟ); **2.** ✱, *phys.* Druck *m*; **3.** *phys.* a) Dehnung *f*, b) Zug-, Spannkraft *f*: ***~ spring*** ⚙ Zug-, Spannfeder *f*; **4.** (nervöse) Spannung; **5.** *fig.* Spannung *f*, gespanntes Verhältnis: ***political ~***; **'ten·sion·al** [-ʃənl] *adj.* Dehn..., Spann(ungs)...; **ten·sor** ['tensə] *s. anat.* Tensor *m* (*a.* 𝔄), Streck-, Spannmuskel *m*.

'ten|-spot *s. Am. sl.* **1.** *Kartenspiel*: Zehn *f*; **2.** → ***tenner*** b; **'~-strike** *s.* **1.** → ***strike*** 2 a; **2.** F *fig.* ,Volltreffer' *m*.

tent¹ [tent] *s.* Zelt *n* (*a.* ✱): ***pitch one's ~s*** s-e Zelte aufschlagen (*a. fig.*).

tent² [tent] ✱ **I** *s.* Tam'pon *m*; **II** *v/t.* durch e-n Tampon offenhalten.

tent³ [tent] *s. obs.* Tintowein *m*.

ten·ta·cle ['tentəkl] *s. zo.* **1.** Ten'takel *m*, *n* (*a.* ⚘), Fühler *m* (*a. fig.*); **2.** Fangarm *m e-s Polypen*; **'ten·ta·cled** [-ld] *adj.* ⚘, *zo.* mit Ten'takeln versehen; **ten·tac·u·lar** [ten'tækjʊlə] *adj.* Fühler..., Tentakel...

ten·ta·tive ['tentətɪv] **I** *adj.* □ **1.** versuchsweise, Versuchs...; **2.** provi'sorisch; **3.** vorsichtig; **II** *s.* **4.** Versuch *m*; **'ten·ta·tive·ly** [-lɪ] *adv.* versuchsweise.

ten·ter ['tentə] *s.* ⚙ Spannrahmen *m für Tuch*; **'~·hook** *s.* ⚙ Spannhaken *m*: ***be on ~s*** *fig.* auf die Folter gespannt sein, wie auf glühenden Kohlen sitzen; ***keep s.o. on ~s*** *fig.* j-n auf die Folter spannen.

tenth [tenθ] **I** *adj.* □ **1.** zehnt; **2.** zehntel; **II** *s.* **3.** *der* (*die*, *das*) Zehnte; **4.** Zehntel *n*: ***a ~ of a second*** e-e Zehntelsekunde; **5.** ♪ De'zime *f*; **'tenth·ly** [-lɪ] *adv.* zehntens.

tent| peg *s.* Zeltpflock *m*, Hering *m*; **~ pole** *s.* Zeltstange *f*; **~ stitch** *s. Stickerei*: Perlstich *m*.

ten·u·is ['tenjʊɪs] *pl.* **'ten·u·es** [-iːz] *s. ling.* Tenuis *f* (*stimmloser, nicht aspirierter Verschlußlaut*).

te·nu·ous ['tenjʊəs] *adj.* **1.** dünn; **2.** zart, fein; **3.** *fig.* dürftig.

ten·ure ['teˌnjʊə] *s.* **1.** (Grund-, *hist.* Lehens)Besitz *m*; **2.** ⚖ a) Besitzart *f*, b) Besitztitel *m*: ***~ by lease*** Pachtbesitz *m*; **3.** Besitzdauer *f*; **4.** (feste) Anstellung; **5.** Innehaben *n*, Bekleidung *f* (*e-s Amtes*): ***~ of office*** Amtsdauer *f*; **6.** *fig.* Genuß *m e-r Sache*.

te·pee ['tiːpiː] *s.* Indi'anerzelt *n*, Tipi *n*.

tep·id ['tepɪd] *adj.* □ lauwarm, lau (*a. fig.*); **te·pid·i·ty** [te'pɪdətɪ], **'tep·id·ness** [-nɪs] *s.* Lauheit *f* (*a. fig.*).

ter·cen·te·nar·y [ˌtɜːsen'tiːnərɪ], **ˌter·cen'ten·ni·al** [-'tenjəl] **I** *adj.* **1.** dreihundertjährig; **II** *s.* **2.** dreihundertster Jahrestag; **3.** Dreihundert'jahrfeier *f*.

ter·cet ['tɜːsɪt] *s.* **1.** *Metrik*: Ter'zine *f*; **2.** ♪ Tri'ole *f*.

ter·gi·ver·sate ['tɜːdʒɪvɜːseɪt] *v/i.* Ausflüchte machen; sich drehen und wenden; sich wider'sprechen; **ter·gi·ver·sa·tion** [ˌtɜːdʒɪvɜː'seɪʃn] *s.* **1.** Ausflucht *f*, Winkelzug *m*; **2.** Wankelmut *m*.

term [tɜːm] **I** *s.* **1.** *bsd. fachlicher* Ausdruck, Bezeichnung *f*, Wort *n*: ***botanical ~s***; **2.** *pl.* a) Ausdrucksweise *f*, b) ('Denk)Kategoˌrien *pl.*: ***in ~s of*** a) in Form von (*od. gen.*), b) im Sinne (*gen.*), als, c) hinsichtlich (*gen.*), d) von ... her, vom Standpunkt (*gen.*), e) im Vergleich zu; ***in ~s of approval*** beifällig; ***in ~s of literature*** literarisch (betrachtet), vom Literarischen her; ***in plain ~s*** rundheraus (gesagt); ***in the strongest ~s*** schärfstens; ***think in ~s of money*** (nur) in Mark u. Pfennig denken; ***think in military ~s*** in militärischen Kategorien denken; **3.** Wortlaut *m*; **4.** a) Zeit *f*, Dauer *f*: ***~ of imprisonment*** Freiheitsstrafe *f*; ***~ of office*** Amtsdauer *f*, -periode *f*; ***on*** (*od.* ***in***) ***the long ~*** auf lange Sicht, langfristig (betrachtet); ***for a ~ of four years*** für die Dauer von vier Jahren, b) (*Zahlungs- etc.*)Frist *f*: ***~ deposit*** Termingeld *n*; **5.** ☤, ⚖ a) Laufzeit *f* (*Vertrag*, *Wechsel*), b) Ter'min *m*, c) *Brit.* Quar'talsterˌmin *m* (*vierteljährlicher Zahltag für Miete etc.*), d) *Brit. hist. halbjährlicher* Lohn-, Zahltag (*für Dienstboten*), e) ⚖ 'Sitzungsperiˌode *f*; **6.** *ped.*, *univ.* Quar'tal *n*, Tri'mester *n*, Se'mester *n*: ***end of ~*** Schul- *od.* Semesterschluß *m*; ***keep ~s*** *Brit.* Jura studieren; **7.** *pl.* ☤, ⚖ (*Vertrags- etc.*)Bedingungen *pl.*: ***~s of delivery*** Lieferungsbedingungen; ***~s of trade*** Austauschverhältnis *n im* Außenhandel; ***on easy ~s*** zu günstigen Bedingungen; ***on equal ~s*** unter gleichen Bedingungen; ***come to ~s*** *a. fig.* handelseinig werden, sich einigen, *fig. a.* sich abfinden (***with*** mit); ***come to ~s with the past*** die Vergangenheit bewältigen; **8.** *pl.* Preise *pl.*, Hono'rar *n*: ***cash ~s*** Barpreis *m*; ***inclusive ~s*** Pauschalpreis *m*; **9.** *pl.* Beziehungen *pl.*: ***be on good*** (***bad***) ***~s with*** auf gutem (schlechtem) Fuße stehen mit; ***they are not on speaking ~s*** sie sprechen nicht (mehr) miteinander; **10.** *Logik*: Begriff *m*; → ***contradiction*** 2; **11.** 𝔄 a) Glied *n*: ***~ of a sum*** Summand *m*, b) *Geometrie*: Grenze *f*; **12.** △ Terme *m*, Grenzstein *m*; **13.** *physiol.* a) Menstruati'on *f*, b) (nor'male) Schwangerschaftszeit: ***carry to*** (***full***) ***~*** *ein Kind* austragen; ***she is near her ~*** ihre Niederkunft steht dicht bevor; **II** *v/t.* **14.** (be)nennen, bezeichnen als.

ter·ma·gant ['tɜːməgənt] **I** *s.* Zankteufel *m*, (Haus)Drachen *m* (*Weib*); **II** *adj.* zänkisch, keifend.

ter·mi·na·ble ['tɜːmɪnəbl] *adj.* □ **1.** begrenzbar; **2.** befristet, (zeitlich) begrenzt, kündbar (*Vertrag etc.*).

ter·mi·nal ['tɜːmɪnl] **I** *adj.* □ → ***terminally***; **1.** letzt, Grenz..., End..., (Ab-)Schluß...: ***~ amplifier*** ϟ Endverstärker *m*; ***~ station*** → ***~ value*** 𝔄 Endwert *m*; ***~ voltage*** ϟ Klemmenspannung *f*; **2.** *univ.* Semester... *od.* Trimester...; **3.** ✱ a) unheilbar (*a. fig.*), b) im Endstadium: ***~ case***, c) Sterbe...: ***~ clinic***, d) *fig.* verhängnisvoll (***to*** für); **4.** ⚘ gipfelständig; **II** *s.* **5.** Endstück *n*, -glied *n*, Spitze *f*; **6.** *ling.* Endsilbe *f od.* -buchstabe *m od.* -wort *n*; **7.** ϟ a) (Anschluß-)Klemme *f*, (*Plus-*, *Minus*)Pol *m*, b) Klemmschraube *f*, c) Endstecker *m*; **8.** a) 🚂 'Endstatiˌon *f*, Kopfbahnhof *m*, b)

✈ Bestimmungsflughafen *m* (→ *a.* ***air terminal***), c) (zen'traler) 'Umschlagplatz, d) End- *od.* Ausgangspunkt *m*; **9.** *Computer*: Terminal *n*; **10.** *univ.* Se'mesterprüfung *f*; **'ter·mi·nal·ly** [-nəlɪ] *adv.* **1.** zum Schluß; **2.** ter'minweise; **3.** ***~ ill*** ⚕ unheilbar krank; **4.** *univ.* se'mesterweise; **'ter·mi·nate** [-neɪt] **I** *v/t.* **1.** *räumlich* begrenzen; **2.** beendigen, *Vertrag a.* aufheben, kündigen; **II** *v/i.* **3.** endigen (***in*** in *dat.*); **4.** *ling.* enden (***in*** auf *acc.*); **III** *adj.* [-nət] **5.** begrenzt; **6.** ⚘ endlich; **ter·mi·na·tion** [ˌtɜːmɪ'neɪʃn] *s.* **1.** Aufhören *n*; **2.** Ende *n*, (Ab)Schluß *m*; **3.** Beendigung *f*: ***~ of pregnancy*** ⚕ Schwangerschaftsunterbrechung *f*; **4.** ⚖ Beendigung *f e-s Vertrags etc.*: a) Ablauf *m*, Erlöschen *n*, b) Aufhebung *f*, Kündigung *f*; **5.** *ling.* Endung *f*.

ter·mi·no·log·i·cal [ˌtɜːmɪnə'lɒdʒɪkl] *adj.* □ termino'logisch: ***~ inexactitude*** *humor.* Schwindelei *f*; **ter·mi·nol·o·gy** [ˌtɜːmɪ'nɒlədʒɪ] *s.* Terminolo'gie *f*, Fachsprache *f*, -ausdrücke *pl.*

ter·mi·nus ['tɜːmɪnəs] *pl.* **-ni** [-naɪ], **-nus·es** *s.* **1.** Endpunkt *m*, Ziel *n*, Ende *n*; **2.** → ***terminal*** 8 a.

ter·mite ['tɜːmaɪt] *s. zo.* Ter'mite *f*.

'term·time *s.* Schul- *od.* Se'mesterzeit *f* (*Ggs. Ferien*).

tern[1] [tɜːn] *s. orn.* Seeschwalbe *f*.

tern[2] [tɜːn] *s.* Dreiergruppe *f*, -satz *m*; **'ter·na·ry** [-nərɪ] *adj.* **1.** aus (je) drei bestehend, dreifältig; **2.** ⚘ dreizählig; **3.** *metall.* dreistoffig; **4.** ⚗ ter'när; **5.** aus drei A'tomen bestehend; **'ter·nate** [-nɪt] *adj.* → ***ternary*** 1 *u.* 2.

ter·ra ['terə] (*Lat. u. Ital.*) *s.* Land *n*, Erde *f*.

ter·race ['terəs] **I** *s.* **1.** Ter'rasse *f* (*a.* ⚠ *u. geol.*); **2.** *bsd. Brit.* Häuserreihe *f* an erhöht gelegener Straße; **3.** *Am.* Grünstreifen *m*, -anlage *f in der Straßenmitte*; **4.** *sport Brit.* (Zuschauer)Rang *m*: ***the ~s*** die Ränge (*a. die Zuschauer*); **II** *v/t.* **5.** ter'rassenförmig anlegen, terrassieren; **'ter·raced** [-st] *adj.* **1.** terrassenförmig (angelegt); **2.** flach (*Dach*); **3.** ***~ house*** *Brit.* Reihenhaus *n*.

ter·ra|-cot·ta [ˌterə'kɒtə] **I** *s.* **1.** Terra'kotta *f*; **2.** Terra'kottafiˌgur *f*; **II** *adj.* **3.** Terrakotta…; **~ fir·ma** ['fɜːmə] (*Lat.*) *s.* festes Land.

ter·rain [te'reɪn] *bsd.* ⚔ **I** *s.* Ter'rain *n*, Gelände *n*; **II** *adj.* Gelände…

ter·ra in·cog·ni·ta [ɪŋ'kɒgnɪtə] (*Lat.*) *s.* unerforschtes Land; *fig.* (völliges) Neuland.

ter·ra·ne·ous [tə'reɪnjəs] *adj.* ⚘ Land…

ter·ra·pin ['terəpɪn] *s. zo.* Dosenschildkröte *f*.

ter·raz·zo [te'rætsəʊ] (*Ital.*) *s.* Ter'razzo *m*, Ze'mentmosaˌik *n*.

ter·rene [te'riːn] *adj.* **1.** irdisch, Erd…; **2.** erdig, Erd…

ter·res·tri·al [tɪ'restrɪəl] **I** *adj.* □ **1.** irdisch; **2.** Erd…: ***~ globe*** Erdball *m*; **3.** ⚘, *zo.*, *geol.* Land…; **II** *s.* **4.** Erdenbewohner(in).

ter·ri·ble ['terəbl] *adj.* □ schrecklich, furchtbar, fürchterlich (*alle a.* F *außerordentlich*); **'ter·ri·ble·ness** [-nɪs] *s.* Schrecklichkeit *f etc.*

ter·ri·er[1] ['terɪə] *s.* **1.** *zo.* Terrier *m* (*Hunderasse*); **2.** F → ***territorial*** 4 a.

ter·ri·er[2] ['terɪə] *s.* ⚖ Flurbuch *n*.

ter·rif·ic [tə'rɪfɪk] *adj.* (□ ***~ally***) **1.** furchtbar, fürchterlich, schrecklich (*alle a.* F *fig.*); **2.** F ‚toll', phan'tastisch.

ter·ri·fied ['terɪfaɪd] *adj.* erschrocken, verängstigt, entsetzt: ***be ~ of*** schreckliche Angst haben vor (*dat.*); **ter·ri·fy** ['terɪfaɪ] *v/t.* erschrecken, *j-m* Angst und Schreck einjagen; **'ter·ri·fy·ing** [-aɪɪŋ] *adj.* furchterregend, erschrekkend, fürchterlich.

ter·ri·to·ri·al [ˌterɪ'tɔːrɪəl] **I** *adj.* □ **1.** Grund…, Land…: ***~ property***; **2.** territori'al, Landes…, Gebiets…: ***ℒ Army***, ***ℒ Force*** ⚔ Territorialarmee *f*, Landwehr *f*; ***~ waters*** *pol.* Hoheitsgewässer *pl.*; **3.** ℒ *pol.* Territorial…, ein Terri'torium (*der USA*) betreffend; **II** *s.* **4.** ℒ ⚔ a) Landwehrmann *m*, b) *pl.* Territori'altruppen *pl.*; **ter·ri·to·ry** ['terɪtərɪ] *s.* **1.** (*a. fig.*) Gebiet *n*, Terri'torium *n*; **2.** *pol.* Hoheits-, Staatsgebiet *n*: ***Federal ~*** Bundesgebiet; ***on British ~*** auf britischem Gebiet; **3.** *pol.* Terri'torium *n* (*Schutzgebiet*); **4.** ⚕ (Vertrags-, Vertreter)Gebiet *n*, (-)Bezirk *m*; **5.** *sport* F (Spielfeld)Hälfte *f*.

ter·ror ['terə] *s.* **1.** Schrecken *m*, Entsetzen *n*, schreckliche Furcht (***of*** vor *dat.*); **2.** Schrecken *m* (***of*** *od.* ***to*** *gen.*) (*schreckeneinflößende Person od. Sache*); **3.** Terror *m*: a) Gewalt-, Schreckensherrschaft *f*, b) Terrorakte *pl.*: ***political ~*** Politterror; ***~ bombing*** Bombenterror; **4.** F a) Ekel *n*, ‚Landplage' *f*, b) (schreckliche) Plage (***to*** für), c) Alptraum *m*; **'ter·ror·ism** [-ərɪzəm] *s.* **1.** → ***terror*** 3; **2.** Terro'rismus *m*; **3.** Terrorisierung *f*; **'ter·ror·ist** [-ərɪst] *s.* Terro'rist(in); **'ter·ror·ize** [-əraɪz] *v/t.* **1.** terrorisieren; **2.** einschüchtern.

'ter·ror|-ˌstrick·en, **'~-struck** *adj.* schreckerfüllt, starr vor Schreck.

ter·ry ['terɪ] *s.* **1.** ungeschnittener Samt *od.* Plüsch; **2.** Frot'tiertuch *n*, Frot'tee (-gewebe) *n*; **3.** Schlinge *f* (*des ungeschnittenen Samtes etc.*).

terse [tɜːs] *adj.* □ knapp, kurz u. bündig, markig; **'terse·ness** [-nɪs] *s.* Knappheit *f*, Kürze *f*, Bündigkeit *f*, Prä'gnanz *f*.

ter·tian ['tɜːʃn] ⚕ **I** *adj.* am dritten Tag wiederkehrend, Tertian…: ***~ ague***, ***~ fever***, ***~ malaria*** → **II** *s.* Terti'anfieber *n*.

ter·ti·ar·y ['tɜːʃərɪ] **I** *adj. allg.* terti'är, Tertiär…; **II** *s.* ℒ *geol.* Terti'är *n*.

ter·zet·to [tɜːt'setəʊ] *pl.* **-tos**, **-ti** [-tɪ] (*Ital.*) *s.* ♪ Ter'zett *n*, Trio *n*.

tes·sel·late ['tesɪleɪt] *v/t.* tessellieren, mit Mosa'iksteinen auslegen: ***~d pavement*** Mosaik(fuß)boden *m*; **tes·sel·la·tion** [ˌtesɪ'leɪʃn] *s.* Mosa'ik(arbeit *f*) *n*.

test [test] **I** *s.* **1.** *allg.*, *a.* ⚙ Test *m*, Probe *f*, Versuch *m*; **2.** a) Prüfung *f*, Unter'suchung *f*, Stichprobe *f*, b) *fig.* Probe *f*, Prüfung *f*: ***put to the ~*** auf die Probe stellen; ***stand the ~*** die Probe bestehen, sich bewähren; ***~ of strength*** Kraftprobe *f*; → ***acid test***, ***crucial*** 1; **3.** *fig.* Prüfstein *m*, Kri'terium *n*: ***success is not a fair ~***; **4.** *ped.*, *psych.* (Eignungs-, Leistungs)Prüfung *f*, Test *m*; **5.** *ped.* Klassenarbeit *f*; **6.** ⚕ (Blut- *etc.*)Probe *f*, (Haut- *etc.*)Test *m*; **7.** ⚗ a) Ana'lyse *f*, b) Rea'gens *n*; **8.** *metall.* a) Versuchstiegel *m*, Ka'pelle *f*, b) Treibherd *m*; **9.** F → ***test match***; **10.** *hist. Brit.* Testeid *m*; **II** *v/t.* **11.** (***for s.th.*** auf et. [hin]) prüfen (*a. ped.*) *od.* unter'suchen, erproben, e-r Prüfung unter'ziehen, testen (*alle a.* ⚙): ***~ out*** ausprobieren; **12.** *fig. j-s Geduld etc.* auf die Probe stellen; **13.** *ped.*, *psych.* *j-n* testen; **14.** ⚗ analysieren; **15.** ⚡ *Leitung* prüfen *od.* abfragen; **16.** ⚔ *Waffe* anschießen; **III** *adj.* **17.** Probe…, Versuchs…, Prüf(ungs)…, Test…; → ***test case***, ***test flight*** *etc.*

tes·ta·cean [te'steɪʃn] *zo.* **I** *adj.* hartschalig, Schal(tier)…; **II** *s.* Schaltier *n*; **tes'ta·ceous** [-ʃəs] *adj. zo.* hartschalig, Schalen…

tes·ta·ment ['testəmənt] *s.* **1.** ⚖ Testa'ment *n*, letzter Wille; **2.** ℒ *bibl.* (*Altes od. Neues*) Testa'ment; **3.** *fig.* Zeugnis *n*, Beweis *m* (***to*** *gen. od.* für); **tes·ta·men·ta·ry** [ˌtestə'mentərɪ] *adj.* □ ⚖ testamen'tarisch: a) letztwillig, b) durch Testa'ment (vermacht, bestimmt): ***~ disposition*** letztwillige Verfügung; ***~ capacity*** Testierfähigkeit *f*.

tes·tate ['testeɪt] *adj.*: ***die ~*** ⚖ unter Hinterlassung e-s Testaments sterben, ein Testament hinterlassen; **tes·ta·tor** [te'steɪtə] *s.* ⚖ Erblasser *m*; **tes·ta·trix** [te'steɪtrɪks] *pl.* **-tri·ces** [-siːz] *s.* Erblasserin *f*.

'test|-bed *s.* ⚙ Prüfstand *m*; **~ card** *s. TV* Testbild *n*; **~ case** *s.* **1.** ⚖ a) 'Musterproˌzeß *m*, b) Präze'denzfall *m*; **2.** *fig.* Muster-, Schulbeispiel *n*; **~ cir·cuit** *s.* ⚡ Meßkreis *m*; **~ drive** *s. mot.* Probefahrt *f*; **'~-drive** *v/t.* [*irr.*] *Auto* probefahren.

test·ed ['testɪd] *adj.* geprüft; erprobt (*a. weitS. bewährt*).

test·er[1] ['testə] *s.* **1.** Prüfer *m*; **2.** Prüfgerät *n*.

tes·ter[2] ['testə] *s.* **1.** ⚠ Baldachin *m*; **2.** (Bett)Himmel *m*.

tes·tes ['testiːz] *pl. von* ***testis***.

test| flight *s.* ✈ Probeflug *m*; **'~-glass** → ***test tube***.

tes·ti·cle ['testɪkl] *s. anat.* Hode *m*, *f*, Hoden *m*; **tes'tic·u·lar** *adj.* Hoden…

tes·ti·fy ['testɪfaɪ] **I** *v/t.* **1.** ⚖ aussagen, bezeugen; **2.** *fig.* bezeugen: a) zeugen von, b) kundtun; **II** *v/i.* **3.** ⚖ (als Zeuge) aussagen: ***~ to*** → 2; ***refuse to ~*** die Aussage verweigern; **tes·ti·mo·ni·al** [ˌtestɪ'məʊnjəl] *s.* **1.** (Führungs- *etc.*) Zeugnis *n*; **2.** Empfehlungsschreiben *n*; **3.** Zeichen *n* der Anerkennung, *bsd.* Ehrengabe *f*; **'tes·ti·mo·ny** [-ɪmənɪ] *s.* **1.** Zeugnis *n*: a) ⚖ (Zeugen)Aussage *f*, b) Beweis *m*: ***in ~ whereof*** ⚖ zu Urkund dessen; ***bear ~ to et.*** bezeugen (*a. fig.*); ***call s.o. in ~*** ⚖ j-n als Zeugen aufrufen, *fig.* j-n zum Zeugen anrufen; ***have s.o.'s ~ for*** j-n zum Zeugen haben für; **2.** *coll. od. pl.* Zeugnis(se *pl.*) *n*: ***the ~ of history***; **3.** *bibl.* Zeugnis *n*: a) Gesetzestafeln *pl.*, b) *mst pl.* göttliche Offenbarung, *a.* Heilige Schrift.

tes·ti·ness ['testɪnɪs] *s.* Gereiztheit *f*.

test·ing ['testɪŋ] *adj. bsd.* ⚙ Probe…, Prüf…, Versuchs…: ***~ engineer*** ⚙ Prüfingenieur *m*; ***~ ground*** ⚙ a) Prüffeld *n*, b) Versuchsgelände *n*; ***~ method*** *psych.* Testmethode *f*.

tes·tis ['testɪs] *pl.* **-tes** [-tiːz] (*Lat.*) → ***testicle***.

test| match *s. Kricket*: internatio'naler

Vergleichskampf; **~ pa·per** *s.* **1.** *ped.* a) schriftliche (Klassen)Arbeit, b) Prüfungsbogen *m*; **2.** ⚗ Rea'genzpa͵pier *n*; **~ pi·lot** *s.* 'Testpi͵lot *m*; **~ print** *s. phot.* Probeabzug *m*; **~ run** *s.* ⚙ Probelauf *m*; **~ stand** *s.* ⚙ Prüfstand *m*; **~ tube** [-stt-] *s.* ⚗ Rea'genzglas *n*; **'~-tube** *adj.*: ***~ baby*** ⚕ Retortenbaby *n*.

tes·ty ['testɪ] *adj.* □ gereizt, reizbar.

tet·a·nus ['tetənəs] *s.* ⚕ Tetanus *m*, (*bsd.* Wund)Starrkrampf *m*.

tetch·y ['tetʃɪ] *adj.* □ reizbar.

tête-à-tête [͵teɪtɑː'teɪt] (*Fr.*) **I** *adv.* **1.** vertraulich, unter vier Augen; **2.** ganz al'lein (***with*** mit); **II** *s.* **3.** Tête-à-tête *n*.

teth·er ['teðə] **I** *s.* Haltestrick *m*, -seil *n*: ***be at the end of one's ~*** *fig.* am Ende s-r (*a. finanziellen*) Kräfte sein, sich nicht mehr zu helfen wissen; **II** *v/t.* anbinden (***to*** an *acc.*).

tetra- [tetrə] *in Zssgn* vier.

tet·rad ['tetræd] *s.* **1.** Vierzahl *f*; **2.** ⚗ vierwertiges A'tom *od.* Ele'ment; **3.** *biol.* ('Sporen)Te͵trade *f*.

tet·ra·gon ['tetrəgən] *s.* ∡ Tetra'gon *n*, Viereck *n*; **te·trag·o·nal** [te'trægənl] *adj.* ∡ tetrago'nal.

tet·ra·he·dral [͵tetrə'hedrəl] *adj.* ∡ vierflächig, tetra'edrisch; **͵tet·ra'he·dron** [-drən] *pl.* **-'he·drons, -'he·dra** [-drə] *s.* ∡ Tetra'eder *n*.

tet·ter ['tetə] *s.* ⚕ (Haut)Flechte *f*.

Teu·ton ['tjuːtən] **I** *s.* **1.** Ger'mane *m*, Ger'manin *f*; **2.** Teu'tone *m*, Teu'tonin *f*; **3.** F Deutsche(r *m*) *f*; **II** *adj.* **4.** → ***Teutonic*** I; **Teu·ton·ic** [tjuː'tɒnɪk] **I** *adj.* **1.** ger'manisch; **2.** teu'tonisch; **3.** Deutschordens…: **~ *Order*** *hist.* Deutschritterorden *m*; **4.** F (typisch) deutsch; **II** *s.* **5.** *ling.* Ger'manisch *n*; **'Teu·ton·ism** [-tənɪzəm] *s.* **1.** Ger'manentum *n*, ger'manisches Wesen; **2.** *ling.* Germa'nismus *m*.

Tex·an ['teksən] **I** *adj.* te'xanisch, aus Texas; **II** *s.* Te'xaner(in).

text [tekst] *s.* **1.** (Ur)Text *m*, (genauer) Wortlaut; **2.** *typ.* a) Text(abdruck, -teil) *m* (*Ggs. Illustrationen, Vorwort etc.*), b) Text *m* (*Schriftgrad*), c) Frak'turschrift *f*; **3.** (Lied- *etc.*)Text *m*; **4.** a) Bibelspruch *m*, -stelle *f*, b) Bibeltext *m*; **5.** Thema *n*: ***stick to one's ~*** bei der Sache bleiben; **6.** → ***text hand***; **'~·book** *s.* Lehrbuch *n*, Leitfaden *m*: ***~ example*** *fig.* Paradebeispiel *n*; **~ hand** *s.* große Schreibschrift.

tex·tile ['tekstaɪl] **I** *s.* a) Gewebe *n*, Web-, Faserstoff *m*, b) *pl.* Web-, Tex'tilwaren *pl.*, Tex'tilien *pl.*; **II** *adj.* gewebt; Textil…, Stoff…, Gewebe…: ***~ goods*** → I b; ***~ industry*** Textilindustrie *f*.

tex·tu·al ['tekstjʊəl] *adj.* □ **1.** textlich, Text…; **2.** wortgetreu.

tex·tur·al ['tekstʃərəl] *adj.* □ **1.** Gewebe…; **2.** struktu'rell, Struktur…: ***~ changes***; **tex·ture** ['tekstʃə] *s.* **1.** Gewebe *n*; **2.** *biol.* Tex'tur *f* (*Gewebezustand*); **3.** Maserung *f* (*Holz*); **4.** Struk'tur *f*, Beschaffenheit *f*; **5.** *geol.*, *a. fig.* Struk'tur *f*, Gefüge *n*.

'T-͵gird·er *s.* ⚙ T-Träger *m*.

Thai [taɪ] **I** *pl.* **Thais, Thai** *s.* **1.** Thai *m*, *f*, Thailänder(in); **2.** *ling.* a) Thai *n*, b) Thaisprachen *pl.*; **II** *adj.* **3.** Thai…, thailändisch.

thal·a·mus ['θæləməs] *pl.* **-mi** [-maɪ] *s. anat.* Sehhügel *m*.

thali·dom·i·de [θə'lɪdəmaɪd] *s. pharm.* Thalido'mid *n*: ***~ child*** Contergankind *n*.

Thames [temz] *npr.* Themse *f*: ***he won't set the ~ on fire*** *fig.* er hat das Pulver auch nicht erfunden.

than [ðæn; ðən] *cj.* (*nach e-m Komparativ*) als: ***more ~ was necessary*** mehr als nötig.

thane [θeɪn] *s.* **1.** *hist.* a) Gefolgsadlige(r) *m*, b) Than *m*, Lehensmann *m* (*der schottischen Könige*); **2.** *allg.* schottischer Adliger.

thank [θæŋk] **I** *v/t. j-m* danken, sich bedanken bei: (***I***) ***~ you*** danke; ***~ you*** bitte (*beim Servieren etc.*); (***yes,***) ***~ you*** ja, bitte; ***no, ~ you*** nein, danke; ***I will ~ you*** *oft iro.* ich wäre Ihnen sehr dankbar (***to do, for doing*** wenn sie täten); ***~ you for nothing*** *iro.* ich danke (bestens); ***he has only himself to ~ for that*** das hat er sich selbst zuzuschreiben; **II** *s. pl.* a) Dank *m*, b) Dankesbezeigung(en *pl.*) *f*, Danksagung(en *pl.*) *f*: ***letter of ~s*** Dankesbrief *m*; ***in ~s for*** zum Dank für; ***with ~s*** dankend, mit Dank; ***~s to*** *a. fig. u. iro.* dank (*gen.*); ***small ~s to her*** sie hat sich nicht gerade über'anstrengt; (***many***) ***~s!*** vielen Dank!, danke!; ***no, ~s!*** nein, danke!; ***small ~s I got*** schlecht hat man es mir gedankt; **'thank·ful** [-fʊl] *adj.* □ dankbar (***to s.o.*** j-m): ***I am ~ that*** ich bin (heil)froh, daß; **'thank·less** [-lɪs] *adj.* □ undankbar (*a. fig. Aufgabe etc.*); **'thank·less·ness** [-lɪsnɪs] *s.* Undankbarkeit *f*.

thank of·fer·ing *s. bibl.* Sühneopfer *n der Juden*.

thanks·giv·ing ['θæŋks͵gɪvɪŋ] *s.* **1.** Danksagung *f*, *bsd.* Dankgebet *n*; **2.** Ձ (***Day***) (Ernte)Dankfest *n* (*4. Donnerstag im November*).

'thank|͵wor·thy *adj.* dankenswert; **'~-you** [-jʊ] *s.* F Dankeschön *n*.

that¹ [ðæt] **I** *pron. u. adj.* (*hinweisend*) *pl.* **those** [ðəʊz] **1.** (*ohne pl.*) das: ***~'s all*** das ist alles; ***~'s it!*** a) das ist es ja (gerade)!, b) so ist's recht!; ***~'s what it is*** das ist es ja gerade; ***~'s that*** F das wäre erledigt, damit basta, das wär's; ***~ was ~!*** F das war's denn wohl!, aus der Traum!; ***~ is*** (***to say***) das heißt; ***and ~*** und zwar; ***at ~*** a) zudem, obendrein, b) F dabei; ***for all ~*** trotz alledem; ***like ~*** so; **2.** jener, jene, jenes, der, die, das, der-, die-, dasjenige: ***~ car over there*** das Auto da drüben; ***~ there man*** V der Mann da; ***those who*** diejenigen welche; ***~ which*** das, was; ***those are his friends*** das sind seine Freunde; **3.** solch: ***to ~ degree that*** in solchem Ausmaße *od.* so sehr, daß; **II** *adv.* **4.** F so (sehr), dermaßen: ***~ big***; ***not all ~ good*** (***much***) so gut (viel) auch wieder nicht.

that² [ðæt; ðət] *pl.* **that** *rel. pron.* **1.** (*bsd. in einschränkenden Sätzen*) der, die, das, welch: ***the book ~ he wanted*** das Buch, das er wünschte; ***any house ~*** jedes Haus, das; ***no one ~*** keiner, der; ***Mrs. Jones, Miss Black ~ was*** F Frau J., geborene B.; ***Mrs. Quilp ~ is*** die jetzige Frau Q.; **2.** (*nach* ***all, everything, nothing*** *etc.*) was: ***the best ~*** das Beste, was.

that³ [ðæt; ðət] *cj.* **1.** (*in Subjekts- u. Objektssätzen*) daß: ***it is a pity ~ he is not here*** es ist schade, daß er nicht hier ist; ***it is 4 years ~ he went away*** es sind nun 4 Jahre her, daß *od.* seitdem er fortging; **2.** (*in Konsekutivsätzen*) daß: ***so ~*** so daß; **3.** (*in Finalsätzen*) da'mit, daß; **4.** (*in Kausalsätzen*) weil, da (ja), daß: ***not ~ I have any objection*** nicht, daß ich etwas dagegen hätte; ***it is rather ~*** es ist eher deshalb, weil; ***in ~*** a) darum, weil, b) insofern als; **5.** (*nach Adverbien der Zeit*) als, da.

thatch [θætʃ] **I** *s.* **1.** Dachstroh *n*; **2.** Strohdach *n*; **3.** F Haarwald *m*; **II** *v/t.* **4.** mit Stroh *od.* Binsen *etc.* decken: ***~ed roof*** → 2.

thaw [θɔː] **I** *v/i.* **1.** (auf)tauen, schmelzen; **2.** tauen (*Wetter*): ***it is ~ing*** es taut; **3.** *fig.* auftauen (*Person*); **II** *v/t.* **4.** schmelzen, auftauen; **5.** *a.* ***~ out*** *fig. j-n* zum Auftauen bringen; **III** *s.* **6.** (Auf-)Tauen *n*; **7.** Tauwetter *n* (*a. fig. pol.*); **8.** *fig.* ‚Auftauen' *n*.

the [*unbetont vor Konsonanten*: ðə; *unbetont vor Vokalen*: ðɪ; *betont od. alleinstehend*: ðiː] **I** *bestimmter Artikel* **1.** der, die, das, *pl.* die (*u. die entsprechenden Formen im acc. u. dat.*): ***~ book on ~ table*** das Buch auf dem Tisch; ***~ England of today*** das England von heute; ***~ Browns*** die Browns, die Familie Brown; **2.** *vor Maßangaben*: ***one dollar ~ pound*** einen Dollar das Pfund; ***wine at 2 pounds ~ bottle*** Wein zu 2 Pfund die Flasche; **3.** [ðiː] 'der, 'die, 'das (*hervorragende od. geeignete etc.*): ***he is ~ painter of the century*** er ist 'der Maler des Jahrhunderts; **II** *adv.* **4.** (*vor comp.*) desto, um so: ***~ … ~*** je … desto; ***~ sooner ~ better*** je eher, desto besser; ***so much ~ better*** um so besser.

the·a·ter *Am.*, **the·a·tre** *Brit.* ['θɪətə] *s.* **1.** The'ater *n* (*Gebäude u. Kunstgattung*); **2.** *coll.* Bühnenwerke *pl*; **3.** Hörsaal *m*: ***lecture ~***; (***operating***) ***~*** ⚕ Operationssaal *m*; ***~ nurse*** Operationsschwester *f*; **4.** *fig.* (***of war*** Kriegs-) Schauplatz *m*; **'~͵go·er** *s.* The'aterbesucher(in).

the·at·ri·cal [θɪ'ætrɪkl] **I** *adj.* □ **1.** Theater…, Bühnen…, bühnenmäßig; **2.** thea'tralisch: ***~ gestures***; **II** *s.* **3.** *pl.* The'ater-, *bsd.* Liebhaberaufführungen *pl.*; **the'at·rics** *s. pl.* **1.** *sg. konstr.* The'ater(re͵gie)kunst *f*; **2.** *fig.* Thea'tralik *f*.

thee [ðiː] *pron.* **1.** *obs. od. poet. od. bibl.* a) dich, b) dir: ***of ~*** dein; **2.** *dial.* (*u. in der Sprache der Quäker*) du.

theft [θeft] *s.* Diebstahl *m* (***from*** aus, ***from s.o.*** an j-m); **'~·proof** *adj.* diebstahlsicher.

the·in(e) ['θiːiːn; -ɪn] *s.* ⚗ The'in *n*.

their [ðeə; *vor Vokal* ðer] *pron.* (*besitzanzeigendes Fürwort der 3. pl.*) ihr, ihre: ***~ books*** ihre Bücher.

theirs [ðeəz] *pron.* der *od.* die *od.* das ihrige *od.* ihre: ***this book is ~*** dieses Buch gehört ihnen; ***a friend of ~*** ein Freund von ihnen.

the·ism¹ ['θiːɪzəm] *s.* ⚕ Teevergiftung *f*.

the·ism² ['θiːɪzəm] *s. eccl.* The'ismus *m*; **the·is·tic** [θiː'ɪstɪk] *adj.* the'istisch.

them [ðem; ðəm] *pron.* **1.** (*acc. u. dat. von* ***they***) a) sie (*acc.*), b) ihnen: ***they***

looked behind ~ sie blickten hinter sich; **2.** F *od. dial.* sie (*nom.*): ***~ as*** diejenigen, die; **3.** *dial. od.* V diese: ***~ guys***; ***~ were the days!*** das waren (halt) noch Zeiten!

the·mat·ic [θɪˈmætɪk] *adj.* (□ ***~ally***) **1.** *bsd.* ♪ theˈmatisch; **2.** *ling.* Stamm..., Thema...: ***~ vowel***.

theme [θiːm] *s.* **1.** Thema *n* (*a.* ♪): ***have s.th. for (a) ~*** et. zum Thema haben; **2.** *bsd. Am.* (Schul)Aufsatz *m*, (-)Arbeit *f*; **3.** *ling.* (Wort)Stamm *m*; **4.** *Radio, TV*: ˈKennmeloˌdie *f*; ***~ song*** *s.* **1.** ˈTitelmeloˌdie *f* (*Film etc.*); **2.** → ***theme*** 4.

them·selves [ðəmˈselvz] *pron.* **1.** (*emphatisch*) (sie) selbst: ***they ~ said it***; **2.** *refl.* sich (selbst): ***the ideas in ~*** die Ideen an sich.

then [ðen] **I** *adv.* **1.** damals: ***long before ~*** lange vorher; **2.** dann: ***~ and there*** auf der Stelle, sofort; ***by ~*** bis dahin, inzwischen; ***from ~*** von da an; ***till ~*** bis dahin; **3.** dann, ˈdarauf, ˈhierauf: ***what ~?*** was dann?; **4.** dann, außerdem: ***but ~*** aber andererseits *od.* freilich; **5.** dann, in dem Falle: ***if ... ~*** wenn ... dann; **6.** denn: ***well ~*** nun gut (denn); ***how ~ did he do it?*** wie hat er es denn (dann) getan?; **7.** also, folglich, dann: ***~ you did not expect me?*** du hast mich also nicht erwartet?; **II** *adj.* **8.** damalig: ***the ~ president***.

the·nar [ˈθiːnɑː] *s. anat.* **1.** Handfläche *f*; **2.** Daumenballen *m*; **3.** Fußsohle *f*.

thence [ðens] *adv.* **1.** von da, von dort; **2.** (*zeitlich*) von da an, seit jener Zeit: ***a week ~*** e-e Woche darauf; **3.** ˈdaher, deshalb; **4.** ˈdaraus, aus dieser Tatsache: ***~ it follows***; ˌ**~ˈforth**, ˌ**~ˈforward(s)** *adv.* von da an, seit der Zeit, seitˈdem.

the·oc·ra·cy [θɪˈɒkrəsɪ] *s.* Theokraˈtie *f*.

the·o·lo·gi·an [θɪəˈləʊdʒjən] *s.* Theoˈloge *m*; **the·oˈlog·i·cal** [-ˈlɒdʒɪkl] *adj.* □ theoˈlogisch; **the·ol·o·gy** [θɪˈɒlədʒɪ] *s.* Theoloˈgie *f*.

the·oph·a·ny [θɪˈɒfənɪ] *s.* Theophaˈnie *f*, Erscheinung *f* (*e-s*) Gottes.

the·o·rem [ˈθɪərəm] *s.* ⩚, *phls.* Theoˈrem *n*, (Grund-, Lehr)Satz *m*: ***~ of the cosine*** Kosinussatz.

the·o·ret·ic, **the·o·ret·i·cal** [θɪəˈretɪk(l)] *adj.* □ **1.** theoˈretisch; **2.** spekulaˈtiv; **the·o·rist** [ˈθɪərɪst] *s.* Theoˈretiker(in); **the·o·rize** [ˈθɪəraɪz] *v/i.* **1.** theoretisieren, Theoˈrien aufstellen; **2.** ***~ that*** die Theorie aufstellen, daß; annehmen, daß; **the·o·ry** [ˈθɪərɪ] *s.* Theoˈrie *f*: a) Lehre *f*: ***~ of chances*** Wahrscheinlichkeitsrechnung *f*; ***~ of relativity*** Relativitätstheorie, b) theoˈretischer Teil (*e-r Wissenschaft*): ***~ of music*** Musiktheorie, c) *Ggs. Praxis*: ***in ~*** theoretisch, d) Anschauung *f*: ***it is his pet ~*** es ist s-e Lieblingsidee.

the·o·soph·ic, **the·o·soph·i·cal** [θɪəˈsɒfɪk(l)] *adj.* □ *eccl.* theoˈsophisch; **the·os·o·phist** [θɪˈɒsəfɪst] *s.* Theoˈsoph(in); **the·os·o·phy** [θɪˈɒsəfɪ] *s.* Theosoˈphie *f*.

ther·a·peu·tic, **ther·a·peu·ti·cal** [ˌθerəˈpjuːtɪk(l)] *adj.* □ theraˈpeutisch: ***~ exercises*** Bewegungstherapie *f*; ˌ**ther·aˈpeu·tics** [-ks] *s. pl. mst sg. konstr.* Theraˈpeutik *f*, Theraˈpie(lehre) *f*; **ther·a·pist** [ˈθerəpɪst] *s.* Theraˈpeut (-in): ***mental ~*** Psychotherapeut(in); **ther·a·py** [ˈθerəpɪ] *s.* Theraˈpie *f*: a) Behandlung *f*, b) Heilverfahren *n*.

there [ðeə; ðə] **I** *adj.* **1.** da, dort: ***down (up, over, in) ~*** da *od.* dort unten (oben, drüben, drinnen); ***have been ~*** *sl.* ‚dabeigewesen sein', genau Bescheid wissen; ***be not all ~*** *sl.* ‚nicht ganz richtig (im Oberstübchen) sein'; ***~ and then*** a) (gerade) hier u. jetzt, b) auf der Stelle, sofort; ***~ it is!*** a) da ist es!, b) *fig.* so steht es!; ***~ you are (od. go)!*** siehst du!, da hast du's; ***you ~!*** (*Anruf*) du da!, he!; **2.** (ˈda-, ˈdort)hin: ***down (up, over, in) ~*** (da- *od.* dort)hinunter (-hinauf, -hinüber, -hinein); ***~ and back*** hin u. zurück; ***get ~*** a) hingelangen, -kommen, b) *sl.* ‚es schaffen'; **3.** ˈdarin, in dieser Sache *od.* Hinsicht: ***~ I agree with you***; **4.** *fig.* da, an dieser Stelle (*in e-r Rede etc.*); **5.** es: ***~ is***, *pl.* ***~ are*** es gibt, ist, sind; ***~ was once a king*** es war einmal ein König; ***~ is no saying*** es läßt sich nicht sagen; ***~ was dancing*** es wurde getanzt; ***~'s a good boy (girl, fellow)!*** a) sei doch (so) lieb!, b) so bist du lieb!, brav!; **II** *int.* **6.** da!, schau (her)!, na!: ***~, ~!*** *tröstend*: (ganz) ruhig!; ***~ now*** na, bitte; ˈ**~·a·bout**, *a.* ˈ**~·bouts** [ˈðeərə-] *adv.* **1.** da herˈum, etwa da: ***somewhere ~*** da irgendwo; **2.** *fig.* so ungefähr, so etwa: ***500 people or ~s***; ˌ**~ˈaft·er** [ðeərˈɑː-] *adv.* **1.** daˈnach, später; **2.** seitˈher; **~·at** [ˌðeərˈæt] *adv. obs. od.* ⚖ **1.** daˈselbst, dort; **2.** bei der Gelegenheit, ˈdabei; ˌ**~ˈby** *adv.* **1.** ˈdadurch, auf diese Weise; **2.** daˈbei, darˈan, daˈvon; **3.** nahe daˈbei; ˌ**~ˈfor** *adv.* ˈdafür; ˈ**~·fore** *adv. u. cj.* **1.** deshalb, -wegen, ˈdaher, ˈdarum; **2.** demgemäß, folglich; ˌ**~ˈfrom** *adv.* daˈvon, darˈaus, daˈher; **~·in** [ˌðeərˈɪn] *adv.* **1.** darˈin, da drinnen; **2.** *fig.* ˈdarin, in dieser Hinsicht; ˌ**~·inˈaft·er** [ˌðeərɪn-] *adv. bsd.* ⚖ (*weiter*) unten, später (*in e-r Urkunde etc.*); **~·of** [ˌðeərˈɒv] *adv. obs. od.* ⚖ **1.** daˈvon; **2.** dessen, deren; **~·on** [ˌðeərˈɒn] *adv.* ˈdarauf, -über; ˌ**~ˈto** *adv. obs.* **1.** daˈzu, darˈan, daˈfür; **2.** außerdem, noch daˈzu; **~·un·der** [ˌðeərˈʌndə] *adv.* darˈunter; **~·up·on** [ˌðeərəˈpɒn] *adv.* **1.** darˈauf, ˈhierˈauf, daˈnach; **2.** daraufˈhin, demzufolge, ˈdarum; ˌ**~ˈwith** *adv.* **1.** ˈdamit; **2.** → ***thereupon***; ˌ**~·withˈal** *adv. obs.* **1.** überˈdies, außerdem; **2.** ˈdamit.

therm [θɜːm] *s. phys.* **1.** *unbestimmte Wärmeeinheit*; **2.** *Brit.* 100,000 Wärmeeinheiten *pl.* (*zur Messung des Gasverbrauchs*); ˈ**ther·mae** [-miː] (*Lat.*) *s. pl.* **1.** *antiq.* Thermen *pl.*; **2.** ⚕ Therˈmalquellen *pl.*

ther·mal [ˈθɜːml] **I** *adj.* □ **1.** *phys.* thermisch, Wärme...: ***~ barrier*** ✈ Hitzemauer *f*; ***~ breeder*** thermischer Brüter; ***~ efficiency*** Wärmewirkungsgrad *m*; ***~ power-station*** Wärmekraftwerk *n*; ***~ reactor*** thermischer Reaktor; ***~ value*** Heizwert *m*; **2.** warm, heiß: ***~ water*** heiße Quelle; **3.** ⚕ therˈmal, Thermal...; **II** *s.* **4.** *pl.* ✈, *phys.* Thermik *f*; ˈ**ther·mic** [-mɪk] *adj.* (□ ***~ally***) thermisch, Wärme..., Hitze...; **therm·i·on·ic** [ˌθɜːmɪˈɒnɪk] **I** *adj.* thermiˈonisch: ***~ valve (Am. tube)*** Elektronenröhre *f*; **II** *s. pl. mst sg. konstr.* Thermiˈonik *f*, Lehre *f* von den Elektronenröhren.

thermo- [θɜːməʊ] *in Zssgn* a) Wärme, Hitze, Thermo..., b) thermoeˈlektrisch; ˌ**ther·moˈchem·is·try** *s.* ⚗ Thermocheˈmie *f*; ˈ**ther·moˌcou·ple** *s.* ⚡ Thermoeleˈment *n*; ˌ**ther·mo·dyˈnam·ics** *s. sg. u. pl. konstr. phys.* Thermodyˈnamik *f*; ˌ**ther·mo·eˈlec·tric** *adj.* thermoeˈlektrisch, ˈwärmeeˌlektrisch: ***~ couple*** → ***thermocouple***.

ther·mo·mat [ˈθɜːməʊmæt] *s.* ˈIsoˌmatte *f*.

ther·mom·e·ter [θəˈmɒmɪtə] *s. phys.* Thermoˈmeter *n*: ***clinical ~*** ⚕ Fieberthermometer; ***~ reading*** Thermometerablesung *f*, -stand *m*; **ther·mo·met·ric**, **ther·mo·met·ri·cal** [ˌθɜːməʊˈmetrɪk(l)] *adj.* □ *phys.* thermoˈmetrisch, Thermometer...; ˌ**ther·moˈnu·cle·ar** *adj. phys.* thermonukleˈar: ***~ bomb*** *a.* Fusionsbombe *f*; ˈ**ther·mo·pile** *s. phys.* Thermosäule *f*; ˌ**ther·moˈplas·tic** ⚗ **I** *adj.* thermoˈplastisch; **II** *s.* Thermoˈplast *m*.

Ther·mos (bot·tle *od.* **flask)** [ˈθɜːmɒs] *s.* Thermosflasche *f*.

ˌ**ther·moˈset·ting** *adj.* ⚗ ˌthermostatoˈplastisch, hitzehärtbar.

ther·mo·stat [ˈθɜːməʊstæt] *s.* ⚡, ⚙ Thermoˈstat *m*; **ther·mo·stat·ic** [ˌθɜːməʊˈstætɪk] *adj.* (□ ***~ally***) thermoˈstatisch.

the·sau·rus [θɪˈsɔːrəs] *pl.* **-ri** [-raɪ] (*Lat.*) *s.* Theˈsaurus *m*: a) Wörterbuch *n*, b) (Wort-, Wissens-, Sprach)Schatz *m*.

these [ðiːz] *pl. von* ***this***.

the·sis [ˈθiːsɪs] *pl.* **-ses** [-siːz] *s.* **1.** These *f*: a) Behauptung *f*, b) (Streit)Satz *m*, Postuˈlat *n*; **2.** *univ.* Dissertatiˈon *f*; **3.** [ˈθesɪs] *Metrik*: unbetonte Silbe; ***~ nov·el*** *s.* Tenˈdenzroˌman *m*; ***~ play*** *s. thea.* Proˈblemstück *n*.

Thes·pi·an [ˈθespɪən] **I** *adj. fig.* draˈmatisch, Schauspiel...; **II** *s. oft humor.* Thespisjünger(in).

Thes·sa·lo·ni·ans [ˌθesəˈləʊnjənz] *s. pl. sg. konstr. bibl.* (Brief *m* des Paulus an die) Thessaˈlonicher *pl.*

thews [θjuːz] *s. pl.* **1.** Muskeln *pl.*, Sehnen *pl.*; **2.** *fig.* Kraft *f*.

they [ðeɪ; ðe] *pron.* **1.** (*pl. zu* ***he***, ***she***, ***it***) sie; **2.** man: ***~ say*** man sagt; **3.** es: ***who are ~? – ~ are Americans*** Wer sind sie? – Es (*od.* sie) sind Amerikaner; **4.** (*auf Kollektiva bezogen*) er, sie, es: ***the police ..., ~ ...*** die Polizei ..., sie (*sg.*); **5.** ***~ who*** diejenigen, welche.

they'd [ðeɪd] F *für* a) ***they would***, b) ***they had***.

thick [θɪk] **I** *adj.* □ **1.** *allg.* dick: ***a ~ neck***; ***a board 2 inches ~*** ein 2 Zoll starkes Brett; **2.** dicht (*Wald*, *Haar*, *Menschenmenge*, *a. Nebel etc.*); **3.** ***~ with*** über u. über bedeckt von; **4.** ***~ with*** voll von, voller, reich an (*dat.*): ***a tree ~ with leaves***; ***the air is ~ with snow*** die Luft ist voll(er) Schnee; **5.** dick(flüssig); **6.** neblig, trüb(e) (*Wetter*); **7.** schlammig, trübe; **8.** dumpf, belegt (*Stimme*); **9.** dumm; **10.** dicht (aufeinˈanderfolgend); **11.** F dick (befreundet): ***they are as ~ as thieves*** sie sind dicke Freunde, sie halten zusammen wie Pech u. Schwefel; **12.** *sl.* ‚stark', frech: ***that's a bit ~!*** das ist ein starkes Stück!; **II** *s.* **13.** dickster *od.* dichtester Teil; **14.** *fig.* Brennpunkt *m*:

in the ~ of mitten in (*dat.*); in the ~ of it mittendrin; in the ~ of the fight im dichtesten Kampfgetümmel; the ~ of the crowd das dichteste Menschengewühl; through ~ and thin durch dick u. dünn; **15.** F Dummkopf *m*; **III** *adv.* **16.** dick: spread ~ *Butter etc.* dick aufstreichen; lay it on ~ F ‚dick auftragen'; **17.** dicht *od.* rasch (aufein'ander); *a.* fast and ~ hageldicht (*Schläge*); **thick·en** ['θɪkən] **I** *v/t.* **1.** dick(er) machen, verdicken; **2.** *Sauce, Flüssigkeit* eindicken, *Suppe* legieren; **3.** dicht(er) machen, verdichten; **4.** verstärken, -mehren; **5.** trüben; **II** *v/i.* **6.** dick(er) werden; **7.** dick(flüssig) werden; **8.** sich verdichten; **9.** sich trüben; **10.** sich verwirren: the plot ~s der Knoten (*im Drama etc.*) schürzt sich; **11.** zunehmen; **thick·en·er** ['θɪknə] *s.* ⚗ **1.** Eindicker *m*; **2.** Verdicker *m*, Absetzbehälter *m*; **3.** Verdickungsmittel *n*; **thick·en·ing** ['θɪknɪŋ] *s.* **1.** Verdickung *f*; **2.** Eindikkung *f*; **3.** Eindickmittel *n*; **4.** Verdichtung *f*; **5.** ⚕ Anschwellung *f*, Schwarte *f*.

thick·et ['θɪkɪt] *s.* Dickicht *n*; **'thick·et·ed** [-tɪd] *adj.* voller Dickicht(e).

'thick|·head *s.* Dummkopf *m*; **ˌ~-'head·ed** *adj.* **1.** dickköpfig; **2.** *fig.* dumm.

thick·ness ['θɪknɪs] *s.* **1.** Dicke *f*, Stärke *f*; **2.** Dichte *f*; **3.** Verdickung *f*; **4.** ✝ Lage *f* (*Seide etc.*), Schicht *f*; **5.** Dickflüssigkeit *f*; **6.** Trübheit *f*: misty ~ undurchdringlicher Nebel; **7.** Heiserkeit *f*, Undeutlichkeit *f*: ~ of speech schwere Zunge.

ˌthick|'set *adj.* **1.** dicht (gepflanzt): a ~ hedge; **2.** unter'setzt (*Person*); **ˌ~-'skinned** *adj.* **1.** dickhäutig; **2.** dickschalig; **3.** *zo.* Dickhäuter...; **4.** *fig.* dickfellig; **ˌ~-'skulled** [-'skʌld] *adj.* **1.** dickköpfig; **2.** → thick-witted; **ˌ~-'wit·ted** *adj.* dumm, begriffsstutzig, schwer von Begriff.

thief [θi:f] *pl.* **thieves** [θi:vz] *s.* Dieb (-in): thieves' Latin Gaunersprache *f*; stop ~! haltet den Dieb!; one ought to set a ~ to catch a ~ wenn man e-n Schlauen fangen will, muß man e-n Schlauen schicken; **thieve** [θi:v] *v/t. u. v/i.* stehlen; **thiev·er·y** ['θi:vərɪ] *s.* **1.** Diebe'rei *f*, Diebstahl *m*; **2.** Diebesgut *n*; **thiev·ish** ['θi:vɪʃ] *adj.* □ **1.** diebisch, Dieb(e)s...; **2.** heimlich, verstohlen; **'thiev·ish·ness** [-nɪs] *s.* diebisches Wesen.

thigh [θaɪ] *s. anat.* (Ober)Schenkel *m*; **'~·bone** *s. anat.* (Ober)Schenkelknochen *m*.

thill [θɪl] *s.* (Gabel)Deichsel *f*; **thill·er** ['θɪlə], *a.* **thill horse** *s.* Deichselpferd *n*.

thim·ble ['θɪmbl] *s.* **1.** *Näherei:* a) Fingerhut *m*, b) Nähring *m*; **2.** ⚙ a) Me'tallring *m*, b) (Stock)Zwinge *f*; **'thim·ble·ful** [-fʊl] *pl.* **-fuls** *s.* **1.** Fingerhutvoll *m*, Schlückchen *n*; **2.** *fig.* Kleinigkeit *f*.

'thim·ble|·rig I *s.* Fingerhutspiel *n* (*Bauernfängerspiel*); **II** *v/t. a. allg.* betrügen; **'~·rig·ger** *s.* **1.** Fingerhutspieler *m*; **2.** *allg.* Bauernfänger *m*.

thin [θɪn] **I** *adj.* □ **1.** *allg.* dünn: ~ air, ~ blood, ~ clothes; a ~ line e-e dünne *od.* schmale *od.* feine Linie; **2.** dünn, mager, schmächtig: as ~ as a lath spindeldürr; **3.** dünn, licht (*Wald, Haar etc.*): ~ rain feiner Regen; **4.** dünn, schwach (*Getränk etc., a. Stimme, Ton*); **5.** ↗ mager (*Boden*); **6.** *fig.* mager, spärlich, dürftig: a ~ house *thea.* e-e schwachbesuchte Vorstellung; he had a ~ time of it *sl.* es ging ihm ‚mies'; **7.** *fig.* fadenscheinig: a ~ excuse; **8.** seicht, sub'stanzlos (*Buch etc.*); **II** *v/t.* **9.** *oft* ~ down, ~ off, ~ out a) dünn(er) machen, b) *Flüssigkeit* verdünnen, c) *fig.* verringern, *Bevölkerung* dezimieren, *Schlachtreihe, Wald etc.* lichten; **III** *v/i.* **10.** *oft* ~ down, ~ off, ~ out a) dünn(er) werden, b) sich verringern, c) sich lichten (*a. Haar*), d) *fig.* spärlicher werden, abnehmen: his hair is ~ning sein Haar lichtet sich.

thine [ðaɪn] *pron. obs. od. bibl. od. poet.* **1.** (*substantivisch*) der *od.* die *od.* das dein(ig)e, dein(e, er); **2.** (*adjektivisch vor Vokalen od. stummem h für thy*) dein(e): ~ eyes deine Augen.

thing [θɪŋ] *s.* **1.** *konkretes* Ding, Sache *f*, Gegenstand *m*: the law of ~s ⚖ das Sachenrecht; just the ~ I wanted genau (das), was ich wollte; **2.** *fig.* Ding *n*, Sache *f*, Angelegenheit *f*: ~s political politische Dinge, alles Politische; above all ~s vor allen Dingen, vor allem; another ~ etwas anderes; the best ~ to do das Beste(, was man tun kann); a foolish ~ to do e-e Torheit; for one ~ (erstens) einmal; in all ~s in jeder Hinsicht; no small ~ keine Kleinigkeit; no such ~ nichts dergleichen; not a ~ (rein) gar nichts; of all ~s ausgerechnet (*dieses etc.*); a pretty ~ *iro.* e-e schöne Geschichte; taking one ~ with the other im großen (u.) ganzen; do great ~s große Dinge tun, Großes vollbringen; get ~s done et. zuwege bringen; do one's own ~ F tun, was man will; know a ~ or two Bescheid wissen (about über *acc.*); it's one of those ~s da kann man (halt) nichts machen; → first 1; **3.** *pl.* Sachen *pl.*, Zeug *n* (*Gepäck, Gerät, Kleider etc.*): swimming ~s Badesachen, -zeug; put on one's ~s sich anziehen; **4.** *pl.* Dinge *pl.*, 'Umstände *pl.*, (Sach)Lage *f*: ~s are improving die Dinge *od.* Verhältnisse bessern sich; ~s look black for me es sieht schwarz aus für mich; **5.** Geschöpf *n*, Wesen *n*: dumb ~s; **6.** a) Ding *n* (*Mädchen etc.*), b) Kerl *m*: (the) poor ~ das arme Ding, der *od.* die Ärmste; poor ~! du *od.* Sie Ärmste(r)!; the dear old ~ die gute alte Haut; **7.** the ~ F a) die Hauptsache, b) das Richtige, richtig, c) das Schickliche, schicklich: the ~ was to das Wichtigste war zu; this is not the ~ das ist nicht das Richtige; not to be (*od.* feel) quite the ~ nicht ganz auf dem Posten sein; that's not all the ~ to do so etwas tut man nicht; **ˌ~-in-it'self** *s. phls.* das Ding an sich.

thing·um·a·bob ['θɪŋəmɪbɒb], **thing·um·a·jig** ['θɪŋəmɪdʒɪg], **thing·um·my** ['θɪŋəmɪ] *s.* F *der (die, das)* ‚Dings(da)' *od.* ‚Dingsbums'.

think [θɪŋk] [*irr.*] **I** *v/i.* **1.** denken (of an *acc.*): ~ ahead vorausdenken, *a.* vorsichtig sein; ~ aloud laut denken; **2.** (about, over) nachdenken (über *acc.*), sich (*e-e Sache*) über'legen; **3.** ~ of a) sich besinnen auf (*acc.*), sich erinnern an (*acc.*): (now that I) come to ~ of it dabei fällt mir ein; b) *et.* bedenken: ~ of it! denke daran!, c) sich *et.* denken *od.* vorstellen, d) *Plan etc.* ersinnen, ausdenken, e) halten von: ~ much (*od.* highly) of viel halten von, e-e hohe Meinung haben von; ~ nothing of a) wenig halten von, b) nichts dabei finden (to do s.th. et. zu tun); → better[1] 4; **4.** meinen, denken: I ~ so ich glaube (schon), ich denke; I should ~ so ich denke doch, das will ich meinen; **5.** gedenken, vorhaben, beabsichtigen (of doing, to do zu tun); **II** *v/t.* **6.** *et.* denken: ~ away *et.* wegdenken; ~ out a) sich *et.* ausdenken, b) *Am. a.* ~ through *Problem* zu Ende denken; ~ s.th. over sich et. überlegen *od.* durch den Kopf gehen lassen; ~ up F *Plan etc.* aushecken, sich ausdenken, sich *et.* einfallen lassen; **7.** sich *et.* denken *od.* vorstellen; **8.** halten für: ~ o.s. clever, ~ it advisable es für ratsam halten *od.* erachten; I ~ it best to do ich halte es für das beste, *et.* zu tun; **9.** über'legen, nachdenken über (*acc.*); **10.** denken, vermuten: ~ no harm nichts Böses denken; **III** *s.* F **11.** have a (fresh) ~ about s.th. et. (noch einmal) überdenken; he has another ~ coming! da hat er sich aber schwer getäuscht!; **'think·a·ble** [-kəbl] *adj.* denkbar: a) begreifbar, b) möglich; **'think·er** [-kə] *s.* Denker(in); **'think-in** *s.* F Konfe'renz *f*; **'think·ing** [-kɪŋ] **I** *adj.* □ **1.** denkend, vernünftig: a ~ being ein denkendes Wesen; all ~ men jeder vernünftig Denkende; put on one's ~ cap F (mal) nachdenken; **2.** Denk...; **II** *s.* **3.** Denken *n*: way of ~ Denkart *f*; do some hard (quick) ~ scharf nachdenken (schnell ‚schalten'); **4.** Meinung *f*: in (*od.* to) my (way of) ~ m-r Meinung nach; **'think-so** *s.*: on his (*etc.*) mere ~ auf e-e bloße Vermutung hin; **~ tank** *s.* F ‚'Denkfaˌbrik' *f*.

thin·ner[1] ['θɪnə] *s.* **1.** Verdünner *m* (*Arbeiter od. Gerät*); **2.** (*bsd.* Farben)Verdünnungsmittel *n*.

thin·ner[2] ['θɪnə] *comp. von* **thin.**

thin·ness ['θɪnnɪs] *s.* **1.** Dünne *f*, Dünnheit *f*; **2.** Magerkeit *f*; **3.** Spärlichkeit *f*; **4.** *fig.* Dürftigkeit *f*, Seichtheit *f*.

ˌthin-'skinned *adj.* **1.** dünnhäutig; **2.** *fig.* ('über)empfindlich.

third [θɜ:d] **I** *adj.* □ → thirdly; **1.** dritt: ~ best *der (die, das)* Drittbeste; ~ cousin Vetter *m* dritten Grades; ~ degree dritter Grad; ~ estate *pol. hist.* dritter Stand, Bürgertum *n*; ~ party ⚖ Dritte(r *m*) *f*; **II** *s.* **2.** *der (die, das)* Dritte; **3.** ♪ Terz *f*; **4.** *mot.* F dritter Gang; **5.** Drittel *n*; **6.** *pl.* ✝ Waren *pl.* dritter Quali'tät, dritte Wahl; **~ class** *s.* 🚂 *etc.* dritte Klasse; **ˌ~-'class** *adj. u. adv.* **1.** *allg.* drittklassig; **2.** 🚂 *etc. Abteil etc.* dritter Klasse: travel ~ dritter Klasse reisen.

third·ly ['θɜ:dlɪ] *adv.* drittens.

ˌthird|-'par·ty *adj.* ⚖ Dritt...: ~ debtor, ~ insurance Haftpflichtversicherung *f*; insured against ~ risks haftpflichtversichert; **ˌ~-'rate** *adj.* **1.** drittrangig; **2.** *fig.* minderwertig; **♀ World** *s. pol. die* dritte Welt.

thirst [θɜ:st] **I** *s.* **1.** Durst *m*; **2.** *fig.* Durst *m*, Gier *f*, Verlangen *n*, Sucht *f* (***for, of, after*** nach): ***~ for blood*** Blutdurst; ***~ for knowledge*** Wissensdurst; ***~ for power*** Machtgier; **II** *v/i.* **3.** *bsd. fig.* dürsten, lechzen (***for, after*** nach *Rache etc.*); **'thirst·i·ness** [-tɪnɪs] *s.* Durst(igkeit *f*) *m*; **'thirst·y** [-tɪ] *adj.* ☐ **1.** durstig: ***be ~*** Durst haben, durstig sein; **2.** dürr, trocken (*Boden, Jahreszeit*); **3.** F ‚durstig', Durst verursachend: ***~ work***; **4.** *fig.* begierig, lechzend: ***be ~ for*** (*od.* ***after***) ***s.th.*** nach et. lechzen.

thir·teen [ˌθɜ:'ti:n] **I** *adj.* dreizehn; **II** *s.* Dreizehn *f*; **ˌthir'teenth** [-nθ] **I** *adj.* **1.** dreizehnt; **II** *s.* **2.** *der* (*die, das*) Dreizehnte; **3.** Dreizehntel *n*.

thir·ti·eth ['θɜ:tɪɪθ] **I** *adj.* **1.** dreißigst; **II** *s.* **2.** *der* (*die, das*) Dreißigste; **3.** Dreißigstel *n*; **thir·ty** ['θɜ:tɪ] **I** *adj.* **1.** dreißig: ***~ all***, F ***~ up*** *Tennis*: dreißig beide; **II** *s.* **2.** Dreißig *f*: ***the thirties*** a) die Dreißiger(jahre) (*des Lebens*): ***he is in his thirties*** er ist in den Dreißigern, b) die dreißiger Jahre (*e-s Jahrhunderts*); **3.** *Am. sl.* Ende *n* (*e-s Zeitungsartikels etc.*).

this [ðɪs] *pl.* **these** [ði:z] **I** *pron.* **1.** a) dieser, diese, dieses, b) dies, das: ***all ~*** dies alles, all das; ***for all ~*** deswegen, darum; ***like ~*** so; ***~ is what I expected*** (genau) das habe ich erwartet; ***~ is what happened*** Folgendes geschah; **2.** dieses, dieser Zeitpunkt, dieses Ereignis: ***after ~*** danach; ***before ~*** zuvor; ***by ~*** bis dahin, mittlerweile; **II** *adj.* **3.** dieser, diese, dieses, ✝ *a.* laufend (*Monat, Jahr*): ***~ day week*** heute in e-r Woche; ***in ~ country*** hierzulande; ***~ morning*** heute morgen; ***~ time*** diesmal; ***these 3 weeks*** die letzten 3 Wochen, seit 3 Wochen; **III** *adv.* **4.** so: ***~ much*** so viel.

this·tle ['θɪsl] *s.* ⚘ Distel *f*; **'~·down** *s.* ⚘ Distelwolle *f*.

this·tly ['θɪslɪ] *adj.* **1.** distelig; **2.** distelähnlich, stach(e)lig.

thith·er ['ðɪðə] *obs. od. poet.* **I** *adv.* dort-, dahin; **II** *adj.* jenseitig.

'thole(-pin) [θəʊl] *s.* ⚓ Dolle *f*.

thong [θɒŋ] **I** *s.* **1.** (Leder)Riemen *m* (*Halfter, Zügel, Peitschenschnur etc.*); **II** *v/t.* **2.** mit Riemen versehen *od.* befestigen; **3.** (mit e-m Riemen) peitschen.

tho·rac·ic [θɔ:'ræsɪk] *adj. anat.* Brust...; **tho·rax** ['θɔ:ræks] *pl.* **-rax·es** [-ræksɪz] *s.* **1.** *anat.* Brust(korb *m*, -kasten *m*) *f*, Thorax *m*; **2.** *zo.* Mittelleib *m bei Gliederfüßlern*.

thorn [θɔ:n] *s.* **1.** Dorn *m*: ***a ~ in the flesh*** (*od.* ***side***) *fig.* ein Pfahl im Fleische, ein Dorn im Auge; ***be*** (*od.* ***sit***) ***on ~s*** *fig.* (wie) auf glühenden Kohlen sitzen; **2.** *ling.* Dorn *m* (*altenglischer Buchstabe*); **~ ap·ple** *s.* ⚘ Stechapfel *m*.

thorn·y ['θɔ:nɪ] *adj.* **1.** dornig, stach(e)lig; **2.** *fig.* dornenvoll, mühselig; **3.** *fig.* heikel: ***a ~ subject***.

thor·ough ['θʌrə] *adj.* ☐ → ***thoroughly***; **1.** gründlich: a) sorgfältig (*Person u. Sache*), b) genau, eingehend: ***a ~ inquiry***; ***a ~ knowledge***, c) 'durchgreifend: ***a ~ reform***; **2.** voll'endet: a) voll'kommen, meisterhaft, b) völlig, echt, durch u. durch: ***a ~ politician***, c) *contp.* ausgemacht: ***a ~ rascal***; **ˌ~-'bass** [-'beɪs] *s.* ♪ Gene'ralbaß *m*; **'~·bred I** *adj.* **1.** reinrassig, Vollblut...; **2.** *fig.* a) rassig, b) ele'gant, c) kultiviert, d) schnittig (*Auto*); **II** *s.* **3.** Vollblut(pferd) *n*; **4.** rassiger *od.* kultivierter Mensch; **5.** *mot.* rassiger *od.* schnittiger Wagen; **'~·fare** *s.* **1.** Hauptverkehrs-, 'Durchgangsstraße *f*; **2.** 'Durchfahrt *f*: ***no ~!***; **3.** Wasserstraße *f*; **'~ˌgo·ing** *adj.* **1.** → ***thorough*** 1; **2.** ex'trem, kompro'mißlos, durch u. durch.

thor·ough·ly ['θʌrəlɪ] *adv.* **1.** gründlich *etc.*; **2.** völlig, gänzlich, abso'lut; **'thor·ough·ness** [-ənɪs] *s.* **1.** Gründlichkeit *f*; **2.** Voll'endung *f*, Voll'kommenheit *f*.

'thor·ough·paced *adj.* **1.** in allen Gangarten geübt (*Pferd*); **2.** *fig.* → ***thorough*** 2 b.

those [ðəʊz] *pron. pl. von* ***that***[1].

thou [ðaʊ] **I** *pron. poet. od. dial. od. bibl.* du; **II** *v/t.* mit ‚thou' anreden.

though [ðəʊ] **I** *cj.* **1.** ob'wohl, ob'gleich, ob'schon; **2.** *a.* ***even ~*** wenn auch, wenn'gleich, selbst wenn, zwar: ***important ~ it is*** so wichtig es auch ist; ***what ~ the way is long*** was macht es schon aus, wenn der Weg (auch) lang ist; **3.** je'doch, doch; **4.** ***as ~*** als ob, wie wenn; **II** *adv.* **5.** F (*am Satzende*) aber, aller'dings, dennoch, immer'hin: ***I wish you had told me, ~***.

thought [θɔ:t] **I** *pret. u. p.p. von* ***think***; **II** *s.* **1.** a) Gedanke *m*, Einfall *m*: ***a happy ~***, b) Gedankengang *m*, c) Gedanken *pl.*, Denken *n*: ***lost in ~*** in Gedanken (verloren); ***his one ~ was how to*** er dachte nur daran, wie er *es tun könnte*; ***it never entered my ~s*** es kam mir nie in den Sinn; **2.** *nur sg.* Denken *n*, Denkvermögen *n*; **3.** Über'legung *f*: ***give ~ to*** sich Gedanken machen über (*acc.*); ***take ~ how*** sich überlegen, wie *man es tun könnte*; ***after serious ~*** nach ernsthafter Erwägung; ***on second ~s*** a) nach reiflicher Überlegung, b) wenn ich es mir recht überlege; ***have second ~s about it*** (so seine) Zweifel darüber haben; ***without ~*** ohne zu überlegen; **4.** Absicht *f*: ***he had no ~ of coming***; ***we had*** (***some***) ***~s of going*** wir trugen uns mit dem Gedanken zu gehen; **5.** *mst pl.* Gedanke *m*, Meinung *f*, Ansicht *f*; **6.** (Für)Sorge *f*, Rücksicht *f*: ***give*** (*od.* ***have***) ***some ~ to*** Rücksicht nehmen auf (*acc.*); ***take ~ for*** Sorge tragen für *od.* um (*acc.*); ***take no ~ to*** nicht achten auf (*acc.*); **7.** *nur sg.* Denken *n*: a) Denkweise *f*: ***scientific ~***, b) Gedankenwelt *f*: ***Greek ~***; **8.** *fig.* Spur *f*: ***a ~ smaller*** e-e ‚Idee' kleiner; ***a ~ hesitant*** etwas zögernd; **'thought·ful** [-fʊl] *adj.* ☐ **1.** gedankenvoll, nachdenklich, besinnlich (*a. Buch etc.*); **2.** achtsam (***of*** auf *acc.*); **3.** rücksichtsvoll, aufmerksam, zu'vorkommend; **'thought·ful·ness** [-fʊlnɪs] *s.* **1.** Nachdenklichkeit *f*, Besinnlichkeit *f*; **2.** Achtsamkeit *f*; **3.** Rücksichtnahme *f*, Aufmerksamkeit *f*; **'thought·less** [-lɪs] *adj.* ☐ **1.** gedankenlos, unbesonnen, unbekümmert; **2.** rücksichtslos, unaufmerksam; **'thought·less·ness** [-lɪsnɪs] *s.* **1.** Gedankenlosigkeit *f*, Unbekümmertheit *f*; **2.** Rücksichtslosigkeit *f*, Unaufmerksamkeit *f*.

ˌthought|-'out *adj.* (***well ~*** wohl)durchdacht; **~ read·er** *s.* Gedankenleser (-in); **~ read·ing** *s.* Gedankenlesen *n*; **~ trans·fer·ence** *s.* Ge'dankenüberˌtragung *f*.

thou·sand ['θaʊznd] **I** *adj.* **1.** tausend (*a. fig. unzählige*): ***~ and one*** *fig.* zahllos, unzählig; ***The 1000 and One Nights*** Tausendundeine Nacht; ***a ~ times*** tausendmal; ***a ~ thanks*** tausend Dank; **II** *s.* **2.** Tausend *n*, *pl.* Tausende *pl.*: ***many ~s of times*** vieltausendmal; ***in their ~s, by the ~*** zu Tausenden; **3.** Tausend *f* (*Zahlzeichen*): ***one in a ~*** eine(r, s) unter tausend, 'eine Ausnahme; **'thou·sand·fold** [-nfəʊld] **I** *adj.* tausendfach, -fältig; **II** *adv. mst* ***a ~*** tausendfach, -mal; **'thou·sandth** [-ntθ] **I** *s.* **1.** *der* (*die, das*) Tausendste; **2.** Tausendstel *n*; **II** *adj.* **3.** tausendst.

thral·dom ['θrɔ:ldəm] *s.* **1.** Leibeigenschaft *f*; **2.** *fig.* Knechtschaft *f*, Sklave'rei *f*; **thrall** [θrɔ:l] *s.* **1.** *hist.* Leibeigene(r *m*) *f*, Hörige(r *m*) *f*; **2.** *fig.* Sklave *m*, Knecht *m*; **3.** → ***thraldom***; **thrall·dom** *Am.* → ***thraldom***.

thrash [θræʃ] **I** *v/t.* **1.** → ***thresh***; **2.** verdreschen, -prügeln; *fig.* (vernichtend) schlagen, ‚vermöbeln'; **II** *v/i.* **3.** *a.* ***~ about*** a) sich *im Bett etc.* 'hin- u. 'herwerfen, b) um sich schlagen, c) zappeln; **4.** ⚓ sich vorwärtsarbeiten; **'thrash·er** [-ʃə] → ***thresher***; **'thrash·ing** [-ʃɪŋ] *s.* Dresche *f*, Prügel *pl.*: ***give s.o. a ~*** → ***thrash*** 2.

thread [θred] **I** *s.* **1.** Faden *m*: a) Zwirn *m*, Garn *n*: ***hang by a ~*** *fig.* an e-m Faden hängen, b) *weitS.* Faser *f*, Fiber *f*, c) *fig.* (dünner) Strahl, Strich *m*, d) *fig.* Zs.-hang *m*: ***lose the ~*** (***of one's story***) den Faden verlieren; ***resume*** (*od.* ***take up***) ***the ~*** den Faden wieder aufnehmen; **2.** ⚙ Gewinde(gang *m*) *n*; **II** *v/t.* **3.** *Nadel* einfädeln; **4.** *Perlen etc.* aufreihen; **5.** mit Fäden durch'ziehen; **6.** *fig.* durch'ziehen, -'dringen; **7.** sich winden durch: ***~ one's way*** (***through***) sich (hindurch)schlängeln (durch); **8.** ⚙ Gewinde schneiden in (*acc.*): ***~ on*** anschrauben; **'~·bare** *adj.* **1.** fadenscheinig, abgetragen; **2.** schäbig (gekleidet); **3.** *fig.* abgedroschen.

thread·ed ['θredɪd] *adj.* ⚙ Gewinde...: ***~ flange***; **'thread·er** [-də] *s.* **1.** 'Einfädelmaˌschine *f*; **2.** ⚙ Gewindeschneider *m*.

thread·ing lathe ['θredɪŋ] *s.* ⚙ Gewindeschneidbank *f*.

thread·y ['θredɪ] *adj.* **1.** fadenartig, faserig; **2.** Fäden ziehend; **3.** *fig.* schwach, dünn.

threat [θret] *s.* **1.** Drohung *f* (***of*** mit, ***to*** gegen); **2.** (***to***) Bedrohung *f* (*gen.*), Gefahr *f* (für): ***a ~ to peace***; ***there was a ~ of rain*** es drohte zu regnen; **'threat·en** [-tn] **I** *v/t.* **1.** (***with***) *j-m* drohen (mit), *j-m* androhen (*acc.*), *j-n* bedrohen (mit); **2.** drohend ankündigen: ***the sky ~s a storm***; **3.** (damit) drohen (***to do*** zu tun); **4.** bedrohen, gefährden; **II** *v/i.* **5.** drohen; **6.** *fig.* drohen: a) drohend bevorstehen, b) Gefahr laufen (***to do*** zu tun); **'threat·en·ing** [-tnɪŋ] *adj.* ☐ **1.** drohend, Droh...: ***~ letter*** Drohbrief *m*; **2.** *fig.* bedrohlich.

three [θri:] **I** *adj.* drei; **II** *s.* Drei *f* (*Zahl, Spielkarte etc.*); **ˌ~-'col·o(u)r** *adj.* dreifarbig, Dreifarben...: ***~ process*** Dreifarbendruck(verfahren *n*) *m*; **ˌ~-'cor·nered** *adj.* **1.** dreieckig: ***~ hat*** Dreispitz *m*; **2.** zu dreien, Dreier...: ***a ~ discussion***; **ˌ~-ˈD** *adj.* ˈdreidimensioˌnal, 3-ˈD-...; **ˈ~-day e·vent** *s. Reitsport*: Military *f*; **ˈ~-day e·vent·er** *s.* Military-Reiter *m*; **ˌ~-ˈdeck·er** *s.* **1.** ⚓ *hist.* Dreidecker *m*; **2.** *et.* Dreiteiliges, *z.B.* F dreibändiger Roˈman; **ˌ~-di-ˈmen·sion·al** *adj.* ˈdreidimensioˌnal.

ˈthree·fold I *adj. u. adv.* dreifach; **II** *s. das* Dreifache.

ˈthree|-lane *adj.* dreispurig (*Autobahn etc.*); **ˌ~-ˈmast·er** *s.* ⚓ Dreimaster *m*; **ˈ~-mile** *adj.* Dreimeilen...: ~ **zone**

three|·pence [ˈθrepəns] *s. Brit.* **1.** drei Pence *pl.*; **2.** *obs.* Dreiˈpencestück *n*; **~·pen·ny** [ˈθrepənɪ] *adj.* **1.** drei Pence wert, Dreipence...; **2.** *fig.* billig, wertlos.

ˈthree|-phase *adj.* ↯ dreiphasig, Dreiphasen...: ~ ***current*** Drehstrom *m*, Dreiphasenstrom *m*; **ˈ~-piece** *adj.* dreiteilig (*Anzug etc.*); **ˈ~-ply I** *adj.* **1.** dreifach (*Garn, Seil etc.*); **2.** dreischichtig (*Holz etc.*); **II** *s.* **3.** dreischichtiges Sperrholz; **ˈ~-point land·ing** *s.* ✈ Dreipunktlandung *f*; **ˌ~-ˈquar·ter I** *adj.* dreiviertel; **II** *s. a.* ~ ***back*** *Rugby*: Dreiˈviertelspieler *m*; **ˌ~ˈscore** *adj. obs.* sechzig.

three·some [ˈθriːsəm] **I** *adj.* **1.** zu dreien, Dreier...; **II** *s.* **2.** Dreiergruppe *f*, ‚Trio' *n*; **3.** *Golf etc.*: Dreier(spiel *n*) *m*.

ˈthree|-speed gear *s.* ⚙ Dreiganggetriebe *n*; **ˈ~-stage** *adj.* ⚙ dreistufig (*Rakete, Verstärker etc.*); **ˈ~-way** *adj.* ⚙ Dreiwege...

thresh [θreʃ] *v/t. u. v/i.* dreschen: ~ (***over old***) ***straw*** *fig.* leeres Stroh dreschen; ~ ***out*** *fig. et.* gründlich erörtern, klären; **ˈthresh·er** [-ʃə] *s.* **1.** Drescher *m*; **2.** ˈDreschmaˌschine *f*; **ˈthresh·ing** [-ʃɪŋ] **I** *s.* Dreschen *n*; **II** *adj.* Dresch...: ~ ***floor*** Dreschboden *m*, Tenne *f*.

thresh·old [ˈθreʃhəʊld] **I** *s.* **1.** (Tür-)Schwelle *f*; **2.** *fig.* Schwelle *f*, Beginn *m*; **3.** *psych.* (*Bewußtseins- etc.*)Schwelle *f*; **II** *adj.* **4.** *bsd.* ⚙ Schwellen...: ~ ***frequency***; ~ ***value*** Grenzwert *m*.

threw [θruː] *pret von* ***throw***.

thrice [θraɪs] *adv. obs.* **1.** dreimal; **2.** *fig.* sehr, ˈüberaus, höchst.

thrift [θrɪft] *s.* **1.** Sparsamkeit *f*: a) Sparsinn *m*, b) Wirtschaftlichkeit *f*; **2.** ⚘ Grasnelke *f*; **ˈthrift·i·ness** [-tɪnɪs] → ***thrift*** 1; **ˈthrift·less** [-lɪs] *adj.* □ verschwenderisch; **ˈthrift·less·ness** [-lɪsnɪs] *s.* Verschwendung *f*; **ˈthrift·y** [-tɪ] *adj.* □ sparsam (***of, with*** mit): a) haushälterisch, b) wirtschaftlich (*a. Sachen*).

thrill [θrɪl] **I** *v/t.* **1.** erschauern lassen, erregen, packen, begeistern, elektrisieren, entzücken; **2.** *j-n* durchˈlaufen, -ˈschauern, überˈlaufen (*Gefühl*); **II** *v/i.* **3.** (er)beben, erschauern, zittern (***with*** vor *Freude etc.*); **4.** (***to***) sich begeistern (für), gepackt werden (von); **5.** durchˈlaufen, -ˈschauern, -ˈrieseln (***through*** *acc.*); **III** *s.* **6.** Zittern *n*, Erregung *f*, prickelndes Gefühl: ***a ~ of joy*** freudige Erregung; **7.** a) *das* Spannende *od.* Erregende, b) Nervenkitzel *m*, c) Sensatiˈon *f*; **ˈthrill·er** [-lə] *s.* F ‚Reißer' *m*, ‚Krimi' *m*, Thriller *m* (*Kriminalroman, -film etc.*); **ˈthrill·ing** [-lɪŋ] *adj.* □ **1.** erregend, packend, spannend, sensatioˈnell; **2.** hinreißend, begeisternd.

thrive [θraɪv] *v/i.* [*irr.*] **1.** gedeihen (*Pflanze, Tier etc.*); **2.** *fig.* gedeihen: a) blühen, Erfolg haben (*Geschäft etc.*), b) reich werden (*Person*), c) sich entwickeln (*Laster etc.*); **thriv·en** [ˈθrɪvn] *p.p. von* ***thrive***; **ˈthriv·ing** [-vɪŋ] *adj.* □ *fig.* blühend.

thro' [θruː] *poet. für* ***through***.

throat [θrəʊt] *s.* **1.** *anat.* Kehle *f*, Gurgel *f*, Rachen *m*, Schlund *m*: ***sore ~*** Halsschmerzen *pl.*, rauher Hals; ***stick in one's ~*** j-m im Halse stecken bleiben (*Worte*), ***ram*** (*od.* ***thrust***) ***s.th. down s.o.'s ~*** j-m et. aufzwingen; **2.** Hals *m*, Kehle *f*: ***cut s.o.'s ~*** j-m den Hals abschneiden; ***cut one's own ~*** *fig.* sich selbst ruinieren; ***take s.o. by the ~*** j-n an der Gurgel packen; **3.** *fig.* ˈDurch-, Eingang *m*, verengte Öffnung, Schlund *m*, *z.B.* Hals *m e-r Vase*, Kehle *f e-s Kamins*, Gicht *f e-s Hochofens*; **4.** ⚠ Hohlkehle *f*; **ˈthroat·y** [-tɪ] *adj.* □ **1.** kehlig, gutturˈal; **2.** rauh, heiser.

throb [θrɒb] **I** *v/i.* **1.** pochen, hämmern, klopfen (*Herz etc.*): ***~bing pains*** klopfende Schmerzen; **II** *s.* **2.** Pochen *n*, Klopfen *n*, Hämmern *n*, (Puls)Schlag *m*; **3.** *fig.* Erregung *f*, Erbeben *n*.

throe [θrəʊ] *s. mst pl.* heftiger Schmerz: a) *pl.* (Geburts)Wehen *pl.*, b) *pl.* Todeskampf *m*, Agoˈnie *f*: ***in the ~s of*** *fig.* mitten in *et. Unangenehmem*, im Kampfe mit.

throm·bo·sis [θrɒmˈbəʊsɪs] *s.* ⚕ Thromˈbose *f*; **thromˈbot·ic** [-ˈbɒtɪk] *adj.* ⚕ thromˈbotisch.

throne [θrəʊn] **I** *s.* **1.** Thron *m* (*König, Prinz*), Stuhl *m* (*Papst, Bischof*); **2.** *fig.* Thron *m*: a) Herrschaft *f*, b) Herrscher (-in); **II** *v/t.* **3.** auf den Thron setzen; **III** *v/i.* **4.** thronen.

throng [θrɒŋ] **I** *s.* **1.** (Menschen)Menge *f*; **2.** Gedränge *n*, Andrang *m*; **3.** Menge *f*, Masse *f* (*Sachen*); **II** *v/i.* **4.** sich drängen *od.* (zs.-)scharen, (herˈbei-, hinˈein- *etc.*)strömen; **III** *v/t.* **5.** sich drängen in (*dat.*): ~ ***the streets***; **6.** bedrängen, umˈdrängen.

throt·tle [ˈθrɒtl] **I** *s.* **1.** F Kehle *f*; **2.** ⚙, *mot.* a) *a.* ~ ***lever*** Gashebel *m*, b) *a.* ~ ***valve*** Drosselklappe *f*: ***open*** (***close***) ***the ~*** Gas geben (wegnehmen); **II** *v/t.* **3.** erdrosseln; *fig.* ersticken, abwürgen, unterˈdrücken; **4.** *a.* ~ ***down*** ⚙, *mot.* (ab)drosseln; **III** *v/i.* **5.** ~ ***back*** (*od.* ***down***) *mot. etc.* drosseln, Gas wegnehmen.

through [θruː] **I** *prp.* **1.** *räumlich u. fig.* ˈdurch, durch ... hinˈdurch; **2.** durch, in (*überall umher in e-m Gebiet etc.*): ~ ***all the country***; **3.** a) *e-n Zeitraum* hinˈdurch, während, b) *Am.* (von ...) bis; **4.** *bis zum Ende od. ganz* durch, fertig (mit): ***when will you get ~ your work?***; **5.** durch, mittels; **6.** aus, vor, durch, in-, zuˈfolge, wegen: ~ ***fear*** aus *od.* vor Furcht; ~ ***neglect*** infolge *od.* durch Nachlässigkeit; **II** *adv.* **7.** durch: ~ ***and ~*** durch u. durch (*a. fig.*); ***push a needle ~*** e-e Nadel durchstechen; ***he would not let us ~*** er wollte uns nicht durchlassen; ***this train goes ~ to Boston*** dieser Zug fährt (durch) bis Boston; ***you are ~!*** *teleph.* Sie sind verbunden!; **8.** (ganz) durch (*von Anfang bis Ende*): ***read a letter ~*** e-n Brief ganz durchlesen; ***carry a matter ~*** e-e Sache durchführen; **9.** fertig (***with*** mit): ***I am ~ with him*** F er ist für mich erledigt; ***I'm ~ with it!*** ich habe es satt!; **III** *adj.* **10.** ˈdurchgehend, Durchgangs...: ***a ~ train***; ~ ***carriage*** (*od.* ***coach***) Kurswagen *m*; ~ ***dialing*** *teleph. Am.* ˈDurchwahl *f*; ~ ***flight*** ✈ Direktflug *m*; ~ ***traffic*** Durchgangsverkehr *m*; ***~way*** *Am.* Durchgangs- *od.* Schnellstraße *f*; **through·out** [θruːˈaʊt] **I** *prp.* **1.** überˈall in: ~ ***the country*** im ganzen Land; **2.** während (*gen.*): ~ ***the year*** das ganze Jahr hindurch; **II** *adv.* **3.** durch u. durch, ganz u. gar, ˈdurchweg; **4.** überall; **5.** die ganze Zeit; **ˈthrough-put** *s. econ., a. Computer*: ˈDurchsatz *m*.

throve [θrəʊv] *pret. von* ***thrive***.

throw [θrəʊ] **I** *s.* **1.** Werfen *n*, (*Speer- etc.*)Wurf *m*; **2.** Wurf *m* (*a. Ringkampf, Würfelspiel*), *fig. a.* Coup *m*; **3.** ⚙ (Kolben)Hub *m*; **4.** ⚙ (Regler- *etc.*)Ausschlag *m*; **5.** ⚙ Kröpfung *f* (*Kurbelwelle*); **II** *v/t.* [*irr.*] **6.** werfen, schleudern; (*a. fig. Blick, Kußhand etc.*) zuwerfen (***s.o. s.th., s.th. to s.o.*** j-m et.); mit *Steinen etc.* werfen; *Wasser* schütten *od.* gießen: ~ ***at*** werfen nach; ~ ***o.s. at s.o.*** *fig.* sich j-m an den Hals werfen; ~ ***a shawl over one's shoulders*** sich e-n Schal um die Schultern werfen; ~ ***together*** zs.-werfen; ***be thrown*** (***together***) ***with*** *fig.* (*zufällig*) zs.-geraten mit; **7.** *Angel, Netz etc.* auswerfen; **8.** a) *Würfel* werfen, b) *Zahl* würfeln, c) *Karten* ausspielen *od.* ablegen; **9.** *Reiter* abwerfen; **10.** *Ringkampf*: *Gegner* werfen; **11.** *zo. Junge* werfen; **12.** *Brücke* schlagen (***over, across*** über *acc.*); **13.** *zo. Haut* abwerfen; **14.** ⚙ *Hebel* ˈumlegen, *Kupplung od. Schalter* ein-, ausrükken, ein-, ausschalten; **15.** *Töpferei*: formen, drehen; **16.** ⚙ *Seide* zwirnen, mulinieren; **17.** *fig.* in *Entzückung, Verwirrung etc.* versetzen; **18.** F *j-n* ‚ˈumwerfen' *od.* aus der Fassung bringen; **19.** F *e-e Gesellschaft* geben, *e-e Party* ‚schmeißen'; **20.** *Am.* F *Wettkampf* absichtlich verlieren; **21.** *sl. Wutanfall etc.* bekommen: ~ ***a fit***; **III** *v/i.* [*irr.*] **22.** werfen; **23.** würfeln;

Zssgn mit prp.:

throw| in·to *v/t.* (hinˈein)werfen in (*acc.*): ~ ***prison*** *j-n* ins Gefängnis werfen; ~ ***the bargain*** (beim Kauf) dreingeben; ***throw o.s. into*** *fig.* sich in *die Arbeit, den Kampf etc.* stürzen; ~ **(up·)on** *v/t.* **1.** werfen auf (*acc.*): ***be thrown upon o.s.*** (*od.* ***upon one's own resources***) auf sich selbst angewiesen sein; **2.** ***throw o.s.*** (***up***)***on*** a) sich auf *die Knie etc.* werfen, b) sich anvertrauen (*dat.*);

Zssgn mit adv.:

throw| a·way *v/t.* **1.** wegwerfen; **2.** *Geld etc.* verschwenden, -geuden ([***up***]***on*** an *acc.*); **3.** *Gelegenheit* verpassen, -schenken; **4.** *et.* verwerfen; ~ **back I** *v/t.* **1.** zuˈrückwerfen (*a. fig. hemmen*): ***be thrown back upon*** angewiesen sein auf (*acc.*); **II** *v/i.* **2.** (***to***) zuˈrückkehren (zu), zuˈrückfallen (auf *acc.*, in *acc.*); **3.** nachgeraten (***to*** *dat.*); *biol.* rückarten; ~ **down** *v/t.* **1.** (***o.s.*** sich) niederwerfen; **2.** ˈumstürzen, vernichten; ~ **in** *v/t.* **1.** (hin)ˈeinwerfen; **2.** *Bemerkung etc.* einwerfen, -schalten; **3.**

et. mit in den Kauf geben, dreingeben; **4.** ⚙ *Gang etc.* einrücken; **~ off I** *v/t.* **1.** *Kleider, Maske etc., a. fig. Schamgefühl etc.* abwerfen, ablegen; **2.** *Joch etc.* abwerfen, abschütteln, sich freimachen von; **3.** *Bekannte, Krankheit etc.* loswerden; **4.** *Verfolger, a. Hund* von der Fährte abbringen, abschütteln; **5.** *Gedicht etc.* hinwerfen, aus dem Ärmel schütteln; **6.** ⚙ a) kippen, 'umlegen, b) auskuppeln, -rücken; **7.** *typ.* abziehen; **8.** *j-n* aus dem Kon'zept *od.* aus der Fassung bringen; **II** *v/i.* **9.** (*hunt.* die Jagd) beginnen; **~ on** *v/t. Kleider* 'überwerfen, sich *et.* 'umwerfen; **~ o·pen** *v/t.* **1.** *Tür etc.* aufreißen, -stoßen; **2.** öffentlich zugänglich machen (**to** *dat.* für); **~ out** *v/t.* **1.** (*a. j-n* hin)'auswerfen; **2.** *bsd. parl.* verwerfen; **3.** △ vorbauen; anbauen (**to** an *acc.*); **4.** *Bemerkung* fallenlassen, *Vorschlag etc.* äußern; *e-n Wink* geben; **5.** a) *et.* über den Haufen werfen, b) *j-n* aus dem Kon'zept bringen; **6.** ⚙ auskuppeln, -rükken; **7.** *Fühler etc.* ausstrecken: **~ *a chest*** F sich in die Brust werfen; **~ o·ver** *v/t.* **1.** über den Haufen werfen; **2.** *fig. Plan etc.* über Bord werfen, aufgeben; **3.** *Freund etc.* im Stich lassen, fallenlassen; **~ up I** *v/t.* **1.** in die Höhe werfen, hochwerfen; **2.** *et.* hastig errichten, *Schanze etc.* aufwerfen; **3.** *Karten, a. Amt etc.* hinwerfen, -schmeißen; **4.** erbrechen; **II** *v/i.* **5.** (sich er)brechen, sich über'geben.

'throw|·a·way I *s.* et. zum Wegwerfen, *z.B.* Re'klamezettel *m*; **II** *adj.* Wegwerf…: **~ *package*; ~ *bottle*** Einwegflasche *f*; **~ *prices*** ⚚ Schleuderpreise; **'~·back** *s.* **1.** *bsd. biol.* Ata'vismus *m*, *a. fig.* Rückkehr *f* (**to** zu); **2.** *Film*: Rückblende *f*.

throw·er ['θrəʊə] *s.* **1.** Werfer(in); **2.** *Töpferei*: Dreher(in), Former(in); **3.** → ***throwster***.

'throw-in *s. sport* Einwurf *m*.

throw·ing ['θrəʊɪŋ] **I** *s.* Werfen *n*, (*Speer- etc.*)Wurf *m*: **~ *the javelin*; II** *adj.* Wurf…: **~ *knife***.

thrown [θrəʊn] **I** *p.p. von* ***throw*; II** *adj.* gezwirnt: **~ *silk*** Seidengarn *n*.

'throw|·off *s.* **1.** Aufbruch *m* (zur Jagd); **2.** *fig.* Beginn *m*; **'~-out** *s.* ⚙ **1.** Auswerfer *m*; **2.** Ausschalter *m*; **3.** *mot.* Ausrückvorrichtung *f*: **~ *lever*** (Kupplungs)Ausrückhebel *m*.

throw·ster ['θrəʊstə] *s.* Seidenzwirner(in).

thru [θru:] *Am.* F *für* ***through***.

thrum¹ [θrʌm] **I** *v/i.* **1.** ♪ klimpern (**on** auf *dat.*); **2.** (mit den Fingern) trommeln; **II** *v/t.* **3.** ♪ klimpern auf (*dat.*); **4.** (mit den Fingern) trommeln auf (*dat.*).

thrum² [θrʌm] **I** *s.* **1.** *Weberei*: a) Trumm *n*, *m* (*am Ende der Kette*), b) *pl.* (Reihe *f* von) Fransen *pl.*, Saum *m*; **2.** Franse *f*; **3.** loser Faden; **4.** *oft pl.* Garnabfall *m*, Fussel *f*; **II** *v/t.* **5.** befransen.

thrush¹ [θrʌʃ] *s. orn.* Drossel *f*.

thrush² [θrʌʃ] *s.* **1.** ⚕ Soor *m*; **2.** *vet.* Strahlfäule *f*.

thrust [θrʌst] **I** *v/t.* [*irr.*] **1.** *Waffe etc.* stoßen; **2.** *allg.* stecken, schieben: **~ *o.s.*** (*od.* ***one's nose***) ***in*** *fig.* s-e Nase stecken *od.* sich einmischen in (*acc.*); **~ *one's hand into one's pocket*** die Hand in die Tasche stecken; **~ *on*** *et.* hastig anziehen, (sich) *et.* hastig überwerfen; **3.** stoßen, drängen, treiben, (*a. ins Gefängnis*) werfen: **~ *aside*** zur Seite stoßen; **~ *o.s. into*** sich werfen *od.* drängen in (*acc.*); **~ *out*** a) (her-, hin-) ausstoßen, b) *Zunge* herausstrecken, c) *Hand* ausstrecken; **~ *s.th. upon s.o.*** j-m et. aufdrängen; **4. ~ *through*** *j-n* durch'bohren; **5. ~ *in*** *Wort* einwerfen; **II** *v/i.* [*irr.*] **6.** stoßen (**at** nach); **7.** sich *wohin* drängen *od.* schieben: **~ *into*** ⚔ hineinstoßen in *e-e Stellung etc.*; ***a ~ing politician*** ein ehrgeiziger *od.* aufstrebender Politiker; **III** *s.* **8.** Stoß *m*; **9.** Hieb *m* (*a. fig.*); **10.** *allg. u.* ⚙ Druck *m*; **11.** ✈, *phys.* Schub(kraft *f*) *m*; **12.** ⚙, △ (Seiten)Schub *m*; **13.** *geol.* Schub *m*; **14.** ⚔ *u. fig.* a) Vorstoß *m*, b) Stoßrichtung *f*; **~ bear·ing** *s.* ⚙, ✈ Drucklager *n*; **~ per·form·ance** *s.* ⚙, ✈ Schubleistung *f*; **~ weap·on** *s.* ⚔ Stich-, Stoßwaffe *f*.

thud [θʌd] **I** *s.* dumpfer (Auf)Schlag, Bums *m*; **II** *v/i.* dumpf (auf)schlagen, bumsen.

thug [θʌg] *s.* **1.** (Gewalt)Verbrecher *m*, Raubmörder *m*; **2.** Rowdy *m*, ‚Schläger' *m*; **3.** *fig.* Gangster *m*, Halsabschneider *m*.

thumb [θʌm] **I** *s.* **1.** Daumen *m*: ***his fingers are all ~s, he is all ~s*** er hat zwei linke Hände; ***turn ~s down on*** *fig. et.* ablehnen, verwerfen; ***under s.o.'s ~*** unter j-s Fuchtel; ***that sticks out like a sore ~*** F a) das sieht ja ein Blinder, b) das fällt entsetzlich auf; ***it's ~s down on your offer!*** Ihr Angebot ist abgelehnt!; → ***rule*** 2; **II** *v/t.* **2.** *Buchseiten* 'durchblättern; **3.** *Buch* abgreifen, beschmutzen: (***well-***)***~ed*** abgegriffen; **4. ~ *a lift*** (*od.* ***ride***) F per Anhalter fahren, trampen; **~ *a car*** e-n Wagen anhalten, sich mitnehmen lassen; **5. ~ *one's nose at*** *j-m* e-e lange Nase machen; **~ in·dex** *s. typ.* Daumenindex *m*; **'~·mark** *s.* Daumenabdruck *m*; **'~·nail I** *s.* Daumennagel *m*; **II** *adj.*: **~ *sketch*** kleine (*fig.* kurze) Skizze; **~ nut** *s.* ⚙ Flügelmutter *f*; **'~·print** *s.* Daumenabdruck *m*; **'~·screw** *s.* **1.** *hist.* Daumenschraube *f*; **2.** ⚙ Flügelschraube *f*; **'~·stall** *s.* Däumling *m* (*Schutzkappe*); **'~·tack** *s. Am.* Reißnagel *m*.

thump [θʌmp] **I** *s.* **1.** dumpfer Schlag, Bums *m*; **2.** (Faust)Schlag *m*, Puff *m*; **II** *v/t.* **3.** schlagen auf (*acc.*), hämmern *od.* pochen gegen *od.* auf (*acc.*); *Kissen* aufschütteln; **4.** plumpsen gegen *od.* auf (*acc.*); **III** *v/i.* **5.** (auf)schlagen, (-) bumsen (**on** auf *acc.*, **at** gegen); **6.** (laut) pochen (*Herz*); **'thump·er** [-pə] *s.* **1.** *sl.* Mordsding *n*, *e-e* ‚Wucht'; **2.** *sl.* faustdicke Lüge; **'thump·ing** [-pɪŋ] F **I** *adj.* kolos'sal, Mords…; **II** *adv.* mordsmäßig.

thun·der ['θʌndə] **I** *s.* **1.** Donner *m* (*a. fig. Getöse*): ***steal s.o.'s ~*** *fig.* j-m den Wind aus den Segeln nehmen; ***~s of applause*** donnernder Beifall; **II** *v/i.* **2.** donnern (*a. fig. Kanone, Zug etc.*); **3.** *fig.* wettern; **III** *v/t.* **4.** *et.* donnern; **'~·bolt** *s.* **1.** Blitz *m* (u. Donnerschlag *m*), Blitzstrahl *m* (*a. fig.*); **2.** *myth. u. geol.* Donnerkeil *m*; **'~·clap** *s.* Donnerschlag *m* (*a. fig.*); **'~·cloud** *s.* Gewitterwolke *f*.

thun·der·ing ['θʌndərɪŋ] **I** *adj.* □ **1.** donnernd (*a. fig.*); **2.** F kolos'sal, gewaltig: ***a ~ lie*** e-e faustdicke Lüge; **II** *adv.* **3.** F riesig, mächtig: **~ *glad*; 'thun·der·ous** [-rəs] *adj.* □ **1.** gewitterschwül; **2.** *fig.* donnernd; **3.** *fig.* gewaltig.

'thun·der|,show·er *s.* Gewitterschauer *m*; **'~·storm** *s.* Gewitter *n*, Unwetter *n*; **'~·struck** *adj.* (*fig.* wie) vom Blitz getroffen.

thun·der·y ['θʌndərɪ] *adj.* gewitterschwül: **~ *showers*** gewittrige Schauer.

Thu·rin·gi·an [θjʊə'rɪndʒɪən] **I** *adj.* Thüringer(…); **II** *s.* Thüringer(in).

Thurs·day ['θɜ:zdɪ] *s.* Donnerstag *m*: ***on ~*** am Donnerstag; ***on ~s*** donnerstags.

thus [ðʌs] *adv.* **1.** so, folgendermaßen; **2.** so'mit, also, folglich, demgemäß; **3.** so, in diesem Maße: **~ *far*** soweit, bis jetzt; **~ *much*** so viel.

thwack [θwæk] **I** *v/t.* verprügeln, schlagen; **II** *s.* derber Schlag.

thwart [θwɔ:t] **I** *v/t.* **1.** *Pläne etc.* durch'kreuzen, vereiteln, hinter'treiben; **2.** *j-m* entgegenarbeiten, *j-m* e-n Strich durch die Rechnung machen; **II** *s.* **3.** ⚓ Ruderbank *f*.

thy [ðaɪ] *adj. bibl., rhet., poet.* dein.

thyme [taɪm] *s.* ⚘ Thymian *m*.

thy·mus ['θaɪməs], *a.* **~ gland** *s. anat.* Thymus(drüse *f*) *m*.

thy·roid ['θaɪrɔɪd] ⚕ **I** *adj.* **1.** Schilddrüsen…; **2.** Schildknorpel…: **~ *cartilage*** → 4; **II** *s.* **3.** *a.* **~ *gland*** Schilddrüse *f*; **4.** Schildknorpel *m*.

thyr·sus ['θɜ:səs] *pl.* **-si** [-saɪ] *s. antiq. u.* ⚘ Thyrsus *m*.

thy·self [ðaɪ'self] *pron. bibl., rhet., poet.* **1.** du (selbst); **2.** *dat.* dir (selbst); **3.** *acc.* dich (selbst).

ti·ar·a [tɪ'ɑ:rə] *s.* **1.** Ti'ara *f* (*Papstkrone u. fig. -würde*); **2.** Dia'dem *n*, Stirnreif *m* (*für Damen*).

tib·i·a ['tɪbɪə] *pl.* **-ae** [-i:] *s. anat.* Schienbein *n*, Tibia *f*; **'tib·i·al** [-əl] *adj. anat.* Schienbein…, Unterschenkel…

tic [tɪk] *s.* ⚕ Tic(k) *m*, (ner'vöses) Muskel- *od.* Gesichtszucken.

tick¹ [tɪk] **I** *s.* **1.** Ticken *n*: ***to*** (*od.* ***on***) ***the ~*** (auf die Sekunde) pünktlich; **2.** F Augenblick *m*; **3.** Häkchen *n*, Vermerkzeichen *n*; **II** *v/i.* **4.** ticken: **~ *over*** a) *mot.* im Leerlauf sein, b) *fig.* normal *od.* ganz gut laufen; ***what makes him ~?*** a) was hält ihn (so) in Schwung?, b) wie ‚funktioniert' er?; **III** *v/t.* **5.** *in e-r Liste* anhaken: ***to ~ off*** a) abhaken, b) F *j-n* ‚zs.-stauchen'.

tick² [tɪk] *s. zo.* Zecke *f*.

tick³ [tɪk] *s.* **1.** (Kissen- *etc.*)Bezug *m*; **2.** Inlett *n*, Ma'tratzenbezug *m*; **3.** F Drillich *m*, Drell *m*.

tick⁴ [tɪk] *s.* F Kre'dit *m*, Pump *m*: ***buy on ~*** auf Pump *od.* Borg kaufen.

tick·er ['tɪkə] *s.* **1.** *Börse*: Fernschreiber *m*; **2.** *sl.* a) ‚Wecker' *m* (*Uhr*), b) ‚Pumpe' *f* (*Herz*); **~ tape** *s. Am.* Lochstreifen *m*: **~ *parade*** Konfettiparade *f*.

tick·et ['tɪkɪt] **I** *s.* **1.** (Ausweis-, Eintritts-, Lebensmittel-, Mitglieds- *etc.*) Karte *f*; 🚃 *etc.* Fahrkarte *f*, -schein *m*; ✈ Flugschein *m*, Ticket *n*: ***take a ~*** e-e Karte lösen; **2.** (*bsd.* Gepäck-, Pfand-) Schein *m*; **3.** Lotte'rielos *n*; **4.** Eti'kett *n*, (*Preis- etc.*)Zettel *m*; **5.** *mot.* a) Strafzettel *m*, b) gebührenpflichtige

Verwarnung; **6.** ⚓, ✈ Li'zenz *f*; **7.** *pol. bsd. Am.* a) (Wahl-, Kandi'daten)Liste *f*, b) ('Wahl-, Par'tei)Pro͵gramm *n*: ***split the ~*** panaschieren; ***vote a straight ~*** die Liste e-r Partei unverändert wählen; ***write one's own ~*** F (ganz) s-e eigenen Bedingungen stellen; **8.** ***~ of leave*** ⚖ *Brit.* (Schein *m* über) bedingte Freilassung: ***be on ~ of leave*** bedingt freigelassen sein; **9.** F *das* Richtige: ***that's the ~!***; **II** *v/t.* **10.** etikettieren, kennzeichnen, *Waren* auszeichnen; **~ a·gen·cy** *s. thea. etc.* Vorverkaufsstelle *f*; **~ col·lec·tor** *s.* 🚂 Bahnsteigschaffner *m*; **~ day** *s. Börse*: Tag *m* vor dem Abrechnungstag; **~ in·spec·tor** *s.* 'Fahrkartenkontrol͵leur *m*; **~ of·fice** *s.* **1.** Fahrkartenschalter *m*; **2.** (The'ater)Kasse *f*; **~ punch** *s.* Lochzange *f*; **~ tout** *s.* Kartenschwarzhändler *m*.

tick·ing ['tɪkɪŋ] *s.* Drell *m*, Drillich *m*; ͵**~-'off** *s.* F ‚Anpfiff' *m*.

tick·le ['tɪkl] **I** *v/t.* **1.** kitzeln (*a. fig.*); **2.** *fig. j-s Eitelkeit etc.* schmeicheln; **3.** *fig.* amüsieren: ***~d pink*** F ‚ganz weg' (vor Freude); ***I'm ~d to death*** ich könnte mich totlachen (*a. iro.*); **4.** **~ up** (an-)reizen; **II** *v/i.* **5.** kitzeln; **6.** jucken; **III** *s.* **7.** Kitzel *m* (*a. fig.*); **8.** Juckreiz *m*; **'tick·ler** [-lə] *s.* **1.** kitzlige Sache, (schwieriges) Pro'blem; **2.** *Am.* No'tizbuch *n*: ***~ file*** Wiedervorlagemappe *f*; **3.** *a.* ***~ coil*** ⚡ Rückkopplungsspule *f*; **'tick·lish** [-lɪʃ] *adj.* □ **1.** kitz(e)lig; **2.** *fig.* a) kitzlig, heikel, schwierig, b) empfindlich (*Person*).

tick·tack ['tɪktæk] *s.* **1.** Ticktack *n*; **2.** *sl. Rennsport*: Zeichensprache *f* der Buchmacher: ***~ man*** Buchmachergehilfe *m*.

tid·al ['taɪdl] *adj.* **1.** Gezeiten…, den Gezeiten unter'worfen: ***~ basin*** ⚓ Tidebecken *n*; ***~ inlet*** Priel *m*; ***~ power plant*** Gezeitenkraftwerk *n*; **2.** Flut…: ***~ wave*** Flutwelle *f*, *fig. a.* Woge *f*.

tid·bit ['tɪdbɪt] *Am.* → ***titbit***.

tid·dly ['tɪdlɪ] *adj. Brit.* F **1.** winzig; **2.** ‚angesäuselt', beschwipst.

tid·dly·winks ['tɪdlɪwɪŋks] *s. pl.* Flohhüpfen *n*.

tide [taɪd] **I** *s.* **1.** a) Gezeiten *pl.*, Ebbe *f* u. Flut, b) Flut *f*, Tide *f*: ***high ~*** Flut; ***low ~*** Ebbe; ***the ~ is coming in*** (***going out***) die Flut kommt (die Ebbe setzt ein); ***the ~ is out*** es ist Ebbe; ***turn of the ~*** a) Gezeitenwechsel *m*, b) *fig.* Umschwung *m*; ***the ~ turns*** *fig.* das Blatt wendet sich; **2.** *fig.* Strom *m*, Strömung *f*: ***~ of events*** *der* Gang der Ereignisse; ***swim against*** (***with***) ***the ~*** gegen (mit) dem Strom schwimmen; **3.** *fig. die* rechte Zeit, günstiger Augenblick; **4.** *in Zssgn* Zeit *f*: ***winter~***; **II** *v/i.* **5.** (mit dem Strom) treiben, ⚓ bei Flut ein- *od.* auslaufen; **6.** ***~ over*** *fig.* hin'wegkommen über (*acc.*); **III** *v/t.* **7.** ***~ over*** *fig. j-m* hin'weghelfen über (*acc.*): ***~ it over*** ‚sich über Wasser halten'; **~ gate** *s.* Flut(schleusen)tor *n*; **~ ga(u)ge** *s.* (Gezeiten)Pegel *m*; **'~͵land** *s.* Watt *n*; **'~·mark** *s.* **1.** Gezeitenmarke *f*; **2.** Pegelstand *m*; **3.** *bsd. Brit.* F schwarzer Rand (*am Hals etc.*); **~ ta·ble** *s.* Gezeitentafel *f*; **'~͵wait·er** *s. hist.* Hafenzollbeamte(r) *m*; **'~͵wa·ter** *s.* Flut-, Gezeitenwasser *n*: ***~ district*** Wattengebiet *n*; **'~·way** *s.* Priel *m*.

ti·di·ness ['taɪdɪnɪs] *s.* **1.** Sauberkeit *f*, Ordnung *f*; **2.** Nettigkeit *f*.

ti·dings ['taɪdɪŋz] *s. pl. sg. od. pl. konstr.* Nachricht(en *pl.*) *f*, Neuigkeit (-en *pl.*) *f*, Kunde *f*.

ti·dy ['taɪdɪ] **I** *adj.* □ **1.** sauber, reinlich, ordentlich (*Zimmer*, *Person*, *Aussehen etc.*); **2.** nett, schmuck; **3.** *fig.* F ordentlich, beträchtlich: ***a ~ penny*** e-e Stange Geld; **II** *s.* **4.** (Sofa- *etc.*)Schoner *m*; **5.** (Arbeits-, Flick- *etc.*)Beutel *m*; Fächerkasten *m*; **6.** Abfallkorb *m*; **III** *v/t.* **7.** *a.* ***~ up*** in Ordnung bringen, aufräumen, säubern: ***~ out*** ‚ausmisten'; ***~ o.s. up*** sich zurechtmachen; **IV** *v/i.* **8.** ***~ up*** aufräumen, saubermachen.

tie [taɪ] **I** *s.* **1.** (Schnür)Band *n*; **2.** a) Kra'watte *f*, b) Halstuch *n*; **3.** Schleife *f*, Masche *f*; **4.** *fig.* a) Band *n*: ***the ~(s) of friendship***, b) *pol.*, *psych.* Bindung *f*: ***mother ~***; **5.** *fig.* (lästige) Fessel, Last *f*; **6.** ⚠, ⚙ a) Verbindung(sstück *n*) *f*, b) Anker *m*, c) → ***tie beam***; **7.** 🚂 *Am.* Schwelle *f*; **8.** *parl. pol.* Stimmengleichheit *f*: ***end in a ~*** stimmengleich enden; **9.** *sport* a) Punktgleichheit *f*, Gleichstand *m*, b) Unentschieden *n*, c) Ausscheidungsspiel *n*, d) Wieder'holung(sspiel *n*) *f*; **10.** ♪ Bindebogen *m*, Liga'tur *f*; **II** *v/t.* **11.** an-, festbinden (***to*** an *acc.*); **12.** binden, schnüren; *fig.* fesseln: ***~ s.o.'s hands*** (***tongue***) j-m die Hände (Zunge) binden; **13.** *Schleife*, *Schuhe etc.* binden; **14.** ⚠, ⚙ verankern, befestigen; **15.** ♪ *Noten* (anein'ander)binden; **16.** (***to***) *fig. j-n* binden (an *acc.*), verpflichten (zu); **17.** hindern, hemmen; **18.** *j-n* in Anspruch nehmen (*Pflichten etc.*); **III** *v/i.* **19.** *sport* a) gleichstehen, punktgleich sein, b) unentschieden spielen *od.* kämpfen (***with*** gegen); **20.** *parl.*, *pol.* gleiche Stimmenzahl haben;

Zssgn mit adv.:

tie| down *v/t.* **1.** festbinden; **2.** niederhalten, fesseln; **3.** (***to***) *fig. j-n* binden (an *Pflichten*, *Regeln etc.*), *j-n* festlegen (auf *acc.*): ***be tied down*** (***by***) angebunden sein (durch *e-e Familie etc.*); **~ in I** *v/i.* (***with***) über'einstimmen (mit), passen (zu); **II** *v/t.* (***with***) verbinden *od.* koppeln (mit), einbauen (in *acc.*); **~ up** *v/t.* **1.** (an-, ein-, ver-, zs.-, zu)binden; **2.** *fig.* a) hemmen, fesseln, b) festhalten, beschäftigen; **3.** *fig.* lahmlegen; *Industrie*, *Produktion* stillegen; *Vorräte etc.* blockieren; **4.** ✝, ⚖ festlegen: a) *Geld* fest anlegen, b) *bsd. Erbgut* e-r Verfügungsbeschränkung unter'werfen; **5.** ***tie it up*** *Am.* F die Sache erledigen.

tie| bar *s.* **1.** 🚂 a) Verbindungsstange *f* (*Weiche*), b) Spurstange *f*; **2.** *typ.* Bogen *m über 2 Buchstaben*; **~ beam** *s.* ⚠ Zugbalken *m*; **'~͵break(·er)** *s. Tennis*: Tie-Break *m*, *n*.

tied [taɪd] *adj.* ✝ zweckgebunden; ***~ house*** *s. Brit.* Braue'reigaststätte *f*.

'tie|-in *s.* **1.** ✝ *Am.* a) Gemeinschaftswerbung *f*, b) *a.* ***~ sale*** Kopplungsgeschäft *n*, -verkauf *m*; **2.** Zs.-hang *m*, Verbindung *f*; **'~-on** *adj.* zum Anbinden, Anhänge…

tier [tɪə] *s.* **1.** Reihe *f*, Lage *f*: ***in ~s*** in Reihen übereinander, lagenweise; **2.** *thea.* a) (Sitz)Reihe *f*, b) Rang *m*; **3.** *fig.* Rang *m*, Stufe *f*.

tierce [tɪəs] *s.* **1.** [*Kartenspiel*: tɜːs] ♪, *fenc.*, *eccl.*, *Kartenspiel*: Terz *f*; **2.** Weinfaß *n* (*mit 42 Gallonen*).

tie rod *s.* ⚙ **1.** Zugstange *f*; **2.** Kuppelstange *f*; **3.** 🚗 Spurstange *f*.

'tie-up *s.* **1.** a) Verbindung *f*, Zs.-hang *m*, b) Koppelung *f*; **2.** *Am.* Still-, Lahmlegung *f*; **3.** *bsd. Am.* (*a.* Verkehrs)Stockung *f*, Stillstand *m*.

tiff [tɪf] *s.* **1.** kleine Meinungsverschiedenheit, Kabbe'lei *f*; **2.** schlechte Laune: ***in a ~*** übelgelaunt.

tif·fin ['tɪfɪn] *s. Brit.* Mittagessen *n* (*in Indien*).

tige [tiːʒ] (*Fr.*) *s.* **1.** ⚠ Säulenschaft *m*; **2.** ⚘ Stengel *m*, Stiel *m*.

ti·ger ['taɪgə] *s.* **1.** *zo.* Tiger *m* (*a. fig. Wüterich*): ***American ~*** Jaguar *m*: ***rouse the ~ in s.o.*** *fig.* j-n in kalte Wut versetzen; **2.** *hist. Brit. sl.* livrierter Bedienter, Page *m*; **~ cat** *s. zo.* **1.** Tigerkatze *f*; **2.** getigerte (Haus)Katze.

ti·ger·ish ['taɪgərɪʃ] *adj.* **1.** tigerartig; **2.** blutdürstig; **3.** wild, grausam.

tight [taɪt] **I** *adj.* □ **1.** dicht (*nicht leck*): ***a ~ barrel***; **2.** fest(sitzend) (*Kork*, *Knoten etc.*), stramm (*Schraube etc.*); **3.** straff, (an)gespannt (*Muskel*, *Seil etc.*); **4.** schmuck; **5.** a) (zu) eng, knapp, b) eng (anliegend) (*Kleid etc.*): ***~ fit*** knapper Sitz, ⚙ Feinpassung; **6.** a) eng, dicht (gedrängt), b) *fig.* F kritisch, ‚mulmig'; → ***corner*** 2; **7.** prall (voll); **8.** *fig.* a) komprimiert, straff (*Handlung etc.*), b) gedrängt, knapp (*Stil*), c) hieb- u. stichfest (*Argument*), d) straff, streng (*Sicherheitsmaßnahmen etc.*): ***a ~ schedule*** knappe Termine, *a.* ein voller Terminkalender; **9.** ✝ a) knapp (*Geld*), b) angespannt (*Marktlage*); **10.** F knick(e)rig, geizig; **11.** eng, am Kleinen klebend (*Kunst etc.*); **12.** *sl.* ‚blau', besoffen; **II** *adv.* **13.** eng, knapp; *a.* ⚙ fest: ***hold ~*** festhalten; ***sit ~*** a) fest im Sattel sitzen, b) sich nicht (vom Fleck) rühren, c) *fig.* sich eisern behaupten, sich nicht beirren lassen, *a.* abwarten; **'tight·en** [-tn] **I** *v/t.* **1.** *a.* ***~ up*** zs.-ziehen; **2.** *Schraube*, *Zügel etc.* fest-, anziehen; *Feder*, *Gurt etc.* spannen; *Gürtel* enger schnallen; *Muskel*, *Seil etc.* straffen: ***~ one's grip*** fester zupacken, den Druck verstärken (*a. fig.*); **3.** *a.* ***~ up*** *fig.* a) *Manuskript*, *Handlung etc.* straffen, b) *Sicherheitsmaßnahmen etc.* verschärfen; **4.** (ab)dichten; **II** *v/i.* **5.** sich straffen; **6.** fester werden (*Griff*); **7.** *a.* ***~ up*** sich fest zs.-ziehen; **8.** ✝ sich versteifen (*Markt*).

͵**tight|-'fist·ed** → ***tight*** 10; ͵**~-'fit·ting** *adj.* **1.** → ***tight*** 5; **2.** ⚙ genau an- *od.* eingepaßt, Paß…; ͵**~-'laced** *adj.* sittenstreng, prüde, puri'tanisch; ͵**~-'lipped** *adj.* **1.** schmallippig; **2.** *fig.* verschlossen.

tight·ness ['taɪtnɪs] *s.* **1.** Dichtheit *f*; **2.** Festigkeit *f*; fester Sitz; **3.** Straffheit *f*; **4.** Enge *f*; **5.** Gedrängtheit *f*; **6.** Geiz *m*, Knicke'rei *f*; **7.** ✝ a) (Geld)Knappheit *f*, b) angespannte Marktlage.

'tight·rope I *s.* (Draht)Seil *n* (*Zirkus*); **II** *adj.* (Draht)Seil…: ***~ walker*** Seiltänzer(in).

tights [taɪts] *s. pl.* **1.** ('Tänzer-, Ar'tisten)Tri͵kot *n*; **2.** *bsd. Brit.* Strumpfhose *f*.

'tight·wad *s. Am.* F Geizkragen *m*.

ti·gress ['taɪgrɪs] *s.* **1.** Tigerin *f*; **2.** *fig.* Me'gäre *f*, (Weibs)Teufel *m*.

tike → ***tyke***.

til·de [tɪld] *s. ling.* Tilde *f*.

tile [taɪl] **I** *s.* **1.** (Dach)Ziegel *m*: ***he has a ~ loose*** *sl.* bei ihm ist eine Schraube locker; ***be (out) on the ~s*** *sl.* ,herumsumpfen'; **2.** ([Kunst]Stein)Platte *f*, (Fußboden-, Wand-, Teppich)Fliese *f*, (Ofen-, Wand)Kachel *f*; **3.** *coll.* Ziegel *pl.*, Fliesen(fußboden *m*) *pl.*, Fliesen(ver)täfelung *f*; **4.** ⚠ Hohlstein *m*; **5.** F a) ,Angströhre' *f* (*Zylinder*), b) ,Dekkel' *m* (*steifer Hut*); **II** *v/t.* **6.** (mit Ziegeln) decken; **7.** mit Fliesen *od.* Platten auslegen, fliesen, kacheln; **til·er** ['taɪlə] *s.* **1.** Dachdecker *m*; **2.** Fliesen-, Plattenleger *m*; **3.** Ziegelbrenner *m*; **4.** Logenhüter *m* (*Freimaurer*).

till¹ [tɪl] **I** *prp.* **1.** bis: ***~ now*** bis jetzt, bisher; ***~ then*** bis dahin *od.* dann *od.* nachher; **2.** bis zu: ***~ death*** bis zum Tod, bis in den Tod; **3.** ***not ~*** erst: ***not ~ yesterday***; **II** *cj.* **4.** bis; **5.** ***not ~*** erst als (*od.* wenn).

till² [tɪl] *s.* **1.** Ladenkasse *f*: ***~ money*** ✝ Kassenbestand *m*; **2.** Geldkasten *m*.

till³ [tɪl] ✓ **I** *v/t. Boden* bebauen, bestellen, (be)ackern; **II** *v/i.* ackern, pflügen; **'till·a·ble** [-ləbl] *adj.* anbaufähig; **'till·age** [-lɪdʒ] *s.* **1.** Bodenbestellung *f*; **2.** Ackerbau *m*; **3.** Ackerland *n*.

till·er¹ ['tɪlə] *s.* **1.** (Acker)Bauer *m*; **2.** Ackerfräse *f*.

till·er² ['tɪlə] *s.* **1.** ⚓ Ruderpinne *f*; **2.** ⚙ Griff *m*; **~ rope** *s.* ⚓ Steuerreep *n*.

tilt¹ [tɪlt] **I** *v/t.* **1.** kippen, neigen, schrägstellen; **2.** 'umkippen, 'umstoßen; **3.** ⚓ *Schiff* krängen; **4.** ⚙ recken (*schmieden*); **5.** *hist.* a) (mit eingelegter Lanze) anreiten gegen, b) *Lanze* einlegen; **II** *v/i.* **6.** *a.* ***~ over*** a) sich neigen, kippen, b) ('um)kippen, 'umfallen; **7.** ⚓ krängen; **8.** *hist.* im Tur'nier kämpfen: ***~ at*** a) anreiten gegen, b) (mit der Lanze) stechen nach, c) *fig.* losziehen gegen, attackieren; **III** *s.* **9.** Kippen *n*: ***give a ~ to*** → 1; **10.** Schräglage *f*, Neigung *f*: ***on the ~*** auf der Kippe; **11.** *hist.* Tur'nier *n*, Lanzenbrechen *n*; **12.** *fig.* Strauß *m*, (Wort)Gefecht *n*; **13.** (Lanzen)Stoß *m*; **14.** (Angriffs)Wucht *f*: ***(at) full ~*** mit voller Wucht *od.* Geschwindigkeit; **15.** *Am.* ,Drall' *m*, Ten'denz *f*.

tilt² [tɪlt] **I** *s.* **1.** (Wagen- *etc.*)Plane *f*, Verdeck *n*; **2.** ⚓ Sonnensegel *n*; **3.** Sonnendach *n*; **II** *v/t.* (mit e-r Plane) bedecken.

tilt cart *s.* Kippwagen *m*.

tilt·er ['tɪltə] *s.* **1.** (*Kohlen-etc.*)Kipper *m*, Kippvorrichtung *f*; **2.** ⚙ *Walzwerk*: Wipptisch *m*.

tilth [tɪlθ] → ***tillage***.

tilt·ing ['tɪltɪŋ] *adj.* **1.** *hist.* Turnier…; **2.** ⚙ schwenk-, kippbar, Kipp…

'tilt·yard *s. hist.* Tur'nierplatz *m*.

tim·bal ['tɪmbl] *s.* ♪ *hist.* (Kessel)Pauke *f*.

tim·ber ['tɪmbə] **I** *s.* **1.** Bau-, Nutzholz *n*; **2.** *coll.* (Nutzholz)Bäume *pl.*, Baumbestand *m*, Wald(bestand) *m*; **3.** *Brit.* a) Bauholz *n*, b) Schnittholz *n*; **4.** ⚓ Inholz *n*; *pl.* Spantenwerk *n*; **5.** *Am. fig.* Holz *n*, Schlag *m*, Ka'liber *n*: ***a man of his ~***; ***he is of presidential ~*** er hat das Zeug zum Präsidenten; **II** *v/t.* **6.** (ver-)zimmern; **7.** *Holz* abvieren; **8.** *Graben etc.* absteifen; **III** *adj.* **9.** Holz…; **'tim·bered** [-əd] *adj.* **1.** gezimmert; **2.** Fachwerk…; **3.** bewaldet.

tim·ber| for·est *s.* Hochwald *m*; **~ frame** ⚙ Bundsäge *f*; **'~-framed** *adj.* Fachwerk…

tim·ber·ing ['tɪmbərɪŋ] *s.* **1.** Zimmern *n*, Ausbau *m*; **2.** ⚙ Verschalung *f*; **3.** Bau-, Zimmerholz *n*; **4.** a) Gebälk *n*, b) Fachwerk *n*.

'tim·ber|·land *s. Am.* Waldland *n* (*für Nutzholz*); **~ line** *s.* Baumgrenze *f*; **'~·man** [-mən] *s.* [*irr.*] **1.** Holzfäller *m*, -arbeiter *m*; **2.** ⚒ Stempelsetzer *m*; **~ tree** Nutzholzbaum *m*; **'~·work** *s.* ⚙ Gebälk *n*; **'~·yard** *s.* Zimmerplatz *m*, Bauhof *m*.

tim·bre ['tæ̃mbrə] (*Fr.*) *s.* ♪, *ling.* Klangfarbe *f*, Timbre *n*.

tim·brel ['tɪmbrəl] *s.* Tambu'rin *n*.

time [taɪm] **I** *s.* **1.** Zeit *f*: ***~ past, present, and to come*** Vergangenheit, Gegenwart und Zukunft; ***for all ~*** für alle Zeiten; ***~ will show*** die Zeit wird es lehren; **2.** Zeit *f*, Uhr(zeit) *f*: ***what's the ~?, what ~ is it?*** wieviel Uhr *od.* wie spät ist es?; ***at this ~ of day*** a) zu dieser (späten) Tageszeit, b) *fig.* so spät, in diesem späten Stadium; ***bid*** (*od.* ***pass***) ***s.o. the ~ of (the) day, pass the ~ of day with s.o.*** j-n grüßen; ***know the ~ of the day*** F wissen, was es geschlagen hat; ***some ~ about noon*** etwa um Mittag; ***this ~ tomorrow*** morgen um diese Zeit; ***this ~ twelve months*** heute übers Jahr; ***keep good ~*** richtig gehen (*Uhr*); **3.** Zeit(dauer) *f*, Zeitabschnitt *m*, (*a. phys. Fall-, Schwingungs- etc.*)Dauer *f*; ✝ Laufzeit *f* (*Wechsel- etc.*); Arbeitszeit *f im Herstellungsprozeß etc.*: ***in three weeks' ~*** in drei Wochen; ***a long ~*** lange Zeit; ***be a long ~ in doing s.th.*** lange (Zeit) dazu brauchen, et. zu tun; **4.** Zeit (-punkt *m*) *f*: ***~ of arrival*** Ankunftszeit; ***at the ~*** a) zu dieser Zeit, damals, b) gerade; ***at the present ~*** derzeit, gegenwärtig; ***at the same ~*** a) zur selben Zeit, gleichzeitig, b) gleichwohl, zugleich, andererseits; ***(at) any ~, at all ~s*** zu jeder Zeit; ***at no ~*** nie; ***at that ~*** zu der Zeit; ***at one ~*** einst, früher (einmal); ***at some ~*** irgendwann; ***for the ~ being*** a) vorläufig, fürs erste, b) unter den gegenwärtigen Umständen; **5.** *oft pl.* Zeit(alter *n*) *f*, E'poche *f*: ***~ immemorial, ~ out of mind*** un(vor)denkliche Zeit; ***at*** (*od.* ***in***) ***the ~ of Queen Anne*** zur Zeit der Königin Anna; ***the good old ~s*** die gute alte Zeit; **6.** *pl.* Zeiten *pl.*, (Zeit)Verhältnisse *pl.*: ***hard ~s***; **7.** ***the ~s*** die Zeit: ***behind the ~s*** rückständig; ***move with the ~s*** mit der Zeit gehen; **8.** Frist *f*, Ter'min *m*: ***~ for payment*** Zahlungsfrist; ***~ of delivery*** ✝ Lieferfrist, -zeit *f*; ***ask (for a) ~*** ✝ um Frist(verlängerung) bitten; ***you must give me ~*** Sie müssen mir Zeit geben *od.* lassen; **9.** (verfügbare) Zeit: ***have no ~*** keine Zeit haben; ***have no ~ for s.o.*** *fig.* nichts übrig haben für j-n; ***buy a little ~*** etwas Zeit (heraus)schinden; ***kill ~*** die Zeit totschlagen; ***take (the) ~, take out ~*** sich die Zeit nehmen (***to do*** zu tun); ***take one's ~*** sich Zeit lassen; ***~ is up!*** die Zeit ist um!; ***~ gentlemen, please!*** (es ist bald) Polizeistunde! (*Lokal*); ***~!*** *sport* Zeit!: a) anfangen!, b) aufhören!; ***~!*** *parl.* Schluß!; → ***forelock***; **10.** Lehr-, Dienstzeit *f*: ***serve one's ~*** s-e Lehre machen; **11.** a) (na'türliche *od.* nor'male) Zeit, b) Lebenszeit *f*: ***~ of life*** Alter *n*; ***ahead of ~*** vorzeitig; ***die before one's ~*** vor der Zeit *od.* zu früh sterben; ***his ~ is drawing near*** sein Tod naht heran; **12.** a) Schwangerschaft *f*, b) Entbindung *f*, Niederkunft *f*: ***she is far on in her ~*** sie ist hochschwanger; ***she is near her ~*** sie steht kurz vor der Entbindung; **13.** (günstige) Zeit: ***now is the ~*** nun ist die passende Gelegenheit, jetzt gilt es (***to do*** zu tun); ***at such ~s*** bei solchen Gelegenheiten; ***bide one's ~*** (s-e Zeit) abwarten; **14.** Mal *n*: ***the first ~*** das erste Mal; ***for the last ~*** zum letzten Mal; ***till next ~*** bis zum nächsten Mal; ***every ~*** jedesmal; ***many ~s*** viele Male; ***~ and again, ~ after ~*** immer wieder; ***at some other ~, at other ~s*** ein anderes Mal; ***at a ~*** auf einmal, zusammen, zugleich, jeweils; ***one at a ~*** einzeln, immer nur eine(r, s); ***two at a ~*** zu zweit, jeweils zwei; **15.** *pl.* mal, …mal: ***three ~s four is twelve*** drei mal vier ist zwölf; ***twenty ~s*** zwanzigmal; ***four ~s the size of yours*** viermal so groß wie deines; **16.** *bsd. sport* (erzielte, gestoppte) Zeit; **17.** a) Tempo *n*, Zeitmaß *n* (*beide a.* ♪), b) ♪ Takt *m*: ***change of ~*** Taktwechsel *m*; ***beat (keep) ~*** den Takt schlagen (halten); **18.** ⚔ Marschtempo *n*, Schritt *m*: ***mark ~*** a) ⚔ auf der Stelle treten (*a. fig.*), b) *fig.* nicht vom Fleck kommen;

Besondere Redewendungen:

against ~ gegen die Zeit *od.* Uhr, mit größter Eile; ***ahead of*** (*od.* ***before***) ***one's ~*** s-r Zeit voraus; ***all the ~*** a) die ganze Zeit (über), ständig, b) jederzeit; ***at ~s*** zu Zeiten, gelegentlich; ***at all ~s*** stets, zu jeder Zeit; ***at any ~*** a) zu irgendeiner Zeit, jemals, b) jederzeit; ***behind ~*** zu spät d(a)ran, verspätet; ***between ~s*** in den Zwischenzeiten; ***by that ~*** a) bis dahin, unterdessen, b) zu der Zeit; ***for a*** (*od.* ***some***) ***~*** e-e Zeitlang, einige Zeit; ***for a long ~ past*** schon seit langem; ***not for a long ~*** noch lange nicht; ***from ~ to ~*** von Zeit zu Zeit; ***in ~*** a) rechtzeitig (***to do*** um zu tun), b) mit der Zeit, c) im (richtigen) Takt; ***in due ~*** rechtzeitig, termingerecht; ***in good ~*** (gerade) rechtzeitig; ***all in good ~*** alles zu s-r Zeit; ***in one's own good ~*** wenn es e-m paßt; ***in no ~*** im Nu, im Handumdrehen; ***on ~*** a) pünktlich, rechtzeitig, b) *bsd. Am.* für e-e (bestimmte) Zeit, c) ✝ *Am.* auf Zeit, *bsd.* auf Raten; ***out of ~*** a) zur Unzeit, unzeitig, b) vorzeitig, c) zu spät, d) aus dem Takt *od.* Schritt; ***till such ~ as*** so lange bis; ***to ~*** pünktlich; ***do ~*** F *im Gefängnis* ,sitzen'; ***have a good ~*** es schön haben, es sich gutgehen lassen, sich gut amüsieren; ***have the ~ of one's life*** sich großartig amüsieren, leben wie ein Fürst; ***have a hard ~*** Schlimmes durchmachen; ***he had a hard ~ getting up early*** es fiel ihm schwer, früh aufzustehen; ***with ~*** mit der Zeit; ***~ was, when*** die Zeit ist vorüber, als;

II *v/t.* **19.** (mit der Uhr) messen, (ab-) stoppen, die Zeit messen von; **20.** timen (*a. sport*), die Zeit *od.* den richtigen Zeitpunkt wählen *od.* bestimmen für, zur rechten Zeit tun; → ***timed***; **21.** zeitlich abstimmen; **22.** die Zeit festsetzen für: ***is ~d to leave at 7*** *der Zug etc.* soll um 7 abfahren; **23.** ⚙ *Zündung etc.* einstellen; *Uhr* stellen; **24.** zeitlich regeln (***to*** nach); **25.** das Tempo *od.* den Takt angeben für; **III** *v/i.* **26.** Takt halten; **27.** zeitlich zs.- *od.* über'einstimmen (***with*** mit); **ˌ~-and-ˈmo·tion stud·y** *s.* ✝ Zeitstudie *f*; **~ bar·gain** *s.* ✝ Ter'mingeschäft *n*; **ˈ~-base** *adj.* ⚡ Kipp…; **~ bill** *s.* ✝ Zeitwechsel *m*; **~ bomb** *s.* Zeitbombe *f* (*a. fig.*); **ˈ~·card** *s.* **1.** Stech-, Stempelkarte *f*; **2.** Fahrplan *m*; **~ clock** *s.* Stechuhr *f*; **~ con·stant** *s. phys.* 'Zeitkonˌstante *f*; **ˈ~-conˌsum·ing** *adj.* zeitraubend; **~ cred·it** *s. gleitende Arbeitszeit*: Zeitguthaben *n*.

timed [taɪmd] *adj.* zeitlich (genau) festgelegt *od.* reguliert, getimed: → ***ill-timed***; ***well-timed***.

time| de·pos·its *s. pl.* ✝ *Am.* Ter'mingelder *pl.*; **~ draft** *s.* ✝ Zeitwechsel *m*; **ˈ~-exˌpired** *adj.* ✕ *Brit.* ausgedient (*Soldat od. Unteroffizier*); **~ ex·po·sure** *s. phot.* **1.** Zeitbelichtung *f*; **2.** Zeitaufnahme *f*; **~ freight** *s.* ✝ *Am.* Eilfracht *f*; **~ fuse** *s.* ✕ Zeitzünder *m*; **ˈ~-ˌhon·o(u)red** *adj.* alt'ehrwürdig; **ˈ~ˌkeep·er** *s.* **1.** Zeitmesser *m*; **2.** *sport u.* ✝ Zeitnehmer *m*; **ˈ~ˌkeep·ing** *s.* **1.** *sport* Zeitnahme *f*; **2.** Arbeitszeiterfassung *f*; **~ lag** *s. bsd.* ⚙ Verzögerung *f*, zeitliche Nacheilung *od.* Lücke; **ˈ~-lapse** *adj. phot.* Zeitraffer…

time·less [ˈtaɪmlɪs] *adj.* □ **1.** ewig; **2.** zeitlos (*a. Schönheit etc.*).

time lim·it *s.* Frist *f*, Ter'min *m*.

time·li·ness [ˈtaɪmlɪnɪs] *s.* **1.** Rechtzeitigkeit *f*; **2.** günstige Zeit; **3.** Aktuali'tät *f*.

time| loan *s.* ✝ Darlehen *n* auf Zeit; **~ lock** *s.* ⚙ Zeitschloß *n*.

time·ly [ˈtaɪmlɪ] *adj.* **1.** rechtzeitig; **2.** (*zeitlich*) günstig, angebracht; **3.** aktu'ell.

ˌtime|-ˈout *pl.* **-ˈouts** *s.* **1.** *sport* Auszeit *f*; **2.** *Am.* Pause *f*; **~ pay·ment** *s.* ✝ *Am.* Ratenzahlung *f*; **ˈ~·piece** *s.* Chrono'meter *n*, Uhr *f*.

tim·er [ˈtaɪmə] *s.* **1.** Zeitmesser *m* (*Apparat*); **2.** ⚙ Zeitgeber *m*, -schalter *m*; **3.** *mot.* Zündverteiler *m*; **4.** Stoppuhr *f*; **5.** *phot.* Zeitauslöser *m*; **6.** ⚙ *u. sport* Zeitnehmer *m* (*Person*).

ˈtime|ˌsav·er *s.* zeitsparendes Ge'rät *od.* Ele'ment; **ˈ~ˌsav·ing** *adj.* zeit(er)sparend; **~ sense** *s.* Zeitgefühl *n*; **ˈ~-ˌserv·er** *s.* Opportu'nist(in), Gesinnungslump *m*; **ˈ~ˌserv·ing I** *adj.* opportu'nistisch; **II** *s.* Opportu'nismus *m*, Gesinnungslumpe'rei *f*; **~ shar·ing** *s. Computer*: Time-sharing *n*; **~ sheet** *s.* **1.** Arbeits(zeit)blatt *n*; **2.** Stechblatt *n*; **~ sig·nal** *s. Radio*: Zeitzeichen *n*; **ˈ~-stud·y man** *s.* [*irr.*] ✝, ⚙ Zeitstudienfachmann *m*; **~ switch** *s.* Zeitschalter *m*; **ˈ~ˌta·ble** *s.* **1.** a) Fahrplan *m*, b) Flugplan *m*; **2.** Stundenplan *m*; **3.** ‚Fahrplan' *m*, 'Zeittaˌbelle *f*; **ˈ~-ˌtest·ed** *adj.* (alt)bewährt; **ˈ~·work** *s.* ✝ nach Zeit bezahlte Arbeit; **ˈ~·worn** *adj.* **1.** abgenutzt (*a. fig.*); **2.** veraltet; **3.** abgedroschen.

tim·id [ˈtɪmɪd] *adj.* □ **1.** furchtsam, ängstlich (***of*** vor *dat.*); **2.** schüchtern, zaghaft; **ti·mid·i·ty** [tɪˈmɪdətɪ], **ˈtim·id·ness** [-nɪs] *s.* **1.** Ängstlichkeit *f*; **2.** Schüchternheit *f*.

tim·ing [ˈtaɪmɪŋ] *s.* **1.** Timing *n* (*a. sport*), zeitliche Abstimmung *od.* Berechnung; **2.** Wahl *f* des richtigen Zeitpunkts; **3.** (gewählter) Zeitpunkt; **4.** ⚙, *mot.* (zeitliche) Steuerung, (*Ventil-, Zündpunkt- etc.*)Einstellung *f*.

tim·or·ous [ˈtɪmərəs] *adj.* □ → ***timid***.

Tim·o·thy [ˈtɪməθɪ] *npr. u. s. bibl.* (Brief *m* des Paulus an) Ti'motheus *m*.

tim·pa·nist [ˈtɪmpənɪst] *s.* ♪ Pauker *m*; **tim·pa·no** [ˈtɪmpənəʊ] *pl.* **-ni** [-nɪ] *s.* (Kessel)Pauke *f*.

tin [tɪn] **I** *s.* **1.** ⚒, ⚙ Zinn *n*; **2.** (Weiß-) Blech *n*; **3.** (Blech-, *bsd. Brit.* Kon'serven)Dose *f*, (-)Büchse *f*; **4.** *sl.* ‚Piepen' *pl.* (*Geld*); **II** *adj.* **5.** zinnern, Zinn…; **6.** Blech…, blechern (*a. fig. contp.*); **III** *v/t.* **7.** verzinnen; **8.** *Brit.* eindosen, (in Büchsen) einmachen *od.* packen, konservieren; → ***tinned*** 2; **~ can** *s.* **1.** Blechdose *f*; **2.** ⚓ *sl.* Zerstörer *m*; **ˈ~-coat** *v/t.* ⚙ feuerverzinnen; **~ cry** *s.* ⚙ Zinngeschrei *n*.

tinc·ture [ˈtɪŋktʃə] **I** *s.* **1.** *pharm.* Tink'tur *f*; **2.** *poet.* Farbe *f*; **3.** *her.* Farbe *f*, Tink'tur *f*; **4.** *fig.* a) Spur *f*, Beigeschmack *m*, b) Anstrich *m*: **~ *of education***; **II** *v/t.* **5.** färben; **6.** *fig.* a) → ***tinge*** 2, b) durch'dringen (***with*** mit).

tin·der [ˈtɪndə] *s.* Zunder *m*; **ˈ~·box** *s.* **1.** Zunderbüchse *f*; **2.** *fig.* Pulverfaß *n*.

tine [taɪn] *s.* **1.** Zinke *f*, Zacke *f* (*Gabel etc.*); **2.** *hunt.* (Geweih)Sprosse *f*.

tin| fish *s.* ⚓ *sl.* ‚Aal' *m* (*Torpedo*); **~ foil** *s.* **1.** Stanni'ol *n*; **2.** Stanni'olpaˌpier *n*; **ˈ~-foil I** *v/t.* **1.** mit Stanni'ol belegen; **2.** in Stanni'ol(paˌpier) verpacken; **II** *adj.* **3.** Stanniol…

ting [tɪŋ] **I** *s.* Klingeln *n*; **II** *v/t.* klingeln mit; **III** *v/i.* klingeln; **~-a-ling** [ˌtɪŋəˈlɪŋ] *s.* Kling'ling *n*.

tinge [tɪndʒ] **I** *v/t.* **1.** tönen, (leicht) färben; **2.** *fig.* e-n Anstrich geben (*dat.*): ***be ~d with*** e-n Anflug haben von, et. von … an sich haben; **II** *v/i.* **3.** sich färben; **III** *s.* **4.** leichter Farbton, Tönung *f*: ***have a ~ of red*** e-n Stich ins Rote haben, ins Rote spielen; **5.** *fig.* Anstrich *m*, Anflug *m*, Spur *f*.

tin·gle [ˈtɪŋgl] **I** *v/i.* **1.** prickeln, kribbeln, beißen, brennen (*Haut, Ohren etc.*) (***with cold*** vor Kälte); **2.** klingen, summen (***with*** vor *dat.*): ***my ears are tingling*** mir klingen die Ohren; **3. ~ *with*** *fig.* ‚knistern' vor *Spannung, Erotik etc.*: ***the story ~s with suspense***; **4.** flirren (*Hitze, Licht*); **II** *s.* **5.** Prickeln *n etc.*; **6.** Klingen *n in den Ohren*; **7.** (ner'vöse) Erregung.

tin| god *s.* Götze *m*, Popanz *m*; **~ hat** *s.* ✕ F Stahlhelm *m*; **ˈ~·horn** *Am. sl.* **I** *adj.* angeberisch, hochstaplerisch; **II** *s.* Hochstapler *m*, Angeber *m*.

tink·er [ˈtɪŋkə] **I** *s.* **1.** Kesselflicker *m*: ***not worth a ~'s cuss*** keinen Pfifferling wert; **2.** a) Pfuscher *m*, Stümper *m*, b) Bastler *m*, Tüftler *m*; **3.** Pfusche'rei *f*: ***have a ~ at*** an *et.* herumpfuschen; **II** *v/i.* **4.** her'umbasteln, -pfuschen (***at, with*** an *dat.*); **III** *v/t.* **5.** *mst* **~ *up*** (rasch) zs.-flicken; zu'rechtbasteln *od.* -pfuschen (*a. fig.*).

tin·kle [ˈtɪŋkl] **I** *v/i.* klingeln, hell (er-) klingen; **II** *v/t.* klingeln mit; **III** *s.* Klingeln *n*, (*a. fig.* Vers-, Wort)Geklingel *n*: ***give s.o. a. ~*** *Brit.* F j-n ‚anklingeln'; ***have a ~*** F ‚pinkeln'.

tin| Liz·zie [ˈlɪzɪ] *s. humor.* alter Klapperkasten (*Auto*); **ˈ~·man** [-mən] *s.* [*irr.*] **1.** Zinngießer *m*; **2.** → ***tinsmith***.

tinned [tɪnd] *adj.* **1.** verzinnt; **2.** *Brit.* konserviert, Dosen…, Büchsen…: **~ *fruit*** Obstkonserven *pl.*; **~ *meat*** Büchsenfleisch *n*; **~ *music*** *humor.* ‚Musik *f* aus der Konserve'; **tin·ner** [ˈtɪnə] *s.* **1.** → ***tinsmith***; **2.** Verzinner *m*.

tin·ny [ˈtɪnɪ] *adj.* **1.** zinnern; **2.** zinnhaltig; **3.** blechern (*a. fig. Klang*).

tin o·pen·er *s. Brit.* Dosen-, Büchsenöffner *m*; ♀ **Pan Al·ley** [ˌtɪnpænˈælɪ] *s.* (Zentrum *n* der) 'Schlagerinduˌstrie *f*; **~ plate** *s.* Weiß-, Zinnblech *n*; **ˈ~-plate** *v/t.* verzinnen; **ˈ~·pot I** *s.* Blechtopf *m*; **II** *adj. sl.* ‚schäbig', ‚billig'.

tin·sel [ˈtɪnsl] **I** *s.* **1.** Flitter-, Rauschgold *n*, -silber *n*; **2.** La'metta *n*; **3.** Glitzerschmuck *m*; **4.** *fig.* Flitterkram *m*, Kitsch *m*; **II** *adj.* **5.** Flitter…; **6.** *fig.* flitterhaft, kitschig, Flitter…, Schein…; **III** *v/t.* **7.** mit Flitterwerk verzieren.

ˈtin|·smith *s.* Blechschmied *m*, Klempner *m*; **~ sol·der** *s.* ⚙ Weichlot *n*, Lötzinn *n*.

tint [tɪnt] **I** *s.* **1.** (hellgetönte *od.* zarte) Farbe; **2.** (Farb)Ton *m*, Tönung *f*: ***autumnal ~s*** Herbstfärbung *f*; ***have a bluish ~*** ins Blaue spielen, e-n Stich ins Blaue haben; **3.** *paint.* Weißmischung *f*; **II** *v/t.* **4.** (leicht) färben: ***~ed glass*** Rauchglas *n*; ***~ed paper*** Tonpapier *n*; **5.** a) (ab)tönen, b) aufhellen.

tin·tin·nab·u·la·tion [ˈtɪntɪˌnæbjʊˈleɪʃn] *s.* Geklingel *n*.

ti·ny [ˈtaɪnɪ] **I** *adj.* winzig (*a. Geräusch etc.*); **II** *s.* Kleine(r *m*) *f* (*Kind*).

tip¹ [tɪp] **I** *s.* **1.** (Schwanz-, Stock- *etc.*) Spitze *f*, (Flügel- *etc.*)Ende *n*: **~ *of the ear*** Ohrläppchen *n*; **~ *of the finger*** (***nose, tongue***) Finger- (Nasen-, Zungen)spitze; ***have s.th. at the ~s of one's fingers*** et. ‚parat' haben, et. aus dem Effeff können; ***I have it on the ~ of my tongue*** es schwebt mir auf der Zunge; **2.** Gipfel *m*, (Berg)Spitze *f*; → ***iceberg***; **3.** ⚙ spitzes Endstück, *bsd.* a) (*Stock- etc.*)Zwinge *f*, b) Düse *f*, c) Tülle *f*, d) (Schuh)Kappe *f*; **4.** Filter *m e-r Zigarette*; **II** *v/t.* **5.** ⚙ mit e-r Spitze *etc.* versehen; beschlagen, bewehren; **6.** *Büsche etc.* stutzen.

tip² [tɪp] **I** *s.* **1.** Neigung *f*: ***give s.th. a ~*** → 3; **2.** (Schutt- *etc.*)Abladeplatz *m*, (*a.* Kohlen)Halde *f*; **II** *v/t.* **3.** kippen, neigen; → ***scale²*** 1; **4.** *mst* **~ *over*** 'umkippen; **5.** *Hut* abnehmen, an *den Hut* tippen (*zum Gruß*); **6.** *Brit. Müll etc.* abladen; **III** *v/i.* **7.** sich neigen; **8.** *mst* **~ *over*** umkippen; ✈ auf den Kopf gehen (*beim Landen*); **~ off** *v/t.* **1.** abladen; **2.** *sl. Glas Bier etc.* ‚hin'unterkippen'; **~ out I** *v/t.* ausschütten; **II** *v/i.* her'ausfallen; **~ o·ver** → ***tip²*** 4 *u.* 8; **~ up** *v/t. u. v/i.* **1.** hochkippen, -klappen; **2.** umkippen.

tip³ [tɪp] **I** *s.* **1.** Trinkgeld *n*; **2.** (Wett- *etc.*)Tip *m*; **3.** Tip *m*, Wink *m*, Fingerzeig *m*, Rat *m*; **II** *v/t.* **4.** *j-m* ein Trinkgeld geben; **5.** F *j-m* e-n Tip *od.* Wink geben: **~ s.o. off, ~ s.o. the wink** j-m (rechtzeitig) e-n Tip geben, j-n warnen; **6.** *sport* tippen auf (*acc.*); **III** *v/i.* **7.** Trinkgeld(er) geben.

tip⁴ [tɪp] **I** *s.* Klaps *m*; leichte Berührung; **II** *v/t.* leicht schlagen; antippen, antupfen.

tip| and run *s. Brit. Art* Kricket *n*; **ˌ~-and-ˈrun** *adj. fig.* Überraschungs…, blitzschnell: **~ raider** ⚔ Einbruchsflieger *m*; **ˈ~·cart** *s.* Kippwagen *m*.

ˈtip-off *s.* **1.** Tip *m*, Wink *m*; **2.** *sport* Sprungball *m*.

tipped [tɪpt] *adj.* **1.** mit e-m Endstück *od.* e-r Zwinge, Spitze *etc.* versehen; **2.** mit Filter (*Zigarette*).

tip·per [ˈtɪpə] *s.* ⚙ Kippwagen *m*.

tip·pet [ˈtɪpɪt] *s.* **1.** Peleˈrine *f*, (herˈabhängender) Pelzkragen; **2.** *eccl.* (Seiden)Halsband *n*, (-)Schärpe *f*.

tip·ple [ˈtɪpl] **I** *v/t. u. v/i.* ‚picheln'; **II** *s.* (alkoˈholisches) Getränk; **ˈtip·pler** [-lə] *s.* ‚Pichler' *m*, Säufer *m*.

tip·si·fy [ˈtɪpsɪfaɪ] *v/t.* beduseln; **ˈtip·si·ness** [-ɪnɪs] *s.* Beschwipstheit *f*.

ˈtip·staff *pl.* **-staves** *s.* **1.** *hist.* Amtsstab *m*; **2.** Gerichtsdiener *m*.

tip·ster [ˈtɪpstə] *s.* **1.** *bsd. Rennsport u. Börse*: (berufsmäßiger) Tipgeber; **2.** Inforˈmant *m*.

tip·sy [ˈtɪpsɪ] *adj.* □ **1.** angeheitert, beschwipst; **2.** wack(e)lig, schief; **~ cake** *s. mit Wein getränkter u. mit Eiercreme servierter Kuchen.*

ˈtip|-ˌtilt·ed *adj.*: **~ nose** Stupsnase *f*; **ˈ~·toe** **I** *s.*: **on ~** a) auf den Zehenspitzen, b) *fig.* neugierig, gespannt (**with** vor *dat.*), c) darauf brennend (*et. zu tun*); **II** *adj. u. adv.* → I; **III** *v/i.* auf den Zehenspitzen gehen, schleichen; **ˌ~ˈtop** **I** *s.* Gipfel *m*, *fig. a.* Höhepunkt *m*; **II** *adj. u. adv.* F ˈtippˈtopp, erstklassig; **ˈ~-up** *adj.* aufklappbar: **~ seat** Klappsitz *m*.

ti·rade [taɪˈreɪd] *s.* **1.** Tiˈrade *f* (*a.* ♪), Wortschwall *m*; **2.** ˈSchimpfkanoˌnade *f*.

tire¹ [ˈtaɪə] **I** *v/t.* ermüden (*a. fig. langweilen*): **~ out** erschöpfen; **~ to death** a) todmüde machen, b) *fig.* tödlich langweilen; **II** *v/i.* müde werden: a) ermüden, ermatten, b) *fig.* ˈüberdrüssig werden (**of** *gen.*, **of doing** zu tun).

tire² [ˈtaɪə] *mot. bsd. Am.* **I** *s.* (Rad-, Auto)Reifen *m*; **II** *v/t.* bereifen.

tire³ [ˈtaɪə] *obs.* **I** *v/t.* schmücken; **II** *s.* a) (Kopf)Putz *m*, Schmuck *m*, b) (schöne) Kleidung, Kleid *n*.

tire| cas·ing *s. mot.* (Reifen)Mantel *m*, (-)Decke *f*; **~ chain** *s. mot.* Schneekette *f*.

tired¹ [ˈtaɪəd] *adj.* **1.** müde: a) ermüdet (**by, with** von): **~ to death** todmüde, b) ˈüberdrüssig (**of** *gen.*); **I am ~ of it** *fig.* ich habe es satt; **2.** erschöpft, verbraucht; **3.** abgenutzt.

tired² [ˈtaɪəd] *adj.* ⚙, *mot.* bereift.

tired·ness [ˈtaɪədnɪs] *s.* **1.** Müdigkeit *f*; **2.** *fig.* ˈÜberdruß *m*.

tire| ga(u)ge *s. mot.* Reifendruckmesser *m*; **~ grip** *s.* ⚙ Griffigkeit *f* der Reifen.

tire·less¹ [ˈtaɪəlɪs] *adj.* ⚙ unbereift.

tire·less² [ˈtaɪəlɪs] *adj.* □ unermüdlich; **ˈtire·less·ness** [-nɪs] *s.* Unermüdlichkeit *f*.

tire| le·ver *s. mot.* (ˈReifen)Monˌtierhebel *m*; **~ marks** *s. pl. mot.* Reifen-, Bremsspur(en *pl.*) *f*; **~ rim** *s.* Reifenwulst *m*.

tire·some [ˈtaɪəsəm] *adj.* □ **1.** ermüdend (*a. fig.*); **2.** *fig.* unangenehm, lästig.

ˈtireˌwom·an *s.* [*irr.*] *obs.* **1.** Kammerzofe *f*; **2.** *thea.* Garderobiˈere *f*.

ti·ro → **tyro**.

Tir·o·lese [ˌtɪrəˈliːz] **I** *adj.* tiˈrolerisch, tiˈrolisch, Tiroler(…); **II** *s.* Tiˈroler(in).

ˈT-ˌi·ron *s.* ⚙ T-Eisen *n*.

tis·sue [ˈtɪʃuː; ˈtɪsjuː] *s.* **1.** *biol.* (Zell-, Muskel- *etc.*)Gewebe *n*; **2.** ✝ feines Gewebe, Flor *m*; **3.** *a.* **~ paper** ˈSeidenpaˌpier *n*; **4.** Paˈpier(taschen)tuch *n*; **5.** *phot.* ˈKohlepaˌpier *n*; **6.** *fig.* (*Lügen- etc.*)Gewebe *n*, Netz *n*.

tit¹ [tɪt] *s. orn.* Meise *f*.

tit² [tɪt] *s.*: **~ for tat** wie du mir, so ich dir; **give s.o. ~ for tat** j-m mit gleicher Münze heimzahlen.

tit³ [tɪt] *s.* **1.** → **teat**; **2.** *vulg.* ‚Titte' *f*.

Ti·tan [ˈtaɪtən] *s.* Tiˈtan *m*; **ˈTi·tan·ess** [-tənɪs] *s.* Tiˈtanin *f*; **ti·tan·ic** [taɪˈtænɪk] *adj.* **1.** tiˈtanisch, giˈgantisch; **2.** ⚗ Titan…: **~ acid**; **ti·ta·ni·um** [taɪˈteɪnjəm] *s.* ⚗ Tiˈtan *n*.

tit·bit [ˈtɪtbɪt] *s.* Leckerbissen *m* (*a. fig.*).

tith·a·ble [ˈtaɪðəbl] *adj.* zehntpflichtig.

tithe [taɪð] **I** *s.* **1.** *oft pl. bsd. eccl.* Zehnte *m*; **2.** Zehntel *n*: **not a ~ of it** *fig.* nicht ein bißchen davon; **II** *v/t.* **3.** den Zehnten bezahlen von; **4.** den Zehnten erheben von.

tit·il·late [ˈtɪtɪleɪt] *v/t. u. v/i.* kitzeln (*a. fig. angenehm erregen*); **tit·il·la·tion** [ˌtɪtɪˈleɪʃn] *s.* **1.** Kitzeln *n*; **2.** *fig.* Kitzel *m*.

tit·i·vate [ˈtɪtɪveɪt] *v/t. u. v/i. humor.* (sich) feinmachen, (sich) herˈausputzen.

tit·lark [ˈtɪtlɑːk] *s. orn.* Pieper *m*.

ti·tle [ˈtaɪtl] *s.* **1.** (*Buch- etc.*)Titel *m*; **2.** (Kaˈpitel- *etc.*)Überschrift *f*; **3.** (Haupt)Abschnitt *m e-s Gesetzes etc.*; **4.** *Film*: ˈUntertitel *m*; **5.** Bezeichnung *f*; **6.** (Adels-, Ehren-, Amts)Titel *m*: **~ of nobility** Adelsprädikat *n*; **7.** *sport* Titel *m*; **8.** ⚖ a) Rechtstitel *m*, -anspruch *m*, Recht *n* (**to** auf *acc.*), b) dingliches Eigentum(srecht) (**to** an *dat.*), c) Eigentumsurkunde *f*; **9.** *allg.* Recht *n* (**to** auf *acc.*), Berechtigung *f* (**to do** zu tun); **10.** *typ.* a) → **title page**, b) Buchrücken *m*; **ˈti·tled** [-ld] *adj.* **1.** betitelt, tituliert; **2.** ad(e)lig.

ti·tle| deed → **title** 8 c; **ˈ~ˌhold·er** *s.* **1.** ⚖ (Rechts)Titelinhaber(in); **2.** *sport* Titelhalter(in), -verteidiger(in); **~ page** *s.* Titelblatt *n*; **~ role** *s. thea.* Titelrolle *f*.

ˈtit·mouse *s.* [*irr.*] *orn.* Meise *f*.

ti·trate [ˈtaɪtreɪt] *v/t. u. v/i.* ⚗ titrieren.

tit·ter [ˈtɪtə] **I** *v/i.* kichern; **II** *s.* Gekicher *n*, Kichern *n*.

tit·tle [ˈtɪtl] *s.* **1.** Pünktchen *n*, (*bsd.* I-) Tüpfelchen *n*; **2.** *fig.* Tüttelchen *n*, *das bißchen*: **to a ~** aufs I-Tüpfelchen *od.* Haar, ganz genau; **not a ~ of it** nicht ein Iota (davon).

ˈtit·tle-ˌtat·tle **I** *s.* **1.** Schnickschnack *m*, Geschwätz *n*; **2.** Klatsch *m*, Tratsch *m*; **II** *v/i.* **3.** schwatzen, schwätzen; **4.** tratschen.

tit·u·lar [ˈtɪtjʊlə] **I** *adj.* □ **1.** Titel…; **2.** Titular…, nomiˈnell: **~ king** Titularkönig *m*; **II** *s.* **3.** Tituˈlar *m*.

Ti·tus [ˈtaɪtəs] *npr. u. s. bibl.* (Brief *m* des Paulus an) Titus *m*.

tiz·zy [ˈtɪzɪ] *s.* F Aufregung *f*.

to [tuː; *im Satz mst* tʊ; *vor Konsonanten* tə] **I** *prp.* **1.** *Grundbedeutung*: zu; **2.** *Richtung u. Ziel, räumlich*: zu, nach, an (*acc.*), in (*acc.*), auf (*acc.*): **~ bed** zu Bett *gehen*; **~ London** nach London *reisen etc.*; **~ school** in die Schule *gehen*; **~ the ground** auf den *od.* zu Boden *fallen, werfen etc.*; **~ the station** zum Bahnhof; **~ the wall** an die Wand *nageln etc.*; **~ the right** auf der rechten Seite, rechts; **back ~ back** Rücken an Rücken; **3.** in (*dat.*): **I have never been ~ London**; **4.** *Richtung, Ziel, Zweck, Wirkung*: zu, auf (*acc.*), an (*acc.*), in (*acc.*), für, gegen: **pray ~ God** zu Gott beten; **our duty ~** unsere Pflicht *j-m* gegenüber; **~ dinner** zum Essen *einladen etc.*; **~ my surprise** zu m-r Überraschung; **pleasant ~ the ear** angenehm für das Ohr; **here's ~ you!** F (auf) Ihre Gesundheit!, Prosit!; **what is that ~ you?** was geht das Sie an?; **~ a large audience** vor e-m großen Publikum *spielen*; **5.** *Zugehörigkeit*: zu, in (*acc.*), für, auf (*acc.*): **cousin ~** Vetter des *Königs etc.*, der *Frau N.*, von *N.*; **he is a brother ~ her** er ist ihr Bruder; **secretary ~** Sekretär des …, *j-s* Sekretär; **that is all there is ~ it** das ist alles; **a cap with a tassel ~ it** e-e Mütze mit e-r Troddel (daran); **a room ~ myself** ein eigenes Zimmer; **a key ~ the trunk** ein Schlüssel für den (*od.* zum) Koffer; **6.** *Gemäßheit*: nach: **~ my feeling** m-m Gefühl nach; **not ~ my taste** nicht nach m-m Geschmack; **7.** (im Verhältnis *od.* Vergleich) zu, gegen, gegenˈüber, auf (*acc.*), mit: **you are but a child ~ him** Sie sind nur ein Kind gegen ihn; **nothing ~** nichts im Vergleich zu; **five ~ one** fünf gegen eins, *sport etc.* fünf zu eins; **three ~ the pound** drei auf das Pfund; **8.** *Ausmaß, Grenze*: bis, (bis) zu, (bis) an (*acc.*), auf (*acc.*), in (*dat.*): **~ the clouds**; **goods ~ the value of** Waren im Werte von; **love ~ craziness** bis zum Wahnsinn lieben; **9.** *zeitliche Ausdehnung od. Grenze*: bis, bis zu, bis gegen, auf (*acc.*), vor (*dat.*): **a quarter ~ one** ein Viertel vor eins; **from three ~ four** von drei bis vier (Uhr); **~ this day** bis zum heutigen Tag; **~ the minute** auf die Minute (genau); **10.** *Begleitung*: zu, nach: **~ a guitar** zu e-r Gitarre *singen*; **~ a tune** nach e-r Melodie *tanzen*; **11.** *zur Bildung des (betonten) Dativs*: **~ me, you** *etc.* mir, dir, Ihnen *etc.*; **it seems ~ me** es scheint mir; **she was a good mother ~ him** sie war ihm e-e gute Mutter; **12.** *zur Bezeichnung des Infinitivs*: **~ be or not ~ be** sein oder nicht sein; **~ go** gehen; **I want ~ go** ich möchte gehen; **easy ~ understand** leicht zu verstehen; **years ~ come** künftige Jahre; **I want her ~ come** ich will, daß sie kommt; **13.** *Zweck, Absicht*: um zu, zu: **he only does it ~ earn money** er tut es nur, um Geld zu verdienen; **14.** *zur Verkürzung des Nebensatzes*: **I weep ~ think of it** ich weine, wenn ich daran denke; **he was the first ~ arrive** er kam als erster; **~ be honest,**

I should decline wenn ich ehrlich sein soll, muß ich ablehnen; **~ *hear him talk*** wenn man ihn (so) reden hört; **15.** *zur Andeutung e-s aus dem vorhergehenden zu ergänzenden Infinitivs*: ***I don't go because I don't want ~*** ich gehe nicht, weil ich nicht (gehen) will; **II** *adv.* [tu:] **16.** zu, geschlossen: ***pull the door ~*** die Tür zuziehen; **17.** *bei verschiedenen Verben*: dran; → ***fall to, put to*** *etc.*; **18.** zu Bewußtsein *od.* zu sich *kommen, bringen*; **19.** ⚓ nahe am Wind: ***keep her ~!***; **20.** **~ *and fro*** a) hin u. her, b) auf u. ab.

toad [təʊd] *s.* **1.** *zo.* Kröte *f*: ***a ~ under a harrow*** *fig.* ein geplagter Mensch; **2.** Ekel *n* (*Person*); **ˈ~ˌeat·ing I** *s.* Speichellecke'rei *f*; **II** *adj.* speichelleckerisch; **ˈ~·flax** *s.* ⚘ Leinkraut *n*; **ˌ~-in-the-ˈhole** *s. in Pfannkuchenteig gebakkene Würste*; **ˈ~·stool** *s. bot.* **1.** (größerer Blätter)Pilz; **2.** Giftpilz *m*.

toad·y [ˈtəʊdɪ] **I** *s.* Speichellecker *m*; **II** *v/i.* (*v/t.* vor *j-m*) kriechen *od.* scharˈwenzeln; **ˈtoad·y·ism** [-ɪɪzəm] *s.* Speichellecke'rei *f*.

to-and-fro [ˌtu:ənˈfrəʊ] *s.* Hin u. Her *n*; Kommen u. Gehen *n*.

toast¹ [təʊst] **I** *s.* **1.** Toast *m*, geröstete (Weiß)Brotschnitte: ***have s.o. on ~*** *Brit. sl.* j-n ganz in der Hand haben; **II** *v/t.* **2.** toasten, rösten; **3.** sich *die Hände etc.* wärmen; **III** *v/i.* **4.** sich rösten *od.* toasten lassen; **5.** F sich *von der Sonne* braten lassen.

toast² [təʊst] **I** *s.* **1.** Trinkspruch *m*, Toast *m*: ***propose a ~ to s.o.*** e-n Toast auf j-n ausbringen; **2.** gefeierte Perˈson *od.* Sache; **II** *v/t.* **3.** toasten *od.* trinken auf (*acc.*); **III** *v/i.* **4.** toasten (***to*** auf *acc.*).

toast·er [ˈtəʊstə] *s.* Toaster *m*.

to·bac·co [təˈbækəʊ] *pl.* **-cos** *s.* **1.** *a.* **~ *plant*** Tabak(pflanze *f*) *m*; **2.** (Rauch- *etc.*)Tabak *m*: **~ *heart*** ⚕ Nikotinherz *n*; **toˈbac·co·nist** [-kənɪst] *s.* Tabak(waren)händler *m*: ***~'s (shop)*** Tabak(waren)laden *m*.

to·bog·gan [təˈbɒgən] **I** *s.* **1.** (Rodel-) Schlitten *m*; **2.** *Am.* Rodelhang *m*; **II** *v/i.* **3.** rodeln; **~ chute**, **~ slide** *s.* Rodelbahn *f*.

to·by [ˈtəʊbɪ] *s. a.* **~ *jug*** Bierkrug *m in Gestalt e-s dicken, alten Mannes*.

toc·sin [ˈtɒksɪn] *s.* **1.** Aˈlarm-, Sturmglocke *f*; **2.** Aˈlarm-, ˈWarnsiˌgnal *n*.

tod [tɒd] *s.*: ***on one's ~*** *Brit. sl.* allein.

to·day [təˈdeɪ] **I** *adv.* **1.** heute; **2.** heute, heutzutage; **II** *s.* **3.** heutiger Tag: ***~'s paper*** die heutige Zeitung, die Zeitung von heute; ***~'s rate*** ✝ Tageskurs *m*; **4.** *das* Heute, heutige Zeit, Gegenwart *f*: ***of ~, ~'s*** von heute, heutig, Tages…, der Gegenwart.

tod·dle [ˈtɒdl] **I** *v/i.* **1.** watscheln (*bsd. kleine Kinder*); **2.** F (daˈhin)zotteln: **~ *off*** sich trollen, ‚abhauen'; **II** *s.* **3.** Watscheln *n*; **4.** F Bummel *m*; **5.** F → **ˈtod·dler** [-lə] *s.* Kleinkind *n*.

tod·dy [ˈtɒdɪ] *s.* Toddy *m*: a) *Art Grog*, b) Palmwein *m*.

to-do [təˈdu:] *s.* F **1.** Lärm *m*; **2.** Geˈtue *n*, ‚Wirbel' *m*, ‚Theˈater' *n*: ***make much ~ about s.th.*** viel Wind um e-e Sache machen.

toe [təʊ] **I** *s.* **1.** *anat.* Zehe *f*: ***on one's ~s*** F ‚auf Draht'; ***turn one's ~s in (out)*** einwärts (auswärts) gehen; ***turn up one's ~s*** *sl.* ins Gras beißen; ***tread on s.o.'s ~s*** F *fig.* ‚j-m auf die Hühneraugen treten'; **2.** Vorderhuf *m* (*Pferd*); **3.** Spitze *f*, Kappe *f von Schuhen, Strümpfen etc.*; **4.** ⚙ a) (Well)Zapfen *m*, b) Nocken *m*, Daumen *m*, c) 🚂 Keil *m* (*Weiche*); **5.** *sport* Löffel *m* (*Golfschläger*); **II** *v/t.* **6.** a) *Strümpfe* mit neuen Spitzen versehen, b) *Schuhe* bekappen; **7.** mit den Zehen berühren: **~ *the line*** a) *a.* **~ *the mark*** in e-r Reihe (*sport* zum Start) antreten, b) *pol.* sich der Parteilinie unterwerfen, ‚spuren' (*a. weitS. gehorchen*); **8.** *sport den Ball* spitzeln; **9.** *sl. j-m* e-n (Fuß)Tritt versetzen; **10.** *Golf*: *Ball* mit dem Löffel schlagen; **ˈ~·board** *s. sport* Stoß-, Wurfbalken *m*; **ˈ~·cap** *s.* (Schuh)Kappe *f*.

-toed [təʊd] *in Zssgn* …zehig.

ˈtoe|ˌdanc·er *s.* Spitzentänzer(in); **ˈ~-hold** *s.* **1.** Halt *m* für die Zehen (*beim Klettern*); **2.** *fig.* a) Ansatzpunkt *m*, b) Brückenkopf *m*, ˈAusgangspositiˌon *f*: ***get a ~*** Fuß fassen; **3.** *Ringen*: Zehengriff *m*; **ˈ~·nail** *s.* Zehennagel *m*; **~ spin** *s.* ˈSpitzenpirouˌette *f*.

toff [tɒf] *s. Brit. sl.* ‚Fatzke' *m*.

tof·fee, **tof·fy** [ˈtɒfɪ] *s. Brit.* ˈSahnebonˌbon *m, n*, Toffee *n*: ***he can't shoot for ~*** F vom Schießen hat er keine Ahnung; ***not for ~*** F nicht für Geld u. gute Worte; **ˈ~-nosed** *adj.* F eingebildet.

tog [tɒg] F **I** *s. pl.* ‚Klaˈmotten' *pl*: ***golf ~s*** Golfdreß *m*; **II** *v/t.*: **~ *o.s. up*** sich ‚in Schale werfen'.

to·geth·er [təˈgeðə] **I** *adv.* **1.** zuˈsammen: ***call (sew) ~*** zs.-rufen (-nähen); **2.** zu-, beiˈsammen, miteinˈander, gemeinsam; **3.** zusammen (genommen); **4.** miteinˈander *od.* gegeneinˈander: ***fight ~***; **5.** zuˈgleich, gleichzeitig, zusammen; **6.** *Tage etc.* nach-, hintereinˈander, *e-e Zeit* lang *od.* hinˈdurch: ***he talked for hours ~*** er sprach stundenlang; **7.** **~ *with*** zusammen *od.* gemeinsam mit, mit(samt); **II** *adj.* **8.** *Am. sl.* ausgeglichen (*Person*); **toˈgeth·er·ness** [-nɪs] *s. bsd. Am.* Zs.-gehörigkeit(sgefühl *n*) *f*; Einheit *f*; Nähe *f*.

tog·ger·y [ˈtɒgərɪ] → ***tog*** I.

tog·gle [ˈtɒgl] **I** *s.* **1.** ⚙, ⚓ Knebel *m*; **2.** *a.* **~ *joint*** ⚙ Knebel-, Kniegelenk *n*; **II** *v/t.* **3.** festknebeln; **~ key** *s. Computer*: Umschalttaste *f*; **~ switch** *s.* Kippschalter *m*.

toil¹ [tɔɪl] *s. mst pl. fig.* Schlingen *pl.*, Netz *n*: ***in the ~s of*** a) in den Schlingen *od.* Fängen des *Satans etc.*, b) in *Schulden etc.* verstrickt.

toil² [tɔɪl] **I** *s.* (mühselige) Arbeit, Mühe *f*, Plage *f*, Plackeˈrei *f*; **II** *v/i. a.* **~ *and moil*** sich abmühen *od.* abplacken *od.* quälen (***at, on*** mit): **~ *up a hill*** e-n Berg mühsam erklimmen; **ˈtoil·er** [-lə] *s. fig.* Arbeitstier *n*, Schwerarbeiter *m*.

toi·let [ˈtɔɪlɪt] *s.* **1.** Toiˈlette *f*, Kloˈsett *n*; **2.** Friˈsier-, Toiˈlettentisch *m*; **3.** Toiˈlette *f* (*Ankleiden etc.*): ***make one's ~*** Toilette machen; **4.** Toiˈlette *f*, Kleidung *f*, *a.* (Abend)Kleid *n od.* (Gesellschafts)Anzug *m*; **~ bag** *s.* Kulˈturbeutel *m*; **~ case** *s.* ˈReisenecesˌsaire *n*; **~ pa·per** *s.* Toiˈletten-, Kloˈsettpaˌpier *n*; **~ pow·der** *s.* Körperpuder *m*; **~ roll** *s.* Rolle *f* Kloˈsettpaˌpier.

toi·let·ry [ˈtɔɪlɪtrɪ] *s.* Toiˈlettenarˌtikel *pl.*

toi·let| set *s.* Toiˈlettengarniˌtur *f*; **~ soap** *s.* Toiˈlettenseife *f*; **~ ta·ble** → ***toilet*** 2.

toil·ful [ˈtɔɪlfʊl], **ˈtoil·some** [-səm] *adj.* ☐ mühsam, -selig; **ˈtoil·some·ness** [-səmnɪs] *s.* Mühseligkeit *f*.

ˈtoil·worn *adj.* abgearbeitet.

To·kay [təʊˈkeɪ] *s.* Toˈkaier *m* (*Wein u. Traube*).

to·ken [ˈtəʊkən] **I** *s.* **1.** Zeichen *n*: a) Anzeichen *n*, Merkmal *n*, b) Beweis *m*: ***as a*** (*od.* ***in***) **~ *of*** als *od.* zum Zeichen (*gen.*); ***by the same ~*** a) aus dem gleichen Grunde, mit demselben Recht, umgekehrt, b) ferner, überdies; **2.** Andenken *n*, (Erinnerungs)Geschenk *n*, (ˈUnter)Pfand *n*; **3.** *hist.* Scheidemünze *f*; **4.** (Meˈtall)Marke *f* (*als Fahrausweis*); **5.** Spielmarke *f*; **6.** Gutschein *m*, Bon *m*; **II** *adj.* **7.** nomiˈnell: **~ *money*** a) Scheidemünzen *pl.*, b) Not-, Ersatzgeld *n*; **~ *payment*** symbolische Zahlung; **~ *strike*** (kurzer) Warnstreik; **8.** Alibi…: **~ *negro***; **~ *woman***; **9.** Schein…: **~ *raid*** Scheinangriff *m*; **to·ken·ism** [ˈtəʊkənɪzəm] *s.* Alibipolitik *f*.

told [təʊld] *pret. u. p.p. von* ***tell***.

tol·er·a·ble [ˈtɒlərəbl] *adj.* ☐ **1.** erträglich; **2.** *fig.* leidlich, mittelmäßig, erträglich; **3.** F ‚einigermaßen' (*gesund*), ‚so laˈla'; **ˈtol·er·a·ble·ness** [-nɪs] *s.* Erträglichkeit *f*; **ˈtol·er·ance** [-rəns] *s.* **1.** Toleˈranz *f*, Duldsamkeit *f*; **2.** (***of***) a) Duldung *f* (*gen.*), b) Nachsicht *f* (mit); **3.** ⚕ a) Toleˈranz *f*, ˈWiderstandsfähigkeit *f* (***for*** gegen), b) Verträglichkeit *f*; **4.** ⚙ Toleˈranz *f*, zulässige Abweichung, Spiel *n*, Fehlergrenze *f*; **ˈtol·er·ant** [-rənt] *adj.* ☐ **1.** toleˈrant, duldsam (***of*** gegen); **2.** geduldig, nachsichtig (***of*** mit); **3.** ⚕ ˈwiderstandsfähig (***of*** gegen); **tol·er·ate** [ˈtɒləreɪt] *v/t.* **1.** *j-n od. et.* dulden, tolerieren, *et. a.* zulassen, hinnehmen, *a. j-s Gesellschaft* ertragen; **2.** duldsam *od.* toleˈrant sein gegen; **3.** *bsd.* ⚕ vertragen; **tol·er·a·tion** [ˌtɒləˈreɪʃn] *s.* **1.** Duldung *f*; **2.** → ***tolerance*** 1.

toll¹ [təʊl] **I** *v/t.* **1.** *bsd. Totenglocke* läuten, erschallen lassen; **2.** *Stunde* schlagen; **3.** (durch Glockengeläut) verkünden; die Totenglocke läuten für *j-n*; **II** *v/i.* **4.** a) läuten, schallen, b) schlagen (*Glocke*); **III** *s.* **5.** Geläut *n*; **6.** Glokkenschlag *m*.

toll² [təʊl] *s.* **1.** *hist.* (*bsd.* Wege-, Brükken)Zoll *m*; **2.** Straßenbenutzungsgebühr *f*, Maut *f*; **3.** Standgeld *n auf dem Markt etc.*; **4.** *Am.* Hafengebühr *f*; **5.** *teleph. Am.* Gebühr *f* für ein Ferngespräch; **6.** *fig.* Triˈbut *m an Menschenleben etc.*, (Blut)Zoll *m*, (Zahl *f* der) Todesopfer *pl.*: ***the ~ of the road*** die Verkehrsopfer *od.* -unfälle; ***take its ~ of*** *fig. j-n* arg mitnehmen, s-n Tribut fordern von *j-m od. e-r Sache*, *Kräfte, Vorräte etc.* strapazieren; ***take a ~ of 100 lives*** 100 Todesopfer fordern (*Katastrophe*); **~ bar** → ***toll gate***; **~ call** *s. teleph.* **1.** *Am.* Ferngespräch *n*; **2.** *Brit. obs.* Nahverkehrsgespräch *n*; **~ gate** *s.* Schlagbaum *m e-r Mautstraße*; **ˈ~·house** *s.* Mautstelle *f*; **~ road** *s.*, **ˈ~·way** *s.* gebührenpflichtige Straße, Mautstraße *f*.

tol·u·ene [ˈtɒljʊi:n], **ˈtol·u·ol** [-jʊɒl] *s.* ⚗ Toluˈol *n*.

tom [tɒm] *s.* **1.** Männchen *n kleinerer Tiere*: **~ turkey** Truthahn *m*, Puter *m*; **2.** Kater *m*; **3.** 2 *abbr. für* **Thomas**: **2 and Jerry** *Am.* Eiergrog *m*; **2, Dick, and Harry** Hinz u. Kunz; **2 Thumb** Däumling *m*.

tom·a·hawk ['tɒməhɔ:k] **I** *s.* Tomahawk *m*, Kriegsbeil *n der Indianer*: **bury (dig up) the ~** *fig.* das Kriegsbeil begraben (ausgraben); **II** *v/t.* mit dem Tomahawk (er)schlagen.

to·ma·to [tə'mɑ:təʊ] *pl.* **-toes** *s.* ✿ To'mate *f*.

tomb [tu:m] *s.* **1.** Grab(stätte *f*) *n*; **2.** Grabmal *n*, Gruft *f*; **3.** *fig. das* Grab, *der* Tod.

tom·bac, **tom·bak** ['tɒmbæk] *s. metall.* Tombak *m*.

tom·bo·la [tɒm'bəʊlə] *s.* Tombola *f*.

tom·boy ['tɒmbɔɪ] *s.* Wildfang *m*, Range *f* (*Mädchen*); **'tom·boy·ish** [-bɔɪɪʃ] *adj.* ausgelassen, wild.

'tomb·stone ['tu:m] *s.* Grabstein *m*.

'tom·cat *s.* Kater *m*.

tome [təʊm] *s.* **1.** Band *m e-s Werkes*; **2.** (dicker) Wälzer (*Buch*).

tom·fool [ˌtɒm'fu:l] **I** *s.* Einfaltspinsel *m*, Narr *m*; **II** *adj.* dumm; **III** *v/i.* (he'rum-) albern; **tom·fool·er·y** [tɒm'fu:lərɪ] *s.* Albernheit *f*, Unsinn *m*.

tom·my ['tɒmɪ] *s.* **1.** a) *a.* **2 Atkins** Tommy *m* (*der brit. Soldat*), b) *a.* **2** F Tommy *m*, *brit.* Landser *m* (*einfacher Soldat*); **2.** *dial.* ‚Fres'salien' *pl.*, Verpflegung *f*; **3.** ⚙ a) (verstellbarer) Schraubenschlüssel, b) *a.* **~ bar** Knebelgriff *m*; **2 gun** *s.* ⚔ Ma'schinenpiˌstole *f*; **ˌ~'rot** *s.* F (purer) Blödsinn, Quatsch *m*.

to·mor·row [tə'mɒrəʊ] **I** *adv.* morgen: **~ week** morgen in acht Tagen; **~ morning** morgen früh; **~ night** morgen abend; **II** *s. der* morgige Tag, *das* Morgen: **~'s paper** die morgige Zeitung; **~ never comes** das werden wir nie erleben; **the day after ~** übermorgen.

'tom·tit *s. orn.* (Blau)Meise *f*.

ton¹ [tʌn] *s.* **1.** *engl.* Tonne *f* (*Gewicht*): a) *a.* **long ~** *bsd. Brit.* = *2240 lbs. od. 1016,05 kg*, b) *a.* **short ~** *bsd. Am.* = *2000 lbs. od. 907,18 kg*, c) *a.* **metric ~** metrische Tonne (= *2205 lbs. od. 1000 kg*); **2.** ⚓ Tonne *f* (*Raummaß*): a) **register ~** Registertonne (= *100 cubic feet od. 2,83 m³*), b) **gross register ~** Bruttoregistertonne (*Schiffsgrößenangabe*); **3. weigh a ~** F ‚wahnsinnig' schwer sein; **4.** *pl. e-e* Unmenge (**of money** Geld): **~s of times** ‚tausendmal'; **5. do the ~** *Brit. sl.* a) mit 100 Meilen fahren, b) 100 Meilen schaffen (*Auto etc.*).

ton² [tɔ̃:ŋ] (*Fr.*) *s.* **1.** *die* (herrschende) Mode; **2. in the ~** modisch, elegant.

ton·al ['təʊnl] *adj.* □ ♪ **1.** Ton…, tonlich; **2.** to'nal; **to·nal·i·ty** [təʊ'nælətɪ] *s.* **1.** ♪ a) Tonali'tät *f*, Tonart *f*, b) 'Ton-, 'Klangchaˌrakter *m*; **2.** *paint.* Farbton *m*, Tönung *f*.

tone [təʊn] **I** *s.* **1.** *allg.* Ton *m*, Klang *m*: **heart ~s** ⚕ Herztöne; **2.** Ton *m*, Stimme *f*: **in an angry ~** in ärgerlichem Ton, mit zorniger Stimme; **3.** *ling.* a) Tonfall *m*, b) Tonhöhe *f*, Betonung *f*; **4.** ♪ a) Ton *m*, b) *Am.* Note *f*, c) Klang(farbe *f*) *m*; **5.** *paint.* (Farb)Ton *m*, Tönung *f* (*a. fig.*); **6.** ⚕ a) Tonus *m der Muskeln*, b) *fig.* Spannkraft *f*; **7.** *fig.* Geist *m*, Haltung *f*; **8.** Stimmung *f* (*a. Börse*); **9.** a) Ton *m*, Note *f*, Stil *m*, b) Ni'veau *n*: **set the ~ of** a) den Ton angeben für, b) den Stil *e-r Sache* bestimmen; **raise (lower) the ~ (of)** das Niveau (*gen.*) heben (senken); **give ~ to** Niveau verleihen (*dat.*); **II** *v/t.* **10.** e-n Ton verleihen (*dat.*), e-e Färbung geben (*dat.*); **11.** *Farbe etc.* abtönen: **~ down** *Farbe*, *fig. Zorn etc.* dämpfen, mildern; **~ up** *paint. u. fig.* (ver)stärken; **12.** *phot.* tonen; **13.** *fig.* a) 'umformen, -modeln, b) regeln; **III** *v/i.* **14.** *a.* **~ in (with)** a) verschmelzen (mit), b) harmonieren (mit), passen (zu) (*bsd. Farbe*); **15. ~ down** sich mildern *od.* abschwächen; **16. ~ up** stärker werden; **~ arm** *s.* Tonarm *m am Plattenspieler*; **~ con·trol** *s.* ⚡ Klangregler *m*.

tone·less ['təʊnlɪs] *adj.* □ **1.** tonlos (*a. Stimme*); **2.** ausdruckslos.

tone pad *s. teleph.* Fernabfrager *m*.

tone po·em *s.* ♪ Tondichtung *f*.

ton·er ['təʊnə] *s.* **1.** *Drucker etc.*: Toner *m*; **2.** *Kosmetik*: Tönung *f*.

tongs [tɒŋz] *s. pl. sg. konstr.* Zange *f*: **a pair of ~** eine Zange; **I would not touch that with a pair of ~** a) das würde ich nicht mal mit e-r Zange anfassen, b) *fig.* mit dieser Sache möchte ich nichts zu tun haben.

tongue [tʌŋ] **I** *s.* **1.** *anat.* Zunge *f* (*a. fig. Redeweise*): **malicious ~s** böse Zungen; **have a long (ready) ~** geschwätzig (schlagfertig) sein; **find one's ~** die Sprache wiederfinden; **give ~** a) sich laut u. deutlich äußern (**to** zu), b) anschlagen (*Hund*), c) Laut geben (*Jagdhund*); **hold one's ~** den Mund halten; **keep a civil ~ in one's head** höflich bleiben; **put one's ~ out (at s.o.)** (j-m) die Zunge herausstrecken; **with (one's) ~ in (one's) cheek** → **tongue-in-cheek**; → **wag** 1; **2.** Sprache *f e-s Volkes*, Zunge *f*; **3.** *fig.* Zunge *f* (*Schuh, Flamme, Klarinette etc.*); **4.** (Glocken)Klöppel *m*; **5.** (Wagen-) Deichsel *f*; **6.** ⚙ Feder *f*, Spund *m*: **~ and groove** Feder u. Nut; **7.** Dorn *m* (*Schnalle*); **8.** Zeiger *m* (*Waage*); **9.** ⚡ (Re'lais)Anker *m*; **10.** *geogr.* Landzunge *f*; **II** *v/t.* **11.** ♪ mit Flatterzunge blasen; **12.** ⚙ verzapfen; **tongued** [-ŋd] *adj.* **1.** *in Zssgn* …züngig; **2.** ⚙ gefedert, gezapft.

ˌtongue|-in-'cheek *adj.* **1.** i'ronisch; **2.** mit Hintergedanken; **'~-ˌlash·ing** *s.* F Standpauke *f*; **'~-tied** *adj.* stumm, sprachlos (*vor Verlegenheit etc.*): **be ~** keinen Ton herausbringen; **~ twist·er** *s.* Zungenbrecher *m*.

ton·ic ['tɒnɪk] **I** *adj.* (□ **~ally**) **1.** ⚕ tonisch: **~ spasm** Starrkrampf *m*; **2.** ⚕ stärkend, belebend (*a. fig.*): **~ water** Tonic *n*; **3.** *ling.* Ton…: **~ accent** musikalischer Akzent; **4.** ♪ Tonika…, (Grund)Ton…: **~ chord** Grundakkord *m*; **~ major** gleichnamige Dur-Tonart; **~ sol-fa** Tonika-Do-System *n*; **5.** *paint.* Tönungs…, Farbgebungs…; **II** *s.* **6.** ⚕ Stärkungsmittel *n*, Tonikum *n*; **7.** Tonic *n* (*Getränk*); **8.** *fig.* Stimulans *n*; **9.** ♪ Grundton *m*, Tonika *f*; **10.** *ling.* stimmhafter Laut; **to·nic·i·ty** [təʊ'nɪsətɪ] *s.* **1.** → **tone** 6; **2.** musi'kalischer Ton.

to·night [tə'naɪt] **I** *adv.* **1.** heute abend; **2.** heute nacht; **II** *s.* **3.** der heutige Abend; **4.** diese Nacht.

ton·nage ['tʌnɪdʒ] *s.* **1.** ⚓ Ton'nage *f*, Tonnengehalt *m*, Schiffsraum *m*; **2.** ⚓ Ge'samttonˌnage *f e-s Landes*; **3.** ⚓ Tonnengeld *n*; **4.** ⚙ (Ge'samt)Produktiˌon *f* (*Stahl etc.*).

tonne [tʌn] *s.* metrische Tonne.

ton·neau ['tɒnəʊ] *pl.* **-neaus** (*Fr.*) *s. mot.* hinterer Teil e-s Autos.

ton·ner ['tʌnə] *s.* ⚓ *in Zssgn* …tonner, *ein* Schiff von … Tonnen.

to·nom·e·ter [təʊ'nɒmɪtə] *s.* **1.** ♪, *phys.* Tonhöhenmesser *m*; **2.** ⚕ Blutdruckmesser *m*.

ton·sil ['tɒnsl] *s. anat.* Mandel *f*; **'ton·sil·lar** [-sɪlə] *adj.* Mandel…; **ton·sil·lec·to·my** [ˌtɒnsɪ'lektəmɪ] *s.* ⚕ Mandelentfernung *f*; **ton·sil·li·tis** [ˌtɒnsɪ'laɪtɪs] *s.* ⚕ Mandelentzündung *f*.

ton·so·ri·al [tɒn'sɔ:rɪəl] *adj. mst humor.* Barbier…: **~ artist** ‚Figaro' *m*.

ton·sure ['tɒnʃə] *eccl.* **I** *s.* **1.** Tonsurierung *f*; **2.** Ton'sur *f*; **II** *v/t.* **3.** tonsurieren.

to·ny ['təʊnɪ] *adj. Am.* F (tod)schick.

too [tu:] *adv.* **1.** (*vorangestellt*) zu, allzu: **all ~ familiar** allzu vertraut; **~ fond of comfort** zu sehr auf Bequemlichkeit bedacht; **~ many** zu viele; **none ~ pleasant** nicht gerade angenehm; **2.** F sehr, äußerst: **it is ~ kind of you**; **3.** (*nachgestellt*) auch, ebenfalls.

took [tʊk] *pret. von* **take**.

tool [tu:l] **I** *s.* **1.** Werkzeug *n*, Gerät *n*, Instru'ment *n*: **~s** *pl. a.* Handwerkszeug *n*; **gardener's ~s** Gartengerät; **2.** ⚙ (Bohr-, Schneide- *etc.*)Werkzeug *n e-r Maschine*, *a.* Arbeits-, Drehstahl *m*; **3.** ⚙ a) 'Werkzeugmaˌschine *f*, b) Drehbank *f*; **4.** *typ.* a) 'Stempelfiˌgur *f* (*Punzarbeit*), b) (Präge)Stempel *m*; **5.** *pl. fig.* a) Handwerkszeug *n* (*Bücher etc.*), b) Rüstzeug *n* (*Fachwissen*); **6.** *fig. contp.* Werkzeug *n*, Handlanger *m*, Krea'tur *f e-s anderen*; **7.** V ‚Appa'rat' *m* (*Penis*); **II** *v/t.* **8.** ⚙ bearbeiten; **9.** *mst* **~ up** *Fabrik* (maschi'nell) ausstatten, -rüsten; **10.** *Bucheinband* punzen; **11.** *sl.* ‚kutschieren' (*fahren*); **III** *v/i.* **12.** *mst* **~ up** ⚙ sich (maschi'nell) ausrüsten (**for** für); **13.** *a.* **~ along** *sl.* (da'hin-, her'um)gondeln; **~ bag** *s.* Werkzeugtasche *f*; **'~·bar** *s. Computer*: Symbolleiste *f*; **~ bit** *s.* ⚙ Werkzeugspitze *f*; **~ box** *s.* Werkzeugkasten *m*; **~ carri·er** *s.* ⚙ Werkzeugschlitten *m*; **~ en·gi·neer·ing** *s.* Arbeitsvorbereitung *f*.

tool·ing ['tu:lɪŋ] *s.* ⚙ **1.** Bearbeitung *f*; **2.** Einrichten *n e-r Werkzeugmaschine*; **3.** maschi'nelle Ausrüstung; **4.** *Buchbinderei*: Punzarbeit *f*.

'tool|ˌmak·er *s.* Werkzeugmacher *m*; **'~-post** *s.* Schneidstahlhalter *m*.

toot [tu:t] *v/i.* **1.** (*a. v/t. et.*) tuten, blasen; **2.** hupen (*Auto*).

tooth [tu:θ] **I** *pl.* **teeth** [ti:θ] *s.* **1.** *anat.* Zahn *m*: **~ and nail** *fig.* verbissen, erbittert (*be*)*kämpfen*; **armed to the teeth** bis an die Zähne bewaffnet; **in the teeth of** *fig.* a) gegen *Widerstand etc.* b) trotz *od.* ungeachtet *der Gefahr etc.*; **cut one's teeth** zahnen; **draw the teeth of** *fig.* a) *j-n* beruhigen, b) *j-n* ungefährlich machen, c) *e-r Sache* die Spitze nehmen, *et.* entschärfen; **get one's teeth into** sich an *e-e Arbeit etc.* ‚ranmachen'; **have a sweet ~** gerne Süßigkeiten essen *od.* naschen; **put**

teeth into (den nötigen) Nachdruck verleihen (*dat.*); ***set s.o.'s teeth on edge*** j-m auf die Nerven gehen *od.* ‚weh' tun; ***show one's teeth*** (***to***) a) die Zähne fletschen (gegen), b) *fig. j-m* die Zähne zeigen; **2.** Zahn *m e-s Kammes, e-r Säge, e-s Zahnrads etc.*; **3.** (Gabel)Zinke *f*; **II** *v/t.* **4.** *Rad etc.* bezahnen; **5.** *Brett* verzahnen; **III** *v/i.* **6.** inein'andergreifen (*Zahnräder*); **'~·ache** *s.* Zahnweh *n*; **'~·brush** *s.* Zahnbürste *f*; **'~·comb** *s.* Staubkamm *m*; **~ de·cay** *s.* Zahnverfall *m.*

toothed [tu:θt] *adj.* **1.** mit Zähnen (versehen), Zahn…, gezahnt: ***~ wheel*** Zahnrad *n*; **2.** ⚘ gezähnt, gezackt (*Blattrand*); **3.** ⚙ verzahnt; **'tooth·less** [-θlɪs] *adj.* zahnlos.

'tooth|·paste *s.* Zahnpasta *f*; **'~·pick** *s.* Zahnstocher *m*; **~ pow·der** *s.* Zahnpulver *n.*

tooth·some ['tu:θsəm] *adj.* □ lecker (*a. fig.*).

too·tle ['tu:tl] *v/i.* **1.** tuten, dudeln; **2.** *Am.* F quatschen; **3.** F a) (her'um)gondeln, b) ‚(da'hin)zotteln': ***~ off*** sich trollen.

toot·sy(-woot·sy) [ˌtʊtsɪ('wʊtsɪ)] *s. Kindersprache*: Füßchen *n.*

top¹ [tɒp] **I** *s.* **1.** ober(st)es Ende, Oberteil *n*; Spitze *f*, Gipfel *m e-s Berges etc.*; Krone *f*, Wipfel *m des Baumes*; (Haus-) Giebel *m*, Dach(spitze *f*) *n*; Kopf(ende *n*) *m des Tisches, e-r Buchseite etc.*: ***at the ~*** oben(an); ***at the ~ of*** oben an (*dat.*); ***at the ~ of one's speed*** mit höchster Geschwindigkeit; ***at the ~ of one's voice*** aus vollem Halse; ***page 20 at the ~*** auf Seite 20 oben; ***on ~*** oben (-auf); ***on*** (***the***) ***~ of*** oben auf (*dat.*), über (*dat.*); ***on ~ of each other*** auf- *od.* übereinander; ***on*** (***the***) ***~ of it*** obendrein; ***go over the ~*** a) ⚔ zum Sturmangriff (*aus dem Schützengraben*) antreten, b) *fig.* es maßlos übertreiben; **2.** *fig.* Spitze *f*, erste *od.* höchste Stelle; 'Spitzenpositiˌon *f*: ***~ management*** Unternehmensführung *f*; ***the ~ of the class*** der Primus der Klasse; ***the ~ of the tree*** (*od.* ***ladder***) *fig.* die höchste Stellung, der Gipfel des Erfolgs; ***at the ~*** an der Spitze; ***be on ~*** (***of the world***) obenauf sein; ***come out on ~*** als Sieger *od.* Bester hervorgehen; ***come to the ~*** an die Spitze kommen, sich durchsetzen; ***get on ~ of s.th.*** e-r Sache Herr werden; **3.** *fig.* Gipfel *m*, *das* Äußerste *od.* Höchste; **4.** Scheitel *m*, Kopf *m*: ***from ~ to toe*** von Kopf bis Fuß; ***blow one's ~*** *sl.* ‚hochgehen', e-n Wutanfall haben; **5.** Oberfläche *f des Tisches, Wassers etc.*; **6.** *mot. etc.* Verdeck *n*; **7.** (Bett)Himmel *m*; **8.** (Möbel)Aufsatz *m*; **9.** ⚓ Mars *m*, *f*, Topp *m*; **10.** (Schuh)Oberleder *n*; **11.** Stulpe *f* (*Stiefel, Handschuh*); **12.** (Topf- *etc.*)Deckel *m*; **13.** ⚘ a) (oberer Teil e-r) Pflanze *f* (*Ggs. Wurzel*), b) *mst pl.* (Rüben- *etc.*)Kraut *n*; **14.** Blume *f des Bieres*; **15.** *mot.* → ***top gear***; **II** *adj.* **16.** oberst: ***~ line*** Kopf-, Titelzeile *f*; ***the ~ rung*** *fig.* oberste Stelle, höchste Stellung; **17.** höchst: ***~ earner*** Spitzenverdiener(in); ***~ efficiency*** ⚙ Spitzenleistung *f*; ***~ price*** Höchstpreis *m*; ***~ speed*** Höchstgeschwindigkeit *f*; ***~ secret*** streng geheim; **18.** *der* (*die, das*) erste; **19.** Haupt…; **III** *v/t.* **20.** (oben) bedecken; krönen; **21.** über'ragen; **22.** *fig.* über'treffen, -'ragen; **23.** die Spitze (*gen.*) erreichen; **24.** an der Spitze *der Klasse, e-r Liste etc.* stehen; **25.** über'steigen; **26.** ⚒ stutzen, kappen; **27.** *Hindernis* nehmen; **28.** *Golf*: *Ball* oben schlagen; **~ off** *v/t.* F *et.* abschließen *od.* krönen (***with*** mit); **~ out I** *v/i.* Richtfest feiern; **II** *v/t.* das Richtfest (*gen.*) feiern: ***~ a building***; **~ up** *v/t.* **1.** auf-, nachfüllen; **2.** F *j-m* nachschenken.

top² [tɒp] *s.* Kreisel *m* (*Spielzeug*).

to·paz ['təʊpæz] *s. min.* To'pas *m.*

top| boot *s.* (kniehoher) Stiefel, Stulpenstiefel *m*; **'~·coat** 'Überzieher *m*, Mantel *m*; **~ dog** *s.* F *fig.* **1.** *der* Herr *od.* Über'legene; *der* Sieger; **2.** ‚Chef' *m*, *der* Oberste; **3.** *der* (*die, das*) Beste; **~ draw·er** *s.* **1.** oberste Schublade; **2.** F *fig. die* oberen Zehntausend: ***he does not come from the ~*** er kommt nicht aus vornehmster Familie; **ˌ~-'draw·er** *adj.* F **1.** vornehm; **2.** best; **~ dress·ing** *s.* **1.** ⚒ Kopfdüngung *f*; **2.** ⚙ Oberflächenbeschotterung *f.*

tope¹ [təʊp] *v/t. u. v/i.* ‚saufen'.

tope² [təʊp] *s. ichth.* Glatthai *m.*

to·pee ['təʊpi:] *s.* Tropenhelm *m.*

top·er ['təʊpə] *s.* Säufer *m*, Zecher *m.*

'top|-flight *adj.* F erstklassig, prima; **'~ˌflight·er** → ***topnotcher***; **~-gal·lant** [ˌtɒp'gælənt; ⚓ tə'g-] ⚓ **I** *s.* Bramsegel *n*; **II** *adj.* Bram…: ***~ sail***; **~ gear** *s. mot.* höchster Gang; **'~-grade** *adj.* erstklassig; **~ hat** *s.* Zy'linder(hut) *m*; **ˌ~-'heav·y** *adj.* **1.** oberlastig (*Gefäß etc.*); **2.** ⚓ topplastig; **3.** ✈ kopflastig; **4.** ☤ a) 'überbewertet (*Wertpapiere*), b) 'überkapitalisiert (*Unternehmen*); **ˌ~-'hole** → ***topflight***.

top·ic ['tɒpɪk] *s.* **1.** Thema *n*, Gegenstand *m*; **2.** *phls.* Topik *f*; **'top·i·cal** [-kl] **I** *adj.* □ **1.** örtlich, lo'kal (*a.* ⚕): ***~ colo***(***u***)***rs*** topische Farben; **2.** a) aktu'ell, b) zeitkritisch: ***~ song*** Lied *n* mit aktuellen Anspielungen; **3.** the'matisch; **II** *s.* **4.** aktu'eller Film; **top·i·cal·i·ty** [ˌtɒpɪ'kælətɪ] *s.* aktu'elle *od.* lo'kale Bedeutung.

top| kick *Am. sl. für* → ***top sergeant***; **'~·knot** *s.* **1.** Haarknoten *m*; **2.** *orn.* (Feder)Haube *f*, Schopf *m.*

top·less ['tɒplɪs] *adj.* **1.** ohne Kopf; **2.** 'Oben-'ohne…: ***~ dress*** (***night club, waitress***).

ˌtop|-'line *adj.* **1.** promi'nent; **2.** wichtigst: ***~ news***; **ˌ~-'lin·er** *s.* F Promi'nente(r *m*) *f*; **'~·mast** [-mɑ:st; -məst] *s.* ⚓ (Mars)Stenge *f*; **'~·most** *adj.* höchst, oberst; **ˌ~'notch** *adj.* F prima, erstklassig; **ˌ~'notch·er** *s.* F ‚Ka'none' *f* (*Könner*).

to·pog·ra·pher [tə'pɒgrəfə] *s. geogr.* Topo'graph *m*; **top·o·graph·ic**, **top·o·graph·i·cal** [ˌtɒpə'græfɪk(l)] *adj.* □ topo'graphisch; **to'pog·ra·phy** [-fɪ] *s.* **1.** *geogr., a.* ⚕ Topogra'phie *f*; **2.** ⚔ Geländekunde *f.*

top·per ['tɒpə] *s.* **1.** ⚒ oberer Stein; **2.** ☤ F (oben'aufliegendes) Schaustück (*Obst etc.*); **3.** F Zy'linder *m* (*Hut*); **4.** F a) ‚(tolles) Ding', b) ‚Pfundskerl' *m*; **top·ping** ['tɒpɪŋ] *adj.* □ F prima, fabelhaft.

top·ple ['tɒpl] **I** *v/i.* **1.** wackeln; **2.** kippen, stürzen, purzeln: ***~ down*** (*od.* ***over***) umkippen, hinpurzeln, niederstürzen; **II** *v/t.* **3.** ins Wanken bringen, stürzen: ***~ over*** *et.* umstürzen, -kippen; **4.** *fig. Regierung* stürzen.

tops [tɒps] *adj.* F prima, erstklassig, ‚super'.

top|·sail ['tɒpsl] *s.* ⚓ Marssegel *n*; **~ saw·yer** *s.* F *fig.* ‚hohes Tier'; **ˌ~-'secret** *adj.* streng geheim; **ˌ~-'sell·ing** *adj.* meisterverkauft; **~ ser·geant** *s.* ⚔ *Am.* F Hauptfeldwebel *m*, ‚Spieß' *m*; **'~·soil** *s.* ⚒ Ackerkrume *f*, Mutterboden *m.*

top·sy·tur·vy [ˌtɒpsɪ'tɜ:vɪ] **I** *adv.* **1.** das Oberste zu'unterst, auf den Kopf: ***turn everything ~*** alles auf den Kopf stellen; **2.** kopf'über kopf'unter *fallen*; **3.** drunter u. drüber, verkehrt; **II** *adj.* **4.** auf den Kopf gestellt, in wildem Durchein'ander, cha'otisch; **III** *s.* **5.** (wildes *od.* heilloses) Durchein'ander, Kuddelmuddel *m, n*; **ˌtop·sy'tur·vy·dom** [-dəm] → ***topsyturvy*** 5.

toque [təʊk] *s.* **1.** *hist.* Ba'rett *n*; **2.** Toque *f* (*randloser Damenhut*).

tor [tɔ:] *s. Brit.* Felsturm *m.*

to·ra(h) ['tɔ:rə] *s.* **1.** ♎ *das* Gesetz Mosis; **2.** Tho'ra *f.*

torch [tɔ:tʃ] *s.* **1.** Fackel *f* (*a. fig. der Wissenschaft etc.*): ***carry a ~ for*** *Am. fig. Mädchen* (von ferne) verehren; **2.** *a.* ***electric ~*** *Brit.* Taschenlampe *f*; **3.** ⚙ a) Schweißbrenner *m*, b) → ***torch lamp***; **4.** *Am.* Brandstifter *m*; **'~ˌbear·er** *s.* Fackelträger *m* (*a. fig.*); **~ lamp** *s.* ⚙ Lötlampe *f*; **'~·light** *s.* Fackelschein *m*: ***~ procession*** Fackelzug *m*; **~ pine** *s.* ⚘ (Amer.) Pechkiefer *f*; **~ sing·er** *s.* Schnulzensänger(in); **~ song** *s.* ‚Schnulze' *f*, sentimen'tales Liebeslied.

tore [tɔ:] *pret. von* ***tear²***.

tor·e·a·dor ['tɒrɪədɔ:] (*Span.*) *s.* Torea'dor *m*, berittener Stierkämpfer.

to·re·ro [tɒ'reərəʊ] *pl.* **-ros** (*Span.*) *s.* To'rero *m*, Stierkämpfer *m* (*zu Fuß*).

tor·ment I *v/t.* [tɔ:'ment] **1.** *bsd. fig.* quälen, peinigen, foltern, plagen (***with*** mit): ***~ed with*** gequält *od.* gepeinigt von *Zweifel etc.*; **II** *s.* ['tɔ:ment] **2.** Qual *f*, Pein *f*, Marter *f*: ***be in ~*** Qualen ausstehen; **3.** Plage *f*; **4.** Quälgeist *m*; **tor'men·tor** [-tə] *s.* **1.** Peiniger *m*; **2.** Quälgeist *m*; **3.** ⚓ lange Fleischgabel; **4.** *thea.* vordere Ku'lisse; **tor'men·tress** [-trɪs] *s.* Peinigerin *f.*

torn [tɔ:n] *p.p. von* ***tear²***.

tor·na·do [tɔ:'neɪdəʊ] *pl.* **-does** *s.* **1.** Tor'nado *m*: a) *Wirbelsturm in den USA*, b) *tropisches Wärmegewitter*; **2.** *fig.* a) (Beifall-, Pro'test)Sturm *m*, b) Wirbelwind *m* (*Person*).

tor·pe·do [tɔ:'pi:dəʊ] **I** *pl.* **-does** *s.* **1.** ⚓ Tor'pedo *m*; **2.** *a.* ***aerial ~*** ✈ 'Lufttorˌpedo *m*; **3.** *a.* ***toy ~*** Knallerbse *f*; **4.** *ichth.* Zitterrochen *m*; **5.** *Am. sl.* ‚Killer' *m*; **II** *v/t.* **6.** torpedieren (*a. fig. vereiteln*); **~ boat** *s.* ⚓ Tor'pedoboot *n*; **~ plane** *s.* ⚔ Tor'pedoflugzeug *n*; **~ tube** *s.* Tor'pedorohr *n.*

tor·pid ['tɔ:pɪd] **I** *adj.* □ **1.** starr, erstarrt, betäubt; **2.** träge, schlaff; **3.** a'pathisch, stumpf; **II** *s.* **4.** *mst* **tor·pid·i·ty** [tɔ:'pɪdətɪ], **'tor·pid·ness** [-nɪs], **'tor·por** [-pə] *s.* **1.** Erstarrung *f*, Betäubung *f*; **2.** Träg-, Schlaffheit *f*, ⚕ *a.* Torpor *m*; **3.** Apa'thie *f*, Stumpfheit *f.*

torque [tɔ:k] *s.* ⚙, *phys.* 'Drehmoˌment

n; **~ shaft** *s.* ⚙ Dreh-, Torsi'onsstab *m.*

tor·re·fy ['tɒrɪfaɪ] *v/t.* rösten, darren.

tor·rent ['tɒrənt] *s.* **1.** reißender Strom, *bsd.* Wild-, Sturzbach *m*; **2.** (Lava-)Strom *m*; **3.** ***~s of rain*** sintflutartige Regenfälle; ***it rains in ~s*** es gießt in Strömen; **4.** *fig.* Strom *m*, Schwall *m*, Sturzbach *m von Fragen etc.*; **tor·ren·tial** [tə'renʃl] *adj.* □ **1.** reißend, strömend, sturzbachartig; **2.** sintflutartig: ***~ rain(s)***; **3.** *fig.* a) wortreich, b) wild, ungestüm.

tor·rid ['tɒrɪd] *adj.* **1.** sengend, brennend heiß (*a. fig. Leidenschaft etc.*): ***~ zone*** *geogr.* heiße Zone; **2.** ausgedörrt, verbrannt: ***~ plain***.

tor·sion ['tɔːʃn] *s.* **1.** *a.* ℞ Drehung *f*; **2.** ⚙, *phys.* Torsi'on *f*, Verdrehung *f*: ***~ balance*** Drehwaage *f*; **3.** ⚕ Abschnürung *f e-r Arterie*; '**tor·sion·al** [-ʃənl] *adj.* Dreh…, (Ver)Drehungs…, Torsions…: ***~ force***.

tor·so ['tɔːsəʊ] *pl.* **-sos** *s.* Torso *m*: a) Rumpf *m*, b) *fig.* Bruchstück *n*, unvollendetes Werk.

tort [tɔːt] *s.* ⚖ unerlaubte Handlung, zi'vilrechtliches De'likt: ***law of ~s*** Schadenersatzrecht *n*; '**~-ˌfea·sor** [-ˌfiːzə] *s.* ⚖ rechtswidrig Handelnde(r) *m*.

tor·til·la [tɔː'tɪlə] (*Span.*) *s. Am.* Tor'tilla *f* (*Maiskuchen*).

tor·tious ['tɔːʃəs] *adj.* □ ⚖ rechtswidrig: ***~ act*** → ***tort***.

tor·toise ['tɔːtəs] **I** *s. zo.* Schildkröte *f*: ***as slow as a ~*** *fig.* (langsam) wie e-e Schnecke; **II** *adj.* Schildpatt…; '**~·shell** *s.* Schildpatt *n*: ***~ cat*** *zo.* Schildpattkatze *f*.

tor·tu·os·i·ty [ˌtɔːtjʊ'ɒsətɪ] *s.* **1.** Krümmung *f*, Windung *f*; **2.** Gewundenheit *f* (*a. fig.*); **3.** *fig.* 'Umständlichkeit *f*; **tor·tu·ous** ['tɔːtjʊəs] *adj.* □ **1.** gewunden, verschlungen, gekrümmt; **2.** *fig.* gewunden, 'umständlich; **3.** *fig.* ‚krumm', unehrlich.

tor·ture ['tɔːtʃə] **I** *s.* **1.** Folter(ung) *f*: ***put to the ~*** foltern; **2.** *fig.* Tor'tur *f*, Marter *f*, (Folter)Qual(en *pl.*) *f*; **II** *v/t.* **3.** foltern, martern, *fig. a.* quälen, peinigen; **4.** *Text etc.* entstellen; '**tor·tur·er** [-ərə] *s.* **1.** Folterknecht *m*; **2.** *fig.* Peiniger *m*.

to·rus ['tɔːrəs] *pl.* **-ri** [-raɪ] *s.* △, ℞, ⚙, ⚘, ⚕ Torus *m*.

To·ry ['tɔːrɪ] **I** *s.* **1.** *pol. Brit.* Tory *m*, (*contp.* 'Ultra)Konservaˌtive(r) *m*; **2.** *hist.* Tory *m* (*Loyalist in Amerika*); **II** *adj.* Tory…, konserva'tiv; '**To·ry·ism** [-ɪɪzəm] **1.** To'rysmus *m*; **2.** 'Ultrakonservaˌtismus *m*.

tosh [tɒʃ] *s. Brit. sl.* ‚Quatsch' *m*.

toss [tɒs] **I** *v/t.* **1.** werfen, schleudern: ***~ off*** a) *Reiter* abwerfen (*Pferd*), b) *Getränk* hinunterstürzen, c) *Arbeit* ‚hinhauen'; ***~ up*** hochschleudern, *in e-r Decke* prellen; **2.** *a.* ***~ up*** *Münze etc.*, *a. Kopf* hochwerfen: ***~ s.o. for*** mit j-m um *et.* losen (*durch Münzwurf*); **3.** *a.* ***~ about*** hin- u. herschleudern, schütteln; **4.** ⚓ *Riemen* pieken: ***~ oars!*** Riemen hoch!; **5.** *Am. sl. j-n* ‚filzen'; **II** *v/i.* **6.** *a.* ***~ about*** sich *im Schlaf etc.* hin- u. herwerfen *od.* -wälzen; **7.** *a.* ***~ about*** hin- u. hergeworfen werden, geschüttelt werden; hin- und herschwanken; flattern; **8.** rollen (*Schiff*); **9.** schwer gehen (*See*); **10.** *a.* ***~ up*** (durch Hochwerfen e-r Münze) losen (***for*** um); **III** *s.* **11.** Werfen *n*, Wurf *m*; **12.** Hoch-, Zu'rückwerfen *n des Kopfes*; **13.** a) Hochwerfen *n* e-r Münze, b) → ***toss-up***; **14.** Sturz *m vom Pferd etc.*: ***take a ~*** stürzen, *bsd.* abgeworfen werden; '**~-up** *s.* **1.** Losen *n mit e-r Münze*, Loswurf *m*; **2.** *fig.* ungewisse Sache: ***it is a ~ whether*** es ist völlig offen, ob.

tot¹ [tɒt] *s.* F **1.** Knirps *m*, Kerlchen *n*; **2.** *Brit.* Schlückchen *n* (*Alkohol*); **3.** *fig.* Häppchen *n*.

tot² [tɒt] F **I** *s.* **1.** (Gesamt)Summe *f*; **2.** a) Additi'onsaufgabe *f*, b) Additi'on *f*; **II** *v/t.* **3.** ***~ up*** zs.-zählen; **III** *v/i.* **4.** ***~ up*** sich belaufen (***to*** auf *acc.*); sich summieren.

to·tal ['təʊtl] **I** *adj.* □ **1.** ganz, gesamt, Gesamt…; **2.** to'tal, Total…, völlig, gänzlich; **II** *s.* **3.** (Gesamt)Summe *f*, Gesamtbetrag *m*, -menge *f*: ***a ~ of 20 cases*** insgesamt 20 Kisten; **4.** *die* Gesamtheit, *das* Ganze; **III** *v/t.* **5.** zs.-zählen; **6.** insgesamt betragen, sich belaufen auf (*acc.*): ***total(l)ing $70*** im Gesamtbetrag von 70 Dollar; **7.** *Am.* F *Auto* zu Schrott fahren; **to·tal·i·tar·i·an** [ˌtəʊtælɪ'teərɪən] *adj. pol.* totali'tär; **to·tal·i·tar·i·an·ism** [ˌtəʊtælɪ'teərɪənɪzəm] *s.* totali'täres Sy'stem; **to·tal·i·ty** [təʊ'tælətɪ] *s.* **1.** Gesamtheit *f*; **2.** Vollständigkeit *f*; **3.** *ast.* to'tale Verfinsterung; '**to·tal·i·za·tor** [-təlaɪzeɪtə] *s. Pferderennen*: Totali'sator *m*; '**to·tal·ize** [-təlaɪz] *v/t.* **1.** zs.-zählen; **2.** (zu e-m Ganzen) zs.-fassen; '**to·tal·iz·er** [-təlaɪzə] → ***totalizator***.

tote¹ [təʊt] *s. sl.* → ***totalizator***.

tote² [təʊt] *v/t.* F **1.** tragen (mit sich) schleppen; **2.** transportieren; ***~ bag*** *s. Am.* Einkaufs-, Tragtasche *f*.

to·tem ['təʊtəm] *s.* Totem *n*; ***~ pole***, ***~ post*** *s.* Totempfahl *m*.

tot·ter ['tɒtə] *v/i.* **1.** torkeln, wanken: ***~ to one's grave*** *fig.* dem Grabe zuwanken; **2.** (sch)wanken, wackeln: ***~ to its fall*** *fig.* (allmählich) zs.-brechen (*Reich etc.*); '**tot·ter·ing** [-ərɪŋ] *adj.* □, '**tot·ter·y** [-ərɪ] *adj.* wack(e)lig, (sch)wankend.

touch [tʌtʃ] **I** *s.* **1.** Berührung *f*: ***at a ~*** beim Berühren; ***on the slightest ~*** bei der leisesten Berührung; ***it has a velvety ~*** es fühlt sich wie Samt an; ***that was a (near) ~*** F das hätte ins Auge gehen können; **2.** Tastsinn *m*: ***it is soft to the ~*** es fühlt sich weich an; **3.** (*Pinsel-etc.*)Strich *m*: ***put the finishing ~es to*** letzte Hand legen an (*acc.*), *e-r Sache* den letzten Schliff geben; **4.** ♪ a) Anschlag *m des Pianisten od. des Pianos*, b) Strich *m des Geigers*; **5.** *fig.* Fühlung(nahme) *f*, Verbindung *f*, Kon'takt *m*: ***get into ~ with*** sich in Verbindung setzen mit, Fühlung nehmen mit; ***please get in ~!*** bitte melden (Sie sich)!; ***keep in ~ with*** in Verbindung bleiben mit; ***lose ~ with*** den Kontakt mit *j-m od. e-r Sache* verlieren; ***put s.o. in ~ with*** j-n in Verbindung setzen mit; ***within ~*** in Reichweite; **6.** *fig.* Hand *f des Meisters etc.*, Stil *m*; (souve'räne) Ma'nier: ***light ~*** leichte Hand; ***with sure ~*** mit sicherer Hand; **7.** Einfühlungsvermögen *n*, Feingefühl *n*; **8.** *e-e Spur Pfeffer etc.*: ***a ~ of red*** ein rötlicher Hauch; **9.** Anflug *m von Sarkasmus etc.*, Hauch *m von Romantik etc.*: ***he has a ~ of genius*** er hat e-e geniale Ader; **10.** ⚕ *etc.* (leichter) Anfall: ***a ~ of flu*** e-e leichte Grippe; ***a ~ of the sun*** ein leichter Sonnenstich; **11.** (besondere) Note, Zug *m*: ***the personal ~*** die persönliche Note; **12.** *fig.* Stempel *m*, Gepräge *n*; **13.** Probe *f*: ***put to the ~*** auf die Probe stellen; **14.** a) *Rugby etc.*: Mark *f*, b) *Fußball*: Seitenaus *n*; **15.** Fangspiel *n*; **16.** *sl.* a) Anpumpen *n*, b) gepumptes Geld: ***he is a soft ~*** er läßt sich leicht anpumpen, *weitS.* er ist ein leichtes Opfer; **II** *v/t.* **17.** an-, berühren (*a. weitS. Essen etc. mst neg.*); anfassen, angreifen: ***~ the spot*** das Richtige treffen; **18.** befühlen, betasten; **19.** *Hand etc.* legen (***to*** an *acc.*, auf *acc.*); **20.** mitein'ander in Berührung bringen; **21.** in Berührung kommen *od.* stehen mit; **22.** drücken auf (*acc.*), (leicht) anstoßen: ***to ~ the bell*** klingeln; ***to ~ glasses*** (mit den Gläsern) anstoßen; **23.** grenzen *od.* stoßen an (*acc.*); **24.** reichen an (*acc.*), erreichen; F *fig.* her'anreichen an (*acc.*), gleichkommen (*dat.*); **25.** erlangen, erreichen; **26.** ♪ *Saiten* rühren; *Ton* anschlagen; **27.** tönen, (leicht) färben; *fig.* färben, beeinflussen; **28.** beeindrucken; rühren, bewegen: ***~ed to tears*** zu Tränen gerührt; **29.** *fig.* verletzen, treffen; **30.** *fig.* berühren, betreffen; **31.** in Mitleidenschaft ziehen, mitnehmen: ***~ed*** a) angegangen (*Fleisch*), b) F ‚bekloppt', ‚nicht ganz bei Trost' (*Person*); **32.** *Ort* berühren, haltmachen in (*dat.*); *Hafen* anlaufen; **33.** *sl.* anpumpen (***for*** um); **III** *v/i.* **34.** sich berühren; **35.** ***~ at*** ⚓ anlegen bei *od.* in (*dat.*), anlaufen (*acc.*); **36.** ***~ (up)on*** *fig.* berühren: a) (kurz) erwähnen, b) betreffen;

Zssgn mit adv.:

touch| down *v/i.* **1.** *Rugby etc.*: e-n Versuch legen *od.* erzielen; **2.** ✈ aufsetzen; ***~ off*** *v/t.* **1.** skizzieren; **2.** *Skizze* flüchtig entwerfen; **3.** *e-e Explosion*, *fig. e-e Krise etc.* auslösen, *fig. a.* entfachen; ***~ up*** *v/t.* **1.** auffrischen (*a. fig.*), aufpolieren; verbessern; **2.** *phot.* retuschieren.

touch| and go *s.* ris'kante Sache, pre'käre Situati'on: ***it was ~*** es hing an e-m Haar, es stand auf des Messers Schneide; ˌ**~-and-'go** *adj.* **1.** ris'kant; **2.** flüchtig, oberflächlich: ***~ landing*** ✈ Aufsetz- u. Durchstartlandung; '**~down** *s.* **1.** *Rugby etc.*: Versuch *m*; **2.** ✈ Aufsetzen *n*.

touch·i·ness ['tʌtʃɪnɪs] *s.* Empfindlichkeit *f*.

touch·ing ['tʌtʃɪŋ] *adj.* □ *fig.* rührend, ergreifend.

'**touch|·line** *s.* a) *Fußball*: Seitenlinie *f*, b) *Rugby*: Marklinie *f*; '**~-me-not** *s.* ⚘ (*fig.* F Blümlein *n*) Rührmichnichtan *n*; '**~ˌpa·per** *s.* 'Zündpaˌpier *n*; ***~ screen*** *s.* Sensorbildschirm *m*; '**~·stone** *s.* **1.** *min.* Probierstein *m*; **2.** *fig.* Prüfstein *m*; ***~ sys·tem*** *s.* Zehn'fingersysˌtem *n*; ***~ tele·phone*** *s.* 'Tastenteleˌfon *n*; '**~-type** *v/i.* blindschreiben; '**~·wood** *s.* **1.** Zunder(holz *n*) *m*; **2.** ⚘ Feuerschwamm *m*.

touch·y ['tʌtʃɪ] *adj.* □ **1.** empfindlich,

reizbar; **2.** a) ris'kant, b) heikel, kitzlig (*Thema*).

tough [tʌf] **I** *adj.* □ **1.** *allg.* zäh: a) hart, 'widerstandsfähig, b) ro'bust, stark (*Person, Körper etc.*), c) hartnäckig (*Kampf, Wille etc.*); **2.** *fig.* schwierig, unangenehm, ‚bös' (*Arbeit etc., a.* F *Person*); F eklig, grob (*Person*): ***it was ~ going*** F es war ein hartes Stück Arbeit; ***he is a ~ customer*** mit ihm ist nicht gut Kirschen essen; ***if things get ~*** wenn es ‚mulmig' wird; ***~ luck*** F ‚Pech' *n*; **3.** rowdyhaft, bru'tal, übel, Verbrecher…: ***get ~ with s.o.*** j-m gegenüber massiv werden; **II** *s.* **4.** Rowdy *m*, Schläger(typ) *m*, ‚übler Kunde'; **tough·en** ['tʌfn] *v/t. u. v/i.* zäh(er) *etc.* machen (werden); **tough·ie** ['tʌfɪ] *s.* F **1.** ‚harte Nuß', schwierige Sache; **2.** → ***tough*** 4; **'tough·ness** [-nɪs] *s.* **1.** Zähigkeit *f*, Härte *f* (*a. fig.*); **2.** Ro'bustheit *f*; **3.** *fig.* Hartnäckigkeit *f*; **4.** Schwierigkeit *f*; **5.** Brutali'tät *f*.

tou·pee, *a.* **tou·pet** ['tu:peɪ] (*Fr.*) *s.* Tou'pet *n* (*Haarersatzstück*).

tour [tʊə] **I** *s.* **1.** Tour *f* (***of*** durch): a) (Rund)Reise *f*, (-)Fahrt *f*, b) Ausflug *m*, Wanderung *f*: ***conducted ~*** a) Führung *f*, b) Gesellschaftsreise *f*; ***the grand ~*** *hist.* (Bildungs)Reise durch Europa; ***~ operator*** Reiseveranstalter *m*; **2.** Rundgang *m* (***of*** durch): ***~ of inspection*** Besichtigungsrundgang *od.* -rundfahrt *f*; **3.** *thea. etc.* Tour'nee *f*, Gastspielreise *f*: ***go on ~*** auf Tournee gehen; **4.** ⚔ (turnusmäßige) Dienstzeit; **II** *v/t.* **5.** bereisen; **III** *v/i.* **6.** e-e (*thea.* Gastspiel)Reise *od.* (*a. sport*) e-e Tour'nee machen (***through, about*** durch); **~ de force** [ˌtʊədə'fɔ:s] (*Fr.*) *s.* **1.** Gewaltakt *m*; **2.** Glanzleistung *f*.

tour·ing ['tʊərɪŋ] *adj.* Touren…, Reise…: ***~ car*** *mot.* Tourenwagen *m*; ***~ company*** *thea.* Wanderbühne *f*; ***~ exhibition*** Wanderausstellung *f*; **tour·ism** ['tʊərɪzəm] *s.* Reise-, Fremdenverkehr *m*, Tou'rismus *m*; **tour·ist** ['tʊərɪst] **I** *s.* Tou'rist(in), (Ferien-, Vergnügungs-) Reisende(r *m*) *f*; **II** *adj.* Reise…, Fremden(verkehrs)…, Touristen…: ***~ agency, ~ bureau, ~ office*** a) Reisebüro *n*, b) Verkehrsamt *n*, -verein *m*; ***~ class*** ⚓, ✈ Touristenklasse *f*; ***~ industry*** Fremdenverkehr(sindustrie *f*) *m*; ***~ season*** Reisezeit *f*; ***~ ticket*** Rundreisekarte *f*; ***~ trap*** Touristenfalle *f*; **'tour·ist·y** *adj.* *contp.* tou'ristisch, Touristen…

tour·na·ment ['tʊənəmənt] *s.* (*hist. Ritter-, a. Tennis- etc.*)Tur'nier *n*.

tour·ney ['tʊənɪ] *bsd. hist.* **I** *s.* Tur'nier *n*; **II** *v/i.* turnieren.

tour·ni·quet ['tʊənɪkeɪ] *s.* ⚕ Aderpresse *f*.

tou·sle ['taʊzl] *v/t.* *Haar etc.* (zer)zausen, verwuscheln.

tout [taʊt] **I** *v/i.* **1.** (*bsd. aufdringliche* Kunden-, Stimmen)Werbung treiben (***for*** für); **2.** *Pferderennen*: a) *Brit.* sich *durch Spionieren* gute Renntips verschaffen, b) Wettips geben *od.* verkaufen; **II** *s.* **3.** Kundenschlepper *m*, -werber *m*; **4.** *Pferderennen*: a) *Brit.* ‚Spi'on' *m beim Pferdetraining*, b) Tipgeber *m*; **5.** (Karten)Schwarzhändler *m*.

tow¹ [təʊ] **I** *s.* **1.** a) Schleppen *n*, b) Schlepptau *n*: ***have in ~*** im Schlepptau haben (*a. fig.*); ***take ~*** sich schleppen lassen; ***take in ~*** *bsd. fig.* ins Schlepptau nehmen; **2.** *bsd.* ⚓ Schleppzug *m*; **II** *v/t.* **3.** (ab)schleppen, ins Schlepptau nehmen: ***~ away*** *Auto* abschleppen; ***~ed flight*** (***target***) Schleppflug *m* (-ziel *n*); **4.** *Schiff* treideln; **5.** *fig.* *j-n* ab-, mitschleppen, *wohin* bugsieren.

tow² [təʊ] *s.* (Schwing)Werg *n*.

tow·age ['təʊɪdʒ] *s.* **1.** Schleppen *n*, Bugsieren *n*; **2.** Schleppgebühr *f*.

to·ward **I** *adj.* ['təʊəd] **1.** *obs.* fügsam; **2.** *obs. od. Am.* vielversprechend; **3.** im Gange, am Werk; **4.** bevorstehend; **II** *prp.* [tə'wɔ:d] **5.** auf (*acc.*) … zu, (nach) … zu, nach … hin, gegen *od.* zu … (hin); **6.** *zeitlich*: gegen; **7.** *Gefühle etc.* gegen'über; **8.** *als Beitrag* zu, um *e-r Sache* willen, zum Zwecke (*gen.*): ***efforts ~ reconciliation*** Bemühungen um e-e Versöhnung; **to·wards** [tə'wɔ:dz] → ***toward*** II.

'tow|·a·way *adj.* Abschlepp…: ***~ zone***; **'~·boat** *s.* Schleppschiff *n*, Schlepper *m*.

tow·el ['taʊəl] **I** *s.* Handtuch *n*: ***throw in the ~*** *Boxen*: das Handtuch werfen (*a. fig. sich geschlagen geben*); **II** *v/t.* (mit e-m Handtuch) (ab)trocknen, (-)reiben; **~ horse**, **~ rack** *s.* Handtuchständer *m*.

tow·er ['taʊə] **I** *s.* **1.** Turm *m*: ***~ block*** *Brit.* (Büro-, Wohn)Hochhaus *n*; **2.** Feste *f*, Bollwerk *n*: ***~ of strength*** *fig.* Stütze *f*, Säule *f*; **3.** Zwinger *m*, Festung *f* (*Gefängnis*); **4.** ⚗ Turm *m* (*Reinigungsanlage*); **II** *v/i.* **5.** (hoch)ragen, sich (em'por)türmen (***to*** zu): ***~ above*** *et. od. j-n* (weit) überragen (*a. fig. turmhoch überlegen sein* [*dat.*]); **'tow·ered** [-əd] *adj.* (hoch)getürmt; **'tow·er·ing** [-ərɪŋ] *adj.* **1.** (turm)hoch, hoch-, aufragend; **2.** *fig.* maßlos, gewaltig: ***~ ambition***; ***~ passion***; ***~ rage*** rasende Wut.

tow·ing ['təʊɪŋ] *adj.* (Ab)Schlepp…; **~ line**, **~ path**, **~ rope** → ***towline, towpath, towrope***.

'tow·line *s.* **1.** ⚓ Treidelleine *f*, Schlepptau *n*; **2.** Abschleppseil *n*.

town [taʊn] **I** *s.* **1.** Stadt *f* (*unter dem Rang e-r **city***); **2. *the ~*** *fig.* die Stadt: a) die Stadtbevölkerung, die Einwohnerschaft, b) das Stadtleben; **3.** *Brit.* Marktflecken *m*; **4.** *ohne art. die* (nächste) Stadt: a) Stadtzentrum *n*, b) *Brit. bsd.* London: ***to ~*** nach der *od.* in die Stadt, *Brit. bsd.* nach London; ***out of ~*** nicht in der Stadt, *Brit. bsd.* nicht in London, auswärts; ***go to ~*** F ‚auf den Putz hauen'; → ***paint*** 2; **5.** *Brit.* Bürgerschaft *f e-r Universitätsstadt*; → ***gown*** 3; **II** *adj.* **6.** städtisch, Stadt…, Städte…; **'~·bred** *adj.* in der Stadt aufgewachsen; **~ cen·tre** *s. Brit.* Innenstadt *f*, City *f*; **~ clerk** *s.* 'Stadtdiˌrektor *m*; **~ coun·cil** *s.* Stadtrat *m* (*Gremium*); **~ coun·cil·(l)or** *s.* Stadtrat(smitglied *n*) *m*; **~ cri·er** *s.* Ausrufer *m*; **~ hall** *s.* Rathaus *n*; **~ house** *s.* Stadt-, *Am.* Reihenhaus *n*; **~ plan·ning** *s.* Städte-, Stadtplanung *f*; **'~·scape** [-skeɪp] *s.* Stadtbild *n*, *paint.* -ansicht *f*.

towns·folk ['taʊnzfəʊk] *s. pl.* Stadtleute *pl.*, Städter *pl.*

town·ship ['taʊnʃɪp] *s.* **1.** *hist.* (Dorf-, Stadt)Gemeinde *f od.* (-)Gebiet *n*; **2.** *Am.* Verwaltungsbezirk *m*; **3.** *surv. Am.* 6 Qua'dratmeilen großes Gebiet.

towns|·man ['taʊnzmən] *s.* [*irr.*] **1.** Städter *m*, Stadtbewohner *m*; **2.** *a.* ***fellow ~*** Mitbürger *m*; **'~ˌpeo·ple** [-nz-] → ***townsfolk***.

'tow|·path *s.* Treidelpfad *m*; **'~·rope** → ***towline***.

tox·(a)e·mi·a [tɒk'si:mɪə] *s.* ⚕ Blutvergiftung *f*.

tox·ic, **tox·i·cal** ['tɒksɪk(l)] *adj.* □ giftig, toxisch, Gift…; **'tox·i·cant** [-sɪkənt] **I** *adj.* giftig, toxisch; **II** *s.* Gift (-stoff *m*) *n*; **tox·i·co·log·i·cal** [ˌtɒksɪkə'lɒdʒɪkl] *adj.* □ toxiko'logisch; **tox·i·col·o·gist** [ˌtɒksɪ'kɒlədʒɪst] *s.* ⚕ Toxiko'loge *m*; **tox·i·col·o·gy** [ˌtɒksɪ'kɒlədʒɪ] *s.* ⚕ Toxikolo'gie *f*, Giftkunde *f*; **'tox·in** [-sɪn] *s.* ⚕ To'xin *n*, Gift(stoff *m*) *n*.

toy [tɔɪ] **I** *s.* **1.** (Kinder)Spielzeug *n* (*a. fig.*); *pl.* Spielwaren *pl.*, -sachen *pl.*; **2.** *fig.* Tand *m*, ‚Kinkerlitzchen' *n*; **II** *v/i.* **3.** (***with***) spielen (mit *e-m Gegenstand*, *fig.* mit *e-m Gedanken*), *fig. a.* liebäugeln (mit); **III** *adj.* **4.** Spielzeug…, Kinder…, Zwerg…: ***~ dog*** Schoßhund *m*; ***~ train*** Miniatur-, Kindereisenbahn *f*; **~ book** *s.* Bilderbuch *n*; **'~·box** *s.* Spielzeugkiste *f*; **'~·shop** *s.* Spielwarenhandlung *f*.

trace¹ [treɪs] *s.* Zugriemen *m*, Strang *m* (*Pferdegeschirr*): ***in the ~s*** angespannt (*a. fig.*); ***kick over the ~s*** *fig.* über die Stränge schlagen.

trace² [treɪs] **I** *s.* **1.** (Fuß-, Wagen-, Wild- *etc.*)Spur *f*: ***hot on s.o.'s ~s*** j-m dicht auf den Fersen; ***without a ~*** spurlos; ***~ element*** ⚗ Spurenelement *n*; **2.** *fig.* Spur *f*: a) ('Über)Rest *m*: ***~s of ancient civilizations***, b) (An)Zeichen *n*: ***~s of fatigue***, c) geringe Menge, bißchen: ***not a ~ of fear*** keine Spur von Angst; ***a ~ of a smile*** der Anflug e-s Lächelns; **3.** ⚔ a) Leuchtspur *f*, b) *Radar*: Bildspur *f*; **4.** Linie *f*: a) Aufzeichnung *f* (*Meßgerät*), b) Zeichnung *f*, Skizze *f*, c) Pauszeichnung *f*, d) Grundriß *m*; **5.** *Am.* (markierter) Weg; **II** *v/t.* **6.** nachspüren (*dat.*), *j-s* Spur verfolgen; **7.** *Wild, Verbrecher* verfolgen, aufspüren; **8.** *a.* ***~ out*** *et. od. j-n* ausfindig machen *od.* aufspüren, *et.* auf-, her'ausfinden; **9.** *fig. e-r Entwicklung etc.* nachgehen, *e-e Sache* verfolgen: ***~ back*** *et.* zurückverfolgen (***to*** bis zu); ***~ s.th. to*** et. zurückführen auf (*acc.*), et. herleiten von; **10.** erkennen; **11.** *Pfad* verfolgen; **12.** *a.* ***~ out*** (auf)zeichnen, skizzieren, entwerfen; **13.** *Buchstaben* sorgfältig (aus)ziehen, schreiben; **14.** ⚙ a) *a.* ***~ over*** ('durch)pausen, b) *Bauflucht etc.* abstecken, c) *Messung* aufzeichnen (*Gerät*); **'trace·a·ble** [-səbl] *adj.* □ **1.** auffindbar, nachweisbar; **2.** zu'rückzuführen(d) (***to*** auf *acc.*); **'trac·er** [-sə] *s.* **1.** Aufspürer(in); **2.** ✉, 🚂 *Am.* Lauf-, Suchzettel *m*; **3.** *Schneiderei*: Kopierrädchen *n*; **4.** ⚙ Punzen *m*; **5.** ⚗ Iso'topenindiˌkator *m*; **6.** ⚔ a) *mst* ***~ bullet***, ***~ shell*** Leuchtspur-, Rauchspurgeschoß *n*, b) *mst* ***~ composition*** Leuchtspursatz *m*; **7.** a) technischer Zeichner, b) Pauser *m*; **'trac·er·y** [-sərɪ] *s.* **1.** △ Maßwerk *n an gotischen Fenstern*; **2.** Flechtwerk *n*.

tra·che·a [trə'ki:ə] *pl.* **-che·ae** [-'ki:i:] *s.* **1.** *anat.* Tra'chea *f*, Luftröhre *f*; **2.** ⚘, *zo.* Tra'chee *f*; **tra'che·al** [-'ki:əl] *adj.*

1. *anat.* Luftröhren…; **2.** *zo.* Tracheen…; **3.** ♀ Gefäß…; **tra·che·i·tis** [ˌtrækɪˈaɪtɪs] *s.* ⚕ ˈLuftröhrenkaˌtarrh *m*; **tra·che·ot·o·my** [ˌtrækɪˈɒtəmɪ] *s.* ⚕ Luftröhrenschnitt *m*.

trac·ing [ˈtreɪsɪŋ] *s.* **1.** Suchen *n*, Nachforschung *f*; **2.** ⚙ a) (Auf)Zeichnen *n*, b) ˈDurchpausen *n*; **3.** ⚙ a) Zeichnung *f*, (Auf)Riß *m*, Plan *m*, b) Pause *f*; **4.** Aufzeichnung *f* (*e-s Kardiographen etc.*); **~ file** *s.* ˈSuchkarˌtei *f*; **~ op·er·a·tion** *s.* Fahndung *f*; **~ pa·per** *s.* ˈPauspaˌpier *n*; **~ ser·vice** *s.* Suchdienst *m*.

track [træk] **I** *s.* **1.** (Fuß-, Wild- *etc.*) Spur *f* (*a. fig.*), Fährte *f*: ***on s.o.'s ~s*** j-m auf der Spur; ***be on the wrong ~*** auf der falschen Spur *od.* auf dem Holzweg sein; ***cover up one's ~s*** s-e Spuren verwischen; ***throw s.o. off the ~*** j-n von der (richtigen) Spur ablenken; ***keep ~ of*** *fig. et.* verfolgen, sich auf dem laufenden halten über (*acc.*); ***lose ~ of*** aus den Augen verlieren; ***make ~s*** *sl.* ‚abhauen'; ***make ~s for*** schnurstracks losgehen auf (*acc.*); ***stop in one's ~s*** wie festgewurzelt stehenbleiben; ***shoot s.o. in his ~s*** j-n auf der Stelle niederschießen; **2.** 🚂 Gleis *n*, Geleise *n u. pl.*, Schienenstrang *m*: ***off the ~*** entgleist, aus den Schienen; ***on ~*** ☤ auf (der) Achse, rollend; ***born on the wrong side of the ~s*** *fig. Am.* aus ärmlichen Verhältnissen stammend; **3.** ⚓ Fahrwasser *n*; **4.** ⚓ *übliche* Route; **5.** Weg *m*, Pfad *m*; **6.** (Koˈmeten- *etc.*) Bahn *f*; **7.** *sport* a) (Renn-, Lauf-) Bahn *f*, b) *mst* **~ *events*** ˈLaufdisziˌplinen *pl.*, c) *a.* ***~-and-field sports*** ˈLeichtathˌletik *f*; **8.** (Gleis-, Raupen-) Kette *f e-s Traktors etc.*; **9.** *mot.* a) Spurweite *f*, b) ˈReifenproˌfil *n*; **10.** *Computer*, *Tonband*: Spur *f*; **11.** *ped. Am.* Leistungsgruppe *f*; **II** *v/t.* **12.** nachspüren (*dat.*), *a. fig.* verfolgen (*acc.*); **13.** aufspüren: a) *a.* **~ *down*** *Wild*, *Verbrecher* zur Strecke bringen, b) ausfindig machen; **14.** *Weg* kennzeichnen; **15.** durchˈqueren; **16.** 🚂 *Am.* Gleise verlegen in (*dat.*); **17.** *Am.* (Schmutz)Spuren hinterˈlassen auf (*dat.*); **18.** ⚙ mit Raupenketten versehen: ***~ed vehicle*** Ketten-, Raupenfahrzeug *n*; **III** *v/i.* **19.** Spur halten (*Räder*); **20.** *Film*: (mit der Kamera) fahren: ***~ing shot*** Fahraufnahme *f*; **IV** *adj.* **21.** 🚂 Gleis…, Schienen…; **22.** *sport* a) (Lauf)Bahn…, Lauf…, b) Leichtathletik…: ˈ**track·age** [-kɪdʒ] *s.* 🚂 **1.** *coll.* Schienen *pl.*; **2.** Schienenlänge *f*; **3.** *Am.* Streckenbenutzungsrecht *n*, -gebühr *f*; ˌ**track-and-ˈfield** *adj.* Leichtathletik…; → ***track*** 7 c; ˈ**track·er** [-kə] *s.* **1.** *bsd. hunt.* Spurenleser *m*: **~ *dog*** Spürhund *m*; **2.** *fig.* ‚Spürhund' *m* (*Person*); **3.** ⚔ Zielgeber *m* (*Gerät*).

ˈ**track|ˌlay·er** *s.* **1.** 🚂 *Am.* Streckenarbeiter *m*; **2.** Raupenschlepper *m*; ˈ**~ˌlay·ing** *adj.* ⚙ Raupen…, Gleisketten…: **~ *vehicle***.

track·less [ˈtræklɪs] *adj.* ☐ **1.** unbetreten; **2.** weg-, pfadlos; **3.** schienenlos; **4.** spurlos.

track| meet *s. Am.* Leichtathletikveranstaltung *f*; **~ shoe** *s.* Rennschuh *m*; **~ suit** *s.* Trainingsanzug *m*; **~ walk·ing** *s. sport* Bahngehen *n*.

tract[1] [trækt] *s.* **1.** (ausgedehnte) Fläche, Strecke *f*, (Land)Strich *m*, Gebiet *n*, Gegend *f*; **2.** Zeitraum *m*; **3.** *anat.* Trakt *m*, (Verˈdauungs- *etc.*)Syˌstem *n*: ***respiratory ~*** Atemwege *pl.*; **4.** *physiol.* (Nerven)Strang *m*: ***optic ~*** Sehstrang.

tract[2] [trækt] *s. eccl.* Trakˈtat *m, n*; *contp.* Trakˈtätchen *n*.

trac·ta·ble [ˈtræktəbl] *adj.* **1.** ☐ lenk-, folg-, fügsam; **2.** *fig.* gefügig, geschmeidig (*Material*).

trac·tion [ˈtrækʃn] *s.* **1.** Ziehen *n*; **2.** ⚙, *phys.* a) Zug *m*, b) Zugleistung *f*: **~ *engine*** Zugmaschine *f*; **3.** *phys.* Reibungsdruck *m*; **4.** *mot.* a) Griffigkeit *f* (*Reifen*), b) *a.* **~ *of the road*** Bodenhaftung *f*; **5.** Transˈport *m*, Fortbewegung *f*; **6.** *physiol.* Zs.-ziehung *f* (*Muskeln*); ˈ**trac·tion·al** [-ʃənl], ˈ**trac·tive** [-tɪv] *adj.* ⚙ Zug…

trac·tor [ˈtræktə] *s.* **1.** ⚙ ˈZugmaˌschine *f*, Traktor *m*, Schlepper *m*; **2.** ✈ a) Zugschraube *f*, b) *a.* **~ *airplane*** Flugzeug *n* mit Zugschraube; **~ truck** *s. Am. mot.* Sattelschlepper *m*.

trade [treɪd] **I** *s.* **1.** ☤ Handel *m*, (Handels)Verkehr *m*: ***foreign ~*** a) Außenhandel, b) ⚓ große Fahrt; ***home ~*** a) Binnenhandel, b) ⚓ kleine Fahrt; → ***board*** 9; **2.** ☤ Geschäft *n*: a) Gewerbe *n*, Geschäftszweig *m*, Branche *f*, b) (Einzel-, Groß)Handel *m*, c) Geschäftslage *f*, -gewinn *m*: ***be in ~*** (Einzel)Händler sein; ***do a good ~*** gute Geschäfte machen; ***sell to the ~*** an Wiederverkäufer abgeben; **3.** ☤ ***the ~*** a) *coll.* die Geschäftswelt, b) *Brit.* der Spirituˈosenhandel, c) die Kundschaft; **4.** Gewerbe *n*, Beruf *m*, Handwerk *n*: ***the ~*** *coll.* die Zunft *od.* Gilde; ***by ~*** *Bäcker etc.* von Beruf; ***every man to his ~*** jeder, wie er es gelernt hat; ***the ~ of war*** das Kriegshandwerk; **5.** *mst* ***the ~s*** *pl.* die Pasˈsatwinde *pl.*; **II** *v/i.* **6.** Handel treiben, handeln (***in*** mit *et.*); in Geschäftsverbindung stehen (***with*** mit *j-m*); *Am.* (ein)kaufen (***with*** bei *j-m*, ***at*** in *e-m Laden*); **7.** **~ (*up*)*on*** *fig.* spekulieren *od.* ‚reisen' auf (*acc.*), ausnutzen; **III** *v/t.* **8.** (aus)tauschen (***for*** gegen); **9.** **~ *in*** *bsd. Auto* in Zahlung geben; **~ ac·cept·ance** *s.* ☤ ˈHandelsakˌzept *n*; **~ ac·count** *s. Bilanz*: a) ***~s payable*** Warenschulden *pl.*, b) ***~s receivable*** Warenforderungen *pl.*; **~ as·so·ci·a·tion** *s.* **1.** Wirtschaftsverband *m*; **2.** Arbeitgeberverband *m*; **~ bal·ance** *s.* ˈHandelsbiˌlanz *f*; **~ bar·riers** *s. pl.* Handelsschranken *pl.*; **~ bill** *s.* Warenwechsel *m*; **~ cy·cle** *s.* Konjunkˈturzyklus *m*; **~ di·rec·to·ry** *s.* Branchen-, Firmenverzeichnis *n*, ˈHandelsaˌdreßbuch *n*; **~ dis·count** *s.* ˈHändlerraˌbatt *m*; **~ fair** *s.* (Handels)Messe *f*; **~ gap** *s.* ˈHandelsbiˌlanzdefizit *n*; ˈ**~-in** *s.* in Zahlung gegebene Sache (*bsd. Auto*): **~ *value*** Eintausch-, Verrechnungswert *m*; ˈ**~·mark I** *s.* **1.** Warenzeichen *n*: ***registered ~*** eingetragenes Warenzeichen; **2.** *fig.* Kennzeichen *n*; **II** *v/t.* **3.** *Ware* gesetzlich schützen lassen: ***~ed goods*** Markenartikel; **~ mis·sion** *s. pol.* ˈHandelsmissiˌon *f*; **~ name** *s.* **1.** Handelsbezeichnung *f*, Markenname *m*; **2.** Firmenname *m*, Firma *f*; **~ price** *s.* (Groß)Handelspreis *m*.

trad·er [ˈtreɪdə] *s.* **1.** Händler *m*, Kaufmann *m*; **2.** *Börse*: ˈWertpaˌpierhändler *m*; **3.** ⚓ Handelsschiff *n*.

trade| school *s.* Gewerbeschule *f*; **~ secret** *s.* Geschäftsgeheimnis *n*; **~ show** *s.* Filmvorführung *f* für Verleiher u. Kritiker.

trades|·man [ˈtreɪdzmən] *s.* [*irr.*] **1.** (Einzel)Händler *m*; **2.** Ladeninhaber *m*; **3.** Handwerker *m*; ˈ**~·peo·ple** [-zp-] *s. pl.* Geschäftsleute *pl.*

trade| sym·bol *s.* Bild *n* (*Warenzeichen*); **~ un·ion** *s.* Gewerkschaft *f*; **~ un·ion·ism** *s.* Gewerkschaftswesen *n*; **~ un·ion·ist** *s.* Gewerkschaftler(in); **~ wind** *s.* Pasˈsatwind *m*.

trad·ing [ˈtreɪdɪŋ] **I** *s.* **1.** Handeln *n*; **2.** Handel *m* (***in*** mit *et.*, ***with*** mit *j-m*); **II** *adj.* **3.** Handels…; **~ a·re·a** *s.* ☤ Absatzgebiet *n*; **~ cap·i·tal** *s.* Beˈtriebskapiˌtal *n*; **~ com·pa·ny** *s.* Handelsgesellschaft *f*; **~ post** *s.* Handelsniederlassung *f*; **~ stamp** *s.* Raˈbattmarke *f*.

tra·di·tion [trəˈdɪʃn] *s.* **1.** Traditiˈon *f*: a) (mündliche) Überˈlieferung (*a. eccl.*), b) Herkommen *n*, (alter) Brauch, Brauchtum *n*: ***be in the ~*** sich im Rahmen der Tradition halten; **2.** ⚖ Auslieferung *f*, ˈÜbergabe *f*; **traˈdi·tion·al** [-ʃənl] *adj.* ☐ traditioˈnell, Traditions…: a) (mündlich) überˈliefert, b) herkömmlich, brauchtümlich, (alt)hergebracht, üblich; **traˈdi·tion·al·ism** [-ʃnəlɪzəm] *s. bsd. eccl.* Traditionaˈlismus *m*, Festhalten *n* an der Überˈlieferung.

tra·duce [trəˈdjuːs] *v/t.* verleumden.

traf·fic [ˈtræfɪk] **I** *s.* **1.** (öffentlicher, Straßen-, Schiffs-, Eisenbahn- *etc.*) Verkehr; **2.** (Perˈsonen-, Güter-, Nachrichten-, Fernsprech- *etc.*)Verkehr *m*; **3.** a) (Handels)Verkehr *m*, Handel *m* (***in*** in *dat.*, mit), b) *b.s.* (ˈilleˌgaler) Handel: ***drug ~***; **4.** *fig.* a) Verkehr *m*, Geschäft(e *pl.*) *n*, b) Austausch *m* (***in*** von): **~ *in ideas***; **II** *v/i. pret. u. p.p.* ˈ**traf·ficked** [-kt] **5.** handeln, Handel treiben (***in*** in *dat.*, ***with*** mit); **6.** *fig.* verhandeln (***with*** mit).

traf·fi·ca·tor [ˈtræfɪkeɪtə] *s. mot. Brit.* a) Blinker *m*, b) *hist.* Winker *m*.

traf·fic| cen·sus *s.* Verkehrszählung *f*; **~ cir·cle** *s. mot. Am.* Kreisverkehr *m*; **~ is·land** *s.* Verkehrsinsel *f*; **~ jam** *s.* Verkehrsstauung *f*, -stockung *f*, (Fahrzeug)Stau *m*.

traf·fick·er [ˈtræfɪkə] *s.* (*a.* ˈilleˌgaler) Händler.

traf·fic| lane *s. mot.* Spur *f*; **~ lights** *s. pl.* Verkehrsampel *f*; **~ man·a·ger** *s.* ☤ **1.** Versandleiter *m*; **2.** Beˈtriebsdiˌrektor *m*; **~ of·fence** *s. Brit.*, **~ of·fense** *s. Am.* Verˈkehrsdeˌlikt *n*; **~ of·fend·er** *s.* Verkehrssünder *m*; **~ reg·u·la·tions** *s. pl.* Verkehrsvorschriften *pl.*, (Straßen)Verkehrsordnung *f*; **~ sign** *s.* Verkehrszeichen *n*, -schild *n*; **~ ward·en** *s.* Poliˈtesse *f*.

tra·ge·di·an [trəˈdʒiːdjən] *s.* **1.** Tragiker *m*, Trauerspieldichter *m*; **2.** *thea.* Traˈgöde *m*, tragischer Darsteller *m*; **tra·ge·di·enne** [trədʒiːˈdjen] *s. thea.* Traˈgödin *f*; **trag·e·dy** [ˈtrædʒɪdɪ] *s.* **1.** Traˈgödie *f*: a) *thea.* Trauerspiel *n*, b) *fig.* tragische Begebenheit, *a.* Unglück *n*; **2.** *fig. das* Tragische; **trag·ic**, **trag·i·cal** [ˈtrædʒɪk(l)] *adj.* ☐ *thea. u. fig.* tragisch: ***~ly*** tragischerweise; **trag·i·com-**

e·dy [ˌtrædʒɪ'kɒmɪdɪ] *s.* Tragiko'mödie *f* (*a. fig.*); **trag·i·com·ic** [ˌtrædʒɪ'kɒmɪk] *adj.* (□ **~ally**) tragi'komisch.

trail [treɪl] **I** *v/t.* **1.** (nach)schleppen, (-)schleifen, hinter sich her ziehen: **~ one's coat** *fig.* Streit suchen; **2.** verfolgen (*acc.*), nachspüren (*dat.*), ‚beschatten' (*acc.*); **3.** zu'rückbleiben hinter (*dat.*); **II** *v/i.* **4.** schleifen (*Rock etc.*); **5.** wehen, flattern; her'unterhängen; **6.** ⚘ kriechen, sich ranken; **7.** (sich da'hin-)ziehen (*Rauch etc.*); **8.** sich da'hinschleppen; **9.** nachhinken (*a. fig.*); **10.** **~ off** sich verlieren (*Klang, Stimme etc.*); **III** *s.* **11.** geschleppter Teil, *z.B.* Schleppe *f* (*Kleid*); **12.** *fig.* Schweif *m*, Schwanz *m* (*Meteor etc.*): **~ of smoke** Rauchfahne *f*; **13.** Spur *f*: **~ of blood**; **14.** *hunt. u. fig.* Fährte *f*, Spur *f*: **on s.o.'s ~** j-m auf der Spur *od.* auf den Fersen; **off the ~** von der Spur abgekommen; **15.** (Trampel)Pfad *m*, Weg *m*: **blaze the ~** a) den Weg markieren, b) *fig.* den Weg bahnen (**for** für), bahnbrechend sein; **'~ˌblaz·er** *s.* **1.** Pistensucher *m*; **2.** *fig.* Bahnbrecher *m*, Pio'nier *m*.

trail·er ['treɪlə] *s.* **1.** ⚘ Kriechpflanze *f*; rankender Ausläufer; **2.** *mot.* a) Anhänger *m*, b) *Am.* Wohnwagen *m*, Caravan *m*: **~ camp**, **~ park** Platz *m* für Wohnwagen; **3.** *Film, TV*: (Pro'gramm-)Vorschau *f*; **'trail·er·ite** *s. Am.* Caravaner *m*.

trail·ing| a·e·ri·al ['treɪlɪŋ] *s.* ϟ 'Schleppanˌtenne *f*; **~ ax·le** *s. mot.* nicht angetriebene Achse, Schleppachse *f*.

train [treɪn] **I** *s.* **1.** (Eisenbahn)Zug *m*: **~ journey** Bahnfahrt *f*; **~ staff** Zugpersonal *n*; **by ~** mit der Bahn; **be on the ~** im Zug sein *od.* sitzen; **take a ~ to** mit dem Zug fahren nach; **2.** Zug *m von Personen, Wagen etc.*, Kette *f*, Ko'lonne *f*: **~ of barges** Schleppzug (*Kähne*); **3.** Gefolge *n* (*a. fig.*): **have** (*od.* **bring**) **in its ~** *et.* mit sich bringen, zur Folge haben; **4.** *fig.* Folge *f*, Kette *f*, Reihe *f von Ereignissen etc.*: **~ of thought** Gedankengang *m*; **in ~** a) im Gang, im Zuge, b) bereit (**for** für); **put in ~** in Gang setzen; **5.** Schleppe *f am Kleid*; **6.** (Ko'meten)Schweif *m*; **7.** ⚒, ⚔ Zündlinie *f*; **8.** ⚙ Räder-, Triebwerk *n*; **II** *v/t.* **9.** auf-, erziehen; **10.** ⚘ ziehen; **11.** *j-n* ausbilden (*a.* ⚔), *a. Auge, Geist etc.* schulen: → **trained**; **12.** *j-m et.* einexerzieren, beibringen; **13.** a) *Sportler, a. Pferde* trainieren, b) *Tiere* abrichten, dressieren (**to do** zu tun), *Pferd* zureiten; **14.** ⚔ *Geschütz* richten (**on** auf *acc.*); **III** *v/i.* **15.** sich ausbilden (**for** zu, als); sich schulen *od.* üben; **16.** *sport* trainieren (**for** für); **17.** *a.* **~ it** F mit der Bahn fahren; **~ down** *v/i. sport* abtrainieren, ‚abkochen'.

'train|ˌbear·er *s.* Schleppenträger *m*; **~ call** *s. teleph.* Zuggespräch *n*.

trained [treɪnd] *adj.* **1.** geübt, geschult (*Auge, Geist etc.*); **2.** (voll) ausgebildet, geschult, Fach...: **~ men** Fachkräfte; **train·ee** [treɪ'niː] *s.* **1.** a) Auszubildende(r *m*) *f*, Lehrling *m*, b) Prakti'kant (-in), c) *Management*: Trai'nee *m, f*: **~ nurse** Lernschwester *f*; **2.** ⚔ *Am.* Re'krut *m*; **'train·er** [-nə] *s.* **1.** Ausbilder *m*; **2.** *sport* Trainer *m*; **3.** a) Abrichter *m*, ('Hunde- *etc.*)Dresˌseur *m*, b) Zureiter *m*; **4.** ✈ a) Schulflugzeug *n*, b) ('Flug)Simuˌlator *m*; **5.** *mst pl.* Turnschuh *m*.

train fer·ry *s.* Eisenbahnfähre *f*.

train·ing ['treɪnɪŋ] **I** *s.* **1.** Schulung *f*, Ausbildung *f*; **2.** Üben *n*; **3.** *sport* Training *n*: **be in ~** a) im Training stehen, b) (gut) in Form sein; **go into ~** das Training aufnehmen; **out of ~** nicht in Form; **4.** a) Abrichten *n von Tieren*, b) Zureiten *n*; **II** *adj.* **5.** Ausbildungs..., Schul(ungs)..., Lehr...; **6.** *sport* Trainings...; **~ camp** *s.* **1.** *sport* Trainingslager *n*; **2.** ⚔ Ausbildungslager *n*; **~ cen·ter** *Am.*, **~ cen·tre** *Brit. s.* Ausbildungszentrum *n*; **~ film** *s.* Lehrfilm *m*; **~ school** *s.* **1.** *ped.* Aufbauschule *f*; **2.** ⚖ Jugendstrafanstalt *f*; **~ ship** *s.* ⚓ Schulschiff *n*.

'train|·load *s.* Zugladung *f*; **~ oil** *s.* (Fisch)Tran *m*, *bsd.* Walöl *n*; **'~·sick** *adj.*: **she gets ~** ihr wird beim Zugfahren schlecht.

traipse [treɪps] → **trapse**.

trait [treɪ] *s.* **1.** (Cha'rakter)Zug *m*, Merkmal *n*; **2.** *Am.* Gesichtszug *m*.

trai·tor ['treɪtə] *s.* Verräter *m* (**to** an *dat.*); **'trai·tor·ous** [-tərəs] *adj.* □ verräterisch; **'trai·tress** [-trɪs] *s.* Verräterin *f*.

tra·jec·to·ry ['trædʒɪktərɪ] *s.* **1.** *phys.* Flugbahn *f*, Fallkurve *f e-r Bombe*; **2.** ⩓ Trajekto'rie *f*.

tram [træm] **I** *s.* **1.** *Brit.* (**by ~** mit der) Straßenbahn *f*; **2.** ⚒ Förderwagen *m*, Hund *m*; **II** *v/i.* **3.** *a.* **~ it** *Brit.* mit der Straßenbahn fahren; **'~·car** *s. Brit.* Straßenbahnwagen *m*; **'~·line** *s.* **1.** *Brit.* Straßenbahnlinie *f*; **2.** *pl. Tennis etc.*: Seitenlinien *pl.* für Doppel; **3.** *pl. fig.* 'Leitprinˌzipien *pl.*

tram·mel ['træml] **I** *s.* **1.** (Schlepp)Netz *n*; **2.** Spannriemen *m für Pferde*; **3.** *fig.* Fessel *f*; **4.** Kesselhaken *m*; **5.** ⩓ El'lipsenzirkel *m*; **6.** *a.* **pair of ~s** Stangenzirkel *m*; **II** *v/t.* **7.** *mst fig.* hemmen.

tra·mon·tane [trə'mɒnteɪn] *adj.* **1.** transal'pin(isch); **2.** *fig.* fremd, bar'barisch.

tramp [træmp] **I** *v/i.* **1.** trampeln (**[up]on** auf *acc.*); sta(m)pfen; **2.** *mst* **~ it** marschieren, wandern, ‚tippeln'; **3.** vagabundieren; **II** *v/t.* **4.** durch'wandern; **5.** **~ down** niedertrampeln; **III** *s.* **6.** Getrampel *n*; **7.** (schwerer) Tritt; **8.** (Fuß)Marsch *m*, Wanderung *f*: **on the ~** auf (der) Wanderschaft; **9.** Landstreicher *m*; **10.** F ‚Luder' *n*, ‚Flittchen' *n*; **11.** ⚓ Trampschiff *n*; **'tram·ple** [-pl] **I** *v/i.* **1.** (her'um)trampeln (**[up]on** auf *dat.*); **2.** *fig.* mit Füßen treten (**[up]on** *acc.*); **II** *v/t.* **3.** (zer)trampeln: **~ down** niedertrampeln; **~ out** *Feuer* austreten; **~ under foot** he'rumtrampeln auf (*dat.*); **III** *s.* **4.** Trampeln *n*.

tram·po·lin(e) ['træmpəlɪn] *s. sport* Trampo'lin *n*; **'tram·po·lin·er** *s.* Trampo'linspringer(in), -turner(in).

'tram·way *s.* **1.** *Brit.* Straßenbahn(linie) *f*; **2.** ⚒ Grubenbahn *f*.

trance [trɑːns] *s.* **1.** Trance(zustand *m*) *f*: **go** (**put**) **into a ~** in Trance fallen (versetzen); **2.** Verzückung *f*, Ek'stase *f*.

trank [træŋk] *s. Am.* F Beruhigungsmittel *n*.

tran·quil ['træŋkwɪl] *adj.* □ **1.** ruhig, friedlich; **2.** gelassen, heiter; **tran·quil·(l)i·ty** [træŋ'kwɪlətɪ] *s.* **1.** Ruhe *f*, Friede(n) *m*, Stille *f*; **2.** Gelassenheit *f*, Heiterkeit *f*; **'tran·quil·(l)ize** [-laɪz] *v/t.* (*v/i.* sich) beruhigen; **'tran·quil·(l)iz·er** [-laɪzə] *s.* Beruhigungsmittel *n*.

trans·act [træn'zækt] **I** *v/t. Geschäfte etc.* ('durch)führen, abwickeln; *Handel* abschließen; **II** *v/i.* ver-, unter'handeln (**with** mit); **trans'ac·tion** [-kʃn] *s.* **1.** 'Durchführung *f*, Abwicklung *f*, Erledigung *f*; **2.** Ver-, Unter'handlung *f*; **3.** a) ☨ Transakti'on *f*, (Geschäfts)Abschluß *m*, Geschäft *n*, b) ⚖ Rechtsgeschäft *n*; **4.** *pl.* ☨ (Ge'schäfts)ˌUmsatz *m*; **5.** *pl.* Proto'koll *n*, Sitzungsbericht *m*.

trans·al·pine [ˌtrænz'ælpaɪn] *adj.* transal'pin(isch).

trans·at·lan·tic [ˌtrænzət'læntɪk] *adj.* **1.** transat'lantisch, 'überseeisch; **2.** Übersee...: **~ liner**; **~ flight** Ozeanflug *m*.

trans·ceiv·er [træn'siːvə] *s.* ϟ Sender-Empfänger *m*.

tran·scend [træn'send] *v/t.* **1.** *bsd. fig.* über'schreiten, -'steigen; **2.** *fig.* über'treffen; **tran'scend·ence** [-dəns], **tran'scend·en·cy** [-dənsɪ] *s.* **1.** Über'legenheit *f*, Erhabenheit *f*; **2.** *phls.*, *eccl.*, *a.* ⩓ Transzen'denz *f*; **tran'scend·ent** [-dənt] *adj.* □ **1.** transzen'dent: a) *phls.* 'übersinnlich, b) *eccl.* 'überweltlich; **2.** her'vorragend.

tran·scen·den·tal [ˌtrænsen'dentl] *adj.* □ **1.** *phls.* transzenden'tal: a) meta'physisch, b) *bei Kant*: apri'orisch: **~ meditation** transzendentale Meditation; **2.** 'überna'türlich; **3.** erhaben; **4.** ab'strus, verworren; **5.** ⩓ transzen'dent; **ˌtran·scen'den·tal·ism** [-təlɪzəm] *s.* Transzenden'talphilosoˌphie *f*.

tran·scribe [træn'skraɪb] *v/t.* **1.** abschreiben; **2.** *Stenogramm etc.* über'tragen; **3.** ♪ transkribieren; **4.** *Radio, TV*: a) aufzeichnen, auf Band aufnehmen, b) (vom Band) über'tragen; **5.** *Computer*: 'umschreiben; **tran·script** ['trænskrɪpt] *s.* Abschrift *f*, Ko'pie *f*; **tran'scrip·tion** [-rɪpʃn] *s.* **1.** Abschreiben *n*; **2.** Abschrift *f*; **3.** 'Umschrift *f*; **4.** ♪ Transkripti'on *f*; **5.** *Radio, TV*: a) Aufnahme *f*, b) Aufzeichnung *f*.

trans·duc·er [trænz'djuːsə] *s.* **1.** ϟ ('Um)Wandler; **2.** ⚙ 'Umformer; **3.** *Computer*: Wandler *m*.

tran·sept ['trænsept] *s.* ⩓ Querschiff *n*.

trans·fer [træns'fɜː] **I** *v/t.* **1.** hin'überbringen, -schaffen (**from ... to** von ... nach *od.* zu); **2.** über'geben (**to** *dat.*); **3.** *Betrieb, Truppen, Wohnsitz etc.* verlegen, *Beamten, Schüler in e-e andere Schule etc.* versetzen (**to** nach, **in**, **into** in *acc.*); *Technologie, a. sport Spieler* transferieren; ⚕ *Patienten* über'weisen; **4.** ⚖ (**to**) über'tragen (auf *acc.*), abtreten (an *acc.*); **5.** ☨ a) *Summe* vortragen, b) *Posten, Wertpapiere* 'umbuchen, c) *Aktien etc.* über'tragen; **6.** *Geld* über'weisen; **7.** *fig. Zuneigung etc.* über'tragen (**to** auf *acc.*); **8.** *typ. Druck, Stich etc.* 'umdrucken, über'tragen; **II** *v/i.* **9.** 'übertreten (**to** zu); **10.** verlegt *od.* versetzt werden (**to** nach); **11.** 🚆 *etc.* 'umsteigen; **III** *s.* ['trænsfɜː] **12.** (**to**) Über'tragung *f* (auf *acc.*), 'Übergabe *f* (an *acc.*); **13.** Wechsel *m* (**to** zu); **14.** (**to**) a) Verlegung *f* (nach), b) Versetzung *f* (nach), c) *sport* Trans'fer *m od.* Wechsel *m* (zu); **15.** ⚖ (**to**)

Über'tragung *f* (**to** auf *acc.*), Abtretung *f* (an *acc.*); **16.** ('Geld)Über‚weisung *f*: **~ business** † Giroverkehr *m*; **~ of foreign exchange** Devisentransfer *m*; **17.** † ('Wertpa‚pier- *etc.*)‚Umbuchung *f*; **18.** † ('Aktien- *etc.*)Über‚tragung *f*; **19.** *typ.* a) Über'tragung *f*, 'Umdruck *m*, b) Abziehen *n*, Abzug *m*, c) Abziehbild *n*; **20.** 🚂 *etc.* a) 'Umsteigen *n*, b) 'Umsteigefahrkarte *f*, c) *a.* ⚓ 'Umschlagplatz *m*, d) Fährboot *n*; **trans'fer·a·ble** [-'fɜːrəbl] *adj. bsd.* †, ⚖ über'tragbar (*a. Wahlstimme*).

trans·fer| bank *s.* † Girobank *f*; **~ book** *s.* † 'Umschreibungs-, Aktienbuch *n*; **~ day** *s.* † 'Umschreibungstag *m*; **~ deed** *s.* Über'tragungsurkunde *f*.

trans·fer·ee [‚trænsfɜː'riː] *s.* Zessio'nar *m*, Über'nehmer *m*; **trans·fer·ence** ['trænsfərəns] *s.* **1.** → **transfer** 14, 15, 17, 18; **2.** *psych.* Über'tragung *f*; **trans·fer·en·tial** [‚trænsfə'renʃl] *adj.* Über'tragungs…

trans·fer ink *s. typ.* 'Umdrucktinte *f*, -farbe *f*.

trans·fer·or [træns'fɜːrə] *s.* ⚖ Ze'dent *m*, Abtretende(r *m*) *f*.

trans·fer| pa·per *s. typ.* 'Umdruckpa‚pier *n*; **~ pic·ture** *s.* Abziehbild *n*.

trans·fer·rer [træns'fɜːrə] *s.* **1.** Über'trager *m*; **2.** → **transferor**.

trans·fer tick·et → **transfer** 20b.

trans·fig·u·ra·tion [‚trænsfɪgjʊ'reɪʃn] *s.* **1.** 'Umgestaltung *f*; **2.** *eccl.* a) Verklärung *f*, b) ♀ Fest *n* der Verklärung (*6. August*); **trans·fig·ure** [træns'fɪgə] *v/t.* **1.** 'umgestalten; **2.** *eccl. u. fig.* verklären.

trans·fix [træns'fɪks] *v/t.* **1.** durch'stechen, -'bohren (*a. fig.*); **2.** *fig.* lähmen: **~ed** (wie) versteinert, starr (**with** vor *dat.*).

trans·form [træns'fɔːm] **I** *v/t.* **1.** 'umgestalten, -wandeln (**[in]to** in *acc.*, zu); 'umformen (*a.* ⚛); *a. j-n* verwandeln, verändern; **2.** ⚡ 'umspannen; **II** *v/i.* **3.** sich verwandeln (**into** zu); **trans·for·ma·tion** [‚trænsfə'meɪʃn] *s.* **1.** 'Umgestaltung *f*, -bildung *f*; 'Umwandlung *f*, -formung *f* (*a.* ⚛); Verwandlung *f*, (*a.* Cha'rakter-, Sinnes)Änderung *f*; **~ of energy** *phys.* Energieumsetzung *f*; **~ (scene)** *thea.* Verwandlungsszene *f*; **2.** ⚡ 'Umspannung *f*; **3.** 'Damenpe‚rücke *f*; **trans'form·er** [-mə] *s.* **1.** 'Umgestalter(in); **2.** ⚡ Transfor'mator *m*.

trans·fuse [træns'fjuːz] *v/t.* **1.** 'umgießen; **2.** ⚕ a) *Blut* über'tragen, b) e-e 'Bluttransfusi‚on machen bei, c) *Serum etc.* einspritzen; **3.** *fig.* einflößen (**into** *dat.*); **4.** *fig.* durch'dringen, erfüllen (**with** mit, von); **trans'fu·sion** [-juːʒn] *s.* **1.** 'Umgießen *n*; **2.** ⚕ ('Blut)Transfusi‚on *f*; **3.** *fig.* Erfüllung (**with** mit).

trans·gress [træns'gres] **I** *v/t.* **1.** über'schreiten (*a. fig.*); **2.** *fig. Gesetze etc.* über'treten; **II** *v/i.* **3.** (**against** gegen) sich vergehen, sündigen; **trans'gres·sion** [-eʃn] *s.* **1.** Über'schreitung *f* (*a. fig.*); **2.** Über'tretung *f von Gesetzen etc.*; **3.** Vergehen *n*, Missetat *f*; **trans'gres·sor** [-sə] *s.* Missetäter(in).

tran·sience ['trænzɪəns], **'tran·sien·cy** [-nsɪ] *s.* Vergänglichkeit *f*, Flüchtigkeit *f*; **'tran·sient** [-nt] **I** *adj.* □ **1.** *zeitlich* vor'übergehend; **2.** vergänglich, flüchtig; **3.** *Am.* Durchgangs…: **~ camp**; **~ visitor** → 5; **4.** ⚡ Einschalt…, Einschwing…; **II** *s.* **5.** *Am.* 'Durchreisende(r *m*) *f*; **6.** ⚡ a) Einschaltstoß *m*, b) Einschwingvorgang, c) Wanderwelle *f*.

trans·i·re [trænz'aɪərɪ] *s.* † Zollbegleitschein *m*.

tran·sis·tor [træn'sɪstə] *s.* ⚡ Tran'sistor *m*; **tran'sis·tor·ize** [-raɪz] *v/t.* ⚡ transistorisieren.

trans·it ['trænsɪt] **I** *s.* **1.** 'Durch-, 'Überfahrt *f*; **2.** *a. ast.* 'Durchgang *m*; **3.** † Tran'sit *m*, 'Durchfuhr *f*, Trans'port *m*: **in ~** unterwegs, auf dem Transport; **4.** † 'Durchgangsverkehr *m*; **5.** 'Durchgangsstraße *f*; **6.** *Am.* öffentliche Verkehrsmittel *pl.*; **7.** *fig.* 'Übergang *m* (**to** zu); **II** *adj.* **8.** *a.* † Durchgangs… (*-lager*, *-verkehr etc.*): **~ visa** Durchreise-, Transitvisum *n*; **9.** † Durchfuhr…, Transit…: **~ trade** Transithandel *m*.

tran·si·tion [træn'sɪʒn] **I** *s.* **1.** 'Übergang *m* (*a.* ♪, *phys.*); **2.** 'Übergangszeit *f*: (**state of**) **~** Übergangsstadium *n*; **II** *adj.* **3.** → **tran'si·tion·al** [-ʒənl] *adj.* □ Übergangs…, Überleitungs…, Zwischen…

tran·si·tive ['trænsɪtɪv] *adj.* □ **1.** *ling.* transitiv: **~ (verb)** Transitiv *n*, transitives Verb; **2.** Übergangs…

tran·si·to·ri·ness ['trænsɪtərɪnɪs] *s.* Flüchtigkeit *f*, Vergänglichkeit *f*; **tran·si·to·ry** ['trænsɪtərɪ] *adj.* □ **1.** *zeitlich* vor'übergehend, transi'torisch; **2.** vergänglich, flüchtig.

trans·lat·a·ble [træns'leɪtəbl] *adj.* über'setzbar; **trans·late** [træns'leɪt] **I** *v/t.* **1.** *Buch etc.* über'setzen (*a. Computer*), -'tragen (**into** in *acc.*); **2.** *fig. Grundsätze etc.* über'tragen (**into** in *acc.*, zu): **~ ideas into action** Gedanken in die Tat umsetzen; **3.** *fig.* a) auslegen, b) ausdrücken (**in** in *dat.*); **4.** *eccl.* a) *Geistlichen* versetzen, b) *Reliquie etc.* 'überführen, verlegen (**to** nach), c) *j-n* entrücken; **5.** *Brit. Schuhe etc.* 'umarbeiten; **6.** ⚙ *Bewegung* über'tragen (**to** auf *acc.*); **II** *v/i.* **7.** sich *gut etc.* über'setzen lassen; **trans'la·tion** [-eɪʃn] *s.* **1.** Über'setzung *f*, -'tragung *f*; **2.** *fig.* Auslegung *f*; **3.** *eccl.* a) Versetzung *f*, b) Entrükkung *f*; **trans'la·tor** [-tə] *s.* **1.** Über'setzer(in); **2.** *Computer*: Über'setzer *m*.

trans·lit·er·ate [trænz'lɪtəreɪt] *v/t.* transkribieren, 'umschreiben; **trans·lit·er·a·tion** [‚trænzlɪtə'reɪʃn] *s.* Transkripti'on *f*.

trans·lo·cate [‚trænzləʊ'keɪt] *v/t.* verlagern.

trans·lu·cence [trænz'luːsns], **trans'lu·cen·cy** [-sɪ] *s.* **1.** 'Durchscheinen *n*; **2.** 'Licht‚durchlässigkeit *f*; **trans'lu·cent** *adj.* □ **1.** a) 'licht‚durchlässig, b) halb 'durchsichtig; **2.** 'durchscheinend.

trans·ma·rine [‚trænzmə'riːn] *adj.* 'überseeisch, Übersee…

trans·mi·grant [trænz'maɪgrənt] *s.* 'Durchreisende(r *m*) *f*, -wandernde(r *m*) *f*; **trans·mi·grate** [‚trænzmaɪ'greɪt] *v/i.* **1.** fortziehen; **2.** 'übersiedeln; **3.** auswandern; **4.** wandern (*Seele*); **trans·mi·gra·tion** [‚trænzmaɪ'greɪʃn] *s.* **1.** Auswanderung *f*, 'Übersiedlung *f*; **2.** *a.* **~ of souls** Seelenwanderung *f*; **3.** ⚕ a) 'Überwandern *n* (*Ei-*, *Blutzelle etc.*), b) Diape'dese *f*.

trans·mis·si·ble [trænz'mɪsəbl] *adj.* **1.** über'sendbar; **2.** *a.* ⚕ *u. fig.* über'tragbar (**to** auf *acc.*).

trans·mis·sion [trænz'mɪʃn] *s.* **1.** Über'sendung *f*, -'mittlung *f*; † Versand *m*; **2.** Über'mittlung *f von Nachrichten etc.*; **3.** *ling.* ('Text)Über‚lieferung *f*; **4.** ⚙ a) Transmissi'on *f*, Über'setzung *f*, -'tragung *f*, b) Triebwelle *f*, -werk *n*: **~ gear** Wechselgetriebe *n*; **5.** Über'tragung *f*: a) *biol.* Vererbung *f*, b) ⚕ Ansteckung *f*, c) *Radio*, *TV*: Sendung *f*, d) ⚖ Über'lassung *f*, e) *phys.* Fortpflanzung *f*; **~ belt** *s.* ⚙ Treibriemen *m*; **~ gear·ing** *s.* ⚙ Über'setzungsgetriebe *n*; **~ ra·tio** *s.* ⚙ Über'setzungsverhältnis *n*; **~ shaft** *s.* ⚙ Kar'danwelle *f*.

trans·mit [trænz'mɪt] *v/t.* **1.** (**to**) über'senden, -'mitteln (*dat.*), (ver)senden (an *acc.*); *a. Telegramm etc.* weitergeben (an *acc.*), befördern; **2.** *Nachrichten etc.* mitteilen (**to** *dat.*); **3.** *fig. Ideen etc.* über'mitteln, weitergeben (**to** an *acc.*); **4.** über'tragen (*a.* ⚕): a) *biol.* vererben, b) ⚖ über'schreiben, vermachen; **5.** *phys. Wellen, Wärme etc.* a) (weiter)leiten, b) *a. Kraft* über'tragen, c) *Licht etc.* 'durchlassen; **trans'mit·tal** [-tl] → **transmission** 1–4a; **trans'mit·ter** [-tə] *s.* **1.** Über'sender *m*, -'mittler *m*; **2.** *Radio*: a) Sendegerät *n*, b) Sender *m*; **3.** *teleph.* Mikro'phon *n*; **4.** ⚙ (Meßwert)Geber *m*; **trans'mit·ting** [-tɪŋ] *adj.* Sende…(*-antenne*, *-stärke etc.*): **~ station** Sender *m*.

trans·mog·ri·fy [trænz'mɒgrɪfaɪ] *v/t. humor.* (gänzlich) 'ummodeln.

trans·mut·a·ble [trænz'mjuːtəbl] *adj.* □ 'umwandelbar; **trans·mu·ta·tion** [‚trænzmjuː'teɪʃn] *s.* **1.** 'Umwandlung *f* (*a.* ⚗, *phys.*); **2.** *biol.* Transmutati'on *f*, 'Umbildung *f*; **trans·mute** [trænz'mjuːt] *v/t.* 'umwandeln (**into** in *acc.*).

trans·na·tion·al [trænz'næʃənl] *adj.* 'über-, † 'multinatio‚nal.

trans·o·ce·an·ic ['trænz‚əʊʃɪ'ænɪk] *adj.* **1.** transoze'anisch, 'überseeisch; **2.** a) Übersee…, b) Ozean…

tran·som ['trænsəm] *s.* △ a) Querbalken *m über e-r Tür*, b) (Quer)Blende *f e-s Fensters*.

tran·son·ic [træn'sɒnɪk] *adj. phys.* Überschall…

trans·par·en·cy [træns'pærənsɪ] *s.* **1.** *a. fig.* 'Durchsichtigkeit *f*, Transpa'renz *f*; **2.** Transpa'rent *n*, Leuchtbild *n*; **3.** *phot.* Dia(posi'tiv) *n*; **trans'par·ent** [-nt] *adj.* □ **1.** 'durchsichtig (*a. fig. offenkundig*): **~ colo(u)r** ⚙ Lasurfarbe; **~ slide** Diapositiv *n*; **2.** *phys.* transpa'rent, 'licht‚durchlässig; **3.** *fig.* a) klar (*Stil etc.*), b) offen, ehrlich.

tran·spi·ra·tion [‚trænspɪ'reɪʃn] *s.* **1.** (*bsd.* Haut)Ausdünstung *f*; **2.** Schweiß *m*; **tran·spire** [træn'spaɪə] **I** *v/i.* **1.** *physiol.* transpirieren, schwitzen; **2.** ausgedünstet werden; **3.** *fig.* 'durchsickern, bekannt werden; **4.** *fig.* passieren, sich ereignen; **II** *v/t.* **5.** ausdünsten, ausschwitzen.

trans·plant [træns'plɑːnt] **I** *v/t.* **1.** ⚘ 'umpflanzen; **2.** ⚕ transplantieren, verpflanzen; **3.** *fig.* versetzen, -pflanzen (**to** nach, **into** in *acc.*); **II** *v/i.* **4.** sich verpflanzen lassen; **III** *s.* ['trænsplɑːnt] **5.** a) → **transplantation**, b) ⚕ Transplan'tat *n*; **trans·plan·ta·tion** [‚trænsplɑːn'teɪʃn] *s.* Verpflanzung *f*: a) ⚘

ˈUmpflanzung *f*, b) *fig.* Versetzung *f*, ˈUmsiedlung *f*, c) ⚕ Transplantatiˈon *f*.

trans·port I *v/t.* [trænˈspɔːt] **1.** transportieren, befördern, versenden; **2.** *mst pass. fig.* a) *j-n* hinreißen, entzücken (***with*** vor *dat.*, von), b) heftig erregen: ***~ed with joy*** außer sich vor Freude; **3.** *bsd. hist.* deportieren; **II** *s.* [ˈtrænspɔːt] **4.** a) (ˈAb-, ˈAn)Transˌport *m*, Beförderung *f*, b) Versand *m*, c) Verschiffung *f*; **5.** Verkehr *m*; **6.** Beförderungsmittel *n od. pl.*; **7.** *a.* ***~ ship***, ***~ vessel*** a) Transˈport-, Frachtschiff *n*, b) ⚔ ˈTruppentransˌporter *m*; **8.** *a.* ***~ plane*** ✈ Transˈportflugzeug *n*; **9.** *fig.* a) Taumel *m der Freude etc.*, b) heftige Erregung: ***in a ~ of*** außer sich vor *Entzücken, Wut etc.*; **transˈport·a·ble** [-təbl] *adj.* transˈportfähig, versendbar; **trans·por·ta·tion** [ˌtrænspɔːˈteɪʃn] *s.* **1.** → ***transport*** 4; **2.** Transˈportsyˌstem *n*; **3.** *bsd. Am.* a) Beförderungsmittel *pl.*, b) Transˈportkosten *pl.*, c) Fahrausweis *m*; **4.** *bsd. hist.* Deportatiˈon *f*; **transˈport·er** [-tə] *s.* **1.** Beförderer *m*; **2.** ⚙ Förder-, Transˈportvorrichtung *f*.

trans·pose [trænsˈpəʊz] *v/t.* **1.** ˈumstellen (*a. ling.*), ver-, ˈumsetzen; **2.** ♪, ⩘, ⚗ transponieren; **trans·po·si·tion** [ˌtrænspəˈzɪʃn] *s.* **1.** ˈUmstellen *n*; **2.** ˈUmstellung *f* (*a. ling.*); **3.** ♪, ⩘ Transpositiˈon *f*; **4.** ϟ, ⚙ Kreuzung *f von Leitungen etc.*

trans·sex·u·al [trænzˈseksjʊəl] **I** *adj.* transsexuˈell; **II** *s.* Transsexuˈelle(r *m*) *f*.

trans·ship [trænsˈʃɪp] *v/t.* ☤, ⚓ ˈumladen, -schlagen; **transˈship·ment** [-mənt] *s.* ⚓ ˈUmladung *f*, ˈUmschlag *m*: ***~ charge*** Umladegebühr *f*; ***~ port*** Umschlaghafen *m*.

tran·sub·stan·ti·ate [ˌtrænsəbˈstænʃɪeɪt] *v/t.* ˈumwandeln, (*a. eccl. Brot u. Wein*) verwandeln (***into***, ***to*** in *acc.*, zu); **tran·sub·stan·ti·a·tion** [ˈtrænsəbˌstænʃɪˈeɪʃn] *s.* **1.** ˈStoffˌumwandlung *f*; **2.** *eccl.* Transsubstantiatiˈon *f*.

tran·sude [trænˈsjuːd] *v/i.* **1.** *physiol.* ˈdurchschwitzen (*Flüssigkeiten*); **2.** (ˈdurch)dringen, (-)sickern (***through*** durch); **3.** abgesondert werden.

trans·ver·sal [trænzˈvɜːsl] **I** *adj.* □ → ***transverse*** 1; **II** *s.* ⩘ Transverˈsale *f*; **trans·verse** [ˈtrænzvɜːs] **I** *adj.* □ **1.** schräg, diagoˈnal, Quer…, quer(laufend) (***to*** zu): ***~ flute*** ♪ Querflöte *f*; ***~ section*** ⩘ Querschnitt *m*; **II** *s.* **2.** Querstück *n*, -achse *f*, -muskel *m*; **3.** ⩘ große Achse e-r Elˈlipse.

trans·ves·tism [trænsˈvestɪzəm] *s. psych.* Transveˈstismus *m*; **transˈves·tite** [-taɪt] *s.* Transveˈstit *m*.

trap¹ [træp] **I** *s.* **1.** *hunt.*, *a.* ⚔ *u. fig.* Falle *f*: ***lay*** (*od.* ***set***) ***a ~ for s.o.*** j-m e-e Falle stellen; ***walk*** (*od.* ***fall***) ***into a ~*** in e-e Falle gehen; **2.** ⚗ Abscheider *m*; **3.** a) Auffangvorrichtung *f*, b) Dampf-, Wasserverschluß *m*, c) Geruchverschluß *m* (*Klosett*); **4.** ϟ (Funk)Sperrkreis *m*; **5.** *Tontaubenschießen*: ˈWurfmaˌschine *f*; **6.** *Golf*: Sandhindernis *n*; **7.** → ***trapdoor***; **8.** *Brit.* Gig *n*, zweirädriger Einspänner; **9.** *mot.* offener Zweisitzer; **10.** *pl.* ♪ Schlagzeug *n*; **11.** *sl.* ‚Klappe' *f* (*Mund*); **II** *v/t.* **12.** fangen (*a. fig.*); (*a. phys. Elektronen*) einfangen; **13.** einschließen (*a.* ⚔); verschütten; **14.** *fig.* in e-e Falle locken, ‚fangen'; **15.** Fallen aufstellen in (*dat.*); **16.** ⚙ a) mit Wasserverschluß *etc.* versehen, verschließen, b) *Gase etc.* abfangen; **III** *v/i.* **17.** Fallen stellen (***for*** *dat.*).

trap² [træp] *s. mst pl.* F ‚Klaˈmotten' *pl.*, Siebensachen *pl.*, Gepäck *n*.

trap³ [træp] *s. min.* Trapp *m*.

ˌtrap|ˈdoor *s.* **1.** Fall-, Klapptür *f*, (✈ Boden)Klappe *f*; **2.** *thea.* Versenkung *f*.

tra·peze [trəˈpiːz] *s.* Traˈpez *n*; **traˈpe·zi·form** [-zɪfɔːm] *adj.* traˈpezförmig; **traˈpe·zi·um** [-zjəm] *s.* **1.** ⩘ a) Traˈpez *n*, b) *bsd. Am.* Trapezoˈid *n*; **2.** *anat.* großes Vieleckbein (*Handwurzel*); **trap·e·zoid** [ˈtræpɪzɔɪd] **I** *s.* **1.** ⩘ a) *Brit.* Trapezoˈid *n*, b) *bsd. Am.* Traˈpez *n*; **2.** *anat.* kleines Vieleckbein (*Handwurzel*); **II** *adj.* **3.** → ***trap·e·zoi·dal*** [ˌtræpɪˈzɔɪdl] ⩘ trapezoˈid, *bsd. Am.* traˈpezförmig.

trap·per [ˈtræpə] *s.* Trapper *m*, Pelztierjäger *m*.

trap·pings [ˈtræpɪŋz] *s. pl.* **1.** Staatsgeschirr *n für Pferde*; **2.** *fig.* a) ‚Staat' *m*, Schmuck *m*, b) Drum u. Dran *n*, ‚Verzierungen' *pl.*

trapse [treɪps] *v/i.* **1.** (daˈhin)latschen; **2.** (umˈher)schlendern.

trap shoot·ing *s. sport* Trapschießen *n*.

trash [træʃ] *s.* **1.** *bsd. Am.* Abfall *m*, Müll *m*: ***~ can*** Abfall-, Mülleimer *m od.* -tonne *f*; **2.** Plunder *m*, Schund *m*; **3.** *fig.* Schund *m*, Kitsch *m* (*Bücher etc.*); **4.** ‚Blech' *n*, Unsinn *m*; **5.** Ausschuß *m*, Gesindel *n*; → ***white trash***; **ˈtrash·i·ness** [-ʃɪnɪs] *s.* Wertlosigkeit *f*, Minderwertigkeit *f*; **ˈtrash·y** [-ʃɪ] *adj.* □ wertlos, minderwertig, kitschig, Schund…, Kitsch…

trau·ma [ˈtrɔːmə] *s.* Trauma *n*: a) ⚕ Wunde *f*, b) *psych.* seelische Erschütterung, (bleibender) Schock; **trau·mat·ic** [trɔːˈmætɪk] *adj.* (□ ***~ally***) ⚕, *psych.* trauˈmatisch: ***~ medicine*** Unfallmedizin *f*.

trav·ail [ˈtræveɪl] **I** *s.* **1.** *obs. od. rhet.* (mühevolle) Arbeit; **2.** (Geburts)Wehen *pl.*; **3.** *fig.* (Seelen)Qual *f*: ***be in ~ with*** schwer ringen mit; **II** *v/i.* **4.** sich abrackern; **5.** in den Wehen liegen.

trav·el [ˈtrævl] **I** *s.* **1.** Reisen *n*: ***~ sickness*** Reisekrankheit *f*; **2.** *mst pl.* (längere) Reise: ***book of ~*** Reisebeschreibung *f*; **3.** ⚙ Bewegung *f*, Lauf *m*, (Kolben- *etc.*)Hub *m*; **II** *v/i.* **4.** reisen, e-e Reise machen: ***~ light*** mit leichtem Gepäck reisen; **5.** ☤ reisen (***in*** in e-r *Ware*), als (Handels)Vertreter arbeiten (***for*** für); **6.** *ast.*, *phys.*, *mot. etc.* sich bewegen; sich fortpflanzen (*Licht etc.*); **7.** ⚙ sich (ˈhin- u. ˈher)bewegen, laufen (*Kolben etc.*); **8.** *bsd. fig.* schweifen, wandern (*Blick etc.*); **9.** F (daˈhin)sausen; **III** *v/t.* **10.** *Land*, *a.* ☤ *Vertreterbezirk* bereisen, *Strecke* zuˈrücklegen; ***~ a·gen·cy*** *s.* ˈReisebüˌro *n*; ***~ al·low·ance*** *s.* Reisekostenzuschuß *m*.

trav·el·la·tor [ˈtrævəleɪtə] *s. Brit.* Rollsteig *m*.

trav·el(l)ed [ˈtrævld] *adj.* **1.** (weit-, viel-)gereist; **2.** (viel)befahren (*Straße etc.*); **ˈtrav·el·(l)er** [-lə] *s.* **1.** Reisende(r *m*) *f*; **2.** ☤ *bsd. Brit.* (Handlungs)Reisende(r) *m*, (Handels)Vertreter *m*; **3.** ⚙ Laufstück *n*, *bsd.* a) Laufkatze *f*, b) Hängekran *m*.

trav·el·(l)er's| check (*Brit.* **cheque**) *s.* Reisescheck *m*; ***~ joy*** *s.* ⚘ Waldrebe *f*.

trav·el·(l)ing [ˈtrævlɪŋ] *adj.* **1.** Reise… (*-koffer*, *-wecker*, *-kosten etc.*): ***~ agent***, *bsd. Am.* ***~ salesman*** → ***travel(l)er*** 2; **2.** Wander…(*-ausstellung*, *-bücherei*, *-zirkus etc.*); fahrbar, auf Rädern: ***~ dental clinic***; ***~ crane*** Laufkran *m*.

trav·e·log(ue) [ˈtrævəlɒg] *s.* Reisebericht *m* (*Vortrag*, *mst mit Lichtbildern*), Reisefilm *m*.

trav·ers·a·ble [ˈtrævəsəbl] *adj.* **1.** (leicht) durch- *od.* überˈquerbar; **2.** passierbar, befahrbar; **3.** ⚙ (aus-) schwenkbar; **trav·erse** [ˈtrævəs] **I** *v/t.* **1.** durch-, überˈqueren; **2.** durchˈziehen, -ˈfließen; **3.** *Fluß etc.* überˈspannen; **4.** *fig.* ˈdurchgehen, -sehen; **5.** ⚙, *a.* ⚔ *Geschütz* (seitwärts) schwenken, **6.** *Linie etc.* kreuzen, schneiden; **7.** *Plan etc.* durchˈkreuzen; **8.** ⚓ kreuzen; **9.** ⚖ a) *Vorbringen* bestreiten, b) gegen *e-e Klage etc.* Einspruch erheben; **10.** *mount.*, *Skisport*: *Hang* queren; **II** *v/i.* **11.** ⚙ sich drehen; **12.** *fenc.*, *Reitsport*: traversieren; **13.** *mount.*, *Skisport*: queren; **III** *s.* **14.** Durch-, Überˈquerung *f*; **15.** ⌂ a) Quergitter *n*, b) Querwand *f*, c) Quergang *m*, d) Traˈverse *f*, Querstück *n*; **16.** ⩘ Schnittlinie *f*; **17.** ⚓ Koppelkurs *m*; **18.** ⚔ a) Traverse *f*, Querwall *m*, b) Schulterwehr *f*; **19.** ⚔ Schwenken *n* (*Geschütz*); **20.** ⚙ a) Schwenkung *f e-r Maschine*, b) schwenkbarer Teil; **21.** *surv.* Polyˈgon(zug *m*) *n*; **22.** ⚖ a) Bestreitung *f*, b) Einspruch *m*; **23.** *mount.*, *Skisport*: a) Queren *n e-s Hanges*, b) Quergang *m*; **IV** *adj.* **24.** querlaufend, Quer…(*-bohrer etc.*): ***~ motion*** Schwenkung *f*; **25.** Zickzack…: ***~ sailing*** ⚓ Koppelkurs *m*; **26.** sich kreuzend (*Linien*).

trav·es·ty [ˈtrævɪstɪ] **I** *s.* **1.** Traveˈstie *f*; **2.** *fig.* Zerrbild *n*, Karikaˈtur *f*; **II** *v/t.* **3.** travestieren (*scherzhaft umgestalten*); **4.** *fig.* ins Lächerliche ziehen, verzerren.

trawl [trɔːl] ⚓ **I** *s. a.* ***~ net*** (Grund-)Schleppnetz *n*; **II** *v/t. u. v/i.* mit dem Schleppnetz fischen; **ˈtrawl·er** [-lə] *s.* (Grund)Schleppnetzfischer *m* (*Boot u. Person*).

tray [treɪ] *s.* **1.** Taˈblett *n*, (Serˈvier-, Tee)Brett *n*; **2.** a) Auslagekästchen *n*, b) (ˈumgehängtes) Verkaufsbrett, ‚Bauchladen' *m*; **3.** flache Schale; **4.** Ablagekorb *m im Büro*; **5.** (Koffer-)Einsatz *m*.

treach·er·ous [ˈtretʃərəs] *adj.* □ **1.** verräterisch, treulos (***to*** gegen); **2.** (heim-)tückisch, ˈhinterhältig; **3.** *fig.* tückisch, trügerisch (*Eis*, *Wetter etc.*), unzuverlässig (*a. Gedächtnis*); **ˈtreach·er·ous·ness** [-nɪs] *s.* **1.** Treulosigkeit *f*, Verräteˈrei *f*; **2.** *a. fig.* Tücke *f*; **ˈtreach·er·y** [-rɪ] *s.* (***to***) Verrat *m* (an *dat.*), Verräteˈrei *f*, Treulosigkeit *f* (gegen).

trea·cle [ˈtriːkl] *s.* **1.** a) Sirup *m*, b) Meˈlasse *f*; **2.** *fig.* a) Süßlichkeit *f*, b) süßliches Getue; **ˈtrea·cly** [-lɪ] *adj.* **1.** siruparti g, Sirup…; **2.** *fig.* süßlich.

tread [tred] **I** *s.* **1.** Tritt *m*, Schritt *m*; **2.** a) Tritt(spur *f*) *m*, b) (Rad- *etc.*)Spur *f*; **3.** ⚙ Lauffläche *f* (*Rad*); *mot.* (ˈReifen-)Proˌfil *n*; **4.** Spurweite *f*; **5.** Peˈdalabstand *m* (*Fahrrad*); **6.** a) Fußraste *f*, Trittbrett *n*, b) (Leiter)Sprosse *f*; **7.** Auftritt *m* (*Stufe*); **8.** *orn.* a) Treten *n* (*Begattung*), b) Hahnentritt *m* (*im Ei*); **II** *v/t.* [*irr.*] **9.** beschreiten: **~ the boards** *thea.* (als Schauspieler) auftreten; **10.** *rhet. Zimmer etc.* durch'messen; **11.** *a.* **~ down** zertreten, -trampeln: **to ~ out** *Feuer* austreten, *fig. Aufstand* niederwerfen; **~ underfoot** niedertreten, *fig.* mit Füßen treten; **12.** *Pedale etc.*, *a. Wasser* treten; **13.** *orn.* treten, begatten; **III** *v/i.* [*irr.*] **14.** treten (**on** auf *acc.*): **~ on air** (glück)selig sein; **~ lightly** leise auftreten, *fig.* vorsichtig zu Werke gehen; **15.** (ein'her)schreiten; **16.** trampeln: **~ (up)on** zertrampeln; **17.** unmittelbar folgen (**on** auf *acc.*); → **heel**[1] *Redew.*; **18.** *orn.* a) treten (*Hahn*), b) sich paaren; **trea·dle** ['tredl] **I** *s.* **1.** ⚙ Tretkurbel *f*, Tritt *m*: **~ drive** Fußantrieb *m*; **2.** Pe'dal *n*; **II** *v/i.* **3.** treten; **'tread·mill** *s.* Tretmühle *f* (*a. fig.*).

trea·son ['tri:zn] *s.* (⚖ Landes)Verrat *m* (**to** an *dat.*): **high ~**, **~ felony** Hochverrat *m*; **'trea·son·a·ble** [-nəbl] *adj.* □ (landes- *od.* hoch)verräterisch.

treas·ure ['treʒə] **I** *s.* **1.** Schatz *m* (*a. fig.*); **2.** Reichtum *m*, Reichtümer *pl.*, Schätze *pl.*: **~s of the soil** Bodenschätze; **~ trove** (herrenloser) Schatzfund, *fig.* Fundgrube *f*; **3.** F ‚Perle' *f* (*Dienstmädchen etc.*); **4.** F Schatz *m*, Liebling *m*; **II** *v/t.* **5.** *oft* **~ up** *Schätze* (an)sammeln, aufhäufen; **6.** a) (hoch)schätzen, b) hegen, *a. Andenken* in Ehren halten; **~ house** *s.* **1.** Schatzhaus *n*, -kammer *f*; **2.** *fig.* Gold-, Fundgrube *f*.

treas·ur·er ['treʒərə] *s.* **1.** Schatzmeister (-in) (*a.* ✝); Kassenwart *m*; **2.** ✝ Leiter *m* der Fi'nanzab,teilung: **city ~** Stadtkämmerer *m*; **3.** Fis'kalbeamte(r) *m*: **♀ of the Household** *Brit.* Fiskalbeamte(r) des königlichen Haushalts; **'treas·ur·er·ship** [-ʃɪp] *s.* Schatzmeisteramt *n*, Amt *n* e-s Kassenwarts.

treas·ur·y ['treʒərɪ] *s.* **1.** Schatzkammer *f*, -haus *n*; **2.** a) Schatzamt *n*, b) Staatsschatz *m*: **Lords** (*od.* **Commissioners**) **of the ♀** *das* brit. Finanzministerium; **First Lord of the ♀** erster Schatzlord (*mst der Premierminister*); **3.** Fiskus *m*, Staatskasse *f*; **4.** *fig.* Schatz(kästlein *n*) *m*, Antholo'gie *f* (*Buchtitel*); **♀ bench** *s. parl. Brit.* Regierungsbank *f*; **~ bill** *s.* ✝ (*kurzfristiger*) Schatzwechsel; **♀ Board** *s. Brit.* Fi'nanzmini,sterium *n*; **~ bond** *s. Am.* (*langfristige*) Schatzanweisung; **~ cer·tif·i·cate** *s. Am.* (kurzfristiger) Schatzwechsel; **♀ De·part·ment** *s. Am.* Fi'nanzmini,sterium *n*; **~ note** *s. Am.* (*mittelfristiger*) Schatzwechsel; **♀ war·rant** *s. Brit.* Schatzanweisung *f*.

treat [tri:t] **I** *v/t.* **1.** behandeln, 'umgehen mit: **~ s.o. brutally**; **2.** behandeln, betrachten (**as** als); **3.** ⚕, ⚗, ⚙ behandeln (**for** gegen, **with** mit); **4.** *fig. Thema etc.* behandeln; **5.** *j-m* e-n Genuß bereiten, *bsd. j-n* bewirten (**to** mit): **~ o.s. to** sich *et.* gönnen *od.* leisten *od.* genehmigen; **~ s.o. to s.th.** j-m et. spendieren; **be ~ed to s.th.** in den Genuß e-r Sache kommen; **II** *v/i.* **6. ~ of** handeln von, *Thema* behandeln; **7. ~ with** verhandeln mit; **8.** (die Zeche) bezahlen, e-e Runde ausgeben; **III** *s.* **9.** (Extra)Vergnügen *n*, *bsd.* (Fest-) Schmaus *m*: **school ~** Schulfest *n od.* -ausflug *m*; **10.** *fig.* (Hoch)Genuß *m*, Wonne *f*; **11.** (Gratis)Bewirtung *f*: **stand ~** → 8; **it is my ~** das geht auf m-e Rechnung, diesmal bezahle ich; **'trea·tise** [-tɪz] *s.* (*wissenschaftliche*) Abhandlung; **'treat·ment** [-mənt] *s.* **1.** Behandlung *f* (*a.* ⚕, ⚗, *a. fig. e-s Themas etc.*): **give s.th. the full ~** *fig.* et. gründlich behandeln; **give s.o. the ~** F j-n ‚in die Mangel nehmen'; **2.** ⚙ Bearbeitung *f*; **3.** *Film*: Treatment *n* (*erweitertes Handlungsschema*).

trea·ty ['tri:tɪ] *s.* **1.** (*bsd.* Staats)Vertrag *m*, Pakt *m*: **~ powers** Vertragsmächte; **2.** *obs.* Verhandlung *f*.

tre·ble ['trebl] **I** *adj.* □ **1.** dreifach; **2.** ⅍ dreistellig; **3.** ♪ Diskant…, Sopran…; **4.** hoch, schrill; **5.** *Radio*: Höhen…: **~ control** Höhenregler *m*; **II** *s.* **6.** ♪ *allg.* Dis'kant *m*; **III** *v/t. u. v/i.* **7.** (sich) verdreifachen.

tree [tri:] **I** *s.* **1.** Baum *m*: **~ of life** a) *bibl.* Baum des Lebens, b) ♀ Lebensbaum; **up a ~** F in der Klemme; → **top**[1] 2; **2.** (*Rosen- etc.*)Strauch *m*, (*Bananen- etc.*)Staude *f*; **3.** ⚙ Baum *m*, Welle *f*, Schaft *m*; (Holz)Gestell *n*; (Stiefel)Leisten *m*; **4.** → **family tree**; **II** *v/t.* **5.** auf e-n Baum jagen; **6.** *j-n* in die Enge treiben; **~ fern** *s.* ♀ Baumfarn *m*; **~ frog** *s. zo.* Laubfrosch *m*.

tree·less ['tri:lɪs] *adj.* baumlos, kahl.

tree| line *s.* Baumgrenze *f*; **'~·nail** *s.* ⚙ Holznagel *m*, Dübel *m*; **~ nurs·er·y** *s.* Baumschule *f*; **~ sur·geon** *s.* 'Baumchir,urg *m*; **~ toad** → **tree frog**; **'~·top** *s.* Baumkrone *f*, -wipfel *m*.

tre·foil ['trefɔɪl] *s.* **1.** ♀ Klee *m*; **2.** ⚠ Dreipaß *m*; **3.** *bsd. her.* Kleeblatt *n*.

trek [trek] **I** *v/i.* **1.** *Südafrika*: trecken, (im Ochsenwagen) reisen; **2.** ziehen, wandern; **II** *s.* **3.** Treck *m*.

trel·lis ['trelɪs] **I** *s.* **1.** Gitter *n*, Gatter *n*; **2.** ⚙ Gitterwerk *n*; **3.** ✓ Spa'lier *n*; **4.** Pergola *f*; **II** *v/t.* **5.** vergittern: **~ed window** Gitterfenster *n*; **6.** ✓ am Spalier ziehen; **'~·work** *s.* Gitterwerk *n* (*a.* ⚙).

trem·ble ['trembl] **I** *v/i.* **1.** (er)zittern, (-) beben (**at**, **with** vor *dat.*): **~ all over** (*od.* **in every limb**) am ganzen Leibe zittern; **~ at the thought** (*od.* **to think**) bei dem Gedanken zittern; → **balance** 2; **2.** zittern, bangen (**for** für, um): **a trembling uncertainty** e-e bange Ungewißheit; **II** *s.* **3.** Zittern *n*, Beben *n*: **be all of a ~** am ganzen Körper zittern; **4.** *pl. sg. konstr. vet.* Milchfieber *n*; **'trem·bler** [-lə] *s.* **1.** ⚡ ('Selbst)Unter,brecher *m*; **2.** e'lektrische Glocke *od.* Klingel; **'trem·bling** [-lɪŋ] *adj.* □ zitternd: **~ grass** ♀ Zittergras *n*; **~ poplar** (*od.* **tree**) ♀ Zitterpappel *f*, Espe *f*.

tre·men·dous [trɪ'mendəs] *adj.* □ **1.** schrecklich, fürchterlich; **2.** F ungeheuer, e'norm, ‚toll'.

trem·o·lo ['treməlәʊ] *pl.* **-los** *s.* ♪ Tremolo *n*.

trem·or ['tremə] *s.* **1.** ⚕ Zittern *n*, Zukken *n*: **~ of the heart** Herzflackern *n*; **2.** Zittern *n*, Schau(d)er *m der Erregung*; **3.** Beben *n der Erde*; **4.** Angst (-gefühl *n*) *f*, Beben *n*.

trem·u·lous ['tremjʊləs] *adj.* □ **1.** zitternd, bebend; **2.** zitt(e)rig, ängstlich.

tre·nail ['trenl] → **treenail**.

trench [trentʃ] **I** *v/t.* **1.** mit Gräben durch'ziehen *od.* (⚔) befestigen; **2.** ✓ tief 'umpflügen, ri'golen; **3.** zerschneiden, durch'furchen; **II** *v/i.* **4.** (⚔ Schützen)Gräben ausheben; **5.** *geol.* sich (ein)graben (*Fluß etc.*); **6. ~ (up)on** beeinträchtigen, in *j-s Rechte* eingreifen; **7. ~ (up)on** *fig.* hart grenzen an (*acc.*); **III** *s.* **8.** (⚔ Schützen)Graben *m*; **9.** Furche *f*, Rinne *f*; **10.** ⚒ Schramm *m*.

trench·an·cy ['trentʃənsɪ] *s.* Schärfe *f*; **'trench·ant** [-nt] *adj.* □ **1.** scharf, schneidend (*Witz etc.*); **2.** einschneidend, e'nergisch: **a ~ policy**.

trench coat *s.* Trenchcoat *m*.

trench·er[1] ['trentʃə] *s.* ⚔ Schanzarbeiter *m*.

trench·er[2] ['trentʃə] *s.* **1.** Tranchier-, Schneidebrett *n*; **2.** *obs.* Speise *f*; **~ cap** → **mortarboard** 2; **'~·man** [-mən] *s.* [*irr.*] guter *etc.* Esser.

trench| fe·ver *s.* ⚕ Schützengrabenfieber *n*; **~ foot** *s.* ⚕ Schützengrabenfüße *pl.* (*Fußbrand*); **~ mor·tar** *s.* ⚔ Gra'natwerfer *m*; **~ war·fare** *s.* ⚔ Stellungskrieg *m*.

trend [trend] **I** *s.* **1.** Richtung *f* (*a. fig.*); **2.** *fig.* Ten'denz *f*, Entwicklung *f*, Trend *m* (*alle a.* ✝); Neigung *f*, Bestreben *n*: **the ~ of his argument was** s-e Beweisführung lief darauf hinaus; **~ in** *od.* **of prices** ✝ Preistendenz; **3.** *fig.* (Ver-) Lauf *m*: **the ~ of events**; **II** *v/i.* **4.** sich neigen, streben, tendieren (**towards** nach *e-r Richtung*); **5.** sich erstrecken, laufen (**towards** nach *Süden etc.*); **6.** *geol.* streichen (**to** nach); **~ a·nal·y·sis** *s.* ✝ Konjunk'turana,lyse *f*; **'~,set·ter** *s. Mode etc.*: j-d, der den Ton angibt, Schrittmacher *m*, Trendsetter *m*; **'~,set·ting** *adj.* tonangebend.

tren·dy ['trendɪ] *adj.* ('super)mo,dern, schick, modebewußt.

tre·pan [trɪ'pæn] **I** *s.* **1.** ⚕ *hist.* Schädelbohrer *m*; **2.** ⚙ 'Bohrma,schine *f*; **3.** *geol.* Stein-, Erdbohrer *m*; **II** *v/t.* **4.** ⚕ trepanieren.

trep·i·da·tion [,trepɪ'deɪʃn] *s.* **1.** ⚕ (Glieder-, Muskel)Zittern *n*; **2.** Beben *n*; **3.** Angst *f*, Bestürzung *f*.

tres·pass ['trespəs] **I** *s.* **1.** Über'tretung *f*, Vergehen *n*, Verstoß *m*, Sünde *f*; **2.** 'Übergriff *m*; **3.** 'Mißbrauch *m* (**on** *gen.*); **4.** ⚖ *allg.* unerlaubte Handlung (*Zivilrecht*): a) unbefugtes Betreten, b) Besitzstörung *f*, c) 'Übergriff *m* gegen die Per'son (*z.B. Körperverletzung*); **5.** *a.* **action for ~** ⚖ Schadenersatzklage *f* aus unerlaubter Handlung, *z.B.* Besitzstörungsklage *f*; **II** *v/i.* **6.** ⚖ e-e unerlaubte Handlung begehen: **~ (up)on** a) widerrechtlich betreten, b) rechtswidrige Übergriffe gegen *j-s Eigentum* begehen; **7. ~ (up)on** *fig.* a) 'übergreifen auf (*acc.*), b) hart grenzen an (*acc.*), c) *j-s Zeit etc.* über Gebühr in Anspruch nehmen; **8.** (**against**) verstoßen (gegen), sündigen (wider *od.* gegen); **'tres·passer** [-sə] *s.* **1.** ⚖ a) Rechtsverletzer *m*, b) Unbefugte(r *m*) *f*: **~s will be prosecuted!** Betreten bei Strafe verboten!; **2.** *obs.* Sünder(in).

tress [tres] *s.* **1.** (Haar)Flechte *f*, Zopf *m*; **2.** Locke *f*; **3.** *pl.* üppiges Haar; **tressed** [-st] *adj.* **1.** geflochten; **2.** gelockt.

tres·tle ['tresl] *s.* **1.** ⚙ Gestell *n*, Gerüst *n*, Bock *m*, Schragen *m*: **~ table** Zeichentisch *m*; **2.** ⚔ Brückenbock *m*: **~ bridge** Bockbrücke *f*; **'~·work** *s.* **1.** Gerüst *n*; **2.** *Am.* 'Bahnvia,dukt *m*.

trey [treɪ] *s.* Drei *f im Karten- od. Würfelspiel.*

tri·a·ble ['traɪəbl] *adj.* ⚖ a) justiti'abel, zu verhandeln(d) (*Sache*), b) belangbar, abzuurteilen(d) (*Person*).

tri·ad ['traɪəd] *s.* **1.** Tri'ade *f*: a) Dreizahl *f*, b) ⚗ dreiwertiges Ele'ment, c) ⩓ Dreiergruppe *f*, Trias *f*; **2.** ♪ Dreiklang *m*.

tri·al ['traɪəl] **I** *s.* **1.** Versuch *m* (**of** mit), Probe *f*, Erprobung *f*, Prüfung *f* (*alle a.* ⚙): **~ and error** a) ⩓ Regula *f* falsi, b) empirische Methode; **~ of strength** Kraftprobe; **on ~** auf *od.* zur Probe; **give a ~, make a ~ of** e-n Versuch machen mit, erproben; **be on ~** a) erprobt werden, b) e-e Probezeit durchmachen (*Person*), c) *fig.* auf dem Prüfstand sein (→ *a.* 2); **2.** ⚖ ('Straf- *od.* Zi'vil)Pro,zeß *m*, (Gerichts)Verfahren *n*, (Haupt)Verhandlung *f*: **~ by jury** Schwurgerichtsverfahren; **be on** (*od.* **stand**) **~** unter Anklage stehen (**for** wegen); **bring** (*od.* **put**) **s.o. to ~** j-n vor Gericht bringen; **stand** (**one's**) **~** sich vor Gericht verantworten; **3.** (**to** für) *fig.* a) (Schicksals)Prüfung *f*, Heimsuchung *f*, b) Last *f*, Plage *f*, Stra'paze *f*; **4.** *sport* a) Vorlauf *m*, Ausscheidungsrennen *n*, b) Ausscheidungsspiel *n*; **II** *adj.* **5.** Versuchs…, Probe…: **~ balance** ✝ Rohbilanz *f*; **~ balloon** *fig.* Versuchsballon *m*; **~ marriage** Ehe *f* auf Probe; **~ match** → 4 b; **~ order** ✝ Probeauftrag *m*; **~ package** ✝ Probepackung *f*; **~ period** Probezeit *f*; **~ run** Probefahrt *f*, -lauf *m*; **6.** ⚖ Verhandlungs…: **~ court** erstinstanzliches Gericht; **~ judge** Richter *m* der ersten Instanz; **~ lawyer** *Am.* Prozeßanwalt *m*.

tri·an·gle ['traɪæŋgl] *s.* **1.** ⩓ Dreieck *n*; **2.** ♪ Triangel *m*; **3.** ⚙ a) Reißdreieck *n*, b) Winkel *m*; **4.** *mst* **eternal ~** *fig.* Dreiecksverhältnis *n*; **tri·an·gu·lar** [traɪ'æŋgjʊlə] *adj.* dreieckig, -winkelig; *fig.* dreiseitig, Dreiecks…

Tri·as ['traɪəs] → **Tri·as·sic** [traɪ'æsɪk] *geol.* **I** *s.* 'Trias(formati,on) *f*; **II** *adj.* Trias…

trib·al ['traɪbl] *adj.* ☐ Stammes…; **'trib·al·ism** [-bəlɪzəm] *s.* 'Stammessy,stem *n od.* -gefühl *n*.

tri·bas·ic [traɪ'beɪsɪk] *adj.* ⚗ drei-, tribasisch.

tribe [traɪb] *s.* **1.** (Volks)Stamm *m*; **2.** ♀, *zo.* Tribus *f*, Klasse *f*; **3.** *humor. u. contp.* Sippschaft *f*, ‚Verein' *m*; **tribes·man** ['traɪbzmən] *s.* [*irr.*] Stammesangehörige(r) *m*, -genosse *m*.

trib·u·la·tion [,trɪbjʊ'leɪʃn] *s.* Drangsal *f*, 'Widerwärtigkeit *f*.

tri·bu·nal [traɪ'bju:nl] *s.* **1.** ⚖ Gericht(shof *m*) *n*, Tribu'nal *n* (*a. fig.*); **2.** Richterstuhl *m* (*a. fig.*); **trib·une** ['trɪbju:n] *s.* **1.** *antiq.* ('Volks)Tri,bun *m*; **2.** Volksheld *m*; **3.** Tri'büne *f*; **4.** Rednerbühne *f*; **5.** Bischofsthron *m*.

trib·u·tar·y ['trɪbjʊtərɪ] **I** *adj.* ☐ **1.** tri'but-, zinspflichtig (**to** *dat.*); **2.** 'untergeordnet (**to** *dat.*); **3.** helfend, beisteuernd (**to** zu); **4.** *geogr.* Neben…: **~ stream**; **II** *s.* **5.** Tri'butpflichtige(r) *m*, *a.* tri'butpflichtiger Staat; **6.** *geogr.* Nebenfluß *m*; **trib·ute** ['trɪbju:t] *s.* Tri'but *m*: a) Zins *m*, Abgabe *f*, b) *fig.* Zoll *m*, Beitrag *m*, c) *fig.* Huldigung *f*, Achtungsbezeigung *f*, Anerkennung *f*: **~ of admiration** gebührende Bewunderung; **pay ~ to** *j-m* Hochachtung bezeigen *od.* Anerkennung zollen.

tri·car ['traɪkɑ:] *s. Brit.* Dreiradlieferwagen *m*.

trice [traɪs] *s.*: **in a ~** im Nu.

tri·ceps ['traɪseps] *pl.* **'tri·ceps·es** *s. anat.* Trizeps *m* (*Muskel*).

tri·chi·na [trɪ'kaɪnə] *pl.* **-nae** [-ni:] *s. zo.* Tri'chine *f*; **trich·i·no·sis** [,trɪkɪ'nəʊsɪs] *s.* ⚕ Trichi'nose *f*.

trich·o·mon·ad [,trɪkəʊ'mɒnæd] *s. zo.* Trichomo'nade *f*.

tri·chord ['traɪkɔ:d] *adj. u. s.* ♪ dreisaitig(es Instru'ment).

tri·chot·o·my [traɪ'kɒtəmɪ] *s.* Dreiheit *f*, -teilung *f*.

trick [trɪk] **I** *s.* **1.** Trick *m*, Kunstgriff *m*, Kniff *m*, List *f*; *pl. a.* Schliche *pl.*, Ränke *pl.*, Winkelzüge *pl.*: **full of ~s** raffiniert; **2.** (**dirty ~** gemeiner) Streich: **~s of fortune** Tücken des Schicksals; **the ~s of the memory** *fig.* die Tücken des Gedächtnisses; **be up to one's ~s** (wieder) Dummheiten machen; **be up to s.o.'s ~s** j-n *od.* j-s Schliche durchschauen; **what ~s have you been up to?** was hast du angestellt?; **play s.o. a ~, play a ~ on s.o.** j-m e-n Streich spielen; **none of your ~s!** keine Mätzchen!; **3.** Trick *m*, (*Karten- etc.*)Kunststück *n*: **do the ~** den Zweck erfüllen; **that did the ~** damit war es geschafft; **4.** (Sinnes)Täuschung *f*; **5.** (*bsd.* üble *od.* dumme) Angewohnheit, Eigenheit *f*; **6.** *Kartenspiel*: Stich *m*: **take** *od.* **win a ~** e-n Stich machen; **7.** ⚓ Rudertörn *m*; **8.** *Am. sl.* ‚Mieze' *f* (*Mädchen*); **9.** V ‚Nummer' *f* (*Koitus*); **II** *adj.* **10.** Trick…(-*dieb*, -*film*, -*szene*); **11.** Kunst…(-*flug*, -*reiten*); **III** *v/t.* **12.** über'listen, betrügen, prellen (**out of** um); **13.** *j-n* verleiten (**into doing** *et.* zu tun); **14.** *mst* **~ up** (*od.* **out**) schmükken, (her'aus)putzen; **'trick·er** [-kə] → **trickster**; **'trick·er·y** [-kərɪ] *s.* **1.** Betrüge'rei(en *pl.*) *f*, Gaune'rei(en *pl.*) *f*; **2.** Kniff *m*; **'trick·i·ness** [-kɪnɪs] *s.* **1.** Verschlagenheit *f*, Durch'triebenheit *f*; **2.** Kitzligkeit *f e-r Situation etc.*; **3.** Kompliziertheit *f*; **'trick·ish** [-kɪʃ] → **tricky**.

trick·le ['trɪkl] **I** *v/i.* **1.** tröpfeln (*a. fig.*); **2.** rieseln; kullern (*Tränen*); **3.** sickern: **~ out** *fig.* durchsickern; **4.** trudeln (*Ball etc.*); **II** *v/t.* **5.** tröpfeln (lassen), träufeln; **6.** rieseln lassen; **III** *s.* **7.** Tröpfeln *n*; Rieseln *n*; **8.** Rinnsal *n* (*a. fig.*); **~ charg·er** *s.* ⚡ Kleinlader *m*.

trick·si·ness ['trɪksɪnɪs] *s.* **1.** → **trickiness**; **2.** 'Übermut *m*.

trick·ster ['trɪkstə] *s.* Gauner(in), Schwindler(in).

trick·sy ['trɪksɪ] *adj.* **1.** → **tricky** 1; **2.** 'übermütig.

trick·y ['trɪkɪ] *adj.* ☐ **1.** verschlagen, durch'trieben, raffiniert; **2.** heikel, kitzlig (*Lage, Problem*); **3.** kompliziert, knifflig; **4.** unzuverlässig.

tri·col·o(u)r ['trɪkələ] *s.* Triko'lore *f*.

tri·cot ['tri:kəʊ] *s.* Tri'kot *m* (*Stoff*).

tri·cy·cle ['traɪsɪkl] **I** *s.* Dreirad *n*; **II** *v/i.* Dreirad fahren.

tri·dent ['traɪdnt] *s.* Dreizack *m*.

tried [traɪd] **I** *p.p. von* **try**; **II** *adj.* erprobt, bewährt.

tri·en·ni·al [traɪ'enjəl] *adj.* ☐ **1.** dreijährig; **2.** alle drei Jahre stattfindend, dreijährlich.

tri·er·arch·y ['traɪərɑ:kɪ] *s. hist.* Trierar'chie *f*.

tri·fle ['traɪfl] **I** *s.* **1.** Kleinigkeit *f*: a) unbedeutender Gegenstand, b) Baga'telle *f*, Lap'palie *f*, c) Kinderspiel *n* (**to** für *j-n*), d) kleine Geldsumme, e) *das* bißchen: **a ~ expensive** etwas *od.* ein bißchen teuer; **not to stick at ~s** sich nicht mit Kleinigkeiten abgeben; **stand upon ~s** ein Kleinigkeitskrämer sein; **2.** a) *Brit.* Trifle *n* (*Biskuitdessert*), b) *Am.* 'Obstdes,sert *n* mit Sahne; **II** *v/i.* **3.** spielen (**with** mit *dem Bleistift etc.*); **4.** (**with**) *fig.* spielen (mit), sein Spiel treiben *od.* leichtfertig 'umgehen (mit): **he is not to be ~d with** er läßt nicht mit sich spaßen; **5.** tändeln, scherzen; leichtfertig da'herreden; **6.** (her'um-) trödeln; **III** *v/t.* **7.** **~ away** *Zeit* vertändeln, vertrödeln, *a. Geld* verplempern; **'tri·fler** [-lə] *s.* **1.** oberflächlicher *od.* fri'voler Mensch; **2.** Tändler *m*; **3.** Müßiggänger *m*; **'tri·fling** [-lɪŋ] *adj.* ☐ **1.** oberflächlich, leichtfertig; **2.** tändelnd; **3.** unbedeutend, geringfügig.

tri·fo·li·ate [traɪ'fəʊlɪət] *adj.* ♀ **1.** dreiblätt(e)rig; **2.** → **tri·fo·li·o·late** [traɪ'fəʊlɪəleɪt] *adj.* ♀ **1.** dreizählig (*Blatt*); **2.** mit dreizähligen Blättern (*Pflanze*).

trig [trɪg] F *für* **trigonometry**.

trig·ger ['trɪgə] **I** *s.* **1.** ⚡, *phot.*, ⚙ Auslöser *m* (*a. fig.*); **2.** Abzug *m* (*Feuerwaffe*), *am Gewehr*: *a.* Drücker *m*, *e-r Bombe*: Zünder *m*: **pull the ~** abdrükken; **quick on the ~** *fig.* ‚fix', ‚auf Draht' (*reaktionsschnell od. schlagfertig*); **II** *v/t.* **3.** ⚙ auslösen (*a. fig.*); **~ guard** *s.* ⚔ Abzugsbügel *m*; **'~-,hap·py** *adj.* **1.** schießwütig; **2.** *pol.* kriegslüstern; **3.** *fig.* kampflustig.

trig·o·no·met·ric, trig·o·no·met·ri·cal [,trɪgənə'metrɪk(l)] *adj.* ☐ ⩓ trigono'metrisch; **trig·o·nom·e·try** [,trɪgə'nɒmɪtrɪ] *s.* Trigonome'trie *f*.

tri·he·dral [,traɪ'hedrl] *adj.* ⩓ dreiflächig, tri'edrisch.

tri·lat·er·al [,traɪ'lætərəl] *adj.* **1.** ⩓ dreiseitig; **2.** *pol.* Dreier…: **~ talks**.

tril·by ['trɪlbɪ] *s.* **1.** *a.* **~ hat** *Brit.* F weicher Filzhut; **2.** *pl. sl.* ‚Haxen' *pl.* (*Füße*).

tri·lin·e·ar [,traɪ'lɪnɪə] *adj.* ⩓ dreilinig: **~ coordinates** Dreieckskoordinaten.

tri·lin·gual [,traɪ'lɪŋgwəl] *adj.* dreisprachig.

trill [trɪl] **I** *v/t. u. v/i.* **1.** ♪ *etc.* trillern, trällern; **2.** *ling.* (*bsd.* das r) rollen; **II** *s.* **3.** ♪ Triller *m*; **4.** *ling.* gerolltes r, gerollter Konso'nant.

tril·lion ['trɪljən] *s.* **1.** *Brit.* Trilli'on *f*; **2.** *Am.* Billi'on *f*.

tril·o·gy ['trɪlədʒɪ] *s.* Trilo'gie *f*.

trim [trɪm] **I** *v/t.* **1.** in Ordnung bringen, zu'rechtmachen; **2.** *Feuer* anschüren; **3.** *Haar, Hecken etc.* (be-, zu'recht-) schneiden, stutzen, *bsd. Hundefell* trimmen; **4.** *fig. Budget etc.* stutzen, beschneiden; **5.** ⚙ *Bauholz* behauen, zurichten; **6.** *a.* **~ up** (her'aus)putzen, schmücken, ausstaffieren, schönmachen; **7.** *Hüte etc.* besetzen, garnieren; **8.** F a) *j-n* ‚zs.-stauchen', b) ‚reinlegen', c) ‚vertrimmen' (*a. sport schlagen*); **9.** ✈, ⚓ trimmen: a) *Flugzeug, Schiff* in die richtige Lage bringen, b) *Segel* stellen, brassen: **~ one's sails to every wind** *fig.* sein Mäntelchen nach dem Wind hängen, c) *Kohlen* schaufeln, d) *Ladung* (richtig) verstauen; **10.** ⚡ trimmen, (fein) abgleichen; **II** *v/i.* **11.** *fig.* e-n Mittelkurs steuern, *bsd. pol.* lavieren: **~ with the times** sich den Zeiten anpassen, Opportunitätspolitik treiben; **III** *s.* **12.** Ordnung *f*, (richtiger) Zustand, *a.* richtige (*körperliche od. seelische*) Verfassung *od.* Form: **in good** (**out of**) **~** in guter (schlechter) Verfassung (*a. Person*); **13.** ✈, ⚓ a) Trimm (-lage *f*) *m*, b) richtige Stellung *der Segel*, c) gute Verstauung *der Ladung*; **14.** Putz *m*, Staat *m*, Gala *f*; **15.** *mot.* a) Innenausstattung *f*, b) Zierleiste(n *pl.*) *f*; **IV** *adj.* **16.** ordentlich; **17.** schmuck, sauber, a'drett; gepflegt (*a. Bart, Rasen etc.*); **18.** (gut) in Schuß.

tri·mes·ter [trɪ'mestə] *s.* **1.** Zeitraum *m* von drei Monaten, Vierteljahr *n*; **2.** *univ.* Tri'mester *n*.

trim·mer ['trɪmə] *s.* **1.** Aufarbeiter(in), Putzmacher(in); **2.** ⚓ a) (Kohlen)Trimmer *m*, b) Stauer *m*; **3.** *Zimmerei*: Wechselbalken *m*; **4.** *fig. bsd. pol.* Opportu'nist(in); **'trim·ming** [-mɪŋ] *s.* **1.** (Auf-, Aus)Putzen *n*, Zurichten *n*; **2.** a) (Hut-, Kleider)Besatz *m*, Borte *f*, b) *pl.* Zutaten *pl.*, Posa'menten *pl.*, c) *fig.* ‚Verzierung' *f*, ‚Garnierung' *f im Stil etc.*; **3.** *pl.* Garnierung *f*, Zutaten *pl.* (*Speise*); **4.** *pl.* Abfälle *pl.*, Schnipsel *pl.*; **5.** ⚓ a) Trimmen *n*, (Ver)Stauen *n*, b) Staulage *f*; **6.** (Tracht *f*) Prügel *pl.*; **7.** *bsd. sport* (böse) Abfuhr; **'trim·ness** [-mnɪs] *s.* **1.** gute Ordnung; **2.** gutes Aussehen, Gepflegtheit *f*.

trine [traɪn] **I** *adj.* **1.** dreifach; **II** *s.* **2.** Dreiheit *f*; **3.** *ast.* Trigo'nala͵spekt *m*.

Trin·i·tar·i·an [͵trɪnɪ'teərɪən] *eccl.* **I** *adj.* **1.** Dreieinigkeits…; **II** *s.* **2.** Bekenner (-in) der Drei'einigkeit; **3.** *hist.* Trini'tarier *m*; **͵Trin·i'tar·i·an·ism** [-nɪzəm] *s.* Drei'einigkeitslehre *f*.

tri·ni·tro·tol·u·ene [traɪ͵naɪtrəʊ'tɒljʊiːn] *s.* ⚗ Trinitrotolu'ol *n*.

trin·i·ty ['trɪnɪtɪ] *s.* **1.** Dreiheit *f*; **2.** ♀ *eccl.* Drei'einigkeit *f*; ♀ **House** *s.* Verband *m* zur Aufsicht über See- u. Lotsenzeichen *etc.*; ♀ **Sun·day** *s.* Sonntag *m* Trini'tatis; ♀ **term** *s. univ.* 'Sommertri͵mester *n*.

trin·ket ['trɪŋkɪt] *s.* **1.** Schmuck *m*; (*bsd.* wertloses) Schmuckstück; **2.** *pl. fig.* Kram *m*, Plunder *m*.

tri·no·mi·al [traɪ'nəʊmjəl] **I** *adj.* **1.** 𝔄 tri'nomisch, dreigliedrig, -namig; **2.** *biol., zo.* dreigliedrig (*Artname*); **II** *s.* **3.** 𝔄 Tri'nom *n*, dreigliedrige (Zahlen-) Größe.

tri·o ['triːəʊ] *pl.* **-os** *s.* ♪ *u. fig.* Trio *n*.

tri·ode ['traɪəʊd] *s.* ⚡ Tri'ode *f*, 'Dreielek͵troden͵röhre *f*.

tri·o·let ['triːəʊlet] *s.* Trio'lett *n* (*Ringelgedicht*).

trip [trɪp] **I** *s.* **1.** (*bsd.* kurze, *a.* See)Reise; Ausflug *m*, Spritztour *f* (**to** nach); **2.** *weitS.* Fahrt *f*; **3.** Trippeln *n*; **4.** Stolpern *n*; **5.** Fehltritt *m* (*bsd. fig.*); **6.** *fig.* Fehler *m*; **7.** Beinstellen *n*; **8.** ⚙ Auslösung *f*: **~ cam** *od.* **dog** Schaltnocken *m*; **~ lever** Auslöse- *od.* Schalthebel *m*; **9.** *sl.* ‚Trip' *m* (*Drogenrausch*); **II** *v/i.* **10.** trippeln, tänzeln; **11.** stolpern, straucheln (*a. fig.*); **12.** *fig.* (e-n) Fehler machen: **catch s.o. ~ping** j-n bei e-m Fehler ertappen; **13.** *über ein Wort* stolpern, sich versprechen; **III** *v/t.* **14.** *oft* **~ up** *j-m* ein Bein stellen, *j-n* zu Fall bringen (*beide a fig.*); **15.** *fig.* vereiteln; **16.** (**in** bei *e-m Fehler etc.*) ertappen; **17.** ⚙ a) auslösen, b) schalten.

tri·par·tite [͵traɪ'pɑːtaɪt] *adj.* **1.** ⚘ dreiteilig; **2.** Dreier…, Dreimächte… (*Vertrag etc.*)

tripe [traɪp] *s.* **1.** Kal'daunen *pl.*, Kutteln *pl.*; **2.** *sl.* a) Schund *m*, Kitsch *m*, b) Quatsch *m*, Blödsinn *m*.

tri·phase ['traɪfeɪz] → **three-phase**.

tri·phib·i·ous [traɪ'fɪbɪəs] *adj.* ⚔ mit Einsatz von Land-, See- u. Luftstreitkräften ('durchgeführt).

triph·thong ['trɪfθɒŋ] *s. ling.* Tri'phthong *m*, Dreilaut *m*.

tri·plane ['traɪpleɪn] *s.* ✈ Dreidecker *m*.

tri·ple ['trɪpl] **I** *adj.* ☐ **1.** dreifach; **2.** dreimalig; **3.** Drei…, drei…: ♀ **Alliance** *hist.* Tripelallianz *f*, Dreibund *m*; **~ fugue** ♪ Tripelfuge *f*; **~ jump** *sport* Dreisprung *m*; **~ time** ♪ Tripeltakt *m*; **II** *s.* **4.** *das* Dreifache; **III** *v/t. u. v/i.* **5.** (sich) verdreifachen.

tri·plet ['trɪplɪt] *s.* **1.** *biol.* Drilling *m*; **2.** Dreiergruppe *f*, Trio *n* (*drei Personen etc.*); **3.** ♪ Tri'ole *f*; **4.** *Verskunst*: Dreireim *m*.

tri·plex ['trɪpleks] **I** *adj.* **1.** dreifach: **~ glass** → 3; **II** *s.* **2.** ♪ Tripeltakt *m*; **3.** ⚙ Triplex-, Sicherheitsglas *n*.

trip·li·cate ['trɪplɪkət] **I** *adj.* **1.** dreifach; **2.** in dreifacher Ausfertigung (geschrieben *etc.*); **II** *s.* **3.** *das* Dreifache; **4.** dreifache Ausfertigung: **in ~** in dreifacher Ausfertigung; **5.** dritte Ausfertigung; **III** *v/t.* [-keɪt] **6.** verdreifachen; **7.** dreifach ausfertigen.

tri·pod ['traɪpɒd] *s.* **1.** Dreifuß *m*; **2.** *bsd. phot.* Sta'tiv *n*; **3.** ⚙, ⚔ Dreibein *n*.

tri·pos ['traɪpɒs] *s.* letztes Ex'amen *für* **honours** (*Cambridge*).

trip·per ['trɪpə] *s.* a) Ausflügler(in), b) Tou'rist(in).

trip·ping ['trɪpɪŋ] **I** *adj.* ☐ **1.** leicht(füßig), flink; **2.** flott, munter; **3.** strauchelnd (*a. fig.*); **4.** ⚙ Auslöse…, Schalt…; **II** *s.* **5.** Trippeln *n*; **6.** Beinstellen *n*.

trip·tych ['trɪptɪk] *s.* Triptychon *n*, dreiteiliges (Al'tar)Bild.

tri·sect [traɪ'sekt] *v/t.* in drei (gleiche) Teile teilen.

tri·syl·lab·ic [͵traɪsɪ'læbɪk] *adj.* (☐ **~ally**) dreisilbig; **tri·syl·la·ble** [͵traɪ'sɪləbl] *s.* dreisilbiges Wort.

trite [traɪt] *adj.* ☐ abgedroschen, platt, ba'nal; **'trite·ness** [-nɪs] *s.* Abgedroschenheit *f*, Plattheit *f*.

Tri·ton ['traɪtn] *s.* **1.** *antiq.* Triton *m* (*niederer Meergott*): **a ~ among** (**the**) **minnows** ein Riese unter Zwergen; **2.** ♀ *zo.* Tritonshorn *n*; **3.** ♀ *zo.* Molch *m*.

tri·tone ['traɪtəʊn] *s.* ♪ Tritonus *m*.

trit·u·rate ['trɪtjʊreɪt] *v/t.* zerreiben, -mahlen, -stoßen, pulverisieren.

tri·umph ['traɪəmf] **I** *s.* **1.** Tri'umph *m*: a) Sieg *m* (**over** über *acc.*), b) Siegesfreude *f* (**at** über *acc.*): **in ~** im Triumph, triumphierend; **2.** Tri'umph *m* (*Großtat, Erfolg*): **the ~s of science**; **II** *v/i.* **3.** triumphieren: a) den Sieg da'vontragen, b) jubeln, froh'lokken (*beide* **over** über *acc.*), c) Erfolg haben; **tri·um·phal** [traɪ'ʌmfl] *adj.* Triumph…, Sieges…: **~ arch** Triumphbogen *m*; **~ procession** Triumphzug *m*; **tri·um·phant** [traɪ'ʌmfənt] *adj.* ☐ **1.** triumphierend: a) den Sieg feiernd, b) sieg-, erfolg-, glorreich, c) froh'lokkend, jubelnd; **2.** *obs.* herrlich.

tri·um·vir [trɪ'ʌmvə] *pl.* **-virs** *od.* **-vi·ri** [trɪ'ʊmvɪriː] *s. antiq.* Tri'umvir *m* (*a. fig.*); **tri·um·vi·rate** [traɪ'ʌmvɪrət] *s.* **1.** *antiq.* Triumvi'rat *n* (*a. fig.*); **2.** *fig.* Dreigestirn *n*.

tri·une ['traɪjuːn] *adj. bsd. eccl.* drei'einig.

tri·va·lent [͵traɪ'veɪlənt] *adj.* ⚗ dreiwertig.

triv·et ['trɪvɪt] *s.* Dreifuß *m* (*bsd. für Kochgefäße*): (**as**) **right as a ~** *fig.* bei bester Gesundheit.

triv·i·a ['trɪvɪə] *s. pl.* Baga'tellen *pl.*; **'triv·i·al** [-əl] *adj.* ☐ **1.** trivi'al, ba'nal, all'täglich; **2.** gering(fügig), unbedeutend; **3.** oberflächlich (*Person*); **4.** volkstümlich (*Ggs. wissenschaftlich*); **triv·i·al·i·ty** [͵trɪvɪ'ælətɪ] *s.* **1.** Triviali'tät *f*, Plattheit *f*, Banali'tät *f* (*a. Ausspruch etc.*); **2.** Geringfügigkeit *f*, Belanglosigkeit *f*; **'triv·i·al·ize** *v/t.* bagatellisieren.

tri·week·ly [͵traɪ'wiːklɪ] **I** *adj.* **1.** dreiwöchentlich; **2.** dreimal wöchentlich erscheinend (*Zeitschrift etc.*); **II** *adv.* **3.** dreimal in der Woche.

troat [trəʊt] **I** *s.* Röhren *n des Hirsches*; **II** *v/i.* röhren.

tro·cha·ic [trəʊ'keɪɪk] *Metrik* **I** *adj.* tro'chäisch; **II** *s.* Tro'chäus *m* (*Vers*); **tro·chee** ['trəʊkiː] *s.* Tro'chäus *m* (*Versfuß*).

trod [trɒd] *pret. u. p.p. von* **tread**.

trod·den ['trɒdn] *p.p. von* **tread**.

trog·lo·dyte ['trɒglədaɪt] *s.* **1.** Troglo'dyt *m*, Höhlenbewohner *m*; **2.** *fig.* a) Einsiedler *m*, b) primi'tiver *od.* bru'taler Kerl; **trog·lo·dyt·ic** [͵trɒglə'dɪtɪk] *adj.* troglo'dytisch.

troi·ka ['trɔɪkə] (*Russ.*) *s.* Troika *f*, Dreigespann *n*.

Tro·jan ['trəʊdʒən] **I** *adj.* tro'janisch; **II** *s.* Tro'janer(in): **like a ~** F wie ein Pferd *arbeiten*.

troll¹ [trəʊl] **I** *v/t. u. v/i.* **1.** (fröhlich) trällern; **2.** (mit der Schleppangel) fischen (**for** nach); **II** *s.* **3.** Schleppangel *f*, künstlicher Köder.

troll² [trəʊl] *s.* Troll *m*, Kobold *m*.

trol·ley ['trɒlɪ] *s.* **1.** *Brit.* Hand-, Gepäck-, Einkaufswagen *m*; Kofferkuli *m*; (Schub)Karren *m*; **2.** ⚙ Förderwagen *m*; **3.** 🚂 *Brit.* Drai'sine *f*; **4.** ⚡ Kon'taktrolle *f bei Oberleitungsfahrzeugen*; **5.** *Am.* Straßenbahn(wagen *m*) *f*; **6.** *Brit.* Tee-, Servierwagen *m*; **~ bus** *s.* O(berleitungs)bus *m*; **~ car** *s. Am.* Straßenbahnwagen *m*; **~ pole** *s.* ⚡ Stromabnehmerstange *f*; **~ wire** *s.* Oberleitung *f*.

trol·lop ['trɒləp] **I** *s.* **1.** Schlampe *f*; **2.** ‚Flittchen' *n*; **II** *v/i.* **3.** schlampen; **4.** ‚latschen'.

trom·bone [trɒm'bəʊn] *s.* ♪ **1.** Po'saune *f*; **2.** → **trom'bon·ist** [-nɪst] *s.* ♪ Posau'nist *m*.

troop [tru:p] **I** *s.* **1.** Trupp *m*, Schar *f*; **2.** *pl.* ⚔ Truppe(n *pl.*) *f*; **3.** ⚔ a) Schwa'dron *f*, b) ('Panzer)Kompa,nie *f*, c) Batte'rie *f*; **II** *v/i.* **4.** *oft* **~ up**, **~ together** sich scharen, sich sammeln; **5.** (in Scharen) *wohin* ziehen, (her'ein- *etc.*) strömen, marschieren: **~ away**, **~ off** F abziehen, sich da'vonmachen; **III** *v/t.* **6.** **~ the colour(s)** *Brit.* ⚔ Fahnenparade abhalten; **~ car·ri·er** *s.* ⚔ **1.** ✈, ⚓ 'Truppentrans,porter *m*; **2.** Mannschaftswagen *m*; **'~-,car·ry·ing** *adj.*: **~ vehicle** → **troop carrier** 2.

troop·er ['tru:pə] *s.* **1.** ⚔ Reiter *m*, Kavalle'rist *m*: **swear like a ~** fluchen wie ein Landsknecht; **2.** 'Staatspoli,zist *m*; **3.** *bsd. Am.* berittener Poli'zist; **4.** ⚔ Kavalle'riepferd *n*; **5.** *Brit.* → **troopship**.

'troop·ship *s.* ⚓ 'Truppentrans,porter *m*.

trope [trəʊp] *s.* Tropus *m* (*a.* ♪), bildlicher Ausdruck.

troph·ic ['trɒfɪk] *adj. biol.* trophisch, Ernährungs…

tro·phy ['trəʊfɪ] **I** *s.* **1.** Tro'phäe *f*, Siegeszeichen *n*, -beute *f* (*alle a. fig.*); **2.** Preis *m*, (*Jagd- etc.*)Tro'phäe *f*; **II** *v/t.* **3.** mit Tro'phäen schmücken.

trop·ic ['trɒpɪk] **I** *s.* **1.** *ast.*, *geogr.* Wendekreis *m*; **2.** *pl. geogr.* Tropen *pl.*; **II** *adj.* **3.** → **tropical¹**.

trop·i·cal¹ ['trɒpɪkl] *adj.* □ Tropen…, tropisch.

trop·i·cal² ['trɒpɪkl] → **tropological**.

trop·o·log·i·cal [,trɒpə'lɒdʒɪkl] *adj.* □ fi'gürlich, meta'phorisch.

trop·o·sphere ['trɒpə,sfɪə] *s. meteor.* Tropo'sphäre *f*.

trot [trɒt] **I** *v/i.* **1.** traben, trotten, im Trab gehen *od.* reiten: **~ along** (*od.* **off**) F ab-, losziehen; **II** *v/t.* **2.** *Pferd* traben lassen, *a. j-n* in Trab setzen; **3.** **~ out** a) *Pferd* vorreiten, -führen, b) *fig. et. od. j-n* vorführen, renommieren mit, *Argumente*, *Kenntnisse etc.*, *a. Wein etc.* auftischen, aufwarten mit; **4.** *a.* **~ round** *j-n* her'umführen; **III** *s.* **5.** Trott *m*, Trab *m* (*a. fig.*): **at a ~** im Trab; **keep s.o. on the ~** j-n in Trab halten; **6.** F ,Taps' *m* (*kleines Kind*); **7.** F ,Tante' *f* (*alte Frau*); **8. the ~s** *pl.* F ,Dünnpfiff' *m*; **9.** *ped. Am. sl.* a) Eselsbrücke *f*, ,Klatsche' *f* (*Übersetzungshilfe*), b) Spickzettel *m*; **10.** F Trabrennen *n*.

troth [trəʊθ] *s. obs.* Treue(gelöbnis *n*) *f*: **by my ~!**, **in ~!** meiner Treu!, wahrlich!; **pledge one's ~** sein Wort verpfänden, ewige Treue schwören; **plight one's ~** sich verloben.

trot·ter ['trɒtə] *s.* **1.** Traber *m* (*Pferd*); **2.** F Fuß *m*, Bein *n von Schlachttieren*: **pigs ~s** Schweinsfüße; **3.** *pl. humor.* ,Haxen' *pl.*; **trot·ting race** ['trɒtɪŋ] *s.* Trabrennen *n*.

trou·ble ['trʌbl] **I** *v/t.* **1.** beunruhigen, stören, belästigen; **2.** *j-n* bemühen, bitten (**for** um): **may I ~ you to pass me the salt** darf ich Sie um das Salz bitten; **I will ~ you to hold your tongue** *iro.* würden sie gefälligst den Mund halten; **3.** *j-m* 'Umstände *od.* Unannehmlichkeiten bereiten, *j-m* Mühe machen; *j-n* behelligen (**about**, **with** mit); **4.** *j-n* plagen, quälen: **be ~d with** von *e-r Krankheit etc.* geplagt sein; **5.** *j-m* Sorge *od.* Verdruß *od.* Kummer machen *od.* bereiten, *j-n* beunruhigen: **be ~d about** sich Sorgen machen wegen; **don't let it ~ you** machen Sie sich deswegen keine Gedanken; **~d face** sorgenvolles *od.* gequältes Gesicht; **6.** *Wasser* trüben: **~d waters** *fig.* schwierige Situation, unangenehme Lage; **fish in ~d waters** *fig.* im trüben fischen; **II** *v/i.* **7.** sich beunruhigen (**about** über *acc.*); **I should not ~ if** a) ich wäre beruhigt, wenn, b) es wäre mir gleichgültig, wenn; **8.** sich die Mühe machen, sich bemühen (**to do** zu tun); sich 'Umstände machen: **don't ~ (yourself)** bemühen Sie sich nicht; **don't ~ to write** du brauchst nicht zu schreiben; **III** *s.* **9.** Mühe *f*, Plage *f*, Last *f*, Belästigung *f*, Störung *f*: **give s.o. ~** j-m Mühe verursachen; **go to much ~** sich besondere Mühe machen *od.* geben; **put s.o. to ~** j-m Umstände bereiten; **save o.s. the ~ of doing** sich die Mühe (er)sparen, zu tun; **take (the) ~** sich (die) Mühe machen; **take ~ over** sich Mühe geben mit; (**it is**) **no ~ (at all)** (es ist) nicht der Rede wert; **10.** Unannehmlichkeiten *pl.*, Schwierigkeiten *pl.*, Scherereien *pl.*, ,Ärger' *m* (**with** mit *der Polizei etc.*): **ask** *od.* **look for ~** unbedingt Ärger haben wollen; **be in ~** in Schwierigkeiten sein; **get into ~** in Schwierigkeiten geraten, Ärger bekommen; **make ~ for s.o.** j-n in Schwierigkeiten bringen; **he is ~** F er ist gefährlich, mit ihm wird es Ärger geben; **11.** Schwierigkeit *f*, Pro'blem *n*: **the ~ is** der Haken dabei ist, das Unangenehme ist (**that** daß); **what's the ~?** wo(ran) fehlt's?, was ist los?; **12.** ⚕ Störung *f*, Leiden *n*: **heart ~** Herzleiden; **13.** a) *pol.* Unruhe(n *pl.*) *f*, Wirren *pl.*, b) *allg.* Af'färe *f*, Kon'flikt *m*; **14.** ⚙ Störung *f*, De'fekt *m*; **'~,mak·er** *s.* Unruhestifter *m*; **~ man** [-mən] *s.* [*irr.*] ⚙ Störungssucher *m*; **'~-proof** *adj.* störungsfrei; **'~,shoot·er** *s. bsd. Am.* **1.** → **trouble man**; **2.** *fig.* Friedensstifter *m*, ,Feuerwehrmann' *m*.

trou·ble·some ['trʌblsəm] *adj.* □ lästig, beschwerlich, unangenehm; **'trou·ble·some·ness** [-nɪs] *s.* Lästigkeit *f*, Beschwerlichkeit *f*; *das* Unangenehme.

trouble spot *s.* **1.** ⚙ Schwachstelle *f*; **2.** *bsd. pol.* Unruheherd *m*.

trou·blous ['trʌbləs] *adj.* □ *obs.* unruhig.

trough [trɒf] *s.* **1.** Trog *m*, Mulde *f*; **2.** Wanne *f*; **3.** Rinne *f*, Ka'nal *m*; **4.** Wellental *n*: **~ of the sea**; **5.** *a.* **~ of low pressure** *meteor.* Tief(druckrinne *f*) *n*; **6.** *bsd.* ⚚ Tiefpunkt *m*, ,Talsohle' *f*.

trounce [traʊns] *v/t.* **1.** verprügeln; **2.** *fig.* her'untermachen; **3.** *sport* ,über'fahren', *j-m* e-e Abfuhr erteilen.

troupe [tru:p] *s.* (Schauspieler-, Zirkus-)Truppe *f*.

trou·sered ['traʊzəd] *adj.* Hosen tragend, behost; **'trou·ser·ing** [-zərɪŋ] *s.* Hosenstoff *m*; **trou·sers** ['traʊzəz] *s. pl.* (**a pair of ~** e-e) (lange) Hose; Hosen *pl.*; → **wear¹** 1.

trou·ser suit *s.* Hosenanzug *m*.

trousse [tru:s] *s.* ⚕ (chi'rurgisches) Besteck.

trous·seau ['tru:səʊ] *pl.* **-seaus** (*Fr.*) *s.* Aussteuer *f*.

trout [traʊt] *ichth.* **I** *pl.* **-s**, *bsd. coll.* **trout** *s.* Fo'relle *f*; **II** *v/i.* Fo'rellen fischen; **III** *adj.* Forellen…

trove [trəʊv] *s.* Fund *m*.

tro·ver ['trəʊvə] *s.* ⚖ **1.** rechtswidrige Aneignung; **2.** *a.* **action of ~** Klage *f* auf Her'ausgabe des Wertes.

trow·el ['traʊəl] **I** *s.* **1.** (Maurer)Kelle *f*: **lay it on with a ~** *fig.* (zu) dick auftragen; **2.** ⚘ Hohlspatel *m*, Pflanzenheber *m*; **II** *v/t.* **3.** mit der Kelle auftragen, glätten.

troy (weight) [trɔɪ] *s.* ⚚ Troygewicht *n* (*für Edelmetalle, Edelsteine u. Arzneien; 1 lb. = 373,24 g*).

tru·an·cy ['tru:ənsɪ] *s.* (Schul)Schwänze'rei *f*, unentschuldigtes Fernbleiben; **'tru·ant** [-nt] **I** *s.* **1.** a) (Schul)Schwänzer(in), b) Bummler(in), Faulenzer (-in): **play ~** (*bsd.* die Schule) schwänzen, *a.* bummeln; **II** *adj.* **2.** träge, faul, pflichtvergessen; **3.** (schul)schwänzend; **4.** *fig.* (ab)schweifend (*Gedanken*).

truce [tru:s] *s.* **1.** ⚔ Waffenruhe *f*, -stillstand *m*: **flag of ~** Parlamentärflagge *f*; **~ of God** *hist.* Gottesfriede *m*; (**political**) **~** Burgfriede *m*; **a ~ to talking!** Schluß mit (dem) Reden!; **2.** *fig.* (Ruhe-, Atem)Pause *f* (**from** von).

truck¹ [trʌk] **I** *s.* **1.** Tausch(handel) *m*; **2.** Verkehr *m*: **have no ~ with s.o.** mit j-m nichts zu tun haben; **3.** *Am.* Gemüse *n*: **~ farm**, **~ garden** *Am.* Gemüsegärtnerei *f*; **~ farmer** *Am.* Gemüsegärtner *m*; **4.** *coll.* a) Kram(waren *pl.*) *m*, Hausbedarf *m*, b) *contp.* Plunder *m*; **5.** *mst* **~ system** ⚚ *hist.* Natu'rallohn-, 'Trucksy,stem *n*; **II** *v/t.* **6.** (**for**) (aus-, ver)tauschen (gegen), eintauschen (für); **7.** verschachern; **III** *v/i.* **8.** Tauschhandel treiben; **9.** schachern, handeln (**for** um).

truck² [trʌk] **I** *s.* **1.** ⚙ Block-, Laufrad *n*; **2.** Hand-, Gepäck-, Rollwagen *m*; **3.** Lore *f*: a) 🚂 *Brit.* offener Güterwagen, b) ⚒ Kippkarren *m*, Förderwagen *m*; **4.** *Am.* Lastauto *n*, -(kraft)wagen *m*: **~ trailer** a) Lastwagenanhänger *m*, b) Lastzug *m*; **5.** 🚂 Dreh-, 'Untergestell *n*; **6.** ⚓ Flaggenknopf *m*; **II** *v/t.* **7.** auf Güter- *od.* Lastwagen *etc.* befördern; **'truck·age** [-kɪdʒ] *s.* **1.** *Am.* 'Lastwagentrans,port *m*; **2.** Trans'portkosten *pl.*

truck·er¹ ['trʌkə] *s. Am.* **1.** Lastwagen-, Fernlastfahrer *m*; **2.** 'Autospedi,teur *m*.

truck·er² ['trʌkə] *s. Am.* Gemüsegärtner *m*.

truck·le¹ ['trʌkl] *v/i.* (zu Kreuze) kriechen (**to** vor).

truck·le² ['trʌkl] *s.* **1.** (Lauf)Rolle *f*; **2.** *mst* **~ bed** (niedriges) Rollbett.

truc·u·lence ['trʌkjʊləns], **'truc·u·len·cy** [-sɪ] *s.* Wildheit *f*; **'truc·u·lent** [-nt] *adj.* □ **1.** wild, grausam; **2.** trotzig; **3.** gehässig.

trudge [trʌdʒ] **I** *v/i.* (*bsd.* mühsam) stapfen; sich (mühsam) (fort)schleppen: **~ along**; **II** *v/t.* (mühsam) durch'wandern; **III** *s.* mühseliger Marsch *od.* Weg.

true [tru:] **I** *adj.* □ → **truly**; **1.** wahr, wahrheitsgetreu: **a ~ story**; **be ~ of** zutreffen auf (*acc.*), gelten für; **come ~**

sich bewahrheiten, sich erfüllen, eintreffen; **2.** wahr, echt, wirklich, (regel-) recht: ***a ~ Christian***; ***~ bill*** ⚖ begründete (*von den Geschworenen bestätigte*) Anklage(schrift); ***~ love*** wahre Liebe; (***it is***) ~ zwar, allerdings, freilich, zugegeben; **3.** (ge)treu (***to*** *dat.*): ***a ~ friend***; (***as***) ***~ as gold*** (*od.* ***steel***) treu wie Gold; ***~ to one's principles*** (***word***) s-n Grundsätzen (s-m Wort) getreu; **4.** (ge-) treu (***to*** *dat.*) (*von Sachen*): ***~ copy***; ***~ weight*** genaues *od.* richtiges Gewicht; ***~ to life*** lebenswahr, -echt; ***~ to nature*** naturgetreu; ***~ to size*** ⚙ maßgerecht, -haltig; ***~ to type*** artgemäß, typisch; **5.** rechtmäßig: ***~ heir*** (***owner***); **6.** zuverlässig: ***a ~ sign***; **7.** ⚙ genau, richtig eingestellt *od.* eingepaßt; **8.** ⚓, *phys.* rechtweisend (*Kurs, Peilung*): ***~ declination*** Ortsmißweisung *f*; ***~ north*** geographisch Nord; **9.** ♪ richtig gestimmt, rein; **10.** *biol.* reinrassig; **II** *adv.* **11.** wahr('haftig): ***speak ~*** die Wahrheit reden; **12.** (ge)treu (***to*** *dat.*); **13.** genau: ***shoot ~***; **III** *s.* **14.** ***the ~*** das Wahre; **15.** ***out of ~*** ⚙ unrund; **IV** *v/t.* **16.** *a.* ***~ up*** ⚙ *Lager* ausrichten; *Werkzeug* nachschleifen; *Rad* zentrieren; ***~ blue*** *s.* getreuer Anhänger; **ˌ~-'blue** *adj.* waschecht, treu; **'~-born** *adj.* echt, gebürtig; **'~-bred** *adj.* reinrassig; **ˌ~-'heart·ed** *adj.* aufrichtig, ehrlich; **ˌ~-'life** *adj.* lebenswahr, -echt; **'~-love** *s.* Geliebte(r *m*) *f*.

true·ness ['tru:nɪs] *s.* **1.** Wahrheit *f*; **2.** Echtheit *f*; **3.** Treue *f*; **4.** Richtigkeit *f*; **5.** Genauigkeit *f*.

truf·fle ['trʌfl] *s.* ⚘ Trüffel *f*.

tru·ism ['tru:ɪzəm] *s.* Binsenwahrheit *f*, Gemeinplatz *m*.

trull [trʌl] *s.* Dirne *f*, Hure *f*.

tru·ly ['tru:lɪ] *adv.* **1.** wahrheitsgemäß; **2.** aufrichtig: ***Yours*** (***very***) ***~*** (*als Briefschluß*) Hochachtungsvoll; ***yours ~*** *humor.* meine Wenigkeit; **3.** wahr'haftig, in der Tat; **4.** genau.

trump¹ [trʌmp] *s. obs. od. poet.* Trom'pete(nstoß *m*) *f*: ***the ~ of doom*** die Posaune des Jüngsten Gerichts.

trump² [trʌmp] **I** *s.* **1.** a) Trumpf *m*, b) *a.* ***~ card*** Trumpfkarte *f* (*a. fig.*): ***play one's ~ card*** *fig.* s-n Trumpf ausspielen; ***put s.o. to his ~*** *fig.* j-n bis zum Äußersten treiben; ***turn up ~s*** a) sich als das Beste erweisen, b) Glück haben; **2.** F *fig.* feiner Kerl; **II** *v/t.* **3.** (über-) 'trumpfen; **4.** *fig.* *j-n* über'trumpfen (***with*** mit); **III** *v/i.* **5.** Trumpf ausspielen, trumpfen.

trump³ [trʌmp] *v/t.* ***~ up*** *contp.* erdichten, erfinden, sich aus den Fingern saugen; **ˌtrumped-'up** [ˌtrʌmpt-] *adj.* erfunden, erlogen, falsch: ***~ charges***.

trump·er·y ['trʌmpərɪ] **I** *s.* **1.** Plunder *m*, Schund *m*; **2.** *fig.* Gewäsch *n*, Quatsch *m*; **II** *adj.* **3.** Schund…, Kitsch…, kitschig, geschmacklos; **4.** *fig.* billig, nichtssagend: ***~ arguments***.

trum·pet ['trʌmpɪt] **I** *s.* **1.** ♪ Trom'pete *f*: ***~ call*** Trompetensignal *n*; ***blow one's own ~*** *fig.* sein eigenes Lob singen; ***the last ~*** die Posaune des Jüngsten Gerichts; **2.** Trom'petenstoß *m* (*a. des Elefanten*); **3.** ♪ Trom'pete(nreˌgister *n*) *f* (*Orgel*); **4.** Schalltrichter *m*, Sprachrohr *n*; **5.** Hörrohr *n*; **II** *v/t. u. v/i.* **6.** trom'peten (*a. Elefant*): ***~*** (***forth***) *fig.* ausposaunen; **'trum·pet·er** [-tə] *s.* **1.** Trom'peter *m*; **2.** *fig.* a) 'Auspoˌsauner(in), b) Lobredner *m*, c) ‚Sprachrohr' *n*; **3.** *orn.* Trom'petertaube *f*; **trum·pet ma·jor** *s.* ⚔ 'Stabstromˌpeter *m*.

trun·cate [trʌŋ'keɪt] **I** *v/t.* **1.** *a. fig.* stutzen, beschneiden; **2.** ⩚ abstumpfen; **3.** ⚙ *Gewinde* abflachen; **4.** *Computer*: beenden; **II** *adj.* **5.** abgestutzt, -stumpft (*Blätter, Muscheln*); **trun'cat·ed** [-tɪd] *adj.* **1.** *a. fig.* gestutzt, beschnitten; **2.** ⩚ abgestumpft: ***~ cone*** (***pyramid***) Kegel- (Pyramiden)stumpf *m*; **3.** ⚙ abgeflacht; **trun·ca·tion** [trʌŋ'keɪʃn] *s.* **1.** *a. fig.* Stutzung *f*; **2.** ⩚ Abstumpfung *f*; **3.** ⚙ Abflachung *f*; **4.** *Computer*: Beendigung *f*.

trun·cheon ['trʌntʃən] *s.* **1.** *Brit.* (Gummi)Knüppel *m*, Schlagstock *m der Polizei*; **2.** Kom'mandostab *m*.

trun·dle ['trʌndl] **I** *v/t.* *Faß etc.* trudeln, rollen; *Reifen* schlagen; *j-n im Rollstuhl etc.* fahren; **II** *v/i.* *oft* ***~ along*** rollen, sich wälzen, trudeln; **III** *s.* Rolle *f*, Walze *f*: ***~ bed*** → ***truckle²*** 2.

trunk [trʌŋk] *s.* **1.** (Baum)Stamm *m*; **2.** Rumpf *m*, Leib *m*, Torso *m*; **3.** *zo.* Rüssel *m*; **4.** (Schrank)Koffer *m*, Truhe *f*; **5.** ⚠ (Säulen)Schaft *m*; **6.** *anat.* (*Nerven- etc.*)Strang *m*, Stamm *m*; **7.** *pl.* a) → ***trunk hose***, b) Badehose *f*, c) *sport* Shorts *pl.*, d) ('Herren)ˌUnterhose *f*; **8.** ⚙ Rohrleitung *f*, Schacht *m*; **9.** *teleph. bsd. Brit.* a) Fernleitung *f*, b) Fernverbindung *f*; **10.** 🚂 → ***trunk line*** 1; **11.** *mot. Am.* Kofferraum *m*; **12.** *Computer*: Anschlußstelle *f*; ***~ call*** *s. teleph. Brit.* Ferngespräch *n*; ***~ hose*** *s. hist.* Kniehose *f*; ***~ line*** *s.* **1.** 🚂 Hauptstrecke *f*, -linie *f*; **2.** → ***trunk*** 9 a; ***~ road*** *s.* Haupt-, Fernverkehrsstraße *f*; ***~ route*** *s. allg.* Hauptstrecke *f*.

trun·nion ['trʌnjən] *s.* ⚙ (Dreh)Zapfen *m*.

truss [trʌs] **I** *v/t.* **1.** *oft* ***~ up*** a) bündeln, (fest)schnüren, zs.-binden, b) *j-n* fesseln; **2.** *Geflügel zum Braten* dressieren; **3.** ⚠ absteifen, stützen; **4.** *oft* ***~ up*** *obs. Kleider etc.* aufschürzen, -stecken; **5.** *obs. j-n* aufhängen; **II** *s.* **6.** ⚕ Bruchband *n*; **7.** ⚠ a) Träger *m*, Binder *m*, b) Fach-, Gitter-, Hängewerk *n*, Gerüst *n*; **8.** ⚓ Rack *n*; **9.** (Heu-, Stroh)Bündel *n*, (*a.* Schlüssel)Bund *n*; **10.** ⚘ Dolde *f*; ***~ bridge*** *s.* (Gitter)Fachwerkbrücke *f*.

trust [trʌst] **I** *s.* **1.** (***in***) Vertrauen *n* (auf *acc.*), Zutrauen *n* (zu *dat.*): ***place*** (*od.* ***put***) ***one's ~ in*** → 13; ***position of ~*** Vertrauensposten *m*; ***take s.th. on ~*** et. (einfach) glauben; **2.** Zuversicht *f*, zuversichtliche Erwartung *od.* Hoffnung, Glaube *m*; **3.** Kre'dit *m*: ***on ~*** a) auf Kredit, b) auf Treu u. Glauben; **4.** Pflicht *f*, Verantwortung *f*; **5.** Verwahrung *f*, Obhut *f*: ***in ~*** zu treuen Händen; **6.** Pfand *n*, anvertrautes Gut; **7.** ⚖ a) Treuhand(verhältnis *n*) *f*, b) Treuhandgut *n*, -vermögen *n*: ***breach of ~*** Verletzung *f* der Treupflicht; ***~ territory*** *pol.* Treuhandgebiet *n*; ***hold s.th. in ~*** et. treuhänderisch verwalten; **8.** ✝ a) Trust *m*, b) Kon'zern *m*, c) Kar'tell *n*, Ring *m*; **9.** (*Familien- etc.*)Stiftung *f*; **II** *v/t.* **10.** *j-m* (ver)trauen, glauben, sich auf *j-n* verlassen: ***~ s.o. to do s.th.*** j-m zutrauen, daß er et. tut; ***~ him to do that!*** *iro.* a) das sieht ihm ähnlich!, b) verlaß dich drauf, er wird es tun!; **11.** (***s.o. with s.th.***, ***s.th. to s.o.*** j-m et.) anvertrauen; **12.** (zuversichtlich) hoffen *od.* erwarten, glauben; **III** *v/i.* **13.** (***in***, ***to***) vertrauen (auf *acc.*), sein Vertrauen setzen (auf *acc.*); **14.** hoffen, glauben, denken; ***~ com·pa·ny*** *s. Am.* Treuhandgesellschaft *f od.* -bank *f*; ***~ deed*** *s.* Treuhandvertrag *m*.

trus·tee [ˌtrʌs'ti:] *s.* **1.** Sachwalter *m* (*a. fig.*), (Vermögens)Verwalter *m*, Treuhänder *m*: ***~ in bankruptcy***, ***official ~*** Konkurs-, Masseverwalter; ***Public*** ♀ *Brit.* Öffentlicher Treuhänder; ***~ process*** *Am.* Beschlagnahme *f*, (*bsd.* Forderungs)Pfändung *f*; ***~ securities***, ***~ stock*** mündelsichere Wertpapiere; **2.** Ku'rator *m*, Pfleger *m*: ***board of ~s*** Kuratorium *n*; **ˌtrus'tee·ship** [-ʃɪp] *s.* **1.** Treuhänderschaft *f*; **2.** Kura'torium *n*; **3.** *pol.* a) Treuhandverwaltung *f*, b) Treuhandgebiet *n*.

trust·ful ['trʌstfʊl] *adj.* □ vertrauensvoll, zutraulich.

trust fund *s.* ✝ Treuhandvermögen *n*.

trust·i·fi·ca·tion [ˌtrʌstɪfɪ'keɪʃn] *s.* ✝ Ver'trustung *f*, Trustbildung *f*.

trust·ing ['trʌstɪŋ] *adj.* □ → ***trustful***.

'trustˌwor·thi·ness [-ˌwɜ:ðɪnɪs] *s.* Vertrauenswürdigkeit *f*; **'trustˌwor·thy** *adj.* □ vertrauenswürdig, zuverlässig.

trust·y ['trʌstɪ] **I** *adj.* □ **1.** vertrauensvoll; **2.** treu, zuverlässig; **II** *s.* **3.** ‚Kal'fakter' *m* (*privilegierter Sträfling*).

truth [tru:θ] *s.* **1.** Wahrheit *f*: ***in ~***, *obs.* ***of a ~*** in Wahrheit; ***the ~, the whole ~ and nothing but the ~*** ⚖ die reine Wahrheit; ***to tell the ~***, ***~ to tell*** um die Wahrheit zu sagen, ehrlich gesagt; ***there is no ~ in it*** daran ist nichts Wahres; ***the ~ is that I forgot it*** in Wirklichkeit *od.* tatsächlich habe ich es vergessen; **2.** *allgemein anerkannte* Wahrheit: ***historical ~***; **3.** Wahr'haftigkeit *f*; Aufrichtigkeit *f*; **4.** Wirklichkeit *f*, Echtheit *f*, Treue *f*; **5.** Richtigkeit *f*, Genauigkeit *f*: ***be out of ~*** ⚙ nicht genau passen; ***~ to life*** Lebensechtheit *f*; ***~ to nature*** Naturtreue *f*.

truth·ful ['tru:θfʊl] *adj.* □ **1.** wahr (-heitsgemäß); **2.** wahrheitsliebend; **3.** echt, genau, getreu; **'truth·ful·ness** [-nɪs] *s.* **1.** Wahr'haftigkeit *f*; **2.** Wahrheitsliebe *f*; **3.** Echtheit *f*.

try [traɪ] **I** *s.* **1.** Versuch *m*: ***have a ~*** e-n Versuch machen, es versuchen (***at*** mit); **2.** *Rugby*: Versuch *m*; **II** *v/t.* **3.** versuchen, probieren: ***~ one's best*** sein Bestes tun; ***~ one's hand at s.th.*** sich an e-r Sache versuchen; **4.** *a.* ***~ out*** (aus-, 'durch)probieren, erproben, prüfen: ***~ a new method*** (***remedy***, ***invention***); ***~ on*** *Kleid etc.* anprobieren, *Hut* aufprobieren; ***~ it on with s.o.*** *sl.* ‚es bei j-m probieren'; **5.** e-n Versuch machen mit, es versuchen mit: ***~ the door*** die Tür zu öffnen suchen; ***~ one's luck*** sein Glück versuchen (***with*** bei *j-m*); **6.** ⚖ a) verhandeln über *e-e Sache*, *Fall* unter'suchen, b) verhandeln gegen *j-n*, vor Gericht stellen; **7.** *Augen etc.* angreifen, (über)'anstrengen, *Geduld*, *Mut*, *Nerven etc.* auf e-e harte Probe stellen; **8.** *j-n* arg mitnehmen, plagen, quälen; **9.** *mst* ***~ out*** ⚙ a) *Metalle* raffinieren, scheiden, b) *Talg etc.* ausschmelzen, c) *Spiritus* rektifizieren; **III** *v/i.* **10.** versuchen (***at*** *acc.*), sich bemühen *od.* bewerben (***for*** um); **11.** versuchen, e-n Versuch machen: **~ *again!*** (versuch es) noch einmal!; **~ *and read!*** F versuche zu lesen!; **~ *hard*** sich große Mühe geben.

try·ing ['traɪɪŋ] *adj.* □ **1.** schwierig, kritisch, unangenehm, nervtötend; **2.** anstrengend, ermüdend (***to*** für).

'try|-on *s.* **1.** Anprobe *f*; **2.** F 'Schwindelma͵növer *n*; **'~-out** *s.* **1.** Probe *f*, Erprobung *f*; **2.** *sport* Ausscheidungskampf *m*, -spiel *n*; **~-sail** ['traɪsl] *s.* ⚓ Gaffelsegel *n*; **~ square** *s.* ⚙ Richtscheit *n*.

tryst [trɪst] *obs.* **I** *s.* **1.** Stelldichein *n*, Rendez'vous *n*; **2.** → ***trysting place***; **II** *v/t.* **3.** *j-n* (an e-n verabredeten Ort) bestellen; **4.** *Zeit*, *Ort* verabreden; **tryst·ing place** [-tɪŋ] *s.* Treffpunkt *m*.

tsar [zɑː] *etc.* → ***czar*** *etc.*

tset·se (fly) ['tsetsɪ] *s. zo.* Tsetsefliege *f*.

'T-shirt *s.* T-Shirt *n*.

'T-square *s.* ⚙ **1.** Reißschiene *f*; **2.** Anschlagwinkel *m*.

tub [tʌb] **I** *s.* **1.** (Bade)Wanne *f*; **2.** *Brit.* F (Wannen)Bad *n*; **3.** Bottich *m*, Kübel *m*, Wanne *f*; **4.** (*Butter- etc.*)Faß *n*, Tonne *f*; **5.** Faß *n* (*als Maß*): ***a ~ of tea***; **6.** ⚓ *humor.* ‚Kahn' *m*, ‚Kasten' *m* (*Schiff*); **7.** *Rudern*: Übungsboot *n*; **8.** ⚒ Förderkorb *m*, -wagen *m*; **9.** *humor.* Kanzel *f*; **II** *v/t.* **10.** *bsd. Butter* in ein Faß tun; **11.** ⚘ in e-n Kübel pflanzen; **12.** F baden; **III** *v/i.* **13.** F (sich) baden; **14.** *Rudern*: im Übungsboot trainieren.

tu·ba ['tjuːbə] *s.* ♪ Tuba *f*.

tub·by ['tʌbɪ] **I** *adj.* **1.** faß-, tonnenartig; **2.** F rundlich, klein u. dick; **3.** dumpf, hohl (*klingend*); **II** *s.* **4.** F ‚Dickerchen' *n*.

tube [tjuːb] **I** *s.* **1.** Rohr(leitung *f*) *n*, Röhre *f*; (Glas- *etc.*)Röhrchen *n*: → ***test tube***; **2.** Schlauch *m*: (***inner***) **~** ⚙ (Luft)Schlauch *m*; **3.** (Me'tall)Tube *f*: **~ *colo(u)rs*** Tubenfarben; **4.** ♪ (Blas-)Rohr *n*; **5.** *anat.* (*Luft- etc.*)Röhre *f*, Ka'nal *m*; **6.** ⚘ (Pollen)Schlauch *m*; **7.** ϟ Röhre *f*: ***the* ~** die ‚Röhre' *f* (*Fernseher*); ***on the* ~** ‚in der Glotze'; **8.** a) (U-Bahn)Tunnel *m*, b) *a.* **2** *die* Londoner U-Bahn; **II** *v/t.* **9.** ⚙ mit Röhren versehen; **10.** (durch Röhren) befördern; **11.** (in Röhren *od.* Tuben) abfüllen; **'tube-feed** [*irr.*] *v/t.* ⚕ künstlich (⚖ zwangs)ernähren; **'tube·less** [-lɪs] *adj.* schlauchlos (*Reifen*).

tu·ber ['tjuːbə] *s.* **1.** ⚘ Knolle *f*, Knollen(-gewächs *n*) *m*; **2.** ⚕ Knoten *m*, Schwellung *f*, Tuber *n*.

tu·ber·cle ['tjuːbəkl] *s.* **1.** *biol.* Knötchen *n*; **2.** ⚕ a) Tu'berkel(knötchen *n*) *m*, b) (*bsd.* 'Lungen)Tu͵berkel *m*; **3.** ⚘ kleine Knolle, Warze *f*; **tu·ber·cu·lar** [tjuː'bɜːkjʊlə] → ***tuberculous***; **tu·ber·cu·lo·sis** [tjuː͵bɜːkjʊ'ləʊsɪs] *s.* ⚕ Tuberku'lose *f*; **tu·ber·cu·lous** [tjuː'bɜːkjʊləs] *adj.* **1.** ⚕ tuberku'lös, Tuberkel...; **2.** knotig.

tube·rose¹ ['tjuːbərəʊz] *s.* ⚘ Tube'rose *f*, 'Nachthya͵zinthe *f*.

tu·ber·ose² ['tjuːbərəʊs] → ***tuberous***.

tu·ber·os·i·ty [͵tjuːbə'rɒsɪtɪ] → ***tuber*** 2.

tu·ber·ous ['tjuːbərəs] *adj.* **1.** *anat.*, ⚕ knotig, knötchenförmig; **2.** ⚘ a) knollentragend, b) knollig.

tub·ing ['tjuːbɪŋ] *s.* ⚙ **1.** 'Röhrenmaterial *n*, Rohr *n*; **2.** *coll.* Röhren *pl.*, Röhrenanlage *f*; **3.** Rohr(stück) *n*.

'tub|-͵thump·er *s.* (g)eifernder *od.* schwülstiger Redner; **'~-͵thump·ing** *adj.* (g)eifernd, schwülstig.

tu·bu·lar ['tjuːbjʊlə] *adj.* rohrförmig, Röhren..., Rohr...: **~ *boiler*** Heizrohrkessel *m*; **~ *furniture*** Stahlrohrmöbel *pl.*; **tu·bule** ['tjuːbjuːl] *s.* **1.** Röhrchen *n*; **2.** *anat.* Ka'nälchen *n*.

tuck [tʌk] **I** *s.* **1.** Falte *f*, Biese *f*, Einschlag *m*, Saum *m*; Lasche *f*; **2.** ⚓ Gilling *f*; **3.** *ped. Brit.* F Süßigkeiten *pl.*; **4.** *sport* Hocke *f*; **II** *v/t.* **5.** *mst* **~ *in*** a) einnähen, b) *Falte* einschlagen; **6.** Biesen nähen in *ein Kleid*; **7.** *mst* **~ *in*** (*od.* ***up***) ein-, 'umschlagen: **~ *up*** a) abnähen, b) hochstecken, -schürzen, c) raffen, d) *Ärmel* hochkrempeln; **8.** *et. wohin* stecken, *unter den Arm etc.* klemmen: **~ *away*** a) wegstecken, verstauen, b) verstecken; ***~ed away*** versteckt (liegend) (*z.B. Dorf*); **~ *in*** (*od.* ***up***) (warm) zudecken, (behaglich) einpakken; **~ *up in bed*** ins Bett stecken; **~ *up one's legs*** die Beine anziehen; **9.** **~ *in*** *sl. Essen etc.* ‚verdrücken'; **III** *v/i.* **10.** sich falten: **~ *away*** sich verstauen lassen; **11.** **~ *in*** F *beim Essen* ‚einhauen': **~ *into*** sich *et.* schmecken lassen.

tuck·er¹ ['tʌkə] *s.* **1.** Faltenleger *m* (*Nähmaschine*); **2.** *hist.* Brusttuch *n*: ***best bib and* ~** *fig.* Sonntagsstaat *m*.

tuck·er² ['tʌkə] *v/t.* *mst* **~ *out*** *Am.* F *j-n* ‚fertigmachen' (*völlig erschöpfen*): ***~ed out*** (total) erledigt.

'tuck|-in *s. Brit. sl.* ‚Fresse'rei' *f*, Schmaus *m*; **'~-shop** *s. Brit. ped. sl.* Süßwarenladen *m*.

Tues·day ['tjuːzdɪ] *s.* Dienstag *m*: ***on* ~** am Dienstag; ***on ~s*** dienstags.

tu·fa ['tjuːfə] *s. geol.* Kalktuff *m*, Tuff(-stein) *m*; **tu·fa·ceous** [tjuː'feɪʃəs] *adj.* (Kalk)Tuff...

tuff [tʌf] → ***tufa***.

tuft [tʌft] *s.* **1.** (*Gras-, Haar- etc.*)Büschel *n*, (*Feder- etc.*)Busch *m*, (*Haar-*)Schopf *m*; **2.** Quaste *f*, Troddel *f*; **3.** *anat.* Kapil'largefäßbündel *n*; **'tuft·ed** [-tɪd] *adj.* **1.** büschelig; **2.** *orn.* Hauben...: **~ *lark***; **'tuft͵hunt·er** *s.* gesellschaftlicher Streber; **tuft·y** ['tʌftɪ] *adj.* büschelig.

tug [tʌg] **I** *v/t.* **1.** zerren, ziehen an (*dat.*); ⚓ schleppen; **II** *v/i.* **2.** **~ *at*** zerren an (*dat.*); **3.** *fig.* sich (ab)placken; **III** *s.* **4.** Zerren *n*, (heftiger) Zug, Ruck *m*: ***give a ~ at*** → 2; **~ *of war*** *sport u. fig.* Tauziehen *n*; **5.** *fig.* a) große Anstrengung, b) schwerer (*a. seelischer*) Kampf; **6.** *a.* ***~boat*** ⚓ Schleppdampfer *m*, Schlepper *m*.

tu·i·tion [tjuː'ɪʃn] *s.* 'Unterricht *m*: ***private* ~** Privatunterricht, -stunden *pl.*; **tu'i·tion·al** [-ʃənl], **tu'i·tion·ar·y** [-ʃnərɪ] *adj.* Unterrichts..., Studien...

tu·lip ['tjuːlɪp] *s.* ⚘ Tulpe *f*; **~ *tree*** *s.* ⚘ Tulpenbaum *m*.

tulle [tjuːl] *s.* Tüll *m*.

tum·ble ['tʌmbl] **I** *s.* **1.** Fall *m*, Sturz *m* (*a.* †): **~ *in prices*** † Preissturz; **2.** Purzelbaum *m*; Salto *m*; **3.** *fig.* Wirrwarr *m*: ***all in a* ~** kunterbunt durcheinander; **4.** ***give s.o. a.* ~** *sl.* von j-m Notiz nehmen; **II** *v/i.* **5.** *a.* **~ *down*** (ein-, 'um-, hin-, hin'ab)fallen, (-)stürzen, (-)purzeln: ***to ~ over*** umkippen, sich überschlagen; **6.** purzeln, stolpern (***over*** über *acc.*); **7.** *wohin* stolpern (*eilen*): **~ *into*** *fig.* a) *j-m* in *die Arme* laufen, b) in *e-n Krieg etc.* ‚hineinschlittern'; **~ *to*** *sl. et.* plötzlich ‚kapieren' *od.* ‚spitzkriegen'; **8.** Luftsprünge *od.* Saltos *etc.* machen; *sport* Bodenübungen machen; **9.** sich wälzen; **10.** ⚔ taumeln (*Geschoß*); **11.** † ‚purzeln' (*Aktien, Preise*); **III** *v/t.* **12.** zu Fall bringen, 'umstürzen, -werfen; **13.** durch'wühlen; **14.** schleudern, schmeißen; **15.** zerknüllen; *Haar* zerzausen; **16.** ⚙ schleudern; **17.** *hunt.* abschießen; **'~-down** *adj.* baufällig; **~ dri·er** *s.* Wäschetrockner *m*.

tum·bler ['tʌmblə] *s.* **1.** Trink-, Wasserglas *n*, Becher *m*; **2.** Par'terreakro͵bat (-in); **3.** ⚙ a) Zuhaltung *f* (*Türschloß*), b) Richtwelle *f* (*Übersetzungsmotor*), c) Zahn *m*, d) Nocken, e) (Wasch-, Scheuer)Trommel *f*; **4.** *orn.* Tümmler *m*; **5.** *Am.* Stehaufmännchen *n*; **~ *switch*** *s.* ϟ Kippschalter *m*.

tum·brel ['tʌmbrəl], **'tum·bril** [-rɪl] *s.* **1.** ✓ Mistkarren *m*; **2.** *hist.* Schinderkarren *m*; **3.** ⚔ *hist.* Muniti'onskarren *m*.

tu·me·fa·cient [͵tjuːmɪ'feɪʃnt] *adj.* ⚕ Schwellung erzeugend; **͵tu·me'fac·tion** [-'fækʃn] *s.* ⚕ (An)Schwellung *f*, Geschwulst *f*; **tu·me·fy** ['tjuːmɪfaɪ] *v/i. u. v/t.* ⚕ (an)schwellen lassen; **tu·mes·cent** [tjuː'mesnt] *adj.* (an)schwellend, geschwollen.

tu·mid ['tjuːmɪd] *adj.* □ geschwollen (*a. fig.*); **tu·mid·i·ty** [tjuː'mɪdətɪ] *s.* **1.** ⚕ Schwellung *f*; **2.** *fig.* Geschwollenheit *f*.

tum·my ['tʌmɪ] *s.* *Kindersprache*: Bäuchlein *n*: **~ *ache*** Bauchweh *n*.

tu·mo(u)r ['tjuːmə] *s.* ⚕ Tumor *m*.

tu·mult ['tjuːmʌlt] *s.* Tu'mult *m*: a) Getöse *n*, Lärm *m*, b) (*a. seelischer*) Aufruhr *m*; **tu·mul·tu·ar·y** [tjuː'mʌltjʊərɪ] *adj.* **1.** → ***tumultuous***; **2.** verworren; **3.** aufrührerisch; **tu·mul·tu·ous** [tjuː'mʌltjʊəs] *adj.* □ **1.** tumultu'arisch, lärmend; **2.** heftig, stürmisch, turbu'lent.

tu·mu·lus ['tjuːmjʊləs] *s.* (*bsd. alter* Grab)Hügel.

tun [tʌn] *s.* **1.** Faß *n*; **2.** *Brit.* Tonne *f* (*altes Flüssigkeitsmaß*); **3.** *Brauerei*: Maischbottich *m*.

tune [tjuːn] **I** *s.* **1.** ♪ Melo'die *f*; Weise *f*, Lied *n*; *a.* Hymne *f*, Cho'ral *m*: ***to the ~ of*** a) nach der Melodie von, b) *fig.* in Höhe von, von sage u. schreibe *£ 100*; ***call the* ~** *fig.* das Sagen haben; ***change one's ~, sing another ~*** F e-n anderen Ton anschlagen, andere Saiten aufziehen; **2.** ♪ a) (richtige) (Ein)Stimmung e-s Instru'ments, b) richtige Tonhöhe: ***in* ~** (richtig) gestimmt; ***out of* ~** verstimmt; ***keep* ~** a) Stimmung halten (*Instrument*), b) Ton halten; ***play out of* ~** unrein *od.* falsch spielen; ***sing in* ~** tonrein *od.* sauber singen; **3.** ϟ Abstimmung *f*, (Scharf)Einstellung *f*; **4.** *fig.* Harmo'nie *f*: ***in ~ with*** übereinstimmend mit, im Einklang (stehend) mit, harmonierend mit; ***be out of ~ with*** im Widerspruch stehen zu, nicht übereinstimmen mit; **5.** *fig.* Stimmung *f*: ***not in ~ for*** nicht aufgelegt zu; ***out of* ~** verstimmt, mißgestimmt; **II** *v/t.* **6.** *a.* **~ *up*** a) ♪ stimmen, b) *fig.* abstimmen (***to*** auf *acc.*); **7.** *Antenne*, *Radio*, *Stromkreis* abstimmen, einstellen (***to*** auf *acc.*); **8.** *fig.* a) (***to***) anpassen (an *acc.*), b) (***for***) bereitmachen (für); **III** *v/i.* **9.** ♪ stimmen; **~ in** *v/i.* (das Radio *etc.*) einschalten: **~ *to*** a) *e-n Sender*, *ein Programm* einschalten, b) *fig.* sich einstellen auf (*acc.*); **~ up I** *v/t.* **1.** → ***tune*** 6; **2.** *mot.*, ✈ a) startbereit machen, b) *Motor* einfahren, c) *e-n Motor* tunen; **3.** *fig.* a) bereitmachen, b) in Schwung bringen, c) *das Befinden etc.* heben; **II** *v/i.* **4.** ♪ (die Instru'mente) stimmen; **5.** F a) einsetzen, b) F losheulen.

tune·ful ['tju:nfʊl] *adj.* □ **1.** me'lodisch; **2.** *obs.* sangesfreudig: **~ *birds***; **'tune·less** [-nlɪs] *adj.* 'unmeˌlodisch.

tun·er ['tju:nə] *s.* **1.** ♪ (Instru'menten-) Stimmer *m*; **2.** ♪ a) Stimmpfeife *f*, b) Stimmvorrichtung *f* (*Orgel*); **3.** ↯ Abstimmvorrichtung *f*; **4.** *Radio*, *TV*: Tuner *m*, Ka'nalwähler *m*.

tune-up ['tju:nʌp] *s.* **1.** *Am.* → ***warm-up*** 1 *u.* 3; **2.** ⚙ leistungsfördernde Maßnahmen *pl.*

tung·state ['tʌŋsteɪt] *s.* ⚗ Wolfra'mat *n*; **'tung·sten** [-stən] *s.* ⚗ Wolfram *n*: **~ *steel*** ⚙ Wolframstahl *m*; **'tung·stic** [-stɪk] *adj.* ⚗ Wolfram…: **~ *acid***.

tu·nic ['tju:nɪk] *s.* **1.** *antiq.* Tunika *f*; **2.** *bsd.* ⚔ *Brit.* Waffenrock *m*; **3.** a) 'Überkleid *n*, b) Kasack *m*; **4.** → ***tunicle***; **5.** *biol.* Häutchen *n*, Hülle *f*; **'tu·ni·ca** [-kə] *pl.* **-cae** [-si:] *s. anat.* Häutchen *n*, Mantel *m*; **'tu·ni·cate** [-kət] *s. zo.* Manteltier *n*; **'tu·ni·cle** [-kl] *s. R.C.* Meßgewand *n*.

tun·ing ['tju:nɪŋ] **I** *s.* **1.** a) ♪ Stimmen *n*, b) *fig.* Ab-, Einstimmung *f* (***to*** auf *acc.*); **2.** Anpassung *f* (***to*** an *acc.*); **3.** ↯ Abstimmung *f*, Einstellung *f* (***to*** auf *acc.*); **II** *adj.* **4.** ♪ Stimm…: **~ *fork***; **5.** ↯ Abstimm…(*-kreis*, *-skala etc.*).

tun·nel ['tʌnl] **I** *s.* **1.** Tunnel *m*, Unter'führung *f* (*Straße*, *Bahn*, *Kanal*); **2.** *a. zo.* 'unterirdischer Gang, Tunnel *m*; **3.** ⚒ Stollen *m*; **4.** ✈ 'Windkaˌnal *m*; **II** *v/t.* **5.** unter'tunneln, e-n Tunnel bohren *od.* treiben durch; **III** *v/i.* **6.** e-n Tunnel anlegen *od.* treiben (***through*** durch); **'tun·nel·(l)ing** [-lɪŋ] *s.* ⚙ Tunnelanlage *f*, -bau *m*.

tun·ny ['tʌnɪ] *s. bsd. coll.* Thunfisch *m*.

tup [tʌp] **I** *s.* **1.** *zo.* Widder *m*; **2.** ⚙ Hammerkopf *m*, Rammklotz *m*; **II** *v/t.* **3.** *zo.* bespringen, decken.

tup·pence ['tʌpəns], **'tup·pen·ny** [-pnɪ] *Brit.* F *für* ***twopence***, ***twopenny***.

tur·ban ['tɜ:bən] *s.* Turban *m*; **'tur·baned** [-nd] *adj.* turbantragend.

tur·bid ['tɜ:bɪd] *adj.* □ **1.** dick(flüssig), trübe, schlammig; **2.** dick, dicht: **~ *fog***; **3.** *fig.* verworren, wirr; **tur·bid·i·ty** [tɜ:'bɪdətɪ], **'tur·bid·ness** [-nɪs] *s.* **1.** Trübheit *f*; **2.** Dicke *f*; **3.** *fig.* Verworrenheit *f*.

tur·bine ['tɜ:baɪn] **I** *s.* Tur'bine *f*; **II** *adj.* Turbinen…: **~ *steamer***; **~*-powered*** mit Tur'binenantrieb.

turbo- [tɜ:bəʊ] ⚙ *in Zssgn* Turbinen…, Turbo…; **ˌtur·bo'jet (en·gine)** *s.* (Flugzeug *n* mit) Turbostrahltriebwerk *n*; **ˌtur·bo'prop(-jet) (en·gine)** *s.* (Flugzeug *n* mit) ✈ 'Turbo-Pro'peller-Strahltriebwerk *n*; **ˌtur·bo'ram-jet en·gine** *s.* ✈ Ma'schine *f* mit Staustrahltriebwerk.

tur·bot ['tɜ:bət] *s. ichth.* Steinbutt *m*.

tur·bu·lence ['tɜ:bjʊləns] *s.* **1.** Unruhe *f*, Aufruhr *m*, Ungestüm *n*, Sturm *m* (*a. meteor.*); **2.** *phys.* Turbu'lenz *f*, Wirbelbewegung *f*; **'tur·bu·lent** [-nt] *adj.* □ **1.** unruhig, ungestüm, stürmisch, turbu'lent; **2.** aufrührerisch; **3.** *phys.* verwirbelt, turbu'lent, Wirbel…

turd [tɜ:d] *s.* V **1.** ‚Scheißhaufen' *m*; **2.** ‚Scheißer' *m*.

tu·reen [tə'ri:n] *s.* Ter'rine *f*.

turf [tɜ:f] **I** *s.* **1.** Rasen *m*; **2.** Rasenstück *n*, -sode *f*; **3.** Torf(ballen) *m*; **4.** *sport* Turf *m*: a) (Pferde)Rennbahn *f*, b) ***the ~*** *fig.* der Pferderennsport; **5.** *fig. j-s* Re'vier *n*; **II** *v/t.* **6.** mit Rasen bedekken; **7. ~ *out*** *Brit.* F *j-n* ‚rausschmeißen'; **'turf·ite** [-faɪt] *s.* (Pferde)Rennsportliebhaber *m*; **'turf·y** [-fɪ] *adj.* **1.** rasenbedeckt; **2.** torfartig; **3.** *fig.* (Pferde)Rennsport…

tur·ges·cence [tɜ:'dʒesns] *s.* **1.** ⚕, ⚘ Schwellung *f*, Geschwulst *f*; **2.** *fig.* Schwulst *m*.

tur·gid ['tɜ:dʒɪd] *adj.* □ **1.** ⚕ geschwollen; **2.** *fig.* schwülstig, ‚geschwollen'; **tur·gid·i·ty** [tɜ:'dʒɪdətɪ], **'tur·gid·ness** [-nɪs] *s.* **1.** Geschwollensein *n*; **2.** *fig.* Geschwollenheit *f*, Schwülstigkeit *f*.

Turk [tɜ:k] **I** *s.* **1.** Türke *m*, Türkin *f*: ***Young ~s*** *pol.* Jungtürken *pl.*; **2.** *obs.* Ty'rann *m*; **II** *adj.* **3.** türkisch, Türken…

Tur·key[1] ['tɜ:kɪ] **I** *s.* Tür'kei *f*; **II** *adj.* türkisch: **~ *carpet*** Orientteppich *m*; **~ *red das*** Türkischrot.

tur·key[2] ['tɜ:kɪ] *s.* **1.** *orn.* Truthahn *m*, -henne *f*, Pute(r *m*) *f*: ***talk ~*** *Am. sl.* a) Fraktur reden (***with*** mit), b) offen *od.* sachlich reden; **2.** *Am. sl. thea. etc.* ‚Pleite' *f*, ‚'Durchfall' *m*; **~ cock** *s.* **1.** Truthahn *m*, Puter *m*: (***as***) ***red as a ~*** puterrot (im Gesicht); **2.** *fig.* eingebildeter Fatzke.

Turk·ish ['tɜ:kɪʃ] **I** *adj.* türkisch, Türken…; **II** *s. ling.* Türkisch *n*; **~ bath** *s.* türkisches Bad; **~ de·light** *s.* 'Fruchtgeˌleekonˌfekt *n*; **~ tow·el** *s.* Frottier-, Frot'tee(hand)tuch *n*.

Turko- [tɜ:kəʊ, -kə] *in Zssgn* türkisch, Türken…

Tur·ko·man ['tɜ:kəmən] *pl.* **-mans** *s.* **1.** Turk'mene *m*; **2.** *ling.* Turk'menisch *n*.

tur·mer·ic ['tɜ:mərɪk] *s.* **1.** ⚘ Gelbwurz *f*; **2.** *pharm.* Kurkuma *f*; **3.** Kurkumagelb *n* (*Farbstoff*): **~ *paper*** ⚗ Kurkumapapier *n*.

tur·moil ['tɜ:mɔɪl] *s.* **1.** *a. fig.* Aufruhr *m*, Tu'mult *m*: ***in a ~*** in Aufruhr; **2.** Getümmel *n*.

turn [tɜ:n] **I** *s.* **1.** (Um)'Drehung *f*: ***a single ~ of the handle***; ***done to a ~*** gerade richtig durchgebraten; ***to a ~*** *fig.* aufs Haar, vortrefflich; **2.** Turnus *m*, Reihe(nfolge) *f*: ***by*** (*od.* ***in***) **~*s*** abwechselnd, wechselweise; ***in ~*** a) der Reihe nach, b) dann wieder; ***in his ~*** seinerseits; ***speak out of ~*** *fig.* unpassende Bemerkungen machen; ***it is my ~*** ich bin an der Reihe *od.* dran; ***take ~s*** (mit)einander *od.* sich abwechseln (***at*** in *dat.*, bei); ***take one's ~*** handeln, wenn die Reihe an einen kommt; ***wait your ~!*** warte bis du dran bist!; ***my ~ will come*** *fig.* m-e Zeit kommt (auch) noch, ‚ich komme schon noch dran'; **3.** a) Drehung *f*, (**~ *to the left*** Links)Wendung *f*, b) *Schwimmen*: Wende *f*, c) *Skisport*: Wende *f*, Kehre *f*, Schwung *m*, d) *Eislauf etc.*: Kehre *f*; **4.** Wendepunkt *m* (*a. fig.*); **5.** Biegung *f*, Kurve *f*, Kehre *f*; **6.** Krümmung *f* (*a.* ⚒); **7.** Wendung *f*: a) 'Umkehr *f*: ***be on the ~*** ⚓ umschlagen (*Gezeit*) (→ *a.* 23); → ***tide*** 1, b) Richtung *f*, (Ver)Lauf *m*: ***take a good*** (***bad***) **~** sich zum Guten (Schlechten) wenden; ***take a ~ for the better*** (***worse***) sich bessern (verschlimmern); ***take an interesting ~*** e-e interessante Wendung nehmen (*Gespräch etc.*), c) (*Glücks-*, *Zeiten- etc.*) Wende *f*, Wechsel *m*, 'Umschwung *m*, Krise *f*: **~ *of the century*** Jahrhundertwende; **~ *of life*** Lebenswende, ⚕ Wechseljahre *pl. der Frau*; **8.** Ausschlag (-en *n*) *m e-r Waage*; **9.** (Arbeits-) Schicht *f*; **10.** Tour *f*, (einzelne) Windung (*Bandage*, *Kabel etc.*); **11.** (Rede-) Wendung *f*, Formulierung *f*; **12.** a) (kurzer) Spaziergang: ***take a ~*** e-n Spaziergang machen, b) kurze Fahrt, ‚Spritztour' *f*; **13.** (***for***, ***to***) Neigung *f*, Hang *m*, Ta'lent *n* (zu), Sinn *m* (für); **14.** *a.* **~ *of mind*** Denkart *f*, -weise *f*; **15.** a) (*ungewöhnliche od. unerwartete*) Tat, b) Dienst *m*, Gefallen *m*: ***a bad ~*** e-e schlechte Tat *od.* ein schlechter Dienst; ***a friendly ~*** ein Freundschaftsdienst; ***do s.o. a good ~*** j-m e-n Gefallen tun; ***one good ~ derserves another*** e-e Liebe ist der andern wert; **16.** Anlaß *m*: ***at every ~*** auf Schritt u. Tritt; **17.** (kurze) Beschäftigung: **~ (*of work*)** (Stück *n*) Arbeit *f*; ***take a ~ at*** rasch mal an *e-e Sache* gehen, sich kurz mit *e-r Sache* versuchen; **18.** F Schock *m*, Schrecken *m*: ***give s.o. a. ~*** j-n erschrecken; **19.** Zweck *m*: ***this won't serve my ~*** damit ist mir nicht gedient; **20.** ♪ Doppelschlag *m*; **21.** (Pro'gramm)Nummer *f*; **22.** ⚔ (Kehrt-) Wendung *f*: ***left*** (***right***) **~!** *Brit.* links-(rechts)um!; ***about ~!*** *Brit.* ganze Abteilung kehrt!; **23.** ***on the ~*** am Sauerwerden (*Milch*); **II** *v/t.* **24.** (*im Kreis od. um e-e Achse*) drehen; *Hahn*, *Schlüssel*, *Schraube*, *e-n Patienten etc.* ('um-, her'um)drehen; **25.** *a. Kleider* wenden; *et.* 'umkehren, -stülpen, -drehen; *Blatt*, *Buchseite* 'umdrehen, -wenden, *Buch* 'umblättern; *Boden* 'umpflügen, -graben; 🚂 *Weiche*, ⚙ *Hebel* 'umlegen: ***it ~s my stomach*** mir dreht sich dabei der Magen um; **~ *s.o.'s head*** *fig.* a) j-m den Kopf verdrehen, b) j-m zu Kopf steigen; **26.** zuwenden, -drehen, -kehren (***to*** *dat.*); **27.** *Blick*, *Kamera*, *Schritte etc.* wenden, *a. Gedanken*, *Verlangen* richten, lenken (***against*** gegen, ***on*** auf *acc.*, ***to***, ***toward(s)*** nach, auf *acc.*): **~ *the hose on the fire*** den (Spritzen)Schlauch auf das Feuer richten; **28.** a) 'um-, ablenken, (-)leiten, (-) wenden, b) abwenden, abhalten, c) *j-n* 'umstimmen, abbringen (***from*** von), d) *Richtung* ändern, e) *Gesprächsthema* wechseln; **29.** a) *Waage* zum Ausschlagen bringen, b) *fig.* ausschlaggebend sein bei: **~ *an election*** bei e-r Wahl den Ausschlag geben; → ***balance*** 2, ***scale***[2] 1; **30.** verwandeln (***into*** in *acc.*): **~ *water into wine***; **~ *love into hate***; **~ *into cash*** ✝ flüssigmachen, zu Geld machen; **31.** a) machen, werden lassen (***into*** zu): ***it ~ed her pale*** es ließ sie erblassen; ~ ***colo(u)r*** die Farbe wechseln, b) *a.* ~ ***sour*** *Milch* sauer werden lassen, c) *Laub* verfärben; **32.** *Text* über'tragen, -'setzen (***into*** ins *Italienische etc.*); **33.** her'umgehen um: ~ ***the corner*** um die Ecke biegen, *fig.* über den Berg kommen; **34.** ⚔ a) um'gehen, -'fassen, b) aufrollen: ~ ***the enemy's flank***; **35.** hin'ausgehen *od.* hin'aus sein über *ein Alter, e-n Betrag etc.*: ***he is just ~ing*** (*od.* ***has just ~ed***) ***50*** er ist gerade 50 geworden; **36.** ⚙ a) drehen, b) *Holzwaren, a. fig. Komplimente, Verse* drechseln; **37.** formen, *fig.* gestalten, bilden: ***a well-~ed ankle***; **38.** *fig. Satz* formen, (ab)runden: ~ ***a phrase***; **39.** ☤ verdienen, 'umsetzen; **40.** *Messerschneide etc.* verbiegen, *a.* stumpf machen: ~ ***the edge of*** *fig. e-r Bemerkung etc.* die Spitze nehmen; **41.** *Purzelbaum etc.* schlagen; **42.** ~ ***loose*** los-, freilassen, -machen; **III** *v/i.* **43.** sich drehen (lassen), sich (im Kreis) (her'um)drehen; **44.** sich (ab-, hin-, zu-) wenden; → ***turn to*** I; **45.** sich *stehend, liegend etc.* ('um-, her'um)drehen; ⚓, *mot.* wenden, (⚓ ab)drehen; ✈, *mot.* kurven; **46.** (ab-, ein)biegen: ***I do not know which way to*** ~ *fig.* ich weiß nicht, was ich machen soll; **47.** e-e Biegung machen (*Straße, Wasserlauf etc.*); **48.** sich krümmen *od.* winden (*Wurm etc.*): ~ ***in one's grave*** sich im Grabe umdrehen; **49.** sich umdrehen, -stülpen (*Schirm etc.*): ***my stomach ~s at this sight*** bei diesem Anblick dreht sich mir der Magen um; **50.** schwind(e)lig werden: ***my head ~s*** mein Kopf dreht sich; **51.** sich (ver)wandeln (***into, to*** in *acc.*), 'umschlagen (*bsd. Wetter*): ***love has ~ed into hate***; **52.** *Kommunist, Soldat etc., a. blaß, kalt etc.* werden: ~ (***sour***) sauer werden (*Milch*); ~ ***traitor*** zum Verräter werden; **53.** sich verfärben (*Laub*); **54.** sich wenden (*Gezeiten*); → ***tide*** 1;

Zssgn mit prp.:

turn| a·gainst I *v/i.* **1.** sich (*feindlich etc.*) wenden gegen; **II** *v/t.* **2.** *j-n* aufhetzen *od.* aufbringen gegen; **3.** *Spott etc.* richten gegen; ~ **in·to** → ***turn*** 30, 31, 32, 51; ~ **on I** *v/i.* **1.** sich drehen um *od.* in (*dat.*); **2.** → ***turn upon***; **3.** sich wenden *od.* richten gegen; **II** *v/t.* **4.** → ***turn*** 27; ~ **to I** *v/i.* **1.** sich nach *links etc.* wenden (*Person*), nach *links etc.* abbiegen (*a. Fahrzeug, Straße etc.*); **2.** a) sich *der Musik, e-m Thema etc.* zuwenden, b) sich beschäftigen mit, c) sich anschicken (***doing s.th.*** et. zu tun); **3.** s-e Zuflucht nehmen zu: ~ ***God***; **4.** sich an *j-n* wenden, *j-n od. et.* zu Rate ziehen; **5.** → ***turn*** 51; **II** *v/t.* **6.** *Hand* anlegen bei: ***turn a*** (*od.* ***one's***) ***hand to s.th.*** et. in Angriff nehmen; ***he can turn his hand to anything*** er ist zu allem zu gebrauchen; **7.** → ***turn*** 26, 27; **8.** verwandeln in (*acc.*); **9.** anwenden zu; → ***account*** 11; ~ **up·on** *v/i.* **1.** *fig.* abhängen von; **2.** *fig.* sich drehen um, handeln von; **3.** → ***turn on*** 3;

Zssgn mit adv.:

turn| a·bout, ~ **a·round I** *v/t.* **1.** 'umdrehen; **2.** ⚘ *Heu, Boden* wenden; **II** *v/i.* **3.** sich 'umdrehen; ⚔ kehrtmachen; *fig.* 'umschwenken; ~ **a·side** *v/t.* (*v/i.* sich) abwenden; ~ **a·way I** *v/t.* **1.** abwenden (***from*** von); **2.** abweisen, wegschicken, -jagen; **3.** entlassen; **II** *v/i.* **4.** sich abwenden; ~ **back I** *v/t.* **1.** 'umkehren lassen; **2.** → ***turn down*** 3; **3.** *Uhr* zu'rückdrehen; **II** *v/i.* **4.** zu'rück-, 'umkehren; **5.** zu'rückgehen; ~ **down I** *v/t.* **1.** 'umkehren, -legen, -biegen; *Kragen* 'umschlagen, *Buchseite etc.* 'umknicken; **2.** *Gas, Lampe* kleiner stellen, *Radio etc.* leiser stellen; **3.** *Bett* aufdecken; *Bettdecke* zu'rückschlagen; **4.** *j-n, Vorschlag etc.* ablehnen; *j-m* e-n Korb geben; **II** *v/i.* **5.** abwärts *od.* nach unten gebogen sein; **6.** sich 'umlegen *od.* -schlagen lassen; ~ **in I** *v/t.* **1.** a) einreichen, -senden, b) ab-, zu'rückgeben; **2.** *Füße etc.* einwärts *od.* nach innen drehen *od.* biegen *od.* stellen; **3.** F *et.* zu'stande bringen; **II** *v/i.* **4.** F zu Bett gehen; **5.** einwärts gebogen sein; ~ **off I** *v/t.* **1.** *Wasser, Gas* abdrehen; *Licht, Radio etc.* ausschalten, abstellen; **2.** *Schlag etc.* abwenden, ablenken; **3.** F ‚rausschmeißen', entlassen; **4.** F a) *j-m* die Lust nehmen, b) *j-n* anwidern; **II** *v/i.* **5.** abbiegen (*Person, a. Straße*); ~ **on** *v/t.* **1.** *Gas, Wasser* aufdrehen, *a. Radio* anstellen; *Licht, Gerät* anmachen, einschalten; **2.** F a) *j-n* ‚antörnen', b) *j-n* (*a. sexuell*) ‚anmachen', ‚in Fahrt' bringen; ~ **out I** *v/t.* **1.** hin'auswerfen, wegjagen, vertreiben; **2.** entlassen (***of*** aus *e-m Amt etc.*); **3.** *Regierung* stürzen; **4.** *Vieh* auf die Weide treiben; **5.** *Taschen etc.* 'umkehren, -stülpen; **6.** *Zimmer, Möbel* ausräumen; **7.** a) ☤ *Waren* produzieren, herstellen, b) *contp. Bücher etc.* produzieren, c) *fig. Wissenschaftler etc.* her'vorbringen (*Universität etc.*): ***Oxford has turned out many statesmen*** aus Oxford sind schon viele Staatsmänner hervorgegangen; **8.** → ***turn off*** 1; **9.** *Füße etc.* auswärts *od.* nach außen drehen *od.* biegen; **10.** ausstatten, herrichten, *bsd.* kleiden: ***well turned-out*** gutgekleidet; **11.** ⚔ antreten *od. die Wache* her'austreten lassen; **II** *v/i.* **12.** auswärts gebogen sein (*Füße etc.*); **13.** a) hin'ausziehen, her'auskommen (***of*** aus), b) ⚔ ausrücken (*a. Feuerwehr etc.*), c) *zur Wahl etc.* kommen (*Bevölkerung*), d) ⚔ antreten, e) in Streik treten, f) F *aus dem Bett* aufstehen; **14.** *gut etc.* ausfallen, werden; **15.** sich gestalten, *gut etc.* ausgehen, ablaufen; **16.** sich erweisen *od.* entpuppen als, sich her'ausstellen: ***he turned out*** (***to be***) ***a good swimmer*** er entpuppte sich als guter Schwimmer; ***it turned out that he was*** (***had***), ***he turned out to be*** (***have***) es stellte sich heraus, daß er ... war (hatte); ~ **o·ver I** *v/t.* **1.** ☤ *Geld, Ware* 'umsetzen, e-n 'Umsatz haben von; **2.** 'umdrehen, -wenden, *Buch, Seite a.* 'umblättern: ***please ~!*** bitte wenden!; → ***leaf*** 3; **3.** (***to***) a) über'tragen (*dat. od.* auf *acc.*), über'geben (*dat.*), b) *j-n der Polizei etc.* ausliefern, über'geben; **4.** *a.* ~ ***in one's mind*** über'legen, sich *et.* durch den Kopf gehen lassen; **II** *v/i.* **5.** sich *im Bett etc.* 'umdrehen; **6.** 'umkippen, -schlagen; ~ **round I** *v/i.* **1.** sich (im Kreis *od.* her'um)drehen; **2.** *fig.* s-n Sinn ändern, 'umschwenken: ***but then he turned round and said*** doch dann sagte er plötzlich; **II** *v/t.* **3.** (her'um)drehen; ~ **to** *v/i.* sich ‚ranmachen' (an die Arbeit), sich ins Zeug legen; ~ **un·der** *v/t.* ⚘ 'unterpflügen; ~ **up I** *v/t.* **1.** nach oben drehen *od.* richten *od.* biegen; *Kragen* hochschlagen, -klappen; → ***nose*** *Redew.*, ***toe*** 1; **2.** ausgraben, zu'tage fördern; **3.** *Spielkarte* aufdecken; **4.** *Hose etc.* 'um-, einschlagen; **5.** *Brit.* a) *Wort* nachschlagen, b) *Buch* zu Rate ziehen; **6.** *Gas, Licht* groß *od.* größer drehen, *Radio* lauter stellen; **7.** *Kind* übers Knie legen (*züchtigen*); **8.** F *j-m* den Magen 'umdrehen (*vor Ekel*); **9.** *sl. Arbeit* ‚aufstecken'; **II** *v/i.* **10.** sich nach oben drehen, nach oben gerichtet *od.* hochgeschlagen sein; **11.** *fig.* auftauchen: a) aufkreuzen, erscheinen (*Person*), b) zum Vorschein kommen, sich (ein)finden (*Sache*); **12.** geschehen, eintreten, passieren.

turn·a·ble ['tɜːnəbl] *adj.* drehbar.

'turn|·a·bout *s.* **1.** *a. fig.* Kehrtwendung *f*; **2.** ⚓ Gegenkurs *m*; **3.** *fig.* 'Umschwung *m*; **4.** *Am.* Karus'sell *n*; **'~·a·round** *s.* **1.** → ***turnabout*** 1, 3; **2.** *mot. etc.* Wendeplatz *m*; **3.** ⚙ (Gene'ral)Über,holung *f*; **'~·coat** *s.* Abtrünnige(r *m*) *f*, Rene'gat *m*; **'~·down I** *adj.* **1.** 'umlegbar, Umleg...; **II** *s.* **2.** *a.* ~ ***collar*** Umleg(e)kragen *m*; **3.** *fig.* Ablehnung *f*.

turned [tɜːnd] *adj.* **1.** ⚙ gedreht, gedrechselt; **2.** ('um)gebogen: ***~-back*** zurückgebogen; ***~-down*** a) abwärts gebogen, b) Umlege...; ***~-in*** einwärts gebogen; **3.** *typ.* auf dem Kopf stehend;

'turn·er [-nə] *s.* **1.** ⚙ a) Dreher *m*, b) Drechsler *m*; **2.** *sport Am.* Turner(in);

'turn·er·y [-nərɪ] *s.* ⚙ **1.** *coll.* a) Dreharbeit(en *pl.*) *f*, b) Drechslerarbeit(en *pl.*) *f*; **2.** a) Drehe'rei *f*, b) Drechsle'rei *f* (*Werkstatt*).

turn·ing ['tɜːnɪŋ] *s.* **1.** ⚙ Drehen *n*, Drechseln *n*; **2.** a) (Straßen-, Fluß)Biegung *f*, b) (Straßen)Ecke *f*, c) Querstraße *f*, Abzweigung *f*; **3.** *pl.* ⚙ Drehspäne *pl.*; ~ **cir·cle** *s. mot.* Wendekreis *m*; ~ **lathe** *s.* ⚙ Drehbank *f*; ~ **ma·chine** *s.* ⚙ 'Drehma,schine *f*; ~ **point** *s.* **1.** ✈, *sport* Wendemarke *f*; **2.** *fig.* Wendepunkt *m*.

tur·nip ['tɜːnɪp] *s.* **1.** ⚘ (*bsd.* Weiße) Rübe; **2.** *sl.* ‚Zwiebel' *f* (*Uhr*).

'turn|·key *s.* Gefangenenwärter *m*, Schließer *m*; **'~·off** *s.* **1.** Abzweigung *f*; **2.** Ausfahrt *f* (*Autobahn*); **'~·out** *s.* **1.** ☤ *Brit.* a) Streik *m*, Ausstand *m*, b) Streikende(r *m*) *f*; **2.** a) Besucher(zahl *f*) *pl.*, Zuschauer *pl.*, b) (Wahl- *etc.*) Beteiligung *f*; **3.** (Pferde)Gespann *n*, Kutsche *f*; **4.** Ausstattung *f*, *bsd.* Kleidung *f*; **5.** ☤ Ge'samtprodukti,on *f*, Ausstoß *m*; **6.** a) Ausweichstelle *f* (*Autostraße*), b) → ***turn-off***; **'~,o·ver** *s.* **1.** 'Umstürzen *n*; **2.** ☤ 'Umsatz *m*: ~ ***tax*** Umsatzsteuer *f*; **3.** Zu- u. Abgang *m* (*von Patienten in Krankenhäusern etc.*): ***labo(u)r ~*** Arbeitskräftebewegung *f*; **4.** ☤ 'Umgruppierung *f*, -schichtung *f*; **5.** *Brit.* ('Zeitungs)Ar,tikel, der auf die nächste Seite übergreift; **6.** (Apfel- *etc.*) Tasche *f* (*Gebäck*); **'~·pike** *s.* **1.** Schlagbaum *m* (*Mautstraße*); **2.** *a.* ~ ***road*** gebührenpflichtige (*Am.* Schnell)Straße *f*, Mautstraße *f*; **'~-round** *s.* **1.** ☤, ⚓ 'Umschlag *m* (*Schiffsabfertigung*); **2.**

Wendestelle *f*; **3.** → ***turnabout*** 3; **'~·screw** *s.* ⚙ Schraubenzieher *m*; **'~·spit** *s.* Drehspieß *m*; **'~·stile** *s.* Drehkreuz *n an Durchgängen etc.*; **'~ˌta·ble** *s.* **1.** 🚂 Drehscheibe *f*; **2.** Plattenteller *m* (*Plattenspieler*); **'~·up I** *adj.* **1.** hochklappbar; **II** *s.* **2.** ('Hosen-*etc.*)ˌUmschlag *m*; **3.** F Über'raschung *f*, ‚Ding' *n*.

tur·pen·tine ['tɜːpəntaɪn] *s.* ⚗ **1.** Terpen'tin *n*; **2.** *a.* ***oil*** (*od.* ***spirits***) ***of ~*** Terpen'tingeist *m*, -öl *n*.

tur·pi·tude ['tɜːpɪtjuːd] *s.* **1.** *a.* ***moral ~*** Verworfenheit *f*; **2.** Schandtat *f*.

turps [tɜːps] F → ***turpentine*** 2.

tur·quoise ['tɜːkwɔɪz] *s.* **1.** *min.* Tür'kis *m*; **2.** *a.* ***~ blue*** Tür'kisblau *n*: ***~ green*** Türkisgrün *n*.

tur·ret ['tʌrɪt] *s.* **1.** ⚠ Türmchen *n*; **2.** ⚔, ⚓ Geschütz-, Panzer-, Gefechtsturm *m*: ***~ gun*** Turmgeschütz *n*; **3.** ✈ Kanzel *f*; **4.** ⚙ Re'volverkopf *m*: ***~ lathe*** Revolverdrehbank *f*; **'tur·ret·ed** [-tɪd] *adj.* **1.** mit Türmchen; **2.** *zo.* spi'ral-, türmchenförmig.

tur·tle[1] ['tɜːtl] *s. zo.* (See)Schildkröte *f*: ***turn ~*** a) ⚓ kentern, umschlagen, b) sich überschlagen, c) *Am.* F hilflos *od.* feige sein.

tur·tle[2] ['tɜːtl] *s. obs. für* ***turtledove***.

'tur·tle|·dove *s. orn.* Turteltaube *f*; **'~·neck** *s.* 'Rollkragen(pullˌover) *m*.

Tus·can ['tʌskən] **I** *adj.* tos'kanisch; **II** *s.* Tos'kaner(in).

tusk [tʌsk] *s. zo.* a) Fangzahn *m*, b) Stoßzahn *m des Elefanten etc.*, c) Hauer *m des Wildschweins*; **tusked** [-kt] *adj. zo.* mit Fangzähnen *etc.* (bewaffnet); **'tusk·er** [-kə] *s. zo.* Ele'fant *m od.* Keiler *m* (*mit ausgebildeten Stoßzähnen*); **'tusk·y** [-kɪ] → ***tusked***.

tus·sle ['tʌsl] **I** *s.* **1.** Balge'rei *f*, Raufe'rei *f* (*a. fig.*); **2.** *fig.* scharfe Kontro'verse; **II** *v/i.* **3.** kämpfen, raufen, sich balgen (***for*** um *acc.*).

tus·sock ['tʌsək] *s.* (*bsd.* Gras)Büschel *n*.

tut(-tut) [tʌt] *int.* **1.** ach was!; **2.** pfui!; **3.** Unsinn!, Na, 'na!

tu·te·lage ['tjuːtɪlɪdʒ] *s.* **1.** ⚖ Vormundschaft *f*; **2.** Unmündigkeit *f*; **3.** *fig.* a) Bevormundung *f*, b) Schutz *m*, c) (An-)Leitung *f*; **'tu·te·lar** [-lə], **'tu·te·lar·y** [-lərɪ] *adj.* **1.** schützend, Schutz…; **2.** ⚖ Vormunds…, Vormundschafts…

tu·tor ['tjuːtə] **I** *s.* **1.** Pri'vat-, Hauslehrer *m*; **2.** *ped.*, *univ. Brit.* Tutor *m*, Studienleiter *m*; **3.** *ped.*, *univ. Am.* Assi'stent *m mit Lehrauftrag*; **4.** (Ein)Pauker *m*, Repe'titor *m*; **5.** ⚖ Vormund *m*; **II** *v/t.* **6.** *ped.* unter'richten, *j-m* Pri'vatˌunterricht geben; **7.** *j-n* schulen, erziehen; **8.** *fig. j-n* bevormunden; **'tu·tor·ess** *s.* **1.** *ped.* Pri'vatlehrerin *f*; **2.** *univ. Brit.* Tu'torin *f*; **tu·to·ri·al** [tjuː'tɔːrɪəl] *ped.* **I** *adj.* Tutor…; **II** *s.* Tu'torenkurs (-us) *m*; **'tu·tor·ship** [-ʃɪp] *s.* **1.** Pri'vatlehrerstelle; **2.** *univ. Brit.* Amt *n* e-s Tutors.

tu·tu ['tuːtuː] *s.* (Bal'lett)Röckchen *n*.

tux·e·do [tʌk'siːdəʊ] *pl.* **-dos** *s. Am.* Smoking *m*.

TV [ˌtiː'viː] F **I** *adj.* Fernseh…; **II** *s.* a) 'Fernsehappaˌrat *m*, b) (***on ~*** im) Fernsehen *n*.

twad·dle ['twɒdl] **I** *v/i.* **1.** quasseln; **II** *s.* **2.** Gequassel *n*; **3.** Quatsch *m*.

twain [tweɪn] **I** *adj. obs.* zwei: ***in ~*** entzwei; **II** *s. die* Zwei *pl*.

twang [twæŋ] **I** *v/i.* **1.** schwirren, (scharf) klingen; **2.** näseln; **II** *v/t.* **3.** *Saiten etc.* schwirren (lassen), zupfen; klimpern *od.* kratzen auf (*dat.*); **4.** *et.* näseln, durch die Nase sprechen; **III** *s.* **5.** scharfer Ton *od.* Klang, Schwirren *n*; **6.** Näseln *n*.

tweak [twiːk] **I** *v/t.* zwicken, kneifen; **II** *s.* Zwicken *n*.

tweed [twiːd] *s.* **1.** Tweed *m* (*Wollgewebe*); **2.** *pl.* Tweedsachen *pl*.

Twee·dle·dum and Twee·dle·dee [ˌtwiːdl'dʌmənˌtwiːdl'diː] *s.*: ***be*** (***alike***) ***as ~*** a) sich gleichen wie ein Ei dem andern, b) ‚Jacke wie Hose' sein.

'tween [twiːn] **I** *adv. u. prp.* → ***between***; **II** *in Zssgn* Zwischen…; **~deck** *s.* ⚓ Zwischendeck *n*.

tween·y ['twiːnɪ] *s. obs.* Hausmagd *f*.

tweet·er ['twiːtə] *s. Radio*: Hochtonlautsprecher *m*.

tweez·ers ['twiːzəz] *s. pl. a.* ***pair of ~*** Pin'zette *f*.

twelfth [twelfθ] **I** *adj.* □ **1.** zwölft: ***ℒ Night*** Dreikönigsabend *m*; **II** *s.* **2.** *der* (*die, das*) Zwölfte; **3.** Zwölftel *n*; **'twelfth·ly** [-lɪ] *adv.* zwölftens.

twelve [twelv] **I** *adj.* zwölf; **II** *s.* Zwölf *f*; **'twelve·mo** [-məʊ] *s. typ.* Duo'dez(forˌmat, -band *m*) *n*.

'twelve-tone *adj.* ♪ Zwölfton…

twen·ti·eth ['twentɪɪθ] **I** *adj.* **1.** zwanzigst; **II** *s.* **2.** *der* (*die, das*) Zwanzigste; **3.** Zwanzigstel *n*.

twen·ty ['twentɪ] **I** *adj.* **1.** zwanzig; **II** *s.* **2.** Zwanzig *f*; **3.** ***in the twenties*** in den zwanziger Jahren (*e-s Jahrhunderts*); ***he is in his twenties*** er ist in den Zwanzigern.

twerp [twɜːp] *s. sl.* **1.** ‚(blöder) Heini'; **2.** ‚Niete' *f*, ‚Flasche' *f*.

twice [twaɪs] *adv.* zweimal: ***think ~ about s.th.*** *fig.* sich e-e Sache gründlich überlegen; ***he didn't think ~ about it*** er zögerte nicht lange; ***~ as much*** doppelt soviel, das Doppelte; ***~ the sum*** die doppelte Summe; **ˌ~-'told** *adj. fig.* alt, abgedroschen: ***~ tales***.

twid·dle ['twɪdl] *v/t.* (her'um)spielen mit: ***~ one's thumbs*** *fig.* Däumchen drehen, die Hände in den Schoß legen.

twig[1] [twɪg] *s.* **1.** (dünner) Zweig, Rute *f*: ***hop the ~*** F ‚abkratzen' (*sterben*); **2.** Wünschelrute *f*.

twig[2] [twɪg] *Brit. sl.* **I** *v/t.* **1.** ‚kapieren' (*verstehen*); **2.** ‚spitzkriegen'; **II** *v/i.* **3.** ‚kapieren'.

twi·light ['twaɪlaɪt] **I** *s.* **1.** (*mst* Abend-)Dämmerung *f*: ***~ of the gods*** *myth.* Götterdämmerung; **2.** Zwielicht *n* (*a. fig.*), Halbdunkel *n*; **3.** *fig. a.* ***~ state*** Dämmerzustand *m*; **II** *adj.* **4.** Zwielicht…, dämmerig, schattenhaft (*a. fig.*): ***~ sleep*** ⚕ *u. fig.* Dämmerschlaf *m*.

twill [twɪl] **I** *s.* Köper(stoff) *m*; **II** *v/t.* köpern.

twin [twɪn] **I** *s.* **1.** Zwilling *m*: ***the ℒs*** *ast.* die Zwillinge; **II** *adj.* **2.** Zwillings…, Doppel…, doppelt: ***~-bedded room*** Zweibettzimmer *n*; ***~ brother*** Zwillingsbruder *m*; ***~ engine*** ✈ Zwillingstriebwerk *n*; ***~-engined*** zweimotorig; ***~ town*** Partnerstadt *f*; ***~ track*** Doppelspur *f* (*Tonband*); **3.** ⚘ gepaart.

twine [twaɪn] **I** *s.* **1.** Bindfaden *m*, Schnur *f*; **2.** ⚙ Garn *n*, Zwirn *m*; **3.** Wick(e)lung *f*; **4.** Windung *f*; **5.** Geflecht *n*; **6.** ⚘ Ranke *f*; **II** *v/t.* **7.** *Fäden etc.* zs.-drehen, zwirnen; **8.** *Kranz* winden; **9.** *fig.* inein'anderschlingen, verflechten; **10.** schlingen, winden (***about***, ***around*** um); **11.** um'schlingen, -'winden, -'ranken (***with*** mit); **III** *v/i.* **12.** sich verflechten (***with*** mit); **13.** sich winden *od.* schlingen; sich schlängeln; **'twin·er** [-nə] *s.* **1.** ⚘ Kletter-, Schlingpflanze *f*; **2.** ⚙ 'Zwirnmaˌschine *f*.

twinge [twɪndʒ] **I** *s.* **1.** stechender Schmerz, Zwicken *n*, Stechen *n*, Stich *m* (*a. fig.*): ***~ of conscience*** Gewissensbisse *pl.*; **II** *v/t. u. v/i.* **2.** stechen; **3.** zwicken, kneifen.

twin·kle ['twɪŋkl] **I** *v/i.* **1.** (auf)blitzen, glitzern, funkeln (*Sterne etc.*; *a. Augen*); **2.** huschen; **3.** (verschmitzt) zwinkern, blinzeln; **II** *s.* **4.** Blinken *n*, Blitzen *n*, Glitzern *n*; **5.** (Augen)Zwinkern *n*, Blinzeln *n*: ***a humorous ~***; **6.** → ***twinkling*** 2; **'twin·kling** [-lɪŋ] *s.* **1.** → ***twinkle*** 4, 5; **2.** *fig.* Augenblick *m*: ***in the ~ of an eye*** im Nu, im Handumdrehen.

twirl [twɜːl] **I** *v/t.* **1.** (her'um)wirbeln, quirlen; *Daumen*, *Locke etc.* drehen; *Bart* zwirbeln; → *a.* ***twiddle***; **II** *v/i.* **2.** (sich her'um)wirbeln; **III** *s.* **3.** schnelle (Um)'Drehung, Wirbel *m*; **4.** Schnörkel *m*.

twist [twɪst] **I** *v/t.* **1.** drehen: ***~ off*** losdrehen, *Deckel* abschrauben; **2.** zs.-drehen, zwirnen; **3.** verflechten, -schlingen; **4.** *Kranz etc.* winden, *Schnur etc.* wickeln: ***~ s.o. round one's*** (***little***) ***finger*** j-n um den (kleinen) Finger wickeln; **5.** um'winden; **6.** wringen; **7.** (ver)biegen, (-)krümmen; *Fuß* vertreten; *Gesicht* verzerren: ***~ s.o.'s arm*** a) j-m den Arm verdrehen, b) *fig.* j-n unter Druck setzen; ***~ed mind*** *fig.* verbogener *od.* krankhafter Geist; ***~ed with pain*** schmerzverzerrt (*Züge*); **8.** *fig. Sinn*, *Bericht* verdrehen, entstellen; **9.** *dem Ball* Ef'fet geben; **II** *v/i.* **10.** sich drehen: ***~ round*** sich umdrehen; **11.** sich krümmen; **12.** sich winden (*a. fig.*); **13.** sich winden *od.* schlängeln (*Fluß etc.*); **14.** sich verziehen *od.* verzerren (*a. Gesicht*); **15.** sich verschlingen; **III** *s.* **16.** Drehung *f*, Windung *f*, Biegung *f*, Krümmung *f*; **17.** Drehung *f*, Rotati'on *f*; **18.** Geflecht *n*; **19.** Zwirnung *f*; **20.** Verflechtung *f*, Knäuel *m, n*; **21.** (Gesichts-)Verzerrung *f*; **22.** *fig.* Verdrehung *f*; **23.** *fig.* Veranlagung *od.* Neigung (***towards*** zu); **24.** *fig.* Trick *m*, ‚Dreh' *m*; **25.** *fig.* über'raschende Wendung, ,'Knallefˌfekt' *m*; **26.** ⚙ a) Drall *m* (*Schußwaffe*, *Seil etc.*), b) Torsi'on *f*; **27.** Spi'rale *f*: ***~ drill*** ⚙ Spiralbohrer *m*; **28.** ♪ Twist *m* (*Tanz*); **29.** a) (Seiden-, Baumwoll)Twist *m*, b) Zwirn *m*; **30.** Seil *n*, Schnur *f*; **31.** Rollentabak *m*; **32.** *Bäckerei*: Kringel *m*, Zopf *m*; **33.** *Wasserspringen*: Schraube *f*; **'twist·er** [-tə] *s.* **1.** a) Dreher(in), Zwirner(in), b) Seiler(in); **2.** ⚙ 'Zwirn-, 'Drehmaˌschine *f*; **3.** *sport* Ef'fetball *m*; **4.** F harte Nuß, knifflige Sache; **5.** F Gauner *m*; **6.** *Am.* Tor'nado *m*, Wirbel(wind) *m*; ˈ**twist·y** [-tɪ] *adj.* **1.** gewunden, kurvenreich; **2.** *fig.* falsch, verschlagen.

twit¹ [twɪt] *v/t.* **1.** *j-n* aufziehen (***with*** mit); **2.** *j-m* Vorwürfe machen (***with*** wegen).

twit² [twɪt] *s. Brit.* F Trottel *m.*

twitch [twɪtʃ] **I** *v/t.* **1.** zupfen, zerren, reißen; **2.** zucken mit; **II** *v/i.* **3.** zucken (***with*** vor); **III** *s.* **4.** Zucken *n*, Zuckung *f*; **5.** Ruck *m*; **6.** Stich *m* (*Schmerz*); **7.** Nasenbremse *f* (*Pferd*).

twit·ter [ˈtwɪtə] **I** *v/i.* **1.** zwitschern (*Vogel*), zirpen (*a. Insekt*); **2.** *fig.* a) (aufgeregt) schnattern, b) piepsen, c) kichern; **3.** F (vor Aufregung) zittern; **II** *v/t.* **4.** *et.* zwitschern; **III** *s.* **5.** Gezwitscher *n*; **6.** *fig.* Geschnatter *n* (*Person*); **7.** Kichern *n*; **8.** Nervosiˈtät *f*: ***in a ~*** aufgeregt.

two [tuː] **I** *s.* **1.** Zwei *f* (*Zahl, Spielkarte, Uhrzeit etc.*); **2.** Paar *n*: ***the ~*** die beiden, beide; ***the ~ of us*** wir beide; ***put ~ and ~ together*** *fig.* es sich zs.-reimen, s-e Schlüsse ziehen; ***in*** (*od.* ***by***) ***~s*** zu zweien, paarweise; ***~ and ~*** paarweise, zwei u. zwei; ***~ can play at that game!*** das kann ich (*od.* ein anderer) auch! **II** *adj.* **3.** zwei: ***one or ~*** einige; ***in a day or ~*** in ein paar Tagen; ***in ~*** entzwei; ***cut in ~*** entzweischneiden; **4.** beide: ***the ~ cars***; ˈ**~-bit** *adj. Am.* F **1.** 25-Cent-…; **2.** billig (*a. fig. contp.*); klein, unbedeutend; ˈ**~ˌcy·cle** *adj.* ⚙ Zweitakt…: ***~ engine***; ˌ**~-ˈedged** *adj.* zweischneidig (*a. fig.*); ˌ**~-ˈfaced** *adj. fig.* falsch, heuchlerisch; ˌ**~-ˈfist·ed** *adj. Am.* F *fig.* ‚knallhart'; handfest; ˈ**~-fold** *adj. u. adv.* zweifach, doppelt; ˌ**~-ˈfour** *adj.* ♪ Zweiviertel…; ˌ**~-ˈhand·ed** *adj.* **1.** zweihändig; **2.** für zwei Perˈsonen (*Spiel etc.*); ˈ**~-horse** *adj.* zweispännig; ˈ**~-job man** *s.* [*irr.*] Doppelverdiener *m*; ˈ**~-lane** *adj.* zweispurig (*Straße*); **~·pence** [ˈtʌpəns] *s. Brit.* zwei Pence *pl.*: ***not to care ~ for*** *fig.* sich nicht scheren um; ***he didn't care ~*** es war ihm völlig egal; **~·pen·ny** [ˈtʌpnɪ] *adj.* **1.** zwei Pence wert *od.* betragend, Zweipenny…; **2.** *fig.* armselig, billig; **~·pen·ny-half·pen·ny** [ˌtʌpnɪˈheɪpnɪ] *adj.* **1.** Zweieinhalbpenny…; **2.** *fig.* miseˈrabel, schäbig; ˈ**~-phase** *adj.* ⚡ zweiphasig, Zweiphasen…; ˈ**~-piece I** *adj.* zweiteilig; **II** *s.* a) *a.* ***~ dress*** Jakkenkleid *n*, b) *a.* ***~ swimming suit*** Zweiteiler *m*; ˈ**~-ply** *adj.* doppelt (*Stoff etc.*); zweischäftig (*Tau*); zweisträhnig (*Wolle etc.*); ˌ**~ˈseat·er** *s.* ✈, *mot.* Zweisitzer *m*; ˈ**~·some** [-səm] *s.* **1.** *Golf*: Zweier(spiel *n*) *m*; **2.** *bsd. humor.* ‚Duo' *n*, ‚Pärchen' *n*; ˈ**~-speed** *adj.* ⚙ Zweigang…; ˈ**~-stage** *adj.* ⚙ zweistufig; ˈ**~-step** *s.* Twostep *m* (*Tanz*); ˈ**~-stroke** *adj. mot.* Zweitakt…; ˈ**~-time** *v/t.* F **1.** *bsd. Ehepartner* betrügen; **2.** *j-n* ‚reinlegen'; ˈ**~-way** *adj.* Zweiweg(e)…, Doppel…: ***~ adapter*** (*od.* ***plug***) ⚡ Doppelstecker *m*; ***~ cock*** Zweiwegehahn *m*; ***~ communication*** ⚡ Doppelverkehr *m*, Gegensprechen *n*; ***~ traffic*** Gegenverkehr *m.*

ty·coon [taɪˈkuːn] *s.* F **1.** Induˈstriemaˌgnat *m*, -kapiˌtän *m*: ***oil ~*** Ölmagnat; **2.** *pol.* ‚Oberbonze' *m.*

ty·ing [ˈtaɪɪŋ] *pres. p. von* ***tie.***

tyke [taɪk] *s.* **1.** Köter *m*; **2.** Lümmel *m*, Kerl *m*; **3.** *Am.* F Kindchen *n.*

tym·pan [ˈtɪmpən] *s.* **1.** *typ.* Preßdeckel *m*; **2.** → ***tympanum*** 2; **tym·pan·ic** [tɪmˈpænɪk] *adj. anat.* Mittelohr…, Trommelfell…: ***~ membrane*** Trommelfell *n*; **tym·pa·ni·tis** [ˌtɪmpəˈnaɪtɪs] *s.* ⚕ Mittelohrentzündung *f*; ˈ**tym·pa·num** [-nəm] *pl.* **-na** [-nə], **-nums** *s.* **1.** *anat.* a) Mittelohr *n*, b) Trommelfell *n*; **2.** △ Tympanon *n*: a) Giebelfeld *n*, b) Türbogenfeld *n.*

type [taɪp] **I** *s.* **1.** Typ(us) *m*: a) Urform *f*, b) typischer Vertreter, c) charakteˈristische Klasse; **2.** Ur-, Vorbild *n*, Muster *n*; **3.** ⚙ Typ *m*, Moˈdell *n*, Ausführung *f*, Baumuster *n*: ***~ plate*** Typenschild *n*; **4.** Art *f*, Schlag *m*, Sorte *f* (*alle a.* F); ***out of ~*** atypisch; ***he acted out of ~*** das war sonst nicht s-e Art; → ***true*** 4; **5.** *typ.* a) Letter *f*, (Druck)Type *f*, b) *coll.* Lettern *pl.*, Schrift *f*, Druck *m*: ***in ~*** (ab)gesetzt; ***set*** (***up***) ***in ~*** setzen; **6.** *fig.* Sinnbild *n*, Symˈbol *n* (***of*** *gen. od.* für); **II** *v/t.* **7.** mit der Maˈschine (ab-)schreiben, (ab)tippen: ***~d*** maschinegeschrieben; ***typing pool*** Schreibsaal *m*, -büro *n*; **8.** ***~ into*** in *e-n Computer* eingeben, -tippen; **III** *v/i.* **9.** maˈschineschreiben, tippen; ***~*** **a·re·a** *s. typ.* Satzspiegel *m*; ˈ**~·cast** *v/t.* [*irr.* → ***cast***] *thea. etc.* a) *e-m Schauspieler* e-e s-m Typ entsprechende Rolle geben, b) *e-n Schauspieler* auf ein bestimmtes Rollenfach festlegen; ˈ**~·face** *s. typ.* **1.** Schriftbild *n*; **2.** Schriftart *f*; ***~*** **found·er** *s. typ.* Schriftgießer *m*; ***~*** **found·ry** *s. typ.* Schriftgießeˈrei *f*; ***~*** **met·al** *s. typ.* ˈLetternmeˌtall *n*; ***~*** **page** *s. typ.* Satzspiegel *m*; ˈ**~·script** *s.* Maˈschinenschrift(satz *m*) *f*, maˈschinengeschriebener Text; ˈ**~ˌset·ter** *s. typ.* (Schrift)Setzer *m*; ***~*** **spec·i·men** *s.* **1.** ⚙ ˈMusterexemˌplar *n*; **2.** *biol.* Typus *m*, Origiˈnal *n*; ˈ**~·write** *v/t. u. v/i.* [*irr.* → ***write***] → ***type*** 7, 9; ˈ**~ˌwrit·er** *s.* **1.** ˈSchreibmaˌschine *f*: ***~ ribbon*** Farbband *n*; **2.** *a.* ***~ face*** *typ.* ˈSchreibmaˌschinenschrift *f*; ˈ**~ˌwrit·ing** *s.* **1.** Maˈschineschreiben *n*; **2.** Maˈschinenschrift *f*; ˈ**~ˌwrit·ten** *adj.* maˈschinegeschrieben, in Maˈschinenschrift.

ty·phoid [ˈtaɪfɔɪd] ⚕ **I** *adj.* tyˈphös, Typhus…: ***~ fever*** → **II** *s.* (ˈUnterleibs-)Typhus *m.*

ty·phoon [taɪˈfuːn] *s.* Taiˈfun *m.*

ty·phus [ˈtaɪfəs] *s.* ⚕ Flecktyphus *m*, -fieber *n.*

typ·i·cal [ˈtɪpɪkl] *adj.* ☐ **1.** typisch: a) repräsentaˈtiv, b) charakteˈristisch, bezeichnend, kennzeichnend (***of*** für): ***be ~ of et.*** kennzeichnen *od.* charakterisieren; **3.** symˈbolisch, sinnbildlich (***of*** für); **4.** a) vorbildlich, echt, b) hinweisend (***of*** auf *et. Künftiges*); ˈ**typ·i·cal·ness** [-nɪs] *s.* **1.** *das* Typische; **2.** Sinnbildlichkeit *f*; ˈ**typ·i·fy** [-ɪfaɪ] *v/t.* **1.** typisch *od.* ein typisches Beispiel sein für, verkörpern; **2.** versinnbildlichen.

typ·ist [ˈtaɪpɪst] *s.* **1.** Maˈschinenschreiber(in); **2.** Schreibkraft *f.*

ty·pog·ra·pher [taɪˈpɒgrəfə] *s.* **1.** (Buch)Drucker *m*; **2.** (Schrift)Setzer *m*; **ty·po·graph·ic**, **ty·po·graph·i·cal** [ˌtaɪpəˈgræfɪk(l)] *adj.* ☐ **1.** Druck…, drucktechnisch: ***~ error*** Druckfehler *m*; **2.** typoˈgraphisch, Buchdruck(er)…; **tyˈpog·ra·phy** [-fɪ] *s.* **1.** Buchdruckerkunst *f*, Typograˈphie *f*; **2.** (Buch-)Druck *m*; **3.** Druckbild *n.*

ty·po·log·i·cal [ˌtaɪpəˈlɒdʒɪkl] *adj.* typoˈlogisch; **ty·pol·o·gy** [taɪˈpɒlədʒɪ] *s.* Typoloˈgie *f.*

ty·ran·nic, **ty·ran·ni·cal** [tɪˈrænɪk(l)] *adj.* ☐ tyˈrannisch; **tyˈran·ni·cide** [-ɪsaɪd] *s.* **1.** Tyˈrannenmord *m*; **2.** Tyˈrannenmörder *m*; **tyr·an·nize** [ˈtɪrənaɪz] **I** *v/i.* tyˈrannisch sein *od.* herrschen: ***~ over*** → **II** *v/t.* tyrannisieren; **tyr·an·nous** [ˈtɪrənəs] *adj.* ☐ *rhet.* tyˈrannisch; **tyr·an·ny** [ˈtɪrənɪ] *s.* **1.** Tyranˈnei *f*: a) Despoˈtismus, b) Gewalt-, Willkürherrschaft *f*; **2.** Tyranˈnei *f* (*tyrannische Handlung etc.*); **3.** *antiq.* Tyˈrannis *f*; **ty·rant** [ˈtaɪərənt] *s.* Tyˈrann(in).

tyre *etc. bsd. Brit.* → ***tire²*** *etc.*

ty·ro [ˈtaɪərəʊ] *pl.* **-ros** *s.* Anfänger(in), Neuling *m.*

Tyr·o·lese [ˌtɪrəˈliːz] **I** *pl.* **-lese** *s.* Tiˈroler(in); **II** *adj.* tiˈrol(er)isch, Tiroler(…).

tzar *etc.* → ***czar*** *etc.*

U

U, u [juː] **I** *s.* **1.** U *n*, u *n* (*Buchstabe*); **2.** U *n*: ***U-bolt*** ⚙ U-Bolzen *m*; **II** *adj.* **3.** ***U*** *Brit.* F vornehm; **4.** *Brit.* jugendfrei: ***~ film.***

u·biq·ui·tous [juːˈbɪkwɪtəs] *adj.* □ allˈgegenwärtig, (gleichzeitig) ˈüberall zu finden(d); **uˈbiq·ui·ty** [-kwətɪ] *s.* Allˈgegenwart *f*.

ˈU-boat *s.* ⚓ U-Boot *n*, (deutsches) ˈUnterseeboot.

u·dal [ˈjuːdl] *s.* ⚖ *hist.* Alˈlod(ium) *n*, Freigut *n*.

ud·der [ˈʌdə] *s.* Euter *n*.

u·dom·e·ter [juːˈdɒmɪtə] *s. meteor.* Regenmesser *m*, Udoˈmeter *n*.

ugh [ʌx; ʊh; ɜːh] *int.* hu!, pfui!

ug·li·fy [ˈʌglɪfaɪ] *v/t.* häßlich machen, entstellen; **ˈug·li·ness** [-nɪs] *s.* Häßlichkeit *f*; **ug·ly** [ˈʌglɪ] **I** *adj.* □ **1.** häßlich, garstig (*beide a. fig.*); **2.** *fig.* gemein, schmutzig; **3.** unangenehm, ˈwiderwärtig, übel: ***an ~ customer*** ein unangenehmer Kerl, ‚ein übler Kunde'; **4.** bös, schlimm, gefährlich (*Situation, Wunde etc.*); **II** *s.* **5.** F häßlicher Mensch; ‚Ekel' *n*.

u·kase [juːˈkeɪz] *s. hist. u. fig.* Ukas *m*, Erlaß *m*, Befehl *m*.

U·krain·i·an [juːˈkreɪnjən] **I** *adj.* **1.** ukraˈinisch; **II** *s.* **2.** Ukraˈiner(in); **3.** *ling.* Ukraˈinisch *n*.

u·ku·le·le [ˌjuːkəˈleɪlɪ] *s.* ♪ Ukuˈlele *f*, *n*.

ul·cer [ˈʌlsə] *s.* **1.** ⚕ (*Magen- etc.*)Geschwür *n*; **2.** *fig.* a) (Eiter)Beule *f*, b) Schandfleck *m*; **ˈul·cer·ate** [-əreɪt] ⚕ **I** *v/t.* schwären lassen: ***~d*** eitrig, vereitert; **II** *v/i.* geschwürig werden, schwären; **ul·cer·a·tion** [ˌʌlsəˈreɪʃn] *s.* ⚕ Geschwür(bildung *f*) *n*; Schwären *n*, (Ver-)Eiterung *f*; **ul·cer·ous** [ˈʌlsərəs] *adj.* □ **1.** ⚕ geschwürig, eiternd; Geschwür(s)…, Eiter…; **2.** *fig.* korˈrupt, giftig.

ul·lage [ˈʌlɪdʒ] *s.* ✝ Schwund *m*: a) Lekˈkage *f*, Flüssigkeitsverlust *m*, b) Gewichtsverlust *m*.

ul·na [ˈʌlnə] *pl.* **-nae** [-niː] *s. anat.* Elle *f*.

ul·ster [ˈʌlstə] *s.* Ulster(mantel) *m*.

ul·te·ri·or [ʌlˈtɪərɪə] *adj.* □ **1.** (*räumlich*) jenseitig; **2.** später (folgend), weiter, anderweitig: ***~ action***; **3.** *fig.* tiefer(liegend), versteckt: ***~ motives*** tiefere Beweggründe, Hintergedanken.

ul·ti·mate [ˈʌltɪmət] **I** *adj.* □ **1.** äußerst, (aller)letzt; höchst; **2.** entferntest; **3.** endgültig, End…: ***~ consumer*** ✝ Endverbraucher *m*; ***~ result*** Endergebnis *n*; **4.** grundlegend, elemenˈtar, Grund…; **5.** ⚙, *phys.* Höchst…, Grenz…: ***~ strength*** Bruchfestigkeit *f*; **II** *s.* **6.** *das* Letzte, *das* Äußerste; **7.** *fig.* *der* Gipfel (***in*** an *dat.*); **ˈul·ti·mate·ly** [-lɪ] *adv.* schließlich, endlich, letzten Endes, im Grunde.

ul·ti·ma·tum [ˌʌltɪˈmeɪtəm] *pl.* **-tums, -ta** [-tə] *s. pol. u. fig.* Ultiˈmatum *n* (***to*** an *acc.*): ***deliver an ~ to*** *j-m* ein Ultimatum stellen.

ul·ti·mo [ˈʌltɪməʊ] (*Lat.*) *adv.* ✝ letzten *od.* vorigen Monats.

ul·tra [ˈʌltrə] **I** *adj.* **1.** exˈtrem, radiˈkal, Erz…, Ultra…; **2.** ˈübermäßig, überˈtrieben; ultra…, super…; **II** *s.* **3.** Extreˈmist *m*, Ultra *m*; **ˌ~ˈhigh fre·quen·cy** ↯ **I** *s.* Ultraˈhochfreˌquenz *f*, Ultraˈkurzwelle *f*; **II** *adj.* Ultrahochfrequenz…, Ultrakurzwellen…

ul·tra·ism [ˈʌltrəɪzəm] *s.* Extreˈmismus *m*.

ul·tra|·ma·rine [ˌʌltrəməˈriːn] **I** *adj.* **1.** ˈüberseeisch; **2.** ⚗, *paint.* ultramaˈrin: ***~ blue*** → **II** *s.* **3.** Ultramaˈrin(blau) *n*; **ˌ~ˈmod·ern** *adj.* ˈultra-, ˈhypermoˌdern; **ˌ~ˈmon·tane** [-ˈmɒnteɪn] **I** *adj.* **1.** jenseits der Berge (gelegen); **2.** südlich der Alpen (gelegen), italiˈenisch; **3.** *pol., eccl.* ultramonˈtan, streng päpstlich; **II** *s.* **4.** → **ˌ~ˈmon·ta·nist** [-ˈmɒntənɪst] *s.* Ultramonˈtane(r *m*) *f*; **ˌ~ˈna·tion·al** *adj.* ˈultranatioˌnal; **ˌ~ˈshort wave** *s.* ↯ Ultraˈkurzwelle *f*; **ˌ~ˈson·ic** *phys.* **I** *adj.* Ultra-, Überschall…; **II** *s. pl. sg. konstr.* (Lehre *f* vom) Ultraschall *m*; **ˌ~ˈvi·o·let** *adj. phys.* ˈultravioˌlett.

ul·tra vi·res [ˌʌltrəˈvaɪəriːz] (*Lat.*) *adv. u. pred. adj.* ⚖ über j-s Macht *od.* Befugnisse (hinˈausgehend).

ul·u·late [ˈjuːljʊleɪt] *v/i.* heulen; **ul·u·la·tion** [ˌjuːljʊˈleɪʃn] *s.* Heulen *n*, (Weh-)Klagen *n*.

um·bel [ˈʌmbəl] *s.* ⚘ Dolde *f*; **ˈum·bel·late** [-leɪt] *adj.* doldenblütig, Dolden…; **um·bel·li·fer** [ʌmˈbelɪfə] *s.* Doldengewächs *n*; **um·bel·lif·er·ous** [ˌʌmbeˈlɪfərəs] *adj.* doldenblütig, -tragend.

um·ber [ˈʌmbə] *s.* **1.** *min.* Umber(erde *f*) *m*, Umbra *f*; **2.** *paint.* Erd-, Dunkelbraun *n*.

um·bil·i·cal [ˌʌmbɪˈlaɪkl] *adj. anat.* Nabel…: ***~ (cord)*** Nabelschnur *f*; **um·bil·i·cus** [ʌmˈbɪlɪkəs] *pl.* **-cus·es** *s.* **1.** *anat.* Nabel *m*; **2.** (nabelförmige) Delle; **3.** ⚘ (Samen)Nabel *m*; **4.** ⩓ Nabelpunkt *m*.

um·bra [ˈʌmbrə] *pl.* **-brae** [-briː], **-bras** *s. ast.* a) Kernschatten *m*, b) Umbra *f* (*dunkler Kern e-s Sonnenflecks*).

um·brage [ˈʌmbrɪdʒ] *s.* **1.** Anstoß *m*, Ärgernis *n*: ***give ~*** Anstoß erregen (***to*** bei); ***take ~ at*** Anstoß nehmen an (*dat.*); **2.** *poet.* Schatten *m von Bäumen*; **um·bra·geous** [ʌmˈbreɪdʒəs] *adj.* □ **1.** schattig, schattenspendend, -reich; **2.** *fig.* empfindlich, übelnehmerisch.

um·brel·la [ʌmˈbrelə] *s.* **1.** (*bsd.* Regen-)Schirm *m*: ***~ stand*** Schirmständer *m*; ***get*** (*od.* ***put***) ***under one ~*** *fig.* ‚unter ˈeinen Hut bringen'; **2.** ✈, ⚔ a) Jagdschutz *m*, Abschirmung *f*, b) *a.* ***~ barrage*** Feuervorhang *m*, -glocke *f*; **3.** *fig.* a) Schutz *m*, b) Rahmen *m*, c) Dach…: ***~ organization.***

um·laut [ˈʊmlaʊt] *ling.* **I** *s.* ˈUmlaut(zeichen *n*) *m*; **II** *v/t.* ˈumlauten.

um·pire [ˈʌmpaɪə] **I** *s.* **1.** *sport etc.* Schiedsrichter *m*, ˈUnparˌteiische(r *m*) *f*; **2.** ⚖ Obmann *m* e-s Schiedsgerichts; **II** *v/t.* **3.** als Schiedsrichter fungieren bei, *sport a. das Spiel* leiten.

ump·teen [ˌʌmpˈtiːn] *adj.* F ‚zig' (*viele*): ***~ times*** x-mal; **ˌumpˈteenth** [-nθ], **ˈump·ti·eth** [-tɪɪθ] *adj.* F ‚zigst', *der* (*die, das*) ˈsoundsoˈvielte: ***for the ~ time*** zum x-ten Mal.

ˈun [ən] *pron.* F *für* ***one.***

un- [ʌn] *in Zssgn* **1.** Un…, un…, nicht…; **2.** ent…, los…, auf…, ver… (*bei Verben*).

ˌun·aˈbashed *adj.* **1.** unverfroren; **2.** unerschrocken.

un·a·bat·ed [ˌʌnəˈbeɪtɪd] *adj.* unvermindert; **ˌun·aˈbat·ing** [-tɪŋ] *adj.* unablässig, anhaltend.

ˌun·abˈbre·vi·at·ed *adj.* ungekürzt.

unˈa·ble *adj.* **1.** unfähig, außerˈstande (***to do*** zu tun): ***be ~ to work*** nicht arbeiten können, arbeitsunfähig sein; ***~ to pay*** zahlungsunfähig, insolvent; **2.** untauglich, ungeeignet (***for*** für).

ˌun·aˈbridged *adj.* ungekürzt.

ˌun·acˈcent·ed *adj.* unbetont.

ˌun·acˈcept·a·ble *adj.* **1.** unannehmbar (***to*** für); **2.** untragbar, unerwünscht (***to*** für).

ˌun·acˈcom·mo·dat·ing *adj.* **1.** ungefällig, **2.** unnachgiebig.

ˌun·acˈcom·pa·nied *adj.* unbegleitet, ohne Begleitung (*a.* ♪).

ˌun·acˈcom·plished *adj.* **1.** ˈunvollˌendet, unfertig; **2.** *fig.* ungebildet.

ˌun·acˈcount·a·ble *adj.* □ **1.** nicht verantwortlich; **2.** unerklärlich, seltsam; **ˌun·acˈcount·a·bly** *adv.* unerklärlicherweise.

ˌun·acˈcount·ed-for *adj.* **1.** unerklärt (geblieben); **2.** nicht belegt.

ˌun·acˈcus·tomed *adj.* **1.** ungewohnt; **2.** nicht gewöhnt (***to*** an *acc.*).

un·a·chiev·a·ble [ˌʌnəˈtʃiːvəbl] *adj.* **1.** unausführbar; **2.** unerreichbar; **ˌun·aˈchieved** [-vd] *adj.* unerreicht, ˈunvollˌendet.

ˌun·acˈknowl·edged *adj.* **1.** nicht anerkannt; **2.** uneingestanden; **3.** unbestätigt (*Brief etc.*).

ˌun·acˈquaint·ed *adj.* (**with**) unerfahren (in *dat.*), nicht vertraut (mit), unkundig (*gen.*): **be ~ with** *et.* nicht kennen.

ˌunˈact·a·ble *adj. thea.* nicht bühnengerecht, unaufführbar.

ˌun·aˈdapt·a·ble *adj.* **1.** nicht anpassungsfähig (**to** an *acc.*); **2.** nicht anwendbar (**to** auf *acc.*); **3.** ungeeignet (**for**, **to** für, zu); **ˌun·aˈdapt·ed** *adj.* **1.** nicht angepaßt (**to** *dat. od.* an *acc.*); **2.** ungeeignet, nicht eingerichtet (**to** für).

ˌun·adˈdressed *adj.* ohne Anschrift.

ˌun·aˈdorned *adj.* schmucklos.

ˌun·aˈdul·ter·at·ed *adj.* rein, unverfälscht, echt.

ˌun·adˈven·tur·ous *adj.* **1.** ohne Unterˈnehmungsgeist; **2.** ereignislos (*Reise*).

ˈun·adˌvis·aˈbil·i·ty *s.* Unratsamkeit *f*; **ˌun·adˈvis·a·ble** *adj.* ☐ unratsam, nicht ratsam *od.* empfehlenswert; **ˌun·adˈvised** *adj.* ☐ **1.** unberaten; **2.** unbesonnen, ˈunüberˌlegt.

ˌun·afˈfect·ed *adj.* ☐ **1.** ungekünstelt, nicht affektiert (*Stil*, *Auftreten etc.*); **2.** echt, aufrichtig; **3.** unberührt, ungerührt, unbeeinflußt (**by** von); **ˌun·afˈfect·ed·ness** [-nɪs] *s.* Naˈtürlichkeit *f*; Aufrichtigkeit *f*.

ˌun·aˈfraid *adj.* furchtlos: **be ~ of** keine Angst haben vor (*dat.*).

ˌunˈaid·ed *adj.* **1.** ohne Unterˈstützung, ohne Hilfe (**by** von); (ganz) alˈlein; **2.** unbewaffnet, bloß (*Auge*).

ˌunˈal·ien·a·ble *adj.* ☐ unveräußerlich (*a. fig. Recht*).

ˌun·alˈloyed *adj.* **1.** ⚒ unvermischt, unlegiert; **2.** *fig.* ungetrübt, rein: **~ happiness.**

unˈal·ter·a·ble *adj.* ☐ unveränderlich, unabänderlich; **ˌunˈal·tered** *adj.* unverändert.

ˌun·aˈmazed *adj.* nicht verwundert: **be ~ at** sich nicht wundern über (*acc.*).

un·am·big·u·ous [ˌʌnæmˈbɪgjʊəs] *adj.* ☐ unzweideutig; **ˌun·amˈbig·u·ous·ness** [-nɪs] *s.* Eindeutigkeit *f*.

ˌun·amˈbi·tious *adj.* ☐ **1.** nicht ehrgeizig, ohne Ehrgeiz; **2.** anspruchslos, schlicht (*Sache*).

ˌun·aˈme·na·ble *adj.* **1.** unzugänglich (**to** *dat. od.* für); **2.** nicht verantwortlich (**to** gegenüber).

ˌun·aˈmend·ed *adj.* unverbessert, unabgeändert; nicht ergänzt.

ˌun-Aˈmer·i·can *adj.* **1.** ˈunameriˌkanisch; **2. ~ activities** *pol. Am.* staatsfeindliche Umtriebe.

ˌunˈa·mi·a·ble *adj.* ☐ unliebenswürdig, unfreundlich.

ˌun·aˈmus·ing *adj.* ☐ nicht unterˈhaltsam, langweilig, unergötzlich.

u·na·nim·i·ty [ˌju:nəˈnɪmətɪ] *s.* **1.** Einstimmigkeit *f*; **2.** Einmütigkeit *f*; **u·nan·i·mous** [ju:ˈnænɪməs] *adj.* ☐ **1.** einmütig, einig; **2.** einstimmig (*Beschluß etc.*).

ˌun·anˈnounced *adj.* unangemeldet, unangekündigt.

ˌunˈan·swer·a·ble *adj.* ☐ **1.** nicht zu beantworten(d); unlösbar (*Rätsel*); **2.** ˈunwiderˌlegbar; **3.** nicht verantwortlich *od.* haftbar; **ˌunˈan·swered** *adj.* **1.** unbeantwortet; **2.** ˈunwiderˌlegt.

un·ap·peal·a·ble [ˌʌnəˈpi:ləbl] *adj.* ⚖ nicht berufungs- *od.* rechtsmittelfähig, unanfechtbar.

un·ap·peas·a·ble [ˌʌnəˈpi:zəbl] *adj.* **1.** nicht zu besänftigen(d), unversöhnlich; **2.** nicht zuˈfriedenzustellen(d), unersättlich.

ˌunˈap·pe·tiz·ing *adj.* ☐ ˈunappeˌtitlich, *fig. a.* wenig reizvoll.

ˌun·apˈplied *adj.* nicht angewandt *od.* gebraucht: **~ funds** totes Kapital.

ˌun·apˈpre·ci·at·ed *adj.* nicht gebührend gewürdigt *od.* geschätzt, unbeachtet.

ˌun·apˈproach·a·ble *adj.* ☐ unnahbar.

ˌun·apˈpro·pri·at·ed *adj.* **1.** herrenlos; **2.** nicht verwendet *od.* gebraucht; **3.** † nicht zugeteilt, keiner bestimmten Verwendung zugeführt.

ˌun·apˈproved *adj.* ungebilligt, nicht genehmigt.

ˌunˈapt *adj.* ☐ **1.** ungeeignet, untauglich (**for** für, zu); **2.** unangebracht, unpassend; **3.** nicht geeignet (**to do** zu tun); **4.** ungeschickt (**at** bei, in *dat.*).

ˌunˈar·gued *adj.* **1.** unbesprochen; **2.** unbestritten.

ˌunˈarmed *adj.* **1.** unbewaffnet; **2.** unscharf (*Munition*).

ˌunˈar·mo(u)red *adj.* **1.** *bsd.* ⚔, ⚓ ungepanzert; **2.** ⚙ nicht bewehrt.

ˌun·as·cerˈtain·a·ble *adj.* nicht feststellbar; **ˌun·as·cerˈtained** *adj.* nicht (sicher) festgestellt.

ˌun·aˈshamed *adj.* ☐ **1.** nicht beschämt; **2.** schamlos.

ˌunˈasked *adj.* **1.** ungefragt; **2.** ungebeten, unaufgefordert; **3.** uneingeladen.

ˌun·asˈpir·ing *adj.* ☐ ohne Ehrgeiz, anspruchslos, bescheiden.

ˌun·asˈsail·a·ble *adj.* **1.** unangreifbar (*a. fig.*); **2.** *fig.* unanfechtbar.

ˌun·asˈsign·a·ble *adj.* ⚖ nicht überˈtragbar.

ˌun·asˈsist·ed *adj.* ☐ ohne Hilfe *od.* Unterˈstützung (**by** von), (ganz) alˈlein.

ˌun·asˈsum·ing *adj.* ☐ anspruchslos, bescheiden.

ˌun·atˈtached *adj.* **1.** nicht befestigt (**to** an *dat.*); **2.** nicht gebunden, unabhängig; **3.** ungebunden, frei, ledig; **4.** *ped.*, *univ.* exˈtern, keinem College angehörend (*Student*); **5.** ⚔ zur Dispositiˈon stehend; **6.** ⚖ nicht mit Beschlag belegt.

ˌun·atˈtain·a·ble *adj.* ☐ unerreichbar.

ˌun·atˈtempt·ed *adj.* unversucht.

ˌun·atˈtend·ed *adj.* **1.** unbegleitet; **2.** *mst* **~ to** a) unbeaufsichtigt, b) vernachlässigt.

ˌun·atˈtest·ed *adj.* **1.** unbezeugt, unbestätigt; **2.** *Brit.* (behördlich) nicht überˈprüft.

ˌun·atˈtrac·tive *adj.* ☐ wenig anziehend, reizlos, ˈunattrakˌtiv.

ˌunˈau·thor·ized *adj.* **1.** nicht bevollmächtigt, unbefugt: **~ person** Unbefugte(r *m*) *f*; **2.** unerlaubt; unberechtigt (*Nachdruck etc.*).

un·a·vail·a·ble [ˌʌnəˈveɪləbl] *adj.* ☐ **1.** nicht verfügbar *od.* vorˈhanden; **2.** → **ˌun·aˈvail·ing** [-lɪŋ] *adj.* ☐ frucht-, nutzlos, vergeblich.

un·a·void·a·ble [ˌʌnəˈvɔɪdəbl] *adj.* ☐ **1.** unvermeidlich, unvermeidbar: **~ cost** notwendige Kosten; **2.** ⚖ unanfechtbar.

un·a·ware [ˌʌnəˈweə] *adj.* **1.** (**of**) nicht gewahr (*gen.*), in Unkenntnis (*gen.*): **be ~ of** sich *e-r Sache* nicht bewußt sein, *et.* nicht wissen *od.* bemerken; **2.** nichtsahnend: **he was ~ that** er ahnte nicht, daß; **ˌun·aˈwares** [-eəz] *adv.* **1.** versehentlich, unabsichtlich; **2.** unversehens, unerwartet, unvermutet: **catch** (*od.* **take**) **s.o. ~** j-n überraschen; **at ~** unverhofft, überraschend.

ˌunˈbacked *adj.* **1.** ohne Rückhalt *od.* Unterˈstützung; **2. ~ horse** Pferd, auf das nicht gesetzt wurde; **3.** † ungedeckt, nicht indossiert.

ˌunˈbaked *adj.* **1.** ungebacken; **2.** *fig.* unreif.

ˌunˈbal·ance I *v/t.* **1.** aus dem Gleichgewicht bringen (*a. fig.*); **2.** *fig. Geist* verwirren; **II** *s.* **3.** gestörtes Gleichgewicht, *fig. a.* Unausgeglichenheit *f*; **4.** ⚡, ⚙ Unwucht *f*; **ˌunˈbal·anced** *adj.* **1.** aus dem Gleichgewicht gebracht, nicht im Gleichgewicht (befindlich); **2.** *fig.* unausgeglichen (*a.* †); **3.** *psych.* laˈbil, ‚gestört'.

ˌun·bapˈtized *adj.* ungetauft.

ˌunˈbar *v/t.* aufriegeln.

ˌunˈbear·a·ble *adj.* ☐ unerträglich.

ˌunˈbeat·en *adj.* **1.** ungeschlagen, unbesiegt; **2.** *fig.* ˈunüberˌtroffen; **3.** unerforscht: **~ region.**

ˌun·beˈcom·ing *adj.* ☐ **1.** unkleidsam: **this hat is ~ to him** dieser Hut steht ihm nicht; **2.** *fig.* unpassend, unschicklich, ungeziemend (**of**, **to**, **for** für *j-n*).

ˌun·beˈfit·ting → **unbecoming** 2.

ˌun·beˈfriend·ed *adj.* ohne Freund(e).

un·be·known(st F) [ˌʌnbɪˈnəʊn(st)] *adj. u. adv.* **1.** (**to**) ohne *j-s* Wissen; **2.** unbekannt(erweise).

ˌun·beˈlief *s.* Unglaube *m*, Ungläubigkeit *f*; **ˌun·beˈliev·a·ble** *adj.* ☐ unglaublich; **ˌun·beˈliev·er** *s. eccl.* Ungläubige(r *m*) *f*, Glaubenslose(r *m*) *f*; **ˌun·beˈliev·ing** *adj.* ☐ ungläubig.

ˌunˈbend [*irr.* → **bend**] **I** *v/t.* **1.** *Bogen etc.*, *a. fig. Geist* entspannen; **2.** ⚙ geradebiegen, glätten; **3.** ⚓ a) *Tau etc.* losmachen, b) *Segel* abschlagen; **II** *v/i.* **4.** sich entspannen, sich lösen; **5.** *fig.* auftauen, freundlich(er) werden, s-e Förmlichkeit ablegen; **ˌunˈbend·ing** [-dɪŋ] *adj.* ☐ **1.** unbiegsam; **2.** *fig.* unbeugsam, entschlossen; **3.** *fig.* reserviert, steif.

un·be·seem·ing [ˌʌnbɪˈsi:mɪŋ] → **unbecoming** 2.

ˌunˈbi·as(s)ed *adj.* ☐ unvoreingenommen, *a.* ⚖ unbefangen.

ˌunˈbid(·den) *adj.* ungeheißen, unaufgefordert; ungebeten (*a. Gast*).

ˌunˈbind *v/t.* [*irr.* → **bind**] **1.** *Gefangenen etc.* losbinden, befreien; **2.** *Haar*, *Knoten etc.* lösen.

ˌunˈbleached *adj.* ungebleicht.

ˌunˈblem·ished *adj. bsd. fig.* unbefleckt, makellos.

ˌunˈblink·ing *adj.* ☐ **1.** ungerührt; **2.** unerschrocken.

ˌunˈblush·ing *adj.* ☐ *fig.* schamlos.

ˌunˈbolt *v/t.* aufriegeln, öffnen.

ˌunˈborn *adj.* **1.** (noch) ungeboren; **2.** *fig.* (zu)künftig, kommend.

ˌunˈbos·om *v/t. Gedanken*, *Gefühle etc.* enthüllen, offenˈbaren (**to** *dat.*): **~ o.s.** (**to s.o.**) sich (j-m) offenbaren, (j-m) sein Herz ausschütten.

ˌunˈbound *adj.* ungebunden: a) broschiert (*Buch*), b) *fig.* frei.
ˌunˈbound·ed *adj.* □ **1.** unbegrenzt; **2.** *fig.* grenzen-, schrankenlos.
ˌunˈbrace *v/t.* **1.** *Gurte etc.* lösen, losschnallen; **2.** entspannen (*a. fig.*): *~ **o.s.*** sich entspannen.
ˌunˈbreak·a·ble *adj.* unzerbrechlich.
ˌunˈbrib·a·ble *adj.* unbestechlich.
ˌunˈbri·dled *adj.* **1.** ab-, ungezäumt; **2.** *fig.* ungezügelt, zügellos.
ˌunˈbro·ken *adj.* □ **1.** ungebrochen (*a. fig. Eid etc.*), unzerbrochen, ganz, heil; **2.** ˈununterˌbrochen, ungestört; **3.** nicht zugeritten (*Pferd*); **4.** unbeeinträchtigt; **5.** ⚒ ungepflügt; **6.** ungebrochen: *~ **record***.
ˌunˈbroth·er·ly *adj.* unbrüderlich.
ˌunˈbuck·le *v/t.* auf-, losschnallen.
ˌunˈbuilt *adj.* **1.** (noch) nicht gebaut; **2.** *a.* ***~-on*** unbebaut (*Gelände*).
ˌunˈbur·den *v/t.* **1.** *bsd. fig.* entlasten, von e-r Last befreien, *Gewissen etc.* erleichtern: *~ **o.s.** (**to s.o.**)* (j-m) sein Herz ausschütten; **2.** a) *Geheimnis etc.* loswerden, b) *Sünden* bekennen, beichten: ***~ one's troubles to s.o.*** s-e Sorgen bei j-m abladen.
ˌunˈbur·ied *adj.* unbegraben.
ˌunˈburnt *adj.* **1.** unverbrannt; **2.** ⚙ ungebrannt (*Ziegel etc.*).
ˌunˈbur·y *v/t.* ausgraben (*a. fig.*).
ˌunˈbusi·ness·like *adj.* unkaufmännisch, nicht geschäftsmäßig.
ˌunˈbut·ton *v/t.* aufknöpfen; **ˌunˈbut·toned** *adj.* aufgeknöpft, *fig. a.* gelöst, zwanglos.
ˌunˈcalled *adj.* **1.** unaufgefordert; **2.** ☤ nicht aufgerufen; **ˌunˈcalled-for** *adj.* **1.** ungerufen, unerwünscht; unverlangt (*Sache*); **2.** unangebracht, unpassend: *~ **remarks.***
unˈcan·ny *adj.* □ unheimlich (*a. fig.*).
ˌunˈcared-for *adj.* **1.** unbeachtet; **2.** vernachlässigt; ungepflegt.
ˌunˈcase *v/t.* auspacken.
un·ceas·ing [ʌnˈsiːsɪŋ] *adj.* □ unaufhörlich.
ˈunˌcer·eˈmo·ni·ous *adj.* □ **1.** ungezwungen, zwanglos; **2.** a) unsanft, grob, b) unhöflich.
unˈcer·tain *adj.* □ **1.** unsicher, ungewiß, unbestimmt; **2.** nicht sicher: ***be ~ of s.th.*** e-r Sache nicht sicher *od.* gewiß sein; **3.** zweifelhaft, undeutlich, vage: ***an ~ answer***; **4.** unzuverlässig: ***an ~ friend***; **5.** unstet, unbeständig, veränderlich, launenhaft: *~ **temper**, ~ **weather***; **6.** unsicher, verunsichert; **unˈcer·tain·ty** [-tɪ] *s.* **1.** Unsicherheit *f*, Ungewißheit *f*; **2.** Zweifelhaftigkeit *f*; **3.** Unzuverlässigkeit *f*; **4.** Unbeständigkeit *f*.
ˌunˈcer·ti·fied *adj.* nicht bescheinigt, unbeglaubigt.
ˌunˈchain *v/t.* **1.** losketten; **2.** befreien (*a. fig.*).
ˌunˈchal·lenge·a·ble *adj.* □ unanfechtbar, unbestreitbar; **ˌunˈchal·lenged** *adj.* unbestritten, ˈunwiderˌsprochen, unangefochten.
un·change·a·ble [ʌnˈtʃeɪndʒəbl] *adj.* □ unveränderlich, unwandelbar; **un·changed** [ʌnˈtʃeɪndʒd] *adj.* unverändert; **ˌunˈchang·ing** [-dʒɪŋ] *adj.* □ unveränderlich.
ˌunˈcharged *adj.* **1.** nicht beladen; **2.** ⚖ nicht angeklagt; **3.** ⚡ nicht (auf)geladen; **4.** ungeladen (*Schußwaffe*); **5.** ☤ a) unbelastet (*Konto*), b) unberechnet.
ˌunˈchar·i·ta·ble *adj.* □ lieblos, hartherzig, unfreundlich.
ˌunˈchart·ed *adj.* auf keiner (Land)Karte verzeichnet, unbekannt, unerforscht (*a. fig.*).
ˌunˈchaste *adj.* □ unkeusch; **ˌunˈchas·ti·ty** *s.* Unkeuschheit *f*.
ˌunˈchecked *adj.* **1.** ungehindert, ungehemmt; **2.** unkontrolliert, ungeprüft.
ˌunˈchiv·al·rous *adj.* unritterlich, ˈungaˌlant.
ˌunˈchris·tened *adj.* ungetauft.
ˌunˈchris·tian *adj.* □ unchristlich.
un·ci·al [ˈʌnsɪəl] **I** *adj.* **1.** Unzial...; **II** *s.* **2.** Unziˈale *f* (*abgerundeter Großbuchstabe*); **3.** Unziˈalschrift *f*.
un·ci·form [ˈʌnsɪfɔːm] **I** *adj.* hakenförmig; **II** *s. anat.* Hakenbein *n*.
ˌunˈcir·cum·cised *adj.* unbeschnitten; **ˈunˌcir·cumˈci·sion** *s. bibl. die* Unbeschnittenen *pl.*, *die* Heiden *pl.*
ˌunˈciv·il *adj.* □ **1.** unhöflich, grob; **2.** *obs.* → **ˌunˈciv·i·lized** *adj.* unzivilisiert.
ˌunˈclaimed *adj.* **1.** nicht beansprucht, nicht geltend gemacht; **2.** nicht abgeholt *od.* abgehoben.
ˌunˈclasp *v/t.* **1.** lösen, auf-, loshaken, -schnallen; öffnen; **2.** loslassen.
ˌunˈclas·si·fied *adj.* **1.** nicht klassifiziert: *~ **road*** Landstraße *f*; **2.** ⚔ offen, nicht geheim.
un·cle [ˈʌŋkl] *s.* **1.** Onkel *m*: ***cry ~*** *Am.* F aufgeben; **2.** *sl.* Pfandleiher *m*.
ˌunˈclean *adj.* □ unrein (*a. fig.*).
ˌunˈclean·li·ness *s.* **1.** Unreinlichkeit *f*, Unsauberkeit *f*; **2.** *fig.* Unreinheit *f*; **ˌunˈclean·ly** *adj.* **1.** unreinlich; **2.** *fig.* unrein, unkeusch.
ˌunˈclench **I** *v/t.* **1.** *Faust* öffnen; **2.** *Griff* lockern; **II** *v/i.* **3.** sich öffnen *od.* lockern.
ˌunˈcloak *v/t.* **1.** *j-m* den Mantel abnehmen; **2.** *fig.* enthüllen, -larven.
un·close [ˌʌnˈkləʊz] **I** *v/t.* **1.** öffnen; **2.** *fig.* enthüllen; **II** *v/i.* **3.** sich öffnen.
ˌunˈclothe *v/t.* entkleiden, -blößen, -hüllen (*a. fig.*); **ˌunˈclothed** *adj.* unbekleidet.
ˌunˈcloud·ed *adj.* **1.** unbewölkt, wolkenlos; **2.** *fig.* ungetrübt.
un·co [ˈʌŋkəʊ] *Scot. od. dial.* **I** *adj.* ungewöhnlich, seltsam; **II** *adv.* äußerst, höchst: ***the ~ guid*** die ach so guten Menschen.
ˌunˈcock *v/t. Gewehr*(*hahn*) *etc.* entspannen.
ˌunˈcoil *v/t.* (*v/i.* sich) abwickeln *od.* abspulen *od.* aufrollen.
ˌun·colˈlect·ed *adj.* **1.** nicht (ein)gesammelt; **2.** ☤ (noch) nicht erhoben (*Gebühren*); **3.** *fig.* nicht gefaßt *od.* gesammelt.
ˌunˈcol·o(u)red *adj.* **1.** ungefärbt; **2.** *fig.* ungeschminkt, objekˈtiv.
un·come-at-a·ble [ˌʌnkʌmˈætəbl] *adj.* F unerreichbar; unzugänglich: ***it's ~*** ‚da ist nicht ranzukommen'.
ˌunˈcome·ly *adj.* **1.** unschön, reizlos; **2.** *obs.* unschicklich.
unˈcom·fort·a·ble *adj.* □ **1.** unangenehm, beunruhigend; **2.** unbehaglich, ungemütlich (*beide a. fig. Gefühl etc.*), unbequem: *~ **silence*** peinliche Stille; **3.** *fig.* unangenehm berührt.
ˌun·comˈmit·ted *adj.* **1.** nicht begangen (*Verbrechen etc.*); **2.** (***to***) nicht verpflichtet (zu), nicht gebunden (an *acc.*); **3.** ⚖ nicht inhaftiert *od.* eingewiesen; **4.** *parl.* nicht an e-n Ausschuß *etc.* verwiesen; **5.** *pol.* neuˈtral, blockfrei; **6.** nicht zweckgebunden: *~ **funds.***
unˈcom·mon **I** *adj.* □ ungewöhnlich: a) selten, b) außergewöhnlich, -ordentlich; **II** *adv. obs.* äußerst, ungewöhnlich; **unˈcom·mon·ness** *s.* Ungewöhnlichkeit *f*.
ˌun·comˈmu·ni·ca·ble *adj.* **1.** nicht mitteilbar; **2.** ⚕ nicht ansteckend; **ˌun·comˈmu·ni·ca·tive** *adj.* □ nicht *od.* wenig mitteilsam, verschlossen.
ˌun·comˈpan·ion·a·ble *adj.* ungesellig, nicht ˈumgänglich.
ˌun·comˈpet·i·tive *adj.* nicht wettbewerbsfähig.
un·com·plain·ing [ˌʌnkəmˈpleɪnɪŋ] *adj.* □ klaglos, ohne Murren, geduldig; **ˌun·comˈplain·ing·ness** [-nɪs] *s.* Klaglosigkeit *f*.
ˌun·comˈplai·sant *adj.* □ ungefällig.
ˌun·comˈplet·ed *adj.* ˈunvollˌendet.
ˌunˈcom·pli·cat·ed *adj.* unkompliziert, einfach.
ˈunˌcom·pliˈmen·ta·ry *adj.* **1.** nicht *od.* wenig schmeichelhaft; **2.** unhöflich.
un·com·pro·mis·ing [ʌnˈkɒmprəmaɪzɪŋ] *adj.* □ **1.** komproˈmißlos; **2.** unbeugsam, unnachgiebig; **3.** *fig.* entschieden, eindeutig.
ˌun·conˈcealed *adj.* unverhohlen.
un·con·cern [ˌʌnkənˈsɜːn] *s.* **1.** Sorglosigkeit *f*, Unbekümmertheit *f*; **2.** Gleichgültigkeit *f*; **ˌun·conˈcerned** [-nd] *adj.* □ **1.** (***in***) unbeteiligt (an *dat.*), nicht verwickelt (in *acc.*); **2.** uninteressiert (***with*** an *dat.*), gleichgültig; **3.** unbesorgt, unbekümmert (***about*** um, wegen): ***be ~ about*** sich über *et.* keine Gedanken *od.* Sorgen machen; **ˌun·conˈcern·ed·ness** [-nɪdnɪs] → ***unconcern.***
ˌun·conˈdi·tion·al *adj.* □ **1.** unbedingt, bedingungslos: *~ **surrender*** bedingungslose Kapitulation; **2.** uneingeschränkt, vorbehaltlos.
ˌun·conˈdi·tioned *adj.* **1.** → ***unconditional***; **2.** unbedingt: a) *phls.* absoˈlut, b) *psych.* angeboren: *~ **reflex.***
ˌun·conˈfined *adj.* □ unbegrenzt, unbeschränkt.
ˌun·conˈfirmed *adj.* **1.** unbestätigt, nicht erhärtet, unverbürgt; **2.** *eccl.* a) nicht konfirmiert (*Protestanten*), b) nicht gefirmt (*Katholiken*).
ˌun·conˈgen·ial *adj.* □ **1.** ungleichartig, nicht kongeniˈal; **2.** nicht zusagend, unangenehm, ˈunsymˌpathisch (***to*** *dat.*); **3.** unfreundlich.
ˌun·conˈnect·ed *adj.* **1.** unverbunden, getrennt; **2.** ˈunzuˌsammenhängend; **3.** ungebunden, ohne Anhang; **4.** nicht verwandt.
un·con·quer·a·ble [ˌʌnˈkɒŋkərəbl] *adj.* □ ˈunüberˌwindlich (*a. fig.*), unbesiegbar; **ˌunˈcon·quered** [-kəd] unbesiegt, nicht erobert.
ˈunˌcon·sciˈen·tious *adj.* □ nicht gewissenhaft, nachlässig.
un·con·scion·a·ble [ʌnˈkɒnʃnəbl] *adj.* □ **1.** gewissen-, skrupellos; **2.** unvernünftig, nicht zumutbar; **3.** ‚unverschämt', unglaublich, eˈnorm.

un'con·scious I *adj.* □ **1.** unbewußt: ***be ~ of*** nichts ahnen von, sich *e-r Sache* nicht bewußt sein; **2.** ⚕ bewußtlos, ohnmächtig; **3.** unbewußt, unwillkürlich; unfreiwillig (*a. Humor*); **4.** unabsichtlich; **5.** *psych.* unbewußt; **II** *s.* **6.** ***the ~*** *psych.* das Unbewußte; **un'con·scious·ness** *s.* **1.** Unbewußtheit *f*; **2.** ⚕ Bewußtlosigkeit *f*.

ˌun'con·se·crat·ed *adj.* ungeweiht.

ˌun·con'sid·ered *adj.* **1.** unberücksichtigt; **2.** unbedacht, 'unüberˌlegt.

'unˌcon·sti'tu·tion·al *adj.* □ *pol.* verfassungswidrig.

ˌun·con'strained *adj.* □ zwanglos, ungezwungen; **ˌun·con'straint** *s.* Ungezwungenheit *f*, Zwanglosigkeit *f*.

ˌun·con'test·ed *adj.* unbestritten, unangefochten: ***~ election*** *pol.* Wahl *f* ohne Gegenkandidaten.

'unˌcon·tra'dict·ed *adj.* 'unwiderˌsprochen, unbestritten.

ˌun·con'trol·la·ble *adj.* □ **1.** unkontrollierbar; **2.** unbändig, unbeherrscht: ***an ~ temper***; **ˌun·con'trolled** *adj.* □ **1.** nicht kontrolliert, unbeaufsichtigt; **2.** unbeherrscht, zügellos.

ˌun·con'ven·tion·al *adj.* □ 'unkonventioˌnell: a) unüblich, b) ungezwungen, form-, zwanglos; **'un·conˌven·tion'al·i·ty** *s.* Zwanglosigkeit *f*, Ungezwungenheit *f*.

ˌun·con'vert·ed *adj.* **1.** unverwandelt; **2.** *eccl.* unbekehrt (*a. fig. nicht überzeugt*); **3.** ✝ nicht konvertiert; **ˌun·con'vert·i·ble** *adj.* **1.** nicht verwandelbar; **2.** nicht vertauschbar; **3.** ✝ nicht konvertierbar.

ˌun·con'vinced *adj.* nicht über'zeugt; **ˌun·con'vinc·ing** *adj.* nicht über'zeugend.

ˌun'cooked *adj.* ungekocht, roh.

ˌun'cord *v/t.* auf-, losbinden.

ˌun'cork *v/t.* **1.** entkorken; **2.** *fig.* F *Gefühlen etc.* Luft machen; **3.** *Am.* F *et.* ‚vom Stapel lassen'.

ˌun·cor'rob·o·rat·ed *adj.* unbestätigt, nicht erhärtet.

un·count·a·ble [ˌʌn'kaʊntəbl] *adj.* **1.** unzählbar; **2.** zahllos; **ˌun'count·ed** [-tɪd] *adj.* **1.** ungezählt; **2.** unzählig.

ˌun'couple *v/t.* **1.** *Hunde etc.* aus der Koppel (los)lassen; **2.** loslösen, trennen; **3.** ⚙ aus-, loskuppeln.

un·couth [ʌn'ku:θ] *adj.* □ **1.** ungeschlacht, unbeholfen, plump; **2.** grob, ungehobelt; **3.** *poet.* öde, wild (*Gegend*); **4.** *obs.* wunderlich.

ˌun'cov·e·nant·ed *adj.* **1.** nicht vertraglich festgelegt; **2.** nicht vertraglich gebunden.

un'cov·er I *v/t.* **1.** aufdecken, freilegen; *Körperteil, a. Kopf* entblößen: ***~ o.s.*** → 5; **2.** *fig.* aufdecken, enthüllen; **3.** ⚔ ohne Deckung lassen; **4.** *Boxen etc.*: ungedeckt lassen; **II** *v/i.* **5.** den Hut abnehmen; **un'cov·ered** *adj.* **1.** unbedeckt (*a. barhäuptig*); **2.** unbekleidet, nackt; **3.** ⚔, *sport etc.* ungedeckt, ungeschützt; **4.** ✝ ungedeckt (*Wechsel etc.*).

ˌun'crit·i·cal *adj.* □ unkritisch, kri'tiklos (***of*** gegenüber).

ˌun'cross *v/t. gekreuzte Arme od. Beine* geradelegen; **ˌun'crossed** *adj.* nicht gekreuzt: ***~ cheque*** (*Am.* ***check***) ✝ Barscheck *m*.

unc·tion ['ʌŋkʃn] *s.* **1.** Salbung *f*, Einreibung *f*; **2.** ⚕ Salbe *f*; **3.** *eccl.* a) (heiliges) Öl, b) Salbung *f* (*Weihe*), c) *a.* ***extreme ~*** Letzte Ölung; **4.** *fig.* Balsam *m* (*Linderung, Trost*) (***to*** für); **5.** *fig.* Inbrunst *f*, Pathos *n*; **6.** *fig.* Salbung *f*, unechtes Pathos: ***with ~*** a) salbungsvoll, b) mit Genuß; **'unc·tu·ous** [-ktjʊəs] *adj.* □ **1.** ölig, fettig: ***~ soil*** fetter Boden; **2.** *fig.* salbungsvoll, ölig.

ˌun'cul·ti·vat·ed *adj.* **1.** ⚘ unbebaut, unkultiviert; **2.** *fig.* brachliegend (*Talent etc.*); **3.** *fig.* ungebildet, unkultiviert.

ˌun'cul·tured *adj.* unkultiviert (*a. fig. ungebildet*).

ˌun'curbed *adj.* **1.** abgezäumt; **2.** *fig.* ungezähmt, zügellos.

ˌun'cured *adj.* **1.** ungeheilt; **2.** ungesalzen, ungepökelt.

ˌun'curl *v/t.* (*v/i.* sich) entkräuseln *od.* glätten.

ˌun·cur'tailed *adj.* ungekürzt, unbeschnitten.

ˌun'cut *adj.* **1.** ungeschnitten; **2.** unzerschnitten; **3.** ⚘ ungemäht; **4.** ungeschliffen (*Diamant*); **5.** unbeschnitten (*Buch*); **6.** *fig.* ungekürzt.

ˌun'dam·aged *adj.* unbeschädigt, unversehrt.

ˌun'damped *adj.* **1.** *bsd.* ♪, ⚡, *phys.* ungedämpft; **2.** unangefeuchtet; **3.** *fig.* nicht entmutigt.

un·date ['ʌndeɪt] *adj.* wellig, wellenförmig.

un·dat·ed¹ ['ʌndeɪtɪd] → ***undate***.

ˌun'dat·ed² *adj.* **1.** undatiert, ohne Datum; **2.** unbefristet.

un·daunt·ed [ˌʌn'dɔ:ntɪd] *adj.* □ unerschrocken.

ˌun·de'ceive *v/t.* **1.** *j-m* die Augen öffnen, *j-n* desillusio'nieren; **2.** aufklären (***of*** über *acc.*), e-s Besser(e)n belehren; **ˌun·de'ceived** *adj.* **1.** nicht irregeführt; **2.** aufgeklärt, e-s Besser(e)n belehrt.

ˌun·de'cid·ed *adj.* □ **1.** unentschieden, offen: ***leave s.th. ~***; **2.** unbestimmt, vage; **3.** unentschlossen; **4.** unbeständig (*Wetter*).

ˌun·de'ci·pher·a·ble *adj.* **1.** nicht zu entziffern(d), nicht entzifferbar; **2.** unerklärlich, nicht enträtselbar.

ˌun·de'clared *adj.* **1.** nicht bekanntgemacht, nicht erklärt: ***~ war*** Krieg *m* ohne Kriegserklärung; **2.** ✝ nicht deklariert.

ˌun·de'fend·ed *adj.* **1.** unverteidigt; **2.** ⚖ a) unverteidigt, ohne Verteidiger, b) 'unwiderˌsprochen (*Klage*).

ˌun·de'filed *adj.* unbefleckt, rein (*a. fig.*).

ˌun·de'fin·a·ble *adj.* undefinierbar, unbestimmt.

ˌun·de'fined *adj.* **1.** unbegrenzt; **2.** unbestimmt, vage.

ˌun·de'mand·ing *adj.* **1.** anspruchslos (*a. fig.*); **2.** leicht: ***~ task***.

ˌun·de'mon·stra·tive *adj.* zu'rückhaltend, reserviert, unaufdringlich.

ˌun·de'ni·a·ble *adj.* □ unleugbar, unbestreitbar.

'un·deˌnom·i'na·tion·al *adj.* **1.** nicht konfessio'nell gebunden; **2.** *ped.* interkonfessio'nell, Gemeinschafts…, Simultan…: ***~ school***.

un·der ['ʌndə] **I** *prp.* **1.** *allg.* unter (*dat. od. acc.*); **2.** *Lage*: unter (*dat.*), 'unterhalb von (*od. gen.*): ***from ~ …*** unter *dem Tisch etc.* hervor; ***get out from ~*** *Am. sl.* a) sich herauswinden, b) den Verlust wettmachen; **3.** *Richtung*: unter (*acc.*); **4.** unter (*dat.*), am Fuße von (*od. gen.*); **5.** *zeitlich*: unter (*dat.*), während: ***~ his rule***; ***~ the Stuarts*** unter den Stuarts; ***~ the date of*** unter dem Datum vom *1. Januar etc.*; **6.** unter *der Autorität, Führung etc.*: ***he fought ~ Wellington***; **7.** unter (*dat.*), unter dem Schutz von: ***~ arms*** unter Waffen; ***~ darkness*** im Schutz der Dunkelheit; **8.** unter (*dat.*), geringer als, weniger als: ***persons ~ 40*** (***years of age***) Personen unter 40 (Jahren); ***in ~ an hour*** in weniger als 'einer Stunde; **9.** *fig.* unter (*dat.*): ***~ alcohol*** unter Alkohol; ***~ an assumed name*** unter e-m angenommenen Namen; ***~ supervision*** unter Aufsicht; **10.** gemäß, laut, nach: ***~ the terms of the contract***; ***claims ~ a contract*** Forderungen aus e-m Vertrag; **11.** in (*dat.*): ***~ construction*** im Bau; ***~ repair*** in Reparatur; ***~ treatment*** ⚕ in Behandlung; **12.** bei: ***he studied physics ~ Maxwell***; **13.** mit: ***~ s.o.'s signature*** mit j-s Unterschrift, (eigenhändig) unterzeichnet von j-m; ***~ separate cover*** mit getrennter Post; **II** *adv.* **14.** dar'unter, unter; → ***go*** (***keep*** *etc.*) ***under***; **15.** unten: ***as ~*** wie unten (angeführt); **III** *adj.* **16.** unter, Unter…; **17.** unter, nieder, 'untergeordnet, Unter…; **18.** *nur in Zssgn* ungenügend, zu gering: ***an ~dose***; **ˌ~'act** [-ər'æ-] *v/t. u. v/i. thea. etc.* unter'spielen, unter'treiben (*a. fig.*); **ˌ~·a'chieve** [-ərə-] *v/i.* weniger leisten *od.* schlechter abschneiden als erwartet; **ˌ~'age** [-ər'eɪ-] *adj.* minderjährig; **'~ˌa·gent** [-ərˌeɪ-] *s.* 'Untervertreter *m*; **'~·arm** [-ərɑ:m] **I** *adj.* **1.** Unterarm…; **2.** → ***underhand*** 2; **II** *adv.* **3.** mit e-r 'Unterarmbewegung; **ˌ~'bid** *v/t.* [*irr.* → ***bid***] unter'bieten; **ˌ~'bred** *adj.* unfein, ungebildet; **'~·brush** *s.* 'Unterholz *n*, Gestrüpp *n*; **'~ˌcar·riage** *s.* **1.** ✈ Fahrwerk *n*; **2.** *mot. etc.* Fahrgestell *n*; **3.** ⚔ 'Unterlaˌfette *f*; **ˌ~'charge I** *v/t.* **1.** *j-m* zu wenig berechnen; **2.** *et.* zu gering berechnen; **3.** *Batterie etc.* unter'laden; **4.** *Geschütz etc.* zu schwach laden; **II** *s.* **5.** zu geringe Berechnung *od.* Belastung; **6.** ungenügende (Auf)Ladung; **'~·clothes** *s. pl.*, **'~ˌcloth·ing** *s.* 'Unterkleidung *f*, -wäsche *f*; **'~·coat** *s.* **1.** ⚙, *paint.* Grundierung *f*; **2.** *zo.* Wollhaarkleid *n*; **'~ˌcov·er** *adj.* **1.** Geheim…: ***~ agent***, ***~ man*** (*bsd.* eingeschleuster) Geheimagent, Spitzel *m*; **'~·croft** *s.* ⚠ 'unterirdisches Gewölbe, Krypta *f*; **'~ˌcur·rent** *s.* 'Unterströmung *f* (*a. fig.*); **ˌ~'cut I** *v/t.* [*irr.* → ***cut***] **1.** unter'höhlen; **2.** (im Preis) unter'bieten; **3.** *Golf, Tennis etc.*: *Ball* mit 'Unterschnitt spielen; **II** *s.* **'undercut 4.** Unter'höhlung *f*; **5.** *Golf, Tennis etc.*: unter'schnittener Ball; **6.** *Küche*: *Brit.* Fi'let *n*, zartes Lendenstück; **ˌ~·de'vel·oped** *adj. phot. u. fig.* 'unterentwickelt: ***~ child***; ***~ country*** Entwicklungsland *n*; **'~·dog** *s. fig.* **1.** Verlierer *m*, Unter'legene(r *m*) *f*; **2.** a) *der* (sozi'al *etc.*) Schwächere *od.* Benachteiligte, b) *der* (zu Unrecht) Verfolgte; **ˌ~'done** *adj.* nicht gar, nicht 'durchgebraten;

'**~·dose** ⚕ **I** *s.* **1.** zu geringe Dosis; **II** *v/t.* ˌ***under'dose*** **2.** *j-m* e-e zu geringe Dosis geben; **3.** *et.* 'unterdosieren; ˌ**~'dress** *v/t.* (*v/i.* sich) zu einfach kleiden; ˌ**~'es·ti·mate** [-ər'estɪmeɪt] **I** *v/t.* unter'schätzen; **II** *s.* [-mət] *a.* '**~ˌes·ti·'ma·tion** [-ərˌe-] Unter'schätzung *f*; 'Unterbewertung *f*; ˌ**~·ex'pose** [-dərɪ-] *v/t. phot.* 'unterbelichten; ˌ**~·ex'po·sure** [-dərɪ-] *s. phot.* 'Unterbelichtung *f*; ˌ**~'fed** *adj.* 'unterernährt; ˌ**~'feed·ing** *s.* 'Unterernährung *f*; ˌ**~'foot** *adv.* **1.** unter den Füßen, unten, am Boden *zertrampeln etc.*; **2.** *fig.* in der Gewalt, unter Kon'trolle; '**~·frame** *s. mot. etc.* 'Untergestell *n*, Rahmen *m*; '**~ˌgar·ment** *s.* 'Unterkleid(ung *f*) *n*; *pl.* 'Unterwäsche *f*; ˌ**~'go** *v/t.* [*irr.* → ***go***] **1.** *e-n Wandel etc.* erleben, 'durchmachen; **2.** sich *e-r Operation etc.* unter'ziehen; **3.** erdulden; ˌ**~'grad·u·ate** *univ.* **I** *s.* Stu'dent(in); **II** *adj.* Studenten…; '**~·ground I** *s.* **1.** *bsd. Brit.* 'Untergrundbahn *f*, U-Bahn *f*; **2.** *pol.* 'Untergrund(bewegung *f*) *m*; **3.** *Kunst*: Underground *m*; **II** *adj.* **4.** 'unterirdisch: ~ ***cable*** ⚙ Erdkabel *n*; ~ ***car park***, ~ ***garage*** Tiefgarage *f*; ~ ***railway*** (*Am.* ***railroad***) → 1; ~ ***water*** Grundwasser *n*; **5.** ⚒ unter Tag(e): ~ ***mining*** Untertag(e)bau *m*; **6.** ⚙ Tiefbau…: ~ ***engineering*** Tiefbau *m*; **7.** *fig.* Untergrund…, Geheim…, verborgen: ~ ***movement*** *pol.* Untergrundbewegung *f*; **8.** *Kunst*: Underground…: ~ ***film***; **III** *adv.* ˌ***under'ground*** **9.** unter der *od.* die Erde, 'unterirdisch; **10.** *fig.* im verborgenen, geheim: ***go*** ~ a) *pol.* in den Untergrund gehen, b) untertauchen; '**~·growth** *s.* 'Unterholz *n*, Gestrüpp *n*; ˌ**~'hand** *adj. u. adv.* **1.** *fig.* a) heimlich, verstohlen, b) 'hinterlistig; **2.** *sport* mit der Hand unter Schulterhöhe ausgeführt: ~ ***service*** *Tennis*: Tiefaufschlag *m*; ˌ**~'hand·ed** *adj.* □ **1.** → ***underhand*** 1; **2.** ☤ knapp an Arbeitskräften, 'unterbelegt; ˌ**~·in'sure** [-ərɪ-] *v/t.* (*v/i.* sich) 'unterversichern; ˌ**~'lay I** *v/t.* [*irr.* → ***lay***[1]] **1.** (dar)'unterlegen; **2.** *et.* unter'legen, stützen; **3.** *typ. Satz* zurichten; **II** *v/i.* **4.** ⚒ sich neigen, einfallen; **III** *s.* ˌ***underlay*** **5.** 'Unterlage *f*; **6.** *typ.* Zurichtebogen *m*; **7.** ⚒ schräges Flöz; '**~·lease** *s.* 'Unterverpachtung *f*, -miete *f*; ˌ**~'let** *v/t.* [*irr.* → ***let***[1]] **1.** unter Wert verpachten *od.* vermieten; **2.** 'unterverpachten, -vermieten; ˌ**~'lie** *v/t.* [*irr.* → ***lie***[2]] **1.** liegen unter (*dat.*); **2.** zu'grunde liegen (*dat.*); **3.** ☤ unter'liegen (*dat.*), unter'worfen sein (*dat.*); ˌ**~'line I** *v/t.* **1.** unter'streichen (*a. fig. betonen*); **II** *s.* ˌ***underline*** **2.** Unter'streichung *f*; **3.** *thea.* (Vor)Ankündigung *f* am Ende e-s The'aterplaˌkats; **4.** 'Bildˌunterschrift *f*.

un·der·ling ['ʌndəlɪŋ] *s. contp.* Unter'gebene(r *m*) *f*, (kleiner) Handlanger, ‚Kuli' *m*.

ˌ**un·der|'ly·ing** *adj.* **1.** dar'unterliegend; **2.** *fig.* zu'grundeliegend; **3.** ☤ *Am.* Vorrangs…; ˌ**~'manned** [-'mænd] *adj.* a) ⚓ 'unterbemannt, b) (perso'nell) 'unterbesetzt; ˌ**~'men·tioned** *adj.* unten erwähnt; ˌ**~'mine** *v/t.* **1.** ⚙ untermi'nieren (*a. fig.*); **2.** unter'spülen, auswaschen; **3.** *fig.* unter'graben, (all'mählich) zu'grunde richten; '**~·most I** *adj.* unterst; **II** *adv.* zu'unterst.

un·der·neath [ˌʌndə'ni:θ] **I** *prp.* **1.** unter (*dat. od. acc.*), 'unterhalb (*gen.*); **II** *adv.* **2.** unten, dar'unter; **3.** auf der 'Unterseite.

ˌ**un·der|'nour·ished** *adj.* 'unterernährt; '**~·pants** *s. pl.* 'Unterhose *f*; '**~·pass** *s.* ('Straßen- *etc.*)Unterˌführung *f*; ˌ**~'pay** *v/t.* [*irr.* → ***pay***] ☤ 'unterbezahlen; ˌ**~'pin** *v/t.* △ (unter)'stützen, unter'mauern (*beide a. fig.*); ˌ**~'pin·ning** *s.* **1.** △ Unter'mauerung *f*, 'Unterbau *m* (*a. fig.*); **2.** F ‚Fahrgestell' *n* (*Beine*); ˌ**~'play** *v/t. u. v/i.* **1.** → ***underact***; **2.** ~ ***one's hand*** *fig.* nicht alle Trümpfe ausspielen; '**~·plot** *s.* Nebenhandlung *f*, Epi'sode *f* (*Roman etc.*); ˌ**~'pop·u·lat·ed** *adj.* 'unterbevölkert; ˌ**~'print** *v/t.* **1.** *typ.* a) gegendrucken, b) zu schwach drucken; **2.** *phot.* 'unterkopieren; ˌ**~'priv·i·leged** *adj.* ☤, *pol.* 'unterprivilegiert, schlechtergestellt; ˌ**~·pro'duc·tion** *s.* ☤ 'Unterproduktiˌon *f*; ˌ**~'proof** *adj.* ☤ 'unterproˌzentig (*Spirituosen*); ˌ**~'rate** *v/t.* **1.** unter'schätzen, 'unterbewerten (*a. sport*); **2.** ☤ zu niedrig veranschlagen; ˌ**~·re'ac·tion** *s.* zu schwache Reakti'on; '**~·seal** *mot.* **I** *s.* 'Unterbodenschutz *m*; **II** *v/t.* mit Unterbodenschutz versehen; ˌ**~'score** *v/t.* unter'streichen (*a. fig. betonen*); ˌ**~'sec·re·tar·y** *s. pol.* 'Staatssekreˌtär *m*; ˌ**~'sell** *v/t.* [*irr.* → ***sell***] ☤ **1.** *j-n* unter'bieten; **2.** *Ware* verschleudern, unter Wert verkaufen; ˌ**~'sexed** *adj.*: ***be*** ~ e-n unterentwickelten Geschlechtstrieb haben; '**~·shirt** *s.* 'Unterhemd *n*; ˌ**~'shoot** *v/t.* [*irr.* → ***shoot***]: ~ ***the runway*** ✈ vor der Landebahn aufsetzen; '**~·shot** *adj.* **1.** ⚙ 'unterschlächtig (*Wasserrad*); **2.** mit vorstehendem 'Unterkiefer; ˌ**~'signed I** *adj.* unter'zeichnet; **II** *s.*: ***the undersigned*** a) der (die) Unter'zeichnete, b) die Unter'zeichneten *pl.*; ˌ**~'size(d)** *adj.* **1.** unter Nor'malgröße; **2.** winzig; '**~·skirt** *s.* 'Unterrock *m*; ˌ**~'slung** *adj.* ⚙, *mot.* Hänge…(*-kühler etc.*), Unterzug…(*-rahmen*); unter'baut (*Feder etc.*); '**~·soil** *s.* 'Untergrund *m*; ˌ**~'staffed** *adj.* 'unterbesetzt.

un·der·stand [ˌʌndə'stænd] [*irr.* → ***stand***] **I** *v/t.* **1.** verstehen: a) begreifen, b) einsehen, c) *wörtlich etc.* auffassen, d) Verständnis haben für: ~ ***each other*** *fig.* sich *od.* einander verstehen, *a.* zu e-r Einigung kommen; ***give s.o. to*** ~ j-m zu verstehen geben; ***make o.s. understood*** sich verständlich machen; ***do I*** (*od.* ***am I to***) ~ ***that …*** soll das etwa heißen, daß …; ***be it understood*** wohlverstanden; ***what do you*** ~ ***by …?*** was verstehen Sie unter (*dat.*)?; **2.** sich verstehen auf (*acc.*), wissen (***how to*** *inf.* wie man *et. macht*): ***he*** ~***s horses*** er versteht sich auf Pferde; ***she*** ~***s children*** sie kann mit Kindern umgehen; **3.** (als sicher) annehmen, vor'aussetzen: ***an understood thing*** e-e ausgemachte *od.* abgemachte Sache; ***that is understood*** das versteht sich (von selbst); ***it is understood that*** ⚖ es gilt als vereinbart, daß; **4.** erfahren, hören: ***I*** ~ ***…*** wie ich höre; ***I*** ~ ***that*** ich hörte *od.* man sagte mir, daß; ***it is understood*** es heißt, wie verlautet; **5.** (***from***) entnehmen (*dat. od.* aus), schließen (aus); **6.** *bsd. ling.* sinngemäß ergänzen, hin'zudenken; **II** *v/i.* **7.** verstehen: a) begreifen, b) *fig.* (volles) Verständnis haben; **8.** Verstand haben; **9.** hören: ***…, so I*** ~ wie ich höre; ˌ**un·der'stand·a·ble** [-dəbl] *adj.* verständlich; ˌ**un·der'stand·a·bly** [-dəblɪ] *adv.* verständlich(erweise); ˌ**un·der'stand·ing** [-dɪŋ] **I** *s.* **1.** Verstehen *n*; **2.** Verstand *m*, Intelli'genz *f*; **3.** Verständnis *n* (***of*** für); **4.** *gutes etc.* Einvernehmen (***between*** zwischen); **5.** Verständigung *f*, Vereinbarung *f*, Über'einkunft *f*, Abmachung *f*: ***come to an*** ~ ***with s.o.*** zu e-r Einigung mit j-m kommen; **6.** Bedingung *f*: ***on the*** ~ ***that*** unter der Bedingung *od.* Voraussetzung, daß; **II** *adj.* □ **7.** verständig; **8.** verständnisvoll.

un·der|·state [ˌʌndə'steɪt] *v/t.* **1.** zu gering angeben; **2.** (bewußt) zu'rückhaltend darstellen, unter'treiben; **3.** abschwächen, mildern; ˌ**~'state·ment** *s.* **1.** zu niedrige Angabe; **2.** Unter'treibung *f*, Under'statement *n*; ˌ**~'steer** *v/i.* *Auto* unter'steuern; '**~ˌstrap·per** → ***underling***; '**~ˌstud·y** *thea.* **I** *v/t.* **1.** *Rolle* als zweite Besetzung einstudieren; **2.** für *e-n Schauspieler* einspringen; **II** *s.* **3.** zweite Besetzung; *fig.* Ersatzmann *m*; ˌ**~'take** *v/t.* [*irr.* → ***take***] **1.** *Aufgabe* über'nehmen, *Sache* auf sich *od.* in die Hand nehmen; **2.** *Reise etc.* unter'nehmen; **3.** *Risiko*, *Verantwortung etc.* über'nehmen, eingehen; **4.** sich erbieten, sich verpflichten (***to do*** zu tun); **5.** garantieren, sich verbürgen (***that*** daß); '**~ˌtak·er** *s.* Leichenbestatter *m*, Be'stattungsinstiˌtut *n*; ˌ**~'tak·ing** *s.* **1.** 'Übernahme *f e-r Aufgabe*; **2.** Unter'nehmung *f*, -'fangen *n*; **3.** ☤ Unter'nehmen *n*, Betrieb *m*: ***industrial*** ~; **4.** Verpflichtung *f*; **5.** Garan'tie *f*; **6.** '***underˌtaking*** Leichenbestattung *f*; ˌ**~'ten·ant** *s.* 'Untermieter(in), -pächter(in); ˌ**~-the-'count·er** *adj.* heimlich, dunkel, 'illeˌgal; ˌ**~'timed** *adj. phot.* 'unterbelichtet; '**~·tone** *s.* **1.** gedämpfter Ton, gedämpfte Stimme: ***in an*** ~ halblaut; **2.** *fig.* 'Unterton *m*; *Börse*: Grundton *m*; **3.** gedämpfte Farbe; '**~·tow** *s.* ⚓ **1.** Sog *m*; **2.** 'Widersee *f*; ˌ**~'val·ue** *v/t.* unter'schätzen, 'unterbewerten, zu gering ansetzen; '**~·vest** *s.* *Brit.* 'Unterhemd *n*; '**~·wear** → ***underclothes***; '**~·weight I** *s.* 'Untergewicht *n*; **II** *adj.* ˌ***under'weight*** 'untergewichtig: ***be*** ~ Untergewicht haben; '**~·wood** *s.* 'Unterholz *n*, Gestrüpp *n* (*a. fig.*); ˌ**~'worked** *adj.* unterbeschäftigt, nicht ausgelastet; '**~·world** *s. allg.* 'Unterwelt *f*; '**~·write** *v/t.* [*irr.* → ***write***] **1.** a) *et.* da'runterschreiben, b) *fig. et.* unter'schreiben; **2.** ☤ a) *Versicherungspolice* unter'zeichnen, *Versicherung* über'nehmen, b) *et.* versichern, c) die Haftung über'nehmen für; **2.** *Aktienemission etc.* garantieren; '**~ˌwrit·er** *s.* ☤ **1.** Versicherer *m*, Versicherung(sgesellschaft) *f*; **2.** Mitglied *n e-s* Emissi'onskonˌsortiums; **3.** Ver'sicherungsaˌgent *m*; '**~ˌwrit·ing** *s.* ☤ **1.** (See)Versicherung(sgeschäft *n*) *f*; **2.** Emissi'onsgaranˌtie *f*: ~ ***syndicate*** Emissionskonsortium *n*.

ˌ**un·de'served** *adj.* unverdient; ˌ**un·de'serv·ed·ly** [-ɪdlɪ] *adv.* unverdientermaßen; ˌ**un·de'serv·ing** *adj.* □ unwert, unwürdig (***of*** *gen.*): ***be*** ~ ***of*** kein *Mitgefühl etc.* verdienen.

ˌun·deˈsigned *adj.* □ unbeabsichtigt, unabsichtlich; **ˌun·deˈsign·ing** *adj.* ehrlich, aufrichtig.

ˈun·deˌsir·aˈbil·i·ty *s.* Unerwünschtheit *f*; **ˌun·deˈsir·a·ble I** *adj.* □ **1.** nicht wünschenswert; **2.** unerwünscht, lästig: **~ *alien***; **II** *s.* **3.** unerwünschte Perˈson; **ˌun·deˈsired** *adj.* unerwünscht, ˈunwillˌkommen; **ˌun·deˈsir·ous** *adj.* nicht begierig (***of*** nach): ***be ~ of*** *et.* nicht wünschen *od.* (haben) wollen.

ˌun·deˈtach·a·ble *adj.* nicht (ab)trennbar *od.* abnehmbar.

ˌun·deˈtect·ed *adj.* unentdeckt.

ˌun·deˈter·mined *adj.* **1.** unentschieden, schwebend, offen: ***an ~ question***; **2.** unbestimmt, vage; **3.** unentschlossen, unschlüssig.

ˌun·deˈterred *adj.* nicht abgeschreckt, unbeeindruckt (***by*** von).

ˌun·deˈvel·oped *adj.* **1.** unentwickelt; **2.** unerschlossen (*Gebiet*).

un·de·vi·at·ing [ʌnˈdiːvɪeɪtɪŋ] *adj.* □ **1.** nicht abweichend; **2.** unentwegt, unbeirrbar.

un·dies [ˈʌndɪz] *s. pl.* F (ˈDamen-)ˌUnterwäsche *f*.

ˈunˌdif·ferˈen·ti·at·ed *adj.* undifferenziert.

ˌun·diˈgest·ed *adj.* unverdaut (*a. fig.*).

unˈdig·ni·fied *adj.* würdelos.

ˌun·diˈlut·ed *adj.* unverdünnt, *a. fig.* unverwässert, unverfälscht.

ˌun·diˈmin·ished *adj.* unvermindert.

ˌun·diˈrect·ed *adj.* **1.** ungeleitet, führungslos, ungelenkt; **2.** unadressiert; **3.** *phys.* ungerichtet.

ˌun·disˈcerned *adj.* □ unbemerkt; **ˌun·disˈcern·ing** *adj.* □ urteils-, einsichtslos, unkritisch.

ˌun·disˈcharged *adj.* **1.** unbezahlt; unbeglichen; **2.** (noch) nicht entlastet: **~ *debtor***; **3.** nicht abgeschossen (*Feuerwaffe*); **4.** nicht entladen (*Schiff etc.*).

unˈdis·ci·plined *adj.* **1.** undiszipliniert, zuchtlos; **2.** ungeschult.

ˌun·disˈclosed *adj.* ungenannt, geheimgehalten, nicht bekanntgegeben.

ˌun·disˈcour·aged *adj.* nicht entmutigt.

ˌun·disˈcov·er·a·ble *adj.* unauffindbar, nicht zu entdecken(d); **ˌun·disˈcovered** *adj.* **1.** unentdeckt; **2.** unbemerkt.

ˌun·disˈcrim·i·nat·ing *adj.* □ **1.** unterschiedslos; **2.** urteilslos, unkritisch.

ˌun·disˈcussed *adj.* unerörtert.

ˌun·disˈguised *adj.* □ **1.** unverkleidet, unmaskiert; **2.** *fig.* unverhüllt.

ˌun·disˈmayed *adj.* unerschrocken.

ˌun·disˈposed *adj.* **1. ~ *of*** nicht verteilt *od.* vergeben, ✝ *a.* unverkauft; **2.** abgeneigt, nicht bereit *od.* (dazu) aufgelegt (***to do*** zu tun).

ˌun·disˈput·ed *adj.* □ unbestritten.

ˌun·disˈtin·guish·a·ble *adj.* □ **1.** nicht erkenn- *od.* wahrnehmbar; **2.** nicht unterˈscheidbar, nicht zu unterˈscheiden(d) (***from*** von); **ˌun·disˈtinguished** *adj.* **1.** sich nicht unterˈscheidend (***from*** von); **2.** ˈdurchschnittlich, norˈmal; **3.** → ***undistinguishable.***

ˌun·disˈturbed *adj.* □ **1.** ungestört; **2.** unberührt, gelassen.

ˌun·diˈvid·ed *adj.* □ **1.** ungeteilt (*a. fig. Aufmerksamkeit etc.*); **2.** ✝ nicht verteilt: **~ *profits.***

un·do [ˌʌnˈduː] *v/t.* [*irr.* → ***do***] **1.** *Paket, Knoten, a. Kragen, Mantel etc.* aufmachen, öffnen; aufknöpfen, -knüpfen, -lösen; losbinden; *j-m* den Reißverschluß *etc.* aufmachen; *Saum etc.* auftrennen; → ***undone***; **2.** *fig.* ungeschehen *od.* rückgängig machen, aufheben; **3.** *fig. et. od. j-n* ruinieren, zuˈgrunde richten; *Hoffnungen etc.* zuˈnichte machen; **ˌunˈdo·ing** *s.* **1.** *das* Aufmachen *etc.*; **2.** Ungeschehen-, Rückgängigmachen *n*; **3.** Zuˈgrunderichtung *f*; **4.** Unglück *n*, Verderben *n*, Ruˈin *m*; **ˌunˈdone I** *p.p. von* ***undo***; **II** *adj.* **1.** ungetan, unerledigt: ***leave s.th. ~*** et. unausgeführt lassen, et. unterlassen; ***leave nothing ~*** nichts unversucht lassen; **2.** offen: ***come ~*** aufgehen; **3.** ruiniert, ‚erledigt', ‚hin': ***he is ~*** es ist aus mit ihm.

un·doubt·ed [ʌnˈdaʊtɪd] *adj.* □ unbezweifelt, unbestritten; unzweifelhaft; **unˈdoubt·ed·ly** [-lɪ] *adv.* zweifellos, ohne (jeden) Zweifel.

un·dreamed, *a.* **un·dreamt** [*beide* ʌnˈdremt] *adj.* *oft* **~-*of*** ungeahnt, nie erträumt, unerhört.

ˌunˈdress I *v/t.* **1.** (*v/i.* sich) entkleiden *od.* ausziehen; **II** *s.* **2.** Alltagskleid(ung *f*) *n*; **3.** Hauskleid *n*; **4.** ***in a state of ~*** a) halb bekleidet, im Negligé, b) unbekleidet; **5.** ⚔ ˈInterimsuniˌform *f*; **ˌunˈdressed** *adj.* **1.** unbekleidet; **2.** *Küche*: a) ungarniert, b) unzubereitet; **3.** ⚙ a) ungegerbt (*Leder*), b) unbehauen (*Holz, Stein*); **4.** ⚕ unverbunden (*Wunde etc.*).

ˌunˈdrink·a·ble *adj.* nicht trinkbar.

ˌunˈdue *adj.* (□ → ***unduly***) **1.** ˈübermäßig, überˈtrieben; **2.** ungehörig, unangebracht, ungebührlich; **3.** *bsd.* ⚖ unzulässig: **~ *influence*** unzulässige Beeinflussung; **4.** ✝ noch nicht fällig.

un·du·late [ˈʌndjʊleɪt] **I** *v/i.* **1.** wogen, wallen, sich wellenförmig (fort)bewegen; **2.** wellenförmig verlaufen; **II** *v/t.* **3.** in wellenförmige Bewegung versetzen, wogen lassen; **4.** wellen; **III** *adj.* □ **5.** → **ˈun·du·lat·ed** [-tɪd] *adj.* wellenförmig, wellig, Wellen…: **~ *line*** Wellenlinie *f*; **ˈun·du·lat·ing** [-tɪŋ] *adj.* □ **1.** → ***undulated***; **2.** wallend, wogend; **un·du·la·tion** [ˌʌndjʊˈleɪʃn] *s.* **1.** wellenförmige Bewegung; Wallen *n*, Wogen *n*; **2.** *geol.* Welligkeit *f*; **3.** *phys.* Wellenbewegung *f*, -linie *f*; **4.** *phys.* Schwingung(sbewegung) *f*; **5.** ⚕ Undulatiˈon *f*; **ˈun·du·la·to·ry** [-lətrɪ] *adj.* wellenförmig, Wellen…

ˌunˈdu·ly *adv.* *von* ***undue*** 1–3: ***not ~ worried*** nicht übermäßig *od.* über Gebühr besorgt.

ˌunˈdu·ti·ful *adj.* □ **1.** pflichtvergessen; **2.** ungehorsam; **3.** unehrerbietig.

unˈdy·ing *adj.* □ **1.** unsterblich, unvergänglich (*Liebe, Ruhm etc.*); **2.** unendlich (*Haß etc.*).

ˌunˈearned *adj.* unverdient, nicht erarbeitet: **~ *income*** ✝ Einkommen *n* aus Vermögen, Kapitaleinkommen *n*.

ˌunˈearth *v/t.* **1.** *Tier* aus der Höhle treiben; **2.** ausgraben (*a. fig.*); **3.** *fig. et.* ans (Tages)Licht bringen, aufstöbern, ausfindig machen.

unˈearth·ly *adj.* **1.** ˈüberirdisch; **2.** unirdisch, ˈübernaˌtürlich; **3.** schauerlich, unheimlich; **4.** F unmöglich (*Zeit*): ***at an ~ hour.***

unˈeas·i·ness *s.* **1.** (*körperliches u. geistiges*) Unbehagen; **2.** (innere) Unruhe; **3.** Unbehaglichkeit *f e-s Gefühls etc.*; **4.** Unsicherheit *f*; **unˈeas·y** *adj.* □ **1.** unruhig, unbehaglich, besorgt, nerˈvös: ***feel ~ about s.th.*** über et. beunruhigt sein; **2.** unbehaglich (*Gefühl*), beunruhigend (*Verdacht etc.*); **3.** unruhig: **~ *night***; **4.** unsicher (*im Sattel etc.*); **5.** gezwungen, unsicher (*Benehmen etc.*).

ˌunˈeat·a·ble *adj.* ungenießbar.

ˈunˌe·coˈnom·ic, **ˈunˌe·coˈnom·i·cal** *adj.* □ unwirtschaftlich.

ˌunˈed·i·fy·ing *adj. fig.* wenig erbaulich, unerquicklich.

ˌunˈed·u·cat·ed *adj.* ungebildet.

ˌun·emˈbar·rassed *adj.* **1.** nicht verlegen, ungeniert; **2.** unbehindert; **3.** von (Geld)Sorgen frei.

ˌun·eˈmo·tion·al *adj.* □ **1.** leidenschaftslos, nüchtern; **2.** teilnahmslos, passiv, kühl; **3.** gelassen.

ˌun·emˈploy·a·ble I *adj.* **1.** nicht verwendbar, unbrauchbar; **2.** arbeitsunfähig (*Person*); **II** *s.* **3.** Arbeitsunfähige(r *m*) *f*; **ˌun·emˈployed I** *adj.* **1.** arbeits-, erwerbs-, stellungslos; **2.** ungenützt, brachliegend: **~ *capital*** ✝ totes Kapital; **II** *s.* **3.** ***the ~*** *pl.* die Arbeitslosen *pl.*; **ˌ~·emˈploy·ment** *s.* Arbeitslosigkeit *f*: **~ *benefit*** Arbeitslosenunterstützung *f*; **~ *insurance*** Arbeitslosenversicherung *f*; **~ *rate*** Arbeitslosenquote *f*.

ˌun·enˈcum·bered *adj.* **1.** ⚖ unbelastet (*Grundbesitz*); **2.** (***by***) unbehindert (durch), frei (von).

unˈend·ing *adj.* □ endlos, nicht enden wollend, unaufhörlich.

ˌun·enˈdowed *adj.* **1.** nicht ausgestattet (***with*** mit); **2.** nicht dotiert (***with*** mit), ohne Zuschuß; **3.** nicht begabt (***with*** mit).

ˌun·enˈdur·a·ble *adj.* □ unerträglich.

ˌun·enˈgaged *adj.* frei: a) nicht gebunden *od.* verpflichtet, b) nicht verlobt, c) unbeschäftigt.

ˌun-ˈEng·lish *adj.* unenglisch.

ˌun·enˈlight·ened *adj. fig.* **1.** unerleuchtet; **2.** unaufgeklärt.

ˌunˈen·ter·pris·ing *adj.* □ nicht *od.* wenig unterˈnehmungslustig, ohne Unterˈnehmungsgeist.

ˌunˈen·vi·a·ble *adj.* □ nicht zu beneiden(d), wenig beneidenswert.

ˌunˈe·qual *adj.* □ **1.** ungleich (*a. Kampf*), ˈunterschiedlich; **2.** nicht gewachsen (***to*** *dat.*); **3.** ungleichförmig; **ˌunˈe·qual(l)ed** *adj.* **1.** unerreicht, ˈunüberˌtroffen (***by*** von, ***for*** in *od.* an *dat.*); **2.** beispiellos, *nachgestellt*: ohneˈgleichen: **~ *ignorance.***

ˌun·eˈquiv·o·cal *adj.* □ **1.** unzweideutig, eindeutig; **2.** aufrichtig.

ˌunˈerr·ing *adj.* □ unfehlbar, untrüglich.

ˌun·esˈsen·tial I *adj.* unwesentlich, unwichtig; **II** *s.* Nebensache *f*.

ˌunˈe·ven *adj.* □ **1.** uneben: **~ *ground***; **2.** ungerade (*Zahl*); **3.** ungleich(mäßig, -artig); **4.** unausgeglichen (*Charakter etc.*); **ˌunˈe·ven·ness** *s.* Unebenheit *f etc.*

ˌun·eˈvent·ful *adj.* □ ereignislos: ***be ~*** *a.* ohne Zwischenfälle verlaufen.

ˌun·exˈam·pled *adj.* beispiellos, unvergleichlich, *nachgestellt*: ohneˈgleichen: ***not ~*** nicht ohne Beispiel.

un·ex·celled [ˌʌnɪk'seld] *adj.* 'unüberˌtroffen.

ˌ**un·ex'cep·tion·a·ble** *adj.* □ untadelig, einwandfrei.

ˌ**un·ex'cep·tion·al** *adj.* □ **1.** nicht außergewöhnlich; **2.** ausnahmslos; **3.** → ***unexceptionable.***

ˌ**un·ex'cit·ing** *adj.* nicht *od.* wenig aufregend.

un·ex·pect·ed [ˌʌnɪk'spektɪd] *adj.* □ unerwartet, unvermutet.

ˌ**un·ex'pired** *adj.* (noch) nicht abgelaufen *od.* verfallen (*Frist etc.*), noch in Kraft.

ˌ**un·ex'plain·a·ble** *adj.* unerklärlich; ˌ**un·ex'plained** *adj.* unerklärt.

ˌ**un·ex'plored** *adj.* unerforscht.

ˌ**un·ex'pressed** *adj.* unausgesprochen.

ˌ**un'ex·pur·gat·ed** *adj.* nicht gereinigt, ungekürzt (*Bücher etc.*).

un'fad·ing *adj.* □ **1.** unverwelklich (*a. fig.*); **2.** *fig.* unvergänglich; **3.** nicht verblassend (*Farbe*).

un'fail·ing *adj.* □ **1.** unfehlbar; **2.** nie versagend; **3.** treu; **4.** unerschöpflich, unversiegbar.

ˌ**un'fair** *adj.* □ unfair: a) unbillig, ungerecht, b) unehrlich, *bsd.* ✝ unlauter, c) nicht anständig, d) unsportlich (*alle* ***to*** gegen'über): ~ ***competition*** unlauterer Wettbewerb; ~ ***dismissal*** ungerechtfertigte Entlassung; ˌ**un'fair·ly** *adv.* **1.** unfair, unbillig(erweise) *etc.*; zu Unrecht: ***not*** ~ nicht zu Unrecht; **2.** 'übermäßig; ˌ**un'fair·ness** *s.* Unfairneß *f*, Ungerechtigkeit *f etc.*

ˌ**un'faith·ful** *adj.* □ **1.** un(ge)treu, treulos; **2.** unaufrichtig; **3.** nicht wortgetreu, ungenau (*Abschrift, Übersetzung*); ˌ**un'faith·ful·ness** *s.* Untreue *f*, Treulosigkeit *f.*

un'fal·ter·ing *adj.* □ **1.** nicht schwankend, sicher (*Schritt etc.*); **2.** fest (*Stimme, Blick*); **3.** *fig.* unbeugsam, entschlossen.

ˌ**un·fa'mil·iar** *adj.* □ **1.** nicht vertraut, unbekannt (***to*** *dat.*); **2.** ungewohnt, fremd (***to*** *dat. od.* für).

ˌ**un'fash·ion·a·ble** *adj.* □ 'unmoˌdern, altmodisch.

ˌ**un'fas·ten I** *v/t.* aufmachen, losbinden, lösen, öffnen; **II** *v/i.* sich lösen, aufgehen; ˌ**un'fas·tened** *adj.* unbefestigt, lose.

ˌ**un'fa·ther·ly** *adj.* unväterlich, lieblos.

un·fath·om·a·ble [ʌn'fæðəməbl] *adj.* □ unergründlich (*a. fig.*); ˌ**un'fath·omed** *adj.* unergründet.

ˌ**un'fa·vo(u)r·a·ble** *adj.* □ **1.** unvorteilhaft (*a. Aussehen*), ungünstig (***for, to*** für); widrig (*Wetter, Umstände etc.*); **2.** ✝ passiv (*Zahlungsbilanz etc.*); ˌ**un'fa·vo(u)r·a·ble·ness** *s.* Unvorteilhaftigkeit *f.*

ˌ**un'fea·si·ble** *adj.* unausführbar.

un·feel·ing [ʌn'fiːlɪŋ] *adj.* □ gefühllos; **un'feel·ing·ness** [-nɪs] *s.* Gefühllosigkeit *f.*

un'feigned *adj.* □ **1.** ungeheuchelt, **2.** wahr, echt.

ˌ**un'felt** *adj.* ungefühlt.

ˌ**un·fer'ment·ed** *adj.* ungegoren.

ˌ**un'fet·ter** *v/t.* **1.** losketten; **2.** *fig.* befreien; ˌ**un'fet·tered** *adj. fig.* unbehindert, unbeschränkt, frei.

ˌ**un'fil·i·al** *adj.* □ lieb-, re'spektlos, pflichtvergessen (*Kind*).

ˌ**un'filled** *adj.* **1.** un(aus)gefüllt; **2.** unbesetzt (*Posten, Stelle*); **3.** ~ ***orders*** ✝ nicht ausgeführte Bestellungen, Auftragsbestand *m.*

ˌ**un'fin·ished** *adj.* **1.** unfertig (*a. fig. Stil etc.*); ⚙ unbearbeitet; **2.** 'unvollˌendet (*Symphonie etc.*); **3.** unerledigt: ~ ***business*** *parl.* unerledigte Punkte *pl.* (*der Geschäftsordnung*).

ˌ**un'fit I** *adj.* □ **1.** untauglich (*a.* ⚔), ungeeignet (***for*** für, zu): ~ ***for*** (***military***) ***service*** (wehr)dienstuntauglich; **2.** unfähig, unbefähigt (***for*** zu *et.*, ***to do*** zu tun); **II** *v/t.* **3.** ungeeignet *etc.* machen (***for*** für); ˌ**un'fit·ness** *s.* Untauglichkeit *f*; ˌ**un'fit·ted** *adj.* **1.** ungeeignet, untauglich; **2.** nicht (gut) ausgerüstet (***with*** mit); ˌ**un'fit·ting** *adj.* □ **1.** ungeeignet, unpassend; **2.** unschicklich.

ˌ**un'fix** *v/t.* losmachen, lösen: ~ ***bayonets!*** ⚔ Seitengewehr an Ort!; ˌ**un'fixed** *adj.* **1.** unbefestigt, lose; **2.** *fig.* schwankend.

ˌ**un'flag·ging** *adj.* □ unermüdlich.

ˌ**un'flap·pa·ble** *adj.* F unerschütterlich, nicht aus der Ruhe zu bringen.

ˌ**un'flat·ter·ing** *adj.* □ **1.** nicht *od.* wenig schmeichelhaft; **2.** ungeschminkt.

ˌ**un'fledged** *adj.* **1.** *orn.* ungefiedert, (noch) nicht flügge; **2.** *fig.* unreif.

un·flinch·ing [ʌn'flɪntʃɪŋ] *adj.* □ **1.** unerschütterlich, unerschrocken; **2.** entschlossen, unnachgiebig.

un·fly·a·ble [ˌʌn'flaɪəbl] *adj.* ✈ **1.** fluguntüchtig; **2.** ~ ***weather*** kein Flugwetter.

ˌ**un'fold I** *v/t.* **1.** entfalten, ausbreiten, öffnen; **2.** *fig.* a) enthüllen, darlegen, b) entwickeln; **II** *v/i.* **3.** sich entfalten *od.* öffnen; **4.** *fig.* sich entwickeln.

ˌ**un'forced** *adj.* □ ungezwungen.

ˌ**un·fore'see·a·ble** *adj.* 'unvorˌhersehbar; ˌ**un·fore'seen** *adj.* 'unvorˌhergesehen, unerwartet.

un·for·get·ta·ble [ˌʌnfə'getəbl] *adj.* □ unvergeßlich: ***of*** ~ ***beauty.***

un·for·giv·a·ble [ˌʌnfə'gɪvəbl] *adj.* unverzeihlich; ˌ**un·for'giv·en** *adj.* unverziehen; ˌ**un·for'giv·ing** *adj.* □ unversöhnlich, nachtragend.

ˌ**un·for'got·ten** *adj.* unvergessen.

ˌ**un'formed** *adj.* **1.** ungeformt, formlos; **2.** unfertig, unentwickelt; unausgebildet.

un'for·tu·nate I *adj.* □ **1.** unglücklich, Unglücks…; verhängnisvoll, un(glück)selig; **2.** bedauerlich; **II** *s.* **3.** Unglückliche(r *m*) *f*; **un'for·tu·nate·ly** *adv.* unglücklicherweise, bedauerlicherweise, leider.

ˌ**un'found·ed** *adj.* □ unbegründet, grundlos.

ˌ**un'freeze** *v/t.* **1.** auftauen; **2.** ✝ *Preise etc.* freigeben; **3.** *Gelder* zur Auszahlung freigeben.

ˌ**un·fre'quent·ed** *adj.* **1.** nicht *od.* wenig besucht; **2.** einsam.

ˌ**un'friend·ed** *adj.* ohne Freund(e).

ˌ**un'friend·li·ness** *s.* Unfreundlichkeit *f*; ˌ**un'friend·ly** *adj.* **1.** unfreundlich (*a. fig. Zimmer etc.*) (***to*** zu); **2.** ungünstig (***for, to*** für).

ˌ**un'frock** *v/t. eccl. j-m* das Priesteramt entziehen.

ˌ**un'fruit·ful** *adj.* □ **1.** unfruchtbar; **2.** *fig.* frucht-, ergebnislos; ˌ**un'fruit·ful·ness** *s.* **1.** Unfruchtbarkeit *f*; **2.** *fig.* Fruchtlosigkeit *f.*

ˌ**un'fund·ed** *adj.* ✝ unfundiert.

ˌ**un'furl I** *v/t. Fahne etc.* entfalten, -rollen; *Fächer* ausbreiten; ⚓ *Segel* losmachen; **II** *v/i.* sich entfalten.

ˌ**un'fur·nished** *adj.* **1.** nicht ausgerüstet *od.* versehen (***with*** mit); **2.** unmöbliert: ~ ***room.***

un·gain·li·ness [ʌn'geɪnlɪnɪs] *s.* Plumpheit *f*, Unbeholfenheit *f*; **un·gain·ly** [ʌn'geɪnlɪ] *adj.* unbeholfen, plump, linkisch.

ˌ**un'gal·lant** *adj.* □ **1.** 'ungaˌlant (***to*** zu, gegenüber); **2.** nicht tapfer.

ˌ**un'gear** *v/t.* ⚙ auskuppeln.

ˌ**un'gen·er·ous** *adj.* □ **1.** nicht freigebig, knauserig; **2.** kleinlich.

ˌ**un'gen·ial** *adj.* unfreundlich.

ˌ**un'gen·tle** *adj.* □ unsanft, unzart.

un'gen·tle·man·like → ***ungentlemanly***; **un'gen·tle·man·li·ness** *s.* **1.** unfeine Art; **2.** ungebildetes *od.* unfeines Benehmen; **un'gen·tle·man·ly** *adj.* unfein.

un·get·at·a·ble [ˌʌnget'ætəbl] *adj.* unnahbar.

ˌ**un'gird** *v/t.* losgürten.

ˌ**un'glazed** *adj.* **1.** unverglast; **2.** unglasiert.

ˌ**un'gloved** *adj.* ohne Handschuh(e).

ˌ**un'god·li·ness** *s.* Gottlosigkeit *f*; ˌ**un'god·ly** *adj.* **1.** gottlos (*a. weitS. verrucht*); **2.** F scheußlich, schrecklich, heillos.

un·gov·ern·a·ble [ˌʌn'gʌvənəbl] *adj.* □ **1.** unlenksam; **2.** zügellos, unbändig, wild; ˌ**un'gov·erned** *adj.* unbeherrscht.

ˌ**un'grace·ful** *adj.* □ 'ungraziˌös, ohne Anmut; plump, ungelenk.

ˌ**un'gra·cious** *adj.* □ ungnädig.

ˌ**un·gram'mat·i·cal** *adj.* □ *ling.* 'ungramˌmatisch.

un'grate·ful *adj.* □ undankbar (***to*** gegen) (*a. fig. unangenehm*); **un'grate·ful·ness** *s.* Undankbarkeit *f.*

ˌ**un'grat·i·fied** *adj.* unbefriedigt.

ˌ**un'ground·ed** *adj.* □ **1.** unbegründet; **2.** a) ungeschult, b) ohne sichere Grundlagen (*Wissen*).

ˌ**un'grudg·ing** *adj.* □ **1.** bereitwillig; **2.** neidlos, großzügig: ***be*** ~ ***in*** reichlich *Lob etc.* spenden.

un·gual ['ʌŋgwəl] *adj. zo.* Nagel…, Klauen…, Huf…

ˌ**un'guard·ed** *adj.* □ **1.** unbewacht (*a. fig. Moment etc.*); *a.* ⚙ ungeschützt; *a. sport, Schach*: ungedeckt; **2.** unbedacht.

un·guent ['ʌŋgwənt] *s.* Salbe *f.*

ˌ**un'guid·ed** *adj.* **1.** ungeleitet, führer-, führungslos; **2.** nicht (fern)gelenkt.

un·gu·late ['ʌŋgjʊleɪt] *zo.* **I** *adj.* hufförmig; mit Hufen; Huf…: ~ ***animal*** → **II** *s.* Huftier *n.*

ˌ**un'hal·lowed** *adj.* **1.** nicht geheiligt, ungeweiht; **2.** unheilig, pro'fan.

ˌ**un'ham·pered** *adj.* ungehindert.

ˌ**un'hand** *v/t. obs. j-n* loslassen.

ˌ**un'hand·i·ness** *s.* **1.** Unhandlichkeit *f*; **2.** Ungeschick(lichkeit *f*) *n.*

ˌ**un'hand·some** *adj.* □ unschön (*a. fig. Benehmen etc.*).

ˌ**un'hand·y** *adj.* □ **1.** unhandlich (*Sache*); **2.** unbeholfen, ungeschickt.

un'hap·pi·ly *adv.* unglücklicherweise, leider; **un'hap·pi·ness** *s.* Unglück(seligkeit *f*) *n*, Elend *n*; **un'hap·py** *adj.* □ unglücklich: a) traurig, elend, b) un(glück)selig, unheilvoll, c) unpassend, ungeschickt (*Bemerkung etc.*).

ˌun'harmed *adj.* unversehrt.

ˌun·har'mo·ni·ous *adj.* 'unharˌmonisch (*a. fig.*).

ˌun'har·ness *v/t. Pferd* ausspannen.

un'health·i·ness *s.* Ungesundheit *f*; **un'health·y** *adj.* □ *allg.* ungesund: a) kränklich (*a. Aussehen etc.*), b) gesundheitsschädlich, c) (*moralisch*) schädlich, d) F gefährlich, e) *fig.* krankhaft.

ˌun'heard *adj.* **1.** ungehört: ***go ~*** unbeachtet bleiben; **2.** ⚖ ohne rechtliches Gehör; **ˌun'heard-of** *adj.* unerhört, beispiellos.

un·heed·ed [ˌʌn'hiːdɪd] *adj.* □ unbeachtet: ***go ~*** unbeachtet bleiben; **ˌun'heed·ful** *adj.* □ unachtsam, sorglos; nicht achtend (***of*** auf *acc.*); **ˌun'heed·ing** [-dɪŋ] *adj.* □ sorglos, unachtsam.

ˌun'help·ful *adj.* □ **1.** nicht hilfreich, ungefällig; **2.** (***to***) nutzlos (für), wenig dienlich (*dat.*).

un·hes·i·tat·ing [ʌn'hezɪteɪtɪŋ] *adj.* □ **1.** ohne Zaudern *od.* Zögern, unverzüglich; **2.** anstandslos, bereitwillig, *adv. a.* ohne weiteres.

ˌun'hin·dered *adj.* ungehindert.

ˌun'hinge *v/t.* **1.** *Tür etc.* aus den Angeln heben (*a. fig.*); **2.** die Angeln entfernen von; **3.** *fig. Nerven, Geist* zerrütten; **4.** *fig. j-n* aus dem Gleichgewicht bringen.

ˌun·his'tor·ic, **ˌun·his'tor·i·cal** *adj.* □ **1.** 'unhiˌstorisch; **2.** ungeschichtlich, legen'där.

ˌun'hitch *v/t.* **1.** loshaken, -machen; **2.** *Pferd* ausspannen.

ˌun'ho·ly *adj.* □ **1.** unheilig; **2.** ungeheiligt, nicht geweiht; **3.** gott-, ruchlos; **4.** F a) scheußlich, schrecklich, b) ‚unmöglich' (*Zeit*).

ˌun'hon·o(u)red *adj.* **1.** ungeehrt; unverehrt; **2.** † nicht honoriert.

ˌun'hook I *v/t.* auf-, loshaken; **II** *v/i.* sich auf- *od.* loshaken (lassen).

un'hoped, **un'hoped-for** *adj.* unverhofft, unerwartet.

ˌun'horse *v/t.* aus dem Sattel heben *od.* werfen.

ˌun'house *v/t.* **1.** (aus dem Hause) vertreiben; **2.** obdachlos machen.

ˌun'hur·ried *adj.* □ gemütlich, gemächlich.

ˌun'hurt *adj.* **1.** unverletzt; **2.** unbeschädigt.

u·ni·cel·lu·lar [ˌjuːnɪ'seljʊlə] *adj. biol.* einzellig: ***~ animal***, ***~ plant*** Einzeller *m.*

u·ni·col·o(u)r [ˌjuːnɪ'kʌlə], **ˌu·ni'col·o(u)red** [-əd] *adj.* einfarbig.

u·ni·corn ['juːnɪkɔːn] *s.* Einhorn *n.*

un·i·de·aed [ˌʌnaɪ'dɪəd] *adj.* i'deenlos.

ˌun·i'den·ti·fied *adj.* nicht identifiziert, unbekannt: ***~ flying object*** unbekanntes Flugobjekt.

u·ni·di·men·sion·al [ˌjuːnɪdɪ'menʃənl] *adj.* 'eindimensioˌnal.

u·ni·fi·ca·tion [ˌjuːnɪfɪ'keɪʃn] *s.* **1.** Vereinigung *f*; **2.** Vereinheitlichung *f.*

u·ni·form ['juːnɪfɔːm] **I** *adj.* □ **1.** gleich(-förmig), uni'form; **2.** gleichbleibend, -mäßig, kon'stant; **3.** einheitlich, über'einstimmend, gleich, Einheits…; **4.** einförmig, -tönig; **II** *s.* **5.** Uni'form *f*, Dienstkleidung *f*; (Schwestern)Tracht *f*; **III** *v/t.* **6.** uniformieren (*a.* ⚔ *etc.*): ***~ed*** uniformiert, in Uniform; **u·ni·form·i·ty** [juːnɪ'fɔːmətɪ] *s.* **1.** Gleichförmigkeit *f*, -mäßigkeit *f*, Gleichheit *f*, Über'einstimmung *f*; **2.** Einheitlichkeit *f*; **3.** Einförmigkeit *f*, -tönigkeit *f.*

u·ni·fy ['juːnɪfaɪ] *v/t.* **1.** verein(ig)en, zs.-schließen; **2.** vereinheitlichen.

u·ni·lat·er·al [ˌjuːnɪ'lætərəl] *adj.* □ einseitig (*a.* ⚕ *u.* ⚖).

ˌun·il'lu·mi·nat·ed *adj.* **1.** unerleuchtet (*a. fig.*); **2.** *fig.* unwissend.

ˌun·im'ag·i·na·ble *adj.* □ unvorstellbar; **ˌun·im'ag·i·na·tive** *adj.* □ phantasielos, einfallslos; **ˌun·im'ag·ined** *adj.* ungeahnt.

ˌun·im'paired *adj.* unvermindert, unbeeinträchtigt, ungeschmälert.

ˌun·im'pas·sioned *adj.* leidenschaftslos.

ˌun·im'peach·a·ble *adj.* □ **1.** unanfechtbar; **2.** untad(e)lig.

ˌun·im'ped·ed *adj.* □ ungehindert.

ˌun·im'por·tant *adj.* unwichtig.

ˌun·im'pos·ing *adj.* nicht imponierend *od.* impo'sant, eindruckslos.

ˌun·im'pres·sion·a·ble *adj.* nicht zu beeindrucken(d), (für Eindrücke) unempfänglich.

ˌun·im'pres·sive → ***unimposing.***

ˌun·in'flect·ed *adj. ling.* unflektiert.

ˌun'in·flu·enced *adj.* unbeeinflußt (***by*** durch, von); **'unˌin·flu'en·tial** *adj.* ohne Einfluß, nicht einflußreich.

ˌun·in'formed *adj.* **1.** (***on***) nicht informiert *od.* unter'richtet (über *acc.*), nicht eingeweiht (in *acc.*); **2.** ungebildet.

ˌun·in'hab·it·a·ble *adj.* unbewohnbar; **ˌun·in'hab·it·ed** *adj.* unbewohnt.

ˌun·in'i·ti·at·ed *adj.* uneingeweiht, nicht eingeführt (***into*** in *acc.*).

ˌun'in·jured *adj.* **1.** unverletzt; **2.** unbeschädigt.

ˌun·in'spired *adj.* schwunglos, ohne Feuer; **ˌun·in'spir·ing** *adj.* nicht begeisternd, wenig anregend.

ˌun·in'struct·ed *adj.* **1.** nicht unter'richtet, unwissend; **2.** nicht instruiert, ohne Verhaltensmaßregeln; **ˌun·in'struc·tive** *adj.* nicht *od.* wenig instruk'tiv *od.* lehrreich.

ˌun·in'sured *adj.* unversichert.

ˌun·in'tel·li·gent *adj.* □ 'unintelliˌgent, beschränkt, geistlos, dumm.

'un·inˌtel·li·gi'bil·i·ty *s.* Unverständlichkeit *f*; **ˌun·in'tel·li·gi·ble** *adj.* □ unverständlich.

ˌun·in'tend·ed *adj.*, **ˌun·in'ten·tion·al** *adj.* □ unbeabsichtigt, unabsichtlich, ungewollt.

ˌun'in·ter·est·ed *adj.* □ inter'esselos, uninteressiert (***in*** an *dat.*), gleichgültig; **ˌun'in·ter·est·ing** *adj.* □ 'uninteresˌsant.

'unˌin·ter'rupt·ed *adj.* □ 'ununterˌbrochen: a) ungestört (***by*** von), b) kontinuierlich, fortlaufend, anhaltend: ***~ working hours*** durchgehende Arbeitszeit.

ˌun·in'vit·ed *adj.* un(ein)geladen; **ˌun·in'vit·ing** *adj.* □ nicht *od.* wenig einladend *od.* verlockend *od.* anziehend.

un·ion ['juːnjən] *s.* **1.** *allg.* Vereinigung *f*, (*a. eheliche*) Verbindung; **2.** Eintracht *f*, Harmo'nie *f*; **3.** *pol.* Zs.-schluß *m*; **4.** *pol. etc.* Uni'on *f*: a) (Staaten-) Bund *m*, *z.B. die* U.S.A. *pl.*, b) Vereinigung *f*, (Zweck)Verband *m*, Bund *m*, (*a. Post-, Zoll- etc.*)Verein *m*, c) *Brit. Vereinigung unabhängiger Kirchen*; **5.** Gewerkschaft *f*: ***~ dues*** *pl.* Gewerkschaftsbeitrag *m*; **6.** *Brit. hist.* a) *Kirchspielverband zur Armenpflege*, b) Armenhaus *n*; **7.** ⚙ Anschlußstück *n*, (Rohr)Verbindung *f*; **8.** ⚙ Mischgewebe *n*; **9.** ⚓ Gösch *f* (*Flaggenfeld mit Hoheitsabzeichen*): ***~ flag*** → ***union jack*** 1; **'un·ion·ism** [-nɪzəm] *s.* **1.** *pol.* Unio'nismus *m*, unio'nistische Bestrebungen *pl.*; **2.** Gewerkschaftswesen *n*; **'un·ion·ist** [-nɪst] *s.* **1.** ♀ *pol. hist.* Unio'nist *m*; **2.** Gewerkschaftler *m*; **'un·ion·ize** [-naɪz] *v/t.* gewerkschaftlich organisieren.

un·ion| jack *s.* **1.** ***Union Jack*** Union Jack *m* (*brit. Nationalflagge*); **2.** ⚓ → ***union*** 9; **~ joint** *s.* Rohrverbindung *f*; **~ shop** *s.* † *bsd. Am. Betrieb, der nur Gewerkschaftsmitglieder einstellt od. Arbeitnehmer, die bereit sind, innerhalb von 30 Tagen der Gewerkschaft beizutreten*; **~ suit** *s. Am.* Hemdhose *f* mit langem Bein.

u·nip·a·rous [juː'nɪpərəs] *adj.* **1.** ⚕ erst einmal geboren habend; **2.** *zo.* nur 'ein Junges gebärend (*bei e-m Wurf*); **2.** ⚘ nur 'eine Achse *od.* 'einen Ast treibend.

u·ni·par·tite [ˌjuːnɪ'pɑːtaɪt] *adj.* einteilig.

u·ni·po·lar [ˌjuːnɪ'pəʊlə] *adj.* **1.** *phys.*, ⚡ einpolig, Einpol…; **2.** *anat.* monopo'lar (*Nervenzelle*).

u·nique [juː'niːk] **I** *adj.* □ **1.** einzig; **2.** einmalig, einzigartig; unerreicht, *nachgestellt*: ohne'gleichen; **3.** F außer-, ungewöhnlich; großartig; **4.** ⩲ eindeutig; **II** *s.* **5.** Seltenheit *f*, Unikum *n*; **u'nique·ness** [-nɪs] *s.* Einzigartig-, Einmaligkeit *f.*

'u·ni·sex *adj.* Unisex…

ˌu·ni'sex·u·al *adj.* □ **1.** eingeschlechtig; **2.** *zo.*, ⚘ getrenntgeschlechtlich.

u·ni·son ['juːnɪzn] *s.* **1.** ♪ Ein-, Gleichklang *m*, Uni'sono *n*: ***in ~*** unisono, einstimmig (*a. fig.*); **2.** *fig.* Einklang *m*, Über'einstimmung *f*: ***in ~ with*** in Einklang mit; **u·nis·o·nous** [juː'nɪsənəs] *adj.* **1.** ♪ a) gleichklingend, b) einstimmig; **2.** *fig.* über'einstimmend.

u·nit ['juːnɪt] *s.* **1.** *allg.* Einheit *f* (*Einzelding*): ***~ of account*** (***trade***, ***value***) † (Ver)Rechnungs- (Handels-, Währungs)einheit; ***dwelling ~*** Wohneinheit; ***~ factor*** *biol.* Erbfaktor *m*; ***~ furniture*** Anbaumöbel *pl.*; ***~ price*** † Einheitspreis *m*; ***~ wages*** † Stück-, Akkordlohn *m*; **2.** *phys.* (Grund-, Maß-) Einheit *f*: ***~*** (***of***) ***power*** (***time***) Leistungs- (Zeit)einheit; **3.** ⩲ Einer *m*, Einheit *f*; **4.** ⚔ Einheit *f*, Verband *m*, Truppenteil *m*; **5.** ⚙ a) (Bau)Einheit *f*, b) Aggre'gat *n*, Anlage *f*: ***~ construction*** Baukastenbauweise *f*; **6.** *fig.* Kern *m*, Zelle *f*: ***the family as the ~ of society.***

U·ni·tar·i·an [ˌjuːnɪ'teərɪən] **I** *s. eccl.* Uni'tarier(in); **II** *adj.* uni'tarisch; **ˌU·ni'tar·i·an·ism** [-nɪzəm] *s. eccl.* Unita'rismus *m*; **u·ni·tar·y** ['juːnɪtərɪ] *adj.* Einheits… (*a.* ⚡), ⩲ *a.* uni'tär; einheitlich.

u·nite [juː'naɪt] **I** *v/t.* **1.** verbinden (*a.* ⚗, ⚙), vereinigen; **2.** (ehelich) verbinden, verheiraten; **3.** *Eigenschaften* in sich vereinigen; **II** *v/i.* **4.** sich vereinigen; **5.** ⚗, ⚙ sich verbinden (***with*** mit); **6.** sich zs.-tun: **~ *in doing s.th.*** et. geschlossen *od.* vereint tun; **7.** sich anschließen (***with*** *dat. od.* an *acc.*); **8.** sich verheiraten; **u'nit·ed** [-tɪd] *adj.* vereinigt; vereint (*Kräfte etc.*), gemeinsam: **2 *Kingdom*** *das* Vereinigte Königreich (*Großbritannien u. Nordirland*); **2 *Nations*** Vereinte Nationen; **2 *States*** *die* Vereinigten Staaten *von Nordamerika, die* U.S.A. *pl.*

u·nit·ize ['ju:nɪtaɪz] *v/t.* **1.** zu e-r Einheit machen; **2.** ⚙ nach dem 'Baukastenprin,zip konstruieren; **3.** in Einheiten verpacken.

u·nit trust *s.* ✝ In'vestmenttrust *m.*

u·ni·ty ['ju:nətɪ] *s.* **1.** Einheit *f* (*a.* ⚗, ⚖): ***the dramatic unities*** *thea.* die drei Einheiten; **2.** Einheitlichkeit *f* (*a. e-s Kunstwerks*); **3.** Einigkeit *f*, Eintracht *f*: **~ (*of sentiment*)** Einmütigkeit *f*; ***at* ~** in Eintracht, im Einklang; **4.** *nationale etc.* Einheit.

u·ni·va·lent [ˌju:nɪ'veɪlənt] *adj.* ⚗ einwertig.

u·ni·ver·sal [ˌju:nɪ'vɜ:sl] **I** *adj.* □ **1.** ('all)um,fassend, univer'sal, Universal…(*-genie, -erbe etc.*), gesamt, glo'bal: **~ *knowledge*** umfassendes Wissen; **~ *succession*** ⚖ Gesamtnachfolge *f*; **2.** allgemein (*a. Wahlrecht, Wehrpflicht etc.*): **~ *partnership*** ⚖ allgemeine Gütergemeinschaft; ***the disappointment was* ~** die Enttäuschung war allgemein; **3.** allgemein(gültig), univer'sell: **~ *rule***; **~ *remedy*** ⚕ Universalmittel *n*; **4.** allgemein, 'überall üblich *od.* anzutreffen(d); **5.** 'weltum,fassend, Welt…: **~ *language*** Weltsprache *f*; **2 *Postal Union*** Weltpostverein *m*; **~ *time*** Weltzeit *f*; **6.** ⚙ Universal…(*-gerät etc.*): **~ *current*** ⚡ Allstrom *m*; **~ *joint*** Universal-, Kardangelenk *n*; **II** *s.* **7.** *das* Allgemeine; **8.** *Logik*: allgemeine Aussage; **9.** *phls.* Allgemeinbegriff *m*; **ˌu·ni'ver·sal·ism** [-səlɪzəm] *s. eccl., phls.* Universa'lismus *m*; **u·ni·ver·sal·i·ty** [ˌju:nɪvɜ:'sælətɪ] *s.* **1.** *das* 'Allum,fassende, Allgemeinheit *f*; **2.** Universali'tät *f*, Vielseitigkeit *f*, um'fassende Bildung; **3.** Allgemeingültigkeit *f*; **ˌu·ni'ver·sal·ize** [-səlaɪz] *v/t.* allgemeingültig machen; allgemein verbreiten; **u·ni·verse** ['ju:nɪvɜ:s] *s.* **1.** Uni'versum *n*, (Welt)All *n*, Kosmos *m*; **2.** Welt *f*; **ˌu·ni'ver·si·ty** [-sətɪ] **I** *s.* Universi'tät *f*, Hochschule *f*: ***Open* 2, 2 *of the Air*** Fernsehuniversität *f*; ***at the* 2 *of Oxford, at Oxford* 2** auf *od.* an der Universität Oxford; **II** *adj.* Universitäts…, Hochschul…, aka'demisch: **~ *education*** Hochschulbildung *f*; **~ *extension*** *Art* Volkshochschule *f*; **~ *man*** Akademiker *m*; **~ *place*** Studienplatz *m*; **~ *professor*** ordentlicher Professor.

u·ni·vo·cal [ˌju:nɪ'vəʊkl] **I** *adj.* □ eindeutig, unzweideutig; **II** *s.* Wort *n* mit nur 'einer Bedeutung.

ˌun'just *adj.* □ ungerecht (***to*** gegen); **un'jus·ti·fi·a·ble** *adj.* □ nicht zu rechtfertigen(d), unverantwortlich; **un'jus·ti·fied** *adj.* ungerechtfertigt, unberechtigt; **ˌun'just·ness** *s.* Ungerechtigkeit *f.*

un·kempt [ˌʌn'kempt] *adj.* **1.** *obs.* ungekämmt, zerzaust; **2.** *fig.* ungepflegt, unordentlich, verwahrlost.

un'kind *adj.* □ **1.** unfreundlich (***to*** zu); **2.** rücksichtslos, herzlos (***to*** gegen); **un'kind·li·ness** *s.* Unfreundlichkeit *f*; **un'kind·ly** → ***unkind***; **un'kind·ness** *s.* Unfreundlichkeit *f etc.*

ˌun'know·ing *adj.* □ **1.** unwissend; **2.** unwissentlich, unbewußt; **3.** nicht wissend, ohne zu wissen (***that*** daß, ***how*** wie *etc.*).

ˌun'known I *adj.* **1.** unbekannt (***to*** *dat.*); → ***quantity*** 2; **2.** nie gekannt, beispiellos (*Entzücken etc.*); **II** *adv.* **3.** (***to s.o.***) ohne (j-s) Wissen; **III** *s.* **4.** *der* (*die, das*) Unbekannte; **5.** ⚗ Unbekannte *f.*

ˌun'la·bel(l)ed *adj.* nicht etikettiert, ohne Eti'kett *od.* Aufschrift.

ˌun'la·bo(u)red *adj.* mühelos (*a. fig. ungezwungen, leicht*).

ˌun'lace *v/t.* aufschnüren.

ˌun'lade *v/t.* [*irr.* → ***lade***] **1.** aus-, entladen; **2.** ⚓ *Ladung etc.* löschen; **ˌun'lad·en** *adj.* **1.** unbeladen: **~ *weight*** Leergewicht *n*; **2.** *fig.* unbelastet (***with*** von).

ˌun'la·dy·like *adj.* nicht damenhaft, unfein.

ˌun·la'ment·ed *adj.* unbeklagt, unbeweint, unbetrauert.

ˌun'latch *v/t.* aufklinken.

ˌun'law·ful *adj.* □ **1.** ⚖ rechtswidrig, 'widerrechtlich, ungesetzlich, 'ille,gal: **~ *assembly*** Auflauf *m*, Zs.-rottung *f*; **2.** unerlaubt; **3.** unehelich; **ˌun'law·ful·ness** *s.* Ungesetzlichkeit *f etc.*

ˌun'learn [*irr.* → ***learn***] **I** *v/t.* verlernen, vergessen; **II** *v/i.* 'umlernen.

un·learned[1] [ˌʌn'lɜ:nt] *adj.* nicht erlernt *od.* gelernt.

un·learn·ed[2] [ˌʌn'lɜ:nɪd] *adj.* ungelehrt.

ˌun'learnt → ***unlearned***[1].

ˌun'leash *v/t.* **1.** losbinden, *Hund* loskoppeln; **2.** *fig.* entfesseln, auslösen, loslassen.

ˌun'leav·ened *adj.* ungesäuert (*Brot*).

un·less [ən'les] **I** *cj.* wenn … nicht; so'fern … nicht; es sei denn (, daß) …; außer wenn …; ausgenommen (wenn) …; vor'ausgesetzt, daß nicht …; **II** *prp.* außer.

ˌun'let·tered *adj.* **1.** analpha'betisch; **2.** ungebildet, ungelehrt; **3.** unbeschriftet, unbedruckt.

ˌun'li·censed *adj.* **1.** unerlaubt; **2.** nicht konzessioniert, (amtlich) nicht zugelassen, ohne Li'zenz.

ˌun'licked *adj. fig.* a) ungehobelt, ungeschliffen, roh, b) unreif: **~ *cub*** grüner Junge.

ˌun'lik·a·ble *adj.* 'unsym,pathisch.

ˌun'like I *adj.* **1.** ungleich, (vonein'ander) verschieden; **2.** unähnlich; **II** *prp.* **3.** unähnlich (***s.o.*** j-m), verschieden von, anders als: ***that is very* ~ *him*** das sieht ihm gar nicht ähnlich; **4.** anders als, nicht wie; **5.** im Gegensatz zu.

ˌun'like·a·ble → ***unlikable.***

un'like·li·hood, un'like·li·ness *s.* Unwahrscheinlichkeit *f*; **un'like·ly I** *adj.* **1.** unwahrscheinlich; **2.** (ziemlich) unmöglich: **~ *place***; **3.** aussichtslos; **II** *adv.* **4.** unwahrscheinlich.

ˌun'lim·ber *v/t. u. v/i.* **1.** ⚔ abprotzen; **2.** *fig.* (sich) bereitmachen.

un'lim·it·ed *adj.* **1.** unbegrenzt; unbeschränkt (*a. Haftung etc.*): **~ *company*** ✝ *Brit.* Gesellschaft *f* mit unbeschränkter Haftung; **2.** ✝ *Börse*: nicht limitiert; **3.** *fig.* grenzen-, uferlos.

ˌun'lined[1] *adj.* ungefüttert: **~ *coat.***

ˌun'lined[2] *adj.* **1.** unliniert, ohne Linien; **2.** faltenlos (*Gesicht*).

ˌun'link *v/t.* **1.** losketten; **2.** *Kettenglieder* trennen; **3.** *Kette* ausein'andernehmen.

ˌun'liq·ui·dat·ed *adj.* ✝ **1.** a) ungetilgt (*Schuld etc.*), b) nicht festgestellt (*Betrag etc.*); **2.** unliquidiert: **~ *company.***

ˌun'list·ed *adj.* **1.** nicht verzeichnet; **2.** *teleph. Am.* Geheim…: **~ *number***; **3.** ✝ nicht notiert (*Wertpapier*).

ˌun'load I *v/t.* **1.** ab-, aus-, entladen; ⚓ *Ladung* löschen; **2.** *fig.* (von e-r Last) befreien, erleichtern; **3.** *Waffe* entladen; **4.** *Börse*: *Aktien* (*massenhaft*) abstoßen, auf den Markt werfen; **5.** F (***on, onto***) a) *j-n, et.* ‚abladen' (bei), b) abwälzen (auf *acc.*), c) *Wut etc.* auslassen (an *dat.*); **II** *v/i.* **6.** aus-, abladen; **7.** gelöscht *od.* ausgeladen werden.

ˌun'lock *v/t.* **1.** aufschließen, öffnen; **2.** *Waffe* entsichern; **ˌun'locked** *adj.* unverschlossen.

un'looked-for *adj.* unerwartet, 'unvor,hergesehen, über'raschend.

ˌun'loose, un'loos·en *v/t.* **1.** *Knoten etc.* lösen; **2.** *Griff etc.* lockern; **3.** losmachen, -lassen.

ˌun'lov·a·ble *adj.* nicht *od.* wenig liebenswert; **ˌun'loved** *adj.* ungeliebt; **ˌun'love·ly** *adj.* unschön, reizlos; **ˌun'lov·ing** *adj.* □ kalt, lieblos.

un'luck·i·ly *adv.* unglücklicherweise; **un'luck·y** *adj.* □ unglücklich: a) vom Pech verfolgt: ***be* ~** Pech *od.* kein Glück haben, b) fruchtlos: **~ *effort***, c) ungünstig: **~ *moment***, d) unheilvoll, Unglücks…: **~ *day.***

ˌun'made *adj.* ungemacht.

ˌun'make *v/t.* [*irr.* → ***make***] **1.** aufheben, 'umstoßen, wider'rufen, rückgängig machen; **2.** *j-n* absetzen; **3.** vernichten; **4.** 'umbilden.

ˌun'man *v/t.* **1.** entmannen; **2.** *j-n* s-r Kraft berauben; **3.** *j-n* verzagen lassen, entmutigen; **4.** verrohen (lassen); **5.** *e-m Schiff etc.* die Mannschaft nehmen: **~*ned*** unbemannt.

un'man·age·a·ble *adj.* □ **1.** schwer zu handhaben(d), unhandlich; **2.** *fig.* unfügsam, unlenksam, 'widerspenstig: **~ *child***; **3.** unkontrollierbar (*Lage*).

ˌun'man·li·ness *s.* Unmännlichkeit *f*; **ˌun'man·ly** *adj.* **1.** unmännlich; **2.** weibisch; **3.** feige.

un'man·ner·li·ness *s.* schlechtes Benehmen; **un'man·ner·ly** *adj.* ungezogen, 'unma,nierlich.

ˌun'marked *adj.* **1.** nicht markiert, unbezeichnet, ungezeichnet (*a. Gesicht*); **2.** unbemerkt; **3.** *sport* ungedeckt.

ˌun'mar·ket·a·ble *adj.* ✝ **1.** nicht marktgängig *od.* -fähig; **2.** unverkäuflich.

ˌun'mar·riage·a·ble *adj.* nicht heiratsfähig; **ˌun'mar·ried** *adj.* unverheiratet, ledig.

un·mask [ˌʌn'mɑ:sk] **I** *v/t.* **1.** *j-m* die Maske abnehmen, *j-n* demaskieren; **2.** *fig. j-n* entlarven, *j-m* die Maske her'unterreißen; **II** *v/i.* **3.** sich demaskieren; **4.** *fig.* die Maske fallen lassen; **ˌun'mask·ing** [-kɪŋ] *s. fig.* Entlarvung *f.*

ˌun'matched *adj.* unvergleichlich, unerreicht, 'unüberˌtroffen.

ˌun'mean·ing *adj.* □ sinn-, bedeutungslos; nichtssagend (*a. Gesicht*); **ˌun'meant** *adj.* unbeabsichtigt.

ˌun'meas·ured *adj.* **1.** ungemessen; **2.** unermeßlich, grenzenlos, unbegrenzt; **3.** unmäßig.

ˌun·me'lo·di·ous *adj.* □ 'unmeˌlodisch.

un'men·tion·a·ble I *adj.* **1.** unaussprechlich, ta'bu: ***an ~ topic*** ein Thema, über das man nicht spricht; **2.** → ***unspeakable***; **II** *s. pl. humor. die* Unaussprechlichen *pl.* (*Unterwäsche*); **ˌun'men·tioned** *adj.* unerwähnt.

ˌun'mer·chant·a·ble → ***unmarketable***.

un'mer·ci·ful *adj.* □ unbarmherzig.

ˌun'mer·it·ed *adj.* □ unverdient(ermaßen *adv.*).

ˌun·me'thod·i·cal *adj.* 'unmeˌthodisch, sys'tem-, planlos.

ˌun'mil·i·tar·y *adj.* **1.** 'unmiliˌtärisch; **2.** nicht mili'tärisch, Zivil...

un'mind·ful *adj.* □ unachtsam; uneingedenk (***of*** *gen.*): ***be ~ of*** a) nicht achten auf (*acc.*), b) nicht denken an (*acc.*).

ˌun·mis'tak·a·ble *adj.* □ **1.** 'unˌmißverständlich; **2.** unverkennbar.

un'mit·i·gat·ed *adj.* □ **1.** ungemildert, ganz; **2.** voll'endet, Erz..., *nachgestellt*: durch u. durch: ***an ~ liar***.

ˌun'mixed *adj.* □ **1.** unvermischt; **2.** *fig.* ungemischt, rein, pur.

ˌun'mod·i·fied *adj.* unverändert, nicht abgeändert.

ˌun·mo'lest·ed *adj.* unbelästigt, ungestört: ***live ~*** in Frieden leben.

ˌun'moor ⚓ **I** *v/t.* **1.** abankern, losmachen; **2.** vor 'einem Anker liegen lassen; **II** *v/i.* **3.** den *od.* die Anker lichten.

ˌun'mor·al *adj.* 'amoˌralisch.

ˌun'mort·gaged *adj.* ⚖ **1.** unverpfändet; **2.** hypo'thekenfrei, unbelastet.

ˌun'mount·ed *adj.* **1.** unberitten: ***~ police***; **2.** nicht aufgezogen (*Bild etc.*); **3.** ⚙, ⚒ unmontiert; **4.** nicht gefaßt (*Stein*).

ˌun'mourned *adj.* unbetrauert.

ˌun'mov·a·ble *adj.* □ unbeweglich; **ˌun'moved** *adj.* □ **1.** unbewegt; **2.** *fig.* ungerührt, unbewegt; **3.** *fig.* unerschütterlich, standhaft, gelassen; **ˌun'mov·ing** *adj.* regungslos.

ˌun'mur·mur·ing *adj.* □ ohne Murren, klaglos.

ˌun'mu·si·cal *adj.* □ **1.** 'unmusiˌkalisch (*Person*); **2.** 'unmeˌlodisch.

ˌun'muz·zle *v/t.* **1.** *e-m Hund* den Maulkorb abnehmen: ***~d*** ohne Maulkorb; **2.** *fig. j-m* freie Meinungsäußerung gewähren.

ˌun'nam·a·ble *adj.* unsagbar.

ˌun'named *adj.* **1.** namenlos; **2.** nicht namentlich genannt, ungenannt.

un'nat·u·ral *adj.* □ **1.** 'unnaˌtürlich; **2.** künstlich, gekünstelt; **3.** 'wideranaˌtürlich (*Laster, Verbrechen etc.*); **4.** ungeheuerlich, ab'scheulich; **5.** ungewöhnlich; **6.** ano'mal.

ˌun'nav·i·ga·ble *adj.* nicht schiffbar, unbefahrbar.

un'nec·es·sar·i·ly *adv.* unnötigerweise; **un'nec·es·sar·y** *adj.* □ **1.** unnötig, nicht notwendig; **2.** nutzlos, 'überflüssig.

ˌun'need·ed *adj.* nicht benötigt, nutzlos; **ˌun'need·ful** *adj.* □ unnötig.

ˌun'neigh·bo(u)r·ly *adj.* nicht gutnachbarlich, unfreundlich.

ˌun'nerve *v/t.* entnerven, zermürben, *j-n* die Nerven *od.* den Mut verlieren lassen.

ˌun'not·ed *adj.* **1.** unbeachtet, unberühmt; **2.** → ***unnoticed*** 1.

ˌun'no·ticed *adj.* **1.** unbemerkt, unbeobachtet; **2.** → ***unnoted*** 1.

ˌun'num·bered *adj.* **1.** unnumeriert; **2.** *poet.* ungezählt, zahllos.

ˌun·ob'jec·tion·a·ble *adj.* □ einwandfrei.

ˌun·ob'lig·ing *adj.* ungefällig.

ˌun·ob'serv·ant *adj.* unaufmerksam, unachtsam: ***be ~ of*** *et.* nicht beachten; **ˌun·ob'served** *adj.* □ unbeobachtet, unbemerkt.

ˌun·ob'struct·ed *adj.* **1.** unversperrt, ungehindert: ***~ view***; **2.** *fig.* unbehindert.

ˌun·ob'tain·a·ble *adj.* **1.** ✝ nicht erhältlich; **2.** unerreichbar.

ˌun·ob'tru·sive *adj.* □ unaufdringlich: a) zu'rückhaltend, bescheiden, b) unauffällig; **ˌun·ob'tru·sive·ness** *s.* Unaufdringlichkeit *f.*

ˌun'oc·cu·pied *adj.* frei: a) unbewohnt, leer(stehend), b) unbesetzt, c) unbeschäftigt.

ˌun·of'fend·ing *adj.* **1.** nicht beleidigend; **2.** nicht anstößig.

ˌun·of'fi·cial *adj.* □ **1.** nichtamtlich, 'inoffiziˌell; **2.** ***~ strike*** ✝ wilder Streik.

ˌun'op·ened *adj.* **1.** ungeöffnet, verschlossen: ***~ letter***; **2.** ✝ unerschlossen: ***~ market***.

ˌun·op'posed *adj.* **1.** unbehindert; **2.** unbeanstandet: ***~ by*** ohne Widerstand *od.* Einspruch seitens (*gen.*).

ˌun'or·gan·ized *adj.* **1.** 'unorˌganisch; **2.** unorganisiert, wirr; **3.** nicht organisiert.

ˌun'or·tho·dox *adj.* **1.** *eccl.* 'unorthoˌdox; **2.** *fig.* 'unorthoˌdox, unüblich, 'unkonventioˌnell.

'unˌos·ten'ta·tious *adj.* □ unaufdringlich, unauffällig: a) prunklos, schlicht, b) anspruchslos, zu'rückhaltend, c) de'zent (*Farben etc.*).

ˌun'owned *adj.* herrenlos.

ˌun'pack *v/t. u. v/i.* auspacken.

ˌun'paid *adj.* **1.** *a.* ***~-for*** unbezahlt; rückständig (*Zinsen etc.*); **2.** ✝ noch nicht eingezahlt (*Kapital*); **3.** unbesoldet, unbezahlt, ehrenamtlich (*Stellung*).

un'pal·at·a·ble *adj.* □ **1.** unschmackhaft, schlecht (schmeckend); **2.** *fig.* unangenehm, 'widerwärtig.

un'par·al·leled *adj.* einmalig, beispiellos, *nachgestellt*: ohne'gleichen.

un'par·don·a·ble *adj.* □ unverzeihlich.

'unˌpar·lia'men·ta·ry *adj. pol.* 'unparlamenˌtarisch.

ˌun'pat·ent·ed *adj.* nicht patentiert.

'unˌpa·tri'ot·ic *adj.* (□ ***~ally***) 'unpatriˌotisch.

ˌun'paved *adj.* ungepflastert.

ˌun'ped·i·greed *adj.* ohne Stammbaum.

ˌun'peo·ple *v/t.* entvölkern.

ˌun·per'ceived *adj.* □ unbemerkt.

ˌun·per'formed *adj.* **1.** nicht ausgeführt, ungetan, unverrichtet; **2.** *thea.* nicht aufgeführt (*Stück*).

'unˌper·son *s. fig.* 'Unperˌson *f.*

ˌun·per'turbed *adj.* nicht beunruhigt, gelassen, ruhig.

ˌun'pick *v/t. Naht etc.* (auf)trennen; **ˌun'picked** *adj.* **1.** ungepflückt; **2.** ✝ unausgesucht, unsortiert (*Proben*).

ˌun'pin *v/t.* **1.** die Nadeln entfernen aus; **2.** losstecken, -machen.

ˌun'pit·ied *adj.* unbemitleidet; **ˌun'pit·y·ing** *adj.* □ mitleid(s)los.

ˌun'placed *adj.* **1.** nicht 'untergebracht; nicht angestellt, ohne Stellung; **2.** *Rennsport*: unplaciert.

ˌun'plait *v/t.* **1.** glätten; **2.** *das Haar etc.* aufflechten.

ˌun'play·a·ble *adj.* **1.** *sport* unbespielbar (*Boden, Platz*); **2.** ♪ unspielbar; **3.** *thea.* nicht bühnenreif.

un'pleas·ant *adj.* □ *allg.* unangenehm: a) unerfreulich, b) unfreundlich, c) unwirsch (*Person*); **un'pleas·ant·ness** *s.* **1.** *das* Unangenehme; **2.** Unannehmlichkeit *f*; **3.** 'Mißhelligkeit *f*, Unstimmigkeit *f.*

ˌun'pledged *adj.* **1.** nicht verpflichtet; **2.** ⚖ unverpfändet.

ˌun'plug *v/t.* den Pflock *od.* Stöpsel *od.* Stecker entfernen aus.

ˌun'plumbed *adj. fig.* unergründet, unergründlich.

ˌun·po'et·ic, **ˌun·po'et·i·cal** *adj.* □ 'unpoˌetisch, undichterisch.

ˌun'pol·ished *adj.* **1.** unpoliert (*a. Reis*), ungeglättet, ungeschliffen; **2.** *fig.* unausgefeilt (*Stil etc.*); **3.** *fig.* ungeschliffen, ungehobelt.

ˌun'pol·i·tic → ***unpolitical*** 1; **ˌun·po'lit·i·cal** *adj.* **1.** (po'litisch) unklug; **2.** 'unpoˌlitisch, an Poli'tik uninteressiert; **3.** 'unparˌteiisch.

ˌun'polled *adj. pol.* **1.** nicht gewählt habend: ***~ elector*** Nichtwähler *m*; **2.** *Am.* nicht (in die Wählerliste) eingetragen.

ˌun·pol'lut·ed *adj.* **1.** unverschmutzt, unverseucht (*Wasser etc.*); **2.** *fig.* unbefleckt.

ˌun'pop·u·lar *adj.* □ 'unpopuˌlär, unbeliebt; **'unˌpop·u'lar·i·ty** *s.* 'Unpopulariˌtät *f*, Unbeliebtheit *f.*

ˌun·pos'sessed *adj.* **1.** herrenlos (*Sache*); **2.** ***~ of s.th.*** nicht im Besitz e-r Sache.

ˌun'post·ed *adj.* **1.** nicht informiert, 'ununterˌrichtet; **2.** *Brit.* nicht aufgegeben (*Brief*).

ˌun'prac·ti·cal *adj.* □ unpraktisch; **un'prac·ticed** *Am.*, **un'prac·tised** *Brit. adj.* ungeübt (***in*** in *dat.*).

un'prec·e·dent·ed *adj.* □ **1.** beispiellos, unerhört, noch nie dagewesen; **2.** ⚖ ohne Präze'denzfall.

ˌun·pre'dict·a·ble *adj.* unvorhersehbar, unberechenbar (*a. Person*): ***he is quite ~ a.*** er ist sehr schwer auszumachen.

ˌun'prej·u·diced *adj.* **1.** unvoreingenommen, vorurteilsfrei, *a.* ⚖ unbefangen; **2.** *a.* ⚖ unbeeinträchtigt.

ˌun·pre'med·i·tat·ed *adj.* □ **1.** 'unüberˌlegt; **2.** unbeabsichtigt; **3.** ⚖ ohne Vorsatz.

ˌun·pre'pared *adj.* □ **1.** unvorbereitet: ***an ~ speech***; **2.** (***for***) nicht vorbereitet *od.* gefaßt (auf *acc.*), nicht gerüstet (für).

'unˌpre·pos'sess·ing *adj.* wenig anziehend, 'unsymˌpathisch.

ˌun·pre'sent·a·ble *adj.* nicht präsen'tabel.

ˌun·pre'sum·ing *adj.* nicht anmaßend *od.* vermessen, bescheiden.

ˌun·pre'tend·ing, **ˌun·pre'ten·tious** *adj.* □ anspruchslos.

unˈprin·ci·pled *adj.* **1.** ohne (feste) Grundsätze, haltlos, chaˈrakterlos (*Person*); **2.** gewissenlos, charakterlos (*Benehmen*).

un·print·a·ble [ˌʌnˈprɪntəbl] *adj.* nicht druckfähig *od.* druckreif (*a. fig. anstößig*); **ˌunˈprint·ed** [-tɪd] *adj.* **1.** ungedruckt (*Schriften*); **2.** unbedruckt (*Stoffe etc.*).

ˌunˈpriv·i·leged *adj.* nicht privilegiert *od.* bevorrechtigt: **~ *creditor*** ⚖ Massegläubiger *m*.

ˌun·proˈduc·tive *adj.* □ ˈunprodukˌtiv (*a. fig.*), unergiebig (***of*** an *dat.*), unfruchtbar (*a. fig.*), ˈunrenˌtabel: **~ *capital*** ✝ totes Kapital; **ˌun·proˈduc·tive·ness** *s.* ˈUnproduktiviˌtät *f*, Unfruchtbarkeit *f*, Unergiebigkeit *f*, ˈUnrentabiliˌtät *f*.

ˌun·proˈfes·sion·al *adj.* □ **1.** keiner freien Berufsgruppe zugehörig; **2.** nicht berufsmäßig; **3.** berufswidrig: **~ *conduct***; **4.** unfachmännisch.

ˌunˈprof·it·a·ble *adj.* □ **1.** nicht einträglich *od.* gewinnbringend *od.* lohnend, ˈunrenˌtabel; **2.** unvorteilhaft; **3.** nutz-, zwecklos; **ˌunˈprof·it·a·ble·ness** *s.* **1.** Uneinträglichkeit *f*; **2.** Nutzlosigkeit *f*.

ˌun·proˈgres·sive *adj.* □ **1.** nicht fortschrittlich, rückständig; **2.** rückschrittlich, konservaˈtiv, reaktioˈnär.

ˌunˈprom·is·ing *adj.* □ nicht vielversprechend, ziemlich aussichtslos.

ˌunˈprompt·ed *adj.* sponˈtan.

ˌun·proˈnounce·a·ble *adj.* unaussprechlich.

ˌun·proˈpi·tious *adj.* □ ungünstig.

ˌun·proˈpor·tion·al *adj.* □ unverhältnismäßig, ˈunproportioˌnal.

ˌun·proˈtect·ed *adj.* **1.** ungeschützt, schutzlos; **2.** ungedeckt.

ˌunˈproved, **ˌunˈprov·en** *adj.* unerwiesen.

ˌun·proˈvid·ed *adj.* □ **1.** nicht versehen (***with*** mit): **~ *with*** ohne; **2.** unvorbereitet; **3. ~ *for*** unversorgt (*Kind*); **4. ~ *for*** nicht vorgesehen.

ˌun·proˈvoked *adj.* □ **1.** unprovoziert; **2.** grundlos.

ˌunˈpub·lish·a·ble *adj.* zur Veröffentlichung ungeeignet; **ˌunˈpub·lished** *adj.* unveröffentlicht.

ˌunˈpunc·tu·al *adj.* □ unpünktlich; **ˈun-ˌpunc·tuˈal·i·ty** *s.* Unpünktlichkeit *f*.

ˌunˈpun·ished *adj.* unbestraft, ungestraft: ***go* ~** straflos ausgehen.

un·put·down·a·ble [ˌʌnpʊtˈdaʊnəbl] *adj.* F so faszinierend, daß man es nicht mehr aus der Hand legen kann (*Buch*).

ˌunˈqual·i·fied *adj.* □ **1.** unqualifiziert: a) unbefähigt, ungeeignet (***for*** für), b) unberechtigt; **2.** uneingeschränkt, unbedingt, bedingungslos; **3.** F ausgesprochen (*Lügner etc.*).

un·quench·a·ble [ˌʌnˈkwentʃəbl] *adj.* □ **1.** unlöschbar; **2.** *fig.* unstillbar.

un·ques·tion·a·ble [ʌnˈkwestʃənəbl] *adj.* □ **1.** unzweifelhaft, fraglos; **2.** unbedenklich; **unˈques·tioned** [-tʃənd] *adj.* **1.** ungefragt; **2.** unbezweifelt, unbestritten; **unˈques·tion·ing** [-nɪŋ] *adj.* □ bedingungslos, blind: **~ *obedience***; **unˈques·tion·ing·ly** [-nɪŋlɪ] *adv.* ohne zu fragen, ohne Zögern.

ˌunˈquote *v/i.*: **~!** Ende des Zitats!; **ˌun-ˈquot·ed** *adj.* **1.** nicht zitiert; **2.** *Börse*: nicht notiert.

unˈrav·el I *v/t.* **1.** *Gewebe* ausfasern; **2.** *Gestricktes* auftrennen; **3.** entwirren; **4.** *fig.* entwirren, enträtseln; II *v/i.* **5.** sich entwirren *etc.*

un·read [ˌʌnˈred] *adj.* **1.** ungelesen; **2.** a) unbelesen, ungebildet, b) unbewandert (***in*** in *dat.*).

ˌunˈread·a·ble *adj.* **1.** unleserlich (*Handschrift etc.*); **2.** schwer zu lesen (*Buch etc.*); **3.** nicht lesenswert (*Buch etc.*).

ˌunˈread·i·ness *s.* mangelnde Bereitschaft; **ˌunˈread·y** *adj.* □ nicht bereit *od.* fertig (***for*** zu).

ˌunˈreal *adj.* □ **1.** unwirklich; **2.** wesenlos; **3.** → **ˈunˌre·alˈis·tic** *adj.* (□ **~*ally***) wirklichkeitsfremd, ˈunreaˌlistisch; **ˌun-reˈal·i·ty** *s.* **1.** Unwirklichkeit *f*; **2.** Wesenlosigkeit *f*.

ˌunˈre·al·iz·a·ble *adj.* nicht realisierbar: a) nicht zu verwirklichen(d), b) ✝ nicht verwertbar, unverkäuflich; **ˌunˈre·al·ized** *adj.* **1.** nicht verwirklicht *od.* erfüllt; **2.** nicht vergegenwärtigt *od.* erkannt.

ˌunˈrea·son *s.* **1.** Unvernunft *f*; **2.** Torheit *f*; **unˈrea·son·a·ble** *adj.* □ **1.** unvernünftig; **2.** unvernünftig, unbillig, unmäßig, ˈübermäßig; unzumutbar; **unˈrea·son·a·ble·ness** *s.* **1.** Unvernunft *f*; **2.** Unbilligkeit *f*, Unmäßigkeit *f*; Unzumutbarkeit *f*; **unˈrea·son·ing** *adj.* □ **1.** vernunftlos; **2.** unvernünftig, blind.

ˌun·reˈceipt·ed *adj.* ✝ unquittiert.

ˌun·reˈcep·tive *adj.* nicht aufnahmefähig, unempfänglich (***of***, ***to*** für).

ˌun·reˈclaimed *adj.* **1.** *fig.* ungebessert; **2.** ungezähmt; **3.** unkultiviert (*Land*).

ˌunˈrec·og·niz·a·ble *adj.* □ nicht ˈwiederzuerkennen(d); **ˌunˈrec·og·nized** *adj.* **1.** nicht (ˈwieder)erkannt; **2.** nicht anerkannt.

ˌunˈrec·on·ciled *adj.* unversöhnt (***to*** mit).

un·re·cord·ed [ˌʌnrɪˈkɔːdɪd] *adj.* **1.** (geschichtlich) nicht überˈliefert *od.* aufgezeichnet *od.* belegt; **2.** nicht eingetragen *od.* registriert; **3.** ⚖ nicht beurkundet; **4.** a) nicht (auf Tonband *etc.*) aufgenommen, b) Leer...: **~ *tape***.

ˌun·reˈdeemed *adj.* **1.** *eccl.* unerlöst; **2.** ✝ a) ungetilgt (*Schuld*), b) uneingelöst (*Wechsel*); **3.** uneingelöst (*Pfand*, *Versprechen*); **4.** *fig.* ungemildert (***by*** durch); Erz...: **~ *rascal***.

ˌun·reˈdressed *adj.* **1.** nicht wiedergutgemacht; **2.** nicht abgestellt (*Mißstand*).

ˌunˈreel *v/t.* (*v/i.* sich) abspulen.

ˌun·reˈfined *adj.* **1.** ⚙ nicht raffiniert, ungeläutert, roh, Roh...; **2.** *fig.* ungebildet, unfein, unkultiviert.

ˌun·reˈflect·ing *adj.* □ **1.** nicht reflektierend; **2.** gedankenlos, ˈunüberˌlegt.

ˌun·reˈformed *adj.* **1.** unverbessert; **2.** ungebessert (*Person*).

ˌun·reˈfut·ed *adj.* ˈunwiderˌlegt.

ˌun·reˈgard·ed *adj.* unberücksichtigt, unbeachtet; **ˌun·reˈgard·ful** *adj.* unachtsam, ohne Rücksicht (***of*** auf *acc.*).

un·re·gen·er·a·cy [ˌʌnrɪˈdʒenərəsɪ] *s.* *eccl.* Sündhaftigkeit *f*; **ˌun·reˈgen·er·ate** [-rət] *adj.* **1.** *eccl.* nicht ˈwiedergeboren; **2.** nicht gebessert.

ˌunˈreg·is·tered *adj.* **1.** nicht registriert *od.* eingetragen (*a.* ✝, ⚖); **2.** (amtlich) nicht zugelassen (*Auto etc.*); nicht approbiert (*Arzt etc.*); **3.** nicht eingeschrieben (*Brief*).

ˌun·reˈgret·ted *adj.* unbedauert, unbeklagt.

ˌun·reˈhearsed *adj.* **1.** *thea.* ungeprobt; **2.** überˈraschend, sponˈtan.

ˌun·reˈlat·ed *adj.* **1.** ohne Beziehung (***to*** zu); **2.** nicht verwandt (***to***, ***with*** mit) (*a. fig.*); **3.** nicht berichtet.

ˌun·reˈlent·ing *adj.* □ **1.** unbeugsam, unerbittlich; **2.** unvermindert.

ˈun·reˌli·aˈbil·i·ty *s.* Unzuverlässigkeit *f*; **ˌun·reˈli·a·ble** *adj.* □ unzuverlässig.

ˌun·reˈlieved *adj.* □ **1.** ungelindert; **2.** nicht unterˈbrochen, ˈununterˌbrochen; **3.** ⚔ a) nicht abgelöst (*Wache*), b) nicht entsetzt (*Festung etc.*).

un·re·mit·ting [ˌʌnrɪˈmɪtɪŋ] *adj.* □ unablässig, beharrlich.

ˌun·reˈmu·ner·a·tive *adj.* nicht lohnend *od.* einträglich, ˈunrenˌtabel.

ˌun·reˈpair *s.* Baufälligkeit *f*, Verfall *m*: ***in*** (***a state of***) **~** in baufälligem Zustand.

ˌun·reˈpealed *adj.* **1.** nicht widerˈrufen; **2.** nicht aufgehoben.

ˌun·reˈpent·ant *adj.* reuelos, unbußfertig; **ˌun·reˈpent·ed** [-tɪd] *adj.* unbereut.

ˌun·rep·reˈsent·ed *adj.* nicht vertreten.

ˌun·reˈquit·ed *adj.* □ **1.** unerwidert: **~ *love***; **2.** unbelohnt (*Dienste*); **3.** ungesühnt (*Missetat*).

un·re·served [ˌʌnrɪˈzɜːvd] *adj.* □ **1.** uneingeschränkt, vorbehalt-, rückhaltlos, völlig; **2.** freimütig, offen(herzig); **3.** nicht reserviert; **ˌun·reˈserv·ed·ness** [-vɪdnɪs] *s.* Offenheit *f*, Freimütigkeit *f*.

ˌun·reˈsist·ed *adj.* ungehindert: ***be* ~** keinen Widerstand finden; **ˌun·reˈsist·ing** *adj.* □ ˈwiderstandslos.

ˌun·reˈsolved *adj.* **1.** ungelöst: **~ *problem***; **2.** unschlüssig, unentschlossen; **3.** 🝖, ♪ *etc.* unaufgelöst.

ˌun·reˈspon·sive *adj.* □ **1.** unempfänglich (***to*** für): ***be* ~ (*to*)** nicht reagieren *od.* ansprechen (auf *acc.*); **2.** teilnahmslos, kalt.

un·rest [ˌʌnˈrest] *s.* Unruhe *f*, *pol. a.* Unruhen *pl.*; **ˌunˈrest·ful** *adj.* □ **1.** ruhelos; **2.** ungemütlich; **3.** unbequem; **ˌunˈrest·ing** *adj.* □ rastlos, unermüdlich.

ˌun·reˈstrained *adj.* □ **1.** ungehemmt (*a. fig. ungezwungen*); **2.** hemmungs-, zügellos; **3.** uneingeschränkt; **ˌun·reˈstraint** *s.* **1.** Ungehemmtheit *f*, *fig. a.* Ungezwungenheit *f*; **2.** Hemmungslosigkeit *f*.

ˌun·reˈstrict·ed *adj.* □ uneingeschränkt, unbeschränkt.

ˌun·reˈturned *adj.* **1.** nicht zuˈrückgegeben; **2.** unerwidert, unvergolten: ***be* ~** unerwidert bleiben; **3.** *pol.* nicht (*ins Parlament*) gewählt.

ˌun·reˈvealed *adj.* nicht offenˈbart, verborgen, geheim.

ˌun·reˈvised *adj.* nicht revidiert (*a. fig. Ansicht etc.*).

ˌun·reˈward·ed *adj.* unbelohnt.

ˌunˈrhymed *adj.* ungereimt, reimlos.

ˌunˈrid·dle *v/t.* enträtseln.

ˌunˈrig *v/t.* **1.** ⚓ abtakeln; **2.** abmontieren.

unˈright·eous *adj.* □ **1.** nicht recht-

schaffen; **2.** *eccl.* ungerecht, sündig; **unˈright·eous·ness** *s.* Ungerechtigkeit *f.*
ˌunˈrip *v/t.* aufreißen, -schlitzen.
ˌunˈripe *adj. allg.* unreif; **ˌunˈripe·ness** *s.* Unreife *f.*
unˈri·val(l)ed *adj.* **1.** ohne Riˈvalen *od.* Gegenspieler; **2.** unerreicht, unvergleichlich; ✝ konkurˈrenzlos.
ˌunˈroll I *v/t.* **1.** entrollen, -falten; **2.** abwickeln; **II** *v/i.* **3.** sich entfalten; sich auseinˈanderrollen.
ˌun·roˈman·tic *adj.* (□ **~ally**) *allg.* ˈunroˌmantisch.
ˌunˈroof *v/t. Haus* abdecken.
ˌunˈrope *v/t.* **1.** losbinden; **2.** *mount.* (*a. v/i.* sich) ausseilen.
ˌunˈround *v/t. ling. Vokale* entrunden.
ˌunˈruf·fled *adj.* **1.** ungekräuselt, glatt; **2.** *fig.* gelassen, unerschüttert.
ˌunˈruled *adj.* **1.** *fig.* unbeherrscht; **2.** unliniert (*Papier*).
un·ru·li·ness [ʌnˈruːlɪnɪs] *s.* **1.** Unlenkbarkeit *f*, ˈWiderspenstigkeit *f*; **2.** Ausgelassenheit *f*, Unbändigkeit *f*; **un·ru·ly** [ʌnˈruːlɪ] *adj.* **1.** unlenksam, aufsässig; **2.** ungebärdig; ausgelassen; **3.** ungestüm.
ˌunˈsad·dle I *v/t.* **1.** *Pferd* absatteln; **2.** *j-n* aus dem Sattel werfen; **II** *v/i.* **3.** absatteln.
ˌunˈsafe *adj.* □ unsicher, gefährlich.
ˌunˈsaid *adj.* ungesagt, unerwähnt.
ˌunˈsal·a·ble *adj.* **1.** unverkäuflich; **2.** nicht gangbar (*Waren*).
ˌunˈsal·a·ried *adj.* unbezahlt, ehrenamtlich: **~ clerk** ✝ Volontär *m.*
ˌunˈsale·a·ble → **unsalable**.
ˌunˈsanc·tioned *adj.* nicht sanktioniert, nicht gebilligt *od.* geduldet.
ˌunˈsan·i·tar·y *adj.* **1.** ungesund; **2.** ˈunhygiˌenisch.
ˈunˌsat·isˈfac·to·ri·ness *s. das* Unbefriedigende, Unzulänglichkeit *f*; **ˈunˌsat·isˈfac·to·ry** *adj.* □ unbefriedigend, ungenügend, unzulänglich; **ˌunˈsat·is·fied** *adj.* **1.** unbefriedigt; **2.** unzufrieden; **3.** ✝ a) unbefriedigt (*Anspruch*, *Gläubiger*), b) unbezahlt, c) unerfüllt (*Bedingung*); **ˌunˈsat·is·fy·ing** *adj.* → **unsatisfactory**.
ˌunˈsa·vo(u)r·i·ness *s.* **1.** Unschmackhaftigkeit *f*; **2.** Widerlichkeit *f*; **ˌunˈsa·vo(u)r·y** *adj.* □ **1.** unschmackhaft; **2.** *a. fig.* ˈunappeˌtitlich, unangenehm.
ˌunˈsay *v/t.* [*irr.* → **say**] widerˈrufen.
ˌunˈscal·a·ble *adj.* unersteigbar.
ˌunˈscathed [-ˈskeɪðd] *adj.* (völlig) unversehrt, unbeschädigt.
ˌunˈsched·uled *adj.* **1.** nicht proˈgrammgemäß; **2.** außerplanmäßig (*Abfahrt etc.*).
ˌunˈschol·ar·ly *adj.* **1.** unwissenschaftlich; **2.** ungelehrt.
ˌunˈschooled *adj.* **1.** ungeschult, nicht ausgebildet; **2.** unverbildet.
ˈunˌsci·enˈtif·ic *adj.* (□ **~ally**) unwissenschaftlich.
ˌunˈscram·ble *v/t.* **1.** F entwirren; **2.** entschlüsseln, dechiffrieren; **3.** ⚡ aussteuern.
ˌunˈscreened *adj.* **1.** ungeschützt, *a.* ⚡ nicht abgeschirmt; **2.** ungesiebt (*Sand etc.*); **3.** nicht überˈprüft.
ˌunˈscrew I *v/t.* ⚙ ab-, auf-, losschrauben; **II** *v/i.* sich herˈaus- *od.* losdrehen; sich losschrauben lassen.
ˌunˈscript·ed *adj.* improvisiert (*Rede etc.*).
unˈscru·pu·lous *adj.* □ skrupel-, bedenken-, gewissenlos.
ˌunˈseal *v/t.* **1.** *Brief etc.* entsiegeln *od.* öffnen; **2.** *fig. j-m die Augen, Lippen* öffnen; **3.** *fig.* enthüllen; **ˌunˈsealed** *adj.* **1.** a) unversiegelt, b) geöffnet; **2.** *fig.* nicht besiegelt.
unˈsearch·a·ble *adj.* □ unerforschlich, unergründlich.
unˈsea·son·a·ble *adj.* □ **1.** unzeitig; **2.** *fig.* unpassend, ungünstig.
ˌunˈsea·soned *adj.* **1.** nicht (aus)gereift; **2.** nicht abgelagert (*Holz*); **3.** *fig.* nicht abgehärtet (**to** gegen); **4.** *fig.* unerfahren; **5.** ungewürzt.
ˌunˈseat *v/t.* **1.** *Reiter* abwerfen; **2.** *j-n* absetzen, des Postens entheben; **3.** *pol. j-m* s-n Sitz (im Parlaˈment) nehmen; **ˌunˈseat·ed** *adj.* ohne Sitz(gelegenheit): **be ~** nicht sitzen.
ˌunˈseaˌwor·thy *adj.* ⚓ seeuntüchtig.
ˌun·seˈcured *adj.* **1.** ungesichert (*a.* ✝ *Schuld*); **2.** unbefestigt; **3.** ✝ ungedeckt, nicht sichergestellt.
ˌunˈseed·ed *sport* ungesetzt (*Spieler etc.*).
ˌunˈsee·ing *adj. fig.* blind: **with ~ eyes** mit leerem Blick, blind.
unˈseem·li·ness *s.* Unziemlichkeit *f*; **unˈseem·ly** *adj.* unziemlich, ungehörig.
ˌunˈseen I *adj.* **1.** ungesehen, unbemerkt; **2.** unsichtbar; **3.** *ped.* unvorbereitet (*Übersetzungstext*); **II** *s.* **4. the ~** die Geisterwelt; **5.** *ped. Brit.* unvorbereitete ˈHerüberˌsetzung *f.*
ˌunˈself·ish *adj.* □ selbstlos, uneigennützig; **ˌunˈself·ish·ness** *s.* Selbstlosigkeit *f*, Uneigennützigkeit *f.*
ˌun·senˈsa·tion·al *adj.* wenig sensatioˈnell *od.* aufregend.
ˌunˈser·vice·a·ble *adj.* □ **1.** nicht verwendbar, unbrauchbar (*Gerät etc.*); **2.** betriebsunfähig.
ˌunˈset·tle *v/t.* **1.** *et.* aus s-r (festen) Lage bringen; **2.** *fig.* beunruhigen; *a. j-n*, *j-s Glauben etc.* erschüttern, ins Wanken bringen; **3.** *fig.* verwirren, durcheinˈanderbringen; *j-n* aus dem (gewohnten) Gleis werfen; **4.** in Unordnung bringen; **ˌunˈset·tled** *adj.* **1.** ohne festen Wohnsitz; **2.** unbesiedelt (*Land*); **3.** *fig.* unbestimmt, ungewiß, *a. allg.* unsicher (*Zeit etc.*); **4.** unentschieden, unerledigt (*Frage*); **5.** unbeständig, veränderlich (*Wetter*; ✝ *Markt*); **6.** schwankend, unentschlossen (*Person*); **7.** (geistig) gestört, aus dem (seelischen) Gleichgewicht; **8.** unstet (*Charakter*, *Leben*); **9.** ✝ unbezahlt, unerledigt; **10.** ⚖ nicht zugeschrieben; nicht reguliert (*Erbschaft*).
ˌunˈsex *v/t. Frau* vermännlichen: **~ o.s.** alles Frauliche ablegen.
ˌunˈshack·le *v/t. j-n* befreien (*a. fig.*); **ˌunˈshack·led** *adj.* ungehemmt.
ˌunˈshad·ed *adj.* **1.** unverdunkelt, unbeschattet; **2.** *paint.* nicht schattiert.
unˈshak·a·ble *adj.* unerschütterlich; **ˌunˈshak·en** *adj.* □ **1.** unerschüttert, fest; **2.** unerschütterlich.
ˌunˈshape·ly *adj.* unförmig.
ˌunˈshaved, **ˌunˈshav·en** *adj.* unrasiert.
ˌunˈsheathe *v/t. das Schwert* aus der Scheide ziehen.
ˌunˈshed *adj.* unvergossen (*Tränen*).
ˌunˈshell *v/t.* (ab)schälen, enthülsen.
ˌunˈshel·tered *adj.* ungeschützt, schutz-, obdachlos.
ˌunˈship *v/t.* ⚓ a) *Ladung* löschen, ausladen, b) *Passagiere* ausschiffen, c) *Ruder*, *Mast etc.* abbauen.
ˌunˈshod *adj.* **1.** unbeschuht, barfuß; **2.** unbeschlagen (*Pferd*).
ˌunˈshorn *adj.* ungeschoren.
un·shrink·a·ble [ˌʌnˈʃrɪŋkəbl] *adj.* nicht einlaufend (*Stoffe*); **unˈshrink·ing** *adj.* □ unverzagt, fest.
ˌunˈsift·ed *adj.* **1.** ungesiebt; **2.** *fig.* ungeprüft.
ˌunˈsight *adj.*: **buy s.th. ~, unseen** et. unbesehen kaufen; **ˌunˈsight·ed** *adj.* **1.** nicht gesichtet; **2.** ungezielt (*Schuß*); **3.** ohne Viˈsier (*Gewehr etc.*).
unˈsight·ly *adj.* unansehnlich, häßlich.
ˌunˈsigned *adj.* **1.** unsigniert, nicht unterˈzeichnet; **2.** ♪ unbezeichnet.
ˌunˈsized¹ *adj.* nicht nach Größe(n) geordnet *od.* sortiert.
ˌunˈsized² *adj.* ⚙ **1.** ungrundiert; **2.** ungeleimt.
ˌunˈskil·ful *adj.* □ ungeschickt.
ˌunˈskilled *adj.* **1.** unerfahren, ungeschickt; **2.** ✝ ungelernt: **~ worker**, **the ~ labo(u)r** *coll.* die Hilfsarbeiter *pl.*
ˌunˈskill·ful *Am.* → **unskilful**.
ˌunˈskimmed *adj.* nicht entrahmt: **~ milk** Vollmilch *f.*
ˌunˈslaked *adj.* **1.** ungelöscht (*Kalk*; *a. Durst*); **2.** *fig.* ungestillt.
ˌunˈsleep·ing *adj.* **1.** schlaflos; **2.** *fig.* immer wach.
ˌunˈsmil·ing *adj.* □ ernst.
ˌunˈsmoked *adj.* **1.** ungeräuchert; **2.** nicht aufgeraucht: **~ cigar**.
ˌunˈsnarl *v/t.* entwirren.
unˈso·cia·ble *adj.* □ ungesellig, nicht ˈumgänglich, reserviert.
ˌunˈso·cial *adj.* □ **1.** ˈunsoziˌal; **2.** ˈasoziˌal, gesellschaftsfeindlich; **3. work ~ hours** *Brit.* außerhalb der normalen Arbeitszeit arbeiten.
ˌunˈsoiled *adj.* rein, sauber, *fig. a.* unbefleckt.
ˌunˈsold *adj.* unverkauft; → **subject** 14.
ˌunˈsol·der *v/t.* ⚙ ab-, loslöten.
ˌunˈsol·dier·ly *adj.* ˈunsolˌdatisch.
ˌun·soˈlic·it·ed *adj.* **1.** unaufgefordert, unverlangt; **2.** freiwillig.
ˌunˈsolv·a·ble *adj.* unlösbar.
ˌunˈsolved *adj.* ungelöst.
ˌun·soˈphis·ti·cat·ed *adj.* **1.** unverfälscht; **2.** lauter, rein; **3.** ungekünstelt, naˈtürlich, unverbildet; **4.** naˈiv, harmlos; **5.** unverdorben.
ˌunˈsought, **unˈsought-for** *adj.* ungesucht, ungewollt.
ˌunˈsound *adj.* □ **1.** ungesund (*a. fig.*): **of ~ mind** geistesgestört, unzurechnungsfähig; **2.** verdorben, schlecht (*Ware etc.*), faul (*Obst*); **3.** morsch, wurmstichig; **4.** brüchig, rissig; **5.** unzuverlässig; ˈunsoˌlide (*a.* ✝); **6.** nicht stichhaltig, anfechtbar: **~ argument**; **7.** falsch, verkehrt: **~ doctrine** Irrlehre *f*; **~ policy** verfehlte Politik; **ˌunˈsound·ness** *s.* **1.** Ungesundheit *f* (*a. fig.*); **2.** Verdorbenheit *f*; **3.** *fig.* Unzuverlässigkeit *f*; **4.** Anfechtbarkeit *f*; **5.** Verfehltheit *f*, *das* Verkehrte.
unˈspar·ing *adj.* □ **1.** freigebig, ver-

schwenderisch (*in*, *of* mit): ***be ~ in nicht kargen mit*** *Lob etc.*; ***be ~ in one's efforts*** keine Mühe scheuen; **2.** reichlich, großzügig; **3.** schonungslos (***of*** gegen).

unˈspeak·a·ble *adj.* □ **1.** unsagbar, unsäglich, unbeschreiblich; **2.** F scheußlich, entsetzlich.

ˌunˈspec·i·fied *adj.* nicht (einzeln) angegeben, nicht spezifiziert.

ˌunˈspir·it·u·al *adj.* □ ungeistig.

ˌunˈspoiled, **ˌunˈspoilt** *adj.* **1.** *allg.* unverdorben; **2.** unbeschädigt; **3.** nicht verzogen (*Kind*).

ˌunˈspo·ken *adj.* un(aus)gesprochen, ungesagt; stillschweigend: ***~-of*** unerwähnt; ***~-to*** unangeredet.

ˌunˈsport·ing, **ˌunˈsports·man·like** *adj.* unsportlich, unfair.

ˌunˈspot·ted *adj.* **1.** fleckenlos; **2.** *fig.* makellos, unbefleckt; **3.** F unentdeckt.

ˌunˈsprung *adj.* ⚙ ungefedert.

ˌunˈsta·ble *adj.* **1.** *a. fig.* unsicher, nicht fest, schwankend, laˈbil; **2.** *fig.* unbeständig, unstet(ig); **3.** ⚗ ˈinstaˌbil.

ˌunˈstained *adj.* **1.** → ***unspotted*** 1, 2; **2.** ungefärbt.

ˌunˈstamped *adj.* ungestempelt; ✉ unfrankiert (*Brief*).

ˌunˈstates·man·like *adj.* unstaatsmännisch.

ˌunˈstead·i·ness *s.* **1.** Unsicherheit *f*; **2.** *fig.* Unstetigkeit *f*, Schwanken *n*; **3.** Unzuverlässigkeit *f*; **4.** Unregelmäßigkeit *f*; **ˌunˈstead·y** *adj.* □ **1.** unsicher, wack(e)lig; **2.** *fig.* unstet(ig); unbeständig, schwankend (*beide a.* ✝ *Kurse*, *Markt*); **3.** *fig.* ˈunsoˌlide; **4.** unregelmäßig.

ˌunˈstick *v/t.* [*irr.* → ***stick***[2]] lösen, losmachen.

unˈstint·ed *adj.* uneingeschränkt, unbegrenzt; **unˈstint·ing** [-tɪŋ] → ***unsparing*** 1, 2.

ˌunˈstitch *v/t.* auftrennen: ***~ed*** a) aufgetrennt, b) ungesteppt (*Falte*); ***come ~ed*** aufgehen (*Naht*).

ˌunˈstop *v/t.* **1.** entstöpseln, -korken, aufmachen; **2.** frei machen.

ˌunˈstrained *adj.* **1.** unfiltriert, ungefiltert; **2.** nicht angespannt (*a. fig.*); **3.** *fig.* ungezwungen.

ˌunˈstrap *v/t.* ab-, losschnallen.

ˌunˈstressed *adj.* **1.** *ling.* unbetont; **2.** ⚙ unbelastet.

ˌunˈstring *v/t.* [*irr.* → ***string***] **1.** *Perlen etc.* abfädeln; **2.** ♪ entsaiten; **3.** *Bogen*, *Saite* entspannen; **4.** *j-s Nerven* kaˈputtmachen, *j-n* (nervlich) ‚fertigmachen', demoralisieren.

ˌunˈstrung *adj.* **1.** ♪ a) saitenlos, unbezogen (*Saiteninstrument*), b) entspannt (*Saite*, *Bogen*); **2.** abgereiht (*Perlen*); **3.** *fig.* entnervt, mit den Nerven am Ende.

ˌunˈstuck *adj.* : ***come ~*** a) sich lösen, b) *fig.* scheitern.

ˌunˈstud·ied *adj.* ungesucht, ungekünstelt, naˈtürlich.

ˌun·subˈmis·sive *adj.* □ nicht unterˈwürfig, ˈwiderspenstig.

ˌun·subˈstan·tial *adj.* □ **1.** unstofflich, unkörperlich; **2.** unwesentlich; **3.** wenig stichhaltig *od.* fundiert: ***~ arguments***; **4.** gehaltlos (*Essen*).

ˌun·subˈstan·ti·at·ed *adj.* **1.** unbegründet; **2.** nicht erhärtet.

ˌun·sucˈcess *s.* ˈMißerfolg *m*, Fehlschlag *m*; **ˌun·sucˈcess·ful** *adj.* □ **1.** erfolglos: a) ohne Erfolg, b) mißˈglückt, mißˈlungen: ***be ~*** keinen Erfolg haben (***in doing s.th.*** bei *od.* mit et.); ***~ take-off*** ✈ Fehlstart *m*; **2.** ˈdurchgefallen (*Kandidat*); zuˈrückgewiesen (*Bewerber*); ⚖ unterˈlegen (*Partei*); **ˌun·sucˈcess·ful·ness** [-səkˈsesfʊlnɪs] *s.* Erfolglosigkeit *f*.

ˌunˈsuit·able *adj.* □ **1.** unpassend, ungeeignet (***to***, ***for*** für); **2.** unangemessen, unschicklich (***to***, ***for*** für); **ˌunˈsuit·ed** → ***unsuitable*** 1.

ˌunˈsul·lied *adj. mst fig.* unbefleckt.

ˌunˈsung *poet.* **I** *adj.* unbesungen; **II** *adv. fig.* sang- u. klanglos.

ˌun·supˈport·ed *adj.* **1.** ungestützt; **2.** *fig.* unbestätigt, ohne ˈUnterlagen; **3.** *fig.* nicht unterˈstützt (*Antrag etc.*, *a. Kinder etc.*).

ˌunˈsure *adj. allg.* unsicher, nicht sicher (***of*** *gen.*).

ˌun·surˈmount·a·ble *adj.* ˈunüberˌwindlich (*Hindernis etc.*) (*a. fig.*).

ˌun·surˈpass·a·ble *adj.* □ ˈunüberˌtrefflich; **ˌun·surˈpassed** *adj.* ˈunüberˌtroffen.

ˌun·susˈcep·ti·ble *adj.* **1.** unempfindlich (***to*** gegen); **2.** *fig.* unempfänglich (***to*** für).

un·sus·pect·ed [ˌʌnsəˈspektɪd] *adj.* □ **1.** unverdächtig(t); **2.** unvermutet, ungeahnt; **ˌun·susˈpect·ing** [-ɪŋ] *adj.* □ **1.** nichtsahnend, ahnungslos: ***~ of*** ohne *et.* zu ahnen; **2.** → ***unsuspicious*** 1.

ˌun·susˈpi·cious *adj.* □ **1.** arglos, nicht argwöhnisch; **2.** unverdächtig, harmlos.

ˌunˈsweet·ened *adj.* **1.** ungesüßt; **2.** *fig.* unversüßt.

un·swerv·ing [ʌnˈswɜːvɪŋ] *adj.* □ unbeirrbar, unerschütterlich.

ˌunˈsworn *adj.* **1.** unbeeidet; **2.** unvereidigt (*Zeuge etc.*).

ˌun·symˈmet·ri·cal *adj.* □ ˈunsymˌmetrisch.

ˈunˌsym·paˈthet·ic *adj.* (□ ***~ally***) teilnahmslos, ohne Mitgefühl.

ˌun·sys·temˈat·ic *adj.* (□ ***~ally***) ˈunsysteˌmatisch, planlos.

ˌunˈtaint·ed *adj.* □ **1.** fleckenlos (*a. fig.*); **2.** unverdorben: ***~ food***; **3.** *fig.* unbeeinträchtigt (***with*** von).

ˌunˈtal·ent·ed *adj.* untalentiert, unbegabt.

ˌunˈtam·a·ble *adj.* □ un(be)zähmbar; **ˌunˈtamed** *adj.* ungezähmt.

ˌunˈtan·gle *v/t.* **1.** entwirren (*a. fig.*); **2.** aus einer schwierigen Lage befreien.

ˌunˈtanned *adj.* **1.** ungegerbt (*Leder*); **2.** ungebräunt (*Haut*).

ˌunˈtapped *adj.* unangezapft (*a. fig.*): ***~ resources*** ungenützte Hilfsquellen.

ˌunˈtar·nished *adj.* **1.** ungetrübt; **2.** makellos, unbefleckt (*a. fig.*).

ˌunˈtast·ed *adj.* ungekostet (*a. fig.*).

ˌunˈtaught *adj.* **1.** ungelehrt, nicht unterˈrichtet; **2.** unwissend, ungebildet; **3.** ungelernt, selbstentwickelt (*Fähigkeit etc.*).

ˌunˈtaxed *adj.* unbesteuert.

ˌunˈteach·a·ble *adj.* **1.** unbelehrbar (*Person*); **2.** unlehrbar (*Sache*).

ˌunˈtem·pered *adj.* **1.** ⚙ ungehärtet, unvergütet (*Stahl*); **2.** *fig.* ungemildert (***with***, ***by*** durch).

ˌunˈten·a·ble *adj. fig.* unhaltbar.

ˌunˈten·ant·a·ble *adj.* unbewohn-, unvermietbar; **ˌunˈten·ant·ed** *adj.* **1.** unbewohnt, leer(stehend); **2.** ⚖ ungemietet, ungepachtet.

ˌunˈtend·ed *adj.* **1.** unbehütet, unbeaufsichtigt; **2.** vernachlässigt.

ˌunˈthank·ful *adj.* □ undankbar.

unˈthink·a·ble *adj.* undenkbar, unvorstellbar: ***the ~*** das Undenkbare; **ˌunˈthink·ing** *adj.* □ **1.** gedankenlos; **2.** nicht denkend.

ˌunˈthought *adj.* **1.** ˈunüberˌlegt; **2.** *mst* ***~-of*** a) unerwartet, unvermutet, b) unvorstellbar.

ˌunˈthread *v/t.* **1.** *Nadel* ausfädeln; den Faden herˈausziehen aus; **2.** *Perlen etc.* abfädeln; **3.** *a. fig.* sich hinˈdurchfinden durch, herˈausfinden aus; **4.** *mst fig.* entwirren.

ˌunˈthrift·y *adj.* □ **1.** verschwenderisch; **2.** unwirtschaftlich (*a. Sache*).

ˌunˈthrone *v/t. a. fig.* entthronen.

unˈti·di·ness *s.* Unordentlichkeit *f*; **unˈti·dy** *adj.* □ unordentlich.

ˌunˈtie *v/t.* aufknoten, auf-, losbinden, *Knoten* lösen.

un·til [ənˈtɪl] **I** *prp.* bis (*zeitlich*): ***not ~ Monday*** erst (am) Montag; **II** *cj.* bis: ***not ~*** erst als *od.* wenn, nicht eher als.

ˌunˈtilled *adj.* ⚘ unbebaut.

unˈtime·li·ness *s.* Unzeit *f*, falscher *od.* verfrühter Zeitpunkt; **unˈtime·ly** *adj. u. adv.* unzeitig: a) verfrüht, b) ungelegen, unpassend.

unˈtir·ing *adj.* □ unermüdlich.

un·to [ˈʌntʊ] *prp. obs. od. poet. od. bibl.* → ***to*** I.

ˌunˈtold *adj.* **1.** a) unerzählt, b) ungesagt: ***leave nothing ~*** nichts unerwähnt lassen; **2.** unsäglich (*Leiden etc.*); **3.** ungezählt, zahllos; **4.** unermeßlich.

unˈtouch·a·ble **I** *adj.* **1.** unberührbar; **2.** unantastbar, unangreifbar; **3.** unerreichbar, unnahbar; **II** *s.* **4.** Unberührbare(r *m*) *f* (*bei den Hindus*); **ˌunˈtouched** *adj.* **1.** unberührt (*a. Essen*) (*a. fig.*); unangetastet (*a. Vorrat*); **2.** *fig.* ungerührt, unbeeinflußt; **3.** nicht zuˈrechtgemacht, *fig.* ungeschminkt; **4.** *phot.* unretuschiert; **5.** *fig.* unerreicht.

un·to·ward [ˌʌntəˈwɔːd] *adj.* **1.** *obs.* ungefügig, ˈwiderspenstig; **2.** widrig, ungünstig, unglücklich (*Umstand etc.*); **ˌun·toˈward·ness** [-nɪs] *s.* **1.** *obs.* ˈWiderspenstigkeit *f*; **2.** Widrigkeit *f*, Ungunst *f*.

ˌunˈtrace·a·ble *adj.* unauffindbar, nicht ausfindig zu machen(d).

ˌunˈtrained *adj.* **1.** ungeschult (*a. fig.*), *a.* ⚔ unausgebildet; **2.** *sport* untrainiert; **3.** ungeübt; **4.** undressiert (*Tier*).

unˈtram·mel(l)ed *adj. bsd. fig.* ungebunden, ungehindert.

ˌun·transˈlat·a·ble *adj.* □ ˈunüberˌsetzbar.

ˌunˈtrav·el(l)ed *adj.* **1.** unbefahren (*Straße etc.*); **2.** nicht (weit) herˈumgekommen (*Person*).

ˌunˈtried *adj.* **1.** a) unerprobt, ungeprüft, b) unversucht; **2.** ⚖ a) unerledigt, (noch) nicht verhandelt (*Fall*), b) (noch) nicht vor Gericht gestellt.

ˌ**un'trimmed** *adj.* **1.** unbeschnitten (*Bart, Hecke etc.*); **2.** ungepflegt, nicht (ordentlich) zu'rechtgemacht; **3.** ungeschmückt.

ˌ**un'trod·den** *adj.* unberührt (*Wildnis etc.*): **~ paths** *fig.* neue Wege.

ˌ**un'trou·bled** *adj.* **1.** ungestört, unbelästigt; **2.** ruhig (*Geist, Zeiten etc.*); **3.** ungetrübt (*a. fig.*).

ˌ**un'true** *adj.* □ **1.** untreu (**to** *dat.*); **2.** unwahr, falsch, irrig; **3.** (**to**) nicht in Über'einstimmung (mit), abweichend (von); **4.** ⚙ a) unrund, b) ungenau; ˌ**un'tru·ly** *adv.* fälschlich(erweise).

ˌ**un'trustˌwor·thi·ness** *s.* Unzuverlässigkeit *f*; ˌ**un'trustˌwor·thy** *adj.* □ unzuverlässig, nicht vertrauenswürdig.

ˌ**un'truth** *s.* **1.** Unwahrheit *f*; **2.** Falschheit *f*; ˌ**un'truth·ful** *adj.* □ **1.** unwahr (*Person od. Sache*); unaufrichtig; **2.** falsch, irrig.

ˌ**un'tuned** *adj.* **1.** ♪ verstimmt; **2.** *fig.* verwirrt; **3.** → ˌ**un'tune·ful** *adj.* □ 'unmeˌlodisch.

ˌ**un'turned** *adj.* nicht 'umgedreht; → **stone** 1.

ˌ**un'tu·tored** *adj.* **1.** ungebildet, ungeschult; **2.** unerzogen; **3.** unverbildet, na'türlich; **4.** unkultiviert.

ˌ**un'twine**, ˌ**un'twist I** *v/t.* **1.** aufdrehen, -flechten; **2.** *bsd. fig.* entwirren, lösen; **II** *v/i.* **3.** sich aufdrehen, aufgehen.

ˌ**un'used** *adj.* **1.** unbenutzt, ungebraucht, nicht verwendet; **2.** a) ungewohnt, nicht gewöhnt (**to** an *acc.*), b) nicht gewohnt (**to doing** zu tun).

un'u·su·al *adj.* □ un-, außergewöhnlich: ***it is ~ for him to*** es ist nicht s-e Art zu *inf.*

un'ut·ter·a·ble *adj.* □ **1.** unaussprechlich (*a. fig.*); **2.** → ***unspeakable*** 1; **3.** unglaublich, Erz...: **~ *scoundrel***; ˌ**un'ut·tered** *adj.* unausgesprochen, ungesagt.

ˌ**un'val·ued** *adj.* **1.** nicht (ab)geschätzt, untaxiert; **2.** ♱ nennwertlos (*Aktien*); **3.** nicht geschätzt, wenig geachtet.

un'var·ied *adj.* unverändert, einförmig.

ˌ**un'var·nished** *adj.* **1.** ungefirnißt; **2.** *fig.* ungeschminkt: **~ *truth***; **3.** *fig.* schlicht, einfach.

un'var·y·ing *adj.* □ unveränderlich, gleichbleibend.

ˌ**un'veil I** *v/t.* **1.** *Gesicht etc.* entschleiern, *Denkmal etc.* enthüllen (*a. fig.*): ***~ed*** a) unverschleiert, b) unverhüllt (*a. fig.*); **2.** sichtbar werden lassen; **II** *v/i.* **3.** den Schleier fallen lassen, sich enthüllen (*a. fig.*).

ˌ**un'ver·i·fied** *adj.* unbelegt, unbewiesen.

ˌ**un'versed** *adj.* unbewandert (**in** in *dat.*).

ˌ**un'voiced** *adj.* **1.** unausgesprochen, nicht geäußert; **2.** *ling.* stimmlos.

ˌ**un'vouched**, *a.* **un'vouched-for** *adj.* unverbürgt.

ˌ**un'vouch·ered** *adj.*: **~ *fund*** *pol. Am.* Reptilienfonds *m*.

ˌ**un'want·ed** *adj.* unerwünscht.

un'war·i·ness *s.* Unvorsichtigkeit *f*.

ˌ**un'war·like** *adj.* unkriegerisch.

ˌ**un'warped** *adj.* **1.** nicht verzogen (*Holz*); **2.** *fig.* 'unparˌteiisch.

un'war·rant·a·ble *adj.* □ unverantwortlich, ungerechtfertigt, nicht vertretbar, untragbar, unhaltbar; **un'war·rant·a·bly** *adv.* in unverantwortlicher *od.* ungerechtfertigter Weise; **un'war·rant·ed** *adj.* □ **1.** ungerechtfertigt, unberechtigt, unbefugt; **2.** ˌ***un'warranted*** unverbürgt, ohne Gewähr.

un'war·y *adj.* □ **1.** unvorsichtig; **2.** 'unüberˌlegt.

ˌ**un'washed** *adj.* ungewaschen: ***the great ~*** *fig. contp.* der Pöbel.

ˌ**un'watched** *adj.* unbeobachtet.

ˌ**un'wa·tered** *adj.* **1.** unbewässert; nicht begossen, nicht gesprengt (*Rasen etc.*); **2.** unverwässert (*Milch etc.*; *a.* ♱ *Kapital*).

un'wa·ver·ing *adj.* □ unerschütterlich, standhaft, unentwegt.

un·wea·ried [ʌn'wɪərɪd] *adj.* □ **1.** nicht ermüdet; **2.** unermüdlich; **un'wea·ry·ing** [-ɪɪŋ] *adj.* □ unermüdlich.

ˌ**un'wed(·ded)** *adj.* unverheiratet.

ˌ**un'weighed** *adj.* **1.** ungewogen; **2.** nicht abgewogen, unbedacht.

un'wel·come *adj.* □ 'unwillˌkommen (*a. fig. unangenehm*).

ˌ**un'well** *adj.* unwohl, unpäßlich (*a. euphem.*).

ˌ**un'wept** *adj.* **1.** unbeweint; **2.** unvergossen (*Tränen*).

ˌ**un'whole·some** *adj.* □ *allg.* ungesund (*a. fig.*); ˌ**un'whole·some·ness** *s.* Ungesundheit *f*.

un·wield·i·ness [ʌn'wi:ldɪnɪs] *s.* **1.** Unbeholfenheit *f*, Schwerfälligkeit *f*; **2.** Unhandlichkeit *f*; **un'wield·y** *adj.* □ **1.** unbeholfen, plump, schwerfällig; **2.** a) unhandlich, b) sperrig.

ˌ**un'will·ing** *adj.* □ un-, 'widerwillig: ***be ~ to do*** abgeneigt sein, *et.* zu tun, *et.* nicht tun wollen; ***I am ~ to admit it*** ich gebe es ungern zu; **un'will·ing·ly** *adv.* ungern, 'widerwillig; **un'will·ing·ness** *s.* 'Widerwille *m*, Abgeneigtheit *f*.

un·wind [ˌʌn'waɪnd] [*irr.* → ***wind***[2]] **I** *v/t.* **1.** ab-, auf-, loswickeln, abspulen; **II** *v/i.* **2.** sich ab- *od.* loswickeln; **3.** F sich entspannen.

un·wink·ing [ˌʌn'wɪŋkɪŋ] *adj.* □ unverwandt, starr (*Blick*).

ˌ**un'wis·dom** *s.* Unklugheit *f*; ˌ**un'wise** *adj.* □ unklug, töricht.

ˌ**un'wished** *adj.* **1.** ungewünscht; **2.** *a.* ***~-for*** unerwünscht.

un'wit·ting *adj.* □ unwissentlich, unabsichtlich.

un'wom·an·li·ness *s.* Unweiblichkeit *f*; **un'wom·an·ly** *adj.* unweiblich, unfraulich.

un'wont·ed *adj.* □ **1.** nicht gewöhnt (**to** an *acc.*), ungewohnt (**to** *inf.* zu *inf.*); **2.** ungewöhnlich.

ˌ**un'work·a·ble** *adj.* **1.** unaus-, 'unˌdurchführbar (*Plan*); **2.** ⚙ nicht bearbeitungsfähig; **3.** ⚙ a) nicht betriebsfähig, b) ⚒ nicht abbauwürdig.

ˌ**un'worked** *adj.* **1.** unbearbeitet (*Boden etc.*), roh (*a.* ⚙); **2.** ⚒ unverritzt: **~ *coal*** anstehende Kohle.

ˌ**un'work·man·like** *adj.* unfachmännisch, unfachgemäß, stümperhaft.

ˌ**un'world·li·ness** *s.* **1.** Weltfremdheit *f*; **2.** Uneigennützigkeit *f*; **3.** Geistigkeit *f*; ˌ**un'world·ly** *adj.* **1.** unweltlich, nicht weltlich (gesinnt), weltfremd; **2.** uneigennützig; **3.** unirdisch, geistig.

ˌ**un'worn** *adj.* **1.** ungetragen (*Kleid etc.*); **2.** nicht abgetragen.

un'wor·thi·ness *s.* Unwürdigkeit *f*; **un'wor·thy** *adj.* □ unwürdig (***of*** *gen.*): ***he is ~ of it*** er verdient es nicht, er ist es nicht wert; ***he is ~ of respect*** er verdient keine Achtung.

un·wound [ˌʌn'waʊnd] *adj.* **1.** abgewickelt; **2.** abgelaufen, nicht aufgezogen (*Uhr*).

ˌ**un'wrap** *v/t.* auswickeln, -packen.

ˌ**un'wrin·kled** *adj.* nicht gerunzelt *od.* zerknittert, faltenlos, glatt.

ˌ**un'writ·ten** *adj.* **1.** ungeschrieben: **~ *law*** a) ⚖ ungeschriebenes Recht, b) *fig.* ungeschriebenes Gesetz; **2.** *a.* ***~-on*** unbeschrieben.

ˌ**un'wrought** *adj.* unbe-, unverarbeitet, roh: **~ *goods*** Rohstoffe.

un'yield·ing *adj.* □ **1.** nicht nachgebend (**to** *dat.*), fest (*a. fig.*), unbiegsam, starr; **2.** *fig.* unnachgiebig, hart, unbeugsam.

ˌ**un'yoke** *v/t.* **1.** aus-, losspannen; **2.** *fig.* (los)trennen, lösen.

ˌ**un'zip** *v/t.* den Reißverschluß aufmachen an (*dat.*).

up [ʌp] **I** *adv.* **1.** a) nach oben, hoch, (her-, hin)'auf, aufwärts, in die Höhe, em'por, b) oben (*a. fig.*): ***... and ~*** u. (noch) höher *od.* mehr, von ... aufwärts; **~ *and ~*** immer höher; ***three stor(e)ys ~*** drei Stock hoch, oben im dritten Stock(werk); **~ *and down*** auf u. ab, hin u. her; *fig.* überall; **~ *from the country*** vom Lande; **~ *till now*** bis jetzt; **2.** nach *od.* im Norden: **~ *from Cuba*** von Cuba aus in nördlicher Richtung; **3.** a) in der *od.* in die (*bsd.* Haupt)Stadt, b) *Brit. bsd.* in *od.* nach London; **4.** am *od.* zum Studienort, im College *etc.*: ***he stayed ~ for the vacation***; **5.** *Am.* F in (*dat.*): **~ *north*** im Norden; **6.** aufrecht, gerade: ***sit ~***; **7.** her'an, her, auf ... (*acc.*) zu, hin: ***he went straight ~ to the door*** er ging geradewegs auf die Tür zu *od.* zur Tür; **8.** **~ *to*** a) hin'auf nach *od.* zu, b) bis (zu), bis an *od.* auf (*acc.*), c) gemäß, entsprechend; → ***date***[2] 5; **~ *to town*** in die Stadt, *Brit. bsd.* nach London; **~ *to the chin*** bis ans *od.* zum Kinn; **~ *to death*** bis zum Tode; ***be ~ to*** F a) *et.* vorhaben, *et.* im Schilde führen, b) gewachsen sein (*dat.*), c) entsprechen (*dat.*), d) *j-s* Sache sein, abhängen von *j-m*, e) fähig *od.* bereit sein zu, f) vorbereitet *od.* gefaßt sein auf (*acc.*), g) vertraut sein mit, bewandert sein in (*dat.*); ***what are you ~ to?*** was hast du vor?, was machst du (***there*** da)?; → ***trick*** 2; ***he is ~ to no good*** er führt nichts Gutes im Schilde; ***it is ~ to him*** es liegt an ihm, es hängt von ihm ab, es ist s-e Sache; ***it is not ~ to much*** es taugt nicht viel; ***he is not ~ to much*** mit ihm ist nicht viel los; **9.** *mit Verben* (*siehe jeweils diese*): a) auf..., aus..., ver..., b) zu'sammen...: ***add ~*** zs.-zählen; ***eat ~*** aufessen; **II** *adj.* **10.** aufwärts..., nach oben gerichtet; **11.** im Innern (des Landes *etc.*); **12.** nach der *od.* zur Stadt: **~ *train***; **~ *platform*** Bahnsteig *m* für Stadtzüge; **13.** a) oben (befindlich), b) hoch (*a. fig.*): ***be ~*** *fig.* an der Spitze sein, obenauf sein; ***he is ~ in*** (*od.* ***on***) ***that subject*** F in diesem Fach ist er gut beschlagen *od.* weiß er (gut) Bescheid; ***prices are ~*** die Preise sind hoch *od.* gestiegen; ***wheat is ~*** ♱

Weizen steht hoch (im Kurs), der Weizenpreis ist gestiegen; **14.** auf(gestanden), auf den Beinen (*a. fig.*): ***~ and about*** F (wieder) auf den Beinen; ***~ and coming*** → ***up-and-coming***; ***~ and doing*** a) auf den Beinen, b) rührig, tüchtig; ***be ~ late*** lange aufbleiben; ***be ~ against*** F *e-r Schwierigkeit etc.* gegenüberstehen; ***be ~ against it*** F ,dran' sein, in der Klemme sein *od.* sitzen; ***be ~ to*** → 8; **15.** *parl. Brit.* geschlossen: ***Parliament is ~*** das Parlament hat s-e Sitzungen beendet *od.* hat sich vertagt; **16.** (zum Sprechen) aufgestanden: ***the Home Secretary is ~*** der Innenminister spricht; **17.** (*bei verschiedenen Substantiven*) a) aufgegangen (*Sonne*, *Samen*), b) hochgeschlagen (*Kragen*), c) hochgekrempelt (*Ärmel etc.*), d) aufgespannt (*Schirm*), e) aufgeschlagen (*Zelt*), f) hoch-, aufgezogen (*Vorhang etc.*), g) aufgestiegen (*Ballon etc.*), h) aufgeflogen (*Vogel*), i) angeschwollen (*Fluß etc.*); **18.** schäumend (*Apfelwein etc.*); **19.** in Aufregung, in Aufruhr: ***his temper is ~*** er ist aufgebracht; ***the whole country was ~*** das ganze Land befand sich in Aufruhr; **20.** F ,los', im Gange: ***what's ~?*** was ist los?; ***is anything ~?*** ist (irgend etwas) was los?; ***the hunt is ~*** die Jagd ist eröffnet; → ***arm***² 1, ***blood*** 2; **21.** abgelaufen, vor'bei, um (*Zeit*): ***the game is ~*** *fig.* das Spiel ist aus; ***it's all ~*** alles ist aus; ***it's all ~ with him*** es ist aus mit ihm; **22.** ***~ with*** *j-m* ebenbürtig *od.* gewachsen; **23.** ***~ for*** bereit zu: ***be ~ for discussion*** zur Diskussion stehen; ***be ~ for election*** auf der Wahlliste stehen; ***be ~ for examination*** sich e-r Prüfung unterziehen; ***be ~ for sale*** zum Kauf stehen; ***be ~ for trial*** ⚖ a) vor Gericht stehen, b) verhandelt werden; ***be*** (***had***) ***~ for*** F vorgeladen werden wegen; ***the case is ~ before the court*** der Fall wird (vor Gericht) verhandelt; **24.** *sport etc. um e-n Punkt etc.* vor'aus: ***be one ~***; ***one ~ for you!*** eins zu null für dich! (*a. fig.*); **25.** *Baseball*: am Schlag; **26.** *sl.* a) hoffnungsvoll, opti'mistisch, b) in Hochstimmung; **III** *int.* **27.** ***~!*** auf!, hoch!, her'auf!, hin'auf!, her'an!; ***~*** (***with you***)***!*** (steh) auf!; ***~ ...!*** hoch (lebe) ...!; **IV** *prp.* **28.** auf ... (*acc.*) (hinauf), hinauf, em'por (*a. fig.*): ***~ the hill*** (***river***) den Berg (Fluß) hinauf, bergauf (flußaufwärts); ***~ the street*** die Straße hinauf *od.* entlang; ***~ yours!*** V ,leck mich'!; **29.** in das Innere *e-s Landes etc.*: ***~*** (***the***) ***country*** landeinwärts; **30.** oben an *od.* auf (*dat.*): ***~ the tree*** (oben) auf dem Baum; ***~ the road*** weiter oben an der Straße; **V** *s.* **31.** ***the ~s and downs*** das Auf u. Ab, die Höhen u. Tiefen *des Lebens*; ***on the ~ and ~*** F a) im Steigen (begriffen), im Kommen, b) in Ordnung, ehrlich; **32.** F Preisanstieg *m*; **33.** *sl.* Aufputschmittel *n*; **34.** F Höhergestellte(r *m*) *f*; **VI** *v/i.* **35.** ***~ with*** *sl. et.* hochreißen: ***he ~ped with his gun***; **36.** *Am. sl.* Aufputschmittel nehmen; **VII** *v/t.* **37.** *Preis*, *Produktion etc.* erhöhen; **38.** *Am.* F *j-n* (im Rang) befördern (***to*** zu).

ˌup-and-ˈcom·ing *adj.* aufstrebend.

ˌup-and-ˈdown *adj.* auf- und ab gehend: ***~ looks*** kritisch musternde Blicke; ***~ motion*** Aufundabbewegung *f*; ***~ stroke*** ⚙ Doppelhub *m*.

u·pas [ˈjuːpəs] *s.* **1.** *a.* ***~-tree*** ⚘ Upasbaum *m*; **2.** a) Upassaft *m* (*Pfeilgift*), b) *fig.* Gift, verderblicher Einfluß.

ˈup·beat I *s.* **1.** ♪ Auftakt *m*; **2.** ***on the ~*** *fig.* im Aufschwung; **II** *adj.* **3.** F beschwingt.

ˈup-bow [-bəʊ] *s.* ♪ Aufstrich *m*.

upˈbraid *v/t. j-m* Vorwürfe machen, *j-n*, *a. et.* tadeln, rügen: ***~ s.o. with*** (*od.* ***for***) ***s.th.*** j-m et. vorwerfen, j-m wegen e-r Sache Vorwürfe machen; **upˈbraid·ing I** *s.* Vorwurf *m*, Tadel *m*, Rüge *f*; **II** *adj.* □ vorwurfsvoll, tadelnd.

ˈupˌbring·ing *s.* **1.** Erziehung *f*; **2.** Groß-, Aufziehen *n*.

ˈup·cast I *adj.* em'porgerichtet (*Blick etc.*), aufgeschlagen (*Augen*); **II** *s. a.* ***~ shaft*** ⚒ Wetter-, Luftschacht *m*.

ˈup·chuck I *v/i.* (sich er)brechen; **II** *v/t. et.* erbrechen.

ˈupˌcom·ing *adj. Am.* kommend, be'vorstehend.

ˌupˈcoun·try I *adv.* land'einwärts; **II** *adj.* im Inneren des Landes (gelegen *od.* lebend), binnenländisch; *contp.* bäurisch; **III** *s. das* (Landes)Innere, Binnen-, Hinterland *n*.

ˈupˌcur·rent *s.* ✈ Aufwind *m*.

upˈdate I *v/t.* **1.** auf den neuesten Stand bringen; **II** *s.* ***ˈupdate*** **2.** 'Unterlage(n *pl.*) *f etc.* über den neuesten Stand; **3.** auf den neuesten Stand gebrachte Versi'on *etc.*, neuester Bericht (***on*** über *acc.*).

ˈup·do *s.* F 'Hochfriˌsur *f*.

ˈup·draft *Am.*, **ˈup·draught** *Brit. s.* Aufwind *m*.

upˈend *v/t.* F **1.** hochkant stellen, *Faß etc.* aufrichten; **2.** *Gefäß* 'umstülpen; **3.** *fig.* ,auf den Kopf stellen'.

ˈup·front *adj. Am.* F **1.** freimütig, di'rekt; **2.** vordringlich; **3.** führend; **4.** Voraus...

ˈup·grade I *s.* **1.** Steigung *f*: ***on the ~*** *fig.* im (An)Steigen (begriffen); **2.** *Computer*: Aufrüstung *f*; **II** *adj.* **3.** *Am.* ansteigend; **III** *adv.* **4.** *Am.* berg'auf; **IV** *v/t.* ***upˈgrade*** **5.** höher einstufen; **6.** *j-n* (im Rang) befördern: ***~ s.o.'s status*** *fig.* j-n ,aufwerten'; **7.** ⚚ a) (die Quali'tät *gen.*) verbessern, b) *Produkt* durch ein besseres Erzeugnis ersetzen; **8.** *Computer*: aufrüsten.

up·heav·al [ʌpˈhiːvl] *s.* **1.** *geol.* Erhebung *f*; **2.** *fig.* 'Umwälzung *f*, 'Umbruch *m*: ***social ~s***.

upˈheave *v/t. u. v/i.* [*irr.* → ***heave***] (sich) heben.

ˌupˈhill I *adv.* **1.** den Berg hin'auf, berg'auf; **2.** aufwärts; **II** *adj.* **3.** bergauf führend, ansteigend; **4.** hochgelegen, oben (auf dem Berg) gelegen; **5.** *fig.* mühselig, hart: ***~ work***.

upˈhold *v/t.* [*irr.* → ***hold***²] **1.** hochhalten, aufrecht halten; **2.** halten, stützen (*a. fig.*); **3.** *fig.* aufrechterhalten, unter'stützen; **4.** ⚖ *Urteil* (in zweiter In'stanz) bestätigen; **5.** *fig.* beibehalten; **6.** *Brit.* in'stand halten; **upˈhold·er** *s.* Erhalter *m*, Verteidiger *m*, Wahrer *m*: ***~ of public order*** Hüter *m* der öffentlichen Ordnung.

up·hol·ster [ʌpˈhəʊlstə] *v/t.* **1.** a) (auf-, aus)polstern, b) beziehen: ***~ed goods*** Polsterware(n *pl.*) *f*; **2.** *Zimmer* (mit Teppichen, Vorhängen *etc.*) ausstatten; **upˈhol·ster·er** [-tərə] *s.* Polsterer *m*; **upˈhol·ster·y** [-tərɪ] *s.* **1.** 'Polstermateriˌal *n*, Polsterung *f*, (Möbel)Bezugsstoff *m*; **2.** Polstern *n*.

ˈup·keep *s.* **1.** a) In'standhaltung *f*, b) In'standhaltungskosten *pl.*; **2.** 'Unterhalt(skosten *pl.*) *m*.

up·land [ˈʌplənd] **I** *s. mst pl.* Hochland *n*; **II** *adj.* Hochland(s)...

upˈlift I *v/t.* **1.** em'porheben; **2.** *Augen*, *Stimme*, *a. fig. Stimmung*, *Niveau* heben; **3.** *fig.* a) aufrichten, Auftrieb verleihen (*dat.*), b) erbauen; **II** *s.* ***ˈuplift*** **4.** *fig.* a) (innerer) Auftrieb, b) Erbauung *f*; **5.** *fig.* a) Aufschwung *m*, b) Hebung *f*, (Ver)Besserung *f*; **6.** ***~ brassiere*** Stützbüstenhalter *m*.

ˈup·light·er *s.* Deckenfluter *m*.

ˌup-ˈmar·ket *adj.* anspruchsvoll, exklusiv.

up·on [əˈpɒn] *prp.* → ***on*** (***upon*** *ist bsd. in der Umgangssprache weniger geläufig als* ***on***, *jedoch in folgenden Fällen üblich*): a) *in verschiedenen Redewendungen*: ***~ this*** hierauf, darauf(hin), b) *in Beteuerungen*: ***~ my word*** (***of hono***[***u***]***r***)***!*** auf mein Wort!, c) *in kumulativen Wendungen*: ***loss ~ loss*** Verlust auf Verlust, dauernde Verluste; ***petition ~ petition*** ein Gesuch nach dem anderen, d) *als Märchenanfang*: ***once ~ a time there was*** es war einmal.

up·per [ˈʌpə] **I** *adj.* **1.** ober, höher, Ober...(*-arm*, *-deck*, *-kiefer*, *-leder etc.*): ***~ case*** *typ.* a) Oberkasten *m*, b) Versal-, Großbuchstaben *pl.*; ***~ circle*** *thea.* zweiter Rang; ***~ class*** *sociol.* Oberschicht *f*; ***~ crust*** F *die* Spitzen *pl.* der Gesellschaft; ***get the ~ hand*** *fig.* die Oberhand gewinnen; ***ℒ House*** *parl.* Oberhaus *n*; ***~ stor***(***e***)***y*** oberes Stockwerk; ***there is something wrong in his ~ stor***(***e***)***y*** F *fig.* er ist nicht ganz richtig im Oberstübchen; **II** *s.* **2.** *mst pl.* Oberleder *n* (*Schuh*): ***be*** (***down***) ***on one's ~s*** F a) die Schuhe durchgelaufen haben, b) *fig.* ,total abgebrannt' *od.* ,auf dem Hund' sein; **3.** F a) Oberzahn *m*, b) obere ('Zahn)ProˌTthese, c) (Py'jama- *etc.*)Oberteil *n*; **4.** *sl.* Aufputschmittel *n*; **ˈ~·cut** *Boxen*: **I** *s.* Aufwärts-, Kinnhaken *m*; **II** *v/t.* [*irr.* → ***cut***] *j-m* e-n Aufwärtshaken versetzen.

ˈup·per·most I *adj.* oberst, höchst; **II** *adv.* ganz oben, oben'an, zu'oberst; an erster Stelle: ***say whatever comes ~*** sagen, was e-m gerade einfällt.

up·pish [ˈʌpɪʃ] *adj.* □ F **1.** hochnäsig; **2.** anmaßend.

up·pi·ty [ˈʌpətɪ] → ***uppish***.

upˈraise *v/t.* erheben: ***with hands ~d*** mit erhobenen Händen.

up·right I *adj.* □ [ˌʌpˈraɪt] **1.** auf-, senkrecht, gerade: ***~ piano*** → 7; ***~ size*** Hochformat *n*; **2.** aufrecht (sitzend, stehend, gehend); **3.** [ˈʌpraɪt] *fig.* aufrecht, rechtschaffen; **II** *adv.* [ˌʌpˈraɪt] **4.** aufrecht, gerade; **III** *s.* [ˈʌpraɪt] **5.** (senkrechte) Stütze, Träger *m*, Ständer *m*, Pfosten *m*, (Treppen)Säule *f*; **6.** *pl. sport* (Tor)Pfosten *pl.*; **7.** ♪ ('Wand-)Klaˌvier *n*, Pi'ano *n*; **up·right·ness** [ˈʌpraɪtnɪs] *s. fig.* Geradheit *f*, Rechtschaffenheit *f*.

ˈupˌris·ing *s.* **1.** Aufstehen *n*; **2.** *fig.* Aufstand *m*, (Volks)Erhebung *f*.

ˌupˈriv·er → ***upstream***.

ˈup·roar *s. fig.* Aufruhr *m*, Tuˈmult *m*, Toben *n*, Lärm *m*: ***in*** (***an***) ~in Aufruhr; **up·roar·i·ous** [ʌpˈrɔːrɪəs] *adj.* □ **1.** lärmend, laut, stürmisch (*Begrüßung etc.*), tosend (*Beifall*), schallend (*Gelächter*); **2.** tumultuˈarisch, tobend; **3.** ‚toll', zum Brüllen (komisch).

upˈroot *v/t.* **1.** ausreißen; *Baum etc.* entwurzeln (*a. fig.*); **2.** *fig.* herˈausreißen (***from*** aus); **3.** *fig.* ausmerzen, -rotten.

upˈset¹ I *v/t.* [*irr.* → ***set***] **1.** ˈumwerfen, -kippen, -stoßen; *Boot* zum Kentern bringen; **2.** *fig. Regierung* stürzen; **3.** *fig. Plan* ˈumstoßen, über den Haufen werfen, vereiteln; → ***apple-cart***; **4.** *fig. j-n* umwerfen, aus der Fassung bringen, bestürzen, durcheinˈanderbringen; **5.** in Unordnung bringen; *Magen* verderben; **6.** ⚙ stauchen; **II** *v/i.* [*irr.* → ***set***] **7.** ˈumkippen, -stürzen; ˈumschlagen, kentern (*Boot*); **III** *s.* **8.** ˈUmkippen *n*; ⚓ ˈUmschlagen *n*, Kentern *n*; **9.** Sturz *m*, Fall *m*; **10.** ˈUmsturz *m*; **11.** Unordnung *f*, Durcheinˈander *n*; **12.** Bestürzung *f*, Verwirrung *f*; **13.** Vereitelung *f*; **14.** (*a.* ⚕ Magen)Verstimmung *f*, Ärger *m*; **15.** Streit *m*, Meinungsverschiedenheit *f*; **16.** *sport* Überˈraschung *f* (*unerwartete Niederlage etc.*).

ˈup·set² *adj. attr.* **1.** verdorben (*Magen*): ~ ***stomach*** Magenverstimmung *f*; **2.** ~ ***price*** Anschlagspreis *m* (*Auktion*).

ˈup·shot *s.* (End)Ergebnis *n*, Ende *n*, Ausgang *m*, Fazit *n*: ***in the*** ~ am Ende, schließlich.

ˈup·side *s.* Oberseite *f*; ~ **down** *adv.* **1.** das Oberste zuˈunterst, mit dem Kopf *od.* Oberteil nach unten, verkehrt (herˈum); **2.** *fig.* drunter u. drüber, vollkommen durcheinˈander: ***turn everything*** ~ alles auf den Kopf stellen; **ˌ~-ˈdown** *adj.* auf den Kopf gestellt, ˈumgekehrt: ~ ***flight*** ✈ Rückenflug *m*; ~ ***world*** *fig.* verkehrte Welt.

up·si·lon [juːpˈsaɪlən] *s.* Ypsilon *n* (*Buchstabe*).

ˌupˈstage I *adv. thea.* **1.** im *od.* in den ˈHintergrund der Bühne; **II** *adj.* **2.** zum ˈBühnenˌhintergrund gehörig; **3.** F hochnäsig; **III** *v/t.* **4.** *fig. j-m* ‚die Schau stehlen', *j-n* in den ˈHintergrund drängen; **5.** F *j-n* hochnäsig behandeln; **IV** *s.* **6.** *thea.* ˈBühnenˌhintergrund *m*.

ˌupˈstairs I *adv.* **1.** die Treppe hinˈauf, nach oben; → ***kick*** 9; **2.** e-e Treppe höher; **3.** oben, in e-m oberen Stockwerk: ***a bit weak*** ~ F leicht ‚behämmert'; **4.** im oberen Stockwerk (gelegen), ober; **II** *s. pl. a. sg. konstr.* **5.** oberes Stockwerk, Obergeschoß *n*.

upˈstand·ing *adj.* **1.** aufrecht (*a. fig. ehrlich, tüchtig*); **2.** großgewachsen, (groß u.) kräftig.

ˈup·start I *s.* Emˈporkömmling *m*, Parveˈnü *m*; **II** *adj.* emˈporgekommen, Parvenü..., neureich.

ˈup·state *Am.* **I** *s.* ˈHinterland *n e-s Staates*; **II** *adj. u. adv.* aus dem *od.* in den *od.* im ländlichen *od.* nördlichen Teil des Staates, in *od.* aus der *od.* in die Proˈvinz.

ˌupˈstream I *adv.* **1.** stromˈaufwärts; **2.** gegen den Strom; **II** *adj.* **3.** stromˈaufwärts gerichtet; **4.** (weiter) stromˈaufwärts gelegen.

ˈup·stroke *s.* **1.** Aufstrich *m beim Schreiben*; **2.** ⚙ (Aufwärts)Hub *m*.

upˈsurge I *v/i.* aufwallen; **II** *s.* **ˈupsurge** Aufwallung *f*; *fig. a.* Aufschwung *m*.

ˈup·sweep *s.* **1.** Schweifung *f* (*Bogen etc.*); **2.** ˈHochfriˌsur *f*; **upˈswept** *adj.* **1.** nach oben gebogen *od.* gekrümmt; **2.** hochgekämmt (*Frisur*).

ˈup·swing *s. fig.* Aufschwung *m*.

up·sy-dai·sy [ˌʌpsɪˈdeɪzɪ] *int.* F hoppla!

ˈup·take *s.* **1.** Auffassungsvermögen *n*: ***be quick on the*** ~ schnell begreifen, ‚schnell schalten'; ***be slow on the*** ~ schwer von Begriff sein, e-e ‚lange Leitung' haben; **2.** Aufnahme *f*; **3.** ⚙ a) Steigrohr *n*, -leitung *f*, b) ˈFuchs(kaˌnal) *m*.

ˈup·throw *s.* **1.** ˈUmwälzung *f*; **2.** *geol.* Verwerfung *f* (ins Hangende).

ˈup·thrust *s.* **1.** Emˈporschleudern *n*, Stoß *m* nach oben; **2.** *geol.* Horstbildung *f*.

ˈup·tight *adj.* **1.** *sl.* nerˈvös (***about*** wegen); **2.** ‚zickig'; **3.** steif, verklemmt; **4.** ‚pleite'.

ˌup-to-ˈdate *adj.* **1.** a) moˈdern, neuzeitlich, b) zeitnah, aktuˈell (*Thema etc.*); **2.** a) auf der Höhe (*der Zeit*), auf dem laufenden, auf dem neuesten Stand, b) modisch; **ˌup-to-ˈdate·ness** [-nɪs] *s.* **1.** Neuzeitlichkeit *f*, Moderniˈtät *f*; **2.** Aktualiˈtät *f*.

ˌup-to-the-ˈmin·ute *adj.* allerneuest, allerletzt.

upˈtown I *adv.* **1.** im *od.* in den oberen Stadtteil; **2.** in den Wohnvierteln, in die Wohnviertel; **II** *adj.* **3.** im oberen Stadtteil (gelegen); **4.** in den Wohnvierteln (gelegen *od.* lebend).

ˈup·trend *s.* Aufschwung *m*, steigende Tenˈdenz.

upˈturn I *v/t.* **1.** ˈumdrehen; **2.** (*v/i.* sich) nach oben richten *od.* kehren; *Blick* in die Höhe richten; **II** *s.* **ˈupturn 3.** (An-)Steigen *n* (*der Kurse etc.*); **4.** *fig.* Aufschwung *m*; **ˌupˈturned** *adj.* **1.** nach oben gerichtet *od.* gebogen: ~ ***nose*** Stupsnase *f*; **2.** ˈumgeworfen, ˈumgekippt, ⚓ gekentert.

up·ward [ˈʌpwəd] **I** *adv. a.* **ˈup·wards** [-dz] **1.** aufwärts (*a. fig.*): ***from five dollars*** ~ von 5 Dollar an (aufwärts); **2.** nach oben (*a. fig.*); **3.** mehr, darˈüber (hinˈaus): ~ ***of 10 years*** mehr als *od.* über 10 Jahre; **II** *adj.* **4.** nach oben gerichtet; (an)steigend (*Tendenz etc.*): ~ ***glance*** Blick *m* nach oben; ~ ***movement*** † Aufwärtsbewegung *f*.

u·rae·mi·a [jʊəˈriːmjə] *s.* ⚕ Uräˈmie *f*.

u·ra·nal·y·sis [ˌjʊərəˈnæləsɪs] *s.* ⚕ Uˈrin-, ˈHarnunterˌsuchung *f*.

u·ra·nite [ˈjʊərənaɪt] *s. min.* Uraˈnit *n*, Uˈranglimmer *m*.

u·ra·ni·um [jʊˈreɪnjəm] *s.* Uˈran *n*.

u·ra·nog·ra·phy [ˌjʊərəˈnɒgrəfɪ] *s.* Himmelsbeschreibung *f*.

u·ra·nous [ˈjʊərənəs] *adj.* ⚗ Uran..., uˈranhaltig.

U·ra·nus [ˈjʊərənəs] *s. ast.* Uranus *m* (*Planet*).

ur·ban [ˈɜːbən] *adj.* städtisch, Stadt...: ~ ***decay*** Verslummung *f*; ~ ***district*** Stadtbezirk *m*; ~ ***guerilla*** Stadtguerilla *m*; ~ ***planning*** Stadtplanung *f*; ~ ***renewal*** Stadtsanierung *f*; ~ ***sprawl***, ~ ***spread*** unkontrollierte Ausdehnung e-r Stadt; **ur·bane** [ɜːˈbeɪn] *adj.* □ **1.** urˈban: a) weltgewandt, -männisch, b) kultiˈviert, gebildet; **2.** höflich, liebenswürdig; **ur·bane·ness** [ɜːˈbeɪnɪs] *s.* **1.** (Welt)Gewandtheit *f*; Bildung *f*; **2.** Höflichkeit *f*, Liebenswürdigkeit *f*; **ˈur·ban·ism** [-nɪzəm] *s. Am.* **1.** Stadtleben *n*; **2.** Urbaˈnistik *f*; **3.** → ***urbanization***; **ˈur·ban·ite** [-naɪt] *s. Am.* Städter(in); **ur·ban·i·ty** [ɜːˈbænətɪ] → ***urbaneness***; **ur·ban·i·za·tion** [ˌɜːbənaɪˈzeɪʃn] *s.* **1.** Verstädterung *f*; **2.** Verfeinerung *f*; **ˈur·ban·ize** [-naɪz] *v/t.* urbanisieren: a) verstädtern, städtischen Chaˈrakter verleihen (*dat.*), b) verfeinern.

ur·chin [ˈɜːtʃɪn] *s.* **1.** Bengel *m*, Balg *m*, *n*; **2.** *zo.* a) *dial.* Igel *m*, b) *mst* ***sea*** ~ Seeigel *m*.

u·re·a [ˈjʊərɪə] *s.* ⚗, *biol.* Harnstoff *m*, Karbaˈmid *n*; **ˈure·al** [-əl] *adj.* Harnstoff...

u·re·mi·a → ***uraemia***.

u·re·ter [ˌjʊəˈriːtə] *s. anat.* Harnleiter *m*; **ˌuˈre·thra** [-ˈriːθrə] *s. anat.* Harnröhre *f*; **ˌuˈret·ic** [-ˈretɪk] *adj. physiol.* **1.** harntreibend, diuˈretisch; **2.** Harn...

urge [ɜːdʒ] **I** *v/t.* **1.** *a.* ~ ***on*** (*od.* ***forward***) (an-, vorwärts)treiben, anspornen (*a. fig.*); **2.** *fig. j-n* drängen, dringend bitten *od.* auffordern, dringen in *j-n*, *j-m* (heftig) zusetzen: ***be ~d to do*** sich genötigt sehen zu tun; ***~d by necessity*** der Not gehorchend; **3.** drängen *od.* dringen auf (*acc.*); (hartnäckig) bestehen auf (*dat.*); Nachdruck legen auf (*acc.*): ~ ***s.th. on s.o.*** j-m et. eindringlich vorstellen *od.* vor Augen führen, j-m et. einschärfen; ***he ~d the necessity for immediate action*** er drängte auf sofortige Maßnahmen; **4.** *als Grund* geltend machen, *Einwand etc.* ins Feld führen; **5.** *Sache* vorˈan-, betreiben, beschleunigen; **II** *v/i.* **6.** drängen: ~ ***against*** sich nachdrücklich aussprechen gegen; **III** *s.* **7.** Drang *m*, (An)Trieb *m*: ***creative*** ~ Schaffensdrang; ***sexual*** ~ Geschlechtstrieb; **8.** Inbrunst *f*: ***religious*** ~; **ˈur·gen·cy** [-dʒənsɪ] *s.* **1.** Dringlichkeit *f*; **2.** (dringende) Not, Druck *m*; **3.** Drängen *n*; **4.** *parl. Brit.* Dringlichkeitsantrag *m*; **5.** Eindringlichkeit *f*; **ˈur·gent** [-dʒənt] *adj.* □ **1.** dringend (*a. Mangel*; *a. teleph. Gespräch*), dringlich, eilig: ***the matter is*** ~ die Sache eilt; ***be in*** ~ ***need of et.*** dringend brauchen; **2.** drängend: ***be*** ~ ***about*** (*od.* ***for***) ***s.th.*** zu et. drängen, auf et. dringen; ***be*** ~ ***with s.o.*** j-n drängen, in j-n dringen (***for*** wegen, ***to do*** zu tun); **3.** zu-, aufdringlich; **4.** hartnäckig.

u·ric [ˈjʊərɪk] *adj.* Urin..., Harn...: ~ ***acid*** Harnsäure *f*.

u·ri·nal [ˈjʊərɪnl] *s.* **1.** Uˈrinflasche *f* (*für Kranke*); **2.** Harnglas *n*; **3.** a) Uˈrinbekken *n* (*in Toiletten*), b) Pisˈsoir *n*; **u·ri·nal·y·sis** [ˌjʊərɪˈnæləsɪs] *pl.* **-ses** [-siːz] → ***uranalysis***; **u·ri·nar·y** [ˈjʊərɪnərɪ] *adj.* Harn..., Urin...: ~ ***bladder*** Harnblase *f*; ~ ***calculus*** ⚕ Blasenstein *m*; **u·ri·nate** [ˈjʊərɪneɪt] *v/i.* urinieren; **u·rine** [ˈjʊərɪn] *s.* Uˈrin *m*, Harn *m*.

urn [ɜːn] *s.* **1.** Urne *f*; **2.** ˈTee- *od.* ˈKaffeemaˌschine *f*.

u·ro·gen·i·tal [ˌjʊərəʊˈdʒenɪtl] *adj.* ⚕ urogeniˈtal.

u·rol·o·gy [ˌjʊəˈrɒlədʒɪ] *s.* ⚕ Uroloˈgie *f.*

ur·sine [ˈɜːsaɪn] *adj. zo.* bärenartig, Bären…

U·ru·guay·an [ˌjʊərʊˈgwaɪən] **I** *adj.* uruguˈayisch; **II** *s.* Uruguˈayer(in).

us [ʌs; əs] *pron.* **1.** uns (*dat. od. acc.*): ***all of ~*** wir alle; ***both of ~*** wir beide; **2.** *dial.* wir: ***~ poor people.***

us·a·ble [ˈjuːzəbl] *adj.* brauch-, verwendbar.

us·age [ˈjuːzɪdʒ] *s.* **1.** Brauch *m*, Gepflogenheit *f*, Usus *m*: (***commercial***) **~** Handelsbrauch, Usance *f*; **2.** übliches Verfahren, Praxis *f*; **3.** Sprachgebrauch *m*: ***English ~***; **4.** Gebrauch *m*, Verwendung *f*; **5.** Behandlung(sweise) *f*.

us·ance [ˈjuːzns] *s.* ✝ **1.** (übliche) Wechselfrist, Uso *m*: ***at ~*** nach Uso; ***bill at ~*** Usowechsel *m*; **2.** Uso *m*, Uˈsance *f*, Handelsbrauch *m*.

use I *s.* [juːs] **1.** Gebrauch *m*, Benutzung *f*, Benützung *f*, An-, Verwendung *f*: ***for ~*** zum Gebrauch; ***for ~ in schools*** für den Schulgebrauch; ***directions for ~*** Gebrauchsanweisung *f*; ***in ~*** in Gebrauch, gebräuchlich; ***be in daily ~*** täglich gebraucht werden; ***in common ~*** allgemein gebräuchlich; ***come into ~*** in Gebrauch kommen; ***out of ~*** nicht in Gebrauch; ***fall*** (*od.* ***go*** *od.* ***pass***) ***out of ~*** außer Gebrauch kommen, ungebräuchlich werden; ***with ~*** durch (ständigen) Gebrauch; ***make ~ of*** Gebrauch machen von, benutzen; ***make*** (***a***) ***bad ~ of*** (e-n) schlechten Gebrauch machen von; **2.** a) Verwendung(szweck *m*) *f*, b) Brauchbarkeit *f*, Verwendbarkeit *f*, c) Zweck *m*, Sinn *m*, Nutzen *m*, Nützlichkeit *f*: ***of ~*** (***to***) brauchbar (für), nützlich (*dat.*), von Nutzen (für); ***it is of no ~ doing*** *od.* ***to do*** es ist unnütz *od.* nutz- *od.* zwecklos zu tun, es hat keinen Zweck zu tun; ***is this of ~ to you?*** können Sie das (ge-) brauchen?; ***crying is no ~*** Weinen führt zu nichts; ***what is the ~*** (***of it***)***?*** was hat es (überhaupt) für einen Zweck?; ***put to*** (***good***) ***~*** (gut) an- *od.* verwenden; ***have no ~ for*** a) nicht brauchen können, mit *et. od. j-m* nichts anfangen können, b) *bsd. Am.* F nichts übrig haben für; **3.** Fähigkeit *f*, *et.* zu gebrauchen, Gebrauch *m*: ***he lost the ~ of his right eye*** er kann auf dem rechten Auge nicht mehr sehen; ***have the ~ of one's limbs*** sich bewegen können; **4.** Gewohnheit *f*, Brauch *m*, Übung *f*, Praxis *f*: ***once a ~ and ever a custom*** jung gewohnt, alt getan; **5.** Benutzungsrecht *n*; **6.** ⚖ a) Nutznießung *f*, b) Nutzen *m*; **II** *v/t.* [juːz] **7.** gebrauchen, Gebrauch machen von (*a. von e-m Recht etc.*), benutzen, benützen, *a. Gewalt* anwenden, *a. Sorgfalt* verwenden, sich bedienen (*gen.*), *Gelegenheit etc.* nutzen, sich zuˈnutze machen: ***~ one's brains*** den Verstand gebrauchen, s-n Kopf anstrengen; ***~ one's legs*** zu Fuß gehen; **8.** ***~ up*** a) *et.* auf-, verbrauchen, b) F *j-n* erschöpfen, ‚fertigmachen'; → ***used*** 2; **9.** behandeln, verfahren mit: ***~ s.o. ill*** j-n schlecht behandeln; ***how has the world ~d you?*** wie ist es dir ergangen?; **III** *v/i.* **10.** *nur pret.* [juːst] pflegte (***to do*** zu tun): ***it ~d to be said*** man pflegte zu sagen; ***he ~d to live here*** er wohnte früher hier; ***he does not come as often as he ~d*** (***to***) er kommt nicht mehr so oft wie früher *od.* sonst; **use·a·ble** [ˈjuːzəbl] → ***usable***; **used** [juːzd] *adj.* **1.** gebraucht, getragen (*Kleidung*): ***~ car*** *mot.* Gebrauchtwagen *m*; **2.** ***~ up*** a) aufgebraucht, verbraucht (*a. Luft*), b) F ‚erledigt', ‚fertig', erschöpft; **3.** [juːst] a) gewohnt (***to*** zu *od. acc.*), b) gewöhnt (***to*** an *acc.*): ***he is ~ to working late*** er ist gewohnt, lange zu arbeiten; ***get ~ to*** sich gewöhnen an (*acc.*); **use·ful** [ˈjuːsfʊl] *adj.* □ **1.** nützlich, brauchbar, (zweck)dienlich, (gut) verwendbar: ***~ tools***; ***a ~ man*** ein brauchbarer Mann; ***~ talks*** nützliche Gespräche; ***make o.s. ~*** sich nützlich machen; **2.** *bsd.* ⚙ nutzbar, Nutz…: ***~ efficiency*** Nutzleistung *f*; ***~ life*** (***expectancy***) gewöhnliche Nutzungsdauer; ***~ load*** Nutzlast *f*; ***~ plant*** Nutzpflanze *f*; ˈ**use·ful·ness** [-fʊlnɪs] *s.* Nützlichkeit *f*, Brauchbarkeit *f*, Zweckmäßigkeit *f*; **use·less** [ˈjuːslɪs] *adj.* □ **1.** nutz-, sinn-, zwecklos, unnütz, vergeblich: ***it is ~ to*** es erübrigt sich zu; **2.** unbrauchbar; ˈ**use·less·ness** [-lɪsnɪs] *s.* Nutz-, Zwecklosigkeit *f*; Unbrauchbarkeit *f*; **us·er** [ˈjuːzə] *s.* **1.** Benutzer(-in): ***~-friendly*** benutzerfreundlich, anwenderfreundlich; ***~ program*** *Computer*: Anwenderprogramm *n*; ***~ prompting*** *Computer*: Benutzerführung *f*; **2.** ✝ Verbraucher(in); **3.** ⚖ Nießbrauch *m*, Benutzungsrecht *n*.

ˈ**U-shaped** *adj.* U-förmig: ***~ iron*** ⚙ U-Eisen *n*.

ush·er [ˈʌʃə] **I** *s.* **1.** Türhüter *m*; **2.** Platzanweiser(in); **3.** a) ⚖ Gerichtsdiener *m*, b) *allg.* ˈAufsichtsperˌson *f*; **4.** Zereˈmonienmeister *m*; **5.** *Brit. obs.* Hilfslehrer *m*; **II** *v/t.* **6.** (*mst* ***~ in*** herˈein-, hinˈein)führen, (-)geleiten; **7.** ***~ in*** *a. fig.* ankündigen, *e-e Epoche etc.* einleiten; **ush·er·ette** [ˌʌʃəˈret] *s.* Platzanweiserin *f*.

u·su·al [ˈjuːʒʊəl] *adj.* □ üblich, gewöhnlich, gebräuchlich: ***as ~*** wie gewöhnlich, wie sonst; ***the ~ thing*** das Übliche; ***it has become the ~ thing*** (***with us***) es ist (bei uns) gang u. gäbe geworden; ***it is ~ for shops to close at 6 o'clock*** die Geschäfte schließen gewöhnlich um 6 Uhr; ***the ~ pride with her*** ihr üblicher Stolz; ˈ**u·su·al·ly** [-əlɪ] *adv.* (für) gewöhnlich, in der Regel, meist(ens).

u·su·fruct [ˈjuːsjuːfrʌkt] *s.* ⚖ Nießbrauch *m*, Nutznießung *f*; **u·su·fruc·tu·ar·y** [ˌjuːsjuːˈfrʌktjʊərɪ] **I** *s.* Nießbraucher(in); **II** *adj.* Nutzungs…: ***~ right.***

u·su·rer [ˈjuːʒərə] *s.* Wucherer *m*; **u·su·ri·ous** [juːˈzjʊərɪəs] *adj.* □ wucherisch, Wucher…: ***~ interest*** → ***usury*** 2; **u·su·ri·ous·ness** [juːˈzjʊərɪəsnɪs] *s.* Wucheˈrei *f*.

u·surp [juːˈzɜːp] *v/t.* **1.** an sich reißen, sich ˈwiderrechtlich aneignen, sich bemächtigen (*gen.*); **2.** sich (ˈwiderrechtlich) anmaßen; **3.** *Aufmerksamkeit etc.* mit Beschlag belegen; **u·sur·pa·tion** [ˌjuːzɜːˈpeɪʃn] *s.* **1.** Usurpatiˈon *f*: a) ˈwiderrechtliche Machtergreifung *od.* Aneignung, Anmaßung *f e-s Rechts etc.*, b) ***~ of the throne*** Thronraub *m*; **2.** unberechtigter Eingriff (***on*** in *acc.*); **uˈsurp·er** [-pə] *s.* **1.** Usurˈpator *m*, unrechtmäßiger Machthaber, Thronräuber *m*; **2.** unberechtigter Besitzergreifer; **3.** *fig.* Eindringling *m* (***on*** in *acc.*); **uˈsurp·ing** [-pɪŋ] *adj.* □ usurpaˈtorisch.

u·su·ry [ˈjuːʒʊrɪ] *s.* **1.** (Zins)Wucher *m*: ***practise ~*** Wucher treiben; **2.** Wucherzinsen *pl.* (***at*** auf *acc.*): ***return s.th. with ~*** *fig. et.* mit Zins u. Zinseszins heimzahlen.

u·ten·sil [juːˈtensl] *s.* **1.** (*a. Schreib- etc.*) Gerät *n*, Werkzeug *n*; Gebrauchs-, Haushaltsgegenstand *m*: (***kitchen***) **~** Küchengerät; **2.** Geschirr *n*, Gefäß *n*; **3.** *pl.* Utenˈsilien *pl.*, Geräte *pl.*; (Küchen)Geschirr *n*.

u·ter·ine [ˈjuːtəraɪn] *adj.* **1.** *anat.* Gebärmutter…, Uterus…; **2.** von derˈselben Mutter stammend: ***~ brother*** Halbbruder mütterlicherseits; **u·ter·us** [ˈjuːtərəs] *pl.* **-ter·i** [-təraɪ] *s. anat.* Uterus *m*, Gebärmutter *f*.

u·til·i·tar·i·an [ˌjuːtɪlɪˈteərɪən] **I** *adj.* **1.** utilitaˈristisch, Nützlichkeits…; **2.** praktisch, zweckmäßig; **3.** *contp.* gemein; **II** *s.* **4.** Utilitaˈrist(in); ˌ**u·til·iˈtar·i·an·ism** [-nɪzəm] *s.* Utilitaˈrismus *m*.

u·til·i·ty [juːˈtɪlətɪ] **I** *s.* **1.** *a.* ✝ Nutzen *m* (***to*** für), Nützlichkeit *f*; **2.** *et.* Nützliches, nützliche Einrichtung; **3.** a) *a.* ***public ~*** (***company*** *od.* ***corporation***) öffentlicher Versorgungsbetrieb, *pl. a.* Stadtwerke *pl.*, b) *pl.* Leistungen *pl.* der öffentlichen Versorgungsbetriebe, *bsd.* Strom-, Gas- u. Wasserversorgung *f*; **4.** ⚙ Zusatzgerät *n*; **II** *adj.* **5.** ✝, ⚙ Gebrauchs…(*-güter, -möbel, -wagen etc.*); **6.** Mehrzweck…; ***~ man*** *s.* [*irr.*] **1.** *bsd. Am.* Fakˈtotum *n*; **2.** *thea.* vielseitig einsetzbarer Chargenspieler.

u·ti·liz·a·ble [ˈjuːtɪlaɪzəbl] *adj.* verwendbar, verwertbar, nutzbar; **u·ti·li·za·tion** [ˌjuːtɪlaɪˈzeɪʃn] *s.* Nutzbarmachung *f*, Verwertung *f*, (Aus)Nutzung *f*, An-, Verwendung *f*; **u·ti·lize** [ˈjuːtɪlaɪz] *v/t.* **1.** (aus)nutzen, verwerten, sich *et.* nutzbar *od.* zuˈnutze machen; **2.** verwenden.

ut·most [ˈʌtməʊst] **I** *adj.* äußerst: a) entlegenst, fernst, b) *fig.* höchst, größt; **II** *s. das* Äußerste: ***the ~ that I can do***; ***do one's ~*** sein äußerstes *od.* möglichstes tun; ***at the ~*** allerhöchstens; ***to the ~*** aufs äußerste; ***to the ~ of my powers*** nach besten Kräften.

U·to·pi·a [juːˈtəʊpjə] *s.* **1.** Uˈtopia *n* (*Idealstaat*); **2.** *oft* 2 *fig.* Utoˈpie *f*; **Uˈto·pi·an** [-jən], *a.* 2 **I** *adj.* uˈtopisch, phanˈtastisch; **II** *s.* Utoˈpist(in), Phanˈtast (-in); **Uˈto·pi·an·ism** [-jənɪzəm], *a.* 2 *s.* Utoˈpismus *m*; **U·to·pi·an·ist** [-jənɪst] *s.* Utopist *m*.

u·tri·cle [ˈjuːtrɪkl] *s.* **1.** *zo.*, ⚘ Schlauch *m*, bläs-chenförmiges Luft- *od.* Saftgefäß; **2.** ⚕ Uˈtriculus *m* (*Säckchen im Ohrlabyrinth*).

ut·ter [ˈʌtə] **I** *adj.* □ → ***utterly***; **1.** äußerst, höchst, völlig; **2.** endgültig, entschieden: ***~ denial***; **3.** *contp.* ausgesprochen, vollˈendet (*Schurke, Unsinn etc.*); **II** *v/t.* **4.** *Gedanken, Gefühle* äußern, ausdrücken, aussprechen; **5.** *Laute etc.* ausstoßen, von sich geben, herˈvorbringen; **6.** *Falschgeld etc.* in

ˈUmlauf setzen, verbreiten; **ut·ter·ance** [ˈʌtərəns] *s.* **1.** (stimmlicher) Ausdruck, Äußerung *f*: ***give ~ to*** *e-m Gefühl etc.* Ausdruck verleihen; **2.** Sprechweise *f*, Aussprache *f*, Vortrag *m*; **3.** *a. pl.* Äußerung *f*, Aussage *f*, Worte *pl.*; **ˈut·ter·er** [-ərə] *s.* **1.** Äußernde(r *m*) *f*; **2.** Verbreiter(in); **ˈut·ter·ly** [-lɪ] *adv.* äußerst, absoˈlut, völlig, ganz, toˈtal; **ˈut·ter·most** [-məʊst] → ***utmost.***

ˈU-turn *s.* **1.** *mot.* Wende *f*; **2.** *fig.* Kehrtwende *f*.

u·vu·la [ˈjuːvjʊlə] *pl.* **-lae** [-liː] *s. anat.* Zäpfchen *n*; **ˈu·vu·lar** [-lə] **I** *adj.* Zäpfchen…, *ling. a.* uvuˈlar; **II** *s. ling.* Zäpfchenlaut *m*, Uvuˈlar *m*.

ux·o·ri·ous [ʌkˈsɔːrɪəs] *adj.* □ treuliebend, -ergeben; **uxˈo·ri·ous·ness** [-nɪs] *s.* treue Ergebenheit (*des Gatten*).

V

V, v [vi:] *s.* V *n*, v *n* (*Buchstabe*).

vac [væk] *Brit.* F *für* **vacation**.

va·can·cy ['veɪkənsɪ] *s.* **1.** Leere *f* (*a. fig.*): ***stare into ~*** ins Leere starren; **2.** leerer *od.* freier Platz; Lücke *f* (*a. fig.*); **3.** leer(stehend)es *od.* unbewohntes Haus; **4.** freie *od.* offene Stelle, unbesetztes Amt, Va'kanz *f*; *univ.* freier Studienplatz *m*; *pl. Zeitung*: Stellenangebote *pl.*; **5.** a) Geistesabwesenheit *f*, b) geistige Leere, c) Geistlosigkeit *f*; **6.** Untätigkeit *f*, Muße *f*; **'va·cant** [-nt] *adj.* □ **1.** leer, frei, unbesetzt (*Sitz, Zimmer, Zeit etc.*); **2.** leer(stehend), unbewohnt, unvermietet (*Haus*); unbebaut (*Grundstück*): ***~ possession*** sofort beziehbar; **3.** frei, offen (*Stelle*), va'kant, unbesetzt (*Amt*); **4.** a) geistesabwesend, b) leer: ***~ mind***; ***~ stare***, c) geistlos.

va·cate [və'keɪt] *v/t.* **1.** *Wohnung etc.*, ⚔ *Stellung etc.* räumen; *Sitz etc.* freimachen; **2.** *Stelle* aufgeben, aus *e-m Amt* scheiden: ***be ~d*** freiwerden (*Stelle*); **3.** *Truppen etc.* evakuieren; **4.** ⚖ *Vertrag, Urteil etc.* aufheben; **va'ca·tion** [-eɪʃn] **I** *s.* **1.** Räumung *f*; **2.** Niederlegung *f od.* Erledigung *f e-s Amtes*; **3.** (Gerichts-, *univ.* Se'mester-, *Am.* Schul)Ferien *pl.*: ***the long ~*** die großen Ferien, die Sommerferien; **4.** *bsd. Am.* Urlaub *m*: ***on ~*** im Urlaub; ***~ shutdown*** Betriebsferien *pl.*; **II** *v/i.* **5.** *bsd. Am.* in Ferien sein, Urlaub machen; **va'ca·tion·ist** [-eɪʃnɪst] *s. Am.* Urlauber(in).

vac·ci·nal ['væksɪnl] *adj.* ⚕ Impf…; **vac·ci·nate** ['væksɪneɪt] *v/t. u. v/i.* impfen (***against*** gegen); **vac·ci·na·tion** [ˌvæksɪ'neɪʃn] *s.* (Schutz)Impfung *f*; **'vac·ci·na·tor** [-neɪtə] *s.* **1.** Impfarzt *m*; **2.** Impfnadel *f*; **'vac·cine** [-si:n] ⚕ **I** *adj.* Impf…, Kuhpocken…: ***~ matter*** → II; **II** *s.* Impfstoff *m*, Vak'zine *f*: ***bovine ~*** Kuhlymphe *f*; **vac·cin·i·a** [væk'sɪnjə] *s.* ⚕ Kuhpocken *pl.*

vac·il·late ['væsɪleɪt] *v/i. mst fig.* schwanken; **'vac·il·lat·ing** [-tɪŋ] *adj.* □ schwankend (*mst fig. unschlüssig*); **vac·il·la·tion** [ˌvæsɪ'leɪʃn] *s.* Schwanken *n* (*mst fig. Unschlüssigkeit, Wankelmut*).

va·cu·i·ty [væ'kju:ətɪ] *s.* **1.** → ***vacancy*** 1, 5; **2.** *fig.* Nichtigkeit *f*, Plattheit *f*; **vac·u·ous** ['vækjʊəs] *adj.* □ **1.** → ***vacant*** 4; **2.** nichtssagend (*Redensart*); **3.** müßig (*Leben*); **vac·u·um** ['vækjʊəm] **I** *pl.* **-ums** [-z] *s.* **1.** ⚙, *phys.* Vakuum *n*, (*bsd.* luft)leerer Raum; **2.** *fig.* Vakuum *n*, Leere *f*, Lücke *f*; **II** *adj.* **3.** Vakuum…: ***~ bottle*** (*od.* ***flask***) Thermosflasche *f*; ***~ brake*** ⚙ Unterdruckbremse *f*; ***~ can***, ***~ tin*** Vakuumdose *f*; ***~ cleaner*** Staubsauger *m*; ***~ drier*** Vakuumtrockner *m*; ***~ ga(u)ge*** Unterdruckmesser *m*; ***~-packed*** vakuumverpackt; ***~-sealed*** vakuumdicht; ***~ tube***, ***~ valve*** ⚡ Vakuumröhre *f*; **III** *v/t.* **4.** (mit dem Staubsauger) saugen *od.* reinigen.

va·de me·cum [ˌveɪdɪ'mi:kəm] *s.* Vade'mekum *n*, Handbuch *n*.

vag·a·bond ['vægəbɒnd] **I** *adj.* **1.** vagabundierend (*a.* ⚡); **2.** Vagabunden…, vaga'bundenhaft; **3.** nomadisierend; **4.** Wander…, unstet: ***a ~ life***; **II** *s.* **5.** Vaga'bund(in), Landstreicher(in); **6.** F Strolch *m*; **III** *v/i.* **7.** vagabundieren; **'vag·a·bond·age** [-dɪdʒ] *s.* **1.** Landstreiche'rei *f*, Vaga'bundenleben *n*; **2.** *coll.* Vaga'bunden *pl.*; **'vag·a·bond·ism** [-dɪzəm] → ***vagabondage*** 1; **'vag·a·bond·ize** [-daɪz] → ***vagabond*** 7.

va·gar·y ['veɪgərɪ] *s.* **1.** wunderlicher Einfall; *pl. a.* Phantaste'reien *pl.*; **2.** Ka'price *f*, Grille *f*, Laune *f*; **3.** *mst pl.* Extrava'ganzen *pl.*: ***the vagaries of fashion***.

va·gi·na [və'dʒaɪnə] *pl.* **-nas** *s.* **1.** *anat.* Va'gina *f*, Scheide *f*; **2.** ⚘ Blattscheide *f*; **vag'i·nal** [-nl] *adj.* vagi'nal, Vaginal…, Scheiden…: ***~ spray*** Intimspray *n*.

va·gran·cy ['veɪgrənsɪ] *s.* **1.** Landstreiche'rei *f* (*a.* ⚖); **2.** *coll.* Landstreicher *pl.*; **'va·grant** [-nt] **I** *adj.* □ **1.** wandernd (*a. weitS. Zelle etc.*), vagabundierend; **2.** → ***vagabond*** 3 *u.* 4; **3.** *fig.* kaprizi'ös, launisch; **II** *s.* **4.** → ***vagabond*** 5.

vague [veɪg] *adj.* □ **1.** vage: a) undeutlich, nebelhaft, verschwommen (*alle a. fig.*), b) unbestimmt (*Gefühl, Verdacht, Versprechen etc.*), dunkel (*Ahnung, Gerücht etc.*), c) unklar (*Antwort etc.*): ***~ hope*** vage Hoffnung; ***not the ~st idea*** nicht die leiseste Ahnung; ***be ~ about s.th.*** sich unklar ausdrücken über (*acc.*); **2.** → ***vacant*** 4a; **'vague·ness** [-nɪs] *s.* Unbestimmtheit *f*, Verschwommenheit *f*.

vain [veɪn] *adj.* □ **1.** eitel, eingebildet (***of*** auf *acc.*); **2.** *fig.* eitel, leer (*Vergnügen etc.*; *a. Drohung, Hoffnung etc.*), nichtig; **3.** vergeblich, fruchtlos: ***~ efforts***; **4.** ***in ~*** vergeblich: a) vergebens, um'sonst, b) unnütz; **ˌ~'glo·ri·ous** *adj.* □ prahlerisch, großsprecherisch, -spurig.

vain·ness ['veɪnnɪs] *s.* **1.** Vergeblichkeit *f*; **2.** Hohl-, Leerheit *f*.

vale[1] [veɪl] *s. poet. od. in Namen*: Tal *n*: ***~ of tears*** Jammertal *n*.

va·le[2] ['veɪlɪ] (*Lat.*) **I** *int.* lebe wohl!; **II** *s.* Lebe'wohl *n*.

val·e·dic·tion [ˌvælɪ'dɪkʃn] *s.* **1.** Abschied(nehmen *n*) *m*; **2.** Abschiedsworte *pl.*; **val·e·dic·to·ri·an** [ˌvælɪdɪk'tɔ:rɪən] *s. Am. ped., univ.* Abschiedsredner *m*; **ˌval·e'dic·to·ry** [-ktərɪ] **I** *adj.* Abschieds…: ***~ address*** → II; **II** *s. bsd. Am. ped., univ.* Abschiedsrede *f*.

va·lence ['veɪləns], **'va·len·cy** [-sɪ] ⚗, ⚛, *biol., phys.* Wertigkeit *f*, Va'lenz *f*.

val·en·tine ['væləntaɪn] *s.* **1.** Valentinsgruß *m* (*zum Valentinstag, 14. Februar, dem od. der Liebsten gesandt*); **2.** am Valentinstag erwählte(r) Liebste(r), *a. allg.* Schatz *m*.

va·le·ri·an [və'lɪərɪən] *s.* ⚘, *pharm.* Baldrian *m*; **va·le·ri·an·ic** [vəˌlɪərɪ'ænɪk], **va'ler·ic** [-'lerɪk] *adj.* ⚗ Baldrian…, Valerian…

val·et ['vælɪt] **I** *s.* a) (Kammer)Diener *m*, b) Hausdiener *m im Hotel*; **II** *v/t. j-n* bedienen, versorgen; **III** *v/i.* Diener sein.

val·e·tu·di·nar·i·an [ˌvælɪtju:dɪ'neərɪən] **I** *adj.* **1.** kränklich, kränkelnd; **2.** rekonvales'zent; **3.** a) ge'sundheitsfaˌnatisch, b) hypo'chondrisch; **II** *s.* **4.** kränkliche Per'son; **5.** Rekonvales'zent(in); **6.** ‚Ge'sundheitsaˌpostel' *m*; **7.** Hypo'chonder *m*; **ˌval·e·tu·di'nar·i·an·ism** [-nɪzəm] *s.* **1.** Kränklichkeit *f*; **2.** Hypochon'drie *f*; **ˌval·e'tu·di·nar·y** [-nərɪ] → ***valetudinarian***.

Val·hal·la [væl'hælə], **Val'hall** [-'hæl] *s. myth.* Wal'halla *f*.

val·iant ['væljənt] *adj.* □ tapfer, mutig, heldenhaft, he'roisch.

val·id ['vælɪd] *adj.* □ **1.** gültig: a) stichhaltig, triftig (*Beweis, Grund*), b) begründet, berechtigt (*Anspruch, Argument etc.*), c) richtig (*Entscheidung etc.*); **2.** ⚖ (rechts)gültig, rechtskräftig; **3.** wirksam (*Methode etc.*); **'val·i·date** [-deɪt] *v/t.* ⚖ a) für (rechts)gültig erklären, rechtswirksam machen, b) bestätigen; **val·i·da·tion** [ˌvælɪ'deɪʃn] *s.* Gültigkeit(serklärung) *f*; **va·lid·i·ty** [və'lɪdətɪ] *s.* **1.** Gültigkeit *f*: a) Triftigkeit *f*, Stichhaltigkeit *f*, b) Richtigkeit *f*; **2.** ⚖ Rechtsgültigkeit *f*, -kraft *f*; **3.** Gültigkeit(sdauer) *f*.

va·lise [və'li:z] *s.* Reisetasche *f*.

Val·kyr ['vælkɪə], **Val·kyr·ia** [væl'kɪərjə], **Val·kyr·ie** [-'kɪərɪ] *s. myth.* Walküre *f*.

val·ley ['vælɪ] *s.* **1.** Tal *n*: ***down the ~*** talabwärts; **2.** △ Dachkehle *f*.

val·or *Am.* → ***valour***.

val·or·i·za·tion [ˌvæləraɪ'zeɪʃn] *s.* † Valorisati'on *f*, Aufwertung *f*; **val·or·ize** ['væləraɪz] *v/t.* † valorisieren, aufwerten, den Preis *e-r Ware* heben *od.* stützen.

val·or·ous ['vælərəs] *adj.* □ *rhet.* tapfer, mutig, heldenhaft, -mütig; **val·our** ['vælə] *s.* Tapferkeit *f*, Heldenmut *m*.

val·u·a·ble ['væljʊəbl] **I** *adj.* □ **1.** wertvoll: a) kostbar, teuer, b) *fig.* nützlich: ***for ~ consideration*** ⚖ entgeltlich; **2.** abschätzbar; **II** *s.* **3.** *pl.* Wertsachen *pl.*, -gegenstände *pl.*

val·u·a·tion [ˌvæljʊ'eɪʃn] *s.* **1.** Bewertung *f*, (Ab)Schätzung *f*, Wertbestimmung *f*, Taxierung *f*, Veranschlagung *f*; **2.** a) Schätzungswert *m* (festgesetzter) Wert *od.* Preis, Taxe *f*, b) Gegenwartswert *m* e-r 'Lebensverˌsicherungspoˌlice; **3.** Wertschätzung *f*, Würdigung *f*: ***we take him at his own ~*** wir beurteilen ihn so, wie er sich selbst sieht; **val·u·a·tor** ['væljʊeɪtə] *s.* ✝ (Ab)Schätzer *m*, Ta'xator *m*.

val·ue ['vælju:] **I** *s.* **1.** *allg.* Wert *m* (*a.* ⚗, ⚗, *phys. u. fig.*): ***moral ~s*** *fig.* sittliche Werte; ***be of ~ to*** *j-m* wertvoll *od.* nützlich sein; **2.** Wert *m*, Einschätzung *f*: ***set a high ~ (up)on*** a) großen Wert legen auf (*acc.*), b) *et.* hoch einschätzen; **3.** ✝ Wert *m*: ***assessed ~*** Taxwert; ***~ added*** Wertschöpfung *f*; ***at ~*** zum Tageskurs; ***book ~*** Buchwert; ***commercial ~*** Handelswert; **4.** ✝ a) (Verkehrs)Wert *m*, Kaufkraft *f*, Preis *m*, b) Gegenwert *m*, -leistung *f*, c) Währung *f*, Va'luta *f*, d) *a.* ***good ~*** re'elle Ware, Quali'tätsware *f*, e) → ***valuation*** 1 *u.* 2, f) Wert *m*, Preis *m*, Betrag *m*: ***~ date*** Wertstellung *f*; ***for ~ received*** Betrag erhalten; ***to the ~ of*** im *od.* bis zum Betrag von; ***give (get) good ~ (for one's money)*** reell bedienen (bedient werden); ***it is excellent ~ for money*** es ist äußerst preiswert, es ist ausgezeichnet; **5.** *fig.* Wert *m*, Gewicht *n e-s Wortes etc.*; **6.** *paint.* Verhältnis *n* von Licht u. Schatten, Farb-, Grauwert *m*; **7.** ♪ Noten-, Zeitwert *m*; **8.** *ling.* Lautwert *m*; **II** *v/t.* **9.** a) den Wert *od.* Preis *e-r Sache* bestimmen *od.* festsetzen, b) (ab-)schätzen, veranschlagen, taxieren (***at*** auf *acc.*); **10.** ✝ *Wechsel* ziehen ([***up***]***on*** auf *j-n*); **11.** *Wert, Nutzen, Bedeutung* schätzen, (*vergleichend*) bewerten; **12.** (hoch) schätzen, achten; **~-'add·ed tax** *s.* ✝ Mehrwertsteuer *f*.

val·ued ['vælju:d] *adj.* **1.** (hoch)geschätzt; **2.** taxiert, veranschlagt (***at*** auf *acc.*): ***~ at £ 100*** £ 100 wert.

'val·ue|-free *adj.* wertfrei; **~ judg(e)·ment** *s.* Werturteil *n*.

val·ue·less ['væljulɪs] *adj.* wertlos; **'val·u·er** [-juə] → ***valuator***.

val·ue stress *s. Phonetik*: Sinnbetonung *f*.

va·lu·ta [və'lu:tə] (*Ital.*) *s.* ✝ Va'luta *f*.

valve [vælv] *s.* **1.** ⚙ Ven'til *n*, Absperrvorrichtung *f*, Klappe *f*, Hahn *m*, Regu'lierorˌgan *n*: ***~ gear*** Ventilsteuerung *f*; ***~-in-head engine*** kopfgesteuerter Motor; **2.** ♪ Klappe *f* (*Blasinstrument*); **3.** ⚕ (*Herz- etc.*)Klappe *f*: ***cardiac ~***; **4.** *zo.* (Muschel)Klappe *f*; **5.** ♀ a) Klappe *f*, b) Kammer *f* (*beide e-r Fruchtkapsel*); **6.** ϟ *Brit.* (Elek'tronen-, Fernseh-, Radio)Röhre *f*: ***~ amplifier*** Röhrenverstärker *m*; **7.** ⚙ Schleusentor *n*; **8.** *obs.* Türflügel *m*; **'valve·less** [-lɪs] *adj.* ven'tillos; **'val·vu·lar** [-vjʊlə] *adj.* **1.** klappenförmig, Klappen…: ***~ defect*** ⚕ Klappenfehler *m*; **2.** mit Klappe(n) *od.* Ven'til(en) (versehen); **3.** ♀ klappig; **'val·vule** [-vju:l] *s.* kleine Klappe; **val·vu·li·tis** [ˌvælvjʊ'laɪtɪs] *s.* ⚕ (Herz-) Klappenentzündung *f*.

va·moose [və'mu:s], **va'mose** [-'məʊs] *Am. sl.* **I** *v/i.* ‚verduften', ‚Leine ziehen'; **II** *v/t.* fluchtartig verlassen.

vamp[1] [væmp] **I** *s.* **1.** a) Oberleder *n*, b) (Vorder)Klappe *f* (*Schuh*), c) (aufgesetzter) Flicken; **2.** ♪ (improvisierte) Begleitung; **3.** *fig.* Flickwerk *n*; **II** *v/t.* **4.** *mst* ***~ up*** a) flicken, reparieren, b) vorschuhen; **5.** ***~ up*** F a) *et.* ‚aufpolieren', ‚aufmotzen', b) *Zeitungsartikel etc.* zs.-stoppeln; **6.** ♪ (aus dem Stegreif) begleiten; **III** *v/i.* **7.** ♪ improvisieren.

vamp[2] [væmp] F **I** *s.* Vamp *m*; **II** *v/t.* a) *Männer* verführen, ‚ausnehmen', b) *j-n* becircen.

vam·pire ['væmpaɪə] *s.* **1.** Vampir *m*: a) *blutsaugendes Gespenst*, b) *fig.* Erpresser(in), Blutsauger(in); **2.** *a.* ***~ bat*** *zo.* Vampir *m*, Blattnase *f*; **3.** *thea.* kleine Falltür auf der Bühne; **'vam·pir·ism** [-ərɪzəm] *s.* **1.** Vampirglaube *m*; **2.** Blutsaugen *n* (*e-s Vampirs*); **3.** *fig.* Ausbeutung *f*.

van[1] [væn] *s.* **1.** ⚔ Vorhut *f*, Vor'ausabˌteilung *f*, Spitze *f*; **2.** ⚓ Vorgeschwader *n*; **3.** *fig.* vorderste Reihe, Spitze *f*.

van[2] [væn] *s.* **1.** Last-, Lieferwagen *m*; **2.** Gefangenenwagen *m* (*Polizei*); **3.** F a) Wohnwagen *m*: ***gipsy's ~*** Zigeunerwagen *m*, b) *Am.* 'Wohnmoˌbil *n*; **4.** 🚂 *Brit.* (geschlossener) Güterwagen; Dienst-, Gepäckwagen *m*.

van[3] [væn] *s.* **1.** *obs. od. poet.* Schwinge *f*, Fittich *m*; **2.** *Brit.* Getreideschwinge *f*; **3.** ⚒ *Brit.* Schwingschaufel *od.* -probe *f*.

va·na·di·um [və'neɪdjəm] *s.* ⚗ Va'nadium *n*.

Van·dal ['vændl] **I** *s.* **1.** *hist.* Van'dale *m*, Van'dalin *f*; **2.** ♀ *fig.* Van'dale *m*; **II** *adj.* *a.* **Van·dal·ic** [væn'dælɪk] **3.** *hist.* van'dalisch, Vandalen…; **4.** ♀ *fig.* van'dalenhaft, zerstörungswütig; **'van·dal·ism** [-dəlɪzəm] *s. fig.* Vanda'lismus *m*: a) Zerstörungswut *f*, b) *a.* ***act(s) of ~*** mutwillige Zerstörung; **'van·dal·ize** *v/t.* **1.** mutwillig zerstören, verwüsten; **2.** wie die Van'dalen hausen in (*dat.*).

Van·dyke [ˌvæn'daɪk] **I** *adj.* **1.** von Van Dyck, in Van Dyckscher Ma'nier; **II** *s.* **2.** *oft* ♀ *abbr. für* a) ***~ beard***, b) ***~ collar***; **3.** Zackenmuster *n*; **~ beard** *s.* Spitz-, Knebelbart *m*; **~ col·lar** *s.* Van'dyckkragen *m*.

vane [veɪn] *s.* **1.** Wetterfahne *f*, -hahn *m*; **2.** Windmühlenflügel *m*; **3.** (Pro'peller-, Venti'lator- *etc.*)Flügel *m*; (Tur'binen-, ✈ Leit)Schaufel *f*; **4.** *surv.* Di'opter *n*; **5.** *zo.* Fahne *f* (*Feder*); **6.** (Pfeil)Fiederung *f*.

van·guard ['vængɑ:d] → ***van***[1].

va·nil·la [və'nɪlə] *s.* ♀, ✝ Va'nille *f*.

van·ish ['vænɪʃ] *v/i.* **1.** (plötzlich) verschwinden; **2.** (langsam) (ver-, ent-) schwinden, da'hinschwinden, sich verlieren (***from*** von, aus); **3.** (spurlos) verschwinden: ***~ into (thin) air*** sich in Luft auflösen; **4.** ⚗ verschwinden, Null werden.

van·ish·ing| cream ['vænɪʃɪŋ] *s.* (*rasch eindringende*) Tagescreme; **~ line** *s.* Fluchtlinie *f*; **~ point** *s.* **1.** Fluchtpunkt *m* (*Perspektive*); **2.** *fig.* Nullpunkt *m*.

van·i·ty ['vænətɪ] *s.* **1.** *persönliche* Eitelkeit; **2.** *j-s* Stolz *m* (*Sache*); **3.** Leer-, Hohlheit *f*, Eitel-, Nichtigkeit *f*: ♀ ***Fair*** *fig.* Jahrmarkt *m* der Eitelkeit; **4.** *Am.* Toi'lettentisch *m*; **5.** *a.* ***~ bag*** (*od.* ***box***, ***case***) Hand-, Kos'metiktäschchen *n*, -koffer *m*.

van·quish ['væŋkwɪʃ] **I** *v/t.* besiegen, über'wältigen, *a. fig. Stolz etc.* über'winden, bezwingen; **II** *v/i.* siegreich sein, siegen; **'van·quish·er** [-ʃə] *s.* Sieger *m*, Bezwinger *m*.

van·tage ['vɑ:ntɪdʒ] *s.* **1.** *Tennis*: Vorteil *m*; **2.** ***coign*** (*od.* ***point***) ***of ~*** günstiger (Angriffs- *od.* Ausgangs)Punkt; **~ ground** *s.* günstige Lage *od.* Stellung (*a. fig.*); **~ point** *s.* **1.** Aussichtspunkt *m*; **2.** günstiger (Ausgangs)Punkt; **3.** → ***vantage ground***.

vap·id ['væpɪd] *adj.* □ **1.** schal: ***~ beer***; **2.** *fig.* a) schal, seicht, leer, b) öd(e), fad(e); **va·pid·i·ty** [væ'pɪdətɪ], **'vap·id·ness** [-nɪs] *s.* **1.** Schalheit *f* (*a. fig.*); **2.** *fig.* a) Fadheit, b) Leere *f*.

va·por *Am.* → ***vapour***.

va·por·i·za·tion [ˌveɪpəraɪ'zeɪʃn] *s. phys.* Verdampfung *f*, -dunstung *f*.

va·por·ize ['veɪpəraɪz] **I** *v/t.* **1.** ⚗, *phys.* ver-, eindampfen, verdunsten (lassen); **2.** ⚙ vergasen; **II** *v/i.* **3.** verdampfen, verdunsten; **'va·por·iz·er** [-zə] *s.* ⚙ **1.** Ver'dampfungsappaˌrat *m*, Zerstäuber *m*; **2.** Vergaser *m*; **'va·por·ous** [-rəs] *adj.* □ **1.** dampfig, dunstig; **2.** *fig.* nebelhaft; **3.** duftig (*Gewebe*).

va·pour ['veɪpə] **I** *s.* **1.** Dampf *m* (*a. phys.*), Dunst *m* (*a. fig.*): ***~ bath*** Dampfbad *n*; ***~ trail*** ✈ Kondensstreifen; **2.** a) ⚙ Gas *n*, b) *mot.* Gemisch *n*: ***~ motor*** Gasmotor *m*; **3.** ⚕ a) (Inhalati'ons)Dampf *m*, b) *obs.* (*innere*) Blähung; **4.** *fig.* Phan'tom *n*, Hirngespinst *n*; **5.** *pl. obs.* Schwermut *f*; **II** *v/i.* **6.** (ver)dampfen; **7.** *fig.* schwadronieren, prahlen.

var·an ['værən] *s. zo.* Wa'ran *m*.

var·ec ['værek] *s.* **1.** Seetang *m*; **2.** ⚗ Varek *m*, Seetangasche *f*.

var·i·a·bil·i·ty [ˌveərɪə'bɪlətɪ] *s.* **1.** Veränderlichkeit *f*, Schwanken *n*, Unbeständigkeit *f* (*a. fig.*); **2.** ⚗, *phys.*, *a. biol.* Variabili'tät *f*.

var·i·a·ble ['veərɪəbl] **I** *adj.* □ **1.** veränderlich, 'unterschiedlich, wechselnd; schwankend (*a. Person*): ***~ cost*** ✝ bewegliche Kosten *pl.*; ***~ wind*** *meteor.* Wind aus wechselnder Richtung; **2.** *bsd.* ⚗, *ast.*, *biol.*, *phys.* vari'abel, wandelbar, ⚗, *phys. a.* ungleichförmig; **3.** ⚙ regelbar, ver-, einstellbar: ***~ capacitor*** Drehkondensator *m*; ***~ gear*** Wechselgetriebe *n*; ***infinitely ~*** stufenlos regelbar; ***~-speed*** mit veränderlicher Drehzahl; **II** *s.* **4.** veränderliche Größe, *bsd.* ⚗ Vari'able *f*, Veränderliche *f*; **5.** *ast.* vari'abler Stern; **'var·i·a·ble·ness** [-nɪs] → ***variability***; **'var·i·ance** [-ɪəns] *s.* **1.** Veränderung *f*; **2.** Abweichung *f* (*a.* ⚖ *zwischen Klage u. Beweisergebnis*); **3.** Uneinigkeit *f*, Meinungsverschiedenheit *f*, Streit *m*: ***be at ~ (with)*** uneinig sein (mit *j-m*); → 4; ***set at ~*** entzweien; **4.** *fig.* 'Widerstreit *m*, -spruch *m*, Unvereinbarkeit *f*: ***be at ~ (with)*** unvereinbar sein (mit *et.*), im Widerspruch stehen (zu); → 3; **'var·i·ant** [-ɪənt] **I** *adj.* abweichend, verschieden; 'unterschiedlich; **II** *s.* Vari-

ˈante *f*: a) Spielart *f*, b) abweichende Lesart; **var·i·a·tion** [ˌveərɪˈeɪʃn] *s.* **1.** Veränderung *f*, Wechsel *m*, Schwankung *f*; **2.** Abweichung *f*; **3.** ♪, ⩓, *ast.*, *biol. etc.* Variatiˈon *f*; **4.** (ˈOrts)ˌMißweisung *f*, magˈnetische Deklinatiˈon *f* (*Kompaß*).

var·i·col·o(u)red [ˈveərɪkʌləd] *adj.* bunt: a) vielfarbig, b) *fig.* mannigfaltig.

var·i·cose [ˈværɪkəʊs] *adj.* ⚕ krampfad(e)rig, variˈkös: **~ vein** Krampfader *f*; **~ bandage** Krampfaderbinde *f*; **var·i·co·sis** [ˌværɪˈkəʊsɪs], **var·i·cos·i·ty** [ˌværɪˈkɒsətɪ] *s.* Krampfaderleiden *n*, Krampfader(n *pl.*) *f*.

var·ied [ˈveərɪd] *adj.* □ verschieden(artig); mannigfaltig, abwechslungsreich, bunt.

var·i·e·gate [ˈveərɪgeɪt] *v/t.* **1.** bunt gestalten (*a. fig.*); **2.** *fig.* (durch Abwechslung) beleben, variieren; **ˈvar·i·e·gat·ed** [-tɪd] *adj.* **1.** bunt(scheckig, -gefleckt), vielfarbig; **2.** → **varied**; **var·i·e·ga·tion** [ˌveərɪˈgeɪʃn] *s.* Buntheit *f*.

va·ri·e·ty [vəˈraɪətɪ] *s.* **1.** Verschieden-, Buntheit *f*, Mannigfaltigkeit *f*, Vielseitigkeit *f*, Abwechslung *f*; **2.** Vielfalt *f*, Reihe *f*, Anzahl *f*, *bsd.* ✝ Auswahl *f*: **owing to a ~ of causes** aus verschiedenen Gründen; **3.** Sorte *f*, Art *f*; **4.** *allg.*, *a.* ⚘, *zo.* Ab-, Spielart *f*; **5.** ⚘, *zo.* a) Varieˈtät *f* (*Unterabteilung e-r Art*), b) Variˈante *f*; **6.** Varieˈté *n*: **~ artist** Varietékünstler *m*; **~ meat** *s. Am.* Ineˈreien *pl.*; **~ show** *s.* Varieˈté(vorstellung *f*) *n*; **~ store** *s.* ✝ *Am.* Kleinkaufhaus *n*; **~ the·a·tre** *s.* Varieˈté(theˌater) *n*.

var·i·form [ˈveərɪfɔːm] *adj.* vielgestaltig (*a. fig.*).

va·ri·o·la [vəˈraɪələ] *s.* ⚕ Pocken *pl.*

var·i·om·e·ter [ˌveərɪˈɒmɪtə] *s.* ⚙, ⚡, *phys.* Varioˈmeter *n*.

var·i·o·rum [ˌveərɪˈɔːrəm] **I** *adj.* **~ edition** → **II** *s.* Ausgabe *f* mit Anmerkungen verschiedener Kommentaˈtoren *od.* mit verschiedenen Lesarten.

var·i·ous [ˈveərɪəs] *adj.* □ **1.** verschieden(artig); **2.** mehrere, verschiedene; **3.** → **varied**.

var·ix [ˈveərɪks] *pl.* **-i·ces** [ˈværɪsiːz] *s.* ⚕ Krampfader(knoten *m*) *f*.

var·let [ˈvɑːlɪt] *s.* **1.** *hist.* Knappe *m*, Page *m*; **2.** *obs.* Schelm *m*, Schuft *m*.

var·mint [ˈvɑːmɪnt] *s.* **1.** *zo.* Schädling *m*; **2.** F Haˈlunke *m*.

var·nish [ˈvɑːnɪʃ] **I** *s.* ⚙ **1.** Lack *m*: **oil ~** Öllack *m*; **2.** *a.* **clear ~** Klarlack *m*, Firnis *m*; **3.** (ˈMöbel)Poliˌtur *f*; **4.** *Töpferei*: Glaˈsur *f*; **5.** *fig.* Firnis *m*, Tünche *f*, äußerer Anstrich; **II** *v/t. a.* **~ over 6.** a) lackieren, firnissen, b) glasieren; **7.** *Möbel* (auf)polieren; **8.** *fig.* überˈtünchen, beschönigen.

var·si·ty [ˈvɑːsətɪ] *s.* F **1.** ‚Uniˈ *f* (*Universität*); **2.** *a.* **~ team** *sport Am.* Universiˈtäts- *od.* College- *od.* Schulmannschaft *f*.

var·y [ˈveərɪ] **I** *v/t.* **1.** (ver-, *a.* ⚖ ab)ändern; **2.** variieren, ˈunterschiedlich gestalten, Abwechslung bringen in (*acc.*), wechseln mit *et.*, *a.* ♪ abwandeln; **II** *v/i.* **3.** sich (ver)ändern, variieren (*a. biol.*), wechseln, schwanken; **4.** verschieden sein, abweichen (**from** von); **ˈvar·y·ing** [-ɪɪŋ] *adj.* wechselnd, ˈunterschiedlich, verschieden.

vas·cu·lar [ˈvæskjʊlə] *adj.* ⚘, *physiol.* Gefäß…(*-pflanzen*, *-system etc.*): **~ tissue** ⚘ Stranggewebe *n*.

vase [vɑːz] *s.* Vase *f*.

vas·ec·to·my [væˈsektəmɪ] *s.* ⚕ Vasekˈtoˈmie *f*.

vas·e·line [ˈvæsɪliːn] *s.* ⚗ Vaseˈlin *n*.

vas·sal [ˈvæsl] **I** *s.* **1.** Vaˈsall(in), Lehnsmann *m*; **2.** *fig.* ˈUntertan *m*, Unterˈgebene(r *m*) *f*; **3.** *fig.* Sklave *m* (**to** *gen.*); **II** *adj.* **4.** Vasallen…; **ˈvas·sal·age** [-səlɪdʒ] *s.* **1.** *hist.* Vaˈsallentum *n*, Lehnspflicht *f*, (**to** gegenüber); **2.** *coll.* Vaˈsallen *pl.*; **3.** *fig.* a) Abhängigkeit *f* (**to** von), b) ˈUnterwürfigkeit *f*.

vast [vɑːst] **I** *adj.* □ **1.** weit, ausgedehnt, unermeßlich; **2.** *a. fig.* ungeheuer, (riesen)groß, riesig, gewaltig: **~ difference**; **~ quantity**; **II** *s.* **3.** *poet.* Weite *f*; **ˈvast·ly** [-lɪ] *adv.* gewaltig, in hohem Maße; ungemein, äußerst: **~ superior** haushoch überlegen, weitaus besser; **ˈvast·ness** [-nɪs] *s.* **1.** Weite *f*, Unermeßlichkeit *f* (*a. fig.*); **2.** ungeheure Größe, riesige Zahl, Unmenge *f*.

vat [væt] **I** *s.* ⚙ **1.** großes Faß, Bottich *m*, Kufe *f*; **2.** a) *Färberei*: Küpe *f*, b) *a.* **tan ~** *Gerberei*: Lohgrube *f*; **II** *v/t.* **3.** (ver)küpen, in ein Faß *etc.* füllen; **4.** in e-m Faß *etc.* behandeln: **~ted** faßreif (*Wein etc.*).

Vat·i·can [ˈvætɪkən] *s.* Vatiˈkan *m*: **~ council** Vatikanisches Konzil.

vaude·ville [ˈvəʊdəvɪl] *s.* **1.** *Brit.* heiteres Singspiel (mit Tanzeinlagen); **2.** *Am.* Varieˈté *n*.

vault[1] [vɔːlt] **I** *s.* **1.** ⩓ (*a. poet.* Himmels)Gewölbe *n*, Wölbung *f*; **2.** Kellergewölbe *n*; **3.** Grabgewölbe *n*, Gruft *f*: **family ~**; **4.** Treˈsorraum *m*; **5.** *anat.* Wölbung *f*, (Schädel)Dach *n*; (Gaumen)Bogen *m*; (Zwerchfell)Kuppel *f*; **II** *v/t.* **6.** (über)ˈwölben; **III** *v/i.* **7.** sich wölben.

vault[2] [vɔːlt] **I** *v/i.* **1.** springen, sich schwingen, setzen (**over** über *acc.*); **2.** *Reitsport*: kurbettieren; **II** *v/t.* **3.** überˈspringen; **III** *s.* **4.** *bsd. sport* Sprung *m*; **5.** *Reitsport*: Kurˈbette *f*.

vault·ed [ˈvɔːltɪd] *adj.* **1.** gewölbt, Gewölbe…; **2.** überˈwölbt.

vault·er [ˈvɔːltə] *s.* Springer *m*.

vault·ing[1] [ˈvɔːltɪŋ] *s.* ⩓ **1.** Spannen *n* e-s Gewölbes; **2.** Wölbung *f*; **3.** Gewölbe *n* (*od. pl. coll.*).

vault·ing[2] [ˈvɔːltɪŋ] *s.* Springen *n*; **~ horse** *s.* *Turnen*: (Lang-, Sprung)Pferd *n*; **~ pole** *s. sport* Sprungstab *m*.

vaunt [vɔːnt] **I** *v/t.* sich rühmen (*gen.*), sich brüsten mit; **II** *v/i.* (**of**) sich rühmen (*gen.*), sich brüsten (mit); **III** *s.* Prahleˈrei *f*; **ˈvaunt·er** [-tə] *s.* Prahler(in); **ˈvaunt·ing** [-tɪŋ] *adj.* □ prahlerisch.

ˈV-Day *s.* Tag *m* des Sieges (*im 2. Weltkrieg*; *8. 5. 1945*).

've [v] F *abbr. für* **have**.

veal [viːl] *s.* Kalbfleisch *n*: **~ chop** Kalbskotelett *n*; **~ cutlet** Kalbsschnitzel *n*.

vec·tor [ˈvektə] **I** *s.* **1.** ⩓, *a.* ✈ Vektor *m*; **2.** ⚕, *vet.* Bakˈterienüberˌträger *m*; **II** *v/t.* **3.** *Flugzeug* (mittels Funk *od.* Raˈdar) leiten, (auf Ziel) einweisen.

V-E Day → **V-Day**.

vee [viː] **I** *s.* V *n*, v *n*, Vau *n* (*Buchstabe*), **II** *adj.* V-förmig, V-…: **~ belt** Keilriemen *m*; **~ engine** V-Motor *m*.

veep [viːp] *s. Am.* F ‚Vizeˈ *m* (*Vizepräsident*).

veer [vɪə] **I** *v/i. a.* **~ round 1.** sich (ˈum-)drehen; ˈumspringen, sich drehen (*Wind*); *fig.* ˈumschwenken (**to** zu); **2.** ⚓ (ab)drehen, wenden; **II** *v/t.* **3.** *a.* **~ round** *Schiff etc.* wenden, drehen, schwenken; **4.** ⚓ *Tauwerk* fieren, abschießen: **~ and haul** fieren u. holen; **III** *s.* **5.** Wendung *f*, Drehung *f*, Richtungswechsel *m*.

veg·e·ta·ble [ˈvedʒtəbl] **I** *s.* **1.** *allg.* (*bsd.* Gemüse-, Futter)Pflanze *f*: **be a mere ~, live like a ~** *fig.* (nur noch) dahinvegetieren; **2.** *a. pl.* Gemüse *n*; **3.** ⚒ Grünfutter *n*; **II** *adj.* **4.** pflanzlich, vegetaˈbilisch, Pflanzen…: **~ diet** Pflanzenkost *f*; **~ kingdom** Pflanzenreich *n*; **~ marrow** Kürbis(frucht *f*) *m*; **5.** Gemüse…: **~ garden**; **~ soup**.

veg·e·tal [ˈvedʒɪtl] *adj.* **1.** ⚘ → **vegetable** 4 *u.* 5; **2.** *physiol.* vegetaˈtiv; **veg·e·tar·i·an** [ˌvedʒɪˈteərɪən] **I** *s.* **1.** Vegeˈtarier(in); **II** *adj.* **2.** vegeˈtarisch; **3.** Vegetarier…; **veg·e·tar·i·an·ism** [ˌvedʒɪˈteərɪənɪzəm] *s.* Vegetaˈrismus *m*, vegeˈtarische Lebensweise; **ˈveg·e·tate** [-teɪt] *v/i.* **1.** (*wie e-e Pflanze*) wachsen; vegetieren; **2.** *contp.* (daˈhin)vegetieren; **veg·e·ta·tion** [ˌvedʒɪˈteɪʃn] *s.* **1.** Vegetatiˈon *f*, Pflanzenwelt *f*, -decke *f*: **luxuriant ~**; **2.** Vegetieren *n*, Pflanzenwuchs *m*; **3.** *fig.* (Daˈhin)Vegetieren *n*; **4.** ⚕ Wucherung *f*; **ˈveg·e·ta·tive** [-tətɪv] *adj.* □ *biol.* **1.** vegetaˈtiv: a) wie Pflanzen wachsend, b) wachstumsfördernd, c) Wachstums…; **2.** Vegetations…, pflanzlich.

ve·he·mence [ˈviːɪməns] *s.* **1.** *a. fig.* Heftigkeit *f*, Veheˈmenz *f*, Gewalt *f*, Wucht *f*; **2.** *fig.* Ungestüm *n*, Leidenschaft *f*; **ˈve·he·ment** [-nt] *adj.* □ *a. fig.* heftig, gewaltig, veheˈment, *fig. a.* ungestüm, leidenschaftlich, hitzig.

ve·hi·cle [ˈviːɪkl] *s.* **1.** Fahrzeug *n*, Beförderungsmittel *n*, *engS.* Wagen *m*; **2.** a) *a.* **space ~** Raumfahrzeug *n*, b) ˈTrägeraˌkete *f*; **3.** *fig.* a) Ausdrucksmittel *n*, Medium *n*, Veˈhikel *n*, b) Träger *m*, Vermittler *m*; **4.** ⚗, *biol.* Trägerflüssigkeit *f*; **5.** *pharm.*, ⚗, ⚙ Bindemittel *n*; **ve·hic·u·lar** [vɪˈhɪkjʊlə] *adj.* Fahrzeug…, Wagen…: **~ traffic**.

veil [veɪl] **I** *s.* **1.** (Gesichts- *etc.*)Schleier *m*: **take the ~** *eccl.* den Schleier nehmen (*Nonne werden*); **2.** *phot.* (*a.* Nebel-, Dunst)Schleier *m*; **3.** *fig.* Schleier *m*, Maske *f*, Deckmantel *m*: **draw a ~ over** den Schleier des Vergessens breiten über (*acc.*); **under the ~ of darkness** im Schutze der Dunkelheit; **under the ~ of charity** unter dem Deckmantel der Nächstenliebe; **4.** ⚘, *anat.* → **velum**; **5.** *eccl.* a) (Tempel)Vorhang *m*, b) Velum *n* (*Kelchtuch*); **6.** Verschleierung *f der Stimme*; **II** *v/t.* **7.** verschleiern, -hüllen (*a. fig.*); **III** *v/i.* **8.** sich verschleiern; **veiled** [-ld] *adj.* verschleiert (*a. phot.*, *fig.*) (*a. Stimme*); **ˈveil·ing** [-lɪŋ] *s.* **1.** Verschleierung *f* (*a. phot. u. fig.*); **2.** ✝ Schleier(stoff) *m*.

vein [veɪn] *s.* **1.** *anat.* Vene *f*; **2.** *allg.* Ader *f*: a) *anat.* Blutgefäß *n*, b) ⚘ Blattnerv *m*, c) Maser *f* (*Holz*, *Marmor*), d) *geol.* (Erz)Gang *m*, e) Wasserader *f*; **3.**

fig. a) *poetische etc.* Ader, Veranlagung *f*, Hang *m* (**of** zu), b) (Ton)Art *f*, c) Stimmung *f*: ***be in the ~ for*** in Stimmung sein zu; **veined** [-nd] *adj.* **1.** *allg.* geädert; **2.** gemasert; **'vein·ing** [-nɪŋ] *s.* Äderung *f*, Maserung *f*; **'vein·let** [-lɪt] *s.* **1.** Äderchen *n*; **2.** ♀ Seitenrippe *f*.
ve·la ['vi:lə] *pl. von* ***velum***.
ve·lar ['vi:lə] **I** *adj. anat., ling.* ve'lar, Gaumensegel..., Velar...; **II** *s. ling.* Gaumensegellaut *m*, Ve'lar(laut) *m*; **'ve·lar·ize** [-əraɪz] *v/t. ling. Laut* velarisieren.
Vel·cro ['velkrəʊ] *s. TM a.* ***~ fastening*** Klettverschluß *m*.
veld(t) [velt] *s. geogr.* Gras- *od.* Buschland *n* (*Südafrika*).
vel·le·i·ty [ve'li:ətɪ] *s.* kraftloses, zögerndes Wollen.
vel·lum ['veləm] *s.* **1.** ('Kalbs-, 'Schreib-) Perga,ment *n*, Ve'lin *n*: ***~ cloth*** Pausleinen *n*; **2.** *a.* ***~ paper*** Ve'linpa,pier *n*.
ve·loc·i·pede [vɪ'lɒsɪpi:d] *s.* **1.** *hist.* Velozi'ped *n*; **2.** *Am.* (Kinder)Dreirad *n*.
ve·loc·i·ty [vɪ'lɒsətɪ] *s. bsd.* ⚙, *phys.* Geschwindigkeit *f*: ***at a ~ of*** mit e-r Geschwindigkeit von; ***initial ~*** Anfangsgeschwindigkeit.
ve·lour(s) [və'lʊə] *s.* ✝ Ve'lours *m*.
ve·lum ['vi:ləm] *pl.* **-la** [-lə] *s.* **1.** ♀, *anat.* Hülle *f*, Segel *n*; **2.** *anat.* Gaumensegel *n*, weicher Gaumen; **3.** ♀ Schleier *m an Hutpilzen*.
vel·vet ['velvɪt] **I** *s.* **1.** Samt *m*: ***be on ~*** *sl.* glänzend dastehen; **2.** *zo.* Bast *m an jungen Geweihen etc.*; **II** *adj.* **3.** samten, aus Samt, Samt...; **4.** samtartig, -weich, samten (*a. fig.*): ***an iron hand in a ~ glove*** *fig.* e-e eiserne Faust unter dem Samthandschuh; ***handle s.o. with ~ gloves*** *fig.* j-n mit Samthandschuhen anfassen; **vel·vet·een** [,velvɪ'ti:n] *s.* Man'(s)chester *m*, Baumwollsamt *m*; **'vel·vet·y** [-tɪ] → ***velvet*** 4.
ve·nal ['vi:nl] *adj.* □ käuflich, bestechlich, kor'rupt; **ve·nal·i·ty** [vi:'nælətɪ] *s.* Käuflichkeit *f*, Kor'ruptheit *f*.
ve·na·tion [vi:'neɪʃn] *s.* ♀, *zo.* Geäder *n*.
vend [vend] *v/t.* a) *bsd.* ⚖ verkaufen, b) zum Verkauf anbieten, c) hausieren mit; **vend·ee** [ven'di:] *s.* ⚖ Käufer *m*; **'vend·er** [-də] *s.* **1.** (Straßen)Verkäufer *m*, (-)Händler *m*; **2.** → ***vendor***.
ven·det·ta [ven'detə] *s.* Blutrache *f*.
vend·i·ble ['vendəbl] *adj.* □ verkäuflich.
vend·ing ma·chine ['vendɪŋ] *s.* (Ver'kaufs)Auto,mat *m*.
ven·dor ['vendɔ:] *s.* **1.** ⚖ Verkäufer(in); **2.** (Ver'kaufs)Auto,mat *m*.
ven·due ['vendju:] *s. bsd. Am.* Aukti'on *f*, Versteigerung *f*.
ve·neer [və'nɪə] **I** *v/t.* **1.** ⚙ a) *Holz* furnieren, einlegen, b) *Stein* auslegen, c) *Töpferei*: (mit dünner Schicht) über'ziehen; **2.** *fig.* um'kleiden, e-n äußeren Anstrich geben; **3.** *fig. Eigenschaften etc.* über'tünchen, verdecken; **II** *s.* **4.** ⚙ Fur'nier(holz, -blatt) *n*; **5.** *fig.* Tünche *f*, äußerer Anstrich; **ve'neer·ing** [-ərɪŋ] *s.* **1.** ⚙ a) Furnierholz *n*, b) Furnierung *f*, c) Fur'nierarbeit *f*; **2.** *fig.* → ***veneer*** 5.
ven·er·a·bil·i·ty [,venərə'bɪlətɪ] *s.* Ehrwürdigkeit *f*; **ven·er·a·ble** ['venərəbl] *adj.* □ **1.** ehrwürdig (*a. R.C.*) (*a. fig. Bauwerk etc.*), verehrungswürdig; **2.** *Anglikanische Kirche*: Hoch(ehr)würden *m* (*Archidiakon*): ♀ ***Sir***; **ven·er·a·ble·ness** ['venərəblnɪs] *s.* Ehrwürdigkeit *f*.
ven·er·ate ['venəreɪt] *v/t.* **1.** verehren; **2.** in Ehren halten; **ven·er·a·tion** [,venə'reɪʃn] *s.* (**of**) a) Verehrung *f* (*gen.*), b) Ehrfurcht *f* (vor *dat.*); **'ven·er·a·tor** [-tə] *s.* Verehrer(in).
ve·ne·re·al [və'nɪərɪəl] *adj.* **1.** geschlechtlich, Geschlechts..., Sexual...; **2.** ⚕ a) ve'nerisch, Geschlechts..., b) geschlechtskrank: ***~ disease*** Geschlechtskrankheit *f*; **ve·ne·re·ol·o·gist** [və,nɪərɪ'ɒlədʒɪst] *s.* ⚕ Venero'loge *m*, Facharzt *m* für Geschlechtskrankheiten.
Ve·ne·tian [və'ni:ʃn] **I** *adj.* venezi'anisch: ***~ blind*** (Stab)Jalousie *f*; ***~ glass*** Muranoglas *n*; **II** *s.* Venezi'aner(in).
Ven·e·zue·lan [,vene'zweɪlən] **I** *adj.* venezo'lanisch; **II** *s.* Venezo'laner(in).
venge·ance ['vendʒəns] *s.* Rache *f*, Vergeltung *f*: ***take ~ (up)on*** Vergeltung üben *od.* sich rächen an (*dat.*); ***with a ~*** F a) mächtig, mit Macht, wie besessen, wie der Teufel, b) *jetzt* erst recht, c) im Exzess, übertrieben; **'venge·ful** [-fʊl] *adj.* □ *rhet.* rachsüchtig, -gierig.
ve·ni·al ['vi:njəl] *adj.* □ verzeihlich: ***~ sin*** *R.C.* läßliche Sünde.
ven·i·son ['venzn] *s.* Wildbret *n*.
ven·om ['venəm] *s.* **1.** *zo.* (Schlangen- *etc.*)Gift *n*; **2.** *fig.* Gift *n*, Gehässigkeit *f*; **'ven·omed** [-md], **'ven·om·ous** [-məs] *adj.* □ **1.** giftig: ***~ snake*** Giftschlange *f*; **2.** *fig.* giftig, gehässig; **'ven·om·ous·ness** [-məsnɪs] *s.* Giftigkeit *f*, *fig. a.* Gehässigkeit *f*.
ve·nose ['vi:nəʊs] → ***venous***; **ve·nos·i·ty** [vɪ'nɒsətɪ] *s. biol.* **1.** Äderung *f*; **2.** ⚕ Venosi'tät *f*; **ve·nous** ['vi:nəs] *adj.* □ *biol.* **1.** Venen..., Adern...; **2.** ve'nös: ***~ blood***; **3.** ♀ geädert.
vent [vent] **I** *s.* **1.** (Luft)Loch *n*, (Abzugs)Öffnung *f*, Schlitz *m*, ⚙ *a.* Entlüfter(stutzen) *m*: ***~ window*** → ***ventipane***; **2.** Spundloch *n* (*Faß*); **3.** ✕ *hist.* Schießscharte *f*; **4.** Fingerloch *n* (*Flöte etc.*); **5.** (Vul'kan)Schlot *m*; **6.** *orn., ichth.* After *m*; **7.** *zo.* Aufstoßen *n* zum Luftholen (*Otter etc.*); **8.** Auslaß *m* (*a. fig.*): ***find (a) ~*** *fig.* sich entladen (*Gefühl*); ***give ~ to*** → 9; **II** *v/t.* **9.** *fig. e-m Gefühl* Luft machen, *Wut etc.* auslassen (***on*** an *dat.*); **10.** ⚙ a) e-e Abzugsöffnung *etc.* anbringen an (*dat.*), b) *Rauch etc.* abziehen lassen, c) ventilieren; **III** *v/i.* **11.** *hunt.* aufstoßen (zum Luftholen) (*Otter etc.*); **'vent·age** [-tɪdʒ] → ***vent*** 1, 4, 8.
ven·ter ['ventə] *s.* **1.** *anat.* a) Bauch(-höhle *f*) *m*, b) (Muskel- *etc.*)Bauch *m*; **2.** *zo.* (In'sekten)Magen *m*; **3.** ⚖ Mutter(leib *m*) *f*: ***child of a second ~*** Kind *n* von e-r zweiten Frau.
'vent·hole → ***vent*** 1.
ven·ti·late ['ventɪleɪt] *v/t.* **1.** ventilieren, (be-, ent-, 'durch)lüften; **2.** *physiol.* Sauerstoff zuführen (*dat.*); **3.** *fig.* ventilieren: a) zur Sprache bringen, erörtern, b) *Meinung etc.* äußern; **4.** → ***vent*** 9; **'ven·ti·lat·ing** [-tɪŋ] *adj.* Ventilations..., Lüftungs...; **ven·ti·la·tion** [,ventɪ'leɪʃn] *s.* **1.** Ventilati'on *f*, (Be-, Ent)Lüftung *f* (*beide a. Anlage*), Luftzufuhr *f*; ⚒ Bewetterung *f*; **2.** a) (freie) Erörterung, öffentliche Diskussi'on, b) Äußerung *f e-s Gefühls etc.*, Entladung *f*; **'ven·ti·la·tor** [-tə] *s.* Venti'lator *m*, Entlüfter *m*, Lüftungsanlage *f*.
ven·ti·pane ['ventɪpeɪn] *s. mot.* Ausstellfenster *n*.
ven·tral ['ventrəl] *adj.* □ *biol.* ven'tral, Bauch...
ven·tri·cle ['ventrɪkl] *s. anat.* Ven'trikel *m*, (Körper)Höhle *f*, *bsd.* (Herz-, Hirn-) Kammer *f*; **ven·tric·u·lar** [ven'trɪkjʊlə] *adj. anat.* ventriku'lär, Kammer...
ven·tri·lo·qui·al [,ventrɪ'ləʊkwɪəl] *adj.* bauchrednerisch, Bauchrede...
ven·tril·o·quism [ven'trɪləkwɪzəm] *s.* Bauchreden *n*; **ven'tril·o·quist** [-ɪst] *s.* Bauchredner(in); **ven'tril·o·quize** [-kwaɪz] **I** *v/i.* bauchreden; **II** *v/t. et.* bauchrednerisch sagen; **ven'tril·o·quy** [-kwɪ] *s.* Bauchreden *n*.
ven·ture ['ventʃə] **I** *s.* **1.** Wagnis *n*: a) Risiko *n*, b) (gewagtes) Unter'nehmen; **2.** ✝ a) (geschäftliches) Unter'nehmen, Operati'on *f*, b) Spekulati'on *f*; ***~ capital*** Risikokapital *n*; **3.** Spekulati'onsob,jekt *n*, Einsatz *m*; **4.** *obs.* Glück *n*: ***at a ~*** aufs Geratewohl, auf gut Glück; **II** *v/t.* **5.** *et.* riskieren, wagen, aufs Spiel setzen: ***nothing ~ nothing have*** (*od.* ***gain[ed]***) wer nicht wagt, der nicht gewinnt; **6.** *Bemerkung etc.* (zu äußern) wagen; **III** *v/i.* **7.** (es) wagen, sich erlauben (***to do*** zu tun); **8.** ***~ (up)on*** sich an *e-e Sache* wagen; **9.** sich *wohin* wagen; **'ven·ture·some** [-səm] *adj.* □ waghalsig: a) kühn, verwegen (*Person*), b) gewagt, ris'kant (*Tat*); **'ven·ture·some·ness** [-səmnɪs] *s.* Waghalsigkeit *f*; **'ven·tur·ous** [-ərəs] *adj.* □ → ***venturesome***.
ven·ue ['venju:] *s.* **1.** ⚖ a) Gerichtsstand *m*, zuständiger Verhandlungsort *m*, *Brit. a.* zuständige Grafschaft, b) örtliche Zuständigkeit; **2.** a) Schauplatz *m*, b) Treffpunkt *m*, Tagungsort *m*, c) *sport* Austragungsort *m*.
Ve·nus ['vi:nəs] *s. allg.* Venus *f*.
ve·ra·cious [və'reɪʃəs] *adj.* □ **1.** wahr'haftig, wahrheitsliebend; **2.** wahr (-heitsgetreu): ***~ account***; **ve·rac·i·ty** [və'ræsətɪ] *s.* **1.** Wahr'haftigkeit *f*, Wahrheitsliebe *f*; **2.** Richtigkeit *f*; **3.** Wahrheit *f*.
ve·ran·da(h) [və'rændə] *s.* Ve'randa *f*.
verb [vɜ:b] *s. ling.* Zeitwort *n*, Verb(um) *n*; **'ver·bal** [-bl] **I** *adj.* □ **1.** Wort... (*-fehler, -gedächtnis, -kritik etc.*); **2.** mündlich (*a. Vertrag etc.*): ***~ message***; **3.** (wort)wörtlich: ***~ copy***, ***~ translation***; **4.** wörtlich, Verbal...: ***~ note*** *pol.* Verbalnote *f*; **5.** *ling.* ver'bal, Verbal..., Zeitwort...: ***~ noun*** → 6; **II** *s.* **6.** *ling.* Ver'bal,substantiv *n*; **'ver·bal·ism** [-bəlɪzəm] *s.* **1.** Ausdruck *m*; **2.** Verba'lismus *m*, Wortemache'rei *f*; **3.** Wortklaube'rei *f*; **'ver·bal·ist** [-bəlɪst] *s.* **1.** *bsd. ped.* Verba'list(in); **2.** wortgewandte Per'son; **'ver·bal·ize** [-bəlaɪz] **I** *v/t.* **1.** in Worte fassen, formulieren; **2.** *ling.* in ein Verb verwandeln; **II** *v/i.* **3.** viele Worte machen; **ver·ba·tim** [vɜ:'beɪtɪm] **I** *adv.* ver'batim, (wort)wörtlich, Wort für Wort; **II** *adj.* → ***verbal*** 3; **III** *s.* wortgetreuer Bericht; **'ver·bi·age** [-bɪɪdʒ] *s.* **1.** Wortschwall *m*; **2.** Dikti'on *f*; **ver·bose** [vɜ:'bəʊs] *adj.* □

wortreich, weitschweifig; **ver·bos·i·ty** [vɜːˈbɒsətɪ] *s.* Wortreichtum *m.*

ver·dan·cy [ˈvɜːdənsɪ] *s.* **1.** (frisches) Grün; **2.** *fig.* Unerfahrenheit *f*; Unreife *f*; ˈ**ver·dant** [-nt] *adj.* □ **1.** grün, grünend; **2.** *fig.* grün, unreif.

ver·dict [ˈvɜːdɪkt] *s.* **1.** ⚖ (Wahr)Spruch *m* der Geschworenen, Verˈdikt *n*: **~ of not guilty** Erkennen *n* auf „nicht schuldig"; **bring in** (*od.* **return**) **a ~ of guilty** auf schuldig erkennen; **2.** *fig.* Urteil *n* (**on** über *acc.*).

ver·di·gris [ˈvɜːdɪgrɪs] *s.* Grünspan *m.*

ver·dure [ˈvɜːdʒə] *s.* **1.** (frisches) Grün; **2.** Vegetatiˈon *f*, saftiger Pflanzenwuchs; **3.** *fig.* Frische *f*, Kraft *f.*

verge [vɜːdʒ] **I** *s.* **1.** *mst fig.* Rand *m*, Grenze *f*: **on the ~ of** am Rande *der Verzweiflung etc.*, dicht vor (*dat.*); **on the ~ of tears** den Tränen nahe; **on the ~ of doing** nahe daran, zu tun; **2.** ✓ (Beet)Einfassung *f*, (Gras)Streifen *m*; **3.** ⚖ *Brit. hist.* Gerichtsbezirk *m* rund um den Königshof; **4.** ⚙ a) ˈüberstehende Dachkante, b) Säulenschaft *m*, c) Schwungstift *m* (*Uhrhemmung*), d) Zugstab *m* (*Setzmaschine*); **5.** a) *bsd. eccl.* Amtsstab *m*, b) *hist.* Belehnungsstab *m*; **II** *v/i.* **6.** *mst fig.* grenzen *od.* streifen (**on** an *acc.*); **7.** (**on**, **into**) sich nähern (*dat.*), (in *e-e Farbe etc.*) ˈübergehen; **8.** sich (hin)neigen (**to**[**wards**] nach); ˈ**ver·ger** [-dʒə] *s.* **1.** Kirchendiener *m*, Küster *m*; **2.** *bsd. Brit. eccl.* (Amts)Stabträger *m.*

ver·i·est [ˈverɪɪst] *adj.* (*sup. von* **very** II) *obs.* äußerst: **the ~ child** (selbst) das kleinste Kind; **the ~ nonsense** der reinste Unsinn; **the ~ rascal** der ärgste *od.* größte Schuft.

ver·i·fi·a·ble [ˈverɪfaɪəbl] *adj.* nachweis-, nachprüfbar, verifizierbar; **ver·i·fi·ca·tion** [ˌverɪfɪˈkeɪʃn] *s.* **1.** Nachprüfung *f*; **2.** Echtheitsnachweis *m*, Richtigbefund *m*; **3.** Beglaubigung *f*, Beurkundung *f*; (⚖ eidliche) Bestätigung; **ver·i·fy** [ˈverɪfaɪ] *v/t.* **1.** *auf die Richtigkeit hin* (nach)prüfen; **2.** die Richtigkeit *od.* Echtheit *e-r Angabe etc.* feststellen *od.* nachweisen, verifizieren; **3.** *Urkunde etc.* beglaubigen; beweisen, belegen; **4.** ⚖ eidlich beteuern; **5.** bestätigen; **6.** *Versprechen etc.* erfüllen, wahrmachen.

ver·i·ly [ˈverəlɪ] *adv. bibl.* wahrlich.

ver·i·si·mil·i·tude [ˌverɪsɪˈmɪlɪtjuːd] *s.* Wahrˈscheinlichkeit *f.*

ver·i·ta·ble [ˈverɪtəbl] *adj.* □ wahr(-haft), wirklich, echt.

ver·i·ty [ˈverətɪ] *s.* **1.** (Grund)Wahrheit *f*: **of a ~** wahrhaftig; **eternal verities** ewige Wahrheiten; **2.** Wahrheit *f*; **3.** (*j-s*) Wahrˈhaftigkeit *f.*

ver·juice [ˈvɜːdʒuːs] *s.* **1.** Obst-, Traubensaft *m* (*bsd. von unreifen Früchten*); **2.** Essig *m* (*a. fig.*).

ver·meil [ˈvɜːmeɪl] **I** *s.* **1.** *bsd. poet. für* **vermilion**; **2.** ⚙ Verˈmeil *n*: a) feuervergoldetes Silber *od.* Kupfer, vergoldete Bronze, b) hochroter Graˈnat; **II** *adj.* **3.** *poet.* purpur-, scharlachrot.

ver·mi·cel·li [ˌvɜːmɪˈselɪ] (*Ital.*) *s. pl.* Fadennudeln *pl.*

ver·mi·cide [ˈvɜːmɪsaɪd] *s. pharm.* Wurmmittel *n*; **ver·mic·u·lat·ed** [vɜːˈmɪkjʊleɪtɪd] *adj.* **1.** wurmstichig; **2.** △ geschlängelt; **ver·mi·form** [ˈvɜːmɪfɔːm] *adj. biol.* wurmförmig: **~ appendix** *anat.* Wurmfortsatz *m*; **ver·mi·fuge** [ˈvɜːmɪfjuːdʒ] → **vermicide**.

ver·mil·ion [vəˈmɪljən] **I** *s.* **1.** Zinˈnober *m*; **2.** Zinˈnoberrot *n*; **II** *adj.* **3.** zinˈnoberrot; **III** *v/t.* **4.** mit Zinˈnober *od.* zinˈnoberrot färben.

ver·min [ˈvɜːmɪn] *s. mst pl. konstr.* **1.** *zo. coll.* a) Ungeziefer *n*, b) Schädlinge *pl.*, Paraˈsiten *pl.*, c) *hunt.* Raubzeug *n*; **2.** *fig. contp.* Geschmeiß *n*, Pack *n*; ˈ**~-ˌkill·er** *s.* **1.** Kammerjäger *m*; **2.** Ungeziefervertilgungsmittel *n.*

ver·min·ous [ˈvɜːmɪnəs] *adj.* □ **1.** voller Ungeziefer; verlaust, verwanzt, verseucht; **2.** durch Ungeziefer verursacht: **~ disease**; **3.** *fig.* a) schädlich, b) niedrig, gemein.

ver·mo(u)th [ˈvɜːməθ] *s.* Wermut(wein) *m.*

ver·nac·u·lar [vəˈnækjʊlə] **I** *adj.* □ **1.** einheimisch, Landes…(*-sprache*); **2.** mundartlich, Volks…, Heimat…: **~ poetry**; **3.** ⚕ enˈdemisch, loˈkal: **~ disease**; **II** *s.* **4.** Landes-, Mutter-, Volkssprache *f*; **5.** Mundart *f*, Diaˈlekt *m*; **6.** Jarˈgon *m*; **7.** Fachsprache *f*; **8.** → **vernacularism**; **ver·ˈnac·u·lar·ism** [-ərɪzəm] *s.* volkstümlicher *od.* mundartlicher Ausdruck; **ver·ˈnac·u·lar·ize** [-əraɪz] *v/t.* **1.** *Ausdrükke etc.* einbürgern; **2.** in Volkssprache *od.* Mundart überˈtragen, mundartlich ausdrücken.

ver·nal [ˈvɜːnl] *adj.* □ **1.** Frühlings…; **2.** *fig.* frühlingshaft, Jugend…; **~ e·qui·nox** *s. ast.* ˈFrühlingsäquiˌnoktium *n* (*21. März*).

ver·ni·er [ˈvɜːnjə] *s.* ⚙ **1.** Nonius *m* (*Gradteiler*); **2.** Fein(ein)steller *m*, Verniˈer *m*; **~ cal·(l)i·per(s)** *s.* ⚙ Schublehre *f* mit Nonius.

Ver·o·nese [ˌverəˈniːz] **I** *adj.* veroˈnesisch, aus Veˈrona; **II** *s.* Veroˈneser(in).

ve·ron·i·ca [vɪˈrɒnɪkə] *s.* **1.** ⚘ Veˈronika *f*, Ehrenpreis *m*; **2.** *R.C. u. paint.* Schweißtuch *n* der Veˈronika.

ver·sa·tile [ˈvɜːsətaɪl] *adj.* □ **1.** vielseitig (begabt *od.* gebildet); gewandt, wendig, beweglich; **2.** unbeständig, wandelbar; **3.** ⚘, *zo.* (frei) beweglich; **ver·sa·til·i·ty** [ˌvɜːsəˈtɪlətɪ] *s.* **1.** Vielseitigkeit *f*, Gewandtheit *f*, Wendigkeit *f*, geistige Beweglichkeit; **2.** Unbeständigkeit *f.*

verse [vɜːs] **I** *s.* **1.** a) Vers(zeile *f*) *m*, b) (Gedicht)Zeile *f*, c) *allg.* Vers *m*, Strophe *f*: **~ drama** Versdrama *n*; → **chapter** 1; **2.** *coll. ohne art.* a) Verse *pl.*, b) Poeˈsie *f*, Dichtung *f*; **3.** Vers(-maß *n*) *m*: **blank ~** a) Blankvers, b) reimloser Vers; **II** *v/t.* **4.** in Verse bringen; **III** *v/i.* **5.** dichten, Verse machen.

versed[1] [vɜːst] *adj.* bewandert, beschlagen, versiert (**in** in *dat.*).

versed[2] [vɜːst] *adj.* ⚯ ˈumgekehrt: **~ sine** Sinusversus *m.*

ver·si·fi·ca·tion [ˌvɜːsɪfɪˈkeɪʃn] *s.* **1.** Verskunst *f*, Versemachen *n*; **2.** Versbau *m*; **ver·si·fi·er** [ˈvɜːsɪfaɪə] *s.* Verseschmied *m*, Dichterling *m*; **ver·si·fy** [ˈvɜːsɪfaɪ] → **verse** 4 *u.* 5.

ver·sion [ˈvɜːʃn] *s.* **1.** (*a.* ˈBibel)Überˌsetzung *f*; **2.** *thea. etc.* (*Bühnen- etc.*) Fassung *f*; **3.** Darstellung *f*, Fassung *f*, Lesart *f*, Versiˈon *f*; **4.** Spielart *f*, Variˈante *f*; **5.** ⚙ (*Export- etc.*)Ausführung *f*, Moˈdell *n.*

ver·sus [ˈvɜːsəs] *prp.* ⚖, *a. sport u. fig.* gegen, kontra.

vert [vɜːt] *eccl.* F **I** *v/i.* ˈübertreten, konvertieren; **II** *s.* Converˈtit(in).

ver·te·bra [ˈvɜːtɪbrə] *pl.* **-brae** [-briː] *s. anat.* **1.** (Rücken)Wirbel *m*; **2.** *pl.* Wirbelsäule *f*; ˈ**ver·te·bral** [-rəl] *adj.* □ verteˈbral, Wirbel(säulen)…: **~ column** Wirbelsäule *f*; ˈ**ver·te·brate** [-rɪt] **I** *adj.* **1.** mit e-r Wirbelsäule (versehen), Wirbel…(*-tier*); **2.** *zo.* zu den Wirbeltieren gehörig; **II** *s.* **3.** Wirbeltier *n*; ˈ**ver·te·brat·ed** [-reɪtɪd] → **vertebrate** I.

ver·tex [ˈvɜːteks] *pl. mst* **-ti·ces** [-tɪsiːz] *s.* **1.** *biol.* Scheitel *m*; **2.** ⚯ Scheitelpunkt *m*, Spitze *f* (*beide a. fig.*); **3.** *ast.* a) Zeˈnith *m*, b) Vertex *m*; **4.** *fig.* Gipfel *m*; ˈ**ver·ti·cal** [-tɪkl] **I** *adj.* □ **1.** senk-, lotrecht, vertiˈkal: **~ clearance** ⚙ lichte Höhe; **~ engine** ⚙ stehender Motor; **~ section** △ Aufriß *m*; **~ take-off** ✈ Senkrechtstart *m*; **~ take-off plane** *od.* **aircraft** ✈ Senkrechtstarter *m*; **2.** *ast.*, ⚯ Scheitel…, Höhen…, Vertikal…: **~ angle** Scheitelwinkel *m*; **~ circle** *ast.* Vertikalkreis *m*; **~ section** △ Aufriß *m*; **II** *s.* **3.** Senkrechte *f.*

ver·tig·i·nous [vɜːˈtɪdʒɪnəs] *adj.* □ **1.** wirbelnd; **2.** schwindlig, Schwindel…; **3.** schwindelerregend, schwindelnd: **~ height**; **ver·ti·go** [ˈvɜːtɪgəʊ] *pl.* **-goes** *s.* ⚕ Schwindel(gefühl *n*, -anfall *m*) *m.*

ver·tu [vɜːˈtuː] → **virtu**.

ver·vain [ˈvɜːveɪn] *s.* ⚘ Eisenkraut *n.*

verve [vɜːv] *s.* (künstlerische) Begeisterung, Schwung *m*, Feuer *n*, Verve *f.*

ver·y [ˈverɪ] **I** *adv.* **1.** sehr, äußerst, außerordentlich: **~ good** a) sehr gut, b) einverstanden, sehr wohl; **~ well** a) sehr gut, b) meinetwegen, na schön; **not ~ good** nicht sehr *od.* besonders *od.* gerade gut; **2. ~ much** (*in Verbindung mit Verben*) sehr, außerordentlich: **he was ~ much pleased**; **3.** (*vor sup.*) aller…: **the ~ last drop** der allerletzte Tropfen; **4.** völlig, ganz; **II** *adj.* **5.** gerade, genau: **the ~ opposite** genau das Gegenteil; **the ~ thing** genau *od.* gerade das (Richtige); **at the ~ edge** ganz am Rand, am äußersten Rand; **6.** bloß: **the ~ fact of his presence**; **the ~ thought** der bloße Gedanke, schon der Gedanke; **7.** rein, pur, schier: **from ~ egoism**; **the ~ truth** die reine Wahrheit; **8.** frisch: **in the ~ act** auf frischer Tat; **9.** wahr, wirklich: **~ God of ~ God** *bibl.* wahrer Gott vom wahren Gott; **the ~ heart of the matter** der Kern der Sache; **in ~ deed** (**truth**) tatsächlich (wahrhaftig); **10.** (*nach* **this**, **that**, **the**) (der-, die-, das)ˈselbe, (der, die, das) gleiche *od.* nämliche: **that ~ afternoon**; **the ~ same words**; **11.** selbst, soˈgar: **his ~ servants**; **12.** → **veriest**.

ver·y| high fre·quen·cy [ˈverɪ] *s.* ϟ ˈHochfreˌquenz *f*, Ultraˈkurzwelle *f.*

Ver·y| light [ˈvɪərɪ; ˈverɪ] *s.* ⚔ ˈLeuchtpaˌtrone *f*; **~ pis·tol** *s.* ⚔ ˈLeuchtpiˌstole *f*; **~'s night sig·nals** *s.* ⚔ Siˈgnalschießen *n* mit ˈLeuchtmuniˌtion *f.*

ve·si·ca [ˈvesɪkə] *pl.* **-cas** (*Lat.*) *s.* **1.** *biol.* Blase *f*, Zyste *f*; **2.** *anat.*, *zo.* (Harn-, Gallen-, *ichth.* Schwimm)Blase *f*; ˈ**ves·i·cal** [-kl] *adj.* Blasen…; ˈ**ves·i·cant** [-kənt] **I** *adj.* **1.** ⚕ blasenziehend; **II** *s.* **2.** ⚕ blasenziehendes Mittel, Zugpflaster *n*; **3.** ⚔ ätzender Kampfstoff; **ˈves·i·cate** [-keɪt] **I** *v/i.* Blasen ziehen; **II** *v/t.* Blasen ziehen auf (*dat.*); **ves·i·ca·tion** [ˌvesɪˈkeɪʃn] *s.* Blasenbildung *f*; **ˈves·i·ca·to·ry** [-keɪtərɪ] → ***vesicant***; **ˈves·i·cle** [-kl] *s.* Bläs-chen *n*; **ve·sic·u·lar** [vɪˈsɪkjʊlə] *adj.* **1.** Bläs-chen…, Blasen…; **2.** blasenförmig, blasig; **3.** blasig, Bläs-chen aufweisend.

ves·per [ˈvespə] *s.* **1.** ♀ *ast.* Abendstern *m*; **2.** *poet.* Abend *m*; **3.** *pl. eccl.* Vesper *f*, Abendgottesdienst *m*, -andacht *f*; **4.** *a.* ~ ***bell*** Abendglocke *f*, -läuten *n*.

ves·sel [ˈvesl] *s.* **1.** Gefäß *n* (*a. anat.*, ⚘ *u. fig.*); **2.** ⚓ (*a.* ✈ Luft)Schiff *n*, (Wasser)Fahrzeug *n*.

vest [vest] **I** *s.* **1.** *Brit.* ˈUnterhemd *n*; **2.** *Brit.* ✝ *od. Am.* Weste *f*; **3.** a) Damenweste *f*, b) Einsatzweste *f*; **4.** *poet.* Gewand *n*; **II** *v/t.* **5.** *bsd. eccl.* bekleiden; **6.** (***with***) *fig. j-n* bekleiden, ausstatten (mit *Befugnissen etc.*), bevollmächtigen; *j-n* einsetzen (in *Eigentum*, *Rechte etc.*); **7.** *Recht etc.* überˈtragen, verleihen (***in s.o.*** j-m): ~***ed interest***, ~***ed right*** sicher begründetes Anrecht, unabdingbares Recht; ~***ed interests*** *die* maßgeblichen Kreise (*e-r Stadt etc.*); **8.** *Am. Feindvermögen* mit Beschlag belegen: ~***ing order*** Beschlagnahmeverfügung *f*; **III** *v/i.* **9.** *bsd. eccl.* sich bekleiden; **10.** ˈübergehen (***in*** auf *acc.*) (*Vermögen etc.*); **11.** (***in***) zustehen (*dat.*), liegen (bei) (*Recht etc.*).

ves·ta [ˈvestə] *s. Brit. a.* ~ ***match*** kurzes Streichholz.

ves·tal [ˈvestl] **I** *adj.* **1.** *antiq.* veˈstalisch; **2.** *fig.* keusch, rein; **II** *s.* **3.** *antiq.* VeˈstaIin *f*; **4.** Jungfrau *f*; **5.** Nonne *f*.

ves·ti·bule [ˈvestɪbjuːl] *s.* **1.** (Vor)Halle *f*, Vorplatz *m*, Vestiˈbül *n*; **2.** 🚃 *Am.* (Harˈmonika)Verbindungsgang *m zwischen zwei D-Zug-Wagen*; **3.** *anat.* Vorhof *m*; ~ ***school*** *s. Am.* Lehrwerkstatt *f* (*e-s Industriebetriebs*); ~ ***train*** *s. bsd. Am.* D-Zug *m*.

ves·tige [ˈvestɪdʒ] *s.* **1.** *obs. od. poet.* Spur *f*; **2.** *bsd. fig.* Spur *f*, ˈÜberrest *m*, -bleibsel *n*; **3.** *fig.* Spur *f*, *ein bißchen*; **4.** *biol.* Rudiˈment *n*, verkümmertes Orˈgan *od.* Glied; **ves·tig·i·al** [veˈstɪdʒɪəl] *adj.* **1.** spurenhaft, restlich; **2.** *biol.* rudimenˈtär, verkümmert.

vest·ment [ˈvestmənt] *s.* **1.** Amtstracht *f*, Robe *f*, *a. eccl.* Orˈnat *m*; **2.** *eccl.* Meßgewand *n*; **3.** Gewand *n*, Kleid *n* (*beide a. fig.*).

ˌvest-ˈpock·et *adj. fig.* im ˈWestentaschenforˌmat, Westentaschen…, Klein…, Miniatur…

ves·try [ˈvestrɪ] *s. eccl.* **1.** Sakriˈstei *f*; **2.** Bet-, Gemeindesaal *m*; **3.** *Brit.* a) *a.* ***common*** ~, ***general*** ~, ***ordinary*** ~ Gemeindesteuerpflichtige *pl.*, b) *a.* ***select*** ~ Kirchenvorstand *m*; ~ ***clerk*** *s. Brit.* Rechnungsführer *m* der Kirchgemeinde; **ˈ~·man** [-mən] *s.* [*irr.*] Gemeindevertreter *m*.

ves·ture [ˈvestʃə] *s. obs. od. poet.* a) Gewand *n*, Kleid(ung *f*) *n*, b) Hülle *f* (*a. fig.*), Mantel *m*.

ve·su·vi·an [vɪˈsuːvjən] **I** *adj.* **1.** ♀ *geogr.* veˈsuvisch; **2.** vulˈkanisch; **II** *s.* **3.** *obs.* Windstreichhölzchen *n*.

vet¹ [vet] F **I** *s.* **1.** Tierarzt *m*; **II** *v/t.* **2.** *Tier* unterˈsuchen *od.* behandeln; **3.** *humor.* a) *j-n* verarzten, b) *j-n* auf Herz u. Nieren prüfen, (*a.* poˈlitisch) überˈprüfen.

vet² [vet] *Am.* F *für* ***veteran***.

vetch [vetʃ] *s.* ⚘ Wicke *f*; **ˈvetch·ling** [-lɪŋ] *s.* ⚘ Platterbse *f*.

vet·er·an [ˈvetərən] **I** *s.* **1.** Veteˈran *m* (*alter Soldat od. Beamter*); **2.** ⚔ *Am.* ehemaliger Kriegsteilnehmer; **3.** *fig.* ‚alter Hase'; **II** *adj.* **4.** alt-, ausgedient; **5.** kampferprobt: ~ ***troops***; **6.** *fig.* erfahren: ~ ***golfer***; **7.** ~ ***car*** *mot.* Oldtimer *m*.

vet·er·i·nar·i·an [ˌvetərɪˈneərɪən] → **vet·er·i·nar·y** [ˈvetərɪnərɪ] **I** *s.* Tierarzt *m*, Veteriˈnär *m*; **II** *adj.* tierärztlich: ~ ***medicine*** Tiermedizin *f*; ~ ***surgeon*** → I.

ve·to [ˈviːtəʊ] *pol.* **I** *pl.* **-toes** *s.* **1.** Veto *n*, Einspruch *m*: ***put a*** (*od.* ***one's***) ~ (***up***)***on*** → 3; **2.** *a.* ~ ***power*** Veto-, Einspruchsrecht *n*; **II** *v/t.* **3.** sein Veto einlegen gegen, Einspruch erheben gegen; **4.** unterˈsagen, verbieten.

vet·ting [ˈvetɪŋ] *s. pol.* F ˈSicherheitsüberˌprüfung *f*.

vex [veks] *v/t.* **1.** *j-n* ärgern, belästigen, aufbringen, irritieren; → ***vexed***; **2.** quälen, bedrücken, beunruhigen; **3.** schikanieren; **4.** *j-n* verwirren, *j-m* ein Rätsel sein; **5.** *obs. od. poet. Meer* aufwühlen.

vex·a·tion [vekˈseɪʃn] *s.* **1.** Ärger *m*, Verdruß *m*; **2.** Plage *f*, Qual *f*; **3.** Belästigung *f*; **4.** Schiˈkane *f*; **5.** Beunruhigung *f*, Sorge *f*; **vex·a·tious** [vekˈseɪʃəs] *adj.* □ **1.** lästig, verdrießlich, ärgerlich, leidig; **2.** ⚖ schikaˈnös: ***a*** ~ ***suit***; **vex·a·tious·ness** [vekˈseɪʃəsnɪs] *s.* Ärgerlich-, Verdrießlich-, Lästigkeit *f*; **vexed** [vekst] *adj.* □ **1.** ärgerlich (***at s.th.***, ***with s.o.*** über *acc.*); **2.** beunruhigt (***with*** durch, von); **3.** (ˈviel)umˌstritten, strittig: ~ ***question***; **vex·ing** [ˈveksɪŋ] → ***vexatious*** 1.

vi·a [ˈvaɪə] (*Lat.*) **I** *prp.* via, über (*acc.*): ~ ***London***; ~ ***air mail*** per Luftpost; **II** *s.* Weg *m*: ~ ***media*** *fig.* Mittelding *od.* -weg.

vi·a·ble [ˈvaɪəbl] *adj. a. fig.* lebensfähig: ~ ***child***; ~ ***industry***.

vi·a·duct [ˈvaɪədʌkt] *s.* Viaˈdukt *m*.

vi·al [ˈvaɪəl] *s.* (Glas)Fläschchen *n*, Phiˈole *f*: ***pour out the*** ~***s of one's wrath*** *bibl. u. fig.* die Schalen s-s Zornes ausgießen (***upon*** über *acc.*).

vi·and [ˈvaɪənd] *s. pl.* **1.** Lebensmittel *pl.*; **2.** (ˈReise)Proviˌant *m*.

vi·at·i·cum [vaɪˈætɪkəm] *pl.* **-cums** *s. eccl.* Viˈatikum *n* (*bei der letzten Ölung gereichte Eucharistie*).

vibes [vaɪbz] *s. pl.* F **1.** *mst sg konstr.* ♪ Vibraˈphon *n*; **2.** Ausstrahlung *f* (*e-r Person*).

vi·bran·cy [ˈvaɪbrənsɪ] *s.* Resoˈnanz *f*, Schwingen *n*; **vi·brant** [ˈvaɪbrənt] *adj.* **1.** vibrierend: a) schwingend (*Saite etc.*), b) laut schallend (*Ton*); **2.** zitternd, bebend (***with*** vor *dat.*): ~ ***with energy***; **3.** pulsierend (***with*** von): ~ ***cities***; **4.** kraftvoll, lebensprühend: ***a*** ~ ***personality***; **5.** erregt; **6.** *ling.* stimmhaft (*Laut*).

vi·bra·phone [ˈvaɪbrəfəʊn] *s.* ♪ Vibraˈphon *n*.

vi·brate [vaɪˈbreɪt] **I** *v/i.* **1.** vibrieren: a) zittern (*a. phys.*), b) (nach)klingen, (-)schwingen (*Töne*); **2.** pulsieren (***with*** von); **3.** zittern, beben (***with*** vor *Erregung etc.*); **II** *v/t.* **4.** in Schwingungen versetzen; **5.** vibrieren *od.* schwingen *od.* zittern lassen, rütteln; **viˈbra·tion** [-eɪʃn] *s.* **1.** Schwingen *n*, Vibrieren *n*, Zittern *n*: ~***-proof*** erschütterungsfrei; **2.** *phys.* Vibratiˈon *f*: a) Schwingung *f*, b) Oszillatiˈon *f*; **3.** *fig.* a) Pulsieren *n*, b) *pl.* Ausstrahlung *f e-r Person*; **viˈbra·tion·al** [-eɪʃənl] *adj.* Schwingungs…; **viˈbra·tor** [-eɪtə] *s.* **1.** ⚙ Viˈbrator *m* (*a.* ⚕), ˈRüttelappaˌrat *m*; **2.** ⚡ Oszilˈlator *m*: a) Summer *m*, b) Zerhacker *m*; **3.** ♪ Zunge *f*, Blatt *n*; **vi·bra·to·ry** [ˈvaɪbrətərɪ] *adj.* **1.** schwingungsfähig; **2.** vibrierend; **3.** Vibrations…, Schwingungs…

vic·ar [ˈvɪkə] *s. eccl.* **1.** *Brit.* Viˈkar *m*, (ˈUnter)Pfarrer *m*; **2.** *Protestantische Episkopalkirche in den USA*: a) (ˈUnter)Pfarrer *m*, b) Stellvertreter *m* des Bischofs; **3.** *R.C.* a) ***cardinal*** ~ Kardinalvikar *m*, b) ♀ ***of*** (***Jesus***) ***Christ*** Statthalter *m* Christi (*Papst*); **4.** Ersatz *m*; **ˈvic·ar·age** [-ərɪdʒ] *s.* **1.** Pfarrhaus *n*; **2.** Vikariˈat *n* (*Amt des Vikars*); **ˈvic·ar gen·er·al** *s. eccl.* Geneˈralviˌkar *m*.

vi·car·i·ous [vaɪˈkeərɪəs] *adj.* □ **1.** stellvertretend; **2.** *fig.* mit-, nachempfunden, *Erlebnis etc.* aus zweiter Hand: ~ ***pleasure***.

vice¹ [vaɪs] *s.* **1.** Laster *n*: a) Untugend *f*, b) schlechte (An)Gewohnheit; **2.** Lasterhaftigkeit *f*, Verderbtheit *f*: ~ ***squad*** Sittenpolizei *f*, ˈSittendezerˌnat *n*; **3.** körperlicher Fehler, Gebrechen *n*; **4.** *fig.*, *a.* ⚖ Mangel *m*, Fehler *m*; **5.** Verirrung *f*, Auswuchs *m*; **6.** Unart *f* (*Pferd*).

vice² [vaɪs] *s.* ⚙ Schraubstock *m* (*a. fig.*).

vi·ce³ [ˈvaɪsɪ] *prp.* an Stelle von.

vice⁴ [vaɪs] *s.* F ‚Vize' *m* (*abbr. für* ***vice admiral*** *etc.*).

vice- [vaɪs] *in Zssgn* stellvertretend, Vize…

vice| ad·mi·ral *s.* ⚓ ˈVizeadmiˌral *m*; **ˌ~-ˈchair·man** *s.* [*irr.*] stellvertretender Vorsitzender, ˈVizepräsiˌdent *m*; **ˌ~-ˈchan·cel·lor** *s.* **1.** ˈVizekanzler *m*; **2.** *Brit. univ.* (geschäftsführender) Rektor; **ˌ~-ˈcon·sul** *s.* ˈVizeˌkonsul *m*; **ˌ~-ˈge·rent** [-ˈdʒerənt] **I** *s.* Stellvertreter *m*, Statthalter *m*; **II** *adj.* stellvertretend; **ˌ~-ˈpres·i·dent** *s.* ˈVizepräsiˌdent *m*: a) stellvertretender Vorsitzender, b) ✝ *Am.* Diˈrektor *m*, Vorstandsmitglied *n*; **ˌ~ˈre·gal** *adj.* vizeköniglich; **~·reine** [ˌvaɪsˈreɪn] *s.* Gemahlin *f* des Vizekönigs; **~·roy** [ˈvaɪsrɔɪ] *s.* Vizekönig *m*; **ˌ~ˈroy·al** *adj.* vizeköniglich.

vi·ce ver·sa [ˌvaɪsɪˈvɜːsə] (*Lat.*) *adv.* ˈumgekehrt, vice versa.

vic·i·nage [ˈvɪsɪnɪdʒ] → ***vicinity***; **ˈvic·i·nal** [-nl] *adj.* benachbart, ˈumliegend, nah; **vi·cin·i·ty** [vɪˈsɪnətɪ] *s.* **1.** Nähe *f*, Nachbarschaft *f*: ***in close*** ~ ***to*** in unmittelbarer Nähe von; ***in the*** ~ ***of 40*** *fig.* um (die) 40 herum; **2.** Nachbarschaft *f*, (nähere) Umˈgebung: ***the*** ~ ***of London***.

vi·cious [ˈvɪʃəs] *adj.* □ **1.** lasterhaft, verderbt, ˈunmoˌralisch; **2.** verwerflich: ~ ***habit***; **3.** bösartig, boshaft, gemein: ~ ***attack***; **4.** bös-, unartig (*Tier*); **5.** heftig, ‚bös': ***a*** ~ ***blow***; **6.** F scheußlich, schlimm: ~ ***headache***; **7.** *a.* ⚖ fehler-, mangelhaft; **8.** *obs.* schädlich: ***~ air***; **~ cir·cle** *s.* **1.** Circulus *m* viti'osus, Teufelskreis *m*; **2.** *phls.* Zirkel-, Trugschluß *m*.

vi·cious·ness ['vɪʃəsnɪs] *s.* **1.** Lasterhaftigkeit *f*, Verderbtheit *f*; **2.** Verwerflichkeit *f*; **3.** Bösartigkeit *f*, Gemeinheit *f*; **4.** Fehlerhaftigkeit *f*.

vi·cis·si·tude [vɪ'sɪsɪtjuːd] *s.* **1.** Wandel *m*, Wechsel *m*; **2.** *pl.* Wechselfälle *pl.*, *das* Auf u. Ab: ***the ~s of life***; **3.** *pl.* Schicksalsschläge *pl.*; **vi·cis·si·tu·di·nous** [vɪˌsɪsɪ'tjuːdɪnəs] *adj.* wechselvoll.

vic·tim ['vɪktɪm] *s.* **1.** Opfer *n*: a) (Unfall- *etc.*)Tote(r *m*) *f*, b) Leidtragende(r *m*) *f*, c) Betrogene(r *m*) *f*: ***fall a ~ to*** zum Opfer fallen (*dat.*); **2.** Opfer(tier) *n*; **'vic·tim·ize** [-maɪz] *v/t.* **1.** *j-n* (auf-) opfern; **2.** quälen, schikanieren, belästigen; **3.** prellen, betrügen.

vic·tor ['vɪktə] **I** *s.* Sieger(in); **II** *adj.* siegreich, Sieger…

vic·to·ri·a [vɪk'tɔːrɪə] *s.* Vik'toria *f* (*zweisitziger Einspänner*); **♀ Cross** *s.* Vik'toriakreuz *n* (*brit. Tapferkeitsauszeichnung*).

Vic·tor·i·an [vɪk'tɔːrɪən] **I** *adj.* **1.** Viktori'anisch: ***~ Period***; **2.** viktori'anisch: ***~ habits***; **II** *s.* **3.** Viktori'aner(in).

vic·to·ri·ous [vɪk'tɔːrɪəs] *adj.* □ **1.** siegreich (***over*** über *acc.*): ***be ~*** den Sieg davontragen, siegen; **2.** Sieges…; **vic·to·ry** ['vɪktərɪ] *s.* **1.** Sieg *m* (*a. fig.*): ***~ ceremony*** Siegerehrung *f*; ***~ rostrum*** Siegespodest *n*; **2.** *fig.* Tri'umph *m*, Erfolg *m*, Sieg *m*: ***moral ~***.

vict·ual ['vɪtl] **I** *s.* *mst pl.* Eßwaren *pl.*, Lebensmittel *pl.*, Provi'ant *m*; **II** *v/t.* (*v/i.* sich) verpflegen *od.* verproviantieren *od.* mit Lebensmitteln versorgen; **'vict·ual·(l)er** [-lə] *s.* **1.** ('Lebensmittel-) Liefeˌrant *m*; **2.** *a.* ***licensed ~*** *Brit.* Schankwirt *m*; **3.** ⚓ Provi'antschiff *n*; **'vict·ual·(l)ing** [-lɪŋ] *s.* Verproviantierung *f*: ***~ ship*** Proviantschiff *n*.

vi·de ['vaɪdiː] (*Lat.*) *int.* siehe!

vi·de·li·cet [vɪ'diːlɪset] (*Lat.*) *adv.* nämlich, das heißt (*abbr.* ***viz***; *lies*: ***namely, that is***).

vid·e·o ['vɪdɪəʊ] **I** *pl.* **-os** *s.* F **1.** ,Video' *n* (*Videotechnik*); **2.** *Computer*: Bildschirm-, Datensichtgerät *n*; **3.** *Am.* (***on*** im) Fernsehen *n*; **II** *adj.* **4.** Video…: ***~ cassette*** (***recorder***); ***~ disc*** Bildplatte *f*; ***~ library*** Videothek *f*; ***~ nasty*** F Videoschocker *m*; **5.** *Computer*: Bildschirm…: ***~ terminal*** → 2; **6.** *Am.* F Fernseh…: ***~ program***; **'~·phone** F *für* ***videotelephone***; **'~·tape I** *s.* Videoband *n*; **II** *v/t.* auf Videoband aufnehmen, aufzeichnen; **'~ˌtel·e·phone** *s.* 'Bildteleˌfon *n*.

vie [vaɪ] *v/i.* wetteifern: ***~ with s.o. in*** (*od.* ***for***) ***s.th.*** mit j-m in *od.* um et. wetteifern.

Vi·en·nese [ˌvɪe'niːz] **I** *s. sg. u. pl.* **1.** a) Wiener(in), b) Wiener(innen) *pl.*; **2.** *ling.* Wienerisch *n*; **II** *adj.* **3.** wienerisch, Wiener(…).

view [vjuː] **I** *v/t.* **1.** (sich) ansehen, betrachten, besichtigen, in Augenschein nehmen, prüfen: ***~ing figures*** *TV* Sehbeteiligung *f*, Einschaltquote *f*; **2.** *fig.* ansehen, auffassen, betrachten, beurteilen; **3.** über'blicken, -'schauen; **4.** *obs.* sehen; **II** *s.* **5.** (An-, Hin)Sehen *n*, Besichtigung *f*: ***at first ~*** auf den ersten Blick; ***on nearer ~*** bei näherer Betrachtung; **6.** Sicht *f* (*a. fig.*): ***in ~*** a) in Sicht, sichtbar, b) *fig.* in (Aus)Sicht; ***in ~ of*** *fig.* im Hinblick auf (*acc.*), in Anbetracht *od.* angesichts (*gen.*); ***in full ~ of*** direkt vor *j-s* Augen; ***on ~*** zu besichtigen(d), ausgestellt; ***on the long ~*** *fig.* auf weite Sicht; ***out of ~*** außer Sicht, nicht zu sehen; ***come in ~*** in Sicht kommen, sichtbar werden; ***have in ~*** *fig.* im Auge haben, beabsichtigen; ***keep in ~*** *fig.* im Auge behalten; **7.** Aussicht *f*, (Aus-) Blick *m* (***of, over*** auf *acc.*); Szene'rie *f*; **8.** *paint.*, *phot.* Ansicht *f*, Bild *n*: ***~s of London***; ***sectional ~*** ⚙ Ansicht im Schnitt; **9.** *fig.* 'Überblick *m* (***of*** über *acc.*); **10.** Absicht *f*: ***with a ~ to*** a) (*ger.*) mit *od.* in der Absicht zu (*tun*), zu dem Zweck (*gen.*), b) im Hinblick auf (*acc.*); **11.** *fig.* Ansicht *f*, Auffassung *f*, Urteil *n* (***of, on*** über *acc.*): ***in my ~*** in m-n Augen, m-s Erachtens; ***form a ~ on*** sich ein Urteil bilden über (*acc.*); ***take the ~ that*** die Ansicht *od.* den Standpunkt vertreten, daß; ***take a bright*** (***dim, grave***) ***~ of*** *et.* optimistisch (pessimistisch, ernst) beurteilen; **12.** Vorführung *f*: ***private ~ of a film***; **view·a·ble** ['vjuːəbl] *adj.* **1.** sichtbar; **2.** *fig.* sehenswert; **view data** *s. pl.* Bildschirmtext *m*; **view·er** ['vjuːə] *s.* **1.** Betrachter(in); **2.** Fernsehzuschauer (-in); **'view·er·ship** *s.* Fernsehpublikum *n*.

'view|ˌfind·er *s. phot.* (Bild)Sucher *m*; **~ hal·loo** *s. hunt.* Hal'lo(ruf *m*) *n* (*beim Erscheinen des Fuchses*).

'view|·phone *s.* 'Bildteleˌfon *n*; **'~·point** *s. fig.* Gesichts-, Standpunkt *m*.

view·y ['vjuːɪ] *adj.* F verstiegen, über'spannt, ,fimmelig'.

vig·il ['vɪdʒɪl] *s.* **1.** Wachsein *n*, Wachen *n* (*zur Nachtzeit*); **2.** Nachtwache *f*: ***keep ~*** wachen (***over*** bei); **3.** *eccl.* a) *mst pl.* Vi'gilie(n *pl.*) *f*, Nachtwache *f* (*vor Kirchenfesten*), b) Vi'gil *f* (*Vortag e-s Kirchenfests*): ***on the ~ of*** am Vorabend von (*od. gen.*); **'vig·i·lance** [-ləns] *s.* **1.** Wachsamkeit *f*: ***~ committee*** *od.* ***group*** *bsd. Am.* Bürgerwehr *f*, Selbstschutzgruppe *f*; **2.** ⚕ Schlaflosigkeit *f*; **'vig·i·lant** [-lənt] *adj.* □ wachsam, 'umsichtig, aufmerksam; **vig·i·lan·te** [ˌvɪdʒɪ'læntɪ] *s.* Mitglied *n* e-s ***vigilance committee***.

vi·gnette [vɪ'njet] **I** *s. typ.*, *phot. etc.* Vi'gnette *f*; **II** *v/t.* vignettieren.

vig·or *Am.* → ***vigour***.

vig·or·ous ['vɪgərəs] *adj.* □ **1.** *allg.* kräftig; **2.** kraftvoll, vi'tal; **3.** lebhaft, ak'tiv, tatkräftig; **4.** e'nergisch, nachdrücklich; wirksam; **vig·our** ['vɪgə] *s.* **1.** (Körper-, Geistes)Kraft *f*, Vitali'tät *f*; **2.** Ener'gie *f*; **3.** *biol.* Lebenskraft *f*; **4.** *fig.* Nachdruck *m*, Wirkung *f*.

Vi·king, *a.* ♀ ['vaɪkɪŋ] *hist.* **I** *s.* Wiking (-er) *m*; **II** *adj.* Wikinger…

vile [vaɪl] *adj.* □ **1.** *obs.* wertlos; **2.** gemein, schändlich, abstoßend, schmutzig; **3.** F scheußlich, ab'scheulich, mise'rabel: ***a ~ hat***; ***~ weather***; **'vile·ness** [-nɪs] *s.* **1.** Gemeinheit *f*, Schändlichkeit *f*; **2.** F Scheußlichkeit *f*.

vil·i·fi·ca·tion [ˌvɪlɪfɪ'keɪʃn] *s.* **1.** Schmähung *f*, Verleumdung *f*, -unglimpfung *f*; **2.** Her'absetzung *f*; **vil·i·fi·er** ['vɪlɪfaɪə] *s.* Verleumder(in); **vil·i·fy** ['vɪlɪfaɪ] *v/t.* **1.** schmähen, verleumden, verunglimpfen; **2.** her'absetzen.

vil·la ['vɪlə] *s.* **1.** Villa *f*, Landhaus *n*; **2.** *Brit.* a) Doppelhaushälfte *f*, b) 'Einfaˌmilienhaus *n*.

vil·lage ['vɪlɪdʒ] **I** *s.* Dorf *n*; **II** *adj.* dörflich, Dorf…; **'vil·lag·er** [-dʒə] *s.* Dorfbewohner(in), Dörfler(in).

vil·lain ['vɪlən] *s.* **1.** *a. thea. u. humor.* Schurke *m*, Bösewicht *m*; **2.** *humor.* Schlingel *m*; **3.** → ***villein***; **vil·lain·age** ['vɪlənɪdʒ] → ***villeinage***; **'vil·lain·ous** [-nəs] *adj.* □ **1.** schurkisch, Schurken…, schändlich; **2.** F → ***vile*** 2, 3; **'vil·lain·y** [-nɪ] *s.* **1.** Schurke'rei *f*; **2.** → ***vileness***.

vil·lein ['vɪlɪn] *s. hist.* **1.** Leibeigene(r) *m*; **2.** *später*: Zinsbauer *m*; **'vil·lein·age** [-nɪdʒ] *s.* **1.** Leibeigenschaft *f*; **2.** 'Hintersassengut *n*.

vil·li·form ['vɪlɪfɔːm] *adj. biol.* zottenförmig; **vil·lose** ['vɪləʊs], **vil·lous** ['vɪləs] *adj. biol.* zottig; **'vil·lus** [-ləs] *pl.* **-li** [-laɪ] *s.* **1.** *anat.* (Darm)Zotte *f*; **2.** ♀ Zottenhaar *n*.

vim [vɪm] *s.* F Schwung *m*, ,Schmiß' *m*: ***full of ~*** ,toll in Form'.

vin·ai·grette [ˌvɪneɪ'gret] *s.* **1.** Riechfläschchen *n*, -dose *f*; **2.** *a.* ***~ sauce*** *Küche*: Vinai'grette *f* (*Soße*).

vin·ci·ble ['vɪnsɪbl] *adj.* besiegbar, über'windbar.

vin·cu·lum ['vɪŋkjʊləm] *pl.* **-la** [-lə] *s.* **1.** ⅍ Strich *m* (*über mehreren Zahlen*), Über'streichung *f* (*an Stelle von Klammern*); **2.** *bsd. fig.* Band *n*.

vin·di·ca·ble ['vɪndɪkəbl] *adj.* haltbar, zu rechtfertigen(d); **vin·di·cate** ['vɪndɪkeɪt] *v/t.* **1.** in Schutz nehmen, verteidigen (***from*** vor *dat.*, gegen); **2.** rechtfertigen (***o.s.*** sich), bestätigen; **3.** ⚖ a) Anspruch erheben auf (*acc.*), beanspruchen, b) *Recht, Anspruch* geltend machen, c) *Recht etc.* behaupten; **vin·di·ca·tion** [ˌvɪndɪ'keɪʃn] *s.* **1.** Verteidigung *f*, Rechtfertigung *f*: ***in ~ of*** zur Rechtfertigung von (*od. gen.*); **2.** ⚖ a) Behauptung *f*, b) Geltendmachung *f*; **'vin·di·ca·to·ry** [-keɪtərɪ] *adj.* □ **1.** rechtfertigend, Rechtfertigungs…; **2.** rächend, Straf…

vin·dic·tive [vɪn'dɪktɪv] *adj.* □ **1.** rachsüchtig; **2.** als Strafe: ***~ damages*** ⚖ tatsächlicher Schadensersatz zuzüglich e-r Buße; **vin'dic·tive·ness** [-nɪs] *s.* Rachsucht *f*.

vine [vaɪn] ♀ **I** *s.* **1.** (*Hopfen- etc.*)Rebe *f*, Kletterpflanze *f*; **2.** Wein(stock) *m*, (Wein)Rebe *f*; **II** *adj.* **3.** Wein…, Reb (-en)…; **'~-clad** *adj. poet.* weinlaubbekränzt; **'~ˌdress·er** *s.* Winzer *m*; **~ fret·ter** *s.* Reblaus *f*.

vin·e·gar ['vɪnɪgə] **I** *s.* **1.** (Wein)Essig *m*: ***aromatic ~*** aromatischer Essig, Gewürzessig; **2.** *pharm.* Essig *m*; **3.** *fig.* Verdrießlichkeit *f*; **4.** *Am.* F → ***vim***; **II** *v/t.* **5.** Essig tun an (*acc.*); **'vin·e·gar·y** [-ərɪ] *adj.* **1.** (essig)sauer (*a. fig.*); **2.** a) griesgrämig, b) ätzend.

'vine|ˌgrow·er *s.* Weinbauer *m*, Winzer *m*; **'~ˌgrow·ing** *s.* Weinbau *m*; **~ leaf** *s.* [*irr.*] Wein-, Rebenblatt *n*: ***vine leaves*** Weinlaub *n*; **~ louse** *s.* [*irr.*] Reblaus *f*; **~ mil·dew** *s.* ♀ Traubenfäule *f*.

vin·er·y ['vaɪnərɪ] *s.* **1.** Treibhaus *n* für

Reben; **2.** → **vine·yard** ['vɪnjəd] *s.* Weinberg *m od.* -garten *m.*

vin·i·cul·tur·al [ˌvɪnɪ'kʌltʃərəl] *adj.* weinbaukundlich; **vin·i·cul·ture** ['vɪnɪkʌltʃə] *s.* Weinbau *m* (*Fach*).

vi·nos·i·ty [vaɪ'nɒsətɪ] *s.* **1.** Weinartigkeit *f*; **2.** Weinseligkeit *f*; **vi·nous** ['vaɪnəs] *adj.* **1.** weinartig, Wein…; **2.** weinhaltig; **3.** *fig.* weinselig; **4.** weingerötet: ~ ***face***; **5.** weinrot.

vin·tage ['vɪntɪdʒ] *s.* **1.** Weinertrag *m*, -ernte *f*; **2.** Weinlese(zeit) *f*; **3.** (guter) Wein, (her'vorragender) Jahrgang: ~ ***wine*** Spitzenwein *m*; **4.** F a) Jahrgang *m*, b) Herstellung *f*, *mot. etc. a.* Baujahr *n*: ~ ***car*** *mot.* Oldtimer *m*; **'vin·tag·er** [-dʒə] *s.* Weinleser(in).

vint·ner ['vɪntnə] *s.* Weinhändler *m.*

vi·nyl ['vaɪnɪl] ⚗ **I** *s.* Vi'nyl *n*; **II** *adj.* Vinyl…: ~ ***polymers*** Vinylpolymere *pl.*

vi·ol ['vaɪəl] *s.* ♪ *hist.* Vi'ole *f*: ***bass*** ~ Viola *f* da gamba, Gambe *f.*

vi·o·la[1] [vɪ'əʊlə] *s.* ♪ **1.** Vi'ola *f*, Bratsche *f*; **2.** → ***viol.***

vi·o·la[2] ['vaɪələ] *s.* ⚘ Veilchen *n*, Stiefmütterchen *n.*

vi·o·la·ble ['vaɪələbl] *adj.* □ verletzbar (*bsd. Gesetz*, *Vertrag*); **vi·o·late** ['vaɪəleɪt] *v/t.* **1.** *Eid*, *Vertrag*, *Grenze etc.* verletzen, *Gesetz* über'treten, *bsd. Versprechen* brechen, *e-m Gebot*, *dem Gewissen* zu'widerhandeln; **2.** *Frieden*, *Stille*, *Schlaf* (grob) stören; **3.** *a. fig.* Gewalt antun (*dat.*); **4.** *Frau* schänden, vergewaltigen; **5.** *Heiligtum etc.* entweihen, schänden; **vi·o·la·tion** [ˌvaɪə'leɪʃn] *s.* **1.** Verletzung *f*, Über'tretung *f*, Bruch *m e-s Eides*, *Gesetzes*; Zu'widerhandlung *f*: ***in*** ~ ***of*** unter Verletzung von; **2.** (grobe) Störung; **3.** Vergewaltigung *f* (*a. fig.*), Schändung *f e-r Frau*; **4.** Entweihung *f*, Schändung *f*; **'vi·o·la·tor** [-leɪtə] *s.* **1.** Verletzer(in), Über'treter (-in); **2.** Schänder(in).

vi·o·lence ['vaɪələns] *s.* **1.** Gewalt(tätigkeit) *f*; **2.** ⚖ Gewalt(tat, -anwendung) *f*: ***by*** ~ gewaltsam; ***crimes of*** ~ Gewaltverbrechen *pl.*; **3.** Verletzung *f*, Unrecht *n*, Schändung *f*: ***do*** ~ ***to*** Gewalt antun (*dat.*), *Gefühle etc.* verletzen, *Heiliges* entweihen; **4.** *bsd. fig.* Heftigkeit *f*, Ungestüm *n*; **'vi·o·lent** [-nt] *adj.* □ **1.** heftig, gewaltig, stark: ~ ***blow***; ~ ***tempest***; **2.** gewaltsam, -tätig (*Person od. Handlung*), Gewalt…: ~ ***death*** gewaltsamer Tod; ~ ***interpretation*** *fig.* gewaltsame Auslegung; ~ ***measures*** Gewaltmaßnahmen *pl.*; ***lay*** ~ ***hands on*** Gewalt antun (*dat.*); **3.** *fig.* heftig, ungestüm, hitzig; **4.** grell, laut (*Farben*, *Töne*).

vi·o·let ['vaɪəlɪt] **I** *s.* **1.** ⚘ Veilchen *n*: ***shrinking*** ~ F scheues Wesen (*Person*); **2.** Veilchenblau *n*, Vio'lett *n*; **II** *adj.* **3.** veilchenblau, vio'lett.

vi·o·lin [ˌvaɪə'lɪn] *s.* ♪ Vio'line *f*, Geige *f*: ***play the*** ~ Geige spielen, geigen; ***first*** ~ erste(r) Geige(r); ~ ***case*** Geigenkasten *m*; ~ ***clef*** Violinschlüssel *m*; **vi·o·lin·ist** ['vaɪəlɪnɪst] *s.* Violi'nist(in), Geiger(in).

vi·ol·ist ['vaɪəlɪst] *s.* ♪ **1.** *hist.* Vi'olenspieler(in); **2.** [vɪ'əʊlɪst] Brat'schist(in).

vi·o·lon·cel·list [ˌvaɪələn'tʃelɪst] *s.* ♪ (Violon)Cel'list(in); **vi·o·lon'cel·lo** [-ləʊ] *pl.* **-los** *s.* (Violon)'Cello *n.*

VIP [ˌviːaɪ'piː] *s. sl.* ‚hohes' *od.* ‚großes Tier' (*aus* ***Very Important Person***).

vi·per ['vaɪpə] *s.* **1.** *zo.* Viper *f*, Otter *f*, Natter *f*; **2.** *zo. a.* ***common*** ~ Kreuzotter *f*; **3.** *allg.* Giftschlange *f* (*a. fig.*): ***cherish a*** ~ ***in one's bosom*** *fig.* e-e Schlange an s-m Busen nähren; ***generation of*** ~***s*** *bibl.* Natterngezücht *n*; **'vi·per·ine** [-əraɪn] *adj. zo.* a) vipernartig, b) Vipern…; **'vi·per·ish** [-ərɪʃ] *adj.*, **'vi·per·ous** [-ərəs] *adj.* □ **1.** → ***viperine***; **2.** *fig.* giftig, tückisch.

vi·per's grass *s.* ⚘ Schwarzwurzel *f.*

vi·ra·go [vɪ'rɑːgəʊ] *pl.* **-gos** *s.* **1.** Mannweib *n*; **2.** Zankteufel *m*, ‚Drachen' *m*, Xan'thippe *f.*

vi·res ['vaɪəriːz] *pl. von* ***vis.***

vir·gin ['vɜːdʒɪn] **I** *s.* **1.** a) Jungfrau *f* (*a. ast.*), b) ‚Jungfrau' *f* (*Mann*); **2.** a) *eccl.* ***the*** (***Blessed***) ℒ (***Mary***) die Heilige Jungfrau, b) *Kunst*: Ma'donna *f*; **II** *adj.* **3.** jungfräulich, unberührt (*beide a. fig. Schnee etc.*): ~ ***forest*** Urwald *m*; ℒ ***Mother*** *eccl.* Mutter *f* Gottes; ***the*** ℒ ***Queen*** *hist.* die jungfräuliche Königin (*Elisabeth I von England*); ~ ***queen*** *zo.* unbefruchtete (Bienen)Königin; ~ ***soil*** a) jungfräulicher Boden, ungepflügtes Land, b) *fig.* Neuland *n*, c) *fig.* unberührter Geist; **4.** rein, keusch, jungfräulich: ~ ***modesty***; **5.** ⚙ a) rein, unvermischt (*Stoffe etc.*), b) jungfräulich, gediegen (*Metalle*): ~ ***gold*** (***oil***) Jungferngold *n* (-öl *n*); ~ ***wool*** Schurwolle *f*; **6.** *fig.* Jungfern…: ~ ***cruise*** Jungfernfahrt *f*; **'vir·gin·al** [-nl] *adj.* □ **1.** jungfräulich, Jungfern…: ~ ***membrane*** *anat.* Jungfernhäutchen *n*; **2.** → ***virgin*** 4; **3.** *zo.* unbefruchtet; **'vir·gin·hood** [-hʊd] *s.* Jungfräulichkeit *f*, Jungfernschaft *f.*

Vir·gin·i·a [və'dʒɪnjə] *s. a.* ~ ***tobacco*** Virginia(tabak) *m*; ~ ***creep·er*** *s.* ⚘ Wilder Wein, Jungfernrebe *f.*

Vir·gin·i·an [və'dʒɪnjən] **I** *adj.* Virginia…; **II** *s.* Vir'ginier(in).

vir·gin·i·ty [və'dʒɪnətɪ] *s.* **1.** Jungfräulichkeit *f*, Jungfernschaft *f*; **2.** Reinheit *f*, Keuschheit *f*, Unberührtheit *f* (*a. fig.*).

Vir·go ['vɜːgəʊ] *s. ast.* Jungfrau *f.*

vir·i·des·cent [ˌvɪrɪ'desnt] *adj.* grün (-lich); **vi·rid·i·ty** [vɪ'rɪdətɪ] *s.* **1.** *biol.* grünes Aussehen; **2.** *fig.* Frische *f.*

vir·ile ['vɪraɪl] *adj.* **1.** männlich, kräftig (*beide a. fig. Stil etc.*), Männer…, Mannes…: ~ ***voice***; **2.** *physiol.* po'tent: ~ ***member*** männliches Glied; **vi·ril·i·ty** [vɪ'rɪlətɪ] *s.* **1.** Männlichkeit *f*; **2.** Mannesalter *n*, -jahre *pl.*; **3.** *physiol.* Po'tenz *f*, Zeugungskraft *f*; **4.** *fig.* Kraft *f.*

vi·rol·o·gy [ˌvaɪə'rɒlədʒɪ] *s.* ⚕ Virolo'gie *f*, Virusforschung *f.*

vir·tu [vɜː'tuː] *s.* **1.** Kunst-, Liebhaberwert *m*: ***article of*** ~ Kunstgegenstand *m*; **2.** *coll.* Kunstgegenstände *pl.*; **3.** → ***virtuosity*** 2.

vir·tu·al ['vɜːtʃʊəl] *adj.* □ **1.** tatsächlich, praktisch, eigentlich; **2.** ⚙, *phys.* virtu'ell; **'vir·tu·al·ly** [-əlɪ] *adv.* eigentlich, praktisch, im Grunde (genommen).

vir·tue ['vɜːtjuː] *s.* **1.** Tugend(haftigkeit) *f*: ***woman of*** ~ tugendhafte Frau; ***lady of easy*** ~ leichtes Mädchen; **2.** Rechtschaffenheit *f*; **3.** Tugend *f*: ***make a*** ~ ***of necessity*** aus der Not e-e Tugend machen; **4.** Wirksamkeit *f*, Wirkung *f*, Erfolg *m*; **5.** (gute) Eigenschaft, Vorzug *m*; (hoher) Wert; **6.** ***by*** (*od.* ***in***) ~ ***of*** kraft *e-s Gesetzes*, *e-r Vollmacht etc.*, auf Grund von (*od. gen.*), vermöge (*gen.*).

vir·tu·os·i·ty [ˌvɜːtjʊ'ɒsətɪ] *s.* **1.** Virtuosi'tät *f*, blendende Technik, meisterhaftes Können; **2.** Kunstsinn *m*, -liebhabe'rei *f.* **vir·tu·o·so** [ˌvɜːtjʊ'əʊzəʊ] **I** *pl.* **-si** [-siː] *s.* **1.** Virtu'ose *m*; **2.** Kunstkenner *m*; **II** *adj.* **3.** virtu'os, meisterhaft.

vir·tu·ous ['vɜːtʃʊəs] *adj.* □ **1.** tugendhaft; **2.** rechtschaffen.

vir·u·lence ['vɪrʊləns], **'vir·u·len·cy** [-sɪ] *s.* ⚕ *u. fig.* Viru'lenz *f*, Giftigkeit *f*, Bösartigkeit *f*; **'vir·u·lent** [-nt] *adj.* □ **1.** giftig, bösartig (*Gift*, *Krankheit*) (*a. fig.*); **2.** ⚕ viru'lent (*a. fig.*), sehr ansteckend.

vi·rus ['vaɪərəs] *s.* **1.** ⚕ Virus *n*: a) Krankheitserreger *m*, b) Gift-, Impfstoff *m*; **2.** *fig.* Gift *n*, Ba'zillus *m*: ***the*** ~ ***of hatred***; **3.** *Computer*: Virus *m*, *n*: ~ ***scanner*** Virensuchprogramm *n.*

vis [vɪs] *pl.* **vi·res** ['vaɪəriːz] (*Lat.*) *s. bsd. phys.* Kraft *f*: ~ ***inertiae*** Trägheitskraft; ~ ***mortua*** tote Kraft; ~ ***viva*** kinetische Energie; ~ ***major*** ⚖ höhere Gewalt.

vi·sa ['viːzə] **I** *s.* Visum *n*: a) Sichtvermerk *m* (*im Paß etc.*), b) Einreisebewilligung *f*; **II** *v/t.* ein Visum eintragen in (*acc.*).

vis·age ['vɪzɪdʒ] *s. poet.* Antlitz *n.*

vis-à-vis ['viːzɑːviː; vizavi] (*Fr.*) **I** *adv.* gegen'über (***to***, ***with*** von); **II** *s.* Gegen'über *n*: a) Visa'vis *n*, b) *fig.* ('Amts-) Kolˌlege *m.*

vis·cer·a ['vɪsərə] *s. pl. anat.* Eingeweide *pl.*: ***abdominal*** ~ Bauchorgane *pl.*; **'vis·cer·al** [-rəl] *adj. anat.* Eingeweide…

vis·cid ['vɪsɪd] *adj.* **1.** klebrig (*a.* ⚘); **2.** *bsd. phys.* vis'kos, dick-, zähflüssig; **vis·cid·i·ty** [vɪ'sɪdətɪ] *s.* **1.** Klebrigkeit *f*; **2.** → ***viscosity.***

vis·cose ['vɪskəʊs] *s.* ⚙ Vis'kose *f* (*Art Zellulose*): ~ ***silk*** Viskose-, Zellstoffseide *f*; **vis·cos·i·ty** [vɪs'kɒsətɪ] *s. phys.* Viskosi'tät *f*, (Grad *m* der) Zähflüssigkeit *f*, Konsi'stenz *f.*

vis·count ['vaɪkaʊnt] *s.* Vi'comte *m* (*brit. Adelstitel zwischen* ***baron*** *u.* ***earl***); **'vis·count·cy** [-sɪ] *s.* Rang *m od.* Würde *f* e-s Vi'comte; **'vis·count·ess** [-tɪs] *s.* Vicom'tesse *f*; **'vis·count·y** [-tɪ] → ***viscountcy.***

vis·cous ['vɪskəs] → ***viscid.***

vi·sé ['viːzeɪ] **I** *s.* → ***visa*** I; **II** *v/t. pret. u. p.p.* **-séd** → ***visa*** II.

vise [vaɪs] *Am.* → ***vice***[2].

vis·i·bil·i·ty [ˌvɪzɪ'bɪlətɪ] *s.* **1.** Sichtbarkeit *f*; **2.** *meteor.* Sicht(weite) *f*: ***high*** (***low***) ~ gute (schlechte) Sicht; ~ (***conditions***) Sichtverhältnisse *pl.*; **vis·i·ble** ['vɪzəbl] *adj.* □ **1.** sichtbar; **2.** *fig.* (er-, offen-) sichtlich, merklich, deutlich, erkennbar; **3.** ⚙ sichtbar (gemacht), graphisch dargestellt; **4.** *pred.* a) zu sehen (*Sache*), b) zu sprechen (*Person*).

Vis·i·goth ['vɪzɪgɒθ] *s. hist.* Westgote *m*, -gotin *f.*

vi·sion ['vɪʒn] **I** *s.* **1.** Sehkraft *f*, -vermögen *n*: ***field of*** ~ Blickfeld *n*; **2.** *fig.* a) visio'näre Kraft, (Seher-, Weit)Blick *m*, b) Phanta'sie *f*, Vorstellungsvermögen *n*, Einsicht *f*: ***bold*** ~ kühne (Zukunfts)Ideen; **3.** Visi'on *f*: a) Traum-,

Wunschbild *n*, b) *oft pl. psych.* Halluzinati'onen *pl.*, Gesichte *pl.*; **4.** a) Anblick *m*, Bild *n*, b) Traum *m*, et. Schönes; **II** *adj.* **5.** *TV* Bild…: **~ mixer**; **~ control** Bildregie *f*; **III** *v/t.* **6.** *fig.* (er-)schauen; '**vi·sion·ar·y** [-nərɪ] **I** *adj.* **1.** visio'när, (hell)seherisch; **2.** phan'tastisch, verstiegen, ‚traumtänzerisch': **a ~ scheme**; **3.** unwirklich, eingebildet; **4.** Visions…; **II** *s.* **5.** Visio'när *m*, Hellseher *m*; **6.** Phan'tast *m*, Träumer *m*, Schwärmer *m*, ‚Traumtänzer' *m*.

vis·it ['vɪzɪt] **I** *v/t.* **1.** besuchen: a) *j-n, Arzt, Kranke, Lokal etc.* aufsuchen, b) inspizieren, in Augenschein nehmen, c) *Stadt, Museum etc.* besichtigen; **2.** ⚖ durch'suchen; **3.** heimsuchen (**s.th. upon** *j-n* mit et.): a) befallen (*Krankheit, Unglück*), b) *bibl. u. fig.* (be-)strafen, *Sünden* vergelten (**upon** an *dat.*); **4.** *bibl.* belohnen, segnen; **II** *v/i.* **5.** e-n Besuch *od.* Besuche machen; **6.** *Am.* F plaudern; **III** *s.* **7.** Besuch *m*: **on a ~** auf Besuch (**to** bei *j-m*, in *e-r Stadt etc.*); **make** (*od.* **pay**) **a ~** e-n Besuch machen; **~ to the doctor** Konsultation *f* beim Arzt, Arztbesuch *m*; **8.** (for'meller) Besuch, *bsd.* Inspekti'on *f*; **9.** ⚖, ⚓ Durch'suchung *f*; **10.** *Am.* F Plausch *m*; '**vis·it·ant** [-tənt] **I** *s.* **1.** *rhet.* Besucher (-in); **2.** *orn.* Strichvogel *m*; **II** *adj.* **3.** *rhet.* auf Besuch; **vis·it·a·tion** [ˌvɪzɪ'teɪʃn] *s.* **1.** Besuchen *n*; **2.** offizi'eller Besuch, Besichtigung *f*, Visitati'on *f*: **right of ~** ⚓ Durchsuchungsrecht *n* (*auf See*); **~** (**of the sick**) *eccl.* Krankenbesuch; **3.** *fig.* Heimsuchung: a) (gottgesandte) Prüfung *f*, Strafe *f* (Gottes), b) himmlischer Beistand: **2 of our Lady** *R.C.* Heimsuchung Mariae; **4.** *zo.* massenhaftes Auftreten; **5.** F langer Besuch; **vis·it·a·to·ri·al** [ˌvɪzɪtə'tɔːrɪəl] *adj.* Visitations…, Überwachungs…, Aufsichts…: **~ power** Aufsichtsbefugnis *f*; '**vis·it·ing** [-tɪŋ] *adj.* Besuchs…, Besucher…: **~ book** Besuchsliste *f*; **~ card** Visitenkarte *f*; **~ hours** Besuchszeit *f*; **~ nurse** *Am.* Gemeindeschwester *f*; **~ professor** *univ.* Gastprofessor *m*; **~ team** *sport* Gastmannschaft *f*; **be on ~ terms with s.o.** j-n so gut kennen, daß man ihn besucht; '**vis·i·tor** [-tə] *s.* **1.** Besucher(in) (**to** *gen.*), (*a.* Kur)Gast *m*; *pl.* Besuch *m*: **summer ~s** Sommergäste *pl.*; **~s' book** a) Fremdenbuch *n*, b) Gästebuch *n*; **2.** Visi'tator *m*, In'spektor *m*; **vis·i·to·ri·al** [ˌvɪzɪ'tɔːrɪəl] → **visitatorial**.

vi·sor ['vaɪzə] *s.* **1.** *hist. u. fig.* Vi'sier *n*; **2.** (Mützen)Schirm *m*; **3.** *mot.* Sonnenblende *f*.

vis·ta ['vɪstə] *s.* **1.** (Aus-, 'Durch)Blick *m*, Aussicht *f*; **2.** Al'lee *f*; **3.** △ Gale'rie *f*, Korridor *m*; **4.** (lange) Reihe, Kette *f*: **a ~ of years**; **5.** *fig.* Ausblick *m*, -sicht *f* (**of** auf *acc.*), Möglichkeit *f*, Perspek'tive *f*: **his words opened up new ~s**.

vis·u·al ['vɪzjʊəl] **I** *adj.* ☐ **1.** Seh…, Gesichts…: **~ acuity** Sehschärfe *f*; **~ angle** Gesichtswinkel *m*; **~ nerve** Sehnerv *m*; **~ test** Augentest *m*; **2.** visu'ell (*Eindruck, Gedächtnis etc.*): **~ aid(s)** *ped.* Anschauungsmaterial *n*; **~ arts** bildende Künste; **~ display unit** *Computer*: Datensichtgerät *n*; **~ instruction** *ped.* Anschauungsunterricht *m*; **3.** sichtbar: **~ objects**; **4.** optisch, Sicht…(*-anzeige, -bereich, -zeichen etc.*); **II** *s.* **5.** *typ.*, ✝ a) (Roh)Skizze *f* e-s Layouts, b) 'Bildeleˌment *n* e-r Anzeige; **vis·u·al·i·za·tion** [ˌvɪzjʊəlaɪ'zeɪʃn] *s.* Vergegenwärtigung *f*; '**vis·u·al·ize** [-laɪz] *v/t.* sich vergegenwärtigen *od.* vor Augen stellen, sich vorstellen, sich ein Bild machen von; '**vis·u·al·iz·er** [-laɪzə] *s.* ✝ graphischer I'deengestalter.

vi·ta ['viːtə] (*Lat.*) *pl.* **-tae** [-taɪ] *s. Am.* Lebenslauf *m*.

vi·tal ['vaɪtl] **I** *adj.* **1.** Lebens…(*-frage, -funktion, -funke etc.*): **~ energy** (*od.* **power**) Lebenskraft *f*; **~ statistics** a) Bevölkerungsstatistik *f*, b) *humor.* Körpermaße *pl.*; **Bureau of 2 Statistics** *Am.* Personenstandsregister *n*; **2.** lebenswichtig (*Industrie, Organ etc.*): **~ parts** → 8; **3.** (hoch)wichtig, entscheidend (**to** für): **~ problems**; **of ~ importance** von entscheidender Bedeutung; **4.** wesentlich, grundlegend; **5.** *mst fig* le'bendig: **~ style**; **6.** vi'tal, lebensprühend; **7.** lebensgefährlich: **~ wound**; **II** *s.* **8.** *pl.* a) *anat.* ‚edle Teile' *pl.*, lebenswichtige Or'gane *pl.*, b) *fig. das* Wesentliche, wichtige Bestandteile *pl.*; **vi·tal·i·ty** [vaɪ'tælətɪ] *s.* **1.** Vitali'tät *f*, Lebenskraft *f*; **2.** Lebensfähigkeit *f*, -dauer *f* (*a. fig.*); **vi·tal·i·za·tion** [ˌvaɪtəlaɪ'zeɪʃn] *s.* Belebung *f*, Aktivierung *f*; '**vi·tal·ize** [-təlaɪz] *v/t.* **1.** beleben, kräftigen; **2.** mit Lebenskraft erfüllen; **3.** *fig.* a) verle'bendigen, b) le'bendig gestalten.

vi·ta·min(e) ['vɪtəmɪn] *s.* Vita'min *n*.

vi·ti·ate ['vɪʃɪeɪt] *v/t.* **1.** *allg.* verderben; **2.** beeinträchtigen; **3.** a) *Luft etc.* verunreinigen, b) *fig. Atmosphäre* vergiften; **4.** *Argument etc.* wider'legen; **5.** *bsd.* ⚖ ungültig machen, aufheben; **vi·ti·a·tion** [ˌvɪʃɪ'eɪʃn] *s.* **1.** Verderben *n*, Verderbnis *f*; **2.** Beeinträchtigung *f*; **3.** Verunreinigung *f*; **4.** Wider'legung *f*; **5.** ⚖ Aufhebung *f*.

vit·i·cul·ture ['vɪtɪkʌltʃə] *s.* Weinbau *m*.

vit·re·ous ['vɪtrɪəs] *adj.* **1.** Glas…, aus Glas, gläsern; **2.** glasartig, glasig: **~ body** *anat.* Glaskörper *m des Auges*; **~ electricity** positive Elektrizität; **3.** *geol.* glasig; **vi·tres·cent** [vɪ'tresnt] *adj.* **1.** verglasend; **2.** verglasbar.

vit·ri·fac·tion [ˌvɪtrɪ'fækʃn], **vit·ri·fi·ca·tion** [ˌvɪtrɪfɪ'keɪʃn] *s.* ⚙ Ver-, Über'glasung *f*, Sinterung *f*; **vit·ri·fy** ['vɪtrɪfaɪ] ⚙ **I** *v/t.* ver-, über'glasen, glasieren, sintern; *Keramik*: dicht brennen; **II** *v/i.* (sich) verglasen.

vit·ri·ol ['vɪtrɪəl] *s.* **1.** ⚗ Vitri'ol *n*: **blue ~, copper ~** Kupfervitriol, -sulfat *n*; **green ~** Eisenvitriol, Ferrosulfat *n*; **white ~** Zinksulfat *n*; **2.** ⚗ a) Vitri'olsäure *f*, b) **oil of ~** Vitriolöl *n*, rauchende Schwefelsäure; **3.** *fig.* a) Gift *n*, Säure *f*, b) Giftigkeit *f*, Schärfe *f*; **vit·ri·ol·ic** [ˌvɪtrɪ'ɒlɪk] *adj.* **1.** vitri'olisch, Vitriol…: **~ acid** → **vitriol** 2b; **2.** *fig.* ätzend, beißend: **~ remark**; '**vit·ri·ol·ize** [-laɪz] *v/t.* **1.** ⚗ vitriolisieren; **2.** *j-n* mit Vitriol bespritzen *od.* verletzen.

vi·tu·per·ate [vɪ'tjuːpəreɪt] *v/t.* **1.** beschimpfen, schmähen; **2.** scharf tadeln; **vi·tu·per·a·tion** [vɪˌtjuːpə'reɪʃn] *s.* **1.** Schmähung *f*, (wüste) Beschimpfung; *pl.* Schimpfworte *pl.*; **2.** scharfer Tadel *m*; **vi'tu·per·a·tive** [-pərətɪv] *adj.* ☐ **1.** schmähend, Schmäh…; **2.** tadelnd.

vi·va¹ ['viːvə] (*Ital.*) **I** *int.* Hoch!; **II** *s.* Hoch(ruf *m*) *n*.

vi·va² ['vaɪvə] → **viva voce**.

vi·va·cious [vɪ'veɪʃəs] *adj.* ☐ lebhaft, munter; **vi·vac·i·ty** [vɪ'væsətɪ] *s.* Lebhaftigkeit *f*, Munterkeit *f*.

vi·var·i·um [vaɪ'veərɪəm] *pl.* **-i·a** [-ɪə] *s.* Vi'varium *n* (*Aquarium, Terrarium etc.*).

vi·va vo·ce [ˌvaɪvə'vəʊsɪ] **I** *adj. u. adv.* mündlich; **II** *s.* mündliche Prüfung; **vi·va-vo·ce** [ˌvaɪvə'vəʊsɪ] *v/t.* mündlich prüfen.

viv·id ['vɪvɪd] *adj.* ☐ **1.** *allg.* lebhaft: a) impul'siv (*Mensch*), b) inten'siv (*Gefühle, Phantasie*), c) leuchtend (*Farbe etc.*), d) deutlich, klar (*Schilderung etc.*); **2.** le'bendig (*Porträt etc.*); '**viv·id·ness** [-nɪs] *s.* **1.** Lebhaftigkeit *f*; **2.** Le'bendigkeit *f*.

viv·i·fy ['vɪvɪfaɪ] *v/t.* **1.** 'wiederbeleben; **2.** *fig.* Leben geben (*dat.*), beleben, anregen; **3.** *fig.* intensivieren; **4.** *biol.* in lebendes Gewebe verwandeln; **vi·vip·a·rous** [vɪ'vɪpərəs] *adj.* ☐ **1.** *zo.* lebendgebärend; **2.** ⚘ noch an der Mutterpflanze keimend (*Samen*); **viv·i·sect** [ˌvɪvɪ'sekt] *v/t. u. v/i.* vivisezieren, lebend sezieren; **viv·i·sec·tion** [ˌvɪvɪ'sekʃn] *s.* Vivisekti'on *f*.

vix·en ['vɪksn] *s.* **1.** *zo.* Füchsin *f*; **2.** *fig.* ‚Drachen' *m*, Xan'thippe *f*; '**vix·en·ish** [-nɪʃ] *adj.* zänkisch.

vi·zier [vɪ'zɪə] *s.* We'sir *m*.

vi·zor → **visor**.

V-J Day *s.* Tag *m* des Sieges der Alli'ierten über Japan (*im 2. Weltkrieg; 2. 9. 1945*).

vo·ca·ble ['vəʊkəbl] *s.* Vo'kabel *f*.

vo·cab·u·lar·y [vəʊ'kæbjʊlərɪ] *s.* Vokabu'lar *n*: a) Wörterverzeichnis *n*, b) Wortschatz *m*.

vo·cal ['vəʊkl] **I** *adj.* ☐ → **vocally**; **1.** stimmlich, mündlich, Stimm…, Sprech…: **~ c(h)ords** Stimmbänder *pl.*; **2.** ♪ Vokal…, Gesang(s)…, gesanglich: **~ music** Vokalmusik *f*; **~ part** Singstimme *f*; **~ recital** Liederabend *m*; **3.** klingend, 'widerhallend (**with** von); **4.** stimmbegabt, der Sprache mächtig; **5.** laut, vernehmbar, *a.* gesprächig: **become ~** *fig.* laut werden, sich vernehmen lassen; **6.** *ling.* a) vo'kalisch, b) stimmhaft; **II** *s.* **7.** (gesungener) Schlager; **vo·cal·ic** [vəʊ'kælɪk] *adj.* vo'kalisch; '**vo·cal·ism** [-kəlɪzəm] *s.* **1.** Vokalisati'on *f* (*Vokalbildung u. -aussprache*); **2.** Vo'kalsyˌstem *n e-r Sprache*; '**vo·cal·ist** [-kəlɪst] *s.* ♪ Sänger(in); **vo·cal·i·za·tion** [ˌvəʊkəlaɪ'zeɪʃn] *s.* **1.** *bsd.* ♪ Stimmgebung *f*; **2.** *ling.* a) Vokalisati'on *f*, b) stimmhafte Aussprache; '**vo·cal·ize** [-kəlaɪz] **I** *v/t.* **1.** *Laut* aussprechen, *a.* singen; **2.** *ling.* a) *Konsonanten* vokalisieren, b) stimmhaft aussprechen; **3.** → **vowelize** 1; **II** *v/i.* **4.** (*beim Singen*) vokalisieren.

vo·ca·tion [vəʊ'keɪʃn] *s.* **1.** (*eccl.* göttliche, *allg.* innere) Berufung (**for** zu); **2.** Begabung *f*, Eignung *f* (**for** für); **3.** Beruf *m*, Beschäftigung *f*; **vo'ca·tion·al** [-ʃənl] *adj.* ☐ beruflich, Berufs… (*-ausbildung, -krankheit, -schule etc.*): **~ guidance** Berufsberatung *f*.

voc·a·tive ['vɒkətɪv] **I** *adj. ling.* vokativisch, Anrede…: **~ case** → **II** *s.* Vokativ *m.*

vo·cif·er·ate [vəʊˈsɪfəreɪt] *v/i.* schreien, brüllen; **vo·cif·er·a·tion** [vəʊˌsɪfəˈreɪʃn] *s. a. pl.* Schreien *n*, Brüllen *n*, Geschrei *n*; **voˈcif·er·ous** [-fərəs] *adj.* □ **1.** laut schreiend, brüllend; **2.** lärmend, laut; **3.** lautstark: **~ protest**.

vod·ka [ˈvɒdkə] *s.* Wodka *m.*

vogue [vəʊg] *s.* **1.** *allg.* (herrschende) Mode: ***all the ~*** (die) große Mode, der letzte Schrei; ***be in ~*** (in) Mode sein; ***come into ~*** in Mode kommen; **2.** Beliebtheit *f*: ***be in full ~*** großen Anklang finden, sehr im Schwange sein; ***have a short-lived ~*** sich e-r kurzen Beliebtheit erfreuen; **~ word** *s.* Modewort *n.*

voice [vɔɪs] **I** *s.* **1.** Stimme *f* (*a. fig. des Gewissens etc.*): ***the still, small ~ (within)*** *fig.* die leise Stimme des Gewissens; ***in (good) ~*** ♪ (gut) bei Stimme; ***in a low ~*** mit leiser Stimme; **~ box** Kehlkopf *m*; **~ off** *TV etc*: Off-Stimme *f*; **~ on** *TV etc*: On-Stimme *f*; **~ recognition** *Computer*: Spracherkennung *f*; **~ radio** ⚡ Sprechfunk *m*; **~ range** ♪ Stimmumfang *m*; **2.** *fig.* Ausdruck *m*, Äußerung *f*: ***find ~ in*** Ausdruck finden in (*dat.*); ***give ~ to*** → 7; **3.** *fig. allg.* Stimme *f*: a) Entscheidung *f*: ***give one's ~ for*** stimmen für; ***with one ~*** einstimmig, b) Stimmrecht *n*: ***have a (no) ~ in*** et. (nichts) zu sagen haben bei *od.* in (*dat.*), c) Sprecher(in), Sprachrohr *n*; **4.** ♪ a) *a.* **~ quality** Stimmton *m*, b) (Orgel)Stimme *f*; **5.** *ling.* a) stimmhafter Laut, b) Stimmton *m*; **6.** *ling.* Genus *n* des Verbs: ***active ~*** Aktiv *n*; ***passive ~*** Passiv *n*; **II** *v/t.* **7.** Ausdruck geben *od.* verleihen (*dat.*), *Meinung etc.* äußern, in Worte fassen; **8.** ♪ *Orgelpfeife etc.* regulieren; **9.** *ling.* (stimmhaft) (aus)sprechen; **voiced** [-st] *adj.* **1.** *in Zssgn mit leiser etc.* Stimme: ***low-~***; **2.** *ling.* stimmhaft; **ˈvoice·less** [-lɪs] *adj.* **1.** ohne Stimme, stumm; **2.** sprachlos; **3.** *parl.* nicht stimmfähig; **4.** *ling.* stimmlos; **ˈvoice-ˌo·ver** *s. Film, TV*: ˈOff-Kommenˌtar *n.*

void [vɔɪd] **I** *adj.* □ **1.** leer; **2.** **~ of** ohne, bar (*gen.*), arm an (*dat.*), frei von; **3.** unbewohnt; **4.** unbesetzt, frei (*Amt*); **5.** ⚖ nichtig, ungültig, -wirksam; → ***null*** 1; **II** *s.* **6.** (*fig.* Gefühl *n* der) Leere *f*, leerer Raum; **7.** *fig.* Lücke *f*: ***fill the ~*** die Lücke schließen; **8.** ⚖ unbewohntes Gebäude; **III** *v/t.* **9.** räumen (***of*** von); **10.** ⚖ a) aufheben, b) anfechten; **11.** *physiol. Urin etc.* ausscheiden; **ˈvoid·a·ble** [-dəbl] *adj.* ⚖ aufheb- *od.* anfechtbar; **ˈvoid·ance** [-dəns] *s.* Räumung *f*; **ˈvoid·ness** [-nɪs] *s.* **1.** Leere *f*; **2.** ⚖ Nichtigkeit *f*, Ungültigkeit *f.*

voile [vɔɪl] *s.* Voile *m*, Schleierstoff *m.*

vo·lant [ˈvəʊlənt] *adj.* **1.** *zo.* fliegend (*a. her.*); **2.** *poet.* flüchtig.

vol·a·tile [ˈvɒlətaɪl] *adj.* **1.** *phys.* verdampfbar, (leicht) flüchtig, volaˈtil, äˈtherisch (*Öl etc.*); **2.** *fig.* flüchtig, vergänglich; **3.** *fig.* a) leˈbendig, lebhaft, b) launisch, unbeständig, flatterhaft; **vol·a·til·i·ty** [ˌvɒləˈtɪlətɪ] *s.* **1.** *phys.* Verdampfbarkeit *f*, Flüchtigkeit *f* (*a. fig.*); **2.** *fig.* a) Lebhaftigkeit *f*, b) Unbeständig-, Flatterhaftigkeit *f*; **vol·a·til·i·za·tion** [vɒˌlætɪlaɪˈzeɪʃn] *s. phys.* Verflüchtigung *f*, Verdampfung *f*; **vol·a·til·ize** [vɒˈlætɪlaɪz] *v/t.* (*v/i.* sich) verflüchtigen, verdunsten, verdampfen.

vol-au-vent [ˈvɒləʊvɑ̃ːŋ; vɔlovɑ̃] (*Fr.*) *s.* Vol-au-ˈvent *m* (*gefüllte Blätterteigpastete*).

vol·can·ic [vɒlˈkænɪk] *adj.* (□ **~ally**) **1.** *geol.* vulˈkanisch, Vulkan…; **2.** *fig.* ungestüm, exploˈsiv; **vol·ca·no** [vɒlˈkeɪnəʊ] *pl.* **-no(e)s** *s.* **1.** *geol.* Vulˈkan *m*; **2.** *fig.* Vulˈkan *m*, Pulverfaß *n*: ***sit on the top of a ~*** (wie) auf e-m Pulverfaß sitzen; **vol·can·ol·o·gy** [ˌvɒlkəˈnɒlədʒɪ] *s.* Vulkanoloˈgie *f.*

vole¹ [vəʊl] *s. zo.* Wühlmaus *f.*

vole² [vəʊl] *s. Kartenspiel*: Gewinn *m* aller Stiche.

vo·li·tion [vəʊˈlɪʃn] *s.* **1.** Willensäußerung *f*, -akt *m*, (Willens)Entschluß *m*: ***on one's own ~*** aus eigenem Entschluß; **2.** Wille *m*, Wollen *n*, Willenskraft *f*; **voˈli·tion·al** [-ʃənl] *adj.* □ Willens…, willensmäßig; **vol·i·tive** [ˈvɒlɪtɪv] *adj.* **1.** Willens…; **2.** *ling.* voliˈtiv.

vol·ley [ˈvɒlɪ] **I** *s.* **1.** (Gewehr-, Geschütz)Salve *f*; (Pfeil-, Stein- *etc.*)Hagel *m*; *Artillerie, Flak*: Gruppe *f*: **~ *bombing*** ✈ Reihenwurf *m*; **2.** *fig.* Schwall *m*, Strom *m*, Flut *f*: ***a ~ of oaths***; **3.** *sport*: a) *Tennis*: Volley *m* (*Schlag*), (*Ball a.*) Flugball *m*, b) *Fußball*: Volleyschuß *m*: ***take a ball at*** *od.* ***on the ~*** → 6; **4.** *Badminton*: Ballwechsel *m*; **II** *v/t.* **5.** in e-r Salve abschießen; **6.** *sport*: *den Ball* volley nehmen, (*Fußball a.*) (diˈrekt) aus der Luft nehmen; **7.** *mst* **~ *out*** *od.* ***forth*** e-n Schwall von *Worten etc.* von sich geben; **III** *v/i.* **8.** e-e Salve *od.* Salven abgeben; **9.** hageln (*Geschosse*), krachen (*Geschütze*); **10.** *sport*: a) *Tennis*: volieren, b) *Fußball*: volley schießen; **ˈ~·ball** *s. sport* **1.** Volleyball(spiel *n*) *m*; **2.** Volleyball *m.*

vol·plane [ˈvɒlpleɪn] ✈ **I** *s.* Gleitflug *m*; **II** *v/i.* im Gleitflug niedergehen.

volt¹ [vɒlt] *s. fenc. u. Reitsport*: Volte *f.*

volt² [vəʊlt] *s.* ⚡ Volt *n*; **ˈvolt·age** [-tɪdʒ] *s.* ⚡ (Volt)Spannung *f*; **vol·ta·ic** [vɒlˈteɪɪk] *adj.* ⚡ volˈtaisch, galˈvanisch (*Batterie, Element, Strom etc.*): **~ *couple*** Elektrodenmetalle *pl.*

volte-face [ˌvɒltˈfɑːs; vɔltəfas] (*Fr.*) *s. fig.* (toˈtale) (Kehrt)Wendung.

volt·me·ter [ˈvəʊltˌmiːtə] *s.* ⚡ Voltmeter *m*, Spannungsmesser *m.*

vol·u·bil·i·ty [ˌvɒljʊˈbɪlətɪ] *s. fig.* a) glatter Fluß (*der Rede*), b) Zungenfertigkeit *f*, Redegewandtheit *f*, c) Redseligkeit *f*, d) Wortreichtum *m*; **vol·u·ble** [ˈvɒljʊbl] *adj.* □ **1.** a) geläufig (*Zunge*), fließend (*Rede*), b) zungenfertig, (rede-) gewandt, c) redselig, d) wortreich; **2.** ⚘ windend.

vol·ume [ˈvɒljuːm] *s.* **1.** Band *m e-s Buches*; Buch *n* (*a. fig.*): ***a three-~ novel*** ein dreibändiger Roman; ***speak ~s (for)*** *fig.* Bände sprechen (für); **2.** ⚒, ⚗, *phys. etc.* Voˈlumen *n*, (Raum)Inhalt *m*; **3.** *fig.* ˈUmfang *m*, Voˈlumen *n*: **~ *of imports***; **~ *of traffic*** Verkehrsaufkommen *n*; **4.** *fig.* Masse *f*, Schwall *m*; **5.** ♪ Klangfülle *f*, ˈStimmvoˌlumen *n*, -ˌumfang *m*; **6.** ⚡ Lautstärke *f*: **~ *control*** Lautstärkeregler *m*; **ˈvol·umed** [-md] *adj. in Zssgn* …bändig: ***a three-~ book***; **vol·u·met·ric** [ˌvɒljʊˈmetrɪk] *adj.* (□ **~ally**) ⚒, ⚗ voluˈmetrisch: **~ *analysis*** ⚗ volumetrische Analyse, Maßanalyse *f*; **~ *density*** Raumdichte *f*; **vol·u·met·ri·cal** [ˌvɒljʊˈmetrɪkl] *adj.* □ → ***volumetric***; **vo·lu·mi·nous** [vəˈljuːmɪnəs] *adj.* □ **1.** vielbändig (*literarisches Werk*); **2.** produkˈtiv: ***a ~ author***; **3.** massig, ˈumfangreich, volumiˈnös: **~ *correspondence***; **4.** bauschig; **5.** ♪ voll: **~ *voice***.

vol·un·tar·i·ness [ˈvɒləntərɪnɪs] *s.* **1.** Freiwilligkeit *f*; **2.** (Willens)Freiheit *f*; **vol·un·tar·y** [ˈvɒləntərɪ] **I** *adj.* □ **1.** freiwillig, sponˈtan: **~ *contribution***; **~ *death*** Freitod *m*; **2.** frei, unabhängig; **3.** ⚖ a) vorsätzlich, schuldhaft, b) freiwillig, unentgeltlich, c) außergerichtlich, gütlich: **~ *settlement***; **~ *jurisdiction*** freiwillige Gerichtsbarkeit; **4.** durch freiwillige Spenden unterˈhalten (*Schule etc.*); **5.** *physiol.* willkürlich: **~ *muscles***; **6.** *psych.* voluntaˈristisch; **II** *s.* **7.** a) freiwillige *od.* wahlweise Arbeit, b) *a.* **~ *exercise*** *sport* Kür(übung) *f*; **8.** ♪ Orgelsolo *n.*

vol·un·teer [ˌvɒlənˈtɪə] **I** *s.* **1.** Freiwillige(r *m*) *f* (*a.* ⚔); **2.** ⚖ unentgeltlicher Rechtsnachfolger; **II** *adj.* **3.** freiwillig, Freiwilligen…; **4.** ⚘ wildwachsend; **III** *v/i.* **5.** sich freiwillig melden *od.* erbieten (***for*** für, zu), als Freiwilliger eintreten *od.* dienen; **IV** *v/t.* **6.** *Dienste etc.* freiwillig anbieten *od.* leisten; **7.** sich *e-e Bemerkung* erlauben; **8.** (freiwillig) zum besten geben: ***he ~ed a song***.

vo·lup·tu·ar·y [vəˈlʌptjʊərɪ] *s.* Lüstling *m*, sinnlicher Mensch; **voˈlup·tu·ous** [-tʃʊəs] *adj.* □ **1.** wollüstig, sinnlich; geil, lüstern; **2.** üppig, sinnlich: **~ *body***; **voˈlup·tu·ous·ness** [-jʊəsnɪs] *s.* **1.** Wollust *f*, Sinnlichkeit *f*, Geilheit *f*, Lüsternheit *f*; **2.** Üppigkeit *f.*

vo·lute [vəˈljuːt] *s.* **1.** Schnörkel *m*, Spiˈrale *f*; **2.** △ Voˈlute *f*, Schnecke *f*; **3.** *zo.* Windung *f* (*Schneckengehäuse*); **voˈlut·ed** [-tɪd] *adj.* **1.** gewunden, spiˈral-, schneckenförmig; **2.** △ mit Voˈluten (versehen); **voˈlu·tion** [-juːʃn] *s.* **1.** Drehung *f*; **2.** *anat., zo.* Windung *f.*

vom·it [ˈvɒmɪt] **I** *v/t.* **1.** (er)brechen; **2.** *fig. Feuer etc.* (aus)speien; *Rauch, a. Flüche etc.* ausstoßen; **II** *v/i.* **3.** (sich er)brechen, sich überˈgeben; **4.** Rauch ausstoßen; Lava auswerfen, Feuer speien (*Vulkan*); **III** *s.* **5.** Erbrechen *n*; **6.** *das* Erbrochene; **7.** ⚕ Brechmittel *n*; **8.** *fig.* Unflat *m*; **ˈvom·i·tive** [-tɪv], **ˈvom·i·to·ry** [-tərɪ] **I** *s.* ⚕ Brechmittel *n*; **II** *adj.* Erbrechen verursachend, Brech…

voo·doo [ˈvuːduː] **I** *s.* **1.** Wodu *m*, Zauberkult *m*; **2.** Zauber *m*, Hexeˈrei *f*; **3.** *a.* **~ *doctor***, **~ *priest*** (Wodu)Zauberer *m*, Mediˈzinmann *m*; **4.** Fetisch *m*, Götze *m*; **II** *v/t.* **5.** behexen; **ˈvoo·doo·ism** *s.* Wodukult *m.*

vo·ra·cious [vəˈreɪʃəs] *adj.* □ gefräßig, gierig, unersättlich (*a. fig.*); **voˈra·cious·ness** [-nɪs], **vo·rac·i·ty** [vɒˈræsətɪ] *s.* Gefräßigkeit *f*, Unersättlichkeit *f*, Gier *f* (***of*** nach).

vor·tex [ˈvɔːteks] *pl.* **-ti·ces** [-tɪsiːz] *s.* Wirbel *m*, Strudel *m* (*a. phys. fig.*); **ˈvor·ti·cal** [-tɪkl] *adj.* □ **1.** wirbelnd, kreisend, Wirbel…; **2.** wirbel-, strudelartig.

vo·ta·ress [ˈvəʊtərɪs] *s.* Geweihte *f* (*etc.*, → ***votary***); **vo·ta·ry** [ˈvəʊtərɪ] *s.* **1.** *eccl.* Geweihte(r *m*) *f*; **2.** *fig.* Verfechter(in), (Vor)Kämpfer(in); **3.** *fig.* Anhänger

(-in), Verehrer(in), Jünger(in), Enthusi'ast(in).

vote [vəʊt] **I** *s.* **1.** (Wahl)Stimme *f*, Votum *n*: **~ *of censure*, ~ *of no confidence*** *parl.* Mißtrauensvotum; **~ *of confidence*** *parl.* Vertrauensvotum; ***give one's ~ to*** (*od.* ***for***) s-e Stimme geben (*dat.*), stimmen für; **2.** Abstimmung *f*, Wahl *f*: ***put s.th. to the ~, take a ~ on s.th.*** über e-e Sache abstimmen lassen; ***take the ~*** abstimmen; **3.** Stimmzettel *m*, Stimme *f*: ***cast one's ~*** s-e Stimme abgeben; **4.** ***the ~*** das Stimm-, Wahlrecht; **5.** a) Stimme *f*, Stimmzettel *m*, b) ***the ~*** *coll.* die Stimmen *pl.*: ***the Labour ~***, c) Wahlergebnis *n*; **6.** Beschluß *m*: ***a unanimous ~***; **7.** (Geld)Bewilligung *f*; **II** *v/i.* **8.** (ab-) stimmen, wählen, s-e Stimme abgeben: **~ *against*** stimmen gegen; **~ *for*** stimmen für (*a.* F *für et. sein*); **III** *v/t.* **9.** abstimmen über (*acc.*), wählen, stimmen für: **~ *down*** niederstimmen; **~ *s.o. in*** j-n wählen; **~ *s.o. out*** (***of office***) j-n abwählen; **~ *s.th. through*** et. durchbringen; **~ *that*** dafür sein, daß, vorschlagen, daß; **10.** (durch Abstimmung) wählen *od.* beschließen *od.* *Geld* bewilligen; **11.** allgemein erklären für *od.* halten für; **'vote-ˌcatch·er** *s.*, **'vote-ˌget·ter** *s.* ,'Wahllokomoˌtive' *f*, Stimmenfänger *m*; **'vote·less** [-lɪs] *adj.* ohne Stimmrecht *od.* Stimme; **'vot·er** [-tə] *s.* Wähler(in), Wahl-, Stimmberechtigte(r *m*) *f*; **'vote-rig·ging** *s.* Wahlschwindel *m*, -manipulation *f*.

vot·ing ['vəʊtɪŋ] **I** *s.* (Ab)Stimmen *n*, Abstimmung *f*; **II** *adj.* Stimm..., Wahl...; **~ age** *s.* Wahlalter *n*; **~ machine** *s.* 'Wahlmaˌschine *f*; **~ pa·per** *s.* Stimmzettel *m*; **~ share** *s.* ✝ Stimmrechtaktie *f*; **~ stock** *s.* ✝ **1.** stimmberechtigtes 'Aktienkapiˌtal; **2.** *bsd. Am.* 'Stimmrechtsˌaktie *f*; **~ pow·er** *s.* ✝ Stimmrecht *n*.

vo·tive ['vəʊtɪv] *adj.* Weih..., Votiv..., Denk...: **~ *medal*** (Ge)Denkmünze *f*; **~ *tablet*** Votivtafel *f*.

vouch [vaʊtʃ] **I** *v/i.* **1.** **~ *for*** (sich ver-) bürgen für; **2.** **~ *that*** dafür bürgen, daß; **II** *v/t.* **3.** bezeugen; bestätigen, (urkundlich) belegen; **4.** (sich ver)bürgen für; **'vouch·er** [-tʃə] *s.* **1.** Zeuge *m*, Bürge *m*; **2.** 'Unterlage *f*, Doku'ment *n*: ***support by ~*** dokumentarisch belegen; **3.** (Rechnungs)Beleg *m*, Quittung *f*: **~ *check*** ✝ *Am.* Verrechnungsscheck; **~ *copy*** Belegdoppel *n*; **4.** Gutschein *m*; **5.** Eintrittskarte *f*; **vouch'safe** [-'seɪf] *v/t.* **1.** (gnädig) gewähren; **2.** geruhen zu *tun*; **3.** sich her'ablassen zu: ***he ~d me no answer*** er würdigte mich keiner Antwort.

vow [vaʊ] **I** *s.* **1.** Gelübde *n* (*a. eccl.*); *oft pl.* (feierliches) Versprechen, (Treu-) Schwur *m*: ***be under a ~*** ein Gelübde abgelegt haben, versprochen haben (***to do*** zu tun); ***take*** (*od.* ***make***) ***a ~*** ein Gelübde ablegen; ***take ~s*** *eccl.* Profeß ablegen, in ein Kloster eintreten; **II** *v/t.* **2.** geloben; **3.** (sich) schwören, (sich) geloben, hoch u. heilig versprechen (***to do*** zu tun); **4.** feierlich erklären.

vow·el ['vaʊəl] **I** *s. ling.* **1.** Vo'kal *m*, Selbstlaut *m*; **II** *adj.* **2.** vo'kalisch; **3.** Vokal..., Selbstlaut...: **~ *gradation*** Ablaut *m*; **~ *mutation*** Umlaut *m*; **vow·el·ize** ['vaʊəlaɪz] *v/t.* **1.** *hebräischen od. kurzschriftlichen Text* mit Vo'kalzeichen versehen; **2.** *Laut* vokalisieren.

voy·age ['vɔɪɪdʒ] **I** *s. längere* (See-, Flug-) Reise: **~ *home*** Rück-, Heimreise; **~ *out*** Hinreise *f*; **II** *v/i.* (*bsd.* zur See) reisen; **III** *v/t.* reisen durch, bereisen; **voy·ag·er** ['vɔɪədʒə] *s.* (See)Reisende(r *m*) *f*.

vo·yeur·ism [vwɑː'jɜːrɪzəm] *s.* Voy'eurtum *n*.

'V|-sign *s.* **1.** Siegeszeichen *n* (*mit gespreizten Fingern*), *Am. a.* Zeichen der Zustimmung; **2.** *Brit.* ,Vogel' *m*; **'~-type en·gine** *s. mot.* V-Motor *m*.

vul·can·ite ['vʌlkənaɪt] *s.* Ebo'nit *n*, Vulka'nit *n* (*Hartgummi*); **'vul·can·ize** [-aɪz] *v/t. Kautschuk* vulkanisieren: ***~d fibre*** (*Am.* ***fiber***) ⚗ Vulkanfiber *f*.

vul·gar ['vʌlgə] **I** *adj.* □ → ***vulgarly***; **1.** (all)gemein, Volks...: **~ *herd*** *die* Masse, *das* gemeine Volk; ***⁀ Era*** *die* christlichen Jahrhunderte; **2.** volkstümlich: **~ *superstitions***; **3.** vul'gärsprachlich, in der Volkssprache (verfaßt *etc.*): **~ *tongue*** Volkssprache *f*; ***⁀ Latin*** Vulgärlatein *n*; **4.** ungebildet, ungehobelt; **5.** vul'gär, unfein, ordi'när, gewöhnlich, unanständig, pöbelhaft; **6.** 𝔄 gemein, gewöhnlich: **~ *fraction***; **II** *s.* **7.** ***the ~*** *pl.* das (gemeine) Volk; **vul·gar·i·an** [vʌl'geərɪən] *s.* **1.** vul'gärer Mensch, Ple'bejer *m*; **2.** Parve'nü *m*, Protz *m*; **'vul·gar·ism** [-ərɪzəm] *s.* **1.** Unfeinheit *f*, vul'gäres Benehmen; **2.** Gemeinheit *f*, Unanständigkeit *f*; **3.** *ling.* Vulga'rismus *m*, vul'gärer Ausdruck; **vul·gar·i·ty** [vʌl'gærətɪ] *s.* **1.** ungehobeltes Wesen, vul'gäre Art; **2.** Gewöhnlichkeit *f*, Pöbelhaftigkeit *f*; **3.** Unsitte *f*, Ungezogenheit *f*; **'vul·gar·ize** [-əraɪz] *v/t.* **1.** popularisieren, popu'lär machen, verbreiten; **2.** her'abwürdigen, vulgarisieren; **'vul·gar·ly** [-lɪ] *adv.* **1.** allgemein, gemeinhin, landläufig; **2.** → ***vulgar*** 4, 5.

vul·ner·a·bil·i·ty [ˌvʌlnərə'bɪlətɪ] *s.* Verwundbarkeit *f*; **vul·ner·a·ble** ['vʌlnərəbl] *adj.* **1.** verwundbar (*a. fig.*); **2.** angreifbar; **3.** anfällig (***to*** für); **4.** ⚔, *sport* ungeschützt, offen; **vul·ner·ar·y** ['vʌlnərərɪ] **I** *adj.* Wund..., Heil...; **II** *s.* Wundmittel *n*.

vul·pine ['vʌlpaɪn] *adj.* **1.** fuchsartig, Fuchs...; **2.** *fig.* füchsisch, verschlagen.

vul·ture ['vʌltʃə] *s. zo.* Geier *m* (*a. fig.*).

vul·va ['vʌlvə] *pl.* **-vae** [-viː] *s. anat.* Vulva *f*, (äußere) weibliche Scham.

vy·ing ['vaɪɪŋ] *adj.* □ wetteifernd.

W

W, w [ˈdʌbljuː] *s.* W *n*, w *n* (*Buchstabe*).

Waac [wæk] *s.* ⚔ F *Brit.* Arˈmeehelferin *f* (*aus* ***Women's Army Auxiliary Corps***).

Waaf [wæf] *s.* ⚔ F *Brit.* Luftwaffenhelferin *f* (*aus* ***Women's Auxiliary Air Force***).

WAC, *Wac* [wæk] *s.* ⚔ F *Am.* Arˈmeehelferin *f* (*aus* ***Women's Army Corps***).

wack·y [ˈwækɪ] *adj.* ‚blöd'.

wad [wɒd] **I** *s.* **1.** Pfropf(en) *m*, (*Watte- etc.*)Bausch *m*, Polster *n*; **2.** Paˈpierknäuel *m*, *n*; **3.** a) (Banknoten)Bündel *n*, (-)Rolle *f*, b) *Am.* F Haufen *m* Geld, c) Stoß *m* Paˈpiere; **4.** ⚔ *hist.* Ladepfropf *m*; **II** *v/t.* **5.** zu e-m Bausch *etc.* zs.-pressen; **6.** ~ ***up*** *Am.* fest zs.-rollen; **7.** *Öffnung* ver-, zustopfen; **8.** *Kleidungsstück etc.* wattieren, auspolstern, füttern; **wad·ding** [ˈwɒdɪŋ] **I** *s.* **1.** Einlage *f* (*zum Polstern od. Verpacken*); **2.** Watte *f*; **3.** Wattierung *f*; **II** *adj.* **4.** Wattier...

wad·dle [ˈwɒdl] **I** *v/i.* watscheln; **II** *s.* watschelnder Gang.

wade [weɪd] **I** *v/i.* waten: ~ ***through*** F *fig.* sich durchkämpfen durch; ~ ***in(to)*** F *fig.* a) ‚hinˈeinsteigen', sich einmischen (in *acc.*), b) sich ‚reinknien' (in *e-e Arbeit etc.*): ~ ***into a problem*** ein Problem anpacken *od.* angehen; **II** *v/t.* durchˈwaten; **III** *s.* Waten *n*; **ˈwad·er** [-də] *s.* **1.** *orn.* Wat-, Stelzvogel *m*; **2.** *pl.* (hohe) Wasserstiefel *pl.*

wa·fer [ˈweɪfə] *s.* **1.** Obˈlate *f* (*a.* ✉ *u. Siegelmarke*); **2.** (*bsd.* Eis)Waffel *f*: ***as thin as a*** ~, ~***-thin*** hauchdünn (*a. fig.*); **3.** *a.* ***consecrated*** ~ *eccl.* Hostie *f*, Obˈlate *f*; **4.** ⚡ Mikroplättchen *n*.

waf·fle [ˈwɒfl] **I** *s.* Waffel *f*; **II** *v/i.* F ‚quasseln'; **ˈ~-ˌi·ron** *s.* Waffeleisen *n*.

waft [wɑːft] **I** *v/t.* **1.** *wohin* wehen, tragen; **II** *v/i.* **2.** (herˈan)getragen werden, schweben; **III** *s.* **3.** Flügelschlag *m*; **4.** Wehen *n*; **5.** (Duft)Hauch *m*, (-)Welle *f*; **6.** *fig.* Anwandlung *f*, Welle *f* (*von Freude, Neid etc.*); **7.** ⚓ Flagge *f* im Schau (*Notsignal*).

wag [wæg] **I** *v/i.* **1.** wackeln; wedeln, wippen (*Schwanz*): ~ ***one's tongue*** tratschen; ***set tongues ~ging*** viel Gerede verursachen; → ***tail*** 1; **II** *v/t.* **2.** wackeln *od.* wedeln *od.* wippen mit *dem Schwanz etc.*; *den Kopf* schütteln *od.* wiegen: ~ ***one's finger at*** *j-m* mit dem Finger drohen; **3.** (hin- u. her)bewegen, schwenken; **III** *s.* **4.** Wackeln *n*; Wedeln *n*, (Kopf)Schütteln *n*; **5.** Witzbold *m*, Spaßvogel *m*.

wage¹ [weɪdʒ] *v/t. Krieg* führen, *Feldzug* unterˈnehmen (***on, against*** gegen): ~ ***effective war on*** *fig. e-r Sache* wirksam zu Leibe gehen.

wage² [weɪdʒ] *s.* **1.** *mst pl.* † (Arbeits-)Lohn *m*: ~***s per hour*** Stundenlohn; **2.** *pl.* † Lohnanteil *m* (*an der Produktion*); **3.** *pl. sg. konstr. fig.* Lohn *m*: ***the ~s of sin*** *bibl.* der Sünde Sold; ~ **a·gree·ment** *s.* † Taˈrifvertrag *m*; ~ **bill** *s.* (aus)bezahlte (Gesamt)Löhne *pl.*; ~ **claim** *s.* Lohnforderung *f*; ~ **dis·pute** *s.* Lohnkampf *m*; ~ **earn·er** *s.* Lohnempfänger(in); ~ **freeze** *s.* Lohnstopp *m*; ~ **fund** *s.* Lohnfonds *m*; ~ **in·cen·tive** *s.* Lohnanreiz *m*; **ˈ~-in·ten·sive** *adj.* ˈlohnintenˌsiv; ~ **lev·el** *s.* ˈLohniˌveau *n*; ~ **pack·et** *s.* Lohntüte *f*.

wa·ger [ˈweɪdʒə] **I** *s.* **1.** Wette *f*; **II** *v/t.* **2.** wetten um, setzen auf (*acc.*); wetten mit (***that*** daß); **3.** *fig. Ehre etc.* aufs Spiel setzen; **III** *v/i.* **4.** wetten, e-e Wette eingehen.

wage| rate *s.* Lohnsatz *m*; ~ **scale** *s.* † **1.** Lohnskala *f*; **2.** (ˈLohn)Taˌrif *m*; ~ **set·tle·ment** *s.* Lohnabschluß *m*; ~ **slave** *s.* Lohnsklave *m*; ~ **slip** *s.* Lohnstreifen *m*, -zettel *m*.

wag·ger·y [ˈwægərɪ] *s.* Schelmeˈrei *f*, Schalkhaftigkeit *f*; **wag·gish** [ˈwægɪʃ] *adj.* ☐ schalkhaft, schelmisch, spaßig, lose; **wag·gish·ness** [ˈwægɪʃnɪs] → ***waggery***.

wag·gle [ˈwægl] → ***wag*** I *u.* II.

wag·gon [ˈwægən] *s.* **1.** (Last-, Roll-)Wagen *m*; **2.** 🚂 *Brit.* (offener) Güterwagen, Wagˈgon *m*: ***by*** ~ † per Achse; **3.** *Am.* a) (Liefer-, Verkaufs-, Poliˈzei- *etc.*)Wagen *m*, b) *mot.* Kombi(wagen) *m*; **4.** ***the*** ℒ *ast.* der Große Wagen; **5.** F *fig.* → ***water wag(g)on***.

wag·gon·er [ˈwægənə] *s.* **1.** (Fracht-)Fuhrmann *m*; **2.** ℒ *ast.* Fuhrmann *m*.

ˈwag·gon|·load *s.* **1.** Wagenladung *f*, Fuhre *f*; **2.** Wagˈgonladung *f*: ***by the*** ~ waggonweise; ~ **train** *s.* **1.** ⚔ Arˈmeetrain *m*; **2.** 🚂 *Am.* Güterzug *m*; ~ **vault** *s.* △ Tonnengewölbe *n*.

Wag·ne·ri·an [vɑːgˈnɪərɪən] ♪ **I** *adj.* wagnerisch, wagneriˈanisch, Wagner...; **II** *s. a.* **Wag·ner·ite** [ˈvɑːgnəraɪt] Wagneriˈaner(in).

wag·on *etc. bsd. Am.* → ***waggon*** *etc.*

wa·gon-lit [ˈvægɔ̃ːnˈliː; vagɔ̃li] (*Fr.*) *s.* 🚂 Schlafwagen(abteil *n*) *m*.

ˈwag·tail *s. orn.* Bachstelze *f*.

waif [weɪf] *s.* **1.** ⚖ a) *Brit.* weggeworfenes Diebesgut, b) herrenloses Gut, *bsd.* Strandgut *n* (*a. fig.*); **2.** a) Heimatlose(r *m*) *f*, b) verlassenes *od.* verwahrlostes Kind: ~***s and strays*** verwahrloste Kinder, c) streunendes *od.* verwahrlostes Tier; **3.** *fig.* ˈÜberrest *m*.

wail [weɪl] **I** *v/i.* (weh)klagen, jammern (***for*** um, ***over*** über *acc.*); schreien, wimmern, heulen (*a. Sirene, Wind*) (***with*** vor *Schmerz etc.*); **II** *v/t.* bejammern; **III** *s.* (Weh)Klagen *n*, Jammern *n*; (Weh)Geschrei *n*, Wimmern *n*; **ˈwail·ing** [-lɪŋ] **I** *s.* → ***wail*** III; **II** *adj.* ☐ (weh)klagend *etc.*; Klage...: ℒ ***Wall*** Klagemauer *f*.

wain [weɪn] *s.* **1.** *poet.* Karren *m*, Wagen *m*; **2.** ℒ → ***Charles's Wain***.

wain·scot [ˈweɪnskət] **I** *s.* (*bsd. untere*) (Wand)Täfelung, Tafelwerk *n*, Holzverkleidung *f*; **II** *v/t. Wand etc.* verkleiden, (ver)täfeln; **ˈwain·scot·ing** [-tɪŋ] *s.* **1.** → ***wainscot*** I; **2.** Täfelholz *n*.

waist [weɪst] *s.* **1.** Taille *f*; **2.** a) Mieder *n*, b) *bsd. Am.* Bluse *f*; **3.** Mittelstück *n*, schmalste Stelle (*e-s Dinges*), Schweifung *f* (*e-r Glocke etc.*); **4.** ⚓ Mitteldeck *n*, Kuhl *f*; **ˈ~·band** [-stb-] *s.* (Hosen-, Rock)Bund *m*; **~·coat** [ˈweɪskəʊt] *s.* (*a.* Damen)Weste *f*, (ärmellose) Jacke; *hist.* Wams *n*; **ˌ~-ˈdeep** *adj. u. adv.* bis zur Taille *od.* Hüfte, hüfthoch.

waist·ed [ˈweɪstɪd] *adj.* mit e-r ... Taille: ***short-~***.

ˌwaist|-ˈhigh → ***waist-deep***; **ˈ~·line** *s.* **1.** Gürtellinie *f*, Taille *f*; **2.** ˈTaille(nˌumfang *m*) *f*: ***watch one's*** ~ auf s-e Linie achten.

wait [weɪt] **I** *v/i.* **1.** warten (***for*** auf *acc.*): ~ ***for s.o. to come*** warten, daß *od.* bis j-d kommt; ~ ***up for s.o.*** aufbleiben u. auf j-n warten; ***keep s.o. ~ing*** j-n warten lassen; ***that can*** ~ *fig.* das kann warten, das hat Zeit; ***dinner is ~ing*** das Essen wartet *od.* ist bereit; ***you just ~!*** F na warte!; ~ ***for it!*** F *Brit.* a) immer mit der Ruhe, b) du wirst's kaum glauben!; **2.** (ab)warten, sich gedulden: ~ ***and see!*** ‚abwarten u. Tee trinken'!; ***I can't ~ to see him*** ich kann es kaum noch erwarten, bis ich ihn sehe; **3.** ~ ***(up)on*** a) *j-m* dienen, b) *j-m* aufwarten, *j-n* bedienen, c) *j-m* s-e Aufwartung machen, d) *fig. e-r Sache* folgen, *et.* begleiten (*Umstand*); **4.** *a.* ~ ***at table*** (bei Tisch) bedienen; **II** *v/t.* **5.** warten auf (*acc.*), abwarten: ~ ***one's opportunity*** e-e günstige Gelegenheit abwarten; ~ ***out*** das Ende (*gen.*) abwarten; **6.** F aufschieben, mit *dem Essen etc.* warten (***for s.o.*** auf j-n); **III** *s.* **7.** a) Warten *n*, b) Wartezeit *f*: ***have a long*** ~ lange warten müssen; **8.** Lauer *f*: ***lay a ~ for*** *j-m* e-n Hinterhalt legen; ***lie in*** ~ im Hinterhalt liegen; ***lie in ~ for*** *j-m* auflauern; **9.** *pl.* a) Weihnachtssänger *pl.*, b) *hist.* ˈStadtmusiˌkanten *pl.*; **ˈwait·er** [-tə] *s.* **1.** Kellner *m*, *in der*

Anrede: (Herr) Ober *m*; **2.** Servier-, Präsentierteller *m*.

wait·ing ['weɪtɪŋ] **I** *s.* **1.** → *wait* 7; **2.** Dienst *m bei Hofe etc.*, Aufwarten *n*: ***in ~*** a) diensttuend; → ***lady-in-waiting*** *etc.*, b) ⚔ *Brit.* in Bereitschaft; **II** *adj.* **3.** (ab)wartend; → ***game***[1] 4; **4.** Warte...: ***~ list***, ***~ period*** *allg.* Wartezeit *f*; ***~ room*** a) 🚂 Wartesaal *m*, b) ⚕ *etc.* Wartezimmer *n*; **~ girl** *s.*, **~ maid** *s.* Kammerzofe *f*.

wait·ress ['weɪtrɪs] *s.* Kellnerin *f*; *in der Anrede*: Fräulein *n*.

waive [weɪv] *v/t. bsd.* ⚖ **1.** verzichten auf (*acc.*), sich *e-s Rechtes, Vorteils* begeben; **2.** *Frage* zu'rückstellen; **'waiv·er** [-və] *s.* ⚖ **1.** Verzicht *m* (**of** *auf acc.*), Verzichtleistung *f*; **2.** Verzichterklärung *f*.

wake[1] [weɪk] *s.* **1.** ⚓ Kielwasser *n* (*a. fig.*): ***in the ~ of*** a) im Kielwasser *e-s Schiffes*, b) *fig.* im Gefolge (*gen.*); ***follow in s.o.'s ~*** *fig.* in j-s Kielwasser segeln; ***bring s.th. in its ~*** et. nach sich ziehen, et. zur Folge haben; **2.** ✈ Luftschraubenstrahl *m*; **3.** Sog *m*.

wake[2] [weɪk] **I** *v/i.* [*irr.*] **1.** *oft* ***~ up*** auf-, erwachen, wach werden (*alle a. fig. Person, Gefühl etc.*); **2.** wachen, wach sein *od.* bleiben; **3.** ***~ to*** sich *e-r Gefahr etc.* bewußt werden; **4.** *vom Tode od. von den Toten* auferstehen; **II** *v/t.* [*irr.*] **5.** *a.* ***~ up*** (auf)wecken, wachrütteln (*a. fig.*); **6.** *fig.* erwecken, *Erinnerungen, Gefühle* wachrufen, *Streit etc.* erregen; **7.** *fig. j-n, j-s Geist etc.* aufrütteln; **8.** (*von den Toten*) auferwecken; **III** *s.* **9.** *bsd. Irish* a) Totenwache *f*, b) Leichenschmaus *m*; **10.** *hist.* Kirchweih(fest *n*) *f*, Kirmes *f*; **11.** *Brit.* Betriebsferien *pl.*; **'wake·ful** [-fʊl] *adj.* ☐ **1.** wachend; **2.** schlaflos; **3.** *fig.* wachsam; **'wak·en** [-kən] → ***wake***[2] 1, 3, 5, 6 *u.* 7; **'wak·ing** [-kɪŋ] **I** *s.* **1.** (Er)Wachen *n*; **2.** (Nacht-)Wache *f*; **II** *adj.* **3.** wach: ***~ dream*** Tagtraum *m*; ***in his ~ hours*** in s-n wachen Stunden, *a.* von früh bis spät.

wale [weɪl] *s.* **1.** → ***weal***[2]; **2.** *Weberei*: a) Rippe *f* (*e-s Gewebes*), b) Salleiste *f*, feste Webkante; **3.** ⚙ a) Verbindungsstück *n*, b) Gurtholz *n*; **4.** ⚓ a) Berg-, Krummholz *n*, b) Dollbord *m* (*e-s Boots*).

walk [wɔːk] **I** *s.* **1.** Gehen *n*: ***go at a ~*** im Schritt gehen; **2.** Gang(art *f*) *m*, Schritt *m*: ***a dignified ~***; **3.** Spaziergang *m*: ***go for*** (*od.* ***take***) ***a ~*** e-n Spaziergang machen; ***take s.o. for a ~*** j-n spazierenführen, mit j-m spazierengehen; **4.** (Spazier)Weg *m*: a) Prome'nade *f*, b) Strecke *f*: ***a ten minutes' ~ to the station*** zehn (Geh)Minuten zum Bahnhof; ***quite a ~*** ein gutes Stück zu gehen; **5.** Al'lee *f*; **6.** (Geflügel)Auslauf *m*; → ***sheepwalk***; **7.** Route *f e-s Hausierers etc.*, Runde *f e-s Polizisten etc.*; **8.** *fig.* a) (Arbeits)Gebiet *n*, b) *mst* ***~ of life*** (sozi'ale) Schicht *od.* Stellung, *a.* Beruf *m*; **II** *v/i.* **9.** gehen (*a. sport*), zu Fuß gehen; **10.** im Schritt gehen (*a. Pferd*); **11.** spazierengehen, wandern; **12.** 'umgehen (*Geist*): ***~ in one's sleep*** nachtwandeln; **III** *v/t.* **13.** *Strecke* zu'rücklegen, (zu Fuß) gehen; **14.** *Bezirk* durch'wandern, *Raum* durch'schreiten; **15.** auf u. ab (*od.* um'her)gehen in *od.* auf (*dat.*); **16.** *Pferd* a) führen, b) im Schritt gehen lassen; **17.** *j-n wohin* führen: ***~ s.o. off his feet*** j-n abhetzen; **18.** spazierenführen; **19.** um die Wette gehen mit;

Zssgn mit adv. u. prp.:

walk| a·bout, **~ a·round I** *v/i.* um'hergehen, -wandern; **II** *v/t. j-n* um'herführen; **~ a·way** *v/i.* **1.** weg-, fortgehen: ***~ from*** *sport j-m* (einfach) davonlaufen, *j-n* ‚stehenlassen'; **2.** ***~ with*** a) mit *et.* durchbrennen, b) *et.* ‚mitgehen' lassen, c) *e-n Kampf etc.* spielend gewinnen; **~ off I** *v/i.* **1.** da'von-, fortgehen; **2.** → ***walk away*** 2; **II** *v/t.* **3.** *j-n* abführen; **4.** *s-n Rausch, Zorn etc.* durch e-n Spaziergang vertreiben; **~ out I** *v/i.* **1.** hin'ausgehen: ***~ on*** F *j-n* im Stich lassen, verlassen; **2.** ***~ with s.o.*** F mit j-m ‚gehen' *od.* ein Verhältnis haben; **3.** ☤ in (den) Streik treten; **4.** *pol.* zu'rücktreten; **II** *v/t.* **5.** *Hund etc.* ausführen; **6.** *j-n* auf e-n Spaziergang mitnehmen; **~ o·ver** *v/i. fig.* spielend gewinnen; **~ up** *v/i.* **1.** hin'aufgehen, her'aufkommen: ***~ to s.o.*** auf j-n zugehen; **2.** *Straße* entlanggehen.

'walk·a·bout *s.* **1.** Wanderung *f*; **2.** ‚Bad *n* in der Menge' (*e-s Politikers etc.*).

walk·a·thon ['wɔːkəθɒn] **1.** *sport* Marathongehen *n*; **2.** 'Dauertanztur͵nier *n*.

'walk·a·way → ***walkover*** 2.

walk·er ['wɔːkə] *s.* **1.** Spaziergänger(in): ***be a good ~*** gut zu Fuß sein; **2.** *sport* Geher *m*; **3.** *orn. Brit.* Laufvogel *m*; **͵~-'on** [-ərɒn] *s.* → ***walk-on*** 1.

walk·ie-talk·ie [͵wɔːkɪ'tɔːkɪ] *s.* tragbares Funksprechgerät, Walkie-talkie *n*.

'walk-in I *adj.* **1.** begehbar: ***~ closet*** → 2; **II** *s.* **2.** begehbarer Schrank; **3.** Kühlraum *m*; **4.** *Am.* F leichter Wahlsieg.

walk·ing ['wɔːkɪŋ] **I** *adj.* **1.** gehend, wandernd; *bsd. fig.* wandelnd (*Leiche, Lexikon*): ***~ wounded*** ⚔ Leichtverwundete *pl.*; **2.** Geh..., Marsch..., Spazier...: ***drive at a ~ speed*** *mot.* (im) Schritt fahren; ***within ~ distance*** zu Fuß erreichbar; **II** *s.* **3.** (Spazieren)Gehen *n*; Wandern *n*; **4.** *sport* Gehen *n*; **~ boots** *s. pl.* Wanderstiefel *pl.*; **~ chair** → ***gocart*** 1; **~ del·e·gate** *s.* Gewerkschaftsbeauftragte(r) *m*; **~ gen·tle·man** *s.* [*irr.*], **~ la·dy** → ***walk-on*** 1; **~ papers** *s. pl. sl.* **1.** Ent'lassung(spa͵piere *pl.*) *f*; **2.** ‚Laufpaß' *m*; **~ part** *s. thea.* Sta'tistenrolle *f*; **~ stick** *s.* Spazierstock *m*; **~ tick·et** → ***walking papers***; **~ tour** *s.* Wanderung *f*.

'walk|-on *s. Film, thea.* **1.** Sta'tist(in), Kom'parse *m*, Kom'parsin *f*; **2.** *a.* ***~ part*** Sta'tisten-, Kom'parsenrolle *f*; **'~-out** *s.* **1.** ☤ Ausstand *m*, Streik *m*; **2.** Auszug *m*; **'~͵o·ver** *s. sport* **1.** einseitiger Wettbewerb; **2.** ‚Spaziergang' *m*, leichter Sieg (*a. fig.*); **'~-͵up** *Am.* F **I** *adj.* ohne Fahrstuhl (*Haus*); **II** *s.* (Wohnung *f* in e-m) Haus ohne Fahrstuhl; **'~-way** *s.* **1.** Laufgang *m*; **2.** *Am.* Gehweg *m*.

wall [wɔːl] **I** *s.* **1.** Wand *f* (*a. fig.*): ***up against the ~, with one's back to the ~*** in e-r aussichtslosen Lage; ***drive*** (*od.* ***push***) ***s.o. to the ~*** *fig.* a) j-n an die Wand drücken, b) j-n in die Enge treiben; ***go to the ~*** a) an die Wand gedrückt werden, b) ☤ Konkurs machen; ***drive*** (*od.* ***send***) ***s.o. up the ~*** F j-n ‚auf die Palme bringen'; ***run*** (*od.* ***bang***) ***one's head against a ~*** F mit dem Kopf durch die Wand wollen; **2.** ⚙ (Innen)Wand *f*; **3.** Mauer *f* (*a. fig.*): ***a ~ of silence***; ***the*** ≈ a) die (Berliner) Mauer, b) die Klagemauer (*in Jerusalem*); **4.** Wall *m* (*a. fig.*), (Stadt-, Schutz)Mauer *f*: ***within the ~s*** in den Mauern (e-r Stadt); **5.** *anat.* (*Brust-, Zell- etc.*)Wand *f*; **6.** Häuserseite *f*: ***give s.o. the ~*** a) j-n auf der Häuserseite gehen lassen (*aus Höflichkeit*), b) *fig.* j-m den Vorrang lassen; **7.** ⚒ (Abbau-, Orts)Stoß *m*; **II** *v/t.* **8.** *a.* ***~ in*** mit e-r Mauer *od.* e-m Wall um'geben, um'mauern: ***~ in*** (*od.* ***up***) einmauern; **9.** *a.* ***~ up*** a) ver-, zumauern, b) (aus)mauern, um'wanden; **10.** *fig.* ab-, einschließen, *den Geist* verschließen (***against*** gegen).

wal·la·by ['wɒləbɪ] *pl.* **-bies** [-bɪz] *s. zo.* Wallaby *n* (*kleineres Känguruh*).

wal·lah ['wɒlə] *s.* F ‚Knülch' *m*.

wall| bars *s. pl. sport* Sprossenwand *f*; **~ brack·et** *s.* 'Wandarm *m*, -kon͵sole *f*; **~ creep·er** *s. orn.* Mauerläufer *m*; **~ cress** *s.* ⚘ Acker-, *Brit. a.* Gänsekresse *f*.

wal·let ['wɒlɪt] *s.* **1.** kleine Werkzeugtasche; **2.** a) Brieftasche *f*, b) (*flache*) Geldtasche.

'wall-eye *s.* **1.** *vet.* Glasauge *n*; **2.** ⚕ a) Hornhautfleck *m*, b) auswärtsschielendes Auge; **'wall-eyed** *adj.* **1.** *vet.* glasäugig (*Pferd etc.*); **2.** ⚕ a) mit Hornhautflecken, b) (auswärts)schielend.

'wall|͵flow·er *s.* **1.** ⚘ Goldlack *m*; **2.** F *fig.* ‚Mauerblümchen' *n* (*Mädchen*); **~ fruit** *s.* Spa'lierobst *n*; **~ map** *s.* Wandkarte *f*.

Wal·loon [wɒ'luːn] **I** *s.* **1.** Wal'lone *m*, Wal'lonin *f*; **2.** *ling.* Wal'lonisch *n*; **II** *adj.* **3.** wal'lonisch.

wal·lop ['wɒləp] **I** *v/t.* **1.** F a) (ver)prügeln, verdreschen, b) j-m eine ‚knallen', c) *sport* ‚über'fahren' (*besiegen*); **II** *v/i.* **2.** F rasen, sausen; **3.** brodeln; **III** *s.* **4.** F a) wuchtiger Schlag, b) Schlagkraft *f*, c) *Am.* Mordsspaß *m*; **'wal·lop·ing** [-pɪŋ] **I** *adj.* F riesig, Mords...; **II** *s.* F ‚Dresche' *f*, Tracht *f* Prügel.

wal·low ['wɒləʊ] **I** *v/i.* **1.** sich wälzen *od.* suhlen (*Schweine etc.*) (*a. fig.*): ***~ in money*** *fig.* in Geld schwimmen; ***~ in pleasure*** im Vergnügen schwelgen; ***~ in vice*** dem Laster frönen; **II** *s.* **2.** Sich'wälzen *n*; **3.** Schwelgen *n*; **4.** *hunt.* Suhle *f*; **5.** *fig.* Sumpf *m*.

wall| paint·ing *s.* Wandgemälde *n*; **'~͵pa·per I** *s.* Ta'pete *f*; **II** *v/t. u. v/i.* tapezieren; **~ plug** *s.* ↯ Netzstecker *m*; **~ sock·et** *s.* ↯ (Wand)Steckdose *f*; ≈ **Street** *s.* Wall Street *f*: a) *Bank- u. Börsenstraße in New York*, b) *fig.* der amer. Geld- u. Kapi'talmarkt, c) *fig.* die amer. 'Hochfi͵nanz; **~ tent** *s.* Steilwandzelt *n*; **͵~-to-'~** *adj.*: ***~ carpet*** Spannteppich *m*; ***~ carpeting*** Teppichboden *m*; **~ tree** *s.* Spa'lierbaum *m*.

wal·nut ['wɔːlnʌt] *s.* ⚘ **1.** Walnuß *f* (*Frucht*); **2.** Walnuß(baum *m*) *f*; **3.** Nußbaumholz *n*.

wal·rus ['wɔːlrəs] *s.* **1.** *zo.* Walroß *n*; **2.** *a.* ***~ m(o)ustache*** Schnauzbart *m*.

waltz [wɔːls] **I** *s.* **1.** Walzer *m*; **II** *v/i.* **2.** (*v/t.* mit *j-m*) Walzer tanzen, walzen; **3.** *vor Freude etc.* her'umtanzen; **~ time** *s.* ♪ Walzertakt *m*.

wan [wɒn] *adj.* □ **1.** bleich, blaß, fahl; **2.** schwach, matt (*Lächeln etc.*).
wand [wɒnd] *s.* **1.** Rute *f*; **2.** Zauberstab *m*; **3.** (Amts-, Kom'mando)Stab *m*; **4.** ♪ Taktstock *m*.
wan·der ['wɒndə] *v/i.* **1.** wandern: a) ziehen, streifen, b) schlendern, bummeln, c) *fig.* schweifen, irren, gleiten (*Auge, Gedanken etc.*): **~ in** hereinschneien (*Besucher*); **~ off** a) davonziehen, b) sich verlieren (**into** in *acc.*) (*a. fig.*); **2.** *a.* **~ about** um'herwandern, -ziehen, -irren, -schweifen (*a. fig.*); **3.** *a.* **~ away** irregehen, sich verirren (*a. fig.*); **4.** abirren, -weichen (**from** von) (*a. fig.*): **~ from the subject** vom Thema abschweifen; **5.** phantasieren: a) irrereden, faseln, b) im Fieber reden; **6.** geistesabwesend sein; **'wan·der·ing** [-dərɪŋ] **I** *s.* **1.** Wandern *n*; **2.** He'rumziehen *n*; **3.** *mst pl.* a) Wanderung(en *pl.*) *f*, b) Wanderschaft *f*; **4.** *mst pl.* Phantasieren *n*: a) Irrereden *n*, Faseln *n*, b) Fieberwahn *m*; **II** *adj.* □ **5.** wandernd, Wander…; **6.** um'herschweifend, Nomaden…; **7.** unstet: **the** ♀ **Jew** der Ewige Jude; **8.** irregehend, abirrend (*a. fig.*): **~ bullet** verirrte Kugel; **9.** ⚘ Kriech…, Schling…; **10.** ⚕ Wander…(*-niere, -zelle*).
wan·der·lust ['wɒndəlʌst] (*Ger.*) *s.* Wanderlust *f*, Fernweh *n*.
wane [weɪn] **I** *v/i.* **1.** abnehmen (*a. Mond*), nachlassen, schwinden (*Einfluß, Kräfte, Interesse etc.*); **2.** schwächer werden, verblassen (*Licht, Farben etc.*); **3.** zu Ende gehen; **II** *s.* **4.** Abnehmen *n*, Abnahme *f*, Schwinden *n*: **be on the ~** → 1 *u.* 3; **in the ~ of the moon** bei abnehmendem Mond.
wan·gle ['wæŋgl] *sl.* **I** *v/t.* **1.** *et.* ‚drehen' *od.* ‚deichseln' *od.* ‚schaukeln'; **2.** *et.* ‚organisieren' (*beschaffen*): **~ o.s. s.th.** et. für sich ‚herausschlagen'; **3.** ergaunern: **~ s.th. out of s.o.** j-m et. abluchsen; **~ s.o. into doing s.th.** j-n dazu bringen, et. zu tun; **4.** ‚frisieren' (*fälschen*); **II** *v/i.* **5.** mogeln, ‚schieben'; **6.** sich her'auswinden (**out of** aus *dat.*); **III** *s.* **7.** Kniff *m*, Trick *m*; **8.** Schiebung *f*, Moge'lei *f*; **'wan·gler** [-lə] *s.* Gauner *m*, Schieber *m*, Mogler *m*.
wank [wæŋk] *v/i. Brit.* V ‚wichsen' (*masturbieren*).
wan·na ['wɒnə] F *für* **want to**: **I ~ go**.
want [wɒnt] **I** *v/t.* **1.** wünschen: a) (haben) wollen, b) *vor inf.* (*et. tun*) wollen: **I ~ to go** ich möchte gehen; **I ~ed to go** ich wollte gehen; **what do you ~ (with me)?** was hab' ich damit zu tun?; **I ~ you to try** ich möchte, daß du es versuchst; **I ~ it done** ich wünsche *od.* möchte, daß es getan wird; **~ed** gesucht (*in Annoncen*; *a. von der Polizei*); **you are ~ed** du wirst gewünscht *od.* gesucht, man will dich sprechen; **2.** ermangeln (*gen.*), nicht (genug) haben, es fehlen lassen an (*dat.*): *obs.* **he ~s judg(e)ment** es fehlt ihm an Urteilsvermögen; **3.** a) brauchen, nötig haben, erfordern, benötigen, bedürfen (*gen.*), b) müssen, sollen: **you ~ some rest** du hast etwas Ruhe nötig; **this clock ~s repairing** (*od.* **to be repaired**) diese Uhr müßte *od.* sollte repariert werden; **it ~s doing** es muß getan werden; **you don't ~ to be rude** Sie brauchen nicht grob zu werden; **you ~ to see a doctor** du solltest e-n Arzt aufsuchen; **II** *v/i.* **4.** ermangeln (**for** *gen.*): **he does not ~ for talent** es fehlt ihm nicht an Begabung; **he ~s for nothing** es fehlt ihm an nichts; **5.** (**in**) es fehlen lassen (an *dat.*), ermangeln (*gen.*); → **wanting** 2; **6.** Not leiden; **III** *s.* **7.** *pl.* Bedürfnisse *pl.*, Wünsche *pl.*: **a man of few ~s** ein Mann mit geringen Bedürfnissen *od.* Ansprüchen; **8.** Notwendigkeit *f*, Bedürfnis *n*, Erfordernis *n*; Bedarf *m*; **9.** Mangel *m*, Ermangelung *f*: **a (long-) felt ~** → **feel** 2; **~ of care** Achtlosigkeit *f*; **~ of sense** Unvernunft *f*; **from** (*od.* **for**) **~ of** aus Mangel an (*dat.*), in Ermang(e)lung (*gen.*); **be in (great) ~ of s.th.** et. (dringend) brauchen *od.* benötigen; **in ~ of repair** reparaturbedürftig; **10.** Bedürftigkeit *f*, Armut *f*, Not *f*: **be in ~** Not leiden; **want ad** *s.* F **1.** Stellengesuch *n*; **2.** Stellenangebot *n*;
want·age ['wɒntɪdʒ] *s.* ✝ Fehlbetrag *m*, Defizit *n*; **'want·ing** [-tɪŋ] **I** *adj.* **1.** fehlend, mangelnd; **2.** ermangelnd (**in** *gen.*): **be ~ in** es fehlen lassen an (*dat.*); **be ~ to** *j-n* im Stich lassen, *e-r Erwartung* nicht gerecht werden, *e-r Lage* nicht gewachsen sein; **he is never found ~** auf ihn ist immer Verlaß; **3.** nachlässig (**in** in *dat.*); **II** *prp.* **4.** ohne: **a book ~ a cover**.
wan·ton ['wɒntən] **I** *adj.* □ **1.** mutwillig: a) ausgelassen, wild, b) leichtfertig, c) böswillig (*a.* ⚖), d) rücksichtslos; **~ negligence** ⚖ grobe Fahrlässigkeit; **2.** liederlich, ausschweifend; **3.** wollüstig, geil; **4.** üppig (*Haar, Phantasie etc.*); **II** *s.* **5.** *obs.* a) Buhlerin *f*, Dirne *f*, b) Wüstling *m*; **III** *v/i.* **6.** um'hertollen; **7.** ⚘ wuchern; **'wan·ton·ness** [-nɪs] *s.* **1.** Mutwille *m*; **2.** Böswilligkeit *f*; **3.** Liederlichkeit *f*; **4.** Geilheit *f*, Lüsternheit *f*.
wap·en·take ['wæpənteɪk] *s.* Hundertschaft *f*, Bezirk *m* (*Unterteilung der nördlichen Grafschaften Englands*).
war [wɔː] **I** *s.* **1.** Krieg *m*: **~ of aggression** (**attrition, independence, nerves, succession**) Angriffs- (Zermürbungs-, Unabhängigkeits-, Nerven-, Erbfolge)krieg; **be at ~ (with)** a) Krieg führen (gegen *od.* mit), b) *fig.* im Streit liegen *od.* auf (dem) Kriegsfuß stehen (mit); **make ~** Krieg führen, kämpfen (**on, upon, against** gegen, **with** mit); **go to ~ (with)** Krieg beginnen (mit); **carry the ~ into the enemy's country** (*od.* **camp**) a) den Krieg ins feindliche Land *od.* Lager tragen, b) *fig.* zum Gegenangriff 'übergehen; **he has been in the ~s** *fig. Brit.* es hat ihn arg mitgenommen; → **declare** 1; **2.** Kampf *m*, Streit *m* (*a. fig.*); **3.** Feindseligkeit *f*; **II** *v/i.* **4.** kämpfen, streiten (**against** gegen, **with** mit); **5.** → **warring** 2; **III** *adj.* **6.** Kriegs…
war·ble ['wɔːbl] **I** *v/t. u. v/i.* trillern, schmettern (*Singvögel od. Person*); **II** *s.* Trillern *n*; **'war·bler** [-lə] *s.* **1.** trillernder Vogel; **2.** a) Grasmücke *f*, b) Teichrohrsänger *m*.
'war|-ˌblind·ed *adj.* kriegsblind; **~ bond** *s.* Kriegsschuldverschreibung *f*; **~ cloud** *s. mst pl.* (drohende) Kriegsgefahr; **~ crime** *s.* Kriegsverbrechen *n*; **~ crim·i·nal** *s.* Kriegsverbrecher *m*; **~ cry** *s.* Schlachtruf *m* (*der Soldaten*) (*a. fig.*), Kriegsruf *m* (*der Indianer*).
ward [wɔːd] **I** *s.* **1.** (Stadt-, Wahl)Bezirk *m*: **~ heeler** *pol. Am.* F (Wahl)Bezirksleiter *m* (*e-r Partei*); **2.** a) ('Krankenhaus)StatiˌOn *f*: **~ sister** Stationsschwester *f*, b) (Kranken)Saal *m od.* (-)Zimmer *n*; **3.** a) (Gefängnis)Trakt *m*, b) Zelle *f*; **4.** *obs.* Gewahrsam *m*, Haft *f*; **5.** ⚖ a) Mündel *n*: **~ of court**, **~ in chancery** Mündel unter Amtsvormundschaft, b) Vormundschaft *f*: **in ~** unter Vormundschaft (stehend); **6.** Schützling *m*; **7.** ⚙ a) Gewirre *n* (*e-s Schlosses*), b) (Einschnitt *m* im) Schlüsselbart *m*; **8. keep watch and ~** Wache halten; **II** *v/t.* **9. ~ off** *Schlag etc.* parieren, abwehren, *Gefahr* abwenden.
war| dance *s.* Kriegstanz *m*; **~ debt** *s.* Kriegsschuld *f*.
ward·en ['wɔːdn] *s.* **1.** *obs.* Wächter *m*; **2.** Aufseher *m*, (*bsd.* Luftschutz)Wart *m*; Herbergsvater *m*; → **game warden**; **3.** *mst hist.* Gouver'neur *m*; **4.** (*Brit.* 'Anstalts-, *Am.* Ge'fängnis)DiˌRektor *m*, (*a.* Kirchen)Vorsteher *m*; *Brit. univ.* Rektor *m e-s College*: ♀ **of the Mint** *Brit.* Münzwardein *m*.
ward·er ['wɔːdə] *s.* **1.** *obs.* Wächter *m*; **2.** *Brit.* a) (Mu'seums- *etc.*)Wärter *m*, b) Aufsichtsbeamte(r) *m* (*Strafanstalt*); **'ward·ress** [-drɪs] *s. Brit.* Aufsichtsbeamtin *f*.
ward·robe ['wɔːdrəʊb] *s.* **1.** Garde'robe *f*, Kleiderbestand *m*; **2.** Kleiderschrank *m*; **3.** Garde'robe *f* (*a. thea.*): a) Kleiderkammer *f*, b) Ankleidezimmer *n*; **~ bed** *s.* Schrankbett *n*; **~ trunk** *s.* Schrankkoffer *m*.
ward·room ['wɔːdrʊm] *s.* ⚓ Offi'ziersmesse *f*.
ward·ship ['wɔːdʃɪp] *s.* Vormundschaft *f* (**of, over** über *acc.*).
ware[1] [weə] *s.* **1.** *mst pl.* Ware(n *pl.*) *f*, Ar'tikel *m* (*od. pl.*), Erzeugnis(se *pl.*) *n*: **peddle one's ~s** *fig. contp.* mit s-m Kram hausieren gehen; **2.** Geschirr *n*, Porzel'lan *n*, Töpferware *f*.
ware[2] [weə] *v/i. u. v/t. obs.* sich vorsehen (vor *dat.*): **~!** Vorsicht!
'ware·house I *s.* [-haʊs] **1.** Lagerhaus *n*, Speicher *m*: **customs ~** ✝ Zollniederlage *f*; **2.** (Waren)Lager *n*, Niederlage *f*; **3.** *bsd. Brit.* Großhandelsgeschäft *n*; **4.** *Am. contp.* ‚Bude' *f*, ‚Schuppen' *m*; **II** *v/t.* [-haʊz] **5.** auf Lager nehmen, (ein)lagern; **6.** *Möbel etc.* zur Aufbewahrung geben *od.* nehmen; **7.** unter Zollverschluß bringen; **~ ac·count** *s.* Lagerkonto *n*; **~ bond** *s.* **1.** Lagerschein *m*; **2.** Zollverschlußbescheinigung *f*; **'~·man** [-mən] *s.* [*irr.*] ✝ **1.** Lage'rist *m*, Lagerverwalter *m*; **2.** Lagerarbeiter *m*; **3.** *Brit.* Großhändler *m*.
'war·fare *s.* **1.** Kriegführung *f*; **2.** (*a. Wirtschafts- etc.*)Krieg *m*; **3.** *fig.* Kampf *m*, Fehde *f*, Streit *m*.
war| game *s.* ⚔ **1.** Kriegs-, Planspiel *n*; **2.** Ma'növer *n*; **~ god** *s.* Kriegsgott *m*; **~ grave** *s.* Kriegs-, Sol'datengrab *n*; **~ guilt** *s.* Kriegsschuld *f*; **'~·head** *s.* ⚔ Spreng-, Gefechtskopf *m* (*e-s Torpedos etc.*); **'~·horse** *s.* **1.** *poet.* Schlachtroß *n* (*a. fig.* F); **2.** F alter Haudegen *od.* Kämpe (*a. fig.*).
war·i·ness ['weərɪnɪs] *s.* Vorsicht *f*, Behutsamkeit *f*.

ˈwar·like *adj.* **1.** kriegerisch; **2.** Kriegs…
war·lock [ˈwɔːlɒk] *s. obs.* Zauberer *m.*
ˈwar·lord *s. rhet.* Kriegsherr *m.*
warm [wɔːm] **I** *adj.* ☐ **1.** *allg.* warm (*a. Farbe etc.*; *a. fig. Herz, Interesse etc.*): ***a ~ corner*** *fig.* e-e ‚ungemütliche Ecke' (*gefährlicher Ort*); ***a ~ reception*** ein warmer Empfang (*a. iro. von Gegnern*); ***~ work*** a) schwere Arbeit, b) gefährliche Sache, c) heißer Kampf; ***keep s.th. ~*** (F *fig.* sich) et. warmhalten; ***make it*** (*od.* ***things***) ***~ for s.o.*** j-m die Hölle heiß machen; ***this place is too ~ for me*** *fig.* hier brennt mir der Boden unter den Füßen; **2.** erhitzt, heiß; **3.** a) glühend, leidenschaftlich, eifrig, b) herzlich; **4.** erregt, hitzig; **5.** *hunt.* frisch (*Fährte etc.*); **6.** F ‚warm', nahe (dran) (*im Suchspiel*): ***you are getting ~er*** *fig.* du kommst der Sache (schon) näher; **II** *s.* **7.** *et.* Warmes, warmes Zimmer *etc.*; **8.** ***give*** (***have***) ***a ~*** *et.* (sich) (auf)wärmen; **III** *v/t.* **9.** *a.* ***~ up*** (an-, auf-, er)wärmen, *Milch etc.* warm machen: ***~ over*** *Am. Speisen etc., a. fig. alte Geschichten etc.* aufwärmen; ***~ one's feet*** sich die Füße wärmen; **10.** *fig. Herz etc.* (er)wärmen; **11.** ***~ up*** *fig.* a) Schwung bringen in (*acc.*), b) *Zuschauer etc.* einstimmen; **12.** F verprügeln, -sohlen; **IV** *v/i.* **13.** *a.* ***~ up*** warm werden, sich erwärmen; *Motor etc.* warmlaufen; **14.** ***~ up*** *fig.* in Schwung kommen (*Party etc.*); **15.** *fig.* (***to***) a) sich erwärmen (für), b) warm werden (mit *j-m*); **16.** (***for***) a) *sport* sich aufwärmen (für), b) sich vorbereiten (auf *acc.*); **ˌ~-ˈblood·ed** *adj.* **1.** *zo.* warmblütig: ***~ animals*** Warmblüter *pl.*; **2.** *fig.* heißblütig; **ˌ~-ˈheart·ed** *adj.* ☐ warmherzig.
warm·ing [ˈwɔːmɪŋ] *s.* **1.** (Auf-, An-)Wärmen *n*, Erwärmung *f*; **2.** F Tracht *f* Prügel, ‚Senge' *f*; **~ pad** *s.* ⚡ Heizkissen *n.*
warm·ish [ˈwɔːmɪʃ] *adj.* lauwarm.
war|·mon·ger [ˈwɔːˌmʌŋgə] *s.* Kriegshetzer *m*; **ˈ~ˌmon·ger·ing** [-ərɪŋ] *s.* Kriegshetze *f*, -treibeˈrei *f.*
warmth [wɔːmθ] *s.* **1.** Wärme *f*; **2.** *fig.* Wärme *f*: a) Herzlichkeit *f*, b) Eifer *m*, Begeisterung *f*; **3.** Heftigkeit *f*, Erregtheit *f.*
ˈwarm·up *s.* **1.** a) *sport* Aufwärmen *n*, b) *fig.* Vorbereitung (***for*** auf *acc.*); **2.** Warmlaufen *n* (*des Motors etc.*); **3.** *TV etc.*: Einstimmung *f* (*des Publikums*).
warn [wɔːn] *v/t.* **1.** warnen (***of, against*** vor *dat.*): ***~ s.o. against doing s.th.*** j-n davor warnen, et. zu tun; **2.** *j-n* (warnend) hinweisen, aufmerksam machen (***of*** auf *acc.*, ***that*** daß); **3.** ermahnen *od.* auffordern (***to do*** zu tun); **4.** *j-m* (dringend) raten, nahelegen (***to do*** zu tun); **5.** (***of***) *j-n* in Kenntnis setzen *od.* verständigen (von), *j-n* wissen lassen (*acc.*), *j-m* ankündigen (*acc.*); **6.** verwarnen; **7.** ***~ off*** (***from***) a) abweisen, -halten (von), b) hinˈausweisen (aus); **ˈwarn·ing** [-nɪŋ] **I** *s.* **1.** Warnen *n*, Warnung *f*: ***give s.o.*** (***fair***) ***~, give*** (***fair***) ***~ to s.o.*** j-n (rechtzeitig) warnen (***of*** vor *dat.*); ***take ~ by*** (*od.* ***from***) sich *et.* zur Warnung dienen lassen; **2.** a) Verwarnung *f*, b) (Er)Mahnung *f*; **3.** *fig.* Warnung *f*, warnendes Beispiel; **4.** warnendes An- *od.* Vorzeichen (***of*** für); **5.** ˈWarnsiˌgnal *n*; **6.** Benachrichtigung *f*, (Vor)Anzeige *f*, Ankündigung *f*: ***give ~*** (***of***) *j-m* ankündigen (*acc.*), Bescheid geben (über *acc.*); ***without any ~*** völlig unerwartet; **7.** a) Kündigung *f*, b) (Kündigungs)Frist *f*: ***give ~*** (***to***) (*j-m*) kündigen; ***at a minute's ~*** a) ✝ auf jederzeitige Kündigung, b) ✝ fristlos, c) in kürzester Frist, jeden Augenblick; **II** *adj.* ☐ **8.** warnend, Warn…(*-glocke, -meldung, -schuß etc.*): ***~ colo***(***u***)***r, ~ coloration*** *zo.* Warn-, Trutzfarbe *f*; ***~ light*** a) ⚙ Warnlicht *n*, b) ⚓ Warn-, Signalfeuer *n*; ***~ strike*** ✝ Warnstreik *m*; ***~ triangle*** *mot.* Warndreieck *n.*
warn't [wɑːnt] *dial. für* a) ***wasn't***, b) ***weren't***.
War| Of·fice *s. Brit. hist.* ˈKriegsminiˌsterium *n*; ♀ **or·phan** *s.* Kriegswaise *f.*
warp [wɔːp] **I** *v/t.* **1.** *Holz etc.* verziehen, werfen, krümmen; ✈ *Tragflächen* verwinden; **2.** *j-n, j-s Geist* nachteilig beeinflussen, verschroben machen; *j-s Urteil* verfälschen; → ***warped*** 3; **3.** a) verleiten (***into*** zu), b) abbringen (***from*** von); **4.** *Tatsache etc.* entstellen, verdrehen, -zerren; **5.** ⚓ *Schiff* bugsieren, verholen; **6.** *Weberei*: *Kette* anscheren, anzetteln; **7.** ⛏ a) mit Schlamm düngen, b) *a.* ***~ up*** verschlammen; **II** *v/i.* **8.** sich werfen *od.* verziehen *od.* krümmen, krumm werden (*Holz etc.*); **9.** entstellt *od.* verdreht werden; **III** *s.* **10.** Verziehen *n*, Verkrümmung *f*, -werfung *f* (*von Holz etc.*); **11.** *fig.* Neigung *f*; **12.** *fig.* a) Entstellung *f*, Verzerrung *f*, b) Verschrobenheit *f*; **13.** *Weberei*: Kette(nfäden *pl.*) *f*, Zettel *m*: ***~ and woof*** Kette u. Schuß; **14.** ⚓ Bugsiertau *n*, Warpleine *f*; **15.** ⛏, *geol.* Schlamm (-ablagerung *f*) *m*, Schlick *m.*
war| paint *s.* **1.** Kriegsbemalung *f* (*der Indianer*); **2.** F a) ‚volle Kriegsbemalung', b) große Gala; **~ path** *s.* Kriegspfad *m* (*der Indianer*): ***be on the ~*** a) auf dem Kriegspfad sein (*a. fig.*), b) *fig.* kampflustig sein.
warped [wɔːpt] *adj.* **1.** verzogen (*Holz etc.*), krumm (*a.* ⚕); **2.** *fig.* verzerrt, verfälscht; **3.** *fig.* ‚verbogen', verschroben: ***~ mind***; **4.** parˈteiisch.
war plane *s.* Kampfflugzeug *n.*
war·rant [ˈwɒrənt] **I** *s.* **1.** *a.* ***~ of attorney*** Vollmacht *f*; Befugnis *f*, Berechtigung *f*; **2.** Rechtfertigung *f*: ***not without ~*** nicht ohne gewisse Berechtigung; **3.** Garanˈtie *f*, Gewähr *f* (*a. fig.*); **4.** Berechtigungsschein *m*: ***dividend ~*** ✝ Dividenden-, Gewinnanteilschein *m*; **5.** ⚖ (Vollˈziehungs- *etc.*)Befehl *m*: ***~ of apprehension*** a) Steckbrief *m*, b) *a.* ***~ of arrest*** Haftbefehl *m*; ***~ of attachment*** Beschlagnahmeverfügung *f*; ***a ~ is out against him*** er wird steckbrieflich gesucht; **6.** ⚔ Paˈtent *n*, Beförderungsurkunde *f*: ***~*** (***officer***) a) ⚓ (Ober)Stabsbootsmann *m*, Deckoffizier *m*, b) ⚔ *etwa*: (Ober)Stabsfeldwebel *m*; **7.** ✝ (Lager-, Waren)Schein *m*: ***bond ~*** Zollgeleitschein; **8.** ✝ (Rück-)Zahlungsanweisung *f*; **II** *v/t.* **9.** *bsd.* ⚖ bevollmächtigen, autorisieren; **10.** rechtfertigen, berechtigen zu; **11.** *a.* ✝ garantieren, zusichern, haften für, gewährleisten: ***I can't ~ that*** das kann ich nicht garantieren; ***~ed for three years*** drei Jahre Garantie; ***I'll ~*** (***you***) F a) mein Wort darauf, b) ich könnte schwören; **12.** bestätigen, erweisen; **ˈwar·rant·a·ble** [-təbl] *adj.* ☐ **1.** vertretbar, gerechtfertigt, berechtigt; **2.** *hunt.* jagdbar (*Hirsch*); **ˈwar·rant·a·bly** [-təblɪ] *adv.* mit Recht, berechtigterweise; **war·ran·tee** [ˌwɒrənˈtiː] *s.* ✝, ⚖ Sicherheitsempfänger *m*; **ˈwar·rant·er** [-tə], **ˈwar·ran·tor** [-tɔː] *s.* Sicherheitsgeber *m*; **ˈwar·ran·ty** [-tɪ] *s.* **1.** ✝, ⚖ Ermächtigung *f*, Vollmacht *f* (***for*** zu); **2.** Rechtfertigung *f*; **3.** *bsd.* ⚖ Bürgschaft *f*, Garanˈtie *f*; **4.** *a.* ***~ deed*** ⚖ a) ˈRechtsgaranˌtie *f*, b) *Am.* ˈGrundstücksüberˌtragungsurkunde *f.*
war·ren [ˈwɒrən] *s.* **1.** Kaˈninchengehege *n*; **2.** *hist. Brit.* Wildgehege *n*; **3.** *fig.* Labyˈrinth *n*, *bsd.* a) ˈMietskaˌserne *f*, b) enges Straßengewirr.
war·ring [ˈwɔːrɪŋ] *adj.* **1.** sich bekriegend, (sich) streitend: ***~ factions*** Kriegsparteien *pl*; **2.** *fig.* ˈwiderstreitend, entgegengesetzt.
war·ri·or [ˈwɒrɪə] *s. poet.* Krieger *m.*
war| risk in·sur·ance *s.* ✝ Kriegsversicherung *f*; **ˈ~·ship** *s.* Kriegsschiff *n.*
wart [wɔːt] *s.* **1.** ⚕, ♀, *zo.* Warze *f*: ***~s and all*** *fig.* mit all s-n Fehlern u. Schwächen; **2.** ♀ Auswuchs *m*; **ˈwart·ed** [-tɪd] *adj.* warzig.
ˈwar·time **I** *s.* Kriegszeit *f*; **II** *adj.* Kriegs…
wart·y [ˈwɔːtɪ] *adj.* warzig.
war|·wea·ry [ˈwɔːˌwɪərɪ] *adj.* kriegsmüde; **~ whoop** *s.* Kriegsgeheul *n* (*der Indianer*); **~ wid·ow** *s.* Kriegerwitwe *f*; **ˈ~·worn** *adj.* **1.** kriegszerstört, vom Krieg verwüstet; **2.** kriegsmüde.
war·y [ˈweərɪ] *adj.* ☐ vorsichtig: a) wachsam, *a.* argwöhnisch, b) ˈumsichtig, c) behutsam: ***be ~*** sich hüten (***of*** vor *dat.*, ***of doing*** *et.* zu tun).
was [wɒz; wəz] *1. u. 3. sg. pret. ind. von* ***be***; *im pass.* wurde: ***he ~ killed***; ***he ~ to have come*** er hätte kommen sollen; ***he didn't know what ~ to come*** er ahnte nicht, was noch kommen sollte; ***he ~ never to see his mother again*** er sollte seine Mutter nie mehr wiedersehen.
wash [wɒʃ] **I** *s.* **1.** Waschen *n*, Wäsche *f*: ***at the ~*** in der Wäsche(rei); ***give s.th. a ~*** et. (ab)waschen; ***have a ~*** sich waschen; ***come out in the ~*** a) herausgehen (*Flecken*), b) *fig.* F in Ordnung kommen, c) *fig.* F sich zeigen; **2.** (*zu waschende od. gewaschene*) Wäsche: ***in the ~*** in der Wäsche; **3.** Spülwasser *n* (*a. fig. dünne Suppe etc.*); **4.** Spülicht *n*, Küchenabfälle *pl.*; **5.** *fig. contp.* Gewäsch *n*, leeres Gerede; **6.** ⚕ Waschung *f*; **7.** (*Augen-, Haar- etc.*)Wasser *n*; **8.** Wellenschlag *m*, (Tosen *n* der) Brandung *f*; **9.** ⚓ Kielwasser *n* (*a. fig.*); **10.** ✈ a) Luftstrudel *m*, b) glatte Strömung; **11.** *geol.* a) (Alluviˈal)Schutt *m*, b) Schwemmland *n*; **12.** seichtes Gewässer; **13.** ˈFarbˌüberzug *m*: a) dünn aufgetragene (Wasser)Farbe, b) ⚠ Tünche *f*; **14.** ⚙ a) Bad *n*, Abspritzung *f*, b) Plattierung *f*; **II** *adj.* **15.** waschbar, -echt, Wasch…: ***~ glove*** Waschlederhandschuh *m*; ***~ silk*** Waschseide *f*; **III** *v/t.* **16.** waschen: ***~*** (***up***) ***dishes*** Geschirr (ab)spülen; → ***hand*** *Redew.*; **17.** (ab)spülen; (-)spritzen; **18.** be-, um-,

über'spülen (*Fluten*); **19.** (fort-, weg-) spülen, (-)schwemmen: ~ ***ashore***; **20.** *geol.* graben (*Wasser*); → ***wash away*** 2, ***wash out*** 1; **21.** a) tünchen, b) dünn anstreichen, c) tuschen; **22.** *Erze* waschen, schlämmen; **23.** ⚙ plattieren; **IV** *v/i.* **24.** sich waschen; waschen (*Wäscherin etc.*); **25.** sich *gut etc.* waschen (lassen), waschecht sein; **26.** *bsd. Brit.* F a) standhalten, b) ‚ziehen', stichhaltig sein: ***that won't*** ~ (***with me***) das zieht nicht (bei mir); **27.** (*vom Wasser*) gespült *od.* geschwemmt werden; **28.** fluten, spülen (***over*** über *acc.*); branden, schlagen (***against*** gegen), plätschern; *Zssgn mit adv.*:

wash| a·way I *v/t.* **1.** ab-, wegwaschen; **2.** weg-, fortspülen, -schwemmen; **II** *v/i.* **3.** weggeschwemmt werden; ~ **down** *v/t.* **1.** abwaschen, -spritzen; **2.** hin'unterspülen (*a. Essen mit e-m Getränk*); ~ **off** → ***wash away***; ~ **out I** *v/t.* **1.** auswaschen, ausspülen, unter'spülen (*a. geol. etc.*); **2.** F *Plan etc.* fallenlassen, aufgeben; **3.** ***washed out*** a) → ***washed-out***, b) wegen Regens abgesagt *od.* abgebrochen (*Veranstaltung*); **II** *v/i.* **4.** sich auswaschen, verblassen; **5.** sich wegwaschen lassen (*Farbe*); ~ **up I** *v/t.* **1.** *Geschirr* spülen; **2.** → ***washed-up***; **II** *v/i.* **3.** F sich (Gesicht u. Hände) waschen; **4.** Geschirr spülen.

wash·a·ble ['wɒʃəbl] *adj.* waschecht, -bar; *Tapete*: abwaschbar.

wash|·ba·sin ['wɒʃˌbeɪsn] *s.* Waschbekken *n*, -schüssel *f*; '~**·board** *s.* **1.** Waschbrett *n*; **2.** Fuß-, Scheuerleiste *f* (*an der Wand*); ~ **bot·tle** *s.* ⚗ **1.** Spritzflasche *f*; **2.** (Gas)Waschflasche *f*; '~**·bowl** → ***washbasin***; '~ˌ**cloth** *s. Am.* Waschlappen *m*.

washed|-out [ˌwɒʃt'aʊt] *adj.* **1.** verwaschen, verblaßt; **2.** F ‚fertig', ‚erledigt' (*erschöpft*); ˌ~**-'up** *adj.* F ‚erledigt', ‚fertig': a) erschöpft, b) völlig ruiniert.

wash·er ['wɒʃə] *s.* **1.** Wäscher(in); **2.** 'Waschmaˌschine *f*; **3.** (Ge'schirr)Spülmaˌschine *f*; **4.** *Papierherstellung*: Halb(zeug)holländer *m*; **5.** ⚙ 'Unterlegscheibe *f*, Dichtungsring *m*; '~ˌ**wom·an** *s.* [*irr.*] Waschfrau *f*, Wäscherin *f*.

wash·e·te·ri·a [ˌwɒʃə'tɪərɪə] *s. Brit.* **1.** 'Waschsaˌlon *m*; **2.** (Auto)Waschanlage *f*.

'wash·hand *adj. Brit.* Handwasch...: ~ ***basin*** (Hand)Waschbecken *n*; ~ ***stand*** (Hand)Waschständer *m*.

wash·i·ness ['wɒʃɪnɪs] *s.* **1.** Wässerigkeit *f* (*a. fig.*); **2.** Verwaschenheit *f*.

wash·ing ['wɒʃɪŋ] **I** *s.* **1.** → ***wash*** 1, 2; **2.** *oft pl.* Spülwasser *n*; **3.** ⚙ nasse Aufbereitung, Erzwäsche *f*; **4.** 'Farbˌüberzug *m*; **II** *adj.* **5.** Wasch..., Wäsche...; ~ **ma·chine** *s.* 'Waschmaˌschine *f*; ~ **so·da** *s.* (Bleich)Soda *f*, *n*; ˌ~**-'up** *s.* Abwasch *m* (*a. Geschirr*): ***do the*** ~ Geschirr spülen; ~ ***liquid*** Spülmittel *n*.

wash| leath·er *s.* **1.** Waschleder *n*; **2.** Fenster(putz)leder *n*; '~**·out** *s.* **1.** *geol.* Auswaschung *f*; **2.** Unter'spülung *f* (*e-r Straße etc.*); **3.** *sl.* a) ‚Niete' *f*, Versager *m* (*Person*), b) ‚Pleite' *f*, ‚Reinfall' *m*, c) ⚔ ‚Fahrkarte' *f* (*Fehlschuß*); '~**·rag** *s. Am.* Waschlappen *m*; '~**·room** *s. Am.* (öffentliche) Toi'lette; ~ **sale** *s.* ✝ *Börse*: Scheinverkauf *m*; '~**·stand** *s.* **1.** Waschständer *m*; **2.** Waschbecken *n* (*mit fließendem Wasser*); '~**·tub** *s.* Waschwanne *f*.

wash·y ['wɒʃɪ] *adj.* □ **1.** verwässert, wässerig (*beide a. fig. kraftlos, seicht*); **2.** verwaschen, blaß (*Farbe*).

WASP [wɒsp] *s. Am.* prote'stantischer weißer Angelsachse (*aus* ***White Anglo-Saxon Protestant***).

wasp [wɒsp] *s. zo.* Wespe *f*; '**wasp·ish** [-pɪʃ] *adj.* □ *fig.* a) reizbar, b) gereizt, giftig.

was·sail ['wɒseɪl] *s. obs.* **1.** (Trink)Gelage *n*; **2.** Würzbier *n*.

wast [wɒst; wəst] *obs. 2. sg. pret. ind. von* ***be***: ***thou*** ~ du warst.

wast·age ['weɪstɪdʒ] *s.* **1.** Verlust *m*, Abgang *m*, Verschleiß *m*; **2.** Vergeudung *f*: ~ ***of energy*** a) Energieverschwendung *f*, b) *fig.* Leerlauf *m*.

waste [weɪst] **I** *adj.* **1.** öde, wüst, unfruchtbar, unbebaut (*Land*): ***lie*** ~ brachliegen; ***lay*** ~ verwüsten; **2.** a) nutzlos, 'überflüssig, b) ungenutzt, 'überschüssig: ~ ***energy***; **3.** unbrauchbar, Abfall...; **4.** ⚙ a) abgängig, Abgangs..., Ab...(*-gas etc.*), b) Abfluß..., Ablauf...; **II** *s.* **5.** Verschwendung *f*, Vergeudung *f*: ~ ***of energy*** (***money***, ***time***) Kraft- (Geld-, Zeit)verschwendung; ***go*** (*od.* ***run***) ***to*** ~ a) brachliegen, verwildern, b) vergeudet werden, c) verlottern, -fallen; **6.** Verfall *m*, Verschleiß *m*, Abgang *m*, Verlust *m*; **7.** Wüste *f*, (Ein)Öde *f*: ~ ***of water*** Wasserwüste; **8.** Abfall *m*; ⚙ *a.* Abgänge *pl.*, *bsd.* a) Ausschuß *m*, b) Putzbaumwolle *f*, c) Wollabfälle *pl.*, d) Werg *n*, e) *typ.* Makula'tur *f*, f) Gekrätz *n*; **9.** ⚒ Abraum *m*; **10.** ⚖ Wertminderung *f* (*e-s Grundstücks durch Vernachlässigung*); **III** *v/t.* **11.** *Geld*, *Worte*, *Zeit etc.* verschwenden, vergeuden (***on*** an *acc.*): ***you are wasting your breath*** du kannst dir deine Worte sparen; ***a*** ~***d talent*** ein ungenutztes Talent; **12.** ***be*** ~***d*** nutzlos sein, ohne Wirkung bleiben (***on*** auf *acc.*, am falschen Platz stehen; **13.** zehren an (*dat.*), aufzehren, schwächen; **14.** verwüsten, verheeren; **15.** ⚖ Vermögensschaden verursachen bei, *Besitztum* verkommen lassen; **16.** a) F *Sportler etc.* ‚verheizen', b) *Am. sl. j-n* ‚'umlegen'; **IV** *v/i.* **17.** *fig.* vergeudet *od.* verschwendet werden; **18.** sich verzetteln (***in*** in *dat.*); **19.** vergehen, (ungenutzt) verstreichen (*Zeit*, *Gelegenheit etc.*); **20.** *a.* ~ ***away*** a) abnehmen, schwinden, b) da'hinsiechen, verfallen; **21.** verschwenderisch sein: ~ ***not, want not*** spare in der Zeit, so hast du in der Not; ~ **a·void·ance** *s.* Abfallvermeidung *f*; '~ˌ**bas·ket** *s.* Abfall-, *bsd.* Pa'pierkorb *m*; ~ **dis·pos·al** *s.* Müllbeseitigung *f*.

waste·ful ['weɪstfʊl] *adj.* □ **1.** kostspielig, unwirtschaftlich, verschwenderisch; **2.** verschwenderisch (***of*** mit): ***be*** ~ ***of*** verschwenderisch umgehen mit; **3.** *poet.* wüst, öde; '**waste·ful·ness** [-nɪs] *s.* Verschwendung(ssucht) *f*.

waste| gas *s.* ⚙ Abgas *n*; ~ **gas clean·ing** *s.* Abgasentgiftung *f*; ~ **heat** *s.* ⚙ Abwärme *f*; ~ **in·cin·er·a·tion** *s.* Müllverbrennung *f*; ~ **in·cin·er·a·tion plant** *s.* Müllverbrennungsanlage *f*; ~ **in·dus·try** *s.* Entsorgungswirtschaft *f*; '~**·land** *s.* Ödland *n* (*a. fig.*); ~ **oil** *s.* Altöl *n*; ˌ~'**pa·per** *s.* **1.** 'Abfallpaˌpier *n*, Makula'tur *f* (*a. fig.*); **2.** 'Altpaˌpier *n*; ˌ~'**pa·per bas·ket** *s.* Pa'pierkorb *m*; ~ **pipe** *s.* ⚙ Abfluß-, Abzugsrohr *n*; ~ **prod·uct** *s.* **1.** ⚙ 'Abfallproˌdukt *n*; **2.** *biol.* Ausscheidungsstoff *m*.

wast·er ['weɪstə] *s.* **1.** → ***wastrel*** 1 *u.* 3; **2.** *metall.* a) Fehlguß *m*, b) Schrottstück *n*.

waste| re·cov·er·y *s.* Abfallverwertung *f*; ~ **sep·a·ra·tion** *s.* Mülltrennung *f*; ~ **steam** *s.* ⚙ Abdampf *m*; ~ **water** *s.* Abwasser *n*; ~ **wool** *s.* Twist *m*.

wast·ing ['weɪstɪŋ] *adj.* **1.** zehrend, schwächend: ~ ***disease***; → ***palsy*** 1; **2.** schwindend, abnehmend.

wast·rel ['weɪstrəl] *s.* **1.** a) Verschwender *m*, b) Taugenichts *m*; **2.** He'rumtreiber *m*; **3.** ✝ 'Ausschuß(arˌtikel *m*, -ware *f*) *m*, fehlerhaftes Exem'plar.

watch [wɒtʃ] **I** *s.* **1.** Wache *f*, Wacht *f*: ***be*** (***up***)***on the*** ~ a) wachsam *od.* auf der Hut sein, b) (***for***) Ausschau halten (nach), lauern (auf *acc.*), achthaben (auf *acc.*); ***keep*** (***a***) ~ (***on*** *od.* ***over***) Wache halten, wachen (über *acc.*), aufpassen (auf *acc.*); → ***ward*** 8; **2.** (Schild-)Wache *f*, Wachtposten *m*; **3.** *mst pl. hist.* (Nacht)Wache *f* (*Zeiteinteilung*): ***in the silent*** ~***es of the night*** in den stillen Stunden der Nacht; **4.** ⚓ (Schiffs)Wache *f* (*Zeitabschnitt u. Mannschaft*); **5.** *hist.* Nachtwächter *m*; **6.** *obs.* a) Wachen *n*, wache Stunden *pl.*, b) Totenwache *f*; **7.** (Taschen-, Armband)Uhr *f*; **II** *v/i.* **8.** zusehen, zuschauen; **9.** (***for***) warten, lauern (auf *acc.*), Ausschau halten (nach); **10.** wachen (***with*** bei), wach sein; **11.** ~ ***over*** wachen über (*acc.*), bewachen, aufpassen auf (*acc.*); **12.** ⚔ Posten stehen, Wache halten; **13.** ~ ***out*** (***for***) a) → 9, b) aufpassen, achtgeben: ~ ***out!*** Vorsicht!, paß auf!; **III** *v/t.* **14.** beobachten: a) *j-m* zuschauen (***working*** bei der Arbeit), b) ein wachsames Auge haben auf (*acc.*), *a. Verdächtigen* über'wachen, c) *Vorgang etc.* verfolgen, im Auge behalten, d) ⚖ *den Verlauf e-s Prozesses* verfolgen; **15.** *Vieh* hüten, bewachen; **16.** *Gelegenheit* abwarten, abpassen, wahrnehmen: ~ ***one's time***; **17.** achthaben auf (*acc.*) (*od.* ***that*** daß): ~ ***one's step*** a) vorsichtig gehen, b) F sich vorsehen; ~ ***your step!*** Vorsicht!; '~**·boat** *s.* ⚓ Wach(t)boot *n*; ~ **box** *s.* **1.** ⚔ Schilderhaus *n*; **2.** 'Unterstand *m* (*für Wachmänner etc.*); '~**·case** *s.* Uhrgehäuse *n*; '~**·dog** *s.* Wachhund *m* (*a. fig.*): ~ ***committee*** Überwachungsausschuß *m*.

watch·er ['wɒtʃə] *s.* **1.** Wächter *m*; **2.** Beobachter(in); **3.** j-d, der Kranken- *od.* Totenwache hält.

watch·ful ['wɒtʃfʊl] *adj.* □ wachsam, aufmerksam, *a.* lauernd (***of*** auf *acc.*); '**watch·ful·ness** [-nɪs] *s.* **1.** Wachsamkeit *f*; **2.** Vorsicht *f*; **3.** Wachen *n* (***over*** über *dat.*).

watch|·house ['wɒtʃhaʊs] *s.* (Poli'zei-)Wache *f*; '~ˌ**mak·er** *s.* Uhrmacher *m*; '~ˌ**mak·ing** *s.* Uhrmache'rei *f*; '~**·man** [-mən] *s.* [*irr.*] **1.** (Nacht)Wächter *m*; **2.** *hist.* Nachtwächter *m* (*e-r Stadt etc.*); ~ **night** *s. eccl.* Sil'vestergottesdienst *m*; ~ **of·fi·cer** *s.* ⚓ 'Wachoffiˌzier *m*; ~

pock·et *s.* Uhrtasche *f*; **~ spring** *s.* Uhrfeder *f*; **'~·strap** *s.* Uhr(arm)band *n*; **'~ˌtow·er** *s.* ⚔ Wach(t)turm *m*; **'~·word** *s.* **1.** Losung *f*, Pa'role *f* (*a. fig. e-r Partei etc.*); **2.** *fig.* Schlagwort *n*.

wa·ter ['wɔːtə] **I** *v/t.* **1.** bewässern, *Rasen, Straße etc.* sprengen, *Pflanzen* (be-)gießen; **2.** *Vieh* tränken; **3.** mit Wasser versorgen; **4.** *oft* **~ down** verwässern: a) verdünnen, *Wein* panschen, b) *fig. Erklärung etc.* abschwächen, c) *fig.* mundgerecht machen: ***a ~ed-down liberalism*** ein verwässerter Liberalismus; **5.** ✝ *Aktienkapital* verwässern; **6.** ⚙ *Stoff* wässern, moirieren; **II** *v/i.* **7.** wässern (*Mund*), tränen (*Augen*): ***his mouth ~ed*** das Wasser lief ihm im Mund zusammen (***for***, ***after*** nach); ***make s.o.'s mouth ~*** j-m den Mund wässerig machen; **8.** ⚓ Wasser einnehmen; **9.** trinken, zur Tränke gehen (*Vieh*); **10.** ✈ wassern; **III** *s.* **11.** Wasser *n*: ***in deep ~(s)*** *fig.* in Schwierigkeiten, in der Klemme; ***hold ~*** *fig.* stichhaltig sein; ***keep one's head above ~*** *fig.* sich (gerade noch) über Wasser halten; ***make the ~*** ⚓ vom Stapel laufen; ***throw cold ~ on*** *fig. e-r Sache* e-n Dämpfer aufsetzen, wie e-e kalte Dusche wirken auf (*acc.*); ***still ~s run deep*** stille Wasser sind tief; → ***hot*** 13, ***oil*** 1, ***trouble*** 6; **12.** *oft pl.* Brunnen *m*, Wasser *n* (*e-r Heilquelle*): ***drink*** (*od.* ***take***) ***the ~s*** (***at***) e-e Kur machen (in *dat.*); **13.** *oft pl.* Wasser *n od. pl.*, Gewässer *n od. pl.*, *a.* Fluten *pl.*: ***by ~*** zu Wasser, auf dem Wasserweg; ***on the ~*** a) zur See, b) zu Schiff; ***the ~s*** *poet.* das Meer, die See; **14.** Wasserstand *m*; → ***low water***; **15.** (Toi'letten)Wasser *n*; **16.** Wasserlösung *f*; **17.** *physiol.* Wasser *n* (*Sekret, z. B. Speichel, a. Urin*): ***the ~(s)*** das Fruchtwasser; ***make*** (*od.* ***pass***) ***~*** Wasser lassen, urinieren; ***~ on the brain*** Wasserkopf *m*; ***~ on the knee*** Kniegelenkerguß *m*; **18.** Wasser *n* (*reiner Glanz e-s Edelsteins*): ***of the first ~*** reinsten Wassers (*a. fig.*); **19.** Wasser(glanz *m*) *n*, Moi'ré *n* (*Stoff*); **~ bath** *s.* Wasserbad *n* (*a.* ⚗); **~ bed** *s.* ⚕ Wasserbett *n*, -kissen *n*; **~ bird** *s. zo. allg.* Wasservogel *m*; **~ blis·ter** *s.* ⚕ Wasserblase *f*; **'~·borne** *adj.* **1.** auf dem Wasser schwimmend; **2.** zu Wasser befördert (*Ware*), auf dem Wasser stattfindend (*Verkehr*), Wasser...; **~ bot·tle** *s.* **1.** Wasserflasche *f*; **2.** Feldflasche *f*; **'~-bound** *adj.* vom Wasser eingeschlossen *od.* abgeschnitten; **~ bus** *s.* (Linien)Flußboot *n*; **~ butt** *s.* Wasserfaß *n*, Regentonne *f*; **~ can·non** *s.* Wasserwerfer *m*; **~ car·riage** *s.* Trans'port *m* zu Wasser, 'Wassertransˌport *m*; ♒ **Car·ri·er** → ***Aquarius***; **'~-cart** *s.* Wasserwagen *m*, *bsd.* Sprengwagen *m*; **~ chute** *s.* Wasserrutschbahn *f*; **~ clock** *s.* ⚙ Wasseruhr *f*; **~ clos·et** *s.* ('Wasser)Kloˌsett *n*; **'~ˌcol·o(u)r I** *s.* **1.** Wasser-, Aqua'rellfarbe *f*; **2.** Aqua'rellmaleˌrei *f*; **3.** Aqua'rell *n* (*Bild*); **II** *adj.* **4.** Aquarell...; **'~ˌcol·o(u)r·ist** *s.* Aqua'rellmaler(in); **'~-cooled** *adj.* ⚙ wassergekühlt; **'~-ˌcool·ing** *s.* ⚙ Wasserkühlung *f*; **'~·course** *s.* **1.** Wasserlauf *m*; **2.** Fluß-, Strombett *n*; **3.** Ka'nal *m*; **'~·craft** *s.* Wasserfahrzeug(e *pl.*) *n*; **'~·cress** *s. oft pl.* ⚘ Brunnenkresse *f*; **~ cure** *s.* ⚕ **1.** Wasserkur *f*; **2.** Wasserheilkunde *f*; **'~·fall** *s.* Wasserfall *m*; **'~ˌfind·er** *s.* (Wünschel)Rutengänger *m*; **'~·fog** *s.* Tröpfchennebel *m*; **'~·fowl** *s. zo.* **1.** Wasservogel *m*; **2.** *coll.* Wasservögel *pl.*; **'~·front** *s.* Hafengebiet *n*, -viertel *n*; an ein Gewässer grenzendes (Stadt)Gebiet; **~ gage** *Am.* → ***water gauge***; **~ gate** *s.* **1.** Schleuse *f*; **2.** Fluttor *n*; **~ gauge** *s.* ⚙ **1.** Wasserstands(an)zeiger *m*; **2.** Pegel *m*, Peil *m*, hy'draulischer Wasserdruckmesser; **3.** *Wasserdruck, gemessen in* ***inches*** *Wassersäule*; **~ glass** *s.* Wasserglas *n* (*a.* ⚗): ***~ egg*** Kalkei *n*; **~ gru·el** *s.* (dünner) Haferschleim; **~ heat·er** *s.* Warmwasserbereiter *m*; **~ hose** *s.* Wasserschlauch *m*; **~ ice** *s.* Fruchteis *n*.

wa·ter·i·ness ['wɔːtərɪnɪs] *s.* Wäßrigkeit *f*.

wa·ter·ing ['wɔːtərɪŋ] **I** *s.* **1.** (Be)Wässern *n etc.*; **II** *adj.* **2.** Bewässerungs...; **3.** Kur..., Bade...; **~ can** *s.* Gießkanne *f*; **~ cart** *s.* Sprengwagen *m*; **~ place** *s.* **1.** *bsd. Brit.* a) Bade-, Kurort *m*, Bad *n*, b) (See)Bad *n*; **2.** (Vieh)Tränke *f*, Wasserstelle *f*; **~ pot** *s. Am.* Gießkanne *f*.

wa·ter| jack·et *s.* ⚙ (Wasser)Kühlmantel *m*; **~ jump** *s. sport* Wassergraben *m*; **~ lev·el** *s.* **1.** Wasserstand *m*, -spiegel *m*; **2.** ⚙ a) Pegelstand *m*, b) Wasserwaage *f*; **3.** *geol.* (Grund)Wasserspiegel *m*; **~ lil·y** *s.* ⚘ Seerose *f*, Wasserlilie *f*; **'~·line** *s.* ⚓ Wasserlinie *f e-s Schiffs od. als Wasserzeichen*; **'~·logged** *adj.* **1.** voll Wasser (*Boot etc.*); **2.** vollgesogen (*Holz etc.*).

Wa·ter·loo [ˌwɔːtə'luː] *s.*: ***meet one's ~*** *fig.* sein Waterloo erleben.

wa·ter| main *s.* Haupt(wasser)rohr *n*; **'~·man** [-mən] *s.* [*irr.*] **1.** ⚓ Fährmann *m*; **2.** *sport* Ruderer *m*; **3.** *myth.* Wassergeist *m*; **'~·mark I** *s.* **1.** Wasserzeichen *n* (*in Papier*); **2.** ⚓ Wassermarke *f*, *bsd.* Flutzeichen *n*; → ***high*** (***low***) ***watermark***; **II** *v/t.* **3.** *Papier* mit Wasserzeichen versehen; **'~ˌmel·on** *s.* ⚘ 'Wassermeˌlone *f*; **~ me·ter** *s.* Wasserzähler *m*, -uhr *f*; **~ pipe** *s.* **1.** ⚙ Wasser(leitungs)rohr *n*; **2.** orien'talische Wasserpfeife; **~ plane** *s.* Wasserflugzeug *n*; **~ plate** *s.* Wärmeteller *m*; **~ po·lo** *s. sport* Wasserballspiel *n*; **'~·proof I** *adj.* wasserdicht; **II** *s.* wasserdichter Stoff *od.* Mantel *etc.*, Regenmantel *m*; **III** *v/t.* imprägnieren; **~ re·cyc·ling** *s.* Wasseraufbereitung *f*; **ˌ~-re'pel·lent** *adj.* wasserabstoßend; **'~·scape** [-skeɪp] *s. paint.* Seestück *n*; **~ seal** *s.* ⚙ Wasserverschluß *m*; **'~·shed** *s. geogr.* **1.** *Brit.* Wasserscheide *f*; **2.** Einzugs-, Stromgebiet *n*; **3.** *fig.* a) Trennungslinie *f*, b) Wendepunkt *m*; **'~·side I** *s.* Küste *f*, See-, Flußufer *n*; **II** *adj.* Küsten..., (Fluß)Ufer...; **'~-ski** *v/i.* Wasserski laufen; **ˌ~-'sol·u·ble** *adj.* ⚗ wasserlöslich; **'~·spout** *s.* **1.** Abtraufe *f*; **2.** *meteor.* Wasserhose *f*; **~ sup·ply** *s.* Wasserversorgung *f*; **~ ta·ble** *s.* **1.** ⚠ Wasserabflußleiste *f*; **2.** *geol.* Grundwasserspiegel *m*; **'~·tight** *adj.* **1.** wasserdicht: ***keep s.th. in ~ compartments*** *fig.* et. isoliert halten *od.* betrachten; **2.** *fig.* a) unanfechtbar, b) sicher, c) stichhaltig (*Argument*); **~ vole** *s. zo.* Wasserratte *f*; **~ wag·(g)on** *s.* Wasser(versorgungs)wagen *m*: ***be on*** (***off***) ***the ~*** F nicht mehr (wieder) trinken; ***go on the ~*** F das Trinken sein lassen; **~ wag·tail** *s. orn.* Bachstelze *f*; **'~-wave I** *s.* Wasserwelle *f* (*im Haar*); **II** *v/t.* in Wasserwellen legen; **'~·way** *s.* **1.** Wasserstraße *f*, Schiffahrtsweg *m*; **2.** ⚓ Wassergang *m* (*Decksrinne*); **'~·works** *s. pl. oft sg. konstr.* **1.** Wasserwerk *n*; **2.** a) Fon'täne(n *pl.*) *f*, b) Wasserspiel *n*: ***turn on the ~*** F (los-)heulen; **3.** F (Harn)Blase *f*.

wa·ter·y ['wɔːtərɪ] *adj.* **1.** Wasser...: ***a ~ grave*** ein nasses Grab; **2.** wässerig: a) feucht (*Boden*), b) regenverkündend (*Sonne etc.*): ***~ sky*** Regenhimmel *m*; **3.** triefend: a) *allg.* voll Wasser, naß (*Kleider*), b) tränend (*Auge*); **4.** verwässert: a) fad(e) (*Speise*), b) wässerig, blaß (*Farbe*), c) *fig.* seicht (*Stil*).

watt [wɒt] *s.* ⚡ Watt *n*; **watt·age** ['wɒtɪdʒ] *s.* ⚡ Wattleistung *f*.

wat·tle ['wɒtl] **I** *s.* **1.** *Brit. dial.* Hürde *f*; **2.** *a. pl.* Flecht-, Gitterwerk *n*: ***~ and daub*** ⚠ mit Lehm beworfenes Flechtwerk; **3.** ⚘ (au'stralische) A'kazie; **4.** a) *orn.* Kehllappen *pl.*, b) *ichth.* Bartfäden *pl.*; **II** *v/t.* **5.** aus Flechtwerk herstellen; **6.** *Ruten* zs.-flechten; **'wat·tling** [-lɪŋ] *s.* Flechtwerk *n*.

waul [wɔːl] *v/i.* jämmerlich schreien, jaulen.

wave [weɪv] **I** *s.* **1.** Welle *f* (*a. phys.*; *a. im Haar etc.*), Woge *f* (*beide a. fig. von Gefühl etc.*): ***the ~s*** *poet.* die See; ***~ of indignation*** Woge der Entrüstung; ***make ~s*** *fig. Am.* ‚Wellen schlagen'; **2.** (*Angriffs-, Einwanderer- etc.*)Welle *f*: ***in ~s*** in aufeinanderfolgenden Wellen; **3.** ⚙ a) Flamme *f* (*im Stoff*), b) *typ.* Guil'loche *f* (*Zierlinie auf Wertpapieren etc.*); **4.** Wink(en *n*) *m*, Schwenken *n*; **II** *v/i.* **5.** wogen (*a. Kornfeld etc.*); **6.** wehen, flattern, wallen; **7.** (***to s.o.*** j-m zu)winken, Zeichen geben; **8.** sich wellen (*Haar*); **III** *v/t.* **9.** *Fahne, Waffe etc.* schwenken, schwingen, hin- u. herbewegen: ***~ one's arms*** mit den Armen fuchteln; ***~ one's hand*** (mit der Hand) winken (***to*** *j-m*); **10.** *Haar etc.* wellen, in Wellen legen; **11.** ⚙ a) *Stoff* flammen, b) *Wertpapiere etc.* guillochieren; **12.** *j-m* zuwinken: ***~ aside*** *j-n* beiseite winken, *fig. j-n od. et.* mit e-r Handbewegung abtun; **13.** *et.* zuwinken: ***~ a farewell*** nachwinken (***to s.o.*** j-m); **~ band** *s.* ⚡ Wellenband *n*; **'~·length** *s.* ⚡, *phys.* Wellenlänge *f*: ***be on the same ~*** *fig.* auf der gleichen Wellenlänge liegen.

wa·ver ['weɪvə] *v/i.* **1.** (sch)wanken, taumeln; flackern (*Licht*); zittern (*Hände, Stimme etc.*); **2.** *fig.* wanken: a) unschlüssig sein, schwanken (***between*** zwischen), b) zu weichen beginnen.

wa·ver·er ['weɪvərə] *s. fig.* Unentschlossene(r *m*) *f*; **'wa·ver·ing** [-vərɪŋ] *adj.* ☐ **1.** flackernd; **2.** zitternd; **3.** (sch)wankend (*a. fig.*).

wave trap *s.* ⚡ Sperrkreis *m*.

wav·y ['weɪvɪ] *adj.* ☐ **1.** wellig, gewellt (*Haar, Linie etc.*); **2.** wogend.

wax[1] [wæks] **I** *v/i.* **1.** wachsen, zunehmen (*bsd. Mond*) (*a. fig. rhet.*): ***~ and wane*** zu- u. abnehmen; **2.** *vor adj.*: *alt, frech, laut etc.* werden; **II** *s.* **3.** ***be in a ~*** F e-e Stinkwut haben.

wax[2] [wæks] **I** *s.* **1.** (Bienen-, Pflanzen-

etc.)Wachs *n*: ***like ~*** *fig.* (wie) Wachs *in j-s Händen*; **2.** Siegellack *m*; **3.** *a.* ***cobbler's ~*** Schusterpech *n*; **4.** Ohrenschmalz *n*; **II** *v/t.* **5.** (ein)wachsen, bohnern; **6.** verpichen; **7.** (auf Schallplatte) aufnehmen; **'~·cloth** *s.* **1.** Wachstuch *n*; **2.** Bohnertuch *n*; **~ doll** *s.* Wachspuppe *f*.

wax·en ['wæksən] → ***waxy***.

wax| light *s.* Wachskerze *f*; **~ pa·per** *s.* 'Wachspa͵pier *n*; **'~·work** *s.* **1.** 'Wachsfi͵gur *f*; **2.** *a. pl. sg. konstr.* 'Wachsfi͵gurenkabi͵nett *n*.

wax·y ['wæksɪ] *adj.* ☐ **1.** wächsern (*a. Gesichtsfarbe*), wie Wachs; **2.** *fig.* weich (wie Wachs), nachgiebig; **3.** ⚕ Wachs...: ***~ liver***.

way[1] [weɪ] *s.* **1.** Weg *m*, Pfad *m*, Straße *f*, Bahn *f* (*a. fig.*): ***~ back*** Rückweg; ***~ home*** Heimweg; ***~ in*** Eingang *m*; ***~ out*** *bsd. fig.* Ausweg; ***~ through*** Durchfahrt *f*, -reise *f*; ***~s and means*** Mittel u. Wege, *bsd. pol.* Geldbeschaffung(smaßnahmen) *f*; ***Committee of ≈s and Means*** *parl.* Finanz-, Haushaltsausschuß *m*; ***the ~ of the Cross*** *R.C.* der Kreuzweg; ***over*** (*od.* ***across***) ***the ~*** gegenüber; ***ask the*** (*od.* ***one's***) ***~*** nach dem Weg fragen; ***find a ~*** *fig.* e-n (Aus-)Weg finden; ***lose one's ~*** sich verirren *od.* verlaufen; ***take one's ~*** sich aufmachen (***to*** nach); **2.** *fig.* Gang *m*, (üblicher) Weg: ***that is the ~ of the world*** das ist der Lauf der Welt; ***go the ~ of all flesh*** den Weg allen Fleisches gehen (*sterben*); **3.** Richtung *f*, Seite *f*: ***which ~ is he looking?*** wohin schaut er?; ***this ~*** a) hierher, b) hier entlang, c) → 6; ***the other ~ round*** umgekehrt; **4.** Weg *m*, Entfernung *f*, Strecke *f*: ***a long ~ off*** weit (von hier) entfernt; ***a long ~ off perfection*** alles andere als vollkommen; ***a little ~*** ein kleines Stück (Wegs); **5.** (freie) Bahn, Platz *m*: ***be*** (*od.* ***stand***) ***in s.o.'s ~*** j-m im Weg sein (*a. fig.*); ***give ~*** a) nachgeben, b) (zurück)weichen, c) sich *der Verzweiflung etc.* hingeben; **6.** Art *f* u. Weise *f*, Weg *m*, Me'thode *f*: ***any ~*** auf jede *od.* irgendeine Art; ***any ~ you please*** ganz wie Sie wollen; ***in a big*** (***small***) ***~*** im großen (kleinen); ***one ~ or another*** irgendwie, so oder so; ***some ~ or other*** auf die eine oder andere Weise, irgendwie; ***~ of living*** (***thinking***) Lebens-(Denk)weise; ***to my ~ of thinking*** nach m-r Meinung; ***in a polite*** (***friendly***) ***~*** höflich (freundlich); ***in its ~*** auf s-e Art; ***in what*** (*od.* ***which***) ***~*** inwiefern, wieso; ***the right*** (***wrong***) ***~*** (***to do it***) richtig (falsch); ***the same ~*** genauso; ***the ~ he does it*** so wie er es macht; ***this*** (*od.* ***that***) ***~*** so; ***that's the ~ to do it*** so macht man das; **7.** Brauch *m*, Sitte *f*: ***the good old ~s*** die guten alten Bräuche; **8.** Eigenart *f*: ***funny ~s*** komische Manieren; ***it is not his ~*** es ist nicht s-e Art *od.* Gewohnheit; ***she has a winning ~ with her*** sie hat e-e gewinnende Art; ***that is always the ~ with him*** so macht er es (*od.* geht es ihm) immer; **9.** Hinsicht *f*, Beziehung *f*: ***in a ~*** in gewisser Hinsicht; ***in one ~*** in 'einer Beziehung; ***in some ~s*** in mancher Hinsicht; ***in the ~ of food*** an Lebensmitteln, was Nahrung anbelangt; ***no ~*** keineswegs; **10.** (*bsd.* Gesundheits)Zustand *m*, Lage *f*: ***in a bad ~*** in e-r schlimmen Lage; ***live in a great*** (***small***) ***~*** auf großem Fuß (in kleinen Verhältnissen *od.* sehr bescheiden) leben; **11.** Berufszweig *m*, Fach *n*: ***it is not in his ~*** es schlägt nicht in sein Fach; ***he is in the oil ~*** er ist im Ölhandel (beschäftigt); **12.** F Um'gebung *f*, Gegend *f*: ***somewhere London ~*** irgendwo in der Gegend von London; **13.** ⚙ a) (Hahn)Weg *m*, Bohrung *f*, b) *pl.* Führungen *pl.* (*bei Maschinen*); **14.** Fahrt(geschwindigkeit) *f*: ***gather*** (***loco***) ***~*** Fahrt vergrößern (verlieren); **15.** *pl. Schiffbau*: a) Helling *f*, b) Stapelblöcke *pl.*;

Besondere Redewendungen:

by the ~ a) im Vorbeigehen, unterwegs; b) am Weg(esrand), an der Straße, c) *fig.* übrigens, nebenbei (bemerkt); ***but that is by the ~!*** doch dies nur nebenbei; ***by ~ of*** a) (auf dem Weg) über (*acc.*), durch, b) *fig.* in der Absicht zu, um ... zu, c) als *Entschuldigung etc.*; ***by ~ of example*** beispielsweise; ***by ~ of exchange*** auf dem Tauschwege; ***be by ~ of being angry*** im Begriff sein aufzubrausen; ***be by ~ of doing*** (***s.th.***) a) dabei sein(, et.) zu tun, b) pflegen *od.* gewohnt sein *od.* die Aufgabe haben(, et.) zu tun; → ***family*** 5; ***in the ~ of*** a) auf dem Weg *od.* dabei zu, b) hinsichtlich (*gen.*); ***in the ~ of business*** auf dem üblichen Geschäftsweg; ***put s.o. in the ~*** (***of doing***) j-m die Möglichkeit geben (zu tun); ***no ~!*** F nichts da!; ***on the*** (*od.* ***one's***) ***~*** unterwegs, auf dem Wege; ***be well on one's ~*** im Gange sein, schon weit vorangekommen sein (*a. fig.*); ***out of the ~*** a) abgelegen, b) *fig.* ungewöhnlich, ausgefallen, c) *fig.* abwegig; ***nothing out of the ~*** nichts Ungewöhnliches; ***go out of one's ~*** ein übriges tun, sich besonders anstrengen; ***put s.o. out of the ~*** *fig.* j-n aus dem Wege räumen (*töten*); → ***harm*** 1; ***under ~*** a) ⚓ in Fahrt, unterwegs, b) *fig.* im *od.* in Gang; ***be in a fair*** (*od.* ***good***) ***~*** auf dem besten Wege sein, die besten Möglichkeiten haben; ***come*** (***in***) ***s.o.'s ~*** *bsd. fig.* j-m über den Weg laufen, j-m begegnen; ***go a long ~ to***(***wards***) viel dazu beitragen zu, ein gutes Stück weiterhelfen bei; ***go s.o.'s ~*** a) den gleichen Weg gehen wie j-d, b) j-n begleiten; ***go one's ~***(***s***) seinen Weg gehen, *fig.* s-n Lauf nehmen; ***have a ~ with*** mit *j-m* umzugehen wissen; ***have one's own ~*** s-n Willen durchsetzen; ***if I had my*** (***own***) ***~*** wenn es nach mir ginge; ***have it your ~!*** du sollst recht haben!; ***you can't have it both ~s*** du kannst nicht beides haben; ***know one's ~ about*** sich auskennen (*fig.* ***in*** mit); ***lead the ~*** (*a. fig.* mit gutem Beispiel) vorangehen; ***learn the hard ~*** Lehrgeld bezahlen müssen; ***make ~*** a) Platz machen (***for*** für), b) vorwärtskommen (*a. fig. Fortschritte machen*); ***make one's ~*** sich durchsetzen, s-n Weg machen; → ***mend*** 2, ***pave***, ***pay*** 3; ***see one's ~ to do s.th.*** e-e Möglichkeit sehen, et. zu tun; ***work one's ~ through college*** sich sein Studium durch Nebenarbeit verdienen, Werkstudent sein; ***work one's ~ up*** *a. fig.* sich hocharbeiten.

way[2] [weɪ] *adv.* F weit *oben, unten etc.*: ***~ back*** weit entfernt; ***~ back in 1902*** (schon) damals im Jahre 1902.

'way|·bill *s.* **1.** Passa'gierliste *f*; **2.** † Frachtbrief *m*, Begleitschein *m*; **'~͵far·er** [-͵feərə] *s. obs.* Reisende(r) *m*, Wandersmann *m*; **'~͵far·ing** [-͵feərɪŋ] *adj.* reisend, wandernd; **͵~'lay** *v/t.* [*irr.* → ***lay[1]***] *j-m* auflauern; **'~·leave** *s.* ⚖ *Brit.* Wegerecht *n*; **͵~-'out** *adj.* F **1.** ex'zentrisch, ausgefallen, ‚irr(e)'; **2.** ‚toll', ‚super'; **'~·side I** *s.* Straßen-, Wegrand *m*: ***by the ~*** am Wege, am Straßenrand; ***fall by the ~*** *fig.* auf der Strecke bleiben; **II** *adj.* am Wege (stehend), an der Straße (gelegen): ***a ~ inn***.

way| sta·tion *s.* 🚃 *Am.* 'Zwischensta͵tion *f*; **~ train** *s. Am.* Bummelzug *m*.

way·ward ['weɪwəd] *adj.* ☐ **1.** launisch, unberechenbar; **2.** eigensinnig, 'widerspenstig; ⚖ verwahrlost (*Jugendliche*[*r*]); **3.** ungeraten: ***a ~ son***; **'way·ward·ness** [-nɪs] *s.* **1.** 'Widerspenstigkeit *f*, Eigensinn *m*; **2.** Launenhaftigkeit *f*.

'way·worn *adj.* reisemüde.

we [wi:; wɪ] *pron. pl.* wir *pl.*

weak [wi:k] *adj.* ☐ **1.** *allg.* schwach (*a. zahlenmäßig*) (*a. fig. Argument*, *Spieler*, *Stil*, *Stimme etc.*; *a. ling.*): ***~ in Latin*** *fig.* schwach in Latein; → ***sex*** 2; **2.** ⚕ schwach: a) empfindlich, b) kränklich; **3.** (cha'rakter)schwach, la'bil, schwächlich: ***~ point*** (*od.* ***side***) schwacher Punkt, schwache Seite, Schwäche *f*; **4.** schwach, dünn (*Tee etc.*); **5.** † schwach, flau (*Markt*); **'weak·en** [-kən] **I** *v/t.* **1.** *j-n od. et.* schwächen; **2.** *Getränk etc.* verdünnen; **3.** *fig. Beweis etc.* abschwächen, entkräften; **II** *v/i.* **4.** schwach *od.* schwächer werden, nachlassen, erlahmen; **'weak·en·ing** [-knɪŋ] *s.* (Ab)Schwächung *f*.

͵weak-'kneed *adj.* F **1.** feig; **2.** → ***weak-minded*** 2.

weak·ling ['wi:klɪŋ] *s.* Schwächling *m*; **'weak·ly** [-lɪ] **I** *adj.* schwächlich; **II** *adv. von* ***weak***; **͵weak-'mind·ed** *adj.* **1.** schwachsinnig; **2.** cha'rakterschwach.

weak·ness ['wi:knɪs] *s.* **1.** *allg.* (*a.* Cha'rakter)Schwäche *f*; **2.** Schwächlichkeit *f*, Kränklichkeit *f*; **3.** schwache Seite, schwacher Punkt; **4.** Nachteil *m*, Schwäche *f*, Mangel *m*; **5.** F Schwäche *f*, Vorliebe *f* (***for*** für); **6.** † Flauheit *f*.

͵weak|-'sight·ed *adj.* ⚕ schwachsichtig; **͵~-'spir·it·ed** *adj.* kleinmütig.

weal[1] [wi:l] *s.* Wohl *n*: ***~ and woe*** *das* Wohl u. Wehe, gute u. schlechte Tage; ***the public*** (*od.* ***common*** *od.* ***general***) ***~*** das Allgemeinwohl.

weal[2] [wi:l] *s.* Schwiele *f*, Strieme(n *m*) *f* (*auf der Haut*).

wealth [welθ] *s.* **1.** Reichtum *m* (*a. fig. Fülle*) (***of*** an *dat.*, von); **2.** Reichtümer *pl.*; **3.** † a) Besitz *m*, Vermögen *n*: ***~ tax*** Vermögenssteuer *f*, b) *a.* ***personal ~*** Wohlstand *m*; **'wealth·y** [-θɪ] *adj.* ☐ reich (*a. fig.* ***in*** an *dat.*), wohlhabend.

wean [wi:n] *v/t.* **1.** *Kind*, *junges Tier* entwöhnen; **2.** *a.* ***~ away from*** *fig. j-n* abbringen von, *j-m et.* abgewöhnen.

weap·on ['wepən] *s.* Waffe *f* (*a.* ♀, *zo. u. fig.*); **'weap·on·less** [-lɪs] *adj.* wehrlos, unbewaffnet; **'weap·on·ry** [-rɪ] *s.* Waffen *pl*; **'weap·ons-grade** *adj.* waffenfähig (*Plutonium*).

wear[1] [weə] **I** *v/t.* [*irr.*] **1.** *am Körper*

tragen (*a. Bart, Brille, a. Trauer*), *Kleidungsstück a.* anhaben, *Hut a.* aufhaben: **~ the breeches** (*od.* **trousers** *od.* **pants**) F *fig.* die Hosen anhaben (*Ehefrau*); **she ~s her years well** *fig.* sie sieht jung aus für ihr Alter; **~ one's hair long** das Haar lang tragen; **2.** *Lächeln, Miene etc.* zur Schau tragen, zeigen; **3. ~ away** (*od.* **down**, **off**, **out**) *Kleid etc.* abnutzen, abtragen, *Absätze* abtreten, *Stufen etc.* austreten; *Löcher* reißen (**in** in *acc.*): **~ into holes** ganz abtragen, *Schuhe* durchlaufen; **4.** eingraben, nagen: **a groove worn by water**; **5.** *a.* **~ away** *Gestein etc.* auswaschen, -höhlen; *Farbe etc.* verwischen; **6.** *a.* **~ out** ermüden, *a. Geduld* erschöpfen; → **welcome** 1; **7.** *a.* **~ down** zermürben: a) entkräften, b) *fig.* niederringen, *Widerstand* brechen: **worn to a shadow** nur noch ein Schatten (*Person*); **II** *v/i.* [*irr.*] **8.** halten, haltbar sein: **~ well** a) sehr haltbar sein (*Stoff etc.*), sich gut tragen (*Kleid etc.*), b) *fig.* sich gut halten, wenig altern (*Person*); **9.** *a.* **~ away** (*od.* **down**, **off**, **out**) sich abtragen *od.* abnutzen, verschleißen: **~ away** *a.* sich verwischen; **~ off** *fig.* sich verlieren (*Eindruck, Wirkung*); **~ out** *fig.* sich erschöpfen; **~ thin** a) fadenscheinig werden, b) sich erschöpfen (*Geduld etc.*); **10.** *a.* **~ away** langsam vergehen, da'hinschleichen (*Zeit*): **~ to an end** schleppend zu Ende gehen; **11. ~ on** sich da'hinschleppen (*Zeit, Geschichte etc.*); **III** *s.* **12.** Tragen *n*: **clothes for everyday ~** Alltagskleidung *f*; **have in constant ~** ständig tragen; **13.** (Be)Kleidung *f*, Mode *f*: **be the ~** Mode sein, getragen werden; **14.** Abnutzung *f*, Verschleiß *m*: **~ and tear** a) ⚙ Abnutzung, Verschleiß (*a. fig.*), b) ✝ Abschreibung *f* für Wertminderung; **for hard ~** strapazierfähig; **the worse for ~** abgetragen, mitgenommen (*a. fig.*); **15.** Haltbarkeit *f*: **there is still a great deal of ~ in it** das läßt sich noch gut tragen.

wear² [weə] ⚓ **I** *v/t.* [*irr.*] *Schiff* halsen; **II** *v/i.* [*irr.*] vor dem Wind drehen (*Schiff*).

wear·a·ble ['weərəbl] *adj.* tragbar (*Kleid*).

wea·ri·ness ['wɪərɪnɪs] *s.* **1.** Müdigkeit *f*; **2.** *fig.* 'Überdruß *m*.

wear·ing ['weərɪŋ] *adj.* **1.** Kleidungs...; **2.** abnützend; **3.** ermüdend, zermürbend.

wea·ri·some ['wɪərɪsəm] *adj.* □ ermüdend (*mst fig. langweilig*).

ˌwear-re'sist·ant *adj.* strapa'zierfähig.

wea·ry ['wɪərɪ] **I** *adj.* □ **1.** müde, matt (**with** von, vor *dat.*); **2.** müde, 'überdrüssig (**of** *gen.*): **~ of life** lebensmüde; **3.** ermüdend: a) beschwerlich, b) langweilig; **II** *v/t.* **4.** ermüden (*a. fig. langweilen*); **III** *v/i.* **5.** überdrüssig *od.* müde werden (**of** *gen.*).

wea·sel ['wi:zl] *s.* **1.** *zo.* Wiesel *n*; **2.** F *contp.* ‚Schlange' *f*, ‚Ratte' *f*.

weath·er ['weðə] **I** *s.* **1.** a) Wetter *n*, Witterung *f*, b) Unwetter *n*: **in fine ~** bei schönem Wetter; **make good** (*od.* **bad**) **~** ⚓ auf gutes (schlechtes) Wetter stoßen; **make heavy ~ of s.th.** *fig.* ‚viel Wind machen' um et.; **under the ~** F a) nicht in Form (*unpäßlich*), b) e-n Katzenjammer habend, c) ‚angesäuselt'; **2.** ⚓ Luv-, Windseite *f*; **II** *v/t.* **3.** dem Wetter aussetzen, *Holz etc.* auswittern; *geol.* verwittern (lassen); **4.** a) ⚓ *den Sturm* abwettern, b) *a.* **~ out** *fig. Sturm, Krise etc.* über'stehen; **5.** ⚓ luvwärts um'schiffen; **III** *v/i.* **6.** *geol.* verwittern; **'~-ˌbeat·en** *adj.* **1.** vom Wetter mitgenommen; **2.** verwittert; **3.** wetterhart; **'~-board** *s.* **1.** ⚙ a) Wasserschenkel *m*, b) Schal-, Schindelbrett *n*, c) *pl.* Verschalung *f*; **2.** ⚓ Waschbord *n*; **'~-board·ing** *s.* Verschalung *f*; **'~-bound** *adj.* schlechtwetterbehindert; **~ bu·reau** *s.* Wetteramt *n*; **~ chart** *s.* Wetterkarte *f*; **'~-cock** *s.* **1.** Wetterhahn *m*; **2.** *fig.* wetterwendische Per'son; **'~-eye** [-əraɪ] *s.*: **keep one's ~ open** *fig.* gut aufpassen; **~ fore·cast** *s.* 'Wetterbericht *m*, -vorˌhersage *f*; **'~-man** [-mæn] *s.* [*irr.*] F **1.** Meteoro'loge *m*; **2.** Wetteransager *m*; **'~-proof** *adj.* wetterfest; **~ sat·el·lite** *s.* 'Wettersatelˌlit *m*; **~ side** *s.* **1.** → **weather** 2; **2.** Wetterseite *f*; **~ sta·tion** *s.* Wetterwarte *f*; **~ strip** *s.* Dichtungsleiste *f*; **~ vane** *s.* Wetterfahne *f*; **'~-worn** → **weather-beaten**.

weave [wi:v] **I** *v/t.* [*irr.*] **1.** weben, wirken; **2.** zs.-weben, flechten; **3.** (ein-)flechten (**into** in *acc.*), verweben, -flechten (**with** mit, **into** zu) (*a. fig.*); **4.** *fig.* ersinnen, erfinden; **II** *v/i.* [*irr.*] **5.** weben; **6.** hin- u. herpendeln (*a. Boxer*), sich schlängeln *od.* winden; **7. get weaving** *Brit.* F ‚sich ranhalten'; **III** *s.* **8.** Gewebe *n*; **9.** Webart *f*; **'weav·er** [-və] *s.* **1.** Weber(in); Wirker(in); **2.** *a.* **~-bird** *orn.* Webervogel *m*; **'weav·ing** [-vɪŋ] **I** *s.* Weben *n*, Webe'rei *f*; **II** *adj.* Web...: **~ loom** Webstuhl *m*; **~ mill** Weberei *f*.

wea·zen ['wi:zn] → **wizen**.

web [web] *s.* **1.** a) Gewebe *n*, Gespinst *n*, b) Netz *n* (*der Spinne etc.*) (*alle a. fig.*): **a ~ of lies** ein Lügengewebe; **2.** Gurt(band *n*) *m*; **3.** *zo.* a) Schwimm-, Flughaut *f*, b) Bart *m e-r Feder*; **4.** ⚙ Sägeblatt *n*; **5.** (Pa'pier- *etc.*)Bahn *f*, (-)Rolle *f*; **webbed** [webd] *adj. zo.* schwimmhäutig: **~ foot** Schwimmfuß *m*; **web·bing** ['webɪŋ] *s.* **1.** Gewebe *n*; **2.** → **web** 2.

'web|-foot *s.* [*irr.*] *zo.* Schwimmfuß *m*; **'~-ˌfoot·ed**, **'~-toed** *adj.* schwimmfüßig.

wed [wed] **I** *v/t.* **1.** *rhet.* ehelichen, heiraten: **~ded bliss** eheliches Glück; **2.** vermählen (**to** mit); **3.** *fig.* eng verbinden (**with**, **to** mit): **be ~ded to s.th.** a) an et. fest gebunden *od.* gekettet sein, b) sich e-r Sache verschrieben haben; **II** *v/i.* **4.** sich vermählen.

we'd [wi:d; wɪd] F *für* a) **we would**, **we should**, b) **we had**.

wed·ding ['wedɪŋ] *s.* Hochzeit *f*, Trauung *f*; **~ an·ni·ver·sa·ry** *s.* (*dritter etc.*) Hochzeitstag; **~ break·fast** *s.* Hochzeitsessen *n*; **~ cake** *s.* Hochzeitskuchen *m*; **~ day** *s.* Hochzeitstag *m*; **~ dress** *s.* Hochzeits-, Brautkleid *n*; **~ ring** *s.* Trauring *m*.

we·del ['wedl] *v/i. Skisport*: wedeln.

wedge [wedʒ] **I** *s.* **1.** ⚙ Keil *m* (*a. fig.*): **~ writing** Keilschrift *f*; **the thin end of the ~** *fig.* ein erster kleiner Anfang; **2.** a) keilförmiges Stück (*Land etc.*), b) Ecke *f* (*Käse etc.*), c) Stück *n* (*Kuchen*); **3.** ⚔ 'Keil(formatiˌon *f*) *m*; **4.** *Golf*: Wedge *m* (*Schläger*); **II** *v/t.* **5.** ⚙ a) verkeilen, festklemmen, b) (mit e-m Keil) spalten: **~ off** abspalten; **6.** (ein-)keilen, (-)zwängen (**in** in *acc.*): **~ o.s. in** sich hineinzwängen; **~ (fric·tion) gear** *s.* ⚙ Keilrädergetriebe *n*; **~ heel** *s.* (Schuh *m* mit) Keilabsatz *m*; **'~-shaped** *adj.* keilförmig.

wed·lock ['wedlɒk] *s.* Ehe(stand *m*) *f*: **born in lawful** (**out of**) **~** ehelich (unehelich) geboren.

Wednes·day ['wenzdɪ] *s.* Mittwoch *m*: **on ~** am Mittwoch; **on ~s** mittwochs.

wee¹ [wi:] *adj.* klein, winzig: **a ~ bit** ein klein wenig; **the ~ hours** die frühen Morgenstunden.

wee² [wi:] F **I** *s.* ‚Pi'pi' *n*; **II** *v/i.* ‚Pi'pi machen'.

weed [wi:d] **I** *s.* **1.** Unkraut *n*: **ill ~s grow apace** Unkraut verdirbt nicht; **~ killer** Unkrautvertilgungsmittel *n*; **2.** F a) ‚Glimmstengel' *m* (*Zigarre, Zigarette*), b) ‚Kraut' *n* (*Tabak*), c) ‚Grass' *n* (*Marihuana*); **3.** *sl.* Kümmerling *m* (*schwächliches Tier, a. Person*); **II** *v/t.* **4.** *Unkraut od. Garten etc.* jäten; **5. ~ out**, **~ up** *fig.* aussondern, -merzen; **6.** *fig.* säubern; **III** *v/i.* **7.** (Unkraut) jäten; **'weed·er** [-də] *s.* **1.** Jäter *m*; **2.** ⚙ Jätwerkzeug *n*; **weed kil·ler** *s.* Unkrautvertilgungsmittel *n*.

weeds [wi:dz] *s. pl. mst* **widow's ~** Witwen-, Trauerkleidung *f*.

weed·y ['wi:dɪ] *adj.* **1.** voll Unkraut; **2.** unkrautartig; **3.** F a) schmächtig, b) schlaksig, c) klapperig.

week [wi:k] *s.* Woche *f*: **by the ~** wochenweise; **for ~s** wochenlang; **today ~**, **this day ~** a) heute in 8 Tagen, b) heute vor 8 Tagen; **'~-day I** *s.* Wochen-, Werktag *m*: **on ~s** werktags; **II** *adj.* Werktags...; **ˌ~'end I** *s.* Wochenende *n*; **II** *adj.* Wochenend...: **~ speech** Sonntagsrede *f*; **~ ticket** Sonntags(rückfahr)karte *f*; **III** *v/i.* das Wochenende verbringen; **ˌ~'end·er** [-'endə] *s.* Wochenendausflügler(in); **'~-ends** *adv. Am.* an Wochenenden.

week·ly ['wi:klɪ] **I** *adj. u. adv.* wöchentlich; **II** *s. a.* **~ paper** Wochenzeitung *f*, -(zeit)schrift *f*.

wee·ny ['wi:nɪ] *adj.* F winzig.

weep [wi:p] **I** *v/i.* [*irr.*] **1.** weinen, Tränen vergießen (**for** vor *Freude etc.*, um *j-n*): **~ at** (*od.* **over**) weinen über (*acc.*); **2.** a) triefen, b) tröpfeln, c) ✱ nässen (*Wunde etc.*); **3.** trauern (*Baum*); **II** *v/t.* [*irr.*] **4.** *Tränen* vergießen, weinen; **5.** beweinen; **III** *s.* **6. have a good ~** F sich tüchtig ausweinen; **'weep·er** [-pə] *s.* **1.** Weinende(r *m*) *f*, *bsd.* Klageweib *n*; **2.** a) Trauerbinde *f od.* -flor *m*, b) *pl.* Witwenschleier *m*; **'weep·ie** → **weepy** 3; **'weep·ing** [-pɪŋ] **I** *adj.* □ **1.** weinend; **2.** ⚘ Trauer...: **~ willow** Trauerweide *f*; **3.** triefend, tropfend; **4.** ✱ nässend; **II** *s.* **5.** Weinen *n*; **'wee·py** ['wi:pɪ] F **I** *adj.* **1.** weinerlich; **2.** rührselig; **II** *s.* **3.** ‚Schnulze' *f*.

wee·vil ['wi:vɪl] *s. zo.* **1.** Rüsselkäfer *m*; **2.** *allg.* Getreidekäfer *m*.

'wee·wee → **wee²**.

weft [weft] *s. Weberei*: a) Einschlag(faden) *m*, Schuß(faden) *m*, b) Gewebe *n* (*a. poet.*).

weigh¹ [weɪ] **I** *s.* **1.** Wiegen *n*; **II** *v/t.* **2.**

(ab)wiegen (***by*** nach); **3.** (*in der Hand*) wiegen; **4.** *fig.* (sorgsam) er-, abwägen (***with, against*** gegen): ***~ one's words*** s-e Worte abwägen; **5.** ***~ anchor*** ⚓ a) den Anker lichten, b) auslaufen (*Schiff*); **6.** (nieder)drücken; **III** *v/i.* **7.** wiegen, *2 Kilo etc.* schwer sein; **8.** *fig. schwer etc.* wiegen, ins Gewicht fallen, ausschlaggebend sein (***with s.o.*** bei j-m): ***~ against s.o.*** a) gegen j-n sprechen, b) gegen j-n ins Feld geführt werden; **9.** *fig.* lasten (***on, upon*** auf *dat.*); *Zssgn mit adv.*:

weigh| down *v/t.* niederdrücken (*a. fig.*); **~ in I** *v/t.* **1.** ✈ *sein Gepäck* wiegen lassen; **2.** *sport* a) *Jockei* nach dem Rennen wiegen, b) *Boxer, Gewichtheber etc.* vor dem Kampf wiegen; **II** *v/i.* **3.** ✈ sein Gepäck wiegen lassen; **4.** *sport* gewogen werden: ***he ~ed in at 200 pounds*** er brachte 200 Pfund auf die Waage; **5.** a) eingreifen, sich einschalten, b) ***~ with*** *Argument etc.* vorbringen; **~ out I** *v/t.* **1.** *Ware* auswiegen; **2.** *sport Jockei* vor dem Rennen wiegen; **II** *v/i.* **3.** *sport* gewogen werden.

weigh² [weɪ] *s.*: ***get under ~*** ⚓ unter Segel gehen.

ˈweigh·bridge *s.* Brückenwaage *f.*

weigh·er [ˈweɪə] *s.* **1.** Wäger *m*, Waagemeister *m*; **2.** → **weigh·ing ma·chine** [ˈweɪɪŋ] *s.* ⚙ Waage *f.*

weight [weɪt] **I** *s.* **1.** Gewicht *n* (*a. Maß u. Gegenstand*): ***~s and measures*** Maße u. Gewichte; ***by ~*** nach Gewicht; ***under ~*** ⚕ untergewichtig, zu leicht; ***lose*** (***put on***) ***~*** *an Körpergewicht* ab-(zu)nehmen; ***pull one's ~*** *fig.* sein(en) Teil leisten; ***throw one's ~ about*** F sich aufspielen *od.* ‚breitmachen'; ***that takes a ~ off my mind*** da fällt mir ein Stein vom Herzen; **2.** *fig.* Gewicht *n*: a) Last *f*, Wucht *f*, b) (*Sorgen- etc.*)Last *f*, Bürde *f*, c) Bedeutung *f*, d) Einfluß *m*, Geltung *f*: ***of ~*** gewichtig, schwerwiegend; ***men of ~*** bedeutende *od.* einflußreiche Leute; ***the ~ of evidence*** die Last des Beweismaterials; ***add ~ to*** *e-r Sache* Gewicht verleihen; ***carry*** (*od.* ***have***) ***~ with*** viel gelten bei; ***give ~ to*** *e-r Sache* große Bedeutung beimessen; **3.** *sport* a) *a.* ***~ category*** Gewichtsklasse *f*, b) Gewicht *n* (*Gerät*), c) (Stoß)Kugel *f*; **II** *v/t.* **4.** a) beschweren, b) belasten (*a. fig.*): ***~ the scales in favo(u)r of s.o.*** j-m e-n (unerlaubten) Vorteil verschaffen; **5.** ⚕ *Stoffe etc.* durch Beimischung *von Mineralien etc.* schwerer machen; **ˈweight·i·ness** [-tɪnɪs] *s.* Gewicht *n*, *fig. a.* (Ge)Wichtigkeit *f.*

weight·less [ˈweɪtlɪs] *adj.* schwerelos; **ˈweight·less·ness** [-nɪs] *s.* Schwerelosigkeit *f.*

weight| lift·er *s. sport* Gewichtheber *m*; **~ lift·ing** *s. sport* Gewichtheben *n*; **~ watch·er** *s.* j-d, der auf sein Gewicht achtet.

weight·y [ˈweɪtɪ] *adj.* □ **1.** schwer, gewichtig, *fig. a.* schwerwiegend; **2.** *fig.* einflußreich, gewichtig (*Person*).

weir [wɪə] *s.* **1.** (Stau)Wehr *n*; **2.** Fischreuse *f.*

weird [wɪəd] *adj.* □ **1.** *poet.* Schicksals...: ***~ sisters*** Schicksalsschwestern, Nornen; **2.** unheimlich; **3.** F ulkig, ‚verrückt'; **weir·do** [ˈwɪədəʊ] *pl.* **-dos** *s.* F ‚irrer Typ'.

welch [welʃ] → ***welsh²***.

wel·come [ˈwelkəm] **I** *s.* **1.** Willkomm (-en *n*) *m*, Empfang *m* (*a. iro.*): ***bid s.o. ~*** → 2; ***outstay*** (*od.* ***overstay*** *od.* ***wear out***) ***one's ~*** länger bleiben als man erwünscht ist; **II** *v/t.* **2.** bewillkommnen, willˈkommen heißen; **3.** *fig.* begrüßen: a) *et.* gutheißen, b) gern annehmen; **III** *adj.* **4.** willkommen, angenehm (*Gast, a. Nachricht etc.*): ***make s.o. ~*** j-n herzlich empfangen *od.* aufnehmen; **5.** ***you are ~ to it*** Sie können es gerne behalten *od.* nehmen, es steht zu Ihrer Verfügung; ***you are ~ to do it*** es steht Ihnen frei, es zu tun; das können Sie gerne tun; ***you are ~ to your own opinion*** *iro.* meinetwegen können Sie denken, was Sie wollen; (***you are***) ***~!*** nichts zu danken!, keine Ursache!, bitte (sehr)!; ***and ~*** *iro.* meinetwegen, wenn's Ihnen Spaß macht; **IV** *int.* **6.** willˈkommen (***to*** in *England etc.*).

weld [weld] **I** *v/t.* ⚙ (ver-, zs.-)schweißen: ***~ on*** anschweißen (***to*** an *acc.*); ***~ together*** zs.-schweißen, *fig. a.* zs.-schmieden; **II** *v/i.* ⚙ sich schweißen lassen; **III** *s.* ⚙ Schweißstelle *f*, -naht *f*; **ˈweld·a·ble** [-dəbl] *adj.* schweißbar; **ˈweld·ed** [-dɪd] *adj.* geschweißt, Schweiß...: ***~ joint*** Schweißverbindung *f*; **ˈweld·er** [-də] *s.* ⚙ **1.** Schweißer *m*; **2.** Schweißbrenner *m*, -gerät *n*; **ˈweld·ing** [-dɪŋ] *adj.* Schweiß...

wel·fare [ˈwelfeə] *s.* **1.** Wohl *n*, e-r *Person*: *a.* Wohlergehen *n*; **2.** a) (***public***) ***~*** (öffentliche) Wohlfahrt, b) *Am.* Soziˈalhilfe *f*: ***be on ~*** Sozialhilfe beziehen; **~ state** *s. pol.* Wohlfahrtsstaat *m*; **~ stat·ism** [ˈsteɪtɪzəm] → ***welfarism***; **~ work** *s. Am.* Soziˈalarbeit *f*; **~ work·er** *s. Am.* Soziˈalarbeiter(in).

wel·far·ism [ˈwelfeərɪzəm] *s.* wohlfahrtsstaatliche Poliˈtik.

wel·kin [ˈwelkɪn] *s. poet.* Himmelszelt *n*: ***make the ~ ring with shouts*** die Luft mit Geschrei erfüllen.

well¹ [wel] **I** *adv.* **1.** gut, wohl: ***be ~ off*** a) gut versehen sein (***for*** mit), b) wohlhabend *od.* gut daran sein; ***do o.s.*** (*od.* ***live***) ***~*** gut leben, es sich wohl sein lassen; ***be ~ up in*** bewandert sein in *e-m Fach etc.*; **2.** gut, recht, geschickt: ***do ~*** gut *od.* recht daran tun (***to do*** zu tun); ***sing ~*** gut singen; ***~ done!*** gut gemacht!, bravo!; ***~ roared, lion!*** gut gebrüllt, Löwe!; **3.** gut, freundschaftlich: ***think*** (*od.* ***speak***) ***~ of*** gut denken (*od.* sprechen) über (*acc.*); **4.** gut, sehr: ***love s.o. ~*** j-n sehr lieben; ***it speaks ~ for him*** es spricht sehr für ihn; **5.** wohl, mit gutem Grund: ***one may ~ ask this question*** man kann wohl *od.* mit gutem Grund so fragen; ***you cannot very ~ do that*** das kannst du nicht gut tun; ***not very ~*** wohl kaum; **6.** recht, eigentlich: ***he does not know ~ how*** er weiß nicht recht wie; **7.** gut, genau, gründlich: ***know s.o. ~*** j-n gut kennen; ***he knows only too ~*** er weiß nur zu gut; **8.** gut, ganz, völlig: ***he is ~ out of sight*** er ist völlig außer Sicht; **9.** gut, beträchtlich, weit: ***~ away*** weit weg; ***he walked ~ ahead of them*** er ging ihnen ein gutes Stück voraus; ***until ~ past midnight*** bis lange nach Mitternacht; **10.** gut, tüchtig, gründlich: ***stir ~***; **11.** gut, mit Leichtigkeit: ***you could ~ have done it*** du hättest es leicht tun können; ***it is very ~ possible*** es ist durchaus *od.* sehr wohl möglich; ***as ~*** ebenso, außerdem; (***just***) ***as ~*** ebenso (-gut), genauso(gut); ***as ~ ... as*** sowohl ... als auch, nicht nur ... sondern auch; ***as ~ as*** ebensogut wie; **II** *adj.* **12.** wohl, gesund: ***be*** (*od.* ***feel***) ***~*** sich wohl fühlen; **13.** in Ordnung, richtig, gut: ***I am very ~ where I am*** ich fühle mich hier sehr wohl; ***it is all very ~ but*** *iro.* das ist ja alles schön u. gut, aber; **14.** gut, günstig: ***that is just as ~*** das ist schon gut so; ***very ~*** sehr wohl, nun gut; ***~ and good*** schön und gut; **15.** ratsam, richtig, gut: ***it would be ~*** es wäre angebracht *od.* ratsam; **III** *int.* **16.** nun, na, schön: ***~!*** (*empört*) na, hör mal!; ***~ then*** nun (also); ***~ then?*** (*erwartend*) na, und?; ***~, ~!*** so, so!, (*beruhigend*) schon gut; **17.** (*überlegend*) (t)ja, hm; **IV** *s.* **18.** *das* Gute: ***let ~ alone!*** laß gut sein!, laß die Finger davon!

well² [wel] **I** *s.* **1.** (*gegrabener*) Brunnen, Ziehbrunnen *m*; **2.** *a. fig.* Quelle *f*; **3.** a) Mineˈralbrunnen *m*, b) *pl.* (*in Ortsnamen*) Bad *n*; **4.** *fig.* (Ur)Quell *m*; **5.** ⚙ a) (Senk-, Öl- *etc.*)Schacht *m*, b) Bohrloch *n*; **6.** △ a) Fahrstuhl-, Luft-, Lichtschacht *m*, b) (Raum *m* für das) Treppenhaus *n*; **7.** ⚓ a) Pumpensod *m*, b) Fischbehälter *m*; **8.** ⚙ eingelassener Behälter: a) *mot.* Kofferraum *m*, b) Tintenbehälter *m*; **9.** ⚖ *Brit.* eingefriedigter Platz für Anwälte; **II** *v/i.* **10.** quellen (***from*** aus): ***~ up*** (*od.* ***forth, out***) hervorquellen; ***~ over*** überfließen.

ˌwell|-adˈvised *adj.* ˈwohlüberˌlegt, klug; **ˌ~-apˈpoint·ed** *adj.* gutausgestattet; **ˌ~-ˈbal·anced** *adj. fig.* **1.** ausgewogen: ***~ diet***; **2.** (innerlich) ausgeglichen; **ˌ~-beˈhaved** *adj.* wohlerzogen, artig; **ˌ~-ˈbe·ing** *s.* **1.** Wohl(ergehen) *n*; **2.** *mst* ***sense of ~*** Wohlgefühl *n*; **ˌ~-beˈlov·ed** *adj.* vielgeliebt; **ˌ~-ˈborn** *adj.* von vornehmer Herkunft, aus guter Faˈmilie; **ˌ~-ˈbred** *adj.* **1.** wohlerzogen; **2.** gebildet, fein; **ˌ~-ˈcho·sen** *adj.* (gut-) gewählt, treffend: ***~ words***; **ˌ~-conˈnect·ed** *adj.* mit guten Beziehungen *od.* mit vornehmer Verwandtschaft; **ˌ~-diˈrect·ed** *adj.* wohl-, gutgezielt (*Schlag etc.*); **ˌ~-disˈposed** *adj.* wohlgesinnt; **ˌ~-ˈdone** *adj.* **1.** gutgemacht; **2.** ˈdurchgebraten (*Fleisch*); **ˌ~-ˈearned** *adj.* wohlverdient; **ˌ~-ˈfa·vo(u)red** *adj. obs.* gutaussehend, hübsch; **ˌ~-ˈfed** *adj.* gut-, wohlgenährt; **ˌ~-ˈfound·ed** *adj.* wohlbegründet; **ˌ~-ˈgroomed** *adj.* gepflegt; **ˌ~-ˈground·ed** *adj.* **1.** → ***well-founded***; **2.** mit guter Vorbildung (*in e-m Fach*).

ˈwell·head *s.* **1.** → ***wellspring***; **2.** Brunneneinfassung *f.*

ˌwell|-ˈheeled *adj.* F ‚(gut)betucht'; **ˌ~-inˈformed** *adj.* **1.** ˈgutunterˌrichtet; **2.** (vielseitig) gebildet.

Wel·ling·ton (**boot**) [ˈwelɪŋtən] *s.* Schaft-, Gummi-, Wasserstiefel *m.*

well|-in·ten·tioned [ˌwelɪnˈtenʃnd] *adj.* **1.** gut, wohlgemeint; **2.** wohlmeinend (*Person*); **ˌ~-ˈjudged** *adj.* wohlberechnet, angebracht; **ˌ~-ˈkept** *adj.* **1.** gepflegt; **2.** streng gehütet: ***~ secret***; **ˌ~-ˈknit** *adj.* **1.** drahtig (*Figur, Person*); **2.** ˈgutdurchˌdacht; **ˌ~-ˈknown** *adj.* **1.**

weithin bekannt; **2.** wohlbekannt; **ˌ~-ˈmade** *adj.* **1.** gutgemacht; **2.** gutgewachsen, gutgebaut (*Person od. Tier*); **ˌ~-ˈman·nered** *adj.* wohlerzogen, mit guten Maˈnieren; **ˌ~-ˈmatched** *adj.* **1.** *sport* gleich stark; **2. *a ~ couple*** ein Paar, das gut zs.-paßt; **ˌ~-ˈmean·ing** → ***well-intentioned***; **ˌ~-ˈmeant** *adj.* gutgemeint; **ˈ~·ness** *s.* Wellness *f* (*Wohlbefinden durch leichte sportliche Betätigung etc.*); **ˈ~-nigh** *adv.* fast, so gut wie: ***~ impossible***; **ˌ~-ˈoff** *adj.* wohlhabend, gutsituiert; **ˌ~-ˈoiled** *adj. fig.* F **1.** gutfunktionierend; **2.** ziemlich ‚angesäuselt'; **ˌ~-proˈpor·tioned** *adj.* wohlproportioniert, gutgebaut; **ˌ~-ˈread** [-ˈred] *adj.* (sehr) belesen; **ˌ~-ˈreg·u·lat·ed** *adj.* wohlgeregelt, -geordnet; **ˌ~-ˈround·ed** *adj.* **1.** (wohl)beleibt; **2.** *fig.* a) abgerundet, eleˈgant (*Stil, Form etc.*), b) ausgeglichen, c) vielseitig (*Bildung etc.*); **ˌ~-ˈspent** *adj.* **1.** gutgenützt (*Zeit*); **2.** sinnvoll ausgegeben (*Geld*); **ˌ~-ˈspo·ken** *adj.* **1.** redegewandt; **2.** höflich im Ausdruck.

ˈwell·spring *s.* Quelle *f*, *fig. a.* (Ur-)Quell *m*.

ˌwell|-ˈtem·pered *adj.* **1.** gutmütig; **2.** ♪ wohltemperiert (*Klavier, Stimmung*); **ˈ~-ˌthought-ˈout** *adj.* ˈwohlerwogen, -durchˌdacht; **ˌ~-ˈtimed** *adj.* (zeitlich) wohlberechnet; *sport* gutgetimed; **ˌ~-to-ˈdo** *adj.* wohlhabend; **ˌ~-ˈtried** *adj.* (wohl)erprobt, bewährt; **ˌ~-ˈturned** *adj. fig.* wohlgesetzt, eleˈgant (*Worte*); **ˈ~-ˌwish·er** *s.* **1.** Gönner(in); **2.** Befürworter(in); **3.** *pl.* jubelnde Menge; **ˌ~-ˈworn** *adj.* **1.** abgetragen, abgenutzt; **2.** *fig.* abgedroschen.

Welsh¹ [welʃ] **I** *adj.* **1.** waˈlisisch; **II** *s.* **2. *the ~*** die Waˈliser *pl.*; **3.** *ling.* Waˈlisisch *n*.

welsh² [welʃ] *v/i.* F **1.** mit den (Wett-)Gewinnen ˈdurchgehen (*Buchmacher*): ***~ on*** a) *j-n* um s-n (Wett)Gewinn betrügen, b) *j-n* ‚verschaukeln'; **2.** sich ‚drücken' (***on*** vor *dat.*).

Welsh cor·gy *s.* Welsh Corgi *m* (*walisische Hunderasse*).

welsh·er [ˈwelʃə] *s.* F **1.** betrügerischer Buchmacher; **2.** ‚falscher Hund'.

Welsh|·man [ˈwelʃmən] *s.* [*irr.*] Waˈliser *m*; **~ rab·bit**, **~ rare·bit** *s.* überˈbackene Käseschnitte.

welt [welt] **I** *s.* **1.** Einfassung *f*, Rand *m*; **2.** *Schneiderei*: a) (Zier)Borte *f*, b) Rollsaum *m*, c) Stoßkante *f*; **3.** Rahmen *m* (*Schuh*); **4.** a) Strieme(n *m*) *f*, b) F (heftiger) Schlag; **II** *v/t.* **5.** a) *Kleid etc.* einfassen, b) *Schuh* auf Rahmen arbeiten, c) *Blech* falzen: ***~ed*** randgenäht (*Schuh*); **6.** F ‚verdreschen'.

wel·ter [ˈweltə] **I** *v/i.* **1.** *poet.* sich wälzen (***in*** in *s-m Blut etc.*) (*a. fig.*); **II** *s.* **2.** Wogen *n*, Toben *n* (*Wellen etc.*); **3.** *fig.* Tuˈmult *m*, Durcheinˈander *n*, Wirrwarr *m*, Chaos *n*.

ˈwel·ter·weight *s. sport* Weltergewicht (-ler *m*) *n*.

wen [wen] *s.* ⚕ (Balg)Geschwulst *f*, *bsd.* Grützbeutel *m am Kopf*: ***the great ~*** *fig.* London *n*.

wench [wentʃ] **I** *s.* **1.** *obs. od. humor.* (*bsd.* Bauern)Mädchen *n*, Weibsbild *n*; **2.** *obs.* Hure *f*, Dirne *f*; **II** *v/i.* **3.** huren.

wend [wend] *v/t.* ***~ one's way*** sich wenden, s-n Weg nehmen (***to*** nach, zu).

went [went] *pret. von* ***go***.

wept [wept] *pret u. p.p. von* ***weep***.

were [wɜː; wə] **1.** *pret. von* ***be***: *du* warst, *Sie* waren; *wir*, *sie* waren, *ihr* wart; **2.** *pret. pass.*: wurde(n); **3.** *subj. pret.* wäre(n).

were·wolf [ˈwɪəwʊlf] *s.* [*irr.*] Werwolf *m*.

west [west] **I** *s.* **1.** Westen *m*: ***the wind is coming from the ~*** der Wind kommt von Westen; **2.** Westen *m* (*Landesteil*); **3. *the* 𝔚** *geogr.* der Westen: a) Westengland *n*, b) die *amer.* Weststaaten *pl.*, c) das Abendland; **4.** *poet.* West (-wind) *m*; **II** *adj.* **5.** westlich, West…; **III** *adv.* **6.** westwärts, nach Westen: ***go ~*** a) nach Westen *od.* westwärts gehen *od.* ziehen, b) *sl.* ‚draufgehen' (*sterben, kaputt- od. verlorengehen*); **7. *~ of*** westlich von; **ˈwest·er·ly** [-təlɪ] **I** *adj.* westlich, West…; **II** *adv.* westwärts, gegen Westen.

west·ern [ˈwestən] **I** *adj.* **1.** westlich, West…: ***the* 𝔚 *Empire*** *hist.* das weströmische Reich; **2.** *oft* 𝔚 westlich, abendländisch; **3.** 𝔚 ˈwestameriˌkanisch, (Wild)West…; **II** *s.* **4.** → ***westerner***; **5.** Western *m*: a) Wildˈwestfilm *m*, b) Wildˈwestroˌman *m*; **ˈwest·ern·er** [-nə] *s.* **1.** Westländer *m*; **2.** *a.* 𝔚 *Am.* Weststaatler *m*; **3.** *oft* 𝔚 Abendländer *m*; **ˈwest·ern·ize** [-naɪz] *v/t.* verwestlichen; **ˈwest·ern·most** [-məʊst] *adj.* westlichst.

West In·di·an I *adj.* westˈindisch; **II** *s.* Westˈindier(in).

West·pha·li·an [westˈfeɪljən] **I** *adj.* westˈfälisch; **II** *s.* Westˈfale *m*, Westˈfälin *f*.

west·ward [ˈwestwəd] *adj. u. adv.* westlich, westwärts, nach Westen; **ˈwest·wards** [-dz] *adv.* → ***westward***.

wet [wet] **I** *adj.* **1.** naß, durchˈnäßt (***with*** von): ***~ through*** durchnäßt; ***~ to the skin*** naß bis auf die Haut; ***~ blanket*** *fig.* a) Dämpfer *m*, kalte Dusche, b) Störenfried *m*, Spielverderber(in); fader Kerl; ***throw a ~ blanket on*** *e-r Sache* e-n Dämpfer aufsetzen; ***~ paint!*** frisch gestrichen!; ***~ steam*** ⚙ Naßdampf *m*; **2.** regnerisch, feucht (*Klima*); **3.** ⚙ naß, Naß…(*-gewinnung etc.*); **4.** *Am.* ‚feucht' (*nicht unter Alkoholverbot stehend*); **5.** F feuchtfröhlich; **6.** a) blöd, ‚doof', b) ***all ~*** falsch, verkehrt: ***you are all ~!*** du irrst dich gewaltig!; **II** *s.* **7.** Flüssigkeit *f*, Feuchtigkeit *f*, Nässe *f*; **8.** Regen(wetter *n*) *m*; **9.** F Drink *m*: ***have a ~*** ‚einen heben'; **10.** *Am.* F Gegner *m* der Prohibitiˈon; **11.** F a) Blödmann *m*, b) *Brit.* Weichling *m*; **III** *v/t.* [*irr.*] **12.** benetzen, anfeuchten, naßmachen, nässen: ***~ through*** durchnässen; → ***whistle*** 7; **13.** F *ein Ereignis etc.* ‚begießen': ***~ a bargain***; **ˈ~·back** *s. Am. sl. illegaler Einwanderer aus Mexiko*; **~ cell** *s.* ⚡ ˈNaßeleˌment *n*; **~ dock** *s.* ⚓ Flutbecken *n*.

weth·er [ˈweðə] *s. zo.* Hammel *m*.

wet·ness [ˈwetnɪs] *s.* Nässe *f*, Feuchtigkeit *f*.

ˈwet| nurse *s.* (Säug)Amme *f*; **ˈ~-nurse** *v/t.* **1.** säugen; **2.** *fig.* verhätscheln; **~ pack** *s.* ⚕ feuchter ˈUmschlag; **~ suit** *s. sport* Kälteschutzanzug *m*.

wey [weɪ] *s. obs. ein Trockengewicht.*

whack [wæk] F **I** *v/t.* **1.** a) *j-m* e-n (knallenden) Schlag versetzen, b) *sport* F haushoch schlagen: ***~ed*** F ‚fertig', ‚geschafft'; **2. *~ up*** F (auf)teilen; **3. *~ up*** *Am.* F a) et. organisieren, b) *j-n* antreiben; **II** *s.* **4.** (knallender) Schlag; **5.** (An)Teil *m* (***of*** an *dat.*); **6.** Versuch *m*: ***take a ~ at*** e-n Versuch machen mit; **7. *out of ~*** nicht in Ordnung; **ˈwhack·er** [-kə] *s. sl.* **1.** Mordsding *n*; **2.** faustdicke Lüge; **ˈwhack·ing** [-kɪŋ] **I** *adj. u. adv.* F Mords…; **II** *s.* F (Tracht *f*) Prügel *pl.*

whale [weɪl] **I** *pl.* **whales** *bsd. coll.* **whale** *s. zo.* Wal *m*: ***a ~ of*** F Riesen…, Mords…; ***a ~ of a lot*** e-e Riesenmenge; ***a ~ of a fellow*** F ein Riesenkerl; ***be a ~ for*** (*od.* ***on***) F ganz versessen sein auf (*acc.*); ***be a ~ at*** F e-e ‚Kanone' sein in (*dat.*); ***we had a ~ of a time*** wir hatten e-n Mordsspaß; **II** *v/i.* Walfang treiben; **III** *v/t.* F ‚verdreschen'; **ˈ~·bone** *s.* Fischbein(stab *m*) *n*; **~ calf** *s.* [*irr.*] *zo.* junger Wal; **~ fish·er·y** *s.* **1.** Walfang *m*; **2.** Walfanggebiet *n*; **~ oil** *s.* Walfischtran *m*.

whal·er [ˈweɪlə] *s.* Walfänger *m* (*Person u. Boot*).

whal·ing¹ [ˈweɪlɪŋ] **I** *s.* Walfang *m*; **II** *adj.* Walfang…: ***~ gun*** Harpunengeschütz *n*.

whal·ing² [ˈweɪlɪŋ] F **I** *adj. u. adv.* eˈnorm, Mords…; **II** *s.* (Tracht *f*) Prügel *pl.*

wham·my [ˈwæmɪ] *s.* F **1.** böser Blick; **2.** ‚Hammer' *m*: a) böse Sache, b) knallharter Schlag *etc.*

whang [wæŋ] F **I** *s.* Knall *m*, Krach *m*, Bums *m*; **II** *v/t.* knallen, hauen; **III** *v/i.* knallen (*a. schießen*), krachen, bumsen; **IV** *int.* krach!, bums!

wharf [wɔːf] ⚓ **I** *pl.* **wharves** [-vz] *od.* **wharfs** *s.* **1.** Kai *m*; **II** *v/t.* **2.** *Waren* löschen; **3.** *Schiff* am Kai festmachen; **ˈwharf·age** [-fɪdʒ] *s.* **1.** Kaianlage(n *pl.*) *f*; **2.** Kaigeld *n*; **ˈwharf·in·ger** [-fɪndʒə] *s.* ⚓ **1.** Kaimeister *m*; **2.** Kaibesitzer *m*.

what [wɒt] **I** *pron. interrog.* **1.** was, wie: ***~ is her name?*** wie ist ihr Name?; ***~ did he do?*** was hat er getan?; ***~ is he?*** was ist er (von Beruf)?; ***~'s for lunch?*** was gibt's zum Mittagessen?; **2.** was für ein, welcher, *vor pl.* was für: ***~ an idea!*** was für e-e Idee!; ***~ book?*** was für ein Buch?; ***~ luck!*** welch ein Glück!; **3.** was (*um Wiederholung e-s Wortes bittend*): ***he claims to be ~?*** was will er sein?; **II** *pron. rel.* **4.** (das) was: ***this is ~ we hoped for*** (gerade) das erhofften wir; ***I don't know ~ he said*** ich weiß nicht, was er sagte; ***it is nothing compared to ~ …*** es ist nichts im Vergleich zu dem, was …; **5.** was (auch immer); **III** *adj.* **6.** was für ein, welch: ***I don't know ~ decision you have taken*** ich weiß nicht, was für e-n Entschluß du gefaßt hast; **7.** alle *od.* jede die, alles was: ***~ money I had*** was ich an Geld hatte, all mein Geld; **8.** soviel(e) … wie;

Besondere Redewendungen:

and ~ not, ***and ~ have you*** F und was nicht sonst noch alles; ***~ about?*** wie wär's mit *od.* wenn?, wie steht's mit?; ***~ for?*** wozu?, wofür?; ***~ if?*** und wenn nun?, (und) was geschieht, wenn?; ***~ next?*** a) was sonst noch?, b) *iro.* sonst noch was?, das fehlte noch!; ***~ news?***

was gibt es Neues?; (***well,***) ***~ of it?, so ~?*** na, und?, na, wenn schon?; ***~ though?*** was tut's, wenn?; ***~ with*** infolge, durch, in Anbetracht (*gen.*); ***~ with ..., ~ with ...*** teils durch ..., teils durch ...; ***but ~*** F daß (*nicht*); ***I know ~*** F ich weiß was, ich habe e-e Idee; ***she knows ~'s ~*** F sie weiß Bescheid; sie weiß, was los ist; ***I'll tell you ~*** ich will dir (mal) was sagen.

what|-d'you-call-it ['wɒtdjʊˌkɔːlɪt] (*od.* **-'em** [-em] *od.* **-him** *od.* **-her**), **'~-d'ye-ˌcall-it** [-djəˌkɔːlɪt] (*od.* **-'em** [-em] *od.* **-him** *od.* **-her**) *s.* F Dings(da, -bums) *m, f, n*; **~'e'er** *poet.* → ***whatever***; **~'ev·er I** *pron.* **1.** was (auch immer), alles was: ***take ~ you like!***; ***~ you do*** was du auch tust; **2.** was auch; trotz allem, was: ***do it ~ happens!***; **3.** F was denn, was in aller Welt: ***~ do you want?*** was willst du denn?; **II** *adj.* **4.** welch ... auch (immer): ***for ~ reasons he is angry*** aus welchen Gründen er auch immer ärgerlich ist; **5.** *mit neg.*: über'haupt, gar *nichts, niemand etc.*: ***no doubt ~*** überhaupt *od.* gar kein Zweifel; **'~·not** *s.* Eta'gere *f.*

what's [wɒts] F *für* ***what is***; **'~-her-name** [-sənеɪm], **'~-his-name** [-sɪzneɪm], **'~-its-name** *s.* F Dings(da) *m, f, n*: ***Mr. what's-his-name*** Herr Dingsda, Herr Soundso.

what·so'ev·er → ***whatever***.

wheal [wiːl] → ***wale***.

wheat [wiːt] *s.* ⚘ Weizen *m*: ***~ belt*** *geogr. Am.* Weizengürtel *m*.

whee·dle ['wiːdl] **I** *v/t.* **1.** *j-n* um'schmeicheln; **2.** *j-n* beschwatzen, über'reden (***into doing s.th.*** et. zu tun); **3.** ***~ s.th. out of s.o.*** j-m et. abschwatzen *od.* abschmeicheln; **II** *v/i.* **4.** schmeicheln; **'whee·dling** [-lɪŋ] *adj.* ☐ schmeichlerisch.

wheel [wiːl] **I** *s.* **1.** *allg.* Rad *n* (*a.* ⚙): ***the ~s of government*** die Regierungsmaschinerie; ***the ~ of Fortune*** *fig.* das Glücksrad; ***~s within ~s*** *fig.* a) ein kompliziertes Räderwerk, b) e-e äußerst komplizierte *od.* schwer durchschaubare Sache; ***a big ~*** *Am.* F ein ‚großes Tier'; → ***fifth wheel***, ***shoulder*** 1, ***spoke***[1] 4; **2.** ⚙ Scheibe *f*; **3.** Lenkrad *n*: ***at the ~*** a) am Steuer, b) *fig.* am Ruder; **4.** F a) (Fahr)Rad *n*, b) Auto *n*, ‚fahrbarer 'Untersatz'; **5.** *hist.* Rad *n* (*Folterinstrument*): ***break s.o. on the ~*** j-n rädern *od.* aufs Rad flechten; ***break a*** (***butter***)***fly*** (***up***)***on the ~*** *fig.* mit Kanonen nach Spatzen schießen; **6.** *pl. fig.* Räder(werk *n*) *pl.*, Getriebe *n*; **7.** Drehung *f*, Kreis(bewegung *f*) *m*; ⚔ Schwenkung *f*: ***right*** (***left***) ***~!*** rechts (links) schwenkt!; **II** *v/t.* **8.** *j-n od. et.* fahren, schieben, *et. a.* rollen; **9.** ⚔ schwenken lassen; **III** *v/i.* **10.** sich (im Kreis) drehen; **11.** *a.* ***~ about*** *od.* (***a***)***round*** sich (rasch) 'umwenden *od.* -drehen; **12.** ⚔ schwenken; **13.** rollen, fahren; **14.** F radeln; **'~ˌbar·row** *s.* Schubkarre(n *m*) *f*; **'~·base** *s.* ⚙ Radstand *m*; **~ brake** *s.* Radbremse *f*; **'~·chair** *s.* Rollstuhl *m*; **~ clamp** *s.* Parkkralle *f*.

wheeled [wiːld] *adj.* **1.** fahrbar, Roll..., Räder...: ***~ bed*** ⚕ Rollbett *n*; **2.** *in Zssgn* ...räd(e)rig: ***three-~***.

wheel·er ['wiːlə] *s.* **1.** *in Zssgn* Fahrzeug *n* mit ... Rädern: ***four-~*** Vierradwagen *m*, Zweiachser *m*; **2.** → ***wheel horse***; **3.** → **ˌ~-'deal·er** *s. Am.* F ‚ausgekochter' Bursche, *a.* (raffinierter) Geschäftemacher; **ˌ~-'deal·ing** *s.* F **1.** Machenschaften *pl.*; **2.** Geschäftemache'rei *f*.

wheel horse *s.* Stangen-, Deichselpferd *n*.

wheel·ing and deal·ing ['wiːlɪŋ] → ***wheeler-dealing***.

'wheel·wright [-raɪt] *s.* ⚙ Stellmacher *m*.

wheeze [wiːz] **I** *v/i.* **1.** keuchen, schnaufen; **II** *v/t.* **2.** *a.* ***~ out*** *et.* keuchen(d her'vorstoßen); **III** *s.* **3.** Keuchen *n*, Schnaufen *n*, pfeifendes Atmen *od.* Geräusch; **4.** *sl.* a) *thea.* (improvisierter) Scherz, Gag *m*, b) Jux *m*, Ulk *m*, c) alter Witz; **'wheez·y** [-zɪ] *adj.* ☐ keuchend, asth'matisch (*a. humor. Orgel etc.*).

whelk[1] [welk] *s. zo.* Wellhorn(schnecke *f*) *n*.

whelk[2] [welk] *s.* ⚕ Pustel *f*.

whelm [welm] *v/t. poet.* **1.** ver-, über'schütten, versenken, -schlingen; **2.** *fig.* a) über'schütten *od.* -'häufen (***in***, ***with*** mit), b) über'wältigen.

whelp [welp] **I** *s.* **1.** *zo.* a) Welpe *m* (*junger Hund, Fuchs od. Wolf*), b) *allg.* Junge(s) *n*; **2.** Balg *m, n* (*ungezogenes Kind*); **II** *v/t. u. v/i.* **3.** (Junge) werfen.

when [wen] **I** *adv.* **1.** *fragend*: wann; **2.** *relativ*: als, wo, da: ***the years ~ we were poor*** die Jahre, als wir arm waren; ***the day ~*** der Tag, an dem *od.* als; **II** *cj.* **3.** wann: ***she doesn't know ~ to be silent*** sie weiß nicht, wann sie schweigen muß; **4.** zu der Zeit *od.* in dem Augenblick, als: ***~*** (***he was***) ***young, he lived in M.*** als er noch jung war, wohnte er in M.; ***we were about to start ~ it began to rain*** wir wollten gerade fortgehen, als es anfing zu regnen *od.* da fing es an zu regnen; ***say ~!*** F sag halt!, sag, wenn du genug hast! (*bsd. beim Eingießen*); **5.** (dann,) wenn; **6.** (immer) wenn, so'bald, so'oft; **7.** worauf'hin, und dann; **8.** ob'wohl, wo ... (doch), da ... doch; **III** *pron.* **9.** wann, welche Zeit: ***from ~ does it date?*** aus welcher Zeit stammt es?; ***since ~?*** seit wann?; ***till ~?*** bis wann?; **10.** *relativ*: ***since ~*** und seitdem; ***till ~*** und bis dahin; **IV** *s.* **11.** ***the ~ and where of s.th.*** das Wann und Wo e-r Sache.

whence [wens] *bsd. poet.* **I** *adv.* **1.** wo'her: a) von wo(her), *obs.* von wannen, b) *fig.* wo'von, wo'durch, wie: ***~ comes it that*** wie kommt es, daß; **II** *cj.* **2.** von wo'her; **3.** *fig.* wes'halb, und deshalb.

ˌwhen(·so)'ev·er I *cj.* wann (auch) immer, einerlei wann, (immer) wenn, so'oft (als), jedesmal wenn; **II** *adv. fragend*: wann denn (nur).

where [weə] **I** *adv.* (*fragend u. relativ*) **1.** wo; **2.** wo'hin; **3.** wor'in, inwie'fern, in welcher Hinsicht; **II** *cj.* **4.** (da) wo; **5.** da'hin *od.* irgendwo'hin wo, wo'hin; **III** *pron.* **6.** (*relativ*) (da *od.* dort,) wo: ***he lives not far from ~ it happened*** er wohnt nicht weit von dort, wo es geschah; **7.** (*fragend*) wo: ***~ ... from?*** woher?, von wo?; ***~ ... to?*** wohin?; **~·a·bouts I** *adv. od. cj.* [ˌweərə'baʊts] wo ungefähr *od.* etwa; **II** *s. pl.* ['weərəbaʊts] *sg. konstr.* Aufenthalt(sort) *m*, Verbleib *m*; **~·as** [weər'æz] *cj.* **1.** wo'hin'gegen, während, wo ... doch; **2.** ⚖ da; in Anbetracht dessen, daß (*im Deutschen mst unübersetzt*); **~·at** [weər'æt] *adv. u. cj.* **1.** wor'an, wo'bei, wor'auf; **2.** (*relativ*) an welchem (welcher) *od.* dem (der), wo; **~'by** *adv. u. cj.* **1.** wo'durch, wo'mit; **2.** (*relativ*) durch welchen (welche[s]); **'~·fore I** *adv. od. cj.* **1.** wes'halb, wo'zu, war'um; **2.** (*relativ*) wes'wegen, und deshalb; **II** *s. oft pl.* **3.** *das* Weshalb, *die* Gründe *pl.*; **~'from** *adv. u. cj.* wo'her, von wo; **~·in** [weər'ɪn] *adv.* wor'in, in welchem (welcher); **~·of** [weər'ɒv] *adv. u. cj.* wo'von; **~·on** [weər'ɒn] *adv. od. cj.* **1.** wor'auf; **2.** (*relativ*) auf dem (der) *od.* den (die, das), auf welchem (welcher) *od.* welchen (welche, welches); **ˌ~·so'ev·er** → ***wherever*** 1; **~'to** *adv. od. cj.* wo'hin; **~·up·on** [weərə'pɒn] *adv. od. cj.* **1.** worauf('hin); **2.** (*als Satzanfang*) darauf'hin.

wher·ev·er [weər'evə] *adv. od. cj.* **1.** wo (-'hin) auch immer; ganz gleich, wo (-hin); **2.** F wo(hin) denn (nur)?

where|'with *adv. od. cj.* wo'mit; **'~·with·al** *s.* Mittel *pl.*, *das* Nötige, *das* nötige (Klein)Geld.

wher·ry ['werɪ] ⚓ *s.* **1.** Jolle *f*; **2.** Skullboot *n*; **3.** Fährboot *n*; **4.** *Brit.* Frachtsegler *m*.

whet [wet] **I** *v/t.* **1.** wetzen, schärfen, schleifen; **2.** *fig. Appetit* anregen; *Neugierde etc.* anstacheln; **II** *s.* **3.** Wetzen *n*, Schärfen *n*; **4.** *fig.* Ansporn *m*, Anreiz *m*; **5.** (Appe'tit)Anreger *m*, Aperi'tif *m*.

wheth·er ['weðə] *cj.* **1.** ob (***or not*** oder nicht); ***~ or no*** auf jeden Fall, so oder so; **2.** ***~ ... or*** entweder *od.* sei es, daß ... oder.

'whet·stone *s.* **1.** Wetz-, Schleifstein *m*; **2.** *fig.* Anreiz *m*, Ansporn *m*.

whew [hwuː] *int.* **1.** *erstaunt*: (h)ui!, Mann!; **2.** *angeekelt, erleichtert, erschöpft*: puh!

whey [weɪ] *s.* Molke *f*; **'~·faced** *adj.* käsig, käseweiß.

which [wɪtʃ] **I** *interrog.* **1.** welch (*aus e-r bestimmten Gruppe od. Anzahl*): ***~ of you?*** welcher *od.* wer von euch?; **II** *pron.* (*relativ*) **2.** welch, der (die, das) (*bezogen auf Dinge, Tiere od. obs. Personen*); **3.** (*auf den vorhergehenden Satz bezüglich*) was; **4.** (*in eingeschobenen Sätzen*) (etwas,) was; **III** *adj.* **5.** (*fragend od. relativ*) welch: ***~ place will you take?*** auf welchem Platz willst du sitzen?; **~'ev·er**, **ˌ~·so'ev·er** *pron. u. adj.* welch (auch) immer; ganz gleich, welch.

whiff [wɪf] **I** *s.* **1.** Luftzug *m*, Hauch *m*; **2.** Duftwolke *f* (*a.* übler) Geruch; **3.** Zug *m* (*beim Rauchen*); **4.** Schuß *m Chloroform etc.*; **5.** *fig.* Anflug *m*; **6.** F Ziga'rillo *n, m*; **II** *v/i. u. v/t.* **7.** blasen, wehen; **8.** paffen, rauchen; **9.** (*nur v/i.*) ‚duften', (unangenehm) riechen.

whif·fle ['wɪfl] *v/i. u. v/t.* wehen.

Whig [wɪg] *pol. hist.* **I** *s.* **1.** *Brit.* Whig *m* (*Liberaler*); **2.** *Am.* Whig *m*: a) Natio'nal(republiˌkan)er *m* (*Unterstützer der amer. Revolution*), b) *Anhänger e-r Oppositionspartei gegen die Demokraten um 1840*); **II** *adj.* **3.** Whig..., whig'gistisch; **Whig·gism** ['wɪgɪzəm] *s. pol.* Whig'gismus *m.*

while [waɪl] **I** *s.* **1.** Weile *f*, Zeit(spanne) *f*: ***a long ~ ago*** vor e-r ganzen Weile; (***for***) ***a ~*** e-e Zeitlang; ***for a long ~*** lange (Zeit), seit langem; ***in a little ~*** bald, binnen kurzem; ***the ~*** derweil, währenddessen; ***between ~s*** zwischendurch; ***worth*** (***one's***) ***~*** der Mühe wert, (sich) lohnend; ***it is not worth*** (***one's***) ***~*** es ist nicht der Mühe wert, es lohnt sich nicht; → ***once*** 1; **II** *cj.* **2.** (*zeitlich*) während; **3.** so'lange (wie); **4.** während, wo(hin)'gegen; **5.** wenn auch, ob'wohl, zwar; **III** *v/t.* **6.** *mst* ***~ away*** sich *die Zeit* vertreiben; **whilst** [waɪlst] → ***while*** II.

whim [wɪm] *s.* **1.** Laune *f*, Grille *f*, wunderlicher Einfall, Ma'rotte *f*: ***at one's own ~*** ganz nach Laune; **2.** ⚒ Göpel *m.*

whim·per ['wɪmpə] **I** *v/t. u. v/i.* wimmern, winseln; **II** *s.* Wimmern *n*, Winseln *n.*

whim·sey → ***whimsy.***

whim·si·cal ['wɪmzɪkl] *adj.* □ **1.** launen-, grillenhaft, wunderlich; **2.** schrullig, ab'sonderlich, seltsam; **3.** hu'morig, launig; **whim·si·cal·i·ty** [wɪmzɪ'kælətɪ], '**whim·si·cal·ness** [-nɪs] *s.* **1.** Grillenhaftigkeit *f*, Wunderlichkeit *f*; **2.** → ***whim*** 1; **whim·sy** ['wɪmzɪ] **I** *s.* Laune *f*, Grille *f*, Schrulle *f*; **II** *adj.* → ***whimsical.***

whin[1] [wɪn] *s.* ⚘ *bsd. Brit.* Stechginster *m.*

whin[2] [wɪn] → ***whinstone.***

whine [waɪn] **I** *v/i.* **1.** winseln, wimmern; **2.** greinen, quengeln, jammern; **II** *v/t.* **3.** *et.* weinerlich sagen, winseln; **III** *s.* **4.** Gewinsel *n*; **5.** Gejammer *n*, Gequengel *n*; '**whin·ing** [-nɪŋ] *adj.* □ weinerlich, greinend; winselnd.

whin·ny ['wɪnɪ] **I** *v/i.* wiehern; **II** *s.* Wiehern *n.*

whin·stone ['wɪnstəʊn] *s. geol.* Ba'salt (-tuff) *m*, Trapp *m.*

whip [wɪp] **I** *s.* **1.** Peitsche *f*, Geißel *f*; **2.** ***be a good*** (***poor***) ***~*** gut (schlecht) kutschieren; **3.** *hunt.* Pi'kör *m*; **4.** *parl.* a) Einpeitscher *m*, b) parlamen'tarischer Geschäftsführer, c) Rundschreiben *n*, Aufforderung(sschreiben *n*) *f* (*bei e-r Versammlung etc. zu erscheinen*): ***three-line ~*** a) Aufforderung, unbedingt zu erscheinen, b) (abso'luter) Fraktionszwang (***on a vote*** bei e-r Abstimmung); **5.** ⚙ a) Wippe *f* (*a.* ⚡), b) *a.* ***~-and-derry*** Flaschenzug *m*; **6.** *Näherei*: über'wendliche Naht; **7.** *Küche*: Creme(speise) *f*; **II** *v/t.* **8.** peitschen; **9.** (aus)peitschen, geißeln (*a. fig.*); **10.** *a.* ***~ on*** antreiben; **11.** schlagen: a) verprügeln: ***~ s.th. into*** (***out of***) ***s.o.*** j-m et. einbleuen (mit Schlägen austreiben), b) *bsd. sport* F besiegen, ‚über'fahren'; **12.** reißen, raffen: ***~ away*** wegreißen; ***~ from*** wegreißen *od.* fegen von; ***~ off*** a) weg-, herunterreißen, b) *j-n* entführen; ***~ on*** *Kleidungsstück* überwerfen; ***~ out*** (plötzlich) zücken, (schnell) *aus der Tasche* ziehen; **13.** *Gewässer* abfischen; **14.** a) *Schnur etc.* um'wickeln, ⚓ *Tau* betakeln, b) *Schnur* wickeln (***about*** um *acc.*); **15.** über'wendlich nähen, über'nähen, um'säumen; **16.** *Eier*, *Sahne* (schaumig) schlagen: ***~ped cream*** Schlagsahne *f*; ***~ped eggs*** Eischnee *m*; **17.** *Brit.* F ‚klauen'; **III** *v/i.* **18.** sausen, flitzen, schnellen; ***~ in*** *v/t.* **1.** *hunt. Hunde* zs.-treiben; **2.** *parl.* zs.-trommeln; ***~ round*** *v/i.* **1.** sich ruckartig 'umdrehen; **2.** F den Hut her'umgehen lassen; ***~ up*** *v/t.* **1.** antreiben; **2.** *fig.* aufpeitschen; **3.** a) *Leute* zs.-trommeln, b) *Essen etc.* ‚herzaubern'.

whip| aer·i·al (*bsd. Am.* **an·ten·na**) *s.* ⚡ 'Staban͵tenne *f*; '**~·cord** *s.* **1.** Peitschenschnur *f*; **2.** Whipcord *m* (*schräggeripptes Kammgarn*); ***~ hand*** *s.* rechte Hand *des Reiters etc.*: ***get the ~ of s.o.*** die Oberhand gewinnen über j-n; ***have the ~ of*** *j-n* an der Kandare *od.* in der Gewalt haben; '**~·lash** *s.* **1.** → ***whipcord*** 1; **2.** *a.* ***~ injury*** ⚕ 'Peitschenschlagsyn͵drom *n.*

whip·per ['wɪpə] *s.* Peitschende(r *m*) *f*; ͵**~-'in**, *pl.* ͵**~s-'in** → ***whip*** 3 *u.* 4; '**~͵snap·per** *s.* **1.** Drei'käsehoch *m*; **2.** Gernegroß *m*, Gelbschnabel *m*, Springinsfeld *m.*

whip·pet ['wɪpɪt] *s.* **1.** *zo.* Whippet *m* (*kleiner englischer Rennhund*); **2.** ⚔ *hist. leichter* Panzerkampfwagen.

whip·ping ['wɪpɪŋ] *s.* **1.** (Aus)Peitschen *n*; **2.** (Tracht *f*) Prügel *pl.*, Hiebe *pl.* (*a. fig.* F *Niederlage*); **3.** 'Garnum͵wick(e)lung *f*; ***~ boy*** *s. hist.* Prügelknabe *m*, *fig. a.* Sündenbock *m*; ***~ cream*** *s.* Schlagsahne *f*; ***~ post*** *s. hist.* Schandpfahl *m*; ***~ top*** *s.* Kreisel *m* (*der mit Peitsche getrieben wird*).

whip·ple·tree ['wɪpltri:] *s.* Ortscheit *n*, Wagenschwengel *m.*

whip| ray *s. ichth.* Stechrochen *m*; '**~-round** *s. Brit.* F spon'tane (Geld-) Sammlung: ***have a ~*** → ***whip round*** 2; '**~·saw I** *s.* (zweihändige) Schrotsäge; **II** *v/t.* mit der Schrotsäge sägen; **III** *v/i. bsd. Poker*: *Am.* zs.-spielen mit.

whir → ***whirr.***

whirl [wɜ:l] **I** *v/i.* **1.** wirbeln, sich drehen: ***~ about*** (*od.* ***round***) a) herumwirbeln, b) sich rasch umdrehen; **2.** sausen, hetzen, eilen; **3.** wirbeln, sich drehen (*Kopf*): ***my head ~s*** mir ist schwindelig; **II** *v/t.* **4.** *allg.* wirbeln: ***~ up dust*** Staub aufwirbeln; **III** *s.* **5.** Wirbeln *n*; **6.** Wirbel *m*: a) schnelle Kreisbewegung, b) Strudel *m*: ***give s.th. a ~*** a) et. herumwirbeln, b) F et. (aus)probieren; **7.** *fig.* Wirbel *m*: a) Trubel *m*, wirres Treiben, b) Schwindel *m* (*der Sinne etc.*): ***a ~ of passion***; ***her thoughts were in a ~*** ihre Gedanken wirbelten durcheinander; '**~·blast** *s.* Wirbelsturm *m.*

whirl·i·gig ['wɜ:lɪgɪg] *s.* **1.** a) Windrädchen *n*, b) Kreisel *m etc.* (*Spielzeug*); **2.** Karus'sell *n* (*a. fig. der Zeit*); **3.** *fig.* Wirbel *m der Ereignisse etc.*

'**whirl|·pool** *s.* Strudel *m* (*a. fig.*); '**~·wind** *s.* Wirbelwind *m* (*a. fig. Person*): ***a ~ romance*** e-e stürmische Romanze.

'**whirl·y·bird** ['wɜ:lɪ-] *s. Am.* F Hubschrauber *m.*

whirr [wɜ:] **I** *v/i.* schwirren, surren; **II** *v/t.* schwirren lassen; **III** *s.* Schwirren *n*, Surren *n.*

whisk [wɪsk] **I** *s.* **1.** Wischen *n*, Fegen *n*; **2.** Wischer *m*: a) leichter Schlag, b) schnelle Bewegung (*bsd. Tierschwanz*); **3.** Husch *m*: ***in a ~*** im Nu; **4.** (*Stroh- etc.*)Wisch *m*, Büschel *n*; **5.** (Staub-, Fliegen)Wedel *m*; **6.** *Küche*: Schneebesen *m*; **II** *v/t.* **7.** *Staub etc.* (weg)wischen, (-)fegen; **8.** fegen, *mit dem Schwanz* schlagen; **9.** ***~ away*** (*od.* ***off***) schnell verschwinden lassen, wegzaubern, -nehmen; *j-n* schnellstens wegbringen, entführen; **10.** *Sahne*, *Eischnee* schlagen; **III** *v/i.* **11.** wischen, huschen, flitzen: ***~ away*** forthuschen; '**whisk·er** [-kə] *s.* **1.** *pl.* Backenbart *m*; **2.** a) Barthaar *n*, b) F Schnurrbart *m*; **3.** *zo.* Schnurr-, Barthaar *n* (*von Katzen etc.*); '**whisk·ered** [-kəd] *adj.* **1.** e-n Backenbart tragend; **2.** *zo.* mit Schnurrhaaren versehen.

whis·key ['wɪskɪ] *s.* **1.** (*bsd.* in den USA u. Irland hergestellter) Whisky; **2.** → **whis·ky** *s.* Whisky *m*: ***~ and soda*** Whisky Soda *m*; ***~ sour*** Whisky mit Zitrone.

whis·per ['wɪspə] **I** *v/i. u. v/t.* **1.** wispern, flüstern, raunen (*alle a. poet. Baum, Wind etc.*): ***~ s.th. to s.o.*** j-m et. zuflüstern; **2.** *fig. b.s.* flüstern, tuscheln, munkeln; **II** *s.* **3.** Flüstern *n*, Wispern *n*, Geflüster *n*: ***in a ~***, ***in ~s*** im Flüsterton; **4.** Getuschel *n*; **5.** a) geflüsterte *od.* heimliche Bemerkung, b) Gerücht *n*; **6.** Raunen *n*; '**whis·per·er** [-ərə] *s.* **1.** Flüsternde(r *m*) *f*; **2.** Zuträger(in), Ohrenbläser(in); '**whis·per·ing** [-pərɪŋ] **I** *adj.* □ **1.** flüsternd; **2.** Flüster...: ***~ baritone***; ***~ campaign*** Flüsterkampagne *f*; ***~ gallery*** Flüstergalerie *f*; **II** *s.* **3.** → ***whisper*** 3.

whist[1] [wɪst] *int. dial.* pst!, st!, still!

whist[2] [wɪst] *s.* Whist *n* (*Kartenspiel*): ***~ drive*** Whistrunde *f.*

whis·tle ['wɪsl] **I** *v/i.* **1.** pfeifen (*Person, Vogel, Lokomotive etc.*; *a. Kugel, Wind etc.*) (***to s.o.*** j-m); ***~ for*** *j-m, s-m Hund etc.* pfeifen; ***he may ~ for it*** F darauf kann er lange warten, das kann er sich in den Kamin schreiben; ***~ in the dark*** *fig.* den Mutigen markieren; **II** *v/t.* **2.** *Melodie etc.* pfeifen; **3.** ***~ back*** *Hund etc.* zurückpfeifen; ***~ up*** *fig.* a) herbeordern, b) ins Spiel bringen; **III** *s.* **4.** Pfeife *f*: ***blow the ~ on*** F a) *j-n, et.* ‚verpfeifen', b) *et.* ausplaudern, c) *j-n, et.* stoppen; ***pay for one's ~*** den Spaß teuer bezahlen; **5.** (*sport a.* Ab)Pfiff *m*; Pfeifton *m*; **6.** Pfeifen *n* (*des Windes etc.*); **7.** F Kehle *f*: ***wet one's ~*** ‚einen heben'; '**~·stop** *s. Am.* **1.** 🚂 Bedarfshaltestelle *f*; **2.** *fig.* Kleinstadt *f*, ‚Kaff' *n*; **3.** *pol.* kurzer Besuch (*e-s Kandidaten*); '**~-stop** *v/i. Am. pol.* von Ort zu Ort reisen u. Wahlreden halten.

whis·tling ['wɪslɪŋ] *s.* Pfeifen *n*; ***~ buoy*** *s.* ⚓ Pfeifboje *f*; ***~ thrush*** *s. orn.* Singdrossel *f.*

whit [wɪt] *s.* (*ein*) bißchen: ***no ~***, ***not a ~*** keinen Deut, kein Jota, kein bißchen.

white [waɪt] **I** *adj.* **1.** *allg.* weiß: ***as ~ as snow*** schneeweiß; **2.** blaß, bleich: ***as ~ as a sheet*** leichenblaß; → ***bleed*** 10; **3.** weiß(rassig): ***~ supremacy*** Vorherrschaft der Weißen; **4.** *fig.* a) rechtschaffen, b) harmlos, c) *Am.* F anständig: ***that's ~ of you***; **II** *s.* **5.** Weiß *n*, weiße Farbe: ***dressed in ~*** weiß *od.* in Weiß gekleidet; **6.** Weiße *f*, weiße Beschaffenheit; **7.** Weiße(r *m*) *f*, Angehörige(r *m*) *f* der weißen Rasse; **8.** *a.* ***~ of egg*** Eiweiß *n*; **9.** *a.* ***~ of the eye*** *das* Weiße im Auge; **10.** *typ.* Lücke *f*; **11.** *zo.* Weißling *m*; **12.** *pl.* ⚕ Weißfluß *m*, Leukor'rhöe *f*; **~ ant** *s. zo.* Ter'mite *f*; **'~·bait** *s. ein* Weißfisch *m*, Breitling *m*; **~ bear** *s. zo.* Eisbär *m*; **ℒ Book** *s. pol.* Weißbuch *n*; **~ bronze** *s.* 'Weißme,tall *n*; **'~·cap** *s.* schaumgekrönte Welle; **~ coal** *s.* ⚙ weiße Kohle, Wasserkraft *f*; **,~-'col·lar** *adj.* Büro…: **~ *worker*** (Büro)Angestellte(r *m*) *f*; **~ *crime*** Weiße-Kragen-Kriminalität *f*; **~ el·e·phant** *s.* **1.** *zo.* weißer Ele'fant; **2.** F lästiger Besitz; **ℒ En·sign** *s.* ⚓ *Brit.* Kriegsflagge *f*; **'~-faced** *adj.* blaß: **~ *horse*** Blesse *f*; **~ feath·er** *s.*: ***show the ~*** sich feige zeigen, ‚kneifen'; **ℒ Fri·ar** *s. R.C.* Karme'liter(mönch) *m*; **~ frost** *s.* (Rauh-)Reif *m*; **~ goods** *s. pl.* **1.** Weißwaren *pl.*; **2.** Haushaltswäsche *f*; **'~-haired** *adj.* weiß- *od.* hellhaarig: **~ *boy*** *Am.* F Liebling *m* (*des Chefs etc.*).

,White'hall *s. Brit.* Whitehall *n*: a) *Straße in Westminster, London, Sitz der Ministerien,* b) *fig. die brit. Regierung od. ihre Politik.*

white| heat *s.* Weißglut *f* (*a. fig. Zorn*): ***work at a ~*** mit fieberhaftem Eifer arbeiten; **~ hope** *s.* **1.** *Am. sl.* weißer Boxer, der Aussicht auf den Meistertitel hat; **2.** F ‚*die* große Hoffnung' (*Person*); **~ horse** *s.* **1.** *zo.* Schimmel *m*, weißes Pferd; **2.** → ***whitecap***; **,~-'hot** *adj.* **1.** weißglühend (*a. fig. vor Zorn etc.*); **2.** *fig.* rasend (*Eile etc.*); **ℒ House** *s. das* Weiße Haus (*Regierungssitz des Präsidenten der USA in Washington*); **~ lie** *s.* Notlüge *f*; **~ line** *s.* weiße Linie, Fahrbahnbegrenzung *f*; **'~-,liv·ered** *adj.* feig(e); **~ mag·ic** *s.* weiße Ma'gie (*Gutes bewirkende Zauberkunst*); **~ man** *s.* [*irr.*] **1.** → ***white*** 7; **2.** F ‚feiner Kerl'; **~ man's bur·den** *s. fig. die* Bürde des weißen Mannes; **~ meat** *s.* weißes Fleisch (*vom Geflügel, Kalb etc.*); **~ met·al** *s.* ⚙ a) Neusilber *n*, b) 'Weißme,tall *n*.

whit·en ['waɪtn] **I** *v/i.* **1.** weiß werden; **2.** bleich *od.* blaß werden; **II** *v/t.* **3.** weiß machen; **4.** bleichen; **'white·ness** [-nɪs] *s.* **1.** Weiße *f*; **2.** Blässe *f*; **'whit·en·ing** [-nɪŋ] *s.* **1.** Weißen *n*; **2.** Schlämmkreide *f*.

white| noise *s.* ⚡ weißes Rauschen; **~ sale** *s.* ✝ Weiße Woche; **~ sauce** *s.* helle Sauce; **~ sheet** *s.* Büßerhemd *n*: ***stand in a ~*** *fig.* s-e Sünden bekennen; **,~-'slave** *adj.*: **~ *agent*** → **~ slav·er** *s.* Mädchenhändler *m*; **'~·smith** *s.* ⚙ **1.** Klempner *m*; **2.** *metall.* Feinschmied *m*; **'~·thorn** *s.* ⚘ Weißdorn *m*; **'~·throat** *s. orn.* (Dorn)Grasmücke *f*; **~ tie** *s.* **1.** weiße Fliege; **2.** Abendanzug *m*; **~ trash** *s. Am.* F **1.** arme weiße Bevölkerung; **2.** arme(r) Weiße(r) (*in den amer. Südstaaten*); **'~·wash I** *s.* **1.** Tünche *f*; **2.** flüssiges Hautbleichmittel; **3.** *fig.* F a) Tünche *f*, Beschönigung *f*, b) Ehrenrettung *f*, *contp.* ‚Mohrenwäsche' *f*, c) ✝ *Brit.* Schuldentlastung *f*; **4.** *sport* F ‚Zu-'Null-Niederlage' *f*; **II** *v/t.* **5.** a) tünchen, b) weißen, kalken; **6.** *fig.* a) über'tünchen, b) reinwaschen, rehabilitieren, c) ✝ *Brit. Bankrotteur* wieder zahlungsfähig erklären; **7.** *sport* F *Gegner* zu Null schlagen; **~ wine** *s.* Weißwein *m*.

whit·ey ['waɪtɪ] *s. Am. contp.* **1.** Weiße(r) *m*; **2.** *oft* ℒ *coll.* die Weißen.

whith·er ['wɪðə] *adv. poet.* **1.** (*fragend*) wo'hin: **~ *England?*** (*Schlagzeile*) England, wohin *od.* was nun?; **2.** (*relativ*) wohin: a) (*verbunden*) in welchen *etc.*, zu welchem *etc.*, b) (*unverbunden*) da'hin, wo.

whit·ing¹ ['waɪtɪŋ] *s. ichth.* Weißfisch *m*, Mer'lan *m*.

whit·ing² ['waɪtɪŋ] *s.* Schlämmkreide *f*.

whit·ish ['waɪtɪʃ] *adj.* weißlich.

whit·low ['wɪtləʊ] *s.* ⚕ 'Umlauf *m*, Nagelgeschwür *n*.

Whit [wɪt] *in Zssgn* Pfingst…: **~ *Monday***; **~ *Sunday***.

Whit·sun ['wɪtsn] **I** *adj.* Pfingst…, pfingstlich; **II** *s.* → **'~·tide** *s.* Pfingsten *n od. pl.*, Pfingstfest *n*.

whit·tle ['wɪtl] *v/t.* **1.** (zu'recht)schnitzen; **2. ~ *away*** *od.* ***off*** wegschnitze(l)n, -schnippeln; **3. ~ *down***, **~ *away***, **~ *off*** *fig.* a) (Stück für Stück) beschneiden, stutzen, verringern, b) *Gesundheit etc.* schwächen.

whiz(z) [wɪz] **I** *v/i.* **1.** zischen, schwirren, sausen (*Geschoß etc.*); **II** *s.* **2.** Zischen *n*, Sausen *n*; **3.** *Am.* F a) ‚Ka'none' *f* (*Könner*), b) tolles Ding; **III** *adj.* **4.** F ‚toll', ‚super'; **~ kid** *s.* F ‚Wunderkind' *n*, Ge'nie *n*, *a.* ‚Senkrechtstarter' *m*.

who [hu:; hʊ] **I** *interrog.* **1.** wer: **ℒ's ℒ** Wer ist Wer? (*Verzeichnis prominenter Persönlichkeiten*); **~ *goes there?*** ⚔ (halt,) wer da?; **2.** F (*für **whom***) wen, wem; **II** *pron.* (*relativ*) **3.** (*unverbunden*) wer: ***I know ~ has done it***; **4.** (*verbunden*): welch, der (die, das): ***the man ~ arrived yesterday***.

whoa [wəʊ] *int.* brr!, halt!

who·dun·(n)it [,hu:'dʌnɪt] *s.* F ‚Krimi' *m* (*Kriminalroman etc.*).

who·ev·er [hu:'evə] **I** *pron.* (*relativ*) wer (auch) immer, jeder der; **II** *interrog.* F (*für **who ever***) wer denn nur.

whole [həʊl] **I** *adj.* ☐ → ***wholly***; **1.** ganz, voll(kommen, -ständig): **~ *number*** ⅍ ganze Zahl; ***a ~ lot of*** F e-e ganze Menge; **2.** heil: a) unversehrt: ***with a ~ skin*** mit heiler Haut, b) unbeschädigt, ‚ganz'; **3.** Voll(wert)…: **~ *food***; **~ *meal*** Vollweizenmehl *n*; **~ *milk*** Vollmilch *f*; (***made***) ***out of ~ cloth*** *Am.* F völlig aus der Luft gegriffen, frei erfunden; **II** *s.* **4.** *das* Ganze, Gesamtheit *f*: ***the ~ of London*** ganz London; ***the ~ of my property*** mein ganzes Vermögen; **5.** Ganze(s) *n*, Einheit *f*: ***in ~ or in part*** ganz oder teilweise; ***on the ~*** im (großen u.) ganzen, alles in allem; **'~-bound** *adj.* in Ganzleder (gebunden); **,~-'col·o(u)red** *adj.* einfarbig; **,~-'heart·ed** *adj.* ☐ aufrichtig, rückhaltlos, voll, von ganzem Herzen; **,~-'hog·ger** [-'hɒgə] *s. sl.* kompro'mißloser Mensch; *pol.* ‚'Hundert('fünfzig)pro,zentige(r)' *m*; **,~-'length I** *adj.* Ganz…, Voll…: **~ *portrait*** Vollporträt *n*, Ganzbild *n*; **II** *s.* Por'trät *n od.* Statue *f* in voller Größe; **~ life in·sur·ance** *s.* Erlebensfall-Versicherung *f*; **'~·meal** *adj.* Vollkorn…

whole·ness ['həʊlnɪs] *s.* **1.** Ganzheit *f*; **2.** Vollständigkeit *f*.

'whole·sale I *s.* **1.** ✝ Großhandel *m*: ***by ~*** → 4; **II** *adj.* **2.** ✝ Großhandels…, Engros…: **~ *dealer*** → ***wholesaler***; **~ *purchase*** Einkauf *m* im großen, Engroseinkauf *m*; **~ *trade*** Großhandel *m*; **3.** *fig.* a) Massen…, b) 'unterschiedslos, pau'schal: **~ *slaughter*** Massenmord *m*; **III** *adv.* **4.** ✝ im großen, en gros; **5.** a) *fig.* in Bausch u. Bogen, 'unterschiedslos, b) massenhaft; **'whole,sal·er** [-,seɪlə] *s.* ✝ Großhändler *m*; Gros'sist *m*.

whole·some ['həʊlsəm] *adj.* ☐ **1.** gesund (*bsd. heilsam, bekömmlich*) (*a. fig. Humor, Strafe etc.*); **2.** gut, nützlich, zuträglich; **'whole·some·ness** [-nɪs] *s.* **1.** Gesundheit *f*, Bekömmlichkeit *f*; **2.** Nützlichkeit *f*.

,whole|-'time → ***full-time***; **~ tone** *s.* ♪ Ganzton *m*; **'~-wheat** *adj.* Vollkorn…

whol·ly ['həʊllɪ] *adv.* ganz, gänzlich, völlig.

whom [hu:m] **I** *pron.* (*interrog.*) **1.** wen; **2.** (*Objekt-Kasus von **who***): ***of ~*** von wem; ***to ~*** wem; **II** *pron.* (*relativ*) **3.** (*verbunden*) welchen, welche, welches, den (die, das); **4.** (*unverbunden*) wen; den(jenigen), welchen; die(jenige), welche; *pl.* die(jenigen), welche; **5.** (*Objekt-Kasus von **who***): ***of ~*** von welchem *etc.*, dessen, deren; ***to ~*** dem (der, denen); ***all of ~ were dead*** welche alle tot waren; **6.** welchem, welcher, welchen, dem (der, denen): ***the master ~ she serves*** der Herr, dem sie dient.

whoop [hu:p] **I** *s.* **1.** a) Schlachtruf *m*, b) (*bsd.* Freuden)Schrei *m*: ***not worth a ~*** F keinen Pfifferling wert; **2.** ⚕ Keuchen *n* (*bei Keuchhusten*); **II** *v/i.* **3.** schreien, brüllen, *a.* jauchzen; **4.** ⚕ keuchen; **III** *v/t.* **5.** *et.* brüllen; **6. ~ *it up*** *Am. sl.* a) ‚auf den Putz hauen', ‚toll feiern'; b) die Trommel rühren (***for*** für).

whoop·ee ['wʊpi:] *Am.* F **I** *s.*: ***make ~*** ‚auf den Putz hauen', ‚toll feiern', *a.* Sauf- *od.* Sexparties feiern; **II** *int.* [wʊ'pi:] juch'hu!

whoop·ing cough ['hu:pɪŋ] *s.* ⚕ Keuchhusten *m*.

whoops [wʊps] *int.* hoppla!

woosh [wʊʃ; wu:ʃ] *v/i.* zischen, sausen.

whop [wɒp] *v/t.* F vertrimmen (*a. fig. besiegen*); **whop·per** ['wɒpə] *s. sl.* **1.** Mordsding *n*; **2.** (faust)dicke Lüge; **whop·ping** ['wɒpɪŋ] *adj. u. adv.* F e'norm, Mords…

whore [hɔ:] **I** *s.* Hure *f*; **II** *v/i.* huren; **'~·house** *s.* Bor'dell *n*.

whorl [wɜ:l] *s.* **1.** ⚘ Quirl *m*; **2.** *anat.*, *zo.* Windung *f*; **3.** ⚙ Wirtel *m*.

whor·tle·ber·ry ['wɜ:tl,berɪ] *s.* **1.** ⚘ Heidelbeere *f*: ***red ~*** Preiselbeere *f*; **2.** → ***huckleberry***.

whose [hu:z] *pron.* **1.** (*fragend*) wessen: **~ *is it?*** wem gehört es?; **2.** (*relativ*) dessen, deren.

who·sit ['hu:zɪt] *s.* F ‚Dingsda' *m*, *f*, *n*.

,who·so'ev·er → ***whoever***.

why [waɪ] **I** *adv.* **1.** (*fragend u. relativ*) war'um, wes'halb, wo'zu: **~ *so?*** wieso?, warum das?; ***the reason ~*** (der Grund) weshalb; ***that is ~*** deshalb; **II** *int.* **2.** nun (gut); **3.** (ja) na'türlich; **4.** ja doch (*als Füllwort*); **5.** na'nu; aber (… doch): ***~, that's Peter!*** aber das ist ja *od.* doch Peter!; **III** *s.* **6.** *das* War'um, Grund *m*: ***the ~ and wherefore*** das Warum u. Weshalb.

wick [wɪk] *s.* Docht *m*.

wick·ed ['wɪkɪd] *adj.* ☐ **1.** böse, gottlos,

schlecht, sündhaft, verrucht: ***the ~ one*** *bibl.* der Böse, Satan *m*; **2.** böse, schlimm (*ungezogen*, *a. humor. schalkhaft*) (*a.* F *Schmerz*, *Wunde etc.*); **3.** boshaft, bösartig (*a. Tier*); **4.** gemein; **5.** *sl.* ‚toll', großartig; **'wick·ed·ness** [-nɪs] *s.* Gottlosigkeit *f*; Schlechtigkeit *f*, Verruchtheit *f*; Bosheit *f*.

wick·er ['wɪkə] **I** *s.* a) Weidenrute *f*, b) Korbweide *f*, c) → ***wickerwork***; **II** *adj.* aus Weiden geflochten, Weiden..., Korb..., Flecht...: ***~ basket*** Weidenkorb *m*; ***~ chair*** Rohrstuhl *m*; ***~ furniture*** Korbmöbel *pl.*; **'~·work** *s.* **1.** Flechtwerk *n*; **2.** Korbwaren *pl.*

wick·et ['wɪkɪt] *s.* **1.** Pförtchen *n*; **2.** (Tür *f* mit) Drehkreuz *n*; **3.** (*mst vergittertes*) Schalterfenster; **4.** *Kricket*: a) Dreistab *m*, Tor *n*, b) Spielfeld *n*: ***be on a good*** (***sticky***) gut (schlecht) stehen (*a. fig.*); ***take a ~*** e-n Schläger ausmachen; ***keep ~*** Torwart sein; ***win by 2 ~s*** das Spiel gewinnen, obwohl 2 Schläger noch nicht geschlagen haben; ***first*** (***second*** *etc.*) ***~ down*** nachdem der erste (zweite *etc.*) Schläger ausgeschieden ist; **'~ˌkeep·er** *s.* Torhüter *m*.

wide [waɪd] **I** *adj.* □ → ***widely***; **1.** breit (*a. bei Maßangaben*): ***a ~ forehead*** (***ribbon***, ***street***); ***~ screen*** (*Film*) Breitwand *f*; ***5 feet ~*** 5 Fuß breit; **2.** weit, ausgedehnt: ***~ distribution***; ***~ difference*** großer Unterschied; ***a ~ public*** ein breites Publikum; ***the ~ world*** die weite Welt; **3.** *fig.* a) ausgedehnt, um'fassend, 'umfangreich, weitreichend, b) reich (*Erfahrung*, *Wissen etc.*): ***~ culture*** umfassende Bildung; ***~ reading*** große Belesenheit; **4.** a) weit (-gehend, -läufig), b) weitherzig, großzügig: ***take ~ views*** weitherzig *od.* großzügig sein; **5.** weit offen, aufgerissen: ***~ eyes***; **6.** weit, lose, nicht anliegend: ***~ clothes***; **7.** weit entfernt (***of*** von *der Wahrheit etc.*), weit'ab *vom Ziel*; → ***mark***[1] 11; **II** *adv.* **8.** weit: ***~ apart*** weit auseinander; ***~ open*** a) weit offen, b) völlig ungedeckt (*Boxer*), c) *fig.* schutzlos, d) → ***wide-open*** 2; ***far and ~*** weit u. breit; **9.** weit'ab (*vom Ziel*, *der Wahrheit etc.*): ***go ~*** weit danebengehen; **ˌ~-'an·gle** *adj. phot.* Weitwinkel...: ***~ lens***; **ˌ~-a'wake I** *adj.* **1.** hellwach (*a. fig.*); **2.** *fig.* aufgeweckt, ‚hell'; **3.** *fig.* wachsam, aufmerksam; voll bewußt (***to*** *gen.*); **II** *s.* **'wide-awake 4.** Kala'breser *m* (*Schlapphut*); **ˌ~-'eyed** *adj.* **1.** mit (weit) aufgerissenen Augen; **2.** *fig.* na'iv, kindlich.

wide·ly ['waɪdlɪ] *adv.* weit: ***~ scattered*** weitverstreut; ***~ known*** weit u. breit *od.* in weiten Kreisen bekannt; ***~ discussed*** vieldiskutiert; ***be ~ read*** sehr belesen sein; ***differ ~*** a) sehr verschieden sein, b) sehr unterschiedlicher Meinung sein.

wid·en ['waɪdn] *v/t. u. v/i.* **1.** breiter machen (werden); **2.** (sich) erweitern (*a. fig.*); **3.** (sich) vertiefen (*Kluft*, *Zwist*); **'wide·ness** [-nɪs] *s.* **1.** Breite *f*; **2.** Ausdehnung *f* (*a. fig.*).

ˌwide|-'o·pen *adj.* **1.** weitgeöffnet; **2.** *Am.* äußerst ‚großzügig' (*Stadt etc.*, *bezüglich Glücksspiel etc.*); **'~·spread** *adj.* **1.** weitausgebreitet, ausgedehnt; **2.** weitverbreitet.

widg·eon ['wɪdʒən] *pl.* **-eons**, *coll.* **-eon** *s. orn.* Pfeifente *f*.

wid·ow ['wɪdəʊ] *s.* Witwe *f*: ***~'s mite*** *bibl.* Scherflein *n* der (armen) Witwe; **'wid·owed** [-əʊd] *adj.* **1.** verwitwet; **2.** verwaist, verlassen; **'wid·ow·er** [-əʊə] *s.* Witwer *m*; **'wid·ow·hood** [-əʊhʊd] *s.* Witwenstand *m*.

width [wɪdθ] *s.* **1.** Breite *f*, Weite *f*: ***2 feet in ~*** 2 Fuß breit; **2.** (Stoff-, Ta'peten-, Rock)Bahn *f*.

wield [wiːld] *v/t.* **1.** *Macht*, *Einfluß etc.* ausüben (***over*** über *acc.*); **2.** *rhet. Werkzeug*, *Waffe* handhaben, führen, schwingen: ***~ the pen*** die Feder führen, schreiben; → ***sceptre***.

wie·ner ['wiːnə] *s. Am.*, **'wie·nie** ['wiːnɪ] *s.* F Wiener Würstchen *n*.

wife [waɪf] *pl.* **wives** [waɪvz] *s.* **1.** (Ehe-) Frau *f*, Gattin *f*: ***wedded ~*** angetraute Gattin; ***take to ~*** zur Frau nehmen; **2.** Weib *n*; **'wife·hood** [-hʊd] *s.* Ehestand *m e-r Frau*; **'wife·like** [-laɪk], **'wife·ly** [-lɪ] *adj.* (haus)fraulich; **wife swapping** *s.* F Partnertausch *m*; **wif·ie** ['waɪfɪ] *s.* F Frauchen *n*.

wig [wɪg] *s.* Pe'rücke *f*; **wigged** [wɪgd] *adj.* mit Perücke (versehen); **wig·ging** ['wɪgɪŋ] *s. Brit.* F Standpauke *f*.

wig·gle ['wɪgl] **I** *v/i.* **1.** → ***wriggle*** 1; **2.** wackeln, schwänzeln; **II** *v/t.* **3.** wackeln mit.

wight [waɪt] *s. obs. od. humor.* Wicht *m*, Kerl *m*.

wig·wam ['wɪgwæm] *s.* Wigwam *m*, Indi'anerzelt *n*, -hütte *f*.

wild [waɪld] **I** *adj.* □ **1.** *allg.* wild: a) *zo.* ungezähmt, in Freiheit lebend, gefährlich, b) ⚘ wildwachsend, c) verwildert, 'wildroˌmantisch, verlassen (*Land*), d) unzivilisiert, bar'barisch (*Volk*, *Stamm*), e) stürmisch: ***a ~ coast***, f) wütend, heftig (*Sturm*, *Streit etc.*), g) irr, verstört: ***a ~ look***, h) scheu (*Tier*), i) rasend (***with*** vor *dat.*): ***~ with fear***, j) F wütend (***about*** über *acc.*): ***drive s.o. ~*** F j-n wild machen, j-n ‚auf die Palme bringen', k) ungezügelt (*Person*, *Gefühl*), l) unbändig: ***~ delight***, m) F toll, verrückt, n) ausschweifend, o) (***about***) versessen *od.* scharf (auf *acc.*), wild (nach), p) hirnverbrannt, unsinnig, abenteuerlich: ***~ plan***, q) plan-, ziellos: ***a ~ guess*** e-e wilde Vermutung; ***a ~ shot*** ein Schuß ins Blaue, r) wirr, wüst: ***~ disorder***; **II** *adv.* **2.** aufs Gerate'wohl: ***run ~*** a) ⚘ ins Kraut schießen, b) verwildern (*Garten etc.*, *a. fig.*); ***shoot ~*** ins Blaue schießen; ***talk ~*** a) (wild) drauflosreden, b) sinnloses Zeug reden; **III** *s. rhet.* **3.** *a. pl.* Wüste *f*; **4.** *a. pl.* Wildnis *f*; ***~ boar*** *s. zo.* Wildschwein *n*; **'~·cat I** *s.* **1.** *zo.* Wildkatze *f*; **2.** *fig.* Wilde(r *m*) *f*; **3.** → ***wildcatting*** 2; **4.** ✝ 'Schwindelunterˌnehmen *n*; **5.** ✝ wilder Streik; **II** *adj.* **6.** ✝ a) unsicher, spekula'tiv, b) Schwindel...: ***~ company***, c) ungesetzlich, wild: ***~ strike***; **'~ˌcat·ting** [-ˌkætɪŋ] *s.* **1.** wildes Spekulieren; **2.** wilde *od.* spekula'tive Ölbohrung.

wil·der·ness ['wɪldənɪs] *s.* **1.** Wildnis *f*, Wüste *f* (*a. fig.*): ***voice*** (***crying***) ***in the ~*** a) *bibl.* Stimme des Predigers in der Wüste, b) *fig.* Rufer *m* in der Wüste; ***be sent into the ~*** *fig. pol.* in die Wüste geschickt werden; **2.** wildwachsendes Gartenstück; **3.** *fig.* Masse *f*, Gewirr *n*.

ˌwild|-'eyed *adj.* mit wildem Blick; **'~-fire** *s.* **1.** verheerendes Feuer: ***spread like ~*** sich wie ein Lauffeuer verbreiten (*Nachricht etc.*); **2.** ⚔ *hist.* griechisches Feuer; **'~·fowl** *s. coll.* Wildvögel *pl.*; **~ goose** *s.* [*irr.*] Wildgans *f*; **ˌ~-'goose chase** *s. fig.* vergebliche Mühe, fruchtloses Unterfangen.

wild·ing ['waɪldɪŋ] *s.* ⚘ a) Wildling *m* (*unveredelte Pflanze*), *bsd.* Holzapfelbaum *m*, b) *Frucht e-r solchen Pflanze*.

'wild·life *s. coll.* wildlebende Tiere *pl.*: ***~ park*** Naturpark *m*.

wild·ness ['waɪldnɪs] *s. allg.* Wildheit *f*.

'wildˌwa·ter *s.* Wildwasser *n*: ***~ sport***.

wile [waɪl] **I** *s.* **1.** *mst pl.* List *f*, Trick *m*; *pl.* Kniffe *pl.*, Schliche *pl.*, Ränke *pl.*; **II** *v/t.* **2.** verlocken, *j-n wohin* locken; **3.** → ***while*** 6.

wil·ful ['wɪlfʊl] *adj.* □ **1.** *bsd.* ⚖ vorsätzlich: ***~ deceit*** arglistige Täuschung; ***~ murder*** Mord *m*; **2.** eigenwillig, -sinnig, halsstarrig; **'wil·ful·ness** [-nɪs] *s.* **1.** Vorsätzlichkeit *f*; **2.** Eigenwille *m*, -sinn *m*, Halsstarrigkeit *f*.

wil·i·ness ['waɪlɪnɪs] *s.* (Arg)List *f*, Verschlagenheit *f*, Gerissenheit *f*.

will[1] [wɪl] **I** *v/aux.* [*irr.*] **1.** (*zur Bezeichnung des Futurs*, *Brit. mst nur 2. u. 3. sg. u. pl.*) werden: ***he ~ come*** er wird kommen; **2.** wollen, werden, willens sein zu: ***~ you pass me the bread, please?*** reichen Sie mir doch bitte das Brot!; ***~ do!*** *sl.* wird gemacht!; **3.** (*immer*, *bestimmt*, *unbedingt*) werden (*oft a. unübersetzt*): ***birds ~ sing*** Vögel singen; ***boys ~ be boys*** Jungen sind nun einmal so; ***accidents ~ happen*** Unfälle wird es immer geben; ***you ~ get in my light!*** du mußt mir natürlich (immer) im Licht stehen!; **4.** *Erwartung*, *Vermutung od. Annahme*: werden: ***they ~ have gone now*** sie werden *od.* dürften jetzt (wohl) gegangen sein; ***this ~ be your train, I suppose*** das ist wohl dein Zug, das dürfte dein Zug sein; **5.** → ***would***; **II** *v/i. u. v/t.* **6.** wollen, wünschen: ***as you ~!*** wie du willst!; → ***would*** 3, ***will***[2] II.

will[2] [wɪl] **I** *s.* **1.** Wille *m* (*a. phls.*): a) Wollen *n*, b) Wunsch *m*, Befehl *m*, c) (Be)Streben *n*, d) Willenskraft *f*: ***an iron ~*** ein eiserner Wille; ***good ~*** guter Wille (→ *a.* ***goodwill***); ***~ to peace*** Friedenswille; ***~ to power*** Machtwille, -streben; ***at ~*** nach Wunsch *od.* Belieben *od.* Laune; ***of one's own*** (***free***) ***~*** aus freien Stücken; ***with a ~*** mit Lust u. Liebe, mit Macht; ***have one's ~*** s-n Willen haben *od.* durchsetzen; **2.** *a.* ***last ~ and testament*** ⚖ letzter Wille, Testa'ment *n*; **II** *v/t.* **3.** wollen, entscheiden; **4.** ernstlich *od.* fest wollen; **5.** *j-n* (durch Willenskraft) zwingen (***to do*** zu tun): ***~ o.s.*** (***in***)***to*** sich zwingen zu; **6.** ⚖ (letzt)willig a) verfügen, b) vermachen (***to*** *dat.*); **III** *v/i.* **7.** wollen.

willed [wɪld] *adj.* ...willig, mit e-m ... Willen; → ***strong-willed*** *etc.*

will·ful, **will·ful·ness** *bsd. Am.* → ***wilful***, ***wilfulness***.

wil·lies ['wɪlɪz] *s. pl.* F: ***get the ~*** ‚Zustände' bekommen; ***it gives me the ~*** dabei wird mir ganz anders, dabei läuft es mir eiskalt den Rücken runter.

will·ing ['wɪlɪŋ] *adj.* □ **1.** *pred.* gewillt, willens, bereit: ***I am ~ to believe*** ich glaube gern; **2.** (bereit)willig; **3.** gern geschehen *od.* geleistet: ***a ~ gift*** ein gern gegebenes Geschenk; **ˈwill·ing·ly** [-lɪ] *adv.* bereitwillig, gern; **ˈwill·ing·ness** [-nɪs] *s.* (Bereit)Willigkeit *f*, Bereitschaft *f*, Geneigtheit *f*.

will-less [ˈwɪllɪs] *adj.* willenlos.

will-o'-the-wisp [ˌwɪləðəˈwɪsp] *s.* **1.** Irrlicht *n* (*a. fig.*); **2.** *fig.* Illusiˈon *f*, Phanˈtom *n*.

wil·low¹ [ˈwɪləʊ] *s.* **1.** ⚘ Weide *f*: ***wear the ~*** *fig.* um den Geliebten trauern; **2.** F *Kricket*: Schlagholz *n*.

wil·low² [ˈwɪləʊ] **I** *s. Spinnerei*: Reißwolf *m*; **II** *v/t. Baumwolle etc.* wolfen, reißen.

wil·low·y [ˈwɪləʊɪ] *adj.* **1.** weidenbestanden *od.* -artig; **2.** *fig.* a) biegsam, geschmeidig, b) gertenschlank.

ˈwillˌpow·er *s.* Willenskraft *f*.

wil·ly-nil·ly [ˌwɪlɪˈnɪlɪ] *adv.* wohl oder übel, nolens volens.

wilt¹ [wɪlt] *obs. od. poet. du* willst.

wilt² [wɪlt] *v/i.* **1.** (ver)welken, welk *od.* schlaff werden; **2.** F *fig.* a) schlappmachen, ‚eingehen', b) nachlassen.

wil·y [ˈwaɪlɪ] *adj.* □ gerissen.

wimp [wɪmp] *s.* F Schwächling *m*, Versager *m*.

wim·ple [ˈwɪmpl] *s.* **1.** *hist.* Rise *f*; **2.** (Nonnen)Schleier *m*.

win [wɪn] **I** *v/t.* [*irr.*] **1.** *Kampf, Spiel etc., a. Sieg, Preis* gewinnen: ***~ s.th. from*** (*od.* ***of***) ***s.o.*** j-m et. abgewinnen; ***~ one's way*** *fig.* s-n Weg machen; → ***day*** 5, ***field*** 6; **2.** *Reichtum, Ruhm etc.* erlangen, *Lob* ernten; zu *Ehren* gelangen; → ***spur*** 1; **3.** *j-m Lob etc.* einbringen, -tragen; **4.** *Liebe, Sympathie, a. e-n Freund, j-s Unterstützung* gewinnen; **5.** *a.* ***~ over*** *j-n* für sich gewinnen, auf s-e Seite ziehen, *a. j-s Herz* erobern; **6.** *j-n* dazu bringen (***to do*** zu tun): ***~ s.o. round*** j-n ‚rumkriegen'; **7.** *Stelle, Ziel* erreichen: ***~ the shore***; **8.** *sein Brot, s-n Lebensunterhalt* verdienen; **9.** ⚔ *sl.* ‚organisieren'; **10.** ⚒, *min.* a) *Erz, Kohle* gewinnen, b) erschließen; **II** *v/i.* [*irr.*] **11.** gewinnen, siegen: ***~ hands down*** F spielend gewinnen; ***~ out*** F sich durchsetzen (***over*** gegen); ***~ through*** a) durchkommen, b) ans Ziel gelangen (*a. fig.*), c) *fig.* sich durchsetzen; **III** *s.* **12.** *bsd. sport* Sieg *m*.

wince [wɪns] **I** *v/i.* (zs.-)zucken, zs.-, zuˈrückfahren (***at*** bei, ***under*** unter *dat.*); **II** *s.* (Zs.-)Zucken *n*.

winch [wɪntʃ] ⚙ **I** *s.* **1.** Winde *f*, Haspel *f*; **2.** Kurbel *f*; **II** *v/t.* **3.** hochwinden.

wind¹ [wɪnd; *poet. a.* waɪnd] **I** *s.* **1.** Wind *m*: ***before the ~*** vor dem *od.* im Wind; ***between ~ and water*** a) ⚓ zwischen Wind u. Wasser, b) in der *od.* die Magengrube, c) *fig.* an e-r empfindlichen Stelle; ***in(to) the ~'s eye*** gegen den Wind; ***like the ~*** wie der Wind (*schnell*); ***to the four ~s*** in alle (vier) Winde, in alle (Himmels)Richtungen; ***under the ~*** ⚓ in Lee; ***be in the ~*** *fig.* (heimlich) im Gange sein, in der Luft liegen; ***cast*** (*od.* ***fling, throw***) ***to the ~s*** *fig. Rat etc.* in den Wind schlagen, *Klugheit etc.* außer acht lassen; ***get*** (***have***) ***the ~ up*** *sl.* ‚Manschetten' *od.* ‚Schiß' kriegen (haben); ***know how the ~ blows*** *fig.* wissen, woher der Wind weht; ***put the ~ up s.o.*** F j-n ins Bockshorn jagen; ***raise the ~*** F (das nötige) Geld auftreiben; ***sail close to the ~*** a) ⚓ hart am Wind segeln, b) *fig.* mit e-m Fuß im Zuchthaus stehen, sich hart an der Grenze des Erlaubten bewegen; ***sow the ~ and reap the whirlwind*** Wind säen u. Sturm ernten; ***have*** (*od.* ***take***) ***the ~ of*** a) *e-m Schiff* den Wind abgewinnen, b) *fig.* e-n Vorteil *od.* die Oberhand haben über (*acc.*); ***take the ~ out of s.o.'s sails*** *fig.* j-m den Wind aus den Segeln nehmen; ***~ and weather permitting*** bei gutem Wetter; → ***ill*** 4; **2.** ⚙ a) (*Gebläse- etc.*) Wind *m*, b) Luft *f in e-m Reifen etc.*; **3.** ⚕ (Darm)Wind(e *pl.*) *m*, Blähung(en *pl.*) *f*: ***break ~*** e-n Wind abgehen lassen; **4.** ♪ ***the ~*** *coll.* die Blasinstrumente *pl.*, *a.* die Bläser *pl.*; **5.** *hunt.* Wind *m*, Witterung *f* (*a. fig.*): ***get ~ of*** a) wittern, b) *fig.* Wind bekommen von; **6.** Atem *m*: ***have a good ~*** e-e gute Lunge haben; ***have a long ~*** e-n langen Atem haben (*a. fig.*); ***get one's second ~*** den zweiten Wind bekommen, den toten Punkt überwunden haben; ***sound in ~ and limb*** kerngesund; ***have lost one's ~*** außer Atem sein; **7.** Wind *m*, leeres Geschwätz; **II** *v/t.* **8.** *hunt.* wittern; **9.** ***be ~ed*** außer Atem *od.* erschöpft sein; **10.** verschnaufen lassen.

wind² [waɪnd] **I** *s.* **1.** Windung *f*, Biegung *f*; **2.** Umˈdrehung *f*; **II** *v/t.* [*irr.*] **3.** winden, wickeln, schlingen (***round*** um *acc.*): ***~ off*** (***on to***) ***a reel*** *et.* ab- (auf-) spulen; **4.** *oft* ***~ up*** a) auf-, hochwinden, b) *Garn etc.* aufwickeln, -spulen, c) *Uhr etc.* aufziehen, d) *Saite etc.* spannen; **5.** a) *Kurbel* drehen, b) kurbeln: ***~ forward*** (***back***) *Film* weiter- (zurück-) spulen; ***~ up*** (***down***) *Autofenster* hoch- (herunter)kurbeln; **6.** ⚓ *Schiff* wenden; **7.** (sich) *wohin* schlängeln: ***~ o.s.*** (*od.* ***one's way***) ***into s.o.'s affection*** *fig.* sich j-s Zuneigung erschleichen; **III** *v/i.* [*irr.*] **8.** sich winden *od.* schlängeln (*a. Straße etc.*); **9.** sich winden *od.* wickeln *od.* schlingen (***round*** um *acc.*); ***~ off*** *v/t.* abwickeln, -spulen; ***~ up*** **I** *v/t.* **1.** → ***wind²*** 4, 5; **2.** *fig.* anspannen, erregen, (hinˈein)steigern; **3.** *bsd. Rede* (ab-) schließen; **4.** ‡ a) *Geschäft* abwickeln, b) *Unternehmen* auflösen, liquidieren; **II** *v/i.* **5.** (*bsd.* s-e Rede) schließen (***by saying*** mit den Worten); **6.** F *wo* enden, ‚landen': ***he'll ~ in prison***; **7.** ‡ Konˈkurs machen.

wind·bag [ˈwɪndbæg] *s.* F *contp.* Schwätzer *m*, Schaumschläger *m*.

ˈwind|·blown [ˈwɪnd-] *adj.* **1.** windig; **2.** windschief; **3.** (vom Wind) zerzaust; **4.** Windstoß…: ***~ hairdo***; **ˈ~·break** *s.* **1.** Windschutz *m* (*Hecke etc.*); **2.** Windbruch *m*; **ˈ~ˌbro·ken** *adj. vet.* kurzatmig (*Pferd*); **ˈ~ˌcheat·er** *s. Brit.* Windjacke *f*; **~ cone** *s.* ✈ Luftsack *m*.

wind·ed [ˈwɪndɪd] *adj.* **1.** außer Atem; **2.** *in Zssgn* …atmig: ***short-~***.

wind egg [wɪnd] *s.* Windei *n*.

wind·er [ˈwaɪndə] *s.* **1.** Spuler(in); **2.** ⚙ Winde *f*; **3.** ⚘ Schlingpflanze *f*; **4.** a) Schlüssel *m* (*zum Aufziehen*), b) Kurbel *f*.

ˈwind|·fall [ˈwɪnd-] *s.* **1.** Fallobst *n*; **2.** Windbruch *m*; **3.** *fig.* (unverhoffter) Glücksfall *od.* Gewinn; **~ farm** *s.* Windpark *m*; **ˈ~ˌflow·er** *s.* ⚘ Aneˈmone *f*; **~ force** *s.* Windstärke *f*; **~ ga(u)ge** *s.* Wind(stärke-, -geschwindigkeits)messer *m*, Anemoˈmeter *n*.

wind·i·ness [ˈwɪndɪnɪs] *s.* Windigkeit *f* (*a. fig. contp.*).

wind·ing [ˈwaɪndɪŋ] **I** *s.* **1.** Winden *n*, Spulen *n*; **2.** (Ein-, Auf)Wickeln *n*, (Um)ˈWickeln *n*; **3.** Windung *f*, Biegung *f*; **4.** Umˈwick(e)lung *f*; **5.** ⚡ Wicklung *f*; **II** *adj.* □ **6.** gewunden: a) sich windend *od.* schlängelnd, b) Wendel (*-treppe*); **7** krumm, schief (*a. fig.*); **~ sheet** *s.* Leichentuch *n*; **~ tack·le** *s.* ⚓ Gien *n* (*Flaschenzug*); **ˌ~-ˈup** *s.* **1.** Aufziehen *n* (*Uhr etc.*): ***~ mechanism*** Aufziehwerk *n*; **2.** ‡ a) Abwicklung *f*, Erledigung *f* (*e-s Geschäfts*), b) Liquidatiˈon *f*, Auflösung *f* (*e-r Firma*); ***~ order*** Liquidationsbeschluß *m*; ***~ sale*** (Total)Ausverkauf *m*.

wind| in·stru·ment [wɪnd] *s.* ♪ ˈBlasinstruˌment *n*; **ˈ~ˌjam·mer** [-ˌdʒæmə] *s.* **1.** ⚓ Windjammer *m* (*Schiff*); **2.** *Am. sl.* → ***windbag***.

wind·lass [ˈwɪndləs] **I** *s.* **1.** ⚙ Winde *f*; **2.** ⚒ Förderhaspel *f*; **3.** ⚓ Ankerspill *n*; **II** *v/t.* hochwinden.

wind·less [ˈwɪndlɪs] *adj.* windstill.

wind·mill [ˈwɪnmɪl] *s.* **1.** Windmühle *f*: ***tilt at*** (*od.* ***fight***) ***~s*** *fig.* gegen Windmühlen kämpfen; ***throw one's cap over the ~*** a) Luftschlösser bauen, b) jede Vorsicht außer acht lassen; **2.** Windrädchen *n*.

win·dow [ˈwɪndəʊ] *s.* **1.** Fenster *n* (*a.* ⚙, *geol.*; *a. im Briefumschlag*): ***look out of*** (*od.* ***at***) ***the ~*** zum Fenster hinaussehen; **2.** Fensterscheibe *f*; **3.** Schaufenster *n*, Auslage *f*; **4.** (Bank- *etc.*)Schalter *m*; **5.** ⚔ *Radar*: Störfolie *f*.

win·dow| box *s.* Blumenkasten *m*; **~ clean·er** *s.* Fensterputzer *m*; **~ dis·play** *s.* ˈSchaufensterauslage *f*, -reˌklame *f*; **ˈ~-dress** *v/t.* **1.** ‡ *Bilanz* verschleiern, ‚frisieren'; **2.** ‚aufputzen'; **~ dress·er** *s.* ˈSchaufensterdekoraˌteur *m*; **~ dress·ing** *s.* **1.** ˈSchaufensterdekoratiˌon *f*; **2.** *fig.* Aufmachung *f*, Mache *f*; **3.** ‡ Biˈlanzverschleierung *f*, ‚Frisieren' *n*.

win·dowed [ˈwɪndəʊd] *adj.* mit Fenster(n) (versehen).

win·dow| en·ve·lope *s.* ˈFensterˌbriefˌumschlag *m*; **~ gar·den·ing** *s.* Blumenzucht *f* am Fenster; **~ jam·ming** *s.* ⚔ *Radar*: Folienstörung *f*; **ˈ~-pane** *s.* Fensterscheibe *f*; **ˈ~-screen** *s.* **1.** Fliegenfenster *n*; **2.** Zierfüllung *f* e-s Fensters (*aus Buntglas, Gitter etc.*); **~ seat** *s.* Fensterplatz *m*; **~ shade** *s. Am.* Rouˈleau *n*, Jalouˈsie *f*; **ˈ~-ˌshop·per** *s.* j-d, der e-n Schaufensterbummel macht; **ˈ~-ˌshop·ping** *s.* Schaufensterbummel *m*: ***go ~*** e-n Schaufensterbummel machen; **~ shut·ter** *s.* Fensterladen *m*; **ˈ~-sill** *s.* Fensterbrett *n*, -bank *f*.

ˈwind|·pipe [ˈwɪnd-] *s. anat.* Luftröhre *f*.

wind| pow·er [wɪnd] *s.* Windkraft *f*; **~ rose** *s. meteor.* Windrose *f*; **ˈ~-sail** *s.* **1.** Windflügel *m*; **2.** ⚓ Windsack *m*; **ˈ~-screen** *s. Brit.*, **ˈ~ˌshield** *s. Am. mot.* Windschutzscheibe *f*: ***~ washer*** Scheibenwaschanlage *f*; ***~ wiper*** Scheibenwischer *m*; **ˈ~-sleeve** *s.*, **ˈ~-sock** *s.* ✈ Luftsack *m*; **ˈ~-swept** [ˈwɪnd-] *adj.* **1.** vom Wind gepeitscht; **2.** *fig.* Wind-

stoß…(*-frisur*); **'~ˌsurf·ing** *s.* Windsurfen *n*; **~ tun·nel** *s.* ✈, *phys.* 'Windkaˌnal *m*; **'~·up** ['waɪnd-] *s.* **1.** → ***winding-up*** 2; **2.** Schluß *m*, Ende *n*.
wind·ward ['wɪndwəd] **I** *adv.* wind-, luvwärts; **II** *adj.* windwärts, Luv…, Wind…; **III** *s.* Windseite *f*, Luv(seite) *f*.
wind·y ['wɪndɪ] *adj.* □ **1.** windig: a) stürmisch (*Wetter*), b) zugig (*Ort*); **2.** *fig.* a) windig, hohl, leer, b) geschwätzig; **3.** ⚕ blähend; **4.** *Brit. sl.* ner'vös, ängstlich.
wine [waɪn] **I** *s.* **1.** Wein *m*: ***new ~ in old bottles*** *bibl.* junger Wein in alten Schläuchen (*a. fig.*); **2.** *Brit. univ.* Weinabend *m*; **II** *v/t.*: ***~ and dine s.o.*** j-n fürstlich bewirten; **'~ˌbib·ber** [-ˌbɪbə] *s.* Weinsäufer(in); **'~ˌbot·tle** *s.* Weinflasche *f*; **~ cool·er** *s.* Weinkühler *m*; **~ cra·dle** *s.* Weinkorb *m*; **'~·glass** *s.* Weinglas *n*; **'~ˌgrow·er** *s.* Weinbauer *m*; **'~ˌgrow·ing** *s.* Wein(an)bau *m*: ***~ area*** Weinbaugebiet *n*; **~ list** *s.* Weinkarte *f*; **~ mer·chant** *s.* Weinhändler *m*; **'~·press** *s.* Weinpresse *f*, -kelter *f*.
win·er·y ['waɪnərɪ] *s.* Weinkelle'rei *f*.
'wine|·skin *s.* Weinschlauch *m*; **~ stone** *s.* ⚗ Weinstein *m*; **'~ˌtast·er** *s.* Weinprüfer *m*; **'~ˌtast·ing** *s.* Weinprobe *f*.
wing [wɪŋ] **I** *s.* **1.** *orn.* Flügel *m* (*a.* ⚘, *zo.*, *a.* ⚙, ⚠, *a. pol.*); *rhet.* Schwinge *f*, Fittich *m* (*a. fig.*): ***on the ~*** a) im Fluge, b) *fig.* auf Reisen; ***on the ~s of the wind*** mit Windeseile; ***under s.o.'s ~(s)*** *fig.* unter j-s Fittichen *od.* Schutz; ***clip s.o.'s ~s*** j-m die Flügel stutzen; ***lend ~s to*** a) *Hoffnung etc.* beflügeln, b) j-m Beine machen; ***spread*** (*od.* ***try***) ***one's ~s*** versuchen, auf eigenen Beinen zu stehen *od.* sich durchzusetzen; ***singe one's ~s*** *fig.* sich die Finger verbrennen; ***take ~*** a) aufsteigen, davonfliegen, b) aufbrechen, c) *fig.* beflügelt werden; **2.** Federfahne *f* (*Pfeil*); **3.** *humor.* Arm *m*; **4.** (Tür-, Fenster- *etc.*) Flügel *m*; **5.** *mst pl. thea.* ('Seiten)Kuˌlisse *f*: ***wait in the ~s*** *fig.* sich bereithalten; **6.** ✈ Tragfläche *f*; **7.** *mot.* Kotflügel *m*; **8.** ⚔, ⚓ Flügel *m* (*Aufstellung*); **9.** ✈ a) *brit. Luftwaffe*: Gruppe *f*, b) *amer. Luftwaffe*: Geschwader *n*, c) *pl.* F ,Schwinge' *f* (*Pilotenabzeichen*); **10.** *sport* a) Flügel *m* (*Spielfeldteil*), b) → ***winger***; **II** *v/t.* **11.** mit Flügeln *etc.* versehen; **12.** *fig.* beflügeln (*beschleunigen*); **13.** *Strecke* (durch)'fliegen; **14.** a) *Vogel* anschießen, flügeln, b) F *j-n* (*bsd.* am Arm) verwunden; **III** *v/i.* **15.** fliegen; **~ as·sem·bly** *s.* ✈ Tragwerk *n*; **'~·beat** *s.* Flügelschlag *m*; **~ case** *s.* *zo.* Flügeldecke *f*; **~ chair** *s.* Ohrensessel *m*; **~ com·mand·er** *s.* ✈, ⚔ **1.** *Brit.* Oberst'leutnant *m* der Luftwaffe; **2.** *Am.* Ge'schwaderkommoˌdore *m*; **~ cov·ert** *s. zo.* Deckfeder *f*.
wing·ding ['wɪŋdɪŋ] *s. sl.* **1.** (*a.* Wut-) Anfall *m*; **2.** ,tolles Ding'.
winged [wɪŋd] *adj.* □ **1.** *orn.*, *a.* ⚘ geflügelt; Flügel… ; *in Zssgn* …flügelig: ***the ~ horse*** *fig.* der Pegasus; ***~ screw*** ⚙ Flügelschraube *f*; ***~ words*** *fig.* geflügelte Worte; **2.** *fig.* a) beflügelt, schnell, b) beschwingt.
wing·er ['wɪŋə] *s. sport* Außen-, Flügelstürmer *m*.
wing| feath·er *s. orn.* Schwungfeder *f*; **'~-ˌheav·y** *adj.* ✈ querlastig; **~ nut** *s.* ⚙ Flügelmutter *f*; **'~ˌo·ver** *s.* ✈ Immelmann-Turn *m*; **~ sheath** → ***wing case***; **'~·span** ✈, **'~·spread** *s. orn.*, ✈ Spannweite *f*.
wink [wɪŋk] **I** *v/i.* **1.** blinzeln, zwinkern: ***~ at*** a) *j-m* zublinzeln, b) *fig.* ein Auge zudrücken bei, *et.* ignorieren; ***as easy as ~ing*** *Brit.* F kinderleicht; ***like ~ing*** F wie der Blitz; **2.** blinken, flimmern (*Licht*); **II** *v/t.* **3.** mit *den Augen* blinzeln *od.* zwinkern; **III** *s.* **4.** Blinzeln *n*, Zwinkern *n*, Wink *m* (*mit den Augen*): ***forty ~s*** Nickerchen *n*; ***not to sleep a ~, not to get a ~ of sleep*** kein Auge zutun; → ***tip***³ 5; ***in a ~*** im Nu.
win·kle ['wɪŋkl] **I** *s. zo.* (eßbare) Strandschnecke; **II** *v/t.* **~ out** a) her'ausziehen (*a. fig.* F), b) F *j-n* aussieben, -sondern.
win·ner ['wɪnə] *s.* **1.** Gewinner(in), *sport a.* Sieger(in); **2.** sicherer Gewinner; **3.** ,todsichere' Sache; **4.** ,Schlager' *m*.
win·ning ['wɪnɪŋ] **I** *adj.* □ **1.** *bsd. sport* siegreich, Sieger…, Sieges…; **2.** entscheidend: ***~ hit***; **3.** *fig.* gewinnend, einnehmend; **II** *s.* **4.** ⚒ Abbau *m*, Gewinnung *f*; **5.** *pl.* Gewinn *m* (*bsd. im Spiel*); **6.** Gewinnen *n*, Sieg *m*; **~ post** *s. sport* Zielpfosten *m*.
win·now ['wɪnəʊ] **I** *v/t.* **1.** a) *Getreide* schwingen, b) *Spreu* trennen (***from*** von); **2.** *fig.* sichten; **3.** *fig.* trennen, (unter)'scheiden (***from*** von); **II** *s.* **4.** Wanne *f*, Futterschwinge *f*.
wi·no ['waɪnəʊ] *pl.* **-nos** *s. Am. sl.* ,Weinsüffel' *m*, Weinsäufer(in).
win·some ['wɪnsəm] *adj.* □ **1.** gewinnend: ***~ smile***; **2.** (lieb)reizend.
win·ter ['wɪntə] **I** *s.* **1.** Winter *m*; **2.** *poet.* Lenz *m*, (Lebens)Jahr *n*: ***a man of fifty ~s***; **II** *v/i.* **3.** (*a. v/t. Tiere, Pflanzen*) über'wintern; **III** *adj.* **4.** winterlich; Winter…: ***~ crop*** ⚘ Winterfrucht *f*; ***~ garden*** Wintergarten *m*; ***~ sleep*** Winterschlaf *m*; ***~ sports*** Wintersport *m*; **win·ter·ize** ['wɪntəraɪz] *v/t.* auf den Winter vorbereiten, *bsd.* ⚙ winterfest machen; **'win·ter·tide** *s.* Winter(zeit *f*) *m*; **'~·weight** *adj.* Winter…: ***~ clothes***.
win·tri·ness ['wɪntrɪnɪs] *s.* Kälte *f*, Frostigkeit *f*; **win·try** ['wɪntrɪ] *adj.* **1.** winterlich, frostig; **2.** *fig.* a) trüb(e), b) alt, c) frostig: ***~ smile***.
wipe [waɪp] **I** *s.* **1.** (Ab)Wischen *n*: ***give s.th. a ~*** et. abwischen; **2.** F a) (harter) Schlag, b) *fig.* Seitenhieb *m*; **II** *v/t.* **3.** (ab-, sauber-, trocken)wischen, abreiben, reinigen: ***~ s.o.'s eye*** (***for him***) *sl.* j-n ausstechen; ***~ one's lips*** sich den Mund wischen; → ***floor*** 1; **~ off** *v/t.* **1.** ab-, wegwischen; **2.** *fig.* bereinigen, auslöschen; *Rechnung* begleichen: ***wipe s.th. off the slate*** et. begraben *od.* vergessen; **~ out** *v/t.* **1.** auswischen; **2.** wegwischen, (aus)löschen, tilgen (*a. fig.*): ***~ a disgrace*** e-n Schandfleck tilgen, e-e Scharte auswetzen; **3.** *Armee, Stadt etc.* vernichten, ,ausradieren'; *Rasse etc.* ausrotten; **~ up** *v/t.* **1.** aufwischen; **2.** (ab)trocknen.
wip·er ['waɪpə] *s.* **1.** Wischer *m* (*Person od. Vorrichtung*); **2.** Wischtuch *n*; **3.** ⚙ a) Hebedaumen *m*, b) Abstreifring *m*, c) ⚡ Kon'takt-, Schleifarm *m*; **4.** → ***wipe*** 2.
wire ['waɪə] **I** *s.* **1.** Draht *m*; **2.** ⚡ Leitung(sdraht *m*) *f*; → ***live***² 3; **3.** ⚡ (Kabel)Ader *f*; **4.** F Tele'gramm *n*: ***by ~*** telegraphisch; **5.** *pl.* a) Drähte *pl. e-s Marionettenspiels*, b) *fig.* geheime Fäden *pl.*, Beziehungen *pl.*: ***pull the ~*** a) der Drahtzieher sein, b) s-e Beziehungen spielen lassen; **6.** *opt.* Faden *m im Okular*; **7.** ♪ Drahtsaite(n *pl.*) *f*; **II** *adj.* **8.** Draht…: ***~ brush***; **III** *v/t.* **9.** mit Draht(geflecht) versehen; **10.** mit Draht zs.-binden *od.* befestigen; **11.** ⚡ Leitungen legen in, (be)schalten, verdrahten: ***~ to*** anschließen an (*acc.*); **12.** F *e-e Nachricht od. j-m* telegraphieren; **13.** *hunt.* mit Drahtschlingen fangen; **IV** *v/i.* **14.** F telegraphieren: ***~ away*** *od.* ***in*** *sl.* loslegen, sich ins Zeug legen; ***~ cloth*** → ***wire gauze***; **~ cut·ter** *s.* ⚙ Drahtschere *f*; **'~·draw** *v/t.* [*irr.* → ***draw***] **1.** ⚙ *Metall* drahtziehen; **2.** *fig.* a) in die Länge ziehen, b) *Argument* über'spitzen; **'~·drawn** *adj. fig.* a) langatmig, b) über'spitzt; **~ en·tan·gle·ment** *s.* ⚔ Drahtverhau *m*; **~ ga(u)ge** *s.* ⚙ Drahtlehre *f*; **~ gauze** *s.* Drahtgaze *f*, -gewebe *n*, -netz *n*; **'~·haired** *adj. zo.* Drahthaar…: ***~ terrier***.
wire·less ['waɪəlɪs] ⚡ **I** *adj.* **1.** drahtlos, Funk…: ***~ message*** Funkspruch *m*; **2.** *Brit.* Radio…, Rundfunk…: ***~ set*** → 3; **II** *s.* **3.** *Brit.* 'Radio(appaˌrat *m*) *n*: ***on the ~*** im Radio *od.* Rundfunk; **4.** *abbr. für* ***~ telegraphy***, ***~ telephony*** *etc.*; **III** *v/t. Brit.* **5.** *Nachricht etc.* funken; **~ car** *s. Brit.* Funkstreifenwagen *m*; **~ op·er·a·tor** *s.* ✈ (Bord)Funker *m*; **~ pi·rate** *s.* Schwarzhörer *m*; **~ (re·ceiv·ing) set** *s.* (Funk)Empfänger *m*; **~ sta·tion** *s.* (*a.* 'Rund)Funkstatiˌon *f*; **~ te·leg·ra·phy** *s.* drahtlose Telegra'phie, 'Funktelegraˌphie *f*; **~ te·leph·o·ny** *s.* drahtlose Telepho'nie, Sprechfunk *m*.
'wire|·man [-mən] *s.* [*irr.*] **1.** Tele'graphen-, Tele'phonarbeiter *m*; **2.** E'lektroinstallaˌteur *m*; **3.** 'Abhörspeziaˌlist *m*; **~ net·ting** *s.* ⚙ **1.** Drahtnetz *n*; **2.** *pl.* Maschendraht *m*; **'~ˌpho·to** *s.* 'Bildteleˌgramm *n*; **'~ˌpull·er** *s. fig.* ,Drahtzieher' *m*; **'~ˌpull·ing** *s. bsd. pol.* ,Drahtziehe'rei *f*; **~ rod** *s.* ⚙ Walz-, Stabdraht *m*; **~ rope** *s.* Drahtseil *n*; **~ rope·way** *s.* Drahtseilbahn *f*; **~ ser·vice** *s. Am.* 'Nachrichtenagenˌtur *f*; **'~·tap** *v/t. u. v/i.* (*j-s*) Tele'fongespräche abhören, (*j-s*) Leitung(en) anzapfen; **'~ˌtap·ping** *s.* Abhören *n*, Anzapfen *n* (von Tele'phonleitungen); **'~ˌwalk·er** *s.* 'Drahtseilakroˌbat(in), Seiltänzer(in); **'~·worm** *s. zo.* Drahtwurm *m*; **'~·wove** *adj.* **1.** Velin…(*-papier*); **2.** aus Draht geflochten.
wir·ing ['waɪərɪŋ] *s.* **1.** Verdrahtung *f* (*a.* ⚡); **2.** ⚡ a) (Be)Schaltung *f*, b) Leitungsnetz *n*: ***~ diagram*** Schaltplan *m*, -schema *n*.
wir·y ['waɪərɪ] *adj.* □ **1.** Draht…; **2.** drahtig (*Haar*, *Muskeln*, *Person etc.*); **3.** a) vibrierend, b) me'tallisch (*Ton*).
wis·dom ['wɪzdəm] *s.* Weisheit *f*, Klugheit *f*; **~ tooth** *s.* [*irr.*] Weisheitszahn *m*: ***cut one's ~ teeth*** *fig.* vernünftig werden.
wise¹ [waɪz] **I** *adj.* □ → ***wisely***; **1.** weise, klug, erfahren, einsichtig; **2.** gescheit, verständig; **3.** wissend, unter'richtet: ***be none the ~r*** (***for it***) nicht klüger sein als zuvor; ***without anybody being the ~r for it*** ohne daß es j-d gemerkt hätte; ***~r after the event*** um

e-e Erfahrung klüger; ***be ~ to*** F Bescheid wissen über (*acc.*); ***get ~ to*** F *et.* ‚spitzkriegen', *j-n od. et.* durch'schauen; ***put s.o. ~ to*** F j-m *et.* ‚stecken'; **4.** schlau, gerissen; **5.** F neunmalklug: ***~ guy*** ‚Klugscheißer' *m*; **6.** *obs.* ***~ man*** Zauberer *m*; ***~ woman*** a) Hexe *f*, b) Wahrsagerin *f*, c) weise Frau (*Hebamme*); **II** *v/t.* **7.** ***~ up*** *Am.* F *j-n* informieren (***to*** über *acc.*); **III** *v/i.* **8.** ***~ up*** *Am.* F a) ‚schlau' werden, b) ***~ up to*** *et.* ‚spitzkriegen'.

wise² [waɪz] *s. obs.* Art *f*, Weise *f*: ***in any ~*** auf irgendeine Weise; ***in no ~*** in keiner Weise, keineswegs; ***in this ~*** auf diese Art u. Weise.

-wise [waɪz] *in Zssgn* a) …artig, nach Art von, b) …weise, c) F …mäßig.

'wise|,a·cre [-ˌeɪkə] *s.* Neunmalkluge(r) *m*, Besserwisser *m*; **'~·crack** F **I** *s.* witzige *od.* treffende Bemerkung; Witze'lei *f*; **II** *v/i.* witzeln, ‚flachsen'; **'~,crack·er** *s.* F Witzbold *m*.

wise·ly ['waɪzlɪ] *adv.* **1.** weise (*etc.*; → ***wise¹*** 1 *u.* 2); **2.** klug, kluger-, vernünftigerweise; **3.** (wohl)weislich.

wish [wɪʃ] **I** *v/t.* **1.** (sich) wünschen; **2.** wollen, wünschen: ***I ~ I were rich*** ich wollte, ich wäre reich; ***I ~ you to come*** ich möchte, daß du kommst; ***~ s.o. further*** (*od.* ***at the devil***) j-n zum Teufel wünschen; ***~ o.s. home*** sich nach Hause sehnen; **3.** hoffen: ***I ~ it may prove true***; ***it is to be ~ed*** es ist zu hoffen *od.* wünschen; **4.** *j-m Glück, Spaß etc.* wünschen: ***~ s.o. well*** (***ill***) j-m wohl- (übel)wollen; ***~ s.th. on s.o.*** j-m et. (*Böses*) wünschen, j-m et. aufhalsen; → ***joy*** 1; **5.** *j-m guten Morgen etc.* wünschen; *j-m Adieu etc.* sagen: ***~ s.o. farewell***; **II** *v/i.* **6.** wünschen: ***~ for*** sich *et.* wünschen, sich sehnen nach; ***he cannot ~ for anything better*** er kann sich nichts Besseres wünschen; **III** *s.* **7.** Wunsch *m*: a) Verlangen *n* (***for*** nach), b) Bitte *f* (***for*** um *acc.*), c) *das* Gewünschte: ***you shall have your ~*** du sollst haben, was du dir wünschst; → ***father*** 5; **8.** *pl. gute* Wünsche *pl.*, Glückwünsche *pl.*: ***good ~es***; **'wish·bone** *s.* **1.** *orn.* Brust-, Gabelbein *n*; **2.** *mot.* Dreiecklenker *m*: ***~ suspension*** Schwingarmfederung *f*; **wish·ful** ['wɪʃfʊl] *adj.* ☐ **1.** vom Wunsch erfüllt, begierig (***to do*** zu tun); **2.** sehnsüchtig: ***~ thinking*** Wunschdenken *n*.

wish·ing| bone ['wɪʃɪŋ] → ***wishbone*** 1; **~ cap** *s.* Zauber-, Wunschkappe *f*.

wish-wash ['wɪʃwɒʃ] *s.* **1.** labberiges Zeug (*a. fig. Geschreibsel*); **2.** *fig.* Geschwätz *n*; **wish·y-wash·y** ['wɪʃɪˌwɒʃɪ] *adj.* labberig: a) wäßrig, b) *fig.* saft- u. kraftlos, seicht.

wisp [wɪsp] *s.* **1.** (*Stroh- etc.*)Wisch *m*, (*Heu-, Haar*)Büschel *n*; (*Haar*)Strähne *f*; **2.** Handfeger *m*; **3.** Strich *m*, Zug *m* (*Vögel*); **4.** Fetzen *m*, Streifen *m*: ***~ of smoke*** Rauchfetzen *m*; ***a ~ of a boy*** ein schmächtiges Bürschchen; **'wisp·y** [-pɪ] *adj.* **1.** büschelig (*Haar etc.*); **2.** dünn, schmächtig.

wist·ful ['wɪstfʊl] *adj.* ☐ **1.** sehnsüchtig, wehmütig; **2.** nachdenklich, versonnen.

wit¹ [wɪt] *s.* **1.** *oft pl.* geistige Fähigkeiten *pl.*, Intelli'genz *f*; **2.** *oft pl.* Verstand *m*: ***be at one's ~s' end*** mit s-r Weisheit zu Ende sein; ***have one's ~s about one*** s-e fünf Sinne beisammen haben; ***keep one's ~s about one*** e-n klaren Kopf behalten; ***live by one's ~s*** sich mehr oder weniger ehrlich durchs Leben schlagen; ***out of one's ~s*** von Sinnen, verrückt; ***frighten s.o out of his ~s*** j-n zu Tode erschrecken; **3.** Witz *m*, Geist *m*, Es'prit *m*; **4.** witziger Kopf, geistreicher Mensch; **5.** *obs.* Witz *m*, witziger Einfall.

wit² [wɪt] *v/t. u. v/i.* [*irr.*] *obs.* wissen: ***to ~*** *bsd.* ⚖ das heißt, nämlich.

witch [wɪtʃ] **I** *s.* **1.** Hexe *f*, Zauberin *f*: ***~es' sabbath*** Hexensabbat *m*; **2.** *fig.* alte Hexe; **3.** F betörendes Wesen, bezaubernde Frau; **II** *v/t.* **4.** be-, verhexen; **'~·craft** *s.* **1.** Hexe'rei *f*, Zaube'rei *f*; **2.** Zauber(kraft *f*) *m*; **~ doc·tor** *s.* Medi'zinmann *m*.

witch·er·y ['wɪtʃərɪ] *s.* **1.** → ***witchcraft***; **2.** *fig.* Zauber *m*.

witch hunt *s. bsd. pol.* Hexenjagd *f* (***for***, ***against*** auf *acc.*).

witch·ing ['wɪtʃɪŋ] *adj.* ☐ **1.** Hexen…: ***~ hour*** Geisterstunde *f*; **2.** → ***bewitching***.

wit·e·na·ge·mot [ˌwɪtɪnəgɪ'məʊt] *s. hist. gesetzgebende Versammlung im Angelsachsenreich.*

with [wɪð] *prp.* **1.** mit (*vermittels*): ***cut ~ a knife***; ***fill ~ water***; **2.** (zs.) mit: ***he went ~ his friends***; **3.** nebst, samt: ***~ all expenses***; **4.** mit (*besitzend*): ***a coat ~ three pockets***; ***~ no hat*** ohne Hut; **5.** mit (*Art u. Weise*): ***~ care***; ***~ a smile***; ***~ the door open*** bei offener Tür; **6.** in Über'einstimmung mit: ***I am quite ~ you*** ich bin ganz Ihrer Ansicht *od.* ganz auf Ihrer Seite; **7.** mit (*in derselben Weise, im gleichen Grad, zur selben Zeit*): ***the sun changes ~ the seasons***; ***rise ~ the sun***; **8.** bei: ***sit*** (***sleep***) ***~ s.o.***; ***work ~ a firm***; ***I have no money ~ me***; **9.** (*kausal*) durch, vor (*dat.*), von, an (*dat.*): ***die ~ cancer*** an Krebs sterben; ***stiff ~ cold*** steif vor Kälte; ***wet ~ tears*** von Tränen naß, tränennaß; ***tremble ~ fear*** vor Furcht zittern; **10.** bei, für: ***~ God all things are possible*** bei Gott ist kein Ding unmöglich; **11.** gegen, mit: ***fight ~ s.o.***; **12.** bei, auf seiten (von): ***it rests ~ you to decide*** die Entscheidung liegt bei dir; **13.** trotz, bei: ***~ all her brains*** bei all ihrer Klugheit; **14.** angesichts; in Anbetracht der Tatsache, daß: ***you can't leave ~ your mother so ill*** du kannst nicht weggehen, wenn deine Mutter so krank ist; **15.** ***~ it*** *sl.* a) ‚auf Draht', ‚schwer auf der Höhe', b) modebewußt, c) up to date, modern: ***get ~ it!*** mach mit!, sei kein Frosch!

with·al [wɪ'ðɔːl] *obs.* **I** *adv.* außerdem, 'oben'drein, da'bei; **II** *prp.* (*nachgestellt*) mit.

with·draw [wɪð'drɔː] [*irr.* → ***draw***] **I** *v/t.* **1.** (***from***) zu'rückziehen, -nehmen (von, aus): a) wegnehmen, entfernen (von, aus), *Schlüssel etc.*, *a.* ⚔ *Truppen* abziehen, her'ausziehen (aus), b) entziehen (*dat.*), c) einziehen, d) *fig. Auftrag, Aussage etc.* wider'rufen, *Wort etc.* zu'rücknehmen: ***~ a motion*** e-n Antrag zurückziehen; **2.** ♆ a) *Geld* abheben, *a. Kapital* entnehmen, b) *Kredit* kündigen; **II** *v/i.* **3.** (***from***) sich zu'rückziehen (von, aus): a) sich entfernen, b) zu'rückgehen, ⚔ *a.* sich absetzen, c) zu'rücktreten (von *e-m Posten, Vertrag*), d) austreten (aus *e-r Gesellschaft*), e) *fig.* sich distanzieren (von *j-m, e-r Sache*): ***~ within o.s.*** *fig.* sich in sich selbst zurückziehen; **with'draw·al** [-ɔːəl] *s.* **1.** Zu'rückziehung *f*, -nahme *f* (*a. fig. Widerrufung*) (*a.* ⚔ *von Truppen*): ***~*** (***from circulation***) Einziehung, Außerkurssetzung *f*; **2.** ♆ (Geld)Abhebung *f*, Entnahme *f*; **3.** *bsd.* ⚔ Ab-, Rückzug *m*; **4.** (***from***) Rücktritt *m* (von *e-m Amt, Vertrag etc.*), Ausscheiden *n* (aus); **5.** Entzug *m*; **6.** ⚕ Entziehung *f*: ***~ cure***; ***~ symptoms*** Entziehungs-, Ausfallserscheinungen *pl.*; **7.** *sport* Startverzicht *m*; **with'drawn** [-ɔːn] **I** *pp von* ***withdraw***; **II** *adj.* **1.** *psych.* in sich gekehrt; **2.** zu'rückgezogen.

with·er ['wɪðə] **I** *v/i.* **1.** *oft* ***~ up*** (ver-)welken, verdorren, austrocknen; **2.** *fig.* a) vergehen (*Schönheit etc.*), b) ‚eingehen' (*Firma etc.*), c) *oft* ***~ away*** schwinden (*Hoffnung etc.*); **II** *v/t.* **3.** (ver)welken lassen, ausdörren, -trocknen: ***~ed*** *fig.* verhutzelt; **4.** *fig. j-n mit e-m Blick etc., a. j-s Ruf* vernichten; **with·er·ing** ['wɪðərɪŋ] *adj.* ☐ **1.** ausdörrend; **2.** *fig.* vernichtend: ***a ~ look*** (***remark***).

with·ers ['wɪðəz] *s. pl. zo.* 'Widerrist *m* (*Pferd etc.*): ***my ~ are unwrung*** *fig.* das trifft mich nicht.

with'hold *v/t.* [*irr.* → ***hold²***] **1.** zu'rück-, abhalten (***s.o. from*** j-n von *et.*): ***~ o.s. from s.th.*** sich e-r Sache enthalten; ***~ing tax*** Quellensteuer *f*; **2.** vorenthalten, versagen (***s.th. from s.o.*** j-m et.).

with·in [wɪ'ðɪn] **I** *prp.* **1.** innerhalb von (*od. gen.*), in (*dat.*) (*beide a. zeitlich binnen*): ***~ 3 hours*** binnen *od.* in nicht mehr als 3 Stunden; ***~ a week of his arrival*** e-e Woche nach *od.* vor s-r Ankunft; **2.** im *od.* in den Bereich von: ***~ call*** (***hearing***, ***reach***, ***sight***) in Ruf- (Hör-, Reich-, Sicht)weite; ***~ the meaning of the Act*** im Rahmen des Gesetzes; ***~ my powers*** a) im Rahmen m-r Befugnisse, b) soweit es in m-n Kräften steht; ***~ o.s.*** *sport* ohne sich zu verausgaben (*laufen etc.*); ***live ~ one's income*** nicht über s-e Verhältnisse leben; **3.** im 'Umkreis von, nicht weiter (entfernt) als: ***~ a mile of*** bis auf e-e Meile von; → ***ace*** 3; **II** *adv.* **4.** (dr)innen, drin, im Innern: ***~ and without*** innen u. außen; ***from ~*** von innen; **5.** a) im *od.* zu Hause, drinnen, b) ins Haus, hi'nein; **6.** *fig.* innerlich, im Innern; **III** *s.* **7.** *das* Innere.

with·out [wɪ'ðaʊt] **I** *prp.* **1.** ohne (***doing*** zu tun): ***~ difficulty***; ***~ his finding me*** ohne daß er mich fand *od.* findet; ***~ doubt*** zweifellos; → ***do without***, ***go without***; **2.** außerhalb, jenseits, vor (*dat.*); **II** *adv.* **3.** (dr)außen, äußerlich; **4.** ohne: ***go ~*** leer ausgehen; **III** *s.* **5.** *das* Äußere: ***from ~*** von außen; **IV** *cj.* **6.** *a.* ***~ that*** *obs. od.* F a) wenn nicht, außer wenn, b) ohne daß.

with'stand [*irr.* → ***stand***] *v/t.* wider'stehen (*dat.*): a) sich wider'setzen (*dat.*), b) aushalten (*acc.*), standhalten (*dat.*).

wit·less ['wɪtlɪs] *adj.* ☐ **1.** geist-, witzlos; **2.** dumm, einfältig; **3.** verrückt; **4.** ahnungslos.

wit·ness ['wɪtnɪs] **I** *s.* **1.** Zeuge *m*, Zeugin *f* (*a.* ⚖ *u. fig.*): ***be a ~ of s.th.*** Zeuge von et. sein; ***call s.o. to ~*** j-n als Zeugen anrufen; ***a living ~ to*** ein lebender Zeuge (*gen.*); ***~ for the prosecution*** (*Brit. a.* ***for the Crown***) Belastungszeuge; ***prosecuting ~*** a) Nebenkläger(in), b) Belastungszeuge; ***~ for the defence*** (*Am.* ***defense***) Entlastungszeuge; ℒ *eccl.* Zeuge Je'hovas; **2.** Zeugnis *n*, Bestätigung *f*, Beweis *m* (***of, to*** *gen. od.* für): ***bear ~ to*** (*od.* ***of***) Zeugnis ablegen von, *et.* bestätigen; ***in ~ whereof*** zum Zeugnis *od.* urkundlich dessen; **II** *v/t.* **3.** bezeugen, beweisen: ***~ Shakespeare*** als Beweis dient Shakespeare; **4.** Zeuge sein von, zu'gegen sein bei, (mit)erleben (*a. fig.*); **5.** *fig.* zeugen von, Zeuge sein von; **6.** ⚖ *j-s Unterschrift* beglaubigen, *Dokument* als Zeuge unter'schreiben; **III** *v/i.* **7.** zeugen, Zeuge sein, Zeugnis ablegen, ⚖ *a.* aussagen (***against*** gegen, ***for, to*** für): ***~ to s.th.*** *fig.* et. bezeugen; ***this agreement ~eth*** ⚖ dieser Vertrag be-inhaltet; **~ box** *bsd. Brit.*, **~ stand** *Am. s.* ⚖ Zeugenstand *m*.

wit·ted ['wɪtɪd] *adj. in Zssgn* …denkend, …sinnig; → ***half-witted*** *etc.*

wit·ti·cism ['wɪtɪsɪzəm] *s.* witzige Bemerkung.

wit·ti·ness ['wɪtɪnɪs] *s.* Witzigkeit *f*.

wit·ting·ly ['wɪtɪŋlɪ] *adv.* wissentlich.

wit·ty ['wɪtɪ] *adj.* □ witzig, geistreich.

wives [waɪvz] *pl. von* ***wife***.

wiz [wɪz] F *für* ***wizard*** 2.

wiz·ard ['wɪzəd] **I** *s.* **1.** Zauberer *m*, Hexenmeister *m* (*beide a. fig.*); **2.** *fig.* Ge'nie *n*, Leuchte *f*, ‚Ka'none' *f*; **II** *adj.* **3.** magisch, Zauber…; **4.** F ‚phan'tastisch'; '**wiz·ard·ry** [-drɪ] *s.* Zaube'rei *f*, Hexe'rei *f* (*a. fig.*).

wiz·en ['wɪzn], '**wiz·ened** [-nd] *adj.* verhutzelt, schrump(e)lig.

wo, woa [wəʊ] *int.* brr! (*zum Pferd*).

wob·ble ['wɒbl] **I** *v/i.* **1.** wackeln; schwanken (*a. fig.* ***between*** zwischen); **2.** schlottern (*Knie etc.*); **3.** ⚙ a) flattern (*Rad*), b) ‚eiern' (*Schallplatte*); **II** *s.* **4.** Wackeln *n*; Schwanken *n* (*a. fig.*); ⚙ Flattern *n*; '**wob·bly** [-lɪ] *adj.* wack(e)lig.

woe [wəʊ] **I** *int.* wehe!, ach!; **II** *s.* Weh *n*, Leid *n*, Kummer *m*, Not *f*: ***face of ~*** jämmerliche Miene; ***tale of ~*** Leidensgeschichte *f*; ***~ is me!*** wehe mir!; ***~ (be) to …!, ~ betide …!*** wehe (*dat.*)!, verflucht sei(en) …!; → ***weal***¹; **woe·begone** ['wəʊbɪˌgɒn] *adj.* **1.** leid-, jammervoll, vergrämt; **2.** verwahrlost; **woe·ful** ['wəʊfʊl] *adj.* □ *rhet. od. humor.* **1.** kummer-, sorgenvoll; **2.** elend, jammervoll; **3.** *contp.* erbärmlich, jämmerlich.

wog [wɒg] *s. sl. contp.* farbiger Ausländer.

woke [wəʊk] *pret. von* ***wake***².

wold [wəʊld] *s.* **1.** hügeliges Land; **2.** Hochebene *f*.

wolf [wʊlf] **I** *pl.* **wolves** [-vz] *s.* **1.** *zo.* Wolf *m*: ***a ~ in sheep's clothing*** *fig.* ein Wolf im Schafspelz; ***lone ~*** *fig.* Einzelgänger *m*; ***cry ~*** *fig.* blinden Alarm schlagen; ***keep the ~ from the door*** *fig.* sich über Wasser halten; **2.** *fig.* a) Wolf *m*, räuberische *od.* gierige Per'son, b) F ‚Casa'nova' *m*, Schürzenjäger *m*; **3.** ♪ Disso'nanz *f*; **II** *v/t.* **4.** *a.* ***~ down*** *Speisen* (gierig) verschlingen; **~ call** *s. Am.* F *bewundernder Pfiff od. Ausruf* (*beim Anblick e-r attraktiven Frau*); **~ cub** *s. zo.* junger Wolf.

wolf·ish ['wʊlfɪʃ] *adj.* □ **1.** wölfisch (*a. fig.*), Wolfs…; **2.** *fig.* wild, gefräßig: ***~ appetite*** Wolfshunger *m*.

wolf pack *s.* **1.** Wolfsrudel *n*; **2.** ⚓, ⚔ Rudel *n* U-Boote.

wolf·ram ['wʊlfrəm] *s.* **1.** ⚗ Wolfram *n*; **2.** → '**wolf·ram·ite** [-maɪt] *s. min.* Wolfra'mit *m*.

wol·ver·ine ['wʊlvəriːn] *s. zo.* (Amer.) Vielfraß *m*.

wolves [wʊlvz] *pl. von* ***wolf***.

wom·an ['wʊmən] **I** *pl.* **wom·en** ['wɪmɪn] *s.* **1.** Frau *f*, Weib *n*: ***~ of the world*** Frau von Welt; ***play the ~*** empfindsam *od.* ängstlich sein; → ***women***; **2.** a) Hausangestellte *f*, b) Zofe *f*; **3.** (*ohne Artikel*) das weibliche Geschlecht, die Frauen *pl.*, das Weib: ***born of ~*** vom Weibe geboren (*sterblich*); ***~'s reason*** weibliche Logik; **4.** ***the ~*** *fig.* das Weib, die Frau, das typisch Weibliche; **5.** F a) (Ehe)Frau *f*, b) Freundin *f*, Geliebte *f*; **II** *adj.* **6.** weiblich, Frauen…: ***~ doctor*** Ärztin *f*; ***~ student*** Studentin *f*.

wom·an·hood ['wʊmənhʊd] *s.* **1.** Stellung *f* der (erwachsenen) Frau: ***reach ~*** e-e Frau werden; **2.** Weiblich-, Fraulichkeit *f*; **3.** → ***womankind*** 1; '**wom·an·ish** [-nɪʃ] *adj.* □ **1.** *contp.* weibisch; **2.** → ***womanly***; '**wom·an·ize** [-naɪz] **I** *v/t.* weibisch machen; **II** *v/i.* F hinter den Weibern her sein; '**wom·an·iz·er** [-naɪzə] *s.* F Schürzenjäger *m*.

ˌ**wom·an**|'**kind** *s.* **1.** *coll.* Frauen(welt *f*) *pl.*, Weiblichkeit *f*; **2.** → ***womenfolk*** 2; '**~·like** *adj.* wie e-e Frau, fraulich, weiblich.

wom·an·li·ness ['wʊmənlɪnɪs] *s.* Fraulich-, Weiblichkeit *f*; **wom·an·ly** ['wʊmənlɪ] *adj.* fraulich, weiblich (*a. weitS.*).

womb [wuːm] *s. anat.* Gebärmutter *f*; *weitS.* (Mutter)Leib *m*, Schoß *m* (*a. fig. der Erde, der Zukunft etc.*); **~ en·vy** *s. psych.* Gebärneid *m*; ˌ**~-to-'tomb** *adj.* von der Wiege bis zur Bahre.

wom·en ['wɪmɪn] *pl. von* ***woman***: ***~'s rights*** Frauenrechte; ***~'s team*** *sport* Damenmannschaft *f*; '**~·folk** *s. pl.* **1.** → ***womankind*** 1; **2.** *die* Frauen *pl.* (*in e-r Familie*), *mein etc.* ‚Weibervolk' *n* (da'heim).

Wom·en's| **Lib** [lɪb] F, **~ Lib·er·a·tion (Move·ment)** *s.* 'Frauenemanzipatiˌonsbewegung *f*; **~ Lib·ber** ['lɪbə] *s.* F Anhängerin *f* der Emanzipati'onsbewegung, *contp.* ‚E'manze' *f*.

won [wʌn] *pret. u. p.p. von* ***win***.

won·der ['wʌndə] **I** *s.* **1.** Wunder *n*, *et.* Wunderbares, Wundertat *f*, -werk *n*: ***a ~ of skill*** ein (wahres) Wunder an Geschicklichkeit (*Person*); ***the 7 ~s of the world*** die 7 Weltwunder; ***work*** (*od.* ***do***) ***~s*** Wunder wirken; ***promise ~s*** *j-m* goldene Berge versprechen; (***it is***) ***no*** (*od.* ***small***) ***~ that*** kein Wunder, daß; ***~s will never cease*** es gibt immer noch Wunder; → ***nine*** 1, ***sign*** 8; **2.** Verwunderung *f*, (Er)Staunen *n*: ***filled with ~*** von Staunen erfüllt; ***for a ~*** a) erstaunlicherweise, b) ausnahmsweise; ***in ~*** erstaunt, verwundert; **II** *v/i.* **3.** sich (ver)wundern, erstaunt sein (***at, about*** über *acc.*): ***not to be ~ed at*** nicht zu verwundern; **4.** a) neugierig *od.* gespannt sein, gern wissen mögen (***if, whether, what*** *etc.*), b) sich fragen *od.* über'legen: ***I ~ whether I might …?*** dürfte ich vielleicht …?, ob ich wohl … kann?; ***I ~ if you could help me*** vielleicht können Sie mir helfen; ***well, I ~!*** na, ich weiß nicht (recht)!; **~ boy** *s.* ‚Wunderknabe' *m*; **~ child** *s.* [*irr.*] *Am.* Wunderkind *n*; **~ drug** *s.* Wunderdroge *f*, -mittel *n*.

won·der·ful ['wʌndəfʊl] *adj.* □ wunderbar, -voll, herrlich: ***not so ~*** F nicht so toll.

won·der·ing ['wʌndərɪŋ] *adj.* □ verwundert, erstaunt, staunend.

'**won·der·land** *s.* Wunder-, Märchenland *n* (*a. fig.*).

won·der·ment ['wʌndəmənt] *s.* Verwunderung *f*, Staunen *n*.

'**won·der**|**-struck** *adj.* von Staunen ergriffen (***at*** über *acc.*); '**~-ˌwork·er** *s.* Wundertäter(in); '**~-ˌwork·ing** *adj.* wundertätig.

won·drous ['wʌndrəs] *rhet.* **I** *adj.* □ wundersam, -bar; **II** *adv.* a) wunderbar(erweise), b) außerordentlich.

won·ky ['wɒŋkɪ] *adj. Brit. sl.* wack(e)lig (*a. fig.*).

won't [wəʊnt] F *für* ***will not***.

wont [wəʊnt] **I** *adj.*: ***be ~ to do*** gewohnt sein *od.* pflegen zu tun; **II** *s.* Gewohnheit *f*, Brauch *m*; '**wont·ed** [-tɪd] *adj.* **1.** *obs.* gewohnt; **2.** gewöhnlich, üblich; **3.** *Am.* eingewöhnt (***to*** in *dat.*).

woo [wuː] *v/t.* **1.** werben *od.* freien um, *j-m* den Hof machen; **2.** *fig.* trachten nach, buhlen um; **3.** *fig.* a) *j-n* um'werben, b) locken, drängen (***to*** zu).

wood [wʊd] **I** *s.* **1.** *oft pl.* Wald *m*, Waldung *f*, Gehölz *n*: ***be out of the ~*** (*Am.* ***~s***) F über den Berg sein; ***he cannot see the ~ for the trees*** er sieht den Wald vor lauter Bäumen nicht; → ***halloo*** III; **2.** Holz *n*: ***touch ~!*** unberufen!; **3.** (Holz)Faß *n*: ***wine from the ~*** Wein (direkt) vom Faß; **4.** ***the ~*** ♪ → ***woodwind*** 2; **5.** → ***wood block*** 2; **6.** *Bowling*: (*bsd.* abgeräumter) Kegel; **7.** *pl. Skisport*: ‚Bretter' *pl.*; **8.** *Golf*: Holz (-schläger *m*) *n*; **II** *adj.* **9.** hölzern, Holz…; **10.** Wald…; **~ al·co·hol** *s.* ⚗ Holzgeist *m*; **~ a·nem·o·ne** *s.* ⚘ Buschwindrös-chen *n*; '**~·bind**, '**~·bine** *s.* **1.** ⚘ Geißblatt *n*; **2.** *Am.* wilder Wein; **~ block** *s.* **1.** Par'kettbrettchen *n*; **2.** *typ.* a) Druckstock *m*, b) Holzschnitt *m*; **~ carv·er** *s.* Holzschnitzer *m*; **~ carv·ing** *s.* Holzschnitze'rei *f* (*a. Schnitzwerk*); '**~·chuck** *s. zo.* (amer.) Waldmurmeltier *n*; **~ coal** *s.* **1.** *min.* Braunkohle *f*; **2.** Holzkohle *f*; '**~·cock** *s. orn.* Waldschnepfe *f*; '**~·craft** *s.* **1.** die Fähigkeit, im Wald zu (über)leben; **2.** Holzschnitze'rei *f*; '**~·cut** *s. typ.* **1.** Holzstock *m* (*Druckform*); **2.** Holzschnitt *m* (*Druckerzeugnis*); '**~ˌcut·ter** *s.* **1.** Holzfäller *m*; **2.** *Kunst*: Holzschneider *m*.

wood·ed ['wʊdɪd] *adj.* bewaldet, waldig, Wald…

wood·en ['wʊdn] *adj.* □ **1.** hölzern, Holz…: ℒ ***Horse*** *das* Trojanische Pferd; ***~ spoon*** a) Holzlöffel *m*, b) *bsd. sport* Trostpreis *m*; **2.** *fig.* hölzern, steif

(*a. Person*); **3.** *fig.* ausdruckslos (*Gesicht etc.*); **4.** stumpf(sinnig).
wood| en·grav·er *s.* Holzschneider *m*; **~ en·grav·ing** *s.* **1.** Holzschneiden *n*; **2.** Holzschnitt *m*.
'wood·en|ˌhead·ed *adj.* F dumm.
wood| gas *s.* ⚙ Holzgas *n*; **~ grouse** *s. orn.* Auerhahn *m*.
wood·i·ness ['wʊdɪnɪs] *s.* **1.** Waldreichtum *m*; **2.** Holzigkeit *f*.
wood| king·fish·er *s. orn.* Königsfischer *m*; **'~·land I** *s.* Waldland *n*, Waldung *f*; **II** *adj.* Wald...; **~ lark** *s. orn.* Heidelerche *f*; **~ louse** *s.* [*irr.*] *zo.* Bohrassel *f*; **'~·man** [-mən] *s.* [*irr.*] **1.** *Brit.* Förster *m*; **2.** Holzfäller *m*; **3.** Jäger *m*; **4.** Waldbewohner *m*; **~ naph·tha** *s.* ⚗ Holzgeist *m*; **~ nymph** *s.* **1.** *myth.* Waldnymphe *f*; **2.** *zo. eine* Motte; **3.** *orn. ein* Kolibri *m*; **'~ˌpeck·er** *s. orn.* Specht *m*; **~ pi·geon** *s. orn.* Ringeltaube *f*; **'~·pile** *s.* Holzhaufen *m*, -stoß *m*; **~ pulp** *s.* ⚙ Holz(zell)stoff *m*, Holzschliff *m*; **'~·ruff** *s.* ⚘ Waldmeister *m*; **~·print** → ***woodcut*** 2; **'~·shav·ings** *s. pl.* Hobelspäne *pl.*; **'~·shed** *s.* Holzschuppen *m*.
woods·man ['wʊdzmən] *s.* [*irr.*] *s.* Waldbewohner *m*.
wood| sor·rel *s.* ⚘ Sauerklee *m*; **~ spir·it** *s.* ⚗ Holzgeist *m*; **~ tar** *s.* ⚗ Holzteer *m*; **~ tick** *s. zo.* Holzbock *m*; **'~·wind** [-wɪnd] ♪ **I** *s.* **1.** 'Holzblasinstruˌment *n*; **2.** *oft pl.* 'Holzblasinstruˌmente *pl.* (*e-s Orchesters*), Holz(bläser *pl.*) *n*; **II** *adj.* **3.** Holzblas...; **~ wool** *s.* ✱ Zellstoffwatte *f*; **'~·work** *s.* △ **1.** Holz-, Balkenwerk *n*; **2.** Holzarbeit(en *pl.*) *f*; **'~ˌwork·ing I** *s.* Holzbearbeitung *f*; **II** *adj.* holzbearbeitend, Holzbearbeitungs...: **~ *machine***; **'~·worm** *s. zo.* Holzwurm *m*.
wood·y ['wʊdɪ] *adj.* **1.** a) waldig, Wald..., b) waldreich; **2.** holzig, Holz...
'wood·yard *s.* Holzplatz *m*.
woo·er ['wu:ə] *s.* Freier *m*, Anbeter *m*.
woof¹ [wu:f] *s.* **1.** *Weberei*: a) Einschlag *m*, (Ein)Schuß *m*, b) Schußgarn *n*; **2.** Gewebe *n*.
woof² [wʊf] *v/i.* bellen.
woof·er ['wu:fə] *s.* ⚡ Tieftonlautsprecher *m*.
woo·ing ['wu:ɪŋ] *s.* (*a. fig.* Liebes)Werben *n*, Freien *n*, Werbung *f*.
wool [wʊl] **I** *s.* **1.** Wolle *f*: ***dyed in the ~*** in der Wolle gefärbt, *bsd. fig.* waschecht; → ***cry*** 2; **2.** Wollfaden *m*, -garn *n*; **3.** Wollstoff *m*, -tuch *n*; **4.** Zell-, Pflanzenwolle *f*; **5.** (*Baum-, Glas- etc.*)Wolle *f*; **6.** F ,Wolle' *f*, (kurzes) wolliges Kopfhaar: ***lose one's ~*** ärgerlich werden; ***pull the ~ over s.o.'s eyes*** F j-n hinters Licht führen; **II** *adj.* **7.** wollen, Woll...; **~ card** *s.* Wollkrempel *m*, -kratze *f*; **~ clip** *s.* ♰ (jährlicher) Wollertrag; **~ comb·ing** *s.* Wollkämmen *n*; **'~-dyed** *adj.* in der Wolle gefärbt.
wool·en *Am.* → ***woollen***.
'wool|ˌgath·er·ing I *s. fig.* Verträumtheit *f*, Spintisieren *n*; **II** *adj.* verträumt, spintisierend; **'~ˌgrow·er** *s.* Schafzüchter *m*; **~ hall** *s.* ♰ *Brit.* Wollbörse *f*.
wool·i·ness *Am.* → ***woolliness***.
wool·len ['wʊlən] **I** *s.* **1.** Wollstoff *m*; **2.** *pl.* Wollsachen *pl.* (*a. wollene Unterwäsche*), Wollkleidung *f*; **II** *adj.* **3.** wollen, Woll...: **~ *goods*** Wollwaren; **~ drap·er** *s.* Wollwarenhändler *m*.
wool·li·ness ['wʊlɪnɪs] *s.* **1.** Wolligkeit *f*; **2.** *paint. u. fig.* Verschwommenheit *f*;
wool·ly ['wʊlɪ] **I** *adj.* **1.** wollig, weich, flaumig; **2.** Wolle tragend, Woll...; **3.** *paint. u. fig.* verschwommen; belegt (*Stimme*); **II** *s.* **4.** wollenes Kleidungsstück, *bsd.* Wolljacke *f*; *pl.* → ***woollen*** 2.
'wool|·pack *s.* **1.** Wollsack *m* (*Verpackung*); **2.** Wollballen *m* (*240 englische Pfund*); **3.** *meteor.* Haufenwolke *f*; **'~·sack** *s. pol.* a) Wollsack *m* (*Sitz des Lordkanzlers im englischen Oberhaus*), b) *fig.* Amt *n* des Lordkanzlers; **'~ˌsort·er** *s.* Wollsortierer *m* (*Person od. Maschine*): **~*'s disease*** ✱ Lungenmilzbrand; **'~ˌsta·pler** *s.* ♰ **1.** Woll(groß)händler *m*; **2.** Wollsortierer *m*; **'~-work** *s.* Wollsticke'rei *f*.
wool·y *Am.* → ***woolly***.
woo·pies ['wu:pɪz] *s. pl.* wohlhabende Seni'oren *pl.* (= ***well-off older people***).
wooz·y ['wu:zɪ] *adj. Am. sl.* **1.** (*von Alkohol etc.*) benebelt; **2.** a) wirr (im Kopf, b) ,komisch' (im Magen).
wop [wɒp] *s. sl. contp.* ,Itaker' *m*, ,Spa'ghetti(fresser)' *m*.
word [wɜ:d] **I** *s.* **1.** Wort *n*: **~*s*** a) Worte, b) *ling.* Wörter; **~ *for* ~** Wort für Wort, (wort)wörtlich; ***at a ~*** sofort, aufs Wort; ***in a ~*** mit 'einem Wort, kurz (-um); ***in other ~s*** mit anderen Worten; ***in so many ~s*** wörtlich, ausdrücklich; ***the last ~*** a) das letzte Wort (***on*** in *e-r Sache*), b) das Allerneueste *od.* -beste (***in*** an *dat.*); ***have the last ~*** das letzte Wort haben; ***have no ~s for*** nicht wissen, was man zu *e-r Sache* sagen soll; ***put into ~s*** in Worte fassen; ***too silly for ~s*** unsagbar dumm; ***cold's not the ~ for it!*** F kalt ist gar kein Ausdruck!; ***he is a man of few ~s*** er macht nicht viele Worte, er ist ein schweigsamer Mensch; ***he hasn't a ~ to throw at a dog*** er macht den Mund nicht auf; **2.** Wort *n*, Ausspruch *m*: **~*s*** Worte, Rede, Äußerung; ***by ~ of mouth*** mündlich; ***have a ~ with s.o.*** (kurz) mit j-m sprechen; ***have a ~ to say*** et. (Wichtiges) zu sagen haben; ***put in*** (*od.* ***say***) ***a*** (***good***) **~ *for*** ein (gutes) Wort einlegen für; ***I take your ~ for it*** ich glaube es dir; **3.** *pl.* Text *m e-s Lieds etc.*; **4.** *pl.* Wortwechsel *m*, Streit *m*: ***have ~s*** (***with***) sich streiten *od.* zanken mit; **5.** a) Befehl *m*, Kom'mando *n*, b) Losung *f*, Pa'role *f*, c) Zeichen *n*, Si'gnal *n*: ***give the ~*** (***to do***); ***pass the ~*** durch-, weitersagen; ***sharp's the ~!*** (jetzt aber) dalli!; **6.** Bescheid *m*, Nachricht *f*: ***leave ~*** Bescheid hinterlassen (***with*** bei); ***send ~ to*** *j-m* Nachricht geben; **7.** Wort *n*, Versprechen *n*: **~ *of hono(u)r*** Ehrenwort; ***break*** (***give*** *od.* ***pass, keep***) ***one's ~*** sein Wort brechen (geben, halten); ***take s.o. at his ~*** j-n beim Wort nehmen; ***he is as good as his ~*** er ist ein Mann von Wort; er hält, was er verspricht; (***up***)***on my ~!*** auf mein Wort!; **8.** ***the*** **≈** *eccl.* das Wort Gottes, das Evan'gelium; **II** *v/t.* **9.** in Worte fassen, (in Worten) ausdrücken, formulieren: **~*ed as follows*** mit folgendem Wortlaut; **~ ac·cent** *s. ling.* 'Wortakˌzent *m*; **'~-blind** *adj.* ✱ wortblind; **'~·book** *s.* **1.** Vokabu'lar *n*; **2.** Wörterbuch *n*; **3.** ♪ Textbuch *n*, Li'bretto *n*; **'~-ˌcatch·er** *s. contp.* Wortklauber *m*; **'~-deaf** *adj. psych.* worttaub; **~ for·ma·tion** *s. ling.* Wortbildung *f*; **ˌ~-for-'word** *adj.* (wort)wörtlich.
word·i·ness ['wɜ:dɪnɪs] *s.* Wortreichtum *m*, Langatmigkeit *f*; **'word·ing** [-ɪŋ] *s.* Fassung *f*, Formulierung *f*, Wortlaut *m*.
word·less ['wɜ:dlɪs] *adj.* **1.** wortlos, stumm; **2.** schweigsam.
ˌword|-of-'mouth *adj.* mündlich: **~ *advertising*** Mundwerbung *f*; **~ or·der** *s. ling.* Wortstellung *f* (*im Satz*); **~ paint·ing** anschauliche Schilderung; **ˌ~-'per·fect** *adj.* **1.** *thea. etc.* textsicher; **2.** per'fekt auswendig gelernt: **~ *text***; **~ pic·ture** → ***word painting***; **'~·play** *s.* Wortspiel *n*; **~ pow·er** *s.* Wortschatz *m*; **~ pro·cess·ing** *s. Computer*: Textverarbeitung *f*; **'~ˌsplit·ting** *s.* Wortklaube'rei *f*.
word·y ['wɜ:dɪ] *adj.* ☐ **1.** Wort...: **~ *warfare*** Wortkrieg *m*; **2.** wortreich, langatmig.
wore [wɔ:] *pret. von* ***wear¹***, *pret. u. p.p. von* ***wear²***.
work [wɜ:k] **I** *s.* **1.** Arbeit *f*: a) Tätigkeit *f*, Beschäftigung *f*, b) Aufgabe *f*, c) Hand-, Nadelarbeit *f*, Sticke'rei *f*, Nähe'rei *f*, d) Leistung *f*, e) Erzeugnis *n*: **~ *done*** geleistete Arbeit; ***a beautiful piece of ~*** e-e schöne Arbeit; ***good ~!*** gut gemacht!; ***total ~ in hand*** ♰ Gesamtaufträge *pl.*; **~ *in process material*** ♰ Material in Fabrikation; ***at ~*** a) bei der Arbeit, b) in Tätigkeit, in Betrieb; ***be at ~ on*** arbeiten an (*dat.*); ***do ~*** arbeiten; ***be in*** (***out of***) **~** (keine) Arbeit haben; (***put***) ***out of ~*** arbeitslos (machen); ***set to ~*** an die Arbeit gehen; ***have one's ~ cut out*** (***for one***) (,schwer) zu tun' haben; ***make ~*** Arbeit verursachen; ***make sad ~ of*** arg wirtschaften mit; ***make short ~ of*** kurzen Prozeß *od.* nicht viel Federlesens machen mit; ***it's all in the day's ~*** das ist nichts Besonderes, das gehört alles (mit) dazu; **2.** *phys.* Arbeit *f*: ***convert heat into ~***; **3.** *künstlerisches etc.* Werk (*a. coll.*): ***the ~(s) of Bach***; **4.** a) Werk *n* (*Tat u. Resultat*): ***the ~ of a moment*** *es war* das Werk e-s Augenblicks, b) *bsd. pl. eccl.* (gutes) Werk; **5.** ⚙ → ***workpiece***; **6.** *pl.* a) (*bsd.* öffentliche) Bauten *pl. od.* Anlagen *pl.*, b) ⚔ Befestigungen *pl.*, (Festungs)Werk *n*; **7.** *pl. sg. konstr.* Werk *n*, Fa'brik(anlagen *pl.*) *f*, Betrieb *m*: ***iron~s*** Eisenhütte *f*; **~*s council*** (***engineer, outing, superintendent***) Betriebsrat (-ingenieur, -ausflug, -direktor) *m*; **~ *manager*** Werkleiter *m*; **8.** *pl.* (Trieb-, Uhr- *etc.*)Werk *n*, Getriebe *n*; **9.** ***the ~s*** *sl.* alles, der ganze Krempel; ***give s.o. the ~s*** j-n ,fertigmachen'; ***shoot the ~s*** *Kartenspiel od. fig.* aufs Ganze gehen; **II** *v/i.* **10.** (***at***) arbeiten (an *dat.*), sich beschäftigen (mit): **~ *to rule*** Dienst nach Vorschrift tun; **11.** arbeiten (*fig. kämpfen* ***against*** gegen, ***for*** für *e-e Sache*), sich anstrengen; **12.** ⚙ a) funktionieren, gehen (*beide a. fig.*), b) in Betrieb *od.* in Gang sein; **13.** *fig.* ,klappen', gehen, gelingen, sich machen lassen: ***it won't ~*** es geht nicht; **14.** (*p.p. oft* ***wrought***) wir-

ken (*a. Gift etc.*), sich auswirken (**[up]on**, **with** auf *acc.*, bei); **15.** sich bearbeiten lassen; **16.** sich (*hindurch-, hoch- etc.*)arbeiten: **~ into** eindringen in (*acc.*); **~ loose** sich losarbeiten, sich lockern; **17.** in (heftiger) Bewegung sein; **18.** arbeiten, zucken (*Gesichtszüge etc.*), mahlen (*Kiefer*) (**with** vor *Erregung etc.*); **19.** ⚓ *gegen den Wind etc.* fahren, segeln; **20.** gären; arbeiten (*a. fig. Gedanken etc.*); **21.** (hand)arbeiten, stricken, nähen; **III** *v/t.* **22.** *a.* ⚙ a) bearbeiten, *Teig* kneten, b) verarbeiten, (ver)formen, gestalten (**into** zu); **23.** *Maschine etc.* bedienen, *Wagen* führen, lenken; **24.** ⚙ (an-, be)treiben: **~ed by electricity**; **25.** ⚘ *Boden* bearbeiten, bestellen; **26.** *Betrieb* leiten, *Fabrik etc.* betreiben, *Gut etc.* bewirtschaften; **27.** ⚒ *Grube* abbauen, ausbeuten; **28.** *geschäftlich* bereisen, bearbeiten; **29.** *j-n, Tiere tüchtig* arbeiten lassen, antreiben; **30.** *fig. j-n* bearbeiten, *j-m* zusetzen; **31.** arbeiten mit, bewegen: **he ~ed his jaws** s-e Kiefer mahlten; **32.** a) **~ one's way** sich (*hindurch- etc.*)arbeiten, b) verdienen, erarbeiten; → **passage** 6; **33.** sticken, nähen, machen; **34.** gären lassen; **35.** errechnen, lösen; **36.** (*p.p. oft* **wrought**) her'vorbringen, -rufen, *Veränderung etc.* bewirken, *Wunder* wirken *od.* tun, führen zu, verursachen: **~ hardship**; **37.** (*p.p. oft* **wrought**) fertigbringen, zu'stande bringen: **~ it** F es ‚deichseln'; **38.** *sl. et.* ‚her'ausschlagen', ‚organisieren'; **39.** *in e-n Zustand* versetzen, erregen: **~ o.s. into a rage** sich in e-e Wut hineinsteigern;

Zssgn mit adv.:

work| a·round → **work round**; **~ a·way** *v/i.* (flott) arbeiten (**at** an *dat.*); **~ in I** *v/t.* einarbeiten, -flechten, -fügen; **II** *v/i.* **~ with** harmonieren mit, passen zu; **~ off** *v/t.* **1.** weg-, aufarbeiten; **2.** *überflüssige Energie* loswerden; **3.** *Gefühl* abreagieren (**on** an *dat.*); **4.** *typ.* abdrucken, -ziehen; **5.** *Ware etc.* loswerden, abstoßen (**on** an *acc.*); **6.** *Schuld* abarbeiten; **~ out I** *v/t.* **1.** ausrechnen, *Aufgabe* lösen; **2.** *Plan* ausarbeiten; **3.** bewerkstelligen; **4.** ⚒ abbauen, (*a. fig. Thema etc.*) erschöpfen; **II** *v/i.* **5.** sich her'ausarbeiten, zum Vorschein kommen (**from** aus); **6. ~ at** sich belaufen auf (*acc.*); **7.** ‚klappen', *gut etc.* gehen, sich *gut etc.* anlassen: **~ well** (**badly**); **8.** *sport* trainieren; **~ o·ver** *v/t.* **1.** über'arbeiten; **2.** *sl. j-n* ‚in die Mache nehmen'; **~ round** *v/i.* **1. ~ to** a) *ein Problem etc.* angehen, b) sich 'durchringen zu; **2. ~ to** kommen zu, Zeit finden für; **3.** drehen (*Wind*); **~ to·geth·er** *v/i.* **1.** zs.-arbeiten; **2.** inein'andergreifen (*Zahnräder*); **~ up I** *v/t.* **1.** verarbeiten (**into** zu); **2.** ausarbeiten, entwickeln; **3.** *Thema* bearbeiten; sich einarbeiten in (*acc.*), gründlich studieren; **4.** *Geschäft etc.* auf- *od.* ausbauen; **5.** a) *Interesse etc.* entwickeln, b) sich *Appetit etc.* holen; **6.** *Gefühl, Nerven, a. Zuhörer etc.* aufpeitschen, -wühlen, *Interesse* wecken: **work o.s. up** sich aufregen; **~ a rage, work o.s. up into a rage** sich in e-e Wut hineinsteigern; **worked up** aufgebracht; **II** *v/i.* **7.** *fig.* sich steigern (**to** zu).

work·a·ble ['wɜːkəbl] *adj.* □ **1.** bearbeitungsfähig, (ver)formbar; **2.** betriebsfähig; **3.** 'durch-, ausführbar (*Plan etc.*); **4.** ⚒ abbauwürdig.

work·a·day ['wɜːkədeɪ] *adj.* **1.** Alltags...; **2.** *fig.* all'täglich.

work·a·hol·ic [ˌwɜːkə'hɒlɪk] *s.* Arbeitssüchtige(r *m*) *f*; Arbeitstier *n*.

'**work|·bench** *s.* ⚙ Werkbank *f*; '**~·book** *s.* **1.** ⚙ Betriebsanleitung *f*; **2.** *ped.* Arbeitsheft *n*; '**~·box** *s.* Nähkasten *m*; **~ camp** *s.* Arbeitslager *n*; '**~·day** *s.* Arbeits-, Werktag *m*: **on ~s** werktags.

work·er ['wɜːkə] *s.* **1.** a) Arbeiter(in), b) Angestellte(r *m*) *f*, c) Fachmann *m*, d) *allg.* Arbeitskraft *f*: **~s** Belegschaft *f*, Arbeiterschaft *f*; **2.** *fig.* Urheber(in); **3.** *a.* **~ ant**, **~ bee** *zo.* Arbeiterin *f* (*Ameise, Biene*); **~ di·rec·tor** *s.* † 'Arbeitsdiˌrektor *m*; **~ par·tic·i·pa·tion** *s.* † Mitbestimmung *f*.

'**work|,fel·low** *s.* 'Arbeitskameˌrad *m*; **~ flow** *s.* Arbeitsfluß *m*; **~ flow chart** *s.* Arbeitsablaufplan *m*; **~ force** *s.* † **1.** Belegschaft *f*; **2.** 'Arbeitskräftepotenti,al *n*; '**~·girl** *s.* Fa'brikarbeiterin *f*; '**~·horse** *s.* Arbeitspferd *n* (*a. fig.*); '**~·house** *s.* **1.** *Brit. obs.* Armenhaus *n* (mit Arbeitszwang); **2.** ⚖ *Am.* Arbeitshaus *n*.

work·ing ['wɜːkɪŋ] **I** *s.* **1.** Arbeiten *n*; **2.** *a. pl.* Tätigkeit *f*, Wirken *n*; **3.** ⚙ Be-, Verarbeitung *f*; **4.** ⚙ a) Funktionieren *n*, b) Arbeitsweise *f*; **5.** Lösen *n e-s Problems*; **6.** mühsame Arbeit, Kampf *m*; **7.** Gärung *f*; **8.** *mst pl.* ⚒, *min.* a) Abbau *m*, b) Grube *f*; **II** *adj.* **9.** arbeitend, berufs-, werktätig: **~ population**; **~ student** Werkstudent *m*; **10.** Arbeits...: **~ method** Arbeitsverfahren *n*; **11.** ⚙, † Betriebs...(*-kapital, -kosten*, ϟ *-spannung etc.*); **12.** grundlegend, Ausgangs..., Arbeits...: **~ hypothesis**; **~ title** Arbeitstitel *m* (*e-s Buchs etc.*); **13.** brauchbar, praktisch: **~ knowledge** ausreichende Kenntnisse; **~ class** *s.* Arbeiterklasse *f*; ˌ**~-'class** *adj.* der Arbeiterklasse, Arbeiter...; **~ con·di·tion** *s.* **1.** ⚙ a) Betriebszustand *m*, b) *pl.* Betriebsbedingungen *pl.*; **2.** Arbeitsverhältnis *n*; **~ day** → **workday**; **~ draw·ing** *s.* ⚙ Werk(statt)zeichnung *f*; **~ hour** *s.* Arbeitsstunde *f*; *pl.* Arbeitszeit *f*; **~ load** *s.* **1.** ϟ Betriebsbelastung *f*; **2.** ⚙ Nutzlast *f*; **~ lunch** *s.* Arbeitsessen *n*; **~ ma·jor·i·ty** *s. pol.* arbeitsfähige Mehrheit; '**~·man** *s.* [*irr.*] → **workman**; **~ mod·el** *s.* ⚙ Ver'suchsmoˌdell *n*; **~ or·der** *s.* ⚙ Betriebszustand *m*: **in ~** in betriebsfähigem Zustand; ˌ**~-'out** *s.* **1.** Ausarbeitung *f*; **2.** Lösung *f* (*e-r Aufgabe*); **~ stroke** *s. mot.* Arbeitstakt *m*; **~ sur·face** *s.* ⚙ Arbeits-, Lauffläche *f*.

work·less ['wɜːklɪs] *adj.* arbeitslos.

'**work|·load** *s.* Arbeitspensum *n*; '**~·man** [-mən] *s.* [*irr.*] **1.** Arbeiter *m*; **2.** Handwerker *m*; '**~·man·like** [-laɪk], '**~·ly** [-lɪ] *adj.* kunstgerecht, fachmännisch; '**~·man·ship** [-ʃɪp] *s.* **1.** *j-s* Werk *n*; **2.** Kunst(fertigkeit) *f*; **3.** *gute etc.* Ausführung; Verarbeitungsgüte *f*; Quali'tätsarbeit *f*; '**~·men's com·pen·sa·tion act** [-mənz] *s.* Arbeiterunfallversicherungsgesetz *n*; '**~·out** *s.* **1.** F *sport* (Konditi'ons)Training *n*; **2.** Versuch *m*, Erprobung *f*; '**~ˌpeo·ple** *s. pl.* Belegschaft *f*; **~ per·mit** *s.* Arbeitserlaubnis *f*; '**~·piece** *s.* ⚙ Arbeits-, Werkstück *n*; '**~·place** *s. Am.* Arbeitsplatz *m*; **~ shar·ing** *s.* † Arbeitsaufteilung *f*; **~ sheet** *s.* **1.** 'Arbeitsbogen *m*, -ˌunterlage *f*; **2.** *Am.* † 'Rohbiˌlanz *f*; '**~·shop** *s.* **1.** Werkstatt *f*: **~ drawing** ⚙ Werkstatt-, Konstruktionszeichnung *f*; **2.** *ped.* Werkraum *m*; **3.** *fig.* a) Werkstatt *f* (*e-r Künstlergruppe etc.*): **~ theatre** (*Am.* **theater**) Werkstattheater *n*, b) Workshop *m*, Kurs *m*, Semi'nar *n*; '**~·shy** *adj.* arbeitsscheu; '**~ˌsta·tion** *s.* Arbeitsplatz *m*; einzelner PC im Netzwerk; '**~ˌta·ble** *s.* Werktisch *m*; ˌ**~-to-'rule** *s.* Dienst *m* nach Vorschrift; '**~·wear** *s.* Arbeitskleidung *f*; '**~ˌwom·an** *s.* [*irr.*] Arbeiterin *f*.

world [wɜːld] **I** *s.* **1.** *allg.* Welt *f*: a) Erde *f*, b) Himmelskörper *m*, c) (Welt)All *n*, d) *fig. die* Menschen *pl.*, *die* Leute *pl.*, e) Sphäre *f*, Mili'eu *n*, f) (Na'tur)Reich *n*: (**animal**) **vegetable ~** (Tier-) Pflanzenreich, -welt; **lower ~** Unterwelt; **the commercial ~**, **the ~ of commerce** die Handelswelt; **the ~ of letters** die gelehrte Welt; **a ~ of difference** ein himmelweiter Unterschied; **other ~s** andere Welten; **all the ~** die ganze Welt, jedermann; **all the ~ over** in der ganzen Welt; **all the ~ and his wife** F Gott u. die Welt; alles, was Beine hatte; **for all the ~** in jeder Hinsicht; **for all the ~ like** (*od.* **as if**) genauso wie (*od.* als ob); **for all the ~ to see** vor aller Augen; **from all over the ~** aus aller Herren Länder; **not for the ~** nicht um die (*od.* alles in der) Welt; **in the ~** (auf) der Welt; **out of this** (*od.* **the**) **~** *sl.* phantastisch; **bring** (**come**) **into the ~** zur Welt bringen (kommen); **carry the ~ before one** glänzenden Erfolg haben; **have the best of both ~s** die Vorteile beider Seiten genießen; **put into the ~** in die Welt setzen; **think the ~ of** große Stücke halten auf (*acc.*); **she is all the ~ to him** sie ist sein ein u. alles; **how goes the ~ with you?** wie geht's, wie steht's?; **what** (**who**) **in the ~?** was (wer) in aller Welt?; **it's a small ~!** die Welt ist ein Dorf!; **2. a ~ of** e-e Welt von, e-e Unmenge *Schwierigkeiten etc.*; **II** *adj.* **3.** Welt...: **~ champion** (**language**, **literature**, **politics**, **record** *etc.*); ≈ **Court** *s.* Internationaler Ständiger Gerichtshof; ≈ **Cup** *s.* **1.** *Skisport etc.*: Weltcup *m*; **2.** Fußballweltmeisterschaft *f*; '**~-ˌfa·mous** *adj.* weltberühmt.

world·li·ness ['wɜːldlɪnɪs] *s.* Weltlichkeit *f*, weltlicher Sinn.

world·ling ['wɜːldlɪŋ] *s.* Weltkind *n*.

world·ly ['wɜːldlɪ] *adj. u. adv.* **1.** weltlich, irdisch, zeitlich: **~ goods** irdische Güter; **2.** weltlich (gesinnt): **~ innocence** Weltfremdheit *f*; **~ wisdom** Weltklugheit *f*; ˌ**~-'wise** *adj.* weltklug.

world| pow·er *s. pol.* Weltmacht *f*; **~ se·ries** *s. Baseball*: US-Meisterschaftsspiele *pl.*; '**~ˌshak·ing** *adj. a. iro.* welterschütternd: **it isn't ~ after all**; **~ view** *s.* Weltanschauung *f*; ≈ **War** *s.* Weltkrieg *m*: **~ I** (**II**) erster (zweiter) Weltkrieg; '**~-ˌwea·ry** *adj.* weltverdrossen; '**~·wide** *adj.* weltweit, auf der ganzen Welt: **~ reputation** Weltruf *m*; **~ strategy** ⚔ Großraumstrategie *f*.

worm [wɜːm] **I** *s.* **1.** *zo.* Wurm *m* (*a. fig. contp. Person*): ***even a ~ will turn*** *fig.* auch der Wurm krümmt sich, wenn er getreten wird; **2.** *pl.* ⚕ Würmer *pl.*; **3.** ⚙ a) (Schrauben-, Schnecken)Gewinde *n*, b) (Förder-, Steuer- *etc.*)Schnecke *f*, c) (Rohr-, Kühl)Schlange *f*; **II** *v/t.* **4.** ***~ one's way*** (*od.* ***o.s.***) a) sich *wohin* schlängeln, b) *fig.* sich einschleichen (***into*** in *j-s Vertrauen etc.*); **5.** ***~ a secret out of s.o.*** j-m ein Geheimnis entlocken; **6.** ⚕ von Würmern befreien; **III** *v/i.* **7.** sich schlängeln, kriechen; **8.** sich winden; **~ drive** *s.* ⚙ Schneckenantrieb *m*; **'~-ˌeat·en** *adj.* **1.** wurmstichig; **2.** *fig.* veraltet; **~ gear** *s.* ⚙ **1.** Schneckengetriebe *n*; **2.** → ***worm wheel***; **'~'s-eye view** *s.* 'Froschperspekˌtive *f*; **~ thread** *s.* ⚙ Schneckengewinde *n*; **~ wheel** *s.* ⚙ Schneckenrad *n*; **'~·wood** *s.* **1.** ⚘ Wermut *m*; **2.** *fig.* Bitterkeit *f*: ***be (gall and) ~ to*** *j-n* bitter ankommen.

worm·y ['wɜːmɪ] *adj.* **1.** wurmig, voller Würmer; **2.** wurmstichig; **3.** wurmartig; **4.** *fig.* kriecherisch.

worn [wɔːn] **I** *p.p. von* ***wear***[1]; **II** *adj.* **1.** getragen (*Kleider*); **2.** → ***worn-out*** 1; **3.** erschöpft, abgespannt; **4.** *fig.* abgedroschen: ***~ joke***; **ˌ~-'out** *adj.* **1.** abgetragen, -genutzt; **2.** völlig erschöpft, todmüde, zermürbt; **3.** → ***worn*** 4.

wor·ried ['wʌrɪd] *adj.* **1.** gequält; **2.** sorgenvoll, besorgt; **3.** beunruhigt, ängstlich; **'wor·ri·er** [-ɪə] *s.* j-d, der sich ständig Sorgen macht; **'wor·ri·ment** [-ɪmənt] *s.* F **1.** Plage *f*, Quäle'rei *f*; **2.** Angst *f*, Sorge *f*; **'wor·ri·some** [-ɪsəm] *adj.* **1.** quälend; **2.** lästig; **3.** beunruhigend; **4.** unruhig.

wor·ry ['wʌrɪ] **I** *v/t.* **1.** a) zausen, schütteln, beuteln, b) *Tier* (ab)würgen (*Hund etc.*); **2.** quälen, plagen (*a. fig. belästigen*); *fig. j-m* zusetzen: ***~ s.o. into a decision*** j-n so lange quälen, bis er e-e Entscheidung trifft; ***~ s.o. out of s.th.*** a) j-n mühsam von et. abbringen, b) j-n durch unablässiges Quälen um et. bringen; **3.** a) ärgern, b) beunruhigen, quälen, *j-m* Sorgen machen: ***~ o.s.*** → 7; **4.** ***~ out*** *Plan etc.* ausknobeln; **II** *v/i.* **5.** zerren, reißen (***at*** an *dat.*); **6.** sich quälen *od.* plagen; **7.** sich beunruhigen, sich Gedanken *od.* Sorgen machen (***about***, ***over*** um, wegen); **8.** ***~ along*** sich mühsam *od.* mit knapper Not durchschlagen; ***~ through s.th.*** sich durch et. hindurchquälen; **III** *s.* **9.** Kummer *m*, Besorgnis *f*, Sorge *f*, (innere) Unruhe; **10.** (Ursache *f* von) Ärger *m*, Aufregung *f*; **11.** Quälgeist *m*; **12.** a) Schütteln *n*, Beuteln *n*, b) Abwürgen *n* (*bsd. vom Hund*); **'wor·ry·ing** [-ɪɪŋ] *adj.* ☐ beunruhigend, quälend.

worse [wɜːs] **I** *adj.* (*comp. von* ***bad***, ***evil***, ***ill***) **1.** schlechter, schlimmer (*beide a.* ⚕), übler, ärger: ***~ and ~*** immer schlechter *od.* schlimmer; ***the ~*** desto schlimmer; ***so much*** (*od.* ***all***) ***the ~*** um so schlimmer; ***~ luck!*** leider!, unglücklicherweise!, um so schlimmer!; ***to make it ~*** (*Redew.*) um das Unglück vollzumachen; → ***wear***[1] 14; ***he is ~ than yesterday*** es geht ihm schlechter als gestern; **2.** schlechter gestellt: (***not***) ***to be the ~ for*** (keinen) Schaden gelitten haben durch, (nicht) schlechter gestellt sein wegen; ***he is none the ~*** (***for it***) er ist darum nicht übler dran; ***you would be none the ~ for a walk*** ein Spaziergang würde dir gar nichts schaden; ***be*** (***none***) ***the ~ for drink*** (nicht) betrunken sein; **II** *adv.* **3.** schlechter, schlimmer, ärger: ***none the ~*** nicht schlechter; ***be ~ off*** schlechter daran sein; ***you could do ~ than ...*** du könntest ruhig ...; **III** *s.* **4.** Schlechtere(s) *n*, Schlimmere(s) *n*: ***~ followed*** Schlimmeres folgte; → ***better***[1] 2; ***from bad to ~*** vom Regen in die Traufe; ***a change for the ~*** e-e Wendung zum Schlechten; **'wors·en** [-sn] **I** *v/t.* **1.** schlechter machen, verschlechtern; **2.** *Unglück etc.* verschlimmern; **3.** *j-n* schlechter stellen; **II** *v/i.* **4.** sich verschlechtern *od.* verschlimmern; **'wors·en·ing** [-snɪŋ] *s.* Verschlechterung *f*, -schlimmerung *f*.

wor·ship ['wɜːʃɪp] **I** *s.* **1.** *eccl.* a) (*a. fig.*) Anbetung *f*, Verehrung *f*, Kult(us) *m*, b) (***public ~*** öffentlicher) Gottesdienst, Ritus *m*: ***place of ~*** Kultstätte *f*, Gotteshaus *n*; ***the ~ of wealth*** *fig.* die Anbetung des Reichtums; **2.** (*der, die, das*) Angebetete; **3.** ***his*** (***your***) ♀ *bsd. Brit.* Seiner (Euer) Hochwürden (*Anrede, jetzt bsd. für Bürgermeister u. Richter*); **II** *v/t.* **4.** anbeten, verehren, huldigen (*dat.*) (*alle a. fig. vergöttern*); **III** *v/i.* **5.** beten, s-e Andacht verrichten; **wor·ship·er** *Am.* → ***worshipper***; **'wor·ship·ful** [-fʊl] *adj.* ☐ **1.** verehrend, anbetend (*Blick etc.*); **2.** *obs.* (ehr)würdig, achtbar; **3.** (*in der Anrede*) hochwohllöblich, hochverehrt; **'wor·ship·per** [-pə] *s.* **1.** Anbeter(in), Verehrer(in): ***~ of idols*** Götzendiener *m*; **2.** Beter(in): ***the ~s*** die Andächtigen, die Kirchgänger.

worst [wɜːst] **I** *adj.* (*sup. von* ***bad***, ***evil***, ***ill***) schlechtest, schlimmst, übelst, ärgst: ***and, which is ~*** und, was das schlimmste ist; **II** *adv.* am schlechtesten *od.* übelsten, am schlimmsten *od.* ärgsten; **III** *s. der* (*die, das*) Schlechteste *od.* Schlimmste *od.* Ärgste: ***at*** (***the***) ***~*** schlimmstenfalls; ***be prepared for the ~*** aufs Schlimmste gefaßt sein; ***do one's ~*** es so schlecht *od.* schlimm wie möglich machen; ***do your ~!*** mach, was du willst!; ***let him do his ~!*** soll er nur!; ***get the ~ of it*** den kürzeren ziehen; ***if*** (*od.* ***when***) ***the ~ comes to the ~*** wenn es zum Schlimmsten kommt, wenn alle Stricke reißen; ***he was at his ~*** er zeigte sich von seiner schlechtesten Seite, er war in denkbar schlechter Form; ***see s.o.*** (***s.th.***) ***at his*** (***its***) ***~*** j-n (et.) von der schlechtesten *od.* schwächsten Seite sehen; ***the illness is at its ~*** die Krankheit ist auf ihrem Höhepunkt; ***the ~ of it is*** das Schlimmste daran ist; **IV** *v/t.* über'wältigen, schlagen.

wor·sted ['wʊstɪd] ⚙ **I** *s.* **1.** Kammgarn *n*, -wolle *f*; **2.** Kammgarnstoff *m*; **II** *adj.* **3.** wollen, Woll...: ***~ wool*** Kammwolle *f*; ***~ yarn*** Kammgarn *n*; **4.** Kammgarn...

wort[1] [wɜːt] *in Zssgn* ...kraut *n*, ...wurz *f*.

wort[2] [wɜːt] *s.* (Bier)Würze *f*: ***original ~*** Stammwürze.

worth [wɜːθ] **I** *adj.* **1.** (*e-n bestimmten Betrag*) wert (***to*** *dat. od.* für): ***he is ~ a million*** er besitzt *od.* verdient e-e Million, er ist e-e Million wert; ***for all you are ~*** F so sehr du kannst, ‚auf Teufel komm raus'; ***my opinion for what it may be ~*** m-e unmaßgebliche Meinung; ***take it for what it is ~!*** *fig.* nimm es für das, was es wirklich ist!; **2.** *fig.* würdig, wert (*gen.*): ***~ doing*** wert getan zu werden; ***~ mentioning*** (***reading***, ***seeing***) erwähnens- (lesens-, sehens-) wert; ***be ~ the trouble***, ***be ~ it*** F sich lohnen, der Mühe wert sein; → ***powder*** 1, ***while*** 1; **II** *s.* **3.** Wert *m* (*a. fig. Bedeutung, Verdienst*): ***of no ~*** wertlos; ***get the ~ of one's money*** für sein Geld et. (Gleichwertiges) bekommen; ***20 pence's ~ of stamps*** Briefmarken im Wert von 20 Pence, für 20 Pence Briefmarken; ***men of ~*** verdiente *od.* verdienstvolle Leute.

wor·thi·ly ['wɜːðɪlɪ] *adv.* **1.** nach Verdienst, angemessen; **2.** mit Recht; **3.** würdig; **'wor·thi·ness** [-ɪnɪs] *s.* Wert *m*; **worth·less** ['wɜːθlɪs] *adj.* ☐ **1.** wertlos; **2.** *fig.* un-, nichtswürdig.

ˌworth'while *adj.* lohnend, der Mühe wert.

wor·thy ['wɜːðɪ] **I** *adj.* ☐ → ***worthily***; **1.** würdig, achtbar, angesehen; **2.** würdig, wert (***of*** *gen.*): ***be ~ of*** *e-r Sache* wert *od.* würdig sein, *et.* verdienen; ***he is not ~ of her*** er ist ihrer nicht wert *od.* würdig; ***~ of credit*** a) glaubwürdig, b) ✝ kreditwürdig; ***~ of a better cause*** e-r besseren Sache würdig; **3.** würdig (*Gegner, Nachfolger etc.*), angemessen (*Belohnung*); **4.** *humor.* trefflich, wakker (*Person*); **II** *s.* **5.** große Per'sönlichkeit, Größe *f*, Held(in) (*mst pl.*); **6.** *humor. der* Wackere.

would [wʊd; wəd] **1.** *pret. von* ***will***[1] I: a) wollte(st), wollten: ***he ~ not go*** er wollte durchaus nicht gehen, b) pflegte(st), pflegten zu (*oft unübersetzt*): ***he ~ take a walk every day*** er pflegte täglich e-n Spaziergang zu machen; ***now and then a bird ~ call*** ab u. zu ertönte ein Vogelruf; ***you ~ do that!*** du mußtest das natürlich tun!, das sieht dir ähnlich!, c) *fragend*: würdest *du*?, würden *Sie*?: ***~ you pass me the salt, please?***, d) *vermutend*: ***that ~ be 3 dollars*** das wären (dann) 3 Dollar; ***it ~ seem that*** es scheint fast, daß; **2.** *konditional*: würde(st), würden: ***she ~ do it if she could***; ***he ~ have come if ...*** er wäre gekommen, wenn ...; **3.** *pret. von* ***will***[1] II: *ich* wollte *od.* wünschte *od.* möchte: ***I ~ it were otherwise***; ***~ (to) God*** wollte Gott; ***I ~ have you know*** ich muß Ihnen (schon) sagen.

would-be ['wʊdbiː] **I** *adj.* **1.** Möchtegern...: ***~ critic*** Kritikaster *m*; ***~ painter*** Farbenkleckser *m*; ***~ poet*** Dichterling *m*; ***~ huntsman*** Sonntagsjäger *m*; ***~ witty*** geistreich sein sollend (*Bemerkung etc.*); **2.** angehend, zukünftig: ***~ author***, ***~ wife***; **II** *s.* **3.** Gernegroß *m*, Möchtegern *m*.

wound[1] [waʊnd] *pret. u. p.p. von* ***wind***[2] *u.* ***wind***[3].

wound[2] [wuːnd] **I** *s.* **1.** Wunde *f* (*a. fig.*), Verletzung *f*, -wundung *f*: ***~ of entry*** (***exit***) ⚔ Einschuß *m* (Ausschuß *m*); **2.** *fig.* Verletzung *f*, Kränkung *f*; **II** *v/t.* **3.** verwunden, verletzen (*beide a. fig. kränken*); **'wound·ed** [-dɪd] *adj.* verwundet, verletzt (*beide a. fig. ge-*

kränkt): ~ ***veteran*** Kriegsversehrte(r) *m*; ***the*** ~ die Verwundeten; ~ ***vanity*** gekränkte Eitelkeit.

wove [wəʊv] *pret. u. obs. p.p. von* ***weave***; **ˈwo·ven** [-vən] *p.p. von* ***weave***: ~ ***goods*** Web-, Wirkwaren.

wove pa·per *s.* ⚙ Veˈlinpaˌpier *n.*

wow [waʊ] **I** *int.* Mann!, toll!; **II** *s. bsd. Am. sl.* a) Bombenerfolg *m*, b) ‚tolles Ding', c) ‚toller Kerl', ‚tolle Frau' *etc.*: ***he*** (***it***) ***is a*** ~ er (es) ist 'ne Wucht; **III** *v/t. j-n* hinreißen.

wrack¹ [ræk] *s.* **1.** → ***wreck*** 1 *u.* 2; **2.** ~ ***and ruin*** Untergang u. Verderben; ***go to*** ~ untergehen; **3.** Seetang *m.*

wrack² → ***rack⁴*** I.

wraith [reɪθ] *s.* **1.** Geistererscheinung *f* (*bsd. von gerade Gestorbenen*); **2.** Geist *m*, Gespenst *n.*

wran·gle [ˈræŋgl] **I** *v/i.* (sich) zanken *od.* streiten, sich in den Haaren liegen; **II** *s.* Streit *m*, Zank *m*; **ˈwran·gler** [-lə] *s.* **1.** Zänker(in), streitsüchtige Perˈson; **2.** *univ. Brit. Student in Cambridge, der bei der höchsten mathematischen Abschlußprüfung den 1. Grad erhalten hat*; **3.** guter Debattierer; **4.** *Am.* Cowboy *m.*

wrap [ræp] **I** *v/t.* [*irr.*] **1.** wickeln, hüllen; *a. Arme* schlingen (***round*** um *acc.*); **2.** *mst* ~ ***up*** (ein)wickeln, (-)packen, (-)hüllen, (-)schlagen (***in*** in *acc.*): ~ ***o.s. up*** (***well***) sich warm anziehen; **3.** ~ ***up*** F a) *et.* glücklich ‚über die Bühne' bringen, b) abschließen, beenden; ~ ***it up*** die Sache (erfolgreich) zu Ende führen; ***that*** ~***s it up*** (***for today***)***!*** das wär's (für heute)!; **4.** *oft* ~ ***up*** *fig.* (ein)hüllen, verbergen, *Tadel etc.* (ver)kleiden (***in*** in *acc.*): ~***ped up in mystery*** *fig.* geheimnisvoll, rätselhaft; ~***ped*** (*od.* ***wrapt***) ***in silence*** in Schweigen gehüllt; ***be*** ~***ped up in*** a) völlig in Anspruch genommen sein von (*e-r Arbeit etc.*), ganz aufgehen in (*s-r Arbeit, s-n Kindern etc.*), b) versunken sein in (*acc.*); **5.** *fig.* verwickeln, -stricken (***in*** in *acc.*); **II** *v/i.* [*irr.*] **6.** sich einhüllen: ~ ***up well!*** zieh dich warm an!; **7.** sich legen *od.* wickeln *od.* schlingen (***round*** um); **8.** sich legen (***over*** um) (*Kleider*); **9.** ~ ***up!*** *sl.* halt's Maul!; **III** *s.* **10.** Hülle *f*, *bsd.* a) Decke *f*, b) Schal *m*, Pelz *m*, c) ˈUmhang *m*, Mantel *m*: ***keep s.th. under*** ~***s*** *fig.* et. geheimhalten; **ˈ~·a·round I** *adj.* ⚙ Rundum…, Vollsicht…(*-verglasung*): ~ ***windshield*** (*Brit.* ***windscreen***) *mot.* Panoramascheibe *f*; **II** *s.* Wickelbluse *f*, -kleid *n.*

wrap·per [ˈræpə] *s.* **1.** (Ein)Packer(in); **2.** Hülle *f*, Decke *f*, ˈÜberzug *m*, Verpackung *f*; **3.** (ˈBuch)ˌUmschlag *m*, Schutzhülle *f*; **4.** *a.* ***postal*** ~ ✉ Kreuz-, Streifband *n*; **5.** a) Schal *m*, b) ˈÜberwurf *m*, c) Morgenrock *m*; **6.** Deckblatt *n* (*der Zigarre*); **ˈwrap·ping** [-pɪŋ] *s.* **1.** *mst pl.* Umˈhüllung *f*, Hülle *f*, Verpakkung *f*; **2.** Ein-, Verpacken *n*: ~***-paper*** Einwickel-, Packpapier *n.*

wrapt [ræpt] *pret. u. p.p. von* ***wrap***.

wrath [rɒθ] *s.* Zorn *m*, Wut *f*: ***the*** ~ ***of God*** der Zorn Gottes; ***he looked like the*** ~ ***of god*** F er sah gräßlich aus; **ˈwrath·ful** [-fʊl] *adj.* ☐ zornig, grimmig, wutentbrannt; **ˈwrath·y** [-θɪ] *adj.* ☐ *bsd.* F → ***wrathful***.

wreak [riːk] *v/t. Rache* (aus)üben, *Wut etc.* auslassen ([***up***]***on*** an *dat.*).

wreath [riːθ] *pl.* **wreaths** [-ðz] *s.* **1.** Kranz *m* (*a. fig.*), Girˈlande *f*, (Blumen-)Gewinde *n*; **2.** (*Rauch- etc.*)Ring *m*; **3.** Windung *f* (*e-s Seiles etc.*); **4.** (Schnee-*etc.*)Wehe *f*; **wreathe** [riːð] **I** *v/t.* **1.** winden, wickeln (***round***, ***about*** um); **2.** a) *Kranz etc.* flechten, winden, b) (zu Kränzen) flechten; **3.** umˈkränzen, -ˈgeben, -ˈwinden; **4.** bekränzen, schmücken; **5.** kräuseln: ~***d in smiles*** lächelnd; **II** *v/i.* **6.** sich winden *od.* wikkeln; **7.** sich ringeln *od.* kräuseln (*Rauchwolke etc.*).

wreck [rek] **I** *s.* **1.** ⚓ a) (Schiffs)Wrack *n*, b) Schiffbruch *m*, Schiffsunglück *n*, c) ⚖ Strandgut *n*; **2.** Wrack *n* (*mot. etc., a. fig. bsd. Person*), Ruˈine *f*, Trümmerhaufen *m* (*a. fig.*): ***nervous*** ~ *fig.* Nervenbündel *n*; ***she is the*** ~ ***of her former self*** sie ist nur (noch) ein Schatten ihrer selbst; **3.** *pl.* Trümmer *pl.* (*oft fig.*); **4.** *fig.* a) Ruˈin *m*, ˈUntergang *m*, b) Zerstörung *f*, Vernichtung *f* *von Hoffnungen etc.*; **II** *v/t.* **5.** *allg.* zertrümmern, -stören, *Schiff* zum Scheitern bringen (*a. fig.*): ***be*** ~***ed*** a) → 8, b) in Trümmer gehen, c) entgleisen (*Zug*); **6.** *fig.* zuˈgrunde richten, ruinieren, kaˈputtmachen, *Gesundheit a.* zerrütten, *Pläne, Hoffnungen etc.* vernichten, zerstören; **7.** ⚓, ⚙ abwracken; **III** *v/i.* **8.** Schiffbruch erleiden, scheitern (*a. fig.*); **9.** verunglücken; **10.** zerstört *od.* vernichtet werden (*mst fig.*); **ˈwreck·age** [-kɪdʒ] *s.* **1.** Wrack(teile *pl.*) *n*, (Schiffs-, *allg.* Unfall)Trümmer *pl.*; **2.** *fig.* Strandgut *n* (des Lebens); **3.** → ***wreck*** 4; **wrecked** [-kt] *adj.* **1.** gestrandet, gescheitert (*a. fig.*); **2.** schiffbrüchig (*Person*); **3.** zertrümmert, zerstört, vernichtet (*alle a. fig.*); zerrüttet (*Gesundheit etc.*): ~ ***car*** Schrottauto *n*; **ˈwreck·er** [-kə] *s.* **1.** Strandräuber *m*; **2.** Saboˈteur *m*, Zerstörer *m* (*beide a. fig.*); **3.** ⚓ a) Bergungsschiff *n*, b) Bergungsarbeiter *m*; **4.** ⚙ Abbrucharbeiter *m*; **5.** *mot. Am.* Abschleppwagen *m*; **ˈwreck·ing** [-kɪŋ] *adj.* **1.** *Am.* Bergungs…: ~ ***crew***; ~ ***service*** (***truck***) *mot.* Abschleppdienst *m* (-wagen *m*); **2.** *Am.* Abbruch…: ~ ***company*** Abbruchfirma *f.*

wren¹ [ren] *s. orn.* Zaunkönig *m.*

Wren² [ren] *s.* ⚔ *Brit.* F Angehörige *f* des ***Women's Royal Naval Service***, Maˈrinehelferin *f.*

wrench [rentʃ] **I** *s.* **1.** (drehender *od.* heftiger) Ruck, heftige Drehung; **2.** ⚕ Verzerrung *f*, -renkung *f*, -stauchung *f*: ***give a*** ~ ***to*** → 7; **3.** *fig.* Verdrehung *f*, -zerrung *f*; **4.** *fig.* (Trennungs)Schmerz *m*: ***it was a great*** ~ der Abschied tat sehr weh; **5.** ⚙ Schraubenschlüssel *m*; **II** *v/t.* **6.** (mit e-m Ruck) reißen, zerren, ziehen: ~ ***s.th.*** (***away***) ***from s.o.*** j-m et. entwinden *od.* -reißen (*a. fig.*); ~ ***open*** *Tür etc.* aufreißen; **7.** ⚕ verrenken, verstauchen; **8.** verdrehen, verzerren (*a. fig. entstellen*).

wrest [rest] **I** *v/t.* **1.** (gewaltsam) reißen: ~ ***from*** *j-m et.* entreißen, -winden, *fig. a.* abringen; **2.** *fig. Sinn, Gesetz etc.* verdrehen; **II** *s.* **3.** Ruck *m*, Reißen *n*; **4.** ♪ Stimmhammer *m.*

wres·tle [ˈresl] **I** *v/i.* **1.** *a. sport* ringen (*a. fig.* ***for*** um, ***with God*** mit Gott); **2.** *fig.* sich abmühen, kämpfen (***with*** mit); **II** *v/t.* **3.** ringen *od.* kämpfen mit; **III** *s.* **4.** → ***wrestling*** I; **5.** *fig.* Ringen *n*, schwerer Kampf; **ˈwres·tler** [-lə] *s.* *sport* Ringer *m*, Ringkämpfer *m*; **ˈwres·tling** [-lɪŋ] **I** *s. bsd. sport u. fig.* Ringen *n*; **II** *adj.* Ring…: ~ ***match*** Ringkampf *m.*

wretch [retʃ] **1.** *a.* ***poor*** ~ armes Wesen, armer Kerl *od.* Teufel (*a. iro.*); **2.** Schuft *m*; **3.** *iro.* Wicht *m*, ‚Tropf' *m*; **wretch·ed** [ˈretʃɪd] *adj.* ☐ **1.** elend, unglücklich, *a.* deprimiert (*Person*); **2.** erbärmlich, miseˈrabel, schlecht, dürftig; **3.** scheußlich, ekelhaft, unangenehm; **4.** *gesundheitlich* elend: ***feel*** ~ sich elend *od.* schlecht fühlen; **wretch·ed·ness** [ˈretʃɪdnɪs] *s.* **1.** Elend *n*, Unglück *n*; **2.** Erbärmlichkeit *f*, Gemeinheit *f.*

wrig·gle [ˈrɪgl] **I** *v/i.* **1.** sich winden (*a. fig. verlegen od. listig*), sich schlängeln, zappeln: ~ ***along*** sich dahinschlängeln; ~ ***out*** sich herauswinden (***of s.th.*** aus e-r Sache) (*a. fig.*); **II** *v/t.* **2.** wackeln *od.* zappeln mit; mit *den Hüften* schaukeln; **3.** schlängeln, winden, ringeln: ~ ***o.s.*** (***along***, ***through***) sich (entlang-, hindurch)winden; ~ ***o.s. into*** *fig.* sich einschleichen in (*acc.*); ~ ***o.s. out of*** sich herauswinden aus; **III** *s.* **4.** Windung *f*, Krümmung *f*; **5.** schlängelnde Bewegung, Schlängeln *n*, Ringeln *n*, Wackeln *n*; **ˈwrig·gler** [-lə] *s.* **1.** Ringeltier *n*, Wurm *m*; **2.** *fig.* aalglatter Kerl.

wright [raɪt] *s. in Zssgn* …verfertiger *m*, …macher *m*, …bauer *m.*

wring [rɪŋ] **I** *v/t.* [*irr.*] **1.** ~ ***out*** *Wäsche etc.* (aus)wringen, auswinden; **2.** a) *e-m Tier den Hals* abdrehen, b) *j-m den Hals* ˈumdrehen: ***I'll*** ~ ***your neck***; **3.** verdrehen, -zerren (*a. fig.*); **4.** a) *Hände* (*verzweifelt*) ringen, b) *j-m die Hand* (kräftig) drücken, pressen; **5.** *j-n* drükken (*Schuh etc.*); **6.** ~ ***s.o.'s heart*** *fig.* j-m sehr zu Herzen gehen, j-m ans Herz greifen; **7.** abringen, entreißen, -winden (***from s.o.*** j-m): ~ ***admiration from*** *j-m* Bewunderung abnötigen; **8.** *fig. Geld, Zustimmung* erpressen (***from***, ***out of*** von); **II** *s.* **9.** Wringen *n*, (Aus)Winden *n*; Pressen *n*, Druck *m*: ***give s.th. a*** ~ → 1 *u.* 4b; **wring·er** [ˈrɪŋə] *s.* ˈWringmaˌschine *f*: ***go through the*** ~ F ‚durch den Wolf gedreht werden'; **wring·ing** [ˈrɪŋɪŋ] *adj.* **1.** Wring…: ~ ***machine*** → ***wringer***; **2.** *a.* ~ ***wet*** F klatschnaß.

wrin·kle¹ [ˈrɪŋkl] **I** *s.* **1.** Runzel *f*, Falte *f* (*im Gesicht*); *a.* Kniff *m* (*in Papier etc.*); **2.** Unebenheit *f*, Vertiefung *f*, Furche *f*; **II** *v/t.* **3.** *oft* ~ ***up*** a) *Stirn, Augenbrauen* runzeln, b) *Nase* rümpfen; **4.** *Stoff, Papier etc.* falten, kniffen, zerknittern; **III** *v/i.* **5.** Falten werfen, Runzeln bekommen, sich runzeln, runz(e)lig werden, knittern.

wrin·kle² [ˈrɪŋkl] *s.* F **1.** Kniff *m*, Trick *m*; **2.** Wink *m*, Tip *m*; **3.** Neuheit *f*; **4.** Fehler *m.*

wrin·kly [ˈrɪŋklɪ] *adj.* **1.** faltig, runz(e)lig (*Gesicht etc.*); **2.** leicht knitternd (*Stoff*); **3.** gekräuselt.

wrist [rɪst] *s.* **1.** Handgelenk *n*; **2.** ⚙ → ***wrist pin***; **ˈ~·band** [-stb-] *s.* **1.** Bündchen *n*, (ˈHemd)Manˌschette *f*; **2.** Armband *n*; '~**·drop** *s.* ⚕ Handgelenkslähmung *f.*

wrist·let ['rɪstlɪt] *s.* **1.** Pulswärmer *m*; **2.** Armband *n*: ~ ***watch*** → ***wristwatch***; **3.** *sport* Schweißband *n*; **4.** *humor. od. sl.* Handschelle *f.*

wrist| pin *s.* ⚙ Zapfen *m*, *bsd.* Kolbenbolzen *m*; '~**·watch** *s.* Armbanduhr *f.*

writ [rɪt] *s.* **1.** ⚖ a) behördlicher Erlaß, b) gerichtlicher Befehl, c) *a.* ~ ***of summons*** (Vor)Ladung *f*: ~ ***of attachment*** a) Haftbefehl *m*, b) *dinglicher* Arrest(befehl); ~ ***of execution*** Vollstreckungsbefehl; ***take out a ~ against s.o.***, ***serve a ~ on s.o.*** j-n vorladen (lassen); **2.** ⚖ *hist. Brit.* Urkunde *f*; **3.** *pol. Brit.* Wahlausschreibung *f* für das Parla'ment; **4. *Holy*** (*od.* ***Sacred***) ℒ *die* Heilige Schrift.

write [raɪt] [*irr.*] **I** *v/t.* **1.** *et.* schreiben: ***writ(ten) large*** *fig.* deutlich, leicht erkennbar; **2.** (auf-, nieder)schreiben, schriftlich niederlegen, notieren, aufzeichnen: ***it is written that*** es steht geschrieben, daß; ***it is written on*** (*od.* ***all over***) ***his face*** es steht ihm im Gesicht geschrieben; **3.** *Scheck etc.* ausschreiben, -füllen; **4.** *Papier etc.* vollschreiben; **5.** *j-m et.* schreiben, schriftlich mitteilen: ~ ***s.o. s.th.***; **6.** *Buch etc.* verfassen, *a. Musik* schreiben: ~ ***poetry*** dichten, Gedichte schreiben; **7.** ~ ***o.s.*** sich bezeichnen als; **II** *v/i.* **8.** schreiben; **9.** schreiben, schriftstellern; **10.** schreiben, schriftliche Mitteilung machen: ***it's nothing to ~ home about*** *fig.* das ist nichts Besonderes, darauf brauchst du dir (braucht er sich *etc.*) nichts einzubilden; ~ ***to ask*** schriftlich anfragen; ~ ***for s.th.*** et. anfordern, sich et. kommen lassen;

Zssgn mit adv.:

write| down *v/t.* **1.** → ***write*** 2; **2.** *fig.* a) (schriftlich) her'absetzen, herziehen über (*acc.*), b) nennen, bezeichnen *od.* hinstellen als; **3.** ✝ abschreiben; ~ **in** *v/t.* einfügen, -tragen; ~ **off** *v/t.* **1.** (schnell) her'unterschreiben, ‚hinhauen'; **2.** ✝ (vollständig) abschreiben (*a. fig.*); ~ **out** *v/t.* **1.** *Namen etc.* ausschreiben; **2.** abschreiben: ~ ***fair*** ins reine schreiben; **3. *write o.s. out*** sich ausschreiben (*Autor*); ~ **up** *v/t.* **1.** ausführlich darstellen *od.* beschreiben; **2.** *ergänzend* nachtragen, *Text* weiterführen; **3.** loben(d erwähnen), her'ausstreichen, anpreisen; **4.** ✝ e-n zu hohen Buchwert angeben für.

'**write|-down** *s.* ✝ Abschreibung *f*: '~**-off** *s.* a) ✝ (gänzliche) Abschreibung, b) *mot.* 𝔉 To'talschaden: ***it's a ~*** 𝔉 das können wir abschreiben.

writ·er ['raɪtə] *s.* **1.** Schreiber(in): ~***'s cramp*** (*od.* ***palsy***) Schreibkrampf *m*; **2.** Schriftsteller(in), Verfasser(in), Autor *m*, Au'torin *f*: ***the ~*** der Verfasser (= *ich*); ~ ***for the press*** Journalist(in); **3.** ~ ***to the signet*** *Scot.* No'tar *m*, Rechtsanwalt *m*; '**writ·er·ship** [-ʃɪp] *s. Brit.* Schreiberstelle *f.*

'**write-up** *s.* **1.** lobender Pressebericht *od.* Ar'tikel; **2.** ✝ zu hohe Buchwertangabe.

writhe [raɪð] *v/i.* **1.** sich krümmen, sich winden (***with*** vor *dat.*); **2.** *fig.* sich winden, leiden (***under***, ***at*** unter *e-r Kränkung etc.*).

writ·ing ['raɪtɪŋ] **I** *s.* **1.** Schreiben *n* (*Tätigkeit*); **2.** Schriftstelle'rei *f*; **3.** schriftliche Ausfertigung *od.* Abfassung; **4.** Schreiben *n*, Schriftstück *n*, *et.* Geschriebenes, *a.* Urkunde *f*: ***in ~*** schriftlich; ***the ~ on the wall*** *fig.* die Schrift an der Wand, das Menetekel; **5.** Schrift *f*, *literarisches* Werk; Aufsatz *m*, Ar'tikel *m*; **6.** Brief *m*; **7.** Inschrift *f*; **8.** Schreibweise *f*, Stil *m*; **9.** (Hand)Schrift *f*; **II** *adj.* **10.** schreibend, *bsd.* schriftstellernd: ~ ***man*** Schriftsteller *m*; **11.** Schreib...; ~ **book** *s.* Schreibheft *n*; ~ **case** *s.* Schreibmappe *f*; ~ **desk** *s.* Schreibtisch *m*; ~ **pad** *s.* 'Schreibˌunterlage *f*, -block *m*; ~ **pa·per** *s.* 'Schreib-, 'Briefpaˌpier *n*; ~ **ta·ble** *s.* Schreibtisch *m.*

writ·ten ['rɪtn] **I** *p.p. von* ***write***; **II** *adj.* **1.** schriftlich: ~ ***examination***; ~ ***evidence*** ⚖ Urkundenbeweis *m*; ~ ***language*** Schriftsprache *f*; **2.** geschrieben: ~ ***law***; ~ ***question*** *parl.* kleine Anfrage.

wrong [rɒŋ] **I** *adj.* □ → ***wrongly***; **1.** falsch, unrichtig, verkehrt, irrig: ***be ~*** *a.* a) unrecht haben, sich irren (*Person*), b) falsch gehen (*Uhr*); ***you are ~ in believing*** du irrst dich, wenn du glaubst; ***prove s.o. ~*** beweisen, daß j-d im Irrtum ist; **2.** verkehrt, falsch: ***bring the ~ book***; ***do the ~ thing*** das Falsche tun, es verkehrt machen; ***get hold of the ~ end of the stick*** *fig.* es völlig mißverstehen, es verkehrt ansehen; ***the ~ side*** die verkehrte *od.* falsche (*von Stoff*: linke) Seite; (***the***) ~ ***side out*** das Innere nach außen (gekehrt) (*Kleidungsstück etc.*); ***be on the ~ side of 40*** über 40 (Jahre alt) sein; ***he will laugh on the ~ side of his mouth*** das Lachen wird ihm schon vergehen; ***have got out of bed*** (***on***) ***the ~ side*** 𝔉 mit dem linken Bein zuerst aufgestanden sein; → ***blanket*** 1; **3.** nicht in Ordnung: ***s.th. is ~ with it*** es stimmt et. daran nicht; ***what is ~ with you?*** was ist los mit dir?, was hast du?; ***what's ~ with ...?*** a) was gibt es auszusetzen an (*dat.*)?, b) 𝔉 wie wär's mit...?; **4.** unrecht: ***it is ~ of you to laugh***; **II** *adv.* **5.** falsch, unrichtig, verkehrt: ***get it ~*** es ganz falsch verstehen; ***go ~*** a) nicht richtig funktionieren *od.* gehen (*Uhr etc.*), b) schiefgehen (*Vorhaben etc.*), c) auf Abwege *od.* die schiefe Bahn geraten (*bsd. Frau*), d) fehlgehen; ***where did we go ~?*** was haben wir falsch gemacht?; ***get in ~ with s.o.*** *Am.* 𝔉 es mit j-m verderben; ***get s.o. in ~*** *Am.* 𝔉 j-n in Mißkredit bringen (***with*** bei); ***take s.th. ~*** et. übelnehmen; **III** *s.* **6.** Unrecht *n*: ***do s.o. ~*** j-m ein Unrecht zufügen; **7.** Irrtum *m*, Unrecht *n*: ***be in the ~*** unrecht haben; ***put s.o. in the ~*** j-n ins Unrecht setzen; **8.** Kränkung *f*, Beleidigung *f*; **9.** ⚖ Rechtsverletzung *f*: ***private ~*** Privatdelikt *n*; ***public ~*** öffentliches Delikt; **IV** *v/t.* **10.** *j-m* Unrecht tun (*a. in Gedanken etc.*), *j-n* ungerecht behandeln: ***I am ~ed*** mir geschieht Unrecht; **11.** *j-m* schaden, Schaden zufügen, *j-n* benachteiligen; ˌ~'**do·er** *s.* Übel-, Missetäter(in), Sünder(in); ˌ~'**do·ing** *s.* **1.** Missetat *f*, Sünde *f*; **2.** Vergehen *n*, Verbrechen *n.*

wrong·ful ['rɒŋfʊl] *adj.* □ **1.** ungerecht; **2.** beleidigend, kränkend; **3.** ⚖ unrechtmäßig, 'widerrechtlich, ungesetzlich.

ˌ**wrong'head·ed** *adj.* □ **1.** querköpfig, verbohrt (*Person*); **2.** verschroben, verdreht, hirnverbrannt.

wrong·ly ['rɒŋlɪ] *adv.* **1.** → ***wrong*** II; **2.** ungerechterweise, zu *od.* mit Unrecht; **3.** irrtümlicher-, fälschlicherweise;

wrong·ness ['rɒŋnɪs] *s.* **1.** Unrichtigkeit *f*, Verkehrtheit *f*, Fehlerhaftigkeit *f*; **2.** Unrechtmäßigkeit *f*; **3.** Ungerechtigkeit *f.*

wrote [rəʊt] *pret. u. obs. p.p. von* ***write***.

wroth [rəʊθ] *adj.* zornig, erzürnt.

wrought [rɔːt] **I** *pret. u. p.p. von* ***work***; **II** *adj.* **1.** be-, ge-, verarbeitet: ~ ***goods*** Fertigwaren; **2.** a) gehämmert, geschmiedet, b) schmiedeeisern; **3.** gewirkt; ~ **i·ron** *s.* Schmiedeeisen *n*; ˌ~-'**i·ron** *adj.* schmiedeeisern; ~ **steel** *s.* Schmiede-, Schweißstahl *m*; ˌ~-'**up** *adj.* aufgebracht, erregt.

wrung [rʌŋ] *pret. u. p.p. von* ***wring***.

wry [raɪ] *adj.* □ **1.** schief, krumm, verzerrt: ***make*** (*od.* ***pull***) ***a ~ face*** e-e Grimasse schneiden; **2.** *fig.* a) verschroben: ~ ***notion***, b) gequält: ~ ***smile***, c) sar'kastisch: ~ ***humo(u)r***; '~**-mouthed** *adj.* **1.** schiefmäulig; **2.** *fig.* a) wenig schmeichelhaft, b) sar'kastisch; '~**·neck** *s. orn.* Wendehals *m.*

X

X, x [eks] **I** *pl.* **X's, x's, Xs, xs** ['eksɪz] *s.* **1.** X *n*, x *n* (*Buchstabe*); **2.** ⩚ a) x *n* (*1. unbekannte Größe od. abhängige Variable*), b) x-Achse *f*, Ab'szisse *f* (*im Koordinatensystem*); **3.** *fig.* X *n*, unbekannte Größe; **4.** → 6; **II** *adj.* **5.** X-..., X-förmig; **6.** ~ ***film*** nicht jugendfreier Film (*ab 18*).

Xan·thip·pe [zæn'θɪpɪ] *s. fig.* Xan'thippe *f*, Hausdrachen *m*.

xe·nog·a·my [ziː'nɒgəmɪ] *s.* ⚘ Fremdbestäubung *f*.

xen·o·pho·bi·a [ˌzenə'fəʊbjə] *s.* Xenopho'bie *f*, Fremdenfeindlichkeit *f*; **ˌxen·o'pho·bic** [-bɪk] *adj.* xeno'phob, fremdenfeindlich.

xe·ra·si·a [zɪ'reɪzɪə] *s.* ⚕ Trockenheit *f* des Haares.

xe·ro·phyte ['zɪərəʊfaɪt] *s.* ⚘ Trockenheitspflanze *f*.

xiph·oid ['zɪfɔɪd] *adj. anat.* **1.** schwertförmig; **2.** Schwertfortsatz...: ~ ***appendage***, ~ ***process*** Schwertfortsatz *m*.

Xmas ['krɪsməs] F *für* ***Christmas***.

X-ray [ˌeks'reɪ] **I** *s.* ⚕, *phys.* **1.** X-Strahl *m*, Röntgenstrahl *m*; **2.** Röntgenaufnahme *f*, -bild *n*; **II** *v/t.* **3.** röntgen: a) ein Röntgenbild machen von, b) durch'leuchten; **4.** bestrahlen; **III** *adj.* **5.** Röntgen...

xy·lene ['zaɪliːn] *s.* ⚗ Xy'lol *n*.

xy·lo·graph ['zaɪləgrɑːf] *s.* Holzschnitt *m*; **xy·log·ra·pher** [zaɪ'lɒgrəfə] *s.* Holzschneider *m*; **xy·lo·graph·ic** [ˌzaɪlə'græfɪk] *adj.* Holzschnitt...; **xy·log·ra·phy** [zaɪ'lɒgrəfɪ] *s.* Xylogra'phie *f*, Holzschneidekunst *f*.

xy·lo·phone ['zaɪləfəʊn] *s.* ♪ Xylo'phon *n*.

xy·lose ['zaɪləʊs] *s.* ⚗ Xy'lose *f*, Holzzucker *m*.

Y

Y, **y** [waɪ] **I** *pl.* **Y's**, **y's**, **Ys**, **ys** [waɪz] *s.* **1.** Y *n*, y *n*, Ypsilon *n* (*Buchstabe*); **2.** 𝔄 a) y *n* (*2. unbekannte Größe od. abhängige Variable*), b) y-Achse *f*, Ordi'nate *f* (*im Koordinatensystem*); **II** *adj.* **3.** Y-…, Y-förmig, gabelförmig.

y- [ɪ] *obs. Präfix zur Bildung des p.p., entsprechend dem deutschen* ge-.

yacht [jɒt] ⚓ **I** *s.* **1.** (Segel-, Motor-) Jacht *f*: **~ *club*** Jachtklub *m*; **2.** (Renn-) Segler *m*; **II** *v/i.* **3.** auf e-r Jacht fahren; **4.** (sport)segeln; **yacht·er** ['jɒtə] → ***yachtsman***; **yacht·ing** ['jɒtɪŋ] **I** *s.* **1.** Jacht-, Segelsport *m*; **2.** (Sport)Segeln *n*; **II** *adj.* **3.** Segel…, Jacht…

yachts·man ['jɒtsmən] *s.* [*irr.*] **1.** Jachtfahrer *m*; **2.** (Sport)Segler *m*; **'yachts·man·ship** [-ʃɪp] *s.* Segelkunst *f*.

yah [jɑː] *int.* a) puh!, b) ätsch!

ya·hoo [jə'huː] *s.* **1.** bru'taler Kerl; **2.** Saukerl *m*.

yak¹ [jæk] *v/i.* F quasseln.

yak² [jæk] *s.* Yak *m*, Grunzochs *m*.

yank¹ [jæŋk] F **I** *v/t.* (mit e-m Ruck her'aus)ziehen, (*hoch- etc.*)reißen; **II** *v/i.* reißen, heftig ziehen; **III** *s.* (heftiger) Ruck.

Yank² [jæŋk] F *für* ***Yankee***.

Yan·kee ['jæŋkɪ] *s.* Yankee *m* (*Spitzname*): a) Neu-'Engländer(in), b) Nordstaatler(in) (*der USA*), c) (*allg., von Nichtamerikanern gebraucht*) ('Nord-) Ameri,kaner(in): **~ *Doodle*** *amer. Volkslied.*

yap [jæp] **I** *s.* **1.** Kläffen *n*, Gekläff *n*; **2.** F a) Gequassel *n*, b) ‚Schnauze' *f* (*Mund*); **II** *v/i.* **3.** kläffen; **4.** F a) quasseln, b) ‚meckern'.

yard¹ [jɑːd] *s.* **1.** Yard *n* (= *0,914 m*); **2.** → ***yardstick*** 1: ***by the* ~** yardweise; **~ *goods*** Kurzwaren; **3.** ⚓ Rah(e) *f*.

yard² [jɑːd] *s.* **1.** Hof(raum) *m*; **2.** Arbeits-, Bau-, Stapel)Platz *m*; **3.** 🚂 *Brit.* Rangier-, Verschiebebahnhof *m*; **4.** ***the* 2 → *Scotland Yard***; **5.** ⚒ Hof *m*, Gehege *n*: ***poultry* ~**; **6.** *Am.* Winterweideplatz *m* (*für Elche u. Rotwild*).

yard·age ['jɑːdɪdʒ] *s.* in Yards angegebene Zahl *od.* Länge, Yards *pl.*

'yard·man [-mən] *s.* [*irr.*] **1.** 🚂 Rangier-, Bahnhofsarbeiter *m*; **2.** ⚓ Werftarbeiter *m*; **3.** ⚒ Stall-, Viehhofarbeiter *m*; **~ mas·ter** *s.* 🚂 Rangiermeister *m*; **'~·stick** *s.* **1.** Yard-, Maßstock *m*; **2.** *fig.* Maßstab *m*.

yarn [jɑːn] **I** *s.* **1.** Garn *n*; **2.** ⚓ Kabelgarn *n*; **3.** F abenteuerliche (*a. weitS. erlogene*) Geschichte, (Seemanns)Garn *n*: ***spin a* ~** e-e Abenteuergeschichte erzählen, ein (Seemanns)Garn spinnen; **II** *v/i.* **4.** F (Geschichten) erzählen, ein Garn spinnen, (mitein'ander) klönen.

yar·row ['jærəʊ] *s.* ⚘ Schafgarbe *f*.

yaw [jɔː] *v/i.* **1.** ⚓ gieren (*vom Kurs abkommen*); **2.** ✈ (*um Hochachse*) gieren, scheren; **3.** *fig.* schwanken.

yawl [jɔːl] *s.* ⚓ **1.** Segeljolle *f*; **2.** Be'sankutter *m*.

yawn [jɔːn] **I** *v/i.* **1.** gähnen (*a. fig. Abgrund etc.*); **2.** *fig.* a) sich weit u. tief auftun, b) weit offenstehen; **II** *v/t.* **3.** gähnen(d sagen); **III** *s.* **4.** Gähnen *n*; **'yawn·ing** [-nɪŋ] *adj.* □ gähnend (*a. fig.*).

y·clept [ɪ'klept] *adj. obs. od. humor.* genannt, namens.

ye¹ [jiː] *pron. obs. od. bibl. od. humor.* **1.** ihr, Ihr; **2.** euch, Euch, dir, Dir; **3.** du, Du; **4.** F *für* ***you***: ***how d'ye do?***

ye² [jiː] *archaisierend für* ***the***.

yea [jeɪ] **I** *adv.* **1.** ja; **2.** für'wahr, wahr'haftig; **3.** *obs.* ja so'gar; **II** *s.* **4.** Ja *n*; **5.** *parl. etc.* Ja(stimme *f*) *n*: **~*s and nays*** Stimmen für u. wider; ***the* ~*s have it!*** der Antrag ist angenommen!

yeah [jeə] *adv.* F ja, klar: **~?** so?, na, na!

yean [jiːn] *zo.* **I** *v/t.* werfen (*Lamm, Zicklein*); **II** *v/i.* a) lammen (*Schaf*), b) zickeln (*Ziege*); **'yean·ling** [-lɪŋ] *s.* a) Lamm *n*, b) Zicklein *n*.

year [jɜː] *s.* **1.** Jahr *n*: **~ *of grace*** Jahr des Heils; ***for* ~*s*** jahrelang, seit Jahren, auf Jahre hinaus; **~ *in*, ~ *out*** jahrein, jahraus; **~ *by* ~, *from* ~ *to* ~, ~ *after* ~** Jahr für Jahr; ***in the* ~ *one*** *humor.* vor undenklichen Zeiten; ***take* ~*s off s.o.*** j-n um Jahre jünger machen; **2.** *pl.* Alter *n*: **~*s of discretion*** gesetztes *od.* vernünftiges Alter; ***well on in* ~*s*** hochbetagt; ***be getting on in* ~*s*** in die Jahre kommen; ***he bears his* ~*s well*** er ist für sein Alter noch recht rüstig; **3.** *ped. univ.* Jahrgang *m*; **'~·book** *s.* Jahrbuch *n*.

year·ling ['jɜːlɪŋ] **I** *s.* **1.** Jährling *m*: a) einjähriges Tier, b) einjährige Pflanze; **2.** *Pferdesport*: Einjährige(s) *n*; **II** *adj.* **3.** einjährig.

'year·long *adj.* einjährig.

year·ly ['jɜːlɪ] **I** *adj.* jährlich, Jahres…; **II** *adv.* jährlich, jedes Jahr (einmal).

yearn [jɜːn] *v/i.* **1.** sich sehnen, Sehnsucht haben (***for***, ***after*** nach, ***to do*** danach, zu tun); **2.** (*bsd.* Mitleid, Zuneigung) empfinden (***to*[*wards*]** für, mit); **'yearn·ing** [-nɪŋ] **I** *s.* Sehnsucht *f*, Sehnen *n*, Verlangen *n*; **II** *adj.* □ sehnsüchtig, sehnend, verlangend.

yeast [jiːst] **I** *s.* **1.** (Bier-, Back)Hefe *f*; **2.** Gischt *f*, Schaum *m*; **3.** *fig.* Triebkraft *f*; **II** *v/i.* **4.** gären; **~ pow·der** *s.* Backpulver *n*.

yeast·y ['jiːstɪ] *adj.* **1.** heftig; **2.** gärend; **3.** schäumend; **4.** *fig. contp.* leer, hohl; **5.** *fig.* a) unstet, b) 'überschäumend.

yegg(·man) ['jeg(mən)] *s.* [*irr.*] *Am. sl.* ‚Schränker' *m*, Geldschrankknacker *m*.

yell [jel] **I** *v/i.* **1.** schreien, brüllen (***with*** vor *dat.*); **II** *v/t.* **2.** gellen(d ausstoßen), schreien; **III** *s.* **3.** gellender (Auf-) Schrei; **4.** *Am. univ.* (rhythmischer) Anfeuerungs- *od.* Schlachtruf.

yel·low ['jeləʊ] **I** *adj.* **1.** gelb (*a. Rasse*): **~-*haired*** flachshaarig; ***the* ~ *peril*** die gelbe Gefahr; **2.** *fig.* a) *obs.* neidisch, mißgünstig, b) F feig: **~ *streak*** feiger Zug; **3.** sensati'onslüstern; → ***yellow paper***, ***yellow press***; **II** *s.* **4.** Gelb *n*: ***at* ~** *Am.* bei (*od.* auf) Gelb (*Verkehrsampel*); **5.** Eigelb *n*; **6.** ⚘, ⚕ *od. vet.* Gelbsucht *f*; **III** *v/t.* **7.** gelb färben; **IV** *v/i.* **8.** sich gelb färben, vergilben; **~ card** *s.*: ***be shown the* ~** *Fußball*: die gelbe Karte (gezeigt) bekommen; **'~-dog I** *s.* **1.** Köter *m*, ‚Prome'nadenmischung' *f*; **2.** *fig.* gemeiner *od.* feiger Kerl; **II** *adj.* **3.** a) hundsgemein, b) feig; **4.** *Am.* gewerkschaftsfeindlich; **~ earth** *s. min.* **1.** Gelberde *f*; **2.** → ***yellow ochre***; **~ fe·ver** *s.* ⚕ Gelbfieber *n*; **'~,ham·mer** *s. orn.* Goldammer *f*.

yel·low·ish ['jeləʊɪʃ] *adj.* gelblich.

yel·low| jack *s.* **1.** ⚕ Gelbfieber *n*; **2.** ⚓ Quaran'täneflagge *f*; **~ met·al** *s.* 'Muntzme,tall *n*; **~ o·chre** (*Am.* **o·cher**) *s. min.* gelber Ocker, Gelberde *f*; **~ pag·es** *s. pl. teleph.* (*die*) gelben Seiten, Branchenverzeichnis *n*; **~ pa·per** *s.* Sensati'ons-, Re'volverblatt *n*; **~ press** *s.* Sensati'ons-, Boule'vardpresse *f*; **~ soap** *s.* Schmierseife *f*.

yelp [jelp] **I** *v/i.* **1.** a) (auf)jaulen, b) aufschreien; **2.** (*a. v/t.*) kreischen; **II** *s.* **3.** a) (Auf)Jaulen *n*, b) Aufschrei *m*.

yen¹ [jen] *s.* Yen *m* (*japanische Münzeinheit*).

yen² [jen] F *für* ***yearning*** I.

yeo·man ['jəʊmən] *s.* [*irr.*] **1.** *Brit. hist.* a) Freisasse *m*, b) ⚔ berittener Mi'lizsol,dat: **~ *service*** *fig.* treue Dienste *pl.*; **2.** *a.* **2 *of the Guard*** 'Leibgar,dist *m*; **3.** ⚓ Ver'waltungs,unteroffi,zier *m*; **'yeo·man·ry** [-rɪ] *s. coll. hist.* **1.** Freisassen *pl.*; **2.** ⚔ berittene Mi'liz.

yep [jep] *adv.* F ja.

yes [jes] **I** *adv.* **1.** ja, ja'wohl: ***say* ~ (*to*)** a) ja sagen (zu), (*e-e Sache*) bejahen (*beide a. fig.*), b) einwilligen (in *acc.*); **2.** ja, gewiß, aller'dings; **3.** (ja) doch; **4.** ja so'gar; **5.** *fragend od. anzweifelnd*: ja?, wirklich?; **II** *s.* **6.** Ja *n*; **7.** *fig.* Ja (-wort) *n*; **8.** *parl.* Ja(stimme *f*) *n*; **~ man** *s.* [*irr.*] F Jasager *m*.

yes·ter ['jestə] *adj.* **1.** *obs. od. poet.* gestrig; **2.** *in Zssgn* → ***yesterday*** 2;

ˈ**~·day** [-dɪ] **I** *adv.* **1.** gestern: ***I was not born ~*** *fig.* ich bin (doch) nicht von gestern; **II** *adj.* **2.** gestrig, vergangen, letzt: ***~ morning*** gestern früh; **III** *s.* **3.** der gestrige Tag: ***the day before ~*** vorgestern; ***~'s paper*** die gestrige Zeitung; ***of ~*** von gestern; ***~s*** vergangene Tage *od.* Zeiten; **4.** *fig. das* Gestern; ˌ**~-ˈyear** *adv. u. s. obs.* voriges Jahr.

yet [jet] **I** *adv.* **1.** (immer) noch, jetzt noch: ***not ~*** noch nicht; ***nothing ~*** noch nichts; ***~ a moment*** (nur) noch einen Augenblick; **2.** schon (jetzt), jetzt: **(*as*) *~*** bis jetzt, bisher; ***have you finished ~?*** bist du schon fertig?; ***not just ~*** nicht gerade jetzt; **3.** (doch) noch, schon (noch): ***he will win ~***; **4.** noch, soˈgar (*beim Komparativ*): ***~ better*** noch besser; ***~ more important*** sogar noch wichtiger; **5.** noch (daˈzu), außerdem: ***another and ~ another*** noch einer u. noch einer dazu; ***~ again*** immer wieder; ***nor ~*** (und) auch nicht; **6.** dennoch, trotzdem, jeˈdoch, aber: ***but ~*** aber doch *od.* trotzdem; **II** *cj.* **7.** aber (dennoch *od.* zuˈgleich), doch.

yew [ju:] ♀ **I** *s.* **1.** *a.* ***~ tree*** Eibe *f*; **2.** Eibenholz *n*; **II** *adj.* **3.** Eiben…

Y-fronts [ˈwaɪfrʌnts] *TM s. pl.* Herrenunterhose *f*.

Yid [jɪd] *s. sl.* Jude *m*; **Yid·dish** [ˈjɪdɪʃ] *ling.* **I** *s.* Jiddisch *n*; **II** *adj.* jiddisch.

yield [ji:ld] **I** *v/t.* **1.** *als Ertrag* ergeben, (ein-, herˈvor)bringen, *a. Ernte* erbringen, *bsd. Gewinn* abwerfen, *Früchte*, *a. Zinsen etc.* tragen, *Produkte etc.* liefern: ***~ 6 %*** ✝ 6 % (Rendite) abwerfen; **2.** *Resultat* ergeben, liefern; **3.** *fig.* gewähren, zugestehen, einräumen (***s.th. to s.o.*** j-m et.): ***~ consent*** einwilligen; ***~ the point*** sich (*in e-r Debatte*) geschlagen geben; ***~ precedence to*** *j-m* den Vorrang einräumen; **4.** *a.* ***~ up*** a) auf-, hergeben, b) (***to***) abtreten (an *acc.*), überˈlassen, -ˈgeben (*dat.*), ausliefern (*dat. od.* an *acc.*): ***~ o.s. to*** *fig.* sich *e-r Sache* überlassen; ***~ a secret*** ein Geheimnis preisgeben; ***~ the palm*** (***to s.o.***) sich (j-m) geschlagen geben; ***~ place to*** Platz machen (*dat.*); → ***ghost*** 2; **II** *v/i.* **5.** *guten etc.* Ertrag geben *od.* liefern, *bsd.* ⸙ tragen; **6.** nachgeben, weichen (*Sache u. Person*): ***~ to despair*** sich der Verzweiflung hingeben; ***~ to force*** der Gewalt weichen; ***I ~ to none*** ich stehe keinem nach (***in*** in *dat.*); **7.** sich fügen (***to*** *dat.*); **8.** einwilligen (***to*** in *acc.*); **III** *s.* **9.** Ertrag *m*: a) Ernte *f*, b) Ausbeute *f* (*a.* ⚙, *phys.*), Gewinn *m*: ***~ of tax(es)*** Steueraufkommen *n*, -ertrag *m*; **10.** ✝ a) Zinsertrag *m*, b) Renˈdite *f*; **11.** ⚙ a) Meˈtallgehalt *m von Erz*, b) Ausgiebigkeit *f von Farben etc.*, c) Nachgiebigkeit *f von Material*; ˈ**yield·ing** [-dɪŋ] *adj.* ☐ **1.** ergiebig, einträglich: ***~ interest*** ✝ verzinslich; **2.** nachgebend, dehnbar, biegsam; **3.** *fig.* nachgiebig, gefügig; ***yield point*** *s.* ⚙ Fließ-, Streckgrenze *f*, -punkt *m*.

yip [jɪp] *Am.* F *für* ***yelp***; **yip·pee** [jɪˈpi:; ˈjɪpɪ] *int.* hurˈra!

yob [jɒb] *s. Brit.* F Rowdy *m*.

yo·del [ˈjəʊdl] **I** *v/t. u. v/i.* jodeln; **II** *s.* Jodler *m* (*Gesang*).

yo·ga [ˈjəʊgə] *s.* Joga *m*, *n*, Yoga *m*, *n*.

yo·gh(o)urt [ˈjɒgət] *s.* Joghurt *m*, *n*.

yo·gi [ˈjəʊgɪ] *s.* Jogi *m*, Yogi *m*.

yo-heave-ho [ˌjəʊhi:vˈhəʊ], **yo-ho** [jəʊˈhəʊ] *int.* ⚓ hau-ˈruck!

yoicks [jɔɪks] *hunt.* **I** *int.* hussa!; **II** *s.* Hussa(ruf *m*) *n*.

yoke [jəʊk] **I** *s.* **1.** ⸙, *antiq. u. fig.* Joch *n*: ***~ of matrimony*** Joch der Ehe; ***pass under the ~*** sich unter das Joch beugen; **2.** *sg. od. pl.* Paar *n*, Gespann *n*: ***two ~ of oxen***; **3.** ⚙ a) Schultertrage *f* (*für Eimer etc.*), b) Glockengerüst *n*, c) Bügel *m*, d) ⚡ (Maˈgnet-, Pol)Joch *n*, e) *mot.* Gabelgelenk *n*, f) doppeltes Achslager, g) ⚓ Ruderjoch *n*; **4.** Passe *f*, Sattel *m* (*an Kleidern*); **II** *v/t.* **5.** *Tiere* anschirren, anjochen; **6.** *fig.* paaren, verbinden (***with, to*** mit); **III** *v/i.* **7.** verbunden sein (***with*** mit *j-m*): ***~ together*** zs.-arbeiten; ***~ bone*** *s. anat.* Jochbein *n*; ˈ**~ˌfel·low** *s. obs.* **1.** Mitarbeiter *m*; **2.** (Lebens)Gefährte *m*, (-)Gefährtin *f*.

yo·kel [ˈjəʊkl] *s.* Bauer(ntrampel) *m*.

ˈ**yoke·mate** → ***yokefellow***.

yolk [jəʊk] *s.* **1.** *zo.* Eidotter *m*, *n*, Eigelb *n*; **2.** Woll-, Fettschweiß *m* (*der Schafwolle*).

yon [jɒn] *obs. od. dial.* **I** *adj. u. pron.* jene(r, s) dort (drüben); **II** *adv.* → ***yonder*** I; ˈ**yon·der** [-də] **I** *adv.* **1.** da *od.* dort drüben; **2.** *obs.* da drüben hin; **II** *adj. u. pron.* **3.** → ***yon*** I.

yore [jɔ:] *s.*: ***of ~*** vorzeiten, ehedem, vormals; ***in days of ~*** in alten Zeiten.

York·shire [ˈjɔ:kʃə] *adj.* aus der Grafschaft Yorkshire, Yorkshire…: ***~ flannel*** ✝ *feiner Flanell aus ungefärbter Wolle*; ***~ pudding*** *gebackener Eierteig, der zum Rinderbraten gegessen wird.*

you [ju:; jʊ; jə] *pron.* **1.** a) (*nom.*) du, ihr, Sie, b) (*dat.*) dir, euch, Ihnen, c) (*acc.*) dich, euch, Sie: ***don't ~ do that!*** tu das ja nicht!; ***that's a wine for ~!*** das ist vielleicht ein (gutes) Weinchen!; **2.** man: ***that does ~ good*** das tut einem gut; ***what should ~ do?*** was soll man tun?

you'd [ju:d; jʊd; jəd] F *für* a) ***you would***, b) ***you had***.

young [jʌŋ] **I** *adj.* jung (*a. fig. frisch, neu, unerfahren*): ***~ ambition*** jugendlicher Ehrgeiz; ***~ animal*** Jungtier *n*; ***~ children*** kleine Kinder; ***~ love*** junge Liebe; ***her ~ man*** F ihr Schatz; ***~ Smith*** Smith junior; ***a ~ state*** ein junger Staat; ***~ person*** ⚖ Jugendliche(r), Heranwachsende(r) (*14 bis 17 Jahre alt*); ***the ~ person*** *fig.* die (unverdorbene) Jugend; ***~ in one's job*** unerfahren in s-r Arbeit; **II** *s. coll.* (Tier)Junge *pl.*: ***with ~*** trächtig; **young·ish** [ˈjʌŋɪʃ] *adj.* ziemlich jung; ˈ**young·ster** [-stə] *s.* **1.** Bursch(e) *m*, Junge *m*; Kleine(r *m*) *f*; **2.** *sport* Youngster *m*.

your [jɔ:] *pron. u. adj.* **1.** a) *sg.* dein(e), b) *pl.* euer, eure, c) *sg. od. pl.* Ihr(e); **2.** *impers.* F a) so ein(e), b) der (die, das) vielgepriesene *od.* -gerühmte.

yours [jɔ:z] *pron.* **1.** a) *sg.* dein, der (die, das) dein(ig)e, die dein(ig)en, b) *pl.* euer, eure(s), der (die, das) eur(ig)e, die eur(ig)en, c) *Höflichkeitsform*, *sg. od. pl.* Ihr, der (die, das) Ihr(ig)e, die Ihr(ig)en: ***this is ~*** das gehört dir (euch, Ihnen); ***what is mine is ~*** was mein ist, ist (auch) dein; ***my sister and ~*** meine u. deine Schwester; → ***truly*** 2; **2.** a) die Dein(ig)en (Euren, Ihren), b) das Dein(ig)e, deine Habe: ***you and ~***; **3.** ✝ Ihr Schreiben.

yourˈself *pl.* **-ˈselves** [-vz] *pron.* (*in Verbindung mit **you** od. e-m Imperativ*) **1.** a) *sg.* (du, Sie) selbst, b) *pl.* (ihr, Sie) selbst: ***by ~*** a) selbst, selber, selbständig, allein, b) allein, für sich; ***be ~!*** F nimm dich zusammen!; ***you are not ~ today*** du bist (Sie sind) heute ganz anders als sonst *od.* nicht auf der Höhe; ***what will you do with ~ today?*** was wirst du (werden Sie) heute anfangen?; **2.** *refl.* a) *sg.* dir, dich, sich, b) *pl.* euch, sich: ***did you hurt ~?*** hast du dich (haben Sie sich) verletzt?

youth [ju:θ] **I** *s.* **1.** *allg.* Jugend *f*: a) Jungsein *n*, b) Jugendfrische *f*, c) Jugendzeit *f*, d) *coll. sg. od. pl. konstr.* junge Leute *pl. od.* Menschen *pl.*; **2.** Frühstadium *n*; **3.** *pl.* ***youths*** [-ðz] junger Mann, Jüngling *m*; **II** *adj.* **4.** Jugend…: ***~ hostel*** Jugendherberge *f*; ˈ**youth·ful** [-fʊl] *adj.* ☐ **1.** jung (*a. fig.*); **2.** jugendlich; **3.** Jugend…: ***~ days***; ˈ**youth·ful·ness** [-fʊlnɪs] *s.* Jugend(lichkeit) *f*.

yowl [jaʊl] **I** *v/t. u. v/i.* jaulen, heulen; **II** *s.* Jaulen *n*, Heulen *n*.

yuck [jʌk] *int. sl.* pfui Teufel!; **yuck·y** [ˈjʌki:] *adj.* F ätzend.

Yu·go·slav → ***Jugoslav***.

yule [ju:l] *s.* Weihnachts-, Julfest *n*; ***~ log*** *s.* Weihnachtsscheit *n im Kamin*; ˈ**~·tide** *s.* Weihnachtszeit *f*.

yum·my [ˈjʌmɪ] F **I** *adj.* a) *allg.* ‚prima', ‚toll', b) lecker (*Mahlzeit etc.*); **II** *int.* → ***yum-yum***.

yum-yum [ˌjʌmˈjʌm] *int.* F mm!, lecker!

yup·pie [ˈjʌpɪ] *s. junger, karrierebewußter und ausgabefreudiger Mensch mit urbanem Lebensstil (häufig bestimmten Modetrends folgend)* (= ***young urban*** *od.* ***upwardly mobile professional***).

Z

Z, z [*Brit.* zed; *Am.* zi:] *s.* Z *n*, z *n* (*Buchstabe*).

za·ny ['zeɪnɪ] **I** *s.* **1.** *hist.* Hans'wurst *m*; **2.** *fig. contp.* Blödmann *m*; **II** *adj.* **3.** närrisch; **4.** *fig.* ‚blöd'.

zap [zæp] **I** *v/t. sl.* **1.** *j-n* abknallen; **2.** *j-m* ein Ding verpassen (*Kugel, Schlag etc.*): **~!** zack!; **3.** *fig. j-n* ‚fertigmachen'; **II** *s.* **4.** ‚Schmiß' *m*.

zeal [zi:l] *s.* **1.** (Dienst-, Arbeits-, Glaubens- *etc.*)Eifer *m*: ***full of ~*** (dienst- *etc.*)eifrig; **2.** Begeisterung *f*, Hingabe *f*, Inbrunst *f*.

zeal·ot ['zelət] *s.* (*bsd.* Glaubens)Eiferer *m*, Ze'lot *m*, Fa'natiker(in); **'zeal·ot·ry** [-trɪ] *s.* Zelo'tismus *m*, fa'natischer (Glaubens- *etc.*)Eifer.

zeal·ous ['zeləs] *adj.* □ **1.** (dienst)eifrig; **2.** eifernd, fa'natisch; **3.** eifrig bedacht (***to do*** darauf, zu tun, ***for*** auf *acc.*); **4.** heiß, innig; **5.** begeistert; **'zeal·ous·ness** [-nɪs] → ***zeal***.

ze·bra ['zi:brə] *pl.* **-bras** *od. coll.* **-bra** *s. zo.* Zebra *n*; **~ cross·ing** *s. Verkehr*: Zebrastreifen *m*.

zed [zed] *s. Brit.* **1.** Zet *n* (*Buchstabe*); **2.** ⚙ Z-Eisen *n*.

Zen (Bud·dhism) [zen] *s.* 'Zen(-Bud͵dhismus *m*) *n*.

ze·ner di·ode ['zi:nə] *s.* ⚡ 'Zenerdi͵ode *f*.

ze·nith ['zenɪθ] *s.* Ze'nit *m*: a) *ast.* Scheitelpunkt *m* (*a. Ballistik*), b) *fig.* Höhe-, Gipfelpunkt *m*: ***be at one's*** (*od.* ***the***) **~** den Zenit erreicht haben, im Zenit stehen.

Zeph·a·ni·ah [͵zefə'naɪə] *npr. u. s. bibl.* (das Buch) Ze'phanja *m*.

zeph·yr ['zefə] *s.* **1.** *poet.* Zephir *m*, Westwind *m*, laues Lüftchen; **2.** sehr leichtes Gewebe, *a.* leichter Schal *etc.*; **3.** ⚘ a) *a.* ***~ cloth*** Zephir *m* (*Gewebe*), b) *a.* ***~ worsted*** Zephirwolle *f*, c) *a.* ***~ yarn*** Zephirgarn *n*.

ze·ro ['zɪərəʊ] **I** *pl.* **-ros** *s.* **1.** Null *f* (*Zahl od. Zeichen*); **2.** *phys.* Null(-punkt *m*) *f*, Ausgangspunkt *m* (*Skala*), *bsd.* Gefrierpunkt *m*; **3.** A Null(-punkt *m*, -stelle) *f*; **4.** *fig.* Null-, Tiefpunkt *m*: ***at ~*** auf dem Nullpunkt (angelangt); **5.** *fig.* Null *f*, Nichts *n*; **6.** ⚔ → ***zero hour***; **7.** ✈ Höhe *f* unter 1000 Fuß: ***at ~*** in Bodennähe; **II** *v/t.* **8.** ⚙ auf Null (ein)stellen; **III** *v/i.* **9.** ***~ in on*** a) ⚔ sich einschießen auf (*acc.*) (*a. fig.*), b) *a. fig.* immer dichter her'ankommen an (*acc.*), einkreisen, c) *fig.* sich konzentrieren auf (*acc.*); **IV** *adj.* **10.** *bsd. Am.* F null; **~ *option*** *pol.* Nullösung *f*; **~ con·duc·tor** *s.* ⚡ Nulleiter *m*; **~ grav·i·ty** *s. phys.* (Zustand *m* der) Schwerelosigkeit *f*; **~ growth** *s.* **1.** ⚘ Nullwachstum *n*; **2.** *a.* ***zero population growth*** Bevölkerungsstillstand *m*; **~ hour** *s.* **1.** ⚔ X-Zeit *f*, Stunde *f* X (*festgelegter Zeitpunkt des Beginns e-r Operation*); **2.** *fig.* genauer Zeitpunkt, kritischer Augenblick; **'~-rat·ed** *adj* ⚘ mehrwertsteuerfrei.

zest [zest] **I** *s.* **1.** Würze *f* (*a. fig. Reiz*): ***add ~ to*** *e-r Sache* Würze *od.* Reiz verleihen; **2.** *fig.* (***for***) Genuß *m*, Lust *f*, Freude *f* (an *dat.*), Begeisterung *f* (für), Schwung *m*: ***~ for life*** Lebenshunger *m*; **II** *v/t.* **3.** würzen (*a. fig.*); **'zest·ful** [-fʊl] *adj.* □ **1.** reizvoll; **2.** schwungvoll, begeistert.

zig·zag ['zɪgzæg] **I** *s.* **1.** Zickzack *m*; **2.** Zickzacklinie *f*, -bewegung *f*, -kurs *m* (*a. fig.*); **3.** Zickzackweg *m*, Serpen'tine(nstraße) *f*; **II** *adj.* **4.** zickzackförmig, Zickzack...; **III** *adv.* **5.** im Zickzack; **IV** *v/i.* **6.** im Zickzack fahren, laufen *etc.*, *a.* verlaufen (*Weg etc.*).

zilch [zɪltʃ] *s. Am. sl.* Null *f*, Nichts *n*.

zinc [zɪŋk] **I** *s.* ⚗ Zink *n*; **II** *v/t. pret. u. p.p.* **zinc(k)ed** [-kt] verzinken; **zin·cog·ra·pher** [zɪŋ'kɒgrəfə] *s.* Zinko'graph *m*, Zinkstecher *m*; **'zinc·ous** [-kəs] *adj.* ⚗ Zink...; **zinc white** *s.* Zinkweiß *n*.

zing [zɪŋ] F **I** *s.* → ***zip*** 1 *u.* 2; **II** *v/i.* → ***zip*** 4; **III** *v/t.* → ***zip*** 8.

Zi·on ['zaɪən] *s. bibl.* Zion *m*; **'Zi·on·ism** [-nɪzəm] *s.* Zio'nismus *m*; **'Zi·on·ist** [-nɪst] **I** *s.* Zio'nist(in); **II** *adj.* zio'nistisch, Zionisten...

zip [zɪp] **I** *s.* **1.** Schwirren *n*, Zischen *n*; **2.** F ‚Schmiß' *m*, Schwung *m*; **3.** F → ***zip fastener***; **II** *v/i.* **4.** schwirren, zischen; **5.** F ‚Schmiß' haben; **III** *v/t.* **6.** schwirren lassen; **7.** mit e-m Reißverschluß schließen *od.* öffnen; **8.** *a.* ***~ up*** F a) ‚schmissig' machen, b) Schwung bringen in (*acc.*); **~ ar·e·a** *s. Am.* Postleitzone *f*; **~ code** *s. Am.* Postleitzahl *f*; **~ fas·ten·er** *s.* Reißverschluß *m*.

zip·per ['zɪpə] **I** *s.* Reißverschluß *m*: ***~ bag*** Reißverschlußtasche *f*; **II** *v/t.* mit Reißverschluß versehen; **zip·py** ['zɪpɪ] *adj.* F ‚schmissig'.

zith·er ['zɪθə] *s.* ♪ Zither *f*; **'zith·er·ist** [-ərɪst] *s.* Zitherspieler(in).

zo·di·ac ['zəʊdɪæk] *s. ast.* Tierkreis *m*: ***signs of the ~*** Tierkreiszeichen *pl.*; **zo·di·a·cal** [zəʊ'daɪəkl] *adj.* Tierkreis..., Zodiakal...

zom·bi(e) ['zɒmbɪ] *s.* **1.** Schlangengottheit *f*; **2.** Zombie *m* (*wiederbeseelte Leiche*); **3.** F a) ‚Monster' *n*, b) ‚Roboter' *m*, c) Trottel *m*; **4.** *Am.* (*ein*) Cocktail *m*.

zon·al ['zəʊnl] *adj.* □ **1.** zonenförmig; **2.** Zonen...; **zone** [zəʊn] **I** *s.* **1.** *allg.* Zone *f*: a) *geogr.* (Erd)Gürtel *m*, b) Gebietsstreifen *m*, Gürtel *m*, c) *fig.* Bereich *m*, (*a.* Körper)Gegend *f*, d) *poet.* Gürtel *m*: ***torrid ~*** heiße Zone; ***wheat ~*** Weizengürtel; ***~ of occupation*** Besatzungszone; **2.** a) (Verkehrs)Zone *f*, *a.* Teilstrecke *f*, b) 🚂, 📯 *Am.* (Gebühren)Zone *f*, c) 📯 Post(zustell)bezirk *m*; **II** *v/t.* **3.** in Zonen aufteilen.

zonked [zɒŋkt] *adj. sl.* **1.** ‚high' (*im Drogenrausch*); **2.** ‚stinkbesoffen'.

zoo [zu:] *s.* Zoo *m*.

zo·o·blast ['zəʊəblæst] *s. zo.* tierische Zelle.

zo·o·chem·is·try [͵zəʊə'kemɪstrɪ] *s. zo.* Zooche'mie *f*.

zo·og·a·my [zəʊ'ɒgəmɪ] *s. zo.* geschlechtliche Fortpflanzung.

zo·og·e·ny [zəʊ'ɒdʒənɪ] *s. zo.* Zooge'nese *f*, Entstehung *f* der Tierarten.

zo·og·ra·phy [zəʊ'ɒgrəfɪ] *s.* beschreibende Zoolo'gie.

zo·o·lite ['zəʊəlaɪt] *s.* fos'siles Tier.

zo·o·log·i·cal [͵zəʊə'lɒdʒɪkl] *adj.* □ zoo'logisch: ***~ garden(s)*** [zʊ'lɒdʒɪkl] zoologischer Garten; **zo·ol·o·gist** [zəʊ'ɒlədʒɪst] *s.* Zoo'loge *m*, Zoo'login *f*; **zo'ol·o·gy** [-dʒɪ] *s.* Zoolo'gie *f*, Tierkunde *f*.

zoom [zu:m] **I** *v/i.* **1.** surren; **2.** sausen; **3.** ✈ steil hochziehen; **4.** *phot.*, *Film*: zoomen: ***~ in on s.th.*** a) et. heranholen, b) *fig.* et. ‚einkreisen'; **II** *v/t.* **5.** surren; **6.** *Flugzeug* hochreißen; **III** *s.* **7.** ✈ Steilflug *m*; **8.** *fig.* Hochschnellen *n*; **9.** *phot.*, *Film*: a) *a.* ***~ lens*** 'Zoom(-objek͵tiv) *n*, b) *a.* ***~ travel*** Zoomfahrt *f*; **10.** *Am.* (*ein*) Cocktail *m*; **'zoom·er** [-mə] *s.* → ***zoom*** 9a.

zo·o·phyte ['zəʊəfaɪt] *s. zo.* Zoo'phyt *m*, Pflanzentier *n*.

zo·ot·o·my [zəʊ'ɒtəmɪ] *s.* Zooto'mie *f*, 'Tieranato͵mie *f*.

zos·ter ['zɒstə] *s.* ⚕ Gürtelrose *f*.

zounds [zaʊndz] *int. obs.* sapper'lot!

zy·go·ma [zaɪ'gəʊmə] *pl.* **-ma·ta** [-mətə] *s. anat.* **1.** Jochbogen *m*; **2.** Jochbein(fortsatz *m*) *n*.

zy·mo·sis [zaɪ'məʊsɪs] *pl.* **-ses** [-si:z] *s.* **1.** ⚗ Gärung *f*; **2.** ⚕ Infekti'onskrankheit *f*; **zy'mot·ic** [-'mɒtɪk] *adj.* (□ ***~al·ly***); **1.** ⚗ gärend, Gärungs...; **2.** ⚕ Infektions...

Britische und amerikanische Abkürzungen

British and American Abbreviations

a ***acre*** *Acre m.*
AA ***anti-aircraft*** Fla, Flugabwehr *f*; *Brit.* ***Automobile Association*** Automo'bilklub *m*; ***Alcoholics Anonymous*** Ano'nyme Alko'holiker *pl.*
AAA *Brit.* ***Amateur Athletic Association*** 'Leichtathˌletikverband *m*; ***American Automobile Association*** Amer. Automo'bilklub *m.*
a.a.r. ***against all risks*** gegen jede Gefahr.
AB ***able(-bodied) seaman*** 'Vollmaˌtrose *m*; *Am.* ***Bachelor of Arts*** (*siehe* ***BA***).
abbr., abbrev. ***abbreviated*** abgekürzt; ***abbreviation*** Abk., Abkürzung *f.*
ABC ***American Broadcasting Company*** Amer. Rundfunkgesellschaft *f.*
abr. ***abridged*** (ab)gekürzt; ***abridg(e)ment*** (Ab-, Ver)Kürzung *f.*
AC ***alternating current*** Wechselstrom *m.*
a/c ***account current*** Kontokor'rent *n*; ***account*** Kto., Konto *n*; Rechnung *f.*
acc. ***according to*** gem., gemäß, entspr., entsprechend; ***account*** Kto., Konto *n*; Rechnung *f.*
acct. ***account*** Kto., Konto *n*; Rechnung *f.*
AD ***Anno Domini*** im Jahre des Herrn.
add(r). ***address*** Adr., A'dresse *f.*
Adm. ***Admiral*** Adm., Admi'ral *m.*
addnl. ***additional*** zusätzlich.
advt. ***advertisement*** Anz., Anzeige *f*, Ankündigung *f.*
AEC *Am.* ***Atomic Energy Commission*** A'tomenerˌgie-Kommissiˌon *f.*
AFC ***automatic frequency control*** auto'matische Fre'quenz(fein)abstimmung *f.*
AFEX ['eɪfeks] ***Air Force Exchange*** (*Verkaufsläden für Angehörige der amer. Luftstreitkräfte*).
AFL-CIO ***American Federation of Labor & Congress of Industrial Organizations*** (*größter amer. Gewerkschaftsverband*).
AFN ***American Forces Network*** (*Rundfunkanstalt der amer. Streitkräfte*).
aft(n). ***afternoon*** Nachmittag *m.*
AIDS [eɪdz] ***Acquired Immune Deficiency Syndrome*** Aids *n*, Im'munschwächekrankheit *f.*
AK ***Alaska*** (*Staat der USA*).
AL, Ala. ***Alabama*** (*Staat der USA*).
Alas. ***Alaska*** (*Staat der USA*).
Alta. ***Alberta*** (*Kanad. Provinz*).
AM ***amplitude modulation*** (*Frequenzbereich der Kurz-, Mittel- u. Langwellen*); *Am.* ***Master of Arts*** (*siehe* ***MA***).
Am. ***America*** A'merika *n*; ***American*** ameri'kanisch.
a.m. ***ante meridiem*** (*Lat.* = ***before noon***) morgens, vormittags.
AMA ***American Medical Association*** Amer. Ärzteverband *m.*
amp. ***ampere*** A, Am'pere *n.*
AP ***Associated Press*** (*amer. Nachrichtenagentur*).
approx. ***approximate(ly)*** annähernd, etwa.
appx. ***appendix*** Anh., Anhang *m.*
Apr. ***April*** A'pril *m.*
APT *Brit.* ***Advanced Passenger Train*** (*Hochgeschwindigkeitszug*).
AR ***Arkansas*** (*Staat der USA*).
ARC ***American Red Cross*** *das* Amer. Rote Kreuz.
Ariz. ***Arizona*** (*Staat der USA*).
Ark. ***Arkansas*** (*Staat der USA*).
ARP ***Air-Raid Precautions*** Luftschutz *m.*
arr. ***arrival*** Ank., Ankunft *f.*
art. ***article*** Art., Ar'tikel *m*; ***artificial*** künstlich.
AS ***Anglo-Saxon*** Angelsächsisch *n*, angelsächsisch; ***anti-submarine*** U-Boot-Abwehr...
ASA ***American Standards Association*** Amer. 'Normungs-Organisatiˌon *f.*
ASCII ['æski:] ***American Standard Code for Information Interchange*** (*standardisierter Code zur Darstellung alphanumerischer Zeichen*).
asst. ***assistant*** Asst., Assi'stent(in).
asst'd ***assorted*** assortiert, gemischt.
ATC ***air traffic control*** Flugsicherung *f.*
ATM ***automated teller machine*** 'Bankautoˌmat *m.*
Aug. ***August*** Aug., Au'gust *m.*
auth. ***author(ess)*** Verfasser(in).
av. ***average*** 'Durchschnitt *m*; Hava'rie *f.*
avdp. ***avoirdupois*** Handelsgewicht *n.*
Ave. ***Avenue*** Al'lee *f*, Straße *f.*
AWACS ['eɪwæks] ***Airborne Warning and Control System*** (*luftgestütztes Frühwarn- und Überwachungssystem*).
AWOL ***absence without leave*** unerlaubte Entfernung von der Truppe.
AZ ***Arizona*** (*Staat der USA*).

b. ***born*** geboren.
BA ***Bachelor of Arts*** Bakka'laureus *m* der Philoso'phie; ***British Academy*** Brit. Akade'mie *f*; ***British Airways*** Brit. Luftverkehrsgesellschaft *f.*
BAgr(ic) ***Bachelor of Agriculture*** Bakka'laureus *m* der Landwirtschaft.
b&b ***bed and breakfast*** Über'nachtung *f* mit Frühstück.
BAOR ***British Army of the Rhine*** Brit. 'Rheinarˌmee *f.*
Bart. ***Baronet*** Baronet *m.*
BBC ***British Broadcasting Corporation*** Brit. Rundfunkgesellschaft *f.*
bbl. ***barrel*** Faß *n.*
BC ***before Christ*** vor Christus; ***British Columbia*** (*Kanad. Provinz*).
BCom(m) ***Bachelor of Commerce*** Bakka'laureus *m* der Wirtschaftswissenschaften.
BD ***Bachelor of Divinity*** Bakka'laureus *m* der Theolo'gie.
bd. ***bound*** gebunden (*Buchbinderei*).
BDS ***Bachelor of Dental Surgery*** Bakka'laureus *m* der 'Zahnmediˌzin.
bds. ***boards*** kartoniert (*Buchbinderei*).
BE ***Bachelor of Education*** Bakka'laureus *m* der Erziehungswissenschaft; ***Bachelor of Engineering*** Bakka'laureus *m* der Ingeni'eurwissenschaft(en); *siehe* ***B/E.***
B/E ***bill of exchange*** Wechsel *m.*
Beds. ***Bedfordshire*** (*engl. Grafschaft*).
Berks. ***Berkshire*** (*engl. Grafschaft*).
b/f ***brought forward*** 'Übertrag *m.*
BFBS ***British Forces Broadcasting Service*** (*Rundfunkanstalt der brit. Streitkräfte*).
B'ham ***Birmingham*** (*Stadt in England*).
b.h.p. ***brake horse-power*** Brems-PS *f od. pl.*, Bremsleistung *f* in PS.
BIF ***British Industries Fair*** Brit. Indu'striemesse *f.*
BIS ***Bank for International Settlements*** BIZ, Bank *f* für internatio'nalen Zahlungsausgleich.
bk. ***book*** Buch *n.*
BL ***Bachelor of Law*** Bakka'laureus *m* des Rechts.
B/L ***bill of lading*** (See)Frachtbrief *m.*
bl. ***barrel*** Faß *n.*
bldg. ***building*** Geb., Gebäude *n.*
BLit(t) ***Bachelor of Literature*** Bakka'laureus *m* der Litera'tur.
bls. ***bales*** Ballen *pl.*; ***barrels*** Faß *pl.*
Blvd. ***Boulevard*** Boule'vard *m.*
BM ***Bachelor of Medicine*** Bakka'laureus *m* der Medi'zin; ***British Museum*** Britisches Mu'seum.
BMA ***British Medical Association*** Brit. Ärzteverband *m.*

BMus ***Bachelor of Music*** Bakka'laureus *m* der Mu'sik.
b.o. ***branch office*** Zweigstelle *f*, Fili'ale *f*; ***body odo(u)r*** Körpergeruch *m*; ***buyer's option*** 'Kaufopti͵on *f*; ***box office*** (The'ater)Kasse *f*.
B.o.T. ***Board of Trade*** Brit. 'Handelsmini͵sterium *n*.
bot. ***bought*** gekauft; ***bottle*** Flasche *f*.
BPharm ***Bachelor of Pharmacy*** Bakka'laureus *m* der Pharma'zie.
BPhil ***Bachelor of Philosophy*** Bakka'laureus *m* der Philoso'phie.
BR ***British Rail*** (*Eisenbahn in Großbritannien*).
B/R ***bills receivable*** Wechselforderungen *pl.*
BRCS ***British Red Cross Society*** *das* Brit. Rote Kreuz.
Brit. ***Britain*** Großbri'tannien *n*; ***British*** britisch.
Bros. ***brothers*** Gebr., Gebrüder *pl.* (*in Firmenbezeichnungen*).
BS *Am.* ***Bachelor of Science*** Bakka'laureus *m* der Na'turwissenschaften; ***British Standard*** Brit. Norm *f*.
B/S ***bill of sale*** Über'eignungsvertrag *m*.
BSc *Brit.* ***Bachelor of Science*** Bakka'laureus *m* der Na'turwissenschaften.
BSE ***bovine spongiform encephalopathy*** BSE, Rinderwahn(sinn) *m*.
BSG ***British Standard Gauge*** (*brit. Norm*).
B.S.I. ***British Standards Institution*** Brit. 'Normungs-Organisati͵on *f*.
BST ***British Summer Time*** Brit. Sommerzeit *f*.
Bt. ***Baronet*** Baronet *m*.
BTA ***British Tourist Authority*** Brit. Fremdenverkehrsbehörde *f*.
bt. fwd. ***brought forward*** 'Übertrag *m*.
B.th.u, **Btu** ***British Thermal Unit(s)*** Brit. Wärmeeinheit(en *pl.*) *f*.
bu. ***bushel*** Scheffel *m*.
Bucks. ***Buckinghamshire*** (*engl. Grafschaft*).
bus. *Am.* ***business*** Arbeit *f*, *die* Geschäfte *pl.*
C ***Celsius, centigrade*** Celsius, hundertgradig (*Thermometer*).
c ***cent(s)*** Cent *m* (*amer. Münze*); ***century*** Jahr'hundert *n*; ***circa*** ca., circa, ungefähr; ***cubic*** Kubik…
CA ***California*** (*Staat der USA*); ***chartered account*** Frachtrechnung *f*; *Brit.* ***chartered accountant*** beeidigter 'Bücherre͵visor *od.* Wirtschaftsprüfer; ***current account*** Girokonto *n*.
CAB *Brit.* ***Citizens' Advice Bureau*** (*Bürgerberatungsorganisation*).
c.a.d. ***cash against documents*** Zahlung *f* gegen Doku'mentaushändigung.
Cal(if). ***California*** (*Staat der USA*).
Cambs. ***Cambridgeshire*** (*engl. Grafschaft*).
Can. ***Canada*** Kanada *n*; ***Canadian*** ka'nadisch.
C & W ***country and western*** (*Musik*).
Cantab. ***Cantabrigiensis*** (*Titel etc.*) der Universi'tät Cambridge.
Capt. ***Captain*** Kapi'tän *m*, Hauptmann *m*, Rittmeister *m*.
Card. ***Cardinal*** Kardi'nal *m*.
CARE [keə] ***Cooperative for American Relief Everywhere*** (*amer. Organisation, die Hilfsmittel an Bedürftige in aller Welt versendet*).
Cath. ***Catholic*** kath., ka'tholisch.
CB ***Citizens' Band*** C'B-Funk *m* (*Wellenbereich für privaten Funkverkehr*); ***Companion of (the Order of) the Bath*** Ritter *m* des Bath-Ordens; (*a.* **C/B**) ***cash book*** Kassabuch *n*.
CBC ***Canadian Broadcasting Corporation*** Ka'nadische Rundfunkgesellschaft.
CBS ***Columbia Broadcasting System*** (*amer. Rundfunkgesellschaft*).
CC ***City Council*** Stadtrat *m*; *Brit.* ***County Council*** Grafschaftsrat *m*.
cc *Brit.* ***cubic centimetre(s)***, *Am.* ***cubic centimeter(s)*** ccm, Ku'bikzenti͵meter *m*, *n od. pl.*
CD ***compact disc*** CD(-Platte) *f*; ***Corps Diplomatique*** (*Fr.* = ***Diplomatic Corps***) CD *n*, Diplo'matisches Korps.
CE ***Church of England*** angli'kanische Kirche; ***civil engineer*** 'Bauingeni͵eur *m*.
cert. ***certificate*** Bescheinigung *f*.
CET ***Central European Time*** MEZ, 'mitteleuro͵päische Zeit.
cf. ***confer*** vgl., vergleiche.
Ch. ***chapter*** Kap., Ka'pitel *n*.
ch. ***chain*** (*Länge einer*) Meßkette *f*; ***chapter*** Kap., Ka'pitel *n*; ***chief*** ltd., leitende(r) …, oberste(r) …
c.h. ***central heating*** ZH, Zen'tralheizung *f*.
ChB ***Chirurgiae Baccalaureus*** (*Lat.* = ***Bachelor of Surgery***) Bakka'laureus *m* der Chirur'gie.
Ches. ***Cheshire*** (*engl. Grafschaft*).
C.I. ***Channel Islands*** Ka'nalinseln *pl.*
C/I ***certificate of insurance*** Ver'sicherungspo͵lice *f*.
CIA ***Central Intelligence Agency*** (*Geheimdienst der USA*).
CID ***Criminal Investigation Department*** (*brit. Kriminalpolizei*).
c.i.f. ***cost, insurance, freight*** Kosten, Versicherung und Fracht einbegriffen.
C.-in-C. ***Commander-in-Chief*** Oberkommandierende(r) *m* (*dem Land-, Luft- und Seestreitkräfte unterstehen*).
cir(c). ***circa*** ca., circa, ungefähr; ***circular*** Rundschreiben *n*; ***circulation*** 'Umlauf *m*, Auflage *f* (*Zeitung etc.*).
CIS ***Commonwealth of Independent States*** GUS, Gemeinschaft *f* unabhängiger Staaten.
CJD ***Creutzfeld(t)-Jakob disease*** Creutzfeld(t)-Jakob(sche) Krankheit *f*.
ck(s). ***cask*** Faß *n*; ***casks*** Fässer *pl.*
cl. ***class*** Klasse *f*.
cm *Brit.* ***centimetre(s)***, *Am.* ***centimeter(s)*** cm, Zenti'meter *m*, *n od. pl.*
CO ***Colorado*** (*Staat der USA*); ***Commanding Officer*** Komman'deur *m*.
Co. ***Company*** Gesellschaft *f*; ***county*** *Brit.* Grafschaft *f*, (Verwaltungs)Bezirk *m*.
c/o ***care of*** p.A., per A'dresse, bei.
COD, c.o.d. ***cash*** (*Am.* ***collect***) ***on delivery*** zahlbar bei Lieferung, per Nachnahme.
C. of E. ***Church of England*** angli'kanische Kirche; ***Council of Europe*** ER, Eu'roparat *m*.
COI *Brit.* ***Central Office of Information*** (*staatliches Auskunftsbüro zur Verbreitung amtlicher Publikationen etc.*).
Col. ***Colorado*** (*Staat der USA*); ***Colonel*** Oberst *m*.
Colo. ***Colorado*** (*Staat der USA*).
conc. ***concerning*** betr., betreffend, betrifft.
Conn. ***Connecticut*** (*Staat der USA*).
Cons. ***Conservative*** konserva'tiv (*Brit. pol.*); ***Consul*** Konsul *m*.
cont., **contd** ***continued*** fortgesetzt.
Corn. ***Cornwall*** (*engl. Grafschaft*).
Corp. ***Corporal*** Korpo'ral *m*, 'Unterofﬁ͵zier *m*; ***Corporation*** (*siehe Wörterverzeichnis*).
corr. ***corresponding*** entspr., entsprechend.
cp. ***compare*** vgl., vergleiche.
CPA *Am.* ***certified public accountant*** beeidigter 'Bücherre͵visor *od.* Wirtschaftsprüfer.
c.p.s. ***cycles per second*** Hertz *pl.*
CT ***Connecticut*** (*Staat der USA*).
ct(s) ***cent(s)*** (*amer. Münze*).
cu(b). ***cubic*** Kubik…
cu.ft. ***cubic foot*** Ku'bikfuß *m*.
cu.in. ***cubic inch*** Ku'bikzoll *m*.
Cumb. ***Cumberland*** (*ehemal. engl. Grafschaft*).
cum d(iv). ***cum dividend*** mit Divi'dende.
CUP ***Cambridge University Press*** Verlag *m* der Universi'tät Cambridge.
CV, cv ***curriculum vitae*** Lebenslauf *m*.
c.w.o. ***cash with order*** Barzahlung bei Bestellung.
cwt ***hundredweight*** (*etwa 1*) Zentner *m*.
d. *Brit.* ***penny, pence*** (*bis 1971 verwendete Abkürzung*); ***died*** gest., gestorben.
DA ***deposit account*** Depo'sitenkonto *n*; *Am.* ***district attorney*** Staatsanwalt *m*.
DAR *Am.* ***Daughters of the American Revolution*** Töchter *pl.* der amer. Revoluti'on (*patriotische Frauenvereinigung*).
DAT ***digital audio tape*** (*in Cassetten befindliches Tonband für Digitalaufnahmen mit DAT-Recordern*).
DB ***daybook*** Jour'nal *n*.
DC ***direct current*** Gleichstrom *m*; ***District of Columbia*** Di'strikt Columbia (*mit der amer. Hauptstadt Washington*).
DCL ***Doctor of Civil Law*** Doktor *m* des Zi'vilrechts.
DD ***Doctor of Divinity*** Dr. theol., Doktor *m* der Theolo'gie.
DDS ***Doctor of Dental Surgery*** Dr. med. dent., Doktor *m* der 'Zahnmedi͵zin.
DDT ***dichlorodiphenyltrichloroethane*** DDT, Di'chlordiphe'nyltrichlorä͵than *n* (*Insekten- u. Seuchenbekämpfungsmittel*).
DE ***Delaware*** (*Staat der USA*).
Dec. ***December*** Dez., De'zember *m*.
dec. ***deceased*** gest., gestorben.
DEd ***Doctor of Education*** Dr. paed., Doktor *m* der Päda'gogik.
def. ***defendant*** Beklagte(r *m*) *f*.
deg. ***degree(s)*** Grad *m od. pl.*
Del. ***Delaware*** (*Staat der USA*).
DEng ***Doctor of Engineering*** Dr.-Ing., Doktor *m* der Ingeni'eurwissenschaften.
dep. ***departure*** Abf., Abfahrt *f*.
Dept. ***Department*** Ab'teilung *f*.
Derby. ***Derbyshire*** (*engl. Grafschaft*).

dft. ***draft*** Tratte *f*.
diff. ***different*** versch., verschieden; ***difference*** 'Unterschied *m*.
Dir. ***Director*** Dir., Di'rektor *m*.
disc. ***discount*** Dis'kont *m*, Abzug *m*.
dist. ***distance*** Entfernung *f*; ***district*** Bez., Bezirk *m*.
div. ***dividend*** Divi'dende *f*; ***divorced*** gesch., geschieden.
DIY ***do-it-yourself*** „mach es selber!“; (*in Zssgn*) Heimwerker…
DJ ***disc jockey*** Diskjockey *m*; ***dinner jacket*** Smoking(jacke *f*) *m*.
DLit(t) ***Doctor of Letters***, ***Doctor of Literature*** Doktor *m* der Litera'turwissenschaft.
do. ***ditto*** do., dito; dgl., desgleichen.
doc. ***document*** Doku'ment *n*, Urkunde *f*.
dol. ***dollar(s)*** Dollar *m* (*od. pl.*).
Dors. ***Dorsetshire*** (*engl. Grafschaft*).
doz. ***dozen(s)*** Dutzend *n od. pl.*
DP ***displaced person*** Verschleppte(r *m*) *f*; ***data processing*** DV, Datenverarbeitung *f*.
d/p ***documents against payment*** Doku'mente *pl.* gegen Zahlung.
DPh(il) ***Doctor of Philosophy*** Dr. phil., Doktor *m* der Philoso'phie.
Dpt. ***Department*** Abteilung *f*.
Dr. ***Doctor*** Dr., Doktor *m*; ***debtor*** Schuldner *m*.
dr. ***dra(ch)m*** Dram *n*, Drachme *f* (*Handelsgewicht*); ***drawer*** Tras'sant *m*.
d.s., **d/s** ***days after sight*** Tage nach Sicht (*bei Wechseln*).
DSc ***Doctor of Science*** Dr. rer. nat., Doktor *m* der Na'turwissenschaften.
DST ***Daylight-Saving Time*** Sommerzeit *f*.
DTh(eol) ***Doctor of Theology*** Dr. theol., Doktor *m* der Theolo'gie.
Dur. ***Durham*** (*engl. Grafschaft*).
dwt. ***pennyweight*** Pennygewicht *n*.
dz. ***dozen(s)*** Dutzend *n* (*od. pl.*).

E ***east*** O, Ost(en *m*); ***east(ern)*** ö, östlich; ***English*** engl., englisch.
E. & O. E. ***errors and omissions excepted*** Irrtümer und Auslassungen vorbehalten.
EC ***European Community*** EG, Euro'päische Gemeinschaft; ***East Central*** London Mitte-Ost (*Postbezirk*).
ECE ***Economic Commission for Europe*** 'Wirtschaftskommissi,on *f* für Eu'ropa (*des Wirtschafts- u. Sozialrates der UN*).
ECG ***electrocardiogram*** EKG, E'lektrokardio,gramm *n*.
ECOSOC ***Economic and Social Council*** Wirtschafts- und Sozi'alrat *m* (*UN*).
ECSC ***European Coal and Steel Community*** EGKS, Euro'päische Gemeinschaft für Kohle und Stahl.
ECU ***European Currency Unit(s)*** Euro'päische Währungseinheit(en *pl.*) *f*.
Ed., ed. ***edition*** Aufl., Auflage *f*; ***edited*** hrsg., her'ausgegeben; ***editor*** Hrsg., Her'ausgeber *m*.
EDP ***electronic data processing*** EDV, elek'tronische Datenverarbeitung.
E.E., E./E. ***errors excepted*** Irrtümer vorbehalten.
EEC ***European Economic Community*** EWG, Euro'päische Wirtschaftsgemeinschaft.
EFTA ['eftə] ***European Free Trade Association*** EFTA, Euro'päische Freihandelsgemeinschaft.
Eftpos ***electronic funds transfer at point of sale*** Zahlungsart „ec-Kasse“.
e.g. ***exempli gratia*** (*Lat.* = ***for instance***) z. B., zum Beispiel.
EMS ***European Monetary System*** EWS, Euro'päisches 'Währungssy,stem.
enc(l). ***enclosure(s)*** Anl., Anlage(n *pl.*) *f*.
Eng(l). ***England*** Engl., England *n*; ***English*** engl., englisch.
ESA ***European Space Agency*** Euro'päische Weltraumbehörde.
ESP ***extrasensory perception*** außersinnliche Wahrnehmung.
Esq(r). ***Esquire*** (*in Briefadressen, nachgestellt*) Herrn.
ESRO ***European Space Research Organization*** ESRO, Euro'päische Organisati'on für Weltraumforschung
Ess. ***Essex*** (*engl. Grafschaft*).
est. ***established*** gegr., gegründet; ***estimated*** gesch., geschätzt.
E Sx ***East Sussex*** (*engl. Grafschaft*).
ETA ***estimated time of arrival*** vor'aussichtliche Ankunft(szeit).
etc., &c. ***et cetera, and the rest, and so on*** etc., usw., und so weiter.
ETD ***estimated time of departure*** vor'aussichtliche Abflugzeit *bzw.* Abfahrtszeit.
EURATOM [juər'ætəm] ***European Atomic Energy Community*** Eura'tom *f*, Euro'päische A'tomgemeinschaft.
excl. ***exclusive***, ***excluding*** ausschl., ausschließlich, ohne.
ex div. ***ex dividend*** ohne (*od.* ausschließlich) Divi'dende.
ex int. ***ex interest*** ohne (*od.* ausschließlich) Zinsen.

F ***Fahrenheit*** (*Thermometereinteilung*); *univ.* ***Fellow*** (*siehe Wörterverzeichnis* ***fellow*** 6).
f. ***farthing*** (*ehemalige brit. Münze*); ***fathom*** Faden *m*, Klafter *m, n, f*; ***feminine*** w., weiblich; ***foot***, ***feet*** Fuß *m od. pl.*; ***following*** folgend.
FA *Brit.* ***Football Association*** Fußballverband *m*.
f.a.a. ***free of all average*** frei von Beschädigung.
Fah(r). ***Fahrenheit*** (*Thermometereinteilung*).
FAO ***Food and Agriculture Organization*** Organisati'on *f* für Ernährung und Landwirtschaft (*der UN*).
f.a.s. ***free alongside ship*** frei Längsseite (See)Schiff.
FBI ***Federal Bureau of Investigation*** Amer. Bundeskrimi'nalamt *n*; ***Federation of British Industries*** Brit. Indu'strieverband *m*.
FCC ***Federal Communications Commission*** Amer. 'Bundeskommissi,on *f* für das Nachrichtenwesen.
Feb. ***February*** Febr., Februar *m*.
fig. ***figure(s)*** Abb., Abbildung(en *pl.*) *f*.
FL, **Fla.** ***Florida*** (*Staat der USA*).
FM ***frequency modulation*** UKW (*Frequenzbereich der Ultrakurzwellen*).
fm ***fathom(s)*** Faden *m od. pl.*, Klafter *m, n, f od. pl.*
FO *Brit.* ***Foreign Office*** Auswärtiges Amt.
fo(l). ***folio*** Folio *n*, Seite *f*.
f.o.b. ***free on board*** frei Schiff.
f.o.r. ***free on rail*** frei Wag'gon.
FP ***freezing point*** Gefrierpunkt *m*; ***fireplug*** Hy'drant *m*.
Fr. ***France*** Frankreich *n*; ***French*** franz., fran'zösisch.
fr. ***franc(s)*** Franc(s *pl.*) *m*, Franken *m od. pl.*
Fri. ***Friday*** Fr., Freitag *m*.
ft ***foot***, ***feet*** Fuß *m od. pl.*
FTC ***Federal Trade Commission*** Amer. Bundes'handelskommissi,on *f* (*zur Verhinderung unlauteren Wettbewerbs*).
fur. ***furlong(s)*** (*Längenmaß*).

g ***gram(s)***, ***gramme(s)*** g, Gramm *n od. pl.*; ***gallon(s)*** Gal'lone(n *pl.*) *f*.
g. ***ga(u)ge*** Nor'malmaß *n*; 🚂 Spur *f*; ***guinea*** Gui'nee *f* (*105 p*).
GA ***general agent*** Gene'ralvertreter *m*; ***general assembly*** Hauptversammlung *f*; *siehe* ***Ga.***
Ga. ***Georgia*** (*Staat der USA*).
gal(l). ***gallon(s)*** Gal'lone(n *pl.*) *f*.
GATT [gæt] ***General Agreement on Tariffs and Trade*** Allgemeines Zoll- und Handelsabkommen.
GB ***Great Britain*** GB, Großbri'tannien *n*.
G.B.S. ***George Bernard Shaw*** (*irischer Dramatiker*).
GCB (***Knight***) ***Grand Cross of the Bath*** (Ritter *m* des) Großkreuz(es) *n* des Bath-Ordens.
GCE ***General Certificate of Education*** (*siehe Wörterverzeichnis*).
GCSE ***General Certificate of Secondary Education*** (*schulische Abschlußprüfung, die seit 1988 u. a. die "O-levels" des* ***GCE*** *ersetzt*).
Gen. ***General*** Gene'ral *m*.
gen. ***general(ly)*** allgemein.
Ger. ***German*** deutsch, Deutsche(r *m*) *f*; ***Germany*** Deutschland *n*.
GI ***government issue*** von der Regierung ausgegeben, Staatseigentum *n*; *der* amer. Sol'dat.
gi. ***gil(s)*** Viertelpinte(n *pl.*) *f*.
GLC ***Greater London Council*** (*ehemaliger*) Stadtrat *m* von Groß-London.
Glos. ***Gloucestershire*** (*engl. Grafschaft*).
GMT ***Greenwich Mean Time*** WEZ, 'westeuro,päische Zeit.
GNP ***gross national product*** Bruttoso-zi'alpro,dukt *n*.
gns. ***guineas*** Gui'neen *pl.*
GOP *Am.* ***Grand Old Party*** Republi'kanische Par'tei.
Gov. ***Government*** Regierung *f*; ***Governor*** Gouver'neur *m*.
Govt, **govt** ***government*** Regierung *f*.
GP ***general practitioner*** Arzt *m* (Ärztin *f*) für Allge'meinmedi,zin; ***Gallup Poll*** 'Meinungs,umfrage *f* (*insbes. zum Wählerverhalten*).
GPO ***General Post Office*** Hauptpostamt *n*.
gr. ***grain(s)*** Gran *n* (*od. pl.*); ***gross*** brutto; Gros *n od. pl.* (*12 Dutzend*).
gr.wt ***gross weight*** Bruttogewicht *n*.
gs ***guineas*** Gui'neen *pl.*
gtd, **guar.** ***guaranteed*** garantiert.

h. ***hour(s)*** Std., Stunde(n *pl.*) *f*, Uhr (*bei Zeitangaben*); ***height*** Höhe *f*.

h&c ***hot and cold*** warm u. kalt (*Wasser*).

Hants. ***Hampshire*** (*engl. Grafschaft*).

HBM ***His*** (***Her***) ***Britannic Majesty*** Seine (Ihre) Bri'tannische Maje'stät.

HC *Brit.* ***House of Commons*** 'Unterhaus *n*; ***Holy Communion*** heiliges Abendmahl, heilige Kommuni'on.

hdbk ***handbook*** Handbuch *n*.

HE ***high explosive*** hochexplo'siv; ***His Eminence*** Seine Emi'nenz *f*; ***His*** (***Her***) ***Excellency*** Seine (Ihre) Exzel'lenz *f*.

Heref. ***Herefordshire*** (*ehemal. engl. Grafschaft*).

Herts. ***Hertfordshire*** (*engl. Grafschaft*).

HF ***high frequency*** 'Hochfreˌquenz *f*; *Brit.* ***Home Fleet*** Flotte *f* in den Heimatgewässern.

hf ***half*** halb.

hf.bd ***half bound*** in Halbfranz gebunden (*Halbleder*).

hhd ***hogshead*** (*Hohlmaß, etwa 240 Liter*); großes Faß.

HI ***Hawaii*** (*Staat der USA*).

HL *Brit.* ***House of Lords*** Oberhaus *n*.

HM ***His*** (***Her***) ***Majesty*** Seine (Ihre) Maje'stät.

HMS ***His*** (***Her***) ***Majesty's Service*** Dienst *m*, ✉ Dienstsache *f*; ***His*** (***Her***) ***Majesty's Ship*** (***Steamer***) Seiner (Ihrer) Maje'stät Schiff *n* (Dampfschiff *n*).

HMSO ***His*** (***Her***) ***Majesty's Stationery Office*** (*Brit. Staatsdruckerei*).

HO ***Head Office*** Hauptge'schäftsstelle *f*, Zen'trale *f*; *Brit.* ***Home Office*** 'Innenminiˌsterium *n*.

Hon. ***Honorary*** ehrenamtlich; ***Hono(u)rable*** (*der od. die*) Ehrenwerte (*Anrede und Titel*).

HP, **hp** ***horsepower*** PS, Pferdestärke *f*; ***high pressure*** Hochdruck *m*; ***hire purchase*** Ratenkauf *m*.

HQ, Hq. ***Headquarters*** Stab(squartier *n*) *m*, Hauptquartier *n*.

HR *Am.* ***House of Representatives*** Repräsen'tantenhaus *n*.

hr ***hour(s)*** Stunde(n *pl.*) *f*.

HRH ***His*** (***Her***) ***Royal Highness*** Seine (Ihre) Königliche Hoheit.

hrs ***hours*** Std., Stunden *pl*.

HT, **h.t.** ***high tension*** Hochspannung *f*.

ht ***height*** H., Höhe *f*.

Hunts. ***Huntingdonshire*** (*ehemal. engl. Grafschaft*).

HWM ***high-water mark*** Hochwasserstandsmarke *f*.

I. ***island(s)***, ***isle(s)*** Insel(n *pl.*) *f*.

IA, **Ia.** ***Iowa*** (*Staat der USA*).

IATA [aɪ'ɑːtə] ***International Air Transport Association*** Internatio'naler Luftverkehrsverband.

IBA ***Independent Broadcasting Authority*** (*Dachorganisation der brit. privaten Fernseh- u. Rundfunkanstalten*).

ib(id). ***ibidem*** (*Lat.* = ***in the same place***) ebd., ebenda.

IBRD ***International Bank for Reconstruction and Development*** Internatio'nale Bank für Wieder'aufbau und Entwicklung, Weltbank *f*.

IC ***integrated circuit*** inte'grierter Schaltkreis.

ICAO ***International Civil Aviation Organization*** Internatio'nale Zi'villuftfahrt-Organisatiˌon.

ICBM ***intercontinental ballistic missile*** interkontinen'taler bal'listischer Flugkörper, Interkontinen'talraˌkete *f*.

ICFTU ***International Confederation of Free Trade Unions*** Internatio'naler Bund Freier Gewerkschaften.

ICJ ***International Court of Justice*** IG, Internatio'naler Gerichtshof.

ICU ***intensive care unit*** Inten'sivstatiˌon *f*.

ID ***Idaho*** (*Staat der USA*); ***identity*** Identi'tät *f*; ***Intelligence Department*** Nachrichtenamt *n*.

Id(a). ***Idaho*** (*Staat der USA*).

i.e. ***id est*** (*Lat.* = ***that is to say***) d. h., das heißt.

IHP, **ihp** ***indicated horsepower*** i. PS, indizierte Pferdestärke.

IL, **Ill.** ***Illinois*** (*Staat der USA*).

ILO ***International Labo(u)r Organization*** Internatio'nale 'Arbeitsorganisatiˌon.

ILS ***instrument landing system*** Instru'mentenˌlandesyˌstem *n*.

IMF ***International Monetary Fund*** IWF, Internatio'naler Währungsfonds.

Imp. ***Imperial*** Reichs…, Empire…

IN ***Indiana*** (*Staat der USA*).

in. ***inch(es)*** Zoll *m* (*od. pl.*).

Inc. ***Incorporated*** (amtlich) eingetragen.

incl. ***inclusive***, ***including*** einschl., einschließlich.

incog. ***incognito*** in'kognito (*unter anderem Namen*).

Ind. ***Indiana*** (*Staat der USA*).

inst. ***instant*** d. M., dieses Monats.

IOC ***International Olympic Committee*** Internatio'nales O'lympisches Komi'tee.

I. of M. ***Isle of Man*** (*engl. Insel*).

I. of W. ***Isle of Wight*** (*engl. Insel; Grafschaft*).

IOM *siehe* ***I. of M.***

IOU ***I owe you*** Schuldschein *m*.

IOW *siehe* ***I. of W.***

IPA ***International Phonetic Association*** Internatio'nale Pho'netische Gesellschaft.

IQ ***intelligence quotient*** Intelli'genzquotiˌent *m*.

Ir. ***Ireland*** Irland *n*; ***Irish*** irisch.

IRA ***Irish Republican Army*** IRA, 'Irisch-Republi'kanische Ar'mee.

IRBM ***intermediate-range ballistic missile*** 'Mittelstreckenraˌkete *f*.

ISBN ***international standard book number*** ISB'N-Nummer *f*.

ISDN ***integrated services digital network*** dienste-integrierendes digi'tales Fernmeldenetz.

ISO ***International Organization for Standardization*** IOS, Internatio'nale Organisati'on für Standardisierung, Internatio'nale 'Normenorganisatiˌon.

ITV ***Independent Television*** (*unabhängige brit. kommerzielle Fernsehanstalten*).

IUD ***intrauterine device*** Intraute'rinpesˌsar *n*, -spiˌrale *f*.

IYHF ***International Youth Hostel Federation*** Internatio'naler Jugendherbergsverband.

J. ***judge*** Richter *m*; ***justice*** Ju'stiz *f*; Richter *m*.

Jan. ***January*** Jan., Januar *m*.

JATO ['dʒeɪtəʊ] ***jet-assisted takeoff*** Start *m* mit 'Startraˌkete.

JC ***Jesus Christ*** Jesus Christus *m*.

JCB ***Juris Civilis Baccalaureus*** (*Lat.* = ***Bachelor of Civil Law***) Bakka'laureus *m* des Zi'vilrechts.

JCD ***Juris Civilis Doctor*** (*Lat.* = ***Doctor of Civil Law***) Doktor *m* des Zi'vilrechts.

Jnr ***junior*** *siehe* ***Jr***, ***jun(r)***.

JP ***Justice of the Peace*** Friedensrichter *m*.

Jr ***junior*** (*Lat.* = ***the younger***) jr., jun., der Jüngere.

JUD ***Juris Utriusque Doctor*** (*Lat.* = ***Doctor of Civil and Canon Law***) Doktor *m* beider Rechte.

Jul. ***July*** Jul., Juli *m*.

Jun. ***June*** Jun., Juni *m*.

jun(r). ***junior*** (*Lat.* = ***the younger***) jr., jun., der Jüngere.

Kan(s). ***Kansas*** (*Staat der USA*).

KC ***Knight Commander*** Kom'tur *m*, Großmeister *m*; *Brit.* ***King's Counsel*** Kronanwalt *m*.

KCB ***Knight Commander of the Bath*** Großmeister *m* des Bath-Ordens.

Ken. ***Kentucky*** (*Staat der USA*).

kg ***kilogram(me)(s)*** kg, Kilogramm *n* (*od. pl.*).

kHz ***kilohertz*** kHz, Kilo'hertz *n od. pl.*

KIA ***killed in action*** gefallen.

KKK ***Ku Klux Klan*** (*geheime Terrororganisation in den USA*).

km *Brit.* ***kilometre(s)***, *Am.* ***kilometer(s)*** km, Kilo'meter *m* (*od. pl.*).

KO, **k.o.** ***knockout*** K.o., Knock-out *m*.

k.p.h. *Brit.* ***kilometre(s) per hour***, *Am.* ***kilometer(s) per hour*** 'Stundenkiloˌmeter *m* (*od. pl.*).

KS ***Kansas*** (*Staat der USA*).

kV ***kilovolt(s)*** kV, Kilo'volt *n* (*od. pl.*).

kW ***kilowatt(s)*** kW, Kilo'watt *n* (*od. pl.*).

KY, **Ky** ***Kentucky*** (*Staat der USA*).

L *Brit.* ***learner*** (***driver***) Fahrschüler(in) (*Plakette an Kraftfahrzeugen*).

l. ***left*** l., links; ***length*** Länge *f*; ***line*** Z., Zeile *f*; Lin., Linie *f*; (*meist* **l**) *Brit.* ***litre(s)***, *Am.* ***liter(s)*** l, Liter *m*, *n* (*od. pl.*).

£ ***pound(s) sterling*** Pfund *n* (*od. pl.*) Sterling (*Währung*).

LA ***Los Angeles*** (*Stadt in Kalifornien*); ***Louisiana*** (*Staat der USA*).

La. ***Louisiana*** (*Staat der USA*).

£A ***Australian pound*** au'stralisches Pfund (*Währung*).

Lab. ***Labrador*** (*Kanad. Halbinsel*).

Lancs. ***Lancashire*** (*engl. Grafschaft*).

lang. ***language*** Spr., Sprache *f*.

lat. ***latitude*** geo'graphische Breite.

lb. ***pound(s)*** Pfund *n* (*od. pl.*) (*Gewicht*).

L/C ***letter of credit*** Kre'ditbrief *m*.

LCJ *Brit.* ***Lord Chief Justice*** Lord-'oberrichter *m*.

Ld. ***Lord*** Lord *m*.

£E ***Egyptian pound*** ä'gyptisches Pfund (*Währung*).

Leics. ***Leicestershire*** (*engl. Grafschaft*).

Lincs. ***Lincolnshire*** *(engl. Grafschaft).*
LJ *Brit.* ***Lord Justice*** Lordrichter *m.*
ll. ***lines*** Zeilen *pl.*; Linien *pl.*
LL D ***Legum Doctor*** *(Lat. =* ***Doctor of Laws****)* Dr. jur., Doktor *m* der Rechte.
LMT ***local mean time*** mittlere Ortszeit *(in USA).*
loc. cit. ***loco citato*** *(Lat. =* ***in the place cited****)* a. a. O., am angeführten Ort.
lon(g). ***longitude*** geo'graphische Länge.
LP ***long-playing record*** LP, Langspielplatte *f*; ***Labour Party*** *(brit. Linkspartei)*; *siehe* ***l.p.***
l.p. ***low pressure*** Tiefdruck *m.*
L'pool ***Liverpool*** *n.*
LSD ***lysergic acid diethylamide*** LSD, Lysergsäurediäthylamid *n.*
LSE ***London School of Economics*** *(renommierte Londoner Wirtschaftshochschule).*
LSO ***London Symphony Orchestra*** *das* Londoner Sinfo'nie-Orˌchester.
Lt. ***Lieutenant*** Leutnant *m.*
l.t. ***low tension*** Niederspannung *f.*
Lt.-Col. ***Lieutenant-Colonel*** Oberst'leutnant *m.*
Ltd. ***limited*** mit beschränkter Haftung.
Lt.-Gen. ***Lieutenant-General*** Gene'ralleutnant *m.*

m ***male*** m, männlich; ***masculine*** m, männlich; ***married*** verh., verheiratet; *Brit.* ***metre(s)***, *Am.* ***meter(s)*** m, Meter *m, n od. pl.*; ***mile(s)*** M., Meile(n *pl.*) *f*; ***minute(s)*** min., Min., Mi'nute(n *pl.*) *f.*
MA ***Master of Arts*** Ma'gister *m* der Philoso'phie; ***Massachusetts*** *(Staat der USA)*; ***military academy*** Mili'tärakadeˌmie *f.*
Maj. ***Major*** Ma'jor m.
Maj.-Gen. ***Major-General*** Gene'ralmaˌjor *m.*
Man. ***Manitoba*** *(Kanad. Provinz).*
Mar. ***March*** März *m.*
Mass. ***Massachusetts*** *(Staat der USA).*
max. ***maximum*** Max., Maximum *n.*
MB ***Medicinae Baccalaureus*** *(Lat. =* ***Bachelor of Medicine****)* Bakka'laureus *m* der Medi'zin.
MC ***Master of Ceremonies*** Zere'monienmeister *m*; *Am.* Conférencier *m*; *Am.* ***Member of Congress*** Parla'mentsmitglied *n.*
MD ***Maryland*** *(Staat der USA)*; ***Managing Director*** geschäftsführender Di'rektor; ***Medicinae Doctor*** *(Lat. =* ***Doctor of Medicine****)* Dr. med., Doktor *m* der Medi'zin.
M/D ***months' date*** Monate nach heute.
Md. ***Maryland*** *(Staat der USA).*
MDS ***Master of Dental Surgery*** Ma'gister *m* der 'Zahnmediˌzin.
ME, Me. ***Maine*** *(Staat der USA).*
med. ***medical*** med., medi'zinisch; ***medicine*** Med., Medi'zin *f*; ***medieval*** mittelalterlich.
mg ***milligram(me)(s)*** mg, Milligramm *n od. pl.*
MI ***Michigan*** *(Staat der USA).*
mi. ***mile(s)*** M., Meile(n *pl.*) *f.*
Mich. ***Michigan*** *(Staat der USA).*
Middx. ***Middlesex*** *(ehemal. engl. Grafschaft).*
min. ***minute(s)*** min., Min., Mi'nute(n *pl.*) *f*; ***minimum*** Min., Minimum *n.*
Minn. ***Minnesota*** *(Staat der USA).*
Miss. ***Mississippi*** *(Staat der USA).*
mm *Brit.* ***millimetre(s)***, *Am.* ***millimeter(s)*** mm, Milli'meter *m, n od. pl.*
MN ***Minnesota*** *(Staat der USA).*
MO ***Missouri*** *(Staat der USA)*; ***mail order*** *siehe Wörterverzeichnis*; ***money order*** *siehe Wörterverzeichnis.*
Mo. ***Missouri*** *(Staat der USA).*
Mon. ***Monday*** Mo., Montag *m.*
Mont. ***Montana*** *(Staat der USA).*
MP *Brit.* ***Member of Parliament*** Abgeordnete(r) *m* des 'Unterhauses; ***Military Police*** Mili'tärpoliˌzei *f.*
mph ***miles per hour*** Stundenmeilen *pl.*
MPharm ***Master of Pharmacy*** Ma'gister *m* der Pharma'zie.
Mr ['mɪstə] ***Mister*** Herr *m.*
Mrs ['mɪsɪz] *ursprünglich* ***Mistress*** Frau *f.*
MS ***Mississippi*** *(Staat der USA)*; ***manuscript*** Mskr(pt)., Manu'skript *n*; ***motorship*** Motorschiff *n.*
Ms [mɪz] Frau *f (neutrale Anredeform für unverheiratete und verheiratete Frauen).*
MSc ***Master of Science*** Ma'gister *m* der Na'turwissenschaften.
MSL ***mean sea level*** mittlere (See)Höhe, Nor'malnull *n.*
MSS ***manuscripts*** Manu'skripte *pl.*
MT ***Montana*** *(Staat der USA).*
Mt ***Mount*** Berg *m.*
mt ***megaton*** Megatonne *f.*
M'ter ***Manchester*** *n.*
MTh ***Master of Theology*** Ma'gister *m* der Theolo'gie.
Mx ***Middlesex*** *(ehemal. engl. Grafschaft).*

N ***north*** N, Nord(en *m*); ***north(ern)*** n, nördlich.
n ***neuter*** n, Neutrum *n*, neu'tral; ***noun*** Subst., Substantiv *n*; ***noon*** Mittag *m.*
NAAFI ['næfɪ] *Brit.* ***Navy, Army and Air Force Institutes*** *(Truppenbetreuungsinstitution der brit. Streitkräfte, u. a. für Kantinen u. Geschäfte zuständig).*
NASA ['næsə] *Am.* ***National Aeronautics and Space Administration*** Natio'nale Luft- u. Raumfahrtbehörde *f.*
nat. ***national*** nat., natio'nal; ***natural*** nat., na'türlich.
NATO ['neɪtəʊ] ***North Atlantic Treaty Organization*** Nordat'lantikpakt-Organisatiˌon *f.*
NB ***New Brunswick*** *(Kanad. Provinz).*
NBC *Am.* ***National Broadcasting Company*** Natio'nale Rundfunkgesellschaft.
NC ***North Carolina*** *(Staat der USA).*
N.C.B. *Brit.* ***National Coal Board*** Natio'nale Kohlenbehörde.
n.d. ***no date*** ohne Datum.
ND, N Dak. ***North Dakota*** *(Staat der USA).*
NE ***Nebraska*** *(Staat der USA)*; ***northeast*** NO, Nord'ost(en *m*); ***northeast(ern)*** nö, nord'östlich.
Neb(r). ***Nebraska*** *(Staat der USA).*
neg. ***negative*** neg., negativ.
Nev. ***Nevada*** *(Staat der USA).*
NF ***Newfoundland*** *(Kanad. Provinz).*
N/F ***no funds*** keine Deckung.
Nf(l)d ***Newfoundland*** *(Kanad. Provinz).*
NH ***New Hampshire*** *(Staat der USA).*
NHS *Brit.* ***National Health Service*** Staatlicher Gesundheitsdienst.
NJ ***New Jersey*** *(Staat der USA).*
NM, N Mex. ***New Mexico*** *(Staat der USA).*
No. ***North*** N, Nord(en *m*); ***numero*** Nr., Nummer *f*; ***number*** Zahl *f.*
Norf. ***Norfolk*** *(engl. Grafschaft).*
Northants. ***Northamptonshire*** *(engl. Grafschaft).*
Northd., Northumb. ***Northumberland*** *(engl. Grafschaft).*
Notts. ***Nottinghamshire*** *(engl. Grafschaft).*
Nov. ***November*** Nov., No'vember *m.*
n.p. or d. ***no place or date*** ohne Ort oder Datum.
NS ***Nova Scotia*** *(Kanad. Provinz).*
NSB *Brit.* ***National Savings Bank*** *etwa* Postsparkasse *f.*
NSPCC ***National Society for the Prevention of Cruelty to Children*** *(brit. Kinderschutzverein).*
NSW ***New South Wales*** *(Bundesstaat Australiens).*
NT ***New Testament*** NT, Neues 'Testa'ment; ***Northern Territory*** *(Verwaltungsbezirk Australiens).*
nt.wt. ***net weight*** Nettogewicht *n.*
NV ***Nevada*** *(Staat der USA).*
NW ***northwest*** NW, Nord'west(en *m*); ***northwest(ern)*** nw, nord'westlich.
NWT ***Northwest Territories*** *(N-Kanada östl. des Yukon Territory).*
NY ***New York*** *(Staat der USA).*
NYC ***New York City*** (die Stadt) New York.
N Yorks. ***North Yorkshire*** *(engl. Grafschaft).*

O. ***Ohio*** *(Staat der USA)*; ***order*** Auftr., Auftrag *m.*
o/a ***on account of*** auf Rechnung von.
OAP ***old-age pensioner*** (Alters)Rentner(in), 'Ruhegeldemˌpfänger(in).
OAS ***Organization of American States*** Organisati'on *f* ameri'kanischer Staaten.
OAU ***Organization of African Unity*** Organisati'on *f* für Afri'kanische Einheit.
ob. ***obiit*** *(Lat. =* ***died****)* gest., gestorben.
Oct. ***October*** Okt., Ok'tober *m.*
OECD ***Organization for Economic Cooperation and Development*** Organisati'on *f* für wirtschaftliche Zu'sammenarbeit und Entwicklung.
OH ***Ohio*** *(Staat der USA).*
OHMS ***On His (Her) Majesty's Service*** im Dienste Seiner (Ihrer) Maje'stät; ✉ Dienstsache *f.*
OK ***Oklahoma*** *(Staat der USA)*; *siehe* ***O.K.***
O.K. *(möglicherweise aus:)* ***all correct*** in Ordnung.
Okla. ***Oklahoma*** *(Staat der USA).*
o.n.o. ***or near(est) offer*** VB, Verhandlungsbasis *f.*
Ont. ***Ontario*** *(Kanad. Provinz).*
OPEC ['əʊpek] ***Organization of Petroleum Exporting Countries*** Organisati'on *f* der Erdöl exportierenden Länder.
OR ***Oregon*** *(Staat der USA).*
o.r. ***owner's risk*** auf Gefahr des Eigentümers.
Ore(g). ***Oregon*** *(Staat der USA).*
OT ***Old Testament*** AT, Altes Testa'ment.

OUP ***Oxford University Press*** Verlag *m* der Universi'tät Oxford.
Oxon. ***Oxfordshire*** (*engl. Grafschaft*); ***Oxoniensis*** (*Titel etc.*) der Universi'tät Oxford.
oz. ***ounce(s)*** Unze(n *pl.*) *f*.

p ***penny, pence*** (*brit. Münze*).
p. ***page*** S., Seite *f*; ***part*** T., Teil *m*.
PA, Pa. ***Pennsylvania*** (*Staat der USA*).
p.a. ***per annum*** (*Lat.* = ***yearly***) jährlich.
PAN AM [ˌpæn'æm] ***Pan American World Airways*** (*amer. Luftverkehrsgesellschaft*).
par(a). ***paragraph*** Par., Para'graph *m*, Abschnitt *m*.
PAYE ***pay as you earn*** (*Brit. Quellenabzugsverfahren. Arbeitgeber zieht Lohn- bzw. Einkommensteuer direkt vom Lohn bzw. Gehalt ab*).
PC *Brit.* ***police constable*** Schutzmann *m*; ***Personal Computer*** PC, Perso'nalcomˌputer *m*; *Am.* ***Peace Corps*** Friedenscorps *n*.
p.c. ***per cent*** %, Pro'zent *n od. pl.*; ***postcard*** Postkarte *f*.
p/c ***price current*** Preisliste *f*.
pcl. ***parcel*** Pa'ket *n*.
pcs. ***pieces*** Stück(e) *pl*.
PD ***Police Department*** Poli'zeibehörde *f*; ***per diem*** (*Lat.* = ***by the day***) pro Tag.
pd. ***paid*** bez., bezahlt.
PEI ***Prince Edward Island*** (*Kanad. Provinz*).
PEN [pen], *mst* **PEN Club** (***International Association of***) ***Poets, Playwrights, Editors, Essayists and Novelists*** PEN-Club *m* (*Internationaler Verband von Dichtern, Dramatikern, Redakteuren, Essayisten und Romanschriftstellern*).
Penn(a). ***Pennsylvania*** (*Staat der USA*).
per pro(c). ***per procurationem*** (*Lat.* = ***by proxy***) pp., ppa., per Pro'kura.
PhD ***Philosophiae Doctor*** (*Lat.* = ***Doctor of Philosophy***) Dr. phil., Doktor *m* der Philoso'phie.
PIN ***personal identification number*** PIN *m,f*, Geheimzahl *f*.
Pk. ***Park*** Park *m*; ***Peak*** Spitze *f*, (Berg-) Gipfel *m*.
Pl. ***Place*** Platz *m*.
PLC, Plc, plc *Brit.* ***public limited company*** AG, Aktiengesellschaft *f*.
p.m. ***post meridiem*** (*Lat.* = ***after noon***) nachm., nachmittags, ab., abends.
PO ***post office*** Postamt *n*; ***postal order*** Postanweisung *f*.
POB ***post-office box*** Postschließfach *n*.
p.o.d. ***pay on delivery*** Nachnahme *f*.
POO ***post-office order*** Postanweisung *f*.
pos(it). ***positive*** pos., positiv.
POW ***prisoner of war*** Kriegsgefangene(r) *m*.
p.p. ***per procurationem*** (*Lat.* = ***by proxy***) pp., ppa., per Pro'kura.
pp. ***pages*** Seiten *pl*.
PR ***public relations*** PR, Öffentlichkeitsarbeit *f*.
pref. ***preface*** Vw., Vorwort *n*.
Pres. ***President*** Präsi'dent *m*.
pro. ***professional*** professio'nell, Berufs…
Prof. ***Professor*** Pro'fessor *m*.
prol. ***prologue*** Pro'log *m*.
Prot. ***Protestant*** Prot., Prote'stant *m*.
prox. ***proximo*** (*Lat.* = ***next month***) n. M., nächsten Monats.
PS ***postscript*** PS, Post'skript *n*, Nachschrift *f*.
PT ***physical training*** Leibeserziehung *f*.
pt. ***part*** Teil *m*; ***payment*** Zahlung *f*; ***pint*** (*Brit. 0,57 l, Am. 0,47 l*); ***point*** *siehe Wörterverzeichnis*.
PTA ***Parent-Teacher Association*** Eltern-Lehrer-Vereinigung *f*.
Pte. *Brit.* ***Private*** Sol'dat *m* (*Dienstgrad*).
PTO, p.t.o. ***please turn over*** b.w., bitte wenden.
Pvt. *Am.* ***Private*** Sol'dat *m* (*Dienstgrad*).
PW ***prisoner of war*** Kriegsgefangene(r) *m*.
PX ***Post Exchange*** (*Verkaufsläden für Angehörige der amer. Streitkräfte*).

QC *Brit.* ***Queen's Counsel*** Kronanwalt *m*.
Qld. ***Queensland*** (*Bundesstaat Australiens*).
qr ***quarter*** (*etwa 1*) Viertel'zentner *m* (*Handelsgewicht*).
qt ***quart*** Quart *n* (*Brit. 1,14 l, Am. 0,95 l*).
Que. ***Quebec*** (*Kanad. Provinz*).
quot. ***quotation*** Kurs-, Preisnotierung *f*.

R. ***Réaumur*** (*Thermometereinteilung*); ***River*** Strom *m*, Fluß *m*.
r. ***right*** r., rechts.
RA *Brit.* ***Royal Academy*** Königliche Akade'mie.
RAC *Brit.* ***Royal Automobile Club*** Königlicher Automo'bilklub.
RAF ***Royal Air Force*** Königlich-Brit. Luftwaffe *f*.
RAM *Computer*: ***random access memory*** Speicher *m* mit wahlfreiem Zugriff, Direktzugriffsspeicher *m*.
RC ***Roman Catholic*** r.-k., römisch-ka'tholisch.
Rd ***Road*** Str., Straße *f*.
recd ***received*** erhalten.
ref(c). (***in***) ***reference*** (***to***) (mit) Bezug *m* (auf); Empf., Empfehlung *f*.
regd ***registered*** eingetragen; ✆ eingeschrieben.
reg. tn ***register ton*** RT, Re'gistertonne *f*.
res. ***residence*** Wohnsitz, -ort *m*; ***research*** Forschung *f*; ***reserve*** Re'serve *f*, Reserve…
ret(d). ***retired*** i. R., im Ruhestand.
Rev(d). ***Reverend*** Ehrwürden (*Titel u. Anrede*).
RI ***Rhode Island*** (*Staat der USA*).
rm ***room*** Zi., Zimmer *n*.
RMA *Brit.* ***Royal Military Academy*** Königliche Mili'tärakadeˌmie (*Sandhurst*).
RN ***Royal Navy*** Königlich-Brit. Ma'rine *f*.
ROM *Computer*: ***read only memory*** Nur-Lese-Speicher *m*, Fest(wert)speicher *m*.
RP ***received pronunciation*** Standardaussprache *f* (*des Englischen in Südengland*); ***reply paid*** Rückantwort bezahlt (*bei Telegrammen*).
r.p.m. ***revolutions per minute*** U/min., Um'drehungen *pl*. pro Mi'nute.
RR *Am.* ***Railroad*** Eisenbahn *f*.
RS *Brit.* ***Royal Society*** Königliche Gesellschaft (*traditionsreicher u. bedeutendster naturwissenschaftlicher Verein Großbritanniens*).
RSPCA ***Royal Society for the Prevention of Cruelty to Animals*** (*brit. Tierschutzverein*).
RSVP ***répondez s'il vous plaît*** (*Fr.* = ***please reply***) u. A. w. g., um Antwort wird gebeten; Antwort erbeten.
rt ***right*** r., rechts.
Rt Hon. ***Right Honourable*** (*der od. die*) Sehr Ehrenwerte (*Titel u. Anrede*).
RU ***Rugby Union*** 'Rugby-Uniˌon *f*.
RV *Am.* ***recreational vehicle*** Wohnmobil *n*.
Ry *Brit.* ***Railway*** Eisenbahn *f*.

S ***south*** S, Süd(en *m*); ***south(ern)*** s, südlich.
s ***second(s)*** s, sec, sek., Sek., Se'kunde(n *pl.*) *f*; ***shilling(s)*** Schilling(e *pl.*) *m*.
SA ***South Africa*** 'Süd'afrika *n*; ***South America*** S.A., 'Süda'merika *n*; ***South Australia*** (*Bundesstaat Australiens*); ***Salvation Army*** H.A., 'Heilsarˌmee *f*.
s.a.e. ***stamped addressed envelope*** frankierter, mit (eigener) Anschrift versehener Briefumschlag.
Salop ***Shropshire*** (*engl. Grafschaft*).
SALT [sɔːlt] ***Strategic Arms Limitation Talks*** (*Verhandlungen zwischen der Sowjetunion und den USA über einen Vertrag zur Begrenzung und zum Abbau strategischer Waffensysteme*).
Sask. ***Saskatchewan*** (*Kanad. Provinz*).
Sat. ***Saturday*** Sa., Samstag *m*, Sonnabend *m*.
S Aus(tr). ***South Australia*** (*Bundesstaat Australiens*).
SB ***sales book*** Verkaufsbuch *n*.
SC ***South Carolina*** (*Staat der USA*); ***Security Council*** Sicherheitsrat *m* (*der UN*).
Sch. ***school*** Sch., Schule *f*.
SD, S Dak. ***South Dakota*** (*Staat der USA*).
SDP *Brit.* ***Social Democratic Party*** Sozi'aldemoˌkratische Par'tei.
SE ***southeast*** SO, Süd'ost(en *m*); ***southeast(ern)*** sö, süd'östlich; ***Stock Exchange*** Börse *f*.
SEATO ['siːtəʊ] ***South-East Asia Treaty Organization*** Südost'asienpakt-Organisatiˌon *f* (*1977 aufgelöst*).
Sec. ***Secretary*** Sekr., Sekre'tär *m*; Mi'nister *m*.
sec. ***second(s)*** s, sec, sek., Sek., Se'kunde(n *pl.*) *f*; ***secondary*** *siehe Wörterverzeichnis*.
sen(r). ***senior*** (*Lat.* = ***the elder***) sen., der Ältere.
Sep(t). ***September*** Sep(t)., Sep'tember *m*.
Serg(t). ***Sergeant*** Fw, Feldwebel *m*; Wachtmeister *m*.
SF ***science fiction*** Science-'fiction *f* (*Literatur*).
Sgt. *siehe* ***Serg(t)***.
sh ***share*** Aktie *f*; ***sheet*** Druckbogen *m* (*Buchdruck*); ***shilling(s)*** Schilling(e *pl.*) *m*.
SHAPE [ʃeɪp] ***Supreme Headquarters Allied Powers Europe*** 'Oberkomˌmando *n* der Alliierten Streitkräfte in Eu'ropa.

Soc. ***Society*** Gesellschaft *f*; Verein *m*.
Som(s). ***Somerset(shire)*** (*engl. Grafschaft*).
Sq. ***Square*** Platz *m*.
sq. ***square*** Quadrat...
sq.ft ***square foot*** Qua'dratfuß *m*.
sq.in. ***square inch*** Qua'dratzoll *m*.
Sr ***senior*** sen., der Ältere.
SS ***steamship*** Dampfer *m*; ***saints*** *die Heiligen pl*.
St. ***Saint ...*** St., Sankt ...; ***Street*** Str., Straße *f*; ***Station*** B(h)f., Bahnhof *m*.
st. ***stone*** (*Gewicht*).
STA ***scheduled time of arrival*** planmäßige Ankunft(szeit).
Sta. ***Station*** B(h)f., Bahnhof *m*.
Staffs. ***Staffordshire*** (*engl. Grafschaft*).
STD *Brit.* ***subscriber trunk dialling*** Selbstwählfernverkehr *m*; ***scheduled time of departure*** planmäßige Abflugzeit *bzw.* Abfahrtszeit.
stg ***sterling*** Sterling *m* (*brit. Währungseinheit*).
STOL [stɒl] ***short takeoff and landing*** (***aircraft***) STOL-, Kurzstart(-Flugzeug *n*) *m*.
Str. ***Strait*** Straße *f* (*Meerenge*).
sub. ***substitute*** Ersatz *m*.
Suff. ***Suffolk*** (*engl. Grafschaft*).
Sun. ***Sunday*** So., Sonntag *m*.
supp(l). ***supplement*** Nachtrag *m*.
SW ***southwest*** SW, Süd'west(en *m*).
Sy ***Surrey*** (*engl. Grafschaft*).
S Yorks. ***South Yorkshire*** (*engl. Grafschaft*).
Sx ***Sussex*** (*ehemal. engl. Grafschaft*).

t ***ton(s)*** Tonne(n *pl.*) *f* (*Handelsgewicht*).
Tas. ***Tasmania*** (*Bundesstaat Australiens*).
TB ***tuberculosis*** Tb, Tbc, Tuberku'lose *f*.
tel. ***telephone*** Tel., Tele'fon *n*.
Tenn. ***Tennessee*** (*Staat der USA*).
Ter(r). ***Terrace*** (*in Straßennamen*) Häuserreihe *f* (*in Hanglage od. über einem Hang gelegen*); ***Territory*** (Hoheits)Gebiet *n*, Terri'torium *n*.
Tex. ***Texas*** (*Staat der USA*).
tgm. ***telegram*** Tele'gramm *n*.
TGWU ***Transport and General Workers' Union*** Trans'portarbeitergewerkschaft *f*.
Th., Thu(r)., Thurs. ***Thursday*** Do., Donnerstag *m*.
TMO ***telegraph money order*** tele'graphische Geldanweisung.
TN ***Tennessee*** (*Staat der USA*).
tn ***ton(s)*** Tonne(n *pl.*).
TRH *Brit.* ***Their Royal Highnesses*** Ihre Königlichen Hoheiten.
TU ***Trade(s) Union(s)*** Gew., Gewerkschaft(en *pl.*) *f*.
Tu. ***Tuesday*** Di., Dienstag *m*.
TUC *Brit.* ***Trades Union Congress*** Gewerkschaftsverband *m*.
Tue(s). ***Tuesday*** Di., Dienstag *m*.
TX ***Texas*** (*Staat der USA*).

U ***universal*** allgemein (*zugelassen*) (*Kinoprogramm ohne Jugendverbot*).
UFO ***unidentified flying object*** Ufo *n*.
UHF ***ultrahigh frequency*** UHF, Ultra'hochfrequenz(-Bereich *m*) *f*, Dezi'meterwellenbereich *m*.
UK ***United Kingdom*** Vereinigtes Königreich (*England, Schottland, Wales u. Nordirland*).
ult(o). ***ultimo*** (*Lat.* = ***in the last*** [***month***]) v. Mts., vorigen Monats.
UMW ***United Mine Workers*** Vereinigte Bergarbeiter *pl.* (*amer. Gewerkschaftsverband*).
UN ***United Nations*** Vereinte Nati'onen *pl.*
UNESCO [juːˈneskəʊ] ***United Nations Eductional, Scientific, and Cultural Organization*** Organisati'on *f* der Vereinten Nati'onen für Wissenschaft, Erziehung und Kul'tur.
UNICEF [ˈjuːnɪsef] ***United Nations Children's Fund*** (*früher* ***United Nations International Children's Emergency Fund***) Kinderhilfswerk *n* der Vereinten Nati'onen.
UNO ***United Nations Organization*** UNO *f*.
UNSC ***United Nations Security Council*** Sicherheitsrat *m* der Vereinten Nati'onen.
UPI ***United Press International*** (*amer. Nachrichtenagentur*).
US ***United States*** Vereinigte Staaten *pl.*
USA ***United States of America*** Vereinigte Staaten *pl.* von A'merika; ***United States Army*** Heer *n* der Vereinigten Staaten.
USAF ***United States Air Force*** Luftwaffe *f* der Vereinigten Staaten.
USN ***United States Navy*** Ma'rine *f* der Vereinigten Staaten.
USS ***United States Senate*** Se'nat *m* der Vereinigten Staaten; ***United States Ship*** (Kriegs)Schiff *n* der Vereinigten Staaten.
USSR *hist.* ***Union of Soviet Socialist Republics*** UdSSR, Uni'on *f* der Sozia'listischen Sow'jetrepuˌbliken.
UT, Ut. ***Utah*** (*Staat der USA*).
UV ***ultraviolet*** UV, 'ultravioˌlett.

V ***Volt(s)*** V, Volt *n* (*od. pl.*).
v. ***very*** sehr; ***verse*** V., Vers *m*; ***versus*** (*Lat.* = ***against***) gegen; ***vide*** (*Lat.* = ***see***) s., siehe; ***volt(s)*** V, Volt *n* (*od. pl.*).
VA, Va. ***Virginia*** (*Staat der USA*).
VAT ***value added tax*** MwSt., Mehrwertsteuer *f*.
VCR ***video cassette recorder*** 'Videoreˌcorder *m*.
VD ***venereal disease*** Geschlechtskrankheit *f*.
VDU ***visual display unit*** Bildschirm *m*.
VHF ***very high frequency*** VHF, UKW, Ultrakurzwelle(n *pl.*) *f*, Meterwellenbereich *m*.
Vic. ***Victoria*** (*Bundesstaat Australiens*).
VIP ***very important person*** VIP *m*, ‚hohes Tier'.
Vis(c). ***Viscount(ess)*** Vi'comte *m* (Vicom'tesse *f*).
viz. ***videlicet*** (*Lat.* = ***namely***) nämlich.
vol. ***volume*** Bd., Band *m* (*eines Buches*).
vols. ***volumes*** Bde., Bände *pl.*
VP(res.) ***Vice President*** 'Vizepräsiˌdent *m* (*stellvertretender Vorsitzender, Vorstandsmitglied etc.*).
vs. ***versus*** (*Lat.* = ***against***) gegen.
VSOP ***very superior old pale*** (*Bezeichnung für 20–25 Jahre alten Branntwein, Portwein etc.*).
VT, Vt. ***Vermont*** (*Staat der USA*).
VTOL [ˈviːtɒl] ***vertical takeoff and landing*** (***aircraft***) Senkrechtstarter *m*.
v.v. ***vice versa*** (*Lat.* = ***conversely***) 'umgekehrt.

W ***west*** West(en *m*); ***west(ern)*** w, westlich; ***watt(s)*** W, Watt *n* (*od. pl.*).
w ***watt(s)*** W, Watt *n* (*od. pl.*); ***week*** Wo., Woche *f*; ***width*** Weite *f*, Breite *f*; ***wife*** (Ehe)Frau *f*; ***with*** mit.
WA ***Washington*** (*Staat der USA*); *siehe* ***W Aus(tr)***.
War(ks). ***Warwickshire*** (*engl. Grafschaft*).
Wash. ***Washington*** (*Staat der USA*).
WASP [wɒsp] ***White Anglo-Saxon Protestant*** (*protestantischer Amerikaner britischer od. nordeuropäischer Abstammung*).
W Aus(tr). ***Western Australia*** (*Bundesstaat Australiens*).
WC ***West Central*** London Mitte-West (*Postbezirk*); ***water closet*** WC, 'Wasserkloˌsett *n*.
Wed(s). ***Wednesday*** Mi., Mittwoch *m*.
w.e.f. ***with effect from*** mit Wirkung vom.
WEU ***Western European Union*** 'Westeuroˌpäische Uni'on.
WFTU ***World Federation of Trade Unions*** Weltgewerkschaftsbund *m*.
WHO ***World Health Organization*** Weltge'sundheitsorganisatiˌon *f*.
WI ***West Indies*** 'West'indien *n*; *siehe* ***Wis(c)***.
Wilts. ***Wiltshire*** (*engl. Grafschaft*).
Wis(c). ***Wisconsin*** (*Staat der USA*).
wk ***week*** Wo., Woche *f*; ***work*** Arbeit *f*.
wkly ***weekly*** wöchentlich.
wks ***weeks*** Wo., Wochen *pl.*
w/o ***without*** o., ohne.
Worcs. ***Worcestershire*** (*ehemal. engl. Grafschaft*).
WP, w.p. ***weather permitting*** (nur) bei gutem Wetter.
w.p.a. ***with particular average*** mit Teilschaden (*Versicherung inklusive Teilschaden*).
w.p.m. ***words per minute*** Wörter *pl.* pro Mi'nute.
w.r.t. ***with reference to*** bezüglich.
W Sx ***West Sussex*** (*engl. Grafschaft*).
wt ***weight*** Gewicht *n*.
WV, W Va. ***West Virginia*** (*Staat der USA*).
WW I (*od.* **II**) ***World War I*** (*od.* ***II***) der erste (*od.* zweite) Weltkrieg.
WY, Wyo. ***Wyoming*** (*Staat der USA*).
W Yorks. ***West Yorkshire*** (*engl. Grafschaft*).

Xm., Xmas [ˈkrɪsməs] ***Christmas*** Weihnacht(en *n*) *f*.
Xroads ***crossroads*** Straßenkreuzung *f*.

yd(s) ***yard(s)*** Elle(n *pl.*) *f* (*Längenmaß*).
YHA ***Youth Hostels Association*** Jugendherbergsverband *m*.
YMCA ***Young Men's Christian Association*** CVJM, Christlicher Verein junger Männer.
Yorks. ***Yorkshire*** (*ehemal. engl. Grafschaft*).
YWCA ***Young Women's Christian Association*** Christlicher Verein junger Frauen und Mädchen.

Eigennamen
Proper Names

Ab·er·deen [ˌæbə'diːn] *Stadt in Schottland*; ˌ**Ab·er'deen·shire** [-ʃə] *schottische Grafschaft* (*bis 1975*).
Ab·er·yst·wyth [ˌæbə'rɪstwɪθ] *Stadt in Wales*.
A·chil·les [ə'kɪliːz] A'chilles *m*.
A·da ['eɪdə] Ada *f*, Adda *f*.
Ad·am ['ædəm] Adam *m*.
Ad·di·son ['ædɪsn] *englischer Autor*.
Ad·e·laide ['ædəleɪd] *Stadt in Australien*; Adelheid *f*.
A·den ['eɪdn] Aden *n* (*Hauptstadt des Südjemen*).
A·dri·an ['eɪdrɪən] Adrian *m*, Adri'ane *f*.
A·dri·at·ic Sea [ˌeɪdrɪ'ætɪk 'siː] *das* Adri'atische Meer.
Ae·ge·an Sea [iː'dʒiːən 'siː] *das* Ä'gäische Meer, *die* Ä'gäis.
Ae·sop ['iːsɒp] Ä'sop *m*.
Af·ghan·i·stan [æf'gænɪstæn] Af'ghanistan *n*.
Ag·a·tha ['ægəθə] A'gathe *f*.
Ag·nes ['ægnɪs] Agnes *f*.
Al·a·bam·a [ˌælə'bæmə] *Staat der USA*.
Al·an ['ælən] *m*.
A·las·ka [ə'læskə] *Staat der USA*.
Al·ba·ni·a [æl'beɪnjə] Al'banien *n*.
Al·ba·ny ['ɔːlbənɪ] *Hauptstadt des Staates New York* (*USA*).
Al·bert ['ælbət] Albert *m*.
Al·ber·ta [æl'bɜːtə] *Provinz in Kanada*.
Al·bu·quer·que ['ælbəkɜːkɪ] *Stadt in New Mexiko* (*USA*).
Al·der·ney ['ɔːldənɪ] *brit. Kanalinsel*.
A·leu·tian Is·lands [əˌluːʃjən'aɪləndz] *pl. die* Ale'uten *pl*.
Al·ex·an·der [ˌælɪg'zɑːndə] Alex'ander *m*.
Al·ex·an·dra [ˌælɪg'zɑːndrə] Alex'andra *f*.
Al·fred ['ælfrɪd] Alfred *m*.
Al·ge·ri·a [æl'dʒɪərɪə] Al'gerien *n*.
Al·giers [æl'dʒɪəz] Algier *n*.
Al·ice ['ælɪs] A'lice *f*, Else *f*.
Al·i·son ['ælɪsn] *f*.
Al·lan ['ælən] *m*.
Al·le·ghe·nies ['ælɪgenɪz; *Am.* ˌælɪ'geɪnɪz] *pl. Gebirge im Osten der USA*.
Al·le·ghe·ny ['ælɪgenɪ; *Am.* ˌælɪ'geɪnɪ] *Fluß in Pennsylvania* (*USA*); **~ Mountains** *siehe* ***Alleghenies***.
Al·sace [æl'sæs], **Al·sa·ti·a** [æl'seɪʃjə] das Elsaß.
Am·a·zon ['æməzən] Ama'zonas *m*.
A·mer·i·ca [ə'merɪkə] A'merika *n*.
An·chor·age ['æŋkərɪdʒ] *Stadt in Alaska* (*USA*).
An·des ['ændiːz] *pl. die* Anden *pl*.
An·dor·ra [æn'dɔːrə] An'dorra *n*.
An·drew ['ændruː] An'dreas *m*.
An·gus ['æŋgəs] *Vorname m*.
Ann [æn], **An·na** ['ænə] Anna *f*, Anne *f*.
Anne [æn] Anna *f*, Anne *f*.
Ant·arc·ti·ca [ænt'ɑːktɪkə] *die* Ant'arktis.
An·tho·ny ['æntənɪ, 'ænθənɪ] Anton *m*.
An·til·les [æn'tɪliːz] *pl. die* An'tillen *pl*.
An·to·ny ['æntənɪ] Anton *m*.
An·trim ['æntrɪm] *nordirische Grafschaft*.
Ant·werp ['æntwɜːp] Ant'werpen *n*.
Ap·en·nines ['æpɪnaɪnz] *pl. der* Apen'nin, *die* Apen'ninen *pl*.
Ap·pa·la·chians [ˌæpə'leɪtʃjənz] *pl. die* Appa'lachen *pl*.
Ar·chi·bald ['ɑːtʃɪbəld] Archibald *m*.
Arc·tic ['ɑːktɪk] *die* Arktis.
Ar·gen·ti·na [ˌɑːdʒən'tiːnə] Argen'tinien *n*.
Ar·gen·tine ['ɑːdʒəntaɪn]: ***the* ~** Argen'tinien *n*.
Ar·i·zo·na [ˌærɪ'zəʊnə] *Staat der USA*.
Ar·kan·sas ['ɑːkənsɔː] *Fluß in USA*; *Staat der USA*.
Ar·ling·ton ['ɑːlɪŋtən] *Ehrenfriedhof bei Washington DC* (*USA*).
Ar·magh [ɑː'mɑː] *nordirische Grafschaft*.
Ar·me·ni·a [ɑː'miːnjə] Ar'menien *n*.
Ar·thur ['ɑːθə] Art(h)ur *m*; ***King* ~** König Artus.
As·cot ['æskət] *Ort in Südengland* (*Pferderennen*).
A·sia ['eɪʃə] Asien *n*.
Ath·ens ['æθɪnz] A'then *n*.
At·lan·ta [ət'læntə] *Hauptstadt von Georgia* (*USA*).
At·lan·tic (O·cean) [ət'læntɪk (ətˌlæntɪk-'əʊʃn)] *der* At'lantik.
Auck·land ['ɔːklənd] *Hafenstadt in Neuseeland*.
Au·den ['ɔːdn] *englischer Dichter*.
Au·drey ['ɔːdrɪ] *f*.
Au·gus·ta [ɔː'gʌstə] *Hauptstadt von Maine* (*USA*).
Au·gus·tus [ɔː'gʌstəs] August *m*.
Aus·ten ['ɒstɪn] *Familienname*.
Aus·tin ['ɒstɪn] *Hauptstadt von Texas* (*USA*).
Aus·tra·lia [ɒ'streɪljə] Au'stralien *n*.
Aus·tri·a ['ɒstrɪə] Österreich *n*.
A·von ['eɪvən] *Fluß in Mittelengland*; *englische Grafschaft*.
Ax·min·ster ['æksmɪnstə] *Stadt in Südwest-England*.
A·zores [ə'zɔːz] *pl. die* A'zoren *pl*.

Bab·y·lon ['bæbɪlən] Babylon *n*.
Ba·con ['beɪkən] *englischer Philosoph*.
Ba·den-Pow·ell [ˌbeɪdn'pəʊəl] *Gründer der Boy Scouts*.
Ba·ha·mas [bə'hɑːməz] *pl. die* Ba'hamas *pl*.
Bah·rain [bɑː'reɪn] Bah'rain *n*.
Bai·le A·tha Cli·ath [ˌblɔː'kliː] *gälischer Name für* ***Dublin***.
Bal·dwin ['bɔːldwɪn] Balduin *m*; *amer. Autor*.
Bal·four ['bælfə] *brit. Staatsmann*.
Bal·kans ['bɔːlkənz] *pl. der* Balkan.
Bal·mor·al [bæl'mɒrəl] *Residenz des englischen Königshauses in Schottland*.
Bal·tic Sea [ˌbɔːltɪk'siː] *die* Ostsee.
Bal·ti·more ['bɔːltɪmɔː] *Hafenstadt in Maryland* (*USA*).
Ban·gla·desh [ˌbæŋglə'deʃ] Bangla'desch *n*.
Bar·ba·dos [bɑː'beɪdəʊz] Bar'bados *n*.
Bar·ba·ra ['bɑːbərə] Barbara *f*.
Bar·thol·o·mew [bɑː'θɒləmjuː] Bartholo'mäus *m*.
Bas·il ['bæzl] Ba'silius *m*.
Bath [bɑːθ] *Badeort in Südengland*.
Bat·on Rouge [ˌbætən'ruːʒ] *Hauptstadt von Louisiana* (*USA*).
Bat·ter·sea ['bætəsiː] *Stadtteil von London*.
Ba·var·i·a [bə'veərɪə] Bayern *n*.
Bea·cons·field ['biːkənzfiːld] *Adelsname Disraelis*.
Beards·ley ['bɪədzlɪ] *engl. Zeichner u. Illustrator*.
Be·a·trice ['bɪətrɪs] Bea'trice *f*.
Beck·et ['bekɪt]: ***Saint Thomas à* ~** der heilige Thomas Becket.
Beck·ett ['bekɪt] *irischer Dichter u. Dramatiker*.
Bed·ford ['bedfəd] *Stadt in Mittelengland*; *a.* '**Bed·ford·shire** [-ʃə] *englische Grafschaft*.
Beer·bohm ['bɪəbəʊm] *engl. Kritiker u. Karikaturist*.
Bel·fast [ˌbel'fɑːst; 'belfɑːst] Belfast *n*.
Bel·gium ['beldʒəm] Belgien *n*.
Bel·grade [ˌbel'greɪd] Belgrad *n*.
Bel·gra·vi·a [bel'greɪvjə] *Stadtteil von London*.
Be·lin·da [bɪ'lɪndə; bə-] Be'linda *f*.
Be·lize [be'liːz] Be'lize *n*.
Ben·e·dict ['benɪdɪkt, 'benɪt] Benedikt *m*.
Ben·gal [ˌbeŋ'gɔːl] Ben'galen *n*.
Be·nin [be'nɪn] Be'nin *n*.
Ben·ja·min ['bendʒəmɪn] Benjamin *m*.
Ben Nev·is [ˌben'nevɪs] *höchster Berg Schottlands u. Großbritanniens*.
Berke·ley ['bɜːklɪ] *Stadt in Kalifornien*; ['bɑːklɪ] *irischer Bischof u. Philosoph*.

Berk·shire ['bɑːkʃə] *englische Grafschaft.*

Ber·mu·das [bə'mjuːdəz] *pl. die* Ber'mudas *pl., die* Ber'mudainseln *pl.*

Ber·nard ['bɜːnəd] Bernhard *m.*

Bern(e) [bɜːn] Bern *n.*

Ber·nie ['bɜːnɪ] *abbr. für* ***Bernard.***

Ber·tha ['bɜːθə] Berta *f.*

Ber·tram ['bɜːtrəm], **Ber·trand** ['bɜːtrənd] Bertram *m.*

Ber·yl ['berɪl] *f.*

Bhu·tan [buː'tɑːn] Bhu'tan *n.*

Bir·ken·head ['bɜːkənhed] *Hafenstadt in Nordwest-England.*

Bir·ming·ham ['bɜːmɪŋəm] *Industriestadt in Mittelengland; Stadt in Alabama (USA).*

Bis·cay ['bɪskeɪ; -kɪ]: ***Bay of ~*** *der* Golf von Bis'caya.

Bo·he·mi·a [bəʊ'hiːmjə] Böhmen *n.*

Boi·se ['bɔɪzɪ; -sɪ] *Hauptstadt von Idaho (USA).*

Bol·eyn ['bʊlɪn]: ***Anne ~*** *zweite Frau Heinrichs VIII. von England.*

Bo·liv·i·a [bə'lɪvjə] Bo'livien *n.*

Bom·bay [ˌbɒm'beɪ] Bombay *n.*

Bo·na·parte ['bəʊnəpɑːt] Bona'parte *(Familienname zweier französischer Kaiser).*

Bor·ders ['bɔːdəz] *Verwaltungsregion in Schottland.*

Bos·ni·a ['bɒznɪə] Bosnien *n.*

Bos·ton ['bɒstən] *Hauptstadt von Massachusetts (USA).*

Bo·tswa·na [bɒ'tswɑːnə] Bo'tswana *n.*

Bourne·mouth ['bɔːnməθ] *Seebad in Südengland.*

Brad·ford ['brædfəd] *Industriestadt in Nordengland.*

Bra·zil [brə'zɪl] Bra'silien *n.*

Bridg·et ['brɪdʒɪt] Bri'gitte *f.*

Brigh·ton ['braɪtn] *Seebad in Südengland.*

Bris·bane ['brɪzbən] *Hauptstadt von Queensland (Australien).*

Bris·tol ['brɪstl] *Hafenstadt in Südengland.*

Bri·tain ['brɪtn] Bri'tannien *n.*

Bri·tan·ni·a [brɪ'tænjə] *poet.* Bri'tannien *n.*

Brit·ish Co·lum·bi·a [ˌbrɪtɪʃkə'lʌmbɪə] *Provinz in Kanada.*

Brit·ta·ny ['brɪtənɪ] die Bre'tagne.

Brit·ten ['brɪtn] *englischer Komponist.*

Broad·way ['brɔːdweɪ] *Straße in Manhattan, New York City (USA).*

Bron·të ['brɒntɪ] *Name dreier englischer Autorinnen.*

Bronx [brɒŋks] *Stadtbezirk von New York (USA).*

Brook·lyn ['brʊklɪn] *Stadtbezirk von New York (USA).*

Brow·ning ['braʊnɪŋ] *englischer Dichter.*

Bru·nei ['bruːnaɪ] Brunei *n.*

Bruns·wick ['brʌnzwɪk] Braunschweig *n.*

Brus·sels ['brʌslz] Brüssel *n.*

Bry·an ['braɪən] *m.*

Bu·cha·rest [ˌbjuːkə'rest] Bukarest *n.*

Buck·ing·ham(·shire) ['bʌkɪŋəm(ʃə)] *englische Grafschaft.*

Bu·da·pest [ˌbjuːdə'pest] Budapest *n.*

Bud·dha ['bʊdə] Buddha *m.*

Bul·gar·i·a [bʌl'geərɪə] Bul'garien *n.*

Bur·gun·dy ['bɜːgəndɪ] Bur'gund *n.*

Bur·ki·na Fas·o [bʊəˌkiːnə'fæsəʊ] Bur'kina Faso *n (Staat in Westafrika, frühere Bezeichnung: Obervolta).*

Bur·ma ['bɜːmə] Birma *n.*

Burns [bɜːnz] *schottischer Dichter.*

Bu·run·di [bʊ'rʊndɪ] Bu'rundi *n.*

By·ron ['baɪərən] *englischer Dichter.*

Cae·sar ['siːzə] Cäsar *m.*

Cain [keɪn] Kain *m.*

Cai·ro ['kaɪərəʊ] Kairo *n.*

Ca·lais ['kæleɪ] Ca'lais *n.*

Cal·cut·ta [kæl'kʌtə] Kal'kutta *n.*

Cal·e·do·nia [ˌkælɪ'dəʊnjə] Kale'donien *n (poet. für Schottland).*

Cal·ga·ry ['kælgərɪ] *Stadt in Kanada.*

Cal·i·for·nia [ˌkælɪ'fɔːnjə] Kali'fornien *n.*

Cam·bo·dia [kæm'bəʊdjə] Kam'bodscha *n.*

Cam·bridge ['keɪmbrɪdʒ] *englische Universitätsstadt; Stadt in Massachusetts (USA), Sitz der Harvard University; a.* **'Cam·bridge·shire** [-ʃə] *englische Grafschaft.*

Cam·er·oon ['kæməruːn; *bsd. Am.* ˌkæmə'ruːn] Kamerun *n.*

Can·a·da ['kænədə] Kanada *n.*

Ca·nar·y Is·lands [kəˌneərɪ'aɪləndz] *pl. die* Ka'narischen Inseln *pl.*

Can·ber·ra ['kænbərə] *Hauptstadt von Australien.*

Can·ter·bury ['kæntəbərɪ] *Stadt in Südengland.*

Cape Town ['keɪptaʊn] Kapstadt *n.*

Cape Verde Is·lands [ˌkeɪp'vɜːd 'aɪləndz] *pl. die* Kap'verden *pl.*

Ca·pri ['kæprɪ; 'kɑː-; *Am. a.* kæ'priː] Capri *n.*

Car·diff ['kɑːdɪf] *Hauptstadt von Wales.*

Carl [kɑːl] Karl *m*, Carl *m.*

Car·lisle [kɑː'laɪl] *Stadt in Nordwestengland.*

Car·lyle [kɑː'laɪl] *schottischer Autor.*

Car·ne·gie [kɑː'negɪ] *amer. Industrieller.*

Car·ol(e) ['kærəl] Ka'rola *f.*

Car·o·line ['kærəlaɪn], **Car·o·lyn** ['kærəlɪn] Karo'line *f.*

Car·rie ['kærɪ] *abbr. für* ***Caroline.***

Car·son Cit·y [ˌkɑːsn'sɪtɪ] *Hauptstadt von Nevada (USA).*

Car·ter ['kɑːtə] *39. Präsident der USA.*

Cath·er·ine ['kæθərɪn] Katha'rina *f*, Kat(h)rin *f.*

Cath·y ['kæθɪ] *abbr. für* ***Catherine.***

Cax·ton ['kækstən] *erster englischer Buchdrucker.*

Ce·cil ['sesl, 'sɪsl] *m.*

Ce·cile ['sesɪl; *Am.* sɪ'siːl], **Ce·cil·ia** [sɪ'sɪljə; sɪ'siːljə], **Cec·i·ly** ['sɪsɪlɪ; 'sesɪlɪ] Cä'cilie *f.*

Ced·ric ['siːdrɪk; 'sedrɪk] *m.*

Cel·ia ['siːljə] *f.*

Cen·tral ['sentrəl] *Verwaltungsregion in Schottland.*

Cen·tral Af·ri·can Re·pub·lic ['sentrəlˌæfrɪkənrɪ'pʌblɪk] *die* Zen'tralafriˌkanische Repu'blik.

Cey·lon [sɪ'lɒn] Ceylon *n.*

Chad [tʃæd] *der* Tschad.

Cham·ber·lain ['tʃeɪmbəlɪn] *Name mehrerer brit. Staatsmänner.*

Charles·ton ['tʃɑːlstən] *Hauptstadt von West Virginia (USA).*

Char·lotte ['ʃɑːlət] Char'lotte *f.*

Chau·cer ['tʃɔːsə] *englischer Dichter.*

Chech·ny·a ['tʃetʃnɪə] Tsche'tschenien *n.*

Chel·sea ['tʃelsɪ] *Stadtteil von London.*

Chel·ten·ham ['tʃeltnəm] *Stadt in Südengland.*

Chesh·ire ['tʃeʃə] *englische Grafschaft.*

Ches·ter·field ['tʃestəfiːld] *Industriestadt in Mittelengland.*

Chev·i·ot Hills [ˌtʃevɪət'hɪlz] *pl. Grenzgebirge zwischen England u. Schottland.*

Chey·enne [ʃaɪ'æn] *Hauptstadt von Wyoming (USA).*

Chi·ca·go [ʃɪ'kɑːgəʊ; *bsd. Am.* ʃɪ'kɔːgəʊ] *Industriestadt in USA.*

Chil·e ['tʃɪlɪ] Chile *n.*

Chi·na ['tʃaɪnə] China *n.*

Chip·pen·dale ['tʃɪpəndeɪl] *englischer Kunsttischler.*

Chris [krɪs] *abbr. für* ***Christina, Christine, Christian, Christopher.***

Christ·church ['kraɪstʃɜːtʃ] *Stadt in Neuseeland; Stadt in Hampshire (England).*

Chris·tian ['krɪstjən] Christian *m.*

Chris·ti·na [krɪ'stiːnə], **Chris·tine** ['krɪstiːn, krɪ'stiːn] Chri'stine *f.*

Chris·to·pher ['krɪstəfə] Christoph *m.*

Chrys·ler ['kraɪzlə] *amer. Industrieller.*

Church·ill ['tʃɜːtʃɪl] *brit. Staatsmann.*

Cin·cin·nat·i [ˌsɪnsɪ'nætɪ] *Stadt in Ohio (USA).*

Clar·a ['kleərə], **Clare** [kleə] Klara *f.*

Clar·en·don ['klærəndən] *Name mehrerer englischer Staatsmänner.*

Clem·ent ['klemənt] Klemens *m*, Clemens *m.*

Cle·o·pat·ra [klɪə'pætrə] Kle'opatra *f.*

Cleve·land ['kliːvlənd] *Industriestadt in USA; englische Grafschaft.*

Clif·ford ['klɪfəd] *m.*

Clive [klaɪv] *Begründer der brit. Herrschaft in Indien; Vorname m.*

Clyde [klaɪd] *Fluß in Schottland.*

Cole·ridge ['kəʊlərɪdʒ] *englischer Dichter.*

Col·in ['kɒlɪn] *m.*

Co·logne [kə'ləʊn] Köln *n.*

Co·lom·bi·a [kə'lɒmbɪə] Ko'lumbien *n.*

Co·lom·bo [kə'lʌmbəʊ] *Hauptstadt von Sri Lanka.*

Col·o·ra·do [ˌkɒlə'rɑːdəʊ] *Staat der USA; Name zweier Flüsse in USA.*

Co·lum·bi·a [kə'lʌmbɪə] *Fluß in USA; Hauptstadt von South Carolina (USA);* ***District of ~ (DC)*** *Bundesdistrikt (mit der Hauptstadt Washington) der USA.*

Co·lum·bus [kə'lʌmbəs] *Entdecker Amerikas; Hauptstadt von Ohio (USA).*

Com·o·ro Is·lands [ˌkɒmərəʊ'aɪləndz] *pl. die* Ko'moren *pl.*

Con·cord ['kɒŋkəd] *Hauptstadt von New Hampshire (USA).*

Con·go ['kɒŋgəʊ] der Kongo.

Con·nacht ['kɒnət], *früher* **Con·naught** ['kɒnɔːt] *Provinz in Irland.*

Con·nect·i·cut [kə'netɪkət] *USA-Staat.*

Con·stance ['kɒnstəns] Kon'stanze *f;* ***Lake ~*** *der* Bodensee.

Cook [kʊk] *englischer Weltumsegler.*

Coo·per ['kuːpə] *amer. Autor.*

Co·pen·ha·gen [ˌkəʊpn'heɪgən] Kopen'hagen *n.*

Cor·dil·le·ras [ˌkɔːdɪ'ljeərəs] *pl. die* Kordil'leren *pl.*

Cor·inth ['kɒrɪnθ] Ko'rinth *n.*

Cor·ne·lia [kɔː'niːljə] Cor'nelia *f.*

Corn·wall ['kɔːnwəl] *englische Grafschaft.*

Cos·ta Ri·ca [ˌkɒstə'riːkə] Costa Rica *n.*

Cov·ent Gar·den [ˌkɒvənt'gɑːdn] *die Londoner Oper.*

Cov·en·try ['kɒvəntrɪ] *Industriestadt in Mittelengland.*
Crete [kri:t] Kreta *n.*
Cri·me·a [kraɪ'mɪə] die Krim.
Cro·a·tia [krəʊ'eɪʃə] Kro'atien *n.*
Crom·well ['krɒmwəl] *englischer Staatsmann.*
Cru·soe ['kru:səʊ]: ***Robinson ~*** *Romanheld.*
Cu·ba ['kju:bə] Kuba *n.*
Cum·ber·land ['kʌmbələnd] *englische Grafschaft (bis 1974).*
Cum·bri·a ['kʌmbrɪə] *englische Grafschaft.*
Cyn·thi·a ['sɪnθɪə] *f.*
Cy·prus ['saɪprəs] Zypern *n.*
Cy·rus ['saɪərəs] Cyrus *m.*
Czech·i·a ['tʃekɪə], **Czech Republic** [ˌtʃekrɪ'pʌblɪk] 'Tschechien *n.*

Dag·en·ham ['dægənəm] *Stadtteil von London.*
Dan·iel ['dænjəl] Daniel *m.*
Dan·ube ['dænju:b] Donau *f.*
Daph·ne ['dæfnɪ] Daphne *f.*
Dar·da·nelles [ˌdɑ:də'nelz] *pl. die* Darda'nellen *pl.*
Dar·jee·ling [dɑ:'dʒi:lɪŋ] *Stadt in Indien.*
Dart·moor ['dɑ:tˌmʊə] *Landstrich in Südwest-England.*
Dart·mouth ['dɑ:tməθ] *Stadt in Devon (England).*
Dar·win ['dɑ:wɪn] *englischer Naturforscher.*
Da·vid ['deɪvɪd] David *m.*
Deb·o·rah ['debərə] *f.*
De·foe [dɪ'fəʊ] *englischer Autor.*
Del·a·ware ['deləweə] *Staat der USA; Fluß in USA.*
De·nise [də'ni:z; də'ni:s] De'nise *f.*
Den·mark ['denmɑ:k] Dänemark *n.*
Den·ver ['denvə] *Hauptstadt von Colorado (USA).*
Dept·ford ['detfəd] *Stadtteil von Groß-London.*
Der·by(·shire) ['dɑ:bɪ(ʃə)] *englische Grafschaft.*
Des Moines [dɪ'mɔɪn] *Hauptstadt von Iowa (USA).*
De·troit [də'trɔɪt] *Industriestadt in Michigan (USA).*
Dev·on(·shire) ['devn(ʃə)] *englische Grafschaft.*
Dew·ey ['dju:ɪ] *amer. Philosoph.*
Di·an·a [daɪ'ænə] Di'ana *f.*
Dick·ens ['dɪkɪnz] *englischer Autor.*
Dis·rae·li [dɪs'reɪlɪ] *brit. Staatsmann.*
Do·lo·mites ['dɒləmaɪts] *pl. die* Dolo'miten *pl.* (*Teil der Ostalpen*).
Dom·i·nic ['dɒmɪnɪk] Domi'nik *m.*
Do·min·i·can Re·pub·lic [dəˌmɪnɪkənrɪ'pʌblɪk] *die* Domini'kanische Repu'blik.
Don·ald ['dɒnld] *m.*
Don·cas·ter ['dɒŋkəstə] *Stadt in South Yorkshire (England).*
Don Juan [ˌdɒn'dʒu:ən] Don Ju'an *m.*
Donne [dʌn, dɒn] *englischer Dichter.*
Don Quix·ote [ˌdɒn'kwɪksət] Don Qui'chotte *m.*
Dor·o·thy ['dɒrəθɪ] Doro'thea *f.*
Dor·set(·shire) ['dɔ:sɪt(ʃə)] *englische Grafschaft.*
Dos Pas·sos [ˌdɒs'pæsɒs] *amer. Autor.*
Doug·las ['dʌgləs] *Vorname m; schottische Adelsfamilie.*
Do·ver ['dəʊvə] *Hafenstadt in Südengland; Hauptstadt von Delaware (USA).*

Down·ing Street ['daʊnɪŋstri:t] *Straße in London mit der Amtswohnung des Premierministers.*
Drei·ser ['draɪsə; -zə] *amer. Autor.*
Dry·den ['draɪdn] *englischer Dichter.*
Dub·lin ['dʌblɪn] *Hauptstadt von Irland; Grafschaft in der Provinz Leinster (Irland).*
Dun·can ['dʌŋkən] *m.*
Dun·ge·ness [ˌdʌndʒɪ'nes; dʌndʒ'nes] *Landspitze in Kent (England).*
Dun·kirk [dʌn'kɜ:k] Dün'kirchen *n.*
Dur·ban ['dɜ:bən] *Hafenstadt in Südafrika.*
Dur·ham ['dʌrəm] *englische Grafschaft.*
Dyf·ed ['dʌvɪd] *walisische Grafschaft.*

East Sus·sex [ˌi:st'sʌsɪks] *englische Grafschaft.*
Ec·ua·dor ['ekwədɔ:] Ecua'dor *n.*
Ed·die ['edɪ] *abbr. für* ***Edward***.
Ed·gar ['edgə] Edgar *m.*
Ed·in·burgh ['edɪnbərə] Edinburg *n.*
Ed·i·son ['edɪsn] *amer. Erfinder.*
E·dith ['i:dɪθ] Edith *f.*
Ed·mon·ton ['edməntən] *Hauptstadt von Alberta (Kanada).*
Ed·ward ['edwəd] Eduard *m.*
E·gypt ['i:dʒɪpt] Ä'gypten *n.*
Ei·leen ['aɪli:n; *Am.* aɪ'li:n] *f.*
Ei·re ['eərə] *Name der Republik Irland.*
Ei·sen·how·er ['aɪznˌhaʊə] *34. Präsident der USA.*
E·laine [e'leɪn; ɪ'leɪn] *siehe* ***Helen***.
El·ea·nor ['elɪnə] Eleo'nore *f.*
El·i·nor ['elɪnə] Eleo'nore *f.*
El·i·ot ['eljət] *englischer Dichter.*
E·li·za [ɪ'laɪzə] *abbr. für* ***Elizabeth***.
E·liz·a·beth [ɪ'lɪzəbəθ] E'lisabeth *f.*
El·len ['elɪn] *siehe* ***Helen***.
El·lis Is·land [ˌelɪs'aɪlənd] *Insel im Hafen von New York (USA).*
El Sal·va·dor [el'sælvədɔ:] El Salva'dor *n.*
Em·er·son ['eməsn] *amer. Dichter u. Philosoph.*
Em·i·ly ['emɪlɪ] E'milie *f.*
Em·ma ['emə] Emma *f.*
Eng·land ['ɪŋglənd] England *n.*
Ep·som ['epsəm] *Stadt in Südengland.*
Er·ic ['erɪk] Erich *m.*
Er·i·ca ['erɪkə] Erika *f.*
E·rie ['ɪərɪ] *Hafenstadt in Pennsylvania (USA);* ***Lake ~*** der Eriesee.
Er·nest ['ɜ:nɪst] Ernst *m.*
Er·nie ['ɜ:nɪ] *abbr. für* ***Ernest***.
Es·sex ['esɪks] *englische Grafschaft.*
Es·t(h)o·nia [e'stəʊnjə] Estland *n.*
Eth·el ['eθl] *f.*
E·thi·o·pi·a [ˌi:θɪ'əʊpjə] Äthi'opien *n.*
E·ton ['i:tn] *Stadt in Berkshire (England).*
Eu·gene ['ju:dʒi:n] Eugen *m.*
Eu·ge·ni·a [ju:'dʒi:njə] Eu'genie *f.*
Eu·nice ['ju:nɪs] Eu'nice *f.*
Eur·a·sia [jʊə'reɪʃə; -ʒə] Eu'rasien *n.*
Eu·rope ['jʊərəp] Eu'ropa *n.*
E·va ['i:və] Eva *f.*
Ev·ans ['evənz] *Familienname.*
Ev·e·lyn ['i:vlɪn; 'evlɪn] *m, f.*
Ev·er·glades ['evəgleɪdz] *pl. Sumpfgebiet in Florida (USA).*
Ex·e·ter ['eksɪtə] *Hauptstadt von Devonshire (England).*

Faer·oes ['feərəʊz] *pl. die* Färöer *pl.*
Falk·land Is·lands [ˌfɔ:(l)klənd'aɪləndz] *pl. die* Falklandinseln *pl.*

Fan·ny ['fænɪ] *abbr. für* ***Frances***.
Far·a·day ['færədɪ] *englischer Chemiker u. Physiker.*
Farn·bor·ough ['fɑ:nbərə] *Stadt in Hampshire (England).*
Faulk·ner ['fɔ:knə] *amer. Autor.*
Fawkes [fɔ:ks] *Haupt der Pulververschwörung (1605).*
Fe·li·ci·a [fə'lɪsɪə] Fe'lizia *f.*
Fe·lic·i·ty [fə'lɪsətɪ] Fe'lizitas *f.*
Fe·lix ['fi:lɪks] Felix *m.*
Fe·lix·stowe ['fi:lɪkstəʊ] *Stadt in Suffolk (England).*
Fiel·ding ['fi:ldɪŋ] *englischer Autor.*
Fin·land ['fɪnlənd] Finnland *n.*
Fi·o·na [fɪ'əʊnə] *f.*
Firth of Forth [ˌfɜ:θəv'fɔ:θ] *Meeresbucht an der schottischen Ostküste.*
Fitz·ger·ald [fɪts'dʒerəld] *Familienname.*
Flan·ders ['flɑ:ndəz] Flandern *n.*
Flem·ing ['flemɪŋ] *brit. Bakteriologe.*
Flor·ence ['flɒrəns] Flo'renz *n;* Floren'tine *f.*
Flor·i·da ['flɒrɪdə] *Staat der USA.*
Folke·stone ['fəʊkstən] *Seebad in Südengland.*
Ford [fɔ:d] *amer. Industrieller; 38. Präsident der USA.*
For·syth [fɔ:'saɪθ] *Familienname.*
Fort Lau·der·dale [ˌfɔ:t'lɔ:dədeɪl] *Stadt in Florida (USA).*
Fort Worth [ˌfɔ:t'wɜ:θ] *Stadt in Texas (USA).*
France [frɑ:ns] Frankreich *n.*
Fran·ces ['frɑ:nsɪs] Fran'ziska *f.*
Fran·cis ['frɑ:nsɪs] Franz *m.*
Frank·lin ['fræŋklɪn] *amer. Staatsmann; Verwaltungsbezirk der Northwest Territories (Kanada).*
Fred·die, Fred·dy ['fredɪ] *Koseformen für* ***Frederic(k)***, ***Alfred***.
Fred·er·ic(k) ['fredrɪk] Friedrich *m.*
Fris·co ['frɪskəʊ] *umgangssprachliche Bezeichnung für* ***San Francisco***.
Frost [frɒst] *amer. Dichter.*
Ful·bright ['fʊlbraɪt] *amer. Politiker.*
Ful·ton ['fʊltən] *amer. Erfinder.*

Ga·bon ['gæbɒn] Ga'bun *n.*
Gains·bor·ough ['geɪnzbərə] *englischer Maler.*
Gal·la·gher ['gæləhə] *Familienname.*
Gal·lup ['gæləp] *amer. Statistiker.*
Gals·wor·thy ['gɔ:lzwɜ:ðɪ] *englischer Autor.*
Gam·bia ['gæmbɪə] Gambia *n.*
Gan·ges ['gændʒi:z] Ganges *m.*
Gar·ry, Gar·y ['gærɪ] *m.*
Ga·za Strip ['gɑ:zəstrɪp] *der* Gazastreifen.
Ge·ne·va [dʒɪ'ni:və] Genf *n.*
Gen·o·a ['dʒenəʊə] Genua *n.*
Geoff [dʒef] *abbr. für* ***Geoffr(e)y***.
Geof·fr(e)y ['dʒefrɪ] Gottfried *m.*
George [dʒɔ:dʒ] Georg *m.*
Geor·gia ['dʒɔ:djə; *Am.* -dʒə] *Staat der USA.*
Ger·ald ['dʒerəld] Gerald *m,* Gerold *m.*
Ger·al·dine ['dʒerəldi:n] Geral'dine *f.*
Ger·ard ['dʒerɑ:d; *bsd. Am.* dʒe'rɑ:d] Gerhard *m.*
Ger·ma·ny ['dʒɜ:mənɪ] Deutschland *n.*
Ger·ry ['dʒerɪ] *abbr. für* ***Gerald***, ***Geraldine***.
Gersh·win ['gɜ:ʃwɪn] *amer. Komponist.*
Ger·trude ['gɜ:tru:d] Gertrud *f.*

Get·tys·burg ['getɪzbɜːg] *Stadt in Pennsylvania (USA).*
Gha·na ['gɑːnə] Ghana *n.*
Ghent [gent] Gent *n.*
Gi·bral·tar [dʒɪ'brɔːltə] Gi'braltar *n.*
Giel·gud ['giːlgʊd]: ***Sir John*** **~** *berühmter englischer Schauspieler.*
Gil·bert ['gɪlbət] Gilbert *m.*
Gil·li·an ['dʒɪlɪən; 'gɪlɪən] *f.*
Glad·stone ['glædstən] *brit. Staatsmann.*
Glas·gow ['glɑːsgəʊ] *Stadt in Schottland.*
Glouces·ter ['glɒstə] *Stadt in Südengland; a.* **'Glouces·ter·shire** [-ʃə] *englische Grafschaft.*
Glynde·bourne ['glaɪndbɔːn] *kleiner Ort in East Sussex (England).*
God·frey ['gɒdfrɪ] Gottfried *m.*
Go·li·ath [gəʊ'laɪəθ] Goliath *m.*
Gor·don ['gɔːdn] *Familienname; Vorname m.*
Grace [greɪs] Gracia *f*, Grazia *f.*
Gra·ham ['greɪəm] *Familienname; Vorname m.*
Grand Can·yon [ˌgrænd'kænjən] *Durchbruchstal des Colorado in Arizona (USA).*
Great Brit·ain [ˌgreɪt'brɪtn] Großbri'tannien *n.*
Great·er Lon·don [ˌgreɪtə'lʌndən] *Stadtgrafschaft, bestehend aus der City of London u. 32 Stadtbezirken.*
Great·er Man·ches·ter [ˌgreɪtə'mæntʃɪstə] *Stadtgrafschaft in Nordengland.*
Greece [griːs] Griechenland *n.*
Greene [griːn] *englischer Autor.*
Green·land ['griːnlənd] Grönland *n.*
Green·wich ['grenɪtʃ] *Stadtbezirk Groß-Londons;* **~ *Village*** *Stadtteil von New York (USA).*
Greg·o·ry ['gregərɪ] Gregor *m.*
Gre·na·da [gre'neɪdə] Gre'nada *n.*
Grims·by ['grɪmzbɪ] *Hafenstadt in Humberside (England).*
Gri·sons ['griːzɔ̃ːŋ] Grau'bünden *n.*
Gros·ve·nor ['grəʊvnə] *Platz u. Straße in London.*
Gua·te·ma·la [ˌgwætɪ'mɑːlə] Guate'mala *n.*
Guern·sey ['gɜːnzɪ] *brit. Kanalinsel.*
Guin·ea ['gɪnɪ] Gui'nea *n*; **Guin·ea-Bis·sau** [ˌgɪnɪbɪ'saʊ] Guinea-Bis'sau *n.*
Guin·e·vere ['gwɪnɪˌvɪə] *Gemahlin des Königs Artus.*
Guin·ness ['gɪnɪs, gɪ'nes] *Familienname.*
Gul·li·ver ['gʌlɪvə] *Romanheld.*
Guy [gaɪ] Guido *m.*
Guy·ana [gaɪ'ænə] Gu'yana *n.*
Gwen·do·len, Gwen·do·line, Gwen·do·lyn ['gwendəlɪn] *f.*
Gwent [gwent] *walisische Grafschaft.*
Gwy·nedd ['gwɪnəð, -eð] *walisische Grafschaft.*

Hague [heɪg]: ***the*** **~** Den Haag.
Hai·ti ['heɪtɪ] Ha'iti *n.*
Hal [hæl] *abbr. für* ***Harold, Henry.***
Hal·ley ['hælɪ] *englischer Astronom.*
Ham·il·ton ['hæmltən] *Familienname; Stadt in der Provinz Ontario (Kanada).*
Ham·let ['hæmlɪt] *Bühnenfigur bei Shakespeare.*
Hamp·shire ['hæmpʃə] *englische Grafschaft.*
Han·o·ver ['hænəʊvə] Han'nover *n.*
Har·dy ['hɑːdɪ] *englischer Autor.*
Har·old ['hærəld] Harald *m.*
Har·ri·et, Har·ri·ot ['hærɪət] *f.*
Har·ris·burg ['hærɪsbɜːg] *Hauptstadt von Pennsylvania (USA).*
Har·row ['hærəʊ] *Stadtbezirk Groß-Londons mit berühmter Public School.*
Har·ry ['hærɪ] *abbr. für* ***Harold, Henry.***
Hart·ford ['hɑːtfəd] *Hauptstadt von Connecticut (USA).*
Har·vard U·ni·ver·si·ty ['hɑːvədˌjuːnɪ'vɜːsətɪ] *Universität in Cambridge, Massachusetts (USA).*
Har·vey ['hɑːvɪ] *Vorname m; Familienname.*
Har·wich ['hærɪdʒ] *Hafenstadt in Südost-England.*
Has·tings ['heɪstɪŋz] *Stadt in Südengland.*
Ha·van·a [hə'vænə] Ha'vanna *n.*
Ha·wai·i [hə'waiː] *Staat der USA.*
Haw·thorne ['hɔːθɔːn] *amer. Schriftsteller.*
Heath·row ['hiːθrəʊ] *Großflughafen von London.*
Heb·ri·des ['hebrɪdiːz] *pl. die* He'briden *pl.*
Hel·en ['helɪn] He'lene *f.*
Hel·e·na ['helɪnə] *Hauptstadt von Montana (USA).*
Hel·sin·ki ['helsɪŋkɪ] Helsinki *n.*
Hem·ing·way ['hemɪŋweɪ] *amer. Autor.*
Hen·ley ['henlɪ] *Stadt an der Themse (Ruderregatta).*
Hen·ry ['henrɪ] Heinrich *m.*
Her·bert ['hɜːbət] Herbert *m.*
Her·e·ford and Worces·ter [ˌherɪfədn'wʊstə] *englische Grafschaft.*
Hert·ford(·shire) ['hɑːfəd(ʃə)] *englische Grafschaft.*
Hesse ['hesɪ] Hessen *n.*
High·land ['haɪlənd] *Verwaltungsregion in Schottland.*
Hil·a·ry ['hɪlərɪ] Hi'laria *f*; Hi'larius *m.*
Hil·da ['hɪldə] Hilda *f*, Hilde *f.*
Hi·ma·la·ya [ˌhɪmə'leɪə] *der* Hi'malaja.
Hi·ro·shi·ma [hɪ'rɒʃɪmə] *Hafenstadt in Japan.*
Ho·garth ['həʊgɑːθ] *englischer Maler.*
Hol·born ['həʊbən] *Stadtteil von London.*
Hol·land ['hɒlənd] Holland *n.*
Hol·ly·wood ['hɒlɪwʊd] *Filmstadt in Kalifornien (USA).*
Holmes [həʊmz] *Familienname.*
Ho·mer ['həʊmə] Ho'mer *m.*
Hon·du·ras [hɒn'djʊərəs] Hon'duras *n.*
Hong Kong [ˌhɒŋ'kɒŋ] Hongkong *n.*
Ho·no·lu·lu [ˌhɒnə'luːluː] *Hauptstadt von Hawaii (USA).*
Hor·ace ['hɒrəs] Ho'raz *m (römischer Dichter u. Satiriker); Vorname m.*
Hous·ton ['hjuːstən; 'juːstən] *Stadt in Texas (USA).*
How·ard ['haʊəd] *m.*
Hud·son ['hʌdsn] *Familienname; Fluß im Staat New York (USA).*
Hugh [hjuː] Hugo *m.*
Hull [hʌl] *Hafenstadt in Humberside (England).*
Hum·ber ['hʌmbə] *Fluß in England.*
Hume [hjuːm] *englischer Philosoph.*
Hum·phr(e)y ['hʌmfrɪ] *m.*
Hun·ga·ry ['hʌŋgərɪ] Ungarn *n.*
Hux·ley ['hʌkslɪ] *englischer Autor; englischer Biologe.*
Hyde Park [ˌhaɪd'pɑːk] *Park in London.*
I·an [ɪən; 'iːən] Jan *m.*
I·be·ri·an Pen·in·su·la [aɪˌbɪərɪənpɪ'nɪnsjʊlə] *die* I'berische Halbinsel.
Ice·land ['aɪslənd] Island *n.*
I·da·ho ['aɪdəhəʊ] *Staat der USA.*
Il·li·nois [ˌɪlɪ'nɔɪ] *Staat der USA; Fluß in USA.*
In·di·a ['ɪndjə] Indien *n.*
In·di·an·a [ˌɪndɪ'ænə] *Staat der USA.*
In·di·an·ap·o·lis [ˌɪndɪə'næpəlɪs] *Hauptstadt von Indiana (USA).*
In·do·ne·sia [ˌɪndəʊ'niːzjə] Indo'nesien *n.*
In·dus ['ɪndəs] Indus *m.*
I·o·wa ['aɪəʊə; 'aɪəwə] *Staat der USA.*
Ips·wich ['ɪpswɪtʃ] *Hauptstadt von Suffolk (England).*
I·ran [ɪ'rɑːn] I'ran *m.*
I·raq [ɪ'rɑːk] I'rak *m.*
Ire·land ['aɪələnd] Irland *n.*
I·rene [aɪ'riːnɪ; 'aɪriːn] I'rene *f.*
I·ris ['aɪərɪs] Iris *f.*
Ir·ving ['ɜːvɪŋ] *amer. Autor.*
I·saac ['aɪzək] Isaak *m.*
Is·a·bel ['ɪzəbel] Isa'bella *f.*
Ish·er·wood ['ɪʃəwʊd] *englischer Schriftsteller u. Dramatiker.*
Isle of Man [ˌaɪləv'mæn] *Insel in der Irischen See, die unmittelbar der englischen Krone untersteht, aber nicht zum Vereinigten Königreich gehört.*
Isle of Wight [ˌaɪləv'waɪt] *englische Grafschaft, Insel im Ärmelkanal.*
Is·ra·el ['ɪzreɪəl] Israel *n.*
Is·tan·bul [ˌɪstən'buːl] Istanbul *n.*
It·a·ly ['ɪtəlɪ] I'talien *n.*
I·vo·ry Coast ['aɪvərɪkəʊst] *die* Elfenbeinküste.

Jack [dʒæk] Hans *m.*
Jack·ie ['dʒækɪ] *abbr. für* ***Jacqueline.***
Jack·son ['dʒæksn] *Hauptstadt von Mississippi (USA).*
Jack·son·ville ['dʒæksnvɪl] *Hafenstadt in Florida (USA).*
Jac·que·line ['dʒækliːn] *f.*
Jaf·fa ['dʒæfə] *Hafenstadt in Israel.*
Ja·mai·ca [dʒə'meɪkə] Ja'maika *n.*
James [dʒeɪmz] Jakob *m.*
Jane [dʒeɪn] Jo'hanna *f.*
Jan·et ['dʒænɪt] Jo'hanna *f.*
Ja·pan [dʒə'pæn] Japan *n.*
Jas·per ['dʒæspə] Kaspar *m.*
Ja·va ['dʒɑːvə] Java *n.*
Jean [dʒiːn] Jo'hanna *f.*
Jeff [dʒef] *abbr. für* ***Jeffrey.***
Jef·fer·son ['dʒefəsn] *3. Präsident der USA.*
Jef·fer·son Cit·y [ˌdʒefəsn'sɪtɪ] *Hauptstadt von Missouri (USA).*
Jef·frey ['dʒefrɪ] Gottfried *m.*
Je·ho·vah [dʒɪ'həʊvə] Je'hova *m.*
Jen·ni·fer ['dʒenɪfə] *f.*
Jen·ny ['dʒenɪ; 'dʒɪnɪ] *Koseform für* ***Jane.***
Jer·e·my ['dʒerɪmɪ] Jere'mias *m.*
Je·rome [dʒə'rəʊm] Hie'ronymus *m.*
Jer·ry ['dʒerɪ] *abbr. für* ***Jeremy, Jerome, Gerald, Gerard.***
Jer·sey ['dʒɜːzɪ] *brit. Kanalinsel.*
Je·ru·sa·lem [dʒə'ruːsələm] Je'rusalem *n.*
Jes·si·ca ['dʒesɪkə] *f.*
Je·sus ['dʒiːzəs] Jesus *m.*
Jill [dʒɪl] *abbr. für* ***Gillian.***
Jim(·my) ['dʒɪm(ɪ)] *abbr. für* ***James.***
Jo [dʒəʊ] *abbr. für* ***Joanna, Joseph, Josephine.***

Joan [dʒəʊn], **Jo·an·na** [dʒəʊ'ænə] Jo'hanna *f.*
Job [dʒəʊb] Hiob *m.*
Joc·e·lin(e), **Joc·e·lyn** ['dʒɒslɪn] *f.*
John [dʒɒn] Jo'hannes *m*, Johann *m.*
John·ny ['dʒɒnɪ] Häns-chen *n.*
John·son ['dʒɒnsn] *36. Präsident der USA; englischer Lexikograph.*
Jon·a·than ['dʒɒnəθən] Jonathan *m.*
Jon·son ['dʒɒnsn] *englischer Dichter.*
Jor·dan ['dʒɔːdn] Jor'danien *n.*
Jo·seph ['dʒəʊzɪf] Joseph *m.*
Jo·se·phine ['dʒəʊzɪfiːn] Jose'phine *f.*
Josh·u·a ['dʒɒʃwə] Josua *m.*
Joule [dʒuːl] *englischer Physiker.*
Joyce [dʒɔɪs] *irischer Autor; Vorname f.*
Ju·dith ['dʒuːdɪθ] Judith *f.*
Jul·ia ['dʒuːljə] Julia *f.*
Jul·ian ['dʒuːljən] Juli'an(us) *m.*
Ju·li·et ['dʒuːljət; -ljet] Julia *f.*
Jul·ius ['dʒuːljəs] Julius *m.*
Ju·neau ['dʒuːnəʊ] *Hauptstadt von Alaska (USA).*
Jus·tin ['dʒʌstɪn] Ju'stin(us) *m.*

Kam·pu·che·a [ˌkæmpʊ'tʃɪə] Kam'bodscha *n.*
Kan·sas ['kænzəs] *Staat der USA; Fluß in USA.*
Kan·sas Cit·y [ˌkænzəs'sɪtɪ] *Stadt in Missouri (USA); Stadt in Kansas (USA).*
Ka·ra·chi [kə'rɑːtʃɪ] Ka'ratschi *n.*
Kar·en ['kɑːrən; 'kærən] Karin *f.*
Kash·mir [ˌkæʃ'mɪə] Kaschmir *n.*
Ka·tar [kæ'tɑː] Katar *n (Scheichtum am Persischen Golf).*
Kate [keɪt] Käthe *f.*
Kath·a·rine, **Kath·er·ine** ['kæθərɪn] Katha'rina *f*, Kat(h)rin *f.*
Kath·leen ['kæθliːn] *f.*
Kay [keɪ] Kai *m, f*, Kay *m, f.*
Keats [kiːts] *englischer Dichter.*
Ken·ne·dy ['kenɪdɪ] *35. Präsident der USA.*
Ken·neth ['kenɪθ] *m.*
Kent [kent] *englische Grafschaft.*
Ken·tuck·y [ken'tʌkɪ] *Staat der USA; Fluß in USA.*
Ken·ya ['kenjə] Kenia *n.*
Keynes [keɪnz] *englischer Wirtschaftswissenschaftler.*
Kil·dare [kɪl'deə] *Grafschaft in der Provinz Leinster (Irland).*
Kil·ken·ny [kɪl'kenɪ] *Grafschaft in der Provinz Leinster (Irland); Hauptstadt dieser Grafschaft.*
Kit(·ty) ['kɪt(tɪ)] *abbr. für* ***Catherine***, ***Katherine***.
Knox [nɒks] *schottischer Reformator.*
Knox·ville ['nɒksvɪl] *Stadt in Tennessee (USA).*
Ko·re·a [kə'rɪə] Ko'rea *n.*
Krem·lin ['kremlɪn] *der* Kreml.
Ku·wait [kʊ'weɪt] Ku'wait *n.*

Lab·ra·dor ['læbrədɔː] *Provinz in Kanada.*
Lake Hu·ron [ˌleɪk'hjʊərən] der Huronsee *(in Nordamerika).*
Lake Su·pe·ri·or [ˌleɪksuː'pɪərɪə] der Obere See *(in Nordamerika).*
Lam·beth ['læmbəθ] *Stadtbezirk von Groß-London.*
Lan·ca·shire ['læŋkəʃə] *englische Grafschaft.*
Lan·cas·ter ['læŋkəstə] *Stadt in Nordwest-England; Stadt in USA.*
Land's End [ˌlændz'end] *westlichster Punkt Englands, in Cornwall.*
Lan·sing ['lænsɪŋ] *Hauptstadt von Michigan (USA).*
La·os ['lɑːɒs; laʊs] Laos *n.*
Lar·ry ['lærɪ] *abbr. für* ***Laurence***, ***Lawrence***.
Lat·in A·mer·i·ca [ˌlætɪnə'merɪkə] La'teinaˌmerika *n.*
Lat·via ['lætvɪə] Lettland *n.*
Lau·ra ['lɔːrə] Laura *f.*
Lau·rence ['lɒrəns] Lorenz *m.*
Law·rence ['lɒrəns] Lorenz *m.*
Lear [lɪə] *Bühnenfigur bei Shakespeare.*
Leb·a·non ['lebənən] *der* Libanon.
Leeds [liːdz] *Industriestadt in Ostengland.*
Leices·ter ['lestə] *Hauptstadt der englischen Grafschaft* **'Leices·ter·shire** [-ʃə].
Leigh [liː] *Familienname; Vorname m.*
Leon·ard ['lenəd] Leonhard *m.*
Les·lie ['lezlɪ; *Am.* 'leslɪ] *m.*
Le·so·tho [lə'suːtuː; lə'səʊtəʊ] Le'sotho *n.*
Lew·is ['luːɪs] Ludwig *m; amer. Autor.*
Lex·ing·ton ['leksɪŋtən] *Stadt in Massachusetts (USA).*
Li·be·ria [laɪ'bɪərɪə] Li'beria *n.*
Lib·y·a ['lɪbɪə] Libyen *n.*
Liech·ten·stein ['lɪktənstaɪn] Liechtenstein *n.*
Lim·er·ick ['lɪmərɪk] *Grafschaft in der Provinz Munster (Irland); Hauptstadt dieser Grafschaft.*
Lin·coln ['lɪŋkən] *16. Präsident der USA; Hauptstadt von Nebraska (USA); Stadt in der englischen Grafschaft* **'Lincoln·shire** [-ʃə].
Li·o·nel ['laɪənl] *m.*
Li·sa ['liːzə; 'laɪzə] Lisa *f.*
Lis·bon ['lɪzbən] Lissabon *n.*
Lith·u·a·nia [ˌlɪθjuː'eɪnjə] Litauen *n.*
Lit·tle Rock ['lɪtlrɒk] *Hauptstadt von Arkansas (USA).*
Liv·er·pool ['lɪvəpuːl] *Hafenstadt in Nordwest-England; Verwaltungszentrum von* ***Merseyside***.
Liv·ing·stone ['lɪvɪŋstən] *englischer Afrikaforscher.*
Li·vo·nia [lɪ'vəʊnjə] Livland *n.*
Liv·y ['lɪvɪ] Livius *m.*
Liz [lɪz] *abbr. für* ***Elizabeth***.
Li·za ['laɪzə] Lisa *f.*
Lloyd [lɔɪd] *Familienname; Vorname m.*
Loch Lo·mond [ˌlɒk'ləʊmənd], **Loch Ness** [ˌlɒk'nes] *Seen in Schottland.*
Locke [lɒk] *englischer Philosoph.*
Lom·bar·dy ['lɒmbədɪ] die Lombar'dei.
Lon·don ['lʌndən] London *n.*
Lon·don·der·ry [ˌlʌndən'derɪ] *nordirische Grafschaft.*
Lor·raine [lɒ'reɪn] Lothringen *n.*
Los An·ge·les [lɒs'ændʒɪliːz] *Stadt in Kalifornien (USA).*
Lo·thi·an ['ləʊðjən] *Verwaltungsregion in Schottland.*
Lou [luː] *abbr. für* ***Louis***, ***Louisa***, ***Louise***.
Lou·is ['luːɪ; *bsd. Am.* 'luːɪs] Ludwig *m.*
Lou·i·sa [luː'iːzə] Lu'ise *f.*
Lou·ise [luː'iːz] Lu'ise *f.*
Lou·i·si·a·na [luːˌiːzɪ'ænə] *Staat der USA.*
Luke [luːk] Lukas *m.*
Lux·em·bourg ['lʌksəmbɜːg] Luxemburg *n.*
Lyd·i·a ['lɪdɪə] Lydia *f.*
Ly·ons ['laɪənz] Lyon *n; Familienname.*
Ma·bel ['meɪbl] *f.*
Ma·cau·lay [mə'kɔːlɪ] *englischer Historiker.*
Mac·beth [mək'beθ] *Bühnenfigur bei Shakespeare.*
Mac·Car·thy [mə'kɑːθɪ] *Familienname.*
Mac·e·do·ni·a [ˌmæsɪ'dəʊnɪə] Maze'donien *n.*
Mac·leod [mə'klaʊd] *Familienname.*
Mad·a·gas·car [ˌmædə'gæskə] Mada'gaskar *n.*
Mad·e·leine ['mædlɪn; -leɪn] Magda'lena *f*, Magda'lene *f.*
Ma·dei·ra [mə'dɪərə] Ma'deira *n.*
Madge [mædʒ] *abbr. für* ***Margaret***.
Mad·i·son ['mædɪsn] *4. Präsident der USA; Hauptstadt von Wisconsin (USA).*
Ma·dras [mə'drɑːs] Madras *n.*
Mag·da·len ['mægdəlɪn] Magda'lena *f*, Magda'lene *f;* **~ College** ['mɔːdlɪn] *College in Oxford.*
Mag·da·lene ['mægdəlɪn] Magda'lena *f*, Magda'lene *f;* **~ College** ['mɔːdlɪn] *College in Cambridge.*
Mag·gie ['mægɪ] *abbr. für* ***Margaret***.
Ma·ho·met [mə'hɒmɪt] Mohammed *m.*
Maine [meɪn] *Staat der USA.*
Ma·jor·ca [mə'dʒɔːkə] Mal'lorca *n.*
Ma·la·wi [mə'lɑːwɪ] Ma'lawi *n.*
Ma·lay·sia [mə'leɪzɪə] Ma'laysia *n.*
Mal·colm ['mælkəm] *m.*
Mal·dives ['mɔːldɪvz] *pl. die* Male'diven *pl.*
Ma·li ['mɑːlɪ] Mali *n.*
Mal·ta ['mɔːltə] Malta *n.*
Man·ches·ter ['mæntʃɪstə] *Industriestadt in Nordwest-England. Verwaltungszentrum von* ***Greater Manchester***.
Man·dy ['mændɪ] *abbr. für* ***Amanda***.
Man·hat·tan [mæn'hætn] *Stadtbezirk von New York (USA).*
Man·i·to·ba [ˌmænɪ'təʊbə] *Provinz in Kanada.*
Mar·ga·ret ['mɑːgərɪt] Marga'reta *f*, Marga'rete *f.*
Mar·ge·ry ['mɑːdʒərɪ] *siehe* ***Margaret***.
Mar·gie ['mɑːdʒɪ] *abbr. für* ***Margaret***.
Ma·ri·a [mə'raɪə; mə'rɪə] Ma'ria *f.*
Mar·i·an ['meərɪən; 'mærɪən] Mari'anne *f.*
Mar·lowe ['mɑːləʊ] *englischer Dichter.*
Mar·tha ['mɑːθə] Mart(h)a *f.*
Mar·y ['meərɪ] Ma'ria *f*, Ma'rie *f.*
Mar·y·land ['meərɪlænd; *bsd. Am.* 'merɪlənd] *Staat der USA.*
Mar·y·le·bone ['mærələbən] *Stadtteil von London.*
Mas·sa·chu·setts [ˌmæsə'tʃuːsɪts] *Staat der USA.*
Ma(t)·thew ['mæθjuː] Mat'thäus *m.*
Maud [mɔːd] *abbr. für* ***Magdalen(e)***.
Maugham [mɔːm] *englischer Autor.*
Mau·reen ['mɔːriːn; *Am.* mɔː'riːn] *f.*
Mau·rice ['mɒrɪs] Moritz *m.*
Mau·ri·ta·nia [ˌmɒrɪ'teɪnjə] Maure'tanien *n.*
Mau·ri·ti·us [mə'rɪʃəs] Mau'ritius *n.*
Med·i·ter·ra·ne·an (Sea) [ˌmedɪtə'reɪnjən('siː)] *das* Mittelmeer.
Meg [meg] *abbr. für* ***Margaret***.
Mel·bourne ['melbən] *Stadt in Australien.*
Mel·ville ['melvɪl] *amer. Autor.*
Mem·phis ['memfɪs] *Stadt in Tennessee (USA).*

Mer·sey·side ['mɜːzɪsaɪd] *Stadtgrafschaft in Nordwest-England.*
Mex·i·co ['meksɪkəʊ] Mexiko *n.*
Mi·am·i [maɪ'æmɪ] *Badeort in Florida (USA).*
Mi·chael ['maɪkl] Michael *m.*
Mi·chelle [miː'ʃel; mɪ'ʃel] Mi'chèle *f*, Mi'chelle *f.*
Mich·i·gan ['mɪʃɪgən] *Staat der USA;* ***Lake ~*** der Michigansee *(in Nordamerika).*
Mick [mɪk] *abbr. für* ***Michael.***
Mid·dles·brough ['mɪdlzbrə] *Hauptstadt von Cleveland (England).*
Mid Gla·mor·gan [ˌmɪdglə'mɔːgən] *walisische Grafschaft.*
Mid·lands ['mɪdləndz] *pl. die* Midlands *pl. (die zentral gelegenen Grafschaften Mittelenglands: Warwickshire, Northamptonshire, Leicestershire, Nottinghamshire, Derbyshire, Staffordshire, West Midlands u. der Ostteil von Hereford and Worcester).*
Mid·west [ˌmɪd'west] *der* Mittlere Westen *(USA).*
Mike [maɪk] *abbr. für* ***Michael.***
Mi·lan [mɪ'læn] Mailand *n.*
Mil·dred ['mɪldrɪd] Miltraud *f*, Miltrud *f.*
Mil·ton ['mɪltən] *englischer Dichter.*
Mil·wau·kee [mɪl'wɔːkiː] *Industriestadt in Wisconsin (USA).*
Min·ne·ap·o·lis [ˌmɪnɪ'æpəlɪs] *Stadt in Minnesota (USA).*
Min·ne·so·ta [ˌmɪnɪ'səʊtə] *Staat der USA.*
Mis·sis·sip·pi [ˌmɪsɪ'sɪpɪ] *Staat der USA; Fluß in USA.*
Mis·sou·ri [mɪ'zʊərɪ] *Staat der USA; Fluß in USA.*
Moll [mɒl], **Mol·ly** ['mɒlɪ] *Koseformen für* ***Mary.***
Mo·na·co ['mɒnəkəʊ] Mo'naco *n.*
Mon·go·lia [mɒŋ'gəʊljə] die Mongo'lei.
Mon·i·ca ['mɒnɪkə] Monika *f.*
Mon·roe [mən'rəʊ] *5. Präsident der USA; amer. Filmschauspielerin.*
Mon·tan·a [mɒn'tænə] *Staat der USA.*
Mont·pe·lier [mɒnt'piːljə] *Hauptstadt von Vermont (USA).*
Mont·re·al [ˌmɒntrɪ'ɔːl] *Stadt in Kanada.*
More [mɔː]: ***Thomas ~*** Thomas Morus.
Mo·roc·co [mə'rɒkəʊ] Ma'rokko *n.*
Mos·cow ['mɒskəʊ] Moskau *n.*
Mount Ev·er·est [ˌmaʊnt'evərɪst] *höchster Berg der Erde.*
Mount Mc·Kin·ley [ˌmaʊntmə'kɪnlɪ] *höchster Berg der USA, in Alaska.*
Mo·zam·bique [məʊzəm'biːk] Moçam'bique *n.*
Mu·nich ['mjuːnɪk] München *n.*
Mun·ster ['mʌnstə] *Provinz in Irland.*
Mu·ri·el ['mjʊərɪəl] *f.*
Mur·ray ['mʌrɪ] *Familienname; Fluß in Australien.*

Na·mib·ia [nə'mɪbɪə] Na'mibia *n.*
Na·o·mi ['neɪəmɪ] *f.*
Na·ples ['neɪplz] Ne'apel *n.*
Na·po·le·on [nə'pəʊljən] Na'poleon *m.*
Nash·ville ['næʃvɪl] *Hauptstadt von Tennessee (USA).*
Na·tal [nə'tæl] Natal *n.*
Nat·a·lie ['nætəlɪ] Na'talia *f*, Na'talie *f.*
Na·than·iel [nə'θænjəl] Na't(h)anael *m.*
Naz·a·reth ['næzərɪθ] Nazareth *n.*
Ne·bras·ka [nɪ'bræskə] *Staat der USA.*
Neil(l) [niːl] *Vorname m; Familienname.*
Nell, Nel·ly ['nel(ɪ)] *abbr. für* ***Eleanor, Ellen, Helen.***
Nel·son ['nelsn] *brit. Admiral.*
Ne·pal [nɪ'pɔːl] Nepal *n.*
Neth·er·lands ['neðələndz] *pl. die* Niederlande *pl.*
Ne·va·da [ne'vɑːdə] *Staat der USA.*
New Bruns·wick [ˌnjuː'brʌnzwɪk] *Provinz in Kanada.*
New·cas·tle-up·on-Tyne ['njuːˌkɑːsləˌpɒn'taɪn] *Hauptstadt von Tyne and Wear (England).*
New Del·hi [ˌnjuː'delɪ] *Hauptstadt von Indien.*
New Eng·land [ˌnjuː'ɪŋglənd] Neu'England *n (USA).*
New·found·land ['njuːfəndlənd] Neu'fundland *n (Provinz in Kanada).*
New Guin·ea [ˌnjuː'gɪnɪ] Neugui'nea *n.*
New Hamp·shire [ˌnjuː'hæmpʃə] *Staat der USA.*
New Jer·sey [ˌnjuː'dʒɜːzɪ] *Staat der USA.*
New Mex·i·co [ˌnjuː'meksɪkəʊ] *Staat der USA.*
New Or·le·ans [ˌnjuː'ɔːlɪənz] *Hafenstadt in Louisiana (USA).*
New South Wales [ˌnjuːsaʊθ'weɪlz] Neusüd'wales *n (Bundesstaat Australiens).*
New·ton ['njuːtn] *englischer Physiker.*
New York [ˌnjuː'jɔːk; *Am.* ˌnuː'jɔːk] *Staat der USA; größte Stadt der USA.*
New Zea·land [ˌnjuː'ziːlənd] Neu'seeland *n.*
Ni·ag·a·ra [naɪ'ægərə] Nia'gara *m.*
Nic·a·ra·gua [ˌnɪkə'rægjʊə] Nica'ragua *n.*
Nich·o·las ['nɪkələs] Nikolaus *m.*
Nick [nɪk] *abbr. für* ***Nicholas.***
Ni·gel ['naɪdʒəl] *m.*
Ni·ger ['naɪdʒə] Niger *m (Fluß in Westafrika);* [niː'ʒeə] Niger *n (Republik in Westafrika).*
Ni·ge·ri·a [naɪ'dʒɪərɪə] Ni'geria *n.*
Nile [naɪl] Nil *m.*
Nix·on ['nɪksən] *37. Präsident der USA.*
No·bel [nəʊ'bel] *schwedischer Industrieller, Stifter des Nobelpreises.*
Nor·folk ['nɔːfək] *englische Grafschaft; Hafenstadt in Virginia (USA) u. Hauptstützpunkt der US-Atlantikflotte.*
Nor·man·dy ['nɔːməndɪ] die Norman'die.
North·amp·ton [nɔː'θæmptən] *Stadt in Mittelengland; a.* **North'amp·ton·shire** [-ʃə] *englische Grafschaft.*
North Cape ['nɔːθkeɪp] *das* Nordkap.
North Car·o·li·na [ˌnɔːθkærə'laɪnə] *Staat der USA.*
North Da·ko·ta [ˌnɔːθdə'kəʊtə] *Staat der USA.*
North·ern Ire·land [ˌnɔːðn'aɪələnd] Nord'irland *n.*
North Sea [ˌnɔːθ'siː] *die* Nordsee.
North·um·ber·land [nɔː'θʌmbələnd] *englische Grafschaft.*
North York·shire [ˌnɔːθ'jɔːkʃə] *englische Grafschaft.*
Nor·way ['nɔːweɪ] Norwegen *n.*
Nor·wich ['nɒrɪdʒ] *Stadt in Ostengland.*
Not·ting·ham ['nɒtɪŋəm] *Industriestadt in Mittelengland; a.* **'Not·ting·ham·shire** [-ʃə] *englische Grafschaft.*
No·va Sco·tia [ˌnəʊvə'skəʊʃə] Neu'schottland *n (Provinz in Kanada).*

Oak·land ['əʊklənd] *Hafenstadt in Kalifornien (USA).*
O'Ca·sey [əʊ'keɪsɪ] *irischer Dramatiker.*
O'Con·nor [əʊ'kɒnə] *Familienname.*
O·ce·an·i·a [ˌəʊʃɪ'eɪnjə] Oze'anien *n.*
O'Fla·her·ty [əʊ'fleətɪ; əʊ'flæhətɪ] *irischer Romanschriftsteller.*
O·hi·o [əʊ'haɪəʊ] *Staat der USA; Fluß in den USA.*
O·kla·ho·ma [ˌəʊklə'həʊmə] *Staat der USA;* **~ Cit·y** *Hauptstadt von Oklahoma (USA).*
O·liv·i·er [ə'lɪvɪeɪ]: ***Sir Laurence ~*** *berühmter englischer Schauspieler.*
O·lym·pia [əʊ'lɪmpɪə] *Hauptstadt von Washington (USA).*
O·ma·ha ['əʊməhɑː; *Am. a.* -hɔː] *Stadt in Nebraska (USA).*
O·man [əʊ'mɑːn] O'man *n.*
O'Neill [əʊ'niːl] *amer. Dramatiker.*
On·ta·ri·o [ɒn'teərɪəʊ] *Provinz in Kanada;* ***Lake ~*** der Ontariosee *(in Nordamerika).*
Or·ange ['ɒrɪndʒ] O'ranien *n (Herrscherfamilie);* O'ranje *m (Fluß in Südafrika).*
Or·e·gon ['ɒrɪgən] *Staat der USA.*
Ork·ney ['ɔːknɪ] *insulare Verwaltungsregion Schottlands (bis 1975 schottische Grafschaft);* **~ Is·lands** [ˌɔːknɪ'aɪləndz] *pl. die* Orkneyinseln *pl.*
Or·well ['ɔːwəl] *englischer Autor.*
Os·borne ['ɒzbən] *englischer Dramatiker.*
Os·car ['ɒskə] Oskar *m.*
Ost·end [ɒ'stend] Ost'ende *n.*
Ot·ta·wa ['ɒtəwə] *Hauptstadt von Kanada.*
Ox·ford ['ɒksfəd] *englische Universitätsstadt; a.* **'Ox·ford·shire** [-ʃə] *englische Grafschaft.*

Pa·cif·ic (O·cean) [pə'sɪfɪk (pəˌsɪfɪk'əʊʃn)] *der* Pa'zifik.
Paine [peɪn] *amer. Staatstheoretiker.*
Pak·i·stan [ˌpɑːkɪs'tɑːn] Pakistan *n.*
Pal·es·tine ['pæləstaɪn] Palä'stina *n.*
Pall Mall [ˌpæl'mæl] *Straße in London.*
Palm Beach [ˌpɑːm'biːtʃ; *Am. a.* ˌpɑːlm-] *Seebad in Florida (USA).*
Pam·e·la ['pæmələ] Pa'mela *f.*
Pan·a·ma [ˌpænə'mɑː; 'pænəmɑː] Panama *n.*
Pa·pua New Gui·nea ['pɑːpʊəˌnjuː'gɪnɪ; 'pæpjʊə-] Papua-Neugui'nea *n.*
Par·a·guay ['pærəgwaɪ] Para'guay *n.*
Par·is ['pærɪs] Pa'ris *n.*
Pa·tri·cia [pə'trɪʃə] Pa'trizia *f.*
Pat·rick ['pætrɪk] Pa'trizius *m.*
Paul [pɔːl] Paul *m.*
Pau·la ['pɔːlə] Paula *f.*
Pau·line [pɔː'liːn; 'pɔːliːn] Pau'line *f.*
Pearl [pɜːl] *f.*
Pearl Har·bor [ˌpɜːl'hɑːbə] *Hafenstadt auf Hawaii (USA).*
Pears [pɪəz; peəz] *Familienname.*
Peg(·gy) ['peg(ɪ)] *abbr. für* ***Margaret.***
Pe·king [ˌpiː'kɪŋ] Peking *n.*
Pe·nel·o·pe [pɪ'neləpɪ] Pe'nelope *f.*
Penn·syl·va·nia [ˌpensɪl'veɪnjə] *Staat der USA.*
Pepys [piːps] *Verfasser berühmter Tagebücher.*
Per·cy ['pɜːsɪ] *m.*
Per·sia ['pɜːʃə; *Am.* 'pɜrʒə] Persien *n.*
Pe·ru [pə'ruː] Pe'ru *n.*
Pe·ter·bor·ough ['piːtəbrə] *Stadt in Cambridgeshire (England).*
Phil·a·del·phia [ˌfɪlə'delfjə] *Stadt in Pennsylvania (USA).*

Phil·ip ['fɪlɪp] Philipp *m.*
Phil·ip·pines ['fɪlɪpi:nz] *pl. die* Philip'pinen *pl.*
Phoe·nix ['fi:nɪks] *Hauptstadt von Arizona (USA).*
Pic·ca·dil·ly [pɪkə'dɪlɪ] *Straße in London.*
Pierre [pɪə; *Am.* pɪər] *Hauptstadt von South Dakota (USA).*
Pin·ter ['pɪntə] *englischer Dramatiker.*
Pitts·burgh ['pɪtsbɜ:g] *Stadt in Pennsylvania (USA).*
Plan·tag·e·net [plæn'tædʒənɪt] *englisches Herrschergeschlecht.*
Pla·to ['pleɪtəʊ] Plato(n) *m.*
Plym·outh ['plɪməθ] *Hafenstadt in Südengland.*
Poe [pəʊ] *amer. Dichter u. Schriftsteller.*
Po·land ['pəʊlənd] Polen *n.*
Pope [pəʊp] *englischer Dichter.*
Port-au-Prince [ˌpɔ:təʊ'prɪns] *Hauptstadt von Haiti.*
Port·land ['pɔ:tlənd] *Hafenstadt in Maine (USA); Stadt in Oregon (USA).*
Ports·mouth ['pɔ:tsməθ] *Hafenstadt in Südengland; Hafenstadt in Virginia (USA).*
Por·tu·gal ['pɔ:tjʊgl] Portugal *n.*
Pound [paʊnd] *amer. Dichter.*
Pow·ys ['pəʊɪs; 'paʊɪs] *walisische Grafschaft; Familienname.*
Prague [prɑ:g] Prag *n.*
Pre·to·ria [prɪ'tɔ:rɪə] *Hauptstadt von Südafrika.*
Priest·ley ['pri:stlɪ] *englischer Romanschriftsteller.*
Prince·ton ['prɪnstən] *Universitätsstadt in New Jersey (USA).*
Pris·cil·la [prɪ'sɪlə] Pris'cilla *f.*
Prov·i·dence ['prɒvɪdəns] *Hauptstadt von Rhode Island (USA).*
Prus·sia ['prʌʃə] Preußen *n.*
Puer·to Ri·co [ˌpwɜ:təʊ'ri:kəʊ] Puerto Rico *n.*
Pul·itz·er ['pʊlɪtsə; 'pju:-] *amer. Journalist, Stifter des Pulitzerpreises.*
Pun·jab [ˌpʌn'dʒɑ:b] Pan'dschab *n.*
Pur·cell ['pɜ:sl] *englischer Komponist.*
Pyr·e·nees [ˌpɪrə'ni:z; *Am.* 'pɪrəni:z] *pl. die* Pyre'näen *pl.*

Qa·tar [kæ'tɑ:; *Am.* 'kɑ:tər] Quatar *n.*
Que·bec [kwɪ'bek] *Provinz u. Stadt in Kanada.*
Queens·land ['kwi:nzlənd] *Bundesstaat Australiens.*
Quin·c(e)y ['kwɪnsɪ] *Familienname; Vorname m, f.*

Ra·chel ['reɪtʃəl] Ra(c)hel *f.*
Ra·leigh ['rɔ:lɪ; 'rɑ:lɪ] *englischer Seefahrer; Hauptstadt von North Carolina (USA).*
Ray·mond ['reɪmənd] Raimund *m.*
Read·ing ['redɪŋ] *Stadt in Südengland.*
Rea·gan ['reɪgən] *40. Präsident der USA.*
Re·gi·na [rɪ'dʒaɪnə] Re'gina *f,* Re'gine *f; Hauptstadt von Saskatchewan (Kanada).*
Reg·i·nald ['redʒɪnld] Re(g)inald *m.*
Rhine [raɪn] Rhein *m.*
Rhode Is·land [ˌrəʊd'aɪlənd] *Staat der USA.*
Rhodes [rəʊdz] *brit.-südafrikan. Staatsmann;* Rhodos *n.*
Rich·ard ['rɪtʃəd] Richard *m.*
Rich·ard·son ['rɪtʃədsn] *englischer Autor.*
Rich·mond ['rɪtʃmənd] *Hauptstadt von Virginia (USA).*
Rich·mond-up·on-Thames ['rɪtʃməndəˌpɒn'temz] *Stadtbezirk von Groß-London.*
Roch·es·ter ['rɒtʃɪstə] *Stadt im Staat New York (USA); Stadt in Kent (England).*
Rock·e·fel·ler ['rɒkɪfelə] *amer. Industrieller.*
Rock·y Moun·tains [ˌrɒkɪ'maʊntɪnz] *pl. Gebirge in USA.*
Rod·ney ['rɒdnɪ] *m.*
Rog·er ['rɒdʒə] Rüdiger *m;* Roger *m.*
Ro·ma·nia [ru:'meɪnjə; rʊ-; *Am.* rəʊ-] Ru'mänien *n.*
Rome [rəʊm] Rom *n.*
Ro·me·o ['rəʊmɪəʊ] *Bühnenfigur bei Shakespeare.*
Ron·ald ['rɒnld] Ronald *m.*
Roo·se·velt ['rəʊzəvelt] *Name zweier Präsidenten der USA.*
Ros·a·lie ['rəʊzəlɪ; 'rɒz-] Ro'salia *f,* Ro'salie *f.*
Ros·a·lind ['rɒzəlɪnd] Rosa'linde *f.*
Rose·mar·y ['rəʊzmərɪ; *Am.* -merɪ] 'Rosemaˌrie *f.*
Rud·yard ['rʌdjəd] *m.*
Rug·by ['rʌgbɪ] *berühmte Public School.*
Ru·pert ['ru:pət] Rupert *m.*
Rus·sell ['rʌsl] *englischer Philosoph.*
Rus·sia ['rʌʃə] Rußland *n.*
Ruth [ru:θ] Ruth *f.*
Rwan·da [rʊ'ændə] Ru'anda n.

Sac·ra·men·to [ˌsækrə'mentəʊ] *Hauptstadt von Kalifornien (USA).*
Sa·ha·ra [sə'hɑ:rə; *Am. a.* sə'hærə; sə'heərə] Sa'hara *f.*
Salis·bu·ry ['sɔ:lzbərɪ] *früherer Name von* ***Harare****; Stadt in Südengland.*
Salt Lake Cit·y [ˌsɔ:ltleɪk'sɪtɪ] *Hauptstadt von Utah (USA).*
Sa·man·tha [sə'mænθə] *f.*
Sam·u·el ['sæmjʊəl] Samuel *m.*
San An·to·nio [ˌsænæn'təʊnɪəʊ] *Stadt in Texas (USA).*
Sand·hurst ['sændhɜ:st] *Ort in Berkshire (England) mit berühmter Militärakademie.*
San Di·e·go [ˌsændɪ'eɪgəʊ] *Hafenstadt u. Flottenstützpunkt in Kalifornien (USA).*
San Fran·cis·co [ˌsænfrən'sɪskəʊ] San Fran'zisko *n (USA).*
San Ma·ri·no [ˌsænmə'ri:nəʊ] San Ma'rino *n.*
San·ta Fe [ˌsæntə'feɪ] *Hauptstadt von New Mexico (USA).*
Sar·a(h) ['seərə] Sara *f.*
Sar·di·nia [sɑ:'dɪnjə] Sar'dinien *n.*
Sas·katch·e·wan [səs'kætʃɪwən] *Provinz in Kanada.*
Sas·ka·toon [ˌsæskə'tu:n] *Stadt in Saskatchewan (Kanada).*
Sau·di A·ra·bi·a [ˌsaʊdɪə'reɪbɪə] Saudi-A'rabien *n.*
Sa·voy [sə'vɔɪ] Sa'voyen *n.*
Sax·o·ny ['sæksnɪ] Sachsen *n.*
Scan·di·na·vi·a [ˌskændɪ'neɪvjə] Skandi'navien *n.*
Sche·nec·ta·dy [skɪ'nektədɪ] *Stadt im Staat New York (USA).*
Scot·land ['skɒtlənd] Schottland *n.*
Seam·us ['ʃeɪməs] *siehe* ***James****.*
Sean [ʃɔ:n] *siehe* ***John****.*
Se·at·tle [sɪ'ætl] *Hafenstadt im Staat Washington (USA).*
Sen·e·gal [ˌsenɪ'gɔ:l] Senegal *n.*
Seoul [səʊl] Se'oul *n.*
Ser·bi·a ['sɜ:bɪə] Serbien *n.*
Sev·ern ['sevən] *Fluß in Wales u. Westengland.*
Sey·chelles [seɪ'ʃelz] *pl. die* Sey'chellen(-Inseln) *pl.*
Sey·mour ['si:mɔ:; *schottisch* 'seɪmɔ:] *m.*
Shake·speare ['ʃeɪkˌspɪə] *englischer Dichter u. Dramatiker.*
Shaw [ʃɔ:] *irischer Dramatiker.*
Shef·field ['ʃefi:ld] *Industriestadt in Mittelengland.*
Shei·la ['ʃi:lə] *siehe* ***Celia****.*
Shel·ley ['ʃelɪ] *englischer Dichter.*
Sher·lock ['ʃɜ:lɒk] *m.*
Shet·land ['ʃetlənd] *insulare Verwaltungsregion Schottlands;* **~ Is·lands** [ˌʃetlənd'aɪləndz] *pl. die* Shetlandinseln *pl.*
Shrop·shire ['ʃrɒpʃə] *englische Grafschaft.*
Shy·lock ['ʃaɪlɒk] *Bühnenfigur bei Shakespeare.*
Sib·yl ['sɪbɪl] Si'bylle *f.*
Sic·i·ly ['sɪsɪlɪ] Si'zilien *n.*
Sid·ney ['sɪdnɪ] *Familienname; Vorname m, f.*
Si·er·ra Le·one [sɪˌerəlɪ'əʊn] Sierra Le'one *n.*
Sik·kim ['sɪkɪm] Sikkim *n.*
Sin·clair ['sɪŋkleə] *amer. Autor; Vorname m.*
Sin·ga·pore [ˌsɪŋgə'pɔ:] Singapur *n.*
Slough [slaʊ] *Stadt in Berkshire (England).*
Slo·vak·i·a [sləʊ'vækɪə] Slowakei *f.*
Slo·ve·ni·a [sləʊ'vi:nɪə] Slo'wenien *n.*
Snow·don ['snəʊdn] *Berg in Wales.*
Soc·ra·tes ['sɒkrəti:z] Sokrates *m.*
Sol·o·mon ['sɒləmən] Salomo *m.*
So·ma·lia [səʊ'mɑ:lɪə] So'malia *n.*
Som·er·set(·shire) ['sʌməsɪt(ʃə)] *englische Grafschaft.*
So·nia ['sɒnɪə] Sonja *f.*
Soph·o·cles ['sɒfəkli:z] Sophokles *m.*
South Af·ri·ca [ˌsaʊθ'æfrɪkə] Süd'afrika *n.*
South·amp·ton [saʊθ'æmptən] *Hafenstadt in Südengland.*
South Aus·tra·lia [ˌsaʊθɒ'streɪljə] Südau'stralien *n (Bundesstaat Australiens).*
South Car·o·li·na [ˌsaʊθkærə'laɪnə] *Staat der USA.*
South Da·ko·ta [ˌsaʊθdə'kəʊtə] *Staat der USA.*
South Gla·mor·gan [ˌsaʊθglə'mɔ:gən] *walisische Grafschaft.*
Sou·they ['saʊθɪ; 'sʌðɪ] *englischer Dichter.*
South York·shire [ˌsaʊθ'jɔ:kʃə] *Stadtgrafschaft in Nordengland.*
Spain [speɪn] Spanien *n.*
Staf·ford(·shire) ['stæfəd(ʃə)] *englische Grafschaft.*
Stat·en Is·land [ˌstætn'aɪlənd] *Insel an der Mündung des Hudson River in New York; Stadtbezirk von New York.*
Stein·beck ['staɪnbek] *amer. Autor.*
Ste·phen ['sti:vn] Stephan *m,* Stefan *m.*
Ste·phen·son ['sti:vnsn] *englischer Erfinder.*
Steu·ben ['stju:bən; 'stu:-; 'ʃtɔɪ-] *amer. General preußischer Herkunft im amer. Unabhängigkeitskrieg.*

Steve [stiːv] *abbr. für* **Stephen**, **Steven**.
Ste·ven [ˈstiːvn] *siehe* **Stephen**.
Ste·ven·son [ˈstiːvnsn] *englischer Autor.*
Stew·art [stjʊət; ˈstjuːət; *Am.* ˈstuːərt] *Familienname; Vorname m.*
St. Louis [sntˈlʊɪs; *Am.* ˌseɪntˈluːɪs] *Industriestadt in Missouri (USA).*
Stone·henge [ˌstəʊnˈhendʒ] *prähistorisches megalithisches Bauwerk bei Salisbury in Wiltshire (England).*
St. Paul [snˈpɔːl; *Am.* ˌseɪnt-] *Hauptstadt von Minnesota (USA).*
Strat·ford on A·von [ˌstrætfədɒnˈeɪvn] *Stadt in Mittelengland.*
Strath·clyde [stræθˈklaɪd] *Verwaltungsregion in Schottland.*
Stu·art [stjʊət; ˈstjuːət; *Am.* ˈstuːərt] *schottisch-englisches Herrschergeschlecht; Vorname m.*
Su·dan [suːˈdɑːn] *der* Suˈdan.
Su·ez [ˈsuːɪz; *Am.* suːˈez; ˈsuːez] Suez *n.*
Suf·folk [ˈsʌfək] *englische Grafschaft.*
Sul·li·van [ˈsʌlɪvən] *Familienname.*
Su·ri·nam [ˌsʊərɪˈnæm] Suriˈnam *n.*
Su·ri·na·me [ˌsʊərɪˈnɑːmə] Suriˈnam *n.*
Sur·rey [ˈsʌrɪ] *englische Grafschaft.*
Su·san [ˈsuːzn] Suˈsanne *f.*
Su·sie [ˈsuːzɪ] Susi *f.*
Sus·sex [ˈsʌsɪks] *englische Grafschaft.*
Su·zanne [suːˈzæn] Suˈsanne *f.*
Swan·sea [ˈswɒnzɪ] *Stadt in Wales.*
Swa·zi·land [ˈswɑːzɪlænd] Swasiland *n.*
Swe·den [ˈswiːdn] Schweden *n.*
Swit·zer·land [ˈswɪtsələnd] die Schweiz.
Syd·ney [ˈsɪdnɪ] *Hauptstadt von New South Wales (Australien).*
Syl·vi·a [ˈsɪlvɪə] Silvia *f*, Sylvia *f.*
Synge [sɪŋ] *irischer Dichter u. Dramatiker.*
Syr·a·cuse [ˈsɪrəkjuːs] *Stadt im Staat New York (USA); [Brit.* ˈsaɪərəkjuːz] Syrakus *n (Stadt auf Sizilien).*
Syr·ia [ˈsɪrɪə] Syrien *n.*

Ta·hi·ti [tɑːˈhiːtɪ; tə-] Taˈhiti *n.*
Tai·wan [ˌtaɪˈwɑːn] Taiwan *n.*
Tal·la·has·see [ˌtæləˈhæsɪ] *Hauptstadt von Florida (USA).*
Tan·gier [tænˈdʒɪə] Tanger *n.*
Tan·za·nia [ˌtænzəˈnɪə] Tansaˈnia *n.*
Tas·ma·nia [tæzˈmeɪnjə] Tasˈmanien *n (Insel u. Bundesstaat Australiens).*
Tay·lor [ˈteɪlə] *Familienname.*
Tay·side [ˈteɪsaɪd] *Verwaltungsregion in Schottland.*
Ted(·dy) [ˈted(ɪ)] *abbr. für* **Edward**, **Theodore**.
Ten·e·rife, *früher* **Ten·e·riffe** [ˌtenəˈriːf] Teneˈriffa *n.*
Ten·nes·see [ˌtenəˈsiː] *Staat der USA; Fluß in USA.*
Ten·ny·son [ˈtenɪsn] *englischer Dichter.*
Ter·ence [ˈterəns] *m.*
Te·re·sa [təˈriːzə] Teˈresa *f*, Teˈrese *f.*
Tex·as [ˈteksəs] *Staat der USA.*
Thack·er·ay [ˈθækərɪ] *englischer Romanschriftsteller.*
Thai·land [ˈtaɪlænd] Thailand *n.*
Thames [temz] Themse *f (Fluß in Südengland).*
That·cher [ˈθætʃə] *englische Premierministerin.*
The·o·bald [ˈθɪəʊbɔːld] Theobald *m.*
The·o·dore [ˈθɪədɔː] Theodor *m.*
The·re·sa [tɪˈriːzə] Theˈresa *f.*
Tho·mas [ˈtɒməs] Thomas *m.*
Tho·reau [ˈθɔːrəʊ; *Am.* θəˈrəʊ] *amer. Schriftsteller, Philosoph u. Sozialkritiker.*
Thu·rin·gi·a [θjʊəˈrɪndʒɪə] Thüringen *n.*
Ti·bet [tɪˈbet] Tibet *n.*
Tim·o·thy [ˈtɪməθɪ] Tiˈmotheus *m.*
Ti·na [ˈtiːnə] *abbr. für* **Christina**, **Christine**.
Tip·per·ary [ˌtɪpəˈreərɪ] *Grafschaft in der Provinz Munster (Irland).*
To·bi·as [təˈbaɪəs] Toˈbias *m.*
To·by [ˈtəʊbɪ] *abbr. für* **Tobias**.
To·go [ˈtəʊgəʊ] Togo *n.*
To·kyo [ˈtəʊkjəʊ] Tokio *n.*
To·le·do [təˈliːdəʊ] *Stadt in Ohio (USA); [Brit.* tɒˈleɪdəʊ] *Stadt in Zentralspanien.*
Tol·kien [ˈtɒlkiːn] *englischer Schriftsteller u. Philologe.*
To·pe·ka [təʊˈpiːkə] *Hauptstadt von Kansas (USA).*
Tor·bay [ˌtɔːˈbeɪ] *Stadt in Devon (England); a.* **Tor Bay** *Bucht des Ärmelkanals an der Küste von Devon.*
To·ron·to [təˈrɒntəʊ] *Stadt in Kanada.*
Tor·quay [ˌtɔːˈkiː] *Teilstadt von* **Torbay** *in Devon (England).*
Toyn·bee [ˈtɔɪnbɪ] *englischer Historiker.*
Tra·fal·gar [trəˈfælgə]: **Cape ~** Kap *n* Traˈfalgar *(an der Südwestküste Spaniens);* **~ Square** *Platz in London.*
Trans·vaal [ˈtrænzvɑːl] Transˈvaal *n.*
Tran·syl·va·nia [ˌtrænsɪlˈveɪnjə] Siebenˈbürgen *n.*
Trent [trent] *Fluß in Mittelengland;* Triˈent *n.*
Tren·ton [ˈtrentən] *Hauptstadt von New Jersey (USA).*
Tre·vel·yan [trɪˈveljən; -ˈvɪl-] *Name zweier englischer Historiker.*
Treves [triːvz] Trier *n.*
Trev·or [ˈtrevə] *m.*
Trol·lope [ˈtrɒləp] *englischer Romanschriftsteller.*
Troy [trɔɪ] Troja *n.*
Tru·man [ˈtruːmən] *33. Präsident der USA.*
Tuc·son [tuːˈsɒn; ˈtuːsɒn] *Stadt in Arizona (USA).*
Tu·dor [ˈtjuːdə] *englisches Herrschergeschlecht.*
Tu·ni·sia [tjuːˈnɪzɪə; *Am.* tuːˈniːʒə; -ˈnɪʒə] Tuˈnesien *n.*
Tur·key [ˈtɜːkɪ] die Türˈkei.
Tur·ner [ˈtɜːnə] *englischer Landschaftsmaler.*
Tus·ca·ny [ˈtʌskənɪ] die Tosˈkana.
Twain [tweɪn] *amer. Autor.*
Ty·rol [ˈtɪrəl; tɪˈrəʊl] Tiˈrol *n.*
Ty·rone [tɪˈrəʊn] *nordirische Grafschaft.*

U·gan·da [juːˈgændə] Uˈganda *n.*
U·kraine [juːˈkreɪn] *die* Ukraˈine.
Ul·ster [ˈʌlstə] *Provinz im Norden Irlands, seit 1921 zweigeteilt. 3 Grafschaften gehören heute zur Republik Irland, die restlichen 6 bilden das heutige Nordirland, Teil des Vereinigten Königreichs von Großbritannien u. Nordirland.*
U·lys·ses [juːˈlɪsiːz] *m.*
U·nit·ed Ar·ab E·mir·ates [juːˈnaɪtɪdˌærəbeˈmɪərəts] *pl. die* Vereinigten Aˈrabischen Emiˈrate *pl.*
U·nit·ed King·dom [juːˌnaɪtɪdˈkɪŋdəm] *das* Vereinigte Königreich *(Großbritannien u. Nordirland).*
U·nit·ed States of A·mer·i·ca [juːˌnaɪtɪdˌsteɪtsəvəˈmerɪkə] *pl. die* Vereinigten Staaten von Aˈmerika *pl.*
Up·dike [ˈʌpdaɪk] *amer. Schriftsteller.*
Ur·su·la [ˈɜːsjʊlə] Ursula *f.*
U·ru·guay [ˈjʊərʊgwaɪ] Uruguay *n.*
U·tah [ˈjuːtɑː; -tɔː] *Staat der USA.*

Val·en·tine [ˈvæləntaɪn] Valentin *m;* Vaˈlenˈtine *f.*
Van·brugh [ˈvænbrə; vænˈbruː] *englischer Dramatiker u. Baumeister.*
Van·cou·ver [vænˈkuːvə] *Hafenstadt in Kanada.*
Van·der·bilt [ˈvændəbɪlt] *amer. Finanzier.*
Vat·i·can [ˈvætɪkən] *der* Vatiˈkan.
Vaughan [vɔːn] *Familienname;* **~ Wil·liams** [ˌvɔːnˈwɪljəmz] *englischer Komponist.*
Vaux·hall [ˌvɒksˈhɔːl] *Stadtteil von London.*
Ven·e·zu·e·la [ˌveneˈzweɪlə] Venezuˈela *n.*
Ven·ice [ˈvenɪs] Veˈnedig *n.*
Ver·gil [ˈvɜːdʒɪl] *siehe* **Virgil**.
Ver·mont [vɜːˈmɒnt] *Staat der USA.*
Vic·to·ri·a [vɪkˈtɔːrɪə] Vikˈtoria *f; Bundesstaat Australiens; Hauptstadt von British Columbia (Kanada); Hauptstadt der brit. Kronkolonie Hongkong.*
Vi·en·na [vɪˈenə] Wien *n.*
Viet·nam [ˌvjetˈnæm] Vietˈnam *n.*
Vi·o·la [ˈvaɪələ; ˈvɪəʊlə] Viˈola *f.*
Vi·o·let [ˈvaɪələt] Vioˈletta *f*, Vioˈlette *f.*
Vir·gil [ˈvɜːdʒɪl] Verˈgil *m (römischer Dichter).*
Vir·gin·ia [vəˈdʒɪnjə] *Staat der USA; Vorname f.*
Viv·i·an [ˈvɪvɪən] *m, (seltener) f.*
Viv·i·en [ˈvɪvɪən] *f.*
Vol·ga [ˈvɒlgə] Wolga *f.*
Vosges [vəʊʒ] *pl. die* Voˈgesen *pl.*

Wa·bash [ˈwɔːbæʃ] *Nebenfluß des Ohio in Indiana u. Illinois (USA).*
Wales [weɪlz] Wales *n.*
Wal·lace [ˈwɒlɪs] *englischer Autor.*
Wal·pole [ˈwɔːlpəʊl] *Name zweier englischer Schriftsteller.*
Wal·ter [ˈwɔːltə] Walter *m.*
War·hol [ˈwɔːhɔːl; ˈwɔːhəʊl] *amer. Pop-art-Künstler u. Filmregisseur.*
War·saw [ˈwɔːsɔː] Warschau *n.*
War·wick(·shire) [ˈwɒrɪk(ʃə)] *englische Grafschaft.*
Wash·ing·ton [ˈwɒʃɪŋtən] *1. Präsident der USA; Staat der USA; a.* **~ DC** *Bundeshauptstadt der USA.*
Wa·ter·loo [ˌwɔːtəˈluː] *Ort in Belgien.*
Watt [wɒt] *schottischer Erfinder.*
Waugh [wɔː] *englischer Romanschriftsteller.*
Wedg·wood [ˈwedʒwʊd] *englischer Keramiker.*
Wel·ling·ton [ˈwelɪŋtən] *brit. Feldherr; Hauptstadt von Neuseeland.*
Wem·bley [ˈwemblɪ] *Stadtteil von Groß-London.*
Went·worth [ˈwentwəθ] *Familienname.*
West Brom·wich [ˌwestˈbrɒmɪdʒ] *Stadt in West Midlands (England).*
West·ern Isles [ˌwestənˈaɪlz] *Insulare Verwaltungsregion Schottlands.*
West Gla·mor·gan [ˌwestgləˈmɔːgən] *walisische Grafschaft.*
West In·dies [ˌwestˈɪndɪz] *pl.:* **the ~** die Westˈindischen Inseln *pl.*

West Mid·lands [ˌwestˈmɪdləndz] *pl. Stadtgrafschaft in Mittelengland.*
West·min·ster [ˈwestmɪnstə] *a.* ***City of ~*** *Stadtbezirk von Groß-London.*
West·pha·lia [westˈfeɪljə] Westˈfalen *n.*
West Vir·gin·ia [ˌwestvəˈdʒɪnjə] *Staat der USA.*
West York·shire [ˌwestˈjɔːkʃə] *Stadtgrafschaft in Nordengland.*
Wey·mouth [ˈweɪməθ] *Badeort in Dorset (Südengland); Stadt in Massachusetts (USA).*
Whar·ton [ˈwɔːtn] *amer. Romanschriftstellerin.*
Whit·a·ker [ˈwɪtəkə] *Familienname.*
Whit·by [ˈwɪtbɪ] *Fischereihafen in North Yorkshire (England); Stadt in Ontario (Kanada).*
White·hall [ˌwaɪtˈhɔːl] *Straße in London.*
Whit·man [ˈwɪtmən] *amer. Dichter.*
Wilde [waɪld] *englischer Dichter.*
Wil·liam [ˈwɪljəm] Wilhelm *m.*
Wil·ming·ton [ˈwɪlmɪŋtən] *Hafenstadt in Delaware (USA); Hafenstadt in North Carolina (USA).*
Wil·son [ˈwɪlsn] *Familienname.*
Wilt·shire [ˈwɪltʃə] *englische Grafschaft.*
Wim·ble·don [ˈwɪmbldən] *Stadtteil von Groß-London (Tennisturniere).*
Win·ches·ter [ˈwɪntʃɪstə] *Hauptstadt von Hampshire (England) mit berühmter Public School.*
Wind·sor [ˈwɪnzə] *Stadt in Berkshire (England); Stadt in Ontario (Kanada).*
Win·nie [ˈwɪnɪ] *abbr. für* ***Winifred.***
Win·ni·peg [ˈwɪnɪpeg] *Hauptstadt von Manitoba (Kanada).*
Win·ston [ˈwɪnstən] *m.*
Wis·con·sin [wɪsˈkɒnsɪn] *Staat der USA; Fluß in Wisconsin (USA).*
Wi·tham [ˈwɪðəm] *Familienname; Fluß in Lincolnshire (England).*
Wit·ham [ˈwɪtəm] *Stadt in Essex (England).*
Wolds [wəʊldz]: ***the ~*** *Höhenzug in Nordostengland.*
Wolfe [wʊlf] *amer. Autor.*
Wol·sey [ˈwʊlzɪ] *englischer Kardinal u. Staatsmann.*
Wol·ver·hamp·ton [ˈwʊlvəˌhæmptən] *Industriestadt in West Midlands (England).*
Woolf [wʊlf] *englische Autorin.*
Wor·ces·ter [ˈwʊstə] *Industriestadt in Mittelengland.*
Words·worth [ˈwɜːdzwəθ] *englischer Dichter.*
Wren [ren] *englischer Architekt.*
Wyc·liffe [ˈwɪklɪf] *englischer Reformator u. Bibelübersetzer.*
Wy·o·ming [waɪˈəʊmɪŋ] *Staat der USA.*

Xan·thip·pe [zænˈθɪpɪ] Xanˈthippe *f.*

Yale [jeɪl] *hoher britischer Kolonialbeamter u. Förderer der Yale University in New Haven, Connecticut (USA).*
Yeat·man [ˈjiːtmən; ˈjeɪt- ˈjet-] *Familienname.*
Yeats [jeɪts] *irischer Dichter u. Dramatiker.*
Yel·low·stone [ˈjeləʊstəʊn] *Fluß im Nordwesten der USA; Nationalpark in Wyoming, Montana u. Idaho (USA).*
Ye·men [ˈjemən] *der* Jemen.
York [jɔːk] *Stadt in Nordost-England;* **ˈYork·shire** [-ʃə]: (***North, South, West***) *~ Grafschaften in England.*
Yo·sem·i·te Na·tion·al Park [jəʊˈsemɪtɪˌnæʃənlˈpɑːk] *Nationalpark in Kalifornien (USA).*
Yu·go·sla·via [ˌjuːgəʊˈslɑːvjə] Jugoˈslawien *n.*
Yu·kon [ˈjuːkɒn] *Strom im nordwestlichen Nordamerika.*
Y·vonne [ɪˈvɒn] Iˈvonne *f,* Yˈvonne *f.*

Zach·a·ri·ah [ˌzækəˈraɪə], **Zach·a·ry** [ˈzækərɪ] Zachaˈrias *m.*
Za·ire [zɑːˈɪə; *Am. a.* ˈzaɪər] Zaˈire *n.*
Zam·bia [ˈzæmbɪə] Sambia *n.*
Zan·zi·bar [ˌzænzɪˈbɑː; *Am.* ˈzænzəbɑːr] Sansibar *n.*
Zim·ba·bwe [zɪmˈbɑːbwɪ; -bweɪ] Simˈbabwe.
Zo·e [ˈzəʊɪ] Zoe *f.*
Zu·rich [ˈzjʊərɪk] Zürich *n.*

Kennzeichnung der Kino-Filme
(in Großbritannien)

U Universal. Suitable for all ages.
Für alle Altersstufen geeignet.

PG Parental Guidance. Some scenes may be unsuitable for young children.
Einige Szenen ungeeignet für Kinder. Erklärung und Orientierung durch Eltern sinnvoll.

15 No person under 15 years admitted when a "15" film is in the programme.
Nicht freigegeben für Jugendliche unter 15 Jahren.

18 No person under 18 years admitted when an "18" film is in the programme.
Nicht freigegeben für Jugendliche unter 18 Jahren.

Kennzeichnung der Kino-Filme
(in USA)

G General audiences. All ages admitted.
Für alle Altersstufen geeignet.

PG Parental guidance suggested. Some material may not be suitable for children.
Einige Szenen ungeeignet für Kinder. Erklärung und Orientierung durch Eltern sinnvoll.

R Restricted. Under 17 requires accompanying parent or adult guardian.
Für Jugendliche unter 17 Jahren nur in Begleitung eines Erziehungsberechtigten.

X No one under 17 admitted.
Nicht freigegeben für Jugendliche unter 17 Jahren.

LANGENSCHEIDTS
HANDWÖRTERBÜCHER

Langenscheidts Handwörterbuch Englisch

Teil II
Deutsch-Englisch

von

Sonia Brough

Herausgegeben von der
Langenscheidt-Redaktion

LANGENSCHEIDT
BERLIN · MÜNCHEN · WIEN · ZÜRICH · NEW YORK

Die Nennung von Waren erfolgt in diesem Werk, wie in Nachschlagewerken üblich, ohne Erwähnung etwa bestehender Patente, Gebrauchsmuster oder Marken. Das Fehlen eines solchen Hinweises begründet also nicht die Annahme, eine Ware sei frei.

Ergänzende Hinweise, für die wir jederzeit dankbar sind, bitten wir zu richten an: Langenscheidt-Verlag, Postfach 40 11 20, 80711 München

Auflage:	*1.*	*Letzte Zahlen*
Jahr:	*2000*	*maßgeblich*

Druck: C. H. Beck'sche Buchdruckerei, Nördlingen
Printed in Germany

Vorwort

Neubearbeitung

Langenscheidt-Wörterbücher, seien es Neuentwicklungen oder Neubearbeitungen, sind unverwechselbar. Hinter ihnen steht eine lange Tradition, die vor allem geprägt ist von der sprachlichen und lexikographischen Kompetenz erfahrener und qualifizierter Wörterbuchredakteure. So sind Lexikographenteams der Redaktion Wörterbücher des Langenscheidt-Verlags stets bemüht, bei der Entwicklung oder Neubearbeitung von Wörterbüchern den Wünschen und Bedürfnissen der Wörterbuchbenutzer Rechnung zu tragen und dabei gleichermaßen die Forderungen moderner Lexikographie zu erfüllen sowie die sich immer rascher vollziehende Entwicklung der Sprachen, insbesondere der englischen, zu berücksichtigen.

Diese Zielsetzung galt auch für die vorliegende Neubearbeitung von „Langenscheidts Handwörterbuch Deutsch-Englisch“, deren wichtigste Merkmale hier kurz umrissen seien:

Aktualität

Der Wortschatz wurde grundlegend aktualisiert. Eine Vielzahl neuer Wörter und Wendungen insbesondere aus so wichtigen Bereichen des täglichen Lebens wie Politik (***Achtundsechziger, Blauhelme, Fristenlösung, Lichterkette***), Umwelt (***chlorfrei, Bio-Lebensmittel, Klimaschutz, Feuchtbiotop***), Auto und Verkehr (***Boxermotor, Seitenaufprallschutz***), Reisen und Tourismus (***Rucksacktourist, Animateur***) usw. fand Aufnahme in das Wörterbuch.

Auswahl des Wortschatzes

Bei der Auswahl des Wortschatzes und der Übersetzungen wurden sämtliche Sprachgebrauchsebenen berücksichtigt. So erstreckt sich der Wortschatz von der Umgangssprache bis hin zur gehobenen Schrift- und Literatursprache. Das Hauptaugenmerk galt jedoch der lebendigen Alltagssprache: Wollen Sie sich vielleicht über den ***Fuzzi*** mit dem ***Dreitagebart*** unterhalten, der ***ausgepowert*** in seinem ***Wohnklo*** über ***Werteverfall*** und ***Gewaltverherrlichung*** nachsinnt? Die treffenden Übersetzungen für alle diese Wörter finden sich in diesem Wörterbuch.

Natürlich mußten bei der Wortauswahl auch die wichtigsten und gebräuchlichsten Dialektausdrücke berücksichtigt werden. Daher können Sie nachschlagen, was es auf englisch heißt, wenn jemand in einem ***Beisel*** einen ***Grant*** hat und seinen Kumpan einen ***Bazi*** nennt, oder was ***damisch*** und ***letschert*** heißt. Auch Besonderheiten des schweizerischen Deutsch wie ***Drögeler, Güggeli*** und ***Rösti,*** sowie des österreichischen Deutsch wie ***Packelei*** und ***Präsenzdienst*** fanden Aufnahme. Das Wörterbuch läßt Sie mit der entsprechenden englischen Übersetzung nicht im Stich, wenn Sie z. B. hören, daß jemand ***sich*** nicht ***aufmandeln*** solle, da er doch nur ein ***Adabei*** sei, oder wenn jemand aufs ***Stockerl*** kommt und dabei sein ***Leiberl*** in die Menge wirft.

Fachwortschatz

Da ein Wörterbuch dieser Größenordnung in gewissem Maße auch die Erwartungen all derer erfüllen muß, die beruflich mit der englischen Sprache zu tun haben, galt den verschiedenen Fachwortschätzen besondere Aufmerksamkeit. So sind aus dem Gebiet der Medizin z. B. ***aidskrank, Abtreibungspille, genetischer Fingerabdruck***, aus dem Gebiet der Wirtschaft z. B. die ***Flächenstillegung***, der ***Innovationsschub*** oder die ***Wechselkursschwankungen*** vertreten. Und Computerfreaks werden Begriffe wie ***einloggen, Anti-Viren-Programm, Datenautobahn*** nicht vergebens suchen.

Kontext

Wörter werden nicht isoliert, sondern jeweils in ihrem typischen sprachlichen Zusammenhang verwendet. Damit in jedem Falle die richtige Übersetzung der verschiedenen Bedeutungen eines Wortes gewährleistet ist, enthält dieses Wörterbuch eine Vielzahl von Beispielsätzen und charakteristischen Verbindungen eines Wortes (z. B. ***nahtlose Bräune, nächtliche Ausgangssperre, runder Geburtstag, schnelle Eingreiftruppe*** usw.) sowie unzählige Redewendungen (z. B. ***angezwitschert kommen, einen Mordsspektakel machen, ich bin auch nur ein Mensch***).

Übersetzungen

Die englischen Übersetzungen der deutschen Stichwörter sind treffend, zeitgemäß und idiomatisch korrekt. Wo es sich als zweckdienlich erwies, werden zwei oder mehr englische Entsprechungen angegeben. So werden z. B. für den Eintrag ***Otto Normalverbraucher*** mehrere Alternativen auf der passenden Stilebene angeboten: *Mr Average*, *Joe Blow*, *Joe Bloggs*, *the man on the Clapham omnibus*, *your high-street punter*.

Sowohl beim deutschen Stichwort (bzw. bei der deutschen Wendung) als auch bei den englischen Übersetzungen wurde – falls nötig – die jeweilige Sprachgebrauchsebene präzise gekennzeichnet, um den Wörterbuchbenutzer vor peinlichen sprachlichen Mißgriffen zu bewahren. Hier nur ein Beispiel:

> **Mumm** F *m* **1.** (*Schneid*) gumption, F guts *pl.*, *sl.* bottle; **2.** (*Schwung*) drive, verve, F get-up-and-go, oomph.

Benutzerfreundlichkeit

Die gewählte Typographie sorgt für bessere Lesbarkeit und ermöglicht ein rascheres Auffinden von Wörtern und Wendungen und ihren Bedeutungen. Das macht sich insbesondere bei längeren Stichwortartikeln positiv bemerkbar.

Abgeleitete Adjektive wie ***gestreßt, geschlaucht, eingeklemmt*** oder ***ausgeliefert*** sind nunmehr als eigene Stichwörter aufgeführt, um dem Benutzer das Auffinden zu erleichtern.

Benutzerfreundlichkeit und Übersichtlichkeit waren auch maßgebend für den inhaltlichen Aufbau der Stichwortartikel. Bedeutungsunterschiede werden möglichst genau voneinander abgegrenzt, wobei sich die Reihenfolge der verschiedenen Bedeutungen innerhalb eines Artikels an der Häufigkeit ihres Gebrauchs orientiert (vgl. ***Eintagsfliege***, wo an erster Stelle die übertragene und an zweiter Stelle die ursprüngliche zoologische Bedeutung erscheint).

Anhänge

Die Anhänge bieten eine nützliche Auswahl an zusätzlichen Informationen als Ergänzung zum Wörterverzeichnis. Dort findet man etwa unter „Ländernamen der Bundesrepublik Deutschland“ die Übersetzung von ***Mecklenburg-Vorpommern*** (*Mecklenburg-Western Pomerania*). Im Anhang „Geographische Namen“ wurden Begriffe von Interesse für den Touristen neu aufgenommen, wie etwa der ***Wenzelsplatz*** in Prag (*Wenceslas Square*) oder der ***Felsendom*** (*Dome of the Rock*) und die ***Grabeskirche*** (*Church of the Holy Sepulchre*) in Jerusalem. Der Musikfreund schließlich wird, wenn er unter „Musikalische Werkbezeichnungen“ nachschlägt, so manche Überraschung erleben. Oder wußten Sie etwa, daß Haydns ***Symphonie mit dem Paukenschlag*** in den englischsprachigen Ländern als *Surprise Symphony* bekannt ist?

LANGENSCHEIDT

Preface

Revised and enlarged edition

Langenscheidt dictionaries are unmistakable whether they are completely new developments or revised editions. They have a long tradition behind them formed by the linguistic and lexicographical skills of experienced dictionary compilers and editors. The teams of lexicographers in the Dictionaries Divison of our publishing house have a clear goal in mind: the development or revision of dictionaries which address the needs of the dictionary user, whilst satisfying the demands of modern lexicography, at the same time as doing justice to the changes which are taking place in all languages, but especially in English.

This aim also guided the preparation of the present revised and enlarged edition of "Langenscheidts Handwörterbuch Deutsch-Englisch". Some of its most important features are described below.

Modern everyday language

Updating the dictionary has naturally meant taking up a wealth of new words and phrases from many areas of everyday life, such as politics (e. g. ***Achtundsechziger, Blauhelme, Fristenlösung, Lichterkette***), ecology (***chlorfrei, Bio-Lebensmittel, Klimaschutz, Feuchtbiotop***), transport (***Boxermotor, Seitenaufprallschutz***), or tourism (***Rucksacktourist, Animateur***) etc.

Vocabulary

The items of vocabulary have been selected and translated in a way which reflects the full range of language usage, encompassing both colloquial and slang expressions and the elevated registers of written use and literary style. The main emphasis, though, remained on the living language of everyday speech. Do you know about the ***Fuzzi*** with the ***Dreitagebart*** who sits ***ausgepowert*** in his ***Wohnklo*** and reflects on ***Werteverfall*** and ***Gewaltverherrlichung***? You will find the appropriate translations for all these words in this dictionary.

German regional dialects have also been taken into account in selecting vocabulary. Thus you can look up what it means in English when someone has a ***Grant*** in a ***Beisel*** and calls his mate a ***Bazi*** or also the meanings of ***damisch*** and ***letschert.*** Typical expressions from Swiss German such as ***Drögeler, Güggeli*** and ***Rösti***, as well as typical Austrian usage such as ***Packelei*** and ***Präsenzdienst*** have also been included. This dictionary provides the appropriate English translation when you hear that someone should not ***sich aufmandeln***, because he's only a ***Adabei*** or if someone gets onto the ***Stockerl*** and throws his ***Leiberl*** into the crowd.

Specialized vocabulary

One of the aims of this dictionary is to cater also to the demands of those who use the English language in the workplace. Thus a wide range of specialist vocabulary from various fields of knowledge has been taken up. Medical vocabulary, for example, covers such entries as ***aidskrank, Abtreibungspille, genetischer Fingerabdruck***, while the selection of economic terms includes ***Flächenstillegung, Innovationsschub*** and

Wechselkursschwankungen. Computer enthusiasts will not search in vain for translations of expressions such as ***einloggen, Anti-Viren-Programm*** and ***Datenautobahn.***

Contextualization

Words are rarely used in a vacuum, but appear in specific contexts. To help the user find the right translation for the right context, this dictionary also contains a host of examples of modern usage. These include collocations (e. g. ***nahtlose Bräune, nächtliche Ausgangssperre, runder Geburtstag, schnelle Eingreiftruppe*** etc.) as well as innumerable idiomatic expressions (e. g. ***angezwitschert kommen, einen Mordsspektakel machen, ich bin auch nur ein Mensch***).

Translations

We have endeavoured to provide English translations of the German words and phrases that are as accurate, modern and idiomatic as possible, and – where relevant – to offer as many variants as space allowed. Thus the expression ***Otto Normalverbraucher*** is rendered by several equivalents within the same register: *Mr Average*, *Joe Blow*, *Joe Bloggs*, *the man on the Clapham omnibus*, *your high-street punter*.

Pragmatics has been an important priority in this dictionary. Thus the stylistic register of both the English and the German expressions has been indicated as precisely as possible wherever it deviates from the neutral register, as in the following example (here F stands for "familiar" or "colloquial", and *sl.* for "slang"):

Mumm F *m* **1.** (*Schneid*) gumption, F guts *pl.*, *sl.* bottle; **2.** (*Schwung*) drive, verve, F get-up-and-go, oomph.

User-friendliness

The easy-to-read, clearly laid out typography makes for good readability and enables words and expressions and their translations to be found more quickly. This is a particular boon in the case of very long entries.

The user will also appreciate the fact that many adjectives derived from verbs are listed as separate entries (e. g. ***gestreßt, geschlaucht, eingeklemmt, ausgeliefert***).

The internal organization of each dictionary entry is also clearly structured and user-friendly. Differences of meaning are distinguished as precisely as possible, the order in which they are given is determined by frequency of use. Thus the entry ***Eintagsfliege***, for example, gives the metaphorical meaning first and the literal zoological meaning second.

Appendices

The appendices offer a useful selection of additional information to complement the main part of the dictionary. Among the names of the states of the Federal Republic of Germany you will find, for example, ***Mecklenburg-Vorpommern*** (*Mecklenburg-Western Pomerania*), while the list of geographical names includes entries of interest to the tourist, such as ***der Wenzelsplatz*** (*Wenceslas Square*) or ***der Felsendom*** (*the Dome of the Rock*) and ***die Grabeskirche*** (*the Church of the Holy Sepulchre*) in Jerusalem. Music-lovers, finally, may be in for a few surprises when they browse through the list of musical titles. Or did you know that Joseph Haydn's *Surprise Symphony* is known in German-speaking countries as ***Symphonie mit dem Paukenschlag*** ?

LANGENSCHEIDT

Inhaltsverzeichnis
Contents

Hinweise für die Benutzung des Wörterbuchs

Guide to the Dictionary

1. Anordnung der Stichwörter

Die Stichwörter sind in der Regel streng alphabetisch geordnet. Die Umlaute ä, ö, ü werden dabei wie a, o, u behandelt. Partizipien findet man zum Teil beim Grundwort (z. B. ***schützend*** bei **schützen**); tritt ein Partizip Perfekt als selbständiges Stichwort auf, wird vom Grundwort darauf verwiesen: **nerven** → ***genervt.***

Wo die Übersichtlichkeit nicht beeinträchtigt wird, können aus praktischen Gründen gelegentlich Abweichungen von der strengen Alphabetisierung auftreten, z. B. bei substantivierten Adjektiven und Partizipien: **gefangen, Gefangene(r), Gefangenenaustausch.**

2. Aufbau eines Stichwortartikels

Unterschiedliche Wortarten oder grammatische Kategorien sind durch römische Ziffern gekennzeichnet:

> **schwatzen I.** *v/i.* (*plaudern*) chat, F natter ...; **II.** *v/t.*: ***dummes Zeug*** ~ ...

Grundsätzlich werden sinnverwandte Übersetzungen durch Komma getrennt, Übersetzungen mit abweichendem Sinngehalt werden dagegen durch Semikolon voneinander abgegrenzt:

> **brüllen I.** *v/i.* roar (*a. fig. Geschütz, Motor etc.*); *Rind*: bellow; (*muhen*) low; *Mensch*: shout, *lauthals*: scream ...

Arabische Ziffern stellen eine weitere Möglichkeit der deutlichen Abgrenzung unterschiedlicher Bedeutungen dar:

> **Senkrechtstarter** *m* **1.** ✈ vertical take-off plane, F jump jet; **2.** F *fig.* whiz(z) kid, high flier

Eine weitergehende Untergliederung erfolgt durch Kleinbuchstaben, die gelegentlich auch bei Anwendungsbeispielen zur Bedeutungsunterscheidung verwendet werden:

> **trocken** ... ***auf dem ~en sitzen*** a) (*ohne Geld*) be completely on the rocks, b)

1. Arrangement of entries

The entries appear in strict alphabetical order as a rule. Words beginning with the umlauts ä, ö, ü are treated as if they began with a, o, u. Participles are listed on the one hand under the verb entry (e. g. ***schützend*** under **schützen**), but they may also appear as separate entries, in which case the verb entry contains a cross-reference to the participle: e. g. **nerven** → ***genervt.***

Where clarity of layout is not compromised, there are occasional departures from strict alphabetical order, such as in the case of nominal adjectives and participles: e. g. **gefangen, Gefangene(r), Gefangenenaustausch.**

2. Internal structure of entries

Roman numerals distinguish different parts of speech or grammatical categories within an entry:

> **schwatzen I.** *v/i.* (*plaudern*) chat, F natter ...; **II.** *v/t.*: ***dummes Zeug*** ~ ...

As a rule, commas are used to link related translations, while semi-colons separate distinct variants:

> **brüllen I.** *v/i.* roar (*a. fig. Geschütz, Motor etc.*); *Rind*: bellow; (*muhen*) low; *Mensch*: shout, *lauthals*: scream ...

Arabic numerals are also used to distinguish between different meanings:

> **Senkrechtstarter** *m* **1.** ✈ vertical take-off plane, F jump jet; **2.** F *fig.* whiz(z) kid, high flier

Small letters are used to further structure an entry, occasionally in order to distinguish differences of meaning between the examples of usage:

> **trocken** ... ***auf dem ~en sitzen*** a) (*ohne Geld*) be completely on the rocks, b)

(*ohne Getränk*) be staring into an empty glass, c) (*ohne Information*) not to know (*od.* have no idea) what's going on ...
Anlage ... **6.** ✝ a) (*Kapital*☊) investment, b) invested capital ...

Folgt nach Angabe eines reflexiven Verbmusters arabische Bezifferung, dann gilt das Verbmuster für alle nachfolgenden Abschnitte (arabische Ziffern), auch wenn zwischendurch weitere Anwendungsbeispiele angeführt sind:

kümmern I. *v/refl.*: ***sich ~ um*** **1.** look after ...; ***ich muß mich um alles ~*** ... **2.** (*sich Gedanken machen über*) worry about ...; **3.** ...

3. Die Tilde (Wiederholungszeichen)

wird aus Gründen der Raumersparnis angewandt. Die fette Tilde (~) vertritt das vorausgehende Stichwort oder den Teil des Wortes, der vor einem senkrechten Strich (|) steht:

Geisel ...; **~befreiung** ...; **~drama** ...; **~gangster** ...
stink|faul ...; **~fein** ...

Die halbfette Tilde (~) in den Anwendungsbeispielen und die magere Tilde (~) in Erklärungen stehen anstelle des unmittelbar vorhergehenden Stichworts, das seinerseits wiederum mit Hilfe der fetten Tilde gebildet sein kann:

klotzen ...; ***~, nicht kleckern!*** ...
Milliarden|betrag ...; **~loch** *n*: ***das ~ im Haushalt*** ...
Tor *n* ... (*~bogen*) archway ...

Die Kreistilde (☊, ☋) bedeutet, daß das betreffende Wort (abweichend vom Stichwort) groß statt klein oder umgekehrt geschrieben wird:

Knall|erbse ...; **~frosch** ...; **☋hart** ...
Mist 1. *m* (*Kuh*☊, *Pferde*☊) ...

4. Das Verweiszeichen (→)

a) dient zur Kennzeichnung eines direkten Verweises, z. B. **Ascheimer** *m* → ***Mülleimer*** bedeutet, daß alle Übersetzungen von „Mülleimer" auch für „Ascheimer" gelten;

b) macht auf weitere Informationen über das nachgeschlagene Wort aufmerksam, z. B. **Bein** ... → ***ausreißen*** I, ***Bauch, Grab, Klotz*** ...; **minimal** ... → *a.* ***Mindest...***

c) verweist innerhalb eines Stichwortartikels:

baden I. *v/i.* **1.** ...; **III.** *v/refl.*: ***sich baden*** → 1

oder z. B. von einem abgeleiteten Substantiv auf das entsprechende Verb:

Verlängerung *f* lengthening; prolongation; extension; renewal; → ***verlängern*** ...

(*ohne Getränk*) be staring into an empty glass, c) (*ohne Information*) not to know (*od.* have no idea) what's going on ...
Anlage ... **6.** ✝ a) (*Kapital*☊) investment, b) invested capital ...

If a reflexive verb pattern is followed by Arabic numerals, it applies to all subsequent sections marked with Arabic numerals, even though further examples of usage may have appeared:

kümmern I. *v/refl.*: ***sich ~ um*** **1.** look after ...; ***ich muß mich um alles ~*** ... **2.** (*sich Gedanken machen über*) worry about ...; **3.** ...

3. The swung dash or "tilde"

is used for economy of space. The boldface tilde (~) replaces the preceding entry word or the part of an entry word preceding the vertical bar (|):

Geisel ...; **~befreiung** ...; **~drama** ...; **~gangster** ...
stink|faul ...; **~fein** ...

The boldface tilde (~) in examples of usage and the lightface tilde (~) in explanations replace the immediately preceding entry word which, in turn, may have been formed using the boldface tilde:

klotzen ...; ***~, nicht kleckern!*** ...
Milliarden|betrag ...; **~loch** *n*: ***das ~ im Haushalt*** ...
Tor *n* ... (*~bogen*) archway ...

Where the initial letter of entry words changes from a capital letter to a small letter or vice versa, a circle appears above the tilde:

Knall|erbse ...; **~frosch** ...; **☋hart** ...
Mist 1. *m* (*Kuh*☊, *Pferde*☊) ...

4. The cross-reference sign (→)

a) serves to indicate a direct cross-reference, e. g. **Ascheimer** *m* → ***Mülleimer*** means that the translations for "Mülleimer" also apply for "Ascheimer";

b) draws attention to further information relating to the entry which can be found elsewhere in the dictionary, e. g. **Bein** ... → ***ausreißen*** I, ***Bauch, Grab, Klotz*** ...; **minimal** ... → *a.* ***Mindest...***

c) cross-refers to another section within an entry:

baden I. *v/i.* **1.** ...; **III.** *v/refl.*: ***sich baden*** → 1

or, for example, from a derivative noun to its corresponding verb:

Verlängerung *f* lengthening; prolongation; extension; renewal; → ***verlängern*** ...

5. Bedeutungsunterschiede

Wo es notwendig erschien, wurden Bedeutungsunterschiede kenntlich gemacht durch

a) bildliche Zeichen und Abkürzungen (Verzeichnis auf S. 775–776), die den jeweiligen Anwendungsbereich näher definieren:

> **Röhre** *f* tube; (*Leitungs≈*) pipe; *anat.* duct, canal, (*Luft≈*, *Speise≈*) pipe; ⚗ test tube; ⚡ valve, *bsd. Am.* tube ...

b) sinnverwandte Wörter, Oberbegriffe, Sinneinschränkungen:

> **Tor** *n* **1.** gate (*a. Stadt≈ u. fig.*); (*~bogen*) archway; (*Garagen≈ etc.*) door; (*Einfahrt*) gateway (*a. fig.*); **2.** *Sport*: (*a. Treffer*) goal; ... **3.** *Skisport etc.*: gate.

c) Angabe möglicher Objekte (in Klammern):

> **wickeln I.** *v/t.* ... (*Tuch*, *Binde*) tie; (*Schal*, *Decke*) wrap; (*Haar*) curl ...

bzw. Angabe möglicher Subjekte (nach denen ein Doppelpunkt steht):

> **kräftig I.** *adj.* strong; *Motor etc.*: powerful; *Schlag*: heavy, powerful; ... *Kleinkind*: bouncing *baby* ...

d) Zusätze in Kursivschrift, die einen Kontext andeuten, ohne daß eine vollständige Übersetzung gegeben wird:

> **haarscharf** ... *der Wagen fuhr* ~ ***an mir vorbei*** missed me by an inch
> **nichtssagend** ... nondescript *face, person etc.*

Kursives *the* bedeutet, daß dem entsprechenden englischen Wort der bestimmte Artikel vorangeht.

e) Angabe des Gegensatzes:

> **Land** *n* **1.** (*Ggs. Wasser*) land ...; **2.** (*Ggs. Stadt*) country; countryside ...

f) Exponenten bei gleich geschriebenen Wörtern mit voneinander stark abweichender Bedeutung:

> **Schloß¹** *n* (*Tür≈*, *Gewehr≈*) lock ...
> **Schloß²** *n* castle ...

6. Zusammenfassung von Übersetzungen bzw. Anwendungsbeispielen

a) durch Klammern:

> **Paradies** ... ***ich fühle mich wie im*** ~ (I feel as if) I'm walking on air

(d. h. „I feel as if" kann weggelassen werden)

> **Polarmeer** *n*: ***nördliches*** (***südliches***) ~ Arctic (Antarctic) Ocean ...

5. Differences in meaning

Where necessary, differences in meaning are marked by

a) pictorial signs and abbreviations (listed on pp. 775–776) indicating the field of usage:

> **Röhre** *f* tube; (*Leitungs≈*) pipe; *anat.* duct, canal, (*Luft≈*, *Speise≈*) pipe; ⚗ test tube; ⚡ valve, *bsd. Am.* tube ...

b) brackets indicating synonyms, hypernyms and restrictions on usage:

> **Tor** *n* **1.** gate (*a. Stadt≈ u. fig.*); (*~bogen*) archway; (*Garagen≈ etc.*) door; (*Einfahrt*) gateway (*a. fig.*); **2.** *Sport*: (*a. Treffer*) goal; ... **3.** *Skisport etc.*: gate.

c) brackets enclosing clause complements, e. g. the objects of verbs:

> **wickeln I.** *v/t.* ... (*Tuch*, *Binde*) tie; (*Schal*, *Decke*) wrap; (*Haar*) curl ...

or the subjects of describing clauses:

> **kräftig I.** *adj.* strong; *Motor etc.*: powerful; *Schlag*: heavy, powerful; ... *Kleinkind*: bouncing *baby* ...

d) italics indicating extra contextual information in the absence of a complete translation:

> **haarscharf** ... *der Wagen fuhr* ~ ***an mir vorbei*** missed me by an inch
> **nichtssagend** ... nondescript *face, person etc.*

If *the* appears in italics, it means that the definite article accompanies the noun.

e) indication of antonyms:

> **Land** *n* **1.** (*Ggs. Wasser*) land ...; **2.** (*Ggs. Stadt*) country; countryside ...

f) exponent numerals to distinguish homographs with vastly different meanings:

> **Schloß¹** *n* (*Tür≈*, *Gewehr≈*) lock ...
> **Schloß²** *n* castle ...

6. Combinations of translations and examples of usage

a) By means of brackets:

> **Paradies** ... ***ich fühle mich wie im*** ~ (I feel as if) I'm walking on air

(i. e. "I feel as if" can be omitted)

> **Polarmeer** *n*: ***nördliches*** (***südliches***) ~ Arctic (Antarctic) Ocean ...

b) Treffen zwei Anwendungsbeispiele aufeinander, von denen das zweite eine Erweiterung des vorhergehenden darstellt, wird folgendermaßen verfahren:

finden ... ***ich kann nichts dabei*** ~ I don't see any harm in it, ***daß er ...***: I can't see any harm in him (*od.* his) *ger.*

Das Komma vor ***daß er*** und der Doppelpunkt danach bedeuten, daß es sich hier um eine Erweiterung des vorhergehenden Beispiels handelt, die eine Übersetzungsvariante erfordert oder zusätzlich bietet; es heißt also ***ich kann nichts dabei ~, daß er ...***

b) Where two examples occur in sequence, the second extending the first, they are arranged as follows:

finden ... ***ich kann nichts dabei*** ~ I don't see any harm in it, ***daß er ...***: I can't see any harm in him (*od.* his) *ger.*

The comma in front of ***daß er*** and the colon after it indicate that the preceding expression must be used at the head of the following example: in this particular case ***ich kann nichts dabei ~, daß er ...***

7. Rektion

Wo die Beziehung Verb/Objekt oder Adjektiv/Bezugswort im Englischen und im Deutschen nicht übereinstimmt, wird dies auf folgende Weise zum Ausdruck gebracht:

a) durch Angabe von Präposition oder Kasus hinter der Übersetzung; bei Wiederholungen wird auf diese Angabe meist verzichtet:

herausziehen *v/t.* pull out (***aus*** of); (*Zahn*) *a.* extract (from) ...
zustimmen *v/i.* agree (*dat.* to *s.th.*, with *s.o.*)

b) durch deutsche Objekte in Klammern vor der Übersetzung:

entgegenstehen *v/i.* **1.** (*e-m Plan etc.*) stand in the way of ...

c) durch Angabe eines direkten englischen Objektes in Fällen, wo dieses einem deutschen indirekten oder präpositionalen Objekt entspricht:

entgegenhandeln *v/i.* act against (*dat. s.th.*)
herumgeistern *v/i.* flit around (***in*** *a place*)

7. Grammar governing usage

Where there are differences between German and English with regard to the grammatical relationship between verbs and their object complements, or between adjectives and the nouns which they describe, the differences are indicated as follows:

a) by giving the relevant grammatical case or preposition after the translation (this information has sometimes been left out to avoid repetition):

herausziehen *v/t.* pull out (***aus*** of); (*Zahn*) *a.* extract (from) ...
zustimmen *v/i.* agree (*dat.* to *s.th.*, with *s.o.*)

b) by placing German objects in the relevant case before the translation:

entgegenstehen *v/i.* **1.** (*e-m Plan etc.*) stand in the way of ...

c) by providing a direct object complement in the English equivalent where it corresponds to an indirect object complement or prepositional object in German:

entgegenhandeln *v/i.* act against (*dat. s.th.*)
herumgeistern *v/i.* flit around (***in*** *a place*)

8. Betonungszeichen

werden angeführt,

a) wo wechselnder Akzent einen Bedeutungswandel mit sich bringt:

'umreißen *v/t.* pull down
um'reißen *v/t.* outline

b) wo in englischen Anwendungsbeispielen erst die starke Betonung eines sonst unbetonten Wortes den Sinn der Wendung deutlich macht:

weit ... ***es ~ bringen (im Leben)*** ... 'go places

8. Stress marks

are indicated

a) where different accentuation changes the meaning of the entry word:

'umreißen *v/t.* pull down
um'reißen *v/t.* outline

b) where a strong stress on an otherwise unstressed word is essential to the meaning of a phrase:

weit ... ***es ~ bringen (im Leben)*** ... 'go places

9. Bindestrich

Steht am Ende einer Zeile und am Anfang der nächsten Zeile jeweils ein Bindestrich, bedeutet dies, daß das Wort mit Bindestrich geschrieben wird:

> **Haut** ... ***e-e dicke ~ haben*** be thick-
> -skinned (= thick-skinned)

Steht nur am Ende der Zeile ein Trennungsstrich, wird das Wort nicht mit Bindestrich geschrieben:

> **Wasch** .... **~brett** *n* wash-
> board (= washboard)

Ein am Zeilenanfang innerhalb einer Klammer stehender Bindestrich soll verdeutlichen, daß der in Klammern stehende Teil eines Wortes zum vorausgehenden Wort hinzutreten kann; hierbei bilden beide Teile dann ein zusammengeschriebenes Wort:

> **Untergrund** ....
> *beim Streichen*: ground
> (-ing) (= ground oder grounding)

10. Kennzeichnung der Sprachebene

Bei mehreren aufeinanderfolgenden Übersetzungen auf der gleichen Sprachebene wird häufig nur die erste Wendung entsprechend gekennzeichnet:

> **Nepplokal** F *n* F clip joint, rip-off place

Hier bezieht sich das erste F (= familiär, umgangssprachlich) auf das deutsche Stichwort, das zweite auf beide englischen Übersetzungen.

Ähnlich wird bei gehäuften figurativen Anwendungsbeispielen verfahren, da diese in der Regel leicht als solche erkennbar sind:

> **Bein** ... *fig.* ***auf schwachen ~en stehen*** be shaky ... ***auf eigenen ~en stehen*** stand on one's own two feet; ***mit beiden ~en im Leben stehen*** have both feet firmly on the ground ...

11. Unterschiede zwischen britischer und amerikanischer Schreibweise

wurden soweit wie möglich berücksichtigt und auf folgende Weise dargestellt:

> grey, *Am.* gray; defen|ce (*Am.* -se)
> colo(u)r; travel(l)er; catalog(ue) usw. (wobei die eingeklammerten Buchstaben im Amerikanischen jeweils entfallen)

9. Word division (hyphenation)

Where hyphens stand at the end of one line and at the beginning of the next, it means that the divided word normally has a hyphen at the point of division:

> **Haut** ... ***e-e dicke ~ haben*** be thick-
> -skinned (= thick-skinned)

A single hyphen at the end of the line means that the word does not require a hyphen when not divided:

> **Wasch** .... **~brett** *n* wash-
> board (= washboard)

A hyphen at the beginning of a line inside brackets serves to indicate that the part of the word inside the brackets can be joined to the preceding word, which will then be written together as one word:

> **Untergrund** ....
> *beim Streichen*: ground
> (-ing) (= ground oder grounding)

10. Stylistic register

In a series of translations used in the same stylistic register, usually only the first expression's stylistic features are indicated:

> **Nepplokal** F *n* F clip joint, rip-off place

In this entry, the first F (= familiar, colloquial) refers to the German entry word and the second to both English translations.

The same procedure is used in the case of several figurative uses of an entry word, for these are usually easily recognizable as figurative expressions:

> **Bein** ... *fig.* ***auf schwachen ~en stehen*** be shaky ... ***auf eigenen ~en stehen*** stand on one's own two feet; ***mit beiden ~en im Leben stehen*** have both feet firmly on the ground ...

11. Differences between British and American spelling

have been taken into consideration as far as possible and presented as follows:

> grey, *Am.* gray; defen|ce (*Am.* -se)
> colo(u)r; travel(l)er; catalog(ue) etc.

Erklärung der Zeichen und Abkürzungen

Key to Symbols and Abbreviations

1. Bildliche Zeichen – Symbols

~ } siehe Seite 771: Die Tilde
2 } *See page 771*

F familiär, *familiar*; umgangssprachlich, *colloquial*

V vulgär, *vulgar*

🕮 wissenschaftlich, *scientific/technical term*

⚘ Botanik, *botany*

⚙ Technik, *technology*, *engineering*

⚒ Bergbau, *mining*

⚔ militärisch, *military term*

⚓ Schiffahrt, *nautical term*

☿ Handel u. Wirtschaft, *commercial term*

🚂 Eisenbahn, *railway*

✈ Luftfahrt, *aviation*; Luftwaffe, *Air Force*

📯 Postwesen, *postal affairs*

♪ Musik, *musical term*

△ Architektur, *architecture*

⚡ Elektrotechnik, *electrical engineering*

⚖ Rechtswesen, *legal term*

A Mathematik, *mathematics*

↗ Landwirtschaft, *agriculture*

⚗ Chemie, *chemistry*

⚕ Medizin, *medicine*

→ siehe Seite 771: Das Verweiszeichen
See page 771

2. Abkürzungen – Abbreviations

a.	auch, *also*
abbr.	*abbreviation*, Abkürzung
acc.	*accusative* (*case*), Akkusativ
adj.	*adjective*, Adjektiv
adv.	*adverb*, Adverb; adverbialer Gebrauch
allg.	allgemein, *generally*
Am.	*Americanism*, sprachliche Eigenheit aus dem oder (besonders) im amerikanischen Englisch
anat.	*anatomy*, Anatomie
art.	*article*, Artikel
ast.	*astronomy*, Astronomie
attr.	*attributive*(*ly*), attributiv
bibl.	*biblical*, biblisch
biol.	*biology*, Biologie
Brit.	*in British usage only*, nur im britischen Englisch gebräuchlich
b.s.	*bad sense*, im schlechten Sinne
bsd.	besonders, *particularly*
cj.	*conjunction*, Konjunktion
coll.	*collectively*, als Kollektivum, Sammelwort
comp.	*comparative*, Komparativ
contp.	*contemptuously*, pejorativ; verächtlich
dat.	*dative* (*case*), Dativ
d-e	deine, *your*
dem.	*demonstrative*, Demonstrativ...
dial.	*dialectal*, *regional*, dialektal, regional
d-m	deinem, (*to*) *your*
d-n	deinen, *your*
d-r	deiner, *of your*, *to your*
d-s	deines, *of your*
eccl.	*ecclesiastical*, kirchlich
e-e	eine, *a* (*an*)
electron.	*electronics*, Elektronik
e-m	einem, *to a* (*an*)
e-n	einen, *a* (*an*)
engS.	im engeren Sinne, *in the narrower sense*
e-r	einer, *of a* (*an*), *to a* (*an*)
e-s	eines, *of a* (*an*)
et.	etwas, *something*
etwa	entspricht in etwa, *approximate equivalent*
EU	Europäische Union, *European Union*
euphem.	*euphemistically*, euphemistisch, beschönigend
f	*feminine*, weiblich

fig.	*figuratively*, figürlich, im übertragenen Sinne
frz.	französisch, *French*
gastr.	*gastronomy*, Gastronomie
GB	*Great Britain*, Großbritannien
gen.	*genitive* (*case*), Genitiv
geogr.	*geography*, Geographie
geol.	*geology*, Geologie
ger.	*gerund*, Gerundium
getr.	getrennt, *divided*
Ggs.	Gegensatz, *opposite*, *antonym*
her.	*heraldry*, Heraldik, Wappenkunde
hist.	*historical*, historisch; inhaltlich veraltet
hum.	*humorously*, scherzhaft
impers.	*impersonal*, unpersönlich
indef.	*indefinite*, unbestimmt
inf.	*infinitive* (*mood*), Infinitiv
int.	*interjection*, Interjektion
interr.	*interrogative*, Interrogativ(...)
iro.	*ironically*, ironisch
ital.	italienisch, *Italian*
j-d	jemand, *someone*
j-m	jemandem, (*to*) *someone*
j-n	jemanden, *someone*
j-s	jemandes, *someone's*
konstr.	konstruiert, *construed*
ling.	*linguistics*, Linguistik, Sprachwissenschaft
lit.	*literary*, *elevated*, literarisch-gehoben
m	*masculine*, männlich
m-e	meine, *my*
metall.	*metallurgy*, Metallurgie
meteor.	*meteorology*, Meteorologie
min.	*mineralogy*, Mineralogie
m-m	meinem, (*to*) *my*
m-n	meinen, *my*
mot.	*motoring*, Auto, Verkehr
m-r	meiner, *of my*, *to my*
m-s	meines, *of my*
mst	meistens, *mostly*, *usually*
myth.	*mythology*, Mythologie
n	*neuter*, sächlich
nom.	*nominative* (*case*), Nominativ
obs.	*obsolescent*, *obsolete*, sprachlich veraltend bzw. veraltet
od.	oder, *or*
opt.	*optics*, Optik
o.s.	*oneself*, sich
östr.	österreichisch, *Austrian*
parl.	*parliamentary term*, parlamentarischer Ausdruck
ped.	*pedagogics*, *education*, Pädagogik, Schulwesen
pers.	*personal*, Personal...
pharm.	*pharmacy*, Pharmazie
phls.	*philosophy*, Philosophie
phot.	*photography*, Fotografie
phys.	*physics*, Physik
physiol.	*physiology*, Physiologie
pl.	*plural*, Plural
poet.	*poetic*(*ally*), poetisch
pol.	*politics*, Politik
poss.	*possessive*, Possessiv...
p.p.	*past participle*, Partizip Perfekt
pred.	*predicative*(*ly*), prädikativ
pres.p.	*present participle*, Partizip Präsens
pret.	*preterit*(*e*), Präteritum
pron.	*pronoun*, Pronomen
prp.	*preposition*, Präposition
psych.	*psychology*, Psychologie
R.C.	*Roman Catholic*, römisch-katholisch
refl.	*reflexive*, reflexiv
rel.	*relative*, Relativ...
rhet.	*rhetoric*, Rhetorik
s-e	seine, *his*, *one's*
sg.	*singular*, Singular
sl.	*slang*, Slang, salopp
s-m	seinem, (*to*) *his*, (*to*) *one's*
s-n	seinen, *his*, *one's*
s.o.	*someone*, jemand(em, -en)
s-r	seiner, *of his*, *of its*, *of oneself*
s-s	seines, *of his*, *of one's*
s.th.	*something*, etwas
su.	*substantive*(*ly*), Substantiv, substantivisch
sup.	*superlative*, Superlativ
surv.	*surveying*, Geodäsie, Landvermessung
tel.	*telegraphy*, Telegrafie
teleph.	*telephone system*, Fernsprechwesen
thea.	*theatre*, Theater
TM	*trademark*, Warenzeichen
TV	*television*, Fernsehen
typ.	*typography*, *printing*, Buchdruck
u.	und, *and*
univ.	*university*, Hochschulwesen
USA	*United States of America*, Vereinigte Staaten von Amerika
v/aux.	*auxiliary verb*, Hilfsverb
vet.	*veterinary medicine*, Tiermedizin
v/i.	*intransitive verb*, intransitives Verb
v/impers.	*impersonal verb*, unpersönliches Verb
v/refl.	*reflexive verb*, reflexives Verb
v/t.	*transitive verb*, transitives Verb
weitS.	im weiteren Sinne, *in the broader sense*
z.B.	zum Beispiel, *for instance*
zo.	*zoology*, Zoologie
Zssg(*n*)	Zusammensetzung(en), *compound word*(*s*)

A

A, a *n* A, a; ♪ A; ***das A und O*** the most important thing, (*Grundkenntnisse*) the basics; ***das ist das A und O der Geschichte*** that's what it's all about; ***wer A sagt, muß auch B sagen*** in for a penny, in for a pound; ***von A bis Z*** right down the line; ***von A bis Z durchlesen*** (*Buch*) read from cover to cover, (*a. Formular etc.*) read through from beginning to end; ***sie kennt das Thema von A bis Z*** she knows the subject from A to Z (*od.* back to front); ***er kennt die Leute von A bis Z*** he knows every single one of them; ***wir haben alles, von A bis Z*** F you name it, we've got it; ***es war ein Erfolg von A bis Z*** it was a success from start to finish; ***er hat es uns von A bis Z erzählt*** he told us everything, right down to the last detail; ***das ist von A bis Z erfunden*** he's *etc.* made the whole thing up; ***das ist von A bis Z erlogen*** there's not a word of truth in it, F it's a pack of lies.

à *prp.* at ... each (*od.* a piece); ***20 Adreßbücher ~ DM 9,80*** 20 address books at 9.80 DM each.

Aal *m* eel; → ***winden*** II.

aalen F *v/refl.*: ***sich ~*** laze around; ***sich in der Sonne ~*** bask in the sun.

Aal|fang *m* eel fishing; **≈glatt** *fig. adj.* (as) slippery as an eel; ***~er Typ*** F smoothie; **~suppe** *f* eel soup.

Aas *n* carcass; F *fig. sl.* swine; F ***kein ~*** *sl.* not a sod; → ***faul*** 2.

aasen F *v/i.*: ***~ mit*** (*Vorräten*) squander, (*Geld*) *a.* splash about, throw around, (*Butter etc.*) waste; ***er aast mit s-r Gesundheit*** he's ruining his health.

Aas|fliege *f* carrion fly; **~fresser** *m* scavenger; **~geier** *m* vulture (*a. fig.*).

ab I. *prp.* **1.** *räumlich*: from; ***~ Brüssel*** from Brussels; ✝ ***~ Berlin (Werk, Lager*** *etc.*) ex Berlin (works, warehouse *etc.*); **2.** *zeitlich*: from ... (on[wards]), *amtlich*: as of, with effect from; ***~ heute*** starting today, from today; ***~ 18*** *Film, Lokal etc.*: no admittance to persons under 18; **3.** *Reihenfolge etc.*: from ... (on[wards]); *Menge*: from ... (up[wards]); ***~ 30 Leute(n)*** *a.* 30 people and up, for groups of 30 and more; **II.** *adv.* **4.** ***~ mit dir!, ~ (geht) die Post!, ~ nach Kassel!*** off you go now; 🚂 ***Hamburg ~ 20.15*** dep. (= departure) Hamburg 20.15; **5.** *zeitlich*: from; ***von heute ~*** starting today, from today; ***von jetzt ~*** from now on, in future; ***~ und zu*** now and then, from time to time, occasionally; **6.** *Reihenfolge etc.*: from ... (on[wards]); *Menge*: from ... (up[wards]); ***von 4000 Mark ~*** *a.* 4,000 marks and up(wards); **7.** *thea.* exit, *pl.* exeunt; ***Romeo ~*** exit Romeo; ***alle ~*** exeunt omnes; **8.** *Film*: ***~!*** go ahead; ***Kamera ~!*** roll it!, camera!; ***Ton ~!*** sound!

abackern F *v/refl.*: ***sich ~*** slave away, work one's fingers to the bone, *bsd. Sport*: run o.s. into the ground.

abänderbar *adj.* open to change *etc.*; → ***Abänderung***; ***es ist noch ~*** it can still be changed *etc.*; → **abändern** *v/t.* change, alter; (*Plan etc.*) revise, modify; *parl.* amend; ⚖ commute; **Abänderung** *f* alteration, change; modification, revision; *parl.* amendment; ⚖ commutation.

Abänderungsantrag *m parl.* motion for amendment.

Abandon *m* ✝ abandonment; **abandonieren** *v/t.* abandon.

abarbeiten I. *v/t.* (*Schulden*) work off; ***s-e Überfahrt ~*** work one's passage; **II.** *v/refl.*: ***sich ~*** slave (away), F work one's fingers to the bone; → ***abgearbeitet.***

abärgern F *v/refl.*: ***sich ~*** vex o.s.

Abart *f* 🌿, *zo.* variety, species; *fig.* variation (*gen.* of, on); **abartig** *adj.* abnormal; *Verhalten*: *a.* perverse; **Abartigkeit** *f* abnormality; perverseness, perversity.

abätzen *v/t.* ⚕ cauterize.

Abbau *m* **1.** (*Zerlegung*) dismantling; (*Abbruch*) demolition; **2.** (*Reduzierung*) reduction (*gen.* in); **3.** (*Rückgang*) decline; **4.** ⚗ decomposition, disintegration; *im Körper*: *a.* breakdown; **5.** ⚒ *von Kohle etc.*: mining; *e-r Mine*: working (of a mine); **abbaubar** *adj.*: ***biologisch ~*** biodegradable; **abbauen I.** *v/t.* **1.** (*zerlegen*) dismantle; (*Gerüst*) take down; (*Haus*) pull down; **2.** ⚗ break down; **3.** ⚒ (*Kohle etc.*) mine; (*e-e Mine*) work; **4.** (*verringern*) reduce; (*Bestände*) run down; (*Mißstände*) remedy; (*Vorurteile etc.*) get rid of; ***Arbeitskräfte ~*** cut down on manpower (*od.* the workforce); **II.** *v/i.* *Mensch*: go downhill (*a. geistig*); (*nachlassen*) flag; (*e-n Schwächeanfall haben*) feel faint; ***er baut in letzter Zeit stark ab*** he's going downhill fast.

Abbau|gerechtigkeit *f* mining (*od.* mineral) rights *pl.*; **~produkt** *n* degradation product; **~rechte** *pl.* mining (*od.* mineral) rights; **~strecke** *f* gate; **≈würdig** *adj.* workable.

abbeißen *v/t.* bite off.

abbeizen *v/t.* (*Holz*) strip.

Abbeizmittel *n* (paint) stripper, paint remover.

abbekommen *v/t.* **1.** (*losbekommen*) get off; **2.** F get; ***etwas ~*** a) (*a.* ***sein Teil ~***) get one's share, b) (*verletzt od. beschädigt werden*) be hit, get hurt, *Sache*: be damaged; ***das meiste ~*** *an Vorwürfen etc.*: bear (*od.* take) the brunt.

abberufen *v/t.* (*Gesandten etc.*) recall; *von e-m Amt*: relieve from office; *fig.* ***~ werden*** pass away.

abbestellen *v/t.* cancel (the order for); ***j-n ~*** ask s.o. not to come; **Abbestellung** *f* cancellation.

abbetteln *v/t.*: ***j-m et. ~*** wheedle s.th. out of s.o.; ***er hat mir den Wagen abgebettelt*** he went on and on at me until I let him have the car.

abbezahlen *v/t.* pay off.

abbiegen I. *v/t.* bend; *fig.* (*Sache, Gefahr, Gespräch*) head off, stave off; **II.** *v/i.* *Auto, Straße etc.*: turn (off); (*abzweigen*) branch off; ***nach rechts (links) ~*** turn right (left); **Abbieger** *m* car *etc.* turning off; **Abbiegespur** *f* filter lane; **Abbiegung** *f* turning; (*Kurve*) bend.

Abbild *n* **1.** (*Widerspiegelung*) image, reflection; **2.** *e-r Person*: image, portrayal; **abbilden** *v/t.* portray, depict; ***oben abgebildet*** *nachgestellt*: shown above; **Abbildung** *f* **1.** picture, illustration; **2.** 𝒜 mapping.

abbinden I. *v/t.* **1.** untie, undo; (*Krawatte etc.*) take off; **2.** ⚕ ligature; **3.** (*Soße etc.*) bind; **II.** *v/i.* *Leim, Zement*: set.

Abbitte *f* apology; ***~ tun*** (*od.* ***leisten***) apologize (***bei j-m wegen et.*** to s.o. for s.th.).

abblasen *v/t.* **1.** blow off (*a. Dampf*); ⚙ (*Gußstücke*) (sand)blast; **2.** F *fig.* call off.

abblättern *v/i. u. v/refl.* (***sich ~***) **1.** peel off, *Farbe*: *a.* flake off; **2.** *Baum*: shed its leaves.

abbleiben F *v/i.*: ***wo ist es abgeblieben?*** where has it got to?

abblendbar *adj.* anti-dazzle; **Abblende** *f* *Film*: fade-out; **abblenden I.** *v/t.* (*Licht*) dim; (*Scheinwerfer*) dip, *Am.* dim; **II.** *v/i.* *mot.* dip (*Am.* dim) one's headlights; *phot.* stop down; **Abblender** *m* dimmer.

Abblend|licht *n* anti-dazzle light, *Am.* low beam; **~schalter** *m* dipswitch, *Am.* dimmer switch.

abblitzen F *v/i.* F be told where to go; ***j-n ~ lassen*** F tell s.o. where to go; ***er ist bei ihr abgeblitzt*** F he was given the brush-off.

abblocken *v/t.* **1.** *Sport*: block; **2.** *fig.* block, *bsd. pol. a.* stonewall; ***alle Kompromißvorschläge ~*** stonewall all attempts at compromise.

abbrausen I. *v/t.* shower down; **II.** *v/refl.*: ***sich ~*** have (*od.* take) a shower; **III.** F *v/i.* roar (*od.* zoom) off.

abbrechen I. *v/t.* break off; (*Gebäude etc.*) pull down, demolish; (*Gerüst*) take down; (*Lager*) break *camp*; *fig.* (*Diskussion, Beziehungen etc.*) break off; (*Verfahren, Vortrag etc.*) *a.* cut short; (*Raumfahrt, Computerprogramm etc.*) abort; *fig.* ***die Zelte ~*** pack one's bags and leave; ***das Studium ~*** drop out of university; F ***sich einen ~*** nearly kill o.s.; **II.** *v/i.* break off; *fig.* (*enden*) *a.* stop; *fig.* ***die Gebirgswand bricht dort steil ab*** there's a sheer drop at that point.

abbremsen I. *v/t.* brake, slow down; (*Raumfahrzeug*) deboost; (*auffangen*) cushion; **II.** *v/i.* brake, slow down, apply the brakes.

abbrennen I. *v/t.* burn down; (*wegbrennen*) burn off; (*Metall*) refine, (*Stahl*) temper; (*Feuerwerk*) let off; **II.** *v/i.* burn down (*a. Kerze etc.*); be destroyed by fire; → ***abgebrannt.***

abbringen *v/t.* (*entfernen*) get off; *fig.* ***j-n von et.*** ~ put s.o. off doing s.th., *Person*: *a.* talk s.o. out of (*od.* dissuade s.o. from) doing s.th.; ***ich habe versucht, sie davon abzubringen*** I tried to talk her out of it; ***j-n von e-r Gewohnheit*** ~ break s.o. of a habit; ***j-n von e-m Thema*** ~ get s.o. off a subject; ***j-n vom*** (***rechten***) ***Wege*** ~ lead s.o. astray; ***davon lasse ich mich nicht*** ~ I'm not going to be talked out of it.

abbröckeln *v/i.* crumble away (*od.* off); *fig.* ⚕ *Kurse*: drop off, fall.

Abbruch *m* **1.** *e-s Gebäudes etc.*: demolition; **2.** *fig. von Beziehungen etc.*: breaking off; ***Sieg durch*** ~ *Boxen*: win on a technical knockout; ***mit*** ~ ***des Spiels drohen*** *Fußball etc.*: threaten to abandon the match; **3.** (*Schaden*) damage; *e-r Sache* ~ ***tun*** impair, detract from, be detrimental to; F ***das tut der Liebe keinen*** ~ that's not going to hurt anyone; **4.** *Computer*: abort; **~arbeiten** *pl.* demolition work *sg.*; **~arbeiter** *m* demolition worker; **~haus** *n* condemned building; **Ձreif** *adj.* derelict, dilapidated; (*für* ~ *erklärt*) due for demolition, condemned; ⚙ due to be scrapped; **~sieger** *m Boxen*: winner on a technical knockout; **~unternehmen** *n* demolition contractors *pl.*, *Am.* wrecking company.

abbrühen *v/t.* scald; *fig.* → ***abgebrüht.***

abbrummen F *v/t.*: ***e-e Strafe*** ~ F do time; ***e-e sechsmonatige Strafe*** ~ F do six months inside.

abbuchen *v/t.* ⚕ debit *a sum to an account*; **Abbuchung** *f* charge, debit (entry).

Abbuchungs|auftrag *m* (direct) debit order, *ständiger*: standing order; **~verfahren** *n* direct debiting service.

abbummeln F *v/t.* → ***abfeiern.***

abbürsten *v/t.* **1.** (*Kleider*) brush (down); **2.** (*Staub*) brush off.

abbüßen *v/t.* expiate, atone for; ***e-e Strafe*** ~ serve a sentence.

Abc *n* ABC, alphabet; *fig. the* basics *pl.*; ***nach dem*** ~ alphabetically, in alphabetical order.

abchecken *v/t.* **1.** (*kontrollieren*) check; **2.** (*abhaken*) tick (*Am.* check) off.

ABC-Kriegführung *f* NBC warfare.

Abc-Schütze *m* school beginner, *formell*: reception child (*od.* pupil).

ABC-Waffen *pl.* NBC weapons.

abdämmen *v/t.* dam (up).

Abdampf *m* exhaust steam; **abdampfen I.** *v/i.* **1.** evaporate; **2.** F *fig.* F clear off; **II.** *v/t.* (*a.* ~ ***lassen***) evaporate, vaporize.

abdämpfen *v/t.* → ***dämpfen.***

Abdampf|heizung *f* waste-steam heating; **~schale** *f* evaporating dish; **~turbine** *f* waste-steam turbine.

abdanken *v/i.* resign; *Herrscher*: abdicate; **Abdankung** *f* resignation; abdication.

Abdeck|blech *n* metal cover; **~creme** *f* (*Stift*) cover-up stick.

abdecken *v/t.* **1.** uncover; (*Haus*) unroof; (*Bett, Beet*) strip; (*den Tisch*) clear; **2.** (*Dach*) take off; **3.** (*verdecken, a.* ⚙) cover (up); **4.** (*Schuld*) repay; **5.** *Sport*: mark, cover; **6.** (*einschließen*) cover.

Abdecker *m* knacker; **Abdeckerei** *f* knacker's yard.

Abdeck|haube *f* cover; **~plane** *f* tarpaulin; **~stift** *m Kosmetik*: cover-up stick.

abdichten *v/t.* seal; ***gegen Luft*** (***Wasser***) ~ make airtight (watertight); ***gegen Lärm*** (***Zugluft***) ~ (make) soundproof (draughtproof, *Am.* draftproof); **Abdichtung** *f* sealing *etc.*; → ***Dichtung²***.

abdienen *v/t.*: ***s-e Zeit*** ~ serve one's time.

abdingbar *adj.* ⚖ modifiable; ***sie sind*** ~ *a.* they can be modified (*od.* altered).

abdonnern F *v/i.* roar (F zoom) off.

abdrängen *v/t.* push (*od.* force) aside; *mot.* force off the road.

abdrehen I. *v/t.* **1.** twist off; **2.** (*Gas, Wasser etc.*) turn off; ⚡ *a.* switch off; **3.** (*abwenden*) turn away (*a.* ***sich*** ~); **4.** (*Film*) finish (shooting); **II.** *v/i.* ⚓, ✈ change course; (*ausscheren*) veer off.

Abdrift *f* drift; **abdriften** *v/i.* drift (off course).

abdrosseln *v/t. mot.* throttle (*a. fig.*).

Abdruck *m* **1.** impression, imprint; (*Abguß*) cast; (*Zahn*Ձ) impression; ~ ***in Wachs*** wax impression; → *a.* ***Fußabdruck, Fingerabdruck***; **2.** *typ.* copy; (*Nachdruck*) reprint; (*Verfahren*) (re)printing; **abdrucken** *v/t. typ.* print; ***wieder*** ~ reprint.

abdrücken I. *v/t.* **1.** squeeze off; ***j-m die Luft*** ~ choke s.o.; **2.** (*abformen*) make an impression (*od.* a mo[u]ld) of; **3.** (*Gewehr*) fire, pull the trigger of; **4.** (*umarmen*) hug, squeeze; **II.** *v/i.* fire, pull the trigger; **III.** *v/refl.*: ***sich*** ~ leave an impression (*od.* a mark).

abducken *v/i. Boxen*: duck.

Abduktor *m* (*Muskel*) abductor.

abdunkeln *v/t.* (*Licht, Zimmer*) darken, dim, *vollständig*: black out; (*Farben*) darken.

abduschen I. *v/t.* spray down; **II.** *v/refl.*: ***sich*** ~ have (*od.* take) a shower.

abebben *v/i.* ebb away; *fig.* ebb, die down (*od.* away).

Abend *m* evening; ***am*** ~ in the evening; ***heute*** Ձ this evening, tonight; ***morgen*** (***gestern***) Ձ tomorrow (last) night; ***Sonntag*** Ձ Sunday evening; ***guten*** ~! good evening!; ***zu*** ~ ***essen*** have supper (*od.* dinner); ***es wird*** ~ it's getting dark; *fig.* ***man soll den Tag nicht vor dem*** ~ ***loben*** don't count your chickens before they're hatched; → ***bunt, heilig***; **~andacht** *f* evening prayer(s *pl.*), evensong; **~anzug** *m* evening dress; **~ausgabe** *f* evening edition; **~blatt** *n* evening paper; **~brot** *n* supper, tea; **~dämmerung** *f* twilight, dusk; ***in der*** ~ at dusk.

abendelang I. *adj.*: ~***e Gespräche*** *etc.* discussions *etc.* that go (*od.* went) on for evenings on end; **II.** *adv.* for evenings on end, night after night.

Abend|essen *n* dinner, supper; **Ձfüllend** *adj. Film etc.*: full-length ...; **~kasse** *f thea.* box office; ***Karten an der*** ~ ***bekommen*** get tickets on the night; **~kleid** *n* evening dress (*Am.* gown); **~kurs** *m* evening classes *pl.*

Abendland *n*: ***das*** ~ (*a.* ***das christliche*** ~) the Occident, the West; Western civilization; **abendländisch** *adj.* western, *formell*: occidental.

abendlich I. *adj.* evening ...; **II.** *adv.* in the evening(s).

Abend|mahl *n eccl.* (Holy) Communion, *the* Lord's Supper; ***das*** ~ ***empfangen*** (***reichen***) receive (administer) Holy Communion; **~mahlskelch** *m* Communion chalice; **~nachrichten** *pl.* evening news *sg.*; **~programm** *n*: ***das heutige*** ~ tonight's (*od.* this evening's) program(me)s; ***das*** ~ ***ist meistens ganz gut*** the evening program(me)s are usually quite good; **~rot** *n*, **~röte** *f* sunset.

abends *adv.* in the evening(s); ***um 7 Uhr*** ~ at 7 o'clock in the evening, at 7 p.m.

Abend|schule *f* evening classes *pl.*, night school; **~sonne** *f* evening (*od.* late afternoon) sun; **~spaziergang** *m* evening walk; **~stern** *m* evening star; **~stunde** *f*: ***in den*** ~***n*** in the evening(s); ***zu später*** ~ late at night, at a late hour; **~toilette** *f* (*Kleidung*) evening dress; **~vorstellung** *f* evening performance; **~zeit** *f* evening (hours *pl.*); **~zeitung** *f* evening paper.

Abenteuer *n* adventure; (*Liebes*Ձ) affair; ***er stürzt sich gern in*** ~ a) he likes getting involved in dangerous and exciting things, b) he's not afraid of taking risks; **~film** *m* adventure film; **~geist** *m* adventurous spirit; **~geschichte** *f* adventure story.

abenteuerlich *adj.* adventurous; *fig.* (*riskant*) risky; (*absonderlich*) odd, curious; *Plan, Idee etc.*: wild, fantastic.

Abenteuerlust *f* love of (*od.* thirst for) adventure.

abenteuern *v/i.*: ***durch die Welt*** ~ roam (through) the world.

Abenteuer|roman *m* adventure story (*od.* novel); **~spielplatz** *m* adventure playground; **~urlaub** *m* adventure holiday.

Abenteurer *m* adventurer; **~natur** *f* **1.** adventurous spirit; **2.** (*Person*) adventurer.

aber I. *cj.* but; ~ ***dennoch*** yet, (but) still, nevertheless; ***oder*** ~ or alternatively; **II.** *int.*: ~, ~! now, now!, come, come!; ~ ***ja!***, ~ ***sicher!*** (but) of course; ~ ***nein!*** oh no, *versichernd*: *a.* of course not; ***das ist*** ~ ***nett von dir*** that's really nice of you; **III.** *adv.*: ***Tausende und*** ~ ***Tausende*** thousands upon (*od.* and) thousands; **IV.** Ձ *n* but; ***die Sache hat ein*** ~ there's just one snag (*od.* catch to it); → ***Wenn.***

Aberglaube *m* superstition; **abergläubisch** *adj.* superstitious.

aberkennen *v/t.* **1.** ***Höflichkeit*** *etc.* ***kann man ihm nicht*** ~ you can't say he isn't polite *etc.*; **2.** *a.* ⚖ ***j-m et.*** ~ deny s.o. s.th., deprive s.o. of s.th.; **Aberkennung** *f* denial; ⚖ deprivation, dispossession.

abermalig *adj. Versuche etc.*: further, renewed; **abermals** *adv.* (once) again, once more.

abernten *v/t.* (*Getreide, Feld*) harvest; (*Obst*) pick; ***das Getreide*** ~ *a.* bring in the crops (*od.* corn *etc.*).

Aberration *f* aberration.

abertausend *adj.* thousands and thousands of.

Aberwitz *m* madness, lunacy; **aberwitzig** *adj.* insane.

aberziehen *v/t.*: ***j-m et.*** ~ get s.o. out of the habit of *ger.*; ***das müssen wir ihm*** ~ we'll have to get him out of that habit.

abessen *v/t.*: ***den Teller*** ~ eat the plate clean.

abfackeln *v/t.* (*Erdgas*) burn off.

abfahren I. *v/i.* **1.** leave, set out *od.* off (***nach*** for); *Ski*: ski downhill; *Film etc.*: start, run; **2.** F ***auf*** *j-n od. et.* ~ F be wild about; ***da fahr' ich echt drauf ab*** F that really does things to me; **3.** F *fig.* → ***abblitzen***; **II.** *v/t.* **4.** (*beseitigen*) cart off, remove; **5.** (*e-e Strecke*) cover, F do; *überwachend*: patrol; **6.** (*Reifen etc. abnutzen*) wear down; **7. *ihm wurde ein Bein abgefahren*** he was run over and lost a leg.

Abfahrt *f* departure; *Ski*: downhill run, (*Hang*) slope; **2bereit** *adj.* ready to leave (*od.* start).

Abfahrts|lauf *m Skisport*: downhill (race); **~läufer(in** *f*) *m* downhill racer, downhiller; **~rennen** *n* → ***Abfahrtslauf***; **~zeit** *f* departure time.

Abfall *m* **1.** (*Hausmüll*) *a. pl.* rubbish, *bsd. Am.* garbage, trash; *formell*: refuse; ***Abfälle*** *auf der Straße*: litter; **2.** (*Müll als Masse*) *a. radioaktiv*: waste; **3.** (*Hang*) drop, (steep) slope; **4.** *fig.* (*Abnahme*) decrease; drop (*a.* ⚡); **5.** *von e-r Partei*: defection; *von e-m Glauben*: *a.* falling away; **2arm** *adj.* low-waste, low-residue; **~aufbereitung** *f* waste treatment; **~beseitigung** *f* waste disposal; **~eimer** *m* rubbish bin, *Am.* trashcan, garbage can.

abfallen *v/i.* **1.** (*herunterfallen*) fall (*od.* drop) off; **2.** *Gelände*: fall away, drop (***steil*** steeply); **3.** *Zahlen, Leistung etc.*: fall off, drop; *Person, bsd. Sport*: fall behind; ***gegen den Koreaner fiel er stark ab*** he was no match for the Korean; ***neben s-n früheren Werken fällt der Roman ab*** compared with his earlier works the novel is disappointing; **4.** *von e-r Partei*: break away, defect; *von e-m Glauben*: fall away; **5.** F ***es wird dabei für ihn etwas ~*** there'll be something in it for him too; **abfallend** *adj. Gelände*: sloping; ***steil ~*** steep, precipitous.

Abfall|entsorgung *f* waste disposal; **~haufen** *m* rubbish (*Am.* trash) heap.

abfällig I. *adj. Bemerkung*: disparaging, deprecating, F snide; *Kritik*: adverse, *a. Meinung, Urteil*: unfavo(u)rable; **II.** *adv.* disparagingly *etc.*; ***~ sprechen über j-n*** *a.* run s.o. down.

Abfall|korb *m* waste-paper basket; **~kübel** *m* → ***Abfalleimer***; **~management** *n* waste management; **~produkt** *n* **1.** waste product; **2.** (*Nebenprodukt*) by-product, spin-off; **~stoffe** *pl.* waste products; **~vermeidung** *f* waste avoidance; **~verminderung** *f* waste reduction; **~verwertung** *f* waste recovery; **~wirtschaft** *f* waste industry.

abfälschen *v/t.* (*Ball*) deflect.

abfangen *v/t.* (*Angriff, Ball, Brief, Feind etc.*) intercept, (*Person*) *a.* catch; (*Tendenz*) check; (*Boxhieb etc.*) parry; (*Läufer*) catch up with; (*Auto*) bring under control; ✈ *a.* pull out (of a dive); (*j-n, nach der Arbeit etc.*) waylay.

Abfang|jäger *m* ⚔ interceptor; **~satellit** *m* hunter-killer satellite.

abfärben *v/i.* **1. *dieses Hemd färbt ab*** (*überträgt Farbe*) the dye comes off this shirt, *beim Waschen*: this shirt runs; ***die Wand färbt ab*** the paint comes off the wall; **2.** *fig.* **~ *auf*** rub off on.

abfassen *v/t.* (*verfassen*) write (up); (*aufsetzen*) draft, *bsd. amtlich*: draw up; (*formulieren*) word, formulate; **Abfassung** *f* (*Vorgang*) writing; (*Aufsetzen*) drafting; (*Ergebnis*) report, letter, draft *etc.*

abfaulen *v/i.* rot off (*od.* away).

abfedern I. *v/t.* ⚙ spring(-load); (*Auto*) suspend; *gegen Stöße*: cushion; **II.** *v/i.* ⚙ absorb the shock(s); *Sport*: push off; ***gut*** (***schlecht***) **~** (*nachfedern*) land smoothly (stiffly).

abfegen *v/t.* sweep off.

abfeiern F *v/t.*: ***Überstunden ~*** use up one's overtime.

abfeilen *v/t.* file off; *fig.* polish.

abfertigen *v/t.* **1.** (*Sendungen*) get ready for dispatch; *beim Zoll*: clear; (*Auftrag etc.*) deal with; (*Flugpassagier*) check in; ***wir wurden an der Grenze sehr schnell abgefertigt*** we got through customs very quickly; **2. *j-n kurz ~*** give s.o. short shrift; **Abfertigung** *f* **1.** dispatch; *Zoll*: (customs) clearance; *von Kunden*: service; **2.** *fig.* rebuff; **3.** → ***Abfertigungsschalter.***

Abfertigungs|gebäude *n*, **~halle** *f* ✈ terminal; **~schalter** *m* dispatch counter; ✈ check-in desk.

abfeuern I. *v/t.* **1.** (*Schuß*) fire; **2. *e-n Schuß aufs Tor ~*** fire a shot at goal; **II.** *v/i.* **3.** fire; **4.** *Fußball*: shoot.

abfieseln *dial. v/t.* **1.** gnaw off; **2.** *fig.* F (*Gegner*) tear to pieces, *Sport*: clobber.

abfinden I. *v/t.* pay off; (*entschädigen*) indemnify, compensate; **II.** *v/refl.*: ***sich mit j-m*** (***et.***) **~** come to terms with s.o. (s.th.); ***sich mit et. ~*** *a.* resign o.s. to, ***müssen***: have to face up to; ***sich mit den Tatsachen ~*** *a.* face the facts; **Abfindung** *f* settlement, arrangement; (*Entschädigung*) compensation; *von Angestellten*: severance (*od.* redundancy) pay, lump sum settlement, F golden handshake; **Abfindungssumme** *f* compensation; *bei Entlassung*: severance (*od.* redundancy) pay, F golden handshake.

abflachen I. *v/t.* flatten (*od.* level) out; **II.** *v/i. Unterhaltung etc.*: go flat; *Zuwachsraten*: level off (*od.* out); **III.** *v/refl.*: ***sich ~*** flatten (*od.* level) out.

abflauen *v/i. Wind*: die down, drop; *fig.* ebb, subside; ✝ *Preise*: sag; *Kurse*: ease off; *Geschäft*: slacken (off); *Interesse*: flag, fall off.

abfliegen I. *v/i. Vögel*: fly off; *Person*: fly; ✈ take off; **II.** *v/t.* (*Strecke*) patrol.

abfließen *v/i.* **1.** run off; *Badewasser*: drain (off); *in e-n See etc.*: drain (***in*** into); **2.** *fig. Gelder*: flow off, drain (***nach*** into).

Abflug *m* takeoff; *auf dem Flugplan etc.*: departure; **2bereit** *adj.* ready for takeoff; **~hafen** *m* departure airport; **~halle** *f* departure lounge; **~schalter** *m* departure desk; **~schneise** *f* take-off corridor; **~zeit** *f* departure (time).

Abfluß *m* **1.** (*Abfließen*) flowing off, draining off; (*~stelle, ~loch*) outlet, drain; **2.** *von Geld*: outflow; **~graben** *m* drain(age ditch); **~hahn** *m* drain cock; **~rohr** *n* waste pipe; *außen*: drainpipe.

Abfolge *f* succession; (*Reihenfolge*) sequence; ***in rascher ~*** in quick succession; ***die ~ der Ereignisse*** the sequence of events.

abfordern *v/t.*: ***j-m et. ~*** *a. fig.* demand s.th. of (*od.* from) s.o.; ***j-m ein Versprechen ~*** make s.o promise s.th., force a promise out of s.o.; *fig.* ***j-m viel ~*** make high demands on s.o.; ***j-m alles ~*** push s.o. to the limit.

abformen *v/t.* mo(u)ld, model.

abforsten *v/t.* → ***abholzen.***

abfotografieren *v/t.* take a photo of.

Abfrage *f Computer*: query, polling; **abfragen** *v/t.* **1. *j-n et. ~*** test (*Am.* quiz) s.o. on s.th.; → *a.* ***abhören*** 5; **2.** *Computer*: query, poll; **Abfragesprache** *f Computer*: query language.

abfressen *v/t.* (*Gras*) graze (down), crop; *völlig*: eat bare.

abfretten *östr. v/refl.*: ***sich ~*** slave away; ***sich ~ mit*** struggle (*od.* wrestle) with.

abfrieren I. *v/i.* be frostbitten; ***ihm sind drei Zehen abgefroren*** he lost three toes through frostbite; **II.** F *v/t.*: ***sich einen ~*** F freeze to death; ***ich hab' mir die Füße abgefroren*** my feet were (absolutely) frozen.

abfrottieren *v/t.* rub down; ***sich ~*** rub o.s. down.

Abfuhr *f* (*Abtransport*) removal; *Sport u. fig.*: defeat, beating; (*Abweisung*) rebuff, brush-off; *fig.* ***j-m e-e ~ erteilen*** give s.o. the brush-off, *Sport*: trounce s.o., F beat s.o. hollow; ***sich e-e ~ holen*** be snubbed, *Sport*: get a trouncing.

abführen I. *v/t.* lead off (*od.* away); (*Häftling*) take into custody; (*Wasser etc.*) drain off; (*Wärme*) carry off; (*Gas*) draw off; (*Geldbetrag, Steuer*) pay over (***an*** to); *fig.* ***j-n vom*** (***rechten***) ***Wege ~*** lead s.o. astray; ***j-n vom Thema ~*** lead s.o. away from the subject; **II.** *v/i.* ⚕ act as a laxative, have a purgative effect; **abführend** *adj.* ⚕ laxative.

Abführ|mittel *n* laxative; **~tablette** *f* laxative tablet.

Abfüll|anlage *f* bottling plant; **~datum** *n* bottling date.

abfüllen *v/t.* fill; (*Wein*) rack; *in Flaschen*: bottle; *in Tüten*: bag.

Abfüllmaschine *f* bottling machine.

abfüttern *v/t.* **1.** (*Vieh, a.* F *Gäste*) feed; **2.** (*Kleidungsstück*) line.

Abgabe *f* **1.** (*Ablieferung*) delivery; (*Aushändigung*) handing over; (*Einreichung*) handing in; **2.** *Fußball*: pass; *e-s Schusses*: firing; **3.** *von Strahlungen etc.*: emission; *von Energie*: release; **4.** (*Verkauf*) sale; **5.** (*Tribut*) tribute; (*bsd. Zoll2*) duty; (*Steuer2*) tax; → ***Kommunalabgaben, Sozialabgaben.***

abgabenfrei *adj.* duty-free; tax-exempt.

abgabenpflichtig *adj.* taxable; *Zoll*: dutiable.

Abgabetermin *m* deadline; *Ausschreibung*: *a.* closing date.

Abgang *m* **1.** *e-r Person, a. fig.*: departure, *a. thea.* exit; *von e-r Stellung*: retirement; *von der Schule etc.*: leaving *school*; (*Abfahrt*) departure; ⚓ sailing; ***nach s-m ~ von der Schule*** *etc.* when (*od.* after) he left school *etc.*; *fig.* ***sich e-n guten ~ verschaffen*** make a graceful exit; **2.** *vom Turngerät*: dismount; **3.** ✝ (*Warenversand*) dispatch; *Bankbilanz*: items *pl.* disposed of; → ***Absatz*** 3; **4.** ⚕ discharge; *e-s Steins*: passing; (*Fehlgeburt*) miscarriage; **5.** (*Tod*) decease, demise.

abgängig *östr. adj.* missing.

Abgangs|alter *n Schule*: school-leaving age; **~prüfung** *f* leaving (*Am.* final) examination; **~zeugnis** *n* school-leaving certificate, *Am.* diploma.

Abgas *n* waste gas; *mot.* exhaust fumes *pl.*; **2arm** *adj. mot.* low-emission, F clean; **~entgiftung** *f* waste gas cleaning; **2frei** *adj.* emission-free; **~katalysator** *m mot.* catalytic converter, catalyst;

~sonderuntersuchung *f*, **~test** *m* → **Abgasuntersuchung**; **~turbine** *f* exhaust(-gas) turbine; **~untersuchung** *f mot.* (*abbr.* **ASU**) exhaust emission test; **~verwertung** *f* waste gas utilization; **~werte** *pl.* exhaust pollution standards.

abgaunern F *v/t.*: **j-m et.** ~ swindle s.o. out of s.th.

abgearbeitet *adj.* exhausted, worn-out ..., *pred.* worn out; run-down.

abgeben I. *v/t.* **1.** (*übergeben*) hand in; (*Sendung etc.*) deliver; (*Fahrkarte*) surrender, F hand over; (*Gepäck*) hand in, ✈ check in; ~ **bei** (*Gepäck*) leave with; **2.** (*verschenken*) give away; (*verkaufen*) sell; **er gab ihr e-n Keks ab** he gave her one of his biscuits; **3.** (*Vorsitz, Macht etc.*) hand over; **4.** (*Geschäft etc.*) give up, pass on (**an** to); **5.** (*Wärme etc.*) radiate, emit; **6.** (*Schuß*) fire; **7.** *Sport*: (*Ball*) pass; (*Punkte etc.*) concede, lose; **ohne e-n Satz abzugeben** *a.* without dropping a set; **8. e-e Erklärung** *etc.* ~ make a statement *etc.*; **e-e Stimme** ~ cast a vote; → **abgegeben**; **9. e-n guten Polizisten** *etc.* ~ make a good policeman *etc.*; **II.** *v/refl.* **10. sich mit et.** (**j-m**) ~ concern o.s. with s.th. (s.o.); **er gibt sich zu wenig mit s-m Sohn ab** he doesn't spend enough time with his boy; **sie gibt sich gern mit Tieren ab** she loves (to look after) animals; **mit ihm gebe ich mich nicht ab** I don't associate (*od.* have anything to do) with him; **III.** *v/i.* **11.** share things; **er mag nicht** ~ he doesn't like to share (things); **12.** *Sport*: pass the ball.

abgebrannt *adj.* **1.** *Gebäude etc., a. Kerze*: burnt down; **2.** F *fig.* (*ohne Geld*) F broke, *Brit. a.* F skint.

abgebrüht *fig. adj.* hard-boiled; (*unempfindlich*) hardened, callous.

abgedrechselt *adj. Bewegungen etc.*: unnatural.

abgedreht *adj. Film*: wrapped up.

abgedroschen *adj.* hackneyed, trite; **~e Redewendung** *a.* cliché.

abgefeimt *adj.* crafty, wily.

abgegeben *adj.*: **~e Stimmen** votes cast.

abgegrast *fig. adj.*: *das Thema etc.* **ist** ~ has been flogged (*od.* done) to death.

abgegriffen *adj.* (well-)worn; *Buch*: well-thumbed; *fig.* → **abgedroschen.**

abgehackt *fig. adj. Redeweise*: disjointed, choppy.

abgehalftert F *adj.* F sacked.

abgehangen *adj. Fleisch*: well-hung.

abgehängt *adj.*: **~e Decke** suspended ceiling.

abgehärmt *adj. Gesicht*: drawn, care-worn.

abgehärtet *adj. körperlich*: tough, hardy; *psychisch*: hardened (**gegen** against), inured (to).

abgehen I. *v/i.* **1.** 🚂, ✈ leave; *Schiff*: *a.* sail; *Post*: go; **2.** *thea.* make one's exit (*a. fig.*); **... geht** (**gehen**) **ab** exit (exeunt) ...; **3. von der Schule** ~ leave school; **4.** *Fleck, Knopf etc.*: come off; **5.** (*abgezogen werden*) be deducted, be taken off; **6.** *Ware*: sell; **7.** *Schuß*: go off, be fired; **8.** (*abzweigen*) branch off; (*sich gabeln*) *a.* fork; **9. von e-m Thema** ~ digress; **10. von e-m Vorhaben** ~ give up a plan; **von e-r Meinung** ~ change one's mind (*od.* views); **nicht** ~ **von et.** persist in s.th., (*bestehen auf*) insist on s.th.; **davon gehe ich nicht ab** nothing's going to change my mind about that; **er geht nicht davon ab** *a.* he won't give up; **11. vom rechten Weg** ~ go astray, *fig. a.* stray from the straight and narrow; **12. er geht mir sehr ab** I miss him badly; → *a.* **fehlen** 3; **13.** (*verlaufen*) go; **es ging alles gut ab** everything went (*od.* passed off) well *od.* smoothly; **II.** *v/t.* **14.** (*abmessen*) pace out; **15.** (*überwachen*) patrol.

abgehetzt *adj.* exhausted, F shattered; rushed off one's feet; (*atemlos*) breathless, out of breath.

abgekämpft *adj.* worn-out ..., *pred.* worn out.

abgekapselt *adj. Person*: cut off; *Staat*: cocooned; ~ **leben** keep o.s. to o.s.

abgekartet *adj.*: **~es Spiel** put-up job.

abgeklärt *fig. adj.* mellow.

abgelagert *adj. Wein*: matured, aged; *Holz*: seasoned; *Tabak*: well-seasoned.

abgelegen *adj.* off the beaten track; (*weit entlegen*) remote, faraway ..., *pred.* far away; (*abgeschieden*) secluded; out-of-the-way ..., *pred.* out of the way.

abgelegt *adj.*: **~e Kleider** cast-offs.

abgelten *v/t.* (*Schuld*) pay off, settle; (*Verlust*) compensate for; **Abgeltung** *f* payment, compensation.

abgemacht *adj.*: **~!** done, (okay,) it's a deal; ~ **ist** ~ a deal's a deal.

abgemagert *adj.* emaciated; **er sieht furchtbar** ~ **aus** *a.* he's just skin and bones.

abgemessen *adj.* precise, exact; *fig.* measured; *Person*: stiff; *Redeweise*: formal.

abgeneigt *adj.*: ~ **sein, et. zu tun** be disinclined (*od.* loath, *stärker*: reluctant, unwilling) to do s.th.; **e-r Sache** ~ **sein** be averse to s.th., dislike s.th.; **j-m** ~ **sein** dislike s.o., *stärker*: have an aversion for s.o.; **ich wäre nicht ~, etwas zu trinken** I wouldn't mind a drink.

abgenutzt *adj.* worn; F a bit frayed around the edges.

Abgeordnete(r *m*) *f* (*Delegierter*) delegate, representative; (*Parlaments*♀) member of parliament; *des britischen Unterhauses*: Member of Parliament (*abbr.* MP); *des amerikanischen Repräsentantenhauses*: Congressman (*f* Congresswoman); **der Herr** (**die Frau**) **Abgeordnete** the Hono(u)rable Member; **Abgeordnetenhaus** *n* parliament; *in GB*: House of Commons; *in den USA*: House of Representatives.

abgepackt *adj. Lebensmittel*: prepacked, packaged.

abgerissen *adj.* **1.** (*zerlumpt*) ragged, tattered; *Person*: down-at-heel; **2.** *fig. Sprache, Gedanken etc.*: disjointed, incoherent.

abgerundet *adj. Erzählung*: well-rounded; *Zahl*: round; **e-e ~e Leistung** a finished performance.

Abgesandte(r *m*) *f* envoy, emissary; → **Gesandter.**

Abgesang *m* **1.** ♪ abgesang; **2.** (*letztes Werk*) swansong; **den** ~ **e-r Epoche darstellen** mark the end of an era.

abgeschieden *adj.* **1.** solitary, secluded; **2.** (*tot*) deceased; → **abscheiden**; **Abgeschiedenheit** *f* seclusion.

abgeschlafft F *adj.* drained, F shattered, whacked; **ein ~er Typ** F a real drip.

abgeschlagen *adj. Sport*: far behind.

abgeschlossen *adj.* **1.** *Wohnung*: self-contained; **2.** (*beendet*) completed; **~es Studium** degree; **e-e ~e Ausbildung haben** be fully qualified (for a job), **als Sekretärin** *etc.*: be a (fully) qualified secretary *etc.*; **3.** ~ **leben** lead a secluded life, have cut o.s. off; **Abgeschlossenheit** *f* seclusion, isolation.

abgeschmackt *fig. adj.* (*geschmacklos*) in bad taste, tasteless; (*taktlos*) tactless; (*albern*) fatuous.

abgeschnitten *adj.*: **von der Außenwelt** ~ cut off from the outside world.

abgesehen *adv.*: ~ **von** apart (*bsd. Am.* aside) from, excepting; ~ **davon, daß er krank ist** apart from his being ill, apart from the fact that he's ill; → **absehen.**

abgesondert *adj.* separate; (*abgeschieden*) isolated.

abgespannt *fig. adj.* exhausted, worn-out ..., *pred.* worn out; *Gesicht*: drawn; **Abgespanntheit** *f* exhaustion, fatigue.

abgespielt *adj. Schallplatte*: scratchy, worn-out ..., *pred.* worn out; *Film*: worn, in bad condition, (*verkratzt*) rainy; *Karten*: old, used.

abgestanden *adj. Luft*: stale (*a. fig.*); *Bier etc.*: flat.

abgestorben *adj. Glieder*: numb; *Nerv, Gewebe, Pflanze etc.*: dead.

abgestumpft *adj. Gefühle etc.*: blunted, dulled; *Person*: insensitive; **Abgestumpftheit** *f* apathy, indifference (**gegen** towards).

abgetakelt *fig. adj.* down-at-heel.

abgetan *adj.* finished.

abgetragen *adj. Kleider*: worn, *stärker*: shabby; *Schuhe*: worn-down ..., *pred.* worn down.

abgetreten *adj.* **1.** *Schuhe*: → **abgetragen**; **2. ~e Gebiete** ceded territory.

abgewinnen *v/t.*: **j-m et.** ~ win s.th. from s.o., (*ein Lächeln etc.*) get s.th. out of s.o.; **dem Meer Land** ~ reclaim land from the sea; **e-r Sache Geschmack** ~ acquire a taste for s.th.; **ich kann dem Buch nichts** ~ I can't get anything out of the book; **ich kann dieser Art von Musik nichts** ~ I don't get anything out of this kind of music, this kind of music doesn't do anything for me; → **abringen.**

abgewirtschaftet *adj. Firma etc.*: run-down.

abgewöhnen *v/t.* **1. j-m et.** ~ break (*od.* cure) s.o. of s.th.; **sich das Rauchen** *etc.* ~ give up smoking *etc.*; **das muß er sich langsam** ~ it's time he gave that up; **2.** F **zum** ♀**sein** *Film, Spiel etc.*: F be enough to make you weep; *Getränk, Essen*: F be diabolical; *Person*: F be a (real) creep; **komm, noch einen zum** ♀ come on, one for the road.

abgewrackt F *fig. adj.* shattered; **ich bin total** ~ *a.* I feel like a wreck.

abgezehrt *adj.* emaciated.

abgießen *v/t.* (*Flüssigkeit*) pour away; (*Gemüse*) strain; (*Metall*) cast.

Abglanz *m* reflection; *fig.* **ein schwacher** ~ a pale reflection.

Abgleich *m* ⚙, ⚡ adjustment, balance, alignment; **abgleichen** *v/t.* adjust, balance, align.

abgleiten *v/i.* slip (off); ✝ *Kurse*: fall; *fig.* (*abschweifen*) lapse (**in** into); **d-e Leistungen gleiten ab** your standards are slipping; **Kritik** *etc.* **gleitet von ihm ab**

he's deaf to criticism *etc.*; ***es gleitet alles von ihm ab*** it's like water off a duck's back.

Abgott *m* idol; *j-n* ***zu s-m ~ machen*** idolize, make an idol of; **Abgötterei** *f* idolatry; ***~ treiben*** worship idols, ***mit j-m:*** idolize s.o.; **abgöttisch I.** *adj.* idolatrous; **II.** *fig. adv.*: ***~ lieben*** idolize, adore; (*bsd. Kind, Ehepartner*) *a.* dote on.

abgraben *v/t.* dig away; level; (*Wasserlauf*) drain (*od.* draw) off; *fig.* ***j-m das Wasser ~*** pull the rug from under s.o.'s feet.

abgrasen *v/t.* graze; *fig.* scour, comb; → ***abgegrast.***

abgreifen *v/t.* (*Körperstelle*) feel; (*Entfernung*) measure out (with one's hands); *fig.* (*Problemkreis etc.*) stake out; → ***abgegriffen.***

abgrenzen *v/t.* **1.** (*trennen*) divide; (*Grundstück*) mark off; (*Territorium*) demarcate; **2.** *fig.* (*unterscheiden*) differentiate; (*Begriffe*) define; ***voneinander ~*** draw a clear dividing line between; ***sich ~ von*** *Person*: distance (*od.* dissociate) o.s. from; **Abgrenzung** *f* demarcation; *begriffliche*: definition; **Abgrenzungspolitik** *f* policy of separation (*od.* polarization).

Abgrund *m* **1.** abyss, chasm; (*steiler ~*) precipice; **2.** *fig.* (*Kluft*) gulf, chasm, great divide; ***die Abgründe der menschlichen Seele*** the unplumbed depths of the human soul; ***am Rande des ~s*** (***stehen*** be) on the brink of ruin (*od.* disaster), ***stehen:*** *a.* be staring disaster in the face; **2häßlich** *adj.* unbelievably ugly, F ugly as hell.

abgründig *adj.* (*rätselhaft*) mysterious; *Geheimnis*: unfathomable; *Humor etc.*: cryptic.

abgrundtief I. *adj. Geheimnis*: unfathomable; *Haß etc.*: all-consuming; **II.** *adv.*: ***~ hassen*** hate with every fib|re (*Am.* -er) of one's being.

abgucken *v/t.*: ***j-m et. ~*** learn (*unerlaubt*: copy) s.th. from s.o.

Abguß *m* cast, mo(u)ld; (*Vorgang*) casting.

abhaben F *v/t.* **1.** ***willst du etwas ~?*** do you want some (of it)?; **2.** (*den Hut etc.*) have *s.th.* off.

abhacken *v/t.* chop off; *fig.* (*Worte*) clip; → ***abgehackt.***

abhaken *v/t.* **1.** unhook; **2.** (*Geschriebenes*) tick (*Am.* check) off; *fig.* cross off one's list; (*Sehenswürdigkeiten etc.*) *a. contp.* F knock off.

abhalten *v/t.* **1.** keep away (*od.* off); (*abwehren*) ward off; ***j-n davon ~ zu*** *inf.* keep (*od.* prevent, stop) s.o. from *ger.*, (*abbringen*) deter s.o. from *ger.*; ***lassen Sie sich nicht ~!*** don't let me disturb you; **2.** (*Prüfung, Versammlung, Parteitag etc.*) hold; (*Lehrstunde, Vorlesung*) give; ***abgehalten werden*** be held, take place; **3.** (*Kind*) hold out (*od.* over the pot).

abhandeln *v/t.* **1.** ***j-m et. ~*** *durch Feilschen*: get s.o. to sell one s.th. cheaply; ***etwas vom Preis ~*** beat down the price; **2.** (*erörtern*) deal with, treat, discuss.

abhanden *adv.*: ***~ kommen*** go astray, get lost, be mislaid; ***mir sind m-e Schlüssel ~ gekommen*** I've lost my keys.

Abhandlung *f* treatise, paper (***über*** on); (*kurze ~*) essay; (*Artikel*) article.

Abhang *m* slope.

abhängen I. *v/i.* **1.** *fig.* ***~ von*** depend on, *a. finanziell etc.*: be dependent on, rely on; ***letztlich ~ von*** hinge (up)on; ***es hängt davon ab, ob*** it depends (on) whether; ***es hängt ganz davon ab*** it all depends; **II.** *v/t.* **2.** take down; (*Anhängerwagen etc.*) uncouple, unhitch; **3.** F *fig.* (*Konkurrenten*) shake off, F leave *s.o.* trailing; (*Verfolger*) shake off, give *s.o.* the slip.

abhängig *adj.* dependent (***von*** on); ***~ sein von*** → ***abhängen*** 1; ***voneinander ~*** interdependent; *ling.* ***~er Satz*** subordinate (*od.* dependent) clause; → ***drogenabhängig*** *etc.*; **Abhängige(r** *m*) *f* dependent; **Abhängigkeit** *f* **1.** dependence (***von*** on); *von Drogen etc.*: *a.* addiction (***von*** to); ***~ von*** *a.* reliance on; ***gegenseitige ~*** interdependence; **2.** *ling.* subordination.

Abhängigkeits|gefühl *n* feeling of dependency; **~verhältnis** *n* dependent relationship (***zu*** to); *gegenseitiges*: interdependence.

abhärmen *v/refl.*: ***sich ~*** fret (***über*** over); → ***abgehärmt.***

abhärten I. *v/t.* harden, toughen; **II.** *v/refl.*: ***sich ~*** become hardened (***gegen*** against); *bsd. gesundheitlich*: build up one's resistance (to), F toughen o.s. up; → ***abgehärtet***; **Abhärtung** *f* hardening.

abhauen I. F *v/i.* (*weggehen*) F clear off, push off; (*türmen*) F do a bunk; ***hau ab!*** F push off!, get lost!, beat it!; ***von zu Hause ~*** run away from home; **II.** *v/t.* chop (*od.* cut) off *od.* down.

abhäuten *v/t.* skin.

abheben I. *v/t.* **1.** lift off, take off; (*Karten*) cut; → ***Hörer*** 2; **2.** (*Masche*) slip; **3.** (*Geld*) draw (***von*** from); **4.** (*unterstreichen*) set apart (***von*** from); **II.** *v/i.* **5.** ✈ take off; F *fig.* ***du brauchst nicht gleich abzuheben*** don't let it go to your head; **6.** *teleph.* answer the phone; ***kannst du mal ~?*** *a.* can you get it?; **7.** *beim Kartenspiel*: cut the cards; **III.** *v/refl.*: ***sich ~ von*** contrast with, stand out from; ***sich gegen et. ~*** stand out (*od.* be set off) against s.th.

Abhebung *f von Geld*: withdrawal.

abheften *v/t.* file (away).

abheilen *v/i.* heal (up).

abhelfen *v/i.* remedy; (*e-r Beschwerde, e-m Übel*) redress; (*e-m Mangel*) supply, meet; ***dem ist leicht abzuhelfen*** that's no problem (at all).

abhetzen *v/refl.*: ***sich ~*** wear (*od.* tire) o.s. out.

Abhilfe *f* remedy; ***~ schaffen*** put things right.

abhobeln *v/t.* plane (off *od.* down).

Abholdienst *m* pickup service.

abholen *v/t.* fetch; (*j-n, Brief etc.*) *a.* call for, come for, pick up, collect; ***j-n vom Bahnhof ~*** meet s.o. at the station; ***~ lassen*** send for.

Abhol|markt *m* cash-and-carry (store); **~preis** *m* → ***Mitnahmepreis.***

abholzen *v/t.* (*Bäume*) cut down; (*Gebiet*) clear (of trees); **Abholzung** *f* deforestation; *e-s Walds*: clearing, chopping down.

Abhör|affäre *f* bugging affair (*od.* scandal); **~aktion** *f* bugging campaign; **~anlage** *f* bugging system.

abhorchen *v/t.* ⚕ sound, 🕮 auscultate; ***j-m die Brust ~*** listen to s.o.'s chest.

Abhördienst *m* monitoring service.

abhören *v/t.* **1.** ⚕ → ***abhorchen***; **2.** (*Funksprüche*) intercept; ([*Telefon*]*Gespräch*) bug, listen in on; **3.** (*Tonband etc.*) listen to; **4.** (*überwachen*) monitor; **5.** *ped.* ***j-m ein Gedicht*** *etc.* ***~*** listen to s.o. recite a poem *etc.*; → *a.* ***abfragen*** 1.

Abhör|gerät *n* (*Wanze*) bugging device; (*Überwachungsgerät*) monitor; **~kabine** *f* listening booth; **2sicher** *adj.* bug-proof; **~skandal** *m* bugging scandal.

abhungern I. *v/refl.*: ***sich ~*** starve (o.s.); **II.** *v/t.*: ***sich et. ~*** scrimp and save to be able to afford s.th.; ***sich zehn Pfund ~*** starve off ten pounds.

abhusten I. *v/t.* cough up, bring up; **II.** *v/i.* clear one's lungs.

Abi F *n* → ***Abitur.***

abirren *v/i.* stray; ***vom Weg ~*** lose one's way; *fig.* ***vom Thema ~*** go off the subject, go off at a tangent.

abisolieren *v/t.* strip.

Abisolierzange *f*: (***e-e ~*** a pair of) wire strippers *pl.*

Abitur *n* school-leaving exam; (*Zeugnis*) school-leaving certificate, *Am.* high-school diploma; ***das ~ machen*** a) take one's school-leaving exam, b) get one's school-leaving certificate (*Am.* high-school diploma); **Abiturient(in** *f*) *m* a) candidate for the school-leaving exam (*Am.* high-school diploma), *Brit. etwa* sixth-former, b) school-leaver with the *Abitur*, *Am. etwa* high-school graduate.

Abitur|prüfung *f* school-leaving exam; **~zeugnis** *n* school-leaving certificate, *Am.* high-school diploma.

abjagen *v/t.*: ***j-m et. ~*** get s.th. off s.o.; ***j-m die Kunden ~*** steal s.o.'s customers.

abkämmen *v/t.* **1.** (*Wolle*) comb; **2.** *fig.* (*absuchen*) comb (***nach*** for).

abkanzeln *v/t.*: ***j-n ~*** give s.o. a dressing-down (F wigging).

abkapseln *v/refl.*: ***sich ~*** cut o.s. off.

abkarten *v/t.* fix, rig; → ***abgekartet.***

abkassieren I. *v/i.* **1.** ***bei j-m ~*** be paid by s.o.; ***ich hab' an dem Tisch schon abkassiert*** that table's paid; **2.** *fig.* (*sich bereichern*) cash in (***bei*** on); **II.** *v/t.*: ***j-n ~*** (*Fahrgast*) take s.o.'s fare.

abkauen *v/t.* chew off; ***sich die Fingernägel ~*** bite one's nails.

abkaufen *v/t.* **1.** ***j-m et. ~*** buy s.th. from s.o.; **2.** F *fig.* ***das kauf' ich dir nicht ab!*** tell me another; you don't expect me to believe that, do you?

Abkehr *f* turning away; *fig. a.* break (***von*** with); renunciation (of); **abkehren I.** *v/t.* **1.** → ***abfegen***; **2.** (*Augen etc.*) turn away, avert; ***den Blick ~*** look away; **II.** *v/refl*: ***sich ~ von*** turn away from; *fig.* turn one's back on; *fig.* ***sich von e-r Politik*** *etc.* ***~*** abandon, give up.

abketten *v/t.* unchain.

abklappern F *v/t. suchend*: comb, scour; (*Sehenswürdigkeiten*) F do, knock off; ***ich hab' alle Häuser*** (***Läden***) ***abgeklappert*** I've been round all the houses (I've been in and out of all the shops); ***ich hab' das ganze Einkaufszentrum nach ihm abgeklappert*** I've been all over the shopping cent|re (*Am.* -er) looking for him.

abklären *v/t.* clarify, clear; → ***abgeklärt.***

Abklatsch *m*: (***schwacher ~*** poor) imitation.

abklemmen *v/t.* clamp; (*abmachen*; *a.* ⚡) disconnect.

Abklingbecken *n e-s Reaktors*: cooling chamber.

abklingen *v/i. Musik etc.*: die (*od.* fade) away; *Schmerz*: ease; *Wirkung*: wear off; *Boom etc.*: taper off.

abklopfen *v/t.* **1.** knock off; (*abstauben*) dust off; (*Teppich etc.*) beat; (*Kleider*) brush down; ⚕ tap, ⚕ percuss; **2.** F *fig.* (*Argumente, Stimmung etc.*) sound out; ***et. auf s-e Relevanz*** *etc.* ***hin*** ~ check to see whether s.th. is relevant *etc.*; ***die Argumente auf ihre Stichhaltigkeit hin*** ~ see whether the arguments hold water.

abknabbern *v/t.* nibble (*od.* gnaw) off; (*Knochen*) pick clean.

abknallen F *v/t.*: ***j-n*** ~ F put a bullet through s.o.'s head, bump s.o. off.

abknapsen F *v/t.*: ***sich (j-m) et.*** ~ stint o.s. (s.o.) of s.th.

abkneifen *v/t.* nip off.

abknicken *v/t. u. v/i.* snap off.

abknipsen *v/t.* clip off; (*Blüte*) nip off.

abknöpfen *v/t.* unbutton; F *fig.* ***j-m et.*** ~ F wangle s.th. out of s.o.

abknutschen F *v/t. sl.* have a good old snog with *s.o.*; ***du hast dich einfach von ihm ~ lassen?*** you let him kiss you just like that?

abkochen I. *v/t.* **1.** boil; ⚕ sterilize; **2.** *fig.* ***j-n*** ~ a) give s.o. a good going-over, b) (*ausnehmen*) fleece s.o.; **3.** ***einige Pfunde*** ~ *Boxen etc.*: sweat off a few pounds (to make the weight); **II.** *v/i.* **4.** cook out in the open; **5.** *Boxen etc.*: sweat off a few pounds.

abkommandieren *v/t.* ⚔ detach, detail, assign.

abkommen *v/i.* **1.** ***vom Weg*** ~ lose one's way; ***vom Kurs*** ~ drift off course; ***von der Fahrbahn*** ~ leave (*rutschen*: skid off) the road; *fig.* ***vom Thema*** ~ stray from the point; **2.** ***von et.*** ~ (*aufgeben*) give up; ***von e-r Ansicht*** ~ change one's views; ***von diesem Brauch ist man abgekommen*** that custom has died out.

Abkommen *n a. pol.* agreement, settlement; ***ein ~ treffen*** conclude an agreement.

abkömmlich *adj.* dispensable; (*verfügbar*) available; ***er ist zur Zeit nicht*** ~ he can't get away (*od.* he's very much in demand) at the moment.

Abkömmling *m* **1.** descendant; **2.** ⚒ derivative.

abkönnen *dial. v/t.* be able to take; ***er kann nur wenig ab*** he can't take much.

abkoppeln *v/t.* uncouple; (*Raumkapsel etc.*) undock.

abkratzen I. *v/t.* scrape off; **II.** V *v/i.* (*sterben*) F kick the bucket, snuff it.

abkriegen F *v/t.* → ***abbekommen.***

abkühlen I. *v/t.* cool (off *od.* down) (*a. fig.*); **II.** *v/refl.*: ***sich*** ~ cool off (*od.* down) (*a. fig.*); **III.** *v/i.* cool (off *od.* down); **Abkühlung** *f* cooling.

Abkunft *f* descent, origin; (*Geburt*) birth; ***von spanischer*** ~ of Spanish descent (*od.* extraction); ***von hoher*** ~ of noble descent; ***von niedriger*** ~ of humble (*od.* low) birth.

abkupfern F *v/t.* copy, F crib, lift.

abkuppeln *v/t.* uncouple.

abkürzen *v/t.* **1.** (*Vorgang*) shorten; **2.** (*Aufenthalt*) cut short; **3.** (*Buch, Abhandlung etc.*) condense; **4.** (*Rede*) curtail; **5.** (*Wort etc.*) abbreviate, shorten; **6.** ***e-n Weg*** ~ take a short cut; **Abkürzung** *f* **1.** *e-s Wortes etc.*: abbreviation; **2.** *e-s Weges*: short cut (*a. fig.*); **Abkürzungsverzeichnis** *n* list of abbreviations.

abküssen *v/t.* smother with kisses.

abladen *v/t.* unload; (*Müll*) dump; ***Müll ~ verboten*** no tipping; *fig.* ***s-e Sorgen bei j-m*** ~ cry on s.o.'s shoulder, unburden o.s. to s.o.; ***s-e Wut bei j-m*** ~ take one's anger out on s.o.

Abladeplatz *m* unloading point; *für Müll*: dump.

Ablage *f* **1.** place to put s.th.; *für Akten etc.*: file; (*Aktenschrank*) filing cabinet; **2.** (*das Ablegen*) filing; **3.** (*abgelegte Akten*) files *pl.*, records *pl.*; **~system** *n* filing system.

ablagern I. *v/t.* **1.** (*Güter*) store; (*Müll*) deposit; **2.** *geol.*, ⚕, ⚒ deposit; **3.** (*Wein*) store, mature; (*Holz, Tabak*) season; **II.** *v/i.* **4.** *Wein*: mature; **5.** *Holz, Tabak*: season; **III.** *v/refl.*: ***sich*** ~ *geol.*, ⚕, ⚒ settle, form a deposit; **Ablagerung** *f* storage, maturing; *geol.*, ⚕, ⚒ (*Vorgang*) deposition; (*Abgelagertes*) deposit, sediment.

Ablaß *m* **1.** drain; **2.** *eccl.* indulgence; **~brief** *m eccl.* letter of indulgence.

ablassen I. *v/t.* **1.** (*Wasser*) drain off; (*Teich etc.*) drain; (*Faß*) broach; (*Luft*) let out; (*Dampf*) let off; ***Luft aus den Reifen*** ~ let the tyres (*Am.* tires) down; → ***Dampf***; **2.** ***et. vom Preis*** ~ F knock s.th. off the price; **II.** *v/i.*: ***von et.*** ~ stop doing s.th., give s.th. up; ***von j-m*** ~ leave s.o. alone.

Ablaßventil *n* drain valve.

Ablativ *m ling.* ablative (case).

Ablauf *m* **1.** flowing, outflow; (*Vorrichtung*) outlet, drain; (**~rohr**) waste pipe; **2.** *e-r Frist etc.*: expiry; ***nach ~ von zwei Wochen*** at the end of two weeks, after two weeks; **3.** (*Verlauf*) *e-r Sitzung etc.*: order of events; ***der ~ von Ereignissen*** the course (*od.* sequence) of events; ***für e-n glatten ~ sorgen*** make sure things run smoothly; **~diagramm** *n Computer*: flow chart.

ablaufen I. *v/i.* **1.** run (*od.* flow) off, *a. Badewasser*: drain off; *Flut*: subside; ***im Bad läuft das Wasser schlecht ab*** the bath isn't draining properly; *fig.* ***das läuft an ihm alles ab*** it's like water off a duck's back; **2.** *Frist, Paß etc.*: run out, expire; *Amtszeit etc.*: wind down; **3.** (*verlaufen*) go; (*ausgehen*) turn out; **4.** *Uhr*: run down; *fig.* ***d-e Uhr ist abgelaufen*** your hour is come; **5.** ***~ lassen*** (*Film*) run, show; (*Tonband etc.*) play; (*Wasser etc.*) run off, drain off; **II.** *v/t.* **6.** (*Schuhe*) wear out; (*Absätze*) wear down; F *fig.* ***sich die Hacken*** ~ F walk one's legs off (***nach*** trying to find); **7.** (*Strecke*) cover, *suchend*: scour, *Sport*: check out *the route*; ***alle Geschäfte*** ~ run round all the shops; → ***Rang*** 1.

ablauf|fähig *adj. Computerprogramm*: active; **⁓frist** *f* time limit; **⁓plan** *m* sequence, order of events *etc.*; *TV etc.* running order.

Ablaut *m ling.* vowel gradation, ablaut.

ableben I. *v/i.* die, pass away; **II.** **⁓** *n* death, demise, *a.* ⚖ decease.

ablecken I. *v/t.* **1.** ***den Teller*** ~ lick the plate clean; ***sich die Lippen (Finger)*** ~ lick one's lips (fingers); ***j-n*** ~ *Hund*: lick s.o. all over; ***j-m das Gesicht*** ~ lick s.o.'s face; **2.** (*entfernen*) lick off; **II.** *v/refl.*: ***sich*** ~ *Katze*: wash itself.

abledern *v/t.* polish with a chamois (leather).

ablegen I. *v/t.* **1.** (*Akten etc.*) file; **2.** (*Kleider*) take off; (*alte Kleider*) get rid of; → ***abgelegt***; **3.** *fig.* (*Gewohnheit*) give up, drop *a habit*; **4.** (*Karten*) throw out; **5.** ***e-e Prüfung*** ~ take (*erfolgreich*: pass) an exam(ination); → ***Eid, Gelübde, Geständnis, Probe, Rechenschaft, Zeugnis***; **II.** *v/i.* **6.** take one's coat off; **7.** *Kartenspiel*: throw a card out; **8.** *Schiff*: (set) sail.

Ableger *m* **1.** ✿ shoot; **2.** (*Zweigunternehmen*) subsidiary.

ablehnen I. *v/t.* (*Einladung*) refuse, turn down, *höflich*: decline; (*Angebot*) *a.* reject; (*Argument, Vorschlag, Gesetzesentwurf*) reject (*a. fachlich* ~); (*gefühlsmäßig* ~) dislike; (*mißbilligen*) disapprove of; (*Bewerber*) turn down; **II.** *v/i.* refuse, decline; **III.** *v/impers.*: ***es (strikt) ~ zu*** *inf.* (flatly) refuse to *inf.*; **ablehnend I.** *adj.* negative; **II.** *adv.*: ***~ gegenüberstehen*** *dat.* disapprove of; **Ablehnung** *f* refusal; rejection; dislike; disapproval; → ***ablehnen.***

ableiern *v/t.* reel off, rattle off.

ableisten *v/t.* fulfil(l), perform; ***s-n Militärdienst*** ~ do one's military service.

ableiten I. *v/t.* **1.** (*Wasser etc.*) draw off, drain off; (*Blitz*) deflect; (*Wärme*) abduct; **2.** (*Ansprüche etc.*) derive (**aus, von** from); **3.** (*folgern*) deduce; *ling.*, ⚒, *phls.* derive; **4.** ***s-e Herkunft ~ von*** trace one's descent from; **II.** *v/refl.*: ***sich*** ~ derive, be derived (**von** from); **Ableitung** *f* **1.** (*Umleitung*) diversion; **2.** *Wasser*: drainage; **3.** *ling.*, *phls.*, ⚒ derivation, (*das Abgeleitete*) derivative; (*Folgerung*) deduction, inference.

ablenken I. *v/t.* **1.** *von e-r Richtung*: divert; **2.** (*Gefahr, Verdacht etc.*) avert, ward off; ***den Verdacht von sich*** ~ avert suspicion, divert suspicion from o.s.; **3.** *Sport*: (*Schlag*) parry; (*Ball*) deflect, *am Tor*: turn *the ball* away; **4.** *phys.* (*Strahlen etc.*) deflect; (*Licht*) diffract; **5.** *von der Arbeit etc.*: distract; (*zerstreuen*) divert; *vom Thema*: sidetrack; ***j-n von s-n Sorgen*** *etc.* ~ take s.o.'s mind off his (*od.* her) worries *etc.*; **II.** *v/i. bei e-m Gespräch*: change the subject, sidetrack; **Ablenkung** *f* **1.** diversion, deflection *etc.*; → ***ablenken***; **2.** (*Zerstreuung*) diversion, distraction; **Ablenkungskampagne** *f* diversion campaign; **Ablenkungsmanöver** *n* diversionary manoeuvre (*Am.* maneuver); ***das ist ein*** ~ they're *etc.* just trying to take people's attention away (from the issue *etc.*).

Ablesefehler *m* reading error.

ablesen *v/t.* **1.** (*Rede*) read (from notes); **2.** (*Skala, Instrument*) read; ***Gas (Strom)*** ~ read the gas (electricity) meter; **3.** ***man konnte ihm s-e Enttäuschung*** *etc.* ***vom Gesicht*** ~ his disappointment *etc.* showed in his face; ***man kann ihm alles vom Gesicht*** ~ you can read him like a book; ***ich konnte es ihr von den Augen*** ~ I could see it in her eyes; ***j-m jeden Wunsch von den Augen*** ~ anticipate s.o.'s every wish; **Ablesung** *f* ⚙ reading.

ableuchten *v/t.* search *s.th.* with a lamp (*od.* torch); *Scheinwerfer*: sweep.

ableugnen *v/t.* deny; (*von sich weisen*) repudiate.

ablichten *v/t.*, **Ablichtung** *f* → ***fotokopieren, Fotokopie.***

abliefern *v/t.* deliver; (*übergeben*) hand in (*dat.* to); F ***ich habe die Kinder zu Hause abgeliefert*** I took the kids home; **Ablieferung** *f* delivery; † ***bei*** (*od.* ***nach***) ~ on delivery; **Ablieferungsfrist** *f* delivery date.

abliegen *v/i.* be quite a way off; ***weit*** ~ be a long way away; *fig.* ***weit vom Thema*** ~ be off the subject, have nothing to do with the subject (at hand).

ablisten *v/t.*: ***j-m et.*** ~ trick s.o. out of s.th.

ablocken *v/t.*: ***j-m et.*** ~ wheedle (*od.* coax) s.th. out of s.o.; ***j-m ein Lächeln*** *etc.* ~ draw a smile *etc.* from s.o., get s.o. to smile *etc.*

ablöschen *v/t.* **1.** (*Brand*) put out, extinguish; **2.** (*Geschriebenes von der Tafel*) wipe off; (*Schreibtafel*) clean; *mit Löschpapier*: blot; **3.** *gastr.* add water (*od.* wine *etc.*) to.

Ablöse *f* **1.** *Sport*: transfer fee; **2.** *Wohnung*: *etwa* key money; *Annonce*: furnishings (and fittings) *pl.*

ablösen I. *v/t.* (*entfernen*) remove, take off; (*Wache*, ⚔ *Einheit*) relieve; (*Kollegen etc.*) take over from; (*j-n im Amt*) replace; (*Möbel etc.*) take over; (*Anleihe, Schuld etc.*) pay off, redeem; ***sich*** (*einander*) ~ take turns (***bei*** at), ***bei der Arbeit***: *a.* work in shifts; ***sich mit j-m*** ~ take it in turns with s.o., rotate with s.o.; **II.** *v/refl.*: ***sich*** ~ *Farbe, Haut etc.*: come off.

Ablösesumme *f Sport*: transfer fee.

Ablösung *f* (*das Ablösen*) detachment, removal; ⚔ *etc.* relief; *im Amt etc.*: replacement; † *Schuld*: discharge; *Anleihe*: redemption; *Kapital*: withdrawal.

Ablösungsmannschaft *f* relief team.

abluchsen F *v/t.*: ***j-m et.*** ~ F wangle s.th. out of s.o.

Abluft *f* ⚙ waste air.

abmachen *v/t.* **1.** (*lösen*) take off, remove; (*Strick etc.*) *a.* undo; **2.** *fig.* (*vereinbaren*) arrange, agree (on); (*regeln*) settle, decide; → ***abgemacht***; **3.** (*bereinigen*) settle, sort out; ***das mußt du mit dir selbst*** ~ that's for you to sort out (for yourself); **4.** F (*Zeit im Gefängnis etc.*) F do; **Abmachung** *f* agreement; arrangement, settlement; ***e-e*** ~ ***treffen*** come to an agreement (***über*** on).

abmagern *v/i.* go (very) thin; ***er ist abgemagert*** *a.* he's lost an awful lot of weight; → ***abgemagert***; **Abmagerung** *f* emaciation; **Abmagerungskur** *f* (slimming) diet; ***e-e*** ~ ***machen*** be on a (strict) diet, be slimming.

abmähen *v/t.* mow.

abmahnen *v/t.* ⚖ give *s.o.* a (written) warning; **Abmahnung** *f* (written) warning.

abmalen *v/t.* paint; (*kopieren*) copy.

Abmarsch *m* marching off; *fig.* start; ~ ***um 8 Uhr*** moving off at 8 a.m., *fig.* we leave at 8 o'clock; **&bereit** *adj.* ready to march (*fig.* set off).

abmarschieren *v/i.* march off.

abmartern *v/refl.*: ***sich*** ~ *mit e-m Problem, Vorwürfen etc.*: torture o.s., torment o.s.; *körperlich, mit e-r Aufgabe etc.*: F nearly kill o.s. (*trying to inf.*).

abmelden I. *v/t.* cancel; ***sein Auto*** ~ take one's car off the road; ***j-n*** ~ take s.o.'s name off the list, *beim Verein*: cancel s.o.'s membership; ***sein Telefon*** ~ have one's (tele)phone disconnected; ***j-n*** ~ *Sport*: mark s.o. out of the game; F ***bei mir ist er abgemeldet*** F I'm through with him; **II.** *v/refl.*: ***sich*** ~ *bei e-r Institution etc.*: sign out; *im Hotel*: check out; *polizeilich*: give notification that one is moving; *von e-r Veranstaltung etc.*: have one's name taken off the list; *bei e-m Verein*: cancel one's membership; ***sich bei j-m*** ~ report to s.o. that one is leaving; **Abmeldung** *f* notice of departure; cancellation *etc.*; → ***abmelden.***

abmessen *v/t.* measure; *fig.* assess; *fig.* ***s-e Worte*** ~ weigh one's words; **Abmessung** *f* (*das Abmessen*) measurement; (*Maß*) dimension.

abmildern *v/t.* (*Aussage etc.*) moderate.

abmontieren *v/t.* (*zerlegen*) dismantle; (*entfernen*) take off, remove.

abmühen *v/refl.*: ***sich*** ~ slave away; ***sich*** ~, ***et. zu tun*** take great pains to do s.th.; ***sich*** ~ ***mit*** struggle (*od.* wrestle) with.

abmurksen F *v/t.* F do in, bump off.

abmustern ⚓ **I.** *v/t.* pay off; **II.** *v/i.* sign off.

abnabeln I. *v/t.*: ***ein Kind*** ~ cut the umbilical cord; **II.** F *fig. v/refl.*: ***sich*** ~ cut the cord.

abnagen *v/t.* gnaw off; (*Knochen*) gnaw.

abnähen *v/t.* take in; **Abnäher** *m* dart.

Abnahme *f* **1.** taking down (*od.* off); removal; ⚕ amputation; **2.** *des Eides*: administering; **3.** † *e-r Lieferung*: acceptance; (*Kauf*) purchase; ***bei*** ~ ***von*** on orders of; **4.** (*technische Prüfung*) a) (final) inspection, b) (*Annahme*) acceptance; **5.** (*Verminderung*) decrease, decline; *von Zahlen etc.*: *a.* drop (*alle gen.* in); *der Tage*: shortening; *des Mondes*: waning; *an Gewicht*: loss; ~ ***der Kräfte*** weakening; **~prüfung** *f* specification test; *werkeigene*: inspection test; **~test** *m Computer*: acceptance test; **~verweigerung** *f* rejection; **~vorschriften** *pl.* quality specifications.

abnehmbar *adj.* removable, detachable; **abnehmen I.** *v/t.* **1.** take off (*od.* down); remove (*alle a.* ⚙); ⚕ (*Bein etc.*) amputate, take off; (*Bart*) shave off; (*Maschen*) decrease; ***den Hörer*** ~ pick up the receiver, answer the phone; ***j-m et.*** ~ (*wegnehmen*) take s.th. away from s.o.; (*e-e Aufgabe etc.*) relieve s.o. of s.th.; F (*verlangen von*) charge s.o. s.th.; ***j-m zuviel*** ~ overcharge s.o.; ***j-m Blut*** ~ take a blood sample (from s.o.); *fig.* ***das nimmt ihm keiner ab*** (*glaubt ihm keiner*) nobody will buy that; **2.** † (*Ware*) buy (*dat.* from); (*Lieferung*) take delivery of; **3.** ***10 Pfund*** *etc.* ~ lose 10 pounds *etc.*; **4.** ⚙ accept; (*prüfen*) inspect, test; (*e-e Prüfung*) hold; → ***Beichte, Eid, Versprechen***; **II.** *v/i.* **5.** decrease, decline, diminish; *Kräfte*: diminish, dwindle; *an Gewicht*: lose weight, *durch Diät*: be slimming; *Geschwindigkeit*: slacken (off), slow down; *Mond*: (be on the) wane; *Sturm*: abate, subside; *Tage*: grow shorter; *fig. Macht etc.*: decline, wane; **6.** *teleph.* answer the phone; ***nimmst du mal ab?*** can you get it?

Abnehmer *m* † buyer, purchaser, taker; (*Kunde*) customer; (*Verbraucher*) consumer; ***keine*** ~ ***finden*** find no market; **~kreis** *m* market, customers *pl.*; **~land** *n* importing country.

Abneigung *f* dislike (***gegen*** of, for), *stärker*: aversion (to); ***e-e*** ~ ***gegen j-n fassen*** take a dislike to s.o.; ***ich habe e-e ausgesprochene*** ~ ***dagegen*** I can't stand it; ⚖ ***unüberwindliche*** ~ irreconcilable differences.

abnorm *adj.* abnormal; (*außergewöhnlich*) exceptional, unusual; **Abnormität** *f* abnormality.

abnötigen *v/t.*: ***j-m et.*** ~ wring s.th. from s.o.; ***j-m Respekt*** ~ command s.o.'s respect; ***er nötigt mir Bewunderung ab*** I can't help admiring him.

abnutzen, abnützen I. *v/t.* wear out; **II.** *v/refl.*: ***sich*** ~ wear (out), get worn out.

Abnutzung *f* wear (and tear); **Abnutzungserscheinung** *f a.* ⚕ sign of wear (and tear).

Abo F *n* → ***Abonnement.***

A-Bombe *f* A bomb.

Abonnement *n* subscription; *thea. a.* season ticket (***bei*** for).

Abonnement(s)|fernsehen *n* pay TV; **~konzert** *n* subscription concert; **~vorstellung** *f* subscription performance.

Abonnent *m* (*thea.* ticket) subscriber.

abonnieren *v/t.* subscribe to; (*Konzertreihe etc.*) have a season ticket for; ***wir haben zwei Tageszeitungen abonniert*** *a.* we get (*od.* we have a subscription for) two daily newspapers; *fig.* ***er scheint das Glück*** (***Pech***) ***abonniert zu haben*** he seems to have a monopoly on (bad) luck; **abonniert** *fig. adj.*: ***sie scheint auf den dritten Platz*** *etc.* ~ ***zu sein*** they seem to have reserved third place *etc.* just for her; ***er scheint auf Autounfälle*** *etc.* ~ ***zu sein*** he seems to have a standing order for car accidents *etc.*

abordnen *v/t.* delegate, *Am. a.* deputize; **Abordnung** *f* delegation.

Abort[1] *m* (*Klosett*) toilet, lavatory, *Am. a.* bathroom; ***auf den*** ~ ***gehen*** go to the toilet *etc.*

Abort[2] *m* ⚕ miscarriage; **abortieren** *v/i.* have a miscarriage.

abpacken *v/t.* pack; → ***abgepackt.***

abpassen *v/t.* (*Gelegenheit*) wait for; (*j-n*) *a.* be on the lookout for, (*abfangen*) waylay; ***e-n günstigen Moment*** ~ wait for the right moment; *zeitlich* ***gut*** (***schlecht***) ~ time well (badly).

abpatrouillieren *v/t.* patrol.

abpausen *v/t.* trace.

abperlen *v/i.* (*a.* ~ ***an***) trickle down.

abpfeifen *v/i.* (*a. v/t.* ***das Spiel*** ~) stop the game; *bei Spielende*: blow the final whistle.

Abpfiff *m* final whistle.

abpflücken *v/t.* pick.

abplagen *v/refl.*: ***sich*** ~ struggle (away), *stärker*: slave away, ***mit***: struggle (*od.* grapple) with.

abplatten *v/t.* smooth (off).

abplatzen *v/i.* **1.** *Knopf*: pop off; **2.** *Metall, Farbe etc.*: flake off.

abprägen *v/refl.*: ***sich*** ~ leave an impression (***auf*** on); *fig.* leave its mark (***auf, in*** on).

Abprall *m* rebound; *Geschoß*: ricochet; **abprallen** *v/i.* rebound, bounce off; ricochet; *fig.* ***an j-m*** ~ make no impression on s.o.; ***die Vorwürfe*** *etc.* ***prallen an ihm ab*** *a.* it's like water off a duck's back; **Abpraller** *m* (*Geschoß*) ricochet; *Sport*: rebound.

abpressen *v/t.*: ***j-m et.*** ~ force s.th. out of s.o.; ***sich ein Lächeln*** ~ force o.s. to smile; ***es preßte ihm die Luft ab*** his heart almost stopped.

abpumpen *v/t.* pump off.

abputzen *v/t.* clean (up); (*abwischen*) wipe off (*od.* up).

abquälen I. *v/refl.*: ***sich ~*** *seelisch*: worry (o.s.), fret; *körperlich*: → ***abrackern***; ***sich mit*** *j-m od. et.* ~ have a hard time with; **II.** *v/t.*: ***sich e-e Antwort*** *etc.* ~ force o.s. to answer *etc.*; ***sich ein Lächeln ~*** *a.* force a smile.

abqualifizieren *v/t.* write off (completely).

abquetschen *v/t.*: ***sich den Finger*** *etc.* ~ get one's finger *etc.* crushed.

abrackern *v/refl.*: ***sich ~*** sweat away; ***ich habe mich mit dem Aufsatz abgerakkert*** F I nearly killed myself getting that essay done.

abrahmen *v/t.* (*Milch*) skim.

Abrakadabra[1] (*Zauberformel*) abracadabra.

Abrakadabra[2] *n* (*unsinniges Gerede*) drivel.

abrasieren *v/t.* shave off; *fig.* (*Gebäude etc.*) raze (to the ground); ***sich den Bart ~*** shave off one's beard; F ***sich die Beine ~*** shave one's legs.

abraten *v/i.*: ***j-m von et. ~*** advise (*od.* warn) s.o. against (doing) s.th.; ***ich rate Ihnen davon ab*** I advise you not to (*od.* against it).

Abraum *m* ⚒ overburden.

abräumen I. *v/t.* clear up (*od.* away); ***den Tisch ~*** clear the table; **II.** *v/i.* clear the table; F *fig.* cream off the profits, *bei Turnier etc.*: sweep the board.

abrauschen F *v/i.* F zoom off, *mit dem Auto*: *a.* roar off; *beleidigt*: stalk off (in a temper).

abreagieren I. *v/t.* (*Ärger etc.*) work off (***an*** on); *psych.* abreact; **II.** *v/refl.*: ***sich ~*** get rid of one's aggressions, F let off steam; ***sich ~ an*** *j-m od. et.*: let one's aggressions (*od.* anger *etc.*) out on.

abrechnen I. *v/t.* (*abziehen*) deduct, subtract; (*Spesen*) account for; **II.** *v/i.* do the accounts; settle accounts (***mit j-m*** with s.o.); *fig. a.* get even (with s.o.); **Abrechnung** *f* (*Abzug*) deduction; (*Schlußrechnung*) settlement of accounts; (*Rechnung*) account; *fig.* (*Vergeltung*) requital; ***laut ~*** as per account rendered; *fig.* ***Tag der ~*** day of reckoning; **Abrechnungszeitraum** *m* accounting period.

Abrede *f* **1.** agreement; ***e-e ~ treffen*** come to an agreement; **2.** ***in ~ stellen*** deny, (*bestreiten*) contest.

abregen F *v/refl.*: ***reg dich ab!*** F cool it!, take it easy!

abreiben I. *v/t.* rub off; (*Körper*) rub down; (*polieren*) polish; (*Zitronenschale etc.*) grate; **II.** *v/refl.*: ***sich ~*** *Person*: rub o.s. down; *Stoff etc.*: wear down, *völlig*: wear off; ⚙ wear down; **Abreibung** *f* **1.** (*Frottieren*) rubbing-down, *nasse*: sponge-down; **2.** F (*Prügel*) thrashing; ***j-m e-e ~ verpassen*** give s.o. a thrashing.

Abreise *f* departure (***nach*** for); ***bei m-r ~*** on my departure; **abreisen** *v/i.* leave (***nach*** for).

Abreißblock *m* tear-off pad.

abreißen I. *v/t.* **1.** tear off (*od.* down); pull (*od.* rip) off; (*Gebäude*) pull down; **2.** F *fig.* (*Zeit im Gefängnis etc.*) F do; **II.** *v/i.* **3.** come off, tear off; (*auseinanderreißen*) break, snap; **4.** *fig.* (*plötzlich aufhören*) break off; ***das reißt nicht ab*** there's no end to it, it just goes on and on; ***die Arbeit reißt nicht ab*** the work never lets up.

Abreißkalender *m* sheet (*Am.* pad) calendar.

abreiten *v/t.* (*Feld etc.*) ride along; (*Strecke*) ride, (*testen*) have a trial run of.

abrennen F *v/t. u. v/refl.*: ***sich*** (***die Beine***) ~ run one's legs off; ***alle Geschäfte ~*** run round all the shops.

abrichten *v/t.* (*Tier*) train, *weitS. a.* teach *an animal* tricks; (*Pferd*) break in; **Abrichtung** *f* training; breaking-in.

Abrieb *m* ⚙ abrasion, wear; (*Produkt*) grindings *pl.*, dust; **≈fest** *adj.* non-abrasive.

abriegeln *v/t.* (*Tür*) bolt; (*Straße*) block; *Polizei*: cordon off, *a.* ⚔ seal off.

abringen *v/t.*: (*j-m*) ***et.*** ~ wring s.th. from, *lit.* (*a. e-r Sache*) wrest s.th. from.

abrinnen *v/i.* run off (*od.* down).

Abriß *m* **1.** *von Gebäuden*: demolition; **2.** (*kurze Darstellung*) sketch, brief outline (*od.* summary); (*Übersicht*) survey (*a. in Buchform*); **~birne** *f* demolition (*od.* wrecking) ball.

abrollen I. *v/i.* unroll; *fig.* pass; **II.** *v/t.* unroll; *a. phot.* unwind; (*Kabel*) pay out; (*wegrollen*) roll off; **Abroller** *m* dispenser.

abrubbeln I. *v/t.* rub off; (*Körper*) rub down; **II.** *v/refl.*: ***sich ~*** rub o.s. down.

abrücken I. *v/t.* move away; **II.** *v/i.* move off, ⚔ march off; *fig.* ~ ***von*** dissociate (*od.* distance) o.s. from.

Abruf *m* **1.** ☎ call (***von*** for); ***auf ~*** on call; **2.** (*Abberufung*) recall; ***auf ~*** subject to recall; **≈bereit** *adj.* on call.

abrufen *v/t.* (*j-n*) call away, *offiziell*: recall; ☎ call; *Computer*: (*Daten*) (re)call.

Abruftaste *f Computer*: attention key.

abrunden *v/t.* round off; (*Zahl*) ***nach oben*** (***unten***) ~ round up (down); → ***abgerundet.***

abrupfen *v/t.* pluck (off).

abrupt *adj.* abrupt, sudden.

abrüsten I. *v/t.* (*Gebäude*) take the scaffolding down from; **II.** *v/i.* ⚔ disarm; **Abrüstung** *f* disarmament; **Abrüstungsverhandlungen** *pl.* arms (limitation *od.* reduction *od.* control) talks.

abrutschen *v/i.* slip off (*od.* down); *Messer etc.*: slip; *mot.* skid; *Ski*, ✈ *seitlich*: sideslip; *fig. in den Leistungen*: slip; *moralisch*: go downhill.

ABS → ***Antiblockiersystem.***

absäbeln F *v/t.* hack off, chop off.

absacken *v/i.* △ sag, *a.* ⚓ sink; ✈ pitch down, *bei der Landung*: pancake; *fig. in der Schule*: slip; *moralisch*: go to seed.

Absage *f* **1.** cancellation; **2.** (*Ablehnung*) refusal, negative reply; **3.** ~ ***an*** renunciation of; **4.** *TV*, *Radio*: signing-off; **absagen I.** *v/t.* **1.** cancel, call off; (*Einladung*) turn down; **II.** *v/i.* **2.** cry off; ***j-m ~*** a) tell s.o. s.th. is off, tell s.o. not to come, b) tell s.o. one can't come; ***ich muß leider ~*** I'm afraid I can't come (after all); **3.** ***e-r Sache ~*** renounce s.th., break with s.th.; **4.** *TV*, *Radio*: sign off.

absägen *v/t.* **1.** saw off; **2.** F *fig.* (give *s.o.* the) axe, *Am.* ax.

absahnen I. *v/t.* skim, cream; F *fig.* cream off; **II.** F *fig. v/i.* cream off the profits.

absatteln *v/t.* (*Pferd*) unsaddle.

Absatz *m* **1.** (*Abschnitt*) paragraph (*a.* ⚖); *typ.* break; **2.** (*Schuh≈*) heel; **3.** ☎ sales *pl.*, turnover; ***~ finden*** be sal(e)able, find a ready market; ***reißenden ~ finden*** F sell like hot cakes; **4.** *im Gelände*: terrace; (*Treppen≈*) landing; **~belebung** *f* increase in sales; **~chancen** *pl.* sales prospects; **≈fähig** *adj.* sal(e)able; marketable; **~förderung** *f* sales promotion; **~forschung** *f* marketing research; **~garantie** *f* guaranteed sales *pl.*; **~gebiet** *n* market(ing area); **~krise** *f* slump in sales; **~markt** *m* market, outlet; **~möglichkeiten** *pl.* sales potential *sg.*; **~rückgang** *m* decline in sales; **~schwierigkeiten** *pl.* marketing problems; **~steigerung** *f* increase in sales; **~volumen** *n* sales volume.

absatzweise *adv.* by (*od.* in) paragraphs.

Absatzzeichen *n typ.* break mark.

absaufen F *v/i.* ⚓ sink, go down; *Person*: drown; *mot.* be flooded.

absaugen *v/t.* suck off; (*Teppich etc.*) vacuum; ⚕ aspirate.

Absaugpumpe *f* exhaust pump.

abschaben *v/t.* scrape (off).

abschaffen *v/t.* abolish, do away (with); (*Gesetz*) repeal; (*Sache*) get rid of; (*Auto etc.*) *a.* give up; **Abschaffung** *f* abolition; *e-s Gesetzes*: repeal.

abschälen *v/t.* → ***schälen.***

Abschaltautomatik *f* automatic shutoff.

abschalten I. *v/t.* (*Licht*, *Radio etc.*) switch (*od.* turn) off (*Licht*: *a.* out); ⚡ cut off, disconnect; **II.** F *fig. v/i.* F switch off; (*sich erholen*) relax, forget about everything (for a while).

abschattieren *v/t.* shade.

abschätzbar *adj. Folgen etc.*: foreseeable; **abschätzen** *v/t.* estimate (*a. Entfernung etc.*), assess; (*Folgen etc.*) anticipate, foresee; *fig.* (*j-n ~d betrachten*) size up; **abschätzend** *adj.* **1.** (*prüfend*) speculative; **2.** → **abschätzig** *adj. Bemerkung etc.*: disparaging, derogatory.

abschauen *v/t.* → ***abgucken.***

Abschaum *m* scum; *fig.* (*a.* ***~ der Menschheit***) scum of the earth.

abschäumen *v/t. gastr.* skim off.

abscheiden *v/t.* ⚗ eliminate; *physiol. in flüssiger Form*: secrete, *in fester Form*: deposit; *metall.* refine; **Abscheider** *m* ⚙ separator; **Abscheidung** *f* elimination; *physiol.* secretion; *metall.* refining.

abscheren *v/t.* shear off; ***sich den Bart*** *etc.* ~ shave off one's beard *etc.*

Abscheu *m* horror (***vor*** of), disgust (for, at), loathing (for); ***~ haben vor*** detest, loathe.

abscheuern *v/t.* scrub (off), scour (off); (*Kleidung*, *a.* ***sich*** ~) wear thin; (*Haut*) scrape, rub off; ***sich die Haut ~*** scrape one's skin off.

abscheuerregend *adj.* repulsive.

abscheulich *adj.* despicable; (*grauenhaft*) dreadful; *Verbrechen*: heinous, atrocious.

abschicken *v/t.* send off, dispatch; (*Brief etc.*) post, *bsd. Am.* mail.

Abschiebehaft *f* custody prior to deportation.

abschieben I. *v/t.* push away; (*ausweisen*) deport; F *fig.* (*j-n, loswerden*) get rid of, F shunt off; ***die Schuld auf j-n ~*** put the blame on s.o., push the blame onto s.o.; **II.** F *v/i.* (*weggehen*) F push off; **Abschiebung** *f* deportation.

Abschiebungshaft *f* → ***Abschiebehaft.***

Abschied *m* (**~nehmen**) leave-taking, farewell, goodbye(s *pl.*); (*Entlassung*) dismissal, ⚔ discharge; *freiwilliger*: resignation; ~ ***nehmen*** say goodbye (***von*** to); ***s-n*** ~ ***nehmen*** hand in one's resignation; ***der*** ~ ***war schwer*** it was hard saying goodbye.

Abschieds|brief *m* farewell letter; **~feier** *f*, **~fest** *n* farewell (*od.* going-away) party; **~gesuch** *n* letter of resignation; ***sein*** ~ ***einreichen*** tender one's resignation; **~konzert** *n* farewell concert; **~kuß** *m* goodbye kiss; ***j-m e-n*** ~ ***geben*** kiss s.o. goodbye; **~rede** *f* farewell speech; **~schmerz** *m* pain of parting, wrench; **~spiel** *n Sport*: testimonial (match); **~stunde** *f* hour of parting; **~worte** *pl.* words of farewell.

abschießen *v/t.* **1.** (*Waffe*) fire; (*Kugel, Pfeil*) shoot; (*Rakete, Torpedo*) launch; **2.** (*töten*) shoot down; (*Vogel*) bring down; *fig.* → ***Vogel***; (*Hand etc.*) shoot off; ⚔ (*Flugzeug*) shoot (*od.* bring) down; (*Panzer*) knock out; F *fig.* ***j-n*** ~ (*s-e Entlassung etc. bewirken*) F put the skids under s.o.

abschinden *v/refl.*: ***sich*** ~ work one's fingers to the bone.

Abschirmdienst *m*: ***Militärischer*** ~ Military Intelligence Service.

abschirmen *v/t.* guard (***gegen*** against), *a.* ⚡ shield (from); **Abschirmung** *f* screening, shielding.

abschlachten *v/t.* slaughter, butcher (*beide a. fig.*).

abschlaffen F **I.** *v/i.* flag, *nach der Arbeit etc.*: collapse, F flake out; → ***abgeschlafft***; **II.** *v/t.* wear out, F take it out of *s.o.*

Abschlag *m* **1.** ☤ (*Preisrückgang*) drop in prices; (*Preisnachlaß*) reduction, discount; → ***Abschlagszahlung***; ***auf*** ~ on account; ***auf*** ~ ***kaufen*** buy in instal(l)ments; **2.** *Fußball*: kickout; *Golf*: tee, tee-off; **abschlagen I.** *v/t.* **1.** knock off; (*Kopf*) cut off; (*Baum*) cut down; **2.** (*Ball*) *Fußball*: kick out, *Golf*: tee off; **3.** (*Angriff*) beat off, repulse; **4.** (*ablehnen*) turn down; ***j-m e-n Wunsch*** ~ deny s.o. a wish; **II.** *v/i. Fußball*: kick the ball out; *Golf*: tee off.

abschlägig *adj.* (*u. adv.*) negative(ly); **~*e Antwort*** negative reply; ***e-e ~e Antwort erhalten*** be turned down.

Abschlags|dividende *f* ☤ interim dividend; **~summe** *f* instal(l)ment; **~zahlung** *f* payment on account; (*Teilzahlung*) part payment.

abschlecken *v/t.* → ***ablecken.***

abschleifen I. *v/t.* ⚙ grind off (*od.* down); polish; *fig.* polish, refine; **II.** *fig. v/refl.*: ***sich*** ~ *Angewohnheit*: wear off.

Abschleppdienst *m* breakdown (*Am.* towing) service; *konkret*: breakdown men *pl.*, *Am.* wreckers *pl.*

abschleppen I. *v/t. mot.*, ⚓ (take in) tow, tow off; F (*j-n*) drag off, *mit sexuellen Absichten*: F pick up; **II.** *v/refl.*: ***sich*** ~ ***mit*** struggle with; ***sie schleppt sich mit dem Koffer ab*** *a.* she's having a hard time with that case.

Abschlepp|kosten *pl.* towing charges; **~kran** *m mot.* salvage (*Am.* wrecking) crane; **~seil** *n* towrope; **~stange** *f* tow bar; **~wagen** *m* breakdown lorry, *Am.* tow truck, wrecker.

abschließbar *adj.* lockable; ***ist es ~?*** *a.* has it got a lock?; **abschließen I.** *v/t.* **1.** lock (up); (*Wertsachen*) lock up (*od.* away); **2.** (*beenden*) end, (bring to a) close, wind up; *endgültig*: settle; (*fertigstellen*) complete; ☤ (*Bücher*) close, balance; (*Konten, Rechnungen*) settle; **3.** (*Handel*) strike *a bargain*, close *a deal*; (*Verkauf*) effect; (*Versicherung*) take out *a policy*; (*Vertrag*) conclude, make, sign; → ***Wette***; **II.** *v/i.* **4.** end, close, conclude; (***mit folgenden Worten***) ~ end (*od.* wind up) (by saying); ***mit dem Leben*** ~ prepare to die, come to terms with the fact that one has to die; ***er hat mit dem Leben abgeschlossen*** he's ready to die, *lit.* he's prepared to meet his Maker; ***ich hatte schon mit dem Leben abgeschlossen*** *in Gefahrensituation*: I thought to myself, 'This is the end'; **5.** ☤ close the deal; sign (the contract); ***mit j-m*** ~ *a.* come to terms with s.o.; **6.** ***gut*** (***schlecht***) ~ *leistungsmäßig*: do well (badly); **abschließend I.** *adj.* concluding, closing, final; (*endgültig*) final, definitive; **II.** *adv.* in conclusion; finally; ~ ***sagte er*** he wound up by saying.

Abschluß *m* **1.** (*Beendigung*) conclusion, end(ing), close; (*endgültiger ~, Bereinigung*) settlement; ***vor dem*** ~ ***stehen*** be drawing to a close; ***zum*** ~ in conclusion, finally; ***zum*** ~ ***bringen*** bring to a close; **2.** ☤ *e-s Handels, Vertrags*: conclusion, signing; *der Bücher etc.*: closing, settlement; *Rechnungssumme*: balance; → ***Jahresabschluß***; **3.** → ***Schulabschluß, Universitätsabschluß***; **4.** ⚙ seal; **~ball** *m* end-of-course dance; *Schule*: school leavers' (*Am.* graduation) ball; *univ.* finalists' (*bsd. Am.* graduation) ball; **~bilanz** *f* final balance (sheet); **~klasse** *f* final-year class; **~kommuniqué** *n pol.* final communiqué; **~kundgebung** *f* closing speeches *pl.*; **~prüfung** *f* school-leaving (*Am. u. Weiterbildung*: final) examination (*od.* exam); **~sitzung** *f* closing session; **~zeugnis** *n* (school-)leaving certificate, *Am.* (high-school *od.* graduation) diploma.

abschmecken *v/t.* taste; (*würzen*) season (to taste).

abschmeicheln *v/t.*: ***j-m et.*** ~ wheedle s.th. out of s.o.

abschmelzen I. *v/t.* melt off; (*Metall*) fuse; (*Erz*) smelt; **II.** *v/i.* melt (off); ⚙ fuse.

abschmettern *v/t.* (*et.*) reject out of hand, (*Argumente etc.*) shoot down; (*j-n*) F give *s.o.* the brush-off; (*a. Beschwerde etc.*) refuse to listen to.

abschmieren I. *v/t.* **1.** ⚙ lubricate, grease; **2.** (*unsauber abschreiben*) scribble down; (*unerlaubt abschreiben*) copy; **II.** F *v/i.* ✈ (do a) nose-dive.

Abschmier|fett *n* lubricating grease; **~presse** *f* grease gun.

abschminken I. *v/t.* take off *s.o.'s* makeup; F ***das kannst du dir ~!*** you can forget about that; **II.** *v/refl.*: ***sich*** ~ take one's makeup off.

abschmirgeln *v/t.* sand down, sandpaper.

abschmücken *v/t.*: ***den Weihnachtsbaum*** ~ take the decorations down from the Christmas tree.

abschnallen I. *v/t.* unbuckle, unstrap; (*Ski etc.*) take off; **II.** *v/refl.*: ***sich*** ~ take one's seatbelt off; ✈ *a.* unfasten one's seatbelt; **III.** *v/i.*: F ***da schnallst du ab*** F it's absolutely incredible, *stärker*: F it's mind-boggling.

abschneiden I. *v/t.* **1.** cut off; *in Scheiben*: slice; (*Nägel, Haar*) cut; ⚘ prune, trim; ***sich die Nägel*** *etc.* ~ cut one's nails *etc.*; → ***Scheibe***; **2.** (*absperren, verhindern*) cut off; ***j-m den Weg*** ~ block s.o.'s path; **3.** (*isolieren*) cut off, isolate; **4.** ***j-m das Wort*** ~ cut s.o. short; **5.** ***den Weg*** ~ take a short cut; **II.** *v/i.* **6.** take a short cut; **7.** F ***gut*** (***schlecht***) ~ do (*od.* come off, fare) well (badly); ***am besten*** ~ come out on top.

abschnellen I. *v/t.* jerk off, flip off; (*Pfeil etc.*) let fly, shoot; **II.** *v/i.* shoot off, fly off; **III.** *v/refl.*: ***sich*** ~ propel o.s. off, bounce off.

abschnippeln F *v/t.* snip off.

Abschnitt *m* **1.** section, ⊿ segment; ⚔ *im Gelände*: sector; *e-r Straße etc.*: section; *e-s Buches*: section, passage (*beide a.* ♪), paragraph; *e-r Reise etc.*: stage, leg; *e-r Entwicklung etc.*: phase; *Zeit*: period; **2.** (*abtrennbarer Teil*) stub, *e-s Schecks etc.*: *a.* counterfoil.

abschnitt(s)weise *adv.* in sections *etc.*; F bit by bit.

abschnüren *v/t.* **1.** (*Blutgefäß, Tumor etc.*) strangulate; (*Glied*) apply a tourniquet to; **2.** ***j-m die Luft*** ~ choke s.o., *fig.* have a stranglehold on s.o., (*ruinieren*) ruin s.o.

abschöpfen *v/t.* skim off; *fig.* ☤ (*Gewinne etc.*) *a.* siphon off; (*das Beste*) cream off.

abschotten *v/refl.*: ***sich*** ~ cut o.s. off.

abschrägen *v/t.* slope, slant; ⚙ bevel, chamfer.

abschrauben *v/t.* unscrew.

abschrecken *v/t.* **1.** scare off; *weitS.* put off; ***sich*** ~ ***lassen*** be put off; ***laß dich nicht*** ~ don't let it (*od.* them *etc.*) put you off; **2.** ⚙ chill, quench; **3.** *gastr.* a) run *an egg* under cold water, b) rinse *noodles etc.*; **abschreckend I.** *adj.* off-putting; (*einschüchternd*) forbidding; *Maßnahmen etc.*: deterrent; **~*es Beispiel*** warning, deterrent; **~*e Strafe*** exemplary punishment; **II.** *adv.*: ~ ***wirken*** act as a deterrent (***auf*** to); **Abschreckung** *f* **1.** deterrence; **2.** → ***Abschreckungsmittel.***

Abschreckungs|mittel *n* deterrent; **~politik** *f* policy of deterrence; **~waffe** *f* deterrent weapon.

abschreiben I. *v/t.* **1.** copy; (*übertragen, bsd. von Kurzschrift*) transcribe; *von Mitschülern*, F *a. literarisch*: copy, F crib; **2.** ☤ (*Forderungen*) *gänzlich*: write off (*a. fig. j-n od. et.*), *teilweise*: write down; (*Wert*) depreciate; (*Summe*) deduct; → ***absetzen*** 6; **II.** *v/i.* **3.** copy, F crib; **4.** ***j-m*** ~ write (to s.o.) to say one can't come (*od.* that the party *etc.* is off); **Abschreibung** *f* ☤ writing off; (*Wertminderung*) depreciation.

Abschreibungs|betrag *m* depreciation (allowance); **~fonds** *m* depreciation fund.

abschreiten *v/t.* pace; (*abmessen*) pace off; ***die Front*** ~ inspect the troops.

Abschrift *f* copy, duplicate.

abschröpfen *v/t.*: ***j-m et.*** ~ F wangle s.th. out of s.o.

abschrubben F *v/t.* scrub, scour.

abschuften *v/refl.*: ***sich*** ~ slave away.

abschuppen I. *v/t.* scale; **II.** *v/refl.*: ***sich*** ~ peel (off).

abschürfen *v/t.*: ***sich die Haut*** ~ graze o.s.; ***sich*** (***die Haut***) ***am Knie*** *etc.* ~ scrape (*od.* graze) one's knee *etc.*; **Abschürfung** *f* graze.

Abschuß *m* **1.** *e-r Waffe*: firing; *Rakete*,

Torpedo: launching; *von Wild*: shooting; ✈ downing; *Panzer*: knocking out; **2.** hit, strike; ***drei Abschüsse wurden gemeldet*** three planes were reported shot down; **~basis** *f* launching site.
abschüssig *adj.* sloping, *stärker*: steep.
Abschuß|liste *f*: F ***auf der ~ stehen*** F be on the hit list, be (in) for the chop; **~prämie** *f* bounty; **~rampe** *f* launching pad; **~silo** *m, n* underground launching pad.
abschütteln *v/t.* shake off (*a. fig.*).
abschütten *v/t.* pour off (*od.* out).
abschwächen I. *v/t.* weaken, reduce; (*mildern*) mitigate; (*beschönigen*) extenuate; (*Aussage, Farben*) tone down; *phot.* (*Negativ*) reduce; **II.** *v/refl.*: ***sich ~*** weaken; (*abnehmen*) diminish; **Abschwächung** *f* weakening; reduction; mitigation; extenuation; toning down; → ***abschwächen.***
abschwatzen F *v/t.*: ***j-m et. ~*** wheedle s.th. out of s.o.
abschweifen *v/i.* **1.** *vom Thema*: digress; ***nicht ~!*** keep to the point!; **2.** ***sein Blick schweifte wiederholt ab*** his eyes kept wandering, ***von ...***: his eyes kept straying from ...; **3.** *vom Weg*: deviate, *versehentlich*: stray; **Abschweifung** *f* deviation; digression.
abschwellen *v/i.* ⚕ go down; *Geräusch*: die away.
abschwemmen *v/t.* wash away; *geol. a.* erode.
abschwenken *v/i.* swerve, veer (off); ⚔ wheel (off); *fig.* ~ **von** switch (*od.* veer) from.
abschwindeln *v/t.*: ***j-m et. ~*** swindle s.o. out of s.th.
abschwirren F *v/i.* F buzz off.
abschwitzen *v/t.* (*Gewicht*) sweat off; F ***sich einen ~*** F sweat like a pig.
abschwören *v/i.* (*dem Glauben etc.*) renounce; (*dem Alkohol etc.*) forswear, F swear off *drink*(*ing*) *etc.*
Abschwung *m Turnen*: dismount; † downswing, downturn.
absegeln *v/i.* set sail (***nach*** for).
absegnen F *v/t.* F give one's blessing to; ***es muß noch vom Chef abgesegnet werden*** it still has to have the boss's blessing, it still has to be okayed by the boss.
absehbar *adj.* foreseeable; ***in ~er Zeit*** in the foreseeable future; ***nicht ~*** *zeitlich*: unforeseeable; ***der Schaden ist nicht ~*** the extent of the damage is not yet known.
absehen I. *v/t.* **1.** (fore)see; ***es ist kein Ende abzusehen*** there's no end in sight; ***die Folgen sind nicht abzusehen*** there's no telling how things will turn out; **2.** (*ablesen*) see (***an*** from, by); **3.** ***j-m et. ~*** learn s.th. by watching s.o.; **4.** F ***es abgesehen haben auf*** F be out for (*od.* to *inf.*), (*j-n*) F have it in for; **II.** *v/i.* **5.** ***von et. ~*** (*nicht tun*) refrain from; ***von** e-m Plan* ~ abandon, drop; → ***Beileidsbezeugung***; **6.** (*unbeachtet lassen*) disregard; → ***abgesehen.***
abseifen *v/t.* soap down.
abseihen *v/t.* strain.
abseilen I. *v/t.* **1.** lower (on a rope); **II.** *v/refl.*: ***sich ~*** **2.** abseil; **3.** F *fig.* F make a getaway.
absein F *v/i.* have come off.
abseits I. *adv.*: ~ ***stehen*** stand apart, *Sport*: be offside; ***etwas ~ liegen*** be a bit out of the way; ~ ***von*** → II; *fig.* ***sich ~ halten*** keep one's distance; **II.** *prp., a.* ~ ***von*** off *the road*; **III.** ≈ *n Sport*: offside; ***im ~ stehen*** be offside; ***nicht im ~ stehen*** be onside; *weitS.* ***ins ~ gedrängt werden*** be pushed onto the sidelines, be edged out, (*Land, Gesellschaftsschicht etc.*) *a.* be marginalized.
Abseits|falle *f* offside trap; **~stellung** *f*: ***in ~*** in an offside position; **~tor** *n* offside goal.
absenden *v/t.* send (off), † *a.* forward, dispatch; (*Postsendung*) send, post, *bsd. Am.* mail; **Absender** *m* sender, † *a.* consignor; (*Adresse des ~s*) return address; → ***zurück*** I.
absengen *v/t.* singe.
absenken *v/t.* ✂ layer; ⚒ (*Schacht*) sink; (*Grundwasserspiegel*) lower; **Absenkung** *f* layering; sinking; lowering.
abservieren I. *v/i.* clear the table; **II.** F *v/t.*: ***j-n ~*** F give s.o. the boot, (*ermorden*) F bump s.o. off; ***den Gegner ~*** F thrash one's opponent(s); → ***abspeisen.***
absetzbar *adj.*: (***steuerlich*** ~ tax-)deductible; † marketable; ***leicht*** (***schwer***) ~ easy (hard) to sell.
absetzen I. *v/t.* **1.** (*Gegenstand*) set (*od.* put) down; (*Brille, Hut*) take off; (*Glas, Feder, Gewehr*) put down; **2.** (*Mitreisenden, Fallschirmjäger*) drop (off) (***an, bei*** at); **3.** *Pferd*: (*den Reiter*) throw; **4.** *typ.* set (in type); ***die Zeile ~*** begin a new line; **5.** (*streichen*) drop; ***von der Tagesordnung*** *etc.* ~ take off the agenda *etc.*; (***vom Spielplan***) ~ drop (from the program[me]); **6.** † write off (*steuerlich*: against tax); (*abziehen*) deduct; **7.** *vom Amt*: dismiss; (*Herrscher etc.*) depose; **8.** † sell; ***sich leicht*** (***schwer***) ~ ***lassen*** (not to) sell well; **9.** ⚕ (*Arznei*) stop taking *pills*, go off *a drug*; (*Therapie*) break off; **10.** ~ ***von*** (*od.* ***gegen***) (*Farbe etc.*) set off against, contrast with; **11.** *mit e-r Borte etc.*: trim; **12.** ⚗ deposit; **II.** *v/refl.*: ***sich ~*** **13.** ⚗ *etc.* settle; **14.** F (*weggehen*) leave, F make off (***nach*** for); ***sich ins Ausland ~*** leave the country; **15.** (*kontrastieren*) contrast, form a contrast (***von*** with); **16.** ⚔ withdraw, retreat; **17.** F *Sport*: F make off, leave the others behind; **III.** *v/i.* (*unterbrechen*) stop, break off; ***ohne abzusetzen*** without a break, *a. beim Trinken*: in one go; *beim Schreiben*: straight off; **Absetzung** *f* dismissal; deposition *etc.*; → ***absetzen.***
absichern I. *v/t.* **1.** (*Gefahrenstelle*) make *s.th.* safe; (*Unfallstelle etc.*) cordon off; **2.** (*Investitionen*) hedge; **II.** *v/refl.*: ***sich ~*** cover o.s.
Absicht *f* intention; (*Ziel*) aim, object; ***in der ~ zu*** *inf.* with the intention of *ger.*, with a view to *ger.*; ***in der besten ~*** with the best of intentions; ***mit ~*** on purpose, deliberately; ***mit e-r bestimmten ~*** for a purpose; ***mit der festen ~ zu*** *inf.* determined to *inf.*; ***ohne ~*** unintentionally; ***ich habe die ~ zu*** *inf.* I intend to *inf.*, I'm planning to *inf.*; ***es war nicht m-e ~ zu*** *inf.* I didn't mean to *inf.*; ***die ~ war zu*** *inf.* the idea was to *inf.*; F ***~en auf j-n haben*** have designs on s.o.
absichtlich I. *adj.* intentional, deliberate; ⚖ wil(l)ful; **II.** *adv.* intentionally *etc.*; on purpose.
Absichtserklärung *f pol.* declaration of intent.
absichtslos *adj.* unintentional.
absingen *v/t.* sing (*a song* through); *vom Blatt*: sing at sight.
absinken *v/i.* sink; *Wasserstand*: drop; *Land, Ufer*: subside; *Blutdruck, Fieber*: go down; *Niveau etc.*: drop; *Interesse*: flag; (*verkommen*) degenerate (***in*** into); ***s-e Leistungen sinken ab*** he's not doing as well as he used to; ***sie ist ganz schön tief abgesunken*** she's hit rock bottom.
Absinth *m* absinth(e).
absitzen I. *v/i.* (*a.* ***vom Pferd ~***) dismount, get off one's horse; (*a.* ***vom Motorrad*** *od.* ***Fahrrad ~***) get off (one's motorbike *od.* bicycle); **II.** *v/t.* (*Zeit*) sit out; ***e-e Strafe ~*** serve a sentence; ***s-e Strafe ~*** F do time (***wegen*** for), do a spell inside (for).
absolut I. *adj.* absolute (*a. Herrscher, Mehrheit, Unsinn etc.*; *a. phys., phls.*, ⚗, ⚡, ♪); ***~es Gehör*** perfect pitch; ***es ist sein ~es Recht zu*** *inf.* he has every right to *inf.*; **II.** *adv.* absolutely; ***ich sehe ~ keinen Sinn darin*** I just don't see the point of it; ***er hat ~ keine Skrupel*** he has no scruples whatsoever; ***wenn du ~ gehen willst*** if you simply must go; ***~ nicht!*** not at all; **Absolute(s)** *n*: ***das Absolute*** the absolute.
Absolution *f* absolution; ***j-m die ~ erteilen*** give (*od.* grant) s.o. absolution.
Absolutismus *m* absolutism; **absolutistisch** *adj.* absolutist.
Absolvent(in *f*) *m* school-leaver, *Am.* (high-school) graduate; *e-r Hochschule*: graduate; **absolvieren** *v/t.* (*Studium*) finish *one's degree*; (*Schule, Hochschule*) finish, *Am.* graduate from; (*Prüfung*) pass; (*Pensum*) do, *mit Mühe*: get through; ***hast du dein heutiges Pensum schon absolviert?*** have you done your quota for the day yet?
absonderlich *adj.* peculiar, strange, odd.
absondern I. *v/t.* **1.** separate, segregate; (*isolieren*) isolate; ⚕, *physiol.* secrete; ⚗ separate, isolate; **II.** *v/refl.*: ***sich ~*** **2.** be secreted *etc.*; **3.** *fig. Person*: isolate o.s., cut o.s. off (***von*** from); **Absonderung** *f* separation; isolation; *physiol.* secretion; → ***absondern.***
Absorbens *n* ⚗ absorbent.
Absorber *m* absorber.
absorbieren *v/t.* absorb (*a. fig.*); **absorbierend** *adj.* absorbent.
Absorption *f* absorption.
absorptions|fähig *adj.* absorptive; **≈vermögen** *n* powers *pl.* of absorption, absorbing capacity.
abspalten I. *v/t.* split off (***von*** from); **II.** *v/refl.*: ***sich ~*** *von Partei etc.*: splinter off, form a splinter group.
Abspann *m Film*: credits *pl.*
abspannen I. *v/t.* (*Pferd*) unhitch; (*Mast etc.*) rig; → ***abgespannt***; **II.** *v/i.* relax; **Abspannung** *f* **1.** ⚙ anchoring; **2.** *fig.* exhaustion, fatigue.
absparen *v/t.*: ***sich et.*** (***vom Munde***) ~ scrimp and save for s.th.
abspecken F *v/i.* slim; ***sie müßte mal ein bißchen ~*** she could do with losing a few pounds.
abspeisen *v/t.* feed; *fig.* ***j-n ~*** fob s.o. off (***mit*** with).
abspenstig *adj.*: ***j-m j-n*** (***die Freundin***) ~ ***machen*** turn s.o. against s.o. (take s.o.'s girlfriend away [from him]).
absperren *v/t.* **1.** → ***abschließen*** 1; **2.** (*Straße*) block, barricade, *durch Polizei etc.*: cordon off; **3.** (*Wasser, Gas etc.*) cut off.

Absperr|gitter *n* crowd barrier; **~hahn** *m* stopcock; **~kette** *f* cordon.
Absperrung *f* **1.** Straße: roadblock, durch Polizei: cordon; **2.** von Strom etc.: cutting off.
Absperrventil *n* stop valve.
abspicken v/t. u. v/i. copy, crib.
Abspiel *n* Sport: pass(ing).
abspielen I. v/t. **1.** play; (Tonband etc.) bsd. zur Überprüfung: a. play back; ♪ vom Blatt: play at sight; **2.** Sport: (Ball) pass (a. v/i. **den Ball ~**); **II.** v/refl.: **sich ~** (geschehen) happen, take place; (los sein) be going on; F **da spielt sich nichts ab** F nothing doing.
absplittern I. v/i. chip off, splinter; Farbe, Lack: flake (od. peel) off; **II.** v/t. splinter, (a. Farbe, Lack) chip off; **III.** v/refl.: **sich ~** → **abspalten** II.
Absprache *f* arrangement; **laut ~** according to the agreement; **2gemäß** adv. as agreed.
absprechen I. v/t. **1.** (abmachen) arrange; **hast du es mit ihm schon abgesprochen?** have you spoken to him about it?; **2.** (in Abrede stellen) deny, dispute; **sie hat ihm jede Fähigkeit abgesprochen** she denied that he was capable of anything; **Talent kann man ihm nicht ~** there's no denying his talent, he's certainly got talent; **3.** ⚖ (j-m et.) dispossess of, deprive of; **II.** v/refl.: **sich mit j-m ~, daß** arrange with s.o. that.
abspreizen v/t. (Finger etc.) stretch out.
absprengen v/t. (Felsen etc.) blast off.
abspringen v/i. **1.** jump off (od. down); Sport: take (od jump) off; ✈ jump, im Notfall: bale out; **vom Pferd ~** jump off one's horse; **2.** (abprallen) (a. **~ von**) bounce off; **3.** (a. **~ von**) Farbe etc.: come off, Splitter: a. chip off; **4.** fig. von e-m Kurs etc.: drop out (**von** of); von e-r Verpflichtung: back out (of); **~ von** e-r Partei etc.: leave; **5.** F fig. **und was springt für mich ab?** what's in it for me?
abspritzen v/t. hose (od. wash) down; (Pflanzen) spray.
Absprung *m* jump; fig. **den ~ wagen** take the plunge; **den ~ schaffen** make it; **~balken** *m* Sport: takeoff board; **~höhe** *f* drop altitude; **~stelle** *f* jumping-off point.
abspulen v/t. unwind; (Film) run a film through; F fig. (ableiern) reel off.
abspülen v/t. → **spülen.**
abstammen v/i.: **~ von** a) be descended from, b) ling. derive from; **Abstammung** *f* **1.** descent, origin; (Geburt) birth; **von italienischer ~** of Italian descent (od. extraction); **2.** ling. derivation.
Abstammungslehre *f* theory of evolution.
Abstand *m* **1.** distance; (Zwischenraum) space, zwischen Zeilen: spacing; zeitlich: interval; **in regelmäßigen Abständen** a. zeitlich: at regular intervals; fig. **~ halten** keep one's distance; **~ von et. gewinnen** get s.th. in perspective, (et. überwinden) get over s.th.; **mit ~ besser** far (F miles) better; **mit ~ der Beste** by far (od. far and away) the best, F the best by miles; **mit ~** gewinnen: by a wide margin, F by a long chalk; **~ von et. nehmen** refrain (od. desist) from ger.; **2.** → **Abstandssumme** *f* compensation, indemnification; für Angestellte: severance pay.
abstatten v/t.: **j-m e-n Besuch ~** pay s.o. a visit; **j-m s-n Dank ~** thank s.o.
abstauben I. v/t. **1.** dust; **2.** F (mitgehen lassen) F swipe, snitch; **II.** F v/i. Sport: tap the ball in.
Abstaubertor *n* tap-in.
abstechen I. v/t. (Stahl etc.) cut off; (Kanal, Torf) cut; (Wein) draw off; (Schwein) stick; **II.** v/i.: **von et. ~** stand out against.
Abstecher *m* detour; fig. digression; **e-n kurzen ~ nach X machen** take in X along the way, make a quick trip to X; fig. **e-n ~ machen in** digress briefly on.
abstecken v/t. **1.** (Kleid) fit; **2.** (Land) mark out, mit Pfählen: stake out, mit Pflöcken: peg out; (Grundriß) trace (od. lay) out; (Grenzen) demarcate, mark out; fig. (Thema, Pläne etc.) outline; (Standpunkt) make clear; fig. **die Fronten ~** lay down the battle-lines.
abstehen v/i. **1.** stand away (**von** from); (herausragen) stick out (of); **2.** (schal werden) grow stale, Getränke: go flat; **3. ~ von** (verzichten auf) renounce; **abstehend** adj.: **~e Ohren** bat ears; **er hat ~e Ohren** a. his ears stick out.
Absteige *f* F dosshouse, Am. flop-house; (Stundenhotel) F short-time hotel.
absteigen v/i. **1.** vom Berg: descend, climb down; vom Pferd: get off (one's horse), dismount; vom Fahrrad: get off (one's bicycle); **2.** fig. Sportklub: be relegated, go down; → **Ast**; **3. wo seid ihr abgestiegen?** which hotel etc. did you stay at (bzw. are you staying at)?
Absteigequartier *n* → **Absteige.**
Absteiger *m* Sport: relegated team; F **~ des Jahres** flop of the year.
Abstellbahnhof *m* railway (Am. railroad) yard.
abstellen v/t. **1.** put down; (Auto etc.) park; **2.** (Maschine) turn off (a. Gas, Wasser etc.); bsd. Radio u. ⚡: switch off (a. Motor); **3.** fig. (Mißstand) remedy; **4. ~ auf** gear to.
Abstell|fläche *f* storage surface; für Autos: parking space; **~gleis** *n* siding; fig. **aufs ~ schieben** put on the shelf, sideline, (entlassen) F throw on the scrapheap, put out to pasture; **auf dem ~ stehen** have come to the end of the road; **~hahn** *m* stopcock; **~raum** *m* boxroom, lumber room; **~tisch** *m* dumb waiter.
abstempeln v/t. stamp; 📯 postmark; fig. label (**als, zu et.** [as] s.th.), dub ([as] s.th.); (abtun) write s.o. off (as).
absteppen v/t. stitch; (Decke) quilt.
absterben v/i. die (off); Gewebe, Glied: necrotize; (gefühllos werden) go numb; Motor: stall; → **abgestorben.**
Abstieg *m* **1.** descent, way down; **2.** fig. decline; **3.** Sport: relegation.
abstiegsgefährdet adj. threatened by (od. in danger of) relegation.
abstillen v/t. (Kind) wean.
Abstimmbereich *m* Radio: tuning range.
abstimmen I. v/t. ♪ (u. Radio) tune (**auf** to); ⚙ u. fig. (aufeinander ~) coordinate; (anpassen) adjust (to); zeitlich: time; (Farben) match; **II.** v/i. parl. etc. vote (**über** on); **~ lassen über** take a vote on; **III.** v/refl.: **sich ~** a) come to an agreement (od. arrangement), b) agree to stick to the same version; **sich mit j-m ~** bei Urlaub etc.: arrange things with s.o.
Abstimm|knopf *m* tuning knob; **~kreis** *m* tuning circuit; **~schärfe** *f* selectivity.
Abstimmung *f* **1.** voting, vote; (Volks2) referendum; **~ durch Handzeichen** vote by show of hands; **~ durch Zuruf** vote by acclamation; **geheime ~** (voting by) ballot; **offene ~** vote by open ballot; → **namentlich**; **zur ~ bringen (kommen)** put (be put) to the vote; **2.** coordination (**auf, mit** with); zeitliche: timing; Radio: tuning.
Abstimmungsergebnis *n* results pl. of the poll.
abstinent adj. abstemious, abstinent; **Abstinenz** *f* (total) abstinence; **Abstinenzler** *m* teetotal(l)er.
abstoppen I. v/t. **1.** stop; **2.** mit Stoppuhr: clock, time, take the time of; **II.** v/i. stop; (die Geschwindigkeit vermindern) reduce speed.
Abstoß *m* Fußball: goal kick; **abstoßen I.** v/t. **1.** (Boot etc.) push off; **2.** (Geweih, Haut) shed; → **Horn** 1; **3.** (Organe) reject; **4.** (Porzellan) chip; (abbrechen) break off; (Ecke) knock off; (Schuhe) scuff; (Möbel) knock; **5.** fig. (anwidern) repel, disgust, revolt; **6.** (loswerden) get rid of; ✝ sell off, unload; **II.** v/refl.: **sich ~ (von)** push o.s. off; **III.** v/i. Fußball: take a goal kick; **abstoßend** adj. repulsive, disgusting, revolting; **Abstoßung** *f* e-s Organs: rejection.
abstottern F v/t. pay for in instal(l)ments; **er stottert monatlich 100 Mark ab** he pays 100 marks a month (od. a monthly instal[l]ment of 100 marks).
abstrahieren I. v/t. (Prinzip etc.) derive, deduce; (das Wesentliche) abstract, distil(l); (in Begriffe fassen) conceptualize, abstract; **II.** v/i. consider s.th. abstractly (od. in abstraction); in der Kunst etc.: be abstract; **~ von** (absehen von) abstain from, renounce.
abstrahlen v/t. (Wärme etc.) emit, radiate.
abstrakt I. adj. abstract (a. Kunst); **II.** adv. in the abstract, abstractly.
Abstraktion *f* abstraction; **Abstraktionsvermögen** *n* capacity for abstract thinking, ability to think in abstract terms.
abstrampeln F v/refl.: **sich ~** F slog away.
abstreichen v/t. **1.** wipe off; scrape off; (Schaum) take off; (Schuhe, Messer etc.) wipe; **2.** (abziehen) deduct; (kürzen) cut; **3.** (Gebiet) scour.
abstreifen I. v/t. **1.** slip off; (Schuhe) wipe; **2.** (Gelände) patrol, scour; **II.** v/i. stray (a. fig.).
abstreiten v/t. dispute; (leugnen) deny.
Abstrich *m* **1.** (Abzug) deduction; (Kürzung) curtailment, cut; fig. **~e machen** lower one's sights, **an:** cut back on; fig. **irgendwo muß man ~e machen** you can't have everything; **2.** ⚕ smear; von den Mandeln: swab; (Untersuchung) smear test; **e-n ~ machen** take a smear (od. swab).
abstrus adj. abstruse.
abstufen v/t. terrace; fig. grade; (staffeln) a. graduate; **Abstufung** *f* gradation; von Farben etc.: shade, a. fig. nuance.
abstumpfen I. v/t. **1.** blunt; **2.** (Gefühle etc.) dull; (j-n) harden; **II.** v/i. u. v/refl. (**sich ~**) **3.** become blunt; **4.** Gefühle etc: become dulled; Person: become hardened (od. insensible); → **abgestumpft.**
Absturz *m* **1.** fall; ✈ crash; **2.** Computer: system crash; **3.** (Abgrund) precipice.
abstürzen v/i. **1.** fall; ✈ crash; **2.** Com-

puter: crash; **3.** (*abschüssig sein*) drop steeply.

Absturz|gefahr *f* danger of falling; **~stelle** *f* site (*od.* scene) of the (*od.* a) crash; **~ursache** *f* cause of the (*od.* a) crash.

abstützen *v/t.* support, prop up.

absuchen *v/t.* search (***nach*** for); (*Gelände*) *a.* scour, comb (for); *mit Scheinwerfer, Radar*: sweep (in search of).

absurd *adj.* absurd; (*lächerlich*) *a.* ridiculous; ***~es Theater*** theat|re (*Am. a.* -er) of the absurd; **Absurdität** *f* absurdity.

Abszeß *m* abscess.

Abszisse *f* 𝔄 abscissa.

Abt *m* abbot.

abtakeln *v/t.* **1.** ⚓ unrig; (*außer Dienst stellen*) lay up; **2.** F *fig.* ***j-n ~*** F give s.o. the sack.

abtasten *v/t.* feel (***nach*** for); *nach Waffen etc.*: frisk (for); ⚕ palpate; *TV, Radar etc.*: scan, *Computer*: *a.* sample.

Abtaster *m* scanner.

Abtastfehler *m* reading error.

Abtauautomatik *f* automatic defroster.

abtauchen *v/i.* **1.** *U-Boot*: submerge, go down; **2.** F *fig. Person*: go underground.

abtauen I. *v/i. Schnee etc.*: thaw; *Fenster etc.*: clear; **II.** *v/t.* thaw; (*Kühlschrank etc.*) defrost.

Abtei *f* abbey.

Abteil *n* **1.** 🚂 compartment; **2.** *e-s Schranks etc.*: section.

abteilen *v/t.* divide, split up; *in Fächer etc.*: partition (off).

Abteilung¹ *f* division.

Abteilung² *f* department; *Verwaltung*: division; *Strafanstalt, Krankenhaus*: ward; ⚔ detachment, unit, (*Bataillon*) battalion.

Abteilungsleiter *m* head of (a *od.* the) department; ⚚ departmental manager; *im Kaufhaus*: floor manager.

abtelefonieren *v/i.*, **abtelegrafieren** *v/i.* → ***absagen*** 2.

abtippen F *v/t.* type up, get *s.th.* typed.

Äbtissin *f* abbess.

abtönen *v/t.* tone down (*a. phot.*); **Abtönung** *f* shade.

abtöten *v/t.* kill (*a. Nerv*); (*Bakterien*) *a.* destroy; *fig.* (*Gefühl*) deaden.

Abtrag *m*: ***j-m*** (***e-r Sache***) ***~ tun*** do s.o. (s.th.) harm.

abtragen *v/t.* **1.** take away; remove; (*Geschirr*) clear away; (*Mauer etc.*) pull down (bit by bit); (*Erde*) clear away; (*Erhebung*) level; **2.** (*Schuld*) pay off, (*Hypothek*) *a.* amortize; **3.** (*abnutzen*) wear out (*a.* ***sich ~***).

abträglich *adj.* inimical (*dat.* to), (*nachteilig*) detrimental (to).

abtrainieren *v/t.* (*Pfunde etc.*) work off.

Abtransport *m* removal; **abtransportieren** *v/t.* take away, (*Verletzte*) *a.* take to hospital.

abtreiben I. *v/t.* **1.** *Strömung etc.*: carry *od.* sweep off (*od.* away); **2.** ⚕ (*Embryo*) abort, F get rid of; ***ein Kind ~ lassen*** have an abortion; **II.** *v/i.* **3.** ⚓, ✈ drift off (course); **4.** ⚕ have an abortion; ***sie hat schon zweimal abgetrieben*** she's had two abortions already.

Abtreibung *f* ⚕ abortion.

Abtreibungs|gesetz *n* abortion law(s *pl.*); **~klinik** *f* abortion clinic; **~paragraph** *m* abortion law(s *pl.*); **~pille** *f* abortion pill.

abtrennbar *adj.* detachable; **abtrennen** *v/t.* separate (*a.* ***sich ~***); (*abreißen*) tear off; (*Ärmel etc.*) take off, (*Futter*) take out; (*Bein etc.*) *beim Unfall*: sever, *operativ*: amputate; **Abtrennung** *f* separation; *e-s Beins etc.*: severing, *operative*: amputation, removal.

abtreten I. *v/t.* **1.** (*Schuhe, Stufen*) wear down; **2.** ***sich die Schuhe ~*** wipe one's feet; **3.** ***j-m et. ~*** hand s.th. over to s.o., ⚖ (*a.* ***et. an j-n ~***) cede s.th. to s.o. (*a. Gebiet*), make s.th. over to s.o.; **II.** *v/i.* withdraw, *vom Amt*: *a.* retire; *thea.* go off; ⚔ break ranks; *fig.* (*von der Bildfläche ~, a. sterben*) make one's exit.

Abtreter *m* doormat; (*Gitterrost*) scraper.

Abtretung *f* cession (*a. e-s Gebiets*), transfer, assignment (***an*** to).

Abtretungsurkunde *f* transfer deed; *Grundstück*: (deed of) conveyance; *Konkurs*: (deed of) assignment.

Abtritt *m thea.* exit; *e-s Beamten etc.*: retirement.

Abtrockentuch F *n* drying-up cloth, tea towel, *Am.* dish towel.

abtrocknen I. *v/t.* dry; ***sich die Hände ~*** dry one's hands (***an*** on); ***das Geschirr ~*** dry up, dry the dishes, do the drying-up; **II.** *v/i.* dry; (*das Geschirr ~*) dry up, dry the dishes, do the drying-up.

abtropfen *v/i.* drip; ***~ lassen*** drain, (*Geschirr*) let *the glasses etc.* drain.

abtrotzen *v/t.*: ***sie hat es ihm abgetrotzt*** she just persisted until he let her have it (*od.* until she got what she wanted).

abtrünnig *adj.* unfaithful, disloyal; *Gruppe*: breakaway ...; *eccl.* lapsed ..., *formell*: apostate; ***~ werden von*** leave, *e-m Glauben*: *a.* fall away from; **Abtrünnige(r)** *m* defector, *stärker*: renegade; *eccl.* defector, backslider, lapsed Catholic *etc.*, *formell*: apostate.

abtun *v/t.* **1.** F (*ablegen*) take off; (*Gewohnheit*) shake off; **2.** (*Argumente etc.*) brush aside, (*a. j-n*) dismiss; ***et. mit e-m Achselzucken*** (***Lachen***) ***~*** shrug (laugh) s.th. off; **3.** (*ausgeben*) pass off (***als*** as).

abtupfen *v/t.* dab; (*entfernen*) dab off; (*Wunde*) swab.

aburteilen *v/t.* pass sentence on; *fig.* condemn (out of hand); **Aburteilung** *f* trial.

abverlangen *v/t.* demand (*dat.* of).

abwägen *v/t.* weigh, consider (carefully); ***gegeneinander ~*** weigh up; **Abwägung** *f* consideration; ***bei ~ aller Dinge*** on balance.

abwählen *v/t.* **1.** (*j-n*) vote *s.o.* out of office; **2.** (*Fach*) drop.

abwälzen *v/t.* shift (***auf*** on to); ***die Verantwortung auf e-n anderen ~*** pass the buck (to someone else).

abwandeln *v/t.* modify.

abwandern *v/i. Bevölkerung*: migrate, move; *Zuschauer, Arbeiter*: drift off; *Sport*: leave the club; ⚚ *Kapital*: flow (out); *meteor.* move (***nach Osten*** *etc.* east *etc.*); **Abwanderung** *f* migration; exodus (***aus*** from); *Sport*: move, transfer; *von Kapital*: outflow; ***~ von Wissenschaftlern*** (academic) brain drain; → *a.* ***abwandern.***

Abwandlung *f* variation, modification.

Abwärme *f* waste heat; **~verwertung** *f* waste heat recovery.

abwarten I. *v/t.* wait for; ***j-n*** (***das Gewitter***) ***~*** wait till s.o. comes (the storm is over); ***das bleibt abzuwarten*** that remains to be seen; → ***abpassen***; **II.** *v/i.* wait (and see); **abwartend** *adj. Verhalten*: cautious; ***e-e ~e Haltung einnehmen*** decide to wait and see, *pol.* adopt a wait-and-see policy.

abwärts *adv.* down(wards); ***den Fluß ~*** down the river, downstream; **~bewegung** *f* ⚚ downward trend, downturn; **~gehen** *v/impers.*: ***es geht mit ihm*** (***mit den Geschäften*** *etc.*) ***abwärts*** he's (business *etc.* is) going downhill; ***mit der Moral geht es abwärts*** their *etc.* morale is steadily slipping.

Abwasch *m* **1.** dirty dishes *pl.*; **2.** (*Spülen*) washing-up; ***den ~ machen*** → ***abwaschen*** II; *fig.* ***das geht in einem ~*** that can be done in one go.

abwaschbar *adj.* washable.

Abwaschbecken *n* sink.

abwaschen I. *v/t.* wash off (*a.* ***~ von***); (*Körper*) wash down; (*das Geschirr*) wash up; **II.** *v/i.* do the dishes (*od.* washing-up).

Abwasch|lappen *m* washing-up cloth, dishcloth; **~mittel** *n* washing-up liquid; **~wasser** *n* dishwater.

Abwasser *n a. pl.* waste water, sewage; (industrial) effluent; **~aufbereitung** *f* sewage treatment; **~beseitigung** *f* sewage disposal; **~kanal** *m* sewer; **~kläranlage** *f* sewage (disposal) plant, clarification plant; **~leitung** *f* sewage pipe, sewer; **~reinigung** *f* sewage treatment.

abwechseln I. *v/i.* (*u. v/t.* ***sich*** *od.* ***einander ~***) alternate, *Personen*: take turns (***bei*** with, in *doing s.th.*); ***sich am Steuer ~*** take turns driving (*od.* at the wheel); ***Regen und Sonnenschein wechselten*** (***sich***) ***ab*** one minute it was raining, the next the sun was shining; **II.** *v/refl.*: ***sich ~ mit*** take turns with; ***sich mit j-m beim Fahren*** *etc.* ***~*** take turns driving *etc.* with s.o.; **abwechselnd I.** *adj.* alternate, alternating; **II.** *adv.* alternately; (*der Reihe nach*) by turns; ***~ rot und blaß werden*** change colo(u)r several times.

Abwechs(e)lung *f* change; (*Mannigfaltigkeit*) variety; (*Zerstreuung*) change; ***~ brauchen*** need a change; ***~ bringen in*** liven up; ***zur ~*** for a change.

abwechslungsreich *adj.* varied; (*ereignisreich*) eventful.

abwedeln *phot.* **I.** *v/t.* shade; **II.** *v/i.* dodge, shade.

Abweg *m*: *fig.* ***auf ~e geraten*** go astray.

abwegig *adj.* (*sonderbar*) bizarre, F off-beat; (*unangebracht*) inept, out of place; (*seltsam*) weird.

Abwehr *f* **1.** *a. Sport*: defen|ce (*Am.* -se); *e-s Angriffs, des Feindes*: repulse; (*Widerstand*) resistance; (*Abwendung*) warding off (*a. e-r Krankheit*); *Fechten etc.*: parrying; **2.** → **~dienst** *m* ⚔ counter-intelligence (service).

abwehren *v/t.* (*Angriff, Feind*) beat back, repulse; *Fechten*: parry; *Boxen, Fußball*: block, (*klären*) clear; (*zurückweisen*) reject; (*abwenden*) ward off.

Abwehr|fehler *m Sport*: defensive error; **~haltung** *f psych.* defensiveness; ***sich in ~ befinden*** be on the defensive; **~kampf** *m* ⚔ defensive battle; **~kräfte** *pl.* resistance *sg.*; **~mechanismus** *m biol., psych.* defen|ce (*Am.* -se) mechanism; **~mittel** *n* means of defen|ce (*Am.* -se); ⚕ prophylactic; **~reaktion** *f* defensive reaction; **~spiel** *n Sport*: defensive play; **~spieler** *m* defender; *pl. a.* defen|ce (*Am.* -se) *sg.*; **~stark** *adj. Sport*: strong in defen|ce (*Am.* -se); ***das ist e-e ~e Mannschaft*** they're a good defensive team; **~stoff** *m biol.* antibody; **~waffe** *f* ⚔ defensive weapon.

abweichen¹ *v/i.* deviate (*a. Kompaßnadel*); *phys.* vary; (***stark***) ***voneinander ~*** differ (widely); ***vom Thema ~*** get off the subject, go off on a tangent; ***von den Regeln ~*** break the rules; ***er ist nie von dem Vorhaben abgewichen*** he never swerved from that ambition.

abweichen² *v/t.* (*Briefmarke*) soak off.

abweichend *adj.* divergent; (*voneinander ~*) varying, differing.

Abweichler *m pol.* deviationist; **abweichlerisch** *adj.* deviationist; **Abweichlertum** *n* deviationism.

Abweichung *f* divergence, deviation; *vom Thema*: digression; *von e-r Regel etc.*: departure (***von*** from).

abweisen *v/t.* reject, turn down; ⚖ dismiss; ⚔ repulse; (*j-m den Eintritt verwehren*) send (*od.* turn) away; (*j-n nicht zu sich hereinlassen*) refuse to see; ***j-n schroff ~*** snub s.o.; ***er läßt sich nicht ~*** he won't take no for an answer; **abweisend** *adj.* unfriendly, cool, off-putting; *Antwort*: dismissive; **Abweisung** *f* rejection; ⚖ dismissal; ⚔ repulse; *e-r Person*: snub, rebuff.

abwenden I. *v/t.* turn away; (*Schlag*) ward off; (*Gefahr, Unheil, Krise etc.*) head off, avert; ***den Blick ~*** look away, *formell*: avert one's gaze; **II.** *v/refl.*: ***sich ~ → abkehren*** II; **Abwendung** *f e-r Gefahr*: averting; (*Abkehr*) abandonment (***von*** of).

abwerben *v/t.* (*Kunden*) poach, F steal, (*Arbeitskräfte*) *a.* headhunt, (*a. Wähler*) woo away; **Abwerber** *m* headhunter; **Abwerbung** *f* poaching, F stealing, *von Arbeitskräften*: *a.* headhunting, *a. von Wählern*: wooing away.

abwerfen *v/t.* throw down; (*Decke, Kleidung*) throw off; ✈ (*Bomben, Versorgungen etc.*) drop; (*Reiter*) throw; (*Geweih*) cast, shed; (*Joch*) shake off; (*Spielkarte*) throw away; *Sport*: (*Hindernis*) knock down; *Ballspiele*: get *s.o.* out; † (*Gewinn*) yield; (*Zinsen*) bear *interest*; (*Nebenprodukte*) spin off.

abwerten *v/t.* † devalue; *fig.* depreciate, derogate; ***~ als*** dismiss as; **abwertend** *fig. adj.* depreciatory, disparaging; **Abwertung** *f* devaluation; *fig.* depreciation.

abwesend I. *adj.* **1.** absent, away; not here; *nicht zu Hause*: *pred.* out, not in; **2.** *fig.* (*zerstreut*) lost in thought; *Blick*: faraway *look*; **II.** *adv.* absently; **Abwesende(r)** *m* absentee; ***die Abwesenden*** those absent.

Abwesenheit *f* absence; *fig.* (*Geistes*~) abstraction; (*Träumerei*) daydreaming; ***in ~ von*** in the absence of; *iro.* ***durch ~ glänzen*** be conspicuous by one's absence; ⚖ ***in ~ verurteilt werden*** *Strafrecht*: be sentenced in absence, *Zivilrecht*: be sentenced by default.

Abwesenheits|quote *f*, **~rate** *f* rate of absenteeism, absentee figures *pl.*

abwetzen I. *v/t.* (*abnutzen*) wear *s.th.* smooth; **II.** F *v/i.* (*weglaufen*) F zoom off.

abwichsen V *v/t.*: ***sich einen ~*** V wank off, jerk off, have a wank.

abwickeln I. *v/t.* **1.** (*a.* ***sich ~***) unwind; (*Verband*) take off; **2.** (*durchführen*) handle; (*erledigen*) settle; (*Verkehr*) regulate; † (*liquidieren*) wind up; **II.** *fig. v/refl.*: ***sich ~*** go; **Abwick(e)lung** *f* (*Durchführung*) handling, processing; *e-s Geschäfts*: settlement; (*Liquidation*) winding up.

abwiegeln I. *v/t.* **1.** (*beruhigen*) calm down, appease; **2.** (*abweisen*) turn away, dismiss; **II.** *v/i.* smooth over the difficulties (*od.* ill feelings *etc.*); play down the issue.

abwiegen *v/t.* weigh out.

Abwiegler *m* conciliator.

abwimmeln F *v/t.* shake off; (*Arbeit*) get out of (doing).

Abwind *m* ✈ downward current.

abwinkeln *v/t.* (*Arme etc.*) bend.

abwinken I. *v/t.* **1.** (*Fahrzeug*) flag down; **2.** (*Rennen*) stop; **II.** *v/i.* **3.** give a dismissive gesture; (*Angebotenes zurückweisen*) make a gesture of refusal; ***als ich mit m-m Vorschlag kam, hat er gleich abgewunken*** he wouldn't listen to my suggestion; **4.** *Dirigent*: stop the orchestra.

abwirtschaften I. *v/i. u. v/refl.* (***sich ~***) *Firma etc.*: go to ruin, *völlig*: run itself into the ground; *Partei etc.*: a) be on the road to ruin (*od.* collapse), b) collapse; ***er hat abgewirtschaftet*** *Politiker etc.*: he's come to the end of the road; **II.** *v/t.* (*Firma etc.*) run down, *völlig*: run into the ground; (*Partei etc.*) bring to ruin (*od.* to the point of collapse).

abwischen *v/t.* wipe off; (*Tisch etc.*) wipe; ***sich den Mund*** (***die Stirn, die Tränen***) ***~*** wipe one's mouth (mop one's brow, wipe away one's tears).

abwracken *v/t.* break up, scrap; *fig.* → ***abgewrackt.***

Abwurf *m* ✈ dropping; *Sport*: throw-out; *Reiten*: knock-down.

abwürgen *v/t.* strangle; *mot.* stall; *fig.* (*Gegner*) crush; (*Initiative etc.*) quash; (*Diskussion*) stifle.

abzahlen *v/t.* pay *s.th.* off, settle; *in Raten*: pay for *s.th.* by instal(l)ments.

abzählen *v/t.* count; (*Geld*) count (out); *fig.* ***das kannst du dir an den Fingern ~*** it's as clear as day(light).

Abzähl|reim *m*, **~vers** *m* counting-out rhyme.

Abzahlung *f* payment; (*Rate*) instal(l)ment; ***auf ~ kaufen*** buy on hire purchase, *bsd. Am.* buy on the instal(l)ment plan; **Abzahlungsgeschäft** *n* hire purchase (sale).

abzapfen *v/t.* tap, draw off; ⚕ (*Blut*) draw; *fig.* ***j-m Geld*** *etc.* ***~*** scrounge money *etc.* off s.o.

abzäunen *v/t.* fence off (*od.* in).

abzehren *v/t. Krankheit etc.*: emaciate.

Abzeichen *n* badge; ⚔ insignia, (*Streifen*) stripe; (*Auszeichnung*) decoration.

abzeichnen I. *v/t.* **1.** (*abbilden*) copy, draw (***von*** from); **2.** (*Schriftstück*) initial; **II.** *v/refl.*: ***sich ~*** (*sich abheben*) stand out; (*sich spiegeln*) be reflected; *Gefahr*: loom on the horizon; (*entstehen*) be emerging, be evolving; *e-e neue Entwicklung etc.* ***zeichnete sich ab*** could be seen to emerge; **~d** *adj.*: ***sich ~*** emerging, emergent, evolving.

Abziehbild *n* transfer.

abziehen I. *v/t.* **1.** take off; (*Tier, a. Tomate etc.*) skin; (*Bett*) strip; (*Schlüssel*) take out; (*Bohnen*) string; (*wegnehmen*) withdraw (*a. Truppen u. fig. Hilfe etc.*); **2.** (*vervielfältigen*) make a copy (*od.* copies) of; *typ.* pull off *a proof*; *phot.* make a print (*od.* prints) of; **3.** ⚙ (*schleifen*) smooth, (*Messer*) grind, sharpen; (*Parkett*) surface; **4.** (*abrechnen*) subtract; deduct; † ***etwas vom Preis ~*** deduct something from (F knock something off) the price; **5.** (*abfüllen*) bottle; **6.** F (*Party*) have, throw; → ***Schau***; **7.** *Sport*: (*j-n*) thrash; **II.** *v/i.* **8.** *Rauch*: escape, (*sich auflösen*) clear, disappear; *Nebel*: clear, disperse; *Wolken*: move off; *Gewitter*: pass; **9.** ⚔ withdraw; **10.** *Zugvögel*: head south, migrate; **11.** *Zuschauer*: leave, *Menge*: *a.* disperse; **12.** F (*weggehen*) F push off; **13.** *Sport*: let fly.

Abzieh|presse *f* proof press; **~riemen** *m* strop; **~stein** *m* whetstone.

abzielen *v/i.*: ***auf*** *et.* ***~*** aim at; *Maßnahme, Bemerkung etc.*: be designed to *inf.*; ***worauf zielte er ab?*** what was he driving at?

abzirkeln *v/t.* measure out with compasses; *fig.* ***s-e Worte genau ~*** weigh one's words carefully.

abzischen F *v/i.* F zoom off.

Abzug *m* **1.** ⚔ withdrawal, retreat; **2.** † deduction; *vom Preis*: discount; ***in ~ bringen*** deduct; ***nach ~ der Kosten*** charges deducted; ***nach ~ der Steuer(n)*** after taxation; **3.** *für Dämpfe etc.*: outlet, escape; *für Flüssigkeit*: drain; **4.** *am Gewehr etc.*: trigger; **5.** *typ.* proof, (*Vervielfältigung*) copy; *phot.* print.

abzüglich *adv.* less, minus; ***~ der Kosten*** charges deducted.

abzugsfähig *adj.* deductible.

Abzugs|haube *f* cooker hood; **~hebel** *m* trigger arm; **~kanal** *m* sewer, culvert; **~rohr** *n* waste pipe; *für Gase*: escape (*od.* outlet) pipe; **~schach** *n* discovered check; **~schacht** *m* escape shaft.

Abzweigdose *f* junction box.

abzweigen I. *v/i.* branch off; **II.** *v/t.* (*Geld etc., bestimmen für*) earmark, set aside (***für*** for); **Abzweigung** *f* 🚂 junction; *e-r Straße*: turning, turnoff, (*Gabelung*) fork.

abzwicken *v/t.* nip off.

abzwitschern F *v/i.* F buzz off.

Accessoires *pl.* accessories.

Acetat *n* ⚗ acetate; **~seide** *f* acetate rayon.

Aceton *n* ⚗ acetone.

Acetylen *n* ⚗ acetylene.

ach *int.* oh; ***~(, wie schade, wie ärgerlich*** *etc.*)***!*** oh no!; ***~ nein?*** you don't say; ***~ so!*** oh, I see; ***~ was!, ~ wo!*** oh no, of course not.

Ach *n*: ***~ und weh schreien*** wail; ***mit ~ und Krach*** by the skin of one's teeth, ***e-e Prüfung bestehen***: scrape through an exam.

Achat *m* agate.

Achilles|ferse *fig. f* Achilles' heel, weak spot; **~sehne** *f anat.* Achilles' tendon.

achromatisch *adj.* achromatic.

Achs... → *a.* ***Achsen...***; **~abstand** *m* **1.** A cent|re (*Am.* -er) distance; **2.** *mot.* wheel base; **~antrieb** *m* final drive.

Achse *f* **1.** A, △, *anat.*, *bot. etc.* axis, *pl.* axes; → ***drehen*** 12; **2.** ⚙ axle; F *fig.* (***dauernd***) ***auf ~ sein*** be on the move *od.* road (all the time).

Achsel *f* shoulder; ***die ~*** (*od.* ***mit den ~n***) ***zucken*** shrug one's shoulders; *fig.* ***j-n über die ~ ansehen*** look down on s.o.; **~drüse** *f* axillary gland; **~höhle** *f* armpit.

Achselzucken *n* shrug (of the shoulders); ***mit e-m ~ abtun*** shrug *s.th.* off; **achselzuckend** *adv.* shrugging one's shoulders, with a shrug; ***~ über et. hinweggehen*** shrug s.th. off.

Achsen|bruch *m* **1.** breaking of an axle; **2.** broken axle; **~drehung** *f* (axial) rotation; **~symmetrie** *f* axial symmetry.

Achs|lager *n* axle bearing; **~last** *f* axle load; **~schenkel** *m* ⚙ (axle) journal; *mot.* stub axle, *Am.* steering knuckle; **~stand** *m mot.* wheel base; **~welle** *f* axle shaft.

acht I. *adj.* **1.** eight; ***in ~ Tagen*** in a week('s time); ***vor ~ Tagen*** a week ago; ***alle ~ Tage*** every week, once a week; **2.** eighth; ***~es Kapitel*** chapter eight; ***am ~en April*** on the eighth of April, on April the eighth; ***8. April*** 8th April, April 8(th); **II.** *adv.* ***wir waren zu ~*** there were eight of us; ***wir gingen zu ~ hin*** eight of us went (there); **III.** → ***Acht***[1].

Acht[1] *f* (number) eight; F (*Buslinie etc.*) (number) eight.

Acht[2] *f* (*Bann*) outlawry; ***in ~ und Bann tun*** outlaw, *fig. gesellschaftlich*: ostracize.

Acht[3] *f*: ***außer ≈ lassen*** disregard, ignore, pay no attention to; ***in ≈ nehmen*** watch, look after; ***sich in ≈ nehmen*** watch out (***vor*** for).

achtbändig *adj.* eight-volume ..., in eight volumes.

achtbar *adj.* respectable; *Firma*: reputable; **Achtbarkeit** *f* respectability.

Achte(r) *m* (the) eighth; ***er war Achter*** he was (*od.* came) eighth; ***Heinrich VIII.*** Henry VIII (= Henry the Eighth); ***heute ist der Achte*** it's the eighth today.

Achteck *n* octagon; **achteckig** *adj.* octagonal.

Achtel *n* eighth; **~note** *f* quaver, *Am.* eighth note; **~pause** *f* quaver (*Am.* eighth note) rest.

achten I. *v/t.* (*j-n*) respect, have a high opinion of; (*Gesetze*) observe, abide by; (*Rechte, Gefühle etc.*) respect; ***nicht ~*** not to value very highly, (*Gefahr*) ignore; → ***beachten, erachten***; **II.** *v/i.*: ***~ auf*** pay attention to, mind; (*aufpassen auf*) watch, keep an eye on; (*Ausschau halten nach*) watch out for; ***darauf ~, daß*** see to it that.

ächten *v/t.* (*Person*) outlaw; (*et.*) ban; *fig. gesellschaftlich*: ostracize.

achtens *adv.* eighth(ly), eight, in eighth place.

achtenswert *adj.* commendable; *Person*: highly respectable.

Achter *m* **1.** (*Boot*) eight; **2.** *Eislauf*: figure (of) eight; **3.** F (*Rad*) buckled tyre (*Am.* tire); **4.** → ***Achte(r)***; **~bahn** *f* roller coaster; **~deck** *n* quarterdeck.

achtfach *adj.* eightfold; ***die ~e Menge*** eight times the amount; ***~er Sieger*** eight-time winner (*od.* champion).

achtgeben *v/i.* be careful; ***~ auf*** watch; ***gib acht!*** look out!, (be) careful!

Achtgroschenjunge F *m* **1.** male prostitute; **2.** (*Spitzel*) F nark.

achthundert *adj.* eight hundred.

achtjährig *adj.* **1.** eight-year-old ...; **2.** (*acht Jahre dauernd*) eight-year ...; ***ein ~es ...*** *a.* eight years of ...; **Achtjährige(r** *m*) *f* eight-year-old.

achtkantig *adj.*: F ***j-n ~ hinauswerfen*** F turn s.o. out on his (*od.* her) ear, boot s.o. out.

achtlos *adj.* careless; **Achtlosigkeit** *f* carelessness.

achtmal *adv.* eight times.

Achtmonatskind *n* ⚕ eight-month baby.

Achtpfünder *m* eight-pound baby *etc.*; (*Fisch*) eight-pounder.

achtsam *adj.* careful.

achtspurig *adj.* eight-lane ...

achtstellig *adj. Zahl*: eight-digit ...

achtstöckig *adj.* eight-stor(e)y ...

Achtstundentag *m* eight-hour day.

achtstündig *adj.* eight-hour(-long) ...

achttägig *adj.* **1.** eight-day(-long) ..., week-long ...; **2.** (*acht Tage alt*) eight-day-old ...

Achttausender *m* 8,000 met|re (*Am.* -er) peak.

achtteilig *adj.* eight-part ..., in eight parts.

Achtundsechziger *m* person who took part in the extra-parliamentary opposition of 1968.

Achtung *f* **1.** ***~!*** look out!; ⚔ attention!; *auf Schild*: danger!, caution!; ***~ Stufe!*** mind the step; ***~! Fertig! Los!*** on your marks, get set, go!; **2.** (*Hoch≈*) respect, esteem, regard (***vor*** for); ***alle ~!*** hats off!; ***~ erweisen*** *dat.* pay respect to; ***~ gebieten*** command respect; ***~ genießen*** be highly respected; ***in j-s ~ steigen*** rise in s.o.'s esteem.

Ächtung *f* outlawing; *fig. gesellschaftliche*: ostracism.

achtunggebietend *adj.* impressive.

achtungsvoll *adj.* respectful.

achtwöchig *adj.* **1.** eight-week ...; **2.** (*acht Wochen alt*) eight-week-old ...

achtzehn *adj.* eighteen; **achtzehnt** *adj.* eighteenth; **Achtzehntel** *n* eighteenth (part).

achtzig *adj.* eighty; ***in den ~er Jahren*** in the eighties; ***er ist in den ≈ern*** he's in his eighties; F ***j-n auf ~ bringen*** F make s.o. wild (with anger), really get s.o. going; ***auf ~ sein*** F be having a fit, *sl.* be freaking out.

Achtziger(in *f*) *m* octogenarian, man (*f* woman) in his (her) eighties; F eighty-something.

achtzigjährig *adj. Person*: eighty-year-old ...; *Zeitraum*: eighty-year(-long) ...

achtzigst *adj.* eightieth; ***sie hat heute ihren ≈en*** she's eighty today, it's her eightieth birthday today.

Achtzylinder *m* (*Auto*) eight-cylinder (car); (*Motor*) eight-cylinder engine.

ächzen *v/i.* groan (***vor*** with; *fig.* ***unter*** under).

Acker *m* field(s *pl.*); (*~land*) farmland; (*Boden*) soil; **~bau** *m* agriculture, farming; *engS.* tillage; ***~ treiben*** till the soil; **~bestellung** *f* cultivation of the soil; **~boden** *m* arable land; **~gaul** *m* farm-horse; **~land** *n* arable land.

ackern *v/t. u. v/i.* plough, *Am.* plow; F *fig.* F slog (away).

Ackerwinde *f* ⚘ bindweed.

Acryl *n* ⚗ acryl; **~faser** *f* acrylic fib|re (*Am.* -er).

Actionfilm *m* action-packed film.

Adabei *östr.* F *m* F smart aleck.

ad absurdum *adv.*: ***et. ~ führen*** show how absurd (*od.* ridiculous) s.th. is, reduce s.th. to absurdity.

ad acta *adv.*: *fig.* ***~ legen*** forget about *s.th.*, consider *the matter* closed.

Adam *m*: *fig.* ***der alte ~*** the old Adam (*od.* man); ***nach ~ Riese*** according to Cocker.

Adams|apfel *m*: *anat.* (***der ~*** one's) Adam's apple; **~kostüm** F *n*: ***im ~*** F in the raw.

Adaptation *f* adaptation; **adaptieren I.** *v/t.* adapt; **II.** *v/refl.*: ***sich ~*** adapt (***an*** to), adjust (o.s.) (to).

Adapter *m* adapter.

adäquat *adj.* adequate; (*geeignet*) suitable; (*wirksam*) effectual.

addieren *v/t.* add (up).

Addiermaschine *f* adding machine.

Addition *f* addition; (*Summe*) sum.

Additiv *n* additive.

Adel *m* **1.** nobility, aristocracy; (*Titel*) title; **2.** *fig.* nobility (of mind); ***~ verpflichtet*** noblesse oblige.

ad(e)lig *adj.* noble (*a. fig.*), titled; **Ad(e)lige(r** *m*) *f* nobleman, aristocrat; *f* noblewoman; ***die Ad(e)ligen*** the nobility, the aristocracy (*sg. u. pl. konstr.*).

adeln *v/t.* make *s.o.* a peer, raise *s.o.* to the peerage; *fig.* ennoble.

Adels|brief *m* patent of nobility; **~herrschaft** *f* aristocratic rule; **~stand** *m* nobility; *in GB*: peerage; → ***erheben*** 2; **~titel** *m* title (of nobility).

Adept *m* (*Jünger*) disciple.

Ader *f anat.* vein, (*Schlag≈*) artery; ⚘, *geol.*, *in Marmor etc.*: vein; *im Holz*: grain; *fig.* (*Begabung*) vein, bent; (*Wesenszug*) streak; *fig.* ***e-e praktische ~ haben*** have a practical bent (of mind); ***j-n zur ~ lassen*** bleed s.o. (white); **~laß** *m* bloodletting (*a. fig.*).

Adhäsion *f* adhesion; **Adhäsionsverschluß** *m* adhesion flap.

ad hoc *adv.* ad hoc; ***et. ~ entscheiden*** make an ad hoc decision on s.th.

Ad-hoc|-Bildung *f* ad hoc formulation; (*einzelnes Wort*) nonce word; **~-Komitee** *n* ad hoc committee.

adieu *int.* goodbye, *lit.* farewell.

Adjektiv *n ling.* adjective; **adjektivisch** *adj.* adjectival.

Adjutant *m* aide-de-camp.

Adler *m* eagle; **~auge** *fig. n* eagle eye; ***mit ~n*** eagle-eyed; ***~n haben*** *a.* have eyes like a hawk; **~horst** *m* eyrie; **~nase** *f* aquiline nose.

adlig *adj.*, **Adlige(r** *m*) *f* → ***ad(e)lig, Ad(e)lige(r)***.

Administration *f* administration; **administrativ** *adj.* administrative.

Admiral *m* (*zo.* red) admiral; **Admiralität** *f* admiralty; **Admiralsschiff** *n* flagship; **Admiralstab** *m* naval staff.

Adonis *fig. m* F good-looker; ***er ist nicht gerade ein ~*** he's not exactly the most handsome (young) man I've seen.

adoptieren *v/t.* adopt; **Adoption** *f* adoption.

Adoptiv|eltern *pl.* adoptive parents; **~kind** *n* adopted (*od.* adoptive) child.

Adrenalin *n* adrenalin; **~stoß** *m* surge of adrenalin.

Adressat *m* addressee.

Adreßbuch *n* directory.

Adresse *f* address (*a. Computer*); (*formelles Schreiben*) (formal) address; ✝ house, firm; ***per ~*** care of (*abbr.* c/o); *fig.* ***an die falsche ~ geraten*** come to the wrong place; ***an der falschen ~ sein*** have come to the wrong place; *diese Bemerkung* ***war an d-e ~ gerichtet*** was directed at (*od.* meant for) you.

adressieren *v/t.* address (***an*** to); ✝ (*Güter*) consign; **Adressiermaschine** *f* addressing machine.

adrett *adj.* smart, neat, trim.
adsorbieren *v/t.* adsorb; **Adsorption** *f* adsorption.
Adstringens *n* astringent.
Advent *m* Advent.
Advents|kalender *m* Advent calendar; **~kranz** *m* Advent wreath; **~sonntag** *m* Sunday in Advent; ***der erste ~*** the first Sunday of (*od.* in) Advent; **~zeit** *f* Advent season.
Adverb *n ling.* adverb; **adverbial** *adj.* adverbial; **Adverbialsatz** *m* adverbial clause.
Advokat *m* lawyer; → ***Anwalt***; *fig.* advocate, champion.
aerob *adj. biol.* aerobic.
Aerobic *n* aerobics *pl.* (*sg. konstr.*).
Aerodynamik *f* aerodynamics *pl.* (*sg. konstr.*); **aerodynamisch** *adj.* aerodynamic(ally *adv.*); *Form*: *a.* streamlined.
Aeronautik *f* aeronautics *pl.* (*sg. konstr.*).
Aerosol *n* aerosol.
Aerostatik *f* aerostatics *pl.* (*sg. konstr.*).
Affäre *f* affair (*a. Liebes2*); (*Vorfall*) incident; ***sich* (*geschickt*) *aus der ~ ziehen*** F get out of it (nicely).
Affe *m* monkey; (*Menschen2*) ape; F *fig.* (*eitler ~*) dandy; (*dummer ~*) F twit; F ***eingebildeter ~*** F conceited ass; F ***e-n ~n haben*** F be plastered; F ***e-n ~n an j-m gefressen haben*** F be mad (*od.* crazy) about s.o.; F ***ich dachte, mich laust der ~*** I thought I was seeing (*od.* hearing) things; F ***s-m ~n Zucker geben*** a) be onto one's favo(u)rite topic again, b) indulge one's vice(s); F ***vom wilden ~n gebissen sein*** F be stark raving mad.
Affekt *m* emotion; ***im ~*** in the heat of the moment; **2geladen** *adj. Diskussion etc.*: very emotional; *Person*: very excited; ***es war e-e ~e Atmosphäre*** *a.* feelings were running high; **~handlung** *f psych.* impulsive act; ⚖ crime of passion.
affektiert *adj.* affected, artificial; **Affektiertheit** *f* affectation.
affektiv *adj. psych.* affective.
Affekt|stau *m psych.* emotional block, pent-up emotions *pl.*; **~störung** *f* emotional disturbance.
affenartig *adj.* apelike, *formell*: simian; F ***mit ~er Geschwindigkeit*** F like greased lightning.
Affen|arsch V *m* V bastard; **~brotbaum** *m* baobab (tree); **~hitze** F *f* scorching (*od.* sizzling) heat; ***hier drinnen ist ja e-e ~!*** it's like an oven in here; **~liebe** *f* doting affection; **~mensch** *m* apeman; **~schande** F *f* absolute scandal; **~stall** F *m*: (***wie im ~*** like a) madhouse; **~tempo** F *n*: ***in e-m ~*** F like the clappers, ***fahren***: *a.* F belt (along); **~theater** F *n* farce; ***das ist ja ein ~*** *a.* F it's crazy; **~zahn** F *m*: ***e-n ~ draufhaben*** F be going at some lick.
affig F *adj.* foppish; (*albern*) silly.
Äffin *f* she-ape; she-monkey; female ape (*od.* monkey).
affinieren *v/t.* ⚗ refine.
Affinität *f* affinity.
Affirmation *f* affirmation; **affirmativ** *adj.* affirmative.
Affix *n* affix.
Affront *m* affront (***gegen*** to), insult (to).
Afghane *m* **1.** *a.* **Afghanin** *f* Afghan; **2.** (*Hund*) Afghan hound; **afghanisch** *adj.* Afghan.
Afrikaner(in *f*) *m*, **afrikanisch** *adj.* African.
Afrikanistik *f* African studies *pl.*
Afro-Amerikaner(in *f*) *m*, **afro-amerikanisch** *adj.* Afro-American.
Afro-Look *m*: (***im ~*** with an) Afro hairstyle.
After *m anat.* anus; ⚕ *euphem.* back passage.
ägäisch *adj.*: ***das 2e Meer*** the Aegean (Sea).
Agave *f* ⚘ agave.
Agens *n* ⚗ agent; *fig.* driving force.
Agent *m* agent.
Agenten|austausch *m* spy swap; **~netz** *n* spy ring; **~Thriller** *m* spy thriller.
Agentur *f* agency.
Agglomerat *n* agglomerate.
Agglutination *f* ⚕ *u. ling.* agglutination; **agglutinieren** *v/i.* agglutinate.
Aggregat *n* ⚙ unit; *phys.*, *biol.*, ⚗ aggregate; **~zustand** *m* physical state.
Aggression *f* aggression.
Aggressions|politik *f* policy of aggression; **~trieb** *m* aggressive instinct.
aggressiv *adj.* aggressive; *Mittel*: *a.* abrasive; *Attacke etc.*: *a.* hard-hitting; **Aggressivität** *f* aggressiveness.
Aggressor *m* aggressor.
Ägide *f*: ***unter der ~ von*** under the aegis (*od.* auspices) of.
agieren *v/i.* act (*a. thea.*); (*gestikulieren*) gesticulate.
agil *adj.* agile; ***geistig ~*** mentally alert; **Agilität** *f* agility.
Agio *n* ✝ premium; **~papier** *n* premium bond.
Agitation *f pol.* political agitation.
Agitator *m* political agitator, rabble-rouser; **agitatorisch** *adj.* rabble-rousing ...
agitieren *v/i.* canvass, campaign (***für*** for); ***~ gegen*** campaign against.
Agitprop *f* agitprop; **~theater** *n* agitprop theat|re (*Am. a.* -er).
Agnostiker *m*, **agnostisch** *adj.* agnostic.
Agonie *f* death throes *pl.*
Agrar... agrarian *policy*, *reform*, *state etc.*, farm *imports*, *prices etc.*, agricultural; **~bevölkerung** *f* rural population; **~exporte** *pl.* agricultural (*od.* farm) exports; **~importe** *pl.* agricultural (*od.* farm) imports; **~krise** *f* agricultural (*od.* farm[ing]) crisis; **~land** *n* agrarian country; **~markt** *m* agricultural commodities market; **~politik** *f* agricultural policy; **~preise** *pl.* farm prices; **~produkt** *n* agricultural (*od.* farm) product; **~subventionen** *pl.* farm subsidies; **~überschuß** *m* farm (*od.* agricultural) surplus; **~wirtschaft** *f* farming; **~wissenschaft** *f* agronomy; **~wissenschaftler** *m* agronomist.
Agrément *n* agrément.
Agronom *m* agronomist; **Agronomie** *f* agronomy.
Ägypter(in *f*) *m*, **ägyptisch** *adj.* Egyptian.
aha *int.* I see; (*Ausdruck der Genugtuung*) there you are; **Aha-Erlebnis** *n psych.* 🕮 aha experience; ***das war ein ~*** suddenly everything just fell into place, F it was 'the great revelation.
ahistorisch *adj.* ahistorical.
Ahle *f* awl; *typ.* point, bodkin; ⚙ reamer, broach.
Ahn *m* ancestor, forefather.
ahnden *v/t.* (*strafen*) punish; **Ahndung** *f* revenge; punishment.
ähneln *v/i.* look (*od.* be) like, resemble; *Dinge*: *a.* be similar (*dat.* to); *von Kindern*: take after *one's mother*, *father*; ***sich* (*od.* *einander*) *~*** be (*od.* look) alike; *Dinge*: *a.* be similar.
ahnen I. *v/t.* (*vorhersehen*) foresee; (*vermuten*) suspect; (*Böses*) have a presentiment (*od.* foreboding) of; ***ich hab's geahnt*** I had a funny feeling, I knew it; ***wie konnte ich ~*** how was I to know; F ***du ahnst es nicht!*** F blow me!; **II.** *v/i.*: ***mir ahnt Böses*** I fear the worst.
Ahnen|forschung *f* genealogy, ancestor research; **~galerie** *f* ancestral halls *pl.*; *weitS. the* family portraits *pl.*; **~kult** *m* ancestral worship; **~reihe** *f* line of ancestors; **~tafel** *f* genealogical table, family tree; **~verehrung** *f* ancestor worship.
Ahn|frau *f* (female) ancestor, *formell*: ancestress; (*Stammutter*) progenitor, *formell*: progenitrix; **~herr** *m* ancestor; (*Stammvater*) progenitor.
ähnlich *adj.* similar (*dat.* to), like; ***so etwas 2es wie*** something like; ***j-m ~ sehen*** look (*od.* be) like s.o.; *iro.* ***das sieht ihm* (*dir*) *~*** that's him (you) all over, he (you) would; ***und ~e(s)*** and the like; **Ähnlichkeit** *f* resemblance (***mit*** to), likeness; *fig.* similarity (with); ***viel ~ haben mit*** look very much like, *fig.* be very similar to.
Ahnung *f* (*Vorgefühl*) presentiment; (*schlimme ~*) *a.* foreboding; (*Vermutung*) suspicion, F hunch; ***ich hatte keine blasse* (*nicht die leiseste*) *~ davon*** I hadn't the faintest idea (F a clue); F ***er hatte von Tuten und Blasen keine ~*** he didn't know the first thing about it; ***keine ~!*** no idea; ***hast du e-e ~!*** that's what you think.
ahnungslos *adj.* unsuspecting; (*unwissend*) ignorant.
ahnungsvoll *adj.* full of foreboding.
ahoi *int.* ⚓ ahoy!
Ahorn *m* ⚘ maple (tree); **~blatt** *n* maple leaf; **~holz** *n* maple (wood); **~sirup** *m* maple syrup.
Ähre *f* ⚘ ear (of corn *etc.*); **Ährenlese** *f* gleaning.
Aids *n* ⚕ AIDS, Aids; **~beratung** *f* **1.** advice on AIDS; **2.** (*Stelle*) AIDS advice cent|re (*Am.* -er); **~gefahr** *f* AIDS risk, danger of (catching) AIDS; **~infektion** *f* AIDS infection; **2krank** *adj.*: ***~ sein*** have AIDS; **~kranke(r** *m*) *f* AIDS sufferer (*od.* patient, victim); **~positiv** *adj.* HIV-positive; **~test** *m* AIDS test; ***e-n ~ machen lassen*** have (*od.* go for) an AIDS test.
Air|bag *m mot.* air bag; **~bus** *m* ✈ airbus; **~condition** *f* air conditioning; **~hostess** *f* air hostess.
Ais *n* ♪ A sharp.
Akademie *f* academy; (*Gelehrtengesellschaft*) (learned) society; (*Fachschule*) college.
Akademiker(in *f*) *m* (university) graduate; university man (*f* woman).
Akademikerarbeitslosigkeit *f* graduate unemployment.
akademisch *adj.* academic(ally *adv.*); ***~e Bildung*** university education.
Akazie *f*, **Akazienholz** *n* acacia.
Akklamation *f* (*Beifall*) acclamation; (*Anerkennung*) acclaim; ***durch* (*od.* *per*) *~ wählen*** elect by acclamation.
akklimatisieren I. *v/t.* acclimatize (*a. fig.*); **II.** *v/refl.*: ***sich ~*** become acclimatized (*a. fig.*); **Akklimatisierung** *f* acclimatization.

Akkord *m* **1.** ♪ chord; **2.** ⚖ → ***Vergleich*** 3, ***Vereinbarung***; **3.** ⚚ (*a.* **~arbeit** *f*) piecework; ***im ~ arbeiten*** do piecework; **~arbeiter(in** *f*) *m* pieceworker.
Akkordeon *n* accordion; **~spieler** *m* accordionist, accordion player.
Akkord|lohn *m* piecework wage; **~satz** *m* piece rate.
akkreditieren *v/t.* **1.** (*Gesandten*) accredit (***bei*** to); **2.** ⚚ open a credit in favo(u)r of *s.o.*
Akkreditiv *n* **1.** ⚚ letter of credit (*abbr.* L/C); ***j-m ein ~ eröffnen*** open a credit in favo(u)r of s.o.; **2.** *pol.* credentials *pl.*
Akku *m* → ***Akkumulator.***
Akkumulation *f* accumulation.
Akkumulator *m* ⚙ accumulator, (*a.* **Akkumulatorenbatterie** *f*) storage battery.
akkumulieren *v/t. u. v/refl.* (***sich ~***) accumulate.
akkurat *adj.* meticulous; (*exakt*) precise; *Handschrift*: neat; **Akkuratesse** *f* meticulousness; (*Präzision*) precision.
Akkusativ *m ling.* accusative (case); **~objekt** *n* direct object.
Akne *f* ⚕ acne.
Akontozahlung *f* ⚚ payment on account.
Akquisiteur *m* ⚚ agent, canvasser.
Akribie *f* meticulousness; **akribisch** *adj.* meticulous, painstaking.
akritisch *adj.* acritical.
Akrobat *m* acrobat; **Akrobatik** *f* acrobatics *pl.*; **akrobatisch** *adj.* acrobatic.
Akronym *n* acronym.
Akt *m* act (*a. thea. u. Zeremonie*), action; (*Geschlechts*ℒ) sexual act, coitus; *phot.*, *Kunst*: nude; **~aufnahme** *f*, **~bild** *n* nude (photograph).
Akte *f* file, record; ***e-e ~ anlegen über*** open a file on; ***die ~(n) schließen über*** close the file(s) on; ***zu den ~n legen*** file away, *fig.* shelve.
Akten|deckel *m* folder; **~einsicht** *f* inspection of records; ***~ erhalten*** be given access to (the) records (*od.* files); **~koffer** *m* attaché case; ℒ**kundig** *adj.* on record, on file; *Person*: known to the police; **~mappe** *f* **1.** folder; **2.** → ***Aktentasche***; **~notiz** *f* memo(randum); **~ordner** *m* file; **~schrank** *m* filing cabinet; **~stoß** *m* pile of documents; **~tasche** *f* briefcase; **~wolf** *m* shredder; **~zeichen** *n* file number; *auf Brief*: reference.
Akteur *m* **1.** (*Handelnder*) protagonist; **2.** *Film etc.*: actor; **3.** *Sport*: (*Spieler*) player, (*Wettkämpfer*) competitor, *formell*: protagonist.
Akt|foto *n* nude (photograph); **~fotografie** *f* **1.** nude photography; **2.** (*Bild*) nude photograph.
Aktie *f* ⚚ share, *Am.* stock; F *fig.* ***wie stehen die ~n?*** how are things?, F how's tricks?; ***s-e ~n steigen*** (***stehen schlecht***) things are looking up (things don't look too good) for him.
Aktien|börse *f* stock exchange; **~gesellschaft** *f* limited company, *Am.* (stock) corporation; **~index** *m* share index; **~kapital** *n* share capital, *Am.* capital stock; **~kurs** *m* share (*Am.* stock) price; **~markt** *m* stock market; **~mehrheit** *f* majority holding; ***die ~ besitzen*** hold the controlling interest; **~paket** *n* block (*od.* parcel) of shares (*Am.* stocks).
Aktion *f* (*Handlung*) action; (*Maßnahme*) measures *pl.*; (*Hilfs*ℒ) operation; (*Werbe*ℒ *etc.*) drive, campaign; *künstlerische*: happening; *pol.* action; **~en** (*Tätigkeit*) activities; ***in ~*** in action; ***sie sind voll in ~*** F it's all stations go (with them); ***in ~ treten*** take action, act; ***es wird Zeit, daß wir in ~ treten*** it's time we did something (about it), it's time for action.
Aktionär *m* shareholder, *Am.* stockholder; **Aktionärsversammlung** *f* shareholders' (*Am.* stockholders') meeting.
Aktionismus *contp. m* (*a.* ***blinder ~***) doing things for the sake of doing things.
Aktions|art *f ling.* aspect; **~bereich** *m* sphere of action; **~freiheit** *f* freedom of action; **~gemeinschaft** *f pol.* action group; **~maler** *m* action painter; **~malerei** *f* action painting; **~programm** *n* program(me) of action; **~radius** *m* radius (of action); *fig.* sphere of action.
aktiv I. *adj. a. phys. etc. u. fig.* active; ⚗ *a.* activated *carbon etc.*; ⚚ *Bilanz*: favo(u)rable; *Soldat, Truppe*: regular; ***~er Dienst*** active duty; → ***Wahlrecht***; **II.** ℒ *n ling.* active (voice).
Aktiva *pl.* ⚚ assets; ***~ und Passiva*** assets and liabilities.
Aktivbestand *m* **1.** ⚚ assets *pl.*; **2.** ⚔ present strength.
Aktive(r *m*) *f Sport*: active player (*od.* runner *etc.*).
Aktivgeschäft *n* credit transaction(s *pl.*).
aktivieren *v/t.* **1.** activate, get *s.th. od. s.o.* going; **2.** *phys. etc.* activate; **3.** ⚚ carry as an asset; **Aktivierung** *f a. fig.* activation.
Aktivismus *m* activism; **Aktivist** *m* activist (*a. hist. DDR*).
Aktivität *f* activity; ***hektische ~ auslösen*** have (*od.* get) everyone rushing around like mad; ***schöpferische ~ entfalten*** become very creative.
Aktiv|kohle *f* activated carbon; **~posten** *m* credit item, asset; **~saldo** *m* credit balance; **~seite** *f* asset side; **~urlaub** *m* activity (*od.* active) holiday.
Akt|malerei *f* nude painting; **~modell** *n* nude model; **~studie** *f* nude study; **~zeichnung** *f* nude drawing.
aktualisieren *v/t.* update, bring *s.th.* up to date.
Aktualität *f* topicality, relevance to the present.
aktuell *adj.* (*zeitgemäß*) topical, of current interest; *report* on current affairs; current-events *lecture*; *Problem*: present-day ...; (*modern*) up-to-date ..., *pred.* up to date; *Computer*: current; ***das ist nicht mehr ~*** we've crossed that off the agenda; ***wieder ~ werden*** *Buch, Stil etc.*: come back into fashion, *Frage etc.*: become a burning issue again; *pol.* ***~e Stunde*** special session.
Aktuelle(s) *n*: ***Aktuelles aus der Politik*** (***Literatur, Filmbranche*** *etc.*) the latest developments in politics (the latest from the literary world, the movie world *etc.*); ***und jetzt Aktuelles*** and now for a look at what's going on in the world of politics (*od.* literature *etc.*).
Akupressur *f* acupressure.
Akupunkteur *m* acupuncturist; **akupunktieren** *v/t.* give *s.o.* acupuncture treatment; **Akupunktur** *f* acupuncture.
Akustik *f* acoustics *pl.* (*Lehre*: *sg. konstr.*); **~koppler** *m Computer*: acoustic coupler.
akustisch I. *adj.* acoustic(al); **II.** *adv.* acoustically; ***ich habe Sie ~ nicht verstanden*** I didn't quite catch what you said.
akut *adj.* ⚕ acute, *Schmerzen*: *a.* severe (*beide a. fig.*); pressing *problem, matter etc.*; ℒ**krankenhaus** *n* emergency hospital.
Akzent *m* accent; (*Betonung*) *a.* stress (*a. fig.*); *fig.* ***neue ~e setzen*** point the way to the future; ℒ**frei** *adj. u. adv.* without an (*od.* any) accent.
akzentuieren *v/t. a. fig.* accentuate.
Akzentverschiebung *f* shift of stress (*fig.* emphasis).
Akzept *n* ⚚ acceptance.
akzeptabel *adj.* acceptable (***für*** to).
Akzeptant *m* ⚚ acceptor.
Akzeptanz *f* acceptance; ⚚ market acceptance.
akzeptieren *v/t.* accept.
Akzidenzdruck *m* job printing; **Akzidenzdrucker** *m* job printer.
Alabaster *m* alabaster.
à la carte *adv.*: ***~ bestellen*** (***essen***) order (eat) à la carte.
Alarm *m* alarm, alert; (*Flieger*ℒ) air-raid warning, alert; ***blinder ~*** false alarm; ***~ schlagen*** sound the alarm; **~anlage** *f* alarm system; ℒ**bereit** *adj.* on alert, ⚔ *a.* on standby; **~bereitschaft** *f*: ***in ~*** on alert, ⚔ *a.* on standby; ***in höchster ~*** in a high state of alert; ***in ~ versetzen*** put on alert (⚔ *a.* standby); **~glocke** *f* alarm bell, tocsin.
alarmieren *v/t.* alarm (*a. fig.*), alert; **alarmierend** *fig. adj.* alarming.
Alarm|signal *n* alarm signal; **~stufe** *f* alert phase; ***~ eins*** high alert; ***höchste ~*** high state of alert; **~zeichen** *n* danger signal (*a. fig.*); **~zustand** *m* state of alert; ***im ~*** on alert.
Alaun *m* alum; **~stift** *m* styptic.
Albaner(in *f*) *m*, **albanisch** *adj.*, **Albanisch** *n ling.* Albanian.
Albatros *m* albatross.
albern I. *adj.* silly; ***~es Zeug*** rubbish, nonsense; ***red doch nicht so ein ~es Zeug!*** stop talking such nonsense; **II.** F *v/i.* fool around; **Albernheit** *f* silly behavio(u)r.
Albino *m* albino.
Album *n* (*a. LP*) album.
Albumen *n* albumen.
Albumin *n* albumin.
Alchimie *f* alchemy; **Alchimist** *m* alchemist.
Aldehyd *n* aldehyde.
Alemanne *m*, **Alemannin** *f a. hist.* Alemannian; *hist.* ***die Alemannen*** the Alemanni; **alemannisch** *adj.*, **Alemannisch** *n ling.* Alemannic.
Alexandriner *m* (*Vers*) Alexandrine (verse).
Alfalfa *f* alfalfa sprouts *pl.*
Alge *f* alga; *pl.* algae, seaweed *sg.*
Algebra *f* algebra.
Algen|pest *f* algal bloom, proliferation of algae; **~teppich** *m* layer (*od.* tide) of algae.
Algerier(in *f*) *m*, **algerisch** *adj.* Algerian.
Algorithmus *m* algorithm.
alias *adv.* alias, also known as, F aka.
Alibi *n* ⚖ alibi (*a. fig.*); **~frau** *f* token woman; **~funktion** *f*: ***das*** (***er*** *od.* ***sie***) ***hat nur e-e ~*** it's just a cover-up (he's *od.* she's just a token); **~schwarze(r** *m*) *f* token black.
Alimente *pl.* maintenance *sg.*, child support *sg.*; *für Frau*: alimony; **Alimentenklage** *f* maintenance (*od.* alimony) suit.
aliphatisch *adj.* ⚗ aliphatic.
Alkali *n* ⚗ alkali; **alkalisch** *adj.* alkaline.

Alkaloid *n* alkaloid.
Alkohol *m* alcohol; ***s-e Sorgen im ~ ertränken*** drown one's sorrows in drink (*od.* alcohol); ***er steht unter ~*** he's been drinking; ***ich habe keinen Tropfen ~ getrunken*** I haven't had (*od.* touched) a single drop; **≈abhängig** *adj.*: ***~ sein*** be an alcoholic; **≈arm** *adj.* low in alcohol, low-alcohol ...; **~einfluß** *m*: ***er stand unter ~*** he had been drinking; **≈frei** *adj.* non-alcoholic, alcohol-free; ***~e Getränke*** soft drinks (and beverages); **~gehalt** *m* alcoholic content; **~genuß** *m* consumption of alcohol, drinking; ***übermäßiger ~*** excessive drinking, too much alcohol; **≈haltig** *adj.* alcoholic.
Alkoholika *pl.* alcohol *sg.*, alcoholic drinks.
Alkoholiker(in *f*) *m* alcoholic.
alkoholisch *adj.* alcoholic.
alkoholisieren *v/t.* **1.** ⚗ alcoholize; **2.** ***j-n ~*** get s.o. drunk; **alkoholisiert** *adj. Person*: drunk; ***in ~em Zustand*** (while) under the influence of alcohol.
Alkoholismus *m* alcoholism.
Alkohol|konsum *m* consumption of alcohol; **≈krank** *adj.*: ***~ sein*** be suffering from alcoholism; **~mißbrauch** *m* alcohol abuse; **≈reich** *adj.* high in alcohol, high-alcohol ...; **~spiegel** *m* blood-alcohol level; **~sucht** *f* alcoholism, dependence on alcohol; **≈süchtig** *adj.* → ***alkoholabhängig***; **~sünder** *m* drunk(en) driver; **~test** *m* breathalyzer test; **~verbot** *n* ban on alcohol; F ***in diesem Haus herrscht ~*** no alcohol allowed in this house; **~verbrauch** *m* alcohol consumption; **~vergiftung** *f* alcohol poisoning.
Alkoven *m* **1.** alcove, recess; **2.** windowless room.
all I. *indef. pron.* all; ***~e beide*** both of them; ***~e drei*** all three (of them); ***sie*** (***wir***) ***~e*** all of them (us); ***~e anderen*** all the others, all the rest; ***sind ~e da?*** is everyone (*od.* everybody) here?; ***~e, die ein Visum benötigen*** anyone (*od.* those) requiring a visa; **II.** *adj.* all (of); (*jeder*) every; (*jeder beliebige*) any; ***~e*** (***zwei***) ***Tage*** every (other) day; ***~e acht Tage*** once a week; ***~e Menschen*** everyone, everybody; ***~e Welt*** the whole world; ***~es Gute*** all the best; → ***alle, alles.***
All *n* universe; (*Welt≈*) (outer) space; ***ins ~ schicken*** send into space.
allabendlich I. *adj.* regular evening *visit etc.*; **II.** *adv.* every evening.
allbekannt *adj.* well-known; *negativ*: notorious.
alle F *pred. adj. u. adv.* **1.** (*aufgebraucht*) finished, all gone; ***mein Geld ist ~*** I've run out of money, F I'm broke; ***der Zucker ist ~*** we've *etc.* run out of sugar, there's no sugar left; ***~ machen*** finish; ***allmählich ~ werden*** run out; **2.** (*erschöpft*) F whacked, bushed.
alledem: ***trotz ~*** in spite of all that, in spite of it all.
Allee *f* avenue, boulevard.
Allegorie *f* allegory; **allegorisch** *adj.* allegorical.
allein I. *pred. adj. u. adv.* alone, (*a. ohne Hilfe*) on one's own, by oneself; (*nur*) only; (*einsam*) lonely; ***ganz ~*** all alone *etc.*; ***er war ~ da*** (*war der einzige*) he was the only one there; ***kann ich dich ~ lassen?*** will you be all right (*Am.* alright) on your own?; ***kann ich mal mit dir ~ sprechen?*** could I have a word with you in private?; ***von ~*** by itself, (*aus freien Stücken*) of one's own accord; ***mit der linken Hand ~*** just with one's left hand, with one's left hand only; ***er ~ kann das entscheiden*** he's the only one who can decide that; ***~ schon ihre Stimme regt mich auf*** just the sound of her voice is enough to get me going; ***schon ~ der Gedanke*** the mere thought (of it); **II.** *cj.* (*jedoch*) but, however.
Allein|besitz *m* sole ownership; **~erbe** *m*, **~erbin** *f* sole heir(ess *f*); **~erziehende(r** *m*) *f* single (*od.* lone) parent; **~flug** *m* solo flight; ***im ~ den Atlantik überqueren*** fly solo across the Atlantic; **~gang** *m* single-handed effort; ***im ~*** single-handedly, solo; **~herrschaft** *f* autocracy; **~herrscher** *m* autocrat, absolute ruler.
alleinig *adj.* only, sole, exclusive.
Allein|inhaber *m* sole owner; **~lebende(r** *m*) *f* single; **~recht** *n* exclusive right; **≈reisend** *adj.*: ***~e Kinder*** unaccompanied minors; **~reisende(r)** *m* unaccompanied passenger (*od.* travel[l]er); **~schuld** *f* sole responsibility; **~sein** *n* loneliness, solitude; ***Angst vor dem ~ haben*** be afraid of being alone; **≈seligmachend** *adj.*: *iro.* ***et. für ~ halten*** think s.th. is the be-all and end-all; **≈stehend** *adj.* **1.** (*ledig*) single, unmarried, unattached; **2.** ***~ sein*** (*keine Verwandten haben*) live alone; ***~er Witwer*** widower without dependants; **3.** *Haus*: detached; **~unterhalter** *m thea.* solo entertainer, F one-man show (man); **~verdiener** *m* sole (wage) earner; **~verkauf** *m* exclusive selling rights *pl.*
Alleinvertreter *m* sole agent; **Alleinvertretungsrecht** *n* right of exclusive representation.
Alleinvertrieb *m* → ***Alleinverkauf.***
allemal *adv.*: ***ein für ~*** once and for all; F ***~!*** (*gewiß*) F you bet!; F ***wir schaffen das noch ~*** F we'll manage it no problem.
allenfalls *adv.* (*höchstens*) at most, at best; (*vielleicht*) perhaps; (*auf alle Fälle*) at all events.
aller|äußerst *adj.* outermost; *fig.* utmost; *Preis*: rock-bottom *price*; **~best I.** *adj.* very best; **II.** *adv.*: ***am ~en*** best of all.
allerdings *adv.* **1.** *war es ein gutes Konzert? - ~!* it certainly was, indeed it was; **2.** *einschränkend*: though, but, however; ***sie sagte ~ ...*** she did say, however (*od.* though), ...; ***das ist ~ wahr, aber*** that may be true, but.
aller|erst I. *adj.* very first; **II.** *adv.*: ***zu ~*** first of all, F first off; **~frühestens** *adv.*: ***~ um zwei*** (at) two at the very earliest.
Allergen *n* allergen.
Allergie *f* allergy; ***e-e ~ gegen et. haben*** be allergic to s.th.; **≈geprüft** *adj.* allergy-tested; **~paß** *m* allergy ID; **~schock** *m* anaphylactic shock.
Allergiker *m* allergy sufferer; ***er ist ~*** he suffers from an allergy (*od.* allergies).
allergisch I. *adj. a. fig.* allergic (***gegen*** to); **II.** *adv.*: ***~ reagieren auf*** have an allergic reaction to, *generell, a. fig.*: be allergic to.
Allergologe *m* allergist.
allerhand F *adj.* **1.** → ***allerlei***; **2.** (*viel*) quite a lot; ***das ist ~!*** *lobend*: not bad; *tadelnd*: F that's a bit thick.
Allerheiligen *n* All Saints' Day.
Allerheiligste *n* **1.** holy of holies, *a. fig.* inner sanctum; *R. C.* sanctuary; **2.** (*Hostie*) Blessed Sacrament.
aller|höchst I. *adj.* highest ... of all; very highest; ***es wird ~e Zeit*** it's high time; **II.** *adv.*: ***am ~en*** highest of all; **~höchstens** *adv.* at the very most.
allerlei I. *adj.* all kinds (*od.* sorts) of; **II.** *pron.* all sorts of things; ***wir hatten uns ~ zu erzählen*** we had a lot to tell each other; **III.** ≈ *n* (*Musik etc.*) medley, potpourri; (*bunte Mischung*) *contp.* jumble; (*Gericht*) hotchpotch; ***Leipziger ~*** mixed vegetables.
aller|letzt *adj.* very last; F (*unmöglich*) F incredible, dreadful; ***er kam als ~er an*** he was the last to arrive; F ***das ist das ≈e!*** that really is the limit!; **~liebst I.** *adj.* (*reizend*) lovely, sweet; (*Lieblings...*) favo(u)rite ... of all; **II.** *adv.*: ***am ~en*** best of all; **~meist I.** *adj.* (very) most; ***die ~en Leute*** most people; **II.** *adv.*: ***am ~en*** most of all; **~modernst** *adj. the* very latest; ⚙ *a.* state-of-the-art ...; **~nächst** *adj.* very next; *räumlich*: (very) nearest; ***in ~er Zeit*** very soon; ***aus ~er Nähe*** at close quarters; **~neu(e)st** *adj.* very latest; *Gerät, Technik etc.*: *a.* state-of-the-art; ***die ~e Mode*** the latest fashion (F thing); **~nötigst** *adj.* most necessary; ***nur das ≈e*** only what is (*od.* was) absolutely necessary; **~schlimmst I.** *adj.* worst ... of all; **II.** *adv.*: ***am ~en*** worst of all.
Allerseelen *n* All Souls' Day.
allerseits *adv.* on all sides; ***gute Nacht ~!*** good night everybody.
allerspätestens *adv.*: ***~ um 10 Uhr*** (at) 10 o'clock at the very latest.
Allerwelts... (very) common; (*Nullachtfünfzehn...*) run-of-the-mill; **~gesicht** *n* nondescript face; **~kerl** *m* jack of all trades; **~wort** *n* everyday word; *contp.* meaningless (*od.* all-purpose) word.
allerwenigst I. *adj.*: least ... of all; ***die ~en Leute*** very few people; **II.** *adv.*: ***am ~en*** least of all.
Allerwerteste(r) F *m* F posterior.
alles *indef. pron.* everything; ***~ in allem*** all in all, overall, on balance, (*letztendlich*) *a.* when all is said and done; ***das ~*** all that; ***er kann ~*** he can do anything; ***~ oder nichts!*** it's all or nothing; ***~ zu s-r Zeit*** all in good time; ***auf ~ gefaßt sein*** be prepared for the worst; → ***Mädchen.***
allesamt *adv.* all of them (*od.* us); ***sie kamen ~*** they all came.
Alles|fresser *m* omnivore; **~kleber** *m* all-purpose glue; **~könner** *m* man (*od.* woman) of many talents; ***er ist ein ~*** *a.* there's nothing (*od.* very little) he can't do; **~schneider** *m* food-slicer; **~schreiber** *contp. m* hack writer; **~wisser** *contp. m* F know-(it-)all.
allgegenwärtig *adj.* (all-)pervasive, *formell*: omnipresent.
allgemein I. *adj.* general; (*öffentlich*) public; ***im ~en*** → **II.** *adv.* generally, in general; (*im ganzen*) on the whole; ***~ gesprochen*** generally speaking; ***~ verbreitet*** widespread; ***es ist ~ üblich, daß man ...*** it's common practi|ce (*Am.* -se) to ...; ***es ist ~ bekannt, daß*** it's a well-known fact that; → ***Wunsch, Zustimmung*** *etc.*
Allgemein|arzt *m etwa* general practitioner; **~befinden** *n* general state of health; **~bildung** *f* general education; ***e-e gute ~*** a good, all-round education; **≈gültig** *adj.* universally applicable (*od.*

valid), general *rule*; **~gut** *n*: *fig.* **~ sein, zum ~ gehören** be part of everyday life, (*Traditionelles*) be part of our *etc.* common heritage.

Allgemeinheit *f* (*Öffentlichkeit*) general public.

Allgemein|krankenhaus *n* general hospital; **~medizin** *f* general medicine; ***Arzt für ~*** *etwa* general practitioner; **~platz** *m* commonplace, platitude; **2verbindlich** *adj.* generally binding; **2verständlich** *adj.* comprehensible, simple; **~wissen** *n* general knowledge; **~wohl** *n* public welfare (*od.* weal); **~zustand** *m* general condition; (*Lage*) general situation.

Allgewalt *f* omnipotence; **allgewaltig** *adj.* omnipotent, *a. fig.* all-powerful.

Allheilmittel *n* panacea, cure-all (*beide a. fig.*).

Allianz *f* alliance.

Alligator *m* alligator.

alliieren *v/refl.*: ***sich ~*** form an alliance; **alliiert** *adj.*: ***~e Streitkräfte*** allied forces; **Alliierte(r)** *m* ally.

Alliteration *f* alliteration.

alljährlich I. *adj.* yearly, annual; **II.** *adv.* annually, every year.

Allmacht *f* omnipotence; **allmächtig** *adj.* omnipotent; ***der 2e*** God Almighty; ***2er!*** good lord!

allmählich I. *adj.* gradual; **II.** *adv.* gradually, bit by bit; ***~ müßtest du das können*** it's time you knew how to do that, you should be able to do that by now; ***er müßte ~ kommen*** he should be here any minute; F ***~ reicht's mir*** I'm beginning to get fed up with it.

allmonatlich I. *adj.* monthly; **II.** *adv.* every month.

Allopath *m* allopath; **Allopathie** *f* allopathy; **allopathisch** *adj.* allopathic(ally *adv.*).

Allotria *n* larking about, fooling around; ***~ treiben*** lark about, fool around.

Allparteien... *in Zssgn* all-party.

Allradantrieb *m mot.* all-wheel drive; ***Wagen mit ~*** all-wheel drive vehicle.

Allrounder *m* all-rounder; **Allroundsportler** *m* all-rounder.

allseitig *adj.* general, all-round ...

allseits *adv.* on all sides; ***~ bekannt*** generally known; ***~ geachtet*** universally respected; ***er war ~ beliebt*** he was very popular, *stärker*: everybody loved him.

Alltag *m* **1.** (ordinary) weekday; **2.** (*Tagesablauf*) daily routine (*contp.* grind); → ***grau.***

alltäglich *adj.* daily; *fig.* everyday ...; (*durchschnittlich*) ordinary; (*fad*) humdrum; **Alltäglichkeit** *f* **1.** everyday occurrence; **2.** (*Beschaffenheit*) ordinariness.

Alltags... *in Zssgn mst* everyday; **~leben** *n* day-to-day life; **~trott** *m* daily grind.

allumfassend *adj.* all-embracing.

Allüren *pl.* airs and graces.

Allwetter... *in Zssgn* all-weather; **~platz** *m Tennis*: all-weather court.

allwissend *adj.* omniscient; **Allwissenheit** *f* omniscience.

allwöchentlich I. *adj.* weekly; **II.** *adv.* every week, weekly.

allzu *adv.* far (*od.* much) too; over...; ***nicht ~*** not too; ***er ist nicht ~ freundlich*** *etc.* he's not the friendliest *etc.* person I know; **~gern** *adv.*: ***ich wäre ~ gekommen*** I would love to have come, I would have loved to come; **~gut** *adv.* only too well; **~sehr** *adv.* too much, excessively; **~viel** *adv.* too much; ***~ ist ungesund*** enough is as good as a feast.

Allzweck... *in Zssgn* all-purpose, general-purpose, universal.

Alm *f* alpine pasture.

Alma mater *f* alma mater.

Almanach *m* almanac.

Almhütte *f* alpine hut.

Almosen *n* alms *pl.*; *contp.* pittance, handout; **~empfänger** *m* receiver of alms.

Aloe *f* ♀ aloe.

Alpaka(wolle *f*) *n* alpaca.

al pari *adv.* ✝ at par.

Alp|druck *m* nightmare; **~drücken** *n* nightmare(s *pl.*).

Alpen *pl.* Alps; **~glühen** *n* alpenglow.

Alpenländer *pl.* Alpine countries; **alpenländisch** *adj.* Alpine, alpine.

Alpen|republik *f* Alpine republic; **~rose** *f* alpine rose; **~veilchen** *n* cyclamen; **~verein** *m* Alpine Club; **~vorland** *n the* foothills of the Alps.

Alphabet *n* alphabet; **alphabetisch I.** *adj.* alphabetical; **II.** *adv.* → ***einordnen*** 1, ***ordnen.***

alphabetisieren *v/t.* **1.** alphabetize, put into alphabetical order; **2.** teach *s.o.* to read and write; **Alphabetisierungskampagne** *f* literacy campaign.

alphamerisch, alphanumerisch *adj.* alphanumeric(ally *adv.*).

Alpha|strahlen *pl.* alpha rays; **~teilchen** *n* alpha particle.

Alphorn *n* alpenhorn, alphorn.

alpin *adj.* alpine; → ***Kombination***; **Alpinismus** *m* alpinism; **Alpinist** *m* alpinist, mountaineer.

Alptraum *m a. fig.* nightmare.

Alraun *m*, **Alraune** *f* ♀ mandrake.

als *cj.* **1.** *nach comp. u. rather, other*: than; ***er ist älter ~ du*** he's older than you; **2.** *nach Negation*: but, except; ***alles andere ~ hübsch*** anything but pretty; **3.** (*ganz so wie*) as; ***~ Entschuldigung*** by way of an excuse; ***~ Geschenk*** as a present; ***er starb ~ Held*** he died (as) a hero; **4.** (*in der Eigenschaft von*) as, in one's capacity as *officer, critic etc.*; being (*od.* as) *an Englishman etc.*; ***er kam ~ letzter rein*** he was the last to come in; **5.** *zeitlich*: when, (*während*) as, while; **6. *~ ob*** as if, as though; ***er ist zu anständig, ~ daß er das tun könnte*** he's too decent to do a thing like that.

also I. *cj.* (*folglich*) so; ***~ blieb er zu Hause*** so he stayed at home; ***lassen wir's ~*** let's leave it then; ***du kommst ~ nicht?*** you're not coming then?; ***es ist ~ wahr?*** it's true then(, is it)?; ***du gehst ~ doch?*** so you're going after all?; ***~, los!*** let's get going then; ***~, wie gesagt*** so, as I was saying (*od.* I say); ***~, wenn du mich fragst*** (well,) if you ask me; ***~ gut!*** all right (then), *Am.* alright (then), F okay (then); ***na ~!*** what did I say?, *anerkennend*: *a.* there you go; ***na ~(, da haben wir's ja)!*** there we are(, see?); ***er mag modernere Komponisten, ~ Berio, Cage ...*** he likes more modern composers - Berio, Cage ...; **II.** *obs. adv.* thus, so.

alt *adj.* old; (*geschichtlich ~*) *a.* ancient; (*gebraucht*) used, second-hand; (*Ggs. frisch*) old, stale; (*erprobt*) old, experienced; ***~ werden*** → ***altern***; ***~e Sprachen*** *the* classics; ***~e Geschichte*** ancient history; ***die ~en Germanen*** the ancient Germans; ***der ~e Herr Huber*** old Herr Huber; ***der ~e Goethe*** Goethe in his old age; F ***ein ~er Säufer*** a confirmed drunkard; ***ein sechs Jahre ~er Junge*** a six-year-old boy; ***wie ~ bist du?*** how old are you?; ***er ist (doppelt) so ~ wie ich*** he's (twice) my age; ***er sieht gar nicht so ~ aus*** he doesn't look it, he looks much younger; ***sie ist*** (*äußerlich*) ***ganz schön ~ geworden*** she really has aged; ***es macht dich ~*** it makes you look old, it ages you; ***alles bleibt beim ~en*** nothing's changed; ***du bist immer noch der ~e*** you haven't changed(, have you?); ***Peter ist nicht mehr der ~e*** he's not the Peter I used to know; ***er ist wieder ganz der ~e*** he's back to his usual self; F ***hier werde ich nicht ~!*** F I won't be sticking around here for very long; → ***älter, Eisen, Hase*** *etc.*

Alt *m* ♪ alto.

altangesehen *adj.* old-established.

Altar *m* altar; **~aufsatz** *m* reredos; **~bild** *n* altarpiece; **~raum** *m* chancel.

altbacken *adj.* stale; F *fig.* old-fashioned; *Ideen*: *a.* antiquated, stale.

Altbau *m* old building; **~sanierung** *f* refurbishment of old buildings; **~wohnung** *f* old flat (*Am.* apartment).

alt|bekannt *adj.* old familiar ...; **~bewährt** *adj.* well-tried; *Freundschaft etc.*: longstanding; ***in ~er Manier*** the tried and tested way.

Altblockflöte *f* treble recorder.

Alt|bundeskanzler *m* ex-chancellor; ex-German (*od.* -Austrian) chancellor; **~bundespräsident** *m* ex-president; ex-German (*od.* -Austrian) president.

altdeutsch *adj.*: ***~e Möbel*** old-style German furniture.

Alte *f* old woman; F ***m-e ~*** (*Mutter*) F the old woman; (*Ehefrau*) *a.* F the missus.

Alte(r) *m* **1.** old man; F ***mein Alter*** (*Vater, Ehemann*) F the old man; F ***der Alte*** (*Chef*) F the boss, *sl.* the guv; → ***alt.***

alt|ehrwürdig *adj.* time-hono(u)red; **~eingesessen** *adj.* old-established.

Alteisen *n* scrap iron.

altenglisch *adj.*, **Altenglisch** *n ling.* Old English.

Alten|heim *n* old people's home; **~pflege** *f* geriatric care, care of the elderly; **~pfleger** *m* geriatric (*od.* old people's) nurse; **~tagesstätte** *f* geriatric day-care cent|re (*Am.* -er); **~teil** *n*: ***sich aufs ~ zurückziehen*** withdraw from active life; **~wohnheim** *n* retirement home.

Alter *n* age; (*Greisen2*) (old) age; (*Dienst2*) seniority; ***er ist in m-m ~*** he's (about) my age; ***im ~ von 20 Jahren*** at the age of twenty; ***darf ich Sie nach Ihrem ~ fragen?*** may I ask how old you are?; ***mittleren ~s, von mittlerem ~*** middle-aged; ***im besten ~*** in the prime of life; ***im hohen ~*** at a ripe old age; ***man sieht ihm sein ~ nicht an*** he doesn't look his age; ***aus dem ~ müßtest du heraus sein*** you should have grown out of that by now; ***~ schützt vor Torheit nicht*** there's no fool like an old fool.

älter *adj.* older; ***der ~e Bruder*** her *etc.* elder brother; ***ein ~er Herr*** an elderly gentleman; ***Breughel der 2e (d.Ä.)*** Breughel the Elder.

Alter ego *n* alter ego (*a. fig.*).

alterfahren *adj.* seasoned.

altern I. *v/i.* grow old, age, *lit.* advance in years; **II.** *v/t.* ⚙ age.

alternativ I. *adj.* **1.** alternative; **2.**

Gruppe, Zeitung etc.: fringe ...; **II.** *adv.*: ~ ***leben*** have opted out of society; **&bewegung** *f* alternative (*od.* fringe) movement.
Alternative *f* alternative.
Alternativ|kost *f* **1.** biological foods *pl.*; **2.** alternative diet; **~kultur** *f* counter-culture, alternative culture; **~vorschlag** *m* alternative (suggestion); **~szene** *f*: ***die*** ~ alternative society, the fringe.
alternieren *v/i.* alternate.
alters *adv.*: ***von*** ~ ***her, seit*** ~ from (*od.* since) time immemorial.
altersbedingt *adj.* senile ...; ***es ist*** ~ it's old age.
Alters|beschwerden *pl.* aches and pains of old age; **~blödsinn** *m* ⚕ senile dementia; **~erscheinung** *f* sign of old age; **~fleck** *m* age spot; **~forscher** *m* gerontologist; **~forschung** *f* gerontology; **~fürsorge** *f* welfare for the elderly; **~genosse** *m*, **~genossin** *f* person of the same age, contemporary; **~grenze** *f* **1.** *Sportler etc.*: age limit; **2.** retirement age; **~gründe** *pl.*: ***aus*** **~*n*** on grounds of age; **~gruppe** *f* age group (*od.* bracket); **~heilkunde** *f* geriatrics *pl.* (*sg. konstr.*); **~heim** *n* old people's home; **&los** *adj.* ageless; **~präsident** *m* chairman by seniority; **~pyramide** *f* population pyramid; **~rente** *f* old-age pension; **&schwach** *adj.* **1.** *Person*: infirm, (old and) frail; **2.** *Gebäude*: dilapidated; *Möbel etc.*: rickety; *Auto etc.*: shaky; **~schwäche** *f* debility (of old age); ***an*** ~ ***sterben*** die of old age; **~sicherung** *f* provision for one's old age; ***man muß anfangen, an die*** ~ ***zu denken*** you've got to start planning ahead for your old age (*od.* retirement); **~sitz** *m*: ***wir wollen unseren*** ~ ***am Bodensee nehmen*** we want to retire to Lake Constance; ***er sucht e-n*** ~ he's looking for a place to retire to; **&spezifisch** *adj.* age-specific; **~struktur** *f* age distribution; **~unterschied** *m* age difference; **~versicherung** *f* old-age insurance; **~versorgung** *f* old-age pension (scheme); **~werk** *n* *Kunst*: late work; **~zuschlag** *m* age bonus.
Altertum *n* antiquity; **altertümelnd** *adj.* archaic; **Altertümer** *pl.* antiquities; **altertümlich** *adj.* ancient; (*veraltet*) antiquated.
Altertums|forscher *m* **1.** arch(a)eologist; **2.** classical scholar; **~forschung** *f* **1.** arch(a)eology; **2.** study of classical antiquity; **~wert** *m*: ~ ***haben*** have antique value.
ältest *adj.* oldest; *in der Familie*: eldest; **Älteste(r** *m*) *f*: ***unser Ältester*** (***unsere Älteste***) our eldest son (daughter).
Ältesten|rat *m* council of elders; **~recht** *n* (right of) primogeniture.
Altflöte *f* alto flute.
altgewohnt *adj.* (long-)familiar.
Altglas *n* used glass, *a.* empty bottles *pl.*; ⚙ cullet; **~-Container** *m* bottle bank; **~verwertung** *f* recycling of used glass.
altgriechisch *adj.*, **Altgriechisch** *n ling.* Ancient Greek.
althergebracht *adj.* traditional, old.
Altherrenmannschaft *f* team of players over thirty(-two), *Fußball*: *a.* veterans eleven, F old crocks *pl.*
althochdeutsch *adj.*, **Althochdeutsch** *n ling.* Old High German.
Altist *m* ♪ male alto; **Altistin** *f* contralto.
altjüngferlich *adj.* old-maidish.
Altkleidersammlung *f* old clothes collection.
altklug *adj.* precocious.
Altlasten *pl.* **1.** residual pollution *sg.*; contaminated soil *sg.*; abandoned (*od.* disused) waste dump *sg.* (*od.* dumps); **2.** *fig.* burden *sg.* (*od.* burdens, F sins) of the past; F past sins that come back to haunt one.
ältlich *adj.* oldish.
Alt|material *n* scrap (material); **~meister** *m* (past) master; *Sport*: ex-champion; **~metall** *n* scrap metal.
altmodisch *adj.* old-fashioned.
Altöl *n* used oil.
Altpapier *n* waste paper; ***aus*** ~ made of recycled paper; **~container** *m* paper bank; **~sammlung** *f* (news)paper collection; **~verwertung** *f* waste-paper recycling.
Altphilologe *m* classicist; **Altphilologie** *f* (the) classics *pl.*
Alt|reifen *m* used tyre (*Am.* tire); **&rosa** *adj.*, **~rosa** *n* dusky pink; **~schlüssel** *m* ♪ alto clef; **~schnee** *m* old snow.
altsprachlich *adj.* classical.
Altstadt *f* old part of town; *engS.* medi(a)eval cent|re (*Am.* -er); **~erneuerung** *f*, **~sanierung** *f* urban renewal.
Altstimme *f* ♪ alto (voice).
alt|testamentarisch *adj.* Old Testament ...; **~väterlich** *adj.* patriarchal.
Altwarenhändler *m* junk dealer.
Altweiber|geschwätz *n* silly gossip, F twaddle; **~märchen** *n* fairytale; **~sommer** *m* **1.** Indian summer; **2.** (*Sommerfäden*) gossamer.
Alu|-Felgen *pl.* alloy wheels; **~folie** *f* tin foil; **~koffer** *m* alumin(i)um case.
Aluminium *n* alumin(i)um.
Alzheimer-Krankheit *f*: ***die*** ~ Alzheimer's disease.
am (= ***an dem***) → ***an.***
Amalgam *n* ⚗ *u. fig.* amalgam; **~füllung** *f* amalgam filling.
amalgamieren *v/t.* amalgamate.
Amaryllis *f* ♣ amaryllis.
Amateur *m*, **~...** *in Zssgn* amateur; **~bestimmungen** *pl.* amateur rules; **~funk** *m* amateur radio; **~funker** *m* radio ham.
amateurhaft *adj.* amateurish.
Amazone *f* Amazon; *fig.* amazon.
Ambiente *n* ambience; (*Atmosphäre*) atmosphere.
Ambition *f* ambition; **~*en auf et. haben*** have set one's sights on s.th.; **ambitioniert** *adj.* ambitious.
ambivalent *adj.* ambivalent; **Ambivalenz** *f* ambivalence.
Amboß *m* anvil; *anat. a.* incus.
ambulant I. *adj.* outpatient ...; **II.** *adv.*: ~ ***behandelt werden*** get outpatient treatment; ~ ***behandelter Patient*** outpatient; **Ambulanz** *f* (*Klinik*) outpatients' department; (*Unfallstation*) casualty ward; (*Krankenwagen*) ambulance.
Ameise *f* ant.
Ameisen|bär *m* anteater; **~haufen** anthill; **~säure** *f* formic acid; **~staat** *m* ant colony; **~straße** *f* ant's trail.
Amen I. *n* amen; ***so sicher wie das*** ~ ***in der Kirche*** F as sure as hell; **II. &** *int.* amen; ***zu allem ja und*** ~ ***sagen*** say yes to everything.
Amerikaner(in *f*) *m*, **amerikanisch** *adj.* American; **Amerikanisch** *n ling.* American (English); **Amerikanismus** *m ling.* Americanism; **Amerikanistik** *f* (North) American studies *pl.*
Amethyst *m min.* amethyst.
Ami F *m* F Yank.
Aminosäure *f* ⚗ amino acid.
Amische *pl. the* Amish.
Amme *f* (*engS.* wet) nurse; *zo.* nurse; **Ammenmärchen** *n* fairytale.
Ammer *f zo.* bunting.
Ammoniak *n* ⚗ ammonia; **&haltig** *adj.* ammoniac; **~lösung** *f* ammonia solution; **~wasser** *n* ammonia water.
Ammonit *m zo.* ammonite.
Ammonium *n* ⚗ ammonium.
Amnesie *f* ⚕ amnesia.
Amnestie *f* amnesty; ***e-e*** ~ ***erlassen*** declare an amnesty; **amnestieren** *v/t.* grant an amnesty to.
Amöbe *f* am(o)eba; **Amöbenruhr** *f* ⚕ am(o)ebic dysentery.
Amok *m*: ~ ***laufen*** run amok; **~fahrer** *m* maniac driver; *Autobahn*: motorway maniac; ***ein*** ~ ***raste in e-e Menschenmenge hinein*** a car driver went berserk and ploughed (*Am.* plowed) into a crowd of people; **~läufer** *m* runner amok; **~schütze** *m* mad (*od.* crazed) gunman; ***der*** ~ ***schoß in e-e Menschenmenge hinein*** the gunman fired wildly (*od.* indiscriminately) into a crowd of people.
Amor *m myth.* Cupid.
amoralisch *adj.* amoral.
amorph *adj.* amorphous.
Amortisation *f* amortization, repayment; *e-r Anleihe*: redemption; **amortisieren I.** *v/t.* amortize, pay off; (*Anleihe*) redeem; **II.** *v/refl.*: ***sich*** ~ amortize, pay itself off.
amourös *adj.* amorous; *iro.* ***ein*** **~*es Abenteuer*** a little affair.
Ampel *f* **1.** traffic lights *pl.*, *Am. a.* traffic light, stoplight; ***fahren Sie bei der ersten*** ~ ***rechts*** turn right at the first set of traffic lights (*Am.* at the first traffic light *od.* stoplight); **2.** (*Hängelampe*) hanging lamp; **~anlage** *f* (set of) traffic lights *pl.*, *Am.* traffic light, stoplight.
Ampere *n* ⚡ ampere, amp; **~meter** *n* ammeter; **~stunde** *f* ampere-hour.
Ampfer *m* ♣ sorrel.
Amphetamin *n* amphetamine.
Amphibie *f zo.* amphibian; **Amphibien...** *in Zssgn* ⚙ amphibian *plane, tank etc.*; **amphibisch** *adj. zo.* amphibious, *a.* ⚙ amphibian.
Amphitheater *n* amphitheat|re (*Am. a.* -er); (*Kampfplatz*) arena.
Amphore *f* amphora.
Amplitude *f* amplitude; **Amplitudenmodulation** *f* amplitude modulation.
Ampulle *f* ampulla (*a. anat.*); *pharm.* ampoule.
Amputation *f* ⚕ amputation; **amputieren** *v/t.* amputate; **Amputierte(r)** *m* amputee.
Amsel *f* blackbird.
Amt *n* (*Dienststelle*) office, department; (*Posten*) post; (*Aufgabe, Pflicht*) (official) duty, function; *teleph.* exchange; *eccl.* service, *R. C.* mass; ***von*** **~*s wegen*** officially; ***kraft m-s*** **~*es*** by virtue of my office; ***s-s*** **~*es walten*** carry out one's duties; F ***walte d-s*** **~*es!*** do your duty; ***das ist nicht mein*** ~ that's not my responsibility; → ***antreten*** 4, ***bekleiden*** 2, ***entheben*** *etc.*
amtieren *v/i.* hold office; *eccl. u. fig.* officiate; ***als Vizepräsident*** *etc.* ~ be acting

vice-president *etc.*; **amtierend** *adj.* incumbent; *stellvertretend*: acting; F **~er Meister** reigning champion(s).

amtlich *adj.* official (*a.* F *ganz sicher*).

Amtmann *m* **1.** senior clerk (*in the middle grade of the German civil service*); **2.** *hist.* bailiff.

Amts|anmaßung *f* (unlawful) assumption of authority; **~antritt** *m* assumption of office; **~anwalt** *m* public prosecutor; **~arzt** *m* public health officer; **~befugnis** *f* (official) authority; **~bereich** *m* jurisdiction, competence; **~blatt** *n* official gazette; **~dauer** *f* term of office; **~delikt** *n* malpractice (in office); **~deutsch** *n* officialese; **~eid** *m* oath of office; **den ~ ablegen** be sworn in; **~einführung** *f* inauguration (into office); **~enthebung** *f* removal from office, dismissal; **~führung** *f* administration (of office); **~geheimnis** *n* **1.** official secret; **2.** (*Geheimhaltung*) official secrecy; **~gericht** *n* district court; **~geschäfte** *pl.* official business *sg.*; **~gewalt** *f* authority; **~handlung** *f* official act; **e-e ~ ausführen** perform an official function (*od.* duty); **~hilfe** *f* support (*od.* cooperation) through official channels; **um ~ bitten** request official support (*od.* cooperation); **~inhaber** *m* holder of an (*od.* the) office, incumbent; **~kette** *f* chain of office; **~kirche** *f* church hierarchy; **~kollege** *m* **1.** colleague; **2.** *pol.* opposite number, counterpart; **~mißbrauch** *m* abuse of office (*od.* authority).

amtsmüde *adj.* weary of office.

Amts|niederlegung *f* resignation; **~periode** *f* term of office; **~richter** *m* district court judge; **~schimmel** *m* red tape; **der ~ wiehert** it's red tape all the way; **~sitz** *m* **1.** official residence; **2.** *e-r Behörde*: office(s *pl.*); **~sprache** *f* official language; *contp.* officialese; **~stunden** *pl.* office hours; **~tracht** *f* official dress (*od.* robes *pl.*); **~träger** *m* office-bearer; **~unterschlagung** *f* peculation; **~vergehen** *n* misconduct; malfeasance (in office); **~verschwiegenheit** *f* professional discretion; **~vorgänger** *m* predecessor (in office); **~vormund** *m* official guardian; **~vorstand** *m*, **~vorsteher** *m* head of an office; **~weg** *m*: **den ~ gehen** go through the official channels; **~zeichen** *n teleph.* dialling (*Am.* dial) tone; **~zeit** *f* term of office; *zurückblickend*: term in office; **nach dreijähriger ~** after three years in office.

Amulett *n* amulet, charm.

amüsant *adj.* entertaining; (*lustig*) amusing.

amüsieren I. *v/t.* entertain; (*belustigen*) amuse; **die Bemerkung amüsierte ihn** he was amused by the remark; **II.** *v/refl.*: **sich ~** (*sich die Zeit vertreiben*) amuse o.s.; (*sich gut unterhalten*) enjoy o.s., have fun, have a good time; **sich ~ über** be amused at, (*sich lustig machen*) make fun of.

Amüsierviertel *n* nightclub district; (*Bordellviertel*) red-light district.

amusisch *adj.*: **~ sein** have no appreciation for the arts (*od.* no artistic sensitivity).

an I. *prp.* **1.** *zeitlich*: on; **am 1. März** on March 1st; **am Abend** (**Morgen**) in the evening (morning); **am Tage** during the day; **am Tage** *gen.* on the day of; **2.** *örtlich*: at; on; **am** (**ans**) **Fenster** at (to) the window; **~ der Grenze** at the border, *fig.* → **Grenze**; **am Himmel** in the sky; **~ e-m Ort** in a place; **~ e-r Schule** (**e-m Theater**) at a school (theat|re [*Am. a.* -er]); **~ der Themse** on the Thames; **~ der Wand** against (*hängend*: on) the wall; **3.** (*neben*) by, next to; (*nahe*) by, near; **am Kamin** (**Tisch**) **sitzen** sit by the fire (at the table); **am Wald** by the woods; **4.** *ein Brief* **~ mich** for me; **Schaden am Dach** damage to the roof; **arbeiten ~** work on; **denken ~** think of; **sterben ~** die of; **~ sich** as such, per se; *a solution etc.* in itself; → *a.* **eigentlich**; **~ und für sich** properly speaking; **arm** (**reich**) **~** poor (rich) in; **er war am schnellsten** *etc.* he was the fastest *etc.*; **was gefällt dir ~ ihm nicht?** what don't you like about him?; **er ist am Lesen** he's reading; → **glauben** II, **Leben, leiden** I, **Reihe** *etc.*; **II.** *adv.* **5. von ... ~** from ... (on[wards]); **von nun ~** from now on; **6. London ~ 19.05** arr. (= arrival) London 19.05; **7. das Gas ist ~** the gas is on; **~ - aus** on - off; **8. ~ die 50 Leute** about (*od.* roughly) 50 people.

Anabolika *pl.* anabolic steroids.

Anachronismus *m* anachronism; **anachronistisch** *adj.* anachronistic.

anaerob *adj. biol.* anaerobic.

Anagramm *n* anagram.

Anakonda *f* anaconda.

anal *adj.*, **Anal...** *in Zssgn* anal.

analeptisch *adj.* analeptic.

Analgetikum *n pharm.* analgesic.

analog I. *adj.* analogous (*dat.* to); **II.** *adv.* by analogy (**zu** with); **Analogaufzeichnung** *f a. Computer*: analog(ue) recording; **Analogie** *f* analogy; **Analogrechner** *m* analog(ue) computer.

Analphabet *m* illiterate (person); **Analphabetentum** *n*, **Analphabetismus** *m* illiteracy.

Anal|phase *f psych.* anal stage; **~verkehr** *m* anal intercourse, *formell*: buggery, sodomy.

Analysator *m phys.*, *Computer*: analy|ser (*Am.* -zer); **Analyse** *f* analysis; **analysieren** *v/t.* analy|ze (*Am.* -se); **Analysis** *f* ✎ analysis; **Analytiker** *m* analyst; **analytisch I.** *adj.* analytical; **II.** *adv.* analytically; **~ gesehen** analytically speaking; **sie denkt sehr ~** she's got a very analytical mind.

Anämie *f* ⚕ an(a)emia; **anämisch** *adj.* an(a)emic.

Anamnese *f* ⚕ case (*od.* medical) history.

Ananas *f* pineapple; **~scheibe** *f* pineapple slice; **~stück** *n* pineapple chunk.

Anapher *f* anaphora.

Anarchie *f* anarchy; **Anarchismus** *m* anarchism; **Anarchist** *m*, **anarchistisch** *adj.* anarchist; **Anarcho-Szene** *f etwa* young radicals *pl.*

Anästhesie *f* an(a)esthesia; **anästhesieren** *v/t.* an(a)esthetize; **Anästhesist** *m* anaesthetist, *Am.* anesthesiologist.

Anatom *m* anatomist; **Anatomie** *f* **1.** anatomy; **2.** institute of anatomy; **Anatomiesaal** *m* dissecting room; **anatomisch** *adj.* anatomical.

anbahnen I. *v/t.* pave the way for, prepare the ground for; (*Gespräche*) initiate; **II.** *v/refl.*: **sich ~** be in the offing, *a. Schlimmes*: be coming, be on the way; **zwischen ihnen scheint sich e-e Freundschaft anzubahnen** it looks like the beginning of a friendship.

anbändeln F *v/i.*: **mit j-m ~** try to get friendly with s.o.

Anbau *m* **1.** ↗ cultivation; **2.** ⚠ annex(e), extension; **~elemente** *pl.* (furniture) units; **anbauen I.** *v/t.* **1.** ↗ grow; **2.** ⚠ add (**an** to); ⚙ attach; **II.** *v/i.* build an extension; **wir haben angebaut** *a.* we've extended the house *etc.*

anbaufähig *adj.* **1.** ↗ arable; **2.** ⚠ suitable for extension.

Anbau|fläche *f* **1.** (arable) acreage; **2.** area under cultivation; **~küche** *f* fitted kitchen; **~möbel** *pl.* sectional (*od.* unit, modular) furniture *sg.*; **~schrank** *m* cupboard unit; **~wand** *f* wall unit.

Anbeginn *m*: **von ~** from the very start.

anbehalten *v/t.* keep on.

anbei *adv.*: ✝ **~** (**senden wir Ihnen**) enclosed please find.

anbeißen I. *v/t.* bite into; **II.** *v/i.* bite; *a. fig.* take the bait; F **du siehst ja zum** ♀ **aus** I could eat you up.

anbelangen *v/t.*: **was das anbelangt** as far as that is concerned.

anbellen *v/t.* bark at (*a. fig.*).

anberaumen *v/t.* fix; (*Sitzung*) call; **e-n Termin ~ für** fix a date for.

anbeten *v/t.* worship; *fig. a.* adore, idolize; → **angebetet, Angebetete**(**r**); **Anbeter** *m* worship(p)er; *fig.* admirer.

Anbetracht *m*: **in ~** *gen.* considering, taking ... into consideration.

anbetreffen *v/t.*: **was ... anbetrifft** in terms of ..., as far as ... is (*od.* are) concerned.

anbetteln *v/t.*: **j-n ~** beg from s.o.; **j-n um et. ~** beg for s.th. from s.o.; **da wird man ständig von Kindern angebettelt** you have children coming up to you all the time begging for things (*od.* money *etc.*).

Anbetung *f* worship; *fig.* devotion; **anbetungswürdig** *fig. adj.* adorable.

anbiedern *v/refl.*: **sich** (**bei**) **j-m ~** F toady to s.o.

anbieten I. *v/t.* offer; **angeboten werden** *a.* be on offer; **j-m et. ~** offer s.o. s.th.; **s-n Rücktritt ~** offer to resign, tender one's resignation; **II.** *v/refl.*: **sich ~** offer one's services; *Gelegenheit*: present itself; *Sache*: suggest itself; **sich ~ für** *Sache*: lend itself to; **es bietet sich doch an zu** *inf.* the obvious thing (to do) would be to *inf.*; **es bietet sich als Beispiel an** it's an obvious example; **der Raum bietet sich direkt an** it's the ideal room.

anbinden *v/t.* tie up, fasten (**an** to); (*Boot*) moor; (*Hund*) put on a (*od.* the) leash; → **angebunden.**

anblasen *v/t.* **1.** blow at; **2.** F (*zurechtweisen*) F yell at, blow up.

anblenden *v/t.*: **j-n mit der Taschenlampe ~** shine one's torch on s.o. (*od.* into s.o.'s face).

Anblick *m* sight; **beim ersten ~** at first sight; **beim ~ der Wunde** *wurde mir schlecht*: when I saw the wound; **ein trauriger ~** a sorry sight; **anblicken** *v/t.* look at; *flüchtig*: glance at.

anblinken *v/t. mot.* flash one's lights at.

anblinzeln *v/t.* blink at; (*zuzwinkern*) wink at.

anbohren *v/t.* ⚙ bore, spot-drill; (*Zahn*) (drill) open; F *fig.* **j-n ~** sound s.o. out (**ob** as to whether).

anbranden *v/i.* surge (**gegen** against).

anbraten *v/t.* sear, brown.

anbräunen *v/t.* **1.** *gastr.* brown; **2.** → **angebräunt.**
anbrausen F *v/i.* (*a.* **angebraust kommen**) F come roaring up.
anbrechen I. *v/t.* **1.** (*Vorräte*) break into; (*Dose, Packung etc.*) start on, (*a. Flasche*) open; → **angebrochen**; **2.** (*Knochen*) fracture; **II.** *v/i.* begin; *Tag, a. Zeit*: dawn; *Nacht*: fall.
anbrennen I. *v/i.* catch fire, (start to) burn; *Speisen*: (*a.* **~ lassen**) burn, *Milch, Soße etc.*: scorch; F *fig.* **nichts ~ lassen** not to miss a thing; → **angebrannt**; **II.** *v/t.* kindle, burn; (*Zigarre etc.*) light.
anbringen *v/t.* **1.** (*herbeibringen*) bring; **2.** (*befestigen*) fix, fasten, ⚙ attach (**an** to); (*einrichten*) instal(l); (*Schilder etc.*) put up; **3.** ✝ (*Ware*) sell; **4.** (*Gründe etc.*) present, *gesprächsweise*: mention; (*Wort, Witz etc.*) get in; (*sein Wissen*) display, show off; (*Verbesserungen etc.*) make, carry out; **e-e Beschwerde ~** lodge a complaint.
Anbruch *m* **1.** (**bei**) **~ des Tages** (at) daybreak; (**bei**) **~ der Nacht** (at) nightfall; **2.** *fig.* dawning *of a new age.*
anbrüllen *v/t.* scream at, yell at.
Anchovis *f* anchovy.
Andacht *f* **1.** devotion; **2.** *religiöse*: devotions *pl.*; (*Gottesdienst*) (short) service; **mit ~** *a. iro.* reverently; **andächtig** *adj.* devout, pious; *fig.* (*aufmerksam*) absorbed, rapt.
Andante *n*, **andante** *adv.* ♪ andante.
andauern *v/i.* continue, go on; (*anhalten*) last; *hartnäckig*: persist; **der Regen dauert an** it's still raining, *im Wetterbericht*: it will continue to rain; **das schlechte Wetter dauert an** there's no end of the bad weather in sight; **andauernd** *adj.* continual; (*anhaltend*) continuing; (*unaufhörlich*) continuous, incessant; (*hartnäckig*) persistent.
Andenken *n* memory (**an** of); (*Gegenstand*) keepsake, (*Souvenir*) souvenir (of); **zum ~ an** in memory (*od.* remembrance) of; **~laden** *m* souvenir shop.
ander I. *adj.* other; (*verschieden*) different; (*folgend*) next; (*gegenüberliegend*) opposite; **am ~en Tag** the next day; **die ~en Bücher** (*übrigen*) the rest of the books; **ich hab' ganz ~e Probleme** I haven't got time to worry about things like that; → **Ansicht** 4, **Geschlecht** *etc.*; **II.** *indef. pron.*: **ein ~er, eine ~e** someone else; **die ~en** the others; **kein ~er als** nobody but, *rühmend*: no less than; **der eine oder ~e** someone or other, *bei Sachen*: one or the other; **noch viele ~e** many (*od.* plenty) more; **~es, andres** other things; **alles ~e** everything else; **alles ~e als** anything but, far from; **unter ~em** among other things; **eins nach dem ~en!** one thing after another; **es kommt eins zum ~en** it's just one thing after another; **es kam eins zum ~en** one thing led to another; **ein Tag wie jeder ~e** a perfectly ordinary day; **der eine sagt dies, der ~e sagt das** you get a different version every time; **von denen ist einer wie der ~e** they're all much of a muchness, *contp. Personen*: they're as bad as each other; **das ist was ganz ~es** that's a completely different matter; → **anders, Wort.**
andererseits *adv.* on the other hand.
andermal *adv.*: **ein ~** some other time.
ändern I. *v/t.* change, (*a. Kleidungsstück*) alter; (*variieren*) vary; **ich kann es nicht ~** I can't help it; **das ist nicht zu ~** that can't be helped; **es ändert nichts an der Tatsache, daß** it doesn't alter the fact that; **II.** *v/refl.*: **sich ~** change; (*variieren*) vary; *Wind*: shift; **sich zum Vorteil (Nachteil) ~** change for the better (worse).
andernfalls *adv.* otherwise.
anders I. *pred. adj. u. adv.* different(ly *adv.*); **~ werden** change; **sie ist ~ als ihre Schwester** she's not like her sister; **~ als s-e Freunde** *treibt er keinen Sport*: unlike his friends; **er denkt ~ als wir** he doesn't see it the same way as us; **~ ausgedrückt** to put it another way; **ich kann nicht ~** I can't help it, (*bin gezwungen*) I've got no choice; **es kam ganz ~** things turned out very differently; **ich hab's mir ~ überlegt** I've changed my mind, (*ich werde doch nicht*) I've decided not to; **~** (*verhielt sich*) **Herr X** not so Mr X; **das klingt schon ~!** that's more like it; **Urlaub mal ~** a holiday (*od.* holidays) with a difference; → **überlegen¹**; **II.** *adv. bei pron.*: else; **jemand ~** somebody (*od.* anybody) else; **niemand ~** nobody else; **niemand ~ als er** nobody but him; **wer ~ (als er)?** who else (but him)?; **irgendwo ~** somewhere else, F some other place; **nirgendwo ~** nowhere else; **nirgendwo ~ als** nowhere but, no place other than; **wo ~ (als dort)?** where else (but there)?; **~artig** *adj.* different; **~denkend** *adj.* of a different way of thinking; *pol.* dissenting; **Ꝋdenkende(r)** *m pol.* dissenter; **~farbig** *adj.* of a different colo(u)r; **~geartet** *adj.* different; of a different nature; **~gesinnt** *adj.* → **andersdenkend**; **~herum I.** *adv.* the other way round; **II.** F *adj.*: **er ist ~** (*homosexuell*) he's gay, F he's one of them; **~lautend** *adj.* different, differing; **~e Berichte** reports to the contrary; **~sprachig** *adj. Texte etc.*: foreign-language ...; **~wo** *adv.* somewhere else, elsewhere; **~woher** *adv.* from somewhere else; **~wohin** *adv.* somewhere else.
anderthalb *adj.* one and a half; **~ Pfund** a pound and a half (of); **~fach** *adj.* one and a half times; **~mal** *adv.* one and a half times; **~ soviel** half as much again.
Änderung *f* change; *gewollte*: *a.* alteration; *teilweise*: modification; **e-e ~ vornehmen (erfahren)** make (undergo) a change; **~en vorbehalten** subject to alteration.
Änderungs|antrag *m parl.* amendment; **~gesetz** *n* amending law; **~vorschlag** *m*: **e-n ~ machen** suggest a change; **s-e Änderungsvorschläge wurden akzeptiert** the changes he suggested (*od.* proposed) were accepted.
anderweitig I. *adj.* other, further; **wegen ~er Verpflichtungen** due to prior engagements (*od.* commitments); **II.** *adv.* otherwise; (*anderswo*) elsewhere; **die Stelle wurde ~ vergeben** the job went (*od.* was given) to someone else.
andeuten I. *v/t.* (*zu verstehen geben*) hint, intimate, give to understand; *negativ*: insinuate (*alle* **daß** that); (*hinweisen auf*) indicate; *Kunst*: suggest; → **angedeutet**; **II.** *v/refl.*: **sich ~** *Verbesserung etc.*: be on the way; **es deuten sich Änderungen an** there are changes in the air, changes seem to be on the way;
Andeutung *f* suggestion, hint (*beide a. fig.*; **auf** of); *versteckte*: insinuation; (*Hinweis*) indication; *Kunst*: suggestion; **e-e ~ machen** drop a hint; **in ~en reden** beat about (*od.* around) the bush; **andeutungsweise** *adv.* allusively; **et. ~ mitteilen** hint at s.th.; **man sieht ~ ein Haus dahinter** you can just (about) make out a house behind it.
andichten *v/t.*: **j-m et. ~** impute s.th. to s.o.
andicken *v/t. gastr.* thicken.
andiskutieren *v/t.* broach *a subject.*
andocken *v/t. u. v/i. Raumfahrt*: dock.
andonnern F *fig. v/t.* roar at.
Andorraner(in *f*) *m*, **andorranisch** *adj.* Andorran.
Andrang *m* crush; (*Ansturm*) rush (*a.* ⚕ *des Bluts*); ✝ run (**auf** on).
Andreaskreuz *n*: (*a.* **das ~**) St Andrew's Cross.
andrehen *v/t.* (*Gas etc.*) turn on; ⚡ *a.* switch on; (*Schraube*) tighten; F **j-m et. ~** palm (*od.* fob) s.th. off on s.o., (*Arbeit etc.*) land s.o. with s.th., pass s.th. on to s.o.; **wer hat dir denn diese Stiefel angedreht?** who talked you into (buying) those boots?
Androgen *n* androgen.
androgyn *adj.* androgynous.
androhen *v/t.*: **j-m et. ~** threaten s.o. with s.th.; **Androhung** *f* threat; ⚖ **unter ~ von** (*od. gen.*) under penalty of.
Andruck *m typ.* proof; **andrucken** *v/i.* **1.** (pull a) proof; **2.** start printing.
andrücken I. *v/t.* press (on); **II.** *v/refl.*: **sich (fest) ~ an** press (hard) against, (*e-e Person*) cling (*od.* hold on) (tightly) to.
andudeln F *v/t.*: **sich einen ~** F get merry (*od.* tiddly); **er hat sich einen angedudelt** F he's had one too many.
andünsten *v/t. gastr.* steam.
anecken F *v/i.*: **bei j-m (überall) ~** *durch Verhalten*: F rub s.o. (everyone) up the wrong way; **wegen s-r Offenheit (Kleidung) ist er bei den Kollegen angeeckt** his colleagues didn't take to his openness (to the way he dressed).
aneignen *v/t.*: **sich ~** acquire, *widerrechtlich*: *a.* (mis)appropriate; (*Fähigkeiten*) learn, (*Kenntnisse*) acquire; (*Stil etc.*) develop, (*Gewohnheit*) *a.* pick up; **er hat sich die dänische Sprache angeeignet** he learnt (how to speak) Danish; **Aneignung** *f* acquisition; (mis)appropriation; development; learning (**e-r Sprache** a language).
aneinander *adv.* (to, of *etc.*) each other; *fig.* **~ hängen** be very attached to each other; → **vorbeireden** *etc.*; **~binden** *v/t.* tie together; **~fügen** *v/t.* join (together); **~geraten** *v/i.* clash; (*handgreiflich werden*) come to blows; **~grenzen** *v/i.* border on each other; **~klammern** *v/refl.*: **sich ~** cling to each other; **~prallen** *v/i.* collide (with each other); **~reihen** *v/t.* line up; *fig.* string together; **~rücken** *v/t. u. v/i.* move closer together; **~schmiegen** *v/refl.*: **sich ~** huddle together; **~stoßen** *v/i.* collide; → **aneinandergrenzen.**
Anekdote *f* anecdote; **anekdotenhaft** *adj.* anecdotal.
anekeln *v/t.*: **j-n ~** *Essen, Geruch etc.*: make s.o. feel sick, nauseate s.o., *Benehmen, Person etc.*: make s.o. sick, revolt s.o., F turn s.o. off.
Anemone *f* anemone.

Anerbieten *n* offer, tender.
anerkannt *adj.* recognized; (*allgemein* **~**) accepted; **~*e Tatsache*** established fact; ***ein international ~er Schriftsteller*** *etc.* an internationally recognized writer *etc.*, a writer *etc.* of international repute (*od.* standing); → ***staatlich*** II; **anerkanntermaßen** *adv.*: ***er ist ~ ...*** he is acknowledged to be ...
anerkennen *v/t.* acknowledge, *a. pol.* recognize (***als*** as); *als gültig*: *a.* accept; (*billigen*) approve; (*e-n Anspruch*) allow; (*Schuld*) admit; ✝ (*Wechsel*) hono(u)r, accept; ***nicht ~*** refuse to recognize, ***als*** (*od.* ***für***) ***das Seinige***: disown (*a. Kind*); *ein Tor* (***nicht***) **~** (dis)allow; → ***anerkannt***; **anerkennend I.** *adj.* appreciative; **~*e Worte*** words of appreciation (*Lob*: praise); **II.** *adv.*: ***sich ~ äußern über*** praise; ***er hat sich darüber überhaupt nicht ~ geäußert*** he didn't have a positive word to say about it; **anerkennenswert** *adj.* laudable, commendable; **Anerkennung** *f* acknowledg(e)ment, *a. pol.* recognition; ⚖ *e-s Kindes*: legitimation; *von Urkunden*: legalization; *e-s Wechsels*: acceptance; ***~ finden*** win recognition; ***~ verdienen*** deserve credit; ***in ~*** *gen.* in recognition of, *bei großen Leistungen*: *a.* in tribute to; ***in ~ s-r Verdienste*** in recognition of his services; **Anerkennungsurkunde** *f* citation.
anerziehen *v/t.*: ***j-m et. ~*** instil(l) s.th. into s.o.; ***e-m Kind Höflichkeit*** *etc.* **~** bring a child up to be polite *etc.*; **anerzogen** *adj.* acquired; ***das ist ~*** I *etc.* was brought up that way.
anessen *v/t.*: ***du hast dir ein ganz schönes Bäuchlein angegessen*** you're developing a nice little paunch.
anfachen *v/t.* fan; *fig.* rouse, stir up; (*Kontroverse etc.*) stoke up *controversy etc.*
anfahren I. *v/t.* **1.** (*herbeibringen*) deliver; **2.** (*rammen*) run into, hit, (*Fußgänger*) *a.* knock down; *fig.* (*j-n*) snap at; **3.** (*e-n Hafen etc.*) call at; **4.** ⚙ start; **II.** *v/i.* start; *Reaktor*: start up; ***angefahren kommen*** drive up; **Anfahrt** *f* **1.** journey, ride; **2.** (*Zufahrt*) approach; *vor e-m Haus*: drive; **~kosten** *pl.* travel costs.
Anfall *m* **1.** ⚕ attack; *epileptischer*: fit; *von Grippe*: bout, *leichter*: touch *of flu*; → ***Schwindel-, Tobsuchtsanfall*** *etc.*; *fig.* ***ein ~ von Eifersucht*** *etc.* a fit of jealousy *etc.*; F ***e-n ~ bekommen*** F have (*od.* throw) a fit *od.* wobbly; **2.** (*Ertrag*) yield; (*Menge*) amount *produced etc.*; **anfallen I.** *v/t.* (*angreifen*) attack; **II.** *v/i. Arbeit*: come up; *Gewinn, Zinsen*: accumulate; *Kosten*: arise; ***im Herbst fällt immer viel Arbeit an*** the work always piles up in (the) autumn (*Am.* fall); ***alle ~den Reparaturen muß ich übernehmen*** I'm responsible for any repairs that crop up.
anfällig *adj.* **1.** susceptible (***für*** to); *für Krankheiten*: *a.* prone (to), liable (to); **2.** *Gesundheit*: delicate.
Anfang *m* beginning, start; *formell*: commencement; (*Entstehung*) origin; ***am ~*** at (*od.* in) the beginning, at the start (*od.* outset); ***von ~ an*** (right) from the start, F from the word go; **~ *Januar*** early in January; **~ *1990*** early in 1990; ***am ~*** *gen.* at the beginning of; (***am***) **~ *der dreißiger Jahre*** in the early thirties; ***er ist ~ der Dreißiger*** he's in his early thirties; ***den ~ machen*** start, *a. Sport*: lead off; ***e-n neuen ~ machen*** make a fresh start, start all over again, *sich verbessernd*: turn over a new leaf; ***das ist der ~ vom Ende*** it's the beginning of the end; ***aller ~ ist schwer*** nothing's easy to start off with, *bei Projekt etc.*: *a.* you'll *etc.* get into it; ***in den Anfängen stecken*** be in its (*od.* their) infancy; ***zu den Anfängen zurückkehren*** get back to the grassroots; ***zu ~*** → ***anfangs***; **anfangen** *v/t. u. v/i.* start (***mit*** with), begin, *formell*: commence (with); **~ *zu*** *inf.* start *ger.*, begin *ger.*; ***immer wieder von et. ~*** keep harping on about s.th.; ***immer wieder vom gleichen Thema ~*** keep harping on the same string, keep harping on about the same (old) thing; ***wo ~?*** where to start?, where do you start?; ***ich weiß nichts damit anzufangen*** I don't know what to do with it, (*verstehe es nicht*) I can't make head or tail of it; ***ich kann mit ihm nichts ~*** a) I don't know what to do with him, b) we have absolutely nothing in common; ***damit*** (***mit ihm***) ***ist nichts anzufangen*** it's useless (he's hopeless); ***mit dir ist ja heute nichts anzufangen*** F you're a dead loss today; ***was wirst du morgen ~?*** what are you going to do (with yourself) tomorrow?; ***fängst du schon wieder an?*** are you at it again?; *iro.* ***das fängt ja gut an!*** that's a great start.
Anfänger *m* beginner (***in*** at); → ***blutig***; **~kurs** *m* beginners' course.
anfänglich I. *adj.* initial; (*früh*) *a.* early; **II.** *adv.* → ***anfangs*** I.
anfangs I. *adv.* at first; **II.** F *prp. mit gen.* at the beginning of, early on in.
Anfangs|buchstabe *m* first (*od.* initial) letter; *pl. e-s Namens*: initials; ***großer*** (***kleiner***) **~** capital (small) letter; **~erfolg** *m* initial success; **~gehalt** *n* starting salary; **~kapital** *n* starting capital; **~phase** *f* early stage; **~schwierigkeiten** *pl.* initial difficulties; **~stadium** *n* initial stage; **~unterricht** *m* first years *pl.* of teaching; **~zeit** *f* time of commencement; *e-r Sendung*: broadcasting time, *a.* scheduled start.
anfassen I. *v/t.* **1.** (*berühren*) touch; (*ergreifen*) take hold of (*a. bei der Hand nehmen*); ***zum*** 2 *Politiker etc.*: for the people; *Kunst etc.*: hands-on *art etc.*, *Ausstellung*: *a.* tactile *exhibition*; **2.** *fig.* (*behandeln*) deal with; (*Aufgabe*) *a.* approach, tackle; ***j-n hart*** (***sanft***) **~** be firm (gentle) with s.o.; **II.** *v/i.* (*helfen*, *a.* ***mit ~***) lend (*od.* give *s.o.*) a hand, help out; **III.** *v/refl.*: ***sich weich*** *etc.* **~** feel soft *etc.*
anfauchen *v/t.* spit at; *fig.* snap at.
anfaulen *v/i.* start to rot (*od.* mo[u]lder); → ***angefault.***
anfechtbar *adj.* contestable; *Behauptung etc.*: *a.* disputable; **anfechten** *v/t.* **1.** contest; (*Urteil*) appeal against; (*Zeugen*[*beweis*]) challenge; **2.** (*beunruhigen*) worry, bother; **Anfechtung** *f* **1.** ⚖ challenge; appeal (*gen.* against); **2.** (*Versuchung*) temptation.
anfeinden *v/t.* be hostile to(wards); ***angefeindet werden*** become (*od.* make o.s.) unpopular (***wegen*** because of), *stärker*: make a lot of enemies; **Anfeindung** *f* hostility (*gen.* towards).
anfertigen *v/t.* make, ✝ *a.* manufacture; *schriftlich*: draw up; (*Übersetzung, Zeichnung*) do, produce; **Anfertigung** *f* making; ✝ manufacture; drawing up; producing *a translation etc.*
anfeuchten *v/t.* moisten; (*lecken*) lick; → ***angefeuchtet.***
anfeuern *v/t.* fire; *fig.* encourage; *durch Zurufe*: cheer (on), *Am.* F root for.
anflehen *v/t.* implore, beseech.
anfliegen I. *v/t.* approach; (*landen auf*) land at; *linienmäßig*: fly to; *die Luftgesellschaft* ***fliegt Funchal*** (***direkt***) ***an*** has a service (a direct flight) to Funchal, ***fliegt Funchal nicht an***: has no service (*od.* flight[s]) to Funchal; **II.** *v/i.* approach; ***angeflogen kommen*** *a.* F *fig.* come flying (along).
Anflug *m* **1.** approach; ***im ~ auf München sein*** be approaching Munich Airport; ***beim ~ auf*** while approaching, during the approach to; **2.** (*Spur*) touch, trace, hint; **~schneise** *f*, **~weg** *m* approach corridor.
anflunkern F *v/t.* → ***anschwindeln.***
anfordern *v/t.* request, ask for; *stärker*: demand; **Anforderung** *f* demand (*gen.* for); *pl.* (*Leistungs-, Niveauanforderungen*) standard *sg.*, demands; ***hohe ~en stellen*** make high demands (***an*** on); **Anforderungsprofil** *n* job profile.
Anfrage *f* inquiry, enquiry; question (*a. parl.*); **anfragen** *v/i.* inquire, ask; (***bei j-m***) ***nach et. ~*** ask (s.o.) about s.th.
anfressen *v/t.* **1.** *Maus etc.*: nibble at; *Raupe*: eat; *Motte*: eat holes into; *Vogel*: peck at; ***die Motten haben den Mantel angefressen*** the moths have been at this coat; → ***angefressen***; **2.** ⚗ corrode, eat into; **3.** → ***anessen.***
anfreunden *v/refl.*: ***sich ~*** become friends; make friends (***mit*** with *s.o.*); *fig.* ***sich mit dem Gedanken*** *etc.* **~** get used to the idea *etc.*
anfrieren *v/i.* **1. ~ *an*** freeze (on)to; **2.** → ***angefroren.***
anfügen *v/t.* add; ⚙ join, attach.
anfühlen I. *v/t.* feel; (*berühren*) touch; **II.** *v/refl.*: ***sich weich*** *etc.* **~** feel soft *etc.*
Anfuhr *f* delivery.
anführen *v/t.* **1.** lead; ⚔ *a.* command; (*Bewegung, Entwicklung etc.*) head, spearhead; (*Tabelle etc.*) be at the head of; **2.** (*erwähnen, sagen*) state, say; (*Gründe*) put forward, state; (*zitieren*) quote, cite *a law etc.*; (*Beweise, Zeugen*) produce; *zur Verteidigung, Entschuldigung*: state (in *s.o.'s* defen|ce [*Am.* -se]), plead (as an excuse); **Anführer** *m* leader; ⚔ commander; (*Rädelsführer*) ringleader.
Anführungs|striche *pl.*, **~zeichen** *n* quotation mark(s), inverted comma(s).
anfüllen *v/t. u. v/refl.* (***sich ~***) fill (up).
Angabe *f* **1.** statement; (*Auskunft*) information; (*Beschreibung*) description; *pl.* information *sg.*, data, ✝ specifications; *bewußt* ***falsche ~*** misrepresentation; ***genauere*** (*od.* ***nähere***) **~*n*** particulars, details; **~*n zur Person*** personal data; **~ *des Inhalts*** declaration of contents; **2.** *Tischtennis*: service; **3.** F → ***Angeberei.***
angaffen F *v/t.* F gawk at.
angeben I. *v/t.* **1.** (*Namen, Grund etc.*) give; (*erklären*) declare (*a. Zollware*); (*Kurse, Preise*) quote; (*zeigen*) show, indicate, point out; ***zu hoch*** (***niedrig***) **~** overstate (understate); ***falsch ~*** misstate; **2.** (*festlegen*) set, determine; → ***Tempo*** 2, ***Ton***[1]; **3.** (*behaupten*) claim; (*vorgeben*) pretend; **II.** *v/i.* **4.** *Karten-*

spiel: deal first; *Tischtennis*: serve; **5.** F (*prahlen*) brag (***mit*** with), show off ([with] *s.th. od. s.o.*); **Angeber** F *m* show-off; (*Prahler*) braggart, F big mouth; **Angeberei** F *f* showing-off; **angeberisch** F *adj.* bragging; (*protzig*) showy.

angebetet *fig. adj.* adored, idolized; **Angebetete(r** *m*) *f* beloved; (*Idol*) idol.

angeblich I. *adj.* alleged, supposed; ostensible; *contp. Künstler etc.*: would-be; **II.** *adv.*: ***~ ist er ...*** he's supposed to be ..., they say he's ...

angeboren *adj.* inborn, innate (*dat.* in); ⚕ *a.* congenital, hereditary.

Angebot *n* offer; *Auktion*: bid; (*Preis*2) quotation; (*Ausschreibungs*2) tender; (*Waren*2) *a. Börse*: supply; ***~ und Nachfrage*** supply and demand.

angebracht *adj.* appropriate; (*ratsam*) advisable; ***nicht ~*** inappropriate, *Bemerkung*: out of place, uncalled-for; ***er hielt es für ~ zu*** *inf.* he thought it would be appropriate to *inf.*

angebrannt *adj. Essen*: (slightly) burnt; *Milch, Soße etc.*: scorched; ***~ schmekken*** taste burnt, have a burnt taste.

angebräunt *adj.*: ***~ sein*** *Person*: have a bit of a tan.

angebrochen *adj.*: ***~e Flasche*** opened bottle; ***~e Tafel Schokolade*** *etc.* started bar of chocolate *etc.*; *fig.* F ***was machen wir mit dem ~en Abend?*** what are we going to do with the rest of the evening?

angebunden *adj.* **1.** *Boot*: moored; *Hund*: on a (*od.* the) leash; **2.** *fig. durch Kinder etc.*: tied down; **3.** ***kurz ~*** curt, abrupt; ***mit j-m kurz ~ sein*** be (very) short with s.o.

angedeihen *v/i.*: ***j-m et. ~ lassen*** grant (*od.* give) s.o. s.th.

angedeutet *adj.* intimated; ***die ~en Änderungen*** *a.* the changes you *etc.* hinted at.

angefault *adj.* rotting, mo(u)ldering.

angefeuchtet *adj.* moist, moistened.

angefressen *adj. von Motten*: moth-eaten; *von Rost*: rusty

angefroren *adj.*: ***~ an*** frozen to; ***~ sein*** *Blumen etc.*: have got a touch of frost.

angegossen *adj.*: ***wie ~ sitzen*** fit like a glove, be a perfect fit.

angegraut *adj.* greying, *Am.* graying.

angegriffen *adj.* exhausted, worn-out ..., *pred.* worn out; *Gesundheit*: bad; *Organ*: affected; ***~ aussehen*** look unwell.

angegurtet *adj.*: ***~ sein*** have one's seatbelt on, have fastened one's seatbelt, F be belted up.

angehaucht *adj.*: ***links (rechts, kommunistisch) ~ sein*** have left-wing (right-wing, communist) leanings; ***künstlerisch ~ sein*** have an artistic bent.

angehäuft *adj.* accumulated, amassed; ***~e Waffen*** stockpiles of weapons; ***~e Reserven*** reserve stockpiles.

angeheiratet *adj.* (related) by marriage; ***~e Verwandte*** in-laws.

angeheitert *adj.* F (slightly) merry *od.* tiddly.

angehen I. *v/i.* **1.** F (*anfangen*) start; **2.** ***die Schuhe gehen schwer an*** I can hardly get into these shoes; **3.** (*funktionieren*) work; start; *Licht*: go on; *Feuer*: start burning; **4.** ***das kann nicht ~*** it can't be true; **5.** ***~ gegen*** resist, fight (against); **6.** ***es geht nicht an, daß ...*** there's no excuse for *ger.*; ***das mag (noch) ~*** one can (just about) overlook (*od.* excuse) that; **II.** *v/t.* **7.** (*Gegner*) *a. Sport*: attack; **8.** (*Problem etc.*) tackle; *Pferd*: (*Hindernis*) approach; **9.** ***j-n ~*** (*bitten*) approach s.o. (with a request), ***um et.***: ask s.o. for s.th.; **10.** (*betreffen*) concern; ***was ihn angeht*** as far as he's concerned, as for him; ***was geht das mich an?*** what's that got to do with me?; ***das geht dich nichts an*** that's none of your business; ***das geht niemanden etwas an*** that's my business;

angehend *adj.* beginning; (*künftig*) future, *nachgestellt*: in the making; *Künstler, Schönheit*: budding; *beruflich*: *a.* trainee; ***~er Vater (Arzt*** *etc.*) father-to-be (doctor-to-be *etc.*).

angehören *v/i.* belong (*dat.* to) (*a. fig.*); *als Mitglied*: *a.* be a member (of); ***der Vergangenheit ~*** be a thing of the past; **Angehörige(r** *m*) *f* (*Mitglied*) member; *e-s Staates*; national (*gen.* of); (*Verwandter*) relative; ***nächste(r) Angehörige(r)*** next of kin; ***meine Angehörigen*** my family.

angekettet *adj.* chained (***an*** to); *Hund*: on a (*od.* the) chain, chained up.

angekeucht *p.p.*: ***~ kommen*** come panting along.

Angeklagte(r *m*) *f* defendant, (the *od.* an) accused.

angeknackst F *adj.* slightly damaged; *Knochen*: chipped; *Rippe*: cracked; *Gesundheit, Beziehung*: shaky; *Stolz, Selbstbewußtsein*: dented; ***leicht ~*** (*verrückt*) F slightly cracked (*od.* screwy); ***sein Selbstbewußtsein ist ~*** his self-confidence has been dented (*od.* has taken a beating); → ***anknacksen.***

angekündigt *adj. Sitzung, Vortrag etc.*: planned, scheduled; *Besucher etc.*: expected; ***der ~e Wechsel*** *etc.* the change *etc.* that was announced, the announced (*od.* promised) change *etc.*

Angel[1] *f* fishing rod.

Angel[2] *f* (*Tür*2) hinge; ***aus den ~n heben*** lift *a door* out of its hinges, *a. fig.* unhinge; → ***Tür.***

angelegen *adj.*: ***sich et. sehr ~ sein lassen*** make s.th. one's concern; ***es sich ~ sein lassen zu*** *inf.* make a point of *ger.*; **Angelegenheit** *f* matter, concern, affair; ***das ist s-e ~*** that's his problem; ***kümmere dich um d-e ~en*** mind your own business.

angelegt *adj. Geld*: invested; ***fest ~es Geld*** permanent investment(s).

angelehnt *adj. Tür*: ajar; ***laß die Tür ~*** *a.* leave the door open a crack (*od.* an inch).

angeleint *adj. Hund*: on a lead (*od.* leash).

angelernt *adj.* acquired; *Kenntnisse*: just for show; *Höflichkeit etc.*: put-on; ***~er Arbeiter*** semi-skilled worker.

angelesen *adj.* **1.** *Buch*: started *book*; ***lauter ~e Bücher*** books started and never finished; **2.** ***~es Wissen*** knowledge out of books.

Angel|gerät *n* fishing tackle; (*Angelrute*) fishing rod; **~haken** *m* fishhook.

angeln *v/t. u. v/i.* fish (***nach*** for; *a. fig.*); F *fig.* ***sich j-n (et.) ~*** F hook (*od.* land) o.s. s.o. (s.th.).

Angelobung *östr. f* swearing-in (ceremony).

Angel|platz *m* fishing ground; **~punkt** *m* pivot; *fig.* pivotal point; (*Kernfrage*) central issue; (*Mittelpunkt*) hub; (*Kern*) linchpin; **~rute** *f* fishing rod.

Angelsachse *m*, **Angelsächsin** *f*, **angelsächsisch** *adj.* Anglo-Saxon.

Angel|schein *m* fishing *od.* angler's licen|ce (*Am.* -se); **~schnur** *f* fishing line; **~sport** *m* fishing, angling.

angemacht *adj.*: ***~er Salat*** dressed salad, salad with dressing.

angemessen *adj.* appropriate (*dat.* to); *Preis etc.*: reasonable; (*ausreichend*) adequate; *Benehmen*: proper, fitting.

angenagelt *adj.*: ***wie ~ dastehen*** stand rooted to the spot.

angenehm I. *adj.* pleasant; agreeable; (*willkommen*) welcome; ***~ riechen*** smell good; ***das 2e mit dem Nützlichen verbinden*** combine business with pleasure; **II.** *adv.*: ***~ überrascht*** pleasantly surprised.

angenommen *p.p.* (let's) suppose, supposing, F let's say.

angepaßt *adj.* conformist; *psych.* (well-)adjusted; → ***anpassen.***

angepeilt *adj. Ergebnisse etc.*: targeted, aimed-for.

Anger *m* (village) green.

angeregt I. *adj. Gespräch*: lively, animated; **II.** *adv.*: ***sich ~ unterhalten*** have a lively conversation.

angereichert *adj.* enriched (***mit*** with); ***mit Uran ~*** uranium-enriched.

angesagt *adj.*: ***~ sein*** (*vorgesehen*) be on the agenda, (*in Mode*) be in; ***wieder ~ sein*** be back in (fashion); ***Fitneß ist ~!*** fitness is the order of the day; ***es ist besseres Wetter ~*** the weather's supposed to get better.

angesammelt *adj. Reichtümer etc.*: amassed; *Wut etc.*: pent-up.

angesäuselt F *adj.* F (slightly) merry *od.* tiddly.

angeschimmelt *adj. Brot*: slightly mo(u)ldy; ***~ sein*** *a.* have a touch of mo(u)ld.

angeschlagen *adj.* **1.** *Glas, Möbel etc.*: chipped; **2.** *fig. Person*: groggy; *seelisch*: shaken; *Gesundheit*: shaky; ***schwer ~ sein*** have taken a real beating.

angeschlossen *adj.*: *Anlage etc.*: connected (***an*** to, with); *Sender etc.*: linked up (with).

angeschmutzt *adj.* slightly dirty, soiled; ☤ shopsoiled.

angeschneit F *fig. p.p.*: ***~ kommen*** F come blowing in.

angeschnitten *adj.* **1.** ***ein ~es Brot*** a started loaf; **2.** ***~er Ärmel*** dolman sleeve; **3.** ***~er Ball*** ball with a spin on it.

angeschossen *adj.* slightly wounded (by bullet-fire).

angeschrieben *adj.*: ***er ist bei ihr gut (schlecht) ~*** she thinks a lot of him (he doesn't rate very highly with her).

Angeschuldigte(r *m*) *f* ⚖ accused.

angeschwemmt *adj.*: ***~es Land*** alluvium.

angeschwollen *adj.* swollen.

angesehen *adj.* respected; *Firma etc.*: reputable; *Persönlichkeit*: distinguished.

Angesicht *n* face, countenance; ***von ~ zu ~*** face to face: ***im ~*** *gen.* in the face of; → ***Schweiß.***

angesichts *prp.* at the sight of; *fig.* given, in view of, considering; ***~ des Todes*** *etc.* in the face of death *etc.*

angespannt I. *adj.* strained, *a. Lage*: tense; *Person*: tense(d up); ***~e Aufmerksamkeit*** rapt attention; **II.** *adv.* intensely; ~ ***lauschen*** listen intently (*od.* with rapt attention).

angestammt *adj.* hereditary; F *fig.* accustomed, usual.

angestaubt *adj.* dusty; *fig. Ideen etc.*: stale.

angestaut *adj. Gefühle*: pent-up.

angestellt *adj.*: ~ ***sein bei*** work for, be employed by (*od.* with); ***wo sind Sie ~?*** where do you work?

Angestellte(r *m*) *f* (salaried) employee, F white-collar worker; (*Büro*≈) office-worker.

Angestellten... *in Zssgn* (salaried) employees' *insurance etc.*; **~gewerkschaft** *f* white-collar union; **~verhältnis** *n*: ***im ~ stehen*** be employed, be in salaried employment (***bei*** with); **~versicherung** *f* (salaried) employees' insurance.

angestiegen *adj.*: (***stark***) ***~e Preise*** (sharp) price rises.

angestochen *adj. Apfel etc.*: bad, rotten; F ***herumrennen wie ein ~er Eber*** run (a)round like a lunatic.

angestrahlt *adj. Gebäude*: floodlit, illuminated.

angestrengt I. *adj. Arbeit, Nachdenken etc.*: concentrated; ***~e Miene*** look of concentration; ~ ***aussehen*** look strained; II. *adv.*: ~ ***arbeiten*** (***nachdenken***) work (think) hard; ~ ***zuhören*** listen intently.

angetan *pred. adj.* **1.** ~ ***sein von*** be taken with; ***er war von dem Gedanken wenig ~*** the idea didn't appeal to him (F grab him); → ***antun***; **2.** ***dazu*** (*od.* ***danach***) ~ ***zu*** *inf.* likely (*od.* apt) to *inf.*

angetaut *adj.*: ~ ***sein*** have started to thaw.

angetrunken *adj.* slightly drunk; ***er war in ~em Zustand*** he had been drinking.

angewandt *adj.* applied *arts etc.*

angewiesen *pred. adj.*: ~ ***sein auf*** be dependent on, depend on; ***auf sich allein ~ sein*** have to look after o.s.; ***plötzlich war ich auf mich selbst ~*** suddenly I was on my own (*od.* was left to paddle my own canoe).

angewöhnen *v/t.*: ***j-m et.*** ~ get s.o. used to s.th., teach s.o. s.th.; ***sich*** *et.* ~ get into the habit of, take to *smoking etc.*; ***du mußt dir e-e deutlichere Handschrift ~*** you must start writing more legibly.

Angewohnheit *f*: (***aus*** ~ from) habit; ***ich mache es aus ~*** *a.* it's a habit (with me).

angewurzelt *adj.*: ***wie ~ dastehen*** stand rooted to the spot.

angezeigt *adj.* (*ratsam*) advisable; ~ ***sein*** *a.* be the order of the day; ***es für ~ halten zu*** *inf.* consider it appropriate (*od.* advisable) to *inf.*

angiften F *v/t.* get nasty with.

Angina *f* tonsil(l)itis; ~ ***pectoris*** *f* angina (pectoris).

angleichen *v/t. u. v/refl.* (***sich ~***) adapt, adjust (*dat. od.* ***an*** to); **Angleichung** *f* adaptation, adjustment.

Angler *m a. zo.* angler.

angliedern *v/t.* join, attach (*dat. od.* ***an*** to); (*Organisation*) affiliate (with), incorporate (into); (*Gebiet, Staat*) annex (to); (*eingliedern*) integrate (into); **Angliederung** *f* affiliation, incorporation; annexation; integration; → ***angliedern.***

Anglikaner(in *f*) *m* Anglican; ~ ***sein*** *a.* be Church of England; **anglikanisch** *adj.* Anglican; ***die Anglikanische Kirche*** the Church of England, the Anglican Church.

anglisieren *v/t.* Anglicize, anglicize.

Anglist *m* English student (*Dozent*: lecturer); **Anglistik** *f* English language and literature, English studies *pl.*

Anglizismus *m* Anglicism.

Anglo... *in Zssgn* Anglo-...

anglophil *adj.*, **Anglophile(r)** *m* Anglophile.

anglophon *adj.*, **Anglophone(r)** *m* Anglophone.

anglotzen F *v/t.* stare (F gawk) at.

Angolaner(in *f*) *m*, **angolanisch** *adj.* Angolan.

Angora|katze *f* Angora cat; **~wolle** *f* angora (wool).

angreifbar *adj.* open to attack; *a. fig.* vulnerable; **angreifen** *v/t.* **1.** attack (*a. Sport u. fig.*); ⚖ (*tätlich* ~) assault; ***angegriffen werden*** *a. fig.* be attacked, come under attack; **2.** (*Aufgabe*) tackle; **3.** (*Vorräte*) break into; **4.** (*schwächen*) weaken; (*Augen etc.*) strain; (*Gesundheit*) affect; → ***angegriffen***; **5.** ⚗ corrode; **Angreifer** *m* attacker, assailant; *pol.* aggressor.

angrenzen *v/i.*: ~ ***an*** border on; abut on; **angrenzend** *adj.* adjacent (***an*** to), adjoining; neighbo(u)ring; *fig.* related; *fig.* ***~e*** (***Fach***)***Gebiete*** related disciplines.

Angriff *m* attack (*a. Sport u. fig.*), assault; *strategisch*: offensive; *fig.* ~ ***auf die Persönlichkeitssphäre*** assault on privacy; ***in ~ nehmen*** (*handhaben*) tackle, (*beginnen*) get started (F cracking) on, get down to; ***zum ~ übergehen*** take the offensive.

Angriffs|fläche *fig. f* point of attack; ***e-e ~*** (***keine ~n***) ***bieten*** (not to) lay o.s. open to attack (*dat.* from); **~fußball** *m* attacking football; **~krieg** *m* ⚔ offensive warfare; *pol.* war of aggression.

Angriffslust *f* aggressiveness, belligerence; **angriffslustig** *adj.* aggressive.

Angriffs|punkt *fig. m* weak point; ***e-n ~*** (***keine ~e***) ***bieten*** (not to) lay o.s. open to attack (*dat.* from); **~reihe** *f Sport*: forwards *pl.*; **~spiel** *n* attacking play; **~spieler** *m* **1.** striker; **2.** *Tischtennis*: attacking player; **~spitze** *f* spearhead; **~waffe** *f* offensive weapon.

angrinsen *v/t.* grin at.

Angst I. *f* fear (***vor*** of); *a. psych.* anxiety; *große*: dread, terror; ***aus*** ~ out of fear; for fear *of being punished etc.*; ***aus ~ lügen*** *etc. a.* be too scared to tell the truth *etc.*; ~ ***haben*** be afraid (*od.* scared, frightened) (***vor*** of); *j-n* ***in ~ versetzen*** frighten, scare; ***keine ~!*** no need to be frightened, don't worry; ***schreckliche Ängste ausstehen*** be frightened out of one's mind; F ***es mit der ~ zu tun kriegen*** F get the wind up; II. ≈ *pred. adj.*: ***mir ist ~ und bange*** I'm worried to death, F I'm scared stiff; **≈erfüllt** *adj.* terrified; **≈frei** I. *adj.* free from fear; II. *adv.* without fear; **~gefühl** *n* frightened feeling; *stärker*: sense of fear (*od.* anxiety); **~gegner** *m Sport*: dreaded opponent; bogey team; **~hase** F *m* F scaredy-cat.

ängstigen I. *v/t.* alarm, frighten; (*besorgt machen*) get *s.o.* worried; II. *v/refl.*: ***sich ~*** be afraid (***vor*** of), *stärker*: be alarmed (by); (*sich sorgen*) be worried (***um*** about).

Angstkäufe *pl.* panic buying *sg.*

ängstlich I. *adj.* nervous; (*schüchtern*) timid; (*besorgt*) anxious; II. *adv.*: ~ ***bedacht*** (*od.* ***bemüht***) ***zu*** *inf.* anxious to *inf.*; ~ ***gehütetes Geheimnis*** jealously guarded secret; **Ängstlichkeit** *f* nervousness; timidness.

Angst|macher *m* alarmist; **~neurose** *f* anxiety psychosis; **~partie** *f* F nerve-racking affair; **~schrei** *m* frightened scream; *stärker*: scream of terror; **~schweiß** *m* cold sweat; ***ihr brach der ~ aus*** she broke out in a cold sweat; **~traum** *m* nightmare; *psych.* anxiety dream; **≈verzerrt** *adj. Gesicht*: contorted with fear; *Stimme*: trembling with fear (*od.* fright); **~zustand** *m* state of anxiety; ***Angstzustände bekommen*** get into a panic.

angucken F *v/t.* look at.

angurten *v/refl.*: ***sich*** ~ fasten one's seatbelt; → ***angegurtet.***

anhaben *v/t.* **1.** (*Kleider*) have on (*a. Licht etc.*); wear; **2.** ***j-m nichts ~ können*** be unable to get at s.o.; ***das kann mir*** (***dem Auto***) ***nichts ~*** that doesn't worry me (that won't do the car any harm).

anhaften *v/i. a. fig.* cling, stick (*dat. od.* ***an*** to); *fig.* (*j-m od. e-r Sache*) *Mängel etc.*: be inherent in; ***ihm haftete etwas Eigentümliches an*** there was something peculiar about him; ***ihr haftete noch der alte Haß an*** she couldn't shake off the old hatred.

anhaken *v/t.* **1.** hook on(to ***an***); **2.** *auf e-r Liste*: tick off, *Am.* check off.

Anhalt *m* → ***Anhaltspunkt***; **anhalten** I. *v/t.* **1.** stop, bring to a halt; (*Pferd*) pull up; → ***Atem***; **2.** ***j-n zu et.*** ~ urge s.o. to do s.th.; II. *v/i.* **3.** stop, come to a stop (*od.* standstill); *Auto*: *a.* pull up; **4.** (*andauern*) last, continue; *Wetter*: hold; *beharrlich*: persist; **5.** ~ ***um*** apply for (***bei*** *j-m*: to); ***er hielt um s-e Tochter an*** he asked him for the hand of his daughter; **anhaltend** *adj.* continuous, lasting; (*stetig*) sustained; (*beharrlich*) persistent; ***~er Regen*** continuous (*od.* persistent) rainfall; ***~e Bemühungen*** prolonged efforts; ***~e Nachfrage*** persistent demand.

Anhalter F *m* hitchhiker; ***per ~ fahren*** hitchhike, F hitch (a lift).

Anhaltspunkt *m* lead, clue; *a. pl.* something to go by; indication (***für*** of); (*Grundlage*) basis.

Anhang *m* **1.** *e-s Buchs*: appendix; (*Ergänzung*) supplement; *e-s Schriftstücks*: addendum; *e-s Testaments*: codicil; **2.** (*Gefolgschaft*) followers *pl.*, following; F *iro.* F fan club; (*Angehörige*) dependents *pl.*, family; ***ohne*** ~ *Heiratsannonce*: no dependents.

anhängen I. *v/t.* **1.** hang up (***an*** on); **2.** (*ankoppeln*) connect (***an*** to), (*Wohnwagen etc.*) hook up (to); **3.** (*hinzufügen*) add (***an*** to), F tag on(to); **4.** *fig.* ***j-m et.*** ~ pin s.th. on s.o., (*andrehen*) fob s.th. off on s.o.; ***j-m e-n Prozeß ~*** take s.o. to court; II. *fig. v/i.* **5.** *e-r Mode, Partei etc.*: follow; *e-r Idee*: believe in; **6.** ***der Ruf*** (***das Erlebnis***) ***hängt ihm immer noch an*** he just can't shake off that reputation (get over the experience); III. *v/refl.*: ***sich ~ an*** **7.** (*j-n, e-e Gruppe*) latch onto; **8.** *Sport*: tuck o.s. in behind.

Anhänger *m* **1.** follower; (*Jünger*) disciple; *e-r Partei*: supporter; *Film etc.*: fan, *Sport*: *a.* supporter; **2.** (*Schmuck*) pendant; **3.** (*Schild*) label, tag; **4.** *mot.* trailer; **Anhängerschaft** *f* following, supporters *pl.*; F *iro.* F fan club.

Anhängeschild *n* address tag.
anhängig *adj.* ⚖ pending; **e-n Prozeß gegen j-n ~ machen** bring an action against s.o., take legal proceedings against s.o.
anhänglich *adj.* devoted; *Kind, Tier*: *a.* affectionate; *contp.* clinging, too dependent; **Anhänglichkeit** *f* devotion, affection; *contp.* dependence.
Anhängsel *fig. n* appendage (*a.* F *Person*).
anhauchen *v/t.* breathe on; (*die Finger*) blow on; **hauch mich mal an!** let me smell your breath; → **angehaucht.**
anhauen F *v/t.*: **j-n ~** F tap s.o., **um et.**: *a.* F touch s.o. for s.th.
anhäufen I. *v/t.* pile up, accumulate; (*Geld*) amass; (*hamstern*) hoard; (*Waffen*) stockpile; **II.** *v/refl.*: **sich ~** pile up; accumulate (*a. Kapital*); → **angehäuft**; **Anhäufung** *f* accumulation.
anheben I. *v/t.* lift, *a.* ✝ raise; (*Preise*) raise, F hike; **II.** *v/i.* begin; **Anhebung** *f* increase (*gen.* in).
anheften *v/t.* fasten (**an** to); *mit Nadel*: pin (to); (*annähen*) tack, baste.
anheimelnd *adj.* homely, *Am.* homey; (*gemütlich*) cosy, *Am.* cozy; (*vertraut*) familiar.
anheim|fallen *fig. v/i.* fall prey to; **der Vergessenheit ~** sink into oblivion; **~stellen** *v/t.*: **j-m et. ~** leave s.th. up to s.o.; **das stelle ich Ihnen anheim** that's (*od.* I'll leave that) up to you.
anheischig *adj.*: **sich ~ machen, et. zu tun** offer (*od.* volunteer) to do s.th.
anheizen *v/t.* fire; *fig.* (*Inflation*) kindle; (*Streit etc.*) fuel, get *the argument etc.* going; (*Gespräch*) liven up; **die Stimmung ~** liven things up (a bit).
Anheizer *m pol.* agitator.
anherrschen *v/t.* bark at.
anheuern *v/t.* (*a.* **sich ~ lassen**) sign on.
Anhieb *m*: **auf ~** straightaway, F right off, *et. sagen können*: *a.* off the cuff; **auf ~ (nicht) mögen** take an instant liking (dislike) to.
anhimmeln *v/t.* idolize; **er himmelte sie den ganzen Abend an** he just couldn't take his eyes off her all evening.
Anhöhe *f* rise, elevation; (*Hügel*) (little) hill.
anhören I. *v/t.* (*a.* **sich** *dat.* **~**) listen to, hear; **et. mit ~** listen in on s.th.; **hör dir das mal an!** just listen to this!, *weitS.* just listen to him *etc.* talking; **ich kann mir das nicht mehr ~** I can't stand it (*od.* stand listening to that) any longer; **man hört ihm an, daß er nicht von hier ist** (**daß er erkältet ist**) you can tell by his accent that he doesn't come from around here (you can tell [by his voice] that he's got a cold); **II.** *v/refl.*: **sich gut** (**schlecht**) **~** sound good (bad).
Anhörung *f parl.*, ⚖ hearing; **Anhörungsverfahren** *n* hearing procedure.
anhusten *v/t.*: **j-n ~** cough at s.o., cough in(to) s.o.'s face.
Anilin *n* anilin(e); **~farbe** *f* anilin(e) dye.
animalisch *adj. a. fig.* animal ...; *fig.* (*bestialisch*) *a.* brutish.
Animateur *m* guest host, entertainments officer.
Animation *f* **1.** (*Verfahren*) animation; **2.** *konkret*: (animated) cartoons *pl.*; **Animator** *m* animator.
Animierdame *f* hostess, *Am.* F B-girl; **animieren** *v/t.* encourage, *stärker*: urge; (*anregen*) stimulate; **animierte Stimmung** high spirits.
Animosität *f* animosity.
Anis *m* ⚘ anise; (*Gewürz*) aniseed; **~likör** *m* anisette; **~schnaps** *m* aniseed brandy.
ankämpfen *v/i.*: **~ gegen** fight, (*Wellen, Schicksal*) battle with, (*Wind*) struggle against; **gegen den Schlaf ~** fight (*od.* struggle) to keep awake.
Ankauf *m* buying, purchase; (*Erwerb*) acquisition; **ankaufen** *v/t.* buy, purchase.
ankeifen *v/t.* scream at.
Anker *m* **1.** ⚓ anchor; **vor ~ gehen** drop anchor; *fig.* **bei j-m vor ~ gehen** stop by at s.o.'s house *etc.*, drop in on s.o.; **den ~ lichten** weigh anchor; **2.** ⚡ armature; **~boje** *f* anchor buoy; **~kette** *f* cable.
ankern *v/i.* (cast) anchor.
Anker|platz *m* anchoring ground; **~spill** *n* capstan; **~winde** *f* windlass.
anketten *v/t.* chain (**an** to); put *a dog etc.* on a (*od.* the) chain; → **angekettet.**
ankeuchen *v/i.* → **angekeucht.**
ankippen *v/t.* tilt.
ankläffen *v/t.* bark at; *schrill*: yelp at.
Anklage *f* accusation, charge (**gegen** against); *wegen Amtsvergehens*: *bsd. Am.* impeachment (of); **~ erheben** bring a charge (**gegen** against); → **anklagen**; **unter ~ stehen** be on (*od.* stand) trial (**wegen** for); **~bank** *f*: (**auf der ~** in the) dock; **~erhebung** *f* preferment of a charge (*od.* charges).
anklagen *v/t.* accuse (*gen. od.* **wegen** of), charge (with); **anklagend** *adj.* (*u. adv.*) accusing(ly).
Anklagepunkt *m* charge.
Ankläger *m* accuser; ⚖ prosecutor; **öffentlicher ~** public prosecutor.
Anklage|schrift *f* (bill of) indictment; **~vertreter** *m* counsel for the prosecution.
anklammern I. *v/t.* fasten (**an** to); *mit Büroklammer*: clip on(to); **II.** *v/refl.*: **sich ~** cling (**an** to).
Anklang *m* **1.** (*Ähnlichkeit*) reminiscence, echo, suggestion (**an** of); **2. ~ finden** strike a chord (**bei** with), *weitS.* go down well (with), (*befürwortet werden*) meet with approval (from), find favo(u)r (with), (*sich verbreiten*) catch on (among).
anklatschen F *v/t.* **1.** (*Farbe etc.*) slap on; **2.** (*Haare*) sleek down, *mit Haarcreme*: *a.* plaster down.
ankleben I. *v/t.* stick on(to **an**); **II.** *v/i.* stick, cling (**an** to).
Ankleidekabine *f* cubicle; *im Geschäft*: fitting room.
ankleiden *v/t. u. v/refl.* (**sich ~**) dress.
Ankleide|puppe *f* **1.** dummy; **2.** *für Kinder*: dress-up doll; **~raum** *m* changing room.
anklicken *v/t. Computer*: click.
anklingen *v/i.* be heard; *fig.* **~ an** (*erinnern an*) be reminiscent of; **~ lassen** evoke, suggest; **in s-n Worten klang ein wenig Resignation an** there was a hint of resignation in what he said.
anklopfen *v/i.* knock (**an** at, on); *fig.* **bei j-m ~** approach s.o. (**wegen** about), *um Geld etc.*: F touch s.o. *for money etc.*
anknabbern *v/t.* nibble at; F *fig.* **sie sieht zum 2 aus** F I could eat her up.
anknacksen F *v/t.* (*Geschirr etc.*) chip; **sich den Fuß ~** chip a bone in one's foot; (*verstauchen*) sprain one's ankle; → **angeknackst.**
anknipsen *v/t.* switch on.
anknüpfen I. *v/t.* tie, fasten (**an** to); *fig.* start; **ein Gespräch ~ a.** strike up a conversation (**mit** with); **Verhandlungen ~** start (*od.* enter into) negotiations (**mit** with); **Beziehungen ~** establish contacts; **II.** *v/i.*: **~ an** go on from, pick up the thread of, *j-s Worte etc.*: go back to, *e-e Tradition*: continue; **an die Romantik** *etc.* **~** carry on where the Romantics *etc.* left off; **Anknüpfungspunkt** *m* **1.** point of contact; **2.** (*Ausgangspunkt*) starting point.
ankohlen *v/t.*: F **j-n ~** F pull s.o.'s leg.
ankommen I. *v/i.* **1.** arrive (**in** at, in); **~ in** *a.* reach; **gut ~** *Person*: arrive safely, *Paket*: get there all right (*Am.* alright); F **dauernd kommt er mit s-n Fragen an** he keeps coming with all these questions; F **damit kommt er bei mir nicht an** F that cuts no ice with me; **2.** F (*angestellt werden*) get a job (**bei** with); **3.** F (*Anklang finden*) go down well (**bei** with); **nicht ~** *a.* F be a flop; **groß ~ bei** F go down a bomb with; → **Publikum** 2; **4. ~ gegen** be able to cope with, (*j-n*) get the better of; **gegen sie kommt er nicht an** he's no match for her, he can't compete with her, he hasn't got a chance with her; **gegen die Opposition** *etc.* **kommen wir nicht an** the opposition *etc.* is too strong for us; **II.** *v/impers.* **5. ~ auf** depend on; **es kommt** (**ganz**) **darauf an** it (all) depends (**ob** whether); **worauf es ankommt, ist** the important thing is; **es kommt** (**bei ihm**) **nicht auf den Preis an** it doesn't matter how much it costs (money is no object for him); **wenn es darauf ankommt,** *ist er immer da*: when it comes to the crunch; **6. es auf et. ~ lassen** risk s.th.; **ich lasse es darauf ~** I'll wait and see what happens; **7. es kommt mich hart** (**leicht**) **an** I find it hard (easy); **III.** *v/t.* befall, come over *s.o.*; **es kam ihn die Lust an zu** *inf.* he suddenly had the urge to *inf.*
Ankömmling *m* newcomer; F (*Kind*) new arrival.
ankoppeln I. *v/t.* connect (**an** to); (*Anhänger etc.*) hitch up (to), couple up (to); *Raumfahrt*: dock (with); **II.** *v/i. Raumfahrt*: dock (**an** with); **Ankopp(e)lung** *f* connection (**an** to), linking up (to, with); *Raumfahrt*: docking (with); **~smanöver** *n* docking manoeuvre.
ankotzen V *fig. v/t.* make *s.o.* sick, *Person*: *a. sl.* make *s.o.* (want to) puke.
ankrallen *v/refl.*: **sich ~ an** clutch at, cling to; *Tier*: dig its claws into.
ankreiden *v/t.*: **j-m et. ~** fault s.o. with s.th., (*übelnehmen*) hold s.th. against s.o.; **j-m angekreidet werden** count against s.o.
ankreuzen *v/t.* put a cross next to, mark with a cross; (*Kästchen*) put a tick in, tick off.
ankündigen I. *v/t.* announce (*dat.* to); *formell*: give *s.o.* notice of; *fig.* **et. ~** be a sign that s.th. is on its way, *lit.* herald (*od.* presage) s.th.; → **angekündigt**; **II.** *v/refl.*: **sich ~** tell s.o. that one is coming, *bsd. iro.* announce one's arrival; *fig. Sturm, Frühling etc.*: be on its way; **bei mir kündigt sich e-e Grippe an** I think I'm due (*od.* in) for a bout of flu; **Ankündigung** *f* announcement.
Ankunft *f* arrival; *fig. a.* advent; **bei ~, nach ~** on arrival.

Ankunfts|flughafen *m* arrival airport; **~halle** *f* arrival lounge; **~zeit** *f* arrival time.

ankuppeln *v/t.* connect (**an** to); → *a.* **ankoppeln.**

ankurbeln *v/t. mot.* start, crank; *fig.* stimulate; (*Wirtschaft*) *a.* boost; (*Produktion*) step up, boost *production.*

ankuscheln *v/refl.*: **sich an j-n ~** snuggle up to s.o.

anlächeln *v/t.* smile at, give *s.o.* a smile; *einladend*: give *s.o.* the come hither look.

anlachen *v/t.* laugh at; *fig.* **das Stück Kuchen da lacht mich an** that piece of cake looks very tempting; F **sich j-n ~** F pick s.o. up.

Anlage *f* **1.** (*Anlegen*) arrangement; (*Bau*) construction; **2.** (*Art der ~*) arrangement, layout; **3.** (*Entwurf*) design; *e-s Romans etc.*: structure; **4.** *konkret*: (*Einrichtung*) installation; (*Fabrik2*) plant; (*Maschinen2 etc.*) system; F (*Stereo2*) hi-fi (system); (*Garten2*) gardens *pl.*, grounds *pl.*, park; **öffentliche ~** public gardens; **5.** (*Fähigkeit*) talent, aptitude, gift (**zu** for); (*Veranlagung*) (natural) tendency (to *inf.*), bent (for), *a.* ⚕ (pre)disposition (to[wards]); **die ~ zu e-m Musiker** *etc.* **haben** *a.* have the makings of a musician *etc.*; **6.** † a) (*Kapital2*) investment, b) invested capital; **~n** *Bilanz*: assets; **7.** (*Beilage*) enclosure; **in der** (*od.* **als**) **~ senden wir Ihnen** enclosed please find, enclosed you will find, we enclose; **~...** † *in Zssgn* investment *company, credit, fund etc.*; **2bedingt** *adj.* constitutional; (*angeboren*) congenital; **die Allergien sind bei ihm ~** he has a natural tendency towards allergies; **~berater** *m* investment consultant; **~beratung** *f* investment consultancy; **~kapital** *n* invested capital; (*Fonds*) capital assets *pl.*; **~papier** *n* investment security; → **festverzinslich**; **~vermögen** *n* **1.** fixed assets *pl.*; **2.** invested capital.

anlanden I. *v/t.* (*Fische, Fracht, Truppen*) land; (*Passagiere*) disembark; **II.** *v/i. Insel etc.*: accrete.

anlangen I. *v/i.* **1.** arrive (**an, bei, in** at, in); **~ in** (*od.* **bei**) (*erreichen*) *a.* reach; **II.** *v/t.* **2.** concern; **was ... anlangt** as for, as far as ... is (*od.* are) concerned; **3.** → **anfassen.**

Anlaß *m* (*Gelegenheit, Grund*) occasion; *zum Handeln*: *a.* motive, reason (**zu** for); (*Ursache*) reason, grounds *pl.* (**für** for; **zu tun** for doing); **aus ~** *gen.* on the occasion of; **aus diesem ~** for this reason, *weitS.* to mark the occasion; **~ geben zu** give rise to; **j-m ~ geben zu** give s.o. cause for (*ger.*); **allen ~ haben zu** have every reason to *inf.*; **et. zum ~ nehmen zu** *inf.* use s.th. as an opportunity (*contp.* excuse) to *inf.*; **ich möchte diese Zusammenkunft** *etc.* **zum ~ nehmen zu** *inf.* I'd like to take this occasion to *inf.*; **ohne jeden ~** for no reason at all; **beim geringsten ~ feiern** *etc.* use any excuse to celebrate *etc.*; **er beschwert sich beim geringsten ~** he complains about every little thing; **dem ~ entsprechend** to suit the occasion.

anlassen I. *v/t.* **1.** (*Mantel*) keep on; (*Eingeschaltetes*) leave on; **2.** (*Motor*) start (up); **II.** *v/refl.*: **sich ~** start; **die Sache läßt sich gut an** it's a good start, things look promising; **das Wetter läßt sich gut an** it looks as if it's going to be a nice day; **die Woche läßt sich gut an** it's a good start to the week; **wie läßt er sich an?** how's he making out?; **er läßt sich gut an** he's doing quite nicely.

Anlasser *m mot.* starter.

anläßlich *prp.* on the occasion of; **~ ihres 50. Geburtstags** *a.* to celebrate her 50th birthday.

anlasten *v/t.*: **j-m et. ~** blame s.o. for s.th., put the blame on s.o. for s.th.

Anlauf *m* **1.** *Sport*: run-up, *Skisprung*: approach; **e-n ~ nehmen** take a run; **2.** *fig.* attempt; **beim ersten ~** on the first go; **beim zweiten ~** the second time round; **e-n ~ nehmen zu** *inf.* get ready to *inf.*; **e-n neuen ~ machen** try again, have another go; **3.** ⚙ start; **~adresse** *f* → **Anlaufstelle.**

anlaufen I. *v/i.* **1.** *Sport*: run up (for the jump); *allg.* **angelaufen kommen** come running along; **~ gegen** → **anrennen**; **2.** *mot.* start (up) (*a.* **~ lassen**); **3.** *fig.* start, get under way, get going; **der Film läuft nächste Woche an** the film will be (showing) in the cinemas next week; **4.** † *Zinsen, Kosten*: accumulate; **5.** (*beschlagen*) steam up; **rot ~** go red; **blau ~** go blue in the face; **II.** *v/t.* (*Hafen*) call at.

Anlauf|hafen *m* port of call; **~kosten** *pl.* † initial (*od.* startup) cost *sg.*; **~phase** *f* initial phase; **~stelle** *f* place to go; drop-in cent|re (*Am.* -er); (*kriminelle Kontaktadresse*) contact address; F **ich kenne s-e ~n** F I know where he hangs out; **~zeit** *f* ⚙ starting-up time; *fig.* warm-up period; *für Person*: *a.* period of adjustment; **e-e ~ von 6 Wochen brauchen** *Projekt etc.*: need 6 weeks to get started (*od.* to take off), *Person*: need 6 weeks to get going (*od.* to get into it).

Anlaut *m ling.* initial sound, anlaut; **im ~** initial ..., in initial position; **anlauten** *v/i.* begin (**mit** with).

anläuten I. *v/i.*: **bei j-m ~** ring s.o. up; **II.** *v/t. Sport*: ring in.

anlautend *adj.* initial.

Anlegebrücke *f* landing stage, jetty.

anlegen I. *v/t.* **1.** *et.* **~ an** put against, (*Leiter*) lean against; → **Hand** *etc.*; **2.** (*Verband*) apply (**an** to), put on; **j-m e-n Verband ~** put a bandage on s.o., bandage s.o. up; **j-m Fesseln ~** put s.o. in chains; **3.** (*Kleid, Schmuck etc.*) put on; **4. das Gewehr ~** (take) aim (**auf** at); **5. e-n Säugling ~** give a baby the breast; **6.** (*planen*) design; (*Garten, Straße etc.*) lay out; (*einrichten, a. Leitung etc.*) instal(l); **7.** (*Akte, Sammlung etc.*) start; (*Kartei*) set up; (*Konto*) open; (*Vorrat*) get in; **8.** † (*Geld*) invest (**in** in), F sink *money* into; F **wieviel willst du ~?** how much do you want to spend?; → **angelegt**; **9. es ~ auf** be out for (*od.* to *inf.*); **10.** → **Maßstab**; **II.** *v/i.* **11.** ⚓ land, put in; **in e-m Hafen ~** call (*od.* dock) at; **III.** *v/refl.*: **sich ~ mit** *j-m*: start a fight (*od.* an argument) with.

Anleger *m* † investor.

Anlegestelle *f* landing place, moorings *pl.*; → **Anlegebrücke.**

anlehnen I. *v/t.* **1.** (*Tür*) lean *the door* to; leave *the door* open a crack; → **angelehnt**; **2. ~ an** lean against; **II.** *v/refl.*: **3. sich ~ an** lean on; *mit dem Kopf*: rest one's head on; **4.** *fig.* **sich** (**stark**) **~ an** follow (closely), (*Autor etc.*) *a.* lean (heavily) on; **Anlehnung** *f pol.* dependence (**an** on); **in ~ an** following, *Kunst etc.*: in the style of; **anlehnungsbedürftig** *adj.*: **~ sein** need to feel protected, need a lot of support and affection.

anleiern F *v/t.* F get *s.o. od. s.th.* going.

Anleihe *f* **1.** loan; **e-e ~ bei j-m machen** borrow money from s.o.; **2.** bond issue; **~kapital** *n* loan capital; **~papier** *n* stock, bond; **~schuld** *f* bonded debt.

anleimen *v/t.* glue on; **~ an** glue (on)to.

anleinen *v/t.* (*Hund*) put on a lead (*od.* leash); → **angeleint.**

anleiten *v/t.* guide; *fig.* **j-n bei e-r Arbeit** *etc.* **~** show s.o. how to do a job *etc.*; **Anleitung** *f* direction, guidance; ⚙ instructions *pl.*; → *a.* **Bedienungsanleitung.**

Anlernberuf *m* semi-skilled job; **anlernen** *v/t.* train, show *s.o.* the ropes; → **angelernt**; **Anlernling** *m* trainee.

anlesen *v/t.* **1.** (*Buch*) dip into; **2. sich et. ~** get s.th. out of a book (*od.* magazine *etc.*), *gezielt*: read up on s.th.; → **angelesen.**

anliefern *v/t.* deliver; **Anlieferung** *f* delivery.

anliegen I. *v/i.* **1.** *Kleidung*: fit; **eng ~** fit tightly, **an:** cling to; **2.** ⚓ head *north etc.*; **3.** F **was liegt heute an?** what's on the agenda today?, what's got to be done today?; **II.** 2 *n* (*Wunsch*) request; *weitS.* concern; (*Sache*) matter; **ein nationales ~** a matter of national concern; **ich habe ein ~ an Sie** I want to ask you a favo(u)r; **anliegend** *adj.* **1.** *Kleidung*: (*eng ~*) close-fitting, snug; **2.** → **angrenzend**; **3.** *a. adv.* (*beiliegend*) enclosed, attached.

Anlieger *m* resident; **~ frei** (access to) residents only; **~staat** *m* neighbo(u)ring (*od.* bordering) state, *an e-m Gewässer*: riparian state.

anlocken *v/t.* (*Tiere*) lure; (*Menschen*) attract, *stärker*: lure.

anlöten *v/t.* solder on(to **an**).

anlügen *v/t.* lie to (*s.o.'s* face).

Anmache → **Anmachtour.**

anmachen *v/t.* **1.** (*befestigen*) attach, *mit Nadel etc.*: fasten (**an** to); **2.** (*mischen*) prepare; (*Salat*) dress, toss; → **angemacht**; **3.** (*Feuer*) make, light; (*einschalten*) switch on; **4.** F *fig.* **j-n ~** F chat s.o. up, *sl.* (try to) get off with s.o., (*j-m sehr gefallen*) F turn s.o. on.

Anmachtour F *f*: **das gehört zu s-r ~** F that's all part of his act; **ich mag diese ~ nicht** I don't like the way he sets to work on women.

anmahnen *v/t.*: † **et.** (**bei j-m**) **~** ask (s.o.) for payment (*od.* delivery *etc.*) of s.th.

anmalen I. *v/t.* paint; **II.** F *v/refl.*: **sich ~** (*sich schminken*) F put one's face (*od.* war paint) on.

Anmarsch *m* approach, advance; F (*Weg*) F march; **im ~ sein** a) be advancing (**auf** towards), b) F be on the way; **anmarschieren** *v/i.* march up; **Anmarschweg** *m* approach (route); F *zur Arbeit*: way.

anmaßen *v/t.*: **sich** *et.* **~** (*Rechte etc.*) claim; **sich ~, et. zu tun** take it upon o.s. to do s.th.; **ich maße mir kein Urteil darüber an** who am I to judge?, *formell*: far be it from me to pass judg(e)ment on it; **anmaßend** *adj.* arrogant, presumptuous; (*herrisch*) overbearing; **Anmaßung** *f* arrogance; presumption; *widerrechtliche*: usurpation; **diese ~!** what a cheek!

Anmelde|formular *n* registration form; (*Antrag*) application form; **~frist** *f* registration period; ***die ~ läuft morgen aus*** the deadline for registrations is tomorrow; **~gebühr** *f* registration fee.

anmelden I. *v/t. polizeilich etc.*: register (with the police); (*Gäste*) announce; (*Schüler etc.*) enrol(l); *fig.* (*Einwand, Zweifel*) raise; (*Wunsch*) make *a request*; ***würden Sie mich bei ihm ~?*** would you tell him I'm here, please; ***den Fernseher (das Radio) ~*** get a television (radio) licen|ce (*Am.* -se); → ***Konkurs, Patent*** I; **II.** *v/refl.*: ***sich ~*** *polizeilich*: register (with the police); *bei j-m*: let *s.o.* know one has arrived; *beim Arzt etc.*: make an appointment (***bei*** with); *zur Teilnahme*: enrol(l) (***zu*** for); *Sport*: enter one's name (for); *im Hotel*: book in; *fig.* announce itself.

Anmeldepflicht *f* compulsory registration; **anmeldepflichtig** *adj.* subject to registration; ⚕ notifiable.

Anmeldung *f* **1.** registration; announcement; booking; enrol(l)ment; entry; → ***anmelden***; *Zoll*: declaration; ***nach vorheriger ~*** *Sprechstunde*: by appointment (only); **2.** (*Empfangsbüro, -stelle*) reception (desk).

anmerken *v/t.* **1.** (*anstreichen*) mark; (*notieren*) make a note of; **2.** ***j-m s-n Ärger*** *etc.* **~** be able to tell that s.o. is annoyed *etc.* (***an*** by); ***sich nichts ~ lassen*** not to show one's feelings; ***man merkt ihm sofort an, daß*** you just have to look at him to see that; ***laß dir nichts ~!*** don't let on!; **3.** (*sagen*) remark; **Anmerkung** *f* remark (***über*** on); *kritische*: comment (on); *schriftliche*: note; *erklärende*: annotation; **~ *der Redaktion*** (*abbr.* ***Anm. d. Red.***) editor's comment (*abbr.* ed.).

anmosern F *v/t.* → ***anmotzen.***

anmotzen F *v/t.* F have a (real) go at.

anmustern *v/t.* sign on.

Anmut *f* grace(fulness); (*Liebreiz*) charm.

anmuten *v/t.*: ***j-n seltsam*** *etc.* **~** strike s.o. as strange *etc.*

anmutig *adj.* charming.

annageln *v/t.* nail on(to ***an***); → ***angenagelt.***

annagen *v/t.* gnaw at.

annähen *v/t.* sew on(to ***an***).

annähern I. *v/t.* approximate (***an*** to); (*Standpunkte*) *einander*: reconcile; **II.** *v/refl.*: ***sich ~*** approach (*dat. s.th.*) (*a. fig. ähnlich sein*); *fig.* ***sich j-m ~*** make contact with s.o., *stärker*: get friendly with s.o.; **annähernd I.** *adj.* approximate, rough; **II.** *adv.* roughly; ***nicht ~*** not nearly; ***~ richtig*** just about right, more or less right; **Annäherung** *f* approach; *von Ansichten*: reconciliation; *pol.* rapprochement.

Annäherungs|politik *f* policy of rapprochement; **~versuch** *m* **1.** advances *pl.*, pass; **2.** *pol.* attempt at rapprochement, overtures *pl.*

annäherungsweise *adv.* approximately.

Annäherungswert *m* approximate value.

Annahme *f* **1.** acceptance (*a. fig.*); *e-s Antrags, e-s Kindes*: adoption; *e-s Gesetzes*: passing (*Am. a.* passage) *of a bill*; *von Mitarbeitern etc.*: employment; ✝ ***die ~*** *e-r Sache* ***verweigern*** refuse to accept; ☏ **~ *verweigert!*** refused; **2.** (*Vermutung*) assumption; 🕮 hypothesis; ***in der ~, daß*** on the assumption that, assuming that; ***ich war der ~, daß*** I was under the impression that, I had assumed that; ***wir haben Grund zur ~, daß*** we have reason to assume that; **~bestätigung** *f* ✝ acknowledg(e)ment of receipt; **~erklärung** *f* ✝ notice of acceptance; **~frist** *f* ✝ period of acceptance; **~stelle** *f* counter; (*Lotto*≈) agency; ⚔ recruiting office; **~verweigerung** *f* non-acceptance.

Annalen *pl.* annals; F ***in die ~ eingehen*** go down in history.

annehmbar *adj.* acceptable (***für*** to), *Preis, Bedingung*: *a.* reasonable (*a.* F *zufriedenstellend*); **annehmen I.** *v/t.* **1.** accept (*a. fig.*; *a. v/i.*); *parl.* (*Antrag*) carry; (*Gesetz*) pass; (*Rat*) take *s.o.'s advice*; (*Mitarbeiter etc.*) take on; (*Farbe*) a) take on, b) *Stoff*: take; (*Gestalt*) take on, assume; (*Gewohnheit*) take up, *schlechte*: fall into; (*Kind, Brauch*) adopt; (*Namen, Titel*) *a.* assume; (*Ball*) take; ✝ *e-n Wechsel* (***nicht***) **~** (dis)hono(u)r; → ***Vernunft***; **2.** (*vermuten*) assume; ***nehmen wir an*** (let's) suppose, supposing, F (let's) say; → *a.* ***angenommen***; **II.** *v/refl.*: ***sich e-r Sache ~*** take care of s.th.; ***sich*** *j-s* ***Sache ~*** take up the cause of; ***sich j-s ~*** take care of s.o., take s.o. under one's wing.

Annehmlichkeiten *pl.* comforts, amenities.

annektieren *v/t.* annex.

Annex(bau) *m* annex(e).

Annexion *f pol.* annexation.

Anno *adv.* in the year (of); **~ *Domini*** in the year of our Lord; F **~ *dazumal*** in the olden days; ***in ~ Tobak*** F donkey's years ago.

Annonce *f* advertisement, *Brit. a.* advert; F ad; → ***Anzeige***; **annoncieren I.** *v/t.* advertise; **II.** *v/i.* place an ad (*od.* advertisement) in a newspaper.

annullieren *v/t.* annul, ⚖ *a.* declare null and void; (*Auftrag*) cancel; (*Tor*) disallow; **Annullierung** *f* annulment; cancellation.

Anode *f* ⚡ anode.

anöden F *v/t.* **1.** F bore to tears; ***sich gegenseitig ~*** F be sick of the sight of each other; **2.** molest.

anodisch *adj.* anodal, anodic.

anomal *adj.* abnormal; **Anomalie** *f* anomaly, ⚕ *a.* abnormality.

anonym *adj.* anonymous; ≈***e Alkoholiker*** (*abbr.* ***AA***) Alcoholics Anonymous; **Anonymität** *f* anonymity.

Anorak *m* anorak, *bsd. Am.* parka.

anordnen *v/t.* **1.** arrange; **2.** (*befehlen*) order; **Anordnung** *f* **1.** arrangement; (*Gruppierung*) grouping; **2.** (*Anweisung*) order, instruction; ***~en treffen*** give orders (*od.* instructions); make arrangements; ***auf ~ von*** by order of; (***auf***) **~ *des Arztes!*** doctor's orders.

Anorexie *f* ⚕ anorexia (nervosa).

anorganisch *adj.* inorganic.

anormal *adj.* abnormal; ***das ist ~*** *a.* that's not normal.

anpacken I. *v/t.* grab; *fig.* (*j-n*) treat, handle; (*Arbeit, Problem etc.*) tackle; F → ***anfassen***; F ***packen wir's an!*** let's get down to business, then; *fig.* ***e-e Sache anders ~*** approach s.th. differently; **II.** *v/i.*: ***mit ~*** lend a hand.

anpassen I. *v/t.* (*Anzug etc.*) fit; *fig.* adapt, adjust (*a.* ✝, ⚙ *etc.*) (*dat.* to); *farblich etc.*: match (with); **II.** *v/refl.*: ***sich ~*** adapt (o.s.), adjust (o.s.); *Augen*: accommodate; ***sich e-r Sache ~*** *a.* conform to s.th.; ***sich ~ an*** *pol. etc.* align o.s. to; ***er kann sich einfach nicht ~*** he just won't fit in; → ***angepaßt***; **Anpassung** *f* adaptation, adjustment; *kulturelle*: acculturation.

anpassungsfähig *adj.* adaptable; flexible; **Anpassungsfähigkeit** *f* adaptability, flexibility.

Anpassungs|schwierigkeiten *pl.* difficulties in adapting; *psych.* maladjustment; *psych.* **~ *haben*** suffer from maladjustment; **~vermögen** *n* → ***Anpassungsfähigkeit.***

anpeilen *v/t.* take a bearing on; (*ansteuern*) head for; F (*j-n*) make for; (*anstreben*) aim at; (*anvisieren*) have one's sights set on; → ***angepeilt.***

anpeitschen *fig. v/t.* spur on.

anpfeifen *v/t.* **1.** *Sport*: ***das Spiel ~*** start the game; **2.** F ***j-n ~*** (*schimpfen*) F give s.o. a roasting, *Am.* F chew s.o. out.

Anpfiff *m* **1.** *Sport*: ***der ~ war um 3 Uhr*** the game started at 3 o'clock, *Fußball*: kick-off was at 3 o'clock; **2.** F *fig.* ***e-n ~ bekommen*** be hauled over the coals, F get a roasting, *Am.* F get chewed out.

anpflanzen *v/t.* plant; (*anbauen*) cultivate.

anpflaumen F *v/t.* **1.** ***j-n ~*** F pull s.o.'s leg; **2.** insult; ***ich laß' mich von dir nicht ~*** F don't give me any of your lip.

anpiepsen F *v/t.* F bleep.

anpinseln *v/t.* paint.

anpirschen *v/refl.*: ***sich ~ an*** creep up to, stalk.

anpöbeln *v/t.* (verbally) accost; shout abuse at, F foul-mouth.

Anprall *m* impact; **anprallen** *v/i.* crash (***gegen*** into).

anprangern *v/t.* pillory; denounce (***als*** as).

anpreisen *v/t.* recommend, F push; (*eigene Ware*) plug; (*loben*) praise, extol.

Anprobe *f* fitting; ***zur ~ gehen*** go for a fitting; **anprobieren** *v/t.* try on.

anpumpen F *v/t.* F tap; **~ *um*** *a.* F touch *s.o.* for.

anquatschen F *v/t.* accost.

Anrainerstaat *m* littoral state; *im Pazifik*: (Pacific) rim nation.

anranzen F *v/t.* snarl at.

anraten I. *v/t.*: ***j-m ~, et. zu tun*** advise s.o. to do s.th.; ***j-m et. ~*** (*empfehlen*) recommend s.th. to s.o.; **II.** ≈ *n*: ***auf ~ des Arztes*** on the doctor's advice.

anrauschen F *v/i.*: ***angerauscht kommen*** *Auto*: come roaring along, *Person*: make one's entry.

anrechnen *v/t.* (*gutschreiben*) credit; (*in Betracht ziehen, berücksichtigen*) take into account, allow for; (*zählen*) count; ***sie haben mir die alte Kamera angerechnet*** they knocked something off for my old camera; ***j-m et. ~*** (*in Rechnung stellen*) charge s.o. with s.th., charge s.th. to s.o.'s account; ***j-m zuviel ~*** overcharge s.o.; *fig.* ***j-m et. als Verdienst ~*** give s.o. credit for s.th.; ***j-s Hilfe*** *etc.* ***hoch ~*** greatly appreciate s.o.'s help *etc.*; **Anrechnung** *f* charge; ***j-m et. in ~ bringen*** charge s.o. for s.th.

Anrecht *n*: (***ein***) **~ *haben auf*** have a right to, be entitled to.

Anrede *f* address; *im Brief*: opening; **anreden** *v/t.* **1.** address (***als*** as; ***mit*** with); ***j-n mit du*** (***Sie***) **~** call s.o. du (Sie), use the familiar (polite) form of address with s.o.; ***du mußt ihn nicht mit s-m Doktortitel*** ~ you don't have to call him by his (*od.* use his) doctor's title, you don't have to call him Doctor (X); **2.** (*ansprechen*) approach (***auf et. hin*** about *od.* on s.th.); **3.** ***gegen den Lärm*** *etc.* ~ compete against the noise *etc.*; **4.** ***gegen j-n*** ~ argue against s.o.

anregen *v/t.* **1.** (*vorschlagen*) suggest; **2.** (*ermuntern*) encourage; *a. geistig, physiol.*: stimulate (*a. v/i.*), (*Appetit*) *a.* whet; (*veranlassen*) elicit, prompt; (*Diskussion*) start; ***j-n zum Nachdenken*** ~ set s.o. thinking; → ***angeregt***; **3.** ↯ excite; **anregend I.** *adj.* stimulating; **II.** *adv.*: ~ ***wirken*** have a stimulating effect; **Anregung** *f* **1.** stimulation; *fig. a.* encouragement; (*Anreiz*) impulse, *a.* ⚕ stimulus; ***zur*** ~ ***des Kreislaufs*** to get one's circulation going; **2.** (*Vorschlag*) suggestion; ***auf*** ~ ***von*** at the suggestion of; **3.** ↯ excitation; **Anregungsmittel** *n* ⚕ stimulant.

anreichern I. *v/t.* enrich; → ***angereichert***; **II.** *v/refl.*: ***sich*** ~ accumulate; **Anreicherung** *f* enrichment; (*Ansammlung*) accumulation;

Anreicherungs|anlage *f* enrichment plant; **~verfahren** *n* enrichment method.

anreihen I. *v/t.* add; (*Perlen etc.*) string; ***aneinander*** ~ join (*bsd. contp.* string) together; **II.** *v/refl.*: ***sich*** ~ line up (***an*** next to); (*sich anschließen*) follow on.

Anreise *f* journey; **anreisen** *v/i.* travel; (*ankommen*) arrive, come.

anreißen *v/t.* **1.** tear (slightly); F *fig.* (*Packung etc.*) start on, (*Vorräte, Gespartes*) break into; **2.** (*vorzeichnen*) trace, mark out; **3.** *fig.* (*Frage*) raise, (*Thema*) broach; **4.** (*Motor*) start up; **Anreißer** F *m* (*Kundenfänger*) tout; **anreißerisch** *adj.* loud.

Anreiz *m* incentive (*a.* ✝); **anreizen** *v/t.* stimulate; *fig. a.* encourage; (*verlocken*) tempt; ~ ***zu*** *inf. a.* spur to *inf.*

anrempeln *v/t.* jostle (against), bump (*heftiger*: barge) into; *fig.* ***j-n wegen e-r Sache*** ~ F get a dig in at s.o. about s.th., *wiederholt*: keep on at s.o. about s.th.

anrennen *v/i.*: ~ ***gegen*** run against (*od.* into); ⚔ charge; *Sport*: throw everything at; *fig.* (*bekämpfen*) struggle against; ***wir rennen gegen die Zeit an*** it's a battle against the clock; ***angerannt kommen*** come running (along).

Anrichte *f* sideboard; **anrichten** *v/t.* **1.** (*Speisen*) prepare; (*zusammenstellen*) arrange; ***es ist angerichtet!*** dinner *etc.* is served!; **2.** (*Unheil etc.*) cause; do *damage*, wreak *havoc*; ***da hast du was Schönes angerichtet*** now you've done it; → ***Blutbad.***

Anriß *m* **1.** (hairline) crack, fissure; **2.** (*Vorzeichnung*) tracing.

anrollen *v/i.* **1.** roll up; *weitS.* be under way; ***angerollt kommen*** *a.* F *fig.* roll up; **2.** start moving; ✈ taxi.

anrosten *v/i.* start to rust.

anrösten *v/t. gastr.* brown.

anrüchig *adj.* **1.** disreputable, of ill repute, F shady; **2.** (*anstößig*) indecent.

anrücken *v/i.* approach; ⚔ advance; F *iro.* (*kommen*) F show up.

Anruf *m* (phone) call; **~beantworter** *m* (telephone) answering machine, answerphone.

anrufen I. *v/t.* **1.** call (up), ring (up), phone (up); **2.** (*anflehen*) implore, invoke; **3.** (*Gericht etc.*) appeal to; **II.** *v/i.* ring (up), call (up); make a phone call; ***rufen Sie einfach an*** *a.* just give us *etc.* a call; ***ich muß mal eben*** ~ I've just got to make a phone call (*od.* ring s.o. up); **Anrufer** *m* caller.

Anrufwiederholung *f* last number redial.

anrühren *v/t.* **1.** touch; *fig.* (*Thema*) touch (on); *Alkohol, Geld etc.* ***nicht*** ~ not to touch; **2.** (*mischen*) mix; **3.** *fig. innerlich*: touch, move.

ans (= ***an das***) → ***an.***

Ansage *f* announcement; *Kartenspiel*: bid(ding); **ansagen I.** *v/t.* announce; *Kartenspiel*: bid; ***Trumpf*** ~ declare trumps; → ***angesagt, Kampf***; **II.** *v/refl.*: ***sich*** ~ say that one is coming, *bsd. iro.* announce one's arrival; **Ansager(in** *f*) *m* announcer.

ansammeln I. *v/t.* collect; (*Schätze etc.*) amass, pile up; **II.** *v/refl.*: ***sich*** ~ accumulate (*a. Personen*); *Wut*: build up; → ***angesammelt***; **Ansammlung** *f* collection; accumulation; pile; → ***ansammeln***; *von Verschiedenem*: array; *von Menschen*: crowd.

ansässig *adj.* resident; ***nicht*** ~ non-resident; ~ ***werden*** take up residence, settle (***in*** in); ~ ***sein in*** *Völker*: have settled in; ***er ist seit 30 Jahren hier*** ~ he's lived here for 30 years.

Ansatz *m* **1.** *des Halses, der Nase*: base; → ***Haaransatz***; **2.** ⚙ → ***Ansatzstück***; **3.** ⚒, *geol.* deposit, sediment; **4.** ♪ *e-s Bläsers*: lip(ping); *e-s Sängers*: intonation; **5.** *fig.* (*Anzeichen*) first sign(s *pl.*), beginning(s *pl.*); ***er zeigt den*** ~ ***zum Bauch*** he's starting to get a paunch; ***gute*** (***gewisse***) ***Ansätze zeigen*** show (some) promise; ***er zeigt Ansätze zur Besserung*** a) he's slowly beginning to get better, b) it looks as if he's turning over a new leaf; ***das ist im*** ~ ***richtig, aber ...*** you've got the right idea, but ...; **6.** *fig.* (*Versuch*) attempt; (*Methode*) approach; **7.** ⚗ formulation **8.** ✝ estimate; ***die Kosten mit 10 Millionen Mark in*** ~ ***bringen*** estimate the costs at 10 million marks; **~punkt** *fig. m* start, (*Ausgangspunkt*) point of departure; ***das ist immerhin ein*** ~ it's a start; **~stück** *n* ⚙ **1.** attachment; **2.** (*Verlängerung*) extension (piece); **2weise** *adv.*: ~ ***zeigen*** (***enthalten*** *etc.*) show (have *etc.*) the beginnings of.

ansäuern *v/t.* acidify.

ansaugen *v/t.* suck in (*od.* up); (*Luft*) suck in, draw in.

Ansaug|rohr *n* induction pipe; **~takt** *m* suction (*od.* intake) stroke.

anschaffen I *v/t.* buy; ***sich et.*** ~ *a.* get (o.s.) s.th., F invest in s.th.; ***sich Kinder*** ~ have children; **II.** *v/i.*: F ~ ***gehen*** (*sich prostituieren*) *sl.* go hooking, *Am.* go hustling; **Anschaffung** *f* (*das Anschaffen*) purchase, purchasing (*gen.* of), investment (in); (*Gegenstand*) acquisition, object; ***die*** ~ ***e-s Autos*** buying a car; ***das war e-e große*** ~ it was a big investment.

Anschaffungs|kosten *pl.* (purchase) cost *sg.*; ***die*** ~ ***e-s Autos*** the cost of buying a car; **~preis** *m* cost price; **~wert** *m* cost (*od.* acquisition) value.

anschalten *v/t.* switch on, turn on.

anschauen *v/t.* → ***ansehen.***

anschaulich I. *adj.* graphic; clear; ~ ***machen*** illustrate, explain *s.th.* clearly; ***ich will Ihnen ein*** **~*es Beispiel geben*** let me give you an example to illustrate what I mean (*od.* that will make things clear); **II.** *adv.* graphically; clearly; ~ ***schildern*** give a graphic description of; ~ ***vermittelt werden*** come across vividly; **Anschaulichkeit** *f* (*Klarheit*) clarity; (*Lebendigkeit*) graphic nature (*gen.* of).

Anschauung *f* **1.** (*Ansicht*) view, opinion; (*Vorstellung*) idea, notion; (*Auffassung*) conception; ***zu der*** ~ ***gelangen, daß*** come to the conclusion that; **2.** contemplation; ***in*** ~ ***versunken*** lost in contemplation; **3.** visual perception; ***s-e Unterrichtsmethode ist auf*** ~ ***gegründet*** the visual element is crucial to his teaching method.

Anschauungs|material *n* illustrative material; *Ton- u. Bildgerät*: audiovisual aids *pl.*; **~sache** *f* a matter of opinion; **~unterricht** *m* visual instruction; *fig.* object lesson; **~vermögen** *n* intuitive faculty; **~weise** *f* approach, point of view.

Anschein *m* appearance; semblance; ***den*** ~ *gen.* ***erwecken*** give the impression of (being); ***es hat den*** ~, ***als ob*** it looks (very much) as if; ***sich den*** ~ ***geben zu*** *inf.* pretend to *inf.*, ***et. zu sein:*** make o.s. out to be s.th.; ***allem*** ~ ***nach*** to all appearances, ***war er es:*** *a.* it looks very much as if it was him; **anscheinend I.** *adv.* apparently; ***er ist*** ~ ***krank*** *a.* he seems to be ill; **II.** *adj.* apparent, seeming; **Anscheinsbeweis** *m* ⚖ prima facie evidence.

anscheißen F *v/t.* **1.** *sl.* give *s.o.* a bollocking; **2.** (*betrügen*) F do.

anschicken *v/refl.*: ***sich zu*** *et.* ~ get ready for; (*sich machen an*) set about (*ger.*); ***sich*** ~ ***zu*** *inf.* get ready to *inf.*; *gerade*: be about to *inf.*, be on the point of *ger.*

anschieben *v/t.* push (***an*** against); give *s.th.* a push (*Auto*: *a.* a bump-start).

anschielen *v/t.* look at *s.o. od. s.th.* from the corner of one's eye; *mit Mühe*: squint at.

anschießen *v/t.* shoot at (and wound), hit; *Sport*: (*j-n*) hit *s.o.* with the ball; F *fig.* (*kritisieren*) F get at *s.o.*; ***angeschossen werden*** *a.* be hit by a bullet (*od.* several bullets); F *fig.* ***angeschossen kommen*** F come shooting along; → ***angeschossen.***

anschimmeln *v/i.* start to go mo(u)ldy.

anschirren *v/t.* harness.

Anschiß F *m sl.* bollocking; ***e-n*** ~ ***bekommen*** be given (*od.* get) a bollocking.

Anschlag *m* **1.** (*Plakat*) poster; (*Bekanntmachung*) notice; ***e-n*** ~ ***machen*** put a notice up; **2.** (*Überfall*) attack; ***ein*** ~ ***auf j-n*** (***j-s Leben***) an attempt on s.o.'s life; ***es ist ein*** ~ ***auf X verübt worden*** there has been an attempt on X's life, X has been the victim of an (*od.* a terrorist) attack; **3.** *Schreibmaschine*: stroke; (*Raum e-s Buchstabens*) space; ***60 Anschläge pro Zeile*** 60 characters per line; ***220 Anschläge pro Minute*** 220 strokes a minute; ***die Tastatur hat e-n sehr leichten*** ~ the keyboard has a very light touch; **4.** ♪ *etc.* touch; **5.** *Schwimmen*: touch; **6.** *Gewehr*: firing position; **7.** ⚙ (*Sperre*) stop; ***bis zum*** ~ ***aufdrehen*** turn *s.th.* as far as it will go, open *s.th.* up completely; **8.** (*Schätzung*) estimate; **~brett** *n* notice (*od.* bulletin) board; **auf dem ~** *a.* (up) on the board; **~drucker** *m Computer*: impact printer.

anschlagen I. *v/t.* **1.** hit, knock (**an** against); **sich den Ellbogen** *etc.* **an et. ~** knock one's elbow *etc.* on (*od.* against) s.th.; → **angeschlagen**; **2.** (*befestigen*) fasten, fix; (*Zettel etc.*) stick up, put up; **3.** ♪ hit, strike; (*Glocke*) sound, ring; (*Stunden*) strike; **den Ton ~** give the note, *fig.* set the tone; *fig.* **den richtigen Ton ~** strike the right note; **e-n frechen** (**sarkastischen**) **Ton ~** start to get cheeky (sarcastic); **4.** *Gewehr* **~ auf** aim at; **5.** (*schätzen*) estimate; **II.** *v/i.* **6. ~ an** hit (*Wellen*: break) against; **mit dem Kopf an die Wand ~** hit one's head against the wall; **7.** *Hunde*: bark; **8.** *Schwimmen*: touch; **9.** *Arznei*: take effect; **10.** (*das Gewicht erhöhen*) tell; **bei mir schlägt jedes Stück Kuchen an** every little piece of cake tells with me.

Anschlag|säule *f* advertising pillar; **~tafel** *f* → **Anschlagbrett.**

anschleichen I. *v/i. u. v/refl.*: (**sich**) **~ an** creep up on, (*Wild*) *a.* stalk; **angeschlichen kommen** a) come sneaking up, b) F turn up on the doorstep; **II.** *v/t.* creep up on, (*Wild*) *a.* stalk.

anschleppen *v/t.* **1.** (*a.* **angeschleppt bringen**) drag along, (*Person*) *a.* F have in tow; **2.** *mot.* give *a car* a tow.

anschließen I. *v/t.* **1.** *mit Schloß*: padlock (**an** to); *mit Kette*: chain (to); **2.** ⚙ connect (**an** to), ⚡ *a.* hook up (to); *mit Stecker*: plug in(to); **angeschlossen werden an** *das Kabelnetz etc.*: be connected to, get plugged into, get hooked up to; **3.** (*hinzufügen*) add (**an** to); **II.** *v/refl.*: **sich ~ 4.** (*nachfolgen*) follow; **an den Vortrag schloß sich e-e Diskussion an** the lecture was followed by a discussion; **5.** (*j-m*) join; *unterstützend*: take *s.o.'s* side; (*e-r Ansicht*) support, endorse; (*e-m Beispiel*) follow; (*das gleiche tun*) follow suit; **der Meinung schließe ich mich an** I'd like to support that view; **6.** (*angrenzen*) border (**an** on); **anschließend I.** *adv.* afterwards, *formell*: subsequently; **II.** *adj.* subsequent, *nachgestellt*: that followed.

Anschluß *m* 🚆, ⚡, *teleph.* connection; *teleph.* (*Leitung*) line; (*Gas*≈, *Wasser*≈ *etc.*) supply; *an e-e Partei etc.*: affiliation (**an** with); *e-s Staates*: union; **~ bekommen** *teleph.* get through; **~ finden** a) (*bei Menschen*) make contact *od.* friends (**bei** with), b) *Sport*: catch up (**an** with), *Fußball etc.*: get back into the game, *in der Tabelle*: narrow the gap; **kein ~ unter dieser Nummer** number no longer in use; 🚆 **~ haben** have a connection; **den ~ verpassen** miss one's connection, F *fig.* miss the boat; **~ suchen** look for company; **im ~ an** after, following, *formell*: subsequent to, **unser Schreiben**: further to our letter; → **daran**; **~dose** *f* ⚡ socket; **~flug** *m* connecting flight, connection; **~gleis** *n* 🚆 siding; **~kabel** *n* ⚡ connecting lead; *teleph.* subscriber's cable; **~leitung** *f* connecting pipe; **~reise** *f* add-on trip; **~stelle** *f mot.* (motorway) junction; **~strecke** *f* 🚆 feeder line; **~tor** *n*, **~treffer** *m Sport*: *goal that gets a team back into the match*; **~zug** *m* connecting train, connection.

anschmachten *v/t.* drool over.

anschmeißen F *v/t.* (*Motor, Maschine etc.*) F get *s.th.* going.

anschmiegen *v/refl.*: **sich ~** *Kleid*: fit snugly; **sich ~ an** snuggle up to; **anschmiegsam** *adj.* affectionate.

anschmieren I. *v/t.* **1.** (*Wand etc.*) smear; **2.** F **j-n ~** F take s.o. for a ride; **3.** F **j-m et. ~** fob s.th. off on s.o.; **II.** *v/refl.* **4. sich ~** dirty o.s.; F *Frau*: F put one's face (*od.* war paint) on; **5.** F **sich bei j-m ~** F suck up to s.o.

anschmoren *v/t. gastr.* braise.

anschnallen I. *v/t.* strap on; (*Skier*) put on; **II.** *v/refl.*: **sich ~** ✈ *etc.* fasten one's seatbelt; *mot. a.* belt up, buckle up, *gewohnheitsmäßig*: wear a seatbelt.

Anschnall|gurt *m* ✈, *mot.* seatbelt; **~pflicht** *f* compulsory wearing of seatbelts; **es besteht ~** it's compulsory to wear seatbelts; **die ~ besteht seit ...** the seatbelt law was introduced in ...

anschnauzen F *v/t.* snarl at; **Anschnauzer** F *m*: **e-n ~ bekommen** F get bawled (*Am.* chewed) out.

anschneiden *v/t.* (*Ball*) put a spin on; *fig.* (*Thema, Frage*) broach, touch on; → **angeschnitten.**

anschneien *v/i.* → **angeschneit.**

Anschnitt *m* first slice, F end bit.

anschnorren F *v/t.*: **j-n** (**um et.**) **~** F scrounge (s.th.) off s.o.

Anschovis *f* anchovy.

anschrauben *v/t.* screw on(to **an**).

anschreiben I. *v/t.***1.** write; **an die Tafel ~** write *s.th.* up on the (black)board (*Am. a.* chalkboard); **2.** (*j-n*) write to; **3. j-m et. ~** charge s.th. to s.o.'s account; **et. ~ lassen** take s.th. on credit; *fig.* → **angeschrieben**; **II.** ≈ *n* ☤ cover note.

anschreien *v/t.* shout at, *stärker*: scream at.

Anschrift *f* address; **Anschriftenänderung** *f* change of address.

Anschubfinanzierung *f* knock-on financing

anschuldigen *v/t.* accuse (*gen.* of); **Anschuldigung** *f* accusation, charge.

anschwärmen I. *v/t.* idolize, F be crazy about; **II.** *v/i.* (*a.* **angeschwärmt kommen**) come swarming along.

anschwärzen *v/t.* **1.** blacken; **2.** *fig.* **j-n ~** run s.o. down, *stärker*: blacken s.o.'s name.

anschweigen *v/t.* not to say a word to *s.o.*; **sie haben sich** (**gegenseitig**) **angeschwiegen** they just sat there and didn't say a word to each other, they just sat there in silence.

anschweißen *v/t.* weld on(to **an**).

anschwellen *v/i.* ⚕, ♪ swell; *Fluß*: *a.* rise; *fig. Lärm*: grow louder; *Arbeit*: mount; → **angeschwollen**; **Anschwellung** *f* swelling.

anschwemmen *v/t.* wash ashore (*od.* up); (*Land*) deposit; → **angeschwemmt**; **Anschwemmung** *f geol.* alluvial deposits *pl.*, alluvium.

anschwimmen *v/i.* → **Strom** 1.

anschwindeln *v/t.*: **j-n ~** lie to s.o., tell s.o. a lie (*od.* fib).

anschwirren *v/i.* (*a.* **angeschwirrt kommen**) come flying along; F *fig. Person*: F come breezing along.

anschwitzen *v/t.* (*Mehl*) brown.

ansegeln I. *v/i.* (*a.* **angesegelt kommen**) come sailing along (*a.* F *fig.*); **II.** *v/t.* (*Hafen*) make for.

ansehen I. *v/t.* look at; **sich** *et.* (**genau**) **~** take (*od.* have) a (close *od.* good) look at; **sich e-n Film ~** go and see a film; *et.* **mit ~** see, *tatenlos*: stand by and watch; *fig.* **ich kann es nicht länger mit ~** I can't take it any longer; **man sieht's ihm doch an** you can tell just by looking at him; **man sieht ihm sein Alter nicht an** he doesn't look his age; *fig.* **~ für** (*od.* **als**) regard as, consider (to be); **wie ich die Sache ansehe** as I see it; F **sieh mal einer an!** F well, what do you know!; → **angesehen, Auge** 1, **finster, schief** II *etc.*; **II.** ≈ *n* **1.** respect; **in hohem ~ stehen** be held in great esteem; **in j-s ~ steigen** rise in s.o.'s estimation; **ohne ~ der Person** without respect of persons; **2. j-n** (**nur**) **vom ~ kennen** know s.o. by sight; **dem ~ nach** on the face of it.

ansehnlich *adj.* **1.** (*beträchtlich*) considerable; **e-e ~e Summe** a tidy little sum; **2.** *Person*: handsome, good-looking.

anseilen *v/t. u. v/refl.* (**sich ~**) rope (up).

ansengen *v/t.* singe.

ansetzen I. *v/t.* **1.** (*in Stellung bringen*) (put into) position; (*aufsetzen*) put on; (*anfügen*) add (**an** to); (*annähen*) sew on(to); (*Becher, Flöte etc.*) put to one's lips; **die Feder ~** put pen to paper; **2.** (*Bowle, Teig etc.*) make, prepare, mix; **3.** (*Frist, Termin*) fix, set *a date*; **4.** (*einsetzen*) **j-n auf j-n** (**et.**) **~** put s.o. onto s.o. (s.th.); **5.** (*Preis*) fix; (*Kosten etc.*) assess; **zu hoch** (**niedrig**) **~** overestimate (underestimate); **6.** (*Knospen etc.*) develop; **7. Fett ~** put on weight; **Rost ~** start to rust; **Schimmel ~** start to mo(u)ld (*od.* go mo[u]ldy); **II.** *v/i.* **8.** (make a) start; **zum Sprechen** *etc.* **~** be about to speak *etc.*; ✈ **zur Landung ~** come in to land; **zum Sprung ~** get ready to jump (*od.* for a jump); **9.** *Kritik etc.*: set in; **10.** (*dick werden*) put on weight; **11.** (*anbrennen*) burn, stick to the bottom of the pan; **12. gut angesetzt haben** *Erdbeeren etc.*: be coming up nicely; **III.** *v/refl.*: **sich ~** *Schmutz etc.*: accumulate, ⚒ *a.* be deposited; **am Wagen hat sich Rost angesetzt** the car's starting to rust.

Ansicht *f* **1.** view; **~en** (*Bilder*) **von London** views of London; *Fotos etc.* **mit ~ des Doms** with a view of (*od.* showing) the cathedral; **2.** (*Blickwinkel*) view; **~ von vorne** (**hinten**) front (rear) view; **3.** ☤ **zur ~ schicken** send on approval; **4.** (*Meinung*) opinion, view; **nach ~** *gen.* in the opinion of, according to; **ich bin** (**da**) **anderer ~** I don't see it that way; **die ~en sind geteilt** opinion is divided; **der ~ sein** (*od.* **die ~ vertreten**), **daß** take the view that; **zu der ~ kommen, daß** come to the conclusion that, decide that.

Ansichts|exemplar *n* specimen (*od.* inspection) copy; **~karte** *f* picture postcard; **~sache** *f*: **das ist ~** that's a matter of opinion; **~sendung** *f* sample on approval.

ansiedeln I. *v/refl.*: **sich ~** settle; **II.** *v/t.* settle; *fig.* place; *das Manuskript* **ist im 9. Jahrhundert anzusiedeln** goes back to (*od.* belongs to) the 9th century; **Ansiedler** *m* settler, colonist; **Ansiedlung** *f* settlement, colonization; *konkret*: settlement, colony.

Ansinnen *n* (strange) request; **an j-n das ~ stellen zu** *inf.* expect s.o. to *inf.*; **ein freches ~!** what a nerve (to expect anyone to do that).

ansonsten *adv.* **1.** (*im übrigen*) otherwise, apart from that; **2.** (*anderenfalls*) otherwise.

anspannen I. *v/t.* **1.** (*Pferde etc.*) harness (**an** to); **2.** (*Seil etc.*) pull *a rope* taut; **3.** *fig.* (*j-n, das Gehirn etc.*) exert; *übermäßig*: strain; (*Muskeln*) flex, tense; **alle Kräfte ~** strain every nerve; → **angespannt**; **II.** *v/refl.*: **sich ~** tense up; **Anspannung** *f* strain, exertion; *der Muskeln*: tension (*a. Streß*).

ansparen *v/t.* save.

anspeien *v/t.* spit at.

Anspiel *n Sport*: start of play, *Fußball*: kick-off; (*Zuspiel*) pass; *Kartenspiel*: lead; **anspielen I.** *v/i.* **1.** *Sport*: lead off; *Fußball*: kick off; *Tennis*: serve; *Kartenspiel*: (have the) lead; **2.** *fig.* **~ auf** allude to, hint at; **II.** *v/t. Sport*: **j-n ~** pass (the ball) to s.o.; **Anspielung** *f* allusion (**auf** to), hint (at); **versteckte ~** innuendo.

anspinnen *fig.* **I.** *v/t.* enter into; **II.** *v/refl.*: **sich ~** start up.

anspitzen *v/t.* sharpen; F *fig.* **j-n ~** (*anstacheln*) F have a go at s.o. (*to do s.th.*); **Anspitzer** *m* sharpener.

Ansporn *m* incentive (*dat. od.* **für** to); **anspornen** *v/t.* spur; *fig.* spur on.

Ansprache *f* **1.** address, speech (**an** to); **e-e ~ halten** give an address, make a speech; **2.** F **keine ~ haben** have no-one to talk to.

ansprechbar *adj.* responsive; **er ist nicht ~** (*ist zu beschäftigt*) he's too busy to see anyone, (*ist weggetreten*) he's dead to the world, (*ist schlecht gelaunt*) he's not talking to anyone (today), *wegen Krankheit*: he's unable to communicate; **ansprechen I.** *v/t.* **1.** speak to (**auf** about); (*herantreten an*; *a. e-n Fremden*) approach (about, on); *in sexueller Absicht*: accost, solicit; **~ als** address as; **ich habe ihn einfach angesprochen** (*ein Gespräch angefangen*) I just started talking to him; **ich fühle mich nicht angesprochen** it's got nothing to do with me; **keiner fühlt sich angesprochen** nobody wants anything to do with it (*od.* wants to know); **2.** (*e-e Zielgruppe*) appeal to; (*ankommen bei*) reach; **3.** *Fragen*: touch (up)on; **4.** (*j-m zusagen*) appeal to; **e-n breiten Kreis ~** have wide appeal, be very popular; **II.** *v/i.* **5.** *Patient etc.*: respond (**auf** to), *Medizin*: have the desired effect, work; **die Medizin spricht bei ihm nicht an** he's not responding (*od.* reacting) to the medicine, the medicine's having no effect on him; **6.** (*gefallen*) go down well (**bei** with); **ansprechend** *adj.* pleasing, pleasant, *a. Erscheinung*: attractive; (*sympathisch*) engaging; *Leistung*: considerable; *Wein*: pleasant, savo(u)ry.

Ansprech|partner *m* **1.** contact; **wer ist dort mein ~?** who should I get in touch with?; **2.** somebody to talk to; **~zeit** *f Computer*: response time.

anspringen I. *v/t.* jump at; **II.** *v/i. Motor*: start (up); F *fig.* **~ auf** (*e-n Vorschlag etc.*) F jump at.

anspritzen *v/t.* spray; *mit Schmutz*: spatter.

Anspruch *m a.* ⚖ claim (**auf** to), (*Forderung*) *a.* demand (for); ⚖ right; **große** (**bescheidene**) **Ansprüche stellen** (not to) be very demanding; **hohe Ansprüche an j-n stellen** make great demands on s.o., expect a great deal of s.o.; **~ erheben auf, für sich in ~ nehmen** claim, lay claim to; **~ haben auf** be entitled to, ⚖ have a legitimate claim to; **~ auf Schadenersatz erheben** (make a) claim for damages; **das Buch erhebt keinen ~ auf historische Genauigkeit** the book doesn't claim to be historically accurate; **in ~ nehmen** (*j-n*) call on, (*j-s Angebot*) take up, make use of, (*Platz, Zeit*) take up; **ich will Ihre Zeit nicht zu sehr in ~ nehmen** I don't want to take up too much of your time; **ihre Arbeit nimmt sie stark in ~** her work keeps her very busy (*od.* takes up most of her time [and energy]).

anspruchslos *adj.* modest, easily satisfied; (*schlicht*) plain, simple; *Roman etc.*: lowbrow; **das Stück war ziemlich ~** there wasn't much to the play; **Anspruchslosigkeit** *f* modesty; simplicity; *e-s Romans etc.*: lack of sophistication.

anspruchsvoll *adj.* demanding; (*wählerisch*) particular; (*kritisch*) critical; *geistig etc.*: demanding, highbrow; *Ware, Zeitung etc.*: upmarket.

anspucken *v/t.* spit at.

anspülen *v/t.* → **anschwemmen.**

anstacheln *v/t.* spur on; (*aufreizen*) goad (**zu** into [*doing*] *s.th.*).

Anstalt *f* **1.** establishment; (**öffentliche ~** public) institution; (*Heil*≈) sanatorium, *Am.* sanitarium, F (*Nervenheil*≈) asylum; (*Lehr*≈) institute, school; (*Heim*) home; **2. ~en machen zu** *inf.* get ready to *inf.*; **keine ~en machen zu** *inf.* make no move to *inf.*; **er machte keine ~en zu gehen** he wouldn't budge; **~en zu et. treffen** make arrangements for s.th.

Anstalts|arzt *m* resident physician; **~kleidung** *f* institute clothing (*od.* dress); **~leiter** *m* director of the (*od.* an) institution.

Anstand *m* (sense of) decency; (*Benehmen*) manners *pl.*; **j-m ein bißchen ~ beibringen** teach s.o. how to behave; **mit ~ verlieren können** be a good loser; **den ~ wahren** preserve a sense of decency (*od.* decorum); → **verletzen.**

anständig I. *adj.* decent (*a.* F *gut, angemessen*); (*schicklich*) proper; *Preis etc.*: reasonable; **e-e ~e Tracht Prügel** a good hiding; **II** *adv.* decently; properly (*a.* F *tüchtig*); **sich ~ benehmen** behave (o.s.) (well); **er kann sich nicht ~ benehmen** he doesn't know how to behave (himself); **j-n ~ behandeln** treat s.o. like a human being; F **j-m ~ die Meinung sagen** F give s.o. a piece of one's mind.

Anstands|besuch *m* courtesy (*od.* duty) call; **~dame** *f* chaperon(e); **~gefühl** *n* sense of decency; tact.

anstandshalber *adv.* for decency's sake.

Anstandshappen F *m* morsel left for manners, F last bit that nobody wants to touch.

anstandslos *adv.* without further ado, F no bother; (*ungehindert*) freely.

Anstands|regel *f* rule of etiquette; *pl. a.* social conventions; **~wauwau** F *m* chaperon(e).

anstarren *v/t.* stare at.

anstatt I. *prp.* instead of; **II.** *cj.*: **~ daß er kam, ~ zu kommen** instead of coming.

anstauen I. *v/t. u. v/refl.* (**sich ~**) → **stauen**; **II.** *fig. v/refl.*: **sich ~** *Wut etc.*: build up; → **angestaut.**

anstaunen *v/t.* gaze at *s.th.* in amazement; *mit offenem Mund*: gape at.

anstechen *v/t.* prick (*a. Kartoffeln etc.*); (*Reifen*) puncture, slit; (*Faß*) tap; → **angestochen.**

anstecken I. *v/t.* **1.** *mit e-r Nadel*: pin on; (*Ring*) put (*od.* slip) on; **2.** (*anzünden*) set on fire; set *s.th.* alight; (*Kerze, Zigarre etc.*) light; **3.** ⚕ infect (**mit** with); **angesteckt werden** catch a cold *od.* the measles *etc.* (from s.o.); **er hat mich mit s-r Erkältung angesteckt** he's given me his cold, he's passed his cold on to me; *fig.* **sie hat uns alle mit ihrem Gelächter angesteckt** she had us all laughing too, her laughter was contagious; **II.** *v/refl.*: **sich ~** catch a cold *od.* the measles *etc.* (**bei** from); **ich habe mich bei X angesteckt** I caught (*od.* got) it from X, X gave it (*od.* passed it on) to me; **steck dich bloß nicht an!** don't you go and catch it!; **III.** *v/i.* ⚕ *u. fig.* be catching (*od.* infectious, contagious); **ansteckend** *adj.* infectious; *durch Kontakt*: contagious; F catching (*alle a. fig.*).

Anstecknadel *f* pin; (*Abzeichen*) badge.

Ansteckung *f* ⚕ infection.

Ansteckungs|gefahr *f* danger of infection; **~herd** *m* focus (of infection).

anstehen I. *v/i.* **1.** *in e-r Reihe*: stand in a queue (*Am.* line); (*sich anstellen*) queue up, *a. Am.* line up, stand in line (**nach** for; **vor** at, in front of); **2.** (*vorliegen*) be waiting (**zur Diskussion** for discussion); *Arbeit*: be waiting to be done; *Termin*: be fixed (**auf** for); **es steht dringend an** it's top priority, it can't wait; **was steht an?** what's next on the agenda?; **3. ~ lassen** put off, (*Rechnung etc.*) put off paying; **4.** *formell*: **j-m** (**schlecht**) **~** (ill) befit s.o.; **es steht ihm nicht an zu** *inf.* it's not for him to *inf.*

ansteigen *v/i. Gelände*: rise; *fig. a.* go up, increase; **jäh ~** rise steeply (*fig. a.* sharply), *fig. Preise etc.*: *a.* escalate; → **angestiegen.**

anstelle *prp.*: **~ von** (*od. gen.*) instead of, in place of.

anstellen I. *v/t.* **1.** (*anlehnen*) put, lean (**an** against); *an e-e Reihe*: add; **2.** (*beschäftigen*) employ, take on, *bsd. Am.* hire; F **j-n zu et. ~** rope s.o. in to do s.th.; → **angestellt**; **3.** (*in Gang setzen*) start; (*Wasser etc.*) turn on; (*Radio, Licht etc.*) *a.* switch on; **4.** (*unternehmen*) do; **Überlegungen ~ über** think about; → **Vergleich** 1; **5.** F (*Dummheiten etc.*) F be up to; **etwas ~** get (*od.* be) up to mischief; **6.** (*bewerkstelligen*) manage, do; F **was soll ich damit ~?** F what am I supposed to do with it?; **was soll ich mit dir ~?** F you're a hopeless (*sl.* right) case, you are; **II.** *v/refl.*: **7. sich ~** queue up, *a. Am.* line up, get in line; **8. sich ~, als ob ...** act as if ...; pretend to *inf.*; **er hat sich sehr** (**un**)**geschickt angestellt** he tackled it very well, he made a good (bad) job of it (he made a hash of it); **stell dich nicht so an!** stop making such a fuss, *weitS.* F stop acting stupid.

Anstellung *f* employment; (*Stelle*) post, job.

Anstellungs|bedingungen *pl.* terms of employment; **~vertrag** *m* employment contract.

anstemmen *v/refl.*: **sich** (**mit der Schulter** *etc.*) **~ gegen** press o.s. (one's shoulder *etc.*) against.

ansteuern *v/t.* **1.** ⚓, ✈ steer (*od.* head, make) for; **2.** *fig.* head for; (*Posten etc.*) have one's sights set on.

Anstich *m Faß*: tap; ***frischer ~** Bier*: fresh tap.

Anstieg *m* ascent; *Straße*: gradient, *Am.* grade; *fig.* rise, increase (*gen.* in); ***steiler ~*** steep incline, *fig.* steep rise (*gen.* in).

anstieren *v/t.* stare at.

anstiften *v/t.* (*verursachen*) cause; (*anzetteln*) incite, instigate; (*Verschwörung*) hatch *a plot*; ***j-n zu et. ~*** put s.o. up to s.th.; **Anstifter** *m* instigator; (*Rädelsführer*) ringleader; **Anstiftung** *f* instigation; incitement.

anstimmen *v/t.* (*Lied*) start singing, F launch into *a song*; *instrumental*: start playing, strike up *a tune*; (*Geschrei*) start *screaming*.

anstinken F **I.** *v/t.*: ***das stinkt mich allmählich an*** F it's beginning to get my goat; **II.** *v/i.*: ***gegen die kannst du doch nicht ~*** *sl.* you haven't got a chance in hell against them.

Anstoß *m* **1.** *Fußball*: kick-off; ***der ~ ist um drei*** kick-off is at three; **2.** *fig.* (*Antrieb*) impulse, impetus; ***den (ersten) ~ geben zu*** start off; ***er hat den ~ gegeben*** *a.* it was his initiative (*od.* idea); **3.** (*Ärgernis*) offen|ce (*Am.* -se); ***~ erregen*** cause offen|ce (*Am.* -se) (***bei*** to); ***wir wollen keinen ~ erregen*** we don't want to cause any offen|ce (*Am.* -se), we don't want to offend anyone; ***an** et. **~ nehmen*** take offen|ce (*Am.* -se) at, take exception to; → ***Stein.***

anstoßen I. *v/t.* **1.** give *s.th.* a push; (*stoßen*) knock, bump (***sich den Kopf*** one's head; ***an*** against); (*Ball*) kick; **II.** *v/i.* **2.** ***~ an*** (*od.* ***gegen***) bump (*od.* knock) against; ***mit dem Kopf an*** (*od.* ***gegen***) ***et. ~*** knock (*od.* bang) one's head on (*od.* against) s.th.; **3.** *mit Gläsern*: clink glasses; ***auf et.*** (***j-s Wohl***) ***~*** drink to s.th. (s.o.'s health); **4.** ***bei j-m ~*** offend s.o. (***mit*** with); **5.** ***mit der Zunge ~*** lisp; **6.** *Fußball*: kick off; **anstoßend** *adj. Zimmer etc.*: adjacent, adjoining.

anstößig *adj.* objectionable, *stärker*: offensive; (*unanständig*) indecent, improper; **Anstößigkeit** *f* offensiveness, offensive nature; indecency.

anstrahlen *v/t.* shine a light *etc.* on; *auf der Bühne*: spotlight, turn the spotlight on; (*Gebäude etc.*) illuminate, light up; *fig.* (*j-n*) beam at; → ***angestrahlt.***

anstreben *v/t.* aim at, *formell*: strive for.

anstreichen *v/t.* **1.** paint; (*tünchen*) whitewash; **2.** (*Textstelle*) mark; (*unterstreichen*) underline; (*Fehler*) mark *s.th.* wrong; **Anstreicher** *m* painter.

anstrengen I. *v/t.* **1.** exert, strain, be a strain on; (*ermüden*) tire (out); (*erschöpfen*) exhaust; ***übermäßig ~*** overtax; **2.** ⚖ → ***Prozeß*** 2; **II.** *v/refl.*: ***sich ~*** make an effort, try (hard), *stärker*: exert o.s.; F ***streng dich mal an!*** you could try a bit harder, *iro.* don't strain yourself; → ***angestrengt***; **III.** *v/i.*: ***das strengt an*** it's hard work; **anstrengend** *adj.* hard (***für die Augen*** *etc.* on the eyes *etc.*), *körperlich*: *a.* strenuous; **Anstrengung** *f* strain; (*Bemühung*) effort, *weitS. a.* endeavo(u)r; ***mit äußerster ~*** by a supreme effort; ***ohne ~*** effortlessly; ***~en machen*** → ***anstrengen*** II.

Anstrich *m* **1.** (*das Anstreichen*) painting; **2.** *konkret*: coat(ing); (*Farbe*) paint; **3.** *fig.* (*Aussehen*) air, look; (*leiser ~*) tinge, *pol. etc.* complexion; ***sich den ~ geben*** *gen.* (*od.* ***von***) give o.s. the air of (*being*).

anströmen *v/i.* **1.** (*a.* ***angeströmt kommen***) come streaming along; **2.** ***~de Kaltluft*** a stream of cold air.

anstücke(l)n *v/t.* **1.** (*anfügen*) piece on, add; ***~ an*** piece (*od.* add) onto; **2.** (*verlängern*) add to (*a. fig.*).

Ansturm *m* assault (***auf*** on); onslaught (on; *a. fig.*); *Sport*: attack; *fig. der Gefühle*: rush; *fig.* ***~ auf*** rush for, (*e-e Bank*) run on; **anstürmen** *v/i.* charge (*a.* ***~ gegen***); *Wind*: storm (***gegen*** against); ***angestürmt kommen*** come charging along.

anstürzen *v/i.* (*a.* ***angestürzt kommen***) F come pelting along.

ansuchen I. *v/i.*: ***bei j-m um et. ~*** request s.th. of s.o.; apply to s.o. for s.th.; **II.** **⁀** *n* request; application.

Antagonismus *m* antagonism; **Antagonist** *m* antagonist; **antagonistisch** *adj.* antagonistic(ally *adv.*).

antanzen F *v/i.* (*a.* ***angetanzt kommen***) F turn up; F waltz in.

antarktisch *adj.* Antarctic.

antasten *v/t.* touch (*a. Kapital*); (*Vorräte*) break into; (*j-s Rechte*) infringe on, encroach on; (*Thema*) broach, touch on.

antauen *v/i.* start to thaw; *Lebensmittel* ***~ lassen*** leave to defrost for a while; → ***angetaut.***

antäuschen *v/t. Sport*: fake *a shot.*

Antazidum *n pharm.* antacid.

Anteil *m* **1.** share (***an*** of); ⚖ *Erbe*: portion; ✝ (*Beteiligung*) interest; ***~ an et. haben*** have a part in s.th.; **2.** *fig.* interest; (*Mitgefühl*) sympathy; ***~ nehmen an*** take an interest in, *mitleidig*: sympathize with; **anteilig, anteilmäßig** *adj.* (*u. adv.*) proportionate(ly).

Anteilnahme *f* **1.** interest; ***et. mit reger ~ verfolgen*** follow s.th. closely (*od.* with great interest); **2.** (*Mitgefühl*) sympathy; ***j-m s-e ~ aussprechen*** express one's condolences to s.o.

Anteilschein *m* share certificate, *Am.* share of stock.

antelefonieren *v/t.* (tele)phone, ring up, call up.

Antenne *f* **1.** aerial, antenna; **2.** *zo.* antenna, feeler; **3.** *fig.* feeling.

Antennen|kabel *n* aerial (*od.* antenna) cable; **~mast** *m* radio mast; **~steckdose** *f* aerial (*od.* antenna) socket; **~stecker** *m* aerial (*od.* antenna) plug; **~verstärker** *m* (aerial *od.* antenna) booster; **~wald** *m* sea of aerials (*od.* antennae).

Anthologie *f* anthology.

Anthrazit *m* anthracite; **⁀farben** *adj. Stoff*: charcoal grey (*Am.* gray).

Anthropologe *m* anthropologist; **Anthropologie** *f* anthropology; **anthropologisch** *adj.* anthropological.

Anthroposoph *m* anthroposophist; **Anthroposophie** *f* anthroposophy; **anthroposophisch** *adj.* anthroposophical.

Anti..., anti... *in Zssgn* anti(-)...

Antialkoholiker *m* teetotal(l)er.

antiautoritär *adj.* anti-authoritarian.

Antibabypille F *f* birth control pill, F *the* pill.

antibakteriell *adj.* bactericidal.

Antibeschlagtuch *n mot.* anti-mist cloth.

Antibiotikum *n* ⚕ antibiotic.

Antiblockiersystem *n mot.* anti-lock (*od.* anti-skid) braking system.

Antidepressivum *n* antidepressant.

Antifa-Bewegung *f* anti-Fascist movement.

Antifaschismus *m* anti-Fascism; **Antifaschist** *m*, **antifaschistisch** *adj.* anti-Fascist.

Antigen *n* antigen.

Antihaftbeschichtung *f*: ***mit ~*** nonstick.

Antiheld *m* antihero.

Antihistamin *n* antihistamine.

antik *adj.* **1.** ancient, classical; ***die ~e Philosophie*** ancient (*od.* classical) philosophy; ***die ~en Völker*** the peoples of the Ancient World; ***das ~e Rom*** Ancient Rome; **2.** *Möbel etc.*: antique, period ...; *nachgemacht*: reproduction *furniture*; ***auf ~ gemacht*** done up to look old.

Antike *f* **1.** (classical) antiquity; *the* Classical (*od.* Ancient) World; ***das Griechenland der ~*** Ancient Greece; ***die Welt der ~*** the Ancient World; **2.** (*Kunstwerk*) antiquity, antique (*od.* an-cient) work of art.

antikisierend *adj. Dichtung etc.*: in classical style; *Stil*: in a classical vein.

Antiklopfmittel *n mot.* anti-knock agent.

Antikoagulans *n* ⚕ anticoagulant.

Antikommunist *m*, **antikommunistisch** *adj.* anti-Communist.

Antikörper *m* antibody.

Antilope *f* antelope.

Antimilitarismus *m* antimilitarism.

Antimon *n* ⚗ antimony.

Antipathie *f* antipathy (***gegen*** towards, to), dislike (of, for).

Antipode *m* antipode.

antippen F *v/t. u. v/i.* tap, touch lightly; *fig.* touch (on); *fig.* ***bei j-m ~, ob*** sound s.o. out as to whether.

Antiqua *f typ.* roman (type).

Antiquar *m* **1.** second-hand bookseller; *wertvolle Bücher*: antiquarian bookseller; **2.** → ***Antiquitätenhändler***; **Antiquariat** *n* **1.** second-hand bookshop; *wertvolle Bücher*: antiquarian bookshop; **2.** (*Handel*) second-hand (*od.* antiquarian) book trade; **antiquarisch** *adj.* second-hand; *wertvolle Bücher*: antiquarian; ***~ bekommen*** get (*od.* buy) *s.th.* second-hand.

antiquiert *adj.* antiquated.

Antiquität *f* antique.

Antiquitäten|händler *m* antique dealer; **~laden** *m* antique shop; **~sammler** *m* antique collector.

Antisemit *m* anti-Semite; **antisemitisch** *adj.* anti-Semitic; **Antisemitismus** *m* anti-Semitism.

antiseptisch *adj.* antiseptic.

Antistatiktuch *n* antistatic cloth.

antistatisch *adj.* antistatic.

Antiterror|einheit *f* anti-terrorist squad; **~gesetze** *pl.* anti-terrorist legislation *sg.*

Antithese *f* antithesis; **antithetisch** *adj.* antithetical.

Antitranspirant *n* antiperspirant.

Anti-Viren-Programm *n Computer*: debug program.

Antizipation *f* anticipation; **antizipieren** *v/t.* anticipate.

antizyklisch *adj.* anticyclical.

Antizyklone *f* anticyclone.

Antlitz *n* face, *formell*: countenance.

Antonym *n* antonym (***zu*** of).

Antrag *m* **1.** application (***auf*** for); *parl.*, *in e-r Sitzung*: motion; (*Gesetzes⁀*) bill; ⚖ petition; ***~ stellen auf*** file an application for, *parl.* propose a motion for, ⚖

petition for; → ***durchbringen*** *etc.*; **2.** ***j-m e-n ~ machen*** (*Heirats2*) propose to s.o.; **antragen I.** *v/t.*: ***j-m et. ~*** offer s.o. s.th.; **II.** *v/refl.*: ***sich ~ zu*** *inf.* offer to *inf.*
Antragsformular *n* application form.
Antragsteller *m* applicant; ⚖ petitioner; *parl.* mover.
antrainieren *v/t.*: ***j-m (sich) Ausdauer ~*** build up s.o.'s (one's) stamina; ***e-m Hund Gehorsam ~*** teach a dog obedience, teach (*od.* train) a dog to be obedient (*od.* to follow orders); ***j-m Höflichkeit ~*** teach s.o. some manners.
antreffen *v/t.* find; (*j-n*) *a.* catch; *zufällig*: (*j-n*) meet, (*et.*) come across.
antreiben I. *v/t.* **1.** (*Tiere*) drive; *fig.* (*j-n*) urge on; ***j-n zur Arbeit ~*** make s.o. work; ***Eifersucht hat ihn dazu angetrieben*** it was jealousy that made him do it, he did it out of jealousy; **2.** (*Maschine, Fahrzeug*) drive; **3.** *ans Land*: wash ashore; **II.** *v/i. ans Land*: be washed ashore; **Antreiber** *m* slave driver.
antreten I. *v/i.* **1.** (*sich aufstellen*) line up; F *fig. beim Chef*: report (**bei** to); **2.** *Sport etc.*: enter (**bei, zu** for), participate (in); (*a.* ***zum Kampf ~***) compete (***gegen*** with, against) (*a. weitS.*); ***~ gegen*** *a.* challenge; **3.** *Sport*: (*beschleunigen*) accelerate; **II.** *v/t.*: **4.** ***die Arbeit (den Dienst) ~*** report for work (duty); ***sein Amt ~*** take up office; ***das Studium ~*** take up one's studies, start (at) university, (*a.* ***ein Studium ~***) start studying; ***e-e Erbschaft ~*** enter on (*od.* come into) an inheritance; ⚖ ***e-e Strafe ~*** begin serving a sentence; ***e-e Reise ~*** set out (*od.* off) on a journey; **5.** (*Motorrad*) start up.
Antrieb *m* **1.** impetus, *a. psych.* urge; (*Beweggrund*) motive; (*Anreiz*) incentive; ***e-r Sache (j-m) neuen ~ geben*** give s.th. a boost (give s.o. the motivation he *od.* she needs); ***aus eigenem ~*** of one's own accord, F off one's own bat; **2.** ⚙ drive, propulsion; → ***Raketenantrieb.***
Antriebs|achse *f* driving axle; **~aggregat** *n* engine unit, prime mover; **~kraft** *f* motive power, driving force; **~leistung** *f* driving power; **~rad** *n* driving gear; **~riemen** *m* drive belt; **~schwäche** *f psych.* lack of drive; **~stufe** *f Rakete*: propulsion stage; **~welle** *f* drive shaft.
antrinken *v/t.*: ***sich e-n Rausch*** (F ***einen***) ***~*** get drunk (F tight); ***sich Mut ~*** give o.s. Dutch courage; → ***angetrunken.***
Antritt *m* **1.** *e-r Reise*: start; *e-s Amtes*: taking up *of office*; *e-r Erbschaft*: accession (*gen.* to); *e-r Regierung*: coming into power; ***bei ~ der Reise*** when we *etc.* set out (*od.* off) on the journey; ***beim ~ s-s Amtes*** when he took up office; **2.** *Sport*: acceleration.
Antritts|besuch *m* first visit; ***heute macht X s-n ~*** *Botschafter etc.*: today X will be presenting his credentials (***bei*** to); **~rede** *f* inaugural address; *parl.* maiden speech; **2schnell** *adj. Sport*: quick off the mark; **~vorlesung** *f* inaugural lecture.
antrocknen *v/i.* begin to dry.
antun *v/t.* **1.** ***j-m et. ~*** do s.th. to s.o.; ***j-m Gewalt ~*** do violence to s.o., *e-r Frau*: rape s.o.; ***er würde niemandem etwas ~*** he wouldn't hurt (*od.* harm) a fly; ***das darfst du mir nicht ~*** you can't do that to me; ***sich etwas ~*** lay hands upon o.s.; → ***Zwang***; **2.** ***es j-m ~*** take s.o.'s fancy; ***sie hat's ihm angetan*** he's quite taken by her.
anturnen F *v/t.* F turn *s.o.* on; *Drogen*: *a.* get *s.o.* high.
Antwort *f* answer, reply; *fig.* response (*alle* ***auf*** to); ***in ~ auf*** in answer to; ***er ist um keine ~ verlegen, er weiß auf alles e-e ~*** he's got an answer for everything; ***keine ~ ist auch e-e ~*** *iro.* enough said; ***um ~ wird gebeten*** RSVP; → ***schuldig*** 2; **antworten** *v/t. u. v/i.* answer (***j-m*** s.o.; ***auf et.*** s.th.), reply (to s.o.; to s.th.); *scharf*: retort; (*reagieren*) respond (to); ***was hat sie geantwortet?*** what did she say (to that)?
Antwort|karte *f* reply card; **~schein** *m* (international) reply coupon.
anvertrauen *v/t.*: ***j-m et. ~*** entrust s.o. with s.th., place s.th. in s.o.'s hands; *fig.* ***j-m ein Geheimnis*** *etc.* ***~*** confide a secret *etc.* to s.o.; **anvertraut** *adj.* entrusted; ***die ihm ~en Aufgaben*** the tasks he has been entrusted with.
anvisieren *v/t.* take aim at; *fig.* aim for; ***für den Frühling hatten wir Malta anvisiert*** we were planning to go to Malta in (the) spring.
anwachsen *v/i.* **1.** (*Wurzeln schlagen*) take root; (*festwachsen*) grow on(to ***an***); **2.** (*zunehmen*) grow, increase, *a. Fluß*: rise; *Arbeit, Zinsen*: accumulate; ***~ auf*** *Betrag*: run up to.
Anwalt *m* **1.** ⚖ lawyer, solicitor, *Am.* attorney; *plädierender*: *Brit.* barrister; *vor Gericht*: counsel (***des Angeklagten*** for the defen|ce [*Am.* -se]); ***e-n ~ nehmen*** get a solicitor (*Am.* an attorney); **2.** *fig.* champion (***e-r Sache*** of a cause); **Anwaltschaft** *f* legal profession; *konkret*: *the* bar; **Anwaltskammer** *f* Bar Council (*Am.* Association); **Anwaltskanzlei** *f* **1.** firm of solicitors; **2.** solicitor's office.
Anwandlung *f* fit; *plötzliche*: (sudden) impulse, fit; ***in e-r ~ von Schwäche*** in a weak moment; ***in e-r ~ von Großzügigkeit*** in a fit of generosity; ***aus e-r ~ heraus*** on a sudden impulse.
anwärmen *v/t.* warm up (*a. mot.*); (*Bier etc.*) take the chill off.
Anwärter *m auf ein Amt*: candidate (***auf*** for); *Sport*: *a.* contender (for).
Anwartschaft *f* **1.** ⚖ ***~ auf Leistungen*** right to (future) benefits; **2.** ***e-e gewisse (die) ~ auf ein Amt haben*** be a prospective (the number one) candidate for a post.
anwaschen *v/t.* wash ashore.
anwehen I. *v/t.* **1.** ***j-n ~*** *Wind*: blow at, *Duft*: waft towards; ***e-e leichte Brise wehte uns an*** there was a gentle breeze; **2.** *fig.* ***j-n ~*** *Gefühl*: come over s.o., *Erinnerung*: come back to s.o.; **3.** ***~ an*** (*Schnee*) drift up to, (*Blätter*) blow up to *the door etc.*; **II.** *v/i.*: ***~ an*** *Schnee*: drift up to, *Blätter*: be blown up to.
anweisen *v/t.* **1.** ***j-n ~ zu*** *inf.* give s.o. instructions to *inf.*, tell (*od.* ask) s.o. to *inf.*; ***angewiesen sein zu*** *inf.* have instructions to *inf.*; **2.** ***j-n ~*** *bei der Arbeit*: give s.o. directions, show s.o. what to do; **3.** (*zuweisen*) assign, allot; ***j-m e-n Platz ~*** show s.o. to his (*od.* her) place (*od.* seat); → ***angewiesen***; **4.** ⚚ (*j-m e-n Betrag*) remit, transfer (*dat.* to); **Anweisung** *f* (*Anleitung*) instruction(s *pl.*); (*Befehl*) order; (*Zuweisung*) assignment, allotment; (*Zahlung*) remittance, transfer; *Computer*: statement; ***auf ~*** *gen.* on the instructions of; ***strenge ~ haben zu*** *inf.* have strict instructions to *inf.*; F ***~(en) des Chefs (Arztes)!*** F boss's (doctor's) orders!
anwendbar *adj.* applicable (***auf*** to); (*durchführbar*) practicable; ***leicht ~*** easy to apply; **Anwendbarkeit** *f* applicability; (*Durchführbarkeit*) practicability.
anwenden *v/t.* apply (***auf*** to); (*gebrauchen*) use (***bei*** for); make use of; ***et. gut*** (*od.* ***nutzbringend***) ***~*** make good use of s.th., put s.th. to good use; ***Gewalt ~*** use (*od.* resort to) force; → ***angewandt***; **Anwender** *m Computer*: user; **anwenderfreundlich** *adj.* user-friendly; **Anwendung** *f* application; (*Gebrauch*) use; ***unter ~ von*** (by) using, *e-r List etc.*: (by) resorting to.
Anwendungs|beispiel *n* example of use; **~bereich** *m*, **~gebiet** *n* field of application; **~möglichkeit** *f* applicability, possible use(s *pl.*); **~techniker** *m* application engineer.
anwerben *v/t.* recruit (*a.* ⚔).
anwerfen I. *v/i. Sport*: have the first throw; **II.** *v/t. mot.* start (up); ▲ roughcast.
Anwesen *n* property, estate.
anwesend *adj.* present (***bei*** at); ***bei et. ~ sein*** *a.* attend s.th.; ***er war nicht ~*** he wasn't there, (*war geistesabwesend*) F he was away with the fairies; ***die 2en*** those present; **Anwesenheit** *f* presence (***bei*** at) (*a. Vorhandensein*); *in der Schule etc.*: attendance; ***in ~*** *gen.* in the presence of; **Anwesenheitsliste** *f* attendance list; *Schule*: register.
anwidern *v/t.* → ***anekeln.***
anwinkeln *v/t.* bend.
Anwohner *m* resident; ***nur für ~*** (for) residents only.
Anwurf *m Sport*: first throw, throw-off; *fig.* accusation.
anwurzeln *v/i.* **1.** *Pflanzen*: take root; **2.** → ***angewurzelt.***
Anzahl *f* number; ***e-e große ~*** *gen.* a large number of.
anzahlen *v/t.* **1.** (*Betrag*) make a down payment of *£10* (***für*** for, on); **2.** (*Artikel*) make a down payment on (*od.* for); **Anzahlung** *f* deposit; *bei Ratenzahlung*: down payment, (first) instal(l)ment.
anzapfen *v/t.* (*Faß*) *a.* ⚙, ⚡, *teleph.* tap; F ***j-n ~*** tap s.o. (***um*** *Geld*: for), (*j-m Blut abnehmen*) take some blood from s.o.
Anzeichen *n* sign, indication; ⚕ symptom; ***alle ~ sprechen dafür, daß*** everything seems to indicate that.
Anzeige *f* **1.** (*Bekanntgabe*) announcement; *amtlich*: advice; **2.** *bei Gericht*: information; → ***erstatten***; **3.** (*Inserat*) advertisement, ad, *Brit. a.* advert; **4.** ⚙ indication; (*Ablesung*) reading; **5.** *Computer*: display; **anzeigen** *v/t.* **1.** notify (***j-m et.*** s.o. of s.th.), announce (s.th. to s.o.); ⚚ advise (s.o. of s.th.); **2.** (*zeigen*) indicate; → ***angezeigt***; **3.** *Computer*: display; **4.** ⚖ (*et.*) report *s.th.* (*dat.* to *the police etc.*); (*j-n*) bring a charge against; report *s.o.* to the police.
Anzeigen... *in Zssgn* → *a.* ***Werbe...***; **~abteilung** *f* advertising department; **~blatt** *n* free paper; **~schluß** *m* deadline; (*Tag*) *a.* closing date; **~teil** *m Zeitung*: advertisements *pl.*, advertisement section, F ads *pl.*
anzeigepflichtig *adj.* notifiable.

Anzeiger *m* **1.** ⚙ indicator; **2.** a) (*Amtsblatt*) gazette, b) free paper.
Anzeigetafel *f für Resultate*: scoreboard.
anzetteln *v/t.* hatch *a plot*, instigate, F engineer; ***e-e Verschwörung ~ gegen*** plot against; ***das hat er alles angezettelt*** it's all his doing.
anziehen I. *v/t.* **1.** (*Bein, Knie*) draw up; (*spannen*) stretch; (*Bremse*) apply; (*Schraube, Saite*) tighten; (*Zügel*) draw in; **2.** (*Kleidung*) put on; (*j-n*) dress; **3.** *phys.* (*Feuchtigkeit etc.*) absorb, take up; *Magnet*: attract; *fig.* attract (*a.* ✝ *Kapital*), draw; ***ungleiche Pole ziehen sich an*** *a. fig.* opposite poles attract; ***ich fühlte mich von ihm angezogen*** I felt attracted to him; **II.** *v/i.* **4.** pull; **5.** *Pferd, Auto*: pull away; **6.** *Schach etc.*: move first; ***Weiß zieht an*** white to play; **7.** ✝ *Preise etc.*: advance; **III.** *v/refl.*: ***sich ~*** get dressed, dress; ***sich fürs Theater ~*** get dressed up for the theat|re (*Am. a.* -er); **anziehend** *fig. adj.* engaging, *stärker*: charming; (*attraktiv*) attractive; **Anziehung** *f a. phys.* attraction.
Anziehungs|kraft *f* **1.** *phys.* force of attraction; *des Mondes etc.*: pull; *der Erde*: gravitational force, power of gravitation; **2.** *fig.* attraction, appeal; ***e-e starke ~ ausüben auf j-n*** have a strong attraction for s.o.; **~punkt** *m* (*Attraktion*) draw.
anzischen I. *v/t.* hiss at; *fig.* snarl at; F *fig.* ***sich einen ~*** F get a bit merry; **II.** F *v/i.* (*a.* ***angezischt kommen***) F come whizzing along.
anzockeln F *v/i.* (*a.* ***angezockelt kommen***) F roll up.
Anzucht *f von Pflanzen*: growing, cultivation.
Anzug *m* **1.** (*Kleidung*) suit; ***im ~ erscheinen*** turn up in a suit (and tie); **2.** (*Anrücken*) approach, advance; ***im ~ sein*** be on the advance; *Gewitter*: be brewing, be coming up; **3.** *Schach*: opening (*od.* first) move; **4.** *mot.* pull.
anzüglich *adj. Bemerkung*: suggestive; *Witz*: risqué, near the knuckle; *Lächeln*: salacious; ***~ werden*** get personal; **Anzüglichkeit** *f* **1.** (*Art*) suggestiveness; **2.** (*Anspielung*) suggestive remark.
Anzugsvermögen *n mot.* pull.
anzünden *v/t.* light; (*Zigarre, Pfeife*) *a.* light up; (*Haus, Stroh etc.*) set fire to; **Anzünder** *m* lighter.
anzweifeln *v/t.* doubt; (*Zweifel aussprechen über*) (call in) question, dispute.
anzwitschern F **I.** *v/i.* (*a.* ***angezwitschert kommen***) F roll up, come toddling along; **II.** *v/t.* → ***andudeln.***
Äonen *pl.* (a)eons.
Aorta *f anat.* aorta; **Aortenklappe** *f* aortic valve.
Apanage *f* allowance.
apart *adj.* striking, unusual; *Kleidung*: stylish.
Apartheid *f* apartheid; **~politik** *f* policy of apartheid, apartheid policy (*od.* politics *pl.*).
Aparthotel *n* apartment hotel, aparthotel.
Apartment *n* flatlet; (*Einzimmerwohnung*) one-room (*Am.* efficiency) apartment, *Brit. a.* one-room flat, studio flat; **~haus** *n* block of flats, block of (one-room, *Am.* efficiency) apartments.
Apathie *f* apathy; *psych.* listlessness; **apathisch** *adj.* apathetic(ally *adv.*); *psych.* listless.
aper *dial. adj.* free (*od.* clear) of snow.
Aperçu *n* witticism.
Aperitif *m* aperitif.
Apfel *m* apple; *fig.* ***in den sauren ~ beißen*** grasp the nettle; ***der ~ fällt nicht weit vom Stamm*** like father like son; ***für e-n ~ und ein Ei*** for a song, ***bekommen:*** *a.* dirt cheap, for next to nothing; **~baum** *m* apple tree; **~blüte** *f* apple blossom; **~kern** *m* pip; **~kuchen** *m* apple flan (*Am.* cake); **~most** *m* **1.** → ***Apfelsaft;*** **2.** cider; **~mus** *n* apple purée; *zum Braten*: apple sauce; **~saft** *m* apple juice; **~schale** *f* apple skin (*od.* peel); **~schimmel** *m* dapple grey (*Am.* gray); **~schorle** *f* apple-juice spritzer.
Apfelsine *f* orange.
Apfelsinen|baum *m* orange tree; **~blüte** *f* orange blossom; **~saft** *m* orange juice; **~schale** *f* orange peel; **~scheibe** *f* orange slice, slice of orange.
Apfel|strudel *m* apple strudel; **~torte** *f* apple tart; **~wein** *m* (*Am.* hard) cider.
Aphorismus *m* aphorism; **aphoristisch** *adj.* aphoristic(ally *adv.*).
Aphrodisiakum *n* aphrodisiac.
Aplomb *m* aplomb, self-confidence.
apodiktisch *adj.* apodictic(ally *adv.*); *weitS.* dogmatic(ally *adv.*).
Apogäum *n* apogee.
Apokalypse *f* apocalypse; **apokalyptisch** *adj.* apocalyptic; ***die Ձen Reiter*** the Four Horsemen of the Apocalypse.
apolitisch *adj.* apolitical.
Apologet *m* apologist; **Apologetik** *f* **1.** (*Verteidigung*) apology, apologia; **2.** (*Disziplin*) apologetics *pl.* (*sg. konstr.*); **apologetisch** *adj.* apologetic(ally *adv.*); **Apologie** *f* apology, apologia.
Apostel *m* apostle (*a. fig.*); **~geschichte** *f*: ***die ~*** Acts *pl.*, the Acts of the Apostles *pl.*
a posteriori *adv. u. adj.* a posteriori.
apostolisch *adj.* apostolic; ***das Ձe Glaubensbekenntnis*** the Apostles' Creed; *R.C.* ***der Ձe Stuhl*** the Apostolic See.
Apostroph *m* apostrophe; **apostrophieren** *v/t.* apostrophize (*a. fig.*).
Apotheke *f* chemist's (shop), *Am.* pharmacy, drugstore.
Apotheken|helferin *f* chemist's (*Am.* pharmacist's) assistant; **Ձpflichtig** *adj.* obtainable in a chemist's shop (*Am.* in a pharmacy) only.
Apotheker(in *f*) *m* (dispensing) chemist, pharmacist, *Am.* druggist.
Apotheker|gewicht *n* apothecaries' weight; **~preis** F *m* extortionate price; ***die haben ja ~e!*** F you pay through the nose in that place.
Apparat *m* **1.** apparatus; (*Gerät*) device, appliance; machine; *kleiner, a. iro.*: gadget; *feinmechanischer*: instrument; **2.** *biol.* apparatus; **3.** F (*Radio*) radio; *TV* set; *phot.* camera; *teleph.* phone, (*Nebenstelle*) extension; ***am ~!*** speaking; ***am ~ bleiben*** hold the line; ***an den ~ gehen*** (go to) answer *od.* pick up the phone; ***es geht keiner an den ~*** nobody's answering; **4.** *fig.* organization, apparatus; *pol. a. political, party etc.* machine; **5.** F *fig.* (*Ding*) F whopper; (*Person*) F (great) hulk; **6.** (***kritischer***) **~** critical apparatus.
Apparatemedizin *f* high-tech(nology) medicine.
Apparatschick *m* apparatchik.
Apparatur *f* equipment, apparatus; (*Maschinen*) machinery.
Appartement *n* **1.** → ***Apartment;*** **2.** *im Hotel*: suite.
Appell *m* ⚔ roll call; *fig.* appeal (***an*** to); **appellieren** *v/i.*: ***~ an*** appeal to; ***an j-n ~ zu*** *inf. a.* call on s.o. to *inf.*
Appendix *m anat.* appendix (*a. Anhang u. fig.*); **Appendizitis** *f* ⚕ appendicitis.
Appetit *m* appetite (*a. fig.*; ***auf*** for); ***~ haben auf*** feel like *some chocolate etc.*; ***j-m ~ machen*** give s.o. an appetite; ***es macht ~*** it really gives you an appetite; ***j-m den ~ verderben*** spoil s.o.'s appetite, *fig.* put s.o. off; ***es verdirbt den ~*** it spoils your appetite; ***den ~ verlieren*** lose one's appetite; ***ich hätte richtig ~ auf ...*** I could just fancy ...; ***guten ~!*** bon appetit!, F *hum.* enjoy!; **Ձanregend** *adj.* appetizing; ***~es Mittel*** appetite stimulant; **~happen** *m* canapé; **~hemmer** *m* appetite suppressant.
appetitlich *adj.* appetizing; *fig. Person*: attractive; *fig.* ***nicht besonders ~*** not very inviting.
Appetitlosigkeit *f* loss of appetite.
Appetitzügler *m* appetite suppressant.
applaudieren *v/i.* applaud (*dat. s.o.*); **Applaus** *m* applause; → ***Beifall.***
Applikation *f* **1.** application; **2.** **~en** *Mode*: trimmings; **Applikator** *m* applicator; **applizieren** *v/t.* (*Stoff*) sew on; (*Medikament*) administer; (*Farbe*) apply; *fig.* ***~ auf*** apply to; ***es ist auf die Praxis nicht zu ~*** it doesn't work in practi|ce (*Am.* -se).
apportieren *v/t.* retrieve, fetch.
Apposition *f* apposition; ***~ zu et. sein*** be in apposition to s.th.
appretieren *v/t.*, **Appretur** *f* finish.
Approbation *f* ⚕ licen|ce (*Am.* -se) to practi|se (*Am.* -ce) medicine; **approbiert** *adj. Arzt etc.*: qualified.
approximativ *adj.* approximate.
Après-Ski *n* après-ski (*a. Kleidung*).
Aprikose *f* apricot.
April *m* April; ***im ~*** in April; ***j-n in den ~ schicken*** make an April fool of s.o.; **~, ~!** April fool!; **~schauer** *m* April shower; **~scherz** *m* April-fool joke; *fig.* ***das ist wohl ein ~!*** is this some kind of practical joke?; **~wetter** *n* April showers *pl.*; ***das ist richtiges ~*** it's like April showers.
a priori *adv. u. adj.* a priori.
apropos *adv.* **1.** by the way; **2.** talking about ...
Apsis *f* apse.
Aquädukt *m* aqueduct.
Aquakultur *f* aquaculture.
aquamarin *adj.*, **Aquamarin** *m* aquamarine.
Aquanaut *m* aquanaut.
Aquaplaning *n mot.* aquaplaning.
Aquarell *n* watercolo(u)r; **~farbe** *f* watercolo(u)r; **~maler** *m* watercolo(u)rist; **~malerei** *f* watercolo(u)r painting.
Aquarium *n* aquarium.
Äquator *m* equator; ***den ~ überqueren*** cross the line; **~taufe** *f* crossing-the-line ceremony.
äquivalent I. *adj.* equivalent; **II.** Ձ *n* **1.** (*Ersatz*) recompense; **2.** (*Entsprechung*) equivalent.
Ar *n* are.
Ära *f* era.
Araber *m* Arab (*a. Pferd*); (*Bewohner Arabiens*) Arabian; **Araberin** *f* **1.** Arab woman; **2.** Arabian woman.
Arabeske *f* arabesque.

arabisch I. *adj.* Arab *League, States, custom etc.*; Arabian *nights, coffee etc.*; Arabic *numerals, language, literature etc.*; **die 2e Halbinsel (Wüste)** the Arabian Peninsula (Desert); II. 2 *n ling.* Arabic.

Arbeit *f* **1.** work; (*schwere* ~) hard work; **geistige** ~ brainwork; **an** (*od.* **bei**) **der** ~ at work; **an die** ~ **gehen, sich an die** ~ **machen** start work, set to work; **ich hab' mit dem Garten viel** ~ the garden's a lot of work; **et. in** ~ **haben** be working on s.th.; **gründliche** ~ **leisten** do a good job (*a. fig.*); **et. in** ~ **geben** have s.th. done (*od.* made); **erst die** ~**, dann das Vergnügen!** business before pleasure; *iro.* **er hat die** ~ **nicht erfunden** F he's a born skiver; **immer nur halbe** ~ **machen** never do things (*od.* finish things off) properly; → **getan**; **2.** (*Mühe*) trouble; (*Anstrengung*) effort; **ich hoffe, es macht Ihnen nicht zu viel** ~ I hope it's not too much trouble for you; **3.** (*Berufstätigkeit*) work, employment; ~ **haben** have a job; **ohne** ~ unemployed, out of work, jobless; ~ **suchen** look for a job, *formell*: seek employment; **zur** (F **auf**) ~ **gehen** go to work; **4.** (*Ergebnis*) (piece of) work; (*schriftliche, wissenschaftliche* ~) paper, *längere*: treatise; **künstlerische** ~ work of art; *fig.* **ganze** ~ **leisten** do a good job; **5.** *pol.* labo(u)r; **Tag der** ~ Labo(u)r Day; **6.** *phys.* work; **7.** → **Doktor-, Klassen-, Schularbeit.**

arbeiten I. *v/i.* **1.** work; ~ **an** be working on; **hart an sich** ~ work hard to improve (on) o.s.; **bei** *j-m* ~ (*angestellt sein*) work for; **mit** *e-r Firma* (**geschäftlich**) ~ deal with, do business with; *fig.* **die Zeit arbeitet für (gegen) uns** we've got time on our side (against us); **man sah, wie es in ihm arbeitete** you could almost see it being churned around inside him; **2.** ☤ *Kapital etc.*: work (**mit Gewinn** at a profit); *sein Geld* ~ **lassen** invest; **3.** ⚙ work, operate, run; **4.** *Organe*: work, function; **5.** *Holz etc.*: expand and contract; *Teig*: rise; *Wein etc.*: work; II. *v/t.* **6.** (*anfertigen*) make; III. *v/refl.*: **sich durch den Schnee (e-n Roman)** ~ work one's way through *od.* plough (*Am.* plow) through the snow (a novel); → **Tod**; IV. *v/im-pers.*: **hier arbeitet es sich schlecht** it's difficult to work here.

Arbeiter *m* worker (*a. zo.*); (*Ggs. Angestellter*) blue-collar worker; *für Schwerarbeit*: labo(u)rer; → **(an)gelernt** *etc.*; **die** ~ *a.* the working classes; ~**ameise** *f* worker ant; ~**aufstand** *m* workers' revolt; ~**bewegung** *f hist.* Labo(u)r movement; ~**dichtung** *f* working-class literature; ~**familie** *f* working-class family; **2feindlich** *adj.* anti-labo(u)r; ~**frage** *f* labo(u)r question; ~**führer** *m* labo(u)r leader; ~**gewerkschaft** *f* trade (*Am.* labor) union.

Arbeiterin *f* **1.** (female) worker; **2.** *zo.* (*Biene*) worker bee; (*Ameise*) worker ant.

Arbeiter|jugend *f* young workers *pl.*; ~**kind** *n* working-class boy (*od.* girl), *pl.* working-class children (F kids); ~**klasse** *f* working class(es *pl.*); ~**lied** *n* workers' song; ~**milieu** *n* working-class background (*od.* environment); **aus dem** ~ **stammen** come from a working-class background; ~**partei** *f* workers' party.

Arbeiterschaft *f* labo(u)r force, workforce.

Arbeiter|siedlung *f* working-class estate; ~**stadt** *f* working-class town; ~**stand** *m* working class(es *pl.*); ~**viertel** *n* working-class area; ~**wohlfahrt** *f* workers' welfare association.

Arbeitgeber *m* employer; ~**anteil** *m Sozialversicherung*: employer's contribution; ~**verband** *m* employers' association.

Arbeitnehmer *m* employee; ~**anteil** *m Sozialversicherung*: employee's contribution; ~**freibetrag** *m* earned-income allowance; ~**veranlagung** *f* annual adjustment of income tax; ~**vertretung** *f* employee representatives *pl.*

Arbeitsablauf *m* flow of work; (*Arbeitsfolge*) sequence of operations.

arbeitsam *adj.* industrious, hardworking.

Arbeits|amt *n* employment office; ~**anfall** *m* **1.** workload; **2.** F **e-n** ~ **bekommen** F have a working fit; ~**angebot** *n* vacancies *pl.*; ~**antritt** *m*: **bei (vor)** ~ on (before) taking up work (*od.* one's job); ~**anzug** *m* work(ing) clothes *pl.*; (*Overall*) overalls *pl.*; ~**auffassung** *f* attitude to(wards) work; ~**auftrag** *m* job order; ~**aufwand** *m* amount of work involved (**für** in); **et. mit großem** ~ **erreichen** (have to) put a lot of work into s.th.; **das lohnt den** ~ **nicht** it's not worth the effort (involved); **2aufwendig** *adj.* labo(u)r-intensive; (*kompliziert*) complicated; ~ **sein** *a.* be a lot of work; ~**ausfall** *m* loss of working hours; ~**ausschuß** *m* working committee, study group; ~**bedingungen** *pl.* working (⚙ operating) conditions; ~**belastung** *f* work pressure; pressures *pl.* of work; ~**bereich** *m* scope (of work); ⚙ range of operation.

Arbeitsbeschaffung *f* job creation.

Arbeitsbeschaffungs|maßnahmen *pl.* job-creating (*od.* -generating) measures; ~**programm** *n* job-creation scheme.

Arbeits|bescheinigung *f* certificate of employment; ~**besuch** *m* working visit; ~**bewertung** *f* job evaluation; ~**biene** *f* **1.** *zo.* worker bee; **2.** *fig.* busy bee; (*Frau*) *a.* busy Lizzie; ~**blatt** *n* worksheet; **elektronisches** ~ spreadsheet; ~**bühne** *f* working platform; ~**disziplin** *f* job discipline; ~**eifer** *m* eagerness to work, zeal; ~**einkommen** *n* earned income; ~**einsparung** *f* saving on working hours; ~**einstellung** *f* **1.** work stoppage; *e-s Betriebs*: shutdown; (*Streik*) strike, walkout; **2.** → **Arbeitsauffassung**; ~**entfremdung** *f* alienation from work; ~**erlaubnis** *f* work permit; ~**erleichterung** *f*: **e-e** ~ **darstellen (für j-n)** save (s.o.) a lot of work; ~**ersparnis** *f* labo(u)r saving; ~**essen** *n* working lunch (*od.* dinner); ~**ethos** *n* work ethic.

arbeitsfähig *adj.* fit for work; *pol.* ~**e Mehrheit** working majority.

Arbeits|feld *n* scope of work (*od.* activity); ~**fieber** *n* working fever; ~**fläche** *f* work surface.

arbeitsfrei *adj.*: ~**er Tag** day off, (*Feiertag*) public (*Am. a.* legal) holiday; ~**er Vormittag (Nachmittag)** morning (afternoon) off; **Freitag ist ein** ~**er Tag** there's no work on Friday.

Arbeits|frieden *m* industrial peace; ~**gang** *m* work cycle; **in einem** ~ in one process (F go); ~**gebiet** *n* → **Arbeitsfeld**; ~**gemeinschaft** *f* **1.** ☤ joint venture; **2.** *internationale etc.*: work(ing) group; syndicate; **3.** → **Arbeitsgruppe**; ~**genehmigung** *f* work permit; ~**gericht** *n* industrial tribunal, *Am.* labor court; ~**gesetz** *n* labo(u)r law; ~**gesetzgebung** *f* labo(u)r legislation; ~**grundlage** *f* working basis; ~**gruppe** *f* (working) team; *ped.* study group; ~**hilfe** *f* working aid; ~**hygiene** *f* hygiene at the workplace; ~**hypothese** *f* working hypothesis.

arbeitsintensiv *adj.* labo(u)r-intensive.

Arbeitskampf *m* labo(u)r dispute; ~**maßnahmen** *pl.* industrial action *sg.*

Arbeits|kittel *m* overall; ~**kleidung** *f* work(ing) clothes *pl.*; ~**klima** *n* work climate, working atmosphere; ~**kluft** *f* F work togs *pl.*; ~**kollege** *m* colleague (from work), F workmate; ~**kosten** *pl.* labo(u)r cost *sg.*

Arbeitskraft *f* **1.** (*Fähigkeit*) capacity for work; **2.** (*Person*) worker; employee; *pl. coll.* manpower *sg.*; *the* workforce *sg.*; **billige Arbeitskräfte** cheap labo(u)r.

Arbeitskräfte|abbau *m* reduction (*od.* cuts *pl.*) in manpower; ~**mangel** *m* manpower shortage.

Arbeits|kreis *m* working (*ped.* study) group; ~**lager** *n* labo(u)r camp; ~**leben** *n* working life; ~**leistung** *f* efficiency; ⚙ *u. e-r Person*: *a.* performance; *e-r Fabrik etc.*: output; ~**lohn** *m* wage(s *pl.*), pay.

arbeitslos *adj.* unemployed, out of work, jobless; **die** ~**en Jugendlichen** the young jobless (*pl.*); **Arbeitslose(r** *m***)** *f* unemployed person; *pl. coll. the* unemployed (*pl.*), *the* jobless (*pl.*).

Arbeitslosen|geld *n* unemployment benefit; ~ **beziehen** be on the dole; ~**heer** *n* jobless (*od.* unemployed) masses *pl.*; ~**hilfe** *f* unemployment assistance; ~**quote** *f* unemployment rate; ~**unterstützung** *f* unemployment benefit; ~**versicherung** *f* unemployment insurance; ~**zahl** *f* unemployment (*od.* jobless) figures *pl.*

Arbeitslosigkeit *f* unemployment.

Arbeits|mangel *m* shortage of work; ~**markt** *m* labo(u)r (*od.* job) market; **Lage auf dem** ~ job situation; ~**maschine** *f* **1.** machine; **2.** *fig.* (*Person*) workhorse; ~**material** *n* working material; ~**medizin** *f* industrial medicine; ~**methode** *f* working method; ~**minister** *m* employment (*Am.* labor) minister, minister for employment (*Am.* labor); *in GB*: Secretary of State for Employment, Employment Secretary; *in den USA*: Secretary of Labor; ~**ministerium** *n* department of employment (*Am.* labor); *in GB*: Department of Employment (*in den USA*: Labor); ~**modell** *n* working model; ~**möglichkeiten** *pl.* job opportunities; ~**moral** *f* (working) morale; ~**motivation** *f* motivation to work; ~**nachweis** *m* **1.** employment agency; **2.** job placement; ~**niederlegung** *f* strike, walkout, stoppage; ~**norm** *f* work norm; (*Ziel*) target; ~**ordnung** *f* work regulations (*Am.* rules) *pl.*; ~**papier** *n* working paper; ~**papiere** *pl.* working papers; ~**pause** *f* break; ~**pensum** *n* → **Pensum**; ~**pferd** *n* workhorse (*a. fig.*); ~**plan** *m* work schedule.

Arbeitsplatz *m* workplace; (*Computer2*) workstation; (*Betrieb*) place of work; (*Stelle*) job; **freier** ~ vacancy; **Diskriminierung am** ~ discrimination at work; **Sicherheit am** ~ workplace safety; ***Sicherheit des ~es*** job security; ***die Arbeitsplätze sichern*** safeguard employment; **~beschaffung** *f* job creation; **~beschaffungsmaßnahmen** *pl.* job-generating (*od.* -creating) measures, job-creation scheme *sg.*; **~beschreibung** *f* job specification; **~garantie** *f* job protection; **~gestaltung** *f* workplace design; **~studie** *f* workplace study; **~teilung** *f* job sharing.

Arbeits|probe *f* sample of one's work; **~prozeß** *m* work process; ***j-n in den ~ eingliedern*** integrate s.o. into working life; **~psychologe** *m* industrial psychologist; **~psychologie** *f* industrial psychology; **~raum** *m* workroom; **~recht** *n* industrial (*Am.* labor) law.

arbeitsreich *adj.* busy.

Arbeitsreserve *f* manpower (*od.* labo[u]r) reserve, human resources *pl.*

arbeitsscheu I. *adj.* work-shy; **II.** ♀ *f* aversion to work; **Arbeitsscheue(r)** *m* shirker, F skiver.

Arbeitsschutz *m* industrial safety; **~gesetz** *n* industrial safety act; *in GB: etwa* Factories Act.

Arbeits|sieg *m Sport*: uninspired victory; **~sitzung** *f* working session; **~sklave** *m* work slave.

arbeitssparend *adj.* labo(u)r-saving.

Arbeits|speicher *m Computer*: main memory; **~stab** *m* (working) team; **~stätte** *f* → ***Arbeitsplatz***; **~stelle** *f* **1.** job; **2.** place of work; **~streit** *m* labo(u)r dispute; **~studie** *f* time (and motion) study; **~stunden** *pl.* working hours; ♰ manhours.

Arbeitssuche *f*: (***auf ~ sein*** be) job-hunting; **Arbeit(s)suchende(r** *m*) *f* job-seeker.

Arbeitssucht *f* F workaholism; **arbeitssüchtig** *adj.*: ***~ sein*** F be a workaholic; **Arbeitssüchtige(r** *m*) *f* F workaholic.

Arbeits|tag *m* working day, workday; **~takt** *m mot.* power stroke; **~teilung** *f* division of labo(u)r; **~therapie** *f* work therapy; **~tier** *n* **1.** work(ing) animal; **2.** F *fig.* F workhorse; **~titel** *m* working title.

arbeitsunfähig *adj.* unfit for work; *ständig*: disabled; **Arbeitsunfähigkeit** *f* unfitness for work; *ständige*: disablement.

Arbeits|unfall *m* work accident (*od.* injury); **~urlaub** *m* working vacation; **~verfahren** *n* working method, technique; **~verhältnis** *n* **1.** employer-employee relationship; **2.** ***im ~ stehen bei*** be employed by (*od.* with); **3.** *pl.* working conditions; **~vermittlung** *f* employment agency; **~vertrag** *m* employment contract; **~verweigerung** *f* refusal to work; **~vorgang** *m* working procedure; ⚙ operation; **~weise** *f* working method; ⚙ *e-s Geräts*: functioning; **~welt** *f* world of employment.

arbeitswillig *adj.* willing to work.

Arbeits|wissenschaften *pl.* work sciences; **~woche** *f* working week; **~wochenende** *n* working weekend.

Arbeitswut *f* work mania; **arbeitswütig** F *adj.* F work-crazy.

Arbeitszeit *f* **1.** working hours *pl.*; **2.** ⚙ operating time; **3.** (*Fertigungszeit*) production time; **~verkürzung** *f* reduction in working hours.

Arbeits|zeug *n* tools *pl.*; **~zeugnis** *n* reference; **~zimmer** *n* study; **~zufriedenheit** *f* job satisfaction.

arbiträr *adj.* arbitrary.

Arbitrage *f* ♰ arbitrage.

archaisch *adj.* archaic; **Archaismus** *m* archaism.

Archäologe *m* arch(a)eologist; **Archäologie** *f* arch(a)eology; **archäologisch** *adj.* arch(a)eological.

Archäopteryx *f, m* archaeopteryx.

Arche *f* ark; ***die ~ Noah*** Noah's ark.

Archetyp *m* archetype; **archetypisch** *adj.* archetypal.

Archipel *m* archipelago.

Architekt *m* architect; **architektonisch** *adj.* architectural.

Architektur *f* architecture; **~büro** *n* architect's office.

Archiv *n* archives *pl.*; **Archivar** *m* archivist.

Archiv|aufnahmen *pl. TV etc.* library pictures; **~bild** *n phot.* library photo (-graph); **~exemplar** *n* archive copy, ♰ file copy.

archivieren *v/t.* put into (the) archives.

Archivmaterial *n* archive material.

Areal *n* area.

Arena *f* arena (*a. fig.*); (*Stierkampf*♀, *Zirkus*♀) ring.

arg I. *adj.* bad; (*moralisch schlecht*) *a.* wicked, evil; → ***schlimm***; ***~e Enttäuschung*** great disappointment; ***sein ärgster Feind*** his worst enemy; ***das ist (doch) zu ~*** that's too much; ***im ~en liegen*** be in a bad way; **II.** *adv.* badly, severely; F (*sehr*) F terribly; F ***das ist ~ wenig*** F that's not a lot; ***j-n ~ mitnehmen*** (really) take it out of s.o.

Argentinier(in *f*) *m* Argentine; **argentinisch** *adj.* Argentine, Argentinian.

Ärger *m* (*Unannehmlichkeit*) trouble, F strife, *a.* hassle; (*Verdruß*) annoyance, irritation (***über*** at *s.th.*, with *s.o.*); (*Zorn*) anger; ***j-m ~ machen*** cause s.o. trouble; ***das gibt ~*** there'll be trouble; **ärgerlich** *adj.* annoyed, cross (***auf, über*** at, about *s.th.*, with *s.o.*); *Sache*: annoying; ***~e Sache*** nuisance; ***das ist ~*** that's annoying, that's a (real) nuisance; **ärgern I.** *v/t.* annoy; (*Kind, Tier*) tease; ***j-n bis aufs Blut ~*** F make s.o. wild; **II.** *v/refl.*: ***sich ~*** be (*od.* get) annoyed (***über*** at, about *s.th.*, with *s.o.*); ***ärgere dich nicht*** don't get annoyed (*od.* upset); ***sich zu Tode ~*** F be (*od.* get) really mad; F ***ich könnt' mich krank ~*** F I could kick myself; → ***grün*** I, ***schwarz*** I; **Ärgernis** *n* (*et. Lästiges*) nuisance; (*Anstoß*) offen|ce (*Am.* -se); ***die Ärgernisse des täglichen Lebens*** the (little) upsets of daily life; ⚖ ***öffentliches ~*** public nuisance; ***~ erregen*** cause offen|ce (*Am.* -se).

Arglist *f* deceitfulness, guile; ⚖ malice, malicious intent; **arglistig** *adj.* deceitful; ⚖ fraudulent; ⚖ ***~e Täuschung*** wil(l)ful deceit.

arglos *adj.* guileless; (*naiv, harmlos*) artless, innocent; (*nichtsahnend*) unsuspecting; **Arglosigkeit** *f* guilelessness, lack of guile; innocence; unawareness.

Argument *n* argument; ***ein schwerwiegendes ~ dafür (dagegen)*** a strong argument in favo(u)r (against); ***es ist ein ~ für ...*** it's a case for...; **Argumentation** *f* argumentation; ***das ist e-e (keine) stichhaltige ~*** you've got a point there (you can't argue like that); **argumentativ** *adj.* argumentative; **argumentieren** *v/i.* argue, reason; ***..., (so) wird argumentiert*** ..., so the argument goes.

Argusaugen *pl.* eagle-eyes; ***et. mit ~ beobachten*** watch s.th. like a hawk.

Argwohn *m* suspicion, mistrust (***gegen*** of); ***~ erregen*** arouse suspicion; ***~ hegen*** be suspicious (***gegen*** of), ***gegen***: *a.* suspect *s.o. od. s.th.*; **argwöhnen** *v/t.* suspect; **argwöhnisch** *adj.* suspicious, distrustful (***gegen*** of).

Arie *f* ♪ aria.

Arier(in *f*) *m*, **arisch** *adj.* Arian, Aryan.

Aristokrat *m* aristocrat; **Aristokratie** *f* aristocracy; **aristokratisch** *adj.* aristocratic; ***~es Auftreten*** *etc.* patrician bearing *etc.*

Arithmetik *f* arithmetic; **arithmetisch** *adj.* arithmetical.

Arkade *f a. pl.* arcade.

arktisch *adj.* arctic (*a. fig.*).

arm *adj.* poor (***an*** in); ***~ an*** *a.* lacking in; ***~ an Vitaminen*** low on vitamins; ***~er Kerl*** F poor bloke; ***um 100 Mark ärmer sein*** be 100 marks worse off; ***~ dran sein*** have nothing to laugh about; F ***das ist ja nicht wie bei ~en Leuten*** F we 'do have such things.

Arm *m* arm; (*Ärmel*) *a.* sleeve; *zo.* (*Fang*♀) tentacle; *e-s Flusses*: tributary; *e-s Leuchters*: branch; ***der ~ des Gesetzes*** the arm of the law; ***in die ~e nehmen*** hug, embrace; ***auf den ~ nehmen*** (*Kind*) a) pick up, b) carry; *fig.* pull *s.o.'s* leg; *fig.* ***j-m unter die ~e greifen*** help s.o. out; ***j-n mit offenen ~en empfangen*** welcome s.o. with open arms; ***j-m in die ~e laufen*** bump (*od.* run) into s.o.; ***j-m in den ~ fallen*** hold s.o. back, stop s.o.; ***sich e-r Sache in die ~e werfen*** launch into s.th. with a vengeance; ***j-n e-r Sache in die ~e treiben*** drive s.o. to s.th.; ***e-n langen ~ haben*** have a lot of pull; ***den längeren ~ haben*** have more pull.

Armaturen *pl.* **1.** *Bad etc.*: fittings; **2.** *mot. etc.* instruments, controls; **~brett** *n* dashboard.

Armband *n* bracelet; (*Uhr*♀) watchstrap; **~uhr** *f* wristwatch.

Arm|beuge *f* **1.** crook of one's arm, inside of one's elbow; **2.** *Sport*: arm bend; **~binde** *f* armband; ✂ sling; **~brust** *f* crossbow; **~drücken** *n* Indian (*Am. a.* arm) wrestling.

Arme(r *m*) *f* poor man (*f* woman); ***die Armen*** the poor (*pl.*); ***der Arme!*** *mitleidig*: poor thing (*od.* fellow).

Armee *f* army; *fig. a.* masses *pl.*; *fig.* ***e-e ~ von Ameisen (Arbeitslosen)*** an army of ants (masses of unemployed).

Ärmel *m* sleeve; *fig.* ***et. aus dem ~ schütteln*** pull s.th. out of a hat, come up with s.th. just like that; give an off-the-cuff answer (*od.* speech *etc.*); **~aufschlag** *m* cuff; **~brett** *n* sleeve board.

Armeleute... *in Zssgn* poor man's.

ärmellos *adj.* sleeveless.

Armen|anwalt *m* ⚖ poor litigant's counsel; **~haus** *n hist. u. fig.* poorhouse.

Armenier(in *f*) *m*, **armenisch** *adj.*, **Armenisch** *n ling.* Armenian.

Armen|recht *n* ⚖ right to legal aid, forma pauperis; **~viertel** *n* poor part of town; *weitS.* slums *pl.*

Armer *m* → ***Arme(r)***.

Arm(e)sündermiene *f* hangdog look.

Arm|gelenk *n* elbow joint; **~höhle** *f* armpit.

armieren *v/t.* reinforce; **Armierung** *f* reinforcement.

...armig ...-armed, ...-branched.

Arm|länge *f* arm's length; *fig.* ***j-n auf ~ entfernt halten*** keep s.o. at arm's length; **~lehne** *f* armrest; **~leuchter** *m* **1.** candelabra; **2.** F *fig.* F twit, dope.

ärmlich *adj.* poor; (*schäbig*) shabby(-looking); *fig.* (*dürftig*) poor, paltry, meag|re (*Am.* -er); (*kläglich, schlecht*) poor, wretched, miserable.

Arm|loch *n* **1.** armhole; **2.** F *fig. sl.* swine; **~manschette** *f* ⚕ inflatable cuff; **~muskel** *m* arm muscle; (*Bizeps*) biceps; **~reif(en)** *m* bangle; **~schiene** *f* ⚕ splint; **~schlinge** *f* sling.

armselig *adj.* **1.** → ***ärmlich***; **2.** *contp.* pathetic.

Arm|sessel *m* armchair, easy chair; **~stütze** *f* armrest.

Armut *f* **1.** poverty; *stärker*: destitution; ***äußerste ~*** extreme poverty; ***in ~ geraten*** be reduced to poverty; **2.** *fig. an Ideen etc.*: poverty (**an** of); *an Rohstoffen etc.*: lack, *stärker*: dearth (of); ***geistige ~*** intellectual poverty; **Armutsbekämpfung** *f* fight (*od.* struggle) against poverty; **Armutsflüchtling** *m* economic migrant; **Armutszeugnis** *fig. n* sad reflection; ***das ist ein ~*** *a.* F that's a bad show; ***erschreckendes ~*** damning indictment; ***sich ein ~ ausstellen*** shame o.s.

Arnika *f* ⚘ arnica.

Aroma *n* (*Duft*) fragrance; (*Wohlgeschmack, a. Würzstoff*) flavo(u)r; (*Essenz*) essence; **aromatisch I.** *adj.* aromatic; **II.** *adv.*: ***et. ~ verfeinern*** round off the flavo(u)r (of s.th.); **aromatisieren** *v/t.* flavo(u)r.

Arpeggio *n* arpeggio.

Arrak *m* arra(c)k.

Arrangement *n* **1.** *a.* ♪ arrangement; **2.** (*Übereinkunft*) agreement; ***ein ~ treffen*** come to an arrangement (*od.* agreement); **3.** ✝ package deal; ***in ~s*** as package deals; **Arrangeur** *m* arranger; **arrangieren I.** *v/t.* arrange; **II.** *v/refl.*: ***sich ~*** come to an arrangement.

Arrest *m* **1.** (*Strafe*) detention (*a. Schule*), confinement; ***mit ~ bestrafen*** put in confinement; **2.** *dinglicher*: seizure, impounding.

arretieren *v/t.* ⚙ arrest, stop, lock.

Arrhythmie *f* ⚕ arrhythmia, irregular heart rate; **arrhythmisch** *adj.* arrhythmical.

arriviert *adj.* successful; *contp.* upstart ...; **Arrivierte(r** *m*) *f* successful (*od.* established) politician (*od.* artist *etc.*); *contp.* parvenu, upstart; ***er gehört jetzt zu den Arrivierten*** he's made it.

arrogant *adj.* arrogant; **Arroganz** *f* arrogance.

Arsch V *m* V arse, *Am.* V ass; *iro.* ***am ~ der Welt*** F at the back of beyond, F out in the sticks (*Am. a.* boondocks); ***j-m in den ~ kriechen*** F suck up to s.o.; ***er (es) ist im ~*** he's (it's) had it; ***leck mich am ~!*** *sl.* get stuffed, *zu sich selbst*: V bugger it; **~backe** V *f* buttock; **~ficker** V *m* V arse bandit; **~geige** V *f* V bastard; **~kriecher** V *m* V arse-licker; **~loch** V *n* V arse-hole; (*Person*) *a.* V bastard; **~tritt** V *m*: ***j-m e-n ~ geben*** V give s.o. a kick in the arse; **~-und-Titten-Presse** V *f* V tits-and-ass (*od.* tits-and-bums) press (*od.* magazines *pl.*).

Arsen *n* arsenic.

Arsenal *n* **1.** (*Lager*) arsenal; (*Waffen*2) weaponry, (weapons) stockpile, armo(u)ry; **2.** *fig.* (*Lager*) repository; (*Reihe, Ansammlung*) battery.

arsenhaltig *adj.* arsenic ...; ***~ sein*** contain arsenic; **arsenig** *adj.*: ***~e Säure*** arsenic acid; **Arsenvergiftung** *f* arsenic poisoning.

Art *f* **1.** (*~ u. Weise*) way, manner; (*Verfahren*) method; ***auf die(se) ~*** (in) this way; ***auf irgendeine ~, auf die eine oder andere ~*** somehow or other; ***er auf s-e ~*** in his way; ***nach der ~*** *gen.* along the lines of; ***in der ~ Rembrandts (Haydns)*** in the style of Rembrandt (Haydn); ***auf ruhige ~*** quietly; ***er hat e-e angenehme ~*** he has a nice way, he's very pleasant, ***zu lachen***: he has a pleasant laugh; ***das ist eigentlich nicht s-e ~*** that's not like him (at all); ***das ist nun mal s-e ~*** that's the way he is; **2.** (*Natur, Beschaffenheit*) nature, kind; **(von) *dieser ~*** of this nature (*od.* kind); **3.** (*Wesen*) nature; ***gewinnende ~*** winning way; ***es ist nicht s-e ~ zu*** *inf.* he's not the sort to *inf.*; ***einzig in s-r ~*** unique; **4.** (*Benehmen*) behavio(u)r, manners *pl.*; ***das ist (doch) keine ~!*** that's no way to behave; **5.** (*Sorte*) kind, sort, type; (*Stil*) style; ***Geräte aller ~*** *a.* tools of every description; ***e-e ~ ...*** a kind (*od.* sort, type) of ...; *iro.* ***e-e ~ Künstler*** an artist of sorts; **6.** *biol.* species; (*Rasse*) race; *fig.* ***sie ist vollkommen aus der ~ geschlagen*** she's not like anyone else in the family; ***~ läßt nicht von ~*** it runs in the family.

Artefakt *n* artifact, artefact.

arteigen *adj.* characteristic, true to type.

arten *v/i.*: ***nach j-m ~*** take after s.o.; → ***geartet.***

Artengemeinschaft *f* biological community.

art(en)gerecht *adj.*: ***~e Tierhaltung*** keeping animals in their natural environment.

artenreich *adj. Pflanzenfamilie etc.*: very varied, with a large number of species; *Gebiet*: with a rich animal and plant life (*od.* flora and fauna); **Artenreichtum** *m* rich animal and plant life, rich flora and fauna; 📖 biodiversity.

Arten|schutz *m* protection of endangered species; **~vielfalt** *f* → ***Artenreichtum.***

Arterhaltung *f* preservation of the species.

Arterie *f* artery; **Arterienverkalkung** *f*, **Arteriosklerose** *f* hardening of the arteries, ⚕ arteriosclerosis.

artfremd *adj.* alien, foreign.

Artgenosse *m* member of the same species.

art|gerecht *adj.* → ***art(en)gerecht***; **~gleich** *adj.*: ***~ sein*** belong to the same species; ***sie sind ~*** they're the same species.

Arthritis *f* ⚕ arthritis.

Arthrose *f* ⚕ arthrosis.

artifiziell *adj.* artificial.

artig *adj.* well-behaved, good; ***sei ~!*** be good!, be a good boy (*od.* girl)!; **Artigkeit** *f* good behavio(u)r; (*Höflichkeit*) politeness.

Artikel *m a. ling. u.* ⚖ article; ✝ *a.* item, commodity.

Artikulation *f* articulation; **Artikulationsvermögen** *n* powers *pl.* of articulation; **artikulieren I.** *v/t.* express, put into words; articulate; **II.** *v/refl.*: ***sich ~*** express o.s.

Artillerie *f* artillery; **~beschuß** *m*, **~feuer** *n* artillery fire.

Artillerist *m* artilleryman, gunner.

Artischocke *f* artichoke.

Artischocken|boden *m* artichoke base; **~herz** *n* artichoke heart.

Artist(in *f*) *m* (variety) artist, acrobat, *Am. a.* performer; **Artistik** *f* **1.** acrobatics *pl.* (*oft sg. konstr.*); **2.** (*Geschicklichkeit*) skill; **artistisch** *adj.* **1.** acrobatic(ally *adv.*); **2.** (*geschickt*) skil(l)ful.

Artothek *f* picture lending gallery.

art|spezifisch *adj.* characteristic of (*od.* specific to) the species; **~verschieden** *adj.* **1.** ***~ sein*** belong to a different species; ***sie sind ~*** they're different species; **2.** (*grundverschieden*) completely different; **~verwandt** *adj.* related, kindred ...

Arznei *f* medicine, medicament, drug; (*Heilmittel*) remedy; **~buch** *n* pharmacopoeia; **~kunde** *f* pharmaceutics *pl.* (*sg. konstr.*).

Arzneimittel *n* → ***Arznei***; **~forschung** *f* pharmaceutical(s) research; **~industrie** *f* pharmaceutical industry; **~mißbrauch** *m* drug abuse.

Arzneischrank *m* medicine cabinet.

Arzt *m* doctor, *Am. u. formell*: physician; ***praktischer ~*** *etwa* general practitioner; **~beruf** *m* medical profession; ***der ~*** *weitS.* a doctor's life, being a doctor; **~brief** *m* medical report.

Ärzte|kammer *f* medical association; **~muster** *n* drug sample.

Ärzteschaft *f* medical profession.

Ärzte|schwemme *f* glut (*od.* surfeit) of doctors; **~vertreter** *m* pharmaceutical representative.

Arzthelferin *f* (doctor's) assistant *od.* receptionist.

Ärztin *f* (lady) doctor *od.* physician.

Arztkosten *pl.* doctor's (*od.* medical) fees.

ärztlich *adj.* medical; ***in ~er Behandlung*** under medical care; ***~e Hilfe*** medical assistance; → ***Attest.***

Arzt|praxis *f* medical practice, *Brit. a.* (doctor's) surgery; **~rechnung** *f* doctor's bill; **~roman** *m* hospital romance; **~wahl** *f*: ***freie ~*** right to go to the doctor of one's choice (*od.* to choose one's own doctor).

As[1] *n* **1.** (*Spielkarte*; *a.* F *fig. Person*) ace; **2.** *Tennis*: (clean) ace; *Golf*: hole in one.

As[2] *n* ♪ A flat.

Asbest *m* asbestos; **~anzug** *m* asbestos suit; **2belastet** *adj.* asbestos-contaminated.

Asbestose *f* ⚕ asbestosis.

Asbest|platte *f* asbestos mat; **~sanierung** *f* asbestos abatement.

Asbeststaub *m* asbestos particles *pl.*; **~lunge** *f* ⚕ asbestosis.

Asbestzement *m* asbestos cement.

aschblond *adj.* ash blonde.

Asche *f* ash, *mst* ashes *pl.*; ***glühende ~*** embers *pl.*; *fig.* ***sich ~ aufs Haupt streuen*** put on (*od.* wear) sackcloth and ashes.

Ascheimer *m* → ***Mülleimer.***

Aschen|bahn *f* cinder track; *mot.* dirt track; **~becher** *m* ashtray.

Aschenbrödel *n* → ***Aschenputtel***; **~dasein** *n* → ***Aschenputteldasein.***

Aschenplatz *m Tennis*: ash court.

Aschenputtel *n* Cinderella (*a. fig.*); **~dasein** *n*: ***ein ~ führen*** lead a Cinderella-like existence.

Ascher F *m* ashtray.

Aschermittwoch *m* Ash Wednesday.
asch|fahl *adj.* ashen; **~grau** *adj.* ash-grey (*Am.* -gray).
Aschkenasi *m* Ashkenazi (*pl.* Ashkenazim); **aschkenasisch** *adj.* Ashkenazic.
Ascorbinsäure *f* ⚗ ascorbic acid.
A-Seite *f Schallplatte etc.*: A side.
äsen *v/i.* graze.
Asepsis *f* asepsis; **aseptisch** *adj.* aseptic.
Aserbaidschaner(in *f*) *m*, **aserbaidschanisch** *adj.*, **Aserbaidschanisch** *n ling.* Azerbaijani.
asexual, asexuell *adj. biol.*, ⚕ asexual.
Asiat(in *f*) *m* Asian; **asiatisch** *adj.* Asian; *Sachen, Völker*: *a.* Asiatic; **Asiatika** *pl.* Oriental art *sg.* (*ältere*: *a.* antiquities).
Askese *f* asceticism; **Asket** *m* ascetic; **asketisch** *adj.* ascetic(ally *adv.*).
Askorbinsäure *f* ⚗ ascorbic acid.
asozial *adj. Verhalten, Familie etc.*: antisocial; **Asoziale(r)** *m* antisocial; (*Aussteiger*) dropout; *pl. a.* antisocial elements.
Aspekt *m* aspect (*a. ling.*); ***unter diesem ~ betrachtet*** seen from this angle (*od.* point of view).
Asphalt *m* asphalt; **asphaltieren** *v/t.* (surface with) asphalt.
Asphalt|maler *m* pavement artist; **~malerei** *f* pavement art; **~platz** *m Tennis*: asphalt court; **~straße** *f* asphalt road.
Aspik *m* aspic; ***Aal in ~*** jellied eel.
Aspirant *m* candidate.
aspirieren *v/t. ling.* aspirate.
Assekuranz *f* insurance.
Assel *f* woodlouse.
Assembler *m Computer*: assembler; **~sprache** *f* assembler language.
assemblieren *v/t. u. v/i.* assemble; **Assemblierer** *m* assembler.
Asservat *n* exhibit; **Asservatenkammer** *f* exhibit room.
Assessor *m* **1.** *civil servant who has completed his/her second state examination*; **2.** ⚖ assistant judge.
Assimilation *f* assimilation; **assimilieren** *v/t.* assimilate.
Assistent *m* assistant.
Assistenz *f* assistance; ***unter ~ von*** with the assistance of; **~arzt** *m* houseman, *Am.* intern.
assistieren *v/i.* assist (***bei*** in).
Assoziation *f* association; ✝ partnership; **assoziativ** *adj.* associative; **assoziieren I.** *v/t.* associate; **II.** *v/refl.*: ***sich ~*** *pol.* associate (o.s.) (***mit*** with); ✝ enter into a partnership (with).
Ast *m* **1.** branch, *bsd. lit.* bough; *im Holz*: knot; *fig.* ***den ~ absägen, auf dem man sitzt*** saw off one's own branch, dig one's own grave; ***auf dem absteigenden ~ sein*** be going downhill; ***er ist auf dem aufsteigenden ~*** things are looking up for him, F he's on the up and up; **2.** F (*Rücken, Buckel*) F hump; → ***lachen*** I.
asten *v/t.* (*schleppen*) lug (along *od.* up *etc.*).
Aster *f* ♣ aster.
Asthenie *f* ⚕ debility, asthenia; **Astheniker** *m* asthenic (person).
Ästhet *m* (a)esthete; **Ästhetik** *f* **1.** (*Lehre*) (a)esthetics *pl.* (*sg. konstr.*); **2.** (*Schönheit*) beauty, (a)esthetic appeal (*gen.* of); **3.** *e-s Stils etc.*: (a)esthetic; **4.** (*Schönheitssinn*) (a)esthetic sense; **ästhetisch** *adj.* (a)esthetic(ally *adv.*).
Asthma *n* ⚕ asthma; **Asthmatiker** *m*, **asthmatisch** *adj.* asthmatic.
astigmatisch *adj.* astigmatic.
Astloch *n* knothole.
Astralleib *m* **1.** astral body; **2.** F *iro.* divine frame.
astrein *fig. adj.* **1.** above-board; ***die Sache ist nicht ganz ~*** there's something fishy about the business; **2.** F (*ausgezeichnet*) F great, fantastic.
Astrologe *m* astrologer; **Astrologie** *f* astrology; **astrologisch** *adj.* astrological.
Astronaut *m* astronaut; **Astronautik** *f* astronautics *pl.* (*sg. konstr.*).
Astronom *m* astronomer; **Astronomie** *f* astronomy; **astronomisch** *adj.* astronomic(al) (*a. fig.*).
Astrophysik *f* astrophysics *pl.* (*sg. konstr.*); **Astrophysiker** *m* astrophysicist.
Astwerk *n* branches *pl.*
ASU *f* → ***Abgassonderuntersuchung.***
Asyl *n* **1.** (*Zufluchtsstätte*) place of refuge, sanctuary; **2.** (*Heim*) home; **3.** *pol.* asylum; ***um (politisches) ~ bitten*** ask for (political) asylum; **Asylant** *m* → ***Asylbewerber***; **Asylantenwohnheim** *n* asylum-seekers' hostel.
Asyl|bewerber *m* asylum-seeker, (political) refugee; **~gewährung** *f* granting of asylum; **~mißbrauch** *m* asylum abuse; **~recht** *n* **1.** right of asylum; **2.** (*Gesetzgebung*) asylum laws *pl.*
Asymmetrie *f* asymmetry, lack of symmetry; **asymmetrisch** *adj.* asymmetrical.
asynchron *adj.* asynchronous.
Aszendent *m* ascendant.
Atavismus *m* atavism; **atavistisch** *adj.* atavistic.
Atelier *n* studio; **~aufnahme** *f* studio shot; **~kamera** *f* studio camera; **~sekretärin** *f* continuity girl, script girl; **~wohnung** *f* studio flat (*Am.* apartment); *unterm Dachboden*: loft.
Atem *m* breath; (*das Atmen*) breathing; ***außer ~*** out of breath; ***~ holen*** take a breath, *fig.* (*a.* ***~ schöpfen***) get one's breath back; ***den ~ anhalten*** hold one's breath; ***mit angehaltenem ~*** with bated breath; ***im selben ~*** in the same breath; ***außer ~ kommen*** get out of breath; ***wieder zu ~ kommen*** *a. fig.* get one's breath back; *fig.* ***j-n in ~ halten*** keep s.o. on his *od.* her toes (*in Spannung*: on tenterhooks); ***den längeren ~ haben*** have more staying power; ***das verschlug ihm den ~*** his jaw just dropped; ***ihnen geht der ~ aus*** they're running dry (*od.* out of resources).
atemberaubend *fig. adj.* breathtaking.
Atem|beschwerden *pl.* difficulty *sg.* in breathing; ***~ haben*** have difficulty breathing; **~frequenz** *f* respiratory rate; **~gerät** *n* breathing apparatus; ⚕ respirator; **~gymnastik** *f* breathing exercises *pl.*; **~holen** *n* breathing; **~lähmung** *f* respiratory standstill; **~loch** *n Wal*: blowhole.
atemlos *adj.* breathless (*a. fig.*); out of breath; **Atemlosigkeit** *f* breathlessness.
Atem|maske *f* breathing mask; **~not** *f* shortness of breath; ***an ~ leiden*** have difficulty breathing; **~pause** *f* F breather; ***e-e ~ einlegen (gewähren)*** take (give *s.o.*) a breather; **~schutzgerät** *n* breathing apparatus; **~stillstand** *m* respiratory standstill; **~technik** *f* breathing technique; **~übungen** *pl.* breathing exercises; **~wege** *pl.* respiratory tract *sg.*; **~zentrum** *n* respiratory cent|re (*Am.* -er); **~zug** *m* breath; ***bis zum letzten ~*** to the last gasp; ***den letzten ~ tun*** breathe one's last; ***in e-m ~*** in one breath; ***im nächsten ~*** the next moment.
Äthanol *n* ethyl alcohol, ethanol.
Atheismus *m* atheism; **Atheist** *m* atheist; **atheistisch** *adj.* atheistic(ally *adv.*).
Athener *m* Athenian.
Äther *m phys. u.* ⚗ ether; *Radio*: air (waves *pl.*); ***über den ~*** over the air.
ätherisch *adj.* ethereal (*a. fig.*); ***~e Öle*** essential oils.
Äther|krieg *m* war of the airwaves; **~narkose** *f* etherization.
Äthiopier(in *f*) *m*, **äthiopisch** *adj.* Ethiopian.
Athlet *m* athlete; **athletisch** *adj.* athletic.
Äthyl *n* ⚗ ethyl; **~alkohol** *m* ethyl alcohol.
Äthylen *n* ⚗ ethylene.
Atlant *m* △ atlas, male caryatid.
Atlantikpakt *m* Atlantic Treaty.
atlantisch *adj.* Atlantic; ***der ~e Ozean*** the Atlantic (Ocean).
Atlas *m* atlas (*a. anat.*); (*Seiden~*) satin.
atmen I. *v/i. u. v/t.* breathe; **II.** **~** *n* breathing.
Atmosphäre *f* atmosphere (*a. fig.*).
Atmosphären|druck *m* atmospheric pressure; **~überdruck** *m* (atmospheric) excess pressure.
atmosphärisch *adj.* atmospheric(ally *adv.*); ***~e Störungen*** *Radio*: static, atmospheric disturbance..
Atmung *f* breathing; ***künstliche ~*** artificial respiration.
atmungsaktiv *adj. Stoffe*: cellular, breathing ...
Atmungs|organ *n* respiratory organ; ***Erkrankungen der ~e*** respiratory diseases; **~zentrum** *n* respiratory cent|re (*Am.* -er).
Atoll *n* atoll.
Atom *n* atom; **~angriff** *m* nuclear attack; **~antrieb** *m* atomic propulsion.
atomar *adj.* atomic, nuclear; ***~e Streitkräfte*** nuclear powers.
Atom|bau *m* atomic structure; **~betrieben** *adj.* nuclear-powered; **~bombe** *f* atom (*od.* atomic) bomb, A-bomb; **~bunker** *m* atomic (*od.* nuclear) shelter; **~busen** *hum. m* F big boobs *pl.*; **~ei** F *n* atomic pile.
Atomenergie *f* atomic (*od.* nuclear) energy; **~kommission** *f* Atomic Energy Commission.
Atom|explosion *f* atomic (*od.* nuclear) explosion; **~forscher** *m* nuclear scientist; **~forschung** *f* nuclear research; **~gegner** *m* anti-nuclear protester; **~getrieben** *adj.* nuclear-powered; **~gewicht** *n* atomic weight; **~hülle** *f* atomic shell; **~industrie** *f* nuclear industry.
atomisieren *v/t.* atomize.
Atom|kern *m* atomic nucleus; **~kraft** *f* atomic (*od.* nuclear) power; **~kraftwerk** *n* nuclear power station; **~krieg** *m* atomic (*od.* nuclear) war(fare); **~macht** *f* nuclear power; **~masse** *f* atomic mass; **~medizin** *f* nuclear medicine; **~meiler** *m* (nuclear) reactor, atomic pile.
Atommüll *m* nuclear waste.
Atommüllagerung *f* (*getr.* ***ll-l***) nuclear waste disposal.
Atommülldeponie *f* nuclear waste disposal site.
Atom|physik *f* nuclear physics *pl.* (*sg. konstr.*); **~physiker** *m* nuclear physicist;

~pilz *m* mushroom cloud; **~rakete** *f* nuclear missile; **~reaktor** *m* nuclear reactor; **~schmuggel** *m* nuclear smuggling; **~spaltung** *f* nuclear fission; **~sperrvertrag** *m* non-proliferation treaty; **~sprengkopf** *m* nuclear warhead; **~sprengkörper** *m* nuclear explosive; **~stopp** *m* nuclear ban; **~streitmacht** *f* nuclear power.
Atomteststopp *m* (nuclear) test ban; **~abkommen** *n* test ban treaty.
Atom|tod *m* nuclear death; **~-U-Boot** *n* nuclear(-powered) submarine; **~uhr** *f* atomic clock; **~versuch** *m* nuclear test.
Atomwaffe *f* atomic (*od.* nuclear) weapon; **atomwaffenfrei** *adj.* nuclear-free; **Atomwaffengegner** *m* anti-nuclear protester.
Atom|wirtschaft *f* nuclear industry; **~wissenschaft** *f* (*a.* **die ~**) nuclear science; **~wissenschaftler** *m* nuclear scientist; **~zeitalter** *n* nuclear age; **~zerfall** *m* atomic disintegration; **~ziel** *n* nuclear target.
atonal *adj.* ♪ atonal.
atoxisch *adj.* non-toxic.
Atriumhaus *n* atrium house (*od.* building).
Atrophie *f*, **atrophieren** *v/i.* atrophy.
ätsch *int.* **1.** see!; **2.** serves you right!
Attaché *m* attaché.
Attacke *f* attack (*a.* ⚕ *u. fig.*; **gegen** on); **attackieren** *v/t. u. v/i.* attack (*a. fig.*), charge.
Attentat *n* assassination attempt (**auf** on), attempted assassination; *geglücktes*: assassination (on); **~ auf j-n** attempt on s.o.'s life; **ein ~ auf j-n verüben** make an attempt on s.o.'s life, *erfolgreich*: assassinate s.o.; F *fig.* **ich habe ein ~ auf dich vor** F I've got a big favo(u)r to ask of you (*od.* a job lined up for you); **Attentäter** *m* assassin.
Attest *n*: (**ärztliches ~** medical *od.* doctor's) certificate; **attestieren** *v/t.* certify.
Attraktion *f* attraction; (*Haupt*2) *a.* draw; (*Ware*) winner; **attraktiv** *adj.* attractive; **Attraktivität** *f* attractiveness; (*Anziehungskraft*) *a.* attraction; *weitS. e-r Stadt etc.*: *a.* desirability.
Attrappe *f* dummy, † *a.* display package; ⚙ mock-up; *fig.* **das ist alles nur ~** it's all show.
Attribut *n* attribute; characteristic; *ling.* attribute, (attributive) adjunct; **attributiv** *adj.* attributive.
atü → ***Atmosphärenüberdruck.***
atypisch *adj.* atypical.
Ätzalkali *n* caustic alkali.
ätzen *v/t.* corrode, eat into; *auf Kupfer etc.*: etch; ⚕ cauterize; **ätzend** *adj.* **1.** caustic, corrosive; **2.** *fig.* caustic, vitriolic; **3.** *fig. sl.* (*fürchterlich*) *sl.* (really) crappy; (**das ist**) **echt ~** *sl.* it's the pits.
Ätznatron *n* caustic soda.
Ätzung *f* **1.** corrosion; ⚕ cauterization; **2.** (*Zeichnung*) etching.
au *int.* **1.** ouch!; **2. ~ *ja!*** oh yes!
Aubergine *f* aubergine, *Am. a.* eggplant.
auch *cj. u. adv.* (*ebenfalls*) also; too; as well; (*selbst*, *sogar*) even; (*wirklich*) really; **wenn ~** even if; *ich glaube es -* **ich ~** so do I; ***ich kann es nicht - ich ~ nicht*** I can't do it - nor (*od.* neither) can I, I can't either; ***nicht nur ..., sondern ~*** not only ..., but also; ***sowohl ... als ~ ...*** both ... and ..., ... as well as ...; ***wo ~*** (***immer***) wherever; ***wenn ~*** so?; ***wer es ~ sei*** whoever it is; ***was er dir ~ sagt*** whatever he says; ***mag er ~ noch so unfreundlich sein*** however unpleasant he is (*od.* may be); ***so sehr ich ~ bedaure*** much as I regret; ***ohne ~ nur zu fragen*** without even (*od.* so much as) asking; ***du bist aber ~ stur*** F talk about stubborn; ***das kommt ~ noch*** a) that's still to come, b) we'll cross that bridge when we get to it; ***da können wir ~*** (*genausogut*) ***zu Hause bleiben*** we may as well stay at home; *ich gebe dir das Buch*, ***nun lies es aber ~*** mind you read it though; ***wirst du es ~*** (***wirklich***) ***tun?*** are you really going to do it?; ***ist es ~ wahr?*** is it really true?; ***haben Sie ihn ~*** (***wirklich***) ***gesehen?*** are you sure you saw him?; ***er hat ja ~ schwer gearbeitet*** he 'has been working hard(, after all); ***das hab' ich ~ nicht gesagt*** that's not what I said(, is it?); F ***so sieht er ~ aus*** he looks it, *vom Typ her*: *a.* he looks the sort; ***so ist es ~*** *zustimmend*: absolutely, that's (exactly) it.
Audienz *f* audience (**bei** with); **~ *halten*** hold an audience; ***in ~ von j-m empfangen werden*** be given an audience by s.o.
Audimax F *n* main auditorium.
Audiometer *n* ⚕ audiometer; **Audiometrie** *f* audiometry.
audiovisuell *adj.* audio-visual.
Auditorium *n* **1.** (*Hörsaal*) auditorium, lecture hall; **~ *maximum*** → ***Audimax***; **2.** (*Zuhörerschaft*) audience.
Au(e) *f* (rich) pasture; (*Wiese*) meadow.
Auer|hahn *m* capercaillie, wood grouse; **~henne** *f*, **~huhn** *n* capercaillie (hen), wood grouse; **~ochs** *m* aurochs.
auf I. *prp.* **1.** *mit dat.*: on; in; at; by; **~ *dem Tisch*** on the table; **~ *der Welt*** in the world; ***nirgends ~ der Welt*** nowhere in the (whole wide) world; **~ *der Ausstellung*** (***Post***) at the exhibition (post office); **~ *e-r Party*** (***Schule, Universität***) at a party (school, university); **~ *dem Markt*** at the market; **~ *der Straße*** in (*Am. a.* on) the street, (*Fahrbahn*) on the road; **~ *Malta*** in Malta; **~ *der Insel*** on the island; **~ *dem Rücken*** on one's back; **~ *s-r Seite*** at (*od.* by) his side, *liegen etc.*: on his side; **~ *Seite 15*** on page 15; **~ *s-m Zimmer*** in his room; **~** (***in***)***direktem Wege*** (in)directly; **~ *Reisen*** travel(l)ing, on a trip; (**et.**) **~ *der Geige*** *etc.* ***spielen*** play (s.th. on) the violin *etc.*; ***das Wort endet ~ t*** the word ends with (*od.* in) a t; *fig.* **~ *der Stelle*** on the spot; **2.** *mit acc.*: on; onto; in; at; to; towards (*a.* **~ ... *zu***); up; **~ *den Tisch*** on the table; **~ *englisch*** in English; **~ *e-e Entfernung von*** at a distance of; **~ *die Erde fallen*** fall (on)to the ground; **~ *die Post*** *etc.* ***gehen*** go to the post office *etc.*; **~ *sein Zimmer gehen*** go to one's room; ***es geht ~ neun*** (***Uhr***) it's getting on for nine; **~ *Jahre hinaus*** for years to come; **~ *Monate*** (***hinaus***) ***ausgebucht*** booked (*od.* sold) out (for) months ahead; ***Monat ~ Monat verging*** months went by; **~ *ewig*** for ever (and ever); ***er kam um 6, ~ die Minute genau*** he came at 6 o'clock on the dot; ***er geht ~ die Siebzig zu*** he's getting on for seventy; ***es hat was ~ sich*** there's something to it; ***es hat nichts ~ sich, daß ...*** the fact that ... doesn't mean anything; ***das Gerücht hat nichts ~ sich*** there's nothing in (*od.* to) the rumo(u)r; ***ich frage mich, was es mit ... ~ sich hat*** I wonder what's behind ...; → ***bis*** 6, ***Bitte, Gefahr, Vorschlag*** *etc.*; **II.** *adv.* up, upwards; (*offen*) open; → ***aufhaben, aufsein*** *etc.*; **~ *und ab gehen*** walk up and down (*od.* to and fro); ***sich ~ und davon machen*** clear off; **III.** *cj.*: **~ *daß*** (in order) that; **~ *daß nicht*** lest *he should get angry etc.*; **IV.** *int.*: **~!** (get) up!; *antreibend*: let's get going!; *anfeuernd*: come on!; F **~ *geht's!*** F let's go!; **V.** 2 *n*: ***das ~ und Ab des Lebens*** the ups and downs of life.
aufarbeiten *v/t.* **1.** (*Angesammeltes*) get through, get *s.th.* out of the way; clear *a backlog*; ***ich muß noch viel ~*** I have a lot to catch up on; **2.** (*aufbrauchen*) use up; **3.** (*Kleider, Möbel etc.*) F do up; **4.** (*Wissensbereich*) get a solid grounding in; (*Erkenntnisse*) consolidate; **5.** (*Erlebnis*) digest; (*Problem*) come to terms with.
aufatmen *v/i.* draw a deep breath; *fig.* heave a sigh of relief; *fig.* ***wieder ~*** (***können***) recover, revive.
aufbacken *v/t.* (*Brötchen etc.*) crisp up.
aufbahren *v/t.* (*Leiche*) lay out.
Aufbau *m* **1.** (*das Aufbauen*) *e-s Gebäudes etc.*: erection; *der Wirtschaft etc.*: building up; (*Wieder*2) rebuilding; **2.** ⚙ (*Montage*) assembly; **3.** (*Gefüge*) *a. e-r Organisation, e-s Dramas etc.*: structure; *e-s Bilds*: composition; **4.** (*Karosserie*) (car) body.
aufbauen I. *v/t.* **1.** (*Gebäude*) put up, (*Haus*) *a.* build; (*Bude etc.*) set (*od.* put) up; (*Zelt*) put up; (*wieder~*) rebuild; **2.** ⚙ assemble; **3.** (*Geschenke, Waren*) arrange; **4.** (*Drama, Aufsatz*) structure; **5.** (*Unternehmen, Organisation*) (*gründen*) set up, found; (*weiter ~*) build up; *fig.* **~ *auf*** build on; **6. *j-n ~*** build s.o. up (*a. karrieremäßig*), *kurzfristig*: *a.* give s.o. a pep talk; **7. *sich e-e Existenz ~*** set o.s. up in life; **II.** *v/refl.*: **8. *sich ~*** *Wolken, Aggressionen etc.*: build up; **9. *sich ~ auf*** *Stoff etc.*: be made up of; **10. *sich ~ auf*** *Theorie etc.*: be based on; **11. *er baute sich vor mir auf*** he planted himself in front of me.
Aufbaukost *f* convalescent diet.
aufbäumen *v/refl.*: ***sich ~*** *Pferd*: rear (up); ✓ buck; *Person*: writhe (**unter** under); *fig.* rebel (**gegen** against); ***sich vor Schmerzen ~*** writhe in pain (*od.* agony).
Aufbaupräparat *n* regenerative preparation.
aufbauschen *v/t.* **1.** (*a. v/refl.* ***sich ~***) swell (out); **2.** *fig.* exaggerate, play up.
Aufbau|spiel *n Sport*: buildup; **~studium** *n* postgraduate course (*od.* studies *pl.*).
Aufbauten *pl.* superstructure *sg.*; *Film*: set *sg.*
Aufbautraining *n* stamina training.
aufbegehren *v/i.*: **~ *gegen*** rebel against.
aufbehalten *v/t.*: ***den Hut*** *etc.* **~** keep one's hat *etc.* on; F ***die Augen ~*** F keep one's eyes peeled.
aufbeißen *v/t.* bite open; (*Nüsse*) crack with one's teeth; (*verletzen*) bite.
aufbekommen *v/t.* **1.** (*Tür etc.*) get open; (*Knoten*) get undone; **2.** (*Hausaufgabe*) be given, get; ***viel ~*** get a lot of homework; ***wir haben heute nichts ~*** we haven't got (*od.* didn't get) any homework today; **3.** F (*aufessen können*) finish, eat up.
aufbereiten *v/t.* **1.** (*Rohstoffe etc., a. Ergebnisse*) process; **2.** (*Text*) *a. Computer*:

edit; **Aufbereitung** *f* **1.** processing; **2.** editing; → ***aufbereiten.***
Aufbereitungsanlage *f* processing plant.
aufbessern *v/t.* improve; (*Gehalt*) increase; F ***j-n ~*** give s.o. a rise (*Am.* raise); **Aufbesserung** *f* improvement; *des Gehalts*: (salary) increase, *Am.* raise (in salary).
aufbewahren *v/t.* keep; **(*sich*) *et. ~ lassen*** deposit s.th. in a safe place; **Aufbewahrung** *f*: (***sichere ~***) safekeeping; ***j-m et. zur ~ geben*** leave s.th. with s.o. (for safekeeping).
Aufbewahrungsort *m*: ***sicherer ~*** safe place (to keep s.th.).
aufbieten *v/t.* (*Truppen*) mobilize; (*Kräfte, Mittel, Mut etc.*) muster, summon (up); ***alles ~*** do one's utmost; ***alle Kräfte ~*** muster up all one's strength; ***s-n (ganzen) Einfluß ~*** bring (all) one's influence to bear; **Aufbietung** *f* ⚔ mobilization; *von Einfluß etc.*: exertion; ***unter ~ aller Kräfte*** with all one's might.
aufbinden *v/t.* **1.** (*aufschnüren*) untie, undo; **2. *sich*** *e-e Verpflichtung etc.* ~ get landed with (*doing*) *s.th.*; F ***j-m etwas*** (*od.* ***e-n Bären***) ~ F take s.o. for a ride.
aufblähen I. *v/t.* blow out, puff up; *fig.* inflate; → ***aufgebläht***; **II.** *v/refl.*: ***sich ~*** balloon; *Segel*: fill, belly out; *fig.* → ***aufblasen*** II.
aufblasbar *adj.* inflatable; **aufblasen I.** *v/t.* blow up, inflate; **II.** *fig. v/refl.*: ***sich ~*** puff o.s. up; → ***aufgeblasen.***
aufblättern *v/t.* (*Buch etc.*) open (up).
aufbleiben *v/i.* **1.** *Tür etc.*: stay open; **2.** *Person*: (*wach bleiben*) stay up (***lang*** late).
aufblenden I. *v/t.* (*Filmszene*) fade in; (*Scheinwerfer*) turn on full beam; **II.** *v/i. mot.* turn the headlights on full beam; *phot.* open (the lens) up.
aufblicken *v/i.* look up (*fig.* ***zu j-m*** to s.o.).
aufblitzen *v/i.* **1.** flash; **2.** *fig.* (***in***) ***j-m ~*** *Gedanke*: flash through s.o.'s mind.
aufblühen *v/i.* blossom, open; *fig. Mädchen*: blossom out; *wirtschaftlich etc.*: begin to flourish (*od.* prosper).
aufbocken *v/t. mot.* jack up.
aufbohren *v/t.* bore; (*Zahn*) drill.
aufbraten *v/t.* fry up.
aufbrauchen *v/t.* use up.
aufbrausen *v/i.* **1.** *Getränk*: fizz; *Meer*: surge; **2.** *fig. Person*: fly off the handle; ***Beifall*** (***Gelächter***) ***brauste auf*** there was a surge of applause (roar of laughter); **aufbrausend** *fig. adj.* quick-tempered.
aufbrechen I. *v/t.* **1.** break open, force; (*Brief*) open; **II.** *v/i.* **2.** *Blüten etc.*: open; *Geschwür*: (burst) open; *Eisdecke, Asphalt*: crack; **3.** (*weggehen*) leave, set off (***nach*** for).
aufbringen *v/t.* **1.** (*öffnen*) get open; (*Knoten*) get undone; **2.** (*beschaffen*) find; (*Geld*) raise; (*Kosten*) meet; (*Mut, Energie etc.*) summon up, muster; **3.** (*Mode, Gerücht*) start; **4.** *fig.* (*j-n*) make *s.o.* angry, F get *s.o.'s* goat; ***~ gegen*** set *s.o.* against; → ***aufgebracht.***
Aufbruch *m* departure (***nach, zu*** for); *fig. pol.* awakening; ***im ~ sein*** just be getting ready to go (*od.* leave); ***zum ~ drängen*** be keen to get going; **Aufbruchsstimmung** *f*: ***es herrschte ~*** a) everyone was getting ready to go, b) *pol. etc.* there was the sense of a new era about to dawn.
aufbrühen *v/t.* make; (*Tee*) *a.* brew.
aufbrummen F *v/t.*: ***j-m*** *e-e Strafe etc.* ~ F land s.o. with.
aufbügeln *v/t.* iron, press.
aufbürden *v/t.*: ***j-m et. ~*** saddle s.o. with s.th.; ***j-m e-e Last ~*** place a burden on s.o.('s shoulders).
aufdecken I. *v/t.* **1.** uncover; ***das Bett ~*** turn the bedclothes down; **2.** *fig.* expose, reveal; **3.** (*Tischtuch*) put on; **II.** *v/i.* lay the table.
Aufdeckung *f e-s Skandals etc.*: disclosure, bringing *s.th.* out into the open; **Aufdeckungsjournalismus** *m* investigative journalism.
aufdonnern F *v/refl.*: ***sich ~*** F get (all) dolled up.
aufdrängen I. *v/t.*: ***j-m et. ~*** force s.th. on s.o.; ***j-m e-e Meinung ~*** force an opinion down s.o.'s throat; **II.** *v/refl.*: ***sich ~*** *Gedanke*: suggest itself; ***sich j-m ~*** force o.s. on s.o.; ***ich will mich nicht ~*** I don't want to intrude.
aufdrehen I. *v/t.* **1. *die Haare ~*** put curlers in one's hair, put one's hair in curlers; **2.** (*Hahn etc.*) turn on; (*Schraube*) loosen, *völlig*: unscrew; (*Deckel etc.*) screw on; **3.** (*Radio*) turn up; **4.** → ***aufgedreht***; **II.** F *v/i.* (*schneller machen*) F step on it; *mot.* F step on the gas; *Sport*: open up.
aufdringlich *adj.* obtrusive, *Person*: *a.* importunate, F pushy; *Frage*: intrusive; *Farben etc.*: loud, showy; *Parfüm*: obtrusive, strong, *stärker*: overpowering; ***diese ~en Leute!*** these people just won't go away; **Aufdringlichkeit** *f* obtrusiveness; *von Personen*: *a.* importunity, F pushiness; *von Parfüm*: strong (*od.* overpowering) smell; *von Farben*: loudness.
aufdröseln F *v/t.* (*Genähtes, Gestricktes*) undo; (*Strick*) unravel, take apart; *fig.* (*Handlung, Geheimnis etc.*) unravel; (*Satz*) break down, analy|se (*Am.* -ze).
Aufdruck *m typ.* imprint; (*Firmen*2) company name; **aufdrucken** *v/t.* print (***auf*** on).
aufdrücken *v/t.* **1.** (*öffnen*) press (*od.* push) open; **2.** (*Stempel etc., a.* ~ ***auf***) put *a stamp* on.
aufeinander *adv.* (*übereinander*) on top of each other; (*gegeneinander*) against each other; (*nacheinander*) one after the other, one by one; ***~ losgehen*** go for each other; ***~ abgestimmt*** coordinated, *Farben etc.*: matching; **~beißen** *v/t.*: ***die Zähne ~*** press one's teeth together, *bei Schmerzen etc.*: grit one's teeth.
Aufeinanderfolge *f* succession; series, round *of events*; ***in rascher ~*** in rapid (*od.* quick) succession; **aufeinanderfolgen** *v/i.* follow each other; ***im Abstand von fünf Minuten ~*** occur (*Busse etc.*: run) every five minutes; **aufeinanderfolgend** *adj.* successive, consecutive; ***während drei ~er Tage*** *a.* for three days running.
aufeinander|häufen *v/t.* pile up; **~hetzen** *v/t.* (*Hunde*) set at each other; **~liegen** *v/i.* lie on top of each other; lie in a pile; **~prallen, ~stoßen** *v/i.* collide, crash; *fig. Personen, Meinungen*: clash.
Aufenthalt *m* **1.** stay; **2.** (*Wohnsitz*) place of residence; **3.** 🚂 stop; ✈ stopover; ***ohne ~*** nonstop *train etc.*; ***wie lange haben wir hier ~?*** how long do we stop here?; ***wir hatten zwei Stunden ~*** we had a two-hour wait.
Aufenthalts|berechtigung *f* unlimited right to residence; **~dauer** *f* (duration of) stay; **~genehmigung** *f* residence permit; **~ort** *m* place of residence; ***momentaner ~ unbekannt*** (present) whereabouts unknown; **~raum** *m* lounge; *Schule etc.*: common room.
auferlegen *v/t.* (*Strafe*) impose (***j-m*** on s.o.); ***j-m Schweigen ~*** constrain s.o. to silence; ***j-m Verantwortung ~*** place responsibility on s.o.('s shoulders); ***sich Entbehrungen ~*** make sacrifices; ***sich Zwang ~*** exercise (some) self-restraint.
auferstehen *v/i.* rise from the dead; *fig.* rise from the ashes; **Auferstehung** *f* resurrection.
aufessen *v/t.* eat up, finish.
auffächern I. *v/t.* (*Karten*) fan out; *fig.* break down (***in*** into); **II.** *v/refl.*: ***sich ~*** *Straße etc.*: fan out.
auffädeln *v/t.* thread (***auf*** onto).
auffahren I. *v/i.* **1.** (*vorfahren*) drive up, pull up; **2.** ~ ***auf*** crash into, *a.* ⚓ ram; **3.** *mot.* (***zu***) ***dicht ~*** tailgate; **4.** *erschreckt*: (give a) start, jump; *zornig*: flare up; **5.** *Fenster etc.*: fly (*od.* burst) open; **II.** *v/t.* **6.** ⚔ bring up, deploy; → ***Geschütz***; **7.** (*Speisen etc.*) bring on, serve (up); **8.** (*Weg*) churn up.
Auffahrt *f* **1.** *zu e-m Haus*: drive(way *Am.*); **2.** (*Autobahn*2) slip road, *Am.* (entrance) ramp; **3.** (*Ankunft*) arrival.
Auffahrunfall *m* rear-end collision.
auffallen *v/i.* **1.** be conspicuous, attract attention; ***j-m ~*** strike s.o., *engS.* catch s.o.'s eye; ***er fiel unangenehm auf*** he made a bad impression; ***es fällt nicht auf*** nobody will notice; ***mir ist es gar nicht aufgefallen*** I never noticed; ***nicht ~ wollen*** keep one's head down, keep a low profile; **2.** ~ ***auf*** fall on(to), hit; **auffallend I.** *adj.* noticeable; *Schönheit, Erscheinung etc.*: striking; ***~es Benehmen*** odd behavio(u)r; **II.** *adv.*: ***sich ~ ähnlich sein*** have a striking resemblance, be remarkably alike; **auffällig** *adj.* conspicuous; *Kleider, Farben*: loud, F flashy.
auffalten I. *v/t.* open up, unfold; **II.** *v/refl.*: ***sich ~*** *Blume*: open up; *Erdschicht*: fold upwards.
Auffangbecken *fig. n* rallying point.
auffangen *v/t.* catch; (*Wasser*) collect; (*Funksignal*) pick up; (*Fall, Stoß*) cushion; (*Angriff, Schlag*) parry; ✈ pull out (of a dive); (*Neuigkeiten etc.*) pick up; (*Preissteigerungen etc.*) cushion (the impact of).
Auffanglager *n* transit (*od.* reception) camp.
auffassen I. *v/t.* **1.** (*begreifen*) understand, grasp; (*deuten*) interpret, understand; take (***als*** as); ***falsch ~*** misunderstand, misinterpret; **2.** (*Perlen*) thread; (*Maschen*) take up; **II.** *v/i.*: ***leicht*** (***schwer***) ~ be quick (slow) on the uptake.
Auffassung *f* **1.** (*Deutung*) interpretation; **2.** (*Meinung*) opinion, view; ***nach m-r ~*** as I see it; ***die ~ vertreten, daß*** take the view that; **3.** → ***Auffassungsgabe.***
Auffassungs|gabe *f* perceptive faculty, intellectual grasp; **~sache** *f*: ***das ist ~*** that's a matter of opinion.

auffindbar *adj.*: ***nicht*** ~ not to be found; **auffinden** *v/t.* find, (*Person*) *a.* trace; ***tot aufgefunden werden*** be found dead.
auffischen *v/t.* fish out of the water; *fig.* pick up.
aufflackern *v/i.* flicker; *fig.* flare up.
aufflammen *v/i.* flare up (*a. fig.*); *Gegenstand*: *a.* burst into flames; *Streichholz*: light up.
auffliegen *v/i.* **1.** fly up; *Vogel*: *a.* soar up; *Tür etc.*: fly open; **2.** *fig. Unternehmen, Plan etc.*: blow up (*a.* ~ ***lassen***); (*entdeckt werden*) be exposed; *Verbrecherring etc.*: be smashed.
auffordern *v/t.* call on *s.o.* (***zu*** *inf.* to *inf.*); *bittend*: ask, request; *anordnend*: order; *eindringlich*: urge, exhort; *ermunternd*: encourage; (*einladen*) invite, ask (*alle* to *inf.*); ***zum Kampf*** ~ challenge to a fight; ***j-n*** (***zum Tanz***) ~ ask s.o. for a (*od.* the next) dance; **Aufforderung** *f* call; request; order; exhortation; invitation; challenge; → ***auffordern.***
aufforsten *v/t.* reafforest, *Am.* reforest; **Aufforstung** *f* reafforestation, *Am.* reforestation.
auffressen *v/t.* eat up; (*Beute*) devour; F ***er wird dich schon nicht*** ~ he won't eat you; *fig.* ***mit den Augen*** ~ devour *s.th.* with one's eyes; ***die Arbeit frißt mich auf*** I'm drowning in work; ***der Chef wird uns*** ~ F the boss will kill us.
auffrischen *v/t.* freshen up (*a.* ***sich*** ~ *u. v/i. Wind*); (*Gemälde, Farben etc.*) touch up; (*Lager*) replenish; (*Gedächtnis*) refresh; (*Kenntnisse*) brush up; (*Bekanntschaft*) revive.
Auffrischungs|impfung *f* booster (vaccine); **~kurs** *m* refresher course.
auffrisieren *v/t.* **1.** (*Haar*) touch up; **2.** F (*Tisch, Auto etc.*) F do up; (*Motor*) tune up, F soup up.
aufführbar *adj.* stageable; ***das Stück ist nicht*** ~ *a.* the play can't be performed (*od.* put on the stage); **aufführen I.** *v/t.* **1.** (*Stück etc.*) perform; **2.** *in e-r Liste*: list; ***einzeln*** ~ (*Posten*) specify, *Am.* itemize; **3.** ⚖ (*Zeugen*) produce; **II.** *v/refl.*: ***sich*** (***schlecht***) ~ behave (badly); **Aufführung** *f thea.* performance; *Film*: showing; **Aufführungsrecht** *n thea.* performing rights *pl.*
auffüllen *v/t.* fill up; (*nachfüllen*) top up; (*Vorräte*) replenish; (*Lager*) restock.
auffuttern F *v/t.* F devour.
Aufgabe *f* **1.** (*Auftrag*) job, assignment; (*Pflicht*) duty; (*Schul*2) exercise; (*Haus*2) *a. pl.* homework; ***e-e*** ~ ***lösen*** solve a problem; ***er machte es sich zur*** ~ ***zu*** *inf.* he made it his business to *inf.*; ***es ist nicht m-e*** ~ it's not my job (*od.* responsibility); **2.** *e-s Briefes*: posting, *Am.* mailing; *von Gepäck*: registration, *Am.* checking; *von Telegrammen*: sending; *e-s Auftrags, e-r Anzeige*: placing; **3.** *e-r Wohnung, e-s Geschäfts*: giving up *one's flat, business etc.*; *Sport*: dropping out *of a race etc.*; ***er wurde zur*** ~ ***gezwungen*** he was forced to drop out; **4.** *Volleyball*: service.
aufgabeln F *v/t.* F pick up.
Aufgaben|bereich *m* (area of) responsibility; ***das gehört nicht zu m-m*** ~ that's not my job (*od.* responsibility); **~heft** *n* homework book; **~stellung** *f* terms *pl.* of reference; **~verteilung** *f* allocation of duties (*od.* tasks); dividing up of responsibilities; *in Ehe etc.*: sharing of tasks.
Aufgabe|ort *m* place of posting (*bsd. Am.* mailing); **~schein** *m* (luggage) receipt, *Am.* baggage check; **~stempel** *m* postmark.
Aufgalopp *m* trial gallop; *fig.* curtain raiser.
Aufgang *m* **1.** ascent; *der Gestirne*: *a.* rising (*a. der Sonne*); **2.** (*Treppe*) staircase, stairs *pl.*
aufgeben I. *v/t.* **1.** (*übergeben*) deliver; (*Brief*) post, *Am.* mail; (*Gepäck*) register, *Am.* check; (*Telegramm*) send; (*Bestellung*) place; (*Anzeige*) place *an ad* (in the newspaper); **2.** (*Rätsel*) ask *a riddle*; (*Aufgabe*) set; ***sie gibt immer sehr viel auf*** she always sets a lot of homework; **3.** (*verzichten auf*) give up; (*Hoffnung*) *a.* abandon; (*Kranken*) give up (hope for); (*Rechtsanspruch*) relinquish; (*Stelle*) leave *one's job*; ***es*** ~ ***zu*** *inf.* give up *ger.*; ***das Trinken*** *etc.* ~ give up (*od.* stop) drinking *etc.*; ***es*** (*od.* ***den Kampf, das Spiel***) ~ → 4; **II.** *v/i.* **4.** give up; *Boxen u. fig.*: throw in the towel; *Läufer*: drop out; **5.** *Volleyball*: serve.
aufgebläht *adj.* ⚕ distended; *fig. Beamtenapparat etc.*: inflated; *Währung*: bloated.
aufgeblasen *fig. adj.* conceited, self-important, puffed up; ***so ein ~er Kerl!*** F what a pompous ass; **Aufgeblasenheit** *f* conceitedness.
Aufgebot *n* **1.** (*Ehe*2) official wedding notice, *in GB*: *etwa* (publishing the) banns *pl.*; **2.** (*Menge*) array; *an Menschen*: crowd; **3.** *Sport*: pool (of players); ***polizeiliches*** *etc.* ~ police *etc.* contingent; ***mit starkem*** ~ ***erscheinen*** turn out in full force; **4.** ***das beste*** (***stärkste***) ~ *Sport*: the best (strongest) side; ***letztes*** ~ last-ditch stand.
aufgebracht *adj.* angry, F mad (***gegen*** with; ***über*** at, about).
aufgedonnert F *adj.* all dressed up, F dolled up, dressed to the nines.
aufgedreht F **I.** *adj.* in high spirits; (*überreizt*) (too) wound up; **II.** *adv. reden etc.*: excitedly.
aufgedunsen *adj.* bloated; *Gesicht*: *a.* puffy, puffed-up ..., *pred.* puffed up.
aufgehen *v/i.* **1.** *Gestirn, Teig*: rise; *Vorhang*: *a.* go up; *Pflanzen, Saat*: come up; **2.** (*sich öffnen*) open; *Knoten etc.*: come undone; *Naht*: come open; *Geschwür etc.*: burst; *Blume*: open; **3.** 𝔄 divide exactly; *fig.* ***diesmal ging s-e Rechnung nicht auf*** he got his calculations wrong this time; ***die Geschichte geht auf*** there are no loose ends in the story; **4.** ~ ***in*** *der Arbeit etc.*: be totally wrapped up in; **5.** ***in e-m anderen Volk*** ~ be assimilated by another people; **6.** ***j-m*** (*geistig*) ~ become clear to s.o.; ***plötzlich ging es mir auf*** *a.* suddenly everything fell into place; → ***Licht.***
aufgehoben *adj.*: ***gut*** ~ ***sein*** be in good hands.
aufgeilen V **I.** *v/t.* F turn *s.o.* on (*a. fig.*), get *s.o.* worked up; **II.** *v/refl.*: ***sich*** ~ ***an*** F be turned on by, get o.s. worked up with; *fig. an e-m Auto etc.*: F go potty over, *an j-s Mißgeschick etc.*: F get a kick out of.
aufgeklärt *adj.* **1.** enlightened, well-informed; **2.** ***ist sie schon*** ~? (*über die Sexualität*) does she know the facts of life?, *durch die Schule*: has she had any sex education?; **Aufgeklärtheit** *f* enlightened attitude.
aufgeknöpft F *adj.* F chatty.
aufgekratzt F *adj.* F chirpy, *Am.* F chipper.
Aufgeld *n* ✝ premium, agio; (*Zuschlag*) surcharge.
aufgelegt *adj.*: ***zu et.*** ~ ***sein*** (*in Stimmung sein*) feel like (doing) s.th.; ***ich bin heute nicht dazu*** ~ I'm not in the mood for it today; ***gut*** (***schlecht***) ~ in a good (bad) mood.
aufgelockert *adj.* **1.** *Atmosphäre, Stimmung*: relaxed; **2.** *meteor.* ***~e Bewölkung*** broken overcast; **3.** *Bauweise etc.*: dispersed.
aufgelöst *adj.* **1.** *Haare*: loose, (*unordentlich*) untidy, F all over the place; **2.** *Person*: beside o.s.; ***in Verzweiflung*** ~ absolutely desperate; ***in Kummer*** ~ sick with worry; ***er war in Tränen*** ~ he was crying his eyes (*od.* heart) out, he was all tears.
aufgerauht *adj.* roughened.
aufgeräumt *fig. adj.* jovial.
aufgeregt *adj.* excited; (*nervös*) nervous; (*mitgenommen*) upset.
aufgeschlossen *fig. adj.* open (*dat. od.* ***für*** to); open-minded, broad-minded; **Aufgeschlossenheit** *f* open-mindedness.
aufgeschmissen F *adj.*: ~ ***sein*** be stuck, F be in a fix.
aufgeschossen *adj.* (*hoch* ~) lanky.
aufgeschwemmt *adj. Bauch, Körper, Leiche etc.*: bloated, swollen; *Gesicht*: *a.* puffed-up ..., *pred.* puffed up.
aufgesetzt *adj.* **1.** ***~e Tasche*** patch pocket; **2.** *Benehmen*: put-on..., *pred.* put on; artificial.
aufgesprungen *adj. Lippen*: chapped.
aufgestaut *adj. Gefühle*: pent-up.
aufgestülpt *adj.*: ***~e Nase*** snub nose.
aufgetakelt F *adj.* F dolled up, dressed to kill.
aufgetrieben *adj. Kadaver, Bauch*: bloated.
aufgeweckt *adj. Kind*: very bright.
aufgeworfen *adj. Lippen*: pouting.
aufgewühlt *adj.* **1.** ***~e See*** stormy sea(s); **2.** *fig.* ***ganz*** ~ ***sein*** *Person*: be all churned up inside.
aufgezehrt *adj. Person*: completely spent, burnt out.
aufgießen *v/t.* pour (***auf*** on); (*Braten etc.*) add water *etc.* to; (*Tee*) pour water on, *weitS.* make.
aufgliedern *v/t.* split up; *in Klassen*: classify; (*Satz etc.*) analy|se (*Am.* -ze); (*Zahlen*) break down; **Aufgliederung** *f* classification; analysis; breakdown.
aufglühen *v/i.* (begin to) glow.
aufgraben *v/t.* excavate; (*Erde*) dig up.
aufgreifen *v/t.* **1.** (*j-n*) pick up; **2.** *fig.* (*Thema etc.*) take up; (*vorangegangenen Punkt etc.*) *a.* come back to.
aufgrund *prp.* on account of.
Aufguß *m* infusion; ***zweiter*** ~ second brew; *fig.* ***schlechter*** ~ poor imitation; **~beutel** *m* teabag.
aufhaben I. *v/t.* **1.** (*Hut etc.*) have on, be wearing; **2.** (*Tür etc.*) have open; ***immer*** ~ keep open (all the time); **3.** (*Aufgabe*) have to do; ***viel*** (***wenig***) ~ have a lot of (very little) homework; ***was haben wir*** (***für morgen***) ***auf?*** what's for homework (what's our homework for tomorrow)?; **4.** F (*Essen*) have finished; **II.** F *v/i.*: *das Geschäft* ***hat auf*** is open.

aufhacken *v/t.* break up; (*öffnen*) break open.
aufhaken *v/t.* undo.
aufhalsen *v/t.*: ***j-m et.*** ~ saddle (F lump) s.o. with s.th.; ***sich et.*** ~ get (o.s.) saddled with s.th., F get lumped with s.th.
aufhalten I. *v/t.* **1.** (*Tür etc.*) hold open; ***j-m die Tür*** ~ hold the door open for s.o.; **2.** (*anhalten*) stop; *fig.* (*hemmen*) check; (*abwenden*) ward off; (*verzögern*) delay; (*j-n in Anspruch nehmen*) hold up (*a. Verkehr etc.*); ***ich werde Sie nicht lange*** ~ this will only take a minute; ***ich will Sie nicht länger*** ~ don't let me keep you; **II.** *v/refl.* **3.** ***sich*** ~ stay; ***sich viel im Freien*** (***in Bibliotheken*** *etc.*) ~ spend a lot of time outside (in libraries *etc.*); **4.** *fig.* ***sich*** ~ ***bei*** (*od.* ***mit***) spend (*unnütz*: waste) one's time on.
aufhängen I. *v/t.* **1.** hang (up) (***an*** on); ⚙ suspend (from); **2.** ***j-n*** ~ hang s.o.; **3.** *fig.* ***j-m et.*** ~ (*Ware etc.*) fob s.th. off on s.o., (*Arbeit*) saddle s.o. with s.th.; ***j-m e-e Lüge*** (***ein Märchen***) ~ tell s.o. lies (stories); ***wer hat dir das aufgehängt?*** who told you that (nonsense)?; **4.** ***den Hörer*** ~ put the phone down, hang up; **5.** *fig.* ***et. an et.*** ~ use s.th. as a peg to hang s.th. on; **II.** *v/i.* **6.** (*den Hörer* ~) put the phone down, hang up; **III.** *v/refl.* **7.** ***sich*** ~ hang o.s.; **8.** F ***häng dich auf*** hang your coat (*od.* jacket) up; **Aufhänger** *m* **1.** *an Jacke etc.*: tab; **2.** *fig.* peg (***für e-e Geschichte*** *etc.* to hang a story *etc.* on), F gimmick; **Aufhängung** *f mot.* suspension.
aufhauen I. *v/i.*: ~ ***auf*** hit; **II.** *v/t.* (*Eis etc.*) break up; (*Knie*) cut.
aufhäufen *v/t. u. v/refl.* (***sich*** ~) pile up; ([*sich*] *sammeln*) accumulate; (*Schätze etc.*) amass.
aufheben I. *v/t.* **1.** pick up; **2.** (*hochheben*) lift (up); (*Hand etc.*) raise; (*j-n*) help *s.o.* up; **3.** (*aufbewahren*) keep, F hold onto; → ***aufgehoben***; **4.** (*beenden*) (*Sitzung*) close; (*Boykott*, *Streik*) call off; (*Belagerung*) raise; (*Blockade*, *Verbot*) lift; (*abschaffen*) abolish; (*Ehe*) annul; (*Gesetz*) repeal, abrogate; ⚖ (*Urteil*) rescind, reverse; → ***Tafel***; **5.** (*ausgleichen*) compensate, offset; (*e-e Wirkung*) cancel, neutralize; ***sich gegenseitig*** ~ cancel each other out; **II.** ♀ *n*: ***viel*** ~***s machen von*** make a big thing out of; ***ohne großes*** ~ quietly, without any fuss; **Aufhebung** *f e-s Streiks etc.*: calling off; *e-s Verbots etc.*: lifting; *e-s Gesetzes*: annulment, repeal; *e-s Urteils*: reversal.
aufheitern I. *v/t.* (*j-n*) cheer *s.o.* up; **II.** *v/refl.*: ***sich*** ~ *Wetter*: clear up, *Himmel*: clear, *a. Gesicht*: brighten; **Aufheiterung** *f* cheering up; *meteor.* ~***en*** sunny spells.
aufheizen I. *v/t.* **1.** (*Erde*, *Luft*) heat (up); **2.** *fig.* (*Haß*, *Mißtrauen etc.*) stir up, (*a. Inflation etc.*) stoke up; **II.** *v/refl.*: ***sich*** ~ heat up.
aufhellen I. *v/t.* **1.** (*Farbe*) lighten, make *s.th.* lighter; *phot.* (*Schatten*) light(en) up; **2.** *fig.* shed light on, *völlig*: clear up; **II.** *v/refl.*: ***sich*** ~ **3.** brighten; *Himmel*: brighten up, clear; **4.** *fig. Problem etc.*: be cleared up; **III.** *v/i. phot.* light(en) up the shadows; **Aufheller** *m* **1.** *phot.* fill-in lamp; **2.** *für Textilien*: whitener; *für Papier*: brightening agent.
aufhetzen *v/t.* stir *s.o.* up (***gegen*** against); ***zu et.*** ~ incite (*od.* get) *s.o.* to do s.th.; **Aufhetzer** *m* agitator; **Aufhetzung** *f* agitation.
aufheulen *v/i.* (give a) howl; *mot.* roar; *Sirene*: begin to wail; ***den Motor*** ~ ***lassen*** rev up the engine.
aufholen I. *v/t.* (*Zeit*) make up (for); (*Rückstand*) catch up with (*od.* on); **II.** *v/i.* catch up; *Zug*: make up the delay; ✝ *Preise etc.*: pick up; *Kurse*: rally.
aufhorchen *v/i.* prick (up) one's ears; *bsd. fig.* sit up and take notice.
aufhören *v/i.* stop; (*ein Ende nehmen*) (come to an) end; ~ ***zu*** *inf.* stop *ger.*, *Am. a.* quit *ger.*; ***ohne aufzuhören*** continuously, nonstop; F ***da hört*** (***sich***) ***doch alles auf!*** that really is the limit (F takes the biscuit); ***hör auf damit!*** stop it!, *sl.* cut it out!
aufjauchzen *v/i.* shout for joy.
aufjubeln *v/i.* give a shout of triumph.
aufkanten I. *v/t.* (*kippen*) tilt; (*hochkant stellen*) upend; (*Skier*) carve; **II.** *v/i. Skisport*: carve.
Aufkauf *m* ✝ buy-up, takeover, buyout; **aufkaufen** *v/t.* buy up (*od.* out), take over; **Aufkäufer** *m* buyer, purchaser.
aufkeimen *v/i. Saat*: germinate; *Knospe*, *Blatt*: sprout; *fig. Gefühle etc.*: begin to grow; *Liebe*, *Hoffnung*: *a.* begin to blossom, burgeon; **aufkeimend** *fig. adj.* growing; *Liebe*, *Hoffnung*, *Interesse etc.*: burgeoning.
aufklappbar *adj.* hinged; *Sitz etc.*: folding; ~***es Verdeck*** folding roof; **aufklappen** *v/t.* open (*a. Klappstuhl*); (*Kinositz etc.*) pull down; (*Kragen etc.*) turn up.
aufklaren *v/i. Wetter*: clear (up), brighten up; *Himmel*: clear, brighten up.
aufklären I. *v/t.* **1.** (*Verbrechen*, *Mißverständnis etc.*) clear up; **2.** (*j-n*) inform (***über*** of), enlighten (about); *sexuell*: explain the facts of life to, *in der Schule*: *a.* give *s.o.* sex education; **3.** ⚔ (*a. v/i.*) reconnoit|re (*Am.* -er), scout; **II.** *v/refl.*: ***sich*** ~ **4.** *Wetter*: clear (up), brighten up, *Himmel*: clear, brighten up; **5.** *Verbrechen etc.*: be cleared up, be solved; **Aufklärer** *m* ⚔ → ***Aufklärungsflugzeug***; **Aufklärung** *f* **1.** *des Wetters*: clearing up; *des Himmels*: clearing; **2.** *e-s Verbrechens*: clearing up, solving; (*Belehrung*) enlightenment; (*Klarstellung*) clarification; ***sexuelle*** ~ sex education; ~ ***verlangen*** demand an explanation (***über*** of); ***zur*** ~ ***e-r Sache*** (***des Rätsels*** *etc.*) ***beitragen*** throw light on s.th. (on the matter); ***an der*** ~ ***e-s Verbrechens*** *etc.* ***arbeiten*** be trying to solve (*od.* clear up) a crime *etc.*; **3.** ⚔ reconnaissance; **4.** *hist. the* Enlightenment.
Aufklärungs|buch *n* sex education book; ~**film** *m* sex education film; ~**flugzeug** *n* reconnaissance plane, air scout; ~**kampagne** *f* education campaign; ~**quote** *f* clear-up rate; ~**satellit** *m* observation satellite; ~**schrift** *f* informative pamphlet; ~**unterricht** *m* sex education (classes *pl.*); ~**zeitalter** *n* Age of Enlightenment.
aufklatschen F *v/t.* F clobber.
Aufklebeadresse *f* (gummed) address label; **aufkleben** *v/t.* stick on; *mit Klebstoff*: *a.* glue on; (*Briefmarken*) stick on, put on; **Aufkleber** *m* sticker; *formell*: adhesive label; *mot.* bumper sticker.
aufknacken *v/t.* **1.** (*Nuß*) crack; **2.** F (*Safe*) crack, (*Auto*) break into.
aufknallen F **I.** *v/t.* **1.** slam *s.th.* down (***auf*** on); **2.** (*Tür etc.*) fling open; **3.** ***j-m Hausaufgaben*** ~ pile homework on s.o.; **II.** *v/i.*: ***mit dem Kopf*** ~ land on one's head, ***auf***: bang one's head on (*od.* against).
aufknöpfen *v/t.* unbutton.
aufknoten *v/t.* undo, untie.
aufknüpfen *v/t.* **1.** (*lösen*) untie, undo; **2.** (*j-n*) hang, F string *s.o.* up.
aufkochen *v/i. u. v/t.* boil (up); *et.* ~ (***lassen***) bring to the boil.
aufkommen I. *v/i.* **1.** (*entstehen*) arise (*a. Gedanke*, *Verdacht*); *Mode etc.*: come into fashion; *Gerücht*: start; *Gewitter*: come up; *Wind*: spring up; ***Zweifel*** (***Mißtrauen***) ~ ***lassen*** give rise to doubt (suspicion); ***um keine Zweifel*** ~ ***zu lassen*** to make things absolutely clear; ***Mißtrauen kam*** (***Zweifel kamen***) ***in ihm auf*** he began to suspect (to be niggled by doubts); **2.** ~ ***gegen*** assert o.s. against; ***er läßt niemanden neben sich*** ~ he won't stand for any competition; **3.** ***für*** *et.* ~ answer (*od.* be responsible) for, (*bezahlen*) pay for, (*Kosten*) pay, (*Schaden*) compensate for; **4.** (*bekanntwerden*) get out, leak (out); **5.** (*sich erheben*) get up (off the ground *od.* floor); **6.** (*aufsetzen*) land, *Ball etc.*: *a.* hit the ground; **7.** *Läufer etc.*: catch up; **8.** *Schiff*: appear on the horizon; **II.** ♀ *n* **1.** (*Steuer*♀) revenue; **2.** *in Zssgn mst* amount *of*; → *a.* ***Verkehrsaufkommen***.
aufkratzen I. *v/t.* **1.** scratch; (*Wunde*) scratch open; **2.** *fig.* ***j-n*** ~ cheer s.o. up; → ***aufgekratzt***; **II.** *v/refl.*: ***sich*** ~ scratch o.s. sore.
aufkrempeln *v/t.* (*Hose*) turn up; (*Ärmel*) roll up.
aufkreuzen F *fig. v/i.* turn up, show up.
aufkriegen F *v/t.* → ***aufbekommen.***
aufkündigen *v/t.* → ***kündigen***; ***j-m den Gehorsam*** ~ refuse to obey s.o. any longer; ***j-m die Freundschaft*** ~ break (up) with s.o.
auflachen *v/i.* laugh out loud; ***spöttisch*** *etc.* ~ give a sneering *etc.* laugh.
aufladbar *adj. Batterie*: rechargeable; **aufladen I.** *v/t.* load (***auf*** onto); *mot. u.* ⚡ charge; (*Computer*) boot up; *fig.* ***j-m et.*** ~ load s.o. with s.th.; ***sich et.*** ~ get o.s. loaded with s.th.; **II.** *v/refl.*: ***sich*** ~ be (re)charged; **Auflader** *m* loader, packer; **Aufladung** *f* ⚡ **1.** charging; **2.** charge.
Auflage *f* **1.** *e-s Buches*: edition; (~***ziffer***) print run, *e-r Zeitung*: circulation; **2.** (*Bedingung*) condition; ***et. zur*** ~ ***machen*** make s.th. a condition (***j-m*** for s.o.); **3.** *e-r Matratze etc.*: overlay; **Auflage(n)höhe** *f* print run; *e-r Zeitung*: circulation; **auflagenstark** *adj. Zeitung*: high-circulation ...
auflassen *v/t.* **1.** leave (*od.* keep) open; **2.** (*Kind*) let *s.o.* stay up; **3.** ⚖ (*Grundstücke*) convey; **Auflassung** *f* ⚖ conveyance.
auflauern *v/i.*: ***j-m*** ~ lie in wait for s.o., (*überfallen*) waylay s.o. (*beide a. fig.*).
Auflauf *m* **1.** crowd; *stürmischer*: tumult; ⚖ unlawful assembly; **2.** *potato etc.* bake; **auflaufen I.** *v/i.* **1.** *Gelder*: accumulate; *Zinsen*: accrue; **2.** *Gewässer*: rise; **3.** ⚓ run aground; **4.** *bsd. Sport*: run into s.o.; ***j-n*** ~ ***lassen*** *Sport*: obstruct s.o.; F *fig.* put s.o. in his (*od.* her) place; **II.** *v/t.*: ***sich die Füße*** ~ walk (*od.* run) one's feet sore; **Auflaufform** *f* oven dish.

aufleben *v/i. Natur, Person etc.*: come to life again (*a.* ***wieder*** ~); *Diskussion etc.*: come to life, *a. Verkehr etc.*: liven up; *Haß, Kampf etc.*: be stirred up; *Bräuche*: be revived; ***wieder*** ~ ***lassen*** revive.

auflecken *v/t.* lick (*Katze*: lap) up.

Auflegematratze *f* overlay (mattress).

auflegen I. *v/t.* **1.** (*Schallplatte, Farbe, Kohle, Tischtuch etc.*) put on; (*Gewehr*) rest (***auf*** on); (*den Hörer*) put down; ***den Hörer*** ~ put the phone down, hang up; **2.** (*Buch*) publish, print; ***wieder*** ~ reprint, (*Angebot etc.*) renew; **3.** ***j-m et.*** ~ burden s.o. with s.th.; **II.** *v/i.* (*den Hörer* ~) put the phone down, hang up.

auflehnen I. *v/t.*: *et.* (*a.* ***sich***) ~ ***auf*** lean (*od.* rest) on *od.* against; **II.** *fig. v/refl.*: ***sich*** ~ ***gegen*** oppose, *stärker*: rebel against; **Auflehnung** *f* opposition, resistance; *stärker*: revolt.

auflesen *v/t.* pick up (*a. fig.*).

aufleuchten *v/i.* light up (*a. Augen*); *Gesicht*: *a.* brighten up; *Blitz etc.*: flash.

auflichten I. *v/t.* **1.** (*Wald etc.*) thin out; **2.** (*Raum etc.*) make *a room* lighter; **3.** *fig.* (*Geheimnis etc.*) shed light on, *völlig*: clear up; **II.** *v/refl.*: ***sich*** ~ **4.** *Himmel*: brighten up, clear; **5.** *fig. Umstände etc.*: become clear.

aufliegen I. *v/i.* **1.** lie (***auf*** on), (*sich stützen*) *a.* rest (on); *Schallplatte*: be on the turntable; *Tischdecke*: be on the table; *Hörer*: be on the hook; ***der Deckel liegt nicht richtig auf*** the lid isn't on properly; **2.** *Zeitschriften etc.*: be available (for reference *od.* to the public); *Wahllisten*: be available for inspection, F be out; **3.** ⚓ be laid up; **II.** *v/refl.*: ***sich*** ~ get bedsores.

auflisten *v/t.* make a list of, list; **Auflistung** *f* **1.** listing; **2.** list.

auflockern I. *v/t.* **1.** ⚒ dig up, loosen *the soil*; (*Kissen*) plump up; **2.** *fig.* (*Atmosphäre*) relax; (*lebhafter gestalten*) liven up (*a. Vortrag etc.*); (*Monotonie*) relieve, break up; (*Wohngegend etc.*) brighten up; **II.** *v/refl.*: ***sich*** ~ **3.** *Bewölkung*: break up, disperse; **4.** *fig. Atmosphäre*: relax, become relaxed, ease up; *Vortrag etc.*: liven up; **5.** *Sport*: loosen up; → ***aufgelockert***; **auflockernd** *adj.* → ***Bewölkung***; **Auflockerung** *f* **1.** *des Erdreichs*: digging up, loosening (*gen.* of); **2.** *von Wolken*: breaking up; **3.** *fig. des Unterrichts etc.*: livening up; ***zur*** ~ ***der Stimmung*** (*od.* ***Atmosphäre***) ***beitragen*** liven things up (a bit).

auflodern *v/i.* flare up (*a. fig.*).

auflösbar *adj.* 𝔄 solvable; *Rätsel*: *a.* soluble; ⚗ soluble; ⚕ dissolvable; **auflösen I.** *v/t.* **1.** ⚗ *etc.* dissolve; **2.** (*Vertrag*) cancel; (*Verlobung*) break off; (*Ehe*) annul; (*Versammlung*) break off, *von außen*: break up; (*Menge*) break up, disperse; (*Firma, Lager*) close down; (*Geschäft*) wind up; (*Konto*) close; (*Parlament*) dissolve; **3.** (*Haare*) let down; → ***aufgelöst*** 1; **4.** (*Rätsel, Aufgabe*) solve; 𝔄 (*Gleichung*) solve, (*Klammern*) remove, take away; (*Widerspruch*) clear up; **5.** ♪ resolve; (*Vorzeichen*) cancel; **II.** *v/refl.*: ***sich*** ~ **6.** ⚗ *etc.* dissolve; **7.** *Nebel, Wolken*: disperse, disappear; *Menge*: break up, disperse; *Versammlung*: break up; ***der Stau hat sich aufgelöst*** traffic is back to normal; **8.** ***sich*** ~ ***in*** turn into; ***sich in nichts*** ~ disappear into thin air, *Hoffnungen etc.*: come to nothing, *Pläne etc.*: F go up in smoke; ***die Spannung löste sich in Gelächter auf*** the tension dissolved into laughter; → ***aufgelöst*** 2; **Auflösung** *f* **1.** ⚗ *etc.* dissolving; **2.** (*Zerfall*) fragmentation, disintegration; **3.** *des Nebels etc.*: dispersal; **4.** *e-s Vertrags*: cancel(l)ation, cancel(l)ing; *e-r Verlobung*: breaking off; *e-r Ehe*: annulment; *e-r Firma etc.*: closing down; *e-s Geschäfts*: winding up; *e-s Kontos*: closing; *e-s Parlaments*: dissolution, dissolving; **5.** *e-s Rätsels etc.*: solution (*gen.* to); 𝔄 *e-r Gleichung*: solution (of), *von Klammern*: removal; **6.** ♪ resolution; *e-s Vorzeichens*: cancel(l)ation, cancel(l)ing; **7.** *opt., phot.* resolution; *TV a.* definition; **8.** ***in e-m Zustand völliger*** ~ (*Aufgeregtheit*) completely beside o.s.

Auflösungs|erscheinungen *pl.* signs of disintegration; **~prozeß** *m* process of disintegration; **~vermögen** *n* **1.** *opt., phot.* resolution; *TV* number of lines, line rate; **2.** ⚗ solvent power; **~zeichen** *n* ♪ natural.

aufmachen I. *v/t.* **1.** (*öffnen*) open; → ***Auge*** 1, ***Ohr***; (*Schloß*) unlock; (*Kleid, Knoten*) undo; (*aufschnüren*) unlace; (*aufknöpfen*) unbutton; (*Schirm*) put up; **2.** (*eröffnen*) (*Konto*) open; (*Geschäft*) open up, set up *a business*; **3.** (*zurechtmachen*) make up, do; (*gestalten*) design; *fig.* ***groß*** ~ go to town on; **II.** *v/i.* **4.** open; **5.** (*die Wohnungstür* ~) *auf Klingelzeichen*: answer the door; ***es hat keiner aufgemacht*** *a.* nobody came to the door; **III.** *v/refl.*: **6.** ***sich*** ~ (*weggehen*) set out (*od.* off), F take off (***nach*** for); **7.** ***sich*** ~, ***et. zu tun*** make the effort to do s.th.; **Aufmacher** F *m Zeitung*: front-page story; **Aufmachung** *f* **1.** (*Ausstattung*) presentation, packaging, F getup; **2.** *e-r Ware*: packaging; **3.** *e-r Seite*: layout; **4.** F (*Kleidung*) F outfit, getup.

aufmandeln *östr. v/refl.*: ***sich*** ~ act the big shot.

Aufmarsch *m* **1.** marching up; *von Demonstranten etc.*: march; *feierlicher*: rally; (*Parade*) parade, march-past; **2.** (*Truppenmassierung*) (military) buildup; **aufmarschieren** *v/i.* **1.** march up; F ***als Zeuge*** ~ appear as witness; **2.** *Truppen*: mass.

aufmerken *v/i.* pay attention (***auf*** to); → ***aufhorchen***; **aufmerksam I.** *adj.* **1.** attentive (***auf*** to); ~ ***sein*** *in der Schule etc.*: pay attention; ***j-n*** ~ ***machen auf*** call (*od.* draw) s.o.'s attention to, point *s.th.* out to s.o.; ***auf et.*** ~ ***werden*** become aware of s.th., notice s.th.; **2.** (*höflich*) attentive; (*rücksichtsvoll*) *a.* considerate; ***das war sehr*** ~ ***von ihr*** that was very thoughtful of her; ***danke, sehr*** ~! thank you, that's very kind (of you); **II.** *adv.*: ~ ***verfolgen*** follow closely; ~ ***zuhören*** listen attentively; **Aufmerksamkeit** *f* **1.** attention; ~ ***erregen*** attract attention; ***s-e*** ~ ***richten auf*** focus one's attention on; *j-m od. e-r Sache* ~ ***schenken*** pay attention to; ***j-s*** ~ ***entgehen*** escape s.o.'s attention (*od.* notice); **2.** (*aufmerksames Verhalten, Höflichkeit*) attentiveness; **3.** (*Geschenk*) little present.

aufmischen F *v/t.* F clobber.

aufmöbeln F *v/t.* F do up; (*beleben*) F buck up, (*a. aufmuntern*) F pep up; (*Ruf etc.*) polish up.

aufmontieren *v/t.* mount (***auf*** onto), attach (to).

aufmotzen F **I.** *v/i.*: ~ ***gegen*** (*e-e Autorität etc.*) kick against, (*e-e Sache*) be up in arms about; **II.** *v/t.* (*Sofa etc.*) F do up; (*Show etc.*) F hype up; **III.** *v/refl.*: ***sich*** ~ *Frau*: F get (o.s.) tarted up.

aufmuck(s)en F *v/i.* be up in arms (***gegen*** *e-e Sache*: against); ~ ***gegen*** (*e-e Autorität etc.*) kick against.

aufmuntern *v/t.* (*ermutigen*) encourage (***zu et.*** to do s.th.); (*erheitern*) cheer up; *Kaffee etc.*: F pep up, get *s.o.* going; **Aufmunterung** *f* encouragement; (*Erheiterung*) cheering up.

aufmüpfig F *adj.* rebellious; **Aufmüpfigkeit** F *f* rebelliousness, rebellious attitude.

aufnähen *v/t.* sew on(to ***auf***).

Aufnahme *f* **1.** *e-r Tätigkeit*: taking up; *von Beziehungen*: establishment; *von Gesprächen*: start; **2.** *von Nahrung*: intake; (*Assimilation*) assimilation (*a. von Wissen etc.*); *fig. von Eindrücken etc.*: taking in; **3.** (*Eingliederung*) integration (***in*** within), incorporation (into); (*Einbeziehung*) inclusion (in); (*Zulassung*) admission ([in]to); ~ ***finden*** be admitted (***bei*** [in]to); **4.** *in ein Krankenhaus etc.*: admission (***in*** into); **5.** (*Empfang*) reception (*a. fig. e-s Theaterstücks etc.*); ***j-m e-e freundliche*** ~ ***bereiten*** give s.o. a warm welcome; *fig.* ***e-e herzliche*** (***kühle***) ~ ***finden*** be warmly received (meet with a cool reception); **6.** ☤ *von Kapital*: taking in, borrowing; *e-r Anleihe*: raising; **7.** *e-s Protokolls*: drawing up; **8.** *e-s Films*: shooting; *einzelne*: shot, take; *e-s Fotos*: taking (a picture); (*Foto*) photo(graph), shot; (*Ton*∽) recording; ***Achtung*** ~! *Film*: action, camera!; **~antrag** *m* membership application, application for admission; ***e-n*** ~ ***stellen*** apply for membership (*od.* admission); **~bedingungen** *pl.* terms of admission; **∽bereit** *adj.* **1.** *Kamera*: ready to shoot; **2.** *fig. Person, Geist*: receptive (***für*** to); **∽fähig** *adj. geistig*: receptive (***für*** to); ***abends bin ich nicht mehr*** ~ I can't take anything in any more in the evenings; **~gebühr** *f* admission fee; **~kopf** *m* recording head; **~leiter** *m Film*: production (*TV* floor) manager; (*Ton*∽) recording (*od.* studio) manager; **~prüfung** *f* entrance exam(-ination); **~studio** *n* (recording) studio; **~taste** *f* record button; **~technik** *f* **1.** *Tonaufnahmen*: recording method; **2.** *phot., Film*: shooting technique; **~wagen** *m* recording van; **~zeit** *f* recording time.

aufnehmen *v/t.* **1.** (*heben*) pick up (*a. fig. Spur*); **2.** (*Nahrung*) take in; (*assimilieren*) assimilate (*beide a. geistig* ~); (*erfassen*) grasp; **3.** (*einbeziehen, eingliedern*) include (***in*** in), incorporate (in); *in e-n Verein etc.*: admit (to); **4.** (*empfangen*) receive (*a. fig. e-e Nachricht etc.*); ***j-n freundlich*** ~ give s.o. a warm welcome; *fig.* ***begeistert*** ~ welcome with open arms; ***unterschiedlich aufgenommen werden*** *Film etc.*: get mixed reviews; *e-e schlimme Nachricht etc.* ***gut*** ~ take *s.th.* well; **5.** (*fassen*) hold, take; **6.** (*unterbringen*) accommodate; **7.** (*Tätigkeit*) take up; (*Betrieb*) start, open up; (*Verhandlungen*) start; (*Beziehungen*) enter into *relations*, establish *contacts*; ***den Kampf*** ~ start fighting, ***mit j-m***: take s.o. on; ***sie kann es mit jedem*** ~ she can take anyone on; ***beim Kochen kann er***

es mit jedem ~ he's hard to beat when it comes to cooking; **8.** (*Geld*) borrow; (*Kapital*) *a.* take up; (*Kredit*) take out *a loan*; **9.** (*Tatbestand etc.*) take down; (*Protokoll*) write (*od.* take [down]) *the minutes*; (*Diktat*) take (down); (*Telegramm*) take; ***ins Protokoll*** ~ record in the minutes; **10.** (*fotografieren*) photograph, take a picture (*od.* photo[graph]) of; (*Film*) shoot; *auf Band, Schallplatte*: record, *auf (Video)Band*: *a.* tape; ***wo ist das Bild aufgenommen?*** where was this picture (*od.* photo) taken?, where did you take this picture (*od.* photo)?

Aufnehmer *m* floor cloth.

aufnotieren *v/t.* make a note of, jot down.

aufnötigen *v/t.*: ***j-m et.*** ~ force s.th. on s.o.

aufoktroyieren *v/t.*: ***j-m et.*** ~ force (*od.* impose) s.th. on s.o.

aufopfern *v/t.* sacrifice (***sich*** o.s.) (***für*** *od. dat.* for); **aufopfernd** *adj.* self-sacrificing; **Aufopferung** *f* self-sacrifice; **aufopferungsvoll** *adj.* self-sacrificing.

aufpäppeln *v/t.* feed up; (*Kranken*) get *s.o.* on his (*od.* her) feet again.

aufpassen *v/i.* (*aufmerksam sein*) pay attention; (*vorsichtig sein*) take care; ~ ***auf*** take care of, look after, *nebenbei*: keep an eye on; ***paß auf!*** look out!, watch out!; ***paß*** (***mal***) ***auf!*** watch this, (*hör mal*) listen; **Aufpasser** *m* F watchdog; (*Spitzel*) spy; (*Wachtposten*) lookout.

aufpeitschen I. *v/t.* **1.** (*Pferd etc.*) whip up; **2.** *Wind*: (*Wellen*) lash, (*Meer*) churn up; **3.** (*j-n*) get *s.o.* going; **II.** *v/refl.*: ***sich*** ~ ***mit*** get o.s. going with, *stärker*: get high on.

aufpeppen F *v/t.* F pep up.

aufpflanzen I. *v/t.* ⚔ (*Seitengewehr*) fix; **II.** F *v/refl.*: ***sich vor j-m*** ~ plant o.s. in front of s.o.

aufpfropfen *v/t.* graft (***auf*** onto); *fig.* (*aufzwingen*) impose (on); ***es wirkt wie aufgepfropft*** it doesn't fit in with the rest of it.

aufpicken *v/t. Vögel*: peck up.

aufplatzen *v/i.* burst; *Wunde*: open; *Haut*: chap.

aufplustern *v/refl.*: ***sich*** ~ *Vogel*: ruffle its feathers; F *fig.* F act the big shot.

aufpolieren *v/t.* polish up; F *fig.* (*Image etc.*) *a.* refurbish; (*Kenntnisse*) F brush up.

Aufprall *m* impact; **aufprallen** *v/i.*: ~ ***auf*** hit, *krachend*: crash into (*od.* against, *Boden etc.*: onto).

Aufpreis *m* ☤ extra charge; ***gegen e-n*** ~ ***von tausend Mark*** for an extra thousand marks, for a thousand marks extra.

aufprobieren *v/t.* try on.

aufpumpen I. *v/t.* blow up; **II.** F *fig. v/refl.*: ***sich*** ~ act important, F act big.

aufputschen I. *v/t.* **1.** (*die Massen*) stir up; **2.** *Kaffee etc.*: get *s.o.* going, F buck *s.o.* up; *Drogen*: get *s.o.* high; **II.** *v/refl.*: ***sich*** ~ get o.s. going, F buck o.s. up; *mit Drogen*: get high (***mit*** on); **Aufputschmittel** *n* stimulant; (*Tablette*) *a.* F pep pill; *Sport*: *a. pl.* dope.

aufputzen F **I.** *v/t.* (*Image etc.*) F hype up; **II.** *v/refl.*: ***sich*** ~ F get dolled up.

aufquellen I. *v/i. Hülsenfrüchte*: swell; *Teig*: rise; *Gesicht*: swell (up); *Tränen*, *a. fig. Gefühle*: well up; **II.** *v/t.* soak.

aufraffen *v/refl.*: ***sich*** ~ struggle to one's feet, *fig.* pull o.s. together; *fig.* ***sich zu et.*** ~ bring o.s. to do s.th.; ***ich kann mich dazu einfach nicht*** ~ I just can't be bothered.

aufragen *v/i.* rise, loom (up).

aufrappeln F *v/refl.*: ***sich*** ~ **1.** → ***aufraffen***; **2.** *nach Krankheit*: get back on one's feet again.

aufrauchen *v/t.* (*Zigarette etc.*) finish (off); (*ganze Schachtel etc.*) get through, smoke.

aufrauhen *v/t.* roughen.

aufräumen I. *v/t.* **1.** (*Zimmer etc.*) tidy up; **2.** (*wegräumen*) tidy away, put away; **II.** *v/i.* **3.** tidy up; **4.** *fig. in e-r Organisation etc.*: make a clean sweep; (*wüten*) wreak havoc (***unter*** among); ~ ***mit*** (*beseitigen*) get rid of, do away with; (*Schluß machen mit*) put an end to; ***mit der Vergangenheit*** ~ make a clean break with the past; **Aufräumungsarbeiten** *pl.* clearing work *sg.*

aufrechnen *v/t.*: ***j-m et.*** ~ charge s.o. for s.th.; ***et. gegen et.*** ~ set s.th. off (*od.* offset s.th.) against s.th.; ***die Kosten gegeneinander*** ~ balance the costs out against each other.

aufrecht *adj.* **1.** *a. adv.* upright, erect; ~ ***sitzen*** sit up; ~ ***stehen*** stand erect; **2.** *fig.* upright, honest.

aufrechterhalten *v/t.* maintain, perpetuate; (*Meinung*) stand by, adhere to; (*Kontakt etc.*) keep up, keep *a contact* going; (*Angebot*) stand by; **Aufrechterhaltung** *f* maintenance; *e-r Meinung*: adherence (*gen.* to).

aufregen I. *v/t.* excite, get *s.o.* excited; (*beunruhigen*) worry, *stärker*: upset; (*ärgern*) annoy; ***er regt mich auf*** (*ärgert mich*) he gets on my nerves; **II.** *v/refl.*: ***sich*** ~ get worked up (***über*** about); **aufregend** *adj.* exciting; (*beunruhigend*) upsetting; F (*toll*) tremendous; F ***nicht sehr*** ~ F nothing to write home about; **Aufregung** *f* excitement; (*Beunruhigung*) upset; (*Nervosität*) nervousness; ***kein Grund zur*** ~ it's nothing to worry about; ***nur keine*** ~! don't get into a state, *zur Menge*: don't panic!

aufreiben I. *v/t.* **1.** *wund*: rub *s.th.* sore, chafe; **2.** (*verschleißen*) wear away; *fig.* exhaust, wear out; **II.** *fig. v/refl.*: ***sich*** ~ wear o.s. out; **aufreibend** *adj.* exhausting; *nervlich*: ennervating.

aufreihen *v/t.* put *things* in a row, (*Menschen*; *a.* ***sich*** ~) line up; (*Perlen etc.*) thread.

aufreißen I. *v/t.* **1.** tear open; (*Kleid etc.*) tear; (*Straße*) tear up; *fig.* ***die Abwehr*** ~ *Sport*: rip open the defen|ce (*Am.* -se); ***alte Wunden*** ~ open up old wounds; **2.** (*Tür*) fling open; ***er riß die Augen auf*** his eyes nearly popped out of his head; → ***Maul*** 2; **3.** (*e-n Aufriß zeichnen von*) draw an elevation of; **4.** (*Thema, Problem*) give a rough idea of; **5.** F (*Job etc.*) get o.s., F land o.s.; (*Mädchen*) F pick up; **II.** *v/i.* **6.** *Naht, Papiertüte*: burst, *Plastiktüte*: *a.* split open; *Haut*: chap; *Holz*: crack; **7.** *Wolken*: break up; **8.** F *phot.* (*die Blende* ~) open up; **Aufreißer** *m* **1.** *Ringen*: turnover; **2.** F womanizer.

aufreizen *v/t.* **1.** stimulate, *stärker*: excite; *sexuell*: turn *s.o.* on; **2.** (*aufhetzen*) stir up; **aufreizend** *adj.* provocative (*a. sexuell*).

aufrichten I. *v/t.* **1.** (*errichten*) put up, erect; **2.** (*aufhelfen*) help *s.o.* up; (*Kranken*) sit *s.o.* up; (*Oberkörper*) straighten up; **3.** *fig.* (*ermutigen*) set *s.o.* up; **II.** *v/refl.*: ***sich*** ~ **4.** get up; *im Bett*: sit up; *aus gebückter Haltung*: straighten up; **5.** *fig.* pick o.s. up; ***sich an j-m*** ~ a) lean on s.o., b) find s.o. very supportive.

aufrichtig I. *adj.* sincere; (*ehrlich*) honest; (*offen*) open; **II.** *adv.*: ***es tut mir*** ~ ***leid*** I really am sorry; **Aufrichtigkeit** *f* sincerity; honesty; frankness.

aufriegeln *v/t.* unbolt, open.

Aufriß *m* △ elevation; (*Vorderansicht*) front elevation (*od.* view); *fig.* outline.

aufritzen *v/t.* slit open; (*Haut*) scratch.

aufrollen *v/t.* **1.** roll up; (*Garn etc.*) wind up; (*entfalten*) unroll; (*Fahne*) unfurl; ***sich die Haare*** ~ put curlers in one's hair, put one's hair in curlers; **2.** *fig.* (*Thema etc.*) go into; ***e-n Prozeß wieder*** (*od.* ***neu***) ~ reopen a trial.

aufrücken *v/i.* move up; *im Rang*: be promoted (***in e-e höhere Stellung*** to a higher position).

Aufruf *m* summons; *zum Flug*: call; *öffentlicher*: appeal; *Computer*: call; ✈ ***letzter*** ~ last call; **aufrufen I.** *v/t.* call up (*a.* ⚔); (*Schüler*) call on; ⚖ (*Zeugen, Sache*) call; *Computer*: call up; *fig.* ***j-n*** ~ ***zu*** *inf.* call (up)on s.o. to *inf.*; **II.** *v/i.*: ~ ***zu*** appeal for; ***zum Streik*** ~ call a strike.

Aufruhr *m* commotion, turmoil; (*Tumult*) riot, tumult; (*Rebellion*) uprising, revolt; *innerlicher*: turmoil, conflict; ***in*** ~ in a state of turmoil, *Menge, Volk etc.*: up in arms; ***öffentlicher*** ~ public clamo(u)r.

aufrühren *v/t.* stir up (*a. fig.*); *fig.* (*alte Geschichten*) dig up.

Aufrührer *m* rebel; *pol.* agitator; **aufrührerisch** *adj.* rebellious; *Reden etc.*: inflammatory.

aufrunden *v/t.* round up (***auf*** to).

aufrüsten *v/t. u. v/i.* ⚔ (re)arm; *Computer*: upgrade; **Aufrüstung** *f* (military) buildup; (re)armament; *Computer*: upgrading.

aufrütteln *v/t.* **1.** *aus dem Schlaf*: shake *s.o.* awake; **2.** *fig.* shake *s.o.* up; ~ ***aus*** rouse from.

aufsagen *v/t.* **1.** (*Gedicht etc.*) recite; **2.** ***j-m die Freundschaft*** ~ break with s.o.

aufsammeln *v/t.* pick up (*a.* F *j-n*).

aufsässig *adj.* rebellious, refractory.

Aufsatz *m* **1.** essay, *ped. a.* composition; (*Abhandlung*) paper; (*Zeitungs*⁲) article; **2.** (*Oberteil*) top (part); **3.** *Golf*: tee; **~thema** *n* essay topic.

aufsaugen *v/t.* **1.** soak up; ⚗ absorb; **2.** *fig.* assimilate, absorb.

aufschauen *v/i.* look up (***zu*** at, *fig.* to); glance up.

aufschaukeln I. *v/t.* (*Schwingungen*) build up, amplify; *fig.* ***sich gegenseitig*** ~ get each other going; **II.** *fig. v/refl.*: ***sich*** ~ *Erregung etc.*: build up, mount.

aufschäumen *v/i.* froth up; *fig.* (***vor Wut*** ~) foam (with rage).

aufscheuchen *v/t.* startle; (*wegjagen*) *a.* frighten away; (*stören*) disturb; *fig. aus der Lethargie etc.*: rouse (***aus*** from); *fig.* ~ ***aus*** *a.* shake out of.

aufscheuern *v/t.* (*die Haut*) rub *one's skin* sore, chafe; ***sich die Haut*** ~ rub o.s. sore, chafe o.s.

aufschichten *v/t.* stack up, pile up; *geol.* stratify.

aufschiebbar *adj.* postponable; ***es ist*** (***nicht***) ~ it can('t) be postponed; **aufschieben** *v/t.* **1.** push open; **2.** *fig.* postpone, put off (***auf, bis*** until, till);

(*verzögern*) delay; ***er schiebt es immer wieder auf*** he keeps putting it off; ***aufgeschoben ist nicht aufgehoben*** we'll make up for it (another time).

aufschießen *v/i.* ⚘ shoot up (*a. fig. Gebäude, Person*); *Flammen*: *a.* leap up; → ***aufgeschossen.***

Aufschlag *m* **1.** *am Ärmel*: cuff; *an der Hose*: turn-up, *Am.* cuff; (*Revers*) lapel; **2.** (*Auftreffen*) impact; ***dumpfer ~*** thud; **3.** ✝ markup; **4.** *Tennis*: a) service, b) (*~art*) serve; **Aufschlagball** *m* service; **aufschlagen I.** *v/i.* **1.** ***~ auf*** hit; **2.** *Tennis*: serve; **3.** ✝ *Waren*: go up (in price); *Händler*: raise the price; **II.** *v/t.* **4.** break open; (*Ei*) crack; (*Knie etc.*) cut; **5.** (*Augen, Buch*) open; ***Seite 3 ~*** turn to page 3; **6.** (*Tennisball*) serve; **7.** (*Zelt*) pitch; (*Lager*) set up *camp*; (*Wohnsitz*) take up *residence*; **8.** (*Preis*) increase, raise; **9.** (*Maschen*) cast on; **Aufschlagfeld** *n Tennis*: service court.

aufschließen I. *v/t.* **1.** unlock, open; **2.** → ***erschließen***; **II.** *v/i.* **3.** open up, open the door *etc.*; **4.** *Sport*: move up; ***~ zu*** catch up with; **III.** *v/refl.*: ***sich j-m ~*** open one's heart to s.o., confide in s.o.

aufschlingen *v/t.* devour, F gobble up (*od.* down).

aufschlitzen *v/t.* slit; (*Umschlag*) slit open; (*Reifen etc.*) slash.

aufschluchzen *v/i.* give a loud sob.

Aufschluß *m* insight(s *pl.*) (***über*** into); ***(j-m) über et. ~geben*** inform s.o. about s.th., explain s.th. to s.o.; ***sich ~ verschaffen über*** inform o.s. about, gain an (*od.* some) insight into.

aufschlüsseln *v/t.* break down (***nach*** into); *in Kategorien*: classify (according to); **Aufschlüsselung** *f* breaking down; breakdown; categorization.

aufschlußreich *adj.* informative; *weitS.* revealing; ***das war sehr ~*** *a.* that was very interesting.

aufschmieren *v/t.* **1.** (*Butter etc.*) spread (on), put on; (*Farbe*) daub on; **2.** F (*aufschreiben*) scribble down.

aufschnallen *v/t.* **1.** strap on(to ***auf***); **2.** (*öffnen*) unstrap; (*Gürtel*) undo, unbuckle.

aufschnappen I. *v/t.* (*Bissen*) catch; F *fig.* pick up; **II.** *v/i.* snap (*od.* spring) open.

aufschneiden I. *v/t.* cut open; (*Braten*) cut up; *in Scheiben*: slice; ⚕ open; (*Geschwür*) *a.* lance; **II.** *v/i.* (*prahlen*) boast, show off; (*übertreiben*) F lay it on thick; **Aufschneider** *m* show-off; ***das ist ein ~*** (*Übertreiber*) F he really lays it on thick (*od.* with a trowel).

Aufschnitt *m* cold cuts *pl.*; **~platte** *f* (plate of) cold cuts *pl.*

aufschnüren *v/t.* (*lösen*) untie; (*Knoten*) *a.* undo; (*Schuh*) unlace.

aufschrammen *v/t.* graze.

aufschrauben *v/t.* **1.** screw on (to ***auf***); **2.** (*lösen*) unscrew.

aufschrecken I. *v/t.* startle; *aus Gedanken, Schlaf*: rouse (***aus*** from); **II.** *v/i.* give a start, jump; ***aus dem Schlaf ~*** wake up with a start.

Aufschrei *m* cry; *schrill*: scream; *hell u. kurz*: shriek; *fig.* outcry (***gegen*** against).

aufschreiben *v/t.* write down; (*notieren*) make a note of; ***j-n*** *polizeilich* ***~*** take down s.o.'s particulars, (*die Autonummer notieren*) take down s.o.'s car number; ***ich bin dreimal wegen falschen Parkens aufgeschrieben worden*** I've had three parking tickets.

aufschreien *v/i.* cry out; *schrill*: (give a) scream; ***vor Schmerz ~*** cry out with pain.

Aufschrift *f* lettering, writing; (*Name*) name; (*Etikett*) label; (*Inschrift*) inscription.

Aufschub *m* deferment; (*Verzögerung*) delay; ***ohne ~*** without delay; ***die Sache duldet keinen ~*** the matter is extremely urgent (*formell*: brooks no further delay); ***j-m e-n ~ gewähren*** give (*od.* grant) s.o. an extension.

aufschürfen *v/t.*: ***sich die Haut ~*** graze o.s. (*od.* one's skin).

aufschütteln *v/t.* shake up; (*Kissen*) *a.* plump up.

aufschütten *v/t.* pile up; (*Kies*) scatter; (*Damm*) throw up, raise; *geol.* (*Erde*) deposit; **Aufschüttung** *f* earth bank; *geol.* deposit.

aufschwatzen F *v/t.*: ***j-m et. ~*** talk s.o. into (buying) s.th.

aufschweißen *v/t.* **1.** weld on(to ***auf***); **2.** (*Unfallauto etc.*) weld open.

aufschwellen *v/i.* swell (up).

aufschwemmen *v/t. u. v/i.* bloat; → ***aufgeschwemmt.***

aufschwindeln *v/t.*: ***j-m et. ~*** trick s.o. into buying s.th.

aufschwingen *v/refl.*: ***sich ~*** *Vogel*: soar (up); *fig.* ***sich zu et. ~*** (*sich überwinden*) bring o.s. to do s.th.; ***sich zum besten Schüler der Klasse (zum Direktor) ~*** work one's way up to the top of the class (to the position of director); ***sich zum Moralprediger ~*** set o.s. up as (*od.* appoint o.s.) a moralizer.

Aufschwung *m* **1.** *Turnen*: upward circle; **2.** *fig.* (*Antrieb*) impetus; (*Fortschritt*) progress; ✝ upturn, upswing; ***neuen ~ geben*** *dat.* give fresh impetus to; ✝ ***e-n ~ nehmen*** see (*od.* experience) a revival.

aufsehen I. *v/i.* look up (*fig.* ***zu j-m*** to s.o.); **II.** Ձ *n*: ***~ erregen, für ~ sorgen*** cause (quite) a stir (*stärker*: sensation); ***ohne ~*** discreetly, quietly; ***um ~ zu vermeiden*** to avoid attracting attention, *in der Öffentlichkeit*: *a.* to avoid (any) publicity; **aufsehenerregend** *adj. Nachricht, Foto, Entdeckung*: sensational; *Kleidung*: outrageous, *Frisur*: *a.* extravagant; *Idee, Rede*: (*kontrovers*) controversial, *stärker*: provocative; ***~ sein*** *a.* cause (quite) a stir; ***es war e-e ~e Rede*** *a.* it was a speech that made everyone sit up and think.

Aufseher *m* attendant; *in e-r Fabrik*: foreman; *im Gefängnis*: guard.

aufsein *v/i.* **1.** be up; **2.** (*offen sein*) be open.

aufsetzen I. *v/t.* **1.** (*Brille, Hut, Miene etc.*) put on; (*Topf*) put on the stove; ***Wasser ~*** put some water on to boil; → ***aufgesetzt, Dämpfer, Glanzlicht, Horn*** 1, ***Krone*** 2; **2.** (*Brief, Vertrag etc.*) draft, (*Aufsatz*) *a.* make a draft of; **II.** *v/refl.*: ***sich ~*** sit up; **III.** *v/i.* ✈ touch down, *a. Sport*: land; **Aufsetzer** *m Sport*: awkward bouncing shot.

aufseufzen *v/i.*: (***tief ~***) heave a (deep) sigh.

Aufsicht *f* **1.** supervision; ***die ~ führen*** be in charge (***über*** of); ***unter ~ stehen*** be under supervision (*polizeilich*: surveillance), *Gefangener*: be in custody; **2.** (*Person*) supervisor, person in charge; **aufsichtführend** *adj.* supervisory; *teacher etc.* in charge.

Aufsichts|beamte(r) *m* supervisor; *im Gefängnis*: guard; 🚂 stationmaster; **~behörde** *f* board of control, inspectorate; **~personal** *n* supervisory staff (*mst pl. konstr.*); *im Gefängnis*: prison wardens *pl.*; **~pflicht** *f* responsibility.

Aufsichtsrat *m* ✝ **1.** supervisory board; *etwa* board of directors; **2.** member of the supervisory board (*od. etwa* board of directors); **Aufsichtsratsvorsitzende(r** *m*) *f etwa* chairman (*f a.* chairwoman) of the board.

aufsitzen *v/i.* **1.** *im Bett etc.*: sit up; **2.** (*aufbleiben*) stay up (late); **3.** *auf ein Pferd, Motorrad etc.*: get on, mount; **4.** ⚙ rest (***auf*** on); **5.** F *fig.* (*hereingelegt werden*) be taken in (*dat.* by); F ***j-n ~ lassen*** let s.o. down; *bei Verabredung*: F stand s.o. up.

aufspalten *v/t. u. v/refl.* (***sich ~***) split; **Aufspaltung** *f* splitting; *e-r Zelle*: fission; *fig.* split.

aufspannen *v/t.* stretch; (*Schirm, Zelt*) put up; (*Sprungtuch*) open up, spread out; (*Segel, Flügel*) spread.

aufsparen *v/t.* save (up); ***sparen wir uns die Überraschung auf*** let's keep it a surprise.

aufspeichern *v/t.* store up; (*horten*) hoard; *fig.* (*Wut etc.*) bottle up (in side).

aufsperren *v/t.* unlock; (*weit öffnen*) open wide; *fig.* ***er sperrte Mund und Nase auf*** his jaw dropped.

aufspielen I. *v/t.* strike up *a tune*; **II.** *v/i.* play; **III.** *v/refl.*: ***sich ~*** throw one's weight around, F act the big shot; ***sich als Held*** *etc.* ***~*** play the hero *etc.*

aufspießen *v/t.* **1.** spear; *mit Hörnern*: gore; *auf e-m Pfahl*: impale; *zum Grillen*: skewer; (*Olive etc.*) spike; (*Insekten etc.*) mount; ***~ auf*** (*Insekten*) mount on(to), pin on(to); **2.** *fig.* (*Mißstände etc.*) pillory.

aufsplittern I. *v/t. u. v/i.* splinter; **II.** *fig. v/refl.*: ***sich ~*** split up, splinter.

aufsprengen *v/t.* force open; *mit Sprengstoff*: blast open.

aufspringen *v/i.* **1.** jump up, leap up; (*landen*) land; *Ball*: bounce; ***auf e-n Zug ~*** jump onto a train; **2.** *Hände, Lippen*: crack, chap; *Knospen*: burst; *Knopf*: pop open; **3.** *Tür*: fly (*od.* burst) open; *Koffer*: burst open; *Schloß*: spring open.

aufspritzen I. *v/t.* (*Farbe*) spray on; **II.** *v/i.* spray (*a. Blut*: spurt) into the air.

aufsprühen I. *v/t.* (*a.* ***~ auf***) spray on; **II.** *v/i.* shoot up.

Aufsprung *m bsd. Sport*: landing; *des Balls*: bounce.

aufspulen *v/t.* wind up, wind onto a spool.

aufspüren *v/t.* **1.** *Jagd*: track (*od.* hunt) down; **2.** *fig.* track down; (*Geheimnis, Manuskript etc.*) unearth.

aufstacheln *v/t.* stir up; ***j-n zu et. ~*** goad s.o. into (doing) s.th.

aufstampfen *v/i.* stamp one's foot (*od.* feet), stamp on the ground.

Aufstand *m* revolt, rebellion, uprising; **aufständisch** *adj.* rebellious, insurgent; **Aufständische(r)** *m* rebel, insurgent.

aufstapeln *v/t.* pile (*od.* stack) up.

aufstauen I. *v/t.* dam up; *fig.* (*Gefühle*) bottle up (inside); **II.** *v/refl.*: ***sich ~*** collect; *fig.* build up, be bottled up; → ***aufgestaut.***

aufstechen v/t. pierce; ⚕ (Geschwür) lance; (Erde) dig up.
aufstecken v/t. 1. auf et.: put on (a. ~ auf); mit e-r Nadel: pin (auf on[to]); (Saum) pin up; (Gardinen, Haar) put up; 2. F (aufgeben) F chuck in.
aufstehen v/i. 1. (sich erheben) stand up, a. aus dem Bett: get up; vor j-m ~ im Bus etc.: give s.o. one's seat, stand (od. get) up for s.o.; vom Tisch ~ get up from (od. leave) the table; 2. (offenstehen) stand (od. be) open; 3. (sich empören) revolt, gegen: a. rise up against.
aufsteigen v/i. 1. rise (a. Nebel, Tränen, Flammen), go up; Bergsteiger: climb (a. ~ auf); Flugzeug: (starten) take off, become airborne, (höher ~) climb; Vogel: soar; Gewitter: come up; 2. auf ein Pferd etc.: get on, mount; 3. fig. (befördert werden) be promoted (a. Sport); 4. (entstehen) arise; starke Gefühle: well up; Verdacht: be roused; ein Gedanke stieg in mir auf a thought struck me; aufsteigend adj.: in ~er Reihenfolge in ascending order; → Tendenz; Aufsteiger m Sport: (newly-)promoted team; gesellschaftlich: social climber; (Schallplattenhit) chart climber; ~ des Jahres man of the year.
aufstellen I. v/t. set up; (Denkmal etc.) erect, put up; ⚔ line up; (Wachposten) post; (Raketen etc.) deploy; (Essen auf den Herd) put on; (Falle) set; (Kandidaten) put forward, field; Sport: (Rekord) set up; (Mannschaft) pick; (Grundsatz) lay down; (Theorie) propose; ⚖ (Problem) state, pose; (Gleichung) form, set up; (Liste, Tabelle, Bilanz) draw up; e-e Behauptung ~ make an assertion, claim (od. maintain) s.th.; II. v/refl.: sich ~ take one's stand; in Reihen: get into line; ⚔ fall in; Aufstellung f setting up; ⚙ installation; von Geschützen etc.: deployment, emplacement; (Anordnung) arrangement, ⚔ formation; e-r Mannschaft: line-up; (Liste) list; (Tabelle) table; (Nominierung) nomination; e-r Bilanz etc.: drawing up.
aufstemmen v/t. prise (od. prize, Am. pry) open.
Aufstieg m ascent; ✈ (Abheben) takeoff, (Steigen) climb(ing); fig. rise; sozialer: ascent, advancement; Sport: promotion; ~ zum Ruhm rise to fame.
Aufstiegs|chancen pl., ~möglichkeiten pl. promotion prospects; Sport: chances of being promoted; Stelle ohne ~ dead-end job.
aufstöbern v/t. (Wild) rouse; fig. hunt down; (Geheimnis, Manuskript etc.) unearth.
aufstocken v/t. 1. ⌂ raise; add a stor(e)y to; 2. ☤ (Kapital) increase; (Einkünfte) top up; (Vorräte) stock up on.
aufstöhnen v/i. give a (loud) groan.
aufstoßen I. v/t. 1. (Tür etc.) push open; 2. et. ~ auf bang s.th. on(to) s.th.; sich den Kopf etc. ~ cut one's head; II. v/i. 3. ~ auf hit; 4. (rülpsen) burp; j-m ~ repeat on s.o., fig. strike s.o., plötzlich: hit s.o.; → sauer I.
aufstrebend adj. Gebäude etc.: soaring; Person: aspiring; (erfolgssicher) up-and-coming, bsd. Am. upcoming.
aufstreichen v/t. (Farbe) apply (auf to); (Butter etc.) spread (on); Aufstrich m 1. → Brotaufstrich; 2. e-r Schrift: upstroke (a. ♪).

aufstülpen v/t. (Hut) F pop on; (Kragen, Krempe, Manschette) turn up; die Lippen ~ pout; → aufgestülpt.
aufstützen I. v/t. prop up; II. v/refl.: sich ~ prop o.s. up, auf: a. lean on.
aufsuchen v/t. (besuchen) visit (a. e-n Ort), call on; bei der Durchreise etc.: look up; (e-n Arzt) (go and) see; (Toilette) go to.
auftafeln I. v/t. serve (up); II. v/i. give a huge spread.
auftakeln I. v/t. ⚓ rig up; II. F fig. v/refl.: sich ~ F get rigged (contp. tarted) up; → aufgetakelt.
Auftakt m ♪ upbeat; fig. prelude, F lead-up; (Beginn) start, e-s Projekts, e-r Saison etc.: F send-off; (Eröffnung) curtain-raiser; zum ~ des Festivals to start the festival off, to launch the festival, to get the festival under way.
auftanken v/t. u. v/i. fill up; ✈ refuel.
auftauchen v/i. 1. come up, emerge; U-Boot: surface; 2. fig. (erscheinen) turn up; Frage etc.: come up, bsd. Problem etc.: a. crop up.
auftauen v/i. 1. a. v/t. thaw; mot., a. Tiefkühlkost: defrost; 2. fig. thaw, come out of one's shell.
aufteilen v/t. divide (up), split up; (verteilen) distribute; (Raum) divide, partition; (bsd. Land) parcel out; Aufteilung f division; (Verteilung) distribution.
auftischen v/t. serve, a. fig. F dish up.
Auftrag m 1. (Aufgabe) assignment; ☤ (Bestellung) order; (Bau2, Liefervertrag) contract; (Weisung) directions pl., instructions pl.; (Mission) mission; im ~ von on behalf of; ich komme im ~ von I have been sent by; im ~ (abbr. i. A.) pp, p.p. (= per procurationem); et. bei j-m in ~ geben commission s.o. to do s.th.; ☤ place an order with s.o. for s.th.; 2. (Aufgabe) job; (Mission) purpose, mission; die Kirche hat den ~ zu inf. it's the job of the Church (od. the Church's job) to inf.; 3. von Farbe etc.: application;
auftragen I. v/t. 1. (Speisen) serve (up); (Farbe etc.) apply; 2. (Kleidung) wear out; 3. j-m et. ~ assign s.o. with s.th.; er trug mir Grüße an dich auf he asked me to give you his regards; II. v/i. 4. Stoff etc.: be bulky; 5. F fig. dick ~ F lay it on thick (od. with a trowel).
Auftraggeber m (Kunde) customer, client; e-s Künstlers: patron.
Auftrags|arbeit f commissioned work; ~bestände pl. backlog sg. of orders; ~bestätigung f confirmation (vom Verkäufer: acknowledg[e]ment) of order; ~buch n order book; ~eingang m 1. incoming orders pl.; 2. (Vorgang) intake of orders; ~erteilung f placing of orders; bei e-r Ausschreibung: award; ~formular n order form (Am. blank).
auftragsgemäß adv. as per order.
Auftrags|lage f orders situation; die ~ ist gut the order books are well filled; ~polster n full order books pl.; ~rückgang m drop in orders; ~werk n commissioned work (od. piece).
auftreffen v/i.: ~ auf hit.
auftreiben v/t. 1. F (finden, a. Geld) F get hold of; 2. (aufblähen) swell; → aufgetrieben; 3. (aufwirbeln) swirl up; 4. (j-n, hochtreiben) force s.o. up.
auftrennen v/t. (Saum) undo, rip open; (Gestricktes) undo, unravel.
auftreten I. v/i. 1. mit dem Fuß: step, tread; vorsichtig ~ tread carefully (leise: softly); ich kann mit dem linken Fuß nicht ~ I can't stand on my left foot; 2. thea. appear (on stage); a. Musiker etc.: perform; zum ersten Mal ~ a. fig. make one's debut; 3. (erscheinen) appear; öffentlich ~ appear in public; als Zeuge ~ appear as witness; ~ gegen oppose; 4. (eintreten) occur; Schwierigkeiten, Probleme etc.: crop up; Zweifel etc.: arise; 5. (anzutreffen sein) occur, be found; 6. (sich verhalten) act, conduct o.s.; II. v/t. 7. (Tür etc.) kick open; (Kastanie etc.) tread open; III. 2 n 8. (Erscheinen) appearance; (Vorkommen) occurrence, a. e-r Krankheit: incidence; 9. (Verhalten) manner; er hat ein sehr selbstsicheres ~ a. he comes across as very self-confident; 10. thea. performance.
Auftrieb m 1. phys. buoyancy; ✈ lift; 2. fig. (Anstoß) impetus, stimulus, F boost; neuen ~ geben dat. give fresh impetus to; j-m wieder ~ geben get s.o. going again; ich hab' heute überhaupt keinen ~ I can't bring myself to do anything today.
Auftritt m (Erscheinen) a. thea. appearance; (Szene) scene (a. fig. Streit); (Betreten der Bühne) entry.
auftrumpfen fig. v/i. 1. play one's trumps; 2. (herrisch auftreten) F come on strong; gegen j-n ~ F do the strong man act on s.o.
auftun I. v/t. 1. (Fenster, Mund) open; 2. (Brille etc.) put on; 3. sich et. ~ auf den Teller: help o.s. to s.th., take s.th.; j-m et. ~ give s.o. (a helping of) s.th.; 4. (finden) find, discover, F dig up; II. v/refl.: sich ~ open (up); fig. open up (vor before).
auftupfen v/t. (abtupfen) dab off.
auftürmen I. v/t. pile up; II. v/refl.: sich ~ Geschirr, Arbeit etc.: pile up.
aufwachen v/i. a. fig. wake up (aus from); aus der Bewußtlosigkeit: come round; fig. Gefühle etc.: be roused; fig. er ist endlich aufgewacht he's finally woken up to the truth (od. to reality).
aufwachsen v/i. grow up.
aufwallen v/i. bubble up; kochend: boil up; fig. Gefühle: surge up (in j-m inside s.o.); Aufwallung f surge; von Wut etc.: a. fit.
aufwalzen v/t. roll on.
Aufwand m cost, expense; (Anstrengung) effort; (Luxus) luxury, extravagance; mit e-m ~ von finanziell: at a cost of; der ~ an Zeit (Kraft etc.) the time (energy etc.) involved; der ~ lohnt sich nicht it's not worth the effort; unnützer ~ waste of (time and) energy, an Geld: waste (of money); großen ~ treiben live in grand style; Aufwandsentschädigung f expense allowance.
aufwärmen I. v/t. warm up; fig. (alte Geschichten) rehash; II. v/refl.: sich ~ Person: warm o.s. up; Sportler, Erdatmosphäre etc.: warm up.
Aufwärm|phase f warm-up phase; ~übungen pl. warm(ing)-up exercises.
Aufwartefrau f cleaning lady.
aufwarten v/i. 1. fig. ~ mit come up with, offer; 2. ~ mit (Speisen) serve.
aufwärts adv. upward(s); (bergan) uphill; den Fluß ~ upstream, upriver; fig. mit ihm (dem Geschäft) geht es ~ things are looking up for him (business is looking up); 2bewegung f, 2entwicklung f upward trend; 2haken m Boxen: uppercut; 2trend m upward trend, upswing.

Aufwartung *f*: **j-m s-e ~ machen** pay one's respects to s.o.
Aufwasch *m* **1.** dirty dishes *pl.*; **2.** (*Spülen*) washing-up; **den ~ machen** → **aufwaschen;** *fig.* **in einem ~** in one go; **aufwaschen** *v/i.* do the dishes (*od.* washing-up).
aufwecken *v/t.* wake (up).
aufweichen I. *v/t. in Flüssigkeit*: soak; (*Boden*) make *the ground* soggy; (*schmelzen*) melt; *fig.* undermine; **II.** *v/i.* soak; *Boden*: become soggy.
aufweisen *v/t.* show; (*Erfolge etc.*) boast; (*haben*) have; **etwas (nichts) aufzuweisen haben** have something (nothing) to show (for o.s.).
aufwenden *v/t.* (*ausgeben*) spend (**für** on); (*Zeit*) *a.* devote (to); (*Energie*) *a.* expend (on); **(viel) Mühe ~** take (great) pains (**auf** over); **viel Geld ~** go to great expense; **aufwendig** *adj.* costly, expensive; *Lebensweise etc.*: extravagant; **~e Inszenierung** lavish production; **Aufwendungen** *pl.* expenditure *sg.*, expense *sg.*, expenses.
aufwerfen I. *v/t.* throw up (*a. Damm, Erde*); (*Tür*) throw open; *fig.* (*Frage*) raise; **~ auf** throw on(to); **II.** *v/refl.*: **sich zu et. ~** set o.s. up as s.th., appoint o.s. s.th.; **sich zum Richter ~** appoint o.s. as judge.
aufwerten *v/t.* revalue, upvalue; *fig.* upgrade; **Aufwertung** *f* revaluation, upvaluation; *fig.* upgrading.
aufwickeln *v/t.* **1.** wind up (*a. Film*); **sich die Haare ~** put one's hair in curlers; **2.** (*loswickeln*) unwind; (*Päckchen*) unwrap; **Aufwickelspule** *f Film*: take-up spool (*od.* reel).
aufwiegeln *v/t.* stir up.
aufwiegen *fig. v/t.* compensate for, make up for, offset, balance out.
Aufwiegler *m* agitator; **aufwieglerisch** *adj.* seditious; *Rede*: inflammatory.
Aufwind *m* ✈ upward (*od.* anabatic) wind; *fig.* **im ~ sein** be on the up and up; **j-m (neuen) ~ geben** get s.o. going (again), give s.o. an impetus (fresh impetus).
aufwirbeln *v/t.* whirl up, swirl up (*beide a. v/i.*); (*Staub*) raise; *fig.* **viel Staub ~** kick up a lot of dust, cause quite a stir.
aufwischen *v/t.* wipe up; (*Fußboden*) wipe, mop.
aufwühlen *v/t.* **1.** (*Erde*) throw up; (*See*) churn up; **2.** *fig.* **j-n ~** stir s.o. up; → **aufgewühlt.**
aufzählen *v/t.* enumerate; (*nennen*) name, tell; *in e-r Liste*: list; **Aufzählung** *f* enumeration; (*Liste*) list.
aufzehren I. *v/t.* eat up; *fig.* use up; (*Vermögen*) spend; (*Energie*) sap; (*Person*) drain, exhaust; → **aufgezehrt; II.** *v/refl.*: **er zehrt sich vor Sorgen auf** he's eaten up with worry, his worries are eating away at him.
aufzeichnen *v/t.* draw, sketch; (*aufschreiben*) write down; *auf Band*: record, tape; **Aufzeichnung** *f* **1.** (*Aufnahme*) recording; **2. ~en** notes; (*Dokumente*) papers, documents; **sich ~en machen** make (*od.* take) notes.
aufzeigen *v/t.* show; (*klarmachen*) *a.* demonstrate; (*Fehler etc.*) point out.
aufziehen I. *v/t.* **1.** draw up, pull up; (*Fahne, Segel*) hoist; (*Gardinen*) open; *thea.* (*Vorhang*) raise; (*Anker*) weigh; (*Schublade*) (pull) open; **2.** (*Uhr, Spielzeug*) wind up; **zum ~** clockwork *mouse etc.*; **3.** (*Bild*) mount; (*Reifen, Saiten*) put on; *fig.* **andere Saiten ~** change one's tune; **4.** (*Kind*) bring up, *a. Tier*: rear, raise; **5.** (*organisieren*) organize; (*Party etc.*) arrange; (*Unternehmen etc.*) set up; **6. j-n ~** F wind s.o. up, pull s.o.'s leg; (*hänseln*) tease s.o. (**wegen** about); **II.** *v/i.* **7.** *Gewitter*: come up; *Wolken*: gather; **8.** ⚔ march up; *Wache*: come on duty.
Aufzucht *f* breeding, rearing.
Aufzug *m* **1.** (*Fahrstuhl*) lift, *Am.* elevator; **2.** (*Festzug*) parade; *feierlicher*: procession; **3.** (*Aufmachung*) F outfit; **4.** *thea.* act; **5.** *Turnen*: pull-up; **Aufzugsschacht** *m* lift (*Am.* elevator) shaft.
aufzwingen I. *v/t.*: **j-m et. ~** force (*od.* foist) s.th. on s.o., (*Handlungsweise etc.*) force s.o. into (doing) s.th.; **II.** *v/refl.*: **sich j-m ~** *Gedanke etc.*: impinge (on s.o.).
Augapfel *m* eyeball; **wie s-n ~ hüten** guard with one's life.
Auge *n* **1.** eye; **gute (schlechte) ~n haben** have good (bad) eyesight; **die ~n aufmachen** keep one's eyes open; **im ~ behalten** keep an eye on, *fig.* bear in mind; **im ~ haben** have in mind; **ein ~ haben auf** have one's eye on; **mit eigenen ~n** with one's own eyes; **ich hab's mit eigenen ~n gesehen** *a.* it happened before my very eyes; **unter j-s ~n** before s.o.'s very eyes; **unter vier ~n** in private; **Gespräch unter vier ~n** private conversation; **vor aller ~n** in front of everyone, in full view (of everyone); **wo hast du d-e ~n?, hast du keine ~n im Kopf?** are you blind?; **da blieb kein ~ trocken** *a. iro.* there wasn't a dry eye in the place; **mit e-m lachenden und e-m weinenden ~** with mixed feelings; **das ~ des Gesetzes** the (sharp) eye of the law; **aus den ~, aus dem Sinn** out of sight, out of mind; **vor et. die ~n verschließen** refuse to see s.th.; **vor m-m geistigen ~** in my mind's eye; **in m-n ~n** as I see it; **etwas fürs ~** a feast for the eyes; **nur fürs ~** just for show; **soweit das ~ reicht** as far as the eye can see; **j-m in die ~n sehen** look into s.o.'s eyes; **sieh mir mal in die ~n** look at me; **er konnte mir nicht in die ~n sehen** he couldn't look me in the eye; **j-m unter die ~n treten können** be able to look s.o. in the face; **den Tatsachen ins ~ sehen** face (up to) the facts; **~ in ~** face to face (**mit** with); **aus den ~n verlieren** lose sight of, *fig.* lose touch with; **nicht aus den ~n lassen** not to let *s.o. od. s.th.* out of one's sight; **(e-m) ins ~ springen** catch one's eye, (*überdeutlich sein*) hit one in the eye; **e-m in die ~n stechen** (*gefallen*) take one's fancy, *Fehler etc.*: glare at one; **ein ~ zudrücken** turn a blind eye (**bei** to); **er wird große ~n machen!** he's in for a surprise; **er hat große ~n gemacht!** you should have seen his face; **s-e ~n sind größer als sein Magen** his eyes are bigger than his stomach; **sie haben sich die ~n aus dem Kopf geschaut** F they just goggled, their eyes were popping out of their heads; **sich die ~n aus dem Kopf weinen** cry one's eyes out; **etwas im ~ haben** have something in one's eye, *fig.* have one's eye on s.th.; **sie hat ihre ~n überall** she's got eyes like a hawk; **ich kann m-e ~n nicht überall haben** I can't keep track of everything; **vier ~n sehen mehr als zwei** two pairs of eyes are better than one; **ich hab' doch hinten keine ~n** I haven't got eyes in the back of my head; **ins ~ fassen** consider; **ins ~ gefaßt haben** be considering, (*planen*) be planning; **j-m (schöne) ~n machen** make eyes at s.o.; **er hat kein(e) ~(n) dafür** he hasn't got an eye for that; **j-m die ~n öffnen** enlighten s.o., open s.o.'s eyes to the truth, *et.*: be an eye-opener (for s.o.); **mir gingen plötzlich die ~n auf** suddenly I saw the light; **kein ~ zutun** not to sleep a wink (all night); **et. mit anderen ~n ansehen** see s.th. in a different light; **sich et. vor ~n halten** keep s.th. in mind; **j-m et. vor ~n führen** make s.th. clear to s.o.; **das hätte leicht ins ~ gehen können** that was close (*od.* a close one), it could easily have backfired; **geh mir aus den ~n!** get out of my sight!; **~ um ~(, Zahn um Zahn)** an eye for an eye(, a tooth for a tooth); → **blau** 1, **blind** 1, **bloß** 1, **Dorn, Faust, trauen**[1] I, **verderben** I *etc.*; **2.** *auf Würfeln, Karten*: pip; *e-r Kartoffel, e-s Sturms, e-s Flügels*: eye; **3.** (*Fett~*) globule of fat.
Augen|abstand *m* distance between the (*od.* one's) eyes, 🕮 interocular distance; **~arzt** *m* eye specialist, 🕮 ophthalmologist; **~aufschlag** *m* blink; **~auswischerei** *f* eyewash; **~bad** *n* eye bath; **~binde** *f* eye bandage.
Augenblick *m* moment; **(einen) ~!** one moment (*od.* just a minute), please; **im ~** at the moment; **für den ~** for the time being; **im letzten ~** at the last minute, (*gerade rechtzeitig*) *a.* just in time; **im ersten ~** for a moment; **im richtigen ~** at the right moment; **in diesem ~** at this moment (in time); **ich erwarte ihn jeden ~** he should be here any minute, I'm expecting him any minute; **alle ~e** constantly; **in dem ~, als ich ihn sah** the moment I saw him; → *a.* **Moment**[1]; **augenblicklich I.** *adj.* immediate; (*gegenwärtig*) present; **die ~e Lage** the situa-tion at present (*od.* at the moment); **II.** *adv.* at the moment, just now; (*sofort*) immediately.
Augenblicks|erfolg *m* short-lived (*od.* fleeting) success; **~idee** *f* spontaneous idea; **~mensch** *m* spontaneous person; **~stimmung** *f*: **aus e-r ~ heraus** on the spur of the moment.
Augenbraue *f* eyebrow; **Augenbrauenstift** *m* eyebrow pencil.
Augendruck *m* intraocular pressure.
augenfällig *adj.* conspicuous; (*frappierend*) striking; (*offensichtlich*) obvious.
Augen|fältchen *pl.* wrinkles around the eyes; **~farbe** *f* colo(u)r of s.o.'s eyes; **was hat er für e-e ~?** what colo(u)r are his eyes?; **~fehler** *m* eye defect; **~flimmern** *n* spots *pl.* before one's eyes; **~heilkunde** *f* ophthalmology; **~höhe** *f*: **in ~** at eye level; **~höhle** *f* eye socket, 🕮 orbit(al cavity); **~klappe** *f* eye patch; **~klinik** *f* eye clinic; **~krankheit** *f* eye disease; (*Sehschwäche*) eye complaint; **~leiden** *n* eye complaint; **ein ~ haben** *a.* have something wrong with one's eyes; **~licht** *n* eyesight; **das ~ verlieren** *a.* lose the sight of one's eyes; **~lid** *n* eyelid; **~maß** *n* sense of distance; **et. nach ~ einschätzen** guess (at) the distance of s.th.; **nach ~ würde ich sagen ...** at a

glance I'd say ...; ***ein gutes ~ haben*** have a good eye for distances, *fig.* be good at sizing things up; *fig.* ***Politik mit ~*** policy of moderation; **~mensch** *m* visual person; **~merk** *n*: ***sein ~ richten auf*** turn one's attention to; **~muskel** *m* eye muscle; **~nerv** *m* optic nerve; **~paar** *n* pair of eyes; **~pflege** *f* **1.** eyecare; **2.** F ***~ machen*** F get a bit of shuteye; **~pulver** F *n* miscroscopic print; ***das ist ja das reinste ~*** you'd go blind trying to read that; **~rand** *m* **1.** rim of the (*od.* one's) eye; ***gerötete Augenränder*** red-rimmed eyes; **2.** *pl.* → **~ringe** *pl.* rings under one's eyes; **~salbe** *f* eye ointment; **~schein** *m* **1.** (*Anschein*) appearance; ***dem ~ nach*** to all appearances; ***der ~ trügt*** appearances are deceptive, don't be (*od.* we mustn't be) deceived by appearances; **2.** (*Besichtigung*) examination, inspection; ⚖ (judicial) inspection; ***in ~ nehmen*** examine, inspect, take a close look at; **~schirm** *m* eyeshade; **~schmaus** *m* feast for the eyes; **~spiegel** *m* ophthalmoscope; **~sprache** *f* visual communication, F eye talk; **~täuschung** *f* optical illusion; **~tropfen** *pl.* eye drops; **~weide** *f* feast for the eyes; **~wimper** *f* eyelash; **~winkel** *m* corner of the (*od.* one's) eye; ***j-n (et.) aus den ~n beobachten*** watch s.o. (s.th.) out of the corner of one's eye; **~wischerei** *f* eyewash; **~zahl** *f* number (of points); **~zahn** *m* eye-tooth.

Augenzeuge *m* eye-witness; **Augenzeugenbericht** *m* eye-witness account.

Augenzwinkern *n* wink(ing); **augenzwinkernd** *adv.* with a wink; (*schalkhaft*) with a twinkle in one's eye.

Augiasstall *m* Augean stables *pl.*

...äugig ...-eyed.

Augur *m bsd. pol.* pundit.

August *m* **1.** August; ***im ~*** in August; **2.** *fig.* ***dummer ~*** clown, *contp.* idiot.

Augustiner(mönch) *m* Augustinian (monk), *Brit. a.* Austin friar; **Augustinerorden** *m* Augustininan order.

Auktion *f* auction; ***in die ~ geben*** put up for auction; ***zur ~ kommen*** be auctioned, come under the hammer; **Auktionator** *m* auctioneer; **auktionieren** *v/t.* auction; **Auktionshaus** *n* auctioneers *pl.*

Aula *f* assembly hall, *Am.* auditorium.

Au-pair-Mädchen *n* au pair (girl).

Aura *f ast.*, ⚕ *u. fig.* aura.

Aureole *f ast.* aureole, halo, ring.

aus I. *prp.* out of; from; of; ***~ dem Fenster*** out of (*Am. a.* out) the window; ***~ e-m Glas trinken*** drink out of (*od.* from) a glass; ***~ Holz*** made of wood, wooden ...; ***j-d ~ der Nachbarschaft*** somebody from the neighbo(u)rhood; ***~ Berlin*** from Berlin; ***~ Angst (Mitleid, Achtung)*** out of fear (pity, respect); ***~ Angst vor*** for fear of; ***~ Liebe*** for love; ***~ zuverlässiger Quelle*** on good authority; ***~ diesem Grund*** for this reason; ***~ der Zeit Cromwells*** from the time of Cromwell; ***~ dem Rokoko*** from the rococo period; ***~ der Zeitung*** from the newspaper; ***~ dem Englischen*** from (the) English, ***übersetzt:*** translated from the English (original); ***~ dem Projekt ist nichts geworden*** nothing came of the project; ***~ sich selbst heraus*** of one's own accord; → *a.* ***Erfahrung, Haß, Prinzip*** *etc.*; **II.** *adv.* → *a.* ***aussein***; ***~!*** *Sport*: out!; ***Licht ~!*** lights out!; ***~, basta!*** that's (*od.* that was) that, *bei Streit*: and that's that, I don't want to hear another word; ***von Zypern ~*** from Cyprus, *besuchen wir einige andere Länder*: using Cyprus as a base; ***von mir ~*** I don't mind, I'm not bothered; ***von mir ~ könnt ihr gehen*** you can go as far as I'm concerned; → ***an*** 7, ***ein², Traum***; **III.** ♀ *n Sport*: ***im*** (*od.* ***ins***) ~ out.

ausarbeiten I. *v/t.* (*Plan etc.*) draw up; (*vervollkommnen*) complete; (*Schriftliches*) finish; **II.** *v/refl.*: ***sich (körperlich) ~*** work out; **Ausarbeitung** *f* drawing up; (*Vervollständigung*) completion.

ausarten *v/i.* **1.** ***~ in*** turn into; **2.** (*aus dem Rahmen fallen*) go too far.

ausatmen *v/i. u. v/t.* breathe out; 🕮 exhale; **Ausatmung** *f* exhalation.

ausbacken *v/t. in Fett*: deep-fry.

ausbaden *fig. v/t.* carry the can for, F take the rap for; ***die Sache ~ (müssen)*** (have to) carry the can (F take the rap).

ausbaggern *v/t.* dig out, excavate; (*Kanal etc.*) dredge out; (*Schlamm*) dredge up.

ausbalancieren *v/t.* balance (out); *fig.* balance out; *fig.* ***gegeneinander ~*** (*gegenseitige Interessen etc.*) balance out (*od.* off) against each other.

ausbaldowern F *v/t.* F nose out, *sl.* suss out.

Ausbau *m* **1.** ⚠ (*Fertigstellung*) completion; (*Vergrößerung*) extension; **2.** *fig.* (*Entwicklung*) development, improvement; **3.** ⚙ removal; **ausbauen** *v/t.* **1.** ⚠ (*fertigstellen*) finish; (*vergrößern*) extend; (*Dachboden etc.*) convert; **2.** *fig.* (*entwickeln*) develop, improve; ***die Führung ~*** *Sport*: increase one's lead; **3.** ⚙ remove; **ausbaufähig** *adj.* capable of development; *Stellung*: job with good prospects.

Ausbau|strecke *f mot.* (motorway) extension; **~wohnung** *f* extension flat, *Brit. a.* F granny annexe.

ausbedingen *v/t.*: ***sich et. ~*** insist on s.th.; ***sich ~, daß*** stipulate that, make it a condition that.

ausbeißen *v/t.*: ***sich e-n Zahn ~*** break a tooth (***an*** on); *fig.* ***sich die Zähne an et. ~*** find s.th. a tough nut to crack.

ausbessern *v/t.* mend, repair; (*Fehler etc.*) correct; (*Bild etc.*) touch up; **Ausbesserung** *f* (*Korrektur*) correction; (*Reparatur*) repair; **Ausbesserungsarbeiten** *pl.* repairs, repair work *sg.*; **ausbesserungsbedürftig** *adj.* in need of repair.

ausbetonieren *v/t.* concrete (*s.th.* over).

ausbeulen I. *v/t.* **1.** ***du hast d-e Hose ganz ausgebeult*** your trousers have gone all baggy; → ***ausgebeult***; **2.** ⚙ *mot.* beat out; **II.** *v/refl.*: ***sich ~*** *Kleidung*: go baggy.

Ausbeute *f* gain(s *pl.*), profit; (*Ertrag*) yield, output (*a.* ⚙ *u.* ⚒); *fig.* (*Ergebnisse*) results *pl.*; *fig.* ***die ~ war gering*** nothing much came out of it; ***e-e reiche ~*** rich pickings; **ausbeuten** *v/t.* exploit (*a. Rohstoffe etc.*); **Ausbeuter** *m* slave-driver; **ausbeuterisch** *adj.* exploitative; **Ausbeutung** *f* exploitation (*a. von Rohstoffen etc.*).

ausbezahlen *v/t.* pay out; (*j-n*) pay off.

ausbilden I. *v/t.* **1.** (*bilden*) educate; (*schulen*) instruct, train; ⚔ train, drill; *Sport*: train, coach; **2.** (*entwickeln*) develop; **II.** *v/refl.*: ***sich ~*** (*a.* ***sich ~ lassen***) train; (*studieren*) study (***zu*** to be); ***sich ~ in*** learn (something) about; → ***ausgebildet***; **Ausbilder** *m* instructor (*a.* ⚔); **Ausbildung** *f* **1.** training; *akademische*: education; **2.** (*Entwicklung*) development.

Ausbildungs|beihilfe *f* grant, *Am. a.* tuition aid; **~beruf** *m* qualified job; **~dauer** *f* training (*od.* qualification) period; ***die ~ für e-n Ingenieur beträgt sechs Jahre*** *a.* it takes six years to become an engineer; **~förderung** *f* **1.** a) promotion of vocational training, b) educational advancement; **2.** (*finanzielle Unterstützung*) grant(s *pl.*); **~kosten** *pl.* cost *sg.* of studying (*od.* of a period of training, of a traineeship); **~lager** *n* training camp; **~möglichkeiten** *pl.* training opportunities; opportunities for studying; **~platz** *m* traineeship; *bei Handwerk*: apprenticeship; **~zeit** *f* → ***Ausbildungsdauer.***

ausbitten *v/t.*: ***sich et. ~*** ask for s.th.; (*verlangen*) expect s.th.

ausblasen *v/t.* blow out.

ausbleiben I. *v/i. Sache*: not to take place; *Regen*: not to come; *Puls*: stop; *Person*: not to come (*od.* turn up); (*wegbleiben*) stay away; ***es konnte nicht ~, daß*** it was inevitable that; ***die Periode blieb bei ihr aus*** she missed her period; **II.** ♀ *n* absence; *der Zahlung*: non-payment; ⚖ default.

ausbleichen I. *v/t.* bleach; **II.** *v/i.* bleach, fade.

ausblenden I. *v/t.* fade out; **II.** *v/refl.*: ***sich ~*** go off the air, leave the (*od.* a) broadcast.

Ausblick *m* view (***auf*** of); *fig.* forward look (at), (*Aussichten*) outlook (for), prospects *pl.* (for).

ausblühen *v/i.* **1.** ***ausgeblüht haben*** *Blumen*: be finished; **2.** ⚗, *min.* effloresce.

ausbluten *v/i.* **1.** *Wunde*: stop bleeding; ***~ lassen*** (*Wunde*) allow to bleed; (*Schlachttier*) bleed; **2.** *fig.* be bled white; → ***ausgeblutet.***

ausbohren *v/t.* **1.** (*Loch etc.*) drill (out); **2.** (*Zahn*) drill.

ausbomben *v/t.* bomb out.

ausbooten *v/t.* **1.** take ashore; **2.** *fig.* oust, get rid of.

ausborgen *v/t.*: ***sich et. ~*** borrow s.th.; ***j-m et. ~*** lend s.o. s.th., lend s.th. (out) to s.o.

ausbrechen I. *v/t.* (*losbrechen*) break out (*od.* off); (*Steine*) quarry out; **II.** *v/i. Vulkan*: erupt; *Feuer, Krieg, Krankheit etc.*: break out; *Gefangener*: break out (***aus*** of), escape (from); *aus e-r Gemeinschaft, a. Sport*: break away (from); *Pferd*: bolt; *Auto*: swerve; ***in Schweiß ~*** break out in a sweat; ***in Beifall ~*** break into applause; ***in Gelächter (Tränen) ~*** burst out laughing (crying); **Ausbrecher** *m* escaped convict; **Ausbrecherkönig** *m* master jailbreaker.

ausbreiten I. *v/t.* **1.** spread (out); **2.** (*Macht*) extend; (*Geschäft etc.*) expand; **II.** *v/refl.*: ***sich ~*** **3.** (*sich erstrecken*) spread, stretch (out), extend (*alle* ***auf*** to); **4.** F (*sich breitmachen*) spread o.s. out; ***mußt du dich so ~?*** do you have to take up so much room?; **5.** *Feuer, Gerücht, Krankheit etc.*: spread (***auf*** to); ***sich ~ auf*** *Kämpfe etc.*: *a.* spill over into; **6.**

(*ausführlich werden*) go into detail, ***über ein Thema***: enlarge on; **Ausbreitung** *f* spreading; extension; expansion; → ***ausbreiten.***

ausbrennen I. *v/t.* **1.** burn out; ⚕ cauterize; **II.** *v/i.* **2.** burn (itself) out, go out; **3.** *Haus etc.*: be burnt out, be gutted; *Erde*: be scorched; → ***ausgebrannt.***

ausbringen *v/t.* **1.** (*Boot*) lower, launch; (*Anker*) drop; **2.** (*Saatgut*) sow; (*Dünger*) spread; **3.** ***e-n Trinkspruch ~ auf*** propose a toast to; **4.** (*Zeile*) space out.

Ausbruch *m e-r Krankheit, e-s Kriegs etc.*: outbreak; *e-s Vulkans*: eruption; (*Flucht*) escape, *von mehreren*: breakout; (*Gefühls≈*) outburst; ***zum ~ kommen*** break out, *Gefühle*: *a.* erupt, *stärker*: explode; **ausbruchsicher** *adj.* escape-proof; **Ausbruchsversuch** *m* escape attempt.

ausbrüten *v/t.* **1.** hatch out; *künstlich*: incubate; **2.** *fig.* (*Pläne etc.*) hatch; F (*Krankheit*) be coming down with.

Ausbuchtung *f* projection; ⚙ *a.* protrusion; *e-r Küste*: indentation; *zum Parken*: lay-by.

ausbuddeln F *v/t.* dig up.

ausbügeln *v/t.* iron out (*a.* F *fig.*).

ausbuhen *v/t.* boo.

Ausbund *m* model (***an, von*** of); ***ein ~ an Tugend*** a paragon of virtue; ***ein ~ von Bosheit*** a real villain.

ausbürgern *v/t.* denaturalize; **Ausbürgerung** *f* expatriation.

ausbürsten *v/t.* (*Haare*) brush; (*Jacke etc.*) brush down; (*Fleck*) brush out.

ausbüxen F *v/i. von zu Hause*: run away (from home); (*türmen*) F do a bunk.

auschecken *v/i.* check out (***aus*** of).

Ausdauer *f* staying power; (*Beharrlichkeit*) perseverance; (*Zähigkeit*) tenacity; (*Geduld*) patience; *körperliche*: stamina; **Ausdauergrenze** *f* (physical) limit; **ausdauernd I.** *adj.* persevering; (*geduldig*) enduring; (*zäh*) tenacious; *körperlich*: tireless; **II.** *adv.*: ***~ lernen können*** be able to study for long stretches; **Ausdauertraining** *n* stamina training.

ausdehnbar *adj.* ⚙ extensible; ✝ expansible; **ausdehnen I.** *v/t.* (*Kleidung*) stretch; (*Gesetz, Macht etc.*) extend (***auf*** to); (*Geschäft etc.*) expand; *phys. u.* ⚙ expand, *in die Länge*: stretch (*alle a.* ***sich ~***); *zeitlich*: extend, prolong; → ***ausgedehnt***; **II.** *v/refl.*: ***sich ~*** (*sich verbreiten*) spread; *Stadt*: expand; (*sich erstrecken*) extend, stretch (out); *zeitlich*: last, extend, *contp.* drag on; → I; ***sich rasch ~ über*** *a.* sweep across; **Ausdehnung** *f* extension (*a. phys.*), expansion, spread; (*Bereich, Umfang*) extent, scope, range.

ausdenken *v/t.*: ***sich*** *et.* ***~*** (*erdenken*) think *s.th.* up, come up with; (*Plan etc.*) *a.* work out; (*erfinden*) dream up; ***es ist nicht auszudenken*** it doesn't bear thinking about, it's too dreadful to think about, (*unvorstellbar*) the mind boggles (at the thought); ***da mußt du dir schon was anderes ~*** you don't think I'm going to buy that(, do you?).

ausdeuten *v/t.* interpret; ***falsch ~*** misinterpret.

ausdienen *v/i.*: ***ausgedient haben*** have retired; F *Sache*: F have had its day.

ausdiskutieren *v/t.* F thrash out.

ausdörren I. *v/i.* dry up; *Felder etc.*: *a.* become parched; ***m-e Kehle ist wie ausgedörrt*** my throat's absolutely parched; **II.** *v/t.* dry up, parch.

ausdrehen *v/t.* turn off; switch off.

Ausdruck *m* **1.** expression; *e-m Gefühl etc.* ***~ geben*** (*od.* ***verleihen***) put into words, express; ***zum ~ bringen*** express, voice; ***zum ~ kommen*** be expressed; ***der Erwartung ~ geben, daß*** express the hope that; ***ohne jeden ~*** *in der Stimme*: in a deadpan tone; ***er hat mit viel ~ gesprochen*** he put a lot of expression into it (*od.* his speech *etc.*); → *a.* ***Ausdrucksweise***; **2.** (*Redewendung*) expression, phrase; (*Wort*) word, term; ***ärgerlich? - das ist gar kein ~*** angry is not the word; **3.** *Computer*: printout.

ausdrucken *v/t.* print; *Computer*: print out; (*voll ~*) print in full.

ausdrücken I. *v/t.* **1.** (*Schwamm, Zitrone, Pickel etc.*) squeeze; (*Flüssigkeit*) squeeze out (***aus*** of); (*Zigarette*) stub out; **2.** (*formulieren*) express, put into words; ***anders ausgedrückt*** in other words, to put it another way; ***einfach ausgedrückt*** to put it simply (*od.* in simple terms); **3.** (*zeigen*) express, show; **II.** *v/refl.*: ***sich ~*** express o.s.; *et.*: be revealed; **ausdrücklich I.** *adj.* express; (*explizit*) explicit; *Befehl*: strict; **II.** *adv.* expressly; (*besonders*) specially.

Ausdruckskraft *f* expressiveness.

ausdruckslos *adj.* expressionless; *Blick, Miene*: *a.* blank; ***~es Gesicht*** poker face.

ausdrucksstark *adj.* very expressive.

Ausdrucks|tanz *m* character dance; **~vermögen** *n* ability to express o.s., powers *pl.* of expression, articulatory powers *pl.*

ausdrucksvoll *adj.* (very) expressive; *Blick etc.*: meaningful.

Ausdrucksweise *f* way of expressing o.s.; (*Stil*) style; *weitS.* language.

ausdünnen *v/t.* thin out.

ausdunsten, ausdünsten I. *v/t.* give off; **II.** *v/i.* evaporate; *Körper*: transpire (*a.* ♣), perspire; **Ausdunstung** *f*, **Ausdünstung** *f* emanation; *e-r Flüssigkeit*: evaporation; (*Schweiß*) perspiration.

auseinander *adv.* apart; (*getrennt*) *a.* separated; ***et. ~ schreiben*** write s.th. as two words; ***weit ~ liegen*** be a long way away from each other, *zeitlich*: be years (*od.* decades *etc.*) apart; ***weit ~ stehen*** *Augen*: be wide-set, *Zeilen*: have big gaps (between them); ***sie sind nicht weit ~*** *altersmäßig*: they're quite close in age, there's not much between them; ***sie sind drei Jahre ~*** they're three years apart, there are three years between them; ***~ setzen*** (*Kinder*) separate, make *the children* sit apart; ***~ sein*** (*nicht mehr befreundet sein*) have split up; **~bekommen** *v/t.* get *s.th.* apart; **~biegen** *v/t.* bend *s.th.* apart; **~brechen I.** *v/t.* break (up), *in zwei Teile*: break in two; **II.** *v/i.* break (apart); *Bündnis etc.*: break up; **~bringen** *v/t.* (*Menschen*) separate, split up; (*et.*) get *s.th.* apart; **~dividieren** *v/t.* **1.** (*Rechnung*) break down; **2.** (*Meinungen etc.*) draw a clear dividing line between; **3.** (*Leute*) drive a wedge between; **~driften** *v/i.* drift apart; **~fahren** *fig. v/i.* jump (*Köpfe*: jerk) apart; **~fallen** *v/i.* fall apart (*od.* to pieces); disintegrate; **~falten** *v/t.* unfold; (*Landkarte etc.*) *a.* spread out, (*a. Zeitung*) open up; **~fliehen** *v/i.* scatter (in all directions); **~gehen** *v/i.* **1.** (*sich verabschieden*) say goodbye; *Menge*: break up, disperse; **2.** (*e-e Beziehung beenden*) split up, break up, go one's separate ways; **3.** *Beziehung, Ehe*: break up; *Verlobung*: be broken off; **4.** *Linien, Wege*: diverge; **5.** *Meinungen*: be divided; **6.** F (*dick werden*) fill out; **~halten** *fig. v/t.* (*unterscheiden*) distinguish (between); *visuell*: *a.* tell *things* apart; **~klaffen** *v/i.* gape; *fig. Meinungen*: differ enormously; **~klamüsern** F *v/t.* **1.** sort out; **2.** ***j-m et. ~*** spell s.th. out to s.o.; **~kriegen** F *v/t.* get *s.th.* apart; **~laufen** *v/i.* **1.** *Linien, Wege*: diverge; **2.** *Farbe etc.*: run; **3.** *Personen*: go one's separate ways; **~leben** *v/refl.*: ***sich ~*** drift apart; **~nehmen** *v/t.* take apart (*a.* F *fig. Gegner, Buch etc.*); **~reißen** *v/t.* tear apart.

auseinandersetzen I. *v/t.* (*erklären*) explain (*dat.* to); **II.** *v/refl.*: ***sich mit j-m ~*** argue with s.o., *gründlich*: F have it out with s.o.; ***sich mit*** *e-m Problem etc.* ***~*** go into, tackle, *stärker*: grapple with; **Auseinandersetzung** *f* **1.** (*kritische Beschäftigung*) analysis (***mit*** of); *mit e-m Problem*: *a.* attempt to come to terms *with a problem*; **2.** discussion; (*Streit*) argument; *bsd. pol.* dispute, *stärker*: confrontation, conflict; (*Zusammenstoß*) clash(es *pl.*); → ***bewaffnet, blutig*** 2.

auseinander|sprengen *v/t.* blow up; (*Menge*) disperse, scatter; **~treiben I.** *v/i.* drift apart; **II.** *v/t.* scatter; **~ziehen I.** *v/t.* pull apart; *in die Länge*: stretch; **II.** *v/refl.*: ***sich ~*** string out.

auserkoren *adj.* chosen.

auserlesen I. *v/t.* → ***ausersehen***; **II.** *adj.* choice; *Publikum*: select.

ausersehen *v/t.* choose, select (***für, zu*** for); *für ein Amt*: designate (for).

auserwählen *v/t.* choose; **auserwählt** *adj.*: ***das ~e Volk*** the Chosen People; ***die ≈en*** the elect, the chosen few; F ***s-e ≈e*** F his number one girl; F ***ihr ≈er*** F her number one man.

ausessen I. *v/t.* (*Suppe etc.*) eat up; (*Teller*) empty, eat *one's plate* clean; **II.** *v/i.* finish eating.

ausfädeln I. *v/i.* filter out (***aus*** of), *auf der Autobahn*: get into the exit lane; **II.** *v/refl.*: ***sich aus e-m Bündnis*** *etc.* ***~*** weave one's way out of an alliance *etc.*

ausfahrbar *adj.* ⚙ telescopic; *Fahrwerk etc.*: extendible; **ausfahren I.** *v/i.* **1.** go for a drive; **2.** 🚂 pull out; ⚓ put to sea; **3.** ⚒ come up, leave the pit; **4.** ***aus j-m ~*** *Geist etc.*: leave s.o.('s body); **II.** *v/t.* **5.** (*j-n*) take out for a drive (*Kind*: walk); **6.** (*Pakete etc.*) deliver; **7.** ✈ (*Fahrgestell*) lower; (*Antenne, Leiter*) pull out, extend; **8.** *mot.* run *the engine* up to top speed; (*Anlage*) utilize to capacity; **9.** (*Kurve*) round; **10.** (*Weg etc.*) rut; **Ausfahrer** *m* delivery man; **Ausfahrt** *f* **1.** (*Ausgang*) exit, *länger*: driveway; (*Autobahn≈*) exit; **2.** (*Ausflug*) drive, ride; **3.** (*Abfahrt, a.* ⚓) departure; **4.** ⚒ ascent.

Ausfall *m* **1.** (*Verlust*) loss; **2.** *des Unterrichts etc.*: cancellation; **3.** (*Abwesenheit*) absence; (*Absage*) dropping out; **4.** ⚙ (*Versagen*) failure, breakdown; **5.** F *Sport*: ***ein glatter ~*** (*Spieler*) F a dead loss; **6.** *Fechten*: pass, thrust, *a. Turnen*: lunge; **7.** ⚔ *aus e-r Festung*: sally, sortie; **8.** *fig.* (*Beschimpfung*) invective, abuse; **~bürgschaft** *f* ✝ deficiency guarantee.

ausfallen *v/i.* **1.** *Zähne, Haare*: fall out; **2.** (*nicht stattfinden*) be cancelled, be called off; ***die Schule fällt heute aus*** (there's) no school today; **3.** ⚙ (*versagen*) break down; ***bei uns ist der Strom ausgefallen*** we've had a power cut; **4.** ***zu kurz*** ~ *Hose etc.*: be too short; ***die Rockmode fällt kürzer aus*** hemlines are going up; ***gut*** (***schlecht***) ~ turn out well (badly), *Prüfung etc.*: go well (badly); ***wie ist die Prüfung ausgefallen?*** how did you do in the exam?

ausfällen *v/t.* ⚗ precipitate.

ausfallend, ausfällig *adj.* offensive; ~ ***werden*** get personal.

Ausfallquote *f* ☤ failure rate; *in e-m Beruf etc.*: dropout rate.

Ausfall(s)erscheinung *f* ⚕ deficiency symptom.

ausfallsicher *adj.* failsafe.

Ausfall(s)tor *fig. n* gateway.

Ausfall|straße *f* arterial road; **~winkel** *m* angle of reflection; **~zeit** *f* ☤ down time; *Versicherung*: excluded period.

ausfechten *v/t.* fight out; ***mit j-m e-n Streit*** ~ F have it out with s.o.

ausfegen *v/t.* sweep out.

ausfeilen *v/t.* file, smooth down; *fig.* polish, add the finishing touches to.

ausfertigen *v/t.* (*ausstellen*) issue; ⚖ (*Urkunde*) execute; (*Rechnungen*) make out; **Ausfertigung** *f* (*Ausstellung*) issuing; ⚖ execution; (*Abschrift*) (certified) copy; ***in doppelter*** ~ in duplicate; ***schicken Sie den Antrag in dreifacher*** ~ send three copies of the application.

ausfetten *v/t.* (*Backform etc.*) grease.

ausfiltern *v/t.* filter out.

ausfindig *adv.*: ~ ***machen*** find; (*aufspüren*) trace.

ausfliegen I. *v/i.* fly away; *Vogel*: leave the nest; F *fig.* ***sie sind alle ausgeflogen*** they're all out, there's nobody at home, *hum.* they've fled; **II.** *v/t.* ✈ fly out.

ausfließen *v/i.* run out, leak.

ausflippen F *v/i. sl.* freak out (*a. gesellschaftlich*); (*durchdrehen*) *sl.* flip one's lid; → ***ausgeflippt.***

Ausflucht *f* (*Vorwand*) excuse; ***Ausflüchte machen*** make excuses, prevaricate; ***keine Ausflüchte!*** I don't want (to hear) any excuses.

Ausflug *m* excursion (*a. fig.*), outing, trip; ***e-n*** ~ ***machen*** go on a trip; **Ausflügler** *m* day tripper.

Ausflugs|dampfer *m* pleasure steamer; **~ort** *m* popular place for outings; *im Grünen*: *a.* beauty spot; **~verkehr** *m* **1.** weekend traffic; **2.** (bank) holiday traffic.

Ausfluß *m* **1.** outflow; ⚕ discharge; **2.** (*Abfluß*) outlet; **3.** *fig. der Phantasie etc.*: product; **~rohr** *n* discharge (*od.* drainage) pipe.

ausformen I. *v/t.* form, shape; **II.** *v/refl.*: ***sich*** ~ form, take shape.

ausformulieren *v/t.* formulate (properly); ***ich muß es noch*** ~ I still have to work out how to put it (properly).

Ausformung *f* form, shape.

ausforschen *v/t.* **1.** (*Versteck etc.*) seek out, find; (*Pläne etc.*) find out about; (*dahinterkommen*) get to the bottom of; **2.** ***j-n*** ~ sound s.o. out (***über*** on, about).

ausfragen *v/t.* question, quiz; *neugierig*: sound *s.o.* out; *scharf*: grill, F interrogate.

ausfransen *v/i.* fray.

ausfressen *v/t.* **1.** *Tier*: (*Trog etc.*) eat *s.th.* clean; (*Ei*) suck out; *Mensch*: lick *s.th.* clean; **2.** (*Ufer*) erode, wear away; **3.** ***er hat wieder etwas ausgefressen*** he's been up to something (*od.* his tricks, no good) again.

Ausfuhr *f* ☤ export(ing); (*Ausgeführtes*) exports *pl.*; **~artikel** *m* export(ed) article.

ausführbar *adj.* **1.** practicable, feasible, workable; ***nicht*** ~ impracticable, not feasible; **2.** ☤ exportable; **Ausführbarkeit** *f* practicability, feasibility.

Ausfuhr|beschränkung *f* export restriction; **~bestimmungen** *pl.* export regulations; **~bewilligung** *f* export licen|ce (*Am.* -se).

ausführen *v/t.* **1.** (*j-n*) take out; (*Hund*) take *a dog* for a walk; *hum.* ***e-n Mantel*** *etc.* ~ take a coat *etc.* for a walk; *hum.* ***j-m et.*** ~ F swipe s.th. from s.o.; **2.** ☤ export; **3.** (*durchführen*) carry out; (*Plan*) *a.* put into effect, execute; (*Idee*) realize; (*Experiment*) carry out, conduct; (*Verbrechen*) commit; (*Operation, Konzert etc.*) perform; (*Kunstwerk, Tanzschritt etc.*) execute; (*Gemälde etc.*) do, paint *in oils etc.*; (*Strafstoß*) take; ***diese Kirche ist von X ausgeführt*** this church was built by (*od.* is the work of) X; **4.** (*darlegen*) explain; (*im Detail erläutern*) *a.* elaborate on; **ausführend** *adj. Gewalt, Organ*: executive; **Ausführende(r** *m*) *f* soloist; (*Sänger*) singer; *pl.* performers; ***Sie hörten Ravels Streichquartett in F-Dur; die Ausführenden waren ...*** that was Ravel's string quartet in F major, performed by ...

Ausfuhr|genehmigung *f* export licen|ce (*Am.* -se); **~güter** *pl.* exports; **~hafen** *m* port of exit; **~land** *n* exporting country.

ausführlich I. *adj.* detailed; in-depth ...; *Brief*: long; (*umfassend*) comprehensive, full; ***~e Berichterstattung*** in-depth (*od.* extended) coverage; ***könnten Sie etwas ~er sein?*** could you be more precise (*od.* go into more detail)?; **II.** *adv.* in detail; in depth; ***sehr*** ~ at great length, in great detail; ***~er*** in greater detail; **Ausführlichkeit** *f* detail(ed nature); (*Vollständigkeit*) comprehensiveness; ***et. in aller*** ~ ***beschreiben*** describe s.th. (down) to the last detail.

Ausfuhr|liste *f* export list; **~prämie** *f* export bounty; **~quote** *f* export quota; **~sperre** *f* export embargo.

Ausführung *f* **1.** carrying out, implementation; *e-s Plans*: *a.* execution; *e-r Idee*: realization; *e-s Verbrechens*: perpetration; ♪ performance; *e-s Kunstwerks*: execution; *e-s Baus*: construction; (*Fertigstellung*) completion; ***zur*** ~ ***gelangen*** be carried out (*od.* performed, built *etc.*); **2.** *e-r Ware*: design; (*Stil*) style; (*Typ*) version; (*Modell*) model; (*Qualität*) workmanship, quality; (*Äußeres*) finish; **3.** (*Darlegung*) exposition; ***~en*** comments, remarks, *pol. etc.* statement *sg.*, (*Rede*) speech *sg.* (***zu, über*** on); **Ausführungszeit** *f Computer*: execution time.

Ausfuhr|verbot *n* ban on exports; **~zoll** *m* export duty.

ausfüllen *v/t.* **1.** fill; (*Ritzen etc.*) fill in; **2.** (*Formular*) fill in (*bsd. Am.* out), complete; (*Scheck*) fill in (*bsd. Am.* out); (*Kreuzworträtsel*) do, *vollständig*: *a.* complete; **3.** *fig.* (*Lücke, Stellung*) fill; ***s-n Posten gewissenhaft*** ~ do (*od.* carry out) one's job very conscientiously; **4.** (*Raum, Zeitraum, Freizeit etc.*) take up; ***die Sitzung füllte den ganzen Vormittag aus*** the meeting took up (*od.* went on) the whole morning; **5.** ***die Abende mit Lesen*** ~ spend the evenings reading; **6.** *fig.* ***j-n*** ~ *zeitlich*: occupy s.o. completely, take up all (of) s.o.'s time, *gedanklich etc.*: completely absorb s.o., (*befriedigen*) fulfil(l) s.o.; ***sein Beruf füllt ihn ganz*** (***nicht***) ***aus*** his job fulfil(l)s him completely (doesn't fulfil[l] him, doesn't give him enough satisfaction).

ausfüttern *v/t.* line (*a.* ⚙).

Ausgabe *f* **1.** handing out; (*Verteilung*) distribution; **2.** (*Buch*≈ *etc.*) edition; (*Buchexemplar*) copy; *e-r Zeitschrift*: issue, number; ***die letzte*** ~ ***der Tagesschau*** the late news headlines; **3.** *von Briefmarken*: issue; **4.** ☤ *von Aktien, Noten, Anleihen*: issue; **5.** (*Geld*≈) expense, expenditure; *pl. a.* spending *sg.*; (*Unkosten*) cost (*sg.*); **6.** *Computer*: output; **7.** (*~stelle*) counter; desk; office; **~datei** *f Computer*: output file; **~kurs** *m* issue price.

Ausgaben|buch *n* accounts book; **~kürzung** *f* expenditure cut, cut in expenditure.

Ausgabestelle *f* ☤ issuing office.

Ausgang *m* **1.** way out, exit; *am Flughafen*: (departure) gate; **2.** (*Anfang*) beginning; ***s-n*** ~ ***nehmen von*** start with; **3.** (*Freizeit*) day (*od.* afternoon, evening) off; ⚔ ~ ***haben*** be on pass; ***mein erster*** ~ ***seit langem*** the first time I've been out for a long time; **4.** ***Ausgänge*** outgoings; (*Post*) outgoing mail *sg.*; (*Waren*) outgoing stocks; **5.** (*Ende*) end; *zeitlich*: *a.* close; *e-r Geschichte etc.*: ending; (*Ergebnis*) outcome, upshot; ***tragischer*** ~ tragic end(ing) *od.* outcome; ***glücklicher*** ~ happy end(ing); ***Unfall mit tödlichem*** ~ fatal accident; ***e-n guten*** ~ ***nehmen*** turn out well (*od.* all right, *Am.* alright) in the end; ***am*** ~ ***des Mittelalters*** at the end (*od.* close) of the Middle Ages.

Ausgangs|basis *f* starting point; **~lage** *f* situation (*a. e-r Person*: position) at the outset; initial situation; **~leistung** *f* ⚡ output; **~material** *n* source (*od.* raw) material; **~position** *f* starting position; *e-s Gesprächs*: point of departure; **~punkt** *m a. fig.* starting point, point of departure; **~signal** *n* ⚡ output signal; **~sperre** *f* curfew; ***e-e*** ~ ***verhängen über*** impose a curfew on, put *a country etc.* under curfew; → ***nächtlich***; **~sprache** *f* source language; **~stellung** *f* starting position; ⚔ line of departure; **~stoff** *m* basic material; **~stufe** *f* ⚡ output stage; *Verstärker*: power stage; **~tür** *f* exit; **~widerstand** *m* ⚡ output resistance.

ausgeben I. *v/t.* **1.** (*Geld*) spend (***für*** on); (*Essen, Gepäck etc.*) hand out; (*Spielkarten*) deal; (*Aktien, Banknoten, Befehl*) issue; *Computer*: output, *auf dem Bildschirm*: display, (*ausdrucken*) print out; ***wir haben*** (***nicht***) ***viel dafür ausgegeben*** we spent a lot of money on it (it wasn't very expensive); ***so viel wollte ich nicht*** ~ I wasn't planning on spending that much; ***Geld mit vollen Händen*** ~ F spend money like it's going out of style; F ***ich geb' dir einen aus*** let me buy (*od.* get) you a drink; ***ich geb' einen aus*** this one's on me; **2.** ***die Wäsche*** ~

take one's washing to the laundry; **3.** ~ **als** pass *s.o. od. s.th.* off as; **II.** *v/refl.*: **4. sich** ~ **als** (*od.* **für**) pass o.s. off as, pose as; ***er gibt sich als Computerexperte aus*** *a.* he tries to make himself out to be a computer expert; **5. *sich völlig*** ~ drive o.s. to the limit.
ausgebeult *adj. Hose*: baggy.
ausgebildet *adj.* trained; *mst akademisch*: qualified; *Arbeiter*: skilled.
ausgeblutet *adj.*: ~ ***sein*** have been bled white; ***er ist völlig*** ~ *a.* he hasn't got a penny to his name.
ausgebombt *adj.* bombed-out.
ausgebrannt *adj.* burnt-out; *Haus*: *a.* gutted.
ausgebucht *adj.* booked-out ..., *pred.* booked out; fully booked; ***auf Monate*** ~ booked out for months ahead.
ausgebufft F *adj.* (*gerissen*) F fly; ***ein*** ~***er Profi*** F a real pro.
Ausgeburt *fig. f* **1.** monstrosity; (*Auswuchs*) excrescence; ***e-e*** ~ ***ihrer Phantasie*** a vile product of her imagination; **2. *er ist e-e*** ~ ***von Haß*** he's hatred incarnate.
ausgedehnt *adj. Fläche*: extensive (*a. fig.*); (*lang, a. fig. zeitlich* ~) long; *fig.* ***weit*** ~ far-flung; ***er genießt gern ein*** ~***es Frühstück*** he likes to take his time over breakfast.
ausgedrückt *p.p.* → ***ausdrücken*** 2.
ausgefahren *adj. Weg etc.*: rutted; ~***e Spuren*** ruts; *fig.* ***sich auf*** ~***en Gleisen bewegen*** keep to the beaten track.
ausgefallen *adj.* unusual (*a. Kleidung*), F off-beat; *contp.* strange, weird; ~***e Größe*** odd size.
ausgefeilt *fig. adj.* polished.
ausgeflippt F *adj.* F freaky; ***ein*** ~***er Typ*** a real (*od.* a bit of a) freak; **Ausgeflippte(r** *m*) *f* F freak.
ausgefuchst *adj.* sly.
ausgeglichen *adj.* well-balanced, well-adjusted; *Charakter*: balanced *personality*; *Klima*: equable; ✝ balanced, settled; *Spiel*: balanced-out; ***ein*** ~***er Mensch*** a well-balanced person (*od.* personality); **Ausgeglichenheit** *f* balance, harmony; *des Wesens*: equanimity; *e-s Klimas*: equability.
ausgegoren *adj. Wein etc.*: fully fermented; *fig. Ideen etc.*: mature, fully worked (*od.* thought) out; ***der Plan ist noch nicht*** ~ the plan is still in gestation.
Ausgehanzug *m one's* best suit, *one's* Sunday best, F *one's* glad rags *pl.*
ausgehen *v/i.* **1.** go out (*a. abends*); ***mein Vater ist ausgegangen*** my father's out (*od.* isn't in); ***sie gehen oft zum Essen aus*** they eat out a lot; ***sie gehen wenig aus*** they hardly ever go out, they don't go out much; **2. *gut*** *etc.* ~ turn out well *etc.*; ***unentschieden*** ~ end in a draw; ***der Film geht gut*** (***tragisch***) ***aus*** the film has a happy ending (tragic ending, the film ends tragically *od.* in tragedy); **3.** *Geld, Vorrat etc.*: run out; *allmählich*: run low; ***uns ging das Geld*** (***der Gesprächsstoff***) ***aus*** we ran out of money (things to say to each other); ***ihm ging die Luft*** (*od.* ***der Atem,*** F ***die Puste***) ***aus*** he ran out of breath (*fig.* steam); **4.** *Licht, Feuer etc.*: go out; **5.** *Haar*: fall out; ***ihm gehen die Haare aus*** *a.* he's losing his hair; **6.** ~ ***von e-m*** *Ort*: start from (*od.* at); *fig.* take *s.th.* as a starting point; *fig.* ***bei e-r Entscheidung*** *etc.* ***von et.*** ~ base a decision *etc.* on s.th.; ***wenn wir davon*** ~, ***daß*** on the assumption that; ***ich gehe davon aus, daß*** I'm assuming that, I'm working on the assumption that; ***die Sache ging von ihm aus*** it was his idea; ***der Plan ging von der Regierung aus*** the government initiated the plan; **7. *von ihm geht e-e Ruhe*** (***Begeisterungsfähigkeit***) ***aus*** he radiates calm (enthusiasm); **8.** (***straf***)***frei*** ~ go unprosecuted (*od.* unpunished), F get off scot-free; ***leer*** ~ come away empty-handed, end up with nothing; **9. *auf*** *et.* ~ (*suchen*) be after, be out for, seek; **10.** ~ ***auf*** *Wort etc.*: end in (*od.* with); **ausgehend** *adj.* ending; *zeitlich*: late; ***im*** ~***en 19. Jahrhundert*** towards the end of the 19th century.
ausgehöhlt *adj.* hollow; → ***aushöhlen.***
ausgehungert *adj.* half-starved; F *a.* starving to death.
Ausgeh|uniform *f* dress uniform; ~**verbot** *n* ⚔ confinement to barracks; *weitS.* curfew.
ausgeklügelt *adj.* ingenious, clever; (*detailliert*) elaborate, *weitS.* sophisticated.
ausgekocht F *adj.*: ***ein*** ~***er Betrüger*** a dirty cheat to the core; ***er ist ein ganz*** ≈***er*** he's a sly one.
ausgelassen *adj.* **1.** *Stimmung*: exuberant; *Person*: lively, *stärker*, *a. Kind*: boisterous; *Feier*: wild; **2.** ~***e Butter*** clarified butter; **Ausgelassenheit** *f* exuberance, high spirits *pl.*
ausgelastet *adj.* **1.** *Maschine etc.*: running to capacity, working at full capacity; **2.** (***nicht***) ***voll*** ~ ***sein*** *Person*: be fully stretched (have too much time on one's hands).
ausgelaugt *adj.* **1.** *Land etc.*: eroded; **2.** *fig. Person*: drained, washed-out.
ausgelegt *adj.* → ***auslegen.***
ausgeleiert *adj.* **1.** worn; (*ausgedehnt*) worn-out ..., *pred.* worn out; **2.** *fig. Redensart etc.*: well-worn, hackneyed.
ausgeliefert *adj. u. p.p.*: ***j-m*** ~ ***sein*** be at s.o.'s mercy; ***du bist denen*** ~ F they've got you over a barrel; ***e-r Sache hilflos*** ~ ***sein*** be helpless in the face of s.th.
ausgemacht *adj.* **1.** settled; ~***e Sache*** foregone conclusion; **2.** *Gauner etc.*: absolute, out-and-out, consummate; *Skandal*: full-blown; ***ein*** ~***er Unsinn*** absolute nonsense.
ausgemergelt *adj.* drained; *Körper, Gesicht*: emaciated; *Boden*: exhausted.
ausgenommen I. *prp.* except (for), apart from, with the exception of; ***alle,*** ~ ***ihn*** all except (for) him, everyone apart from him, all but him; ***Anwesende*** ~ present company excepted; **II.** *cj.* (*a.* ~, ***wenn***) unless; ~, ***daß*** except that.
ausgepowert *adj.* drained, F shattered.
ausgeprägt *adj.* distinct, marked, pronounced; *Gesichtszüge, Kinn*: prominent; *Profil*: very distinct; ~***e Neigung zu*** strong tendency towards; ~***e Vorliebe für*** penchant for; ~***er Sinn für Humor*** *etc.* strongly developed sense of humo(u)r *etc.*; ~***e Persönlichkeit*** distinct (*od.* forceful, colo[u]rful) personality.
ausgepumpt F *adj.* F done, *Am.* F pooped.
ausgerechnet *adv.*: ~ ***er*** he (*od.* him) of all people; ~ ***heute*** today of all days; ~ ***wenn ich nicht zu Hause bin*** just when I'm out; ***warum mußte es*** ~ ***mir passieren?*** why did it have to happen to me (of all people)?; ~ ***jetzt muß sie auftauchen*** she 'would have to turn up (right) now (*od.* now of all times).
ausgereift *adj.* completely ripe; *Käse*: *a.* mature (*a. Wein u. fig.*); ⚙ *Konstruktion*: fully developed; **Ausgereiftheit** *f* ⚙ (degree of) sophistication.
ausgerichtet *adj.*: ~ ***auf*** aimed at, geared towards.
ausgeruht *adj.* (well) rested; ***du siehst ganz*** ~ ***aus*** *a.* you look as if you've had a good rest.
ausgeschlafen *adj.* (*a.* ***gut*** ~) well rested; ***du bist ja überhaupt nicht*** ~ you haven't had enough sleep.
ausgeschlossen *adj. u. int.* impossible, out of the question.
ausgeschnitten *adj. Kleid*: low-cut; ***tief*** ~ very low-cut.
ausgesorgt *p.p.*: F ~ ***haben*** F be sitting pretty; ***sie hat für den Rest ihres Lebens*** ~ she won't have to worry about money for the rest of her days.
ausgesprochen I. *adj.* distinct, marked; (*überzeugt*) decided; ***das ist*** ~***es Pech*** that really is bad luck; **II.** *adv.* (*sehr*) really; typically *British etc.*
ausgestalten *v/t.* (*ausbauen*) develop; (*organisieren*) organize.
ausgestattet *adj.* → ***ausstatten.***
ausgestellt *adj.*: ~***e Hosen*** (~***er Rock***) flared trousers (skirt).
ausgestorben *adj.* **1.** *Tierart, Pflanzenart*: extinct; **2.** *Stadt etc.*: deserted; ***wie*** ~ ***wirken*** be like a ghost town.
Ausgestoßene(r *m*) *f* outcast.
ausgesucht *adj.* exquisite, choice; *Höflichkeit*: extreme; *Gesellschaft*: select.
ausgetreten *adj. Schuhe*: well-worn; *fig.* ~***e Pfade gehen*** keep to the beaten track.
ausgetrocknet *adj.* → ***austrocknen.***
ausgetüftelt *adj. Plan etc.*: carefully (*od.* cleverly) worked out, *weitS.* elaborate.
ausgewachsen *adj.* **1.** fully grown, full-grown; *Geweih etc.*: fully developed; **2.** F *Lehrer etc.*: fully fledged, full-fledged; *Skandal etc.*: full-blown; ***ein*** ~***er Unsinn*** absolute nonsense, complete and utter nonsense.
ausgewählt *adj.* **1.** *Ausdruck*: well-chosen, nicely chosen; ~***e Ausdrucksweise*** eloquent turn of phrase; ***er hat e-n*** ~***en Wortschatz*** he chooses his words well; **2.** ~***e Gedichte*** selected poems (***von*** by); ~***e Werke*** selected works.
ausgewaschen *adj.* washed-out ..., *pred.* washed out; *bsd. Jeans*: faded.
Ausgewiesene(r *m*) *f* expellee.
ausgewogen *adj.* (well-)balanced; **Ausgewogenheit** *f* balance, (well-)balanced nature.
ausgezehrt *adj.* emaciated; *Gesicht*: haggard, *stärker*: cadaverous.
ausgezeichnet I. *adj.* excellent; **II.** *adv.* very well; ***er kann*** ~ ***kochen*** *a.* he's an excellent cook; ***danke, mir geht's*** ~ I'm doing just fine, thanks.
ausgiebig I. *adj. Essen*: big *lunch etc.*; *Spaziergang etc.*: long; *Forschungen etc.*: extensive; **II.** *adv.* (*eingehend*) in detail; (*anhaltend*) for a long time; ~ ***essen*** have a big meal (*od.* lunch *etc.*), have plenty to eat; ~ ***spazierengehen*** go for a long walk, *häufig*: go for a lot of walks.
ausgießen *v/t.* pour out; (*leeren*) empty; ⚙ (*füllen*) fill.

Ausgleich *m* **1.** balance; (*Entschädigung, a.* ⚙) compensation; (*Berichtigung*) adjustment; ***als*** (*od.* ***zum***) ***~ für*** to compensate for; **2.** ✝ *von Konten*: balancing, settlement; **3.** *Sport*: (*Treffer etc.*) equalizer; ***den ~ erzielen*** equalize; **ausgleichen I.** *v/t.* **1.** balance; (*Unterschiede*) level out; (*berichtigen*) adjust; (*Verlust etc., a.* ⚙) compensate (for), make up for; (*Nachteiliges*) offset; ***~de Gerechtigkeit*** poetic justice; **2.** ✝ (*Konten*) balance, settle; **II.** *v/i. Sport*: equalize.

Ausgleichs|abgabe *f* ⚖ countervailing duty; **~fonds** *m* ✝ equalization fund; **~getriebe** *n mot.* differential (gear); **~gymnastik** *f* remedial exercises *pl.*; **~sport** *m* recreational sport; **~tor** *n*, **~treffer** *m* equalizer.

ausgleiten *v/i.* → ***ausrutschen.***

ausgliedern *v/t.* sift out; ✝ (*Bereiche*) hive off.

ausgraben I. *v/t.* dig up; (*Ruinen*) *a.* excavate (*a.* ⚠); *fig.* (*Geheimnis etc.*) unearth; (*alte Fotos etc.*) dig out; (*vergessene Tatsachen etc.*) dredge up; **II.** *v/i.* dig; **Ausgrabung** *f* **1.** excavation; ***~en*** *archäologische*: *a.* dig; **2.** → ***Ausgrabungsfund.***

Ausgrabungs|fund *m* arch(a)eological find; **~ort** *m* excavation site.

ausgrenzen *v/t.* leave aside, ignore; exclude (***aus*** from).

Ausguck *m* ⚓ lookout; (*Krähennest*) crow's nest.

Ausguß *m* (*~becken*) sink; (*Öffnung*) drain.

aushaben F **I.** *v/t.* **1.** (*Kleidungsstück*) have (taken) off; ***hast du die Schuhe aus?*** have you taken (*od.* got) your shoes off?, did you take your shoes off?; **2.** (*Wein, Buch etc.*) have finished; **II.** *v/i.*: ***wann hast du heute aus?*** when do you finish (school *etc.*) *od.* get off today?

aushacken *v/t.* ⚒ hoe up; (*Augen etc.*) gouge out.

aushaken I. *v/t.* unhook; **II.** *v/i.* (*a. v/refl.*: ***sich ~***) come unhooked; F *fig.* ***da hakt's bei mir aus*** F I just don't get it; F ***bei ihm hat's ausgehakt*** F he's flipped.

aushalten I. *v/t.* **1.** put up with, endure, *bsd. bei Verneinung*: stand, take; (*standhalten*) bear up under; (*überstehen*) stand up to; ⚙ (*Belastung*) tolerate, take; ***nicht zum*** ♀ unbearable; ***ich halt's nicht mehr aus*** I can't stand (*od.* take) it any longer, I can't take any more of this; ***ich halt's hier nicht mehr aus*** I can't stand this place any longer, I've (just) got to get out of this place; ***ich weiß nicht, wie sie es ~ zu*** *inf.* I don't know how they can stand *ger.*; ***hält er's bis zur nächsten Raststätte aus?*** can he hold out (*od.* will he last out) till the next service station?; F ***das hältste ja im Kopf nicht aus*** F it's enough to drive you round the bend; **2.** *contp.* (*Liebhaber etc.*) keep; **II.** *v/i.* (*ausdauern*) hold out; ***er hält nirgends lange aus*** he never lasts long in any place.

aushandeln *v/t.* negotiate; ***endlich haben wir e-n Preis ausgehandelt*** we finally agreed on a price.

aushändigen *v/t.* hand over.

Aushang *m* notice.

Aushängebogen *m typ.* advance (*od.* specimen) sheet.

aushängen I. *v/t.* **1.** (*Anzeige etc.*) put up; **2.** (*Tür etc.*) take *s.th.* off its hinges; (*aushaken*) unhook; **II.** *v/refl.*: ***sich ~*** *Kleidung*: smooth out; **III.** *v/i.* be (up) on the notice board; ***die Listen hängen aus*** *a.* the lists are up (*od.* out).

Aushängeschild *n* sign; *fig.* advertisement (***für*** for).

ausharren *v/i.* hold out.

aushärten *v/t.* ⚙ harden, age.

aushauchen *v/t.* breathe out; *fig.* ***sein Leben ~*** breathe one's last.

aushauen *v/t.* **1.** cut out, hew out; (*Inschrift*) chisel out, carve out; **2.** (*Wald*) clear.

aushäusig *adj.* out (and about), out of the house.

ausheben *v/t.* **1.** (*Erde, Bäume etc.*) dig up; (*Kanal etc.*) excavate; **2.** → ***aushängen*** 2; **3.** (*Verbrechernest etc.*) raid; (*Verbrecher*) round up.

aushecken F *v/t.* F cook up.

ausheilen *v/i.* heal up; *Krankheit*: be completely cured.

aushelfen *v/i.*: (***[bei] j-m***) ***~*** help (s.o.) out.

Aushilfe *f* temporary help; (*Person*) *a.* stand-in; (*bsd. Sekretärin*) F temp.

Aushilfs|kraft *f* casual worker; **~lehrer** *m* stand-in teacher; **~personal** *n* temporary staff (*mst pl. konstr.*).

aushilfsweise *adv.* temporarily; ***~ (bei j-m) arbeiten*** *a.* help (s.o.) out.

aushöhlen *v/t.* **1.** hollow out; *geol.* erode; (*Obst*) scoop out; **2.** *fig.* undermine, erode; (*j-n*) drain *s.o.* (of all strength).

ausholen I. *v/i. zum Schlag*: raise one's hand; *zum Wurf*: swing one's arm back; get ready to hit s.o. (*od.* throw s.th.); ***mit weit ~den Schritten*** with great strides; *fig.* (***weit***) ***~*** go a long way back; ***etwas ~*** go back a bit; **II.** *v/t.* (*j-n*) → ***aushorchen.***

aushorchen *v/t.* sound *s.o.* out.

Aushub *m* excavation; (*Erde*) earth.

aushülsen *v/t.* (*Erbsen*) shell.

aushungern *v/t.* starve; (*Stadt etc.*) starve out; → ***ausgehungert.***

aushusten I. *v/t.* cough up; **II.** *v/refl.*: ***sich ~*** have a good cough; ***hast du dich jetzt ausgehustet?*** have you finished coughing?

ausixen *v/t.* cross out, ex out.

ausjäten *v/t.* pull up; (*Beet*) weed.

auskalkulieren *v/t.* work out, calculate.

auskämmen *v/t.* comb out.

auskämpfen *v/t.* fight *s.th.* out.

auskehren *v/t.* sweep (out).

auskeilen *v/i. Pferd*: lash out, kick; *Person*: lash out in all directions.

auskeimen *v/i.* germinate.

auskennen *v/refl.*: ***sich ~ in*** *örtlich*: know one's way around *a place*; *in e-m Gebiet*: know all about *s.th.*; ***er kennt sich aus*** he knows what's what; ***ich kenne mich nicht mehr aus*** I'm at a complete loss.

auskernen *v/t.* (*Kirschen, Pflaumen etc.*) stone; (*Äpfel etc.*) pip; (*Trauben etc.*) seed; *a.* take the stones (*od.* pips, seeds) out of.

auskippen *v/t.* tip out; (*Flüssigkeit*) pour out (*od.* away); (*leeren*) empty.

ausklammern *v/t.* **1.** *A* factor out; **2.** *fig.* leave aside, ignore.

ausklamüsern F *v/t.* figure (*od.* work, puzzle) out.

Ausklang *m* ♪ end (*a. fig.*); *fig.* ***zum ~ des Abends*** to end (*od.* finish off) the evening.

ausklappbar *adj.* folding; **ausklappen** *v/t.* fold out.

ausklauben *v/t.* pick out; sort out; ***et. aus et. ~*** pick s.th. out of s.th.

auskleiden I. *v/t. mit Stoff etc.*: line; **II.** *v/refl.*: ***sich ~*** undress; **Auskleidung** *f* lining, surfacing.

ausklingen *v/i.* die away; *fig.* come to an end; end (***in*** with).

ausklinken *v/t.* ⚙ disengage, trip, *a.* ✈ release.

ausklopfen *v/t.* (*Teppich etc.*) beat; (*Kleidung*) dust (down); (*Pfeife*) knock out; ***et. aus et. ~*** beat (*od.* knock) s.th. out of s.th.

ausklügeln *v/t.* work out; → ***ausgeklügelt.***

auskneifen F *v/i.* F do a bunk.

ausknipsen F *v/t.* ⚡ switch off.

ausknobeln *v/t.* **1.** throw dice for; **2.** F *fig.* figure *s.th.* out.

ausknöpfbar *adj.*: ***~es (Innen)Futter*** detachable lining (*od.* liner).

auskochen *v/t.* (*Fleisch etc.*) boil; ⚕ (*Instrumente*) sterilize; *fig.* (*Plan etc.*) hatch; → ***ausgekocht.***

auskommen I. *v/i.* **1.** ***mit*** *et.* ***~*** make do with, manage with; ***mit s-m Geld ~*** make both ends meet; ***~ ohne*** (*j-n*) manage without, (*et.*) *a.* do without; ***er kommt ohne sie nicht aus*** *a.* he can't live (*od.* survive) without her; **2.** (***gut***) ***mit j-m ~*** get on (fine *od.* well) with s.o.; **II.** ♀ *n* **3.** livelihood; ***sein ~ haben*** make a (decent) living; **4.** ***es ist kein ~ mit ihm*** you just can't get along with him, he's impossible to get along with; **auskömmlich I.** *adj. Gehalt, Verhältnisse*: reasonable; **II.** *adv.*: ***~ leben*** live reasonably well.

auskoppeln *v/t.* (*Schlager etc.*) take (*od.* lift) from an album; **Auskopp(e)lung** *f* (*Single*) cut, follow-up single.

auskosten *v/t.* savo(u)r, enjoy to the full; *iro.* ***ich habe es ausgekostet*** I've had my fill of it.

auskotzen V **I.** *v/t. sl.* throw up; **II.** *v/refl.*: ***sich ~*** *sl.* throw up; *fig.* let everything out; *fig.* ***sich bei j-m ~*** unload (one's problems) to s.o.

auskramen *v/t.* dig out; (*Schublade etc.*) pull everything out of; *fig.* (*alte Geschichten etc.*) dig up.

auskratzen *v/t.* scratch out; (*Gefäß*) scrape out (*a.* ⚕).

auskriechen *v/i. aus dem Ei*: hatch.

auskugeln *v/t.*: ***sich den Arm ~*** dislocate one's arm.

auskühlen *v/i.* cool (down).

auskundschaften *v/t.* find out; (*j-n*) track down; (*Informationen*) spy out.

Auskunft *f* **1.** information; ***nähere ~*** (further) details *pl.*; **2.** *teleph.* directory enquiries *pl.* (*Am.* assistance, information); **3.** → ***Auskunftsbüro, -schalter***; **Auskunftei** *f* credit inquiry agency.

Auskunfts|beamte(r) *m* information clerk; **~büro** *n* inquiry (*od.* information) office; **~person** *f* informant; **~pflicht** *f* duty to disclose information; **~schalter** *m* information (desk), inquiries *pl.*, enquiries *pl.*; **~stelle** *f* **1.** → ***Auskunftsbüro***; **2.** → ***Auskunftsschalter.***

auskuppeln *v/i. mot.* disengage the clutch, declutch.

auskurieren I. *v/t.* cure (completely); **II.** *v/refl.*: ***du solltest dich richtig ~*** you should take a proper break until you're

really fit again; *bei Grippe etc.*: you should get it out of your system.
auslachen *v/t.* (*j-n*) laugh at.
Ausladehafen *m* port of discharge.
ausladen I. *v/t.* **1.** unload; (*Passagiere*) ⚓ disembark; **2.** F (*j-n*) disinvite, tell *s.o.* not to come; **II.** *v/i.* △ jut out; **ausladend** *adj.* **1.** *Dach*: very wide, (*überhängend*) overhanging; *Äste*: sweeping; **2.** *fig. Stil etc.*: elaborate; *Geste, Bewegung*: sweeping, expansive.
Ausladestelle *f* unloading point; ⚓ wharf.
Auslage *f* **1.** *von Ware*: window display, goods *pl.* on display; **2.** *pl.* expenses.
auslagern *v/t.* (*Bücher etc.*) outhouse; (*Kunstwerke, im Krieg etc.*) evacuate; ☤ take out of the warehouse.
Ausland *n*: ***ins ~, im ~*** abroad; ***aus dem ~*** from abroad; ***Waren aus dem ~*** foreign goods, goods from abroad; ***Handel mit dem ~*** foreign trade; ***Kontakte mit dem ~*** foreign ties, ties abroad; ***Meinungen aus dem ~*** foreign opinion(s), opinion(s) abroad; ***fürs ~ bestimmte Waren*** goods destined for export, export goods.
Ausländer *m* foreigner; ⚖ alien; **~amt** *n* aliens' registration office; **~anteil** *m* proportion (*od.* percentage) of foreigners (*od.* foreign pupils *etc.*); **≈feindlich** *adj.* hostile to foreigners, xenophobic; ***sie sind sehr ~ a.*** they hate foreigners; **~feindlichkeit** *f* hostility to foreigners, xenophobia.
ausländisch *adj.* foreign; ☤ *a.* external; ⚖ alien; ***~e Besucher*** visitors from abroad, international visitors.
Auslands|abteilung *f* ☤ export (*od.* foreign sales) department; **~anleihe** *f* external loan; **~aufenthalt** *m* visit (*od.* stay) abroad; **~auftrag** *m* export order; **~bank** *f* foreign bank; **~beteiligung** *f* foreign investment; **~beziehungen** *pl.* foreign relations; **~brief** *m* letter going abroad, *pl. a.* letters abroad; **~deutsche(r** *m*) *f* German national living abroad, German expatriate; **~dienst** *m* foreign service; **~flug** *m* international flight; **~geschäft** *n* export (*od.* import) business, export-import business; **~gespräch** *n teleph.* international call; **~hilfe** *f* foreign aid; **~investition** *f* foreign investment; **~kapital** *n* foreign capital; **~korrespondent** *m* foreign correspondent; **~krankenschein** *m health insurance document for abroad*; **~presse** *f* international press; **~reise** *f* trip abroad; *pol., Sport etc.*: foreign tour; **~schulden** *pl.* foreign (*od.* external) debt *sg.*; **~schutzbrief** *m mot. all-in protection package for motorists abroad*; **~sender** *m* foreign station; **~studium** *n* course of studies abroad; ***ein ~ kann sehr teuer sein*** studying abroad can be very expensive; **~tournee** *f* foreign tour; **~vermögen** *n* external assets *pl.*; **~verschuldung** *f* foreign (*od.* external) debt; **~vertretung** *f* ☤ agency abroad; *pol.* diplomatic mission.
auslangen F *v/i.* **1.** get ready to hit s.o.; **2.** *Vorräte etc.*: be enough; ***das langt noch für e-e Woche aus a.*** that'll last for another week.
Auslaß *m* outlet.
auslassen I. *v/t.* **1.** (*Wort etc.*) leave out, omit; (*überspringen*) skip; (*Gelegenheit etc.*) miss; (*j-n*) miss (*od.* leave) out; **2.** (*Wasser*) let out; **3.** (*Fett*) melt; (*Speck*) render; **4.** (*Saum*) let out; **5.** F (*Licht etc.*) leave *the light etc.* off; **6. *s-e Wut*** *etc.* ***an j-m ~*** take one's anger *etc.* out on s.o.; **II.** *v/refl.*: ***sich ~ über*** talk about, *langatmig*: hold forth on; ***sie ließ sich sehr positiv (negativ) darüber aus*** she was very positive (negative) about it; ***er ließ sich nicht weiter aus*** he didn't say any more about it; **Auslassung** *f* **1.** omission; **2.** (*Äußerung*) remark(s *pl.*).
Auslassungs|punkte *pl.* three dots, omission marks; **~zeichen** *n* apostrophe.
auslasten *v/t.* (*Maschine etc.*) use to capacity; ***der Haushalt lastet mich voll (nicht) aus*** I've got plenty on my hands with the household (I need to be doing something else apart from the household); → ***ausgelastet.***
auslatschen F *v/t.* (*Schuhe*) wear out.
Auslauf *m* **1.** outlet, drain; **2.** *für Kinder, Tiere*: space to run about in; (*Bewegung*) exercise; **3.** *Skischanze*: runout; **auslaufen I.** *v/i.* **1.** *Flüssigkeit*: run out; *a. Gefäß*: leak; **2.** ⚓ sail; **3.** *Sport, a. Motor*: run out; **4.** *Farbe*: run; **5.** (*enden*) end, come to an end; *Vertrag etc.*: expire; run out; *Modell*: be discontinued; *allmählich*: be phased out; ***~ lassen*** (*Produkt, Fernsehserie etc.*) phase out; ***es wird für uns schlecht ~*** it's going to turn out (*od.* end up) badly for us; **6. *~ in*** *e-e Ebene etc.*: end in, (*sich zuspitzen*) taper (in)to, narrow into; **II.** *v/t.* (*Schuhe*) walk in; **III.** *v/refl.*: ***sich ~*** get some exercise; **Ausläufer** *m* **1.** *e-s Gebirges*: foothills *pl.*; **2.** *meteor.* fringe(s *pl.*); **3.** *e-s Erdbebens*: coda; **4.** ✿ runner; **Auslaufmodell** *n* discontinued (*od.* phaseout) model *od.* line.
auslaugen *v/t.* (*Erze, Boden*) exhaust; *fig.* (*j-n*) drain *s.o.* (of every ounce of strength); → ***ausgelaugt***; **Auslaugung** *f* exhaustion (***des Bodens*** of the soil).
Auslaut *m ling.* final sound; ***im ~*** at the end of a (*od.* the) word.
ausleben I. *v/t.* (*e-e Phantasie*) live out; (*Gefühle*) let (*od.* act) out; (*Talente*) realize; apply; **II.** *v/refl.*: ***sich ~*** enjoy life; (*in Saus u. Braus leben*) F live it up.
auslecken *v/t.* lick out (*od.* clean).
ausleeren *v/t.* empty; (*Glas, durch Trinken*) *a.* drain.
auslegbar *adj.* interpretable; ***der Text ist so oder so ~*** there are two ways of interpreting the text, the text can be interpreted in two ways; ***es ist nur so ~*** that's the only possible interpretation; **auslegen** *v/t.* **1.** (*Kabel, Minen*) lay; (*Netze etc.*) put out; (*Gift, Köder*) put down; (*Saatgut*) sow; (*Kartoffeln etc.*) plant, set; **2.** *zur Ansicht*: (put on) display; (*Listen etc.*) put out; ***ausgelegt*** on display; ***öffentlich ausgelegt a.*** on view to the public; **3.** (*Boden*) cover; (*Schublade*) line; ***mit e-m Teppich ~*** carpet, (*Boden*) *a.* put a carpet down on (*Zimmer*: in); **4.** (*verzieren*) inlay; **5.** (*vorstrecken*) advance; ***et. für j-n ~*** lend s.o. s.th., pay s.th. for s.o.; **6.** (*deuten*) interpret; ***falsch ~*** misinterpret; ***(j-m) et. als Eitelkeit*** *etc.* ***~*** put s.th. down to (s.o.'s) vanity *etc.*; **7.** (*entwerfen*) design; ***ausgelegt für*** *Produktion*: designed to produce, *Geschwindigkeit*: designed to do; *der Saal* ***ist für 2 000 ausgelegt*** is designed to seat 2,000.
Ausleger *m e-s Krans*: jib; ⚓ outrigger; **~boot** *n* outrigger.
Auslegeware *f* **1.** floor coverings *pl.*; **2.** (*Teppichboden*) wall-to-wall carpeting.
Auslegung *f* interpretation; *eccl.* exegesis; **Auslegungsfrage** *f*: ***das ist e-e ~*** it all depends which way you look at it.
ausleiern *v/t. u. v/i.* wear out; → ***ausgeleiert.***
Ausleihbibliothek *f* lending library; **Ausleihe** *f* **1.** lending; **2.** (*Schalter*) issuing desk (*od.* counter); **ausleihen** *v/t.* lend (out), *bsd. Am.* loan; ***sich et. ~*** borrow s.th.; **Ausleihfrist** *f* lending period; ***die ~ beträgt drei Wochen*** books may be borrowed for (a period of) up to three weeks.
auslernen *v/i.* finish one's training; ***man lernt nie aus*** you live and learn.
Auslese *f* **1.** (*Auswahl*) choice, selection; ***natürliche ~*** natural selection; ***e-e strenge ~ treffen*** make a careful selection; **2.** (*Elite*) elite, *the* crème de la crème, *the* cream of the crop; **3.** *Wein*: auslese; *wine from selected grapes*; **4.** *aus der Literatur*: anthology; **5.** *Computer*: readout; **auslesen** *v/t.* **1.** select, choose, pick out; **2.** (*Buch*) read (to the end), finish; **Ausleseverfahren** *n* selection process.
ausleuchten *v/t. a. fig.* illuminate; (*Bühne*) *a.* floodlight.
ausliefern *v/t.* hand over (**an** to); ☤ deliver; ⚖ surrender; (*politische Gefangene*) hand over; (*ausländische Verbrecher*) extradite; → ***ausgeliefert***; **Auslieferung** *f* ☤ delivery; ⚖ surrender; *e-s politischen Gefangenen*: handing over; *e-s ausländischen Verbrechers*: extradition.
Auslieferungs|abkommen *n* extradition treaty; **~antrag** *m* request for extradition; **~lager** *n* ☤ supply depot; **~vertrag** *m* extradition treaty.
ausliegen *v/i.* be on display; *Zeitungen* : be available; ***... liegen zur Einsichtnahme aus*** ... may be viewed.
Auslinie *f* **1.** *Fußball etc.*: (*Seitenlinie*) touchline; (*Tor≈*) byline, goal line; **2.** *Tennis*: (*Seitenlinie*) sideline, (*Grundlinie*) base line.
ausloben *v/t.* ⚖ (*Summe*) offer as a reward.
auslöffeln *v/t.* (*Schüssel etc.*) scrape *s.th.* clean; (*Speise*) spoon up; *fig.* → ***Suppe.***
ausloggen *v/i. u. v/refl.* ***sich ~*** *Computer*: log off (*od.* out).
auslöschen *v/t.* **1.** (*Licht etc.*) put out; (*Feuer*) *a.* extinguish; **2.** (*Schrift*) *an der Tafel*: rub out, (*radieren*) *a.* erase; (*Steininschrift etc.*) efface; (*Spuren*) wipe out; **3.** *fig.* (*vernichten*) wipe out; (*Erinnerungen etc.*) obliterate.
Auslöse|hebel *m* release lever; **~impuls** *m* ⚡ trigger pulse; **~knopf** *m* release button; **~mechanismus** *m* ⚕, *psych.* release mechanism; ⚙ *a.* trigger mechanism.
auslosen *v/t.* draw lots for.
auslösen *v/t.* **1.** (*Mechanismus, a. Kameraverschluß*) release; (*Alarm, Schuß*) trigger off; **2.** (*chemische Reaktion etc.*) set off; **3.** (*Streik, Krieg etc.*) trigger off, spark off; **4.** (*Krankheit*) bring on; **5.** (*Gefühl, Reaktion*) cause, touch off; (*Begeisterung, Wut*) arouse; ***großen Beifall ~*** draw loud applause; ***es löste allgemeine Heiterkeit aus*** it gave everyone a (good) laugh, *lit.* it caused great mirth;

Auslöser *m* **1.** ⚙ release; *phot.* shutter release; **2.** (*Ursache*) cause; ***der ~ war*** what triggered it off was, *Gefühle*: *a.* what set it off was, *Krankheit*: *a.* what brought it on was.

Auslosung *f* draw(ing of lots).

ausloten *v/t.* **1.** ⚓ sound; ⚠ plumb, *mit Wasserwaage*: level; **2.** *fig.* (*Seele etc.*) plumb the depths of; (*Sache, Problem*) explore the ins and outs of.

auslüften *v/t.* (*Kleidung, Zimmer*) air.

ausmachen *v/t.* **1.** (*Feuer, Licht etc.*) put out; (*Zigarette*) *a.* stub out; (*Radio etc.*) turn off, switch off; **2.** (*sichten, feststellen*) make out; ***ich kann nichts ~*** I can't see a thing; **3.** (*vereinbaren*) arrange; ***e-n Termin ~*** arrange *od.* fix a time (*od.* date, time and date), (*Arzttermin*) make an appointment (***bei*** with); ***der Termin ist fest ausgemacht*** the date's definite (*od.* firmly fixed); ***zur ausgemachten Stunde*** at the agreed time; ***an ausgemachter Stelle*** at the agreed place; **4.** (*Streit, Sache*) settle; ***das müssen sie unter sich ~*** they'll have to sort (*od.* fight) it out between themselves; ***et. mit sich selbst ~*** settle s.th. with one's own conscience; ***et. im Guten ~*** settle s.th. in good grace; **5.** (*e-n Teil bilden*) make up, constitute; **6.** (*betragen*) come to; ***ein Vermögen ~*** cost a fortune; **7.** ***es macht viel aus*** it makes a big difference, (*fällt stark ins Gewicht*) *a.* it matters a lot (*od.* a great deal); ***das macht nichts aus*** it doesn't matter; ***macht es Ihnen etwas aus, wenn ich Klavier spiele?*** do you mind if I play the piano?, would you mind if I played the piano?; ***macht es dir was aus, daß ich später komme?*** do you mind my (*od.* me) coming late?; ***das macht mir nichts aus*** I don't mind, *gleichgültig*: I don't care; ***die Kälte macht ihm nichts aus*** the cold doesn't bother him.

ausmalen *v/t.* (*Bild, Stich etc.*) colo(u)r; (*Saal etc.*) paint; *fig.* depict; (*ausschmücken*) embroider; *fig.* ***sich et. ~*** picture s.th. (to o.s.), imagine s.th.

ausmanövrieren *v/t.* outmanoeuvre, *Am.* outmaneuver; (*austricksen*) outsmart; **Ausmanövrierung** *f* outmanoeuvring, *Am.* outmaneuvering.

Ausmaß *n* size, dimensions *pl.*; *fig.* extent, *größer*: magnitude; ***mit den ~en von*** the size of, *fig.* on the scale of; *fig.* ***in großem ~*** to a great extent; ***Reformen in großem ~*** wide-scale reforms; ***ein erstaunliches ~ an*** an astounding degree of; ***erschreckende ~e annehmen*** assume (*od.* take on) alarming proportions; ***das ~ der Katastrophe ist noch nicht bekannt*** the extent of the damage caused by the disaster is not yet known.

ausmeißeln *v/t.* carve out.

ausmergeln *v/t.* (*entkräften*) drain; (*Boden*) exhaust; → ***ausgemergelt.***

ausmerzen *v/t.* (*Fehler etc.*) weed out; (*Erinnerung*) blot out, (*a. ausrotten*) wipe (*od.* stamp) out.

ausmessen *v/t.* measure (out).

ausmisten I. *v/t.* (*Stall*) muck (*od.* clean) out; *fig.* clear out; ***Bücher*** (***Briefe*** *etc.*) ***~*** clear out old books (old letters *etc.*); **II.** *fig.* *v/i.* have a clearing-out session.

ausmustern *v/t.* **1.** sort out; **2.** ⚔ discharge (as unfit); (*befreien*) exempt (from military service).

Ausnahme *f* exception; ***mit ~ von*** (*od. gen.*) except (for), excepting, with the exception of; ***e-e ~ bilden*** be an exception; (***bei j-m***) ***e-e ~ machen*** make an exception (in s.o.'s case); ***die ~ bestätigt die Regel*** the exception proves the rule; ***e-e ~ von der Regel*** an exception to the rule; **~bestimmung** *f* exception clause; **~erscheinung** *f* exception; ***dieser Spieler ist e-e absolute ~*** this player is one in a million; **~fall** *m* special case, exception; ***in Ausnahmefällen*** in special (*od.* exceptional) circumstances; **~genehmigung** *f* exemption; **~gericht** *n* extraordinary court; **~mensch** *m* exceptional person; **~regelung** *f* exemption; **~situation** *f* **1.** unusual situation; **2.** (*Sonderfall*) exceptional case; **~zustand** *m* **1.** state of emergency; ***den ~ verhängen*** declare a state of emergency; **2.** exception; ***es ist ein ~*** *a.* it's not always like this.

ausnahmslos I. *adv.* without exception; (*einstimmig*) unanimously; ***~ alle*** all of them, without exception; every single one of them; **II.** *adj. Billigung etc.*: unanimous.

ausnahmsweise *adv.* exceptionally, by way of exception; (*für diesmal*) for once, just this once; *iro. gönnerhaft*: as it's you.

ausnehmen I. *v/t.* **1.** (*Fisch, Wild*) gut; (*Geflügel*) draw; (*Nest*) rob; **2.** F (*j-n*) F fleece; **3.** (*ausschließen*) except, exclude; → ***ausgenommen***; **II.** *v/refl.*: ***sich ~*** look *good, strange etc.*; **ausnehmend I.** *adj.* exceptional; ***von ~er Schönheit*** exceptionally beautiful, *a woman* of exceptional beauty; **II.** *adv.* exceptionally, extremely.

ausnüchtern *v/i. u. v/t.* sober up; **Ausnüchterungszelle** *f* drying-out cell.

ausnutzen, ausnützen *v/t.* use, make use of; (*voll ~*) make the most of; (*den Vorteil ziehen aus, a. unfair*) take advantage of; (*Arbeiter, a. Energie etc.*) exploit.

auspacken I. *v/t.* unpack; (*Geschenk etc.*) unwrap; **II.** F *fig.* *v/i.* F talk, blab; ***pack aus!*** F come on, out with it (*od.* spit it out).

ausparken *v/i.* get out of a parking space (*Am.* lot).

auspeitschen *v/t.* whip.

auspennen F *v/i. u. v/refl.* (***sich ~***) have a good long sleep (*od.* a good lie-in).

auspfeifen *v/t.* boo (at); *thea. a.* boo off the stage.

Auspizien *pl*: ***unter den ~ von*** under the auspices (*od.* aegis) of; ***das Projekt steht unter guten*** (***schlechten***) ***~*** it augurs well (badly) for the project.

ausplappern F *v/t.* F blab out.

ausplaudern I. *v/t.* let (F blab) out; **II.** *v/refl.*: ***sich ~*** have a good old chat (F natter, chinwag).

ausplündern *v/t.* **1.** (*Stadt, Haus etc.*) loot, ransack; **2.** (*Rohstoffquellen*) exploit; (*Land*) bleed (white); **3.** F (*Kasse*) F clean out; (*Kühlschrank etc.*) raid; **4.** (*j-n*) rob; F (*ausnehmen*) F fleece.

auspolstern *v/t.* pad (out).

ausposaunen F *v/t.* F broadcast.

auspowern[1] *v/t.* impoverish.

auspowern[2] F *v/t.* (*j-n*) F elbow out.

ausprägen I. *v/t.* **1.** coin, mint; (*Metall zu Münzen*) stamp; **II.** *v/refl.* **2.** ***sich ~*** (*sich formen*) develop, take shape; → ***ausgeprägt***; **3.** ***sich ~ in*** (*sich zeigen*) be reflected in, (*Ausdruck finden*) find its expression in; ***Angst*** (***Haß***) ***prägte sich in ihrem Gesicht aus*** fear was written into her face (hatred was stamped on her face); *s-e Krankheit* ***hatte sich in s-m Gesicht ausgeprägt*** had left its mark (*stärker*: stamp) on his face.

auspreisen *v/t.* (*Waren*) price; put a price tag on.

auspressen *v/t.* (*Saft*) press out, *mit der Hand*: *a.* squeeze out (*a. Zahnpasta etc.*); (*Frucht*) squeeze.

ausprobieren *v/t.* try (out), test.

Auspuff *m mot.* exhaust; **~gase** *pl.* exhaust fumes; **~klappe** *f* exhaust valve; **~rohr** *n* exhaust pipe; **~topf** *m* silencer, *Am.* muffler.

auspumpen *v/t.* pump out; F *fig.* (*j-n*) F grill.

auspunkten *v/t. Boxen*: beat on points, outpoint; *fig.* (*Rivalen*) cut out.

auspusten *v/t.* blow out.

ausputzen I. *v/t.* **1.** (*reinigen*) clean out; **2.** (*Baum etc.*) prune; **II.** *v/i. Fußball*: sweep up at the back; **Ausputzer** *m Fußball*: sweeper-up.

ausquartieren *v/t.* move *s.o.* out; *zwangsweise*: turn *s.o.* out.

ausquatschen F **I.** *v/t.* F blab out; **II.** *v/refl.*: ***sich ~*** F have a good old natter (*od.* chinwag).

ausquetschen *v/t.* **1.** → ***auspressen***; **2.** F *fig.* (*j-n*) F grill.

ausradieren *v/t.* rub out, erase; *fig.* wipe out, eradicate.

ausrangieren *v/t.* **1.** (*aussortieren*) sort out; (*wegwerfen*) throw out, get rid of; (*Maschinen etc.*) scrap; **2.** 🚂 shunt out.

ausrasieren *v/t.* shave.

ausrasten[1] *v/i.* **1.** ⚙ disengage, be released; **2.** *sl. fig.* (*ausflippen*) *sl.* flip.

ausrasten[2] *v/i.* → ***ausruhen, rasten.***

ausrauben *v/t.* rob; (*plündern*) ransack.

ausrauchen *v/t.*: ***s-e Pfeife*** *etc.* ***~*** finish one's pipe *etc.*

ausräuchern *v/t.* fumigate; (*Bienen, Fuchs, Feind*) smoke out.

ausraufen *v/t.*: ***sich die Haare ~*** tear one's hair out; ***ich könnte mir die Haare ~!*** I could kick myself!

ausräumen *v/t.* **1.** (*Zimmer, Möbel etc.*) clear out (*a.* F *ausplündern*); **2.** (*Magen, Darm*) purge; **3.** *fig.* (*Bedenken etc.*) clear up.

ausrechnen *v/t.* work out (*a. fig.*); (*Summe*) *a.* calculate; ***sich et. ~*** (*sich et. denken*) guess, figure out; ***ich rechne mir gute Chancen aus*** I reckon (*od.* think) I've got a good chance.

ausrecken I. *v/t.* stretch; ***sich den Hals ~ nach*** crane one's neck to see; **II.** *v/refl.*: ***sich ~*** stretch out (***nach*** to reach).

Ausrede *f* excuse; **ausreden I.** *v/i.* finish speaking; ***j-n ~ lassen*** let s.o. finish (speaking), hear s.o. out; ***lassen Sie mich ~*** let me finish; ***j-n nicht ~ lassen*** cut s.o. short; **II.** *v/t.*: ***j-m et. ~*** talk s.o. out of s.th.; **III.** *v/refl.*: ***sich bei j-m ~*** unburden o.s. to s.o.

ausregnen *v/impers.*: ***es hat*** (***sich***) ***ausgeregnet*** that's the end of the rain now (*od.* for a while).

ausreiben *v/t.* (*Glas etc.*) wipe out; ***sich die Augen ~*** rub one's eyes.

ausreichen *v/i.* be enough; *über e-n Zeitraum*: last *a week etc.*; ***m-e Kenntnisse reichen nicht aus*** I don't know enough; ***s-e Ausbildung reicht für die Stelle nicht aus*** his training isn't (quite) adequate for the job; **ausreichend** *adj.* enough, sufficient; (*Note*) *etwa* D.

ausreifen *v/i.* ripen; *Käse*: *a.* mature, age (*beide a. Wein*); → ***ausgereift.***

Ausreise *f* departure; ***bei der ~*** on leaving the country; **~erlaubnis** *f* exit permit.

ausreisen *v/i.* leave (the country).

Ausreise|sperre *f* ban on exit visas, ban on leaving the country; **~visum** *n* exit visa.

ausreißen I. *v/t.* **1.** tear out; (*Bäume, Pflanzen*) pull up; ***ich fühle mich, als könnte ich Bäume ~*** I feel up to anything; F *fig.* ***dafür reiß' ich mir kein Bein aus*** I'm not going to kill myself (for that); II. *v/i.* **2.** *Stoff, Naht etc.*: split; *Knopf etc.*: come off; **3.** F (*weglaufen*) F do a bunk; *von zu Hause*: run away; **4.** *Sport*: break away (from the field); **Ausreißer** *m* **1.** runaway (*a. phys.*); **2.** *Sport*: breakaway; **3.** F *abweichender*: F one-off.

ausreiten I. *v/i.* ride out (on horseback); II. *v/t.* (*Pferd*) exercise.

ausreizen *v/t.* **1.** ***s-e Karten ~*** make the most of one's hand; **2.** (*Thema*) thrash out; ***das Thema ist ausgereizt*** that subject has been exhausted (F flogged to death).

ausrenken *v/t.*: ***sich den Arm*** *etc.* ~ dislocate one's arm *etc.*; *fig.* ***sich*** **(*fast*)** ***den Hals ~ nach et.*** crane one's neck to see s.th., F nearly pull a muscle trying to see s.th.

ausrichten I. *v/t.* **1.** (*gerade richten*) straighten; *in Linie*: align; (*einstellen*) adjust; *fig.* adjust (**nach** to); (*j-n*) bring into line (with); → ***ausgerichtet***; **2.** (*erreichen*) achieve; ***nichts ~*** get nowhere; ***das wird nicht viel ~*** that won't make much (*od.* any) difference; ***damit richtet er nichts aus*** that won't get him anywhere; **3.** (*Nachricht etc.*) pass on (***j-m*** to s.o.); ***könntest du ihm das ~?*** could you tell him (that)?; ***ich werd's ~*** I'll tell him *etc.*, I'll pass it on; ***richten Sie ihm Grüße*** **(*von mir*)** ***aus*** give him my regards; ***kann ich etwas ~?*** can I take a message?; **4.** (*Veranstaltung*) organize; (*Olympiade etc.*) host; **5.** *dial.* run down, F knock; II. *v/refl.*: ⚔ ***sich ~*** fall in; **Ausrichter** *m Sport*: organizer; *e-r Olympiade etc.*: host; **Ausrichtung** *f* **1.** adjustment; alignment (*beide a. fig.*); **2.** *Sport etc.*: organization; *e-r Olympiade etc.*: hosting.

Ausritt *m* ride.

ausroden *v/t.* **1.** (*Baum*) uproot, pull up; **2.** (*Wald*) clear.

ausrollen I. *v/t.* (*Teppich, Teig*) roll out; (*Kabel*) run out; II. *v/i.* come to a standstill; ✈ *a.* taxi to a halt.

ausrotten *v/t.* (*Unkraut*) pull up; (*Tierart, Volk*) wipe out (*a. fig.*); *fig. a.* stamp out; **Ausrottung** *f* wiping out; *e-s Volks*: *a.* genocide.

ausrücken I. *v/i.* **1.** ⚔, *Polizei etc.*: move out; *Feuerwehr*: go out on call; **2.** F (*weglaufen*) F do a bunk; *von zu Hause*: run away; II. *v/t.* ⚙ disengage; (*Kupplung*) *a.* shift.

Ausruf *m* cry; *bsd. mit Worten*: exclamation; *ling.* interjection; **ausrufen** *v/t.* **1.** cry, shout; (*Namen etc.*) call out; ***j-n ~ lassen*** (*suchen*) page s.o.; ***et. ~ lassen*** have s.th. announced; **2.** (*Herrscher, Republik etc.*) proclaim; (*Streik*) call; ***j-n ~ als*** (*od.* ***zu***) proclaim s.o. *king etc.*; ***den Notstand ~*** declare a state of emergency; **Ausrufezeichen** *n* exclamation mark; **Ausrufung** *f* proclamation; *e-s Streiks*: call.

ausruhen I. *v/i. u. v/refl.* (***sich ~***) (have a) rest; → ***ausgeruht, Lorbeer*** 4; II. *v/t.*: ***die Beine*** *etc.* ~ rest one's legs *etc.*, give one's legs *etc.* a rest.

ausrupfen *v/t.* pull out; (*Federn*) pluck out.

ausrüsten *v/t.* fit out (*a. Auto, Schiff etc.*), equip, *mit Waffen*: *a.* arm (**mit** with; **für** for); *fig.* equip (with); ***~ mit*** *a.* supply with; **Ausrüstung** *f* (*Sport2 etc.*) gear; ⚔ equipment, *des Soldaten*: kit; ⚙ (*Anlage*) equipment.

ausrutschen *v/i.* slip (**auf** on); *mot.* skid; *fig.* step out of line; **Ausrutscher** *fig. m* faux pas, gaffe, blunder.

Aussaat *f* **1.** sowing; **2.** (*das Gesäte*) seed; *fig.* ***die ~ des Bösen*** the seeds of iniquity; **aussäen** *v/t.* sow; *fig.* sow the seeds of.

Aussage *f* **1.** statement; *ling.* predicate; (*künstlerische ~*) message; ***nach ~ von*** according to; **2.** ⚖ testimony, (*Zeugen2*) evidence (*a. pl.*); ***e-e ~ machen*** → ***aussagen*** 2; ***die ~ verweigern*** refuse to give evidence; ***hier steht ~ gegen ~*** it's his word against hers *etc.*; ***aufgrund der ~ von*** on the evidence of.

Aussagekraft *f* expressiveness; (*Beweiskraft*) validity; **aussagekräftig** *adj.* expressive; *Statistiken etc.*: sound, convincing.

aussagen I. *v/t.* state, declare, say; *Kunstwerk*: have *s.th.* to say; II. *v/i.* ⚖ testify, give evidence (***gegen*** against).

aussägen *v/t.* saw out.

Aussage|satz *m ling.* clause of statement; **~verweigerung** *f* ⚖ refusal to testify (*od.* give evidence).

Aussatz *m* leprosy; **aussätzig** *adj.* leprous; **Aussätzige(r)** *m* leper (*a. fig.*).

aussaufen *v/t. Tier*: drink up; (*leeren*) empty; *sl. Person*: F guzzle *all the beer etc.*; (*Flasche etc.*) finish off, drain.

aussaugen *v/t.* suck out; (*Frucht, Wunde*) suck; *fig.* suck dry; (*a.* ***bis aufs Blut ~***) bleed *s.o.* white.

ausschaben *v/t.* scrape out (*a.* ⚕); (*Melone etc.*) scoop out; **Ausschabung** *f* ⚕ *der Gebärmutter*: (womb) scrape.

ausschachten *v/t.* dig up; (*Kanalbett etc.*) dig out; (*Schacht etc.*) sink.

Ausschaltautomatik *f* automatic shut-off.

ausschalten *v/t.* **1.** switch off; **2.** *fig.* (*Zweifel etc.*) dismiss; (*Fehler*) avoid; (*Rivalen*) put out of the running, get rid of; *bsd. Sport*: eliminate; (*Parlament etc.*) inactivate; **Ausschalter** *m* ⚡ circuit breaker; **Ausschaltung** *f* **1.** *e-s Stromkreises*: disconnection; **2.** *des Gegners*: elimination.

Ausschank *m* **1.** sale of alcoholic drinks; ***~ von Bier*** *etc.* sale of beer *etc.*; **2.** (*Kneipe*) pub, *Am.* bar; **3.** (*Schanktisch*) bar, counter; **~erlaubnis** *f* licen|ce (*Am.* -se) (to sell alcoholic drinks).

Ausschau *f*: ***~ halten*** keep a lookout, ***nach***: look out for, be on (*od.* keep) a lookout for, F keep one's eyes peeled for, *e-r Stelle etc.*: look around for; **ausschauen** *v/i.* **1.** ***~ nach*** look out for, *e-r Stelle etc.*: look around for; **2.** *dial.* → ***aussehen.***

ausschaufeln *v/t.* dig out.

ausscheiden I. *v/t.* **1.** *physiol.* excrete; (*Urin*) pass; (*absondern*) secrete; (*ausstoßen*) expel; **2.** (*aussondern*) sort out; (*beseitigen*) get rid of; II. *v/i.* **3.** ***~ aus*** *e-m Amt*: retire from, *e-r Firma, Regierung etc.*: leave; ***aus s-m Amt ~*** *pol.* withdraw from office; ***als Kabinettsminister ~*** leave one's post as cabinet minister (*od.* one's cabinet post); **4.** *Sport*: be eliminated (**aus** from), drop out (of); **5.** (*nicht in Frage kommen*) have to be ruled out; *Person*: not to be eligible; ***sie scheidet von vornherein aus*** *a.* she can't be considered; III. 2 *n*: ***nach s-m ~ aus der Firma*** (***dem Amt***) after leaving the company (withdrawing from office); **ausscheidend** *adj. Minister etc.*: departing; **Ausscheidung** *f* **1.** *physiol.* excretion; passing; secretion; expulsion; → ***ausscheiden*** 1; **2.** (*Ausgeschiedenes*) excreted matter; (*Stuhl*) excrement; *pl.* (*Stuhl, Urin*) excreta (*pl.*); (*Ausfluß*) *a. pl.* discharge; **3.** *Sport*: → ***Ausscheidungskampf.***

Ausscheidungs|kampf *m* qualifying contest; **~organ** *n* excretory organ; **~produkt** *n* waste product; **~runde** *f* qualifying round; **~spiel** *n* qualifying match.

ausschelten *v/t.* scold.

ausschenken *v/t.* pour out; *als Wirt*: sell.

ausscheren *v/i.* swerve to the right (*od.* left); *zum Überholen*: pull out; *fig.* go one's own way; *fig.* ***~ aus*** *e-m Bündnis etc.*: pull out of, *e-r Partei* : leave.

ausschicken *v/t.* → ***aussenden.***

ausschiffen *v/t.* put ashore; (*Ladung*) unload.

ausschildern *v/t.* signpost.

ausschimpfen *v/t.* give *s.o.* a telling-off (F wigging).

ausschlachten *v/t.* **1.** cut up; **2.** F (*Auto etc.*) cannibalize; **3.** *fig.* (*ausnutzen*) exploit, make *political etc.* capital out of; (*Roman, Briefe etc.*) quarry *s.th.* for information *etc.*

ausschlafen I. *v/i. u. v/refl.* (***sich ~***) get a good night's sleep; *sonntags etc.*: have a lie-in; → ***ausgeschlafen***; II. *v/t*: (***s-n Rausch*** *etc.*) ~ sleep (it) off.

Ausschlag *m* **1.** ⚕ rash; ***e-n ~ bekommen*** break out in a rash (*Pickel*: *a.* in spots); **2.** *e-s Zeigers*: deflection; *e-s Pendels*: swing; **3.** *fig.* ***den ~ geben*** decide the issue, clinch matters, *bei knappem Ergebnis*: tip the balance; ***den ~ geben für*** decide, ***j-n:*** *bei e-r Wahl etc.*: tip the scales in s.o.'s favo(u)r; ***er gab den ~ für unseren Sieg*** without him we would have lost; **ausschlagen** I. *v/t.* **1.** (*Zahn etc.*) knock out; → ***Faß***; **2.** (*ablehnen*) turn down; **3.** ⚖ (*Erbschaft etc.*) disclaim; II. *v/i.* **4.** *Pferd*: kick out; *Person*: hit out (in all directions); **5.** *Zeiger*: deflect; *Waage*: turn; *Pendel*: swing; **6.** ❦ sprout, bud; *Bäume*: come into leaf; **ausschlaggebend** *adj.* decisive; ***~ sein*** *a.* be the deciding factor; ***das war (für ihn) ~*** *bei e-r Wahl etc.*: that tipped the scales (in his favo[u]r); ***das ist für mich nicht ~*** that doesn't weigh with me; ***~e Stimme*** casting vote; **Ausschlagung** *f* ⚖ *e-r Erbschaft*: disclaimer.

ausschließen I. *v/t.* **1.** (*j-n, a. Arbeiter*) lock out; (*nicht zulassen*) bar *s.o.* (**aus** from); *aus e-r Partei etc.*: expel (from);

Sport: disqualify (from); *vorübergehend*: suspend (from); (***aus der Gesellschaft*** *od.* ***Gemeinschaft***) ~ ostracize; **2.** (*Möglichkeit, Verbrechen etc.*) rule out, preclude; ***jeden Zweifel*** ~ remove all (*od.* any trace of) doubt; → ***ausgeschlossen***; **3.** (*nicht berücksichtigen*) exclude; **4.** ***sich*** (***gegenseitig***) ~ be mutually exclusive; **II.** *v/refl.*: ***sich*** ~ exclude o.s. (***von*** from); **ausschließlich I.** *adj.* (*u. adv.*) exclusive(ly), sole(ly); ~ ***für Mitglieder*** (for) members only; ***er interessiert sich*** ~ ***für*** all he's interested in is, he's only interested in; **II.** *prp.* excluding, exclusive of; **Ausschließlichkeit** *f* exclusiveness; **Ausschließung** *f* exclusion; (*Aussperrung*) lockout; → ***Ausschluß.***

ausschlüpfen *v/i. Tier*: hatch out.

ausschlürfen *v/t.* slurp.

Ausschluß *m* exclusion; (*Ausweisung*) expulsion; *Sport*: disqualification (*a. von e-m Amt*); *zeitweiliger*: suspension; ***unter*** ~ ***der Öffentlichkeit*** ⚖ in camera, behind closed doors.

ausschmieren *v/t.* **1.** (*Backform etc.*) grease; **2.** ⚙ lubricate; *mit Fett*: grease; *mit Öl*: oil; **3.** F *fig.* (*betrügen*) F put one over on *s.o.*

ausschmücken *v/t.* decorate; *fig.* (*Erzählung*) embroider, embellish; **Ausschmückung** *f* decoration; *fig.* embellishment.

ausschnappen *v/i.* **1.** *Tür*: click open; *Schloß*: snap open; **2.** F *fig. Person*: F snap out of it.

ausschnaufen *dial. v/i.* **1.** (*zu Atem kommen*) get one's breath back; **2.** (*Pause machen*) F take a breather.

ausschneiden *v/t.* cut out; (*Bäume*) prune.

Ausschnitt *m* **1.** *am Kleid*: neck, *weitS.* neckline; **2.** (*Zeitungs*≈) cutting, clipping; **3.** ⅍ (*Kreis*≈) sector; **4.** *fig.* (*Teil*) part; *e-s Bildes*: detail; *e-s Buches*: extract; *e-s Films, Konzerts*: excerpt; ~***e*** (*Höhepunkte*) highlights (***aus*** of, from); ***ich habe es nur in*** ~***en gesehen*** I only saw parts of it.

ausschnüffeln F *v/t.* F nose out.

ausschöpfen *v/t.* scoop out; *fig.* (*Möglichkeiten, Thema*) exhaust.

ausschoten *v/t.* (*Erbsen*) shell.

ausschrauben *v/t.* unscrew; (*Glühbirne*) *a.* take out.

ausschreiben *v/t.* **1.** (*Wort etc.*) write out (in full); **2.** (*Scheck*) make (*od.* write) out (***j-m*** to s.o.); ***j-m ein Rezept*** *etc.* ~ write s.o. a prescription *etc.*; **3.** (*ankündigen*) announce; (*Stelle etc.*) advertise *a post*; (*e-e Belohnung*) offer *a reward*; (*Steuern*) impose; ⚜ put *s.th.* out to tender; ***Wahlen*** ~ call elections, *in GB*: *a.* go to the country; **Ausschreibung** *f e-r Stelle*: advertisement; ⚜ tender, call for tenders; *Sport*: invitation to a competition.

ausschreien I. *v/t.* shout out; F *fig.* ***sich die Kehle*** ~ F scream one's head off; **II.** *v/refl.*: ***sich*** ~ have a good scream; (*aufhören zu schreien*) stop screaming.

ausschreiten *v/i.* step out, stride (out); **Ausschreitungen** *pl.* (*Aufruhr*) rioting *sg.*, riot *sg.*, riots, violent clashes; ***es kam zu*** ~ there was rioting, there were violent clashes.

Ausschuß *m* **1.** (*Komitee*) committee; **2.** (*Abfall*) waste; → ***Ausschußware***; **3.** (~*wunde*) exit wound; ~**mitglied** *n* committee member; ~**sitzung** *f* committee meeting; ~**ware** *f* rejects *pl.*

ausschütteln *v/t.* shake out.

ausschütten *v/t.* **1.** (*Flüssigkeit*) pour out; (*verschütten*) spill; (*Kartoffeln etc.*) empty out, (*Kohle*) *a.* dump; **2.** (*Gefäß, Behälter*) empty; *fig.* ***sein Herz*** ~ pour one's heart out; → ***Lachen***; **Ausschüttung** *f* ⚜ *von Dividenden*: distribution.

ausschwärmen *v/i.* swarm out; *fig.* scatter (to the four winds).

ausschwatzen I. *v/t.* F blab out; **II.** *v/refl.*: ***sich*** ~ have a good old chat.

ausschwefeln *v/t.* sulphurize, *Am.* sulfurize; (*Insekten etc.*) fumigate (with sulphur [*Am.* sulfur]).

ausschweifen *v/i.* **1.** go to extremes; *allg.* lead a dissolute life; **2.** *beim Erzählen*: go off at a tangent; **ausschweifend** *adj.* (*übertrieben*) excessive; *Phantasie*: wild; *Leben*: dissolute, licentious; **Ausschweifung** *f* excess; ***wüste*** ~***en*** wild excesses; ***e-e*** ~ ***der Phantasie*** a product of s.o.'s wild imagination.

ausschweigen *v/refl.*: ***sich*** ~ remain silent (***über*** on), refuse to speak (about), *Politiker etc.*: refuse to comment (on).

ausschwenken I. *v/t.* (*Behälter*) swill out; (*Wäsche*) rinse; **II.** *v/i. Kran etc.*: swivel, swing out; *Anhänger etc.*: veer round, veer to the left (*od.* right).

ausschwitzen *v/t.* (*Harz, Feuchtigkeit etc.*) sweat (out); (*Krankheit etc.*) sweat out.

aussehen I. *v/i.* look; ***gut*** ~ be good-looking, *gesundheitlich*: look well; ***schlecht*** ~ (*krank*) look ill; ***du siehst schlecht aus*** *a.* you don't look very well; F ***wie siehst du denn aus?*** what happened to you?; F ***er sah vielleicht aus!*** he looked a real sight; you should have seen him; ***wie sieht er aus?*** what does he look like?; ***es sieht*** (***ganz***) ***danach aus*** it (certainly) looks like it; F ***er sieht ganz danach aus*** he looks the sort; F ***sehe ich danach aus?*** what do you take me for?; ***es sieht nach Regen aus*** it looks like rain (*od.* as if it's going to rain); F ***so siehst du aus!*** that's what 'you think; ***wie sieht's bei dir aus?*** how are things?, *Betonung auf „dir"*: how about you?; ***wie sieht's*** (***damit***) ***aus?*** what's the verdict?; **II.** ≈ *n* appearance, looks *pl.*; ***dem*** ~ ***nach*** judging by appearances; ***man sollte nicht nach dem*** ~ ***urteilen*** one shouldn't judge (*od.* go) by appearances.

aussein F *v/i.* **1.** (*vorbei sein*) be over; ***damit ist es*** (***jetzt***) ***aus*** it's all over now, that's the end of that; ***mit unserem Urlaub ist es jetzt aus*** that's the end of our holiday, so much for our holiday; ***es ist aus mit ihm*** he's had it, F it's curtains for him; ***mit ihm ist es aus*** *Beziehung*: I'm (*od.* she's) not going out with him any more, I've (*od.* she's) finished with him; ***zwischen den beiden ist es aus*** they've split up, they've finished with each other, they're not going out with each other any more; ***mit m-r Geduld ist es jetzt aus*** I've had enough, there's a limit to what you can take; **2.** *Gerät*: be (switched) off, *Licht*: *a.* be out; **3.** *Feuer*: be out, have gone out; **4.** *Sport*: be out; **5.** *abends etc.*: be out; ***ich war gestern mit ihm aus*** I was (*od.* went) out with him yesterday; **6.** ***auf et.*** ~ be out for s.th., be out to get s.th.

außen *adv.* outside; ***von*** ~ from (the) outside; ***nach*** ~ ***dringen*** get out, *Flüssigkeit, Geheimnis etc.*: *a.* leak out, *Geräusch*: get through to the outside; ***dringt die Musik nach*** ~***?*** can you hear the music through the walls?; *fig.* ***nach*** ~ ***hin*** outwardly, on the outside (*od.* surface); ***nach*** ~ ***hin erscheint sie sehr höflich*** *a.* she has a veneer of politeness.

Außen|antenne *f* outdoor aerial (*od.* antenna); ~**arbeiten** *pl. beim Bau*: outside work *sg.*; ~**aufnahme** *f phot.* outdoor shot; *Film*: location shot; ~**bahn** *f Sport*: outside lane; ~**bezirk** *m* outlying area (*od.* suburb); ~***e*** *e-r Stadt*: *a.* outskirts; ~**bordmotor** *m* outboard motor.

aussenden *v/t.* send out; (*ausstrahlen*) *a.* transmit.

Außendienst *m* field service; ***im*** ~ in the field; ~**mitarbeiter** *m* field representative; *pl. a.* outdoor staff *sg.* (*mst pl. konstr.*); ~ ***sein*** *a.* work in the field.

Außen|grenze *f* EU external frontiers *pl.*; ~**handel** *m* foreign trade; ~**linie** *f Sport*: boundary line, *engS.* sideline; ~**maße** *pl.* outside measurements; ~**minister** *m* foreign minister (*od.* secretary); *in GB*: Foreign Secretary; *in den USA*: Secretary of State; ~**ministerium** *n* foreign ministry; *in GB*: Foreign and Commonwealth Office; *in den USA*: State Department; ~**politik** *f* foreign affairs *pl.*; *bestimmte*: foreign policy; ≈**politisch** *adj.* foreign-policy ...; international; ~***er Sprecher*** spokesman on foreign affairs; ~**seite** *f* outside.

Außenseiter *m Sport u. fig.*: outsider; ***gesellschaftlicher*** ~ social misfit, *pl. a. the* fringes of society; ~**position** *f* fringe existence; ***in e-e*** ~ ***geraten*** end up on the fringes; ***e-e gesellschaftliche*** ~ ***einnehmen*** be socially out on the fringes; ~**rolle** *f* role of an *od.* the outsider (*od.* [the] outsiders); ***in e-e*** ~ ***gedrängt werden*** be pushed onto the sidelines, be marginalized.

Außen|ski *m* outside ski; ~**sohle** *f* outer sole, outsole; ~**spiegel** *m* wing mirror; ~**stände** *pl.* ⚜ outstanding accounts, accounts receivable; ~**stehende(r)** *m* outsider; (*Beobachter*) outside observer, observer on the outside; ~**stelle** *f* branch office; ~**stürmer** *m* winger; ***linker*** ~ outside left; ~**tasche** *f* outside pocket; ~**temperatur** *f* outdoor temperature(s *pl.*); ~**toilette** *f* outside toilet; ~**übertragung** *f* outside broadcast; ~**verteidiger** *m* full-back; ~**viertel** *n* suburb; ***in e-m*** ~ ***leben*** live in (one of) the suburbs; ~**wand** *f* outer wall; ~**welt** *f* outside world; ***von der*** ~ ***abgeschnitten*** *a.* cut off from the world around; ~**winkel** *m* external angle; ~**wirtschaft** *f* foreign trade.

außer I. *prp.* **1.** out of; → ***Betrieb*** 3, ***Dienst*** 4, ***Frage*** *etc.*; ~ ***sich sein*** be beside o.s. (***vor*** with); ~ ***sich geraten*** lose control over o.s., F flip one's lid; **2.** (*abgesehen von*) apart from, *bsd. Am.* aside from; except (for); **3.** (*zusätzlich zu*) besides, in addition to; **II.** *cj.*: ~ (***wenn***) unless; ~ ***daß*** except that, apart from the fact that.

äußer *adj.* **1.** *Mauer, Schicht etc.*: outer, outside; *Verletzung, Angelegenheit, Umstände, Ursache*: external; *Druck*: outside, external, from outside; *Gefahr*: external, from outside; *Ähnlichkeit, Eindruck*: on the surface; ~***er Rahmen*** setting (*gen.* for); ~e Erscheinung → Äußere(s) 2; 2. ✝, *pol.* foreign.

Außerachtlassung *f* neglect (*gen.* of).

außer|beruflich *adj.* private; **~betrieblich** *adj.* external.

außerdem *adv.* 1. (*zusätzlich*) as well, in addition; *er besitzt e-e Hotelkette* und ~ (noch) e-e Fluggesellschaft and an airline as well, plus (*od.* as well as) an airline, and an airline on top of it; ~ gibt es was zu essen and there'll be something to eat too (*od.* as well); 2. *bei Begründung*: and anyway, and apart from that (*betonter*: anything), *betonter*: *a.* and on top of that.

außerdienstlich *adj.* unofficial; ⚔ off-duty ...

äußere(r, -s) *adj.* → äußer.

Äußere(s) *n* 1. outside; 2. (*Erscheinung*) (outward) appearance; externals *pl.*; nach dem Äußeren urteilen go by appearances.

außer|ehelich *adj. Kind*: illegitimate; ~er Verkehr extramarital intercourse (*od.* sex); **~europäisch** *adj.* non-European; **~fahrplanmäßig** *adj.* special *train etc.*; **~gerichtlich** *adj.* out-of-court *settlement etc.*; **~gesetzlich** *adj.* extralegal; **~gewöhnlich** I. *adj.* unusual; *Leistung etc.*: exceptional, remarkable; das ist für ihn ~ that's not typical of him (*od.* like him) at all; II. *adv.* (*sehr*) extremely, exceptionally; ~ gut *a.* exceptional, outstanding.

außerhalb I. *prp.* outside; (*jenseits*) beyond (*a. fig.*); ~ der Arbeitszeit (Geschäftszeit) out of working hours (business *od.* office hours); ~ der Legalität beyond the law; es ist ~ m-r Reichweite it doesn't fall within my range of duties, (*ich verstehe es nicht*) it's beyond my range (*od.* scope); II. *adv.* out of town.

Außerhausverkauf *m* takeaway(s *pl.*).

außerirdisch *adj.* extraterrestrial; ~es Wesen *a.* being from outer space, alien (from outer space).

Außerkraftsetzung *f* annulment; *e-s Gesetzes*: repeal; *zeitweilige*: suspension.

äußerlich I. *adj.* 1. external; *Verletzung*: surface *wound*; ⚕ nur zur ~en Anwendung for external use only; 2. *fig.* on the surface; (*oberflächlich*) superficial; II. *adv.* 3. on the outside (*Oberfläche*: surface); 4. *fig.* outwardly, on the surface; rein ~ betrachtet on the surface; **Äußerlichkeit** *f* 1. (outward) appearance, externals *pl.*; 2. *fig.* (*Formalität*) formality; (*Unwesentliches*) minor detail.

äußern I. *v/t.* 1. express, (*a. Verdacht*) voice; s-e Meinung ~ put one's point of view; 2. (*zeigen*) show, express; II. *v/refl.*: sich ~ 3. say something (über, zu about); (*s-e Meinung sagen*) *a.* say what one thinks (about), give one's opinion (on); sich ~ über *offiziell*: comment on, make a statement on; sich kritisch (lobend) ~ über criticize (praise), be critical about (be full of praise for); 4. *Sache*: show; die Krankheit äußert sich in ... the symptoms of the disease are...

außer|ordentlich I. *adj.* 1. extraordinary; (*hervorstechend*) *a.* exceptional; (*erstaunlich*) remarkable; 2. (*Sonder...*) special, extraordinary; ~e Ausgaben extras; ~es Gericht special court; ~er Professor *etwa* reader, senior lecturer, *Am.* associate professor; II. *adv.* (*sehr*) exceptionally; ich bedaure es ~ I very much regret it; es freut mich ~ I'm very pleased indeed; **~parlamentarisch** *adj.* extraparliamentary; **~planmäßig** *adj.* additional; *Beamter*: supernumerary; *Gelder*: unbudgeted; 🚂 *etc.*: special, unscheduled *service etc.*; **~schulisch** *adj.* private; ~e Erziehung non-formal education; **~sinnlich** *adj.*: ~e Wahrnehmung extrasensory perception, ESP.

äußerst I. *adj.* 1. *räumlich*: outermost; (*entferntest*) *a.* furthest, ... furthest away; *Ort*: *a.* remotest; im ~en Norden in the far (*od.* extreme) north; 2. *zeitlich*: latest possible; das ist der ~e Termin *a.* that's the latest deadline possible; 3. *Preis*: lowest possible; das ist der ~e Preis I can't go any lower than that; 4. (*extrem*) extreme; im ~en Fall if the worst comes to the worst; mit ~er Konzentration with the utmost concentration; mit ~er Kraft by a supreme effort, *fahren etc.*: (at) full speed; von ~er Wichtigkeit extremely important, of the utmost importance; II. *adv.* extremely; ~ verwirrend *a.* confusing to the extreme.

außerstande *pred. adj.*: ~ sein zu *inf.* be unable to *inf.*, (*vollkommen unfähig*) be incapable of *ger.*; ich fühle mich ~, es zu tun *a.* I can't possibly do it.

Äußerste(s) *n the* limit; *the* maximum, *the* most; (*das Schlimmste*) *the* worst; es bis zum Äußersten treiben push things to the limit; zum Äußersten entschlossen prepared to go to any lengths; sein Äußerstes tun do one's utmost; auf das Äußerste gefaßt prepared for the worst.

äußerstenfalls *adv.* 1. at (the) most, at best, at the outside; 2. (*schlimmstenfalls*) at worst, if the worst comes to the worst.

außertariflich *adj.* outside the agreed scale; ~e Leistungen fringe benefits.

Äußerung *f* 1. (*Bemerkung*) remark, comment; (*Aussage*) statement, comment; unbedachte ~ careless remark; sich jeder ~ enthalten refuse to comment; 2. (*Ausdruck, Zeichen*) expression, sign.

aussetzen I. *v/t.* 1. (*Kind, Tier*) abandon; *auf e-r Insel*: maroon; 2. (*Fische, wilde Tiere*) release; 3. (*preisgeben*) expose (*dat.* to); → *a.* III; 4. (*Belohnung, Preis*) offer; put *a price on s.o.'s head*; 5. (*unterbrechen*) interrupt; ⚖ (*Verfahren, Urteil*) suspend; 6. etwas ~ (*od.* auszusetzen haben) an object to; was ist daran auszusetzen? what's wrong with it?; er hat immer etwas auszusetzen he's never satisfied, an: he never stops criticizing; er hat dauernd an mir was auszusetzen he's always getting on at me about something (or other); ich habe nichts daran auszusetzen I have no objections, I have nothing against it, *Gerät etc.*: I have no complaints (about it); II. *v/i.* (*unterbrechen*) stop, break off; *Herz, Pulsschlag*: miss a beat, *öfter*: be irregular, *völlig*: stop (beating); *Motor*: stall; (*e-e Pause machen*) take a rest; *beim Spiel*: miss a turn; e-n Tag ~ take a day off; mit *et.* ~ stop *work(ing), taking the pill etc.*; III. *v/refl.*: sich ~ expose o.s. (*dat.* to), (*Kritik, Spott etc.*) *a.* lay o.s. open (to); **Aussetzung** *f* 1. *e-s Kindes etc.*: abandonment; 2. *dem Wetter etc.*: exposure (*dat.* to); 3. *e-s Preises*: offer; 4. ⚖ suspension.

Aussicht *f* 1. view (auf of); ein Zimmer mit ~ aufs Meer a room overlooking the sea (*od.* with seaview); hier oben ist e-e schöne ~ there's a lovely view from up here; j-m die ~ versperren obstruct s.o.'s view; 2. *fig.* prospect(s *pl.*), chance (auf of); politische ~en political outlook; weitere ~en *meteor.* further outlook; ~en haben auf be in the running (*od.* in line) for; ~en haben zu *inf.* have a chance of *ger.*; er hat nicht die geringste ~ zu *inf.* he hasn't got (*od.* doesn't stand) a chance of *ger.*; in ~ sein be coming up; in ~ stellen promise, hold out the prospect of; in ~ haben have *s.th.* in prospect; e-e neue Stelle in ~ haben have the possibility of getting a new job; *iro.* das sind ja schöne ~en! that's a fine lookout.

aussichtslos *adj.* hopeless; ~! *a.* no chance; es ist ein ~es Vorhaben it's a hopeless venture, it's doomed to fail(ure); es ist ~, es zu versuchen there's no point in even trying; **Aussichtslosigkeit** *f* hopelessness, futility.

Aussichts|punkt *m* lookout (*od.* vantage) point; **≈reich** *adj.* promising; es ist ein ~er Posten the job has good prospects; **~straße** *f* scenic road (*od.* route); **~turm** *m* observation tower; **~wagen** *m* 🚂 observation car.

aussickern *v/i.* seep out; (*tröpfeln*) trickle out.

aussieben *v/t.* 1. sift out; ⚡ filter (out); 2. *fig.* sift (*od.* weed) out.

aussiedeln *v/t.* resettle; (*evakuieren*) evacuate; **Aussiedler** *m* emigrant, *a.* refugee; *deutscher*: *a.* ethnic German (emigrant); **Aussiedlung** *f* resettlement; forced migration.

aussinnen *v/t.* → ausdenken.

aussitzen *v/t.* 1. (*Eier*) hatch; 2. (*Hose, Rock*) wear *s.th.* out of shape; 3. *fig.* (*Probleme etc.*) wait out.

aussöhnen *v/t. u. v/refl.*: j-n (sich) ~ mit et. *od.* j-m reconcile s.o. (o.s.) to s.th. *od.* with s.o.; sich ~ mit *a.* make one's peace with; **Aussöhnung** *f* reconciliation.

aussondern *v/t.* sort out.

aussorgen *v/i.* → ausgesorgt.

aussortieren *v/t.* sort out.

ausspachteln *v/t.* plaster up.

ausspähen I. *v/t.* spy out; II. *v/i.*: ~ nach look out for.

ausspannen I. *v/t.* 1. stretch; (*ausbreiten*) spread (out); 2. (*Pferde*) unharness; (*Ochsen*) unyoke; (*Wagen*) unhitch; 3. *fig.* j-m et. ~ talk s.o. into giving one s.th.; (*Geld*) *a.* wheedle s.th. out of s.o.; j-m die Freundin ~ take s.o.'s girlfriend away (from him), F pinch s.o.'s girlfriend; II. *v/i.* relax, F take it easy.

aussparen *v/t.* 1. (*frei lassen*) leave free; 2. *fig.* (*nicht berücksichtigen*) leave out; **Aussparung** *f* 1. empty space; 2. ⚙ recess.

ausspeien *v/t. u. v/i.* spit out; *fig.* spew (out), belch.

aussperren *v/t.* lock out (*a. Arbeiter*); sich ~ lock o.s. out; **Aussperrung** *f von Arbeitern*: lockout.

ausspielen I. *v/t.* 1. (*Karte*) play, (*anspielen*) lead; *fig.* → Trumpf; 2. (*Sportpokal etc.*) play for; 3. (*Sportgegner*) outplay; 4. es wird ein Gewinn von drei Millionen ausgespielt there are three million marks *etc.* to be won; 5. *fig.* j-n gegen j-n ~ play s.o. off against s.o.; 6. (*Können, Einfluß etc.*) bring to bear; II. *v/i.* 7. *fig.* er hat ausgespielt F he's

through (*od.* done for); ***der hat bei mir ausgespielt*** F I'm through with him; **8.** *Kartenspiel*: lead; ***wer spielt aus?*** whose lead (is it)?; **Ausspielung** *f Lotterie etc.*: draw(ing of lots).
ausspinnen *fig. v/t.* spin out.
ausspionieren *v/t.* spy out; (*Person*) spy on.
Aussprache *f* **1.** pronunciation; (*un-*)*deutliche*: *a.* articulation; ***das ist die falsche*** ~ that's not the right pronunciation, that's not how you pronounce (*od.* say) it; F ***die haben aber e-e komische*** ~! what a funny accent they've got, F don't they speak funny?; F ***hast du e-e feuchte*** ~! F say it, don't spray it; **2.** discussion, *a. parl.* debate; ***offene*** ~ heart-to-heart talk; **~regel** *f* pronunciation rule; *pl. a.* rules of pronunciation; **~wörterbuch** *n* pronouncing dictionary.
aussprechbar *adj.*: ***schwer*** ~ hard to pronounce; ***nicht*** ~ unpronounceable; *fig.* unspeakable; **aussprechen I.** *v/t.* **1.** (*Laut*) pronounce; (*Wort*) *a.* say (*a. Satz*); (*un*)*deutlich*: *a.* articulate; ***nicht ausgesprochen werden*** *ling.* be silent (*od.* mute), *weitS.* remain unspoken; **2.** (*zu Ende sprechen*) finish; **3.** (*äußern*) express (*a. Beileid etc., dat.* to), voice; ⚖ (*Urteil*) pronounce, pass; *der Regierung* ***das Vertrauen*** ~ *parl.* pass a vote of confidence (*dat.* in); **II.** *v/refl.*: ***sich*** ~ **4.** (*sich äußern*) express one's views (***über*** on); ***sich für*** (***gegen***) *et.* ~ speak out (*od.* come out, declare o.s.) in favo(u)r of (against), (*Plan etc.*) *a.* support (reject); **5.** (*sein Herz ausschütten*) unbosom o.s., F unload o.s.; ***sich*** (***mit j-m***) ~ *zur Klärung e-s Problems*: have it out (with s.o.); ***sprich dich nur aus!*** get it off your chest, F spit it out; → ***ausgesprochen***; **III.** *v/i.* finish (speaking); ***laß ihn doch*** ~! let him finish.
ausspritzen I. *v/t.* **1.** (*Flüssigkeit*) squirt out; (*Samen*) ejaculate; **2.** ⚕ (*Ohr*) syringe; **II.** *v/i.* squirt out.
Ausspruch *m* utterance; (*Bemerkung*) remark; (*Spruch*) saying.
ausspucken I. *v/t.* spit out (*a. fig.*); (*erbrechen*) bring up, *sl.* spew up; F *fig.* (*Geld*) F cough up; *Computer*: spit out, (*größere Mengen*) F churn out; **II.** *v/i.* spit; ***vor j-m*** ~ spit at s.o.'s feet, *fig.* spit on s.o.
ausspülen *v/t.* **1.** rinse; (*entfernen*) rinse out; ⚕ (*Wunde etc.*) wash (out); **2.** *geol.* (*Ufer, Küste*) erode; (*Sand etc.*) wash away.
ausstaffieren *v/t.* fit out; (*schmücken*) trim; (*j-n, herausputzen*) dress up, F rig out.
Ausstand *m* **1.** (*Streik*) strike; ***in den*** ~ ***treten*** go on strike; **2.** ✝ ***Ausstände*** outstanding accounts; **3.** ***s-n*** ~ ***geben*** have a leaving (*od.* going-away) party.
ausstanzen *v/t.* punch out.
ausstatten *v/t.* fit out; *mit Lebensmitteln*: supply; (*Wohnung*) furnish; (*Buch*) get up; ***mit Personal*** ~ staff; *fig.* ~ ***mit*** *Gütern*: endow with, *Befugnissen*: vest with; ***e-e Praxis mit Teppichböden*** ~ have a surgery fitted with carpets, have carpets laid (*od.* put) in a surgery; ***der Wagen ist sehr gut ausgestattet*** the car's got all the trimmings; **Ausstattung** *f* (*Ausrüstung*) equipment; (*Armaturen*) fittings *pl.*; *e-r Wohnung*: furnishings *pl.*; (*Gestaltung*) design; *thea.* sets and costumes *pl.*; (*Buch*≈) getup.
Ausstattungs|film *m* (screen) spectacular; **~stück** *n thea.* spectacular (play *od.* show).
ausstechen *v/t.* **1.** (*Graben*) dig; (*Rasen, Torf*) cut (out); (*Plätzchen*) cut out; (*Apfel*) core; (*Augen*) put out, *unabsichtlich*: poke out; **2.** *fig.* (*übertreffen*) outdo; (*Rivalen*) cut out; **Ausstechform** *f* pastry cutter.
ausstehen I. *v/t.* (*erleiden*) put up with, suffer; ***es ist ausgestanden*** it's all over, we've *etc.* made it; ***ich kann ihn*** (***es***) ***nicht*** ~ I can't stand him (it); **II.** *v/i. Entscheidung*: be pending; *Zahlungen*: be outstanding; *Geld*: be owing; *Sendungen*: be overdue; ***s-e Antwort steht noch aus*** we're still waiting for his answer, he has yet to give us an answer.
aussteigen *v/i.* **1.** get out (**aus** of), get off (**aus** *a train, bus etc.*), *formell*: alight (from); ✈ F (*abspringen*) bale out; **2.** F *fig.* drop out (**aus** of); *aus e-m Geschäft*: back out (of); ***aus der Kernenergie*** ~ back (*od.* opt) out of the nuclear energy program(me); **Aussteiger** F *m* F dropout.
aussteinen *v/t.* stone.
ausstellen *v/t.* **1.** *zur Schau*: show, display; (*Kunstwerk*) exhibit; **2.** (*Urkunde, Paß*) issue (*dat.* for); (*Rechnung, Scheck*) make out (to); (*Quittung, Rezept*) write out; ***j-m ein Rezept*** ~ write (*od.* give) s.o. a prescription; **3.** F (*ausschalten*) switch off, turn off; **4.** → ***ausgestellt***; **Aussteller** *m* issuer; *auf e-r Messe*: exhibitor.
Ausstellfenster *n mot.* quarterlight, *Am.* vent window.
Ausstellung *f* **1.** exhibition, *Am.* exhibit; **2.** *von Waren*: display; **3.** *e-r Urkunde etc.*: issue.
Ausstellungs|datum *n* date of issue; **~fläche** *f* exhibition space; **~gelände** *n* exhibition site; **~halle** *f* exhibition hall; **~katalog** *m* exhibition catalog(ue); **~objekt** *n* exhibit; **~ort** *m e-s Passes etc.*: place of issue; **~raum** *m* showroom; **~stand** *m* exhibition stand; **~stück** *n* exhibit; **~tag** *m* date of issue.
ausstemmen *v/i. Skisport*: stem.
ausstempeln *v/i.* clock out.
Aussterbeetat F *m*: ***auf dem*** ~ ***stehen*** be on the way out; ***auf den*** ~ ***stellen*** write off.
aussterben *v/i.* die out (*a. fig.*); *Tierart*: *a.* become extinct; → ***ausgestorben.***
Aussteuer *f e-r Braut*: trousseau; (*Mitgift*) dowry.
aussteuern I. *v/i.* (*u. v/t.*) ⚡, *Radio etc.*: modulate; (*regeln*) control the recording level (of); ***du hast zu stark ausgesteuert*** the recording level was too high; **II.** *v/t.* (*j-n*) give s.o. a dowry; **Aussteuerung** *f* ⚡, *Radio etc.*: modulation; (*Regelung*) level control.
Aussteuerversicherung *f* endowment insurance.
Ausstieg *m* **1.** exit; **2.** ~ ***aus der Kernenergie*** withdrawal from (*od.* opting out of) the nuclear energy program(me); ***sie fordern den*** ~ ***aus der Kernenergie*** they want the government to back out of the nuclear energy program(me).
ausstopfen *v/t.* stuff; *mit Watte etc.*: pad.
Ausstoß *m* ✝ output; **ausstoßen** *v/t.* **1.** (*Gegenstand*) push (*od.* knock) out; (*Auge*) knock out; **2.** (*ausschließen*) expel (**aus** from); (*verbannen*) exile (from); (***aus der Gesellschaft***) ~ ostracize; **3.** (*Luft*) expel; (*Dampf etc.*) give off; (*Rauchwolken*) send out; **4.** ✝ (*produzieren*) turn out, produce; **5.** (*Fluch*) utter; (*Schrei*) give; (*Seufzer*) heave; **Ausstoßung** *f* expulsion (*a. physiol.*); *gesellschaftlich*: ostracism.
ausstrahlen I. *v/t.* **1.** *phys.* radiate, emit; *Radio, TV*: broadcast; ***ausgestrahlt werden*** *Sendungen*: *a.* take the air; **2.** *fig.* (*Güte etc.*) radiate; (*Selbstbewußtsein*) exude; ***er strahlt Ruhe auf s-e Umgebung aus*** he has a calming effect on people; ***das Bild strahlt Ruhe*** (***Harmonie***) ***aus*** the picture gives you a great sense of calm (harmony); **3.** (*Zimmer*) illuminate; **II.** *v/i.* **4.** radiate (*a. fig.*); **5.** *Schmerz*: spread (***in*** to); ***in die Beine*** ~ spread down one's legs; **Ausstrahlung** *f* **1.** *phys.* radiation, emission; *Radio, TV*: transmission; **2.** *fig. e-r Qualität*: radiation; **3.** *fig. e-r Person*: personality, *stärker*: personal magnetism, charisma; ***von ihm geht e-e starke*** ~ ***aus*** he has tremendous personal magnetism; **Ausstrahlungskraft** *fig. f* → ***Ausstrahlung*** 3.
ausstrecken I. *v/t.* stretch out; (*Fühler*) put out; (*ausdehnen*) stretch; ***die Hand*** ~ ***nach*** reach out for; ***mit ausgestreckten Armen*** with outstretched arms; **II.** *v/refl.*: ***sich*** ~ stretch (o.s.) out; (*sich recken*) stretch (o.s.).
ausstreichen *v/t.* **1.** (*Geschriebenes*) cross out; **2.** (*glätten*) smooth down; **3.** (*Fugen*) smooth; **4.** *mit Farbe*: paint; (*Backform etc.*) grease.
ausstreuen *v/t.* scatter; *a. fig.* (*Gerücht*) spread.
ausströmen I. *v/i.* **1.** *Flüssigkeit*: gush out (**aus** of); *Gas, Dampf*: escape (from); ~ ***von*** *Licht, Hitze*: emanate from; **2.** *fig.* radiate (**aus** from); **3.** *Menschen etc.*: ***ein- und*** ~ pour in and out; **II.** *v/t.* **4.** (*Wärme etc.*) radiate, emit; (*Duft*) give off; **5.** *fig.* radiate, exude.
ausstudieren F *v/i.* finish one's degree, finish studying; ***ich will erst einmal*** ~ *a.* I want to get my degree first.
aussuchen *v/t.* **1.** pick, choose; ***suchen Sie sich was aus*** take your pick; → ***ausgesucht***; **2.** (*aussortieren*) sort (out).
austarieren *v/t.* balance; *fig.* balance out.
Austausch *m* exchange (*a. kulturell*); *Sport*: substitution; *e-s defekten Teils*: replacement; ***im*** ~ ***gegen*** in exchange for; **~aktion** *f* new-for-old campaign.
austauschbar *adj.* interchangeable; **Austauschbarkeit** *f* interchangeability.
Austauschdozent *m* exchange lecturer.
austauschen *v/t.* exchange (***gegen*** for); *untereinander*: interchange; (*Briefmarken etc.*) swap; (*Blicke, Worte*) exchange; ***A gegen B*** ~ replace A by B, substitute B for A; ***Blicke*** ~ *a.* look at each other; ***Erfahrungen*** ~ compare notes; ***Erinnerungen*** ~ reminisce (about the past); ***Beleidigungen*** ~ trade insults.
Austausch|lehrer *m* exchange teacher; **~motor** *m* reconditioned engine; **~professor** *m* exchange professor; **~programm** *n* exchange program(me); **~schüler** *m* exchange pupil (*Am.* student); **~spieler** *m Sport*: substitute; **~student** *m* exchange student.

austeilen I. *v/t.* hand out, (*a. Gelder*) distribute (**an** to; **unter** among); *gleichmäßig*: share out (among); (*Befehle*) give; (*Essen*) serve; (*Hiebe*, *Karten*) deal; **mit vollen Händen ~** be very lavish with; **II.** *v/i. Kartenspiel*: deal; **wer teilt aus?** who's dealing, whose deal is it?; F **er kann nicht nur einstecken, sondern auch ~** he can give as good as he gets; **Austeilung** *f* distribution.

Auster *f* oyster.

Austern|bank *f* oyster bed; **~fischer** *m zo.* oyster catcher; **~fischerei** *f* oyster fishing; **~pilz** *m* oyster mushroom; **~schale** *f* oyster shell; **~zucht** *f* oyster culture; *konkret*: oyster farm.

austesten *v/t.* test; (*Computerprogramm etc.*) debug.

austilgen *v/t.* wipe out; (*Ungeziefer*) eradicate (*a. fig. Übel etc.*), (*a. Unkraut etc.*) get rid of; *fig.* (*Erinnerung*) blot out.

austoben *v/refl.*: **sich ~** have one's fling; *Jugendliche*: *a.* sow one's wild oats; *Kinder*: have a good romp; (*Wut etc. entladen*) let one's anger *etc.* out; *Sturm*: spend itself.

Austrag *m* **1.** *von Streit etc.*: settlement; **zum ~ bringen** settle; **zum ~ kommen** be settled; **2.** *dial.* **im ~ leben** have retired from active life.

austragen I. *v/t.* **1.** (*Briefe etc.*) deliver; **2.** ⚕ (*Kind*) carry to term; **sie will das Kind ~** (*will nicht abtreiben*) she wants to have the child (*od.* baby); **3.** (*Meinungsverschiedenheiten*) argue out; (*zu Ende bringen*) settle; **4.** (*Wettkampf*) hold; **5.** (*streichen*) take (*od.* cross) *a name* off the list; **II.** *v/refl.*: **sich ~ 6.** take one's name off the list; **7.** *vor dem Weggehen*: sign out; **Austräger(in** *f*) *m* delivery man *od.* boy (*f* lady *od.* girl); *von Zeitungen*: newspaper man *od.* boy (*f* lady *od.* girl).

Austragung *f*: **die ~ des Spiels findet hier statt** the game will be held here; **Austragungsort** *m* venue.

Australasier *m*, **australasisch** *adj.* Australasian.

Australier(in *f*) *m*, **australisch** *adj.* Australian.

Australopithekus *m* Australopithecus.

austrainiert *adj.* fighting fit.

austräumen I. *v/i.*: **er hat ausgeträumt** he's come down to earth again; **II.** *v/t.*: **der Traum ist ausgeträumt** it was nice while it lasted.

austreiben I. *v/t.* **1.** (*Vieh*, *a. Völker*) drive out; (*Geister*) exorci|se (*a. Am.* -ze), cast out; **2.** F *fig.* **j-m et. ~** F cure s.o. of s.th.; **II.** *v/i.* ♧ sprout; **Austreibung** *f* expulsion (*a.* ⚕ *e-s Kindes*); *von Geistern*: exorcism; **Austreibungsphase** *f bei Geburt*: expulsive stage (of labo[u]r).

austreten I. *v/t.* **1.** (*Feuer*, *Glut*) stamp out; **2.** (*Schuhe*) wear out; *neue*: break in; **3.** (*Treppe*, *Stufen*) wear down; (*Pfad*) tread; → **ausgetreten**; **II.** *v/i.* **4.** *Dampf*, *Gas*: escape; *Flüssigkeit*: come out; **5. ~ aus** (*e-m Verein etc.*) leave; (*e-r Partei*) *a.* resign from; (*e-m Bündnis*) leave, pull out of; **6.** F (*zur Toilette gehen*) F go and spend a penny, *Am.* go to the bathroom; **ich muß mal ~** *a.* I must disappear for a minute, F nature calls.

Austriazismus *m ling.* Austriacism.

austricksen F *v/t.* outsmart, outwit.

austrinken I. *v/t.* (*Getränk*) drink up, finish; (*leeren*) empty, (*a. Fläschchen*) finish; **II.** *v/i.* drink up, finish one's beer (*od.* coffee *etc.*); finish the bottle *etc.*

Austritt *m* **1.** *aus e-r Partei*: resignation (**aus** from); *aus e-m Verein*: withdrawal (from); **sein ~ aus der Kirche hat viele schockiert** many people were shocked when he left the church; **s-n ~ erklären** *aus e-r Partei*: hand in one's resignation, *aus der Kirche*, *e-m Verein*: announce (*od.* say) that one is leaving the church *etc.*; **2.** *von Luft*, *Gas*: escape; **Austrittserklärung** *f* (letter of) resignation; *Verein etc.*: notice of withdrawal; **s-e ~ kam überraschend** his announcement that he is (*od.* was) going to resign (*od.* leave the church *etc.*) came as a surprise.

austrocknen I. *v/t.* dry; (*Boden*, *Kehle*) dry up, parch; (*Sumpf*, *Flußbett etc.*) drain; (*Holz*) season; **II.** *v/i.* dry up; *Neubau etc.*: dry out; *Haut*: go (*od.* become) dry; **m-e Kehle ist ausgetrocknet** my throat is parched.

austrompeten *v/t.* broadcast.

austüfteln F *v/t.* work out (carefully); → **ausgetüftelt.**

ausüben *v/t.* **1.** (*Beruf*) carry out *a trade*, *a profession*, have *a profession*; practi|se (*Am.* -ce) *law*, *medicine etc.*; pursue *a career*; (*Tätigkeit*) carry out, be involved in; (*ein Amt*) carry out, hold *an office*; (*Pflicht*) carry out, perform; **den Beruf des Musikers** (**Künstlers**) **~** be a professional (*od.* practi|sing [*Am.* -cing]) musician (artist); **2.** (*Herrschaft*, *Macht*, *Recht etc.*) exercise; (*Einfluß*) exert (**auf** on); (*Wirkung*) have (on); (*Zwang*) use (on), apply (to); → **Druck**[1] 3; **e-n Reiz ~ auf** hold an attraction for; **Ausübung** *f* **1. die ~ e-s Berufs** having (*od.* carrying out) a profession; **in ~ s-s Dienstes** in the line of duty; **2.** exercise; exertion; use, application; → **ausüben** 2.

ausufern *v/i.* **1.** *Stadt*: (begin to) sprawl; *Konflikt etc.*: escalate; *Diskussion etc.*: get out of control; **2.** *Fluß*: overflow (its banks), break its banks.

Ausverkauf *m* **1.** sale; (*Räumungsverkauf*) clearance sale; **im ~ kaufen**: at the sales; **2.** *fig. pol. etc.* sellout; **ausverkaufen** *v/t.* sell off; **Ausverkaufsware** *f* sale goods *pl.*; **ausverkauft** *adj.* sold out (*a. thea. etc.*); **die Größe ist ~** *a.* we've (*od.* they've) sold out of that size, that size is out of stock at the moment; **~es Konzert** sellout concert; **~es Haus** packed house; **vor ~em Haus** (**Stadion**) **spielen** play to a full *od.* packed house (in front of a capacity crowd).

auswachsen I. *v/i.* **1.** → **ausgewachsen; 2.** ♧ go to seed; **3.** F **es ist ja zum** ♀**!** F it's enough to drive you up the wall; **II.** *v/refl.* **4. sich ~ zu** grow into; *fig. a.* develop into; **5. sich ~** *Gehfehler etc.*: disappear (*od.* sort itself out) in time.

Auswahl *f* **1.** (*das zur ~ Stehende*) choice, selection (*gen. od.* **an** of); ✝ range; (*das Ausgewählte*) choice, (*mehreres*) *a.* selection; *Marktforschung*: sample; **e-e kleine ~** a small selection; **e-e große ~** a large *od.* wide choice (*od.* selection); **e-e riesige ~** a vast choice (*od.* selection); **e-e ~ aus** a selection from; **die ~ ist nicht besonders gut** (*gering*) there isn't much choice; **e-e ~ treffen** choose (**aus, unter** from); **e-e sorgfältige ~ treffen** make a careful choice (*mehreres*: selection); **zur ~** *hundreds of books etc.* to choose from; **2.** → **Auswahlmannschaft; auswählen** *v/t.* choose, pick, *formeller*: select (**aus** from); *mit Sorgfalt*: *a.* pick out; → **ausgewählt.**

Auswahl|gremium *n* selection board; **~mannschaft** *f Sport*: select team; **~möglichkeit** *f* choice; **es sind nicht viele ~en** there isn't much choice, there aren't many alternatives; **~prinzip** *n* selection principle; **~sendung** *f* ✝ consignment on approval; **~verfahren** *n* selection procedure.

auswalzen *v/t.* ⚙ roll out; *fig.* (**breit**) **~** make a big thing out of, *begeistert*: go to town on, (*Geschichte*, *Rede*) drag out (endlessly).

Auswanderer *m* emigrant; **auswandern** *v/i.* emigrate; *Volksstamm*: migrate; **Auswanderung** *f* emigration; *e-s Volksstammes*: migration; *fig.* exodus.

auswärtig *adj.* outside ..., from outside; (*in* [*von*] *e-m anderen Ort*) in (from) another town; *pol.* foreign; **das** ♀**e Amt** → **Außenministerium**; **~e Angelegenheiten** foreign affairs; **~e Studenten** non-local (and foreign) students.

auswärts *adv.* outwards; (*nicht zu Hause*) out, away (from home); (*außerhalb der Stadt*) out of town; (*an e-m anderen Ort*) in another town; **~ essen** *etc.* eat *etc.* out; **~ spielen** *Sport*: play away from home.

Auswärtsspiel *n Sport*: away match.

auswaschen *v/t.* wash out; ⚕ bathe; *geol.* erode.

auswechselbar *adj.* interchangeable; (*erneuerbar*) replaceable; **auswechseln I.** *v/t.* exchange (**gegen** for); (*ersetzen*) replace (by); *untereinander*: interchange (*alle a.* ⚙); (*Rad*, *Reifen*, *Batterie*) change; *Sport*: substitute *a player*; **die Batterien** *etc.* **~** *a.* put new batteries *etc.* in; **wie ausgewechselt** (like) a different person; **II.** *v/i. Sport*: make a substitution; **Auswechselspieler** *m* substitute; **Auswechs(e)lung** *f* exchange; (*Ersetzen*) replacement; *Sport*: substitution.

Ausweg *m* way out (**aus** of); **letzter ~** last resort; **es gibt sonst keinen ~** *a.* there's no other solution.

ausweglos *adj.* hopeless; **Ausweglosigkeit** *f* hopelessness.

ausweichen *v/i.* **1.** make way (*dat.* for), (*a. den Zusammenstoß vermeiden*) get out of the way (of); **e-m Fußgänger** *etc.* **~** avoid hitting a pedestrian *etc.*; **e-m Schlag** *etc.* **~** dodge a blow *etc.*; **nach rechts** (**links**) **~** swerve to the right (left); **ich konnte ihm gerade noch ~** *Autofahrer*: I just missed him, I just managed to swerve out of the way in time, *Fußgänger*: he just missed me, I just managed to jump out of the way in time; **2.** *fig.* (*ausweichend antworten*) be evasive; **j-m** (**e-r Sache**) **~** avoid s.o. (s.th.); **e-m Thema ~** *a.* talk round a subject; **e-r Entscheidung ~** avoid making a decision; **er weicht m-n Fragen aus** he won't answer my questions; **3. ~ auf** switch to; (*Straße etc.*) *a.* take (instead); (*Termin*, *Möglichkeit*, *Nächstbestes*) fall back on; **ausweichend** *adj.*: **~e Antwort** evasive answer.

Ausweich|flughafen *m* alternate airport; **~manöver** *n* **1.** *mot.* swerve to avoid hitting s.o. (*od.* s.th.); **das war ein geschicktes ~** that was a nice bit of dodging (*od.* piece of driving); **2.** *fig. a. pl.* evasive action; **s-e Antwort war ein reines ~** he was just trying to avoid the issue with his answer; **~möglichkeit** *f* way out; **~stelle** *f mot.* passing point; 🚂 siding.

ausweiden *v/t.* **1.** (*Wild*) gut; **2.** *fig.* exploit.

ausweinen I. *v/refl.*: **sich ~** have a good cry, ***bei j-m:*** cry on s.o.'s shoulder; **II.** *v/t.*: ***sich die Augen ~*** cry one's eyes out.

Ausweis *m* (*Personal*≈) identity card, ID (card); (*Mitglieds*≈, *Zulassungs*≈ *etc.*) membership (*od.* admission *etc.*) card; *weitS.* pass, permit; *an der Grenze*: *mst* passport; ***den*** (*od.* ***j-s***) ***~ verlangen*** ask for identification; **ausweisen I.** *v/t.* **1.** *aus dem Land*: expel, deport; *aus der Schule*: expel (*alle* **aus** from); **2.** ✝ show (on the books); **3.** ***j-n ~ als*** identify s.o. as, *fig.* prove s.o. to be; **II.** *v/refl.*: ***sich ~*** identify o.s., prove one's identity; *fig.* ***sich ~ als*** prove o.s. (to be) *an expert etc.*

Ausweis|fälschung *f* forging of IDs; **~karte** *f* → ***Ausweis***; **~kontrolle** *f* ID check; **~leser** *m Computer*: badge reader; **~papiere** *pl.* (identification *od.* ID) papers.

Ausweisung *f* expulsion; deportation; ⚖ eviction; **Ausweisungsbefehl** *m* deportation (*od.* expulsion) order.

ausweiten I. *v/t.* extend (**zu** into); (*Handschuhe, Schuhe*) stretch; *fig.* extend (to); **II.** *v/refl.*: ***sich ~*** expand; *Pullover etc.*: stretch; *fig. Organisation etc.*: expand, grow; *Konflikt*: spread; ***sich ~ zu*** grow (*od.* develop) into; *Konflikt*: *a.* escalate into; **Ausweitung** *f* extension; expansion; spreading; escalation; → ***ausweiten.***

auswendig *adv.*: ***~ lernen*** (***können***) learn (know) by heart; ***~ spielen*** play from memory; ***in- und ~ kennen*** know *s.th.* inside out, know *s.th.* like the back of one's hand.

auswerfen *v/t.* **1.** throw out; (*Angel, Anker, Netz*) cast; **2.** ⚕ (*Schleim, Blut*) cough up; (*Lava*) spew out; ⚙ eject; (*produzieren*) turn out; *Computer*: (*Lösung etc.*) throw up; **3.** (*e-e Summe*) allocate, set aside; (*Prämie*) give; (*Dividende*) pay out; ***e-n Gewinn von ... ~*** *Lotterie etc.*: pay ... in prize money; **4.** (*Graben*) dig.

auswerten *v/t.* **1.** evaluate (*a.* ⚗), analy|se (*Am.* -ze); (*Statistiken*) *a.* interpret; **2.** (*ausnützen*) utilize, make (full) use of, *a. kommerziell*: exploit; **Auswertung** *f* evaluation (*a.* ⚗), analysis; *von Statistiken*: *a.* interpretation; (*Verwertung*) utilization, *a. kommerzielle*: exploitation.

auswetzen *fig. v/t.* → ***Scharte.***

auswickeln *v/t.* **1.** unwrap; **2.** ***ein Kind ~*** take a baby's nappies off.

auswiegen *v/t.* weigh out (*a. Sport*); → ***ausgewogen.***

auswirken *v/refl.*: ***sich ~*** have an effect (**auf** on), (*s-e Wirkung zeigen*) have its effect, *bsd. negativ*: *a.* make itself felt; ***sich ~ auf*** *a.* affect; ***sich*** (***un***)***günstig ~ auf*** have a positive (a negative, *stärker*: an adverse) effect on; **Auswirkung** *f* effect (**auf** on); (*Folge*) consequence(s *pl.*) (for); (*Implikation*) implication(s *pl.*) (for); (*Rückwirkung*) repercussions *pl.* (on, *a.* in *the north etc.*); (*Ergebnis*) outcome, result(s *pl.*); ***diplomatische*** *etc.* **~en** *a.* diplomatic *etc.* fallout.

auswischen *v/t.* (*reinigen*) wipe (*od.* clean) out; (*Schrift etc.*) wipe out (*od.* off); ***sich die Augen ~*** rub one's eyes; F *fig.* ***j-m eins ~*** F get s.o.; ***dem werd' ich anständig eins ~*** F I'm going to get him good and proper.

auswittern I. *v/i. Gestein etc.*: wear away; *Erz, Salze etc.*: effloresce; *Holz*: decompose; *Holz* ***~ lassen*** season; **II.** *v/t.* (*Holz*) season.

auswringen *v/t.* wring out.

Auswuchs *m* **1.** ⚕ growth (*a. am Baum etc.*); (*Mißbildung*) deformity; (*Buckel*) hump; **2.** *fig.* (*Nebenprodukt*) negative spin-off; *pl.* (*Extreme*) excesses; ***das ist ein ~ s-r krankhaften Phantasie*** it's a product of his sick imagination.

auswuchten *v/t.* (*Räder*) (counter)balance.

auswühlen *v/t.* **1.** (*Sand etc.*) dig up; **2.** (*Schrank etc.*) rummage (*od.* root) around in.

Auswurf *m* **1.** ⚙ ejection; **2.** ⚕ sputum; ***blutigen ~ haben*** be coughing up blood; **3.** *fig.* **~** (***der Menschheit***) scum (of the earth), *the* dregs of society.

auswürfeln *v/t.* throw dice for; ***laß uns ~, wer fahren muß*** let's throw dice to see (*od.* decide) who is to drive.

auszahlen I. *v/t.* pay (out); *bar*: pay in cash; (*Arbeiter, Gläubiger etc.*) pay off; (*Partner*) buy out; **II.** *fig. v/refl.*: ***sich ~*** (*sich lohnen*) pay off; ***das zahlt sich aus*** it pays (off in the end); ***es zahlt sich nicht aus*** it doesn't pay, it's not worth it (*od.* the effort *etc.*).

auszählen *v/t.* **1.** count (out); (*Stimmen*) count; **2.** (*Boxer*) count out; **3.** *Kinderspiel*: count out; **Auszählreim** *m* counting-out rhyme.

Auszahlung *f* **1.** payment; *e-s Erben etc.*: paying off; *e-s Partners*: buying out; **2.** (*das Ausgezahlte*) payment; *an Erben, Partner*: payoff.

auszehren *v/t.*: ***j-n ~*** drain s.o., *völlig*: drain s.o. of all his *od.* her strength (*od.* of every ounce of strength); ***ein Land ~*** drain a country of all its resources, bleed a country white; → ***ausgezehrt***; **Auszehrung** *f* (*Abmagerung*) emaciation.

auszeichnen I. *v/t.* **1.** (*Waren*) label; *mit Preisen*: price, put a price tag on; **2.** (*j-n od. et. hervorheben*) distinguish; ***Ausdauer zeichnet sie aus*** she's known for her (powers of) stamina; ***die reiche Auswahl an Fisch zeichnet den See aus*** the lake is known (*od.* noted) for its great variety of fish; ***was dieses Buch auszeichnet*** what distinguishes this book, what sets this book apart from others, what is so special about this book; **3.** (*ehren*) hono(u)r; ***j-n mit e-m Preis*** *etc.* **~** award a prize *etc.* to s.o.; ***mit Orden ~*** decorate; ***der Film wurde in Cannes ausgezeichnet*** the film received a Cannes award; ***X, ein mehrfach ausgezeichneter Musiker*** X, winner of several music prizes; **4.** *typ.* mark up; **II.** *v/refl.*: ***sich ~*** distinguish o.s., excel (**als** as, **durch** by; **in** at, in); **Auszeichnung** *f* **1.** ✝ label(l)ing; pricing; **2.** (*Ehrung*) hono(u)ring; *konkret*: (mark of) distinction, medal; (*Orden*) decoration, medal; (*Preis*) award, prize; ***mit ~ bestehen*** pass with distinction, get a distinction; **3.** *typ.* markup, display.

Auszeit *f Sport*: time out.

ausziehbar *adj.* extendible; *Möbel*: *a.* pull-out ...; *Antenne etc.*: telescopic; **ausziehen I.** *v/t.* **1.** pull out (*a. Tisch, Antenne etc.*); **2.** (*Kleidung*) take off; (*j-n*) undress; F *fig.* fleece; **3.** ⚗ *u.* ⚒ extract (**aus** from); **II.** *v/i.* **4.** *aus e-r Wohnung*: move; **~ aus** move out of; **5.** (*losziehen*) set out (*od.* off); ***zum Kampf ~*** set out to battle; **III.** *v/refl.*: ***sich ~*** get undressed; take one's clothes off.

Auszieh|feder *f* drawing pen; **~leiter** *f* extension ladder; **~platte** *f e-s Tisches*: leaf; **~tisch** *m* pull-out table; **~tusche** *f* drawing ink.

auszirkeln *v/t.* mark out with compasses; *fig.* figure out.

auszischen *v/t. thea.* hiss (at).

Auszubildende(r *m*) *f* trainee.

Auszug *m* **1.** *aus e-r Wohnung*: move (**aus** from); **2.** departure (**aus** from); (*Marsch*) march (out of); *zeremoniell*: procession (out of); ⚔, *pol.* (*Abzug*) pullout (from); *e-s Volkes u. fig.*: exodus (from); **3.** ⚒ (*Vorgang*) extraction; (*Produkt*) extract, essence; **4.** (*Ausschnitt*) extract, excerpt (**aus** from); **5.** (*Konto*≈) statement (of account).

Auszugsmehl *n* superfine flour.

auszugsweise *adv.* in parts; ***et. ~ vorlesen*** read extracts from s.th.

auszupfen *v/t.* pluck out; ***sich die Augenbrauen ~*** pluck one's eyebrows.

autark *adj.* self-sufficient; **Autarkie** *f* (economic) self-sufficiency, autarky, autarchy.

authentisch *adj.* authentic(ally *adv.*); (*echt*) genuine; ***von ~er Seite*** on good authority; **Authentizität** *f* authenticity.

Autismus *m* ⚕ autism; **autistisch** *adj.* autistic.

Auto *n* car, *bsd. Am.* auto(mobile); F motor; ***~ fahren*** drive (a car); ***mit dem*** (*od.* ***im***) ***~ fahren*** go by car; ***ich bin mit dem ~ da*** I've come by car, I've got my car with me; → ***mitnehmen*** 1; **~abgase** *pl.* car exhaust fumes; **~antenne** *f* car aerial (*bsd. Am.* antenna); **~apotheke** *f* (driver's) first-aid kit; **~atlas** *m* road atlas; **~aufkleber** *m* bumper sticker; **~ausstellung** *f* motor (*Am.* automobile) show.

Autobahn *f* motorway; *Am. etwa* highway; *in Deutschland etc.*: autobahn; **~abschnitt** *m* section of the motorway *etc.*; **~ausfahrt** *f* motorway *etc.* exit; **~dreieck** *n* motorway *etc.* junction; **~gebühr** *f* motorway *etc.* toll; *Am.* turnpike toll; **~kleeblatt** *n* cloverleaf junction; **~kreuz** *n* motorway *etc.* intersection; **~netz** *n* motorway *etc.* network; **~raststätte** *f* motorway *etc.* service area; **~zubringer** *m* feeder road.

Autobiographie *f* autobiography; **autobiographisch** *adj.* autobiographical.

Auto|bombe *f* car bomb; **~brille** *f*: (***e-e ~*** a pair of) driving glasses *pl.*; **~bücherei** *f* mobile library; **~bus(...)** → ***Bus(...).***

autochthon *adj.* autochthonous.

Autodidakt *m* self-taught (*od.* self-educated) person; **autodidaktisch** *adj.* autodidactic(ally *adv.*).

Auto|dieb *m* car thief; **~diebstahl** *m* car theft; **~elektriker** *m* car electrician.

Autoerotik *f* autoeroticism; **autoerotisch** *adj.* autoerotic.

Auto|fabrik *f* car (*bsd. Am.* automobile) factory; **~fabrikant** *m* car (*bsd. Am.* automobile) manufacturer; **~fähre** *f* car ferry; **~fahrer** *m* motorist, driver; **~fahrt** *f* drive; **~falle** *f* speed trap.

Autofocuskamera *f* autofocus camera.

autofrei *adj.* car-free *day, zone etc.*

Autofriedhof *m* car dump, breaker's yard.

autogen *adj. psych.* autogenic; **~es *Training*** autogenic training, relaxation exercises.
Autogramm *n* autograph; **~e *geben*** sign autographs; **~jäger** *m* autograph hunter; **~stunde** *f* autograph session; ***e-e ~ geben*** have an autograph session, sign autographs.
Auto|händler *m* car dealer; **~handschuhe** *pl.* driving gloves; **~haus** *n* car dealer; **~hersteller** *m* car (*bsd. Am.* automobile) manufacturer(s *pl.*); **~hupe** *f* (car) horn; **~industrie** *f* car (*od.* automobile, *Am. a.* automotive) industry; **~karte** *f* road map; **~kennzeichen** *n* car registration (*Am.* license) number; ***wissen Sie noch das ~?*** *a.* can you remember the number of the car?; **~kino** *n* drive-in (cinema); **~knacker** F *m* car burglar; **~kolonne** *f* line of cars; *geschlossene*: convoy.
Autokrat *m* autocrat; **Autokratie** *f* autocracy; **autokratisch** *adj.* autocratic(ally *adv.*).
Auto|lack *m* paint; **~leder** *n* chamois (leather); **~marder** F *m* car burglar; **~marke** *f* make (of car), marque.
Automat *m* **1.** (*Maschine*) machine; **2.** (*Verkaufs*&) vending machine; (*Musik*&) juke box; (*Spiel*&) slot machine.
Automaten|knacker F *m* slot machine burglar; **~packung** *f* vending pack; **~restaurant** *n* automat.
Automatik *f* **1.** automation; **2.** (*Anlage*) automatic system; (*Mechanik*) automatic mechanism; **3.** *mot.* (*Getriebe*) automatic transmission: **4.** *Radio*: automatic tuning; **~gurt** *m mot.* (inertia) reel seatbelt; **~kamera** *f* automatic camera, F point and shoot camera.
Automation *f* automation.
automatisch *adj.* automatic(ally *adv.*), *fig. a.* mechanical; (*Druckknopf...*) push-button ...
automatisieren *v/t.* automate; **Automatisierung** *f* automation.
Automatismus *m* automatism.
Auto|mechaniker *m* car (*od.* motor) mechanic; **~minute** *f*: ***nur fünf ~n von hier entfernt*** only five minutes (away) by car (*od.* in the car).
Automobil *n*, **~...** *in Zssgn* → ***Auto***(...); **~klub** *m* automobile association; **~salon** *m* motor (*Am.* automobile) show.
Automodell *n* **1.** model; **2.** (*Spielzeug*) model car.
autonom *adj.* autonomous (*a. fig.*), self-governing; *System etc.*: self-contained; **Autonome(r** *m*) *f* anarchist; ***die Autonomen*** the anarchist group(s *pl.*); **Autonomie** *f* autonomy.
Autonummer *f* registration (*Am.* license) number.
Autopilot *m* ✈ autopilot.
Autopsie *f* autopsy, post-mortem.
Autor *m* author, writer.
Auto|radio *n* car radio; **~reifen** *m* (car) tyre (*Am.* tire); **~reisezug** *m* motorail train.
Autoren|exemplar *n* author's copy; **~lesung** *f* author's reading.
Auto|rennen *n* car race; **~rennsport** *m* motor racing.
Autoreparatur *f* car repair; **~werkstatt** *f* garage, car repair shop.
Autorin *f* author.
autorisieren *v/t.* authorize.
autoritär *adj.* authoritarian; *Eltern*: *a.* very strict; ***~e Erziehung*** authoritarian upbringing.
Autorität *f* **1.** authority; **2.** (*Experte*) authority (***auf dem Gebiet*** *gen.* on), expert (on).
autoritativ *adj.* authoritative.
autoritätsgläubig *adj.*: ***~ sein*** have blind faith in authority.
Autorschaft *f* authorship.
Auto|salon *m* → ***Automobilsalon***; **~schadstoffe** *pl.* car emissions; **~schalter** *m* drive-up counter; *Bank*: *a.* drive-in till; **~schlange** *f* line of cars; **~schlosser** *m* panel beater; **~schlüssel** *m* car key; **~schuppen** *m* car shed; **~skooter** *m* dodgem (*od.* bumper) car; ***~ fahren*** go on the dodgems (*od.* bumper cars); **~sport** *m* motor sport; **~stopp** *m* hitch-hiking; ***per ~ fahren*** hitchhike; **~stunde** *f*: ***sechs ~n entfernt*** six hours' (*od.* a six-hour) drive away (*od.* from here), six hours by (*od.* in the) car.
Autosuggestion *f* autosuggestion.
Auto|telefon *n* carphone; **~transporter** *m* car transporter; **~unfall** *m* car accident, car crash; **~verkehr** *m* road traffic; **~verleih** *m*, **~vermietung** *f* car hire, *a. Am.* car rental; **~versicherung** *f* car insurance; **~waschanlage** *f* car wash; **~werkstatt** *f* garage, car repair shop; **~wrack** *n* wrecked car.
Autozoom *m phot.* automatic zoom.
Auto|zubehör *n* car accessories *pl.*; ✝ car components *pl.*; **~zusammenstoß** *m* car crash, collision.
autsch *int.* ouch!
auweia *int.* oh no!
Avancen *pl*: ***j-m ~ machen*** make approaches to s.o.
avancieren *v/i.* be promoted; ***~ zu*** *a.* rise (*od.* advance) to the position (*od.* post) of.
Avantgarde *f* avant-garde; **Avantgardismus** *m* avant-gardism; **Avantgardist** *m* avant-gardist; **avantgardistisch** *adj.* avant-garde.
Aversion *f* aversion (***gegen*** to); ***er hat*** (***irgendwelche***) ***~en gegen mich*** he doesn't like me (for some reason).
Avionik *f* avionics *pl.* (*sg. konstr.*).
Avis *m*, *n* notice, notification; **avisieren** *v/t.*: ***j-m j-n*** (***et.***) ***~*** notify s.o. of s.o.'s arrival (of s.th.).
Avitaminose *f* ⚕ vitamin deficiency disease, 📖 avitaminosis.
Avocado *f*, **Avokado** *f* avocado.
Axiom *n* axiom; **axiomatisch** *adj.* axiomatic(ally *adv.*).
Axt *f* axe, *Am.* ax; ***mit der ~ erschlagen*** axe (*Am.* ax) to death, kill with an axe (*Am.* ax); *fig.* ***sich wie die ~ im Wald benehmen*** behave like a boor (*stärker*: savage); ***die ~ an die Wurzel(n) legen*** strike at the root; ***die ~ im Haus erspart den Zimmermann*** do it yourself.
Azalee *f* ⚘ azalea.
Azetat *n* acetate.
Azeton *n* acetone.
Azetylen *n* acetylene.
Azteke *m hist.* Aztec; **Aztekenreich** *n* Aztec Empire; **aztekisch** *adj.* Aztec, Aztecan.
Azubi F *m*, *f* trainee.
Azur *m* **1.** *min.* lapis (lazuli); **2.** azure, sky blue; **&blau** *adj.* azure, sky-blue.
azyklisch *adj.* acyclic(ally *adv.*); *zeitlich*: irregular.

B

B, b *n* B, b; ♪ B flat; ♪ (*Versetzungszeichen*) flat.
babbeln I. *v/i.* babble; **II.** *v/t.* (*a.* ***dummes Zeug ~***) babble; ***was babbelt er?*** what's he babbling on about?
Babel *n bibl.* Babel; *fig.* Babylon; → ***Turm, Turmbau.***
Baby *n* baby; ***sie bekommt ein ~*** she's expecting (*od.* going to have) a baby; → ***Bord;*** **~artikel** *pl.* baby goods (*od.* accessories); (*Kaufhausabteilung*) baby department *sg.*; **~ausstattung** *f* (*Wäsche*) layette; **~boom** *m* baby boom; **~flasche** *f* baby's bottle; **~jahr** *n* (one year's) maternity leave; **~lift** *m Skifahren*: baby lift.
babylonisch *adj.* Babylonian; ***~e Sprachverwirrung*** *bibl.* Confusion of Tongues (at Babel); *fig.* babel, confusion of tongues.
Babynahrung *f* baby food.
Babypause *f* leave to have a baby; ***eine ~ einlegen*** take leave to have a baby.
babysitten *v/i.* babysit; **Babysitter** *m* babysitter; **Babysitting** *n* babysitting.
Baby|speck F *m a. fig.* F puppy fat; **~sprache** *f* baby talk; **~strich** F *m* child prostitution; **~-Trag(e)tasche** *f* carrycot; *geflochtene*: Moses basket; **~wäsche** *f* babies' clothes *pl.*
Bacchanal *n* bacchanal.
Bach *m* stream; *kleiner*: *a.* brook; *fig.* ***Bäche von Schweiß*** (***Tränen***) ***flossen ihr übers Gesicht*** the sweat was pouring (the tears were streaming) down her face; F *fig.* ***den ~ hinuntergehen*** F go up in smoke.
Bache *f* (wild) sow.
Bach|forelle *f* brook trout; **~stelze** *f* wagtail.
Backblech *n* baking tray.
Backbord ⚓ **I.** *n* port (side); ***nach ~*** to port; **II.** 2 *adv.* to port; **~motor** *m* port engine.
Backbuch *n* baking book.
Backe *f* **1.** (*Wange*) cheek; ***mit vollen ~n kauen*** (*od.* ***essen***) stuff one's mouth full; *dial.* ***au ~!*** oh no!; **2.** *am Gewehr*: cheek piece; *am Ski*: toe piece; **3.** ⚙ jaw; (*Brems*2) shoe.
backen I. *v/t.* **1.** bake; *dial.* (*braten*) fry; **II.** *v/i.* **2.** bake; **3.** (*kleben*) stick.
Backen|bart *m* sideburns *pl.*; **~bremse** *f* **1.** *mot.* shoe brake; **2.** F ***die ~ ziehen*** land on one's backside; **~knochen** *m* cheekbone; **~tasche** *f zo.* (cheek) pouch; **~zahn** *m* molar.
Bäcker *m* baker; **Bäckerei** *f* **1.** (*Laden*) baker's (shop), bakery; **2.** (*das Backen*) baking; **3.** (*Handwerk*) baker's trade; **4.** *bsd. östr.* (*Kleingebäck*) (biscuits and) pastries *pl.*
Bäcker|laden *m* → ***Bäckerei*** 1; **~lehrling** *m* apprentice (*od.* trainee) baker; **~meister** *m* master baker.
backfertig *adj.* oven-ready.
Back|fett *n* cooking fat; *für Kuchen etc.*: shortening; **~fisch** *m* **1.** fried fish; **2.** *fig. obs.* (young) teenager, teenage girl; **~form** *f* baking tin, *Am.* cake pan.
Backgammon *n* backgammon; **~spiel** *n* **1.** game of backgammon; **2.** *konkret*: backgammon set.
Background *m* **1.** background; **2.** ♪ background music; (*Begleitung*) backing.
Back|hähnchen *dial. n* fried chicken; **~huhn** *dial. n* fried chicken; **~obst** *n* dried fruit.
Backofen *m* oven; **~hitze** F *f* sweltering heat; ***das ist e-e ~!*** it's sweltering.
Back|pfeife F *f* F clout (*od.* clip) round the ears; **~pflaume** *f* prune; **~pulver** *n* baking powder; **~rezept** *n* baking recipe; **~röhre** *f* oven.
Backstein *m* brick; **~bau** *m* brick building; **~gotik** *f* brick Gothic.
Back|teig *m* dough; *flüssiger*: batter; **~waren** *pl.* bread, cakes and pastries.
Bad *n* **1.** bath (*a.* ⚕ *u.* ⚗); ***ein ~ nehmen*** have (*od.* take) a bath; *fig.* ***~ in der Menge*** walkabout; ***ein ~ in der Menge nehmen*** go on a walkabout; → ***Kind;*** **2.** *im Freien*: swim; ***ein ~ nehmen*** go for a swim (F dip); **3.** → a) ***Badezimmer,*** b) ***Badeanstalt*** *etc.*, c) ***Badeort.***
Bade|anstalt *f* swimming pool, *formell*: swimming baths *pl.*; **~anzug** *m* swimsuit; **~gast** *m im Schwimmbad*: bather; **~gelegenheit** *f* place to swim; ***gibt es dort e-e ~?*** *a.* can you go swimming there?; **~handtuch** *n* bath towel; **~haube** *f* bathing cap; **~hose** *f*: (***e-e ~*** a pair of) (swimming) trunks *pl.*; **~kappe** *f* bathing cap; **~mantel** *m* bathrobe; (*Morgenmantel*) *a.* dressing gown; **~matte** *f* bath mat; **~meister** *m* pool attendant.
baden I. *v/i.* **1.** (*ein Bad nehmen*) have (*od.* take) a bath, *Am. a.* bathe; **2.** (*schwimmen*) swim; ***~ gehen*** go swimming, go for a swim; F *fig.* F come a cropper; **II.** *v/t.* bath, *Am.* bathe; → ***heiß*** II; **III.** *v/refl.*: ***sich ~*** → 1; *fig.* bask (***in*** in), revel (in).
Badener *m* man (*od.* woman) from Baden; ***~ sein*** *mst* come from Baden.
Badenixe *f* bathing beauty (*od.* belle).
Badenser *m* → ***Badener.***
baden-württembergisch *adj.* Baden-Württemberg ..., from Baden-Württemberg.
Bade|ofen *m* bathroom boiler; **~öl** *n* bath oil; **~ort** *m* **1.** seaside resort; **2.** (*Kurort*) health resort; **~sachen** *pl.* swimming things; **~saison** *f* swimming season; **~salz** *n* bath salts *pl.*; **~schuhe** *f* beach shoes; **~strand** *m* (bathing) beach; **~thermometer** *n* bath thermometer; **~tuch** *n* bath towel; **~urlaub** *m* holiday at the seaside; ***~ machen*** spend one's holiday at the seaside; **~wanne** *f* bath(tub); **~wasser** *n* bathwater; **~wetter** *n* weather for the beach; sunbathing weather; **~zeug** *n* swimming things *pl.*
Badezimmer *n* bathroom; **~schrank** *m* bathroom cabinet.
Badezusatz *m* bath essence (*od.* product).
baff F *adj.*: ***da war ich aber ~*** I was floored, my jaw just dropped; ***da bist du ~, was?*** you weren't expecting that, were you?
Bagage *contp. f* F rabble, shower; ***die ganze ~!*** F the whole lot of them.
Bagatell|betrag *m* petty (*od.* insignificant) sum; **~delikt** *n* petty (*od.* minor) offen|ce (*Am.* -se).
Bagatelle *f* **1.** trifle; **2.** ♪ bagatelle; **bagatellisieren** *v/t.* play down, minimize.
Bagatell|sache *f* minor affair; ⚖ petty case; **~schaden** *m* superficial damage; **~verletzung** *f* minor (*od.* superficial) injury.
Bagger *m* excavator; (*Schwimm*2) dredge(r).
baggern *v/i. u. v/t.* excavate; *naß*: dredge.
Baggersee *m* flooded gravel pit.
Baguette *f, n* French stick.
bäh *int.* **1.** *Schaf*: baa!; **2.** *bei Schadenfreude*: ha, ha!; **3.** *bei Ekel*: ugh!; **bähen** *v/i.* bleat, baa.
Bahn *f* **1.** (*Weg*) way, path; *fig.* ***die ~ ist frei*** the road is clear; ***freie ~ haben*** have the go-ahead (to do what one likes); ***du hast freie ~*** it's all yours; ***sich ~ brechen*** (*sich durchsetzen*) win through, *Idee etc.*: gain acceptance, (*vorwärtskommen*) forge ahead; ***e-r Sache ~ brechen*** pioneer s.th., blaze the trail for s.th.; ***auf die schiefe ~ geraten*** go astray, stray off the straight and narrow; ***in die richtige ~ lenken*** direct into the right channels; ***sich in den gewohnten ~en bewegen*** move along the same old track, *contp.* be stuck in the same old rut; *bewußt*: keep to the well-trodden paths; ***auf ähnlichen ~en*** along similar lines; ***j-n aus der ~ werfen*** throw s.o. off his (*od.* her) track, *seelisch etc.*: leave s.o. floundering; **2.** (*Fahr*2) lane (*a. e-s Läufers etc.*); **3.** (*Flug*2) trajectory; *ast.* course; (*Umlauf*2) orbit (*a. e-s Elektrons*); (*Kometen*2) path; **4.** (*Renn*2) track; (*Eis*2) rink; (*Kegel*2) alley; **5.** (*Eisen*2) railway, *Am.* railroad; (*Zug*) train; (*Straßen*2) tram, *Am.* streetcar, trolley; ***mit der ~*** by train, 🚂 by rail; (***mit der***) ***~ fahren*** travel by train (*od.* on trains); ***ich fahre gern*** (***mit der***) ***~*** *a.* I like going on the train; ***bei der ~ arbeiten*** work for the railway (*Am.* railroad); ***j-n zur ~ bringen*** take s.o. to the station, see s.o. off (at the station); ***j-n***

von der ~ abholen (go and) meet s.o. at the station; ***in der ~*** on the train; **6.** (*Papier*≈, *Kunststoff*≈) web; (*Tuch*≈ *etc.*) width; *e-s Rocks*: gore; **7.** ⚙ *Amboß, Hammer, Hobel*: face; **8.** ⚙ (*Führungs*≈) track.

Bahn... → *a.* ***Eisenbahn...***; **~angestellte(r)** *m* railway (*Am.* railroad) employee; **~anschluß** *m* rail connection; **~arbeiter** *m* railway (*Am.* railroad) worker; **~beamte(r)** *m* railway (*Am.* railroad) official.

bahnbrechend I. *adj.* pioneering, pioneer ..., *stärker*: trailblazing; *Erfindung etc.*: revolutionary, epoch-making; **II.** *adv.*: ***~ wirken*** be pioneering, blaze the trail; **Bahnbrecher** *m* pioneer, trailblazer.

Bahndamm *m* railway (*Am.* railroad) embankment.

bahnen *v/t.*: ***(sich) e-n Weg ~*** clear a path (for o.s.), ***durch:*** (*Hindernisse*) fight (*od.* force) one's way through; *fig.* ***den Weg ~*** pave the way (*dat.* for); ***j-m den Weg zum Erfolg ~*** put s.o. on the road (*od.* path) to success.

Bahn|fahrt *f* train journey, *kürzere*: *a.* train ride; *längere*: train (*od.* rail) journey; **~fracht** *f* rail freight; **≈frei** *adv.* ✝ carriage paid; **~gelände** *n* railway (*Am.* railroad) area *od.* complex; **~gleis** *n* railway (*Am.* railroad) track.

Bahnhof *m* **1.** (railway, *Am.* railroad) station; ***auf dem ~*** at the station; **2.** F *fig.* ***großer ~*** red carpet treatment; ***j-n mit großem ~ empfangen*** roll out the red carpet for s.o., give s.o. the red carpet treatment; ***es gab e-n großen ~*** they had the red carpets out; F ***ich verstehe immer nur ~*** F I don't know what he's *etc.* on about, it's all double dutch to me.

Bahnhofs|buchhandlung *f* station bookshop (*Am.* bookstore); **~halle** *f* (station) concourse, main concourse (of a station); **~nähe** *f*: ***in ~*** near the station; **~restaurant** *n* station restaurant; **~uhr** *f* station clock; **~viertel** *n* (seedy) area around the main station; **~vorsteher** *m* stationmaster.

Bahn|körper *m* permanent way, roadbed; **≈lagernd** *adv.* to be called for at the station; **~lieferung** *f* rail consignment; **~linie** *f* railway (line), *Am.* railroad (line); **~polizei** *f* station police; **~reise** *f* train (*od.* rail) journey; **~schranke** *f* (level crossing) barrier; **~schwelle** *f* sleeper, *Am.* tie; **~station** *f* railway (*Am.* railroad) station *od.* stop.

Bahnsteig *m* platform; **~karte** *obs. f* platform ticket.

Bahn|strecke *f* (railway) line, *Am.* (railroad) track; **~transport** *m* rail transport; **~überführung** *f* railway bridge, *Am.* railroad overpass; **~übergang** *m* level (*Am.* grade) crossing; **~unterführung** *f* railway (*Am.* railroad) underpass; **~verbindung** *f* rail connection; **~wärter** *m* **1.** level crossing attendant; **2.** → ***Streckenwärter.***

Bahre *f* (*Trag*≈) stretcher; (*Toten*≈) bier; → ***Wiege.***

Bai *f* bay.

Baiser *n* meringue.

Baisse *f* ✝ slump, bear market, fall (in prices), sharp drop in prices; ***auf ~ spekulieren*** speculate for a fall, sell short; **~geschäft** *n* bear transaction, *a. pl.* short selling; **~spekulant** *m* bear; **~spekulation** *f* bear(ish) speculation; **~stimmung** *f* bearish mood.

Baissier *m* ✝ bear.

Bajonett *n* bayonet; **~fassung** *f* ⚡ bayonet socket; **~verschluß** *m* ⚙ bayonet joint (*phot.* mount).

Bake *f* beacon; *Landvermessung*: marking pole.

Bakkarat *n* baccarat.

Bakschisch *n* baksheesh; ***j-m ein ~ geben*** give s.o. baksheesh, *fig.* (*bestechen*) grease s.o.'s palm.

Bakterie *f* bacterium (*pl.* bacteria), germ; **bakteriell** *adj.* bacterial; ***~e Infektion*** bacteria(l) infection.

bakterien|feindlich *adj.* germ-killing ..., bactericidal; **≈forschung** *f* bacteriology, bacteriological research; **~frei** *adj.* germ-free, free of bacteria; **≈kolonie** *f* bacterial colony; **≈krieg** *m* biological (*od.* germ) warfare; **≈kultur** *f* (bacteria[l]) culture; **≈stamm** *m* strain (of bacteria); **~tötend** *adj.* bactericidal, germ-killing ...; **≈träger** *m* germ-carrier; **≈zucht** *f* growing of bacteria; *konkret*: bacteria culture.

Bakteriologe *m* bacteriologist; **Bakteriologie** *f* bacteriology; **bakteriologisch** *adj.* bacteriological.

Balance *f* balance; → *a.* ***Gleichgewicht***; **~akt** *m a. fig.* balancing act; **~regler** *m* balance control.

balancieren *v/t. u. v/i.* balance.

Balancierstange *f* (balancing) pole.

bald *adv.* **1.** soon; ***~ darauf*** soon *od.* shortly after(wards); ***~ ist dein Geburtstag*** it's (*od.* it'll be) your birthday soon; ***das wird's so ~ nicht wieder geben*** we won't see the likes of that again in a hurry; ***wird's ~?*** how much longer are you going to take?; ***ich hab's ~*** I'm nearly ready, I won't be a minute; ***wirst du ~ ruhig sein!*** 'will you be quiet; ***bis ~!*** see you soon!, be seeing you!; ***~ will er, ~ will er nicht*** one minute he wants to, the next (minute) he doesn't; **2.** F (*fast*) almost, nearly; ***ich hätte ~ was gesagt*** I almost said something, I was on the point of saying something.

Baldachin *m* canopy.

Bälde *f*: ***in ~*** soon, before long.

baldig *adj.* speedy; ***auf ein ~es Wiedersehen*** hope to see you again soon; **baldigst** *adv.* as soon as possible.

baldmöglichst I. *adj.* earliest (*od.* soonest) possible; ***zum ~en Zeitpunkt*** → **II.** *adv.* as soon as possible.

Baldrian *m* valerian; **~tropfen** *pl.* valerian *sg.* (drops).

Balg *m* **1.** skin, hide; **2.** (*Orgel*≈, *a. phot.*) bellows *pl.*; **3.** F (*Bauch*) F paunch; **4.** F (*Kind, pl.* ***Bälger***) F brat.

Balgen *m phot.* bellows *pl.*

balgen *v/refl.*: ***sich ~*** scuffle, tussle, F scrap (***um*** over); **Balgerei** *f* scuffle, tussle, F scrap (***um*** for, over).

Balken *m* **1.** △ beam; (*Dach*≈) rafter; (*Decken*≈, *Quer*≈) joist; (*Träger*≈) girder; F ***lügen, daß sich die ~ biegen*** F lie through one's teeth; **2.** → ***Schwebebalken***; **3.** ♪ crossbar; **4.** *TV* bar; **~decke** *f* timbered ceiling; **~diagramm** *n* bar graph; **~überschrift** *f* banner headline; **~waage** *f* beam scales *pl.*; **~werk** *n* timbering.

Balkon *m* **1.** balcony; **2.** *thea.* dress circle, *Am.* balcony; **~pflanze** *f* outdoor (potted) plant; **~tür** *f* balcony door, French window(s *pl.*).

Ball[1] *m* ball; ***am ~ sein*** *Sport*: have the ball, be in possession of the ball; *fig.* ***er ist am ~*** (*dran*) it's his turn, the ball's in his court, (*aktiv*) he's very involved, (*weiß Bescheid*) he's on the ball; ***am ~ bleiben*** *Sport*: hold onto the ball, *fig.* keep at it, ***bei:*** (*j-m*) keep up with, keep in the running with; → ***zuspielen.***

Ball[2] *m* ball, dance; ***auf e-m ~*** at a ball; ***auf e-n ~ gehen*** go to a ball.

Ballabgabe *f Sport*: pass.

Ballade *f* ballad; **Balladensänger** *m* balladeer.

Ballannahme *f* stopping and controlling the ball; *aus der Luft*: bringing down the ball.

Ballast *m* ballast; *fig.* (*Last, Belastung*) burden; (*unnützer ~*) deadwood; (*Behinderung*) handicap; ***~ abwerfen*** dump ballast, *fig.* shed some ballast; *fig.* ***er ist nur ~*** he's just an encumbrance.

Ballaststoffe *pl.* roughage *sg.*; fib|re (*Am.* -er) *sg.*; **ballaststoffreich** *adj.*: ***~e Nahrung*** high-fib|re (*Am.* -er) food(s) *od.* diet; food(s) with plenty of roughage.

Ball|beherrschung *f* ball control; **~besitz** *m*: ***im ~ sein*** have (the) possession, have the (*od.* be in) possession of the ball.

ballen I. *v/t.* **1.** make into a ball; (*Stück Papier*) screw up; **2.** (*Faust*) clench; **II.** *v/refl.*: ***sich ~*** **3.** form into a ball (*od.* balls); **4.** *Wolken, Menschen*: gather; *fig.* *Probleme etc.*: mount, build up, pile up; ***sich ~ um*** (*e-e Stadt etc.*) build up around, cluster around, *bedrohlich*: move in on; → ***geballt.***

Ballen *m* **1.** *anat.* ball of one's *od.* the foot (*od.* hand); **2.** ✝ bale; *Papier*: ten reams *pl.*; **~presse** *f* baling press.

ballenweise *adv.* by the bale, in bales.

Ballerina *f* ballerina.

Ballermann F *m* gun, *sl.* rod.

ballern F **I.** *v/i.* bang (away) (*a. Fußball*); ***~ an*** (*e-e Tür etc.*) hammer away at; **II.** *v/t.* (*werfen*) hurl; (*Fußball*) bang.

Ballett *n* ballet; (*~truppe*) ballet company; ***beim ~ sein*** be with the ballet, *engS.* be a ballet dancer; ***zum ~ gehen*** join a ballet company, *engS.* become a ballet dancer.

Ballettänzer(in *f*) *m* (*getr.* ***tt-t***) ballet dancer.

Ballett|meister *m* ballet master; **~meisterin** *f* ballet mistress; **~musik** *f* ballet music; **~ratte** F *f* ballet girl; budding young ballerina; **~röckchen** *n* tutu; **~schuh** *m* ballet shoe; **~schule** *f* ballet school; **~truppe** *f* ballet company.

ballförmig *adj.* ball-shaped, spherical.

Ballführung *f Sport*: ball control.

Ballistik *f* ballistics *pl.* (*als Fach sg. konstr.*); **Ballistiker** *m* ballistics expert; **ballistisch** *adj.* ballistic(ally *adv.*).

Balljunge *m Tennis*: ball boy.

Ballkleid *n* ball dress.

Ball|künstler *m Sport*: wizard with the ball; **~mädchen** *n Tennis*: ball girl.

Ballon *m* **1.** balloon; **2.** (*Flasche*) carboy; *für Wein*: demijohn; **3.** F (*Kopf*) F noddle; ***er hat so e-n ~ gekriegt*** he went bright red; **~fahrer** *m* balloonist; **~fahrt** *f* balloon ride (*od.* trip); **~katheter** *m* ⚕ balloon catheter; **~reifen** *m* balloon tyre (*Am.* tire), F doughnut; **~sonde** *f* balloon probe.

Ballsaal *m* ballroom.

Ball|spiel *n* ball game; **~technik** *f* ball control; **~training** *n* training with the ball.

Ballung *f* agglomeration; *fig.* concentration, buildup.

Ballungs|gebiet *n*, **~raum** *m* conurbation; *der Industrie*: *etwa* (industrial) belt; *contp.* congested area; **~zentrum** *n* hub of a conurbation; population cent|re (*Am.* -er); *der Industrie*: cent|re (*Am.* -er) of industry.

Ball|wechsel *m Tennis*: rally; **~wurfmaschine** *f* ball thrower.

Balsam *m a. fig.* balm; *fig.* ***das ist ~ für m-e Seele*** *bsd. iro.* it soothes my troubled soul; ***j-m ~ auf die Wunde träufeln*** pour balm on s.o.'s wounds; **balsamieren** *v/t.* embalm; **balsamisch** *adj.* balsamic; *Duft*: *a.* balmy *fragrance*; (*lindernd*) soothing, balsamic.

Balte *m* person from the Baltic; ***die ~n*** the Baltic peoples; **baltisch** *adj.* Baltic; ***die Ձen Länder*** the Baltic Nations.

Balustrade *f* balustrade.

Balz *f zo.* (*Werbung*) courtship; (*Paarung*) mating; (*~zeit*) mating season; **balzen** *v/i.* (*locken*) court, call; (*sich paaren*) mate.

Balz|ruf *m* mating call; **~verhalten** *n* mating (*od.* courtship) display *od.* behavio(u)r; **~zeit** *f* mating season.

Bambus *m* bamboo; **~rohr** *n* bamboo (cane); **~sprossen** *pl.* bamboo sprouts (*od.* shoots); **~stab** *m* (bamboo) cane; **~vorhang** *m* **1.** bamboo curtain; **2.** *fig. pol.* Bamboo Curtain.

Bammel F *m* → ***Schiß*** 2.

bammeln F *dial. v/i.* dangle.

banal *adj.* trite, banal; (*alltäglich*) run-of-the-mill ...; (*simpel*) very straightforward, F too simple to be true; ***ins Ձe ziehen*** reduce to the banal; **banalisieren** *v/t.* trivialize; **Banalität** *f* **1.** banality, triteness, banal nature (*gen.* of); **2.** (*Bemerkung*) trite (*od.* banal) remark.

Banane *f* banana.

Bananen|buchse *f* ⚡ banana jack; **~dampfer** *m a. fig.* banana boat; **~republik** F *f* F banana republic; **~schale** *f* banana skin (*od.* peel); **~staude** *f* banana tree; **~stecker** *m* ⚡ banana plug.

Banause *m* ignoramus; philistine; **Banausentum** *n* cultural illiteracy; philistinism.

Band¹ *n* **1.** (*MeßՁ, TonՁ, ZielՁ*) tape; (*SchürzenՁ etc.*) string; (*HutՁ*) band; (*FarbՁ, SchmuckՁ, OrdensՁ*) ribbon; ***auf ~ aufnehmen*** tape, record; ***hast du's auf ~?*** have you got a tape of it?; ***auf ~ sprechen*** speak onto (a) tape, (*et.*) record *s.th.* onto (a) tape, tape *s.th.*; ***auf ~ diktieren*** dictate onto (a) tape; **2.** △ tie, bond; **3.** ⚙ (*ScharnierՁ*) metal strip; (*FörderՁ*) (conveyor) belt; (*FließՁ*) assembly (*od.* production) line; *fig.* ***am laufenden ~*** one after the other, (*pausenlos*) nonstop; ***wir hatten Schwierigkeiten am laufenden ~*** there were no end of problems, it was just one problem after another; ***er macht das am laufenden ~*** he does it more or less nonstop, *contp. a.* he (just) keeps on doing it; **4.** *anat.* (*SehnenՁ, GelenkՁ*) ligament; **5.** *Radio*: (wave)band; **6.** *fig.* bond(s *pl.*), ties *pl.*; ***das ~ der Ehe*** the bond of marriage; ***familiäre ~e*** family ties; ***das ~ der Liebe*** (***Freundschaft***) the bonds of love (the ties *od.* bond of friendship); **7.** *lit.* **~e** (*Fesseln*) bonds, fetters.

Band² *m* (*BuchՁ*) volume; F ***das spricht Bände*** that speaks volumes (F mouthfuls); ***darüber könnte man Bände schreiben*** that would fill volumes.

Band³ *f* (*Musikgruppe*) band.

Bandage *f* bandage; ***j-m e-e ~ anlegen*** put a bandage on s.o., bandage s.o. up; *fig.* ***mit harten ~n kämpfen*** F go at it hammer and tongs (*od.* with a vengeance); **bandagieren** *v/t.* bandage (up), put a bandage on.

Band|archiv *n* tape library (*od.* archive); **~aufnahme** *f*, **~aufzeichnung** *f* tape recording; **~breite** *f Radio*: frequency range, bandwidth; *Statistik*: spread; *Börse*: fluctuation margin; *fig.* range; *bsd. von Wissen etc.*: spectrum.

Bande¹ *f* **1.** (*VerbrecherՁ etc.*) gang, ring; **2.** F *contp.* F shower; ***~ von ...*** F bunch of ...; ***die ganze ~*** the whole lot (of them); ***e-e saubere ~!*** a fine (*od.* nice) lot!; ***das ist e-e ausgelassene ~!*** they're a lively lot (*od.* bunch).

Bande² *f* **1.** *Billard, Kegeln*: cushion; **2.** *Eishockey etc.*: boards *pl.*

Bandenchef *m* gang leader (*od.* boss), ringleader.

Bandendabschaltung *f* automatic shut-off.

Banden|führer *m* → ***Bandenchef***; **~krieg** *m* gang war(fare); **~mitglied** *n* member of a (*od.* the) gang.

Bandenwerbung *f* touchline (*od.* perimeter board) advertising.

Bandenwesen *n* gangs *pl.*; gangland.

Bänderdehnung *f* ⚕ stretched (*od.* pulled) ligament.

Banderole *f* **1.** revenue stamp; *Zigarre*: band; **2.** *Kunst*: scroll.

Bänder|riß *m* ⚕ torn ligament; **~zerrung** *f* ⚕ stretched (*od.* pulled) ligament.

Band|filter *m Radio*: band(-pass) filter; **~förderer** *m* belt conveyor; **~gerät** *n* reel-to-reel (tape recorder); **~geschwindigkeit** *f* tape speed; *beim Aufnehmen*: *a.* recording speed.

bändigen *v/t.* tame; (*Pferde*) break in; *fig.* restrain, (bring under) control; (*Naturkräfte*) harness, (bring under) control; (*Kinder etc.*) (get *od.* keep under) control; **Bändiger** *m* tamer; **Bändigung** *f* taming; *fig.* control; harnessing.

Bandit *m* bandit; *fig.* F crook; **Banditenwesen** *n* banditry.

Band|keramik *f* band ceramics *pl.*; **~maß** *n* measuring tape; **~montage** *f* line assembly; **~nudeln** *pl.* tagliatelle, ribbon noodles; **~rauschen** *n* tape noise (*od.* hiss); **~riß** *m* tape break; **~säge** *f* band saw; **~salat** F *m* chewed-up tape, F spaghetti.

Bandscheibe *f anat.* (intervertebral) disc.

Bandscheiben|schaden *m* damaged disc; **~vorfall** *m* slipped disc.

Bandsortenschalter *m Tonband*: tape select(or) switch.

Bandspeicher *m Computer*: magnetic tape storage.

Bandwurm *m* tapeworm; **~satz** F *fig. m* endless sentence.

bang(e) *adj. pred.* anxious (**um** about); (*besorgt*) worried (about); ***ihm ist ~e*** (**vor**) *a.* he's afraid (*od.* scared, frightened) (of); ***j-m ~e machen*** frighten s.o.; ***~e Ahnung*** foreboding, awful feeling; ***~es Gefühl*** uneasy feeling; ***e-e ~e Stunde*** an hour of anxious waiting (*od.* suspense *etc.*); ***e-e ~e Sekunde*** (**lang**) for one dreadful (*od.* awful) moment; F ***~e machen gilt nicht!*** a) you can't scare me, b) don't be such a coward; **Bange** *f*: ***keine ~!*** don't (you) worry; ***keine ~, wir schaffen das schon!*** *a.* we'll manage it, no fears; **bangen** *v/i. u. v/refl.*: (**sich**) **~ um** be worried about; ***um sein Leben ~*** fear for one's life; ***mir bangt es vor ...*** I'm frightened (*od.* scared) of *od.* about, I'm afraid of.

Bangladescher(in *f*) *m*, **bangladeschisch** *adj.* Bangladeshi.

Banjo *n* banjo.

Bank¹ *f* **1.** (*SitzՁ*) bench, seat; (*SchulՁ*) desk; (*KirchenՁ*) pew; ***in der vordersten ~*** in the front row; F ***durch die ~*** right down the line, every one of them, F the whole lot (of them); ***auf die lange ~ schieben*** put off, shelve *s.th.* for the time being; ***vor leeren Bänken spielen*** play before an empty house; ***vor leeren Bänken predigen*** preach to an empty church, *fig.* talk to the wind; **2.** ⚙ (*WerkՁ*) (work)bench; → ***Drehbank, Hobelbank***; **3.** *geol.* layer, bed, stratum; → ***Sandbank.***

Bank² *f* **1.** ☤ bank; *Geld* ***auf der ~*** in the bank; ***auf die ~ gehen*** go to the bank; *Konto* ***bei der ~*** at (*od.* with) the bank; ***bei e-r ~ sein*** work for a bank; **2.** *bei Glücksspielen*: bank; ***die ~ halten*** hold the bank; ***die ~ sprengen*** break the bank; **~angestellte(r)** *m* bank employee; **~ *sein*** *a.* work for a bank; **~anleihe** *f* bank loan; **~anweisung** *f* banker's order; **~auftrag** *m* standing order; **~automat** *m* cash dispenser (F machine), autoteller; *formell*: automated teller machine, ATM; F hole in the wall; **~darlehen** *n* bank loan; **~direktor** *m* bank manager; **~einbruch** *m* bank raid (*od.* robbery), raid on a bank, break-in at a bank; **~einlage** *f* (bank) deposit.

Bänkel|lied *n* (street) ballad; **~sänger** *m hist.* roving minstrel; *moderner*: balladeer.

Banken|aufsicht *f* bank supervision; **~konsortium** *n* banking syndicate, bank group.

Banker *m* banker; *weitS.* financier.

Bankert *dial. m* **1.** brat; **2.** illegitimate child.

Bankett *n* **1.** banquet; ***auf e-m ~*** at a banquet; ***ein ~ geben*** hold (*od.* throw) a banquet; **2.** (*a.* **Bankette** *f*) *Straßenbau*: shoulder; (*Grundmauer*) base course; ***~ nicht befahrbar*** soft verges (*Am.* shoulder).

Bankfach *n* **1.** banking (business); **2.** (*Stahlfach*) safe(-deposit) box.

bankfähig *adj.* bankable, eligible, negotiable; **Bankfähigkeit** *f* bankability, eligibility, negotiability.

Bank|filiale *f* branch bank; **~gebäude** *n* bank; **~geheimnis** *n* banking secrecy; **~geschäft** *n* banking transaction; **~gesellschaft** *f* banking corporation; **~gewerbe** *n* banking industry; **~guthaben** *n* bank balance; (*BarՁ*) cash in the bank; **~halter** *m Spielbank*: banker; **~haus** *n* banking house.

Bankier *m* banker; *weitS.* financier.

Bank|kauffrau *f*, **~kaufmann** *m* (qualified) bank employee; **~konto** *n* bank account; **~konzern** *m* banking group; **~krach** *m* bank crash; **~kredit** *m* bank loan; **~kreise** *pl.* banking circles, *the* banking community *sg.*; **~kunde** *m* bank customer; **~lehre** *f* bank traineeship; **~leitzahl** *f* ✝ bank code; **~note** *f* (bank) note, *Am.* (bank) bill.

Banknoten|ausgabe *f* note issue; **~fälschung** *f* forgery of bank notes.

Bank|provision *f* banking commission; **~rate** *f* official discount rate; **~raub** *m* bank robbery; **~räuber** *m* bank robber; **~recht** *n* banking laws *pl.*; **~reserven** *pl.* bank reserves.

Bankrott I. *m* bankruptcy (*a. fig.*); (business) failure; ***den ~ erklären*** file for bankruptcy; ***~ machen*** go bankrupt, F go bust; ***vor dem ~ stehen*** face (*od.* be on the verge of) bankruptcy; *fig.* ***es bedeutete den politischen*** (***wirtschaftlichen***) ***~*** it spelt out political bankruptcy (the complete breakdown of the economy); **II.** ♀ *adj.* **1.** bankrupt; F (*abgebrannt*) F (stony) broke; ***~ gehen*** go bankrupt; ***j-n ~ machen*** drive s.o. bankrupt, bankrupt s.o.; ***sich*** (***für***) ***~ erklären*** declare o.s. bankrupt, file for bankruptcy; **2.** *fig. moralisch, emotional etc.*: bankrupt; ***innerlich ~*** crushed, devastated; **Bankrotterklärung** *f a. fig.* declaration of bankruptcy; **Bankrotteur** *m* bankrupt; (*Firma*) bankrupt firm.

Bank|saldo *m* bank balance; **~schalter** *m* (bank) counter *od.* window; **~scheck** *m* banker's cheque (*Am.* check); **~schließfach** *n* safe(-deposit box); **~spesen** *pl.* bank(ing) charges; **~tresor** *m* bank('s) vault; **~überfall** *m* bank raid (*od.* robbery), raid on a bank; **~überweisung** *f* bank transfer; **~verbindung** *f* **1.** (*Konto*) bank account; **2.** *e-r Bank*: correspondent; **~verkehr** *m* banking business, interbank dealings *pl.*; **~wesen** *n* (world of) banking; **~wirtschaft** *f* banking industry.

Bann *m* **1.** *hist.* banishment; (*Kirchen*♀) excommunication; ***in den ~ tun, mit dem ~ belegen*** banish, outlaw, *kirchlich*: excommunicate, *gesellschaftlich*: ostracize, *geschäftlich*: boycott; **2.** *fig.* (*Zauber*) charm, spell; ***unter dem ~ stehen von*** (*e-r Person*) be (*od.* have come) under the spell *od.* sway of, (*Musik etc.*) be spellbound by, be under the spell of, (*Alkohol etc.*) be in the grip of; ***in j-s ~ geraten*** come under s.o.'s spell; ***in den ~ der Musik*** *etc.* ***geraten*** be enthralled (*od.* spellbound) by the music *etc.*; ***in den ~ von Alkohol geraten*** become a slave to alcohol (*od.* the demon drink); ***in ~ schlagen*** captivate, spellbind; ***in ~ halten*** have *s.o.* spellbound; ***endlich war der ~ gebrochen*** the ice had broken at last; **bannen** *v/t.* **1.** banish (*a. fig.*); (*Gefahr*) avert, ward off; (*böse Geister*) exorcize, cast out; *eccl.* excommunicate; **2.** *fig.* (*fesseln*) captivate, transfix, spellbind; → ***gebannt***; **3.** ***et. auf den Film*** (***das Band*** *etc.*) ***~*** capture s.th. on film (tape *etc.*).

Banner *n* banner (*a. fig.*), standard; **~träger** *m* standard-bearer (*a. fig.*).

Bann|fluch *m hist.* excommunication; ***j-n mit dem ~ belegen*** excommunicate s.o.; **~kreis** *fig. m* sphere of influence, spell; ***in j-s ~ geraten*** come under s.o.'s sway (*od.* spell); **~meile** *f* **1.** *hist.* precincts *pl.*; **2.** *e-s Staatsgebäudes*: neutral zone.

Bantamgewicht *n*, **Bantamgewichtler** *m Sport*: bantamweight.

Bantamhuhn *n* bantam.

Bantu *m* Bantu; **~sprache** *f* Bantu language; **~volk** *n* Bantu people (*od.* tribe).

Baptist *m* baptist.

Baptisterium *n* baptistry.

baptistisch *adj.* Baptist.

bar *adj.* **1.** ***~es Geld*** (ready) cash; (***in***) ***~ bezahlen*** pay cash; ***gegen ~*** for cash; ***zahlen Sie ~ oder mit Scheck?*** is it cash or cheque (*Am.* check)?; **2.** (*echt*) pure *gold*; → ***Münze***; *contp. a.* downright; ***~er Unsinn*** sheer (*od.* utter) nonsense; **3.** (*e-r Sache*) devoid of, lacking in; ***~ jeglichen Gefühls*** totally lacking (in) any feeling; **4.** *obs.* ***~en Hauptes*** bareheaded.

Bar[1] *f* bar (*a. Theke*); nightclub; *im Schrank etc.*: drinks cabinet; ***in e-e ~ gehen*** go to a bar; ***an der ~*** at the bar.

Bar[2] *n phys.* (*Luftdruckeinheit*) bar.

Bär *m* **1.** bear; ***schlafen wie ein ~*** sleep like a log; → ***aufbinden***; **2.** *ast.* ***der Große*** (***Kleine***) ***~*** the Great (Little) Bear, Ursa Major (Minor), F the Big (Little) Dipper.

Bar|abfindung *f* cash settlement; **~abhebung** *f* cash withdrawal.

Baracke *f* hut; *bsd. contp.* shack; ***elende ~*** hovel.

Baracken|lager *n* hut camp; **~siedlung** *f* shantytown, slums *pl.*

Bar|ausgaben *pl.* cash expenditure *sg.*; **~auslagen** *pl.* cash outlays (*od.* outlay *sg.*); **~ausschüttung** *f* cash dividend; **~auszahlung** *f* cash payment.

Barbadier(in *f*) *m*, **barbadisch** *adj.* Barbadian.

Barbar *m* barbarian (*a. fig. contp.*); **Barbarei** *f* barbarism, savagery; (*barbarische Tat*) barbarity, savage act; **Barbarentum** *n* barbarism; **barbarisch I.** *adj.* barbaric, barbarous (*a. fig. contp.*); *Volk etc.*: barbarian; (*grausam*) savage, cruel; (*brutal*) brutal; F (*schlimm*) dreadful; F ***ich habe e-n ~en Hunger*** I'm ravenous, I could eat a horse; **II.** *adv.*: ***sich ~ benehmen*** behave like a barbarian (*od.* barbarians); F ***~ stinken*** *etc.* F smell *etc.* something awful; **barbarisieren** *v/t.* barbarize.

Barbe *f zo.* barbel.

bärbeißig *adj.* surly.

Bar|bestand *m* cash in hand; *e-r Bank*: cash reserve(s *pl.*); **~betrag** *m* cash sum; **~bezüge** *pl.* remuneration *sg.* in cash.

Barbiturat *n* barbiturate.

Barbitursäure *f* barbituric acid.

barbusig *adj.* bare-bosomed, topless.

Bardame *f* barmaid.

Barde *m hist. u. iro.* bard.

Bar|depot *n* cash deposit; **~dividende** *f* cash dividend (*od.* bonus); **~eingänge** *pl.* cash receipts; **~einlage** *f* cash deposit; **~einnahmen** *pl.* cash receipts.

Bärendienst *m*: ***j-m e-n ~ erweisen*** do s.o. a bad turn; ***da hast du mir e-n ~ geleistet!*** *iro.* that was a great help.

Bärendreck *dial. m* liquorice.

Bärenfell *n* bearskin; **~mütze** *f* bearskin (hat); *Brit.* ⚔, *hohe*: bearskin (cap), busby.

bärenhaft *adj.* (*schwerfällig*) lumbering; ***~e Gestalt*** (great) hulk.

Bären|hatz *f* bear-baiting; **~haut** *f* bearskin; *fig.* ***auf der ~ liegen*** laze around, have a lazy time of it.

Bären|hunger *m*: ***ich habe e-n ~*** I'm ravenous, I could eat a horse; **~jagd** *f* bear-baiting (*od.* -hunting), bear hunt; **~kraft** *f a. pl. the* strength of a horse; Herculean strength; ***e-e ~*** (*od.* ***Bärenkräfte***) ***haben*** *a.* be as strong as an ox; **~mütze** *f* bearskin (hat); **~natur** *f the* constitution of a horse.

bärenstark *adj.* **1.** (as) strong as an ox; **2.** F *fig.* (*toll*) F great, *pred. a.* brill.

Bar|erlös *m*, **~ertrag** *m* cash (*od.* net) proceeds *pl.*

Barett *n* beret; *e-s Richters etc.*: biretta, cap.

barfuß I. *adj.* barefoot(ed); **II.** *adv.* barefoot; ***~ herumlaufen*** *a.* run around with nothing on one's feet; **Barfußarzt** *m* barefoot doctor; **barfüßig** *adj.* barefoot(ed).

Bargeld *n* cash; **bargeldlos** *adj.* cashless; ***~er Zahlungsverkehr*** (payment by) money transfer; ***~er Einkauf*** cashless shopping.

barhäuptig *adj.* bareheaded; *a. adv.* without a hat on.

Barhocker *m* bar stool.

bärig *dial. adj.* great, fantastic.

Bärin *f* she-bear.

Bariton *m* baritone (*a. Sänger*); ***den ~ singen*** sing baritone, be the baritone.

Barkasse *f* ⚓ (motor) launch.

Barkauf *m* cash purchase.

Barke *f* ⚓ rowing boat; *poet.* barque.

Barkeeper *m* barman, bartender.

Barkredit *m* cash credit.

Bärlapp *m* ♣ club moss.

Barleistung *f* cash payment.

barmherzig *adj.* (*mitleidig*) compassionate, kind-hearted; (*mildtätig*) charitable; (*gnädig*) merciful (***gegen*** to[wards]); ***~ sein gegen*** (*od.* ***mit***) *a.* have mercy on; → ***Samariter***; **Barmherzigkeit** *f* compassion; charity; mercy.

Barmittel *pl.* cash *sg.*, cash resources.

Barmixer *m* barman, bartender.

barock I. *adj.*, *a. in Zssgn* **Barock...** baroque (*a. fig.*), Baroque; **II.** ♀ *m*, *n* **1.** (*~zeit*) Baroque (period, era, age); **2.** (*~stil*) baroque *od.* Baroque (style).

Barometer *n* barometer (*a. fig.* ***für*** of); ***das ~ steht hoch*** (***tief***) the barometer is high (low); *fig.* ***das ~ steht auf Sturm*** there's a storm brewing; **~stand** *m* barometer reading; barometric pressure; ***den ~ ablesen*** read the barometer; **~sturz** *m* sudden drop in (atmospheric) pressure.

Baron *m* baron; **Baronesse** *f*, **Baronin** *f* baroness.

Bar|preis *m* cash price; **~reserven** *pl.* cash reserves.

Barrakuda *m* barracuda.

Barras F *m*: ***beim ~*** in the army, (*Wehrdienst*) *a.* doing one's national service; ***er muß zum ~*** he's got his conscription papers, he's been called up (for national service).

Barren *m* **1.** (*Gold*♀ *etc.*) bar, ingot; *pl. a.* bullion *sg.*; **2.** (*Turngerät*) parallel bars *pl.*; **~gold** *n* gold bullion.

Barriere *f* barrier (*a. fig.*).

Barrikade *f* barricade; ***auf die ~n steigen*** (*od.* ***gehen***) *a. fig.* mount the barricades (***für*** for); **Barrikadenkämpfe** *pl.* street battles (*od.* fighting *sg.*).

Barsch *m zo.* perch.

barsch *adj.* gruff, brusque (***gegen*** towards), short (with); ***~e Antwort*** gruff (*od.* curt) reply.

Barschaft *f* ready money, F cash; ***m-e ganze ~ beläuft sich auf ...*** I have on me a total of ...

Barscheck *m* cash cheque (*Am.* check).

Barschheit *f* gruffness, brusqueness; gruff (*od.* brusque) manner.

Bart *m* **1.** beard; *e-r Katze etc.*: whiskers *pl.*; *ein Mann* ***mit ~*** with a beard; ***e-n ~ tragen*** have (*stolz*: sport) a beard; ***sich e-n ~ stehenlassen*** grow a beard; *fig.* ***in den ~ brummen*** mumble to o.s.; ***j-m um den ~ gehen*** F soft-soap s.o.; F ***das hat ja so e-n ~!*** F that's as old as the hills; F ***der ~ ist ab!*** that's done it; **2.** (*Schlüssel*2) bit, ward; **~flechte** *f* **1.** ⚕ shaving rash; **2.** ⚘ beardmoss; **~haar** *n* **1.** *einzelnes*: hair from s.o.'s beard; **2.** **~e** beard.

bärtig *adj.* bearded.

bartlos *adj.* clean-shaven.

Bart|stoppeln *pl.* stubble *sg.*; **~träger** *m*: ***~ sein*** have a beard; **~wuchs** *m*: ***er hat e-n starken (schwachen) ~*** he has a strong (slow) growth of beard, he has to shave a lot (he doesn't have to shave very often).

Bar|überweisung *f* cash transfer; **~vergütung** *f* cash imbursement; **~verkauf** *m* cash sale; **~vermögen** *n* cash assets *pl.*; **~wert** *m* cash value.

Barzahlung *f* cash payment; ***(Verkauf) nur gegen ~*** cash terms only; **Barzahlungsrabatt** *m* cash discount.

basal *adj.* basal.

Basalt *m* basalt.

Basalwert *m* basal value.

Basar *m* bazaar.

Base[1] *obs. f* (female) cousin.

Base[2] *f* ⚗ base.

Baseball|mütze *f* baseball cap; **~schläger** *m* baseball bat.

Basedowsche Krankheit *f* Basedow's disease; F protruding eyes *pl.*

basieren *v/i.*: ***~ auf*** be based on; *Theorie etc.*: *a.* be founded on.

Basilika *f* basilica.

Basilikum *n* ⚘ basil.

Basilisk *m* basilisk.

Basis *f* △, Ⓐ, ⚔ base; (*Grundlage*) basis, foundation; *pol.* grassroots *pl.*; *in der Partei*: rank and file; ***auf breiter ~*** on a broad basis; ***auf gesunder ~*** on a sound basis; ***auf gleicher ~*** on equal terms, on an equal footing; ***auf solider ~*** on a solid (*od.* firm) footing; ***auf der ~ von ... beruhen*** be founded on ...; **~arbeit** *f* constituency-level work.

basisch *adj.* ⚗ basic; ***ein~*** monobasic; ***zwei~*** dibasic.

Basis|demokratie *f* grassroots democracy; **~einkommen** *n* basic income; **~lager** *n* base camp; **~wissen** *n* basics *pl.*; **~zins** *m* base interest rate.

Baske *m* Basque; **Baskenmütze** *f* beret.

Basketball *m* basketball.

baskisch *adj.* Basque.

Basrelief *n* bas-relief.

baß *obs. adv.*: ***~ erstaunt*** most surprised.

Baß *m* ♪ **1.** (*Stimme*) bass (voice); **2.** (*Sänger*) bass (singer); **3.** (*Partie*) bass (part); **4.** (*Instrument*) double bass; (*~gitarre*) bass; **~anhebung** *f* bass lift; **~bariton** *m* bass baritone; **~begleitung** *f* bass accompaniment; **~geige** *f* double bass; **~gitarre** *f* bass guitar.

Bassin *n* **1.** tank; **2.** (*Schwimm*2) pool.

Bassist *m* **1.** bass (singer); **2.** bass player; *im Orchester*: (double) bass player.

Baß|klarinette *f* bass clarinet; **~partie** *f* bass (part); **~regler** *m* bass control; **~schlüssel** *m* bass clef; **~stimme** *f* → ***Baß*** 1 *u.* 3.

Bast *m* **1.** raffia; **2.** ⚘ bast, phloem; **3.** *am Geweih*: velvet.

basta *int.* that's enough (of that)!; ***und damit ~!*** and that's that!

Bastard *m* **1.** ⚘ hybrid; **2.** *zo.* crossbreed; (*Hund*) mongrel; ***ein ~ zwischen ... und ...*** a cross between a ... and a ...; **bastardieren** *v/t.* hybridize.

Bastei *f* bastion.

Bastelarbeit *f* handicraft(s *pl.*); F making things.

basteln I. *v/t.* **1.** make; **II.** *v/i.* **2.** do handicrafts; ***er bastelt gern*** he likes to do things with his hands (*od.* make things); ***mit Holz (Papier*** *etc.*) ~ make things out of wood (paper *etc.*); **3.** ***~ an*** tinker around with; **III.** 2 *n* handicrafts *pl.*; F making things.

Bastion *f a. fig.* bastion, bulwark.

Bastler *m*: ***er ist ein leidenschaftlicher (guter) ~*** he loves to make things (he's good at making things *od.* doing things with his hands).

Bastseide *f* raw silk.

Bataillon *n* battalion.

Bataillons|chef *m*, **~führer** *m* battalion leader.

Bathysphäre *f* bathysphere.

Batik *m, f* batik.

Batist *m* cambric, batiste.

Batschen *dial. m* puncture, flat tyre (*Am.* tire).

Batterie *f* **1.** battery; ***mit ~ betreiben*** run on batteries (*od.* a battery); **2.** ⚔ battery; **3.** F *fig. von Flaschen etc.*: battery, array; **~anzeiger** *m* battery meter; **~betrieb** *m* battery operation; ***mit ~*** → **2betrieben** *adj.* battery-operated; **~fach** *n* battery compartment; **~gerät** *n* battery-operated device; ***es ist ein ~*** *a.* it runs on batteries; **~huhn** *n* battery hen; **~ladegerät** *n* battery charger; **~spannung** *f* voltage; **~uhr** *f* battery watch (*od.* clock).

Batzen *m* **1.** *Erde etc.*: clump; **2.** F ***es hat e-n ~ Geld gekostet*** F it put me back a few bob; ***sie verdient e-n ~ Geld*** F she's raking it in; ***das ist ein ~ Geld*** F that's a tidy (little) sum.

batzig *dial. adj.* muddy; slushy.

Bau *m* **1.** (*Vorgang*) construction; ***im ~*** under construction, being built; **2.** (*Gebäude*) building; **~ten** *Film*: setting *sg.*; **3.** ⚙ design, (*a. Aufbau*) structure; **4.** → ***Baugewerbe***; ***er ist beim ~, er arbeitet auf dem ~*** he's a building worker, he's in the building trade; F *fig.* ***er ist vom ~*** he's an expert; **5.** → ***Baustelle***; **6.** *zo.* (*Dachs*2) earth, (*Fuchs*2) *a.* den; (*Kaninchen*2) burrow; (*Biber*2) lodge; **7.** *sl.* ⚔ guardhouse; ***fünf Tage ~*** five days in the guardhouse; **8.** (*Körper*2) build; **~abschnitt** *m* construction (*od.* building) stage; **~amt** *n* building authorities *pl.*; **~anleitung** *f* construction manual; **~arbeiten** *pl.* construction work *sg.*; *Straße*: roadworks; **~arbeiter** *m* building (*od.* construction) worker, labo(u)rer on a building site, F hard hat; **~art** *f* style (of construction); ⚙ design; (*Typ*) type, model; **~aufsichtsbehörde** *f* construction supervising body; **~beginn** *m* start of construction (work); **~behörde** *f* building authority; **~bewilligung** *f* planning permission; **~biologie** *f* organic architecture; **~boom** *m* building (*od.* construction) boom.

Bauch *m* stomach, F tummy; *anat.* abdomen; *dicker*: paunch, pot-belly; *fig.* (*Wölbung*) bulge, (*a. e-r Geige, e-s Schiffs etc.*) belly; ***auf dem ~ liegen*** lie on one's stomach, lie face down; ***mit vollem (leerem) ~*** on a full (an empty) stomach; ***ich hab' seit heute morgen nichts im ~*** I haven't eaten a thing since this morning; *fig.* ***sich den ~ halten vor Lachen*** split one's sides laughing, F roll with laughter; ***auf den ~ fallen*** F fall flat on one's face; ***vor j-m auf dem ~ kriechen*** crawl (F toady up) to s.o.; ***ich hab' mir die Füße*** (*od.* ***Beine) in den ~ gestanden*** I stood till I dropped; ***ich hab' e-e Wut im ~*** I'm ready to explode; F ***aus dem ~ heraus reagieren*** act on instinct; ***ich hab' aus dem ~ heraus reagiert*** *a.* F it was a gut reaction; F ***aus dem hohlen ~*** *reden etc.*: F off the top of one's head; F ***es geht (direkt) in den ~*** F it really hits you; → ***Loch***; **~ansatz** *m* beginnings *pl.* of a paunch, F bit of a spare tyre (*Am.* tire); **~atmung** *f* abdominal breathing; **~binde** *f* **1.** abdominal bandage; **2.** *um e-e Zigarre, ein Buch*: band; **~decke** *f* abdominal wall.

Bauchfell *n* peritoneum; **~entzündung** *f* peritonitis.

Bauchfleck *östr. m* belly flop.

Bauchflosse *f* ventral fin.

Bauchhöhle *f* abdominal cavity; **Bauchhöhlenschwangerschaft** *f* extra-uterine pregnancy.

bauchig *adj.* bulbous.

Bauch|klatscher F *m* F belly flop; **~knöpfchen** *n Kindersprache*: belly button; **~laden** F *m* vendor's tray; **~landung** *f* F belly landing; *ins Wasser*: *a.* F belly flop; ***e-e ~ machen*** land on one's belly, do a belly landing (*ins Wasser*: *a.* F belly flop), *fig.* F fall flat on one's face; **~muskeln** *pl.*, **~muskulatur** *f* stomach muscles (*pl.*); **~nabel** *m* navel; **2pinseln** F *v/t.* → ***gebauchpinselt***; **~redekunst** *f* (art of) ventriloquism; **~redner** *m* ventriloquist; **~schmerzen** *pl.* stomach-ache *sg.*; ***~ haben*** have a stomach-ache; **~schuß** *m* stomach wound; **~speicheldrüse** *f* pancreas; **~tanz** *m* belly dance (*od.* dancing); **~tänzerin** *f* belly dancer; **~tasche** *f zo.* pouch; **~weh** F *n* → ***Bauchschmerzen.***

Bau|denkmal *n* historic (architectural) monument; **~element** *n* **1.** construction element; **2.** architectural element (*od.* component).

bauen I. *v/t.* **1.** build; (*errichten*) erect; **2.** (*herstellen*) make, build, ⚙ *a.* construct; **3.** F *fig.* (*ein Examen*) take; ***e-n Unfall ~*** have an accident; → ***Mist*** 3; **4.** *fig.* ***s-e Hoffnungen*** *etc.* ***~ auf*** base one's hopes *etc.* on; **II.** *v/i.* **5.** build; (*ein Eigenheim ~*) build a house; ***~ an*** work on; **6.** *fig.* ***~ auf*** (*sich verlassen auf*) count on, depend on.

Bauer[1] *m* **1.** farmer; **2.** *contp.* peasant; **3.** *Schach*: pawn; *Kartenspiel*: jack.

Bauer[2] *n* (*Vogel*2) (bird)cage.

Bäuerchen F *n*: ***ein ~ machen*** *Baby*: F do (*od.* bring up) its windies.

Bäuerin *f* **1.** (woman) farmer; **2.** farmer's wife.

bäuerlich *adj.* rural; *Stil etc.*: rustic.

Bauern|brot *n* (coarse) brown bread; **~bursche** *m* country lad; **~dorf** *n* farming village.

Bauernfang *m*: ***auf ~ ausgehen*** F go out on the con game; **Bauernfänger** *m* F con man; **Bauernfängerei** *f* F con (game).

Bauern|frühstück *n fried potatoes, ham and scrambled eggs*; **~gut** *n* farm(stead); **~haus** *n* farmhouse; **~hochzeit** *f* country wedding; **~hof** *m* farm; **~krieg** *m hist.* Peasants' War; *in England*: Peasants' Revolt; **~lümmel** *m* country yokel, *Am.* F hick; **~mädchen** *n* country girl; **~magd** *f* farmgirl; **~möbel** *pl.* rustic furniture *sg.*; **~opfer** *n Schach u. fig.* sacrificing a pawn; ***ein ~ bringen*** sacrifice a pawn; **~regel** *f* (piece of) country lore; *pl.* country lore *sg.*; **~schläue** *f* cunning, shrewdness; **~stand** *m* farmers *pl.*; *bsd. hist.* peasantry; **~stube** *f* **1.** room in a farmhouse; **2.** *Stil*: rustic(-style) room; **~theater** *n* rural folk theat|re (*Am. a.* -er).

Bau|erwartungsland *n* development site; **~fach** *n* **1.** architecture; **2.** building trade; **~fachmann** *m* construction expert.

baufällig *adj.* dilapidated, ramshackle; **Baufälligkeit** *f* dilapidated state; (state of) dilapidation.

Bau|finanzierung *f* construction financing; financing of the (*od.* a) building project; **~firma** *f* construction company, (firm of) builders and contractors *pl.*; **~flucht** *f* alignment; **~führer** *m* site manager; **~führung** *f* site management; **~gelände** *n* development area (*od.* site); (*Baustelle*) building site; **~genehmigung** *f* planning permission; **~genossenschaft** *f* cooperative building association; **~gerüst** *n* scaffolding; **~gesellschaft** *f* construction company; **~gewerbe** *n* building trade; **~grube** *f* excavation (pit); **~grund** *m* **1.** (*Gelände*) development site; **2.** → **~grundstück** *n* site, (building) plot; **~gruppe** *f* ⚙ assembly; **~handwerk** *n* building trade.

Bauherr *m* builder-owner; *größerer*: (property) developer; **Bauherrenmodell** *n* builder's (*od.* builder-owner) model.

Bau|holz *n* (building) timber; **~hütte** *f* builders' hut; **~industrie** *f* building (*od.* construction) industry; **~ingenieur** *m* civil engineer; **~jahr** *n* construction year; ***~ 1990*** 1990 model; ***der Wagen*** *etc.* ***ist ~ 53*** it's a 1953 model.

Baukasten *m* box of bricks; (*Stabil*2) construction kit (*od.* set); **~prinzip** *n* modular (assembly) concept; **~system** *n* modular (assembly) system.

Bauklotz *m* building brick; F ***da staunt man Bauklötze(r)*** it's absolutely amazing.

Baukosten *pl.* building costs; *weitS.* production costs; **~zuschuß** *m* building subsidy.

Bau|kran *m* construction crane; **~kunst** *f* architecture; **2künstlerisch** *adj.* architectural; **~land** *n* development area; **~leiter** *m* site manager; **~leitung** *f* site management.

baulich *adj.* architectural; structural; ***in gutem (schlechtem) ~en Zustand*** in good (bad) repair; ***~e Sünde*** architectural eyesore, unsightly development, F blot on the landscape, carbuncle.

Baulichkeiten *pl.* buildings, architecture *sg.*

Bau|löwe F *m* property giant; **~lücke** *f* vacant lot, empty site.

Baum *m* tree; *fig.* ***der ~ der Erkenntnis*** the tree of knowledge; ***es ist dafür gesorgt, daß die Bäume nicht in den Himmel wachsen*** there's a limit to everything(, I suppose); ***zwischen ~ und Borke stecken*** be between the devil and the deep blue sea; F ***es ist, um auf die Bäume zu klettern*** it's enough to drive you up the wall; → ***ausreißen*** 1.

Bau|markt *m* **1.** ⚜ property market; **2.** (*Warenhaus*) DIY store; **~maschinen** *pl.* construction equipment *sg.*; **~maßnahmen** *pl.* building operations; **~material** *n* building material(s *pl.*).

Baum|bestand *m* stock of trees, tree population; **~blüte** *f* **1.** blossoming of a tree; **2.** (*Zeit*) flowering season.

Bäumchen *n* small (*od.* little) tree.

Baum|chirurg *m* tree surgeon; **~chirurgie** *f* tree surgery.

Baumeister *m* **1.** *auf dem Bau*: master builder; **2.** (*Architekt, a. fig.*) architect.

baumeln *v/i.* **1.** dangle, swing (**an** from); ***mit den Beinen ~*** dangle one's legs; **2.** F (*am Galgen ~*) F swing.

bäumen *v/t. u. v/refl.* (**sich ~**) → ***aufbäumen.***

Baum|farn *m* ♣ treefern; **~fäule** *f* dry rot; **~flechte** *f* ♣ lichen, tree moss; **~frevel** *m* wil(l)ful damaging of trees; **~garten** *m* orchard; **~grenze** *f* treeline, timberline; **~gruppe** *f* clump of trees; **~haus** *n* tree-house; **~hecke** *f* hedge of trees; **2hoch** *adj.* (as) tall as a tree (*od.* trees); **~krone** *f* treetop; **~kuchen** *m* pyramid cake; **2lang** *adj.* giant ...; *pred.* (as) tall as a lamppost; **~läufer** *m zo.* (tree) creeper.

baumlos *adj.* treeless.

Baum|marder *m* pine marten; **~pflanzung** *f* tree nursery; **2reich** *adj.* densely wooded; **~riese** *m* giant tree; **~rinde** *f* bark (of a *od.* the tree); **~schere** *f*: (***e-e ~*** a pair of) pruning shears *pl.*; **~schule** *f* (tree) nursery; **~schwamm** *m* ♣ agaric; **~stamm** *m* (tree) trunk; *gefällter*: log; **2stark** *adj.* (as) strong as an ox; **~sterben** *n* dying (off) of trees (*od.* forests), forest deaths *pl.*; **~stumpf** *m* (tree) stump; **~stütze** *f* tree prop; **~wipfel** *m* treetop.

Baumwolle *f* cotton; **baumwollen** *adj.* cotton.

Baumwoll|garn *n* (sewing) cotton; **~hemd** *n* (100%) cotton shirt; **~industrie** *f* cotton industry; **~pflanzer** *m* cotton planter; **~pflücker** *m* cotton picker; **~plantage** *f* cotton plantation; **~spinnerei** *f* cotton mill; **~staude** *f* cotton plant; **~stoff** *m* cotton; **~strauch** *m* cotton plant.

Baumwurzel *f* tree root.

Bau|norm *f* building standard(s *pl.*); **~objekt** *n* building (*od.* construction) project; **~ordnung** *f* building regulations *pl.*; **~plan** *m* architect's plan; ⚙ blueprint; **~planung** *f* project planning; **~platz** *m* site, (building) plot; **~preis** *m* building costs *pl.*; **~programm** *n* building (*od.* construction) program(me); **~projekt** *n* building (*od.* construction) project; **~rat** *m* government building surveyor; **~recht** *n* building regulations *pl.*; **2reif** *adj.* ⚙ developed; ⚠ ready for building; **~reihe** *f* (production) series; **~rezession** *f* slump in the building (*od.* construction) industry; **~ruine** *f* half-finished (*od.* abandoned) building; **~saison** *f* building season; **~satz** *m* construction kit.

Bausch *m* wad (*a.* ⚕ *Watte*2), ball; *fig.* ***in ~ und Bogen*** lock, stock and barrel; **Bauschärmel** *pl.* puff sleeves; **bauschen I.** *v/i. u. v/refl.* (**sich ~**) billow; **II.** *v/t.* puff out; (*Segel*) swell; **bauschig** *adj.* puffed out.

Bau|schlosser *m* building fitter; **~schutt** *m* rubble (from a building site); **~sektor** *m* building sector.

bausparen *v/i.* save with a building society; **Bausparer** *m* building society investor; **Bausparkasse** *f* building society; **Bausparvertrag** *m* building society savings agreement.

Baustatik *f* architectural statics *pl.* (*als Fach sg. konstr.*); **baustatisch** *adj.* statical; ***~e Berechnung*** stress analysis.

Bau|stein *m* brick (*a. Spiel*2); (*Gestein*) stone; *fig.* element, component; (*Beitrag*) important contribution; **~stelle** *f* building site; *auf Straßen*: roadworks *pl.*; **~stil** *m* (architectural) style; **~stoff** *m* **1.** building material; **2.** *biol.* nutrient; **~stopp** *m* building freeze; ***e-n ~ verordnen*** halt building (works); **~substanz** *f* structural fabric; *e-r Stadt*: architectural fabric (*od.* core); **~tätigkeit** *f* building (activity).

Bautechnik *f* constructional engineering; *konkret*: building technique; **Bautechniker** *m* constructional engineer; **bautechnisch** *adj.* constructional.

Bauteil *m* component (part).

Bauten *pl.* buildings.

Bau|träger *m* (property) developer; (*Firma*) (property) developers *pl.*; **~unternehmen** *n* **1.** building contractors *pl.*, (property) developers *pl.*; **2.** (*Projekt*) building project; **~unternehmer** *m* building contractor, (property) developer; **~verbot** *n* building ban; **~vertrag** *m* building contract; **~vorhaben** *n* building (*od.* construction) project; **~vor-schriften** *pl.* building regulations; **~weise** *f* **1.** construction (method); **2.** style (of architecture); **~werk** *n* building; **~wesen** *n* **1.** civil engineering; **2.** architecture; **~wirtschaft** *f* building (*od.* construction) industry; **~wut** *f* building craze.

Bauxit *n min.* bauxite.

Bau|zaun *m* hoarding; **~zeichner** *m* architectural draughtsman (*Am.* draftsman); **~zeichnung** *f* construction plan; architect's plan (*od.* drawing); **~zeit** *f* construction time; **~zuschuß** *m* building subsidy.

Bayer(in *f*) *m* Bavarian; **bay(e)risch** *adj.* Bavarian; ***der Bayerische Wald*** the Bavarian Forest.

Bazar *m* bazaar.

Bazi *dial.* F *m* F bad egg, rascal.

Bazille F *f* germ.

Bazillen|stamm *m* strain of bacilli; **~träger** *m* (germ) carrier.

Bazillus *m* germ; 📖 bacillus (*pl.* bacilli).

Bazooka *f* ⚔ bazooka.

beabsichtigen *v/t.* intend (**zu** *inf.* to *inf.*, *ger.*); (*planen*) plan (to *inf.*, on *ger.*); ***es war beabsichtigt*** it was intentional, he *etc.* did it on purpose (*od.* meant it); ***es war nicht beabsichtigt*** it wasn't intentional, I *etc.* didn't mean to (do it); ***was hast du damit beabsichtigt?*** what were you trying to do (*od.* achieve) (by that)?; **beabsichtigt** *adj.* **1.** intended; ***die ~e***

Wirkung the desired effect; ***die ~e Wirkung blieb aus*** *bei Medizin etc.*: it didn't have the desired effect, *bei Schaueffekten etc.*: the effect didn't come off; **2.** (*absichtlich*) intentional, deliberate.

beachten *v/t. aufmerksam*: pay attention to; (*zur Kenntnis nehmen*) note; (*befolgen*) (*Anweisungen*) follow, (*Regeln*) *a.* keep to, (*Gesetz*) observe; (*berücksichtigen*) bear in mind, take into account; ***nicht ~*** take no notice of, (*ignorieren*) ignore; (*Ratschläge etc.*) *a.* disregard; (*nicht bemerken*) not to notice, miss; ***bitte zu ~*** please note; ***man muß dabei ~, daß*** you've got to be aware (*od.* remember) that; *die Ereignisse etc.* ***wurden kaum beachtet*** were scarcely noticed, aroused little attention, passed by without notice; **beachtenswert** *adj.* noteworthy; ***e-e ~e Leistung*** *a.* quite an achievement; **beachtlich I.** *adj.* (*beträchtlich*) considerable; *mengenmäßig*: *a.* sizeable; (*bemerkenswert*) remarkable; (*ernstzunehmend*) serious; *Gegner*, *Widerstände*: *a.* formidable; ***er hat ein ~es Talent*** he has considerable talent; ***das war e-e ~e Leistung*** that was quite an achievement (*od.* some feat); ***~!*** F pretty good!; **II.** *adv.*: ***~ steigen*** climb sharply; **Beachtung** *f* (*Aufmerksamkeit*) attention; (*Berücksichtigung*) consideration; (*Befolgung*) observance; ***~ finden*** be taken note of; ***keine ~ finden*** be ignored, *Leistung etc.*: remain unacknowledged; (***keine***) ***~ schenken*** *dat.* pay (no) attention to; ***~ verdienen*** be worthy of note; ***unter ~ von*** (*in Anbetracht gen.*) with ... in mind, (*in Befolgung von*) in compliance with, following *s.o.'s advice etc.*

beackern *v/t.* **1.** plough, *Am.* plow; **2.** *fig.* work through.

Beamte(r) *m* official; (*Polizei*≈, *Zoll*≈) officer; (*Staats*≈) government official, civil servant; F (*Angestellter*) employee.

Beamten|anwärter *m* civil service applicant; **~apparat** *m* civil service machinery; **~beleidigung** *f*: (***wegen ~*** for) insulting an official (*Polizist*: police officer); **~bestechung** *f* bribery of an official (*od.* officials); **~deutsch** *n* officialese.

beamtenhaft *adj.* bureaucratic.

Beamtenlaufbahn *f* civil service career.

Beamtentum *n* civil servants *pl.*; *contp.* officialdom.

Beamtin *f* → ***Beamte(r).***

beängstigen *v/t.* worry, get *s.o.* worried; **beängstigend** *adj.* frightening, alarming; **Beängstigung** *f* (*Besorgnis*) worry, concern; (*Angst*) fear; (*starke Beunruhigung*) alarm.

beanspruchen *v/t.* (*Recht etc.*) claim, lay claim to; (*erfordern*) demand, require, call for; (*Platz*, *Zeit*) take up; (*Gebrauch machen von*) use, make use of, (*a. j-s Hilfe etc.*) avail o.s. of; (*geistig-seelisch ~*) preoccupy, *stärker*: absorb; (*strapazieren*) strain, be (*od.* put) a strain on, tax; ⚙ stress, strain; ***stark ~*** (*Sache*) be (*od.* put) a heavy strain on; (*Person*) keep *s.o.* very busy, take up a lot of *s.o.'s* time (and energy), make heavy demands on *s.o.*(*'s* time); *innerlich*: preoccupy *s.o.* greatly; **beansprucht** *adj.*: ***stark ~*** *Person*: very (*od.* extremely) busy; ***sie ist zur Zeit stark ~*** *a.* she's got a lot on her plate at the moment; **Beanspruchung** *f* claim (*gen.* on); *von Zeit, der Kräfte etc.*: demand (on); (*Gebrauch*) use; (*Anstrengung*) strain; ⚙ stress, strain, load; ***~ durch die Arbeit*** *etc. the* demands of work *etc.*; ⚙ ***für starke*** (*od.* ***hohe***) ***~*** for heavy-duty service, heavy-duty *materials etc.*, (*Abnutzung*) *a.* for hard wear; ***für normale ~*** for normal service; ***unter normaler ~*** under normal (working) conditions.

beanstanden *v/t.* (*Ware etc.*) complain about; (*in Frage stellen*, *a. Rechnung etc.*) query; (*kritisieren*) criticize; (*e-n Einwand erheben gegen*) object to; ***was ich an ihm*** (***daran***) ***zu ~ habe*** what I don't like about him (it), the thing I have against him (it); ***ich habe nichts daran zu ~*** I can't see anything wrong with it; ***das einzige, was ich daran zu ~ habe*** the only criticism (*od.* objection) I have; **Beanstandung** *f* (*Beschwerde*) complaint (***an*** about); (*Infragestellung*) query (about); (*Kritik*) criticism (of, about); (*Einwand*) objection (to).

beantragen *v/t.* apply for, put in an application for; ⚖, *parl.* move for; (*vorschlagen*) propose; ***~ zu*** *inf. parl.* move that *s.th. be done*; (*vorschlagen*) propose that *s.th. be done*; **Beantragung** *f* application; motion; proposal.

beantwortbar *adj.* answerable; **beantworten** *v/t.* answer (*a. fig.*; ***mit*** with), reply to; ***mit ja*** (***nein***) ***~*** answer yes (no); **Beantwortung** *f* answer, reply; answering; ***in ~*** *gen.* in answer (*od.* reply) to.

bearbeiten *v/t.* **1.** (*Feld*, *Boden etc.*) work, cultivate; **2.** (*Werkstoff*) work, (*Leder*) *a.* dress; (*Metall*) *spanlos*: work, *spanabhebend*: machine; (*behandeln*) treat; **3.** (*Sachgebiet etc.*) work on; (*Fall etc.*) *a.* deal with; **4.** (*Buch*) edit, *neu*: revise; *für die Bühne etc.*: adapt; ♪ arrange; **5.** *fig.* ***j-n ~*** *beeinflussend*: work on s.o.; **6.** F *fig.* ***j-n ~*** (*verprügeln*) F give s.o. a working over; **Bearbeiter** *m* **1.** person in charge (*od.* dealing with) the case *etc.*; **2.** *e-s Buchs*: editor; *Neufassung*: adapter; ♪ arranger; **Bearbeitung** *f* **1.** *des Bodens etc.*: working, cultivation; **2.** *von Werkstoffen*: working; (*Behandlung*) treatment; **3.** *e-s Themas etc.*: treatment; *von Akten etc.*: processing; **4.** *e-s Buchs*: (*Überarbeitung*) revision, (*Ausgabe*) revised edition; *thea.* adaptation; *bsd.* ♪ arrangement; **Bearbeitungsgebühr** *f* handling charge; *Bank*: (bank) service charge.

beargwöhnen *v/t.* be suspicious of; **Beargwöhnung** *f* suspicion (*gen.* of, towards).

beatmen *v/t.* give *s.o.* artificial respiration; **Beatmung** *f*: (***künstliche ~***) artificial respiration; **Beatmungsgerät** *n* respirator.

beaufsichtigen *v/t.* supervise; (*Kind*) look after; ***die Kinder bei ihren Hausaufgaben ~*** supervise the children's homework; **Beaufsichtigung** *f* supervision.

beauftragen *v/t.* **1.** ***j-n ~, et. zu tun*** ask (*formell*: instruct, *Künstler etc.*: commission) s.o. to do s.th.; ***wer hat Sie dazu beauftragt?*** on whose instructions are you doing this?, F who told you to do this?; **2.** ***j-n mit e-m Fall*** *etc.* ***~*** put s.o. in charge of a case *etc.*; **Beauftragte(r)** *m* (authorized) representative; (*Abgeordneter*) delegate; **Beauftragung** *f* instructions *pl.* (***zu*** *inf.* to *inf.*); (*Ermächtigung*) authorization.

beäuge(l)n *v/t.* have a good look at; (*bsd. Frau*) *a.* ogle at.

beaugenscheinigen *v/t. mst iro.* have a close look at.

bebaubar *adj.* developable; **bebauen** *v/t.* **1.** (*Boden etc.*) cultivate; **2.** (*Grundstück etc.*) build on; **bebaut** *adj.*: ***~es Gebiet*** (*od.* ***Gelände***) built-up area; **Bebauung** *f* **1.** ⚒ cultivation; **2.** development.

Bebauungs|dichte *f* building density; **~plan** *m* building (*od.* development) plan.

beben I. *v/i.* shake, tremble (*a. Stimme etc.*; ***vor*** with); (*vibrieren*) vibrate; **II.** ≈ *n* trembling; vibration(s *pl.*); *geol.* tremor, *stärker*: (earth)quake.

bebildern *v/t.* illustrate; **Bebilderung** *f* illustrations *pl.*

bebrillt *adj.* spectacled.

bebrüten *v/t.* **1.** incubate, sit on *eggs*; **2.** F *fig.* brood over.

Becher *m* **1.** *aus Glas*: glass, tumbler; *aus Plastik*: beaker; *aus Ton*, *Porzellan*: mug; *für Eis etc.*: cup, *aus Pappe*: tub; *hist.* cup, goblet; F *fig.* ***er hat zu tief in den ~ geschaut*** F he's had one too many (*od.* one over the eight); **2.** ✿ cup, calix; **~glas** *n* ⚗ beaker.

bechern F *v/i. u. v/t.* F tipple; ***einen ~*** have a (bit of a) tipple.

becircen F *v/t.* bewitch.

Becken *n* **1.** basin (*a.* ⚙, *geol. u. Hafen*≈); *Küche*, *Bad*: sink; *Klosett*: bowl; (*Schwimm*≈) pool; **2.** *anat.* pelvis; **3.** ♪ cymbal; **~bruch** *m* ⚕ fractured pelvis; **~gurt** *m* lap seatbelt; **~knochen** *m* pelvic bone; **~stütze** *f am Stuhl*: pelvic (*od.* lumbar) support; **~verletzung** *f* pelvic injury.

Beckmesser *fig. m* faultfinder, carping critic; **Beckmesserei** *f* carping, faultfinding.

bedachen *v/t.* roof (over); put a roof on.

bedacht *adj.* (*überlegt*) careful; ***~ auf*** intent (*od.* keen) on *s.th. od. ger.*; ***darauf ~ sein zu*** *inf. a.* be anxious to *inf.*; ***darauf ~ sein, nett zu sein*** *etc.* make a point of being friendly *etc.*

Bedacht *m*: ***mit ~*** (*überlegt*) with deliberation, (*umsichtig*) circumspectly, (*vorsichtig*) carefully, with great care; ***ohne ~*** (*unüberlegt*) without thinking, (*übereilt*) rashly, without pausing to think, (*unvorsichtig*) carelessly.

bedächtig I. *adj.* (*überlegt*) careful; (*umsichtig*) circumspect; (*langsam*) slow, measured; **II.** *adv.* (*überlegt*) with deliberation; (*langsam*) slowly, deliberately; **Bedächtigkeit** *f* care; (*Umsicht*) circumspection; *e-r Handlung*, *Bewegung etc.*: deliberation.

bedachtsam *adj. u. adv.* → ***bedächtig***; **Bedachtsamkeit** *f* → ***Bedächtigkeit.***

Bedachung *f* roof(ing); **~en** ⚙ roofing, roofs.

bedanken *v/refl.*: ***sich ~*** say thank you, *formell*: express one's thanks (***bei j-m*** to s.o.); ***sich bei j-m ~*** *a.* thank s.o. (***für*** for); *iro.* ***dafür bedanke ich mich*** no thank you very much.

Bedarf *m* need (***an*** for); ⚘ (*Nachfrage*) demand (for); (*Erfordernisse*) requirements *pl.*; (*Bedarfsmenge*) supply (of); ***bei ~*** if required (*od.* necessary); (***je***) ***nach ~*** as the need arises, *a. mengenmä-*

ßig: as required; **für den ~** *gen.* for *s.o. od. s.th.*; **für den eigenen ~** for oneself, for one's personal requirements; **Dinge für den täglichen (häuslichen) ~** everyday (household) essentials; **~ haben an** need; **den ~ decken** meet the demand; **s-n ~ decken** keep oneself in good supply; *iro.* **mein ~ (an** *e-r Sache*) **ist gedeckt** I've had my fill (of); F **kein ~!** no thank you (very much).

Bedarfs|ampel *f* pelican crossing; **~analyse** *f* ✝ demand analysis; **~artikel** *m* commodity; *pl. a.* consumer goods; **~deckung** *f* supply of needs; **~fall** *m*: **im ~** in case of need, if required; whenever required (*od.* necessary); **~güter** *pl.* consumer goods; **~haltestelle** *f* request stop; **~lenkung** *f* consumption control; creation of needs; **~lücke** *f* unsatisfied demand; **2orientiert** *adj.* demand-oriented; **~weckung** *f* creation of needs.

bedauerlich *adj.* regrettable, unfortunate; **es ist sehr ~** it's a great pity; **bedauerlicherweise** *adv.* unfortunately, regrettably; I regret to have to say (that).

bedauern I. *v/t.* regret; (*j-n*) feel sorry for; **(es) ~, et. tun zu müssen** regret having (*od.* to have) to do s.th.; **(es) ~, et. getan zu haben** regret having done s.th.; **ich habe es immer bedauert** I've regretted it ever since; **ich bedauere sehr, daß** I very much regret that, (*es tut mir leid*) I'm very sorry that; **wir ~, sagen zu müssen** we regret to (have to) say; **so sehr ich es (auch) bedauere** much as I regret it; **er ist zu ~** you can't help feeling (*od.* you have to feel) sorry for him; **er läßt sich gern ~** he likes everyone to feel sorry for him, he craves pity; **es waren zehn Tote zu ~** there were ten fatalities, the death toll was ten; **II.** *v/i.*: **bedaure!** sorry!, F very sorry and all that; **III. 2** *n* regret (**über** at); (*Mitleid*) pity (**mit** for); **zu m-m (großen) ~** (much) to my regret.

bedauernswert, bedauernswürdig *adj.* **1.** pitiable; **2.** → **bedauerlich.**

bedecken I. *v/t.* cover (up); **II.** *v/refl.*: **sich ~** cover o.s.; *Himmel*: cloud over; **bedeckt** *adj. Himmel*: overcast; **teils ~** partly cloudy; *fig.* **sich ~ halten** play one's cards close to one's chest; **Bedekkung** *f* covering.

bedenken I. *v/t.* **1.** (*erwägen*) consider; (*überlegen*) think *s.th.* over; (*beachten*) bear in mind, (*berücksichtigen*) *a.* take into account; **wenn man es recht bedenkt** when you think about it; **ich gebe dir nur zu ~, daß** I'd just like to point out that (*od.* make you aware [of the fact] that); **2. j-n mit et. ~** give s.o. s.th., *formell*: bestow s.th. on s.o.; **j-n mit Applaus ~** acknowledge s.o. with applause; *die Rede etc.* **wurde mit heftigem Applaus bedacht** was greeted with loud applause; **j-n in s-m Testament ~** remember s.o. in one's will; **II.** *v/refl.*: **sich ~** think it over; **ohne mich** *etc.* **lange zu ~** without much further thought; **III. 2** *n* (*Zweifel*) doubt; (*Einwand*) objection; (*Skrupel*) scruple, *pl. a.* qualms; (*Vorbehalt*) reservation, misgiving; **~ haben** (*od.* **hegen**) have one's doubts (*od.* reservations), have scruples *od.* reservations (**zu** *inf.* about doing); **~ anmelden** raise objections; **ich habe da m-e ~** I have my doubts (about it), I'm not so sure (about it); **sie hat ~, ob sie ihm das Geld leihen soll** she has some (*od.* certain) misgivings about lending him the money; **j-m die ~ nehmen** allay s.o.'s doubts; **keine ~ haben** have no reservations *etc.* (**wegen** about; **zu** *inf.* about *ger.*); **ohne ~** without hesitation, without thinking twice (about it), without giving it a second thought.

bedenkenlos I. *adj.* unscrupulous; **II.** *adv.* (*blindlings*) without thinking; (*ohne lange zu überlegen*) without hesitation, without thinking twice, *formell*: without demur; (*vorbehaltlos*) without reservation; (*skrupellos*) without scruple.

bedenklich *adj.* **1.** (*zweifelhaft*) dubious, questionable; **2.** (*besorgniserregend*) alarming; (*ernst*) critical, serious; (*gefährlich*) risky; **das ist höchst ~** *a.* that is cause for alarm; **der Himmel sieht ~ aus** the sky looks threatening; **3.** (*zweifelnd*) doubtful, (*skeptisch*) sceptical, *Am.* skeptical; (*besorgt*) worried; **ein ~es Gesicht machen** look sceptical (*Am.* skeptical), (*besorgtes*) look worried; **j-n ~ stimmen** have s.o. doubting (*od.* worried); **Bedenklichkeit** *f* **1.** (*Zweifelhaftigkeit*) questionable nature, dubiousness; **2.** (*Ernsthaftigkeit*) serious (*od.* alarming) nature (*gen.* of), seriousness.

Bedenkzeit *f* time to think it over (*od.* think about it); **ich gebe dir bis morgen ~** I'll give you till tomorrow.

bedeppert F *adj.* baffled; (*betreten*) sheepish; (*niedergeschlagen*) crestfallen.

bedeuten *v/t.* **1.** mean; *Symbol etc.*: *a.* stand for; *j-s Name etc.* **bedeutet etwas** means (*od.* stands for) something; **was soll das denn ~!, was hat das zu ~!** what's the idea?, what's the meaning of this?; **es hat nichts zu ~** it doesn't mean a thing, (*es macht nichts*) it doesn't matter; **das hat was zu ~!** that says something; **das bedeutet nichts Gutes** that's a bad sign, that augurs badly, that's rather ominous; **das bedeutet für mich, daß ich es noch mal machen muß** it means I'll have to do it again; **es bedeutet e-e erhöhte Gefahr** it means (*od.* implies, comes down to) an increased risk; **2. j-m viel (nichts) ~** mean a lot (nothing) to s.o.; **sie bedeutet mir alles** she's (*od.* she means) everything *od.* the world to me; **3. j-m et. ~** (*zu verstehen geben*) indicate s.th. to s.o.; **j-m ~, daß** give s.o. to understand that.

bedeutend I. *adj.* important, major, significant; (*beträchtlich*) considerable; (*führend*) leading, *Wissenschaftler etc.*: *a.* prominent; (*hervorragend*) outstanding; (*bemerkenswert*) remarkable; (*berühmt*) distinguished; **~e Fortschritte machen** make significant (*od.* major) progress, forge ahead; **das ist ein ~er Schritt vorwärts** that's a great (*od.* significant, major) step forward; **II.** *adv. sich verbessern etc.*: a great deal, markedly; **~ besser** *etc.* much (*od.* a great deal) better *etc.*

bedeutsam I. *adj.* **1.** (*wichtig, bedeutend*) significant, important; **2.** (*wissend*) *Blick etc.*: knowing, meaningful; **II.** *adv.* knowingly; **j-n ~ anblicken (anlächeln)** *a.* give s.o. a knowing look (smile); **j-m ~ zuzwinkern** *a.* give s.o. a knowing wink; **Bedeutsamkeit** *f* (*Wichtigkeit*) significance, importance.

Bedeutung *f* **1.** (*Sinn*) meaning; *e-s Wortes*: *a.* sense; **2.** (*Wichtigkeit*) importance; (*Tragweite*) import, implications *pl.*; **von ~ sein** be important, (*bezeichnend*) be significant, *sachlich*: be relevant (**für** to); **nichts von ~** nothing important, nothing worth mentioning; **ein Mann von ~** a man of some standing.

Bedeutungs|erweiterung *f ling.* extension of meaning; **~feld** *n ling.* semantic field.

bedeutungsgleich *adj.* identical in meaning; **die Wörter sind ~** *a.* the words have the same meaning (*od.* mean the same).

bedeutungslos *adj.* unimportant, insignificant; (*ohne Sinn, nichtssagend*) meaningless; **Bedeutungslosigkeit** *f* insignificance; meaninglessness.

bedeutungsschwer *adj.* fraught with significance; (*folgenschwer*) momentous.

Bedeutungs|verengung *f ling.* narrowing of meaning; **~verschiebung** *f ling.* shift in meaning, semantic shift.

bedeutungsvoll *adj.* **1.** significant; **2.** (*vielsagend*) meaningful; *Blick etc.*: *a.* knowing; **~ Schweigen** pregnant silence.

Bedeutungswandel *m ling.* semantic change.

bedienen I. *v/t.* **1.** (*j-n*) serve (*a. Kunden*), wait on; F *Sport*: pass (the ball) to; **gut bedient werden** *im Restaurant etc.*: get good service; **dort wird man immer freundlich bedient** the service is very friendly there; **werden Sie schon bedient?** can I help you?, *a. im Restaurant*: are you being served?; **ich bin damit gut bedient** it's serving me well, F it's doing a good job; **damit wärst du schlecht bedient** it's not the right thing for you, I don't think it would help you; **damit wärst du besser bedient** you'd be better off with that (one); *iro.* **ich bin bedient!** I've had enough; **2.** (*Maschine*) work, operate; **II.** *v/i.* **3.** *bei Tisch*: serve; **wer bedient an diesem Tisch?** who's serving (at) this table?; **4.** *Karten*: (*Farbe* **~**) follow suit; **III.** *v/refl.* **5. sich ~** *bei Tisch*: help o.s.; **bedien dich! (bedient euch!)** help yourself (yourselves), F tuck in; **6. sich e-r Sache ~** use s.th., make use of s.th., avail o.s. of s.th.

Bedieneroberfläche *f Computer*: user interface.

Bedienstete(r *m*) *f* **1.** employee (in public service); **2.** *obs.* (*Diener*) servant; *pl. a.* household staff (*pl.*).

Bedienung *f* **1.** service; **die ~ ist hier sehr prompt** the service is very fast here, you get fast service here; **2.** (*Kellner*[*in*]) waiter (*f* waitress); **3.** ⚙ operation; **4.** (*Bedienungsgeld*) service (charge).

Bedienungs|anleitung *f* instructions *pl.* for use, *für Geräte*: *a.* operating instructions *pl.*; (*Buch*) instruction manual; **~aufschlag** *m* service charge; **~fehler** *m* operating error.

bedienungsfreundlich *adj.* user-friendly; **Bedienungsfreundlichkeit** *f* user-friendliness; serviceability.

Bedienungs|geld *n* service charge; **~handbuch** *n* instruction manual; **~hebel** *m* control lever; **~komfort** *m* operational ease, easy operation; **~personal** *n* operating staff (*mst pl. konstr.*); **~pult** *n* operating panel; *electron.* electric switches *pl.*; **~schalter** *m* control switch; **~tafel** *f* control panel; **~vor-**

schriften *pl.* operating instructions; **~zuschlag** *m* service charge.

bedingen *v/t.* (*verursachen*) cause, give rise to; (*bestimmen*) determine; (*erfordern*) require, call for; (*voraussetzen*) presuppose; ***das bedingt*** (*bringt mit sich*) it would imply; ***sich gegenseitig ~*** be mutually conditional; ***bedingt werden durch*** be caused by, go back to; **bedingt I.** *adj.* **1.** conditional; (*eingeschränkt*) qualified; ***~er Reflex*** conditioned reflex; ***~ durch*** (*od.* ***von***) conditional on, (*abhängig*) dependent on, contingent (up)on; ***~ sein durch*** *a.* be determined by; ***es ist psychisch ~*** it's psychological, F it's all in the mind; **2.** ⚖ conditional; ***~er Straferlaß*** suspended sentence; **II.** *adv.* **3.** *richtig, gültig etc.*: partly; (*in gewissem Sinn*) in a sense; (*bis zu e-m gewissen Punkt*) up to a point; **4.** (*unter bestimmten Bedingungen*) under certain circumstances; (*mit Vorbehalt*) with some reservations; ***~ tauglich*** fit for limited service; **Bedingtheit** *f* (*Abhängigkeit*) dependence (***durch*** on); (*Bedingtsein*) conditional nature (*gen.* of); (*Begrenztheit*) limitation(s *pl.*), limited nature (of); (*Ursache*) cause.

Bedingung *f* condition; (*Voraussetzung*) *a.* prerequisite; ***~en*** ☤ terms; (*Verhältnisse, Zustände*) conditions; (*Umstände*) *a.* circumstances; ***~en stellen*** make stipulations; ***zur ~ machen*** make it a condition; ***unter der ~, daß*** on condition that, provided (that); (***nur***) ***unter einer ~*** on one condition (only); ***unter diesen ~en*** under these circumstances; ***unter keiner ~*** on no account, under no circumstances; ***daran ist die ~ geknüpft, daß er ...*** it is conditional on his *ger.*; ***er knüpfte daran die ~, daß wir ...*** he made it conditional on our *ger.*; ☤ ***zu günstigen ~en*** on easy terms.

Bedingungsform *f ling.* conditional.

bedingungslos I. *adj.* unconditional; unreserved; *Gehorsam etc.*: unquestioning; ***~es Vertrauen*** implicit trust; ***~e Zustimmung*** unqualified consent; **II.** *adv.* unconditionally; ***j-m ~ vertrauen*** have implicit trust in s.o.; ***~ akzeptieren*** accept without reservation; **Bedingungslosigkeit** *f* unconditional nature (*gen.* of); *von Hilfe etc.*: wholeheartedness; *von Zustimmung etc.*: complete lack of reservation; ***die ~ s-r Treue*** his unquestioning loyalty.

Bedingungssatz *m* conditional clause.

bedrängen *v/t.* press *s.o.* (hard), harry; *mit Bitten etc.*: pester, plague; (*Gegner etc.*) harass; *Sport*: hustle, (*Torwart*) challenge; (*belästigen*) molest; (*bedrükken*) worry; **Bedrängnis** *f* (very) difficult situation, *stärker*: distress; ***in ~ sein*** *a.* be in great difficulty, *finanziell*: be in financial (*od.* dire) straits; ***in ~ geraten*** get (o.s.) into difficulties.

bedrohen *v/t.* threaten; ***ihr Leben ist bedroht*** her life is in danger (*od.* threatened); ***j-n mit dem Tod ~*** threaten to kill s.o.; **bedrohlich I.** *adj.* menacing; *Lage*: precarious; *Ausmaß etc.*: alarming; (*unheilvoll*) ominous; ***in ~e Nähe rücken*** come (*od.* get) dangerously *od.* threateningly close; ***~e Ausmaße annehmen*** take on alarming proportions; **II.** *adv.* threateningly; ***sich ~ auswirken auf*** (begin to) threaten; ***~ nahe*** dangerously (*od.* threateningly) close; ***... hat sich ~ verschlechtert*** (***ist ~ angestiegen***) there's been an alarming deterioration (increase) in ...; **bedroht** *adj.*: (***vom Aussterben***) ***~e Tierarten*** *etc.* threatened species *etc*; **Bedrohung** *f* threat (*gen.*, ***für*** to); menace (to); ⚖ ***tätliche ~*** threatening behavio(u)r, criminal assault; ***unter ständiger ~ leben*** live under constant threat.

bedrucken *v/t.* print; **bedruckt** *adj.* printed; ***mit Blumen ~*** floral-print ...

bedrücken *v/t.* oppress; *seelisch*: depress, get *s.o.* down; **bedrückend** *adj.* oppressive; *seelisch*: depressing; **bedrückt** *adj.* down in the dumps, *stärker*: depressed; **Bedrückung** *f* oppression; *seelische*: (*a.* **Bedrücktheit** *f*) dejection.

bedürfen *v/i.* need; (*in Anspruch nehmen*) take; ***es bedurfte all s-r Kraft*** it took all his strength; ***es bedurfte keiner Beweise*** no evidence was necessary; ***es bedarf ...*** ... is (are) required; ***es bedarf nur eines Wortes*** (***von Ihnen***) just say the word; ***es hätte nur eines Wortes*** (***von Ihnen***) ***bedurft*** you should have said so, it would have taken no more than a word from you.

Bedürfnis *n* need (***nach*** for); requirement; ☤ (*Nachfrage*) demand; (*inneres ~*) urge (***zu*** *inf.* to *inf.*), (*Wunsch*) desire, wish (***nach*** for; ***zu*** *inf.* to *inf.*); ***es ist ihm ein ~ zu*** *inf.* he would like to *inf.*; ***ich hatte das*** (***dringende***) ***~ zu*** *inf.* I felt an urge (an urgent need) to *inf.*; ***sein ~ verrichten*** relieve o.s.; F ***ich habe ein großes ~ nach Schlaf*** F I'm desperate for some sleep; **~anstalt** *f* public convenience.

bedürfnislos *adj.*: ***er ist ~*** he doesn't need much, *weitS.* (*anspruchslos*) he's very undemanding, (*bescheiden*) he's very modest; **Bedürfnislosigkeit** *f* making do with what one has; undemandingness; modest requirements *pl.*

bedürftig *adj.* needy, poor; *e-r Sache*: in need of; **Bedürftigkeit** *f* want, neediness; (*Armut*) poverty.

beduselt F *adj.* (*angetrunken*) F slightly sozzled; (*benommen*) punch-drunk, dazed, F in a bit of a daze; (*schwindlig*) dizzy; ***ich fühle mich ~*** *a.* my head's spinning.

Beefsteak *n* **1.** steak; **2.** (*a.* ***deutsches ~***) beefburger.

beehren I. *v/t.* hono(u)r; **II.** *v/refl.*: ***sich ~ zu*** *inf.* have the hono(u)r of *ger.*

beeiden *v/t.* swear to; **Beeidung** *f* affirmation by oath.

beeidigen *v/t.* (*et.*) swear to; **beeidigt** *adj.*: ⚖ ***~e Aussage*** sworn evidence; ***~er Sachverständiger*** (accredited) expert; **Beeidigung** *f* affirmation by oath.

beeilen *v/refl.*: ***sich ~*** hurry; ***sich mit e-r Sache ~*** hurry up with s.th.; ***beeil dich!*** hurry up!, F get a move on!; ***du brauchst dich nicht zu ~*** there's no hurry (*od.* rush), take your time; ***sich ~ zu*** *inf.* (*beflissen sein*) hasten to *inf.*, quickly *do s.th.*; **Beeilung** *f*: ***~*** (***bitte***)***!*** F get a move on(, will you)!

beeindrucken *v/t.* impress; ***er war sehr beeindruckt*** *a.* it *etc.* made quite an impression on him; **beeindruckend** *adj.* impressive.

beeinflußbar *adj.*: ***sehr*** (*od.* ***leicht***) ***~*** easily influenced (*od.* swayed); **beeinflussen** *v/t.* influence; (*sich auswirken auf*) affect, have an effect on; ***negativ*** (***positiv***) ***~*** have a bad (good) influence (*et.*: effect) on; ***er läßt sich nicht ~*** he won't be swayed; **Beeinflussung** *f* influencing; (*Einfluß*) influence.

beeinträchtigen *v/t.* interfere with; (*Rechte*) *a.* encroach on; (*behindern*) impede; (*negativ beeinflussen*) affect, have a negative effect on; (*verderben*) mar, spoil; (*schmälern*) lessen, detract from; ***es beeinträchtigte keineswegs den Wert*** (***s-n Erfolg, ihre gute Laune***) it in no way detracted from the value (his success, their good mood); **Beeinträchtigung** *f* interference (*gen.* with); encroachment (on); impeding (of); negative (*od.* adverse) effect (on); reduction (in); diminution (of); → ***beeinträchtigen.***

Beelzebub *m* → ***Teufel.***

beend(ig)en *v/t.* end; (*zum Abschluß bringen*) bring to an end (*od.* close); (*fertigstellen*) finish; (*Arbeit etc.*) *a.* complete; (*Vertragsverhältnis*) terminate; (*Sitzung, Rede etc.*) close, wind up, conclude; **Beend(ig)ung** *f* ending; completion; termination; conclusion, close; → ***beend(ig)en.***

beengen *v/t.* cramp; *Kleidung*: be too tight for, *Kragen*: *a.* F choke; *fig.* cramp, restrict, *stärker*: oppress; **beengend** *adj.* oppressive; **beengt** *adj.* cramped; ***in ~en Verhältnissen leben*** live in cramped (*od.* confined) conditions; ***sich ~ fühlen*** feel cramped, *geistig*: feel stifled; **Beengtheit** *f e-r Wohnung etc.*: cramped conditions *pl.*; (*Einschränkungen*) restrictiveness; ***ein Gefühl der ~ haben*** feel stifled; **Beengung** *f* restriction.

beerben *v/t.*: ***j-n ~*** be s.o.'s heir.

beerdigen *v/t.* bury; **Beerdigung** *f* burial; *feierliche*: *a.* funeral; F *fig.* ***auf der falschen ~ sein*** (*am falschen Ort*) have come to the wrong place, (*fehl am Platz*) *a.* be a square peg in a round hole, (*e-e irrige Meinung haben*) F be barking up the wrong tree.

Beerdigungs|gottesdienst *m* funeral service; **~institut** *n* undertaker's; *formell*: funeral directors *pl.*; *Am.* funeral home (*od.* parlor); **~kosten** *pl.* funeral expenses.

Beere *f* berry; ***~n sammeln*** go berry-picking.

Beeren|auslese *f* beerenauslese; *quality wine made from selected grapes*; **~frucht** *f* berry; **~obst** *n* soft fruits *pl.*; **~wein** *m* berry wine; **~zeit** *f* berry-picking season.

Beet *n* bed; (*Gemüse*~) patch.

Beete *f*: ***rote ~*** beetroot.

befähigen *v/t.* enable *to do*; qualify (***für, zu*** for); **befähigt** *adj.* capable (***zu*** *inf.* of *ger.*), competent (enough) (to *inf.*); *zu e-m Amt etc.*: qualified (***zu*** for); ***zu e-r Aufgabe*** *etc.* ***~ sein*** be capable of handling a task *etc.*, be able to cope with a task *etc.*; **Befähigung** *f* ability; (*Begabung*) aptitude, talent; (*Qualifikation*) qualifications *pl.*; **Befähigungsnachweis** *m* proof of qualification.

befahrbar *adj.* passable; ⚓ navigable; ***nicht ~*** not open to traffic, ⚓ unnavigable; → ***Bankett*** 2, ***Seitenstreifen***; **Befahrbarkeit** *f* practicability, *Am.* trafficability; (road) conditions *pl.*; ⚓ navigability; **befahren I.** *v/t.* drive on; (*benutzen*) use *a road*; (*Strecke*) cover, *Linienbus etc.*: serve *a route*; **II.** *adj.*: (***sehr*** *od.* ***stark ~***) busy; ***wenig*** (*od.*

kaum) ~ (very) quiet, uncrowded; ***die Strecke ist kaum** ~ a.* hardly anyone uses that (part of the) road.

Befall *m* (*Insekten*≈) attack; **befallen I.** *v/t.* attack (*a.* ✿); *Schädlinge*: *a.* infest; ~ ***werden von*** (*Angst etc.*) be seized by (*od.* with); (*Müdigkeit*) be overcome by, (*Krankheit*) be laid low by (*od.* with), *lit.* be struck down by (*od.* with), (*Fieber*) be laid low with; (*Parasiten etc.*) be infested by (*od.* with); **II.** *adj.*: ***von Insekten*** ~ insect-ridden, insect-infested; ***von Fieber*** ~ fever-stricken.

befangen *adj.* **1.** inhibited, shy, self-conscious, *vorübergehend*: *a.* embarrassed; **2.** (*voreingenommen, a.* ⚖) bias(s)ed; ~ ***sein in*** *e-r falschen Vorstellung etc.*: be caught up in, *stärker*: be blinded by; ***in e-m Irrtum ~ sein*** labo(u)r under a delusion; **Befangenheit** *f* **1.** shyness, self-consciousness, inhibition(s *pl.*), *vorübergehende*: *a.* embarrassment; **2.** (*Voreingenommenheit*) bias, prejudice.

befassen *v/refl.*: ***sich ~ mit*** concern o.s. with; (*Problem, Angelegenheit*) deal with; (*Themenbereich*) work on; (*untersuchen*) look into; ***damit kann ich mich jetzt nicht*** ~ I haven't got time for that now.

befehden *v/t.* be having a feud with; ***sich*** ~ be feuding, be having a feud.

Befehl *m* **1.** order; ~ ***zum Angriff*** order to attack; ***auf ~ von*** (*od. gen.*) on the orders of, by order of; ***auf ~ handeln*** act on orders; ***auf höheren*** ~ on orders from above; ***bis auf weiteren*** ~ till further orders; ***den ~ haben zu*** *inf.* have (*od.* be under orders) to *inf.*; ~ ***ist ~!*** orders are orders; ***zu ~!*** yes, sir!; **2.** (*Befehlsgewalt*) command; ***den ~ haben*** (***übernehmen***) ***über*** be in (take) command of; **befehlen I.** *v/t.* order, give the order for, ⚔ *a.* give the command to *attack etc.*; ***j-m et.*** ~ order s.o. to do s.th.; ***Schweigen*** ~ order silence; ***Gehorsam*** ~ order s.o. (*od.* everybody) to obey; ***von dir lasse ich mir nichts*** ~ I won't be ordered about by you; **II.** *v/i.* give the orders; ***j-m ~ zu*** *inf.* order s.o. to *inf.*; ~ ***über*** be in command of, have *s.th.* at (*od.* under) one's command; **III.** *lit. v/refl.*: ***sich*** ~ command o.s. (*dat.* to, into the hands of); **befehlerisch** *adj. Ton(fall), Art etc.*: imperious, F bossy; **befehligen** *v/t.* command, be in command of.

Befehls|ausgabe *f* briefing; **~bereich** *m* (area of) command; **~datei** *f Computer*: command file; **~empfänger** *m* **1.** recipient of an order; ***wer war der ~?*** who received the order?; **2.** *fig.* apparatchik; **~form** *f ling.* imperative; **~gewalt** *f* command, authority.

Befehlshaber *m* commander(-in-chief); **befehlshaberisch** *adj.* → ***befehlerisch.***

Befehls|kette *f* chain of command; **~notstand** *m* compulsion to obey orders; ***unter ~ handeln*** act under (binding) orders; **~satz** *m ling.* imperative clause; **~sprache** *f Computer*: command language; **~ton** *m* commanding tone (of voice); **~verweigerung** *f* refusal to obey orders; **≈widrig** *adj. u. adv.* contrary to orders.

befestigen *v/t.* **1.** fix (***an*** onto), attach (to), *mit Nadel etc.*: fasten ([on]to); *mit Klebstoff*: stick (onto); **2.** (*Straße etc.*) surface, (*pflastern*) pave; **3.** (*Mauer, Deich etc.*) reinforce; **4.** ⚔ fortify; **5.** *fig.* secure, consolidate; (*Freundschaft*) cement; **Befestigung** *f* fixing, attaching, fastening; sticking; surfacing; reinforcement; ⚔ fortification; *fig.* securing, consolidation; cementing; → ***befestigen.***

Befestigungs|anlage *f* defen|ces (*Am.* -ses) *pl.*; **~gürtel** *m* ring of defen|ces (*Am.* -ses) *od.* fortifications.

befeuchten *v/t.* moisten; (*Briefmarke, lecken*) *a.* lick; (*naß machen*) wet; (*Bügelwäsche*) sprinkle, dampen; **Befeuchtung** *f* moistening; wetting; dampening.

befeuern *v/t.* **1.** ✈, ⚓ mark with beacons; **2.** (*beheizen*) fuel; **3.** (*beschießen*) bombard (*a. fig.*); **4.** *fig.* (*anspornen*) spur *s.o.* on.

befiedert *adj.* feathered; **Befiederung** *f* feathers *pl.*, plumage.

befinden I. *v/refl.* **1.** ***sich*** ~ be; *Gebäude etc.*: *a.* be located; **2.** ***wie befindet er sich?*** how is he?; ***sich gut*** ~ be (*od.* feel) fine; ***sich in gutem Zustand*** ~ be in good shape (*od.* condition); **3.** ***sich im Irrtum*** ~ be mistaken; **II.** *v/t.* **4.** ***et. für gut*** *etc.* ~ think s.th. is good *etc.*, consider s.th. to be good *etc.*; → ***schuldig*** 1; **III.** *v/i.* **5.** (*entscheiden*) decide; **IV.** ≈ *n* **6.** *gesundheitlich*: (state of) health; ***wie ist sein Befinden?*** how is he (feeling)?; **7.** ***nach m-m*** ~ in my view, as I see it;

befindlich *adj.*: ***die im Museum ~en Skulpturen*** the sculptures (contained) in the museum; ***die im Hauptgebäude ~en Abteilungen*** the departments (located *od.* to be found) in the main building.

befingern F *v/t.* finger.

beflaggen *v/t.* decorate with flags, put flags out on, (*Straße*) line with flags; **beflaggt** *adj.* flag-decked; *Straße*: flag-lined; **Beflaggung** *f* decorating (*od.* lining) with flags; *konkret*: flags *pl.*

beflecken *v/t.* stain, soil; *fig.* tarnish, sully; ***mit Blut befleckt*** bloodstained.

befleißigen *v/refl.*: ***sich ~ zu*** *inf.* take pains to *inf.*, endeavo(u)r to *inf.*; ***sich e-r Sache*** ~ apply o.s. to (the task of doing) s.th.; ***er befleißigt sich e-r deutlichen Sprechweise*** he's very careful with his enunciation.

befliegen *v/t.* (*Strecke*) fly.

beflissen *adj.* assiduous, very keen; ~ ***sein zu*** *inf.*, ***sich ~ zeigen zu*** *inf.* (always) be eager to *inf.*, go out of one's way to *inf.*; **Beflissenheit** *f* assiduousness, keenness.

beflügeln *v/t.* (*j-n*) inspire; (*Phantasie*) fire, *lit.* give wing to; ***j-s Schritte*** ~ quicken s.o.'s pace, *lit.* lend wings to s.o.'s feet; **beflügelt** *adj.* winged; *fig.* ***mit ~en Schritten*** on winged feet.

befolgen *v/t.* follow; (*Vorschrift*) *a.* observe, comply with; (*Grundsatz*) keep to, stick to, *formell*: abide by; ***nicht ~ a.*** ignore; **Befolgung** *f* following (*gen.* of), compliance (with); observance (of).

befördern *v/t.* **1.** transport, carry, take, *formell*: convey; (*verschicken*) send, ✝ *a.* ship, forward; → *a.* ***transportieren***; → ***Jenseits, hinausbefördern***; **2.** *im Rang etc.*: promote (***zu*** to, to the position [⚔ rank] of); **3.** → ***fördern***; **Beförderung** *f* **1.** transportation, *formell*: conveyance; (*Verschickung*) sending, ✝ *a.* shipping, forwarding; shipment; **2.** *im Rang*: promotion (***zu*** to, to the position [⚔ rank] of); **3.** → ***Förderung.***

Beförderungs|art *f* mode of transport(ation) *od.* conveyance; **~aussichten** *pl.* promotion prospects, chances (*od.* prospects) of promotion; **~bedingungen** *pl.* terms of transport; **~kosten** *pl.* transportation costs; **~mittel** *n* (means of) transport(ation); **~steuer** *f* transport tax; **~tarif** *m* transport(ation) charges *pl.*

befrachten *v/t.* load (*a. fig. Argumentation etc.*); **Befrachter** *m* ✝ consignor, shipper; **Befrachtung** *f* loading.

befrackt *adj.* in tails, wearing tails.

befragen *v/t.* ask (***über*** about; ***um*** for); (*ausfragen*) question (about); (*konsultieren*) consult (***wegen, in*** about, on), (*j-n nach s-r Meinung* ~) ask *s.o.'s* opinion, (*sich wenden an*) turn to; **Befrager** *m* interviewer; **Befragte(r)** *m* person asked, interviewee; *Statistik*: respondent; ***die Befragten*** *a.* those asked, the people asked (*od.* interviewed); **Befragung** *f* questioning; (*Interview*) interview; *der Öffentlichkeit*: public opinion poll; (*Volks*≈) referendum.

befreien I. *v/t.* **1.** free, (*Land etc.*) *a.* liberate; set *s.o.* free; (*retten*) rescue; *behördlich*: exempt; *von Verbindlichkeiten, Haftpflicht*: *a.* release; *von e-r Pflicht, Last, Sorge*: relieve; *vom Unterricht*: excuse (*alle* ***von*** from); *von et. Lästigem*: rid (of); **2.** ~ ***aus*** (*e-m Auto etc.*) get *s.o.* out of, *mit großen Schwierigkeiten*: extricate from; ***et. von s-r Verpackung*** ~ unwrap s.th., unpack s.th., take the wrapping off s.th.; **3.** ***et. von Rost*** *etc.* ~ take the rust *etc.* off s.th., get rid of the rust *etc.* on s.th.; ***et. von Schmutz*** *etc.* ~ clean (the dirt *etc.* off) s.th., get rid of the dirt *etc.* on (*od.* in) s.th.; **II.** *v/refl.*: ***sich*** ~ free o.s. (***von*** of); *aus Schwierigkeiten*: extricate o.s. (***aus*** from); ***sich ~ von*** *a.* get rid of, rid o.s. of; shake off; **befreiend** *fig. adj.* liberating; ***~es Gelächter*** relieved laughter; **Befreier** *m* liberator; **Befreiung** *f* setting free; liberation; rescue; exemption; release (*alle* ***von*** from); relieving (of); → ***befreien.***

Befreiungs|bewegung *f* liberation movement; **~kampf** *m* fight for independence (*od.* liberation); **~klausel** *f* escape clause; **~krieg** *m* war of independence (*od.* liberation); **~theologie** *f* liberation theology; **~versuch** *m* **1.** rescue attempt; **2.** attempt to escape, attempted flight (*od.* escape).

befremden I. *v/t.* take *s.o.* aback; *seltsam*: *a.* strike *s.o.* as strange; ***es hat mich befremdet*** *a.* I found it quite disconcerting; **II.** ≈ *n* astonishment (***über*** at); ***ich habe mit ~ festgestellt*** I was quite disconcerted to realize; ***ihr Verhalten löste allgemeines ~ aus*** everyone was taken aback by her behavio(u)r; **befremdend, befremdlich** *adj.* strange; (*unangenehm*) disconcerting; **Befremdung** *f* → ***Befremden.***

befreunden *v/refl.*: ***sich mit j-m*** ~ make friends with s.o.; ***sich*** (***miteinander***) ~ become friends; ***sich mit et.*** ~ get used to (the idea of) s.th.; **befreundet** *adj.*: (***miteinander***) ~ ***sein*** be friends; ***~er Staat*** friendly nation; ***ein ~er Arzt*** a doctor friend of mine *etc.*; ***eng ~ sein*** be good (*od.* close) friends; ***wir sind mit ihnen*** ~ they're friends of ours; ***ich bin mit ihr*** ~ she's a friend (of mine), we're friends; ***sind sie mit irgendwelchen Nachbarn ~?*** are they friendly with any of the neighbo(u)rs?

befrieden *v/t.* (*Land*) bring peace to; **Befriedung** *f* establishment of peace (*gen.* in).

befriedigen I. *v/t.* satisfy (*a. sexuell*); (*j-n*) *a.* please; (*Wünsche, Neugierde etc.*) satisfy, gratify; (*Erwartungen*) meet, come up to; (*Gläubiger*) pay off; ***schwer zu ~ sein*** be hard to please; ***die Arbeit befriedigt mich nicht*** I'm not getting enough satisfaction out of my work; **II.** *v/i. Leistung etc.*: be satisfactory; *Arbeit etc.*: give s.o. (enough) satisfaction; **III.** *v/refl.*: ***sich*** (***selbst***) ~ *sexuell*: masturbate; **befriedigend** *adj.* satisfactory (*a. ped. Note*); **befriedigt** *adj.* satisfied, pleased; **Befriedigung** *f* satisfaction (*a.* ⚖, ✝ *u. sexuelle*); gratification.

befristen *v/t.* set (*od.* place, put) a time limit on; ***auf eine Woche*** ~ limit to one week, set (*od.* place, put) a limit of one week on; **befristet I.** *adj.* limited (in time); ***~e Einlagen*** time deposits; **II.** *adv.* for a limited (*od.* fixed) period; **Befristung** *f* (setting of a) time limit (***auf*** of *10 days etc.*).

befruchten *v/t.* fertilize; (*Blüte*) pollinate; *fig.* (*anregen*) stimulate, be (very) fruitful for; **befruchtend** *fig.* **I.** *adj.* fruitful, stimulating; **II.** *adv.*: ***sich ~ auswirken, ~ wirken*** prove very fruitful (***auf*** for), have a stimulating effect (on); **Befruchtung** *f* **1.** fertilization; *von Blüten*: pollination; ***künstliche*** ~ artificial insemination; **2.** *fig.* stimulation; ***gegenseitige*** ~ cross-fertilization.

befugen *v/t.* authorize, give *s.o.* permission (*od.* the authority); **Befugnis** *f a. pl.* authority, power(s *pl.*); ***j-m ~ erteilen*** authorize s.o. (***zu*** *inf.* to *inf.*); **befugt** *adj.* authorized, entitled (***zu*** *inf.* to *inf.*); ***zur Unterschrift*** (***Festnahme, Ausführung*** *etc.*) ~ authorized to sign (arrest *s.o.*, carry *s.th.* out *etc.*); ***er ist dazu nicht ~*** *a.* he has no authority (*od.* right) to do so.

befühlen *v/t.* feel.

befummeln F *v/t.* finger, touch; *sexuell*: F paw, *sl.* feel up, *bsd. unerlaubt*: *sl.* touch up.

Befund *m* findings *pl.*, *a.* ⚕ results *pl.*; ⚕ ***ohne ~*** negative.

befürchten *v/t.* fear, (*erwarten*) *a.* expect; (*Angst haben vor*) be afraid of; (*den Verdacht haben*) fear, suspect; ***wir ~ das Schlimmste*** we're prepared for the worst; ***es ist zu ~, daß*** it is feared that; ***... sind nicht zu ~*** there's no danger (*od.* risk) of ...; ***das ist nicht zu ~*** there's no fear (*od.* danger) of that; **Befürchtung** *f* fear; (*Bedenken*) misgivings *pl.*, apprehensions *pl.*; ***ich habe die ~, daß*** I fear (that), F I have a funny feeling that.

befürworten *v/t.* (*empfehlen*) recommend, advocate; (*billigen*) endorse; (*unterstützen*) support, back; **Befürworter** *m* supporter (*gen.* of), backer (of), advocate (of); believer (in); ***ein entschiedener ~*** a staunch supporter (*od.* advocate) (*gen.* of); **Befürwortung** *f* recommendation, advocacy; endorsement; support, backing; → ***befürworten.***

begabt *adj.* talented, gifted; ***~ sein für*** have a gift for; → ***vielseitig*** II; **Begabtenförderung** *f* scholarship system; (*provision of*) *scholarships for outstanding pupils or students*; **Begabung** *f* **1.** gift, talent; ***es ist e-e ~*** *a.* he (*od.* she) was born with it; ***sie hat e-e ~ zum Klavierspielen*** (***Organisieren***) she's got a talent for (playing) the piano (she's got a talent for organizing things, she's got organizational talent); **2.** (*Person*) talent, (very) gifted person; **Begabungsreserve** *f* untapped educational potential.

begaffen F *v/t.* gape (F gawk) at.

begatten *v/t. zo.* mate (*od.* copulate) with; ***sich ~*** mate, copulate; **Begattung** *f* mating, copulation.

begaunern F *v/t.* cheat, F con (***um*** out of *money etc.*).

begebbar *adj.* ✝ (*übertragbar*) transferable; (*verkäuflich*) negotiable; **begeben I.** *v/refl.* **1.** ***sich ~ nach*** (*od.* ***zu***) (*gehen*) go to, proceed to, ***zu*** *j-m*: *a.* join; ***sich an die Arbeit ~*** set to work; ***sich auf die Reise ~*** set out (on one's journey); ***sich unter j-s Schutz*** (*od.* ***Obhut***) ~ place o.s. under s.o.'s protection; ***sich in ärztliche Behandlung ~*** seek medical treatment, see a doctor; → ***Gefahr, Ruhe***; **2.** ***sich ~*** (*sich ereignen*) happen, occur; *lit.* ***es begab sich, daß*** it came to pass that; **3.** ***sich*** (*e-r Chance etc.*) ~ forfeit, forgo; *bsd.* ⚖ (*e-s Anspruchs, Privilegs etc.*) waive, renounce; **II.** *v/t.* ✝ (*übertragen*) transfer; (*veräußern*) negotiate; **Begebenheit** *f* (*Ereignis*) occurrence, event, (*Vorfall*) incident; ***der Geschichte*** (***dem Roman***) ***liegt e-e wahre ~ zugrunde*** the story is based on a true incident *od.* on fact (the novel is based on a true incident *od.* story).

begegnen *v/i.* **1.** *zufällig*: (*j-m*) meet, bump into, (*e-r Sache*) come across; ***sich*** (*od.* ***einander***) ~ meet, bump into each other; *fig.* ***ihre Blicke begegneten sich*** their eyes met; **2.** (*Schwierigkeiten etc.*) meet with, come up against, have to face up to; (*entgegentreten*) confront, face; (*abwehren*) counter; (*bekämpfen*) combat (*a. Krankheit*); (*aufhalten*) check; ***e-r Gefahr etc. mit et. ~*** *a.* respond to a danger *etc.* with s.th. (*od.* by *ger.*); **3.** ***mir ist das schon einmal begegnet*** it's happened to me before, I've experienced it before; ***das Schlimmste, was dir ~ kann*** the worst that can happen to you; **4.** (*behandeln*) treat, behave *very coolly etc.* towards; **5.** (*vorkommen*) be found (***bei*** in), come up (in); ***dieser Stil*** *etc.* ***begegnet ebenfalls in ...*** *a.* this style *etc.* is also to be found in (*od.* can also be found in, also appears in), you also come across this style *etc.* in; **Begegnung** *f* meeting, *a. feindliche*: encounter; *Sport*: match; **Begegnungsstätte** *f* meeting place, social cent|re (*Am.* -er).

begehbar *adj.* **1.** *Weg etc.*: passable; ***ist es ~?*** can you walk on (*od.* along) it?; **2.** ***~er Schrank*** walk-in cupboard (*Am.* closet); **begehen** *v/t.* **1.** walk on (*od.* along); *regelmäßig*: *a.* use; *besichtigend*: inspect; **2.** (*feiern*) celebrate; (*Feiertag*) observe; **3.** (*Fehler*) make; (*Verbrechen etc.*) commit; → ***Selbstmord.***

begehren I. *v/t.* desire (*a. sexuell*); *heftig*: crave for; (*verlangen*) demand; → ***Herz***; **II.** *℞ n* desire; **begehrenswert** *adj.* desirable; **begehrlich** *adj.* covetous; **begehrt** *adj.* (much) sought-after, *a. Lokal etc.*: (very) popular; *pred. a.* very much in demand; *Wagen, Theaterrolle, Trophäe etc.*: coveted.

Begehung *f e-s Fests*: celebration; *e-s Feiertags*: observance.

begeistern I. *v/t.* inspire, fill with enthusiasm; (*Publikum*) delight (***durch*** with); ***j-n für et. ~*** get s.o. interested in (*stärker*: enthusiastic about) s.th.; ***sie ist für nichts zu ~*** you can't get her interested in anything; **II.** *v/refl.*: ***sich für et. ~*** get enthusiastic about s.th., (*sehr interessiert sein an*) be very much interested in (*od.* very keen on) s.th.; ***sich an et. ~*** get very enthusiastic (F all excited) about s.th., *weitS.* think s.th. is wonderful; ***ich kann mich dafür nicht ~*** I can't work up any enthusiasm for it, it just doesn't appeal to me (F grab me); **begeisternd** *adj. Rede, Aufführung*: inspiring, (*mitreißend*) rousing; **begeistert I.** *adj.* enthusiastic; *Sportler etc.*: keen; (*leidenschaftlich*) passionate; ***ein ~er Jazzanhänger*** *etc.* a great jazz fan *etc.*; *in Zssgn* ***...~*** ...-mad, F ...-crazy, *pred.* mad about ..., F crazy about ... (*z. B.* football-mad, football-crazy *etc.*); ***er war ~ von dem Plan*** he was all for (*od.* very enthusiastic about) the project, ***dem Konzert***: he thought the concert was marvel(l)ous; ***sie waren ~*** they were quite taken (***von*** with); **II.** *adv.* enthusiastically, with (great) enthusiasm; ***~ aufnehmen*** give a warm (*stärker*: rapturous) welcome to; ***~ mitmachen*** join in wholeheartedly; **Begeisterung** *f* enthusiasm (***für*** for, about); ***mit ~*** enthusiastically, with (great) enthusiasm; ***in ~ geraten*** get all enthusiastic *od.* excited (***über*** about), *beim Reden*: go into raptures (about); ***ohne*** (***rechte***) ~ without much enthusiasm, halfheartedly; **begeisterungsfähig** *adj.*: ***er ist sehr*** (***nicht***) ~ he can get very enthusiastic about things (you can't get him excited about anything).

Begeisterungs|sturm *m* storm of enthusiasm; *pl.* (*Applaus*) storms of applause, rapturous applause *sg.*; **~taumel** *m* frenzy of enthusiasm.

Begier(de) *f* desire, appetite (***nach*** for); *fleischliche*: desire, lust; **begierig I.** *adj. Person*: eager (***nach*** for), *contp.* greedy (for); *Blicke etc.*: greedy, (*lüstern*) lustful; ***~ zu erfahren*** eager (*od.* keen) to find out; **II.** *adv.*: ***~ lauschen*** listen intently (*dat.* to).

begießen *v/t.* **1.** pour water *etc.* over (*od.* on); (*Blumen*) water; (*Braten*) baste; → ***Pudel***; **2.** F drink to, celebrate (with a drink); ***das müssen wir ~, das muß begossen werden*** *a.* that calls for a drink.

Beginn *m* beginning, start; *formell*: commencement; ***zu ~*** *a.* at the outset; ***seit ~*** since the beginning (*gen.* of); ***gleich zu ~*** right at the outset; ***mit ~*** *gen.* at the start of, when ... starts (*od.* begins); ***~ der Vorstellung: 19.30*** performance starts at 7.30 p.m.; → *a.* ***Anfang***; **beginnen** *v/t. u. v/i.* begin, start; *formell*: commence; ***mit der Arbeit*** *etc.* ~ start work *etc.*, get down to work *etc.*; ***die Rede begann mit ...*** the speech started off with ..., he *etc.* opened the speech with ...; → *a.* ***anfangen***; **beginnend** *adj. formell*: incipient; ***der ~e Schneefall*** *etc.* the first of the snow *etc.*

beglaubigen *v/t.* (*bescheinigen*) certify; (*Diplomaten*) accredit (***bei*** to); ***notariell ~ lassen*** have *s.th.* notarized; **beglaubigt** *adj.* certified; *Diplomat*: accredited; ***~e Abschrift*** certified copy, *als Vermerk*: a true copy; **Beglaubigung** *f* certification; *e-s Gesandten*: accreditation;

Beglaubigungsschreiben *n* credentials *pl.*

begleichen *v/t.* ✝ pay, settle; **Begleichung** *f* settlement, payment.

Begleit|brief *m* covering letter; **~buch** *n zu e-r Fernsehsendung*: TV tie-in; **~dokumente** *pl.* accompanying documents.

begleiten *v/t.* walk along with, *a.* ♪ *u. fig.* accompany; (*schützend geleiten, a.* ⚔, ⚓, *mot.*) escort; ***begleitet von*** accompanied by (*a.* ♪), (*Gefahren etc.*) fraught with; ***von Erfolg begleitet*** very successful; ***j-n zur Bahn*** ~ see s.o. off (at the station); ***j-n zu e-m Konzert*** ~ take s.o. to a concert, go to a concert with s.o.; ***j-n nach Hause*** ~ take (*od.* walk) s.o. home; **begleitend** *adj. Worte etc.*: accompanying; ***~e Umstände*** attendant circumstances; **Begleiter** *m* companion; *dienstlicher*: attendant (*gen.* to, of); (*Begleitperson*) escort; ♪ accompanist; → ***ständig*** I.

Begleit|erscheinung *f* concomitant; ⚕ side effect; ***es ist e-e ~ von*** *a.* it goes with; ***das sind so die ~en des Alters*** F they're all signs of old age, it's all part (and parcel) of growing old; **~fahrzeug** *n* escort vehicle; **~flugzeug** *n* escort plane; **~instrument** *n* ♪ accompanying instrument; **~material** *n* backup material(s *pl.*); **~musik** *f* incidental (*od.* background) music; *fig.* accompaniment; **~person** *f* escort; **~personal** *n* (personal) escort; **~schein** *m* dispatch note; **~schiff** *n* escort vessel; **~schreiben** *n* covering letter; **~schutz** *m* escort; **~stimme** *f* ♪ supporting voice; **~text** *m* accompanying text; **~umstände** *pl.* surrounding (*od.* attendant) circumstances.

Begleitung *f* **1.** company (*a. das Begleiten*); *e-s Prominenten etc.*: entourage; *schützende*: escort; ***in ~ von*** (*od. gen.*) accompanied by; ***in ~ e-s Mannes (e-r Frau)*** in male (female) company, with a man (woman); ***ohne ~*** alone, unaccompanied; ***in ~ sein*** be with someone; **2.** ♪ accompaniment.

Begleitzettel *m* accompanying note; ✝ dispatch note.

beglotzen F *v/t.* F gawk at, goggle at.

beglücken *v/t.* make *s.o.* happy; *bsd. iro.* delight; *iro.* ***sie hat uns mit ihrer Anwesenheit beglückt*** she hono(u)red us with her presence; **beglückend** *adj.* heartening, *stärker*: exhilarating; **beglückt** *adj.* (very) happy (***über*** about), F thrilled (with); ***~es Lächeln*** blissful smile; **Beglücktheit** *f* (sheer) happiness, bliss; **Beglückung** *f* **1.** making *s.o.* happy; **2.** happiness, bliss.

beglückwünschen *v/t.* congratulate (***zu, wegen*** on); ***wir möchten dich zur bestandenen Prüfung ~*** we'd like to congratulate you on passing your exam; **Beglückwünschung** *f* congratulations *pl.*

begnadet *adj.* exceptionally (*od.* highly) gifted; ***~ sein mit*** be endowed with, have the extraordinary gift of *being able to ...*

begnadigen *v/t.* pardon, reprieve; **Begnadigung** *f* pardon; *pol.* amnesty.

Begnadigungs|gesuch *n* petition for pardon; **~recht** *n* right of pardon.

begnügen *v/refl.*: ***sich ~ mit*** make do with, be satisfied (*od.* content) with, content o.s. with.

Begonie *f* ⚘ begonia.

begönnern *v/t. contp.* patronize.

begossen *adj.* → ***Pudel.***

begraben *v/t.* bury (*a. fig. Hoffnungen*); *fig.* (*Pläne etc.*) give up, abandon; *fig.* ***e-n Streit ~*** bury the hatchet.

Begräbnis *n* burial; *feierlich*: *a.* funeral; **~feier** *f*, **~feierlichkeiten** *pl.* funeral (ceremony) *sg.*; *formell*: obsequies; **~kosten** *pl.* funeral expenses; **~stätte** *f* place of burial; *archäologische*: *a.* burial site.

begradigen *v/t.* straighten; (*Fluß etc.*) regulate; *fig.* (*Mißverständnis etc.*) straighten out; **Begradigung** *f* straightening; regulation; *fig.* straightening out.

begreifen I. *v/t.* understand; *intellektuell*: *a.* grasp; ***es ist nicht zu ~*** *a.* I can't make it out; ***hast du das endlich begriffen?*** have you got that into your head?; II. *v/i.* understand, F catch on; ***schnell (langsam) ~*** be quick (slow) on the uptake; **begreiflich** *adj.* understandable; ***j-m et. ~ machen*** make s.th. clear to s.o.; ***leicht (schwer) ~*** easy (hard) to understand; **begreiflicherweise** *adv.* understandably (enough).

begrenzbar *adj.* limitable; ***ist es ~?*** can it be limited?; **begrenzen** *v/t.* **1.** mark off; (*die Grenze bilden von*) form the boundary of; **2.** *fig.* limit, restrict (***auf*** to); **begrenzt** I. *adj.* restricted; *a. Möglichkeiten, Verstand etc.*: limited; ***eng*** (*od.* ***genau***) ~ (*abgegrenzt*) clearly defined; ***es ist zeitlich nicht ~*** there's no time limit (on it), it's open-ended; II. *adv.* (*a.* ***zeitlich ~***) for a limited period; ***~ verfügbar*** in limited supply; ***~ haltbar*** perishable, short-life *goods etc.*; **Begrenztheit** *f* restrictions *pl.* (*gen.* of, *auferlegte*: on); *der Möglichkeiten, des Verstands etc.*: limitations *pl.* (of), (*Engstirnigkeit*) narrowness, narrow-mindedness; **Begrenzung** *f* **1.** *e-s Grundstücks etc.*: boundary, perimeter; (*das Begrenzen*) demarcation; **2.** (*Einschränkung*) restriction, *a. zeitlich*: limitation (*beide a. das Begrenzen*).

Begrenzungslicht *n mot.* sidelight, *Am.* parking light.

Begriff *m* **1.** (*Vorstellung, Auffassung*) idea, concept, notion; ***sich e-n ~ machen von*** form (*od.* get) an idea of, (*sich vorstellen*) imagine; ***du machst dir keinen ~!*** you have no idea; ***ist dir das ein ~?*** does that mean anything to you?; ***das geht über m-e ~e*** that's beyond me; ***für m-e ~e*** (*wie ich es verstehe*) as I see it, if you ask me, (*für m-e Verhältnisse*) for me, as far as I'm concerned; F ***schwer von ~*** slow on the uptake, F a bit dense; **2.** (*Ausdruck*) term, expression; ***fester ~*** common expression, *alltäglicher*: household word; **3.** (*bekannte Ware, Person etc.*) household name; ***ein ~ in der Modewelt*** *etc.* a big name in fashion *etc.*; ***ein ~ (für Qualität)*** a byword for quality; **4.** ***im ~ sein zu*** *inf.* be about to *inf.*, be on the point of *ger.*

begriffen *adj.*: ***~ sein in et.*** be in the process of (doing) s.th.; ***im Anmarsch ~*** approaching; ***im Fortgehen ~*** about to leave; ***im Entstehen ~ sein*** be forming; ***e-e im Entstehen ~e Organisation*** an organization that is just forming, *formell*: a nascent organization; ***in der Entwicklung ~ sein*** be developing, be (in the process of) being developed; ***im Wachstum ~ sein*** be in the process of growth.

begrifflich I. *adj.* conceptual; notional; ***~es Denken*** abstract thinking; II. *adv.*: ***~ erfassen*** conceptualize.

Begriffs|bestimmung *f* definition; **~bildung** *f* forming of concepts; **~inhalt** *m* (ideal) content; *phls.* connotation; **~merkmal** *n* conceptual characteristic.

begriffsstutzig *adj.* dense, slow (on the uptake); **Begriffsstutzigkeit** *f* denseness, slowness.

Begriffs|system *n* system of concepts; **~vermögen** *n* grasp, capacity to understand; ***über j-s ~ hinausgehen*** be beyond s.o.'s grasp; **~verwirrung** *f* **1.** confusion of ideas (*od.* terms); **2.** *e-r Person*: confused (*od.* muddled) thinking.

begründen *v/t.* **1.** (*gründen*) found, establish; (*Geschäft etc.*) *mst* set up; *fig.* (*j-s Ruf etc.*) establish; (*j-s Glück etc.*) lay the foundations for (*od.* of); **2.** (*Behauptung etc.*) give reasons for, explain; (*rechtfertigen*) justify, back up; (*Handlung*) explain; ***er begründete es damit, daß*** he explained (*od.* justified) it by the fact that; ***durch nichts zu ~*** completely unfounded (*od.* unjustified); **Begründer** *m* founder; **begründet** *adj.* (*gerechtfertigt*) valid, justified, (*a. wohl~*) well-founded; *Verdacht, Zweifel*: reasonable; ***nicht ~*** unfounded, unjustified; ***~er Einwand*** reasonable (*od.* valid) objection; ***es besteht ~e Hoffnung*** there is cause for hope; ***in e-r Sache ~ liegen*** go back to, be rooted in; ***die Arbeitslosigkeit liegt in der politischen Mißwirtschaft ~*** political mismanagement is the root cause of unemployment; **Begründung** *f* **1.** (*Gründung*) founding, establishment; setting up; **2.** (*Motivierung*) reason(s *pl.*); (*Erklärung*) explanation; (*Argument*) argument; (*Rechtfertigung*) justification; ***mit der ~, daß*** on the grounds that; ***ohne jede ~*** without giving any reasons (*od.* explanation); ***als*** (*od.* ***zur***) ***~ von*** by way of explaining, as an explanation *od.* justification of (*od.* for).

begrünen I. *v/t.* plant with grass (*od.* trees, bushes *etc.*), plant over *s.th.*; II. *v/refl.*: ***sich ~*** turn green; ***die Bäume ~ sich*** *a.* the leaves are coming out on the trees; **begrünt** *adj.* green; planted with grass (*od.* trees, bushes *etc.*); ***~e Flächen*** green areas (*od.* spaces); **Begrünung** *f* planting of grass (*od.* trees *etc.*) (*gen.* on); *Ergebnis*: greenery.

begrüßen *v/t.* greet; (*Gast*) *formell*: receive; *freudig*: *a.* welcome; *fig.* (*positiv aufnehmen*) welcome, *mehrere*: *a.* applaud; ***das wäre zu ~*** that would be very welcome, that would be a welcome development (*od.* improvement *etc.*); ***es ist zu ~, daß*** we (*od.* I) welcome the fact that, we are (*od.* I am) pleased to see that; **begrüßenswert** *adj.* welcome; **Begrüßung** *f* greeting; reception, welcome; → ***begrüßen.***

Begrüßungs|ansprache *f* welcoming speech; **~schluck** *m* welcoming drink; **~worte** *pl.* words of welcome.

begucken I. *v/t.* have a good look at; II. *v/refl.*: ***sich ~*** *a.* eye o.s. *in the mirror etc.*

begünstigen *v/t.* favo(u)r; (*Sache*) help (along), further; **Begünstigte(r)** *m* ⚖ beneficiary; **Begünstigung** *f* (*Bevorzugung*) preferential treatment, favo(u)ritism; (*Förderung*) furtherance; ⚖ aiding and abetting.

begutachten *v/t.* give an (expert's) opinion on; (*prüfen, besichtigen*) examine; F (*anschauen*) have a (close) look at; ***et. ~ lassen*** get an expert's opinion on s.th., F get the experts to have a look at s.th.; **Begutachter** *m* expert; appraiser; **Begutachtung** *f* **1.** examination; appraisal; **2.** → ***Gutachten.***

begütert *adj.* wealthy, well-to-do.

behaaren *v/refl.*: ***sich ~*** grow hairs; become hairy; **behaart** *adj.* hairy; *formell*: hirsute; ***stark ~*** covered in hair, very hairy; **Behaarung** *f* hairs *pl.*

behäbig *adj.* sedate; phlegmatic; *Gestalt*: portly; **Behäbigkeit** *f* sedateness; phlegmatic nature; portliness.

behaftet *adj.*: ***mit Fehlern ~*** flawed; ***mit Problemen ~*** fraught with problems; ***mit negativen Konnotationen ~*** *Wort*: negatively loaded, ***sein:*** *a.* have negative connotations; ***mit e-m negativen Beigeschmack ~*** marred by (*od.* tainted with) negative associations; ***mit e-m Makel ~ sein*** be tainted, *stärker*: bear a stigma; ***mit e-m schlechten Ruf ~ sein*** have (*od.* be burdened with) a bad reputation; ***mit Schuldgefühlen ~*** guilt-ridden; ***mit e-m unangenehmen Geruch*** *etc.* ***~ sein*** have an unpleasant smell *etc.* about it.

behagen I. *v/i.* (*j-m*) suit; ***das behagt mir*** (***ganz und gar***) ***nicht*** I don't like it (one bit); **II.** ♀ *n* comfort, ease; (*Vergnügen*) pleasure, *stärker*: relish; (*Zufriedenheit*) contentment; ***mit ~*** with relish; **behaglich I.** *adj.* comfortable; (*heimelig*) cosy, homely, *Am.* homey; (*zufrieden*) contented *smile etc.*; **II.** *adv.* comfortably; (*zufrieden*) contentedly; **Behaglichkeit** *f* comfort; (*Heimeligkeit*) cosiness, homeliness, *Am.* homeyness.

behalten *v/t.* keep; *weiterhin, bsd. trotz Schwierigkeiten*: *a.* hold onto; (*aufrechterhalten*) *a.* maintain; (*Wert*) retain; *im Gedächtnis*: remember; ⚕ (*e-e Zahl*) carry; ***recht ~*** be right (in the end); ***für sich ~*** (*Geheimnis etc.*) keep *s.th.* to o.s.; ***behalt das für dich!*** *a.* F keep that under your hat; ***er kann nichts für sich ~*** *a.* F he's a blabbermouth; *Nahrung* ***bei sich ~*** keep down; ***er hat s-n Humor ~*** he hasn't lost his sense of humo(u)r; ***s-e gute Laune ~*** keep up one's good spirits; ***die Nerven ~*** keep cool.

Behälter *m* container (*a.* 🚗), *formell*: receptacle; (*Schachtel, Karton etc.*) box; *für Flüssigkeit*: tank; ***hast du dafür e-n ~?*** have you got something to put it in?

Behältnis *n* receptacle.

behämmert F *adj.* F nuts; *Sache*: F dumb.

behandeln *v/t.* treat (*a.* ✝, ⚙); (*Thema*) *a.* deal with (*a. Problem etc.*); *in der Schule etc.*: go through, F do; (*schwierige Person etc.*) handle; ***e-e Wunde mit et. ~*** treat a wound with s.th., put s.th. on a wound; **Behandlung** *f* treatment; (*Handhabung*) handling; ***in*** (***ärztlicher***) ***~ sein*** be receiving medical treatment.

Behandlungs|kosten *pl.* treatment (*od.* medical) costs, cost *sg.* of treatment; **~methode** *f*, **~weise** *f* (method of) treatment; **~zimmer** *n* ⚕ surgery, consulting room, *Am.* (doctor's) office.

Behang *m* (*Wand*♀) hangings *pl.*; *schmückender*: decoration(s *pl.*).

behangen *adj. Baum etc.*: laden (***mit*** with); *Christbaum*: *a.* decorated, decked (with); *mit Blumen etc.*: decorated (with), *lit.* bedecked (with); *mit Schmuck*: draped (with).

behängen *v/t.* hang, drape (***mit*** with); (*schmücken*) decorate (with); F *contp.* ***sich ~ mit*** drape o.s. with, cover o.s. in.

beharren *v/i.*: ***~ auf*** *od.* ***bei*** (*e-r Meinung etc.*) insist on, stick to, (*e-m Glauben*) persist in; ***darauf ~, daß*** insist that; **beharrlich I.** *adj.* persevering; *Fleiß etc.*: *a.* dogged; (*unerschütterlich*) unwavering; (*hartnäckig*) persistent, *mit Fragen etc.*: *a.* importunate; (*uneinsichtig*) stubborn; **II.** *adv.*: ***~ dabei bleiben, daß, ~ darauf bestehen, daß*** insist that; ***er bleibt ~ dabei, daß*** *a.* he 'will insist that; ***sich ~ weigern*** doggedly (*od.* stubbornly) refuse; ***~ schweigen*** refuse to speak (*od.* say anything), maintain a dogged silence; **Beharrlichkeit** *f* perseverance; doggedness, tenacity; unwaveringness; persistence; stubbornness; → ***beharrlich***; **Beharrung** *f* **1.** insistence (***auf*** on); **2.** *phys.* inertia.

Beharrungs|vermögen *n phys.* inertia; **~zustand** *m* state of equilibrium (*od.* inertia).

behauen *v/t.* hew.

behaupten I. *v/t.* **1.** claim, maintain, say; argue; *formell*: assert, allege; ***~ zu*** *inf.* claim to *inf.*, maintain (*od.* say) that ...; ***j-m gegenüber ~, daß*** tell s.o. that; ***steif und fest ~, daß*** insist (*od.* swear) that; ***Sie wollen also tatsächlich ~, daß ...*** are you trying to tell me that ...?, do you mean to say that ...?; ***es wird von ihm behauptet, daß*** he is said to *inf.*, it is said (*od.* they say) that he; **2.** (*aufrechterhalten*) maintain; ***das Feld ~*** stand one's ground; **II.** *v/refl.*: ***sich ~*** assert o.s.; *gegenüber Widerständen*: *a.* hold one's own, stand one's ground; *bsd.* ⚔ prevail; *Sport*: come out on top; ✝ *Kurse, Preise*: remain firm; ***sich ~ gegen*** *a.* stand up against; ***sich in s-r Stellung ~*** maintain one's position; **Behauptung** *f* **1.** claim, assertion; *formell*: contention; *bsd. gegen j-n*: *a.* allegation; ***s-e ~en*** what he says, the claims *etc.* he makes; ***ihre ~, sie hätte es schon bezahlt, ist nicht richtig*** what she says about having paid for it isn't true; ***die ~, er würde zurücktreten, ist nicht richtig*** what people say about him (*od.* his) resigning isn't true; ***ich bleibe bei m-r ~, daß*** I still say (*od.* maintain) that; ***er bleibt bei s-r ~, daß*** *a.* he still insists that; ***wie kommst du zu dieser ~?*** what makes you say that?; **2.** (*Aufrechterhaltung*) maintenance; *e-r Stellung etc.*: defen|ce (*Am.* -se).

Behausung *f* **1.** *a. pl.* accommodation; **2.** (*Wohnung*) dwelling, home; **3.** (*das Behausen*) providing accommodation (for people).

beheben *v/t.* (*Schaden*) repair; (*Fehler, Schwierigkeit etc.*) get rid of; (*Mißstand*) remedy, redress; **Behebung** *f* repair; removal; redressal; → ***beheben.***

beheimatet *adj.* resident; ***~ sein in*** come from, *Tiere etc.*: *a.* be at home in, be native to; ***er*** (***es***) ***ist in X ~*** *a.* his (its) home is (in) X.

beheizbar *adj.* heatable; ***nicht ~*** unheatable; ***~e Heckscheibe*** heated rear window; **beheizen** *v/t.* heat.

Behelf *m* makeshift; **behelfen** *v/refl.*: ***sich ~*** manage, get by, ***mit:*** make do with; ***sich ohne et. ~*** do without s.th.

Behelfs... *in Zssgn* (*improvisiert*) makeshift; (*Not...*) emergency; (*vorübergehend*) temporary, stopgap; **~ausfahrt** *f* temporary exit; *ständige*: emergency exit; **~landebahn** *f* makeshift (*Not...*: *a.* emergency) runway.

behelfsmäßig I. *adj.* (*improvisiert*) makeshift; (*Not...*) emergency ...; (*vorübergehend*) temporary, stopgap ...; **II.** *adv.* as a makeshift; (*vorübergehend*) for the time being, as a stopgap; ***~ eingerichtet*** *a.* F thrown together.

Behelfs|maßnahmen *pl.* stopgap measures; **~unterkunft** *f* temporary (*Not...*: *a.* emergency) accommodation.

behelfsweise *adv.*: ***der Raum dient ~ als Küche*** the room serves as a makeshift kitchen (when needed).

behelligen *v/t.* bother, trouble, pester, *stärker*: annoy; **Behelligung** *f a. pl.* pestering; ***er mit s-n dauernden ~en!*** he never stops pestering (you).

behend(e) *adj.* nimble, *a. geistig*: agile; (*gewandt*) dext(e)rous; **Behendigkeit** *f* agility; dexterity.

beherbergen *v/t.* **1.** put up, accommodate; **2.** *fig.* (*Gefühle etc.*) harbo(u)r.

beherrschen I. *v/t.* **1.** *pol. etc.* rule (over), govern; *fig.* dominate (*a. j-n*); (*e-e Familie, ein Unternehmen*) *a.* rule (over), hold sway over, F run; *fig.* ***es beherrscht sein ganzes Denken*** it governs (*od.* dominates, determines) his whole way of thinking; **2.** *fig.* (*Lage etc.*) control, be in control of, have *s.th.* under control; (*Markt etc.*) control, dominate; (*Leidenschaften etc.*) (keep under) control; ***den Luftraum ~*** control airspace, have air supremacy; **3.** (*Beruf etc.*) know *one's trade*; have complete command of *s.th.*; (*Sprache*) have a good command of, speak *a language* (fluently); **4.** (*überragen*) command, dominate, tower (*od.* soar) above; **5.** ***alte Eichen ~ die Landschaft*** the landscape is dominated by ancient oaks; **II.** *v/refl.*: ***sich ~*** control o.s., restrain o.s.; ***ich mußte mich ~*** *a.* I had to pull myself together (***um nicht zu*** *inf.* so as not to *inf.*, so that I wouldn't *do s.th.*); ***sie kann sich nicht ~*** *a.* she just can't hold back, (*wird schnell wütend*) she has a quick temper; F ***ich kann mich ~!*** F you'll be lucky!; **beherrschend** *adj.* dominating; ***~es Thema der Verhandlungen war*** topic number one (*od.* the leading topic) at the talks was; **Beherrscher** *m* ruler; **beherrscht** *adj. Person*: restrained, disciplined; **Beherrschtheit** *f* self-restraint, self-possession; **Beherrschung** *f* **1.** *pol. etc.* rule (*gen.* over); **2.** *fig.* control (*gen.* of, over); (*Selbst*♀) self-control; (*Können*) mastery (*gen.* of); *e-r Sprache*: command (of); ***die ~ verlieren*** lose control, lose one's self-control (F cool).

beherzigen *v/t.* take to heart, heed; (*befolgen*) *a.* follow; **beherzigenswert** *adj.* worth heeding; **Beherzigung** *f* heeding (*gen.* of).

beherzt *adj.* courageous, brave, plucky; (*entschlossen*) determined; **Beherztheit** *f* courage, bravery, pluck; determination.

behexen *v/t.* bewitch; (*verzaubern*) put a spell on.

behilflich *adj.*: ***j-m ~ sein*** help s.o. (***bei*** with), *formell*: assist s.o. (with, in *ger.*);

darf ich Ihnen ~ sein? can I help you?, *beim Mantelablegen etc.*: allow me.

behindern *v/t.* hinder, impede (***bei*** in); (*Sicht, Verkehr*) *a.* obstruct; (*stören*) *a.* be (*od.* get) in the way.

behindert *adj.* handicapped (*a. Kind*), disabled; ***geistig ~*** mentally handicapped; **Behinderte(r)** *m* handicapped (*od.* disabled) person.

Behinderten|ausweis *m* disabled pass; **≈gerecht** *adj.* suitable for the handicapped (*od.* for wheelchairs); *Gebäude*: *a.* with wheelchair access; **~parkplatz** *m* parking space for the disabled, (*Schild*) disabled parking; **~toilette** *f* disabled toilet.

Behinderung *f* **1.** hindrance, impediment; **2.** ⚕ handicap; ***geistige ~*** mental handicap; ***e-e geistige ~ haben*** be mentally handicapped (*od.* retarded); **3.** *Sport*: obstruction.

Behinderungswettbewerb *m* ⚖ restraint of competition.

Behörde *f* (public) authority; (*Amt*) *a.* administrative body; ***die ~n*** the authorities; ***er ist auf der ~*** *oft* he's at the town hall.

Behörden|apparat *m* administrative machinery; *contp.* bureaucratic machine, bureaucracy; **~sprache** *f* officialese; **~weg** *m*: ***(den ~ gehen*** go through the) official channels *pl.*

behördlich I. *adj.* official, (*staats~*) government ...; **II.** *adv.* officially; ***~ genehmigen lassen*** get official approval for; ***~ genehmigt*** officially authorized; ***~ anerkannt*** officially recognized.

behüten *v/t.* look after; *vor Gefahren etc.*: protect (***vor*** from); **(Gott) *behüte!*** God forbid!, perish the thought!; ***behütete Kindheit*** sheltered upbringing.

behutsam I. *adj.* (*vorsichtig*) cautious; (*sachte*) gentle; **II.** *adv.*: ***~ umgehen mit*** handle with care, (*Person*) be gentle on; **Behutsamkeit** *f* (*Vorsicht*) caution; (*Sanftheit*) gentleness.

bei *prp.* **1.** *räumlich, a. fig.*: ***~ Berlin*** near Berlin; ***~m Rathaus*** (just) near *od.* by the town hall, (*am Rathaus*) at the town hall; ***die Schlacht ~ Waterloo*** the Battle of Waterloo; ***~m Metzger*** at the butcher's; ***~ m-n Eltern*** at my parents' (place); ***~ ihr zu Hause*** in her house, at her place; ~ (*per Adresse*) ***Schmidt*** c/o (= care of) Schmidt; ***er arbeitet*** (*od.* ***ist***) ***~ der Post*** (***Bahn***) he works for the post office (railway, *Am.* railroad); ***sie ist ~m Fernsehen*** she works for (the) TV; ***ich habe kein Geld ~ mir*** I have no money on me; ***er hatte s-n Hund ~ sich*** he had his dog with him; ***Stunden nehmen ~*** have lessons with *s.o.*; ***~ welchem Arzt bist du?*** which doctor do you go to?, *Brit. a.* who's your GP?; ***~ Schiller steht*** in one of Schiller's works it says, Schiller says; ***das ist oft so ~ Kindern*** that's nothing unusual with children, *contp.* children are like that; ***~ den Römern gab es*** the Romans had; **2.** *zeitlich, Umstände, Zustände*: ***~ m-r Ankunft*** when I arrived, on my arrival; ***~ Tagesanbruch*** at dawn; ***~ Nacht*** at night; ***~ Tag*** during the daytime, by day; ***~ schönem Wetter*** when the weather is fine; ***~m Lesen der Zeitung fiel mir auf*** while (*od.* when) I was reading the paper it struck me; ***~ der Arbeit*** at work; ***er ist ~m Essen*** he's having his dinner (*od.* lunch); ***~ e-m Unfall*** in an accident; ***~m Unterricht*** during a (*od.* the) lesson; ***~ e-m Glas Wein*** over a glass of wine; ***~ Strafe von*** under penalty of; ***~ guter Gesundheit*** in good health; ***~ offenem Fenster*** with the window open; **3.** *Anhaltspunkt*: ***~ der Hand*** *etc.* ***fassen*** take *s.o.* by the hand *etc.*; ***j-n ~m Namen nennen*** call s.o. by (his *od.* her) name; **4.** (*unter*) among; ***~ den alten Fotos*** among the old photos; **5.** (*betreffend*) ***~ Alkohol muß ich aufpassen*** I have to be careful with alcohol; ***~ Geldfragen muß ich passen*** when it comes to (questions of) money, I have to pass; ***~ Männern hat sie Pech*** she's unlucky with men; **6.** (*angesichts*) ***~ d-m Gehalt!*** (you) with your salary!; ***~ m-m Gehalt kann ich mir das nicht leisten*** I can't afford that on (*od.* with) my salary; ***~ d-r Erkältung solltest du nicht rausgehen*** you should stay in with your cold (*od.* with that cold of yours); ***~ 50 Mark pro Stunde*** at 50 marks an hour; ***~ so vielen Schwierigkeiten*** considering all the difficulties; ***~ der Lage der Dinge*** (with) matters *od.* things being as they are; ~ (*trotz*) ***all s-r Mühe*** for all his effort; **7.** *Anrufung*: ***schwören ~*** swear by; ***~ Gott!*** by God!; **8.** *Maß*: ***~ weitem*** by far.

beibehalten *v/t.* keep, retain, maintain; (*Gewohnheit etc.*) stick to; (*Tradition etc.*) keep up; (*Richtung*) carry on in, (*a. Tempo*) keep to; **Beibehaltung** *f* upholding; ***unter ~ von*** while maintaining.

beibiegen F *v/t.*: ***j-m et. ~*** break it (*od.* s.th.) to s.o. gently.

Beiblatt *n in e-r Zeitung etc.*: insert.

Beiboot *n* dinghy.

beibringen *v/t.* **1. *j-m et. ~*** (*lehren*) teach s.o. s.th.; (*verständlich machen*) make s.th. clear to s.o., get s.th. across to s.o.; (*mitteilen*) tell s.o. s.th., *schonend*: *a.* break s.th. to s.o.; F ***dir werd' ich's schon noch ~!*** F I'll show you what's what!; **2.** (*Wunde, Verluste etc., zufügen*) inflict (*dat.* on); **3.** (*herbeischaffen*) produce, come up with.

Beichte *f* confession; ***die ~ ablegen*** confess; ***j-m die ~ abnehmen*** hear s.o.'s confession, *Priester*: confess s.o.; **beichten** *v/t. u. v/i.* confess (***bei*** to); *fig.* ***ich muß dir etwas ~*** I've got something to confess (to you), I've got a confession to make (to you), *a.* F I've got to get something off my chest.

Beicht|geheimnis *n* seal of confession; **~spiegel** *m* penitential; **~stuhl** *m* confessional (box); **~vater** *m* (father) confessor.

beidarmig *adj. Sport*: two-handed.

beidbeinig *adj. Sport*: two-footed.

beide *indef. pron.* both; *unbetont*: the two; (*das eine oder das andere*) either (*sg.*); ***m-e ~n Brüder*** both my brothers, *unbetont*: my two brothers; ***wir ~*** both of us, the two of us; ***alle ~*** both of them; ***in ~n Fällen*** in both cases, in either case; ***kein(e)s*** *od.* ***keine(r) von ~n*** neither (of them *od.* of the two); ***zu ~n Seiten*** on both sides, on either side; ***~ sind angekommen*** both of them have arrived, they've both arrived; *Tennis*: ***15 ~*** 15 all; → ***Bein.***

beidemal *adv.* both times.

beiderlei *adj.* (of) both kinds; ***~ Geschlechts*** of either sex.

beiderseitig *adj.* **1.** on both sides; **2.** (*gegenseitig*) mutual; ***in ~em Einvernehmen*** by mutual agreement; ***zur ~en Zufriedenheit*** to the satisfaction of both sides; **3.** *pol. etc.* bilateral, two-sided; **beiderseits I.** *prp.* on both sides (*gen.* of), on either side (of); **II.** *adv.* on both sides.

beides *pron.* both (of them); ***ich mag ~ nicht*** I don't like either (of them).

beidhändig *adj.* ambidextrous; *Sport*: two-handed.

beidrehen *v/t. u. v/i.* ⚓ heave to.

beidseitig *adj.* → ***beiderseitig.***

beieinander *adv.* together; **(*dicht*) ~** next to each other; **~bleiben** *v/i.* stay (F stick) together; **~haben** *v/t.* have *s.th.* together; (*Summe*) have *a sum* (ready); F ***er hat nicht alle beieinander*** F he's not all there, he must have a screw loose somewhere; F ***du hast wohl nicht alle beieinander?*** have you gone mad (F gone off your nut)?; **~halten** *v/t.* keep together; **~sein I.** F *v/i.*: ***gut ~*** be in good shape; ***er ist nicht gut beieinander*** he's not (too) well; **II.** ≈ *n* (*Zusammenkunft*) (***gemütliches ~*** cosy, *Am.* cozy) get-together; ***das ~*** being together (with s.o. *od.* people).

Beifahrer *m im Pkw*: (front-seat) passenger; *im Lkw*: co-driver, F driver's mate; *beim Rennen*: co-driver; (*Soziusfahrer*) pillion rider; **~sitz** *m* front passenger seat; (*Soziussitz*) pillion (seat).

Beifall *m* applause, clapping; *durch Zuruf*: (loud) cheers *pl.*; *fig.* (*Billigung*) approval; ***~ ernten*** (*od.* ***finden***) meet with approval, *vom Publikum*: draw applause; ***~ spenden*** applaud (***j-m*** s.o.); **≈heischend I.** *adj.* eager for applause; **II.** *adv.*: ***sich ~ umsehen*** look around for applause.

beifällig I. *adj.* approving; ***~es Lächeln*** smile of approval; **II.** *adv.* approvingly; ***~ nicken*** nod (in) approval; ***et. ~ aufnehmen*** welcome s.th.

Beifallklatschen *n* applause, clapping.

Beifalls|bekundung *f*, **~bezeigung** *f* show of approval; **~klatschen** *n* → ***Beifallklatschen;*** **~kundgebung** *f* show of approval; **~ruf** *m* cheer(s *pl.*); **~sturm** *m* thunderous (*od.* rapturous) applause, storms *pl.* of applause.

Beifilm *m* supporting film.

beifügen *v/t.* add (*dat.* to); enclose, include (*e-m Brief* with); **Beifügung** *f* **1.** addition (*gen.* of); ***unter ~ von*** (by) adding, *bei Bewerbungen etc.*: enclosing; **2.** *ling.* attribute.

Beifuß *m* ✿ mugwort.

Beigabe *f* **1.** addition; *gastr.* ***unter ~ von*** adding; **2.** (*et. Zusätzliches*) extra; **3.** (*Grab≈*) burial offering.

beige *adj.*, ≈ *n* beige.

beigeben I. *v/t.* add (*dat.* to); ***j-m j-n*** *als Berater etc.* ***~*** assign s.o. to s.o.; **II.** *v/i.*: F ***klein ~*** F climb down.

beigefarben *adj.* beige(-colo[u]red).

Beigeordnete(r) *m* assistant; *pol.* town council(l)or.

Beigeschmack *m* (unpleasant) taste; ***e-n ~ haben von*** *a.* smack of (*a. fig.*); ***bitterer*** *etc.* ***~*** slightly bitter *etc.* taste; ***e-n unangenehmen ~ haben*** *a. fig.* have an unpleasant taste (to it), *fig. Wort etc.*: have a negative connotation.

beigesellen I. *v/t.* **1. *j-m j-n ~*** assign s.o. to s.o.; **2. *j-n j-m ~*** put s.o. together with s.o.; **II.** *v/refl.*: ***sich j-m ~*** join s.o.

Beiheft *n* supplement; *zu e-r CD etc.*: accompanying notes *pl.*
beiheften *v/t.*: **et. e-r Sache ~** attach (*mit Heftklammer*: staple) s.th. to s.th.
Beihilfe *f* **1.** (*staatliche ~*) subsidy, grant; **2.** ⚖ aiding and abetting; **~ leisten** aid and abet (**j-m** s.o.); **~ zum Mord** complicity in murder.
beiholen *v/t.* ⚓ take in *sail*.
Beiklang *m a. fig.* overtone(s *pl.*).
beikommen *v/i.* **1. j-m ~** get at s.o., *fig. a.* get the better of s.o.; (*zu fassen bekommen*) get hold of s.o.; **ihm ist nicht beizukommen** there's no getting at him; **mit Argumenten ist ihr nicht beizukommen** she's deaf to argument; **2. e-r Sache ~** (*fertigwerden mit*) cope with s.th., get to grips with s.th., (*auf den Grund kommen*) get to the root of s.th.
Beikost *f* supplementary food.
Beil *n* hatchet; (*Fleischer2*) chopper; (*Henkers2*) axe, *Am.* ax.
Beilage *f* **1.** *e-r Zeitung*: supplement; (*Reklame2*) insert; **2.** *gastr.* garnishings *pl.*; *getrennt gereicht*: side dish; **Fleisch mit ~** meat and vegetables; **was gibt es als ~?** what does it come with?, what is it served with? **es gibt Reis als ~** there's rice with it, it comes with rice.
beiläufig I. *adj.* casual; **~e Bemerkung** passing remark; **II.** *adv.* casually; **~ erwähnen** *etc.* mention *etc.* in passing.
beilegen *v/t.* **1.** add (*dat.* to); *e-m Brief*: enclose, include (with); **2.** (*Titel*) confer (*dat.* on), (*Namen*) give; **sich e-n Titel** *etc.* **~** assume, take on; **e-r Sache Wert** (*od.* **Bedeutung**) **~** attach (great) importance to s.th.; **3.** (*e-n Streit*) settle; **Meinungsverschiedenheiten ~** settle the (*od.* one's) differences; **Beilegung** *f e-s Streits*: settlement, reconciliation; **friedliche ~** peaceful settlement.
beileibe *adv.*: **~ nicht!** certainly not, F not by a long shot; **es war ~ kein Spaß!** it was no picnic, I can tell you; **er ist ~ kein Connoisseur, aber** he's far from being (*od.* he's hardly) a connoisseur, but; **sie ist ~ nicht kritisch, aber** she's far from (being) critical, but.
Beileid *n* condolences *pl.*, sympathy; **j-m sein ~ aussprechen** offer s.o. one's condolences; **j-m sein ~ bekunden** express one's sympathy (to s.o.); → **herzlich** I.
Beileids|besuch *m* visit of condolence; **~bezeigung** *f* condolences *pl.*; **von ~en bitten wir abzusehen** no cards or flowers please; **~karte** *f* condolence (*od.* sympathy) card; **~schreiben** *n* letter of condolence; **~telegramm** *n* sympathy telegram.
beiliegen *v/i.* be enclosed (*e-m Brief etc.* with), be attached (to); **beiliegend** *adj. u. adv.* enclosed; **~ übersenden wir Ihnen** enclosed please find, we are enclosing, we enclose.
beimengen *v/t.* → **beimischen.**
beimessen *v/t.*: **e-r Sache Bedeutung** (*od.* **Wert** *etc.*) **~** attach (great) importance to s.th.; **ich messe der Sache keinen großen Wert bei** I don't attach any great importance to the matter, I don't see it as being terribly important.
beimischen *v/t.*: **e-r Sache et. ~** mix s.th. with s.th.; add s.th. to s.th.; **Beimischung** *f* admixture; *fig. a.* touch, tinge; **unter ~ von** while (*od.* by) adding.
Bein *n* leg (*a. e-s Tisches, e-r Hose etc.*); **ich konnte mich nicht mehr auf den ~en halten** I could hardly stand on my (own two) feet; **das geht in die ~e!** you really feel it in your legs, it goes for your legs; **j-m ein ~ stellen** *a. fig.* trip s.o. up; **schon auf den ~en sein** be up and about; **ich muß mich auf die ~e machen** I must be making tracks; **dauernd auf den ~en sein** always be on the go; **j-m auf die ~e helfen** help s.o. up, help s.o. onto his (*od.* her) feet, *fig.* set s.o. up, *e-r Sache*: get s.th. going; **wir werden dich bald wieder auf die ~e bringen!** we'll have you back on your feet (*od.* running around) again in no time; **schwach auf den ~en sein** be a bit shaky (*od.* wobbly); *fig.* **auf schwachen ~en stehen** be shaky, be a shaky affair; **auf eigenen ~en stehen** stand on one's own two feet; **mit beiden ~en im Leben stehen** have both feet firmly on the ground; **die ~e in die Hand** (*od.* **Arme**) **nehmen** shoot off, **müssen**: F have to stir one's stumps, have to step on it; **j-m ~e machen** get s.o. moving; **es hat ~e bekommen** it seems to have just walked off; **die ganze Stadt war auf den ~en** the whole town had turned out; **alles, was ~e hat** anyone and everyone; → **ausreißen** 1, **Bauch, Grab, Klotz, Knüppel, link** *etc.*; → *a.* **Fuß.**
beinah(e) *adv.* almost, nearly; *betont*: *a.* very nearly; **er hätte ~ gewonnen** *a.* he came very close to winning.
Beinahezusammenstoß *m* near miss, near collision; ✈ *a.* airmiss.
Beiname *m* epithet; (*Spitzname*) nickname.
beinamputiert *adj.* with an amputated leg; with both legs amputated; **er ist ~** *a.* he's had a leg (*od.* both legs) amputated; **Beinamputierte(r** *m*) *f* person (*od.* man, *f* woman) with an amputated leg (*od.* with both legs amputated).
Bein|arbeit *f* footwork; *Schwimmen*: legwork; **~bruch** *m* fractured (*od.* broken) leg; *fig.* **das ist doch kein ~!** it's not the end of the world; **~freiheit** *f* legroom; room to stretch one's legs.
beinhalten *v/t.* contain; (*besagen*) say; *stillschweigend*: imply.
beinhart *adj.* (as) hard as rock (*od.* stone).
Bein|haus *n* charnel house; **~prothese** *f* artificial leg; **~schiene** *f* **1.** ⚕ splint; **2.** → **~schützer** *m* shin pad.
beiordnen *v/t.* **1. j-m j-n ~** assign s.o. to s.o.; **2.** *ling.* coordinate.
beipacken *v/t.*: **e-r Sache et. ~** enclose (*od.* include) s.th. with (*od.* in) s.th.
Beipackzettel *m* (⚕ patient) package insert, ⚕ *a.* PPI; F blurb.
beipflichten *v/i.*: **j-m** (**e-r Sache**) **~** agree with s.o. (s.th.) (**in** on); **beipflichtend** *adj.* approving.
Beiprogramm *n* supporting program(me).
Beirat *m* (*Ausschuß*) advisory board.
beirren *v/t.* disconcert; (*abbringen*) put *s.o.* off; **er läßt sich durch nichts ~** he won't be put off.
beisammen *adv.* together; **gute Nacht ~!** goodnight everyone (*od.* all); **~haben** *v/t.*: **s-e Gedanken ~** have one's wits about one; F **er hat nicht alle beisammen** F he's not all there, he must have a screw loose somewhere; **~sein I.** F *v/i.*: **er ist schlecht beisammen** he's not (too) well; **II.** 2 *n*: **geselliges ~** (social) get-together.
Beisatz *m ling.* apposition.
Beischlaf *m* sexual intercourse.
Beisein *n* presence; **im ~ von** (*od. gen.*) in the presence of, in front of; **in j-s ~** in s.o.'s presence, in front of s.o.; **im ~ anderer** with others present.
beiseite *adv.* aside (*a. thea.*); **Spaß ~!** seriously now; **~ gehen** step aside; **~ legen** put aside, (*Geld*) *a.* set aside, F stash away; (*Brille, Buch*) put down (*od.* aside); **~ schaffen** remove, (*a. j-n*) get rid of, (*j-n*) *a.* F bump off; **~ lassen** (*Überlegung etc.*) leave aside, ignore, disregard.
Beisel *dial. contp. n* F (low) dive.
beisetzen *v/t.* **1.** (*Leiche*) bury; *lit.* lay to rest; **mit militärischen Ehren ~** lay to rest with (full) military hono(u)rs; **2.** ⚓ (*Segel*) set; **Beisetzung** *f* burial; *feierliche*: *a.* funeral; **Beisetzungsfeierlichkeiten** *pl.* funeral ceremony *sg.*; *formell*: obsequies.
Beisitz *m* **1.** seat (on a committee *etc.*); **2.** assessorship; **beisitzen** *v/i.*: **e-m Ausschuß ~** sit on a committee; **Beisitzer** *m* **1.** *e-s Komitees etc.*: member (of a committee *etc.*); **2.** assessor; **3.** *bei e-r Prüfung*: observer, *aktiver*: co-examiner.
Beispiel *n* example (**für** of); (*Vorbild*) model; **warnendes** (*od.* **abschreckendes**) **~** warning; **praktisches ~** concrete example; **zum ~** for instance, for example (*abbr.* e.g.); **wie zum ~ ...** (such as) ..., for example; **~e anführen** give examples; **am ~ von ...** illustrated by ...; **ein ~ geben** set an example; **sich ein ~ nehmen an** take *s.o. od. s.th.* as an example, take a leaf out of *s.o.'s* book; **mit gutem ~ vorangehen** set an (*od.* a good) example; **ohne ~** → **beispiellos; mit ~en belegen** give examples of (*od.* to support); **es soll uns ein ~ sein** let it be a lesson (*od.* an example) to us all.
beispielgebend *adj.* exemplary; **~ sein** (*od.* **wirken**) serve as (*od.* be) an example.
beispielhaft I. *adj.* exemplary; model ...; **II.** *adv.*: **sich ~ benehmen** behave impeccably; **~ vorangehen** set a positive example.
beispielhalber *adv.* (*als Beispiel*) by way of example; (*zum Beispiel*) for example, for instance.
beispiellos *adj.* unequal(l)ed, unparalleled; (*unvergleichlich*) matchless, peerless; (*noch nie dagewesen*) unprecedented, unheard-of; **Beispiellosigkeit** *f* uniqueness.
Beispielsatz *m* example (sentence).
beispielsweise *adv.* for example, for instance; **ein ~ oft angewandter Trick** one trick, for example, that is often used.
beispringen *v/i.*: **j-m ~** come (*schnell*: rush) to s.o.'s aid; (*aushelfen*) help s.o. out.
beißen I. *v/t.* **1.** *a. Insekt*: bite; **j-n ins Bein ~** bite s.o.'s leg; **das kann man ja kaum ~!** it's as hard as rock, you can hardly get your teeth into it; F **nichts zu ~ haben** not to have a bite to eat; *iro.* **er wird dich schon nicht ~** he won't bite (*od.* eat) you; → **Hund** 2; **II.** *v/i.* **2.** *a. Insekt u. Fisch*: bite; **~ in** bite (into); **~ auf** bite on; **~ nach** snap at; → **Apfel, Granit, Gras; 3.** (*brennen*) bite, burn, *in den Augen*: sting; **III.** *v/refl.*: **4. sich ~** bite o.s.; **sich auf die Zunge** (**Lippe**) **~** bite one's tongue (lip); → **Hintern; 5.** *fig.* **sich ~** *Farben, Töne etc.*: clash;

beißend *adj. Wind*: biting; *Geruch*: sharp, acrid; *Schmerz*: sharp; *fig. Bemerkung etc.*: biting, caustic, acrid, acerbic, *Kritik*: *a.* mordant *criticism*.
Beißerchen F *n* F toothy-peg.
Beiß|korb *m* → **Maulkorb**; **~ring** *m* teething ring; **~zange** *f* **1.** (**e-e ~** a pair of) pliers *pl.*; **2.** F (*zänkische Frau*) F shrew, *sl.* bitch.
Beistand *m* **1.** help, support, assistance; **j-m ~ leisten** → **beistehen**; **2.** ⚖ (*Rechts*⁀) legal adviser, *im Prozeß*: counsel.
Beistands|kredit *m* standby credit; **~pakt** *m pol.* mutual assistance pact.
beistehen *v/i.*: **j-m ~** help s.o., stand by s.o., give s.o. one's support; **Gott steh' mir bei!** God help me; → **Rat** 1.
Beistell|möbel *pl.* occasional furniture *sg.*; **~tisch** *m* side table.
beisteuern *v/t. u. v/i.* contribute (**zu** to), F chip *s.th.* in.
beistimmen *v/i.*: **j-m** (**e-r Sache**) **~** agree with s.o. (s.th.).
Beistrich *m* comma.
Beitel *m* ⚙ chisel; (*Hohl*⁀) gouge.
Beitrag *m* **1.** contribution (*a. finanziell u. fig.*); **e-n ~ leisten** contribute (**zu** to), make a contribution (to); **2.** (*Mitglieds*⁀) subscription (fee); **3.** (*Zeitungsartikel etc.*) article (**von** by), *bsd. pl. a.* contributions (by, from); **beitragen** *v/t. u. v/i.* contribute (**zu** to); (*förderlich sein, dienen*) *a.* help, **zu** *inf.*: *a.* serve to *inf.*; **das trägt nur dazu bei zu** *inf.* it will only help (*od.* serve) to *inf.*; **sein Teil** (**dazu**) **~** contribute one's share, F do one's bit (**um zu** *inf.* towards *ger.*), play one's (*od.* its) part (in *ger.*); **viel dazu ~, um zu** *inf. Sache*: *a.* go a long way towards *ger.*
Beitrags|bemessungsgrenze *f* income threshold; **~erhöhung** *f* increase in contributions, increased contributions *pl.*; ⁀**frei** *adj.* non-contributory; **~freiheit** *f* exemption from contributions; ⁀**pflichtig** *adj.* liable to contributions; **~rückerstattung** *f* contribution refund.
beitreiben *v/t.* (*Gelder, Steuern*) collect; (*Schulden*) recover, (*einklagen*) sue for.
beitreten *v/i.* (*e-m Verein, e-r Partei etc.*) join, become a member of; (*e-m Bündnis*) *a.* enter (into); (*e-m Abkommen etc.*) enter into; **Beitritt** *m* joining (**zu** of *a party etc.*); *in ein Bündnis*: *a.* entry (into), membership (of).
Beitritts|erklärung *f* application for membership; **~verhandlungen** *pl.* membership talks (*od.* negotiations); **~vertrag** *m* accession treaty.
Beiwagen *m Motorrad*: sidecar; **~fahrer** *m* sidecar passenger; **~maschine** *f* motorcycle combination.
Beiwerk *n* trimmings *pl.*, F *contp.* frills *pl.*; *Mode*: accessories *pl.*
beiwohnen *v/i.*: **e-r Sache ~** be present at s.th.; *als Zeuge*: witness s.th.
Beiwort *n* epithet.
Beize[1] *f* **1.** (*Mittel*) ⚗ corrosive; ⚒ dressing; *Holz*: stain; *Färberei*: mordant; *Gerberei*: bate; *Tabak*: sauce; *gastr.* marinade; ⚕ caustic; **2.** (*Vorgang*) corrosion etching; *Holz*: staining.
Beize[2] *f* (*Beizjagd*) hawking, falconry.
beizeiten *adv.* in good time; **du solltest dich ~ darum kümmern** you'd better not leave it too long, you'd better see to it soon.
beizen[1] *v/t.* (*ätzen*) corrode; (*Holz*) stain; (*Häute*) bate; *Färberei*: (steep in) mordant; *metall.* pickle, dip; (*Tabak*) sauce; ⚒ dress; *gastr.* marinade; ⚕ cauterize.
beizen[2] *v/t. u. v/i. Jagd*: hawk.
beiziehen *v/t.* (*Experten etc.*) call in, (*a. Bücher etc.*) consult; **Beiziehung** *f* consultation, consulting.
Beizjagd *f* → **Beize**[2].
Beizmittel *n* → **Beize**[1] 1.
bejahen *v/t.* **1.** (*Frage*) answer (*od.* say) yes to; *formell*: answer *a question* in the affirmative; **2.** (*gutheißen*) see *s.th.* positively (*od.* as positive); **das Leben ~** have a positive outlook on life; **die Zukunft ~** feel positive about the future; **bejahend I.** *adj.* **1.** *Antwort*: affirmative; **2.** (*gutheißend*) positive, affirmative; optimistic; **II.** *adv.* **3.** in the affirmative; **4.** positively, affirmatively; optimistically, with optimism.
bejahrt *adj.* old, advanced in years; **Bejahrtheit** *f* advanced age.
Bejahung *f* **1.** affirmation; **2.** (*Gutheißung*) affirmation; **~ des Lebens** positive outlook on life.
bejammern *v/t.* lament, *lit.* bemoan; **bejammernswert, bejammernswürdig** *adj.* lamentable.
bejubeln *v/t.* (loudly) acclaim, (*j-n*) *a.* cheer; (*Sache*) rejoice at, (loudly) acclaim.
bekämpfen *v/t.* fight (against); (*angehen gegen*) *a.* combat; (*Feuer*) fight; (*Schädlinge*) fight, control; **Bekämpfung** *f* fight, struggle (*gen.* against); *von Schädlingen*: control.
bekannt *adj.* known (*dat.* to); (*berühmt*) well-known (**wegen** for), (*mst berüchtigt*) notorious; **~e Gesichter** familiar faces; **mit j-m ~ sein** (**werden**) know (get to know) s.o., be (become) acquainted with s.o.; **mit et. ~ sein** be familiar with s.th.; **j-n mit j-m** (**et.**) **~ machen** introduce s.o. to s.o. (s.th.); **sich mit et. ~ machen** get to know s.th., familiarize o.s. with s.th.; **et. als ~ voraussetzen** assume that s.th. is known; **das ist mir ~** I know that, I'm aware of that; **soviel mir ~ ist** as far as I know (*od.* I'm aware); **das Wort ist mir ~** I've come across the word, I've heard (*od.* seen) the word used; **er kommt mir ~ vor** I think I've seen him (*od.* his face) before; **es kommt mir ~ vor** it looks (*od.* sounds *etc.*) familiar; *iro.* **die Geschichte kommt mir ~ vor** I think I've heard that one before; **es ist allgemein ~** it is generally known, it's a generally-known fact; **dafür ~ sein, daß** have a reputation for *ger.*, (*berüchtigt*) *a.* be notorious for *ger.*
Bekannte(r *m*) *f* friend; *flüchtige*(*r*): acquaintance; (*Partner*) boyfriend (*f* girlfriend); **ein Bekannter von mir** a friend of mine, *flüchtiger*: someone I know; **er ist ein guter Bekannter** I know him quite well; **Bekanntenkreis** *m* circle of friends; **e-n großen ~ haben** have a lot (*od.* plenty) of friends, have a wide circle of friends; **einer aus ihrem ~** one of her friends, somebody she knows.
bekanntermaßen *adv.* → **bekanntlich.**
Bekanntgabe *f* announcement; **bekanntgeben** *v/t.* announce; *öffentlich*: *a.* make *s.th.* public; **sie wollen es nicht ~** they don't want to say (*od.* disclose) anything.
Bekanntheitsgrad *m* (degree of) familiarity; **~ e-r Person** extent of s.o.'s fame; **der ~ ist** (**nicht**) **sehr hoch** it's *etc.* (not) very widely known.
bekanntlich *adv.* as everybody knows.
bekanntmachen *v/t.*: **et. ~** announce s.th., make s.th. known; → **bekannt; Bekanntmachung** *f* **1.** announcement; *pol.* (*Verlautbarung*) *a.* communiqué; **2.** (*Anschlag*) announcement, notice.
Bekanntschaft *f* **1.** *mit e-r Sache*: familiarity; **j-s ~ machen** get to know s.o., meet s.o.; **~ schließen mit j-m** (**et.**) make s.o.'s acquaintance (get to know s.th., *vertraut werden*: become familiar with s.th.); **bei näherer ~** on closer acquaintance; **2.** (*Bekanntenkreis*) circle of friends; **~sanzeige** *f* personal ad; *pl. als Rubrik*: *a.* personal column *sg.*
bekanntwerden *v/i.* become known; become public; (*durchsickern*) get out, leak out; **es ist bekanntgeworden, daß** we've been informed that, news has come in that (*od.* of ...).
bekehren I. *v/t.* convert (**zu** to); *zu e-r Ansicht*: bring *s.o.* round (to); *weitS.* (*Sünder, Abtrünnigen etc.*) reclaim; **II.** *v/refl.*: **sich ~** become converted, **zu**: *a.* become a convert to; *zum Katholizismus etc.*: *a.* turn *Catholic etc.*; **Bekehrer** *m* proselytizer; **Bekehrte(r)** *m* convert; **Bekehrung** *f* conversion; *weitS. von Sündern etc.*: reclamation.
bekennen I. *v/t.* confess (to); **~, et. getan zu haben** confess to having done s.th.; **II.** *v/refl.*: **sich ~ zu** (*e-r Tat*) confess (to), (*e-m Bombenanschlag etc.*) admit (*od.* claim) responsibility for; (*e-m Glauben etc.*) profess; (*j-m*) stand by, (*eintreten für*) stand up for; → **Farbe, schuldig** 1.
Bekenner *m* supporter (*gen.* of); **~brief** *m* (written) responsibility claim, letter claiming responsibility; **~mut** *m* courage of one's conviction(s).
Bekenntnis *n* **1.** (*Geständnis*) confession; **ein ~ ablegen** make a confession, confess; **2.** (*Glaubens*⁀) *a. pol. etc.* creed; **3.** (*Sichbekennen*) *a. pol.* (public) avowal (**zu** of), profession of loyalty (to); **~ zum Glauben** profession (*od.* confession) of faith; → *a.* **Glaubensbekenntnis; 4.** (*Konfession*) denomination; **~freiheit** *f* freedom of religion (*od.* belief); **~schule** *f* denominational school.
beklagen I. *v/t.* lament, grieve; **es sind tausende von** (**keine**) **Menschenleben zu ~** the death toll runs into thousands (there are no casualties); **II.** *v/refl.*: **sich ~** complain (**über** about); **ich kann mich nicht ~** I can't complain, I have no complaints, *konzedierend*: F I mustn't grumble; **beklagenswert** *adj.* **1.** lamentable, sad; *Person*: pitiable; **2. in e-m ~en Zustand** in a sorry state.
beklagt *adj.* ⚖ defendant; **~e Partei** → **Beklagte(r)** *m* defendant.
beklatschen *v/t.* applaud.
beklauen F *v/t.*: **j-n ~** steal (s.th.) from s.o.
bekleben *v/t.* stick s.th. onto; **mit Bildern ~** stick pictures all over, cover with pictures.
bekleckern I. *v/t.* mess up; *mit et. Flüssigem*: *a.* spill s.th. on; *mit et. Breiigem*: *a.* drop s.th. on; *mit Farbe*: *a.* splash (*od.* get) paint on; *allg. a.* spatter *one's shirt etc.* (with s.th.); **II.** *v/refl.*: **sich ~** spill *od.* drop s.th. on one's tie (*od.* blouse *etc.*), mess up one's tie *etc.*; **du**

hast dich mit Tinte bekleckert *a.* you've got ink on (*od.* all over) your shirt *etc.*; F ***du hast dich nicht gerade mit Ruhm bekleckert*** you haven't exactly covered yourself with glory.

bekleiden *v/t.* **1.** dress; **2.** (*Amt*, *Stelle*) hold; **bekleidet** *adj.* dressed (***mit*** in); ~ ***mit*** *a.* wearing; ***leicht*** ~ lightly dressed, in light dress; ***spärlich*** ~ scantily clad; **Bekleidung** *f* clothing, clothes *pl.*

Bekleidungs|gegenstände *pl.* (articles of) clothing *sg.*; **~industrie** *f* clothing industry; **~vorschriften** *pl.* dress regulations.

beklemmen *v/t.* make *s.o.* (feel) uneasy, *stärker*: oppress; **beklemmend** *adj.* oppressive, suffocating, stifling (*alle a. fig.*); *fig.* ***~es Gefühl*** uneasy feeling; ***~es Schweigen*** embarrassed silence; **Beklemmnis** *n* → **Beklemmung** *f* **1.** suffocating feeling; **2.** *fig.* feeling of unease, sense of anxiety, *stärker*: oppressive feeling; **beklommen** *adj.* anxious, uneasy; ***~es Gefühl*** *a.* feeling of anxiety; **Beklommenheit** *f* uneasiness, anxiety.

bekloppt F *adj.* F crazy, *pred.* F nuts; ***so was ~es!*** what a crazy thing to do (*od.* happen *etc.*).

beknackt F *adj.* **1.** F crazy; *Person*: *a. pred.* F nuts, off one's rocker; **2.** (*ärgerlich*) F rotten, stupid.

beknien *v/t.* beg *s.o.* (***zu*** *inf.* to *inf.*; ***wegen*** for), F go on at *s.o.* (to *inf.*).

bekochen *v/t.* cook for *s.o.*

bekommen I. *v/t.* → *a.* ***kriegen***; get; (*erhalten*) *a.* be given, receive; (*Krankheit*) get; (*den Zug*) catch; ***ein Kind*** ~ have a baby; ***Junge*** ~ have pups *etc.*; → ***Junge(s)***; ***Zähne*** ~ cut one's teeth; ***e-n Bauch*** ~ develop a paunch; ***Hunger*** (***Durst***) ~ get hungry (thirsty); ***das bekommt man überall*** you can get that anywhere; ~ ***Sie schon?*** are you being served?; ***was*** ~ ***Sie?*** how much is that (*od.* does that come to)?; ***et. geschenkt*** ~ get a present, be given s.th. as a present; ***hast du noch Karten*** ~***?*** did you manage to get tickets?; ***zu sehen*** ~ get to see; ***es mit der Angst*** ~ get scared, F get the wind up; **II.** *v/i.*: ***j-m*** (***gut***) ~ agree with s.o.; ***j-m nicht*** (*od.* ***schlecht***) ~ disagree with s.o.; ***es bekommt ihm gut*** (***ausgezeichnet***) it's doing him (the world of) good; ***es bekommt ihm überhaupt nicht*** it doesn't agree with him at all; ***wohl bekomm's!*** cheers!, *iro.* the best of luck (to you).

bekömmlich *adj. Essen*: easily digestible, easy on the stomach; (*leicht*) light; *Medikament*: innocuous, with (next to) no side effects; *Klima etc.*: (very) agreeable; ***schwer*** ~ *Essen*: hard on the stomach (*od.* digestion), heavy.

beköstigen I. *v/t.* feed, cook for; **II.** *v/refl.*: ***sich selbst*** ~ cook (*od.* cater) for o.s.; **Beköstigung** *f* **1.** (*Essen*) food; **2.** (*Vorgang*) catering (*gen.* for), feeding (*s.o.*).

bekräftigen *v/t.* (*Meinung etc.*) support, *durch Beweise etc.*: *a.* corroborate; *weitS.* (*verstärken*) reinforce; (*unterstützen*) endorse; (*bestätigen*) confirm (*alle* ***durch*** with, by *ger.*); **Bekräftigung** *f* support(ing); corroboration; reinforcement; endorsement; confirmation; → ***bekräftigen***; ***zur*** ~ *gen.* in support (*od.* corroboration) of.

bekreuzigen *v/refl.*: ***sich*** ~ cross o.s., make the sign of the cross.

bekriegen *v/t.* wage war against; ***sich*** ~ be at war with one another.

bekritteln *v/t.* criticize, find fault with; **Bekrittelung** *f* criticism (*gen.* of), carping (at), finding fault (with).

bekritzeln *v/t.* scribble on.

bekümmern *v/t.* worry; ***das bekümmert ihn gar nicht*** it doesn't worry (*od.* bother) him in the slightest; ***das braucht Sie nicht zu*** ~ you needn't worry about that; **bekümmert** *adj.* worried, anxious *look etc.*

bekunden I. *v/t.* **1.** (*zeigen*) show, display; ***Interesse*** ~ show *od.* display (some) interest; **2.** (*erklären*) state, declare; ⚖ testify; **II.** *v/refl.*: ***sich*** ~ reveal itself; **Bekundung** *f* **1.** show, display, manifestation **2.** (*Erklärung*) declaration, avowal.

belächeln *v/t.* smile (condescendingly *etc.*) at.

belachen *v/t.* laugh at.

beladen I. *v/t.* load (up); *fig. mit Arbeit etc.*: load *s.o.* down; *mit Problemen etc.*: burden; **II.** *adj.*: ~ ***mit*** loaded with, *Tisch etc.*: *a.* piled up with; *fig.* weighed down with *work etc.* (*od.* by *problems etc.*), burdened with *problems etc.*

Belag *m* (*Überzug*) coat(ing); (*Schicht*) layer; (*Auskleidung*; *Brems*~, *Kupplungs*~) lining; (*Brücken*~, *Fußboden*~) covering; (*Straßen*~) surface; (*Ski*~) base, (running) surface; ⚕ (*Zungen*~) coating; (*Zahn*~) plaque, tartar; (*Brot*~) topping, (*Aufstrich*) spread, (*Sandwich*~) (sandwich) filling.

belagern *v/t.* besiege; *fig. a.* throng, crowd (round); **Belagerer** *m* besieger; **Belagerung** *f* siege; **Belagerungsring** *m* ring of besieging forces; **Belagerungszustand** *m*: (***im*** ~ in a) state of siege, (under) siege; ***den*** ~ ***über e-e Stadt verhängen*** put a city under siege, lay siege to a city.

Belang *m* **1.** ***~e*** (*Angelegenheiten*) concerns, issues, affairs; (*Interessen*) interests; ***öffentliche ~e*** public issues, matters of public concern (*od.* interest); **2.** ***von*** ~ of importance (***für*** to), *sachlich*: relevant (to); ***ohne*** ~ unimportant (***für*** for), of no consequence *od.* importance (to), *sachlich*: irrelevant (to), immaterial (to).

belangen *v/t.* ⚖ sue, *a. strafrechtlich*: prosecute *s.o.*

belanglos *adj.* unimportant, insignificant; *sachlich*: irrelevant; **Belanglosigkeit** *f* **1.** (*Unwichtigkeit*) insignificance; irrelevance; **2.** (*Unbedeutendes*) insignificant matter, triviality, irrelevancy, F piddling little thing; *pl. a.* trivia; **3.** *pl.* (*belangloses Gerede*) trivial talk *sg.*, F insignificant twaddle *sg.*

belassen *v/t.* leave *s.th.* (as it is); ***et. an s-m Platz*** ~ leave s.th. where it is; ***j-n in dem Glauben*** ~, ***daß*** let s.o. go on thinking (*od.* believing) that; ***es dabei*** ~ leave it at that; ***alles beim alten*** ~ leave things as they are; ***wir wollen es dabei*** ~ let's leave it at that.

belastbar *adj.* **1.** ⚙ loadable; ~ ***bis*** with a maximum loading capacity of; **2.** ~ ***sein*** *arbeitsmäßig*: be able to cope with a heavy workload, be able to work under pressure, *nervlich*: be able to take some strain (*od.* pressure); ***er ist nicht*** ~ he can't take any kind of pressure (*nervlich*: *a.* strain); **Belastbarkeit** *f* **1.** ⚙ loading capacity; ⚡ power rating; *e-s Lautsprechers*: power-handling capacity; **2.** ability to cope with pressure (*nervliche*: *a.* strain); ***bis zur Grenze der*** ~ to breaking point.

belasten I. *v/t.* **1.** load (*a.* ⚙, ⚡); (*beanspruchen*) ⚙ stress; (*beschweren*) weight (*a. Ski*); **2.** ☿ ***j-n*** (***j-s Konto***) ~ debit s.o. (s.o.'s account) (***mit*** with); **3.** ***j-n finanziell*** (***stark***) ~ be a (heavy) financial burden on s.o., present a (heavy) financial strain on s.o.; **4.** (*Grundstück*, *Haus*) encumber, mortgage; **5.** ⚖ *durch Indizien etc.*: incriminate; **6.** (*die Umwelt etc.*) pollute, contaminate, add to the pollution of *the environment*; **7.** ⚕ (*Organ*, *Kreislauf etc.*) strain; *beim EKG etc.*: exert; **8.** *physisch*, *psychisch etc.*: (*a. Verhältnis*, *Wirtschaft etc.*) strain, put a strain on; ***stark*** ~ put a heavy strain on; ***j-n*** *arbeitsmäßig* (***stark***) ~ put s.o. under (a lot of) pressure, give s.o. a heavy workload; ***j-n*** (***sehr***) ~ *a. nervlich*: be a (great) strain on s.o.; (*Sorgen machen*) be a (big) worry for s.o., *gewissensmäßig*: give s.o. a (really) bad conscience; ***es belastet mich*** (***allmählich***) *a.* it's getting to me; **II.** *v/refl.*: ***sich*** ~ ***mit*** burden (*od.* saddle) o.s. with; ***damit kann ich mich nicht*** ~ *a.* I haven't got time for that sort of thing; **belastend** *adj.* **1.** ⚖ incriminating; **2.** ~ ***sein*** be a strain; **belastet** *adj.* **1.** (***voll***) ~ *Fahrzeug etc.*: (fully) loaded; **2.** *Grundstück etc.*: encumbered; **3.** (***stark***) ~ *finanziell*: under a (heavy) financial strain; **4.** ⚕ *Organ etc.*: under strain, overworked, overtaxed; **5.** *physisch*, *psychisch etc.*, *a. Verhältnis etc.*: under strain; *arbeitsmäßig*: under pressure; (***stark***) ~ ***mit*** under (great) strain *od.* pressure from, (*Problemen etc.*) weighed down with; **6.** *Umwelt etc.*: polluted, contaminated; **7.** ***erblich*** ~ ***sein*** suffer from a hereditary disease.

belästigen *v/t.* pester, annoy; *auf der Straße*: molest; *mit e-r Frage etc.*: trouble, bother; **Belästigung** *f a. pl.* pestering; *auf der Straße*: molestation.

Belastung *f* **1.** ⚙, ⚡ load, stress; ***zulässige*** ~ maximum permissible load, safe load; **2.** *e-s Kontos*: charge, debit; **3.** *finanzielle*: (financial) burden (*gen.* on); **4.** *e-s Grundstücks*: encumbrance, (*Hypothek*) mortgage; **5.** ⚖ incrimination; **6.** *der Umwelt etc.*: pollution, contamination (***für*** of); **7.** ⚕ strain (***für*** on); *beim EKG etc.*: exertion; ***unter*** ~ under exertion; **8.** *physische*, *psychische etc.*: strain, burden (***für*** on); *e-s Verhältnisses etc.*: strain (on); ***e-e starke*** ~ a great (*od.* real) strain; **9.** ***erbliche*** ~ hereditary disease.

Belastungs|fähigkeit *f* → ***Belastbarkeit*** *f*; **~grenze** *f* **1.** maximum load; **2.** *fig.* limit(s *pl.*) of what s.o. can take; ***ich habe m-e*** ~ ***erreicht*** I can't take any more, F I've had just about all I can take; **~material** *n* ⚖ incriminating evidence; **~probe** *f* **1.** ⚙ load test; **2.** *fig.* test (of endurance); **~spitze** *f* peak load; **~zeuge** *m* witness for the prosecution.

belauben *v/refl.*: ***sich*** ~ come into leaf; **belaubt** *adj.* leafy; in leaf.

belauern *v/t.* lie in wait for; *weitS.* watch *s.o.* closely; (*beobachten*) spy on.

belaufen *v/refl.*: ***sich*** ~ ***auf*** amount to, run up to, total.

belauschen *v/t.* **1.** eavesdrop on; **2.** (*beobachten*) watch, observe.

beleben I. *v/t.* liven up, get (*od.* put) some life into; (*Wirtschaft etc.*) stimulate, get *s.th.* going; *Getränk etc.*: revive, (*a. Kreislauf*) get *s.o. od. s.th.* going (again), F buck up; (*kräftigen*) invigorate; (*Zimmer, Bild*) brighten up; ***neu** ~* put new life into; → ***wiederbeleben***; **II.** *v/refl.*: ***sich** ~* liven up; *Straße etc.*: come to life; *Gesicht*: brighten up; **belebend** *adj.* stimulating, invigorating; *Getränk*: refreshing; **belebt** *adj.* lively; *Gespräch*: *a.* animated; *Szene, Straße etc.*: busy, bustling; ✝ brisk; **Belebtheit** *f e-r Straße etc.*: hustle and bustle (*gen.* of), bustling life (of); **Belebung** *f* livening up; *des Kreislaufs, der Wirtschaft etc.*: stimulation.

Belebungs|mittel *n* tonic, restorative, F pick-me-up; **~versuch** *m* resuscitation attempt.

belecken *v/t.* lick; *fig.* ***sie scheinen von der Kultur kaum beleckt zu sein*** civilization seems to have passed them by.

Beleg *m* **1.** record; (*Beweis*) *a. pl.* proof, evidence; (*Quittung*) receipt; **2.** (*Beispiel*) example (***für*** of); (*Quelle*) reference.

Belegbett *n* private bed (*allotted to a specific practitioner*).

belegen I. *v/t.* **1.** (*bedecken*) cover; (*auskleiden, a. Bremsen etc.*) line; *mit Schutzüberzug etc.*: coat; ***mit Fliesen** ~* tile; ***mit Teppichboden** ~* carpet; **2.** *Brot* ~ ***mit*** put *s.th.* on; **3.** (*Zimmer etc.*) occupy; ***mit j-m** ~* put s.o. in(to); **4.** (*Kurs etc.*) sign up for, register for, enrol(l) for; **5.** (*reservieren*) book, reserve; **6.** ***den ersten*** (***zweiten*** *etc.*) ***Platz*** ~ *Sport*: take first (second *etc.*) place, come first (second *etc.*); **7.** *fig.* ~ ***mit*** (*Steuern etc.*) impose *s.th.* on; **8.** (*beweisen*) give evidence for, substantiate, back up, prove; (*verifizieren*) verify; (*Textstelle, Wort*) give (*od.* quote) a reference for; **9.** *zo.* (*Stute, Kuh*) cover; **II.** *v/refl.*: ***sich** ~* get covered (***mit*** with), *selber*: form a layer of; ⚕ *Zunge*: fur; *Stimme*: get husky; → ***belegt.***

Belegexemplar *n* (*Buch*) specimen copy; *für Autor*: *a.* author's copy.

Belegschaft *f* personnel (*mst pl. konstr.*), workforce; employees *pl.*; (*bsd. Leitungspersonal*) staff (*mst pl. konstr.*); **Belegschaftsaktie** *f* employee share (*pl. a.* stock *sg.*).

Beleg|schein *m* voucher; (*Quittung*) receipt; **~station** *f* private wing (*allotted to a specific practitioner*); **~stelle** *f* reference.

belegt *adj.* **1.** *Zunge*: coated, furred; *Stimme*: husky; **2.** *Platz, Raum*: taken, occupied; (*voll* ~) full (up); **3.** *teleph.* engaged, *Am.* busy; **4.** ***~es Brot*** (open) sandwich; ***~es Brötchen*** filled roll; **5.** ~ ***sein bei*** occur in; ***es ist nirgends*** ~ there's no evidence for it.

belehren *v/t.* teach, instruct; (*aufklären*) inform (***über*** of); ***sich** ~ **lassen*** (*Rat einholen*) take some advice, (*Vernunft annehmen*) listen to reason; → ***Bessere(s)***; **belehrend** *adj.* **1.** instructive; **2.** *contp. Ton etc.*: schoolmasterly, *bei e-r Frau*: schoolmarmish; **Belehrung** *f* instruction; (*Rat*) advice; *contp.* ***ständige ~en*** constant lecturing (*od.* preaching).

beleibt *adj.* stout, portly; **Beleibtheit** *f* stoutness, portliness.

beleidigen *v/t.* offend (*a. fig. Auge, Gefühl etc.*); (*verletzen*) hurt; *gröblich*: insult; ⚖ slander, *schriftlich*: libel; ***ich wollte dich nicht** ~ a.* I didn't mean any offen|ce (*Am.* -se); **beleidigend** *adj.* offensive; (*grob* ~) insulting; ⚖ slanderous, *schriftlich*: libel(l)ous; ~ ***werden*** start insulting s.o.; **beleidigt** *adj.* offended, F miffed; ***ein ~es Gesicht machen*** look hurt (*od.* offended); ***zutiefst*** ~ deeply offended, *bsd. iro.* mortally wounded; F ***die ~e Leberwurst spielen*** be (*od.* go off) in a huff, sulk (in a corner somewhere); **Beleidigung** *f* insult; ⚖ slander, *schriftliche*: libel; ***als** ~ **empfinden*** take offen|ce (*Am.* -se) at, consider *s.th.* an offen|ce (*Am.* -se); ***sich gegenseitig ~en an den Kopf werfen*** trade insults; **Beleidigungsklage** *f* libel suit.

belemmert F *adj.* **1.** (*betreten*) sheepish; **2.** (*mies*) F rotten, stupid.

belesen *adj.* well-read; **Belesenheit** *f* (wide) knowledge of literature; ***ich staune über s-e** ~* I'm amazed at how well-read he is (*od.* at how much he's read).

beleuchten *v/t.* **1.** light (up), *a. festlich*: illuminate; **2.** *fig.* examine, take a look at; ***kritisch*** (***genauer***) ~ take a critical (closer) look at; ***von allen Seiten*** ~ examine (*od.* look at) *s.th.* from every angle; **Beleuchter** *m* lighting technician; **beleuchtet** *adj.* lit (up), illuminated; ***gut*** (***schlecht***) ~ well-lit (badly lit); **Beleuchtung** *f* **1.** lighting; light(s *pl.*); **2.** *fig.* investigation.

Beleuchtungs|anlage *f* lighting (system); **~körper** *m* light, lamp; lighting fixture.

beleum(un)det *adj.*: ***gut*** (***schlecht***) ~ held in good (bad) repute.

Belgier(in *f*) *m*, **belgisch** *adj.* Belgian.

belichten *v/t. u. v/i. phot.* expose; **Belichtung** *f* exposure.

Belichtungs|automatik *f* automatic exposure (control); **~messer** *m* light meter; **~spielraum** *m* (exposure) latitude; **~steuerung** *f* automatic exposure (control); **~zeit** *f* exposure (time).

belieben I. *v/t. bsd. iro.*: ~ ***zu*** *inf.* deign to *inf.*; ***Sie** ~ **wohl zu scherzen?*** you 'are joking, of course; **II.** *v/i.*: ***wie es Ihnen beliebt*** as you wish; ***tu ganz, was dir beliebt*** do as you like, suit yourself; *hum.* ***wie beliebt?*** what say?; **III.** ♀ *n* pleasure; (*Gutdünken*) discretion; ***nach** ~* a) at will, b) *a.* ***ganz nach** ~* (just) as you like (*od.* one likes *etc.*); ***es steht in Ihrem** ~* it's (entirely) up to you (***zu*** *inf.* to *inf.*).

beliebig I. *adj.* any (... you like); ***jeder ~e*** anyone; ***die Anordnung ist** ~* they can be arranged any way (you like); **II.** *adv.* just as you like (*od.* one likes *etc.*); ~ ***viele*** as many as you like; ~ ***lang*** as long as you like.

beliebt *adj.* popular (***bei*** with); *Ware*: (very much) in demand (among); ***sich bei j-m** ~ **machen*** (try and) get into s.o.'s good books, *contp.* F suck up to s.o.; **Beliebtheit** *f* popularity (***bei*** among); ***sich e-r großen** ~ **erfreuen*** be very popular, enjoy great popularity.

Beliebtheits|grad *m* popularity (rating); **~skala** *f* popularity scale.

beliefern *v/t.* supply (***mit*** with); **Belieferung** *f* supply (***von j-m mit et.*** of s.th. to s.o.).

Belladonna *f* ⚘ belladonna (*a.* ⚕), deadly nightshade.

bellen *v/t. u. v/i.* bark (*a. fig.*).

Belletrist *m* writer of fiction, fiction writer; **Belletristik** *f* (poetry and) fiction; *engS.* belles lettres (*sg.*); **belletristisch** *adj.* fiction ...; *weitS.* literary *journal etc.*; ***~e Werke*** works of (poetry and) fiction.

belobigen *v/t.* praise, commend; **Belobigung** *f* praise, commendation.

belohnen *v/t.* reward (*a. fig.*), give *s.o.* a reward; ***mit et. belohnt werden*** get a reward of, *a. fig.* be rewarded with; **Belohnung** *f* reward; ***als*** (*od.* ***zur***) ~ as a reward (***für*** for), in return (for); ***e-e** ~ (**in Höhe von** ...) **aussetzen*** offer a reward (of ...).

belüften *v/t.* ventilate; (*Gewässer*) aerate; **belüftet** *adj.*: ***gut*** (***schlecht***) ~ well-ventilated (poorly ventilated); **Belüftung** *f* ventilation; *von Gewässern*: aeration.

Belüftungs|anlage *f* ventilating system; **~rohr** *n* air pipe; **~ventil** *n* air-bleed valve.

belügen I. *v/t.* lie to, tell *s.o.* a lie (*od.* lies); **II.** *v/refl.*: ***sich selbst** ~* delude o.s., deceive o.s.

belustigen I. *v/t.* amuse; (*unterhalten*) entertain; **II.** *v/refl.*: ***sich** ~* a) amuse o.s., b) be amused (***über*** by); ***sich damit** ~ **zu*** *inf.* amuse o.s. by *ger.*; **belustigend** *adj.* amusing, funny; **belustigt I.** *adj.* amused; **II.** *adv.*: ~ ***schmunzeln*** smile in amusement; **Belustigung** *f* amusement; (*Unterhaltung*) entertainment; ***zur großen** ~ gen.* much to the amusement of; ***zur allgemeinen** ~* to everybody's amusement.

bemächtigen *v/refl.*: ***sich** ~* (*e-r Person*) seize, *a. fig. Furcht etc.*: take hold of; (*e-r Sache*) *a.* take possession of; (*der Macht etc.*) *widerrechtlich*: usurp *power*; *fig.* ***Furcht bemächtigte sich seiner*** he was seized with fear, fear took hold of him.

bemäkeln *v/t.* criticize, find fault with; **Bemäkelung** *f* criticism (*gen.* of), criticizing (*s.th.*).

bemalen I. *v/t.* paint; **II.** *v/refl.*: F ***sich** ~* (*sich schminken*) F paint one's face, put one's face on.

bemängeln *v/t.* criticize, find fault with; ***ich habe nichts zu** ~* I have no criticisms (*od.* complaints); **Bemängelung** *f* criticism (*gen.* of).

bemannt *adj.* manned (***mit*** by).

bemänteln *v/t.* disguise, cover up; (*beschönigen*) gloss over.

bemerkbar *adj.* noticeable; ***sich** ~ **machen*** *Person*: draw (*od.* attract) attention to o.s., *Sache*: show, become apparent, (*spürbar werden*) make itself felt; ***die Anstrengung machte sich bei ihm*** (***allmählich***) ~ the strain began to tell on him; ***es ist kaum** ~* you can hardly tell (*od.* notice); **bemerken** *v/t.* **1.** (*wahrnehmen*) notice, become aware of; *formell*: note; (*sehen*) *a.* see; (*erkennen*) realize; ***ich bemerkte sie zu spät*** I saw her too late; ***ich habe es sehr wohl bemerkt!*** it hasn't (*od.* hadn't) escaped my notice; **2.** (*äußern, sagen*) say, remark, *formell*: note, observe; (*erwähnen*) mention; ***~, daß*** *a.* make the point that; ***einiges zu** ~ **haben*** have a few comments (*od.* remarks) to make; ***haben Sie*** (***dazu***) ***et. zu ~?*** would you like to comment?, do you have any comments to make?; ***nebenbei bemerkt*** by the way, incidentally; **bemerkenswert I.** *adj.* remarkable (***wegen*** for); (*beachtenswert*) noteworthy (for); **II.** *adv.*: ~ **überzeugend** *etc.* remarkably convincing *etc.*; **Bemerkung** *f* remark (**über** on, about); comment (on); *schriftliche*: *a.* note; (*Anmerkung*) annotation; **~en machen über** remark (*od.* comment) on, make remarks about, make comments on; **was soll diese ~?** what's that (remark) supposed to mean?

bemessen I. *v/t.* (*berechnen*) calculate; *zeitlich*: *a.* time; (*Leistung*) rate; (*Strafe, Preis etc.*) fix; *fig.* (*bewerten*) measure (**nach** by); → **knapp** II; **II.** *v/refl.*: **sich ~ nach** be calculated (*od.* measured) by *od.* according to; **III.** *adj.* (*knapp*) limited; → **knapp** II; **Bemessung** *f* calculation; *e-r Leistung*: rating; *des Preises etc.*: assessment.

Bemessungs|grundlage *f* basis for assessment; **~zeitraum** *m Steuer*: income year.

bemitleiden *v/t.* feel sorry for, pity; **bemitleidenswert** *adj.* pitiable, *stärker*: wretched; **er ist schon ~** you have to feel sorry for him; **Bemitleidung** *f* sympathy (*gen.* for); **d-e ~ hilft mir nicht** *a.* your feeling sorry for me doesn't help.

bemittelt *adj.* well-off; well-to-do.

bemogeln F *v/t.*: **j-n ~** *beim Spiel*: cheat.

bemoost *adj.*: F **~es Haupt** (*Student*) eternal student; (*alter Mann*) old man, F wrinkly.

bemühen I. *v/t.* trouble (**mit** with; **um** for); (*Arzt, Fachmann etc.*) call in; **II.** *v/refl.*: **sich ~** go to a lot of trouble *od.* effort (**zu** *inf.* to *inf.*), make an effort, try (hard); **sich um** (*et.*) **~** try to get, (*j-n*) *schmeichlerisch*: court *s.o.*(*'s favo*[*u*]*r*); (*Verletzten etc.*) (try to) help, *weitS.* (*sich kümmern um*) look after; **~ Sie sich nicht!** don't go to any trouble; **sich für j-n ~** try to help s.o., *engS.* put in a good word for s.o.; **sich ~ zu** (*od.* **nach** *etc.*) go all the way to; **sich zu j-m ~** take the trouble to go and see s.o.; **bemüht** *adj.* **1. ~ sein zu** *inf.* take care to *inf.*, *stärker*: be at pains to *inf.*, *eifrig*: be anxious to *inf.*; **2.** (*angestrengt*) labo(u)red; (*gezwungen*) forced; (*unnatürlich*) unnatural, artificial; **Bemühung** *f* effort(s *pl.*) (**um** towards); trouble; **alle s-e ~en waren umsonst** he went to all that trouble (*od.* effort) for nothing; **danke für Ihre ~en** thank you for (all) your help.

bemüßigt *adj.*: **sich ~ fühlen zu** *inf.* feel obliged (*od.* duty bound) to *inf.*

bemuttern *v/t.* mother; *weitS. a.* nanny; **Bemutterung** *f* mothering; **ich halte ihre ~ nicht mehr aus** I can't stand her mothering me like that any more.

benachbart *adj.* neighbo(u)ring; *fig.* related.

benachrichtigen *v/t.* inform, notify (**von** of), let *s.o.* know (about); ✝ advise; **Benachrichtigung** *f* notification; ✝ advice; **e-e schriftliche ~** written notification; **die ~ der Betroffenen erfolgte unverzüglich** all persons concerned were immediately notified.

benachteiligen *v/t.* put *s.o.* at a disadvantage; *bsd. sozial etc.*: discriminate against; **benachteiligt** *adj.* at a disadvantage, *sozial*: disadvantaged, underprivileged; **Benachteiligte(r)** *m* disadvantaged person; **die Benachteiligten** the disadvantaged, the underprivileged; **Benachteiligung** *f* **1.** discrimination (*gen.* against); **2.** (*Nachteil*) handicap, disadvantage.

benebeln *v/t.* (*j-n, a. die Sinne*) befuddle; *Narkose etc.*: make *s.o.* dop(e)y; **benebelt** F *adj.* (be)fuddled; (*benommen*) F dop(e)y; (*angeheitert*) F slightly tiddly.

Benediktiner *m* **1.** Benedictine (monk); **2.** (*Likör*) Benedictine; **~orden** *m* Benedictine order, Order of St Benedict; **~regel** *f* Benedictine Rule.

Benefiz|konzert *n* charity concert; **~spiel** *n* charity fixture, benefit match; **~vorstellung** *f* charity performance.

benehmen I. *v/refl.* **1. sich ~** behave (**gegenüber** towards); **2. sich schlecht ~** behave badly, misbehave; **sich gut ~** behave (oneself), behave well; **er hat sich unmöglich benommen** he was impossible, he behaved abysmally; **II.** ♀ *n* **3.** behavio(u)r, conduct; (*Manieren*) *good, bad* manners *pl.*; **er hat kein ~** he has no manners, he doesn't know how to behave; **4.** *amtlich*: **im ~ mit** in agreement with; **sich ins ~ setzen mit j-m** (*in Verbindung setzen*) get in touch with s.o., (*sich besprechen*) confer with s.o., (*j-n zu Rate ziehen*) consult s.o.

beneiden *v/t.* envy (**j-m um et.** s.o. s.th.); **sie beneidet mich um m-e neue Wohnung** *a.* she's envious of my new flat (*Am.* apartment); **ich beneide dich um d-e Geduld** I envy your patience, I wish I had your patience; **er ist nicht zu ~** I wouldn't like to be in his shoes, he's not to be envied; **er ist zu ~** lucky man; **beneidenswert** *adj.* enviable.

benennen *v/t.* (*nennen*) name (**nach** after, *Am.* for), call; (*beim Namen nennen*) name; (*Termin*) fix; (*Kandidaten*) nominate; *als Zeugen*: call (as a witness); **neu ~** rename; **sie wird nach ihrer Tante benannt** she's named (*od.* called) after (*Am.* for) her aunt; **Benennung** *f* naming; *konkret*: name; (*Benennungssystem*) nomenclature; ✝ *Wertpapier*: title; **falsche ~** misnomer.

benetzen *v/t.* moisten; (*bespritzen*) sprinkle.

Bengale *m* Bengali; **bengalisch** *adj.* Bengali; **~e Beleuchtung** Bengal lights.

Bengel *m* rascal, scamp.

Benimm F *m* manners *pl.*; **er hat keinen ~** he has no manners, he doesn't know how to behave (himself).

Benjamin *fig. m the* youngest, *the* baby.

benommen *adj.* dazed, F dop(e)y; **Benommenheit** *f* dazed feeling, F dopiness.

benoten *v/t.* mark, *Am.* grade.

benötigen *v/t.* need; **dringend ~** badly need, need *s.th.* urgently, be badly in need of, be in urgent need of; **benötigt** *adj.* required.

Benotung *f* **1.** marking, *Am.* grading; **2.** marks *pl.*, *bsd. Am.* grades *pl.*

benummern *v/t.* number.

benutzbar *adj.* usable; *Straße*: passable.

benutzen, benützen *v/t.* use, (*Gebrauch machen von*) *a.* make use of; (*Verkehrsmittel*) take, go by; → **Gelegenheit.**

Benutzer, Benützer *m* user; *e-r Bibliothek*: borrower, (*Mitglied*) member, (*Besucher*) visitor; **~bedarf** *m* user needs *pl.*; **♀freundlich** *adj.* user-friendly; **~freundlichkeit** *f* user-friendliness; ⚙ *a.* ease of operation; **~handbuch** *n* user's handbook; **~kreis** *m* users *pl.*

benutzt, benützt *adj.* used; **es ist ~** it's been used.

Benutzung, Benützung *f* use; **mit** (*od.* **unter**) **~ von** by using, with the aid of.

Benutzungs|gebühr *f* fee, charge; **~recht** *n* right to use, use.

benzen *dial. v/i.* beg and beg; **bei j-m ~** go on at s.o., pester s.o.

Benzin *n mot.* petrol, *Am.* gas(oline); (*Feuerzeug♀*) lighter fuel; ⚗ (*a. Reinigungs♀*) benzine; **~bombe** *f* petrol (*Am.* gasoline) bomb; **~einspritzung** *f mot.* fuel injection.

Benziner F *m* petrol-driven (*Am.* gasoline-driven) car.

Benzin|feuerzeug *n* fuel lighter; **~fresser** F *m mot.* F fuel-guzzler, *bsd. Am.* gas-guzzler; **~gutschein** *m* petrol (*Am.* gas) coupon; **~kanister** *m* jerry can.

Benzinkosten *pl.* petrol (*Am.* gas) costs, fuel costs; **~beteiligung** *f in Annonce*: share petrol (*Am.* gas) costs.

Benzin|leitung *f* fuel pipe; **~motor** *m* petrol (*Am.* gasoline) engine; **~preis** *m a. pl.* cost of petrol (*Am.* gas), petrol (*Am.* gas) prices *pl.*; **~pumpe** *f* fuel pump; **~tank** *m* petrol (*Am.* gas) tank, fuel tank; **~uhr** *f* petrol (*od.* fuel) ga(u)ge, *Am.* gas (*od.* fuel) ga(u)ge; **~verbrauch** *m* fuel consumption.

Benzoe *f* benzoin; **~säure** *f* benzoic acid.

Benzol *n* benzol(e).

beobachten *v/t.* **1.** watch, *a.* ☤ *u. Polizei*: observe; (*Horizont etc. absuchen*) scan; (*Satelliten etc. verfolgen*) track; **j-n bei et. ~** watch s.o. doing s.th.; **2.** *zufällig*: see; **ich beobachtete, wie sie das Haus verließ** I saw her leave (*od.* leaving) the house; **3.** (*wahrnehmen*) notice; **ich beobachtete, wie sie immer apathischer wurde** I noticed her getting (*od.* how she got) more and more listless.

Beobachter *m* observer (*a. pol.*, ⚔ *etc.*); (*Zuschauer*) onlooker; **~status** *m* observer status; **bei e-r Konferenz** *etc.* **~ haben** take part in a conference *etc.* as an observer.

Beobachtung *f* (*a. Feststellung*) observation; **unter ~ stehen** be under observation.

Beobachtungs|flugzeug *n* observation plane; **~gabe** *f* powers *pl.* of observation; **e-e gute ~ besitzen** be very observant; **~posten** *m* lookout (man); **~satellit** *m* observation satellite; **~station** *f* **1.** ☤ observation ward; **2.** *für Satelliten etc.*: tracking station; **~zeitraum** *m* period of observation.

beordern *v/t.* order (**nach** [to go] to), send (to); (*her~*) summon (**zu** to); (*weg~*) send away (to).

bepacken *v/t.* load (up).

bepflanzen *v/t.* plant; **mit Bäumen** *etc.* **~** *a.* plant trees *etc.* on (*od.* along *etc.*).

bepflastern *v/t.* (*Straße*) pave.

bepinkeln F *v/t.* F pee on.

bepinseln *v/t. a. gastr.* brush (over); ☤ (*Wunde etc.*) paint; (*bemalen*) paint (over); **mit Fett ~** grease.

bequatschen F *v/t.* **1.** (*et.*) F thrash out; **2. j-n ~** talk s.o. into doing s.th., get s.o. round to s.th.

bequem I. *adj.* **1.** *Schuhe, Sessel etc.*: comfortable; (*gemütlich*) cosy, *Am.* cozy; **2.** (*mühelos, einfach*) easy; *Arbeitsstelle*: cushy *job*; **es ~ haben** have an easy time of it; **3.** (*praktisch, keine Umstände machend*) convenient (*a. Ausrede etc.*); (*zur Hand*) handy; **fürs Einkaufen ist es sehr ~** it's very convenient for shopping (*od.* the shops); **4. ~e Lösung** easy way out; **5.** *Person*: comfort-loving, (*träge*) indolent, (*faul*) lazy; ***er ist zu ~, um zu*** *inf.* he just can't be bothered to *inf.*, he's too lazy to *inf.*; ***es sich ~ machen*** make o.s. at home, *fig.* take the easy way out; **II.** *adv.* **6.** ***hier sitzt man sehr ~*** this is a very comfortable armchair (*od.* sofa *etc.*); **7.** (*leicht*) easily; **bequemen** *v/refl.*: ***sich zu e-r Antwort*** *etc.* ~ deign to give an answer *etc.*; ***sich dazu ~, et. zu tun*** take the trouble to do s.th.; **Bequemlichkeit** *f* **1.** (*Behaglichkeit*) comfort, ease; **2.** (*Trägheit*) indolence; (*Faulheit*) laziness; ***et. aus ~ nicht tun*** be too lazy to do s.th.; **3.** (*bequeme Einrichtung, Annehmlichkeit*) convenience, *pl. a.* amenities.

berappen F *v/t.* F cough up, fork out.

beraten I. *v/t.* **1.** (*j-n*) advise, give *s.o.* (some) advice (**bei** on); ***sich ~ lassen von*** consult; ***ich habe mich von ihm ~ lassen*** *a.* I asked him for his advice; ***gut*** (***schlecht***) ***~ sein zu*** *inf.* be well-advised (ill-advised) to *inf.*; **2.** (*et.*) discuss; **II.** *v/i.* deliberate (**über** on); **III.** *v/refl.*: ***sich mit j-m ~*** consult (*od.* confer) with s.o. (**über** on), ***über et.:*** *a.* discuss s.th. with s.o.; **beratend I.** *adj.* advisory, consultative; ***in ~er Funktion*** in an advisory capacity; **II.** *adv.* in an advisory capacity, as an adviser; ***j-m ~ beistehen*** act as s.o.'s adviser.

Berater *m* adviser, consultant; ***enger ~*** aide; **~firma** *f* firm of consultants, consulting firm; **~funktion** *f* advisory function; **~gremium** *n* advisory body; **~honorar** *n* consulting fee; **~posten** *m* consultative post; **~stab** *m* team of advisers, F think tank; **~stellung** *f* consultative post.

beratschlagen *v/i.* → **beraten** II, III.

Beratung *f* **1.** (*Besprechung*) discussion; consultation; *formell*: conferral; *parl.* deliberation; ***sich zur ~ zurückziehen*** adjourn for (further) consultation; **2.** (*Rat*) advice; **3.** (*Beratungsdienst*) advisory service; **4.** (*beratendes Gespräch, Konsultation*) consultation.

Beratungs|ausschuß *m* advisory committee; **~gespräch** *n* consultation; **~kosten** *pl.* consultation fee *sg.* (*od.* fees); **~organ** *n* advisory body; **~stelle** *f* advice cent|re (*Am.* -er); **~unternehmen** *n* consulting firm.

berauben *v/t.* **1.** (*j-n*) rob (*gen.* of); *e-s Rechts etc.*: divest (of); **2.** *fig.* deprive, rob (*gen.* of); **3.** ***sich*** *e-r Sache* ~ deprive o.s. of; **beraubt** *adj.* deprived (*gen.* of); *lit.* bereft (of); ***aller Macht*** *etc.* ***~ sein*** *a. lit.* be shorn of all power; **Beraubung** *f* robbing (*gen.* of); deprivation (of).

berauschen I. *v/t.* make *s.o.* drunk, *a. fig. Duft etc.*: intoxicate; *fig. Macht etc.*: go to one's head; **II.** *v/refl.*: ***sich ~*** get drunk; *fig.* ***sich ~ an*** go into raptures over, F get high on; **berauschend I.** *adj.* intoxicating; alcoholic; *fig.* heady, intoxicating; *Schönheit*: breathtaking; F *iro.* ***nicht gerade ~*** F nothing to shout (*od.* write home) about; **II.** *adv.*: ***~ wirken*** have an intoxicating effect (**auf** on); **berauscht** *adj.* drunk (**von** with); *fig. a.* heady (with).

berechenbar *adj.* calculable; **berechnen** *v/t.* calculate (*a. fig.*), F figure out; (*schätzen*) estimate (**auf** at); ☿ (*fakturieren*) invoice, (*Preis stellen für*) quote; ***j-m et.*** ~ charge s.o. for s.th.; ***j-m zuviel ~*** *a.* overcharge s.o.; ***j-m et. mit 50 DM ~*** charge s.o. 50 marks for s.th.; *fig.* ***darauf berechnet sein zu*** *inf.* be calculated to *inf.*; **berechnend** *fig. adj.* calculating; **Berechnung** *f* **1.** calculation; *konkret*: *a.* figure(s *pl.*); (*Schätzung*) estimate; ☿ charge, (*Fakturierung*) invoicing, (*Belastung*) debit, (*Preisstellung*) quotation; **2.** *fig.* calculation; ***mit ~*** with deliberation; ***bei ihr ist alles ~*** it's all a question of calculation with her.

berechtigen I. *v/t.* entitle (**zu** to *s.th. od. inf.*); (*ermächtigen*) authorize (to *inf.*); **II.** *v/i.*: ***zu et.*** ~ entitle s.o. to (do) s.th., authorize s.o. to do s.th.; ***zu der Annahme*** (***Hoffnung***) ***~, daß*** warrant the assumption (hope) that; ***zu Hoffnungen ~*** give cause for hope, (*vielversprechend sein*) be promising; **berechtigt** *adj.* **1.** entitled (**zu** to *s.th. od. inf.*), allowed (to *inf.*); (*ermächtigt*) authorized (to *inf.*); *Anspruch*: legitimate; **2.** *Annahme, Hoffnung, Grund etc.*: legitimate, justified, justifiable; ***es ist vollkommen ~, wenn er fragt*** *etc.* he's perfectly justified in asking *etc.*, he has every reason to ask *etc.*; **berechtigterweise** *adv.* rightly, (quite) legitimately; *alleinstehend*: (and) rightly so; **Berechtigung** *f* right (**zu** *inf.* to *inf.*); (*Ermächtigung*) authorization (to *inf.*); (*Vollmacht*) power, authority (to *inf.*); (*Rechtmäßigkeit*) legitimacy, justification; ***die ~ haben zu*** *inf.* have the right to *inf.*, be authorized to *inf.*; **Berechtigungsschein** *m* permit.

bereden I. *v/t.* **1.** (*et.*) talk *s.th.* over, discuss; ***ich muß mit dir et.*** ~ there's s.th. I've got to talk to you about; **2.** (*j-n*) persuade *s.o.*; ***j-n ~ zu*** *inf.* talk s.o. into *ger.*; **3.** (*abfällig reden über*) talk (*od.* gossip) about; **II.** *v/refl.*: ***sich mit j-m ~*** talk to s.o. (**über** about), ***über et.:*** *a.* talk s.th. over with s.o., discuss s.th. with s.o.

beredsam *adj.* eloquent; (*redefreudig*) talkative; **Beredsamkeit** *f* eloquence; (*Mitteilsamkeit*) talkativeness.

beredt *adj.* eloquent (*a. fig. Schweigen etc.*); **Beredtheit** *f* eloquence.

Bereich *m* **1.** area; ***militärischer ~*** military zone (*od.* area); ***im ~ der Stadt*** (with)in the town; **2.** *fig.* (*Reichweite*) range; (*Gebiet*) field, sphere, area; (*Einfluß*S) sphere (of influence *od.* action), *formell*: ambit; ***im ~ der Möglichkeit*** within the bounds of possibility.

bereichern I. *v/t.* enrich; (*Wissen etc.*) expand, increase; ***e-e Bibliothek um einige wertvolle Bände ~*** add some valuable books to a library's collection; ***es hat mich sehr bereichert*** I gained (*od.* learned) a lot from it; **II.** *v/refl.*: ***sich ~*** get rich (**an** on; ***auf Kosten anderer*** at the expense of others), *contp. a.* F line one's pockets, feather one's nest; ***sich ~ an*** *a.* make money out of; **Bereicherung** *f* enrichment; *des Wissens etc.*: expansion (*gen.* of), increase (in); (*Sichbereichern*) personal enrichment; ***zur ~ von*** *a.* to add to; ***es war e-e große ~ für mich*** I gained (*od.* learned) a lot from it.

bereifen *v/t. mot.* put tyres (*Am.* tires) on.

bereift *adj.* (*reifbedeckt*) covered with (hoar)frost, frost-covered.

Bereifung *f mot.* tyres *pl.*, *Am.* tires *pl.*

bereinigen *v/t.* **1.** (*Streit*) settle; (*Mißverständnis*) clear up; (*ausgleichen*) iron out; **2.** (*Konto*) settle; (*Wertpapiere*) validate; (*Statistiken, Zahlen*) adjust, correct; **Bereinigung** *f* settlement; clearing up; validation; adjustment, correction; → ***bereinigen***.

bereisen *v/t.* **1.** (*Land*) tour, travel around (*od.* through); **2.** ☿ (*Vertreterbezirk etc.*) cover, F do.

bereit *adj.* ready (**zu et.** for s.th., **zu** *inf.* to *inf.*); (*gewillt*) prepared, willing (to *inf.*); ***zur Abfahrt ~*** ready to leave; ☿ ***wir sind gern ~ zu*** *inf.* we shall be pleased to *inf.*; ***zu allem ~*** game for anything, prepared to try (*od.* risk) anything; ***sich ~ erklären zu*** *inf.* agree to *inf.*, *freiwillig*: volunteer to *inf.*; ***sich ~ halten*** stand by (at the ready); ***sich ~ machen*** get ready (**zu** for).

bereiten *v/t.* **1.** prepare, get *s.th.* ready; (*zubereiten*) make *some tea etc.*; (*Leder*) dress; **2.** *fig.* (*verursachen*) cause; ***j-m Kopfschmerzen*** *etc.* ~ *a.* give s.o. a headache *etc.*; → ***Empfang*** 2, ***Ende, Freude*** *etc.*

bereit|gestellt *adj.*: ***~e Gelder*** *etc.* available funds *etc.*, funds *etc.* provided; **~halten** *v/t.* have *s.th.* ready; **~legen** *v/t.* lay out, get *s.th.* ready; **~liegen** *v/i.* be ready, be laid out (ready); **~machen** *v/t.* get *s.th.* ready, prepare *s.th.*

bereits *adv.* **1.** already; ***ich habe ~ drei*** I've got three already, I've already got three; ***er schläft ~ seit zwei Stunden*** he's been asleep for two hours (already); ***~ morgen*** tomorrow (already); ***~ vor zehn Jahren hatte er es*** he already had it ten years ago; ***das gab es ~ vor 50 Jahren*** that was (already) around fifty years ago; **2.** (*nur*) even; ***~ fünf Tropfen können tödlich wirken*** even five drops (*od.* five drops alone) can be lethal.

Bereitschaft *f* **1.** readiness; (*Bereitwilligkeit*) willingness; ***in ~ sein*** (***od. stehen***) → ***bereitstehen***; ***in ~ haben*** (***od. halten***) have *s.th.* (at the) ready; **2.** ⚙ standby mode; **3.** (*Polizeieinheit etc.*) squad.

Bereitschafts|arzt *m* duty doctor; **~dienst** *m* **1.** standby duty; ***~ haben*** be on standby, *Arzt*: *a.* be on call; *Apotheke*: be open all night; **2.** (*Polizei*) riot squad; **~kredit** *m* standby credit; **~polizei** *f* riot squad; **~tasche** *f phot.* camera case (*od.* holdall); **~taste** *f* standby button.

bereitstehen *v/i.* be ready; (*verfügbar sein*) be available; *Polizei etc.*: stand by, be on standby.

bereitstellen *v/t.* (*zur Verfügung stellen*) make available; (*liefern*) provide, supply; (*Geldmittel*) *zweckbestimmt*: *a.* allocate; (*vorsehen*) earmark; (*Truppen*) marshal; **Bereitstellung** *f* (*Lieferung*) supply, provision; *von Geldmitteln, zweckbestimmt*: allocation, (*Vorsehung*) earmarking; ⚔ (final) assembly.

Bereitung *f* preparation.

bereitwillig I. *adj.* willing; (*eifrig*) eager; (*dienstfertig*) obliging; **II.** *adv.*: ***er bot uns ~ s-e Hilfe an*** he didn't hesitate to offer his help, he obligingly offered his help; **Bereitwilligkeit** *f* willingness; (*Dienstfertigkeit*) readiness (to oblige); ***mit großer ~*** with alacrity.

berennen *v/t.* storm, attack.

bereuen *v/t.* regret (*having done*) *s.th.*; ***er bereut, daß er nicht mitkommen kann*** he regrets not being able to come; ***ich bereue gar nichts*** I have no regrets (about anything).

Berg *m* **1.** mountain; *kleiner*: hill; ***in die ~e fahren*** drive (up in)to the mountains; ***über ~ und Tal*** over hill and dale; **2.** *fig.* ***~e von*** F piles of, heaps of, a huge pile of, a mountain of; ***~e versetzen*** move mountains; ***j-m goldene ~e versprechen*** promise s.o. the moon; ***über den ~ sein*** be out of the wood(s), be over the worst; ***mit et. nicht hinterm ~ halten*** make no bones about s.th., not to beat about (*od.* around) the bush with s.th.; ***mit et. hinterm ~ halten*** keep quiet about s.th., not to come forward with s.th.; ***über alle ~e sein*** be over the hills and far away, be miles away; ***zu ~e stehen*** *Haare*: stand on end.

bergab *adv.* downhill (*a. fig.*); *fig.* ***mit ihm geht es ~*** things are going downhill with him; → ***rapid(e)*** II; **bergabwärts** *adv.* downhill; down the mountain.

Bergakademie *f* mining academy.

Bergamotte *f* bergamot; **Bergamottöl** *n* bergamot oil (*od.* essence).

bergan *adv.* uphill; up the mountain.

Bergarbeiter *m* miner.

bergauf *adv.* uphill; *fig.* ***es geht wieder ~*** things are looking up (***mit*** for); **bergaufwärts** *adv.* uphill.

Bergbahn *f* mountain (*od.* cable) railway.

Bergbau *m* mining (industry); **~ingenieur** *m* mining engineer.

Bergbewohner *m* mountain dweller, *pl. a.* mountain people.

bergen *v/t.* **1.** rescue; (*Leichen, Güter*) recover; ⚓ salvage; (*Segel*) take in; **2.** (*enthalten*) hold, contain; (*in sich ~*) hold, (*Gefahr*) *a.* involve; *heimlich*: conceal, hide.

bergeversetzend *adj.*: ***~er Glaube*** faith that can move mountains.

bergeweise F *adv.*: ***~ Antworten*** *etc.* ***bekommen*** F get piles of (*od.* an avalanche of) replies *etc.*

Berg|fried *m hist.* keep; **~führer** *m* mountain guide; **~gipfel** *m* mountain top, summit; **~grat** *m* (mountain) ridge.

bergig *adj.* mountainous; hilly; ***e-e ~e Gegend*** *a.* mountainous (*od.* hill) country.

Berg|kamm *m* (mountain) crest; **~kette** *f* mountain range; **Ձkrank** *adj.*: ***~ sein*** have (*od.* be suffering from) mountain sickness; **~krankheit** *f* mountain sickness; **~kristall** *m* rock crystal; **~land** *n* mountainous country; **~landschaft** *f* mountain(ous) landscape, mountain scenery.

Bergmann *m* (*pl.* ***Bergleute***) ⚒ miner; **bergmännisch** *adj.* miners' ..., mining ...

Berg|massiv *n* massif; **~not** *f*: ***in ~ geraten*** get into difficulty up in the mountains; ***aus ~ retten*** rescue *s.o.* from the mountainside; **~paß** *m* mountain pass; **~predigt** *f bibl.* Sermon on the Mount; **~rettungsdienst** *m* → ***Bergwacht;*** **~rutsch** *m* landslide; **~salz** *n* rock salt; **~sattel** *m* saddle; **~schuhe** *pl.* mountain(eering) boots; **~see** *m* mountain lake; **~ski** *m* upper ski; **~spitze** *f* mountain peak, tip of a (*od.* the) mountain; summit; **~station** *f* top terminal.

Bergsteigen *n* mountaineering; **Bergsteiger** *m* mountain climber, mountaineer.

Berg|stiefel *pl.* mountain(eering) boots; **~straße** *f* mountain road; **~tour** *f* mountain hike.

Berg-und-Tal-Bahn *f* roller coaster, *Brit. a.* big dipper.

Bergung *f* **1.** (*Rettung*) rescue; **2.** *von Toten, Fahrzeugen*: recovery; ⚓ salvage.

Bergungs|aktion *f* **1.** rescue operation; **2.** ⚓ salvage operation; **~arbeiten** *pl.* **1.** rescue work *sg.*; **2.** ⚓ salvage operation *sg.* (*od.* operations); **~dienst** *m* recovery (⚓ salvage) service; **~fahrzeug** *n* **1.** rescue (✓ crash) vehicle; **2.** ⚓ salvage vessel; **~flotte** *f* salvage fleet; **~hubschrauber** *m* rescue helicopter; **~kommando** *n* → ***Bergungsmannschaft***; **~kosten** *pl.* **1.** rescue costs; **2.** ⚓ salvage costs; **~mannschaft** *f* **1.** rescue team; **2.** ⚓ salvage party; **~schiff** *n* salvage vessel; **~trupp** *m* → ***Bergungsmannschaft***; **~versuch** *m* **1.** rescue attempt; **2.** ⚓ salvage attempt (*od.* bid).

Berg|volk *n* mountain tribe (*od.* people [*sg.*]); **~wacht** *f* mountain rescue service (*Mannschaft*: team); **~wand** *f* rock face; **~wanderung** *f* mountain hike; **~werk** *n* mine; **~wesen** *n* mining.

Bericht *m* report (***über*** on); (*Beschreibung*) account (of); (*Kommentar*) commentary; (*Verlautbarung*) bulletin; ***~ erstatten*** (give a) report (***über*** on; ***j-m*** to s.o.); ***nach ~en*** *gen.* according to reports by; ***~ zur Lage*** account of the situation; ***~ zur Lage der Nation*** State of the Nation message (*od.* speech); **berichten I.** *v/t.* report; (*erzählen*) tell, *formell*: relate; ***j-m et. ~*** (*melden*) inform s.o. of s.th., report s.th. to s.o., (*erzählen*) tell s.o. about s.th.; ***wie berichtet*** as reported; **II.** *v/i.* report (***über*** on), give a report (on); ***ausführlich ~*** give a detailed account (***über*** of); ***j-m über et. ~*** (*erzählen*) tell s.o. about s.th.; ***du hast mir noch gar nicht über die Party berichtet*** you haven't told me about the party yet.

Berichterstatter *m* **1.** *Presse*: reporter, *auswärtiger*: (foreign) correspondent; *Radio, TV*: commentator; **2.** ⚖, *bei Kongressen etc.*: referee; **Berichterstattung** *f* **1.** reporting, *in der Presse*: *a.* coverage; **2.** (*Bericht*) report; *Radio, TV*: *a.* commentary.

berichtigen I. *v/t.* correct; *formell*: rectify; (*Text*, ⚖ *Urteil, Parteianträge, Vorschrift*) amend; ⚙ correct, adjust; ☤ (*Buchung*) adjust; *pol.* (*Grenze*) rectify; **II.** *v/refl.*: ***sich ~*** correct o.s.; **Berichtigung** *f* correction; rectification; amendment; adjustment; → ***berichtigen.***

Berichtigungs|anzeige *f* notice of error; **~konto** *n* ☤ suspense account; **~wert** *m* correction value.

Berichts|jahr *n* ☤ year under review; **~periode** *f*, **~zeitraum** *m* period under review.

beriechen *v/t.* **1.** smell (at), sniff at; **2.** F *fig.* ***j-n*** (***sich*** *od.* ***einander***) ***~*** size s.o. (one another) up, have a good look at s.o. (one another).

berieseln *v/t.* **1.** (*Land*) irrigate, water; (*besprengen*) sprinkle; **2.** *fig.* ***mit Musik*** *etc.* ***~*** expose *s.o.* to an endless flow of music *etc.*; **Berieselung** *f* **1.** irrigation; (*Besprengung*) sprinkling; **2.** *fig.* constant exposure (***mit*** to); → ***Musikberieselung***; **Berieselungsanlage** *f* sprinkler system.

beritten *adj.* mounted, on horseback.

Berliner[1] **I.** *m*, **Berlinerin** *f* Berliner; **II.** *adj.* (of) Berlin; *hist.* ***die ~ Mauer*** the Berlin Wall.

Berliner[2] *m gastr. etwa* doughnut.

berlinern *v/i.* speak the Berlin dialect.

Bermudadreieck *n* Bermuda triangle.

Bernhardiner *m* St Bernard (dog).

Bernstein *m* amber; **Ձfarben** *adj.* amber(-colo[u]red).

Berserker *m* **1.** madman; ***wie ein ~ toben*** go berserk; **2.** *hist.* berserk(er).

bersten *v/i.* burst (*fig.* ***vor*** with); *Eis, Glas etc*: crack; (*explodieren*) explode; ***zum Ձ voll*** full to bursting (***von*** with), F jam-packed (with), chock-a-block (with).

berüchtigt *adj.* notorious (***wegen*** for); infamous.

berücken *lit. v/t.* enchant, bewitch; **berückend** *adj.* enchanting; *Schönheit*: ravishing.

berücksichtigen *v/t.* consider, take into consideration; (*et.*) (*beachten*) bear in mind, *Gesetz, Änderungen etc.*: reflect; (*einberechnen*) allow for; (*in Betracht ziehen*) take into account; ***überhaupt nicht ~*** *a.* disregard, ignore; **Berücksichtigung** *f* consideration; ***unter ~*** *gen.* considering; ***unter ~ aller Vorschriften*** subject to all regulations; ***unter ~ von Verzögerungen*** allowing for delay(s); ***ohne ~*** *gen.* regardless of.

Beruf *m* job, occupation; *höherer, freier*: profession; (*Gewerbe*) trade; (*Geschäft*) business; (*Fach*) line; (*Laufbahn*) career; ***e-n ~ ergreifen*** take up a career (*od.* profession); ***was ist er von ~?*** what does he do (for a living)?; ***er ist Lehrer von ~*** he's a teacher (by profession); ***ich glaube, ich bin im falschen ~*** I think I'm in the wrong (kind of) job; ***~ und Haushalt*** work and the home; → ***ausüben, nachgehen*** 2 *etc.*

berufen I. *v/t.* **1.** ***j-n zu*** *e-m Amt* ***~*** appoint s.o. to; ***j-n zum Vorsitzenden ~*** appoint s.o. chairman; ***j-n auf e-n Lehrstuhl ~*** offer s.o. a chair (at university); ***nach Berlin ~ werden*** be called to Berlin; **2.** F ***ich will es nicht ~*** touch wood, I don't want to put the kiss of death on it; **II.** *v/refl.*: ***sich ~ auf*** *als Autorität, Quelle etc.*: cite, quote, refer to, (*j-n persönlich*) mention *s.o.'s* name; ***sich darauf ~, daß*** plead that; ***darf ich mich auf Sie ~?*** may I mention your name (*od.* quote you)?; **III.** *adj.* called; (*befähigt*) qualified, competent; ***aus ~em Munde*** from a reliable source, F straight from the horse's mouth; ***~ sein*** (***sich ~ fühlen***) ***zu*** *inf.* be (feel) competent enough *od.* qualified to *inf.*, *moralisch*: have (feel one has) a mission to *inf.*; ***ich fühlte mich*** (***nicht***) ***~ einzugreifen*** I felt called upon (I didn't feel it was for me) to intervene; ***zum Priester*** *etc.* ***~ sein*** have a calling to be a priest (*od.* to the priesthood) *etc.*; ***zur Malerei*** *etc.* ***~ sein*** have a vocation for painting *etc.*; ***sich zu*** (***etwas***) ***Höherem ~ fühlen*** feel one is destined for higher things.

beruflich I. *adj.* professional; work ...; *Ausbildung etc.*: vocational; ***~er Ärger*** *etc.* trouble *etc.* at work; ***~e Aussichten*** job (*od.* career) prospects; ***~e Eignung*** suitability for a (*od.* the) job *od.* career; ***~er Werdegang*** career path; → ***Fortbildung***; **II.** *adv.* as far as work (*od.* one's job, career, profession) is concerned; ***~ unterwegs*** away on business; ***sich ~ fortbilden*** do further (vocational) training; ***was machen Sie ~?*** what do you do (for a living)?, what's your line of work?

Berufs|anfänger(in *f*) *m* first-time employee; **~ausbildung** *f* vocational (*od.* professional) training; **~aussichten** *pl.* career prospects; **~beamte(r)** *m* career civil servant.

berufsbedingt I. *adj.* occupational, work-related, job-related; **II.** *adv.* for work (*od.* professional) reasons.

Berufs|berater *m* careers adviser, job counsel(l)or; **~beratung** *f* careers guidance; **~beratungsstelle** *f* careers guidance office; **~bezeichnung** *f* job title (*od.* designation).

berufsbezogen *adj.* job-related.

Berufs|bild *n* job profile; **2bildend** *adj.* vocational; **~chancen** *pl.* job (*od.* career) prospects; **~erfahrung** *f* (work) experience; **~ethik** *f* professional ethics *pl.* (*als Fach sg. konstr.*); **~ethos** *n* professional ethics *pl.*; **~fachschule** *f* vocational college; **~feuerwehr** *f* fire service (*Am.* department); **~fotograf** *m* professional photographer; **~geheimnis** *n* **1.** professional (*od.* trade) secret; **2.** (*Schweigepflicht*) professional secrecy (*od.* discretion); ***das ~ wahren (verletzen)*** maintain (violate) professional secrecy; **~genossenschaft** *f* professional (*Gewerbe*: trade) association; **~gruppe** *f* professional group; **~heer** *n* professional (*od.* regular) army; **~kleidung** *f* work(ing) clothes *pl.*; **~krankheit** *f* occupational (*od.* industrial) disease; **~leben** *n* professional (*od.* active) life; ***im ~ stehen*** work, be active in a job.

berufsmäßig I. *adj.* professional; **II.** *adv.* professionally, as a profession; → *a.* ***beruflich*** II.

Berufs|politiker *m* professional (*od.* career) politician; **~richter** *m* professional judge; **~risiko** *n* occupational hazard; **~schule** *f* vocational school; **~soldat** *m* regular (soldier); **~spieler** *m* professional (player); **~sportler** *m* professional (sportsman); **~stand** *m* profession, professional group; ***~ der Juristen*** legal profession.

berufstätig *adj.* working ...; (*Amtssprache*: gainfully) employed; ***~ sein*** (go to) work, have a job; ***~e Mütter*** working mothers; ***nicht mehr ~*** no longer employed; **Berufstätige(r** *m*) *f* employed person; **Berufstätigkeit** *f* employment; *konkret*: *a.* job.

Berufsumschulung *f* (vocational) retraining.

berufsunfähig *adj.* unable to work; **Berufsunfähigkeit** *f* inability to work; occupational disability; **Berufsunfähigkeitsrente** *f* disability pension.

Berufs|unfall *m* workplace accident; **~verband** *m* professional association; **~verbot** *n* disqualification from a profession (*pol.* from public service); ⚖ (professional) disbarment; ***mit ~ belegt werden*** be disqualified from one's profession (*pol.* from public service), ⚖ be disbarred; **~verbrecher** *m* professional criminal; **~verkehr** *m* **1.** (*Stoßverkehr*) rush-hour traffic; **2.** weekday traffic; **~wahl** *f* choosing a career, *one's* choice of career; **~wechsel** *m* change of job (*od.* profession); switching jobs (*od.* professions, careers); **~wunsch** *m* career plans *pl.*; **~ziel** *n* planned career; professional aim; **~zweig** *m* line of work.

Berufung *f* **1.** *innere*: calling, vocation (**zu et.** for s.th., to [be] s.th.); ***die ~ zum Schriftsteller fühlen*** feel a calling to be a writer, feel (that) one's vocation is writing; **2.** (*Ernennung*) appointment; ***e-e ~ erhalten*** *Professor etc.*: *a.* be offered a chair (**an** at); **3.** (*Verweisung*) reference; ***unter ~ auf*** with reference to; **4.** ⚖ appeal; ***in die ~ gehen, ~ einlegen*** (file an) appeal (***gegen*** against).

Berufungs|antrag *m* petition for appeal; **~gericht** *n*, **~instanz** *f* court of appeal, appellate court; **~klage** *f* appeal; **~kläger** *m* appealer, party appealing; **~verfahren** *n* appeal proceedings *pl.*

beruhen *v/i.* **1.** ***~ auf*** be based on, be founded on; (*zurückführbar sein auf*) stem from, go back to; ***es beruht auf e-m Mißverständnis*** it was (all) a misunderstanding; F ***das beruht auf Gegenseitigkeit*** the feeling is mutual; **2.** ***et. auf sich ~ lassen*** let s.th. rest; ***lassen wir die Sache auf sich ~*** let's leave it at that; ***wir können das nicht auf sich ~ lassen*** we'll have to do something about it.

beruhigen I. *v/t.* calm (down); (*versichern*) reassure; (*das Gewissen*) ease; (*die Nerven*) calm, soothe; (*entspannen*) relax; ***da bin ich (aber) beruhigt*** that's all right (*Am.* alright) then, *stärker*: that's a relief, thank goodness; ***seien Sie beruhigt!*** there's no need to worry; **II.** *v/refl.*: ***sich ~*** calm down; *Lage*: quieten down; *Sturm, Wind*: die down; *See, Wellen*: calm down; **III.** *v/i.*: ***das beruhigt*** that'll calm you down (*od.* relax you); **beruhigend I.** *adj.* **1.** *Gedanke etc.*: comforting, reassuring; **2.** *Musik etc.*: relaxing; **3.** ⚕ sedative; **II.** *adv.*: ***~ wirken auf*** have a calming (*Musik etc.*: relaxing) effect on; **Beruhigung** *f* calming (down); reassurance; easing; soothing; → ***beruhigen***; *e-r Lage*: calming down, *stärker*: stabilization; *von Spannungen*: easing; ***zur ~ der Gemüter*** to set people's minds at rest; ***zu unserer großen ~*** much to our relief; ***ich brauche etwas zur ~*** I need something to calm me down.

Beruhigungs|frist *f* cooling-off period; **~mittel** *n* sedative, tranquil(l)izer; **~pille** *f* sedative (tablet *od.* pill), tranquil(l)izer; **~spritze** *f* sedative (shot), tranquil(l)izer.

berühmt *adj.* famous (***wegen, für*** for); celebrated (for), renowned (for); F ***nicht ~*** F nothing to shout about; **berühmt-berüchtigt** *adj.* notorious, infamous (***wegen*** for); **Berühmtheit** *f* **1.** fame, renown; ***~ erlangen*** rise to fame; ***zu trauriger ~ gelangen*** gain a doubtful reputation, *durch tragisches Ereignis*: achieve tragic fame; **2.** (*Person*) celebrity, big name.

berühren *v/t.* **1.** touch; (*streifen*) graze; *fig.* (*angrenzen an*) touch on; ***sich*** (*od.* ***einander***) ~ touch, *fig.* meet; ***er berührte sein Essen gar nicht*** he didn't touch his food; **2.** (*Thema etc.*) touch on; **3.** *seelisch*: touch (to the quick), move, have an effect on; ***das berührt mich (überhaupt) nicht*** that doesn't concern me (in the slightest); ***es hat mich seltsam berührt*** it touched me in a strange way, it had a strange effect on me; ***ich war (un)angenehm berührt*** I was pleased (I didn't like it); → ***peinlich*** 3.

Berührung *f* **1.** touch; (*Kontakt*) contact; ***körperliche ~*** bodily (*od.* physical) contact; ***in ~ kommen mit*** come into contact with, (*berühren*) *a.* touch; ***bei der leisesten ~*** at the slightest touch; **2.** *fig.* contact; ***in ~ bleiben*** keep in touch; ***in ~ kommen mit*** (*e-r Lehre etc.*) be introduced to, come across.

Berührungs|angst *f* fear of physical contact; *fig.* ***unter ~ leiden*** be afraid of people; **~linie** *f* ⩤ tangent; **~punkt** *m* point of contact (*a. fig.*); ⩤ tangential point; *fig. pl.* (*Gemeinsamkeiten*) common ground *sg.*

besabbern F **I.** *v/t.* dribble (*stärker*: F slobber) all over *s.th.*; **II.** *v/refl.*: ***sich ~*** dribble, *stärker*: F slobber.

besäen *v/t.* sow; → ***besät.***

besagen *v/t.* (*sagen*) say; (*bedeuten*) mean; ***das besagt noch gar nichts*** that doesn't mean (*od.* prove) a thing; ***das besagt nicht, daß*** it doesn't mean (to say) that; ***was besagt das schon?*** what does that prove?; **besagt** *adj.* said, *bsd.* ⚖ *the* aforementioned.

besamen *v/t.* **1.** inseminate; **2.** ⚘ pollinate; **Besamung** *f* **1.** (***künstliche ~*** artificial) insemination; **2.** ⚘ pollination.

besänftigen I. *v/t.* appease; (*beruhigen*) calm (down); **II.** *v/refl.*: ***sich ~*** calm down; **Besänftigung** *f* appeasement; calming (down); → ***besänftigen.***

besät *adj.*: ***~ mit*** covered (*od.* strewn) with.

Besatz *m am Kleid etc.*: trimming(s *pl.*).

Besatzung *f* **1.** ⚔ a) occupying (*od.* occupational) forces *pl.*, b) garrison; **2.** ⚓, ✈ (*Mannschaft*) crew.

Besatzungs|armee *f* occupying army (*od.* forces *pl.*), occupational forces *pl.*; **~macht** *f* occupying power; **~mitglied** *n* crew member; **~regime** *n* occupation regime; **~streitkräfte** *pl.*, **~truppen** *pl.* occupying (*od.* occupational) forces; **~zone** *f* occupied zone.

besaufen F *v/refl.*: ***sich ~*** F get plastered (*sl.* sloshed); **Besäufnis** F *n* F booze-up.

besäuselt F *adj.* F slightly sozzled.

beschädigen *v/t.* damage; **Beschädigung** *f* **1.** damaging; **2.** *a. pl.* damage (*gen.* to).

beschaffen[1] *v/t.* get, *formell*: procure; *mit Mühe*: F get hold of (*dat.* for *s.o.*); (*Arbeit, Wohnung etc.*) *a.* find.

beschaffen[2] *adj.*: ***gut (schlecht) ~*** in a good (bad) state; ***wie ist die Straße ~?*** what (kind of) state is the road in?; ***so ~, daß*** made in such a way that; *fig.* ***wie ist es mit ... ~?*** what about ...?; ***die Sache ist so ~*** it's like this, the situation is this (*od.* is as follows); **Beschaffenheit** *f* **1.** (*Zustand*) state, condition; (*Eigenschaft*) quality; (*Art*) nature; (*Struktur*) structure; ***weiche (rohe*** *etc.*) ***~*** softness (roughness *etc.*); **2.** *körperliche*: (physical) constitution; *seelische*: (psychological) makeup.

Beschaffung *f* procurement, provision.

Beschaffungskriminalität *f* drug-related crime.

beschäftigen I. *v/t.* **1.** (*j-n*) keep *s.o.* busy, occupy *s.o.*; (*j-m Arbeit geben*) find *s.o.* something to do; **2.** (*anstellen*) employ; give *s.o.* a job; ***wieviel Leute beschäftigt er?*** how many people has he got working for him?, how many employees has he got?; **3.** (*j-n, j-s Geist od. Aufmerksamkeit*) occupy, absorb; *Problem*: preoccupy; ***es beschäftigt mich ständig*** I can't get it out of my mind; **II.** *v/refl.*: ***sich ~ mit*** be busy with; (*sich kümmern um*) look after; work at (*od.*

on); (*e-m Problem, Thema etc.*) deal with; (*Kindern etc.*) *a.* spend (a lot of) time with; ***er beschäftigt sich nie mit den Kindern*** he never has time for the children; ***ich muß mich mal mit was anderem ~*** I must concentrate on something else for a change; **beschäftigt** *adj.* **1.** busy (***mit*** with); ***damit ~ sein, et. zu tun*** be busy doing s.th. (*od.* with s.th.); ***mit Briefeschreiben ~ sein*** be busy writing letters; ***mit etwas anderem ~ sein*** be busy with (*od.* doing) something else *od.* other things, have something else (*od.* other things) to do; **2.** ***~ sein bei*** work for, have a job with (*od.* at), be employed with (*od.* at); **Beschäftigte(r** *m*) *f* employee; ***Zahl der Beschäftigten*** number of persons employed; **Beschäftigung** *f* **1.** (*Tätigkeit*) something to do; activity; occupation; ***e-e (keine) ~ haben*** have something (nothing) to do; ***das ist e-e nützliche ~*** that's something useful (to be doing); **Malen ist e-e angenehme ~** painting is a pleasant occupation; **das ist doch keine ~ für dich** you don't want to be doing that kind of thing; **2.** (*Anstellung*) employment; (*Stelle*) job; *Arbeitsmarkt*: employment; *Industrie*: activity; ***ohne ~*** unemployed; **3.** *mit e-m Thema*: treatment (***mit*** of), *mit e-m Problem*: preoccupation (with).

Beschäftigungslage *f* employment situation.

beschäftigungslos *adj.* (*arbeitslos*) unemployed, out of work.

Beschäftigungs|nachweis *m* proof of employment; **~niveau** *n* level of employment; **~politik** *f* employment (*od.* manpower) policy *od.* policies *pl.*; **~potential** *n* manpower reserves *pl.*; **~programm** *n* work scheme, job creation scheme; **~struktur** *f* pattern of employment; **~therapeut** *m* occupational therapist; **~therapie** *f* occupational therapy; **~verhältnis** *n* employment; employed status; ***in was für e-m ~ stehen Sie?*** what type of employment are you in?

beschämen *v/t.* (put to) shame; (*verlegen machen*) embarrass; **beschämend I.** *adj.* shameful, *stärker*: disgraceful; ***es ist ~ a.*** it's a disgrace; ***es ist ein ~es Gefühl*** it makes you feel ashamed; ***für j-n ~ sein*** *a.* put s.o. to shame; **II.** *adv.* shamefully; (*peinlich*) *a.* embarrassingly; **beschämt I.** *adj.* ashamed; (*verlegen*) embarrassed; **II.** *adv.*: ***~ die Augen senken*** look down in shame (*verlegen*: with embarrassment); **Beschämung** *f* shame; (*Demütigung*) humiliation; ***zu m-r ~*** I'm ashamed to say (that).

beschatten *v/t.* **1.** shade; *fig.* overshadow, cast a shadow over (*od.* on); **2.** *fig.* (*verfolgen*) shadow, tail; **Beschatter** *m* shadow; **Beschattung** *fig. f* shadowing, tailing.

beschauen *v/t.* (have a) look at; *prüfend*: *a.* examine; *amtlich*: inspect.

beschaulich *adj.* (*voller Muße*) leisurely; (*ruhig*) quiet, peaceful; (*kontemplativ*) contemplative (*a. Orden*), meditative; ***ein ~es Dasein führen*** lead a quiet (, contemplative) life; ***~er Typ*** inward-looking person (*od.* type); **Beschaulichkeit** *f* leisureliness; peace and quiet; contemplativeness; contemplation; → ***beschaulich.***

Bescheid *m* (*Antwort*) answer, reply; *offiziell*: *a.* notification; ***~ bekommen*** be told, be informed; ***j-m ~ geben*** let s.o. know (***über*** about); ***~ wissen*** (*informiert sein*) know, F be in the picture (***über*** about), (*sich auskennen*) know about things (*od.* how things work *etc.*); ***über j-n ~ wissen*** *a.* know all about s.o.; ***auf e-m Gebiet ~ wissen*** know (one's way around in) a subject; ***in e-r Sache genau ~ wissen*** know all the ins and outs of s.th.; ***weißt du mit diesem Computer ~?*** do you know how this computer works?; ***ich weiß überhaupt nicht ~*** I've no idea (how it works *etc.*); ***ich weiß überhaupt nicht mehr ~*** I don't know what's going on any more; ***er weiß dort ~*** *in e-r Stadt etc.*: he knows his way around there; ***Sie brauchen nur m-n Namen zu nennen, dann weiß er schon ~*** just mention my name and he'll know (*od.* he'll be in the picture); ***ich weiß ~!*** *a. iro.* I know all about it; F ***j-m gehörig ~ sagen*** (*od.* ***stoßen***) give s.o. a piece of one's mind.

bescheiden[1] **I.** *adj.* **1.** modest (*a. mäßig*); *Person*: *a.* unassuming; (*anspruchslos*) undemanding; *Sache*: (*schlicht*) simple, modest; ***~es Auftreten*** unassuming presence; ***~e Mittel*** modest means; ***mit ~en Mitteln*** *et. aufbauen etc.*: *a.* on a shoestring; ***sie ist ein ~er Esser*** she eats very little; ***aus ~en Anfängen*** from humble (*od.* small) beginnings; ***e-e ~e Frage: ...*** would it be unreasonable to ask ...; **2.** (*gering*) meag|re (*Am.* -er), very modest; **3.** F (*schlecht*) awful; **II.** *adv.*: ***sehr ~ leben*** get by on very little, live modestly, lead a frugal existence; ***etwas ~er leben müssen*** have to get by on less (*od.* tighten one's belt).

bescheiden[2] **I.** *v/refl.* **1.** ***sich ~*** make do with what one has got; ***sich ~ mit*** be content (*od.* satisfied) with, content o.s. with, make do with; **II.** *v/t.* **2.** ***es war ihm nicht beschieden zu*** *inf.* it wasn't given to him to *inf.*, he wasn't destined (*od.* meant) to *inf.*; ***ihm war kein Erfolg*** *etc.* ***beschieden*** he wasn't destined to succeed *etc.*; ***es war ihm nicht beschieden*** it wasn't (meant) to be; **3.** *bsd.* ⚖ (*j-n*) notify, advise.

Bescheidenheit *f* modesty; *e-r Person*: *a.* unassuming nature; (*Schlichtheit*) simplicity; (*Kümmerlichkeit*) humbleness, lowliness; ***falsche ~*** false modesty; ***bei aller ~*** with all due modesty; ***aus lauter ~ hat er nicht gefragt*** he was too modest to ask.

bescheinen *v/t.* shine on, light up; ***von der Sonne (vom Mond) beschienen*** sunlit (moonlit), bathed in sunlight (moonlight).

bescheinigen *v/t.* certify; *offiziell*: *a.* authenticate; (*bestätigen*) confirm (in writing); *weitS.* (*für et. bürgen*) confirm, vouch for; ***den Empfang ~*** *e-s Briefes*: acknowledge receipt of, *e-r Summe*: give a receipt for; ***hiermit wird bescheinigt, daß*** this is to certify that; ***das muß ich mir ~ lassen*** I'll have to get that in writing; ***könnten Sie mir ~, daß*** could you give me something in writing stating that, could I have written confirmation that; ***sich gegenseitig Unfähigkeit*** *etc.* ***~*** accuse each other of incompetence *etc.*; **Bescheinigung** *f* (*Bestätigung*) (written) confirmation, statement; something in writing; (*Schein*) certificate; (*Quittung*) receipt.

bescheißen *sl. v/t. sl.* do (***um*** out of), F rip off.

beschenken *v/t.*: ***j-n ~*** give s.o. a present (*od.* presents), ***mit et.:*** give s.o. s.th. (as a present); ***reich ~*** shower *s.o.* with presents, ***mit Büchern*** *etc.*: shower *s.o.* with books *etc.*

bescheren *v/t.*: ***j-m et. ~*** give s.o. s.th.; *fig.* (*zukommen lassen*) bring s.o. s.th., *positives*: *a.* bless s.o. with s.th.; ***was hat dir das Christkind beschert?*** what did Santa Claus bring you?; **Bescherung** *f* opening of (Christmas) presents; *iro.* F ***e-e schöne ~!*** a fine mess that is, we're in a fine mess now; ***da haben wir die ~!*** that's it, there we are, what did I say?

bescheuert F *adj.* **1.** F cracked, *pred. a.* F nuts; ***er ist ~ a.*** F he's gone off his nut; ***ich bin doch nicht ~!*** I'm not that stupid; **2.** *Situation, Idee etc.*: stupid, F crazy.

beschichten *v/t.* coat; **beschichtet** *adj.* coated; **Beschichtung** *f* coat(ing).

beschicken *v/t.* **1.** ⚙ (*Reaktor, Hochofen etc.*) load, charge; **2.** (*Ausstellung etc.*) a) send representatives *etc.* to, b) send exhibits *etc.* to.

beschickern F *v/refl.*: ***sich ~*** F get tiddly; **beschickert** F *adj.* F tiddly, slightly sozzled.

beschießen *v/t.* **1.** fire at; ⚔ bombard, shell; **2.** *mit Neutronen etc.*: bombard; **3.** *fig. mit Fragen etc.*: bombard; **Beschießung** *f* ⚔ bombardment, shelling.

beschildern *v/t.* **1.** (*Straße*) signpost; (*den Weg*) mark (up) *the route*; **2.** (*Waren, Ausstellungsstücke etc.*) label; **Beschilderung** *f* **1.** *Verkehr*: signposting; (*Schilder*) signposts *pl.*; **2.** *von Waren etc.*: label(l)ing.

beschimpfen *v/t.* call *s.o.* names; (*beleidigen*) insult; *mit Kraftausdrücken*: swear at *s.o.*: ***j-n als Lügner*** *etc.* ***~*** call s.o. a liar *etc.*; **Beschimpfung** *f a. pl.* abuse; (*Beleidigung*) insult(s *pl.*).

beschirmen *v/t.* protect; (*Augen*) shield; **Beschirmung** *f* protection.

Beschiß *sl. m* swindle, F rip-off.

beschissen V **I.** *adj.* F lousy, rotten, *sl.* bloody awful; **II.** *adv.*: ***mir geht's ~*** a) I feel lousy *etc.*, b) things are pretty lousy (at the moment).

beschlafen F *v/t.* (*Frau*) sleep with.

Beschlag *m* **1.** ⚙ (*mst* ***Beschläge*** *pl.*) metal fitting(s *pl.*) (*a. an Möbeln*); (*Schließe*) clasp; (*Huf*~) shoes *pl.*; **2.** *min.*, ⚒ efflorescence, bloom; (*Überzug*) film; (*Feuchtigkeit*) condensation; **3.** ***in ~ nehmen*** (*Plätze etc.*) reserve, F bag; *fig.* (*j-n, Unterhaltung, Badezimmer etc.*) monopolize; **beschlagen I.** *v/t.* **1.** (*Tür etc.*) put metal fittings on; *mit Tuch etc.*: cover, (*auskleiden*) line; *mit Nägeln etc.*: stud; **2.** (*Pferd*) shoe; **3.** *Dampf*: steam up; **II.** *v/i. u. v/refl.* (***sich ~***) *Glas*: steam up; *Wände*: sweat; *Metall*: oxidize, tarnish; (*schimmeln*) go mo(u)ldy; **III.** *adj.* **1.** *Fenster etc.*: steamed up; **2.** ***sehr ~ sein in*** be well up in; ***wenig ~ sein in*** know very little about, be ignorant about; **Beschlagenheit** *f* (sound) knowledge (***in*** of).

Beschlagnahme *f* → ***Beschlagnahmung***; **beschlagnahmen** *v/t.* seize; (*konfiszieren*) confiscate; *fig.* ***j-n ~*** *Per-*

son: monopolize s.o., *Arbeit etc.*: *a.* take up all of s.o.'s time; ***von et. beschlagnahmt sein*** be completely tied up with s.th.; **Beschlagnahmung** *f* seizure; (*Konfiszierung*) confiscation; (*Inanspruchnahme*) requisition(ing); (*Zwangsverwaltung*) sequestration.
beschleichen *fig. v/t. Angst etc.*: steal *od.* creep over (*od.* up on); *Schlaf*: creep over.
beschleunigen I. *v/t.* accelerate (*a. mot., phys.*); (*a. Vorgang, Produktion etc.*) speed up; ***die Schritte ~*** quicken one's pace; ***das Tempo ~*** speed up; **II.** *v/refl.*: ***sich ~*** speed up; gather speed; *mot.* accelerate; *Puls*: go faster; **III.** *v/i. mot.* accelerate; ***er beschleunigt von 0 auf 160 km/h in 10 Sekunden*** it goes from 0 to 100 mph in 10 seconds; **Beschleuniger** *m mot., phys.* accelerator; **Beschleunigung** *f* acceleration (*a. phys.*); speeding up.
Beschleunigungs|spur *f* acceleration lane; **~vermögen** *n mot.* acceleration.
beschließen *v/t.* **1.** decide (***zu*** *inf.* to *inf.*); make up one's mind (to *inf.*); *stärker*: resolve (to *inf.*); *parl.* vote; ***e-n Antrag ~*** carry a motion, *in Versammlungen*: pass a resolution; **2.** (*beenden*) end, *endgültig*: *a.* settle; **beschlossen I.** *adj.* agreed, settled; ***es ist (e-e) ~e Sache, daß*** it's definite that, ***er geht***: *a.* he's definitely going; **II.** *obs. p.p.*: ***in et. ~ sein*** (*enthalten*) be contained (with)in s.th.; ***darin liegt das ganze Dilemma ~*** that more or less sums up the dilemma.
Beschluß *m* decision; *stärker u. pol.*: resolution; *parl.* ***e-n ~ fassen*** pass a resolution.
beschlußfähig *adj.* quorate; ***~ sein*** constitute a quorum; **Beschlußfähigkeit** *f* quorum; ***~ haben*** constitute a quorum.
Beschluß|fassung *f* passing of a resolution; **~organ** *n* decision-making body; **~reif** *adj.* ready to be voted on, ready for the vote.
beschlußunfähig *adj.* inquorate; ***die Versammlung ist ~*** there is no quorum; **Beschlußunfähigkeit** *f* absence of quorum.
beschmieren I. *v/t.* **1.** (*schmutzig machen*) get *s.th.* dirty, smear paint *etc.* on *s.th.*; **2.** (*bekritzeln*) scrawl on; (*Mauer etc.*) smear all over *a wall etc.*, smear s.th. on (*od.* all over), daub *a wall etc.* with s.th.; ***e-e Mauer mit Graffiti ~*** *a.* paint (*od.* spray) graffiti on a wall; **3.** ***Brot mit Butter*** *etc.* ***~*** put (*od.* spread) butter *etc.* on bread; **4.** *mit Fett*: grease; **II.** *v/refl.*: ***sich ~*** get o.s. dirty, smear paint *etc.* on one's clothes *etc.*, get ink *etc.* all over o.s.
beschmutzen *v/t.* **1.** dirty, get *s.th.* dirty, soil; **2.** *fig.* (*Ruf etc.*) soil, sully, *lit.* besmirch; → ***Nest.***
beschneiden *v/t.* trim (*a. Hecke*); (*Baum etc.*) prune; (*Finger-, Fußnägel*) cut; (*Buch*) cut; ⚕ *u. rituell*: circumcise; *fig.* (*kürzen*) trim, cut (down); (*Betrieb etc.*) pare down, whittle down; → ***Flügel***; **Beschneidung** *f* trimming; pruning; cutting; → ***beschneiden***; ⚕ *u. rituelle*: circumcision; *fig.* curtailment (*gen.* of), cutting down (on).
beschnüffeln, beschnuppern *v/t.* sniff (at); ***sich (gegenseitig) ~*** *Hunde etc.*: have a (good) sniff at each other, *fig.* size each other up, have a good look at each other; *fig.* ***alles ~*** stick one's nose into everything.

beschönigen *v/t.* whitewash; (*Fehler etc.*) gloss over; (*bemänteln*) palliate; **beschönigend I.** *adj.* palliative; *Wort etc.*: euphemistic; ***~er Ausdruck*** euphemism; **II.** *adv. ausdrücken*: euphemistically; ***..., fügte er ~ hinzu*** he added in an attempt to gloss over the matter; **Beschönigung** *f* whitewashing; glossing over; palliation; → ***beschönigen***; ***ohne ~*** (quite) plainly, without mincing one's words.
beschränken I. *v/t.* limit, restrict (***auf*** to); (*einengen*) curb; **II.** *v/refl.*: ***sich ~*** limit o.s., restrict o.s., confine o.s. (***auf*** to); ***sich darauf ~ zu*** *inf.* confine o.s. to *ger.*; **beschränkt I.** *adj.* **1.** limited (*a. Anzahl, Zeit*), restricted (***auf*** to); ***~e Mittel*** limited means (*od.* resources); ***in ~en Verhältnissen leben*** live in cramped (*od.* confined) conditions; → ***Haftung*** 2; **2.** (*einfältig*) dense, dim; *formell*: obtuse; **3.** (*engstirnig*) narrow-minded; ***~e Ansichten*** narrow(-minded) views, blinkered outlook; ***e-n ~en Horizont haben*** have very narrow horizons; **II.** *adv.*: ***~ lieferbar*** (*od.* ***verfügbar***) in limited supply.
beschrankt *adj.*: ***~er Bahnübergang*** level (*Am.* grade) crossing.
Beschränktheit *f* **1.** limitedness; **2.** (*Einfältigkeit*) denseness, stupidity; *formell*: obtuseness; **3.** (*Engstirnigkeit*) narrow-mindedness.
Beschränkung *f* limitation, restriction (***auf*** to); (*Maßnahme*) restrictive measure; restraint (*gen.* on); *pl. wirtschaftliche, finanzielle*: restrictions, (*Kürzungen*) cuts.
beschreiben *v/t.* **1.** (*Kreis etc.*) describe; **2.** (*schildern*) describe; *anschaulich*: *a.* depict, portray; ***es ist nicht zu ~*** you can't describe it, *stärker*: it's indescribable, it's beyond description; ***et. genau ~*** describe s.th. in detail, give a detailed description of s.th.; ***könnten Sie es etwas näher ~?*** could you describe it in more detail?, could you be a bit more precise?; **3.** (*Blatt etc.*) write on; **Beschreibung** *f* description; (*Darstellung*) depiction, portrayal; (*Bericht*) account; ***kurze ~*** outline, ***der Ereignisse***: *a.* rundown of events; → ***spotten.***
beschreien F *v/t.*: ***ich will es nicht ~*** touch wood, I don't want to put the kiss of death on it.
beschreiten *v/t.* walk on; *fig.* ***neue Wege ~*** tread new paths, (*e-n neuen Kurs einschlagen*) F try a new tack; → ***Rechtsweg.***
beschriften *v/t.* write on; (*Umschlag*) address; (*Ware etc.*) label; (*Bild etc.*) caption, add a caption to; (*Grabstein etc.*) inscribe, put an inscription on; **Beschriftung** *f* writing, lettering; address; label, label(l)ing; caption; inscription; → ***beschriften.***
beschuldigen *v/t.* accuse (*gen.* of); ⚖ *a.* charge (with); **Beschuldigte(r** *m*) *f* (supposed) culprit; *a.* ⚖ alleged offender; ⚖ *a.* accused, defendant; **Beschuldigung** *f* accusation; ⚖ *a.* charge.
beschummeln F *v/t.*: ***j-n ~*** F diddle s.o. (***um*** out of), *beim Spiel*: cheat.
Beschuß *m* shelling, bombardment; ***unter ~ geraten*** come under fire (*fig. a.* attack) (***wegen*** for); ***unter ~ stehen*** *a. fig.* be under fire (*od.* attack); ***unter ~ nehmen*** fire at, *fig.* attack.

beschütten *v/t.*: ***mit Wasser*** *etc.* ***~*** pour (*od.* throw) water *etc.* on; ***mit Kies*** *etc.* ***~*** spread gravel *etc.* on.
beschützen *v/t.* protect, *bsd. physisch*: *a.* shield (***vor, gegen*** from); ***ich werde dich schon ~!*** I'll protect (*od.* look after) you, I'll see that you come to no harm; **Beschützer** *m* guardian; (*Schirmherr*) patron; *rel.* patron (saint); F (*Begleiter*) F friend and protector; *euphem.* (*Zuhälter*) pimp; ***~ des Glaubens*** protector (*od.* guardian) of the faith.
beschwatzen *v/t.* **1.** (*überreden*) talk *s.o.* round (***zu*** to); ***j-n zu et. ~*** *a.* talk s.o. into (doing) s.th.; **2.** (*reden über*) chat about *s.th.*
Beschwerde *f* **1.** (*Klage*) complaint (***über*** about); ⚖ appeal; (*~grund*) grievance; ***~ führen gegen*** lodge a complaint against (***bei*** with); **2.** ***~n*** *körperliche*: aches and pains; problems (***mit*** with), trouble *sg.* (with); (*Schmerzen*) pain *sg.*; ***die ~n des Alters*** the infirmities (F aches and pains) of old age; ***~n beim Atmen (bei der Verdauung) haben*** have trouble breathing (have problems digesting *od.* with one's digestion); ***m-e Beine machen mir immer noch ~n*** I'm still having problems (*od.* trouble) with my legs, my legs are still causing me problems (*od.* trouble); **3.** *a. pl.* (*Anstrengung*) discomfort, *stärker*: strain; ***j-m ~n machen*** cause s.o. great discomfort (*od.* a lot of trouble), be a (great) strain on s.o.; **~ausschuß** *m* grievance board (*od.* committee); **~brief** *m* (letter of) complaint, written complaint; **~buch** *n* complaints book.
beschwerdefrei *adj.* (*schmerzfrei*) free of pain; *nach e-r Krankheit*: fully recovered; ***~ sein*** (*schmerzfrei*) *a.* have (*od.* feel) no pain; ***ich bin seit längerem ~*** I've had no problems (*od.* pain) for a while now.
Beschwerde|führer *m* complainant; **~punkt** *m* grievance, (subject of) complaint.
beschweren I. *v/refl.*: ***sich ~*** complain (***über*** about; ***bei*** to); ***ich möchte mich ~*** I have a complaint (to make), I'd like to make a complaint; ***du kannst dich doch überhaupt nicht ~*** you can't complain, you have no cause for complaint (*od.* to complain); **II.** *v/t.* weigh(t) down; *fig.* weigh down.
beschwerlich *adj.* (*mühevoll*) hard, *stärker*: arduous; (*lästig*) troublesome, *pred.* a nuisance; (*unbequem*) inconvenient; (*ermüdend*) tiring; **Beschwerlichkeit** *f* trouble, troublesomeness; (*Unbequemlichkeit*) inconvenience.
Beschwernis *f* (*Beschwerde*) complaint, trouble; (*Not*) hardship.
beschwichtigen *v/t. a. pol.* appease; (*aufgebrachte Menge, Kind*) calm down; (*das Gewissen*) ease; (*Zweifel, Befürchtungen etc.*) set at rest, allay; ***~d*** *Worte*: calming, *Ton etc.*: emollient; **Beschwichtigung** *f* appeasement; calming down; easing; → ***beschwichtigen***; **Beschwichtigungspolitik** *f* policy of appeasement.
beschwindeln *v/t.* lie to *s.o.*, tell *s.o.* a lie (*od.* lies), F tell *s.o.* a fib (*od.* fibs).
beschwingen *v/t.* get *s.o.* going; (*aufmuntern*) cheer, *stärker*: elate; **beschwingt I.** *adj.* (*frohgestimmt*) buoyant, *stärker*: elated; *Melodie*: lively, lilting; ***~en Schrittes*** with a spring (*od.* bounce) in one's step, *lit.* with winged

steps; **II.** *adv.* buoyantly, in buoyant mood; (*~en Schrittes*) → I; **Beschwingtheit** *f* buoyancy; elation, elatedness; liveliness; → ***beschwingt*** I.

beschwipst F *adj.* F tiddly, tipsy, slightly sozzled.

beschwören *v/t.* **1.** (*et.*) swear to; ***ich könnte*** (***nicht***) ***~, daß*** I could(n't) swear (that); **2.** (*j-n, anflehen*) implore, beseech; **3.** (*Geister*) conjure up (*a. fig. Erinnerungen etc.*), invoke; (*bannen*) exorci|se (*a. Am.* -ze); (*Schlangen*) charm; **beschwörend I.** *adj. Geste, Blick etc.*: imploring, beseeching; **II.** *adv.*: ***j-n ~ ansehen*** give s.o. an imploring look; **Beschwörung** *f* **1.** oath; **2.** (*Flehen*) entreaty; **3.** (*Geister*2) invocation; (*Bannung*) exorcism; **Beschwörungsformel** *f* incantation.

beseelen *v/t.* inspire, buoy up; (*Dinge*) bring to life; **beseelt** *adj.* soulful, inspired; *Dinge*: animate.

besehen *v/t.* (*a.* ***sich*** *et.* ***~***) (have a) look at; *prüfend*: examine.

beseitigen *v/t.* move out of the way, remove; (*Abfälle etc.*) dispose of, get rid of, throw away; (*abschaffen*) get rid of, (*Brauch etc.*) *a.* do away with, put an end to; (*Mißstände*) redress, remedy; (*Störungen etc.*) get rid of; (*Schäden*) repair; (*ermorden*) get rid of, F bump *s.o.* off; **Beseitigung** *f* removal; *von Abfällen*: disposal; *von Mißständen*: redressment; *von Störungen etc.*: elimination; *von Schäden*: repair.

beseligen *v/t.* make *s.o.* happy, *stärker*: fill *s.o.* with bliss; **beseligend** *adj.* blissful; **beseligt** *adj.* blissful.

Besen *m* **1.** broom, brush; ***Schaufel und ~*** brush and pan; *fig.* ***neue ~ kehren gut*** a new broom sweeps clean; F ***ich fresse e-n ~, wenn*** I'll eat my hat if; **2.** F *contp.* (*Frau*) F old bag; **2rein** *adj.* well-swept, *pred. a.* swept clean; **~schrank** *m* broom cupboard; **~stiel** *m* broomstick; F ***steif wie ein ~*** (as) stiff as a poker.

besessen *adj.* **1.** obsessed (**von** with), possessed (by); (*rasend*) frantic; (*leidenschaftlich*) passionate; **2.** *von Geistern etc.*: possessed (**von** by); ***wie ~*** like a maniac; **Besessene(r** *m*) *f* maniac; **Besessenheit** *f* obsession; (*Begeisterung*) fanatical zeal.

besetzen *v/t.* **1.** (*Sitzplatz*) take, occupy; **2.** (*Land*) occupy; ⚔ (*feindliche Stellung*) take; **3.** (*Botschaft etc.*) occupy; (*Straße*) block; ***ein Haus ~*** squat (in a house); **4.** *Amt, Stelle* ~ fill, ***mit j-m***: put s.o. in *a position*; **5.** (*Stück, Rolle*) cast; ***neu ~*** recast; ***die Rollen e-s Stückes ~*** cast a play; **6.** ♪ score (**mit** for); **7.** *mit Juwelen etc.*: set (**mit** with); *mit Spitzen etc.*: trim (with); **8.** *mit Fischen etc.*: stock (**mit** with), *a. mit Wild etc.*: populate (with); **besetzt** *adj.* **1.** occupied (*a.* ⚔, *pol., Botschaft etc.*); *Platz*: *a.* taken; *Bus etc.*: full (up); ***~ halten*** (*Gebäude etc.*) hold *a building* occupied, occupy; ***die ~en Gebiete im Westjordanland*** the occupied territories in the West Bank; **2.** *teleph.* engaged, *Am.* busy; ***unsere Telefone sind bis 22 Uhr ~*** our telephones will be manned (*od.* the lines will be open) until 10 p.m.; **3.** ***~ mit*** *Gremium etc.*: made up of; **4.** ♪ ***das Orchester ist mit fünf Violinen ~*** the orchestra has five violins, there are five violins in the orchestra; ***das Stück ist mit fünf Violinen ~*** (*geschrieben für*) the piece is scored for five violins; **5.** ***mit Edelsteinen*** *etc.* ~ set with jewels *etc.*, *auffällig*: jewel-studded *etc.*; ***mit Pailletten ~*** sequined; ***mit Spitzen*** *etc.* ~ trimmed with lace *etc.*

Besetztzeichen *n teleph.* engaged tone (*od.* signal), *bsd. Am.* busy signal.

Besetzung *f* **1.** *e-s Landes*: occupation; **2.** *e-r Botschaft etc.*: occupation; (*Haus*2) squatting; **3.** *Amt, Stelle*: filling (*gen.* of); **4.** (*Mitglieder e-s Gremiums etc.*) members *pl.*; **5.** (*Wettkampfteilnehmer*) entrants *pl.*; **6.** *thea.* cast, (*das Besetzen*) casting; **7.** ♪ instruments *pl.*; (*Spieler*) players *pl.*; ***in großer*** (*od.* ***voller***) ***~ spielen*** play with a full orchestra *od.* band; ***in kleiner ~ spielen*** play with a small orchestra (*od.* band, ensemble); **Besetzungsliste** *f* cast (list).

besichtigen *v/t.* **1.** have a look at, *formell*: view; (*Sehenswürdigkeiten*) *a.* visit; (*Stadt, Museum etc.*) *a.* go round, tour; ***zu ~ sein*** be on view, *Haus etc.*: be open to the public; **2.** *prüfend*: inspect; (*Fabrik etc.*) *a.* tour, go round; **Besichtigung** *f* **1.** *e-r Sehenswürdigkeit*: visit (*gen.* to); *e-r Stadt, e-s Museums etc.*: *a.* tour (of); *e-s Kunstwerks etc.*: look (at), *formell*: viewing (of); **2.** *prüfende*: inspection (*gen.* of); *e-r Fabrik etc.*: *a.* tour (of, around).

Besichtigungs|fahrt *f* sightseeing tour; **~zeiten** *pl.* hours of opening.

besiedeln *v/t.* **1.** (*sich ansiedeln in*) settle in; (*kolonisieren*) colonize; (*bevölkern*) populate; **2.** *Regierung etc.*: (*Gebiet*) settle; **besiedelt** *adj.* settled *area etc.*; populated (**von** by); ***dicht*** (***dünn***) ~ densely (sparsely) populated; **Besied(e)lung** *f* settlement; colonization; *weitS.* (*Bevölkerung*) population; **Besied(e)lungsdichte** *f* population density.

besiegeln *v/t.* **1.** (*Schicksal etc.*) seal; ***damit war ihr Schicksal besiegelt*** that sealed her fate, her fate was sealed; **2.** (*bekräftigen*) confirm; *stärker*: seal; ***mit Blut ~*** seal in blood; ***mit Handschlag ~*** shake hands on; **Besieg(e)lung** *f* (*Bekräftigung*) confirmation.

besiegen *v/t. a. Sport, pol. etc.*: defeat, F beat; ⚔ defeat, conquer; *fig.* overcome, *lit.* conquer; **Besiegte(r)** *m* defeated person, *a. Sport*: loser.

besingen *v/t.* **1.** (*im Lied loben*) celebrate, sing of; sing to; **2.** (*verherrlichen*) extol, sing the praises of; **3.** (*Tonband etc.*) record (songs on).

besinnen *v/refl.*: ***sich ~*** (*nachdenken*) reflect, think; (*in sich gehen*) think about things, F do a bit of thinking; (*sich fassen*) collect o.s.; (*zur Vernunft kommen*) come to one's senses; ***sich ~ auf*** recall, remember; ***sich anders ~*** change one's mind; ***sich e-s Besseren ~*** think better of it; ***wenn ich mich recht besinne*** if I remember rightly; ***ohne sich lang zu ~*** without thinking twice.

besinnlich *adj.* contemplative; *Geschichte etc.*: thought-provoking; → ***heiter-besinnlich***; **Besinnlichkeit** *f* contemplativeness; contemplation.

Besinnung *f* **1.** (*Bewußtsein*) consciousness; ***die ~ verlieren*** lose consciousness; (***wieder***) ***zur ~ kommen*** regain consciousness, come round; **2.** (*Vernunft*) senses *pl.*; ***die ~ verlieren*** lose one's head; ***du bist wohl nicht bei ~!*** you must be out of your (F tiny little) mind; (***wieder***) ***zur ~ kommen*** come to one's senses; ***j-n*** (***wieder***) ***zur ~ bringen*** bring s.o. back to his (*od.* her) senses, make s.o. listen to reason; **3.** (*Nachdenken*) reflection, contemplation; meditation; ***man kommt überhaupt nicht zur ~*** you don't get time to think; **Besinnungsaufsatz** *m ped.* discursive essay.

besinnungslos *adj.* **1.** ⚕ unconscious; **2.** *Wut etc.*: blind, uncontrolled, *formell*: insensate; ***~ vor Wut*** raging (*od.* blind) with fury *od.* anger; ***~ vor Angst*** out of one's mind with fear; **Besinnungslosigkeit** *f* ⚕ unconsciousness.

Besitz *m* ownership, possession (*gen.*, **an, von** of); *konkret*: (*Besitztum*) possession(s *pl.*); (*Eigentum*) property; ***privater ~*** private(ly owned) property; ***staatlicher ~*** state(-owned) property; ***im ~ sein von*** be in possession of; ***im vollen ~ s-r geistigen Kräfte sein*** be in full possession of one's mental faculties; ***in ~ nehmen, ~ ergreifen von*** take possession of, *fig.* ***von*** *j-m*: take hold of; ***in den ~ e-r Sache gelangen*** come into possession of s.th.; **~anspruch** *m* claim for possession; **2anzeigend** *adj.*: *ling.* ***~es Fürwort*** possessive pronoun.

besitzen *v/t.* have, own, *formell*: possess; (*Dokumente*) have, hold, be in possession of; (*Eigenschaft, Talent etc.*) have; **besitzend** *adj.*: ***die ~en Klassen*** the propertied classes; **Besitzer** *m* owner; *e-s Geschäfts etc.*: *a.* proprietor; *e-s Dokuments*: holder; ***er ist stolzer ~ e-r Wohnung*** he's the proud owner of a flat (*Am.* an apartment); ***den ~ wechseln*** change hands.

Besitzergreifung *f* taking possession (**von** of); *gewaltsame*: seizure; *widerrechtliche*: usurpation.

Besitzerstolz *m* pride of possession (*od.* ownership).

Besitzgier *f* acquisitiveness, (material) greed.

besitzlos *adj.* unpropertied; (*entwurzelt*) dispossessed; **Besitzlose(r)** *m* unpropertied (*entwurzelt*: dispossessed) person; ***die Besitzlosen*** the unpropertied (*od.* dispossessed), F the have-nots.

Besitzstand *m* ownership; ✝ (*Aktiva*) assets *pl.*; **~wahrung** *f* maintaining living standards.

Besitztum *n* possession, *a. pl.* property.

Besitzübertragung *f* transfer of property.

Besitzung *f* estate.

Besitzurkunde *f* title deed.

besoffen F *adj.* F plastered, *sl.* stoned, sloshed; ***da muß ich ~ gewesen sein*** I must have been drunk; **Besoffene(r)** F *m* drunk; **Besoffenheit** F *f* drunkenness.

besohlen *v/t.* sole; ***neu ~*** resole; (***neu***) ***~ lassen*** have *shoes etc.* (re)soled.

besolden *v/t.* pay; **besoldet** *adj.* salaried; **Besoldung** *f* salary; ⚔ pay; **Besoldungsgruppe** *f* salary bracket.

besonder *adj.* special; (*bestimmt*) particular, specific, *betont*: *a.* special; (*außergewöhnlich*) very special, exceptional; (*getrennt*) separate; ***dazu brauchst du e-e ~e Ausbildung*** you need special qualifications for that; ***ein ~er Fall*** a special case; ***in diesem ~en Fall*** in this particular case; ***gibt es e-n ~en Grund?*** is there any particular reason?; ***suchst du e-n ~en Stil?*** are you looking for a particular style?; ***es ist***

mir e-e ~e Freude zu** inf.* it gives me great pleasure to *inf.*; ***~e Merkmale special features; **Besondere(s)** *n*: ***etwas Besonderes*** something special; ***nichts Besonderes*** nothing unusual, *a. contp.* nothing special, F no great shakes, (*nichts Spezifisches*) nothing in particular; ***im besonderen*** in particular, above all; ***das Besondere daran ist*** what is so special about it is; **Besonderheit** *f* **1.** (*Eigenheit*) specific feature (*od.* characteristic), *a. merkwürdige*: peculiarity; *merkwürdige*: *a.* quirk, *e-s Menschen*: *a.* foible; ***es ist e-e ~ von ihm*** it's one of his (little) quirks *od.* foibles; ***die ~ daran war*** what was so unusual (*od.* remarkable) about it was; **2.** *e-s Autos etc.*: special feature; **besonders** *adv.* **1.** (*insbesondere*) particularly, in particular, (e)specially; (*vor allem*) *a.* above all; ***dieser gefällt mir ~*** I specially (*od.* particularly) like this one; **2.** *gut, scharf etc.*: particularly, (e)specially; (*außergewöhnlich*) exceptionally; ***~ viel(e)*** (a lot) more than usual; ***es waren ~ viele Leute da*** there were a lot more people (there) than usual; **3.** (*ausdrücklich*) specially, expressly; ***~ erwähnen*** give special mention to; **4.** *gefällt es dir?* - ***nicht ~*** not particularly; F ***es ist nicht ~*** it's nothing special; F ***es geht ihm nicht ~*** he's not too well, he's feeling a bit under the weather; **5.** (*getrennt*) separately; *behandeln*: *a.* as a separate item.

besonnen *adj.* (*vernünftig*) sensible, level-headed; (*umsichtig*) circumspect; (*vorsichtig*) prudent; (*ruhig*) calm; **Besonnenheit** *f* level-headedness; (*Ruhe*) composure.

besorgen *v/t.* **1.** (*beschaffen*) get (***j-m et.*** s.o. s.th.); *formell*: provide (s.o. with s.th.); *bsd. mit Mühe*: F get hold of (s.th. for s.o.); ***sich et. ~*** get (*od.* buy) s.th., F (*stehlen*) F borrow s.th.; ***ich habe einiges zu ~*** I've got a bit of shopping to do; F ***ihm werd' ich's ~*** F I'll sort him out; **2.** (*erledigen, sich kümmern um*) see to, (*a. Haushalt, Kranken*) look after; F ***wird besorgt!*** F will do!; ***die Auswahl der Stücke besorgte ...*** the pieces were chosen (*od.* compiled) by ...; ***was du heute kannst ~, das verschiebe nicht auf morgen*** never put off till tomorrow what you can do today.

Besorgnis *f* concern, *stärker*: anxiety (***um*** for; ***über*** about, at); ***~ erregen*** cause concern; ***es besteht kein Grund zur ~*** there's no cause for concern, there's no need to worry; **besorgniserregend** *adj.* worrying, *stärker*: alarming; ***~ sein*** *a.* be causing (great) concern.

besorgt *adj.* **1.** worried, concerned (***um, wegen*** about); **2.** ***~ um*** (*j-s Wohlergehen etc.*): concerned for (*od.* about); **3.** (*ängstlich bemüht*) concerned, anxious (***zu*** *inf.* to *inf.*); **Besorgtheit** *f* **1.** concern, worry, worries *pl.* (***um, wegen*** about); **2.** (*Fürsorglichkeit*) concern, solicitousness (***um*** for).

Besorgung *f* **1.** (*Beschaffung*) getting (hold of) (*gen.* s.th.); (*Einkauf*) buying (s.th.); ***die ~ von Karten ist sehr schwierig*** *a.* it's very difficult to get hold of tickets; ***~en machen*** go shopping; ***ich muß noch ein paar ~en machen*** I've still got some shopping to do (*od.* a few things to buy *od.* get); **2.** (*Erledigung*) dealing with (*gen.* s.th.); *von Geschäften*: management *of affairs*.

bespannen *v/t.* **1.** (*Tennisschläger etc., a.* ♪ ***mit Saiten ~***) string; ***neu ~*** restring; **2.** *mit Stoff*: cover; **3.** ***mit Pferden ~*** hitch up; **Bespannung** *f* **1.** ♪, *Tennisschläger etc.*: strings *pl.*; **2.** (*Überzug*) cover.

bespicken *v/t. gastr.* lard; **bespickt** *adj.*: ***~ mit*** *Orden etc.*: studded with, bristling with.

bespiegeln I. *v/refl.*: ***sich ~*** look at o.s. in the (*od.* a) mirror, *fig. auf eitle Weise*: preen o.s.; **II.** *v/t.* (*darstellen*) depict, portray.

bespielbar *adj.*: ***nicht ~*** *Platz*: unplayable; **bespielen** *v/t.* **1.** (*Tonband etc.*) record *od.* tape (s.th.) on, record; **2.** *thea.* perform in *a town* (*od.* on *a stage etc.*); **bespielt** *adj. Cassette etc.*: (pre)recorded.

bespitzeln *v/t.* spy on *s.o.*; **Bespitzelung** *f* spying (*gen.* on).

bespötteln *v/t.* make fun of; **Bespöttelung** *f* mocking, mockery.

besprechen I. *v/t.* **1.** discuss, talk *s.th.* over; **2.** (*Buch, Film etc.*) review; **3.** (*Tonband etc.*) record s.th. on; **II.** *v/refl.*: ***sich mit j-m ~*** discuss the matter with s.o., talk things over with s.o.; **Besprechung** *f* **1.** *e-s Problems etc.*: discussion; **2.** (*Sitzung*) meeting, (*Konferenz*) conference; ***in e-r ~ sein*** be having a meeting (*od.* conference), be at a meeting; **3.** (*Buch℗ etc.*) review, write-up; **Besprechungsexemplar** *n* review copy.

besprengen *v/t.* (*Rasen*) sprinkle; (*Wäsche*) dampen; (*Straße*) spray.

bespringen *v/t. zo.* cover, mount.

bespritzen *v/t.* splash, spatter.

besprühen *v/t.* spray.

bespucken *v/t.* spit at (*od.* on).

besser *adj., adv.* better (***als*** than); ***ein ~es Geschäft*** *etc.* (*gutes*) a good (*od.* an upmarket) shop *etc.*; ***e-e ~e Tippse*** *etc.* a glorified typist *etc.*; ***in ~en Kreisen verkehren*** move in high(er) circles; → ***Hälfte; um so ~*** so much the better, that's even better; *iro.* ***das wäre ja noch ~!*** that would be really great; ***~ als gar nichts*** better than nothing(, I suppose); ***~ gesagt*** or rather; ***~ ist ~*** just to be on the safe side; ***~ werden*** improve, get better; ***es ~ wissen*** know better; ***es ~ machen als j-d*** do better than s.o., go one up on s.o.; ***es geht ihm heute ~*** he's feeling better today; ***es geht*** (*wirtschaftlich etc.*) ***~*** things are looking up; ***du kannst es ~ als er*** you're better at it than him (*od.* he is); ***er ist ~ dran als ich*** he's better off than me; ***es ist ~, wenn wir gehen, gehen wir ~*** I think we should go, I think (*od.* perhaps) we'd better go; ***du tätest ~ daran zu gehen*** *a.* you'd do well to go; → ***Ruf*** 4; **Bessere(s)** *n* something better; ***j-n e-s Besseren belehren*** set s.o. right, *weitS.* open s.o.'s eyes; → ***besinnen***; ***ich habe Besseres zu tun*** I've got more important things to do; ***sie meint, sie sei etwas Besseres*** she thinks she's somebody special; ***e-e Wende zum Besseren*** a change for the better.

bessergestellt *adj.* better-off.

bessern I. *v/t.* improve; (*j-n*) reform; **II.** *v/refl.*: ***sich ~*** improve, get better; *Wetter*: *a.* brighten up; *moralisch*: mend one's ways; ***er hat sich nicht gebessert*** he hasn't changed, he's still the same (as ever).

Besserstellung *f* (financial, social *etc.*) betterment.

Besserung *f* improvement; (*Wende zum Besseren*) change for the better; (*Erholung, a.* ⚕ *Genesung*) recovery; ***auf dem Wege der ~ sein*** be recovering, be on the road to recovery; ***gute ~!*** I hope you feel better soon, *auf Karten*: get well soon!; → ***Weg.***

Besserwessi F *m* F know-(it-)all (from the old West German states).

Besserwisser *m* F know-(it-)all, smart aleck; **Besserwisserei** *f* F know-it-all attitude; ***der mit s-r ~*** he thinks he knows it all; **besserwisserisch** *adj.* F know-(it-)all ...

best *adj., adv.* best; ***am ~en*** best; ***am ~en bleibst du da*** the best thing would be for you to stay here, it would be best for you to stay here; ***im ~en Falle*** at best; ***im ~en Alter*** in the prime of life; ***bei ~er Gesundheit*** in the best of health; ***in ~em Zustand*** in perfect (*od.* mint) condition; ***mit den ~en Wünschen*** with all good wishes; ***es steht mit ihr nicht zum ~en*** things aren't looking too good for her; ***zum ~en geben*** (*Geschichte etc.*) tell; (*Lied*) sing; ***er gab e-e Geschichte*** (***ein Lied***) ***zum ~en*** *a.* he recited a little story (he gave us a little song *od.* ditty); ***j-n zum ~en haben*** pull s.o.'s leg, have s.o. on; ***aufs ~e geregelt*** all taken care of; → ***Familie, Kraft*** 1, ***Seite, Stück, Weg, Wille(n), Wissen*** *etc.*; → *a.* ***Beste(s).***

bestallen *v/t.*: ***j-n ~ zu*** appoint s.o. *judge etc.*; **Bestallung** *f* appointment.

Bestand *m* **1.** (*Weiterbestehen*) (continued) existence; (*Überleben*) *a.* survival; (*Dauer*) duration; ***von ~ sein, ~ haben*** be lasting, last; ***von kurzem ~ sein*** be short-lived; ***es ist nicht von ~*** it won't last; **2.** (*Vorrat*) *a. pl.* stock, supplies *pl.*; *e-s Museums, e-r Bibliothek etc.*: holdings *pl.*; *an Bäumen, Fischen etc.*: *tree etc.* population; (*Kassen℗*) cash in hand, *e-r Bank*: liquid assets *pl.*; *an Effekten*: holdings *pl.*; ***~ aufnehmen*** *a. fig.* take stock; → ***eisern.***

bestanden[1] *adj.*: ***nach ~er Prüfung*** after passing the exam; ***j-m zur ~en Prüfung gratulieren*** congratulate s.o. on passing his (*od.* her) exam.

bestanden[2] *adj.*: ***mit Bäumen ~*** covered in trees, tree-covered ...; *Straße*: lined with trees, tree-lined *avenue*.

beständig I. *adj.* **1.** (*dauerhaft*) permanent; (*von Dauer, länger anhaltend*) lasting; (*andauernd*) continual, constant, incessant; (*ununterbrochen*) continuous; **2.** (*unveränderlich, stabil*) steady, stable (*a.* ✝); *Wetter*: settled; **3.** (*beharrlich*) persevering; **4.** (*widerstandsfähig*) resistant (***gegen*** to); *Farben*: fast; **II.** *adv.* (*dauernd, immerzu*) constantly, continually; **Beständigkeit** *f* (*Dauer*) permanence; (*Dauerhaftigkeit*) lasting nature (*od.* quality); (*Stabilität*) stability; (*Widerstandsfähigkeit*) resistance (***gegen*** to); (*Beharrlichkeit*) perseverance.

Bestands|aufnahme *f a. fig.* stocktaking; ***~ machen*** take stock; **~erweiterung** *f* expansion of a collection; **~katalog** *m* catalog(ue) of holdings; **~liste** *f* inventory, stock list; **~verzeichnis** *n* inventory.

Bestandteil *m* component, part, constituent (part); (*Grund*~) element; (*Merkmal*) feature; ***et. in s-e ~e zerlegen*** take s.th. apart (*od.* to pieces); ***sich in s-e ~e auflösen*** disintegrate, F *weitS.* F fall apart.

bestärken *v/t.* (*ermuntern, unterstützen*) encourage; (*bestätigen*) confirm (**in** in); (*et.*) *a.* reinforce, strengthen; ***j-n in s-r Meinung ~*** confirm s.o.'s opinion, back s.o. up; ***es hat mich in m-m Entschluß bestärkt*** it made me all the more determined, *formell*: it strengthened my resolve; **Bestärkung** *f* (*Ermunterung*) encouragement; (*Bestätigung*) confirmation; *e-r Sache*: *a.* reinforcement, strengthening.

bestätigen I. *v/t.* confirm; (*unterstützen*) back up; (*Vermutung, Theorie etc.*) *a.* bear out, corroborate; (*bescheinigen*) certify; † (*Aufträge*) confirm; (*Empfang*) acknowledge (receipt of); ***j-n im Amt ~*** confirm s.o. in office; ***er sah sich in s-r Annahme*** (***Meinung***) ***bestätigt*** he was borne out in his assumption (his opinion was confirmed); ***ich kann das nur ~*** I can support that fully, I couldn't agree with you more; **II.** *v/refl.*: ***sich ~*** be confirmed, be borne out, prove (to be) correct *od.* true; ***mein Verdacht hat sich nicht bestätigt*** my suspicion proved (*od.* turned out) to be wrong *od.* unjustified; **Bestätigung** *f* **1.** confirmation; corroboration; ***s-e ~ finden*** be confirmed (*od.* borne out, corroborated) (**in** by); **2.** (*Bescheinigung*) written confirmation; certificate; **Bestätigungsschreiben** *n* letter of confirmation.

bestatten *v/t.* bury; *formell*: inter; **Bestattung** *f* burial; *formell*: interment.

Bestattungs|institut *n* undertaker's; *formell*: funeral directors *pl.*; *Am.* funeral home (*od.* parlor); **~kosten** *pl.* funeral expenses.

bestäuben *v/t.* **1.** dust, spray; *mit Mehl, Puderzucker*: dust; **2.** ❀ (*befruchten*) pollinate; **Bestäubung** *f* **1.** dusting; **2.** ❀ pollination.

bestaunen *v/t.* look at *s.th.* in amazement, *verblüfft*: gape at; *voller Bewunderung*: marvel at.

best|ausgestattet *adj.* best-equipped; **~bekannt** *adj.* best-known; **~bezahlt** *adj.* best-paid.

beste(r, -s) *adj.* → **best.**

Beste(s) *n* the best; ***das Beste, die Besten*** *a.* F the pick of the bunch; ***sein Bestes tun*** (*od.* ***geben***) do one's (level) best; ***ich werde mein Bestes tun*** *a.* I'll do what I can; ***das Beste herausholen*** (*od.* ***draus machen***) make the best of it (*od.* of a bad job).

bestechen I. *v/t.* **1.** bribe; ***j-n ~*** *a.* F grease s.o.'s palm; ***sich ~ lassen*** take bribes, be open to bribery; **2.** *fig.* (*fesseln*) captivate (**durch** with); **II.** *v/i.* be impressive (*od.* captivating), impress (*od.* captivate) people (**durch** with); **bestechend I.** *adj.* fascinating; ***~es Lächeln*** winning (*od.* charming) smile; ***~es Angebot*** tempting offer; ***~e Leistung*** brilliant performance; **II.** *adv.*: ***~ einfach*** deceptively simple.

bestechlich *adj.* corruptible, open to bribery; **Bestechlichkeit** *f* corruptibility.

Bestechung *f* bribery; ***aktive*** (***passive***) ~ offering (taking) of bribes *od.* a bribe.

Bestechungs|affäre *f* corruption scandal; **~geld** *n*, **~summe** *f* bribe (money); **~versuch** *m* attempted bribery.

Besteck *n* **1.** *v/t.* **1.** (*Eß*~) knife, fork and spoon; *coll. od.* **~e** cutlery, *aus Silber*: silverware; ***sechsteiliges ~*** six-piece set (of cutlery); **2.** ⚕ (***chirurgisches ~*** surgical) instruments *pl.*; **3.** ⚓ ship's position, reckoning; ***das ~ nehmen*** take the ship's position; **~kasten** *m* cutlery box.

bestehen I. *v/t.* **1.** (*Prüfung*) pass, F get through; (*e-e Probe*) stand *od.* pass *the test*; ***die Prüfung*** (***Probe***) ***nicht ~*** fail the exam (test); **2.** (*durchstehen*) come through, survive; **II.** *v/i.* **3.** exist, *weitS. Bedenken, Grund etc.*: *a.* be; (*fort*~) continue, last; (*noch* ~) remain, survive, have survived; ***es besteht*** (***bestehen***) ***...*** *a.* there is (are) ...; ***es besteht die Gefahr, daß sich das Feuer ausbreitet*** there's a danger of the fire spreading; **4.** ***~ aus*** be made (up) of, *a. weitS.* consist of, comprise; **5.** ***~ in*** consist in, be; ***das Problem besteht darin, daß*** (***darin zu*** *inf.*) the problem is that (is *ger.*); ***der Unterschied besteht darin, daß*** the difference is (*od.* lies in the fact) that; ***die Besonderheit besteht darin, daß*** what is so special (about it) is (the fact) that; **6.** ***~ auf*** insist (up)on; ***darauf ~, et. zu tun*** insist on doing s.th.; ***darauf ~, daß et. getan wird*** insist on s.th. being done; ***ich bestehe darauf*(, *daß er kommt*)** I insist (that he comes, *formell*: on his coming); ***ich bestehe nicht darauf*** I'm not insisting, *a.* you don't have to; **7.** (*sich behaupten*) stand one's ground, hold one's own (**gegen** against); **8.** *in e-r Prüfung*: pass, F get through; **III.** ~ *n* **9.** existence; ***seit ~ unserer Firma*** ever since our firm was founded; ***seit ~ der Regierung*** ever since the government came into power; ***das 50jährige ~ feiern*** celebrate the fiftieth anniversary *of s.th.*; **10.** (***j-s***) ***~ auf*** (s.o.'s) insistence on; **11.** *e-r Prüfung*: passing; **bestehenbleiben** *v/i.* (*fortdauern*) continue (to exist); *Gefahr etc.*: remain; (*gültig bleiben*) remain valid, (still) hold good; **bestehend** *adj.* existing; (*gegenwärtig*) present, current; (*vorherrschend*) prevailing; (*noch* ~) extant.

bestehlen *v/t.* steal from; *bsd. auf der Straße*: rob; ***bestohlen werden*** have s.th. stolen, be robbed.

besteigen *v/t.* (*Berg, Treppe etc.*) climb (up); (*Pferd, Fahrrad*) mount, get onto; (*Bus etc.*) get on, (*Auto*) get into, (*Schiff*) get on, board; (*Thron*) ascend (to); ***e-n Turm ~*** climb up to the top of a tower; **Besteigung** *f e-s Bergs*: ascent; *e-s Throns*: accession *to the throne.*

Bestell|block *m* order pad; **~buch** *n* † order book.

bestellen *v/t.* **1.** order; (*Zimmer etc.*) book, *a. Am.* reserve; (*Zeitung*) subscribe to; F ***wie bestellt und nicht abgeholt*** like a lost soul, F all dressed up and no place to go; **2.** (***zu sich*** ~) ask *s.o.* to come (and see one), (*kommen lassen*) send for; **3.** (*Nachricht*) give *s.o. a message*; ***j-m etwas ~ lassen*** send s.o. a message, pass a message on to s.o.; ***bestell ihr bitte ...*** would you tell her ...; ***bestell ihm e-n schönen Gruß von mir*** give him my regards; F ***er hat nichts zu ~*** he doesn't have much (of a) say; **4.** ⁄ (*Feld*) cultivate; ***das Feld ~*** *a.* till the ground; → ***Haus*** 1; **5.** ⚖ (*ernennen*) appoint; ***j-n zum Vormund*** *etc.* ~ appoint s.o. guardian *etc.*; **6.** ***es ist gut*** (***schlecht***) ***um j-n*** *od.* ***et. bestellt*** things are looking good (aren't looking too good) for s.o. *od.* s.th.; **Besteller** *m* (*Kunde*) customer; (*Käufer*) buyer.

Bestellformular *n* order form.

Bestelliste *f* (*getr.* **ll-l**) order list.

Bestell|karte *f* order card; **~nummer** *f* order number; **~praxis** *f* appointments-only surgery, surgery with an appointments system; **~schein** *m* order form.

Bestellung *f* **1.** (*Auftrag*) order; ***auf ~ anfertigen*** make to order; ***e-e ~ aufgeben*** place an order (**bei** with); **2.** (*Reservierung*) booking, *Am. a.* reservation; **3.** (*Übermittlung*) delivery; (*Botschaft*) message; **4.** ⁄ cultivation; **5.** (*Ernennung*) appointment.

Bestellzettel *m* † order form (*od.* slip); *Bücherei*: order slip.

bestenfalls *adv.* at best; (*höchstens*) *a.* at most; (*frühestens*) at the earliest.

bestens *adv.* extremely (*od.* very) well; ***ihm geht's ~*** *a.* he's fine; (***ich***) ***danke ~!*** thank you very much (indeed), *iro.* thanks but no thanks.

besteuern *v/t.* tax; **Besteuerung** *f* taxation.

Bestform *f Sport*: top condition.

best|gehaßt F *adj.* most hated; **~gekleidet** *adj.* best-dressed.

bestialisch I. *adj.* brutal; F *Hitze etc.*: unbearable; ***es ist e-e ~e Hitze*** *etc. a. sl.* it's hot *etc.* as hell; **II.** F *adv.* dreadfully; ***~ kalt*** *a. sl.* cold as hell; ***es tut ~ weh*** *sl.* it hurts like hell; ***es stinkt ~*** F it smells something awful, *sl.* it stinks like hell; **Bestialität** *f* bestiality; *konkret*: *a.* atrocity.

besticken *v/t.* embroider.

Bestie *f* beast; *fig. a.* brute.

bestimmbar *adj.* determinable; **bestimmen** *v/t. u. v/i.* **1.** (*festsetzen*) determine, decide; (*Preis, Termin etc.*) fix; **2.** (*anordnen*) decide; (*befehlen*) give the orders (for); ***wer bestimmt hier?*** who gives the orders around here?; ***du hast hier nichts zu ~*** F who asked you for your opinion?; **3.** (*beeinflussen*) determine, control; **4.** (*prägen*) characterize; **5.** (*aussehen*) choose; ***~ zu*** (*od.* ***für***) intend *s.th.* for, intend *s.o.* to be, (*Geld*) *a.* allocate for, set aside for; **6.** (*j-n veranlassen*) induce (**zu** *inf.* to *inf.*); (*überreden*) persuade (to *inf.*); ***sich von et. ~ lassen*** (let o.s.) be influenced by s.th., *weitS.* let s.th. get the better of one; **7.** (*ermitteln*) ascertain, *a.* ⚗, ⚒, *phys.* determine; (*Begriff*) define; **8.** ***~ über*** (*Arbeitskräfte etc.*) have at one's disposal; ***über sein Geld*** (***s-e Zeit***) ~ decide how to spend one's money (what to do with one's time); ***über s-e Angelegenheiten ~*** decide one's affairs for oneself; ***er ist alt genug, um über sich selbst zu ~*** he's old enough to look after himself (*od.* to run his own life); **bestimmend** *adj.* determining, decisive; *ling.* determinative.

bestimmt I. *adj.* **1.** *Anzahl, Zeit etc.*: certain; *Absicht, Plan etc.*: particular, specific; **2.** (*entschlossen*) determined; *im Auftreten etc.*: firm, resolute; **3.** ***~ sein für*** be meant for; ***füreinander ~ sein*** be meant for each other; **4.** ***~ sein zu*** be destined for (*od.* to be), (*verurteilt*) *a.* be fated to *inf.*; ***zu Höherem ~ sein*** be destined for higher (F bigger and better) things; ***es war ihm vom Schicksal ~ zu*** *inf.* he was destined by fate to *inf.*; **5.** *ling.* ***~er Artikel*** definite article; **II.** *adv.* **6.** definitely; ***ich komme*** (***mache es***) ***ganz ~*** I'm definitely coming (I'll definitely do it, I promise I'll do it); ***machst du es auch ganz ~?*** can I rely on you to do it?, do you promise to do it?; *war er es wirklich? -* ***ganz ~*** no question about it; ***~ wissen, daß*** know for sure that; ***er kommt ~*** he's sure to come; ***ich hab's ~ nicht gemacht*** I really didn't do it; honestly, it wasn't me; **7.** (*aller Wahrscheinlichkeit nach*) probably; ***er hat ~ den Bus verpaßt*** *a.* he must have missed the bus, F I bet he missed the bus; **8.** (*mit Entschiedenheit*) firmly, decidedly; **Bestimmte(s)** *n*: ***etwas Bestimmtes*** something (*in Fragen*: *a.* anything) particular (*od.* specific, special); **Bestimmtheit** *f* **1.** (*Entschlossenheit*) firmness; determination; (*Kraft*) force; ***mit ~*** (*überzeugt*) confidently, (*mit Nachdruck*) emphatically; categorically; **2.** (*Sicherheit*) certainty; ***ich kann es nicht mit ~ sagen*** I can't say for certain (*od.* with certainty); ***mit ~ wissen*** know for certain.

Bestimmung *f* **1.** (*Festsetzung*) fixing *of a date etc.*; (*Entscheidung*) determination (*gen.* of), decision (on); **2.** (*Vorschrift*) regulation, rule; **3.** (*Ermittlung*) determination (*a. phys.*, ⚗ *etc.*); **4.** (*Zweck*) (intended) purpose; **5.** (*Begriffs*2) definition; ***nähere ~*** closer definition, qualification; **6.** *ling.* qualification; ***adverbiale ~*** adverbial element; **7.** (*Berufung*) calling; **8.** (*persönliches Schicksal*) destiny.

Bestimmungs|bahnhof *m* station of destination; **~flughafen** *m* airport of destination.

bestimmungsgemäß *adj. u. adv.* as directed, as agreed.

Bestimmungs|größe *f* ⚗, *phys.* defining quantity; **~hafen** *m* port of destination; **~ort** *m* destination; **~wort** *n ling.* determinative element.

Best|leistung *f* **1.** best performance; **2.** (*a.* ***persönliche ~***) personal best (*od.* record); ***die persönliche ~ übertreffen*** beat one's personal best; **~marke** *f Sport*: record.

bestmöglich *adj.* best possible; optimum.

bestrafen *v/t. a.* ⚖ punish (***wegen, für*** for; ***mit*** with); ⚖ (*verurteilen*) sentence (***mit*** to); *mit e-r Geldstrafe*: fine; ⚖ ***bestraft werden mit*** *Handlung*: be punishable by; ***Zuwiderhandlungen werden bestraft*** violations will be prosecuted; **Bestrafung** *f* punishment; (*Strafe*) *a.* penalty.

bestrahlen *v/t.* shine on; (*beleuchten*) light up, illuminate; *phys.* irradiate; ⚕ give *s.o.* ray treatment; **Bestrahlung** *f phys.* irradiation; ⚕ ray treatment.

Bestreben *n* endeavo(u)r, effort; ***es ist sein ~ zu*** *inf.* he is endeavo(u)ring to *inf.*; ***in dem ~ zu*** *inf.* in an attempt (*od.* endeavo[u]r) to *inf.*, while trying to *inf.*; **bestrebt** *adj.*: ***~ sein zu*** *inf.* endeavo(u)r to *inf.*, be anxious to *inf.*; **Bestrebung** *f* endeavo(u)r, attempt, effort(s *pl.*).

bestreichen *v/t.* **1.** ***et. mit et. ~*** spread s.th. on s.th.; ***mit Farbe ~*** paint, give *s.th.* a coat of paint; ***mit Butter ~*** butter; ***mit Fett ~*** grease; ***mit Öl ~*** oil; **2.** ***mit Gewehrfeuer ~*** spray with machine-gun fire.

bestreiken *v/t.* go out on (*od.* be on) strike against; **bestreikt** *adj.* strike-bound; affected by a strike (*od.* strikes); **Bestreikung** *f* strike(s *pl.*) (*gen.* against).

bestreitbar *adj.* open to question, contestable, disputable; **bestreiten** *v/t.* **1.** (*anfechten*) contest, dispute, challenge; (*abstreiten*) deny; ***es läßt sich nicht ~, daß*** there's no denying that; → ***energisch*** II.; **2.** (*Kosten etc.*) bear, pay, meet *the costs*; (*finanzieren*) pay for, finance; **3.** (*Programm*) fill; (*Wettkampf etc.*) hold, carry out; ***sie bestritt die Unterhaltung allein*** she did all the talking, she (more or less) monopolized the conversation; **Bestreitung** *f* **1.** challenge, contestation, disputation; **2.** *der Kosten etc.*: payment, financing; ***zur ~ der Unkosten*** (in order) to meet the costs.

bestreuen *v/t.* strew (***mit*** with); *gastr.* dredge (with), (*Kuchen*) dust, *mit Zucker*: *a.* sprinkle (with).

bestricken *v/t.* **1.** charm, bewitch; **2.** F ***die ganze Familie ~*** knit for the whole family; **bestrickend** *adj.* charming, *stärker*: captivating.

Bestseller *m* bestseller; **~autor** *m* bestselling author; **~liste** *f* bestseller list, list of bestsellers; **2verdächtig** *adj.*: ***das Buch ist ~*** the book has the makings of a bestseller, the book looks as if it might well become a bestseller.

bestücken *v/t.* arm (with guns); *weitS.* equip (***mit*** with); **bestückt** *adj.* **1.** ***~ mit*** equipped with; **2.** ***gut ~*** *Geschäft etc.*: well-stocked; ***mit et. gut ~ sein*** *a.* have a wide range of s.th.

bestuhlen *v/t.* put seating in, provide with seats (*od.* seating); **Bestuhlung** *f* seating; seats *pl.*

bestürmen *v/t.* storm; *fig.* (*bedrängen*) urge, *bittend*: implore; *mit Fragen, Bitten etc.*: bombard, assail (***mit*** with).

bestürzen *v/t.* dismay, *stärker*: shock, stun; **bestürzt** **I.** *adj.* dismayed (***über*** at), completely taken aback (by), *stärker*: shocked (by), stunned (at); ***ein ~es Gesicht machen*** look dismayed (*stärker*: aghast); **II.** *adv.* in dismay; ***~ dastehen*** stand aghast; **Bestürzung** *f* dismay (***über*** at); *stärker*: shock (at); ***große ~ auslösen*** cause great shock, shock everybody; ***ihr Tod löste große ~ aus*** *a.* everybody was shocked by her death.

Best|wert *m* optimum (value); **~zeit** *f* best (*od.* record) time; ***persönliche ~*** personal record.

Besuch *m* **1.** visit (***bei, in,*** *gen.* to); *kurzer*: call; (*Aufenthalt*) stay; ***auf*** (*od.* ***zu***) ***~ sein bei j-m*** be visiting s.o.; ***e-n ~ machen bei j-m, j-m e-n ~ abstatten*** pay s.o. a visit, go and see s.o.; ***m-e Schwester kommt zu ~*** my sister's coming to see me (*od.* us); ***es ist e-n ~ wert*** it's worth seeing (*Stadt etc.*: *a.* visiting); ***dies ist mein erster ~ in Rom*** this is my first visit (*od.* trip) to Rome; ***wir danken für Ihren ~*** *Geschäft*: thank you for your custom; **2.** *e-r Schule etc.*: attendance (*gen.* at); ***nach dem ~ der Universität*** after attending (*od.* going to) university; **3.** (*Besucher*) visitor(s *pl.*); ***wir haben ~*** we've got a visitor (*od.* visitors); ***hoher ~*** a) an important guest, b) important visitors; ***sie hat immer viel ~*** she always has a lot of visitors; **besuchen** *v/t.* **1.** (*j-n*) go and see *s.o.*; *formeller*: pay *s.o.* a visit, *bsd. offiziell*: visit; *kurz* (*a.* ✝): call on; (*Ort*) visit; (*Theater, Kino etc.*) go to; **2.** (*Vortrag, Schule etc.*) go to; *formell*: attend; (*Kurs*) *a.* take.

Besucher *m* visitor (*gen.* to); (*Gast*) guest; *formell, e-s Kinos etc.*: patron; → *a.* ***Kinobesucher*** *etc.*; **~magnet** *m* crowd-puller; **~rekord** *m* record number of visitors, record attendance; **~ritze** F *f*: ***du kommst in die ~*** F you can be piggy-in-the-middle (in the double bed); **~schar** *f* crowd of visitors; **~strom** *m* stream of visitors; ***der ~ hielt den ganzen Vormittag an*** there was a steady stream of visitors throughout the morning; **~zahl** *f* number of visitors; attendance figures *pl.*; ***durchschnittliche ~*** average attendance.

Besuchs|erlaubnis *f* **1.** permission to visit; *konkret*: visitor's permit; **2.** permission to receive visitors; **~recht** *n bei Scheidung*: visiting rights *pl.*; **~tag** *m* visiting day.

Besuchs|zeit *f* visiting hours *pl.*; **~zimmer** *n* visitors' room.

besucht *adj.*: ***gut ~*** well-attended, *Lokal etc.*: much-frequented; *weitS.* popular; ***schlecht ~*** poorly attended, *Lokal etc.*: half-empty.

besudeln *v/t.* dirty, soil; *fig.* stain, sully, *lit.* besmirch; (*entweihen*) defile; **Besudelung** *f* (*Entweihung*) defilement.

Betablocker *m* ⚕ beta blocker.

betagt *adj.* old, advanced in years; *lit.* aged.

betanken *v/t.* refuel, tank up.

Betarezeptor *m* ⚕ beta receptor.

betasten *v/t.* touch; (*befühlen*) feel, ⚕ *a.* palpate.

Beta|strahlen *pl.* beta rays; **~strahlung** *f* beta radiation; **~teilchen** *n* beta particle.

betätigen **I.** *v/t.* ⚙ (*bedienen*) operate, work; (*einschalten*) switch on, turn on; (*Schalter etc.*) press, push, (*drehen*) turn; (*in Gang setzen*) get *s.th.* going (*od.* working), set *s.th.* in motion; (*Bremse*) apply; (*steuern*) control; **II.** *v/refl.*: ***sich ~*** be active, *im Haushalt etc.*: busy o.s., work, F potter around; ***sich ~ als*** act as, *arbeitend*: work as; ***sich politisch ~*** be active (*od.* involved) in politics; ***sich sportlich ~*** do sport(s); ***sich schriftstellerisch ~*** write; **Betätigung** *f* **1.** (*Tätigkeit*) activity; work; something (*od.* things) to do; job; ***körperliche ~*** physical exercise; **2.** ⚙ operation.

Betätigungs|drang *m* urge to be doing something; **~feld** *n* field (of activity), sphere of activity; *individuelles*: sphere of action, field of operation; *weitS.* outlet.

betatschen F *v/t.* F paw; ***hör auf, die Schallplatten zu ~!*** get your dirty paws (*od.* mitts) off those records!

betäuben *v/t. durch Lärm*: deafen; *durch e-n Schlag etc.*: stun, *a. fig.* daze; ⚕ an(a)esthetize, give *s.o.* an an(a)esthetic; (*Nerven*) deaden, (*Schmerz*) *a.* kill; (*Hunger*) numb, deaden, suppress *the hunger pangs*; *fig.* (*berauschen*) intoxicate; (*abstumpfen, Sinne etc.*) blunt, dull; (*unterdrücken*) stifle; ***s-n Kummer mit Alkohol ~*** drown one's sorrows (in alcohol); **betäubend** *adj. Lärm*: deafening; *Duft*: intoxicating; **betäubt** *adj.*: (***wie***) ***~*** dazed, stunned; in a daze; **Betäubung** *f* **1.** (*Benommenheit*) daze; *stärker*: stupor;

2. ⚕ an(a)esthetization, (*Narkose*) (**örtliche** ~ local) anaesthetic (*Am.* anesthesia).

Betäubungsmittel *n* an(a)esthetic; **~gesetz** *n* drug law.

Betbruder *contp. m* F holy Joe; *mit Namen*: F Saint ...

Bete *f* ♣ beet; **rote** ~ beetroot.

beteiligen I. *v/t.*: **j-n** ~ give s.o. a share (**an** in); **II.** *v/refl.*: **sich** ~ **an** (*od.* **bei**) take part (*od.* participate) in; *Beitrag leistend*: contribute to; *helfend*: cooperate in; **beteiligt sein an** be involved in; (*beitragen zu*) *a.* have a share in; (*e-r Abmachung etc.*) be a party to; ☤ have a share in; *am Gewinn*: share in *profits*; **Beteiligte(r)** *m* person concerned (*od.* involved); (*Teilhaber*) partner; *an e-r Abmachung etc.*: party; *pl. a.* those involved; **Beteiligung** *f* **1.** participation (**an** in), involvement (in); **2.** (*Teilnehmerzahl*) attendance (**an, bei** at); *bei Wahlen etc.*: turnout; **3.** ☤ (*Anteil*) share, interest (**an** in); *durch Kapitalanlage*: investment; *durch Aktienbesitz*: holdings *pl.*; (*Teilhaberschaft*) partnership.

Beteiligungs|gesellschaft *f* holding company; **~gewinn** *m* investment earnings *pl.*; **~kapital** *n* investment capital.

Betel(nuß *f*) *m* betel (nut).

beten I. *v/i.* pray (**um** for); say a prayer; say one's prayers; *bei Tisch*: say grace; **II.** *v/t.*: **das Vaterunser** ~ say the Lord's Prayer.

beteuern *v/t.* protest (**s-e Unschuld** one's innocence); swear to; (*versichern*) (solemnly) vow; **Beteuerung** *f* protestation; solemn declaration.

betexten *v/t.* write the words (*Lied*: *a.* lyrics) to.

betiteln *v/t.* (*Buch etc.*) give a title to, name; find (*od.* decide on) a title for; (*j-n*) call, address as; **wie soll man ihn ~?** what are you supposed to call him?, how are you supposed to address him?

Beton *m* concrete; **aus** ~ made of concrete, concrete ...; **~bau** *m* concrete structure; (*Gebäude*) *a.* concrete building; **~bauweise** *f* concrete construction; **~bunker** *contp. m* → **Betonklotz** 2.

betonen *v/t.* **1.** *ling.*, ♪ stress; **wie wird das Wort betont?** how is that word stressed?, where does the stress come in that word?; **falsch** ~ stress wrong(ly), put the wrong stress on; **2.** (*unterstreichen*) stress, *nachdrücklich*: emphasize, underline, underscore; **besonders** ~ place particular emphasis on; **man kann es nicht genug** ~ it can't be emphasized (strongly) enough; **wobei ich „sauber" betone** 'clean' being the operative word; **3.** *optisch etc.*: emphasize, bring out.

betonieren I. *v/t.* concrete; *fig.* firm up; **II.** *v/i. Fußball*: stonewall.

Beton|klotz *m* **1.** concrete block; **2.** *contp.* concrete pile, (concrete) box; **~kopf** F *m pol.* hardliner; **~mauer** *f* concrete wall; **~mischmaschine** *f* cement mixer; **~pfeiler** *m* concrete pillar; **~silo** *contp. m, n* concrete pile, *sehr hoch*: *a.* tower block.

betont I. *adj.* **1.** *Silbe*: stressed; **2.** *fig.* emphatic, deliberate; **mit ~er Höflichkeit (Gleichgültigkeit)** with studied politeness (unconcern); **II.** *adv.* emphatically, deliberately; ~ **einfach** markedly simple; ~ **gleichgültig (uninteressiert** *etc.*) a) pointedly indifferent (uninterested *etc.*), b) with pointed *od.* studied indifference (with a pointed lack of interest *etc.*).

Betonung *f* **1.** *ling.* stress, emphasis; **die ~ liegt auf der zweiten Silbe** the stress is on the second syllable; **2.** *fig.* emphasis, stress; **die ~ legen auf** stress, emphasize, place the emphasis on; **die ~ liegt auf** the emphasis is on; **mit der ~ auf „bald"** 'soon' being the operative word; **Betonungszeichen** *n ling.* stress mark; ♪ accent mark.

Betonwüste *contp. f* concrete jungle.

betören *v/t.* (*verliebt machen*) beguile, turn *s.o.'s* head; **betörend** *adj. Worte, Lächeln*: beguiling, *stärker*: seductive.

Betracht *m*: **außer ~ lassen** disregard, leave out of consideration; **außer ~ bleiben** be disregarded, be left out of consideration, not to be taken into account; **in ~ kommen** be a possibility (*od.* consideration); **nicht in ~ kommen** be out of the question; **in ~ ziehen** take into consideration (*od.* account); **wenn man ... in ~ zieht** considering ...

betrachten *v/t.* look at; *fig. a.* view; ~ **als** look (up)on as, consider (to be); **et. als s-e Pflicht ~** see s.th. as one's duty, consider (*formell*: deem) s.th. one's duty; **genau(er) betrachtet** (*bei näherem Betrachten*) on closer examination (*od.* inspection), (*genaugenommen*) strictly speaking; **Betrachter** *m* **1.** *e-s Gemäldes etc.*: viewer; (*Beobachter, a. fig.*) observer; **links vom Standpunkt des ~s aus** to the left as you're facing the building *etc.*; **2.** → **Diabetrachter.**

beträchtlich I. *adj.* considerable, substantial, siz(e)able; *Verluste*: *a.* heavy; **II.** *adv.* considerably, a great deal *faster etc.*

Betrachtung *f* viewing (*gen.* of); *besinnliche*: contemplation (of); (*Erwägung*) consideration (of); **bei näherer ~** on closer inspection (*od.* examination), (*wenn man es sich genau überlegt*) on reflection; **~en anstellen über** reflect on; **in ~en versunken** lost (*od.* wrapped up) in thought; **Betrachtungsweise** *f* approach (*gen.* to), view (of).

Betrag *m* amount, sum; (*Gesamt*ᘔ) *a.* total; (*Ziffer*) figure; **im ~ von** to the amount of.

betragen I. *v/t.* (*sich belaufen auf*) amount to, come to; (*sein*) be; **II.** *v/refl.*: **sich ~** (*sich benehmen*) behave (o.s.); **sich anständig ~** behave (properly *od.* well); **III.** ᘔ *n* behavio(u)r, conduct.

betrauen *v/t.*: **j-n mit et. ~** entrust s.o. with s.th.; **j-n damit ~ zu** *inf.* entrust s.o. with (the task of) *ger.*

betrauern *v/t.* mourn (over).

beträufeln *v/t.*: **mit et. ~** put a few drops of s.th. on; **mit Wasser ~** *a.* sprinkle a few drops of water on; **mit Zitrone ~** squeeze a few drops (*od.* a bit) of lemon (juice) on.

Betreff *m* ☤ reference; *im Briefkopf*: (**Betr.**) Re.; **betreffen** *v/t.* **1.** (*angehen*) concern; **was mich betrifft** as for me, as far as I'm concerned; **was das betrifft** as far as that is concerned (*od.* goes), as for that; → **betroffen** 2; **2.** (*seelisch berühren*) affect (deeply); → **betroffen** 1; **3.** *Unglück etc.*: *lit.* befall; **betroffen werden von** fall victim to, *Land etc.*: be ravaged by; → **betroffen** 3; **betreffend** *adj.* **1.** (*et.* ~) concerning, regarding; **2.** (*fraglich*) ... concerned, in question; **3.** (*jeweilig*) respective; **4.** (*zuständig*) relevant; **Betreffende(r** *m*) *f* person concerned, person in question; F *the* man himself, *the* lady herself; **die Betreffenden** *a.* those concerned; **betreffs** *prp.* as for, regarding, as far as ... is (*od.* are) concerned; ☤ *a.* re.

betreiben I. *v/t.* **1.** (*Tätigkeit*) pursue, take part in; (*Sport*) play, go in for *sports*; (*Politik*) go in for, be involved in; **sein Studium ~** pursue one's studies; **2.** (*Gewerbe*) carry out *a trade*; **3.** (*Unternehmen, Fabrik etc.*) run; **4.** ⚙ run, operate; **II.** ᘔ *n*: **auf j-s ~** at s.o.'s instigation; **Betreiber(firma** *f*) *m* operator, operating company.

betreten¹ I. *v/t.* step (*od.* walk) on; (*Gebiet*) set foot on; (*Raum*) enter, walk (*od.* step, come) into, set foot in; **die Bühne ~** walk on stage, come (*od.* walk) onto the stage; **II.** ᘔ *n*: **~ verboten!** a) keep off!, no trespassing!, b) no entrance.

betreten² I. *adj.* embarrassed, *Lächeln, Blick*: *a.* sheepish; **~es Schweigen** an awkward silence; **II.** *adv.* sheepishly; **~ dreinschauen** look rather sheepish; **~ schweigen** be too embarrassed to say anything, *formell*: maintain an embarrassed silence; **Betretenheit** *f* embarrassment, (feeling of) awkwardness.

betreuen *v/t.* look after; (*Kunden*) see to, attend to; (*Sportler*) coach; (*Gebiet, Gemeinde etc.*) serve; *leitend*: (*a. Projekt etc.*) be in charge of, be responsible for; **gut betreut werden** be well looked after; **Betreuer** *m* person in charge; someone who looks after s.o. (*od.* s.th.); *Sport*: doctor, physio; **Betreuung** *f* looking after (*gen. s.o., s.th.*); **medizinische ~** medical care; **soziale ~** (social) welfare; **mit der ~ von ... beauftragt sein** be in charge of; **du bist für die ~ dieser Gruppe zuständig** you're responsible for (looking after) this group.

Betrieb *m* **1.** (*Unternehmen*) business, firm, company; (*Fabrik*) factory, works *pl.* (*sg. konstr.*); **im ~ sein** *a.* be at work, be at the office; **in den ~ gehen** *a.* go to work, go to the office; **2.** (*Leitung e-s Unternehmens*) running, management; **3.** (*Bedienung*) operation, running; **in ~** working, in operation, *Maschine etc.*: *a.* running; **außer ~** not working, (*defekt*) *a.* out of order; **außer ~ setzen** (*ausschalten*) stop, switch off, (*funktionsunfähig machen*) put out of action; **in ~ nehmen** ⚙ start running, put into operation, (*Verkehrsmittel etc.*) put into service, *weitS.* (*eröffnen*) open; **4.** (*Betriebsamkeit*) activity; (*Trubel*) (hustle and) bustle; (*Verkehr*) heavy traffic; **wir hatten heute viel ~** we were very busy today; **hier ist immer viel ~** there's always a lot going on around here, *im Lokal etc.*: it's always full in here; **5.** F *contp.* business, F caboodle; **bald schmeiß' ich den ganzen ~ hin** F I'm going to chuck it all (*od.* the whole business) in before long; **6.** F **den ganzen ~ aufhalten** hold everything up; **betrieblich** *adj.* internal; company ...; **~e Ausbildung** in-house training; **~e Altersversorgung** employee pension scheme.

Betriebsablauf *m* (operational) procedure.

betriebsam *adj.* active, busy; bustling; **Betriebsamkeit** *f* activity; (*Geschäftigkeit*) bustle.

Betriebs|angehörige(r *m*) *f* (company) employee; *pl. a.* (company) personnel (*pl.*); **~anlage** *f* plant; **~anleitung** *f*, **~anweisung** *f* operating instructions *pl.*; **~art** *f Computer*: (operating) mode; **~arzt** *m* works (*od.* company) doctor; **~aufnahme** *f* startup, putting into operation (*od.* on stream); **~ausflug** *m* (annual) office outing; **~ausstattung** *f* equipment; technology.

betriebsbereit *adj.* operational.

Betriebsbesichtigung *f* tour of a (*od.* the) factory *od.* plant.

betriebsblind *adj.* (professionally) blinkered; ***~ sein*** *a.* be wearing professional blinkers; **Betriebsblindheit** *f* professional blinkers *pl.*

betriebseigen *adj.* company-owned, company ...

betriebsfähig *adj.* in (good) working condition.

Betriebs|ferien *pl.* company holiday *sg.*; ***~ von ... bis ...*** *Schild*: closed for holidays from ... till ...; ***~ haben*** be (*od.* have) closed down (over the holidays); **~fest** *n* annual do, company do; *in kleinerem Rahmen*: office party.

betriebsfremd *adj.* outside ..., external; ***~e Person*** outsider.

Betriebs|führung *f* (business *od.* works) management; **~geheimnis** *n* trade secret; **~ingenieur** *m* production engineer.

betriebsintern I. *adj.* internal; in-house ..., (intra-)company ...; **II.** *adv.*: ***~ regeln*** settle *s.th.* within the company.

Betriebs|kapazität *f* **1.** works capacity; **2.** operating capacity; **~kapital** *n* working (*od.* business) capital; **~klima** *n* work climate, working atmosphere; **~kosten** *pl.* running costs; **~krankenkasse** *f* company health insurance fund; **~leiter** *m* (works, factory, plant) manager; **~leitung** *f* (works, factory, plant) management; **~netzgerät** *n* operating power pack; **~nudel** F *f the* life and soul of the department (*od.* office), F resident comedian; **~obmann** *m* works steward; **~personal** *n* (company *od.* factory) staff (*mst pl. konstr.*); **~praktikum** *n* industrial placement; *pl. a.* industrial training *sg.*; **~prüfung** *f* (company) audit; **~psychologe** *m* industrial psychologist; **~psychologie** *f* industrial psychology.

Betriebsrat *m* **1.** works council; **2.** (*Betriebsratsmitglied*) member of the works council; **Betriebsratsvorsitzende(r** *m*) *f* works council chairman (*od.* chairperson).

Betriebs|rente *f* company pension; **~schalter** *m* operating switch; **~schluß** *m* closing hours *pl.*; ***nach ~*** after hours, (*am Feierabend*) after work.

betriebssicher *adj.* safe (to operate); (*zuverlässig*) reliable (in service); **Betriebssicherheit** *f* **1.** operational safety; **2.** *innerbetriebliche*: works security.

Betriebs|soziologie *f* industrial sociology; **~spannung** *f* operating voltage; **~stillegung** *f* (*getr.* ***ll-l***) shutdown, (plant) closure; **~störung** *f* stoppage; *e-r Maschine*: breakdown; **~system** *n Computer*: operating system; **~treue** *f* company loyalty, loyalty to the company (*od.* firm); **~unfall** *m* workplace (*od.* industrial) accident; **~verfassung** *f* industrial-relations scheme; **~versammlung** *f* works meeting.

Betriebswirt *m* graduate in business management; *etwa* MBA (= Master of Business Administration); **Betriebswirtschaft** *f* → ***Betriebswirtschaftslehre***; **betriebswirtschaftlich** *adj.* economic; management ...; administrative; **Betriebswirtschaftslehre** *f* business administration *od.* economics *pl.* (*sg. konstr.*).

Betriebszugehörigkeit *f* employment (with a company); *zeitlich*: period of employment; ***nach zehnjähriger ~*** after ten years(' employment) with the company, after working for the company for ten years.

betrinken *v/refl.*: ***sich ~*** get drunk.

betroffen *adj.* **1.** (*bestürzt*) (completely) taken aback; *a. Schweigen*: shocked; *adv.* ***~ schweigen*** be too shocked to speak; **2.** (*berührt*) affected (***von*** by); ***die 2en*** those concerned (*od.* affected); **3.** *von e-r Katastrophe etc.*: affected (***von*** by), hit (by); ***am schwersten ~*** worst affected (*od.* hit); ***von der Hungersnot*** (***Flutkatastrophe*** *etc.*) ***~*** famine-stricken (flood-stricken *etc.*); **Betroffenheit** *f* dismay, *stärker*: shock.

betrogen *adj.* cheated; *Ehepartner etc.*: deceived; ***~er Ehemann*** cuckold; ***in s-n Hoffnungen ~ sein*** have had one's hopes dashed (*od.* frustrated); **Betrogene(r)** *m*: ***der Betrogene sein*** be the dupe.

betrüben *v/t.* sadden; *stärker*: grieve, distress; **betrüblich** *adj.* sad, saddening; *stärker*: distressing; **betrüblicherweise** *adv.* unfortunately (enough); *stärker*: sadly; **Betrübnis** *f* sadness; *stärker*: distress; ***zu unserer ~*** (much) to our regret (*stärker*: distress); **betrübt** *adj.* sad (***über*** about, at), *stärker*: distressed (about, at); **Betrübtheit** *f* sadness; *stärker*: grief, distress.

Betrug *m* fraud (*a.* ⚖), swindle; (*Täuschung*) deception; ***das ist ja ~!*** that's fraud, that's a swindle; **betrügen I.** *v/t.* cheat, swindle; ⚖ defraud; (*Ehepartner etc.*) be unfaithful to, deceive, F two-time; ***j-n um et. ~*** cheat (F do) s.o. out of s.th.; ***in s-n Hoffnungen betrogen werden*** have (*od.* see) one's hopes dashed; → ***betrogen***; **II.** *v/i.* cheat; be a swindler (*od.* cheat); **III.** *v/refl.*: ***sich ~*** deceive (*od.* delude) o.s.; **Betrüger** *m* swindler, cheat, fraud, F con man; **Betrügerei** *f* cheating; ⚖ fraud(ulence); **betrügerisch I.** *adj.* deceitful; ⚖ fraudulent; ⚖ ***in ~er Absicht*** with intent to defraud; ***durch ~e Mittel*** by fraudulent means; **II.** *adv.* fraudulently, by fraud.

betrunken I. *adj.* drunk; *Fahrer, Stimme, Verhalten etc.*: *a.* drunken ...; *formell*: intoxicated, inebriated; ⚖ ***in ~em Zustand*** under the influence of alcohol; **II.** *adv.* drunk, in a drunken state, in a state of drunkenness; **Betrunkene(r)** *m* drunk; **Betrunkenheit** *f* drunkenness.

Betschwester *contp. f* F churchy type, pious Annie; *mit Namen*: F Saint ...

Bett *n* bed (*a. geol.*); (*Feder2*) duvet; ***im ~*** in bed; ***ins ~ gehen*** go to bed, F turn in; ***j-n zu ~ bringen*** put s.o. to bed; ***ab ins ~!*** off to bed (with you)!; ***ich komme*** (*od.* ***finde***) ***morgens nicht aus dem ~*** I can't get up (*od.* get out of bed) in the mornings; ***das ~ hüten*** (***müssen***) be laid up (***wegen*** with), *länger*: be bedridden (with, by); ***die ~en lüften*** air the bedclothes; F ***mit j-m ins ~ gehen*** F go to bed with s.o.; *fig.* ***sich ins gemachte ~ legen*** climb into a feathered nest; → ***finden*** III; **~bezug** *m* duvet cover; **~couch** *f* bed-settee; **~decke** *f wollene*: blanket; *gesteppte*: quilt; (*Tagesdecke*) bedspread.

bettelarm *adj.* desperately poor, poverty-stricken; **Bettelei** *f* **1.** begging; **2.** F pleading; **Bettelmönch** *m* mendicant (friar); **betteln** *v/i.* **1.** beg (***um*** for); ***~ gehen*** go begging; **2.** (*bitten*) beg (***um*** for); ***er bettelte so lange, bis ich ja sagte*** he pestered me (*od.* went on at me) until I said yes; ***sie bettelten, daß sie reindurften*** they begged me *etc.* to let them in; **Bettelorden** *m* mendicant order; **Bettelstab** *m*: ***j-n an den ~ bringen*** reduce s.o. to poverty (*od.* beggary, penury).

betten I. *v/t.* bed; (*hinlegen*) lay (down), bed down; *fig.* ***j-n in Watte ~*** wrap (*od.* keep) s.o. in cotton wool; ***j-n zur letzten Ruhe ~*** lay s.o. to rest; **II.** *v/refl.*: ***wie man sich bettet, so liegt man*** as you make your bed, so you must lie in it; he's made his bed, let him lie in it; you've made your bed, now lie in it.

Betten|machen *n* making (the) beds; ***beim ~ sein*** be making the beds; **~mangel** *m a* shortage of beds; **~zahl** *f im Hotel etc.*: bedspace, number of beds.

Betteppich *m* prayer mat (*od.* rug).

Bett|feder *f* **1.** bedspring; **2.** **~n** *n* duvet feathers; **~geschichte** *f* **1.** amorous escapade; **2.** *in der Zeitung etc.*: kiss and tell story; **~gestell** *n* bedstead; **~häschen** F *n sl. a* bit of all right (*Am.* alright); **~hupferl** *dial. n* **1.** bedtime treat; *im Hotel*: *mst* chocolate on one's pillow; **2.** → ***Betthäschen***; **~jäckchen** *n*, **~jacke** *f* bed jacket; **~kante** *f* edge of the bed; **~kasten** *m* bedding box.

bettlägerig *adj.* laid up, *längerfristig*: bedridden; *formell*: confined to bed.

Bett|laken *n* sheet; **~lektüre** *f* bedtime reading; ***es eignet sich nicht als ~*** it's not exactly bedtime reading.

Bettler *m* beggar.

Bettnässen *n* ⚕ bed-wetting; **Bettnässer** *m* bed-wetter.

Bett|pfanne *f* bedpan; **2reif** *adj.* ready for bed, F ready to hit the sack (*Am.* hay); **~ruhe** *f* rest in bed, bed rest; ***der Arzt hat mir ~ verordnet*** the doctor told me to stay in bed; **~schwere** *f*: F ***die nötige ~ haben*** be ready to fall into bed; **~szene** *f* bedroom scene.

Bettuch *n* (*getr.* ***tt-t***) sheet.

Bett|vorleger *m* bedside rug; **~wäsche** *f* bed linen, sheets (and covers) *pl.*; **~zeug** *n* bedclothes *pl.*, bedding.

betucht F *adj.* F well-heeled.

betulich *adj.* overattentive, fussy.

betupfen *v/t.* dab, ⚕ swab.

Beuge *f* bend (*a. Sport u. anat.*).

Beugehaft *f* ⚖ coercive detention.

Beugemuskel *m* flexor (muscle).

beugen I. *v/t.* **1.** bend; (*Kopf*) bow; incline; → ***gebeugt***; **2.** *phys.* deflect, diffract; **3.** ***das Recht ~*** pervert justice; **4.** *ling.* inflect; (*Substantiv, Adjektiv*) decline; (*Verb*) conjugate; **II.** *v/refl.*: ***sich ~*** **5.** bend; ***sich ~ über*** bend over *s.th.*; ***sich aus dem Fenster ~*** lean out of (*Am. a.* out) the window; ***sich nach vorn ~*** lean forward; **6.** *fig.* (*sich fügen, sich unterwerfen*) bow, yield, submit (*dat.* to); ***sich dem Schicksal ~*** bow (*od.* submit) to one's fate; **Beugung** *f* **1.** bending; **2.**

phys. diffraction; **3.** *ling.* inflection; **Beugungswinkel** *m phys.* diffraction angle.
Beule *f* bump, swelling; *im Blech*: dent; *in der Hose*: bulge; ***dicke ~*** *am Kopf etc.*: big bump, F great big lump.
Beulenpest *f* bubonic plague.
beunruhigen I. *v/t.* worry, get *s.o.* worried; *stärker*: alarm; ***es beunruhigt mich*** *a.* I feel uneasy (*od.* nervous) about it; **II.** *v/refl.*: ***sich ~*** worry, be worried (**über** about); **beunruhigend** *adj.* unsettling, worrying, disconcerting; *Ereignisse etc.*: disturbing, *stärker*: alarming; **Beunruhigung** *f* (*Unruhe*) uneasiness, *stärker*: anxiety; (*Sorge*) worry.
beurkunden *v/t.* record; (*beglaubigen*) certify; (*Geburt etc.*) register; **Beurkundung** *f* registration; certification.
beurlauben *v/t.* give *s.o.* time off (⚔ leave); *für Forschungszwecke*: grant *s.o.* a sabbatical; *vom Amt*: suspend (from office); ***sich ~ lassen*** a) ask for time off, *für Forschungszwecke*: apply for a sabbatical, b) take (some) time off, go on (*od.* take a) sabbatical; ***sich eine Woche ~ lassen*** a) ask for a week's leave (*od.* a week off), b) take a week's leave (*od.* a week off); **Beurlaubung** *f* time off; ⚔ leave; (*Forschungsurlaub*) sabbatical; *vom Amt*: suspension (from office).
beurteilen *v/t.* judge (**nach** by); (*Leistung, Wert*) rate, assess, ga(u)ge (on, according to); (*Buch etc., als Kritiker*) review; ***falsch ~*** misjudge; ***et. gut ~ können*** be a good judge of s.th.; ***nicht daß ich das ~ könnte*** not that I'm any judge, but who am I to judge?; ***wie hat er das Buch beurteilt?*** *Kritiker*: what did he say about the book?, what was his review of the book like?; ***wie ~ Sie die Lage?*** what's your view of the situation?; ***wie soll ich das ~?*** how am I supposed to know (*od.* tell, judge)?; ***das kannst du doch nicht ~*** how do you know?, how can you tell?; **Beurteilung** *f* judg(e)ment (*gen.* of, on); (*Einschätzung*) assessment (of); *in Personalakten*: confidential report (on); (*Buchkritik etc.*) review, write-up (of).
Beuschel *dial. n* **1.** hash made of lung and heart; **2.** F lung.
Beute *f* booty; (*Diebes*~) *a.* loot, haul; (*Kriegs*~) spoils *pl. of war*; *Jagd*: bag; *von Tieren*: prey, quarry; *fig.* prey (*gen.* to), victim (of); ***zur ~ fallen*** *dat.* fall into the hands of, *fig.* fall victim to; ***reiche*** (***od. fette***) ***~*** *a. fig.* rich pickings; ***reiche ~ machen*** make a big haul; ***(e-e) leichte ~*** a sitting duck.
Beutel *m* **1.** bag; (*Tabaks*~) pouch; F *fig.* ***tief in den ~ greifen*** (***od. langen***) ***müssen*** F have to dig deep into one's pockets; F ***j-m ein Loch in den ~ reißen*** F burn a big hole in s.o.'s pocket; F ***der ~ ist leer*** F there's no money left in the till; **2.** *zo.* pouch.
beuteln *v/t.* shake; *fig.* ***vom Schicksal*** (***Leben***) ***gebeutelt werden*** be knocked about by fate (life's vicissitudes).
Beutelratte *f* opossum.
Beutelschneider *m* F shark, rip-off artist; **Beutelschneiderei** *f* F *a* rip-off.
Beuteltier *n* marsupial.
Beute|stück *n* piece of booty, F piece of the loot; **~tier** *n* prey, quarry.
bevölkern I. *v/t.* **1.** populate; (*bewohnen*) inhabit; *fig.* (*Straße etc.*) fill, crowd; **2.** (*besiedeln*) *Regierung etc.*: settle; **II.** *v/refl.*: ***sich ~*** become inhabited; *fig.* be filling up (with people), become crowded; → ***dicht*** 4, 6; **Bevölkerung** *f* population; (*Einwohner*) *a.* inhabitants *pl.*; (*das Volk*) *the* people *pl.*; ***die ganze ~*** *a.* the whole country; ***die ~ Moskaus*** the people of Moscow, Moscow's inhabitants, *statistisch*: the population of Moscow.
Bevölkerungs|abnahme *f* population decrease, decrease in population; **~abwanderung** *f* (mass) exodus; **~bewegung** *f* population movement; **~dichte** *f* population density; **~explosion** *f* population explosion; **~gruppe** *f* section (*od.* segment) of the population; **~politik** *f* population (*od.* demographic) policy; **~politisch** *adj.* demographic(ally *adv.*); **~prognose** *f* population (*od.* demographic) forecast *od.* projection; **~pyramide** *f* age pyramid; **~rückgang** *m* decline in population; **~schicht** *f* social stratum (*od.* class); **~stand** *m* population; **~statistik** *f* population statistics *pl.*; **~struktur** *f* population structure; **~überschuß** *m* overspill; **~wachstum** *n* growth in population; **~zahl** *f* population figures *pl.*; total population; **~zunahme** *f* population growth (*od.* increase); **~zusammensetzung** *f* demographics *pl.*; **~zuwachs** *m* → ***Bevölkerungszunahme.***
bevollmächtigen *v/t.* authorize (**zu** *inf.* to *inf.*); ⚖ give *s.o.* power of attorney; **Bevollmächtigte(r)** *m* authorized person (⚖ representative); *pol.* plenipotentiary; **Bevollmächtigung** *f* authorization; (*Vollmacht*) authority, power; ⚖ power of attorney.
bevor *cj.* before; ***nicht ~*** not before, not until; ***sag nichts, ~ er kommt*** don't say anything until he comes; ***ich tu' nichts, ~ er mir nicht Bescheid sagt*** I'm not doing anything until he lets me know; ***wir können nicht gehen, ~ du nicht aufgeschlossen hast*** we can't go unless you unlock the door (*od.* before you've unlocked the door).
bevormunden *v/t.* tell *s.o.* what to do (all the time), treat *s.o.* like a child; *pol. etc.* patronize; ***j-n geistig ~*** make up s.o.'s mind for him (*od.* her); ***ich laß' mich nicht von dir ~*** *a.* I'm not going to let you run my life for me; **bevormundend** *adj.* patronizing; *pol.* paternalistic; **Bevormundung** *f*: ***~ durch den Staat*** paternalism, patronage by the state; ***ich verbiete mir jede ~*** I won't be treated like a child, I won't have my decisions made for me; ***ich habe ihre dauernde ~ satt*** I'm fed up of her telling me what to do all the time.
bevorrechten *v/t.* → **bevorrechtigen** *v/t.* grant privileges to; ⚖, ✝ give preference to; **bevorrechtigt** *adj.* privileged; *Anspruch etc.*: preferential; **Bevorrechtigung** *f* privileges *pl.* (*gen.* granted to); preferential treatment.
bevorschussen *v/t.* give *s.o.* an advance, advance money to *s.o.* (**für** *et.* on); **Bevorschussung** *f* advance.
bevorstehen *v/i.* be approaching; *Schwierigkeiten etc.*: lie ahead; *Gefahr*: be imminent; (*j-m*) be in store for, await; ***ihm steht e-e große Enttäuschung bevor*** he's in for a big disappointment; ***das Schlimmste steht noch bevor*** the worst is yet (*od.* still) to come; *iro.* ***das steht uns noch bevor*** we've still got that to look forward to; ***s-e Entlassung stand bevor*** he was about to be dismissed; **bevorstehend** *adj.* forthcoming, approaching, *bsd. Wahlen etc.*: *a.* upcoming; next *week etc.*; *pleasures etc.* to come; *Gefahr etc.*: impending.
bevorzugen *v/t.* prefer (*dat.*, **vor** to); (*begünstigen*) favo(u)r (above); (*bevorzugt behandeln*) give preferential treatment to; (*Kandidaten, Kind etc.*) give preference to; (*Fall, Sache, a. j-n vorlassen*) give priority to; ⚖ privilege; ***hier wird keiner bevorzugt*** everyone is treated equally here, there's no favo(u)ritism around here; **bevorzugt I.** *adj.* preferred; (*Lieblings...*) favo(u)rite; *Gegend*: popular; ***~e Behandlung*** preferential treatment; ***~e Stellung*** privileged position; ***~e Lage*** prime location; **II.** *adv.*: ***~ behandeln → bevorzugen***; **Bevorzugung** *f* preference (**j-s** given to s.o.); preferential *od.* priority treatment (of s.o.).
bewachen *v/t.* guard; (*behüten*) *a.* watch over; *Sport*: mark; ***bewacht werden von*** *Sport*: be marked (*od.* shadowed) by; **Bewacher** *m* guard; (*Spitzel*) shadow; *hum.* watchdog; *Sport*: marker.
bewachsen *adj.*: ***~ mit*** covered with (*od.* in), overgrown (with); ***mit Moos ~*** *a.* moss-covered ...
bewacht *adj.* guarded; ***streng ~*** closely (*od.* heavily) guarded; ***~er Parkplatz*** supervised car park.
Bewachung *f* guarding; (*Überwachung*) surveillance; *Sport*: marking; (*Mannschaft*) guard(s *pl.*), escort; ***unter ~ stellen*** (***halten***) put (keep) under guard.
bewaffnen *v/t.* arm (**sich** o.s.; *a. fig.*); **bewaffnet** *adj.* armed (**mit** with; *a. fig.*); ***~e Auseinandersetzung*** armed struggle; **Bewaffnung** *f* arming; (*Waffen*) arms *pl.*, weapons *pl.*
bewahren I. *v/t.* **1.** (*erhalten*) keep, preserve; (*Eigenschaft, Aussehen etc.*) *a.* retain; ***er hat s-n Humor bewahrt*** he's kept (*od.* he hasn't lost) his sense of humo(u)r; ***j-m ein gutes Andenken ~*** keep s.o. in fond remembrance; ***et.*** (***j-n***) ***in guter Erinnerung ~*** have happy memories of s.th. (s.o.); → ***Fassung*** 3 *etc.*; **2. ~ vor** (*behüten*) protect (*od.* keep) *s.o.* from; (*retten*) *a.* save *s.o.* from; ***j-n vor e-r Dummheit ~*** stop s.o. (from) doing something stupid; ***(Gott) bewahre!*** God forbid!; **II.** *v/refl.*: ***sich ~*** survive, be preserved; ***es hat sich bis zum heutigen Tag bewahrt*** it survives (*od.* has survived) to this day.
bewähren *v/refl.*: ***sich ~*** prove o.s. (*od.* itself), prove one's (*od.* its) worth; *Sache*: *a.* prove a success, prove successful; *Grundsatz*: hold good; *zeitlich*: stand the test of time; ***sich bestens ~*** give a (very) good account of o.s. (*od.* itself), do a good (*od.* an excellent) job; ***sich ~ als*** prove (to be) a good *teacher, remedy etc.*; ***sich nicht ~*** prove a failure.
bewahrheiten *v/refl.*: ***sich ~*** prove (to be) true; *Hoffnungen, Befürchtungen etc.*: be confirmed, prove to be right (*od.* justified); (*sich erfüllen*) come true.
bewährt *adj.* (*erprobt*) well-tried, tried and tested; (*zuverlässig*) reliable; (*wirksam*) effective; (*fähig*) capable, experienced; ***~es Mittel*** a) proven (*od.* old, *iro.*

ancient) remedy, b) → **~e Methode** proven method; **~er Grundsatz** established principle; **unter ihrer ~en Führung** under her excellent guidance, in her capable hands; **Bewährtheit** *f e-r Methode, e-s Mittels etc.*: reliability, proven effectiveness (*od.* worth).

Bewahrung *f* preservation (**vor** from).

Bewährung *f* **1.** (*Tauglichkeitsbeweis*) demonstration of one's *od.* its worth (*od.* reliability); **bei ~** on qualifying, provided it (*od.* he *etc.*) proves reliable; **die ~ bestehen** pass the test; **2.** ⚖ (release on) probation; **zwei Jahre Gefängnis mit (ohne) ~** a suspended (an unconditional) sentence of two years; **e-e Strafe zur ~ aussetzen** suspend a sentence.

Bewährungs|frist *f* ⚖ (period of) probation; **~helfer** *m* probation officer; **~probe** *f* (acid) test.

bewaldet *adj.* wooded; tree-covered; **Bewaldung** *f* **1.** (*Waldbestand*) woods *pl.*, woodland, forests *pl.*; **2.** (*Aufforstung*) afforestation.

bewältigen *v/t.* (*Arbeit, Essen etc.*) cope with, manage; (*Problem*) come to grips with; (*Schwierigkeit*) cope with, overcome; (*Lehrstoff*) assimilate, absorb, F digest; (*Berg*) conquer; (*Strecke*) cover; (*Vergangenheit, Trauma etc.*) come to terms with; **Bewältigung** *f* coping with *one's work etc.*; *von Lehrstoff*: assimilation; coming to terms with *the past etc.*

bewandert *adj.*: **(gut) ~ in** well up in, well versed in; **sie ist in der Wirtschaft gut ~** *a.* she knows her (way around in) economics; **da bin ich nicht sehr gut ~** I'm not very well up in that, I don't know very much about that.

Bewandtnis *f*: **damit hat es folgende ~** the matter is as follows; **das hat e-e ganz andere ~** it's completely different; **damit hat es e-e besondere ~** a) you have to know the background (to it), b) it's a strange thing; **was hat es eigentlich mit ... für e-e ~?** what's the story behind ...?; **das hat s-e eigene ~** *hum.* (and) thereby hangs a tale.

bewässern *v/t.* irrigate; **Bewässerung** *f* irrigation.

Bewässerungs|anlage *f* irrigation plant; **~graben** *m* irrigation channel (*od.* ditch); **~kanal** *m* irrigation channel; **~pumpe** *f* irrigation pump.

bewegen I. *v/t.* **1.** move; (*Schweres*) *a.* F shift; **ich kann m-n linken Arm nicht ~** *a.* I have no movement in my left arm; **es läßt sich nicht von der Stelle ~** it won't budge; **2.** (*Wasser, Blätter, Gardinen etc.*) stir; **3.** ⚙ *u. fig.* set *s.th.* in motion; (*antreiben*) drive; **4.** *fig.* (*rühren*) move, touch; (*beschäftigen*) (pre)occupy, *Problem etc.*: *a.* bother; **j-n ~ zu** *inf.* get (*od.* bring) s.o. to *inf.*; **was hat ihn (wohl) dazu bewogen?** (I wonder) what made him do it?; **sich zu et. ~ lassen** (allow o.s. to) be persuaded to do s.th.; **sich nicht ~ lassen** stand firm, remain adamant, F refuse to budge; **es konnte ihn nichts dazu ~ zu** *inf.* wild horses couldn't make him *inf.*; → **bewogen**; **5.** (*Pferd*) exercise; **II.** *v/refl.*: **sich ~ 6.** move; *leicht*: stir; *Fahne*: flap; **7.** (*sich körperlich ~*) get (some) exercise; **du mußt dich mehr ~** you need (to get) more exercise; **er bewegt sich diese Tage kaum** *a.* he hardly gets out of the house these days; **8.** *fig.* **sich in Politikerkreisen** *etc.* **~** move in political *etc.* circles; **9.** *fig.* **sich in e-e Richtung ~** *Gedanken etc.*: tend in a (certain) direction; **10.** *die Kosten* **~ sich zwischen ...** range between ...; **bewegend** *adj.* **1.** (*a.* **sich ~**) moving; **2.** *fig.* moving, touching; *Rede*: stirring.

Beweggrund *m* (*Motiv*) motive; (*Überlegung*) consideration; **aus moralischen** *etc.* **Beweggründen** out of moral *etc.* considerations; **der tiefere ~ war ...** the real motive was ..., what was at the back of it was ...

beweglich *adj.* **1.** movable (*a. Festtage*), mobile; *Person*: agile; ⚙ (*a. elastisch*) flexible, *mot. etc.* manoeuvrable, *Am.* maneuverable; **~e Teile** moving parts; ⚖ **~e Sachen** movables; **schwer ~** hard to move; **geistig ~** mentally agile, F on the ball, with it; **mit e-m Auto ist man ~er** you can get around more easily (*od.* you're more mobile) with a car; **ohne Gepäck ist man ~er** you're freer to move (*od.* you can move around better) without luggage; **2.** (*flexibel*) flexible, adaptable; **Beweglichkeit** *f* mobility; (*Biegsamkeit*) flexibility (*a. fig.*); (*Behendigkeit*) agility; *mot. etc.* manoeuvrability, *Am.* maneuverability; **geistige ~** mental agility.

bewegt *adj.* **1.** *See*: rough; heavy *seas*; **2.** *Zeiten, Leben*: exciting, (*ereignisreich*) *a.* eventful; (*aufgewühlt*) turbulent, stirring, (*problembeladen*) troubled; **wir leben in ~en Zeiten** these are exciting (*od.* turbulent) times; **3.** (*lebhaft*) animated (*a. Diskussion*); **mit ~en Worten schildern** give a dramatic account of; **4.** (*gerührt*) moved, touched; *Stimme*: choked, *stärker*: trembling (with emotion); **mit ~er Stimme** in a choked (*od.* trembling) voice.

Bewegung *f* **1.** movement, motion (*a. phys.*); *mit bestimmter Absicht*: move; (*Hand*~) gesture; **in ~** moving, ⚙ *a.* in motion, *fig.* astir, *Person*: on the move; **in ~ bringen** (*j-n*) get *s.o.* moving, (*et.*) → **in ~ setzen** start (*a. fig.*), set *s.th.* in motion; **in ~ geraten, sich in ~ setzen** start to move, ⚙ *a.* start (working), *fig.* get going; **(sich) in ~ halten** keep (*s.th.*) moving *od.* going; *fig.* **(ein bißchen) ~ bringen in** liven *s.th.* up, get *s.th.* going, (*aufstacheln*) stir up; **keine falsche ~!** don't move!; → **Hebel**; **2.** (*körperliche ~*) exercise; **du brauchst mehr ~** you need (to get) more exercise; **~ an der frischen Luft** fresh air and exercise; **3.** *pol. etc.* movement; **4.** (*Gemüts*~) emotion.

Bewegungs|ablauf *m* motions *pl.*; **~drang** *m* **1.** *Kind*: motor activity; **2.** ⚕ hyperkinesia; **~energie** *f* kinetic energy; **~freiheit** *f* **1.** room to move, elbowroom; **2.** *fig.* personal freedom, freedom of action; (*Spielraum*) latitude.

bewegungslos I. *adj.* motionless, completely still; **II.** *adv.*: **~ daliegen** lie there motionless (*od.* without moving); **Bewegungslosigkeit** *f* immobility.

Bewegungs|mangel *m* lack of (*od.* too little) exercise; **Sie leiden an ~** you don't get enough exercise; **~nerv** *m* motor nerve; **~störung** *f* motor disturbance; **~studie** *f* motion study; **~therapie** *f* therapeutic exercises *pl.*, kinetotherapy.

bewegungsunfähig *adj.* unable to move, immobilized; **Bewegungsunfähigkeit** *f* inability to move, immobility.

beweibt *hum. adj.* F hitched up (with a woman).

beweihräuchern *fig. v/t.* (*j-n*) adulate; (*a. Sache*) praise to the skies (*od.* to high heaven), eulogize; **sich selbst ~** sing one's own praises; **Beweihräucherung** *f* adulation; eulogizing.

beweinen *v/t.* mourn (for *od.* over); **Beweinung** *f* mourning; *Kunst*: **die ~ Christi** the Lamentation (of Christ).

Beweis *m* proof (**für** of), evidence (of); ⚖ *a. pl.* proof; (*~mittel*) (piece of) evidence; (*Zeichen*) evidence, sign, indication; **als** (*od.* **zum**) **~** as proof *od.* evidence (**für** *od. gen.* of), in evidence (of), **für**: *a.* to prove *s.th.*; **als ~, daß** to prove (*od.* show) that; **als ~ ihrer Zuneigung** as a token of her affection; **ein ~ von Unfähigkeit** a show of incompetence; **den ~ erbringen** furnish proof, provide (⚖ produce) evidence (**für** of), **für**: *a.* prove; **et. unter ~ stellen** prove s.th.; **bis zum ~ des Gegenteils** until there is proof to the contrary; → **mangels**; **~aufnahme** *f* hearing of evidence.

beweisbar *adj.* provable; **beweisen** *v/t.* **1.** prove (**j-m et.** s.th. to s.o.); be evidence of; **man konnte ihm s-e Schuld nicht ~** they couldn't prove that he was guilty; **~, daß man recht hat** prove o.s. right; **das beweist zur Genüge, daß** it's ample proof (*od.* evidence) that, it proves beyond doubt that; **das beweist noch gar nichts** that doesn't prove a thing; **das mußt du mir erst (einmal) ~!** I'd like to see you prove it; **2.** (*zeigen*) show; (*an den Tag legen*) *a.* display.

Beweis|führung *f* argumentation, line of argument (*od.* reasoning); ⚖ *engS.* giving of evidence; → **lückenlos**; **~grund** *m* argument; **~kette** *f* chain of evidence; → **lückenlos.**

Beweiskraft *f* (*Schlüssigkeit*) conclusiveness, cogency, strength; **beweiskräftig** *adj.* conclusive, cogent.

Beweislast *f* ⚖ burden of proof; **sie obliegt die ~** the burden of proof lies with him; **~material** *n* (body of) evidence; **aufgrund des ~s** on the evidence (available); **~mittel** *n* (piece of) evidence; *pl.* evidence *sg.* (**für** of); **~not** *f* lack of evidence; **in ~ sein** have no evidence (to bring forward).

Beweispflicht *f* → **Beweislast**; **beweispflichtig** *adj.*: **er ist ~** the burden of proof lies with him.

Beweis|sicherung *f* perpetuation of evidence; **~stück** *n* (piece of) evidence; *vom Gericht zugelassenes*: exhibit.

bewenden I. *v/i.*: **es dabei ~ lassen** leave it at that; **sie ließen es bei e-r Verwarnung ~** they decided to let him *etc.* off (*od.* go) with a warning, they decided a warning would be enough; **II.** ℒ *n*: **damit hatte es sein ~** that was the end of that (*od.* the matter).

Bewerb *östr. m* competition.

bewerben *v/refl.*: **sich ~** apply (**um** for); **sich ~ um** (*kandidieren*) stand for, *bsd. Am.* run for *presidency etc.*; *a. Partei*: contend for; *um e-n Preis*: compete (*od.* contend) for; **er hat sich bei X beworben** he's applied to X (for a job); **Bewerber** *m* applicant; candidate; ✝ *bei e-r Ausschreibung*: bidder, competitor; *Sport*: entrant, competitor; **Bewerbung** *f* application (**um** for); **es gingen über 100 ~en ein** we *etc.* had (*od.* there were) over a hundred applications (*od.* applicants).

Bewerbungs|bogen *m*, **~formular** *n* application form; **~schreiben** *n* (letter of) application; **~unterlagen** *pl.* application *sg.*, application papers; CV and references.

bewerfen *v/t.* **1.** ***j-n mit et.*** ~ throw s.th. at s.o.; pelt s.o. with s.th.; (*Politiker etc.*) *a.* greet s.o. with s.th.; **2.** △ plaster, *roh*: rough-cast.

bewerkstelligen *v/t.* manage; **~, *daß j-d ...*** arrange for s.o. to ...

bewerten *v/t.* (*Leistung*) assess (**nach** by, according to); (*j-n*) judge (by); ⚖ value (**auf** at); ~ ***als*** judge *s.o. od. s.th.* to be, see *s.o. od. s.th.* as; ***zu hoch (niedrig)*** ~ overrate (underrate); *der Sprung* ***wurde mit 7 Punkten bewertet*** scored 7 points; ***e-n Aufsatz mit der Note 2 (mit e-r guten Note)*** ~ *etwa* give an essay a B (a good mark [*bsd. Am.* grade]); **Bewertung** *f e-r Leistung*: assessment; *ped.* mark(s *pl.*), *bsd. Am.* grade(s *pl.*); *Sport*: scoring, score(s *pl.*); ✝ valuation.

bewilligen *v/t.* allow (***j-m et.*** s.o. s.th.); (*Antrag, Mittel*) grant; *parl.* sanction; (*genehmigen*) consent to; **Bewilligung** *f* approval; (*Erlaubnis*) permission; *von Mitteln*: granting *of funds etc.*

bewillkommnen *v/t.* welcome.

bewirken *v/t.* (*zustande bringen*) bring *s.th.* about, (*verursachen*) cause; (*hervorrufen*) give rise to, result in; (*erreichen*) achieve; **~, *daß j-d et. tut*** get s.o. to do s.th.; ***das Gegenteil*** ~ produce (*od.* have) the opposite effect; ***es hat einiges (nicht viel) bewirkt*** it achieved quite a lot (it didn't achieve much *od.* have much of an effect); ***was willst du damit ~?*** what do you hope to achieve by that?

bewirten *v/t.* feed (**mit** with, on); (*Gesellschaft*) cater for; ***mit et. bewirtet werden*** be offered s.th., *lit.* be regaled with s.th.

bewirtschaften *v/t.* **1.** (*Acker*) cultivate, work; (*Gut etc.*) run; **2.** (*Mangelware*) ration; **bewirtschaftet** *adj. Hütte*: open (to the public); **Bewirtschaftung** *f* **1.** ↗ cultivation; *e-s Guts etc.*: running *an estate etc.*; **2.** *von Mangelware*: rationing.

Bewirtung *f* (*Versorgung*) catering (*gen.* for); *im Gasthaus*: food and service; ***vielen Dank für die ~!*** thank you for looking after (F feeding) us *etc.* so well, *formell*: thank you for your hospitality; **Bewirtungskosten** *pl.* entertainment expenses.

bewitzeln *v/t.* make fun of, crack jokes about.

bewogen *lit. p.p.*: ***sich (nicht)*** ~ ***fühlen zu*** *inf.* feel prompted to *inf.* (not to feel inclined to *inf.*).

bewohnbar *adj.* (in)habitable; **Bewohnbarkeit** *f* habitability; **bewohnen** *v/t.* live in, occupy; (*Gebiet etc.*) inhabit; → *a.* ***bewohnt***; **Bewohner** *m* occupant; (*Mieter*) tenant; *e-s Gebiets etc.*: inhabitant; **Bewohnerschaft** *f* inhabitants *pl.*, residents *pl.*; *e-s Hauses*: occupants *pl.*; **bewohnt** *adj. Land, Gegend*: inhabited; *Gebäude, Raum*: occupied; ***das Haus ist*** ~ *a.* somebody lives (*od.* people live) in the house, there's somebody (*od.* there are people) living in the house; ***das Haus ist nicht*** ~ the house is empty (*od.* vacant, unoccupied), nobody lives (*od.* there's nobody living) in the house.

bewölken *v/refl.*: ***sich*** ~ get cloudy, *völlig*: cloud over, become overcast; *fig. Gesicht etc.*: darken; **bewölkt** *adj.* cloudy; *völlig*: *a.* overcast; *fig.* dark, gloomy; *im Wetterbericht*: ***leicht (stark)*** ~ scattered (heavy) cloud; ~ ***bis bedeckt*** cloudy, becoming overcast; **Bewölkung** *f* clouds *pl.*; (*Aufziehen von Wolken*) clouding over; ***starke*** ~ heavy cloud cover; ***leichte*** ~ scattered cloud; ***zunehmende*** ~ increasing cloudiness; ***vereinzelte*** ~ scattered cloud; ***wechselnde*** ~ variable cloud; ***auflockernde*** ~ heavy cloud to begin with, breaking up later.

Bewölkungs|auflockerung *f*, **~rückgang** *m* cloud dispersal; **~verdichtung** *f*, **~zunahme** *f* increasing cloud(iness).

Bewuchs *m* vegetation (*gen.* on); plant life.

Bewunderer *m* admirer; **bewundern** *v/t.* **1.** admire (**wegen** for); ***ich bewundere ihn wegen s-r Ausdauer*** *a.* I admire his perseverance; **2.** (*ansehen*) go and see, *mst iro.* go to admire; ***wir haben bei der Ausstellung Ihre Skulpturen bewundert*** we very much enjoyed (seeing) your sculptures at the exhibition; **bewundernswert, bewundernswürdig** *adj.* admirable; **Bewunderung** *f* admiration.

Bewurf *m* △ facing; (*Roh*Ձ) rough cast.

bewußt **I.** *adj.* **1.** conscious (*gen.* of); *in Zssgn mst* ...-conscious (*z. B.* ***gesundheitsbewußt*** health-conscious); ***sich*** *e-r Sache* ~ ***sein*** be aware (*od.* conscious) of; ***sich*** *e-r Sache* ~ ***werden*** realize, become aware of (the fact that), wake up to the fact that; ***erst dann wurde mir ~, daß*** *a.* only then did it dawn on me that; ***er war sich der Situation vollkommen*** ~ he knew exactly what was going on; ***er war sich dessen nicht mehr*** ~ he couldn't remember; ***ich bin mir dessen völlig*** ~ I'm quite (*od.* perfectly) aware of that (*od.* the fact); **2.** *Mensch*: aware; ***seiner selbst*** ~ self-aware; **3.** (*absichtlich*) deliberate, conscious; (*berechnet*) calculated; **4.** (*besagt*) said, *nachgestellt*: in question; *the* agreed *hour etc.*; **II.** *adv.* **5.** consciously; (*in vollem Bewußtsein*) with full awareness; ~ ***wahrnehmen*** (consciously) register; ***er hat es nicht ~ miterlebt*** he was too young (*od.* ill, drunk *etc.*) to know what was going on; ***das habe ich gar nicht ~ mitbekommen*** I (must have) missed that; ~ ***leben*** live life to the full; **6.** (*absichtlich*) deliberately, consciously, wittingly; ***er hat ~ gelogen*** *a.* he knew he was lying, it was a calculated lie.

bewußtlos *adj.* unconscious; ~ ***werden*** lose consciousness, faint, F black out; ~ ***zusammenbrechen*** collapse onto the floor (*od.* ground) unconscious, faint; ***j-n ~ schlagen*** knock s.o. unconscious; **Bewußtlose(r)** *m* unconscious person (F body); ***da liegt ein Bewußtloser*** there's somebody lying there unconscious; **Bewußtlosigkeit** *f* unconsciousness; (*Koma*) coma; ***in tiefer*** ~ in a deep state of unconsciousness, in a coma; ***aus s-r ~ erwachen*** come round (again), regain consciousness; *fig.* ***bis zur*** ~ ad nauseam; ***er hat mich bis zur ~ ausgefragt*** he drove me mad with all his questions.

bewußtmachen *v/t.*: ***j-m et.*** ~ make s.o. realize s.th., open s.o.'s eyes to s.th., bring s.th. home to s.o.; ***j-m ~, daß*** make s.o. realize that, open s.o.'s eyes to the fact that, bring home to s.o. the fact that; ***j-m et. bewußter machen*** heighten s.o.'s awareness of s.th.; ***sich et.*** ~ make s.th. clear to o.s., F keep telling o.s. s.th.

Bewußtsein *n* **1.** consciousness; ***bei (vollem)*** ~ (fully) conscious; ***das ~ verlieren*** lose consciousness, (*in Ohnmacht fallen*) faint; ***j-n zum ~ bringen*** bring s.o. round (again); ***wieder zum ~ kommen*** regain consciousness, come round (again); **2.** *a. psych.* awareness, consciousness; realization; ***j-m et. zum ~ bringen*** → ***bewußtmachen***; ***es kam mir zu(m) ~, daß*** I realized that, I became aware (of the fact) that, it occurred to me that, it dawned on me that; ***sie tat es mit vollem*** ~ she was fully aware of (*od.* she knew exactly) what she was doing; ***im ~ zu*** *inf.*, ***im ~, daß*** conscious of *ger.*, aware of the fact that; **3.** sense *of duty, responsibility etc.*; **4.** *nationales, religiöses etc.*: awareness, consciousness.

Bewußtseins|bildung *f* raising of (people's) awareness; **~ebene** *f* plane of consciousness; **Ձerweiternd** *adj. Drogen*: mind-expanding, consciousness-raising; **~erweiterung** *f* heightening of (one's *od.* people's) awareness; **~schwelle** *f* threshold of consciousness; **~spaltung** *f* schizophrenia; split personality; **~strom** *m* stream of consciousness; **~trübung** *f* clouded awareness; **~veränderung** *f* change in awareness (*od.* outlook); **~zustand** *m* state of consciousness.

Bewußtwerdung *f* (growing) realization *od.* awareness.

bezahlbar *adj.* payable; ***es war nicht*** ~ we *etc.* couldn't afford it (*od.* pay for it); ***es war gerade noch*** ~ we *etc.* just about managed to pay for it; **bezahlen** **I.** *v/t.* (*Summe*) pay; (*Ware, Leistung*) pay for; (*Schulden*) pay (off), settle; (*entlohnen*) pay; ***das kann ich nicht*** ~ I can't afford (*od.* pay for) that, that's beyond my means(, I'm afraid); ***das ist doch nicht zu*** ~ who can afford that?; ***dafür bezahlt werden, daß*** get (*od.* be) paid for *ger.*; ***er hat mir die Reise bezahlt*** he paid for my holiday; *fig.* ***das ist nicht mit Geld zu*** ~ it's priceless, no amount of money could buy that; ***et. teuer*** ~ pay dearly for s.th.; **II.** *v/i.* pay; ***kann ich ~?*** *im Restaurant etc.*: can I have the bill (*Am.* check), please?; **bezahlt** *adj.* **1.** *Ware*: paid for; **2.** ***~e Kräfte*** paid employees; ***~er Urlaub*** paid leave; **3.** ***sich ~ machen*** pay (off); ***es macht sich ~ zu*** *inf.* it pays to *inf.*; ***es hat sich ~ gemacht*** it paid off, it was worth it; **Bezahlung** *f* payment; (*Honorar*) fee; (*Entlohnung*) pay; (*Gehalt*) salary; (*Lohn*) wages *pl.*; ***gegen*** ~ for money, (*Honorar*) for a fee (F price).

bezähmen **I.** *v/t.* **1.** (*Leidenschaften etc.*) curb, restrain, control; **2.** *lit.* (*Bestie*) tame; **II.** *v/refl.*: ***sich*** ~ control o.s., restrain o.s.; **Bezähmung** *f* **1.** restraint, control; **2.** taming.

bezaubern *fig. v/t.* charm, captivate, *stärker*: bewitch (**durch** with); **bezaubernd** *adj.* charming, delightful.

bezecht *adj.* drunk, F tiddly.

bezeichnen *v/t.* **1.** (*benennen*) call (*a.* ~ **als**), (*a. wertend beschreiben*) describe (**als** as); ***wie bezeichnet man ...?*** what do you call ...?, what's the name for ...?;

wie würdest du das ~? what would you call that?, how would you describe that?; ***es wird verschieden bezeichnet*** it has several names (*od.* descriptions), it's referred to in various ways; ***j-n als et. ~*** call s.o. a ..., refer to s.o. as a ...; ***er wird als intolerant bezeichnet*** he's said to be intolerant, he's described as (being) intolerant; ***es wurde als große Blamage bezeichnet*** it was described (*od.* put down) as a big disgrace; **2.** (*beschreiben*) *Wort*: describe, refer to; (*stehen für*) stand for; (*bedeuten*) mean; **3.** (*markieren*) mark; (*angeben*) *a.* indicate; **bezeichnend** *adj.* **1.** characteristic, typical (**für** of); ***es ist ~ für s-n Egoismus, daß*** it's a reflection of his selfishness that; **2.** (*von besonderer Bedeutung*) significant; (*aufschlußreich*) revealing; ***es ist ~, daß sie die Sitzung aufgeschoben hat*** it says something for her to have postponed the meeting; **bezeichnenderweise** *adv.* **1.** typically (enough); **2.** significantly; **Bezeichnung** *f* (*Benennung*) name, (*Begriff*) term, *formell*: designation; ***falsche ~*** misnomer, wrong description; ***es hat verschiedene ~en*** it has several names, it's referred to by various names; **Bezeichnungssystem** *n* nomenclature.

bezeigen *v/t.* show, express; (*Gunst*) grant; ***j-m Achtung ~*** show respect to (-wards) s.o., treat s.o. with respect; ***j-m Ehre ~*** pay hono(u)r to s.o.; **Bezeigung** *f* show (*gen.* of), display (of).

bezeugen *v/t.* **1.** ⚖ *u. fig.* testify (to); (*bestätigen*) vouch for; (*bescheinigen*) certify; ***die Siedlung ist (sicher) bezeugt*** there is (firm) evidence for (*od.* of) the settlement's existence, the settlement is known to have existed; ***das Wort ist für das 19. Jahrhundert bezeugt*** the word is recorded in the 19th century; **2.** → ***bezeigen***; **Bezeugung** *f* **1.** testimony; **2.** → ***Bezeigung.***

bezichtigen *v/t.* accuse (*gen.* of); ***j-n ~, et. getan zu haben*** accuse s.o. of doing (*od.* having done) s.th.; **Bezichtigung** *f* accusation.

beziehbar *adj.* **1.** *Haus*: ready for occupation (*od.* occupancy); **2.** ✝ *Ware*: obtainable (**über** through); **3.** *fig.* referable (**auf** to); **beziehen I.** *v/t.* **1.** (*Sessel etc.*) cover; (*Bett*) put clean sheets on; *mit Saiten*: string; **2.** (*Wohnung*) move into; **3.** (*Ware*) get, (*kaufen*) *a.* buy; (*Zeitung*) take, subscribe to; (*Gelder, Gehalt etc.*) receive; (*Informationen*) get (hold of); ***~ aus*** *a.* draw from; **4.** ***~ auf*** relate to, (*anwenden auf*) apply to; ***er bezog es auf sich*** he took it personally; **5.** ***e-n klaren Standpunkt ~*** take a (firm) stand; **II.** *v/refl.* **6.** ***sich ~*** *Himmel*: cloud over, become overcast; **7.** ***sich ~ auf*** refer to, (*in Verbindung stehen mit*) relate to, (*betreffen*) concern, apply to; ***wir ~ uns auf Ihr Schreiben vom ...*** with reference to your letter of ...(, we ...); **Bezieher** *m* subscriber (*gen.* to); ✝ importer; (*Kunde*) customer; **Beziehung** *f* **1.** *von Dingen*: relation (**zu** to), relationship (with, to); (*Zusammenhang*) connection (with, to); ***wechselseitige ~*** interrelationship; ***in (direkter) ~ stehen*** be (directly) connected *od.* linked (**zu** with, to), **zu:** *a.* have a (direct) relation to; ***in ~ bringen*** relate (**zu** to), see (*od.* establish) a link between; **2.** ***in dieser ~*** (*Hinsicht*) from that point of view, in that respect, (*in diesem Zusammenhang*) in this connection; ***in mancher ~*** in some ways (*od.* respects); ***in gewisser ~*** in a way; ***in jeder ~*** in every way (*od.* respect); ***in ~ auf*** with regard to, as far as ... goes (*od.* is concerned); ***in politischer ~*** politically (speaking), in political terms; ***in wirtschaftlicher ~*** (seen) in economic terms *od.* from an economic point of view; **3.** *zwischenmenschliche*: relationship (**zu** with, to); *intime*: relationship (with); (*Affäre*) affair; (*Verbindungen*) connections *pl.* (with, to); (*Kontakt*) contact (with), contacts *pl.* (with, to); ***menschliche (diplomatische) ~en*** human (diplomatic) relations; ***wirtschaftliche ~en*** economic relations (*od.* contacts); ***in guten ~en stehen zu*** be on good terms with; ***gute ~en haben*** have good (*od.* the right) connections, F know the right people; ***du brauchst ~en*** you need connections, F you've got to know the right people; ***er hat es durch ~en bekommen*** he got it through contacts; → ***spielen*** 7; **4.** (*innere ~, Verhältnis, Verständnis*) relationship (**zu** to); affinity (for, to); feeling (for); understanding (of); *zur Kunst etc.*: *a.* appreciation (for, of); ***ich habe keine ~ zur Musik*** *a.* I can't relate to music, music doesn't mean anything (*od.* means nothing) to me; ***ich habe keine ~ zu ihm*** (*Menschen, Tier*) I can't relate to him, I feel no affinity for (*od.* towards) him, I can't warm to him.

Beziehungskiste F *f* relationship, F (romantic) set-up.

beziehungslos *adj.* unconnected, without any connection, (completely) unrelated; ***~ nebeneinanderstehen*** *a.* bear no relationship to one another; **Beziehungslosigkeit** *f* unconnectedness, lack of (any) connection (**zu** with, to).

beziehungsreich, beziehungsvoll *adj.* allusive; (*a. anzüglich*) suggestive.

Beziehungssatz *m ling.* relative clause.

beziehungsweise *adv.* **1.** (*oder auch*) (either ...) or (..., as the case may be); **2.** (*oder vielmehr*) or rather, that's to say; **3.** (*und im andern Fall*) respectively; ***zwei Bücher in englischer ~ deutscher Sprache*** two books in English and German respectively.

Beziehungswort *n ling.* antecedent.

bezifferbar *adj.* quantifiable; ***nicht ~*** unquantifiable; **beziffern** *v/t.* (*numerieren*) number; (*schätzen*) estimate (**auf** at); ***sich ~ auf*** amount to, come to; **beziffert** *adj.*: ♪ ***~er Baß*** figured bass; **Bezifferung** *f* numbering.

Bezirk *m* district; (*Stadt*2) *a.* borough; (*Wahl*2) ward; *Am.* (*Polizei*2, *Wahl*2) precinct; *fig.* → **Bereich** 2.

Bezirks... *in Zssgn* district ..., regional; **~parteitag** *m* regional party conference.

bezirzen F *v/t.* bewitch.

Bezogene(r) *m Scheck*: drawee.

Bezug *m* **1.** (*Überzug*) cover; (*Kissen*2) cushion cover, (*Kopfkissen*2) pillowcase, pillow slip; **2.** *von Ware*: buying; *Zeitung*: subscription (*gen.* to); *e-r Rente etc.*: drawing (of); ***bei ~ von*** *25 Stück* on orders of; **3.** → ***Bezüge***; **4.** *fig.* reference; ***mit*** (*od.* ***unter***) ***~ auf*** with reference to; ***in 2 auf*** (*hinsichtlich*) as far as ... goes (*od.* is concerned); ***~ nehmen auf*** refer to; **5.** *fig.* (*Verknüpfung*) connection (**zu** with, to); ***der ~ war mir nicht ganz klar*** *a.* I wasn't quite sure how it *od.* they related (*od.* what the connection was); → *a.* ***Beziehung*** 1; **6.** *fig.* (*innerer ~, Verhältnis*) relationship (**zu** to); → *a.* ***Beziehung*** 4.

Bezüge *pl.* income *sg.*, earnings.

bezüglich I. *prp.* **1.** regarding, concerning; ***~ Ihres Schreibens*** with reference to your letter; **II.** *adj.* **2.** ***~es Fürwort*** relative pronoun; **3.** ***~ auf*** relating to, relative to; ***der darauf~e Brief*** the letter relating to (*od.* concerning) that.

Bezugnahme *f*: ***unter ~ auf*** with reference to, ***unser Telefongespräch vom ...***: *a.* following our telephone conversation of ...

Bezugs|aktien *pl.* preemptive shares; **~bedingungen** *pl.* terms of sale; **2berechtigt** *adj.* entitled to draw *a pension*; **~berechtigte(r)** *m* beneficiary; **2fertig** *adj. Wohnung*: ready for occupation (*od.* occupancy); **~größe** *f* standard for comparison; **~person** *f* attachment figure; *psych.* role model; psychological parent; ***s-e einzige ~ ist ...*** the only person he can relate (*od.* look up) to is ...; **~preis** *m* purchase price; *Zeitung etc.*: subscription (price); **~punkt** *m* reference point, point of reference; (*Maßstab*) benchmark; **~quelle** *f* supply source; **~recht** *n auf Aktien*: subscription right; **mit (ohne) ~** cum (ex) rights; **~stoff** *m* covering; **~system** *n* frame of reference; **~wert** *m* reference value; **~wort** *n ling.* antecedent.

bezuschussen *v/t.* subsidize.

bezwecken *v/t.* aim at (bringing about); *Person*: *a.* have *s.th.* in mind; *Sache*: *a.* have as its object; ***was bezweckt er mit s-m Besuch?*** what's the aim (*od.* object) of his visit?; ***was bezweckst du damit?*** what do you hope (*od.* are you trying) to achieve by that?

bezweifeln *v/t.* doubt; *verbal*: question; ***ich bezweifle das*** I doubt it, I have my doubts (about it).

bezwingen *v/t.* (*besiegen*) defeat; (*Schwierigkeiten etc.*) overcome; (*Gefühle*) overcome, control, get the better of; (*Leidenschaften*) subdue; (*Volk, Berg etc.*) conquer; **Bezwinger** *m* conqueror; **Bezwingung** *f* defeat; conquest; *von Gefühlen*: control, mastery.

BH F *m* bra.

bi F *adj.* F AC/DC, bi.

Biathlon *n* biathlon.

bibbern F *v/i.* tremble (**vor** with); *vor Kälte*: shiver (with).

Bibel *f* Bible; *fig.* bible; **~auslegung** *f* **1.** biblical exegesis; **2.** *konkret*: interpretation of the Bible; **~druckpapier** *n* Bible paper; **~exegese** *f* biblical exegesis; **2fest** *adj.*: ***~ sein*** know one's Bible; **~forscher** *m* biblical scholar; **~forschung** *f* biblical scholarship; **~kommentar** *m* Bible commentary; **~konkordanz** *f* concordance of (*od.* to) the Bible, Bible concordance; **~lexikon** *n* biblical encyclop(a)edia; **~spruch** *m* biblical saying; verse from the Bible; **~stelle** *f* passage in (*od.* from) the Bible; verse from the Bible; **~stunde** *f a. pl.* Bible study; **~übersetzung** *f* translation of the Bible, Bible translation; **~wort** *n* biblical saying (*od.* quotation), quotation from the Bible.

Biber *m* beaver; **~bau** *m* beaver's lodge; **~pelz** *m* beaver (fur); **~ratte** *f* (*Pelz*)

nutria; **~schwanz** *m* **1.** beaver's tail; **2.** (*Dachziegel*) flat tile.
Bibliograph *m* bibliographer; **Bibliographie** *f* bibliography (**zu** of); **bibliographisch** *adj.* bibliographical.
Bibliomanie *f* bibliomania.
bibliophil *adj. Person*: bibliophile ...; ***~e Ausgabe*** fine edition; ***~es Antiquariat*** antiquarian bookseller's; *antiquarian bookshop selling rare editions*; **Bibliophile(r)** *m* bibliophile.
Bibliothek *f* library; **Bibliothekar(in** *f*) *m* librarian.
Bibliotheks|ausgabe *f* library edition; **~exemplar** *n* library copy; **~gebäude** *n* library (building); **~wesen** *n* librarianship; → *a.* **~wissenschaft** *f* library science.
biblisch *adj.* biblical, scriptural; ***~e Geschichte*** story from the Bible; *fig.* ***das ~e Alter von ... erreichen*** live to the ripe old age of ...
Bidet *n* bidet.
bieder *adj.* honest, upright; (*einfältig*) simple.
Biedermann *m* honest man (*od.* citizen); *contp.* (*Spießbürger*) petty bourgeois.
Biedermeier *n* Biedermeier (period *od.* style); **~zeit** *f* Biedermeier period.
biegbar *adj.* flexible, pliable.
Biegefestigkeit *f* bending strength.
biegen I. *v/t.* bend; (*krümmen*) curve; (*Holz*) camber; **II.** *v/refl.*: ***sich ~*** bend; **III.** *v/i.*: ***nach links*** (***rechts***) ***~*** turn left (right); ***um e-e Ecke ~*** turn (round) a corner; **IV.** ♀ *n*: ***auf ~ oder Brechen*** F come hell or high water.
biegsam *adj.* pliable, flexible; *Körper*: supple, lithe; *fig.* malleable, pliable, pliant; **Biegsamkeit** *f* pliability, flexibility; (*Geschmeidigkeit*) suppleness; *fig.* malleability, pliability.
Biegung *f* bend; (*Kurve*) curve; *e-r Fläche etc.*: curvature; ***e-e ~ machen*** curve.
Biene *f* **1.** bee; ***männliche ~*** drone; *fig.* ***fleißig wie e-e ~*** (as) busy as a bee; **2.** F (*Mädchen*) F girl, *sl.* chick.
Bienen|fleiß *m* industriousness; *formell*: sedulousness; **♀fleißig** *adj.* very hard-working (*od.* industrious); **~gift** *n* bee poison; **~haus** *n* apiary; **~honig** *m* honey; **~königin** *f* queen bee; **~korb** *m* beehive; **~schwarm** *m* swarm of bees; **~staat** *m* colony of bees; **~stich** *m* **1.** bee sting; **2.** (*Kuchen*) *almond-covered cake filled with cream or custard*; **~stock** *m* beehive; *fig.* **da wimmelt es wie im ~** it's swarming with people; **~wabe** *f* honeycomb; **~wachs** *n* beeswax; **~zucht** *f* beekeeping; *formell*: apiculture; **~züchter** *m* beekeeper, apiarist.
Bier *n* beer; ***helles ~*** *etwa* lager, *Am. a.* light beer; ***dunkles ~*** *etwa* brown ale, *Am.* dark beer; ***~ vom Faß*** draught (*Am.* draft) beer; ***zwei ~ bitte!*** two beers, please; F *fig.* ***das ist nicht mein ~!*** F that's not my pigeon; **~baß** F *m* deep bass (voice); **~bauch** *m* beer belly, paunch, F beer gut; **~brauer** *m* brewer; **~brauerei** *f* brewery; **~deckel** *m* beer mat, *bsd. Am.* (beer) coaster; **~dose** *f* beer can; **~eifer** F *m* grim-faced zeal, dogged determination.
bierernst F **I.** *adj.* deadly serious; **II.** ♀ *m* deadly seriousness.
Bier|fahne F *f* beery breath; ***e-e ~ haben*** smell of beer; **~faß** *n* beer barrel; **~filz** *m* → ***Bierdeckel***; **~flasche** *f* beer bottle; **~garten** *m* beer garden; **~glas** *n* beer glass; **~hahn** *m* beer tap; **~hefe** *f* brewer's yeast; **~kasten** *m* beer crate (*Am.* case); **~keller** *m* **1.** (*Lokal*) beer cellar, bierkeller; **2.** *zur Aufbewahrung*: beer cellar; **~krug** *m aus Zinn*: tankard; *aus Steingut*: beer mug, (beer) stein; **~laune** *f* jolly mood, high spirits *pl.*; **~leiche** F *f* drunk, F drunken heap; ***am Schluß gab es e-e Menge ~n*** there were quite a few drunks littered about the place at the end; **~reise** F *f* F pub crawl; ***auf e-e ~ gehen*** go (off) on a pub crawl; **~ruhe** F *f* unflappability; ***sich nicht aus s-r ~ bringen lassen*** remain unflappable; **~seidel** *n* beer mug, (beer) stein; **~zelt** *n* beer tent.
Biese *f* **1.** (*Fältchen*) tuck; **2.** *an Uniformen*: *a. pl.* piping.
Biest *n* beast; F *fig.* (*Kind*) F brat; (*Mann*) *sl.* swine; (*Frau*) F cow; ***freches ~*** F cheeky brat, (*Frau*) F cheeky cow; ***faules ~*** F lazy brat, (*Mann, Frau*) *sl.* lazy sod.
bieten I. *v/t.* offer (***j-m et.*** s.o. s.th.); (*Anblick, Schwierigkeiten*) present; (*gewähren*) afford, (*geben*) give; (*Leistung, Film, Programm*) show; ✝ bid; ***mehr*** (***weniger***) ***~ als*** outbid (underbid); ***im Kino etc. geboten werden*** be on at the cinema (*bsd. Am.* movies) *etc.*; ***was hast du uns heute zu ~?*** *a. iro.* what have you got to offer us today?, what have you got lined up for us today?; ***j-m Hilfe*** (***Trost***) ***~*** help (comfort) s.o.; ***wer bietet mehr?*** *Auktion*: any more bids?; ***bis zu DM 50 000 ~*** go as high as 50,000 marks; ***das läßt er sich nicht ~*** he won't stand for that; ***das solltest du dir nicht ~ lassen*** I wouldn't stand for it if I were you; ***und das läßt du dir einfach ~?*** and you just sit back and take it?; **II.** *v/refl.*: ***sich ~*** *Gelegenheit*: come up, present itself; ***es bot sich ihr e-e traumhafte*** (***grauenvolle***) ***Szene*** a wonderful scene unfolded before her eyes (she was met with a scene of horror); **Bieter** *m* bidder.
bifokal *adj.* bifocal; **♀brille** *f*: (***e-e ~*** a pair of) bifocals *pl.*, bifocal glasses *pl.*
Bigamie *f* bigamy; **Bigamist** *m* bigamist.
bigott *adj.* (over)sanctimonious; (*selbstgerecht*) self-righteous, F holier-than-thou; (*scheinheilig*) hypocritical; **Bigotterie** *f* (over)sanctimoniousness; self-righteousness; hypocrisy; → ***bigott.***
Bikini *m* bikini.
bikonkav *adj.* biconcave.
bikonvex *adj.* biconvex.
Bilanz *f* balance; (*Aufstellung*) balance sheet; *fig.* result, outcome; (*Prüfung*) stocktaking; (*Überblick*) survey; ***e-e ~ aufstellen*** draw up (*od.* make out) a balance sheet; ***die ~ ziehen*** strike the balance, *fig.* take stock (**aus** of); *fig.* ***~ ziehen*** *aus s-m Leben*: take stock of one's life; ***traurige ~*** sad outcome, *bei Toten*: tragic toll; **~buch** *n* balance sheet book; **~buchhalter** *m* accountant; **~delikt** *n* accounting fraud, *a. pl.* F cooking (*od.* juggling) the books.
bilanzieren I. *v/i.* **1.** make out a balance sheet; **2.** show in the balance sheet; **II.** *v/t.* (*Konten*) balance.
Bilanzierungsgrundsätze *pl.* principles of proper accounting.
Bilanz|jahr *n* financial (*od.* fiscal) year; **~posten** *m* balance sheet item; **~prüfer** *m* auditor; **~prüfung** *f* balance sheet audit; **~summe** *f* balance sheet total; **~verschleierung** *f* window-dressing, F cooking the books; **~wert** *m* balance sheet value.
bilateral *adj.* bilateral.
Bild *n* picture (*a. TV u. fig.*); (*Ab♀, Eben♀*) image (*a. TV*); (*Gemälde*) painting, (*Porträt*) *a.* portrait; (*Foto*) photo, picture; *in Büchern*: illustration, picture; (*Bühnen♀*) scene; *im Filmvorspann*: Camera; *fig.* (*Anblick*) picture, sight; (*Szene*) scene; (*Vorstellung*) idea, picture; *e-s Landes, e-s Dichters etc.*: image; (*Schilderung*) picture, description, portrait; *rhetorisch*: image, metaphor, (*Gleichnis*) simile; ***~ der Zerstörung*** (***des Grauens***) scene of destruction (horror); ***ein ~ von e-m Mädchen*** a lovely girl; ***im ~e sein*** be in the picture; ***jetzt bin ich im ~e*** now I get the picture, F now I get it, I'm with you now; ***j-n ins ~ setzen*** put s.o. in the picture (***über*** about), ***über:*** *a.* fill s.o. in on; ***ein falsches ~ bekommen*** get the wrong idea (*od.* impression, picture); ***sich ein ~ machen*** form an impression (in one's mind) (***von*** of); ***sich ein ~ machen von*** (*sich vorstellen*) *a.* visualize, (*selber ansehen*) see *s.th.* for o.s.; ***sich ein falsches*** (***zu optimistisches*** *etc.*) ***~ machen von*** see *s.th.* in the wrong light (too optimistically *etc.*); ***du machst dir kein ~*** you have no idea; → ***düster*** I *etc.*; **~abtastung** *f TV* scanning; **~archiv** *n* photo (*od.* picture) library; **~auflösung** *f* definition, (picture) resolution; **~ausfall** *m TV* picture loss; **~ausschnitt** *m* detail; **~band** *m* illustrated book; **~beilage** *f* colo(u)r supplement; **~bericht** *m* picture story; **~breite** *f* picture width; **~dokument** *n* documentary photo (*od.* drawing, film, footage *etc.*); **~dokumentation** *f* picture (*od.* photo, film *etc.*) documentary; **~element** *n TV etc.* pixel, picture element.
bilden I. *v/t.* **1.** form; (*gestalten*) *a.* shape, mo(u)ld (*alle a. den Charakter*), make; (*Satz*) make (up); (*Neuwort*) coin; ***sich e-e Meinung ~*** form an opinion; **2.** (*schaffen*) create; (*gründen*) establish, set up; (*Regierung*) form; **3.** (*hervorbringen*) form, develop; **4.** (*Bestandteil etc.*) form, constitute, make up, comprise, (*a. Attraktion, Grenze, Gefahr etc.*) be; ***e-e Ausnahme ~*** be an exception; ***die Regel ~*** be the rule; **5.** (*j-n*) *geistig*: educate, (*j-s Geist*) *a.* cultivate; → ***gebildet***; **II.** *v/i.* **6.** broaden the mind; ***Reisen bildet*** *a.* there's nothing like travel for broadening the mind; **III.** *v/refl.*: ***sich ~*** **7.** form, *Tumor etc.*: grow, develop; **8.** *geistig*: educate o.s., F get some culture; *weitS.* broaden one's horizons; **bildend** *adj.* **1.** educational; **2.** ***~e Künste*** fine arts.
Bilder|atlas *m* picture atlas; **~bogen** *m Kunst*: illustrated broadsheet; **~buch** *n* picture book; ***Schottland wie aus dem ~*** a picture-book Scotland.
Bilderbuch... *in Zssgn* F *fig.* perfect ...; *Person*: *a.* model ...; *Leistung, Beispiel, a. Sport*: textbook ..., copybook ...; **~ehemann** *m a* model husband, *the* perfect husband; **~hochzeit** *f* fairytale wedding; **~landschaft** *f* storybook landscape; **~landung** *f* textbook landing; **~sommer** *m* perfect summer; **~wetter** *n* perfect (*od.* glorious, unbelievable) weather.

Bilder|chronik *f* illustrated (*od.* picture) chronicle; **~galerie** *f* picture gallery; **~geschichte** *f* picture story; (*Comic*) comic strip, strip cartoon; **~rahmen** *m* picture frame; **~rätsel** *n* picture puzzle.
bilderreich *adj.* richly illustrated; *fig. Sprache etc.*: rich in imagery.
Bilder|schrift *f* pictographic system; (*Hieroglyphen*) hieroglyphics *pl.*; **~sprache** *f* imagery (and metaphor); **~streit** *m hist.* iconoclastic controversy.
Bildersturm *m hist.* iconoclasm; iconoclastic movement; **Bilderstürmer** *m a. fig.* iconoclast; **bilderstürmerisch** *fig. adj.* iconoclastic.
Bild|fang *m Video*: frame hold; **~feld** *n* field of vision; *TV* a) picture screen, b) frame; **~fläche** *f TV* image area; *Film*: screen; F *fig.* ***von der ~ verschwinden*** disappear from the scene, F do a vanishing trick; ***er ist wie von der ~ verschwunden*** he seems to have vanished into thin air; ***auf der ~ erscheinen*** (suddenly) appear on the scene, suddenly appear from nowhere; **~folge** *f* picture sequence; *TV* picture frequency.
bildhaft I. *adj.* **1.** (*visuell*) visual; **2.** *Stil*: rich in imagery; **3.** *Beschreibung etc.*: vivid, graphic; **II.** *adv.*: ***et. ~ beschreiben*** give a vivid (*od.* graphic) description of s.th.; ***sich et. ~ vorstellen*** (try and) visualize s.th., conjure s.th. up in one's mind; **Bildhaftigkeit** *f* **1.** *e-r Sprache etc.*: rich imagery (*gen.* of, in); **2.** *e-r Beschreibung*: vividness, graphic nature (*gen.* of).
Bildhauer *m* sculptor; **Bildhaueratelier** *n* sculptor's studio; **Bildhauerei** *f*, **Bildhauerkunst** *f* sculpture; **Bildhauerwerkstatt** *f* sculptor's workshop (*od.* studio).
Bildhelligkeit *f TV* (image) brightness.
bildhübsch *adj.* lovely(-looking); *Gegenstand*: beautiful, lovely.
Bild|idee *f* idea for a (*od.* the) picture *od.* painting; ***die ~ kam von ...*** *a.* the picture (*od.* painting) was inspired by ...; **~journalist** *m* photojournalist; **~komposition** *f* composition of a (*od.* the) picture *od.* painting.
bildlich I. *adj.* pictorial, graphic; (*visuell*) visual; ***~e Umsetzung*** visualization; ***~er Ausdruck*** figurative expression, metaphor(ical expression); **II.** *adv.*: ***~ gesprochen*** figuratively speaking; ***sich et. ~ vorstellen*** → ***bildhaft*** II.
Bild|material *n* illustrations *pl.*; photos *pl.*; **~nachweis** *m* acknowledg(e)ment; *pl.* photo credits.
bildnerisch *adj.* **1.** artistic; *weitS.* creative; ***~e Darstellung*** artistic representation; **2.** (*bildhauerisch*) sculptural.
Bildnis *n* portrait; *auf Münzen*: effigy, head.
Bild|platte *f TV* video disc; **~plattenspieler** *m* video disc player; **~qualität** *f TV* picture quality; **~reportage** *f* picture story; *TV* film documentary; **~röhre** *f TV* tube, picture (*od.* cathode ray) tube; **~schärfe** *f* definition, sharpness.
Bildschirm *m* screen; *Computer*: *a.* display, (*~gerät*) monitor; F (*Fernseher*) TV, F *the* box; **~anzeige** *f* monitor (*od.* screen) display; **~arbeitsplatz** *m* workstation; **~auflösung** *f* screen resolution; **~gerät** *n* visual display unit; **~kapazität** *f* display capacity; **~karte** *f* graphics card (*od.* adapter); **~maske** *f* screen mask; **~schoner** *m Computer*: screen saver; **~seite** *f* screen page; **~text** *m* viewdata.
Bildschnitzer *m* (wood) carver; **Bildschnitzerei** *f* (wood) carving.
bildschön *adj.* beautiful; ***es ist ~*** *a.* it's a dream.
Bild|seite *f* **1.** *im Buch etc.*: picture page; **2.** *e-r Münze*: face, obverse; **~serie** *f* picture series; **~signal** *n* picture signal; **~stelle** *f* picture (*od.* film) library; **~störung** *f* (TV) interference; **~sucher** *m phot.* viewfinder; **~suchlauf** *m Video*: picture search; ***~ rückwärts*** review; ***~ vorwärts*** cue; **~symbol** *n* pictogram; *Computer*: icon; **~tafel** *f* plate; **~telefon** *n* videophone; **~teppich** *m* tapestry; **~text** *m* caption; **~übertragung** *f* picture transmission.
Bildung *f* **1.** *geistige*: education; (*Gelehrsamkeit*) learning, erudition; (*Kultur*) culture; ***~ haben*** be educated, be cultured; ***ein Mensch mit ~*** an educated (*od.* a cultured) person; ***er hat überhaupt keine ~*** he's completely uneducated (*od.* uncultured), he's got no education (*od.* culture); **2.** (*Entstehung*) formation; (*Entwicklung*) *a.* development; **3.** (*Schaffung*) creation, formation; (*Gründung*) *a.* establishment; *e-s Ausschusses*: setting up; **4.** *von Neuwörtern*: coinage; *e-r Satzform etc.*: forming; **5.** (*Wort*) form.
Bildungs|anstalt *f* educational establishment; **2beflissen** *adj.* eager to learn, eager for knowledge; **~bürgertum** *n the* educated classes *pl.*; **~chancen** *pl.* educational opportunities; ***gleiche ~*** equal opportunities in education; **~drang** *m* → ***Bildungseifer***; **~dünkel** *m* intellectual snobbery (*od.* conceit); **~eifer** *m* desire for education; **2eifrig** *adj.* → ***bildungsbeflissen***; **~einrichtung** *f* educational institution; **~fabrik** F *f* educational mill.
bildungsfähig *adj.* educable; **Bildungsfähigkeit** *f* educability.
bildungsfeindlich *adj.* anti-education; *Politik etc.*: *a.* (educationally) retrogressive.
Bildungs|gang *m* education, educational background; **~gewebe** *n anat.* formative tissue; **~grad** *m* educational level; **~hunger** *m* thirst for knowledge (*od.* education); **2hungrig** *adj.* hungry for knowledge, education-hungry; **~lücke** *f* gap in one's knowledge; **~minister** *m* education minister, minister for education; *in GB*: Secretary of State for Education, Education Secretary; *in den USA*: Secretary of Education; **~ministerium** *n* ministry of education, education ministry; *in GB*: Department of Education and Science; *in den USA*: Department of Education; **~monopol** *n* monopoly on education; ***das ~ haben*** *a.* control education; **~niveau** *n* (level of) education, educational standard(s *pl.*); **~notstand** *m* education crisis; **~politik** *f* educational policy; **2politisch** *adj.* educational, education policy ...; **~reform** *f* educational reform; **~reise** *f* educational trip; **~roman** *m* novel of education, Bildungsroman; **~stand** *m* level of education; **~stätte** *f* educational institution; **~stufe** *f* educational level; **~system** *n* education system; **~urlaub** *m* educational leave; **~weg** *m* **1.** education; **2.** ***zweiter ~*** evening classes *pl.* (*with a view to obtaining school or university qualifications*); ***auf dem zweiten ~*** through evening classes; **~wesen** *n* education; **~zentrum** *n* educational cent|re (*Am.* -er).
Bild|unterschrift *f* caption; **~wand** *f* projection screen; **~wandler** *m opt.* image converter; **~winkel** *m* angle of vision; **~wörterbuch** *n* picture dictionary; **~zähler** *m phot.* frame counter; **~zeile** *f TV* (scanning) line.
Bilharziose *f* bilharzia.
Billard *n* billiards (*sg.*); **~ball** *m*, **~kugel** *f* billiard ball; **~saal** *m* billiard room, *Am.* poolroom; **~stock** *m* (billiard) cue; **~tisch** *m* billiard table.
billig I. *adj.* **1.** cheap, inexpensive; *Preis*: low, cheap; ***ein ~er Kauf*** a bargain; **2.** *fig.* cheap; *Ausrede*: lame, *a. Rat*: poor; ***~er Trost*** small consolation; **3.** (*berechtigt, gerecht*) just; (*angemessen*) fair; → ***recht*** I; **II.** *adv. herstellen etc.*: cheaply; ***et. ~ bekommen*** (***verkaufen***) get (sell) s.th. cheap(ly); ***~ wegkommen*** get off cheaply (*fig.* lightly); ***~ abzugeben*** *Überschrift*: cheap sale; ***Schallplatten ~ abzugeben*** cheap records; **2angebot** *n* cut-price offer.
billigen *v/t.* approve of; *formell*: sanction; (*beipflichten*) endorse; *amtlich*: approve; **billigend** *adj.* approving(ly *adv.*).
Billig|flagge *f* flag of convenience; **~flug** *m* cheap flight; **~flugpreise** *pl.* cut-price (air) fares; **~importe** *pl.* cut-price imports.
Billigkeit *f* **1.** cheapness; **2.** *fig.* cheapness; (*Berechtigung*) justness; (*Angemessenheit*) fairness, equity.
Billigkopie *f* cheap imitation.
Billiglohnland *n* low-wage country.
Billig|preis *m* low price; **~reise** *f* cheap holiday; *pl. coll. a.* cut-price travel *sg.*
Billigung *f* approval, approbation; endorsement; ***j-s ~ finden*** meet with s.o.'s approval.
Billion *f* (10^{12}) trillion, million million, *Brit. obs.* billion; **Billionstel** *n* trillionth, million millionth, *Brit. obs.* billionth.
Bimbam[1] *n* ding-dong.
Bimbam[2] F *m*: ***(du) heiliger ~!*** F crikey!, Gordon Bennett!, *sl.* hell's bells!
bimmeln F *v/i.* ring; ***es hat gebimmelt*** there's s.o. at the door.
bimsen *v/t.* **1.** (rub with) pumice; **2.** F ⚔ drill hard, put *recruits etc.* through their paces; **3.** F (*prügeln*) beat up; **4.** F (*lernen*) F swot up, mug up.
Bimsstein *m* pumice (stone).
binär *adj.* ♪, *phys. etc.* binary; **2code** *m Computer*: binary code; **2system** *n* binary system; **2zahl** *f* binary number; **2zeichen** *n* binary digit; bit.
Binde *f* ⚕ bandage; (*Armschlinge*) sling; (*Damen2*) sanitary towel (*Am.* napkin); (*Hals2*) necktie; (*Arm2*) armband; (*Augen2*) blindfold; ***den Arm in e-r ~ tragen*** have one's arm in a sling; F ***(sich) e-n hinter die ~ gießen*** F have a tipple, hoist one.
Bindegewebe *n anat.* connective tissue; **Bindegewebsentzündung** *f* fibrositis.
Bindeglied *n* (connecting) link, connection; *fig.* ***fehlendes ~*** missing link.
Bindehaut *f anat.* conjunctiva; **~entzündung** *f* conjunctivitis.
Bindemittel *n* **1.** ⚙ bonding agent; **2.** *gastr.* thickening.
binden I. *v/t.* **1.** *a. fig.* tie (**an** to); *fig.* ***j-n an sich ~*** tie s.o. to o.s.; ***j-n an Händen***

und Füßen ~ bind s.o. hand and foot; ***mich bindet nichts an diesen Ort*** I have no real ties to this place; **2.** (*zusammenbinden, zubinden*) tie (up); (*Knoten*) tie; (*Schlips*) tie (a knot in); (*Strauß*) make; ***Rosen zu e-m Strauß*** ~ tie roses into a bouquet, make a bouquet of roses; **3.** (*Buch*) bind; ***zum*** ℒ ***geben*** have *a book* bound; **4.** ⚗ bind; (*a. phys. Wärme*) absorb; **5.** ⚙ bond, cement; **6.** *gastr.* thicken, bind; **7.** ♪ (*gleiche Noten*) tie; (*legato spielen*) slur; **8.** *ling.* link; **9.** ⚕ (*Geldmittel*) tie up; (*Preise*) fix; **10.** (*verpflichten*) bind, commit; (*festhalten*) tie down (***an*** to); → ***gebunden***; **II.** *v/i.* **11.** bind; **12.** *gastr.* bind, thicken; **13.** *Klebstoff*: stick; *Zement etc.*: harden, set; *Kunststoff*: bond; **14.** *fig.* (*Gemeinsamkeit schaffen*) create a bond; **III.** *v/refl.*: ***sich*** ~ commit o.s., tie o.s. down (***an*** to); *verträglich*: bind o.s. (to); *ehelich*: tie o.s. down, *contp.* get tied down; ***sie will sich noch nicht*** ~ *a.* she doesn't want to commit herself yet; **bindend** *fig. adj.* binding (***für*** upon).

Binde|strich *m* hyphen; ***hat es e-n*** ~***?*** has it got a hyphen?, is it hyphenated?; **~wort** *n* conjunction.

Bindfaden *m*: (***ein*** ~ a piece of *od.* some) string; *fig.* ***es regnet Bindfäden*** it's pouring, F it's coming down in buckets.

Bindung *f* **1.** *zu j-m*: (close) relationship (***zu*** with, to); (*Verbundenheit*) bond (***an*** with), *a. pol.* ties *pl.* (to, with); *an et.*: attachment (to); **2.** (*Verpflichtung*) commitment, obligation; ***e-e*** ~ (*od.* ***~en***) ***eingehen*** commit o.s., tie o.s. down (***mit*** to); ***ohne ~en*** *Person*: without (any) obligation(s), *eheliche etc.*: unattached; **3.** (*Ski*ℒ) binding; **4.** ⚗, *phys.*, ⚙ bond(ing); **5.** (*Atom*ℒ) *a. biol.* linkage; **6.** *phys.* absorption; (*Verschmelzung*) fusion; **7.** ♪ ligature.

Bindungsangst *f* fear of getting too involved (with anyone).

bindungsfähig *adj.*: (***nicht*** ~ in)capable of having a (personal) relationship.

binnen *prp.* within; ~ ***kurzem*** before long, within a short space of time.

binnendeutsch I. *adj. Handel etc.*: internal, domestic (German); **II.** ℒ *n* German (as) spoken in Germany, F German German.

Binnen|fischerei *f* freshwater fishing; **~gewässer** *pl.* inland waters; **~hafen** *m* inland (*od.* river) port; **~handel** *m* domestic trade.

Binnenland *n* interior, inland area; ***im*** ~ inland; **binnenländisch** *adj.* inland ...

Binnen|markt *m* home (*od.* domestic) market; *EG*: internal market; **~meer** *n* inland sea; **~reim** *m* internal rhyme; **~schiffahrt** *f* (*getr.* ***ff-f***) inland navigation; **~see** *m* inland lake; **~staat** *m* inland (*od.* landlocked) state *od.* country; **~verkehr** *m* inland traffic; **~wanderung** *f* internal migration; **~wasserstraße** *f* inland waterway; **~wirtschaft** *f* domestic economy; **~zoll** *m* inland duty.

Binom *n*, **binomisch** *adj.* Ꭿ binomial.

Binse *f* ⚘ rush; F *fig.* ***in die ~n gehen*** *Plan etc.*: F go up in smoke, *Gerät etc.*: F give up the ghost, conk out.

Binsenweisheit *f* truism, commonplace, platitude.

Bio F *f* (*Fach*) biology.

bioaktiv *adj. Waschmittel*: biological.

Bioarchitektur *f* bio-architecture.

Biochemie *f* biochemistry; **Biochemiker** *m* biochemist; **biochemisch** *adj.* biochemical.

biodynamisch *adj.* biodynamic.

Bioenergetik *f* bioenergetics *pl.* (*als Fach sg. konstr.*).

Bioethik *f* bioethics *pl.* (*als Fach sg. konstr.*).

Biogas *n* biogas, *oft a.* methane.

Biogemüse *n* organic vegetables *pl.*

biogen *adj.* biogenic.

Biogenese *f* biogenesis; **Biogenetik** *f* biogenetics *pl.* (*sg. konstr.*); **biogenetisch** *adj.* biogenetic(ally *adv.*).

Biograph *m* biographer; **Biographie** *f* biography; **biographisch** *adj.* biographical.

Biokost *f* organic food.

Bioladen *m* whole food shop.

Bio-Lebensmittel *pl.* organic food *sg.*

Biologe *m* biologist; **Biologie** *f* biology; **biologisch I.** *adj.* biological (*a. aus Naturstoffen hergestellt*); ***~er Anbau*** organic farming (*od.* gardening); ***~e Waffen*** biological weapons; **II.** *adv.*: ~ ***abbaubar*** biodegradable; **biologisch-dynamisch** *adj.* organic, biological.

Biomasse *m* biomass.

Biometrie *f* biometry, biometrics *pl.* (*mst sg. konstr.*); **biometrisch** *adj.* biometric.

Bionik *f* bionics *pl.* (*sg. konstr.*); **bionisch** *adj.* bionic.

Biophysik *f* biophysics *pl.* (*sg. konstr.*); **Biophysiker** *m* biophysicist.

Biopsie *f* biopsy.

Biorhythmus *m* biorhythm.

Biosphäre *f* biosphere.

Biotechnik *f* biotechnology, bioengineering.

Biotonne *f* bio-waste container.

Biotop *n* biotope.

Biotreibstoff *m* biofuel.

Biowissenschaft *f* life science, bioscience; **Biowissenschaftler** *m* bioscientist; **biowissenschaftlich** *adj.* bioscientific.

bipolar *adj.* bipolar; **Bipolarität** *f* bipolarity.

Birke *f* birch (tree).

Birken|allee *f* avenue of birches; **~hain** *m* birch grove; **~holz** *n* birch(wood); **~rute** *f* birch rod; **~wald** *m* birch(wood) forest, birch wood; **~wasser** *n* hair lotion (*made from birch sap*).

Birkhahn *m* black cock; **Birkhuhn** *n* black grouse.

Birmane *m*, **Birmanin** *f*, **birmanisch** *adj.* Burmese.

Birnbaum *m* pear tree.

Birne *f* **1.** pear; (*Baum*) pear tree; F *fig.* (*Kopf*) F noddle, nut; F *fig.* ***e-e weiche*** ~ ***haben*** be (going) soft in the head; **2.** ⚡ (electric) (light) bulb.

Birnen|fassung *f* **1.** (*Lampenfassung*) light-bulb socket; **2.** *an der Birne*: thread (of the *od.* a light bulb); **ℒförmig** *adj.* pear-shaped; **~saft** *m* pear juice.

bis I. *prp.* **1.** *bei Zeitdauer*: till, until; ~ ***heute*** so far, to date, *betont*: to this day; ~ ***jetzt*** up to now; so far; ~ ***jetzt noch nicht*** not (as) yet; ***ich habe*** ~ ***jetzt nichts gehört*** I haven't heard anything yet (*od.* so far); ~ ***dahin*** until then, in the meantime; → *a.* 2; ~ ***auf weiteres*** for the present; ~ ***in die Nacht*** into the night; ~ ***zum späten Nachmittag*** till late in the afternoon; ~ ***vor einigen Jahren*** until a few years ago; ~ ***zum Ende*** (right) to the end; ~ ***wann*** *wird es dauern?* how long ...?; ***in der Zeit vom ...*** ~ ***...*** between ... and ...; ~ ***morgen*** (***bald***)***!*** see you tomorrow (soon); ~ ***dann!*** see you then (*od.* later); **2.** (~ *spätestens*) by; *mit Verbkonstruktion*: by the time *he gets back etc.*; ***es muß*** ~ ***Freitag eingereicht werden*** it has to be handed in by Friday; ~ ***wann ist es fertig?*** when will it be ready by?; ~ ***Ende April*** by the end of April; ***alle*** ~ ***... eingegangenen Bewerbungen*** all applications received by (*od.* before) ...; ***er hätte*** ~ ***jetzt dasein müssen*** he should have been here by now; ~ ***dahin*** *werden wir fertig sein etc.*: by then, by that time; **3.** *räumlich*: to, up to, as far as; ~ ***hierher*** up to here; ~ ***dahin*** as far as that (*od.* there); ~ ***wohin?*** how far?; ~ ***ans Knie*** up to one's knees, *Kleid*: down to the knee; ***von hier*** ~ ***New York*** from here to New York; ~ ***vor das Haus fahren*** drive up to the front door of the house, drive (right) up to the house; ***wie weit ist es noch*** ~ ***nach Innsbruck?*** how far is it to Innsbruck?, how far have we got to go (before we get) to Innsbruck?; ***er folgte mir bis ins Hotelfoyer*** he followed me (right) into the hotel foyer (*nicht weiter*: as far as the hotel foyer); → ***hier*** 1, ***oben*** *etc.*; **4.** *Zahlenangabe*: ***7*** ~ ***10 Tage*** from 7 to 10 days, between 7 and 10 days; ***5*** ~ ***6 Wagen*** 5 to 6 cars; ~ ***zu*** *100 Mann* up to ..., as many as ...; ~ ***zu*** *9 Meter* ***hoch*** up to ..., as high as ...; ~ ***20 zählen*** count (up) to 20; ~ ***auf das letzte Stück*** down to the last bit (*Kuchen etc.*: piece); **5.** ~ ***aufs höchste*** to the utmost; ~ ***ins kleinste*** down to the last detail; ~ ***zur Tollkühnheit*** to the point of rashness; → ***Bewußtlosigkeit*** *etc.*; **6.** ~ ***auf*** except, with the exception of; ***alle*** ~ ***auf einen*** all except (*od.* but) one; ~ ***auf drei sind alle gekommen*** all except three have come; → ***letzt*** I; **II.** *cj.* till, until; (~ *spätestens*) by the time; ***es wird e-e Zeitlang dauern,*** ~ ***er es merkt*** it will take a while for him to find out (*od.* before he finds out); ***er kommt nicht,*** ~ ***ich ihn rufe*** he won't come until (*od.* unless) I call him; ***du gehst nicht,*** ~ ***du aufgeräumt hast*** you're not going until (*od.* before) you've tidied up.

Bisam *m zo.* musk; (*Pelz*) musquash *od.* muskrat (fur); **~ratte** *f* muskrat.

Bischof *m* bishop; **bischöflich** *adj.* episcopal.

Bischofs|amt *n* episcopate, bishopric; **~konferenz** *f* bishops' conference; **~mütze** *f* mit|re (*Am.* -er); **~sitz** *m* episcopal see; **~stab** *m* crosier, crozier; **~synode** *f* episcopal synod, synod of bishops.

Bisexualität *f* bisexuality; **bisexuell** *adj.* bisexual.

bisher *adv.* up to now, so far; ~ (***noch***) ***nicht*** not (as) yet; ***wie*** ~ as before, as always; ***das*** ~ ***beste Ergebnis*** the best result so far; **bisherig** *adj. Ergebnisse, Leistungen etc., nachgestellt*: so far, up to now, up till (*od.* until) now; (*vorhergehend*) previous ...; (*jetzig*) present ...; *Erfahrung*: past, *berufliche*: previous; ***der ~e Minister*** *etc.* the outgoing minister *etc.*; ***die ~en Ereignisse*** events so far.

Biskuit *n, m* (fatless) sponge; **~boden** *m* flan base; **~rolle** *f* Swiss roll.

bislang *adv.* → ***bisher.***

Bison *m zo.* bison.
Biß *m* bite (*a.* ~*wunde*, ⚕ *u. fig. Schärfe*); *fig.* **sie spielten mit (ohne) ~** they played with a lot of fight (there was no fight in their play).
bißchen I. *adj.*: **ein ~** a (little) bit of; a little; *bei Flüssigkeiten*: *a.* a drop of; **ein kleines ~** a tiny bit, just a little (bit); **das ~ Geld, das sie hat** what little money she has; **wegen dem ~ Dreck hat sie sich aufgeregt?** she got upset about a bit of dirt?; **II.** *adv.*: **ein ~** a bit; slightly; **kein ~ müde** not (in) the least bit tired; **ein ~ viel** a bit (too) much; **das ist ein ~ zuviel verlangt** that's asking a bit much; **wenn du ein ~ wartest** if you wait a while (F hang on a bit); **ein ~ schneller!** a bit faster, (*mach schnell*) F get a move on!; **III.** *substantiviert*: a (little) bit; a little; **kein ~** not a bit; F **ach du liebes ~!** goodness (me)!, good grief!
Bissen *m* **1.** bite (**von** of); *winziger*: morsel; *schmackhafter*: titbit, *Am.* tidbit; **ich brachte keinen ~ hinunter** I couldn't eat a thing; **er rührte keinen ~ an** he didn't touch (*od.* eat) a thing; *fig.* **mir blieb der ~ im Hals stecken** I nearly choked; **sich den letzten ~ vom Mund absparen** stint o.s.; **2.** (*Imbiß*) bite, snack.
Bißgurn *dial. f* nagging woman.
bissig *adj.* **1.** *Hund*: vicious; **der Hund ist (nicht) ~** *a.* the dog bites (doesn't bite); **Vorsicht, ~er Hund!** beware of the dog; **2.** *fig. Bemerkung*: cutting, caustic; *bsd. Witz*: *a.* mordant; *Kritik*: scathing; *Person*: snappy; **Bissigkeit** *f Bemerkung*: acerbity; *Kritik*: sharpness; *Person*: snappiness.
Bißwunde *f* bite.
Bistum *n eccl.* bishopric, diocese.
bisweilen *adv.* at times; from time to time, occasionally.
Bit *n Computer*: bit; **~dichte** *f* bit density; **~rate** *f* bit rate.
Bittbrief *m* petition.
Bitte *f* request; (*Anliegen*) petition (*a. eccl.*); **dringende ~** urgent appeal (*od.* plea) (**an** to); **e-e ~ an j-n richten** request s.th. of s.o., *dringende*: appeal to s.o.; **auf m-e ~** at my request; **ich habe e-e (große) ~ an Sie** I want to ask you a (big) favo(u)r; **ich habe nur die eine ~** I have just one request.
bitte *adv.* **1.** *anfragend*: please; **~, gib mir die Zeitung** would you pass me the paper, please; **2.** *auf e-e Bitte hin*: *Darf ich mal?* - **(aber) ~!** of course, certainly, F go ahead; *formell*: by all means, please do; **3.** *nach „danke"*: that's all right (*Am.* alright), not at all; *nach „Entschuldigung"*: it's all right (*Am.* alright), *bsd. Am.* that's okay, F no problem; **4. wie ~?** sorry(, what did you say)?, pardon?, *formell*: I beg your pardon?; **5.** *beim Anbieten* (*mst unübersetzt*): there you are, F there you go; **6.** *hinweisend*: there you are; **7.** *triumphierend*: (*a.* **na ~!**) what did I say?, didn't I tell you?; **8.** (*Aufforderung zum Eintreten*) come in, please; *beim Vorlassen*: after you, go ahead; **9. ~!** *bei Filmaufnahmen*: action!
bitten *v/t. u. v/i.* ask (**j-n um et.** s.o. for s.th.); (*ersuchen*) request (s.th. of s.o.); *dringend*: beg; (*anflehen*) implore, beseech; **~** (*bemühen*) **um** trouble *s.o.* for; **~ für** intercede for; **dürfte ich Sie ~** could I ask you (**zu** *inf.* to *inf.*), would you mind (*ger.*); **es wird gebeten, daß** it is requested that; **... werden gebeten zu** *inf.* ... are asked (*od.* requested) to *inf.*; → **dringend** II; **er läßt sich nicht (erst) lange ~** he doesn't have to be asked twice; **j-n zu sich ~** ask s.o. to come and see one (*od.* to come into the office *etc.*); *Herr X* **läßt ~** would like to see you now; **wenn ich ~ darf** if you don't mind; **darf ich ~?** a) would you come this way, please?, b) may I have this dance?, c) dinner is served; **ich bitte dich!** please!; **aber ich bitte dich,** *das ist doch selbstverständlich, unmöglich etc.* oh, come on; **darum möchte ich aber auch ~** (*od.* **gebeten haben**) I should jolly well hope so; **ich bitte darum** if you wouldn't mind; **(aber) ich bitte Sie!** (well,) really!; **da muß ich doch sehr ~!** I beg your pardon!; **darf ich um Ihren Namen ~?** would you mind telling me your name?; **bittend** *adj.* pleading, *stärker*: beseeching.
bitter I. *adj.* bitter (*a. fig.*); **~ schmecken** taste bitter, have a bitter taste; *fig.* **e-n ~en Nachgeschmack hinterlassen** leave a sour aftertaste (*od.* taste in one's mouth); **j-m ~e Vorwürfe machen** reproach s.o. bitterly; **es ist mein ~er Ernst** I (really) mean it; **bis zum ~en Ende** right to the bitter end; **das ist ~** that's hard (F tough); **~e Tränen weinen** weep bitterly; **II.** *fig. adv.* bitterly; **et. ~ nötig haben** need s.th. badly, be in desperate (*od.* dire) need of s.th.; **sich ~ beklagen** complain bitterly; **es hat sich ~ gerächt** I *etc.* had to pay dearly for it.
bitter|arm *adj.* extremely poor; **~böse** *adj.* (*zornig*) furious, F livid; (*schlimm*) wicked; **~r Brief** nasty letter; **~ernst** *adj.* dead serious; **es ist mir ~ (damit)!** I'm serious, I mean it, I'm dead serious (about it); **~kalt** *adj.* bitter(ly) cold.
Bitterkeit *f* bitterness (*a. fig.*).
bitterlich *adv.*: **~ weinen** weep bitterly.
Bittermandelöl *n gastr.* bitter almond oil.
Bitternis *f* bitterness.
Bitterschokolade *f* plain chocolate.
bitterschwer *adj.* desperately hard; **der Abschied war ~** it was terrible saying goodbye.
Bitterstoff *m* bitter constituent.
bittersüß *adj. a. fig.* bittersweet.
Bitterwurz(el) *f* ♣ gentian root.
Bitt|gesuch *n*, **~schrift** *f* petition; **~steller** *m* petitioner.
Bitumen *n* bitumen.
Biwak *n*, **biwakieren** *v/i.* bivouac.
bizarr *adj.* bizarre, strange.
Bizeps *m anat.* biceps.
Blabla F *n* F twaddle, hot air, blah.
Blackout *m* **1.** (*Erinnerungsverlust*) (mental) blackout; **ich hatte e-n ~** my mind went completely blank (*od.* was a complete blank), I had a (mental) blackout; **2.** (*momentane Unzurechnungsfähigkeit*) (temporary *od.* mental) blackout; temporary lapse; **3.** ⚕ *durch Kreislaufstörung*: blackout; **e-n ~ haben** *a.* black out.
blähen I. *v/i.*: *Zwiebeln etc.* **~** give you wind; **II.** *v/t.* swell out; **III.** *v/refl.*: **sich ~** fill out; *fig.* puff o.s. up; **Blähungen** *pl.* wind *sg.*, *formell*: flatulence *sg.*
blamabel *adj.* disgraceful, *Ergebnis etc.*: *a.* shaming; (*peinlich*) embarrassing, *stärker*: humiliating; **Blamage** *f* disgrace; **es war e-e ~** (*peinlich*) it was embarrassing; **es war e-e (große) ~ für ihn** he made a (real) fool of himself; **blamieren I.** *v/t.* (*Begleiter etc.*) show *s.o.* up; (*lächerlich machen*) make a fool of *s.o.*; **II.** *v/refl.*: **sich ~** show o.s. up; (*lächerlich machen*) make a fool of o.s.
blanchieren *v/t. gastr.* blanch.
blank *adj.* **1.** shiny, shining; (*~geputzt*) *a.* polished; *Schuhe*: shiny; (*abgewetzt*) shiny (with wear); **~ putzen** polish (*od.* clean) *s.th.* till it shines, (*Schuhe, Messing etc.*) put a good shine on; **2.** (*nackt, bloß*) *Boden, Körper etc.*: bare; *Schwert, Degen*: naked; **3.** *fig.* pure, sheer *nonsense, envy etc.*; **die ~e Wahrheit** the plain (*lit.* unvarnished) truth; **4.** F (*pleite*) F broke.
blanko ☿ **I.** *adj.* blank; **II.** *adv.* in blank; **~ verkaufen** *Börse*: sell short; **2formular** *n* blank (form); **2kredit** *m* blank (*od.* open) credit; **2scheck** *m* blank cheque (*Am.* check); *fig.* **ein ~** carte blanche; **2unterschrift** *f* blank signature; **2vollmacht** *f* full discretionary power(s *pl.*); *fig.* carte blanche.
Blankvers *m* blank verse.
Bläschen *n* **1.** *anat.*, ♣ vesicle; **2.** ⚕ (*Haut2*) (small) blister; (*Eiter2*) pustule; **~ausschlag** *m* blistery rash, blisters *pl.*
Blase *f* **1.** (*Luft2*) bubble; ⚕ (*Haut2*) blister; ⚙ flaw, *erhaben*: blister, *innerlich*: bubble; **sich ~n laufen** get blisters on one's feet from walking; **~n werfen** (*od.* **ziehen**) blister, *Teig*: get frothy; *fig.* **~n werfen** cause (*od.* create) quite a stir; **~n ziehen** cause a few (*od.* a lot of) problems; **2.** *anat.* (*Harn2*) bladder; F **er hat's mit der ~** he's got bladder trouble, F he's having trouble with his waterworks; **3.** ⚗ still; **4.** (*Sprech2*) balloon, (speech) bubble; **5.** F *contp.* (*Bande*) F crowd, lot, shower.
Blasebalg *m* bellows *pl.*
blasen I. *v/t.* **1.** blow; (*Suppe etc.*) blow on; ♪ (*spielen*) play, (*Blechblasinstrument zum Tönen bringen*) blow; F *fig.* **dem werd' ich was ~!** F he's got another think coming; → **Marsch¹, Trübsal; 2.** V **j-m e-n ~** *sl.* suck s.o. off, do a blow job on s.o.; **II.** *v/i a. Wind*: blow; **es bläst ganz schön** there's quite a wind (going).
Blasen|ausschlag *m* blistery rash, blisters *pl.*; **~bildung** *f* ⚕, ⚙ blistering; **~entzündung** *f* cystitis, bladder infection; **2förmig** *adj.* bubble-shaped; **~leiden** *n* bladder complaint; **~spiegelung** *f* cystoscopy; **~stein** *m* bladder stone.
Bläser *m* **1.** ♪ wind player; **die ~** the wind (section); **2.** ⚙ blower; fan; **~ensemble** *n* wind ensemble; **~oktett** *n* wind octet.
blasiert *adj.* smug; **Blasiertheit** *f* smugness.
Blas|instrument *n* wind instrument; **~kapelle** *f* brass band; **~musik** *f* music for brass band; *am Sonntag* **gibt es ~** a brass band will be playing; **magst du ~?** do you like brass bands?
Blasphemie *f* blasphemy; **blasphemisch** *adj.* blasphemous.
Blasrohr *n* **1.** (*Waffe*) blowpipe; **2.** (*Spielzeug*) peashooter.
blaß *adj.* pale (**vor** with); pallid; *Farbe*: pale; *fig.* colo(u)rless; **blasses Gesicht** pale face, (*Teint*) pale (*od.* pallid) complexion; **ganz ~ aussehen** (*kränklich*) look pale and wan; *fig.* **~ vor Neid** green with envy; **der blasse Neid** sheer (*od.* pure) envy; **blasse Erinnerung** dim recollection; **blasse Hoffnung** faint hope; → **Ahnung, Schimmer** 2; **blaßblau**

adj. pale blue; **Blässe** *f* paleness, pallor; **blaßgrün** *adj.* pale green.
Bläßhuhn *n* coot.
bläßlich *adj.* slightly pale.
Blatt *n* **1.** ⚘ leaf; *Blüte*: petal; *Kelch*: sepal; *fig.* ***kein ~ vor den Mund nehmen*** not to mince matters (*od.* one's words); **2.** *Buch*: leaf; (*Seite*) page; (*Papier*2, *Noten*2) sheet; ***500 ~ Papier*** 500 sheets of paper; ♪ ***vom ~ spielen*** (*od.* ***singen***) sightread; ***et. vom ~ spielen*** (***singen***) *a.* play (sing) s.th. at sight; *fig.* ***das steht auf e-m anderen ~*** a) that's a completely different matter, b) F that's another story; ***das ~ hat sich gewendet*** the tide has turned; → ***unbeschrieben***; **3.** (*Zeitung*) (news)paper; **4.** *Kunst*: (*Druck*) print; (*Zeichnung*) drawing; (*Stich*) engraving; **5.** (*Spielkarte*) card; (*gezogene Karten*) hand; **6.** ⚙ plate, lamina, (*Folie*) foil; *Säge, Ruder etc.*: blade (*a.* ✈); **7.** ♪ *für Blasinstrumente*: reed.
Blättchen *n* **1.** *anat.*, ⚘, ⚗ lamella; ⚙ membrane; **2.** slip (of paper); **3.** local newspaper (F rag); **4.** ♪ → ***Blatt*** 7.
blätterig *adj.* leafy; *Teig*: flaky; *in Zssgn* ...-leaved.
blättern I. *v/i.* **1.** ***in e-m Buch*** (***Fotoalbum***) ~ leaf through a book (have a look at a photo album); **2.** → ***abblättern***; **II.** *v/t.* → ***hinblättern.***
Blätter|pilz *m* agaric; **~teig** *m* flaky (*od.* puff) pastry; **~wald** *hum. m the* press; ***es rauscht im*** (***deutschen***) ~ the (German) press is in a flurry.
Blatt|feder *f* ⚙ leaf spring; **2förmig** *adj.* leaf-shaped; **~gemüse** *n* leafy vegetables *pl.*; **~gold** *n* gold leaf; **~grün** *n* ⚘ chlorophyll; **~knospe** *f* leaf bud; **~laus** *f* greenfly, aphid.
blattlos *adj.* leafless; *Baum*: *a.* bare.
Blatt|pflanze *f* foliage (*od.* leafy) plant; **~säge** *f* pad saw; **~salat** *m* green salad; **~schuß** *m Jagd*: chest shot; **~silber** *n* silver leaf; **~werk** *n* foliage.
blau I. *adj.* **1.** blue; ***~es Auge*** black eye; ***~er Fleck*** bruise; ***er hatte überall ~e Flecke*** he was black and blue; ***du hast ~e Lippen bekommen*** your lips have gone blue; ***im Gesicht ~ anlaufen*** go blue in the face; *fig.* ***mit e-m ~en Auge davonkommen*** get off lightly; ***~es Blut in s-n Adern haben*** be blue-blooded; ***~er Brief*** a) (letter of) dismissal, F marching orders, *Am.* F pink slip, b) *ped.* (letter of) warning; ***der 2e Reiter*** *Kunst*: the Blue Rider, the Blaue Reiter; → ***Forelle, Wunder***; **2.** F (*betrunken*) F plastered, *sl.* tight; ***total ~*** *sl.* blotto; **II.** 2 *n* blue (colo[u]r); ***das ~e vom Himmel herunterlügen*** F lie through one's teeth, lie like a trooper; ***ins ~e hinein reden*** prattle (on); ***j-m das ~e vom Himmel versprechen*** promise s.o. the moon; ***Fahrt ins ~e*** jaunt (through the countryside), *organisiert*: mystery tour; ***Schuß ins ~e*** random shot.
blauäugig *adj.* blue-eyed; *fig.* starry-eyed, dewy-eyed, naive.
Blaubeere *f* bilberry, *Am.* blueberry.
blaublütig *adj.* blue-blooded.
Blaue(r) F *m* hundred mark note (*Am.* bill).
Bläue *f* blue(ness).
Blau|felchen *m zo.* powan; **~fichte** *f* blue spruce; **~filter** *m, n phot.* blue filter; **~fuchs** *m* Arctic fox.
blaugrau *adj.* blue-grey (*Am.* -gray), bluish-grey (*Am.* -gray).
blaugrün *adj.* blue-green, bluish-green.
Blauhelme *pl.* blue berets.
Blaukraut *dial. n* red cabbage.
bläulich *adj.* bluish.
Blaulicht *n* flashing light(s *pl.*); ***mit ~*** with (its *od.* their) light(s) flashing; ***mit ~ ins Krankenhaus gebracht werden*** be rushed to hospital (in an ambulance).
blaumachen F *v/i.* F skip work (*od.* classes *etc.*), *Brit. a.* skive (off), skive off work *etc.*; ***er macht heute blau*** he's skiving (off) today, he's skived off today.
Blau|meise *f* blue tit; **~papier** *n* blue carbon paper; **~pause** *f* blueprint.
blaurot *adj.* purple.
Blausäure *f* ⚗ prussic acid.
Blauschimmelkäse *m* blue cheese.
blauschwarz *adj.* blue-black, bluish-black.
Blaustich *m phot.* blue cast; **blaustichig** *adj.*: ***~ sein*** have a blue cast.
Blau|strumpf *fig. m* bluestocking; **~tanne** *f* blue spruce; **~wal** *m* blue whale.
Blazer *m* blazer.
Blech *n* **1.** metal, tin; ⚙ (*Werkstoff*) sheet metal; (*Erzeugnis*) metal sheet; *am Auto*: bodywork; ***ein Eimer*** *etc.* ***aus ~*** a metal bucket *etc.*; ***das ist doch bloß ~*** that's just cheap (*od.* ordinary) metal; F *fig.* ***aufs ~ hauen*** F blow one's horn; **2.** (*Back*2) baking tray; **3.** ♪ (*~bläser*) brass; **4.** F *fig.* (*Unsinn*) rubbish, *Am.* garbage; ***red doch nicht so'n ~!*** don't talk such rubbish (F rot, *Am.* garbage); **~bläser** *m* brass player; ***die ~*** the brass (section); **~blasinstrument** *n* brass instrument; **~büchse** *f*, **~dose** *f* **1.** *für Lebensmittel*: tin (can), *bsd. Am.* can; **2.** tin, (metal) box; **~eimer** *m* metal bucket.
blechen F **I.** *v/t.* F fork out, cough up; **II.** *v/i.* (*die Rechnung bezahlen*) F foot the bill.
blechern *adj.* **1.** tin ...; **2.** *Klang*: tinny; (*hohl*) hollow.
Blech|hütte *f* corrugated iron hut; **~instrument** *n* ♪ brass instrument; **~kanister** *m* (metal) canister; **~kanne** *f* tin can; **~lawine** F *f* endless stream of traffic, F endless convoy of tin; **~napf** *m* tin bowl; **~schachtel** *f* tin, (metal) box; **~schaden** *m mot.* bodywork damage; ***es gab nur ~*** it was just a bump, *weitS.* nobody got hurt; **~schere** *f*: (***e-e ~***) a pair of) metal shears *pl.*; **~schüssel** *f* tin (*od.* aluminium, *Am.* aluminum) bowl; **~trommel** *f* tin drum.
blecken *v/t.*: ***die Zähne ~*** show one's teeth; *Tier*: bare its teeth.
Blei *n* **1.** lead; ***aus ~*** lead ..., made of lead; *fig.* (***schwer***) ***wie ~*** like lead, like a lead (*od.* dead) weight, leaden; ***es liegt mir wie ~ in den Gliedern*** I feel like a lead weight; **2.** → ***Senkblei***; **3.** *Jagd*: shot; (*Kugel*) bullet; **bleiarm** *adj.* low-lead ...
Bleibe F *f* place to stay; *bei Bekannten*: *a.* F crash pad; (***k***)***eine ~ haben*** have somewhere (nowhere) to stay.
bleiben I. *v/i.* **1.** (*sich aufhalten, verweilen*) stay; ***zu Hause ~*** stay in, stay at home; ***im Bett ~*** stay in bed; ***draußen ~*** stay out; ***hinten ~*** be left behind; ***zum Essen ~*** stay for dinner; F ***und wo bleibe ich?*** what about me?, and where do I come into it?; ***wir müssen*** (***selber***) ***sehen, wo wir ~*** we'll just have to fend for ourselves (F do our own thing); F ***sieh zu, wo du bleibst!*** F you're on your own, kid!; (***im Krieg*** *etc.* ~) (*fallen*) fall, be killed (***bei*** at); → ***Ball, Leib*** *etc.*; **2.** ***~ bei*** (*e-r Sache*) keep to, stick to, (*e-r Meinung, Entscheidung etc.*) stick to, stand by; ***bei der Wahrheit ~*** stick to the truth; ***ich bleibe dabei*** I'm not going to change my mind, ***daß***: I still think (*od.* maintain *etc.*) that; ***ich bleibe*** (***lieber***) ***beim Bier*** (I think) I'll stick to beer, thanks; → ***Sache, Stange, Takt*** 1, ***treu*** I; **3.** *in e-m Zustand*: remain, stay, continue (to be), keep; ***an*** (***aus***) ***~*** stay *od.* be kept on (off); ***geschlossen*** (***trocken***, *Wetter*: ***kalt***) ***~*** stay closed (dry, cold); ***gesund ~*** stay (*od.* keep) healthy; ***bleib gesund!*** mind how you go, now; ***unbestraft*** (***unentdeckt***) ***~*** go unpunished (undiscovered); ***unbenannt*** (***anonym***) ***~*** remain unnamed (anonymous); ***er bleibt immer nett*** he's always very pleasant; ***für sich ~*** keep to o.s.; ***das bleibt unter uns!*** that's between you and me, F keep that under your hat; ***~ Sie*** (***doch***) ***sitzen!*** don't get up, please; ***bleib doch sitzen!*** *ungeduldig*: can't you sit still (for one minute)?; ***bleib(, wo du bist)!*** stay where you are!, don't move!; ***bleib, wie du bist*** stay the way you are; → ***Leben, ruhig*** I *etc.*; **4.** (*übrig~*) be left, remain; ***uns bleibt nicht mehr viel Zeit*** we haven't got (*od.* there isn't) much time left; ***mir bleibt keine*** (***andere***) ***Wahl*** I have no choice (***als zu*** *inf.* but to *inf.*); → ***vorbehalten*** II; **5.** (*weg~*) ***wo bleibt er denn?*** what's taking him (so long)?, where's he got to?; ***wo bist du so lange geblieben?*** where've you been all this time?, what took you so long?; **II.** *v/impers.*: ***es bleibt dabei!*** that's final (*od.* settled) then; ***und dabei bleibt es!*** and that's that, and that's final; ***dabei wird es nicht ~*** that won't be the end of it (*od.* the last we'll *etc.* hear of it), matters won't rest there; ***es bleibt nur noch wenig zu tun*** there isn't much left to be done; ***bleibt nur noch zu hoffen, daß*** we can only hope (that), (well,) let's hope (that); → ***abwarten*** I, ***überlassen*** *etc.*;
bleibend *adj.* lasting, *a. Schaden etc.*: permanent; ***~er Eindruck*** lasting impression; ***~e Erinnerung*** (***Werte***) lasting memory (values).
bleibenlassen *v/t.* a) not to do *s.th.*, b) (*aufhören mit*) stop (doing) *s.th.*; ***laß das bleiben!*** stop it!; ***das wirst du schön ~!*** you'll do nothing of the sort!; ***laß es lieber bleiben*** (better) leave it; ***dann laß es eben bleiben*** don't, then; nobody's forcing you; ***er kann es nicht ~*** he won't stop (doing it); ***das Rauchen*** (***Trinken*** *etc.*) ***~*** stop (F quit) smoking (drinking *etc.*).
bleich *adj.* pale (***vor*** with), pallid, (*kränklich*) wan; *Sache*: (*verblaßt*) faded; ***ganz ~*** *Person*: *a.* (as) white as a sheet, *lit.* pale as death; **Bleiche** *f* **1.** paleness, pallor; **2.** (*Bleichmittel*) bleach; **bleichen I.** *v/t.* bleach; **II.** *v/i.* bleach; (*verblassen*) fade; **Bleichgesicht** *n* paleface; **Bleichheit** *f* paleness, pallor; **Bleichmittel** *n* bleach(ing agent); **Bleichsellerie** *m* celery (stalks *pl.*).
bleiern *adj.* lead; *fig. Glieder, Himmel, Farbe etc.*: leaden; *fig.* ***~e Schwere*** leaden feeling.
Bleierz *n* lead ore.
Bleifarbe *f* lead paint; **bleifarben** *adj.* lead-colo(u)red; *Himmel etc.*: leaden.

bleifrei I. *adj. Benzin*: unleaded, lead-free; **II.** *adv.*: ~ ***tanken*** fill up with unleaded (petrol, *Am.* gas); ***kann man dort*** ~ ***tanken?*** have they got unleaded petrol (*Am.* gas)?; **III.** ♀ *n* (*Benzin*) unleaded.
Blei|gehalt *m* lead content; **~glas** *n* lead glass.
bleigrau *adj.* lead-colo(u)red.
bleihaltig *adj.* containing lead; ~ ***sein*** contain lead.
Blei|hütte *f* lead refining plant; **~konzentration** *f* lead concentration; **~kristall** *n* lead crystal; **~kugel** *f* lead bullet; **~rohr** *n* lead pipe; **~satz** *m* hot metal type; **~schürze** *f* lead apron.
bleischwer *adj.* like lead, like a lead weight.
Bleisoldat *m* tin soldier.
Bleistift *m* pencil; **~absatz** *m* stiletto heel; **~spitzer** *m* pencil sharpener; **~zeichnung** *f* pencil drawing.
Bleivergiftung *f* ⚕ lead poisoning.
bleiverglast *adj.* leaded *window*.
bleiverseucht *adj.* lead-polluted.
Blende *f* **1.** (*Schirm*) screen; ⚔ shield; *im Auto*: (sun) visor; **2.** *phot.* a) diaphragm, b) *als Öffnung*: aperture, c) (*Öffnungsweite*) f-stop; (***bei***) ~ ***8*** (at) f-8; **3.** △ (*Fenster*♀) transom; (*Verzierung*) blind arch (*od.* door *etc.*); **4.** *am Kleid*: facing.
blenden I. *v/t.* **1.** (*j-n*, *j-s Augen*) blind, dazzle; ***du blendest mich!*** *a.* you're shining it (*od.* the torch *etc.*) right into my eyes; **2.** ***j-n*** ~ (*j-s Augen ausstechen*) blind s.o., gouge s.o.'s eyes out; **3.** *fig.* (*täuschen*) deceive, delude, blind; (*beeindrucken*) take *s.o.* in; **II.** *v/i.* dazzle, be dazzling; ***das blendet aber!*** that light's strong (*od.* too strong for my eyes); **III.** ♀ *n mot. etc.* glare.
Blendenautomatik *f phot.* automatic aperture (control).
blendend I. *adj.* **1.** *Licht*: dazzling; **2.** *fig.* (*großartig*, *genial*) brilliant, (*prächtig*) dazzling; **~*es Aussehen*** stunning good looks; ~ ***aussehen*** look great, (*sehr gut aussehen*) be extremely good-looking (*od.* attractive); **II.** *fig. adv.* brilliantly, dazzlingly; ***sich*** ~ ***amüsieren*** have a great time; ***sich*** ~ ***verstehen,*** ~ ***miteinander auskommen*** get along brilliantly (F just great, like a house on fire); ***es geht ihr*** ~ she's getting along just fine; *iro.* ***es geht ihm nicht gerade*** ~ he could be doing worse(, I suppose).
blendendweiß *adj.* dazzling white.
Blenden|einstellung *f* aperture setting; **~öffnung** *f* aperture; **~skala** *f* aperture ring; **~vorwahl** *f* aperture priority; **~zahl** *f* f-stop, f-number.
Blender *fig. m* fake, phoney; ***er ist ein richtiger*** ~ *a.* he's all show.
blendfrei *adj.* anti-glare ..., anti-dazzle ..., non-dazzling.
Blend|granate *f* stun grenade; **~rahmen** *m* **1.** window frame; **2.** *Kunst*: canvas stretcher.
Blendschutz *m* glare shield; **~scheibe** *f* anti-glare screen.
Blendstein *m* △ facing stone.
Blendung *f* **1.** blinding; *mot.* dazzle, glare; **2.** *fig.* (*Täuschung*) deception.
Blend|werk *n* (*Täuschung*, *Trug*) deception; (*Illusion*) illusion; (*Tricks*) tricks *pl.*, trickery; ***es ist alles*** ~ *a.* it's all a fake; **~zaun** *m* anti-dazzle barrier.
Blesse *f* blaze.
Blessur *obs. f* wound; ***leichte*** **~*en*** superficial wounds, F a few scratches.
bleu *adj.*, **Bleu** *n* (pale) blue.
Blick *m* **1.** (*Hinsehen*) look (***auf*** at); (*passiver* ~) gaze; (*~richtung*; *Sehweite*) eye(s *pl.*); (*Augenausdruck*) look (in one's eyes), eyes *pl.*; ***flüchtiger*** ~ (quick) glance; ***e-n kurzen*** ~ ***werfen auf*** have a quick look at, cast a quick glance at (*od.* over); ***sein*** ~ ***fiel auf*** his eye(s) *od.* gaze fell on; ***s-n*** (*od.* ***den***) ~ ***richten auf*** look at (*od.* towards, in the direction of), *lit.* cast one's eye(s) on (*od.* in the direction of); ***den*** ~ ***heben*** (***senken***) look up (down), raise one's eyes (cast one's eyes down, lower one's gaze); ***den*** ~ ***wenden von*** look away from, turn one's eyes away from; ***er wandte den*** ~ ***nicht von ...*** he wouldn't take his eyes off ...; ***soweit der*** ~ ***reicht*** as far as the eye can see; ***wenn*** **~*e töten könnten*** if looks could kill; ***der böse*** ~ the evil eye; ***auf den ersten*** ~ at first sight (*od.* glance), when you first look at it (*od.* see it); ***Liebe auf den ersten*** ~ love at first sight; ***das sieht man doch auf den ersten*** ~ you can see that straightaway (F with half an eye); ***erst auf den zweiten*** ~ ***...*** it's only when you look at it again that ...; ***e-n*** ~ ***werfen auf*** have (*od.* take) a look at; ***j-m e-n*** ~ ***zuwerfen*** give s.o. a look; → ***durchbohren, finster*** I, ***starr*** 1 *etc.*; **2.** (*Aussicht*) view (***auf*** of); ***mit*** ~ ***auf*** with a view of, overlooking; **3.** *fig.* (*Empfänglichkeit*) eye(s *pl.*); (*~weite*, *Horizont*) outlook, horizon(s *pl.*); ***e-n*** (***guten***) ~ ***haben für*** have an (a good) eye for; ***dafür hat er keinen*** ~ he has no eyes for (*od.* he just doesn't see) that kind of thing; ***den*** ~ ***für et. verstellen*** (***trüben***) obscure s.th., ***j-m:*** distort (cloud) s.o.'s view of s.th. (*od.* outlook on s.th.); **blicken I.** *v/i.* look (***auf*** at; ***in*** into *etc.*); ***das läßt tief*** ~ that's very revealing; *fig.* ***durch die Wolken*** *etc.* ~ peep through the clouds *etc.*; **II.** *v/t.*: ***sich*** ~ ***lassen*** (*auftauchen*) show up, (*erscheinen*) *a.* put in an appearance, (*vorbeikommen*) drop in (***bei*** on), drop by (at); ***er läßt sich nicht mehr*** ~ you never see him (any more) these days; ***sobald er sich*** ~ ***läßt*** as soon as he shows (*od.* turns) up; ***laß dich nicht mehr*** **~*!*** don't you ever show your face around here again!
Blick|fang *m* eyecatcher; ***es soll als*** ~ ***dienen*** it's meant to catch people's eyes (*od.* be eyecatching); **~feld** *n* field of vision (*a. fig.*); *fig.* (***mehr und mehr***) ***ins*** ~ ***der Öffentlichkeit rücken*** (increasingly) become the focus of public attention; **~kontakt** *m* eye contact; ~ ***mit j-m aufnehmen*** (***suchen***) (try to) catch s.o.'s eye; **~punkt** *m* **1.** *opt.* visual focus; **2.** *fig.* ***im*** ~ (***der Öffentlichkeit***) ***stehen*** be the focus of (public) attention, be in the limelight (be very much in the public eye); **3.** *fig.* → ***Blickwinkel*** 2; **~richtung** *f* line of vision; *fig. a.* direction; **~wechsel** *m* exchange of glances; *fig.* change of view; **~weite** *f* range of vision; **~winkel** *m* **1.** angle of view; **2.** *fig.* point of view, perspective; ***es kommt auf den*** ~ ***an*** it depends which angle you look at it from; ***aus dem*** ~ *gen.* from the point of view (*od.* perspective) of; ***aus diesem*** ~ seen from this angle (*od.* point of view, perspective).
blind I. *adj.* **1.** blind (*a. fig.*, ***gegen, für*** to; ***vor*** with); ***auf einem Auge*** ~ blind in one eye; F ***bist du*** **~*?*** are you blind?, haven't you got eyes in your head?; ~ ***vom vielen Weinen*** blinded by tears; *fig.* **~*er Glaube*** blind faith; **~*es Vertrauen*** blind (*od.* implicit) trust; ***der*** **~*e Zufall*** blind (*od.* pure) chance; **~*e Gewalt*** uncontrolled violence; ***j-n*** ~ ***machen*** blind s.o., blindfold s.o. (***gegen*** to); ***Liebe macht*** ~ love is blind; → ***Alarm, Eifer, Passagier***; **2.** *Spiegel*: cloudy; *Metall*: *a.* tarnished; *Wein*: dull; **3.** △, ⚙ blind; *Naht etc.*: invisible, concealed; **4.** ⚔ *Patrone*: blank; **II.** *adv.* **5.** blind; ~ (***maschine***)***schreiben*** touch-type; ***et.*** ~ ***machen können*** be able to do s.th. blindfolded (*od.* with one's eyes closed); **6.** *glauben*, *vertrauen etc.*: blindly, implicitly; **7.** → ***blindlings.***
Blind|anflug *m* blind approach; **~band** *m* dummy; **~boden** *m* △ dead floor.
Blinddarm *m* **1.** appendix; ***mir haben sie mit 14 den*** ~ ***entfernt*** I had my appendix taken out when I was 14; **2.** c(a)ecum; **~entzündung** *f* appendicitis; **~operation** *f* appendectomy; ***sich e-r*** ~ ***unterziehen*** *a.* have one's appendix (taken) out.
Blindekuh *f* blind man's buff.
Blinden|heim *n* home for the blind; **~hund** *m* guide dog; **~schrift** *f* braille; **~schule** *f* school for the blind; **~stock** *m* white stick, (blind person's) cane.
Blinde(r *m*) *f* blind man (*f* woman), blind person; ***die Blinden*** the blind (*pl.*); ***das sieht doch ein Blinder!*** anyone can see that; ***unter den Blinden ist der Einäugige König*** in the country of the blind the one-eyed man is king.
Blindfenster *n* blind window.
blindfliegen *v/i.* fly blind.
Blind|flug *m* blind flight; *pl. a.* blind flying *sg.*; **~gänger** *m* **1.** ⚔ dud; **2.** F *fig.* (*Versager*) F dead loss.
blindgeboren *adj.* blind from birth; ***ein*** **~*es Kind*** (***ein*** ♀***er***) a child (someone) who was born blind (*od.* who has been blind from birth).
blindgläubig I. *adj.* (utterly) credulous; **II.** *adv.* unquestioningly; blindly.
Blindheit *f* blindness (*a. fig.*, ***gegenüber*** to); *fig.* ***er ist mit*** ~ ***geschlagen*** he must be blind (not to see it).
Blindlandung *f* instrument (*od.* blind) landing.
blindlings *adv.* blindly; ~ ***in sein Verderben rennen*** rush headlong into disaster.
Blind|probe *f gastr.* blind tasting; **~schleiche** *f zo.* blindworm; **~schreiben** *n Schreibmaschine*: touch typing; **~spiel** *n* (game of) blindfold chess; **~start** *m* blind takeoff; **~versuch** *m* ⚕, *psych.* blind test.
blindwütig I. *adj.* blind with rage; **II.** *adv.* in a blind rage (*od.* fury); ~ ***um sich schlagen*** lash out wildly (in all directions).
blinken *v/i.* (*funkeln*) sparkle; *Sterne*: twinkle; (*aufleuchten*) flash; (*signalisieren*; *a. v/t.*) (flash a) signal; **Blinker** *m* **1.** *mot.* indicator, *Am.* blinker; **2.** *Angeln*: spoon bait.
Blink|feuer *n* flashing light(s *pl.*); **~leuchte** *f mot.* indicator, *Am.* blinker.
Blinklicht *n* (*Verkehrszeichen*) flashing light(s *pl.*); *bei Fußgängerübergang*: *a.* beacon; **~anlage** *f* warning light(s *pl.*).

Blinkzeichen *n* **1.** flashing signal; **ein ~ geben** flash a signal; **2.** *mot.* indicator (*beim Überholen*: passing) signal.

blinzeln *v/i.* (*a.* **mit den Augen ~**) blink; *als Zeichen*: wink; **in die Sonne ~** squint against the sun (*od.* in the bright sun).

Blitz *m* **1.** lightning; (**~***strahl*) flash (of lightning); **der ~ schlug in den Turm ein** the tower was struck by lightning; **vom ~ getroffen werden** be struck by lightning; *fig.* **wie vom ~ getroffen** stunned, thunderstruck; **wie der ~** like (a flash of) lightning; like (*od.* in) a flash; F **wie ein geölter ~** like greased lightning; **wie ein ~ aus heiterem Himmel** like a bolt from (*od.* out of) the blue; **wie ein ~ einschlagen** *Nachricht etc.*: take everyone by surprise, *stärker*: come like a bomb; **2.** F *phot.* flash; **ohne ~ kann ich hier nicht fotografieren** I can't take anything here without a flash, I need a flash here; **~ableiter** *m* lightning conductor (*Am.* rod); *fig.* **j-n als ~ benutzen** F take it out on s.o.; **~aktion** *f* lightning operation.

blitzartig I. *adj.* lightning *speed etc.*; **II.** *adv.* like (a flash of) lightning; like (*od.* in) a flash.

Blitz|aufnahme *f phot.* flash shot; **~besuch** *m* lightning (*od.* flying) visit; **~birne** *f* flashbulb.

blitz(e)blank *adj.* spotless, F squeaky clean.

Blitzeinschlag *m* lightning (strike); **man sah den ~** you could see the lightning strike (*od.* striking the tree *etc.*); **beim ~** when the lightning struck.

blitzen I. *v/i.* **1.** *impers.* **es blitzt** there's lightning; **es blitzte** there was (a flash of) lightning; **es blitzt und donnert** there's thunder and lightning; F *fig.* **bei dir blitzt es** F Charlie's dead; **2.** *fig.* flash; (*glänzen*) sparkle; **3.** *phot.* flash; **hat es geblitzt?** *a.* did the flash work?; **II.** *v/t.* **4.** take (*od.* photograph) *s.th.* with a flash; **hast du's geblitzt?** did you use a flash?; **5.** *mot.* **ich wurde gestern geblitzt** I was caught speeding yesterday.

Blitzer F *m* streaker.

Blitzesschnelle *f*: **in ~** quick as a flash, at lightning speed.

Blitzgerät *n phot.* flashlight, flash(gun).

blitzgescheit *adj.* very bright; **er ist ~** *a.* he's a bright spark.

Blitz|gespräch *n teleph.* lightning call; **~karriere** *f* lightning career; meteoric rise; **~kontakt** *m* flash socket; **~krieg** *m* blitzkrieg; **~lampe** *f* flashbulb.

Blitzlicht *n phot.* flashlight, flash(gun); (**et.**) **mit ~ fotografieren** use a flash (for s.th.); **~aufnahme** *f* flash shot.

Blitzreise *f* whirlwind tour (**nach** to; **durch** of).

blitzsauber *adj.* spotless, F squeaky clean.

Blitzschlag *m* lightning (strike).

blitzschnell I. *adj.* as quick as lightning, lightning ..., split-second ...; **II.** *adv.* quick as a flash, like a flash (*od.* shot); *reagieren etc.*: instantaneously; **es verbreitete sich ~** it spread like wildfire.

Blitz|schuh *m phot.* hot shoe; **~schutz** *m* ⚡ lightning protection; (*Vorrichtung*) lightning arrester; **~start** *m* lightning (*od.* jump) start; **~strahl** *m* streak of lightning; **~umfrage** *f* snap opinion poll; **~visite** *f* lightning (*od.* flying) visit; **~würfel** *m phot.* flash cube.

Block *m* **1.** *Holz etc.*: block *of wood etc.*; (*Fels*≈) *a.* boulder; *Seife, Schokolade etc.*: bar; *metall.* ingot, pig; **2.** (*Wohn*≈) block of flats; (*mehrere Häuser zusammen*) block (of houses); **sie wohnen im gleichen ~** a) they live in the same building (*od.* block of flats), b) they live on the same block; **3.** (*Schreib*≈) writing pad, (*Schmier*≈) notepad; *klotzförmig*: scribbling block; (*Karten*≈) book *of tickets*; (*Briefmarken*≈) block; *von Daten etc.*: block; **4.** *parl.*, *pol.*, ✝ bloc; **e-n ~ bilden, sich zu e-m ~ zusammenschließen** form a bloc.

Blockade *f* **1.** blockade; **die ~ brechen** run the blockade; → **aufheben** 4; **2.** *typ.* turned letter(s *pl.*), black; **~brecher** *m* blockade-runner; **~zustand** *m* state of blockade.

Block|bildung *f pol.* forming of blocs (*od.* a bloc); **~buchstabe** *m* block letter.

blocken *v/t. Sport u.* 🚂 (*e-e Strecke*) block.

Blockflöte *f* recorder.

blockfrei *adj. pol.* nonaligned; **~e Staaten** nonaligned countries (*od.* nations); **Blockfreiheit** *f* nonalignment; (*Zustand*) nonaligned status.

Block|haus *n*, **~hütte** *f* log cabin.

blockieren I. *v/t.* block, obstruct; (*verstopfen*) clog (up); ✝ block; (*Räder*) lock; (*Maschine*) jam; **II.** *v/i. Räder*: lock; *Maschine*: jam; **Blockierung** *f* blocking; obstruction.

Block|parteien *pl.* party bloc *sg.*; **~satz** *m typ.* justified (*od.* flush) setting, flush (*od.* justified) left and right margins *pl.*; **~schokolade** *f* cooking chocolate; **~schrift** *f* block letters (*od.* capitals) *pl.*; **~staat** *m* aligned *od.* bloc country (*od.* state, nation).

blöd(e) I. *adj.* **1.** (*dumm*) stupid, F thick, *bsd. Am.* F dumb; (*albern*) silly; **er ist ~** *a.* he's an idiot; **~er Kerl** a) idiot, b) (*a.* **~er Hund**) *sl.* bastard; **~e Frage** stupid (F dumb) question; **2.** F (*ärgerlich*) stupid; (*peinlich*) *a.* embarrassing; (*heikel*) awkward; **diese ~e Tür!** F this damn door!; **~e Angelegenheit** stupid situation; **so was ≈es!** how stupid!, (*Ärgerliches*) what a (F damn) nuisance; **das ≈e daran** the stupid thing about it; **das war ein ~es Gefühl** it wasn't a very pleasant feeling; **3.** *obs. u.* ⚕ (*schwachsinnig*) feeble-minded; **~ sein** *a.* be an imbecile; **II.** *adv.*: **~ daherreden** talk a lot of nonsense (*od.* rubbish); **~ grinsen** give a stupid grin; **grins nicht so ~!** take that silly grin off your face; **sich ~ anstellen** be hopeless, *bewußt*: act stupid; **stell dich nicht so ~ an!** a) F stop being so dop(e)y, snap out of it, b) F stop acting the goat, stop acting so stupid.

Blödelei *f* nonsense; (*Witz*) silly joke; (*Herumalbern*) clowning about; **blödeln** *v/i.* talk nonsense; (*Witze machen*) crack (silly) jokes; (*herumalbern*) clown about.

Blödian *m* idiot, F blockhead.

Blödmann F *m* **1.** idiot; **2.** *aggressiv*: *sl.* bastard.

Blödsinn *m* rubbish; (*a. Unfug*) nonsense; **mach keinen ~!** a) don't be silly!, b) (*stell bloß nichts an*) watch what you do now; **blödsinnig** F *adj.* stupid, *stärker*: idiotic.

blöken *v/i. Rind*: low; *Schaf*: bleat.

blond *adj.* blond(e), fair(-haired); **Blonde** *f* **1.** blonde (woman); **2.** F (*kühle ~*) pale beer; **blondgefärbt** *adj.* dyed blond(e) *hair*; **blondgelockt** *adj.* with blond(e) curls; **~es Haar** blond(e), curly hair, curly blond(e) hair; **blondieren** *v/t.* dye *one's hair* blond(e), bleach; **Blondine** *f* blonde.

bloß I. *adj.* **1.** (*unbedeckt*) bare (*a. Erdboden*), naked; **mit ~en Füßen** barefoot, *a. adv.* barefooted; **mit ~en Händen** with one's bare hands; **mit dem ~en Auge** with the naked eye; **im ~en Hemd** in just a shirt; **2.** *attr.* (*nichts als*) nothing but, mere, just; **~e Worte** empty words; **das ist ~es Gerede** that's just (empty) talk; **der ~e Gedanke** the mere thought (of it); **II.** *adv.* (*nur*) just, only; *in Fragen*: *what, how, who etc.* on earth; **es war ~ ein bißchen kalt** it was just a bit cold(, that's all); **er wird sich ~ aufregen** he'll just (*od.* only) get upset; **was hat er ~?** I wonder (*od.* I'd love to know) what's wrong with him; **wie machst du das ~?** how on earth do you do it?; **hätte ich's ~ nicht gemacht!** I wish (*od.* if only) I hadn't done it; *soll ich's ihm sagen?* - **~ nicht!** (goodness,) no!, *stärker*: don't you dare!; **laß ihn ~ nicht raus!** don't let him out, whatever you do, *stärker*: don't you dare let him out!; **~ jetzt nicht!** not now, 'please!; **sag ~ ...!** don't say ..., don't tell me ...; → *a.* **nur.**

Blöße *f* **1.** nakedness; **2.** *wodurch man sich verrät*: giveaway; *bsd. Sport*: opening; **sich e-e ~ geben** leave o.s. wide open, (*sich bloßstellen*) give o.s. away, expose o.s.; **3.** (*Lichtung*) clearing; **4.** *Leder*: smoothed skin.

bloßlegen *v/t.* uncover, expose, lay bare (*alle a. fig.*).

bloßstellen *v/t.*: **j-n** (**sich**) **~** show s.o. (o.s.) up, *stärker*: make a fool of s.o. (o.s.); **Bloßstellung** *f* showing up, *stärker*: exposure; **aus Angst vor e-r ~** for fear of losing face.

Blouson *n*, *m* bomber (*od.* flying) jacket.

blubbern *v/i.* **1.** bubble (away); **2.** (*undeutlich reden*) mumble.

Bluff *m*, **bluffen** *v/i. u. v/t.* bluff.

blühen *v/i.* blossom, flower (*a. fig.*); be in bloom (*od.* blossom); *fig.* (*gedeihen*) prosper, thrive; **im verborgenen ~** blossom in obscurity; **wer weiß, was uns noch blüht** who knows what's in store for us (*od.* what we're in for); **es kann dir noch ~, daß** don't be surprised if; **das kann uns auch ~** we're not immune (either); F **... dann blüht dir was!** F ... you'll be in for it!; **blühend** *adj.* flowering; (*gedeihend*) flourishing, thriving; *fig. Aussehen*: healthy; *Gesundheit*: glowing, radiant; *Phantasie*: vivid; **~er Unsinn** complete (*od.* utter) nonsense; **e-n ~en Handel treiben** do a roaring trade (**mit** in); **wie das ~e Leben aussehen** be the picture of health; **im ~en Alter von** at the early age of.

Blume *f* **1.** flower; *im Topf*: *a.* plant; *fig.* **durch die ~** in as many words; **j-m durch die ~ sagen, daß** *a.* hint to s.o. that, try to tell s.o. that; **laßt ~ sprechen** say it with flowers; **2.** *Wein*: bouquet; *Bier*: froth, head; **3.** *Jagd*: (*Schwanz*) tail, brush.

Blumen|ausstellung *f* flower show; **~beet** *n* flowerbed; **~draht** *m* florist's wire; **~erde** *f* garden mo(u)ld; **~fenster**

n **1.** flower window; **2.** window with (*od.* full of) flowers; **~garten** *m* flower garden; **~gestell** *n* flower stand; **~händler** *m* florist; **~handlung** *f* flower shop, florist's; **~kasten** *m* window box; **~kelch** *m* ♀ calyx; **~kissen** *n* frog.
Blumenkohl *m* cauliflower; **~ohr** *n* cauliflower ear.
Blumen|laden *m* flower shop, florist's; **~meer** *n* sea of flowers; *wildes*: riot of flowers; **~muster** *n* floral design.
blumenreich *fig. adj.* flowery.
Blumen|schale *f* flower bowl; **~schmuck** *m* flower arrangement(s *pl.*), floral decoration(s *pl.*), flowers *pl.*; **~spende** *f* flowers *pl.*; **~sprache** *f* language of flowers; **~stand** *m* flower stall; **~ständer** *m* flower stand; **~staub** *m* flower pollen; **~stengel** *m*, **~stiel** *m* flower stalk; **~stock** *m* flowering (pot) plant; **~strauß** *m* bunch of flowers, bouquet; ***j-m e-n ~ schenken*** give s.o. (some) flowers; **~stück** *n Kunst*: flower piece.
Blumentopf *m* flowerpot; F *fig.* ***damit kannst du keinen ~ gewinnen*** that won't get you very far; **~erde** *f* potting compost.
Blumen|vase *f* vase; **~zucht** *f* flower-growing; **~züchter** *m* flower-grower; **~zwiebel** *f* (flower) bulb.
blümerant F *adj.*: ***mir ist ganz ~*** (***zumute***) I feel queasy (*od.* queer).
blumig *adj.* flowery (*a. fig.*); *Wein*: *a.* with a fine bouquet.
Blunzen *dial. f* **1.** black pudding, *Am.* blood sausage; **2.** F fat woman.
Bluse *f* blouse; ⚔ tunic, *Am.* blouse.
Blut *n* **1.** blood; ***das ~ stieg ihm zu Kopf*** the blood rushed to his head; *der Sekt etc.* ***geht ins ~*** goes (straight) to your head; *fig. die Musik etc.* ***geht ins ~*** gets into your bloodstream; ***sich mit ~ bespritzen*** get o.s. bloody; ***in s-m ~ liegen*** be covered in blood, *stärker*: be lying in a pool of blood; ***ich kann kein ~ sehen*** I can't stand the sight of blood; ***et. im ~ haben*** have s.th. in one's bloodstream (*fig.* blood); *fig.* ***es liegt ihm im ~*** it's in his blood; ***heißes ~ haben*** be hot-blooded; ***j-n bis aufs ~ ärgern*** *etc.* get s.o.'s blood up; ***ihm stockte*** (*od.* ***erstarrte, gefror***) ***das ~ in den Adern*** his blood froze; ***das wird böses ~ machen*** that'll stir up bad feeling; ***~ und Wasser schwitzen*** sweat blood; ***er hat ~ geleckt*** he's tasted blood; ***an ihren Händen klebt ~*** she's got blood on her hands; ***ruhig ~!*** take it easy!, don't get excited!, *sl.* cool it!; **2.** ***junges ~*** (*Person*) young blood; **~ader** *f* vein; **~alkohol(gehalt)** *m* blood alcohol level; **~andrang** *m* congestion.
blutarm *adj.* **1.** ⚕ an(a)emic; **2.** *fig.* (utterly) destitute, penniless; **Blutarmut** *f* ⚕ an(a)emia.
Blut|bad *n* bloodbath, massacre; ***ein ~ anrichten*** carry out a massacre, cause a bloodbath; **~bahn** *f* **1.** bloodstream; **2.** *einzelne*: blood vessel; **~bank** *f* blood bank.
blut|befleckt *adj.* bloodstained; **~beschmiert** *adj.* bloodstained, bloody; **~bespritzt** *adj.* blood-spattered.
Blutbild *n* blood count (*od.* picture).
blutbildend I. *adj.* blood-forming; **II.** *adv.*: ***~ wirken*** help to form blood; **Blutbildung** *f* formation of blood.
Blut|blase *f* blood blister; **~buche** *f* ♀ copper beech.
Blutdruck *m* blood pressure; ***bei j-m den ~ messen*** take s.o.'s blood pressure; **≈erhöhend** *adj.* hypertensive; **~messer** *m* blood-pressure meter (*od.* ga[u]ge), 🕮 sphygmomanometer; **~messung** *f* (taking a) blood pressure reading; **≈senkend** *adj.* hypotensive.
Blutdrüse *f* endocrine gland.
blutdürstig *adj.* bloodthirsty.
Blüte *f* **1.** flower, blossom, bloom; (*~zeit*) flowering time, *bsd. bei Bäumen*: blossom; *fig.* (*Höhepunkt*) height, *der Macht, e-r Mode etc.*: *a.* heyday; (*Elite*) cream, elite; ✝ time of prosperity; *hist.*, *Kunst*: flowering, height; ***in*** (***voller***) ***~ stehen*** be in (full) bloom (*od.* flower, blossom); *fig.* ***die ~ der Jugend*** the flower of youth; ***in der ~ s-r Jugend*** (***Jahre***) in the prime of youth (life); ***seltsame ~n treiben*** come up with some strange things (*od.* effects); ***zur ~ gelangen*** come to fruition; ***s-e ~ erleben*** flourish, reach its peak; have its heyday; ***zu neuer ~ gelangen*** experience a revival, *weitS.* reach new heights; **2.** → ***Stilblüte***; **3.** F (*falsche Banknote*) F dud.
Blutegel *m* leech.
bluten *v/i.* **1.** bleed (*a. Bäume*) (***aus*** from, *dem Mund*: *a.* out of); *fig.* ***mir blutet das Herz, wenn ich sehe, wie ...*** my heart bleeds to see ...; ***~den Herzens*** with a heavy heart; **2.** F *fig.* (*bezahlen*) F cough up; ***wir haben dafür schwer ~ müssen*** F it cost us enough; ***j-n ~ lassen*** bleed s.o. white.
Blüten|blatt *n* petal; **~boden** *m* receptacle; **~honig** *m* honey (made from blossoms and flowers); **~kelch** *m* calyx; **~knospe** *f* flower bud; **~krone** *f* corolla; **~lese** *fig. f* anthology; *iro.* collection of howlers.
blütenlos *adj.* flowerless.
Blüten|meer *n* sea of blossom; **~stand** *m* inflorescence; **~staub** *m* pollen; **~stiel** *m* pedicel.
Blutentnahme *f* (taking of a) blood sample; ***bei j-m e-e ~ vornehmen*** take s.o.'s blood, take a blood sample from s.o.
blütentragend *adj.* blossoming, 🕮 floriferous.
blütenweiß *adj.* snow-white.
Blütenzweig *m* spray.
Bluter *m* ⚕ h(a)emophiliac.
Bluterguß *m* h(a)ematoma; (*blauer Fleck*) bruise.
Bluterkrankheit *f* h(a)emophilia.
Blutersatz *m* blood substitute, artificial blood.
Blütezeit *f* → ***Blüte*** 1.
Blutfarbstoff *m* h(a)emoglobin.
Blutfett *n* blood lipids *pl.*; **~werte** *pl.* blood lipid concentration *sg.*
Blut|fleck *m* bloodstain; **~gefäß** *n* blood vessel; **~gerinnsel** *n* blood clot.
Blutgerinnung *f* (blood) clotting *od.* coagulation; **Blutgerinnungszeit** *f* (blood) coagulation time.
Blutgruppe *f* blood group; ***j-s ~ bestimmen*** determine s.o.'s blood group, type s.o.'s blood; ***die ~ A haben*** be (*od.* belong to) blood group A; ***welche ~ haben Sie?*** which blood group are you (*od.* do you belong to)?; **Blutgruppenbestimmung** *f* blood typing.
Blut|hochdruck *m* high blood pressure, hypertension; ***an ~ leiden*** have high blood pressure; **~hund** *m* bloodhound.
blutig *adj.* **1.** *Nase etc.*: bloody; (*blutbefleckt*) *a.* bloodstained; *Wunde*: bleeding; ***j-m die Nase ~ schlagen*** give s.o. a bloody nose; ***sich die Köpfe ~ schlagen*** have a real go at each other; ***sich e-n ~en Kopf holen*** get o.s. a bloody nose; ***sich die Hände ~ machen*** get one's hands (all) bloody; ***du bist ja ganz ~!*** you're covered in blood!; ***e-n ~en Urin haben*** be passing blood (with one's urine); **2.** *Schlacht, Revolution etc.*: bloody; ***~e Szene*** bloody sight (*od.* scene), *im Film*: bloody scene, scene full of blood (and violence), F blood and guts scene; ***~e Unruhen*** violent unrest, violence and bloodshed; ***es kam zu ~en Zwischenfällen*** (*od.* ***Auseinandersetzungen***) there were bloody clashes (***zwischen*** between); **3.** *Steak*: rare; **4.** *fig.* ***~er Anfänger*** absolute beginner, *im Beruf etc.*: F raw recruit, greenhorn; ***~er Laie*** complete layman; ***es ist mein ~er Ernst*** I'm dead serious, F (and) I bloody well mean it.
blutjung *adj.* very young; ***ich war ~, als*** *a.* F I was just a kid when.
Blut|konserve *f* unit of (stored) blood; **~körperchen** *n* blood corpuscle; ***weißes ~*** leucocyte; ***rotes ~*** erythrocyte; **~krankheit** *f* blood disease; **~krebs** *m* leuk(a)emia; **~kreislauf** *m* (blood) circulation; **~lache** *f* pool of blood.
blutleer *adj.* bloodless (*a. fig.*); an(a)emic(-looking); **Blutleere** *f* hypox(a)emia; ***ich hatte e-e plötzliche ~ im Kopf*** the blood suddenly just went (*od.* drained) from my head.
blutlos *adj.* bloodless (*a. fig.*).
Blut|mangel *m* blood deficiency; **~opfer** *n* **1.** blood sacrifice; **2.** (*Opfer an Menschenleben*) human sacrifice; ***dem Land wurden hohe ~ abverlangt*** the blood toll for the nation was great, the scale of human sacrifice for the nation was vast; **~orange** *f* blood orange; **~plasma** *n* blood plasma; **~plättchen** *n* platelet; **~probe** *f* blood test; (*entnommene*) blood sample; ⚖ blood (alcohol) test; ***bei j-m e-e ~ machen*** take s.o.'s blood, take a blood sample from s.o.; **~pfropf** *m* blood clot; **~rache** *f* (bloody) vendetta; **~rausch** *m* bloodlust.
blutreinigend *adj.* blood-cleansing; **Blutreinigung** *f* cleansing (*od.* purification) of the bloodstream; **Blutreinigungstee** *m* blood-cleansing tea.
blutrot *adj.* blood-red, (dark) crimson.
blutrünstig *adj.* bloodthirsty; *weitS.* bloody; *Film, Geschichte etc.*: gory, F blood and guts ...
Blutsauger *m* bloodsucker (*a. fig.*).
Blutsbruder *m* blood brother; **Blutsbrüderschaft** *f* blood brotherhood; ***miteinander ~ schließen*** become blood brothers.
Blutschande *f* incest; **blutschänderisch** *adj.* incestuous.
Blut|schuld *f* blood guilt; **~senkung** *f* blood sedimentation; **~serum** *n* blood serum.
Blutspende *f* blood donation; ***zur ~ gehen*** go to give blood; ***die Bevölkerung zur ~ aufrufen*** appeal for blood (donations); **Blutspender** *m* blood donor; **Blutspenderausweis** *m* blood donor card.

Blut|spiegel *m* blood level; **~spur** *f* **1.** trail of blood; **2.** *einzelne*: trace of blood, *auffällig*: *a.* bloodstain; **~stauung** *f* congestion; **~stein** *m* h(a)ematite.

blutstillend *adj.* (*a.* ***~es Mittel***) styptic.

Blut|strahl *m* **1.** spurt of blood; **2.** spurting blood; **~strom** *m* flow of blood.

Blutstropfen *m* drop of blood.

Blutsturz *m* ⚕ h(a)emorrhage.

blutsverwandt *adj.* related by blood (***mit*** to); **Blutsverwandte(r** *m*) *f* blood relation; ⚖ ***der nächste ~*** the next of kin; **Blutsverwandtschaft** *f* blood relationship, kinship.

Blut|tat *f* bloody deed; ***e-e ~ begehen*** commit (an act of) murder; **~transfusion** *f* blood transfusion.

bluttriefend *adj.* dripping with blood.

blutüberströmt *adj.* covered in blood.

Blutübertragung *f* blood transfusion.

Blutung *f* bleeding, *starke*: h(a)emorrhage; ***starke ~(en)*** heavy bleeding, *bei der Menstruation*: heavy flow.

blutunterlaufen *adj.* bloodshot.

Bluntuntersuchung *f* blood test.

Blutverdünnung *f* h(a)emodilution, thinning of the blood; **Blutverdünnungsmittel** *n* anticoagulant.

Blut|vergießen *n* bloodshed; **~vergiftung** *f* ⚕ blood poisoning; **~verlust** *m* loss of blood; blood loss.

blutverschmiert *adj.* bloodied, bloodstained.

blutvoll *fig. adj.* full-blooded.

Blut|wäsche *f* (blood) dialysis; **~wurst** *f etwa* black pudding, *Am.* blood sausage; **~zoll** *m* (death) toll, toll of lives; ***e-n schweren ~ fordern*** take a heavy toll (of lives).

Blutzucker *m* blood sugar; F ***mein ~ ist zu niedrig*** my blood sugar has dropped; **~spiegel** *m* blood sugar level.

BMX-Rad *n* BMX (bike).

Bö *f* squall, gust; ✈ bump.

Boa *f* **1.** (*Schlange*) boa (constrictor); **2.** (*Schal*) boa.

Boardmarker *m* 'white board pen.

Bob *m* bob(sleigh); **~bahn** *f* bobsleigh run; **~fahren** *n* bobsleighing; **~fahrer** *m* bobber; **~mannschaft** *f* bob(sleigh) team; **~meisterschaft** *f* bob(sleigh) championship(s *pl.*); **~rennen** *n* bob (-sleigh) race (*od.* racing); **~schlitten** *m* bob(sleigh).

Bock *m* **1.** (*Ziegen*2) he-goat, billy goat; (*Widder*) ram; *beim Hasen, Kaninchen*: buck; *beim Reh*: (roe)buck; F *fig.* ***sturer ~*** F stubborn old so-and-so; ***(geiler) alter ~*** F (randy) old goat; F ***ein steifer ~ sein*** F be (as) stiff as a poker; F ***e-n ~ schießen*** F boob, (*ins Fettnäpfchen treten*) F drop a clanger; ***den ~ zum Gärtner machen*** set the fox to keep the geese; F ***et. aus ~ tun*** do s.th. for the fun of it; *sl.* ***ich hab' keinen ~ (drauf)*** *sl.* it doesn't really grab me; **2.** (*Gestell*) stand; (*Hebe*2) jack; **3.** *Sport*: buck; ***~ springen*** a) vault over the buck, b) (play) leapfrog; **4.** (*Bier*) bock (beer).

bockbeinig F *adj.* stubborn.

Bockbier *n* bock (beer).

bocken *v/i. Pferd*: buck; *fig.* be stubborn; (*schmollen*) sulk; *mot.* F buck.

bockig *adj.* **1.** stubborn; **2.** (*schmollend*) sulky; **Bockigkeit** *f* **1.** stubbornness; **2.** sulking; sulkiness.

Bockleiter *f* stepladder.

Bockmist F *m sl.* crap, *Am. sl.* bullshit.

Bocksbeutel *m* **1.** bocksbeutel (*od.* Franconian) wine; **2.** (*Flasche*) bocksbeutel.

Bockshorn *n*: *fig.* ***sich ins ~ jagen lassen*** let o.s. be intimidated (*od.* put off); ***laß dich von ihm nicht ins ~ jagen!*** *a.* don't let him put you off.

Bockspringen *n* **1.** leapfrog; **2.** → **Bocksprung** *m* buck vaulting; *fig.* ***Bocksprünge machen*** cut capers.

Bockwurst *f* (fat) frankfurter.

Boden *m* **1.** (*Erdoberfläche*) ground; (*Erdreich, lockerer ~*) soil; (*Fuß*2) floor (*a. im Wagen etc.*); *e-s Gefäßes, des Meeres*: bottom; *fig.* (*Grundlage*) basis; ***auf britischem ~*** on British soil; ***heiliger ~*** holy (*od.* consecrated) ground; ***doppelter ~*** false bottom; ***zu ~ stürzen*** fall to the ground (*innen*: floor); ***die Augen zu ~ schlagen*** cast one's eyes down (to the ground); ***fester ~*** firm ground; ***festen ~ unter den Füßen haben*** be standing on firm ground, be on terra firma; ***(festen) ~ fassen*** get a (firm) footing *od.* foothold, *fig.* find one's feet, *Idee etc.*: take hold (*od.* root); *fig.* ***sich auf festem (unsicherem) ~ bewegen*** be on safe ground (be standing on shaky ground); ***den ~ für et. bereiten*** prepare the ground for s.th.; F ***am ~ zerstören*** (completely) demolish; F ***am ~ zerstört*** (*entsetzt*) (completely) devastated, (*erschöpft*) completely drained (F washed out); ***~ gewinnen (verlieren)*** gain (lose) ground; ***~ zurückgewinnen*** make up for lost ground; ***den ~ unter den Füßen verlieren*** *konkret*: lose one's footing, *fig.* (*sich zu weit vorwagen*) get out of one's depth, (*unsicher werden*) be thrown off balance; *fig.* ***j-m den ~ unter den Füßen wegziehen*** pull the rug out from under s.o.; *e-m Argument etc.* ***den ~ entziehen*** knock the bottom out of; ***sich auf gefährlichem ~ bewegen*** be treading on slippery ground; ***sich auf den ~ der Tatsachen stellen*** be realistic, look at things realistically, take a realistic view (of things); ***auf dem ~ der Tatsachen bleiben*** stick (*od.* keep) to the facts; ***den ~ der Tatsachen verlassen*** get away from (*od.* forget) the facts; ***der ~ wurde ihm zu heiß, der ~ brannte ihm unter den Füßen*** things got too hot for him; ***ich hätte (vor Scham*** *od.* ***Verlegenheit) im ~ versinken können*** (I was so ashamed *od.* embarrassed,) I wished the ground would open up and swallow me; ***zu ~ drücken*** crush, overwhelm; ***aus dem ~ schießen*** mushroom (up); → ***Faß, fruchtbar, Grund*** 1, ***stampfen*** II *etc.*; **2.** (*Dach*2) loft, attic; (*Heu*2) hayloft; **~abstand** *m mot.* (ground) clearance; **~abwehr** *f* ⚔ ground defen|ce (*Am.* -se); **~belag** *m* floor covering; **~beschaffenheit** *f* **1.** surface conditions *pl.*; **2.** ⚘ properties *pl.* of the soil; **~-Boden-Rakete** *f* ⚔ surface-to-surface missile; **~detonation** *f* groundburst; **~dienst** *m* ✈ ground services *pl.*; **~erhebung** *f* elevation; **~erosion** *f* soil erosion; **~erschließung** *f* soil development; **~ertrag** *m* crop yield; **~falte** *f* furrow; **~feuchtigkeit** *f* humidity of the soil; **~fläche** *f* ⚘ acreage; △ groundspace; *Zimmer*, ⚙: floor space; **~freiheit** *f mot.* (ground) clearance; **~frost** *m* ground frost; **~fund** *m* arch(a)eological find; **~gefecht** *n* ground battle; *a. pl.* ground combat (*od.* fighting).

bodengestützt *adj.*: ***~e Rakete*** *etc.*: ground-launched missile *etc.*

Boden|gymnastik *f* floor exercises *pl.*; **~haftung** *f mot.* (road) holding; **~höhe** *f* ground level; **~isolierung** *f* floor insulation; **~kampf** *m* → ***Bodengefecht;*** **~kontrolle** *f*, **~kontrollstation** *f* ✈ ground control.

Bodenkredit *m* mortgage credit; **~anstalt** *f* land mortgage bank.

bodenlos *adj.* bottomless; *fig.* incredible; *fig.* ***das war e-e ~e Frechheit!*** what an incredible cheek (*od.* nerve).

Boden|-Luft-Rakete *f* ground-to-air missile; **~markierungen** *pl.* markings; **~matte** *f* floor mat; **~nähe** *f*: (***in ~*** at) ground level, ✈ zero altitude; **~nährstoff** *m* soil nutrient; **~nebel** *m* ground fog; **~nutzung** *f* cultivation (of the soil); **~personal** *n* ✈ ground staff (*mst. pl. konstr.*), ground crew (*a. pl. konstr.*); **~platte** *f* ⚙ base plate; **~probe** *f* soil sample; **~reform** *f* land reform; **~rente** *f* ground rent; **~satz** *m* deposit; sediment; **~schätze** *pl.* mineral resources; ***reich an ~n sein*** be rich in (*od.* have rich) mineral resources; **~schutz** *m* soil conservation; **~senke** *f* depression, hollow; **~sicht** *f* ✈ ground contact; **~spekulant** *m* land jobber; **~spekulation** *f* land speculation.

bodenständig *adj.* native, indigenous; *Industrie etc.*: rooted to the soil; *Mensch*: rooted to one's native soil; **Bodenständigkeit** *f e-s Menschen*: rootedness to one's native soil.

Boden|station *f* ✈ ground control; *Satellit etc.*: tracking (*od.* earth) station; **~staubsauger** *m* cylinder cleaner; **~stewardeß** *f* ground hostess; **~streitkräfte** *pl.* ground forces; **~turnen** *n* floor exercises *pl.*; **~untersuchung** *f* soil test (*od.* analysis); **~verseuchung** *f* contamination of the soil; soil pollution.

Bodybuilding *n* body-building; ***~ machen*** do (*od.* go to) body-building.

Bogen *m* **1.** (*Krümmung*) curve; *e-s Flusses etc.*: *a.* bend; A, ⚡, *ast.* arc; (*Wölbung*) arch; *im Rohr*: bend; *im Holz*: camber; *Skisport*: turn; *Eislauf*: curve, circle; ***e-n weiten ~ beschreiben*** describe a wide arc; ***e-n ~ machen*** *Straße, Fluß etc.*: go into (F do) a bend, ***um:*** go (*od.* curve) around, F do a bend around; ***e-n großen ~ fahren*** go the long way round; *fig.* ***e-n großen ~ machen um*** steer clear of, give *s.o. od. s.th.* a wide berth; ***in hohem ~*** *werfen, fliegen etc.*: in a high arc; F *fig.* ***in hohem ~ rausfliegen*** F be turned (*od.* thrown, kicked) out on one's ear; F ***er hat den ~ raus*** F he's got the hang of it, ***bei:*** F he's a dab hand at (*ger.*); **2.** △ arch; **3.** (*Waffe*) bow; *fig.* ***den ~ überspannen*** overstep the mark, overdo it; push one's luck too far; **4.** ♪ (*Geigen*2 *etc.*) bow; **5.** (*~ Papier*) sheet (of paper), piece of paper; (*Geschenkpapier etc.*) sheet; (*Druck*2) (printed) sheet; (*Briefmarken*2) sheet (of stamps); **~brücke** *f* arched bridge; **~fenster** *n* arched window; **2förmig** *adj.* arched, arch-shaped; **~führung** *f* ♪ bowing (technique); **~gang** *m* arcade; (*Verbindungsgang*) archway; **~lampe** *f* arc lamp; **~pfeiler** △ *m* flying buttress; **~schießen** *n* archery; **~schütze** *m* archer; **~sehne** *f* bowstring;

~strich *m* ♪ stroke of the bow; *weitS.* bowing (technique); **~technik** *f* ♪ bowing technique; **~weite** *f* span (of an *od.* the arch).
Boheme *f* bohemian world; **Bohemien** *m* Bohemian.
Bohle *f* plank.
Böhme *m*, **Böhmin** *f*, **böhmisch** *adj.* Bohemian; *fig.* ***das sind böhmische Dörfer für mich*** it's all Greek to me.
Bohne *f* bean; (*Sau*2) broad bean; ***grüne ~n*** French (*od.* string, runner) beans; ***weiße ~n*** haricot beans; *fig.* ***nicht die ~ wert*** not worth a fig (*od.* cent); F ***nicht die ~!*** not a bit!; F ***es kümmert ihn nicht die ~*** F he doesn't care two hoots about it; F ***er versteht nicht die ~ davon*** he doesn't know the first thing about it.
Bohnen|kaffee *m* fresh (*od.* filtered, real) coffee; **~kraut** *n* savo(u)ry; **~ranke** *f* beanstalk; **~salat** *m* (French) bean salad; **~sprosse** *f* bean sprout; **~stange** *f* beanpole (*a.* F *fig.*); **~stroh:** F ***dumm wie ~*** F as thick as two short planks.
Bohner(besen) *m* floor polisher; **Bohnermaschine** *f* electric floor polisher; **bohnern I.** *v/t.* polish, wax; **II.** *v/i.* polish (*od.* wax) the floor(s); **Bohnerwachs** *n* floor polish.
Bohrarbeiten *pl.* drilling (work) *sg.*
bohren I. *v/t.* **1.** ⚙, ⚒ drill; (*Brunnen*) sink; (*Tunnel*) drive; ***ein Loch ~*** drill a hole (***in*** into); *e-n Pfahl etc.* ***in den Boden ~*** drive (*od.* sink) into the ground; *ein Messer od. Schwert etc.* ***in j-n ~*** plunge (*od.* sink) into s.o.; ***ein Schiff in den Grund ~*** send a ship to the bottom; F ***er hat mir zwei Zähne gebohrt*** I had to have two fillings; **II.** *v/i.* **2.** ⚙, ⚒ drill (***nach*** for); **3.** ***in der Nase ~*** pick one's nose; **4.** *fig.* (*eindringen*) probe (***in*** into); **5.** ***~ in j-m*** *Schmerz, Neid, Ehrgeiz etc.*: gnaw at s.o., *Angst etc.*: torment s.o.; **6.** (*aufdringlich sein*) persist, F go on and on; ***er bohrt*** *a.* he's very persistent, he'll go on and on at you; ***so lange ~, bis j-d et. tut*** pester s.o. into doing s.th., F go on and on at s.o. until he (*od.* she) does s.th. (*od.* gives in); **III.** *v/refl.*: ***sich ~ in*** (***durch*** *etc.*) bore (its way) into (through *etc.*); ***sich ~ in*** *Dorn etc. in den Finger etc.*: get into, get stuck in; **bohrend** *adj. Blick*: piercing, penetrating; *Schmerz*: gnawing; *Frage*: penetrating, probing.
Bohrer *m* ⚙, ⚒ drill; (*Nagel*2) gimlet.
Bohr|gestänge *n* set of drill-rods; **~insel** *f* drilling rig; *für Öl*: oilrig; **~kopf** *m* drilling head; **~loch** *n* drill hole; *ausgebohrt*: bore hole (*a. bei Holz*); **~maschine** *f* ⚙, ⚒ drill; **~meißel** *m* boring tool, cutter; **~schablone** *f* drilling template; **~turm** *m* (drilling) derrick.
Bohrung *f* drilling; (*Bohrloch*) (drilled) hole; *mot.* (*Zylinder*2) bore.
Bohrversuch *m* trial drilling.
böig *adj.* gusty; ✈ F bumpy.
Boiler *m* ⚙ boiler; *im Haushalt*: *a.* water heater, *Brit. a.* geyser.
Boje *f* buoy.
Bolid *m* **1.** *ast.* fireball, bolide; **2.** *mot.*, *a.* **Bolide** *m* racer.
Bolivianer(in *f*) *m*, **bolivianisch** *adj.* Bolivian.
Böller *m* saluting gun; **böllern** *v/i.* fire (a salute); **Böllerschuß** *m* gun salute.
Bollerwagen *dial. m* (wooden) cart (*Am. a.* wagon).
Bollwerk *n* ⚔ *u. fig.* bulwark.
Bolschewik *m* Bolshevik; **Bolschewismus** *m* Bolshevism; **Bolschewist** *m*, **bolschewistisch** *adj.* Bolshevist.
Bolzen *m* **1.** ⚙ bolt; pin; **2.** *hist.* (*Armbrust*2) bolt.
bolzen F **I.** *v/i. Fußball*: kick around (*a. schlecht spielen*); **II.** *v/t.* (*Ball*) F boot.
bolzengerade *adj.* (as) straight as a poker.
Bolzplatz *m* playing field.
Bombardement *n* bombardment (*a. phys. u. fig.*); bombing; *Artillerie*: shelling; **bombardieren** *v/t.* bomb, bombard; *mit Granaten*: *a.* shell; *fig.* (*bewerfen*) pelt (**mit** with); *mit Fragen etc.*: bombard, assail (with); **Bombardierung** *f* → ***Bombardement.***
bombastisch *adj.* bombastic(ally *adv.*).
Bombe *f* **1.** bomb; *fig.* ***wie e-e ~ einschlagen*** *Nachricht etc.*: come like a bomb; ***die ~ ist geplatzt*** the cat's out of the bag; → ***abwerfen*; 2.** *Fußball*: rocket, rasper.
Bomben... F *in Zssgn oft* tremendous; **~alarm** *m* bomb alert; **~angriff** *m* bomb attack, air raid; **~anschlag** *m* **1.** bomb attack; **2.** → **~attentat** *n* bomb attempt; **~besetzung** F *f thea., Film*: star cast; **~drohung** *f* bomb threat; **~erfolg** F *m* tremendous (*od.* huge) success; *thea.* box-office hit; (*Schallplatte*) F smash hit; **~explosion** *f* bomb explosion; **2fest I.** *adj.* bombproof; **II.** F *fig. adv.*: ***~ überzeugt*** *etc.* F dead sure *etc.*; ***das steht ~*** F that's a dead cert; **~flugzeug** *n* bomber (aircraft); **~form** F *f*: ***in ~ sein*** be in great shape; **~gehalt** F *n* F fantastic salary; **~geld** F *n*: ***ein ~ verdienen*** F earn a packet; **~geschäft** F *n* roaring business; ***ein ~ machen*** do a roaring trade; **~hitze** F *f* sweltering heat; **~lage** F *f* prime location, F plum site; **~last** *f* bomb load; **~leger** *m* bomber, bomb planter; ***der ~*** *a.* the man (*od.* person) who planted the bomb; **~nacht** *f* night of bombing; **~preis** F *m* **1.** *niedriger*: rockbottom price; ***zu e-m ~*** *a.* for next to nothing; **2.** *hoher*: top price; F incredible price; **~rolle** F *f thea.* dream part; **~sache** F *f* F knockout; **~schaden** *m* air-raid damage; **~schuß** F *m* F cracking shot; **~schütze** *m* bombardier; **2sicher** *adj.* **1.** bombproof; **2.** F (*ganz sicher*) F surefire; ***es ist e-e ~e Sache*** F it's a dead cert; **~splitter** *m* bomb splinter; **~stellung** F *f* F plum job, fantastic job; **~stimmung** F *f* F terrific (*od.* tremendous) atmosphere; **~terror** *m* terrorist bombing(s *pl.*) *od.* attacks *pl.*; **~trichter** *m* bomb crater, crater left by a (*od.* the) bomb.
Bomber *m* ✈ bomber (*a.* F *fig. Sport*); **~geschwader** *n* bomber group (*Am.* wing).
bombig F **I.** *adj.* F great, terrific; **II.** *adv.*: ***~ verdienen*** F earn a packet.
Bon *m* voucher; (*Kassenzettel*) receipt.
Bonbon *m*, *n* sweet, *Am. a. pl.* candy; **bonbonfarben, bonbonfarbig** *adj.* sickly pink (*od.* yellow *etc.*).
bongen *v/t.* (*Betrag, Ware*) ring up; → ***gebongt.***
Bongo *n*, *f*, **~trommel** *f* bongo (drum), bongos *pl.*; ***mit X auf der ~*** with X on bongos.
Bonifikation *f* (*Vergütung*) allowance; *auf Wertpapiere*: bonus.
Bonität *f* **1.** ☤ *finanzielle*: credit standing, creditworthiness; **2.** (*Warengüte*) quality; **3.** ⚘ quality of the soil.
Bonmot *n* witty remark, witticism.
Bonsai(baum *m*) *n* bonsai (tree).
Bonus *m* ☤ **1.** bonus, premium; **2.** special dividend.
Bonze *m* **1.** F bigwig; ***die ~n der Partei*** the party bigwigs; ***die ~n der Wirtschaft*** the tycoons of industry; **2.** F (*reicher Angeber*) F big shot; **3.** (*buddhistischer Priester od. Mönch*) bonze; **Bonzentum** F *n*, **Bonzenwirtschaft** F *f* F boss rule.
Boom *m* ☤ boom.
Boot *n* (*a.* F *Schiff*) boat; ***~ fahren*** go boating; *fig.* ***wir sitzen alle im gleichen ~*** we're all in the same boat.
booten *v/t. u. v/i. Computer*: boot (up).
Boots|anhänger *m* boat trailer; **~bau** *m* boat building; **~bauer** *m* boat builder; **~besatzung** *f* (boat's *od.* ship's) crew (*a. pl. konstr.*); **~fahrt** *f* boat trip; *kürzere*: boat ride; **~führer** *m Sport*: coxswain; **~hafen** *m* marina; **~haus** *n* boathouse; **~mann** *m* boatswain; ⚔ petty officer; **~rennen** *n* boat race; **~steg** *m* landing stage; **~verleih** *m* boat hire; *Schild*: boats for hire; **~werft** *f* boatyard.
Bor ⚗ *n* boron.
Borax ⚗ *m* borax; **~säure** *f* bor(ac)ic acid.
Bord[1] *m* ⚓, ✈: ***an ~*** on board, aboard; ***an ~ e-s Schiffes*** (***Flugzeugs***) ***gehen*** board a ship (plane); ***an ~ gehen*** ⚓ go aboard, board ship, ✈ board (the aircraft); ***von ~ gehen*** ⚓ disembark, ✈ leave the aircraft; ***an ~ nehmen*** ⚓ take aboard, ✈ take onto the plane; ***über ~ gehen*** fall overboard; ***über ~ werfen*** throw overboard (*a. fig.*), (*Ladung*) jettison; ***Mann über ~!*** man overboard!; ***wir begrüßen Sie an ~ unserer Maschine*** (***unseres Schiffes***) we welcome you aboard our aircraft (ship); F ***Baby an ~*** *Autoaufkleber*: Baby on Board.
Bord[2] *n* (*Bücher*2) shelf.
Bord|buch *n* log book; **~case** *n*, *m* flight case; **~computer** *m* ✈ on-board computer, *mot. a.* dashboard computer.
bordeaux(rot) *adj.*, **Bordeaux(rot)** *n* burgundy, claret.
Bordeaux(wein) *m* claret, Bordeaux (wine).
bordeigen *adj.* on-board ...
Bordelektronik *f* avionics *pl.*
Bordell *n* brothel; **~viertel** *n* red-light district; **~wirtin** *f* madam.
Bord|funk *m* ⚓ ship's radio; ✈ aircraft radio equipment; **~funker** *m* radio operator; **~gepäck** *n* hand luggage (*od.* baggage), *bsd. Am.* carry-on (baggage); **~ingenieur** *m* ✈ flight engineer; **~kamera** *f* on-board camera; **~kante** *f* kerb, *Am.* curb; **~karte** *f* boarding pass; **~kino** *n* **1.** ✈ in-flight movies *pl.*; **2.** ⚓ ship's cinema; **~koffer** *m* flight case; **~kran** *m* ⚓ deck crane; **~küche** *f* galley; **~mechaniker** *m* flight mechanic; **~personal** *n* flight crew; **~programm** *n* ✈ in-flight entertainment program(me); **~radar** *n* ✈ airborne radar; **~sender** *m* airborne transmitter; **~stein(kante** *f*) *m* kerb, *Am.* curb; **~tasche** *f* flight bag, *bsd. Am.* carry-on (bag); **~telefon** *n* interphone; **~unterhaltung** *f* in-flight entertainment.
Bordüre *f* border, trimming.
Bord|verpflegung *f* in-flight meals *pl.* (*od.* catering, fare), F meals *pl.* on the plane; **~waffen** *pl.* aircraft weapons; *Panzer*: tank armament *sg.*

borgen *v/t.* **1. *sich et.* ~** borrow s.th.; *fig.* (*plagiieren*) borrow (*od.* lift) s.th.; ***es ist nur geborgt*** I've *etc.* just borrowed it; **2.** (*ausleihen*) lend (out), *bsd. Am.* loan (out); ***j-m et.* ~** lend s.o. s.th., lend s.th. (out) to s.o., *bsd. Am.* loan s.o. s.th., loan s.th. (out) to s.o.

Borke *f* bark; (*Kruste*) crust; ⚕ (*Schorf*) crust.

Borken|flechte *f* ⚕ ringworm; **~käfer** *m* bark beetle.

borniert *adj.* **1.** (*engstirnig*) narrow-minded; **2.** (*beschränkt*) dense; **Borniertheit** *f* **1.** narrow-mindedness; **2.** denseness.

Borretsch *m* ♣, *gastr.* borage.

Bor|salbe *f* boric acid ointment; **~säure** *f* bor(ac)ic acid.

Borschtsch *m gastr.* borscht.

Börse *f* **1.** ⚚ stock exchange (*od.* market); (*Geldmarkt*) money market; ***Frankfurter (Pariser** etc.)* **~** *a.* Frankfurt (Paris *etc.*) bourse; ***an der* ~** on the stock exchange (*od.* market); **2.** *obs.* (*Geld*2) purse, *für Männer u. Am.*: wallet; **3.** *Boxen*: purse.

Börsen|beginn *m* opening of the stock market; ***bei* ~** when the stock market opened (*od.* opens); **~bericht** *m* stock market report; **~eröffnung** *f* → ***Börsenbeginn***; **2fähig** *adj.* **1.** listed; **2.** (*a.* **2gängig**) (*lieferbar*) marketable; **~geschäft** *n* stock market transaction; bargain; **~handel** *m* stock exchange trading; **~index** *m* stock exchange index; **~krach** *m* (stock market) crash, stock market collapse, collapse of the stock market; **~kurs** *m* market price (*od.* rate), quotation; **~makler** *m* stockbroker; **~nachrichten** *pl.* financial news (*od.* report) *sg.*; **~notierung** *f* quotation; **~ordnung** *f* stock exchange regulations *pl.*; **~papiere** *pl.* listed securities; **~preis** *m* market price (*od.* rate), quotation; **~schluß** *m* close of the stock market; ***bei* ~** when the stock market closed (*od.* closes); **~schwankungen** *pl.* stock market fluctuations; **~spekulant** *m* stock exchange speculator; **~spekulation** *f* speculation on the stock market; playing the stock market; **~sprache** *f* stock exchange jargon; **~sturz** *m* → ***Börsenkrach***; **~termingeschäft** *n*, **~terminhandel** *m* trading in futures; **~tip** *m* market tip; **~verkehr** *m* stock market transactions *pl.*; **~wert** *m* market value; **~zeitung** *f* financial paper; **~zettel** *m* stock list.

Börsianer *m* (*Makler*) broker, F operator; (*Spekulant*) speculator.

Borste *f* bristle.

Borsten|besen *m* coarse broom; **~kopf** *m* spike; **~pinsel** *m* bristle brush; **~tier** *n* pig; *pl. coll.* swine *sg.*; **~vieh** *n* → ***Borstentier.***

borstig *adj.* bristly; F *fig.* gruff; **Borstigkeit** *f* gruffness.

Borte *f* border; (*Besatz*) braid, trimming; (*Tresse*) galloon.

bös *adj.* → ***böse.***

bösartig *adj.* **1.** malicious, nasty; *Tier*: vicious; **2.** ⚕ *Tumor etc.*: malignant; *Krankheit*: *a.* pernicious; **Bösartigkeit** *f* **1.** spitefulness; *Tier*: vicious nature; **2.** ⚕ malignancy; pernicious nature *of a disease.*

Böschung *f* embankment; *geol.* scarp, escarpment.

böse → *a.* ***schlimm***; **I.** *adj.* **1.** (*schlimm*) bad; (*verrucht*) evil, wicked; (*böswillig*) spiteful; (*unartig*) bad, naughty; **2.** (*unerfreulich*) unpleasant, bad; *Wunde, Schrecken etc.*: nasty; *Fehler*: bad; ***~ Erkältung*** nasty (F rotten) cold; ***~ Krankheit*** nasty (*od.* very unpleasant) illness; ***~ Verletzung*** nasty cut (*od.* wound); ***~ Folgen*** dire consequences; ***e-e ~ Sache*** a nasty business; ***~ Überraschung*** nasty surprise; ***es sieht ~ aus*** things don't look too good, things look (F pretty) bad; ***ein ~s Ende nehmen*** come to a bad end; ***e-e ~ Wende nehmen*** take a nasty turn; ***im ~n auseinandergehen*** part on bad terms; → ***Blick*** 1, ***Blut*** 1 *etc.*; **3.** F (*schmerzend*) *Finger etc.*: bad, sore; **4.** (*zornig*) angry, cross, F mad (**über** about); ***j-m*** (*od.* ***auf j-n***) ***~ sein*** be angry (*od.* cross) with s.o., F be mad at s.o.; ***~ werden*** get angry *etc.*; **II.** *adv.* **5.** badly *etc.*; → I; ***ich habe es nicht ~ gemeint*** I didn't mean any harm; **6.** ***~ enden*** come to a bad end; ***sich ganz ~ irren*** make a fatal (*od.* very bad) mistake; ***sich ganz ~ verirren*** (*od.* ***verlaufen***) get hopelessly lost; **7.** ***j-n ~ ansehen*** scowl at s.o., *stärker*: give s.o. a black look; **Böse(r** *m***)** *f* bad person, (*Kind*) bad boy (*f* girl); ***die Bösen im Film etc.***: F the baddies; ***der Böse*** (*Teufel*) the Evil One, the Devil; **Böse(s)** *n* evil; (*Schaden*) harm; ***Böses tun*** do evil; ***j-m (etwas) Böses antun*** do s.o. harm, do s.th. to hurt s.o.; ***Böses im Sinn haben*** be up to no good; ***Böses reden über*** speak ill of; → ***ahnen.***

Bösewicht *m* villain, rogue (*beide a. fig., iro.*).

boshaft *adj.* malicious (*a. Gelächter*), nasty; **Boshaftigkeit** *f* maliciousness, malicious nature; *lit.* wickedness.

Bosheit *f* malice; (*Bemerkung*) nasty remark; ***so e-e ~!*** what a nasty thing to do (*od.* say); ***aus ~*** out of spite.

Boß F *m* F boss; (*Partei*2 *etc.*) leader.

bosseln F *v/i.*: ***an et. ~*** tinker *od.* fiddle (around *od.* about) with, *fig. an e-m Problem etc.*: tinker with, *an et. Schriftlichem*: doctor.

böswillig I. *adj.* malicious; ⚖ *a.* wil(l)ful; ⚖ ***in ~er Absicht*** with malice aforethought, with malicious intent; **II.** *adv.* out of spite; ⚖ with malice aforethought, with malicious intent; **Böswilligkeit** *f* malevolence, ill-will; ⚖ wil(l)fulness.

Botanik *f* botany; **Botaniker** *m* botanist; **botanisch** *adj.* botanic(al); ***~er Garten*** botanical gardens.

Bote *m* messenger; (*Laufbursche*) errand boy, *Am.* F gofer; (*Abgesandter*) emissary; (*Kurier*) courier; *fig.* (*Send*2) apostle; (*Vor*2) herald, harbinger.

Boten|dienst *m* **1.** (*Einrichtung*) courier service; **2.** ***~e leisten*** run errands; **~gang** *m* errand; ***Botengänge machen*** run errands.

Botschaft *f* **1.** message (**an** to; *a. fig.*); (*Nachricht*) news (*sg.*); → ***froh***; **2.** *pol.* embassy.

Botschafter *m* ambassador (**in** to *Spain etc.*, in *Madrid etc.*); **~ebene** *f*: ***auf ~*** at ambassadorial level; **~konferenz** *f* ambassadors' conference.

Botschafts|besetzung *f* occupation of the (*od.* an) embassy; **~gebäude** *n* embassy (building); **~gelände** *n* embassy grounds *pl.* (*od.* compound); ***auf dem ~*** in the embassy grounds.

Böttcher *m* cooper.

Bottich *m* tub, vat.

Bouillon *f* consommé, clear soup; **~würfel** *m* stock cube.

Boulevard *m* boulevard; **~blatt** *n* popular newspaper, *etwa* tabloid; **~presse** *f* popular (*contp.* gutter) press; **~stück** *n* light comedy; **~theater** *n* **1.** (*Gattung*) light comedy; **2.** comedy theat|re (*Am. a.* -er); **~zeitung** *f* popular newspaper, *etwa* tabloid.

bourgeois I. *adj.* bourgeois (*a. contp.*), middle-class; **II.** 2 *m* bourgeois; **Bourgeoisie** *f* bourgeoisie, middle classes *pl.*

Boutique *f* boutique.

Bowle *f* **1.** (*Getränk*) (cold) punch; ***die ~ ansetzen*** make the punch; **2.** punch-bowl.

bowlen *v/i.* bowl.

Bowling *n* **1.** bowling; **2.** *auf dem Rasen*: bowls (*sg.*); **~bahn** *f* bowling alley; **~platz** *m* bowling green.

Box *f* **1.** *a.* **Boxe** *f* (*Pferde*2) box; **2.** *zum Parken*: parking space; **3.** *Rennsport*: pit; **4.** (*Lautsprecher*) speaker; **5.** (*~kamera*) box camera.

Boxcalf *n* (*Leder*) boxcalf.

boxen I. *v/i.* fight; *Sport*: box; **II.** *v/t.* (*schlagen*) hit; **III.** *v/refl.*: **sich (mit j-m) ~** have a fight (with s.o.); *fig.* ***sich durch*** *et.* **~** fight one's way through; **IV.** 2 *n* boxing.

Boxer *m* **1.** boxer, fighter; **2.** (*Hund*) boxer; **~motor** *m mot.* opposed cylinder engine; **~nase** *f* boxer's nose; **~shorts** *pl.* boxer shorts, boxers.

Boxhandschuh *m* boxing glove.

Boxkalf *n* (*Leder*) boxcalf.

Box|kampf *m* boxing match, fight; **~ring** *m* boxing ring; **~sport** *m* boxing.

Boykott *m* boycott; ***den ~ verhängen über*** boycott; **~drohung** *f* threat of a boycott; **~erklärung** *f* announcement of a boycott.

boykottieren *v/t.* boycott.

brach *adj.* fallow; **2feld** *n* fallow land (*od.* field).

Brachialgewalt *f*: (**mit ~** by) (sheer) brute force.

Brachland *n* fallow (land).

brachlegen *v/t.* leave fallow; **brachliegen** *v/i.* lie fallow; *fig.* go to waste; **brachliegend** *adj.* fallow.

brackig *adj.* brackish; **Brackwasser** *n* brackish water.

Brahmane *m*, **brahmanisch** *adj.* Brahmin.

Brailleschrift *f* braille.

Brainstorming *n* **1.** brainstorming; **2.** *konkret*: brainstorming session.

Branche *f* ⚚ **1.** industrial sector; **2.** line of business.

Branchen|adreßbuch *n* classified directory; **~blatt** *n* trade journal; **~erfahrung** *f* experience in the trade; **2fremd** *adj.* new to the trade; **~kenntnis** *f* knowledge of the trade; **2kundig** *adj.* experienced in the trade; **2üblich** *adj.* customary (in the trade); **~verzeichnis** *n* classified directory, F the yellow pages *pl.*

Brand *m* **1.** fire, (*Groß*2) *a.* blaze; ***in ~*** (***stehen*** be) on fire, (be) in flames; ***in ~ geraten*** catch fire; ***in ~ stecken*** set fire to, set on fire, (*Brennholz etc.*) kindle, (*Pfeife etc.*) light; **2.** F ***e-n riesigen ~ haben*** (*Durst*) F be parched, be dying of thirst; **3.** ❦ blight, mildew; **4.** ✱ gangrene; **5.** *von Keramik etc.*: firing.

brandaktuell *adj.* up-to-the-minute *news, issue etc.*; *Meldung*: *pred.* hot off the press; *Mode etc.*: the very latest ...; *Hit etc.*: the latest ...

Brand|anschlag *m* arson attack; ***e-n ~ verüben auf*** set fire to; **~bekämpfung** *f* fire fighting; **~blase** *f* (burn) blister; **~bombe** *f* fire (*od.* incendiary) bomb; **~brief** F *m* **1.** urgent reminder; **2.** urgent request; **~direktor** *m* fire chief.

brandeilig *adj.* extremely urgent; ***er hat's wieder ~*** he's in a terrible hurry as usual, *mit et.*: *a.* it's all terribly urgent as usual.

Brandeisen *n* branding iron.

brandeln *dial. v/i.* smell burnt.

branden *v/i.* surge (***gegen*** against); ***~ gegen*** *a.* break on (*od.* against).

Brandenburger(in *f*) *m* man (*f* woman) from Brandenburg; ***~ sein*** *mst* come (*od.* be) from Brandenburg; **brandenburgisch** *adj.* Brandenburg ..., from Brandenburg.

Brand|fackel *f* firebrand (*a. fig.*); **~fleck** *m* burn (mark); **~gefahr** *f* risk of fire (breaking out), fire risk; ***e-e ~ darstellen*** be a fire hazard (*od.* risk); **~geruch** *m* smell of burning; *bei Angebranntem*: burnt smell; **~geschoß** *n* fire shell.

brandheiß *adj. Nachrichten*: the very latest *news*, *pred.* hot off the press.

Brand|herd *m* source *od.* focus of (the) fire; *fig.* trouble spot; **~katastrophe** *f* fire disaster; **~mal** *n* brand; *fig.* stigma.

brandmarken *v/t. a. fig.* brand; **Brandmarkung** *f a. fig.* branding.

Brand|mauer *f* fire wall; **~narbe** *f* burn scar, scar from a burn.

brandneu *adj.* brand-new.

Brand|opfer *n* **1.** fire victim; **2.** *rituelles*: burnt offering; **~rede** *f* inflammatory speech; **~rodung** *f* fire clearance; **~salbe** *f* burn ointment; **~schaden** *m* fire damage.

brandschatzen *v/t. u. v/i.* (*plündern*) pillage, plunder; **Brandschatzung** *f* pillage.

Brandschneise *f* fire lane.

Brandschutz *m* fire prevention; **~beauftragte(r)** *m* fire prevention officer.

Brand|sohle *f* insole; **~spur** *f* trace of a (*od.* the) fire; **~stätte** *f* scene of the fire; **~stelle** *f* **1.** scene of the fire; **2.** → ***Brandfleck***; **~stifter** *m* arsonist, fire-raiser; **~stiftung** *f* arson; **~teig** *m* choux pastry mixture.

Brandung *f* surf; *fig.* surge, wave; **Brandungswelle** *f* breaker.

Brand|ursache *f* cause of the fire; **~verhütung** *f* fire prevention; **~wache** *f* firewatch; (*Posten*) fireguard; **~wunde** *f* burn; *durch Verbrühen*: scald; **~zeichen** *n* brand.

Branntkalk *m* burnt lime.

Branntwein *m* brandy; (*Schnaps*) spirits *pl.*; **~brenner** *m* distiller; **~brennerei** *f* **1.** distillery; **2.** (*Vorgang*) distilling; **~monopol** *n* alcohol (*od.* spirits) monopoly; **~steuer** *f* spirits duty.

Brasilianer(in *f*) *m*, **brasilianisch** *adj.* Brazilian.

Brasse *f zo.* bream.

Bratapfel *m* baked apple.

braten I. *v/t.* (*u. v/i.*) roast; *auf dem Rost*: grill; *in der Pfanne*: fry; *im Ofen, außer Fleisch*: bake; ***am Spieß ~*** roast on a spit; → ***gebraten***; **II.** F *v/i. in der Sonne*: F roast *od.* bake (in the sun).

Braten *m* roast; (*Keule*) joint; ***kalter ~*** cold meat; *fig.* ***fetter ~*** fine catch; ***den ~ riechen*** smell a rat; **~duft** *m* smell of roasting; **~fett** *n* dripping; **~saft** *m* **1.** juice from the meat; **2.** → **~soße** *f* gravy.

Bräter *m* roasting pan.

bratfertig *adj.* oven-ready.

Brat|fett *n* cooking fat; **~fisch** *m* fried fish; **~folie** *f* tin foil; **~hähnchen** *n* → ***Brathuhn***; **~hering** *m* grilled (and pickled) herring; **~huhn** *n*, **~hühnchen** *n* roast (*od.* grilled, broiled) chicken; *zum Braten*: broiler; **~kartoffeln** *pl.* fried potatoes; **~ofen** *m* oven; **~pfanne** *f* frying pan; **~röhre** *f* oven; **~rost** *m* grill.

Bratsche *f* ♪ viola; **Bratscher** *m*, **Bratschist** *m* viola player.

Brat|spieß *m* spit; **~wurst** *f* fried (*od.* grilled) sausage.

Brauch *m* (*Sitte*) custom; (*Usus*) practi|ce (*Am. a.* -se); ***herkömmlicher ~*** tradition; ***es ist hier der ~*** it's the custom (*od.* it's customary) around here (***, daß die Männer ...*** for the men to ...); ***es ist bei uns so ~*** that's the way we've always done it, it's the custom with us; ***so wie es der ~ will*** as custom has it; ***nach altem ~*** according to tradition (*od.* custom), *do s.th.* the traditional way; ***es kommt außer ~*** it's falling into disuse, *weitS.* people don't do it (so much) any more.

brauchbar *adj.* **1.** useful; (*verwendbar*) usable; *Plan etc.*: practicable; **2.** F (*ordentlich*) F useful, decent, not bad; **Brauchbarkeit** *f* usefulness; usability; practicability; → ***brauchbar.***

brauchen I. *v/t.* (*nötig haben*) need; (*erfordern*) require; (*in Anspruch nehmen, bsd. Zeit, Energie*) take; (*verwenden*) use, make use of; → *a.* ***gebrauchen, verbrauchen*** I; ***Sie ~ den Vierer(bus)*** you need (to take) the number four (bus); ***wozu brauchst du es?*** what do you need it for?; ***wie lange wird er ~?*** how long will it take him?; ***ich brauche zwei Stunden, um zu*** *inf.* it takes me two hours to *inf.*; ***das braucht (seine) Zeit*** it takes time; ***ich könnte ein paar Helfer ~*** I could do with some help (*od.* a few people to help me); F ***ich kann es nicht ~, wenn er ständig anruft*** I can do without him ringing up all the time; **II.** *v/aux.* need, have to; ***du brauchst (es) mir nicht zu sagen*** you don't have to tell me; ***er brauchte nicht zu kommen*** he didn't have to come; ***er hätte nicht zu kommen ~*** he needn't have come; ***du brauchst es nur zu sagen*** just say the word; ***du brauchst keine Angst zu haben*** there's no need to be scared; ***du brauchst nicht gleich in die Luft zu gehen*** there's no need to lose your temper; ***es braucht wohl nicht gesagt zu werden, daß*** I don't suppose there's any need to stress that.

Brauchtum *n* customs *pl.*, tradition(s *pl.*).

Brauchwasser *n* industrial water.

Braue *f* (eye)brow; ***die ~n hochziehen*** raise one's eyebrows (*od.* an eyebrow).

brauen I. *v/t.* brew; (*Tee, Punsch etc.*) make; **II.** *fig. v/i.* be brewing; **Brauer** *m* brewer; **Brauerei** *f* brewery; **Brauhaus** *n* brewery.

braun I. *adj.* brown; *von der Sonne*: *a.* tanned; ***~e Butter*** browned (*od.* fried) butter; ***~es Pferd*** bay; ***~ werden*** *Person*: get a tan, go brown; ***schnell ~ werden*** *von Natur aus*: tan easily (*od.* quickly), go brown quickly; ***du bist aber ~ geworden!*** you're very brown, you've got quite a tan; **II.** ♀ *n* brown.

braunäugig *adj.* brown-eyed.

Braunbär *m* brown bear.

Braune *östr. m* coffee with little milk.

Bräune *f* brown(ness); (*Sonnen*♀) (sun-)tan; **bräunen I.** *v/i. u. v/refl.* (***sich ~***) get brown; *Haut, Person*: *a.* get a tan; **II.** *v/t.* brown; *Sonne*: tan.

Braunfäule *f* blight.

braun|gebrannt *adj.* tanned, bronzed; **~haarig** *adj.* brown-haired.

Braunkohle *f* brown (*Am.* soft) coal, lignite.

bräunlich *adj.* brownish.

Braunsche Röhre *f* ⚙ cathode-ray tube.

Bräunungs|kabine *f* tanning booth; **~studio** *n* solarium, *Am.* tanning salon.

Brause *f* **1.** → ***Brauselimonade***; **2.** (*Gieß*♀) sprinkler, nozzle; **3.** (*Dusche*) shower; ***sich unter die ~ stellen*** have (*od.* take) a shower; **~bad** *n* shower (bath); **~limonade** *f* fizzy drink, *Brit. a.* lemonade.

brausen I. *v/i.* **1.** (*rauschen*) roar; (*dröhnen*) boom; (*toben*) rage; ***mir braust es in den Ohren*** my ears are buzzing; **2.** F *fig.* (*stürmen*) zoom, *Auto etc.*: *a.* roar; ***um die Ecke ~*** come (*od.* go) zooming round the corner; **3.** ***~ durch*** (*e-n Bericht etc.*) whisk (F whizz, *Am.* whiz) through; **4.** (*duschen*) have (*od.* take) a shower; **II.** *v/t.* spray, *stärker*: shower; **brausend** *adj.*: ***~er Beifall*** thunderous applause.

Brause|pulver *n* sherbet; **~tablette** *f* effervescent tablet.

Braut *f* **1.** *am Hochzeitstag*: bride; **2.** (*Verlobte*) fiancée, F intended; **3.** F (*Freundin*) F girl; (*Mädchen*) *sl.* bird; **~eltern** *pl.* parents of the bride, bride's parents; **~führer** *m man who gives away the bride*; **~gemach** *n bsd. iro.* nuptial chamber.

Bräutigam *m* **1.** *am Hochzeitstag*: (bride)groom; **2.** (*Verlobter*) fiancé.

Braut|jungfer *f* bridesmaid; **~kleid** *n* wedding dress; **~kranz** *m* bridal wreath; **~leute** *pl.* bride and groom; **~mutter** *f* mother of the bride, bride's mother; **~paar** *n* **1.** *am Hochzeitstag*: bride and (bride)groom; **2.** (*Verlobte*) engaged couple; **~schau** *f*: F ***auf ~ gehen*** look for a wife; **~schleier** *m* bridal veil; **~strauß** *m* bridal bouquet; **~vater** *m* father of the bride, bride's father.

Brauwesen *n* brewing industry.

brav *adj.* **1.** (*artig*) good, well-behaved; ***sei schön ~!*** be good now; ***sei ~ und geh ins Bett!*** go to bed like a good boy (*od.* girl); **2.** (*ehrlich, rechtschaffen*) good, honest and upright, honest, upright; ***e-e ~e Leistung*** a good attempt; *adv.* ***er hat sich ~ geschlagen*** he tried hard, he did his best; **3.** F (*konventionell*) very conventional, ordinary; (*bieder, einfach*) plain.

bravo *int.* well done!; *thea. etc.* bravo!; **Bravo(ruf** *m*) *n* bravo, *pl. a.* cheers.

Bravour *f* **1.** (*Schwung*) spirit; ***mit ~*** brilliantly; **2.** ♪ bravura; **3.** (*Tapferkeit*) bravery; **~arie** *f* ♪ bravura aria; **~leistung** *f* → ***Bravourstück.***

bravourös *adj.* courageous, bold; ♪ brilliant, bravura ...

Bravourstück *n* **1.** daring feat; **2.** ♪ bravura.
brechbar *adj.* breakable.
Brech|bohne *f* French bean; **~durchfall** *m* ⚕ diarrh(o)ea with vomiting; **~eisen** *n* crowbar.
brechen I. *v/t.* **1.** break (*a. fig. Bann, Eid, Rekord, Schweigen, Stille, Stolz, Willen etc.*); (*Steine*) *a.* quarry; (*Lichtstrahl*) refract; F ⚕ (*erbrechen*) vomit, bring up; ***(sich) den Arm ~*** break one's arm; **2.** *fig.* (*Gesetz, Vertrag*) break, violate; (*Blockade*) run; (*Widerstand*) break, crush; ***die Ehe ~*** commit adultery; F ***zum ♀ voll*** packed, F jampacked, chock-a-block; → ***Blockade*** 1, ***Eis, Genick, Herz, Knie, Zaun*** *etc.*; → ***gebrochen***; **II.** *v/i.* **3.** break (*a. Stimme*); *Widerstand etc.*: break down; F ⚕ be sick, vomit; ***~ aus*** (*hervor~*) burst out of, *Tränen*: pour from; ***~ durch*** (*Eis, Mauer etc.*) break (*stärker*: crash) through; F ***ich muß ~*** I'm going to be sick; **4.** ***~ mit*** *j-m od. et.* break with, (*e-r Gewohnheit*) break; **III.** *v/refl.*: ***sich ~*** **5.** *Wellen*: break; ***sich ~ an*** break on (*od.* against), *stärker*: crash against; **6.** *phys. Licht etc.*: refract; **brechend I.** *adj. opt.* refractive; **II.** *adv.*: F ***~ voll*** crammed, packed, F jampacked, chock-a-block; **Brecher** *m* **1.** (*Welle*) breaker; **2.** ⚙ crusher, breaker.
Brech|kraft *f opt.* refractive power; **~mittel** *n* **1.** ⚕ emetic; **2.** F ***er (es) ist ein echtes ~*** *sl.* he's (it's) enough to make you want to puke; **~reiz** *m* (feeling of) nausea; ***e-n ~ verursachen*** *a.* make one feel sick; **~stange** *f* crowbar.
Brechung *f opt.* refraction; *ling.* fracture; ♪ arpeggio.
Brechungs|prisma *n* refraction prism; **~winkel** *m* refracting angle.
Bredouille F *f*: ***in der ~ sein*** F be in a fix, be in a bit of a mess; ***in die ~ geraten*** get (o.s.) into a fix (*od.* a bit of a mess).
Brei *m für Kinder*: pudding; (*Hafer♀*) porridge; *Am.* (*bsd. Mais♀*) mush; (*~masse*) pap, *contp. a.* mush; ***zu ~ kochen*** cook to a pulp; F *fig.* ***zu ~ schlagen*** beat *s.o.* to a pulp; ***um den heißen ~ herumreden*** beat about (*od.* around) the bush; F ***j-m ~ ums Maul schmieren*** F butter s.o. up; → ***Katze*** 1, ***Koch***; **breiig** *adj.* mushy.
breit I. *adj.* **1.** wide, broad; *Kinn, Schultern*: broad, square; (*ausgedehnt*) large, wide; ***120 Zentimeter ~*** 120 centimet|res (*Am.* -ers) wide (*od.* across); ***~ drücken*** flatten (out), press *s.th.* flat; ***et. ~er machen,*** *a.* ***~er werden*** widen; **2.** *fig.* ***~es Angebot*** wide (*od.* broad) range; ***~e Grundlage*** broad basis; ***~es Echo*** wide echo; ***~es Grinsen*** broad grin; ***die ~e Masse*** the masses; ***die ~e Öffentlichkeit*** the public at large; ***~e Schichten der Bevölkerung*** wide (*od.* broad) sections of society; ***~es Interesse*** widespread interest; → ***breitmachen***; **II.** *adv.* **3.** broadly (*a. lächeln etc.*); ***~ gebaut*** broadly (*od.* squarely) built; ***et. ~ erzählen*** give a longwinded account of s.th.; → ***groß*** II, ***weit*** II; **4.** ♪ largo; **~angelegt** *fig. adj.* wide-ranging; *Erzählung, Roman etc.*: expansive.
Breitband... *in Zssgn mst* broadband, wide-band ...; *pharm. etc.* broad-spectrum *antibiotic etc.*; **~abstimmung** *f Radio*: broad tuning; **~empfänger** *m* broadband receiver; **~lautsprecher** *m* full-range loudspeaker.
breitbeinig *adj. u. adv.* with legs apart; ***~ stehen auf*** straddle *s.th.*
Breite *f* width; breadth; (*Schiffs♀*) beam; *ast., geogr.* latitude; *fig.* breadth, scope, range; (*Weitschweifigkeit*) longwindedness; ***es hat e-e ~ von sechs Metern*** it is six met|res (*Am.* -ers) wide; ***der ~ nach*** breadthwise; ***in die ~ gehen*** *Person*: put on weight, F spread out, *fig.* (*weitschweifig sein*) be (*od.* get) very longwinded, ramble; *geogr.* ***in diesen ~n*** in these latitudes; → ***episch***; **breiten I.** *v/t.*: ***~ über*** spread *s.th.* on (*od.* over); **II.** *v/refl.*: ***sich ~*** spread (out), *Landschaft etc.*: *a.* stretch (out); *fig.* spread.
Breiten|grad *m* (degree of) latitude; ***der 30. ~*** the 30th parallel; ***in diesen ~en*** in these latitudes, *fig. a.* in these spheres, in this part of the world; **~kreis** *m* parallel (of latitude); **~sport** *m* mass sport(s *pl.*); **~wirkung** *f* effectiveness; ***von großer ~*** *Film etc.*: with wide (*od.* popular, mass) appeal, *Maßnahmen, Neuerungen etc.*: with far- (*od.* wide-)reaching effects.
breit|gefächert *adj.* wide(-ranging); diversified; **~hüftig** *adj.* broad-hipped; **~machen** F *v/refl.*: ***sich ~*** **1.** *Angst etc.*: spread; **2.** *Person*: spread o.s. out, *fig.* throw one's weight around; **~schlagen** F *v/t.*: ***j-n ~*** talk s.o. round, ***zu et.***: talk s.o. into (doing) s.th.; ***sich ~ lassen*** give in, allow o.s. to be swayed (*od.* persuaded); **~schult(e)rig** *adj.* broadshouldered.
Breitseite *f* ⚓ *u. fig.* broadside; ***e-e ~ abfeuern gegen*** *a. fig.* deliver a broadside against.
Breitspektrum... ⚕ *in Zssgn* broad-spectrum ...
breit|spurig *adj.* **1.** 🚂 broad-ga(u)ge; **2.** F *fig. Person*: bumptious, full of o.s.; **~treten** *fig. v/t.* spin out; → *a.* **~walzen** F *v/t.* F thrash to death.
Breitwand *f Film*: wide screen; **~film** *m* wide-screen film.
Brems... *in Zssgn mst* brake ...; **~abstand** *m* braking distance; **~anlage** *f* brake system; **~backe** *f* brake shoe; **~belag** *m* brake lining; ***den ~ erneuern*** reline the brakes.
Bremse[1] *f mot.* brake; ***auf die ~ treten*** (F ***steigen***) step on (F slam on) the brake(s); ***die ~ betätigen*** apply (*od.* put on) the brakes.
Bremse[2] *f zo.* horsefly.
bremsen I. *v/t.* **1.** brake; (*Fall*) cushion; **2.** *fig.* check, curb; (*verlangsamen*) slow down; F ***j-n ~*** slow s.o. down, (*zurückhalten*) hold s.o. back; F ***er war nicht zu ~*** there was no holding him (back); **II.** *v/i.* **3.** brake, apply (*od.* put on) the brakes; **4.** *fig.* (*hemmend wirken*) act as a brake, slow things down; F *Person*: (*sich zurückhalten*) slow down, ease up; F (*sich einschränken*) cut down on things; F ***mit et. ~*** cut down on s.th.; **III.** *v/refl.*: ***sich ~*** restrain o.s., hold (o.s.) back.
Bremsen|plage *f* plague of horseflies; **~stich** *m* horsefly bite.
Bremser *m* brakeman.
Bremsfallschirm *m* brake parachute.
Bremsflüssigkeit *f* brake fluid; **Bremsflüssigkeitsanzeiger** *m* brake fluid indicator.
Brems|hebel *m* brake lever; **~keil** *m* chock; **~klappe** *f* ✈ brake flap; **~klotz** *m* brake block, ✈ (wheel) chock.
Bremskraft *f* braking power; **~verstärker** *m* brake booster.
Brems|last *f phys.* brakeload; **~leistung** *f* braking power; **~leuchte** *f*, **~licht** *n* stop light, brake light; **~pedal** *n* brake pedal; **~probe** *f* brake test; ***e-e ~ machen lassen*** have one's brakes tested; **~rakete** *f* retro-rocket; **~scheibe** *f* brake disc; **~schlußleuchte** *f* stop and tail lamp; **~schuh** *m* brake shoe; **~sohle** *f* brake pad; **~spur** *f* skid mark(s *pl.*); **~trommel** *f* brake drum.
Bremsung *f* braking (effect).
Brems|verzögerung *f* brake retardation; **~vorrichtung** *f* brake mechanism; **~weg** *m* braking distance; **~wirkung** *f* braking action; **~zeit** *f* braking time; **~zylinder** *m* brake cylinder.
brennbar *adj.* combustible; (*entzündlich*) (in)flammable; **Brennbarkeit** *f* combustibility; (in)flammability.
Brennelement *n* fuel element.
brennen I. *v/t.* burn; (*sengen*) singe; (*Branntwein*) distil(l); (*Kaffee*) roast; (*Keramik, Porzellan*) fire; (*Ziegel*) bake; ***ein Loch in et. ~*** burn a hole in(to) s.th.; **II.** *v/i.* burn (*a. fig. Sonne*); *Haus etc.*: *a.* be on fire; *Licht etc.*: burn, be on; *fig. Nessel, Säure, Salbe, Stich, Haut etc.*: sting, *Wunde etc.*: *a.* smart; *Füße etc.*: be sore, hurt; *Augen*: sting, burn, smart, be sore; *Gewürz, Speise etc.*: be hot; ***es brennt*** there's something burning; ***es brennt!*** fire!; ***die Sonne brennt auf die Haut*** the sun's scorching hot; ***das Licht ~ lassen*** leave the light on; *fig.* ***vor Ungeduld*** *etc.* ***~*** be burning with impatience *etc.*; F ***darauf ~ zu*** *inf.* be dying (*od.* itching) to *inf.*; F ***wo brennt's?*** F where's the fire?; **III.** ♀ *n* burning; *von Schnaps*: distillation; ⚕ soreness, (*Jukken*) itchiness; **brennend I.** *adj.* burning (*a. fig. Frage, Interesse, Leidenschaft etc.*); (*in Flammen*) *a. house etc.* on fire; ⚕ (*ätzend*) caustic; *fig. Hitze*: burning, scorching, searing; **II.** *adv.*: ***es interessiert ihn ~*** he's desperately interested (to know); ***es interessiert mich ~, ob*** I'm dying to know if; **Brenner** *m* **1.** (*Schnaps♀*) distiller; **2.** ⚙ (*Gas♀*) burner; **Brennerei** *f* distillery.
Brennessel *f* (*getr. nn-n*) nettle.
Brenn|glas *n* burning glass; **~holz** *n* firewood; **~kammer** *f* combustion chamber; **~kolben** *m* still; **~material** *n* fuel; ***kann man das als ~ verwenden?*** can that be used for heating?; **~ofen** *m* kiln; *metall.* furnace; **~öl** *n* fuel oil; **~punkt** *m phys. u. fig.* focus, focal point; ***in den ~ rücken*** a) bring into focus, *fig. a.* focus attention on, b) pass into focus, *fig.* become the focus of attention; *fig.* ***im ~ des (öffentlichen) Interesses stehen*** be the focus of (public) attention; **~schere** *f*: ***(e-e ~*** a pair of) curling tongs *pl.*; **~schluß** *m Rakete*: burnout; **~schneider** *m* oxyacetylene cutter; **~spiritus** *m* methylated spirits *pl.*; **~stab** *m* fuel rod.
Brennstoff *m* fuel; *für Zssgn mot.* → ***Benzin...***; **~element** *n* fuel element.
Brenn|weite *f opt.* focal length (*od.* distance); **~wert** *m* calorific value.
brenzlig *adj.* **1.** F *fig.* dangerous; ***es wird mir zu ~*** F things are getting too hot for me; **2.** *obs. Geruch etc.*: burnt.

Bresche *f* breach; **e-e ~ schlagen** *a. fig.* clear the way; **e-e ~ schlagen in** *a. fig.* breach; *fig.* **in die ~ springen** step (*od.* throw o.s.) into the breach.
Bretone *m*, **bretonisch** *adj.* Breton.
Brett *n* board; (*Bohle*) plank; (*Regal*) shelf; (*Tablett*) tray; (*Spiel*♀) board; *Sport*: springboard; F **~er** (*Skier*) F boards; *thea.* **die ~er(, die die Welt bedeuten)** the stage; **mit ~ern belegen** board; **mit ~ern vernageln** (*od.* **einzäunen**) board up; F *fig.* **ich hatte plötzlich ein ~ vorm Kopf** my mind went blank; → **schwarz** I, **Stein** 1.
Bretter|boden *m* wooden floor; **~bude** *f* wooden hut, shack; (*Verkaufsstand*) (market) stall; **~tür** *f* plank door; **~verkleidung** *f* wood panel(l)ing; **~verschlag** *m* **1.** wooden partition; **2.** wooden shed; **~wand** *f* boarding; wooden partition; **~zaun** *m* wooden fence.
Brettspiel *n* board game.
Brevier *n* **1.** *eccl.* breviary; **2.** (*Ratgeber*) guide (*gen.* to).
Brevis *f* ♪ breve.
Brezel *f* pretzel.
Brief *m* letter; *kurzer*: F a few lines *pl.*; *bibl. u. iro.* epistle; **~e** *a.* correspondence *sg.*; → **blau** 1, **offen** I; *fig.* **darauf gebe ich Ihnen ~ und Siegel** I give you my word (on it), you can take my word for it; **~ablage** *f* letter file; **~anfang** *m* opening (of a *od.* the letter); **~beschwerer** *m* paperweight; **~block** *m* writing pad; **~bogen** *m* sheet (*od.* piece) of writing paper; **~bombe** *f* letter bomb; **~drucksache** *f a. pl.* printed matter; **~einwurf** *m* letterbox, *Am.* mailbox; (*Schlitz*) slot; *als Aufschrift*: Letters; **~fach** *n* pigeonhole; **~form** *f*: **in ~** in letter form, (*mittels e-s Briefes*) by letter; **~freund(in** *f*) *m* penfriend, pen pal; **~geheimnis** *n* privacy of correspondence; **~karte** *f* letter card.
Briefkasten *m* **1.** letterbox, postbox, *Am.* mailbox; **2.** (*Zeitungsrubrik*) letters page; *als Überschrift*: *a.* letters from our readers; **3.** *für Vorschläge etc.*: suggestion box; **4. toter ~** *Spionage*: dead letter box; **~firma** *f* F letterbox company; **~onkel** F *m* F agony uncle; **~tante** F *f* F agony aunt, *bsd. Am.* sob sister.
Brief|klammer *f* paper clip; **~kontakt** *m* written contact; **in ~ stehen zu** correspond with, write to; **~kopf** *m* letterhead; **~korb** *m* letter tray; **~kurs** *m* ☿ selling rate.
brieflich I. *adj.* written, in writing; **~e Anfrage** letter of enquiry (*od.* inquiry); **~er Verkehr** correspondence; **II.** *adv.* in writing; **~ verkehren mit** correspond with; **(miteinander) ~ verkehren** correspond; **er teilte uns ~ mit, daß** *a.* he sent us a letter to the effect that.
Brief|mappe *f* portfolio; **~marke** *f* (postage) stamp.
Briefmarken|album *n* stamp album; **~automat** *m* stamp machine; **~block** *m* block of stamps; **~bogen** *m* sheet of stamps; **~händler** *m* stamp dealer; **~heftchen** *n* book of stamps; **~sammler** *m* stamp collector, philatelist; **~sammlung** *f* stamp collection; **~serie** *f* stamp issue.
Brief|muster *n* specimen letter; **~öffner** *m* paper knife, letter opener; **~papier** *n* notepaper, writing paper; **~porto** *n* letter rate; **~post** *f* letter post, *Am.* first-class mail; **~roman** *m* epistolary novel; **~schalter** *m* (letter) counter; **~schluß** *m* close (of a letter); **ein geeigneter ~** *a.* an appropriate way of signing off; **~schreiber** *m* letter writer, correspondent; **~schuld(en** *pl.*) *f* unanswered letters (*pl.*); **s-e ~ erledigen** answer (*od.* write) some letters, catch up on one's correspondence; **~sendung** *f* → **Briefpost**; **~tasche** *f* wallet, *Am. a.* pocketbook; **~taube** *f* carrier pigeon; **~telegramm** *n* letter telegram; **~träger** *m* postman, *Am. a.* mailman; **~trägerin** *f* postwoman; **~umschlag** *m* envelope; **~verkehr** *m* correspondence; **~waage** *f* letter scale(s *pl.*); **~wahl** *f pol.* postal vote, absentee ballot; **~wähler** *m* absentee voter; **~wechsel** *m a. konkret*: correspondence; **mit j-m in ~ stehen (treten)** be corresponding (take up correspondence) with s.o.; **(miteinander) in ~ stehen** correspond.
Bries *n* **1.** *zo.* thymus (gland); **2.** *gastr.* sweetbread.
Brigade *f* brigade.
Brigg *f* ⚓ brig.
Brikett *n* briquette.
brillant *adj.* brilliant; (*sehr gut*) excellent.
Brillant *m* (cut) diamond; **~feuerwerk** *n* cascade.
Brillantine *f* brilliantine.
Brillant|ring *m* diamond ring; **~schliff** *m* brilliant cut; **~schmuck** *m* diamond jewellery (*bsd. Am.* jewelry); **~sucher** *m phot.* brilliant viewfinder.
Brillanz *f a. phot. u. akustische*: brilliance.
Brille *f* **1. (e-e ~** a pair of) glasses *pl.*, spectacles *pl.*, F specs *pl.*; (*Schutz*♀) goggles *pl.*; **e-e ~ tragen** wear glasses; *fig.* **et. durch e-e schwarze ~ betrachten** take a gloomy view of s.th.; → **rosa(rot)**; **2.** (*Klosett*♀) toilet seat.
Brillen|bügel *m* ear piece, *Am.* temple; **~etui** *n*, **~futteral** *n* spectacle case; **~fassung** *f*, **~gestell** *n* spectacle frame; **~glas** *n* glass, lens; **~kette** *f* spectacle chain; **~schlange** *f* **1.** *zo.* spectacled cobra; **2.** F *fig.* F four-eyes *pl.* (*sg. konstr.*); **~träger** *m* spectacle wearer; **~ sein** wear glasses (*od.* spectacles).
brillieren *v/i.* be brilliant; **als Redner** *etc.* **~** a) prove (to be) a brilliant speaker *etc.*, b) *generell*: be a brilliant speaker *etc.*; **~ mit** (*Kenntnissen etc.*) impress everybody with, (*angeben*) show off (with), display; **er brillierte mit e-r Chopin-Etude** he gave a brilliant rendering of a Chopin etude; **er brillierte mit e-r Stegreifrede** he gave a brilliant off-the-cuff speech.
Brimborium F *n* fuss, F to-do; **ein riesiges ~ machen um** make a great big fuss about (*od.* over).
bringen *v/t.* **1.** (*her~*) bring; (*holen*) *a.* get, fetch; **2.** (*weg~*, *hin~*) take, (*tragen*) *a.* carry; (*setzen, legen, stellen*) put; **bring es ins Haus** take (*od.* put) it inside; **er wurde ins Krankenhaus gebracht** he was taken to (*Am.* to the) hospital; **ich brachte ihm Pralinen** I took him some chocolates; **3.** (*geleiten*) take, see (**j-n zur Bahn** s.o. to the station; **nach Hause** home); **4.** (*verursachen*) cause; (*verschaffen*) bring; **das bringt nur Ärger** that'll cause nothing but trouble; *das Mittel* **brachte ihm keine Linderung** brought (*od.* gave) him no relief; F **das bringt nichts** that won't get you *etc.* anywhere, that's no use; **was bringt das?** what's the point; F **das bringt's** F that'll do the trick; **5.** (*Gewinn etc.*) bring in; **Zinsen ~** bear (*od.* yield) interest; **6.** (*Programm, Film etc.*) *a.* show; *thea.* bring, stage; ♪ perform, play, (*Lied*) sing; *Zeitung etc.*: bring; **was bringt das 1. Programm heute abend?** what's on channel one this evening?; **die letzte Ausgabe brachte ...** the last issue had ...; **7.** F (*schaffen*) do, (*erreichen*) manage; **es ~** F make it, (*zuwege ~*) F pull it off; **ich bring's nicht** I (just) can't do it; **er könnte es noch bringen** (*weit ~*) he could go far yet; **8.** *mit adv.*: **es dahin ~, daß** manage to *inf.*; **j-n dahin** (*od.* **dazu**) **~, daß** bring s.o. to *inf.*, make s.o. *inf.*; → **weit** II; **9.** *mit prp.*: **j-n (et.) ~ in (aus)** (*kriegen*) get s.o. (s.th.) into (out of); **ich bring' das Ding nicht in die Schachtel** I can't get the thing into the box; **ich bring' den Schmutz nicht von den Schuhen** I can't get the dirt off these shoes; *fig.* **an sich ~** acquire; take possession of; **du bringst mich auf etwas** now that you mention it; **es (bis) auf achtzig Jahre ~** live to be eighty; **er brachte es auf acht Punkte** he managed eight points; **es bis zum Major** *etc.* **~** make it to major *etc.*; **es zu etwas (nichts) ~** go far (get nowhere); → **hinter**[1]; **j-n ins Gefängnis ~** F land s.o. in jail; **mit sich ~** involve, (*erfordern*) require; **die Umstände ~ es mit sich** it's inevitable under the circumstances; **e-e Pflanze über den Winter ~** get a plant through the winter; **ich kann es nicht über mich** (*od.* **übers Herz**) **~** I can't bring myself to do it; **j-n um et. ~** deprive s.o. of s.th., (*betrügen*) F do s.o. out of s.th.; **er ist nicht vom Fleck zu ~** he won't budge; **in Aufregung ~** get *s.o.* (all) excited; → **Abwechslung, Ausdruck** 1, **Bewußtsein** 1, 2 *etc.*
brisant *adj.* **1.** highly explosive; **2.** *fig.* highly charged, explosive *issue etc.*; *Situation*: volatile; **politisch ~** politically charged; **Brisanz** *f* **1.** explosive effect; **2.** *fig.* explosiveness; volatile nature *of a problem etc.*
Brise *f* (light) wind; **steife ~** strong breeze.
Brite *m*, **Britin** *f* British man (*f* woman), Briton; **die Briten** the British (*pl.*); **britisch** *adj.* British; **die ♀en Inseln** the British Isles; **~es Englisch** British (F English) English; **Britizismus** *m* Briticism.
Bröckchen *n* bit; **bröckchenweise** *adv.* bit by bit.
bröckelig *adj.* crumbly; (*zerfallend*) crumbling; (*zerbrechlich*) brittle; **bröckeln** *v/i.* crumble; *Farbe*: flake (**von** off).
Brocken *m* piece, bit; (*Bissen*) morsel; (*Klumpen*) lump, chunk; *fig. pl.* snatches *of conversation etc.*, scraps *of English etc.*; F *fig.* **ein ~ von Mann** F a (great) hulk of a man; F **das war ein harter ~** F that was tough (going); F **fetter ~** F big haul, (*gutes Geschäft*) F brilliant deal; **e-n fetten ~ an Land ziehen** F make a big haul; **das ist ein fetter ~!** *a. fig.* F that's a humdinger; **brockenweise** *adv.* bit by bit; *reden*: by fits and starts.
brodeln *v/i.* **1.** bubble (*a. Lava etc.*), simmer; **2.** *fig.* seethe; **es brodelt im Volk** there's growing unrest among the

people; ***es brodelte in ihm (vor Zorn)*** he was seething with rage.
Brokat *m* brocade.
Brokkoli *m* broccoli.
Brom *n* ⚗ bromine.
Brombeere *f* blackberry.
Brombeer|gestrüpp *n*: **(im ~** among the) blackberry bushes *pl.*; **~marmelade** *f* blackberry jam; **~strauch** *m* blackberry bush.
Bromid *n* ⚗ bromide.
Brom|kalium *n* potassium bromide; **~säure** *f* bromic acid; **~silber** *n* silver bromide; **~silberpapier** *n phot.* bromide paper.
Bronchial|asthma *n* bronchial asthma; **~katarrh** *m* bronchial catarrh; **~spiegelung** *f* bronchoscopy; **~tee** *m* bronchial tea.
Bronchien *pl.* bronchial tubes, bronchi; **Bronchitis** *f* bronchitis.
Bronze *f* **1.** bronze; **2.** (*Farbe*) bronze.
Bronzefarbe *f* bronze; **bronzefarben, bronzefarbig** *adj.* bronze(-colo[u]red).
Bronze|guß *m* **1.** bronze casting; **2.** *konkret*: (cast) bronze; **~medaille** *f* bronze medal.
bronzen *adj.* (of) bronze.
Bronze|plastik *f* bronze figure; *größer*: *a.* bronze statue (*a. abstrakte*); **~zeit** *f* Bronze Age.
Brosame *f mst fig.* crumb.
Brosche *f* brooch.
broschiert *adj.* paperback; *antiquarisch*: in wrappers.
Broschüre *f* pamphlet; (*Werbe*2) brochure; *dünne*: leaflet.
Brösel *m* crumb; **bröselig** *adj.* crumbly; **bröseln** *v/t. u. v/i.* crumble.
Brot *n* bread (*a. eccl.*); (*Laib*) loaf (of bread); (*belegtes* ~) sandwich; *fig.* (*Unterhalt*) living, livelihood; ***zwei ~e*** two loaves of bread; ***e-e Scheibe ~*** a slice of bread; *fig.* ***sein ~ verdienen*** earn one's daily bread, make (*od.* earn) a living; ***sein ~ hart*** (*od.* ***schwer***) ***verdienen müssen*** have to work hard for a living; ***der Mensch lebt nicht vom ~ allein*** man does not live by bread alone; → ***Butterbrot, täglich*** I; **~aufstrich** *m* something to spread on one's bread; ***Quark*** *etc.* ***eignet sich als ~*** (***ist ein schmackhafter ~***) quark *etc.* makes a good spread (tastes good on bread); ***er nimmt nur Butter*** (***Marmelade***) ***als ~*** he only has butter (jam) on his bread; **~belag** *m* sandwich topping; **~beruf** *m* bread and butter job.
Brötchen *n* roll; F *fig.* ***s-e ~ verdienen*** F earn one's bread and butter; F ***kleine(re) ~ backen müssen*** have to make do with what one has (have to cut down on things); **~geber** F *fig. m* employer, F boss.
Brot|einheit *f* bread unit; **~erwerb** *m* (earning a) living; ***zum*** (*od.* ***als***) **~** for a living; **~frucht** *f* breadfruit; **~getreide** *n* bread grain, *coll.* bread cereals *pl.*; **~kasten** *m* bread bin (*od.* box); **~korb** *m* bread basket; *fig.* ***j-m den ~ höher hängen*** a) put s.o. on short rations, b) cut s.o.'s income; **~krume** *f* (bread-) crumb; **~kruste** *f* crust (of bread); **~laib** *m* loaf of bread.
brotlos *fig. adj.* jobless; (*nicht einträglich*) unprofitable; ***j-n ~ machen*** take the bread out of s.o.'s mouth; ***~ werden*** lose one's job; ***es ist e-e ~e Kunst*** there's no money in it; ***... ist e-e ~e Kunst*** there's no money (to be earned) in ...
Brot|maschine *f* bread slicer; **~messer** *n* breadknife; **~neid** *m* professional jealousy; **~ration** *f* bread rations *pl.*; **~rinde** *f* (bread)crust; **~scheibe** *f* slice (*od.* piece) of bread; **~schneidemaschine** *f* bread slicer; **~studium** *n* utilitarian degree; **~teig** *m* dough; **~verdiener** *m* breadwinner; **~zeit** *dial. f* break (for a bite to eat); *konkret*: snack; ***~ machen*** have a snack (*od.* a bite to eat).
brr *int.* **1.** (*halt*) whoa!; **2.** (*pfui*) ugh!
Bruch *m* **1.** (*das Brechen*) breaking; ***zu ~ gehen*** break, be broken; **2.** (*Knochen*2) fracture; (*Unterleibs*2) rupture, hernia; ⚙ break, fracture; ✈ crash; ✈ ***~ machen*** crash(-land); *ein Auto* ***zu ~ fahren*** smash (up); **3.** (*Zerbrochenes*) breakage; (*Trümmer*) wreckage; (*Schrott*) scrap; **4.** 𝔄 fraction; **5.** *fig. e-s Versprechens, des Friedens etc.*: breach; *e-s Gesetzes etc.*: violation; infringement; *e-r Verbindung*: breaking-off (*gen.* of), rupture (in); ***~ mit der Vergangenheit*** (clean) break with the past; F ***in die Brüche gehen*** *Pläne etc.*: come to nothing, *Ehe etc.*: break up; ***es kam zum ~ zwischen ihnen*** (***beiden Ländern***) they broke up (the two countries broke off relations); **6.** F *contp.* junk, rubbish; **7.** *geol.* fault; **~band** *n* ⚕ truss; **~bude** F *f* **1.** rundown place; (*Raum*) F dump; **2.** *fig. sl.* lousy joint.
bruchfest *adj.* unbreakable.
Bruchfläche *f* fractured surface, fracture.
brüchig *adj.* **1.** (*zerbrechlich*) fragile; (*spröde*) brittle, *Leder*: *a.* cracked; (*bröckelig*) crumbly; (*zerfallend*) crumbling; (*zerbrochen*) broken; (*geborsten*) cracked; ***~ werden*** (*bröckelig*) begin to crumble, (*Risse bekommen*) start to get cracks; **2.** *fig. Stimme*: cracked; *Ehe, Argument etc.*: shaky.
bruchlanden *v/i.* crash-land; **Bruchlandung** *f* crash landing; *fig.* ***e-e ~ machen*** fall flat on one's face (***mit*** with).
Bruch|operation *f* ⚕ hernia operation; **~rechnung** *f* fractions *pl.*; **~schaden** *m* breakage; **~schokolade** *f* broken chocolate.
bruchsicher *adj.* breakproof, unbreakable.
Bruch|stein *m* quarrystone; **~stelle** *f* crack, break; ⚕ point of fracture; **~strich** *m* 𝔄 (horizontal) line.
Bruchstück *n* fragment (*a. fig.*); **~e** *e-r Unterhaltung etc.*: snatches of *conversation etc.*; **bruchstückhaft I.** *adj.* fragmentary; **II.** *adv.* in fragments, fragmentarily; ***ich habe es nur ~ mitbekommen*** I only caught snatches of it.
Bruch|teil *m* fraction; ***im ~ e-r Sekunde*** in a fraction of a second; **~zahl** *f* fraction.
Brücke *f* bridge (*a.* ⚓, *Turnen, Zahn*2, ⚡); (*Teppich*) rug; *anat.* (*Hirnteil*) pons; *fig.* link (***zu*** with); ***schwimmende ~*** pontoon bridge; ***e-e ~ schlagen über*** build a bridge across; *fig.* ***~n schlagen*** forge links (***zwischen*** between), ***zwischen***: *a.* breach the gap between, *Völkern etc.*: bring together, create a common bond between; ***alle ~n hinter sich abbrechen*** burn one's bridges (behind one); ***j-m goldene ~n bauen*** bend over backwards to make it easy for s.o.
Brücken|bau *m* bridge building; **~bauer** *m* bridge-builder (*a. fig.*); **~bogen** *m* arch (of a *od.* the bridge); **~geländer** *n* bridge railing; *bsd. aus Stein*: parapet; **~kopf** *m* ⚔ *u. fig.* bridgehead; **~pfeiler** *m* bridge pier; **~schlag** *m* building of a bridge; *fig.* breaching of the gap (***zwischen*** between); **~steg** *m* footbridge; **~waage** *f* platform scale; **~zoll** *m* bridge toll.
Bruder *m* brother; *eccl.* brother (*pl.* brethren); (*Mönch*) monk; F (*Kerl*) F guy; F ***unter Brüdern*** between friends.
Brüderchen *n* little brother.
Bruder|herz *hum. n* dear brother; *als Anrede*: brother dear; **~krieg** *m* fratricidal war(fare).
brüderlich I. *adj.* brotherly; **II.** *adv.* like brothers; ***~ teilen*** share and share alike; **Brüderlichkeit** *f* brotherliness.
Bruder|liebe *f* brotherly love; **~mord** *m* fratricide; **~mörder** *m* fratricide.
Bruderschaft *f eccl.* brotherhood, society.
Brüderschaft *f* brotherhood; ***~ trinken*** *agree to use the familiar 'du' form of address.*
Bruder|volk *n* cousins *pl.*; ***unser ~ in Afrika*** *a.* our African cousins; **~zwist** *m* fraternal strife.
Brühe *f* (*Fleisch*2 *etc.*) broth; *zur Suppe*: stock; *contp.* (*Getränk etc.*) F dishwater, slop; (*schmutziges Gewässer*) F bilge water; F ***mir läuft die ~ runter*** F I'm sweating like a pig.
brühen *v/t.* **1.** *gastr.* scald; (*Mandeln*) blanch; **2.** (*Wäsche*) soak.
brüh|heiß *adj.* boiling hot, scalding (hot); **~warm** *fig.* **I.** *adj. Nachricht etc.*: hot off the press; **II.** *adv.*: ***j-m et. ~ wiedererzählen*** run off to tell s.o. s.th. straightaway; ***er hat's mir ~ weitererzählt*** *a.* he couldn't wait to tell me.
Brüh|würfel *m* stock cube; **~wurst** *f sausage for heating in simmering water.*
Brüllaffe *m* **1.** *zo.* howling monkey; **2.** F *contp.* F screaming idiot.
brüllen I. *v/i.* roar (*a. fig. Geschütz, Motor etc.*); *Rind*: bellow; (*muhen*) low; *Mensch*: shout, *lauthals*: scream, (*heulen*) scream, howl, *spielende Kinder*: shout and scream; ***vor Lachen*** (***Schmerz***) ~ roar with laughter (scream with pain); **II.** 2 *n* roar; F ***er (es) ist zum ~*** F he's (it's) a (real) scream.
Brumm|bär *fig. m* grumbler, F grouch; **~baß** *m* (*Stimme*) growling bass.
brummeln I. *v/i.* mutter *od.* mumble (away *od.* into one's beard); **II.** *v/t.* mumble, mutter.
brummen I. *v/i. u. v/t. Bär etc.*: growl; (*summen*) hum, buzz; *Motor*: drone; *Lautsprecher etc.*: hum; *Mensch*: growl, grumble (***über*** about), (*~d sagen*) mutter; F *im Gefängnis*: do time; ***mir brummt der Kopf*** my head's throbbing; **II.** 2 *n* → ***Brummton***; **Brummer** F *m* **1.** (*Fliege*) bluebottle; (*Hummel*) bumblebee; **2.** (*Lastwagen*) heavy lorry (*bsd. Am.* truck), juggernaut; **3.** (*et. Großes*) F (real) whopper; **brummig** *adj.* F grumpy.
Brumm|kreisel *m* humming top; **~schädel** F *m* throbbing headache; (*Kater*) hangover; **~ton** *m* ⚡ low(-pitched) hum, humming noise.
Brunch *m* brunch.
brünett *adj.*, **Brünette** *f* brunette.
Brunft *f*, **brunften** *v/i.* rut; **Brunftzeit** *f* rutting season.

Brunnen *m* **1.** well; (*Quelle*) spring; (*Spring*≈, *Trink*≈) fountain (*a. fig.*); ⚕ mineral spring, (mineral) waters *pl.*; *fig.* **den ~ (erst) zudecken, wenn das Kind hineingefallen ist** lock the stable door after the horse has bolted; **da war das Kind schon im ~** the damage had already been done; **2.** (*Wasser*) mineral water; **~anlage** *f dekorative*: fountain; ≈**frisch** *adj.* straight from the well (*od.* spring); **~es Wasser** *a.* fresh spring (*od.* mountain) water; **~kresse** *f* watercress; **~kur** *f* mineral water cure; **e-e ~ machen** *a.* take the waters; **~vergiftung** *fig. f* calumny; **~wasser** *n* well water.

Brunst *f* **1.** *zo.* rut(ting), *des Weibchens*: heat; **2.** (*Paarungszeit*) rutting season; **brünstig** *adj. zo.* rutting, *von Weibchen*: *pred.* on heat.

brüsk I. *adj.* brusque, curt; **II.** *adv.*: **j-n ~ abfertigen** give s.o. short shrift; **brüskieren** *v/t.* snub; **Brüskierung** *f* snub (-bing).

Brust *f* **1.** breast; (*~kasten*) chest, *anat.* thorax; (*Busen*) breast(s *pl.*); (*Büste*) bust; *gastr.* → **Bruststück** 1; *fig.* breast, bosom, heart; **e-m Baby die ~ geben** feed (*od.* nurse) a baby, *lit.* put a baby to one's breast; **es auf der ~ haben** have chest trouble; **schwach auf der ~ sein** have a weak chest, F *fig. finanziell*: F be hard up, **in** *e-m Wissensbereich etc.*: F not to be very well up in; **sich in die ~ werfen** give o.s. airs, strut around; F **(sich) j-n an die ~ nehmen** F have a heart to heart with s.o.; F **e-n zur ~ nehmen** a) F have a quickie, b) (*zuviel trinken*) F have one over the eight; → **Pistole, voll** I; **2.** *Sport*: breaststroke.

Brust-an-Brust-Rennen *n* neck-and--neck race, photo finish.

Brust|atmung *f* thoracic breathing; **~bein** *n* breastbone, sternum; *Geflügel*: wishbone; **~beutel** *m* money bag (*worn around the neck*); **~bild** *n* head-and--shoulders portrait; **~breite** *f Sport*: **um ~ gewinnen** win by inches; **um e-e ~ schlagen** pip *s.o.* at the post; **~drüse** *f anat.* mammary gland.

brüsten *v/refl.*: **sich ~** boast (**mit** about).

Brustfell *n anat.* pleura; **~entzündung** *f* pleurisy.

Brust|flosse *f* pectoral fin; **~haar** *n* chest hair; **er hat noch kein ~** *a.* he hasn't got any hairs on his chest yet; ≈**hoch** *adj.* chest-high; **~höhle** *f* thoracic cavity; **~kasten** *m*, **~korb** *m* rib cage, thorax; **~kind** *n* breastfed child; **~krebs** *m* breast cancer; **~lage** *f Sport*: prone position; **~leiden** *n* chest complaint (*od.* trouble); **~muskel** *m* chest (Ⓤ pectoral) muscle; **~plastik** *f* cosmetic breast surgery, mammoplasty; **~register** *n Sänger*: chest register; **~schmerz** *m* pain in the chest, *pl. a.* chest pains (*od.* pain *sg.*); **~schwimmen** *n* breaststroke; **~stimme** *f* chest voice; **~stück** *n* **1.** *gastr.* brisket, *Lamm*, *Kalb*, *Geflügel*: breast; **2.** *zo.* thorax; **~tasche** *f* breast pocket; inside pocket; ≈**tief I.** *adj.* chest-deep; **II.** *adv. a.* up to one's chest *in water etc.*; **~ton** *m* ♪ chest note; *fig.* **im ~ der Überzeugung** with deep conviction; **~umfang** *m* chest measurement; *bei Frauen*: bust (measurement).

Brüstung *f* balustrade; (*Fenster*≈) breast.

Brust|verletzung *f* chest injury; **~warze** *f* nipple, Ⓤ papilla; **~wehr** *f* parapet; **~weite** *f* chest measurement; *bei Frauen*: bust (measurement).

Brut *f* **1.** (*das Brüten*) brooding; *Vögel*: hatching; **in der ~ sein** *Vögel*: be hatching; **2.** (*Junge*) brood; (*Laich*) spawn; ⚘ shoot; F *fig.* (*Kinder*) brood; *contp.* (*Gesindel*) F shower, rabble.

brutal I. *adj.* **1.** brutal; *Film*: *a.* violent; (*grausam*) cruel; **mit ~er Gewalt** with (sheer) brute force; **2.** (*schwer*) tough, hard; **~e Enttäuschung** tough blow; **~e Tatsachen** cold (*od.* hard, brutal) facts; **~e Offenheit** brutal openness; **das war ~!** that was tough (*od.* hard), F that was a bit stiff; **II.** *adv.*: **~ mißhandeln** violently abuse; **brutalisieren** *v/t.* brutalize; **Brutalisierung** *f* brutalization; **Brutalität** *f* brutality; violence; **Brutalo** F *m* **1.** (*Mann*) (big) brute, F (real) rambo; **2.** F blood and guts film *etc.*; (*Video*) F video nasty.

Brut|apparat *m* incubator; **~ei** *n* **1.** egg for hatching; **2.** rotten egg.

brüten I. *v/i.* **1.** brood, hatch, *Henne*: sit; **2.** *fig. Hitze*, *Stille*, *Unheil etc.*: brood (**über** over); **3.** (*nachdenken*) brood (**über** on, over); **II.** *v/t.* **4.** *phys.* breed; **5.** *fig.* → **ausbrüten** 2; **brütend** *adj.*: **~e Hitze** sweltering heat; **brütendheiß** *adj.* sweltering (hot); **Brüter** *m phys.* breeder; **schneller ~** fast breeder (reactor).

Brut|henne *f* sitting hen; **~hitze** *f* sweltering (*od.* stifling) heat; **~kasten** *m* ⚕ incubator; **~platz** *m* → **Brutstätte** 1; **~reaktor** *m* breeder (reactor); **~schrank** *m* incubator; **~stätte** *f* **1.** breeding place; *Fische*: spawning ground; **2.** *fig.* breeding ground (*gen.* for), hotbed (of).

brutto *adv.* ✝ gross; **~ für netto** gross for net; **$50 000 ~ bekommen** earn (*od.* get) $50,000 before tax, gross $50,000.

Brutto|betrag *m* gross amount; **~einkommen** *n* gross income (*od.* earnings *pl.*); **~ertrag** *m* gross return; **~gehalt** *n* gross salary; **~gewicht** *n* gross weight; **~gewinn** *m* gross profit; **~gewinnspanne** *f* gross margin; **~inlandsprodukt** *n* gross domestic product; **~lohn** *m* gross pay; **~preis** *m* gross price; **~produktion** *f* gross output; **~registertonne** *f* (*abbr.* **BRT**) gross register ton (*abbr.* GRT); **~sozialprodukt** *n* gross national product (*abbr.* GNP); **~verdienst** *m* gross earnings *pl.*

Brutzeit *f* hatching time.

brutzeln F **I.** *v/t.* fry; **II.** *v/i.* sizzle.

BTX → **Bildschirmtext.**

Bub *dial. m* boy.

Bube *m Kartenspiel*: jack.

Bubi F *m* **1.** *in der Anrede*: F sonny, my lad; **2.** *contp.* F squirt; **~kopf** *m* urchin cut.

Buch *n* book (*a. fig. des Lebens etc.*); (*Dreh*≈) script; (*Band*) volume; ✝ book, *pl. a.* records; **das ~ der Bücher** the Book of Books; ✝ **~ führen** keep accounts, do (the) bookkeeping; **~ führen über** keep a record of; **zu ~e schlagen** show favo(u)rably in the books, *fig.* make a difference; **er redet wie ein ~** he never stops talking, F he could talk the hind legs off a donkey; **ein ..., wie es im ~e steht** a perfect example of a ..., F your archetypal ...; **er ist ein Künstler (Engländer), wie er im ~e steht** *a.* he's the classic artist (he's as English as they come); → *a.* **Bilderbuch...**; **ein ~ mit sieben Siegeln** a closed book; **er ist für mich ein offenes ~** I can read him like a book, *a.* I know exactly how his mind works; → **golden, Mose(s)**; **~ausstellung** *f* book exhibition; **~besprechung** *f* book review; **~bestände** *pl.* stocks (*od.* stock *sg.*) of books, collection *sg.* of books.

Buchbinder *m* bookbinder; **Buchbinderei** *f* **1.** bookbinder's (shop); (*Abteilung*) bookbinding department, bookbinder's; **2.** (*Gewerbe*) bookbinding.

Buchdeckel *m* (book) cover.

Buchdruck *m* printing; **Buchdrucker** *m* printer; **Buchdruckerei** *f* **1.** printer's; (printing) press; **2.** (*Gewerbe*) printing; **Buchdruckerkunst** *f* (art of) printing.

Buche *f* beech (tree); **Buchecker** *f* beechnut.

Bucheinband *m* binding, cover.

buchen[1] **I.** *v/t.* **1.** (*Zimmer*, *Sitzplatz etc.*) book, reserve; (*Flug*) book; **2.** ✝ enter in the books; *fig. als Erfolg etc.*: put down, F notch up; **II.** *v/i.* book; make a reservation; **hast du schon gebucht?** have you booked (yet)?, have you made a reservation (yet)?; **haben Sie gebucht?** *Hotel*, *Flughafen etc.*: have you got a reservation?

buchen[2] *adj.* beech(wood) ..., made of beech(wood).

Buchenwald *m* beech(wood) forest.

Bücher|auswahl *f* choice (*od.* selection) of books; **~bedarf** *m* **1.** demand for books; **2.** *e-s Studenten etc.*: book requirements *pl.*; **~bord** *n*, **~brett** *n* bookshelf.

Bücherei *f* library.

Bücher|etat *m* book allowance (*od.* budget); **~freund** *m* booklover; **~gestell** *n* bookrack, bookstand; **~gutschein** *m* book token; **~kunde** *f* bibliology; **~markt** *m* book market; **~narr** *m* book fanatic, F real bookworm; **~regal** *n* bookshelf; **~reihe** *f* **1.** row of books; **2.** series (of books); **~sammlung** *f* collection of books; **~schrank** *m* bookcase; **~sendung** *f* **1.** book post; *Aufschrift*: printed papers at reduced rates; **2.** parcel (*Am.* package) of books; **~ständer** *m* bookstand; **~stütze** *f* bookend, book support; **~verbrennung** *f* burning of books; **~verzeichnis** *n* **1.** book catalog(ue), list of books; **2.** *in e-m Buch*: bibliography; **~wand** *f* **1.** wall of books; **2.** wall-to-wall bookshelves *pl.*; **~weisheit** *f* bookish knowledge; **~wurm** *m* bookworm (*a. fig.*).

Buch|fink *m* chaffinch; **~form** *f*: **in ~** in book form, as a book; **~format** *n* book format (*od.* size); **~führung** *f* bookkeeping, accounting, accountancy; **einfache (doppelte) ~** single-entry (double-entry) bookkeeping; **~gemeinschaft** *f* book club; **~geschenk** *n* book gift; **~geschichte** *f* history of books (*od.* printing); **~gewerbe** *n* book trade; (*Verlagswesen*) *a.* (book) publishing.

Buchhalter *m* accountant; **buchhalterisch** *adj.* accounting ..., accounts ..., bookkeeping ...; **Buchhaltung** *f* **1.** → **Buchführung**; **2.** accounts department.

Buchhandel *m* book (*od.* publishing) trade; **Buchhändler** *m* bookseller; *pl. coll. a.* bookshops, *bsd. Am.* bookstores; **Buchhandlung** *f* bookshop, *bsd. Am.* bookstore.

Buch|hülle *f* (*Umschlag*) dustjacket; (*Schutzhülle*) book wrapper; **~klub** *m* book club; **~kritik** *f* book review; **~kritiker** *m* book critic; **~laden** *m* → ***Buchhandlung***; **~macher** *m* bookmaker, F bookie; **~malerei** *f* **1.** *Kunst*: book illumination; **2.** *coll.* illuminated manuscripts *pl.*; **~messe** *f* book fair; **~prüfer** *m* auditor; **~prüfung** *f* audit; **~reihe** *f* series (of books); **~rücken** *m* spine.

Buchsbaum *m* box (tree); **~holz** *n* boxwood.

Buch|schmuck *m* book decoration (*od.* ornamentation); **~schnitt** *m* book edge.

Buchse *f* ⚡ jack; ⚙ bush(ing); (*Muffe*) sleeve; (*Zylinder*≈) liner.

Büchse *f* **1.** tin, *bsd. Am.* can; *größere*: *a.* box; ***e-e ~ Erbsen*** *etc.* a can of peas *etc.*; → ***Pandora***; **2.** (*Gewehr*) gun, rifle.

Büchsen|fleisch *n* tinned (*bsd. Am.* canned) meat; **~macher** *m* gunsmith; **~milch** *f* tinned (*od.* evaporated, *Am.* canned) milk; **~öffner** *m* can-opener, *Brit. a.* tin-opener.

Buchstabe *m* letter; (*Schriftzeichen*) character (*a. Anschlag*); ***großer ~*** capital (letter), *typ.* uppercase letter; ***kleiner ~*** small (*typ.* lowercase) letter; ***auf den ~n genau*** to the letter; ***nach dem ~n des Gesetzes*** according to the letter of the law; ***am ~n kleben*** take s.th. (*od.* things) very literally; F ***setz dich auf deine vier ~n*** F plonk yourself down, take a pew; **Buchstabenblindheit** *f* dyslexia, word-blindness; **buchstabengetreu I.** *adj.* literal; **II.** *adv. wiedergeben etc.*: word for word, verbatim.

Buchstabieralphabet *n* phonetic alphabet; **buchstabieren I.** *v/t.* spell (out); (*mühsam lesen*) spell out; ***falsch ~*** misspell; **II.** ≈ *n* spelling.

buchstäblich I. *adj.* literal (*a. fig.*); **II.** *adv.* literally (*a. fig.*); ***~ nichts*** *a.* absolutely nothing.

Buchstütze *f* bookend, book support.

Bucht *f* bay, *kleine*: *a.* inlet.

Buch|titel *m* (book) title; **~umschlag** *m* dustjacket.

Buchung *f* **1.** booking, reservation; **2.** ✝ booking; (*Posten*) entry.

Buchungs|beleg *m* voucher; **~bestätigung** *f* confirmation (of booking); **~fehler** *m* false entry.

Buchverlag *m* book publisher(s *pl.*) *od.* publisher's.

Buchweizen *m* buckwheat.

Buch|wert *m* book value; **~wissen** *n* bookish knowledge; **~zeichen** *n* **1.** (*Lesezeichen*) bookmark(er); **2.** ex libris.

Buckel *m* **1.** *am Rücken*: hump; (*buckliger Rücken*) hunchback; (*schlechte Haltung*) stoop, round shoulders *pl.*; ***e-n ~ machen*** stoop, (*sich schlecht halten*) arch one's shoulders; *Katze*: arch its back; F *fig.* ***sich e-n ~ lachen*** F crease up (laughing), split one's sides laughing; **2.** F (*Rücken*) back; F *fig.* ***e-n breiten ~ haben*** F have a thick skin; F ***e-e Menge (genug) auf dem ~ haben*** F have a lot (plenty) on one's plate; F ***... Jahre auf dem ~ haben*** F have notched up ... years; F ***er hat schon etliche Jahre auf dem ~*** F he's been around for a while (*od.* a bit); F ***du kannst mir den ~ runterrutschen!*** F you know what you can do; F ***j-m den ~ voll lügen*** F tell s.o. a pack of lies; **3.** (*Hügel*) hillock, knoll; (*Unebenheit*) bump; *Skifahren*: mogul; (*Ausbauchung*) bulge; (*Verzierung*) boss; (*Beschlag*) knob; **buckelig** *adj.* **1.** hunchbacked; F *fig.* ***sich ~ lachen*** F crease up (laughing), split one's sides laughing; **2.** *Gegend*: hilly; F *Weg etc.*: bumpy; **Buckelige(r)** *m* hunchback.

Buckel|piste *f* mogul field; **~rind** *n* zebu; **~wal** *m* humpback whale.

bücken *v/refl.*: ***sich ~*** bend over; ***sich (nach et.) ~*** bend down *od.* stoop (to pick s.th. up).

bucklig *adj.*, **Bucklige(r)** *m* → ***buckelig, Buckelige(r)***.

Bückling *m* **1.** *gastr.* smoked herring; **2.** F (*Verbeugung*) bow.

Buddel F *dial. f* bottle.

buddeln F **I.** *v/i.* dig; *Kinder*: dig about (*od.* play) in the sand; **II.** *v/t.* dig.

Buddhismus *m* Buddhism; **Buddhist** *m*, **buddhistisch** *adj.* Buddhist.

Bude *f* **1.** (*Verkaufs*≈) kiosk; *auf dem Jahrmarkt*: stall; **2.** *contp.* (*Haus*) F place, (*a. Lokal*) *sl.* joint; (*Studenten*≈) F digs *pl.*; (*Zimmer*) F place, pad; ***die ~ zumachen*** shut up shop; ***j-m die ~ einrennen*** keep pestering s.o. (***mit*** with); ***er rennt mir bald die ~ ein*** he just won't leave me in peace; ***j-m auf die ~ rücken*** F crash in on s.o.; → ***Kopf*** 5, ***Leben, sturmfrei.***

Budget *n a. parl.* budget; **~...** *in Zssgn* → *a.* ***Haushalts...***; **~ausgleich** *m* balancing of the budget; **~ausschuß** *m* budget committee; **~beratung** *f* budget(ary) debate, debate on the budget; **~entwurf** *m*, **~vorlage** *f* budget proposals *pl.*

Büfett *n* **1.** sideboard; **2.** (*Schanktisch*) counter; **3.** buffet; ***kaltes ~*** cold buffet; ***kaltes und warmes ~*** hot and cold buffet (*od.* dishes); **Büfettdame** *f*, **Büfettfrau** *f* the lady behind the counter; **Büfettier** *m* barman.

Büffel *m* buffalo; F *fig.* lout, oaf.

Büffelei F *f* F swotting.

Büffel|herde *f* herd of buffalo (*od.* buffalo[e]s); **~leder** *n* buffalo skin.

büffeln F **I.** *v/i.* F swot, cram; ***~ für*** *a.* swot up for; **II.** *v/t.* F swot (up on).

Buffet *n* → ***Büfett.***

Bug *m* **1.** ⚓ bow; ✈ nose; → ***Schuß***; **2.** *zo.* shoulder; **3.** *gastr.* shoulder.

Bügel *m* (*Kleider*≈) hanger; (*Steig*≈) stirrup; *Brille*: ear piece, *Am.* temple; (*Handgriff*) handle; (*Klammer*) clamp; (*Stromabnehmer*) bow; *Kopfhörer*: harness; *Säge*: bow, frame; *Gewehr*: trigger guard; **~brett** *n* ironing board; **~eisen** *n* iron; **~falte** *f* crease; **≈frei** *adj.* drip-dry, non-iron ...; *Etikett*: wash and wear, non-iron; **~maschine** *f* ironer.

bügeln I. *v/t.* iron; (*Hose*) press; **II.** *v/i.* iron, do the (*od.* some) ironing.

Bügel|säge *f* hacksaw; **~verschluß** *m an Bierflasche*: swing top; **~wäsche** *f* ironing.

Buggy *m* **1.** (*Kinderwagen*) buggy; **2.** (*Auto*) beach buggy.

Bugkanzel *f* ✈ cockpit, flight deck.

buglastig *adj.* nose-heavy.

Bugsierboot *n* tug(boat); **bugsieren** *v/t.* tow, tug; *fig.* steer, manoeuvre, *Am.* maneuver; **Bugsierer** *m*, **Bugsierschlepper** *m* tug(boat).

Bugwelle *f* bow wave.

buh I. *int.* boo!; **II.** ≈ *n* boo; *pl.* booing *sg.*; **buhen** *v/i.* boo.

buhlen *v/i.*: ***~ um*** court *s.th.*, woo *s.th.*; ***um j-s Gunst ~*** curry favo(u)r with s.o., court s.o.'s favo(u)r; **Buhlerei** *contp. f* courting (***um*** for); **buhlerisch** *adj.* fawning ...

Buhmann F *m* bogeyman (*a. fig.*).

Buhne *f* breakwater, groyne, *Am.* groin.

Bühne *f* **1.** *thea.* stage; (*Theater*) theat|re (*Am. a.* -er); ***auf der ~*** on stage; ***hinter der ~*** backstage (*a. fig.*); ***auf die ~ bringen*** stage, produce; ***auf der ~ stehen*** *a. fig.* be on stage; ***auf offener ~*** on the open stage, *fig.* for everyone (*od.* all) to see; ***über die ~ gehen*** *Stück*: be put on stage, be staged, *fig.* go off (***glatt*** smoothly); *fig.* ***über die ~ bringen*** (*erledigen*) get *s.th.* out of the way; ***wir haben es gut über die ~ gebracht*** we managed (it) quite well; ***von der ~ abtreten*** take one's last curtain call; ***von der politischen*** *etc.* ***~ abtreten*** bow out of politics *etc.*, quit the political *etc.* scene; → ***betreten***[1] I; **2.** (*Podium u.* ⚙) platform.

Bühnen|anweisung *f* stage direction; **~arbeiter** *m* stage hand; **~aufführung** *f* stage performance; **~aussprache** *f* standard diction; **~ausstattung** *f* set(s *pl.*); **~bearbeitung** *f* stage adaptation; *e-s Romans etc.*: dramatization; **~beleuchtung** *f* stage lighting.

Bühnenbild *n* (stage) set, stage setting; **Bühnenbildner** *m* stage designer.

Bühnen|dekoration *f* set(s *pl.*); **~effekt** *m* stage effect; **~eingang** *m* stage entrance; **~erfahrung** *f* experience of the stage, theatrical experience; **~erfolg** *m* box-office success; **~fassung** *f* stage version.

bühnengerecht *adj.* stageworthy.

Bühnen|held(in *f*) *m* stage hero (*f* heroine); **~himmel** *m* cyclorama; **~künstler** *m* stage artist; **~laufbahn** *f* stage career; **~leiter** *m* stage manager; **~ma-ler** *m* scene painter; **~malerei** *f* scene painting; **~manuskript** *n* (stage) script.

bühnenmäßig *adj.* stage-like.

Bühnen|meister *m* stage manager; **~-musik** *f* incidental music; **~name** *m* stage name; **~raum** *m* stage area; **~rechte** *pl.* stage rights.

bühnenreif *adj.* ready for the stage; ***s-e Nachahmung des Chefs ist ~*** he could go on stage with his impersonation of the boss.

Bühnenstück *n* play.

Bühnentechnik *f* stage technique; **Bühnentechniker** *m* stage technician; **bühnentechnisch** *adj.* stage ...; ***~e Anweisungen*** stage directions.

Bühnen|vorhang *m* curtain; **~werk** *n* drama, play.

bühnenwirksam *adj.* stageworthy; (theatrically) effective; **Bühnenwirksamkeit** *f* stageworthiness; (theatrical) effectiveness; **Bühnenwirkung** *f* stage (*od.* theatrical) effect, effect on stage.

Buhrufe *pl.* booing *sg.*, boos.

Bukett *n* **1.** bouquet; **2.** *Wein*: bouquet, nose, aroma; **bukettreich** *adj.*: ***~ sein*** *Wein*: have a full bouquet (*od.* nose).

bukolisch *adj.* bucolic.

Bulette *f* meatball; F ***ran an die ~n!*** F let's go (for it)!

Bulgare *m*, **Bulgarin** *f*, **bulgarisch** *adj.* Bulgarian.

Bulimie *f* ⚕ bulimia.

Bullauge *n* ⚓ porthole.

Bulldogge *f* bulldog.

Bulldozer *m* bulldozer.

Bulle[1] *m* **1.** *zo.* bull; **2.** F *fig.* (*bulliger Mann*) F gorilla, heavyweight; **3.** F (*Polizist*) *sl.* screw; ***die ~n*** *a. sl.* the fuzz (*pl.*).
Bulle[2] *f* **1.** (*Siegel*) seal; **2.** (*Urkunde*) (***päpstliche ~*** papal) bull.
Bullenhitze F *f* scorching (*od.* sweltering) heat; ***heute ist aber e-e ~*** it's absolutely sweltering today.
bullern F *v/i.* (*klopfen, trommeln*) bang (**an** on; ***gegen*** against, on); (*poltern*) rumble; (*blubbern, kochen*) bubble (away); *Ofen*: roar.
Bulletin *n* bulletin.
bullig *adj.* **1.** *Person*: beefy, hefty; **2.** F *Hitze*: scorching, sweltering.
bum(m) *int.* bang!, *dumpfer*: boom!
Bumerang *m* boomerang (*a. fig.*); *fig.* ***sich als ~ erweisen*** have a boomerang effect, backfire, ***für j-n***: *a.* come back at s.o.; **~effekt** *m* boomerang effect.
Bummel F *m* **1.** (*Spaziergang*) stroll, walk; ***e-n ~ machen*** go for (*od.* take) a walk; **2.** (*Kneipen2*) pub crawl; ***e-n ~ machen*** go on a pub crawl.
Bummelant F *m* → ***Bummler*** 2, 3; **Bummelantentum** *n* absenteeism; → *a.* **Bummelei** *f* dawdling; (*Faulenzen*) idling (around); **bummelig** *adj.* (*langsam*) slow; (*trödelig*) dawdling ...; **bummeln** *v/i.* **1.** (*schlendern*) stroll; go for a stroll; **2.** (*nichts tun*) mess around; (*trödeln*) dawdle; **3.** ***~ gehen*** (*Lokale besuchen*) F have a night out on the tiles.
Bummel|streik *m* go-slow, *Am.* slow-down; *im öffentlichen Dienst*: work-to-rule; **~student** *m* interminable student; **~studium** *n* never-ending studies *pl.*; **~zug** *m* slow train.
Bummler *m* **1.** stroller; **2.** (*Trödler*) dawdler; (*langsamer Mensch*) dawdler, slowcoach, *Am.* slowpoke; **3.** (*Nichtstuer*) idler.
bums I. *int.* bang!; **II.** 2 *m* bang, *dumpfer*: thud; **bumsen I.** *v/i.* **1.** bang, bump (***gegen*** against); ***plötzlich bumste es*** suddenly there was a loud crash(ing sound); F *mot.* ***es hat gebumst*** there's been a crash (*od.* an accident); F ***an der Ecke bumst es dauernd*** they're always having accidents at that corner; **2.** *sl.* (*koitieren*) *sl.* have it away, bonk; ***mit j-m ~*** *sl.* have it off (*od.* away) with s.o.; **II.** *sl. v/t. sl.* bonk, bang; **Bumslokal** F *n* F (low) dive.
Bund[1] *n* (*Bündel*) bundle; *Schlüssel, Radieschen etc.*: bunch; *Heu, Stroh*: truss.
Bund[2] *m* **1.** (*Verbindung*) bond; **2.** (*Übereinkunft*) agreement; ***im ~e mit*** together with, in association with; **3.** ***mit j-m im ~e stehen*** be in league with s.o.; **4.** *pol.* (*Bündnis*) alliance; (*Staaten2, Städte2*) federation, league; (*Verband*) union; ***ein ~ zweier Länder*** an alliance between two nations; ***e-n ~ schließen mit*** enter into an alliance with; ***im ~ stehen mit*** be allied to (*od.* with); ***der ~*** a) the Federal Government, b) F (*die Bundeswehr*) the army; F ***beim ~*** in the army; F ***er muß zum ~*** he's got to do his national service; ***~ und Länder*** the Federal Government and the Länder (*od.* Laender); **5.** *bibl.* covenant.
Bund[3] *m an Hosen etc.*: waistband.
Bündel *n* **1.** bundle (*a. fig. von Energie etc.*); *längliches*: sheaf (*a. Banknoten2*); ✝ package, parcel; → *a.* ***Bund***[1]; *fig.* ***sein ~ schnüren*** pack one's bags; ***jeder hat sein ~ zu tragen*** everyone has his (*od.* their) cross to bear; **2.** (*Strahlen2*) bundle, pencil, beam; **3.** *anat. von Muskeln etc.*: fascicle; **bündeln** *v/t.* bundle up; ♈ bunch; *phys., opt.* focus; **bündelweise** *adv.* in bundles.
Bundes... *in Zssgn* federal, Federal ...; **~amt** *n* Federal Agency *od.* Office (***für ...*** for ...); → ***Verfassungsschutz***; **~anleihe** *f* government bond; **~anstalt** *f*: ***~ für Arbeit*** Federal Labo(u)r Office; **~anwalt** *m* Chief Federal Prosecutor; **~anzeiger** *m* Federal Gazette; **~arbeitsgericht** *n* Federal Labo(u)r Court; **~autobahn** *f* autobahn; motorway, *Am.* highway; **~bahn** *f* Federal Railway(s *pl.*); **~bank** *f* (*a.* ***Deutsche ~***) German Central Bank; **~behörde** *f* federal authority; **~bürger** *m* German citizen, citizen of the Federal Republic.
bundesdeutsch *adj.* (German) Federal ...; **Bundesdeutsche(r** *m*) *f* → ***Bundesbürger***.
Bundes|ebene *f*: ***auf ~*** on a national (*od.* federal) level; ***auf Bundes- und Länderebene*** on a federal and state level; **2eigen** *adj.* national, federal; **~finanzhof** *m* Federal Fiscal Court; **~forum** *n* civic forum; **~gebiet** *n*: ***im gesamten (über das gesamte) ~*** throughout (across the whole of) Germany; **~gericht** *n* federal court; **~gerichtshof** *m* Federal High Court; **~grenzschutz** *m* Federal Border Guard; **~hauptstadt** *f* federal capital; **~haus** *n* Federal Parliament buildings *pl.*; **~haushalt** *m* federal budget; **~heer** *n* (Austrian) armed forces *pl.*; **~kabinett** *n* (German) federal cabinet; **~kanzler** *m* **1.** German (*od.* Federal) Chancellor; **2.** Austrian (*od.* Federal) Chancellor; **3.** *Schweiz*: Chancellor of the Confederation; **~kanzleramt** *n* Federal Chancellery; **~kartellamt** *n* Federal Cartel Office; **~kriminalamt** *n* Federal Bureau of Criminal Investigation; **~lade** *f bibl.* Ark of the Covenant; **~land** *n* (federal) state, land, Land; ***die neuen (die alten) Bundesländer*** the newly-formed German (the old West German) states; ***das neue ~ Sachsen-Anhalt*** *etc.* the newly-formed German state of Sachsen-Anhalt *etc.*; **~liga** *f*: ***(erste, zweite ~*** First, Second) Division; **~minister** *m* minister (***für*** of, for); → ***Finanzminister, Postminister*** *etc.*; **~ministerium** *n* ministry (***für*** of); **~mittel** *pl.* federal funds; **~nachrichtendienst** *m* Federal Intelligence Service; **~post** *f* Federal Post Office; **~präsident** *m* **1.** German (*od.* Federal) President; **2.** Austrian (*od.* Federal) President; **3.** *Schweiz*: President of the Confederation; **~präsidialamt** *n* Office of the Federal President; **~presseamt** *n* Federal Information Agency; **~rat** *m parl.* **1.** *BRD u. Österreich*: Bundesrat, Upper House (of the German [Austrian] Parliament); **2.** *Schweiz*: Bundesrat, Executive Federal Council; **3.** *Österreich, Schweiz*: (*Person*) member of the Bundesrat; **2rechtlich** *adj. u. adv.* under federal law; **~regierung** *f* Federal Government; **~republik** *f*: ***~ Deutschland*** Federal Republic of Germany; ***~ Österreich*** Federal Republic of Austria; **~richter** *m* Federal High Court judge; **~sozialgericht** *n* Federal Social Court.
Bundesstaat *m* federal state; *Gesamtheit der einzelnen*: (con)federation; **bundesstaatlich** *adj.* federal.
Bundes|straße *f* major road; **~tag** *m* **1.** Bundestag, Lower House (of the German Parliament); **2.** *hist.* Diet of the German Confederation.
Bundestags|abgeordnete(r) *m* member of the Bundestag; **~debatte** *f* debate of the Bundestag; **~fraktion** *f* group in the Bundestag; **~mitglied** *n* member of the Bundestag; **~präsident** *m* speaker of the Bundestag, parliamentary speaker; **~wahl** *f* parliamentary elections *pl.*
Bundes|trainer *m* national team manager; **~verdienstkreuz** *n* Order of Merit (of the Federal Republic of Germany); **~verfassung** *f* federal constitution; **~verfassungsgericht** *n* Federal Constitutional Court; **~versammlung** *f* Federal Assembly; **~verwaltungsgericht** *n* Federal Administrative Court; **~wehr** *f* (German) armed forces *pl.*
bundesweit *adj. u. adv.* nationwide.
Bundfalte *f* tuck; **Bundfaltenhose** *f*: (***e-e ~*** a pair of) pleated trousers *pl.*
Bundhose *f*: (***e-e ~*** a pair of) knickerbockers *pl.*
bündig *adj.* **1.** (*überzeugend*) conclusive; *Stil etc.*: concise, terse; (*genau*) precise; **2.** ⚙ flush; (*auf gleicher Höhe*) level.
Bündnis *n* alliance; → ***Bund***[2] 4; (*Vertrag*) agreement; **2frei** *adj.* nonaligned; **~partner** *m* ally; **~politik** *f* policy of alliances; **~system** *n* system of alliances.
Bundweite *f* waist (measurement).
Bungalow *m* bungalow.
Bunker *m* **1.** (*Luftschutz2*) air-raid shelter; **2.** ⚔ dugout; **3.** (*Kohlen2 etc.*) bunker; **4.** *Golf*: bunker; **5.** *sl.* (*Gefängnis*) *sl.* clink, *Am. sl.* slammer; **bunkern** *v/t.* **1.** (*Treibstoff etc.*) bunker; **2.** F (*verstecken*) F stash away.
Bunsenbrenner *m* Bunsen burner.
bunt I. *adj.* (*gefärbt*) colo(u)red; (*mehrfarbig*) colo(u)rful, multicolo(u)red; (*farbenfroh*) bright, colo(u)rful; (*~gefleckt*) spotted; *fig.* colo(u)rful; (*gemischt*) mixed, motley; (*abwechslungsreich*) varied; (*wirr*) confused; ***~er Abend*** evening of entertainment; ***~es Durcheinander*** chaos; ***~e Menge*** motley crowd; ***~e Reihe machen*** seat (the) men and women alternately; F ***das wird mir doch zu ~!*** I've had enough!; → ***Hund*** 2; **II.** *adv.* in different colo(u)rs; ***et. ~ bemalen*** paint s.th. in different (*od.* all sorts of) colo(u)rs; ***~ durcheinander*** in a complete jumble; ***das geht ~ durcheinander*** there's no system in it, it goes all over the place; F ***es ging ~ zu*** F things were pretty lively; F ***er treibt es zu ~*** he takes things too far, he overdoes it; **~bemalt** *adj.* brightly colo(u)red, multi-colo(u)red, painted in (all sorts of) different colo(u)rs; **2druck** *m* **1.** colo(u)r printing; **2.** (*Bild*) colo(u)r print; **2film** *m* colo(u)r film; **~gefiedert** *adj.* with brightly-colo(u)red feathers; **~gemischt** *adj.* motley ..., mixed, assorted; **~gemustert** *adj.* brightly patterned; **~kariert** *adj.* with colo(u)r checks; **2metall** *n* non-ferrous metal; **2papier** *n* colo(u)red paper; **2sandstein** *m* new red sandstone; **~scheckig** *adj.* spotted; *Pferd*: piebald; **~schillernd** *adj.* iridescent; **2specht** *m* spotted woodpecker; **2stift** *m* crayon, colo(u)red pencil; **2wäsche** *f* colo(u)reds *pl.*

Bürde *f* burden (*a. fig.*), (heavy) load; *fig.* ***j-m e-e ~ auferlegen*** place a (heavy) burden on s.o.; ***e-e ~ auf sich nehmen*** take on a (heavy) burden.

Bure *m* Boer; **Burenkrieg** *m hist.* Boer War.

Bürette *f* burette.

Burg *f* castle; (*Festung*) *a.* fortress, citadel (*beide a. fig.*); ***die ~en und Schlösser Frankreichs (am Rhein)*** the castles of France (along the Rhine).

Bürge *m* ⚖ guarantor (*a. fig.*), surety; (*Referenz*) reference; ***e-n ~n stellen*** offer bail; **bürgen** *v/i.* **1.** ***~ für*** (*et.*) (*garantieren*) vouch for, guarantee, (*geradestehen für*) answer for; ***der Name bürgt für Qualität*** the name guarantees quality, *stärker*: it's (*od.* the make *etc.*) is a byword for quality; **2.** ⚖ ***~ für*** (*j-n*) go bail for, stand surety for.

Bürger *m* **1.** citizen; *weitS. a.* member of society; (*Stadtbewohner*) resident, inhabitant; ***braver ~*** upright citizen (*od.* member of society); ***friedlicher ~*** peaceful citizen; **2.** *soziologisch*: middle-class citizen, member of the middle classes; bourgeois; **3.** *hist.* burgher, freeman; **2fern** *adj.* distanced from the grass-roots; **~initiative** *f* **1.** citizens' (action) group, civic action group; **2.** civic action.

Bürgerkrieg *m* civil war; **bürgerkriegsähnlich** *adj.*: ***~e Zustände*** internal conflict; ***in Nordirland herrschen ~e Zustände*** *a.* Northern Ireland is virtually in a state of civil war.

bürgerlich *adj.* **1.** *a.* ⚖ civil; (*Zivil...*) civilian; ***~es Recht*** civil law; ***~e Pflichten*** civil (*od.* civic) duties; ***2es Gesetzbuch*** (German) Civil Code; **2.** (*Mittelstands...*) middle-class, *contp.* bourgeois; ***er führt ein sehr ~es Leben*** he has a very bourgeois lifestyle; **3.** (*nicht adelig*) untitled; **4.** (*einfach*) plain, simple; ***~e Küche*** home cooking; **Bürgerliche(r** *m*) *f* commoner; **bürgerlich-rechtlich** *adj.* civil-law ...; under civil law.

Bürgermeister *m* mayor.

bürgernah *adj.* grass-roots *politics etc.*

Bürgerpflicht *f* civil (*od.* civic) duty.

Bürgerrecht *n* civil rights *pl.*; **Bürgerrechtler** *m* civil rights campaigner (*od.* activist); **Bürgerrechtsbewegung** *f* civil rights movement.

Bürger|schreck *m* anti-establishment figure; **~sinn** *m* public spirit; **~stand** *m the* middle classes *pl.*; bourgeoisie; **~steig** *m* pavement, *Am.* sidewalk.

Bürgertum *n* → ***Bürgerstand.***

Bürgerversammlung *f* town meeting.

Burg|friede *m* **1.** *hist.* (area of) jurisdiction; **2.** *fig.* truce (*a. pol.*); ***~n schließen*** make a truce; **~graben** *m* moat; **~graf** *m* burgrave; **~gräfin** *f* burgrave's wife; **~herr** *m* lord (*od.* governor) of the castle, castellan; **~herrin** *f* lady of the castle; **~ruine** *f* ruined castle, castle ruins *pl.*

Bürgschaft *f* (*Sicherheit*) surety, *a. fig.* guarantee; *im Strafrecht*: bail; ***~ leisten, die ~ übernehmen*** stand surety, *im Strafrecht*: a) *Bürge*: go bail, b) *Angeklagter*: give bail, ***für e-n Wechsel*** *etc.*: guarantee a bill *etc.*; ***gegen ~ freilassen*** release on bail.

Bürgschafts|erklärung *f* declaration of surety; **~leistung** *f* surety.

Burgunder *m* **1.** *a. hist.* Burgundian; **2.** → **Burgunderwein** *m* Burgundy (wine); **burgundisch** *adj.* Burgundian.

Burg|verlies *n* dungeon; **~vogt** *m* castellan.

burlesk *adj.* burlesque, farcical; **Burleske** *f* burlesque, farce.

Büro *n* office; **~angestellte(r** *m*) *f* office employee; white-collar worker; **~arbeit** *f* **1.** office work; **2.** desk work; **~artikel** *m* article of stationery (*od.* office equipment); **~automation** *f* office automation; **~bedarf** *m* office supplies *pl.*; **~block** *m* office complex; **~einrichtung** *f* office equipment; **~elektronik** *f* office automation; **~gebäude** *n* office building (*od.* block); **~gehilfe** *m*, **~gehilfin** *f* office junior, clerical assistant; **~hengst** F *m* F pen pusher; **~hochhaus** *n* high-rise office block (*od.* building), commercial tower; **~kauffrau** *f*, **~kaufmann** *m* trained clerical worker; **~klammer** *f* paper clip; **~kommunikation** *f* office communication; **~kraft** *f* office worker; **~kram** F *m* F odd jobs *pl.*, odd bits of paperwork *pl.*

Bürokrat *m* bureaucrat; **Bürokratie** *f* **1.** bureaucracy; (*Beamte*) officialdom; **2.** *a.* **Bürokratismus** *m* (*Amtsschimmel*) red tape, red-tapism; **bürokratisch** *adj.* bureaucratic(ally *adv.*); **bürokratisieren** *v/t.* bureaucratize; **Bürokratisierung** *f* bureaucratization.

Büro|landschaft *f* landscaped office; **~maschinen** *pl.* (electronic) office equipment *sg.*; **~material** *n* office supplies *pl.*, stationery; **~mensch** F *m* F pen pusher; **~möbel** *pl.* office furniture *sg.*; **~personal** *n* office staff (*mst pl. konstr.*), office workers (*od.* employees) *pl.*; **~schluß** *m* (office) closing time; ***nach ~*** after office hours; ***um 17 Uhr haben wir ~*** we leave the office (*od.* stop work) at five o'clock; **~stunden** *pl.*, **~zeit** *f* office hours (*pl.*); **~tätigkeit** *f* office work.

Bürschchen F *n in der Anrede*: F my lad, sonny; ***paß bloß auf, ~!*** you'd better watch it, my lad (*od.* sonny); ***freches ~*** F cheeky (little) so-and-so.

Bursche *m* lad; (*Kerl*) guy; ***das ist ein übler ~*** F he's a nasty sort.

Burschenschaft *f* (student) fraternity, student league.

burschikos *adj.* boyish; (*lässig*) jaunty; (*salopp*) careless.

Bürste *f* brush (*a.* ⚙, ⚡); F (*Frisur*) crew cut; **bürsten** *v/t.* brush; ***sich die Haare ~*** brush one's hair; ***sich die Zähne ~*** brush (*od.* clean) one's teeth.

Bürsten|binder *m*: F ***saufen wie ein ~*** drink like a fish; **~schnitt** *m* crew cut.

Bürzel *m zo.* rump; *gastr.* parson's nose; (*Schwanz*) tail.

Bus *m* bus; (*Überland2, Reise2*) *a.* coach; ***mit dem ~ fahren*** go by bus, take the bus; **~bahnhof** *m* (bus) terminal, bus (*Überlandbus*: *a.* coach) station.

Busch *m* **1.** bush; (*Strauch*) shrub; (*kleines Gehölz*) copse, thicket, *Am.* brush; *fig.* ***da ist etwas im ~*** (I'm sure) they're up to something, there's something brewing; ***auf den ~ klopfen*** stretch out one's feelers, ***bei j-m***: sound s.o. out; ***hinterm ~ halten mit*** keep quiet about; ***sich (seitwärts) in die Büsche schlagen*** sneak away; **2.** (*Strauß*) bunch; **3.** *in Afrika, Australien etc.*: bush; F (*Urwald*) jungle; **~bohne** *f* dwarf (*Am.* bush) bean; **~brände** *m pl.* bushfires.

Büschel *n* bunch; (*Bündel*) bundle; *Haare etc.*: tuft, *Federn*: *a.* crest; *phys.*, ✎ pencil; **büschelweise** *adv.*: ***er verlor ~ Haare*** his hair was coming out in handfuls.

Busch|feuer *n* bushfire; **~hemd** *n* bush jacket.

buschig *adj.* bushy (*a. Haar*).

Busch|mann *m* bushman; **~messer** *n* machete; **~rose** *f* polyantha (rose), bushrose; **~trommeln** F *fig. pl.* F bush telegraphy *sg.*; ***et. über die ~ erfahren*** hear s.th. on the bush telegraph; **~wald** *m* scrub; **~windröschen** *n* wood anemone.

Busen *m* **1.** (*Brust*) breasts *pl.*; *verhüllt*: *mst* bust, chest; *lit.* bosom; *fig.* bosom, breast, heart; ***voller ~*** big breasts (*od.* bust, chest); *fig.* ***am ~ der Natur*** in nature's bosom; ***ein Geheimnis (e-n Haß) in s-m ~ nähren*** cherish a secret (harbo[u]r hatred in one's heart); **2.** (*Oberteil e-s Kleids*) bodice; **~freund(in** *f*) *m* bosom friend, F bosom buddy.

Bus|fahrer *m* bus driver; **~fahrplan** *m* bus timetable, *bsd. Am.* bus schedule; **~fahrt** *f* bus ride; *mit Reisebus*: coach-ride, (*Rundfahrt*) coach tour (**durch** of, through); **~geld** *n* bus fare; **~haltestelle** *f* bus stop; **~ladung** *f* busload *of tourists etc.*; **~linie** *f* bus route; ***die ~ 8*** bus number 8, the number 8 (bus).

Bussard *m* buzzard.

Buße *f* **1.** penance; (*Reue*) repentance; (*Sühnung*) atonement, expiation; ***~ tun*** do penance, ***für*** *et.*: atone (*weitS.* make amends) for; **2.** (*Strafe*) penalty; (*Geld2*) *a.* fine; **büßen I.** *v/t.* **1.** (*Verbrechen etc.*) pay for; *fig. a.* suffer for; *fig.* ***er büßte es mit s-m Leben*** he paid for it with his life, he sacrificed his life for it; ***das sollst du mir ~*** you'll pay for that, I'll make you pay for that; **2.** *eccl.* atone for; (*bereuen*) repent of; **II.** *v/i.* **3.** ***~ für*** pay for; *fig. a.* suffer for; *fig.* ***dafür habe ich schwer ~ müssen*** I had to pay dearly for it; **4.** *eccl.* do penance; (*bereuen*) repent.

Büßer *m* penitent; **~gewand** *n* penitential robe; **~hemd** *n* hair shirt.

busse(r)ln *v/i. u. v/t.* kiss.

bußfertig *adj.* repentant.

Bußgeld *n* fine; ***zu e-m ~ in Höhe von ... verurteilt werden*** be sentenced to a fine of ..., be fined ...; **~bescheid** *m* penalty notice; **~katalog** *m* list of (traffic offen|ce, *Am.* -se) penalties; **~verfahren** *n* fining system.

Bußgottesdienst *m* penitential service.

Bussi *dial. n* kiss.

Busspur *f* bus lane.

Buß- und Bettag *m day of prayer and repentance.*

Büste *f* bust.

Büstenhalter *m* bra; *formell*: brassiere.

Busverbindung *f* bus connection (*od.* service).

Butan *n* ⚗ butane.

Butt *m* flounder.

Bütten|papier *n* deckle-edge(d) paper; **~rand** *m* deckle edge; **~rede** *f* carnival speech; **~redner** *m* carnival orator.

Butter *f* butter; ***mit ~ bestreichen*** butter, spread butter on; *fig.* ***er gönnt ihr nicht die ~ auf dem Brot*** he begrudges her every little thing; F ***mir ist fast die ~ vom Brot gefallen*** F I nearly fell off my chair; ***er läßt sich die ~ nicht vom Brot nehmen*** he can stick up for (*od.* look after) himself; F ***alles in ~*** everything's just fine (F hunky-dory), F couldn't be better; **~berg** *m* butter mountain; **~blume** *f* buttercup.

Butterbrot *n* (piece *od.* slice of) bread and butter, *Brit. a.* F butty; F *fig.* ***j-m et. aufs ~ schmieren*** F rub s.th. under s.o.'s nose, rub s.th. (*od.* it) in; ***für ein ~*** (*billig*) for a song, *arbeiten*: for peanuts; **~papier** *n* greaseproof paper.

Buttercreme *f* buttercream; **~torte** *f* buttercream cake.

Butter|dose *f* butter dish; **~fahrt** F *f* duty-free cruise; **~gebäck** *n* rich biscuits (*Am.* cookies) *pl.*; **~käse** *m* mild, full-fat cheese; **~keks** *m* rich tea biscuit; **~kugel** *f* pat of butter; **~messer** *n* butter knife; **~milch** *f* buttermilk.

buttern I. *v/t.* **1.** (*bestreichen*) butter; (*Backblech etc.*) grease (with butter); **2.** F *fig.* ***Geld in et. ~*** pour (F sink) money into s.th.; **II.** *v/i.* make butter.

Butter|schmalz *n* clarified butter; **~seite** F *fig. f*: ***die ~ des Lebens*** the sunny side of life; **≗weich** *adj.* **1.** *Gemüse etc.*: lovely and soft (*Fleisch*: tender); ***die Karotten sind ~ a.*** the carrots just melt on your tongue; **2.** *fig.* (*nachgiebig*) soft; **3.** *fig. Sport, Zuspiel*: delicate.

Button *m* badge, *bsd. Am.* button.

Butzemann F *m* bogeyman.

Butzenscheibe *f* bull's eye (pane).

Bypass *m* bypass; **~operation** *f* bypass operation (*od.* surgery, *a. pl.*).

Byte *n* byte.

byzantinisch *adj.* Byzantine; ***~e Zeitrechnung*** Byzantine calendar; **Byzantinistik** *f* Byzantine studies *pl.*

C

C, c C, c; ♪ C; ♪ ***das hohe C*** top C; *siehe auch unter Buchstaben* **K, Sch** *u.* **Z.**
Cabochon *m* **1.** cabochon; **2.** → **~schliff** *m* cabochon.
Cabrio(let) *n* convertible.
Cache-Speicher *m Computer*: cache memory.
Cadmium *n* cadmium.
Café *n* café; ***ins ~ gehen*** go to a (*od.* the) café.
Cafeteria *f* snack bar, cafeteria.
Callboy *m* call boy; **Callgirl** *n* call girl.
campen *v/i.* camp, go camping; **Camper** *m* **1.** camper; **2.** → ***Campingbus.***
Camping *n* camping; **~ausrüstung** *f* camping equipment; **~bett** *n* camp bed; **~bus** *m* camper (van); **~führer** *m* camping guide; **~platz** *m* camping site, campsite; **~stuhl** *m* folding chair; **~tisch** *m* folding table; **~urlaub** *m* camping holiday; ***~ machen*** go on a camping holiday, go camping.
Canaille *f* → ***Kanaille.***
Cappuccino *m* cappuccino.
CARE-Paket *n* CARE package.
Cartoon *m, n* **1.** cartoon; **2.** (*Geschichte*) comic (*od.* cartoon) strip.
Casanova *fig. m* Casanova, Don Juan.
Casein *n* casein.
Cassette *f* cassette (tape).
Cassetten|deck *n* cassette deck; **~recorder** *m*, **~spieler** *m* cassette recorder (*od.* player).
catchen *v/i.* do all-in wrestling; **Catcher** *m* all-in wrestler.
CAT-Scanner *m* CAT-scanner.
CB-Funk *m* CB radio, citizens' band radio.
CD|(-Platte) *f* CD, compact disc; **~-ROM** CD-ROM; **~-Spieler** *m* CD player; **~-Video** *n* **1.** CD video, CDV; **2.** *konkret*: compact video disc, CDV.
Cella *f im Tempel*: cella.
Cellist *m* cellist, cello player; **Cello** *n* cello.
Cellophan (*TM*) *n* cellophane (*TM*).
Celsius centigrade, Celsius; ***... Grad ~*** ... degrees centigrade (*od.* Celsius); **~skala** *f* Celsius (*od.* centigrade) scale; **~thermometer** *n* centigrade (*od.* Celsius) thermometer.
Cembalist *m* harpsichordist, harpsichord player; **Cembalo** *n* harpsichord.
Ces *n* ♪ C flat.
Ceylonese *m*, **Ceylonesin** *f* Ceylonese; **ceylonesisch** *adj.* Ceylonese; Ceylon ...
Chaiselongue *f* chaise longue, divan.
Chalet *n* chalet.
Chalkolithikum *n* Chalcolithic Age.
Chamäleon *n* chameleon (*a. fig.*).
chamois I. *adj.* buff(-colo[u]red); **II.** ♀ *n*, *a.* **♀leder** *n* chamois (leather).
Champagner *m* champagne; **champagnerfarben** *adj.* champagne(-colo[u]red); **Champagnerglas** *n* champagne glass.
Champignon *m* button mushroom.
Champion *m* champion(s *pl.*); ***der ~ im Speerwerfen*** the javelin champion, the champion javelin-thrower.
Chance *f* chance (**zu** *inf.* to *inf.*, of *ger.*); (*Gelegenheit*) *a.* opportunity (to *inf.*); *pl.* (*Aussichten*) prospects; ***geringe ~n*** a slim chance; *dieser Beruf hat* ***gute ~n*** good prospects; ***nicht die geringste ~*** not a chance; ***bei j-m ~n haben*** stand a chance with s.o.; ***sich ~n ausrechnen*** fancy one's chances; ***die ~n stehen gut*** the odds are in our *etc.* favo(u)r, *weitS.* the prospects are good, things look (quite) hopeful; ***die ~n stehen gleich*** it's fifty-fifty; ***s-e ~ wahrnehmen*** seize the opportunity; ***s-e ~ verpassen*** miss one's chance, miss the boat; F ***keine ~!*** F no way, not a chance; **chancengleich** *adj.* balanced; **Chancengleichheit** *f* equal opportunities *pl.*; **chancenlos** *adj.*: ***die Mannschaft ist ~*** the team's got no chance; **chancenreich** *adj.*: ***~e Aussichten*** good prospects (for the future); ***~er Beruf*** *etc.* job *etc.* with good prospects.
changieren *v/i.* (*schillern*) iridesce, shimmer.
Chanson *n* chanson; *politisches*: political song.
Chaos *n* chaos; ***hier herrscht ja das reinste ~*** it's absolutely chaotic (*od.* sheer bedlam) in this place; **Chaot** *m* **1.** *pol.* (young) radical; *pl. a.* lunatic fringe (*od.* element) *sg.*; **2.** completely disorganized person; ***er ist ein absoluter ~*** he just can't get himself organized properly (F get his act together); **chaotisch I.** *adj.* chaotic; ***~e Zustände*** chaos, chaotic situation; **II.** *adv.*: ***es ging ziemlich ~ zu*** F it was pretty chaotic.
Charakter *m* **1.** *e-r Person*: character; (*sittliche Stärke*) (strength of) character, (moral) backbone; (*Persönlichkeit*) personality; *e-r Sache, bsd. mit den Sinnen wahrnehmbar*: character; (*Natur*) nature; ***ein Mann von ~*** a man of character; ***ein Mensch mit ~ hätte ...*** anyone with a bit of character (*od.* backbone) would have ...; ***sie hat ~*** she's got (real) character; ***sie hat keinen ~*** she's got no character (*od.* backbone), F she's a spineless jellyfish; ***~ beweisen*** show some character (*od.* backbone); ***vom ~ her*** as far as his *etc.* character goes, *weitS.* personalitywise; *Gespräche* ***vertraulichen ~s*** of a confidential nature; **2.** (*Mensch*) personality; *komischer etc.*: character; *in der Literatur etc.*: character; **~anlage** *f* disposition; **~bild** *n* **1.** character sketch (*od.* study); **2.** character, personality.
charakterbildend *adj.* character-forming (*od.* -mo[u]lding); **Charakterbildung** *f* **1.** character (*od.* personality) development; **2.** *von außen*: character-mo(u)lding.
Charakter|darsteller *m thea.* character actor; **~eigenschaft** *f* (personality *od.* personal) trait; **~fehler** *m* (character) weakness, flaw in one's character, character (*od.* personality) flaw.
charakterfest *adj.* of strong character, stable; **Charakterfestigkeit** *f* strength of character.
charakterisieren *v/t.* **1.** (*schildern*) describe; (*Sache*) *a.* depict; (*zusammenfassen*) sum up; **2.** (*kennzeichnen*) mark; (*j-n*) be typical of; ***charakterisiert sein durch*** be marked by; ***es wird durch folgendes charakterisiert*** *a.* it has the following characteristics; **Charakterisierung** *f* characterization; (*Schilderung*) description; (*Zusammenfassung*) summary; **Charakteristik** *f* **1.** characterization; **2.** ⚡, ⚙ characteristic; **Charakteristikum** *n* characteristic feature; **charakteristisch** *adj.* characteristic, typical (**für** of); ***~e Eigenschaft*** characteristic (feature).
Charakter|komödie *f thea.* comedy of character; **~kopf** *m* striking (*od.* interesting) face; ***e-n ~ haben*** *a.* have striking features.
charakterlich I. *adj.* character ..., in (one's) character; personal; ***~e Schwäche*** weakness in character, character flaw; **II.** *adv.* in character; ***sich ~ verändern*** change in character, *völlig*: change one's personality; ***er hat sich ~ vollkommen geändert*** *a.* he's a completely different person (*od.* personality); ***j-n ~ einschätzen*** assess s.o.'s character.
charakterlos *adj.* **1.** *Person*: unprincipled; *Handlung(sweise)*: *a.* condemnable; **2.** (*nichtssagend*) colo(u)rless, bland; *Person*: colo(u)rless, (totally) lacking in personality; **Charakterlosigkeit** *f* **1.** lack of character; **2.** blandness.
Charakter|rolle *f thea.* character part; **~schilderung** *f* characterization.
charakterschwach *adj.* weak(-charactered); (*willensschwach*) weak-willed; **Charakterschwäche** *f* weakness (of character); *einzelne*: *a.* character flaw.
Charakterschwein F *n* low character; *sl.* rat, swine, *bsd. Am.* (rat)fink.
charakterstark *adj.* → ***charakterfest***; **Charakterstärke** *f* strength of character; *einzelne*: strength, strong point.
Charakter|stück *n* character play (♪ piece); **~studie** *f* character study.
charaktervoll *adj.* full of character; *Gesicht etc.*: interesting, striking; *Person*: *man etc.* of character.
Charakterzug *m* (personality *od.* personal) trait.

Charge *f* **1.** *thea.* supporting part; **2.** *metall.* charge, heat; **3.** ⚔ rank; ***die ~n*** the non-commissioned ranks, the NCOs.
Charisma *n* charisma; **charismatisch** *adj.* charismatic.
charmant I. *adj.* charming; **II.** *adv.*: ***~ lächeln*** give a charming smile; **Charme** *m* charm; personality; ***s-n (ganzen) ~ spielen lassen*** F turn on the old charm; **Charmeur** *m* charmer.
Charta *f pol.* charter; ***die ~ der Vereinten Nationen*** the United Nations Charter.
Charter *m* charter; **~flug** *m* charter flight; **~gesellschaft** *f* charter company; **~maschine** *f* charter plane.
chartern *v/t.* charter, hire.
Charterverkehr *m* charter flights *pl.*
Charts F *pl.* charts; ***in die ~ kommen*** get into the charts.
Chassis *n mot., Radio etc.*: chassis.
Chauffeur *m* driver, chauffeur.
Chaussee *obs. f* country road; *in der Stadt*: avenue.
Chauvi F *m* male chauvinist (pig F), F MCP; **Chauvinismus** *m* **1.** chauvinism, jingoism; **2.** (*männlicher* ~) male chauvinism; **Chauvinist** *m* **1.** chauvinist; **2.** male chauvinist; **chauvinistisch** *adj.* chauvinist(ic).
Check *m Eishockey*: check; **checken** *v/t.* **1.** (*überprüfen*) check; **2.** F (*verstehen*) F get; ***hast du's endlich gecheckt?*** F have you got that into your thick head now?; **3.** *Sport*: check, barge (*a. v/i.*); **Checkliste** *f* check list.
Chef *m* **1.** head *of the company etc.*; (*Vorgesetzter*) boss, *formell*: supervisor, *s.o.'s* superior; (*Abteilungsleiter*) *a.* head of department; F *in der Anrede*: *sl.* guv, chief; ***wer ist hier der ~?*** who's in charge around here?; ***ich möchte mit dem ~ sprechen*** *oft*: I'd like to speak to the manager; F ***den ~ markieren*** act as if one owns the place; **2.** (*Küchen*≈, *~koch*) chef; **~arzt** *m* senior consultant, *Am.* chief of staff; **~berater** *m* chief (*od.* senior) adviser; **~delegierte(r)** *m* head of the delegation; **~dirigent** *m* principal conductor; **~etage** *f* executive floor; **~ideologe** *m* chief ideologist.
Chefin *f* **1.** → ***Chef***; **2.** F *the* boss's wife.
Chef|kellner *m* head waiter; **~koch** *m* chef; **~pilot** *m* (flight) captain; **~redakteur** *m* editor (in chief); **~sache** *f*: ***et. zur ~ erklären*** give top priority to s.th.; **~sekretär(in** *f*) *m* personal assistant, PA; **~sessel** *m*: F *fig.* ***es auf den ~ abgesehen haben*** have one's eye on the boss's job; **~trainer** *m* manager, coach; **~unterhändler** *m* chief negotiator; **~visite** *f* ⚕ consultant's round.
Chemie *f* **1.** chemistry; ***(an)organische ~*** (in)organic chemistry; **2.** (*chemische Industrie*) chemicals industry; **~anlage** *f* chemical (processing) plant; **~faser** *f* man-made fib|re (*Am.* -er); **~gigant** *m* chemical giant; **~industrie** *f* chemicals industry; **~konzern** *m* chemicals group; **~unfall** *m* accident in the chemical industry; **~unternehmen** *n* chemicals company; **~waffe** *f* chemical weapon.
Chemikalien *pl.* chemicals.
Chemiker(in *f*) *m* chemist.
chemisch I. *adj.* chemical; ***~e Erzeugnisse*** chemicals; ***~e Reinigung*** (*Vorgang*) dry cleaning, (*Unternehmen*) dry cleaner's; ***~e Wirkung*** *f* chemical action; → ***Keule*** 3; **II.** *adv.*: ***et. ~ reinigen lassen*** have s.th. dry-cleaned, take s.th. to the dry cleaner's.
Chemotechnik *f* chemical engineering; **Chemotechniker(in** *f*) *m* laboratory technician.
Chemotherapie *f* ⚕ chemotherapy.
Cherub *m bibl.* cherub (*pl.* cherubim).
Chesterkäse *m* Cheshire cheese.
chic *adj.*, **Chic** *m* → ***schick, Schick.***
Chicorée *m* 🌿 chicory, *Am.* endive(s *pl.*).
Chiffon *m* chiffon.
Chiffre *f* cipher, code; *Anzeige*: box number; ***Zuschriften unter ~ 360*** replies to box no. 360; **~anzeige** *f* box number advertisement, blind ad; **~nummer** *f* box number.
chiffrieren *v/t.* (en)code.
Chilene *m*, **Chilenin** *f*, **chilenisch** *adj.* Chilean.
Chili *m* chil(l)i; **~pulver** *n* chil(l)i powder; **~sauce** *f* chil(l)i sauce.
Chimäre *f myth., fig.,* 🌿 chimera.
China|kohl *m* Chinese cabbage (*od.* leaves *pl.*); **~restaurant** *n* Chinese restaurant; **~rinde** *f* chinchona bark.
Chinchilla 1. *f zo.* chinchilla; **2.** *n, m* (*Mantel*) chinchilla.
Chinese *m* **1.** Chinese; **2.** F Chinese restaurant; ***zum ~n gehen*** F go to a Chinese; ***in der Nähe ist ein ~*** F there's a Chinese place near here; **Chinesenviertel** *n* (*a.* ***das ~***) Chinatown; **Chinesin** *f* Chinese (woman); **chinesisch I.** *adj.* Chinese; ***die ≈e Mauer*** the Great Wall of China, the Chinese Wall; **II.** ≈ *n* Chinese; *fig.* ***das ist ~ für mich*** that's all Greek (*od.* that's Chinese) to me.
Chinin *n* quinine.
Chinoiserie *f Kunst*: chinoiserie.
Chintz *m* chintz.
Chip *m* **1.** (*Spielmarke*) chip; **2.** *pl. gastr.* (potato) crisps, *Am.* potato chips; **3.** *Computer*: chip; **~karte** *f* card with electronic chip.
Chiromant *m* chiromancer; **Chiromantie** *f* chiromancy.
Chiropraktik *f* ⚕ chiropractic; **Chiropraktiker** *m* chiropractor.
Chirurg *m* surgeon; **Chirurgie** *f* **1.** surgery; **2.** (*Krankenhausabteilung*) surgical ward; ***in der ~ liegen*** *a.* be in surgery; **chirurgisch** *adj.* surgical; ***ein ~er Eingriff*** surgery (*a. pl.*), an operation; ***e-n ~en Eingriff vornehmen*** operate (***bei*** on), carry out surgery (on).
Chitin *n* chitin; **~panzer** *m* exoskeleton.
Chlor *n* ⚗ chlorine; **chloren** *v/t.* chlorinate; **Chlorgas** *n* chloric gas; **chlorfrei** *adj.* non-chlorine bleached (*paper*); **chlorhaltig** *adj.* chlorinated; **Chlorid** *n* chloride; **chlorieren** *v/t.* chlorinate.
Chloroform *n* chloroform; **chloroformieren** *v/t.* chloroform.
Chlorophyll *n* 🌿 chlorophyll.
Chlorwasserstoff *m* hydrogen chloride.
Choke *m mot.* choke.
Cholera *f* ⚕ cholera; **~ausbruch** *m* outbreak of cholera; **~epidemie** *f* cholera epidemic; **~schutzimpfung** *f* cholera inoculation; **~verdacht** *m* suspected cholera; ***in ~ stehen*** be a suspected cholera case, be a cholera suspect; **~verdächtige(r)** *m* cholera suspect.
Choleriker *m* choleric type; **cholerisch** *adj.* choleric.
Cholesterin *n* cholesterol; **≈arm** *adj.* low-cholesterol ..., *pred.* low in cholesterol; **≈reich** *adj.* high-cholesterol ..., *pred.* high in cholesterol; **~spiegel** *m* cholesterol level.
Chor¹ *m* **1.** (*Sänger*≈) choir; **2.** (*~satz, ~gesang*) chorus; *fig.* ***im ~*** in chorus, all together; **3.** (*Instrumentengruppe*) section; **4.** *im Drama*: chorus.
Chor² *m* ⛪ choir, chancel.
Choral *m* chorale, hymn; *gregorianischer*: Gregorian chant; (*Psalmodie*) plainsong.
Choramt *n* choir office.
Choreograph *m* choreographer; **Choreographie** *f* choreography; **choreographieren** *v/t. u. v/i.* choreograph; **choreographisch** choreographic(ally *adv.*).
Chor|gang *m* choir aisle; **~gebet** *n* canonical hour(s *pl.*); **~gesang** *m* **1.** *coll.* choral music; **2.** singing of a (*od.* the) choir; **~gestühl** *n* (choir) stalls *pl.*; **~hemd** *n* surplice, *a. des Bischofs*: rochet; **~herr** *m* canon; **~knabe** *m* choirboy; **~konzert** *n* choral concert; **~leiter** *m* choirmaster, choir director; **~musik** *f* choral music; **~sänger(in** *f*) *m* member of a (*od.* the) choir, chorister; **~stuhl** *m* (choir) stall.
Chose F *f* **1.** (*Sache*) business; ***die ganze ~ hinschmeißen*** F chuck the whole thing; **2.** (*Dinge*) F stuff.
Chow-Chow *m* chow (chow).
Christ(in *f*) *m* Christian.
Christ... *in Zssgn* → *a.* ***Weihnachts...***
Christbaum *m* Christmas tree; **~schmuck** *m* Christmas tree decorations *pl.*
Christdemokrat *m* Christian Democrat; **christdemokratisch** *adj.* Christian Democrat.
Christen|gemeinde *f* **1.** (*Christenheit*) Christian community; **2.** ***~ der Frühzeit*** early Christian church; **~glaube(n)** *m the* Christian faith.
Christenheit *f*: ***die ~*** Christendom, the Christian world; ***die gesamte ~*** the whole of Christendom, the entire Christian world.
Christenpflicht *f one's* duty as a Christian.
Christentum *n*: ***das ~*** Christianity.
Christenverfolgung *f* persecution of (the) Christians.
christianisieren *v/t.* convert to Christianity; **Christianisierung** *f* christianization, conversion *of a country etc.* to Christianity.
Christkind *n*: ***das ~*** a) the infant Jesus; *Kindersprache*: (the) baby Jesus, b) *etwa* Father Christmas, Santa Claus; **Christkindl** *dial. n* **1.** → Christkind; **2.** Christmas present; **Christkindlmarkt** *m* Christmas market.
christlich I. *adj.* Christian; ***(die) ~e Nächstenliebe*** Christian charity, love for one's fellow man; **II.** *adv.* like a Christian; F ***~ teilen*** share (s.th.) out evenly; **~-demokratisch** *adj.* Christian Democrat; ***≈e Union*** Christian Democratic Party.
Christ|messe *f* midnight mass; **~mette** *f R. C.* midnight mass; *evangelische*: midnight service; **~rose** *f* Christmas rose; **~stollen** *m* stollen (cake).
Christus *m* Christ; ***vor Christi Geburt*** (***v. Chr.***) before Christ (*abbr.* BC); ***nach Christi Geburt*** (***n. Chr.***) Anno Domini (*abbr.* AD); **~bild** *n* image of Christ; *am*

Kreuz: crucifix; **~dorn** *m* ⚘ Christ's thorn; **~figur** *f* figure (*od.* statue) of Christ; **~kopf** *m Kunst*: head (*od.* portrait) of Christ.
Chrom *n* chrome; *chemisch*: *a.* chromium.
Chromatik *f* ♪, *opt.* chromatics *pl.* (*mst sg. konstr.*); **chromatisch** *adj.* chromatic(ally *adv.*); **~e *Tonleiter*** chromatic scale.
chromblitzend *adj.* gleaming (with metal).
Chromdioxydcassette *f* chromium dioxide cassette.
chrom|gelb *adj.* chrome yellow; **~grün** *adj.* viridian (*od.* chrome) green.
Chromleder *n* chrome leather.
Chromosom *n* chromosome; **Chromosomenzahl** *f* chromosome number.
Chromosphäre *f* chromosphere.
Chronik *f* chronicle; *bibl.* ***das 1.* (*2.*) *Buch der ~*** the 1st (2nd) Book of Chronicles, Chronicles I (II); ***die Bücher der ~*** (the Books of) Chronicles, Chronicles I and II; ***in e-r ~ aufzeichnen*** chronicle.
chronisch *adj.* ⚕ *u. fig.* chronic(ally *adv.*).
Chronist *m* chronicler.
Chronologie *f* chronology; ***die ~ der Ereignisse*** *a.* the sequence of events; **chronologisch** *adj.* chronological; ***in ~er Folge*** in chronological order, chronologically.
Chronometer *n* chronometer.
Chrysantheme *f* ⚘ chrysanthemum.
Chrysolith *m min.* chrysolite.
Chuzpe F *f* F chutzpah.
ciao *int.* bye!, see you!
Cineast *m* **1.** film-maker; **2.** movie buff.
circa *adv.* about, approximately.
circadian *adj.* circadian; ***~er Biorhythmus*** circadian rhythm.
Circulus vitiosus *m* vicious circle.
Cis *n* ♪ C sharp.
City *f* town centre, *Am.* downtown (business center); **~nähe** *f*: ***in ~*** central(ly).
Clan *m a. iro.* clan.
Claque *f* claque; **Claqueur** *m* claqueur.
clean F *adj.* (*nicht mehr drogenabhängig*) F clean, off drugs.
Clearing *n* ✝ clearing; **~haus** *n* clearing house; **~verkehr** *m* clearing (transactions *pl.*).
clever *adj.* smart, clever.
Clinch *m Boxen*: clinch; *fig.* ***im ~ sein mit*** be at loggerheads with.
Clique *f* clique, coterie, F crowd; *pol. a.* faction; **Cliquenwirtschaft** *f* cliquism.
Clou *m* main attraction, high spot; (*Höhepunkt*) climax; (*Witz*) point; ***jetzt kommt der ~!*** wait for this.
Clown *m* clown.
Club *m* → ***Klub.***
Coca *f* → ***Cola.***
Cockerspaniel *m* cocker spaniel.
Cockpit *n* cockpit; ✈ *a.* flight deck.
Cocktail *m* **1.** cocktail; **2.** cocktail party; **~kleid** *n* cocktail dress; **~party** *f* cocktail party; **~tomate** *f* cherry tomato.
Coda *f* ♪ coda; *fig. a.* tailpiece.
Code *m* code.
Codein *n* codeine.
codieren *v/t.* (en)code; **Codierung** *f* (en)coding.
Cognac *m* cognac; **cognacfarben** *adj.* cognac(-colo[u]red).
Coitus *m* → ***Koitus.***
Cola *f*, *n* coke (*TM*); ***zwei ~*** two cokes; **~nuß** *f* cola nut.
Collage *f* collage.
Collie *m* collie.
Collier *n* collier.
Comeback *n* comeback; ***ein ~ erleben (starten)*** make (stage) a comeback.
Comic *m* **1.** comic (*od.* cartoon) strip; **2.** → **~heft** *n* comic; **~ strip** *m* → ***Comic*** 1.
Communiqué *n* communiqué.
Compact Disc *f* compact disc.
Computer *m* computer; **~ausdruck** *m* computer printout; **~befehl** *m* computer command; **~blitz** *m phot.* computer (-ized) flash(gun), dedicated flash; **~brief** *m* personalized computer letter; **~diagnostik** *f* computer diagnostics *pl.* (*als Fach sg. konstr.*); **~erfahrung** *f* computer experience; **~fahndung** *f* computer-aided search(es *pl.*); **~firma** *f* computer firm (*od.* company); **~freak** *m* computaholic; **~generation** *f* generation of computers, computer generation; **&gerecht** *adj.* computer-compatible; **&gesteuert** *adj.* computer-controlled; **&gestützt** *adj.* computer-aided, computerized; **~grafik** *f* computer graphics *pl.* (*als Fach sg. konstr.*); **~hersteller** *m* computer manufacturer(s *pl.*).
computerisieren *v/t.* computerize.
Computer|kriminalität *f* computer crime; **&lesbar** *adj.* machine-readable; **~linguistik** *f* computer linguistics *pl.* (*sg. konstr.*); **~mißbrauch** *m* computer abuse; **~programm** *n* computer program; **~satz** *m typ.* computer typesetting; **~spiel** *n* computer game; **~tomographie** *f* ⚕ computer tomography; **&unterstützt** *adj.* computer-aided; **~virus** *m* computer virus; **~wissenschaft** *f* computer science.
Conférence *f* presentation; ***die ~ haben bei e-r Veranstaltung*** *etc.* present (*od.* emcee, *Brit. a.* compere) a show *etc.*; **Conférencier** *m* compere, emcee, MC.
Confiserie *f* → ***Konditorei.***
Connaisseur *m* connoisseur.
Container *m* **1.** container; **2.** (*Müll&*) skip; **~bahnhof** *m*, **~hafen** *m* container terminal; **~schiff** *n* container ship.
Contergankind *n* thalidomide baby (*od.* child, victim).
coram publico *adv.* in public, publicly.
Cord *m* cord; **~hose** *f*: (***e-e ~*** a pair of) cords *pl.*, corduroy trousers *pl.*; **~jacke** *f* cord(uroy) jacket.
Corner *östr. m Sport*: corner.
Cornichon *n* cocktail gherkin.
Corpus *n* **1.** ⚕ corpus, body; **2.** *ling.* corpus; **3.** ~ ***delicti*** corpus delicti.
Cortison *n* cortisone.
Couch *f* sofa, couch; **~garnitur** *f* three-piece suite; **~tisch** *m* coffee table.
Couleur *f pol. etc.* complexion; ***jeder ~*** *a.* of every shade and colo(u)r.
Countdown *m*, *n* countdown; ***der ~ läuft*** we're into the final countdown.
Coup *m* coup; ***e-n ~ landen*** pull off a coup.
Coupé *n* **1.** *mot.* coupé; **2.** *obs. od. östr.* (*Zugabteil*) compartment.
Coupon *m* **1.** coupon, voucher; (*Zinsschein*) (interest) coupon, dividend warrant; *im Scheckbuch*: counterfoil; **2.** *Textilien*: length (of material).
Courage *f* courage, pluck; ***~ zeigen*** show some courage; F ***Angst vor der eigenen ~ kriegen*** F get the wind up; **couragiert** *adj.* bold, F plucky.
Courtage *f* ✝ brokerage.
Cousin *m* (male) cousin; **Cousine** *f* (female) cousin.
Couturier *m* couturier, fashion designer.
Cover *n* **1.** (*Titelseite*) (front) cover, front page; **2.** (*Schallplattenhülle*) cover, sleeve.
Crack[1] *m* (*Sportler*) *tennis etc.* ace; crack tennis player *etc.*
Crack[2] *n* (*Droge*) crack.
Cracker *m* **1.** *gastr.* cracker; **2.** (*Knallbonbon*) banger, firecracker.
Credo *n eccl.* credo; *fig.* creed.
Creme *f* cream; (*Dessert*) crème; *fig.* ***die ~ der Gesellschaft*** the crème de la crème; **cremefarben** *adj.* cream(-colo[u]red).
Creme|schnitte *f* cream slice; **~speise** *f* crème; **~torte** *f* cream gateau.
cremig *adj.* creamy.
Crêpe[1] *f gastr.* crêpe, pancake.
Crêpe[2] *m* (*a.* ***~ de Chine***) crêpe (de Chine).
Creutzfeld(t)-Jakob-Krankheit *f* Creutzfeld(t)-Jakob disease.
Crew *f* crew (*a. pl. konstr.*).
Croissant *n* croissant.
Crux *f* **1.** ***man hat schon s-e ~ mit ihm*** he certainly doesn't make life easy; ***man muß s-e ~ tragen*** we all have our little crosses to bear; **2.** ***die ~ dabei ist*** the crux of the matter is.
c. t. *adv.* (= ***cum tempore***): ***14 Uhr ~*** 2.15 p. m.; ~ ***oder s. t.?*** quarter past or sharp?
cum *prp.*: ~ ***grano salis*** with a pinch of salt.
cum tempore *adv.* → ***c. t.***
Cup *m Sport*: cup; **~finale** *n* cup final.
Curriculum *n* curriculum.
Curry *m*, *n* **1.** curry; **2.** (*~pulver*) curry powder; **~sauce** *f*, **~soße** *f* curry sauce; **~wurst** *f* curried, grilled sausage.
Cursor *m* cursor; **~steuerung** *f* cursor control.
Cutter(in *f*) *m Film etc.*: cutter.
Cyan... → ***Zyan...***
Cyclamat *n* cyclamate.

D

D, d *n* D, d; ♪ D.

da I. *adv.* **1.** a) (*dort*) there; **~, wo** where; **~ oben (unten)** up (down) there; **~ draußen, ~ hinaus** out there; **~ drinnen, ~ hinein** in there; **~ drüben, ~ hinüber** over there; **hier und ~** here and there; **den (das) ~** that one; **der (die) ~** that man (woman) over there; **der (die) ~ war's** it was him (her); b) (*hier*) here; **~ bin ich** here I am; **ich bin gleich wieder ~** I'll be back in a minute; **~ (hast du's)!** there you are; **2.** *Ausruf*: **sieh ~!** look (at that)!, *iro.* lo and behold!; **3.** *Füllwort*: **als ~ sind** for instance, such as; **als ich ihn sah, ~ lachte er** when I saw him he laughed; **es gibt Leute, die ~ glauben** there are people who believe; **was ~ kommen mag** whatever happens; **4.** *Zeit*: (*dann, damals*) then, at that time; **~ erst** only then; **von ~ an** from then on, since then; **hier und ~** now and then; **~ gab es noch keinen Strom** there was no electricity in those days; **5.** (*in diesem Fall*) there, under the circumstances; **was läßt sich ~ machen?** what can be done about it?; **~ irren Sie sich** you're mistaken there; **~ wäre ich (doch) dumm** I would be stupid to do so; **~ fragt man sich wirklich, warum** it really makes you wonder why; **~ kann man nichts machen** what can you do about it?, there's not much you can do about it; **II.** *cj.* **6.** *Zeit*: (*als*) as, when, while; **in dem Augenblick, ~ er ...** the moment he ...; **7.** *Grund*: (*weil*) as, since, because; **~ ja, ~ doch** seeing (as); **~ ich keine Nachricht erhalten hatte, ging ich weg** not having received any news, I left; **8.** *Gegensatz*: **~ aber, ~ jedoch** but since; since ..., however.

dabehalten *v/t.* (*Unterlagen etc.*) hold onto; **sie behielten ihn gleich da** *im Krankenhaus*: they kept him in.

dabei *pron. adv.* **1.** with it; (*nahe*) nearby, close by; **ein Haus mit Garten ~** a house with a garden; **2.** (*im Begriff*) about (*od.* going) to *do s.th.*, on the point of *doing s.th.*; **ich war gerade ~ zu packen** I was just packing; **3.** (*gleichzeitig*) at the same time, while doing so; **sie strickt und liest ~** she knits and reads at the same time; **er aß und sah mich ~ fragend an** while he ate, he looked at me questioningly; **4.** (*überdies*) besides; **sie ist hübsch und ~ auch noch klug** *a.* she's attractive and intelligent into the bargain; **5.** (*dennoch*) nevertheless, yet, for all that, at the same time; **und ~ ist er doch schon alt** and he's an old man, after all; **er ist streng und ~ sehr fair** he's strict but very fair; **6. er schenkte es mir, ~ hatte ich es gar nicht verlangt** he gave it to me although I hadn't even asked for it; **~ hätten wir gewinnen können** to think we could have won; **~ macht man sich gar keinen Begriff, wie schwierig es ist** but people have no idea how hard it is; **7.** (*bei dieser Gelegenheit*) on the occasion, then; (*dadurch*) as a result; **~ kam es zu e-r heftigen Auseinandersetzung** this gave rise to (*od.* resulted in) a heated argument; **es kommt nichts ~ heraus** it's no use, it's not worth it; **~ dürfen wir nicht vergessen** here we must not forget; **~ fällt mir ein** talking of which; **alle ~ entstehenden Kosten** all resulting costs; **8.** *allg.*: **ich bleibe ~** I'm not changing my mind; **und ich bleibe ~, in X ist es am schönsten** I'm still convinced X is the most beautiful place in the world; **du kommst mit, und ~ bleibt's** you're coming with us, and that's that; **~ blieb's** (and) that was the end of that; **ich dachte mir nichts Böses ~** I meant no harm; **ich dachte mir nichts ~** I thought nothing of it; **sich nichts ~ denken zu** *inf.* think nothing of *ger.*; **was hast du dir eigentlich ~ gedacht?** what on earth made you do (*od.* say *etc.*) that?; **ich finde nichts ~** I don't see any harm in it; **man könnte verrückt werden ~** it's enough to drive you mad; **was ist schon ~?** so what?; **was ist schon dabei, wenn ...?** what difference does it make if ...?; **mir ist gar nicht wohl ~** I don't feel too good about it; **lassen wir es ~** let's leave it at that.

dabei|bleiben *v/i. Tätigkeit etc.*: keep (*od.* stick) to it; **~haben** *v/t.*: **er hat keinen Schirm dabei** he didn't bring his umbrella; **ich hab' kein Geld dabei** I haven't got any money on me; **niemand wollte ihn ~** nobody wanted him to come (*od.* to be in on it); **~sein I.** *v/i.* (*anwesend sein*) be there; (*teilnehmen*) take part (in it); (*mit ansehen*) see it; **darf ich ~?** can I come too?, (*teilnehmen*) can I join in?; **ich bin dabei!** (you can) count me in; **er muß immer ~** he's got to be in on everything; **es war ziemlich viel Glück dabei** I was *etc.* pretty lucky there; **II. 2** *n*: **~ ist alles** it's taking part that counts; **~stehen** *v/i.* stand by watching; *zufällig*: happen to be there.

dableiben *v/i.* stay; **bleib doch noch ein bißchen da** can't you stay a bit longer?; **~ müssen** *in der Schule*: be kept in.

da capo I. *adv.* ♪ da capo; **II.** *int. thea.* encore!; **~ rufen** call for an encore.

Dacapo *n* → **Dakapo.**

Dach *n* roof; *mot. a.* top; **ein ~ über dem Kopf haben** have a roof over one's head; **sie wohnen alle unter einem ~** they all live under the same roof; **unterm ~ wohnen** live under the roof; **unter ~ und Fach** under cover; *Vertrag etc.*: all settled, F in the bag; **unter ~ und Fach bringen** shelter, *fig.* (*arrangieren*) get *s.th.* settled, (*fertigstellen*) get *s.th.* out of the way; F **eins aufs ~ kriegen** F get a clip round the ears, (*zurechtgewiesen werden*) get a real ticking-off; F **j-m aufs ~ steigen** F come down on s.o. like a ton of bricks, give s.o. hell; **~antenne** *f* roof aerial (*od.* antenna); **~balken** *m* roof beam, *schräger*: rafter; **~begriff** *m* blanket (*od.* umbrella) term; **~boden** *m* loft; **~decker** *m* roofer; *mit Ziegeln*: tiler; *mit Schiefer*: slater; **~fenster** *n* **1.** dormer (window); **2.** (*Dachluke*) skylight; **~first** *m* (roof) ridge.

dachförmig *adj.* roof-shaped.

Dach|garten *m* roof garden; **~gaube** *f*, **~gaupe** *f* dormer; **~gepäckträger** *m mot.* roofrack.

Dachgeschoß *n* top floor; **im ~** in the attic, on the top floor; **im ~ wohnen** *a.* live under the roof; **~wohnung** *f* attic flat, *Am.* (converted) loft.

Dach|gesellschaft *f* ✝ holding company; **~giebel** *m* gable; **~isolierung** *f* roof insulation; **~kammer** *f* attic, garret; **~landschaft** *f* roofscape; **~luke** *f* skylight; **~organisation** *f* umbrella organization; **~pappe** *f* roofing felt; **~rinne** *f* gutter.

Dachs *m* badger; *fig.* F **(junger) ~** F little squirt; F **wie ein ~ schlafen** sleep like a log.

Dach|sattel *m* (roof) ridge; **~schaden** *m* roof damage; F *fig.* **e-n ~ haben** F have lost one's marbles; **~schiefer** *m* roofing slate.

Dachshund *m* dachshund.

Dach|sparren *m* rafter; **~stube** *f* attic, garret; **~stuhl** *m* roof timbering; **~terrasse** *f* roof terrace; **~traufe** *f* gutter; **~verband** *m* umbrella organization; **~vierung** *f* roof crossing; **~wohnung** *f* attic flat, *Am.* (converted) loft; **~ziegel** *m* (roofing) tile.

Dackel *m* **1.** dachshund; **2.** F (*Dummkopf*) idiot, fool, F dimwit; **~beine** F *pl.* F (short) bandy legs.

Dada *m* Dada; **Dadaismus** *m* Dadaism; **Dadaist** *m* Dadaist; **dadaistisch** *adj.* Dadaistic(ally *adv.*), Dadaist.

dadurch I. *pron. adv.* **1.** *örtlich*: through (it, there *etc.*); that way; **2.** (*deswegen*) because of that, that's how (*od.* why); **II.** *cj.*: **~, daß 3.** (*weil*) because, due to the fact that; **~, daß er uns geholfen hat** *a.* thanks to his help; **4.** (*indem*) by *ger.*; **~, daß er hart arbeitete** by working hard.

dafür I. *pron. adv.* **1.** for it, for them, for that, for this; **2.** (*als Ersatz*) in return; **3. ~ sein** be for it, be in favo(u)r of it, *bei Abstimmungen*: be in favo(u)r; **~ sein, et. zu tun** be for doing s.th.; **ich bin ganz ~** I'm all in favo(u)r; **es läßt sich vieles ~ und dagegen sagen** it has its pros and cons; **alles spricht ~, daß** all the evidence seems to indicate that, it looks very much as if; **4.** (*zu diesem*

Zweck): ~ ***ist er ja da*** that's what he's there for (after all), that's his job, isn't it?; **II.** *cj.* **5.** ~, ***daß*** for *ger.*; ***er wurde ~ bestraft, daß er gelogen hatte*** he was punished for telling lies; ~ ***sorgen, daß*** see to it that; **6.** (*als Ausgleich*) *er ist blind*, ***hat aber ~ ein sehr gutes Gehör*** but has extremely good ears; ***er ist reich, ~ aber sehr krank*** he's rich but very sick; **7.** F *er müßte es wissen*, ~ ***ist er ja Lehrer*** after all, he's a teacher(, isn't he?); **2halten** *n*: ***nach m-m*** ~ as I see it; **~können** *v/t.*: ***er kann nichts dafür*** it's not his fault, (*für seine Art etc.*) he can't help it; **~stehen** *v/i. bsd. östr.*: ***es steht nicht dafür*** it's not worth it.

dagegen I. *pron. adv.* **1.** against it (*od.* them); ***s-e Gründe ~*** his objections to it; ~ ***sein*** be against (*od.* opposed to) it, *bei Abstimmungen*: be against; ***er sprach sich entschieden ~ aus*** he strongly opposed it; ***haben Sie etwas ~, wenn ich rauche?*** do you mind if I smoke?; ***wenn Sie nichts ~ haben*** if you don't mind (*a. iro.*); ***ich habe nichts ~*** I don't mind; ~ ***hilft nichts*** there's nothing you can do about it; **2.** (*im Austausch dafür*) in return *od.* exchange (for it); **3.** (*im Vergleich dazu*) in comparison, by contrast; *unsere Qualität* ***ist nichts ~*** can't compare; **II.** *cj.* **4.** (*andererseits*) on the other hand, however; **5.** (*indessen*) but then; (*während, wogegen*) whereas, whilst, while; **~halten** *v/t.* hold *s.th.* against it (*od.* them); *fig.* (*vergleichen*) compare (with it); (*entgegnen*) argue; **~handeln** *v/i.* act against it; **~setzen** *v/t.*: ***s-e Meinung*** *etc.* ~ put forward one's own opinion *etc.*; **~sprechen** *v/i.*: ***was spricht dagegen, daß wir ...?*** why shouldn't we ...?; ***alles spricht dagegen (daß es geschehen wird)*** the odds are (stacked) against it; ***alles spricht dagegen, daß er das Verbrechen begangen hat*** all the evidence points against his having committed the crime; **~stellen** *v/refl.*: ***sich ~*** oppose it; **~stemmen** *v/refl.*: ***sich ~*** fight it; **~wirken** *v/i.* take action against it.

Dagewesene *n*: ***das übertrifft alles ~*** that beats everything (*od.* it all, them all).

daheim I. *adv.* (*zu Hause*) at home, in; (*in der Heimat*) back home; ~ ***ist ~*** there's no place like home; ***bei mir ~*** at my place; ***wo sind Sie ~?*** where do you come from?, where's home for you?; *fig.* ***er ist in dieser Materie ~*** he's at home in this field; **II.** 2 *n* home.

daher I. *adv.* from there; *fig. Ursache*: that's why, that's the reason for; ~ ***(stammt) die ganze Verwirrung*** hence the confusion; ~ ***kam es, daß*** that's why (*od.* how); **II.** *cj.* (*deshalb*) that's why, and so; (*folglich*) and so, as a result; **~gelaufen** *adj.*: ***~er Kerl*** F bum; ***jeder ~e Kerl*** any Tom, Dick or Harry; **~kommen** *v/i.* come along; **~reden** *v/i. u. v/t.*: ***dumm (dummes Zeug, Unsinn) ~*** talk nonsense.

dahin *adv.* **1.** *räumlich*: there; ***das gehört nicht ~*** that doesn't belong there; **2.** *zeitlich*: ***bis ~*** until then, till then; ***hoffentlich bist du bis ~ fertig*** I hope you'll be finished by then (*od.* by that time); **3.** *Ziel, Zweck*: ***m-e Meinung geht ~, daß*** I tend to think that; → ***dahingehend***; **4.** (*soweit*) ***es ~ bringen, daß er*** bring s.o. to the point where he *will*; ***ist es ~ gekommen?*** has it come to that?; **5.** ~ ***sein*** (*vorbei sein*) be past, *gerade*: be over; (*tot sein*) have passed away, be dead; (*kaputt sein*) be broken, F have had it; ***sein guter Ruf ist ~*** he's lost his good reputation, *iro.* so much for his reputation.

dahinauf *adv.* up there.

dahinaus *adv.* out there, out that way.

dahin|bewegen *v/refl.*: ***sich ~*** move along; **~dämmern** *v/i.*: ***er dämmert nur noch dahin*** he's just vegetating (away); **~eilen** *v/i.* hurry along; *fig. Zeit*: fly.

dahinein *adv.* in there.

dahin|fahren *v/i.* drive (*od.* ride) along; **~fliegen** *v/i.* fly along; *fig. Zeit*: fly; **~fließen** *v/i.* flow along; *fig. Jahre etc.*: pass by.

dahingegen *cj.* on the other hand.

dahingehen *v/i.* go along; *fig. Zeit*: pass; (*sterben*) pass away.

dahingehend *adv.*: ~, ***daß*** to the effect that; ***sie haben sich ~ geäußert, daß*** what they said was (more or less) that, what it boiled down to was that; ***man hat sich ~ geeinigt, daß*** it was agreed that; ***sich ~ äußern, daß*** say that.

dahin|gestellt *adj.*: ***es ~ sein lassen, ob*** leave it open as to whether; ***das sei ~*** who knows?; ***es bleibt ~*** it remains to be seen; ***es sei ~, ob er es war*** let's leave aside the question of whether it was him or not; **~kriechen** *v/i.* creep (*od.* crawl) along; *fig. Zeit*: drag (on), *Jahre*: drag by (slowly); **~leben** *v/i.* live (from day to day); ***nur so ~*** while away one's days; **~plätschern** *v/i.*: *Gespräch*: meander along; *Musik*: tinkle away (in the background); **~scheiden** *v/i.* pass away; **~schleichen** → ***dahinkriechen***; **~schleppen** *v/refl.*: ***sich ~*** drag o.s. along; *fig.* drag (on); **~schmelzen** *v/i.* melt away, *fig. a.* dwindle away; **~schwinden** *v/i.* dwindle away; *Person*: waste away, *aus Kummer*: pine away; *Schönheit*: fade; **~siechen** *v/i.* languish; **~siechend** *fig. adj. Wirtschaft, Gebiet etc.*: ailing.

dahinten *adv.* back there.

dahinter *pron. adv.* behind it (*od.* them); at the back; *fig.* behind it; ***es ist was ~*** there's something in it; ***es ist nichts ~*** there's nothing to it; **~her** F *adv.*: **(sehr)** ~ ***sein*** a) be after it, b) (*sich Mühe geben*) be doing all one can; ~ ***sein, daß*** *od.* ***zu*** *inf.* make a point of *ger.*; **~klemmen** F *v/refl.*, **~knien** F *v/refl.* → ***dahintermachen***; **~kommen** F *v/i.* get to the bottom of it; find out (about it); (*es kapieren*) F get it; **~machen** F *v/refl.*, **~setzen** F *v/refl.*: ***sich ~*** put one's back into it; **~stecken** *fig. v/i.* be behind (*od.* at the bottom of) it; ***da muß etwas ~*** there's more to it than meets the eye; **~stehen** *fig. v/i.* be behind it; *unterstützend*: *a.* be backing it (up).

dahinunter *adv.* down there.

dahin|vegetieren *v/i.* vegetate (away); **~welken** *v/i.* wither away; **~ziehen I.** *v/i.* move along; *Wolken*: drift past; **II.** *v/refl.*: ***sich ~*** *zeitlich*: go on and on; *örtlich*: stretch (out) for miles.

Dahlie *f* ⚘ dahlia.

Dakapo *n* encore; **~ruf** *m* (call for an) encore.

dalassen *v/t.* leave there (*od.* behind).

daliegen *v/i.* lie there.

dalli F *adv.*: ***aber ein bißchen ~!*** F and make it snappy!

Dalmatiner *m* (*Hund*) dalmatian.

damalig *adj.* then, of (*od.* at) that time; ***der ~e Besitzer*** the then owner; ***sein ~es Versprechen*** the promise he made then.

damals *adv.* then, at that time; in those days, F back then; ~, ***als*** (at the time) when; (in the days) when; ***schon ~*** even then, even at that time; ***Aufnahmen von ~*** photos from that time; ***Ereignisse von ~*** events of the time; ***Geschichten von ~*** stories from that time (*od.* from those years).

Damast *m*, **damasten** *adj.* damask.

Dame *f* **1.** lady; *beim Tanz*: partner; ***„Damen"*** "Ladies"; ***e-e echte ~*** a real lady; ***ganz ~ sein*** be every inch a lady; ***die große (od. feine) ~ spielen*** play the lady; ~ ***des Hauses*** (*Gastgeberin*) hostess; ***m-e ~n und Herren!*** ladies and gentlemen; **2.** (*~spiel*) draughts *pl.*, *Am.* checkers *pl.* (*beide sg. konstr.*); **3.** (*Doppelstein*) king; *Schach u. Kartenspiel*: queen; **~brett** *n* draughtboard, *Am.* checkerboard.

Damen|bart *m* facial hair; **~begleitung** *f*: ***in ~*** in female company, with a woman; **~besuch** *m* lady visitor(s *pl.*); **~binde** *f* sanitary towel (*Am.* napkin); **~doppel** *n Tennis etc.*: women's doubles *pl.* (*Match*: *sg. konstr.*); **~einzel** *n Tennis etc.*: women's singles *pl.* (*Match*: *sg. konstr.*); **~fahrrad** *n* ladies' bicycle; **~friseur** *m* ladies' hairdresser (*Geschäft*: hairdresser's); **~fußball** *m* women's football (*od.* soccer); **~garderobe** *f* ladies' changing room; **~gesellschaft** *f* **1.** ladies-only party, F hen party; **2.** → ***Damenbegleitung***; **~größe** *f* ladies' size.

damenhaft I. *adj.* ladylike; **II.** *adv.*: ***sich ~ benehmen*** behave like a lady (*od.* in a ladylike way).

Damen|hose *f*: **(*e-e ~*** a pair of) ladies' trousers (*Am.* pants) *pl.*; **~hut** *m* ladies' hat; **~kleidung** *f* ladies' wear; **~kränzchen** *n* ladies' afternoon; ***sie gehört zu unserem ~*** she's one of the ladies' afternoon crowd; **~mannschaft** *f* women's team; **~mode** *f* ladies' fashions *pl.*; **~oberbekleidung** *f* ladies' wear; **~rad** *n* ladies' bicycle (F bike); **~salon** *m* ladies' hairdresser's; **~schirm** *m* ladies' umbrella; **~schneider** *m* ladies' tailor; **~toilette** *f* ladies' toilet (*Am.* room), *the* ladies *pl.* (*sg. konstr.*); **~unterwäsche** *f* ladies' underwear; *elegante*: lingerie; **~wahl** *f* ladies' choice; **~welt** *f the* ladies *pl.*

Dame|spiel *n* draughts *pl.*, *Am.* checkers *pl.* (*beide sg. konstr.*); **~stein** *m* draughtsman, *Am.* checker.

Damhirsch *m* fallow buck.

damisch *dial. adj.* stupid, dumb; (*verwirrt*) dopey.

damit I. *pron. adv.* with it (*od.* them), *betont*: with that (*od.* those); (*mittels*) by *od.* with it (*betont*: that), *pl.* with them (*betont*: those); (*folglich, somit*) (and) so; (*infolgedessen*) as a result, (and) so; (*mit diesen Worten*) with that, with these words; ***her ~!*** give it to me, hand it over; ***weg ~!*** take (*od.* put) it away; ***was will er ~ sagen?*** what's he trying to say?; ***was soll ich ~?*** what am I supposed to do with it?; ***wie steht's (od. wär's) ~?*** how about it?; ***wir sind ~ einverstan-***

den we have no objections; ~ ***wirst du nichts erreichen*** that won't get you anywhere; ~ ***kann man niemanden überzeugen*** that won't convince anybody; ***er fing*** ~ ***an, daß er*** he began by *ger.*; ~ ***war es aus*** that was the end (of it); ~ ***soll nicht gesagt sein, daß*** that doesn't mean that; ~ ***war alles wieder beim alten*** things were back to where we started; **II.** *cj.* so that, in order to *inf.*, so as to *inf.*; ~ ***nicht*** so as not to *inf.*; for fear that *s.o. od. s.th. might ...*; ~ ***er nicht kommt*** so that he doesn't come.

dämlich F *adj.* stupid, idiotic(ally *adv.*); **Dämlichkeit** F *f* **1.** silliness; **2.** *konkret*: silly prank, *pl. a.* nonsense *sg.*

Damm *m* **1.** (*Stau*♀) dam; (*Deich*) sea wall, dike; 🚂 (*a. Fluß*♀, *Hafen*♀) embankment; *fig.* (*Hindernis*) barrier; F *fig.* ***wieder auf dem*** ~ ***sein*** F be fighting fit again; F ***nicht ganz auf dem*** ~ ***sein*** F be (feeling) a bit under the weather; F ***j-n wieder auf den*** ~ ***bringen*** get s.o.(up) on his (*od.* her) feet again; **2.** *dial.* street, road; ***über den*** ~ ***gehen*** cross the road (*od.* street); **3.** *anat.* perineum; ~**bruch** *m* bursting of a dam, (*Stelle*) breach in a dam.

dämmen *v/t.* dam up; ⚙ (*a. Schall*) insulate; *fig.* check, curb.

dämmerig *adj. Licht*: dim (*a. fig.*), *lit.* crepuscular; *Tag*: dull; *Raum*: dimly lit, twilit.

Dämmerlicht *n* twilight; *weitS.* dim light.

dämmern I. *v/impers.* **1.** ***es dämmert*** *morgens*: it's getting light, *abends*: it's getting dark; *fig.* ***langsam dämmert's bei ihm*** it's beginning to get through to him, *iro. a.* he's getting there; **II.** *v/i.* **2.** ***der Morgen dämmert*** day is breaking; ***der Abend dämmert*** night is falling; **3.** *fig.* ***vor sich hin*** ~ doze, *Kranker*: be very dop(e)y.

Dämmer|schein *m* → ***Dämmerlicht***; ~**schlaf** *m* light sleep, doze; ⚕ twilight sleep; ~**schoppen** *m* sundowner; ~**stunde** *f* twilight hour.

Dämmerung *f* **1.** (*Morgen*♀) dawn; ***bei*** ~ at dawn, at daybreak; **2.** (*Abend*♀) twilight, dusk; ***in der*** ~ at dusk, at nightfall.

Dämmerzustand *m* ⚕ semiconscious state; *weitS.* daze.

Dämmplatte *f* ⚙ insulating board, softboard.

Damm|riß *m* ⚕ perineal tear; ~**schnitt** *m* ⚕ episiotomy.

Dämmung *f* (*Wärme*♀ *etc.*) insulation.

Dammweg *m* causeway.

Damoklesschwert *fig. n* sword of Damocles; ***wie ein*** ~ ***über j-m hängen*** (*od.* ***schweben***) hang over s.o. like a sword of Damocles.

Dämon *m* demon, evil spirit; **dämonisch** *adj.* demoniacal; *weitS. a.* demonic.

Dampf *m* steam; *phys.* vapo(u)r; (*Rauch*) smoke; **(*chemische*) *Dämpfe*** fumes; ~ ***ablassen*** ⚙ blow off steam, F *fig.* let off steam; F *fig.* ***aus dem Projekt*** *etc.* ***ist der*** ~ ***raus*** F the project *etc.* has run out of steam; F ~ ***dahinter setzen*** F speed things up a bit; F ***j-m*** ~ ***machen*** F give s.o. a kick in the pants; ~**antrieb** *m* steam drive; ~**bad** *n* steam bath.

dampfbetrieben *adj.* steampowered.

Dampf|boot *n* steamboat; ~**bügeleisen** *n* steam iron; ~**druck** *m* steam pressure.

dampfen *v/i.* steam; (*rauchen*) smoke (*a.* F *Person*); fume; *Zug*: puff; ***die Suppe dampft*** the soup is steaming (*od.* piping) hot.

dämpfen *v/t.* **1.** (*mit Dampf behandeln*) steam; (*Kleidungsstück*) a) steam-iron, b) press with a damp cloth; (*Speisen*) steam, stew; **2.** (*Ton*) muffle; ♪ mute; (*Farbe, Licht*) subdue, soften; ⚡ attenuate; (*Stoß*) cushion, absorb; ✈ stabilize; (*Stimme*) lower; *fig.* (*Stimmung*) put a damper on; (*Leidenschaft*) subdue; (*unterdrücken*) suppress; → ***gedämpft***; **3.** ⚚ (*Kosten, Konjunktur*) curb, (*a. Kostenanstieg etc.*) slow down.

Dampfer *m* steamer, steamship; F *fig.* ***auf dem falschen*** ~ ***sein*** be on the wrong track.

Dämpfer *m* damper (*a. am Klavier*); *Streich- u. Blasinstrumente*: mute; *Lautsprecher*: baffle; *fig.* damper; *fig.* ***j-m*** (***e-r Sache***) ***e-n*** ~ ***aufsetzen*** put a damper on s.o. (s.th.); ***e-n*** ~ ***bekommen*** *Begeisterung etc.*: be dampened, (*gerügt werden*) F get a rap over the knuckles.

Dampf|hammer *m* steam hammer; ~**heizung** *f* steam heating.

dampfig *adj.* steamy.

Dampf|kessel *m* boiler; ~**kochtopf** *m* pressure cooker; ~**kraft** *f* steam power; ~**kraftwerk** *n* steam power station; ~**lok(omotive)** *f* steam engine; ~**maschine** *f* steam engine; ~**nudel** *f* sweet yeast dumpling; ~**radio** *hum. n* box radio; ~**roß** *hum. n* iron horse; ~**schiff** *n* steamship, steamer; *vor dem Schiffsnamen*: SS; ~**strahl** *m* steam jet; ~**topf** *m* pressure cooker; ~**turbine** *f* steam turbine.

Dämpfung *f* steaming *etc.*, → ***dämpfen***; *phys., von Energien*: loss; ⚡ attenuation; **Dämpfungskreis** *m* ⚡ attenuation circuit.

Dampfwalze *f* steamroller.

danach *pron. adv.* after that (*od.* it), *pl.* after them; (*anschließend*) then, afterwards; (*später*) afterwards, later on; (*gemäß*) according to it (*od.* that); (*entsprechend*) accordingly; ***ich sehnte mich*** ~ ***zu*** *inf.* I longed to *inf.*; ***ich fragte ihn*** ~ I asked him about it; *iro.* ***er sieht ganz*** ~ ***aus*** he looks the sort; ***er ist nicht der Typ*** ~ he's not that sort of person; ***mir ist nicht*** ~ I don't feel like it; ***wenn es*** ~ ***ginge, was ...*** if it was (*od.* were) a matter *od.* case of what ...; ***wenn es*** ~ ***ginge*** if that was what counted; ***es sieht*** (***ganz***) ~ ***aus, als ob*** it looks as though.

Däne *m* Dane.

daneben *pron. adv.* beside it (*od.* them), next to it (*od.* them); (*außerdem*) in addition; (*gleichzeitig*) at the same time; (*im Vergleich*) beside it (*od.* him *etc.*), in comparison; (*am Ziel vorbei*) off the mark; ***das Zimmer*** ~ the room next door; ***rechts*** (***links***) ~ *Sache*: to the right (left) (of it), *Person*: on his *etc.* right (left); ***direkt*** ~ right next to it; ~***!*** missed!; F ***total*** ~***!*** *a. fig.* F way out!; *fig.* ***weit*** ~ wide of (F way off) the mark; ~**benehmen** F *v/refl.*: ***sich*** ~ show o.s. up, step out of line; ; ***du hast dich natürlich mal wieder danebenbenommen*** *a.* F can't take you anywhere, can we?; ~**gehen** *v/i. Schuß etc.*: miss, be off target, *Fußball etc.*: *a.* go wide; *fig.* be wide of the mark, *Pläne etc.*: misfire; ~**greifen** *v/i.* miss; ♪ play a (few) wrong note(s); F *fig.* (*sich verschätzen etc.*) F be way out; ~**hauen** *v/i.* miss; F *fig.* F be way out; ~**liegen** F *v/i.*: ***weit*** ~ F be way off the mark (***mit*** with); ~**schießen** *v/i.*, ~**schlagen** *v/i.*, ~**treffen** *v/i.* miss.

daniederliegen *v/i. Handel etc.*: be stagnating; (*krank sein*) be laid low (***an*** with).

Daniel *m bibl.* Daniel; ~ ***in der Löwengrube*** Daniel in the lion's den.

Dänin *f* Dane, Danish woman; **dänisch** *adj.*, **Dänisch** *n ling.* Danish.

dank *prp.* thanks to (*a. iro.*).

Dank *m* thanks *pl.*; (*Dankbarkeit*) gratitude; (*Lohn*) reward; ***vielen*** (*od.* ***besten, schönen***) ~***!*** many thanks, thank you very much; ***mit*** ~ with thanks; ***mit*** ~ ***zurück*** returned with thanks, F thanks for the loan; ***j-m*** ~ ***sagen*** thank s.o.; ***j-m*** ~ ***schulden, j-m zu*** ~ ***verpflichtet sein*** be deeply indebted to s.o.; ***keinen*** ~ ***erwarten*** not to expect any thanks; ***ist das der*** ~ ***für m-e Mühe?*** is that all I get for the trouble I went to?; *iro.* ***das ist nun der*** ~ ***dafür*** that's gratitude for you; ***zum*** ~ ***für s-e Dienste*** in recognition of his services; ***zum*** (*od.* ***als***) ~ ***dafür, daß Sie ihm geholfen haben*** in appreciation of your help.

dankbar *adj.* grateful, appreciative; (*lohnend*) worthwhile, *Aufgabe*: *a.* rewarding; *Publikum*: appreciative; *Stoff*: hard-wearing; ***ich wäre Ihnen*** ~***, wenn*** I'd be much obliged if (*a. iro.*), I'd appreciate it if; *iro.* ***ich wäre Ihnen sehr*** ~***, wenn Sie sich um Ihre eigenen Angelegenheiten kümmern würden*** *a.* I'll thank you to mind your own business; ***man muß für alles*** ~ ***sein*** you have to be thankful for small mercies (*od.* for every little thing); **Dankbarkeit** *f* gratitude; ***aus*** ~ ***für*** out of gratitude for.

Dankbrief *m* letter of thanks, F thankyou letter.

danken I. *v/i.* thank (***j-m für et.*** s.o. for); ***kurz*** ~ say a brief thanks; ***er läßt*** ~ he says thank you; (***j-m***) ~ (*j-s Gruß erwidern*) return the (s.o.'s) greeting; ***ich weiß nicht, wie ich Ihnen*** ~ ***soll*** I don't know how to thank you; ***danke*** (***schön***)***!*** (many) thanks, thank you (very much); ***danke***(***, ja***)***!*** thank you; ***danke***(***, nein***)***!*** no, thank you; no, thanks; ***danke der Nachfrage*** nice of you to ask, *iro. a.* so kind of you to ask; F ***mir geht's danke*** F can't complain; ***nichts zu*** ~***!*** you're welcome, not at all; *iro.* ***na, ich danke!*** no thanks, I can do without it; **II.** *v/t.*: ***j-m et.*** ~ (*verdanken*) owe s.th. to s.o.; (*belohnen*) reward s.o. for s.th.; ***ihm*** ~ ***wir, daß*** we owe it to him that, it's due (*od.* thanks) to him that; ***wie kann ich dir das jemals*** ~***?*** how can I ever thank you?; **dankend** *adv.* with thanks; ***Betrag*** ~ ***erhalten*** amount gratefully received.

dankenswert *adj.* **1.** commendable; **2.** *Aufgabe etc.*: rewarding; **dankenswerterweise** *adv.* kindly (enough).

Dankes|bezeigung *f* (expression of) thanks *pl.*, *konkret*: token of one's gratitude; ~**brief** *m* → ***Dankbrief.***

Dankeschön *n* thankyou; word of thanks; ***als*** (***kleines***) ~ as a (small) token of my *etc.* thanks.

Dankeswort *n a. pl.* word of thanks.

Dank|gebet *n* thanksgiving (prayer); ~**gottesdienst** *m* thanksgiving service; ~**sagung** *f* **1.** *allg.* expression of thanks; **2.** *für Beileidsbrief*: acknowledg(e)ment;

3. *eccl.* thanksgiving; **~schreiben** *n* letter of thanks.

dann *adv.* then; (*nachher*) *a.* after that, afterwards; (*in dem Fall*) in that case, then; (*also*) so; (*sonst*) *in Fragen*: ***wer*** (***wo, wie*** *etc.*) ***~?*** who (where, how *etc.*) else then?; ***wenn er es nicht weiß, wer ~?*** if he doesn't know, who does?; ***~ und ~*** at such and such a time; ***~ und wann*** now and then; ***was geschah ~?*** what happened then (*od.* next)?; ***~ eben nicht!*** all right (*Am.* alright), forget it!; ***wenn du mich brauchst, ~ sag mir Bescheid*** if you need me, just let me know; ***~ kommst du also?*** so you 'are coming (then)?

dannen *obs. adv.*: ***von ~*** away, off.

daran *pron. adv.* at (*od.* in, on, onto, to) that *od.* it; ***~ befestigen*** attach to it; ***~ glauben*** believe in it; ***~ leiden*** suffer from it; ***komm nicht ~!*** don't touch it!, keep away from it!; ***nahe ~*** nearby; *fig.* ***nahe ~ sein zu*** *inf.* be on the point of *ger.*, come close to *ger.*; ***ich war nahe ~, ihn zu schlagen*** I nearly hit him; ***~ kann man sehen, wie*** *etc.* that goes to show how *etc.*; ***im Anschluß ~*** following that, after that; ***~ schloß sich e-e Rede (an)*** that was followed by a speech; → ***glauben*** II, ***liegen*** I, ***Schuld*** 1; **~gehen** *v/i.* get down to it; ***~ zu*** *inf.* get down to *ger.*; **~halten** *v/refl.*: ***sich ~*** → ***dranhalten***; **~machen** F *v/refl.*: ***sich ~*** → ***darangehen***; **~setzen I.** *v/t.* (*aufs Spiel setzen*) risk; *fig.* ***alles ~, um zu*** *inf.* do everything in one's power to *inf.*; **II.** F *v/refl.*: ***sich ~ 1.*** F get cracking; **2.** → ***darangehen.***

darauf *pron. adv.* **1.** *räumlich*: on it (*od.* them); on top of it (*od.* them); **2.** *zeitlich, Reihenfolge*: after that, then, *lit.* thereupon; next; ***bald ~*** soon after (that); ***gleich ~*** immediately afterwards; ***am Tag*** (*od.* ***tags***) ***~*** the day after, the next day; ***zwei Jahre ~*** two years later (*od.* on); **3.** *fig.* on it (*od.* that); ***mein Wort ~*** my word on it; ***er arbeitete ~ hin zu*** *inf.* he was working towards (*od.* on) *ger.*; → ***ankommen*** 5, ***kommen*** 2 *etc.*; **~folgend** *adj.* following, subsequent.

daraufhin *adv.* **1.** after that, then; *im Nebensatz*: whereupon; **2.** (*auf Grund dessen*) as a result; **3.** (*als Antwort*) in reply; ***~ sagte er*** *a.* ..., to which he replied; **4.** (*im Hinblick darauf*) ***et. ~ untersuchen, ob*** examine s.th. to see if.

daraus *pron. adv.* from *od.* out of it (*od.* them); ***~ kann man schließen*** one may conclude from that; ***~ wird nichts werden*** a) nothing will come of it, b) (*das ist unmöglich*) we (*od.* you) can forget about that; ***~ wird nichts!*** F nothing doing!; ***was ist ~ geworden?*** what happened to it?, what's become of it?; ***ich mache mir nichts ~*** (*es ist mir gleichgültig*) it doesn't bother me, (*ich mag es nicht besonders*) I'm not that keen on it.

darben *v/i.* live in want; suffer privations.

darbieten I. *v/t.* offer (*dat.* to); (*zeigen*) present; (*vorführen*) perform, play; **II.** *v/refl.*: ***sich ~*** present itself; (*entstehen*) arise; **Darbietung** *f* presentation; *thea. etc.* performance (*a. Veranstaltung*); (*Nummer*) number, act.

darbringen *v/t.* present (*dat.* to), give (to); (*Opfer*) offer, make (to); (*Ovation*) give.

darein *pron. adv.* in(to) it (*od.* them); ***sich ~ ergeben*** (*od.* ***fügen***) → **~finden** *v/refl.*: ***sich ~*** come to terms with it, resign o.s. to the fact, put up with it; ***sich ~ zu*** *inf.* come to terms with *ger.*, resign o.s. to *ger.*, put up with *ger.*; **~mischen** *v/refl.*: ***sich ~*** interfere; **~reden** *v/i.* → ***dreinreden.***

darin *pron. adv.* **1.** in it (*od.* them); in there; ***was ist ~?*** what's inside?; ***da ist ... ~*** there's ... in it, it contains ...; *fig.* ***die Schwierigkeit liegt ~, daß*** the difficulty is that; **2.** (*in dieser Hinsicht*) in this respect; ***~ irren Sie sich*** there you are mistaken; ***~ kann ich Ihnen nicht zustimmen*** I can't agree with you there; ***es unterscheidet sich von anderen ~, daß*** it distinguishes itself from others in that; **3.** (*auf diesem Gebiet*) at it (*od.* that); ***~ ist er gut*** he's good at it (*od.* that); ***er kennt sich ~ gut aus*** he knows a lot about it.

darlegen *v/t.* (*Meinungen etc.*) present; (*erklären*) explain; (*aufführen*) state; ***s-e Position ~*** set out one's position; **Darlegung** *f* presentation; explanation, exposition.

Darlehen *n* loan; ***ein ~ aufnehmen*** (***geben***) take up (grant) a loan.

Darlehens|bedingungen *pl.* terms of a (*od.* the) loan; **~geber** *m* lender; **~kasse** *f* (mutual) loan society, *Am.* credit corporation; **~nehmer** *m* borrower; **~zinsen** *pl.* interest *sg.* on loans.

Darm *m* **1.** intestine, bowels *pl.*; **2.** (*Wursthülle*) skin; **~ausgang** *m* anus; **~entleerung** *f* evacuation of the bowels; **~entzündung** *f* enteritis; **~flora** *f* intestinal flora; **~grippe** *f* gastroenteritis; **~kolik** *f* abdominal (*od.* intestinal) colic; **~krebs** *m* cancer of the intestine; **~saite** *f* catgut (string); **~spiegelung** *f* enteroscopy; **~tätigkeit** *f* bowel movement; **~trägheit** *f* constipation; **~verschluß** *m* intestinal occlusion; **~wand** *f* wall of the intestine, intestinal wall.

darreichen *v/t.*: ***j-m et. ~*** hand s.o. s.th., (*anbieten*) offer s.o. s.th.; ⚕ *u. eccl.* administer s.th. to s.o.; **Darreichungsform** *f* presentation; *von Medikamenten*: (form of) administration.

darren *v/t.* kiln-dry; **Darrofen** *m* kiln.

darstellbar *adj.* **1.** ***es ist in Worten*** (***numerisch, auf der Leinwand***) ***nicht ~*** it can't be described in words (expressed in numbers, portrayed on the screen); **2.** *thea.* actable; **darstellen I.** *v/t.* **1.** (*schildern*) describe; (*Tatsachen etc.*) present; ***falsch ~*** misrepresent; ***negativ ~*** portray in a negative light; **2.** *künstlerisch*: show, depict, portray; ***was soll dieses Bild ~?*** what is this picture supposed to represent?; **3.** (*bedeuten*) be, represent; ***was stellt das eigentlich dar?*** what is it supposed to be?; ***was stellt dieses Zeichen dar?*** what does this symbol stand for (*od.* represent)?; ***dieses Ereignis stellt e-n großen Fortschritt dar*** this event is a major step forward; *fig.* ***er stellt etwas dar*** he's somebody; **4.** *thea.* act *od.* play (the part of); **5.** *graphisch etc.*: represent; *A* describe; *in Umrissen*: outline, sketch; ***in e-m Diagramm ~*** draw a graph of; **6.** ⚗ prepare, synthesize, *industriell*: produce; **II.** *v/refl.*: ***sich ~*** present itself, appear; *Person*: present o.s., ***als:*** (*sich erweisen als*) show o.s. to be; **darstellend** *adj.*: ***~e Geometrie*** descriptive geometry; ***~e Künste*** a) interpretative arts, b) (*Malerei etc.*) plastic arts; **Darsteller(in** *f*) *m* actor (*f* actress), performer; ***der Darsteller des Faust*** the actor playing (the part of) Faust; **darstellerisch I.** *adj.* acting, theatrical; ***s-e ~e Leistung*** his performance; **II.** *adv.*: ***~ war der Film wenig überzeugend*** the acting in the film wasn't very convincing; **Darstellung** *f* **1.** (*Schilderung*) description, portrayal; (*Bericht*) account; *von Tatsachen etc.*: presentation; ***falsche ~*** misrepresentation; **2.** *künstlerische*: representation; (*Interpretation*) interpretation; **3.** *thea.* a) *e-r Rolle*: interpretation, acting, b) *e-s Stückes*: production; **4.** ⚗ preparation.

Darstellungs|kraft *f* powers *pl.* of interpretation; *e-s Schriftstellers*: descriptive powers *pl.*; **~kunst** *f* art of interpretation; *thea.* acting ability; **~objekt** *n* object; **~weise** *f* style.

dartun *v/t.* show, demonstrate; (*aufzeigen*) set out.

darüber *pron. adv.* **1.** over it (*od.* them); over that; above it *etc.*; (*quer darüber*) across it *etc.*; ***das Zimmer ~*** the room above; ***mit e-m Dach*** *etc.* ***~*** with a roof *etc.* on top; *fig.* ***es geht nichts ~*** there's nothing like it; **2.** *zeitlich*: in the meantime; ***ich bin ~ eingeschlafen*** I fell asleep over it; ***~ werden Jahre vergehen*** that will take years; **3.** *fig.* (*über e-e Sache*) about that (*od.* it); (*über dieses Thema*) on that (*od.* it); ***ich freue mich ~, daß*** I'm glad (that); ***~ vergaß er s-e Probleme*** it took his mind off his problems; ***~ wird morgen verhandelt*** we'll *etc.* be discussing that tomorrow; ***~ läßt sich streiten*** that's a matter of opinion, that's a debatable point; **4.** ***~ hinaus*** beyond it, past it; *fig.* in addition, on top of it, (*was das übrige angeht*) beyond that; **5.** (*mehr*) more; **6.** ***wir sind ~ hinweg*** we've got over it; ***er beklagt sich ~, daß er unfair behandelt worden sei*** he complains of having been treated unfairly; **~breiten** *v/t.* spread over it; **~fahren** *v/i.*: ***mit der Hand ~*** run one's hand over it; ***mit e-m Staubtuch ~*** go over it with a duster; **~liegen** *fig. v/i. Kosten etc.*: be higher; ***weit ~*** be much higher; **~machen** F *v/refl.*: ***sich ~*** F get on with it; (*über Essen*) *sl.* get stuck in(to it); **~schreiben** *v/t.* write over it; (*Namen etc.*) write at the top; **~stehen** *fig. v/i.* be above that (*od.* such things).

darum *pron. adv.* **1.** around it (*od.* them); around there; **2.** *fig.* about that; ***j-n ~ bitten zu*** *inf.* ask s.o. to *inf.*; ***~ geht es gar nicht*** that's not the point; ***er kümmert sich nicht ~*** he doesn't care (about it); ***es handelt sich ~, festzustellen*** it's a matter of finding out; ***ich gäbe was*** (***viel***) ***~, zu wissen*** I wouldn't mind knowing (I'd love to know); **3.** (*deshalb*) that's why; ***ich habe es ~ getan, weil*** the reason I did it was because; *warum?* - ***~!*** because!

darunter *pron. adv.* **1.** under it (*od.* them); under there; underneath; (*weiter unten*) further down; **2.** (*unter e-r Anzahl*) among them; (*einschließlich*) including; ***mitten ~*** right in the middle (of it *od.* them); **3.** (*weniger*) less; ***20 Dollar und ~*** 20 dollars and under (*od.* less); **4.** *fig.* ***~ leiden, daß*** suffer from *ger.*; ***er leidet***

sehr ~ *unter e-m Verlust etc.*: he's taking it hard; ***sie leidet ~, daß sie nicht mehr arbeitet*** not having a job is getting her down; ***was verstehst du ~?*** what do you understand by it?; ~ ***kann ich mir nichts vorstellen*** it doesn't mean a thing to me; **~bleiben** *v/i.* be lower; ***die Ergebnisse*** *etc.* ***blieben darunter*** the results *etc.* didn't reach the required (*od.* expected) level; **~fallen** *fig. v/i.* be included; be covered by it; **~heben** *v/t. gastr.* fold in; **~liegen** *fig. v/i.* be lower; ***weit ~*** be much lower; ***er liegt mit s-n Leistungen darunter*** he doesn't come up to this level; **~mischen I.** *v/t.* add, mix *s.th.* into it; **II.** *v/refl.*: ***sich ~*** mix with them (*od.* the crowd *etc.*); **~schreiben** *v/t.* (*Namen etc.*) write at the bottom; **~setzen** *v/t.* (*Namen etc.*) put at the bottom; ***s-e Unterschrift ~*** sign (it), sign at the bottom; **~ziehen** *v/t.* (*Pullover etc.*) put on as well, (*Unterhemd etc.*) put on underneath.

das → ***der.***

dasein I. *v/i.* **1.** be there; ***ist jemand da?*** is there anybody there?; ***wenn Sie schon da sind*** while you're here; ***ist noch Brot da?*** is there any bread left?; ***es ist keine Milch mehr da*** we've run out of milk; ***Geld ist dazu da, daß man es ausgibt*** money is there to be spent; ***ich bin gleich wieder da*** I'll be back in a second; ***noch nie dagewesen*** unheard-of, unprecedented; ***so etwas ist noch nie dagewesen*** that's never happened before; **2.** ***jetzt ist er wieder da*** (*bei Bewußtsein*) he's come round again; **3.** (***wieder***) ***voll ~*** be (back) in top form; **4.** ***er ist nur für sie da*** he's only got time for her, *weitS.* he lives for her; ***ich bin immer für dich da*** I'll always be around when you need me; **II.** ♀ *n* **1.** existence, life; → ***Kampf***; **2.** (*Anwesenheit*) presence.

Daseins|berechtigung *f* right to exist; (*Grund*) raison d'être; **~form** *f* way of life; **~kampf** *m* struggle for existence (*od.* survival).

daselbst *adv.* there, in that very place; *in Büchern etc.*: ibidem; ***wohnhaft ~*** residing at said place.

dasitzen *v/i.* sit there; F *fig.* ***ohne Geld ~*** be left without a penny (to one's name).

dasjenige → ***derjenige.***

daß *cj.* that; ***so ~*** so that; ***es sei denn, ~*** unless; ***ohne ~*** without *ger.*; ***er weiß, ~ es wahr ist*** he knows it's true; ***er entschuldigte sich, ~ er zu spät kam*** he apologized for being late; ***entschuldigen Sie, ~ ich Sie störe*** sorry to disturb you; ***es ist nett, ~ du anrufst*** it's nice of you to ring; ***kaum, ~ er e-n Blick darauf warf*** he hardly gave it a look; ***~ du mir ja nichts anrührst!*** don't go and touch anything, now; ***~ du ja kommst!*** you had better be there!; ***~ ich es bloß nicht vergesse!*** I hope I don't forget it, I'd better not forget it; ***~ er so was sagen konnte!*** how could he say such a thing?; ***nicht, ~ ich wüßte*** not that I know of; ***nicht, ~ es etwas ausmachte*** not that it mattered; ***es sind zwei Jahre, ~ ich ihn nicht gesehen habe*** it's two years now since I saw him.

dasselbe → ***derselbe.***

dastehen *v/i.* stand (there); *fig.* ***ganz allein ~*** be left all on one's own; F ***dumm ~*** be left looking the fool; ***gut ~*** be doing all right (*Am.* alright), *weitS.* be in a good position; ***mit leeren Händen ~*** be left without a penny (to one's name); ***wie stehe ich nun da!*** and where does that leave me?, F I look a right idiot (now); ***wie stehe ich nun vor m-n Kollegen da!*** and what am I going to say to my colleagues (now)?, and how am I going to face my colleagues (now)?

Datei *f* (data) file.

Daten *pl.* data, facts; (*Personalangaben*) particulars, personal data; ***technische ~*** specifications; **~abfrage** *f Computer*: data recall; **~autobahn** *f* information (super)highway; **~bank** *f* data bank (*od.* base); **~erfassung** *f* data acquisition; **~erhebung** *f* survey.

Datenfluß *m* data flow; **~plan** *m* data flowchart.

Daten|mißbrauch *m* data abuse; **~netz** *n* data network; **~satz** *m* record.

Datenschutz *m* data protection; **~beauftragte(r)** *m* data protection registrar (*Am.* commissioner); **~gesetz** *n* data protection law.

Daten|sicherheit *f* data security; **~sichtgerät** *n* visual display unit, VDU; **~speicher** *m* data memory (*od.* storage); **~technik** *f* data systems technology; **~träger** *m* data medium (*od.* carrier); **~typistin** *f* data typist; **~übertragung** *f* data transfer; **~verarbeitung** *f* data processing.

datierbar *adj.*: ***die Funde sind nicht genau ~*** cannot be dated exactly; **datieren I.** *v/t.* date; **II.** *v/i.*: ***~ von*** date from (*od.* back to); ***der Brief datiert vom 2. Mai*** the letter is dated May 2nd.

Dativ *m ling.* dative (case); **~objekt** *n* indirect object.

dato *adv.*: ***bis ~*** up to now, to date.

DAT-Recorder *m* DAT recorder, digital audio tape (recorder).

Dattel *f* date; **~baum** *m*, **~palme** *f* date palm.

Datum *n* date; ***heutigen ~s*** of today; ***ohne ~*** undated; ***welches ~ haben wir heute?*** what's the date today?; ***der Brief trägt das ~ vom 2. Mai*** the letter is dated May 2nd; ***neueren ~s*** recent.

Datums|angabe *f* date; ***ohne ~*** undated; **~grenze** *f* (international) date line.

Datum(s)stempel *m* date stamp; (*Gerät*) dater.

Daube *f* stave.

Dauer *f* duration; (*Zeitspanne*) period (of time), *bsd.* ✝, ⚖ term; (*Länge*) length; ***auf die ~*** in the long run; ***auf die ~ wird es unerträglich*** it becomes unbearable after a time; ***sie können auf die ~ nicht so weitermachen*** they can't go on like that forever; ***das ist keine Lösung auf ~*** that's no long-term solution; ***für die ~ von*** for a period of; ***für die ~ unseres Aufenthalts*** for the course (*od.* duration) of our stay; ***von ~ sein*** last; ***von kurzer ~ sein*** be short-lived; ***während der ~ unseres Aufenthalts*** during (the course of) our stay; **~arbeitslosigkeit** *f* long-term unemployment; **~auftrag** *m* ✝ standing order; ***et. per ~ überweisen*** pay s.th. by standing order; **~ausstellung** *f* permanent exhibition; **~beanspruchung** *f* ⚙ endurance stress; *e-s Menschen*: constant stress; **~behandlung** *f* prolonged treatment; **~behinderung** *f* permanent disability; **~belastung** *f* ⚙ constant load; *e-s Menschen*: constant strain (*od.* stress); **~beschäftigung** *f* ✝ permanent employment; ***e-e ~ suchen*** look for a permanent job; **~betrieb** *m* continuous operation; **~beziehung** *f* long-term (*od.* permanent) relationship; **~brenner** *m* **1.** ⚙ slow-combustion stove; **2.** (*Erfolgsstück etc.*) long-running success; **3.** (*Diskussionsthema*) long-running issue; **4.** F (*Kuß*) long kiss; **~einrichtung** *f a. fig.* permanent institution; ***zu e-r ~ werden*** become a permanent institution; **~erfolg** *m* lasting success; **~flug** *m* long-haul flight; **~frost** *m* permafrost; **~frostgrenze** *f* permafrost line; **~gast** *m Hotel*: permanent resident; F ***er ist bei uns ~*** F he's a permanent fixture here; **~geschwindigkeit** *f* cruising speed.

dauerhaft I. *adj.* durable, *a. Frieden etc.*: lasting; *zeitlich*: *a.* long-term ...; *Farbe*: fast; *Stoff*: hard-wearing; *Gebäude*: solid; **~e** (***Konsum***)***Güter*** (consumer) durables; **II.** *adv.*: ***~ gearbeitet*** made to last; **Dauerhaftigkeit** *f* durability.

Dauer|institution *f* → ***Dauereinrichtung***; **~kalender** *m* perpetual calendar; **~karte** *f* season ticket; **~kunde** *m* regular customer; **~kundschaft** *f* regular customers *pl.*; **~lauf** *m* long-distance run(ning); ***im ~*** at a jog; **~leistung** *f* ⚙ continuous output; *e-s Menschen*: long-term performance; **~lösung** *f* long-term solution; **~lutscher** *m* lollipop; **~mieter** *m* permanent tenant.

dauern[1] *v/i.* last; *Zeitaufwand*: take; ***es wird lange ~, bis er kommt*** it'll be a long time before he comes; ***es wird nicht lange ~, dann ...*** it won't be long before ...; ***das dauert mir zu lange*** a) it's taking too long for my liking, b) that's too long for me; ***wie lange dauert das noch?*** how much longer is that going to take?; F ***das dauert aber!*** F it doesn't half take a long time.

dauern[2] *v/t.*: ***er dauert mich*** I feel sorry for him.

dauernd I. *adj.* lasting, *a. Wohnsitz*: permanent; (*haltbar*) durable; (*ständig*) constant; (*unaufhörlich*) incessant; **II.** *adv.*: ***er lachte ~*** he kept laughing; ***unterbrich mich nicht ~!*** stop interrupting me (all the time)!; ***~ ist was los*** there's always something going on.

Dauer|parker *m* long-term parker; **~regelung** *f* permanent arrangement; **~regen** *m* continuous rain; **~schaden** *m* ⚕ permanent damage; ***er hat Dauerschäden davongetragen*** he's suffered permanent damage; **~schlaf** *m* prolonged sleep; **~stellung** *f* permanent post; **~streß** *m* permanent stress; **~test** *m* endurance test; **~thema** *n* recurring topie; **~ton** *m* continuous tone; **~visum** *n* permanent visa; **~welle** *f* perm; ***sich e-e ~ machen lassen*** get one's hair permed, get a perm; **~wirkung** *f* lasting effect; **~wurst** *f* hard smoked sausage; **~zustand** *m* permanent condition (*od.* state of affairs); ***zu e-m ~ werden*** become permanent (*od.* a permanent state of affairs).

Däumchen *n*: *a. fig.* ***~ drehen*** twiddle one's thumbs.

Daumen *m* thumb; *fig.* ***j-m die ~ halten*** (*od.* ***drücken***) keep one's fingers crossed (for s.o.); *a. fig.* (***die***) ***~ drehen*** twiddle one's thumbs; *fig.* ***den ~ auf et. halten*** keep tabs on s.th.; ***et. über den ~ peilen***

make a rough guess at s.th.; ***über den ~ (gepeilt)*** at a rough guess; **~abdruck** *m* thumbprint; **~breite** *f*: ***um ~*** by about an inch; **~kino** *n* flip-book; **~lutschen** *n* thumb-sucking; **~lutscher** *m* thumb-sucker; **~nagel** *m* thumbnail; **~register** *n Buch*: thumb index; **~schraube** *f hist.* thumbscrew; *fig.* ***j-m ~n anlegen*** put the screws on s.o.

Däumling *m* **1.** *Schutzkappe*: thumbstall; *am Handschuh*: thumb; **2.** (*Märchenfigur*) Tom Thumb.

Daune *f* downy feather; *pl.* down *sg.*; **Daunenanorak** *m* quilted anorak; **Daunendecke** *f* eiderdown; **daunenweich** *adj.* downy.

Davidsstern *m* Star of David.

davon *pron. adv.* of it (*od.* them); *räumlich*: from it (*od.* them), from there; (*weg*) away; (*darüber*) about it, of it; ***was habe ich ~?*** what do I get out of it?; ***das kommt ~!*** what did you expect?; ***~ wird man müde*** it makes you tired; ***~ leben*** live off it; **~eilen** *v/i.* hurry away; **~fahren** *v/i.* drive (*od.* ride) off *od.* away; ***mir ist der Bus davongefahren*** I just missed the bus; **~fliegen** *v/i.* fly off (*od.* away); **~jagen** *v/t.* chase away; **~kommen** *v/i.* get away, escape; (*a.* ***mit dem Leben ~***) escape, survive; ***~ mit*** *leichten Verletzungen etc.*: escape (*od.* get away) with; *e-r Geldstrafe etc.*: get away (*od.* off) with; ***wir sind noch einmal davongekommen*** it was a close shave; → ***blau*** 1, ***Schreck*** 1; **~lassen** *v/t.*: → ***Finger***; **~laufen** *v/i.* run away (***j-m*** from s.o.); *fig. Preise etc.*: get out of control (*od.* hand); ***ihm ist die Freundin davongelaufen*** his girlfriend (got up and) left him; ***es ist zum 2!*** it's enough to make you weep; **~machen** *v/refl.*: ***sich ~*** make off; **~schleichen** *v/i. u. v/refl.* (***sich ~***), **~stehlen** *v/refl.*: ***sich ~*** sneak off (*od.* away); **~tragen** *v/t.* carry off; *fig.* (*Verletzung*) come away with, *formell*: sustain; (*Krankheit*) get, catch, F end up with; → ***Sieg***; **~ziehen** *v/i.* march off; F *Sport*: pull away (***j-m*** from s.o.).

davor *pron. adv. örtlich*: before *od.* in front of it (*od.* them); *zeitlich*: beforehand; *vor e-m bestimmten Zeitpunkt*: before that; ***e-e Stunde ~*** an hour earlier; *fig.* ***er fürchtet sich ~*** he's afraid of it.

dazu *pron. adv.* to it (*od.* them); (*zu diesem Zweck*) for it (*od.* that); (*zu diesem Punkt od. Thema*) about it (*od.* that); (*außerdem*) besides, in addition; ***noch ~*** on top of it (*od.* that); ***er ist zu dumm ~*** he's too stupid for that; ***~ gehört Zeit*** it takes time; ***es gehört schon einiges ~, zu*** *inf.* it takes quite a lot to *inf.*; ***wie kamst du dazu, zu*** *inf.* how did you come to *inf.* (*od.* to be *doing*)?; ***wie bist du ~*** (*zu dem Buch etc.*) ***gekommen?*** how did you get hold of it?; ***wie ist es ~ gekommen?*** how did it happen?; ***ich kam nie ~*** I never got round to it, ***zu*** *inf.*: I never got round to *ger.*; ***wie komme ich ~?*** why should I?; ***~ ist er da*** that's what he's there for, that's his job; ***~ hast du's doch*** that's what you've got it for (*od.* it's there for), isn't it?; **~geben** *v/t.* add; ***j-m et. ~*** give s.o. s.th. towards it.

dazugehören *v/i.* belong to it (*od.* them); be part of it; *zu e-m Kreis etc.*: *a.* belong; *fig.* ***das gehört mit ~*** that's part (and parcel) of it; ***es gehört schon einiges ~*** F it takes a fair bit (***zu*** *inf.* to *inf.*); **dazugehörig** *adj.* belonging to it (*od.* them); (*passend*) appropriate; ***der ~e Deckel*** *a.* the lid that goes with it.

dazu|kommen *v/i.* **1.** come along; join them (*od.* us *etc.*); ***er kam gerade dazu, als*** he arrived just as; **2.** *Sache*: be added; ***kommt noch was dazu?*** is there anything else?; ***dazu kommt noch, daß*** in addition, it has to be added that; **~können** *v/t.* → ***dafürkönnen***; **~lernen** *v/t.* (*u. v/i.*) learn (something new); ***schon wieder etwas dazugelernt!*** you live and learn!; ***er hat nichts dazugelernt*** he'll never learn.

dazumal *adv.* → ***Anno.***

dazutun I. *v/t.* add; **II.** 2 *n*: ***ohne sein ~*** without any help from him.

dazwischen *pron. adv.* between (them), in between; (*darunter*) among them; (*unterdessen*) in between; **~fahren** *v/i.* step in; *im Gespräch*: butt in; **~fragen** *v/i.*: ***darf ich mal kurz ~?*** could I ask a quick question before you (*od.* we) go on?; **~funken** F *v/i.* **1.** interfere (***j-m*** with s.o.'s plans *etc.*); (*Pläne etc. vereiteln*) F put a spoke in the wheel; **2.** *im Gespräch*: butt in; **~geraten** *v/i.* **1.** ***mit den Fingern*** *etc.* ***~*** get one's fingers *etc.* caught; **2.** (*in et. verwickelt werden*) get involved; ***irgendwie bin ich ~*** somehow I managed to get myself involved; **~kommen** *v/i.*: ***wenn nichts dazwischenkommt*** if all goes well; ***es*** (*od.* ***mir*** *etc.*) ***ist et. dazwischengekommen*** s.th.'s cropped up; **~liegend** *adj. zeitlich*: intervening; **~reden** *v/i.* interrupt (***j-m*** s.o.), butt in; **~rufen I.** *v/t.* shout *s.th.* (in between); **II.** *v/i.* interrupt a speech *etc.* with shouts, shout; **~treten** *fig. v/i.* interfere; (*sich einschalten*) step in; **~werfen I.** *fig. v/t.* (*Frage etc.*) throw in; **II.** *v/refl.*: ***sich ~*** jump in, try and break up the fight.

dealen F *v/i.* push drugs; **Dealer** *m* drug dealer, F pusher.

Debakel *n* débâcle, debacle.

Debatte *f* debate (*a. parl.*), discussion (***über*** on); ***zur ~ stehen*** be up for discussion; ***zur ~ stellen*** put *s.th.* forward for discussion, moot *a point*; ***das steht hier nicht zur ~*** that's not the issue here.

debattieren I. *v/t.* debate, discuss; **II.** *v/i.* debate; ***über et. ~*** debate (*od.* discuss) s.th.

Debet *n* ☤ debit; **~saldo** *m* balance due.

Debilität *f* ⚕ debility.

debitieren *v/t.* ☤ charge, debit; ***j-m e-n Betrag ~*** charge a sum to s.o.'s account, debit s.o. with a sum.

Debitoren *pl.* ☤ *Bilanz*: accounts receivable.

Debüt *n* debut, début; ***sein ~ geben*** → ***debütieren***; **Debütant(in** *f*) *m* débutant(e *f*); **debütieren** *v/i.* make one's debut *od.* début (***als*** as).

Dechant *m eccl.* dean.

dechiffrieren *v/t.* decipher, decode.

Deck *n* ⚓ *u. e-s Busses*: deck; (*Park2*) level; (*Cassetten2*) deck; ***an*** (*od.* ***auf***) ***~*** on deck; ***alle Mann an ~!*** all hands on deck!; ***unter ~*** below deck; **~adresse** *f*, **~anschrift** *f* cover address; **~anstrich** *m* top coat; **~aufbauten** *pl.* ⚓ superstructure *sg.*; **~bett** *n* duvet, *Brit. a.* continental quilt; **~blatt** *n* **1.** *e-r Zigarre*: wrapper; **2.** ❦ bract; **3.** *für Schriftstücke*: correction sheet; *durchsichtig*: overlay.

Decke *f* (*Woll2*) blanket; (*Bett2*) (bed)cover; (*Tisch2*) tablecloth; (*Zimmer2*) ceiling; (*Oberfläche*) surface; (*Überzug*) lining; (*Schicht*) layer, coat; (*Straßenbelag etc.*) surface; F *fig.* (***vor Freude***) (***bis***) ***an die ~ springen*** jump for joy; ***an die ~ gehen*** F hit the roof; ***sich nach der ~ strecken*** cut one's coat according to one's cloth; ***unter einer ~ stecken mit*** be hand in glove (*od.* be in league, F in cahoots) with.

Deckel *m* cover (*a. e-s Buchs*); *e-s Behälters*: lid, *e-s Glases*: *a.* top; F (*Hut*) F lid; ❦, *zo.* operculum; F ***eins auf den ~ kriegen*** F get a clip round the ears, (*zurechtgewiesen werden*) get a real ticking-off.

decken I. *v/t.* **1.** cover; (*Haus*) roof, *mit Ziegeln*: tile, *mit Schiefer*: slate; ***den Tisch ~*** lay (*od.* set) the table; ***es ist für vier Personen gedeckt*** the table's laid (*od.* set) for four; **2.** (*Tuch etc.*) put, spread (***über*** over); **3.** (*schützen*) shield, *a.* ⚔, *Schach etc.*: cover, protect (*alle a.* ***sich*** o.s.); **4.** (*j-n, et., a. Unzulängliches*) cover up for; **5.** *Sport*: mark, *bsd. Am.* cover; *Boxen*: guard (***sich*** o.s.); **6.** ☤ (*Kosten etc.*) a) cover, b) (*zurückerstatten*) reimburse; (*Bedarf*) meet, cover; (*Scheck, Schaden*) cover; → ***Bedarf***; **7.** *zo.* cover; **II.** *v/i.* **8.** *Farbe etc.*: cover; **9.** *Sport*: mark, *bsd. Am.* cover; *Boxen*: cover (up); **III.** *v/refl.*: ***sich ~*** **10.** → 3, 5; **11.** (*übereinstimmen*) *Zahlen, Aussagen etc.*: correspond, tally; *exakt*: be identical; **12.** A coincide, be congruent.

Decken|balken *m* ceiling beam; **~beleuchtung** *f* ceiling lamp(s *pl.*); **~gemälde** *n* ceiling fresco; **~lampe** *f*, **~leuchte** *f* ceiling lamp.

Deck|farbe *f* body colo(u)r; **~mantel** *m* cover; ***unter dem ~*** *gen.* under the cloak of; **~name** *m* alias; *e-s Schriftstellers*: pseudonym, pen name, nom de plume; *e-s Spions etc.*: code name; **~passagier** *m* deck passenger; **~platte** *f* cover plate; *aus Stein*: covering slab.

Deckung *f* **1.** covering; (*Schutz, a.* ⚔) cover, shelter; (*Tarnung*) camouflage; *Sport*: a) marking, *Am.* covering, b) (*Hintermannschaft*) defen|ce (*Am.* -se); *Boxen*: guard; *Schach etc.*: cover, guard; ***in ~ gehen*** take cover (***vor*** from); ⚔ (***in*** *od.* ***volle***) ***~!*** take cover!; **2.** ☤ *der Kosten etc.*: cover; (*Rückerstattung*) reimbursement; (*Zahlung*) payment; (*Sicherheit*) security; *der Währung*: backing; (*Mittel*) funds *pl.*; ***zur ~ der Nachfrage*** (***Unkosten***) to meet the demand (to cover the costs); **3.** (*Übereinstimmung*) correspondence; **4.** A coincidence, congruence.

Deckungsfehler *m Sport*: case of bad marking (*bsd. Am.* covering).

deckungsgleich *adj.* **1.** (*übereinstimmend*) identical; **2.** A congruent; **Dekkungsgleichheit** *f a.* A congruence.

Deckungs|kapital *n* covering funds *pl.*; **~klausel** *f* cover clause.

deckungslos *adj.* uncovered; ***~es Gelände*** open ground.

Deckungs|loch F *n*, **~lücke** F *f* hole in the budget; **~mittel** *pl.* covering funds; **~spieler** *m Sport*: defender; **~summe** *f* sum insured.

Deck|weiß *n* whitener; **~wort** *n* code word.

Deduktion *f* deduction; **deduktiv** *adj.* deductive; **deduzieren** *v/t.* deduce (***aus*** from).

de facto *adv.* de facto; **De-facto-...** de facto ...

Defätismus *m* defeatism; **Defätist** *m*, **defätistisch** *adj.* defeatist.
defekt I. *adj.* faulty; (*beschädigt*) damaged; **II.** ♀ *m* fault; *psych.*, ⚕ defect, deficiency; ***e-n ~ haben*** ⚙ be faulty.
defensiv I. *adj.* defensive; **II.** *adv.*: ***sich ~ verhalten*** be on the defensive; **Defensivbündnis** *n* defen|ce (*Am.* -se) alliance; **Defensive** *f* defensive; ***in der ~*** on the defensive; ***in die ~ drängen*** force onto the defensive; **Defensivkrieg** *m* defensive war(fare); **Defensivspiel** *n* *Sport*: defensive play.
Defibrillator *m* ⚕ defibrillator.
defilieren *v/i.* march past.
definieren *v/t.* define; ***neu ~*** redefine; **Definition** *f* definition; **definitiv I.** *adj.* (*bestimmt*) definite, positive; (*endgültig*) definitive, final; **II.** *adv.*: ***et. ~ entscheiden*** make a final decision on s.th.; ***~ feststehen*** be absolutely final; ***das kann ich Ihnen ~ sagen*** I can tell you that for certain; ***~ zusagen*** give one's word.
Defizit *n* ✝ deficit; **defizitär** *adj.* in deficit, deficit *budget etc.*; **Defizitfinanzierung** *f* deficit spending.
Deflation *f* deflation; **deflationär** *adj.*, **deflationistisch** *adj.* deflationary; **Deflationspolitik** *f* deflationary policy; **deflatorisch** *adj.* deflationary.
Defloration *f* defloration; **deflorieren** *v/t.* deflower.
Deformation *f* deformity; **deformieren** *v/t.* deform.
deftig *adj.* *Witz etc.*: coarse, near the knuckle; *Essen, Material etc.*: solid; *Schlag, Kritik*: sharp; *Preis*: steep.
Degen *m* sword, *Fechten*: épée.
Degeneration *f* degeneration; **degenerieren** *v/i.* degenerate (***zu*** into); **degeneriert** *adj.* degenerate; *Adlige, Macht etc.*: *a.* effete.
Degen|fechten *n* épée fencing; **~fechter** *m* épéeist.
degradieren *v/t.* ⚔ demote (***zu*** to the rank of); *fig.* degrade (***zu*** to); **Degradierung** *f* demotion; *fig.* degradation.
dehnbar *adj.* flexible, elastic; *phys.* expansible; *Metall*: malleable; *fig.* ***~er Begriff*** *etc.* elastic term *etc.*; *der Vokal* ***ist ~*** can be lengthened; **Dehnbarkeit** *f* elasticity; expansibility; malleability; → ***dehnbar***; **dehnen I.** *v/t.* stretch (*a. fig.*); (*Vokale*) lengthen; (*Worte*) drawl; (*Ton*) hold; *Gespräch etc.* ***in die Länge ~*** spin out, drag out; → ***gedehnt***; **II.** *v/refl.*: ***sich ~*** *Person*: stretch (o.s.); *Kleidung*: stretch; *phys.* expand; *Landschaft etc.*: extend, stretch out; ***sich in die Länge ~*** *Gespräch etc.*: drag on; **Dehnung** *f* stretch(ing); *phys.* (*Wärme*♀) expansion; *ling.* lengthening.
dehydrieren *v/t.* ⚗ dehydrate; **Dehydrierung** *f* dehydration.
Deich *m* dike; (*Fluß*♀) embankment, *Am.* levee; **~bruch** *m* bursting of a dike, (*Stelle*) breach in a dike.
Deichsel *f* pole; (*Gabel*♀) thills *pl.*; *für Schlepperzug*: drawbar; **deichseln** F *v/t.* manage; ***ich werde das schon ~*** I'll see to it all right (*Am.* alright), F I'll wangle it somehow.
dein I. *poss. pron.* **1.** *adjektivisch*: your; ***e-s ~er Bücher*** one of your books; ***e-r ~er Freunde*** a friend of yours, one of your friends; **2.** *substantivisch*: yours; ***~er, ~e, ~(e)s, der (die, das) ~(ig)e*** yours; **II.** *pers. pron.* (*gen. von* ***du***) of you; ***ich werde ~(er) gedenken*** I shall remember you.
deiner → ***dein*** II.
deinerseits *adv.* for (*od.* on) your part.
deinesgleichen *pron.* people like yourself; *contp.* the likes of you, your sort.
deinet|halben *obs. adv.* → **~wegen** *adv.* **1.** (*wegen dir*) because of you, on your account; (*dir zuliebe*) because of you, for your sake; **2.** (*in d-r Sache*) on your behalf; **~willen** *adv.*: (***um***) ~ for your sake; (*in d-r Sache*) on your behalf.
deinige → ***dein*** 2.
Deis|mus *m* deism; **♀tisch** *adj.* deistic.
Déjà-vu-Erlebnis *n psych.* déjà vu.
de jure *adv.* de jure; **De-jure-...** de jure ...
Deka *östr. n* 10 gram(m)s.
Dekade *f* (period of) ten days (*od.* ten weeks, ten months) *pl.*; (*10 Jahre*) decade.
dekadent *adj.* decadent; **Dekadenz** *f* decadence; **Dekadenzerscheinung** *f* sign of decadence.
Dekan *m univ. u. R. C.* dean; *evangelisch*: superintendent; **Dekanat** *n* **1.** *univ.* dean's office; **2.** *R. C.* deanery; *evangelisch*: superintendent's district.
dekantieren *v/t.* ⚗ (*u. Wein*) decant.
Deklamation *f* declamation; *fig. a.* harangue; **Deklamator** *m* declaimer; **deklamatorisch** *adj.* declamatory; **deklamieren** *v/t. u. v/i.* declaim, F spout.
Deklaration *f* declaration; **deklarieren** *v/t.* declare.
deklassieren *v/t.* degrade (***zu*** to); *Sport*: outclass.
Deklination *f ling.* declension; *ast.*, *phys.* declination; **deklinierbar** *adj.* declinable; **deklinieren** *v/t.* decline.
Dekolleté *n* low neckline; ***tiefes ~*** plunging neckline; **dekolletiert** *adj.* low-cut, décolleté; ***tief ~*** very low-cut, F *hum.* rather revealing.
Dekor *m, n* decoration; *thea.* décor, scenery, set; **Dekorateur(in** *f*) *m* (painter and) decorator; (*Schaufenster*♀) window dresser; *thea.* a) scene painter, b) set designer; **Dekoration** *f* decoration (*a. Orden*); (*Schaufenster*♀) window display; *thea.* set(s *pl.*); **dekorativ** *adj.* decorative; **dekorieren** *v/t.* decorate (*a. mit e-m Orden*); (*Schaufenster*) *a.* dress.
Dekret *n* decree.
Delegation *f* delegation.
Delegations|chef *n* head of the (*od.* a) delegation; **~mitglied** *n* member of the (*od.* a) delegation.
delegieren *v/t.* delegate; **Delegierte(r)** *m* delegate.
delikat *adj.* **1.** (*köstlich, lecker*) delicious, exquisite; **2.** (*heikel*) delicate, ticklish; **3.** (*taktvoll*) tactful, discreet; **Delikatesse** *f* **1.** (*Leckerbissen*) delicacy; **2.** (*Feingefühl*) tact(fulness), discretion; **Delikatessenladen** *m* delicatessen, F deli.
Delikt *n* offen|ce (*Am.* -se).
Delinquent *m* offender.
Delirium *n* delirium; ***im ~ liegen*** (*od.* ***sein***) be delirious; ***~ tremens*** delirium tremens, DT's.
Delle *f* **1.** dent; **2.** *geogr.* depression.
Delphin[1] *m zo.* dolphin.
Delphin[2] *n Sport* → **~schwimmen** *n*, **~stil** *m* butterfly (stroke).
Delta *n* delta; **~flügel** *m* delta wing; **~muskel** *m anat.* deltoid (muscle).
dem (*dat. sg. von* ***der, das***) to *the*; *als rel. pron.*: to whom, to which; ***an ~ und ~ Ort*** at such and such a place; ***nach ~, was ich gehört habe*** from what I've heard; ***wenn ~ so ist*** if that is the case; ***wie ~ auch sei*** be that as it may.
Demagoge *m* demagogue; **Demagogie** *f* demagogy; **demagogisch** *adj.* demagogic(ally *adv.*).
Demarkationslinie *f* demarcation line.
demaskieren I. *v/t.* unmask; *fig. a.* expose; *fig.* ***~ als*** expose as; **II.** *v/refl.*: ***sich ~*** unmask o.s.; *fig. a.* drop one's mask, reveal one's true identity.
Dementi *n* (official) denial, disclaimer; **dementieren** *v/t.* deny, disclaim.
dementsprechend I. *adj.* corresponding; *pred.* as expected; **II.** *adv.* accordingly.
demgegenüber *adv.* **1.** compared with this; **2.** on the other hand.
demgemäß *adj. u. adv.* → ***dementsprechend.***
demilitarisieren *v/t.* demilitarize; **Demilitarisierung** *f* demilitarization.
Demission *f* resignation; ***s-e ~ einreichen*** hand in one's resignation.
demnach *adv.* **1.** thus, so; **2.** (*demgemäß*) according to that.
demnächst *adv.* soon, before long; ***~ stattfindend*** *etc.* forthcoming; ***~ im Kino*** *etc.* coming shortly (*od.* soon).
Demo F *f* (*Demonstration*) F demo.
demobilisieren *v/t. u. v/i.* demobilize; **Demobilisierung** *f* demobilization.
Demo|cassette *f* demonstration cassette, F demo tape; **~diskette** *f Computer*: demonstration diskette, F demo disk.
Demodulation *f* ⚡ demodulation; **Demodulator** *m* demodulator; **demodulieren** *v/t.* demodulate.
Demograph *m* demographer; **Demographie** *f* demography; **demographisch** *adj.* demographic(ally *adv.*), population ...
Demokrat *m* democrat; **Demokratie** *f* democracy; **demokratisch** *adj.* democratic(ally *adv.*); **demokratisieren** *v/t.* democratize; **Demokratisierung** *f* democratization; **Demokratisierungsprozeß** *m* process of democratization, democratic process.
demolieren *v/t.* (*beschädigen*) damage; (*zerstören*) wreck (*a.* F *Auto etc.*), *mutwillig*: vandalize.
Demonstrant *m* demonstrator.
Demonstration *f* **1.** (*Kundgebung*) demonstration; **2.** (*Bekundung*) demonstration, *von Macht, gutem Willen etc.*: *a.* show; **3.** (*Veranschaulichung*) demonstration; ***zur ~ gen.*** to demonstrate (*od.* illustrate) *s.th.*
Demonstrations|flug *m* demonstration flight; **~recht** *n* right to demonstrate; **~verbot** *n* ban on demonstrations; **~zug** *m* **1.** demonstrators *pl.*; **2.** demonstration, protest march.
demonstrativ I. *adj.* **1.** (*anschaulich*) graphic; **2.** (*auffallend*) ostentatious; *Schweigen etc.*: pointed; **3.** *ling.* demonstrative; **II.** *adv.* ostentatiously; (*aus Protest*) in protest; ***~ den Saal verlassen*** walk out (in protest).
demonstrieren *v/t. u. v/i.* demonstrate.
Demontage *f* dismantling; **demontieren** *v/t.* dismantle; (*zerlegen*) *a.* take apart; *fig.* (*Vorurteile*) break down; (*Ruf*) chip away at.
demoralisieren *v/t.* demoralize; **Demoralisierung** *f* demoralization.

Demoskopie *f* public opinion research; **demoskopisch** *adj.*: **~e Umfrage** (public) opinion poll; **~es Institut** public opinion research institute.

demotivieren I. *v/t.* put *s.o.* off, demotivate; **II.** *v/i.*: **zuviel Schreibarbeit demotiviert** too much paperwork really puts you off.

Demut *f* humility; **demütig** *adj.* humble; (*unterwürfig*) submissive; **demütigen I.** *v/t.* humiliate; **II.** *v/refl.*: **sich ~** humble o.s.; (*sich herabwürdigen*) grovel; **demütigend** *adj.* humiliating; **Demütigung** *f* humiliation; **demutsvoll** *adv.* → **demütig.**

demzufolge *adv.* **1.** accordingly; **2.** (*daher*) consequently.

den, denen → **der.**

denaturieren I. *v/t.* denature (*a. j-n*); **II.** *v/i. Person*: degenerate (**zu** into).

Denk|ansatz *m* approach; **~anstoß** *m*: **ein ~** cause (*od.* food) for thought; **j-m e-n ~ geben** *a.* set s.o. thinking; **das war für mich der ~** that was what gave me the idea; **~arbeit** *f* mental effort; **~art** *f* way of thinking; (*Gesinnung*) mentality; **~aufgabe** *f* brainteaser.

denkbar I. *adj.* conceivable, possible; **II.** *adv.*: **in der ~ kürzesten Zeit** in the shortest possible time; **das ist ~ einfach** it's the easiest thing in the world.

denken I. *v/t. u. v/i.* think; (*nachsinnen*) reflect; *logisch*: reason; (*vermuten*) think, imagine; **sich** *et.* **~** (*vorstellen*) imagine; **~ an** think of, (*sich erinnern an; nicht vergessen*) remember, (*im Sinn haben*) have in mind, think of; **ans Heiraten ~** think of marrying; **es gibt e-m zu ~** it makes you think; **~ Sie nur!** just imagine!; **ich denke schon** I (should) think so; **ich dachte schon!** I was going to say; **ich dachte schon, du wolltest nicht mitkommen** I was beginning to think (*od.* for a minute I thought) you didn't want to come; **wer hätte das gedacht!** who would have thought it; **das habe ich mir gedacht** I thought as much; **das hätte ich von ihr gar nicht gedacht** I didn't think (*od.* wouldn't have thought) she was capable; **das hast du dir so gedacht!** → **denkste** 1; **das kann ich mir ~** I can well imagine; **das hättest du dir ~ können** you should have known that; **ich denke nicht daran!** I wouldn't dream of it; **er denkt daran, zu** *inf.* he's thinking of *ger.*; **er denkt gar nicht daran, zu** *inf.* he has no intention of *ger.*; **denk daran!** don't forget!; **es war für dich gedacht** it was meant for you; **~ über** think about; **wie denkst du darüber?** what do you think about (*od.* of) it?, how do you see it?; **wo ~ Sie hin?** what are you thinking of?; **solange ich ~ kann** as long as I can remember; F **den Wein mußt du dir ~** you'll just have to imagine (*od.* pretend) there's wine; → **dabei** 8; **II.** ♀ *n* thinking, thought; (*logisches* **~**) reasoning; (*Denkart*) way of thinking; F **das ~ soll man den Pferden überlassen** F don't think too hard, you might hurt yourself (*od.* pull a muscle); **denkend** *adj.* thinking; (*vernünftig* **~**) rational.

Denker *m* thinker; **großer ~** great thinker (*od.* mind); **denkerisch** *adj.* intellectual; **Denkerstirn** *f* lofty brow.

denkfähig *adj.* intelligent, rational, capable of (logical *od.* rational) thinking; **Denkfähigkeit** *f* intelligence, mental capabilities *pl.*

denkfaul *adj.* mentally lazy; **~ sein** have a lazy brain.

Denk|fehler *m* logical flaw, mistake in one's reasoning; **das war dein ~** that's where you went wrong; **~gewohnheit** *f* (habitual) way of thinking; **~hilfe** *f* clue.

Denkmal *n* monument (*gen.* to); (*Ehrenmal*) memorial (to); (*Standbild*) statue (of); **j-m ein ~ setzen** put up (*fig.* create) a monument to s.o.; *fig.* **sich ein ~ setzen** F do one's bit for posterity; **~pflege** *f* preservation of historic buildings and monuments; **~schutz** *m* protection of historic buildings and monuments; **unter ~ stehen** *Gebäude*: be listed, *Monument*: be scheduled, *Baum etc.*: be protected; **unter ~ stellen** put a preservation order on, (*Gebäude*) *a.* list, (*Monument*) *a.* schedule; **~schützer** *m* preservationist.

Denk|modell *n* working model; **~muster** *n* thought pattern; **~pause** *f* pause for reflection; **~prozeß** *m* thought process; **~richtung** *f* line of thought (*od.* thinking), (*Schule*) school of thought; **~schablone** *f s.o.'s* way of thinking; **~schrift** *f* memorandum; **~sport** *m* brainteaser(s *pl.*); **~spruch** *m* **1.** maxim; **2.** aphorism.

denkste F *int.* **1.** (*da hast du dich gründlich getäuscht*) that's what you think; **2.** (*keinesfalls*) F no way!; **3.** (*von wegen*) no such luck.

Denkübung *f* brainteaser, logic problem.

Denkungsart *f* → **Denkart.**

Denk|vermögen *n* intellectual capacity; **~weise** *f* → **Denkart.**

denkwürdig *adj.* memorable (**wegen** for); **ein ~er Tag** *a.* a day to be remembered.

Denkzettel *fig. m* lesson; **j-m e-n ~ geben** (*od.* **verpassen**) teach s.o. a lesson; **das wird für ihn auf lange Sicht ein ~ sein** that's something he won't forget about in a hurry.

denn I. *cj.* **1.** *begründend*: because; since; **2.** *nach comp.*: (*als*) than; **mehr ~ je** more than ever; **3. es sei ~** unless; **II.** *adv. verstärkend*: **was sollen wir ~ machen?** what are we supposed to do then?; **wo ~?** where?; **wo war es ~?** where was it (then)?; **ist er ~ so arm?** is he really that poor?; **was ~?** what?; **wieso ~?** why?; **was ist ~?** what's up?, *verärgert*: what (is it)?; **wo bleibt er ~ nur?** where on earth is he?

dennoch *adv. u. cj.* (yet ...) still, nevertheless; **er wollte es ~ machen** (yet) he still wanted to do it, he wanted to do it nevertheless.

Densität *f phys.* density.

dental I. *adj.* dental; **II.** ♀ *m* → ♀**laut** *m ling.* dental.

denuklearisieren *v/t.* denuclearize; **Denuklearisierung** *f* denuclearization.

Denunziant *m* informer; **denunzieren** *v/t.* inform on; **j-n bei der Polizei ~** *a.* report s.o. to the police.

Deodorant *n* deodorant.

Deo|roller *m* roll-on (deodorant); **~spray** *m, n* deodorant spray.

Dependance *f* **1.** ✝ branch; **2.** (*Nebengebäude*) annex(e).

Depilation ⚕ *f* depilation; **depilieren** *v/t.* depilate.

deplaciert *adj.* out of place, *Bemerkung etc.*: *a.* misplaced.

Deponie *f* **1.** refuse tip, waste disposal site, landfill site; → *a.* **Mülldeponie**; **2. wilde ~** uncontrolled (*od.* indiscriminate) dumping; **3.** *fig.* dumping ground; **deponieren** *v/t.* deposit, leave.

Deportation *f* deportation; **deportieren** *v/t.* deport; **Deportierte(r)** *m* deported person, deportee.

Depositen *pl.* ✝ deposits; **~bank** *f* deposit bank; **~gelder** *pl.* deposits; **~geschäft** *n* deposit banking; **~konto** *n* deposit account.

Depot *n* depot (*a.* ⚔ *u.* ⚕); ✝ (**~konto**) deposit; *für Wertpapiere*: securities account; (*Waren*♀) warehouse; **~bibliothek** *f* deposit library; **~effekt** *m pharm.* controlled sustained release; **~präparat** *n pharm.* depot preparation; **~schein** *m* ✝ deposit receipt; **~wirkung** *f* → **Depoteffekt.**

Depp *m* idiot, F twit.

Depression *f* depression; **an** (*od.* **unter**) **~en leiden** suffer from depression(s); **depressiv** *adj.*: **in e-r ~en Stimmung sein** be depressed; **~ sein** a) suffer from depression, be depressive, b) be depressed.

deprimieren *v/t.* get s.o. down, *stärker*: depress; **deprimierend** *adj.* depressing; **es ist ~** *a.* it gets you down; **deprimiert** *adj.* down in the dumps, *stärker*: depressed.

Deprivation *f psych.* deprivation.

Deputat *n* **1.** ✝ payment in kind; **2.** *ped.* teaching load.

Deputation *f* delegation; **deputieren** *v/t.* delegate; **Deputierte(r)** *m* delegate.

der *m*, **die** *f*, **das** *n*, *pl.* **die I.** *art.* the; **der arme Peter** poor Peter; **die Königin Elisabeth** Queen Elizabeth; **der Hyde Park** Hyde Park; **die Chemie** chemistry; **das Fernsehen** television; **ich wusch mir das Gesicht** I washed my face; **zwei Dollar das Kilo** two dollars a kilo; **II.** *dem. pron.* that (one), this (one); he, she, it; *pl.* these, those, they, them; **der Mann hier** this man; **der** (*od.* **die**) **mit der Brille** the one with the glasses; **nimm den hier** take this one; **sind das Ihre Bücher?** are those your books?; **das, was er sagt** what he says; **das waren Chinesen** they were Chinese; **zu der und der Zeit** at such and such a time; **der und baden gehen?** you won't catch him going swimming; **III.** *rel. pron.* who, which, that; **das Mädchen, mit dem** (**mit dessen Vater**) **ich sprach** the girl (whose father) I spoke to; **das Material, dessen Eigenschaften ...** the material, whose properties (*od.* the properties of which) ...; **der Bezirk, der e-n Teil von X bildet** the district forming part of X; **er war der erste, der es erfuhr** he was the first to know; **jeder, der ...** anyone who ...

derangiert *adj. Kleidung*: untidy, *Haar*: *a.* dishevel(l)ed, mussed up.

derart *adv.* so, *nachgestellt*: like that, (*so sehr*) so much, (*in solchem Ausmaß*) to such an extent; **er hat ~ geschrien, daß** he screamed so much (*od.* loud) that; **die Folgen waren ~, daß** the consequences were such that; **derartig I.** *adj.* such; **e-e ~e Politik** such a policy, a policy such as this; **ein ~er Fehler** a mistake like that; **es war e-e ~e Kälte** it was so cold; **II.** *adv.* → **derart.**

derb *adj.* (*rauh, grob*) rough, coarse (*a. Stoff*); *Leder*: tough; *Typ, Humor etc.*:

earthy; *Witz etc.*: crude; *Sprache*: coarse; **Derbheit** *f* (*grobes Benehmen*) coarse behavio(u)r; **~en** a) crude jokes, b) crude remarks.

dereinst *adv.* some day, one day.

dere(n)twegen, (um) dere(n)twillen *adv.* for her (*od.* their) sake; ***die Frau, ~ er s-e Frau verließ*** the woman for whom he left his wife; ***die Couch, ~ er gekommen war*** the settee for which he had come.

dergestalt *adv.* a) in such a way, b) to such an extent; ***~ bewaffnet*** *etc.* thus armed *etc.*; → *a.* ***derart.***

dergleichen *pron. u. adj.* such, like that, of that kind; *substantivisch*: the like, such a thing, something like that; ***nichts ~*** no such thing, nothing of the kind; ***und ~*** (***mehr***), ***u. dgl.*** and the like, and so forth; ***er tat nicht ~*** he just didn't react.

Derivat *n* ⚗, *ling.* derivative.

der-, die-, dasjenige *dem. pron.* the one; *Sache*: *a.* that one; ***derjenige, der*** (*od.* ***welcher***), ***diejenige, die*** (*od.* ***welche***) the one who; ***diejenigen, die*** (*od.* ***welche***) those who; the ones who.

derlei *pron. u. adj.* → ***dergleichen.***

dermaßen *adv.* → ***derart.***

Dermatologe *m* dermatologist, skin specialist; **Dermatologie** *f* dermatology; **dermatologisch** *adj.* dermatological.

der-, die-, dasselbe *dem. pron.* the same; ***derselbe, dieselbe*** (*Person*) the same person; ***ein und dieselbe Person*** one and the same person; ***ziemlich dasselbe*** much the same (thing); ***auf dieselbe Weise wie*** the same (way) as; ***jedesmal dasselbe!*** it's the same (old) thing every time; ***dasselbe nochmal!*** *bei Bestellung*: (the) same again, please; ***es kommt auf dasselbe heraus*** it comes to the same thing.

Deregulierung *f* deregulation, liberalization.

derweil I. *cj.* while, whilst; **II.** *adv.* meanwhile.

Derwisch *m*: (***tanzender ~*** whirling) dervish.

derzeit *adv.* at present, at the moment; **derzeitig** *adj.* **1.** (*jetzig*) present, current; **2.** (*damalig*) then, *nachgestellt*: at the time.

Des *n* ♪ D flat.

desaktivieren *v/t.* ⚗ inactivate.

Desaster *n* disaster; ***mit e-m ~ enden*** end disastrously (*od.* in disaster).

desensibilisieren *v/t.* ⚕, *phot.* desensitize (***gegenüber*** to); (*j-n*) harden (to); **Desensibilisierung** *f* desensitization.

Deserteur *m* deserter; **desertieren** *v/i.* desert (***von*** from); ***zum Feind ~*** run over to the enemy.

desgleichen I. *pron.* likewise, the same; *ich stand auf* ***und mein Freund tat ~*** and so did my friend; **II.** *cj.* (*ebenso*) likewise, similarly.

deshalb *adv. u. cj.* that's why, so, *formell*: therefore; ***~ mußt du nicht gleich weinen*** there's no need to cry; ***die Lage ist ~ nicht besser*** that doesn't mean to say things have improved; ***er ist ~ keineswegs gesünder*** he isn't any the healthier for it; ***~, weil*** because; ***er tat es gerade ~*** that's precisely why he did it; ***ich tue es schon ~ nicht, weil*** I'm not going to do it for the simple reason that.

Design *n* design; **Designer** *m* designer.

designiert *adj. nachgestellt*: designate.

desillusionieren *v/t.* disillusion.

Desinfektion *f* disinfection; **Desinfektionsmittel** *n* disinfectant; *zur Wundbehandlung*: antiseptic; **desinfizieren** *v/t.* disinfect; **desinfizierend** *adj.* disinfectant; ***e-e ~e Wirkung haben*** act as a disinfectant.

Desinformation *f* disinformation.

Desintegration *f* disintegration.

Desinteresse *n* indifference (***an*** to, towards), *stärker*: apathy (towards); **desinteressiert** *adj.* uninterested (***an*** in), indifferent (to, towards).

deskriptiv *adj.* descriptive.

Desodorans *n*, **Desodorant** *n* deodorant.

desolat *adj. Zustand*: wretched, desperate; *Anblick*: pitiable.

Desorganisation *f* **1.** breakdown of order; **2.** lack of organization; state of disarray; (*Chaos*) chaos.

desorientiert *adj.* disorient(at)ed; (*verwirrt*) confused; ***er ist völlig ~*** *a.* he doesn't know where he's going; **Desorientierung** *f* disorientation.

despektierlich *adj.* disrespectful, *stärker*: contemptuous.

desperat *adj.* desperate.

Despot *m* despot; **despotisch** *adj.* despotic(ally *adv.*); **Despotismus** *m* despotism.

dessen I. *rel. pron.* whose; *Sache*: *a.* of which; **II.** *poss. pron.*: ***mein Bekannter und ~ Frau*** my friend and his wife; **III.** *dem. pron.*: ***~ bin ich sicher*** I'm absolutely certain about that; ***ist er sich ~ bewußt?*** is he aware of it?; **dessentwegen, (um) dessentwillen** *adv.* for his sake; ***das Mädchen, ~ er s-e Frau verließ*** the girl for whom he left his wife; ***der Stuhl, ~ er gekommen war*** the chair for which he had come; **dessenungeachtet** *cj.* notwithstanding (that), nevertheless, all the same; → *a.* ***dennoch.***

Dessert *n* dessert; ***als*** (*od.* ***zum***) ***~*** for dessert; **~löffel** *m* dessertspoon; **~teller** *m* dessert plate; **~wein** *m* dessert wine.

Dessin *n* design, pattern.

destabilisieren *v/t.* destabilize; **Destabilisierung** *f* destabilization.

Destillat *n* ⚗ distillate; **Destillation** *f* distillation; **destillieren** *v/t.* distil(l); **Destillierkolben** *m* distillation (*od.* distilling) flask.

desto *adv. u. cj.* (all) the; ***~ besser*** a) so much the better, b) the better *he plays etc.*; ***~ weniger*** the less; ***je mehr, ~ besser*** the more the better.

Destruktion *f* destruction; **destruktiv** *adj.* destructive.

deswegen *adv. u. cj.* → ***deshalb.***

Detail *n* detail; ***die kleinen ~s*** the finer points, the fine details; ***ins ~ gehen*** go into detail; ***bis ins kleinste ~*** (down) to the last detail; → ***Teufel***; **~bericht** *m* detailed report; **~frage** *f* **1.** penetrating question; **2.** matter of detail; **~kenntnisse** *pl.* detailed knowledge *sg.*

detaillieren *v/t.* specify; ***kannst du es ein wenig ~?*** can you be more specific (*od.* give some details)?; **detailliert** *adj.* detailed.

detailreich *adj.* (very) detailed.

Detail|schilderung *f* detailed account; **~zeichnung** *f* detail drawing.

Detektei *f* detective agency, private investigators *pl.*

Detektiv *m* (private) detective; **~büro** *n* → ***Detektei***; **~roman** *m* detective story (*od.* novel); *pl. coll. a.* detective fiction *sg.*

Detektor *m Radio*: detector.

Detonation *f* detonation.

Detonations|druck *m* force of the blast; **~welle** *f* blast.

detonieren *v/i.* detonate.

Deut *m*: ***keinen ~ wert*** not worth a penny; ***er kümmerte sich keinen ~ darum*** he didn't care a hoot about it; (***um***) ***keinen ~ besser*** not the slightest bit better.

deutbar *adj.* (*auslegbar*) interpretable; (*erklärbar*) explainable; ***es ist nicht anders ~*** it can't be explained (*od.* interpreted) any other way.

deuteln *v/i.*: ***daran gibt es nichts zu ~*** there are no two ways about it.

deuten I. *v/i.* **1.** (***mit dem Finger***) ***~ auf*** point to, *bsd. auf j-n*: point at; **2.** *fig.* ***~ auf*** point to, indicate, suggest; (*ankündigen*) point to(wards); **II.** *v/t.* (*auslegen*) interpret; (*erklären*) explain; ***falsch ~*** misinterpret.

deutlich I. *adj.* clear, distinct (*a. akustisch*); (*verständlich*) clear, intelligible; (*leserlich*) legible; (*einleuchtend, augenfällig*) clear, plain; (*unverblümt*) blunt, plain(spoken); (*merklich*) noticeable; ***~er Wink*** broad hint; ***et. ~ machen*** make s.th. clear (*od.* plain) (*dat.* to), ***j-m:*** *a.* explain s.th. to s.o., *weitS.*: drive s.th. home to s.o.; ***sehr ~ werden*** not to pull any punches; ***j-m gegenüber:*** F talk turkey with s.o.; ***muß ich noch ~er werden?*** am I making myself understood?; ***e-e ~e Sprache sprechen*** a) *Person*: not to mince matters (*od.* one's words), ***mit j-m:*** F talk turkey with s.o., b) *Sache*: speak volumes; **II.** *adv.*: ***~ besser*** much better; ***um es ganz ~ zu sagen*** to put it quite bluntly, not to put too fine a point on it; ***habe ich mich ~ genug ausgedrückt?*** have I made myself understood?; **Deutlichkeit** *f* **1.** clearness, distinctness *etc.*, → ***deutlich***; ***et. mit aller ~ sagen*** put s.th. quite bluntly; ***an ~ nichts zu wünschen übriglassen*** leave no room for doubt; **2.** ***j-m ein paar ~en sagen*** tell s.o. a few home truths.

deutsch I. *adj.* German; ***~ reden*** talk (in) German, *fig.* not to mince matters (*od.* one's words); ***jetzt reden wir mal ~ miteinander*** it's about time we had a word with each other; **II.** 2 *n* German, the German language; *fig.* ***auf gut deutsch*** (***gesagt***) in plain English.

Deutschamerikaner(in *f*) *m*, **deutschamerikanisch** *adj.* German-American.

deutsch-deutsch *adj. hist.* German-German, East-West German.

Deutsche(r *m*) *f* German; ***sie ist Deutsche*** she's (a) German.

deutschfeindlich *adj.* anti-German.

Deutschland|bild *n* image of the Germans; **~frage** *f hist.* German question; **~lied** *n* German national anthem.

deutschsprachig *adj.* **1.** *Zeitschrift etc.*: German-language ...; ***die ~e Literatur*** German literature; **2.** → **deutschsprechend** *adj.* German-speaking.

deutschstämmig *adj.* ethnic German, of German origin; **Deutschstämmige(r** *m*) *f* ethnic German.

Deutschunterricht *m* **1.** teaching of German; **2.** German lesson(s *pl.*) *od.* class(es *pl.*).

Deutung *f* (*Auslegung*) interpretation;

(*Erklärung*) explanation; ***falsche ~*** misinterpretation.

Devise *f* motto; ***als oberste ~ gilt: Ruhe bewahren*** the most important thing is to keep calm.

Devisen *pl.* ⚚ foreign exchange (*od.* currency) *sg.*; **~abkommen** *n* foreign exchange agreement; **~beschränkungen** *pl.* foreign exchange restrictions; **~bestimmungen** *pl.* currency regulations: **~bewirtschaftung** *f* foreign exchange control; **~börse** *f* foreign exchange market; **~bringer** *m* currency (*od.* foreign exchange) earner; **~einnahmen** *pl.* currency receipts; **~handel** *m* foreign exchange trading; **~kontrolle** *f* (foreign) exchange control; **~kurs** *m* rate of exchange; **~makler** *m* (foreign) exchange broker; **~markt** *m* (foreign) exchange market; **~politik** *f* foreign exchange policy; **~schmuggel** *m* currency smuggling; **~sperre** *f* exchange embargo; **~verkehr** *m* foreign exchange transactions *pl.*

devot *contp. adj.* servile.

Dezember *m* December; ***im ~*** in December.

dezent *adj.* discreet, unobtrusive; *Farbe, Licht, Musik*: soft; *Kleidung*: tasteful.

dezentralisieren *v/t.* decentralize; **Dezentralisierung** *f* decentralization; **Dezentralisierungspolitik** *f* policy of decentralization (*od.* devolution).

Dezernat *n* department; → ***Morddezernat, Rauschgiftdezernat*** *etc.*

Dezibel *n* decibel.

dezidiert I. *adj. Forderungen etc.*: firm; **II.** *adv.* decidedly.

dezimal *adj.* decimal; **2bruch** *m* decimal.

Dezimale *f* decimal (place).

Dezimal|komma *n* decimal point; **~rechnung** *f* decimals *pl.*; **~stelle** *f* decimal (place); **~system** *n* decimal system; *Maße u. Gewichte*: *a.* metric system; ***auf das ~ umstellen*** *v/t.* (*Währung*) decimalize, *v/i.* go decimal; **~währung** *f* decimal currency; **~zahl** *f* decimal.

Dezime *f* ♪ tenth.

Dezimeter *m, n* decimet|re (*Am.* -er).

dezimieren *v/t.* decimate; **Dezimierung** *f* decimation.

Dia *n phot.* slide; ***~s machen*** take slides.

Diabetes *m* ⚕ diabetes; **Diabetiker** *m* diabetic; ***er ist ~*** he's (a) diabetic; **Diabetikerkost** *f* diabetic food; **diabetisch** *adj.* diabetic.

Diabetrachter *m* slide viewer.

diabolisch *adj.* devilish.

Diadochenkämpfe *pl.* battle *sg.* for the succession.

Diafilm *m* slide film.

Diagnose *f* diagnosis; ***e-e ~ stellen*** make a diagnosis; ***die ~ lautet ...*** the diagnosis is ...; **Diagnostiker** *m* diagnostician; **diagnostisch** *adj.* diagnostic(ally *adv.*); **diagnostizieren** *v/t. u. v/i.*: ***e-e*** (*od.* ***auf***) ***Lungenentzündung ~*** diagnose pneumonia; ***e-e Krankheit ~ als*** diagnose an illness as.

diagonal *adj.*, **Diagonale** *f* diagonal.

Diagonal|paß *m Sport*: diagonal ball; **~reifen** *m mot.* cross-ply (tyre, *Am.* tire), *Am. a.* bias-ply (tire).

Diagramm *n* graph; **~papier** *n* graph paper.

Diakon *m*, **Diakonin** *f* deacon; **Diakonisse** *f* deaconess.

diakritisch *adj.*: ***~es Zeichen*** diacritic(al mark).

Dialekt *m* dialect; ***~ sprechen*** speak (a) dialect; **dialektal** *adj.* dialectal.

Dialekt|ausdruck *m* dialect word (*od.* expression); **~dichter** *m* dialect poet; **~dichtung** *f* dialect poetry; **~forscher** *m* dialectician, dialectologist; **~forschung** *f* dialectology.

dialektfrei *adv.*: ***~ sprechen*** speak standard English *etc.*

Dialektik *f phls.* dialectics *pl.* (*sg. konstr.*); **Dialektiker** *m* dialectician; **dialektisch** *adj.* dialectical; ***~er Materialismus*** dialectical materialism.

Dialog *m* dialogue, *Am. a.* dialog; *fig.* (*Kommunikation*) *a.* discourse.

dialogbereit *adj.*: *pol.* ***~ sein*** be willing to negotiate (*od.* have talks); **Dialogbereitschaft** *f* willingness to negotiate (*od.* have talks), openness for talks.

dialogfähig *adj.* **1.** open to communication; **2.** → ***dialogbereit***; **3.** *Computer*: interactive; **Dialogfähigkeit** *f* → ***Dialogbereitschaft.***

Dialogform *f*: ***in ~*** in dialogue (form).

Dialyse *f* ⚗, ⚕ dialysis.

Diamagazin *n* slide tray.

Diamant *m* diamond; *Plattenspieler*: stylus; **2besetzt** *adj.* diamond-studded.

diamanten *adj.* diamond ...; ***~e Hochzeit*** diamond wedding.

diamanten|besetzt *adj.* → ***diamantbesetzt;*** **2kollier** *n* diamond necklace; **2schmuck** *m* diamond jewellery (*bsd. Am.* jewelry), diamonds *pl.*, F ice.

Diamant|kollier *n* → ***Diamantenkollier;*** **~ring** *m* diamond ring; **~schleifer** *m* diamond cutter; **~schmuck** *m* → ***Diamantenschmuck.***

Diameter *m* Ⓐ diameter; **diametral I.** *adj.* diametric(al); *fig.* diametrically opposed; ***in ~em Gegensatz stehen*** be diametrically opposed (***zu*** to); **II.** *fig. adv.* ***~ entgegengesetzt*** diametrically opposed (*dat.* to); **diametrisch** *adj.* diametric(al).

Dia|positiv *n phot.* transparency, slide; **~projektor** *m* slide projector; **~rähmchen** *n*, **~rahmen** *m* slide frame.

Diät I. *f* (special) diet; ***~ halten*** be on (*od.* keep to) a diet; ***e-e ~ machen*** be (*od.* go) on a diet; ***j-m e-e ~ verordnen,*** F ***j-n auf ~ setzen*** put s.o. on a diet; **II. 2** *adv.*: ***~ kochen*** cook according to a diet; ***streng ~ leben*** keep to (*od.* follow) a strict diet.

Diäten *pl. parl.* emoluments *pl.*, parliamentary pay.

Diätetik *f* dietetics *pl.* (*sg. konstr.*); **diätetisch** *adj.* dietary.

Diät|kost *f* dietary food; **~kur** *f* diet cure.

Diatonik *f* ♪ diatonicism; **diatonisch** *adj.* diatonic(ally *adv.*).

Diavortrag *m* slide talk (*od.* show).

dich I. *pers. pron.* (*acc. von du*) you; **II.** *refl. pron.* yourself; *nach prp.*: you; *oft unübersetzt*: ***beruhige ~!*** calm down.

dicht I. *adj.* **1.** *Wald*: dense, *Nebel*: *a.* thick (*a. Haar, Gestrüpp etc.*); *Verkehr*: heavy; (*gedrängt*) tightly packed (*a. Programm*); *Stil*: compact; ***in ~er Folge*** in quick succession; **2.** (*undurchlässig*) a) watertight, b) airtight; ***nicht mehr ~ sein*** *Gefäß etc.*: leak, be leaky; F *fig.* ***er ist nicht ganz ~*** F he's got a screw loose; **3.** F (*geschlossen, zu*) closed, shut; **II.** *adv.* **4.** ***~ an*** (*od.* ***bei***) close to; ***~ dabeistehen*** stand close by; ***~ gefolgt von*** closely followed by; ***~ hinter j-m hersein*** be hot on s.o.'s heels; ***~ bevölkert*** densely populated; ***~ gedrängt*** tightly packed; → ***auffahren*** 3; **5.** ***~ bevorstehen*** be imminent; **6.** ***~ schließen*** shut tight(ly), *Tür*: shut tight (*od.* properly); **~behaart** *adj.* (very) hairy, *formell*: hirsute; **~besiedelt** *adj.*, **~bevölkert** *adj.* densely populated.

Dichte *f* **1.** density, thickness; **2.** (*spezifisches Gewicht*) specific gravity.

dichten¹ I. *v/t.* write; **II.** *v/i.* write poetry (*od.* plays, novels *etc.*).

dichten² *v/t.* ⚙ seal; (*Fuge*) flush; *mit Kitt*: lute; ⚓ ca(u)lk.

Dichter(in *f*) *m* poet; (*Schriftsteller*) author, writer; **dichterisch** *adj.* **1.** poetic(ally *adv.*); **2.** literary; ***~e Freiheit*** poetic licen|ce (*Am.* -se); **Dichterlesung** *f* (author's) reading; ***e-e ~ halten*** read from one's own works; **Dichterling** *contp. m* poetaster.

dichtgedrängt *adj.* tightly packed.

dichthalten F *v/i.* keep mum, F keep one's mouth shut.

Dichtheit *f* → ***Dichte*** 1.

Dichtkunst *f* poetry.

dichtmachen F **I.** *v/t.* **1.** (*Laden etc.*) *am Abend*: close (*od.* shut up) (for the night), *für immer*: close down; ***j-m das Restaurant ~*** close down s.o.'s restaurant; **II.** *v/i.* **2.** *Laden etc., am Abend*: close, shut, *für immer*: close down, F put up the shutters; **3.** *Sport*: (***hinten***) ***~*** put up a defensive barrier.

Dichtung¹ *f* **1.** literature; **2.** (*Vers2*) poetry; **3.** (*Gesamtwerk e-s Dichters*) a) work(s *pl.*), writing(s *pl.*), b) poetry, poetic works *pl.*; **4.** (*Gedicht*) poem; (*Prosawerk*) work (of literature); ***sinfonische ~*** symphonic poem; **5.** F ***das ist doch reine ~!*** F that's a lot of old fairytales, he's *etc.* made it all up.

Dichtung² *f* ⚙ seal; (*Packung*) packing; (*Dichtungsmanschette*) gasket; (*Unterlegscheibe*) washer; *mit Kitt*: lute; ⚓ ca(u)lking.

Dichtungs|material *n* sealing compound; sealant; **~ring** *m*, **~scheibe** *f* sealing ring; washer, gasket.

dick I. *adj. Sache*: thick (*a. Lippen, Soße etc.*); (*massig*) big; (*geschwollen*) swollen; (*beleibt*) fat; F (*groß*) (F great) big ..., *sl.* whopping great ...; F ***mach dich nicht so ~!*** do you have to spread (yourself) out like that?; F ***mit j-m durch ~ und dünn gehen*** stick by s.o. through thick and thin; F ***ein ~es Lob ernten*** be praised to the skies; F ***hier ist*** (*od.* ***herrscht***) ***~e Luft*** a) there's something in the air, b) feelings are running high; ***sie sind ~e Freunde*** F they're (as) thick as thieves, they're very thick; → ***Ei*** 1, ***Ende, Fell, Hund*** 2; **II.** *adv.*: ***~ mit Staub bedeckt*** thick with dust; ***sich ~ anziehen*** wrap up well; F ***~ befreundet sein*** F be very thick (***mit*** with); F ***j-n od. et. ~ haben*** (***kriegen***) F be (get) sick and tired of; → ***auftragen*** 5.

Dickbauch *m* fat belly, paunch; **dickbäuchig** *adj.* fat-bellied.

Dickdarm *m* colon.

Dicke *f* thickness; (*Durchmesser*) diameter.

Dicke(r *m*) *f*, **Dickerchen** F *n* F fatty, chubby cheeks, podge.

dickfellig *adj.* thick-skinned.

dickflüssig *adj.* syrupy; 🕮 *u.* ⚙ viscous.

Dickhäuter *m zo.* pachyderm.

Dickicht *n* thicket; *fig.* labyrinth, jungle.

Dickkopf F *m*: ***ein ~ sein, e-n ~ haben*** be pigheaded (*od.* stubborn); ***so ein ~!*** he's so pigheaded, how stubborn can you get; ***s-n ~ aufsetzen*** put on one's pigheaded act; **dickköpfig** F *adj.* pigheaded, stubborn.

dickleibig *adj.* corpulent, obese; *euphem.* portly, stout.

dicklich *adj.* slightly plump, a bit on the plump side.

Dick|macher *m* fattener; *pl. a.* fattening food *sg.* (*od.* foods); ***das ist ein ~*** *a.* that's very fattening; **~milch** *f* soured milk; **~schädel** F *m* → ***Dickkopf.***

dicktun F **I.** *v/refl.*: ***sich ~*** act big; **II.** *v/i.*: ***~ mit*** show off with.

Dickwanst F *contp. m* F tub of lard, fat slob, fatso.

Didaktik *f* didactics *pl.* (*sg. konstr.*); **didaktisch** *adj.* didactic(ally *adv.*).

die → ***der.***

Dieb *m* thief; (*Einbrecher*) burglar; ***haltet den ~!*** stop, thief!

Diebes|bande *f* gang of thieves; **~gut** *n* stolen goods *pl.*; **2sicher** *adj.* theft-proof; (*einbruchsicher*) burglarproof; ***et. ~ aufbewahren*** keep s.th. in a safe place (*od.* under lock and key).

diebisch I. *adj.* **1.** thieving; → ***Elster*; 2.** *fig. Vergnügen, Freude*: malicious, fiendish; **II.** *adv.*: ***sich ~ freuen*** secretly rejoice (***über*** at).

Diebstahl *m* theft, ⚖ *mst* larceny; ***geistiger ~*** plagiarism; **2sicher** *adj.* → ***diebessicher***; **~sicherung** *f mot.* anti-theft device; **~versicherung** *f* theft insurance.

Diele *f* **1.** (*Dielenbrett*) (floor)board, *stärkere*: plank; **2.** (*Vorraum*) hall.

dienen *v/i.* **1.** serve (***j-m*** s.o.; ***als*** as); ***dazu ~, zu*** *inf.* serve to *inf.*; ***es dient dazu, zu*** *inf. a.* it's for *ger.*; ***e-r Sache ~*** (*fördern*) help (*od.* contribute to) s.th.; ***es dient e-m guten Zweck*** it's all for a good purpose; ***damit ist mir nicht gedient*** that doesn't help me at all; ***mit 20 Mark wäre mir schon gedient*** 20 marks would do me; ***womit kann ich ~?*** what can I do for you?; ***wozu soll das ~?*** what's that (meant) for?, *Handlung etc.*: what's that supposed to achieve?; **2.** ⚔ serve one's time; ***15 Monate ~*** do 15 months' service; ***bei der Marine ~*** serve in the Navy.

Diener *m* **1.** servant (*a. fig.*); **2.** (*Verbeugung*) bow; ***e-n ~ machen*** (make a) bow, ***vor***: bow to (*od.* before); **3. *stummer ~*** dumb waiter; **Dienerin** *f* maid; *fig.* handmaid(en); **dienern** *v/i.* bow and scrape (***vor*** to); **Dienerschaft** *f* servants *pl.*, domestics *pl.*

dienlich *adj.* useful, helpful (*dat.* to); (*zweckdienlich*) expedient; ***e-r Sache ~ sein*** further s.th.; ***es war mir sehr ~*** it was of great help to me.

Dienst *m* **1.** service (***an*** to); ***sich in den ~ e-r Sache stellen*** offer one's services to; F (***das ist***) ***~ am Kunden*** (that's) all part of the service, madam (*od.* sir); **2.** (*Hilfeleistung*) service; ***j-m e-n guten ~ leisten*** do s.o. a good turn; ***j-m gute ~e leisten*** serve s.o. well, (*j-m zugute kommen*) stand s.o. in good stead, *Person*: be a great help (to s.o.); ***j-m e-n schlechten ~ erweisen*** do s.o. a disservice (*od.* bad turn); **3.** (*Dienstleistung, a. öffentliche Einrichtung, Organisation*) service; ***in*** (***außer***) ***~ stellen*** (*Verkehrsmittel etc.*) put in (out of) service (*od.* commission); ***die Beine versagten ihm den ~*** his legs gave way; ***j-m zu ~en stehen*** be at s.o.'s command; **4.** (*Staats2*) civil service; ***außer ~*** (*im Ruhestand*) retired, in retirement; ***den ~ quittieren*** resign; → ***öffentlich*** I; **5.** (*Ausübung der Amts- od. Berufspflicht*) duty (*a.* ⚔); (***nicht***) ***im ~*** on (off) duty; ⚔ ***im aktiven ~*** on active duty; ***Torschütze vom ~*** goal machine; ***in Ausübung des ~es, im ~*** in the line of duty; ***~ haben, ~ tun*** be on duty; ***ich habe heute lange ~*** I'm working late today; ***~ ist ~, und Schnaps ist Schnaps*** never mix business with pleasure; → ***Vorschrift*; 6.** (*Arbeitsverhältnis*) work; ***im ~*** *gen.* ***stehen*** work for, *contp.* be in the pay of; ***in den ~*** *gen.* ***treten*** start work with; ***in ~ nehmen*** take on, *bsd. Am.* hire; **~abteil** *n* 🚂 guard's (*Am.* conductor's) compartment.

Dienstag *m* Tuesday; (***am***) ***~*** on Tuesday; **dienstags** *adv.* on Tuesday(s).

Dienstalter *n* length of service; ***nach ~*** according to seniority

dienstältest *adj.* most senior; **Dienstälteste(r)** *m* senior member of staff.

Dienst|antritt *m*: ***bei ~*** on taking up one's post; **~auffassung** *f* work ethic; **~ausweis** *m* identity (*od.* ID) card, pass.

dienstbar *adj.* (*ergeben*) subservient (*dat.* to); F *hum.* ***~er Geist*** helpful soul.

dienst|beflissen *adj.* zealous; (*übereifrig*) officious; **2beginn** *m*: ***~ ist 8 Uhr*** work starts at 8 o'clock; ***bei ~*** when starting work; **2bereich** *m* area of responsibility, competence.

dienstbereit *adj.* **1.** (*gefällig*) obliging; **2.** *Arzt etc.*: on call; *Apotheke*: open; ***~er Arzt*** *a.* duty doctor; **Dienstbereitschaft** *f* **1.** obligingness; **2.** standby duty; ***~ haben*** be on standby, *Arzt*: *a.* be on call, *Apotheke*: be open.

Dienstbote *obs. m* domestic (servant).

Diensteifer *m* zeal; *übertriebener*: officiousness; **diensteifrig** *adj.* → ***dienstbeflissen.***

dienst|fähig *adj.* → ***diensttauglich***; **~frei** *adj.*: ***~ haben*** be off (duty); ***~er Tag*** day off; ***heute ist mein ~er Tag*** it's my day off today.

Dienst|gang *m* business errand; ***e-n ~ machen*** do a business errand; ***auf e-m ~ sein*** be out on business; **~gebrauch** *m*: ***nur für den ~*** for official use only; **~geheimnis** *n* trade secret; (*Geheimhaltung*) official secrecy; **~geschäfte** *pl.* business *sg.*; **~gespräch** *n* **1.** business call; **2.** official call; **~grad** *m* rank; *Am. Unteroffiziere u. Mannschaften*: grade, ⚓ rating.

diensthabend *adj.* duty ..., on duty.

Dienst|jahre *pl.* years of service; **~kleidung** *f* working clothes *pl.*; uniform.

Dienstleister *m* service provider.

Dienstleistung *f* service (rendered); **~en** ✝ services.

Dienstleistungs|abend *m etwa* late-night shopping; **~gesellschaft** *f* service-orient(at)ed society; **~gewerbe** *n* service industries *pl.*; **~sektor** *m* services sector.

dienstlich I. *adj.* official; ***~ werden*** take on an official tone; **II.** *adv.*: ***~ unterwegs sein*** be away on business; ***er ist ~ verhindert*** he's tied up with business (matters).

Dienst|mädchen *n* maid, home help; **~marke** *f* (*Ausweis*) identity disc; **~ordnung** *f* regulations *pl.*; **~personal** *n e-s Hotels etc.*: staff, (*Hausangestellte*) domestic staff (*mst pl. konstr.*); **~pflicht** *f* (official) duty; **~plan** *m* duty roster; **~programm** *n Computer*: utility program; **~rang** *m* → ***Dienstgrad*; ~reise** *f* business trip; ***e-e ~ machen*** a) go away on business, b) → ***auf ~ sein*** be away on business; **~schluß** *m*: ***nach ~*** after (office) hours; **~stelle** *f* (*Amt, Behörde*) department; (*Arbeitsstelle, Büro*) office; **~stunden** *pl.* (office) hours.

dienst|tauglich *adj. bsd.* ⚔ fit for service (*od.* duty); **~tuend** *adj.* → ***diensthabend***; **~unfähig** *adj.*, **~untauglich** *adj.* not fit for service (⚔ *a.* duty).

Dienst|vergehen *n* → ***Disziplinarvergehen***; **~verhältnis** *n* employment; **~vertrag** *m* contract of employment; **~vorschrift** *f* regulation(s *pl.*); **~waffe** *f* service weapon; **~wagen** *m* **1.** (*Firmenwagen*) company car; **2.** *für Minister etc.*: official car; **3.** ⚔ staff car; **~weg** *m*: ***auf dem ~*** through the official channels.

dienstwidrig I. *adj.*: ***~es Verhalten*** breaking of the regulations; ***wegen ~en Verhaltens*** for breaking (*od.* going against) the regulations; **II.** *adv.*: ***sich ~ verhalten*** go against the regulations.

Dienst|wohnung *f* **1.** company flat (*Am.* apartment), company house; **2.** army *etc.* flat (*Am.* apartment), army *etc.* house; **3.** flat (*Am.* apartment; house) provided by the post office *etc.*; **~zeit** *f* **1.** working hours *pl.*; **2.** ⚔ term of service.

diesbezüglich *adj. u. adv.* concerning this, in this connection; ***e-e ~e Erklärung*** a statement on the matter.

Diesel F *m* (*Fahrzeug, Motor*) diesel, (*Kraftstoff*) *Brit. a.* derv; **~antrieb** *m* diesel drive; ***mit ~*** diesel-driven; **2elektrisch** *adj.* diesel-electric(ally *adv.*); **~kraftstoff** *m* diesel fuel; **~motor** *m* diesel engine; **~öl** *n* diesel oil.

dieser, diese, dieses *od.* **dies,** *pl.* **diese** *dem. pron.* **1.** *adjektivisch*: this, (*jener*) that; *pl.* these, those; ***dies alles*** all this; ***dieser Tage*** the other day, *zukünftig*: soon; ***diese Ihre Bemerkung*** this remark of yours; **2.** *substantivisch*: this (*od.* that) one; he, she; *pl.* these, those; (*Letztgenannter*) the latter; ***dieser ist es*** this is the one; ***dieser war es*** *a.* it was him; ***diese sind es*** these are the ones; ***dies sind m-e Schwestern*** these are my sisters; ***wir sprachen über dieses und jenes*** we talked about this, that and the other; ***ich muß noch dieses und jenes einkaufen*** (***erledigen***) I still have a few bits and pieces to buy (a few things to do *od.* to sort out).

diesig *adj. Wetter*: hazy.

diesjährig *adj.*: ***der*** (***die, das***) ***~e ...*** this year's ...

diesmal *adv.* this time; (*dieses e-e Mal*) for once; **diesmalig** *adj.*: ***sein ~er Auftritt war ein voller Erfolg*** his performance this time was a complete success.

diesseitig *adj.* **1. *das ~e Ufer*** this side of the river (*od.* lake); **2.** *fig.* worldly; ***das ~e Leben*** life on earth; **diesseits I.** *prp.* (on) this side of; **II. 2** *n*: ***das ~*** this life, life on earth; ***im ~*** in this life.

Dietrich *m* skeleton key.

dieweil *obs.* **I.** *cj.* (*während*) while; (*weil*) because, since; **II.** *adv.* meanwhile.

diffamieren *v/t.* slander; **diffamierend** *adj.* defamatory; **Diffamierung** *f* defamation, slander(ing).

Differential *n* A differential; *mot.* (*a.* **~getriebe** *n*) differential (gear); **~gleichung** *f* differential equation; **~rechnung** *f* differential calculus.

Differenz *f* **1.** difference; (*Rest*) balance; (*Überschuß*) surplus, F *the* rest; **2.** *mst* **~en** (*Unstimmigkeit*) difference(s) of opinion.

differenzieren I. *v/t.* (*voneinander* ~) distinguish (*od.* make a distinction) between; (*erkennen*) distinguish; (*verfeinern*) elaborate, develop; **II.** *v/i.* make distinctions, differentiate; **III.** *v/refl.*: ***sich*** ~ (*sich verfeinern*) become more and more sophisticated; (*sich auseinanderentwickeln*) diversify; **differenziert** *adj.* sophisticated; *Geschmack etc.*: *a.* discriminating, refined.

differieren *v/i.* differ, vary (***um*** by).

diffizil *adj.* difficult (*a. Person*); (*schwer zufriedenzustellen*) hard to please; (*heikel*) difficult, tricky, delicate; (*peinlich genau*) meticulous.

diffus *adj.* **1.** *Licht*: diffuse, diffused, scattered; **2.** *fig. Ideen etc.*: vague, foggy, hazy.

Digestif *m* digestivo.

digital *adj.* digital; **2-Analog-Umsetzer** *m*, **2-Analog-Wandler** *m* digital-analog converter; **2anzeige** *f* digital display; **2aufnahme** *f*, **2aufzeichnung** *f* digital recording.

Digitalis *n pharm.* digitalis.

digitalisieren *v/t.* (*Daten*) digitize.

Digital|rechner *m* digital computer; **~technik** *f* digital technology; **~uhr** *f* digital clock (*od.* watch).

Diktat *n* **1.** dictation; ***ein ~ aufnehmen*** take a dictation; **2.** (*Befehl, Zwang*) dictates *pl.*, *pol. a.* diktat.

Diktator *m* dictator; **diktatorisch** *adj.* dictatorial; **Diktatur** *f* dictatorship.

diktieren *v/t. u. v/i.* dictate (*a. fig.*); ***j-m e-n Brief*** ~ dictate a letter to s.o.; **Diktiergerät** *n* dictating machine.

Dilemma *n* dilemma, F fix; ***sich in e-m ~ befinden*** be in a dilemma (*od.* fix).

Dilettant *m bsd. contp.* dilettante, amateur; **dilettantisch** *adj.* amateurish, dilettante ...; **Dilettantismus** *m* dilettantism.

Dill *m* ♀ dill.

Dimension *f* **1.** dimension; **2.** *pl.* (*Umfang*) dimensions, size *sg.*; **3.** *fig. pl.* dimensions; (*Ausmaß*) proportions, extent *sg.*; ***gigantische ~en annehmen*** assume vast proportions; **dimensional** *adj.* dimensional; **dimensionieren** *v/t.* dimension.

diminutiv *adj.*, 2 *n ling.* diminutive.

DIN 1. German Institute for Standardization; **2.** German Industrial Standard; **~ A4** *adj.* A4; ***~ Papier*** A4(-sized) paper.

Diner *n* dinner (party); banquet.

Ding *n* **1.** (*pl.* **-e**) (*Sache*) thing, (*Gegenstand*) *a.* object; ***vor allen ~en*** above all; ***das ist ein ~ der Unmöglichkeit*** that's absolutely impossible, that's completely out of the question; ***gut ~ will Weile haben*** Rome wasn't built in a day; ***guter ~e*** cheerful; ***aller guten ~e sind drei*** a) all good things come in threes, b) *nach zwei mißglückten Versuchen*: third time lucky; → ***Name***; **2.** **~e** (*Angelegenheiten*) things, matters; (**so,**) ***wie die ~e liegen*** (*od.* ***stehen***) as matters stand; ***das geht nicht mit rechten ~en zu*** F there's something fishy about it; ***wie ich die ~e sehe*** as I see it; ***über den ~en stehen*** be above it all; → ***Lage*** 2; **3.** (*pl.* **-er**) F (*Kind, Mädchen, Tier*) thing; ***armes*** (***dummes***) ~ poor (silly) thing; **4.** (*pl.* **-er**) F ***ein ~ drehen*** *sl.* pull a job.

dingfest *adj.*: ***j-n ~ machen*** arrest s.o.; put s.o. behind bars.

dinglich *adj.* real (*a.* ⚖).

Dings, *a.* **Dingsda, Dingsbums** F **1.** *n* thing, F what-d'you-call-it, (*a. Ort*) what's-its-name; **2.** *m, f* F what's-his-(her-)name, thingumajig.

dinieren *v/i.* dine (***bei*** at).

DIN-Norm *f* German Industrial Standard.

Dino F *m* dinosaur, F dino.

Dinosaurier *m* dinosaur.

Diode *f* ⚡ diode.

Dioptrie *f opt.* diopter.

Dioxin *n* dioxin.

Dioxyd *n* ⚗ dioxide.

Diözese *f eccl.* diocese.

Diphtherie *f* ✱ diphtheria.

Diphthong *m ling.* diphthong.

Diplom *n* diploma, degree; *in Zssgn* qualified; **~arbeit** *f* dissertation (submitted for a diploma).

Diplomat *m* diplomat (*a. fig.*).

Diplomaten|gepäck *n* diplomatic bag(s *pl.*); **~koffer** *m* executive briefcase, attaché case; **~laufbahn** *f* diplomatic career; **~viertel** *n* diplomatic quarter.

Diplomatie *f* diplomacy (*a. fig.*); **diplomatisch** *adj.* diplomatic(ally *adv.*) (*a. fig.*); ***~es Korps*** diplomatic corps; ***~e Vertretung*** diplomatic mission; ***die ~en Beziehungen abbrechen zu*** break off diplomatic relations with.

diplomiert *adj.* qualified.

Diplomingenieur *m etwa* qualified engineer; engineering graduate.

Diplomkaufmann *m etwa* business graduate; MBA (= Master of Business Administration); ***er ist ~*** *a.* he's got a business degree.

Dipol *m* ⚡ dipole; **~antenne** *f* dipole (aerial *od.* antenna).

dir *pers. pron.* (*dat. von* **du**) (to) you; (*a.* ~ ***selbst***) yourself; ***ich werde es ~ erklären*** I'll explain it to you; ***nach ~!*** after you; ***wasch ~ die Hände*** (go and) wash your hands.

direkt I. *adj.* **1.** (*gerade*) direct; ***~er Zug nach*** through train to; **2.** (*unmittelbar*) direct, immediate; *Informationen*: firsthand; **3.** (*unumwunden*) *Antwort, Frage*: straight; *Art*: direct; **4.** (*ausgesprochen*) absolute; ***~er Wahnsinn*** *a.* sheer madness; **5.** *ling.* ***~e Rede*** direct speech; **II.** *adv.* **6.** direct(ly), straight; ***es landete ~ vor m-n Füßen*** it landed right in front of my feet; → ***Nase*** 1; **7.** (*gleich*) directly, immediately, (*sofort*) *a.* at once; ***~ am Bahnhof*** right at the station; ***~ nach dem Essen*** right (*od.* straight) after dinner; ***~ gegenüber*** directly opposite; **8.** (*ohne Umschweife*) pointblank, straight to s.o.'s face; **9.** F (*ausgesprochen*) absolutely, really, just; ***das war mir ~ peinlich*** it was actually quite embarrassing, I felt quite embarrassed; ***es tut mir ~ leid*** I'm really sorry; **10.** ***nicht ~ falsch*** not exactly (*od.* really) wrong; *hat er das gesagt?* - ***nicht ~*** (***, aber ...***) not in so many words(, but ...); ***man müßte es ~ mal versuchen*** one really ought to try it out; **11.** *Radio, TV*: live.

Direktflug *m* ✈ direct flight.

Direktheit *f* directness.

Direktion *f* **1.** (*Leitung*) management; **2.** (*Vorstand*) board of directors, (board of) management; **3.** manager's office; **4.** (*Hauptgeschäftsstelle*) head office.

Direktions|assistent *m* assistant manager; **~sekretär(in** *f*) *m* personal assistant.

Direktive *f* instruction(s *pl.*), directive.

Direktmandat *n parl.* direct mandate.

Direktor *m* manager; *e-s Zoos*: director; (*Schulleiter*) headmaster, *Am.* principal; **Direktorat** *n* **1.** directorship; **2.** (*Raum des Schuldirektors*) headmaster's (*Am.* principal's) office; **Direktorin** *f* manageress; director; (*Schulleiterin*) headmistress, *Am.* principal; **Direktorium** *n* board of directors; (*Vorstands2*) management committee; (*Aufsichtsrat*) board of supervisors.

Direkt|paß *m Sport*: first-time pass; **~schuß** *m Sport*: volley (shot); **~sendung** *f*, **~übertragung** *f Radio, TV*: live broadcast; **~verhandlungen** *pl.* face-to-face negotiations; **~wahl** *f* **1.** direct elections *pl.*; **2.** *teleph.* direct dial(l)ing; **~werbung** *f* direct advertising.

Dirigent *m* conductor, *Am. a.* director; *das waren die Wiener Philharmoniker* ***unter dem ~en*** conducted by, directed by.

Dirigenten|podium *n* (conductor's) rostrum; **~pult** *n* (conductor's) desk; **~stab** *m* (conductor's) baton.

dirigieren *v/t.* direct; ♪ conduct; **Dirigismus** *m pol.*, ✝ dirigisme; **dirigistisch** *adj.* dirigiste.

Dirndl(kleid) *n* dirndl.

Dirne *f* prostitute.

Dis *n* ♪ D sharp.

Disagio *n* ✝ discount.

Discjockey *m* disc jockey, F DJ, deejay.

Disco F *f* (*Diskothek*) F disco.

Discount... discount *shop, store, price etc.*, cut-price *shop, articles.*

Disharmonie *f* ♪ dissonance, discord, *fig. a.* disharmony (*gen.* between); **disharmonieren** *v/i.* ♪ be discordant (*od.* dissonant); *fig. Farben*: clash; *fig.* ***die beiden ~ grundsätzlich*** those two just don't get on (together); **disharmonisch** *adj.* ♪ discordant, dissonant, *fig. a.* disharmonious; *Farben*: clashing ...

Diskette *f* diskette, floppy (disk); **Diskettenkasten** *m* disk box; **Diskettenlaufwerk** *n* disk drive.

Diskjockey *m* → ***Discjockey.***

Diskont *m* ✝ discount; (*Satz*) discount rate; **2fähig** *adj.* discountable, eligible (for discount).

Diskontgeschäft(e *pl.*) *n* discounting (business *sg.*).

diskontieren *v/t.* discount.

diskontinuierlich *adj.* intermittent.

Diskont|politik *f* discount policy; **~satz** *m* discount rate.

Diskothek *f* discotheque.

diskreditieren *v/t.* (bring into) discredit.

Diskrepanz *f* discrepancy.

diskret *adj.* **1.** discreet; ***j-m ein ~es Zeichen geben*** give s.o. a subtle hint; **2.** *Farbe etc.*: unobtrusive; **3.** A discrete; **Diskretion** *f* discretion, (*Verschwiegenheit*) *a.* secrecy; ***~ Ehrensache!*** discretion guaranteed; ***strengste ~ wahren*** be absolutely discreet about it.

diskriminieren *v/t.* discriminate against (***wegen*** on account of); **diskriminierend** *adj.* discriminating, discriminatory; **Diskriminierung** *f* discrimination (*gen.* against) → ***Arbeitsplatz***; **Diskriminierungsverbot** *n* ban on discrimination.

Diskurs *m* discourse; (*Abhandlung*) *a.* treatise; **diskursiv** *adj.* discursive.

Diskus *m* **1.** *Sport*: discus; **2.** *anat., zo.*, ⚘ disc.

Diskussion *f* discussion (***um*** on, about), debate (on); ***zur ~ stehen*** be on the agenda; ***das steht nicht zur ~*** that's not what we're here to discuss; ***und ich will keine ~*** and I don't want any arguments.

Diskussions|beitrag *m* contribution to the discussion; ***danke für Ihren ~*** thank you for taking part in the discussion; **2bereit** *adj.* open to discussion; **~grundlage** *f* basis for discussion; **~leiter** *m* (panel) chairman; ***~ war ...*** *a.* chairing the discussion (*od.* debate) was ...; **~partner** *m* partner in discussion; *pol.* negotiating partner; **~runde** *f* **1.** (*Personen*) discussion group; **2.** round of discussions; **~teilnehmer** *m* participant; *TV etc.*: panel(l)ist, member of the panel, *oft* guest; **~thema** *n* subject for discussion; **~veranstaltung** *f* forum.

Diskus|werfen *n* discus (throwing); **~werfer** *m* discus thrower; **~wurf** *m* **1.** (*Disziplin*) discus (throwing); **2.** (*einzelner Wurf*) discus throw.

diskutabel *adj.* worth discussing; **diskutieren I.** *v/t.* discuss; **II.** *v/i.* have a discussion; ***über et. ~*** discuss s.th., have a discussion about s.th.; ***darüber läßt sich*** (***durchaus***) ***~*** we can talk about it; ***ich hab' keine Lust, mit dir zu ~*** I don't want to argue with you.

dispensieren *v/t.* **1.** (*j-n*) exempt (***von*** from); **2.** *pharm.* dispense.

Disponent *m* † managing clerk; **disponibel** *adj.* available; **disponieren I.** *v/i.* **1.** make arrangements, plan (ahead); ***anders ~*** make other arrangements; **2.** ***über*** *j-n od. et.* ***~*** a) have at one's disposal, b) do what one likes with; **3.** † place orders; **II.** *v/t.* allot (***für*** to); **disponiert** *adj.*: ***gut*** (***schlecht***) ***~ sein*** be in good (bad) form; ⚕ ***~ sein für*** (*od.* ***zu***) be prone to.

Disposition *f* **1.** ⚕ proneness (***für, zu*** to); ***e-e ~ haben für*** (*od.* ***zu***) be prone to; **2.** *mst* **~en** (*Vorkehrungen*) arrangements; (*Planung*) plans; (*Anweisungen*) instructions; (***s-e***) ***~en treffen für*** (*od.* ***zu***) make arrangements for; **3.** (*Anlage, Entwurf*) outline, plan; **4.** ***zu j-s ~ stehen*** be at s.o.'s disposal; **Dispositionskredit** *m* † drawing credit.

Disput *m* dispute, argument; **Disputation** *f* controversy, debate; **disputieren** *v/i.* **1.** dispute (***über et.*** [on *od.* about] s.th.), debate ([on] s.th.), argue (about s.th.); **2.** (*streiten*) argue, quarrel.

Disqualifikation *f* disqualification; **disqualifizieren I.** *v/t.* disqualify (***wegen*** for); **II.** *v/refl.*: ***sich ~*** lose one's (*od.* all) credibility (***als*** as).

Dissertation *f* (doctoral) thesis.

Dissident *m* dissident.

Dissidenten|bewegung *f* dissident movement; **~gruppe** *f* group of dissidents.

Dissonanz *f* ♪ dissonance; *fig. a. pl.* (note of) discord.

Distanz *f* **1.** distance (*a. Sport*); ***das Rennen geht über e-e ~ von 100 km*** *Sport*: the race covers a distance of 100 km; ***der Kampf ging über die volle ~*** *Boxen*: the fight went the distance; **2.** *fig.* distance; (*Objektivität*) *a.* detachment; ***~ halten*** keep one's distance (***j-m gegenüber*** from s.o.); ***auf ~ gehen*** back off, start cooling the relationship; ***et. mit ~ betrachten*** take a detached view of s.th.; ***et. aus der ~ beurteilen*** judge s.th. with the necessary distance (*od.* detachment); ***~ gewinnen zu*** get a bit of distance to; **distanzieren I.** *v/refl.*: ***sich ~*** dissociate o.s. (***von*** from); **II.** *v/t. Sport*: leave *s.o.* trailing (***um*** by), outdistance; (*schlagen*) *a.* beat; **distanziert** *adj.* reserved, *contp.* aloof; **Distanziertheit** *f* reserve, *contp.* aloofness.

Distel *f* ⚘ thistle.

Distichon *n* distich.

distinguiert *adj.* distinguished.

Distrikt *m* district.

Disziplin *f* discipline (*a. Fachgebiet u. Sportart*); ***~ halten*** (*od.* ***wahren***) be disciplined, maintain discipline; ***hier herrscht ~*** things are very disciplined around here.

Disziplinar|gericht *n* disciplinary court; **~gewalt** *f* disciplinary power(s *pl.*).

disziplinarisch I. *adj.* disciplinary; **II.** *adv.*: ***~ vorgehen*** take disciplinary action (***gegen*** against).

Disziplinar|maßnahme *f* disciplinary measure; **~recht** *n* disciplinary law; **~verfahren** *n* disciplinary proceedings *pl.*; **~vergehen** *n* disciplinary offen|ce (*Am.* -se).

disziplinieren I. *v/t.* discipline; **II.** *v/refl.*: ***sich ~*** discipline o.s.; **diszipliniert I.** *adj.* disciplined; **II.** *adv.*: ***sich ~ verhalten*** be (very) disciplined.

disziplinlos *adj.* undisciplined; **Disziplinlosigkeit** *f* lack of discipline.

Diva *f* (*Sängerin*) diva, (*a. Schauspielerin*) star.

Divan *m* → ***Diwan.***

Divergenz *f* divergence (*a. fig.*); **divergieren** *v/i.* diverge (***von*** from); **divergierend** *adj.* divergent.

divers *adj.* various; **Diverses** *n* various things *pl.*; *bsd.* † sundries *pl.*; *als Überschrift*: Miscellaneous.

diversifizieren *v/t.* † diversify; **Diversifizierung** *f* diversification.

Dividend *m* 𝔄 dividend.

Dividende *f* † dividend; (*Satz*) dividend rate.

Dividenden|ausschüttung *f* dividend distribution; **~schein** *m* dividend coupon.

dividieren *v/t.* divide (***durch*** by); **Division** *f* 𝔄, ⚔ division; **Divisor** *m* 𝔄 divisor.

Diwan *m* **1.** divan, ottoman; **2.** *hist.* divan.

Dobermann(pinscher) *m* Doberman (pinscher).

doch *cj. u. adv.* (*aber*) but, however; (*dennoch*) however, yet, still; all the same, nevertheless; (*schließlich, also ~*) after all; (*gewiß*) surely; (*bekanntlich*) you know ...; *auffordernd*: do, *z. B.* ***setzen Sie sich ~*** do sit down; *ärgerlich, z. B.* ***sei ~ mal still!*** be quiet, will you; *nach verneinter Frage*: *willst du nicht? - ~!* yes, I do; ***er kam also ~?*** then he did come after all?; ***nicht ~!*** don't!, stop it!; ***du weißt ~, daß*** a) you know (that) ..., don't you?, b) surely you know (that); ***du kommst ~?*** you will come, won't you?; ***wo er ~ genau wußte*** knowing very well; ***ich hab's ~ gewußt*** I knew it; ***er ist ~ nicht*** (***etwa***) ***krank?*** he isn't ill, is he?; ***das kann ~ nicht dein Ernst sein?*** you're not serious, are you?; ***wenn er ~ käme*** if only he would come; ***hättest du das ~ gleich gesagt*** why didn't you tell me straightaway?; ***das ist ~ Peter da drüben*** look, there's Peter over there.

Docht *m* wick.

Dock *n* ⚓ dock(s *pl.*), dockyard; ***auf ~ legen*** (put into) dock; **Dockarbeiter** *m* docker, dockworker; **docken** *v/t. u. v/i.* ⚓ *u. Raumfahrt*: dock.

Dodel *östr.* F *m* fool, F dope.

Doge *m hist.* doge.

Dogge *f*: (***englische ~***) mastiff; ***dänische*** (*od.* ***deutsche***) ***~*** Great Dane.

Dogma *n* dogma; ***et. zum ~ erheben*** make s.th. into a dogma; **Dogmatik** *f* dogmatics *pl.* (*sg. konstr.*); *contp.* dogmatism; **Dogmatiker** *m* dogmatist; **dogmatisch** *adj.* dogmatic(ally *adv.*); **dogmatisieren** *v/t.* dogmatize; **Dogmatismus** *m* dogmatism.

Dohle *f* jackdaw.

Doktor *m* **1.** *univ.* doctor; (***Dr. jur.*** *etc.* → *Abkürzungsliste im Anhang*); ***den*** (*od.* ***s-n***) ***~ machen*** do one's doctorate (*od.* PhD); ***Herr*** (***Frau***) ***~*** *Anrede e-s Arztes*: doctor, *allg.* Dr *Schubert etc.*; ***Herr*** (***Frau***) ***Dr. Schubert*** Dr Schubert; **2.** F (*Arzt*) doctor; **3.** F ***~ spielen*** play doctors and nurses; **Doktorand** *m* doctoral candidate.

Doktor|arbeit *f* (doctoral *od.* PhD) thesis; ***das wäre ein Thema für e-e ~*** somebody ought to write a thesis on that; **~frage** F *fig. f* (really) tricky question; **~grad** *m*, **~hut** F *m* doctor's degree; ***den ~ erwerben*** do (*od.* get) one's doctorate; **~prüfung** *f* viva (voce); **~titel** *m* a) doctorate, b) doctor's title; ***den ~ führen*** a) have a doctorate, b) call o.s. doctor; **~vater** *m* supervisor; **~würde** *f* doctorate; ***die ~ erlangen*** get (*od.* obtain) one's doctorate.

Doktrin *f* doctrine.

doktrinär *adj.*, 2 *m* doctrinaire.

Dokument *n* **1.** document; *amtlich*: record (*beide a. fig.*); **2.** *fig.* ***ein ~*** (*Beweis*) proof (*gen.* of), evidence (of).

Dokumentar|bericht *m* documentary report; **~film** *m* documentary (film).

dokumentarisch I. *adj.* documentary; **II.** *adv.*: ***et. ~ belegen*** provide documentary evidence of s.th.; ***~ belegt*** documented.

Dokumentar|sendung *f* documentary (program[me]); **~spiel** *n* documentary drama, docudrama.

Dokumentation *f* documentation; *fig. a.* demonstration; **dokumentieren I.** *v/t.* document; *fig.* (*beweisen*) show, demonstrate; **II.** *v/refl.*: ***sich ~*** be shown, be revealed.

Dolch *m* dagger.

Dolchstoß *m* dagger thrust; *fig.* (*a.* ***~ von hinten***) stab in the back; **~legende** *f hist.* stab-in-the-back legend.

Dolde *f* ⚘ umbel.

doll F *adj.* → ***toll.***

Dollar *m* dollar; **~kurs** *m* value of the dollar; ***der ~ ist gestiegen*** *a.* the dollar has gone up (in value); **~zeichen** *n* dollar sign.

Dolle *f* ⚓ tholepin.

Dolmetsch *m* **1.** *östr.* interpreter; **2.** *fig.* spokesman; **dolmetschen I.** *v/i.* interpret, act as interpreter (***j-m*** for s.o.); **II.**

v/t. interpret; ***e-e Rede ins Englische*** ~ translate a speech into English.
Dolmetscher *m* interpreter; **~institut** *n*, **~schule** *f* school for interpreters.
Dom *m* **1.** cathedral; **2.** ▲, ⚙, *geol.* dome, cupola.
Domäne *f* domain, estate; *fig.* sphere.
domestizieren *v/t.* domesticate.
Domherr *m* canon.
dominant *adj.* dominant; **Dominantakkord** *m* dominant chord; **Dominante** *f* ♪ dominant; *fig.* dominant feature; **Dominanz** *f* dominance; **dominieren I.** *v/i. Person*: dominate; have the upper hand; *Sache*: predominate, be predominant; **II.** *v/t.* dominate; **dominierend** *adj.* dominant, *Person*: dominating.
Dominikaner *m* Dominican (friar); **~in** *f* Dominican (nun); **~orden** *m* Dominican Order, Order of St Dominic.
Domino 1. *m* (*a.* **~maske** *f*) domino; **2.** *n* (*a.* **~spiel** *n*) dominoes *pl.* (*sg. konstr.*); **~stein** *m* domino.
Domizil *n* domicile (*a.* ✝); **domizilieren** *v/t.* ✝ (*Wechsel*) domicile; **Domizilwechsel** *m* domiciled bill.
Dom|kapitel *n* chapter; **~pfaff** *m* bullfinch.
Dompteur *m*, **Dompteuse** *f* (animal) trainer.
Donaumonarchie *f hist.* Austro-Hungarian Empire.
Dönerkebab *m* doner kebab.
Donner *m* thunder (*a. fig.*); ***wie vom ~ gerührt*** thunderstruck; **Donnerkeil** *m* **1.** *myth.* thunderbolt; **2.** F *int.* heavens!, my word!; **donnern I.** *v/i.* thunder; *fig. Stimme, Wasserfall etc.*: *a.* roar; (*donnernd fahren, fallen etc.*) thunder; ***zu Boden*** ~ crash (on)to the floor (*od.* ground); ***gegen e-e Mauer*** ~ crash (*od.* smash) into a wall; ***an die Tür*** ~ hammer *od.* pound (away) at the door; ***mit der Faust auf den Tisch*** ~ bang one's fist on the table; **II.** F *v/t.* (*schleudern*) fling; (*Ball*) slam; ***e-e gedonnert kriegen*** F get a belt round the ears; **donnernd** *adj.* thundering, roaring; *Applaus*: thunderous; ***~es Gelächter*** roars of laughter; **Donnerschlag** *m* clap of thunder, thunderclap; ***es traf ihn wie ein*** ~ it came like a bombshell (to him).
Donnerstag *m* Thursday; **(am)** ~ on Thursday; **donnerstags** *adv.* on Thursday(s).
Donner|stimme *f* thundering voice; ***mit ~ brüllen*** thunder; **~wetter** F **I.** *n* **1.** ***ein ~ ging auf ihn nieder*** F he got a real roasting; ***wenn er heimkommt, gibt*** (***od. setzt***) ***es ein ~*** F he'll be in for it when he gets home; **II.** *int.* **2.** *staunend*: F (well) blow me!, blimey!; **3.** *als Fluch*: ***zum ~!*** damn it!; ***warum*** (***wer*** *etc.*) ***zum ~?*** *sl.* why (who *etc.*) the hell?
doof F *adj.* (*dumm*) stupid; (*langweilig*) boring; ***dieses ~e Fenster schließt nicht richtig*** I can't get this stupid window to shut properly; **Doofi** F *m* F dumbo.
dopen I. *v/t.* dope; **II.** *v/refl.*: ***sich*** ~ take dope; **Doping** *n* doping; **Dopingkontrolle** *f* dope test.
Doppel *n* **1.** duplicate; **2.** *Tennis etc.*: doubles *pl.* (*Match*: *sg. konstr.*); (*Spieler*) doubles team; ***gemischtes*** ~ mixed doubles *pl.*; **~adler** *m* double eagle; **~agent** *m* double agent; **~-b** *n* ♪ double flat (sign); **~bedeutung** *f* double meaning; **~belastung** *f* double load; **~belegung** *f e-s Zimmers*: double occupancy; **~belichtung** *f phot.* double exposure; **~bereifung** *f* twin tyres (*Am.* tires) *pl.*; **~besteuerung** *f* double taxation; **~bett** *n* double bed; **~blindversuch** *m* double-blind trial (*od.* test); **~boden** *m* false bottom.
doppelbödig *fig. adj.* ambiguous; ***~e Moral*** double standards *pl.*; **Doppelbödigkeit** *f* ambiguity; (*Doppelmoral*) double standards *pl.*.
Doppeldecker *m* ✈ biplane; F (*Bus, Schnitte*) double-decker.
doppeldeutig *adj.* ambiguous; (*anzüglich*) suggestive; **Doppeldeutigkeit** *f* **1.** ambiguity; (*Anzüglichkeit*) suggestiveness; **2.** (*Bemerkung*) ambiguous (*od.* suggestive) remark.
Doppel|ehe *f* bigamy; ***e-e ~ führen*** have (*od.* live with) two wives *od.* husbands; **~erfolg** *m* double victory (*od.* success); **~fehler** *m Tennis*: double fault; **~fenster** *n* double(-glazed) window; *pl. coll. a.* double glazing *sg.*; **~flinte** *f* double-barrel(l)ed gun; **~gänger** *m* double, lookalike; **~ganze** *f*, **~ganznote** *f* ♪ breve; **²gleisig** *adj.* → ***zweigleisig***; **~griff** *m* ♪ double stop.
Doppelhaus *n* pair of semis; **~hälfte** *f* semi-detached house, F semi.
Doppel|hochzeit *f* double wedding; **~kinn** *n* double chin; **~klinge** *f*: ***Rasierer mit*** ~ twin-bladed razor; **~konzert** *n* double concerto; **~kreuz** *n* ♪ double sharp (sign); **²läufig** *adj.* double-barrel(l)ed; **~laut** *m ling.* diphthong; **~leben** *n* double life; **~moral** *f* double standards *pl.*; **~mord** *m* double murder; **~name** *m* double-barel(l)ed name; (*Vorname*) double name; **~packung** *f* double pack; **~paß** *m Fußball*: one-two; **~porträt** *n* double portrait; **~punkt** *m* colon; **~rahmkäse** *m* full-fat cheese; **~reifen** *m* twin tyre (*Am.* tire); **²reihig** *adj. Jakke*: double-breasted; **~rolle** *f thea. u. fig.* double role; **²seitig I.** *adj. Anzeige*: double-page *spread*; *Gewebe*: reversible; ⚕ double; ***~e Lungenentzündung*** double pneumonia; **II.** *adv.* on both sides; → ***gelähmt***; **~sieg** *m* double victory.
Doppelsinn *m* double meaning, ambiguity; **doppelsinnig** *adj.* ambiguous.
Doppel|spiel *fig. n* double dealing; ***ein ~ mit j-m treiben*** F double-cross s.o., two-time s.o.; **~spülbecken** *n* double-bowl kitchen sink; **~staatsangehörigkeit** *f* dual nationality; **~steckdose** *f* ⚡ two-socket outlet; **~stecker** *m* ⚡ double plug; (*Verteiler*) two-way adapter; **²stöckig** *adj.* two-stor(e)y ..., *pred.* two-storeyed, *Am.* two-storied; *Autobahn etc.*: two-tiered, two-tier ...; F ***~er Whisky*** double whisky; **~strich** *m* ♪ double bar.
doppelt I. *adj.* double (*a. Whisky etc.*); ***den ~en Preis*** double the price; ***~er Lohn*** double-time payment; ***~es Übel*** twin evils; *et.* ***~ haben*** have two (copies) of; → ***Ausfertigung, Boden*** 1, ***Buchführung, Moral*** 1, ***Spiel*** 1, ***Staatsangehörigkeit***; **II.** *adv.* double; (*zweimal*) twice; *vor adj.*: doubly; ***~ sehen*** see double; ***~ schmerzlich*** doubly painful; ***~ so alt wie ich*** twice my age; ***~ so lang*** twice as long; ***~ so groß*** twice the size; ***~ soviel*** twice as much, double the amount (*od.* price *etc.*); F ***et. ~ und dreifach sichern*** make absolutely sure; F ***es j-m ~ und dreifach heimzahlen*** F pay s.o. back with a vengeance; F ***~ gemoppelt*** tautologous; → ***nähen*** I; **Doppelte 1.** *n* double; (*doppelt soviel*) twice as much (*od.* many); ***das ~ des Betrags*** double the amount; **2.** F *m* (*Getränk*) double whisky *etc.*; **doppeltkohlensauer** *adj.*: ⚗ ***doppeltkohlensaures Natron*** bicarbonate of soda.
Doppel|tür *f* double door(s *pl.*); **~verdiener** *m* **1.** double wage-earner; **2.** *pl.* dual-income couple *sg.*; **~verdienst** *m* dual income; **~vergaser** *m* dual carburet(t)or; **~verglasung** *f* double glazing; **~vorstellung** *f* double bill; *Kino*: *a.* double feature; **~währung** *f* ✝ bimetallism; **²zeilig** *adv.*: ***~ getippt*** double-paced; **~zimmer** *n* double room; *mit zwei Einzelbetten*: twin-bedded room.
doppelzüngig *adj. Person*: two-faced; *Bemerkung etc.*: ambiguous; **Doppelzüngigkeit** *f* **1.** *e-r Person*: two-facedness; *e-r Bemerkung*: ambiguity; **2.** (*Bemerkung*) ambiguous remark.
Dopplereffekt *m phys.* Doppler effect.
Dorf *n* village; ***auf dem ~ wohnen*** live in a village; ***er stammt vom*** ~ he's from the country; ***die Welt ist ein*** ~ it's a small world; *contp.* ***das ist ja hier ein richtiges*** ~ this place is so provincial; **~bewohner** *m* villager.
Dörfchen *n* little village; (*Weiler*) hamlet.
Dorfjugend *f* young people (*od.* youngsters) *pl.* in the village.
dörflich *adj.* village *life etc.*; (*bäuerlich*) rustic.
Dorf|pfarrer *m* country vicar; **~platz** *m* village green; **~schenke** *f*, **~wirtshaus** *n* village inn.
Dorn *m* thorn (*a. fig.*); (*Stachel*) prickle, ⚘ spine; *am Sportschuh*: spike; *e-r Schnalle*: tongue; ⚙ (*Bolzen, Stift*) pin, bolt; (*Spitze*) spike; *fig.* ***er ist ihr ein ~ im Auge*** he's a thorn in her side (*od.* flesh); **~busch** *m* thornbush; *bibl.* ***der brennende*** ~ the burning bush.
Dornen|gestrüpp *n* thornbushes *pl.*, brambles *pl.*; **~hecke** *f* prickly hedge, hedge of thorns; **~krone** *f* crown of thorns; **²reich** *fig. adj.*, **²voll** *adj.* hard, difficult.
Dorn|fortsatz *m anat.* spinous process; **~hai** *m* dogfish.
dornig *adj.* thorny (*a. fig.*), prickly.
Dornröschen *n* Sleeping Beauty; **~schlaf** *m*: ***im ~ liegen*** be in (a state of) hibernation; ***aus s-m ~ erwachen*** come out of one's long hibernation.
dörren I. *v/t.* dry, desiccate; *im Darrofen*: kiln-dry; **II.** *v/i.* dry (up).
Dörr|fleisch *n* dried meat; **~obst** *n* dried fruit; **~pflaume** *f* prune.
Dorsch *m* cod, *Am. a.* codfish.
dort *adv.* there; ***~ drüben*** over there; ***von ~*** → **~her** *adv.*: (***von***) ~ from there; **~hin** *adv.* **1.** there; **2.** that way; **~hinauf** *adv.* up there; **~hinaus** *adv.* out there; F *fig.* ***bis ~*** F incredibly ...; ***bis ~ arbeiten*** F work like crazy; **~hinein** *adv.* in there; **~hinunter** *adv.* down there.
dortig *adj.*: ***die ~en Verhältnisse*** the conditions there.
dortzulande *adv.* there, in those parts.
Dose *f* box; (*Konserven²*) tin, can; ⚡ box.
dösen F *v/i.* doze; (***vor sich hin***) ~ daydream; ***ein bißchen*** ~ have a little doze.

Dosen|bier *n* canned beer; **~fleisch** *n*, **~milch** *f*, **~öffner** *m* → ***Büchsenfleisch*** *etc.*
dosieren *v/t.* measure out; *fig.* mete out, dispense; ***richtig ~*** *Medizin*: give (*od.* take) the right dose of; **Dosierung** *f* dosage, dose.
dösig F *adj.* **1.** dozy, sleepy; **2.** (*stumpfsinnig, teilnahmslos*) F dop(e)y.
Dosis *f* dose (*a. fig.*), dosage; *fig. Ironie etc.*: touch, dash.
Dossier *n* file.
dotiert *adj.*: ***gut ~ sein*** *Stellung etc.*: be well paid; ***die Stellung ist mit 5000 Mark ~*** the monthly salary for the post is 5,000 marks; ***das Turnier ist mit 300 000 Mark ~*** the total prize money for the tournament is 300,000 marks; ***die Auszeichnung ist mit 25 000 Mark ~*** the award includes prize money of 25,000 marks.
Dotter *m* (egg) yolk; **~blume** *f* marsh marigold; **≈gelb** *adj.* deep yellow.
doubeln *v/t.*: ***j-n ~*** *Film*: be (*od.* act as) s.o.'s stuntman *od.* stuntwoman (*od.* double); ***er mußte in dieser Szene gedoubelt werden*** they had to bring in a stuntman (*od.* double) for that scene; **Double** *n* **1.** *Film*: stuntman, stuntwoman, double; **2.** ♪ double; **3.** (*Doppelgänger*) double, lookalike; **4.** *Sport*: double; ***das ~ schaffen*** do the double.
Doublette *f* → ***Dublette.***
Downsyndrom *n* ⚕ Down's syndrome.
Dozent *m* (university) lecturer; *Am.* assistant professor; **dozieren** *v/i.* lecture (***über*** on) (*a. fig.*); ***er doziert an e-r Universität*** he's a university lecturer.
Drache *m* dragon.
Drachen *m* **1.** (*Papier≈*) kite; ***e-n ~ steigen lassen*** fly a kite; **2.** hang glider; **3.** *fig.* (*böses Weib*) shrew, F battleaxe; **~flieger** *m* hang glider; **~saat** *lit. f* seeds *pl.* of discord, dragon's teeth *pl.*
Dragee *n*, **Dragée** *n* (sugar)coated tablet, dragee.
Draht *m* wire; *fig.* (*Verbindung*) line; *pol.* ***heißer ~*** hot line; ***direkter ~*** *zum Chef*: direct line (***zu*** to); F ***auf ~ sein*** F be on the ball; **~auslöser** *m phot.* cable release; **~bürste** *f* wire brush; **~esel** F *hum. m* F pushbike; *klappriger*: F boneshaker; **~funk** *m Radio*: wired broadcasting; **~gitter** *n* wire netting; **~glas** *n* wire(d) glass.
Drahthaar|dackel *m* wirehair(ed dachshund); **~terrier** *m* wirehair(ed terrier).
drahtig *adj.* wiry (*a. Person*).
drahtlos *adj.* wireless, radio ...; **~es Telefon** cordless phone; **~e Fernbedienung** infrared remote control.
Draht|puppe *f* marionette; **~saite** *f* wire string; **~schere** *f* wire cutter(s *pl.*); ***e-e ~*** a pair of wirecutters, a wirecutter.
Drahtseil *n* wire rope, (wire) cable; *im Zirkus etc.*: tightrope; → ***Nerv***; **~akt** *m* tightrope (*od.* high-wire) act; *fig.* razor-edge affair; *fig.* ***das Ganze ist ein ziemlicher ~*** we're *etc.* balancing on a razor edge; **~bahn** *f* cable railway; **~künstler** *m* tightrope artist.
Draht|sieb *n* wire sieve; **~zange** *f* wire cutter; **~zaun** *m* wire fence; **~zieher** *fig. m* wirepuller; *pol.* powerbroker.
Drainage *f a.* ⚕ drainage; **drainieren** *v/t.* drain.
drakonisch *adj.* draconian.
drall I. *adj. Frau*: buxom; *Wangen*: full, *a. Gesicht*: plump; *Brüste*: full; **II. ≈** *m Faden etc.*: twist; *Ball*: spin.
Drama *n* (*Gattung*) drama (*a. fig.*); (*Stück*) *a.* play; *fig.* ***mach kein ~ draus*** don't make a big thing out of it; **Dramatik** *f* **1.** drama; **2.** *fig.* (high) drama, excitement; **Dramatiker** *m* dramatist, playwright; **dramatisch** *adj.* dramatic(ally *adv.*) (*a. fig.*); **dramatisieren** *v/t.* adapt for the stage; *fig.* dramatize; **Dramaturg** *m* script editor, dramaturg(e); **dramaturgisch** *adj.* dramaturgical.
dran F *pron. adv.* **1.** → *a.* ***daran***; ***an ihm (dem Hühnchen) ist nichts ~*** F he's (the chicken's) all skin and bones; ***es ist etwas (nichts) ~*** there's something in it (nothing to it); ***früh (spät) ~ sein*** be early (late); ***er ist gut ~*** F he's got it good, he's doing all right (*Am.* alright); ***er ist schlecht*** (*od.* ***übel***) ***~*** he's in a bad way, *wirtschaftlich*: F he's scraping the barrel; ***wie ist er mit Kleidung ~?*** F how's he doing (*od.* fixed) for clothes?; ***ich weiß nie, wie ich mit ihr ~ bin*** I never know where I stand with her; **2.** ***wer ist ~?*** whose turn is it?; ***ich bin ~*** it's my turn; *fig.* ***jetzt ist er aber ~*** F he's really copped it now; → ***glauben*** II; **~bleiben** F *v/i.* stay on; (*kleben*) stick; *fig.* ***an et. ~*** keep at it; ***an j-m ~*** keep on at s.o.; *teleph.* ***bleib ~!*** hang on.
Drang *m* **1.** (*Trieb*) urge; (*Wunsch*) wish, desire; (*Bedürfnis*) need (*alle* ***nach, zu*** for; ***zu*** *inf.* to *inf.*); ***~ nach Freiheit*** urge for freedom; ***~ zum Lügen*** urge (*od.* compulsion) to tell lies; ***e-n ~ zum Lügen haben*** *a.* be a compulsive liar; ***e-n ~ nach Höherem haben*** aspire to higher things; **2.** (*Druck, Bedrängnis*) pressure; ***im ~ der Ereignisse*** under the pressure of events.
Drängelei F *f* pushing and shoving, jostling; **drängeln** F **I.** *v/i. u. v/refl.* (***sich ~***) push, jostle, F shove; ***sich nach vorn ~*** push (*od.* elbow) one's way to the front; *beim Anstehen*: jump the queue (*Am.* line); **II.** *v/t.* push, jostle, F shove; *fig.* pester.
drängen I. *v/t.* **1.** (*schieben*) push; ***j-n zur Seite ~*** push s.o. aside (*od.* out of the way); → ***Defensive, Ecke, Hintergrund***; **2.** (*dringend bitten, auffordern*) press (***zu tun*** into doing), *stärker*: urge (to do), (*unter Druck setzen*) pressurize (into doing); (*zur Eile antreiben*) rush; ***ich lasse mich nicht ~*** I'm not going to let anyone (*od.* them *etc.*) rush me; ***ich möchte Sie nicht ~*** I don't mean to put pressure on you; **3.** ***es drängte mich zu*** *inf. unwiderstehlich*: I felt (*od.* had) the urge to *inf.*, *zu danken etc.*: I felt I ought to (*od.* had to) *inf.*, *Notwendigkeit*: I felt compelled to *inf.*, *Verpflichtung*: I felt obliged to *inf.*; **II.** *v/i.* **4.** push (and shove); ***nach vorn ~*** push one's way forward (*od.* to the front); ***zum Eingang ~*** *Menge*: push its *od.* their way (*od.* crowd) towards the entrance; ***alles drängte ins Freie*** everyone wanted to get out into the open; ***alles drängt nach München (zum Stadion)*** everyone seems to be moving to Munich (to be converging on *od.* making their way to the stadium); ***~ in*** *e-n Beruf etc.*: flood into; **5.** (*eilig sein*) be urgent; ***die Zeit drängt*** time's running short; **6.** ***~ auf*** press for; ***darauf ~, daß j-d et. tut*** press (for) s.o. to do s.th.; ***darauf ~, daß et. getan wird*** press for s.th. to be done; ***darauf ~, daß sich j-d entscheidet*** press (for) s.o. to make a decision, press s.o. for a decision; → ***Aufbruch***; **III.** *v/refl.*: ***sich ~*** **7.** push (and shove); → *a.* 4; ***sich um j-n ~*** crowd (a)round s.o.; ***die Leute ~ sich auf den Straßen*** people are crowding the streets, the streets are crowded with people; **8.** *fig.* ***sich ~ nach*** be keen on; ***die Leute ~ sich danach, bei uns zu arbeiten*** people are queuing up to work for us; **IV. ≈** *n* pushing and shoving; *fig.* urging; *stärker*: insistence; *fig.* ***auf ~ der Regierung*** on the government's urging (*od.* insistence); ***ich habe es auf sein ~ hin getan*** he persuaded (*stärker*: forced) me to do it.
Drangsal *f* distress, hardship; **drangsalieren** *v/t.* pester, plague; (*schikanieren*) pick on.
dran|halten F *v/refl.*: ***sich ~*** (*sich beeilen*) hurry up, F get a move on; (*sich anstrengen*) put one's back into it (*od.* the job), *beharrlich*: keep at it; **~hängen** F **I.** *v/t.* F tag on; **II.** *v/refl.*: ***sich ~*** tag along; *an e-e Bewegung etc.*: jump on the bandwagon; **~kommen** F *v/i.* **1.** get at it, reach it; **2.** a) *ped.* be called, b) ***ich komme jetzt dran*** it's my turn, I'm next; ***wer kommt dran?*** who's next?; ***das kommt nächste Woche dran*** we'll be doing that next week; **~kriegen** F *v/t.* **1.** *zu e-r Arbeit*: get *s.o.* to do it; **2.** (*reinlegen*) fool *s.o.*; **~machen** F *v/refl.*: ***sich ~*** get down to it; **~nehmen** F *v/t.* **1.** (*Patienten*) take; (*Kunden*) see to, serve; **2.** *ped.* ask *a pupil*; **3.** *b.s.* → ***rannehmen.***
drapieren *v/t.* drape (***mit*** with).
drastisch *adj.* drastic(ally *adv.*); *adv.* ***~ kürzen*** (*Gelder etc.*) slash.
drauf F *pron. adv.* **1.** → ***darauf***; **2.** ***et. (gut) ~ haben*** have s.th. at one's fingertips, F have s.th. off pat; ***technisch hat er nichts ~*** F he hasn't got a clue about technical things; ***sie hat was ~*** she's really good, *fachlich*: *a.* F she knows her stuff, (*ist gut in Form*) she's in top form; ***gut ~ sein*** F be on the ball, *seelisch*: feel good; **3.** ***~ und dran sein zu*** *inf.* be on the point of *ger.*, be about to *inf.*; ***ich war ~ und dran, ihn zu schlagen*** I (very) nearly hit him; **~bekommen** F *v/i.* → ***draufkriegen.***
Draufgänger *m* **1.** (*Teufelskerl*) daredevil; **2.** (*Erfolgsmensch*) go-getter; **draufgängerisch** *adj.* **1.** daredevil ..., reckless; **2.** go-getting; **Draufgängertum** *n* **1.** recklessness; **2.** aggressiveness.
drauf|geben F *v/t.*: ***j-m eins ~*** F belt s.o. one, give s.o. a belt round the ears; **~gehen** F *v/i.* be used (up), (*verlorengehen*) be lost; *Geld*: be used up, F go down the drain; (*kaputtgehen*) F go to pot; (*sterben*) be killed, *sl.* snuff it; **~kommen** F *v/i.*: ***ich bin einfach nicht draufgekommen*** it just didn't occur to me; ***ich komm' nicht drauf*** I can't think of it; ***j-m ~*** find s.o. out; **~kriegen** F *v/t.*: ***eins ~*** F get a belt round the ears; (*zurechtgewiesen werden*) F get a (real) roasting.
drauflos|arbeiten F *v/i.* F get cracking; **~gehen** F *v/i.* F go at it; (*auf ein Ziel*) make straight for it; **~reden** F *v/i.* F start rattling away; **~schießen** F *v/i.* start shooting wildly; **~schimpfen** F *v/i.* F let rip; **~schlagen** F *v/i.* let fly.
drauf|machen F *v/t.*: ***einen ~*** F have (*od.* go on) a binge; **~satteln** *v/i. u. v/t.* make

fresh demands; ***immer wieder ~*** make ever-inercasing demands; **2sicht** *f* top view; **~stoßen** F *v/t.*: ***j-n ~*** point it out to s.o., *iro.* spell it out (to s.o.), F rub s.o.'s nose in it; **~zahlen** F **I.** *v/t.* pay an extra *20 marks etc.*; **II.** *v/i.* (*a.* ***ganz schön ~***) F make a bad deal (on it); *fig.* lose out.

draus F *pron. adv.* → ***daraus.***

draußen *adv.* outside; (*im Freien*) *a.* in the open; ***da ~*** out there.

drechseln *v/t.* **1.** turn *s.th.* on the lathe; **2.** *fig.* turn *s.th.* out; **Drechsler** *m* wood turner.

Dreck F *m* dirt, *stärker*: muck, filth; *fig.* (*Schund*) rubbish, *bsd. Am.* garbage; *fig.* ***hast du ~ in den Ohren?*** it's time you washed your ears out; ***ganz schön im ~ sitzen*** F be in a fine (*od.* real) mess; ***j-n wie den letzten ~ behandeln*** treat s.o. like dirt (*od.* muck); ***mit ~ bewerfen*** sling mud at; ***durch den ~ ziehen*** drag through the mud (*od.* mire); ***wir sind aus dem ärgsten*** (*od.* ***gröbsten, schlimmsten***) ***~ heraus*** the worst (of it) is behind us, we're out of the wood(s); ***er kümmert sich e-n ~ darum*** F he doesn't care a damn; ***das geht dich e-n ~ an!*** that's none of your (F bloody) business; ***du verstehst e-n ~ davon*** you don't know the first thing about it; ***sich wegen jedem ~ beschweren*** complain about every little (F piddling) thing; ***~ am Stecken haben*** have a skeleton in the cupboard, have blotted one's copybook; ***sie haben alle ~ am Stecken*** *a.* not one of them has got a clean record (*od.* slate), not one of them is innocent; **~arbeit** F *f* dirty work (*a. fig.*); **~fleck** F *m* dirty mark.

dreckig F **I.** *adj.* dirty, *stärker*: filthy (*beide a. fig.*); *fig.* (*gemein*) dirty, nasty; **II.** *adv.*: ***es geht ihm ~*** *finanziell*: F he's going through a bad patch, *gesundheitlich*: he's not in the best of health, *stärker*: he's in a pretty bad state.

Dreck|loch *contp. n* pigsty, F hole; **~nest** *contp. n* dump, F hole; **~sack** *contp. m sl.* swine; **~sau** *contp. f* (dirty) pig; *moralisch*: *sl.* swine; **~schleuder** *contp. f* (*Person*) F nasty piece (*od.* bit) of work; ***e-e ~ sein*** *a.* have a wicked tongue; **~schwein** *contp. n* → ***Drecksau.***

Dreckskerl *contp. m* → ***Drecksack.***

Dreckspatz F *m* F mucky pup.

Dreckszeug F *n* rubbish, *bsd. Am.* garbage.

Dreck|wetter F *n* filthy weather; **~zeug** *n* → ***Dreckszeug.***

Dreh *m* (*Drehung*) turn; F (*Trick*) trick; ***jetzt hab' ich den ~ heraus*** (*od.* ***weg***) now I've got the hang of it; F (***so***) ***um den ~*** *zeitlich*: round about then; ***sagen wir sechs Uhr oder so um den ~*** *a.* F let's say sixish; *20 Mark* ***oder so um den ~*** or so, or thereabouts; **~achse** *f* axis of rotation; **~arbeiten** *pl. Film*: shooting *sg.*; ***bei den ~ sein*** be on set; **~bank** *f* lathe.

drehbar *adj. Tür, Bühne*: revolving; *Trommel, Antenne*: rotating; (*schwenkbar*) swivel ... (*a. Stuhl*).

Dreh|bewegung *f* rotation; turn; **~bleistift** *m* propelling pencil; **~bolzen** *m* pivot pin; **~brücke** *f* swing bridge.

Drehbuch *n* script, screenplay; **~autor** *m* screenwriter, scriptwriter.

Drehbühne *f* revolving stage.

drehen I. *v/t.* **1.** turn (*a.* ⚙); *fig.* ***man kann es ~ und wenden*** (***, wie man will***), ***wie man es auch dreht und wendet*** whichever way you look at it; **2.** *windend*: twist; **3.** (*verdrehen*) twist (*a. fig.*); **4.** (*Faden etc.*) twist; **5.** *um e-e Achse*: rotate; (*schwenken*) swivel; **6.** ***sich e-e Zigarette ~*** roll a cigarette; **7.** ***durch den*** (***Fleisch***)***Wolf ~*** grind, put through the grinder (*od.* mincer); **8.** (*Film, Szene*) shoot; **9.** F *fig.* ***es ~*** F wangle it; → ***Ding*** 4; **II.** *v/i.* **10.** turn; **11.** ***an*** *et.* ***~*** turn; F *fig.* fiddle with; **III.** *v/refl.*: ***sich ~*** **12.** turn, go round, *schnell*: spin round; *die Erde* ***dreht sich um ihre Achse*** (***um die Sonne***) rotates on its axis (revolves around the sun); ***mir dreht sich alles*** my head's spinning; *fig.* ***sich ~ und winden*** hedge; **13.** *Wind*: shift, veer (round); **14.** *fig.* ***sich ~ um*** revolve round (*a. Gedanken etc.*); ***alles drehte sich um ihn*** he was the cent|re (*Am.* -er) of attraction; **15.** F *fig.* ***sich ~ um*** (*betreffen*) be about, concern; ***es dreht sich darum, ob*** it's a question (*od.* matter) of whether; ***worum dreht es sich?*** what's it all about?; *das Gespräch* ***drehte sich um Steuern*** was about taxes.

Dreher ⚙ *m* turner.

Dreh|erlaubnis *f* filming permission; **~feld** *n* ⚡ rotating field; **~flügelflugzeug** *n*, **~flügler** *m* rotorplane; **~geschwindigkeit** *f* speed (of rotation), rotating speed; **~kartei** *f* rotary file; **~knopf** *m* knob; **~kolbenmotor** *m* rotary piston engine; **~kraft** *f* torque; **~kran** *m* swing crane; **~kreuz** *n* turnstile; **~leier** *f* hurdy-gurdy; **~maschine** *f* lathe; **~moment** *n* torque; **~orgel** *f* barrel organ; **~ort** *m* location; **~pause** *f* break in shooting; **~punkt** *m* ⚙ fulcrum; *fig.* ***Dreh- und Angelpunkt*** pivot; **~restaurant** *n* revolving restaurant; **~schalter** *m* ⚡ rotary switch; **~scheibe** *f* **1.** turntable; *Töpferei*: potter's wheel; *teleph. etc.* dial; **2.** *fig.* hub, nerve cent|re (*Am.* -er); **~strom** *m* ⚡ three-phase current; **~stuhl** *m* swivel chair; **~tag** *m Film*: shooting day; ***am dritten ~*** on the third day of shooting; **~tür** *f* revolving door.

Drehung *f* turn; *um e-e Achse*: rotation (***um*** on); *um e-n Körper*: revolution (round); *schnelle*: spin (*a. e-s Balls*); (*Verwindung*) twist.

Drehwurm *m*: F *fig.* ***den ~ haben*** feel dizzy (*od.* giddy).

Drehzahl *f* ⚙ speed, revolutions *pl.* per minute (rpm); **~messer** *m* revolution counter; *mot.* rev counter, *Am.* tachometer.

Drehzeit *f Film*: shooting time.

drei I. *adj.* three; ***ehe man bis ~ zählen konnte*** before you could say Jack Robinson; ***er sieht aus, als ob er nicht bis ~ zählen könnte*** (*harmlos*) he looks as if butter wouldn't melt in his mouth, (*dumm*) F he looks a right idiot; → ***Ding*** 1; **II.** 2 *f* three; (*Note*) *etwa* C; (*Buslinie etc.*) (number) three; ***e-e ~ schreiben*** get a C.

Dreiachser *m mot.* six-wheeler.

Dreiachteltakt *m* ♪: (***im ~*** in) three-eight time.

Drei|akter *m thea.* three-act play; **2bändig** *adj.* three-volume ..., in three volumes; **2beinig** *adj.* three-legged.

Dreibettzimmer *n* three-bed room.

dreidimensional *adj.* three-dimensional.

Dreieck *n* triangle; **Dreieckgeschäft** *n* ♣ three-way deal; **dreieckig** *adj.* triangular; **Dreieckschaltung** *f* ⚡ delta connection; **Dreiecksgeschichte** *f a* case of the eternal triangle; **Dreiecksverhältnis** *n* love triangle, ménage à trois; ***ein ~ haben*** run a ménage à trois.

dreieinhalb *adj.* three and a half.

Dreieinigkeit *f eccl.* Trinity.

Dreier *m* **1.** → ***Drei***; **2.** ***e-n ~ haben*** *Lotto*: have (got) three right; **3.** *Eis-, Rollkunstlauf*: figure (of) three; **4.** F ***flotter ~*** F threesome, three-way deal.

dreierlei *adj.* three (different) kinds of; *su.* three things.

Dreiertakt *m* triple time.

dreifach I. *adj.* triple; ***in ~er Ausfertigung*** in triplicate; ***et. in ~er Ausfertigung schicken*** send three copies of s.th.; ***die ~e Menge*** three times the amount; ***~er Sieger*** three-time winner (*od.* champion); **II.** *adv.* three times;

Dreifache *n*: ***das ~*** three times as much; *Menge, Betrag*: *a.* three times the amount; ***um ein ~s steigen*** triple, rise (*od.* go up) threefold.

Dreifaltigkeit *f eccl.* Trinity; **Dreifaltigkeitsfest** *n* Trinity Sunday.

Dreifarbendruck *m* three-colo(u)r print (-ing); **dreifarbig** *adj.* three-colo(u)red.

Dreigangschaltung *f Fahrrad*: three--speed gears *pl.*

Drei|gespann *n* three-horse carriage; *fig.* trio, threesome; **~gestirn** *fig. n* triumvirate; **2geteilt** *adj.* divided into three parts; *Artikel etc.*: *a.* three-part ....

Dreigroschenheft *n bsd. Brit.* penny dreadful , *Am.* dime novel.

dreihundert *adj.* three hundred.

dreijährig *adj.* **1.** three-year-old ...; **2.** (*drei Jahre dauernd*) three year ...; ***ein ~es ...*** *a.* three years of ...; **Dreijährige(r** *m*) *f* three-year-old.

Dreikampf *m Sport*: triathlon.

dreikarätig *adj.* three-carat ...

Dreikäsehoch F *m* F titch.

Dreiklang ♪ *m* triad.

Dreikönigsfest *n*: ***das ~*** Epiphany.

dreiköpfig *adj. family etc.* of three.

dreilagig *adj.* three-ply.

Dreiländereck *n* triangle (*where three countries meet*).

Dreimächteabkommen *n pol.* three--power (*od.* tripartite) agreement.

dreimal *adv.* three times; **dreimalig** *adj.*: ***nach ~er Wiederholung*** after repeating it three times, after three repetitions (*Sendung etc.*: repeats); ***nach ~em Klingeln*** after I *etc.* had rung three times; ***nach ~em Versuch*** after three attempts, after the third attempt.

Dreimaster *m* ⚓ three-master.

Dreimeilenzone *f* ⚓, ⚖ three-mile limit.

dreimonatig *adj.* **1.** three-month-old *baby etc.*; **2.** three-month ...; ***nach e-m ~en Englandaufenthalt*** after three months (*od.* a three-month stay) in England; **dreimonatlich I.** *adj.* three-monthly ..., quarterly; **II.** *adv.* every three months.

drein F *pron. adv.* → ***darein***; **~blicken** F *v/i.* look *happy, sad etc.*; **~reden** F *v/i.* **1.** interrupt, butt in; ***j-m ~*** butt into s.o.'s conversation; **2.** (*sich einmischen*) interfere (***bei*** with; ***in*** in); ***er läßt sich in s-e Arbeit nicht*** (*od.* ***von niemandem***) ***~*** he won't let anyone tell him what to do; **~schauen** F *v/i.* → ***dreinblicken***; **~schlagen** F *v/i.* join in the fight; ***mit den Fäusten ~*** use one's fists.

Dreiparteiensystem *n* three-party system. **drei|phasig** *adj.* ⚡ three-phase ...; **~polig** *adj.* three-pole ....
Dreipunkt|gurt *m mot.* three-point belt; **~landung** *f* ✈ three-point landing.
Drei|rad *n* tricycle; **~satz(rechnung** *f*) *m* 𝔄 rule of three; **2seitig** *adj.* **1.** three-sided, 𝔄 *a.* trilateral; **2.** three-page ...; **2silbig** *adj.* three-syllable ...; **~spitz** *m* tricorn(e), three-cornered hat; **2sprachig** *adj.* trilingual; **~ sein** *a.* speak three languages fluently, be fluent in three languages; **~sprung** *m* triple jump; **2spurig** *adj.* three-lane ...
dreißig *adj.* thirty; **~ beide** *Tennis*: thirty all; **in den ~er Jahren** in the thirties; **er ist in den 2ern** he's in his thirties; **Dreißiger(in** *f*) *m* man (*f* woman) in his (her) thirties; F thirtysomething; **dreißigjährig** *adj.*: **der 2e Krieg** the Thirty Years' War; **dreißigst** *adj.* thirtieth; **sie hat heute ihren 2en** she's thirty today, it's her thirtieth birthday today.
dreist *adj.* bold as brass; (*frech*) cheeky, impudent; *Bemerkung*: impudent; *Lüge*: brazen.
dreistellig *adj. Zahl*: three-digit ...
Dreisterne|hotel *n* three-star hotel; **~koch** *m* five-star chef; **~restaurant** *n* five-star restaurant.
Dreistigkeit *f* boldness, audacity; (*Frechheit*) impudence; *konkret*: impudent remark.
drei|stimmig ♪ **I.** *adj.* three-part ...; **II.** *adv.*: **~ singen** sing in three-part harmony; **~stöckig** *adj.* three-stor(e)y ...
Dreistufen|plan *m* three-stage plan; **~rakete** *f* three-stage rocket (*od.* missile).
dreistufig *adj.* three-stage ...
drei|stündig *adj.* three-hour(-long) ...; **2tagebart** F *m* F designer stubble; **~tägig** *adj.* **1.** three-day(-long) ...; **2.** (*drei Tage alt*) three-day-old ...; **~teilig** *adj.* three-part ..., tripartite ..., in three parts; *Anzug etc.*: three-piece ...
dreiviertel I. *adj.*: **in e-r ~ Stunde** in three quarters of an hour, in 45 minutes; **~ der Bevölkerung** three quarters of the population; **II.** *adv.*: **~ voll** three-quarters full; **2mehrheit** *f* three-quarter majority; **2stunde** *f* three quarters of an hour, 45 minutes *pl.*; **2takt** *m* ♪: (**im ~** in) three-four time.
Dreiwegbox *f* three-way speaker; **Dreiwegekatalysator** *m mot.* three-way catalyst (*od.* catalytic converter); **Dreiweglautsprecher** *m* three-way loudspeaker.
drei|wertig *adj.* ⚗ trivalent; **~wöchig** *adj.* **1.** three-week ...; **2.** (*drei Wochen alt*) three-week-old ....
Dreizack *m* **1.** trident; **2.** 🌿 arrow grass.
dreizehn *adj.* thirteen; **dreizehnt** *adj.* thirteenth; **Dreizehntel** *n* thirteenth (part).
Dreizimmerwohnung *f* two-bedroom (-ed) flat (*Am.* apartment).
Dresche F *f*: **~ bekommen** get a good hiding; **dreschen I.** *v/t.* (*Getreide etc.*) thresh; (*Ball*) bang; → **grün** I, **Phrase, Stroh, windelweich**; **II.** *v/i.* thresh; F **auf die Tasten ~** hammer (*od.* pound) away at the piano (*od.* typewriter *etc.*); **Dreschflegel** *m* flail; **Dreschmaschine** *f* threshing machine.
Dreß *m* strip.
Dresseur *m* (animal) trainer; **dressieren** *v/t.* train; (*zureiten*) *a.* break in; *fig.* drill; ⚙ finish; *gastr.* (*Geflügel*) truss (up); **dressiert** *adj.* trained; performing *seal etc.*; **der Hund ist auf den Mann ~** he's been trained as an attack dog.
Dressing *n für Salate*: dressing; *für Geflügel*: stuffing, *Am. a.* dressing.
Dressman *m* male model (*a. euphem.*).
Dressur *f* training; *Sport*: (*a.* **~reiten** *n*) dressage.
dribbeln *v/i. Sport*: dribble (the ball); **Dribbling** *n* dribble.
Drill *m* ⚔ drill (*a. fig.*); **Drillbohrer** *m* drill; **drillen** *v/t.* **1.** ⚔ drill (*a. fig.*); (*schulen*) coach; **2.** ⚙ (*verdrehen*) twist; **3.** (*bohren*) drill (*a.* ⛏).
Drillich *m* drill; **~anzug** *m* overalls *pl.*
Drilling *m* triplet.
drin F *pron. adv.* **1.** → **darin**; **2.** *fig.* **das ist nicht ~!** that's not on; **das ist bei mir nicht ~** that's out of the question for me, (*da mach' ich nicht mit*) you can count me out on that; **mehr war nicht ~** that was the best I *etc.* could do; **es ist noch alles ~** anything's possible.
dringen *v/i.* **1. durch** *et.* **~** force one's way (*od.* break) through; *Licht, Kugel etc.*: penetrate, pierce; *Wasser etc.*: leak (*od.* seep) through; **2. aus** *et.* **~** come out of; *Menschenmenge*: surge out of; *Geräusch*: come from; **aus der Küche drang lautes Gelächter** you could hear loud laughter coming from the kitchen; **3. in** *et.* **~** penetrate (into); *Person*: force one's way into; **in die Öffentlichkeit ~** leak out; **4. bis zu** *et.* **~** reach, get as far as; **5. auf** *et.* **~** press for, urge; **darauf ~, daß et. getan wird** press for s.th. to be done; **6. in j-n ~** press, **mit Bitten:** plead with, **mit Fragen:** press *s.o.* with questions; **er drang nicht weiter in sie** he didn't press the point (any further); **dringend I.** *adj.* urgent; (*vordringlich*) priority ...; *Gefahr*: imminent; → **Bedürfnis, Bitte**; **II.** *adv.* urgently; **~ notwendig** absolutely essential; **~ brauchen** desperately need, need *s.th.* very badly (*schnell*: urgently); **j-m ~ raten, et. zu tun** urge (*od.* strongly advise) s.o. to do s.th.; **j-m ~ davon abraten, et. zu tun** urge s.o. not to do s.th., strongly advise s.o. against doing s.th.; **ich rate Ihnen ~ davon ab** I would urge (*od.* strongly advise) you not to (do it), I would strongly advise you against it; **... werden ~ gebeten zu** *inf.* ... are urged (*od.* urgently requested) to *inf.*, **sich umgehend zum Flugsteig 19 zu begeben:** ... are requested to proceed to gate 19 immediately; → **verdächtig.**
dringlich *adj.* urgent; **~es Problem** pressing issue (*od.* problem); **Dringlichkeit** *f* urgency; (*Vordringlichkeit*) priority.
Dringlichkeits|antrag *m* emergency motion; **~debatte** *f* emergency debate; **~liste** *f* priority list; **~stufe** *f* priority (class); **höchste ~** top priority.
drinnen *adv.* inside; (*im Haus*) *a.* indoors.
dritt I. *adj.* third; **~es Kapitel** chapter three; **am ~en April** on the third of April, on April the third, *Am.* on April third; **3. April** 3rd April, April 3(rd); *pol.* **~e Welt** Third World; **die ~en Zähne** dentures, F (one's) false teeth; **II.** *adv.*: **wir waren zu ~** there were three of us; **sie gingen zu ~ hin** three of them went; **~ältest** *adj.* third eldest; **~best** *adj.* third best; **Dritte(r)** *m* **1.** (the) third; *weitS.* another person; ⚖ third party; **Heinrich III.** Henry III (= Henry the Third); **heute ist der Dritte** it's the third today; **im Beisein Dritter** in front of others (*od.* other people); **der Dritte im Bunde** the third member of the trio (F league), F number three (in the trio); ⚖ **Rechte Dritter** third-party rights; **2.** (*Drittbester*) third (best); **er wurde Dritter** he came third; **er erreichte das Ziel als Dritter** he came in (*od.* finished) third.
Drittehe *f* third marriage.
drittel I. *adj.*: **e-e ~ Sekunde** a third of a second; **II. 2** *n* third; **zwei ~** two thirds.
drittens *adv.* third(ly).
Dritter *m* → **Dritte(r).**
Dritte-Welt-Laden *m* third world shop.
dritt|klassig *adj.* third-class ...; *fig.* third-rate ...; **2land** *n* third country; *EG*: non-member country; **~letzt** *adj.* third last; **das ~e Haus** the third house from the end; **~rangig** *adj.* third-rate ...
droben *adv.* up there; *im Haus*: upstairs.
Droge *f* drug.
Drög(e)ler *schweiz. m* drug addict.
drogen|abhängig *adj.* addicted to drugs; **~ sein** be a drug addict; **2abhängige(r)** *m* drug addict; **2abhängigkeit** *f* drug addiction; **2bekämpfung** *f* fight against drugs; **2beratungsstelle** *f* drugs advice cent|re (*Am.* -er); **2boss** *m* drugs baron; **2dealer** *m* drug trafficker (*od.* dealer); **2fahnder** *m* narcotics agent, *sl.* narco; **~gefährdet** *adj.* drug-risk *group etc.*; **2handel** *m* drug trafficking; **2händler** *m* drug trafficker (*od.* dealer); **2konsum** *m* drug-taking; **2konsument** *m* drug-taker; **2mißbrauch** *m* drug abuse; **2razzia** *f* drug raid; **2ring** *m* drug cartel; **2sucht** *f*, **~süchtig** *adj. etc.* → **Drogenabhängigkeit, drogenabhängig** *etc.*; **2szene** *f* drug scene; **2tote(r** *m*) *f* drug victim; **die Zahl der Drogentoten** the number of deaths caused by drugs (*od.* drug overdose).
Drogerie *f* chemist's (shop), *Am.* drugstore; **Drogist** *m* chemist, *Am.* druggist.
Drohbrief *m* threatening letter; *pl. a.* hate mail *sg.*.
drohen *v/i.* **1.** threaten (**zu** *inf.* to *inf.*); **er drohte (ihm** *etc.*) **mit der Polizei** he threatened to call the police; **sie drohte ihm, ihn anzuzeigen, sie drohte ihm mit e-r Anzeige** she threatened to report him to the police; **j-m mit der Faust (dem Finger) ~** shake one's fist (finger) at s.o.; **2.** (*bedrohlich bevorstehen*) threaten, approach; **er weiß noch nicht, was ihm droht** he doesn't know what's in store for him (*od.* what he's in for) yet; **ihm droht e-e Gefängnisstrafe** if he's unlucky he could get a prison sentence; **der Wirtschaft droht der Kollaps** the economy is threatened with (*od.* is on the brink of) collapse; **3.** *fig.* **~ zu** *inf.* threaten to *inf.*, *a. Person*: be in danger of *ger.*; **es drohte zu regnen** it looked like rain; **drohend** *adj.* threatening, menacing; (*bevorstehend*) *a.* imminent, impending.
Drohne *f* drone, *fig. a.* parasite.
dröhnen *v/i. Motor, Maschine*: drone, *lauter*: roar; *Stimme, eintönig*: drone, *laut*: boom; *Schritte*: ring; *Raum*: ring, echo (**von** with); *Donner, Geschütze*: rumble, *stärker*: boom; **die Musik dröhnt mir in den Ohren** the music's ringing in my ears; **mir dröhnt der Kopf** my head's pounding (*od.* throbbing) (**von** with); **dröhnend I.** *adj.*: **~es Ge-**

lächter roars *pl.* of laughter; **II.** *adv.*: **~ lachen** roar with laughter.

Drohnendasein *n*: **ein ~ führen** lead the life of a parasite.

Drohung *f* threat; (*Einschüchterung*) intimidation; **~en ausstoßen** make threatening remarks, utter threats; **e-e ~ wahr machen** carry out a threat; **unter ~en** amid threats; → **leer** I.

drollig *adj.* funny; (*niedlich*) cute.

Dromedar *n* dromedary.

Drops *pl.*: **saure ~** acid drops.

Droschke *f* **1.** *hist.* cab; **2.** *mot. obs.* taxi, cab.

Drossel[1] *f zo.* thrush.

Drossel[2] *f* **1.** ⚙ throttle; **2.** ⚡ choke; **Drosselklappe** *f* ⚙ throttle valve; **drosseln** *v/t.* **1.** ⚙ throttle, choke; (*ab~*) slow down; ⚡ choke; **2.** *fig.* curb, cut (down); **Drosselspule** *f* ⚡ choke coil; **Drosselventil** *n* ⚙ throttle valve.

drüben *adv.* **1.** over there; (*auf der anderen Seite*) on the other side (of the lake *etc.*); (*auf der anderen Straßenseite*) across the road, *wohnen*: *a.* over the way; **~ (im anderen Gebäude)** over in the other building; **2.** *hist.* (*in der DDR*) in East Germany; **sie kamen von ~** they came from East Germany; **3.** (*in Amerika*) over in America (*od.* the States), *bsd. Am.* stateside.

drüber *pron. adv.* → **darüber.**

Druck[1] *m* **1.** pressure (*a.* ⚙, *meteor.*); *phys.* a) (*Flächen2*) compression, b) (*Axial2, Schub*) thrust, c) (*Belastung*) load, d) (*Beanspruchung*) stress, e) (*~welle*) blast; **ein ~ auf den Knopf genügt** just press the button; **2.** *im Kopf*: tension; *im Magen*: tight feeling; **3.** *fig.* (*Zwang*) pressure; (*Bedrängnis*) *a.* stress; (*Belastung*) burden, *nervlich*: stress; **(e-n) ~ auf j-n ausüben, j-n unter ~ setzen** put s.o. under pressure, F put the screws on s.o.; **~ hinter et. machen** speed up; **ziemlich im ~ sein** be under quite a bit of pressure.

Druck[2] *m typ.* printing; (*~art*) print, type; (*Buch, Ausgabe*) edition; (*Kunst2*) print; (*Textil2*) print; **in ~ geben** send to press; **in ~ gehen** go to press; **im ~ sein** be in (the) press.

Druck|abfall *m* drop in pressure; **~anstieg** *m* increase (*od.* rise) in pressure; **~anzug** *m* ✈ pressure suit; **~bleistift** *m* drop-action pencil; **~buchstabe** *m* block letter; **in ~n schreiben** print.

Drückeberger F *m* shirker, *Brit. a.* F skiver.

druckempfindlich *adj.* ⚕ tender, sore to the touch; *Obst*: easily bruised; *Samt*: easily crushed; **diese Stelle ist ~** ⚕ this part hurts when you touch (*od.* press on) it.

drucken *v/t.* print; **~ lassen** have *s.th.* printed, publish; → **gedruckt.**

drücken I. *v/t.* **1.** press; (*quetschen*) *a.* squeeze; (*zerdrücken*) squash; (*Taste*) press, push; **breit** (*od.* **flach**) **~** flatten; **j-m die Hand ~** shake hands with s.o., shake s.o.'s hand, *stärker*: squeeze s.o.'s hand; **j-m et. in die Hand ~** (*Buch etc.*) give s.o. s.th., (*Schaufel etc.*) hand s.o. s.th., *bsd. heimlich*: slip s.th. into s.o.'s hand; **j-n an sich ~** give s.o. a hug, *länger*: hold s.o. tight; *sl.* **sich eins** (*od.* **e-e**) **~** (*Drogen*) *sl.* shoot (some heroin *etc.*) up; → **Daumen, Schulbank, Wand; 2.** *Rucksack etc.*: hurt; *Schuhe etc.*: pinch; **3.** *fig.* (*bedrücken*) worry, *stärker*: depress; *Verantwortung etc.*: weigh (heavily) on; **4.** ☤ (*Preise etc.*) bring (*od.* force) down; **5.** (*Leistung, Niveau etc.*) lower; (*Rekord*) better (**um** by); **er drückte den Rekord um zwei Sekunden** *a.* he took two seconds off the record; **6. die Stimmung ~** put a damper on things, **j-m**: depress s.o.; **7.** ✈ nose down; **II.** *v/refl.* **8. sich in e-e Ecke ~** huddle into a corner; **sich an j-n ~** cuddle up to s.o.; **9.** F **sich** (**heimlich**) **aus dem Saal ~** sneak out of the hall; **sich ~** (*vor Arbeit*) shirk, *Brit. a.* F skive (off); *ängstlich*: F chicken out; **sich ~ vor** (*Einladung*) get out of, (*Verantwortung etc.*) *a.* shirk, (*Arbeit*) shirk, *Brit. a.* F skive; *ängstlich*: chicken out of; **er drückt sich mal wieder** he's shirking again, *Brit. a.* F he's on the skive again; **er drückt sich dauernd** he somehow always manages to get out of it (*od.* things); **III.** *v/i.* **10.** press; **~ auf** press (on), (*Knopf etc.*) press, push; → **Tube** 1; **11.** *Rucksack etc.*: hurt; *Schuhe etc.*: pinch, be too tight; **12.** *sl.* (*sich Heroin spritzen*) *sl.* shoot (some heroin) up; → *a.* 1; **drückend** *adj. Wetter*: close; *Hitze*: oppressive; *fig.* **~e Überlegenheit** overwhelming superiority.

Drucker *m typ.* printer (*a. Gerät*).

Drücker *m* (*Druckknopf*) (push)button; *Türschloß*: latch; ⚙, *Gewehr*: trigger; F *fig.* **am ~ sitzen** be at the controls; F **auf den letzten ~** at the last minute; F (*Person*) door-to-door salesman.

Druckerei *f* printers *pl.*

Druckerlaubnis *f* permission to print, imprimatur.

Drucker|presse *f* (printing) press; **~schwärze** *f* newsprint, printing (*od.* printer's) ink; **~zeichen** *n* printer's mark.

Druck|erzeugnis *n* publication; **2fähig** *adj.* printable; *fig.* **s-e Antwort war nicht ~** his answer wasn't printable (*od.* fit to be printed); **~farbe** *f* printing (*od.* printer's) ink; **~feder** *f* compression spring; **~fehler** *m* misprint, printing error; **2fertig** *adj.* ready for (the) press; **~es Manuskript** fair copy; **2fest** *adj.* pressure-proof; ✈ pressurized; **2frisch** *adj.* fresh from the press; **~genehmigung** *f* → **Druckerlaubnis**; **~industrie** *f* printing industry; **~kabine** *f* pressurized (*od.* pressure) cabin; **~knopf** *m* ⚙ (push)button; *am Kleid etc.*: press stud, *bsd. Brit.* F popper, *Am.* snap fastener; **~kosten** *adj.* printing costs; **~last** *f* ⚙ load.

Druckluft *f* compressed air; **~ ...** *mst.* pneumatic ...; **~bremse** *f* air brake.

Druck|messer *m* ⚙ pressure ga(u)ge; **~mittel** *fig. n* lever; **~ anwenden** apply pressure, F put the screws on; **~platte** *f* plate; **~posten** F *m* cushy job (F number); **~pumpe** *f* pressure pump; **2reif** *adj.* **1.** → **druckfertig**; **2.** *fig.* **s-e Reden sind ~** he ought to have his speeches published; **~sache(n** *pl.*) *f* printed matter, *Am. a.* second-class (matter); **~schrift** *f* **1.** block letters *pl.*; *typ.* print, type; **in ~ schreiben** print; **bitte in ~ ausfüllen** please write in capital letters; **2.** (*Veröffentlichung*) publication, *kleine*: pamphlet.

drucksen F *v/i.* hum and haw.

Druck|stelle *f* ⚕ tender spot, *stärker*: bruise (*a. auf Obst*); **~stock** *m typ.* printing plate; **~taste** *f* (push)button; **~verband** *m* ⚕ compression bandage; **~verfahren** *n* printing process; **~wasserreaktor** *m* pressurized water reactor; **~welle** *f* blast, shock wave.

Druide *m* Druid.

drum I. *pron. adv.* → **darum; II. 2** *n*: **das ganze ~ und Dran** all the little things; **mit allem ~ und Dran** with all the trimmings.

drunten *adv.* down there; *im Haus*: downstairs.

drunter I. *pron. adv.* → **darunter; II.** *adv.*: **es ging alles ~ und drüber** it was absolutely chaotic.

Druse[1] *f min.* druse.

Druse[2] *m Islam*: Druse, Druze.

Drüse *f* gland.

Drüsen|fieber *n* glandular fever; **~schwellung** *f* swelling of the glands; **~tätigkeit** *f* glandular activity.

Dschungel *m* jungle (*a. fig.*); **~fieber** *n* jungle fever; **~krieg** *m* jungle warfare; **~pfad** *m* path through the jungle.

Dschunke *f* junk.

du I. *pers. pron.* you; **bist ~ es?** is that you?; *oft unübersetzt, z. B.*: **~, komm mal her** come here a minute, will you?; **auf ~ und ~ stehen** be good friends; **per ~ sein** say 'du' to each other, *etwa* be on first-name terms (**mit j-m** with s.o.); **zu j-m ~ sagen** → **duzen; II. 2** *n*: **er hat mir das ~ angeboten** he suggested we drop the polite form of address (*od.* use the familiar form of address, use the familiar 'du').

dual *adj.* Ⱥ, *Computer*: binary; **Dualismus** *m* dualism; **dualistisch** *adj.* dualistic(ally *adv.*).

Dual|system *n* Ⱥ, *Computer*: binary system; **~zahl** *f* Ⱥ, *Computer*: binary number.

Dübel *m* rawl plug, (*Holz2*) dowel; **dübeln** *v/t.* rawlplug (**an** to *the wall*).

dubios *adj.* dubious; **Dubiosa** *pl.*, **Dubiosen** *pl.* ☤ doubtful debts.

Dublee *n* rolled gold; **... aus ~** gold-plated ...

Dublette *f* **1.** *zum Tauschen*: double, F swap; **2.** *Boxen*: double blow.

ducken I. *v/t.* (*den Kopf*) duck; *fig.* (*j-n*) put *s.o.* down; **II.** *v/refl.*: **sich ~** duck; *fig.* knuckle under (**vor** to).

Duckmäuser *m* coward, F spineless jellyfish; (*Jasager*) yes-man; **Duckmäuserei** *f* submissiveness; **duckmäuserisch** *adj.* submissive, *stärker*: servile, cringing.

Dudelei *f* tootling; *e-s Radios etc.*: droning; **dudeln** *v/i. Radio etc.*: drone (on); **~ auf** (*Flöte etc.*) tootle away on.

Dudelsack *m* bagpipes *pl.*; **~pfeifer** *m* (bag)piper.

Duell *n* duel (**auf Pistolen** with pistols); **Duellant** *m* duellist; **duellieren** *v/t. u. v/refl.* (**sich ~**) fight a duel (**mit** with).

Duett *n* ♪ duet; **im ~ singen** sing a duet.

Duft *m* (pleasant) smell; *von Blumen, Parfüm*: *a.* scent, fragrance.

dufte F *adj.* F great.

duften *v/i.* smell (**nach** of); (*gut riechen*) smell good; **hier duftet es aber!** what a nice smell!, *iro.* F what a pong!; **hier duftet es nach ...** I can smell ...; **duftend** *adj.* nice-(*od.* sweet-)smelling; *Blumen, Parfüm*: *a.* fragrant.

Dufthauch *m* breath, waft.

duftig *adj.* **1.** fragrant; *Wein*: *a.* scented; **2.** *Kleid etc.*: airy.
Duft|kissen *n* sachet; **~marke** *f zo.* scent mark; **~note** *f* scent; **~probe** *f* perfume sample; **~stoff** *m* scent; **~wolke** *f* cloud of perfume.
Dukaten *m hist.* ducat; **~esel** F *m*, **~scheißer** V *m*: ***ich bin doch kein ~*** I'm not made of money(, you know).
dulden *v/t.* (*ertragen*) endure, suffer; (*zulassen*) tolerate, *stillschweigend*: condone, shut one's eyes to; (*hinnehmen*) put up with, stand for; ***er ist hier nur geduldet*** he's only here on sufferance; ***ich dulde es nicht*** I won't have it; → ***Aufschub, Widerspruch.***
Dulder *m* patient sufferer, martyr; **~miene** *f* martyred expression.
duldsam *adj.* tolerant (***gegen[über]*** of); (*nachsichtig*) indulgent (to), forbearing; **Duldsamkeit** *f* tolerance (***gegen[über]*** of), forbearance.
Duldung *f* toleration; → ***stillschweigend*** I.
dumm I. *adj.* stupid; (*albern*) silly; (*töricht, unklug*) foolish; (*unangenehm*) awkward; (*ungeschickt*) clumsy; ***j-n wie e-n ~en Jungen behandeln*** treat s.o. like a child; ***e-e ~e Sache*** an awkward business; ***~es Zeug!*** rubbish!; ***~es Zeug reden*** talk nonsense; ***sich ~ stellen*** act the fool; ***er ist nicht (so) ~*** he's no fool; F ***er ist dümmer, als die Polizei erlaubt*** F he's as thick as two short planks; ***zu ~!, wie ~!*** what a nuisance; ***schließlich wurde es mir zu ~*** in the end I got tired of the whole business; ***das war ~ von mir*** how stupid of me; ***willst du mich für ~ verkaufen?*** you must think I'm stupid; ***schön ~ wärst du*** you'd be a fool; F ***mir ist ganz ~ im Kopf*** I feel really weird; F ***sich ~ und dämlich reden*** talk o.s. silly; F ***sich ~ und dämlich verdienen*** F be raking it in; **II.** *adv.*: ***sich ~ anstellen*** be stupid, do s.th. stupid; ***wer ~ fragt, bekommt ~e Antworten*** ask a silly question(, get a silly answer); → ***daherreden, dastehen, Wäsche***; **Dummchen** *n* → ***Dummerchen***; **Dumme(r)** *m* fool, F mug; ***der ~ sein*** be left holding the baby; ***e-n ~n findet man immer*** there are plenty of mugs around; **Dummejungenstreich** *m* silly prank; **Dummerchen** F *n* F silly (billy); **dummerweise** *adv.* **1.** stupidly; ***ich habe ~ zugesagt*** I was stupid enough to say yes; **2.** unfortunately; **Dummheit** *f* stupidity; (*Unwissenheit*) ignorance; (*Handlung*) stupid thing to do; ***e-e ~ begehen*** do s.th. stupid; ***so e-e ~!*** what a stupid thing to do; ***mach keine ~en!*** don't do anything stupid, *weitS.* no funny tricks!; F ***vor ~ brüllen*** F be as thick as two short planks; ***gegen ~ ist kein Kraut gewachsen*** some people are born that way; ***er hat nur ~en im Kopf*** he's always up to something; **Dummkopf** *m* idiot; ***er ist kein ~*** he's no fool; **dümmlich** *adj.* silly.
dumpf *adj.* **1.** *Geräusch*: dull, muffled; ***~er Aufprall*** *etc.* thud; **2.** *Luft*: sultry, close; *Wetter*: *a.* muggy; **3.** (*muffig*) stuffy; (*modrig*) mo(u)ldy, musty; **4.** *Schmerz*: dull; **5.** *Schweigen, Stimmung etc.*: gloomy; **6.** *Gefühl, Ahnung*: vague; **dumpfig** *adj.* musty; (*feucht*) dank.
Dumping *n* † dumping; **~preis** *m* dumping price.

Düne *f* dune; **~nfelder** *pl.* sand dunes.
Dung *m* manure, dung.
Düngemittel *n* → ***Dünger***; **düngen** *v/t.* manure, dung; *mit Kunstdünger*: fertilize; **Dünger** *m* manure, dung; (*Kunstdünger*) fertilizer.
Dung|grube *f* manure pit; **~haufen** *m* manure heap.
Düngung *f* manuring; *mit Kunstdünger*: fertilizing.
dunkel I. *adj.* dark (*a. fig. unerfreulich*); *Stimme*: *a.* deep; *fig.* (*finster*) dark, gloomy; (*geheimnisvoll etc.*) dark, mysterious; *Ahnung, Erinnerung*: vague, dim; *Geschäft etc.*: shady; ***~ werden*** get dark; ***~ machen*** darken; ***dunkles Bier*** dark beer; ***im ≈n*** in the dark; *fig.* ***j-n im ~n lassen*** keep (*od.* leave) s.o. in the dark; ***das liegt noch im ~n*** a) that's still a mystery, b) that remains to be seen; ***im ~n tappen*** grope in the dark; **II.** ≈ *n the* dark, darkness; *fig.* darkness, mystery; ***das ~ um et. aufhellen*** (*od.* ***lichten***) shed light on s.th.
Dünkel *m* arrogance; ***er hat e-n akademischen ~*** he thinks he's something special because he's got a degree.
dunkel|blau *adj.* dark blue; **~blond** *adj.* light brown; **~braun** *adj.* dark brown; **~farben** *adj.*, **~farbig** *adj.* dark(-colo[u]red); **~gekleidet** *adj.* dressed in dark colo(u)rs (*od.* clothes); **~haarig** *adj.* dark-haired.
dünkelhaft *adj.* arrogant, conceited.
dunkelhäutig *adj.* dark(-skinned); *Mann*: *a.* swarthy.
Dunkelheit *f* darkness; → ***Einbruch*** 4.
Dunkel|kammer *f phot.* darkroom; **≈rot** *adj.* dark red; **~ziffer** *f* number of unreported cases (*od.* crimes, victims); **~zone** *f* twilight zone.
dünken *lit.* **I.** *v/impers.*: ***es dünkt mich*** (*od.* ***mir***), ***mir*** (*od.* ***mich***) ***dünkt*** it seems to me, *obs. od. iro.* methinks; **II.** *v/refl.*: ***sich sehr schlau*** *etc.* **~** think one is very clever *etc.*
dünn I. *adj.* thin (*a. Stimme*); (*zart*) fine; *Briefpapier*: lightweight; *Flüssigkeit*: watery, watered down; *Luft*: rarefied; *fig.* (*dürftig*) weak; *Argument*: *a.* flimsy; ***~er werden*** *Person*: lose weight; ***er ist sehr ~ geworden*** he's gone really thin; *fig.* ***sich ~ machen*** make room, squeeze up, F breathe in; **II.** *adv.*: ***~ besiedelt*** sparsely populated; *fig.* ***~ gesät*** scarce, few and far between; **~besiedelt** *adj.* sparsely populated; **≈darm** *m* small intestine.
Dünndruckpapier *n* India paper.
dünnemachen F *v/refl.* → ***dünnmachen.***
dünn|flüssig *adj.* watery; *Öl*: light, thin-bodied; **~gesät** *fig. adj.* rare, scarce; **~häutig** *fig. adj.* very sensitive (*od.* delicate).
Dünnheit *f* thinness.
dünn|machen F *v/refl.*: ***sich ~*** (*verschwinden*) F make o.s. scarce; **≈pfiff** F *m* F *the* runs *pl.*; **≈säure** *f* ⚗ dilute acid; *Umweltverschmutzung*: *a. etwa* sewage sludge; **≈säureverklappung** *f* dumping of dilute acid (*od.* sewage sludge); **≈schiß** V *m* V *the* shits *pl.*
Dunst *m* (*Dampf*) vapo(u)r, steam; (*Rauch*) smoke; (*Schwaden*) fumes *pl.*; (*Nebel*) haze, mist; (*Ausdünstung*) vapo(u)r, fumes *pl.*; F *fig.* ***j-m e-n blauen ~ vormachen*** throw dust in s.o.'s eyes; ***er hat keinen*** (***blassen***) ***~ davon*** F he hasn't the foggiest (idea) about it.
dünsten *v/t. u. v/i.* steam.
Dunstglocke *f* blanket of smog.
dunstig *adj.* hazy, misty.
Dunstkreis *fig. m* sphere of influence.
Dünstobst *n* stewed fruit.
Dunstschleier *m* haze.
Dünung *f* ⚓ swell.
Duo *n* ♪ duo.
Duodezimalsystem *n* A duodecimal system.
Duodezime *f* ♪ twelfth.
düpieren *v/t.* dupe.
Duplex... ↯, ⚙, *Computer*: duplex.
Duplikat *n* duplicate; (*Kopie*) copy; *Kunst*: replica.
Duplizität *f*: ***die ~ der Ereignisse*** strange parallel (*od.* coincidence).
Dur *n* ♪ major (key); ***A-~*** A major; **~akkord** *m* major chord.
durch I. *prp.* **1.** *örtlich, a. fig.*: through; (*quer ~*) across; ***~ ganz England*** all over England; **2.** (*Mittel, Ursache*) through, by, by means of; **3.** (*infolge von*) because of; **4.** (*Zeitdauer*) through(out), during; ***das ganze Jahr ~*** the whole year (long); ***den ganzen Tag ~*** all day (long); **II.** *adv.* → *a.* ***durchhaben, durchsein*** *etc.*; **5.** ***~ und ~*** completely, ... through and through; *Person*: *a.* to the core; ***ein Politiker ~ und ~*** a dyed-in-the-wool politician; ***ein Gentleman ~ und ~*** a gentleman born and bred; ***~ und ~ naß*** soaked to the skin, drenched; **6. *es ist acht Uhr ~*** it's past (*od.* gone) eight o'clock; **~ackern** F *fig. v/t.* (*a. v/refl.*: ***sich ~ durch***) plough (*Am.* plow) through *s.th.*; **~arbeiten I.** *v/t.* work through *s.th.*; *geistig*: *a.* go through *s.th.* thoroughly; (*ausarbeiten*) work out (in detail); ***die ganze Nacht ~*** work through the night (without a break); **II.** *v/refl.*: ***sich ~ durch*** (*den Dschungel etc.*) fight one's way through, (*Schnee etc.*) plough (*Am.* plow) through; *fig.* a) work one's way through, b) → ***durchackern***; **III.** *v/i.* work through without a break, work nonstop; **~atmen** *v/i.* breathe deeply; ***tief ~*** *a.* take deep breaths.
durchaus *adv.* (*völlig*) thoroughly; (*unbedingt*) absolutely; *bekräftigend*: quite; ***~!*** absolutely; ***~ nicht*** not at all, not in the least; ***~ nicht arm*** far from poor, not in the least bit poor; ***sie ist ~ nicht zufrieden*** she's not satisfied in the least; ***~ möglich*** quite possible; ***ich bin ~ Ihrer Meinung*** I absolutely agree, I couldn't agree with you more; ***wenn du es ~ willst*** if you absolutely must, if you insist.
'durchbeißen I. *v/t.* bite through *s.th.*, bite *s.th.* in two; **II.** F *fig. v/refl.*: ***sich ~*** struggle through; **durch'beißen** *v/t.* bite through *s.th.*
durch|bekommen *v/t.* **1.** (*a.* ***~ durch***) get *s.th.* through (*a. fig.*); **2.** (*Kranken*) pull *s.o.* through; **~beuteln** F *v/t.* give *s.o.* a shaking; **~biegen I.** *v/t.* bend back; **II.** *v/refl.*: ***sich ~*** bend, sag; **~blättern** *v/t.* leaf (*od.* thumb, F flick) through *s.th.*
Durchblick *m* **1.** view (***auf, in*** of); **2.** F *fig.* ***sich den nötigen ~ verschaffen*** find out what's what; (***den nötigen***) ***~ haben*** know what's going on; ***er hat überhaupt keinen ~*** he has no idea what's going on; **durchblicken** *v/i.* **1.** (*a.* ~

durch) look through; *fig. et.* ~ ***lassen*** hint at, intimate *that*; ~ ***lassen, daß*** hint (at the fact) that, intimate that; **2.** F *fig.* ***ich blick' da nicht durch*** F I don't get it; ***da blick' ich nicht mehr durch*** I'm lost; ***blickst du bei dem Film durch?*** F d'you know what the film is on about?

durchbluten *v/t.* supply with blood; ***das Gehirn ist gut*** **(*schlecht*)** ***durchblutet*** the blood flow (*od.* circulation) in the brain is good (bad); ***durchblutete Haut*** live skin; **Durchblutung** *f* blood flow, circulation (*gen. od.* ***in*** in); **Durchblutungsstörung** *f* circulatory problem.

durch'bohren *v/t.* pierce; *mit dem Dolch*: stab; *mit dem Schwert*: run through; (*durchlöchern*) perforate; *fig.* ***j-n mit Blicken*** ~ look daggers at s.o.; **'durchbohren I.** *v/t.* drill through *s.th.*; **II.** *v/refl.*: ***sich*** ~ bore one's way through; **durchbohrend** *adj. Blick*: piercing.

durch|boxen F **I.** *fig. v/t.* push *s.th.* through; **II.** *v/refl.*: ***sich*** ~ battle one's way through; *fig.* struggle through; **~braten** *v/t.* cook well; → ***durchgebraten.***

'durchbrechen I. *v/t.* **1.** break *s.th.* (in two), (*Zweig etc.*) snap; **2.** (*Mauer*) break through; ***ein Fenster*** ~ put a window in a (*od.* the) wall; **II.** *v/i.* **3.** break (in two); **4.** *unter e-r Last*: collapse; **5.** *durchs Eis*: fall through; **6.** (*zum Vorschein kommen*) come out; *Zähne, Sonne*: come through; **7.** ⚕ *Geschwür etc.*: burst; **durch'brechen** *v/t.* break through *s.th.*; (*Blockade*) run; *fig.* (*Regel etc.*) break.

durch|brennen I. *v/t.* **1.** burn a hole in; **II.** *v/i.* **2.** *Birne*: burn out; *Sicherung*: blow; **3.** F *fig.* (*ausreißen*) run away; *mit Geld*: make off, *mit j-m*: *a.* elope; (*flüchten*) F do a bunk; ***mit dem Geld*** ~ *a.* F take the money and run; → ***Sicherung*** 1; **~bringen I.** *v/t.* get *s.th. od. s.o.* through (*a. Antrag*); (*Kranken*) pull *s.o.* through; (*ernähren*) support, feed; (*Geld*) squander; **II.** *v/refl.*: ***sich*** ~ make (both) ends meet, *mühsam*: scrape through.

Durchbruch *m* **1.** ⚔ u. Sport: breakthrough; *e-s Dammes*: bursting; (*Lücke*) gap, opening; ⚕ *Geschwür etc.*: bursting; *Zähne*: cutting; **2.** *fig.* breakthrough; ***ihm ist der*** ~ ***gelungen, er hat den*** ~ ***geschafft*** he finally made the breakthrough (*od.* made it); ***zum*** ~ ***kommen*** show, become apparent, *Idee*: gain acceptance; ***e-r Idee zum*** ~ ***verhelfen*** help to get an idea accepted.

durchchecken *v/t.* **1.** check through *s.th.*; **2.** (*Gepäck*) check *one's luggage* through; **3.** F ⚕ ***sich*** ~ ***lassen*** have a complete checkup.

durchdacht *adj.*: **(*gut*** ~**)** well thought-out; **durchdenken** *v/t.* think *s.th.* through; (*überlegen*) think *s.th.* over, give *s.th.* some thought.

durch|diskutieren *v/t.* talk *s.th.* through; ***gründlich*** ~ discuss from every angle, F thrash out; **~drängen** *v/refl.*: ***sich*** ~ **(*durch*)** push one's way through; **~drehen I.** *v/t.* **1.** (*Fleisch*) mince, put through the grinder (*od.* mincer); **II.** *v/i.* **2.** *Räder*: spin; **3.** F *fig. Person*: F crack up; *vor Angst*: panic, F go into a flat panic.

'durchdringen *v/i.* **1.** (*a.* ~ ***durch***) get through; *Flüssigkeit*: *a.* seep through; *Nachricht*: get out, leak (out); ~ ***zu*** *Nachricht*: reach, get to; **2.** *fig. Person*: succeed (***mit*** with); ***mit et.*** ~ *a.* get s.th. accepted; **durch'dringen** *v/t.* penetrate; *fig. mit dem Verstand*: fathom, grasp; (*erfüllen*) pervade, permeate; ***er durchdrang mich mit s-m Blick*** his look went right through me; → ***durchdrungen***; **durchdringend** *adj.* penetrating, piercing (*a. Blick*); *Kälte, Wind*: biting; *Stimme*: piercing, shrill; *Verstand*: keen, penetrating *mind*.

durchdrücken *v/t.* (*a.* ~ ***durch***) force (*od.* squeeze) through; (*Knie etc.*) straighten; (*Rücken*) stretch; *fig.* → ***durchsetzen***; **Durchdrückpackung** *f* bubble pack; *pl. coll.* bubble packaging *sg.*

durchdrungen *adj. Person*: filled, *positiv*: *a.* inspired, *lit.* suffused (***von*** with); ~ ***von*** *Sache*: steeped in.

durchdürfen F *v/i.* (*a.* ~ ***durch***) be allowed through; ***darf ich mal durch?*** excuse me.

durch'eilen *v/t.* rush through (*a. fig. u. v/i.* **'durcheilen**); (*ein Land*) rush across.

durcheinander I. *adj.*: ~ ***sein*** be in a mess; ***ganz*** ~ ***sein*** *Person*: be totally confused, *emotional*: be all mixed up; **II.** *adv.*: ***alles*** ~ ***essen*** eat everything as it comes; **III.** ~ *n* mess, muddle; (*Wirrwarr*) confusion, *stärker*: chaos; **~bringen** *v/t.* **1.** → ***durcheinanderwerfen***; **2.** *fig.* (*j-n*) get *s.o.* all flustered; **~geraten** *v/i.*, **~kommen** F *v/i.* get mixed up (*a. fig.*); **~reden** *v/i.* **1.** talk all at the same time; **2.** F (*wirr reden*) say strange things, F rave; **~werfen** *v/t.* jumble up; *fig.* mix up.

durchexerzieren *v/t.* go through *s.th.* (*a. erproben*); (*üben*) *a.* practi|se (*Am.* -ce).

durchfädeln *v/t.* thread; ***e-n Faden durch Perlen*** ~ thread pearls onto a string, string pearls.

'durchfahren *v/i.* (*a.* ~ ***durch***) pass (*od.* go, *mot. a.* drive, ⚓ sail) through; ***bis X*** ~ drive *etc.* nonstop to X; ***der Zug fährt in X durch*** the train doesn't stop in X; → ***Rot***; **durch'fahren** *v/t.* go (*od.* pass, *mot. a.* drive) through; go *etc.* across; (*Strecke*) drive; *fig.* ***der Gedanke durchfuhr mich, daß*** it suddenly struck (*od.* hit) me that; ***ein Schreck*** *etc.* ***durchfuhr ihn*** he was suddenly hit by a shock *etc.*

Durchfahrt *f* **1.** passage; ~ ***verboten!*** no through road, no thoroughfare; **2.** way; ***die*** ~ ***zur Kirche*** the road leading up to the church; **3.** → ***Durchreise***; **Durchfahrtsstraße** *f* through road.

Durchfall *m* **1.** diarrh(o)ea; **2.** (*Mißerfolg*) failure, *thea. etc.* F flop.

'durchfallen I. *v/i.* **1.** (*a.* ~ ***durch***) fall through (*a. Licht*); **2.** *in e-r Prüfung*: fail, F flunk; *bei e-r Wahl*: be defeated, be beaten; *thea. etc.* F be a flop (*a. Person*); *Vorschlag*: be turned down; ~ ***lassen*** fail; ***im Examen*** ~ fail (F flunk) the *od.* one's exam; **durch'fallen** *v/t.* fall through.

Durchfallquote *f* failure rate.

durch|fechten I. *v/t.* fight *s.th.* through; **II.** *v/refl.*: ***sich*** ~ fight one's way through; **~feiern** *v/i.* (*a. v/t.*: ***die Nacht*** ~) celebrate all night, make a night of it; ***wir haben durchgefeiert*** *a.* the party went on all night; **~finden** *v/refl.*: ***sich*** ~ **(*durch*)** find one's way through; ***sich nicht mehr*** ~ be lost; **~flechten** *v/t.* intertwine (***mit*** with).

durch'fliegen *v/t.* **1.** fly through; (*e-e Strecke*) fly, cover; **2.** *fig.* (*Buch etc.*) skim through *s.th.*; **'durchfliegen** *v/i.* **1.** (*a.* ~ ***durch***) fly through; ✈ *ohne Zwischenlandung*: fly nonstop (***bis*** **[*zu*]** to); **2.** F *in e-r Prüfung*: F flunk (the *od.* one's exam).

'durchfließen *v/i. u.* **durch'fließen** *v/t.* flow (*od.* run) through.

Durch|flug *m* flight (***durch*** through); *Luftrecht*: (air) transit; **~fluß** *m* flow; ⚙ (*~öffnung*) opening.

durchfluten *v/t.* flow through; *fig. Licht*: flood.

durchforschen *v/t. wissenschaftlich*: investigate; (*genau betrachten, untersuchen*) scrutinize; (*Land*) explore; (*Gelände*) search; (*Bibliothek etc.*) search, comb through; **Durchforschung** *f* investigation; scrutiny; exploration; search(ing).

durchforsten *v/t.* **1.** (*Wald*) thin (out); **2.** *fig.* comb (*od.* sift) through *s.th.*

durch|fragen *v/refl.*: ***sich*** ~ ask one's way (***nach, zu*** to); **~fressen I.** *v/t.* **1.** *a.* 🐾 eat through (*a.* ***sich*** ~ ***durch***); **II.** *v/refl.*: ***sich*** ~ **2.** *Wurm etc.*: eat its way through; **3.** F ***sich*** ~ ***bei*** F sponge off; **4.** ***sich durch*** *ein Buch etc.* ~ plough (*Am.* plow) through *s.th.*, wade through *s.th.*

durchfretten *v/reflex.* ***sich*** ~ have a hard time of it.

durchfroren *adj.* (*a.* ***ganz*** *od.* ***völlig*** ~) frozen to the bone.

Durchfuhr *f* † transit.

durchführbar *adj.* practicable, feasible; **Durchführbarkeit** *f* practicability, feasibility; **Durchführbarkeitsstudie** *f* feasibility study; **durchführen** *v/t.* **1.** (*a.* ~ ***durch***) lead (*od.* take) through *od.* across; *durch ein Museum etc.*: take through (*od.* round); **2.** (*a.* ~ ***durch***) (*Draht etc.*) pass through; **3.** *fig.* carry out; (*in Angriff nehmen*) go ahead with; (*zu Ende führen*) carry *s.th.* through; (*Kurs etc.*) hold; (*Konzept*) realize; (*Gesetz*) enforce; **Durchführung** *f e-s Projekts etc.*: realization; *e-s Gesetzes*: enforcement.

Durchfuhr|verbot *n* † transit embargo; **~zoll** *m* transit duty.

durchfurcht *adj. Gesicht*: lined; **~e *Stirn*** lined forehead, *lit.* furrowed brow.

durchfüttern *v/t.* feed, (*j-n*) *a.* support; ***sich von j-m*** ~ ***lassen*** live off s.o.

Durchgabe *f* → ***Durchsage.***

Durchgang *m* passage(way); †, *ast.* transit; *Sport*: round; *Rennen*: heat; ~ ***verboten!*** no through road, no thoroughfare, private (road); **durchgängig I.** *adj.* general; *Preise*: uniform; **II.** *adv.* generally; throughout.

Durchgangs|bahnhof *m* through station; **~lager** *n* transit camp; **~stadium** *n* transitional stage; **~straße** *f* through road; **~ton** *m* ♪ passing note; **~verkehr** *m* through traffic; † transit trade; **~zoll** *m* transit duty.

durchgeben *v/t.* (*Nachricht*) pass on, *im Radio*: announce.

durchgebraten *adj.* well-done; ***es ist noch nicht*** ~ it isn't done (properly) yet.

durchgefroren *adj.* → ***durchfroren.***

durchgehen I. *v/i.* **1.** (*a.* ~ ***durch***) go (*od.* walk) through, pass (through); *Dinge*: go through; **2.** (*durchdringen, a.* ~ ***durch***) go through; **3.** (*fliehen*) run away, *Liebende*: elope; *Pferd*: bolt; *fig.* ***s-e Phantasie*** *etc.* ***geht manchmal mit ihm durch*** sometimes his imagination *etc.* just runs wild; ***sein Temperament ging***

mit ihm durch he got carried away; **4.** *Antrag*: be accepted; *Gesetz*: be passed; **5.** (*geduldet werden*) pass; ***et. ~ lassen*** let s.th. pass; ***j-m et. ~ lassen*** let s.o. get away with s.th.; **II.** *v/t.* (*erörtern, prüfen, lesen*) go through (*od.* over); **durchgehend I.** *adj.***1.** through *train etc.*; *Betrieb etc.*, *a.* ⚙: continuous; **II.** *adv.* **2.** (*allgemein*) generally; **3.** (*ständig*) continuously; ***~ geöffnet*** open all day; ***~ von 9 - 18.30 geöffnet*** open 9 a.m. - 6.30 p.m.; ***~ arbeiten*** work through; ***~ Einlaß*** nonstop admission; **4.** (*durchweg*) throughout.

durchgeistigt *adj.* (very) cerebral.

durch|geknöpft *adj. Kleid*: button-through ...; **~geschwitzt** *adj.* sweaty, *völlig*: soaked with sweat; **durchgestaltet** *adj.* (*a.* ***gut ~***) worked out to the last detail; **~gestylt** *adj.* carefully styled; ***ein ~er Yuppie*** a yuppie from head to toe; **~graben** *v/refl.*: ***sich ~*** (***durch***) dig (*od.* burrow) one's way through.

durchgreifen *v/i.* **1.** (*a.* ***~ durch***) reach through; **2.** *fig.* take (tough) action, F do something; ***hart ~ bei*** crack down on, take tough action (*od.* a tough line) against; **durchgreifend** *adj.* drastic; radical, sweeping.

durchhaben F *v/t.*: ***hast du das Buch schon durch?*** have you finished the book?

durchhalten I. *v/i.* hold out, F stick it out; ***du mußt ~*** *a.* you mustn't give up, *bsd. Am.* F hang in there; **II.** *v/t.* (*Lebensweise etc.*) keep *s.th.* up; (*Tempo*) *a.* stand *the pace*; **Durchhaltevermögen** *n* staying power.

durchhängen *v/i.* **1.** sag; **2.** F *fig.* have (*od.* be going through) a low; ***laß dich nicht so ~*** come on, get a grip of yourself; **Durchhänger** F *m* F low; ***e-n ~ haben*** have (*od.* be going through) a low.

durch|hauen I. *v/t.* chop in two; (*spalten*) split; F (*prügeln*) give *s.o.* a thrashing; **II.** *v/refl.*: ***sich ~*** (***durch***) hack one's way through; **~hecheln** F *v/t.* gossip about; **~heizen I.** *v/t.* heat properly; **II.** *v/i.* keep the heating on night and day; **~helfen I.** *v/i.* (*a.* ***~ durch***) help *s.o.* through; **II.** *v/refl.*: ***sich ~*** get by, manage; **~hören** *v/t.* **1.** hear (through the wall *etc.*); **2.** ***~, daß*** be able to tell that; **~hungern** *v/refl.*: ***sich ~*** (***durch***) have to survive (*a war etc.*) on very little; ***wir haben uns durch den Krieg durchgehungert*** *a.* we had very little (*od.* virtually nothing) to eat during the war.

'durchjagen I. *v/i.* (*a.* ***~ durch***) race (*od.* tear) through; **II.** *v/t.* rush through (*a. fig.*); **durch'jagen** *v/t.* (*Land*) chase through (*od.* across).

'durchkämmen *v/t.* **1.** (*Haar*) comb out; **2.** *fig.* (*Gebiet etc.*) comb (***nach*** for); **durch'kämmen** *v/t.* comb (***nach*** for).

durch|kämpfen I. *v/t.* fight *s.th.* through; **II.** *v/refl.*: ***sich ~*** a) *a.* ***sich ~ durch*** fight one's way through (*a. fig.*), b) *fig.* → ***durchringen***; **~kauen** *v/t.* chew well; *fig.* go over *s.th.* again and again; **~klingen** *v/i.* sound through; *fig.* ***es klang etwas Neid durch*** you could detect a tinge of envy; **~knallen** F *v/i. Sicherung*: blow; **~kneten** *v/t.* knead (thoroughly); (*Muskeln*) knead; **~kommen** *v/i.* (*a.* ***~ durch***) come through (*a. Zahn, Nachricht, Charakterzug etc.*); (*hindurchgelangen*) (manage to) get through (*a. teleph.*); *Sonne*: break through; (*sein Ziel erreichen*) make it; *in e-r Prüfung*: pass; *Kranker*: pull through; ***~ mit*** (*e-m Gegenstand*) get *s.th.* through, *fig.* (*e-r Frechheit etc.*) get away with; ***mit et. ~*** (*auskommen*) get by with; ***damit kommst du (bei ihm) nicht durch*** that won't work (that won't cut any ice with him); **~komponiert** *adj.* ♪ through composed; **~können** F *v/i.* (*a.* ***~ durch***) be able to get through; **~konstruiert** *adj.* carefully designed.

durch'kreuzen *v/t.* cross; *fig.* (*Pläne etc.*) thwart, frustrate; **'durchkreuzen** *v/t.* cross out.

'durchkriechen *v/i.* (*a.* ***~ durch***) *u.* **durch'kriechen** *v/t.* crawl through.

durchkriegen F *v/t.* → ***durchbekommen.***

Durchlaß *m* passage(way); (*Öffnung*) opening, gap; ***j-m ~ gewähren*** let s.o. pass (*od.* through); **durchlassen** *v/t.* (*a.* ***~ durch***) let *s.o. od. s.th.* pass (*od.* through); (*Antrag, Prüfling*) pass; (*Licht*) let *the light* through; ***Wasser ~*** leak; F ***et. ~*** let s.th. pass; F ***j-m et. ~*** let s.o. get away with s.th.; **durchlässig** *adj.* pervious (***für*** to); (*porös*) porous; *Gefäß, Schuhe etc.*: leaky; *für Licht*: translucent; **Durchlässigkeit** *f* perviousness; porosity; leakiness; translucence; → ***durchlässig.***

Durchlaucht *f*: (***Euer ~*** Your) Highness (*Herzog*: Grace).

durch'laufen *v/t.* **1.** run through; (*e-e Strecke*) cover; ⚙, *phys.* travel through; **2.** *fig.* (*Schule*) pass through; *Gerücht*: spread all over *town etc.*; ***ein Schauder durchlief ihn*** he shuddered, a shiver ran down his spine.

'durchlaufen I. *v/i.* (*a.* ***~ durch***) run through; (*durcheilen*) rush through; ⚙, ⚕ pass through; **II.** *v/t.* (*Schuhe*) go through *a pair of shoes*; ***sich die Füße ~*** walk one's feet off; **durchlaufend** *adj.* continuous (*a.* ⚙); ⚕ transitory; **Durchlauferhitzer** *m* instant(aneous) water heater.

durch|lavieren *v/refl.*: ***sich ~*** F wangle one's way through; **~leben** *v/t.* go (*od.* live) through, experience; (***im Geiste***) ***noch einmal ~*** relive; **~leiten** *v/t.* (*a.* ***~ durch***) lead through; **~lesen** *v/t.* read through.

'durchleuchten *v/i.* (*a.* ***~ durch***) shine through; *fig. a.* show; **durch'leuchten** *v/t.* ✱ x-ray, screen; *am Flughafen etc.*: x-ray, put through the scanner; (*Eier*) test; *fig.* (*untersuchen*) investigate (***auf [... hin]*** for), (*Vergangenheit*) probe into.

Durchleuchtung *f* ✱ x-ray, fluoroscopic examination; **Durchleuchtungsgerät** *n am Flughafen etc.*: (x-ray) scanner.

durch|liegen *v/refl.*: ***sich ~*** get bedsores; **~lochen** *v/t.* → ***lochen.***

durchlöchern *v/t.* make holes in; (*durchbohren*) pierce; *mit Kugeln*: riddle with bullets; F *fig.* shoot holes in; **durchlöchert** *adj.* full of holes, F holy ...; *von Kugeln*: riddled with bullets; ***völlig ~*** *a.* riddled with holes.

durchlotsen *v/t.* (*a.* ***~ durch***) pilot (*Auto*: guide) through.

'durchlüften *v/t.* air, give *s.th.* a good airing; **durch'lüften** *v/t.* **1.** → **'durchlüften**; **2.** (*Getreide etc.*) ventilate; (*Aquarium*) aerate.

durchmachen I. *v/t.* go through; (*Wandlung etc.*) undergo; ***er hat einiges durchgemacht*** he's been through a lot, he hasn't had an easy time of it; **II.** *v/i.* (*weitermachen*) carry on; (*a.* ***die ganze Nacht ~***) make a night of it.

Durchmarsch *m* **1.** march through; **2.** F *the* runs *pl.*; **durchmarschieren** *v/i.* (*a.* ***~ durch***) march through.

durchmessen *v/t.*: ***er durchmaß das Zimmer*** he paced the floor; **Durchmesser** *m* diameter; ***e-n ~ von drei Metern haben*** be three met|res (*Am.* -ers) in diameter.

'durchmischen *v/t.* mix thoroughly; **durch'mischen** *v/t.* mix (***mit*** with).

durch|mogeln F *v/refl.*: ***sich ~*** wangle one's way through; *in e-r Prüfung*: cheat; **~müssen** F *v/i.* (*a.* ***~ durch***) have to get (*od.* go) through; *fig.* ***da muß ich (einfach) durch*** I've (just) got to get through it somehow, I've got to ride this one out.

durchnäßt *adj.* soaked, drenched, *Person*: *a.* soaked to the skin.

durch|nehmen *v/t.* (*Lehrstoff*) go through, do; **~numerieren** *v/t.* number all the way through; **~organisiert** *adj.* (*a.* ***gut ~***) well-organized; **~pausen** *v/t.* trace; **~peitschen** *v/t.* **1.** give *s.o.* a whipping; **2.** *fig.* (*Gesetz etc.*) rush *s.th.* through; **~prüfen** *v/t.* give *s.th.* a thorough check; **~queren** *v/t.* cross; **~quetschen I.** *v/t.* (*a.* ***~ durch***) squeeze *s.th.* through; **II.** *v/refl.*: ***sich ~*** (***durch***) squeeze through.

'durchrasen *v/i.* (*a.* ***~ durch***) *u.* **durch'rasen** *v/t.* race (*od.* tear, shoot) through.

durch|rasseln F *v/i.*, **~rauschen** F *v/i.* F flunk; **~rechnen** *v/t.* make an estimate of; (*nochmals rechnen*) go over, check; **~regnen** *v/impers.*: ***hier regnet es durch*** the rain's coming through; **~reiben** *v/t.* (*Stoff*) wear through (*a.* ***sich ~***).

Durchreiche *f* hatch; **durchreichen** *v/t.* pass (*od.* hand) *s.th.* through.

Durchreise *f*: ***auf der ~*** (***durch***) on one's way through; ***wir sind nur auf der ~*** we're just passing through.

durch'reisen *v/t.* travel through; (*a.* ***die Welt***) travel around.

'durchreisen *v/i.* (*a.* ***~ durch***) pass through; **Durchreisende(r)** *m* travel(l)er, *Am. a.* transient; ✈ transit (🚂 through) passenger; **Durchreisevisum** *n* transit visa.

durchreißen I. *v/t.* tear (in two); **II.** *v/i.* tear, get torn; *Faden*: snap.

'durchreiten *v/i.* (*a.* ***~ durch***) *u.* **durch'reiten** *v/t.* ride through.

durchrennen *v/i.* (*a.* ***~ durch***) run through.

'durchrieseln *v/i.* (*a.* ***~ durch***) trickle through; **durch'rieseln** *v/t.*: ***es durchrieselte ihn kalt*** a cold shiver ran down his spine.

durch|ringen *v/refl.*: ***sich*** (***dazu***) ***~, et. zu tun*** finally make up one's mind to do s.th.; ***sich zu e-m Entschluß ~*** force o.s. to make a decision; **~rosten** *v/i.* rust through; **~rühren** *v/t.* stir (*od.* mix) thoroughly; **~rutschen** *v/i.* (*a.* ***~ durch***) slip through (*a. fig.*); *fig. bei e-r Prüfung*: F scrape through; ***sie ist bei der Prüfung durchgerutscht*** she (just about) scraped through the exam; **~rütteln** *v/t.* shake about; **~sacken** *v/i.* ✈ stall, *bei Landung*: pancake.

Durchsage *f* announcement; *Radio*: (news) flash; ***~ der Polizei*** police message; **durchsagen** *v/t. Radio*: announce; (*weitergeben*) pass *s.th.* on.

durchsägen *v/t.* saw through (*od.* in two).

durchschaubar *adj. Motiv etc.*: obvious, transparent; ***schwer*** ~ inscrutable, *Person*: *a.* enigmatic; ***er ist leicht*** ~ you can read him like a book.

'durchschauen *v/i.* (*a.* ~ ***durch***) look through; ***man kann durch die Fenster kaum*** ~ you can hardly see through the windows; **durch'schauen** *v/t.* see through; (*begreifen*) understand.

durchscheinen *v/i.* (*a.* ~ ***durch***) shine through (*a. fig.*); *Schrift etc.*: show through; **durchscheinend** *adj.* translucent.

durchscheuern *v/t.* (*Stoff*) wear through (*a.* ***sich*** ~); ***sich die Haut*** ~ rub one's skin off, chafe one's skin.

'durchschießen *v/i.* (*a.* ~ ***durch***) shoot through; **durch'schießen** *v/t.* **1.** shoot through *s.th.*; **2.** *typ.* space (out); **3.** *mit Papier*: interleave.

durch|schimmern *v/i.* (*a.* ~ ***durch***) shimmer through; *Schrift etc.*: come through; **~schlafen** *v/i.* sleep through.

Durchschlag *m* **1.** (*Kopie*) (carbon) copy; **2.** (*Sieb*) colander, strainer; **3.** (*Werkzeug*) punch; **4.** *mot.* puncture; **5.** ⚡ disruptive discharge, *Am.* puncture; *von Sicherungen*: blowout.

durch'schlagen *v/t. Kugel etc.*: go through.

'durchschlagen I. *v/t.* **1.** (*zerschlagen*) break *s.th.* in two; **2.** ***ein Loch durch*** *et.* ~ make a hole in; **3.** *gastr.* pass *s.th.* through a strainer; **II.** *v/i.* **4.** (*a.* ~ ***durch***) *Nässe etc.*: come through, *Farbe*: *a.* show through; **5.** *Erbanlage*: come through; ***bei ihm schlägt die Mutter durch*** he takes after his mother's side; **6.** (*wirken*) have an effect (***auf*** on); **7.** (*abführend wirken*) go straight through (***bei j-m*** s.o.); **8.** ⚡ *Sicherung*: blow; **III.** *v/refl.*: ***sich*** ~ fight one's way through (*a.* ***sich*** ~ ***durch***); *fig.* get by (***mit*** on); ***sich mühsam*** ~ have a hard time of it; **durchschlagend** *adj. Beweis*: conclusive, irrefutable; *Erfolg*: sweeping.

Durchschlagpapier *n* carbon paper.

Durchschlagskraft *f* striking force; *fig. e-s Arguments etc.*: force.

durch|schlängeln *v/refl.*: ***sich*** ~ (***durch***) *Fluß etc.*: wind (its way) through; *Person*: weave one's way through; *fig.* muddle through; **~schleichen** *v/refl.*: ***sich*** ~ (***durch***) sneak through; **~schleusen** *v/t.* **1.** pass *a ship etc.* through a lock; **2.** *fig.* (*a.* ~ ***durch***) guide *s.o. od. s.th.* through; *durch den Zoll etc.*: hustle *s.o.* through, *heimlich*: smuggle *s.o. od. s.th.* through; **~schlüpfen** *v/i.* (*a.* ~ ***durch***) slip through; **~schmecken I.** *v/t.* taste; **II.** *v/i.*: ***der Senf schmeckte durch*** you could taste the mustard (quite strongly); **~schmuggeln I.** *v/t.* (*a.* ~ ***durch***) smuggle through; **II.** *v/refl.*: ***sich*** ~ (***durch***) sneak through.

'durchschneiden *v/t.* cut (in two); **durch'schneiden** *v/t.* **1.** → ***'durchschneiden***; **2.** (*Land etc.*) cut through; (*Linie*) intersect; (*kreuzen*) cross; (*die Wellen*) plough (*Am.* plow) through.

Durchschnitt *m* **1.** average; ***im*** ~ on average; ***über*** (***unter***) ***dem*** ~ ***liegen*** be above (below) average; ***im*** ~ ***erzielen*** *etc.* average; ***er ist guter*** ~ he's not a bad player *etc.*; **2.** (*Querschnitt*) section;

durchschnittlich I. *adj.* average; (*gewöhnlich*) ordinary; (*mittelmäßig*) average, *contp.* mediocre; F fair to middling; **II.** *adv.* on (an) average; ~ ***leisten*** *etc.* average; ***er arbeitet*** ~ ***zehn Stunden am Tag*** he works an average of ten hours a day, he works ten hours a day, on average.

Durchschnitts... *mst* average; **~alter** *n* average age; **~bürger** *m* average citizen; ***der*** ~ the (F your) average citizen, the man in the street, F Mr Average; **~einkommen** *n* average income; **~geschwindigkeit** *f* average speed; **~gesicht** *n* nondescript face; **~leistung** *f* average performance; **~mensch** *m* ordinary person, *the* man in the street; **~note** *f* average mark (*bsd. Am.* grade); **~typ** F *m* F ordinary sort of person; **~verdiener** *m* average wage (*od.* salary) earner; **~wert** *m* average (value); **~zeit** *f* average time (it takes).

durchschnüffeln *v/t.* snoop around in, (*a. Briefe etc.*) nose around in.

Durchschreibeblock *m* carbon-copy pad; **durchschreiben** *v/t.* make a (carbon) copy of.

'durchschreiten *v/i.* (*a.* ~ ***durch***) *u.* **durch'schreiten** *v/t.* walk through (*od.* across), *mit großen Schritten*: stride through.

Durchschrift *f* (carbon) copy.

Durchschuß *m* **1.** (*Wunde*) penetration wound; ***das war ein*** (***glatter***) ~ ***durch den Arm*** the shot went right through his (*od.* her) arm; **2.** *typ.* space; **3.** *Weberei*: woof.

durchschütteln *v/t.* shake thoroughly; (*j-n*) shake *s.o.* about.

durchschweifen *v/t.* roam.

'durchschwimmen *v/i.* (*a.* ~ ***durch***) swim (*Sachen*: float) through (*od.* across); **durch'schwimmen** *v/t.* swim through (*od.* across), cross; (*e-e Strecke*) swim.

durchschwitzen *v/t.*: ***ich habe mein Hemd durchgeschwitzt, mein Hemd ist durchgeschwitzt*** my shirt's soaked (*od.* soaking, drenched) with sweat.

durch'segeln *v/t.* (*die Meere*) sail (across), cross; **'durchsegeln** *v/i.* **1.** sail through; **2.** F flunk (it); ***er ist in der Prüfung durchgesegelt*** he flunked the exam.

durchsehen I. *v/i.* (*a.* ~ ***durch***) see (*od.* look) through; **II.** *v/t.* look (*od.* go) through, go over, check.

durchsein F *v/i.* **1.** *Hose, Schuhe etc.*: be worn through; ***die Hose ist durch*** *a.* F these trousers have had it; **2.** ~ ***mit*** have finished, (*e-m Buch*) *a.* have finished with (*od.* reading); **3.** *Antrag etc.*: be (*od.* have got) through; **4.** *durch Schwierigkeiten etc.*: be out of the wood(s); *bei Krankheit*: *a.* be over the worst; **5.** *durch Prüfung*: have made it, be through; **6.** *gastr.* (*gar sein*) be done; *Käse*: be ripe; **7.** ***er ist bei mir unten durch*** I'm through with him; **8.** ***es ist drei*** (***Uhr***) ***durch*** it's past (*od.* gone) three.

'durchsetzen I. *v/t.* (*Plan etc.*) get *s.th.* through (*od.* accepted); *mit Nachdruck*: push *s.th.* through; ***s-e Meinung*** ~ get (the) others to agree; ***s-n Kopf*** (*od.* ***Willen***) ~ have one's way; **II.** *v/refl.*: ***sich*** ~ get one's way; *im Leben*: assert o.s.; *im Konflikt*: prevail; *Idee etc.*: catch on, gain acceptance (***bei*** with); *Ware*: catch on, sell; ***sich*** ~ ***gegen*** (*siegen*) come out on top against (*a. Sport*), prevail over, (*Widerstände*) overcome; ***sie kann sich bei den Kindern nicht*** ~ the children always get their own way with her, she has no control over the children; ***du mußt lernen, dich durchzusetzen*** you've got to assert yourself more, you've got to be more self-assertive (*od.* forceful).

durch'setzen *v/t.* intersperse, (*bsd. Schriftliches*) *a.* interlard (***mit*** with); *mit Spionen etc.*: infiltrate (with).

Durchsetzungs|kraft *f*, **~vermögen** *n* (powers *pl.* of) self-assertion; ***er hat nicht genügend*** ~ he isn't forceful enough.

durchseuchen *v/t.* contaminate; **Durchseuchung** *f* contamination.

Durchsicht *f* (*Überprüfung*) checking; ***bei*** ~ *gen.* on (*od.* while) looking through (*prüfend*: checking) *s.th.*

durchsichtig *adj.* transparent, *Bluse etc.*: *a.* see-through; *Haut*: translucent; *fig.* obvious, transparent; **Durchsichtigkeit** *f* transparency (*a. fig.*); *der Haut*: translucence, translucent quality.

durchsickern *v/i.* (*a.* ~ ***durch***) seep through, *tröpfelnd*: trickle through; *fig. Informationen*: filter through, *ungewollt*: leak out; ~ ***bis*** *a.* filter (*od.* trickle) down to.

durchsieben *v/t.* sift (*a. fig.*).

durchsiebt *adj. mit Kugeln*: riddled with bullets.

durch|spielen I. *v/t.* **1.** ♪ play *s.th.* right through; *in Gedanken*: go through; **II.** *v/i.* **2.** *Sport*: play a through ball; **3.** *Sport*: a) last the whole match *etc.*, b) go through the whole season (*od.* tournament *etc.*) *with the same team etc.*; **III.** *v/refl.*: ***sich*** ~ *Sport*: weave one's way through; **~sprechen** *v/t.* talk *s.th.* over, discuss; **~spülen** *v/t.* **1.** (*Wäsche*) rinse thoroughly; **2.** (*Nieren*) (*a.* ***gut*** ~) flush; **~starten** *v/i.* ✈ reaccelerate for a new landing approach; *mot.* rev up.

'durchstechen *v/i.*: ***durch*** *et.* ~ pierce; ***mit e-r Nadel*** ~ stick (*od.* pass) a needle through; **durch'stechen** *v/t.* pierce; *leicht, mit e-r Nadel*: prick; (*Damm*) cut.

durch|stecken *v/t.* (*a.* ~ ***durch***) pass (*od.* put) through; **~stehen** *v/t.* get through, F stick *s.th.* out; → *a.* **durchhalten** II.

durch'stöbern *v/t.*, *a.* **'durchstöbern** *v/t.* rummage through *s.th.* (***nach*** for).

'durchstoßen I. *v/i. a.* ⚔ *u. Sport*: break through; **II.** *v/t.* (*a.* ~ ***durch***) push through; **durch'stoßen** *v/t.* pierce; ⚔, ✈ (*Wolken*) break through.

durchstreichen *v/t.* cross out.

'durchströmen *v/i.* (*a.* ~ ***durch***) flow (*od.* run) through; **durch'strömen** *v/t.* flow (*od.* run) through; *fig.* ***ein Gefühl der Zufriedenheit durchströmte ihn*** he was filled with a great sense of satisfaction.

durchsuchen *v/t.* search (***nach*** for); **Durchsuchung** *f* search; **Durchsuchungsbefehl** *m* search warrant.

durchtanzen I. *v/t.*: ***die ganze Nacht*** ~ dance the night away; **II.** *v/i.* dance nonstop; ~ ***bis*** dance (away) until (*od.* till).

durchtasten *v/refl.*: ***sich*** ~ (***durch***) grope one's way through.

durchtrainiert *adj.* well-trained; *Körper*: supple, athletic.

durchtränken *v/t.* soak (***mit*** in); *lit. fig.* ***durchtränkt von*** suffused with.

'durchtrennen *v/t.*, *a.* **durch'trennen** *v/t.* tear (in two); (*schneiden*) cut (in two); (*Nerv etc.*) sever.
durchtreten *v/t.* **1.** (*Schuhe*) wear out; **2.** *mot.* (*Pedal*) floor; (*Starter*) kick.
durchtrieben *adj.* sly; ***das ist ein ~er Kerl*** he's a sly one.
durchwachen *v/t.*: ***die Nacht ~*** be (*od.* lie, stay) awake all night, ***bei j-m:*** stay by s.o.'s bedside (*od.* stay up with s.o.) all night; ***ich habe die Nacht durchgewacht*** *a.* I didn't sleep a wink (*od.* get a wink of sleep) all night.
'durchwachsen *v/i.* (*a.* **~ *durch***) grow through.
durch'wachsen *adj. Fleisch*: marbled; *Speck*: streaky; F *fig. Befinden*: F so-so, fair to middling; *Wetter*: up and down.
Durchwahl *f teleph.* direct dial(l)ing; **durchwählen** *v/i.* dial through (*od.* direct); *Am.* direct dial.
'durchwandern *v/i.* (*a.* **~ *durch***) *u.* **durch'wandern** *v/t.* walk (*od.* hike) through; do (*od.* go on) a walking *od.* hiking tour through.
durchwärmen *v/t.* warm *s.o. od. s.th.* up.
'durchwaten *v/i.* (*a.* **~ *durch***) *u.* **durch'waten** *v/t.* wade through.
durchweben *v/t.* interweave (*a. fig.*).
durchweg *adv.* entirely; ***sie waren ~ defekt*** they were all faulty, every one of them was faulty.
durchweichen *v/t.* soften; *durch Nässe*: soak; **durchweicht** *adj.* soaked; *Erde, Brot etc.*: soggy.
durchwinden *v/refl.*: ***sich ~ (durch)*** wind its way through; *Person*: *a.* weave one's way through; *durch Schwierigkeiten*: (manage to) get round.
durchwinken *v/t.* wave *s.o.* through.
'durchwühlen I. *v/t.* → ***durch'wühlen***; **II.** *v/refl.*: ***sich ~ durch*** burrow (one's *od.* its way) through; *fig.* plough (*Am.* plow) through; **durch'wühlen** *v/t.* (*Erde*) dig up, *Schweine*: root up; (*Koffer etc.*) rummage through.
durch|wurschteln F *v/refl*: ***sich ~*** muddle through, ***durch:*** muddle one's way through *s.th.*; **~zählen** *v/t.* count (up); **~zeichnen** *v/t.* trace.
'durchziehen I. *v/t.* (*a.* **~ *durch***) pull *s.th.* through; (*Plan etc.*) carry *s.th.* through (to the end); **II.** *v/i.* (*a.* **~ *durch***) pass through; *gastr.* **~ *lassen*** steep; **III.** *v/refl.*: ***sich ~ (durch)*** go right through; *Motiv etc.*: run all the way through; **durch'ziehen** *v/t.* pass through; *Flüsse etc.*: run through (*a. Motiv etc.*).
durchzucken *v/t. Blitz*: flash across *the sky*; *Schmerz, Empfindung*: shoot through; *Gedanke*: flash through *s.o.'s mind*.
Durchzug *m* **1.** (*Luft*) draught, *Am.* draft; **~ *machen*** air the room *etc.* through; F *fig.* ***auf ~ schalten*** F switch off; **2.** *von Vögeln*: passage; *von Truppen*: march through.
durch|zwängen, ~zwingen I. *v/t.* (*a.* **~ *durch***) force (*od.* squeeze) through; **II.** *v/refl.*: ***sich ~ (durch)*** squeeze (o.s.) through.
dürfen *v/i.* **1.** *bei Erlaubnis bzw. Verbot allgemein*: be allowed to *inf.*; ***darf ich rausgehen?*** can (*höflich*: may) I go out?; ***nein, du darfst nicht*** no you can't, *bestimmter*: no you may not; ***er darf (durfte) nicht raus*** he's not (he wasn't) allowed out; ***ich darf keinen Alkohol trinken*** I'm not allowed (to drink) any alcohol; **2.** *bei Ratschlag, Aufforderung, Warnung etc.*: ***du darfst den Hund nicht anfassen*** you mustn't touch the dog, don't touch the dog; ***wir ~ den Bus nicht verpassen*** we mustn't miss the bus; ***so etwas darfst du nicht sagen*** you mustn't (*od.* shouldn't) say things like that; ***das darfst du doch nicht*** you shouldn't do (things like) that; ***das hättest du nicht sagen ~*** you shouldn't have said that; ***das darf keiner erfahren*** nobody's to know, nobody must find out; **3.** *etwa in der Bedeutung „können"*: ***wenn man es so nennen darf*** if one can call it that; ***du darfst stolz auf ihn sein*** you can be proud of him; ***du darfst es mir glauben*** you can take my word for it; **4.** *bei Annahmen etc.*: ***das dürfte der Neue sein*** that must be the new teacher *etc.*; ***es dürfte bald zu Ende sein*** it should be finished soon; ***das dürfte die beste Lösung sein*** that's probably (*od.* that seems to be, I think that's) the best solution; **5.** *in Höflichkeitsformeln*: ***darf ich?*** may I?; ***was darf's sein?*** what can I do for you?, *als Gastgeber*: what would you like (to drink)?, F *hum.* what's your poison?; ***ich darf mich jetzt verabschieden*** I'm afraid I've got to go now; → ***bitten.***
dürftig *adj.* (*unzulänglich*) poor; *Verhältnisse*: humble; *Einkommen*: meag|re (*Am.* -er); (*spärlich*) scanty, *Kleidung*: *a.* skimpy; *Argument*: weak, flimsy; *Ausrede*: feeble.
dürr *adj.* (*trocken*) dry; *Boden*: *a.* arid, (*unfruchtbar*) barren; (*mager*) thin, skinny (*a. Arme*); *Hals*: scrawny; *Beine*: spindly; ***in ~en Worten*** in sober terms; **Dürre** *f* dryness; aridity; (*Regenmangel*) drought; **Dürreperiode** *f* period of drought.
Durst *m* thirst (***nach*** for; *a. fig.*); **~ *bekommen (haben)*** get (be) thirsty; ***das macht ~*** it makes you thirsty; ***Gartenarbeit macht ~*** gardening is thirsty work; ***hab' ich e-n ~!*** I'm dying of thirst; F ***einen über den ~ getrunken haben*** have had one too many (F one over the eight); **dursten** *v/i.* be thirsty; **~ *müssen*** go thirsty; *fig.* **~ *nach*** thirst (*od.* be thirsting) for; **durstig** *adj.* thirsty.
durst|löschend, ~stillend *adj.* thirst-quenching; **⁀strecke** *fig. f* long hard haul.
Dur|tonart *f* ♪ major key; **~tonleiter** *f* ♪ major scale.
Duschbad *n* shower-bath.
Dusche *f* shower; ***e-e ~ nehmen*** have (*od.* take) a shower; ***unter der ~*** in the shower; *fig.* ***das war e-e kalte ~ für ihn*** that brought him down to earth with a bump; **duschen I.** *v/i. u. v/refl.* (***sich ~***) have (*od.* take) a shower; **II.** *v/t.* give *s.o.* a shower; (*ab~*) shower down.
Dusch|gel *n* shower gel; **~gelegenheit** *f* shower facilities *pl.*; **~haube** *f* shower cap; **~kabine** *f* shower (cubicle); **~kopf** *m* shower head; **~raum** *m* shower room, showers *pl.*; **~vorhang** *m* shower curtain.
Düse *f* ⚙ nozzle; (*Spritz⁀*) jet.
Dusel F *m* (*Glück*) luck; **~ *haben*** be in luck, be lucky; ***da haben wir noch einmal ~ gehabt*** that was lucky, *bei vermiedenem Unglück etc.*: *a.* that was close.
duselig F *adj.* F dop(e)y; ***mir ist ganz ~ (im Kopf)*** I feel really dop(e)y.
düsen I *v/i.* jet; **II.** *v/i. u. v/t. dial.* blather, talk a lot of nonsence.
Düsen|antrieb *m* jet propulsion; ***mit ~*** → ***düsengetrieben***; **~bomber** *m* jet bomber; **~flugzeug** *n* jet aircraft, jet (plane); **⁀getrieben** *adj.* jet-propelled; **~jäger** *m* jet fighter; **~triebwerk** *n* jet engine; **~zeitalter** *n* jet age.
Dussel F *m* F dope, twit, dumbo.
düster I. *adj.* (*dunkel*) dark, gloomy; *Licht*: dim; *Farben*: dark, somb|re (*Am.* -er); (*bedrückend*) dismal, gloomy (*a. Wetter*); (*unheilvoll*) ominous (*a. Blick*); *Gestalt*: sinister; (*verdächtig*) shady; ***~e Gedanken*** black thoughts; ***~e Prognose*** gloomy prediction; ***~es Schweigen*** gloomy silence; ***~e Stimmung*** a) gloomy atmosphere, b) grim mood; ***ein ~es Bild von et. zeichnen*** (*od.* ***entwerfen***) paint a black picture of s.th.; **II.** *adv.*: ***es sieht ~ aus*** things are looking grim; **Düsterheit** *f*, **Düsterkeit** *f* gloom(iness).
Duty-free-Shop *m* duty-free (shop).
Dutzend *n* dozen; ***ein (zwei) ~ Eier*** a (two) dozen eggs; ***~e von Leuten*** dozens of people; ***sie kamen in*** (*od.* ***zu***) ***~en*** dozens (of them) came; **~gesicht** *n* nondescript face; **⁀mal** *adv.* dozens of times; **~mensch** *m* nonentity; **~ware** *contp. f* cheap stuff; **⁀weise** *adv.* by the dozen.
duzen *v/t.* say 'du' to *s.o.*, *etwa* be on first-name terms with; **Duzfreund(in** *f*) *m etwa* good friend; ***sie sind ~e*** *a.* F they're good mates (*a. Frauen*: pals).
Dynamik *f phys.*, ♪, *a. e-s Romans etc.*: dynamics *pl.* (*Lehre*: *sg. konstr.*); *fig.* (*Kraft*) dynamic force; *e-r Person*: dynamism, (tremendous) drive; **dynamisch** *adj.* dynamic(ally *adv.*) (*a. fig.*); *fig. Rente*: index-linked *pension*.
Dynamit *n* dynamite.
Dynamo *m*, **~maschine** *f* dynamo, *Am.* generator.
Dynastie *f* dynasty.
Dystonie *f* ⚕ dystonia; ***vegetative ~*** neurodystonia.
D-Zug *m* express, fast train.

E

E, e *n* E, e; ♪ E.
Eau de| Cologne *n* eau de Cologne; ~ **toilette** *n* eau de toilette, toilet water.
Ebbe *f* low tide; ~ ***und Flut*** high tide and low tide; ***es ist*** ~ the tide's out, it's low tide; F *fig.* ***in m-m Geldbeutel ist*** ~ I'm a bit hard up at the moment.
eben I. *adj.* **1.** (*flach*) even, level; (*glatt*) smooth; **II.** *adv.* **2.** (*gerade, soeben*) just (now); ~ ***erst*** only just; ***ich wollte*** ~ ***gehen*** I was just about (*od.* going) to leave; **3.** (*genau, gerade*) just, exactly; ~ ***das wollte ich sagen*** that's just what I was going to say; ~***!*** exactly; (***das ist es ja***) ~***!*** that's it, that's what I've been trying to say all along; ~ ***nicht!*** no – that's the whole point; **4. *ja,*** ~***!*** *sich erinnernd*: that's right; **5.** ~ ***noch*** (*gerade noch*) only just; **6.** (*nun einmal, halt*) just; ***er will*** ~ ***nicht*** he doesn't want to - it's as simple as that; ***ich weiß es*** ~ ***nicht*** I just don't know; ***er ist*** ~ ***müde*** he's tired, that's all; ***es taugt*** ~ ***nichts*** I told you it was no good; ***dann*** ~ ***nicht!*** all right (*Am.* alright), nobody's forcing you; ***da kann man*** ~ ***nichts machen*** well, it can't be helped; ***er ist*** ~ ***der Bessere*** he's better - there's no denying it; ***dann komme ich*** ~ ***nicht*** well, I'll just not come, then; ***das ist*** ~ ***so*** well, that's how it is; **7.** *iro.* ***nicht*** ~ ***klug*** *etc.* not exactly clever *etc.*
Ebenbild *n* image; ***das*** ~ ***s-s Vaters*** the spitting image (*od.* spit and image) of his father.
ebenbürtig *adj.* equal, of equal rank (*od.* quality); ***j-m*** ~ ***sein*** be on a level (*od.* par) with s.o.; ***sie ist ihm an Intelligenz*** ~ she's every bit as intelligent as he is; ***ein*** ~***er Nachfolger*** a worthy successor; **Ebenbürtigkeit** *f* equality.
ebenda *adv.* just there; *bei Quellenangaben*: ibidem (*abbr.* ibid.).
ebender, ebendie, ebendas(selbe) I. *dem. pron.* that very one, *a. Person*: the very same; **II.** *adj.* that very ...
ebendeswegen *adv.* that's precisely why; *alleinstehend*: that's exactly why I did it *etc.*
Ebene *f geogr.* plain; A plane; ⚙ plane surface; *fig.* (*Stufe*) level; A ***schiefe*** ~ inclined plane; *fig.* ***auf die schiefe*** ~ ***geraten*** go off the straight and narrow; ***auf staatlicher*** (***politischer***) ~ at government (on a political) level; ***auf höchster*** ~ *entschieden werden etc.*: at the highest level, (right) at the top; ***Gespräche auf höchster*** ~ top-level talks; ***auf gleicher*** ~ ***liegen mit*** be on a level (*od.* par) with.
ebenerdig *adj.* ground-level ..., at ground level.
ebenfalls *adv.* likewise, also; *nachgestellt*: too, as well; ~ ***nicht*** (***kein***) not ... either; ***danke,*** ~***!*** you too; → *a.* ***auch.***
Ebenheit *f* (*Flachheit*) evenness; (*Glätte*) smoothness.
Ebenholz *n* ebony.
Ebenmaß *n* harmony, symmetry, regularity; *e-s Körpers*: shapeliness; **ebenmäßig** *adj.* regular; well-proportioned; *Körper*: shapely; **Ebenmäßigkeit** *f* → ***Ebenmaß.***
ebenso *adv.* **1.** just as; ***es ist*** ~ ***voll wie gestern*** it's (just) as full as it was yesterday; ***er ist*** ~ ***fleißig wie hilfreich*** he's as hard-working as he is helpful; **2.** (in) the same way; ***ich reagierte*** ~ *a.* my reaction was the same; ***in Europa*** ~ ***wie in Amerika*** in Europe and America alike; **3.** → ***ebenfalls, auch***; ~***gern,*** ~***gut*** *adv. etc.* → ***genausogern, genausogut*** *etc.*
Eber *m* (wild) boar; → ***angestochen.***
Eberesche *f* ✿ mountain ash, rowan (tree).
ebnen *v/t.* level (off *od.* out); *fig.* → ***Weg.***
echauffieren *v/refl.*: ***sich*** ~ get all excited (*od.* worked up, hot and bothered) (***über*** about); **echauffiert** *adj.* (all) hot and bothered, (all) worked up (***über*** about).
Echo *n* **1.** echo; ***ein*** ~ ***geben*** (*od.* ***zurückwerfen***) echo; **2.** *fig.* response (***auf*** to), echo; ***ein begeistertes*** ~ ***finden*** go down well, *stärker*: meet with an overwhelming response, *Vorschlag etc.*: be welcomed with open arms; ***es fand kein*** ~ there was no response (*Zustimmung*: support) (***bei*** from); ***ein weltweites*** ~ ***hervorrufen*** *Entdeckung etc.*: be hailed throughout the world, *politische Handlung etc.*: have worldwide repercussions.
Echolot *n* sonar.
Echse *f* **1.** saurian; **2.** → ***Eidechse.***
echt I. *adj. Gold, Leder etc.*: real; *Gemälde etc.*: genuine; *Urkunde etc.*: authentic; *Farbe*: fast; *Haarfarbe*: natural; *fig.* real; A ~***er Bruch*** proper fraction; *das Gemälde etc.* ***ist nicht*** ~ *a.* is a forgery; ***für*** ~ ***erklären*** authenticate; ***ein*** ~***er Engländer*** a real (*od.* true) Englishman, an Englishman born and bred; ~***e Gefühle*** genuine feelings; ***e-e*** ~***e Atmosphäre erzielen*** get the genuine (*od.* real) feel *of the place etc.*; ***ein*** ~***er Verlust*** a real (*od.* great) loss; **II.** *adv.* really; F ***das ist*** ~ ***Paul!*** that's Paul all over; F ***das war*** ~ ***gut!*** it was really good; **Echtheit** *f* genuineness; *e-r Urkunde etc.*: authenticity; ***die*** ~ ***von et. überprüfen*** check whether s.th. is genuine (*od.* authentic).
Echtzeit *f Computer*: real time; ~**verarbeitung** *f* real-time processing.
Eck|ball *m Sport*: corner; ~**bank** *f* corner seat(ing unit); ~**daten** *pl.* key features.
Ecke *f* corner (*a. Straßen*~, *Kante u. Sport*); (*Stückchen*) piece; F *fig.* (*Gegend*) F corner (of town, of the country, of the world); F *fig.* (*Strecke*) F stretch; ***an der*** ~ at (*Haus*: on) the corner; ~ ***Weinstraße*** at (*od.* on) the corner of Weinstraße; ***gleich um die*** ~ just (a)round the corner; F *fig.* ***j-n um die*** ~ ***bringen*** F bump s.o. off; ***in die*** ~ ***drängen*** corner, (*in den Hintergrund*) push *s.o.* into the background; ***ich bin um fünf*** ~***n mit ihm verwandt*** I'm a distant relation of his; ***es fehlt an allen*** ~***n und Enden*** we're *etc.* short on everything; ***das ist noch e-e ganze*** ~ F that's still a fair way to go; ***er ist ein Mann mit*** ~***n und Kanten*** he rubs people up the wrong way; ***dem traue ich nicht um die*** ~ I wouldn't trust him as far as I could throw him; ***die*** ~***n*** (***und Kanten***) ***abschleifen*** smooth away the rough edges.
Eckensteher F *m* F loafer.
Eck|fenster *n* corner window; ~**haus** *n* corner house.
eckig *adj. Tisch*: rectangular; *Gestalt*: angular, *Gesicht, Kinn*: *a.* square; *fig.* awkward, stiff; (*ungeschliffen*) rough; → ***Klammer.***
...eckig *adj.* ...-cornered; *Geometrie*: ...angular.
Eck|laden *m* corner shop; ~**lohn** *m* basic wage; ~**pfeiler** *m* corner pillar; *fig.* cornerstone; ~**platz** *m* corner seat; ~**schrank** *m* corner cupboard; ~**stein** *m* cornerstone (*a. fig.*); ~**stoß** *m Fußball*: corner kick; ~**wert** *m* benchmark figure; ~**zahn** *m* eyetooth, canine; ~**zimmer** *n* corner room; ~**zins** *m* basic interest rate, base rate, *Am.* prime rate.
Economyklasse *f* economy (*od.* tourist) class.
Ecu *m, f* (*Währung*) ecu, ECU.
Ecuadorianer(in *f***)** *m*, **ecuadorianisch** *adj.* Ecuadorian.
edel *adj.* noble; *Qualität, Wein etc.*: fine; *Metall*: precious; → ***Tropfen.***
Edel|fäule *f Wein*: noble rot; *Käse*: mo(u)ld; ~**frau** *f hist.* noblewoman; ~**gas** *n* noble gas; ~**holz** *n* precious wood; ~**kastanie** *f* sweet chestnut; ~**kitsch** *contp. m* glorified (*od.* elevated) kitsch; ~**knabe** *m hist.* page, squire; ~**krimi** *m* high-class thriller; ~**mann** *m hist.* nobleman; ~**metall** *n* precious metal.
Edelmut *m* noble-mindedness, magnanimity; **edelmütig** *adj.* noble-minded, magnanimous.
Edel|nutte F *f* F high-class tart; ~**pilzkäse** *m* blue-veined cheese; ~**stahl** *m* high-grade steel; ~**stein** *m* precious stone; *geschnitten etc.*: jewel, gem(stone); ~**süß** *adj.*: ~***er Paprika*** sweet paprika; ~**tanne** *f* silver fir; ~**weiß** *n* ✿ edelweiss; ~**wild** *n* red deer.
Eden *n*: *bibl.* (***der Garten*** ~ the Garden of) Eden; *fig.* Eden.
edieren *v/t.* **1.** edit; be the editor of; **2.** publish.
Edikt *n* edict.

editieren *v/t. Computer*: edit; **Editierfunktion** *f* editing function.
Edition *f* edition; (*Herausgabe*) publication.
Editor *m Computer*: editor.
Edle(r *m*) *f* → ***Edelfrau, Edelmann.***
EDV *f* (electronic) data processing.
EEG *n* ⚕ EEG.
Efeu *m* ivy; **2bewachsen** *adj.* covered in ivy; *lit.* ivy-clad.
Effeff F *n*: ***et. aus dem ~ können*** be able to do s.th. blindfolded; ***et. aus dem ~ kennen*** know s.th. inside out (*od.* like the back of one's hand).
Effekt *m* effect; *thea. etc.* (special) effect; ⚙ (*Wirkungsgrad*) efficiency, effect; (*Ergebnis*) result, effect; ***auf ~ angelegt*** calculated for effect; **~beleuchtung** *f Film etc.*: effect lighting.
Effekten *pl.* ☤ stocks and bonds; **~börse** *f* stock exchange, *auf dem europäischen Festland*: *a.* bourse; **~handel** *m* trading in stock; **~händler** *m* stock dealer; **~makler** *m* stockbroker; **~markt** *m* stock market.
Effekthascherei *f* showing off, *stärker*: sensationalism; *in Wort u. Schrift*: claptrap; ***billige ~*** cheap showmanship; ***bei ihm ist es bloß ~*** *a.* he's just out for show.
effektiv I. *adj.* actual; ☤ *a.* effective; (*wirksam*) effective; ***~e Verzinsung*** net yield; **II.** *adv.* (*wirklich*) really, literally; (*ganz sicher*) definitely; **2geschäft** *n* spot market transactions *pl.*; **2kosten** *pl.* actual cost *sg.*; **2leistung** *f* ⚙ effective output; **2lohn** *m* actual earnings *pl.*
effektvoll *adj.* effective.
effeminiert *adj.* effeminate.
effizient *adj. wirtschaftlich*: efficient; (*wirksam*) effective; **Effizienz** *f* efficiency; effectiveness.
EG *f* EC, European Community; *fälschlich*: EEC.
egal *adj.* **1.** F *pred.* (*einerlei*) ***das ist ganz ~*** it doesn't matter, it doesn't make any difference; ***das ist mir*** (***ganz***) ***~*** I don't mind, it doesn't matter (*od.* make any difference) to me, (*mich kümmert's nicht*) I couldn't care less, why should I care, F I don't give (*od.* couldn't give) a damn; ***ihr ist alles ~*** she doesn't care about anything; ***ganz ~ wo*** (***warum, wer, was***) no matter where (why, who, what), *stärker*: I don't care where (why, who, what); **2.** (*gleich*) the same; **3.** (*gleichmäßig*) even;
egalisieren *v/t.* (*Rekord*) equal.
EG-Beihilfe *f* EC subsidy.
Egel *m zo.* leech.
Egerling *m* chestnut (*od.* brown cap) mushroom.
Egge *f*, **eggen** *v/t.* harrow.
EG|-Gipfel *m* EC summit; **~-konform** *adj. u. adv.* in line with EC provisions; **~-Land** *n* EC country; **~-Mitglied(sland)** *n* member of the EC, EC member (state *od.* nation); **~-Norm** *f* EC standard.
Ego *n* ego.
Egoismus *m* selfishness, ego(t)ism; **Egoist** *m* selfish person, ego(t)ist; **egoistisch** *adj.* selfish, ego(t)istical.
egoman *adj.* self-obsessed, (completely) obsessed with o.s.; ***~ sein*** *a.* be an egomaniac; **Egomanie** *f* egomania.
Egotrip F *m*: ***auf dem ~ sein*** F be on an ego trip.
Egozentriker *m* self-centred (*Am.* -centered) person, egocentric (person); **egozentrisch** *adj.* self-centred (*Am.* -centered), egocentric.
EG|-Staat *m* EC state (*od.* country); **~-weit** *adj. u. adv.* EC-wide.
eh I. *adv.* **1.** F (*sowieso*) anyway, anyhow; ***er weiß es ~ schon*** *a.* he knows already; **2.** ***das ist seit ~ und je so*** it's always been like that, it's been like that ever since I can remember; ***es ist wie ~ und je*** it's the same as ever; ***er ist optimistisch wie ~ und je*** he's as optimistic as ever; **II.** F *int.*: **~?** eh?, huh?; **III.** F *cj.* → ***ehe.***
ehe *cj.* before; ***nicht ~*** not until, not before; ***~ er mir das Zimmer versaut, renoviere ich es selber*** rather than let him ruin the room, I'll do it up myself.
Ehe *f* marriage (*a. fig.*); (*~leben*) married life; ***aus erster ~*** by one's first marriage, by one's first husband (*od.* wife); ***e-e glückliche ~ führen*** be happily married; ***sie hat zwei Kinder mit in die ~ gebracht*** she's got two children from a previous marriage; ***er ist in zweiter ~ verheiratet mit ...*** his second wife is ...; ***j-m die ~ versprechen*** promise to marry s.o.; ***die*** (*od.* ***e-e***) ***~ schließen*** get married (***mit*** to); ***in den*** (***heiligen***) ***Stand der ~ eintreten*** enter into holy matrimony; → ***brechen*** 2; **2ähnlich** *adj.*: ***sie leben in e-m ~en Verhältnis*** they live together as man and wife.
Eheanbahnung *f* → ***Heiratsvermittlung***; **Eheanbahnungsinstitut** *n* → ***Heiratsinstitut.***
Eheberater *m* marriage guidance counsel(l)or; **Eheberatung** *f* **1.** marriage guidance (counsel[l]ing); **2.** → ***Eheberatungsstelle*** *f* marriage guidance bureau.
Ehebett *n* **1.** marriage bed; **2.** double bed.
Ehebrecher(in *f*) *m* adulterer (*f* adulteress); **ehebrecherisch** *adj.* adulterous;
Ehebruch *m* adultery; ***~ begehen*** commit adultery.
Ehebündnis *n* (bonds *pl.* of) marriage.
ehedem *adv.* formerly.
Ehefrau *f* **1.** wife; **2.** (*verheiratete Frau*) married woman, *pl. a.* wives.
Ehegatte *m*, **Ehegattin** *f* ⚖ spouse; ***beide Ehegatten*** (both) husband and wife; → ***Ehemann, Ehefrau***; **Ehegattensplitting** *n* independent taxation of husbands and wives.
Ehe|glück *n* married (*od.* wedded) bliss; **~hindernis** *n* impediment to marriage; **~joch** *hum. n* yoke of marriage; **~kandidat** F *m* prospective husband (*od.* wife); *kurz vor der Ehe*: husband- (*od.* wife-)to-be; **~konflikt** *m* marital conflict (*od.* dispute); **~krach** F *m* marital row(s *pl.*); **~krieg** *m* marital feud; **~krise** *f* marital crisis; **~krüppel** F *m* victim of marriage (*od.* married life); **~leben** *n* married life; **~leute** *pl.* married couple *sg.*; (***die***) ***~ Miller*** Mr and Mrs Miller.
ehelich I. *adj.* marital; *Kind*: legitimate; ***die ~e Gemeinschaft*** marriage, married life, *formell*: matrimony; ***~e Rechte*** conjugal rights; **II.** *adv.*: ***das Kind ist ~ geboren*** he's (she's) a legitimate child, *formell*: the child was born in wedlock;
ehelichen *v/t.* marry; **Ehelichkeit** *f e-s Kindes*: legitimacy.
ehelos *adj.* unmarried; *eccl.* celibate; **Ehelosigkeit** *f* unmarried state; celibacy; ***die ~*** *a.* not being married.
ehemalig *adj.* former, ex-..., *bsd. Am. a.* one-time; (*alt*) old; (*verstorben*) late; *lit.* quondam; ***die ~e Sakristei*** *etc. a.* what used to be the vestry *etc.*; ***die ~e Fleet Street*** *etc. a.* Fleet Street *etc.* as it was;
ehemals *adv.* formerly; ***es war ~ ...*** *a.* it used to be ...
Ehe|mann *m* **1.** husband; **2.** (*verheirateter Mann*) married man, *pl. a.* husbands; **2müde** *adj.* tired of married life; **2mündig** *adj.* of marriageable age; **~name** *m* married name; **~paar** *n* married couple; (***das***) ***~ Peters*** Mr and Mrs Peters; **~partner** *m* husband; wife; ***der ~*** *a.* the husband or wife; ***beide ~*** both partners in marriage, (both) the husband and the wife.
eher *adv.* **1.** (*früher*) earlier, sooner; ***~ als*** *a.* before; ***je ~, desto lieber*** the sooner the better; ***ich konnte leider nicht ~ kommen*** I'm afraid I couldn't make it any earlier; **2.** (*lieber*) rather; (*vielmehr*) rather; (*mehr*) more; (*wahrscheinlicher*) more likely; ***~ würde ich ...*** I'd rather (*od.* sooner) ...; ***das läßt sich schon ~ hören*** that sounds more like it; ***es ist ~ grün als blau*** it's more green than blue, it's more on the green side; ***er hätte es ~ geschafft*** he would have been more likely to manage it; ***man sollte ~ annehmen*** you'd think, you would have thought; → ***Kamel.***
Ehe|recht *n* matrimonial law; **~ring** *m* wedding ring.
ehern *adj.* brass; *fig.* firm, unshak(e)able; *Gesetz, Wille*: iron; (*kühn*) bold, brazen.
Ehe|scheidung *f* divorce; **2scheu** *adj.* not keen on marriage (*od.* getting married); **~schließung** *f* **1.** marriage; **2.** → ***Trauung.***
ehest I. *adj.* earliest, first; **II.** *adv.*: ***am ~en*** (*zuerst*) (the) soonest, (the) earliest, first; *fig.* (*am besten*) best, most easily; (*am liebsten*) most of all; (*am wahrscheinlichsten*) most likely; ***am ~en würde ich noch nach England ziehen*** if I had to choose, I'd probably go to England; ***am ~en würde ich wohl die braunen Stiefel nehmen*** (for lack of anything better,) I suppose I'll have to take the brown boots; ***am ~en finden wir ihn in der Bibliothek*** he's most likely to be in the library, the library is the likeliest place he'll be; ***er kann uns am ~en helfen*** if anyone can help us, it's him; ***so geht es wohl am ~en*** that's probably the best way.
Ehestand *m* married state.
ehestens *adv.*: (***~ Montag*** Monday) at the earliest.
Ehe|stifter(in *f*) *m* matchmaker; **~streit** *m* marital row(s *pl.*); *längerfristig*: marriage (*od.* marital) dispute.
Ehevermittler *m* → ***Heiratsvermittler***; **Ehevermittlung** *f* → ***Heiratsvermittlung***; **Ehevermittlungsinstitut** *n* → ***Heiratsinstitut.***
Ehe|versprechen *n*: ***j-m das ~ geben*** promise to marry s.o.; ***Bruch des ~s*** breach of promise; **~vertrag** *m* marriage contract.
Ehrabschneider *m* slanderer, calumniator.
ehrbar *adj.* upright, upstanding, *a. Familie, Handwerk etc.*: respectable.
Ehrbegriff *m* code of hono(u)r.
Ehre *f* hono(u)r; (*Ehrgefühl*) sense of hono(u)r; (*Selbstachtung*) self-respect,

pride; (*Ansehen*) reputation; (*Ruhm*) glory; ***es ist mir e-e (große) ~*** it is an (a great) hono(u)r for me; ***es sich zur ~ anrechnen*** consider it an hono(u)r; ***damit kannst du keine ~ einlegen*** that won't gain you any credit (***bei j-m*** with s.o., in s.o.'s eyes); ***j-m die letzte ~ erweisen*** pay one's last respects to s.o.; ***j-m (keine) ~ machen*** be a (no) credit to s.o.; ***j-m zur ~ gereichen*** do s.o. credit; ***es gereicht ihm zur ~*** it is to his credit; ***~ wem ~ gebührt*** credit where credit is due; ***zu hohen ~n gelangen, es zu hohen ~n bringen*** achieve (great) eminence; ***j-n bei s-r ~ packen*** appeal to s.o.'s sense of hono(u)r; ***in ~n halten*** (hold in) hono(u)r; ***in ~n gehalten*** revered; ***wieder zu ~n kommen*** come back into favo(u)r; ***keine ~ im Leib haben*** have no sense of hono(u)r; ***um der Wahrheit die ~ zu geben*** to be quite honest; ***mit wem habe ich die ~?*** *oft iro.* to whom have I the pleasure of speaking?; ***ihm zu ~n*** in his hono(u)r; ***zu s-r ~ muß gesagt werden, daß*** in his defen|ce (*Am.* -se) it ought to be said that; ***er fühlte sich dadurch in s-r ~ gekränkt*** it hurt (*od.* pricked) his pride, he felt rather piqued by it; ***zu ~n des Tages*** in hono(u)r of the day; ***zur ~ Gottes*** to the glory of God.

ehren *v/t.* **1.** hono(u)r; ***sich geehrt fühlen*** be (*od.* feel) hono(u)red; ***Ihr Vertrauen ehrt mich*** your confidence flatters me; **2.** ***mit e-r Medaille geehrt werden*** be presented with a medal; **3.** (*zur Ehre gereichen*) do *s.o.* credit; **4.** (*achten*) respect.

Ehrenamt *n* honorary post; **ehrenamtlich I.** *adj. Mitarbeiter etc.*: honorary, *Mitarbeit etc.*: voluntary; ***~er Helfer*** voluntary worker, volunteer; **II.** *adv.* in an honorary capacity.

Ehren|bezeigung *f*, **~bezeugung** *f* ⚔ salute; **~bürger** *m* freeman; ***er wurde zum ~ der Stadt ernannt*** he was given the freedom (*od.* he was made freeman) of the city.

ehrend *adj.*: ***j-m ein ~es Andenken bewahren*** hono(u)r s.o.'s memory.

Ehrendoktor *m* **1.** honorary doctor; **2.** honorary doctorate; **~titel** *m*, **~würde** *f* honorary doctorate; ***ihm wurde die Ehrendoktorwürde der Universität München verliehen*** he was given an honorary doctorate by the University of Munich.

Ehren|erklärung *f* public apology; ***e-e ~ abgeben*** make a public apology; **~formation** *f* guard of hono(u)r; **~gast** *m* guest of hono(u)r; (*berühmte Persönlichkeit*) *a.* guest celebrity; **~geleit** *n* escort; ***j-m das ~ geben*** escort s.o.

Ehrengericht *n* disciplinary court; **ehrengerichtlich** *adj.* disciplinary.

ehrenhaft *adj.* respectable; upright; **Ehrenhaftigkeit** *f* respectability; uprightness.

ehrenhalber *adv.*: *univ.* ***Doktor ~*** honorary doctor, *formell*: doctor honoris causa; ***j-m den Titel ... ~ verleihen*** give s.o. the honorary title of ...

Ehren|karte *f* complimentary ticket; **~kodex** *m* code of hono(u)r; **~kompanie** *f* ⚔ guard of hono(u)r; **~legion** *f* Legion of Hono(u)r; **~mal** *n* monument (***für*** to); ⚔ memorial (to); **~mann** *m* man of hono(u)r; **~mitglied** *n* honorary member; **~pflicht** *f*: ***es für s-e ~ halten, et. zu tun*** be duty bound to do s.th.; **~platz** *m* place (*od.* seat) of hono(u)r; ***e-m Bild etc. den ~ geben*** give a picture *etc.* pride of place; **~präsident** *m* honorary president; **~preis**[1] *m* **1.** prize; **2.** (*Trostpreis*) consolation prize; **~preis**[2] *n, m* ⚘ speedwell, veronica; **~rechte** *pl.*: ***bürgerliche ~*** civil rights; **~rettung** *f* vindication (of s.o.'s hono[u]r); ***zu s-r ~ muß gesagt werden, daß*** in his defen|ce (*Am.* -se) it ought to be said that.

ehrenrührig *adj.* defamatory.

Ehren|runde *f Sport*: lap of hono(u)r; ***e-e ~ drehen*** do a lap of hono(u)r, F *fig. ped.* have to repeat a year; **~sache** *f* matter of hono(u)r; ***das ist doch ~!*** that goes without saying; F ***~!*** you can count on me; **~salve** *f* (gun) salute; **~schuld** *f* debt of hono(u)r; **~tag** *m* great day; **~titel** *m* honorary title; **~tor** *n*, **~treffer** *m* consolation goal; **~tribüne** *f* VIP lounge.

ehrenvoll *adj.* hono(u)rable; (*ruhmvoll*) glorious.

Ehrenwache *f* **1.** guard of hono(u)r; **2.** (***~ halten*** be on) sentry duty.

ehrenwert *adj.* respectable.

Ehrenwort *n* word of hono(u)r; ***~!*** I promise (you), *stärker*: cross my heart, I swear, honest to God, *Brit. a. iro.* F scout's (*od.* guide's) honour; ***sein ~ geben*** give one's word; **ehrenwörtlich I.** *adj.* solemn; ***er gab uns s-e ~e Zusage*** he gave us his word; **II.** *adv.* solemnly; ***er versprach uns ~ zu kommen*** he gave us his word that he would come.

Ehrenzeichen *n* decoration.

ehrerbietig *adj.* respectful, deferential (***gegen*** towards); **Ehrerbietung** *f* deference, *stärker*: reverence; ***aus ~ gegen*** in (*od.* out of) deference to(wards).

Ehrfurcht *f* respect (***vor*** for), *stärker*: awe (of); *iro.* ***in ~ erstarren, vor ~ erschauern*** be awestruck, F nearly die of awe; **ehrfurchtgebietend** *adj.* awe-inspiring; **ehrfürchtig I.** *adj.* respectful, *stärker*: reverential; *Schweigen*: awed *silence*; **II.** *adv.*: ***~ lauschen*** listen in awe; **Ehrfurchtsbezeigung** *f* mark of respect; **ehrfurchtslos** *adj.* disrespectful, irreverent; **ehrfurchtsvoll** *adj.* reverential.

Ehrgefühl *n* sense of hono(u)r; (*Selbstachtung*) self-respect; (*Stolz*) pride; → *a.* ***Ehre.***

Ehrgeiz *m* ambition; ***vor lauter ~*** driven (*od.* fired) by ambition; ***sie macht es aus ~*** she does it out of ambition (*od.* because she's ambitious); **ehrgeizig** *adj.* ambitious; *Pläne*: *a.* high-flown.

ehrlich I. *adj.* honest; *Spiel, Handel etc.*: fair, *pred.* above board; (*aufrichtig*) sincere; (*echt*) genuine; (*offen*) open, frank; ***~e Absichten*** hono(u)rable intentions; *pol.* ***~er Makler*** honest broker; ***~ währt am längsten*** honesty is the best policy; ***sei mal ganz ~*** be honest; ***seien wir ~*** (*geben wir's zu*) let's face it, let's be honest (with ourselves); **II.** *adv.* (*fair*) fairly; (*wirklich*) really; honestly; ***~ spielen*** play fair; ***~ gesagt*** to tell you the truth, to be absolutely honest; ***soll ich dir ~ m-e Meinung sagen?*** do you want my honest opinion?; ***mal ganz ~ - hat er das gesagt?*** seriously now, did he say that?; ***sie haben sich ~ bemüht*** they really tried (hard); F ***es war ~ gut*** it was really good; ***er meint es ~*** he means well; ***ich mein's ~ mit dir*** I'm only thinking of your own good; **ehrlicherweise** *adv.*: ***er hat es ~ zugegeben*** he was honest enough to admit it; ***ich muß ~ sagen*** in all honesty (*od.* to be quite honest) I have to say *od.* admit; **Ehrlichkeit** *f* honesty; openness.

ehrlos *adj.* disreputable, *stärker*: disgraceful; **Ehrlosigkeit** *f* (*ehrlose Art*) disreputable (*od.* disgraceful) nature *of a deed etc.*; (*Benehmen*) disreputable (*od.* disgraceful) behavio(u)r.

Ehrsucht *f* overambitiousness; **ehrsüchtig** *adj.* overambitious.

Ehrung *f* hono(u)r (*gen.* conferred on *s.o.*); (*Anerkennung*) tribute (to); (*Vorgang*) hono(u)ring (of); paying tribute (to); (*Zeremonie*) presentation ceremony (for).

Ehrverlust *m*: ***e-n ~ erleiden*** suffer a disgrace.

Ehrwürden *m als Anrede*: Reverend; ***Seine ~ ...*** the Reverend (*abbr.* Rev.) ...; **ehrwürdig** adj. venerable; *eccl.* reverend; **Ehrwürdigkeit** *f* venerableness.

Ei *n* **1.** egg; *physiol.* ovum; *fig.* ***das ist das ~ des Kolumbus!*** that's it(, why didn't I *od.* we think of that before?), that's the answer (*od.* solution) we've all been looking for; ***wie auf ~ern gehen*** tread carefully; ***wie ein ~ dem andern gleichen*** be as like as two peas (in a pod); ***wie ein rohes ~ behandeln*** handle *s.o.* with kid gloves; ***kümmere dich nicht um ungelegte ~er*** you can worry about that when the time comes, we'll cross that bridge when we get to it; ***wie aus dem ~ gepellt*** very smart, ***aussehen:*** *a.* look as if one has just stepped out of a fashion catalog(ue); F ***das ist ein dickes ~!*** F that's a bit thick; **2.** ***~er*** F (***Geld***) marks; *Brit.* F quid; *Am.* F bucks; ***3000 ~er*** *a.* F three grand; **3.** ***~er*** V (***Hoden***) V balls, *bsd. Am.* V nuts.

ei *int.* **1.** oh!; ***~, ~!*** *iro.* well fancy that!; ***~, wer kommt denn da?*** look who's here!; **2.** *Kindersprache*: ***~ machen*** stroke the dog (*od.* teddy *etc.*); ***mach ~!*** nice doggy *etc.*

eiapopeia *int.*: ***~ machen*** rock a child to sleep.

Eibe *f* ⚘ yew (tree).

Eibefruchtung *f* fertilization.

Eibenholz *n* yew.

Eichamt *n in GB*: Office of Weights and Measures; *in den USA*: Bureau of Standards.

Eiche *f* oak (tree); (*Holz*) oak.

Eichel *f* **1.** ⚘ acorn; **2.** *anat.* glans (penis); **~häher** *m* jay.

eichen *v/t.* (*Maße, Gewichte*) adjust; (*Meßgeräte, Skalen, Gefäße*) calibrate.

Eichen|blatt *n* oak leaf; **~holz** *n* oak; **~laub** *n* oak leaves *pl.*

Eichgewicht *n* standard weight.

Eich|hörnchen *n* squirrel; → ***mühsam*** II; **~kätzchen** *n* squirrel.

Eich|maß *n* standard (measure); **~stab** *m* ga(u)ging rod; **~stempel** *m* verification stamp.

Eichung *f* adjustment; calibration.

Eid *m* oath; ***an ~es Statt*** in lieu of an oath; ***e-n ~ ablegen*** (*od.* ***leisten***) take an oath, ***auf die Bibel:*** swear by the Bible; ***j-m e-n ~ abnehmen*** administer an oath to s.o.; ***unter ~ aussagen*** testify on oath; ***unter ~ stehen*** be under oath.

Eidbruch *m* breach (*od.* breaking) of an

oath; **eidbrüchig** *adj.*: ~ ***werden*** break one's oath.
Eidechse *f* lizard; **Eidechsenleder** *n* lizard-skin; ***aus*** ~ lizard-skin ...
Eider|daune(n *pl.*) *f* eider down (*sg.*); **~ente** *f*, **~gans** *f* eider (duck).
Eides|formel *f* (wording of an) oath; **~leistung** *f* taking of an oath; ***die*** ~ ***verweigern*** refuse to take an oath.
eidesstattlich *adj.* in lieu of an oath; ***e-e ~e Erklärung abgeben*** make a declaration in lieu of an oath.
Eidgenosse *m* **1.** confederate; **2.** Swiss (citizen); **Eidgenossenschaft** *f* **1.** confederation; **2.** ***die Schweizer*** ~ the Swiss Confederation, Switzerland; **eidgenössisch** *adj.* **1.** confederate; **2.** Swiss.
eidlich I. *adj.* sworn; ***~e Aussage*** sworn statement, *schriftlich*: affidavit; ***e-e ~e Erklärung abgeben*** swear an affidavit; **II.** *adv.* on (*od.* under) oath.
Eidotter *m* (egg) yolk, yolk of an egg.
Eier|auflauf *m* soufflé; **~becher** *m* egg cup; **~frucht** *f* aubergine, *bsd. Am.* eggplant; **~gericht** *n* egg dish; **~kocher** *m* egg boiler; **~kopf** F *m* **1.** egg-shaped head; **2.** (*Intellektueller*) F egghead, boffin; **3.** (*Idiot*) F blockhead, numskull; **~kuchen** *m* pancake; **~laufen** *n* egg-and-spoon race.
eierlegend *adj. biol.* egg-laying, oviparous.
Eier|likör *m* advocaat; **~löffel** *m* egg spoon.
eiern F *v/i.* F be wonky.
Eier|nudeln *pl.* (egg) noodles; **~pfannkuchen** *m* pancake; **~pflaume** *f* egg plum; **~punsch** *m* eggnog; **~salat** *m* egg salad.
Eierschale *f* eggshell; F *fig.* ***er hat noch ~n hinter den Ohren*** F he's still wet behind the ears; **eierschalenfarben** *adj.* eggshell(-colo[u]red); **Eierschalenporzellan** *n* eggshell china (*od.* porcelain).
Eier|schneider *m* egg slicer; **~speise** *f* egg dish; *östr.* scrambled egg(s *pl.*).
Eierstock *m anat.* ovary; **~entzündung** *f* inflammation of the ovaries.
Eier|tanz *fig. m*: ***e-n ~ aufführen*** perform a skil(l)ful balancing act; ***der ~ der Regierung um die Steuerreform*** the government's shilly-shallying about the tax reform; **~uhr** *f* egg timer; **~wärmer** *m* egg cosy.
Eifer *m* keenness, eagerness, *stärker*: zeal, fervo(u)r; (*Begeisterung*) enthusiasm; ***voller*** ~ full of enthusiasm, with great fervo(u)r; ***blinder*** ~ blind zeal; ***sich mit ~ ans Werk machen*** set to work with a will (*stärker*: vengeance); ***im ~ des Gefechts*** in the heat of the moment; → ***missionarisch*** I; **Eiferer** *m* fanatic; **eifern** *v/i.* **1.** ***nach*** *et.* ~ strive for; **2.** ***für*** *et. od. j-n* ~ campaign for; ***gegen*** *et. od. j-n* ~ a) campaign against, b) (*schmähen*) rail against; **3.** ***mit j-m um et.*** ~ vie with s.o. for s.th.
Eifersucht *f* jealousy (***auf*** of); **Eifersüchtelei** *f* petty jealousy; **eifersüchtig I.** *adj.* jealous (***auf*** of); **II.** *adv.*: ~ ***über et. wachen*** guard s.th. jealously.
Eifersuchts|szene *f* jealous scene; (dramatic) display of jealousy; **~tat** *f* act of jealousy.
eiförmig *adj.* egg-shaped, oval.
eifrig I. *adj.* keen; (*begeistert*) *a.* enthusiastic(ally *adv.*); (*fleißig*) hard-working, diligent; (*emsig*) busy; (*übereifrig*) officious, fussy; **II.** *adv.*: ~ ***lernen*** (***arbeiten***) study (work) hard; ~ ***die Kirche besuchen*** *etc.* go to church *etc.* regularly (*od.* as often as one can); ~ ***bemüht sein zu*** *inf.* be anxious to *inf.*
Eigelb *n* (egg) yolk, yolk of an egg; ***vier*** ~ four egg yolks.
eigen *adj.* **1.** *one's* own, of one's own; *in Zssgn* ...-owned (*z. B.* ***staats~*** state-owned); ***~e Ansichten*** personal views; ***darüber habe ich m-e ~en Ansichten*** I have my own (personal) views on that; ***ein ~es Zimmer*** a room of one's own; ***er braucht ein ~es Zimmer*** *a.* he needs a room to himself (*od.* his own room); ***Zimmer mit ~em Bad*** room with a private bath (*od.* an en suite bathroom); ***mit ~em Eingang*** with a separate entrance; ***für den ~en Bedarf*** for personal use; ***sich zu ~ machen*** make *s.th.* one's own, (*Ansicht*) adopt; → ***Antrieb*** 1, ***Faust, Fleisch, Herr*** 2 *etc*; **2.** (*besonder*) special (*dat.* to); (*charakteristisch*) *a.* particular (to), characteristic (of), specific (to); (*innewohnend*) inherent (in); ***mit dem ihm ~en Sarkasmus*** with his characteristic sarcasm; **3.** (*genau, wählerisch*) particular (***in*** about), *stärker*: fussy (about); **4.** (*seltsam*) strange.
Eigenantrieb *m*: ⚙ ***mit*** ~ self-propelled, self-powered.
Eigenart *f* **1.** characteristic feature, peculiarity, peculiar characteristic; *e-r Person*: foible, idiosyncrasy; **2.** (*Gesamtheit der Merkmale*) distinctiveness, specific *od.* special character (*od.* nature); ***die ~ s-r Musik besteht in*** *a.* his music is characterized by, the special quality of his music lies in; **eigenartig** *adj.* strange; **eigenartigerweise** *adv.* strangely (*od.* oddly) enough; **Eigenartigkeit** *f* **1.** strangeness; **2.** (*Verhaltensweise*) odd behavio(u)r.
Eigen|bau *m*: ***es ist ~*** it's homemade (*Gemüse etc.*: homegrown); F ***Marke*** ~ F *real ale etc.* à la Jones *etc.*; **~bedarf** *m one's* personal needs *pl.*; *e-s Landes*: domestic requirements *pl.*; **~bericht** *m* correspondent's report, report from one's own correspondent.
Eigenblutbehandlung *f* autoh(a)emotherapy.
Eigenbräu *m* home brew.
Eigenbrötler *m* **1.** loner; ***er ist ein ziemlicher ~*** he's a bit of a loner, he keeps very much to himself; **2.** (*Sonderling*) eccentric; **eigenbrötlerisch** *adj.* **1.** solitary; **2.** eccentric.
Eigen|dünkel *m* self-conceit; **~dynamik** *fig. f* momentum (of its own); ***e-e (gewisse) ~ entwickeln*** develop a life (*od.* momentum) of its own; **~finanzierung** *f* self-financing; **~frequenz** *f* natural frequency; **2genutzt** *adj. Wohnung etc.*: owner-occupied.
eigengesetzlich *adj.* autonomous; self-contained; **Eigengesetzlichkeit** *f* autonomy; inherent order; order of its (*od.* one's) own; ***e-e gewisse ~ entwickeln*** create an order of its (*od.* one's) own.
Eigengewicht *n* ⚙ dead weight; ⚚ net weight; *phys.* specific weight.
eigenhändig I. *adj.* personal; ⚖ ***~es Delikt*** personal crime; ***~es Testament*** holographic will; ***es muß Ihre ~e Unterschrift sein*** it has to be signed by you personally; **II.** *adv.* personally; (*ohne Hilfe*) oneself, on one's own, without any (outside) help; *bauen etc.*: with one's own two hands; ~ ***übergeben*** deliver personally.
Eigenheim *n* house *od.* home (of one's own), one's own house (*od.* home).
Eigenheit *f* → ***Eigenart.***
Eigen|initiative *f* **1.** initiative (of one's own); ***ohne jede ~ sein*** *a.* be completely unresourceful; **2.** ***es ist e-e ~ von ihm*** it was his own idea, he came up with it (*od.* the idea) himself; **~interesse** *n* vested interest, *contp.* self-interest; ***aus*** ~ out of self-interest, to serve one's own interests; **~kapital** *n* ⚚ capital resources *pl.*; **~leben** *n one's* own way of life, *a* life of one's own; ***ein ~ führen*** *a.* live one's own life, be independent, be an individual (in one's own right); **~liebe** *f* love of self; *psych.* narcissism; **~lob** *n* self-adulation; ***~ stinkt!*** *iro.* I love me, who do you love?
eigenmächtig I. *adj.* (*anmaßend*) high-handed; (*unbefugt*) unauthorized; (*selbständig*) independent; **II.** *adv.* high-handedly, without anyone's permission, without instructions from anyone, F just like that; ***et. ~ entscheiden*** decide s.th. for oneself; ~ ***handeln*** act on one's own authority, take the law into one's own hands; **Eigenmächtigkeit** *f* **1.** high-handedness; **2.** unauthorized act.
Eigen|mittel *pl. one's* own resources (*od.* funds, capital *sg.*); ***aus ~n finanzieren*** finance with one's own resources *etc.*; **~name** *m* proper name (*od.* noun).
Eigennutz *m* self-interest, selfishness; desire for personal advancement; **eigennützig** *adj.* selfish.
Eigen|nutzung *f e-r Wohnung*: owner-occupation; **~produktion** *f* (*Schallplatte*) own-label record; (*Fernsehsendung*) *Channel Four etc.* production.
eigens *adv.* specially; (*ausdrücklich*) *a.* specifically, expressly; ~ ***für dich*** *a.* just for you; ***ich bin ~ wegen dir gekommen*** *a.* I came for your sake.
Eigenschaft *f* quality; (*Merkmal*) (distinctive) feature, characteristic; *phys.*, ⚗ property; (*Wesen*) nature; (*Eigentümlichkeit*) peculiarity; ***gute*** (***schlechte***) ***~en*** *e-r Person*: good (bad) points *od.* habits, positive (negative) traits, *e-r Sache*: good (bad) points, advantages (disadvantages, drawbacks); ***in s-r ~ als*** in his capacity of (*od.* as), acting as; **Eigenschaftswort** *n* adjective.
Eigensinn *m* stubbornness; **eigensinnig** *adj.* stubborn, headstrong; ~ ***sein*** *a.* have a will of one's own.
eigenstaatlich *adj.* sovereign; **Eigenstaatlichkeit** *f* sovereignty.
eigenständig *adj.* independent; **Eigenständigkeit** *f* independence.
eigentlich I. *adj.* (*wirklich*) actual, real; *Beweggründe*: *a.* true *motives*; (*genau*) specific; (*wesentlich*) essential; ***~e Ursache*** *e-s Übels*: root cause; ***im ~en Sinne (des Wortes)*** in the true sense (of the word); **II.** *adv.* (*tatsächlich*) actually; (*in Wahrheit*) *a.* really; (*genaugenommen*) strictly speaking; (*von Rechts wegen*) by rights; (*offen gesagt*) actually; *verstärkend*: anyway; ~ ***nicht*** not really; ~ ***kann ich ihn nicht ausstehen*** to be honest (*od.* to tell you the truth), I can't stand him; ***was wollen Sie ~?*** what do you want anyway?; ***wie spät ist es ~?*** what time is it(, by the way)?; ~ ***ist er ganz vernünftig*** a) he's actually quite sensi-

ble, b) I suppose he's quite sensible, really; ***was ist ~ passiert?*** what actually (*od.* exactly) happened?; ***~ heißt er Manfred*** his real name's Manfred; ***~ wollte ich früher hier sein*** I was (actually) hoping to be here earlier.

Eigentor *n Sport*: *an* own goal (*a. fig.*); ***ein ~ schießen*** *a. fig.* score an own goal.

Eigentum *n* property; ⚖ (*Eigentumsrecht*) ownership (**an** of); → ***geistig*** I; ***es ist mein ~*** *a.* it belongs to me.

Eigentümer *m* owner; (*Inhaber*) proprietor; **Eigentümerschaft** *f* ownership; proprietorship.

eigentümlich I. *adj.* peculiar (*dat.* to), characteristic (of); (*seltsam*) peculiar, strange; ***mit der ihm ~en Ironie*** with his characteristic irony, in his (typically) ironic way; II. *adv.*: *j-n* ***~ berühren*** have a curious effect on; **eigentümlicherweise** *adv.* strangely (*od.* oddly) enough; **Eigentümlichkeit** *f* peculiarity; (*Merkmal*) *a.* characteristic; (*merkwürdige Gewohnheit*) peculiar habit.

Eigentums|delikt *n* property offen|ce (*Am.* -se); **~erwerb** *m* acquisition of property; **~recht** *n* **1.** ownership (**an** of); **2.** ownership law(s *pl.*); **~übertragung** *f* transfer of ownership; **~urkunde** *f* title deed; **~wohnung** *f* flat, *Am.* apartment; *bei Eigennutzung*: *a.* owner-occupied flat, *Am.* condominium, F condo; ***sie haben e-e ~*** *a.* they own a flat (*Am.* an apartment), they've got a flat (*Am.* an apartment) of their own.

eigenverantwortlich I. *adj.* independent; II. *adv.* on one's own authority; ***er muß ~ handeln*** he must act as he sees fit.

Eigen|verbrauch *m* private consumption; **~wärme** *f* body temperature; *phys.* specific heat; **~werbung** *f* self-advertising (*od.* -publicity); ***~ treiben*** promote o.s.; **~wert** *m* intrinsic value; **~widerstand** *m* ⚡ inherent resistance.

eigenwillig *adj.* **1.** *Stil etc.*: very individual, unusual; **2.** *Person*: wayward; (*eigensinnig*) headstrong, *contp.* obstinate.

eignen *v/refl.*: ***sich ~*** *Sache*: be suitable (**für** for), *Person*: be suited (**für** for; ***als*** as; ***zu*** as, for); ***sich schlecht ~*** be unsuitable; ***sich hervorragend ~ für*** be ideal for (*od.* as); ***es eignet sich gut als Geschenk*** it makes (*od.* would make) a good present; ***die Äpfel ~ sich gut zum Kochen*** they're good cooking apples, these apples are ideal for cooking; ***er würde sich als Lehrer (nicht) ~*** he'd make *od.* be a good teacher (he's not cut out for teaching); ***er (das Holz*** *etc.*) ***eignet sich überhaupt nicht*** *a.* he just isn't the right kind of person (it's the wrong kind of wood *etc.*); **Eignung** *f* suitability (**für** for; ***zu*** as, for), aptitude (**für** for); ***keine ~ haben für*** show no aptitude for, have no talent for.

Eignungs|prüfung *f*, **~test** *m* aptitude test.

Eiland *lit. n* island, *lit.* isle.

Eil|auftrag *m* rush order; **~bote** *m*: ***durch ~n*** express, *Am.* (by) special delivery; **~brief** *m* express letter, *Am.* special delivery (letter); ***als ~ schicken*** send *a letter* express.

Eile *f* hurry, rush; ***in ~ sein*** be in a hurry; ***in der ~*** *habe ich es übersehen etc.*: in the (general) rush; ***in größter ~*** in a great rush (*od.* hurry); ***damit hat es keine ~*** there's no hurry (for it), there's no (great) rush; ***j-n zur ~ antreiben*** hurry s.o. up; ***in aller ~*** hurriedly; ***ein paar Zeilen in aller ~*** just a quick note, a few hurried lines.

Eileiter *m anat.* Fallopian tube.

eilen *v/i.* hurry; *stärker*: rush; *Sache*: be urgent; ***es eilt nicht, damit eilt es nicht*** there's no hurry (for it), there's no (great) rush; ***eilt!*** *Aufschrift*: urgent; ***eile mit Weile!*** more haste, less speed; → ***Hilfe***; **eilends** *adv.* hastily, in haste.

eilfertig *adj.* (*übereilt*) rash, (over)hasty; (*dienstbeflissen*) zealous; **Eilfertigkeit** *f* rashness, hastiness; zealousness.

Eil|fracht *f* express (*Am.* fast) freight; **~gebühr** *f* express delivery charge; **~gut** *n* express (*Am.* fast) freight; ***per*** *od.* ***als ~ schicken*** send *s.th.* express (freight) (*Am.* fast freight).

eilig *adj.* hurried; (*dringend*) urgent; ***es ~ haben*** be in a hurry (*od.* rush); ***ich hab's mit dem Brief nicht sehr ~*** I'm in no hurry for the letter to be done; ***wohin so ~?*** what's the hurry?, where are you off to in such a hurry?; **eiligst** *adv.* in a great hurry; (*so schnell wie möglich*) as quickly as possible.

Eil|marsch *m* speed (*od.* forced) march; **~paket** *n* express parcel; **~schritt** *m*: ***im ~*** at a face pace, ***vorbeirauschen***: breeze past; **~tempo** *n*: ***im ~*** in double quick time; **~verfahren** *n* ⚖ summary proceeding(s *pl.*); *fig.* ***im ~ durchnehmen*** rush through *s.th.*; ***im ~ herstellen*** *etc.* rush *s.th.* off; **~zug** *m* fast train.

Eimer *m* bucket, *bsd. Am.* pail; ***ein ~ Wasser*** a bucket(ful) of water; ***es gießt wie aus ~n*** F it's coming down in buckets; F ***in den ~ schmeißen*** F bin; F *fig. mein Auto, die Uhr etc.* ***ist im ~*** F has had it; ***ihre Ehe ist im ~*** F their marriage is in tatters; ***damit sind unsere Pläne im ~*** F bang go our plans; **eimerweise** *adv.* in bucketfuls; by the bucket(ful).

ein[1] I. *adj.* one; ***~ für allemal*** once and for all; ***~ und derselbe Mann*** one and the same person; ***an ~ und demselben Tag*** on the very same day; ***er ist ihr ~ und alles*** he means the world to her; II. *indef. art.* a, an; ***~es Tages*** one day; *die Beredsamkeit* ***~es X*** of a man like X; ***das konnte nur ~ Nero behaupten*** only somebody like Nero could say that; ***~ (gewisser) Herr Braun*** a (certain) Mr Braun; III. *indef. pron.*: ***~er*** (*jemand*) one, (*et.*) one thing; ***~er m-r Freunde*** a friend of mine; ***~er von beiden*** one (or other) of them; ***~er nach dem andern*** one after the other, ***bitte!***: *a.* one at a time, please!; ***die ~en sagen*** some (people) say; ***das tut ~em gut*** that does you good; ***du bist ja ~er!*** you're a fine one!; → *a.* ***eins.***

ein[2] *adv.* **1.** *am Schalter*: on; ***~ - aus*** on - off; **2.** ***~ und aus gehen*** come and go, ***bei j-m***: be a frequent visitor of s.o. (*od.* at s.o.'s place); ***ich weiß nicht mehr ~ noch aus*** I'm at my wit's end.

ein|achsig *adj. mot.* single-axle ..., two--wheel ..., *a. pred.* two-wheeled; **~adrig** *adj.* ⚡ single-wire ...

Einakter *m thea.* one-act play.

einander *adv.* each other, one another; *sie sind* ***~ im Weg*** in each other's way.

einarbeiten I. **1.** *v/t.* (*j-n*) show *s.o.* the ropes; **2.** (*einfügen*) work in; (*hinzufügen*) add; **3.** (*Zeitverlust*) make up for, *a. im voraus*: work in; II. *v/refl.*: ***sich ~*** familiarize o.s. with the work (*od.* subject *etc.*), get to know the ropes; ***sich ~ in*** *a.* get into; ***sich schnell in e-e neue Stelle ~*** settle into a new job very quickly; **Einarbeitungszeit** *f* settling-in period.

einarmig I. *adj.* one-armed; ***er ist ~*** *mst* he's only got one arm; ***ein ~er Mann*** *a.* a man with (just) one arm; II. *adv.* with one arm.

einäschern *v/t.* burn to ashes; (*Leiche*) cremate; **Einäscherung** *f e-r Leiche*: cremation.

einatmen I. *v/t.* breathe in, inhale; II. *v/i.* breathe in; ***tief ~*** take a deep breath (*od.* deep breaths); **Einatmung** *f* inhalation; inhaling.

einäugig *adj.* **1.** one-eyed; ***er ist ~*** *a.* he's only got one eye; ***unter den Blinden ist der ~e König*** in the country of the blind, the one-eyed man is king; **2.** ***~e Spiegelreflexkamera*** single-lens reflex (camera), SLR.

Einbahn|straße *f* one-way street; **~verkehr** *m* one-way traffic.

einbalsamieren *v/t.* embalm.

Einband *m* binding; cover.

einbändig *adj.* one-volume ..., single-volume ...; in one volume.

Einbau *m* **1.** installation, fitting; **2.** (*eingebautes Teil*) fitting; **einbauen** *v/t.* **1.** install (**in** into); (*Möbel*) fit *s.th.* in(to); (*Motor*) fit; **2.** (*einfügen, Satz etc.*) work in; **Einbauküche** *f* fitted kitchen.

Einbaum *m* dugout (canoe).

Einbau|möbel *pl.* fitted furniture *sg.*; **~schrank** *m* built-in *od.* fitted cupboard(s *pl.*) (*für Kleider*: wardrobe, *Am.* closet).

einbegreifen *v/t.* (*a.* **mit ~**) include; **einbegriffen** *adj.* included (**in** in).

einbehalten *v/t.* withhold, keep, F hold onto; (*abziehen*) deduct; **Einbehaltung** *f* (*Abzug*) deduction; ***unter ~ von*** after deducting.

einbeinig *adj.* one-legged; ***er ist ~*** *mst* he's only got one leg; ***ein ~er Mann*** *a.* a man with (just) one leg.

einberufen *v/t.* **1.** (*Versammlung*) call; *parl.* summon, convene; **2.** ⚔ call up (**zu** for), *Am.* draft (into); **Einberufene(r)** *m* conscript, *Am.* draftee; **Einberufung** *f* **1.** calling; *parl.* summoning, convening; **2.** ⚔ conscription, *Am.* draft.

Einberufungs|befehl *m*, **~bescheid** *m* ⚔ call-up orders *pl.*, *Am.* draft papers *pl.*

einbetonieren *v/t.* embed in concrete.

einbetten *v/t.* embed (**in** in) (*a.* ⚙); *in Packmaterial etc.*: wrap (**in** in[to]).

Einbett|kabine *f* single-berth cabin, stateroom; **~zimmer** *n* single room.

einbeulen *v/t.* dent.

einbeziehen *v/t.* include (**in** in); (*integrieren*) incorporate (into); ***~ in*** *a.* cover; **Einbeziehung** *f* inclusion (**in** in), incorporation (into).

einbiegen I. *v/t.* bend in(wards); II. *v/i.*: ***in*** *e-e Straße* ***~*** turn into; ***links ~*** turn left.

einbilden *v/t.*: ***sich ~*** (*sich vorstellen*) imagine; (*glauben*) think; ***er bildet sich ein, beliebt zu sein*** he thinks (*od.* likes to think) he's popular; ***sich steif und fest ~, daß*** be (firmly) convinced that; ***das bildest du dir nur ein*** you're (just) imagining it (*od.* things); ***bilde dir ja nicht ein, daß*** you needn't (for one minute) think that, don't go running away with the idea that; ***was bildest du dir***

eigentlich ein? what on earth has got into you?, *bei Handlung*: *a.* what on earth do you think you're doing?; ***darauf brauchst du dir nichts einzubilden*** that's nothing to be proud of (F to write home about); ***bilde dir doch nichts ein!*** don't fool (F kid) yourself; ***ich bilde mir nicht ein, ein Genie zu sein*** I don't pretend (*od.* claim) to be a genius; ***er bildet sich auf s-n Erfolg was ein*** his success has gone to his head; ***bilde dir ja nicht zuviel ein!*** don't let it go to your head(, now); ***darauf kannst du dir was ~*** that's something to be proud of; → ***eingebildet***; **Einbildung** *f* **1.** ***das ist reine ~*** you're (*od.* he's *etc.*) imagining things, it's all in the mind; ***nur in j-s ~ existieren*** be a figment of s.o.'s imagination; **2.** (*Illusion*) illusion; **3.** (*Dünkel*) conceitedness.

Einbildungs|gabe *f*, **~kraft** *f*, **~vermögen** *n* (powers *pl.* of) imagination.

einbinden *v/t.* **1.** tie up (***in*** in); (*Buch*) bind; ⚕ bandage; **2.** (*integrieren*) integrate (***in*** into); **Einbindung** *f* integration (***in*** into), involvement (in).

einblasen *v/t.* blow in(to ***in***); *fig.* ***j-m et. ~*** put s.th. into s.o.'s head.

Einblatt(druck *m*) *n* broadsheet.

einblenden **I.** *v/t.* (*Musik etc.*) fade in; *nachträglich*: dub in(to ***in***); (*Zweitbild, Schrift*) superimpose (***in*** on); (*Werbespot etc.*) slot in; **II.** *v/refl.*: ***sich ~ in*** join, go over to; ***sich ~*** join (*od.* go over to) the other studio *od.* one's crew at Wembley Stadium *etc.*; **Einblendung** *f* fade-in; (*Zweitbild etc.*) insert.

einbleuen F *v/t.*: ***j-m et. ~*** drum s.th. into s.o.('s head), get s.th. into s.o's (F thick) head.

Einblick *m* **1.** (*Hineinsehen*) look (***in*** at); (*Einsicht*) insight (into); ***e-n gewissen ~ haben*** have some idea (***in*** of, about); ***~ gewinnen, sich*** (***e-n***) ***~ verschaffen*** get some sort of idea, get a general idea (***in*** of), ***in***: *a.* get (*od.* gain) an insight into; ***j-m ~ gewähren in*** (*Dokumente etc.*) allow s.o. access to; **2.** (*Blick*) view (***in*** of).

einbooten *v/t. u. v/refl.* (***sich ~***) embark.

einbrechen **I.** *v/i.* **1.** *Dieb*: break in(to ***in***); ***~ in*** (*Wohnung*) *a.* burgle; ***bei ihm wurde eingebrochen*** his house (*od.* flat, *Am.* apartment) was burgled (*bsd. Am.* burglarized), he had burglars, he was burgled; **2.** (*einstürzen*) collapse, cave in; *auf dem Eis*: break (*od.* go) through the ice; *fig.* suffer a severe defeat (*od.* setback); **3.** ⚔ ***~ in*** invade *a country*; **4.** *Kälte etc.*: set in; ***bei ~der Dunkelheit*** at nightfall; **II.** *v/t.* (*niederreißen*) break down.

Einbrecher *m* burglar; **~bande** *f* gang of burglars.

Einbrenne *f gastr.* roux; **einbrennen** *v/t.* **1.** burn in(to ***in***); *e-m Tier* ***ein Zeichen ~*** brand; **2.** *gastr.* (*Mehl*) brown; (*Soße, Suppe*) thicken with roux.

einbringen **I.** *v/t.* **1.** (*Ernte*) bring in; (*Gewinn etc.*) *a.* yield, *netto*: net; (*Preis*) fetch; (*Kapital etc., a. fig. Ideen etc.*) contribute (***in*** to); ***j-m et. ~*** (*Ruf etc.*) earn s.o. s.th.; ***das bringt nichts ein*** it doesn't pay; ***es bringt mir ... ein*** it gets me ...; **2.** (*Verlust, Zeit*) make up (for); *typ.* (*Zeile*) get in; **3.** *parl.* ***e-e Gesetzesvorlage ~*** introduce a bill; ⚖ ***e-e Klage ~*** file an action; **II.** *v/refl.*: ***sich ~*** put a lot of time (and energy) into it.

einbrocken *v/t.* **1.** ***et. ~ in*** crumble s.th. into *the soup*; **2.** *fig.* ***j-m*** (***sich***) ***etwas*** (***Schönes***) ***~*** get s.o. (o.s.) into a real fix; ***das hast du dir selbst eingebrockt*** it's your own fault.

Einbruch *m* **1.** *in ein Haus*: burglary; ***e-n ~ verüben in*** break into; **2.** ⚔ invasion (***in*** of); **3.** (*Einsturz*) collapse; **4.** ***bei ~ der Dunkelheit*** at nightfall; ***bei ~ der Kälte*** when the cold (weather) sets in; **5.** (*schwere Niederlage*) severe defeat (*od.* setback); **6.** ✝ slump.

Einbruch(s)|diebstahl *m* burglary; **~gefahr** *f* **1.** ***es besteht ~*** the roof *etc.* is in danger of collapsing; *bei Eis*: the ice is dangerously thin (in places); **2.** likelihood of a burglary (*od.* of being burgled); **2sicher** *adj.* burglar-proof; **~versicherung** *f* burglary insurance; **~versuch** *m*: (***wegen ~*** for) attempted burglary; **~werkzeug** *n* housebreaking tool; ***sie haben die ~e gefunden*** they found the instruments he *etc.* used to (try and) break in.

einbuchten *v/t.* **1.** indent; **2.** F → ***einlochen*** 2; **Einbuchtung** *f* **1.** indentation; **2.** *geol.* bay, inlet.

einbuddeln F **I.** *v/t.* bury; **II.** *v/refl.*: ***sich ~*** dig o.s. in(to ***in***).

einbürgern **I.** *v/t.* naturalize; ***sich ~ lassen*** become naturalized; **II.** *fig. v/refl.*: ***sich ~*** take root; establish itself; come into use; ***sich in e-r Sprache ~*** *a.* find its (*od.* their) way into a language; ***es hat sich so eingebürgert*** it's become a habit (***bei*** with), (*wird erwartet*) it's become the done thing (***daß man ...*** to *inf.*), ***daß er auf die Kinder aufpaßt***: it became a habit for him to (*od.* a fixed pattern that he should) look after the children; **Einbürgerung** *f* **1.** naturalization; **2.** *fig. e-s Brauchs etc.*: establishment.

Einbürgerungs|antrag *m* application (*od.* petition) for naturalization; ***e-n ~ stellen*** apply for naturalization; **~urkunde** *f* certificate of naturalization.

Einbuße *f* loss (***an*** of); ***unter ~*** *gen.* at the cost of; ***schwere ~n erleiden*** suffer heavy losses; **einbüßen** **I.** *v/t.* (*verlieren*) lose; (*opfern müssen*) forfeit; **II.** *v/i.*: ***an et. ~*** lose (some of).

einchecken **I.** *v/t. u. v/i.* check in; **II.** 2 *n* checking in, check-in; ***beim ~*** as I was *etc.* checking in; ***das ~ dauert immer furchtbar lange*** it always takes ages to check in.

eincremen *v/t.* (*a.* ***sich ~***) put some cream on; ***sich die Hände ~*** put some handcream on; ***die Schuhe ~*** a) put (the) polish on the shoes, b) → ***einfetten***.

eindämmen *v/t.* dam up; (*aufhalten, a. fig.*) stem; (*Feuer etc.*) check; get under control; (*Kriminalität etc.*) curb, control; *bsd. pol.* contain.

eindämmern *v/i.* doze off.

Eindämmungspolitik *f* policy of containment.

eindampfen *v/t.* ⚗ evaporate, boil *s.th.* down.

eindecken **I.** *v/t.* cover (up); *fig. mit Geschenken etc.*: shower; *fig.* ***j-n mit Fragen ~*** bombard s.o. with questions; **II.** *v/refl.*: ***sich ~*** stock up (***mit*** on); ***sich gut ~ mit*** stock up on plenty of, lay in a good supply of.

Eindecker *m* ✈ monoplane.

eindeichen *v/t.* dyke, dike.

eindellen F *v/t.* dent.

eindeutig **I.** *adj.* clear, obvious, straightforward; (*nicht zweideutig*) unambiguous, unequivocal; *Geste etc.*: unmistakable; *Beweis*: indisputable; *Sieger*: clear, undisputed; **II.** *adv.* clearly; definitely; unambiguously; obviously; ***es ist ~ s-e Schuld*** it was clearly his fault, there's no doubt that it was his fault; ***j-m ~ zu verstehen geben, daß*** make it quite clear to s.o. that, make no bones about the fact that; ***~ Stellung beziehen*** take an unequivocal stand (***zu*** on).

eindeutschen *v/t.* Germanize; **Eindeutschung** *f* Germanization.

eindicken *v/t. u. v/i.* thicken.

eindimensional *adj.* one-dimensional.

eindösen F *v/i.* doze off, F nod off.

eindrängen **I.** *v/refl.*: ***sich ~*** push one's way in; *fig.* intrude (***bei*** *j-m* on); interfere (with); **II.** *v/i.*: ***auf j-n ~*** *Erinnerungen etc.*: crowd in on s.o.

eindrehen *v/t.* screw in; ***sich die Haare ~*** put curlers in one's hair, put one's hair in curlers.

eindreschen F **I.** *v/i.*: ***~ auf*** beat; **II.** 2 *n*: (***das***) ***~ auf die Gewerkschaften*** *etc.* union-bashing *etc.*

eindrillen *v/t.*: ***j-m et. ~*** drill s.th. into s.o.

eindringen *v/i.* **1.** get in(to ***in***); *Flüssigkeit*: *a.* seep in(to); *gewaltsam*: force one's way in(to); ***~ in*** (*durchbohren*) penetrate, pierce; ⚔ penetrate; invade; *fig.* (*e-n Markt*) penetrate, make inroads into (*od.* on); *Idee etc.*: penetrate, find its way into, become established in; *fig.* ***bei j-m*** (*od.* ***in j-n***) ***~*** (*verstanden werden*) register with s.o.; **2.** ***in*** *e-e Sache* ***~*** go into, (*ergründen*) comprehend, fathom; **3.** ***auf*** *j-n* ***~*** close in on, *fig. mit Fragen etc.*: press, *Gefühle*: crowd in on.

eindringlich **I.** *adj. Warnung, Bitte etc.*: urgent; *Rede, Stimme etc.*: forceful; **II.** *adv.*: ***aufs ~ste*** (most) urgently; ***ich rate Ihnen aufs ~ste ab*** I strongly advise you against it, I urge you not to do it; ***Sie werden ~st gewarnt, nicht zu*** *inf.* you are urgently warned not to *inf.* (*od.* against *ger.*); **Eindringlichkeit** *f* urgency.

Eindringling *m* intruder; (*Angreifer*) invader.

Eindruck *m* **1.** impression; ***~ machen auf*** impress, make an impression on; ***es hat keinen ~ auf mich gemacht*** it didn't impress me at all, it didn't make the slightest impression on me; ***er macht e-n intelligenten ~*** he seems to be quite intelligent, he gives the impression of being quite intelligent; ***e-n schlechten ~ machen*** make a bad impression (***auf*** on); ***den ~ erwecken, daß*** give (s.o.) the impression that; ***ich habe den ~, daß*** I have (*od.* get) the impression (that), (*das Gefühl*) I have a feeling (that); ***ich werde den ~ nicht los, daß*** I can't help thinking (that), I have the distinct feeling (that); ***welchen ~ haben Sie von ihm?*** what's your impression of him, what do you think of him?; → ***erwehren, schinden*** 3; **2.** (*Spur*) imprint, impression.

eindrücken **I.** *v/t.* (*zerbrechen*) break; (*zerschlagen*) smash (*a. Nase*); (*Tür*) force, break down; (*platt drücken*) flatten; (*zerdrücken*) crush (*a. Rippen*); (*ein-

beulen) dent; **II.** *v/refl.*: **sich ~** *a. fig.* make (*od.* leave) an impression (**in** in).
eindrucksvoll *adj.* impressive.
eindübeln *v/t.* rawlplug *s.th.* into the wall.
einduseln F *v/i.* doze off, F nod off.
eine → **ein^1**.
einebnen *v/t.* level (off); *fig.* level out.
Einehe *f* monogamy.
eineiig *adj.*: **~e Zwillinge** identical twins.
eineinhalb *adj.* one and a half.
einengen *v/t.* narrow down, limit; (*einschränken*) restrict, limit; (*Person*) hem in, restrict, constrict; **j-n ~** *a.* F cramp s.o.'s style; **Einengung** *f* limitation; restriction.
einer I. *pron.* someone, somebody; → *a.* **ein^1** III; **II.** ≈ *m* **1.** A̸ unit, digit; **2.** (*Boot*) single (sculler).
einerlei I. *adj.* **1. das ist mir ~** it's all the same to me; **2.** (*gleichartig*) the same; the same sort (*od.* kind) of; **II.** ≈ *n* monotony; **das ~ des Alltags** the daily grind (*od.* rut).
einerseits *adv.* on the one hand.
einfach I. *adj.* **1.** (*nicht schwierig*) easy, simple; **~ zu verstehen** easy to understand (*od.* follow); **es ist ~ zu verstehen, warum** you can understand (*od.* see) why; **das ist gar nicht so ~** it's not so easy, it's not as easy as it looks; **nichts ~er (als das)!** no problem at all; **2.** single; **~e Fahrkarte** single (ticket), *Am.* one-way ticket; **X ~, bitte** a single to X, please, *Am.* X one way, please; **3.** (*unkompliziert*) simple; **~er Bruch** ⚕ simple fracture; → **Buchführung, Mehrheit**; **4.** (*schlicht*) simple, *a. Essen*: plain; *bescheiden*: modest; *Mensch*: ordinary; **II.** *adv.* easily *etc.*; **das ist ~ toll** that's really great; **das ist ~ e-e Unverschämtheit** it's a downright cheek; **zu ~ darstellen** (**dargestellt**) oversimplify (oversimplified); **es ist ~ unglaublich** it's just incredible; **die Sache ist ~ die, daß** it's like this - ...; **er ist ~ gegangen** he just got up and left; **Einfachheit** *f* simplicity; plainness; **der ~ halber** to simplify matters.
einfädeln I. *v/t.* **1.** (*Nadel, Faden, Film etc.*) thread; **2.** *fig. geschickt*: arrange, fix up; (*tun*) go about *s.th. od. ger.*; **II.** *v/refl.*: *mot.* **sich ~** merge, filter in; **sich links** (**rechts**) **~** filter left (right); **III.** *v/i. Skislalom*: straddle a gate.
einfahren I. *v/i.* **1.** drive in(to **in**); arrive; *Zug*: *a.* come in, pull in; **II.** *v/t.* **2.** (*Auto*) run in; **3.** (*Fahrgestell etc.*) retract; **4.** (*Zaun etc.*) drive into; (*umfahren*) *a.* knock down; **5.** (*Ernte*) bring in; (*Gewinne, Verluste*) make, record; **III.** *v/refl.*: **sich ~** (*zur Gewohnheit werden*) become a habit (**bei** with); **es hat sich bei uns so eingefahren, daß** *a.* we just got into the habit of *ger.*; **Einfahrt** *f* **1.** (*Eingang*) entrance; (*Auffahrt*) drive; **~ freihalten!** keep clear; **keine ~!** no entry; **2.** 🚂 entry; **Vorsicht bei der ~** please stand back; **3.** *zur Autobahn*: access road.
Einfall *m* **1.** (*Gedanke*) idea (**et. zu tun** of doing s.th.); **er hatte den plötzlichen ~ zu** *inf.* he had (*od.* took) a sudden notion to *inf.*; **2.** ⚔ invasion (**in** of), (*Überfall*) raid (on); **3.** *phys. Licht*: incidence; **einfallen** *v/i.* **1. mir fällt gerade ein** it has just occurred to me; I've just remembered; **mir fällt nichts Besseres ein** I can't think of anything better; **da mußt du dir schon was Besseres ~ lassen** you'll have to do better than that; **ihm fällt immer was ein** he always comes up with (*od.* thinks of) something, he's never at a loss for ideas (*od.* an excuse *etc.*); **es fällt mir im Moment nicht ein** I can't think of it right now; **es wird mir schon wieder ~** it'll come back to me (eventually); **es fiel mir in letzter Minute ein** I remembered just in time; **zu dem Thema fällt mir nichts mehr ein** I can't think of anything else to say on the subject; **dazu fällt mir gar nichts ein** my mind's a blank (on that); **ich werde mir schon was ~ lassen** I'll think of something; **was fällt dir ein?** a) what do you think you're doing?, b) you must be joking!; **wie's ihm gerade einfällt** just as the mood takes him; **wo's mir gerade einfällt** while I think of it; F **fällt mir gar nicht ein!** who do you think I am?, you must be joking!; → **Traum**; **2.** ⚔ **~ in** invade *a country*; **3.** *Licht*: enter, come in(to **in**); **4.** ♪ enter; (*einstimmen*) join in; **5.** *im Gespräch*: butt in (**in** on *the conversation*); **6.** (*einstürzen*) collapse, cave in; *fig. Gesicht*: *a.* sink in; **einfallend** *adj. Licht*: incident.
einfallslos *adj.* unimaginative; boring.
einfallsreich I. *adj.* full of ideas, original; resourceful; **II.** *adv.* imaginatively; with plenty of imagination; **Einfallsreichtum** *m* imaginativeness; wealth of ideas; resourcefulness; **dieser ~!** *a.* where does he *etc.* get all these ideas from?
Einfallswinkel *m* angle of incidence.
Einfalt *f* naivety; (*Beschränktheit*) simple-mindedness; **einfältig** *adj.* naive; (*beschränkt*) simple-minded; *Lächeln etc.*: stupid, F dumb; **Einfaltspinsel** F *m* F nincompoop, numskull.
Einfamilienhaus *n* detached house.
einfangen *v/t.* catch; *fig.* (*Stimmung etc.*) capture.
einfärben *v/t.* dye.
einfarbig *adj. Stoff*: plain, self-colo(u)red; *phot., typ.* monochrome; **~ streichen** paint *s.th.* one colo(u)r, paint *s.th.* all the same colo(u)r; **~ gestalten** design *s.th.* in one (basic) colo(u)r.
einfassen *v/t.* enclose; *mit e-m Zaun*: fence in; (*umsäumen*) line; (*Kleidung*) trim; (*Bild*) frame; (*Edelstein*) set; **Einfassung** *f* enclosure; (*Umsäumung*) lining; (*Rand*) edge, border; (*Saum*) trim(ming); (*Rahmen*) frame; *e-s Edelsteins*: setting.
einfetten *v/t.* grease; *mit Öl*: oil; ⚙ *a.* lubricate; (*Haut*) rub (some) cream into; (*Schuhe*) soften *shoes* up with dubbin.
einfinden *v/refl.*: **sich ~** arrive, F turn up; (*sich versammeln*) assemble, gather.
einflechten *v/t.* **1.** weave in(to **in**); (*Haare*) plait; **2.** *fig.* work in(to **in**); (*beiläufig erwähnen*) mention in passing; **~, daß** *a.* throw in that.
einfliegen ✈ **I.** *v/i.* **1.** fly in(to **in**); **~ in** (*fremdes Gebiet*) enter; **2.** (*sich dem Flughafen nähern*) approach; **II.** *v/t.* **3.** (*Proviant etc.*) fly in; **4.** (*Flugzeug*) test-fly.
einfließen *v/i.* flow in(to **in**); *kalte Luft*: enter; **nach Schottland** *etc.* **~** enter (into) Scotland *etc.*; *fig.* **et. ~ lassen** slip s.th. in; (*andeuten*) let s.th. be known; **~ lassen, daß** let it be known that; **er hat es gesprächsweise ~ lassen** he slipped it into the conversation; → *a.* **einflechten** 2.
einflößen *v/t.* **1. j-m et. ~** (*Medizin etc.*) give s.o. s.th., make s.o. drink s.th.; **2.** *fig.* (*Respekt*) command; **j-m et. ~** instil(l) s.th. into s.o.; **j-m Respekt** (**Vertrauen**) **~** teach s.o. a bit of respect (win *od.* gain s.o.'s confidence); **j-m Respekt eingeflößt haben** *a.* command s.o.'s respect.
Einflug *m* ✈ flight (**in** *ein Land*: into); entry (of); **~schneise** *f* approach corridor.
Einfluß *m* influence (**auf** on, *j-n*: over); *politischer*: *a.* clout; (*Macht*) power (over); (*Wirkung*) effect (on); **ein Mann von** (**großem**) **~** a (highly) influential man; **~ haben auf** influence, (*einwirken auf*) *a.* affect; **e-n schlechten ~ haben auf** be a bad influence on; **unter j-s ~ stehen** (**geraten**) be (fall) under s.o.'s sway; **s-n ~ geltend machen** bring one's influence to bear (**bei, auf** on); **es entzieht sich m-m ~** it's beyond my control, I have no influence on the matter; **~bereich** *m* sphere of influence; **~nahme** *f* influencing control; **wegen versuchter ~ auf** for attempting to influence; ≈**reich** *adj.* influential; powerful; **~sphäre** *f* → **Einflußbereich.**
einflüstern *v/t.*: **j-m et. ~** whisper (*fig.* insinuate) s.th. to s.o.
einfordern *v/t.* demand (payment of); (*Buch etc.*) recall, demand the return of.
einförmig *adj.* uniform; (*eintönig*) monotonous; **Einförmigkeit** *f* uniformity; monotony.
einfressen *v/refl.*: **sich ~ in** eat into.
Einfriedung *f* enclosure.
einfrieren I. *v/i.* **1.** *Rohre etc.*: freeze (up); *Schiff, Hafen*: become icebound; **2.** *Verhandlungen*: reach (a) deadlock; **3.** *Lächeln*: freeze; **4.** *Unterhaltung*: dry up; **II.** *v/t.* **5.** (*Lebensmittel*) (deep-)freeze; **6.** ✝ (*Kapital etc.*) (*a.* **~ lassen**) freeze.
einfügen I. *v/t.* add (**in** to); fit in(to **in**); **II.** *v/refl.*: **sich ~** fit in (well); *Person*: adapt (**in** to); **Einfügetaste** *f Computer*: insert key; **Einfügung** *f* **1.** (*das Einfügen*) adding; **2.** addition.
einfühlen *v/refl.*: **sich ~ in** empathize with, **j-n:** *a.* put o.s. in s.o.'s position, **et.:** *a.* get into the spirit of s.th.; **einfühlsam** *adj.* sensitive; (*verständnisvoll*) understanding.
Einfühlungs|gabe *f*, **~vermögen** *n* sensitivity; (powers *pl.* of) empathy; intuitive understanding.
Einfuhr *f* ✝ importing; *konkret*: imports *pl.*; **~artikel** *m* imported article, (foreign) import; *pl.* imports; **~beschränkungen** *pl.* import restrictions; **~bestimmungen** *pl.* import regulations; **~bewilligung** *f* import licen|ce (*Am.* -se).
einführen *v/t.* **1.** introduce (**in** into); (*Einrichtungen*) establish, set up; F **das wollen wir gar nicht erst ~** we're not going to start anything like that; **2.** ✝ (*Waren*) import; **3.** (*j-n*) introduce (**bei j-m** to s.o.; **in** *e-e Gesellschaft*: into); (*einweihen*) initiate (**in** into), *feierlich, in ein Amt*: inaugurate (into); **4.** (*et.*) *in e-e Öffnung etc.*: insert (**in** into); (*zuführen*) feed in(to).
Einfuhr|erlaubnis *f*, **~genehmigung** *f* import licen|ce (*Am.* -se); **~hafen** *m* port of entry; **~handel** *m* import trade;

~land *n* importing country; **~lizenz** *f* import licen|ce (*Am.* -se); **~quote** *f* import quota; **~sperre** *f*, **~stopp** *m* import ban.

Einführung *f* **1.** introduction; establishment; importation; initiation, inauguration; insertion; → ***einführen***; **2.** (*Text*) introduction (***in*** to).

Einführungs|angebot *n* introductory offer; **~kurs** *m* introductory (*od.* beginner's) course; **~preis** *m* introductory price.

Einfuhr|verbot *n* import ban; **~waren** *pl.* imported goods, imports; **~zoll** *m* import duty.

einfüllen *v/t.* (*Flüssiges, Getreide etc.*) pour in(to ***in***); *in Flaschen*: bottle; *Kartoffeln etc.* **~ *in*** fill (*od.* put) into; ***Kartoffeln*** *etc.* ***in Säcke ~*** *a.* fill (the) sacks with potatoes.

Einfüllstutzen *m mot.* filler neck.

Eingabe *f* **1.** (*Gesuch*) application (***an*** to; ***um*** for); ***e-e ~ machen*** file a petition, apply (***um*** for); **2.** *Computer*: input; ***nach ~*** *gen.* after entering; **3.** ⚖ administering (*gen.* of); **~datei** *f* input file; **~fehler** *m* input error; **~maske** *f* input mask; **~taste** *f* enter (*od.* return) key.

Eingang *m* **1.** entrance, way in; ***kein ~!*** no entrance, no entry; **2.** (*Eintritt*) entry (***in*** into); (*Zugang*) access (***zu*** to); *fig.* **~ *finden*** become established; *Mode*: come into fashion; **~ *finden in*** (*e-n Kreis*) be accepted into; ***j-m ~ gewähren*** give s.o. access (***zu*** to); ***sich ~ verschaffen in*** gain admission to; **3.** ✝ *von Waren*: arrival; *Schreiben, Summe*: receipt; ***Eingänge*** *von Waren* (*Zahlungen*): goods (payments) received; (*Einnahmen*) receipts; ***„Eingänge"*** *Aufschrift*: In; ***bei*** (*od.* ***nach***) ~ on receipt; **4.** (*Anfang*) beginning; ***zu ~*** at the beginning; **5.** (*Einleitung*) introduction; **6.** (*Magen*2 *etc.*) inlet; **7.** ⚡, *electron.* source, input.

eingängig I. *adj.*: (***leicht ~***) comprehensible, easy to grasp (*od.* understand); *Melodie*: catchy; **II.** *adv.*: **~ *erläutern*** explain in simple terms.

eingangs I. *adv.* at the beginning (*od.* outset); (*einleitend*) by way of introduction; **~ *erwähnt*** above(-mentioned); ***wie ~ erwähnt*** as mentioned above; **II.** *prp.* at the beginning of.

Eingangs|bestätigung *f* acknowledg(e)ment of receipt; **~datum** *n* date of receipt; *von Schecks*: value date; **~formel** *f* preamble; *im Brief*: introduction; **~halle** *f* entrance hall, foyer; **~portal** *n e-r Kirche etc.*: portal; **~signal** *n* ⚡ input signal; **~spannung** *f* ⚡ input voltage; **~stempel** *m* date stamp; **~strom** *m* ⚡ input current; **~stufe** *f Tuner*: input stage; **~tor** *n* (entrance) gate; **~tür** *f* entrance; **~vermerk** *m* file mark.

eingebaut *adj.* built-in.

eingeben *v/t.* **1.** (*Arznei*) give, administer (*dat.* to); **2.** *in e-n Computer*: feed, enter, input (***in*** into); **3.** ***j-m e-n Gedanken ~*** give s.o. an idea.

eingebettet *adj.* embedded (***in*** in); **~ *zwischen Bergen*** (***Wäldern*** *etc.*) tucked away (*od.* nestling) between mountains (among woods and trees *etc.*).

eingebeult *adj.* dented.

eingebildet *adj.* **1.** arrogant, full of o.s., conceited; ***er ist auf s-n Doktortitel*** (***s-e neue Stelle***) ***furchtbar ~*** his PhD *od.* doctorate (his new job) has gone to his head completely; **2.** *Krankheit etc.*: imaginary.

eingeboren *adj.* **1.** (*einheimisch*) native; **2.** (*angeboren*) innate; **Eingeborene(r** *m*) *f* native; *bsd. Australiens*: aborigine.

Eingebung *f*: (***e-e göttliche*** divine) inspiration; (*Regung*) impulse; (*Einfall*) brainwave; ***e-r plötzlichen ~ folgend*** on (an) impulse.

eingebürgert *adj.* naturalized.

eingedeckt *adj.*: ***gut ~ sein*** be well stocked, ***mit***: *a.* have plenty of, ***mit Arbeit***: have plenty of work to do (*od.* to be getting on with).

eingedenk *pred. adj.* mindful (*gen.* of); *e-r Sache* **~ *sein*** (***bleiben***) bear (keep) in mind, remember.

eingedeutscht *adj.* Germanized.

eingefahren *adj.* **1.** *Auto etc.*: run-in, broken-in; **2.** *fig. Verhaltensweise etc.*: ingrained; ***das ist bei ihr vollkommen ~*** it's become second nature to her, it's second nature with (*od.* for) her; ***sich in ~en Gleisen bewegen*** keep to well-trodden paths, stay in the same old groove.

eingefallen *adj. Haus*: dilapidated; *Gesicht*: haggard; *Wangen, Augen*: hollow, sunken.

eingefleischt *adj.* inveterate, ingrained, hardened; *Gewohnheit, Vorurteil etc.*: deep-rooted; **~*er Junggeselle*** confirmed bachelor.

eingefroren *adj. a. fig. Gelder*: frozen; *Hafen, Schiff*: icebound.

eingeführt *adj.* **1.** (*importiert*) imported; ⚘ exotic; **2.** *Fachgeschäft etc.*: well-established.

eingehen I. *v/i.* **1.** ✝ *Geld, Post, Waren*: come in, arrive; **2.** **~ *in*** *die Sprache etc.*: enter; → ***Geschichte*** 2; **3.** F ***es will ihm nicht ~*** he can't grasp it, ***daß***: (*er will es nicht wahrhaben*) *a.* he can't accept (the fact) that, he can't come to terms with the fact that; **4.** **~ *auf*** (*Interesse zeigen für*) show an interest in; (*sich befassen mit*) deal with; (*e-e Frage etc.*) go into; (*e-n Scherz etc.*) go along with; (*e-n Plan etc.*) accept; ***auf j-n ~*** respond to, *zuhörend*: listen to, *nachsichtig*: humo(u)r; ***auf die Frage*** *gen.* **~** *a.* address the issue of; ***näher ~ auf*** elaborate on, expand on, amplify; (***überhaupt***) ***nicht ~ auf*** *a.* ignore (completely); **5.** *Kleidung*: shrink; **6.** *Tier, Pflanze*: die (***an*** of), perish (***bei*** *in a fire etc.*); *Firma, Zeitung*: F fold up; F ***dabei*** (***bei der Hitze***) ***geht man ja ein!*** F it's enough to finish you off; **7.** F (*e-n Mißerfolg erleiden*) F come a cropper (***bei*** with); **II.** *v/t.* **8.** (*Ehe, Vertrag etc.*) enter into *marriage, a contract*; ***e-n Vergleich ~*** come to an arrangement, ***mit*** *Gläubigern*: compound with; ***ein Risiko ~*** take a chance; ***e-e Wette ~*** make a bet; **9.** ⚗ (*Verbindung*) form; (*Reaktion*) undergo; **eingehend I.** *adj.* **1.** *Post etc.*: incoming; **2.** (*ausführlich*) detailed; *Bericht*: *a.* full ...; (*gründlich*) thorough; *Artikel etc.*: in-depth ...; (*sorgfältig*) careful; **II.** *adv.* in detail; thoroughly; in depth; carefully; ***sich ~ mit et. auseinandersetzen*** (***befassen*** *etc.*) *a.* look at s.th. from every angle.

eingehüllt *adj.*: **~ *in*** *e-e Decke etc.*: wrapped up in; *fig.* ***in Nebel*** *etc.* **~** enveloped (*od.* shrouded) in fog *etc.*

eingekeilt *adj.* wedged in.

eingekerbt *adj.* scalloped.

eingeklammert *adj.* in brackets, *bsd. Am.* in parentheses; bracketed off.

eingeklemmt *adj.* stuck; *Nerv*: trapped; *Bruch*: strangulated.

eingekniffen *adj.* → ***einkneifen.***

eingeladen *adj.* invited; ***nur für ~e Gäste*** invited guests only; ***ich bin nicht ~*** I'm not (*od.* I wasn't) invited.

eingelagert *adj.* in storage.

eingelassen *adj.* ⚙ sunk; *Edelstein*: set.

eingelegt *adj.* **1.** *Möbel etc.*: inlaid; **~*e Arbeit*** inlay (*od.* inlaid) work; **2.** (*in Essig ~*) pickled; *Heringe*: marinated; **~*e Gurke*** pickled cucumber, *Am.* pickle.

eingeleitet *adj.*: **~*e Maßnahmen*** adopted measures.

Eingemachte(s) *n* preserves *pl.*; (*Obst*) preserved fruit; *in Essig*: pickles *pl.*; F *fig.* ***jetzt geht's ans Eingemachte*** F we're really scraping the barrel now.

eingemauert *adj.* walled (in).

eingemeinden *v/t.* incorporate; **Eingemeindung** *f* incorporation.

eingemottet *adj.* mothballed.

eingenommen *adj.* **1.** ***von*** *j-m od. et.* (***sehr***) **~ *sein*** be (quite) taken with; **2.** ***von sich selbst ~ sein*** be full of o.s.; **3.** ***für*** (***gegen***) *j-n od. et.* **~ *sein*** be bias(s)ed *od.* prejudiced towards (against); **Eingenommenheit** *f* **1.** bias, prejudice; **2.** *von sich selbst*: conceitedness.

eingepfercht *adj.* cooped up.

eingerahmt *adj.* framed; *fig.* **~ *von*** framed by; ***sie war von ihren Söhnen ~*** *a.* she had her sons sitting (*od.* standing) on either side (of her).

eingerechnet *adj.*: ***...*** (***nicht***) **~** (not) including ..., *weitS.* (not) taking into account ...; ***alles ~*** including everything, *weitS.* all in all.

eingerichtet *adj. Wohnung etc.*: furnished; *Küche etc.*: fully-equipped; ***sie sind nett ~*** they've got a nice flat *etc.*

eingeritzt *adj.* carved; **~ *in*** *a.* scratched into (the surface of).

eingerostet *adj.* rusty (*a. fig.*), (*unbeweglich*) *a.* stiff (*od.* jammed) with rust.

eingerückt *adj. Zeile, Absatz*: indented.

eingesäumt *adj.*: **~ *mit*** (*od.* ***von***) bordered (*od.* skirted) by; ***ein mit Bäumen ~er Weg*** a tree-lined path.

eingeschaltet *adj.* ⚡ (switched) on.

eingeschlechtig *adj.* ⚘ unisexual.

eingeschlossen *adj.* **1.** locked in; **2.** included; ***im Preis ~*** included in the price; ***es ist im Preis alles ~*** *a.* the price is all-inclusive.

eingeschnappt F *adj.* F miffed, in a huff; ***er ist leicht ~*** you have to watch what you say to him.

eingeschneit *adj.* snowed-in ..., *pred.* snowed in.

eingeschossig *adj.* one-stor(e)y ...

eingeschränkt *adj.* limited, restricted; ***sich ~ fühlen*** feel restricted (*gehemmt*: inhibited).

eingeschrieben *adj. Brief*: registered.

eingeschüchtert *adj.* frightened; too scared to say (*od.* do *etc.*) anything.

eingeschworen *adj.* confirmed; (*treu*) *a.* committed; **~ *sein auf*** swear by.

eingesessen *adj.* old-established.

eingespielt *adj.*: ***gut*** (***aufeinander***) **~ *sein*** work well together, make a good team; ***sie sind ein ~es Team*** *a.* they're a well-established (*od.* well-coordinated) team, they've been working (*od.* playing *etc.*) together for years.

eingesprengt *adj.*: **mit ~en ...** interspersed with ..., scattered with ...
eingestandenermaßen *adv. konzessiv*: admittedly; **Eingeständnis** *n* admission, *e-r größeren Schuld*: confession.
eingestaubt *adj.* very dusty, covered in dust.
eingestehen *v/t.* admit; **sie hat die Tat eingestanden** she admitted to having done it.
eingestellt *adj.*: **gegen** *j-n od. et.* **~ sein** be opposed to, be against; **~ auf** prepared for; (*ausgerichtet auf*) keyed (*od.* geared) to; **sozial ~** socially-minded; **materialistisch ~** very materialistic; **sehr fortschrittlich ~ sein** be very progressive (in one's views), have very progressive views; **wie ist er politisch ~?** what are his political leanings?
eingestimmt *adj.*: *fig.* **aufeinander ~ sein** be attuned to one another, form a harmonious pair *etc.*
eingetragen *adj.* ⚚ registered.
eingetroffen *adj.*: **„frisch ~"** *Waren*: just in.
eingewachsen *adj.*: **~er Zehnagel** ingrown toenail.
eingewandert *adj.* immigrant *families etc.*; **Eingewanderte(r)** *m* immigrant.
Eingeweide *pl.* insides, F innards, 📖 viscera; (*Gedärme*) intestines, guts.
eingeweiht *adj.*: **~ sein** (*Mitwisser sein*) be in the know, F be in on it; **Eingeweihte(r)** *m* insider; **die Eingeweihten** *a.* those in the know.
eingewöhnen *v/refl.*: **sich ~** get used to one's new surroundings, settle in; **sich ~ in** get used to; **Eingewöhnungszeit** *f* settling-in period.
eingewurzelt *adj.* deep-rooted.
eingezwängt *adj.* **1. ~ in** packed (F jammed) into; **2.** *fig.* straitjacketed; **sich ~ fühlen** *a.* feel (very) restricted.
eingießen *v/t.* pour in(to **in**); (*einschenken*) pour; ⚙ pour, cast (into).
eingipsen *v/t.* **1.** ⚕ put in plaster, put a (plaster) cast on; **2.** (*Dübel etc.*) plaster in.
eingleisig I. *adj.* single-track ..., *pred.* single-tracked; **II.** *adv.*: **~ denken** take a very narrow view of things.
eingliedern I. *v/t.* integrate (**in** into); (*klassifizieren*) classify (into); (*zuweisen*) assign (to); (*Gebiet*) annex (to); **II.** *v/refl.*: **sich ~** adapt o.s. (**in** to), **in**: *a.* become a part of; **Eingliederung** *f* integration; classification; annexation; adaptation; → **eingliedern.**
eingraben I. *v/t.* (*begraben*) bury; (*Pflanze*) plant; (*Pfahl*) drive in(to the ground); **II.** *v/refl.*: **sich ~** dig o.s. (*Tier*: itself) in(to **in**); *Geschoß etc.*: embed itself (in); *fig.* engrave itself (**ins Gedächtnis** in one's memory).
eingravieren *v/t.* engrave (**in** on).
eingreifen I. *v/i.* **1.** step in, intervene (**in** in); *unerlaubt, störend*: interfere (in); *bsd.* ⚖ encroach (on); **in** *e-e Debatte etc.* **~** cut in on; **2.** ⚙ move into gear (**in** with); **II.** ≈ *n* intervention; **eingreifend** *adj.* (*entscheidend*) crucial; (*einschneidend*) far-reaching; **Eingreiftruppe** *f* task force; **schnelle ~** rapid deployment (*od.* reaction) force.
eingrenzen *v/t.* **1.** enclose; **2.** *fig.* limit (**auf** to), *stärker*: narrow down (to).
Eingriff *m* **1.** *a. pl.* intervention (**in** in); *unerlaubter, störender*: *a. pl.* interference (in); *bsd.* ⚖ encroachment (on); **2.** ⚕ (**kleiner ~** minor) operation; **e-n ~ vornehmen** operate (**bei** on), perform an operation (on); **unerlaubter ~** illegal abortion.
eingruppieren *v/t.* group (**in** into).
einhacken *v/i.*: **~ auf** hack (away) at; *Vogel*: peck at; *fig.* keep on at *s.o.*
einhageln *v/i.*: *fig.* **~ auf** rain down on.
einhaken I. *v/t.* hook (**in** into), fasten; (*Fensterläden*) fasten back; **II.** *v/refl.*: **sich bei j-m ~** take s.o.'s arm; **III.** *fig. v/i. im Gespräch*: cut in (**bei** on); **hier möchte ich mal ~** if I could just take up that point.
Einhalt *m*: *e-r Sache* **~ gebieten** call a halt to, put a stop to; (*Seuche, Vormarsch*) check; **einhalten I.** *v/t.* (*Vereinbarung etc.*) keep to; (*Diät, Regeln*) *a.* stick to; (*Versprechen*) keep, stick to; (*Verpflichtung*) meet; **den Kurs ~** keep going in the same direction; **II.** *lit. v/i.*: **mit** (*od.* **im**) **Lesen** *etc.* **~** stop reading *etc.*; **Einhaltung** *f* adherence (*gen.* to); *von Vorschriften etc.*: *a.* compliance (with).
einhämmern *v/t.* **1.** → **einschlagen** 1; **2.** *fig.* **j-m et. ~** drum s.th. into s.o.
einhandeln *v/t.* buy; **et. gegen** (*od.* **für**) **et. ~** swap s.th. for s.th.; *fig.* **sich et. ~** land o.s. (with) s.th.; **damit handelst du dir garantiert Ärger ein** that's asking for trouble.
einhändig I. *adj.* one-handed; **II.** *adv. a.* with (only) one hand.
einhändigen *v/t.* hand over (*dat.* to); (*einreichen*) hand in (to).
einhängen I. *v/t.* (*Tür etc.*) put on its hinges; **II.** *v/i. teleph.* hang up, *Brit. a.* ring off; **III.** *v/refl.*: **sich bei j-m ~** take s.o.'s arm.
einhauchen *v/t.*: *fig. j-m od. e-r Sache* **neues Leben ~** breathe new life into.
einhauen I. *v/t.* **1.** → **einschlagen** 1, 2; **2.** (*Inschrift etc.*) carve (**in** into); **II.** *v/i.* → **einschlagen** 9.
einheften *v/t.* (*Akten etc.*) file; (*Futter*) tack in.
einheimisch *adj.* local, native, *a.* ⚘, *zo.* indigenous; ⚚ domestic; **~e Agrarprodukte** home-grown produce; **~e Mannschaft** home team; **Einheimische(r** *m*) *f*: **die Einheimischen** the people (who live) here (*od.* there), *e-r Stadt*: *a.* the locals; **ein Einheimischer** one of the locals.
einheimsen F *v/t.* (*Geld etc.*) pocket, (*größere Mengen*) F rake in; (*Ruhm etc.*) take.
Einheirat *f*: **~ in** marriage into *a family etc.*; **einheiraten** *v/i.*: **~ in** marry into.
Einheit *f* **1.** unity; *thea.* **die drei ~en** the three unities; **e-e ~ bilden** form a (unified) whole; *hist.* **Tag der deutschen ~** German Unity Day; **2.** (*Einheitlichkeit*) uniformity; **3.** (*Maß*≈) unit (*a. teleph.*); **4.** ⚔ unit; **einheitlich I.** *adj.* uniform; homogeneous; (*genormt*) standardized; *Methode etc.*: consistent; **~e Front** united front; **ein ~es Vorgehen** concerted action; **II.** *adv.* uniformly *etc.*; → I; **~ gekleidet** wearing (*od.* dressed in) the same clothes, (*uniformiert*) (dressed) in uniform; **~ vorgehen** take concerted action, act in unison; **Einheitlichkeit** *f* uniformity; homogeneity; consistency; unity; uniformity; → **einheitlich** I.
Einheits|bestrebungen *pl.* unitary tendencies; *pol. a.* efforts towards (*od.* striving for) political union; **~front** *f* united front; **~gebühr** *f* flat (*od.* standard) rate; **~gedanke** *m* idea of unity; **~gewerkschaft** *f* unified trade (*Am.* labor) union; **~gewicht** *n* standard weight; **~größe** *f* standard size; **~kleidung** *f* uniform(s *pl.*); **~kurs** *m* ⚚ standard quotation; **~liste** *f pol.* single list (*Am.* ticket); **~partei** *f* united party; **es gibt nur eine ~** there's only one (central) party; **~preis** *m* ⚚ standard price; (*Pauschale*) flat rate; **~staat** *m* centralized state; **~steuer** *f* flat-rate tax.
einheizen I. *v/i.* **1.** light the fire; turn the heating on; **2.** F *fig.* **j-m ~** F give s.o. a good going over; **II.** *v/t.* (*Zimmer*) warm up; (*Ofen*) put on.
einhellig *adj.* unanimous; **Einhelligkeit** *f* unanimity.
einher... *in Zssgn* ... along; **~gehen** *v/i.* **1.** walk along; come walking along; **2. ~ mit** accompany; **Arbeitslosigkeit geht mit Konjunkturrückgang einher** unemployment is a concomitant of (F goes hand in hand with) economic decline; **~schreiten** *v/i.* stride along; come striding along; **~stolzieren** *v/i.* strut along; come strutting along.
einholen I. *v/t.* **1.** (*Auto etc.*) catch up with; (*Versäumtes*) make up for *lost time etc.*; **e-n Rückstand ~** catch up with one's arrears (*od.* work); **2.** (*beschaffen*) get; (*Genehmigung*) *a.* obtain; F (*einkaufen*) buy; **Rat ~** seek advice (**bei** from), **bei j-m**: *a.* consult s.o.; **3.** ⚓ (*Segel*) strike; (*Flagge*) lower; (*Tau*) haul in; **II.** *v/i.*: F **~ gehen** go shopping.
Einhorn *n* unicorn.
einhüllen I. *v/t.* wrap (up) (**in** in), cover (with); ⚙ encase (in); → **eingehüllt**; **II.** *v/refl.*: **sich ~** wrap o.s. up (**in** in), **in** *e-e Decke*: *a.* F snuggle into.
einhundert *adj.* a hundred, *Am. u. betont*: one hundred.
einig¹ *adj.* **1. ~ sein mit** be in agreement with; (**sich**) **~ werden** come to an agreement (**über** about); **sich nicht ~ sein** disagree, differ (**über** on); **die Fachwelt ist sich ~ darüber, daß** the experts are agreed that; **man ist sich noch nicht ~ darüber, was** (**wie** *etc.*) there's still some disagreement as to what (how *etc.*); **er ist sich selbst nicht ~, was er tun soll** he can't make up his mind; **2.** *Volk etc.*: united.
einig² I. *indef. pron.* **1. ~e** a few; (*mehrere*) several; **2. ~es** something, a few things; (*viel*) quite a bit, a fair amount (F bit); (*viele*) *a.* quite a few things; **~es an ...** quite a bit of ..., quite a few ...; **es gäbe noch ~es zu tun** there's (still) plenty to do (*od.* to be getting on with); **dazu möchte ich noch ~es sagen** I'd just like to make a few comments on that; **ich könnte dir ~es erzählen** I could tell you a thing or two; **dazu gehört schon ~es** it takes a fair bit of courage (*od.* nerve *etc.*); **II.** *adj.* **3. ~e** a few; (*mehrere*) several; **4.** (*viel*) quite a bit of; (*viele*) quite a few; (*etwas, ein wenig*) some *hope etc.*; **es wird noch ~e Zeit dauern** it'll take a while yet; **~es Aufsehen erregen** cause quite a stir; **5.** (*ungefähr*) some; **~e 20 Jahre** some 20 years, 20 years or so.
einigeln *v/refl.*: **sich ~ 1.** curl up (into a ball); **2.** *fig.* go into hiding, shut o.s. off from the (rest of the) world, withdraw into one's shell.

einigemal *adv.* several times.

einigen I. *v/refl.*: **sich ~** agree (**über, auf** on); *bsd. pol.* reach (an) agreement *od.* a settlement (on); **sich ~ auf** *a.* settle on; **sich auf e-n Kompromiß ~** reach (*od.* come to) a compromise; **wir müssen uns irgendwie ~** we'll have to come to some sort of agreement (*od.* settlement); **II.** *v/t.* unite; (*versöhnen*) reconcile.

einigermaßen *adv.* quite, fairly, reasonably; (*leidlich*) quite well, fairly well; (*in gewissem Grad*) to some extent; **es geht ihm ~** he's not doing too badly; **~ Bescheid wissen** have a fairly good idea (**über** of).

einiggehen F *v/i.* agree (**mit** with; **in** about, on).

Einigkeit *f* unity; (*Übereinstimmung*) agreement, consensus (**über** on, about); **es herrschte ~ darüber, daß** everybody agreed that; **es herrscht noch keine ~ darüber, was** (**wo** *etc.*) there's still some disagreement as to what (how *etc.*).

Einigung *f* **1.** agreement, settlement; **~ erzielen** reach (an) agreement, reach a settlement, reach an accord (**über** on), **über**: *a.* reach accord on; **2.** *e-s Volks etc.*: unification.

Einigungs|bestrebungen *pl.* unification movement *sg.*; **~versuch** *m* attempt at reconciliation.

einimpfen *v/t.* **1. j-m** *et.* **~** (*Haß etc.*) instil(l) *s.th.* into s.o.; (*Glauben etc.*) *a.* indoctrinate s.o. with; (*einbleuen*) drum *s.th.* into s.o.; **2.** ⚕ **j-m ein Serum ~** give s.o. a vaccination, vaccinate s.o., inoculate s.o.

einjagen *v/t.*: **j-m e-n Schrecken ~** give s.o. a fright, frighten s.o., give s.o. quite a turn; **hast du mir e-n Schrecken eingejagt!** F you frightened me out of my wits, I nearly jumped out of my skin.

einjährig *adj.* **1.** one-year-old ...; **2.** (*ein Jahr dauernd*) year-long ..., one-year ...; **3.** *Pflanze*: annual; **Einjährige(r** *m*) *f* one-year-old (child *od.* baby).

einkalkulieren *v/t.* take into account, allow for; *im Preis*: include.

einkapseln *fig. v/refl.*: **sich ~** withdraw into one's shell, shut o.s. off (from the world).

einkarätig *adj.* one-carat ...

einkassieren *v/t.* **1.** (*Beiträge etc.*) collect; **2.** F *fig.* (*einstecken*) F pocket, swipe; **3.** *sl. fig.* (*festnehmen*) F collar.

Einkauf *m* **1.** purchase; ✝ (*Vorgang*) purchasing; **Einkäufe** (*Eingekauftes*) shopping; **Einkäufe machen** go shopping; **ich muß noch einige Einkäufe machen** I've still got some shopping to do; **2.** (*Einkaufsabteilung*) purchasing (department); **einkaufen I.** *v/t.* buy; ✝ *a.* purchase; **II.** *v/i.*: **~ (gehen)** go shopping; **III.** *v/refl.*: ✝ **sich ~ in** buy shares in, buy into; **Einkäufer** *m* ✝ buyer.

Einkaufs|abteilung *f* purchasing department; **~bummel** *m*: **e-n ~ machen** have a look around the shops; **~korb** *m* shopping basket; **~liste** *f* shopping list; **~netz** *n* shopping net, string bag; **~preis** *m* purchase price; **zum ~** at cost price; **~tasche** *f* shopping bag; **~wagen** *m* (supermarket) trolley, *Am.* shopping cart; **~zentrum** *n* shopping cent|re (*Am.* -er), *Am. a.* shopping mall; (*Großmarkt*) hypermarket; **~zettel** *m* shopping list.

Einkehr *f*: **innere ~** reflection, meditation, F soul-searching; **einkehren** *v/i.* **1.** stop for a bite to eat; **in e-m Gasthof ~** *a.* stop (off) at an inn; **2.** *fig. Freude etc.*: come (**bei** to).

einkeilen *v/t. a. fig.* wedge in.

einkellern *v/t.* store in the cellar, cellar.

einkerben *v/t.* **1.** (*Holz etc.*) put a notch (*od.* notches) in; **2.** (*Zeichen etc.*) notch (**in** into); (*Bild, Namen*) *a.* carve (into); **Einkerbung** *f* notch.

einkerkern *v/t.* throw into prison, incarcerate.

einkesseln *v/t.* ⚔ encircle, surround, trap; **Einkesselung** *f* ⚔ encirclement.

einklagen *v/t.*: **et. bei j-m ~** sue s.o. for s.th.

einklammern *v/t.* put in brackets (*bsd. Am.* parentheses); **Einklammerung** *f* bracketing; *konkret*: brackets *pl.* (*gen.* around).

Einklang *m* **1.** ♪ unison; **2.** *fig.* accord, harmony, unison, concord; **in ~ bringen** bring in line, harmonize, (*versöhnen*) reconcile; **in ~ mit** in line with; **in ~ stehen** be compatible, be in accord (**mit** with); **miteinander in ~ stehen** *Tatsachen etc.*: tally, *Personen*: be of one mind (*lit.* heart and soul); **nicht im ~ stehen** be incompatible, *a. Personen*: be at odds, *formell*: be at variance.

einkleben *v/t.* stick in(to **in**).

einkleiden *v/t.* **1.** fit out; (*Soldaten*) *a.* kit out; **neu ~** buy new clothes for; **ich mußte ihn ganz neu ~** I had to buy him a whole new set of clothes; **2.** *fig.* (*Gedanken etc.*) couch (**in** in).

einklemmen *v/t.* wedge in; ⚙ clamp; (*Finger, Mantel etc.*; *a.* **sich** *et.* **~**) get *s.th.* caught (**in der Tür** in the door); → **eingeklemmt.**

einklinken I. *v/t.* (*Tür*) shut *the door* properly; (*Seil etc.*) hitch up (**an** to); **II.** *v/i.* click shut; click in.

einkneifen *v/t.* (*Bauch*) pull in; **die Lippen ~** press one's lips together; **den Schwanz ~** *Hund*: put its tail between its legs; **mit eingekniffenem Schwanz abziehen** slink off with its (*a. fig.* one's) tail between its (one's) legs.

einknicken I. *v/t.* bend; (*brechen*) break, snap; (*Papier*) crease; **II.** *v/i.* bend; (*brechen*) break, snap; *Knie*: give way; **mit dem Fuß ~** go over on one's ankle; **ich bin mit dem Knie eingeknickt** my knee (just) gave way.

einknöpfbar *adj.* button-in ...; **einknöpfen** *v/t.* button in.

einkochen *v/t.* (*eindicken*) boil down, (*Soße*) thicken (*beide a. v/i.*); (*einmachen*) preserve; (*Marmelade*) make *jam*.

einkommen *v/i.*: **~ um** apply for (**bei** to).

Einkommen *n* income, earnings *pl.*; *des Staates*: revenue.

Einkommens|gruppe *f*, **~schicht** *f* income bracket; **2schwach** low-income ...; **2stark** *adj.* high-income ...

Einkommen(s)steuer *f* income tax; **~erklärung** *f* income-tax return; **s-e ~ abgeben** file one's income-tax return; **~gesetz** *n* income-tax law(s *pl.*); **2pflichtig** *adj.* liable to (pay) income tax.

einköpfen *v/t. u. v/i. Fußball*: head (the ball) in.

einkrallen *v/refl.*: **sich ~** *Tier*: dig its claws in(to **in**), *Person*: dig one's nails in(to **in**).

einkratzen *v/t.*: **et. ~ in** scratch s.th. into (*od.* onto).

einkreisen *v/t.* **1.** surround; ⚔ *a.* encircle (*a. fig. pol.*); **2.** (*Zahl etc.*) put a ring round; **3.** *fig.* (*Problem etc.*) narrow down; **Einkreisung** *f* encirclement; *fig. e-s Problems*: narrowing down; **Einkreisungspolitik** *f* policy of encirclement.

einkremen *v/t. u. v/refl.* → **eincremen.**

einkriegen F **I.** *v/t.* catch up with; **II.** *v/refl.*: **wir konnten uns vor Lachen nicht mehr ~** F we were rolling about.

Einkünfte *pl.* income *sg.*, earnings; *des Staates*: revenue *sg.*

einkuppeln *v/i. mot.* let in (*od.* engage) the clutch.

einkuscheln F *v/refl.*: **sich ~** F snuggle up (**in** inside).

einladen I. *v/t.* **1.** (*j-n*) invite *od.* ask *s.o.* round (*od.* to dinner *etc.*); *ins Konzert etc.*: ask *od.* take *s.o.* (out) to a concert *etc.*; *zu e-m Drink etc.*: buy (F stand) *s.o.* a drink *etc.*; **ich bin heute abend eingeladen** I've been invited out tonight; **wir haben Freunde eingeladen** we're having friends round; **ich lad' dich ein** *zum Bier etc.*: let me treat you, *beim Zahlen od. Bestellen*: it's on me; **2.** (*Waren*) load; **II.** *v/i.*: **zu Mißbrauch** *etc.* **~** invite abuse *etc.*; **zum Verweilen** *etc.* **~** be (*od.* look) very inviting; **einladend** *adj.* inviting; (*verlockend*) tempting; (*lecker*) delicious(-looking); **Einladung** *f* invitation; **auf ~ von** at *s.o.'s* invitation.

Einladungs|karte *f* invitation card; **~schreiben** *n* letter of invitation.

Einlage *f* **1.** *im Brief*: enclosure; *in Zeitungen etc.*: insert; **2.** (*Schuh2*) (arch) support; (*Einlegesohle*) insole; **3.** *in Kleidung*: padding; *im Kragen*: stiffener; **4.** (*Zahn2*) temporary filling; **5.** (*Suppen2*) garnish; **6.** (*Kapital2*) contribution, investment; (*Spar2*) deposit; **7.** *thea.* interlude; **8.** ⚙ insertion.

einlagern I. *v/t.* store; (*Möbel etc.*) *a.* put into storage; → **eingelagert**; **II.** *v/refl.*: **sich ~** settle (**in** in[to]), be(come) deposited (in); **Einlagerung** *f* **1.** storage; **2.** *geol.*, ⚕ deposit.

einlagig *adj.* one-ply.

Einlaß *m* admittance (**zu** to); **~ ab 17 Uhr** doors open at 5 p.m.; → *a.* **Eintritt** 5, **Zugang** 1, 2; → **gewähren.**

einlassen I. *v/t.* **1.** let *s.o.* in; **2.** (*Wasser*) run (**in** into), let in(to); **3.** (*Edelstein etc.*) set (**in** in); **4.** ⚙ insert; fit in; **II.** *v/refl.* **5. sich ~ auf** let o.s. in for, (*ein Gespräch, e-n Streit etc.*) get involved in, (*e-e Frage*) go into, (*e-n Vorschlag*) agree to; **laß dich nicht darauf ein!** don't get involved, keep out of it, *engS.* don't let them talk you into it; **da hab' ich mich auf was Schönes eingelassen!** I've really let myself in for something there; **6. sich mit** *j-m* **~** (*umgehen mit*) get involved with, *contp.* (*a. mit e-r Clique etc.*) *a.* get in with; (*streiten mit*) get involved in an argument (*od.* a fight) with.

Einlaß|karte *f* admission ticket; **~ventil** *n* intake valve.

Einlauf *m* **1.** *Sport*: finish; **2.** ⚕ enema; **j-m e-n ~ machen** give s.o. an enema; **3.** ✝ → **Eingang** 3; **einlaufen I.** *v/i.* **1.** come in, arrive; ⚓ put in(to **in**); **2.** ✝ → **eingehen** 1; **3.** *Wasser*: run (in); **4.** *Kleidung*: shrink; **nicht ~d** non-shrink; **II.** *v/t.* (*Schuhe*) wear in; **III.** *v/refl.*: **sich ~** *Sport*: warm up; *fig. Sache*: get going.

einläuten *v/t.* ring in.

einleben *v/refl.*: **sich ~** settle in(to **in**);

fig. **sich ~ in** *e-e Situation, ein Bild etc.*: project o.s. into.

Einlegearbeit *f* inlaid work, intarsia.

einlegen *v/t.* **1.** put in, insert; *in e-n Brief*: enclose; **2.** *mot.* **den zweiten Gang ~** change (*bsd. Am.* shift) into second gear; **3. e-e Pause ~** have a break; **Überstunden ~** work (*od.* put in some, do some) overtime; **e-e Gedenkminute ~** observe a minute's silence; **4.** *in Essig*: pickle; (*marinieren*) marinate; → **eingelegt** 2; **5. mit** *Elfenbein etc.* **~** inlay with; → **eingelegt** 1; **6.** (*Beschwerde etc.*) lodge, file; → **Berufung** 4, **Ehre, Veto, Wort** *etc.*

Einlegesohle *f* insole.

einleiten *v/t.* **1.** start, begin; (*Verhandlungen etc.*) initiate; (*Maßnahmen etc.*) implement, introduce; *Sache*: mark the beginning of, (*Zeitalter etc.*) *a.* usher in; (*Buch*) write a preface (*od.* an introduction) to; (*Nebensatz*) introduce; **e-n Prozeß ~** go to court (**gegen** with); → **eingeleitet**; **2.** ⚕ (*Geburt etc.*) induce; **3.** (*Schadstoffe in Fluß etc.*) dump (**in** into); **einleitend I.** *adj.* introductory, opening, preliminary; **sie sagte ein paar ~e Worte** she gave a few words of introduction, she said a few introductory words, she made a few introductory remarks; **II.** *adv.* by way of introduction; **~ möchte ich sagen ...** *a.* may I start by saying ...; **Einleitung** *f* introduction (*a.* ♪) (**in** to); opening; *e-s Buches*: preface (*gen.* to); *zu e-m Gesetz etc.*: preamble (*gen. od.* **zu** to); **Einleitungskapitel** *n* introductory chapter.

einlenken *v/i.* **1.** *mot.* **~ in** turn into; **2.** *fig.* relent; soften one's tone.

einlesen I. *v/refl.*: **sich ~ in** get into, read one's way into; **II.** *v/t.*: **Daten ~** *Computer*: read data in.

einleuchten *v/i.* make sense (*j-m* to); **es leuchtet ein** *a.* it stands to reason, it's obvious why; **es leuchtet mir nicht ein, daß** I don't see why (*od.* how); **einleuchtend** *adj.* (*klar*) (quite) clear, quite plain; (*offensichtlich*) obvious; (*überzeugend*) convincing, *Argument*: *a.* cogent; **~ sein** *a.* make sense, stand to reason; **aus ~en Gründen** for obvious reasons.

einliefern *v/t.* deliver; (*j-n*) take (**in** to); *ins Krankenhaus*: admit (to); *ins Gefängnis*: put (into); **er wurde ins Gefängnis eingeliefert** *a.* he was committed (*od.* placed in prison); **Einlieferung** *f* delivery; *ins Krankenhaus*: admission (**in** to); *ins Gefängnis, in e-e Anstalt*: committal (to); **Einlieferungsschein** *m* postal receipt.

Einliegerwohnung *f* F granny annexe.

einlochen *v/t.* **1.** *Golf*: putt; **2.** F (*j-n*) F clap *s.o.* in jail, put *s.o.* in clink (*Am.* in the slammer).

einloggen *v/i. u. v/refl.* **sich ~** *Computer*: log in (*od.* on).

einlogieren I. *v/t.* put *s.o.* up (**bei** at); **II.** *v/refl.*: **sich ~** take up lodgings (**bei** at, with).

einlösen *v/t.* (*Pfand*) redeem; (*Gutschein*) use up; (*Scheck*) cash; *Bank*: hono(u)r; (*Rezept*) hand in; *fig.* (*Wort*) keep, (*Versprechen*) *a.* make good *one's promise*; **Einlösung** *f* redemption; cashing; hono(u)ring.

einlullen *v/t.* lull to sleep; *fig.* lull into a false sense of security.

einmachen *v/t.* preserve, *Am. a.* can; *in Gläsern*: bottle, *Am.* can; *in Dosen*: can; *in Essig*: pickle.

Einmach|glas *n* preserving (*Am.* canning) jar; **~zucker** *m* preserving sugar.

einmal *adv.* **1.** once; **~ eins ist eins** once one is one; **~ im Jahr** once a year; **~ und nie wieder** never again; **noch ~** once more, one more time; **versuch's noch ~** *a.* have another go; **noch ~ so viel** twice as much; **noch ~ so alt** (**wie er** *etc.*) twice his *etc.* age; *iro.* **~ dies, ~ jenes** it's something different every time; **~ sagst du ja, dann sagst du nein** *a.* first it's yes, then it's no; **auf ~** (*plötzlich*) suddenly; (*gleichzeitig*) at the same time; (*auf einen Sitz*) in one go; **~ zählt nicht** once (*od.* one) doesn't count; **2.** (*früher*) once; **das war ~** that's all in the past; **es war ~** once upon a time there was; **haben Sie schon ~ ...?** have you ever ...?; **es ist nicht mehr das, was es ~ war** it's not the same as it used to be, it isn't what it used to be; **3.** (*in der Zukunft*) one day, some day (or other); **wenn du ~ groß bist** when you grow up, when you're a big boy (*od.* girl); **4.** (*später ~*) later on (some time); **5.** (*zuvor*) before; **ich war** (**schon**) **~ da** I've been there before, I was there once; **6. nicht ~** not even, not so much as; **er hat mich nicht ~ angesehen** he didn't even (deign to) look at me; **7.** (*halt, eben*) **ich bin nun ~ so** I can't help it; **er ist nun ~ so** *a.* that's just the way he is, he's like that; **es ist nun ~ so** that's the way it is, F c'est la vie; **8. erst ~** first; **9.** (*zur Abwechslung*) for a change; **10. hör ~!** listen; **sei endlich ~ ruhig!** be quiet, will you!, how many times do I have to tell you to be quiet!; **11. stell dir ~ vor** just imagine, can you imagine.

Einmaleins *n* **1.** (multiplication) tables *pl.*; **das kleine** (**große**) **~** the (*od.* one's) tables up to (over) ten; **das ~ aufsagen** say one's tables; **2.** *fig.* **das ~** the basics, the fundamentals.

Einmalhandtuch *n* paper towel.

einmalig I. *adj.* **1.** *Zahlung etc.*: single ..., *a. Ausgabe etc.*: one-off ...; *Anschaffung*: once-in-a-lifetime *purchase*; **es ist e-e ~e Anschaffung** *a.* you only buy that sort of thing once in your life; **es ist e-e ~e Ausgabe** *historisch*: it's the only extant copy, it's the only copy that has come down to us; **2.** (*unwiederholbar*) unique, *Gelegenheit*: *a.* one-off *chance*; **3.** (*hervorragend*) brilliant, F fantastic; **II.** *adv.*: **~ schön** absolutely beautiful; **~ gut** brilliant; **Einmaligkeit** *f* uniqueness.

Einmalspritze *f* disposable syringe.

Einmann... *in Zssgn* one-man ...; **~betrieb** *m* one-man business (F show); **~bus** *m* driver-only bus.

Einmarkstück *n* one-mark piece.

Einmarsch *m* marching in; (*Einfall*) *a.* invasion; **beim ~ der Truppen** when the troops invaded; **einmarschieren** *v/i.* march in(to **in**), (*a.* **~ in**) enter; (*einfallen*; *a.* **~ in**) invade.

einmassieren *v/t.* rub in (gently); **~ in** rub (gently) into.

einmauern *v/t.* wall in, immure; (*einbauen*) fix (*od.* embed) in a wall.

einmeißeln *v/t.* chisel (**in** into).

einmieten *v/refl.*: **sich ~** take a room (**bei** at).

einmischen I. *v/t.* mix *s.th.* in(to **in**), add (to); **II.** *v/refl.*: **sich ~** interfere (**in** in, with), meddle (in, with), *neugierig*: poke one's nose in(to); **sich in ein Gespräch ~** join in (*störend*: F butt in on) a conversation; **misch dich lieber nicht ein** don't get involved; **misch dich da nicht ein!** *drohend*: (you) just keep out of it; **Einmischung** *f* interference; *bsd. pol.* involvement, intervention.

einmonatig *adj.* **1.** one-month-old *baby*; **2.** one-month ..., four-week ...; **nach e-m ~en Englandaufenthalt** after a month (*od.* four weeks) in England.

einmontieren *v/t.* instal(l), fit in(to **in**).

einmotorig *adj.* single-engined.

einmotten *v/t.* put in mothballs; (*Schiff etc.*) mothball; *fig.* lock away, (*Thema etc.*) mothball.

einmummen I. *v/t.* wrap *s.o.* up; **II.** *v/refl.*: **sich ~** wrap o.s. up, get wrapped up.

einmünden *v/i.*: **~ in** *Fluß*: flow into; *Nebenfluß*: *a.* join; *Straße*: join, lead into; **Einmündung** *f Fluß*: mouth, estuary; *Straße*: junction.

einmütig I. *adj.* unanimous; **II.** *adv.* unanimously; **et. ~ tun** be unanimous in doing s.th.; **~ der Meinung sein, daß** be unanimous that; **Einmütigkeit** *f* unanimity.

einnähen *v/t.* sew in(to **in**); (*Kleid*) take in.

Einnahme *f* **1.** *e-r Arznei*: taking; **vor ~ des Mittels** before taking the medicine; **2.** ⚔ capture; *e-s Landes*: occupation; **3.** ✝ **~n** receipts; (*Erlös*) proceeds; (*Verdienst*) earnings; (*Einkommen*) income, *des Staates*: revenue; **~quelle** *f* source of income; *des Staates*: source of revenue.

einnebeln I. *v/t.* **1.** put a smoke screen up around *s.th.*; F *fig.* (*Zimmer etc., mit Rauch*) F smoke up; (*Menschen*) F smoke out; **II.** *v/refl.* **2. sich ~** *Schiff etc.*: put up a smoke screen; **3. es nebelt sich ein** it's getting foggy, the fog seems to be settling.

einnehmen *v/t.* **1.** (*Arznei*) take; (*Mahlzeit*) have; **2.** (*Geld*) take in; (*verdienen*) earn; **3.** ⚔ capture; (*Land*) occupy; **4.** (*Platz, Raum*) take up; **5.** (*Platz, Standort*) take (up); **s-n Platz ~** take one's seat; **6.** (*Position, Stellung*) take (up); (*innehaben*) hold; **die Stellung e-s Chefberaters ~** take up the position of chief adviser; **7.** (*Haltung*) take up, adopt; **den Standpunkt ~, daß** take the view that; **8.** *fig.* **j-n** (**für sich**) **~** win s.o. over, *stärker*: charm s.o.; **j-n gegen sich ~** set s.o. against o.s.; **das nimmt mich für ihn ein** I find that quite endearing, *weitS.* that does him credit; **das nahm die Leute gegen ihn ein** it didn't do much for his popularity; → **eingenommen**; **einnehmend** *adj.* winning, engaging, *Lächeln*: *a.* fetching (*a. Äußeres*); **er hat ein ~es Wesen** he has a very engaging personality, F *iro.* (*ist raffgierig*) he just can't get enough.

einnicken F *v/i.* F nod off, drop off.

einnisten *v/refl.*: **sich ~ 1.** (build one's) nest (**in** in); **2.** (*sich festsetzen*) lodge itself, get lodged, settle (**in** in); *fig.* **sich bei j-m ~** *Idee etc.*: take hold of s.o., F *Person*: F park o.s. on s.o.

Einöde *f* wilderness.

Einödhof *m* isolated farm.

einölen *v/t.* oil; (*Arme etc.*) rub (some) oil into.

einordnen I. *v/t.* **1.** sort out (and put in their proper place); *in Akten*: file (away); **~ in** sort into; **~ nach** arrange according to; ***alphabetisch* ~** enter alphabetically (*od.* in alphabetical order); **2.** (*klassifizieren*) classify; **3.** (*Kunstwerk etc.*) place; *zeitlich*: *a.* date; **4.** (*Person*) put *s.o.* down as a certain type; **II.** *v/refl.*: ***sich* ~ 5.** adjust o.s. (**in** to), fall into line; **6.** *Sache*: fit in(to **in**); **7.** *mot.* get in lane; ***sich rechts* (*links*) ~** get into the right (left) lane.
einpacken I. *v/t.* pack (up); (*einwickeln*) wrap up; (*Paket etc.*) do up; F (*j-n*) wrap up; **II.** *v/i.* pack; F *fig.* ***da können wir* ~** we might as well pack up and leave; F ***gegen ihn kann ich gleich* ~** *a.* F I haven't got a cat's chance in hell against him; **III.** *v/refl.*: ***sich* (*warm*) ~** wrap (o.s.) up (warmly).
einpapierln *dial. v/t.* wrap up.
einparken *v/i.* park; ***rückwärts* ~** back into a parking space; ***hier müßtest du gerade noch* ~ *können*** *a.* you should just be able to slot in here.
Einparteien... *in Zssgn* one-party.
einpassen I. *v/t.* fit in(to **in**); **II.** *v/refl.*: ***sich* ~** adjust (**in** to); ***sich überall* ~ *können*** (be able to) fit in anywhere.
einpauken F *v/t.* F swot (*od.* bone, mug) up on.
Einpeitscher *m parl.* (party) whip.
einpendeln *v/refl.*: ***sich* ~** level out (**auf** at).
einpennen F *v/i.* F nod off.
Einpersonenhaushalt *m* one-person (*od.* single-person) household.
einpferchen *v/t.* **1.** pen up; **2.** *fig.* coop up; **~ in** *a.* crowd into, (*treiben*) herd into; → ***eingepfercht.***
einpflanzen *v/t.* plant; ⚕ (*Organ etc.*) implant; ***j-m e-e fremde Niere* ~** give s.o. a kidney transplant; *fig.* ***j-m et.* ~** instil(l) s.th. in s.o.('s mind).
Einphasen... *in Zssgn*, **einphasig** *adj.* ⚡ single-phase ...
einpinseln *v/t.* ⚕ paint (**mit** with); ***mit Jod*** *etc.* **~** put (*od.* dab) iodine *etc.* on.
einplanen *v/t.* include (in the plan), plan; (*berücksichtigen*) allow for; F ***das hatten wir nicht eingeplant*** we weren't planning on that.
einpökeln *v/t.* salt.
einpolig *adj.* ⚡ single-pole ...; *Stecker*: one-pin ...
einprägen I. *v/t.* **1.** *Siegel etc.*: imprint, stamp (**in** on); **2.** *fig.* ***j-m et.* ~** impress s.th. (up)on s.o.; ***sich*** *et.* **~** remember, *lernend*: memorize; **II.** *v/refl.*: ***sich j-m* ~** stick in s.o.'s mind, (*j-n beeindrucken*) make an (*od.* a lasting) impression on s.o.; ***sich leicht* ~** be easy to remember, *durch Reim, Rhythmus etc.*: *a.* be catchy; ***es hat sich bei mir tief eingeprägt*** it's stamped itself on my mind; **einprägsam** *adj.* easy to remember, memorable; *Spruch, Melodie etc.*: *a.* catchy; **Einprägsamkeit** *f* memorableness; catchiness.
einprügeln I. *v/i.*: **~ auf** beat, F bash; **II.** 2 *n*: **(*das*) ~ *auf die Gewerkschaften*** *etc.* union-bashing *etc.*
einpudern *v/t.* powder.
einpumpen *v/t.* pump *s.th.* in(to **in**).
einpuppen *v/refl.*: *zo.* ***sich* ~** change into a pupa.
einquartieren I. *v/t.* ⚔ billet (**bei** on); *zivil*: put *s.o.* up (**bei *j-m*** at s.o.'s place); **II.** *v/refl.*: ***sich* ~ *bei*** move in with; ***ich habe mich bei m-m Bruder einquartiert*** *a.* I'm staying with my brother; **Einquartierung** *f* ⚔ billeting.
einquetschen *v/t.*: ***j-m den Finger*** *etc.* **~** jam s.o.'s finger *etc.* (***in der Tür*** in the door); ***sich den Finger* ~** get one's finger stuck (*od.* jammed).
einrahmen *v/t.* frame; → ***eingerahmt.***
einrammen *v/t.* ram in(to **in**); (*Pfahl*) drive in(to).
einrangieren *v/t.* **1.** **~ in** (*Auto etc.*) manoeuvre (*Am.* maneuver) into; **2.** *rangmäßig*: rank, put, place; ***gesellschaftlich höher einrangiert werden*** rank higher on the social scale, have a higher social standing.
einrasten *v/i.* click into place; ⚙ engage.
einräumen *v/t.* **1.** (*Zimmer*) put the furniture in *a room*; (*Schrank etc.*) put (the) things in; **2.** (*Wäsche etc.*) put (*od.* clear) away; **3.** (*Recht*) grant; concede (*dat.* to); ✝ (*Kredit etc.*) grant, allow; *e-r Sache* ***den Vorrang* ~** give precedence to; **4.** (*zugeben*) concede, admit, acknowledge (***daß*** that); **einräumend** *adj. ling.* concessive; **Einräumungssatz** *m ling.* concessive clause.
einrechnen *v/t.* include; (*einkalkulieren*) allow for, take into acocunt; → ***eingerechnet.***
Einrede *f* objection; ⚖ plea; **(*e-e*) ~ *erheben*** raise an objection, enter a plea.
einreden I. *v/t.*: ***j-m et.* ~** talk s.o. into (believing) s.th.; ***j-m* ~, *daß*** persuade s.o. that; ***wer hat dir das eingeredet?*** who told you that nonsense?, who put that (idea) into your head?; ***sich et.* ~** talk o.s. into s.th.; ***das lasse ich mir nicht* ~** they'll *etc.* have a hard time getting me to believe that; ***das redest du dir* (*doch*) *nur ein!*** you're imagining it; **II.** *v/i.*: ***auf j-n* ~** talk to s.o.; (*nicht lockerlassen*) keep (*od.* go) on at s.o.
einregnen I. *v/refl.*: ***es regnet sich ein*** the rain is settling in; **II.** *v/i.*: *fig.* ***Ehren*** *etc.* ***regneten auf ihn ein*** he was showered with hono(u)rs (*od.* tributes) *etc.*; ***Vorwürfe regneten auf ihn ein*** *a.* the reproaches rained down on him (*od.* came thick and fast).
Einreibemittel *n* → ***Einreibungsmittel***; **einreiben I.** *v/t.* rub in(to **in**); *vorsichtig*: put on (**in** *one's face etc.*); *die Haut etc.* ***mit et.* ~** rub s.th. on (*fest*: into); **II.** *v/refl.*: ***sich mit et.* ~** put s.th. on, *fest*: rub s.th. in; **Einreibungsmittel** *n für die Muskeln u. Gelenke*: liniment; *für die Haut*: ointment.
einreichen *v/t.* send in, *persönlich*: hand in; (*Bewerbung, Bittschrift etc.*) *a.* submit; ⚖ ***e-e Klage* ~** file (*od.* bring) an action; → ***Scheidung*** 2.
einreihen I. *v/t.* class, classify; → *a.* ***eingliedern, einordnen***; *fig.* ***j-n* ~ *unter*** rank s.o. with (*od.* among); ***eingereiht werden unter*** *a.* be counted among; **II.** *v/refl.*: ***sich* ~** take one's place (**in** among), *in e-e Schlange*: get in line; ***sich* ~ *in*** *a.* join.
Einreiher *m* single-breasted suit; **einreihig** *adj. Anzug etc.*: single-breasted.
Einreise *f* entry (**in, nach** into); ***bei der* ~** on arrival, **in:** *a.* when entering; ***j-m die* ~ *verweigern*** refuse s.o. entry (*od.* admission); **~bedingungen** *pl.* conditions of entry; **~erlaubnis** *f*, **~genehmigung** *f* entry permit.
einreisen *v/i.* enter the country; **~ in** (*od.* **nach**) enter.
Einreise|verbot *n*: **~ *haben*** have been refused entry *od.* admission (to the country), not to be allowed to enter the country; **~visum** *n* entry visa.
einreißen I. *v/t.* **1.** tear; **2.** (*Haus*) pull down; **II.** *v/i.* **3.** tear; ***eingerissen sein*** have a tear, be (slightly) torn; **4.** F *fig.* *Unsitte*: (start to) spread, take hold; ***das dürfen wir gar nicht erst* ~ *lassen*** we'd better put a stop to that before it starts.
einreiten I. *v/t.* (*Pferd*) break in; **II.** *v/i.* ride in(to **in**), enter on horseback.
einrenken I. *v/t.* ⚕ set; *fig.* put *s.th.* right, straighten out; **II.** *fig. v/refl.*: ***sich* ~** sort (*od.* straighten) itself out.
einrennen *v/t.* (*Tür etc.*) break down (*od.* open); ***sich den Schädel am Schrank* ~** run into the cupboard (and hurt one's head), bang one's head against the cupboard; *fig.* ***offene Türen* ~** preach to the converted; → ***Bude*** 2.
einrichten I. *v/t.* **1.** (*Zimmer etc.*) furnish, F do up; (*Küche, Geschäft etc.*) fit out; (*installieren*) install, set up, (*aufbauen*) *a.* put up; **~ in** *a.* put *s.th.* in(to); ***er hat sein Zimmer nett eingerichtet*** he's done his room up very nicely; **2.** (*justieren*) adjust; ⚕ (*Knochen*) set; **3.** establish; (*Organisation*) *a.* set up; (*gründen*) found; (*bauen*) build; **4.** (*ermöglichen, organisieren*) arrange (for); ***es* ~, *daß*** see to it that; ***wenn du es* ~ *kannst*** if you can (manage); *et.* ***nach*** *et.* **~** arrange according to (*od.* around); ***kannst du es irgendwie* ~, *daß ...*** can you possibly arrange things so that ..., ***daß er kommt?***: *a.* is there any way you can get him to come?; ***ich werde es so* ~, *daß ich um vier gehen kann*** *a.* I'll work things out so that I can leave at four; ***das wird sich schon* ~ *lassen*** we'll see to that(, don't worry); **II.** *v/refl.*: ***sich* ~ 5.** furnish one's flat *etc.*, F do one's flat *etc.* up; *weitS.* settle in; ***sich neu* ~** refurnish one's flat *etc.*, buy new furniture; ***du hast dich nett eingerichtet*** *a.* you've got a nice place; ***wie hat er sich eingerichtet?*** *a.* what's his flat *etc.* like?; → ***häuslich*** II; **6.** (*sparen*) make ends meet; (*sich anpassen*) adapt, F make the most of it; **7.** ***sich* ~ *auf*** prepare for, get ready for, *organisatorisch*: *a.* make arrangements for; (*rechnen mit*) be prepared for; ***auf so etwas sind* (*waren*) *wir nicht eingerichtet*** we're not geared to that sort of thing (we weren't prepared for anything like that); **Einrichtung** *f* **1.** set-up; (*Möbel*) furniture; *e-r Küche etc.*: fittings *pl.*; (*Anlage*) installation; **~en** facilities, (*Ausrüstung*) equipment; **2.** (*Justierung*) adjustment; **3.** (*Eröffnung*) setting up; **4.** (*Organisation*) arrangement, organization; **5.** (*öffentliche* ~) institution; *weitS.* facility; **6.** ***ständige* ~** (*Gepflogenheit*) permanent fixture.
Einrichtungs|gegenstände *pl.* fixtures; **~haus** *n* furniture store (*od.* showrooms *pl.*).
Einriß *m* tear; ⚕ laceration.
einritzen *v/t.* **1.** carve; **~ in** *a.* scratch into (the surface of), scratch onto; **2.** (*Haut*) scratch.
einrollen I. *v/t.* roll up; ***sich die Haare* ~** put one's hair in curlers; **II.** *v/i.* *Zug*: come in; **III.** *v/refl.*: ***sich* ~** curl up; *Tier*: *a.* curl itself up, curl up into a ball.

einrosten *v/i.* **1.** get rusty; (*unbeweglich werden*) *a.* get stiff with rust; **2.** F *fig. Kenntnisse*: get rusty; *Glieder*: get stiff (from lack of use); *Person*: stagnate, vegetate; ***m-e Knochen sind ziemlich eingerostet*** *a.* F I think my joints need oiling, my joints are a bit creaky; → ***eingerostet.***

einrücken I. *v/t.* **1.** (*Zeile*) indent; **2.** (*Anzeige*) put in *a newspaper*; **II.** *v/i.* **3.** move (*od.* march) in(to ***in***), (*a.* ~ ***in***) enter; **4.** ⚔ report for duty; **Einrückung** *f* **1.** *e-r Zeile*: indentation; **2.** *von Truppen*: entry (***in*** into); invasion (of).

einrühren *v/t.* stir in(to ***in***).

eins I. *adj.* **1.** (*Zahl*) one; ***um*** ~ at one (o'clock); **2.** (*einig*): ~ ***sein*** (*od.* ***werden***) ***mit j-m*** agree with s.o.; ***wir sind uns ~ darüber, daß*** we agree that; **3.** (*einerlei*) ***es ist mir alles*** ~ I couldn't care less; **II.** *pron.* **4.** one thing; ~ ***gefällt mir nicht*** there's one thing I don't like about it; ***noch*** ~ another one; ~ ***wollte ich dir noch sagen*** another thing (I wanted to say); ***es kam ~ zum andern*** one thing led to another; ~ ***nach dem andern!*** one after the other; ***j-m ~ versetzen*** land s.o. one; **5.** ***es kommt alles auf ~ heraus*** it all boils (*od.* comes) down to the same thing; **III.** ~ *f* one; (*Note*) *etwa* A; (*Buslinie etc.*) (number) one; ***e-e ~ schreiben*** get an A; ~ ***komma Null*** a straight A, the highest mark possible.

einsacken¹ *v/t.* **1.** sack, put in sacks; **2.** F *fig.* (*Geld*) F rake in.

einsacken² *v/i.* sag; *Schneedecke etc.*: sink; ~ ***in*** (*den Schnee etc.*) sink into.

einsagen I. *v/t.*: ***j-m et.*** ~ whisper s.th. to s.o.; **II.** *v/i.*: ***j-m*** ~ prompt s.o.

einsalben *v/t.* put some ointment (*od.* cream) on.

einsalzen *v/t.* salt.

einsam *adj.* **1.** *Person*: lonely; (*zurückgezogen*) *a. Leben*: secluded; ***sich ~ fühlen*** *a.* feel (very) isolated; **2.** *Haus, Gegend etc.*: lonely, isolated, secluded; *Straße, Strand etc.*: lonely, empty, deserted; ~***e Insel*** lonely (*od.* uninhabited) island, *tropische*: *a.* desert island; **3.** (*einzig*) *Baum etc.*: solitary, lone; lonely; **4.** F ~***e Spitze*** (*od.* ***Klasse***) ***sein*** F be brilliant; **Einsamkeit** *f* loneliness; seclusion; isolation.

einsammeln *v/t.* (*Obst etc.*) gather; *vom Boden*: pick up; (*Geld etc.*) collect.

Einsatz *m* **1.** (*eingesetztes Stück*) insert; *Tisch*: (extension) leaf; *am Kleid*: inset; (*Filter*~) element; **2.** (*Spiel*~) stake (*a. fig.*); (*Flaschenpfand etc.*) deposit; *fig.* (*Anteil*) share; **3.** ♪ entry; **4.** (*Wagnis*) risk; ***unter ~ s-s Lebens*** at the risk of one's life; **5.** (*Anstrengung*) effort, hard work; (*Hingabe*) dedication; (*Engagement*) commitment; ***unter ~ aller Kräfte*** by a supreme effort; ***beide Seiten haben mit vollem ~ gekämpft*** it was an all-out battle; **6.** (*Anwendung*) employment (*a. von Arbeitskräften*), use; ⚔ deployment, *einzelner*: mission, sortie; *der Polizei*: intervention; ***im ~ sein*** be on duty, ⚔ be in action; ***zum ~ bringen*** use, (*Truppen etc.*) send in; ***zum ~ kommen*** (*od.* ***gelangen***) be used, *Truppen etc.*: be sent in, *Spieler*: come on; ~**befehl** *m* ⚔ combat order.

einsatzbereit *adj.* **1.** *Person*: ready for duty (⚔ action), operational; ***sich ~ halten*** stand by; **2.** (*bereitwillig*) willing, keen; (*opferwillig*) devoted; **3.** (*kühn*) daring; **4.** ⚙ operational, ready for use; ***et. ~ halten*** have s.th. ready; **Einsatzbereitschaft** *f* **1.** readiness for duty (⚔ action); **2.** (*Bereitwilligkeit*) willingness; (*Opferwille*) devotedness; **3.** (*Kühnheit*) daringness; **4.** ⚙ readiness for use.

einsatzfähig *adj.* operational; (*verfügbar*) available; *Sportler*: fit (to play); ***voll*** ~ fully operational, *Sportler*: a hundred per cent (*od.* percent) fit; **Einsatzfähigkeit** *f Logistik etc.*: utilizability; *e-s Sportlers*: fitness (to play).

Einsatzfahrzeug *n* emergency vehicle.

Einsatzfreude *f* keenness; **einsatzfreudig** *adj.* keen; ~ ***sein*** *Sport*: put a lot into the game.

Einsatz|gebiet *n* ⚔ operational area; *weitS.* field; ~**gruppe** *f*, ~**kommando** *n* task force; ~**leiter** *m* group leader; person in charge of operations; ~**ort** *m* **1.** place of action; **2.** *e-s Diplomaten etc.*: posting; ~**truppe** *f* task force; ~**wagen** *m* **1.** relief *od.* extra bus (*od.* tram); **2.** police car (*od.* van).

einsaugen I. *v/t.* soak up; *durch den Mund*: suck in; *fig.* (*Luft*) draw in; → ***Muttermilch***; **II.** *v/refl.*: ***sich*** ~ soak up (*od.* in).

einsäumen *v/t.* **1.** (*Kleid etc.*) hem; **2.** *mit Bäumen etc.*: border; → ***eingesäumt.***

einschalten I. *v/t.* **1.** (*Licht, Gerät etc.*) switch (*od.* turn) on; (*Motor*) start; (*Sender*) tune into, (*a. Fernsehkanal*) put on, switch on; *TV* ***das 1. Programm eingeschaltet haben*** *a.* have switched onto channel 1, F have it on channel 1; **2.** (*einfügen*) add, insert, *formell*: interpolate; ***e-e Pause*** ~ have a break; **3.** (*j-n*) call *s.o.* in; **II.** *v/refl.*: ***sich*** ~ **4.** step in, intervene; ***sich in ein Gespräch*** ~ join in (on) a conversation; **5.** *Gerät*: switch itself on.

Einschalt|hebel *m* starting lever; ~**quote** *f TV, Radio*: ratings *pl.*; *TV a.* viewing figures *pl.*; ***die höchste*** ~ the top ratings; ~**taste** *f* switch, on button, power button.

Einschaltung *f* **1.** switching on; ***bei der*** ~ when switching on; **2.** *ling.* interpolation; **3.** *e-r Person*: involvement (*gen.* of).

Einschaltzeit *f bei Timer*: preset time.

einschärfen *v/t.*: ***j-m ~ zu*** *inf.* urge s.o. to *inf.*, (*e-m Kind*) *mst* warn s.o. to *inf.*; ***j-m ~, daß*** impress (up)on s.o. that; ***j-m Gehorsam*** *etc.* ~ inculcate (a sense of) obedience *etc.* in s.o., F drum obedience *etc.* into s.o.

einscharren I. *v/t.* bury; (*j-n*) quickly bury; **II.** *v/refl.*: ***sich*** ~ *Tier*: burrow (itself) (***in*** into).

einschätzen *v/t.* estimate, assess (***auf*** at); (*Fähigkeiten etc.*) rate, assess; (*Lage*) judge, assess, size up; ***falsch*** ~ (*Lage, j-n*) misjudge; ***richtig*** ~ get *s.th.* right, be right about; ~ ***als*** see *s.o. od. s.th.* as; ***wie schätzen Sie die Lage ein?*** what's your view of the situation?, how do you see (*od.* view) the situation?; ***das ist schwer einzuschätzen*** it's hard to say; **Einschätzung** *f* **1.** assessment, judg(e)ment; ***nach m-r*** ~ the way I see it; **2.** *e-r Summe etc.*: estimate.

einschenken *v/t.* pour (out); ***j-m*** (***ein Glas***) ***Wein*** ~ pour s.o. some (a glass of) wine; → ***Wein.***

einscheren *v/i. mot.* cut in (***vor*** on).

einschicken *v/t.* send (in) (***an*** to).

einschieben *v/t.* push (*od.* slide) in; (*Worte etc.*) add, insert; (*j-n, et.*) *in e-n Zeitplan etc.*: fit in(to ***in***), slot in(to); **Einschiebsel** *n* insertion; interpolation; **Einschiebung** *f* addition, insertion; interpolation.

einschießen I. *v/t.* **1.** (*Gebäude*) shoot through; (*Fenster etc.*) shoot out, *mit e-m Ball etc.*: smash; **2.** (*Gewehr*) break in; **3.** (*Fußball*) drive *the ball* home; **4.** *fig.* (*Geld*) contribute (***in*** to), invest (in); ~ ***in*** *a.* F sink into; **II.** *v/refl.*: **5.** ***sich*** ~ get one's range; ***sich ~ auf*** *a. fig.* zero (*od.* home) in on; *fig.* ***die Zeitungen haben sich auf ihn eingeschossen*** *a.* F the papers are having a real go at him; **III.** *v/i.* **6.** *Sport*: score; ***zum 2:0*** ~ score to make it 2-0 (= two-nil); **7.** *Flüssigkeit*: rush in; *Muttermilch*: come in.

einschiffen I. *v/t.* embark, (*Waren*) *a.* ship; **II.** *v/refl.*: ***sich*** ~ embark (***nach*** for), board the ship; **Einschiffung** *f* embarkation.

einschlafen *v/i.* **1.** fall asleep, go to sleep, F drop off; ***ich konnte letzte Nacht nicht*** ~ I couldn't get to sleep last night; ***wieder*** ~ go (*od.* get) back to sleep; **2.** *Glieder*: go to sleep; ***mir ist der rechte Arm eingeschlafen*** *a.* I've got pins and needles in my right arm; **3.** *euphem.* (*sterben*) pass away; **4.** *Briefwechsel, Unterhaltung etc.*: peter out, F fizzle out; *Freundschaft*: cool off; *Brauch*: die out.

einschläfern *v/t.* **1.** put (*od.* send) to sleep; **2.** ⚕ put to sleep; **3.** (*Tier*) put down, put to sleep; **4.** (*Gewissen*) salve; (*Gegner etc.*) lull into a false sense of security; **einschläfernd I.** *adj.* ⚕ *u. fig.* (*langweilig*) soporific; **II.** *adv.*: *die Musik etc.* ***wirkt*** ~ sends you to sleep.

Einschlag *m* **1.** *e-s Geschosses etc.*: impact; (*Einschlagstelle*) impact mark; ***beim ~ des Blitzes*** when the lightning struck; **2.** *fig.* (*Beimischung*) touch, element; ***er hat türkischen*** ~ he's got some Turkish (blood) in him; ***er hat e-n kriminellen*** ~ he's a bit of a crook; ***ein ~ ins Exotische*** an exotic touch, a touch of the exotic; **3.** *mot.* lock; **4.** *am Kleid*: tuck, fold; **5.** *Weberei*: weft, woof; **einschlagen I.** *v/t.* **1.** (*Nagel etc.*) hammer in(to ***in***); **2.** (*zerbrechen*) smash; (*Eier*) break; ***j-m den Schädel*** (***die Zähne***) ~ smash s.o.'s head in (knock s.o.'s teeth out); **3.** (*einwickeln*) wrap up (***in*** in); **4.** ***e-n Weg*** ~ take a path, *fig. a.* tread a path, adopt a course; ***e-e Laufbahn*** ~ take up (*od.* pursue) a career: → ***Richtung***; **5.** (*Ärmel etc.*) tuck in; **6.** *mot.* (*Räder, Steuer*) turn; ***das Steuer nach rechts*** ~ pull the steering wheel over to the right; **II.** *v/i.* **7.** *Geschoß*: hit; *Blitz*: strike; *fig.* be a big hit, F go down a bomb; ***es schlug in der Kirche ein*** the church was struck by lightning; → ***Blitz*** 1, ***Bombe*** 1; **8.** *beim Handel*: shake on it; **9.** ***auf*** *j-n* ~ thrash away at.

einschlägig I. *adj.* relevant (*a. Literatur*), appropriate; ***ein ~es Beispiel*** a case in point; ***in allen ~en Geschäften zu finden*** available at all stockists (*od.* at your local dealer's); **II.** *adv.*: ***er ist ~ vorbestraft*** he's been previously convicted for the same (*od.* for a similar) offen|ce (*Am.* -se).

einschleichen *v/refl.*: ***sich*** ~ creep (*od.* sneak) in(to ***in***); *fig. Fehler*: creep in(to);

fig. **sich in j-s Vertrauen ~** worm one's way into s.o.'s confidence.
einschleifen I. *v/t.* **1.** (*Brillengläser etc.*) grind; (*eingravieren*) engrave, cut (**in** into); **2.** ⚡ loop in; **II.** *v/refl.*: **sich ~** *Verhalten etc.*: become a habit, become ingrained, *Gewohnheit*: take root.
einschleppen *v/t.* **1.** (*Schiff*) tow in(to **in**); **2.** (*Krankheit*) bring in(to **in, nach**), introduce (to, into); **3.** F (*Leute*) drag along; F have *people* in tow.
einschleusen *fig. v/t.* infiltrate (**in** into); (*Rauschgift, Flüchtlinge etc.*) smuggle in(to).
einschließen *v/t.* **1.** lock up; **~ in** lock (up) in, lock into; **2.** (*umgeben*) enclose; (*umzingeln*) surround, encircle; **3.** *fig.* include; **j-n in sein Gebet ~** remember (*od.* include) s.o. in one's prayers; **einschließlich** *adv. u. prp.* including, inclusive of; **bis ~ Seite 7** up to and including page 7; **vom 1. bis ~ 4. Mai** from the 1st to the 4th of May inclusive(ly), *Am.* (from) the 1st through 4th of May; **von Montag bis ~ Mittwoch** from Monday to Wednesday inclusive(ly), *Am.* Monday through Wednesday; **bis ~ Freitag** up to and including Friday.
einschlummern *v/i.* doze off; *Sache*: peter out; *euphem.* **friedlich ~** (*sterben*) pass away, die peacefully.
Einschluß *m* **1.** *geol.* inclusion; **2. unter** (*od.* **mit**) **~ von** including, with the inclusion of.
einschmeicheln *v/refl.*: **sich bei j-m ~** play up to s.o., butter s.o. up; **einschmeichelnd** *adj. Musik*: soft, melodious, *Stimme*: silky; **Einschmeich(e)lung** *f* ingratiation.
einschmeißen F *v/t.* **1.** (*Fensterscheibe etc.*) smash; **2.** (*Post*) post, *Am.* mail; F throw in; **3.** (*Münze*) insert, put in.
einschmelzen *v/t. u. v/i.* melt (down).
einschmieren I. *v/t.* (*Öl*) rub in, (*Creme*) put on, rub on; ⚙ grease, lubricate; **~ in** (*Öl*) rub into (*od.* on), (*Creme*) *a.* put on; **die Hände** *etc.* **~** put (some) cream on one's hands *etc.*, rub (some) cream into one's hands *etc.*; **II.** *v/refl.*: **sich ~** rub (*od.* put) some cream on, rub some oil in.
einschmuggeln I. *v/t.* smuggle in(to **in**); **II.** *v/refl.*: **sich ~** smuggle one's way in(to **in**), F sneak in(to).
einschnappen *v/i.* **1.** *Schloß etc.*: snap shut; *Tür*: click shut; *Verschluß*: click into place; **2.** F (*beleidigt sein*) go into a huff; → **eingeschnappt.**
einschneiden I. *v/t.* cut (into); (*einritzen*) carve (**in** into); **j-m den Hals** *etc.* **~** cut into s.o.'s neck *etc.*; **II.** *v/i. Kragen etc.*: cut, pinch; **~ in** cut into, pinch; **einschneidend** *fig. adj.* incisive, drastic; *Reformen*: radical, drastic, major; (*weitreichend*) far-reaching, wide-reaching; **von ~er Bedeutung** of far- (*od.* wide-)reaching significance; **~e Wirkungen haben** have far-reaching effects (**auf** on).
einschneidig *adj.* one-edged, single-edged.
Einschnitt *m* **1.** cut; ⚕ *a.* incision; **2.** (*Kerbe*) notch; **3.** *im Gelände*: cleft; **4.** *fig.* crucial (*od.* decisive) event; (*Wendepunkt*) turning point; (*Zäsur*) break.
einschnitzen *v/t.* carve (**in** into).
einschnüren *v/t.* (*Paket*) tie up; (*Hals*) strangle; *Sport*: pin down; **der Gürtel schnürt mich ein** this belt is far too tight, F I can hardly breathe with this belt on; **diese Socken schnüren mir die Beine ein** these socks are cutting off my circulation; *fig.* **es schnürte ihm die Kehle ein** it choked him, it brought a lump to his throat.
einschränken I. *v/t.* limit, restrict (**auf** to); (*Ausgaben*) cut (down), (*a. das Rauchen etc.*) cut down on *smoking etc.*; (*Produktion, Umfang*) reduce; (*Behauptung*) qualify; → **eingeschränkt**; **II.** *v/refl.*: **sich ~** cut down (on things), economize; **sich ~ müssen** *a.* F have to tighten one's belt; **einschränkend I.** *adj.* qualifying; *ling.* restrictive; **II.** *adv.*: **dazu muß ich ~ hinzufügen** I should qualify that by saying; **Einschränkung** *f* restriction (*gen.* of); cut (in); qualification (of); → **einschränken**; **ohne ~** *sagen etc.*: without reservation; **mit der ~, daß** with the (one) reservation that; **~en** (*Sparmaßnahmen*) cuts; **~en vornehmen** make cuts, **in:** *a.* cut down on; **e-e ~ der Ausgaben** a cut in expenditure.
Einschränkungs|klausel *f* restrictive clause; **~maßnahmen** *pl.* restrictive measures; ✝ austerity measures.
einschrauben *v/t.* screw in(to **in**).
Einschreibe|brief *m* registered letter; **~gebühr** *f* registration fee.
einschreiben I. *v/t.* (*eintragen*) enter; *als Mitglied*: enrol(l); **e-n Brief ~ lassen** have a letter registered; **sich ~ lassen** → **II.** *v/refl.*: **sich ~** sign up; *univ.* register, *Am.* enrol(l); **III.** 2 *n*: **per ~ schicken** send *s.th.* registered (*od.* by registered mail); **~!** Registered; **Einschreibung** *f* signing up; *univ.* registration, *Am.* enrollment.
einschreiten *v/i.* intervene, step in; **~ gegen** take action against; **energisch ~ gegen** take drastic measures against, clamp down on.
einschrumpeln F *v/i.* shrivel (up).
einschrumpfen *v/i.* shrivel (up); F *Mensch*: shrink; *Vorräte etc.*: dwindle.
Einschub *m* **1.** insertion; **2.** ⚙ plug-in unit.
einschüchtern *v/t.* intimidate, frighten; cow; *durch Drohungen*: *a.* browbeat; **laß dich von ihm nicht ~** don't be intimidated by him; **Einschüchterung** *f* intimidation; *durch Drohung*: browbeating.
Einschüchterungs|politik *f*, **~taktik** *f* scare tactics *pl*; **~versuch** *m* attempt to intimidate s.o.; *pol.* scare tactics *pl.*
einschulen *v/t.* send to school; **eingeschult werden** start school; **Einschulung** *f* **1.** enrol(l)ment; **2.** first day at school.
Einschuß *m* **1.** (*Treffer*) hit; (*Loch*) bullet hole; ⚕ bullet wound; **2.** *Sport*: shot (into the goal); **3.** ✝ capital invested; *im Differenzgeschäft*: margin; **4.** *Weberei*: woof, weft; **2bereit** *adj. Sport*: F ready to pop the ball home; **~stelle** *f* point of entry; **hier ist die ~** *a.* this is where the bullet entered.
einschütten *v/t.* pour in(to **in**).
einschwärzen *v/t.* blacken; *typ.* ink.
einschwatzen I. *v/i.*: **auf j-n ~** go on and on; **II.** *v/t.*: **j-m et. ~** talk s.o. into (believing) s.th.
einschweißen *v/t.* **1. et. in et. ~** weld s.th. into s.th.; **2.** *in Plastikfolie*: shrink-wrap.
einschwenken I. *v/i.* turn (**in** into); **nach links ~** turn (to the) left; *fig.* **~ auf** switch to, (*sich anpassen*) fall in line with; **auf e-n neuen Kurs ~** change course; **II.** *v/t.* swivel *s.th.* into position; **~ in** swivel into.
einsegnen *v/t.* consecrate, (*a. j-n*) bless; (*konfirmieren*) confirm; **Einsegnung** *f* consecration, blessing; confirmation.
einsehen I. *v/t.* **1.** have a look at; **die Dokumente dürfen eingesehen werden** the documents may be viewed (*od.* consulted); **2.** *fig.* (*verstehen*) see; (*erkennen*) realize; (*richtig einschätzen*) appreciate; **das sehe ich nicht ein** I don't see why; **er will es einfach nicht ~** he just won't accept it (*od.* see it that way); **e-n Fehler ~** recognize one's mistake; **II.** 2 *n*: **ein ~ haben** show some consideration (*od.* understanding); (*vernünftig sein*) be reasonable; (*nachsichtig sein*) be lenient, show some lenience; F **das Wetter hatte ein ~ mit uns** the weather was kind to us.
einseifen *v/t.* **1.** soap; (*Bart*) lather; **j-n ~** *beim Friseur*: lather s.o.'s face; **2.** *fig.* F (*betrügen*) F con, take *s.o.* for a ride.
Einseitenband *n Radio*: single sideband, SSB.
einseitig I. *adj.* one-sided; *fig. a.* lopsided; *pol.*, ⚖ unilateral; ⚕ unilateral, on one side; (*parteiisch*) partial, bias(s)ed; (*ausschließlich*) exclusive; (*unausgeglichen*) unbalanced, one-sided; **~e Ernährung** unbalanced diet; **e-e ~e Lungenentzündung** single pneumonia; → **Lähmung**; **II.** *adv. pol.*, ⚖ unilaterally; **et. ~ darstellen** give a (very) one-sided view of s.th.; **~ begabt, ~ veranlagt** one-sided; **er ist nur ~ interessiert** his interest is very one-sided, he's only interested in one side of it; → **gelähmt**; **Einseitigkeit** *f* one-sidedness; (*Parteilichkeit*) partiality, bias.
einsenden *v/t.* send in; **Einsender** *m* sender; *an e-e Zeitung*: contributor; **Einsendeschluß** *m* closing date (for entries); **Einsendung** *f* sending in; *Wettbewerb*: entry; (*Zuschrift*) letter, reply.
einsenken *v/t.* sink (*od.* let) in; ⚘ set; **Einsenkung** *f* depression.
Einser F *m* → **Eins.**
einsetzen I. *v/t.* **1.** put in; (*einfügen*) *a.* insert; *in ein Formular etc.*: enter (**in** into); **2.** (*Ausschuß etc.*) set up; **3.** (*anwenden*) use, employ; (*Kraft etc.*) apply; *fig.* bring into play; **4.** ⚔ put into action; (*Polizei etc.*) call in; **5.** (*Geld*) bet; **sein Leben ~** risk one's life (**für** for), put one's life at stake (for); **6.** *in ein Amt*: appoint (**in** to); *als Bevollmächtigten, Erben etc.*: appoint; **II.** *v/refl.* **7. sich** (**voll**) **~** do one's utmost, F go all out; **sich ~ für** support, (*plädieren für*) speak up for, (*verfechten*) champion *a cause*; *weitS.* do what one can for, do one's best to help; **sich für et. voll ~** *a.* put everything one has got into s.th.; **sich** (**bei j-m**) **für j-n ~** put in a good word for s.o. (with s.o.), *formell*: intercede (with s.o.) on s.o.'s behalf; **III.** *v/i.* **8.** ♪ come in; **9.** (*beginnen*) start (off); *Fieber, Wetter etc.*: set in; **Einsetzung** *f* insertion; *in ein Amt*: appointment; → *a.* **Einsatz.**
Einsicht *f* **1.** examination (**in Akten** of records); **~ nehmen in** examine, take a look at; **j-m ~ gewähren in** allow s.o. to look at; **2.** *fig.* (*Verständnis*) understanding; **zur ~ kommen** listen to reason; **gegen s-e bessere ~** against one's better judg(e)ment; **3.** *fig.* (*Erkenntnis*) in-

sight; ***zur ~ kommen, daß*** realize that; **einsichtig** *adj.* **1.** reasonable; (*verständnisvoll*) understanding; **2.** *Argumente*: cogent; **Einsichtnahme** *f*: (***zur*** ~ for) inspection; ***nach*** ~ on sight; **einsichtslos** *adj.* (*unvernünftig*) unreasonable; (*verständnislos*) lacking in understanding; **einsichtsvoll** *adj.* understanding; (*verständig*) reasonable.

einsickern *v/i.* seep *od.* trickle in(to ***in***); *fig. Gäste, Meldungen etc.*: trickle in(to); *Spione etc.*: infiltrate (into).

Einsiedelei *f* **1.** hermitage; **2.** (*Lebensweise*) (life of) solitude; **Einsiedler(in** *f*) *m a. fig.* hermit, recluse; **einsiedlerisch** *adj.* hermit-like, *lit.* anchoritic; *weitS.* solitary.

Einsiedler|krebs *m zo.* hermit crab; **~leben** *n* hermit's life, life of a hermit; ***ein ~ führen*** lead the life of a hermit (*od.* a hermit's life), live like a hermit.

einsilbig *adj.* **1.** monosyllabic; ***~es Wort*** monosyllable; **2.** *fig.* (*wortkarg*) taciturn; (*kurz angebunden*) curt, short; ***~e Antworten geben*** answer in monosyllables; **Einsilbigkeit** *fig. f* taciturnity; curtness.

einsinken *v/i.* sink in(to ***in***); *Boden etc.*: subside, cave in.

einsitzen *v/i.* ⚖ serve a sentence.

Einsitzer *m* single-seater.

einsortieren *v/t.* sort (***in*** into).

einspannen *v/t.* **1.** ⚙ clamp; (*Schreibpapier*) put in(to the typewriter *etc.*); (*Film*) load, put in; **2.** (*Pferd*) harness; F *fig.* ***j-n*** ~ rope s.o. in, ***zu et.***: rope s.o. into doing s.th.

Einspänner *m* **1.** one-horse carriage; **2.** *östr. glass of black coffee with cream topping.*

einsparen *v/t.* save; **Einsparung** *f* saving(s *pl.*).

einspeichern *v/t.* **1.** *Computer*: store; **2.** *im Gedächtnis*: store (up) in one's memory.

einspeisen *v/t.* ⚙ feed (***in*** into, *dat.* to).

einsperren *v/t.* lock up; *im Gefängnis*: *a.* put behind bars; *in e-n Käfig*: put in a cage, cage.

einspielen I. *v/refl.*: ***sich*** ~ **1.** *a. Sport*: warm up; *Sache*: get going (properly); ***es hat sich gut eingespielt*** it's going (very) well; ***sich auf e-m Instrument ~*** get the feel of (*od.* get used to) an instrument; **2.** ⚙ *Zeiger, Waage*: balance out; **3.** ***sich aufeinander*** ~ learn to work *etc.* together, get used to one another; ***sie sind gut aufeinander eingespielt*** they make a good team; II. *v/t.* **4.** (*Instrument*) break in; **5.** *auf Schallplatte*: record; **6.** (*Geld*) bring in; **Einspielergebnisse** *pl.* box-office returns; **Einspielung** *f* (*Aufnahme*) recording (***von*** by).

einspinnen I. *v/refl.*: ***sich*** ~ **1.** *zo.* cocoon itself; **2.** *fig.* cocoon (*od.* seclude) o.s.; ***eingesponnen in*** wrapped up in, (deeply) absorbed in; II. *v/t.* (*Spinne*) spin a web around.

einsprachig *adj.* monolingual.

einsprengen *v/t.* (*Wäsche, Rasen*) sprinkle; → ***eingesprengt***; **Einsprengsel** *n* insert, insertion; isolated element.

einspringen *v/i.* **1.** *fig.* (*aushelfen*) step in(to the breach), help out; *finanziell*: help out, F chip in; ***für j-n*** ~ step (*od.* stand) in for s.o.; **2.** ⚙ click (into place), catch, snap; **3.** △ recede; **einspringend** *adj.* **1.** △ recessed, set back; **2.** A ***~er Winkel*** reentrant angle.

Einspritzdüse *f mot. Diesel*: injection nozzle; *Vergaser*: jet.

einspritzen *v/t.* inject (***in*** into); ***j-m et.*** ~ give s.o. an injection of s.th., inject s.o. with s.th.

Einspritz|motor *m* fuel injection engine; **~pumpe** *f mot.* (fuel) injection pump.

Einspruch *m a.* ⚖ objection (***gegen*** to); ⚖ (*Berufung*) appeal (against); *Patentrecht*: opposition (to); ***~ erheben*** raise an objection (***gegen*** to), object (to), ⚖ (file an) appeal (against); **Einspruchsrecht** *n* right to appeal; *pol.* (power of) veto.

einspurig *adj.* 🚂 single-track ..., *pred.* single-tracked; *Straße*: single-lane ...

Einssein *n* oneness, unity (***mit*** with).

einst *adv.* **1.** (*vormals*) once; ***... ~ und jetzt*** ... past and present, ... then and now; ***das England von ~*** the England of days past (*od.* of former days), England as it once was; **2.** (*künftig*) one day, some day.

einstampfen *v/t.* (*Kohl etc.*) press; (*Erde*) stamp down; (*Papier, Bücher*) pulp.

Einstand *m* **1.** *Tennis*: deuce; **2.** first day (in a new job *etc.*); ***s-n ~ feiern*** celebrate the start of one's new job; ***s-n ~ geben*** *a. Sport*: make one's debut (*od.* début).

einstanzen *v/t.* stamp in(to ***in***).

einstauben *v/t.* dust; → ***eingestaubt.***

einstechen I. *v/t.* prick, pierce (*a. ein Loch*); (*Nadel*) stick in(to ***in***); (*Spritze*) insert (in), F stick in(to); ⚙ *Werkzeugmaschine*: cut; (*eingravieren*) engrave (into); II. *v/i.*: ***mit e-r Nadel*** *etc.* ***in et.*** ~ stick a needle *etc.* into s.th.; ~ ***auf*** (*j-n*) stab away at.

einstecken *v/t.* put in, F stick in; *in die Tasche etc.*: put in one's pocket (*od.* bag *etc.*); F (*Brief*) F pop into the letterbox; (*einpacken*) take; F (*stehlen*) F pocket; *fig.* (*Gewinn*) pocket; (*Vorwurf etc.*) swallow; (*Schlag*) take; ***steck's schnell ein!*** *in die Tasche etc.*: put it away quick!; F *fig.* ***er kann viel ~*** he can take a lot (of punishment); F ***er hat schwer ~ müssen*** he took quite a beating; F ***viel ~ müssen*** F have to take a lot of stick; F ***den steckst du leicht ein*** you can beat him with your hands tied; **Einstecktuch** *n* breast-pocket handkerchief.

einstehen *v/i.*: ***~ für*** answer for, take responsibility for, (*garantieren*) vouch for; (*Behauptung etc.*) stand by, stick by; ***für s-e Überzeugung ~*** have the courage of one's convictions; ***ich stehe dafür ein, daß*** I guarantee (you) that.

einsteigen *v/i.* get in(to ***in***); *Bus, Zug, Flugzeug*: (*a.* ***~ in***) get on; (*einklettern*) climb in(to); ***alle(s) ~!*** all aboard!; ***steigt ein!*** jump in!; *fig.* ***~ in*** (*ein Unternehmen*) join, (*e-e Arbeit, ein Thema etc.*) get into, (*die Politik etc.*) go into; ***mit e-r hohen Summe in et.*** ~ invest (F sink) a large sum of money in (into) s.th.; F ***hart ~*** *Sport*: F go for it; **Einsteiger** *m* newcomer (***in*** to).

einstellbar *adj.* adjustable; **einstellen** I. *v/t.* **1.** put in(to ***in***); (*Möbel*) store; (*Wagen*) put in the garage, put away; **2.** (*Arbeitskräfte etc.*) take on, hire; **3.** ⚙ set (*a. Uhr*); (*Radio*) tune in(to ***auf***); *TV* switch (to); *opt.* focus; *phot.* ***auf e-e größere Blende ~*** use a bigger aperture, open up the aperture; **4.** (*beenden*) stop; discontinue; ⚖ (*Verfahren*) suspend *proceedings*, drop *the case*; ⚔ ***das Feuer ~*** stop shooting (*od.* firing); ***die Feindseligkeiten ~*** cease (*od.* end) hostilities; **5.** *fig.* (*anpassen*) adjust, adapt (***auf*** to); (*Gedanken etc.*) focus (on); **6.** (*Rekord*) equal; II. *v/refl.* **7.** ***sich ~*** (*kommen*) appear, turn up; *Wetter etc.*: set in; *Sorgen, Schwierigkeiten*: arise; *Folgen etc.*: ensue, make themselves felt; ***sich wieder ~*** come back (again); **8.** ***sich ~ auf*** (*sich anpassen an*) adapt *od.* adjust (o.s. *od.* itself) to, (*sich vorbereiten auf*) prepare (o.s.) for, get ready for, F gear (o.s.) up for, (*rechnen mit*) be prepared for; ***sich geistig ~ auf*** get into the right frame of mind for, F gear o.s. up mentally for; ***sich (voll und) ganz ~ auf*** a) focus all one's attention on, b) adjust one's whole lifestyle (*od.* way of thinking) to; ***du mußt dich darauf ~*** (*daran gewöhnen*) you'll have to get used to it (*od.* learn to accept it); → ***eingestellt***; → *a.* ***einrichten*** 7.

einstellig *adj.* one-digit *number*; one-place *decimal.*

Einstell|knopf *m* control (knob); **~platz** *m für Auto*: parking space; **~schraube** *f* set screw.

Einstellung *f* **1.** *von Arbeitskräften*: employment; **2.** ⚙ adjustment, setting; *Ventil, Zündmoment*: timing; *opt., phot.* focus([s]ing); *Film*: angle, *weitS.* shot; **3.** (*Beendigung*) discontinuance; *Betrieb*: stoppage; *Zahlungen*: suspension; ⚖ *Verfahren*: stay, discontinuance *of proceedings*; *Klage*: dismissal; ***~ der Feindseligkeiten*** suspension (*od.* cessation) of hostilities; **4.** (*Haltung*) attitude (***zu*** to[wards]), approach (to); *zum Leben*: outlook (on); ***politische ~*** political views *pl.* (*od.* outlook); ***was ist denn das für e-e ~?*** what kind of (an) attitude is that?; ***das ist e-e Frage der ~*** → ***Einstellungsfrage.***

Einstellungs|änderung *f* change of (*od.* in) approach *od.* attitude; **~frage** *f*: ***das ist e-e ~*** it depends on how (*od.* the way) you look at things; **~gespräch** *n* (job) interview; **~stopp** *m* freeze on further recruitment.

einstempeln *v/i.* clock in.

Einstich *m e-r Spritze*: prick; ***der ~ hat weh getan*** it hurt when he (*od.* she) put the needle in.

Einstieg *m* **1.** entrance, way in; **2.** ***beim ~*** while getting in; ***der ~ war schwierig*** it was difficult getting (*od.* to get) in, *fig.* it was hard at the start (*od.* beginning); *fig.* ***der ~ in ein solches Thema ist nicht einfach*** it's not easy getting into that kind of subject; ***der ~ ins Berufsleben*** starting (*od.* embarking on) a career; ***der ~ in e-e neue Stelle*** starting (*od.* settling [down]) into, getting into a new job; **~luke** *f* (access) hatch.

Einstiegsdroge *f* gateway drug.

einstig *adj.* former, *formell*: erstwhile; *Person*: *a.* F one-time.

einstimmen I. *v/i.* **1.** ♪ join in; **2.** *fig.* join in *the applause etc.*; (*zustimmen*) agree (***in*** to); II. *v/t.* **3.** (*Instrument*) tune (up); **4.** *fig.* get *s.o.* into the right mood (***auf*** for); III. *fig. v/refl.*: ***sich ~*** get into the right mood (***auf*** for).

einstimmig I. *adj.* **1.** (*einmütig*) unanimous; **2.** ♪ for one voice; II. *adv.* **3.** unanimously, to a man; **4.** ♪ *sing etc.* in unison; **Einstimmigkeit** *f* unanimity, consensus; ~ ***erzielen*** come to an agreement, reach a consensus (***über*** on).

einstmalig *adj.* → ***einstig***; **einstmals** → ***einst.***

einstöckig *adj.* one-stor(e)y ...

einstöpseln *v/t.* (*Korken etc.*) put in, (*Stecker*) *a.* plug in.

einstoßen *v/t.* push in; (*Fensterscheibe etc.*) smash (in); (*Tür*) break down.

einstrahlen I. *v/i. Licht, Sonne*: shine (***in*** into; ***auf*** on); **II.** *v/t.* (*Wärme, Licht*) radiate (***auf*** onto); **Einstrahlung** *f* radiation.

einstreichen *v/t.* **1.** ***mit Gips*** *etc.* ~ fill *s.th.* with plaster *etc.*; ***mit Farbe*** ~ paint, give *s.th.* a coat of paint; **2.** (*Text etc.*) cut down (to size); **3.** F (*Geld*) F rake in; (*Ruhm etc.*) F pocket.

einstreuen *v/t.* **1.** (*Körner, Salz etc.*) sprinkle in(to ***in***); **2.** *fig.* put in(to ***in***), slip in(to); *Zitate etc.* ***in et.*** ~ intersperse s.th. with.

einströmen *v/i.* pour in(to ***in***); *Luft*: come in(to), *stärker*: stream in(to); *fig. Menschen*: pour in(to), stream in(to).

einstudieren *v/t.* (*Rolle*) learn; (*Gedicht etc.*) learn (by heart); ([*gemeinsam*] *üben*) rehearse; **Einstudierung** *f thea.* production.

einstufen *v/t.* class; *nach Leistung*: assess; ~ ***in*** (*e-e Steuerklasse, Kategorie etc.*) put in(to); ***hoch*** (***niedrig***) ~ rate high (low); ***j-n falsch*** ~ assess s.o. wrongly, misjudge s.o.('s capabilities).

einstufig *adj.* ⚙ single-stage ...

Einstufung *f* classification; rating; **Einstufungsprüfung** *f* placement test.

einstündig *adj.* one-hour(-long) ...

einstürmen *v/i.*: ~ ***auf*** rush at, *a.* ⚔ charge; *fig.* ***auf j-n*** ~ assail s.o. (*a. Gedanken etc.*).

Einsturz *m* collapse; ***dem*** ~ ***nahe*** about to collapse; ***vom*** ~ ***bedroht*** in danger of collapsing; ***zum*** ~ ***bringen*** cause *s.th.* to collapse (*od.* cave in); **einstürzen** *v/i. Erdreich, Stollen etc.*: cave in; *fig.* ~ ***auf*** assail; **Einsturzgefahr** *f*: „~!" danger - building unsafe; ***es ist wegen*** ~ ***geschlossen*** it's closed because it's unsafe.

einstweilen *adv.* meanwhile, in the meantime; (*vorläufig*) for the time being; **einstweilig** *adj.* temporary, provisional, interim ...; ⚖ ~***e Verfügung*** interim order, (*Unterlassungsbefehl*) injunction.

eintägig *adj.* **1.** one-day ...; **2.** *zo.*, ⚘, ⚘ ephemeral.

Eintagsfliege *f* **1.** *fig.* (*Person, Sache*) nine days' wonder; (*Leidenschaft, Affäre*) flash in the pan; **2.** *zo.* dayfly, ephemera.

eintasten *v/t. Computer*: key in.

eintauchen I. *v/t.* dip in(to ***in***); **II.** *v/i.* dive in(to ***in***).

Eintausch *m*: ***im*** ~ ***für*** (*od.* ***gegen***) in exchange for; **eintauschen** *v/t.* exchange (***gegen*** for).

eintausend *adj.* a thousand, *Am. u. betont*: one thousand.

einteilen *v/t.* divide (up) (***in*** into); (*anordnen*) arrange (in; ***nach*** according to); (*Zeit*) organize; ***sein Geld richtig*** ~ budget; ***zur Wache*** ~ put on guard duty.

einteilig *adj.* one-piece ...

Einteilung *f* division; (*Anordnung*) arrangement; *zeitliche*: plan, schedule; *der Finanzen*: budgeting.

eintönig I. *adj.* monotonous; *Leben*: *a.* humdrum, dull; **II.** *adv.*: ~ ***vorlesen*** read out in a monotonous tone (of voice); **Eintönigkeit** *f* monotony.

Eintopf(gericht *n*) *m* stew.

Eintracht *f* harmony, concord; unity; ***völlige*** ~ complete (*od.* perfect) harmony; ***in*** ~ ***leben*** live in harmony; **einträchtig** *adj.* harmonious; (*friedlich*) peaceful.

Eintrag *m* **1.** (*Buchung*) entry, item; **2.** *fig. e-r Sache* ~ ***tun*** harm; **eintragen I.** *v/t.* **1.** put down (***in*** *e-e Liste*: on); (*buchen*) enter (into); *amtlich*: register (***bei*** with); *als Mitglied*: enrol(l) (in); → ***eingetragen***; **2.** (*Gewinn etc.*) bring in; (*rein* ~) net; *fig.* ***j-m et.*** ~ (*Lob, Neid, Ehre etc.*) earn s.o. s.th.; *fig.* ***es trug ihm den Haß s-r Kollegen ein*** *a.* it incurred his colleagues' hatred; **II.** *v/refl.*: ***sich*** ~ put one's name down (on the list), *für et.*: *a.* sign up; **einträglich** *adj.* profitable, lucrative; **Eintragung** *f* entry; *amtliche*: registration; (*Posten*) item.

eintränken *v/t.* **1.** soak; **2.** F *fig.* ***dem werd' ich's*** ~! I'll make him pay for it.

einträufeln *v/t.* **1.** ***et. in*** *das Ohr etc.* ~ put some drops in; **2.** *fig.* (*Haß etc.*) instil(l) (***in*** into).

eintreffen *v/i.* **1.** (*ankommen*) arrive, come, get here (*od.* there); → ***eingetroffen***; → *a.* ***eingehen*** 1; **2.** (*geschehen*) happen; (*sich erfüllen*) prove true; ***es ist alles so eingetroffen, wie er es vorausgesagte*** it all happened just as he had predicted.

eintreiben *v/t.* **1.** (*Vieh*) drive home; **2.** (*Schulden etc.*) collect; **3.** (*Nagel*) drive in.

eintreten I. *v/i.* **1.** go in(to ***in***), come in(to), (*a.* ~ ***in***) enter; **2.** *fig.* ~ ***in*** (*e-n Beruf, ein Amt*) take up; (*den Krieg*) enter, (*e-e Firma, e-n Klub etc.*) join; (*Verhandlungen*) enter into, (*Politik*) *a.* go into; ***in ein Kloster*** ~ enter (*od.* go into) a monastery *od.* convent; **3.** (*sich ereignen*) happen, take place, occur; *Fall, Notwendigkeit, Umstände*: arise; *Dunkelheit, Stille*: fall; *Wetter*: set in; *Tod*: occur; ***der Tod trat auf der Stelle ein*** death was instantaneous; ***es ist noch keine Besserung eingetreten*** there has been no improvement as yet; **4.** ***für j-n*** ~ a) → ***einspringen*** 1, b) stand (*od.* speak) up for s.o., (*intervenieren*) intervene on s.o.'s behalf; ***für et.*** ~ speak out in favo(u)r of s.th., support s.th., *voll*: give s.th. one's full backing; (*plädieren für*) plead for; → *a.* ***einsetzen*** 7; **II.** *v/t.* **5.** *in den Boden*: stamp in(to the ground); (*Krümel etc.*) tread in(to the carpet); **6.** (*Tür*) kick down; **7.** ***sich et.*** ~ run (*od.* get) s.th. into one's foot; **III.** ♀ *n* → ***Eintritt.***

eintrichtern *v/t.*: *fig.* ***j-m et.*** ~ drum s.th. into s.o.'s head.

Eintritt *m* **1.** entry (***in*** into); *theatralischer etc.*: entrance (into); „~ ***verboten!***" no admittance; **2.** *fig.* (*Beitritt*) entry (***in*** into); ~ ***in e-e Firma*** (***Partei***) joining a company (party); ***nach s-m*** ~ ***in die Partei*** *etc.* after he had joined the party *etc.*; **3.** (*Anfang*) beginning, start; *von Wetter, Winter,* ⚘ *etc.*: onset; ***nach*** ~ ***der Dunkelheit*** after dark; **4.** *e-s Umstandes etc.*: occurrence; **5.** (*Einlaß*) admission; ~ ***frei*** admission free; ***was verlangen sie für den*** ~? what do they charge for admission?; **6.** → ***Eintrittsgebühr, -geld.***

Eintritts|gebühr *f*, **~geld** *n* admission fee; *Sport*: gate money; **~karte** *f* (admission) ticket.

eintrocknen *v/i.* dry up; (*einschrumpfen*) shrivel up.

eintrommeln *v/i.* **1.** *fig.* ***j-m et.*** ~ drum s.th. into s.o.('s head); **2.** ~ ***auf*** pound (*od.* hit, F bash) away at.

eintröpfeln *v/t.* → ***einträufeln.***

eintrüben *v/refl.*: ***sich*** ~ *Wetter*: become overcast.

eintrudeln F *v/i.* F shuffle in.

einüben *v/t.* (*a.* ***sich*** *et.* ~) practi|se (*Am.* -ce).

einverleiben *v/t.* **1.** add (*dat. od.* ***in*** to); (*Land*) annex(e) (to); **2.** F ***sich*** *Essen etc.* ~ F stow (*od.* put) away; **3.** ***sich*** *Kenntnisse* ~ assimilate; **Einverleibung** *f e-s Landes etc.*: annexation.

Einvernahme *östr. schweiz. f* interrogation, questioning.

Einvernehmen *n* agreement, understanding; ***in gutem*** ~ on good (*od.* friendly) terms; ***im*** ~ ***mit*** after consultation with, in agreement with; ***im gegenseitigen*** ~ by mutual agreement; ***sich mit j-m ins*** ~ ***setzen*** come to an understanding (*od.* agreement) with s.o.; **einvernehmlich I.** *adj. Abkommen etc.*: amicable; **II.** *adv.* amicably, by mutual agreement.

einverstanden *adj.*: ~ ***sein*** (***mit***), ***sich*** ~ ***erklären*** (***mit***) *zustimmend*: agree (to), be agreed, *billigend*: approve (of); ***damit*** ~ ***sein, daß j-d et. tut*** agree to (*od.* approve of) s.o.('s) doing s.th.; ***damit*** ~ ***sein zu*** *inf.* agree to *inf.*; ***damit bin ich ganz und gar nicht*** ~ a) I disagree totally (*od.* entirely), b) I don't approve at all, I don't like it at all; ***er ist mit allem*** ~ he has no objections, (*ihm ist es gleich*) he doesn't mind one way or another; ***ich bin damit*** ~ it's all right (*Am.* alright) with me; ~! okay, all right, *Am.* alright; F it's a deal.

Einverständnis *n* **1.** (*Zustimmung*) consent (***zu*** to), approval (of); ***sein*** ~ ***geben*** (give one's) consent (***zu*** to); **2.** ***geheimes*** ~ tacit understanding, *bsd.* ⚖ collusion, connivance; → *a.* ***Einvernehmen***; **~erklärung** *f* (declaration of) consent.

einwachsen[1] *v/i. Nagel*: grow in(to ***in***); → ***eingewachsen.***

einwachsen[2] *v/t.* (*Boden, Skier*) wax.

Einwand *m* objection (***gegen*** to); ***e-n*** ~ ***vorbringen*** raise an objection.

Einwanderer *m* immigrant; *im gleichen Land*: incomer; **einwandern** *v/i.* immigrate (***in*** to); **Einwanderung** *f* immigration.

Einwanderungs|behörde *f* immigration authorities *pl.*; **~erlaubnis** *f* immigration permit; **~land** *n* country with an open immigration policy; **~politik** *f* immigration policy; **~quote** *f* immigration quota; **~strom** *m* flow (*od.* influx) of immigrants; **~verbot** *n* ban on immigration.

einwandfrei I. *adj.* (*fehlerfrei*) perfect, flawless; (*tadellos*) impeccable; (*unanfechtbar*) incontestable; *Ware*: flawless, *Lebensmittel etc.*: good, fresh; ***es ist alles*** ~ everything's perfect (*od.* in perfect condition); ***er spricht ein*** ~***es Englisch*** his English is perfect, he speaks perfect (*od.* flawless) English; **II.** *adv.*: ~ ***der Beste*** undoubtedly the best; ***sich*** ~ ***benehmen*** behave impeccably; ~ ***funktionieren*** work perfectly, be in perfect working order, *Sache*: work out perfectly, go perfectly; ~ ***beweisen*** prove beyond doubt; ***es steht ~ fest*** it's indisputable, ***daß:*** there's no question that.

einwärts *adv.* inward(s).

einweben *v/t. a. fig.* work in(to ***in***).

einwechseln *v/t.* **1.** (ex)change; (*einlösen*) cash; **2.** *Sport*: (*Spieler*) bring on.

einwecken *v/t.* preserve, *Am. a.* can; *in Gläsern*: bottle, *Am.* can; *in Dosen*: can; *in Essig*: pickle; **Einweckglas** *n* preserving (*Am.* canning) jar.

Einweg|feuerzeug *n* throwaway lighter; **~flasche** *f* non-returnable bottle; **~packung** *f* throwaway pack; **~rasierer** *m* disposable razor; **~scheibe** *f* one-way glass; **~spiegel** *m* two-way mirror; **~spritze** *f* disposable syringe.

einweichen *v/t.* soak.

einweihen *v/t.* **1.** open; *eccl.* consecrate; F (*Kleid etc.*) F christen; ***s-e Wohnung*** ~ have a housewarming (*od.* flatwarming) party; **2.** ~ ***in*** initiate into; ***j-n in ein Geheimnis*** ~ let s.o. into a secret; → ***eingeweiht, Eingeweihte(r)***; **Einweihung** *f* (formal) opening; *eccl.* consecration.

Einweihungs|feier *f* opening ceremony; *für Haus etc.*: housewarming (*od.* flatwarming) party; **~rede** *f* inaugural address.

einweisen *v/t.* **1.** ~ ***in*** admit to *hospital*, *a home etc.*; ***in e-e Anstalt*** ~ institutionalize; **2.** ***j-n in e-e Aufgabe*** ~ show s.o. what to do; ***j-n in s-e neue Stelle*** ~ introduce s.o. to his (*od.* her) new job, F show s.o. the ropes; **3.** *in ein Amt*: instal(l) (***in*** in), inaugurate (into); **4.** (*Fahrzeug*) direct (***in*** into); **Einweiser** *m* ✈ marshal(l)er; **Einweisung** *f* **1.** admittance (***in*** to *hospital*, *a home etc.*); **2.** *in e-e Aufgabe*, *Stelle etc.*: introduction (***in*** to); (*Kurs*) induction course; **3.** *in ein Amt etc.*: induction, inauguration *into office etc.*

einwenden *v/t.*: ~, ***daß*** object (*od.* argue) that; ***er wandte (dagegen) ein, daß*** *a.* he raised (*od.* made) the objection that; ***dagegen läßt sich*** ~, ***daß*** it could be objected that; ***ich habe nichts dagegen einzuwenden*** I have no objections; ***es läßt sich nichts dagegen*** ~ there's nothing to be said against it; ***sie hat immer irgend etwas einzuwenden*** she always finds something to object to (*od.* complain about); ***wenn niemand etwas einzuwenden hat*** if there are no objections (from anyone); **Einwendung** *f* objection (***gegen*** to); **~*en erheben gegen*** raise objections to.

einwerfen I. *v/t.* **1.** throw in; (*Brief*) post, *Am.* mail, F pop into the letterbox (*bsd. Am.* mailbox); (*Geld*) insert, put in; *fig.* (*Bemerkung etc.*) throw in; **2.** (*Fenster*) smash, break; **II.** *v/i.* **3.** *Sport*: throw in; **4.** *fig.* ~, ***daß*** object (*od.* argue) that.

einwertig *adj.* ⚗ monovalent; **Einwertigkeit** *f* monovalence.

einwickeln *v/t.* **1.** wrap up (***in*** in); **2.** F *fig.* take in, fool; *durch Schmeicheleien*: F soft-soap; ***laß dich nicht von ihm*** ~ don't be taken in by him, don't fall for his line; **Einwickelpapier** *n* wrapping paper.

einwiegen *v/t.* **1.** (*Kind*) rock to sleep; **2.** *fig. mit falschen Hoffnungen etc.*: lull.

einwilligen *v/i.* agree (***in*** to); (*s-e Erlaubnis geben*) consent (to); **Einwilligung** *f* approval; (*Erlaubnis*) consent; ***s-e*** ~ ***zu et. geben*** consent to s.th.

einwinken *v/t. mot.* wave (***in*** into); ✈ marshal.

einwirken *v/i.*: ~ ***auf*** have an effect on; (*angreifen*) affect; (*beeinflussen*) influence; *überredend*: work on *s.o.*; ***et.*** ~ ***lassen*** let s.th. take effect (***auf*** on), (*Fett etc.*) let s.th. work itself in(to), *fig.* (*Eindruck etc., a.* ***auf sich*** ~ ***lassen***) let s.th. sink in; *Creme etc.* ***fünf Minuten*** ~ ***lassen*** leave on for five minutes; ***versuchen, auf j-n einzuwirken*** *a.* try and talk to s.o.; **Einwirkung** *f* effect (***auf*** on); *e-s Medikaments etc.*: *mst* effects *pl.* (on); (*Einfluß*) *a. pl.* influence (on).

Einwirkungs|bereich *m*, **~sphäre** *f* sphere of influence; ***in j-s*** ~ ***geraten*** come under s.o.'s spell.

einwöchig *adj.* **1.** week-long ..., one-week ...; **2.** (*eine Woche alt*) week-old ...

Einwohner *m* inhabitant; *e-r Stadt*: *a.* resident; **Einwohnermeldeamt** *n* residents' registration office; **Einwohnerschaft** *f* inhabitants *pl.*, population; **Einwohnerzahl** *f* (total) population, number of inhabitants.

Einwurf *m* **1.** *Fußball*: throw in; **2.** *e-r Münze etc.*: insertion; ***nach*** ~ ***der Münze*** after inserting the coin; **3.** *am Automaten*: slot; *am Briefkasten*: opening, slit; **4.** *fig.* objection.

einwurzeln *v/i. u. v/refl.* (***sich*** ~) take root; *fig.* put down (one's) roots, settle down; → ***eingewurzelt.***

Einzahl *f ling.* singular.

einzahlen *v/t.* pay in; *in e-e Bank*: deposit (***in*** at); ***auf ein Konto*** ~ pay *s.th.* into an account, deposit *s.th.* in an account; **Einzahlung** *f* payment; *in e-e Bank*: deposit; (*Teilzahlung*) instal(l)ment; **Einzahlungsschein** *m* pay(ing)-in slip, *Am.* deposit slip.

einzäunen *v/t.* fence in; **Einzäunung** *f* enclosure; fence.

einzeichnen *v/t.* draw in, sketch in; (*markieren*) mark (***in, auf*** on); ***die Stadt ist nicht eingezeichnet*** the town isn't on the map.

einzeilig *adj.* one-line ...; (*a. adv.* ~ ***geschrieben***) single-spaced.

Einzel *n Tennis etc.*: singles *pl.* (*Match*: *sg. konstr.*).

Einzel|abteil *n* separate compartment; **~aktion** *f* act of an individual; ***es war e-e*** ~ *a.* he (*od.* she) acted alone; **~anfertigung** *f*: ***es ist e-e*** ~ I *etc.* had it specially made, it was custom-built; **~antrieb** *m* ⚙ separate drive; **~aufhängung** *f mot.* independent suspension; **~aufstellung** *f* itemized list; **~ausgabe** *f Buch*: separate edition; **~aussteller** *m* individual exhibitor; **~beispiel** *n* isolated case; **~beratung** *f*: *parl.* ***in*** ~ ***eintreten*** go into committee; **~bett** *n* single bed.

Einzelbild *n Video*: (single) frame; **~taste** *f* frame button.

Einzel|darstellung *f* individual study; (*Abhandlung*) monograph; **~disziplin** *f Sport*: individual event; **~erscheinung** *f* isolated instance; **~exemplar** *n* rare *od.* unique specimen (*Buch*: copy); **~fahrkarte** *f* single-trip (*od.* one-trip) ticket; **~fall** *m* isolated case; **~firma** *f* one-man business; **~frage** *f* individual question; (*Detailfrage*) detailed question.

Einzelgänger *m* loner, F lone wolf; (*bsd. Politiker*) maverick; (*Tier*) rogue elephant *etc.*; **einzelgängerisch** *adj.* solitary, lone ...

Einzel|gespräch *n* one-to-one conversation; **~haft** *f* solitary confinement.

Einzelhandel *m* retail trade; **Einzelhandelsgeschäft** *n* retail shop; **Einzelhandelspreis** *m* retail price; **Einzelhändler** *m* retailer.

Einzel|haus *n* detached house; **~haushalt** *m* one-person household; **~heft** *n* individual (*od.* single) issue.

Einzelheit *f* detail; ***nähere ~en*** further details; ***ausführliche ~en*** full particulars; ***bis in alle ~en*** down to the last detail; ***auf ~en eingehen*** go into detail (*od.* particulars); ***ich will nicht auf alle ~en eingehen*** I don't want to bore you with all the details; ***er kennt die ~en e-r*** *Sache*: he knows all the details, he knows the ins and outs.

Einzel|initiative *f* individual initiative; **~interessen** *pl.* individual (*od.* personal) interests; **~kabine** *f* single cabin; **~kampf** *m* ⚔ single combat, hand-to-hand fighting; *Luftgefecht*: F dogfight; *Sport*: individual competition; **~kind** *n* an only child; **~kosten** *pl.* itemized costs; **~kredit** *m* personal loan.

Einzeller *m* protozoon, protozoan, monad; **einzellig** *adj.* single-cell ..., *pred. a.* single-celled; 🕮 monocellular.

einzeln I. *adj.* **1.** single; (*für sich allein*) individual; (*abgetrennt*) separate; (*abgeschieden*) isolated; (*besonder*) particular; ***jedes ~e Stück*** each individual piece, (*alle*) every single piece; ***die ~en Mitgliedsstaaten*** the individual (*od.* various) member states; ***et. in s-e ~en Teile zerlegen*** take s.th. apart (*od.* to pieces); **2.** *Schuh etc.*: odd; **3. ~e** (*manche*) some, one or two, isolated ...; ***es gab ~e Proteste*** *a.* there were protests here and there; **II.** *indef. pron.*: ***der ~e*** the individual; ***jeder ~e*** every single person (*a. Dinge*: one), every one of them; **~*es*** some (things, points *etc.*); → *a.* ***einig***[2]; ***im ~en*** in detail, (*Ggs. im allgemeinen*) in particular; ***im ~en geht es um folgende Fragen*** we are concerned specifically with the following questions; ***ins ~e gehen*** go into detail; **III.** *adv.* individually; separately; one by one, one at a time; ~ ***angeben*** specify.

Einzel|paar *n Schuhe etc.*: odd pair; **~packung** *f* single pack; **~person** *f* single person; unaccompanied person; ***für e-e*** ~ for one person (only); **~radaufhängung** *f mot.* independent suspension; **~reisende(r** *m*) *f* lone (*od.* individual) travel(l)er; **~schicksal** *n* personal tragedy; **~spiel** *n Tennis*: singles *pl.* (*sg. konstr.*), singles match; **≈stehend** *adj.* isolated; *pl. a.* scattered; **~stück** *n* **1.** odd piece; **2.** (*einziges Exemplar*) unique specimen; **~täter** *m* lone operator; **~teil** *n* (component) part; **~unterricht** *m* private lessons *pl.*, coaching; **~verpackung** *f* individual packaging; **~wahl** *f* uninominal voting; **~wesen** *n* individual (being); **~zelle** *f* **1.** *im Gefängnis*: solitary cell; **2.** *biol.* single cell.

Einzelzimmer *n* single room; **~zuschlag** *m* single-room supplement.

einziehbar *adj.* ⚙ retractable; *Geld*: collectible; *Güter*: seizable; **einziehen I.** *v/t.* **1.** (*Bauch*) pull in; (*Krallen*) draw in; ⚙, ✈ retract; (*Fahne*) hand down;

(*Segel*) take in; (*Netz*) haul in, pull in; (*Faden*) thread; **den Kopf ~** duck; **den Bauch ~** *a.* F breathe in; **2.** (*hineintun, einbauen*) put in; (*Wand*) put up; **3.** (*Luft, Rauch*) draw in, *Person*: *a.* breathe in, inhale; (*Flüssigkeit*) absorb, soak in (*od.* up); **4.** *typ.* indent; **5.** ⚔ call up, *Am.* draft; (*Posten*) withdraw; **6.** ⚖ seize, confiscate; (*Steuer etc.*) collect; (*einkassieren*) cash; (*Banknoten etc.*) withdraw (from circulation); **7. *Erkundigungen* ~** make inquiries *od.* enquiries (**über** about, into); **II.** *v/i.* **8.** *in e-e Wohnung etc.*: move in; **9.** *Truppen*: march in; **~ in** (*ein Stadion etc.*) enter; (*e-e Stadt*) *Truppen*: enter, march into, *Zirkus etc.*: arrive in *town*; ***in den Bundestag* ~** take up one's seat in the Bundestag; **10.** *Flüssigkeit, Creme*: soak in, be absorbed, be soaked up; **11.** *fig. Frühling etc.*: arrive; **12.** *fig. Resignation etc.*: take over, set in;

Einziehung *f* **1.** ⚔ conscription, *Am.* drafting; **2.** ⚖ confiscation, seizure; ✝ collection; **3.** *von Münzen*: withdrawal; **4.** ⚔ *Posten etc.*: withdrawal.

einzig I. *adj.* only; ***mein ~er Freund*** my (one and) only friend; ***mein ~er Gedanke*** my one thought; ***ein ~es Buch*** (just) one book; ***kein ~es Auto*** not a single car; ***kein ~es Wort*** not a word (F peep); ***sein ~er Halt*** his sole support; ***ein ~es Mal*** (just) once; ***nicht ein ~es Mal*** not once; ***sie hat keinen ~en Fehler gemacht*** she didn't make one (*od.* a single) mistake; ***sein Leben war e-e ~e Flucht*** his life was one big escape; → ***einzigartig*** I; **II.** *adv.* only, (*a.* **~ *und allein***) solely; **~ *dastehen*** be unique (*od.* unequal[l]ed), stand alone; ***das ~ Richtige*** (*od.* ***Wahre***) the only answer (*od.* solution, thing to do *etc.*); ***das ~ Richtige für dich wäre*** what you need is; ***das ~ Gute daran*** the only good (*od.* positive) thing about it; ***das ~ Vernünftige wäre*** the only sensible thing to do is (*od.* would be); ***es hängt ~ und allein davon ab, ob*** it depends entirely on whether; **III.** *indef. pron.*: ***der ~e, die ~e*** the only one, the only person, the one person; ***das ~e*** the only thing, the one thing; ***ein ~er*** just one (person *etc.*), one single (*od.* solitary) person; ***kein ~er*** not (a single) one; ***das ~e wäre zu*** *inf.* the only thing would be to *inf.*

einzigartig I. *adj.* unique; *Leistung*: unequal(l)ed; *Schönheit*: unparalleled; (*großartig*) *a.* tremendous; **II.** *adv.*: **~ *schön*** *a. weitS.* wonderful; **Einzigartigkeit** *f* uniqueness.

Einzimmerappartement *n* one-room (*Am. a.* efficiency) apartment; *Brit. a.* bedsit(ter).

Einzug *m* **1.** *in ein Haus etc.*: moving in; **2.** (*a. Einmarsch*) entry (**in** into); ⚔ march (-ing) in; **3.** *fig. e-r Jahreszeit etc.*: arrival, *lit.* advent; (***s-n***) **~ *halten*** make its arrival; arrive (F on the scene); **4.** *typ.* indentation; **5.** → ***Einziehung.***

Einzugs|bereich *m* → ***Einzugsgebiet***; **~ermächtigung** *f* direct-debit mandate; **~gebiet** *n geogr.*, ✝, *ped.* catchment area; *e-r Stadt etc.*: hinterland, *engS.* commuter belt.

einzwängen I. *v/t.* squeeze in, F jam in; *fig.* constrain, straitjacket; → ***eingezwängt***; **II.** *v/refl.*: ***sich* ~ *in*** squeeze (o.s.) into.

Eipulver *n* dried egg.

Eis *n* ice; (*Speise*⁀) ice cream; ***im* ~ *eingeschlossen*** icebound; ***Whisky** etc.* ***mit* ~** Scotch *etc.* on the rocks; ***auf* ~ *legen*** *a. fig.* put on ice; *fig.* ***das* ~ *brechen*** break the ice; → ***Glatteis.***

Eis *n* ♪ E sharp.

Eis|bahn *f* ice-skating rink; **~bär** *m* polar bear; **~becher** *m* **1.** sundae; **2.** (*Pappbecher*) (ice-cream) tub; **⁀bedeckt** *adj. Gipfel*: ice-capped; **~bein** *n* pickled knuckle of pork; **~berg** *m* iceberg; → ***Spitze***[1] 1; **~beutel** *m* ice bag; **~bildung** *f* ice formation; **~blink** *m* iceblink; **~block** *m* block of ice; **~blumen** *pl.* frostwork *sg.*; **~bombe** *f* bombe glacée; **~brecher** *m* icebreaker; **~café** *n* ice-cream parlo(u)r.

Eischnee *m* beaten egg white.

Eis|creme *f* ice cream; **~decke** *f* sheet of ice; **~diele** *f* ice-cream parlo(u)r.

Eisen *n* iron (*a. Werkzeug, Golfschläger u. pharm.*); (*Huf*⁀) horseshoe; → ***Bügel-, Gußeisen** etc.*; ***altes* ~** scrap iron; *fig.* ***zum alten* ~ *werfen*** throw on the scrapheap; ***zum alten* ~ *gehören*** be past it, have had one's day; ***ein heißes* ~** a tricky affair (*od.* business); ***ein heißes* ~ *anfassen*** a) tread on thin ice, b) (*anpacken*) grasp the nettle; ***zwei*** (*od.* ***mehrere, noch ein***) **~ *im Feuer haben*** have more than one string to one's bow (*od.* iron in the fire); **(*man muß*) *das* ~ *schmieden, solange es heiß ist*** strike while the iron is hot, make hay while the sun shines.

Eisenbahn *f* railway, *Am.* railroad; (*Zug*) train; ***mit der* ~** by rail, by train; → ***Bahn*** 5; F ***es ist höchste* ~** it's high time we got going *etc.*; **~...** *in Zssgn* → *a.* ***Bahn..., Zug...***; **~brücke** *f* railway (*Am.* railroad) bridge.

Eisenbahner *m* railwayman, *Am.* railroadman; **~streik** *m* rail strike.

Eisenbahn|knotenpunkt *m* (railway, *Am.* railroad) junction; **~netz** *n* railway (*Am.* railroad) network; **~schaffner** *m* guard, *a. Am.* conductor; **~station** *f* railway (*Am.* railroad) station; **~tunnel** *m* railway (*Am.* railroad) tunnel; **~unglück** *n* railway (*Am.* railroad) accident; **~wagen** *m* railway carriage, coach, *Am.* railroad car; **~zug** *m* train.

Eisen|band *n* steel band; *für Fässer*: iron hoop; **~bergwerk** *n* iron mine; **~beschlag** *m* iron mounting(s *pl.*); **~blech** *n* sheet iron; **~draht** *m* steel wire; **~erz** *n* iron ore; **~gehalt** *m* iron content; **~gießerei** *f* iron foundry; **~glanz** *m* h(a)ematite; **~guß** *m* iron casting; (*Gußeisen*) cast iron.

eisenhaltig *adj.* **1.** **~ *sein*** contain iron; **~*e Diät*** diet with plenty of iron; **2.** *min.* ferruginous.

Eisen|hut *m* ⚘ monk's-hood, aconite; **~hütte(nwerk** *n*) *f* ironworks *pl.* (*mst sg. konstr.*); **~industrie** *f* iron industry; **~kette** *f* iron chain; **~legierung** *f* ferrous alloy; **~mangel** *m physiol.* iron deficiency; **~oxyd** *n* ferric oxide; **~präparat** *n* iron preparation; *oft a.* iron tablets *pl.*; **~rost** *m* (*Gitter*) iron grating; **~späne** *pl.* iron filings; **~stange** *f* iron (*od.* steel) rod.

Eisenwaren *pl.* ironware *sg.*, *a. Am.* hardware *sg.*; **~händler** *m* ironmonger, *a. Am.* hardware dealer; **~handlung** *f* ironmonger's, hardware shop (*Am.* store).

Eisenzeit *f* Iron Age.

eisern I. *adj.* iron (*a. fig. Disziplin, Gesetz, Wille etc.*), *nachgestellt*: of iron (*a. fig.*); (*unnachgiebig*) adamant, hard; (*fest, unerschrocken*) firm; *Sparsamkeit etc.*: rigorous; **~*er Bestand*** emergency (*od.* iron) rations; ***zum* ~*en Bestand gehören*** *Stück etc.*: be a stock item in the repertoire (*od.* collection *etc.*); **~*e Gesundheit*** cast-iron constitution; ***mit* ~*em Griff*** with a grip of iron (*od.* steel); ***mit* ~*er Faust niederschlagen*** (*Revolte etc.*) crush; ***ein Tyrann mit* ~*er Faust*** a heavy-handed tyrant; ***mit* ~*er Hand herrschen*** rule with a rod of iron; **~*e Hochzeit*** seventieth (*od.* seventy-fifth) wedding anniversary; ***mit* ~*er Miene*** with a stony expression; **~*e Nerven*** nerves of steel; **~*e Regel*** hard and fast rule; **~*e Reserve*** emergency reserves; ***mit* ~*er Ruhe*** with imperturbable calm; ***mit* ~*er Stirn*** brazenly; → ***Jungfrau*** 1, ***Kanzler, Kreuz*** I, ***Lunge, Ration, Vorhang** etc.*; **II.** *adv.* (*fest*) firmly; (*unnachgiebig*) unyieldingly, rigidly; (*unbeirrbar*) resolutely, unswervingly, with iron determination; **~ *lernen*** (***üben** etc.*) study (practi|se [*Am.* -ce] *etc.*) hard; **~ *festhalten an*** hold on rigidly to *a principle etc.*; **~ *durchhalten*** keep going to the (bitter) end; ***sich* ~ *behaupten*** sit tight; (***aber***) **~!** F you bet!

Eiseskälte *f* icy cold.

Eis|fabrik *f* ice factory; **~fach** *n* freezing compartment; **~fläche** *f* **1.** icy (*od.* frozen) surface; ice cover; **2.** expanse of ice; **⁀frei** *adj.* free of ice, ice-free; **⁀gekühlt** *adj.* cold, chilled; **~glas** *n* frosted glass; **~glätte** *f* icy roads *pl.*; **⁀grau** *adj.* hoary; **~grenze** *f* glacial boundary; **~heiligen** *pl.*: ***die* ~** the Ice Saints.

Eishockey *n* ice hockey, *Am. a.* hockey; **~schläger** *m* ice-hockey (*Am. a.* hockey) stick; **~spieler** *m* ice-hockey (*Am. a.* hockey) player.

eisig I. *adj. a. fig.* icy; *fig.* **~*er Blick*** icy (*od.* cold) stare; **~*es Schweigen*** an icy (*od.* frosty) silence; **II.** *adv.*: **~ *kalt*** ice-cold, icy cold; *fig.* ***j-n* ~ *anblicken*** (***empfangen***) give s.o. an icy stare (welcome *od.* reception).

Eis|kaffee *m* iced coffee; **⁀kalt I.** *adj.* ice-cold; *fig. Blick, Vernunft etc.*: icy; *Mensch*: cold (as ice); **II.** *adv.*: *fig.* ***dabei überlief es mich* ~** it sent shivers down my spine; ***et.* ~ *tun*** do s.th. without turning a hair; ***j-n* ~ *umbringen*** kill s.o. in cold blood; **~ *rechnen*** be a cold calculator; **~kappe** *f* polar (ice)cap; **~keller** *m* cold room (*od.* store); *fig.* icebox; **~kratzer** *m* ice-scraper; **~krem** *f* ice cream; **~kristall** *m* ice crystal; **~kübel** *m* ice bucket.

Eiskunstlauf *m* figure skating; **Eiskunstläufer** *m* figure skater.

Eislauf *m* ice-skating; **eislaufen** *v/i.* ice-skate; **Eisläufer** *m* ice-skater.

Eis|mann *m* ice-cream man; **~maschine** *f* ice(-cream) maker; **~masse** *f* **1.** mass of ice; **2.** *im Fluß etc.*: ice floe; **~meer** *n* polar sea; ***Nördliches*** (***Südliches***) **~** Arctic (Antarctic) Ocean; **~palast** *m* ice stadium; ice-skating rink; **~pickel** *m* ice pick, ice axe (*Am.* ax); **~platte** *f* sheet of ice; **~prinz** *m* prince on ice; **~prinzessin** *f* princess on ice.

Eisprung *m physiol.* ovulation.

Eis|revue *f* ice show; **~salat** *m* iceberg

lettuce; **~schicht** *f* layer of ice; **~schießen** *n etwa* curling.

Eisschnellauf *m* (*getr.* ***ll-l***) speed skating; **Eisschnelläufer** *m* (*getr.* ***ll-l***) speed skater.

Eis|schokolade *f* iced chocolate; **~scholle** *f* ice floe; **~schrank** *m* fridge, refrigerator; **~sport** *m* ice sports *pl.*; **~stadion** *n* ice stadium.

Eisstock *m etwa* curling stone; **~schießen** *n etwa* curling.

Eis|sturmvogel *m* fulmar; **~tanz(en** *n*) *m* ice-dancing; **~torte** *f* ice-cream gateau; **~treiben** *n* ice drift; **~tüte** *f* ice-cream cone; **~umschlag** *m* ice pack; **~verkäufer** *m* ice-cream seller; **~vogel** *m* kingfisher; **~wasser** *n* iced water; **~wein** *m* eiswein; *very sweet wine made from frostbitten grapes*; **~wolle** *f* eis (*od.* ice) wool.

Eiswürfel *m* ice cube; **~schale** *f* ice-cube tray.

Eis|wüste *f* frozen waste(s *pl.*); **~zapfen** *m* icicle.

Eiszeit *f* ice age; *fig.* ***es herrscht ~ zwischen ...*** relations have cooled off dramatically between ...; **eiszeitlich** *adj.* ice-age ..., glacial.

eitel *adj.* **1.** vain; (*eingebildet*) conceited; **2.** (*nichtig*) vain; (*fruchtlos*) futile; ***eitles Gerede*** idle talk; ***eitle Hoffnung*** vain hope; ***eitle Versprechungen*** empty promises; **Eitelkeit** *f* **1.** vanity; ***verletzte ~*** wounded vanity; **2.** (*Nichtigkeit, Fruchtlosigkeit*) vanity, futility.

Eiter *m* ⚕ pus; **~beule** *f* abscess, boil; **~bläschen** *n* pustule; **~erreger** *m* pyogenic organism; **~herd** *m* suppurative focus.

eitern *v/i.* fester, suppurate.

Eiter|pfropf *m* core (of a boil *etc.*); head (of a spot *od.* pimple); **~pickel** *m* spot, pimple.

Eiterung *f* suppuration.

eitrig *adj.* suppurating *wound etc.*

Eiweiß *n* white of an egg, 🕮 albumen; *biol.*, ⚗ protein; ***pflanzliches*** (***tierisches***) **~** vegetable (animal) protein; **≈arm** *adj.* low in protein, low-protein *diet etc.*; **~bedarf** *m* protein requirement; **~gehalt** *m* protein content; **≈haltig** *adj.* 🕮 albuminous; ***~ sein*** contain protein; **~konzentrat** *n* protein concentrate; **~körper** *m* protein; **~mangel** *m* protein deficiency; **≈reich** *adj.* rich in protein, high-protein *diet etc.*; **~stoff** *m* protein.

Eizelle *f* egg cell, ovum.

Ejakulat *n* ejaculated semen; **Ejakulation** *f* ejaculation; **ejakulieren** *v/t. u. v/i.* ejaculate.

Ekel¹ *m* revulsion (**vor** at), disgust (at); ***~ empfinden*** (*od.* ***e-n ~ haben***) ***vor*** → ***ekeln***; ***es ist mir ein ~*** I loathe it, F I can't stomach (*od.* stand) it; ***Spinnen sind mir ein ~*** I can't stand spiders, F spiders give me the creeps; ***sich vor ~ abwenden*** look away in disgust; ***ich mußte mich vor ~ abwenden*** *a.* F I couldn't stomach the sight.

Ekel² F *n* (*Person*) obnoxious (*od.* repulsive) person; (*lästiger Mensch*) F pain in the neck; ***du ~!*** F you rotter, you rotten old so-and-so.

ekelerregend *adj.* disgusting; revolting, repulsive.

Ekelgefühl *n* (feeling of) revulsion.

ekelhaft, ekelig I. *adj.* revolting, disgusting; F *fig. Wetter etc.*: nasty; **II.** *adv.*: ***~ kalt*** F rotten cold.

ekeln *v/refl. u. v/impers.*: ***es ekelt mich*** (*od.* ***mich ekelt, ich ekle mich***) ***davor*** I'm revolted by it, it gives me the shivers (F creeps), ***vor ihm***: F he gives me the creeps.

EKG *n* ⚕ ECG, *Am.* EKG.

Eklat *m* **1.** (*Skandal*) scandal; (*Krach*) confrontation, row; ***es wird zu e-m ~ kommen*** there'll be (a) scandal (*od.* a row); **2.** ***mit ~*** spectacularly, splendidly; ***mit ~ durchfallen*** fail miserably; **eklatant** *adj.* **1.** (*offenkundig*) *Beispiel*: striking; *contp. Unterschied, Fehler etc.*: blatant, glaring, *Widerspruch*: *a.* flagrant; **2.** (*aufsehenerregend*) spectacular, sensational; ***~er Vorfall*** sensation.

Eklektiker *m* eclectic; **eklektisch** *adj.* eclectic; **Eklektizismus** *m* eclecticism.

eklig *adj.* → ***ekelig.***

Eklipse *f* eclipse; **ekliptisch** *adj.* ecliptic(al).

Ekloge *f* eclogue.

Ekstase *f* ecstasy; ***in ~ geraten*** go into ecstasies *od.* raptures (***über*** over), get carried away; ***j-n in ~ versetzen*** send s.o. into ecstasies (*od.* raptures); **ekstatisch** *adj.* ecstatic(ally *adv.*).

Ekuadorianer(in *f*) *m*, **ekuadorianisch** *adj.* Ecuadorian.

Ekzem *n* ⚕ eczema.

Elaborat *contp. n* piece of hack writing.

Elan *m* vigo(u)r; ***sich mit ~ an die Arbeit machen*** set to work with alacrity; ***sie haben ohne ~ gespielt*** they didn't put much life into the (*od.* their) game.

Elastik *f* elastic; **~binde** *f* elastic bandage.

elastisch *adj.* elastic(ally *adv.*) (*a. fig.*); (*federnd*) springy; (*biegsam*) *a.* ⚙, *mot. u. fig.* flexible; *fig.* ***~er Gang*** springy (*od.* elastic) gait; ***er kam mit ~en Schritten daher*** he came bouncing along; **Elastizität** *f* elasticity; springiness; flexibility.

Elch *m* elk; *nordamerikanischer*: moose.

Elefant *m* elephant; F *fig.* ***sich wie ein ~ im Porzellanladen benehmen*** tread on everyone's toes; → ***Mücke.***

Elefanten|baby *n* baby elephant; **~bulle** *m* male (*od.* bull) elephant; **~gedächtnis** *n* memory like an elephant; **~gras** *n* elephant grass; **~haut** *fig. f* thick skin; **~hochzeit** F *f* ✝ F jumbo (*od.* giant) merger; **~kuh** *f* female (*od.* cow) elephant; **~rüssel** *m* elephant's trunk.

Elefantiasis *f* ⚕ elephantiasis.

elegant I. *adj.* elegant (*a. fig.*), smart; *fig.* ***auf ~e Weise*** elegantly; **II.** *adv.*: ***sich ~ aus der Affäre ziehen*** F get out of it nicely; **Eleganz** *f* elegance.

Elegie *f* elegy; **elegisch** *adj.* elegiac; *fig. a.* melancholy.

Elektrakomplex *m psych.* Electra complex.

elektrifizieren *v/t.* electrify; **Elektrifizierung** *f* electrification.

Elektrik *f* electricity; (*Anlage*) electrical system (*od.* equipment); **Elektriker** *m* electrician; **elektrisch I.** *adj.* electric (-al); ***~e Energie*** electrical energy; ***~er Schlag*** electric shock; ***~er Strom*** electric current; ***~er Stuhl*** electric chair; **II.** *adv.*: ***~ geladen*** (***gesteuert*** *etc.*) electrically charged (control[l]ed *etc.*); ***~ beleuchten*** (***heizen*** *etc.*) light (heat *etc.*) with *od.* by electricity; ***~ betrieben sein*** be run on electricity.

elektrisieren *v/t.* electrify (*a. fig.*); ***sich ~*** get (*od.* give o.s.) an electric shock; **elektrisiert** *adj.* electrified; ***er sprang wie ~ auf*** he jumped up as if he'd been given an electrical charge; **Elektrisierung** *f* electrification.

Elektrizität *f* electricity; (*Strom*) (electric) current.

Elektrizitäts|versorgung *f* electricity (*od.* power) supply; **~werk** *n* (electric) power station; **~zähler** *m* electricity meter.

Elektroakustik *f* electroacoustics *pl.* (*sg. konstr.*); **elektroakustisch** *adj.* electroacoustic(al).

Elektro|analyse *f* electroanalysis; **~antrieb** *m* electric drive; **~auto** *n* electric car; **~bohrer** *m* electric drill; **~bus** *m* electric bus; **~chemie** *f* electrochemistry.

Elektrode *f* electrode; ***negative ~*** negative electrode, cathode; ***positive ~*** positive electrode, anode.

Elektro|dynamik *f* electrodynamics *pl.* (*sg. konstr.*); **~-Enzephalogramm** *n* ⚕ electroencephalogram, EEG; **~fahrzeug** *n* electric vehicle; **~gerät** *n* electrical appliance; *pl. a.* electrical equipment *sg.*; **~geschäft** *n* electrical shop (*Am.* store); **~gitarre** *f* electric guitar; **~herd** *m* electric cooker; **~industrie** *f* electrical industry; **~ingenieur** *m* electrical engineer; **~installateur** *m* electrician; **~kardiogramm** *n* ⚕ electrocardiogram, ECG, *Am.* EKG; **~lokomotive** *f* electric locomotive.

Elektrolyse *f* electrolysis; **Elektrolyt** *m* electrolyte; **elektrolytisch** *adj.* electrolytic; **Elektrolytkondensator** *m* ⚡ electrolytic capacitor.

Elektromagnet *m* electromagnet; **elektromagnetisch** *adj.* electromagnetic(ally *adv.*).

elektromechanisch *adj.* electromechanical.

Elektromotor *m* (electric) motor.

Elektron *n* electron.

Elektronen|blitz(gerät *n*) *m phot.* electronic flash(gun); **~gehirn** *n* electronic brain; **~hülle** *f* electron shell; **~kamera** *f* electronic camera; **~mikroskop** *n* electron microscope; **~rechner** *m* computer; **~röhre** *f* electronic valve (*Am.* tube).

Elektronik *f* **1.** electronics *pl.* (*sg. konstr.*); **2.** electronic system; **~industrie** *f* electronics industry; **~schrott** *m* electronic industry waste; **~spielzeug** *n* electronic toys *pl.*

elektronisch *adj.* electronic(ally *adv.*); ***~e Datenverarbeitung*** electronic data processing.

Elektro|ofen *m* ⚙ electric furnace; (*Heizofen*) electric stove; **~orgel** *f* electric organ; **~physik** *f* electrophysics *pl.* (*sg. konstr.*); **~rasierer** *m* electric razor.

Elektroschock *m* ⚕ electroshock; **~therapie** *f* electroshock treatment (*od.* therapy).

Elektroschweißen *n* electronic welding.

Elektroskop *n* electroscope.

Elektrostab *m* electric(-shock) baton.

elektrostatisch *adj.* electrostatic(ally *adv.*).

Elektrotechnik *f* electrical engineering; **Elektrotechniker** *m* electrical engineer; **elektrotechnisch** *adj.* electrotechnical; *Bauteil, Industrie etc.*: electrical.

Elektro|therapie *f* electrotherapy; **~zaun** *m* electric fence.

Element *n* **1.** *phys.*, ♈, ⚗, ⚙ *etc.* element; ⚡ *a.* cell, battery; *fig.* ***unliebsame*** (***kri-***

minelle** etc.*) **~e** undesirable (criminal *etc.*) elements; ***in s-m ~ sein be in one's element; **2. ~e** (*Grundbegriffe*) elements, rudiments; **3. *die ~e*** the elements.
elementar *adj.* **1.** (*naturhaft*) elemental; **2.** (*grundlegend*) elementary, basic; ***~er Fehler*** fundamental (*od.* basic) mistake *od.* flaw; **3.** (*primär*) elementary, primary.
Elementar|begriff *m* fundamental idea; **~buch** *n* primer; **~geist** *m myth.* elemental spirit; **~kenntnisse** *pl.* rudiments; **~ladung** *f* elementary charge; **~stoff** *m* element, elementary matter; **~stufe** *f* elementary grade.
Elementarteilchen *n* elementary particle; **~physik** *f* particle physics *pl.* (*sg. konstr.*).
Elementarunterricht *m* elementary instruction.
Elend *n* misery; (*Armut*) (dire *od.* abject) poverty; ***ins ~ geraten*** be reduced to poverty; ***soziales ~*** social hardship; ***aus tiefstem ~*** from the depths of misery; ***ins ~ stürzen*** (*od.* ***bringen***) plunge into poverty (and distress); ***wie das leibhaftige ~ aussehen*** F look like death warmed up, look like a corpse; F ***es ist ein ~ mit ihm*** F he's a hopeless case; F ***langes ~*** F beanpole; F ***da kriegt man das heulende ~*** F it's enough to make you weep; → ***Häufchen*** 2.
elend I. *adj.* miserable, wretched; (*arm*) poverty-stricken; (*beklagenswert*) pitiable; (*verächtlich*) wretched, miserable; (*schrecklich*) terrible; ***~e Hütte*** (*od.* ***Baracke***) hovel; ***in ~en Verhältnissen leben*** live in wretched conditions; ***ein ~es Leben führen*** live a life of misery; ***~ aussehen*** look dreadful; ***sich ~ fühlen*** feel terrible (*od.* wretched, F rotten); **II.** *adv.* miserably; (*sehr*) dreadfully; ***~ zugrunde gehen*** come to a wretched end; ***~ verhungern*** die of slow (and painful) starvation; F ***es tut ~ weh*** *sl.* it hurts like hell; F ***es ist ~ kalt*** F it's absolutely freezing; **elendiglich** *adv.* → ***elend*** II.
Elends|quartier *n* hovel; **~viertel** *n* slum(s *pl.*).
Eleve *m*, **Elevin** *f thea. etc.* student.
elf *adj.* eleven.
Elf[1] *f* eleven; (*Buslinie etc.*) (number) eleven; *Fußball*: team, eleven.
Elf[2] *m*, **Elfe** *f* elf.
Elfenbein *n* ivory; **elfenbeinern** *adj.* ivory; **elfenbeinfarbig** *adj.* ivory (-colo[u]red).
Elfenbein|schnitzerei *f* ivory carving; *konkret*: *a.* ivory; **~turm** *fig. m* ivory tower; ***im ~ leben*** live in an ivory tower.
elfenhaft *adj.* elfin.
Elfen|könig *m* king of the elves; **~königin** *f* fairy queen; **~reich** *n* kingdom of the elves, elfland; **~reigen** *m* dance of the elves.
Elfer *m Fußball*: penalty kick.
Elfmeter *m Fußball*: penalty kick; **~schießen** *n* penalty shootout; **~tor** *n* penalty goal.
elft *adj.* eleventh; **Elftel** *n* eleventh (part).
eliminieren *v/t.* eliminate; **Eliminierung** *f* elimination.
elitär *adj.* elitist.
Elite *f* elite; **~denken** *n* elitism; **~schule** *f* F magnet school; **~truppe** *f* crack regiment (*pl. a.* troops).
Elixier *n* (magic) potion.
Elko F *m* electrolytic capacitor.
Ellbogen *m* elbow; ***sich mit den ~ e-n Weg bahnen durch*** elbow one's way through; *fig.* ***s-e ~ gebrauchen*** use one's elbows; **~freiheit** *f a. fig.* elbowroom, room to move; **~gelenk** *n* elbow joint; **~gesellschaft** *f* dog-eat-dog society; rat race; **~mensch** *m* pushy type, F ruthless go-getter; **~taktik** *f* pushiness.
Elle *f* **1.** *obs.* ell; *fig.* ***alles mit der gleichen ~ messen*** measure everything by the same yardstick; **2.** *anat.* ulna; **ellenlang** *adj. Geschichte etc.*: endless; *Person*: really tall.
Ellipse *f* ⩓ ellipse; *ling.* ellipsis; **elliptisch** *adj.* elliptical.
Elmsfeuer *n* St Elmo's fire.
Eloge *f* eulogy (***auf*** to).
E-Lok *f* electric locomotive.
eloquent *adj.* eloquent; **Eloquenz** *f* eloquence.
Elsässer(in *f*) *m* Alsatian; ***~ sein*** *a.* be (*od.* come) from (the) Alsace; **elsässisch** *adj.* Alsatian, Alsace ...; ***~e Weine*** wines from the Alsace, Alsace wines; **elsaß-lothringisch** *adj.* Alsace-Lorraine ..., of (*od.* from) Alsace-Lorraine.
Elster *f* magpie; *fig.* ***er ist e-e diebische ~*** he'll steal anything that isn't nailed down; ***geschwätzig wie e-e ~ sein*** F be a real chatterbox.
elterlich *adj.* parental; *Wohnung etc.*: parents' ...; ***die ~en Pflichten*** one's duties as a parent, one's parental duties; ⚖ ***~e Gewalt*** parental authority.
Eltern *pl.* parents; F ***nicht von schlechten ~*** F not bad at all; **~abend** *m* parent-teacher meeting; **~beirat** *m* parents' council; **~haus** *n* **1.** *one's* parents' house; **2.** home; ***aus gutem ~ stammen*** come from a good family (*od.* home), have a good family background; **~initiative** *f* parents' action group, parent pressure group; **~liebe** *f* parental love.
elternlos *adj.* orphan ..., orphaned.
Elternpflicht *f* parental duty; ***die ~en*** *a.* one's duties as a parent.
Elternschaft *f* parenthood; *konkret*: parents *pl.*
Eltern|schlafzimmer *n* parents' bedroom; *auf Bauplänen*: master bedroom; **~sprechstunde** *f* teacher's consultation period, surgery (for parents); **~sprechtag** *m* open day; **~teil** *m* parent; **~versammlung** *f* parents' meeting.
Email *n* enamel.
E-Mail *f* e-mail, email.
Emaillack *m* enamel varnish.
Emaille *f* → ***Email.***
emaillieren *v/t.* enamel.
Emailmalerei *f* enamel painting.
Emanze F *f* F women's libber; **Emanzipation** *f* emancipation; ***die ~ der Frau*** women's liberation (F lib); **emanzipatorisch** *adj.* emancipatory; **emanzipieren I.** *v/t.* emancipate; **II.** *v/refl.*: ***sich ~*** become emancipated.
Embargo *n* embargo; ***ein ~ verhängen über*** place (*od.* impose) an embargo on.
Emblem *n* emblem; (*Symbol*) symbol; **Emblematik** *f* emblematics *pl.* (*als Fach sg. konstr.*); **emblematisch** *adj.* emblematic(ally *adv.*).
Embolie *f* ⚕ embolism.
Embryo *m* embryo; **Embryologie** *f* embryology; **embryonal** *adj.* embryonic, embryo ...; *fig.* ***noch im ~en Zustand*** still in embryo.
emendieren *v/t.* (*Text*) emend.
emeritieren *v/t. univ.* retire, give *s.o.* emeritus status; **emeritiert** *adj.* retired; ***~er Professor*** retired (*od.* emeritus) professor, professor emeritus; **Emeritus I.** *m* emeritus professor; **II.** ≈ *adj.*: ***Professor ~*** emeritus professor.
Emetikum *n* emetic.
Emigrant *m* emigrant; *politischer*: émigré; **Emigrantenliteratur** *f* émigré literature; **Emigrantenschicksal** *n one's* fate as an exile (*od.* émigré); **Emigrantentum** *n* émigré existence; life in exile, life as an exile (*od.* émigré); **Emigration** *f* emigration; ***in der*** (***die***) ~ in(to) exile; **emigrieren** *v/i.* emigrate.
eminent I. *adj.*: ***~e Begabung*** outstanding talent; ***von ~er Wichtigkeit*** of the utmost importance; **II.** *adv.* (*sehr*) exceptionally, extremely, *formell*: most; ***~ gefährlich*** extremely dangerous, dangerous in the extreme; **Eminenz** *f*: ***Seine ~*** His Eminence; ***Graue ~*** éminence grise, grey (*Am.* gray) eminence.
Emir *m* emir; **Emirat** *n* emirate.
Emission *f* **1.** *phys.* emission; **2.** ⚓ issue.
Emissions|bank *f* ⚓ bank of issue; **~grenzwerte** *pl.* emission standards; **~schutz** *m* emission control; **~schutzgesetz** *n* anti-pollution law (*pl. a.* legislation *sg.*).
Emitter *m electron.* emitter.
emittieren *v/t.* **1.** ⚓ issue; **2.** *phys.* emit.
Emmentaler *m* Emmental(er) (cheese), Swiss cheese.
Emotion *f* emotion; ***von ~en erfüllt*** full of emotion; **emotional, emotionell** *adj.* emotional; **emotionalisieren** *v/t.* emotionalize; **Emotionalität** *f* emotionality; **emotionsfrei** *adj.* free of emotion; **emotionsgeladen** *adj. Thema etc.*: emotive, highly-charged *issue etc.*; *Atmosphäre*: very emotional, highly-charged; **emotionslos** *adj.* unemotional.
Empathie *f psych.* empathy.
Empfang *m* **1.** (*Erhalt*) receipt; ***nach*** (*od.* ***bei***) ~ on receipt, *von Waren*: on delivery (***von*** *od. gen.* of); ***in ~ nehmen*** receive, ⚓ (*Ware*) take delivery of, (*j-n*) meet; **2.** (*Begrüßung, Aufnahme*) reception, welcome; ***j-m e-n begeisterten*** (***kühlen***) ***~ bereiten*** give s.o. an enthusiastic (a cool) reception; **3.** (*Veranstaltung*) reception; ***e-n ~ geben*** hold a reception; **4.** *Radio etc.*: reception; **5.** *im Hotel etc.*: reception (desk); **empfangen I.** *v/t.* **1.** receive; (*begrüßen*) welcome, *formell*: receive; *am Bahnhof etc.*: welcome, meet; (*Zutritt gewähren*) see; (*annehmen*) accept; *Radio etc.*: receive, get (***auf*** *Kurzwelle etc.*: on); ***j-n mit Jubel*** *etc.* ~ greet s.o. with cheers *etc.*; **2.** (*ein Kind*) conceive *a child*; **II.** *v/i.* **3.** (*ein Kind* ~) conceive; **4.** (*Besucher* ~) see (*od.* receive) visitors; ***er empfängt heute nicht*** he's not seeing (*od.* receiving) any visitors today; **Empfänger** *m* **1.** receiver, recipient; *von Waren*: consignee; *e-s Briefes*: addressee; **2.** (*Radio*) receiver, *ohne Verstärker*: tuner.
empfänglich *adj.* **1.** receptive, responsive (***für*** to); *für Eindrücke*: impressionable; ~ ***für*** *a.* open to; **2.** ⚕ susceptible (***für*** to); ~ ***für*** *a.* prone to; **Empfänglichkeit** *f* **1.** receptivity (***für*** for); *für Eindrücke*: impressionableness; **2.** ⚕ susceptibility (***für*** to), proneness (to).
Empfängnis *f* conception; **≈verhütend** *adj.* (*a.* ***~es Mittel***) contraceptive; **~ver-**

hütung *f* contraception; **~verhütungsmittel** *n* contraceptive.

Empfangs|antenne *f* receiving aerial (*od.* antenna); **~berechtigt** *adj.* authorized to receive goods *etc.*; **~bereich** *m Radio*: **1.** reception area; **2.** frequency range; **~bescheinigung** *f* receipt; **~bestätigung** *f* acknowledg(e)ment of receipt; **~betrieb** *m Computer*: receive mode; **~chef** *m* reception (*Am.* room) clerk; **~dame** *f* receptionist; **~gerät** *n* receiver; **~halle** *f* foyer; **~komitee** *n* reception committee; **~lager** *n* reception cent|re (*Am.* -er); **~loch** *n e-s Senders*: blind spot; **~raum** *m* reception room; **~saal** *m* reception hall; **~schein** *m* receipt; **~störung** *f Radio*: *a. pl.* interference; *atmosphärische*: static; **~zimmer** *n* reception room.

empfehlen I. *v/t.* **1.** recommend; ***j-m et. wärmstens ~*** warmly recommend s.th. to s.o.; ***nicht zu ~*** not to be recommended; ***... ist sehr zu ~*** I can highly (*od.* warmly) recommend ...; **2.** ***~ Sie mich*** *Ihrer Frau*: give my regards to; **II.** *v/refl.*: ***sich ~*** **3.** recommend itself, *Verfahren etc.*: suggest itself; ***der Tee empfiehlt sich bei ...*** the tea is recommended for ...; *Qualität etc.* ***empfiehlt sich selbst*** is its own recommendation; ***es empfiehlt sich zu*** *inf.* it is advisable to *inf.*; **4.** (*s-e Dienste anbieten*) offer one's services (***als*** as); **5.** (*weggehen*) take one's leave; **empfehlenswert** *adj.* recommendable; (*ratsam*) advisable; **Empfehlung** *f* recommendation; ***auf ~*** (***von j-m***) on (s.o.'s) recommendation; ***gute ~en haben*** have good references; ***m-e besten ~en an*** give my regards to; **Empfehlungsschreiben** *n* letter of recommendation (*od.* introduction).

empfinden I. *v/t.* feel (*a. v/i.* ***mit*** *j-m*: for); ***Mitleid ~ für*** *a.* have sympathy for; ***et. als lästig*** *etc.* ***~*** find s.th. a nuisance *etc.*; ***nichts ~ für*** feel nothing for, have no feelings for; ***was empfindest du dabei?*** what kind of feeling do you have (*od.* does it give you)?; **II.** *v/refl.*: ***sich ~ als*** see (*od.* regard) o.s. as; **III.** **~** *n* (*Gefühl*) feeling; (*Meinung*) opinion; (*Sinn*) sense; ***nach m-m ~*** the way I see it; ***für mein ~*** (*Gefühl*) for me, as far as I'm concerned; ***ihr gesundes ~ sagt ihr*** her intuitive feeling tells her; ***er hat kein ~ dafür*** he has no appreciation for it.

empfindlich I. *adj.* **1.** sensitive (*a. phot.*, ⚙) (***gegen*** to); *Körperstelle*: *a.* tender, sore; ***~e Stelle*** sensitive (*od.* tender, sore) spot; **2.** (*leicht gekränkt*) (very) sensitive (***gegen*** about), easily offended, (*reizbar*) touchy (about); **3.** (*zart*) delicate; **4.** *Verluste etc.*: severe; **II.** *adv.* severely, badly; ***~ kalt*** bitter(ly) cold; ***j-n ~ treffen*** *Bemerkung etc.*: hit home, cut s.o. to the quick; **Empfindlichkeit** *f* **1.** sensitiveness; *e-r Körperstelle*: *a.* tenderness, soreness; (*Reizbarkeit*) touchiness; **2.** *phot.* speed; ***was für e-e ~ hat der Film?*** what speed is the film?

empfindsam *adj.* sensitive; (*gefühlvoll*) sentimental; **Empfindsamkeit** *f* sensitivity; sentimentality.

Empfindung *f der Sinne*: sensation; (*Wahrnehmung*) perception; *weitS.* feeling, sense; ***die ~ des Schmerzes*** *etc.* the sensation of pain *etc.*; **empfindungslos** *adj.* insensitive (***für, gegen*** to); *contp. a.* unfeeling; *Glied*: numb.

Empfindungs|nerv *m* sensory nerve; **~vermögen** *n* sensitivity; **~wort** *n ling.* interjection.

empfohlen *adj.* recommended.

Emphase *f* emphasis; **emphatisch** *adj.* emphatic(ally *adv.*).

Emphysem *n* ⚕ emphysema.

Empirik *f* empiricism; **Empiriker** *m* empiricist; **empirisch** *adj.* empirical.

empor *adv.* up, upward(s); *in Zssgn* → *a.* ***hoch..., hinauf...***; **~arbeiten** *v/refl.*: ***sich ~*** work one's way up; **~blicken** *v/i.* look up (***zu*** at, *fig.* to).

Empore *f* ⛪ gallery.

empören I. *v/t.* **1.** (*aufbringen*) outrage; (*beleidigen*) insult; (*schockieren*) shock, *stärker*: scandalize; **II.** *v/refl.*: ***sich ~*** **2.** be outraged (***über*** at), express (one's) outrage (at); **3.** *Volk etc.*: rebel, rise up (in arms); **empörend** *adj.* outrageous; shocking, scandalous; **empörerisch** *adj. Ideen*: rebellious; *Rede*: inflammatory; *Personen*: rebellious, insurgent.

emporheben *v/t.* lift, raise.

emporkommen *v/i.* **1.** get up; **2.** *fig.* get on in life; ***in der Gesellschaft ~*** climb up the social ladder; **Emporkömmling** *m* upstart, parvenu.

empor|ragen *v/i.*: ***~ über*** tower (*od.* loom) above; ***~ aus*** loom up from (*od.* out of); **~schießen** *v/i.* shoot up; *fig. Person etc.*: jump up; *Wasserstrahl*: gush up; *fig.* mushroom, shoot up; **~schnellen** *v/i.* ✝ *Preise*: soar; **~schwingen** *v/refl.*: ***sich ~*** swing o.s. up; *Vogel*: soar; *fig.* rise (***zu*** to); *fig.* ***sich zu großen künstlerischen Leistungen ~*** rise to great artistic heights; **~steigen I.** *v/i.* rise; **II.** *v/t.* climb (*a. fig.*); **~streben** *v/i.* strive upwards; *Pfeiler etc.*: soar (upwards); *fig.* ***~ zu*** aspire to.

empört *adj.* shocked; (*entrüstet*) indignant; angry; **Empörung** *f* **1.** indignation; outrage; shock and resentment; **2.** (*Aufstand*) revolt.

emsig *adj.* busy; (*fleißig*) industrious, hardworking; (*eifrig*) eager, keen; **Emsigkeit** *f* (*Geschäftigkeit*) bustle; (*Fleiß*) industry; (*Eifer*) zeal.

Emu *m* emu.

Emulgator *m* emulsifier.

Emulsion *f* emulsion.

E-Musik *f* serious (*od.* classical) music.

en bloc *adv.* ✝ en bloc, *a. fig.* wholesale.

Encephalitis *f* ⚕ encephalitis.

End|abnehmer *m* ✝ end user; **~abrechnung** *f* final account; **~abschaltung** *f*: ***automatische ~*** automatic tape shut-off; **~bahnhof** *m* terminus; **~betrag** *m* (sum) total; **~bogen** *m e-s Buches*: end (*od.* back) matter; **~buchstabe** *m* last (*od.* final) letter; **~dreißiger(in** *f*) *m* man (*f* woman) in his (her) late thirties; ***ein Enddreißiger sein*** *a.* be in one's late thirties.

Ende *n* end; *zeitlich*: *a.* close; *Film etc.*: ending; (*Ergebnis*) result, outcome; ***~!*** *Funk etc.*: over!; ***~ Januar*** at the end of January; ***~ der dreißiger Jahre*** in the late thirties; ***er ist ~ zwanzig*** he's in his late twenties; ***am ~*** *zeitlich*: in the end, (*doch*) after all, (*schließlich*) eventually, (*auf die Dauer*) in the long run, (*vielleicht*) maybe; ***am ~ mußten wir hinlaufen*** we ended (F wound) up having to walk there; *fig.* ***ich bin am ~*** I'm finished, F I've had it; ***der Wagen ist*** (***ziemlich***) ***am ~*** the car's (just about) had it; ***bis zum bitteren ~*** to the bitter end; ***letzten ~s*** after all; in the end, at the end of the day, when all is said and done; *e-r Sache* ***ein ~ machen*** (*od.* ***bereiten***) put an end to; ***zu ~ führen*** finish, see *s.th.* through; ***zu ~ gehen*** a) → ***enden***, b) (*knapp werden*) run short; ***zu ~ sein*** be over; ***zu ~ lesen*** finish (reading); ***zu ~ schreiben*** finish (writing); *et.* ***zu ~ denken*** think out; ***alles hat einmal ein ~*** there's an end to everything; ***das muß ein ~ haben*** (*od.* ***nehmen***) it's got to stop; ***es nimmt kein ~*** it just goes on and on; ***ein schlimmes*** (*od.* ***böses***) ***~ nehmen*** come to a bad end; ***mit dir wird es noch ein schlimmes ~ nehmen*** you'll come to a bad end; ***und damit ~!*** and that's that!; ***er findet kein ~*** he can't stop; ***~ gut, alles gut*** all's well that ends well; ***das dicke ~ kommt nach*** the worst is yet to come; *die Arbeit* ***geht ihrem ~ entgegen*** is nearing completion; ***es geht mit ihm zu ~*** he's going fast; ***es ist noch ein gutes ~ bis dahin*** it's a long way off yet; ***ohne daß ein ~ abzusehen wäre*** with no end in sight; ***das bedeutet das ~ von*** that spells the end (*od.* demise) of; ***das ~ vom Lied war*** the end of the story was, F the upshot of it was; F ***am ~ der Welt wohnen*** F live at the back of beyond; → ***Latein, Weisheit.***

Endeffekt *m*: ***im ~*** in the final analysis; (*am Ende*) in the end.

endemisch *adj.* ⚕ endemic.

enden *v/i.* (come to an) end, *allmählich*: draw to a close; (*aufhören*) finish, stop; ***~ in*** *örtlich*: end (F wind) up in; ***~ mit*** *Sache*: end (up) with, end in; *ling.* ***~ auf*** end with; ***schlimm*** (*od.* ***böse***) ***~*** come to a bad end; ***es endete damit, daß*** the outcome (*od.* result, F upshot) was that, ***er ging***: *a.* it ended (up) with him leaving; ***nicht ~ wollend*** unending.

End|ergebnis *n* final result (*a. Sport u.* ⚗); **~erzeugnis** *n* end product; **~fünfziger(in** *f*) *m* man (*f* woman) in his (her) late fifties; ***ein Endfünfziger sein*** *a.* be in one's late fifties.

endgültig I. *adj.* final; *Beweis*: (*schlüssig*) conclusive; ***~ machen*** finalize; **II.** *adv.* finally; (*für immer*) for good; (*ein für allemal*) once and for all; ***das steht ~ fest*** that's (for) definite; ***damit ist es ~ aus*** that's over for good; ***damit ist die Sache ~ entschieden*** that settles the matter once and for all; **Endgültigkeit** *f* finality.

End|haltestelle *f* terminus; **~haus** *n* end-of-terrace house; ***wir wohnen im ~*** we live at the end of the row.

endigen *v/i.* → ***enden.***

Endivie *f* ✿ endive.

End|kampf *m* **1.** *Sport*: final; **2.** ⚔ final phase of fighting, final struggle; **~konsonant** *m* final consonant.

Endlager *n* final disposal site; **endlagern** *v/t.* dispose of *s.th.* permanently; **Endlagerstätte** *f* final disposal site; **Endlagerung** *f* final disposal.

Endlauf *m* final (heat).

endlich I. *adv.* **1.** finally, at (long) last; ***~ doch*** after all; ***hör ~ auf!*** stop it, will you!; ***na ~!*** at last!, *iro.* about time too!; ***bist du ~ fertig?*** *iro.* have you quite finished?; ***das solltest du ~ wissen*** you should know that by now; **II.** *adj.* **2.** final, ultimate; **3.** (*begrenzt*) limited; **4.** *phls. u.* ⚗ finite; **Endlichkeit** *f* finiteness, finite nature (*gen.* of).

endlos I. *adj.* endless, never-ending, unending; interminable; (*unbegrenzt, a. fig. grenzenlos*) infinite, boundless; ⚙ continuous; ***bis ins 2e*** ad infinitum; **II.** *adv.* endlessly; ***es zog sich ~ hin*** it went on forever; ***vor ~ langer Zeit*** ages and ages ago, (*vor Äonen*) a long, long time ago, back at the beginning of time; **Endlosigkeit** *f* endlessness.

Endlos|papier *n* fan-fold paper; **~schleife** *f* (infinite) loop.

End|lösung *f pol. hist.* Final Solution; **~marke** *f Cassette*: end-of-tape marker; **~montage** *f* ⚙ final assembly; **~nummer** *f* final digit.

endogen *adj.* endogenous.

endokrin *adj.* endocrine.

endomorph *adj.* endomorphic.

Endorphin *n* endorphin.

Endoskop *n* endoscope; **Endoskopie** *f* endoscopy.

End|phase *f* final stage; **~preis** *m* retail price; **~produkt** *n* end (*od.* final, finished) product; **~punkt** *m e-r Reise etc.*: end; *fig.* ***an e-m ~ angelangt sein*** have come to an end (***in*** in); **~reim** *m* end rhyme; **~resultat** *n* final result; **~runde** *f Sport*: final(s *pl.*); **~sechziger(in** *f*) *m* man (*f* woman) in his (her) late sixties; ***ein Endsechziger sein*** *a.* be in one's late sixties; **~siebziger(in** *f*) *m* man (*f* woman) in his (her) late seventies; ***ein Endsiebziger sein*** *a.* be in one's late seventies; **~silbe** *f* final syllable; **~spiel** *n* **1.** *Sport*: final(s *pl.*); ***ins ~ einziehen*** go to the finals; **2.** *Schach*: end game; **~spurt** *m* final spurt (*a. fig.*), finish; *fig. a.* final burst; **~stadium** *n* final stage(s *pl.*); ***im ~*** in the final stages; ⚕ ***Krebs im ~*** terminal cancer; **~station** *f* terminus; *fig.* end of the road; ***~! Alles aussteigen bitte!*** all change please!; **~stück** *n* end (piece); **~stufe** *f* **1.** ⚡ output stage; → ***Endverstärker***; **2.** *Rakete*: final stage; **~summe** *f* (sum) total.

Endung *f ling.* ending.

End|ursache *f* final cause; **~urteil** *n* final judg(e)ment; **~verbrauch** *m* final consumption; **~verbraucher** *m* end user; **~verstärker** *m* power amplifier; **~vierziger(in** *f*) *m* man (*f* woman) in his (her) late forties; ***ein Endvierziger sein*** *a.* be in one's late forties; **~vokal** *m* final vowel.

Endzeit *f bibl.* last days *pl.*; **endzeitlich** *adj.* eschatological; **Endzeitstimmung** *f* doomsday atmosphere.

End|ziel *n* final objective, ultimate goal; **~ziffer** *f* last (*od.* final) digit; **~zustand** *m* final state; **~zwanziger(in** *f*) *m* young man (*f* woman) in his (her) late twenties; ***ein Endzwanziger sein*** *a.* be in one's late twenties; **~zweck** *m* final purpose.

Energetik *f phys.* energetics *pl.* (*sg. konstr.*); **energetisch** *adj.* energetical.

Energie *f phys.* energy, ⚡ *a.* power; *fig.* energy, drive; **2arm** *adj.* **1.** low-energy ..., low in energy; **2.** *Land etc.*: low in energy resources; **~aufwand** *m* (amount of) energy involved; ***der ~ lohnt (sich) nicht*** it's not worth the effort involved; **~beauftragte(r)** *m* energy commissioner; **~bedarf** *m* energy requirement(s *pl.*) *od.* demand; **2bewußt** *adj.* energy-conscious; **~bündel** *fig. n* bundle of energy, live wire; **2effizient** *adj.* energy-efficient; **~einheit** *f* unit of energy; **~einsparung** *f a. pl.* conservation of energy; *konkret*: energy saving; **2geladen** *fig. adj.* bursting with energy; **~gewinnung** *f* energy production; **~haushalt** *m des Körpers*: energy balance; **~krise** *f* energy crisis.

energielos *adj.* lacking in energy, listless; ***~ sein*** *a.* have no energy; **Energielosigkeit** *f* lack of energy, listlessness.

Energie|politik *f* energy policy; **~quelle** *f* **1.** source of energy; **2.** ⚡ *etc.* power source; **2reich** *adj.* **1.** high-energy ..., high in energy; **2.** *Land etc.*: energy-rich ..., rich in energy resources; **~reserven** *pl.* energy reserves; *e-r Person*: *a.* spare energy *sg.*

Energiesparen *n* conservation of energy; energy saving; **energiesparend** *adj.* energy-saving, power-saving; **Energiesparprogramm** *n* energy-saving program(me).

Energie|spender *m* energy booster; **~träger** *m* source of energy; **~verbrauch** *m* energy consumption; **~verschwendung** *f* waste of energy; **~versorgung** *f* energy supply; **~wirtschaft** *f* energy (*od.* power-supply) industry.

energisch I. *adj.* energetic; *Geste etc., a. Persönlichkeit*: forceful; *Art, Auftreten etc.*: brisk; *Maßnahmen etc.*: firm, vigorous; *Protest, Widerstand etc.*: vehement; ***~ werden*** put one's foot down, ***j-m gegenüber***: get tough with s.o.; ***ein ~es Wort mit j-m reden*** have a word with s.o., give s.o. a good talking-to; **II.** *adv.* energetically; forcefully; vigorously; vehemently; → I; ***~ vorgehen*** take firm measures *od.* action (***gegen*** against); ***~ bestreiten*** firmly (*od.* vehemently) deny; ***~ vorantreiben*** push (*od.* drive) forward.

eng I. *adj.* (*Ggs. breit*) narrow (*a. fig.*); (*räumlich beschränkt*) cramped; (*klein*) small; (*gedrängt voll*) crowded; *Kleidung etc.*: tight; *fig. Freund(schaft), Kontakt etc.*: close; ***~ an*** close to; ***~e Kurve*** tight corner; ***in ~en Verhältnissen leben*** live in cramped conditions; ***auf ~stem Raum*** crowded together; ***es ist sehr ~ in der Küche*** *a.* there's not much room to move in the kitchen; ***es ist bei uns etwas ~*** we're a bit cramped for space; ***~er machen*** tighten, (*Kleidung*) take in; ***die Hose ist mir zu ~ geworden*** these trousers don't fit (me) any more; *fig.* ***im ~sten Kreis*** with (the family and) a few close friends; ***im ~sten Kreis der Familie*** with the close family members; ***die ~ere Familie*** the immediate family; → ***Sinn, Wahl*** 1; **II.** *adv.* narrowly; tightly; closely; → I; ***~ anliegen*** fit tightly, be a tight fit; ***~ beieinander*** (*od.* ***nebeneinander***) close together; ***~ zusammengedrängt*** crowded (*bsd. kauernd*: huddled) together; *fig.* ***~ befreundet sein*** be close friends; ***~ verbunden sein*** be closely connected; ***er sieht die Sache sehr ~*** he takes a very narrow view of the matter; ***du darfst es nicht so ~ sehen*** a) you mustn't take such a narrow view, b) you mustn't take it so seriously; ***sich ~ an die Vorschriften halten*** stick closely to the rules.

Engagement *n* **1.** commitment, involvement; ***ein stärkeres ~*** greater involvement, stronger commitment; **2.** *thea. etc.* engagement; **engagieren I.** *v/t.* employ, take on; (*Künstler*) engage; **II.** *v/refl.*: ***sich ~*** get (*od.* be) involved (***in*** in); ***sich ~ für*** be very involved (*od.* active) in, do a lot (*od.* a great deal) for; **engagiert** *adj.* committed; ***sehr ~ sein*** *a.* be very involved (***bei*** with, in); ***politisch ~*** politically involved (*od.* active); **Engagiertheit** *f* commitment.

eng|anliegend *adj.* tight(-fitting); **~bedruckt** *adj.* closely printed; **~befreundet** *adj.* close; **~begrenzt** *adj.* narrow, restricted; **~beschrieben** *adj.* closely written; **~brüstig** *adj.* narrow-chested.

Enge *f* **1.** narrowness (*a. fig.*); *e-r überbevölkerten Wohnung etc.*: cramped (*bedrückend*: claustrophobic) conditions *pl.*; *Kleidung*: tightness; *fig.* ***in die ~ treiben*** drive into a corner; ***in die ~ getrieben*** with one's back to the wall; **2.** (*enge Stelle*) narrow passage, *a. fig.* bottleneck; **3.** (*Meer2*) strait(s *pl.*).

Engel *m* angel; ***guter*** (*od.* ***rettender***) ***~*** guardian angel; ***gefallener ~*** fallen angel; ***~ des Lichts*** (***Todes***) angel of light (death); F ***die ~ im Himmel singen hören*** see stars; ***du bist ein ~!*** you're an angel (*od.* a real dear)!; ***er ist auch nicht gerade ein ~*** he's not exactly an angel himself; **Engelchen** *n* little angel; **engelhaft** *adj.* angelic(ally *adv.*).

Engel|macher *m* backstreet abortionist; **~schar** *f* host of angels.

Engels|chor *m* choir of angels; **~geduld** *f* endless (*od.* infinite) patience, *the* patience of Job; **~miene** *f* innocent look; **~zunge** *f*: ***mit ~n reden*** use all one's powers of persuasion, *lit.* speak honeyed words; ***mit ~n auf j-n einreden*** do everything in one's power to persuade s.o.

Engerling *m* white (*od.* cockchafer) grub.

engherzig *adj.* small-minded; **Engherzigkeit** *f* small-mindedness.

Engländer *m* **1.** Englishman; ***die ~*** the English (*pl.*); ***er ist ~*** he's English, he's an Englishman; **2.** ⚙ wrench; **Engländerin** *f* Englishwoman; ***sie ist ~*** she's English.

englisch[1] I. *adj.* English; *weitS.* British; ***die ~e Kirche*** the Church of England, the Anglican church; **II.** *adv.*: *gastr.* ***~*** (***gebraten***) rare; **III. 2** *n* English, the English language; ***auf englisch*** in English; ***aus dem ~en*** from (the) English.

englisch[2] *adj.*: ***der 2e Gruß*** *eccl., Kunst*: the Angelic Salutation.

Englisch|horn *n* ♪ cor anglais; **2sprachig** *adj.* **1.** *Zeitschrift etc.*: English-language ...; ***~e Literatur*** English literature; **2.** → **2sprechend** *adj.* English-speaking; **~unterricht** *m* **1.** teaching of English; **2.** English lesson(s *pl.*) *od.* class(es *pl.*).

engmaschig *adj.* fine-meshed; *fig.* close-meshed; *Fußball etc.*: close.

Engpaß *m* **1.** (narrow) pass; **2.** *fig.* bottleneck (***in*** in), squeeze (in); (*Mangel*) shortage (of); ***Engpässe in der Produktion*** a production bottleneck; ***Fernseher sind ein ~*** there's a bottleneck in the supply of television sets, television sets are in short supply.

en gros *adv.* wholesale.

engstirnig *adj.* narrow-minded; **Engstirnigkeit** *f* narrow-mindedness, tunnel vision.

eng|umgrenzt *adj.* narrowly defined; **~umschlungen** *adj.* in close embrace, locked in embrace; ***ein ~es Paar*** *a.* an embracing couple; **~verbündet** *adj.* closely allied; **~zeilig** *adj.* narrow-spaced; (*a. adv.* ***~ getippt***) single-spaced.

Enkel *m* grandchild; (*~sohn*) grandson; *weitS.* descendant; **Enkelin** *f* granddaughter.
Enkel|kind *n* grandchild; **~sohn** *m* grandson; **~tochter** *f* granddaughter.
Enklave *f* enclave.
en masse *adv.* en masse.
en miniature *adv.* in miniature.
enorm I. *adj.* (*groß*) vast, huge; *fig.* (*von großem Ausmaß*) tremendous (*a. herrlich*); **II.** *adv.*: *~* ***hoch*** *etc.* enormously (*od.* immensely) tall *etc.*; ***die Preise sind ~ gestiegen*** prices have shot up; ***~ viel Geld*** vast (*od.* huge) amounts of money.
en passant *adv.* in passing.
Enquete *f pol.* inquiry; **~kommission** *f* commission of inquiry.
Ensemble *n* ♪ ensemble; *thea. a.* company; (*Besetzung*) cast.
entarten *v/i.* degenerate, become degenerate; **entartet** *adj.* degenerate; *fig. a.* decadent; *hist.* ***~e Kunst*** degenerate art; **Entartung** *f* degeneration.
entäußern *v/refl.*: ***sich*** *e-r Sache ~* a) relinquish, b) dispose of, divest o.s. of.
entbehren I. *v/t.* **1.** (*auskommen ohne*) do (*stärker*: live) without; (*zur Verfügung stellen*) spare; ***könntest du den Computer ein paar Stunden ~?*** could you do (*od.* manage) without the computer for a few hours?; **2.** (*vermissen*) miss; **II.** *v/i.*: *e-r Sache ~* be without, lack; ***die Beschuldigung entbehrt jeder Grundlage*** the charge is entirely unfounded; ***das entbehrt nicht e-r gewissen Ironie*** it's not without its irony; **entbehrlich** *adj.* dispensable; non-essential; **Entbehrlichkeit** *f* dispensability; superfluousness; **Entbehrung** *f* privation, want, deprivation; **entbehrungsreich** *adj.* full of privation; ***ein ~es Leben*** *a.* a life of want.
entbinden I. *v/t.* **1.** release, excuse (**von** from); **2.** ⚘ set free; **3.** (*Frau*) deliver (**von** of); ***entbunden werden von*** give birth to; **II.** *v/i. Frau*: be confined; **Entbindung** *f* **1.** release (**von** from); **2.** *e-r Frau*: delivery.
Entbindungs|pfleger *m* male midwife; **~station** *f* maternity ward.
entblättern I. *v/t.* strip of leaves; **II.** *v/refl.*: ***sich ~*** shed its leaves; F *fig.* strip, shed one's clothes, F peel one's clothes off.
entblöden *v/refl.*: ***sich nicht ~ zu*** *inf.* have the cheek to *inf.*
entblößen I. *v/t.* bare, expose; (*Haupt*) uncover; (*Schwert*) draw; *fig.* lay bare; *fig.* ***j-n e-r Sache ~*** denude s.o. of s.th.; **II.** *v/refl.*: ***sich ~*** take one's clothes off; *fig.* ***sich*** *e-r Sache ~* divest o.s. of; **entblößt** *adj.* bare; *fig.* destitute, stripped (*gen.* of); ***~en Hauptes*** bareheaded; **Entblößung** *f* baring, exposing; uncovering; → ***entblößen*** I; *fig.* exposure.
entbrennen *v/i. Kampf*: break out, *a. Zorn etc.*: flare up; ***in Haß entbrannt*** burning with hate; ***in Liebe für j-n ~*** fall passionately in love with s.o.
entbürokratisieren *v/t.* deregulate; **Entbürokratisierung** *f* deregulation.
Entchen *n* duckling, little duck.
entdecken *v/t.* **1.** (*Land, Gesuchtes etc.*) discover; (*herausfinden*) *a.* find out; (*bemerken*) see, (*j-n*) *a.* spot; (*Fehler etc.*) detect, spot; ***zufällig ~*** stumble (up)on; **2.** ***j-m et. ~*** reveal (*od.* disclose) s.th. to s.o.
Entdecker *m* discoverer; (*Forscher*) explorer; **~freude** *f* joy(s *pl.*) of discovery; **~stolz** *m* pride of discovery.
Entdeckung *f* (*a. Gegenstand u. Person*) discovery; ***m-e neueste ~*** my latest discovery.
Entdeckungs|reise *f* voyage of discovery; expedition; F *fig.* ***auf ~ gehen*** (go out and) explore one's surroundings; **~reisende(r)** *m* explorer; discoverer; **~zeitalter** *n* age of discovery.
Ente *f* **1.** duck; ***junge ~*** duckling; F *fig.* ***schwimmen wie e-e bleierne ~*** F swim like a brick; → ***lahm*** 3; **2.** (*Zeitungs*~) canard, hoax; **3.** F (*Citroën*) deux chevaux, 2CV; **4.** ⚕ (bed) urinal.
entehren *v/t.* dishono(u)r, disgrace; (*entwürdigen*) degrade; *obs.* (*schänden*) violate; **entehrend** *adj.* disgraceful; (*entwürdigend*) degrading; **Entehrung** *f* dishono(u)r(ing); (*Entwürdigung*) degradation.
enteignen *v/t.* expropriate; (*Besitzer*) dispossess; **Enteignung** *f* expropriation; *des Besitzers*: dispossession.
enteilen *lit. v/i.* hasten away; *Zeit*: fly past.
enteisen *v/t.* clear of ice; (*Autoscheibe*) defrost; ✈ de-ice; **Enteisung** *f mot.* defrosting; ✈ de-icing; **Enteisungsanlage** *f mot.* defroster; ✈ de-icing system.
Entelechie *f phls.* entelechy.
Enten|braten *m* roast duck; **~ei** *n* duck's egg; **~grütze** *f* ⚘ duckweed; **~jagd** *f* duck shooting; **~küken** *n* duckling; **~schnabel** *m* duck's bill.
Entente *f pol.* entente; *hist.* ***~ cordiale*** entente (cordiale); ***Große*** (***Kleine***) *~* Great (Little) Entente.
Ententeich *m* duck pond.
enterben *v/t.* disinherit; **enterbt** *adj*: ***die ~en*** the disinherited (*pl.*); **Enterbung** *f* disinheriting.
Enterich *m* drake.
entern *v/t.* board *a ship.*
entfachen *v/t.* (*Feuer*) kindle (*a. fig. Leidenschaften*); *fig.* (*Gefühle*) rouse; (*Begeisterung etc.*) whip up; (*Diskussion etc.*) provoke, spark off.
entfahren *v/i.*: ***ihm entfuhr ein Seufzer*** *etc.* he let out a sigh *etc.*
entfallen *v/i.* **1.** ***der Name ist mir ~*** the name escapes me, I forget the name, I can't think of the name; **2.** (*wegfallen*) be cancel(l)ed, be dropped, *Wort etc.*: be omitted, be left out; (*nicht in Frage kommen*) be inapplicable; ***entfällt*** *in Formularen*: not applicable (*abbr.* N/A); **3.** ***auf j-n ~*** *Anteil etc.*: fall to s.o.; ***auf jeden ~ 10 Mark*** each person pays (*bekommt*: gets) 10 marks.
entfalten I. *v/t.* **1.** unfold; (*ausbreiten*) spread out; (*aufrollen*) unroll, roll out; **2.** *fig.* (*Fähigkeiten etc.*) develop (**zu** into); (*zeigen*) display; **II.** *v/refl.*: ***sich ~*** **3.** *Blüte etc.*: open up; *Gefieder*: open out, fan out; *Fallschirm*: open (up); *Fahne*: unfurl; **4.** *fig.* develop (**zu** into); ***sich kreativ ~*** develop one's creative abilities; ***hier kann man sich frei ~*** there's plenty of room for (personal) development here; **5.** *fig.* (*sich zeigen*) display itself, *lit.* unfurl; **Entfaltung** *f* **1.** (*Entwicklung*) development; ***zur ~ kommen*** (be able to) develop, blossom, *Begabung, Potential etc.*: *a.* be realized; **2.** (*Zurschaustellung*) display; **Entfaltungsmöglichkeiten** *pl.* opportunities for development.
entfärben *v/t.* take the colo(u)r (*od.* dye) out of; (*bleichen*) bleach; **Entfärbung** *f* removal of the dye (*gen.* from); **Entfärbungsmittel** *n* dye remover; (*Bleichmittel*) bleaching agent.
entfernen I. *v/t.* remove (*a. Fleck*), take away; (*wegräumen*) *a.* clear away; ***~ von*** *e-r Liste*: take off, cross off; ***j-n aus dem Amt ~*** remove s.o. from office; **II.** *v/refl.*: ***sich ~*** go away, leave, take o.s. off; (*sich zurückziehen*) withdraw; (*verschwinden*) (gradually) disappear; *fig. von e-m Thema*: deviate (**von** from); *von e-r Meinung*: distance o.s. (from); *von j-m*: become estranged (from); *fig.* ***sich*** (***voneinander***) *~* drift apart; **entfernt I.** *adj.* **1.** (*entlegen*) remote, distant; ***e-e Meile von X ~*** a mile away from X; ***zwei Meilen voneinander ~*** two miles apart; **2.** *fig. Ähnlichkeit etc.*: remote, faint, vague; ***~e Verwandte*** distant relations (*od.* relatives); ***weit ~!*** far from it, *beim Raten*: F way out; ***weit ~ davon zu*** *inf.* far from *ger.*; ***ich bin weit davon ~ zu*** *inf.* I haven't the slightest intention of *ger.*; **II.** *adv.* **3.** (*entlegen*) far away; **4.** *fig.* ***~ verwandt*** distantly related; ***nicht im ~esten*** not in the least; ***ich habe nicht im ~esten daran gedacht zu*** *inf.* I never even dreamed of *ger.*, it never occurred to me to *inf.*; ***ich hätte nicht im ~esten geglaubt, daß*** I wouldn't have dreamed that, I didn't have the slightest idea that; **Entfernung** *f* **1.** (*Abstand*) distance; (*Schußweite*) range; ***in e-r ~ von*** at a distance of; ***aus der ~*** from (*od.* at) a distance; ***aus einiger ~*** from a distance; ***aus kurzer ~*** at short (*od.* close) range; ***aus großer ~*** at long range; **2.** (*Beseitigung*) removal; **3.** (*Entlassung*) dismissal; ***~ aus dem Amt*** *a.* removal from office.
Entfernungs|messer *m phot.* rangefinder; **~ring** *m phot.* focus(s)ing ring; **~skala** *f phot.* focus(s)ing scale.
entfesseln *v/t.* provoke, unleash, touch off, trigger (off); **entfesselt** *adj. Elemente etc.*: raging; **Entfesselungskünstler** *m* escape artist.
entfetten *v/t.* remove the grease (*od.* fat) from; **Entfettungskur** *f* slimming diet.
entflammbar *adj. a.* ⚙ flammable, *Brit. a.* inflammable; **entflammen I.** *v/t.* **1.** *fig.* rouse, stir up; **II.** *v/i.* **2.** *fig. Gefühle*: be aroused (*od.* kindled), *stärker, a. Streit*: flare up, break out; **3.** ⚙ ignite; (*aufblitzen*) flash; **III.** *v/refl.*: *fig.* ***sich an et. ~*** be aroused by s.th.
entflechten *v/t.* **1.** *a. fig.* disentangle; **2.** (*Kartelle*) decartelize.
entfliegen *v/i.* fly away (*dat.* from); ***dem Käfig ~*** escape from its cage; ***„blauer Papagei entflogen"*** escaped: blue parrot.
entfliehen *v/i.* **1.** escape (*dat.* from); flee ([from] *s.th., s.o.*); *fig.* ***dem Schicksal ~*** escape one's fate; ***dem Alltag ~*** escape from (*od.* flee) everyday reality; ***dem Lärm ~*** escape (from) the noise; **2.** *Jugend etc.*: slip away, *schnell*: fly past.
entfremden I. *v/t.* alienate (*dat.* from); ***et. s-m Zweck ~*** put s.th. to an unintended use; **II.** *v/refl.*: ***sich*** (***gegenseitig***) *~* become estranged; ***sich j-m ~*** become estranged from s.o., become a stranger to s.o.; **Entfremdung** *f* estrangement, alienation.
entfrosten *v/t.* defrost; **Entfroster** *m mot.* defroster.

entführen *v/t.* kidnap, abduct; (*Flugzeug*) hijack, *bsd. Am. a.* skyjack; F *fig.* (*j-s Kugelschreiber etc.*) run away with; **Entführer** *m* kidnapper; ✈ hijacker, *bsd. Am. a.* skyjacker; **Entführung** *f* kidnapping, abduction; ✈ hijacking, *bsd. Am. a.* skyjacking.

entgegen I. *prp. Gegensatz*: contrary to, against; ~ ***allen Erwartungen*** contrary to all expectations; ~ ***s-n Anweisungen*** *a.* in defiance of his instructions; **II.** *adv. Richtung*: towards; *dem Wind etc.*: against; **~arbeiten** *v/i.* work against, counteract; **~blicken** *v/i.* → ***entgegensehen***; **~bringen** *v/t.*: ***j-m et.*** ~ bring s.th. to s.o.; *fig.* ***j-m*** *ein Gefühl etc.* ~ show *s.th.* for s.o.; *e-r Sache* **Interesse** *etc.* ~ show an (*od.* some) interest *etc.* in; **~eilen** *v/i.* rush towards, (*j-m*) *a.* rush to meet; *fig.* (*dem Glück*) rush towards, (*dem Untergang*) rush headlong into; **~fahren** *v/i.*: ***j-m*** ~ drive out to meet s.o.; **~fiebern** *v/i.*: ***e-r Sache*** ~ feverishly await s.th.; **~gehen** *v/i.* (*j-m*) walk towards, go to meet; *fig.* approach; (*e-r Gefahr, der Zukunft*) face; (*dem Untergang etc.*) be heading for; *fig.* ***dem Ende*** ~ be drawing to(wards) a close.

entgegengesetzt I. *adj.* opposite; *Meinung(en) etc.*: contradictory, opposing, *a. Interessen*: conflicting; ***s-e Meinung ist Ihrer völlig*** ~ his opinion completely contradicts yours (*od.* is completely opposed to yours); **II.** *adv.*: ***genau*** ~ ***handeln*** do the exact opposite, do exactly the opposite.

entgegen|halten *v/t.* **1. *j-m et.*** ~ hold s.th. out to s.o.; **2.** *fig.* (*entgegnen*) say *s.th.* in answer *od.* reply (*dat.* to); ***j-m et.*** ~ point s.th. out to s.o.; ***dem hielt er entgegen, daß*** he countered (*od.* objected) that; **~handeln** *v/i.* act against (*dat. s.th.*).

entgegenkommen I. *v/i.* (*j-m*) come towards, come to meet; *fig.* make concessions towards, (*gefällig sein*) oblige *s.o.*; (*j-s Wünschen*) comply with; ***j-m auf halbem Wege*** ~ *a. fig.* meet s.o. halfway; *fig.* ***j-m sehr*** ~ *Sache*: be very convenient for s.o., suit s.o. fine, (*a.* ***j-s Vorstellungen*** ~) fit in well with s.o.'s plans (*od.* ideas); **II.** ♀ *n* **1.** (*Gefälligkeit*) obligingness, complaisance; **2.** (*Zugeständnis*) concession(s *pl.*); **entgegenkommend** *adj.* **1.** *fig.* obliging, accommodating, complaisant; **2.** *Verkehr*: oncoming; **entgegenkommenderweise** *adv.* **1.** (*gefälligkeitshalber*) obligingly; **2.** (*als Zugeständnis*) as a (*od.* by way of) concession.

entgegenlaufen *v/i.* **1.** (*j-m*) run towards, run to meet; **2.** *fig.* (*Plänen etc.*) go against, run counter to.

Entgegennahme *f* acceptance; ***bei*** ~ *gen.* on receipt of; **entgegennehmen** *v/t.* accept, take; ***et. dankend*** ~ gratefully accept s.th., accept s.th. with thanks.

entgegen|schauen *v/i.* → ***entgegensehen***; **~schlagen** *fig. v/i.*: ***j-m*** ~ *Herz*: go out to s.o.; **~sehen** *v/i.* (*e-r Sache*) await, *mit Freude*: look forward to; (*e-r Gefahr*) face; ***e-r baldigen Antwort ~d*** in anticipation of your early reply; **~setzen I.** *v/t.* **1.** → ***entgegenhalten*** 2; **2. *e-m Argument*** *etc.* ***et.*** ~ counter an argument *etc.* with s.th.; ***Widerstand*** *etc.* ~ put up a resistance, offer (some) resistance (*dat.* to); ***dem habe ich nichts entgegenzusetzen*** I can't think of any arguments against, F it sounds fine to me; **II.** *v/refl.*: ***sich e-r Sache*** ~ oppose s.th.

entgegenstehen *v/i.* **1.** (*e-m Plan etc.*) stand in the way of; **2.** (*widersprechen*) conflict with; ***dem steht nichts entgegen*** there's nothing to be said against that; **entgegenstehend** *adj.* contradictory, conflicting.

entgegen|stellen I. *v/t.* **1. *j-m et.*** ~ set s.th. against s.o.; **2.** → ***entgegensetzen***; **II.** *fig. v/refl.*: ***sich*** *j-m od. e-r Sache* ~ oppose, resist; **~stemmen** *fig. v/refl.*: ***sich e-r Sache*** ~ set o.s. against s.th., resist s.th. (with all one's might); **~strecken** *v/t.*: ***j-m et.*** ~ hold s.th. out towards s.o.; **~treten** *v/i.* **1.** (*j-m*) walk towards, go up to; **2.** *fig.* ***j-m*** ~ present itself to s.o.; ***uns traten Schwierigkeiten*** *etc.* ***entgegen*** we met with (*od.* had to face up to, were faced with) difficulties *etc.*; **3.** (*e-r Sache*) oppose; (*Mißständen etc.*) take steps against; (*e-r Gefahr etc.*) face; (*Vorwürfen, Drohungen etc.*) counter; (*Gerüchten etc.*) contradict, speak out against; **~wirken** *v/i.* counteract, *stärker*: fight.

entgegnen *v/t. u. v/i.* reply; *schlagfertig, kurz*: retort; **Entgegnung** *f* reply (***auf*** to); *kurze*: retort.

entgehen *v/i.* **1.** (*dem Tod etc.*) escape *death etc.*; ***e-r Strafe*** (***dem Gesetz***) ~ evade punishment (the law); ***knapp e-m Attentat*** *etc.* ~ narrowly escape assassination *etc.*; **2.** *fig.* ***j-m*** ~ escape s.o.('s notice); ***es kann ihm doch nicht*** ~, ***daß*** he can't fail to notice that; ***ihm entging nichts*** he didn't miss a thing; **3.** *fig.* ***sich et.*** ~ ***lassen*** miss s.th., let s.th. slip; ***er ließ sich die Gelegenheit nicht*** ~ he seized (F grabbed) the opportunity; ***sie läßt sich nichts*** ~ she takes everything she can get.

entgeistert *adj. u. adv.* aghast, dumbfounded, flabbergasted; (*entsetzt*) *a.* horrified; ***was siehst du mich so*** ~ ***an?*** why do you look so surprised (*od.* shocked)?

Entgelt *n* remuneration; (*Gebühr, Honorar*) fee; (*Belohnung*) reward; ***gegen*** ~ subject to payment; ***als*** ~ ***für*** in return for; **entgelten** *v/t.*: ***j-m et.*** ~ pay s.o. for s.th., (*Gefälligkeit*) repay s.o. for s.th.; ***j-n et.*** ~ (*büßen*) ***lassen*** make s.o. pay for s.th.; **entgeltlich** *adj. u. adv.* against payment.

entgiften *v/t.* **1.** detoxify; *von Gasen etc.*: decontaminate; (*Gase*) scrub; **2.** *fig.* ***die Atmosphäre*** ~ clear the air; **Entgiftung** *f* detoxification; decontamination; **Entgiftungsanlage** *f* detoxification plant.

entgleisen *v/i.* **1.** be derailed, jump the track; **2.** *fig.* commit a faux pas; (*zu weit gehen*) overstep the mark; ***moralisch*** ~ stray off the straight and narrow; **3.** *fig. Diskussion etc.*: get off the track; **Entgleisung** *f* **1.** derailment; **2.** *fig.* faux pas, gaffe.

entgleiten *v/i.* **1. *j-m*** ~ slip out of s.o.'s hand(s); **2.** *fig.* ***j-m*** (*j-s Kontrolle*) ~ slip out of s.o.'s control, *Kind etc.*: drift away from s.o.; ***es entgleitet mir*** I'm losing my grip on it (*od.* my hold over it).

entgraten *v/t.* ⚙ deburr.

entgräten *v/t.* bone, fillet.

enthaaren *v/t.* depilate; **Enthaarungscreme** *f* depilatory (cream).

enthalten I. *v/t.* contain; (*fassen*) hold; (*umfassen*) comprise; ***mit*** ~ ***sein in*** be included in; ***3 ist in 12 viermal*** ~ three goes into twelve four times; **II.** *v/refl.*: ***sich*** ~ *gen.* abstain from, *et. zu tun*: *a.* refrain from (*ger.*); *parl.* ***sich der Stimme*** ~ abstain; ***ich konnte micht nicht*** ~ ***zu*** *inf.* I couldn't restrain myself from *ger.*; **enthaltsam** *adj.* abstemious; (*mäßig*) moderate, *im Trinken*: *a.* temperate; *sexuell*: continent; **Enthaltsamkeit** *f* abstinence; moderation; continence; → ***enthaltsam***; ***vollkommene*** ~ total abstinence, *im Trinken*: *a.* teetotalism; **Enthaltung** *f* abstention (*a. Stimm*♀); *sexuelle*: continence.

enthärten *v/t.* (*Wasser*) soften; **Enthärtungsmittel** *n* (water) softener.

enthaupten *v/t.* behead, decapitate; **Enthauptung** *f* decapitation; (*Hinrichtung*) execution.

enthäuten *v/t.* **1.** (*j-n, Tier*) skin, flay; **2.** (*Obst etc.*) skin, peel.

entheben *v/t.* (*e-r Sache*) relieve of; (*e-r Pflicht etc.*) *a.* release (*od.* exempt) from; (*des Amtes*) remove from *office*; ***j-n der Mühe*** ~ save (*od.* spare) s.o. the trouble; ***j-n vorläufig s-s Amtes*** ~ suspend s.o. from office; **Enthebung** *f von Pflicht etc.*: release (***von*** from); ~ ***vom Amt*** dismissal (*od.* removal) from office.

entheiligen *v/t.* desecrate; **Entheiligung** *f* desecration.

enthemmen I. *v/t.* disinhibit, help *s.o.* lose his (*od.* her) inhibitions; **II.** *v/i.* have a disinhibiting effect; **enthemmend I.** *adj.* disinhibitory; **II.** *adv.*: ~ ***wirken*** have a disinhibiting effect (***auf*** on); **enthemmt** *adj.* free of inhibitions, disinhibited; **Enthemmung** *f* breaking down of (*s.o.'s*) inhibitions.

enthüllen I. *v/t.* **1.** (*Statue etc.*) unveil; (*zeigen*) show; **2.** *fig.* reveal; (*aufdecken*) bring to light; (*entlarven*) unmask; **II.** *v/refl.*: ***sich*** ~ **3.** F (*sich entkleiden*) F peel off one's clothes; **4.** *fig. Person*: reveal o.s.; **5.** *Sache*: be revealed *od.* disclosed (*dat.* to); **Enthüllung** *f* **1.** unveiling; **2.** *fig.* disclosure (*gen.* of); unmasking (of); **3. ~en** *a. in der Presse*: revelations (***über*** about), disclosures (about).

Enthüllungs|journalismus *m* investigative journalism; **~journalist** *m* investigative journalist.

enthülsen *v/t.* (*Körner, Reis*) husk; (*Hülsenfrüchte*) shell, hull.

Enthusiasmus *m* enthusiasm; **Enthusiast** *m* enthusiast, F fan; **enthusiastisch** *adj.* enthusiastic(ally *adv.*).

entjungfern *v/t.* deflower; **Entjungferung** *f* deflowering.

entkalken *v/t.* descale, delime; **Entkalker** *m* descaler.

entkeimen I. *v/i.* **1.** germinate, sprout; **2.** *fig. dem Herzen etc.*: spring from; **II.** *v/t.* sterilize; (*Raum*) disinfect.

entkernen *v/t.* stone; (*Äpfel*) core; (*Trauben etc.*) seed.

entkleiden I. *v/t.* **1.** undress; take *s.o.'s* clothes off; **2.** *fig.* (*e-s Amtes etc.*) divest of, strip of; **II.** *v/refl.*: ***sich*** ~ undress, get undressed, take one's clothes off, *formell*: remove (all) one's clothes.

entkoffeiniert *adj.* decaffeinated; ***~er Kaffee*** *a.* F decaf.

entkolonialisieren *v/t.* decolonialize; **Entkolonialisierung** *f* decolonialization.

entkommen I. *v/i.* escape (*dat.* from), get

away (from); → ***knapp*** I; **II.** 2 *n* escape; ***da gibt es kein*** ~ there's no escaping.

entkoppeln *v/t.* uncouple; (*Radio*) decouple.

entkorken *v/t.* uncork.

entkräften *v/t.* **1.** weaken, enfeeble, *stärker*: debilitate; (*entnerven*) enervate; (*erschöpfen*) exhaust; **2.** ⚖ invalidate, (*a. widerlegen*) refute; **Entkräftung** *f* **1.** weakening, enfeeblement, debilitation; **2.** ⚖ invalidation; (*Widerlegung*) refutation.

entkrampfen I. *v/t.* **1.** (*Muskeln etc.*) relax; **II.** *v/refl.*: ***sich*** ~ **2.** relax; **3.** *Spannung, Verhältnis etc.*: ease; **Entkrampfung** *f* **1.** relaxation; **2.** easing.

entladen I. *v/t.* **1.** unload (*a. Gewehr*), (*Schüttgut*) dump; ⚡ discharge; **2.** *fig.* (*Zorn*) give vent to; **II.** *v/refl.*: ***sich*** ~ **3.** ⚡ discharge; *Gewitter*: break; *Schußwaffe*: go off; **4.** *fig. Spannung*: be released; *Zorn etc.*: break out, erupt; ***sein Zorn entlud sich über uns*** he took his anger out on us; **Entladung** *f* **1.** unloading; dumping; discharge; **2.** *fig.* release; eruption; → ***entladen.***

entlang *adv. u. prp.* along; ***die Küste*** (***den Wald*** *etc.*) ~ along the coast (the woods *etc.*); ***die Straße*** ~ along the street (*od.* road), *laufen etc.*: *a.* up (*od.* down) the street *od.* road; ***die ganze Straße*** ~ all the way up (*od.* down) the street *od.* road, all along the street (*od.* road); ***hier*** ~, ***bitte!*** this way, please; ~***gehen*** *etc. v/t.* (*a. v/i.*: ~ ***an***) go (*od.* walk) *etc.* along.

entlarven I. *v/t.* unmask, expose, F debunk; **II.** *v/refl.*: ***sich*** ~ ***als*** turn out to be; **Entlarvung** *f* unmasking, exposure.

entlassen *v/t.* dismiss; (*Patienten*) discharge (***aus*** from); (*Gefangene*) release; (*Arbeitnehmer*) dismiss, F fire, give *s.o.* the sack, (*freisetzen*) make redundant; *mit Pension*: pension off; (*Truppen*) disband; ***aus der Schule*** ~ ***werden*** *nach Abschluß etc.*: leave school, *zwangsweise*: be expelled (from school); ***j-n aus e-r Verpflichtung*** ~ release (*od.* free) s.o. from an obligation; → ***fristlos***; **Entlassung** *f* dismissal; discharge; release; pensioning off; disbanding; → ***entlassen***; ***s-e*** ~ ***einreichen*** hand in one's notice (*od.* resignation), *formell*: tender one's resignation.

Entlassungs|gesuch *n* (letter of) resignation; ~**grund** *m* grounds *pl.* for dismissal; ~**papiere** *pl.* ⚔ discharge papers, F marching orders, *Am.* F walking papers, pink slip *sg.*; ~**schreiben** *n* letter of dismissal.

entlasten *v/t.* **1.** (*j-n*) relieve (***von*** of), ease the burden (*od.* workload *etc.*) of; take some of the strain off; make life easier for; **2.** (*Verkehr*) ease *the traffic load*; (*Ballungsraum*) relieve the congestion in; **3.** ⚖ *von e-r Anklage*: clear *s.o.* of a charge, exonerate; **4.** (*Konto*) credit; (*Schuldner*) discharge; **5.** *Skisport*: unweight; **entlastend** *adj.* ⚖ exonerating; **Entlastung** *f* **1.** relief of the strain (*gen.* on), easing the burden *etc.* (of, on); → ***entlasten***; **2.** ⚖ exoneration.

Entlastungs|beweis *m*, ~**material** *n* ⚖ evidence for the defen|ce (*Am.* -se); ~**straße** *f* relief road; ~**ventil** *n* ⚙ safety (*od.* relief) valve; ~**zeuge** *m* witness for the defen|ce (*Am.* -se); ~**zug** *m* relief train.

entlauben I. *v/t.* strip of its leaves; *mit chemischen Mitteln*: defoliate; **II.** *v/refl.*: ***sich*** ~ shed its leaves; **entlaubt** *adj.* bare, leafless; **Entlaubung** *f* defoliation; **Entlaubungsmittel** *n* defoliant.

entlaufen I. *v/i.* run away (*dat.* from); **II.** *p.p. u. adj. Kind etc.*: runaway; *Sträfling*: escaped; ***„Siamkatze*** ~" lost: Siamese cat; missing: Siamese cat.

entlausen *v/t.* delouse.

entledigen *v/refl.*: ***sich*** ~ (*j-s od. e-r Sache*) get rid of; (*e-s Kleidungsstücks*) take off, remove; (*e-r Aufgabe*) carry out; (*e-r Verpflichtung*) fulfil(l); **Entledigung** *f e-r Verpflichtung*: fulfil(l)ment; (*Befreiung*) release, exemption.

entleeren I. *v/t.* empty; *phys. u. physiol.* evacuate; **II.** *v/refl.*: ***sich*** ~ (*s-e Notdurft verrichten*) empty one's bowels; **Entleerung** *f* emptying; *phys. u. physiol.* evacuation.

entlegen *adj.* remote; out-of-the-way; *Gedanke etc.*: strange.

entlehnen *v/t.* (*Wort, Idee etc.*) borrow (*dat.*, ***aus, von*** from); **Entlehnung** *f* (*a. Ausdruck etc.*) borrowing (***aus*** from).

entleihen *v/t.* borrow; **Entleiher** *m* borrower; **Entleihung** *f* borrowing.

Entlein *n* duckling; *fig.* ***häßliches*** ~ ugly duckling.

entloben *v/refl.*: ***sich*** ~ break off one's engagement; **Entlobung** *f* breaking off of an (*od.* one's) engagement, F *hum.* disengagement.

entlocken *v/t.*: ***e-r Sache et.*** ~ draw s.th. out of s.th.; ***j-m et.*** ~ *durch Schmeichelei, mit Geduld etc.*: coax s.th. out of s.o.; ***j-m ein Geständnis*** (***Geheimnis***) ~ get s.o. to admit s.th. (worm a secret out of s.o.).

entlohnen *v/t.* pay; **Entlohnung** *f* pay, payment; → *a.* ***Entgelt.***

entlüften *v/t.* air; ⚗ de-aerate; (*Bremse*) bleed; **Entlüfter** *m* ventilator; *Bremse*: bleeder; (*Stutzen*) air vent; **Entlüftung** *f* ventilation; ⚗ de-aeration.

Entlüftungs|anlage *f* ventilation system; ~**rohr** *n mot.* vent pipe; ~**ventil** *n* ventilation valve; *mot.*, *Heizung etc.*: bleeder valve.

entmachten *v/t.* strip *s.o.* of (political) power (*od.* of all power[s]), topple *s.o.* from power, take all power(s) away from *s.o.*; **Entmachtung** *f* loss of power; (*Vorgang*) toppling (*gen.* of); *e-s Monarchen*: *a.* dethronement; ***nach ihrer*** ~ after being toppled (*od.* dethroned) (***durch*** by, at the hands of).

entmagnetisieren *v/t.* demagnetize.

entmannen *v/t.* castrate; **Entmannung** *f* castration, *a. fig.* emasculation.

entmaterialisieren *v/t.* dematerialize.

entmenschlichen *v/t.* dehumanize; **entmenschlicht** *adj.* inhuman; **Entmenschlichung** *f* dehumanization.

entmilitarisieren *v/t.* demilitarize; **entmilitarisiert** *adj.* demilitarized; **Entmilitarisierung** *f* demilitarization.

entminen *v/t.* ⚔ clear of mines.

entmündigen *v/t.* (legally) incapacitate; **entmündigt** *adj.* (legally) incapacitated; **Entmündigung** *f* (legal) incapacitation; *wegen Unzurechnungsfähigkeit*: interdiction.

entmutigen *v/t.* discourage, dishearten; ***laß dich nicht*** ~***!*** don't be put off, don't let them put you off, don't lose heart; **entmutigend** *adj.* discouraging, disheartening; **entmutigt** *adj.* disheartened, dispirited; **Entmutigung** *f* disheartenment; ***tiefe*** ~ despondency.

entmystifizieren *v/t.* demystify, F debunk; **Entmystifizierung** *f* demystification, F debunking.

entmythologisieren *v/t.* demythologize; **Entmythologisierung** *f* demythologization.

Entnahme *f* taking *of blood, of a sample etc.*; *von Geld*: withdrawal.

entnazifizieren *v/t.* denazify; **Entnazifizierung** *f* denazification.

entnehmen *v/t.* **1.** take (*dat.* from, out of); (*e-m Buch etc.*) *a.* borrow (from), (*zitieren*) quote (from); **2.** *fig.* (*erfahren*) learn (*dat.* from); (*folgern*) take it (from); gather (from), infer (from); ***ich entnehme Ihrem Schreiben, daß*** I infer from your letter that; (***aus***) ***s-n Worten war zu*** ~, ***daß*** from what he said it seemed that; ***s-n Ausführungen war nicht zu*** ~, ***ob*** it wasn't clear from what he said whether; ***aus ihrer Ansprache war nicht viel zu*** ~ there wasn't much to be gleaned from her address; ***ich entnehme Ihren Worten, daß Sie ...*** I take it that you ...

entnerven *v/t.* enervate; ***j-n*** ~ *stärker*: fray s.o.'s nerves; **entnervend** *adj.* enervating, *stärker*: nerve-wracking; **entnervt** *adj.* enervated; ***ich bin völlig*** ~ my nerves are shot.

Entoblast *n biol.* endoblast.

Entoderm *n biol.* endoderm.

Entomologe *m* entomologist; **Entomologie** *f* entomology; **entomologisch** *adj.* entomological.

entpersönlichen *v/t.* depersonalize.

entpolitisieren *v/t.* depoliticize; **Entpolitisierung** *f* depoliticization.

entprivatisieren *v/t.* deprivatize, nationalize; **Entprivatisierung** *f* deprivatization, nationalization.

entpuppen *v/refl.* **1.** ***sich*** ~ ***als*** turn out to be; *iro.* ***er hat sich ganz schön entpuppt*** he's (finally) shown himself in his true colo(u)rs; **2.** ***sich*** ~ *Schmetterling etc.*: emerge from its cocoon.

entrahmen *v/t.* (*Milch*) skim; *in e-r Zentrifuge*: separate the cream from *the milk*; **entrahmt** *adj.*: ~***e Milch*** skimmed milk.

enträtseln *v/t.* solve; (*Schrift etc.*) decipher; ***ein Geheimnis*** ~ *a.* unravel a mystery.

entrechten *v/t.*: ***j-n*** ~ deprive s.o. of his (*od.* her) rights; **Entrechtung** *f* deprivation of rights.

Entrecote *n gastr.* entrecote, rib of beef.

entreißen *v/t.*: ***j-m et.*** ~ *a. fig.* snatch s.th. from s.o.; ***j-n den Flammen*** *etc.* ~ rescue s.o. from the flames *etc.*; ***j-n dem Tod*** ~ snatch s.o. from the jaws of death; ***j-m den Sieg*** ~ snatch victory from s.o.

entrichten *v/t.* **1.** (*Summe etc.*) pay; **2.** *fig.* ***j-m s-n Tribut*** ~ pay (one's) tribute to s.o.; **Entrichtung** *f* payment (*gen.* of).

entriegeln *v/t.* unlock, release; **Entriegelung** *f* unlocking, release.

entringen I. *v/t.*: ***j-m et.*** ~ wrench (*a. fig.* wrest) s.th. from s.o.; **II.** *v/refl.*: ***sich*** *j-m etc.* ~ break away from.

entrinnen I. *v/i.* escape, get away (*dat.* from); **II.** 2 *n* escape; ***es gibt kein*** ~ there's no escaping (***vor*** *s.th.*).

entrollen I. *v/t.* unroll; (*Fahne, Segel*) unfurl; **II.** *fig. v/refl.*: ***sich*** ~ unfold.

entromantisieren *v/t.* deromanticize; **Entromantisierung** *f* deromanticization.

entrosten *v/t.* remove the rust from; **Entrostung** *f* removal of (the) rust, rust removal.

entrücken *v/t.* carry away, transport (*dat.* from; ***nach*** to); (*verzücken*) enrapture, entrance; *bibl.* translate; **entrückt** *adj.* rapt, entranced; **Entrücktheit** *f* state of rapture (*od.* ecstasy); **Entrückung** *f* (state of) rapture *od.* ecstasy; *bibl.* translation.

entrümpeln *v/t.* clear out; *fig.* (*Ideologie etc.*) clean up; **Entrümpelung** *f* clearing out; *fig.* clean-up.

entrüsten I. *v/t.* fill *s.o.* with indignation; (*erzürnen*) anger, incense; (*schockieren*) shock; **II.** *v/refl.*: ***sich*** ~ become (*od.* be) very indignant (***über*** at *s.th.*, with *s.o.*), get (*od.* be) angry (at, with); be up in arms (over, about); (*schockiert sein*) be shocked (at); **entrüstet** *adj.* indignant; angry, furious; shocked; up in arms; **Entrüstung** *f* (shock and) indignation (***über*** at); anger (at); **Entrüstungssturm** *m* storm of indignation.

entsaften *v/t.* extract the juice from; (*Zitrone etc.*) *a.* squeeze; **Entsafter** *m* juice extractor, *Am.* juicer.

entsagen *v/i.* (*der Welt etc.*) renounce; (*dem Alkohol etc.*) give up; ***der Welt*** ~ *a.* turn one's back on the world, renounce all worldly things; ***dem Thron*** ~ abdicate (from the throne); **Entsagung** *f* renunciation (*gen.* of); (*Selbst*≈) self-denial; **entsagungsreich** *adj. Leben etc.*: full of privation; **entsagungsvoll** *adj. Leben etc.*: full of privation; *Person*: self-denying; *Blick etc.*: resigned; ***ein ~es Leben*** *a.* a life of self-denial; ***es ist ein ~er Beruf*** it's a career (*od.* job) requiring a great deal of self-denial (*od.* self-sacrifice).

entsalzen *v/t.* desalinate; **Entsalzung** *f* desalination; **Entsalzungsanlage** *f* desalination plant.

Entsatz *m* relief (troops *od.* forces *pl.*).

entsäuern *v/t.* de-acidify; **Entsäuerung** *f* de-acidification.

entschädigen I. *v/t.*: ~ ***für*** *e-n Verlust etc.*: compensate for; *geleistete Dienste*: remunerate for; *Auslagen*: reimburse for; *fig.* compensate for, make up for; **II.** *v/refl.*: ***sich*** ~ recoup (*od.* make good) one's losses; *fig.* compensate, make up for it, ***für:*** compensate for, make up for; **Entschädigung** *f* compensation (*a. fig.*); remuneration; reimbursement; → ***entschädigen***; *fig.* ~ ***erhalten*** gain redress.

Entschädigungs|anspruch *m* claim for compensation; **~klage** *f* action for damages; **~summe** *f* amount of compensation, damages *pl.*, indemnity.

entschärfen I. *v/t.* **1.** (*Sprengkörper*) defuse; (*Munition*) deactivate; **2.** *fig.* (*Lage etc.*) defuse; (*Rede etc.*) take the edge off; (*Buch etc.*) take the offensive parts out of, *Brit. a.* bowdlerize; **II.** *v/refl.*: ***sich*** ~ *Lage etc.*: ease, lose its tension.

Entscheid *m* decision, ruling, decree; → ***Entscheidung***; **entscheiden I.** *v/t.* **1.** decide; *endgültig*: settle; ⚖ decide, rule; ***damit war die Sache entschieden*** that settled it; ***das mußt du*** ~ that's up to you; ⚖ ***der Fall ist noch nicht entschieden*** the case is still pending; **II.** *v/i.* **2.** (*den Ausschlag geben*) be decisive; ~ ***über*** decide (on) *s.th.*, determine; ⚖ ***es wurde gegen ihn entschieden*** he lost the case; **III.** *v/refl.*: ***sich*** ~ **3.** *Person*: decide, make up one's mind; ***sich*** ~ ***zu*** *inf.* decide to *inf.*, (*e-e Alternative wählen*) decide on *ger.*; ***sich für et.*** ~ decide on s.th.; ***wir haben uns entschieden, nicht hinzugehen*** we('ve) decided not to go (*od.* against going); **4.** *Sache*: be decided, be settled; **entscheidend I.** *adj.* (*ausschlaggebend*) decisive (***für*** for, in); (*kritisch*) crucial; *Augenblick*: critical; *Fehler etc.*: fatal; *Problem etc.*: vital; *Änderungen*: fundamental; ***der ~e Faktor*** the deciding factor; ***~e Stimme*** casting vote; ***das*** ≈***e*** the most important thing, the key factor; **II.** *adv.* decisively; ***et.*** ~ ***ändern*** bring about fundamental changes in s.th.; ~ ***zu et. beitragen*** be instrumental in bringing s.th. about; **Entscheidung** *f* decision (***über*** on); ⚖ *a.* ruling; → ***Urteil***; *der Geschworenen*: verdict; ***e-e*** ~ ***treffen*** (*od.* ***fällen***) make (*od.* come to) a decision, decide; ***die*** ~ ***fällt mir schwer*** I can't decide, I'm finding it hard to decide; ***zur*** ~ ***kommen*** come up for decision, (*entschieden werden*) be decided; ***um die*** ~ ***spielen*** *Sport*: play (*od.* be) in the final.

Entscheidungs|befugnis *f* competence; **~findung** *f* decision-making; **~freiheit** *f* freedom of choice; ≈**freudig** *adj.* quick to make decisions; not afraid of making (*od.* to make) decisions; **~grund** *m* decisive factor; **~kampf** *m* decisive battle; *fig.* showdown; *Sport*: decisive match; **~merkmal** *n* criterion; **~möglichkeit** *f* possibility, possible decision; **~prozeß** *m* decision-making process; **~schlacht** *f* decisive battle; ≈**schwer** *adj. Stunde etc.*: momentous; **~spiel** *n Sport*: deciding match, decider; (*Endspiel*) final; **~stunde** *f* moment of truth; **~träger** *m* decision-maker; ***politischer*** ~ policy-maker.

entschieden I. *adj.* (*entschlossen*) determined, resolute; (*ausgesprochen*) decided; (*nachdrücklich*) emphatic(ally *adv.*); (*unbestreitbar*) unquestionable; *Ton*: peremptory, authoritative; ***ein ~er Gegner von*** a declared opponent (*od.* enemy) of; **II.** *adv.* (*fest*) firmly, resolutely; (*zweifellos*) definitely, without (a) doubt, decidedly; (***ganz***) ~ ***bestreiten*** firmly (*od.* vehemently) dispute; (***ganz***) ~ ***zurückweisen*** categorically (*od.* flatly) deny; (***ganz***) ~ ***ablehnen*** flatly refuse; ~ ***zu wenig*** *etc. a.* much too little *etc.*; ***sich*** ~ ***aussprechen für*** (***gegen***) come out strongly in favo(u)r of (against); **Entschiedenheit** *f* determination, resoluteness; ***mit*** (***aller***) ~ categorically; ***mit*** (***aller***) ~ ***ablehnen*** flatly refuse.

entschlacken *v/t.* **1.** ⚙ remove the cinders (*od.* slag) from; **2.** ⚕ purify; (*Darm*) purge; ***den Körper*** ~ *a.* flush one's body through, get rid of all the poisons in one's body (*od.* bloodstream); **Entschlackung** *f* ⚕ purification; *des Darms*: purging, purge.

entschlafen *v/i.* **1.** fall asleep; **2.** *euphem.* (***sanft***) ~ pass away (peacefully).

entschleiern I. *v/t.* **1.** unveil, take *s.o.'s* veil off; **2.** *fig.* reveal, disclose, unveil; **II.** *v/refl.*: ***sich*** ~ take off one's veil, unveil (o.s.); **Entschleierung** *f a. fig.* unveiling.

entschließen *v/refl.*: ***sich*** ~ decide (***zu, für*** *et.*: on; ***zu*** *inf.* to *inf.*); make up one's mind (to *inf.*); ***sich anders*** ~ change one's mind; ***ich weiß nicht, wozu ich mich*** ~ ***soll*** I don't know what to decide; ***er kann sich zu nichts*** ~ he (just) can't make up his mind; **Entschließung** *f bsd. pol.* resolution; **Entschließungsantrag** *m pol.* proposal for a resolution.

entschlossen I. *adj.* determined; *Persönlichkeit*: *a.* resolute; ***zu allem*** ~ prepared to go to any length(s); ***e-n ~en Eindruck machen*** seem very determined, have an air of determination (about one); ***e-e ~e Haltung annehmen*** take a firm stand (***in*** on); **II.** *adv.* resolutely; with determination; ***kurz*** ~ without a moment's hesitation, (*plötzlich*) suddenly, out of the blue, on the spur of the moment; ***e-r Sache*** ~ ***ins Auge sehen*** face up to s.th. squarely; **Entschlossenheit** *f* determination, resolution, resoluteness.

entschlüpfen *v/i.* slip away, escape (*dat.* from); ***j-m*** ~ *a.* give s.o. the slip; *fig. Wort*: slip out.

Entschluß *m* decision; ***e-n*** ~ ***fassen, zu e-m*** ~ ***kommen*** make (*od.* reach) a decision, make up one's mind; ***zu dem*** ~ ***kommen zu*** *inf.* make up one's mind (*od.* decide) to *inf.*; ***es ist sein fester*** ~ ***zu*** *inf.* he firmly intends to *inf.*; ***aus eigenem*** ~ on one's own initiative, F off one's own bat.

entschlüsseln *v/t.* decipher (*a. Rätsel*); (*dekodieren*) *a.* decode; **Entschlüsselung** *f* decipherment, deciphering; (*Dekodierung*) *a.* decoding.

entschlußfähig *adj.* capable of deciding; **entschlußfreudig** *adj.* quick to make decisions, not afraid of making (*od.* to make) decisions; (*unternehmend*) enterprising; **Entschlußkraft** *f* determination.

entschuldbar *adj.* excusable, pardonable; **entschuldigen I.** *v/t.* excuse; ***sich*** ~ ***lassen*** excuse o.s. *od.* apologize (for not coming *etc.*), *schriftlich*: *a.* send an excuse (*od.* apology); ***j-n*** ~ ***lassen*** ask for s.o. to be excused; ***Herr X läßt sich*** ~ Mr X sends his apologies (*od.* regrets), *formeller*: Mr X regrets he cannot attend (*od.* be present); ~ ***Sie, daß ich nicht gekommen bin*** I'm sorry I didn't come, *formeller*: please forgive me for not coming; ~ ***Sie die Störung!*** sorry to bother (*od.* disturb) you; ~ ***Sie die Unordnung!*** (please) excuse the mess; **II.** *v/i.*: ~ ***Sie!, entschuldige!*** excuse me, (*Verzeihung!*) sorry, *Am.* excuse me; **III.** *v/refl.*: ***sich*** ~ apologize, say (one is) sorry; *bei Abwesenheit, beim Weggehen*: excuse o.s.; ***sich bei j-m*** ~ apologize *od.* say sorry (to s.o.) (***wegen*** for, about); ***ich habe mich bei ihm entschuldigt*** *a.* I told him I was sorry; ***ich entschuldigte mich, daß ich es vergessen hatte*** I apologized for having forgotten (it); ***du brauchst dich nicht zu*** ~ don't (*od.* no need to) apologize; **entschuldigend I.** *adj.* apologetic; **II.** *adv.* apologetically; ***fügte er*** ~ ***hinzu*** *a.* he added by way of apology; **Entschuldigung** *f* apology; (*Grund, Vorwand*) excuse; *Schule, schriftliche*: note; ***~!*** sorry, *Am.* excuse me; ***~,*** *darf ich mal vorbei?* excuse me, ...; ***als*** (*od.* ***zur***) ~ ***für*** a) by way of apology for, b) as an excuse (*od.* explanation) for, to excuse; ***als*** ~ (*Ausrede*) ***dienen für*** serve as a pretext for; ***dafür gibt es keine*** ~ there's no excuse for it; ***es muß zu ihrer*** ~ ***gesagt werden*** it has to be said in her defen|ce (*Am.* -se); ***ich bitte***

Sie vielmals um ~ I do apologize (***wegen*** for, about); ***ich bitte tausendmal um*** ~ *iro.* a thousand pardons.

Entschuldigungs|grund *m* excuse; **~schreiben** *n* (letter of) apology, written apology; **~zettel** *m Schule*: note, written excuse.

entschwefeln *v/t.* desulphurize, *Am.* desulfurize; **Entschwefelung** *f* desulphurization, *Am.* desulfurization.

entschwinden *v/i.* disappear, vanish (***in*** into); ***im Dunkeln*** ~ vanish into the dark (*od.* night); ***dem Gedächtnis*** ~ slip (*od.* escape) one's memory.

entseelt *adj. a. fig.* dead, lifeless.

entsenden *v/t.* send, dispatch.

entsetzen I. *v/t.* **1.** (*j-n, erschrecken*) appal(l), shock; horrify; **2.** ⚔ (*Festung, Truppen*) relieve; **II.** *v/refl.*: ***sich*** ~ be horrified (*od.* appalled) (***über*** at), *moralisch*: be shocked (at); **III.** ♀ *n* horror, dismay; ***mit*** ~ ***vernahmen wir*** we were shocked to hear (*od.* learn); **Entsetzensschrei** *m* cry of horror; **entsetzlich I.** *adj.* dreadful, terrible, appalling; shocking; **II.** *adv.* dreadfully, terribly (*beide a.* F *sehr*); F ~ ***langweilig*** F deadly boring; F ~ ***dumm*** F incredibly thick; **entsetzt** *adj.* appalled, shocked, horrified (*alle* ***über*** at, by); aghast (at); ***~er Blick*** look of (absolute) horror; ***ein ~es Gesicht machen*** look shocked (*od.* horrified).

entseuchen *v/t.* decontaminate; **Entseuchung** *f* decontamination; **Entseuchungsanlage** *f* decontamination plant.

entsichern *v/t.* (*Waffe*) release the safety catch of, cock; **entsichert** *adj.*: ~ ***sein*** have the safety catch off.

entsiegeln *v/t.* unseal.

entsinnen *v/refl.*: ***sich*** ~ recall, recollect, remember (*gen. s.o., s.th.*); ***wenn ich mich recht entsinne*** if I remember rightly; ***ich entsinne mich, daß er das sagte*** I remember him saying it.

Entsittlichung *f* corruption.

entsorgen *v/t.* (*Abfall, a. Atommüll etc.*) dispose of; (*Anlage etc.*) clean (up), *bei Radioaktivität*: *a.* decontaminate; (*Stadt etc.*) clean up; **Entsorgung** *f* (waste) disposal; *e-r Anlage etc.*: cleaning (up), *bei Radioaktivität*: decontamination; *e-r Stadt etc.*: cleaning up.

Entsorgungs|anlage *f* waste disposal plant; **~firma** *f* waste disposal company; *engS.* atomic waste disposer; **~wirtschaft** *f* waste (disposal) industry; **~zentrum** *n* waste disposal plant.

entspannen I. *v/refl.*: ***sich*** ~ **1.** *Person*: relax, unwind; *Muskeln, Gesicht etc.*: relax, slacken, loosen up; ***man kann sich dabei gut*** ~ it helps you relax, it's good for relaxing; **2.** *fig. Lage*: ease (up), cool off, calm down; *Beziehungen*: ease (up), become more relaxed, lose their tension; **II.** *v/t.* **3.** (*Muskeln etc.*) relax, slacken, loosen up; (*Person*) relax, have a relaxing effect on; ***das entspannt die Nerven*** that will soothe your nerves; **4.** (*Feder, Seil etc.*) slacken; (*Bogen*) unbend; (*Wasser*) unstress, reduce the surface tension of; **5.** *fig.* (*Lage etc.*) ease (up); **III.** *v/i.* be relaxing, have a relaxing effect; **Entspannung** *f* **1.** relaxation, rest; **2.** ✝ easing; *pol.* easing of tension, détente.

Entspannungs|gespräch *n pol.* conciliatory talks *pl.*; **~literatur** *f* light reading; **~politik** *f* policy of détente; **~prozeß** *m pol.* process of détente; **~übung** *f* relaxation exercise.

entspiegelt *adj.*: ***~es Objektiv*** (***Glas***) coated lens (glass).

entspinnen *v/refl.*: ***sich*** ~ arise, develop (***aus*** from); (*folgen*) ensue (from).

entsprechen *v/i.* **1.** (*e-r Sache*) correspond to (*od.* with); (*e-r Beschreibung*) *a.* fit, agree with; (*gleichwertig sein*) be equivalent to; (*sich decken mit*) tally (*od.* tie up) with; **2.** (*erfüllen*) fulfil(l); (*Anforderungen, Erwartungen*) meet, come (*od.* live) up to; (*e-r Bitte*) comply with; *Erwartungen etc.* ***nicht*** ~ fall short of, fail to meet; **entsprechend I.** *adj.* corresponding (*dat.* to); (*angemessen*) appropriate (to), adequate (to); (*gleichwertig*) equivalent (to); (*erforderlich*) necessary (for, to); *sinngemäß*: analogous (to); *im Verhältnis*: proportionate (to), commensurate (with); (*jeweilig, betreffend*) respective; (*zuständig*) appropriate, competent; ***~es Gehalt*** commensurate salary; ***der ~e französische Ausdruck*** the French equivalent; *das Essen war miserabel* ***und der Wein war*** ~ and so was the wine, and the wine was no better; **II.** *adv.* correspondingly *etc.*; → I; ***er verhielt sich*** ~ he acted accordingly; ~ ***hat er geantwortet*** he gave a fitting reply; *dicke Arme* ***und*** ~ ***dicke Beine*** and legs to match; **III.** *prp.* (*gemäß*) according to; (*befolgend*) in compliance with; ***sich s-m Alter*** ~ ***benehmen*** act one's age, *formell*: act in a manner befitting one's age; *wie geht es ihr?* - ***den Umständen*** ~ as well as one might expect under the circumstances; *wie ist die Stimmung?* - ***den Umständen*** ~ as one might expect under the circumstances; **Entsprechung** *f* **1.** (*Übereinstimmung*) correspondence (***mit*** with, to); **2.** *konkret*: equivalent (*a. ling.*); (*Gegenstück*) counterpart; (*Analogie*) analogy; (*Parallele*) parallel.

entsprießen *v/i.* (*dem Boden etc.*) spring from (*od.* out of); *fig.* → ***entstammen.***

entspringen *v/i.* **1.** *Fluß*: rise, have its source (*dat. od.* ***in*** in, at); *Quelle*: spring (from); **2.** *fig.* ~ ***aus*** (*od. dat.*) spring (*od.* arise, come) from; originate from (*od.* in); **3.** (*entfliehen*) escape (*dat. od.* ***aus*** from); **4.** → ***entstammen.***

entstaatlichen *v/t.* denationalize; (*Kirche*) disestablish; **Entstaatlichung** *f* denationalization; *e-r Kirche*: disestablishment.

entstalinisieren *v/t. pol.* destalinize; **Entstalinisierung** *f* destalinization.

entstammen *v/i.* **1.** (*abstammen von*) descend from, be descended from, come from; (*e-m bestimmten Milieu, Gebiet*) come from, have grown up in; **2.** (*herrühren von*) come from, originate from (*od.* in), derive from, go back to.

entstauben *v/t.* dust, remove the dust from.

Entstaubungsanlage *f* dust extraction plant.

entstehen I. *v/i.* come into being; *Nation*: *a.* be born; (*erwachsen*) emerge (***aus*** from), develop (from), *Schwierigkeiten etc.*: arise (from); (*geschaffen werden*) be made (from), be created (from); *Gebäude*: be built; *Buch, Komposition*: be written; *Stadt*: spring up, *allmählich*: develop, grow; ~ ***durch*** result from, be caused by, be a result of; ~ ***aus*** (*e-m Verhältnis, Zustand etc.*) *a.* grow out of; ***aus der Situation entstand ...*** *a.* the situation gave rise to (*od.* led to, brought about) ...; ***die Idee entstand aus*** the idea stems from (*od.* goes back to); ***als die Welt entstand*** when the world began (*od.* came into being); ***daraus ~de Kosten*** (any) costs arising from it; **II.** ♀ *n* → ***Entstehung***; ***im*** ~ ***begriffen*** developing, *nachgestellt*: in the making; *formell*: incipient (*a.* ⚕); *Staat*: emergent; ⚗ nascent; **Entstehung** *f* emergence, development; (*Ursprung, Anfang*) origin, beginning; *e-s Staates etc.*: birth.

Entstehungs|geschichte *f* history of the origin(s) (*gen.* of); *e-s Kunstwerks etc.*: genesis; *bibl.* Genesis; ***s-e*** ~ *a.* the story of how it came into being, the history of its beginnings; ***die*** ~ ***der Menschheit*** the evolution of man (*od.* the human race); **~ort** *m* place of origin, home; **~zeit** *f* period (*genau*: date) of origin; ***die*** ~ ***dieser Vase liegt in der Frührenaissance*** this vase dates (*od.* goes) back to the early Renaissance, this vase originated in the early Renaissance.

entsteigen *v/i.* **1.** (*e-r Raumkapsel etc.*) emerge from, get out of, (*e-m Wagen etc.*) *a.* step out of, alight from; **2.** *fig. Dämpfe etc.*: rise (up) from.

entsteinen *v/t.* stone.

entstellen *v/t.* **1.** (*Gesicht etc.*) disfigure; (*Schönheit, Landschaft etc.*) mar, spoil; ***~de Narbe*** disfiguring scar; **2.** *fig.* (*Tatsachen, Wahrheit etc.*) twist, distort, misrepresent; (*Bericht*) garble; **entstellt** *adj.* **1.** *Gesicht etc.*: disfigured, *stärker*: deformed; *Schönheit, Landschaft etc.*: marred, spoilt; *fig.* ***vor Wut*** (***Schmerz***) ~ *Gesicht*: distorted with rage (contorted with pain); **2.** *fig. Wahrheit etc.*: distorted; *Bericht*: garbled; **Entstellung** *f* disfigurement; marring; distortion, misrepresentation; garbled account; → ***entstellen.***

Entstickung *f* nitrogen oxide reduction.

entstören *v/t.* (*Radio*) radio-shield, screen; (*Motor etc.*) fit with a suppressor; *teleph.* clear; **Entstörer** *m* (interference) suppressor; **entstört** *adj.* noise-suppressed; interference-free; **Entstörung** *f* interference suppression; *bei absichtlicher Störung*: anti-jamming; *mot.* shielding.

Entstörungs|dienst *m*, **~stelle** *f teleph.* fault-clearing service; ***die Entstörungsstelle anrufen*** call the engineers.

entstrahlen *v/t.* decontaminate; **Entstrahlung** *f* decontamination.

entströmen *v/i. Flüssigkeit*: flow (*od.* pour, *stärker*: gush) out (*dat.* of); *Gas etc.*: escape (from), come out (of).

enttabuisieren *v/t.* remove the taboo(s) from; (*Ausdruck*) *a.* remove the taboo value from, destigmatize.

enttarnen *v/t.* unmask; ***e-n Spion*** ~ *a.* F blow a spy's cover; **Enttarnung** *f* unmasking, exposure.

enttäuschen I. *v/t.* disappoint; let *s.o.* down; ***enttäuscht werden*** *in der Liebe*: suffer a disappointment; ***angenehm enttäuscht werden*** be pleasantly surprised; ***der Film hat mich tief enttäuscht*** the film was a big disappointment for me, I was really disappointed with the film; **II.** *v/i.* be disappointing, be a disappointment (*od.* letdown); **ent-**

täuscht I. *adj.* **1.** disappointed (**über** at, about; **von** with); **er ist ~ von dir** *a.* he feels let down by you; **2.** disenchanted, disillusioned; **II.** *adv.* disappointed(ly), in disappointment; **Enttäuschung** *f* disappointment, letdown; **es war e-e einzige ~** it was one big disappointment (*od.* letdown); **enttäuschungsreich** *adj.* full of disappointment.

entthronen *v/t.* dethrone (*a. fig.*), depose, oust from the throne; **Entthronung** *f* dethronement.

entvölkern *v/t.* depopulate; **entvölkert** *adj.* depopulated; (*leer*) deserted; **Entvölkerung** *f* depopulation.

entwachsen *v/i.* **1.** (*der elterlichen Gewalt etc.*) outgrow, grow out of; **2.** (*dem Boden etc.*) grow out of, come up out of.

entwaffnen *v/t.* disarm (*a. fig.*); **entwaffnend** *fig. adj.* disarming; **von ~er Ehrlichkeit** *etc.* disarmingly honest *etc.*; **Entwaffnung** *f* disarming.

entwarnen *v/i.* give the all clear; **Entwarnung** *f* all clear (signal).

entwässern *v/t.* drain; **Entwässerung** *f* draining; *coll.* drainage; ⚗, ⚕ dehydration.

Entwässerungs|anlage *f* drainage system; **~graben** *m* drainage ditch (*od.* channel); **~kanal** *m* drainage canal.

entweder *cj.*: **~ ... oder** either ... or; **~ oder!** take it or leave it; **~ alles oder gar nichts** it's all or nothing; **Entweder-Oder** *n*: **hier gibt es nur ein ~** you've *etc.* got to decide one way or the other, it's one or the other.

entweichen *v/i.* **1.** *Person*: escape (*dat. od.* **aus** from); **2.** *Gase etc.*: escape, leak (*dat. od.* **aus** from).

entweihen *v/t.* desecrate; (*Feiertag etc.*) profane; **Entweihung** *f* desecration; profanation.

entwenden *v/t.* purloin, steal, pilfer, *euphem.* remove; (*unterschlagen*) embezzle; **Entwendung** *f* purloining, theft, *euphem.* removal; (*Unterschlagung*) embezzlement.

entwerfen *v/t.* **1.** (*skizzieren*) *a. schriftlich*: sketch, outline; **2.** (*Plan, Vertrag etc. ausarbeiten*) draw up, draft; **3.** (*Kleidung, Gerät etc.*) design; **4.** *fig.* (*Bild der Zukunft etc.*) draw; **ein Bild ~ von** *a.* depict, portray; **Entwerfer** *m* designer.

entwerten *v/t.* **1.** (*Währung*) devaluate; (*Wertzeichen, Fahrkarte etc.*) cancel; **entwertet werden** *Währung etc.*: *a.* fall in value, *stärker*: lose its value; **2.** *fig.* devalue, devaluate; (*erniedrigen*) debase; **Entwerter** *m* ticket-cancel(l)ing machine; **Entwertung** *f* **1.** devaluation; *von Wertzeichen etc.*: cancellation; **2.** *fig.* devaluing, devaluation; (*Erniedrigung*) debasement.

entwickeln I. *v/t.* develop (*a.* ⚙, ♞, *phot., phys.,* ⚕ *Krankheit etc.*); (*Wärme etc.*) *a.* generate, produce; (*Geschmack*) acquire, develop (**für** for); (*Appetit*) build up; (*Initiative, Tatkraft etc.*) display, show; (*Theorie etc.*) develop, evolve; **II.** *v/refl.*: **sich ~** develop (**aus** from; **zu** into); grow (into); (*vorankommen*) progress; *Gase etc.*: form, arise; (*Gestalt annehmen*) take shape; **sich gut ~** *weitS.* be shaping up (well); **daraus entwickelte sich e-e Krise** a crisis ensued (*od.* grew out of it), it gave rise to a crisis.

Entwickler *m phot.* developer; **~bad** *n* developing bath; **~schale** *f* developing dish.

Entwicklung *f* development (*a. konkret*); *a. biol.* evolution; *von Wärme etc.*: generation, development, *starke*: buildup; ⚙ development, research; *phot.* developing, development, *Film u.* ✝: *a.* processing; (*Tendenz*) trend; **in der ~ sein** be developing, *Kind*: *a.* be growing, *Verfahren etc.*: be at the development stage; **zur ~ bringen** develop; → **zukünftig** I.

Entwicklungs|ablauf *m* development, evolution; **~abteilung** *f* (research and) development department; **~alter** *n* **1.** developmental age; *geistiges*: mental age; *körperliches*: physical age; **2.** adolescence; **~dienst** *m* overseas development (*od.* aid) service; *Brit. etwa* Voluntary Service Overseas, VSO; *Am. etwa* Peace Corps.

entwicklungsfähig *adj.* capable of development; *Posten etc.*: progressive; (*vielversprechend*) promising; *biol.* (*lebensfähig*) viable; **Entwicklungsfähigkeit** *f* capacity for development, potential (for development); *biol.* viability.

Entwicklungs|fehler *m* malformation; **~gang** *m* development, *a. biol.* evolution; **~gebiet** *n* development area.

Entwicklungsgeschichte *f* history; *biol.* (history of) evolution, 🕮 biogenesis; (*Stammesgeschichte*) phylogeny, *des Einzelwesens*: ontogeny; **die ~ der Menschheit** a) *biol.* the history of evolution, the evolution of man, b) (*Zivilisationsprozeß*) the history of mankind (*od.* civilization); **entwicklungsgeschichtlich I.** *adj.* historical; *biol.* biogenetic; **II.** *adv.* historically; *biol.* biogenetically; **~ gesehen** (seen) from a historical (*od.* an evolutionary) point of view.

Entwicklungshelfer *m* development aid worker (*od.* volunteer); *Brit. etwa* VSO worker, *Am. etwa* Peace Corps worker.

entwicklungshemmend *adj. Hormon etc.*: growth-inhibiting; **Entwicklungshemmer** *m* growth inhibitor.

Entwicklungs|hilfe *f pol.* aid to developing countries, foreign aid; **~jahre** *pl.* adolescence, puberty; **~land** *n* developing nation (*od.* country); **die Entwicklungsländer** the developing world; **~lehre** *f* theory of evolution; **~möglichkeit** *f* possibility (of development), (development) potential; **~niveau** *n* level of development; **~papier** *n* photographic paper; **~phase** *f* development stage (*od.* phase), stage of development; **~politik** *f* third world aid policy; **~programm** *n* development program(me) *od.* plan; **~prozeß** *m* (process of) development, development process; **~raum** *m* → **Entwicklungsgebiet; ~roman** *m* novel of education, Bildungsroman; **~stadium** *n* → **Entwicklungsstufe**; **~störung** *f* developmental disturbance (*od.* disorder); **~stufe** *f* stage of development; **~zeit** *f* **1.** period of development; **2.** adolescence; **3.** ⚕ incubation period; **4.** *phot.* developing time.

entwinden I. *v/t.*: **j-m et. ~** wrest s.th. from s.o.; **II.** *v/refl.*: **sich ~** extricate o.s. (**aus** from).

entwirren *v/t.* disentangle, unravel (*beide a. fig.*); **Entwirrung** *f* disentanglement, unravel(l)ing (*beide a. fig.*).

entwischen *v/i.* slip away (*dat.* from); escape (from); **j-m ~** *a.* give s.o. the slip.

entwöhnen I. *v/t.* **1. j-n ~** cure s.o. (*gen.* of), *e-r Gewohnheit*: break s.o. of the habit (of); **j-n dem Alkohol ~** wean s.o. from alcohol, F get s.o. off alcohol; **j-n von Drogen ~** F get s.o. off drugs; **2.** (*Säugling*) wean; **II.** *v/refl.*: **sich e-r Sache ~** give s.th. up, F kick the drugs (*od.* alcohol *etc.*) habit, come off drugs (*od.* alcohol *etc.*); **Entwöhnung** *f* **1.** *von Drogen etc.*: withdrawal; **2.** *e-s Säuglings*: weaning; **Entwöhnungskur** *f* withdrawal treatment.

entwürdigen I. *v/t.* (*erniedrigen*) degrade, debase; (*Schande bringen über*) disgrace; **II.** *v/refl.*: **sich ~** degrade o.s., debase o.s.; (*Schande bringen über sich*) disgrace o.s.; **entwürdigend** *adj.* degrading; (*entehrend*) disgraceful; **Entwürdigung** *f* degradation, debasement.

Entwurf *m* **1.** (*Skizze*) sketch, *für ein Gemälde*: *a.* study; (*Modell*) model; *schriftlicher*: outline, draft; (*Gesetz*♀) bill; **erster ~** rough draft; **2.** ⚙ *etc.* design, blueprint (**für** *od. gen.* of); *e-s Gebäudes etc.*: plan, blueprint; **im ~ sein** be in (*od.* at) the planning stage.

entwurzeln *v/t.* uproot (*a. fig.*); **entwurzelt** *adj.* uprooted (*a. fig.*); **Entwurzelung** *f* uprooting (*a. fig.*).

entzaubern *v/t.* **1.** break the spell on, free *s.o. od. s.th.* from a (*od.* the) magic spell; **2.** *fig.* break the spell of, take the magic away from; **entzaubert werden** lose its magic (*od.* spell).

entzerren *v/t.* **1.** (*Signal etc.*) correct; *phot.* rectify; **2.** *fig.* (*falsche Vorstellung etc.*) rectify, set straight, straighten out; **Entzerrer** *m Verstärker*: equalizer; *Radio*: distortion corrector; **Entzerrung** *f* **1.** *Radio*: distortion correction; *phot.* rectification; **2.** *fig. falscher Vorstellungen etc.*: rectification, straightening out.

entziehen I. *v/t.* **1. j-m et. ~** take s.th. away from s.o.; (*Rechte etc.*) deprive s.o. of s.th.; (*Erlaubnis etc.*) withdraw s.o.'s permission *etc.*; **j-m den Führerschein ~** take s.o.'s driving licence (*Am.* driver's license) away, disqualify s.o. from driving; **j-m den Alkohol ~** stop (*od.* prevent) s.o. from drinking; **j-m s-e Befugnisse ~** strip s.o. of his (*od.* her) powers; **j-m das Wort ~** *bsd. pol.* impose silence on s.o.; **et. j-s Zugriff ~** put s.th. out of s.o.'s reach; **j-n j-s Einfluß ~** remove s.o. from s.o.'s sphere of influence; **2.** ⚗ extract; *e-r Sache* **Kohlensäure (Sauerstoff) ~** decarbonate (deoxygenize); *dem Körper* **Wärme ~** take heat (away) from; **II.** *v/refl.*: **sich** *e-r Sache* **~** (*vermeiden*) avoid; (*entwischen*) escape; (*sich befreien von*) free o.s. (*od.* itself) from; (*e-r Strafe etc.*) escape, evade; (*e-r Pflicht etc.*) evade, F dodge; (*Verfolgern etc., a. fig. der Definition etc.*) elude; **sich dem Gericht ~** flee from justice; **sich j-s Blicken ~** *Person*: hide from s.o., *Sache*: disappear (from s.o.'s view, from sight); **es entzieht sich m-r Beurteilung** I'm in no position to judge (that), I'm no judge of that; → **Kenntnis** 1; **Entziehung** *f* withdrawal (*a.* ⚕); (*Verweigerung*) denial; (*Verbot*) prohibition; ⚗ extraction; **~ des Wahlrechts** disfranchisement; ⚖ **zeitweilige ~** suspension.

Entziehungs|anstalt *f* (drug) detoxifica-

tion cent|re (*Am.* -er), drying-out cent|re (*Am.* -er); **~kur** *f* withdrawal treatment.
Entzifferer *m* cryptanalyst; **entziffern** *v/t.* decipher; (*Handschrift*) *a.* make out; (*dechiffrieren*) decode; *bei unbekanntem Schlüssel*: break the key of; (*enträtseln*) puzzle (*od.* work) out; **Entzifferung** *f* decipherment; decoding.
entzücken I. *v/t.* charm, delight; **II.** ≈ *n* → ***Entzückung***; **entzückend** *adj.* charming, delightful; lovely; **entzückt** *adj.* delighted, thrilled (***über*** at; ***von*** with); ***er war ganz ~*** he was absolutely delighted, F he was thrilled to bits; **Entzückung** *f* delight; *stärker*: ecstasy; ***in ~ geraten*** go into raptures (***über*** over); ***in ~ versetzen*** send into raptures.
Entzug *m* → ***Entziehung.***
Entzugs|blutung *f* withdrawal bleeding; **~erscheinungen** *pl.* withdrawal symptoms.
entzündbar *adj.* **1.** inflammable; *Am. u.* ⚙ *a.* flammable; **2.** *fig.* easily excited; **entzünden I.** *v/refl.*: ***sich ~*** **1.** catch fire; *Brennstoffe*: ignite; **2.** ⚕ become inflamed; **3.** *fig. Leidenschaften*: be roused (***an*** by); *Streit*: be sparked off (by); *Person*: be inflamed (by); **II.** *v/t.* **4.** light; **5.** *fig.* (*Gefühle etc.*) arouse; **entzündet** *adj.* inflamed; *Augen*: *a.* red; **entzündlich** *adj.* **1.** inflammable; **2.** ⚕ inflammatory; **Entzündung** *f* ⚕ inflammation; **entzündungshemmend** *adj.* anti-inflammatory; 📖 antiphlogistic; **Entzündungsherd** *m* ⚕ focus of inflammation.
entzwei *adv.* (*zerbrochen*) broken (in two), in pieces; (*zerrissen*) torn (apart); **~brechen** *v/t. u. v/i.* break in two; come apart.
entzweien I. *v/t.* divide, separate; ***er versuchte, sie zu ~*** he tried to turn them against each other; **II.** *v/refl.*: ***sich ~*** fall out (***mit*** with).
entzwei|gehen *v/i.* **1.** break (in two); come apart; **2.** *fig.* break up, go to pieces; **~reißen I.** *v/t.* tear in two; (*zerreißen*) tear up; **II.** *v/i.* tear; **~schlagen** *v/t.* smash to pieces; **~schneiden** *v/t.* cut in two; (*zerschneiden*) cut into pieces, cut up.
Entzweiung *f* division, split, rupture.
Enzephalitis *f* ⚕ encephalitis.
Enzian *m* **1.** ✿ gentian; **2.** *spirit distilled from the roots of yellow gentian.*
Enzyklika *f* encyclical.
Enzyklopädie *f* encyclop(a)edia; **enzyklopädisch** *adj. a. Wissen*: encyclop(a)edic; **Enzyklopädist** *m* encyclop(a)edist.
Enzym *n biol.* enzyme.
eo ipso *adv.* ipso facto.
ephemer *adj.* ephemeral.
Epheser *m hist.* Ephesian; ***Brief an die ~*** → **~brief** *m*: *bibl.* ***der ~*** the (*od.* St Paul's) Epistle to the Ephesians, Ephesians *pl.* (*sg. konstr.*).
Epidemie *f* epidemic (disease); **Epidemiologe** *m* epidemiologist; **Epidemiologie** *f* epidemiology; **epidemisch** *adj.* epidemic; ***~e Ausmaße*** (*od.* ***Formen***) ***annehmen*** take on (*od.* reach) epidemic proportions.
Epidermis *f* epidermis.
Epiglottis *f* epiglottis.
Epigone *m* epigone; (*Nachahmer*) imitator; **epigonenhaft** *adj.* epigonous; **Epigonentum** *n* epigonism.
Epigramm *n* **1.** (*Inschrift*) epigraph; **2.** (*Sinngedicht*) epigram; **Epigrammatiker** *m* epigrammist, epigrammatist; **epigrammatisch** *adj.* epigrammatic(ally *adv.*).
Epik *f* **1.** epic poetry; **2.** narrative literature; **Epiker** *m* **1.** epic poet; **2.** narrative author.
Epikureer *m*, **epikureisch** *adj.* **1.** *hist.* Epicurean; **2.** *fig.* epicurean.
Epilepsie *f* epilepsy; **Epileptiker** *m* epileptic; **epileptisch** *adj.* epileptic; ***~er Anfall*** epileptic fit (📖 seizure).
Epilog *m* epilog(ue).
episch *adj.* epic; ***~e Dichtung*** *coll.* epic literature, (*einzelnes Werk*) epic narrative (*od.* poem); ***~e Breite*** epic breadth; F *fig.* ***et. in ~er Breite erzählen*** make an epic out of s.th., F give s.o. the whole saga.
episkopal *adj.* episcopal; **Episkopat** *n eccl.* episcopate.
Episode *f* episode (*a.* ♪); **episodenhaft, episodisch** *adj.* episodic(ally *adv.*).
Epistel *f* epistle.
Epistemologie *f phls.* epistemology.
Epitaph *n* **1.** (*Inschrift*) epitaph; **2.** (*Gedenktafel*) memorial slab.
Epithel *n biol.* epithelium.
Epizentrum *n* epicent|re (*Am.* -er).
epochal *adj.* epoch-making; *Erfindung etc.*: revolutionary; *Entscheidung etc.*: landmark ...; (*aufsehenerregend*) sensational; **Epoche** *f* era, age, epoch; ***~ machen*** have a profound (*stärker*: revolutionary) impact; usher in a new age; **epochemachend** *adj.* epoch-making; *Idee, Erfindung etc.*: revolutionary; (*aufsehenerregend*) sensational.
Eponym *n* eponym.
Epos *n* epic (poem); epos.
Equalizer *m* equalizer.
Equipage *obs. f* **1.** carriage (and horses *pl.*); **2.** ⚓ ship's crew.
er I. *pers. pron.* he; *von Dingen*: it; ***~ ist es*** it's him; **II.** ≈ *m* **1.** ***es ist ein ~*** *a. bei Tieren*: it's a he; **2.** *auf Badetüchern etc.*: his.
erachten I. *v/t.* consider, think, *formell*: judge, deem; ***et. für unnötig ~*** consider s.th. unnecessary; ***es als s-e Pflicht ~ zu*** *inf.* consider it (*od.* see it as) one's duty to *inf.*; **II.** ≈ *n* opinion, judg(e)ment; ***m-s ~s*** in my opinion, as I see it; ***m-s ~s war es ein Fehler*** *a.* I regard it as (*od.* consider it) a mistake, I feel it was a mistake; ***nach s-m ~*** *a.* he takes the view that.
erarbeiten *v/t.* (*a.* ***sich*** *dat.* ~) work (hard) for; (*Wissen, Kenntnisse etc.*) acquire, gather; (*Unterrichtsstoff etc.*) cover; (*zusammentragen*) compile, (*entwickeln*) develop.
Erb|adel *m* hereditary nobility; **~anlage** *f* genes *pl.*, genetic make-up (*od.* endowment); ⚕ hereditary disposition; **~anspruch** *m* hereditary title, claim to an inheritance; **~anteil** *m* → ***Erbteil.***
erbarmen I. *v/refl.*: ***sich j-s ~*** take (*od.* have) pity on s.o.; *eccl.* ***Herr, erbarme Dich unser*** Lord, have mercy upon us; **II.** *v/t.* move *s.o.* to pity; **III.** ≈ *n* pity, compassion; ***er kennt kein ~*** he's merciless; ***zum ~*** (*mitleiderregend*) pitiful; (*entsetzlich*) appalling; (*miserabel*) miserable; **erbarmenswert, erbarmenswürdig** *adj.* pitiful, wretched; **erbärmlich I.** *adj. a. contp.* wretched, pitiful; (*elend*) *a. contp.* miserable, wretched; (*gering*) paltry; (*verächtlich*) mean; ***in e-m ~en Zustand*** in a wretched state; **II.** *adv.* (*äußerst*) terribly, dreadfully; ***~ wenig*** precious little; **Erbärmlichkeit** *f* misery; wretchedness; *e-r Tat etc.*: deplorable nature; **Erbarmung** *f* pity, mercy; **erbarmungslos** *adj.* merciless; **Erbarmungslosigkeit** *f* mercilessness; **erbarmungsvoll** *adj.* compassionate; full of pity.
erbauen I. *v/t.* **1.** build, construct; **2.** *fig.* edify; F ***er war nicht besonders erbaut davon*** F he wasn't exactly over the moon about it; **II.** *v/refl.*: ***sich ~ an*** find great pleasure in, *stärker*: be uplifted by; **Erbauer** *m* architect, builder; (*Gründer*) founder; **erbaulich** *adj.* edifying (*a. iro.*), elevating; *Schrift*: devotional.
Erbauseinandersetzung *f* division of an estate.
Erbauung *f* **1.** construction, erection; **2.** *fig.* edification.
Erbauungs|literatur *f* devotional literature; **~schrift** *f* religious (*od.* devotional) tract.
Erbbaurecht *n* inheritable (*od.* hereditary) building rights *pl.*
erbberechtigt *adj.* entitled to inherit; **Erbberechtigte(r)** *m* (legitimate) heir.
Erbe[1] *m* heir, successor (*beide a. fig.*; ***e-s Vermögens*** to an estate); (*Begünstigter*) beneficiary; (*Vermächtnisnehmer*) legatee; *e-s noch Lebenden*: heir apparent; ***alleiniger ~*** sole heir; ***gesetzlicher ~*** legal heir, heir-at-law; ***mutmaßlicher ~*** heir presumptive; ***rechtmäßiger ~*** legal (*od.* lawful, right) heir; ***j-n zum ~n einsetzen*** make s.o. one's heir; → ***lachend.***
Erbe[2] *n* inheritance; *fig.* heritage, legacy.
erbeben *v/i. a. Person u. fig.*: shake, tremble (***vor*** with; ***bei*** at); ***et. ~ lassen*** make s.th. shake (*od.* tremble).
erbeigen *adj.* inherited; **Erbeigenschaft** *f* hereditary trait; **Erbeigentum** *n* **1.** inheritance; **2.** family estate.
erben I. *v/t.* inherit (*a. fig.*); (*Geld*) *a.* come into; F *fig.* (*kriegen*) get; *fig.* ***das hat er von der Mutter geerbt*** he's got that from his mother; F ***hier ist nichts zu ~*** F there's nothing doing here; **II.** *v/i.* inherit, come into an inheritance.
Erbengemeinschaft *f* community of heirs.
erbetteln *v/t.* (*a.* ***sich*** *dat.* ~) get *s.th.* by begging; *contp.* scrounge, cadge *s.th.* (***von*** off); *schmeichelnd*: wheedle *s.th.* (out of).
erbeuten *v/t.* **1.** *Dieb etc.*: get away with; **2.** seize, *bsd.* ⚔ *a.* capture; **3.** F *fig.* (*Preis etc.*) carry off, manage to get; **Erbeutung** *f* capture.
Erb|faktor *m* gene; **~fehler** *m* hereditary defect; **~feind** *m* sworn (*od.* traditional, age-old) enemy; **~feindschaft** *f* traditional (*od.* longstanding) enmity.
Erbfolge *f* succession; **~krieg** *m* war of succession.
Erb|forschung *f* genetics *pl.* (*sg. konstr.*), genetic research; **~gut** *n* **1.** *biol.* genetic make-up; **2.** ⚖ a) inheritance, b) estate.
erbieten *v/refl.*: ***sich ~ zu*** *inf.* offer (*od.* volunteer) to *inf.*
Erbinformation *f* genetic information.
Erbin *f* heiress; → ***Erbe***[1].
erbitten *v/t.* (*a.* ***sich*** *dat.* ~) ask for, request.
erbittern I. *v/t.* **1.** anger, *stärker*: enrage; **2.** make *s.o.* (feel) very bitter, embitter;

II. *v/refl.*: ***sich*** ~ **3.** get angry (***über*** about), get upset (about, over); **4.** become embittered *od.* bitter (***über*** about); **erbittert I.** *adj.* **1.** embittered (***über*** at, by), bitter (about); resentful (about); **2.** *Gegner etc.*: bitter; (*heftig*) fierce; (*verbissen*) stubborn; ***~en Widerstand leisten*** fight back fiercely, put up a fierce resistance; **II.** *adv.*: ***et.*** ~ ***bekämpfen*** fight s.th. tooth and nail; **Erbitterung** *f* bitterness; embitterment.

erbkrank *adj.* suffering from a hereditary disease; **Erbkrankheit** *f* hereditary disease.

erblassen *v/i.* go (*od.* turn, *formell*: grow) pale, go (*od.* turn) white.

Erblasser(in *f* **)** *m the* deceased; *testamentarisch*: testator, *f* testatrix.

Erblast *f* burden of the past; ***die ~ der Nazizeit*** the burden of the (*od.* their, our) Nazi past.

erbleichen *v/i.* → ***erblassen.***

erblich I. *adj.* hereditary; *Titel etc.*: inheritable; **II.** *adv.*: ***er ist ~ belastet*** ⚕ it's a hereditary disease, *bei Eigenschaft*: it runs in the family; **Erblichkeit** *f* hereditary character (*od.* nature).

erblicken *v/t.* see; *plötzlich*: catch sight of; F clap eyes on; *fig.* ***in j-m s-n Feind*** *etc.* ~ see s.o. as one's enemy *etc.*

erblinden *v/i.* **1.** go blind, lose one's sight; ***auf einem Auge*** ~ go blind in one eye, lose the sight of one eye; **2.** *Glas etc.*: (grow) dull; **Erblindung** *f* loss of (one's) sight; blindness.

erblühen *v/i.* blossom (*a. fig.*), open (out); *fig.* ~ ***zu*** blossom into.

Erb|masse *f* **1.** (*Nachlaß*) estate; **2.** *biol.* genetic make-up; **~onkel** *m* rich uncle.

erbosen I. *v/t.* anger, *stärker*: infuriate; **II.** *v/refl.*: ***sich*** ~ get angry (***über*** at); **erbost** *adj.* angry (***über*** about, *j-n*: with).

erbötig *adj.*: ***sich ~ machen zu*** *inf.* offer (*od.* volunteer) to *inf.*

Erbpacht *f* hereditary leasehold.

erbrechen I. *v/t.* **1.** ⚕ vomit, bring up; **2.** (*gewaltsam öffnen*) break open; (*Tür*) *a.* force; (*Brief*) open; **II.** *v/i. u. v/refl.* (***sich*** ~) vomit, be sick; **III.** ♀ *n* ⚕ vomiting; F *fig.* ***bis zum*** ~ ad nauseam.

Erbrecht *n* **1.** (*Gesetz*) law of succession; **2.** (*Anspruch*) right of succession, hereditary title.

erbringen *v/t.* produce, provide, (*Beweise*) *a.* furnish; (*Gewinn, Ergebnis*) bring, yield; ***Leistungen*** ~ produce results, F come up with the goods.

Erbschädigung *f* genetic defect.

Erbschaft *f* inheritance; → *a.* ***Nachlaß*** 1, ***Vermächtnis***; → ***antreten*** 4 *etc.*

Erbschafts|anspruch *m* claim to an inheritance; **~schwindel** *m* inheritance fraud; **~steuer** *f* inheritance tax.

Erbschein *m* certificate of heirship.

Erbschleicher *m* legacy hunter; **Erbschleicherei** *f* legacy hunting.

Erbse *f* pea; ***wie die Prinzessin auf der*** ~ like the princess and the pea.

Erbsen|brei *m* pureed peas *pl.*, *Brit. a.* pease pudding; **♀groß** *adj. nachgestellt*: the size of a pea; **~püree** *n* → ***Erbsenbrei***; **~schote** *f* pea pod; **~suppe** *f* pea soup.

Erbsenzähler *m* **1.** pedant; **2.** (*Geizhals*) miser; **Erbsenzählerei** *f* **1.** F nit-picking; **2.** (*Geiz*) miserliness.

Erb|sprung *m biol.* saltation; **~streitigkeit** *f* inheritance dispute; quarrel over a will; **~stück** *n* heirloom; **~substanz** *f* genes *pl.*; **~sünde** *f* original sin; **~tante** *f* rich aunt; **~teil** *n* share of the inheritance; **~teilung** *f* division of an estate; **~übel** *n* hereditary evil; **~vertrag** *m* testamentary contract; **~verzicht** *m* renunciation of inheritance rights.

Erdachse *f* earth's axis.

erdacht *adj.* imaginary, invented, fictitious; made-up ..., *pred.* made up.

Erd|anziehung *f* earth's pull; **~apfel** *dial. m* potato; **~arbeiten** *pl.* excavation work *sg.*, excavations; **~atmosphäre** *f* (earth's) atmosphere; **~bahn** *f* earth's orbit; **~ball** *m* globe; *weitS.* earth.

Erdbeben *n* earthquake; ***schweres*** ~ heavy (*od.* strong, bad) earthquake; ***das ~ von San Francisco*** *etc.* the San Francisco *etc.* earthquake, the earthquake in San Francisco *etc.*; ***bei e-m ~ umkommen*** die in an earthquake; ***bei e-m ~ würde*** ... in the event of an earthquake, if an earthquake struck (*od.* were to strike); **~gebiet** *n* **1.** earthquake area; **2.** area hit by the (*od.* an) earthquake; **~herd** *m* focus of the (*od.* an) earthquake, seismic focus; **~kunde** *f* seismology; **~messer** *m* seismograph; **~schutz** *m* earthquake protection; **♀sicher** *adj.* earthquake-proof; **~warte** *f* seismographical station; **~welle** *f* seismic wave.

Erdbeere *f* strawberry; **erdbeerfarben** *adj.* strawberry(-colo[u]red).

Erdbeer|marmelade *f* strawberry jam; **~sekt** *m* strawberry champagne; **~torte** *f* strawberry cake (*od.* gateau).

Erd|bestattung *f* burial; *formell*: interment; **~bevölkerung** *f* population of the earth, earth's population.

Erdbewegung *f* **1.** *ast.* motion of the earth; **2.** ⚙ earth movement; **Erdbewegungsmaschine** *f* earth-moving machine; *pl. a.* earth-moving equipment *sg.*

Erd|bewohner *m* inhabitant of the earth; F *hum.* F earthling; **~boden** *m* ground, earth; ***dem ~ gleichmachen*** raze (to the ground); ***vom ~ verschwinden*** disappear from the face of the earth; ***es war wie vom ~ verschluckt*** it was as if the earth had swallowed it up, it had just vanished (into thin air).

Erde *f* **1.** (*Erdreich*) earth, soil; ***zu ~ werden*** turn to dust; *eccl.* ~ ***zu ~, Staub zu Staub*** ashes to ashes, dust to dust; ***in fremder*** (***geweihter***) ~ ***ruhen*** rest in foreign (consecrated) soil; **2.** (*Boden*) ground; ***über der*** ~ above ground; ***unter der*** ~ underground; ***auf die*** (*od.* ***zur***) ~ ***fallen*** fall to the ground; ***auf nackter ~, auf der nackten*** ~ on the bare ground; *fig.* ***j-n unter die ~ bringen*** be the death of s.o.; → ***Fuß*** 1; **3.** (*Erdball*) (planet) earth; ***auf der ganzen*** ~ all over the world, the world over; ***auf ~n*** on earth, here below; **4.** (*Fußboden*) floor; **5.** ⚡ (*a.* ***an ~ legen***) earth, *Am.* ground.

erden *v/t.* ⚡ earth, *Am.* ground.

Erden|bürger *m* mortal; ***ein neuer kleiner*** ~ a new addition (*od.* another little addition) to the human race; **~glück** *n* earthly happiness.

erdenken *v/t.* think up; (*erfinden*) invent; → ***erdacht***; **erdenklich** *adj.* imaginable, conceivable, possible; ***auf jede ~e Weise*** (in) every possible (*od.* imaginable, conceivable) way, every way imaginable; ***sich alle ~e Mühe geben, alles ♀e tun*** do one's utmost (***um zu*** *inf.* to *inf.*).

Erden|leben *n* earthly life, life on earth; **~wurm** *m* sorry mortal.

Erd|erschütterung *f* earth tremor; **~erwärmung** *f* global warming; **♀farben** *adj.* earth-colo[u]red; **~ferkel** *n* aardvark, anteater; **♀fern** far from the earth; **~ferne** *f ast.* apogee; **~gas** *n* natural gas; **♀geboren** *poet. adj.* earth-born, mortal; **♀gebunden** *adj.* earthly; **~geist** *m* **1.** earth spirit; **2.** (*Kobold*) gnome; **~geruch** *m* earthy smell.

Erdgeschichte *f* history of the earth; geology; **erdgeschichtlich** *adj.* geological.

Erd|geschoß *n*: (***im*** on the) ground (*Am.* first) floor; **~hälfte** *f* hemisphere; **~haufen** *m* heap of earth, small mound of earth; **~hügel** *m* mound.

erdichten *v/t.* make up, think up, invent; *contp. a.* fabricate; **erdichtet** *adj.* made-up ..., *pred.* made up; ***es ist*** ~ *a.* it's a fabrication; **Erdichtung** *f* invention; fabrication.

erdig *adj.* earthy.

Erd|innere *n* interior of the earth; **~kabel** *n* underground cable; **~karte** *f* map of the world; **~kern** *m* earth's core; **~klumpen** *m* clod of earth; **~kreis** *m*: ***der ganze*** ~ the whole world; ***auf dem ganzen*** ~ all over the world, the world over; **~krume** *f* topsoil; **~krümmung** *f* curvature of the earth; **~kruste** *f* earth's crust; **~kugel** *f* globe; *weitS.* earth.

Erdkunde *f* geography; **erdkundlich** *adj.* geographic(al).

Erd|leiter *m* ⚡ earth (*Am.* ground) wire; **~leitung** *f* **1.** ⚡ earth (*Am.* ground) wire; **2.** ⚙ underground pipe(line); **~loch** *n* hole (in the ground); ⚔ foxhole; **~magnetismus** *m* geomagnetism; **~mantel** *m* earth's mantle; **~massen** *pl.* masses of earth, earth masses; **~messung** *f* geodesy.

Erdnuß *f* ⚘ peanut; **~butter** *f* peanut butter; **~öl** *n* peanut oil.

Erdoberfläche *f* earth's surface, surface of the earth.

Erdöl *n* (crude) oil, petroleum; **~...** *in Zssgn* → *a.* ***Mineralöl...***

erdolchen *v/t.* stab to death.

Erdöl|erzeuger *m* oil producer, oil-producing nation; **~erzeugnis** *n* oil product; **~feld** *n* oilfield; **♀fördernd** *adj.*: ***~e Länder*** (*od.* ***Staaten***) oil-producing countries (*od.* nations); **~förderung** *f* oil production; **~gesellschaft** *f* oil company; **♀importierend** *adj.*: ***~e Länder*** (*od.* ***Staaten***) oil-importing countries; **~krise** *f* oil crisis; **~minister** *m* oil minister; **~preise** *pl.* oil prices, price *sg.* of oil; **~produkt** *n* oil product; **♀produzierend** *adj.* → ***erdölfördernd***; **~raffinerie** *f* oil refinery; **~verbrauch** *m* oil consumption; **~vorkommen** *pl.* sources of oil, oilfields.

Erd|pol *m* pole (of the earth); **~probe** *f* soil sample; **~reich** *n* earth, soil.

erdreisten *v/refl.*: ***sich ~ zu*** *inf.* dare to *inf.*; have the cheek (*od.* nerve) to *inf.*

Erdrinde *f* earth's crust.

erdröhnen *v/i. Raum, Luft etc.*: boom, roar, resound (***von*** with); *Motor*: roar; *Glocken*: boom.

erdrosseln *v/t.* strangle; *fig.* smother; **Erdrosselung** *f* strangulation.

Erdrotation *f* → **Erdumdrehung.**
erdrücken *v/t.* crush (to death); *fig.* overwhelm; (*niederdrücken*) weigh down; (*Raum*) *Möbelstück etc.*: swamp; **von Arbeit fast erdrückt** snowed under (*od.* swamped) with work; **erdrückend** *adj. Sorgen etc.*: oppressive; **~e Beweise** overwhelming (*od.* incontrovertible) evidence; **~e Mehrheit** overwhelming majority.
Erdrutsch *m a. fig. pol.* landslide; **erdrutschartig** *adj.*: *pol.* **~e Verluste** devastating losses; **Erdrutschsieg** *m pol.* landslide victory.
Erd|satellit *m ast. u.* ⚙ earth satellite; **~schatten** *m* earth's shadow; **~schicht** *f* layer of the earth; stratum; *untere*: subsoil; **~scholle** *f* clod of earth; *fig.* soil; **~sicht** *f* ✈ ground visibility; **~spalte** *f* fissure; **~station** *f* ground control; **~stoß** *m* tremor; seismic shock, earthshock; **~strahlung** *f* ground radiation; **~sturz** *m* landslide; **~teil** *m* continent; **~trabant** *m* earth satellite.
erdulden *v/t.* bear, endure, *lit.* suffer; **Erduldung** *f* endurance.
Erd|umdrehung *f* earth's rotation; *a. einzelne*: rotation of the earth; **~umfang** *m* earth's circumference, circumference of the earth; **~umkreisung** *f* orbit around the earth; **~umlauf** *m*: **~ um die Sonne** revolution of the earth around the sun; **~umlaufbahn** *f e-s Satelliten*: (earth) orbit; **in die ~ schießen** send into orbit; **~umsegelung** *f* circumnavigation of the earth, voyage around the world.
Erdung *f* ⚡ earth(ing), *Am.* ground(ing); **Erdungsdraht** *m* earth (*Am.* ground) wire.
erdverbunden *adj.* rooted to the soil; bound up with nature.
Erd|wall *m* earthwork; **~wärme** *f* geothermal energy; **~zeitalter** *n* geological era.
ereifern *v/refl.*: **sich ~** get worked up (**über** about); **sich ~ gegen** lash out against.
ereignen *v/refl.*: **sich ~** happen, take place, occur; **es hat sich nichts Ungewöhnliches ereignet** nothing much happened; **Ereignis** *n* event; (*Vorfall*) incident; (*Sensation*) sensation; **freudiges ~** (*Geburt*) happy event; **ereignislos** *adj.* uneventful; **ereignisreich** *adj.* very eventful; (*aufregend*) exciting.
ereilen *lit. v/t.* catch up with, *lit.* overtake; *Schicksalsschlag etc.*: *lit.* befall; *Nachricht*: reach; **das Schicksal hat ihn ereilt** fate caught up with him; **der Tod hat ihn ereilt** death caught up with (*od.* overtook) him; **der Tod hat ihn in ... ereilt** he met his death in ...
Erektion *f* erection.
Eremit *m* hermit; **Eremitendasein** *n* life of a hermit.
ererben *v/t.* inherit (**von** from); **ererbt** *adj.* inherited; *biol.* hereditary.
erfahren[1] **I.** *v/t.* **1.** hear (about); be told (about); find out (about); discover; **ich habe nichts davon ~** *a.* nobody told me anything (*od.* about it); **sie hat es durch die Zeitung ~** she read about it in the newspaper(s); **ich habe es nur durch Zufall ~** I only found out by chance; **2.** (*erleben*) experience; (*erleiden*) suffer; (*empfangen*) get; **II.** *v/i.*: **~ von** get to know about, hear about (*od.* that ...).
erfahren[2] *adj.* experienced; (*bewandert*) well versed (**in** in); **er ist sehr ~** *a.* he's got a lot of experience; **er ist in diesen Dingen sehr ~** *a.* he's an old hand at that sort of thing; **Erfahrenheit** *f* experience.
Erfahrung *f* **1.** (*Erlebnis*) experience; (*Kenntnis, Praxis*) experience (*nur sg.*); **technische ~** *a.* know-how; **aus (eigener) ~** from (one's personal) experience; **~(en) sammeln** (*od.* **machen**) gain (*od.* pick up) experience; **durch ~ klug werden** learn the hard way; **die ~ machen, daß** find that; **ich mußte die traurige ~ machen, daß** sadly, I found that; **schlechte ~en machen** have problems *od.* trouble (**mit** with), fare badly (with); **gute ~en machen** have no problems *od.* trouble at all (**mit** with), fare very well (with); **wir haben bisher mit dem Wagen nur gute ~en gemacht** we've had absolutely no trouble with the car so far; **die ~ hat gezeigt** (*od.* **gelehrt**)**, daß** (past) experience has shown that; **da bin ich wieder um e-e ~ reicher** you learn something new every day, *bei Enttäuschung*: I'll just have to put it down to experience, (*das ist mir e-e Lehre*) that's another lesson; **2. in ~ bringen** learn, (*a. herausfinden*) find out.
Erfahrungs|austausch *m* exchange of views; **sich zu e-m ~ treffen** get together (in order) to compare notes; **~bereich** *m* scope (of experience); **~bericht** *m* ✝ progress report.
erfahrungsgemäß *adv.* experience has shown (*od.* shows) that, we know from experience that.
Erfahrungs|sache *f*: **das ist ~** it's just a question of experience; **~schatz** *m* store (*großer*: wealth) of experience; sum total of one's experience; **~tatsache** *f* well-known (*od.* well-established) fact; **~urteil** *n* empirical judg(e)ment; **~wert** *m* experience (*od.* practical) value; *pl.* experience *sg.*
erfaßbar *adj.* **1.** recordable; *Statistik*: ascertainable; **2.** (*geistig ~*) cognizable; **erfassen** *v/t.* **1.** (*packen*) seize, grasp; *Auto*: hit; *Wirbel, Strömung etc.*: sweep away; **von den Rädern erfaßt werden** be caught under the wheels; **von e-m Auto erfaßt werden** be hit (*od.* knocked down, run over) by a car; *fig.* **von Furcht** *etc.* **erfaßt werden** be seized with fear *etc.*; **2.** *fig.* (*verstehen*) grasp; (*erkennen*) realize; **3.** *statistisch*: register, record; (*Daten*) collect; **erfaßt sein** *vom Verfassungsschutz etc.*: be on file; **wir sind vermutlich erfaßt** *a.* F they've probably got us down on their files; **4.** (*in sich schließen*) include; (*abdecken*) cover; **5.** (*Text*) compose; **Erfassung** *f amtliche*: registration.
erfechten *v/t.* (*Sieg etc.*) gain; (*Medaille etc.*) win.
erfinden *v/t.* invent; (*erdichten*) *a.* make up; → **erfunden**; **Erfinder** *m* inventor; **der ~** *gen. a.* the man (*od.* woman) who invented ...; **Erfindergeist** *m* inventiveness; **erfinderisch** *adj.* inventive; (*phantasievoll*) imaginative; (*schöpferisch*) creative; (*findig*) resourceful; → **Not**; **Erfindung** *f* **1.** invention; (*Idee*) idea; **e-e ~ machen** invent something; **m-e neueste ~** my latest invention; **2.** (*Erdichtetes*) invention, fabrication; **das ist reine ~** *a.* he's *etc.* made it all up; **Erfindungsgabe** *f* inventive talent (*od.* genius); (*Phantasie*) imagination; **erfindungsreich** *adj.* inventive; **Erfindungsreichtum** *m* inventiveness.
erflehen *v/t.* implore; **j-s Hilfe ~** *a.* implore (*od.* beseech) s.o. to help one.
Erfolg *m* success; (*Ausgang*) result, outcome; (*Folge*) consequence, upshot; (*Wirkung*) effect; (*Leistung*) achievement; **großer ~** great success; **guter ~** good result; **~ haben** succeed, be successful; **hattest du ~?** *a.* did you get what you wanted?; **keinen ~ haben** be unsuccessful, fail; **mit dem ~, daß** with the result that; **er hatte keinerlei ~ bei ihr** he didn't get anywhere with her; **er hat bei den Frauen (keinen) ~** he's (not) very successful with women; **von ~ gekrönt** crowned with success; **mit ~ bestanden** *Überschrift*: passed.
erfolgen *v/i.* follow; (*sich ereignen*) happen, take place, occur; **~ nach** *a.* come after; **es ist noch keine Antwort erfolgt** we haven't had a (*od.* any) reply yet; **die Zahlung muß sofort ~** payment must be made immediately.
Erfolghascherei *f* success-seeking, pursuit of success, chasing after success (F fame and fortune).
erfolglos *adj.* unsuccessful; (*fruchtlos*) fruitless; (*wirkungslos*) ineffective; **ein ~es Bemühen** a fruitless enterprise; *die Bemühungen etc.* **blieben ~** *a.* were to no avail; **Erfolglosigkeit** *f* failure; (*Wirkungslosigkeit*) ineffectiveness.
erfolgreich I. *adj.* successful; **II.** *adv.*: **e-e Prüfung ~ bestehen** pass an exam.
Erfolgs|aussichten *pl.* chances of success; **~autor** *m* best-selling author; **~beteiligung** *f* ✝ profit-sharing; **~bilanz** *f* list of successes; **~buch** *n* best-selling book (*od.* work); **~chance** *f* chance (of winning *etc.*); **~denken** *n* positive thinking; **~druck** *m*: **unter ~ stehen** be under pressure to succeed; **~erlebnis** *n* sense of achievement; **jeder braucht mal ein ~** everyone needs a lift now and again; **~film** *m* box-office hit (*od.* success); film success; **~geheimnis** *n* secret behind s.o.'s success; **~honorar** *n* contingent fee; **~kurve** *f* success spiral (*od.* cycle); **~leiter** *f* ladder of success; **~meldung** *f* good news; news of s.o.'s success; **~mensch** *m* success-seeker, F go-getter; **2orientiert** *adj.* success-oriented; **~quote** *f* success rate; **~rezept** *n* recipe for success; **~schlager** *m* (top) hit, hit success; **2sicher** *adj.* certain *od.* sure of success (*od.* to succeed); **~streß** *m* → **Erfolgszwang**; **~welle** *f* wave of success; **~zwang** *m*: **unter ~ stehen** be under pressure to succeed (*od.* do well).
erfolgversprechend *adj.* promising.
erforderlich *adj.* necessary; required; **unbedingt ~** essential; **falls ~** if required; **~ machen** require, necessitate; **die ~en Maßnahmen ergreifen** take the necessary steps; **erfordern** *v/t.* require, demand, call for; *stärker*: necessitate; (*Zeit*) take; (*Geduld, Mut etc.*) take, require, demand; **Erfordernis** *n* requirement, demand; (*Voraussetzung*) prerequisite.
erforschen *v/t.* **1.** (*untersuchen*) inquire into, investigate; *wissenschaftlich*: study, research (into); do research on; (*Land, Weltraum*) explore; **2. sein Gewissen ~** search one's conscience, F do a bit of

soul-searching; **Erforscher** *m* explorer; **Erforschung** *f* investigation (*gen.* of, into); *wissenschaftliche*: research (into); *e-s Gebiets*: exploration (of).

erfragen *v/t.* ask (for); **zu ~ bei** apply to.

erfrechen *v/refl.*: **sich ~ zu** *inf.* have the audacity to *inf.*

erfreuen I. *v/t.* please; *formell*: give *s.o.* pleasure; F give *s.o.* a thrill; **j-s Herz ~** *lit.* gladden s.o.'s heart; **II.** *v/refl.*: **sich ~ an** enjoy, *formell*: take pleasure in; **sich e-r Sache ~** enjoy s.th.; **sich großer Beliebtheit ~** be very popular, enjoy great popularity; → **erfreut**; **erfreulich I.** *adj.* pleasing; *Nachrichten*: good, welcome; (*ermutigend*) encouraging, heartening; **das ist ja sehr ~** that's good to hear; **II.** *adv.*: **es waren ~ wenig Leute da** we were *etc.* pleased to find so few people there; **es sind ~ wenig Unfälle passiert** *bei Meldung*: we are pleased to report that there were relatively few accidents; **ich habe ~ viel geschafft** I'm pleased at how much I managed to get done; **Erfreuliche(s)** *n*: **das Erfreuliche daran** the nice thing about it; **es gibt wenig Erfreuliches zu berichten** the news isn't very good, I'm afraid; **erfreulicherweise** *adv.* fortunately, happily; **~ hat es geklappt** I'm glad to say it worked; **~ hat sie sich gebessert** we're *etc.* glad to see she's improved; **erfreut** *adj.* pleased (**über** at, about), delighted (with, about, at); **hoch ~** (absolutely) delighted; **ein ~es Gesicht machen** look pleased; **..., sagte sie ~** ..., she said delightedly; *obs.* **sehr ~** pleased to meet you.

erfrieren I. *v/i.* freeze to death; *Pflanzen*: be killed by frost; **ihm sind zwei Finger erfroren** he lost two fingers through frostbite; **mir sind die Finger erfroren** *übertreibend*: my fingers were frozen to the bone; **II.** *v/t.*: **er hat sich zwei Finger erfroren** he got frostbite on two fingers; **Erfrierung** *f a. pl.* frostbite (**an** on); **~en erleiden** get frostbite, get frostbitten; **Erfrierungstod** *m*: **den ~ sterben** die from exposure (📖 of hypothermia), freeze to death.

erfrischen I. *v/t.* refresh; (*beleben*) revive; **II.** *v/refl.*: **sich ~** refresh o.s., take some refreshment; *durch Waschen*: freshen up; (*sich abkühlen*) cool o.s. (down); **erfrischend** *adj.* refreshing (*a. fig.*); *fig.* **von ~er Offenheit** refreshingly frank; **Erfrischung** *f* refreshment; **e-e ~** (*od.* **~en**) **zu sich nehmen** have (*od.* take) some refreshment.

Erfrischungs|getränk *n* **1.** soft drink; **2.** cool drink; **~raum** *m* refreshment room; **~tuch** *n* moist (*od.* moistened) tissue.

erfüllen I. *v/t.* **1.** *a. fig.* fill (**mit** with); **2.** (*Aufgabe etc.*) fulfil(l); (*Bedingung*) *a.* meet; (*Wunsch*) grant, fulfil(l); (*Erwartungen*) meet, come up to; (*Pflicht, Vertrag etc.*) carry out; (*Versprechen*) keep; (*Zweck*) serve; **das Auto erfüllt noch s-n Zweck** the car still serves its purpose (*od.* does its job); **3. s-e Arbeit erfüllt ihn** he finds his work very satisfying; **II.** *v/refl.*: **sich ~** come true; **erfüllt** *adj.*: **~ von** filled with, full of, *Begeisterung etc.*: *a.* bubbling over with; **~ von dem Wunsch zu** *inf.* filled with (*od.* possessed by) the desire to *inf.*; **ein ~es Leben** a full (and active) life; **ein ~er Traum** a dream come true, the fulfil(l)ment of a dream; **nicht ~e Forderungen** *etc.* unmet demands *etc.*; **Erfüllung** *f* fulfil(l)ment (*a. Befriedigung*); **in ~ gehen** come true, be fulfilled; **Erfüllungsort** *m* ☤ place of fulfil(l)ment.

erfunden *adj.* imaginary, fictitious; **das ist alles ~** he's *etc.* made it all up, it's pure fabrication.

Erg *n phys.* erg.

ergänzen *v/t.* (*abrunden*) complement; (*vervollständigen*) complete; (*hinzufügen*) supplement; (*einsetzen*) add; (*ersetzen*) replace; (*Lager*) replenish; (*Summe*) make up; (*wiederherstellen*) restore; **sich** (*od.* **einander**) **~** complement one another, be complementary; **sie ~ sich hervorragend** *Personen*: they make the perfect (man-and-wife) team; **ergänzend I.** *adj.* complementary; (*nachträglich*) supplementary; (*zusätzlich*) additional; (*zum Ganzen gehörig*) integral; *ling. Satz*: completive *clause*; **II.** *adv.*: **~ möchte ich noch hinzufügen, daß** I would just like to add that; **~ muß noch gesagt werden, daß** it must be added that; **Ergänzung** *f* **1.** completion; (*Hinzufügung*) supplementation; (*Einsetzung*) addition; (*Ersetzung*) replacement; **zur ~** *gen.* to add to, to supplement, (*zusätzlich zu*) in addition to; **2.** (*das Ergänzte*) complement (*a. ling.*, A); supplement; addition; *zu e-m Gesetz*: amendment.

Ergänzungs|abgabe *f* supplemental income tax; **~band** *m* supplement(ary volume); **~farbe** *f* complementary colo(u)r; **~frage** *f* (*Zusatzfrage*) follow-up question; **~haushalt** *m* supplementary budget; **~material** *n* supplementary material; **~wort** *n ling.* supplementary word.

ergattern F *v/t.* (*a.* **sich** *dat.* **~**) (manage to) get hold of.

ergaunern *v/t.*: (**sich**) **et. ~** get s.th. in some racket (or other), **bei j-m**: swindle s.o. out of s.th.

ergeben[1] **I.** *v/t.* **1.** (*hervorbringen*) result in; (*betragen*) come to, make; (*abwerfen*) yield; **2.** (*erweisen*) *Untersuchung etc.*: show, establish, prove; **es hat nichts ~** *a.* nothing came of it; **es ergibt keinen Sinn** it doesn't make sense; **II.** *v/refl.*: **3. sich ~** (*entstehen*) arise, *Schwierigkeiten etc.*: *a.* crop up; **es ergab sich e-e Diskussion** a discussion ensued, it led to a discussion; **sich ~ aus** result (*od.* arise) from; **daraus ergibt sich, daß** it follows that; **es ergab sich, daß** it turned out that; **es hat sich so ~** it happened to work out like that, **daß**: it so happened that; as it turned out, ...; **4. sich ~** ⚔ *u. weitS.* surrender (*dat.* to); (*e-r Sache*) devote o.s. to; (*e-m Laster*) take to (*doing*) *s.th.*; **sich in** *ein Schicksal* **~** resign o.s. to, surrender to.

ergeben[2] *adj.* devoted (*dat.* to); (*treu*) loyal (to); *e-m Schicksal*: resigned (to); **dem Laster** (**dem Trunk**) **~** a slave to vice (drink); **~er Diener** obedient servant; **Ergebenheit** *f* devotion; (*Treue*) loyalty; (*Fügsamkeit*) resignation.

Ergebnis *n* result (*a. Sport etc.*), outcome; (*Folgen*) result, consequence(s *pl.*); (*Punktzahl*) score; *e-r Untersuchung*: findings *pl.*; results *pl.*; (*Lösung, Antwort*) answer; (*Folgerung, Schluß*) conclusion; **zu dem ~ kommen** (*od.* **gelangen**), **daß** come to (*od.* arrive at) the conclusion that; **zu keinem ~ gelangen** *Verhandlungen etc.*: (turn out to) be unsuccessful; **das richtige ~ lautet** the correct answer is; **ergebnislos** *adj.* without result; (*erfolglos*) unsuccessful; **~ bleiben** remain unsuccessful, lead nowhere, *Gespräche, Versuch etc.*: *a.* fail.

Ergebung *f* **1.** surrender; **2.** (*Sichfügen*) resignation, submission; **ergebungsvoll** *adj.* submissive.

ergehen I. *v/i.* **1.** *Befehl etc.*: be issued (**an** to); *Gesetz*: come out; (*geschickt werden*) be sent (to); ⚖ *Urteil, Beschluß*: be passed; **~ lassen** issue; (*Einladung*) send (**an** to), extend (to); ⚖ (*Beschluß*) pass; **es erging e-e Aufforderung an die Mitglieder zu** *inf.* the members were called (*od.* summoned) to *inf.*; **es erging an sie ein Ruf an die Universität London** she was offered a chair at London University; **2. et. über sich ~ lassen** (patiently) endure, submit to; **II.** *v/refl.* **3. sich über** *ein Thema* **~** hold forth on; **4. sich ~ in** indulge in; (*Verwünschungen etc.*) pour forth; **5.** *lit.* **sich ~** take a walk (*od.* stroll); **III.** *v/impers.*: **es ist ihm schlecht ergangen** he had a bad (*od.* rough) time of it; **es ist mir gut ergangen** I fared (*od.* things went) very well, **bei m-n Großeltern**: I was well looked-after by my grandparents; **wie ist es dir ergangen?** how did you fare?, how did it go?; **mir ist's genauso ergangen** it was the same with me, I had the same experience; **IV.** ~ *n* → **Befinden.**

ergiebig *adj.* economical; (*fruchtbar*) fertile; (*reich*) rich (**an** in); *Geschäft*: profitable, lucrative; *fig. Gespräch etc.*: useful, productive, fruitful; *Thema*: broad, endless; *Waschpulver etc.*: ☤ high-yield; **der Tee ist sehr ~** this tea goes a long way; **Ergiebigkeit** *f* economy; fertility; richness; lucrativeness; usefulness; breadth; → **ergiebig**; *von Tee etc.*: yield.

ergießen I. *v/refl.*: **sich ~ in** (**auf, über**) flow *od.* pour into (onto, over); **sich ~ in** *Fluß*: flow (*od.* empty) into; **II.** *v/t.* pour (**in** into; **auf** onto; **über** over).

erglänzen *v/i.* (begin to) shine *od.* gleam.

erglühen *v/i.* *Berge, Himmel etc.*: (begin to) glow, *lit.* catch (*od.* be on) fire; *fig. Gesicht*: glow, blush, go red; *fig.* **~ vor** *a.* flush with *pride etc.*; *weitS* be flushed with *enthusiasm*.

ergo *cj.* ergo, therefore.

Ergonomie *f* ergonomics *pl.* (*sg. konstr.*), human engineering; **ergonomisch** *adj.* ergonomic(ally *adv.*).

ergötzen I. *v/t.* amuse, entertain; (*a. das Auge od. Ohr*) delight; **II.** *v/refl.*: **sich ~ an** enjoy; be amused by; *stärker*: revel in; (*e-m Anblick*) feast one's eyes on; *schadenfroh*: gloat at; **III.** ~ *n*: **zu j-s ~** to s.o.'s delight; **ergötzlich** *adj.* delightful; (*drollig*) amusing, funny.

ergrauen *v/i.* turn grey (*Am.* gray).

ergreifen *v/t.* **1.** (*Gegenstand, Person*) seize, grasp; **2.** (*Dieb etc.*) seize, catch, F get hold of; **3.** *fig.* (*Maßnahme*) take; **das Wort ~** begin to speak; → **Beruf, Besitz, Gelegenheit, Initiative** 1 *etc.*; **4.** *fig.* (*bewegen*) move; (*überkommen*) overcome; *Angst*: seize; **von Angst** *etc.* **ergriffen werden** be seized (*od.* gripped) with fear *etc.*; **ergreifend** *adj.* moving, stirring; (*herzzerreißend*) heart-rending; **Ergreifung** *f e-s Verbrechers etc.*: capture; (*Verhaftung*) arrest.

ergriffen *adj. u. adv.* (*bewegt*) deeply moved (**von** by); (*erschüttert*) shaken (by); ***mit ~er Stimme*** in a trembling voice; ***sie schwiegen ~*** they were moved to silence; ***von Panik ~*** panic-stricken, seized with panic; ***von Trauer ~*** grief-stricken, overcome with grief; **Ergriffenheit** *f* emotion; ***in tiefer ~*** deeply moved (*od.* touched).

ergründen *v/t.* get to the bottom of; (*Verhalten*) *a.* fathom (out); (*Ursache etc.*) find out, determine; **Ergründung** *f* (*Erklärung*) explanation (*gen.* for); *e-s Rätsels*: solving.

Erguß *m* **1.** discharge (*a. physiol.*); (*Blut*≈) contusion; (*Samen*≈) emission, ejaculation; **2.** *fig.* effusion, outburst, *pl. a.* outpourings; *von Worten*: flood, torrent.

erhaben *adj.* **1.** raised, elevated; ***~e Arbeit*** embossed (*od.* raised) work; **2.** *fig.* (*großartig*) grand, magnificent; *Gedanken etc.*: lofty, noble, sublime; ***~ über*** above (*doing*) *s.th.*, superior to; ***über alles Lob ~*** beyond all praise; ***über jeden Tadel (Verdacht) ~*** beyond reproach (above suspicion); **Erhabenheit** *f* grandeur; loftiness; superiority; → ***erhaben.***

Erhalt *m* receipt; → *a.* ***Empfang*** 1; **erhalten I.** *v/t.* **1.** (*bekommen*) get, receive; (*erlangen*) get, obtain; (*e-n Preis*) be awarded, be given. **2.** (*bewahren*) keep; (*Kunstwerke etc.*) preserve, conserve; (*Brauch*) maintain, keep up; (*Frieden*) maintain, preserve; (*retten*) save; (*Familie*) keep, support; ***am Leben ~*** keep *s.o.* alive; ***j-n bei guter Laune (Gesundheit) ~*** keep s.o. in a good mood (in good health); ***sich s-n Optimismus ~*** keep up one's optimism, stay optimistic; ***erhalt dir d-n Humor!*** keep (*od.* don't lose) your sense of humo(u)r; *iro.* ***Gott erhalte dir d-e kindliche Unschuld!*** blessed are the innocent; **II.** *v/refl.*: ***sich ~*** survive; ***sich am Leben ~*** stay alive, survive; ***sich gesund ~*** stay (*od.* keep) healthy; ***sich bei guter Laune ~*** keep up the good mood, *Verfassung*: keep one's spirits up; ***sich ~ von*** subsist on; **III.** *p.p. u. adj.*: ***gut (schlecht) ~*** in good (bad) condition; *iro.* ***er ist noch gut ~*** F he's still in pretty good shape; ***~ bleiben*** survive; ***er bleibt uns noch ~*** he'll be around for some time yet, *euphem.* (*ist nicht gestorben*) he's been spared; ***noch ~ sein*** remain, be left; **Erhalter** *m* (*Retter*) preserver; (*Ernährer*) supporter; **erhältlich** *adj.* obtainable, available; ***schwer ~*** hard to get hold of (*od.* come by); **Erhaltung** *f* preservation; *von Kunstwerken etc.*: *a.* conservation; *e-r Familie, von Häusern etc.*: upkeep; ***etwas für die ~ s-r Gesundheit tun*** do something for one's health.

Erhaltungs|kosten *pl.* maintenance costs, cost *sg.* of upkeep; **~zustand** *m* condition; ***wie ist der ~?*** what kind of condition is it in?

erhängen *v/t.* hang (***sich*** o.s.); ***erhängt werden*** be hanged; ***(der) Tod durch*** ≈ death by hanging; ***zum Tod durch*** ≈ ***verurteilen*** sentence *s.o.* to be hanged.

erhärten I. *v/t.* **1.** (*Zement etc.*) harden, set; **2.** *fig.* (*bekräftigen*) bear out, confirm, corroborate, substantiate; ***erhärtet werden durch*** be borne out *etc.* by; **II.** *v/refl.*: ***sich ~*** *Tatsachen etc.*: be corroborated, be substantiated, ***durch:*** *a.* be borne out by; **III.** *v/i. Zement etc.*: harden, set; *Lava*: solidify; **Erhärtung** *f* **1.** *von Zement etc.*: hardening, setting; **2.** *fig.* corroboration, substantiation.

erhaschen *v/t.* catch; (*Worte*) *a.* pick up; ***schnell noch ~*** (*letzte Opernkarte etc.*) grab; ***e-n flüchtigen Blick von et. ~*** catch a (fleeting) glimpse of s.th.

erheben I. *v/t.* **1.** raise (*a. Augen, Stimme*), lift (up); *fig.* (*Bedenken, Einwand etc.*) raise; → ***Anspruch, Klage*** 3, ***Protest*** *etc.*; **2.** *im Rang*: elevate, promote; ***zum König*** *etc.* ***erhoben werden*** be made king *etc.*; ***in den Adelsstand erhoben werden*** *in England*: be given a peerage, be knighted; *hist.* be raised to the nobility; **3.** *fig.* ***~ zu*** make *a system* of, adopt as; **4.** (*Steuern etc.*) impose; (*Gebühr*) charge; **5.** A raise; ***ins Quadrat ~*** square; ***zur dritten Potenz ~*** cube; **6.** *fig.* (*den Geist*) elevate; (*a. Person*) ennoble; **II.** *v/refl.*: ***sich ~*** get up, *formell*: rise (to one's feet); *Flugzeug*: rise, *a. Vogel*: soar (up); *Sturm, Wind*: come up; *fig. Frage, Zweifel, Schwierigkeit*: arise; *Volk*: rise up (***gegen*** against); ***sich ~ über*** (*et.*) rise (*od.* tower) above, *fig.* rise above, (*j-n*) look down on; ***es erhob sich ein lauter Protest*** there was (*od.* this gave rise to) loud protest; ***e-e Stimme erhob sich*** somebody spoke, (*es meldete sich j-d*) *a.* F a voice piped up, ***aus der Menge:*** a voice could be heard (F a voice piped up) from among the crowd; **erhebend** *fig. adj.* edifying; *stärker*: exalting.

erheblich I. *adj.* considerable; (*wichtig*) important; (*relevant*) relevant (***für, in*** to); **II.** *adv.* considerably; ***~ besser*** much better; ***~ größer (teurer*** *etc.*) much (*od.* a great deal) bigger (more expensive *etc.*); **Erheblichkeit** *f* importance; (*Relevanz*) relevance (***für, in*** to).

Erhebung *f* **1.** (*Boden*≈) elevation, rise (in the ground), *weitS.* hill(ock); **2.** *in e-n höheren Stand*: elevation, promotion (***in*** to); **3.** *von Steuern, Zoll*: levy; *von Gebühren*: charge; **4.** A involution; ***~ ins Quadrat*** squaring; ***~ in die dritte Potenz*** cubing; **5.** (*Ermittlung*) inquiry; **6.** *statistische*: survey; ***~en*** statistics; (*Zählung*) census; **7.** (*Volks*≈) uprising, popular revolt; **8.** *fig.* (*seelische ~*) edification.

erheischen *v/t.* demand; ***Respekt ~*** command respect.

erheitern I. *v/t.* amuse; (*aufheitern*) cheer up; **II.** *v/refl.*: ***sich ~*** *Gesicht*: brighten, *stärker*: light up, *Himmel*: brighten up; ***sich über et. ~*** be amused by s.th.; **Erheiterung** *f* amusement; ***zur allgemeinen ~*** to everyone's amusement.

erhellen I. *v/t.* **1.** light up, illuminate; **2.** *fig.* shed (*od.* throw) light (up)on; **II.** *v/refl.*: ***sich ~*** **3.** brighten; *Gesicht*: *a.* light up; **4.** *fig. Problem etc.*: be cleared up; **III.** *v/i.*: *lit.* ***daraus erhellt, daß*** from this it appears that, this would indicate that; **Erhellung** *f e-s Raums etc.*: illumination; *des Himmels*: brightening.

erhitzen I. *v/t.* **1.** heat (up); (*pasteurisieren*) pasteurize; **2.** *fig.* (*Leidenschaften*) rouse; (*Phantasie*) fire; **II.** *v/refl*: ***sich ~*** **3.** get hot; **4.** *fig. Gespräch*: become heated; *Gefühle*: be roused; *Person*: get worked up (*od.* excited, all hot and bothered) (***über*** about); ***die Gemüter erhitzten sich*** feelings were running high; **erhitzt** *adj.* **1.** hot, *Person*: *a.* flushed; **2.** *fig. Debatte*: heated; *Person*: worked up, hot and bothered; ***~e Gemüter*** raised tempers; **Erhitzung** *f* **1.** heating (up); **2.** *fig.* agitation, excitement.

erhoffen *v/t.* (*a.* ***sich*** *dat.* ~) hope for; (*erwarten*) expect (***von*** of); **erhofft** *adj.* hoped-for.

erhöhen I. *v/t.* **1.** raise; ♪ *a.* sharpen (***um e-n Halbton*** by half a tone); **2.** (*Preis*) raise, put up, F hike; (*Temperatur, Blutdruck*) raise; (*steigern*) increase (***auf*** to; ***um*** by); (*Leistung, Umsatz etc.*) *a.* improve (by); (*Wirkung, Eindruck etc.*) enhance, heighten; *im Rang*: promote; **II.** *v/refl.*: ***sich ~*** increase (***auf*** to; ***um*** by); *Preis etc.*: *a.* go up; *Temperatur etc.*: rise, go up; *Spannung etc.*: heighten; **erhöht** *adj.* **1.** *Plattform etc.*: raised, elevated; **2.** *Preise etc.*: increased; *Spannung, Bewußtsein etc.*: *a.* heightened; ***~e Temperatur haben*** have (*od.* be running) a temperature; ***mit ~er Aufmerksamkeit fahren*** drive more carefully; **Erhöhung** *f* **1.** (*das Erhöhen*) raising; ♪ *a.* sharpening (***um*** by); **2.** (*Anhöhe*) elevation; (*Hügel*) hill(ock); **3.** (*Steigerung*) increase; improvement; enhancement; heightening; *der Löhne*: rise, *Am.* raise; *der Preise*: increase, rise (*gen.* in).

Erhöhungs|winkel *m* angle of elevation; **~zeichen** *n* ♪ sharp (sign).

erholen *v/refl.*: ***sich ~*** **1.** recover (*a. fig.*), recuperate; *nach der Arbeit*: (take a) rest; (*sich entspannen*) relax; *im Urlaub*: have a (good) rest; ***sich vom Schreck*** *etc.* ***~*** get over (*od.* recover from) the shock *etc.*; **2.** ☤ *Kurse etc.*: recover, rally; *Börse*: *a.* pick up; *Wirtschaft*: pick up, be on the rebound; **erholsam** *adj.* restful, relaxing; ***ich wünsche Ihnen e-n ~en Urlaub*** *a.* I hope you come back from your holiday refreshed; **Erholsamkeit** *f* relaxing (*od.* recuperative) effect; **erholt** *adj.* rested; F fighting fit (again); ***du siehst gut ~ aus*** *a.* you look your old self again; **Erholung** *f* **1.** recovery, recuperation; (*Entspannung*) rest, relaxation; (*Freizeitgestaltung*) recreation; (*Genesung*) convalescence; ***wir fahren zur ~ hin*** we're going there for a rest (*od.* to relax); ***gute ~!*** have a good rest; **2.** ☤ recovery, rally; **3.** (*Ferien*) holiday, *Am.* vacation.

Erholungs|aufenthalt *m* holiday, *Am.* vacation; **≈bedürftig** *adj.* in need of a rest (*od.* holiday, *Am.* vacation); **~gebiet** *n* recreation area; *bsd. schönes*: *a.* beauty spot; **~heim** *n* rest home; **~kur** *f* rest cure; **~ort** *m* (health *od.* holiday) resort; **~pause** *f* rest, breather; **~reise** *f* holiday trip, pleasure trip; **~urlaub** *m* holiday, *Am.* vacation; ⚔ convalescent leave; **~wert** *m* recreational value; **~zentrum** *n* recreation park.

erhören *v/t.* **1.** (*Gebet*) hear, answer; (*Bitte*) grant; **2.** ***j-n ~*** *Gott*: hear (*od.* answer) s.o.'s prayers; *Liebhaber*: give in to s.o.; **Erhörung** *f*: ***die ~ e-s Gebets*** the answering of a prayer.

erigieren *v/i. physiol.* become erect; **erigiert** *adj.* erect.

Erika *f* ⚘ heather.

erinnerlich *adj.*: ***soviel mir ~ ist*** as far as I can recall (*od.* recollect); ***das ist mir noch gut ~*** I can remember it well, I can remember (*od.* recall) it quite clearly; **erinnern I.** *v/t.*: ***j-n ~ an*** remind s.o. of, put s.o. in mind of; ***j-n daran ~, et. zu tun*** remind s.o. to do s.th.; ***könntest du***

mich daran ~? could you remind me (*od.* give me a reminder)?; **II.** *v/refl.*: ***sich ~*** remember (*gen. od.* **an** *s.th., s.o.*); ***sich ~ gen.*** (*od.* **an**) *a.* recall, recollect, (*zurückdenken an*) think back to, call to mind; ***wenn ich mich recht erinnere*** if I remember rightly; ***soviel ich mich ~ kann*** as far as I can remember (*od.* recall); ***jetzt erinnere ich mich vage*** it's slowly coming back to me now; **III.** *v/i.*: ***~ an*** *Sache*: be reminiscent of, remind one of; ***es erinnert stark an Goethe*** it's strongly suggestive of Goethe; ***er erinnert an s-n Onkel*** he has a strong resemblance to his uncle, he reminds me (*od.* one) of his uncle; ***ich erinnere (nur) an ...*** (*Tatsachen etc.*) I recall ...(suffice it to recall ...); **Erinnerung** *f* memory, recollection; (*Andenken*) memento, keepsake; ***~en*** (*Memoiren*) reminiscences; memoirs; ***in guter (schlechter) ~ haben*** have fond (unpleasant) memories of; ***ich habe keine ~ daran*** I can't remember it at all; ***zur ~ an*** in memory (*od.* remembrance) of; ***als ~ an*** as a memento of; → *a.* ***Gedächtnis.***

Erinnerungs|lücke *f* gap in one's memory; **~schreiben** *n* reminder; **~tafel** *f* memorial tablet; **~vermögen** *n* memory, powers *pl.* of recollection; **~wert** *m* sentimental value.

Erinnyen *pl. myth.* Furies, Erin(n)yes.

erjagen *v/t.* **1.** catch; **2.** *fig.* (*Sache*) hunt down.

erkalten *v/i.* **1.** *Lava etc.*: cool (down), *Speise etc.*: *a.* get cold; *Leiche*: get (*od.* grow) cold; **2.** *fig. Person, Gefühle*: cool off; *Herz*: turn to stone.

erkälten I. *v/refl.*: ***sich ~*** catch (a) cold (***beim Skifahren*** *etc.* skiing *etc.*); **II.** *v/t.*: ***sich die Blase*** *etc.* ***~*** catch a chill in one's bladder *etc.*; **erkältet** *adj.*: ***~ sein*** have a cold; ***stark ~ sein*** have a bad (*od.* heavy) cold; ***ich bin furchtbar ~*** I've got a rotten cold (F a stinker of a cold); **Erkältung** *f* cold; ***leichte (starke) ~*** slight (bad, heavy) cold; **Erkältungskrankheiten** *pl.* colds and flu.

erkämpfen *v/t.* fight for; *Sport*: win; ***et. hart ~ müssen*** have to really fight for s.th., have to struggle to attain s.th.

erkaufen *v/t.* **1.** *fig.* buy; ***et. teuer ~ müssen*** (have to) pay a high price for s.th.; ***die Freiheit mit s-r Ehre ~*** pay for one's freedom with one's hono(u)r, sacrifice one's hono(u)r for one's freedom; **2.** (*bestechen*) bribe.

erkennbar *adj.* (*wieder~*) recognizable; (*wahrnehmbar*) perceptible, discernible; *phls.* cognizable; *in der Ferne* ***war die Stadt deutlich ~*** you could clearly make out the town; ***ohne ~en Grund*** for no apparent reason; **erkennen I.** *v/t.* (*wieder~*) recognize (**an** by); (*optisch wahrnehmen*) make out, see, (*Schrift*) *a.* read; (*entdecken*) detect; (*identifizieren*) identify; ⚕ diagnose; (*einsehen*) realize, see, *formell*: recognize; (*durchschauen*) see through; ***man erkennt ihn an s-m Akzent*** *a.* his accent gives him away; ***ich habe dich mit der Brille kaum erkannt*** I hardly recognized you in those glasses; ***~ lassen*** show, reveal, suggest; ***zu ~ geben*** indicate, give to understand; ***sich zu ~ geben*** disclose one's identity, *fig.* come out into the open; ⚖ ***j-n für schuldig ~*** find s.o. guilty; **II.** *v/i.*: ⚖ ***in e-r Sache ~*** decide in a matter; ⚖ ***auf et. ~*** impose s.th.

erkenntlich *adj.* **1.** (*wahrnehmbar*) perceptible; (*deutlich*) clear; (*offensichtlich*) obvious; **2.** ***sich (j-m) ~ zeigen*** show one's appreciation (**für** for, of); **Erkenntlichkeit** *f* **1.** gratitude, appreciation; **2.** *konkret*: token of one's (*od.* s.o.'s) appreciation.

Erkenntnis *f* (*Wissen*) *a. pl.* knowledge; (*Wahrnehmung*) perception; (*Einsicht*) realization; (*Verständnis*) understanding; *phls.* cognition; (*Gedanke*) idea; (*Entdeckung*) discovery, finding; *pl.* (*Informationen*) findings; ***neueste ~se*** *the* latest findings; ***zu der ~ gelangen, daß*** (come to) realize that; ***der Baum der ~*** the tree of knowledge; **~drang** *m* thirst for knowledge; **~kritik** *f phls.* epistemology; **2reich** *adj.* informative, instructive; eye-opening; **~stand** *m* level of knowledge; **2theoretisch** *adj.* epistemological; **~theorie** *f* epistemology; **~vermögen** *n* cognitive faculties *pl.*

Erkennung *f* recognition; identification.

Erkennungs|dienst *m* (police) records department; **~marke** *f* identity disc; **~melodie** *f* signature tune; **~wort** *n* password; **~zeichen** *n* **1.** ***als ~ werde ich e-e rote Fliege tragen*** you'll recognize me by my red bow tie; **2.** ⚕ symptom; **3.** (*Abzeichen*) badge; **4.** ✈ markings *pl.*; **5.** *Radio*: station identification signal.

Erker *m* oriel; **~fenster** *n* oriel window.

erklärbar *adj.* explainable (**durch** by); ***es ist ~ durch*** *a.* it can be explained by; **erklären I.** *v/t.* **1.** (*erläutern*) explain (***j-m*** to s.o.); (*definieren*) define; (*veranschaulichen*) illustrate; (*Aufschluß geben über*; *der Grund sein für*) account for, explain; ***~ Sie mir bitte, warum*** could you tell me why; ***ich kann es mir nicht ~*** I don't understand it, it's a mystery to me; **2.** (*kundtun, aussprechen*) declare, state; (*bezeichnen, nennen*) declare, pronounce; (*s-e Bereitwilligkeit etc.*) declare, express; ***für gesund ~*** pronounce *s.o.* healthy; → ***Rücktritt*** 1 *etc.*; **II.** *v/refl.* **3.** ***das erklärt sich daraus, daß*** that is to be (*od.* can be) explained by the fact that; ***das erklärt sich von selbst*** that is self-explanatory; ***so erklärt es sich, wie*** this explains how; ***dadurch erklärt sich*** that explains, that accounts for; **4.** ***sich ~*** *Person*: explain o.s.; **5.** ***sich ~ für (gegen)*** declare o.s. for (against); **6.** ***sich (für) bankrott*** *etc.* ***~*** declare o.s. bankrupt *etc.*; ***sich einverstanden ~*** declare o.s. in agreement; ***sich mit et. zufrieden ~*** express one's satisfaction with s.th.; **erklärend** *adj.* explanatory; **erklärlich** *adj.* **1.** → ***erklärbar***; **2.** (*verständlich*) understandable; (*offensichtlich*) evident, obvious; ***es ist mir nicht ~*** I can't understand it, it's a mystery to me; ***aus ~en Gründen*** → **erklärlicherweise** *adv.* understandably, for obvious reasons; **erklärt** *adj. Gegner etc.*: declared, professed, avowed; ***~es Ziel, ~e Zielsetzung*** stated objective, declared aim; ***sein ~es Ziel ist es zu*** *inf.* it is his stated objective (*od.* declared aim) to *inf.*; **Erklärung** *f* explanation (**für** of, for); (*Gründe*) *a.* reasons *pl.*; (*Begriffsbestimmung*) definition; (*Aussage, Feststellung*) declaration, statement (*a. pol.*); ***das ist die ~ für*** that explains, that is the explanation for; ***zur ~*** *gen.* by way of explaining, as an explanation for; ***e-e ~ abgeben*** *a. pol.* make a statement (**zu** on); **erklärungsbedürftig** *adj.* in need of (an) explanation; **Erklärungsversuch** *m* attempt at explanation (*od.* to explain s.th.).

erklecklich *adj.* considerable, hefty; ***e-e ~e Summe*** *a.* a tidy sum.

erklettern *v/t.* climb (up).

erklimmen *v/t.* climb; (*Gipfel*) *a.* climb up to; *fig.* reach.

erklingen *v/i.* sound, *laut*: ring out; ***Gelächter erklang*** you could hear the sound of laughter; ***ein Lied ~ lassen*** strike up a tune (*od.* song).

erklügeln *v/t.* think up (*od.* out).

erkoren *p.p. u. adj.* chosen (**zu** for, as), select ...

erkranken *v/i.* fall ill *od.* sick (**an** with); ***~ an*** *a.* get, (*bsd. Infektionskrankheiten*) come down with; ***erkrankt sein an*** have, F be laid up with; **Erkrankung** *f* illness, sickness; *e-s Organs*: disease; **Erkrankungsfall** *m*: ***im ~*** in case of (*od.* in the event of) illness.

erkühnen *v/refl.*: ***sich ~ zu*** *inf.* have the audacity to *inf.*, *formell*: make bold to *inf.*

erkunden *v/t.* **1.** (*Gelände*) explore; ⚔ reconnoit|re (*Am.* -er); **2.** (*Versteck, Geheimnis etc.*) discover, find out; (*Möglichkeiten etc.*) investigate, scout out.

erkundigen *v/refl.*: ***sich ~*** inquire *od.* enquire (**über** about), ask (about); (*Erkundigungen einholen*) make inquiries (*od.* enquiries); ***sich ~ nach*** ask *the way, the time*; inquire (*od.* enquire) after *s.o.('s health)*; ask for *a book etc.*; ***ich werde mich ~*** *a.* I'll try and find out; ***hast du dich erkundigt, wann ...?*** did you find out when ...?; **Erkundigung** *f* inquiry, enquiry; ***~en einziehen (od. einholen)*** make inquiries *od.* enquiries (**über** about).

Erkundung *f* **1.** *von Gelände*: exploration; ⚔ reconnaissance; **2.** *von Tatsachen etc.*: finding out.

Erkundungs|fahrt *f* exploratory mission; ⚔ reconnaissance trip (*od.* mission); **~flug** *m* ⚔ reconnaissance flight.

erkünstelt *adj.* (*affektiert*) affected; (*geheuchelt*) feigned; (*gezwungen*) forced.

erlaben *obs.* **I.** *v/t.* restore; **II.** *fig. v/refl.*: ***sich ~ an*** feast on; ***wir erlabten uns an dem Anblick*** (*gen.*) we drank in the view (of), we feasted our eyes on the view (of).

erlahmen *v/i.* **1.** tire, grow weary; **2.** *fig. a. Person*: slacken (*a.* ✝); *Interesse etc.*: flag.

erlangen *v/t.* **1.** (*bekommen, gewinnen*) gain; **2.** (*erreichen*) attain; (*Höhe etc.*) reach; → ***Geltung*** *etc.*; → ***wiedererlangen***; **Erlangung** *f* attainment; ***nach ~*** *gen.* after gaining (*od.* attaining) *s.th.*

Erlaß *m* **1.** (*Verordnung*) decree, edict; (*Gesetz*) law; **2.** (*Befreiung*) dispensation, exemption (*gen.* from); *e-r Strafe etc.*: remission; **3.** (*das Erlassen*) issuing, *e-s Gesetzes*: enactment; **erlassen** *v/t.* **1.** (*Strafe etc.*) remit; ***j-m*** *e-e Verpflichtung* ***~*** release s.o. from, let s.o. off; **2.** (*Schulden, Gebühren*) waive; **3.** (*Verordnung*) issue; publish; (*Gesetz*) enact; **Erlassung** *f* → ***Erlaß.***

erlauben *v/t.* allow; *formell*: permit (***j-m et.*** s.o. to do s.th.); *fig. Sache*: permit *no delay etc.*; ***j-m ~, et. zu tun*** *a.* give s.o. permission to do s.th.; ***ich erlaube nicht, daß sie mit dem Motorrad fahren*** I won't allow them to go (*od.* I won't have them going) by motorbike, *stärker*: I refuse to let them go by motorbike; ***wenn es das Wetter erlaubt*** weather permitting; ***sich ~ zu*** *inf.* take the liberty of *ger.*, (*sich erdreisten*) *a.* dare (to) *inf.*; ***sich et. ~*** (*gönnen*) treat o.s. to s.th.; ***sich Frechheiten ~*** take liberties; ***er kann sich das ~*** *weitS.* he can get away with it; ***was sich die Leute ~!*** what a nerve some people have; ***ich kann mir nicht ~ zu*** *inf.* I can't afford to *inf.*; ***ich kann mir kein weiteres Stück Kuchen ~*** I can't afford to eat another piece of cake; ***ich habe mir nur e-n kleinen Scherz erlaubt*** I was just having a little joke (*od.* a bit of fun); ***~ Sie?*** may I?; ***~ Sie, daß ich etwas eher gehe?*** would you mind if I left a bit early?; ***wenn Sie ~*** if you don't mind; ***~ Sie mal!, was ~ Sie sich?*** what do you think you're doing?, who do you think you are?; → ***erlaubt.***

Erlaubnis *f* permission; (*Ermächtigung*) authority; ***behördliche ~*** *konkret*: licen|ce (*Am.* -se), permit; ***j-n um ~ bitten*** ask s.o.'s (*od.* s.o. for) permission (***et. zu tun*** to do s.th.); ***die ~ erhalten zu*** *inf.* be given permission to *inf.*; ***ich habe es mit s-r ~ getan*** he gave me permission to do so, I did it on his authority; **~schein** *m* permit, licen|ce (*Am.* -se).

erlaubt *p.p. u. adj.* permitted, allowed; (*zulässig*) *a.* permissible; ***ist es ~ zu*** *inf.?* can one ...?; ***das ist nicht ~*** that's not allowed, F that's a no-no; ***Rauchen ist hier nicht ~*** smoking is not allowed here, there's no smoking here; ***es ist alles ~*** you can do what you want (*od.* whatever you like), anything goes (around here); ***innerhalb der Grenzen des ≈en*** within the accepted limits.

erlaucht *adj.* illustrious; ***~e Gesellschaft*** illustrious circle (of guests *etc.*).

erläutern *v/t.* explain (***j-m*** to s.o.); ***durch Beispiele ~*** illustrate; ***könntest du mir ~, wie ...?*** could you explain to me (*od.* show me) how ...?; **erläuternd I.** *adj.* explanatory; illustrative; **II.** *adv.*: ***~ hinzufügen*** add by way of explanation; **Erläuterung** *f* explanation; (*Anmerkung*) (explanatory) note, annotation; ***mit ~en versehen*** annotated.

Erle *f* ⚘ alder.

erleben *v/t.* experience; (*bsd. Schlimmes*) *a.* go through; (*noch mit~*) live to see; (*mit ansehen*) see, witness; (*Abenteuer, schöne Tage etc.*) have; ***sechs Auflagen ~*** run into six editions; ***er hat viel erlebt*** he's seen a lot of the world, (*mitgemacht*) he's been through a lot; ***ich habe etwas Seltsames erlebt*** I had a strange (*od.* weird) experience; ***ich habe es oft erlebt(, daß)*** I've often seen it happen (that); ***wir werden es ja ~!*** we'll see!; ***das möchte ich ~!*** *skeptisch*: I'd like to see that, I'll believe that when I see it; ***ich habe nie erlebt, daß er ...*** I've never known him to *inf.*; ***hat man so etwas schon erlebt!*** F have you ever seen (*od.* heard) the likes of that?; ***das muß man einfach erlebt haben*** a) you've got to see it to believe it, b) you've got to have been through it yourself; F ***na, du kannst was ~!*** you just wait!; F ***die kann was ~!*** F she's in for it, *stärker*: F she won't know what's hit her; F ***sonst kannst du was ~!*** or else!

Erlebensfall *m*: ***im ~*** in case of survival.

Erlebnis *n* experience; (*Ereignis*) event; (*Abenteuer*) adventure; ***ein großes ~*** a tremendous experience; ***das war ein ~!*** that was quite an experience (*od.* quite something); ***das schönste ~ war*** the nicest experience (*od.* thing I experienced) was; **~aufsatz** *m* composition.

erlebnisfähig *adj.* able to experience things.

Erlebnishunger *m* thirst for adventure; **erlebnishungrig** *adj.* thirsty for adventure.

erlebnisreich *adj.* eventful, exciting.

erlebt *adj. Geschichte etc.*: real-life ..., true; ***~e Rede*** interior monolog(ue).

erledigen I. *v/t.* **1.** (*beenden*) finish (off); (*sich kümmern um*) do, deal with, take care of, see to; (*hinter sich bringen*) get through with, get *s.th.* out of the way; (*Frage, Geschäft etc.*) settle; (*Auftrag*) carry out; (*abtun*) (*Thema etc.*) dispense with; ***Einkäufe ~*** go shopping, do the (*od.* some) shopping; ***ich habe in der Stadt einiges zu ~*** I have a few things to do (*od.* see to) in town; ***würden Sie das für mich ~?*** would you do that for me?; **2.** F ***j-n ~*** *allg.* F finish s.o. off; (*erschöpfen*) *a.* wear s.o. out; (*ruinieren*) *a.* ruin s.o.; (*umbringen*) *a.* F do s.o. in; **II.** *v/refl.*: ***sich von selbst ~*** take care of itself; ***die Sache hat sich inzwischen erledigt*** that's been taken care of now; ***damit ~ sich die übrigen Punkte*** that takes care of the remaining points; **erledigt** *adj.* **1.** finished; done; settled; ***das wäre ~*** that's that; ***das ist für mich ~*** that's all over and done with as far as I'm concerned; F ***du bist für mich ~*** F I'm through with you; **2.** F (*erschöpft*) F whacked, bushed; (*ruiniert*) F done for, finished; ***ich bin ~*** *allg. a.* F I've had it; **Erledigung** *f von Aufgaben etc.*: handling, dealing with; *e-s Geschäfts etc.*: settlement; ***einige ~en in der Stadt haben*** have a few things to do (*od.* see to) in town; ***für die sofortige ~ e-r Sache sorgen*** see to it that s.th. is done immediately; ***zur umgehenden ~*** for immediate attention.

erlegen *v/t.* (*Tier*) shoot.

erleichtern I. *v/t.* **1.** (*Aufgabe etc.*) make easier; (*Bürde*) ease *the burden*, lighten *the load*; (*Not, Schmerz*) relieve, ease; (*Gewissen*) ease; ***sich das Herz ~*** unburden one's heart; ***das erleichtert vieles*** that makes things a lot easier; ***das erleichtert mir m-e Aufgabe nicht*** that doesn't make my task any easier; F ***j-n um*** *s-e Brieftasche etc.* ~ F relieve s.o. of; **II.** *v/refl.*: ***sich ~*** **2.** unburden o.s.; **3.** F (*Kleidungsstücke ausziehen*) F shed a few clothes; **4.** (*s-e Notdurft verrichten*) relieve o.s.; **erleichtert I.** *adj.* relieved; **II.** *adv.*: ***~ aufatmen*** breathe (*od.* heave) a sigh of relief; **Erleichterung** *f* **1.** (*Beruhigung u. ~ von Schmerzen*) relief; ***~ verschaffen*** give relief; ***zur ~ der Schmerzen*** to relieve (*od.* ease) the pain; ***zu m-r (großen) ~*** (much) to my relief; **2.** (*Hilfe*) help; ***es stellt e-e große ~ dar*** it makes things much easier.

erleiden *v/t.* suffer; (*durchleben*) go through; (*Verlust, Verletzung*) sustain; ***den Tod ~*** die, *lit.* meet one's death.

Erlenmeyerkolben *m* ⚗ Erlenmeyer flask.

erlernbar *adj.* learnable; ***es ist ~*** it can be learnt, you can learn it; ***leicht*** (***schwer***) ~ easy (hard) to learn *od.* pick up; **erlernen** *v/t.* learn.

erlesen *adj.* select, choice; exquisite; ***ein ~er Kreis*** a select circle; ***ein ~er Geschmack*** exquisite taste.

erleuchten *v/t.* **1.** light up, illuminate; **2.** *fig.* enlighten; **Erleuchtung** *f* **1.** illumination; **2.** *fig.* enlightenment; (*Einfall*) inspiration, F brainwave; ***plötzlich kam die ~*** suddenly inspiration came (*od.* struck).

erliegen I. *v/i.* (*e-r Versuchung*) give in to, succumb to; (*e-m Gegner*) be defeated by; (*sterben an*) die of (*od.* from); (*zum Opfer fallen*) fall victim to; **II.** ≈ *n*: ***zum ~ kommen*** grind to a halt; ***zum ~ bringen*** bring to a standstill, paralyze.

Erlkönig *m* **1.** erl-king; **2.** F *mot.* mystery model.

erlogen *p.p. u. adj.* not true; (*erfunden*) made-up ..., *pred.* made up; ***das ist ~*** that's a lie; ***das ist von Anfang bis Ende ~*** there's not a word of truth in it, F it's a pack of lies; → ***erstunken.***

Erlös *m* proceeds *pl.*; (*Reingewinn*) net profit(s *pl.*).

erloschen *adj.* **1.** extinct (*a. Vulkan*); *Geschlecht*: *a.* defunct; **2.** *Vertrag etc.*: expired; *Gesetz, Plan*: defunct; **3.** *Blick, Gefühl etc.*: dead.

erlöschen I. *v/i.* **1.** go out; *Vulkan*: become extinct; **2.** *Vertrag etc.*: expire; **3.** *Name etc.*: die out; **4.** *fig. Augen*: grow dim; *Leben*: be extinguished; *Leidenschaft*: die; ***mit ~der Stimme*** with a failing voice; **II.** ≈ *n* extinction; (*Ablauf*) expiry; ***zum ~ kommen*** → I; ***zum ~ bringen*** extinguish.

erlösen *v/t.* (*befreien*) release, free; (*retten*) rescue; *eccl.* save, redeem; **erlösend** *adj.*: *fig.* ***das war ein ~es Gefühl*** what a relief that was; ***er sprach endlich das ~e Wort*** he finally put us *etc.* out of our *etc.* misery; **Erlöser** *m* liberator; rescuer; *eccl.* Savio(u)r, Redeemer; **erlöst I.** *p.p. u. adj.* (*erleichtert*) relieved; ***wie ~ sein, sich wie ~ fühlen*** experience a great feeling of release (*od.* relief); ***er ist ~*** (*tot*) his sufferings are over; **II.** *adv.*: ***~ aufatmen*** breathe (*od.* heave) a sigh of relief; **Erlösung** *f* release; (*Erleichterung*) relief; *eccl.* redemption, salvation.

erlügen *v/t.* make up; → ***erlogen.***

ermächtigen *v/t.* authorize; ***j-n zu et. ~*** authorize s.o. to do s.th., give s.o. (official) permission to do s.th.; **Ermächtigung** *f* authorization; (*Befugnis*) authority; (*Urkunde*) warrant; **Ermächtigungsgesetz** *n* **1.** enabling act; **2.** *hist.* Enabling Act (of 1933).

ermahnen *v/t.* admonish, exhort (***j-n zur Vorsicht*** *etc.* s.o. to be careful *etc.*); (*drängen*) urge; (*warnen*) caution, warn, *Sport*: give *s.o.* a warning; **Ermahnung** *f* admonition, exhortation; (*Warnung*) warning (*a. Sport*); (*Rüge*) rebuke.

ermangeln *v/i.* (*e-r Sache*) lack, be lacking in; **Ermangelung** *f*: ***in ~*** *gen.* for want (*od.* lack) of, in the absence of; ***in ~ e-s Besseren*** for want (*od.* lack) of anything better.

ermannen *v/refl.*: ***sich ~*** take heart; (*sich zusammenreißen*) pull o.s. together.

ermäßigen I. *v/t.* reduce, lower, cut; **II.** *v/refl.*: ***sich ~*** come down (in price), *Preis*: be reduced, be cut (***auf*** to; ***um*** by); **ermäßigt** *adj.* reduced; ***~e Preise*** reduced prices, *Fahrkarten etc.*: *a.* reduced rates; **Ermäßigung** *f* reduction, cut (**von** of); **mit e-r ~ von 15%, mit 15% ~** at a reduction (*od.* discount) of 15 per cent (*od.* percent).

ermatten I. *v/t.* tire (out); (*erschöpfen*) wear out; **II.** *v/i.* tire; (*nachlassen*) slacken; *Interesse etc.*: flag; **ermattet** *adj.* tired; (*erschöpft*) worn-out ..., *pred.* worn out; *geistig*: weary, jaded; **Ermattung** *f* fatigue, weariness.

ermessen I. *v/t.* (*abschätzen*) assess, ga(u)ge; (*beurteilen*) judge; (*erwägen*) consider; (*begreifen*) realize, understand, appreciate, conceive; (*sich vorstellen*) imagine; (*folgern*) infer, conclude (**aus** from); **II. 2** *n* judg(e)ment; (*freies ~*) discretion; **nach m-m ~** as I see it, in my opinion (*od.* estimation); **nach eigenem ~ handeln** act as one sees fit; **das steht nicht in s-m ~** that's not within his discretion, that's not for him to decide; **ich stelle es in Ihr ~** I leave it to you (*od.* your discretion); **das liegt ganz in Ihrem ~** *a.* it's entirely up to you; **nach bestem ~** to the best of one's judg(e)ment; **nach menschlichem ~** as far as is humanly possible to tell, in all probability.

Ermessens|frage *f* matter of opinion; **~freiheit** *f* powers *pl.* of discretion; **~spielraum** *m* latitude.

ermitteln I. *v/t.* (*feststellen*) find out, ascertain, establish; (*Ort etc.*) locate, (*a. Anrufer*) trace; (*bestimmen*) determine; **j-s Identität ~** identify s.o.; **II.** *v/i. polizeilich*: investigate, carry out investigations (**gegen** *j-n*: concerning), hold an inquiry (**in** into); **in e-m Fall ~** investigate a case; **Ermittlung** *f* **1.** (*Feststellung*) establishment; (*Bestimmung*) determination; **~en** (*Feststellungen*) findings; **2.** (*Untersuchung*) investigation, inquiry (*gen. od.* **in** into; **über** about); **~en anstellen über** make inquiries (*od.* enquiries) about, investigate.

Ermittlungs|ausschuß *m* fact-finding committee; **~beamte(r)** *m* investigator; **~behörde** *f* investigating agency; **~richter** *m* investigating magistrate; **~verfahren** *n* ⚖ preliminary proceedings *pl.*, judicial inquiry; **das ~ einstellen** drop the charge.

ermöglichen *v/t.* make possible; enable (**et.** s.th. [to be done *etc.*]); (*gestatten*) allow; **j-m ~, et. zu tun** make it possible for (*od.* enable) s.o. to do s.th.; **j-m das Studium ~** make it possible for (*od.* enable) s.o. to study; **den Bau e-s Flughafens ~** make it possible to build an airport, enable an airport to be built; **wenn es sich ~ läßt** if it can be arranged, if it is at all possible; **Ermöglichung** *f*: **zur ~** *gen.* to make *s.th.* possible, to enable *s.th.* to be done *etc.*

ermorden *v/t.* murder; *durch Attentat*: assassinate; **Ermordete(r** *m*) *f* (murder) victim; **Ermordung** *f* murder; (*Attentat*) assassination.

ermüden I. *v/t.* tire, wear *s.o.* out; **II.** *v/i.* tire, get tired; **ermüdend** *adj.* tiring; **ermüdet** *adj.* tired; **Ermüdung** *f* tiredness; *a.* ⚙ fatigue.

Ermüdungs|erscheinung *f* sign of tiredness (*a.* ⚙ fatigue); **~grenze** *f* ⚙ fatigue limit; **~zustand** *m* state of tiredness.

ermuntern *v/t.* (*anregen*) encourage (**zu** *inf.* to *inf.*); (*aufheitern*) cheer up; (*beleben*) get *s.o.* going (again); **ermunternd** *adj.* encouraging; *words* of encouragement; **Ermunterung** *f* encouragement; (*Aufheiterung*) cheering up; **zu d-r ~** (just) to cheer you up.

ermutigen *v/t.* encourage (**zu** *inf.* to *inf.*); give *s.o.* courage, **zu** *inf.*: give *s.o.* the courage to *inf.*; **ermutigend** *adj.* encouraging, reassuring; **~e Worte** *a.* words of encouragement; **Ermutigung** *f* encouragement; **zu s-r ~** to encourage him.

ernähren I. *v/t.* feed, nourish; (*erhalten*) support, keep; **gut ernährt** well fed; **schlecht ernährt** malnourished; **II.** *v/refl.*: **sich ~** live (**von** on); *fig.* make a living (by *ger.*); *fig.* **davon kann ich mich kaum ~** I can hardly survive (*od.* get by) on that; **Ernährer** *m e-r Familie*: earner, breadwinner; **Ernährung** *f* feeding; (*Nahrung*) food, *bsd.* ⚕ nutrition; (*Unterhalt*) maintenance; (*spezielle ~*) *vegetarian etc.* diet; **schlechte ~** poor diet, (*Unterernährung*) malnutrition.

Ernährungs|berater *m* nutrition consultant; **2bewußt** *adj.* nutrition-conscious; **~fachmann** *m* nutrition expert, nutritionist, dietician; **~fehler** *m* wrong eating habit; *pl. a.* false (*od.* wrong) diet *sg.*; **~gewohnheit** *f* eating habit; **~industrie** *f* food industry; **~krankheit** *f* nutritional disease; **~kunde** *f* dietetics *pl.* (*sg. konstr.*); **~lage** *f* food situation; **~lehre** *f* dietetics *pl.* (*sg. konstr.*); **~störung** *f* nutritional disorder, ⚕ dystrophy; **~weise** *f* **1.** eating habits *pl.*; **2.** (*Ernährung*) nutrition, (*spezielle ~*) *vegetarian etc.* diet; **~wissenschaft** *f* dietetics *pl.* (*sg. konstr.*), nutritional science; **~wissenschaftler** *m* dietician.

ernennen *v/t.* appoint; **er wurde zum Vorsitzenden ernannt** he was appointed (*od.* made, elected) chairman; **Ernennung** *f* appointment; **s-e ~ zum Konsul** his appointment as (*od.* to the post of) consul; **Ernennungsurkunde** *f* letter of appointment.

erneuerbar *adj.* renewable.

Erneuerer *m* reviver; revitaliser; **der ~ dieser Bewegung** *a.* the man who brought this movement back to life; **erneuern I.** *v/t.* renew (*a.* ⚙, *Vertrag etc.*); (*renovieren*) renovate; (*reparieren*) repair, mend; (*restaurieren*) restore; (*auswechseln*) replace; (*wiederholen*) renew, repeat; (*neu beleben*) revive; **II.** *v/refl.*: **sich ~** *Vertrag etc.*: be renewed; (*sich regenerieren*) regenerate; **Erneuerung** *f* renewal; renovation; repair; restoration; replacement; revival; → **erneuern**; **erneut I.** *adj.* renewed, new; (*wiederholt*) renewed, repeated, *Versuch*: *a.* fresh; **~e Kämpfe** renewed fighting; **II.** *adv.* once more, (once) again.

erniedrigen I. *v/t.* **1.** (*entwürdigen*) degrade; (*demütigen*) humiliate; **2.** (*Preise*) lower; **3.** ♪ flatten; **II.** *v/refl.*: **sich ~** degrade o.s., **et. zu tun**: lower o.s. (*od.* stoop) to do s.th.; **erniedrigend** *adj.* humiliating, degrading, demeaning; **Erniedrigung** *f* **1.** degradation; (*Demütigung*) humiliation; **2.** ♪ flattening; **3.** *von Preisen*: lowering.

Ernst I. *m* seriousness, earnest; (*Wesen*) earnestness; (*Bedrohlichkeit*) seriousness, gravity; (*Strenge*) severity; (*Würdigkeit*) gravity, solemnity; **der ~ des Lebens** the serious side of life; **es beginnt wieder der ~ des Lebens** life begins in earnest again, F it's back to the grindstone (again); **allen ~es** in all seriousness; **ich meine es im ~** I (really) mean it, I'm serious; **es ist mein voller ~** F I'm dead serious; **ist das Ihr ~?** are you serious?; **wollen Sie im ~** (*od.* **allen ~es**) **behaupten ...?** do you really mean to say ...?; **im ~?** seriously?, F you're kidding; **ganz im ~!** (*Spaß beiseite*) seriously, though; no, seriously (now); **das kann doch nicht dein ~ sein!** you're not serious, are you?, F you're joking, of course; **~ machen mit** (*e-r Absicht*, *e-m Plan etc.*) go through with, (*e-r Drohung*) carry out; **aus e-m Scherz wurde plötzlich ~** the joke suddenly turned serious; **II. 2** *adj.* serious; (*bedrohlich*) *a.* grave; (*feierlich*) solemn, grave; (*streng*) severe; (*wichtig*) grave; **~e Musik** serious music; **~es Gesicht** serious expression (*od.* face), straight face; **~ bleiben** (*nicht lachen*) keep a straight face; **jetzt wird's ~!** this is where the hard part begins, this is where we get down to serious business; **III.** *adv.* seriously *etc.*; → II; **et.** (**j-n**) **~ nehmen** take s.th. (s.o.) seriously; **du darfst die Dinge nicht so ~ nehmen** you mustn't take things so seriously; **ich meine es ~** I'm serious (**mit** about), I mean it, I'm not joking; **das war nicht ~ gemeint** he was *etc.* only joking, it was (said) tongue-in-cheek; **es steht ~ um** things aren't looking too good for; → *a.* **ernsthaft.**

Ernstfall *m* emergency; **im ~** a) in case of emergency, b) if the worst comes to the worst, c) ⚔ in the event of a war; **auf den ~ vorbereitet** prepared for an (*od.* any) emergency.

ernstgemeint *adj.* serious, genuine, seriously (*od.* sincerely) meant.

ernsthaft I. *adj.* serious; **ich mache mir ~e Sorgen um ihn** I'm really worried about him; **ich muß mit dir ein ~es Wort reden** I must have a little talk with you; **II.** *adv.* seriously; **~ krank** seriously ill; **~ erkranken** come down with a serious illness; **~ besorgt** genuinely (*od.* seriously) worried; **Ernsthaftigkeit** *f* seriousness, serious nature (*gen.* of).

ernstlich I. *adj.* serious; **II.** *adv.* seriously; → *a.* **ernsthaft** II.

ernstzunehmend *adj.* serious; **ein ~er Gegner** *etc.* a force to be reckoned with.

Ernte *f* harvest (*a. fig.*); (*Ertrag*) crop; **~arbeit** *f* harvest(ing); **~ausfall** *m* crop failure; **~dankfest** *n* harvest festival; **2frisch** *adj.* farm-fresh, garden-fresh.

ernten I. *v/t.* **1.** harvest, reap; (*Obst*) pick; F (*Obstbaum etc.*) pick (the apples *etc.* from); **2.** *fig.* (*Ruhm*, *Applaus etc.*) earn, win; **Dank ~** earn thanks; **Undank ~** get nothing but ingratitude; **Spott ~** earn (o.s.) ridicule, be(come) a laughing stock; **Lohn ~** reap a reward (*od.* rewards); **die Früchte s-r Arbeit ~** reap the rewards of one's labo(u)r; **II.** *v/i.* **3.** harvest; **4.** *fig.* **~, wo man nicht gesät hat** reap where one has not sown.

Ernte|schäden *pl.* crop damage *sg.*; **~zeit** *f* harvest (time).

ernüchtern *v/t.* sober up; *fig.* bring *s.o.* down to earth again; **ernüchternd I.** *adj.* sobering; **II.** *adv.*: **~ auf j-n wirken** have a sobering effect on s.o.; **Ernüchterung** *f* sobering-up; *fig.* disillusionment; (*Enttäuschung*) disappointment; *fig.* **er braucht ein paar ~en** he needs a bit of sobering-up.

Eroberer *m* conqueror; **erobern** *v/t.* conquer (*a. fig.*); ⚔ capture, take; ***im Sturm*** ~ *a. fig.* take by storm; *fig.* ***sich et.*** ~ (*Eintrittskarten etc.*) manage to get hold of, (*Sitzplätze etc.*) *a.* F manage to grab; ***sich den ersten Platz*** ~ *Sport*: gain (*od.* win) first place; **Eroberung** *f* conquest (*a. fig.*); *e-r Stadt etc.*: capture; *fig.* ***e-e*** ~ ***machen*** make a conquest; ***auf*** ~***en aus sein*** F be out for the kill.

Eroberungs|feldzug *m* warring campaign, campaign of conquest; ~**krieg** *m* war of conquest.

eröffnen I. *v/t.* **1.** open (*a. Betrieb, Sitzung, Konto etc.*); *feierlich*: *a.* inaugurate; (*Geschäft*) open up, start, set up *a business*; (*Diskussion, Saison etc.*) open, start off; ***das Feuer*** ~ open fire; ***das*** (*od.* ***ein***) ***Konkursverfahren*** ~ institute bankruptcy proceedings; **2.** (*Aussichten*) open (up) (***j-m*** for s.o.), offer (s.o.); **3.** ***j-m et.*** ~ disclose s.th. to s.o., inform s.o. of s.th.; **II.** *v/i.* **4.** *Geschäft etc.*: open; **5.** *Schach*: open; **III.** *v/refl.*: **6.** ***sich*** ~ *Möglichkeit etc.*: present itself; **7.** ***sich j-m*** ~ take s.o. into one's confidence; **Eröffnung** *f* opening (*a. Schach*); *feierliche*: inauguration; (*Mitteilung*) disclosure.

Eröffnungs|angebot *n* introductory offer; ~**ansprache** *f* inaugural address; ~**beschluß** *m* ⚖ order to proceed; *Konkursverfahren*: bankruptcy order; ~**bilanz** *f* ✝ opening balance sheet; ~**feier** *f* opening ceremony; ~**kampf** *m Boxen*: opening bout; ~**kurs** *m* ✝ opening quotation; ~**menü** *n Computer*: start menu; ~**sitzung** *f* introductory meeting; *parl.* opening session; ~**spiel** *n Sport* opening match.

erogen *adj.* erogenous; ~***e Zone*** erogenous zone.

erörtern *v/t.* discuss; ***ausführlich*** ~ discuss in detail, F thrash out; **Erörterung** *f* **1.** discussion; **2.** *ped.* (discursive) essay.

Eros *m myth. u. fig.* Eros.

Erosion *f* erosion; **Erosionsschäden** *pl.* damage *sg.* caused by erosion.

Erotik *f* (*Sinnlichkeit*) sensuality, *stärker*: eroticism; (*Sexualität*) sexuality; (*Sex*) sex; (*Eros*) Eros; **Erotika** *pl.* erotica; (*Literatur*) *a.* erotic literature *sg.*; **erotisch** *adj.* (*sinnlich*) sensual, *stärker*: erotic; (*sexuell*) sexual; ~***es Dreieck*** love triangle; **erotisieren** *v/t.* eroticize; **Erotisierung** *f* eroticization.

erpicht *adj.*: ~ ***auf*** very (F dead) keen on (*od.* to get *etc.*); ***darauf*** ~ ***sein zu*** *inf.* be bent on *ger.*, F be desperate to *inf.*

erpressen *v/t.* (*j-n*) blackmail (***mit*** over; ***zu*** *inf.* into *ger.*); (*et.*) extort (***von*** from); ***von j-m e-e Unterschrift*** (***ein Zugeständnis*** *etc.*) ~ blackmail s.o. into signing s.th. (making a concession *etc.*).

Erpresser *m* blackmailer; ~**bande** *f* gang of blackmailers; ~**brief** *m* blackmail letter.

erpresserisch *adj.* extortionate; blackmailing ...; ***in*** ~***er Absicht*** with a view to blackmail(ing s.o.).

Erpressung *f e-r Person*: blackmail, (*das Erpressen*) blackmailing; *von Geld etc.*: extortion.

Erpressungs|fall *m* blackmail case; ~**versuch** *m* blackmail attempt; attempted blackmail.

erproben *v/t.* try (out), test; put to the test; **erprobt** *adj.* well-tried, tried and tested; (*erfahren*) experienced; (*zuverlässig*) reliable; ***klinisch*** ~ clinically tested; ***nach*** ~***er Manier*** in the tried and tested fashion (*od.* manner); **Erprobung** *f* trial, test.

Erprobungs|flug *m* test flight; ~**gelände** *n* test range.

erquicken *v/t.* refresh (***sich*** o.s.); revive; **erquickend** *adj.* refreshing; **erquicklich** *adj.* pleasant; *Anblick etc.*: uplifting; *Rede etc.*: *a.* edifying; *iro.* ***wenig*** ~ not exactly edifying; **Erquickung** *f* refreshment.

Errata *pl.* errata.

erraten *v/t.* guess; ***du hast es*** ~! you've guessed (right).

erratisch *adj.* erratic(ally *adv.*); ~***er Block*** erratic (block).

Erratum *n* erratum.

errechnen *v/t.* work out, calculate; ***sich s-e Chancen*** *etc.* ~ work out one's chances *etc.* (for oneself).

erregbar *adj.* excitable (*a.* ⚡); (*reizbar*) irritable; (*empfindlich*) (over)sensitive, touchy; ***er ist leicht*** ~ *a.* he gets upset (*od.* angry) easily; **Erregbarkeit** *f* excitability; irritability; oversensitiveness; → ***erregbar***; **erregen I.** *v/t.* **1.** (*j-n*) excite, get *s.o.* excited, *sexuell*: *a.* arouse; (*reizen*) irritate; (*wütend machen*) infuriate; ***die Gemüter*** ~ cause quite a stir, *stärker*: get people's blood up; **2.** (*et., verursachen*) cause; (*Zorn etc.*) provoke; (*Argwohn, Leidenschaft etc.*) arouse, stir up; ***j-s Abscheu*** *etc.* ~ fill s.o. with disgust *etc.*; **3.** ⚡ excite, energize; **II.** *v/refl.*: ***sich*** ~ get excited; get all worked up (***über*** about); *zürnend*: *a.* get angry; → ***erregt***; **erregend** *adj.* exciting; *sexuell*: *a.* F on-turning; ⚕ ~***es Mittel*** stimulant.

Erreger *m* **1.** cause; **2.** ⚡ exciter; **3.** ⚕ pathogen, agent, virus; (*Keim*) germ; ~**stamm** *m* strain of virus, virus strain.

erregt I. *adj.* **1.** excited, agitated; *sexuell*: excited, aroused; *Debatte, Gemüter etc.*: heated; *Zeiten*: turbulent; ***in*** ~***em Zustand*** in a state of excitement (*sexuell*: sexual arousement); **2.** ⚡ excited, energized; **II.** *adv.*: ***es ging*** ~ ***zu*** *Debatte etc.*: feelings ran high; *Ereignis etc.*: there was quite a stir (*od.* commotion); **Erregtheit** *f* excitement.

Erregung *f* **1.** (state of) excitement, agitation; (*Zorn*) anger; **2.** (*das Erregen*) provocation *of anger etc.*; *e-s Nervs etc.*: stimulation; *sexuelle*: arousal; ⚡ excitation; ⚖ ***wegen*** ~ ***öffentlichen Ärgernisses*** for creating a public disturbance; **Erregungszustand** *m* state of excitement; *emotional*: emotional state.

erreichbar *adj.* **1.** (*a.* ***in*** ~***er Nähe***) within reach; (*zugänglich*) accessible; ***leicht*** ~ ***sein*** be within easy reach, be easy to get to; ***schwer*** ~ ***sein*** be hard to get to, not to be within easy reach; ***zu Fuß*** (***mit dem Wagen***) ***leicht*** ~ within easy walking (driving) distance; **2.** *fig. Ziel etc.*: attainable, within (one's) reach; **3.** *Person*: available, there; ***er ist nie*** ~ you just can't get hold of him; ***ich bin telefonisch*** ~ (*habe Telefon*) I'm on the phone, ***von ... bis ...***: you can reach me (*od.* get in touch with me) by phone between ... and ...; **erreichen** *v/t.* **1.** reach; (*e-n Ort*) *a.* arrive at, (*a. Ufer*) get to; (*es schaffen bis*) make (it to *od.* as far as); ***von der Bahn leicht zu*** ~ within easy reach of the station; → *a.* ***erreichbar*** 1; **2.** (*Zug etc.*) catch, (*a. Anschluß*) make; (*einholen*) catch up with; ***der Brief erreichte ihn nicht mehr*** the letter didn't get to him in time; **3.** ***j-n*** (***telefonisch***) ~ get hold of s.o. (on the phone); ***zu*** ~ → ***erreichbar*** 3; **4.** *fig.* (*schaffen*) achieve; (*gelangen an*) reach; (*erlangen*) obtain, get; (*gleichkommen*) equal, match; (*ein gewisses Maß*) come up to; ***ein hohes Alter*** ~ live to a ripe old age; ***etwas*** ~ (*Erfolg haben*) get somewhere, get results, be successful; ***hast du*** (***bei ihm***) ***etwas erreicht?*** did you get anywhere (with him)?; ***ich habe nichts erreicht*** I didn't get anywhere, I got nowhere; ***ich erreichte, daß ...*** I managed to *inf.*; ***so wirst du nichts*** ~ that won't get you anywhere; → ***Höhepunkt, Klassenziel, Ziel*** *etc.*; **Erreichung** *f* **1.** ***bei*** (***nach***) ~ ***von*** on (after) reaching *od.* arriving at (*od.* in); **2.** *fig.* attainment; ***nach*** ~ ***des 50. Lebensjahres*** on reaching the age of 50.

erretten *v/t.* save, rescue (***von, aus*** from); **Erretter** *m* rescuer; *eccl.* → ***Erlöser***; **Errettung** *f* rescue; *eccl.* → ***Erlösung.***

errichten *v/t.* **1.** (*Statue, Bühne, Barrikaden etc.*) put up, erect; (*Gerüst*) put up; (*Gebäude*) erect, build; (*Zelt*) put up; *fig.* (*Barrieren etc.*) put up, set up, erect; **2.** *fig.* (*gründen*) found, *bsd.* ✝ set up; (*Testament*) draw up; **Errichtung** *f* **1.** building; erection; **2.** *fig.* founding; establishment; → ***errichten.***

erringen *v/t.* gain, win; ***den Sieg*** ~ gain victory, win; ***e-n Erfolg*** ~ be successful, F notch up a success; **Erringung** *f e-r Leistung etc.*: achievement; → ***Errungenschaft.***

erröten I. *v/i. vor Scham*: blush, go red; *vor Aufregung, Stolz etc.*: flush (***vor*** with; ***über*** at); **II.** 2 *n* blush(ing); ***j-n zum*** ~ ***bringen*** make s.o. blush (*od.* go red).

errungen *adj.*: ***hart*** ~ hard-won, hard-earned; **Errungenschaft** *f* **1.** achievement; (*Großtat*) feat; ~***en der Technik*** technological achievements (*od.* advances); ***technische*** ~***en*** (*Geräte*) technical gadgets; ***die neuesten technischen*** ~***en*** the latest technology; **2.** (*Erwerbung*) acquisition; ***m-e neueste*** ~ my latest acquisition.

Ersatz *m* **1.** (*a. Person*) substitute; *permanenter*: replacement; ⚔ replacements *pl.*; **2.** (*Vergütung*) compensation; (*Entschädigung*) indemnification; (*Schaden*2) damages *pl.*; (*Wiedergutmachung*) reparation; (*Rückerstattung*) restitution; → *a.* ***Ersetzung, Ersatzmittel, Ersatzteil***; ***als*** ~ ***für*** by way of compensation for; in exchange (*od.* return) for; ~ ***leisten für*** compensate (*od.* make amends) for; ~ ***schaffen*** find a replacement (*od.* replacements); ~**anspruch** *m* claim for compensation; ~**bank** *f Sport*: substitutes' bench; ~**befriedigung** *f psych.* vicarious satisfaction, F compensation; ~**brille** *f* spare pair of glasses (*od.* spectacles); ~**dienst** *m* alternative (*od.* community) service (for conscientious objectors); ~ ***leisten*** do alternative (*od.* community) service (***als*** as); ~**droge** *f* substitute drug; ~**fahrer** *m* substitute driver; ~**geld** *n* token money; ~**handlung** *f psych.* (act of) compensation; ~**kaffee** *m* coffee substitute, ersatz coffee; ~**kasse** *f*

health insurance; **~leistung** *f* compensation; (*Schadenersatz*) damages *pl.*
ersatzlos *adv.*: ***~ streichen*** (*Posten*) freeze.
Ersatz|mann *m* substitute (*a. Sport*), replacement; **~mine** *f* refill; **~mittel** *n* substitute, surrogate; *bsd. contp.* ersatz.
Ersatzpflicht *f* liability (for damages); **ersatzpflichtig** *adj.* liable for damages.
Ersatz|rad *n mot.* spare wheel; **~reifen** *m* spare tyre (*Am.* tire); **~religion** *f* ersatz religion; **~spieler** *m Sport*: substitute; **~stück** *n* → ***Ersatzteil.***
Ersatzteil *n* ⚙ replacement part; *mitgeliefertes*: spare (part); **~chirurgie** *f* spare part surgery; **~lager** *n* spare parts store.
Ersatzwagen *m* replacement car.
ersatzweise *adv.* as a substitute; as an alternative.
ersaufen *v/i.* **1.** F (*ertrinken*) drown; **2.** *Motor etc.*: flood.
ersäufen *v/t.* drown; F *fig.* ***s-e Sorgen im Alkohol ~*** drown one's sorrows in drink.
erschaffen *v/t.* create, make; **Erschaffer** *m* creator; **Erschaffung** *f* creation.
erschallen *v/i.* ring out; (*widerhallen*) resound, echo.
erschaudern *v/i.* shudder (with horror); ***~ vor Angst*** *etc.* shudder with fear *etc.*; ***bei dem Gedanken ~, daß*** shudder at the thought that (*od.* of *s.o. ger.*).
erschauern *v/i. vor Angst, Kälte etc.*: tremble, shiver; *vor Glück etc.*: thrill (*alle* ***vor*** with; ***über*** at).
erscheinen **I.** *v/i.* **1.** appear (*a. Geist*: ***j-m*** to s.o.); (*kommen*) come (***zu*** to), turn up (at); (*sich sehen lassen*) *a.* put in an appearance; ***vor Gericht ~*** appear in court; ***nicht erschienen sein*** be absent; ***sie ist schon ein paarmal im Fernsehen erschienen*** *a.* she's made a few appearances on TV (*od.* a few TV appearances); **2.** *Sache*: appear, present itself (***in e-m anderen Licht*** in a different light); *in Dokumenten etc.*: appear, be mentioned; (*den Anschein haben*) seem, appear, look (***j-m*** to s.o.); ***es erscheint mir merkwürdig*** it strikes me as (rather) strange; ***es erscheint ratsam*** it would seem (*od.* appear) advisable; ***sie erscheint heute gelassener*** *etc.* she seems *od.* appears (to be) more relaxed *etc.* today; **3.** *Zeitung*: come out, *Buch*: *a.* be published, appear; ***soeben erschienen*** just published, just out; ***erstmals bei X erschienen*** first published by X; **II.** 2 *n* **1.** appearance; (*Anwesenheit*) attendance; ***um pünktliches ~ wird gebeten*** you are kindly requested to attend punctually; ***wir danken für Ihr zahlreiches ~*** we appreciate that so many of you have (been able to) come; **2.** *e-s Buchs*: publication; ***im ~ begriffen*** *Buch*: forthcoming.
Erscheinung *f* **1.** (*Vorkommnis, a. phys. u. Natur*2) phenomenon; *zeitlich gesehen*: *a.* occurrence; (*Anzeichen*) indication (*gen.* of), sign (of), ⚕ *a.* symptom (of); ***das ist e-e ganz normale ~*** *a.* that's perfectly normal, that's nothing out of the ordinary; **2.** (*Auftreten*) appearance; ***in ~ treten*** appear, *fig. Sache*: *a.* emerge, make itself felt; ***stark*** (***kaum***) ***in ~ treten*** be very much in evidence (be hardly noticeable); ***er tritt kaum in ~*** he keeps very much in the background; **3.** (*Geister*2) apparition; (*Vision*) vision; (*Geist*) spect|re (*Am.* -er), phantom; ***e-e ~ haben*** a) have a vision, b) see a ghost (*od.* an apparition); **4.** *eccl.* manifestation; **5.** (*Gestalt*) figure; ***e-e glänzende*** (*od.* ***imposante***) ***~ sein*** cut a fine figure; ***sie ist e-e sympathische ~*** she comes across as very friendly (*od.* likeable); **6.** (*äußeres Erscheinungsbild*) outward appearance; ***von der ~ her*** outwardly; ***ihrer*** (***äußeren***) ***~ nach*** to look at her, *formeller*: judging by her (outward) appearance.
Erscheinungs|bild *n* **1.** appearance, look; **2.** ⚕ manifestation; **3.** *biol.* phenotype; **~datum** *n* date (*od.* day) of publication, publication date; **~form** *f* **1.** (outward) form; **2.** ⚕ manifestation; **3.** *biol.* phenotype; **~jahr** *n* year of publication; **~ort** *m* place of publication; **~tag** *m* day (*od.* date) of publication; **~weise** *f* publication dates *pl.*; ***~: wöchentlich*** published (*od.* appearing) weekly; **~welt** *f* physical world.
erschießen **I.** *v/t.* shoot (dead), shoot and kill; ***~ lassen*** have *s.o.* shot; **II.** *v/refl.*: ***sich ~*** shoot o.s.; **Erschießung** *f* shooting; *standrechtliche*: execution (by firing squad); **Erschießungskommando** *n* firing squad.
erschlaffen *v/i.* **1.** *Glieder etc.*: go limp; *Muskel*: grow tired, slacken; *Haut*: (begin to) sag, become (*od.* get, go) flabby; **2.** *Person*: tire, get (*od.* grow) tired; ***er erschlaffte in der letzten Runde*** his strength failed him in the last round; **3.** *fig. Kraft, Interesse etc.*: (begin to) flag.
Erschlaffung *f* **1.** *der Glieder*: tiring; (sudden) limpness; *der Muskeln*: *a.* slackening; *der Haut*: flabbiness; **2.** *e-r Person*: (sudden) tiredness; **3.** *fig. des Interesses etc.*: flagging (*gen.* of), drop (in).
erschlagen **I.** *v/t.* kill; ***er wurde vom Blitz ~*** he was struck (dead) by lightning; **II.** F *adj.*: ***wie ~*** (*verblüfft*) F flabbergasted; (*erschöpft*) F whacked, bushed, out for the count.
erschleichen *v/t.* obtain by devious means; ***sich j-s Gunst ~*** worm o.s. into s.o.'s favo(u)r.
erschließen **I.** *v/t.* **1.** open, make accessible; (*Absatzgebiet*) open up; (*nutzbar machen, a. Baugelände*) develop; (*Rohstoffquellen etc.*) tap, exploit; **2.** (*folgern*) infer (***von*** from); (*Wort*) reconstruct (from), derive (from); **3.** (*offenbaren*) disclose; **II.** *v/refl.*: ***sich j-m ~*** **4.** *Geheimnis, Bedeutung etc.*: be revealed to; **5.** *Möglichkeiten*: open up before; **6.** (*a. j-m* ***sein Herz*** *~*) open one's heart to; **Erschließung** *f* opening (up), development; tapping, exploitation; *ling.* reconstruction, derivation; → ***erschließen.***
erschmeicheln *v/t.* (*a.* ***sich*** *et.* ~) get *s.th.* by flattery; ***sich et. von j-m ~*** wheedle s.th. out of s.o.
erschöpfen **I.** *v/t.* **1.** (*ermüden*) wear out, exhaust; **2.** (*Vorräte, Bodenschätze, Kräfte*) deplete, exhaust; **3.** (*Möglichkeiten*) exhaust; (*Thema*) *a.* F flog to death; **II.** *v/refl.*: ***sich ~*** **4.** *Person*: wear o.s. out; **5.** *Möglichkeiten*: be exhausted; *Thema*: *a.* F be flogged to death; ***sich ~ in Tätigkeit, Begabung etc.***: be limited to, not to go beyond; ***die Diskussion erschöpfte sich in leerem Geschwätz*** the discussion fizzled out into superficial chitchat; **6.** *Quelle, Vorräte etc.*: be (-come) depleted; *Boden*: *a.* be worked to death; **erschöpfend** **I.** *adj.* **1.** exhausting; **2.** (*gründlich*) exhaustive; **II.** *adv.*: ***ein Thema ~ behandeln*** treat a topic exhaustively, look at a topic from every (possible) angle; **erschöpft** *adj.* exhausted (***von*** by); *Batterie*: run-down; **Erschöpfung** *f* exhaustion; ***bis zur ~*** to the point of exhaustion; ***vor ~ umfallen*** collapse with (*od.* from) exhaustion.
Erschöpfungs|tod *m* death from exhaustion; **~zustand** *m* (state of) exhaustion.
erschossen F *adj.* (*erschöpft*) F whacked, bushed; ***ich bin ~*** *a.* F I've had it.
erschrecken **I.** *v/t.* frighten, scare; *plötzlich*: startle, give *s.o.* a shock; ***j-n zu Tode ~*** frighten s.o. out of his (*od.* her) wits, frighten s.o. to death; ***du hast mich zu Tode erschreckt*** *a.* you gave me the fright of my life, I nearly jumped out of my skin; **II.** *v/i.* get a fright (*od.* shock); (*zusammenfahren*) jump, start; ***~ über*** be startled (*stärker*: shocked) by; ***bin ich erschrocken!*** what a fright I got (*od.* you gave me); ***er erschrickt beim leisesten Geräusch*** the slightest noise frightens him, he jumps at the slightest noise; **III.** *v/refl.*: ***sich ~*** get a fright; (*zusammenfahren*) jump, start; ***sich zu Tode ~*** get the fright of one's life, be frightened out of one's wits; ***er hat sich ganz schön erschrocken*** he got quite a fright, it gave him quite a fright (*od.* scare); **IV.** 2 *n* fright, scare; **erschreckend** **I.** *adj.* alarming, frightening; (*furchtbar*) dreadful, terrible; (*entsetzlich*) appalling, *stärker*: horrific; **II.** *adv.*: ***~ wenige*** *etc.* alarmingly few *etc.*; ***~ viel(e)*** an alarming amount (number) of; ***sie haben ~ wenig gewußt*** *a.* their knowledge was alarmingly restricted.
erschrocken **I.** *adj.* startled; (*perplex*) *a.* taken aback; ***ich war ganz ~*** I got (*od.* it gave me) quite a fright *od.* scare; ***er war zu Tode ~*** he got (*od.* it gave him) the fright of his life; **II.** *adv.* in (*od.* with) fright; ***~ zusammenfahren*** (*od.* ***auffahren***) jump, start; ***~ aus dem Schlaf hochfahren*** wake up with a start.
erschüttern *v/t.* **1.** (*Gebäude etc.*) shake; **2.** *fig.* (*Wirtschaft, Gesundheit etc.*) shake; (*bestürzen*) shock (deeply), shake (up); (*rühren*) move deeply; ***j-n in s-m Glauben ~*** shake s.o.'s faith; ***das kann mich nicht ~*** that leaves me cold; ***sich durch nichts ~ lassen*** be completely unflappable; ***ihn kann nichts mehr ~*** he's seen (*od.* been through) it all; **erschütternd** *adj.* shocking, devastating; (*ergreifend*) deeply moving; **erschüttert** *adj.* shocked, devastated; (completely) shaken up; shattered (*alle* ***von*** by); **Erschütterung** *f* **1.** *der Erde etc.*: vibration, *stärker*: tremor, shock (-wave); **2.** ⚙ vibration; **3.** ⚕ concussion; **4.** *fig.* shock; *in der Öffentlichkeit etc.*: *a.* shockwave; ***~ auslösen bei*** be a shock for, shock, *weitläufig*: send a shock(wave) through; ***sie konnte vor ~ nichts sagen*** she was too shocked to speak; ***zur ~ des Systems*** *etc.* ***führen*** rock (*od.* shake) the system *etc.*; **erschütterungsfest** *adj.* shockproof; **erschütterungsfrei** *adj.* ⚙ free from vibration(s), shock-absorbent.
erschweren *v/t.* make (more) difficult, complicate, bedevil, (*Problem*) *a.* com-

pound; (*hemmen*) impede, hamper; (*stören*) seriously interfere with; **erschwerend I.** *adj.*: ⚖ **~e Umstände** aggravating circumstances; **II.** *adv.*: **~ tritt hinzu, daß** to aggravate the situation.

Erschwernis *f* (added) difficulty *od.* burden; (*Hindernis*) impediment, obstacle; **~zulage** *f* hardship allowance.

erschwert *adj.* more difficult, harder; **Erschwerung** *f* complication; **e-e ~** *gen.* **bedeuten** make *s.th.* more difficult; → **Erschwernis.**

erschwindeln *v/t.* obtain by fraud (*od.* dishonest means); **(sich) et. von j-m ~** swindle s.th. out of s.o.

erschwingen *v/t.*: **ich kann es nicht ~** I can't afford it; **erschwinglich** *adj.* within s.o.'s means; **zu ~en Preisen** at reasonable prices; **das ist für uns nicht ~** we can't afford it; **Mieten, die für jeden ~ sind** rents that everyone can afford, rents within everyone's means.

ersehen *v/t.* see; *et.* **~ aus** (*entnehmen*) see (*od.* understand) from; (*schließen*) gather from; **daraus ist zu ~, daß** this shows (*od.* indicates) that; **daraus ist nicht zu ~, ob** it doesn't indicate (*od.* tell you) whether.

ersehnen *v/t.* long for, yearn for; **ersehnt** *adj.* longed-for.

ersetzbar *adj.* replaceable (*a.* ⚙); *Schaden*: reparable; *Verlust*: recoverable; **ersetzen** *v/t.* replace (**durch** by, with *s.th.*); (*j-n*) *a.* take the place of; (*Verlust, Mangel*) compensate for; (*Auslagen*) reimburse (**j-m** s.o. *for expenses*); **A durch B ~** replace A by (*od.* with) B, substitute B for A; **den Schaden ersetzt bekommen** get paid (*formell*: receive compensation) for the damage; **... ist nicht zu ~** ... is irreplaceable, ... cannot be replaced; **sie ersetzte ihnen die Eltern** she was father and mother to them; **Ersetzung** *f* replacement; *e-s Verlusts etc.*: compensation; *von Kosten*: reimbursement.

ersichtlich *adj.* apparent, evident (**aus** from); (*klar*) clear; **klar ~** obvious, clearly evident (*od.* apparent); **ohne ~en Grund** for no apparent reason; **daraus wird ~, daß** this shows (*od.* indicates) that, thus it appears that; **aus Ihrem Schreiben ist** (*od.* **wird**) **~, daß** from your letter it would appear that; **wie aus ... ~ ist** as can be seen from ...

ersinnen *v/t.* think up, dream up; (*erfinden*) invent.

erspähen *v/t.* catch sight of, spot; *lit.* espy.

ersparen *v/t.* (*Geld*) save (*a.* **sich** *dat.* **~**); **j-m Arbeit** (**Kosten** *etc.*) **~** save s.o. work (money *etc.*); **j-m e-e Demütigung** *etc.* **~** spare s.o. a humiliation *etc.*; **um dir unnötige Erklärungen zu ~** so as not to bother you with unnecessary explanations; **erspare dir d-e Bemerkungen** just keep your remarks to yourself; **das wird uns nicht erspart bleiben** there's no getting round it; **mir (ihm) bleibt aber auch nichts erspart** why does everything have to happen to me (he really seems to get one bad break after another); **Ersparnis** *f* saving(s *pl.*); **~se** savings; **erspart** *adj.*: **~es Geld** savings; **vom ≈en leben** live off one's savings.

ersprießlich *adj.* fruitful; (*förderlich*) beneficial (*dat.* to).

erst I. *adv.* **1.** (*zuerst*) (at) first; (*zuvor*) first; (*nicht früher als*) only, not until (*od.* till), *zukunftsbezogen*: *a.* not before; (**eben**) **~** just; **~ als** only when; **~ als er anrief, wurde mir klar** it was only when he rang up that I realized; **~ dann** only then, not until (*od.* till) then; **~ einmal** first; **wir müssen ~ einmal aufräumen** *a.* we've got to tidy up before we do anything else; **~ jetzt** only now, not until (*od.* till) now; **~ jetzt wissen wir** only now do we know, not until (*od.* till) now did we know; **~ nach der Vorstellung** not until (*od.* till) after the performance; **ich muß ~ m-n Chef fragen** I'll have to ask my boss first; **ich habe sie ~ letzte Woche gesehen** I only saw her last week, it was only last week (that) I saw her; **dann kann er es ja ~ recht tun** all the more reason (for him) to do so; **jetzt zeig' ich's ihr ~ recht!** now I'm really going to show her; **das macht es ~ recht schlimm** that makes it even worse; **was glaubst du, wie mir ~ zumute ist?** how do you think 'I feel?; **wäre er ~ hier!** if only he were here; **wenn du ~ so alt bist wie ich** when you get to my age; **wenn wir ~ reich sind** when (*od.* once) we're rich, wait till we're rich, *then we'll ...*; **wenn du ihn ~ siehst!** (just) wait till you see him; **2.** (*bloß, nicht mehr als*) only, just; **ich habe ~ zwei Antworten bekommen** I've only had two replies (so far); **II.** *adj.* first; **~es Kapitel** chapter one; **am ~en Mai** on the first of May, on May the first; **1. Mai** 1st May, May 1(st); **≈e Hilfe** first aid; **~e Qualität** prime quality; **~e beste** → **erstbest**; **er war der ~e, der ...** he was the first to *inf.*; **sie ging als ~e durchs Ziel** she finished first; **aus ~er Ehe** from one's first marriage, by one's first wife (*od.* husband); **fürs ~e** for the moment, for the time being; → **Mal¹**; **zum ~en, zum zweiten, zum dritten!** *Auktion*: going, going, gone!; → **Hand, Linie** 1, **Stelle** 1, **Stock** 4 *etc.*

erstarken *v/i.* grow strong(er), gain strength.

erstarren *v/i.* **1.** grow stiff, stiffen; *vor Kälte*: go numb; ⚗ *etc.* solidify, *Öl, Fett*: *a.* congeal; **2.** *fig. Person, Lächeln*: freeze; *Gesicht*: turn to stone; *Formen, Verhaltensweisen etc.*: become rigid; *Brauch, Tradition etc.*: ossify; **vor Angst ~** freeze (with fear *od.* terror), be paralyzed with fear; **j-s Blut ~ lassen** make s.o.'s blood run cold; **erstarrt** *adj.* **1.** stiff; *vor Kälte*: *a.* numb; **2.** *fig. Person*: paralyzed; *Formen etc.*: rigid; *Brauch, Tradition etc.*: ossified; **vor Ehrfurcht ~** awestruck; **Erstarrung** *f* **1.** stiffness; *durch Kälte*: numbness; ⚗ solidification, *von Fett, Öl*: *a.* congealing; **2.** *fig.* paralysis; *von Formen, e-r Haltung etc.*: rigidity; **Erstarrungspunkt** *m* congealing (*od.* solidification) point *od.* temperature.

erstatten *v/t.* **1.** (*Auslagen etc.*) reimburse, refund (**j-m** s.o. *for expenses etc.*); **2. Anzeige ~ gegen** report *s.o.* to the police; → **Bericht**; **Erstattung** *f* (*Rückzahlung*) reimbursement, refund(ing).

erstaufführen *v/t.* perform (in public) for the first time, give the first public performance of, première; **Erstaufführung** *f thea., Film*: première; *Film*: (*erste Laufzeit*) first run.

erstaunen I. *v/t.* astonish, *stärker*: astound, amaze; **II.** *v/i. Person*: be astonished, *stärker*: be astounded, be amazed; *Sache*: cause atonishment (*od.* amazement), astonish (*od.* amaze) everyone; **III.** ≈ *n* astonishment, *stärker*: amazement; **in ~ geraten** → II; → *a.* **staunen**; **in ~ (ver)setzen** → I; (**sehr**) **zu m-m ~** (much) to my astonishment; **erstaunlich** *adj.* astonishing, *stärker*: astounding, amazing; (*beachtlich*) remarkable; (*unglaublich*) unbelievable, incredible; **erstaunlicherweise** *adv.* astonishingly, to my *etc.* surprise, *stärker*: amazingly, to my *etc.* amazement; **erstaunt** *adj.* astonished, *stärker*: astounded, amazed (**über** at).

Erst|ausfertigung *f* original (copy); **~ausführung** *f* prototype; **~ausgabe** *f* first edition; **~ausstattung** *f* **1.** basic equipment (*od.* kit); **2.** *für Baby*: layette; **~ausstrahlung** *f TV etc.* first broadcast.

erstbest I. *adj.* first; any old; **er fragte das ~e Kind** he asked the first child he saw (*od.* he happened to see, that came along); **kauf doch nicht einfach das ~e Auto** don't go and buy just any old car; **das ~e Hotel** the first hotel you *etc.* (happen to) find *od.* stumble across; **II.** *su.*: **der (die) ~e** just anyone; the first person (*od.* man, woman) to come along.

Erst|besteigung *f* first ascent; **~druck** *m* first edition.

Erste(r) *m* (the) first; **er war Erster** he was (*od.* came) first; **er ist Erster** (**der Klasse**) he's top of the class; **Karl I.** Charles I (= Charles the First); **heute ist der Erste** it's the first (of the month) today.

erstechen *v/t.* stab (to death).

Erstehe *f* first marriage.

erstehen¹ *v/i.* arise, result (**aus** from); *lit.* (*entstehen*) rise up (from); **daraus können uns Unannehmlichkeiten ~** it could cause us trouble.

erstehen² *v/t.* (*kaufen*) buy (o.s.), (*a. bekommen*) get; **Erstehung** *f* acquisition.

ersteigen *v/t.* climb, ascend; (*Gipfel*) climb (up to); *fig.* (*Position*) rise to; (*gesellschaftliche Stufenleiter*) climb, move up.

ersteigern *v/t.* buy at an auction; F *fig.* **wo hast du denn das ersteigert?** F where did you get hold of that?

Ersteigung *f* ascent, climbing.

Erste(r)-Klasse|-Abteil *n* first-class compartment; **~-Wagen** *m* first-class carriage (*od.* car).

erstellen *v/t.* **1.** (*besorgen*) provide; **2.** (*Plan etc.*) draw up; **3.** (*errichten*) build, construct.

erstemal *adv.*: **das ~** the first time; **beim erstenmal** the first time, (*sofort*) *a.* straightaway; **zum erstenmal** for the first time; **ich bin zum erstenmal hier** this is the first time I've been here, this is my first visit here; **ich sehe ihn zum erstenmal** I've never seen (*od.* set eyes on) him before; **das sehe ich zum erstenmal** *a.* I've never noticed that before; **das höre ich zum erstenmal** that's the first I hear (*od.* I've heard) of it, that's news to me.

erstens *adv.* first(ly), first of all; to start with; *emotional*: *a.* for a start.

erster(e) *pron. u. adj. the* former; **der (die, das) erstere ..., der (die, das) letztere ...** the former ..., the latter ...

ersterben *v/i. Ton etc.*: die (*od.* fade) away; *Lächeln*: fade; **das Lächeln er-**

starb auf s-n Lippen the smile faded (*od.* disappeared) from his lips; *fig.* ***vor Ehrfurcht*** ~ be awestruck.

Ersterfolg *m* first success; beginner's success.

erstgeboren *adj.* firstborn; **Erstgeburt** *f* **1.** firstborn (child); **2.** → **Erstgeburtsrecht** *n* birthright, ⚖ (right of) primogeniture.

erstgenannt *adj.* first-mentioned, *Person*: *a.* first-named; (*erstere*) former.

ersticken I. *v/t.* **1.** suffocate; *durch Erdrosselung etc.*: choke; **2.** (*Feuer*) smother, put out; **3.** *fig.* (*Gefühl etc.*) suppress; (*Geräusch, Lachen*) smother, stifle; (*Aufstand*) suppress, quell; → ***Keim***; **II.** *v/i.* **4.** suffocate (**an** from), be suffocated (by); *an e-r Gräte etc.*: choke (to death) (on); ***vor Hitze*** ~ suffocate from the heat; **5.** *fig.* ***vor Lachen*** *etc.* ~ choke with laughter *etc.*; ***in Arbeit*** ~ be snowed under with work, be drowning in work; ***mit erstickter Stimme*** in a choked voice; **III.** ♀ *n* suffocation, 🕮 asphyxiation; ***zum*** ~ *Luft etc.*: stifling, suffocating; ***zum*** ~ ***heiß*** stifling hot; **erstickend** *adj.* stifling, suffocating; **Erstickung** *f* → ***Ersticken.***

Erstickungs|anfall *m* choking fit; **~gefahr** *f* danger of suffocation; **~tod** *m*: ***den*** ~ ***sterben*** die of suffocation (🕮 asphyxiation).

Erstinstanz *f* (court of) first instance.

erstklassig *adj.* first-class, first-rate; *Sportler*: *a.* top-class, F crack ..., ace ...; *Waren*: top-quality.

Erstkläßler *m* first-year (primary) pupil, *Am.* firstgrader.

Erstkommunion *f* first Communion.

erstlich *adv.* → ***erstens.***

Erstling *m* **1.** first work; **2.** firstborn child.

Erstlings|ausstattung *f* layette; **~film** *m* debut film; **~platte** *f* debut album; **~roman** *m* first novel; **~versuch** *m* first attempt; **~werk** *n* first work.

erstmalig I. *adj.* first; **II.** *adv.* → **erstmals** *adv.* for the first time, first; ***es erschien*** ~ ***1990*** it first appeared (*od.* it appeared for the first time) in 1990.

Erstmeldung *f* exclusive report (*od.* story), scoop.

erstrahlen *v/i.* shine; *Weihnachtsbaum*: sparkle, glitter.

erstrangig *adj.* first-rate; *Problem*: top-priority.

erstreben *v/t.* aim for; (*Glück, Macht etc.*) strive after; (*begehren*) desire, covet; **erstrebenswert** *adj.* desirable, worthwhile.

erstrecken *v/refl.* **1. *sich*** ~ extend, stretch (***bis zu*** to, as far as; ***über*** across, over); **2. *sich*** ~ ***über*** *zeitlich*: cover *od.* span (a period of); ***sich über Jahrzehnte*** ~ cover (*od.* span) several decades; **3. *sich*** ~ ***auf*** (*betreffen*) concern, apply to; (*einschließen*) include.

Erst|schlag *m* first strike; **~semester** *n* new student; *bsd. Am. etwa* freshman, F fresher; **~stimme** *f pol.* first vote.

Ersttags|brief *m* first-day cover; **~stempel** *m* first-day stamp.

Ersttäter *m* first-time offender.

erstunken *p.p.*: F ***das ist*** ~ ***und erlogen*** F that's a dirty lie (*od.* a pack of lies).

Erst|wagen *m* first car; ***mein*** ~ ***ist ein Porsche*** *Aufkleber*: my other car's a Porsche; **~wähler** *m* first-time voter; **~zulassung** *f* first registration.

erstürmen *v/t.* (take by) storm; **Erstürmung** *f* storming.

ersuchen I. *v/t.*: ***j-n*** ~ ***zu*** *inf.* ask (*dringend*: urgently request, *anflehend*: implore) s.o. to *inf.*; ***j-n um et.*** ~ request s.th. from s.o.; **II.** *v/i.*: ***um et.*** ~ request s.th.; **III.** ♀ *n* request; ***auf sein*** ~ ***hin*** at his request.

ertappen I. *v/t.* catch (**bei** at); ***j-n beim Stehlen*** ~ catch s.o. stealing; ***laß dich nicht*** ~ mind you don't get caught; → ***Tat***; **II.** *v/refl.*: ***sich dabei*** ~, ***et. zu tun*** catch o.s. doing s.th.; ***sich bei dem Gedanken*** ~, ***daß*** catch o.s. thinking that.

ertasten *v/t.* feel (the shape of); (*Ausgang etc.*) grope one's way towards.

erteilen *v/t.* (*Auftrag, Auskunft, Befehl, Rat, Strafe, Unterricht etc.*) give (***j-m*** [to] s.o.); (*ein Recht etc.*) confer (*dat.* on); (*Patent*) grant (to); → ***Abfuhr, Vollmacht*** *etc.*; **Erteilung** *f* granting; conferral.

ertönen *v/i.* sound; ***plötzlich ertönte Musik*** suddenly music could be heard, suddenly there was music in the air; ~ ***von*** resound (*od.* echo) with.

ertöten *v/t.* (*Gefühle*) stifle.

Ertrag *m* yield; ⚒ *etc.* output; (*Einnahmen*) proceeds *pl.*, returns *pl.*, profit(s *pl.*) (**aus** from); *fig.* fruits *pl.*, results *pl.*

ertragen *v/t.* bear (*a. Anblick, Gedanken*), endure; (*dulden*) tolerate, put up with; ***wie kannst du es*** ~? *a.* how can you stand it?; ***nicht zu*** ~ → ***unerträglich.***

erträglich I. *adj.* bearable; (*a. leidlich*) tolerable; **II.** *adv.* (*leidlich*) tolerably well.

ertrag|los *adj.* unproductive; ✝ unprofitable; **~reich** *adj.* productive; ✝ profitable.

ertragsarm *adj.* low-yield.

ertrag(s)fähig *adj.* productive; ✝ profit-bearing; **Ertrag(s)fähigkeit** *f* productivity; ✝ earning potential (*od.* capacity).

Ertrags|kraft *f* earning power (*od.* potential); **~lage** *f* profit situation; **~steuer** *f* profits tax; **~wert** *m* earning power.

ertränken *v/t.* drown (**sich** o.s.).

erträumen *v/t.* (*a.* **sich** *dat.* ~) dream of; imagine; **erträumt** *adj.* dreamed-of; imaginary; ***nie*** ~ undreamt-of.

ertrinken I. *v/i.* drown, be drowned; **II.** ♀ *n*: (***Tod durch*** ~ death by) drowning; **Ertrinkende(r** *m*) *f* drowning man (*f* woman).

ertrotzen *v/t.*: (***sich***) ***et.*** ~ get s.th. through sheer stubbornness, stubbornly insist until one gets s.th.

ertüchtigen *v/t.* get *s.o.* in shape; (*stählen*) toughen *s.o.* up; **Ertüchtigung** *f* physical training (*od.* fitness).

erübrigen I. *v/t.* (*Geld*) save, put aside; (*Zeit*) spare; ***können Sie zehn Mark (fünf Minuten)*** ~? can you spare ten marks (five minutes)?; **II.** *v/refl.*: ***sich*** ~ be unnecessary, be superfluous; ***es hat sich erübrigt*** it's been solved, F forget it; ***es dürfte sich*** ~ it will hardly be necessary; ***jedes weitere Wort erübrigt sich*** there's nothing more to be said.

eruieren *v/t.* find out, determine.

Eruption *f geol. u.* ⚕ eruption; **eruptiv** *adj.* eruptive.

erwachen I. *v/i.* wake up (*a. fig. aus s-n Träumen etc.*), *formell*: awake, awaken (*alle* **aus** from); *fig. Tag*: dawn; *Erinnerungen, Interesse*: be awakened; *Argwohn etc.*: be aroused; *fig.* ***zu neuem Leben*** ~ revive, come to life again; → ***Bewußtlosigkeit***; **II.** ♀ *n*: (*fig.* ***trauriges, unsanftes*** ~ sad, rude) awakening.

erwachsen[1] *v/i.* arise (**aus** from); ~ ***aus*** *Vorteil, Unkosten etc.*: accrue (*od.* result) from; ***daraus können Ihnen Unannehmlichkeiten*** ~ it may cause you trouble.

erwachsen[2] *adj.* grown-up, adult; (*ausgewachsen*) fully-grown; (*mündig*) of age; ***~er Mensch*** grown-up; ***er ist ein ~er Mensch*** (*er weiß, was er tut*) he's old enough to know what he's doing; ***sehr*** ~ ***sein*** be very grown-up for one's age; **Erwachsene(r** *m*) *f* grown-up, adult; ***nur für Erwachsene*** (for) adults only.

Erwachsenen|bildung *f* adult (*od.* further) education; **~taufe** *f* adult baptism.

erwägen *v/t.* consider, think *s.th.* over; (*in Betracht ziehen*) take into account; ~, ***et. zu tun*** consider doing s.th.; ***die Vor- und Nachteile*** ~ weigh up the pros and cons (*od.* advantages and disadvantages); ***es wird ernsthaft erwogen*** it's under serious consideration; **erwägenswert** *adj.* worth considering; **Erwägung** *f* consideration; ***in*** ~ ***ziehen*** take into consideration, consider; (*zu tun gedenken*) contemplate, consider (*ger.*); ***~en anstellen, ob*** consider whether.

erwählen *v/t.* choose; *durch Abstimmung*: elect; ***j-n zum Parlamentssprecher*** *etc.* ~ elect s.o. (as) parliamentary speaker *etc.*; **Erwählte(r** *m*) *f* → ***auserwählt.***

erwähnen *v/t.* mention; ***nebenbei*** ~ mention in passing; ***j-n namentlich*** ~ mention s.o. by name, mention s.o.'s name; ***du wurdest namentlich erwähnt*** your name was mentioned; ***ich wurde überhaupt nicht erwähnt*** I didn't even get a mention; **erwähnenswert** *adj.* worth mentioning; *Kunstwerk etc.*: worthy of note; **Erwähnung** *f* mention (*gen.* of), reference (to).

erwandern *v/t.*: (***sich***) ***ein Gebiet*** ~ discover (*od.* get to know) an area on foot.

erwärmen I. *v/t.* warm *od.* heat (up); *fig.* ***j-n für et.*** ~ get s.o. interested in s.th.; **II.** *v/refl.*: ***sich*** ~ warm up, heat up (**auf** to), get warm, *Person*: warm o.s. (up); *fig.* ***sich*** ~ ***für*** warm to, get to like; **Erwärmung** *f* warming up, heating up; ~ ***der Erdatmosphäre*** global warming.

erwarten I. *v/t.* (*a.* **sich** *dat.* ~) expect; (*warten auf*) wait for; (*erhoffen*) (*a.* **sich** *dat.* ~) hope for; ***er kann es kaum*** ~(, ***daß s-e Eltern zurückkommen***) he can hardly wait (for his parents to get back); ***es ist zu*** ~ it's to be expected; ***wie zu*** ~ as (was to be) expected; ***ich erwarte von dir, daß du ...*** I expect you to *inf.*; ***es wird erwartet, daß sie zusagen*** they are expected to agree, it is expected that they will agree; ***so was habe ich gar nicht erwartet*** I wasn't expecting (*od.* I didn't expect) anything like that; ***wenn er wüßte, was ihn erwartet*** if he knew what was in store for him; ***das war mehr, als er erwartet*** (*gewollt*) ***hatte*** that was more than he had bargained for; ***von ihm kann man noch allerhand*** ~ he's somebody to watch; ***von ihm kann man nichts*** ~ you can't expect anything of him (*od.* him to do anything), F he's hopeless; → ***Kind***; **II.** ♀ *n*:

wider ~ contrary to all expectation(s); **Erwartung** *f* **1.** (*a. Anspruch*) expectation (*gen.* of); (*Spannung*) anticipation (of), expectancy (of); (*Hoffnung*) hope(s *pl.*) (for); ***voller ~*** → ***erwartungsvoll***; ***in ~*** *gen.* in anticipation of; **2.** *pl.* (*Annahme*) hopes; ***in j-n große ~en setzen*** place great hopes in s.o., expect a great deal of s.o.; ***hochgeschraubte ~en*** high hopes (*od.* expectations); ***die ~en herabsetzen*** lower one's expectations (*od.* sights); ***du hast m-e ~en enttäuscht*** you disappoint me, I expected you to do better than that; ***entgegen allen ~en*** against all expectations, against the odds; **erwartungsfroh I.** *adj.* expectant; **II.** *adv.* expectantly; *lit.* in joyful anticipation; **erwartungsgemäß** *adv.* as expected.

Erwartungs|haltung *f* expectations *pl.*; **~horizont** *m* horizon of expectations.

erwartungsvoll *adj. u. adv.* full of expectation, expectant(ly); ***in ~er Haltung*** in a state of expectancy.

erwecken *v/t.* **1.** → ***wecken*** I; **2.** *j-n od. et.* ***wieder zum Leben ~*** revive; ***von den Toten ~*** raise from the dead; **3.** *fig.* (*Interesse, Neugier etc.*) arouse; (*Gefühle*) *a.* awaken, stir up; (*Erinnerung*) bring back, stir up; (*Hoffnung*) raise; (*Vertrauen*) inspire; ***bei j-m den Glauben ~, daß*** make s.o. believe that; → ***Anschein, Eindruck*** 1 *etc.*; **4.** *eccl.* (*bekehren*) convert; **Erweckung** *f von Interesse etc.*: arousal; *von Gefühlen*: *a.* awakening, stirring up; *von Hoffnungen*: raising.

erwehren *v/refl.*: ***sich ~*** *gen.* ward off; resist; ***sich der Tränen ~*** hold back one's (*od.* the) tears; ***sich nicht ~ können*** *gen.* be helpless against, be unable to resist (*ger.*); ***ich konnte mich des Lachens nicht ~*** I couldn't help (*od.* stop myself from) laughing; ***man konnte sich des Eindrucks nicht ~, daß*** you couldn't help feeling (that).

erweichen *v/t.* soften (up); *fig.* (*j-n*) soften, mollify; (*rühren*) move, touch; *fig.* ***sich ~ lassen*** relent, yield, give in; **Erweichung** *f* softening; *fig. a.* mollification.

Erweis *m* proof; ***den ~ bringen, daß*** prove that, furnish proof (*od.* evidence) that; **erweisen I.** *v/t.* **1.** (*beweisen*) prove, show, demonstrate, establish; ***es ist erwiesen, daß*** it has been proved *etc.* that; **2.** (*Gefallen, Dienst*) do *s.o. a service etc.*; (*Gunst*) grant; (*Achtung*) show; **II.** *v/refl.*: **3.** ***sich ~ als*** turn out (to be), prove (to be), *Person*: *a.* prove o.s. (to be); ***es erwies sich, daß*** it turned out that; **4.** ***sich j-m gegenüber dankbar ~*** show one's gratitude to (*od.* towards) s.o.

erweitern I. *v/t.* (*Straße etc.*) widen; (*Gebäude*) extend; (*Rock etc.*) let out; (*Einfluß, Befugnisse etc.*) extend; (*Buch etc.*) enlarge; (*Kenntnisse*) broaden; 𝔄 (*Bruch*) reduce to higher terms; ***s-e Spanischkenntnisse ~*** improve one's Spanish; → ***Horizont***; **II.** *v/refl.*: ***sich ~*** *Straße etc.*: widen; *Pupille, Blutgefäß*: dilate; *Herz*: become enlarged; *Kenntnisse*: increase; *Begriff*: take on a wider meaning; **erweitert** *adj.* enlarged *etc.*; → ***erweitern***; *Auflage*: enlarged; ***~e Berichterstattung*** extended coverage; *ling.* ***~er Satz*** compound sentence; ***~er Infinitiv*** extended infinitive; **Erweiterung** *f* widening; extension; enlargement; broadening; ⚕ dilation; → ***erweitern***; **Erweiterungsbau** *m* annex(e), extension (wing); **erweiterungsfähig** *adj.* capable of being enlarged (*od.* extended), expansible; ***es ist ~*** *a.* it can be enlarged (*od.* extended, expanded).

Erwerb *m* acquisition; (*Kauf*) *a.* purchase; (*Verdienst*) earnings *pl.*; (*Unterhalt*) living; ***s-m ~ nachgehen*** earn one's living; **erwerben** *v/t.* acquire; *käuflich*: *a.* purchase; (*verdienen*) earn; (*Kenntnisse, Rechte etc.*) acquire; (*j-s Achtung etc., Ruhm etc.*) win; ***sich sein Brot ~*** earn one's (*od.* a) living; ***sich Reichtum ~*** gain riches; ***sich ein Vermögen ~*** make a fortune; ***sich um die Organisation*** *etc.* ***große Verdienste ~*** serve the organization *etc.* well, do great service for the organization *etc.*; **erwerblich** *adj.* for sale.

erwerbs|behindert, ~beschränkt *adj.* partially disabled.

erwerbsfähig *adj.* capable of work; fit for work; ***~es Alter*** employable (*od.* working) age; **Erwerbsfähigkeit** *f* ability to work.

Erwerbsleben *n* working life.

erwerbslos *adj.* unemployed; **Erwerbslose(r)** *m* unemployed person; ***die Erwerbslosen*** the unemployed (*pl.*); **Erwerbslosenquote** *f* level of unemployment.

Erwerbs|minderung *f* reduction in earning capacity; **~quelle** *f* source of income; **~sinn** *m* business sense (*od.* acumen).

erwerbstätig *adj.* gainfully employed; ***~e Bevölkerung*** *a.* economically active population; **Erwerbstätige(r)** *m* employed person; ***die Erwerbstätigen*** the employed population (*sg.*); ***die Zahl der Erwerbstätigen*** the number of employed; **Erwerbstätigkeit** *f* gainful employment.

Erwerbstrieb *m* acquisitive urge.

erwerbsunfähig *adj.* incapable of work; unfit for work; **Erwerbsunfähigkeit** *f* incapacity to work.

Erwerbs|urkunde *f* ⚖ title deed; **~zweig** *m* branch of industry; line (of business).

Erwerbung *f* acquisition.

erwidern *v/t.* (*Besuch, Gefälligkeit etc.*) return; (*Gefühl*) reciprocate; (*antworten, a. v/i.*) reply, answer (**auf** to), *treffend, scharf*: retort; ⚔ (*das Feuer*) return; ***auf m-e Frage erwiderte er ...*** in reply to my question he said ...; ***er wußte nicht, was er darauf ~ sollte*** he didn't know what to say to that; **Erwiderung** *f* **1.** *e-s Gefühls*: reciprocation; ***in ~*** *gen.* in reply to; ***keine ~ finden*** *Liebe*: be (left) unrequited; **2.** (*Antwort*) reply, answer; *treffende, scharfe*: retort; **3.** ⚔ ***flexible ~*** flexible response.

erwiesen *adj.* proved; ***e-e ~e Tatsache*** an established fact; → *a.* ***erweisen*** 1; **erwiesenermaßen** *adv.* as has been proved (*od.* shown, demonstrated, established); demonstrably; ***es erscheint ~ nur im Winter*** it has been proved to appear only in winter; ***sie war ~ dabei*** she is proved to have been present.

erwirken *v/t.* achieve, bring about; (*erlangen*) secure, succeed in getting; (*Genehmigung etc.*) obtain, secure.

erwirtschaften *v/t.* gain (by good management), make.

erwischen *v/t.* catch, get (*beide a. Krankheit*); (*Zug etc.*) *a.* make; (*erlangen*) get hold of; → *a.* ***ertappen***; ***sich ~ lassen*** get caught; F ***ihn hat's erwischt*** *Krankheit*: F he's been laid low, *Verletzung, Unangenehmes*: F he's come a cropper, *Strafe*: F he's got it in the neck, *Liebe*: F he's smitten, *Tod*: F he's had it.

erwünscht *adj.* desired; (*willkommen*) welcome; (*wünschenswert*) desirable; ***du bist hier nicht ~*** you're not wanted around here; ***Computerkenntnisse ~, aber nicht Bedingung*** *Zeitungsannonce*: computer skills an asset, not essential.

erwürgen I. *v/t.* strangle; **II.** ♀ *n*, **Erwürgung** *f* strangling, strangulation.

Erythrozyt *m physiol.* erythrocyte, red (blood) cell; **Erythrozytenzählung** *f* red cell count.

Erz *n* ore; **~ader** *f* vein of ore.

erzählen I. *v/t.* (*a. Geschichte, Witz etc.*) tell; (*berichten*) recount; *kunstvoll*: narrate; ***man hat mir erzählt*** I've been told; ***was hat er erzählt?*** what did he (have to) say?; ***sie kann was ~!*** *nach der Reise etc.*: she's got a few stories (*od.* tales) to tell; ***komm, erzähl uns was!*** so what's new?; ***man erzählt sich*** they say; ***er erzählt nur noch Unsinn*** he talks a lot of nonsense; ***erzähl doch keinen Unsinn!*** F who are you trying to kid?, *zum Kind*: *a.* don't talk such nonsense; F ***das kannst du mir nicht ~!, das kannst du d-r Großmutter ~!*** F pull the other one; F ***wem ~ Sie das!*** F you're telling me; F ***dem werd' ich was ~!*** F I'll tell him a thing or two; **II.** *v/i.* tell a story (*od.* stories); ***~ von*** tell s.o. about, *lit.* tell of; ***er soll niemandem davon ~*** he's not to tell (*od.* breathe a word to) anyone about it; ***er erzählte, daß*** he told us *etc.* that, he said that; ***er kann gut ~*** he's a good storyteller; **III.** ♀ *n* storytelling; *kunstvolles*: narration; ***die Kunst des ~s*** the art of storytelling (*od.* narrative); **erzählend** *adj.* narrative *style etc.*; **erzählenswert** *adj.* worth telling; ***e-e ~e Geschichte*** *a.* a good story; **Erzähler** *m* narrator; *von Geschichten*: *a.* storyteller; *begabter*: raconteur; (*Schriftsteller*) narrative writer; **erzählerisch** *adj.* narrative; ***~es Talent besitzen*** be a good storyteller; **erzählfreudig** *adj.* communicative.

Erzähl|kunst *f* narrative (art), art of narrative; ***ein Meister der ~*** a master of narrative (*od.* of [the] narrative art); **~perspektive** *f* narrative perspective; **~technik** *f* narrative technique; **~ton** *m* narrative style; style of storytelling.

Erzählung *f* **1.** (*das Erzählen*) telling; *in der Literatur*: narration; **2.** (*Geschichte*) story; **3.** (*Bericht*) account; **4.** *Literatur*: story, *kurze*: *a.* short story; *bsd. phantasievolle, märchenhafte etc.*: *a.* tale; **5.** *coll.* (*Erzählliteratur*) fiction.

Erzbergwerk *n* ore mine.

Erzbischof *m* archbishop; **erzbischöflich** *adj.* archiepiscopal; **Erzbistum** *n*, **Erzdiözese** *f* archbishopric, archdiocese.

Erzengel *m* archangel.

erzeugen *v/t.* produce, ✓ *a.* grow; *industriell*: produce, make; *phys.*, ⚗ generate; *fig.* (*verursachen*) cause, bring

about; (*Gefühl, Zustand etc.*) create, generate, engender.
Erzeuger *m* **1.** (*Vater*) father, *iro.* procreator; **2.** ✝ producer, manufacturer; ✓ producer, grower; **~land** *n* country of origin.
Erzeugnis *n* product; (*Boden*2, *mst pl.*) produce (*sg.*); *des Geistes, der Kunst*: creation, *iro.* brainchild; *der Phantasie*: product; ***eigenes*** ~ my *etc.* own make (*od.* brand).
Erzeugung *f* production; ✝ *a.* manufacture; *phys.*, ⚗ generation; *fig.* creation; **Erzeugungskosten** *pl.* production costs.
Erzfeind *m* arch-enemy; ***der*** ~ (*Satan*) Satan; **Erzfeindschaft** *f* archrivalry.
Erzgauner *m* F (real) crook.
Erz|gewinnung *f* ore production; **~gießerei** *f* (metal) foundry; **~grube** *f* (ore) mine, pit.
erzhaltig *adj.* ore-bearing.
Erzhalunke *m* F (real) crook.
Erzherzog *m* archduke; **Erzherzogin** *f* archduchess; **Erzherzogtum** *n* arch-duchy.
Erzhütte *f* smelting works *pl.* (*a. sg. konstr.*).
erziehbar *adj.* educable; ***schwer ~es Kind*** problem child; **erziehen** *v/t.* (*aufziehen*) bring up, raise; *geistig*: educate; ~ ***zu*** bring up (*od.* train) *s.o.* to be; ***j-n zu e-m selbständigen Menschen*** ~ bring s.o. up to be an independent person; ***j-n zur Sparsamkeit*** ~ bring s.o. up (*od.* teach s.o.) to be economical; ***er wurde streng erzogen*** he had a strict upbringing; → ***erzogen***; **Erzieher** *m* educator; (*Lehrer*) teacher; (*Hauslehrer, Internats*2) tutor; **Erzieherin** *f Kindergarten*: (qualified) kindergarten teacher; (*Hauslehrerin*) governess; **erzieherisch I.** *adj.* educational; ***~e Probleme (Fragen)*** *innerhalb der Familie*: problems (questions) of upbringing; **II.** *adv.*: ***j-n ~ beeinflussen*** have an educational effect on s.o.; ***das ist ~ ganz falsch*** F you're never going to teach them *etc.* that way; **Erziehung** *f* upbringing; *geistige, politische etc.*: education; (*Ausbildung*) training; (*Lebensart*) breeding, (*Manieren*) *a.* manners *pl.*; ***er hat e-e gute ~ genossen*** he had a good upbringing; ***falsche*** ~ the wrong (*od.* a bad) upbringing; ***ihr fehlt jede*** ~ she's got no upbringing (*od.* manners).
Erziehungs|anstalt *f* approved school, *Am.* reformatory, reform school; **~beihilfe** *f* educational grant; **~beratung** *f* child guidance (service); **~berechtigte(r** *m*) *f* **1.** parent; **2.** legal guardian; **~fehler** *pl.* wrong upbringing *sg.* (*gen.* on the part of); **~urlaub** *m* maternity leave; *für Väter*: paternity leave; **~wesen** *n* **1.** education; **2.** educational system; **~wissenschaft** *f* educational science.
erzielen *v/t.* achieve, attain, get; (*Resultate*) *a.* produce, come up with; (*Erfolg*) achieve, score; (*Gewinn etc.*) make; (*Preis*) fetch; (*Punkt, Treffer*) score; (*Verständigung*) reach, come to; (*Wirkung*) have *an effect*; ***als Reingewinn*** ~ clear, net; ***Einigung*** ~ reach (an) agreement (***über*** on).
erzittern *v/i.* tremble, shake (***vor*** with).
Erzkatholik *m*, **erzkatholisch** *adj.* ultra-Catholic.
erzkonservativ *adj.* ultra-conservative; *in GB*: *a.* true-blue ...; ~ ***sein*** *in GB*: *a.* be a true blue; **Erzkonservative(r)** *m* dyed-in-the-wool conservative; *in GB*: *a.* true blue.
Erz|lügner *m* chronic liar; **~lump** F *m* real scoundrel.
erzogen *adj.*: ***er ist gut (schlecht)*** ~ he's very well-mannered (he's got no manners at all).
erzreaktionär *adj.* ultra-reactionary.
Erz|rivale *m* archrival; **~schurke** F *m* real scoundrel; **~tyrann** *m* archtyrant, archdespot.
erzürnen *lit.* **I.** *v/t.* anger, *stärker*: enrage; **II.** *v/refl.*: ***sich*** ~ get angry (***über*** at, about).
Erzvater *m* patriarch.
Erzvorkommen *n* ore deposit(s *pl.*).
erzwingen *v/t.* force, get *s.th.* by force; *gesetzlich*: enforce (*a. Gehorsam etc.*); ***e-e Entscheidung*** ~ force an issue; ***Liebe läßt sich nicht*** ~ you can't force love; ***ein Geständnis von j-m*** ~ force a confession out of s.o.; **erzwungen** *adj.* forced; *Lächeln etc.*: *a.* put-on; **erzwungenermaßen** *adv.* under pressure.
es *pers. pron.* **1.** *als Subjekt*: (*Sache*) it; (*Kind, Haustier*) it, *bei bekanntem Geschlecht*: he (*f* she); (*Schiff, Auto etc.*) it, *emotional*: she; *impers.* ~ ***schneit*** it's snowing; ~ ***ist kalt*** it's cold; ~ ***wurde getanzt*** they *etc.* danced; *wer ist der Junge?* – ~ ***ist mein Bruder*** he's my brother; *wer sind diese Mädchen?* – ~ ***sind m-e Schwestern*** they're my sisters; *wer hat angerufen?* - ~ ***war mein Chef*** it was my boss; ***ich bin's*** it's me; ***sie sind*** ~ it's them; ~ ***war keiner da*** there was nobody there, nobody was there; ~ ***war einmal ein König*** once upon a time there was a king; ~ ***gibt zu viele Probleme*** there are too many problems; ~ ***wird erzählt*** they say; ~ ***heißt in der Bibel*** it says in the Bible; **2.** *als Objekt*: it; ***ich nahm*** ~ I took it; ***ich halte es für leichtsinnig zu*** *inf.* I think it would be careless to *inf.*; ***da hast du's*** what did I say?; ***ich weiß*** ~ I know; ***ich bin ~ leid, ich habe ~ satt*** I'm (sick and) tired of it; **3.** *als Ersatz od. Ergänzung des Prädikats*: *er ist reich*, ***ich bin ~ auch*** so am I; ***ich hoffe*** ~ I hope so; ***er hat ~ mir gesagt*** he told me so; *er sagte, ich sollte gehen*, ***und ich tat*** ~ so I did, and I did so; *bist du bereit?* – ***ja, ich bin*** ~ yes, I am; ***ich kann*** ~ I can (do it); ***ich will*** ~ I want to; ***ich will ~ versuchen*** I'll (give it a) try.
Es[1] *n psych.* id.
Es[2] *n* ♪ E flat.
Escape-Taste *f Computer*: escape key.
Eschatologie *f eccl.* eschatology; **eschatologisch** *adj.* eschatological.
Esche *f* ash (tree); **eschen** *adj.* ash; **Eschenholz** *n* ash(wood).
Esel *m* **1.** donkey, *seltener*: ass; ***männlicher*** ~ he-ass, jackass; ***störrisch wie ein*** ~ (as) stubborn as a mule; ***ein ~ schimpft den andern Langohr*** it's the pot calling the kettle black; ***wenn man den ~ nennt, kommt er schon gerannt*** talk (*od.* speak) of the devil; **2.** F (*Dummkopf*) F twit; ***alter*** ~ old fool; ***ich ~!*** what an idiot I am, how stupid can you get; **Eselin** *f* she-ass.
Esels|bogen *m* ⚠ *etwa* ogee arch; **~brücke** *f* mnemonic (aid); ***ich muß mir e-e ~ bauen*** I've got to have something that will help me remember; **~ohr** *n* turned-down corner; ***Buch mit ~en*** dog-eared book; **~rücken** *m* ⚠ *etwa* ogee arch.
Eskalation *f pol. u.* ⚔ escalation; **eskalieren I.** *v/i. Konflikt etc.*: escalate; **II.** *v/t.* (*Maßnahmen etc.*) step up.
Eskapade *f* escapade.
Eskapismus *m* escapism; **eskapistisch** *adj.* escapist.
Eskimo *m* Eskimo.
Eskorte *f* escort; (*Wagen*2) *a.* motorcade; **eskortieren** *v/t.* escort.
Esoterik *f* **1.** esoteric arts *pl.*; **2.** esotericism; **3.** *weitS.* New Age (movement); **esoterisch** *adj.* esoteric.
Espadrille *f* espadrille.
Espartogras *n* esparto grass.
Espe *f* ♣ aspen; **Espenlaub** *n*: ***wie ~ zittern*** tremble like a leaf.
Esperanto *n* Esperanto.
Esplanade *f* esplanade.
Espresso *m* espresso (*pl.* espressos); **~automat** *m* espresso machine; **~bar** *f* espresso place; **~maschine** *f* espresso machine.
Esprit *m* wit; ***ein Mann mit*** (*od.* ***von***) ~ a (man of) wit.
Esra *m bibl.* Ezra; ***das Buch*** ~ (the Book of) Ezra.
Eßapfel *m* eating apple, eater.
Essay *m, n* essay; **Essayist** *m* essayist; **Essayistik** *f* **1.** (*the* art of) essay writing; **2.** (*Gesamtheit der Essays*) essayistic writings *pl.*; **essayistisch** *adj.* essayistic.
eßbar *adj.* eatable; (*genießbar*) edible; ***~er Pilz*** (edible) mushroom.
Eßbesteck *n* cutlery (set).
Esse *f* **1.** (*Rauchfang*) chimney; **2.** (*Schmiede*) forge.
Eßecke *f* dining area; → *a.* ***Eßnische.***
essen I. *v/t. u. v/i.* eat; ***zu Mittag (Abend)*** ~ have lunch (dinner); ***viel*** ~ eat a lot, *generell*: be a big eater; ***warm (kalt)*** ~ have a hot (cold) meal; ***er ißt nie warm*** he never has a hot meal; ***was gibt es zu ~?*** what's for dinner (*od.* lunch)?, what are we having for dinner (*od.* lunch)?; ***wir können gleich*** ~ dinner (*od.* lunch) will be ready in a minute; ***hast du schon gegessen?*** have you eaten yet?, have you had your dinner (*od.* lunch) yet?; *et.* ***gern*** ~ like; ***s-n Teller leer*** ~ clean one's plate; ***im Restaurant*** ~ eat out, eat at a restaurant; ***man ißt dort ganz gut*** the food is quite good there; ***ich geh' zu m-r Schwester*** ~ I'm eating (*od.* having a meal) at my sister's; → ***Abend, auswärts, satt*** *etc.*; **II.** 2 *n* eating; (*Kost, Verpflegung*) food; (*Gericht*) dish; (*Mahlzeit*) meal; (*Fest*2) dinner; ~ ***und Trinken*** food and drink; ***wir sind gerade beim*** ~ we're just having dinner (*od.* lunch), we're at the table; ***j-n zum ~ einladen*** invite s.o. for a meal (*od.* to dinner, lunch); ***zum ~ bleiben*** stay for dinner (*od.* lunch); ***et. vor (nach) dem ~ einnehmen*** take s.th. before (after) meals; → ***Abendessen.***
Essen(s)ausgabe *f*: ~ ***von 12–14 Uhr*** meals served from 12 p.m. – 2 p.m.
Essensgeruch *m* smell of food (*od.* cooking).
Essen(s)marke *f* meal ticket, *Brit. a.* lunch(eon) voucher.
Essens|zeit *f mittags*: lunchtime, lunch hour, *abends*: dinnertime; **~zuschuß** *m* lunch allowance.

essentiell *adj.* essential (*a.* ⚗, *biol.*); ***von ~er Bedeutung*** of paramount importance.

Essenz *f* essence (*a. fig.*).

Esser *m*: ***starker*** (***schwacher***) **~** big (poor, bad) eater; **Esserei** *f* eating; ***diese dauernde ~!*** all this eating (*od.* food)!, we *etc.* seem to do nothing but eat.

Eß|geschirr *n* crockery; (*Service*) dinner service; **~gewohnheiten** *pl.* eating habits; **~gier** *f* greed, gluttony; **~gruppe** *f* dining set, dining table and chairs *pl.*

Essig *m* vinegar; F *fig.* ***damit ist es ~*** F it's all off; **~äther** *m* → ***Essigester***; **~essenz** *f* vinegar essence; **~ester** *m* ethyl acetate; **~flasche** *f* vinegar bottle; **~gurke** *f* pickled cucumber, *kleine*: (pickled) gherkin, *Am.* pickle; **≈sauer** *adj.* acetic; → ***Tonerde***; **~säure** *f* acetic acid; **~-und-Öl-Ständer** *m* cruet stand.

Eß|kastanie *f* (sweet) chestnut; **~korb** *m* hamper; **~löffel** *m* tablespoon; ***zwei*** (***gestrichene***) **~** two (level) tablespoons (-ful); **~lust** *f* appetite; **~nische** *f* dining alcove, dinette; **~obst** *n* eating fruit; **~stäbchen** *pl.* chopsticks; **~sucht** *f* craving for food; **~tisch** *m* dining table; **~waren** *pl.* food *sg.*; † foodstuffs; **~zimmer** *n* dining room.

Establishment *n* *the* establishment, *the* Establishment.

Este *m* Estonian.

Ester *m* ⚗ ester.

Esther *f* *bibl.* Esther; ***das Buch ~*** (the Book of) Esther.

Estin *f*, **estnisch** *adj.* Estonian.

Estragon *m* tarragon.

Estrich *m* stone floor.

etablieren *v/refl.*: ***sich ~*** establish o.s. (*od.* itself), become established; *geschäftlich*: set o.s. up, start a business; *häuslich*: settle in; ***sich ~ als*** set o.s. up as.

Etablissement *n* **1.** † (business) establishment; **2.** (*Bordell*) establishment; **3.** ***ein gepflegtes ~*** (*Lokal*) a clean place; **4.** (*Vergnügungsstätte*) place, establishment.

Etage *f* floor, stor(e)y; ***auf*** (*od.* ***in***) ***der ersten ~*** on the first (*Am.* second) floor; ***auf welcher ~ wohnst du?*** which floor do you live on (*od.* are you on)?

Etagenbett *n* bunk bed(s *pl.*).

etagenförmig *adj.* terraced, tiered, (arranged) in tiers.

Etagen|heizung *f* single-stor(e)y heating (system); **~kellner** *m* floor waiter; **~wohnung** *f* flat, *Am.* apartment.

Etappe *f* **1.** stage, *Sport*: *a.* leg; ***~ des Lebens*** stage in life, phase of life; **2.** ⚔ communication zone; (*Stützpunkt*) base.

Etappen|sieg *m* stage win (*od.* victory); **~sieger** *m* stage winner.

etappenweise I. *adv.* in stages, step by step, F bit by bit; **II.** *adj.* step-by-step ...

Etat *m* **1.** †, *pol.* budget; (*veranschlagter ~*) *a.* estimates *pl.*; ***das ist nicht im ~ vorgesehen*** that hasn't been budgeted for; **2.** ⚔ establishment; **~ausgleich** *m* balancing (of) the budget; **~beratung** *f* budget discussion; **~entwurf** *m* budget proposals *pl.*; **~jahr** *n* fiscal (*od.* financial) year; **~kürzung** *f* cut in the budget, budget cut.

etatmäßig *adj.* budgetary; *Beamter etc.*: permanent; *Torwart etc.*: regular.

Etat|posten *m* budget(ary) item; **~überschreitung** *f* spending in excess of the budget.

etepetete F *adj.* **1.** (*geziert*) F la-di-da; **2.** (*penibel*) fussy; **3.** (*zimperlich*) squeamish.

Ethik *f* ethics *pl.* (*als Fach sg. konstr.*); **Ethiker** *m* moral philosopher; **ethisch** *adj.* ethical; ***~e Frage*** ethical question, question of ethics; ***aus ~en Gründen ablehnen*** reject on ethical grounds.

ethnisch *adj.* ethnic(ally *adv.*); ***~e Säuberung*** ethnic cleansing.

Ethnograph *m* ethnographer; **Ethnographie** *f* ethnography; **ethnographisch** *adj.* ethnographic(ally *adv.*).

Ethnologe *m* ethnologist; **Ethnologie** *f* ethnology.

Ethologe *m* ethologist; **Ethologie** *f* ethology; **ethologisch** *adj.* ethological.

Ethos *n* ethos; *weitS.* ethics *pl.*

Etikett *n* label; (*Preisschild*) price tag; ***auf dem ~ steht*** it says on the label, the label says; *fig.* ***mit e-m ~ versehen*** label.

Etikette *f* etiquette, convention(s *pl.*); ***Verstoß gegen die ~*** breach of etiquette; ***es ist gegen die ~ zu*** *inf.* it's bad form to *inf.*; **Etikettenschwindel** *m* **1.** bogus claim(s *pl.*), fraudulent label(l)ing; **2.** *fig.* (a) fraud; ***das ist ja der reinste ~*** they ought to be done under the Trades Descriptions Act; **etikettieren** *v/t.* put a label on; price-tag; *fig.* label; *fig.* ***j-n als Betrüger ~*** label s.o. a cheat.

etliche *indef. pron. pl.* a number of, quite a few; ***~ tausend Mark*** several thousand marks; ***~ Millionen*** several million(s); **~s** (*sg.*) a number of things (*pl.*), a thing or two; **etlichemal** *adv.* quite a few times, a number of times.

Etrusker(in *f*) *m*, **etruskisch** *adj.*, **Etruskisch** *n* *ling.* Etruscan.

Etüde *f* ♪ étude.

Etui *n* case.

etwa *adv.* **1.** *a.* ***in ~*** (*ungefähr*) about, approximately, F around; *nachgestellt*: or so, or thereabouts; ***in ~ fertig*** *etc.*: more or less; ***wann ~?*** approximately when?, (*um wieviel Uhr?*) *a.* F around what time?; **2.** (*vielleicht*) by any chance, possibly; (*zum Beispiel*) for instance, for example, (let's) say; ***war sie ~ da?*** was she there, then?; ***du warst doch nicht ~ da?*** you weren't there, were you?, don't tell me you were there; ***nicht ~, daß*** not that *it mattered etc.*; ***ist das ~ besser?*** is that any better?; ***du glaubt doch nicht ~ ...?*** surely you don't think ...?

etwaig *adj.* any; (*möglich*) possible; ***~e Schwierigkeiten*** any difficulties (that might arise).

etwas I. *indef. pron.* something; *verneinend, fragend od. bedingend*: anything; ***~ Merkwürdiges*** something strange, a strange thing; ***~ anderes*** something (*fragend*: anything) else; ***ohne ~ zu sagen*** without a word; ***so ~ habe ich noch nie gehört*** I've never heard anything like it; ***so ~ kommt schon vor*** that kind of thing does happen; ***aus ihm wird ~*** he'll go a long way; ***das ist immerhin ~*** that's something, at least; F ***die haben ~ miteinander*** there's something going on between them; ***die Sache hat ~ für sich*** there's something to be said for it; ***er versteht ~ davon*** he knows a thing or two about it; ***er hat ~ Gelehrtes an sich*** there's something of the scholar about him; **II.** *adj.* some; any; a little; a bit of; ***ich brauche ~ Geld*** I need some (*od.* a bit of) money; ***~ Englisch*** a little English; ***hab ~ Geduld*** be patient; **III.** *adv.* a bit, a little; **IV.** ≈ *n*: ***das gewisse ~*** that certain something; ***so ein kleines ~*** such a little thing; → *a.* ***was*** III.

Etymologe *m* etymologist; **Etymologie** *f* etymology; **etymologisch** *adj.* etymological.

euch I. *pers. pron.* (*dat. u. acc. von ihr*) (to) you; (*für euch*) for you; ***bei ~*** with you; at your place; ***ich hab's ~ gesagt*** (***gegeben***) I told you (I gave it to you, I gave you it); ***wie geht's ~?*** how are you?; **II.** *refl. pron.* yourselves; *nach prp.*: you; *oft unübersetzt*: ***setzt ~!*** sit down; ***bedient ~!*** help yourselves.

Eucharistie *f*: ***die ~*** the Eucharist; **~feier** *f* Eucharistic mass.

eucharistisch *adj.* Eucharistic.

euer I. *poss. pron.* **1.** *adjektivisch*: your; ≈ ***Ehren*** (***Gnaden***) Your Hono(u)r (Grace); ≈ ***Robert*** *am Briefende*: Yours, Robert; **2.** *substantivisch*: yours; ***~er, ~e, ~es, eurer, eure, eures, der*** (***die, das***) ***eu(e)re*** yours; **II.** *pers. pron.* (*gen. von ihr*) of you.

Eugenik *f* eugenics *pl.* (*sg. konstr.*); **eugenisch** *adj.* eugenic(ally *adv.*).

Eukalyptus *m* eucalyptus; **~baum** *m* eucalyptus tree; **~bonbon** *n*, *m* eucalyptus sweet (*Am.* candy); **~öl** *n* eucalyptus oil.

euklidisch *adj.* Euclidean.

Eule *f* owl; *fig.* ***~n nach Athen tragen*** carry coals to Newcastle; ***das hieße ~n nach Athen tragen*** that would be carrying coals to Newcastle.

Eulenspiegelei *f* prank.

Eumenide *f* *myth.* Eumenide.

Eunuch *m* eunuch; **eunuchenhaft** *adj.* eunuch-like; **Eunuchenstimme** *f* high-pitched (F squeaky) voice.

Euphemismus *m* euphemism; **euphemistisch I.** *adj.* euphemistic; **II.** *adv.* euphemistically; ***~ ausgedrückt*** put euphemistically.

Euphorie *f* ⚕ *u. fig.* euphoria; **euphorisch** *adj.* euphoric(ally *adv.*).

Eurasier(in *f*) *m*, **eurasisch** *adj.* Eurasian.

eure → ***euer.***

eurerseits *adv.* for (*od.* on) your part.

euresgleichen *pron.* people like yourselves, *contp.* F the likes of you, your sort.

eurethalben *obs. adv.* → **euretwegen** *adv.* **1.** (*wegen euch*) because of you, on your account; (*euch zuliebe*) because of you, for your sake(s); **2.** (*in eurer Sache*) on your behalf; **euretwillen** *adv.*: (***um***) **~** for your sake(s); (*in eurer Sache*) on your behalf.

Eurhythmie *f* eur(h)ythmics *pl.* (*sg. konstr.*); ⚕ eurhythmia.

eurig → ***euer*** II.

Euro|dollar *m* Eurodollar; **~geldmarkt** *m* Euro-currency market.

Eurokommunismus *m* Eurocommunism; **Eurokommunist** *m* Eurocommunist.

Eurokrat *m* Eurocrat; **eurokratisch** *adj.* Eurocratic.

Europäer(in *f*) *m* European; **europäisch** *adj.* European; ≈***e Gemeinschaft*** European Community; ≈***er Gerichtshof*** European Court of Justice, ***für Menschenrechte***: European Court of Human Rights; ≈***es Parlament*** European

Parliament; → ***Menschenrechtskommission*** *etc.*; **europäisieren** *v/t.* Europeanize; **Europäisierung** *f* Europeanization.

Europa|meister *m* European champion (*Mannschaft*: champions *pl.*); **~meisterschaft** *f* European championships *pl.*; **~parlament** *n* European Parliament; **~parlamentarier** *m* Euro-MP; **~pokal** *m* (*a.* ~ ***der Landesmeister***) European Cup; ~ ***der Pokalsieger*** European Cup Winners' Cup; **~politik** *f* Europolitics *pl.*

Europarat *m* Council of Europe; **Europaratssitzung** *f* Council of Europe meeting.

Europarekord *m* European record.

Europawahlen *pl.* Euro-elections.

europaweit I. *adj.* cross-Europe ..., Europe-wide; **II.** *adv.* Europe-wide, all over (*od.* throughout) Europe.

Euroscheck *m* Eurocheque; **~karte** *f* Eurocheque card.

Euroskeptiker *m* Eurosceptic.

Eurovision *f TV* Eurovision; **Eurovisionssendung** *f* Eurovision broadcast.

Eustachisch *adj.*: *anat.* ***~e Röhre*** Eustachian tube.

Euter *n* udder.

Euthanasie *f* euthanasia, mercy killing.

evakuieren *v/t.* evacuate (*a.* ⚕ *u. phys.*); **Evakuierung** *f* evacuation.

evangelisch *adj.* Protestant; ***~-lutherisch*** Lutheran; ***~-reformiert*** Reformed; **evangelisieren** *v/t.* evangelize, convert to the Gospel; **Evangelist** *m* evangelist; **Evangelium** *n bibl.* Gospel; *fig.* gospel; *fig.* ***was s-e Schwester sagt, ist für ihn das*** ~ what his sister says is gospel to him; → ***Matthäusevangelium*** *etc.*

Evaskostüm F *n*: ***im*** ~ in the nude, F in one's birthday suit.

Eventualität *f* eventuality; **eventuell I.** *adj.* possible; any; ***~e Beschwerden*** any complaints (that might arise); **II.** *adv.* possibly; (*notfalls*) if necessary; (*gegebenenfalls*) should the occasion arise; *kommst du mit?* - ~ I might; ***ich würde es*** ~ ***nehmen*** I might (well) take it, I might consider taking it.

evident *adj.* obvious, clear; (*einleuchtend*) self-evident; **Evidenz** *f* evident nature, obviousness (*gen.* of).

Evolution *f* evolution (*a. weitS. Entwicklung*); **evolutionär** *adj.* evolutionary.

Evolutions|lehre *f*, **~theorie** *f* Theory of Evolution.

E-Werk *n* power station.

EWG|-Land *n hist.* EEC country; **~-Mitglied(sstaat** *m*) *n hist.* member of the EEC, EEC member state (*od.* nation).

ewig I. *adj.* eternal; (*unaufhörlich*) *a.* everlasting, perpetual *happiness, peace etc.*; *Liebe, Treue etc.*: eternal, everlasting, undying; (*endlos*) endless; F (*ständig*) eternal, constant, incessant; ***der ~e Jude*** the Wandering Jew; ***die ~e Jugend*** eternal youth; ***das ~e Leben*** eternal life, immortality; ***~e Liebe*** (***Treue***) ***schwören*** pledge one's eternal *od.* undying love (loyalty); ***~er Schnee*** perennial snowfield; ***die ~e Stadt*** (*Rom*) the Eternal City; F ***~er Student*** perennial student; ***der ~e Verlierer*** the perennial loser (*od.* underdog); ***seit ~en Zeiten*** from (*od.* since) time immemorial, F (*schon lange*) for ages; ***~er Zweifler*** *etc.* arch-sceptic (*Am.* -skeptic) *etc.*; ***du mit d-r ~en Meckerei*** *etc.* you never stop, do you?; **II.** *adv.* forever, eternally; ***auf immer und*** ~ for ever and ever; ***es ist ~ schade*** it's just too bad; F ~ (***lange***) for ages; ***ich habe dich*** ~ (***lange***) ***nicht mehr gesehen*** I haven't seen you for ages; ***es dauert*** ~ it's taking ages; ***er jammert*** ~ he never stops moaning; **Ewige** *m*: ***der*** ~ (*Gott*) the Eternal, the Everlasting; **Ewige(s)** *n*: ***das Ewige*** the eternal; **Ewiggestrige(r)** *m* diehard; **Ewigkeit** *f* eternity; ***bis in alle*** ~ to the end of time; ***in die*** ~ ***eingehen*** pass into eternity; F ***es ist e-e*** ~ ***her, seit*** it's (*od.* it's been) ages since; ***ich wartete e-e*** ~ I waited for ages; **ewiglich** *lit. adv.* eternally, for evermore.

ex F *adv.* **1.** ~ ***trinken*** empty one's glass (in one go); ***~!*** F bottoms up!; **2.** (*vorbei*) all over; **3.** ~ ***sein*** (*tot*) F have had it.

Ex F *f* → ***Extemporale.***

Ex... *in Zssgn* (*ehemalig*) ex-..., former.

exakt *adj.* precise, accurate; *Übersetzung*: exact; *Person*: scrupulous, *contp.* pernickety; ***die ~en Wissenschaften*** the exact sciences; **Exaktheit** *f* precision, accuracy; exactitude; scrupulousness; → ***exakt.***

exaltiert *adj.* **1.** (over-)excited; **2.** (*überschwenglich*) effusive; **Exaltiertheit** *f* **1.** (over-)excitement; **2.** effusion, effusiveness.

Examen *n* examination, exam; ~ ***machen*** take one's exams (*od.* finals); → *a.* ***Prüfung(s...)***; **Examensarbeit** *f* extended essay.

Exdiktator *m* former dictator; → *a.* ***Expräsident.***

Exegese *f* exegesis; **Exeget** *m* exegete; **Exegetik** *f* exegetics *pl.* (*als Fach sg. konstr.*).

exekutieren *v/t.* execute; **Exekution** *f* execution; **Exekutionsbefehl** *m* execution order.

exekutiv *adj.* executive; **Exekutivausschuß** *m pol.* executive committee; ✝ executive board; **Exekutive** *f* executive; **Exekutivgewalt** *f* executive power(s *pl.*); **Exekutivorgan** *östr. n* policeman.

Exempel *n* (*Beispiel*) example; (*moralische Kurzerzählung*) exemplum; ***die Probe aufs*** ~ ***machen*** put it to the test; → ***statuieren.***

Exemplar *n e-r Pflanze etc.*: specimen; *e-s Buches*: copy; *e-r Zeitschrift*: issue; (*Muster*) sample; **exemplarisch I.** *adj.* (*musterhaft*) exemplary; **II.** *adv.*: ***j-n*** ~ ***bestrafen*** make an example of s.o.

exerzieren I. *v/i.* ⚔ drill; **II.** *v/t.* ⚔ (*Soldaten*) drill; (*et. einüben*) practi|se (*Am.* -ce); (*durchnehmen*) *a.* go through; **Exerzierplatz** *m* parade ground.

Exerzitien *pl. eccl.* spiritual exercises.

Exhibitionismus *m* exhibitionism; ⚖ indecent exposure; **Exhibitionist** *m* exhibitionist, F flasher; **exhibitionistisch** *adj.* exhibitionist.

exhumieren *v/t.* exhume; **Exhumierung** *f* exhumation.

Exil *n* exile; (*Land*) *a.* place of exile; ***im*** ~ in exile; ***im*** ~ ***lebende Person*** exile, émigré; ***im südamerikanischen*** ~ ***leben*** live in exile (*od.* as an exile) in South America; ***ins*** ~ ***gehen*** go into exile; ***ins*** ~ ***schicken*** exile; **~dasein** *n* life in exile (*od.* as an exile); **~deutsche(r** *m*) *f etc.* German *etc.* exile (*od.* émigré), exiled German *etc.*

exilieren *v/t.* exile, send into exile.

Exil|land *n* country (*od.* place) of exile; **~literatur** *f* exilic (*od.* émigré) literature; **~politiker** *m* exiled politician, statesman in exile; **~regierung** *f* government in exile; **~schriftsteller** *m* exiled (*od.* émigré) writer, writer in exile.

existent *adj.* existent; ~ ***sein*** exist; ***für ihn war das Problem einfach nicht*** ~ as far as he was concerned the problem did not exist (*od.* was non-existent).

Existentialismus *m* existentialism; **Existentialist** *m*, **existentialistisch** *adj.* existentialist.

existentiell *adj.* **1.** existential; **2.** ***von ~er Bedeutung*** vitally important.

Existenz *f* **1.** existence; (*Leben*) *a.* life; (*Unterhalt*) living; ***sichere*** ~ secure living; → ***aufbauen*** 7; **2.** *contp.* (*Person*) character; → ***verkracht***; **~angst** *f* **1.** fear for one's livelihood; **2.** *psych.* existential fear, angst; **2bedrohend** *adj.* a) threatening one's livelihood, b) life-threatening; **2berechtigt** *adj.*: ~ ***sein*** have the right to exist; **~berechtigung** *f* right to exist; (*Grund*) raison d'être; **2fähig** *adj.* able to exist; ✝ *etc.* viable; **~kampf** *m* struggle for survival; **~minimum** *n* subsistence level; ***knapp über dem*** ~ ***leben*** live on the poverty line (*od.* breadline); **~mittel** *n* means *pl.* of existence.

existieren *v/i.* **1.** exist, be; be extant; ***davon*** ~ ***nur zwei*** there are only two of them (in existence *od.* to be found); ***nur wenige*** ~ ***noch*** only a few have survived, there are only a few left; **2.** (*leben*) exist, live (***von*** on).

Exitus *m* ⚕ exitus, death.

Exkanzler *m* former chancellor (*od.* prime minister); → *a.* ***Expräsident.***

Exklave *f* exclave.

exklusiv *adj.* exclusive; ***~er Kreis*** select circle (*od.* group).

Exklusivbericht *m* exclusive (story), scoop.

exklusive *prp.* (*mit gen.*) *u. adv.* exclusive of, excluding, not counting, not including.

Exklusivinterview *n* exclusive interview.

Exklusivität *f* exclusiveness.

Exklusiv|meldung *f* scoop; **~rechte** *pl.* sole (*od.* exclusive) rights; **~vertrag** *m* exclusive contract (*od.* agreement).

Exkommunikation *f* excommunication; **exkommunizieren** *v/t.* excommunicate.

Exkremente *pl.* excrement *sg.*

Exkret *n*, **Exkretion** *f physiol.* excretion.

exkulpieren *v/t.* exculpate.

Exkurs *m* **1.** (*Abschweifung*) digression (***in*** into); **2.** (*Behandlung e-s Sonderproblems*) excursus.

Exkursion *f* excursion, *a. längere*: field trip.

Exlibris *n* ex libris, bookplate.

exmatrikulieren *univ.* **I.** *v/refl.*: ***sich*** ~ take one's name off the (university) register; **II.** *v/t.*: ***j-n*** ~ take s.o.'s name off the (university) register.

Exmeister *m* former champion; → *a.* ***Expräsident.***

Exminister *m* former (government) minister; → *a.* ***Expräsident.***

Exodus *m* **1.** *bibl.* Exodus; **2.** *fig.* (mass) exodus.

exogen *adj.* **1.** *biol.* exogenous; **2.** *Faktoren etc.*: extraneous.
Exokarp *n* ♃ exocarp.
exorbitant *adj.* excessive; *Preise*: *a.* exorbitant.
Exorzismus *m* exorcism; **Exorzist** *m* exorcist.
Exot(e) *m* **1.** stranger from a faraway place; F *fig.* flamboyant character; **2.** (*Tier*) exotic animal; (*Pflanze*) exotic (*od.* tropical) plant; **3.** F (*Auto*) exotic (car); **4.** F *pl. Börse*: unlisted papers; **exotisch** *adj.* exotic; *Früchte*: *mst* tropical.
Expander *m* (chest) expander.
expandieren *v/i. u. v/t.* expand; **expandierend** *adj.* expanding, growing; **Expansion** *f* expansion; **expansionistisch** *adj. pol.* expansionist.
Expansions|bestrebungen *pl.*, **~drang** *m* expansionist tendencies *pl.*; **~kurs** *m*: ***auf ~ sein*** be on an expansion course; **~politik** *f* expansionism; **~rate** *f* rate of growth.
expansiv *adj. Politik etc.*: expansionary.
expedieren *v/t.* dispatch, forward; F *(j-n)* F whisk off.
Expedition *f* **1.** (*Forschungsreise*) expedition; **2.** ⚘ a) dispatch, forwarding, b) forwarding department; **3.** ⚔ *obs.* (military) expedition.
Expeditions|korps *n* ⚔ expeditionary force; **~teilnehmer** *m* member of an (*od.* the) expedition.
Experiment *n* experiment; **experimental** *adj.* experimental.
Experimental|physik *f* experimental physics *pl.* (*sg. konstr.*); **~theater** *n* experimental theat|re (*Am. a.* -er).
experimentell *adj.* experimental.
Experimentierbühne *f* experimental stage (*od.* theat|re [*Am. a.* -er]).
experimentieren *v/i.* experiment (***an*** on); **experimentierfreudig** *adj.*: ***er ist sehr ~*** he likes to experiment (*od.* try new things out).
Experimentier|stadium *n*: (***im ~*** in an) experimental state; **~theater** *n* experimental theat|re (*Am. a.* -er).
Experte *m* expert; F pundit; ***die ~n*** *mst* the pundits.
Experten|gremium *n* panel of experts, brains trust; **~konferenz** *f* brains trust; **~kreis** *m*: ***in ~en heißt es(, daß)*** according to the experts; **~mangel** *m* shortage of experts; **~team** *n* team of experts; **~wissen** *n* expert knowledge.
Expertise *f* expertise, expert('s) opinion.
explizit I. *adj.* explicit; **II.** *adv.* (*a.* **explizite**) explicitly; ***sie hat es nicht ~ gesagt*** *a.* she didn't say it in so many words.
explodieren *v/i.* explode; *fig. Preise*: *a.* go through the roof; *fig. Person*: explode, hit the roof; **Explosion** *f* explosion (*a. fig. Kosten*≗ *etc.*); *fig.* (*Ausbruch von Zorn, Gewalt etc.*) flare-up; ***zur ~ bringen*** explode, detonate; **explosionsartig** *adj.* like an explosion; *Wachstum etc.*: explosive; ***~er Preisanstieg*** price explosion; ***~e Inflation*** runaway inflation; ***~es Bevölkerungswachstum*** population explosion.
Explosions|druck *m* (pressure of the) blast; **~gefahr** *f* danger of explosion; **~kraft** *f* explosive force; **~krater** *m e-r Bombe*: bomb crater; *e-s Vulkans*: crater; **~motor** *m* internal combustion engine; **≗sicher** *adj.* explosion-proof; **~welle** *f* blast (wave).
explosiv *adj.* explosive (*a. fig. Preisanstieg etc.*); *fig. Person, Situation*: volatile; *fig.* ***~er Preisanstieg (Kostenanstieg)*** *a.* price (cost) explosion; **≗stoff** *m* explosive(s *pl.*).
Exponat *n* exhibit.
Exponent *m* ⅌ exponent (*a. fig. e-r Richtung etc.*); *fig. e-r Partei etc.*: representative.
Exponential|funktion *f* exponential function; **~gleichung** *f* exponential equation; **~kurve** *f* exponential curve.
exponentiell *adj.* (*u. adv.*) exponential(ly).
exponieren I. *v/t.* expose (*dat.* to); **II.** *v/refl.*: ***sich ~*** expose o.s. (*dat.* to).
Export *m* exportation, export(ing); (*Waren*) exports *pl.*; → *a.* ***Ausfuhr(...)***; **~abteilung** *f* export department; **~artikel** *m* export article (*od.* item), *pl. a.* exports; **~ausführung** *f* ⚙ export model; **~beschränkungen** *pl.* export restraints.
Exporteur *m* exporter.
Export|firma *f* export(ing) firm (*od.* company, business); **~geschäft** *n* **1.** → ***Exportfirma***; **2.** export transaction; **3.** → ***Exporthandel***; **~güter** *pl.* exports, export(ed) goods; **~handel** *m* export trade.
exportieren *v/t.* export (***nach*** to).
Export|industrie *f* export industry; **~kaufmann** *m* export salesman; **~land** *n* exporting country; (*Bestimmungsland*) country of destination; **~leiter** *m* export manager; **~quote** *f* export share; **~überschuß** *m* export surplus; **~ware** *f* export(ed) articles *pl.*
Exposé *n* (*Erläuterung*) exposé; (*Übersicht*) plan; (*Handlungsskizze*) outline of the plot.
Exposition *f* exposition.
Expräsident *m* former president; ***~ Reagan*** (the) former US president (Mr) Ronald Reagan.
Expremierminister *m* former prime minister; → *a.* ***Expräsident.***
expreß I. *adv.*: ***~ schicken*** send express (*Am.* by special delivery); **II.** ≗ *m* **1.** (*~zug*) express (train); **2.** ***per ~ schicken*** → I.
Expreß|brief *m* → ***Eilbrief***; **~fahrstuhl** *m* high-speed lift; **~gut** *n* express goods *pl.*
Expressionismus *m* Expressionism; **Expressionist** *m* Expressionist; **expressionistisch** *adj.* expressionist(ic); *Kunstrichtung*: Expressionist.
expressiv *adj.* expressive.
Expreßlift *m* high-speed lift.
exquisit *adj.* exquisite, choice ...
Extemporale *n* unprepared (written) test; **ex tempore** *adv.* off the cuff; ***~ sprechen*** *a.* ad lib, improvise; **Extempore** *n* improvisation, ad lib; **extemporieren** *v/t. u. v/i.* improvise, ad lib.
extensiv *adj.* extensive.
Exterieur *n* exterior.
extern *adj.* external; (*auswärtig*) *a.* outside; ***~er Schüler*** day pupil.
exterritorial *adj.* exterritorial.
extra I. *adj.* extra; **II.** *adv.* (*getrennt*) separately; (*zusätzlich*) extra; (*eigens*) specially; (*absichtlich*) on purpose; ***~ für dich*** just (*od.* specially) for you; ***ich habe es ~ mitgebracht*** I brought it specially; **III.** ≗ *n* (*Zubehör etc.*) (optional) extra, option.
Extra|ausstattung *f mot.* optional extras *pl.*, options *pl.*; **~blatt** *n* supplement; *e-r Zeitung*: extra.
extrafein *adj.* extra-fine.
extrahieren *v/t.* extract.
Extraklasse F *f*: ***ein Film (Wagen) der ~*** a first-rate film (a top-line model); ***das ist ~*** F that's great.
extrakorporal *adj.*: ***~e Befruchtung*** in vitro fertilization.
Extrakt *m* extract.
Extraktion *f* extraction.
Extraordinarius *m univ.* associate professor.
Extratour F *f* something special (*od.* extra).
extravagant *adj.* outré; *Kleidung, Lebensstil etc.*: *a.* flamboyant; **Extravaganz** *f* flamboyance, flamboyant nature (*gen.* of).
extravertiert *adj.* (*a.* ***~e Person***) extrovert; **Extravertiertheit** *f* extroversion, extrovert nature (*gen.* of).
Extrawurst F *f* (*Sonderbehandlung*) special treatment; ***ich kann dir nicht immer e-e ~ braten*** F you can't have everything with jam on it, you know; ***sie will immer e-e ~ gebraten haben*** she wants everything with jam on it.
extrem I. *adj.* extreme; *pol. a.* radical; ***er ist ein bißchen ~*** *a.* he tends to go to extremes, he takes things a bit too far; **II.** *adv.* extremely, F incredibly; ***~ kalt*** *a.* freezing cold; **III.** ≗ *n* extreme; ***bis zum ~*** to the extreme; ***von einem ~ ins andere fallen*** go from one extreme to the other.
Extremfall *m*: (***im ~*** in an) extreme case.
Extremismus *m* extremism; **Extremist** *m* extremist; **Extremistengruppe** *f* extremist group, group of extremists; **extremistisch** *adj.* extremist.
Extremitäten *pl.* extremities.
Extremsituation *f* extreme situation.
Extremsportart *f* extreme sport.
extrovertiert *adj.* → ***extravertiert.***
exzellent *adj.* excellent; *Wein etc.*: *a.* exquisite; ***er ist ein ~er Kenner*** *gen.* he's an expert in, he has an excellent knowledge of.
Exzellenz *f*: ***Eure (Seine) ~*** your (his) Excellency.
Exzentriker *m* eccentric; **exzentrisch** *adj.* **1.** eccentric; **2.** ⅌, ⚙ eccentric, off-cent|re (*Am.* -er); **Exzentrizität** *f* **1.** eccentricity; ***~en*** *a.* eccentric behavio(u)r; **2.** ⅌ eccentricity; ⚙ *a.* off-cent|re (*Am.* -er) position.
exzerpieren *v/t.* (*Stellen*) extract; (*Buch etc.*) excerpt, make extracts from; **Exzerpt** *n* extract.
Exzeß *m* **1.** excess; ***et. bis zum ~ treiben*** go to extremes with s.th.; ***bis zum ~*** (*bis zum Überdruß*) ad nauseam; **2.** ***es kam zu wilden Exzessen*** there were violent incidents; **exzessiv I.** *adj.* excessive; (*übertrieben*) exaggerated; **II.** *adv.* excessively, to excess; ***et. ~ betreiben*** go to extremes with s.th.

F

F, f *n* F, f; ♪ F; → ***Schema.***

Fabel *f* fable; (*Handlung*) plot, story; *fig.* (*erdichtete Geschichte*) fable; (*Lüge*) tall story; ***das gehört ins Reich der ~*** that's pure fabrication; **~dichter** *m* writer of fables; **~gestalt** *f* **1.** figure from a fable; **2.** → ***Fabelwesen*** 1.

fabelhaft I. *adj.* fantastic, wonderful; **II.** *adv.* fantastically, wonderfully; ***es hat ~ geklappt*** it worked out fantastic(ally) *od.* super; ***du hast ~ gekocht*** it was a wonderful meal.

Fabel|tier *n* fabulous (*od.* mythical) beast *od.* creature; **~welt** *f* **1.** world of fable; **2.** fantasy (*od.* fairytale) world; **~wesen** *n* **1.** mythical figure (*od.* creature); **2.** → ***Fabeltier.***

Fabrik *f* factory; (*Werk*) works *pl.* (*a. sg. konstr.*); **~anlage** *f* (manufacturing) plant.

Fabrikant *m* (*Besitzer*) factory owner; (*Hersteller*) manufacturer.

Fabrik|arbeit *f* **1.** factory work; **2.** → ***Fabrikware***; **~arbeiter(in** *f*) *m* factory worker.

Fabrikat *n* **1.** (*Typ*) make; *Nahrungsmittel, Putzmittel etc.*: brand; **2.** (*Erzeugnis*) product.

Fabrikation *f* production; ***in*** (***die***) ***~ geben*** put *s.th.* into production.

Fabrikations|fehler *m* (factory) flaw *od.* defect; **~geheimnis** *n* industrial secret; **~kosten** *pl.* production costs (*od.* cost *sg.*); **~nummer** *f* serial number; **~zweig** *m* line of production.

Fabrik|besitzer *m* factory owner; **~direktor** *m* works manager; **2fertig** *adj.* prefabricated; **2frisch** *adj. nachgestellt*: straight from the factory; *~* ***sein*** *a.* have come straight from the factory; **~gebäude** *n* factory building; **~gelände** *n* factory site; **~halle** *f* factory building; **2neu** *adj.* brand-new; **~nummer** *f* serial number; **~preis** *m* factory price; price ex works; **~schiff** *n* factory ship; **~schornstein** *m* factory chimney; (industrial) smoke stack; **~stadt** *f* manufacturing town; **~ware** *f* manufactured article (*coll.* goods *pl.*).

fabrizieren F *v/t.* **1.** (*zurechtbasteln*) cobble together; (*Gedicht etc.*) concoct; **2.** (*anstellen*) get up to.

fabulieren I. *v/i.* tell stories; **II.** *v/t.* (*Geschichte*) tell.

Facette *f* facet (*a. fig.*); **facettenartig** *adj.* facet(t)ed; **Facettenauge** *n zo.* compound eye; **facettenreich** *adj.* many-facet(t)ed; **Facettenschliff** *m* facet(t)ing, facets *pl.*; ***Rubin mit ~*** facet(t)ed ruby.

Fach *n* **1.** compartment; (*Brief2*) pigeonhole; *im Regal etc.*: shelf; **2.** (*Studien2*) subject; (*Arbeitsfeld*) field; (*Beruf*) job; (*Branche*) line (of business); ***er ist vom ~*** he's an expert; ***Musiker vom ~*** professional musician; ***sein ~ verstehen*** know one's job (F stuff); ***das ist*** (***nicht***) ***mein ~*** that's right up my street (that's not my line).

...fach *in Zssgn* ...fold; (*...mal*) ... times; → *a.* ***dreifach, zweifach.***

Fach|akademie *f etwa* technical (*od.* vocational) college; **~arbeit** *f* **1.** skilled work; **2.** *schriftliche*: paper.

Facharbeiter *m* skilled worker; *pl.* skilled labo(u)r *sg.*; **~brief** *m* skilled worker's certificate.

Facharzt *m* (medical) specialist (**für** in); **fachärztlich** *adj.* (*adv.* by a) specialist.

Fach|ausbildung *f* special(ized) *od.* professional training; **~ausdruck** *m* technical term; ***medizinischer ~*** medical term; **~ausschuß** *m* committee of experts; **~berater** *m* technical adviser, consultant; **~bereich** *m* **1.** faculty, *Am.* department, school; **2.** → ***Fachgebiet***; **~blatt** *n* (professional *od.* specialist) journal, periodical; **~buch** *n* specialist book (*pl. a.* literature *sg.*); ***medizinisches*** *etc.* *~* medical *etc.* book; **~chinesisch** F *n* (technical) jargon, F gobbledygook.

fächeln I. *v/t.* fan; *Wind*: waft against (*od.* through); **II.** *v/i. Blätter etc.*: flutter; *Brise*: waft (**über** through).

Fächer *m* fan; *fig.* array; **~antenne** *f* fan aerial (*od.* antenna); **2artig, 2förmig I.** *adj.* fan-shaped, fan-like; **II.** *adv.*: ***sich ~ ausbreiten*** (*od.* ***verteilen*** *etc.*) fan out; **~kombination** *f* combination of studies.

fächern *v/t. u. v/refl.* (***sich ~***) fan out.

Fach|frage *f* technical question; question for the experts; **~frau** *f* expert (***in*** in, at; ***für*** on), specialist (in); authority (on); **2fremd** *adj.* **1.** unrelated (to one's field); **2.** *Person*: unqualified; **~gebiet** *n* (special) field; **~gelehrte(r)** *m* expert, specialist; **2gemäß, 2gerecht** *adj.* skilled, professional; **~geschäft** *n* specialist shop (*Am.* store); **~gespräch** *n*: ***das*** (*od.* ***ein***) *~* shop talk (*a. pl.*); **~handel** *m* specialized trade (*od.* dealers *pl.*); **~händler** *m* specialist dealer; **~hochschule** *f* advanced technical college; **~idiot** *m* narrow specialist; **~ingenieur** *m* specialist engineer; **~jargon** *m* (technical) jargon; **~jury** *f* panel of experts; **~kenntnis(se** *pl.*) *f* knowledge (of the *od.* a subject); specialist knowledge; expertise; ***Fachkenntnisse erwerben*** *a.* gain some background knowledge; ***mir fehlen die Fachkenntnisse*** I haven't got the expertise; ***sie hat sehr gute ~*** she knows a lot about the subject; **~kollege** *m* colleague (in the field); **~kompetenz** *f* professional competence; expertise; **~kongreß** *m* specialist (*od.* trade) conference; **~kräfte** *pl.* skilled labo(u)r *sg.*; qualified personnel *sg.* (*mst pl. konstr.*); **~kreis** *m*: ***in ~en*** among the experts; ***in ~en heißt es*** the experts say (*od.* claim); ***in medizinischen ~en*** in medical circles; **2kundig** *adj.* competent; expert; skilled; **~lehrer(in** *f*) *m* (subject) teacher; (***er ist***) *~* ***für Englisch*** (he's an) English teacher; **~leute** *pl.* experts.

fachlich I. *adj.* professional, specialized; ***~es Können*** competence *od.* ability (in a *od.* the field); **II.** *adv.*: *~* ***qualifiziert*** (*od.* ***ausgebildet***) trained, qualified; ***sich ~ weiterbilden*** do further training, extend one's qualifications (in a *od.* the field).

Fachliteratur *f* specialized literature.

Fachmann *m* expert (***in*** in, at; ***für*** on), specialist (in); authority (on); **fachmännisch** *adj.* expert, specialist ...; *Arbeit*: professional; ***~es Auge*** expert's eye; ***~es Urteil*** expert opinion; ***unter der ~en Leitung von*** under the expert guidance of.

Fach|messe *f* trade fair; **~oberschule** *f etwa* technical college; **~personal** *n* qualified personnel (*mst pl. konstr.*); **~presse** *f* trade press; **~richtung** *f* field (of study).

Fachschaft *f* **1.** professional association; **2.** *univ.* students *pl.* of a department; (*~srat*) student representatives *pl.*

Fachschule *f etwa* technical college.

Fachsimpelei *f* shop talk; **fachsimpeln** *v/i.* talk shop.

fachspezifisch *adj.* specialist ...

Fach|sprache *f* technical language (*od.* jargon); (*Fachausdrücke*) specialist terminology; ***juristische ~*** legal jargon (*od.* terminology); ***in der juristischen ~ heißt es*** the legal term is; **2sprachlich I.** *adj.* specialized, technical; ***~er Ausdruck*** technical term; **II.** *adv.* *~* ***ausgedrückt*** (to put it) in technical terms; **~studium** *n* degree; **~text** *m* specialist paper (*od.* article *etc.*); ***medizinischer ~*** medical paper *etc.*; **2übergreifend** *adj.* interdisciplinary; **~übersetzer** *m* specialist (*od.* technical) translator; ***er ist ~ für Medizin*** he specializes in medical translation(s); **~übersetzung** *f* specialist (*od.* technical) translation; **~verband** *m* trade association; professional association; **~welt** *f*: (***in der ~*** among the) experts *pl.*; ***die ~ behauptet*** experts claim.

Fachwerk *n* half-timbering; **~bau** *m* **1.** half-timbered (*od.* timber-framed) house; **2.** (*a.* **~bauweise** *f*) half-timbering; **~haus** *n* half-timbered (*od.* timber-framed) house.

Fach|wissen *n* → ***Fachkenntnis(se)***; **~wörterbuch** *n* specialized (*od.* specialist) dictionary; **~zeitschrift** *f* (professional *od.* specialist) journal, periodical; *gewerbliche*: trade journal.

Fackel *f* torch.

fackeln F *fig. v/i.* dither, F shilly-shally; ***los, nicht lange ~!*** stop dithering; come on, get on with it; ***er fackelte nicht lange*** he didn't waste any time.
Fackel|schein *m* torchlight; **~träger** *m* torchbearer; **~zug** *m* torchlight procession.
fad(e) *adj.* tasteless, insipid; (*schal*) stale; *Bier*: flat; *Farbe*: dull; *fig.* (*langweilig*) dull, boring; ***~ schmecken*** have no taste; *fig.* ***fader Kerl*** bore; ***e-e fade Sache*** F a (real) drag.
fädeln *v/t.* thread.
Faden *m* thread (*a. fig.*); ⚕ stitch; ⚡, ⚙ filament; *von Bohnen, Flüssigem etc., a. e-r Marionette u. fig.*: string; ⚕ ***die Fäden ziehen*** take out (*od.* remove) the stitches; *fig.* ***der rote ~*** the central thread; ***den ~ verlieren*** lose one's thread; ***den ~ wiederaufnehmen*** pick up the thread; ***es hing an e-m (seidenen) ~*** it was hanging by a thread; ***er hatte keinen trockenen ~ am Leib*** he was soaked to the skin; ***sie ließ keinen guten ~ an ihm*** she tore him to shreds, she didn't have a good word to say about him; ***die Fäden laufen in s-r Hand zusammen*** he's in control of everything, he's at the controls; ***er hat die Fäden fest in der Hand*** he's got a tight grip on things; **~heftung** *f typ.* (thread) sewing; **~kreuz** *n opt.* reticule, *a. Computer*: crosshairs *pl.*; *fig.* ***im ~ haben*** have *s.o. od. s.th.* in one's sights; **~nudeln** *pl.* vermicelli *pl.*; **⁓scheinig** *adj.* **1.** *Ausrede etc.*: flimsy, weak; **2.** (*abgetragen*) shabby, threadbare; **~wurm** *m* threadworm, 🕮 nematode.
Fadheit *f* tastelessness; (*Schalheit*) staleness; *fig.* (*Langweiligkeit*) dullness.
Fadian *östr.* F *m* F bore.
Fagott *n* ♪ bassoon; **Fagottist** *m* bassoonist.
fähig *adj.* capable (**zu et.** of s.th.; **zu** *inf.* of *ger.*), able (to *inf.*); (*tüchtig*) capable; (*begabt*) talented; ***er ist ein ~er Kopf*** he's a clever man; ***er ist zu allem ~*** he's capable of anything, he'll stop at nothing, *Verbrecher etc.*: he's desperate; **Fähigkeit** *f* ability; (*Tüchtigkeit*) capability; (*Begabung*) talent; *geistige*: ability, capacity; ***bei d-n ~en*** with your ability; ***sie hat die ~ zur dauerhaften Konzentration*** she has the ability (*od.* she's able) to concentrate for long periods of time.
fahl *adj.* pale (and wan), *a. Lächeln*: wan; **fahlgelb** *adj.* pale yellow; **Fahlheit** *f* paleness, wanness.
Fähnchen *n* **1.** (little) flag; (*Wimpel*) pennant; *Sport*: marker; *fig.* ***sein ~ nach dem Wind drehen*** swim with the tide; **2.** F (*Kleid*) cheap, flimsy dress, F rag.
fahnden *v/i.*: ***nach j-m ~*** search for; **Fahnder** *m* investigator; **Fahndung** *f* search.
Fahndungs|aktion *f* (police) search; **~foto** *n* police portrait, F mugshot; **~liste** *f* wanted persons list; ***auf der ~ stehen*** be wanted by the police; **~stelle** *f* tracing and search department.
Fahne *f* **1.** flag; *bsd. fig.* banner; ⚔, ⚓ colo(u)rs *pl.*; *fig.* ***die ~ hochhalten*** keep the flag flying; → ***fliegend***; **2.** F ***e-e ~ haben*** smell of drink, *stärker*: reek of alcohol; **3.** *typ.* (galley) proof.
Fahnen|abzug *m typ.* galley (proof); **~eid** *m* oath of allegiance.
Fahnenflucht *f* desertion; **fahnenflüchtig** *adj.*: ***~ sein*** be a deserter; ***~ werden*** desert; **Fahnenflüchtige(r)** *m* deserter.
Fahnen|korrektur *f typ.* proofreading of galleys; **~mast** *m*, **~stange** *f* flagpole; **~träger** *m* standard-bearer (*a. fig.*); **~tuch** *n* bunting.
Fähnrich *m* ⚔ cadet; ⚓ ***~ zur See*** midshipman.
Fahrausweis *m* ticket.
Fahrbahn *f* road, carriageway; (*Spur*) lane; **~markierung** *f* lane markings *pl.*; **~rand** *m* edge of the road; *Autobahn*: hard shoulder, *Am.* shoulder; ***fahren Sie am äußersten rechten ~*** keep to the edge of the inside lane (*Am.* to the extreme right).
fahrbar *adj. Bibliothek etc.*: mobile, travel(l)ing; *Bett etc.*: ... on wheels; *Bühne*: movable; → ***Untersatz.***
fahrbereit *adj.* in running order; (*fertig zur Abfahrt*) ready to start; **Fahrbereitschaft** *f* (*Einrichtung*) car pool.
Fährboot *n* ferryboat.
Fahrdauer *f* → ***Fahrtdauer.***
Fähre *f* ferry.
Fahreigenschaften *pl.* road performance *sg.*
fahren I. *v/i.* (*a. reisen*) go (**mit** by); *selbstlenkend, bsd. mot.*: drive; *auf e-m Fahrrad*: ride; ⚓ sail; (*verkehren*) run; (*ab~*) leave, go; (*in Fahrt sein*) be moving; ***rechts ~!*** keep to the right; ***an den Straßenrand ~*** pull over to the side; ***sie fährt gut (schlecht)*** she's a good (not a very good) driver; ***nach Köln fährt man sieben Stunden*** it's a seven-hour drive to Cologne, 🚆 it's a seven-hour train journey to Cologne, it's seven hours on the train to Cologne; *das Boot, der Zug* ***fährt zweimal am Tag*** runs (*od.* goes) twice a day; ***mit der Bahn ~*** go by train; ***erster Klasse ~*** go first class; ***mit dem Bus ~*** go (*längere Strecke*: travel) by bus, take a (*od.* the) bus; ***über e-n Fluß (Platz etc.) ~*** cross a river (square *etc.*); ***mit der Hand ~ über*** run one's hand over; ***in et. ~*** *Kugel, Messer etc.*: go into; *fig.* ***gut (schlecht) ~ bei et.*** do well (badly) by s.th.; ***er ist sehr gut (schlecht) dabei gefahren*** he did very well (badly) out of it; ***was ist in ihn gefahren?*** what's got into him?; ***plötzlich fuhr mir der Gedanke durch den Kopf, daß*** it suddenly occurred to me that; ***der Schreck fuhr ihm durch alle Glieder*** he froze with terror; F ***einen ~ lassen*** F let off; → ***Boot, Haut*** *etc.*; **II.** *v/t.* (*lenken*) drive; (*Motorrad, Fahrrad*) ride; ⚓ sail; (*Boot*) row; (*befördern*) take, drive, (*Güter*) *a.* transport; (*Strecke*) cover, travel; (*Rennen*) run, do; (*Zeit*) make, clock; (*Computerprogramm*) run; ***auf den Grund ~*** run aground; ***das Auto fährt 120 km/h*** the car does 120 kph; ***auf dieser Straße fährt es sich gut*** this is a good road to drive on; **fahrend** *adj.* moving; (*wandernd*) travel(l)ing, itinerant; ***~er Ritter*** knight errant; ***~es Volk*** vagrants.
Fahrenheit *n* Fahrenheit; ***30 Grad ~*** 30 degrees Fahrenheit; **~skala** *f* Fahrenheit scale.
fahrenlassen F *v/t.* (*aufgeben*) give up, abandon.
Fahrer *m* driver; (*Chauffeur*) *a.* chauffeur; (*Motorrad⁓*) motorcyclist; (*Rad⁓*) cyclist.
Fahrerei *f* driving (around), travel(l)ing (around); ***diese ~!*** all this driving (*od.* travel[l]ing).
Fahrer|flucht *f* hit-and-run offen|ce (*Am.* -se); ***~ begehen*** flee from the scene of the accident, ⚖ commit a hit-and-run offen|ce (*Am.* -se); **~haus** *n* driver's cab.
fahrerisch *adj.*: ***~es Können*** driving skill(s).
Fahrerkabine *f* driver's cab.
Fahrerlaubnis *f* driving licence, *Am.* driver's license.
Fahrer|sitz *m* driver's seat; **~tür** *f* driver's door.
Fahrgast *m* passenger; **~raum** *m* passenger area; **~schiff** *n* passenger ship.
Fahrgefühl *n* driving experience; (*Geschick*) driving skill; ***das ist ein ~!*** that's what I call driving.
Fahrgeld *n* fare; **~zuschuß** *m* travel allowance.
Fahr|gelegenheit *f* means of transport(ation); **~gemeinschaft** *f* car pool, *pl. a.* car sharing *sg.*, *Am.* ride sharing *sg.*; **~geschwindigkeit** *f* speed.
Fahrgestell *n* **1.** *mot.* chassis; ✈ undercarriage; **2.** F *fig.* (*Beine*) F pins *pl.*; **~nummer** *f mot.* chassis number.
fahrig *adj.* (*unstet*) erratic; (*nervös*) nervous; (*unbeherrscht*) uncontrolled; (*unaufmerksam*) inattentive; ***er ist furchtbar ~*** (*unkonzentriert*) he can't concentrate on anything.
Fahrkarte *f* ticket; ***e-e ~ lösen*** buy a ticket (**nach** to).
Fahrkarten|ausgabe *f* ticket office; **~automat** *m* ticket machine; **~entwerter** *m* ticket-cancel(l)ing machine; **~kontrolle** *f* ticket inspection; **~kontrolleur** *m* ticket inspector; **~schalter** *m* ticket office.
Fahrkomfort *m mot.* ride comfort.
Fahrkosten *pl.* travel(l)ing (*od.* travel) costs; **~zuschuß** *m* travel(l)ing allowance.
Fahrkunst *f a. pl.* driving skill.
fahrlässig *adj.* careless, *a.* ⚖ negligent, reckless; ***~e Tötung*** (involuntary) manslaughter, *Am.* negligent homicide; **Fahrlässigkeit** *f* carelessness, *a.* ⚖ negligence, recklessness; ***grobe ~*** gross negligence.
Fahr|lehrer *m* driving instructor; **~leistung** *f* road performance.
Fähr|leute *pl.* ferrymen, ferry workers; **~mann** *m* ferryman.
Fahrplan *m* timetable (*a. fig.*), *bsd. Am.* schedule; ***du kannst nicht nach dem ~ gehen*** you can't rely on the timetable (*od.* schedule); **~änderung** *f* change in (the) timetable (*od.* schedule); **⁓mäßig I.** *adj.* scheduled; **II.** *adv.* (*rechtzeitig*) on time, according to schedule; ***der Zug fährt ~ ab (kommt ~ an) um 12 Uhr*** the train is scheduled to leave (is due) at 12 o'clock.
Fahrpraxis *f* driving experience; experience behind the wheel.
Fahrpreis *m* fare; **~erhöhung** *f* fare increase, increase in fares; **~ermäßigung** *f* fare discount.
Fahrprüfung *f* driving test.
Fahrrad *n* bicycle, F bike; **~fahrer** *m* cyclist; **~kette** *f* bicycle chain; **~lampe** *f* bicycle lamp; **~pumpe** *f* bicycle pump; **~reifen** *m* bicycle tyre (*Am.* tire); **~schlauch** *m* inner tube; **~ständer** *m* bicycle stand; **~tour** *f* bicycle (*od.* cycling) tour; **~weg** *m* cycle path.

Fahrrinne *f* ⚓ shipping lane.
Fahrschein *m* ticket; **~entwerter** *m* ticket-cancel(l)ing machine; **~heft** *n* book of tickets.
Fahr|schule *f* driving school; **~schüler** *m* **1.** learner (driver); **2.** *ped.* non-local pupil; **~sicherheit** *f* road safety; *e-s Fahrers*: (safe) driving; **~spaß** *m* driving pleasure; **~spur** *f* lane; **~strecke** *f* **1.** route; **2.** distance ([to be] covered); **~streifen** *m* lane; **~stuhl** *m* lift, *Am.* elevator; ***mit dem ~ fahren*** take the lift (*Am.* elevator); **~stunde** *f* driving lesson.
Fahrt *f* **1.** *im Wagen*: drive, ride; (*Reise*) journey, trip; (*Ausflug*) outing; (*Ski*♀) run; ***gute ~!*** have a good trip; ***e-e ~ nach Rom machen*** make (*od.* go on) a trip to Rome; ***während der ~*** *nicht aus dem Fenster lehnen etc.* while the train (*od.* bus *etc.*) is in motion (*od.* moving); ***auf der ~ nach X*** on the way to X; ***jetzt habe ich freie ~*** the road's clear now, *fig.* there's nothing to stop me now; → ***Blau***; **2.** (*Tempo*) speed; ***~ aufnehmen*** pick up (speed); ***in voller ~*** (at) full speed; ***in ~ kommen*** get under way, F *fig.* (*in Schwung kommen*) get going; *fig.* ***in ~ bringen*** (*a. j-n wütend machen*) get *s.o. od. s.th.* going; ***in ~ sein*** be in full swing, *Person*: be going it strong, (*wütend*) F be going wild.
fahrtauglich *adj.* → ***fahrtüchtig***; **Fahrtauglichkeit** *f* → ***Fahrtüchtigkeit.***
Fahrt|ausweis *m* ticket; **~dauer** *f* length of the trip; ***die ~ beträgt etwa drei Stunden*** it will take approximately three hours (to get there).
Fährte *f* trail (*a. fig.*); *fig.* ***j-n von der ~ abbringen*** throw s.o. off the scent; ***auf der richtigen*** (***falschen***) ***~ sein*** be on the right (wrong) track.
Fahrtechnik *f* driving technique.
Fahrten|buch *n mot.* logbook; **~messer** *n* hunting knife; **~schreiber** *m* tachograph.
Fahrt|kosten *pl.* **1.** → ***Fahrkosten***; **2.** fare; **~richtung** *f* direction; 🚂 ***in ~ fahren*** (*od.* ***sitzen***) sit facing the engine, ride forwards; ***mit dem Rücken zur ~ fahren*** (*od.* ***sitzen***) sit with one's back to the engine, ride backwards.
fahrtüchtig *adj. Fahrzeug*: roadworthy; *Person*: fit to drive; **Fahrtüchtigkeit** *f e-s Fahrzeugs*: roadworthiness; *e-r Person*: suitability for driving (*od.* as a driver).
Fahrt|unterbrechung *f* stop, *Am. a.* stopover; **~wind** *m* airstream.
fahruntauglich *adj.* → ***fahruntüchtig***; **Fahruntauglichkeit** *f* → ***Fahruntüchtigkeit.***
fahruntüchtig *adj. Fahrzeug*: not roadworthy; *Person*: unfit to drive; **Fahruntüchtigkeit** *f e-s Fahrzeugs*: unroadworthiness; *e-r Person*: unsuitability for driving (*od.* as a driver).
Fahr|verbot *n* **1.** suspension of *s.o.'s* driving licence (*Am.* driver's license); ***ein ~ erhalten*** be banned from driving; **2.** ban on driving; ***Lastwagen haben sonntags*** (***auf der Autobahn***) ***~*** lorries (*bsd. Am.* trucks) aren't allowed on the roads (aren't allowed to use the autobahn) on Sundays; → *a.* ***Nachtfahrverbot***; **~verhalten** *n* **1.** behavio(u)r behind the wheel; **2.** *e-s Wagens*: road behavio(u)r; **~wasser** *n* **1.** waterway; **2.** *fig.* element; ***im richtigen*** (*od.* ***in s-m***) ***~ sein*** be in one's element; ***in ein politisches ~ geraten*** take a political turn; ***in j-s ~ geraten*** (***schwimmen***) come (be) under s.o.'s spell; **~weise** *f* (way of) driving; ***bei d-r ~*** the way you drive; **~werk** *n mot.* chassis; ✈ landing gear, undercarriage; **~wind** *m* **1.** ⚓ behind wind; **2.** → ***Fahrtwind***; **~zeit** *f* (running) time; → ***Fahrtdauer.***
Fahrzeug *n* vehicle; ⚓ vessel; ***gesperrt für ~e aller Art*** closed to all traffic; **~aufkommen** *n* traffic volume; ***hohes ~*** heavy traffic; **~brief** *m* (vehicle) registration document; **~führer** *m* driver of a vehicle; **~halter** *m* vehicle owner; **~kolonne** *f* line of vehicles; *offizielle*: motorcade; **~papiere** *pl.* car documents; **~park** *m mot.* fleet of cars; 🚂 rolling stock; **~schein** *m* (vehicle) registration papers *pl.*; **~verkehr** *m*: ***für den ~ gesperrt*** closed to all traffic.
Faible *n* weakness; *für j-n*: soft spot.
fair I. *adj.* fair; **II.** *adv.*: ***~ spielen*** play fair; **Fairneß** *f* fairness.
Fait accompli *n* fait accompli; ***j-n vor ein ~ stellen*** present s.o. with a fait accompli.
fäkal *adj.* f(a)ecal; **Fäkalien** *pl.* f(a)eces.
Fakir *m* fakir.
Faksimile *n* facsimile; **~ausgabe** *f* facsimile edition; **~übertragung** *f* facsimile transmission; **~unterschrift** *f* facsimile signature.
Fakt *n, m* fact; **Faktenwissen** *n* factual knowledge.
faktisch I. *adj.* actual, effective; **II.** *adv.* in fact, in reality; (*praktisch*) virtually; ***~ unmöglich*** practically impossible.
Faktor *m* factor (*a.* ⩘, *biol.*); **Faktorenanalyse** *f* factor analysis.
Faktotum *n* factotum.
Faktum *n* fact; ***Fakten*** facts, (*Angaben etc.*) data.
fakturieren *v/t.* ✝ invoice.
Fakultät *f univ.* faculty, *Am.* department, school.
fakultativ *adj.* optional.
Falke *m* falcon; *hunt. u. fig. pol. a.* hawk; ***Augen wie ein ~ haben*** have eyes like a hawk.
Falken|auge *fig. n* eagle-eye; **~beize** *f*, **~jagd** *f* falconry.
Falkner *m* falconer.
Fall *m* **1.** fall; *im Fallschirm*: descent; *des Barometers*: fall, drop; *fig.* downfall, *e-r Regierung etc.*: *a.* overthrow, collapse; *e-r Festung etc.*: fall, surrender; ✝ *der Kurse, Preise*: fall, drop, *stärker*: slump; *phys.* ***freier ~*** free fall; ***sich bei e-m ~ verletzen*** be hurt in a fall; ***zu ~ bringen*** cause *s.o.* to fall, *im Kampf*: (*a. e-e Regierung etc.*) bring down, *durch Beinstellen, a. fig.*: trip up, (*Pläne etc.*) thwart, (*Gesetzentwurf etc.*) defeat; ***zu ~ kommen*** fall, *fig.* founder, *stärker*: come to grief, be defeated *etc.*; **2.** case (*a. ling.*, ⚕, ⚖); (*Angelegenheit*) *a.* matter, affair; (*Einzelbeispiel*) instance; (*Vorkommnis*) occurrence; ***der ~ Graf*** the case of Graf; ***ein ~ von Typhus*** a typhoid case, a case of typhoid; ***in den meisten Fällen*** in most cases; ***im besten*** (*od.* ***günstigsten***) ***~*** at best; ***im schlimmsten ~*** at worst; ***im ~e e-s ~es*** if the worst comes to the worst; ***auf alle Fälle, auf jeden ~*** anyway, (*ganz bestimmt*) definitely; ***laß den Schlüssel auf alle Fälle*** (*od.* ***in jedem ~***) ***da*** whatever you do, leave the key behind; ***für alle Fälle*** just in case, to be on the safe side; ***auf keinen ~*** on no account, under no circumstances, (*ganz bestimmt nicht*) definitely not; ***sag es ihm auf keinen ~*** don't tell him whatever you do; ***für den*** (*od.* ***im***) ***~, daß*** in case *he should come*; ***gesetzt den ~*** suppose, supposing, let's assume; ***in diesem ~*** in that (*od.* this) case; ***das ist von ~ zu ~ verschieden*** that varies from case to case; ***das muß man von ~ zu ~ entscheiden*** *a.* you have to decide each case on its merits; ***wenn der ~ zutrifft, wenn das der ~ ist*** if that is the case; ***wenn der ~ zutrifft*** (*od.* ***wenn es der Fall ist***), ***daß er*** if this is a case of his (*od.* him) *ger.*; ***der ~ liegt so*** the situation is as follows; F ***klarer ~!*** F (oh,) sure!; ***das ist*** (***nicht***) ***ganz mein ~*** that's right up my street (not exactly my cup of tea); ***er ist genau*** (***nicht ganz***) ***mein ~*** he's just (not exactly) my type; ***das ist auch bei ihm der ~*** it's the same with him; → ***hoffnungslos***; **~apfel** *m* windfall; **~beil** *n* guillotine; **~beispiel** *n* case study; **~beschleunigung** *f* gravitational acceleration; **~beschreibung** *f* ⚕ case description; **~birne** *f* demolition (*od.* wrecking, drop) ball; **~brücke** *f* drawbridge.
Falle *f* trap (*a. fig.*); (*Schlinge*) snare; (*Grube*) pit; ***mit e-r ~ fangen*** *a.* trap; ***in e-e ~ gehen*** (*od.* ***geraten***) be (*od.* get) caught in a trap, *fig.* walk into a trap; *fig.* ***j-m in die ~ gehen*** walk right into s.o.'s trap; ***er ist in die ~ gegangen*** *a.* he took the bait; ***e-e ~ stellen*** set a trap (***j-m*** for s.o.); ***in der ~ sitzen*** be caught in a trap; F ***in die ~ gehen*** (*zu Bett gehen*) F hit the sack (*bsd. Am.* hay).
fallen I. *v/i.* fall, drop; *Fieber, Preise etc.*: *a.* go down; (*hin~*) fall (down); ⚔ *Festung etc.*: fall, be taken; *Soldat*: fall, be killed (in action); *Barometer*: fall, be falling; *Blick*: fall (**auf** on); *Licht*: fall (**auf** on), come (**durch** through); ♪ descend, fall; *Tor*: be scored; (*hörbar werden*) be heard; *Entscheidung*: be made; *Bemerkung*: fall; *Fest etc.*: fall (**auf** on); ***in*** *e-e Kategorie*, ***unter*** *ein Gesetz* ***~*** come under; ***an*** *j-n* ***~*** *durch Erbübergang*: fall (*od.* go) to, devolve on; ***durch e-e Prüfung ~*** fail an exam; ***in e-n tiefen Schlaf ~*** fall into a deep sleep; ***~ lassen*** drop; ***heute nacht sind 30 Zentimeter Schnee gefallen*** there was 30 centimet|res (*Am.* -ers) of snowfall last night; ***die Entscheidung fiel*** (***zwei Tore fielen***) *in der zweiten Halbzeit*: the match was decided (there were two goals); ***es fielen drei Schüsse*** there were three shots, three shots were fired; ***auch sein Name fiel*** his name was also mentioned; ***es fielen harte Worte*** there were harsh words; → ***Extrem, Hand, Nerv, Ohnmacht*** 1 *etc.*; **II.** ♀ *n* fall(ing).
fällen *v/t.* (*Holz*) cut (*od.* chop) down; ⚗ precipitate; ⩘ ***das Lot ~*** drop a perpendicular; ⚖ ***ein Urteil ~*** pass sentence (***über*** on), *a. fig.* pass judg(e)ment (on); → ***Entscheidung.***
fallenlassen *fig. v/t.* (*Plan, Idee, Freund etc.*) drop; (*Bemerkung*) (casually) drop, let drop *a remark*; ***darüber hat er kein Wort ~*** he didn't say a word about it.
Fallensteller *m* trapper.
Fall|geschichte *f* case history; **~geschwindigkeit** *f phys.* rate of fall; **~gesetz** *n phys.* law of falling bodies; **~gru-**

be *f* pit, *a. fig.* trap; **~hammer** *m* drop forge (*od.* hammer); **~höhe** *f* **1.** *phys.* height of fall; **2.** ⚙ height of drop; **~holz** *n* fallen wood.

fallieren *v/i.* ☤ go bankrupt.

fällig *adj.* due; (*zahlbar*) *a.* payable; ~ ***werden*** become due (*od.* payable), (*verfallen*) expire; ~ ***zum 31. Mai*** payable by May 31; ***längst*** ~ long overdue; ***der Haarschnitt war aber längst*** ~ *a.* it was high time (*od.* about time) you *etc.* had that haircut; F ***der Mantel ist mal wieder*** ~ I think this coat is due for the cleaner's again; ***du bist mal wieder*** ~ (*et. zu tun*) I think it's your turn (again); F ***jetzt ist er*** ~! (*jetzt reicht's*) F he's asked for it now; F ***morgen ist er*** ~! F I'll be after him tomorrow; **Fälligkeit** *f* maturity; **Fälligkeitstag** *m* maturity (date).

Fallinie *f* (*getr.* ***ll-l***) *Skifahren*: fall line.

Fallobst *n* windfall.

Fallout *n*, *m a. pl.* (radioactive) fallout.

Fall|recht *n* ⚖ case law; **~rohr** *n* drainpipe; **~rückzieher** *m Fußball*: overhead kick.

falls *cj.* if; (*für den Fall, daß*) in case; ~ ***sie kommt*** if she comes, if she should come, if she happens to come; ~ ***er nicht erscheinen sollte*** *a.* in the event that he should not turn up.

Fallschirm *m* parachute; ***den*** ~ ***öffnen*** open up one's parachute; **~absprung** *m* parachute jump (*od.* descent); **~abwurf** *m* airdrop; **~gurt** *m* parachute harness; **~jäger** *m* paratrooper; **~springen** *n* parachuting, parachute jumping; *Sport*: skydiving; **~springer** *m* parachutist; *Sport*: skydiver; **~truppen** *pl* parachute troops, paratroops.

Fall|strick *fig. m* trap, snare; ***j-m ~e legen*** set a trap for s.o.; **~studie** *f* case study; **~treppe** *f* foldaway stairs *pl.*; **~tür** *f* trapdoor.

Fällung *f* ⚗ precipitation; **Fällungsmittel** *n* precipitant.

fallweise *adv.* from case to case.

Fallwind *m* down wind.

falsch I. *adj.* **1.** wrong; (*unwahr*) *a.* untrue; (*verkehrt*) wrong (*a. Zug etc.*), ♪ *a.* false; ***~e Bezeichnung*** misnomer; ***~e Darstellung*** misrepresentation; ***ein ~es Wort*** a word out of place; ***da bist du an den ≈en geraten*** you've come to the wrong place (*od.* person) for that; → ***Kehle*** 1 *etc.*; **2.** (*künstlich, unecht*) false; (*gefälscht*) forged, *Geld*: *a.* counterfeit; ***~er Name*** false (*od.* fictitious) name; ***unter ~em Namen*** under a false name; ***~e Rippe*** floating rib; **3.** (*unehrlich*) false, two-faced; (*unaufrichtig*) false, insincere; ***er ist ein ganz ~er Typ*** he's so false; ***~er Prophet*** false prophet; → ***Schlange*** 1, ***Vorspiegelung*** *etc.*; **4.** (*unangebracht*) *Scham, Bescheidenheit etc.*: false; *Rücksichtnahme etc.*: misplaced; **II.** *adv.* wrong(ly); the wrong way; ~ ***abbiegen*** take the wrong turning; ***et.*** ~ ***anpacken*** go about s.th. the wrong way; ~ ***antworten*** give the wrong answer, get the answer wrong, answer wrong; ***et.*** ~ ***beantworten*** answer s.th. wrong, give the wrong answer to s.th.; ~ ***auffassen*** misunderstand, get *s.th.* wrong; ~ ***aussagen*** make a false statement; ~ ***aussprechen*** pronounce wrong(ly), mispronounce; ~ ***gehen*** *Uhr*: be wrong; ~ ***liegen*** *im Bett*: lie funny, *fig.* be wrong, be on the wrong track; ~ ***herum*** → ***verkehrt***; ***da liegst du*** ~ you're wrong on (*od.* about) that; ***er macht alles*** ~ he can't do a thing right; ~ ***schreiben*** misspell, spell wrong(ly); ~ ***singen*** sing out of tune (*od.* off-key); ~ ***spielen*** ♪ play a (*od.* the) wrong note, *Tasteninstrumente*: *a.* hit the wrong key; *teleph.* ~ ***verbunden*** sorry, wrong number; ***ich glaube, Sie sind*** ~ ***verbunden*** I think you've got the wrong number; ***et.*** (***j-n***) ~ ***verstehen*** get s.th. (s.o.) wrong; ***et.*** ~ ***wiedergeben*** misquote s.th.; **III.** ≈ *m*: ***ohne*** ~ guileless; **≈aussage** *f* ⚖ false statement; **≈eid** *m* false oath.

fälschen *v/t.* fake; (*Urkunden, Unterschrift etc.*) *a.* forge; (*Geld*) counterfeit, forge; ☤ (*Rechnung, Bücher etc.*) tamper with, F doctor *the accounts*, cook *the books*; *weitS.* (*Geschichte etc.*) falsify.

Fälscher *m* forger, counterfeiter; **~bande** *f* gang of forgers.

Falsch|fahrer *m* wrong-way driver; → *a.* ***Geisterfahrer***; **~geld** *n* counterfeit money.

Falschheit *f* falseness; *e-r Person*: *a.* two-facedness.

fälschlich *adv.* wrongly; (*aus Versehen*) → **fälschlicherweise** *adv.* by mistake, erroneously.

Falschmeldung *f* false report; (*Ente*) hoax, canard.

Falschmünzer *m* forger; **Falschmünzerei** *f* forgery, counterfeiting.

Falsch|parken *n* illegal parking; **~parker** *m* **1.** parking offender; ***diese*** ~! these people who park their cars all over the place; **2.** (*Auto*) wrongly-parked car, F offending car; **~schreibung** *f* misspelling; misspelt word; **≈spielen** *v/i.* (*mogeln*) cheat; **~spieler** *m* cheat.

Fälschung *f* **1.** (*das Fälschen*) forging, *von Geld*: *a.* counterfeiting; **2.** (*Gefälschtes*) fake, forgery; **fälschungssicher** *adj.* forgery- (*od.* counterfeit-)proof.

Falsett *n* ♪ falsetto; **~stimme** *f* falsetto voice.

Falsifikat *n* fake, forgery; **falsifizieren** *v/t.* falsify; **Falsifizierung** *f* falsification.

faltbar *adj.* folding ...; collapsible; ***ist es*** ~? can it be folded up (*od.* together)?

Falt|blatt *n* leaflet; **~boot** *n* folding canoe.

Fältchen *n* crease; *in der Haut*: *a.* (tiny) wrinkle.

Falte *f* fold; (*Rock≈*) pleat; (*Knitter≈, Bügel≈*) crease; *in der Haut*: crease, *stärker*: wrinkle; ***~n werfen*** fall in folds, (*sich zusammenziehen*) pucker; ***die Stirn in ~n ziehen*** knit one's brow, frown.

fälteln *v/t.* pleat; (*Papier*) fold.

falten I. *v/t.* fold; (*Taschentuch etc.*) *a.* fold up; ***die Hände*** ~ fold one's hands; ***mit gefalteten Händen*** hands folded; ***die Stirn*** ~ knit one's brow, frown; **II.** *v/refl.*: ***sich*** ~ *a. Haut*: wrinkle, crease.

Falten|bildung *f* **1.** wrinkling; **2.** *geol.* plication; **≈frei** *adj. Textilien*: non-crumple, non-crease; **~gebirge** *n* folded mountains *pl.*; **~gesicht** *n*: ***zieh nicht so ein ~!*** don't screw your face up like that; **≈los** *adj. Gesicht etc.*: smooth, unlined; **~rock** *m* pleated skirt; **~wurf** *m Kunst*: drapery.

Falter *m* butterfly; (*Nacht≈*) moth.

faltig *adj.* (*zerknittert*) creased; *Haut*: wrinkled.

Falt|karton *m* collapsible cardboard box; **~prospekt** *m* leaflet; **~schachtel** *f* → ***Faltkarton***; **~tür** *f* folding door.

Falz *m* fold; ⚙ welt, edge; (*Saum*) seam; *Buchbinderei*: fold; *Tischlerei*: (*Fuge*) rabbet; (*Auskehlung*) groove, notch; (*Briefmarken≈*) mount, hinge; **falzen** *v/t.* fold; *Tischlerei*: rabbet; groove; *Klempnerei*: welt.

Fama *f* rumo(u)r.

familiär *adj.* **1.** (*die Familie betreffend*) family *affairs etc.*; ***aus ~en Gründen*** for personal reasons; **2.** (*vertraut*) familiar; (*ungezwungen*) informal; **3.** *ling.* familiar, colloquial; ***~er Ausdruck*** colloquialism.

Familie *f* family (*a. ling., zo.*, ⚘); (***die***) ~ ***Miller*** the Miller family, the Millers; ***e-e*** ~ ***gründen*** start a family; ~ ***haben*** have a family, have children; ***sechsköpfige*** ~ family of six; ***es liegt in der*** ~ it runs in the family; ***das kommt in den besten ~n vor*** it happens to the best of us.

Familien|ähnlichkeit *f* family likeness; **~angehörige(r** *m*) *f* member of the family; close relative; *Amtssprache*: dependant; **~angelegenheit** *f* family affair; **~ausflug** *m* family outing; **~besitz** *m* family estate; **~betrieb** *m* family business; **~feier** *f*, **~fest** *n* family celebration; **~forschung** *f* genealogy; **~foto** *n* family portrait; **≈freundlich** *adj.* family *hotel etc.*; ***das Restaurant ist*** ~ *a.* the restaurant welcomes families (*od.* children); **~geheimnis** *n* family secret; **~gericht** *n* **1.** ⚖ family court; **2.** F → ***Familienrat***; **~glück** *n* domestic bliss; **~grab** *n* family grave; **~kreis** *m* family circle; ***der engste*** ~ the immediate family, the next of kin; ***das Begräbnis findet im engsten*** ~ ***statt*** only the closest members of the family will be attending the funeral, *in Todesanzeige*: private funeral; **~leben** *n* family life; **~mitglied** *n* member of the family, family member; *Amtssprache*: dependant; **~name** *m* surname, last name; **~oberhaupt** *n* head of the family; **~packung** *f* family pack; **~planung** *f* family planning; **~rat** *m* family council (*od.* tribunal); **~recht** *n* ⚖ family law; **~roman** *m* roman fleuve; **~sinn** *m* sense of family; **~sitz** *m* family home (*od.* residence); **~stand** *m* marital status; **~streit** *m* family argument (*od.* row); **~stück** *n* (family) heirloom; **~tradition** *f* family tradition; **~treffen** *n* family get-together (F *iro.* affair); (*Wiedersehen*) family reunion; **~unterhalt** *m* upkeep of the family; **~vater** *m* **1.** head of the family; **2.** family man; **~verhältnisse** *pl.* family set-up (*od.* background) *sg.*; **~wagen** *m* family car; **~zulage** *f* family allowance; **~zusammenführung** *f* family reunification; **~zuwachs** *m* new arrival (to the family); ***sie bekommen*** ~ *a.* they're expecting an addition to the family.

famos F *obs. adj.* F *obs.* capital.

Famulatur *f* (period of) medical training, *Am.* internship; **famulieren** *v/i.* do one's medical training (*Am.* internship).

Fan F *m* fan.

Fanal *n* beacon; *fig.* signal.

Fanatiker *m* fanatic; **fanatisch** *adj.* fanatic(al); **Fanatismus** *m* fanaticism.

Fanclub *m* fan club.

Fanfare *f* fanfare; (*Signal*) *a.* flourish of trumpets; *mot. mst* F Colonel Bogey horn; **Fanfarenstoß** *m* fanfare, blast of trumpets.

Fang *m* **1.** catch, *von Fischen*: *a.* haul (*beide a. fig.*); ***auf ~ ausgehen*** (***ausfahren***) go hunting (fishing); ***e-n guten ~ machen*** make a good catch (*od.* haul), take home a good (*od.* rich) haul, *fig.* make a big haul; *fig.* ***das war ein guter ~*** that was a real bargain; ***mit ihm haben wir e-n guten ~ gemacht*** he was a good catch, we couldn't have made a better catch; **2.** (*pl.* **Fänge**) (*Vogelkralle*) claw; (*Reißzahn*) fang; *des Ebers*: tusk; *fig.* ***j-n*** (***et.***) ***in den Fängen haben*** have s.o. (s.th.) in one's clutches; ***wenn ich ihn erst in den Fängen habe*** once I get hold of him (*od.* lay my fingers on him); **~arm** *m zo.* tentacle.

fangen I. *v/t.* catch; *fig.* trap; (*fesseln*) captivate; ***sich ~ lassen*** get caught; ***Feuer ~*** catch fire, *fig.* be bitten (***für*** *et.* by, with), (*sich verlieben*) be smitten; ***für die kommunistische Idee Feuer ~*** be bitten by the Communist bug; F ***eine ~*** (*e-e Ohrfeige kriegen*) F cop one, cop it; → ***gefangen***; **II.** *v/refl.*: ***sich ~ an et.***: be (*od.* get) caught; *beim Stolpern etc.*: catch o.s.; *fig.* ***sich*** (***wieder***) ***~*** get a grip on o.s. (again), get to grips with o.s. (again), *nach Schwindelanfall etc.*: come round; ***ich fang' mich schon wieder*** I'll be all right (*Am.* alright) (in a minute); **III.** 2 *n* (*Spiel*) catch, *Am.* tag.

Fänger *m* catcher.

Fang|frage *f* trick question; **2frisch** *adj.* fresh-caught; **~gebiete** *pl.* fishing grounds; **~leine** *f* **1.** ⚓ painter; **2.** *Fallschirm*: rigging line; **~netz** *n* net; ✈ arrester net; *fig.* snare.

Fango *m* fango; **~bad** *n* mud bath; **~packung** *f* mudpack, fango pack.

Fang|plätze *pl.* fishing grounds; **~quote** *f* fishing quota; **~zahn** *m zo.* (*Reißzahn*) fang.

Fan|klub *m* fan club; **~post** *f* fan mail; (*einzelner Brief*) *a.* a fan letter.

Faradaykäfig *m*, *a.* **Faradayscher Käfig** *m phys.* Faraday cage.

Farb|abstimmung *f* colo(u)r scheme; **~abzug** *m* colo(u)r print; **~anstrich** *m* coat of paint; **~aufnahme** *f* colo(u)r photo (*od.* print); **~band** *n* typewriter ribbon; **~beilage** *f* colo(u)r supplement; **~beutel** *m* paint bomb; **~bild** *n* colo(u)r photo (*od.* print); **~bildschirm** *m* colo(u)r screen; **~druck** *m* **1.** (*Verfahren*) colo(u)r printing; **2.** *konkret*: colo(u)r print.

Farbe *f* colo(u)r; (*Farbton*) *a.* shade; (*Anstrich*) paint; *für Haar, Stoffe*: dye; *typ.* (printer's) ink; (*Gesichts*2) complexion, colo(u)r; *Karten*: suit; ***was für e-e ~ hat es?*** what colo(u)r is it?; ***~ bekommen*** get some colo(u)r into one's cheeks, (*braun werden*) get a tan; ***du hast richtig ~ bekommen*** a) you're looking really healthy, b) you've got yourself a nice tan; ***~ verlieren*** go pale; ***~ bekennen*** *fig.* declare o.s., come down on one or other side of the fence; *Kartenspiel*: follow suit; *fig.* ***in den herrlichsten*** (*od.* ***glühendsten***) ***~n ausmalen*** paint *s.th.* in glowing colo(u)rs, paint a glowing portrait (*od.* picture) of; ***e-r Sache ~ verleihen*** add (*od.* lend) colo(u)r to s.th.

farb|echt *adj.* colo(u)rfast; *phot.* orthochromatic; **2effekt** *m* colo(u)r effect; **~empfindlich** *adj.* colo(u)r-sensitive.

färben I. *v/t.* (*Stoff, Haar*) dye; (*Glas, Papier*) stain; (*tönen*) tint; *fig.* colo(u)r; ***sich die Haare ~*** (***lassen***) dye one's hair (have one's hair dyed); ***sich die Haare schwarz ~*** (***lassen***) dye one's hair black; → ***gefärbt***; **II.** *v/refl.*: ***sich ~*** colo(u)r; *Laub*: change colo(u)r; ***sich rot ~*** turn red.

farbenblind *adj.* colo(u)r-blind; **Farbenblindheit** *f* colo(u)r-blindness.

Farben|brechung *f* colo(u)r refraction; **~druck** *m* **1.** colo(u)r printing; **2.** *konkret*: colo(u)r print; **2freudig, 2froh** *adj.* colo(u)rful; **~geschäft** *n* paint shop (*od.* store); **~industrie** *f* paint industry; **~lehre** *f phys.* theory of colo(u)rs, chromatics *pl.* (*sg. konstr.*); **~orgie** *f* riot of colo(u)r.

Farbenpracht *f* rich colo(u)ring; blaze of colo(u)r; **farbenprächtig** *adj.* colo(u)rful; richly colo(u)red.

Farben|spiel *n* play of colo(u)r; **~symbolik** *f* colo(u)r symbolism.

Färber *m* dyer; **Färberei** *f* **1.** dyeworks *pl.*; **2.** (*Gewerbe*) dyer's trade.

Farbfernsehen *n* colo(u)r television (*od.* TV); **Farbfernseher** *m*, **Farbfernsehgerät** *n* colo(u)r television (*od.* TV); colo(u)r set.

Farb|film *m* colo(u)r film; **~filter** *m, n phot.* colo(u)r filter; **~fleck** *m* paint mark; stain; **~foto** *n* colo(u)r photo (*od.* print); **~fotografie** *f* **1.** colo(u)r photography; **2.** (*Bild*) colo(u)r photograph; **~gebung** *f* colo(u)ring; colo(u)r scheme.

farbig *adj.* colo(u)red (*a. Rassen*); *fig.* colo(u)rful; **Farbige(r** *m*) *f* non-white; (*Schwarzer, Mulatte*) black; *in Südafrika*: (Cape) Colo(u)red; **Farbigkeit** *f* colo(u)r, colo(u)rfulness.

Farb|kasten *m* paintbox; **~kissen** *n* ink pad; **~klecks** *m* blob (*od.* spot) of paint; *fig.* spot (*od.* dash) of colo(u)r; *fig.* ***es ist ein netter ~*** it adds a nice bit of colo(u)r; **~komposition** *f* colo(u)r composition (*od.* scheme); **~kontrast** *m* (colo[u]r) contrast; **~kopie** *f* colo(u)r copy; **~körper** *m* pigment (*a. biol.*).

Farbkorrektur *f* colo(u)r adjustment (*od.* correction); **~filter** *m, n* colo(u)r correction filter.

farbkräftig *adj.* (very) colo(u)rful; ***du brauchst was 2es*** you need some strong colo(u)rs.

farblich I. *adj.* colo(u)r ..., in colo(u)r; **II.** *adv.* in colo(u)r; colo(u)rwise, as far as the colo(u)rs go; ***~*** (***aufeinander***) ***abstimmen*** match the colo(u)rs of.

farblos *adj.* colo(u)rless (*a. fig.*); (*blaß*) pale; *fig.* ***er ist völlig ~*** he has no personality; **Farblosigkeit** *f* colo(u)rlessness (*a. fig.*); *fig. e-r Person*: *a.* lack of personality.

Farbmonitor *m* colo(u)r monitor (*od.* screen).

Farbnegativ *n* colo(u)r negative; **~film** *m* colo(u)r film.

Farb|nuance *f* shade (of colo[u]r); **~papier** *n* colo(u)r paper; **~photo** *n* → ***Farbfoto***; **~photographie** *f* → ***Farbfotografie***; **~sättigung** *f* colo(u)r saturation; **~schattierung** *f* shade (of colo[u]r), hue; **~schicht** *f* layer of paint, *beim Anstrich*: coat of paint; **~skala** *f* colo(u)r range; **~skizze** *f* colo(u)r sketch; **~stich** *m* colo(u)r cast; **~stift** *m* colo(u)red pencil, crayon; (*Filzstift etc.*) colo(u)red pen; ***grüner ~*** green pencil (*od.* crayon, pen); **~stoff** *m* **1.** → ***Farbkörper***; **2.** dye; *für Lebensmittel etc.*: *a. pl.* colo(u)ring; ***ohne ~e*** *Aufschrift*: contains no (artificial) colo(u)ring; **~tafel** *f* **1.** *im Buch*: colo(u)r plate; **2.** (*Tabelle*) colo(u)r chart; **~temperatur** *f* colo(u)r temperature; **~ton** *m* tone; *vorherrschender*: hue; *heller*: tint; *dunkler*: shade; ***im ~ zusammenpassen*** match; **~tupfer** *m* dab (*od.* spot) of paint; *fig.* spot of colo(u)r.

Färbung *f* colo(u)ring (*a. fig.*); (*Tönung*) hue; *fig. pol.* bias.

Farb|walze *f* ink(ing) roller; **~wiedergabe** *f* colo(u)r rendering, colo(u)rs *pl.*; **~zusammenstellung** *f* colo(u)r combination (*in e-m Raum etc.*: scheme).

Farce *f* **1.** *thea.* burlesque, *a. fig.* farce; **2.** *gastr.* stuffing; **farcenhaft** *adj.* farcical; **farcieren** *v/t. gastr.* stuff.

Färinger(in *f*) *m* → ***Färöer(in).***

Farinzucker *m* brown sugar.

Farm *f* farm; **Farmer** *m* farmer.

Farn(kraut *n*) *m* ⚘ fern.

Färöer(in *f*) *m*, **färöisch** *adj.* Faroese.

Färse *f* young cow, heifer.

Fasan *m* pheasant; **Fasanenjagd** *f* **1.** pheasant shooting; **2.** *konkret*: pheasant shoot (*od.* hunt).

faschieren *dial. v/t.* mince, put through the mincer; **Faschierte(s)** *n* mincemeat, mince(d meat).

Fasching *m* carnival, Fasching.

Faschings... carnival ..., Fasching ...; **~dienstag** *m* Shrove Tuesday, F Pancake Day; *Am.* Mardi Gras.

Faschismus *m* fascism; **Faschist** *m*, **faschistisch** *adj.* fascist; **faschistoid** *adj.* protofascist.

Fascho F *m* fascist.

Faselei F *f* drivel; **Faselfehler** F *m* careless mistake (*od.* slip); **faselig** F *adj.* scatterbrained; **faseln** F *v/i.* (talk) drivel.

Faser *f anat.*, ⚘ fib|re (*Am.* -er); (*Faden*) thread; *von Gemüse*: string; *von Holz*: grain; *fig.* ***mit jeder ~ m-s Herzens*** with every fib|re (*Am.* -er) of my heart; **faserig** *adj.* fibrous; *Fleisch etc.*: stringy; (*zerfasert*) frayed; **fasern** *v/i.* fray; **fasernackt** *adj.* stark naked, *pred.* F starkers.

Faser|optik *f* fib|re (*Am.* -er) optics *pl.* (*sg. konstr.*); **~pflanze** *f* fib|re (*Am.* -er) plant; **~platte** *f* fibreboard, *Am.* fiberboard.

Faserung *f* fraying; *im Holz*: grain.

Fasler F *m* drivel(l)er, F blether; ***er ist ein richtiger ~*** *a.* he just goes on and on.

Faß *n* barrel; *kleines*: keg; (*Bottich*) vat, tub; ***ein ~ Bier*** a barrel (*od.* keg) of beer; ***Bier vom ~*** → ***Faßbier***; *fig.* ***~ ohne Boden*** bottomless pit; ***das ist ein ~ ohne Boden*** *a.* it's never-ending, it just goes on and on, *Thema*: you could go on talking about that all night; ***das schlägt dem ~ den Boden aus!*** that's the last straw, F that takes the biscuit; F ***ein ~ aufmachen*** have a fling (F binge); → ***'überlaufen*** 1.

Fassade *f* façade, front (*beide a. fig.*).

Fassaden|beleuchtung *f* **1.** floodlighting; **2.** floodlit building(s *pl.*); **~kletterer** *m* cat burglar; **~malerei** *f* façade painting.

faßbar *adj. konkret*: tangible; *geistig*: comprehensible; ***schwer ~*** hard to comprehend.

Faßbier *n* draught (*Am.* draft) beer.

fassen I. *v/t.* **1.** (*ergreifen*) take hold of, grasp; hold; (*packen*) seize; (*Verbrecher etc.*) catch, (*festnehmen*) arrest; ***j-n am Kragen ~*** grab s.o. by the collar; ***j-n an*** (*od.* ***bei***) ***der Hand ~*** take s.o. by the hand, take s.o.'s hand; ***j-n am Arm ~*** take s.o.'s arm; ***zu ~ kriegen*** get hold of; ***faß ihn!*** *zum Hund*: get him!; **2.** ⚙ (*einfassen*) mount *in silver etc.*; (*Edelstein*) *a.* set; **3.** (*aufnehmen können*) hold; *auf Sitzplätzen*: *a.* seat; **4.** (*enthalten*) contain; *fig.* ***in sich ~*** include; **5.** (*formulieren*) put, formulate; ***in Worte ~*** put into words; ***das läßt sich nicht in Worte ~*** *a.* it can't be described; **6.** *fig. geistig*: grasp, understand; (*glauben*) believe; ***nicht zu ~*** unbelievable, incredible; ***das ist kaum zu ~*** *a.* it's hard to believe; **7.** *fig.* ***e-n Gedanken ~*** form an idea; ***ich konnte keinen klaren Gedanken ~*** I couldn't think straight; → ***Abneigung, Beschluß, Entschluß, Fuß*** *etc.*; **II.** *v/i.* **8.** ***~ an*** touch; ***~ in*** (***auf***) put one's hand in (on); ***sich an*** *die Stirn etc.* ***~*** put one's hand to; ***da kann man sich nur noch an den Kopf ~*** it really makes you wonder; **9.** ⚙ grip; **III.** *v/refl.* **10.** ***sich ~*** regain one's composure, (*sich zusammenreißen*) pull o.s. together; ***er konnte sich vor Glück kaum ~*** he was beside himself with joy; → ***gefaßt***; **11.** ***sich kurz ~*** be brief; ***fasse dich kurz!*** make it brief; → ***Geduld.***

faßlich *adj.*: ***leicht*** (***schwer***) ***~*** easy (hard) to understand.

Fasson *f* (*Form*) shape; (*Schnitt*) cut; (*Frisur*) trim; *fig.* ***nach s-r eigenen ~*** after one's own fashion; ***jeder muß nach s-r eigenen ~ glücklich werden*** everyone has to look to his own salvation.

Faßreifen *m* (barrel) hoop.

Fassung *f* **1.** *e-r Brille*: frame; *e-r Glühbirne*: socket; *e-s Edelsteins*: setting; **2.** (*Version*) version; ***in der vorliegenden ~*** in its present form; **3.** (*Beherrschung*) composure; (*inneres Gleichgewicht*) *a.* equanimity; ***aus der ~ bringen*** put out, F throw; ***sie ist durch nichts aus der ~ zu bringen*** she's unflappable; ***die ~ bewahren*** maintain one's composure, F keep cool; ***nach*** (*od.* ***um***) ***~ ringen*** a) try to regain one's composure, b) try not to lose one's temper; ***die ~ verlieren*** lose one's composure, *vor Wut*: lose one's temper (F cool); ***er war ganz außer ~*** he was completely beside himself.

Fassungskraft *f* powers *pl.* of comprehension, (mental) capacity.

fassungslos I. *adj.* stunned; (*sprachlos*) speechless; (*verwirrt*) perplexed, bewildered; **II.** *adv.*: ***er sah mich ~ an*** he looked at me in amazement (*od.* disbelief), he just gaped at me; **Fassungslosigkeit** *f* shock; bewilderment.

Fassungsvermögen *n* **1.** capacity; **2.** *fig.* (mental) capacity; ***das übersteigt mein ~*** that's beyond me, that's above my head.

fast *adv. vor su. u. adj.*: *mst* almost; *vor Zahlen, Maß- u. Zeitangaben*: *a.* nearly; → *a.* ***beinahe***; ***~ nichts*** next to nothing; ***~ nie*** hardly ever; ***~ keine*** hardly any; ***in ~ allen Fällen*** in almost every case; ***ich hätte ~ geglaubt, daß*** I could almost have sworn (that); ***~ hätte ich ihn rausgeschmissen*** I very nearly kicked him out, I was on the point of kicking him out; F ***wir haben's ~*** we're almost there, we've almost (*od.* nearly) finished.

fasten I. *v/i.* fast; go on a fast; **II.** ℒ *n* fast(ing); ***das ~ unterbrechen*** break one's fast; **ℒkur** *f* starvation cure; **ℒtag** *m* **1.** fast (day), day of fasting; **2.** ✱ fasting day; **ℒzeit** *f* **1.** *eccl.* ***die ~*** Lent; **2.** fasting period.

Fastnacht *f* (*~sdienstag*) Shrove Tuesday, *Am.* Mardi Gras; (*Fasching*) carnival, Fasching; **Fastnachts...** → ***Faschings...***

Fasttag *m* → ***Fastentag.***

Faszination *f* fascination; ***e-e ~ ausüben auf*** hold a great fascination for; **faszinieren** *v/t.* fascinate; **Faszinosum** *n* fascinating (*od.* amazing) phenomenon.

fatal *adj.* (*schicksalhaft*) fateful; (*verhängnisvoll*) disastrous, fatal; (*unangenehm*) awkward; (*ärgerlich*) annoying; **Fatalismus** *m* fatalism; **Fatalist** *m* fatalist; **fatalistisch** *adj.* fatalist(ic).

Fata Morgana *f* mirage, *a. fig.* fata morgana.

Fatzke F *m* F poser, *sl.* arrogant swine.

fauchen *v/i.* hiss, *Tiger etc.*: snarl (*beide a. fig.*).

faul *adj.* **1.** *Obst, Gemüse, Ei, Zähne etc.*: rotten, bad; *Fisch, Fleisch*: bad, *pred.* off; (*stinkend*) putrid; *Holz*: rotten; **2.** (*träge*) lazy, idle; F ***~es Aas*** a) *sl.* lazy sod (*Frau*: bitch), b) F *hum.* lazybones (*sg.*); *adv.* ***~ herumliegen*** laze around (*od.* about); → ***Haut***; **3.** *fig.* rotten; *Kompromiß etc.*: hollow; (*verdächtig*) shady; ***~er Kunde*** shady customer; ***~e Sache*** fishy business; ***~er Witz*** bad joke; ***an der Sache*** (*od.* ***Geschichte***) ***ist etwas ~*** there's something fishy about it.

Faulbaum *m* ♣ black alder, alder buckthorn; **~rinde** *f pharm.* buckthorn bark.

Fäule *f* **1.** rot; **2.** → ***Fäulnis.***

faulen *v/i.* go bad, rot; *Zahn, Gewebe etc.*: *a.* decay.

faulenzen *v/i.* laze around; *contp.* be lazy, do nothing; **Faulenzer** *m* lazybones (*sg.*); *contp.* lazy person, idler, F layabout; **Faulenzerei** *f* laziness; lazy life.

Faulgas *n* sewer gas.

Faulheit *f* laziness; F ***vor ~ stinken*** be bone idle.

faulig *adj.* rotten; (*modrig*) mo(u)ldy; (*faulend*) rotting.

Fäulnis *f* rottenness; *stinkend*: putrefaction; ✱ sepsis; *e-s Zahns*: caries; *fig.* decay; ***in ~ übergehen*** (begin to) rot; **ℒerregend** *adj.* putrefactive; ✱ septic; **~erreger** *m* putrefactive agent; **ℒhemmend** *adj.* ✱ antiseptic(ally *adv.*); **~prozeß** *m* process of decay.

Faulpelz F *m* F lazybones (*sg.*).

Faultier *n zo.* sloth; F *fig.* lazy person.

Faun *m* faun.

Fauna *f* fauna.

Faust *f* fist; ***die ~ ballen*** clench one's fist; ***j-m die ~ zeigen, j-m mit der ~ drohen*** raise one's fist at s.o.; ***mit der bloßen*** (*od.* ***blanken***) ***~*** with one's bare fist(s); ***mit der ~ auf den Tisch hauen*** bang one's fist on the table, *fig.* put one's foot down; *fig.* ***auf eigene ~*** on one's own initiative, F off one's own bat; ***die ~ im Nacken spüren*** really feel the pressure; ***das paßt wie die ~ aufs Auge*** a) it goes together like chalk and cheese, b) (*paßt genau*) it's a perfect fit (*od.* match); → ***eisern*** I.

Fäustchen *n*: *fig.* ***sich ins ~ lachen*** have a good chuckle, laugh up one's sleeve.

faustdick I. *adj.* as big as your fist; *fig.* ***e-e ~e Lüge*** F a whopping great lie, a whopper; ***er hat es ~ hinter den Ohren*** he's as sly as they come; **II.** *fig. adv.*: ***~ auftragen*** F lay it on thick (*od.* with a trowel); ***~ lügen*** F lie through one's teeth.

Fäustel *m* ⚒ mallet.

fausten *v/t.* (*u. v/i.*) *Sport*: punch (the ball).

Faust|feuerwaffe *f* hand gun; **ℒgroß** *adj.* as big as your fist; **~handschuh** *m* mitten.

Fäustling *m* mitten.

Faust|pfand *n* pledge; security; *fig.* lever; **~recht** *fig. n* jungle law; ***dort gilt das ~*** it's dog eat dog in (*od.* out) there; **~regel** *f*: (***als ~*** as a) general rule; **~schlag** *m* punch; **~skizze** *f* rough sketch.

Fauxpas *m* (social) blunder, faux pas, gaffe; ***e-n ~ begehen*** make a blunder, commit a faux pas (*od.* gaffe).

favorisieren *v/t.* favo(u)r; *Sport*: fancy; (*Kind*) favo(u)ritise; **favorisiert** *adj.* *Sport*: strongly fancied; ***~ sein*** *allg.* be (a *od.* the) favo(u)rite, be (the) favo(u)rites; **Favorit** *m a. Sport*: favo(u)rite (***auf e-n Titel*** for); *pol.* front runner; ***klarer ~*** clear favo(u)rite; ***hoher*** (***todsicherer***) ***~*** hot (odds-on) favo(u)rite; **Favoritenrolle** *f* role as favo(u)rite.

Fax *n* **1.** fax; **2.** fax (machine); **Faxanschluß** *m* fax (connection); **faxen** *v/t. u. v/i.* fax; ***j-m et. ~*** fax s.th. (through) to s.o.

Faxen *pl.* **1.** ***~ machen*** (*od.* ***schneiden***) pull faces; **2.** (*Unsinn*) nonsense *sg.*; ***laß die ~!*** stop acting the goat; **~macher** *m* clown.

Fax-Mitteilung *f* fax message.

Fayence *f* faïence.

Fazit *n* (net) result, upshot, F bottom line; ***das ~ ziehen*** sum up, consider the results (***aus*** of); ***das ~ aus et. ziehen*** *a.* sum s.th. up; ***~:*** to sum up, F what it boils down to is (that); ***sein ~:*** his conclusion is (that).

FCKW *n* CFC, chlorofluorocarbon; **~-frei** *adj.* CFC-free.

Februar *m* February; ***im ~*** in February.

Fechtboden *m* fencing hall.

fechten I. *v/i.* **1.** fence; (*kämpfen, a. fig.*) fight; **2.** F (*betteln*) F scrounge; **II.** ℒ *n* fencing; **Fechter** *m* fencer.

Fecht|handschuh *m* fencing glove; **~kunst** *f* (art of) fencing; **~sport** *m* fencing; **~turnier** *n* fencing tournament.

Feder *f* feather; (*Schwanzℒ, Schwungℒ*) quill (feather); (*Schmuckℒ*) plume; (*Schreibℒ*) pen, (*~spitze*) nib; (*~kiel*) quill; ⚙ spring; *fig.* ***sich mit fremden ~n schmücken*** take the credit (for what s.o. else has done); ***~n lassen müssen*** lose a few feathers; ***zur ~ greifen*** put pen to paper; *ein Roman etc.* ***aus s-r ~*** written (*od.* penned) by him; F ***noch in den ~n liegen*** still be in bed; F ***~n haben*** F be scared stiff (***vor*** of, about), *sl.* have the wind up (about); **~antrieb** *m* ⚙ spring drive.

Federball *m* shuttlecock; (*Spiel*) badminton; **~schläger** *m* badminton racket (*od.* racquet).

Feder|bett *n* duvet, continental quilt; **~busch** *m* **1.** *zo.* tuft; **2.** (*Hutschmuck*) plume; **~fuchser** *m* **1.** pedant; **2.** (*Schreiberling*) penpusher; **ℒführend**

adj. leading ...; (*verantwortlich*) responsible; **~führung** *f*: ***unter*** (***der***) **~ *von ...*** with ... responsible (*od.* in charge); **~gewicht(ler** *m*) *n* featherweight; **~halter** *m* fountain pen; **~hut** *m* feathered hat (*für Männer*: cap), plumed hat.

federig *adj.* feathery.

Federkasten *m* pencil box.

Federkernmatratze *f* spring interior (*Am.* innerspring) mattress.

Feder|kiel *m* quill; **~kissen** *n* feather pillow; **~kleid** *lit. n* plumage; **~kohl** *östr. m* kale; **2leicht** *adj.* (as) light as a feather; **~lesen** *n*: *fig.* ***nicht viel ~s machen mit*** make short work of, give *s.o.* short shrift; ***ohne viel ~(s)*** unceremoniously, without much ado; **~mäppchen** *n* pencil case; **~messer** *n* penknife.

federn I. *v/i.* **1.** (*elastisch sein*) be springy; (*nachgeben*) give; (*springen*) bounce; *mot.* ***gut ~*** have good suspension; **2.** *Gymnastik*: flex; **3.** *a. v/refl.* (***sich ~***) *Vogel*: mo(u)lt, lose its feathers; **II.** *v/t.* (*Sessel etc.*) fit with springs; ⚙ spring-load; ***gut gefedert*** well-sprung; **federnd** *adj.* springy; ***~er Gang*** springy (*od.* bouncy) gait.

Feder|nelke *f* feathered pink; **~schloß** *n* spring lock; **~schmuck** *m* (*Gefieder*) plumage; *der Indianer*: headdress; **~stab** *m mot.* torsion bar; **~strich** *m* stroke of the pen (*a. fig.*).

Federung *f* springs *pl.*; *mot.* suspension.

Feder|vieh *n* poultry; **~waage** *f* spring scale; **~weiße(r)** *m* (fermenting) new wine; **~werk** *n* spring mechanism; **~wild** *n* wildfowl, game birds *pl.*; **~wisch** *m* feather duster; **~wölkchen** *n* fluffy (*od.* fleecy) cloud; **~wolke** *f meteor.* cirrus (cloud); **~zeichnung** *f* pen-and-ink drawing; **~zirkel** *m*: (***ein ~*** a pair of) spring dividers *pl.*

Fee *f* fairy; ***gute ~*** fairy godmother; ***böse ~*** wicked fairy.

Feedback *n* feedback, reaction(s *pl.*).

Feeling F *n* feeling, sensation; ***es ist ein tolles ~*** *a.* F it feels great.

feenhaft *adj.* fairylike; *fig.* magic(al).

Feen|königin *f* fairy queen; **~reich** *n* fairy kingdom; ***das ~*** *a.* Fairyland.

Fegefeuer *n*: ***das ~*** purgatory.

fegen I. *v/t.* sweep (*a. fig.*); ***das Geweih ~*** *Hirsch*: fray its antlers; → ***Tisch***; **II.** *v/i.* sweep (*a. fig.*), *Wind*: *a.* rush.

Feh *n* squirrel (fur).

Fehde *f* feud (*a. fig.*); ***in ~ liegen mit*** be at war with; **~handschuh** *m*: ***den ~ hinwerfen*** (***aufheben***) throw down (pick up) the gauntlet.

fehl *adv.* → ***Platz*** 3.

Fehlanzeige *f* **1.** (***war***) **~** F nothing doing; no such luck; **2.** ⚙ instrument error.

fehlbar *adj.* fallible; **Fehlbarkeit** *f* fallibility.

Fehl|bedienung *f* operating error; **~belegungsabgabe** *f* social compensation levy; **~besetzung** *f thea.* miscasting; *konkret*: miscast actor (*od.* actress); *Sport etc.*: *the* wrong man (*od.* woman) for the job; **~bestand** *m* deficiency; **~betrag** *m* deficit, shortfall; **~bezeichnung** *f* misnomer; **~bildung** *f biol. etc.* malformation; **~bitte** *f*: ***e-e ~ tun*** meet with a refusal; **~deutung** *f* misinterpretation; **~diagnose** *f* ⚕ wrong diagnosis; diagnostic error; ***e-e ~ stellen*** make a wrong diagnosis (*od.* diagnostic error), diagnose wrong; **~einschätzung** *f* misinterpretation; *a. e-r Person*: misjudg(e)ment; **~einstellung** *f* **1.** *psych.* maladjustment; **2.** misconception; **3.** ⚙ *etc.* incorrect focus(s)ing.

fehlen I. *v/i.* **1.** (*abwesend sein*) be absent (***in*** *der Schule*, ***bei*** *e-r Sitzung etc.* from); ***er hat gefehlt*** *a.* he didn't turn up; ***er hat e-e Woche gefehlt*** he was absent for a week; **2.** (*vermißt werden, abhanden gekommen sein*) be missing; ***bei dir fehlt ein Knopf*** you've lost a button, there's a button missing from (*od.* on) your coat *etc.*; ***ihm ~ zwei Zähne*** he has two teeth missing; ***du hast uns sehr gefehlt*** we really missed you; **3.** (*j-m ermangeln*) be lacking; ***mir fehlt ...*** I need ..., I haven't got (any *od.* enough) ...; ***es fehlt an ...*** there's (*od.* there are) no ..., there isn't (*od.* there aren't) enough ..., there's a lack of ...; ***uns fehlt das nötige Geld, es fehlt uns am nötigen Geld*** we haven't got the money; ***es ~ uns immer noch einige Leute*** we still need a few people; ***ihr fehlten noch DM 50*** she was short of 50 marks, she needed another 50 marks; ***es an nichts ~ lassen*** spare no pains (*od.* expense); ***es fehlt ihm an nichts*** he's got everything he wants; ***es fehlte an jeder Zusammenarbeit*** there was no cooperation whatsoever; ***das fehlte gerade noch!*** that's all we *etc.* need(ed); ***wo fehlt's denn?*** what's the trouble?; ***fehlt Ihnen etwas?*** are you all right (*Am.* alright)?; ***es fehlte nicht viel, und er wäre daran gestorben*** he very nearly died of it; ***an mir soll's nicht ~*** (well,) I'll do what I can; ***daran soll's nicht ~*** that's no problem; ***dazu fehlt's noch weit, dazu fehlt noch viel*** that's still a long way off, he's *etc.* still got a long way to go before he *etc.* can do that; ***mir ~ die Worte*** words fail me; → ***Ecke***; **4.** (*vorbeischießen*) miss; *fig.* ***weit gefehlt!*** a) try again, b) (*nichts dergleichen*) he *etc.* couldn't be more wrong; **II. 2** *n* **5.** (*Nichterscheinen*) absence (***bei, in*** from); *häufiges, bsd. von Arbeitnehmern*: absenteeism; **6.** (*Mangel*) lack, absence; **fehlend** *adj.* missing; (*ausstehend*) outstanding.

Fehl|entscheidung *f* mistake; *e-s Schiedsrichters etc.*: wrong decision; ***e-e ~ treffen*** make a mistake (*od.* wrong decision); **~entwicklung** *f* ✝ undesirable trend; ⚕ malformation.

Fehler *m* (*Versehen, Irrtum, Schreib2 etc.*) mistake; (*Material2 etc.*) fault, flaw, defect; (*Makel*) flaw, blemish; (*Charakter2*) fault, weakness, shortcoming; (*Nachteil, schlechte Seite*) drawback; (*Haken*) snag; *Sport*: fault; *Computer*: error, *im Programm*: bug; ***kleiner ~*** ✝ slight flaw, *fig.* minor flaw; ***e-n ~ machen*** make a mistake, (*taktlos sein etc.*) make a wrong move, *stärker*: put one's foot in it; ***jeder hat s-e ~*** nobody's perfect, we all have our little failings; ***in den ~ verfallen zu*** *inf.*, ***den ~ begehen zu*** *inf.* make the mistake of *ger.*; ***das hat den ~, daß*** the drawback (*od.* the trouble with it) is that; ***das hat nur den ~, daß*** the only snag (*od.* problem) is that; **~anzeige** *f Computer*: error display; **~beseitigung** *f Computer*: debugging.

fehlerfrei *adj.* perfect; (*richtig*) correct; (*makellos*) flawless.

Fehlergrenze *f* margin of error; ⚙ tolerance.

fehlerhaft *adj.* faulty, flawed, defective; (*unrichtig*) incorrect; *schriftliche Arbeit*: full of mistakes; ***~e Stelle*** *im Stoff etc.*: flaw.

Fehlerkorrektur *f Computer*: error correction; *CD-Spieler*: *a.* error concealment.

fehlerlos *adj.* → ***fehlerfrei.***

Fehlermeldung *f Computer*: error message.

Fehlernährung *f* wrong nutrition; bad eating habits *pl.*

Fehler|quelle *f* source of error (⚙ trouble); **~quote** *f* error rate; **~suche** *f* ⚙ troubleshooting; **~suchprogramm** *n Computer*: debugging program; **~verzeichnis** *n* errata *pl.*

Fehl|funktion *f* ⚕ *etc.* malfunctioning; **~geburt** *f* miscarriage; **2gehen** *v/i. a. fig.* go wrong; ***gehe ich fehl in der Annahme ...?*** am I mistaken in assuming ...?; **2geleitet** *fig. adj.* misguided; **~griff** *m* (*Irrtum*) mistake; (*falsche Wahl*) *a.* wrong (*od.* bad) choice; ***e-n ~ tun*** make a mistake, make a wrong (*od.* bad) choice; **~haltung** *f* **1.** *körperliche*: bad posture; **2.** *psych.* abnormal attitude; **~handlung** *f* slip, lapse; **~information** *f* (*a.* ***e-e ~***) wrong (*od.* misleading) information; **~interpretation** *f* misinterpretation; *e-s Texts etc.*: *a.* wrong interpretation; **2interpretieren** *v/t.* misconstrue; **~investition** *f* bad investment; **~kalkulation** *f* miscalculation; **~kauf** *m* bad buy; **~konstruktion** *f* **1.** faulty design; ***diese Überführung ist e-e ~*** this overpass is badly designed; **2.** F piece of junk; **~leistung** *f*: (***Freudsche ~*** Freudian) slip; **2leiten** *v/t.* misdirect; *fig.* (*Person*) lead astray; → ***fehlgeleitet***; **~meldung** *f* → ***Fehlanzeige*** 1; **~menge** *f* shortage, shortfall; **~paß** *m Sport*: bad pass; **~planung** *f* bad planning; **~prognose** *f* wrong prediction.

Fehlschlag *m* miss; *fig.* failure; disappointment; (*Rückschlag*) setback; **fehlschlagen** *v/i.* miss; *fig.* go wrong; come to nothing.

Fehl|schluß *m* fallacy; **~schuß** *m* miss; **~spekulation** *f*: (***e-e ~*** *a.* a piece of) bad speculation; *fig.* (a) wrong assumption, wrong thinking; **~start** *m* false start; ✈ *a.* unsuccessful takeoff attempt; *Sport*: ***e-n ~ verursachen*** jump the gun.

fehltreten *v/i.* lose one's footing; *fig.* commit a faux pas; **Fehltritt** *m* slip; *fig.* faux pas, *moralischer*: lapse, aberration; ***ein ~, und ...*** *a.* one foot wrong and ... (*a. fig.*).

Fehl|urteil *n* misjudg(e)ment; ⚖ judicial error; **~verhalten** *n* abnormal behavio(u)r; *konkret*: lapse; **~versuch** *m* unsuccessful attempt; **~zeit** *f gleitende Arbeitszeit*: time debit.

fehlzünden *v/i. mot.* backfire; **Fehlzündung** *f mot.* backfire; F *fig.* wrong reaction; ***das war e-e ~*** it backfired; F *fig.* ***das war bei ihm bestimmt e-e ~*** F he must have got the wrong end of the stick.

Feier *f* celebration; (*Party*) party; (*Festakt*) ceremony; ***e-e ~ abhalten*** (*od.* ***begehen***) have (*od.* hold) a celebration; ***zur ~ des Tages*** to mark the occasion.

Feierabend *m* **1.** **~ *machen*** finish (work), F knock off (work); *Geschäft*: close; ***nach ~*** after work; F *fig.* ***jetzt ist***

aber ~! that's enough now!; **2.** (*Zeit nach Dienstschluß*) *mst* evening; ***schönen ~!*** have a nice evening.

feierlich I. *adj.* (*ernst, würdevoll*) solemn; (*förmlich*) ceremonious; F ***das ist*** (***schon***) ***nicht mehr ~*** F it's no joke; **II.** *adv.*: ***~ begehen*** celebrate; ***~ versprechen*** solemnly promise, ***daß***: *a.* make a solemn promise that; **Feierlichkeit** *f* **1.** solemnity; ceremoniousness; (*Aufwand*) pomp; ***in*** (*od.* ***mit***) ***aller ~*** with all due ceremony; **2.** (*Feier*) *a. pl.* ceremony.

feiern I. *v/t.* celebrate; (*Festtag einhalten*) keep, observe; (*gedenken*) commemorate; (*ehren, rühmen*) celebrate; ***das muß gefeiert werden*** that calls for a celebration; → ***gefeiert***; **II.** *v/i.* celebrate; have a party; F (*nichts tun*) take it easy; F ***~ müssen*** (*nicht arbeiten*) be laid off; → *a.* ***krankfeiern.***

Feier|schicht *f* idle shift; ***e-e ~ einlegen*** drop a shift; **~stunde** *f* ceremony; celebration.

Feiertag *m*: (***gesetzlicher ~*** public *od.* bank, *Am. a.* legal) holiday; *eccl.* religious holiday; **feiertags** *adv.*: ***sonn- und ~*** on Sundays and public (*od.* bank) holidays.

feig(e) *adj.* cowardly, F yellow, lily-livered; ***sei doch nicht so ~!*** don't be such a coward; ***er ist viel zu ~, um zu*** *inf.* he's too much of a coward to *inf.*

Feige *f* fig.

Feigen|baum *m* fig tree; **~blatt** *n* fig leaf (*a. fig.*).

Feigheit *f* cowardice, cowardliness.

Feigling *m* coward.

feilbieten *v/t.* offer *s.th.* for sale; *contp.* prostitute (***sich*** o.s.).

Feile *f* file; *fig.* finish; *fig.* ***die letzte ~ legen an*** add the finishing touches to; **feilen I.** *v/t.* file; **II.** *fig. v/i.*: ***~ an*** polish (up).

feilschen *v/i.* haggle (***um*** over).

fein I. *adj.* fine; (*dünn, zart*) delicate; (*winzig*) minute; (*zierlich, graziös*) graceful; (*vornehm*) refined; (*elegant*) elegant, smart; (*erlesen*) fine, choice; (*tadellos*) excellent; (*genau*) accurate, precise; (*subtil*) subtle; *Gespür*: fine, sensitive; *Sinn*: keen; *Ohr*: keen, ***für***: fine *ear* for; *Auge*: sharp; *Gebäck*: fancy; *Nahrungs-, Genußmittel*: fine(-quality), choice; ***~er Regen*** (light) drizzle; ***~e Nase*** sensitive nose, keen (*od.* good) sense of smell, *fig.* good nose; ***der ~e Ton*** good form; ***~er Unterschied*** fine (*od.* subtle) distinction; ***~er Beobachter*** keen (*od.* shrewd) observer; ***die ~e Küche*** haute cuisine; ***ein ~es Gesicht haben*** have very fine features; *iro.* ***ein ~er Herr*** F a (real) toff; ***die ~en Leute*** F the nobs; ***das 2ste vom 2en*** the very best, the best that money can buy; ***das ist schon e-e ~e Sache*** you can do worse than that; *iro.* ***du bist mir ein ~er Freund*** a fine friend you are; ***ich bin dir wohl nicht ~ genug*** I'm not good enough for you, then, am I?; → ***feinmachen***; **II.** *adv.* finely; (*gut*) well, nicely; ***~ schmecken*** taste good; ***das hast du ~ gemacht!*** *zum Kind*: good boy (*od.* girl); ***er ist ~ heraus*** F he's sitting pretty; **III.** *int.*: good!; **2abstimmung** *f* fine tuning (*a. fig.*); *TV a.* fine adjustment; **2arbeit** *f* precision work; *fig.* fine tuning; *fig.* ***die ~ machen*** *a.* add the finishing touches; **2bäckerei** *f* patisserie; **2blech** *n* sheet metal.

Feind I. *m* enemy (*a.* ⚔); *lit.* foe; (*Gegner*) adversary; (*Rivale*) rival; ***Freund und ~*** friend and foe; ***sich ~e machen*** make enemies; ***sich j-n zum ~ machen*** antagonize s.o., make an enemy of s.o.; ***ein ~*** *e-r Sache* ***sein*** → **II.** 2 *pred. adj.*: *j-m od. e-r Sache* ***~ sein*** be opposed to, be against, *stärker*: be an enemy of; (*hassen*) hate, loathe; **~berührung** *f* ⚔ contact with the enemy; **~bild** *n*: ***ein ~ aufbauen von*** make a bogeyman out of.

Feindeshand *f*: ***in ~ geraten*** fall into enemy hands.

feindlich I. *adj.* **1.** hostile, enemy *fire, lines etc.*; ***~e Truppen*** enemy forces; **2.** *Person*: hostile, antagonistic, *schwächer*: unfriendly (***gegen*** to[wards]); **II.** *adv.*: ***~ gesinnt*** hostile (*dat.* to[wards]); ***~ eingestellt gegen*** opposed to; **Feindlichkeit** *f* animosity, hostility.

Feindschaft *f* enmity, *stärker*: hostility; (*Gegnerschaft*) antagonism; (*Groll*) ranco(u)r; (*Haß*) hatred; (*Böswilligkeit*) ill will; (*Fehde, Streit*) feud, quarrel; ***persönliche ~*** personal animosity (*od.* enmity).

feindselig *adj.* hostile (***gegen*** to[wards]); (*böswillig*) malevolent; **Feindseligkeit** *f* hostility; (*Böswilligkeit*) malevolence; → ***Feindlichkeit***; ⚔ ***die ~en eröffnen*** start (*od.* open) hostilities; ***die ~en einstellen*** suspend hostilities.

Feindstaat *m* enemy state; **Feindstaatenklausel** *f* enemy state clause.

Fein|einstellung *f* fine adjustment; **2fühlig** *adj.* sensitive; (*zartfühlend*) tactful; **~gefühl** *n* sensitiveness; (*Taktgefühl*) tact, delicacy; **2gehackt** *adj.* finely chopped.

Feingehalt *m e-r Münze*: standard; **Feingehaltsstempel** *m* hallmark.

fein|gemahlen *adj.* finely ground, fine-ground; **~geschnitten** *adj.* **1.** finely cut (*od.* sliced); **2.** *Gesicht*: fine-featured; ***~es Gesicht*** *a.* face with (very) fine features; **~gesponnen** *adj.* finely spun, *a. fig.* fine-spun; **~gliedrig** *adj.* slender, gracefully built; **2gold** *n* fine (*od.* refined) gold.

Feinheit *f* fineness; (*Zartheit*) delicacy; (*Zierlichkeit, Grazie*) grace(fulness); (*Eleganz*) elegance; *des Benehmens, Stils etc.*: refinement, elegance; *des Fühlens*: delicacy, tact; (*Raffinesse*) subtlety, finesse; (*Qualität*) quality; *e-r Arbeit*: workmanship; *von Garn*: size, grist; ***die ~en*** the finer points, the niceties, the subtleties; ***die letzten ~en*** the final touches.

fein|hörig *adj.*: ***~ sein*** have a very sensitive ear; **~körnig** *adj.* fine-grained; *phot.* fine-grain; **2korn** *n Schießen*: fine sight; *phot.* fine grain.

Feinkost *f* delicatessen *pl.*; **~laden** *m* delicatessen shop.

fein|machen *v/refl.*: ***sich ~*** get dressed up, dress up; put on one's best clothes; ***du hast dich aber feingemacht!*** you look very smart; **~maschig** *adj.* fine-meshed.

Feinmechanik *f* precision mechanics *pl.* (*sg. konstr.*); **Feinmechaniker** *m* precision mechanic.

fein|poliert *adj.* highly finished; **2schliff** *m* **1.** ⚙ (*Vorgang*) finishing; *konkret*: finish; **2.** *fig.* a) finish, b) sophistication.

Feinschmecker *m* gourmet; **~lokal** *n* gourmet restaurant.

Fein|schnitt *m Tabak*: fine cut; **~seife** *f* good soap; **~silber** *n* fine (*od.* refined) silver.

feinsinnig *adj. Person*: sensitive; *Humor etc.*: subtle; **Feinsinnigkeit** *f e-r Person*: sensitivity; *von Humor etc.*: subtlety.

Feinst|bearbeitung *f* superfinish(ing); **~einstellung** *f* micrometer adjustment.

Fein|struktur *f phys.* microstructure; **2verteilt** *adj.* finely spread; **~waage** *f* precision balance; **~wäsche** *f* delicate fabrics *pl.*; **~waschmittel** *n* gentle washing powder; **~zucker** *m* refined sugar.

feist *adj.* fat, stout.

feixen F *v/i.* smirk.

Feld *n* field (*a.* ⚔, ⚒, *phys., TV, her., psych., Computer, Sport*); △ panel, *in der Decke*: coffer; (*Schach2, Kästchen*) square; *fig.* (*Gebiet*) field; ***auf freiem ~*** in the open; ***das ~ anführen*** *Sport*: lead the field; ***des ~es verwiesen werden*** *Sport*: be sent off; *fig.* ***ein weites ~*** (*Themenbereich*) a vast area; ***es steht ein weites ~ offen für*** (*od. dat.*) a) there's considerable scope for, b) there are plenty of (*od.* endless) possibilities for; ***das ~ behaupten*** stand one's ground; ***das ~ räumen*** beat a retreat; ***aus dem ~(e) schlagen*** defeat; ***j-m das ~ überlassen*** leave the field to s.o., clear the way for s.o.; ***ins ~ führen*** put forward, advance *an argument*; ***zu ~e ziehen gegen*** campaign (*od.* crusade) against; (***noch***) ***weit im ~e*** a long way off; ***er hat freies ~*** he has free reign; → ***bestellen*** 4; **~arbeit** *f* **1.** work(ing) in the fields; **2.** (*Forschung, a. Außendienst*) fieldwork; **~arbeiter** *m* agricultural labo(u)rer; **~bett** *n* campbed; **~blume** *f* wild flower.

feldeinwärts *adv.* across the fields.

Feldelektron *n* field electron.

Felderwirtschaft *f* crop rotation.

Feld|flasche *f* water bottle, canteen; **~forschung** *f* field research, fieldwork; **~früchte** *pl.* field crops; **~gottesdienst** *m* camp service; **~heer** *n* field forces *pl.*

Feldherr *m* general; (*Stratege*) strategist; **Feldherrnblick** *m* authoritative air.

Feld|hockey *n* field hockey; **~huhn** *n* grey (*Am.* gray) partridge; **~jäger** *m* ⚔ military policeman; *pl.* military police (*pl.*), MPs; **~küche** *f* field kitchen; **~kurat** *östr. m* military chaplain; **~lager** *n* bivouac, (military) camp; **~lazarett** *n* casualty clearing station, *Am.* evacuation hospital; **~lerche** *f* skylark; **~marschall** *m* field marshal; *in der NATO*: five-star general; **~maus** *f* field vole; **~messer** *m* surveyor.

Feldpost *f* forces' mail (service); **~brief** *m* letter from (*od.* to) the front.

Feld|rübe *f* turnip; **~salat** *m* lamb's lettuce, corn salad; **~spat** *m min.* feldspar; **~stärke** *f phys.* field strength; **~stecher** *m*: (***ein ~*** a pair of) binoculars *pl. od.* field glasses *pl.*; **~stein** *m* fieldstone; (*Findling*) erratic block; (*Grenzstein*) boundary stone; **~studie** *f* field study; **~stuhl** *m* camp stool; **~telefon** *n* field telephone; **~theorie** *f phys.* field theory; **2überlegen** *adj.*: ***~ sein*** *Sport*: see more of the ball; **~versuch** *m* field test; **~verweis** *m*: ***sich e-n ~ einhandeln*** be sent off.

Feld-Wald-und-Wiesen-... F common-or-garden ..., run-of-the-mill ...

Feldwebel *m* sergeant; F *contp.* F sergeant major; **~ton** *m*: ***im ~*** in a sergeant major voice.

Feld|weg *m* country lane; **~zug** *m* ⚔ campaign (*a. fig.*), expedition; ***e-n ~ führen gegen*** conduct (*od.* go on) a military campaign against, *fig.* wage a campaign against, campaign (*od.* crusade) against.

Felge *f* **1.** ⚙, *mot.* rim; **2.** *Turnen*: circle; **Felgenbremse** *f Fahrrad*: calliper brake.

Fell *n zo.* coat; (*abgezogenes ~*) *von größeren Tieren*: hide, *von kleineren Tieren*: skin; (*rohes ~*) *von Pelztieren*: pelt; (*Pelz*) fur; F *von Menschen, a. e-r Pauke etc.*: skin; ***das ~ abziehen*** *dat.* skin; *fig.* ***ein dickes ~ haben*** have a thick skin; ***j-m das ~ über die Ohren ziehen*** pull the wool over s.o.'s eyes; ***s-e ~e davonschwimmen sehen*** see one's hopes dashed, (have to) wave goodbye to one's plans *etc.*; → ***gerben, jucken*** I; **~jacke** *f* sheepskin jacket.

Fels *m* rock (*a. fig.*); *fig.* (*Stütze*) pillar; ***wie ein ~ in der Brandung*** (as) steady (*od.* firm) as a rock, like the Rock of Gibraltar; → *a.* ***Felsen***; **~abhang** *m* precipice; **~block** *m*, **~brocken** *m* boulder, (piece of) rock.

Felsen *m* rock; (*~zacke*) crag; (*Klippe*) cliff; **2fest I.** *adj.* (as) steady as a rock; *Glaube etc.*: steadfast, unshak(e)able, unwavering; **II.** *adv.*: ***ich bin ~ davon überzeugt*** I'm firmly (*od.* absolutely) convinced of it; ***sich ~ auf j-n verlassen*** rely on s.o. totally, absolutely rely on s.o.; **~klippe** *f* cliff; **~küste** *f* rocky coast(line); **~riff** *n* reef.

Fels|formation *f* rock formation; **~grat** *m* rocky ridge.

felsig *adj.* rocky.

Fels|massiv *n* **1.** huge rock; **2.** mountain; **~spalte** *f* crevice; **~vorsprung** *m* ledge; **~wand** *f* rockface; wall of rock; **~zeichnung** *f* rock drawing.

Feme *f*, **Femgericht** *n* **1.** *hist.* vehmgericht; **2.** kangaroo court.

feminin *adj.* feminine (*a. ling.*); *contp. Mann*: effeminate; **Feminismus** *m* feminism; **Feminist(in** *f*) *m* feminist; **feministisch** *adj.* feminist.

Fenchel *m* fennel; **~tee** *m* fennel tea.

Fender *m* ⚓ fender.

Fenster *n* window (*a. im Briefumschlag u. Computer*); (*Schau2*) *a.* shop window; *e-s Gartenbeets*: (glass) frame; *fig. pol.* gate (***nach*** to); ***zum ~ hinausschauen*** look out of (*Am. a.* out) the window; *fig.* ***sein Geld zum ~ hinauswerfen*** throw one's money away; ***es ist, als wenn ich zum ~ hinausredete*** it's like talking to a brick wall; F ***er ist weg vom ~*** F he's had his chips; **~bank** *f* **1.** window seat; **2.** → **~brett** *n* windowsill; **~briefumschlag** *m* window envelope; **~flügel** *m* casement; **~gitter** *n* (window) grille; **~glas** *n* window glass; **~heber** *m mot.*: ***elektrische ~*** electric (*od.* power) windows; **~kitt** *m* putty; **~kurbel** *f mot.* window winder; **~laden** *m* shutter; **~leder** *n* chamois (leather).

fensterln *dial. v/i. sneak into one's girlfriend's room through the window at night with the help of a ladder.*

Fenster|platz *m* window seat; **~putzer** *m* window cleaner; **~rahmen** *m* window frame; **~rose** *f* 🏛 rose window; **~scheibe** *f* windowpane; **~sims** *m* windowsill, window ledge; **~spiegel** *m* window mirror; **~sturz** *m* **1.** lintel; **2.** *hist.* defenestration; **~technik** *f Computer*: windowing technique; **~tür** *f* French window; **~umschlag** *m* window envelope.

Ferien *pl.* holidays; *bsd.* ⚖, *univ. od. Am.* vacation *sg.*, *Brit. univ. a.* F vac; *parl.* recess *sg.*; ***die großen ~*** the long vacation; ***~ haben*** be on holiday (*Am.* vacation); ***wann habt ihr ~?*** when are (*od.* when do you have) your holidays?, *Am.* when is (*od.* when do you have) your vacation?; ***~ machen*** go on holiday (*Am.* vacation); → *a.* ***Urlaub***; **~austausch** *m* holiday exchange; **~beginn** *m* beginning of the holidays (*Am.* vacation); **~dorf** *n* holiday village; **~ende** *n* end of the holidays (*Am.* vacation); **~haus** *n* holiday (*Am.* vacation) home; **~job** *m* holiday (*Am.* vacation) job; *im Sommer*: *a.* summer job; **~kurs** *m* vacation course, *im Sommer*: *a.* summer course; **~lager** *n* holiday camp; *für Kinder, im Sommer*: summer camp; ***ins ~ fahren*** a) go to a holiday camp, b) go to summer camp; **~ort** *m* holiday resort; **~paradies** *n* holidaymaker's paradise; **~reise** *f* holiday (*Am.* vacation) trip; **~reisende(r)** *m* holidaymaker; *Am.* vacationist, vacationer; **~wohnung** *f* holiday apartment; **~zeit** *f* holiday (*Am.* vacation) period; **~ziel** *n* vacation spot; (*a. Land*) tourist destination.

Ferkel *n* young pig, piglet; *fig.* pig, (*Kind*) F mucky pup; (*unanständiger Mensch*) *sl.* filthy swine; → ***Spanferkel***; **Ferkelei** *f* (*Zote*) obscenity; (*Bemerkung*) *a.* dirty remark; **ferkeln** *v/i.* **1.** *zo.* farrow, litter; **2.** *fig.* a) make a mess, behave like a pig, b) *verbal*: talk smut.

Fermate *f* ♪ pause, hold, fermata.

Ferment *n* ferment, enzyme; **Fermentation** *f* fermentation; **fermentieren** *v/t. u. v/i.* ferment.

fern I. *adj.* far (*a. adv.*); (*entfernt*) far off, distant; *zeitlich*: *days etc.* long past; ***~e Gegenden*** (*od.* ***Länder***) faraway places; ***der 2e Osten*** the Far East; ***von ~*** from (*od.* at) a distance (*a. fig.*), *lit.* from afar; ***ich sah ihn von ~ kommen*** I could see him coming in the distance; ***in nicht (allzu) ~er Zukunft*** in the not too distant future; ***in ~er Vergangenheit*** a long, long time ago; ***das sei ~ von mir!*** I wouldn't dream of it; → ***nah*** 1; **II.** *prp.* far (away) from.

fernab *adv.* far away.

Fern|abfrage *f teleph.* remote pickup (*od.* interrogation); **~abfrager** *m teleph.* tone pad; **~amt** *n teleph.* long-distance exchange; **~arbeit** *f* teleworking; **~arbeitsplatz** *m* teleworkstation; **~aufklärung** *f* ⚔ long-range reconnaissance; **~aufnahme** *f* long-distance shot; **~auslöser** *m phot.* cable release; **~bedienung** *f* remote control; **2bleiben** *v/i.* not to come *od.* go (***von*** *od. dat.* to), *von der Schule etc.*: be absent (from), stay away (from); ***~ von*** (*e-r Sitzung etc.*) *a.* not to attend; **~blick** *m* vista, view into the distance; **~brille** *f*: ***(e-e ~*** a pair of) distance glasses *pl.*; **~diagnose** *f* ⚕ absentee diagnosis.

Ferne *f* distance; ***aus der ~*** from a distance (*a. fig.*); ***in der ~ verschwinden*** disappear in(to) the distance (*od.* out of view), fade out of sight; ***es zieht ihn wieder in die ~*** he's got wanderlust again; *fig.* ***(noch) in weiter ~*** (still) a long way off.

Fernempfang *m Radio*: long-range reception.

Ferner *dial. m* glacier.

ferner I. *adj.* further; → *a.* ***fernliegen***; **II.** *adv.* further(more); (*außerdem*) besides, moreover; on top of that, and then; ***~ liefen*** *Sport*: also ran; F *fig.* ***er erschien unter ~ liefen*** he was among the also-rans.

fernerhin *adv.* for the (*od.* in) future, henceforth; ***auch ~ tun*** continue to do.

Fern|fahrer *m* long-distance lorry driver, *Am.* long-haul truck driver; **~fahrt** *f* long-distance trip; *Lastwagen*: *a.* long haul; **~flug** *m* long-distance (*od.* -haul) flight; **~funk** *m* long-range transmission; **2gelenkt** *adj.* → ***ferngesteuert***; **~gespräch** *n* long-distance call; **2gesteuert** *adj.* remote-controlled, remote control ...; *Flugzeug*: pilotless; **~es Geschoß** guided missile; **~glas** *n*: **(*ein ~*** a pair of) binoculars *pl.*

fernhalten I. *v/t.* keep away (***von*** from); ***j-n von sich ~*** keep s.o. at a distance (*od.* at arm's length); ***et. von j-m ~*** keep s.th. from s.o., protect s.o. from s.th.; **II.** *v/refl.*: ***sich ~*** keep away (***von*** from), (*e-n großen Bogen machen*) steer clear (of).

Fern|heizung *f* district heating (plant); **~kabel** *n* long-distance cable; **~kopierer** *m* facsimile (*od.* fax) machine; telecopier; **~kurs** *m* correspondence course; **~laster** F *m*, **~lastwagen** *m* long-distance lorry, *Am.* long-haul truck; **~leihe** *f* inter-library loan (system); **~leitung** *f teleph.* long-distance line; ⚡ transmission line; (*Röhrenleitung*) pipeline.

fernlenken *v/t.* operate (*od.* guide) by remote control; **Fernlenkung** *f* remote control; **Fernlenkwaffe** *f* guided weapon (*od.* missile).

Fernlicht *n mot.* full (*od.* high) beam (position).

fernliegen *v/i.*: ***es liegt mir ~ zu*** *inf.* far be it from me to *inf.*; ***es lag ihm fern zu*** *inf.* he had no intention of *ger.*; ***nichts lag mir ferner*** nothing was further from my mind, I wouldn't have dreamt of it.

Fernmelde|amt *n* telephone exchange; **~gebühren** *pl.* telephone charges; **~satellit** *m* communications satellite; **~technik** *f* (tele)communications *pl.* (*sg. konstr.*); **~turm** *m* radio and TV tower; **~wesen** *n* telecommunications *pl.* (*sg. konstr.*).

fernmündlich I. *adj.* telephone ...; **II.** *adv.* by telephone.

Fernost..., **fernöstlich** *adj.* Far Eastern.

Fern|reise *f* long-distance (*od.* -haul) holiday; **~rohr** *n* telescope; **~ruf** *m* telephone call; *auf Briefköpfen etc.*: Telephone (*abbr.* Tel.); **~schach** *n* correspondence chess; **~schreiben** *n* telex; **~schreiber** *m* telex machine.

fernschriftlich I. *adj.* telex *message etc.*; **II.** *adv.* by telex.

Fernschuß *m Fußball*: long-range shot.

Fernseh... *in Zssgn* television ..., TV *aerial, camera, channel, interview, satellite, studio etc.*; **~ansager(in** *f*) *m* television *od.* TV presenter (*a. Am.* announcer); **~ansprache** *f* television (*od.* televised) address; **~anstalt** *f* television company; **~antenne** *f* television *od.* TV aerial (*od.* antenna); **~apparat** *m* → ***Fernsehgerät***; **~auftritt** *m* television (*od.* TV) appearance; **~bild** *n* television image (*od.* picture); **~debatte** *f* television debate; **~diskussion** *f* (TV) panel discussion; **~empfang** *m* TV reception.

Fernsehen I. *n* television, TV; ***im*** ~ on television; **II.** Ջ *v/i.* watch television (*od.* TV).

Fernseher *m* **1.** TV (set); **2.** (*Person*) TV viewer.

Fernseh|fassung *f* television (*od.* TV) adaptation; **~film** *m* TV film, film made for television, TV version; **~gebühren** *pl.* television licen|ce (*Am.* -se) fee *sg.*; **~gerät** *n* television (set), TV (set); **~gesellschaft** *f* television (*od.* TV) company; **~journalist** *m* television (*od.* TV) journalist; **~kommentar** *m* television (*od.* TV) commentary; **~kommentator** *m* television (*od.* TV) commentator; **~norm** *f* TV standard; **~programm** *n* **1.** television (*od.* TV) program(me); **2.** (*Heft*) TV guide; **~publikum** *n* television audience; **~reporter** *m* television (*od.* TV) reporter; **~röhre** *f* television tube; **~satellit** *m* TV (*od.* television) satellite; **~schirm** *m* (television) screen; **~sender** *m* **1.** television transmitter; **2.** television (broadcasting) station; **3.** (*Kanal*) television channel; **~sendung** *f* (television *od.* TV) program(me); **~serie** *f* television (*od.* TV) series; **~spiel** *n*, **~stück** *n* television (*od.* TV) play; **~spot** *m* TV ad; **~studio** *n* television (*od.* TV) studio(s *pl.*); **Ջsüchtig** *adj.* television-mad; **~techniker** *m* television engineer; **~teilnehmer** *m* television viewer; **~truhe** *f* TV cabinet; **~turm** *m* television (*od.* TV) tower; **~übertragung** *f* television (*od.* TV) broadcast; **~unterhaltung** *f* television (*od.* TV) entertainment; **~werbung** *f* **1.** television (*od.* TV) advertising *od.* commercials *pl.*; **2.** *konkret*: TV commercial (*od.* ad, *Brit. a.* advert); **~zeitschrift** *f* TV guide; **~zimmer** *n* TV room; **~zuschauer** *m* (television *od.* TV) viewer; *pl. a.* television (*od.* TV) audience *sg.*

Fernsicht *f* **1.** view; **2.** *meteor.* visibility.

Fernsprech|amt *n* telephone exchange; **~anschluß** *m* telephone connection; **~auftragsdienst** *m* answering service; **~automat** *m* pay phone; **~buch** *n* telephone directory, phone book

Fernsprecher *m* telephone, phone; ***öffentlicher*** ~ public telephone.

Fernsprech|gebühren *pl.* telephone charges; **~leitung** *f* telephone line; **~netz** *n* telephone network; **~nummer** *f* telephone number; **~teilnehmer** *m* telephone subscriber; **~verkehr** *m* telephone communications *pl.*

fernstehen *v/i.*: ***j-m*** ~ have no (real) contact with s.o., have no (real) relationship with s.o.; ***e-r Sache*** ~ have nothing to do with s.th.

fernsteuern *v/t.* operate by remote control; **Fernsteuerung** *f* remote control.

Fern|straße *f* major road; (*Autobahn*) motorway, *Am.* freeway, interstate (highway); **~studium** *n* **1.** (degree by) correspondence course; **2.** distance learning; **~tourismus** *m* long-haul holidays *pl.*; **~transport** *m* long-distance (*od.* -haul) transport; **~trauung** *f* marriage by proxy; **~universität** *f* distance learning institute, *in GB*: *the* Open University; **~unterricht** *m* correspondence course(s *pl.*).

Fernverkehr *m* long-distance traffic; **Fernverkehrsstraße** *f* → ***Fernstraße.***

Fern|waffe *f* long-range weapon; **~wahl** *f teleph.* direct dial(l)ing; **~wärme** *f* district heating; **~weh** *n* wanderlust, F itchy feet; **~wirkung** *f* **1.** *phys.* long-distance effect; **2.** ⚙ remote action; **3.** *psych.* telepathy; **4.** *fig.* long-range (*od.* -term) effect; **~ziel** *n* long-term objective; **~zug** *m* long-distance train; **~zündung** *f* remote-control(l)ed ignition.

Ferse *f* heel (*a. Strumpf*Ջ *etc.*); *fig. j-m od. e-r Sache* ***(dicht) auf den ~n folgen*** follow (hot *od.* hard) on the heels of; ***j-m auf den ~n sein*** be hard on s.o.'s heels.

Fersen|bein *n* heel bone; **~geld** *n*: ~ ***geben*** take to one's heels, turn tail; **~schub** *m* heel push; **~sitz** *m* squat.

fertig *adj.* **1.** (*bereit*) ready; ***ich bin gleich*** ~ I'll be ready (*od.* with you) in a minute; ***(Achtung,) ~, los!*** *Sport*: ready, steady, go!; **2.** (*beendet, abgeschlossen*) finished, done; (*fertiggestellt*) finished, complete(d); ***fix und*** ~ all ready; → *a.* 4; ~ ***sein mit*** have finished with, (*Buch, Brief etc.*) have finished; ***bist du mit dem Putzen ~?*** have you finished (with the) cleaning?; ~ ***werden mit*** (*Arbeit etc.*) finish, get through *s.th.*, *fig.* cope with, (*Kummer, Enttäuschung*) *a.* get over *s.th.*, (*j-m, Streß, Hitze etc.*) cope with, be able to handle (*od.* take); ***man wird (damit) nie*** ~ there's no end to it, it's never-ending; *fig.* ***mit ihm werd' ich schon*** ~ I can (*od.* know how to) handle him; ***soll er damit ~ werden*** that's his problem; ***damit mußt du allein ~ werden*** nobody can help you there, you're on your own there, I'm afraid; ***ohne*** *j-n od. et.* ~ ***werden*** get along (*od.* manage) quite well without; ***er wurde nie damit ~, daß sie ihn verlassen hatte (daß er gekündigt wurde)*** he never got over her leaving him (being fired); ***und damit ~!*** and that's that!; ***mit ihm bin ich ~!*** I'm through (*od.* I've finished) with him; **3.** ☿ finished; ⚙ prefabricated; *Kleidung*: off-the-peg; *Essen*: pre-cooked; ready-to-serve ...; **4.** F *fig.* (*erschöpft*) (*a.* ***fix und*** ~) shattered, F bushed; (*ruiniert*) done for; ***der ist ~!*** F he's had it; → ***fertigmachen*** 2, ***Nerv***; **5.** F *fig.* (*sprachlos*) speechless, *pred.* F floored; ***da war ich (aber) ~!*** F that really floored me; **Ջbau** *m* **1.** prefabricated building, F prefab; **2.** → **Ջbauweise** *f* prefabricated construction; *Haus* ***in*** ~ prefabricated; **~bekommen** *v/t.* → ***fertigbringen***; **Ջbeton** *m* ready-mixed concrete; **~bringen** *v/t.* finish, get *s.th.* done; (*zustande bringen*) manage, bring *s.th.* off; *weitS.* (*tun*) do; ***es ~ zu*** *inf.* manage to *inf.*; ***ich brachte es nicht fertig*** I couldn't do it, (*brachte es nicht übers Herz*) I couldn't bring myself to do it; ***er brachte es fertig, sie rauszuschmeißen*** he actually threw her out; ***wie bringt jemand so etwas fertig?*** how can anyone do a thing like that?; *contp.* ***er bringt es (glatt) fertig*** I wouldn't put it past him; ***das bringst nur du fertig*** that's just like you(, isn't it?), it couldn't have been anyone else.

fertigen *v/t.* make, produce, manufacture.

Fertig|erzeugnis *n*, **~fabrikat** *n* finished product (*pl. a.* goods); **Ջgepackt** *adj.* prepacked; **~gericht** *n* ready-to-serve meal; **Ջgeschnitten** *adj.* pre-cut; **~haus** *n* prefabricated house, F prefab.

Fertigkeit *f* (*Geschick*) skill; (*Begabung*) talent; (*Können*) proficiency (***in*** in); (*Sprech*Ջ) fluency; (*Übung, Praxis*) practi|ce (*Am. a.* -se).

Fertig|kleidung *f* ready-to-wear (*od.* off-the-peg) clothes *pl.*; **Ջkriegen** F *v/t.* → ***fertigbringen***; **Ջlesen** *v/t.* finish (reading); **Ջmachen** *v/t.* **1.** finish (off); (*bereitmachen*) get *s.o. od. s.th.* ready; **2.** F (*j-n*) (*a.* ***fix und fertig machen***) *körperlich*: take it out of *s.o.*, *a. nervlich*: finish (off), *seelisch*: get *s.o.* down; (*Konkurrenz etc.*) ruin, *stärker*: wipe out; ([*Diskussions*]*Gegner etc.*) F tear to pieces (*od.* shreds); (*abkanzeln*) F really tear a strip off; *durch Kritik*: F slam; (*verprügeln*) F give *s.o.* a (real) clobbering; *Sport*: F clobber; (*umbringen*) F finish *s.o.* off, do *s.o.* in; ***die Sache macht mich langsam fertig*** F it's starting to get to me; ***er macht mich fertig*** he's getting me down, *nervlich*: *a.* F he's driving me spare; **~menü** *n* ready-to-serve meal; **~montage** *f* final assembly; **~nahrung** *f* convenience food(s *pl.*); **~produkt** *n* finished product.

fertigstellen *v/t.* finish, complete; **Fertigstellung** *f* completion.

Fertigteil *n* prefabricated part; *fertigbearbeitet*: finished part.

Fertigung *f* manufacture, production.

Fertigungs|bereich *m* ☿ manufacturing sector; **~betrieb** *m* production plant; factory; **~straße** *f* production (*od.* assembly) line; **~technik** *f* production en-gineering.

Fertigwaren *pl.* finished products.

Fes[1] *n* ♪ F flat.

Fes[2] *m* (*Kopfbedeckung*) fez.

fesch F *adj.* smart; (*schneidig*) dashing; ***~er Kerl*** dashing young man, smart lad.

Fessel[1] *f* (*Strick*) rope; (*Kette*) chain; *fig.* fetters *pl.*, shackles *pl.*; ***j-m ~n anlegen*** put s.o. in chains, (*Handschellen*) handcuff s.o.; *fig.* ***die ~n abschütteln (sprengen)*** shake off (break out of) one's chains; ***et. als ~ empfinden*** feel tied down by s.th.

Fessel[2] *f anat.* ankle; *zo.* pastern, fetlock.

Fesselballon *m* captive balloon.

Fesselgelenk *n zo.* pastern, fetlock, hock.

fesseln *v/t.* **1.** tie up, *mit Ketten*: put in chains, *mit Handschellen*: handcuff; *fig.* fetter; ***j-n an Händen und Füßen*** ~ tie s.o.'s hands and feet; *fig.* ***j-n an sich*** ~ tie s.o. to one; → ***gefesselt*** 1; **2.** *fig.* captivate, *stärker*: enthral(l); (*Aufmerksamkeit, Auge etc.*) catch; ***das Buch hat mich gefesselt*** I found the book quite gripping; → ***gefesselt*** 2; **fesselnd I.** *adj.* captivating, fascinating; arresting; *Buch etc.*: absorbing, *stärker*: riveting; (*spannend*) gripping; **II.** *adv.*: ~ ***schreiben*** *od.* ***erzählen (können)*** be a captivating writer *od.* storyteller.

fest I. *adj.* firm (*a. fig. Entschluß etc.*); (*nicht flüssig, festgefügt*) solid (*a. Nahrung*); (*hart*) hard; (*widerstandsfähig*) strong; *Schuhe*: sturdy, good *pair of shoes*; (*starr*) fixed, rigid, ⚙ (*a. orts*~) stationary; *Straße*: surfaced; (*gut befestigt*) firmly fixed, *Schraube etc.*: tight; *Computer*: fixed; (*unverrückbar*) fixed (*a. Zeitpunkt, Termin*); (*straff*) tight; (*stän-

dig, unveränderlich) permanent, *a. Freund(in)*: steady; *Stellung*: permanent *post, job*, steady *job*; *Wohnsitz*: fixed *abode*; *Freundschaft*: close; *Abmachung*: firm, binding; *Redewendung*: set *phrase*; *Schlag etc.*: heavy; (*unerschütterlich*) firm, unshak(e)able; ⚚ *Börse, Kurse, Markt*: steady, firm; *Kosten, Preise, Einkommen, Gehalt*: fixed; *Währung*: hard, stable; *Kunden*: regular; *Schlaf*: deep; **~er Bestandteil** integral part; **~er Gewahrsam** safe custody; *phys.* **~er Körper** solid (body); **ohne ~en Wohnsitz** of no fixed abode; **~ werden** harden, solidify, *Pudding, Zement*: set; **~er machen** (*od.* **ziehen**) tighten; **in Geschichte ist er** (**nicht sehr**) **~** he knows his history (F he's not too hot on history); **ich hatte die ~e Absicht zu** *inf.* I had every intention of *ger.*; → **Boden** 1, **Fuß** 1, **Hand**; **II.** *adv.* firmly *etc.*; → I; **~ anbringen** fix (*od.* attach) securely (**an** to); *Geld* **~ anlegen** tie up; **~ angestellt** permanently employed, **sein:** *a.* have a permanent post (*od.* job); **~ beharren auf** insist on; (**steif und**) **~ behaupten** (absolutely) insist; **ich hab's ihm ~ versprochen** I can't go back on my promise; **ich bin ~ davon überzeugt, daß** I'm absolutely convinced (*od.* positive) that; **es ist ~ abgemacht** it's definite; **ich bin ~ entschlossen zu** *inf.* I'm determined to *inf.*; **sie sind ~ befreundet** they're (very) good friends, *Paar*: they're going steady; F (**immer**) **~e!** a) F let him (*od.* her) have it!, b) F go at it!

Fest *n* celebration; (*Festlichkeiten*) festivities *pl.*; (*Party*) party; (*~mahl*) banquet; (*Garten≈*) fête; *eccl.* feast, festival; F (*Vergnügen*) treat; **frohes ~!** Merry Christmas!; **ein ~ geben** have (*od.* throw) a party, *offiziell*: have (*od.* hold) a reception; **ein ~ feiern** a) have (*od.* throw) a party, b) (*a.* **ein ~ begehen**) celebrate, have a celebration, c) *eccl.* hold (*od.* celebrate) a feast; F **es ist ein wahres ~ zu** *inf.* it's a real treat to *inf.*; **man muß die ~e feiern, wie sie fallen** it's not every day you get a chance to celebrate, F any excuse for a celebration, *fig.* you've got to take your chances; **~akt** *m* ceremony.

fest|angelegt *adj. Geld*: tied-up, *pred.* tied up; **~angestellt** *adj.* permanently employed.

Fest|ansprache *f* → **Festrede**; **~aufführung** *f* gala performance.

Fest|auftrag *m* ⚚ firm order; **≈backen** *v/i.* cake; **~ an** stick to; **≈beißen** *v/refl.* **1. der Hund biß sich an ihrem Bein fest** (**hatte sich an ihrem Bein festgebissen**) the dog sank its teeth into her leg (wouldn't let go of her leg); **2.** *fig.* **sich an e-m Problem** *etc.* **~** become totally absorbed by (F get bogged down with) a problem *etc.*; **er hat sich an der Idee festgebissen** he's obsessed with (*od.* by) the idea.

Festbeleuchtung *f* illuminations *pl.*, (*Weihnachts≈ etc.*) (Christmas *etc.*) lights *pl.*; *innen*: lighting.

fest|besoldet *adj.* salaried; **~binden** *v/t.* tie up; tether; **~ an** tie to; **~bleiben** *v/i.* remain (*od.* stand) firm; stick to one's decision (*od.* promise *etc.*); **≈brennstoff** *m* solid fuel; **~drehen** *v/t.* tighten.

feste F *adv.* → **fest** II.

Festessen *n* dinner, *üppiges*: banquet.

fest|fahren I. *v/t.* ⚓ run *a ship* aground; *mot.* get *a car* stuck; **II.** *v/i. u. v/refl.* (**sich ~**) get stuck (*a. fig.*); *Verhandlungen*: come to a standstill, reach (a) deadlock; → **festgefahren**; **~fressen** *v/refl.*: **sich ~** get stuck, *Maschinenteil*: *a.* jam; **sich ~ in** *Rost*: eat into; *fig. Idee etc.*: take hold of; → *a.* **festbeißen** 2; **~frieren** *v/i.* freeze; **~ an** freeze to; **~gefahren** *adj. Gewohnheiten etc.*: rigid, inflexible; *Meinungen*: fixed; **~gefügt** *adj.* firmly established; **≈gehalt** *n* fixed salary.

festgeklemmt *adj.* jammed, stuck; **~ sein** *a.* have got stuck.

Festgelage *n* feast.

Fest|geld *n* fixed term deposits *pl.*; **≈geschrieben** *adj.* legally established (*od.* anchored); (*sanktioniert*) sanctioned; **das ist gesetzlich ~** *a.* that's (the) law; **~ in** enshrined in *the constitution etc.*; **≈gewurzelt** *adj.* deep-rooted.

Fest|gottesdienst *m* special service; **~halle** *f* hall, auditorium.

fest|halten I. *v/t.* hold onto; (*zurückhalten*) stop; (*aufhalten*) detain; (*einreden auf*) buttonhole; (*einbehalten*) withhold, hold back; *fig. in Wort, Ton*: record; *mit der Kamera*: get a photo of, *Filmkamera*: get *s.th.* on film; **et. schriftlich ~** put s.th. down in writing; **das wollen wir mal ~** let there be no doubt about that, I'd like to make that quite clear; (**nur**) **um das mal festzuhalten, ...** just for the record: ...; **II.** *fig. v/i.*: **~ an** stick to, cling to; **III.** *v/refl.*: **sich ~** hold on(to **an**); **sich** (**krampfhaft**) **~ an** clutch (at), *a. fig.* cling to; F *fig.* **halt dich fest!** F hold tight (while I tell you this), wait for this; **~hängen** *v/i.* be stuck (*a. fig.*); **~ an** (*Draht etc.*) be caught in (*od.* on), have got (o.s.) caught in (*od.* on).

festigen I. *v/t.* strengthen; (*Macht etc.*) *a.* consolidate; (*Währung etc.*) strengthen, stabilize; *fig.* (*sichern*) secure; **II.** *v/refl.*: **sich ~** harden, solidify; *Währung etc.*: firm; *Freundschaft etc.*: strengthen, grow stronger.

Festigkeit *f phys.*, ⚙ strength, resistance; stability; ⚚ firmness, steadiness; stability *of a currency*; *fig.* firmness; (*Standhaftigkeit*) steadfastness.

Festigung *f* strengthening; consolidation; stabilization; → **festigen.**

Festival *n* festival; **~veranstalter** *m* festival organizer.

Festivität *hum. f* festivities *pl.*

fest|keilen *v/t. a. fig.* wedge in; **~klammern I.** *v/t.* clip on; (*Wäsche*) peg on; ⚙ clamp on; **II.** *v/refl.*: **sich ~ an** clutch (at), *a. fig.* cling to; **~kleben I.** *v/i.* stick (**an** to); **II.** *v/t.* stick (**an** to), glue (to); **~klemmen I.** *v/t.* clamp; → **festgeklemmt; II.** *v/i. u. v/refl.* (**sich ~**) jam, get jammed, get stuck; **≈komma** *n Computer*: fixed point.

Festkonzert *n* gala concert.

Festkörper *m* solid; **~physik** *f* solid state physics *pl.* (*sg. konstr.*).

Fest|kosten *pl.* fixed costs; **≈krallen** *v/refl.*: **sich ~ an** *Tier*: dig its claws into, *Mensch*: cling to; **~kurs** *m* ⚚ fixed quotation.

Festland *n* mainland; (*Ggs. Meer*) land; **festländisch** *adj.* mainland; continental; **Festland(s)sockel** *m* continental shelf.

festlegen I. *v/t.* **1.** → **festsetzen** 1; **2.** (*Grundsatz, Regel etc.*) lay down; **3.** ⚓ (*Kurs*) plot; **4.** ⚚ (*Kapital*) lock up; **5.** *fig.* **j-n ~** pin (*od.* nail) s.o. down (**auf** on), (*Schauspieler etc.*, *auf ein Fach* **~**) typecast s.o. (as); **II.** *v/refl.*: **sich ~** commit o.s. (**auf** to); **ich möchte mich noch nicht ~** *a.* I'd like to leave that open for the time being; **Festlegung** *f* **1.** → **Festsetzung**; **2.** (*Bindung*) commitment (**auf** to); **Festlegungsfrist** *f* fixed period of investment.

festlich I. *adj.* festive; (*feierlich*) solemn; (*prächtig*) splendid; *Kleidung etc.*: dressy; **II.** *adv.*: **~ begehen** celebrate; **~ bewirten** entertain lavishly; **Festlichkeit** *f* festivity; (*Stimmung*) festive atmosphere.

fest|liegen *v/i.* **1.** *Termin etc.*: be fixed, be settled; **2.** *Kapital*: be tied up; **≈lohn** *m* fixed wage; **~machen I.** *v/t.* fix, attach (**an** to); ⚓ moor; *fig.* fix, settle; **II.** *v/i.* ⚓ moor.

Festmahl *n* banquet.

festnageln *v/t.* **1.** nail down; **~ an** nail to; **2.** *fig.* nail down (**auf** to); **wie festgenagelt dasitzen** stand rooted to the spot.

Festnahme *f* arrest; **festnehmen** *v/t.* (put under) arrest.

Festobjektiv *n* fixed lens.

Festordner *m* steward.

Fest|platte *f Computer*: hard disk; **~preis** *m* fixed price.

Festprogramm *n* program(me) of events.

Festpunkt *m* fixed point, base.

Fest|rede *f* (ceremonial) address; **~redner** *m* speaker; **unser ~** our speaker on this occasion; **~saal** *m* banqueting hall; **~schmaus** *m* banquet.

fest|schnallen *v/t.* → **anschnallen** I; **~schnüren** *v/t.* tie up; **~schrauben** *v/t.* screw on (*od.* down); **~schreiben** *v/t.* codify; (*sanktionieren*) sanction; → **festgeschrieben.**

Festschrift *f* commemorative volume; *für e-n Gelehrten*: festschrift.

festsetzen I. *v/t.* **1.** settle; (*regeln*) regulate; (*vorschreiben*) prescribe; (*Bedingung*) lay down; (*Ort, Zeit*) fix, (*Termin*) *a.* set (**auf** for); (*Gehalt, Preis etc.*) fix (at); (*Schaden, Steuer*) assess; (*Strafe*) fix; *durch Übereinkunft*: agree on; **2.** (*inhaftieren*) arrest, take into custody; put in prison; **II.** *v/refl.*: **sich ~** *Schmutz etc.*: settle, *dick*: collect; *Person*: settle (*a.* ⚕ *Krankheiten*); *fig. Idee etc.*: become firmly fixed in s.o.'s mind; **Festsetzung** *f* settling; laying down; fixing; assessment; agreement; imprisonment; → **festsetzen.**

festsitzen *v/i.* be stuck (*a. e-e Panne haben u. fig.*); *Schiff*: be stranded (*a.* F *Person*), *in Eis*: be icebound, *in Schnee*: be snowbound; *der Schmutz etc.* **sitzt fest** won't come off.

Festspeicher *m Computer*: read-only memory, ROM.

Festspiel *n* festival performance; **~e** festival; *in deutschsprachigen Ländern*: *a.* festspiele; **~theater** *n* festival theat|re (*Am. a.* -er); **~woche** *f a. pl.* festival, festspiele *pl.*

feststecken I. *v/t.* pin (**an** [on]to); (*Haare, Saum*) pin up; **II.** *v/i.* be (*od.* have got) stuck.

feststehen *v/i.* (*bestimmt sein*) be fixed; (*sicher sein*) be certain; **eins steht fest,**

fest steht, daß one thing's for certain; **feststehend** *adj.* ⚙ fixed, stationary; *Bild*: still; *Brauch, Tatsache*: established; *Redensart*: set *phrase*.

feststellbar *adj.* **1.** ascertainable; (*merklich*) noticeable; (*identifizierbar*) identifiable; ***schwer ~*** hard to ascertain; **2.** ⚙ lockable.

Feststellbremse *f mot.* parking brake.

feststellen *v/t.* **1.** (*ermitteln*) find out, discover, ascertain; (*Tatbestand etc.*) establish; ⚕ diagnose; (*bestimmen*) determine; (*Schaden*) assess; (*Ort, Lage, Fehler*) locate; (*wahrnehmen*) see, (*bemerken*) notice; (*beobachten*) observe; (*erkennen, einsehen*) realize, see; (*zur Kenntnis nehmen*) note; **2.** (*erklären*) state; **3.** ⚙ lock.

Feststell|schraube *f* set screw; **~taste** *f* shift lock.

Feststellung *f* discovery; establishment; ascertainment; assessment; locating; ⚖ *etc.* finding(s *pl.*); realization; observation; → ***feststellen.***

Feststellungs|bescheid *m* ⚖ notice of assessment; **~klage** *f* action for declaratory judg(e)ment.

Feststimmung *f* celebratory mood; *zu Weihnachten etc.*: festive mood (*od.* atmosphere).

Feststoff *m* solid matter; **~rakete** *f* solid fuel rocket.

Festtafel *f* (banquet) table.

Festtag *m* holiday; *eccl.* religious holiday; *im Kalender* (*a. Glückstag*): red-letter day; **festtäglich** *adj.* festive; **Festtagsstimmung** *f* celebratory *od.* festive mood (*od.* atmosphere).

fest|treten *v/t.* tread down; F ***das tritt sich fest!*** F it's good for the carpet; **~umrissen** *fig. adj.* clear-cut, clearly defined.

Festung *f* fortress; (*Burg*) castle; *e-r Stadt*: citadel; (*Fort*) fort; *fig.* stronghold, fortress.

Festungs|anlagen *pl.* fortifications; **~graben** *m* moat; **~krieg** *m* siege warfare; **~stadt** *f* fortress town; **~wall** *m* rampart.

Festveranstaltung *f* **1.** event; (official) celebrations *pl.*; festivities *pl.*; **2.** gala performance.

fest|verdrahtet *adj. electron.* hardwired; **~verwurzelt** *adj.* ✿ deeply rooted; *fig. a.* deep-rooted, ingrained; **~verzinslich** *adj.* ☤ fixed-interest (bearing); ***~e Anlagepapiere*** investment bonds; **~wachsen** *v/i.* **1.** ***~ an*** grow onto; **2.** ⚕ take; ***~ an*** adhere to.

Festwert *m* standard value; *phys.*, ⚒ constant, coefficient; **~speicher** *m Computer*: read-only memory, ROM.

Fest|wiese *f* fairground; **~woche** *f a. pl.* festival.

festwurzeln *v/i.* take root; *fig. a.* establish itself (*od.* themselves); → ***festgewurzelt.***

Festzelt *n* marquee.

festziehen *v/t.* tighten.

Festzug *m* procession.

Fete F *f* party, F do; ***e-e ~ feiern*** (*od.* ***veranstalten***) have a party (*od.* do).

Fetisch *m* fetish; ***et. zum ~ machen*** make a fetish (out) of s.th.; **Fetischismus** *m* fetishism; **Fetischist** *m* fetishist.

fett I. *adj.* (*dick*) fat; *Speisen*: greasy, fatty; *Milch etc.*: rich; (*ölig*) oily; ⚗, ⚙ *Gemisch etc.*: rich; *typ.* bold, heavy *type*; *fig.* fat *years etc.*; ***~ machen*** fatten; ***~er Bissen*** juicy morsel; *fig.* ***~e Zeiten*** times of plenty; ***davon wird man nicht ~*** you (*od.* we *etc.*) won't get fat on that; → ***Brocken***; **II.** *adv.*: ***~ essen*** eat a lot of fatty food(s); ***~ kochen*** use a lot of fat (in one's cooking).

Fett *n* **1.** fat; (*Schmalz*) lard; (*Braten*Ƨ) dripping; (*Back*Ƨ) shortening; (*Schmier*Ƨ) grease; ***~ ansetzen*** put on weight; **2.** F *fig.* ***er hat sein ~ abgekriegt*** he got what was coming to him; ***j-m sein ~ geben*** F let s.o. have it; **~abbau** *m* breakdown of (body) fats; **~ablagerung** *f* deposit of fats, adiposis; *konkret*: fatty deposit; **~ansatz** *m* **1.** first signs *pl.* of a spare tyre (*Am.* tire), *beim Mann*: *a.* beginnings *pl.* of a paunch; **2.** ***zu ~ neigen*** put on weight easily; **Ƨarm** *adj.* low-fat, *pred.* low in fat; ***~ sein*** *a.* have a low fat content; **~auge** *n* blob (*od.* globule) of fat; **Ƨbäuchig** *adj.* fat-bellied; **~bedarf** *m* fat requirement; **~creme** *f* rich oil-based cream; **~depot** *n* fatty deposit; **~druck** *m typ.* bold (-faced) *od.* heavy type; **~drüse** *f* sebacious gland; **~embolie** *f* fat embolism.

fetten I. *v/t.* grease, lubricate; (*Backblech etc.*) grease; **II.** *v/i.* be greasy; ***schnell ~*** *Haare*: get very greasy.

Fett|film *m* greasy film; **~fleck** *m* grease mark (*od.* spot); **Ƨfrei I.** *adj.* fat-free, *a.* non-fat *diet*; **II.** *adv.*: ***~ kochen*** cook without fats; **Ƨgedruckt** *adj.* boldface ..., in bold type (*od.* print); **~gehalt** *m* fat content; **~gewebe** *n* fatty tissue; **Ƨglänzend** *adj.* greasy, shiny; **Ƨhaltig** *adj.* containing fat, fatty; *Creme*: oil-based, oily.

Fettheit *f* fatness.

Fettherz *n* fatty heart.

fettig *adj.* fat(ty); (*schmierig*) greasy; *Creme*: oily; **Fettigkeit** *f* **1.** fatness; **2.** greasiness.

Fett|kloß F *contp. m* F tub of lard; **~leber** *f* fatty liver.

fettleibig *adj.* obese; **Fettleibigkeit** *f* obesity.

fettlösend *adj.* grease-cutting; **fettlöslich** *adj.* fat-soluble.

Fett|näpfchen *n*: *fig.* ***ins ~ treten*** put one's foot in it; ***er tritt dauernd ins ~*** he's always putting his foot in it, F he suffers from foot-in-mouth disease; **~papier** *n* greaseproof (*Am.* waxed) paper; **~polster** *n* fatty tissue; *a. pl.* F flab; *fig.* (*Geldreserven*) buffer stocks *pl.*; **~presse** *f mot.* grease gun; **Ƨreich** *adj.* high-fat, *pred.* high in fat; fatty, rich; ***~ sein*** *a.* have a high fat content; **~sack** F *contp. m* F barrel, tub of lard; **~salbe** *f* greasy ointment; **~sau** *sl. f sl.* fat slob; **~säure** *f* fatty acid; **~schicht** *f* layer of fat; **~stift** *m* **1.** ⚙ grease pencil; **2.** *für die Lippen*: chapstick.

Fettsucht *f* ⚕ obesity, adiposity; **fettsüchtig** *adj.*: ***~ sein*** suffer from obesity.

fett|triefend *adj.* dripping with fat (*od.* grease); **Ƨwanst** *m* paunch; (*Person*) F barrel, tub of lard; **Ƨzelle** *f* fat (*od.* adipose) cell.

Fetus *m biol.* f(o)etus.

Fetzen *m* (*Papier*Ƨ) scrap; (*Stoff*Ƨ) shred *of material*, rag; (*Lumpen*) rag; (*Rauch*Ƨ) wisp; F (*Kleid*) F rag; F *pl.* (*Gesprächs*Ƨ, *Lied*Ƨ *etc.*) snatches; ***in ~*** in shreds, in tatters; ***in ~ reißen*** tear to shreds; F ***daß die ~ fliegen*** F like crazy.

fetzen I. F *v/i.* **1.** (*rasen*) tear; **2.** ***daß es nur so fetzt*** F like crazy; **3.** ***das fetzt!*** F it's really great; **II.** *v/t.* tear; ***in Stücke ~*** tear to shreds.

feucht *adj. Gras, Keller, Kleidung, Tuch, Wetter etc.*: damp; *Augen, Lippen, Haut etc.*: moist; *Luft, Klima*: humid; (*naß*) wet; (*klebrig, kalt*) clammy; (*naßkalt*) dank; *Element, Grab*: watery; ***~e Hitze*** humidity, damp (*od.* humid) heat; ***~e Hände*** sweaty palms; ***er hatte (bekam) ~e Augen*** his eyes were (became) moist; → ***Kehricht***; **Feuchtbiotop** *n* humid biotope, wetlands *pl.*; **Feuchte** *f* damp(ness).

feucht-fröhlich F *adj.* (very) merry; ***wir hatten e-n ~en Abend*** F we had a merry time of it, we had a bit of a booze-up.

Feuchtigkeit *f* damp(ness); moisture; (*bsd. Luft*Ƨ) humidity; ***vor ~ schützen!*** keep in a dry place, keep dry.

Feuchtigkeits|anzeiger *m* hygrometer; **Ƨanziehend** *adj.* hygroscopic; **Ƨbeständig** *adj.* moisture-proof; *Bauteile*: damp-proof; **~creme** *f* moisturizing cream; **~gehalt** *m* moisture content; **~grad** *m* degree of moisture; *der Luft*: humidity; **~isolierung** *f* damp-proofing; **~maske** *f* moisturizing mask; **~messer** *m* hygrometer.

feucht|kalt *adj.* clammy, dank; *Wetter*: cold and damp; **~warm** *adj.* humid.

feudal *adj. hist., pol.* feudal; (*aristokratisch*) aristocratic; F (*luxuriös*) F classy; *Haus*: grand; **Ƨherr** *m* feudal lord; **Ƨherrschaft** *f* feudalism, feudal rule.

Feudalismus *m* feudalism, feudal system; **feudalistisch** *adj.* feudalistic.

Feuer *n* **1.** fire (*a. Brand*); ***~ legen an*** (*od.* ***in***) set fire to; ***auf offenem ~ kochen*** cook over a fire; ***j-m ~ geben*** give s.o. a light; *fig.* ***durchs ~ gehen für*** go through fire and water for; ***mit dem ~ spielen*** play with fire; ***das Spiel aus dem ~ reißen*** *Sport*: snatch victory from the jaws of defeat; ***zwischen zwei ~ geraten sein*** be caught between the devil and the deep blue sea; F ***j-m ~ unter dem Hintern machen*** a) F give s.o. a kick in the backside, b) F give s.o. hell; ***mit ~ und Schwert*** with fire and sword; → ***anmachen*** 3, ***auslöschen*** 1, ***Eisen, fangen*** I *etc.*; **2.** ⚓ (*Signal*Ƨ) beacon; **3.** ⚔ fire; ***das ~ eröffnen*** open fire; ***im ~ stehen*** be under fire; ***~!*** fire!; **4.** *fig.* (*Glanz*) fire, sparkle; (*Eifer*) fire, fervo(u)r; (*Temperament*) fire, spirit; *von Wein*: body, vigo(u)r; ***~ und Flamme sein*** be all for it, ***für et.***: be all for s.th.; ***in ~ geraten*** get quite excited (***über*** about).

Feueralarm *m* fire alarm; **~übung** *f* fire drill.

Feuer|anbeter *m* fire worshipper; **~anzünder** *m* firelighter; **~ball** *m phys.* fireball; *lit.* ball of fire; **~befehl** *m* ⚔ order to (open) fire; **~bekämpfung** *f* fire fighting; **Ƨbeständig** *adj.* fire-resistant, fireproof.

feuerbestatten *v/t.* cremate; **Feuerbestattung** *f* cremation.

Feuer|bohne *f* ✿ scarlet runner; **~eifer** *m* zeal; ***mit ~*** with great zeal; **~einstellung** *f* **1.** cessation of hostilities; **2.** (*Waffenruhe*) ceasefire; **~eröffnung** *f* ⚔ opening of fire; **Ƨfest** *adj.* fireproof, fire-resistant; *Geschirr*: heat-resistant; (*unbrennbar*) incombustible; **~fresser** *m* fire-eater.

Feuergefahr *f* fire risk; danger of fire (breaking out); **feuergefährlich** *adj.* (in)flammable.

Feuer|gefecht *n* ⚔ gun battle; **~geist** *m* **1.** fire spirit; **2.** *fig.* (*Person*) fiery spirit; **~haken** *m* poker; **2hemmend** *adj.* flame-retardant; **~leiter** *f* fire ladder; (*Nottreppe*) fire escape; **~linie** *f* ⚔ firing line; **~löschboot** *n* fire boat (*od.* tug); **~löscher** *m* fire extinguisher; **~löschfahrzeug** *n* fire engine; **~löschgerät** *n* fire extinguisher; *pl.* fire-fighting equipment; **~löschübung** *f* fire drill; **~meer** *n* sea of flames; **~melder** *m* fire alarm.

feuern I. *v/i.* **1.** make (*od.* light) a fire; ***mit Holz*** (***Kohlen***) **~** burn wood (coal); **2.** ⚔ fire (***auf*** at); **II.** *v/t.* **3.** (*Ofen*, ⚔ *Salut etc.*) fire; **4.** F *fig.* (*schleudern*) fling; **5.** F (*entlassen*) fire, F give *s.o.* the sack; **6.** F ***j-m eine*** **~** F land s.o. one.

Feuer|nelke *f* ⚘ scarlet lychnis; **~pause** *f* ⚔ pause in (the) fighting; **~probe** *f* **1.** *hist.* ordeal by fire; **2.** *fig.* acid test; **~rad** *n* Catherine wheel; **~risiko** *n* fire hazard (*od.* risk); **2rot** *adj.* blazing red; **~ *werden*** *im Gesicht*: turn crimson, go bright red; **~salamander** *m* spotted salamander; **~säule** *f* pillar of fire.

Feuersbrunst *f* blaze, conflagration.

Feuer|schaden *m* damage caused by fire; ***gegen* ~ *versichert*** insured against fire; **~schein** *m* glow of the fire; ⚔ sky glow; **~schiff** *n* lightship; **~schirm** *m* fire screen; (*Kamingitter*) fireguard; **~schlucker** *m* fire-eater; **~schutz** *m* fire prevention; ⚔ covering fire; **2sicher** *adj.* fireproof; **2speiend** *adj.*: **~*er Vulkan*** volcano spewing (*od.* belching) flames *od.* fire; **~spritze** *f* fire extinguisher; **~stätte** *f* fireplace; **~stein** *m* flint; **~stelle** *f* (*ehemalige*: site of an) open hearth; (*Brandstelle*) scene of a (*od.* the) fire; **~stellung** *f* ⚔ firing position; **~stoß** *m* burst of fire; **~strahl** *m* jet of fire; *rückwärtiger*: backblast; **~taufe** *f* baptism of fire; ***die* ~ *erhalten*** (***bestehen***) have (come through) one's baptism of fire; **~teufel** F *m* F firebug; **~tod** *m*: ***den* ~ *sterben*** be burnt to death; **~ton** *m* fireclay; **~treppe** *f* fire escape; **~tür** *f* fire door; **~überfall** *m* ⚔ surprise fire (*od.* attack).

Feuerung *f* (*Heizung*) heating; (*Befeuerung*) firing; (*Brennstoff*) fuel.

Feuer|unterstützung *f* ⚔ fire support; **~verhütung** *f* fire prevention; **~versicherung** *f* fire insurance; **2verzinkt** *adj.* hot-galvanized; **~vorhang** *m* *thea.* fire curtain; ⚔ fire screen; **~wache** *f* fire station; **~waffe** *f* firearm, gun; **~wasser** F *n* F firewater.

Feuerwehr *f* fire brigade, *Am.* fire department; F ***wie die* ~** like a flash, ***fahren***: F drive like the clappers (*od.* like a bomb); **~auto** *n* fire engine; **~helm** *m* fireman's helmet; **~mann** *m* fireman, fire fighter.

Feuerwerk *n* fireworks *pl.*; *fig. von Witz etc.*: pyrotechnics *pl.*; **Feuerwerkskörper** *m* firework.

Feuerzange *f* tongs *pl.*; **Feuerzangenbowle** *f* burnt punch.

Feuerzeichen *n* fire signal; ⚓ beacon.

Feuerzeug *n* (cigarette) lighter; **~benzin** *n* lighter fluid.

Feuer|zone *f* ⚔ zone of fire; **~zug** *m* flue.

Feuilleton *n* **1.** (*Zeitungsteil*) feature (*od.* arts) pages *pl.*; **2.** (*Artikel*) feature (article); **Feuilletonist** *m* feature writer, feuilletonist(e); **feuilletonistisch** *adj.* **1.** *contp. Stil etc.*: facile; **2.** **~*er Beitrag*** article for the feature pages; **Feuilletonredakteur** *m* features editor; **Feuilletonteil** *m* feature (*od.* arts) section *od.* pages *pl.*

feurig *adj.* fiery; (*funkelnd*) sparkling; *Blick*, *Temperament*: fiery; *Augen*: flashing, burning; *Wein*: rich; *Rede*: impassioned; **~*er Liebhaber*** passionate (*od.* fiery) lover.

Fez[1] *m* (*Kopfbedeckung*) fez.

Fez[2] F *m*: **~ *machen*** fool around; ***aus* ~** F for kicks.

Fiaker *m* **1.** cab; **2.** (*Kutscher*) coachman.

Fiasko *n* fiasco; (*Mißerfolg*) *a.* flop; ***mit e-m* ~ *enden*** end in fiasco.

Fibel[1] *f* primer.

Fibel[2] *f* *hist.* (*Spange*) fibula, brooch.

Fiber *f* fib|re (*Am.* -er); → *a.* ***Faser***; **~glas** *n* fibreglass, *Am.* fiberglass.

Fibrille *f* *anat.*, *bot.* fibril.

Fichte *f* spruce, *a.* pine (tree).

Fichten|holz *n* deal; **~nadel** *f* pine needle.

ficken V *v/i. u. v/t.* V screw, fuck; **Ficker** V *contp. m* V motherfucker; **fick(e)rig** *adj.* **1.** *dial.* fidgety; **2.** V (*sexuell erregt*) *sl.* randy, horny.

fidel *adj.* cheerful; ***er ist ganz* ~** *a.* F he's quite chirpy (*Am.* chipper).

Fidschianer(in *f*) *m*, **fidschianisch** *adj.* Fijian.

Fieber *n* fever (*a. fig.*); (*erhöhte Temperatur*) (high) temperature; **~ *haben*** have (*od.* be running) a temperature; ***leichtes*** (***hohes***) **~** a slight (a high) temperature; ***… Grad* ~ *haben*** have a temperature of … (degrees); (***bei j-m***) **~ *messen*** take s.o.'s temperature; *fig.* ***im* ~ *der Begeisterung*** swept away by enthusiasm; **~anfall** *m* attack of fever; ***e-n* ~ *bekommen*** come down with a temperature; **2artig** *adj.* feverish; **~bläschen** *n* fever blister; **~flecken** *pl.* fever spots; **2frei** *adj.*: ***sie ist jetzt* ~** her temperature's back to normal again.

fieberhaft *adj.* feverish (*a. fig.*); **~*e Suche*** mad (*od.* frantic) search; **Fieberhaftigkeit** *f* feverishness; *fig. a.* feverish activity.

Fieber|kurve *f* temperature curve; **~messer** *m* thermometer; **~mittel** *n* antipyretic.

fiebern *v/i.* have (*od.* be running) a temperature; (*phantasieren*) be delirious, be raving; *fig.* be feverish (***vor*** with), be in a fever (of); *fig.* **~ *nach*** crave (for); **fiebernd** *adj.* feverish (*fig.* ***vor*** with).

Fieber|phantasie *f* (feverish) ravings *pl.*; **~*n haben, in* ~*n liegen*** be delirious (with fever), be raving; **~rinde** *f* Peruvian bark; **~schauer** *m* feverish shivering, shivering fit; **2senkend I.** *adj.* antipyretic; **II.** *adv.*: ***das wirkt* ~** that'll bring your *etc.* temperature down; **~tabelle** *f* temperature chart; **~thermometer** *n* (clinical) thermometer; **~traum** *m* feverish dream; **~wahn** *m* delirium; ***im* ~ *sein*** be delirious (with fever), be raving.

fiebrig *adj.* feverish; → *a.* ***fieberhaft.***

Fiedel *f*, **fiedeln** *v/i. u. v/t.* fiddle; **Fiedler** *m* fiddler.

fies F **I.** *adj.* nasty, horrible; **II.** *adv.*: ***das schmeckt ja* ~*!*** it tastes horrible (*od.* revolting); **Fiesling** F *m* F nasty piece of work, *sl.* swine, bastard, ratfink.

fifty-fifty F **1.** ***machen wir* ~** let's go halves (on it), let's go fifty-fifty, let's split it down the middle; **2.** ***es steht* ~** it's fifty-fifty, there's a fifty-fifty chance.

Fight F *m* fight, battle; **fighten** F *v/i.* fight, put up a fight.

Figur *f* figure (*a. Körper2, Eislauf, Tanz,* ♪, *Person*); (*Körperbau*) build; *im Buch, Film etc.*: figure, character; (*Schach2*) piece, *pl. a.* chessmen; *Kunst*: figure, *größere*: statue, *kleinere*: figurine; 𝔸 a) figure, b) diagram; (*Rede2*) figure of speech; ***auf s-e* ~ *achten*** watch one's weight; ***e-e gute*** (***schlechte***) **~ *machen*** cut a fine (poor) figure; ***komische* ~** a) figure of fun, b) strange character.

figurativ *adj. ling.* figurative; ***in der* ~*en Bedeutung*** in the figurative sense.

figurbetont *adj.* tight-fitting.

Figuren|laufen *n* figure skating; **~tanz** *m* figure dance.

figurieren *v/i.* figure (***als*** as).

Figurine *f* figurine.

figürlich *adj.* **1.** *Kunst*: figured; **2.** *ling.* figurative.

Fiktion *f* (*Einbildung*) myth; (*Erfindung, a. literarische*) fiction; **fiktiv** *adj.* fictitious.

Filet *n* **1.** fillet, *Am. a.* filet; *Geflügel*: breast; **2.** → ***Filetsteak.***

Filetarbeit *f* *Handarbeit*: netting.

filetieren *v/t.* *gastr.* fillet, *Am.* filet.

Filet|steak *n* fillet steak; **~stück** *n* piece of sirloin.

Filialbetrieb *m* branch.

Filiale *f* **1.** (*Niederlassung*) branch (office), subsidiary; **2.** (*Filialbetrieb*) branch; **3.** → ***Filialgeschäft.***

Filial|geschäft *n* branch (store *od.* shop), outlet; **~leiter** *m* branch manager.

Filigran(arbeit *f*) *n* filigree (work).

Filipino *m* Filipino.

Filius F *m*: ***mein*** (*od.* ***sein*** *etc.*) **~** F junior.

Film *m* **1.** *phot.* film; **2.** (*Kino2 etc.*) film, *bsd. Am. a.* movie; (*~branche*) *the* cinema, *bsd. Am. the* movies *pl.*; (*~industrie*) *the* film (*Am.* motion picture) industry; ***e-n* ~ *drehen*** shoot (*od.* make) a film, ***von et.***: film s.th.; ***beim* ~ *sein*** a) be in the film (*bsd. Am. a.* movie) business, b) *als Schauspieler*: be a film (*bsd. Am. a.* movie) actor (*f* actress); **3.** (*Häutchen, Überzug*) film; **~archiv** *n* film library (*od.* archives *pl.*); **~atelier** *n* film studio; **~aufnahme** *f* (*Vorgang*) shooting (of a film); (*Einzelszene*) shot, take; **~ausschnitt** *m* film clip; **~autor** *m* screenwriter; **~bauten** *pl.* film sets; **~bearbeitung** *f* film (*od.* screen) adaptation; **~bericht** *m* film report; **~bewertungsstelle** *f* film assessment board; **~darsteller** *m* → ***Filmschauspieler***; **~debüt** *n* screen debut; **~diva** *f* film (*bsd. Am. a.* movie) star, screen goddess.

Filmemacher *m* film (*bsd. Am. a.* movie) maker.

Filmempfindlichkeit *f* *phot.* film speed.

filmen I. *v/t.* film, shoot; **II.** *v/i.* film, make a film; *bei Außenaufnahmen*: be on location.

Film|entwicklung *f* (film) processing; **~fassung** *f* film (*od.* screen, *Am. a.* movie) version; **~festival** *n*, **~festspiele** *pl.* film festival (*sg.*); **~freunde** *pl.* film (*od.* movie) buffs, cinemagoers; **~gelände** *n* studio lot; *draußen*: location; **~gesellschaft** *f* film (*Am.* motion picture) company; **~größe** *f* film (*bsd. Am. a.* movie) star; **~held** *m* screen hero; **~hersteller** *m* film producer; **~industrie** *f* film (*Am.* motion picture) industry.

filmisch *adj.* cinematic(ally *adv.*).

Film|kamera *f* movie camera; (*Schmal≈*) *a.* cine camera; **~karriere** *f* film (*od.* screen, *bsd. Am. a.* movie) career; **~komiker(in** *f*) *m* screen comedian (*f* comedienne); **~komödie** *f* (film) comedy; **~komponist** *m* film music composer; **~kopie** *f* (film) copy *od.* print; **~kritik** *f* film review; **~kritiker** *m* film critic; **~kunst** *f* cinematography; **~kunsttheater** *n* repertory cinema; **~leinwand** *f* screen; **~leute** *pl.* film (*bsd. Am. a.* movie) people; **~manuskript** *n* film script; **~musik** *f* **1.** film music; **2.** soundtrack, music to the film; **~preis** *m* film (*od.* screen, *Am. a.* movie) award; **~produktion** *f* film production; **~produzent** *m* (film) producer; **~projektor** *m* film (*bsd. Am. a.* movie) projector; **~prüfstelle** *f* film censorship board; **~publikum** *n* **1.** cinemagoers *pl.*; **2.** audience; **~rechte** *pl.* film (*od.* screen, *bsd. Am. a.* movie) rights; **~regisseur** *m* film (*bsd. Am. a.* movie) director; **~reklame** *f* screen advertising; **~reportage** *f* screen documentary; **~riß** *m* film tear; F *fig.* ***ich hatte e-n ~*** I had a (mental) blackout, my mind (just) went blank; **~rolle** *f* film part (*od.* role); **~schauspieler(in** *f*) *m* film (*od.* screen, *bsd. Am. a.* movie) actor (*f* actress); **~spule** *f* film spool (*od.* reel); **~stadt** *f* **1.** cardboard town; **2.** film (*bsd. Am.* movie) capital; **~star** *m* film (*bsd. Am. a.* movie) star; **~sternchen** *n* starlet; **~streifen** *m* reel; **~studio** *n* film studio(s *pl.*); **~theater** *n* cinema, *Am.* movie theat|er (*od.* -re); **~transporthebel** *m* film advance lever; **~verleih** *m* film distribution; (*Gesellschaft*) film distributors *pl.*; **~version** *f* film (*od.* screen, *Am. a.* movie) version; **~vorführer** *m* projectionist; **~vorführraum** *m* projection room; **~vorführung** *f* **1.** (*Vorstellung*) film; **2.** (*das Vorführen*) showing (of a film); **~vorführungsraum** *m* projection room; **~vorschau** *f für Kritiker*: preview; (*Ausschnitte, als Reklame*) trailer; *in Zeitung*: forthcoming films *pl.*; **~vorspann** *m* opening credits *pl.*, titles *pl.*; **~vorstellung** *f* **1.** performance; **2.** film (*bsd. Am. a.* movie) show; **~welt** *f*: ***die ~*** the film world, filmland, *Am.* F *a.* movieland; **~werbung** *f* → ***Filmreklame***; **~wirtschaft** *f* film (*Am.* motion picture) industry; **~zeitschrift** *f* film (*Am. a.* movie) magazine.

Filou F *m* rogue.

Filter *m, n* filter; ***Zigarette mit ~*** filter (-tipped) cigarette; ***Zigarette ohne ~*** plain cigarette; **~anlage** *f* filtration plant; **~gerät** *n* filter; **~kaffee** *m* filter (*od.* fresh, real) coffee; **~kohle** *f* filtering charcoal; **~mundstück** *n* filter tip.

filtern *v/t.* filter; (*Kaffee*) *a.* percolate.

Filter|papier *n* filter paper; **~tuch** *n* straining cloth; **~tüte** *f* filter, paper cone, *pl. a.* filter paper *sg.*; **~zigarette** *f* filter (-tipped) cigarette.

Filtrat *n* filtrate; **filtrieren** *v/t.* filter.

Filz *m* **1.** felt; **2.** F (*Hut*) felt hat; **3.** F (*Durcheinander*) tangle: **4.** → ***Filzokratie.***

filzen I. *v/t.* **1.** (*Stoff*) felt; **2.** F (*durchsuchen*) F frisk; **II.** *v/i. Wolle*: felt.

Filzhut *m* felt hat; *weicher*: trilby, *Am.* fedora.

filzig *adj. Haar*: matted; ♀ downy.

Filzlaus *f* crab louse.

Filzokratie F *f* cronyism.

Filz|pantoffel *m* slipper; **~schreiber** *m* → ***Filzstift***; **~sohle** *f* felt sole; **~stiefel** *m* felt boot; **~stift** *m* felt(-tip) pen, felt tip; **~unterlage** *f* felt pad.

Fimmel F *m* (*Besessenheit*) craze; ***e-n ~ haben*** F be nuts; ***er hat den Fußball≈*** he's mad about football, he's football--mad.

Finale *n* **1.** ♪ finale; **2.** *Sport*: final (round), finals *pl.*

Final|satz *m ling.* final clause; **~spiel** *n* final (round), finals *pl.*

Finanz *f* finance; financial world; **~abteilung** *f* finance department; **~adel** *m* plutocracy; **~amt** *n* inland revenue (office), *Am.* internal revenue service; F taxman; **~ausgleich** *m* financial adjustment; **~ausschuß** *m* finance committee; **~beamte(r)** *m* revenue officer; **~bedarf** *m* financial requirements *pl.*; **~behörde** *f* fiscal (*od.* tax) authority; **~bericht** *m* financial report; **~blatt** *n* financial newspaper; **~buchhalter** *m* financial accountant; **~buchhaltung** *f* financial accounting.

Finanzen *pl.* **1.** finances; **2.** F (*Geld*) money *sg.*, funds; ***wie steht es mit d-n ~?*** how are you off for money?, how's your money situation?; ***mit m-n ~ steht es nicht gut*** I'm hard up for money (F cash).

Finanz|genie *n* financial wizard; **~gericht** *n* tax (*od.* fiscal) court; **~geschäft** *n* financing; *Emission von Effekten*: investment banking; *pl.* financial affairs; **~größe** *f* financial giant; **~gruppe** *f* group of financiers; **~hilfe** *f* financial aid.

finanziell I. *adj.* financial; ***~e Krise*** *a.* cash(-flow) crisis; ***in ~er Hinsicht*** financially; **II.** *adv.* financially; ***~ gut*** (***schlecht***) ***gestellt sein*** be well (badly) off (financially).

Finanzier *m* financier; **finanzieren** *v/t.* finance; (*unterstützen*) subsidize, *Am. a.* bankroll; (*Veranstaltungen*) sponsor; **Finanzierung** *f* financing.

Finanzierungs|gesellschaft *f* finance company; **~kosten** *pl.* financing expenses; ***~ für et.*** cost of financing s.th.; **~mittel** *pl.* funds; **~politik** *f* financial policy.

Finanz|imperium *n* financial empire; **~institut** *n* financial institution; **~jahr** *n* fiscal (*od.* financial) year; **≈kräftig** *adj.* financially strong; **~krise** *f* financial crisis; **~lage** *f* financial situation (*od.* position); ***die ~ ist schlecht*** (***od. kritisch***) funds are low; **~loch** *n* fiscal gap; **~mann** *m* financier; **~minister** *m* minister of finance, finance minister; *in GB*: Chancellor of the Exchequer; *in den USA*: Secretary of the Treasury; **~ministerium** *n* ministry of finance, finance ministry; *in GB*: Treasury; *in den USA*: Treasury Department; **~planung** *f* budgetary planning; **~politik** *f* financial (*od.* fiscal) policy; **≈politisch** *adj.* fiscal, financial; **~riese** *m* financial giant; **~schulden** *pl.* corporate debt *sg.*, borrowings; **≈schwach** *adj.* financially weak; **~spritze** F *f* F cash injection, (fiscal) shot in the arm; **≈technisch** *adj.* financial, fiscal; **~teil** *m e-r Zeitung*: financial page(s *pl.*); **~verwaltung** *f* financial administration; (*Behörde*) fiscal authority; **~welt** *f* financial world (*od.* circles *pl.*); **~wesen** *n*: ***das ~*** (the world of) finance, public finance; **~wirtschaft** *f* financial management; **≈wirtschaftlich** *adj.* financial; **~wissenschaft** *f* public finance.

Findelkind *n* foundling.

finden I. *v/t.* find; (*entdecken*) *a.* discover, *zufällig*: *a.* come across; (*vor~*) find; (*beurteilen*) find; → ***Beifall, Gefallen²*** *etc.*; ***Trost ~ in*** find comfort in; ***wir fanden ihn bei der Arbeit*** we found him at work; ***ich finde keine Worte*** I'm lost for words; ***ich finde es gut*** (***schlecht***) a) I (don't) like it, b) I (don't) think it's a good idea; ***ich finde, daß*** I think (*od.* feel) (that); ***~ Sie nicht?*** don't you think so?; ***wie ~ Sie das Buch?*** how do you like (*od.* what do you think of) the book?; ***ich weiß nicht, was sie an ihm findet*** I don't know what she sees in him; ***ich kann nichts dabei ~*** I don't see any harm in it, ***daß er ...:*** I can't see any harm in him (*od.* his) *ger.*; **II.** *v/refl.*: ***sich ~*** *Sache*: be found; *Person*: find o.s. (***umzingelt*** *etc.* surrounded *etc.*); *Sport etc.*: get into one's stride; *die Pflanze etc.* ***findet sich nur*** *im Gebirge etc.* is only to be found; ***sich ~ in*** (*sich fügen in*) resign (*od.* reconcile) o.s. to, (*sich gewöhnen an*) get used to; ***es fand sich keinerlei Hinweis*** *etc.* there were no clues *etc.* (at all *od.* to be found); ***es fand sich, daß*** it turned out that; ***es wird sich ~*** we'll see, wait and see; ***das wird sich schon alles ~*** it'll work out (*od.* sort itself out) somehow; ***es fanden sich nur wenige Freiwillige*** there were only a few volunteers; **III.** *v/i.*: ***~ nach*** (***od. zu*** *etc.*) find one's way *home*, to *God etc.*; ***zur*** *Musik etc.* ***~*** discover, develop an appreciation for; ***er findet nicht aus dem Bett*** he just can't get (*od.* drag himself) out of bed; ***sie fand nicht zum Zahnarzt*** she (just) couldn't bring herself to go to the dentist.

Finder *m* finder; ***der ehrliche ~*** a) anyone finding (and returning) the wallet *etc.*, b) the person who found the wallet *etc.*; **~lohn** *m* finder's reward.

findig *adj.* clever; **Findigkeit** *f* resourcefulness; cleverness.

Findling *m* **1.** (*Findelkind*) foundling; **2.** *geol.* boulder, erratic block.

Finesse *f* finesse; *pl.* tricks; ***mit sämtlichen ~n arbeiten*** use all the tricks of the trade; *Auto etc.* ***mit allen ~n*** with all the trimmings.

Finger *m* finger (*a. des Handschuhs*); ***mit dem ~ auf j-n zeigen*** point at (*od.* to) s.o., *fig.* point one's finger at s.o.; ***sich die ~ verbrennen*** burn one's fingers (*a. fig.*); ***sich in den ~ schneiden*** cut one's finger, *fig.* make a big mistake; ***j-m auf die ~ klopfen*** rap s.o.'s knuckles; ***laß die ~ davon!*** hands off!, don't touch!, *fig.* don't you get involved; *fig.* ***die kannst du dir an den ~n abzählen*** you can count them on the fingers of one hand; ***et. in*** (***od. zwischen***) ***die ~ bekommen*** get hold of s.th.; (***sich***) ***aus den ~n saugen*** make up; ***j-m auf die ~ sehen*** keep a sharp eye on s.o.; ***j-n um den kleinen ~ wickeln*** twist s.o. round one's little finger; ***et. im kleinen ~ haben*** have s.th. at one's fingertips; ***das macht er mit dem kleinen ~*** he can do that with his hands tied; ***keinen ~ rühren*** (***od. krümmen, krumm machen***) not to lift a finger; ***er hat keinen ~ gerührt*** *etc.* he never once lifted a finger (to help); *j-m durch die ~ schlüpfen* slip through s.o.'s fingers (*Verbrecher etc.*: *a.* clutches), *Verbrecher etc.*: *a.* give s.o. the slip; *s-e ~ im Spiel* (F *drin*) *haben* have a hand in it; *er hat überall s-e ~ im Spiel* (F *drin*) he's got a finger in every pie; *sie würde sich die ~ danach lekken* she'd give her right arm for it; *gibt man ihm den kleinen ~, nimmt er gleich die ganze Hand* give him an inch, and he'll take a yard; → *abzählen*; **~abdruck** *m* fingerprint; *Fingerabdrücke (von j-m) nehmen* take (s.o.'s) fingerprints.

fingerbreit I. *adj. etwa* inch-wide ..., *pred.* an inch wide; **II.** *adv.* an inch wide; **III.** 2 *m etwa* inch; *zwei ~* two inches; *keinen ~ nachgeben* not to budge (*od.* give) an inch.

fingerdick *adj.* as thick as your finger; *adv.* *et. ~ auftragen* spread s.th. thickly.

Finger|druck *m*: *ein ~ genügt, und die Maschine läuft* you just press the button and the machine starts; **~farbe** *f* fingerpaint.

fingerfertig *adj.* dext(e)rous; **Fingerfertigkeit** *f* dexterity; skill.

fingerförmig *adj.* finger-shaped.

Finger|gelenk *n*, **~glied** *n* finger joint; **~handschuh** *m* glove; **~hut** *m* thimble; ♣ foxglove, digitalis; *ein ~ voll* a thimbleful (of); **~kuppe** *f* fingertip.

Fingerling *m* fingerstall.

fingern *v/i.*: *~ an* finger, *suchend*: fumble around on (*od.* at); *~ nach* fumble for.

Finger|nagel *m* fingernail; **~ring** *m* ring; **~satz** *m* ♪ fingering; **~schale** *f* finger bowl.

Fingerspitze *f* fingertip; *fig.* *bis zu den ~n* down to one's fingertips; **Fingerspitzengefühl** *n* instinct, flair; (*Takt*) tact; *dazu braucht man ~* you've got to have the right feel for it.

Finger|sprache *f* finger language; **~übung** *f* finger exercise; **~zeig** *m* pointer, hint; *ein ~ Gottes* a sign (from above).

fingieren *v/t.* fake; (*erfinden*) fabricate; **fingiert** *adj.* fake ..., faked; (*erfunden*) made-up, fictitious, invented.

finit *adj. ling.* finite.

Fink *m* finch.

Finne[1] *f* (*Flosse*) fin.

Finne[2] *f* **1.** (*Bandwurmlarve*) bladder worm; **2.** (*Pustel*) pimple.

Finne[3] *m*, **Finnin** *f* Finn; **finnisch** *adj.* Finnish; **Finnlandisierung** *f pol.* Finlandization.

Finnwal *m* finback.

finster I. *adj.* dark; (*trübe*) gloomy; *fig.* (*düster*) gloomy, dark; (*drohend*) ominous; (*streng*) stern; (*grimmig*) grim; (*böse, unheilvoll*) sinister, evil; F (*zweifelhaft*) shady; *es wird ~* it's getting dark; *im 2n* in the dark; *fig.* *im ~n tappen* grope in the dark; *~er Blick* black look; *es sieht ~ aus* things aren't looking too good, the outlook is pretty dim (*stärker*: grim); F *ein ~er Typ* F a shady customer; F *es geht zu wie im ~sten Mittelalter* it's just like (being back in) the Middle Ages; **II.** *adv.*: *j-n ~ ansehen* glower at s.o.; **Finsternis** *f* darkness, obscurity (*a. fig.*); *ast.* eclipse; *die Mächte der ~* the powers of darkness (*od.* evil); **Finsterling** *m* **1.** obscurantist; **2.** F shady customer.

Finte *f* (*Täuschung*) trick; *Sport*: feint; **fintenreich** *adj.* crafty.

Firlefanz *m* **1.** (*unnützer Kram*) rubbish; *auf Kleidung*: fancy bits *pl.*; **2.** (*Unsinn*) nonsense; *~ treiben* fool around.

firm *adj.*: *~ sein in* be well up in, be good at.

Firma *f* firm, company; (*Firmenbezeichnung*) company name; *die ~ Wellington* Wellingtons; (*An*) *~ X im Brief*: Messrs X; The X Company.

Firmament *n* heavens *pl.*

Firmen|bezeichnung *f* company name; **~chef** *m* head of the company (*od.* firm), F company chief; **2eigen** *adj.* company-owned; **~geschichte** *f* company (*od.* corporate) history; **~inhaber** *m* owner (of a *od.* the company); **~leitung** *f* management; **~look** *m* corporate identity (*od.* face, image); **~name** *m* company name; **~schild** *n* company sign (*od.* name), facia; *an e-r Maschine*: nameplate; *an e-r Baustelle*: contractor's nameplate; **~schutz** *m* protection of registered company names; **~sitz** *m* (company) headquarters *pl.* (*a. sg. konstr.*); **~sprecher** *m* company spokesman (*od.* spokesperson); **~stempel** *m* company stamp; **~verzeichnis** *n* trade directory; **~wagen** *m* company car; **~wert** *m* goodwill; **~zeichen** *n* logo.

firmieren *v/i.*: *~ als* (*od.* *mit, unter dem Namen*) trade under the name of.

Firmling *m* confirmand; **Firmung** *f* confirmation.

Firn *m* corn snow.

Firnis *m* varnish; *fig.* veneer; **firnissen** *v/t.* varnish.

Firnschnee *m* corn snow.

First *m* (*Dach2*) ridge; ⚒ roof; **~balken** *m* ridge beam.

Fis *n* ♪ F sharp.

Fisch *m* **1.** fish; *pl. mst* fish (*pl.*); F *fig.* *großer* (*od.* *dicker*) *~* big fish; *kleine ~e* (*Kleinigkeit*) peanuts, (*Leute*) small fry; *das sind kleine ~e* (*problemlose Angelegenheit*) F that's no big deal; *faule ~e* lame excuses, (*Lügen*) tall stories; *gesund (und munter) wie ein ~ im Wasser* (as) fit as a fiddle; *weder ~ noch Fleisch* neither fish nor fowl; F *die ~e füttern Seekranker*: F feed the fishes; → *stumm*; **2.** *pl.* (*Sternzeichen*) Pisces *sg.*; *ein ~ sein* be (a) Pisces, be a Piscean; **~adler** *m* osprey; **~auge** *n phot.* fisheye lens; **~bein** *n* whalebone; **~bestand** *m* fish stocks *pl.* (*od.* population); **~besteck** *n coll.* fish knives and forks *pl.*; **~blut** *n*: *fig.* *~ in den Adern haben* be (as) cold as a fish; **~brut** *f* fry *pl.*; **~dampfer** *m* trawler.

fischen I. *v/t. u. v/i.* fish (*nach* for; *a.* F *fig.*); *fig.* *im trüben ~* fish in troubled waters; F *sich j-n ~* hook (o.s.) s.o.; **II.** 2 *n* fishing.

Fischer *m* fisherman; **~boot** *n* fishing boat; **~dorf** *n* fishing village.

Fischerei *f* (*Fischen*) fishing; (*Gewerbe*) fishing industry; **~abkommen** *n* fisheries agreement; **~flotte** *f* fishing fleet; **~hafen** *m* fishing port; **~politik** *f* fisheries policy.

Fischernetz *n* fishing net.

Fischfabrikschiff *n* factory ship.

Fischfang *m* fishing; **~gebiet** *n* fishing grounds *pl.*

Fisch|filet *n* fish fillet; **~flosse** *f* fin; **~frikadelle** *f* fishcake; **~gabel** *f* fish fork; **~gericht** *n* fish (dish); **~geruch** *m* fishy smell, smell of fish; **~geschäft** *n* fishmonger('s), *Am.* fish dealer.

Fischgräte *f* fishbone; **Fischgrätenmuster** *n* herringbone (pattern).

Fisch|händler *m* fishmonger, *Am.* fish dealer; *im Großhandel*: fish merchant; **~haut** *f* fish skin.

fischig *adj.* fishy.

Fisch|köder *m* bait; **~konserve(n** *pl.*) *f* tinned (*Am.* canned) fish; **~kunde** *f* ichthyology; **~kutter** *m* (fishing) trawler; **~laich** *m* (fish) spawn; **~markt** *m* fish-market; **~mehl** *n* fish meal; **~messer** *n* fish knife; **~otter** *m* otter; **~reiher** *m* heron; **~rogen** *m* roe; **~schuppe** *f* scale; **~schwarm** *m* shoal (of fish); **~stäbchen** *n* fish finger; **~sterben** *n* fish kill; **~suppe** *f* fish soup; **~teich** *m* fishpond; **~vergiftung** *f* fish poisoning; **~weib** *contp.* *n* fishwife; **~wilderei** *f* fish poaching; **~wirtschaft** *f* fishing industry; **~zucht** *f* fish farming; **~züchter** *m* fish farmer; **~zug** *m* catch, haul (*beide a. fig.*); *fig.* *ein guter ~* a big haul.

Fisimatenten F *pl.* (*Umstände*) fuss *sg.*; (*Ärger*) trouble *sg.*; (*Ausflüchte*) excuses; (*Unsinn*) nonsense *sg.*; *mach keine ~!* a) stop making such a fuss, b) enough of that nonsense.

fiskalisch *adj.* fiscal; **Fiskus** *m* **1.** tax authorities *pl.*; treasury; **2.** (*Staat*) government; *in GB*: *a. the* Crown.

Fisole *östr. f* French (*od.* string, runner) bean.

Fissur *f* ⚕ (*Knochenriß*) fissure; (*Hautriß*) crack.

Fistel *f* ⚕ fistula; **~stimme** *f* falsetto; *contp.* falsetto (F squeaky) voice.

fit *adj.* fit; *~ in e-m Fach etc.*: well up in; *nicht sehr ~ in* F not too hot on; *geistig ~* on the ball.

Fitneß *f* physical fitness; **~center** *n* health club, fitness cent|re (*Am.* -er), gym; **~raum** *m* exercise room; **~training** *n*: *~ machen* go for workouts in the gym.

Fittich *m* wing, pinion; *fig.* *j-n unter s-e ~e nehmen* take s.o. under one's wing.

fix I. *adj.* **1.** *Gehalt, Preise*: fixed; → *Fixkosten*; *~e Idee* obsession; *das ist so e-e ~e Idee von ihm* he's got a thing about it; **2.** (*schnell*) quick (*in* at); **3.** (*gewandt*) smart, sharp; **4.** *~ und fertig* → *fertig* 2, 4; **II.** *adv.* quickly, in a flash; *mach ~!, jetzt aber ~!* F get a move on, make it snappy.

fixen *v/i.* **1.** ✝ sell a bear, sell short; **2.** *sl.* (*Rauschgift spritzen*) *sl.* shoot, *gewohnheitsmäßig*: *sl.* mainline; **Fixer** *m* **1.** ✝ (*Baissier*) bear; **2.** *sl.* (*Drogensüchtiger*) *sl.* mainliner, junkie.

Fixfokusobjektiv *n* fixed-focus lens.

Fixierbad *n phot.* fixer.

fixierbar *adj.* determinable; **fixieren I.** *v/t.* **1.** *a. phot.* fix; **2.** a) → *festsetzen* 1, b) (*formulieren*) record, (*a. schriftlich ~*) put down in writing; **3.** a) (*anstarren*) stare at, b) (*e-n Punkt etc.*) focus on; **II.** *v/refl. psych.*: *sich ~ auf* fixate on.

Fixier|mittel *n* fixative; *phot.* fixer; **~salz** *n* hypo; fixer.

fixiert *adj.*: *~ auf* fixated on; *psych.* *auf s-e Mutter ~ sein* have a mother fixation; **Fixierung** *f* **1.** fixing (*a. phot.*); **2.** *psych.* fixation (*auf* on); *fig.* *a.* obsession (with).

Fix|kosten *pl.* standing expenses; **~punkt** *m* point of reference; *opt.* point of focus; *fig.* focal point; **~stern** *m* fixed star.

Fixum *n* basic salary.
Fjord *m* fiord, fjord.
FKK → ***Freikörperkultur***; **~-Gelände** *n* nudist camp.
FKKler *m* naturist.
FKK|-Strand *m* nudist beach; **~-Urlaub** *m* naturist holiday.
flach I. *adj.* flat; (*eben*) *a.* level, even; ⩓ plane; *Gewässer*: shallow; (*niedrig*) low; *Boot*: flat-bottomed; *fig.* (*oberflächlich*) shallow, superficial; ***~e Brust*** *Frau*: flat chest, *Mann*: hollow chest; ***mit der ~en Hand*** with the flat of one's hand; ***auf dem ~en Land*** (out) in the country; ***~ machen*** level (off); ***~ werden*** flatten (out), level (off); **II.** *adv.*: ***~ liegen*** lie flat; ***sich ~ hinlegen*** lie down flat; ***~ schlafen*** sleep without a pillow; ***~ spielen*** *Fußball*: keep the ball on the ground; ***~ über et. fliegen*** (***hinwegstreichen*** *etc.*) fly (skim *etc.*) low over s.th.; ***~ atmen*** breathe shallow(ly), *bewußt*: take shallow breaths; **2bau** *m* low building; **~brüstig** *adj. Frau*: flat-chested, *Mann*: hollow-chested; **2dach** *n* flat roof; **2druck** *m typ.* flatbed printing.
Fläche *f* **1.** (*Ober2*) surface; ⩓ (*Ebene*) plane; *e-s Kristalls*: face; *e-s geschliffenen Steins*: facet; **2.** (*weite ~*) expanse; (*Gebiet*) area; (*~nraum*) area, space; (*Boden2*) floorspace.
Flacheisen *n* flat iron.
Flächen|ausdehnung *f* area; **~berechnung** *f* ⩓ planimetry; **~blitz** *m* sheet lightning; **~bombardement** *n* saturation (*od.* carpet) bombing; **~brand** *m* extensive fire; **2deckend** *adj.* exhaustive; ***~er Polizeieinsatz*** *etc.* saturation policing *etc.*; ***~es Bombardement*** saturation (*od.* carpet) bombing; **~fahndung** *f* dragnet operation; **~maß** *n* surface measurement; **~messer** *m* ⚙ planimeter; **~messung** *f* planimetry; **~nutzungsplan** *m* zoning (*od.* land development) plan; **~sanierung** *f* area rehabilitation; **~stillegung** *f* EU **1.** taking land out of production, set-aside programme; **2.** land set-aside; **~winkel** *m* plane (*od.* interfacial) angle.
flach|fallen F *v/i.* fall through; **2feile** *f* flat file; **~gedrückt** *adj.* flat(tened down); **2glas** *n* flat (*od.* sheet) glass; **2hang** *m* gentle slope.
Flachheit *f* flatness; *fig.* shallowness, superficiality.
flächig *adj.* flat; (*zweidimensional*) two-dimensional.
Flach|kabel *n* ⚡ flat cable; **~kopf** F *contp. m* F blockhead; **~küste** *f* flat coast (*od.* shore).
Flachland *n* plain, lowland, flat country; **Flachländer** *m* lowlander.
flach|legen F **I.** *v/refl.*: ***sich*** (***eine Weile***) ~ lie down for a bit; **II.** *v/t.* (*j-n*) bring down; **~liegen** F *v/i.* F be laid up (in bed); **2mann** F *m* hip flask; **2meißel** *m* flat chisel; **2paß** *m Fußball*: low pass; **2relief** *n* bas-relief.
Flachs¹ *m* flax.
Flachs² F *fig. m* nonsense; ***hör auf mit dem ~*** F stop kidding (around); ***mal ganz ohne ~*** seriously though.
flachsblond *adj.* flaxen.
Flachschuß *m Fußball*: low ball.
flachsen F *v/i.* F be kidding; (*herum~*) joke around.
flachsfarben *adj.* flaxen.
Flach|stahl *m* flat steel; **~stecker** *m* ⚡ tab; **~zange** *f*: (***e-e ~*** a pair of) flat(-nose) pliers *pl.*
flackern I. *v/i.* flicker (*a. Augen*), *Kerze*: *a.* gutter; **II.** 2 *n* flicker(ing).
Fladen *m* pancake; flat cake; → ***Kuhfladen***; **~brot** *n* flat bread (*od.* loaf); *griechisches etc.*: pita (bread).
Flagellant *m eccl. u. psych.* flagellant; **Flagellation** *f* flagellation.
Flageolett *n*, **Flageoletton** *m* (*getr.* ***tt-t***) ♪ harmonic.
Flagge *f* flag; → *a.* ***Fahne*** 1; ***die ~ hissen*** (*od.* ***aufziehen***) hoist the flag; ***die ~ einholen*** lower the flag; ***die britische ~*** the Union Jack; ***die amerikanische ~*** the Stars and Stripes; ***unter fremder ~*** (***fahren*** *od.* ***segeln***) (sail) under a foreign flag; *fig.* ***unter falscher ~*** under false colo(u)rs; ***~ zeigen*** make a stand; **flaggen I.** *v/i.* fly a flag (*od.* flags); *Person*: hoist a flag; **II.** *v/t.* flag *a message*, (*signalisieren*) signal (with flags).
Flaggen|mast *m* flagpole; **~tuch** *n* bunting; **~zeichen** *n* ⚓ flag signal.
Flaggschiff *n a. fig.* flagship.
flagrant *adj.* flagrant.
Flair *n* aura; (*Atmosphäre*) *a.* atmosphere; (*Reiz*) charm.
Flak *f* ⚔ **1.** anti-aircraft gun; **2.** (*a.* **~artillerie** *f*) anti-aircraft artillery; **~feuer** *n* flak, anti-aircraft fire.
Flakon *m* small bottle.
flambieren *v/t.* flambé; **flambiert** *adj.* flambé(e), *bei pl.*: flambé(e)s; ***~es Steak*** steak flambé.
Flame *m* Fleming; *coll. the* Flemish; **Flämin** *f* Flemish woman, Fleming.
Flamingo *m* flamingo.
flämisch *adj.* Flemish.
Flamme *f* flame (*a. fig.*); ***in ~n*** in flames, blazing; ***in ~n aufgehen*** go up in flames; ***in ~n ausbrechen*** burst into flames; ***auf kleiner ~ kochen*** cook on a low heat, *fig.* make do with very little, ***müssen***: *fig.* have to get by on (*od.* make do with) very little; → ***Feuer*** 4.
flammen *lit. v/i.* blaze; *fig. Gesicht etc.*: burn; **flammend** *fig.* **I.** *adj.* fiery; *Appell*: stirring appeal; **II.** *adv.*: ***~ rot*** fiery (*od.* flaming) red.
Flammen|meer *n* sea of flames; **~schwert** *n* flaming sword; **~tod** *m*: ***den ~ erleiden*** be burnt to death; **~werfer** *m* ⚔ flame-thrower.
Flanell *m* flannel; **Flanellanzug** *m* flannel suit; **flanellen** *adj.* (made of) flannel; **Flanellhose** *f*: (***e-e ~*** a pair of) flannel trousers *pl.*, flannels *pl.*
Flaneur *m* stroller; **flanieren** *v/i.* stroll, saunter.
Flanke *f* flank (*a. Berg2*, ⛰, ⚙, ⚔); (*Seite*) side, *Fußball*: *a.* wing; (*~nball*) cross; **flanken I.** *v/t. Fußball*: cross; **II.** *v/i. Fußball*: cross the ball.
Flanken|angriff *m* ⚔ flank attack; **~ball** *m* cross.
flankieren *v/t.* flank; ✝, *pol.* ***~de Maßnahmen*** supporting measures.
Flansch *m*, **flanschen** *v/t.* ⚙ flange.
Flaps F *m* whippersnapper; (*Flegel*) lout; **flapsig** *adj.* boorish, uncouth.
Fläschchen *n* small bottle; *pharm.* phial; *für Babys*: bottle.
Flasche *f* bottle; (*Baby2*) (baby's) bottle; (*Gas2 etc.*) cylinder; F (*Person*) F dummy; ***e-e ~ Wein*** a bottle of wine; ***bei e-r ~ Wein*** *besprechen etc.*: over a bottle of wine; ***in ~n füllen*** bottle; ***e-m Kind die ~ geben*** give a baby its bottle; ***es kriegt noch die ~*** *Kind*: it's still on the bottle; ***zur ~ greifen*** take to (F hit) the bottle.
Flaschen|aufschrift *f* (bottle) label; **~batterie** F *f* (whole) array *od.* battery of bottles; **~bier** *n* bottled beer; **~bürste** *f* bottle brush; **~etikett** *n* (bottle) label; label on the bottle; **~gärung** *f* fermentation in the bottle; **~gas** *n* bottled gas; **~gestell** *n* bottle rack; **2grün** *adj.* bottle green; **~hals** *m* neck of a bottle; *fig.* bottleneck; **~kind** *n* bottle-fed baby; **~kürbis** *m* bottle gourd; **~milch** *f* bottled milk; **~öffner** *m* bottle opener; **~pfand** *n* deposit (on a *od.* the bottle); **~post** *f* bottle post; (*Nachricht*) message in a bottle; **~verschluß** *m* bottle top; **~wärmer** *m* bottle warmer; **~wein** *m* bottled wine.
flaschenweise *adv.* by the bottle.
Flaschenzug *m* ⚙ (block and) tackle, F pulley.
Flatter F *f*: ***die ~ machen*** F hop it.
Flattergeist *m* flighty character.
flatterhaft *adj.* flighty; (*unstet*) fickle.
Flattermann F *m* **1.** (*Hähnchen*) F chook, bird; **2. *e-n ~ haben*** F be scared stiff, be quaking in one's boots.
flattern *v/i.* flutter; (*mit den Flügeln schlagen*) flap its wings; *Wäsche, Segel etc.*: flap (in the wind); *Blatt, Papier etc.*: flutter (*a. Puls*); *Hände*: tremble; *Haar*: stream; ⚙ flutter; *Räder*: wobble; *Skier*: chatter; *fig.* ***mir flatterte heute e-e Einladung auf den Tisch*** an invitation landed on my desk today.
Flattersatz *m* unjustified margin(s *pl.*), ragged right.
flau *adj.* (*unwohl*) queasy; (*schwach*) weak, faint; (*matt*) listless; *Negativ*: flat; ✝ slack; *Stimmung*: flat; ***mir ist*** (*od.* ***wird***) ***ganz ~*** (***im Magen***) I feel queasy; **Flauheit** *f* queasiness; faintness; listlessness; dullness; slackness; → ***flau.***
Flaum *m* down; (*Baby2*) baby (*od.* downy) hair; (*erster Bartwuchs*) down, F fuzz, *sl.* bumfluff; *auf Früchten*: down, fur; **~bart** *m* downy moustache, *sl.* (a bit of) bumfluff; **~feder** *f* down(y) feather.
flaumig *adj.* downy; fluffy.
Flausch *m* fleece; **flauschig** *adj.* fleecy.
Flausen F *pl.* nonsense *sg.*, silly ideas; ***er hat nur ~ im Kopf*** he's got nothing but nonsense in his head, he's full of nonsense; ***j-m ~ in den Kopf setzen*** put ideas into s.o.'s head; ***dem werd' ich die ~ austreiben*** I'll knock all that nonsense out of his head; ***mach keine ~!*** I don't want any (of your) nonsense.
Flaute *f* lull; *fig.* ✝ slack period; ***in der Bauindustrie herrscht ~*** the building industry is going through a slack period.
Flechte¹ *f* ♣ lichen; ✱ eczema.
Flechte² *f* (*Zopf*) braid; **flechten I.** *v/t.* (*Haar*) plait; (*Kranz*) bind; (*Korb*) weave; (*Seil*) twist; **II.** *v/refl.*: ***sich ~*** twine, wind (***um*** round); **Flechtwerk** *n* wickerwork.
Fleck *m* **1.** (*Schmutz2*) spot, *bsd. von Flüssigkeiten*: *a.* stain; (*kleine Fläche*) patch; *zo.* spot, patch; *Person*: mark, (*blauer ~*) bruise; *fig.* (*Schand2*) blemish, blot; **2.** (*Stelle*) spot, place; ***ein schöner ~*** a nice (little) spot; ***am falschen ~*** in the wrong place; ***sich nicht vom ~ rühren*** not to budge; ***rühren Sie sich nicht vom ~!*** don't (you) move; ***ich krieg' den Schrank nicht vom ~*** I can't budge this

cupboard; ***ich komm' nicht vom ~*** I can't move, (*komme nicht herum*) I can't get about, *fig.* (*komme nicht vorwärts*) I'm not getting anywhere, I'm getting nowhere; *fig.* ***er hat das Herz auf dem rechten ~*** his heart's in the right place; ***vom ~ weg*** on the spot.

Fleckchen *n* speck; (*Ort*) spot; ***ein schönes ~ Erde*** a beautiful spot (*größer*: corner of the earth).

flecken *v/i.* (*Flecke machen*) stain; (*fleckenempfindlich sein*) stain very easily.

Flecken *m* → ***Fleck***; **~entferner** *m* stain remover.

fleckenlos *adj.* spotless; *fig. a.* unimpeachable.

Fleckenwasser *n* stain remover.

Fleckerlteppich *dial. m* rag rug.

Fleckfieber *n* ⚕ (epidemic) typhus.

fleckig *adj.* spotted; *Haut*: blotchy; (*befleckt*) stained; ***~ machen, ~ werden*** stain; ***~ sein*** *Obst*: have spots.

Fleck|typhus *m* ⚕ (epidemic) typhus; **~vieh** *n* spotted cattle.

fleddern *v/t.* plunder, rob.

Feder|maus *f* bat; **~wisch** *m* feather duster.

Flegel *m* **1.** (*Lümmel*) lout; **2.** (*Dresch≈*) flail; **~alter** *n* → ***Flegeljahre.***

Flegelei *f* loutish behavio(u)r.

flegelhaft *adj.* loutish.

Flegeljahre *pl.*: ***in den ~n sein*** be at an awkward age.

flegeln *v/refl.*: ***sich ~*** sprawl (about), loll about.

flehen I. *v/i.* beg (**um** for); ***bei j-m um Hilfe ~*** implore (*od.* beg) s.o. to help one; ***zu Gott ~*** pray to God; **II.** ≈ *n* supplication, entreaty; **flehend, flehentlich I.** *adj. Blick etc.*: imploring, beseeching; ***~e Bitte*** urgent plea; ***~es Gebet*** fervent prayer; **II.** *adv.* imploringly *etc.*; ***j-n ~ bitten → flehen.***

Fleisch *n zum Verzehr*: meat; *am Körper*: flesh; (*Frucht≈*) flesh; *fig.* (*sündiges ~*) *the* flesh; ⚕ ***wildes ~*** proud flesh; ***in ~ und Blut*** (*persönlich*) in the flesh; ***das eigene ~ und Blut*** one's own flesh and blood; *fig.* ***(j-m) in ~ und Blut übergehen*** become second nature (to s.o.); ***sich ins eigene ~ schneiden*** dig one's own grave, (*sich selbst in et. reinreiten*) cut off one's nose to spite one's face; ***vom ~ fallen*** go thin; *bibl.* ***~ werden*** be made flesh; ***den Weg allen ~es gehen*** go the way of all flesh; → ***Fisch*** 1; **~abteilung** *f* meat department; **~beschau** *f* meat inspection; F *hum.* bodywatching; **~beschauer** *m* meat inspector; **~brühe** *f* consommé; (*Fond*) (*mst* beef) stock.

Fleischer *m* butcher; **Fleischerei** *f* → ***Fleischerladen.***

Fleischer|laden *m* butcher's shop, *Am.* meat market; **~messer** *n* butcher's knife.

Fleischextrakt *m mst* beef extract.

fleischfarben, fleischfarbig *adj.* flesh-colo(u)red, fleshy pink.

Fleischfondue *n* meat fondu(e).

fleischfressend *adj.* carnivorous; ***~es Tier, ~e Pflanze*** *a.* carnivore; **Fleischfresser** *m* carnivore.

Fleisch|gang *m* meat course; **~gericht** *n* meat dish.

fleischig *adj.* fleshy.

Fleisch|klopfer *m* mallet; **~kloß** *m* meatball; **~konserven** *pl.* tinned (*bsd. Am.* canned) meat *sg.*; **~laiberl** *östr. n* meatball.

fleischlich *adj.* (*sinnlich*) carnal.

fleischlos I. *adj.* **1.** ***~e Kost*** vegetarian diet (*od.* meals, food); ***~er Tag*** meatless day; **2.** (*abgemagert*) emaciated, skinny; **II.** *adv.*: ***sich ~ ernähren*** eat no meat.

Fleisch|made *f* maggot; **~maschine** *f* mincer; **~messer** *n* carving knife; **~nahrung** *f* meat(s *pl.*); (*Ernährung*) meat diet; **~pastete** *f* meat pie; **~saft** *m* gravy; **~tomate** *f* beef tomato; **~ton** *m Kunst*: flesh tint; **~topf** *m* saucepan; *fig.* ***sich nach den Fleischtöpfen Ägyptens zurücksehnen*** long for the fleshpots of Egypt; **~vergiftung** *f* meat poisoning; **~waren** *pl.* meat products; (*Supermarktabteilung*) meat department *sg.*

Fleischwerdung *f* incarnation.

Fleisch|wolf *m* mincer; **~wunde** *f* flesh wound; **~zartmacher** *m* (meat) tenderizer.

Fleiß *m* diligence; (*Mühe*) hard work; ***viel ~ verwenden auf*** take great pains over; ***ohne ~ kein Preis*** no pains, no gains, F you don't get nowt for nowt; F ***mit ~*** (*absichtlich*) on purpose; ***ich hab's nicht mit ~ getan*** *a.* I didn't mean (to do) it; **~arbeit** *f* hard work; ***das war e-e reine ~*** she *etc.* managed to do it by sheer hard work.

fleißig I. *adj.* diligent, hard-working; (*emsig*) busy; (*häufig*) frequent, regular *visitor etc.*; ***≈es Lieschen*** busy Lizzie; **II.** *adv.* diligently *etc.*; F (*viel*) a lot; (*intensiv*) hard; ***~ studieren*** study hard; ***~ spazierengehen*** do a lot of walking.

flektierbar *adj.* inflectional; **flektieren** *v/t.* inflect.

flennen F *v/i.* howl.

fletschen *v/t.*: ***die Zähne ~*** show (*od.* flash) one's teeth, snarl; *Tier*: bare its teeth, snarl.

flexibel *adj.* flexible; ***flexible Arbeitszeit*** flextime, flexible working hours; ***flexibler Wechselkurs*** floating exchange rate; **Flexibilität** *f* flexibility.

Flexion *f ling.* inflection.

Flexions|endung *f* inflectional ending; **~lehre** *f* accidence; **~system** *n* inflectional system.

Flexor *m anat.* flexor (muscle).

Flickarbeit *f a. contp.* patchwork.

flicken *v/t.* mend; F *fig.* patch up; *fig.* ***j-m et. am Zeug ~*** try to give s.o. a bad name.

Flicken *m* patch; **~teppich** *m* rag rug.

Flickerei *f* mending.

Flickflack *m Turnen*: backflip.

Flickschuster *fig. m* (*Stümper*) bungler; **Flickschusterei** *fig. f* patch-up job(s *pl.*).

Flick|werk *fig. n* patch-up job, *stärker*: F botch(-up); **~wort** *n* filler; **~zeug** *n* sewing kit; *zum Reifenflicken etc.*: repair kit.

Flieder *m* lilac; (*Holunder*) elder; **~beere** *f* elderberry; **≈farben** *adj.* lilac; **~strauch** *m* lilac; **~strauß** *m* bunch of lilacs.

Fliege *f* **1.** fly; *fig.* ***er tut keiner ~ was zuleide*** he wouldn't hurt a fly; ***ihn stört (sogar) die ~ an der Wand*** you're afraid to breathe when he's around; ***wie die ~n sterben*** (*od.* ***umfallen***) go down like flies; ***zwei ~n mit einer Klappe schlagen*** kill two birds with one stone; F ***die*** (*od.* ***e-e***) ***~ machen*** F hop it, scarper; → ***Not***; **2.** (*Schlips*) bow tie; **3.** (*Bärtchen*) shadow.

fliegen I. *v/i.* **1.** fly; *mit dem Flugzeug*: fly, go by air; ***~ lassen*** fly *a kite*; ***wie lange fliegt man nach New York?*** how long is the flight to New York?; F ***ich kann doch nicht ~*** I haven't got wings; → ***Luft***; **2.** *Fahne etc.*: flutter; *Haare*: stream; **3.** (*eilen*) fly, rush; *Hände*: fly, *nervös*: flutter; *Puls*: race; *lit.* ***ein Lächeln flog über ihr Gesicht*** a smile flitted across her face; **4.** F (*geworfen werden*) be thrown; (*landen*) land; (*fallen*) fall (**von** off, from); ***die Schultaschen ~ einfach in die Ecke*** the schoolbags just get thrown (F slung) into the corner; ***in den Mülleimer ~*** land (*od.* end up) in the dustbin (*Am.* garbage can); **5.** F *fig. aus e-r Stellung*: be fired, F get the sack; *a. aus der Schule, e-r Wohnung etc.*: be kicked out (**aus** of); *im Examen*: F flunk (it); **6.** F *fig.* ***~ auf*** F really go for; **II.** *v/t.* (*Flugzeug, Personen etc.*) fly; (*e-e Strecke*) *a.* cover; (*Kurve*) fly, do; **III.** ≈ *n* flying; (*Luftfahrt*) aviation; **fliegend** *adj.* flying; *zo.* ***~er Hund*** flying fox; ***~er Teppich*** magic carpet; ***~e Untertasse*** flying saucer, UFO; ***~es Personal*** flight crew; ***~er Händler*** hawker; ***~e Blätter*** *Buch*: loose leaves; ***~e Hitze*** ⚕ hot flushes; ⚙ ***~e Achse*** floating axle; *fig.* ***mit ~en Fahnen überlaufen*** go running to the other side; ***mit ~en Fahnen untergehen*** go down fighting.

Fliegen|dreck *m* flies' droppings *pl.*; **~fänger** *m* flypaper; **~fenster** *n* (fly)screen; **~gewicht(ler** *m*) *n Boxen*: flyweight; **~gitter** *n* **1.** wire mesh; **2.** fly (*od.* insect) screen; **~klappe** *f*, **~klatsche** *f* fly swatter; **~netz** *n* fly net; **~pilz** *m* ♣ toadstool; **~schwarm** *m* swarm of flies; **~spray** *m, n* fly spray.

Flieger *m* **1.** ⚔ *Brit.* aircraftman 2nd class, *Am.* airman basic; **2.** *zo.* flyer, flier; **3.** F → ***Flugzeug***; **4.** *Radsport*: sprinter; *Pferderennen*: flyer; **~abwehr** *f* anti-aircraft (*od.* air) defen|ce (*Am.* -se); *in Zssgn* anti-aircraft ...; → *a.* ***Flak...***; **~abzeichen** *n* wings *pl.*; **~alarm** *m* air-raid warning; **~angriff** *m* air raid, air attack; (*Großangriff*) F blitz; **~bombe** *f* aircraft bomb.

Fliegerei *f* flying.

Fliegerhorst *m* air base.

fliegerisch *adj.* flying, aviation ..., aeronautic(al).

Flieger|jacke *f* bomber jacket; **~krankheit** *f* aviation sickness; **~offizier** *m* air force officer; **~schule** *f* flying school; **~sprache** *f* airman's slang; **~staffel** *f* flying squadron; **~-Suchaktion** *f* aerial search.

fliehen I. *v/i.* flee, run away (***vor, aus*** from); (*ent~*) escape; *Zeit*: fly; ***zu j-m ~*** flee to s.o., take refuge with s.o.; **II.** *v/t.* avoid, shun; **fliehend** *adj.* fleeing, fugitive; *Kinn, Stirn etc.*: receding.

Fliehkraft *f phys.* centrifugal force.

Fliese *f* (wall *od.* floor) tile; ***mit ~n auslegen*** → **fliesen** *v/t.* tile.

Fliesen|boden *m* tiled floor; **~leger** *m* tiler.

Fließarbeit *f* assembly-line work.

Fließband *n* assembly (*od.* production) line; (*Förderband*) conveyor belt; **~arbeit** *f* assembly-line work; **~arbeiter** *m* assembly-line worker; **~fertigung** *f* assembly-line production.

fließen *v/i.* flow (*a. Gewand, Haar, Sekt etc.*); *Fluß, Wasser etc.*: *a.* run; *in Strömen*: pour, stream; *fig. Rede, Unterhal-*

tung etc.: flow (easily); ~ ***in*** *Fluß*: flow (*od.* run) into, *fig. Gelder etc.*: flow into, be pumped into; *fig.* ***alles fließt*** everything is in (a state of) flux; ***es ist viel Blut geflossen*** there was a lot of bloodshed; ***es wird Blut*** ~ blood will flow, there will be bloodshed; **fließend** **I.** *adj.* flowing; *fig.* (*unbestimmt*) fluid; *Stil*: fluent; ***~es Wasser*** running water; ~ ***Kalt- u. Warmwasser*** hot and cold running water; ***~er Verkehr*** moving traffic; *fig.* ***in ~em Englisch*** in fluent English; ***die Grenzen*** (*od.* ***Übergänge***) ***sind*** ~ there's no clear(-cut) dividing line *od.* difference (**zwischen** between); **II.** *adv. sprechen etc.*: fluently; ***sie spricht ~ Deutsch*** she speaks fluent German.

Fließ|heck *n mot.* fastback; **~komma** *n* floating point; **~papier** *n* blotting paper; **~text** *m Computer*: continuous text; **~wasser** *n* running water.

Flimmer *m* shimmer; *fig.* glitter; **~epithel** *n anat.* ciliated epithelium.

flimmerfrei *adj.* flicker-free.

flimmerig *adj.* flickering.

Flimmerkiste F *f* F (goggle) box, *Am.* tube.

flimmern *v/i.* shimmer; *Sterne*: twinkle; *TV etc.*: flicker; ***mir flimmert's vor den Augen*** everything's dancing in front of my eyes.

flink *adj.* quick, agile; (*aufgeweckt*) bright, alert; ***er ist ~ wie ein Wiesel*** F he's a real speedy Gonzalez.

Flinte *f* gun, (*Schrot*≈) shotgun; *fig.* ***die ~ ins Korn werfen*** give up, throw in the towel.

Flipper(automat) *m* pinball machine; **flippern** *v/i.* play pinball.

flippig F *adj.* **1.** (*aufgedreht, nervös*) excited; **2.** (*unstet*) flighty.

flirren *v/i.* **1.** whirr, *Am.* whir; (*surren*) buzz; **2.** *Licht*: shimmer.

Flirt *m* flirt(ing); (*Person*) flirt; **flirten** *v/i.* flirt (around).

Flittchen F *n sl.* floozie, (bit of a) tart.

Flitter *m* **1.** *coll.* sequins *pl.*; **2.** *fig.* (*a.* **~glanz** *m*) glitter; (*a.* **~kram** *m*) tinsel; **~gold** *n* tinsel.

flittern F *v/i.* honeymoon; **Flitterwochen** *pl.*: (**die** ~ *mst* one's) honeymoon *sg.*

Flitzbogen *m* bow (and arrow); *fig.* ***ich bin gespannt wie ein ~*** I can't wait to find out *etc.*

flitzen F *v/i.* **1.** flit, F scoot; *Auto*: shoot; **2.** (*abhauen*) flit, F beat it; **Flitzer** F *m mot.* nippy little car, runabout (car).

floaten *v/t. u. v/i.* ✝ float; **Floating** *n* floating.

Flocke *f* flake; *Wolle*: flock; (*Staub*≈, *Feder*≈, *Flaum*≈) ball of fluff; **flocken** *v/i.* flake; (*fasern*) fuzz; **flockig** *adj.* fluffy.

Floh *m* flea; *fig.* ***j-m e-n ~ ins Ohr setzen*** put ideas into s.o.'s head; F ***er hört die Flöhe husten*** → ***Gras***; **~hüpfen** *n* tiddlywinks (*sg.*); **~kino** F *n* fleapit; **~markt** F *m* flea market; **~stich** *m* fleabite; **~zirkus** *m* flea circus.

flöhen **I.** *v/t.* deflea, pick *a dog's etc.* fleas; **II.** *v/refl.*: **sich** ~ deflea o.s. (*od.* itself), get rid of *od.* pick one's (*od.* its) fleas.

Flomen *m* lard.

Flop F *m* flop; ***sich zum ~ entwickeln*** turn out (to be) a flop.

Floppy *f Computer*: floppy (disk), diskette.

Flor[1] *m* (*Blüte*) bloom; (*Blumenfülle*) mass of flowers (*od.* blossoms); *fig.* (*Damen*≈) bevy.

Flor[2] *m auf Samt, Teppich*: pile; (*dünnes Gewebe*) gauze; (*Trauer*≈) crepe (band).

Flora *f* flora; ~ ***u. Fauna*** flora and fauna, the animal and plant world.

floral *adj.* floral.

Florett *n* foil; **~fechten** *n* foil fencing; **~seide** *f* floss (silk).

Floriansprinzip *das* "I'm alright Jack" syndrome.

florieren *v/i.* flourish, prosper, thrive, boom; **florierend** *adj.*: ***ein ~es Geschäft*** a flourishing (*od.* thriving) business, ***treiben mit:*** do a roaring trade with.

Florist(in *f*) *m* florist.

Floskel *f* meaningless phrase, *pl. a.* (empty) words; **floskelhaft** *adj.* meaningless; stereotyped; ***ein ~er Ausdruck*** *a.* just a phrase.

Floß *n* raft.

Flosse *f* fin; *Wal, Seelöwe etc.*: flipper (*a. Schwimm*≈); ✈ stabilizer fin; F (*Hand*) F paw; F (*Fuß*) F trotter.

flößen *v/t. u. v/i.* float.

Flossenfüßer *m zo.* pinniped; (*Reptil*) pygopod.

Flößer *m* raftsman.

Flöte *f* **1.** flute; (*Block*≈) recorder; (*Pfeife*) whistle; ~ ***spielen*** play the flute; **2.** (*Sekt*≈) champagne flute; **3.** *Kartenspiel*: flush.

flöten *v/t. u. v/i.* play the flute (*od.* recorder); (*pfeifen*) whistle; *Vogel*: sing; F *fig.* say *s.th.* in a honeyed voice; **~gehen** F *v/i. Pläne etc.*: go by the board; *Geld*: F go down the drain; (*kaputtgehen*) F go for a burton; ***m-e Hoffnungen*** (***die neuen Gläser***) ***sind flötengegangen*** that's put paid to my hopes (to the new glasses).

Flötenton *m* note of a flute; ***Flötentöne*** *the* sound of a flute (*od.* flutes); F *fig.* ***j-m*** (***die***) ***Flötentöne beibringen*** show s.o. what's what.

Flötist(in *f*) *m* flute-player, flautist.

flott **I.** *adj.* **1.** (*schnell*) fast; (*schwungvoll*) lively; (*reibungslos*) smooth; (*schick*) smart; (*unbekümmert*) breezy; ✝ ***~er Absatz*** brisk trading; **2.** ⚓ ~ ***sein*** be afloat; **II.** *adv.* fast; (*glatt, reibungslos*) smoothly, without a hitch; (*schick*) smartly; ♪ ~ ***spielen*** play very lively music; ~ ***leben*** lead a fast life; ***es geht ihm ~ von der Hand*** he's very fast (at it); ***es geht ~ voran*** things are getting on nicely; ***das Geschäft geht*** ~ business is doing well; ~ ***geschrieben*** (***gemacht*** *etc.*) punchy; **~bekommen** *v/t.* set afloat; (*Auto etc.*) get *a car etc.* going (again); (*Unternehmen etc.*) get *a company etc.* back on its feet (again).

Flotte *f* ⚓ fleet.

Flotten|abkommen *n* naval agreement; **~chef** *m* fleet commander; **~manöver** *pl.* naval manoeuvres (*Am.* maneuvers); **~stützpunkt** *m* naval base; **~verband** *m* naval formation.

flottgehend *adj. Geschäft*: brisk, lively *trading*.

Flottille *f* ⚓ flotilla.

flott|kriegen *v/t.*, **~machen** *v/t.* → ***flottbekommen.***

flottweg F *adv.* quickly; (*ohne Unterbrechung*) nonstop.

Flöz *m geol. u.* ⚒ seam.

Fluch *m* curse (*a. Plage*); (*Kraftausdruck*) swearword; ***unter e-m ~ stehen*** be under a curse; ***mit e-m ~ belegen*** put a curse on; ***zum ~ für die Menschheit werden*** become the curse of mankind;

fluchen *v/i.* curse; (*Kraftausdrücke benutzen*) swear; ~ ***auf*** curse; ~ ***wie ein Landsknecht*** (*od.* ***Fuhrknecht***) swear like a trooper.

Flucht *f* **1.** flight (**vor** from); *e-s Gefangenen u. psych.*: escape; ***auf der ~*** while fleeing, *Gefangener*: while attempting to escape, on the run; ***die ~ ergreifen*** → ***flüchten***; ***in die ~ schlagen*** put to flight; ***das ist die ~ vor der Verantwortung*** that's trying to evade responsibility; ***er versuchte es mit der ~ in den Alkohol*** he tried alcohol (*od.* he turned to drink) as an escape; ***die ~ in die Öffentlichkeit*** *etc.* ***antreten*** resort to publicity *etc.*; ***die ~ nach vorn antreten*** take the bull by the horns; ***wir müssen die ~ nach vorn antreten*** *a.* attack is the best means of defen|ce (*Am.* -se); **2.** ✝ (*Kapital*≈ *etc.*) flight; **3.** (*Zimmer*≈) suite; (*Treppen*≈) flight; **4.** △, ⚙ straight line.

fluchtartig **I.** *adj.* hasty, hurried; **II.** *adv.* in a hurry; ~ ***verlassen*** leave *a place* in a hurry, make a quick getaway from, beat a hasty retreat from; ~ ***davonrennen,*** F ~ ***abhauen*** beat a hasty retreat, F scarper.

Flucht|auto *n* getaway car; **~bewegung** *f* tide of refugees.

flüchten **I.** *v/i.* flee (**vor** from); (*weglaufen*) run away; *Gefangener*: escape (*a. fig.*); **II.** *v/refl.*: **sich ~** flee; ***sich zu j-m ~*** take refuge with s.o.; ***sich in ein Haus*** *etc.* ~ take shelter in; *fig.* ***sich in et.*** ~ resort to s.th., turn to s.th. as a means of escape.

Flucht|gefahr *f* ⚖ danger of absconding; **~helfer** *m pol.* escape agent; F people smuggler; **~hilfe** *f* escape aid.

flüchtig **I.** *adj.* **1.** (*eilig*) quick; (*oberflächlich*) superficial; (*nicht sorgfältig*) careless *work*, cursory *glance*; (*vage*) vague, hazy; *Augenblick*: fleeting; ***~e Bekanntschaft*** (***Bemerkung***) passing acquaintance (remark); (***j-m***) ***e-n ~en Besuch machen*** briefly drop in (on s.o.); ***~er Eindruck*** fleeting impression; ***~er Einblick*** glimpse (**in** of); **2.** (*entflohen*) escaped, fugitive; ⚖ ~ ***werden*** abscond; ***~er Schuldner*** F fly-by-night; **3.** ⚗, *Computer*: volatile; **II.** *adv.* quickly *etc.*; → I; ~ ***bemerken*** (*od.* ***erwähnen***) mention in passing; ~ ***durchlesen*** skim over; ~ ***bekannt sein mit j-m*** vaguely know s.o.; **Flüchtige(r)** *m* fugitive, runaway; **Flüchtigkeit** *f* **1.** (*Vergänglichkeit*) transitoriness, fleetingness; **2.** ⚗ volatility.

Flüchtigkeitsfehler *m* careless mistake, slip.

Fluchtkapital *n* flight capital.

Flüchtling *m* refugee.

Flüchtlings|lager *n* refugee camp; **~strom** *m* stream (*od.* influx) of refugees; → *a.* **~welle** *f* tide of refugees.

Flucht|linie *f* △ alignment; *opt.* vanishing line; **~punkt** *m opt.* vanishing point; **~verdacht** *m*: ***es besteht ~*** the prisoner is likely to try and escape; **~versuch** *m* escape (*od.* breakout) attempt, attempted escape; ***e-n ~ unternehmen*** attempt to escape (*od.* break out); **~wagen** *m* getaway car; **~weg** *m* escape route.

Fluchwort *n* swear word.

Flug *m* flight; ***im*** ~ *Vogel*: in flight; *fig.* (***wie***) ***im ~(e)*** (*schnell*) very quickly; ***die Woche verging wie im ~(e)*** *a.* the week just flew by (*od.* went by just like that, went by in no time); **~abfertigung** *f* handling of flights; **~abkommen** *n* air agreement; **~abwehr** *f* air defen|ce (*Am.* -se); *in Zssgn* anti-aircraft ...; **~angst** *f* fear of flying; **~asche** *f* flue ash; **~bahn** *f* trajectory; ✈ flight path; **~ball** *m Sport*: volley; **~begleiter** *m* flight attendant; **~benzin** *n* aviation fuel (*Am. a.* gasoline); **~bereich** *m* flying range; **≈bereit** *adj.* ready for takeoff; **~betrieb** *m* air traffic; **~blatt** *n* leaflet; *hist.* broadsheet; **~datenschreiber** *m* flight recorder, black box; **~dauer** *f* flying time; **~drache** *m zo.* flying dragon; **~eigenschaften** *pl.* ✈ flying characteristics.

Flügel *m* wing; *des Propellers, Ventilators*: blade; *e-r Windmühle*: sail; ❀ wing, side petal; (*Lungen≈*) lobe; (*Tür≈*) door; (*Gebäude≈*) wing; (*Altar≈*) panel; (*Klavier*) grand piano; ⚔ flank; *Sport u. pol.*: wing; ***mit den ~n schlagen*** flap (*größerer Vogel*: beat) its wings; *fig.* ***die ~ hängenlassen*** a) lose heart, b) be down in the mouth; ***j-m die ~ beschneiden*** (*od.* ***stutzen***) clip s.o.'s wings; ***auf den ~n der Phantasie*** on the wings of fantasy; **~altar** *m* winged altarpiece; ***dreiteiliger ~*** triptych; **~fenster** *n* casement window; **≈förmig** *adj.* wing-shaped; **~horn** *n* ♪ flugelhorn; **~kampf** *m pol.* factional dispute (*a. pl.* fighting); **≈lahm** *adj.* **1.** *Vogel*: broken-winged, *Ente*: *a.* lame; ***~er Vogel*** *a.* bird with a broken wing; **2.** *fig.* (*mutlos*) dejected; (*ohne Schwung*) weary; ***er ist ~*** *a.* the fizz has gone out of him; **≈los** *adj.* wingless; **~mutter** *f* ⚙ wing nut; **~roß** *n myth.* winged horse; **~schlag** *m* flapping (*od.* beating) of wings; **~schraube** *f* ⚙ wing screw; **~spannweite** *f* wingspan; **~spitze** *f* wing tip; **~stürmer** *m Sport*: winger; **~tür** *f* double door(s *pl.*).

Flug|entfernung *f* flying distance; **~erfahrung** *f* flying experience; **≈fähig** *adj. Vogel*: able to fly; ✈ (*einsatzbereit*) airworthy; **~feld** *n* airfield.

Fluggast *m* (air) passenger; **~abfertigung** *f* passenger clearance; (*Schalter*) check-in desk.

flügge *adj.* fully fledged; ***~ werden*** fledge, *fig. Person*: begin to stand on one's own two feet.

Flug|gerät *n coll.* (military) aircraft; **~geschwindigkeit** *f* flying speed; **~gesellschaft** *f* airline (company), carrier.

Flughafen *m* airport; **~bereich** *m* airport area; ***im ~*** *a.* near (*od.* around) the airport; **~bus** *m* airport shuttle bus; **~gebühr** *f a. pl.* airport tax; **~gelände** *n* airport; **~hotel** *n* airport hotel; **~nähe** *f*: ***in ~*** near the (*od.* an) airport; **~polizei** *f* airport security *sg.* (*mst pl. konstr.*); **~restaurant** *n* airport restaurant; **~verwaltung** *f* airport authorities *pl.*

Flug|halle *f* hangar; **~höhe** *f* ✈ (flying) altitude; **~ingenieur** *m* flight engineer; **~kapitän** *m* (flight) captain; **~karte** *f* **1.** (air) ticket; **2.** aeronautical chart; **≈klar** *adj.* ready for takeoff; **~komfort** *m* in-flight amenities *pl.* (*od.* service); **~körper** *m* projectile; **~lärm** *m* aircraft noise, *the* sound of aircraft taking off and landing; **~lehrer** *m* flying instructor; **~leiter** *m* air traffic controller; **~leitung** *f* air traffic control; **~linie** *f* **1.** (*Gesellschaft*) airline (company), carrier; **2.** (*Strecke*) (air) route; **3.** (*Flugbahn*) flight path; **~lotse** *m* air traffic controller; **~nummer** *f* flight number; **~objekt** *n*: ***unbekanntes ~*** unidentified flying object, UFO; **~passagier** *m* (air) passenger; **~personal** *n* crew; **~plan** *m* (flight) schedule, timetable; **~platz** *m* airfield, *großer*: airport; **~praxis** *f* flying experience; **~preis** *m* (air) fare; **~prüfung** *f* flying test; **~reise** *f* journey by air; **~reisende(r)** *m* air travel(l)er; (*Passagier*) (air) passenger; **~reservierung** *f* flight reservation.

flugs *obs. adv.* swiftly; (*sofort*) at once, instantly.

Flug|sand *m* drifting (*od.* windborne) sand; **~schalter** *m* flight desk; **~schanze** *f* (ski) jump; **~schau** *f* air show; **~schein** *m* **1.** (air *od.* flight) ticket; **2.** pilot's licen|ce (*Am.* -se); **~schneise** *f* approach corridor; **~schreiber** *m* flight recorder, black box; **~schrift** *f* leaflet, pamphlet; **~sicherheit** *f* air safety; **~sicherung** *f* air traffic control; **~simulator** *m* flight simulator; **~sport** *m* (sport) flying; **~steig** *m* jetway, airgate; **~strecke** *f* (air) route; *zurückgelegte*: distance flown (*od.* covered); (*Etappe*) leg; **~stunde** *f* **1.** flying hour; **2.** ***nach zwei ~n waren wir da*** we arrived after a two-hour flight, we were there in two hours; **3.** (*Unterricht*) flying lesson; **~stützpunkt** *m* airbase; **≈tauglich** *adj.* fit to fly; *Flugzeug*: airworthy; **~technik** *f* aeronautics *pl.* (*sg. konstr.*); ⚙ aircraft engineering; *des Piloten*: flying technique; **~techniker** *m* aeronautical engineer; **≈technisch** *adj.* aeronautical; **~ticket** *n* (air *od.* flight) ticket; **≈tüchtig** *adj.* airworthy; **~überwachung** *f* air traffic control; **~verbindung** *f* air connection; ***gibt es e-e*** (***direkte***) ***~?*** can you fly there? (is there a direct flight?); **~verbot** *n* ban on flying; *für Flugzeug*: grounding order; ***~ erhalten*** be grounded; **~verbotszone** *f* no-fly zone; **~verkehr** *m* air traffic; *planmäßiger*: air services *pl.*; **~versuch** *m* attempt to fly; ✈ flight test; **~wesen** *n* aviation, aeronautics *pl.* (*sg. konstr.*), flying; **~wetter** *n* flying weather; **~wetterdienst** *m* aviation weather service; **~zeit** *f* flying time; ***wie ist die ~ nach X?*** how long is the flight to X?

Flugzeug *n* (aero)plane, *Am.* (air)plane; *a. pl. coll.* aircraft; **~absturz** *m* air (*od.* plane) crash; **~abwehr** *f* anti-aircraft defen|ce (*Am.* -se); **~bau** *m* aircraft construction; **~besatzung** *f* (air *od.* flight) crew; **~entführer** *m* hijacker, *bsd. Am. a.* skyjacker; **~entführung** *f* hijacking, *bsd. Am. a.* skyjacking; **~führer** *m* pilot; *zweiter*: co-pilot; **~halle** *f* hangar; **~industrie** *f* aircraft industry; **~katastrophe** *f* air(line) disaster; **~konstrukteur** *m* aircraft designer; **~modell** *n* model aeroplane (*Am.* airplane); **~träger** *m* aircraft carrier; **~unglück** *n* air (*od.* plane) crash, air(line) disaster; **~wrack** *n* wreck of an (*od.* the) aeroplane (*Am.* airplane), wrecked plane; aircraft wreck.

Flugziel *n* destination.

Fluidum *n* fluid; *fig.* aura, air.

Fluktuation *f* fluctuation; *im Personal*: turnover; **fluktuieren** *v/i.* fluctuate; ***~de Preise*** price fluctuations, fluctuations in price.

Flunder *f* flounder.

Flunkerei *f* **1.** story, *coll.* stories *pl.*; **2.** (*Flunkern*) storytelling; (*Prahlerei*) bragging; **flunkern** *v/i.* tell stories (*od.* fibs); (*prahlen*) brag.

Flunsch *dial. m*: ***e-n ~ ziehen*** pull a face.

Fluor *n* **1.** fluorine; *als Trinkwasserzusatz etc.*: fluoride; **2.** (*Ausfluß*) discharge.

Fluorchlorkohlenwasserstoff *m* ⚗ chlorofluorocarbon, CFC.

Fluoreszenz *f* fluorescence; **fluoreszieren** *v/i.* fluoresce; **fluoreszierend** *adj.* fluorescent.

Fluorid *n* fluoride.

Fluoroskop *n* ⚕ fluoroscope.

Fluor|säure *f* fluoric acid; **~wasserstoff** *m* hydrogen fluoride.

Flur[1] *m* (*Haus≈*) hall; (*Gang*) corridor; ***auf dem ~*** in the corridor.

Flur[2] *f* open fields *pl.*; (*Dorfmark*) village land(s *pl.*); ***durch Wald und ~*** through fields and meadows; *fig.* ***allein auf weiter ~ sein*** be on one's own, be all alone (with no-one to turn to); ***da bist du allein auf weiter ~*** *a.* F you'll be going it alone; **~bereinigung** *f* land consolidation; *fig.* settling of disputes, smoothing over of difficulties; **~name** *m* field name; **~schaden** *m a. pl.* crop damage.

Fluß *m* **1.** river; *kleiner*: stream, *Am. a.* creek; **2.** (*das Fließen*) flow(ing); *fig. der Rede, des Verkehrs etc.*: flow; *fig.* ***im ~*** in (a state of) flux; ***in ~ bringen*** get *s.th.* going (*od.* under way); ***in ~ kommen*** get going, get under way, get into its stride; **≈abwärts** *adv.* down the river, downriver, downstream; **~arm** *m* arm of a (*od.* the) river; **≈aufwärts** *adv.* up the river, upriver, upstream; **~bau** *m* river engineering; **~bett** *n* riverbed.

Flüßchen *n* (little) stream, *Am.* creek.

Fluß|dampfer *m* riverboat; **~diagramm** *n* flowchart; **~fisch** *m* river fish; **~gebiet** *n* river basin; **~hafen** *m* river port.

flüssig I. *adj.* liquid; (*geschmolzen*) molten, melted; ✝ liquid, available *capital etc.*; *fig. Stil etc.*: fluent, flowing; ♪ *Spiel*: smooth; ***~ machen, ~ werden*** liquefy, melt; → ***flüssigmachen***; **II.** *adv.* in liquid form; *fig.* fluently; *Verkehr etc.*: smoothly; *fig.* ***sich ~ lesen*** *Buch etc.*: read well.

Flüssig|ei *n* liquid egg; **~gas** *n* liquid gas.

Flüssigkeit *f* **1.** liquid; ***viel ~ zu sich nehmen*** drink plenty of liquids; **2.** (*Zustand*) liquidity; *fig. des Stils*: fluency, flow; ♪ *des Spiels*: smoothness.

Flüssigkeits|bremse *f mot.* hydraulic brake; **~grad** *m* liquidity; ⚗ viscosity; **~maß** *n* liquid measure.

Flüssigkristallanzeige *f* liquid crystal display, LCD.

flüssigmachen *v/t.* ✝ mobilize.

Fluß|insel *f* river island; **~krebs** *m* (freshwater) crayfish, *Am. a.* crawfish; **~landschaft** *f* **1.** river country; **2.** countryside (*od.* terrain) through which a (*od.* the) river flows; **3.** *Kunst*: riverscape; **~lauf** *m* course of a (*od.* the) river; **~mündung** *f* mouth (of a *od.* the river), estuary; **~netz** *n* river network (*od.* system); **~niederung** *f* river plain; **~pferd** *n* hippopotamus; **~regulierung** *f* river control; **~säure** *f* ⚗ hydrofluoric acid; **~schiff** *n* riverboat; **~schiffahrt** *f* (*getr.* ***ff-f***) river navigation (*od.* traffic); **~spat** *m* fluorite, fluorspar; **~tal** *n* river valley; **~ufer** *n* riverbank, riverside; **~verlauf** *m* course of a (*od.* the) river; **~verschmutzung** *f* river pollution.

Flüster|galerie *f* whispering gallery; **~kampagne** *f* whispering campaign.
flüstern I. *v/i.* (speak in a) whisper; ***du brauchst nicht zu*** ~ there's no need to whisper; **II.** *v/t.* whisper; ***j-m et.*** (***ins Ohr***) ~ whisper s.th. to s.o. (into s.o.'s ear); *fig.* F ***dem werd' ich was*** ~ I'll tell him a thing or two; F ***das kann ich dir ~!*** you can take it from me; **III.** ♀ *n* whisper(ing); ***ein*** ~ a whisper, (some) whispering.
Flüster|parole *f* whispered word (*od.* message); **~propaganda** *f* subversive propaganda; **~stimme** *f*: ***mit*** ~ → **~ton** *m*: (***im*** ~ in a) whisper; **~tüte** F *f* megaphone; **~witz** *m* underground joke.
Flut *f* (*Ggs. Ebbe*) (high) tide; (*Wogen*) waves *pl.*; (*Wassermassen*) waters *pl.*; (*Überschwemmung*) flood (*a. fig. von Tränen*); *fig. von Leuten*: (great) crowd, hordes *pl.*; *von Flüchtlingen*: tide; *von Worten*: torrent, stream; *von Protesten*: flood, avalanche; ***die*** ~ ***kommt*** (***geht***) the tide is coming in (going out); ***es ist*** ~ the tide is in; *fig.* ***mit e-r*** ~ ***von Zuschriften überschüttet werden*** be inundated with letters; ***e-e*** ~ ***von Schimpfwörtern ergoß sich über ihn*** a torrent of abuse rained down on him; **fluten I.** *v/i.* surge, *a. Licht*: stream, pour; *fig. Menschen*: pour, *a. Verkehr*: stream; **II.** *v/t.* flood.
Flut|grenze *f* high water mark; **~hafen** *m* tidal harbo(u)r; **~katastrophe** *f* flood disaster.
Flutlicht *n* floodlights *pl.*; ***bei*** ~ under floodlight; **~anlage** *f* floodlights *pl.*, floodlighting.
Flutlinie *f* high water mark.
flutschen F *v/i.* slip; *fig. Arbeit*: go very well; ***es flutscht nur gerade so*** it's (*od.* things are) going like clockwork; ***es flutscht nicht recht*** it's hard going; ***es ist mir aus der Hand geflutscht*** *a.* F it just sort of fell.
Flutwelle *f* tidal wave.
Fock *f*, **~mast** *m* foremast; **~segel** *n* foresail.
Föderalismus *m* federalism; **föderalistisch** *adj.* federalistic; *Staatsaufbau etc.*: federal; **Föderation** *f* (con)federation, confederacy; **föderativ** *adj.* federative, federal.
Fohlen *n* foal; *männliches*: colt; *weibliches*: filly; **fohlen** *v/i.* foal.
Föhn *m* (*Wind*) foehn, föhn; ***bei*** ~ when there's foehn (*od.* föhn); ***heute haben wir*** ~ it's foehn (*od.* föhn) today; **föhnig** *adj.* foehn ..., föhn ...; **Föhnwetter** *n* foehn (*od.* föhn) weather.
Föhre *f* pine (tree).
Fokus *m*, **fokussieren** *v/t. phys.*, ✻ focus.
Folge *f* (*Aufeinander*♀) sequence, succession; (*Reihen*♀) order; (*Reihe, Serie*) series; (*Fortsetzung*) *e-s Romans etc.*: instal(l)ment, *e-r Fernsehreihe*: part, (*bsd. zweiter Teil*) sequel; (*Heft, Ausgabe*) number, issue; (*Ergebnis*) result, consequence, (*Wirkung*) *a.* effect; (*ernste Nachwirkung, Kriegs*♀ *etc.*) aftermath; ✻ aftereffect; (*logische* ~) consequence, *a. phls.* corollary; ♪ sequence; ***in der*** ~ subsequently; ***in rascher*** ~ in rapid succession; *Roman, Fernsehfilm etc.* ***in mehreren ~n*** in instal(l)ments; (***üble***) ***~n haben*** have (unpleasant) consequences; ***die ~n tragen*** bear the consequences; ***ohne ~n bleiben*** have no consequences; ***es blieb ohne ~n*** *a.* there were no consequences; ***die ~n blieben nicht aus*** it wasn't without (its) consequences; ***zur*** ~ ***haben*** result in, lead to; ***als*** ~ ***davon*** as a result; ***die*** ~ ***war, daß*** the outcome (F upshot) was that; ***sie starb an den ~n des Unfalls*** she died as a result of the accident; ~ ***leisten*** a) (*e-m Gesuch*) grant, b) → ***folgen*** 6; → ***zwanglos***; **~erscheinung** *f* consequence; ✻ aftereffect; **~kosten** *pl.*, **~lasten** *pl.* follow-up costs.
folgen *v/i.* **1.** follow (*a. weitS. mit den Blicken; zuhören, entlanggehen, verstehen*); ***der Rede folgte ein Empfang*** the speech was followed by a reception; ***ein Unglück folgte dem andern*** it was one disaster after the other; ***j-m auf Schritt und Tritt*** ~ dog s.o.'s footsteps; ***Brief folgt*** letter will follow; ***weitere Einzelheiten*** ~ further details to come; ***es folgt ...*** we now have ..., and now ...; ***wie folgt*** as follows; ***können Sie*** (*geistig*) ***~?*** do you follow me?; ***ich kann Ihnen da***(***rin***) ***nicht*** ~ (*zustimmen*) I can't agree with you there; ***mit dem Finger*** ~ (*Route etc.*) trace with one's finger; → ***Fortsetzung***; **2.** *als Nachfolger*: succeed, follow; **3.** (*j-m*) *im Rang etc.*: follow, come after; ***auf Platz 3 folgt ...*** in third place we have ..., third is (*od.* are) ...; **4.** (*sich ergeben*) follow, ensue (**aus** from); ***daraus folgt, daß*** it follows (from this) that; **5.** (*sich richten nach*) follow (*a. e-r Eingebung, e-m Gefühl*); ***j-s Beispiel*** ~ follow s.o.'s example; ***j-s Rat*** ~ follow (*od.* take) s.o.'s advice; ***s-m Gefühl*** ~ a) do what one's heart tells one, b) do what one feels is best; **6.** (*Folge leisten*) (*e-m Befehl etc.*) obey; (*e-r Aufforderung etc.*) comply with, carry out; (*e-r Einladung*) accept; (***j-m***) ***aufs Wort*** ~ a) obey (s.o.) instantly, b) obey (s.o.) to the letter; **7.** F (*folgsam sein*) obey; ***nicht*** ~ disobey; ***er folgt nicht*** he (just) won't listen; **folgend** *adj.* following; (*darauf erfolgend*) *a.* ensuing; (*später*) subsequent; (*nächst*) next; ***am ~en Tag*** the next (*od.* following) day, the day after; ***im ~en*** in the following; ***... lautet*** ~ ... reads as follows; ***es handelt sich um ~es*** the matter is as follows, F what it's (all) about is this; ***dazu möchte ich ~es sagen*** may I just make the following point (*od.* make one thing clear), the way I see it is; **folgendermaßen** *adv.* as follows.
folgenlos *adj.* without consequences; ***es blieb*** ~ there were no consequences.
folgenreich *adj.* momentous; (*weitreichend*) far-reaching.
folgenschwer *adj.* (*schwerwiegend*) momentous; (*sehr ernst*) grave; (*weitreichend*) far-reaching.
folgerichtig I. *adj.* logical; (*konsequent*) consistent; **II.** *adv.*: ~ ***denken*** think logically (*od.* along logical lines); **Folgerichtigkeit** *f* (logical) consistency.
folgern *v/t.* conclude (**aus** from), deduce (*s.th.* from); **Folgerung** *f* conclusion; ***e-e*** ~ ***ziehen*** draw a conclusion (**aus** from); ***daraus ergibt sich die ~, daß*** from this it follows (*od.* one may conclude) that.
Folge|satz *m ling.* consecutive clause; ♪, *phls.* corollary; **~schaden** *m* ⚖ consequential damage.
folgewidrig *adj.* illogical; inconsistent; **Folgewidrigkeit** *f* inconsistency.
Folge|wirkung *f* consequence; *pl. a.* impact *sg.*; ***e-e*** ~ ***war*** one of the consequences (it had) was ...; **~zeit** *f* period following.
folglich *cj.* (*daher*) therefore; (*also*) so.
folgsam *adj.* obedient; (*fügsam*) submissive; (*brav*) good; **Folgsamkeit** *f* obedience; submissiveness.
Foliant *m* folio; (*großes, dickes Buch*) large tome.
Folie *f* foil; (*Plastik*♀) cling film, *Am.* plastic wrap; *fig.* ***als*** ~ ***dienen*** serve as a foil (*dat.* to).
Folien|kartoffel *f* jacket potato (baked in alumin[i]um foil); ♀**verpackt** *adj.* alumin(i)um-wrapped; *Plastikfolie*: cling-wrapped, *Am.* plastic-wrapped.
Folio *n*, **~blatt** *n*, **~format** *n* folio.
Folklore *f* (*Brauchtum, a. Dichtung*) folklore; (*Musik*) traditional (Brazilian *etc.*) music, folkloric music, folk (music); (*Kultur*) folk culture; **Folkloreabend** *m* evening of traditional music and dance; **folkloristisch** *adj. Musik*: traditional, folk(loric); *Kleidung*: traditional, ethnic; ***~e Elemente*** *a.* folk elements; ***~er Abend*** → ***Folkloreabend.***
Follikel *m physiol.* follicle; **~sprung** *m* ovulation.
Folsäure *f* folic acid.
Folter *f* torture (*a. fig.*); (*~bank*) rack; *fig.* ***es war e-e*** ~ it was torture (*od.* sheer agony); ***auf die*** ~ ***spannen*** keep *s.o.* in suspense (*od.* on tenterhooks); **~bank** *f* rack; **~instrument** *n* instrument of torture; **~kammer** *f* torture chamber; **~knecht** *m* torturer; ***der General mit s-n ~en*** the general and his henchmen; **~methode** *f* method of torture.
foltern *v/t.* torture; *fig. a.* torment.
Folterqualen *pl.* agony *sg.*; *fig.* ~ ***erleiden*** go through absolute agony.
Folterung *f* torture (*a. fig.*), torturing.
Folterwerkzeug *n* instrument of torture.
Fön *m* hair drier.
Fond *m* **1.** (*Hintergrund*) background; **2.** *mot.* back (of the car); ***im*** ~ *a.* on the back seat; **3.** (*Grundlage*) basis, foundation; **4.** *gastr.* meat juice, juice from the meat.
Fondant *m, n* fondant.
Fonds *m* ✝ (*zweckgebundene Geldsumme*) fund; (*Gelder*) funds *pl.*, capital; (*Staatspapiere*) government stocks *pl.*; *fig.* fund.
Fondue *n, f gastr.* fondu(e).
fönen *v/t.* (blow-)dry.
Fontäne *f* fountain; (*Strahl*) jet of water.
Fontanelle *f anat.* fontanel(le).
foppen *v/t.* (*necken*) pull *s.o.'s* leg, F kid; (*täuschen*) fool; **Fopperei** *f* leg-pulling.
forcieren *v/t.* force; (*Lachen*) *a.* F squeeze out; **forciert** *adj.* forced.
Förde *f* firth, narrow inlet.
Förder|anlage *f* conveyor (system); **~band** *n* conveyor belt.
Förderer *m*, **Förderin** *f* promoter, sponsor; supporter; (*Mäzen*) patron (*f a.* -ess), *bsd. Am.* sponsor.
Förder|gerät *n* conveyor; **~gut** *n* material to be transported; **~korb** *m* (pit) cage; **~kreis** *m*: ~ ***für ...*** society for the promotion of ...; **~kurs** *m ped.* special class; *pl. a.* special tuition *sg.*; **~leistung** *f* output, yield.
förderlich *adj.* conducive (*dat.* to); (*günstig*) beneficial (to); (*nützlich*) useful (for, to); (*wirksam*) effective; *e-r Sache* ~ ***sein*** *a.* help, promote, contribute to.
Fördermenge *f* ⚒ output.

fordern *v/t.* **1.** (*verlangen*) demand (**von j-m** of s.o.); (*erfordern*) *a.* call for; *rechtlich*: claim; (*Preis*) ask for; *fig.* (*Todesopfer etc.*) claim; **zuviel ~** be too demanding; **du forderst zuviel** you're asking too much (of me); *fig.* **hunderte von Todesopfern ~** claim hundreds of lives; **2.** (*j-n anstrengen*) stretch, *stärker*: take it out of s.o., (*e-n Sportler*) push (*od.* stretch) to the limit; **(richtig) gefordert werden** be faced with a (real) challenge; **der Job fordert ihn nicht** the job's too easy for him, he needs a more challenging job; **3. zum Duell ~** challenge to a duel; **vor Gericht ~** summon before a court.

fördern *v/t.* **1.** encourage, (*a. Kunst etc.*) promote; (*unterstützen*) support; (*kultivieren*) cultivate, foster; (*e-r Sache förderlich sein*) help, be good for; → *a.* **förderlich**; *als Gönner*: patronize, *bsd. Am. a.* sponsor; **2.** (*Öl etc.*) produce; (*befördern*) convey, transport; ⚙ (*zuführen*) feed; → **zutage** 1; **fördernd** *adj.*: **~es Mitglied** supporting member.

fordernd *adj. Blick etc.*: expectant; (*gebieterisch*) imperious.

Förder|preis *m* (literary *etc.*) award; **~schacht** *m* ⚒ mine shaft; **~stufe** *f* → **Orientierungsstufe.**

Forderung *f* demand (**nach** for; **an** on); call (for); (*Anspruch*) claim (for); ✝ (*Preis*) charge; *von Gebühren etc.*: exaction; **~en stellen** make demands; **die ~ stellen, daß** demand (*od.* insist) that; ✝ **e-e ~ haben an** have a claim against (*od.* on); **ausstehende ~en** outstanding debts, accounts receivable.

Förderung *f* **1.** promotion; (*Unterstützung*) support; (*Kultivierung*) cultivation; (*Anregung*) stimulation; *der Künste etc.*: patronage, sponsorship; **2.** ⚒ extraction; *von Öl etc.*: production; (*Menge*) output; ⚙ (*Beförderung*) conveyance; (*Zuführung*) supply.

Förderungs|maßnahmen *pl.* incentive measures; **~mittel** *pl.* (*Gelder*) development funds; **~programm** *n* development program(me); **≈würdig** *adj.* worthy of promotion (*od.* sponsorship); **~ sein** *a.* deserve to be promoted (*od.* sponsored).

Förderwagen *m* ⚒ (mine) car; *kleiner*: tub.

Forelle *f* trout; *gastr.* **~ blau** truite bleu.

Forellen|teich *m* trout pond; **~zucht** *f* **1.** trout farming; **2.** (*Anlage*) trout nursery.

forensisch *adj.* forensic(ally *adv.*).

Forke *f* pitchfork.

Form *f* **1.** form (*a. biol.*, ℞, *phys.*); *ling.* a) form, b) *aktive, passive*: voice; **2.** (*Gestalt*) form, shape; *e-r Sache* **~ geben** lend shape to; **s-e ~ behalten** keep its shape; **aus der ~ geraten** (*od.* **kommen**) get out of shape; **(feste) ~(en) annehmen** (begin to) take shape; **in ~** *gen.* in the form of (*a. fig.*); **die ~ e-s Halbmonds** *etc.* **haben** be in the shape of a crescent *etc.*, be shaped like a crescent *etc.*; **3.** (*konkrete ~, Umriß*) form, shape, outline; *Mode*: style, cut; *bsd.* ⚙ design, styling; **weibliche ~en** F curves; **4.** (*Modell*) model; **5.** ⚙ (*Guß≈, Preß≈*) mo(u)ld, (*Spritzguß≈*) die; **6.** (*Kuchen≈*) tin; (*Ausstech≈*) pastry cutter; **7.** *fig.* (*Art u. Weise*) form, way; **in höflicher ~** politely; **8.** (*~sache, Formalität*) formality, form; (*Förmlichkeit*) form; **der ~ halber** pro forma, as a matter of form; **in aller ~** formally, (*feierlich*) solemnly; **sich in aller ~ entschuldigen** make a formal apology; **9.** (*guter Ton*) good form; **10.** (*Konvention*) convention(s *pl.*), etiquette; **der ~ halber** to keep up appearances; **die ~ wahren** observe the proprieties, F stick to the rules; **11.** *pl.* (*Manieren*) manners; **12.** *Sport*: condition, shape, *a. weitS.* form; **in (guter) ~** in good form (*Sport*: *a.* shape, condition); **in bester ~** in top form; **nicht in ~** off form, not in form; **in ~ bleiben, sich in ~ halten** keep in form (*Sport*: *a.* shape); **in ~ kommen** get into shape; **in ~ bringen** get *s.o.* into shape.

formal I. *adj.* formal; **in ~er Hinsicht** formally, from a formal point of view; ⚖ **~er Einwand** technical objection; **II.** *adv.* formally; **~ und inhaltlich** in form and content.

Formaldehyd *n* formaldehyde.

Formalie *f* formality.

Formalin *n* ⚗ formalin.

formalisieren *v/t.* formalize; **Formalismus** *m* formalism; **Formalist** *m* formalist; **formalistisch** *adj.* formalist(ic); **Formalität** *f* formality.

Format *n* **1.** format, size; **2.** *fig.* stature, calib|re (*Am.* -er); **er hat kein ~** he hasn't got the personality it takes; **ein Mann (e-e Frau) von ~** a man (woman) of stature (*od.* substance); **ein Musiker von internationalem ~** a musician of international standing (*od.* stature).

formatieren *v/t. Computer*: format; **formatiert** *adj.* formatted; **Formatierung** *f* formatting.

Formations|flug *m* formation flying; *konkret*: formation flight; **~tanz** *m* formation dancing.

formativ *adj.* formative.

formbar *adj. metall. u. fig.* malleable.

formbeständig *adj.* shape-retaining; *Synthetik*: dimensionally stable; **~ sein** *a.* keep its shape.

Form|blatt *n* form; **~brief** *m* form letter.

Formel *f* formula; (*Redensart*) (set) phrase; (*Eides≈*) wording; **auf e-e ~ bringen** bring down to a simple formula.

Formel-1|-Fahrer *m* Formula-one racing driver; **~-Rennen** *n* Formula-one racing (*konkret*: race); **~-Wagen** *m* Formula-one racing car.

formelhaft *adj.* stereotyped.

formell I. *adj.* formal; **sehr ~ sein** *Person*: *a.* stand on ceremony; **II.** *adv.* formally; (*der Form halber*) as a matter of form; **~ leitet sie das Projekt** officially she's in charge of the project.

Formelwagen *m* formula car.

formen *v/t.* form, shape (*beide a.* **sich ~**) (**aus** out of, from; **zu** into); ⚙ mo(u)ld, shape; (*Gedanken, Satz*) form; (*j-n, Charakter*) form, mo(u)ld.

Formen|lehre *f* **1.** *Wortbildung*: morphology, *Grammatik*: *a.* accidence; **2.** ♪ theory of musical forms; **~reichtum** *m* (great *od.* rich) variety of forms, multitude of forms.

Former *m* mo(u)lder.

Form|fehler *m* irregularity; ⚖ formal defect; *gesellschaftlicher*: faux pas; **~frage** *f* question of form; **~gebung** *f* ⚙ styling, design; **≈gerecht** *adj.* correct; ⚖ in proper form; **~gestalter** *m* designer; **~gestaltung** *f* styling, design.

formieren *v/t. u. v/refl.* (**sich ~**) form; ⚔ line up.

förmlich I. *adj.* **1.** formal; (*feierlich*) ceremonious; (*sehr genau*) punctilious; **2.** F (*regelrecht*) F regular; **II.** *adv.* **3.** formally; **4.** (*regelrecht, buchstäblich*) literally; (*wirklich*) really; **Förmlichkeit** *f* **1.** *konkret*: formality; **2.** *des Verhaltens etc.*: formality; **keine ~en!** we don't stand on ceremony around here.

formlos *adj.* **1.** shapeless, amorphous; **2.** (*zwanglos*) informal; **3.** ⚖ informal, formless; **Formlosigkeit** *f* **1.** shapelessness; **2.** (*Zwanglosigkeit*) informality.

Formsache *f* matter of form; **(e-e reine ~** a mere) formality.

formschön *adj.* ⚙ beautifully designed, very stylish; **Formschönheit** *f* (a)esthetic design.

Formtief *n Sport*: **ein ~ haben** be off form.

Formular *n* form; → *a.* **Fragebogen.**

formulieren *v/t.* formulate; (*Gedanken etc.*) *a.* express, put into words; (*Brief etc.*) formulate, word; **neu ~** rephrase, reword; **knapp ~** sum *s.th.* up in a few words (*od.* briefly); **ich weiß nicht, wie ich es ~ soll** I don't know how to put it; **das hast du treffend formuliert** I couldn't have put it better myself; (*a. v/i.*) **wenn ich (es) mal so ~ darf** if I may put it like that; **Formulierung** *f* formulation; wording, phrasing.

Formung *f* formation; forming, shaping.

Formveränderung *f* change in (*od.* of) form; *bsd. kleinere*: modification.

formvollendet *adj.* perfectly shaped, finished; *Benehmen etc.*: perfect, immaculate, flawless.

formwidrig *adj.* **1.** irregular; **2.** (*verletzend*) offensive; **Formwidrigkeit** *f* **1.** irregularity; **2.** (*Verletzung*) breach of form (*od.* etiquette).

forsch I. *adj.* F very get up and go; (*dreist*) brash; **II.** *adv.*: **~ auftreten** have a very self-confident manner.

forschen *v/i.* **1.** *wissenschaftlich*: do research (**auf dem Gebiet** *gen.* on, in the field of); **~ in** search in (*od.* through), investigate; **2. ~ nach** search for; **nach den Ursachen braucht man nicht lange zu ~** you don't have to look far to find the reasons; **forschend** *adj. Blick*: searching; (*fragend*) questioning, inquiring.

Forscher *m* researcher; (*Naturwissenschaftler*) scientist; (*Entdecker*) explorer; **~drang** *m* intellectual curiosity; **~geist** *m* intellectual curiosity, inquiring mind; **sie ist ein ~** she likes to get to the bottom of things.

Forschheit *f* brashness; dash, F pep, go.

Forschung *f* **1.** *a. pl.* research (work); **~en betreiben** do research (work); **~ u. Entwicklung** research and development, R&D; **2.** *coll.* (*Forscher*) researchers *pl.*, *naturwissenschaftliche*: scientists *pl.*

Forschungs|arbeit *f* research work; **~auftrag** *m* research assignment; **~bereich** *m* field of research; **~bericht** *m* research report; **~ergebnis** *n* result(s *pl.*) of the research; **~freijahr** *n* sabbatical; **ein ~ haben** be on sabbatical; **~gebiet** *n* field of research; **~gegenstand** *m* object of research; **~institut** *n* research institute; **~labor(atorium)** *n* research lab(oratory); **~programm** *n* research program(me); **~projekt** *n* research project; **~reaktor** *m* research reactor;

~reise *f* **1.** expedition; **2.** research trip; **~reisende(r)** *m* explorer; **~satellit** *m* research satellite; **~schiff** *n* research vessel; **~semester** *n* (half-year) sabbatical; ***ein ~ haben*** be on sabbatical; **~station** *f* research station; **~stipendium** *n* research scholarship (*od.* grant, fellowship); **~urlaub** *m* sabbatical; ***im ~ sein*** be on sabbatical; **~vorhaben** *n* research project; **~zentrum** *n* research cent|re (*Am.* -er).

Forst *m* forest; **~amt** *n* forestry office.

Förster *m* forester.

Forst|fach *n* forestry; **~frevel** *m* infringement of forest laws; **~revier** *n* forest district; **~verwaltung** *f* forestry commission; **~wesen** *n* forestry; **~wirt** *m* forestry engineer; **~wirtschaft** *f* forestry; **2wirtschaftlich** *adj.* forest *property etc.*; **~wissenschaft** *f* forestry.

Fort *n* fort.

fort *adv.* **1.** (*abwesend*) away, (*a. verschwunden*) gone; ***sie sind schon ~*** they've already left (*od.* gone); → *a.* ***weg***; **2.** (*verloren*) gone; ***der Wagen ist ~*** the car is (*od.* has) gone; **3.** ***und so ~*** and so on (*od.* forth); ***in einem ~*** continuously, without interruption (*od.* stopping); ***er redete in einem ~*** *a.* he wouldn't stop talking, F he just went on and on.

fort... → *a. Zssgn mit* ***weg...***

fortan *adv.* henceforth, from now on.

Fortbestand *m* continued existence, continuance; *e-r Einrichtung etc.*: survival; **fortbestehen I.** *v/i.* continue (to exist), survive; *Kunstwerk etc.*: live on; **II.** 2 *n* → ***Fortbestand.***

fortbewegen I. *v/t.* move (away); **II.** *v/refl.*: ***sich ~*** move; *Fahrzeug*: move (along); (*gehen*) walk; ***sich nur mit Mühe ~ können*** *Person*: have great difficulty walking; **Fortbewegung** *f* movement, (loco)motion; **Fortbewegungsmittel** *n* means of locomotion.

fortbilden I. *v/t.*: ***j-n ~*** further s.o.'s education; *beruflich*: give s.o. further (vocational) training; **II.** *v/refl.*: ***sich ~*** further one's education; *in Abendkursen*: do evening classes; do a course *in s.th.*; ***sich (beruflich) ~*** do further (vocational) training; **Fortbildung** *f* continuing education; ***(berufliche) ~*** further (vocational) training; **Fortbildungskurs** *m* (further training) course.

fort|bleiben I. *v/i.* stay away; **II.** 2 *n* absence; **~bringen I.** *v/t.* take away; *von der Stelle*: move; **II.** *v/refl.*: ***sich ~*** make a living.

Fortdauer *f* continuation; **fortdauern** *v/i.* continue, last; **fortdauernd I.** *adj.* lasting; (*ständig*) continuous; *Zahlungen etc.*: recurrent; **II.** *adv.* continuously.

fortdürfen *v/i.* be allowed to go (*od.* leave).

forte *adv.*, 2 *n* ♪ forte.

fort|eilen *v/i.* hurry away; **~entwickeln** *v/t.* → ***weiterentwickeln*** I; **~fahren** *v/i.* **1.** leave, go away; *mit dem Auto*: *a.* drive off (*od.* away); (*e-n Ausflug machen*) go off for the day; (*e-e Reise machen*) go off on a trip (*od.* on holiday); **2.** (*et. fortsetzen*) continue, carry on; ***~ zu*** *inf.* continue *ger.* (*od.* to *inf.*), carry (*od.* go, keep) on *ger.*; ***mit s-r Erzählung ~*** continue (with) *od.* resume one's story; ***fahren Sie fort!*** go on; **~fallen** *v/i.* → ***wegfallen***; **~fliegen** *v/i.* fly away (*od.* off).

fortführen *v/t.* **1.** lead away; **2.** (*fortsetzen*) go on with, continue; (*Geschäft, Krieg*) carry on; (*wiederaufnehmen*) resume; **Fortführung** *f* continuation; (*Wiederaufnahme*) resumption.

Fortgang *m* (*Fortschreiten*) progress; (*Weiterentwicklung*) *a.* further development; (*Fortsetzung*) continuation; *lit.* (*Weggehen*) departure; ***s-n ~ nehmen*** progress; **fortgehen** *v/i.* **1.** go (away), leave; **2.** (*weitergehen*) go on.

fortgeschritten *adj.* advanced; ***Kurs für 2e*** advanced course; ***in e-m ~en Stadium*** at an advanced stage; ***Krebs im ~en Stadium*** terminal cancer; ***in e-m ~en Alter sein*** be fairly advanced in years; ***zu ~er Stunde*** at a very late hour, (*nach Mitternacht*) *a.* in the small (*od.* wee) hours.

fortgesetzt I. *adj.* continued; **II.** *adv.* continually.

fort|jagen *v/t.* chase away; (*j-n*) F kick *s.o.* out; **~kommen I.** *v/i.* **1.** get away; ***mach, daß du fortkommst!*** get out of here; **2.** *fig.* get on; **II.** 2 *n* progress; (*Unterhalt*) living; *gesellschaftliches*: advancement; ***berufliches ~*** career, professional advancement; **~lassen** *v/t.* **1.** (*j-n*) let *s.o.* go; **2.** (*auslassen*) leave out.

fortlaufen *v/i.* **1.** run away (**[*vor*] *j-m*** from s.o.); **2.** (*weitergehen*) continue; **fortlaufend I.** *adj.* continuous, running; **II.** *adv.* continuously; ***~ numeriert*** numbered consecutively.

fort|leben I. *v/i.* live on; **II.** 2 *n* survival; **~machen** F *v/refl.*: ***sich ~*** (*wegeilen*) F clear off; **~müssen** *v/i.* have to go; ***das muß fort*** it's got to go, we've got to get rid of it.

fortpflanzen I. *v/t. biol.* propagate, reproduce; *phys.* transmit; *fig.* spread; **II.** *v/refl.*: ***sich ~*** *biol.* multiply, reproduce; *phys.* be transmitted, travel; *fig.* spread, be passed on; **Fortpflanzung** *f biol.* reproduction; *phys.* transmission; *fig.* spread(ing), propagation.

fortpflanzungs|fähig *adj.* capable of reproduction; **2organ** *n* reproductive organ; **2trieb** *m* reproductive drive (*od.* instinct).

fort|reisen *v/i.* go away; **~reißen** *v/t.* **1.** (***a. mit sich ~***) sweep away; **2.** *fig.* → ***hinreißen*** 2; **~rennen** *v/i.* run away (*od.* off); ***~ vor*** run away from *s.o. od. s.th.*, run out on *s.o.*

Fortsatz *m* process; (*Anhang*) appendix; (*Knochen2*) eminence.

fort|schaffen *v/t.* → ***wegschaffen***; **~scheren** F *v/refl.*: ***scher dich fort!*** F get lost; **~schicken** *v/t.* send away; (*verjagen*) send *s.o.* packing; **~schleppen I.** *v/t.* drag away; **II.** *v/refl.*: ***sich ~*** drag o.s. along; *fig.* (*sich hinziehen*) drag (on).

fortschreiten *fig.* **I.** *v/i.* progress; *Zeit*: march on; *Epidemie, Mißstand etc.*: spread; **II.** 2 *n* progress; **fortschreitend** *adj.* progressive.

Fortschritt *m* progress, headway; (*Verbesserung*) improvement; ***~e machen*** make progress (*od.* headway), get on (*od.* ahead); ***große ~e machen*** make great strides, forge ahead; **Fortschrittler** *m* progressive; **fortschrittlich** *adj.* progressive; *Anlage etc.*: (very) modern, up-to-date ..., *pred.* up to date.

Fortschritts|fanatiker *m* fanatical progressive; **2feindlich** *adj.* reactionary, Luddite; **~glaube** *m* belief in progress.

fortsehnen *v/refl.*: ***sich ~*** long to be somewhere else (*od.* to escape).

fortsetzen *v/t.* continue (*a.* ***sich ~***); ***wieder ~*** *a.* resume, take *s.th.* up again; **Fortsetzung** *f* continuation; *e-r Geschichte etc.*: *a.* sequel; (*Folge*) part, instal(l)ment, *TV, Radio*: *a.* episode; (*Wiederaufnahme*) resumption; ***in ~en (erscheinend)*** serialized; ***~ folgt*** to be continued; ***~ von Seite 2*** continued from page two; **Fortsetzungsroman** *m* serialized novel.

fort|stehlen *v/refl.*: ***sich ~*** sneak away (*od.* off); **~tragen** *v/t.* carry away; **~treiben I.** *v/t.* **1.** drive away; **2.** *fig.* (*weiterhin tun*) carry on (with), go on with; **II.** *v/i. im Wasser*: drift away.

Fortuna *f* fortune, luck; Dame Fortune, F Lady Luck; ***~ war ihr hold*** fortune (*od.* Dame Fortune) smiled on her.

fortwagen *v/refl.*: ***sich ~*** dare to go away (*od.* leave).

fortwährend I. *adj.* continual, constant; (*ununterbrochen*) continuous, incessant; **II.** *adv.* continually *etc.*; → I; all the time; ***er ruft ~ an*** he keeps (*od.* won't stop) ringing up.

fort|werfen *v/t.* throw away; **~wirken I.** *v/i.* continue to have an effect (*od.* take effect) (***in*** on, among); continue to make itself felt (in, among); **II.** 2 *n* continued *od.* continuing effect (*od.* influence); **2zahlung** *f* continued payment; **~ziehen** *v/i.* (*umziehen*) move (away).

Forum *n* forum (*a. fig.*); *für Diskussionen etc.*: platform; (*Podiumsgespräch*) panel discussion.

fossil I. *adj.* fossil ..., fossilized; ***~e Energieträger*** fossil fuels; **II.** 2 *n* fossil.

Foto[1] *n* photo(graph), shot, (*Schnappschuß*) *a.* F snap.

Foto[2] F *m* (*Kamera*) camera.

Foto|album *n* photo(graph) album; **~apparat** *m* camera; **~archiv** *n* photo library (*od.* archives *pl.*); **~artikel** *pl.* photographic equipment *sg.*, cameras and accessories; **~ausrüstung** *f* photo(graphic) equipment, camera(s) and lenses *pl.*; **~ausstellung** *f* photo(graphic) exhibition; **~ecken** *pl.* adhesive corners.

Fotograf(in *f*) *m* photographer.

Fotografie *f* **1.** *Kunst*: photography; **2.** (*Bild*) photograph, picture; (*Porträt*) *a.* portrait.

fotografieren I. *v/t.* take (*od.* get) a photo(graph) *od.* picture of, get a shot of; ***sich ~ lassen*** have one's (*od.* a) photo(graph) *od.* picture taken; ***er läßt sich gut ~*** he's very photogenic; **II.** *v/i.* take photographs (*od.* pictures); ***er fotografiert gern*** he's a keen photographer; ***ich fotografiere nicht mehr*** I've stopped taking photographs, I've given up photography; **III.** 2 *n* photography; taking of photographs; ***~ verboten*** no photographs.

fotografisch *adj.* photographic(ally *adv.*); ***~es Gedächtnis*** photographic memory.

Fotojournalismus *m* photojournalism.

Fotokopie *f* photocopy; **fotokopieren I.** *v/t.* (photo)copy; **II.** *v/i.* photocopy; ***er fotokopiert gerade*** he's just doing some photocopying; **Fotokopierer** *m*, **Fotokopiergerät** *n* photocopier.

Foto|labor *n* photographic lab(oratory), photo lab(oratory); developers *pl.*; **~material** *n* photo(graphic) materials *pl.*; **~modell** *n* (photographic) model; **~montage** *f* photomontage; **~realismus** *m* photorealism; **~reportage** *f* photo reportage; **~reporter(in** *f*) *m* photojournalist; **~sachen** F *pl.* cameras and lenses, photographic equipment *sg.*; **~safari** *f* photo safari; **~satz** *m* photocomposition; **2scheu** *adj.* camera-shy; **~studio** *n* photo(graphic) studio (*od.* atelier); **~tasche** *f* camera holdall; **~termin** *m* photocall.

Fotothek *f* photo library.

Foto|wettbewerb *m* photo(graphic) competition; **~zeitschrift** *f* photo magazine; **~zelle** *f* photo(electric) cell.

Fötus *m* f(o)etus.

Fotze V *f* V cunt.

Foul *n* foul; **~elfmeter** *m* penalty (kick).

foulen *v/t. u. v/i.* foul.

Foxterrier *m* fox terrier.

Foxtrott *m* foxtrot; ~ ***tanzen*** do the foxtrot.

Foyer *n* foyer (*a. thea. etc.*), entrance hall, *bsd. Am.* lobby (*a. thea. etc.*).

Fracht *f* (*Ladung*) load, freight; (*Schiffs2*) cargo; (*Luft2*) air freight; (*~beförderung, ~geld*) carriage, *Am.* freight(age), ⚓ freightage; **~brief** *m* consignment note, *Am.* freight bill; **~dampfer** *m* cargo ship, freighter.

Frachter *m* **1.** freighter; **2.** → ***Frachtflugzeug.***

Fracht|flugzeug *n* cargo (*od.* freight) plane, (air) freighter; **2frei** *adj.* carriage paid, *Am.* freight prepaid; **~führer** *m* carrier; **~gebühr** *f*, **~geld** *n* carriage, *Am.* freight (charge); **~gut** *n* freight; ⚓ cargo; ***als*** ~ by goods (*Am.* freight) train; **~kosten** *pl.* freight charges; **~raum** *m* cargo hold; (*Ladefähigkeit*) freight capacity; **~schiff** *n* cargo ship, freighter; **~sendung** *f* consignment; **~stück** *n* package; **~tarif** *m* freight rates *pl.*; **~verkehr** *m* freight traffic; **~versicherung** *f* freight (*od.* cargo) insurance.

Frack *m* tails *pl.*, tailcoat; ***im*** ~ in evening dress, in tails; **~hemd** *n* dress shirt; **~zwang** *m auf Einladungen*: evening dress; ***es herrscht*** ~ tails are compulsory.

Frage *f* question (**zu** about, on); *bsd. anzweifelnde od. Auskunft suchende*: query; (*Erkundigung*) inquiry, enquiry; (*Angelegenheit*) matter, question; (*Problem*) problem; ***(j-m) e-e*** ~ ***stellen*** ask (s.o.) a question; ***ich habe mal e-e*** ~ can I ask you something?; ***es war nur e-e*** ~ I was only asking; ***das steht außer*** ~, ***das ist überhaupt keine*** ~ there's no question about that; ***in*** ~ ***kommen*** be a possibility, ***für*** *e-e Stelle etc.*: be considered for, be under consideration for; ***er kommt nicht in*** ~ he's not the right man (for the job *etc.*), *stärker*: he's out of the question; ***das kommt nicht in*** ~ that's out of the question; ***in*** ~ ***kommend*** possible, *Person*: *a.* eligible; ***in*** ~ ***stellen*** (call into) question, query, *stärker*: challenge; (*gefährden, unsicher machen*) jeopardize, make *s.th.* uncertain; ***die*** ~ ***ist, ob*** (***wie*** *etc.*) ... the question *od.* point is whether (how *etc.*) ...; ***das ist e-e*** ~ ***der Zeit*** that's a matter (*od.* question) of time; ***das ist e-e andere*** ~ that's a different matter; ***das ist eben die*** ~ that is the question, that's just the point; ***das ist noch sehr die*** ~ that's anybody's guess; ***was soll diese*** ~? what kind of question is that?, what are you getting at?; ***das ist gar keine*** ~ there's no question about it, (*steht fest*) *a.* that's been decided (*od.* settled); ***gar keine*** ~! (*natürlich*) of course; you don't have to ask; ***ohne*** ~ undoubtedly; ***so e-e*** ~! what a question, what a thing to ask; **~bogen** *m* questionnaire, form; **~form** *f ling.* interrogative form; **~fürwort** *n* interrogative (pronoun).

fragen I. *v/t. u. v/i.* ask; (*ausfragen*) question, query; (*sich erkundigen*) inquire (***nach*** about, *j-m* after); ***(j-n) etwas*** ~ ask (s.o.) a question; ***(j-n)*** ~ ***nach*** ask (s.o.) for; ***j-n nach s-m Namen (dem Weg*** *etc.*) ~ ask s.o. his (*od.* her) name (the way *etc.*); ***j-n um Rat*** ~ ask s.o.'s advice; ***viel*** ~ ask a lot of questions; ***gern*** ~ like to ask questions; ***ich wollte*** ~, ***ob*** I was wondering if (*od.* whether), I wanted to ask if (*od.* whether); ***niemand fragt nach mir*** nobody bothers about me; ***wenn ich*** ~ ***darf*** if I may ask; ***da fragst du mich zuviel*** (I'm afraid) I can't tell you that, I don't know about that; ***frag lieber nicht!*** don't ask; let's talk about something else, shall we?; ***man wird ja wohl noch*** ~ ***dürfen*** sorry I asked; ***frag nicht so dumm!*** don't ask such silly (*od.* stupid) questions; ***da fragst du noch?*** (*das ist doch selbstverständlich*) how can you even ask (such a thing)?, (*du wagst es zu* ~?) you've got a nerve; → ***gefragt***; **II.** *v/refl.*: ***sich*** ~ wonder; ***ich frage mich, wie er es schafft*** *a.* I'd like to know how he does it; ***ich frage mich, warum*** I (just) wonder why, I can't help wondering why; ***da fragt man sich doch!*** F I ask you; ***es fragt sich, ob*** (***wann*** *etc.*) it's a question of whether (when *etc.*), the question is whether (when *etc.*); **III.** 2 *n*: ~ ***kostet nichts*** there's no harm in asking; **fragend** *adj.* questioning, inquiring; *ling.* interrogative.

Fragen|katalog *m* package of questions; ***ein ganzer*** ~ *a.* a long list of questions; **~komplex** *m* (problem) area; (*Thema*) topic, subject; ***der ganze*** ~ ***um*** the whole array of questions concerning.

Frager *m* questioner; ***er ist ein lästiger*** ~ he's always (*od.* he won't stop) asking questions.

Fragerei *f* questions *pl.*; ***hör auf mit d-r*** ~ I wish you'd stop asking all these questions (*od.* pestering me with your questions).

Frage|satz *m ling.* interrogative sentence (*od.* clause), question; **~stellung** *f* **1.** question; ***das ist e-e falsche*** ~ the question has to be put differently; **2.** (*Problemkreis*) question, problem; **~stunde** *f parl.* (*in GB*: Prime Minister's) question time; **~-und-Antwort-Spiel** *n* quiz, *a. fig.* question-and-answer game; **~wort** *n ling.* interrogative; **~zeichen** *n* question mark; *fig.* query; *fig.* ***et. mit e-m (großen)*** ~ ***versehen*** put a (big) question mark behind s.th.

fraglich *adj.* **1.** (*zweifelhaft*) doubtful; **2.** (*in Rede stehend*) ... in question; ***an dem*** ~***en Tag*** on that particular day, on the day in question; **Fraglichkeit** *f* doubtfulness; uncertainty.

fraglos *adv.* undoubtedly.

Fragment *n* fragment; **fragmentarisch I.** *adj.* fragmentary; **II.** *adv.* in fragmentary form; **Fragmentation** *f* fragmentation; **fragmentieren** *v/t.* fragment, break up (into fragments).

fragwürdig *adj.* questionable; (*verdächtig*) dubious; ~***es Subjekt*** shady character; **Fragwürdigkeit** *f* dubious nature, dubiousness; *e-r Person*: dubiousness, shadiness.

Fraktion *f* **1.** *parl.* parliamentary party; (*Untergruppe*) faction; **2.** ⚗ fraction; **fraktionieren** *v/t.* ⚗ fractionate.

Fraktions|ausschuß *m* party committee; **~beschluß** *m* party resolution; **~disziplin** *f* party discipline; **~führer** *m* party leader, *Am.* floor leader; **2los** *adj.* independent; **~mitglied** *n* party member; **~sitzung** *f* party meeting; **~vorsitzende(r)** *m* party leader, *Am.* floor leader; **~zwang** *m* party discipline; ***unter*** ~ ***stehen*** be under the party whip.

Fraktur *f* **1.** *typ.* Gothic (type), Gothic black letter; F *fig.* ***mit j-m*** ~ ***reden*** tell s.o. what's what, *bsd. Am.* F talk turkey with s.o.; **2.** ⚕ fracture.

Franc *m* franc.

frank *adv.*: ~ ***und frei*** quite frankly, openly.

Franke *m* **1.** *hist.* Frank; **2.** (*Bewohner von Franken*) Franconian.

Franken *m* (*Münze*) (Swiss) franc.

Frankenreich *n* → ***fränkisch*** 1.

Frankfurter *f* (*a.* ~ ***Würstchen***) frankfurter; ***ein Paar*** ~ two frankfurters.

frankieren *v/t.* stamp; *mit e-r Maschine*: frank; **Frankiermaschine** *f* franking machine; **frankiert** *adj.* **1.** ~ ***sein*** have a stamp (*od.* stamps) on it; ***der Brief ist nicht ausreichend*** ~ they didn't put enough stamps on the letter; **2.** ✉ (*a.* ***ausreichend*** ~) prepaid, post paid.

fränkisch *adj.* **1.** *hist.* Frankish, Franconian; *hist.* ***das*** ~***e Reich*** the Frankish Empire (*od.* Kingdom), the Kingdom of the Franks; **2.** (*Franken betreffend*) Franconian.

franko *adv.* prepaid, post paid.

Frankokanadier(in *f*) *m* French Canadian; **frankokanadisch** *adj.* French-Canadian.

frankophil *adj.*, **2e(r)** *m* Francophile.

frankophon *adj.*, **2e(r)** *m* Francophone.

Franse *f* fringe; (*loser Faden*) (loose) thread; ~**n** (*Pony*) fringe, *Am.* bangs; *contp.* (*Strähnen*) strands of hair; ***in (die)*** ~***n gehen*** be falling apart; ***in*** ~***n sein*** be in shreds (*od.* tatters); **fransen** *v/i.* fray; **fransig** *adj.* fringed; (*ausgefranst*) frayed; F ***sich den Mund*** ~ ***reden*** talk till one is blue in the face.

Franzbranntwein *m* rubbing alcohol.

Franziskaner *m* Franciscan (friar); **Franziskanerin** *f* Franciscan (nun); **Franziskanerorden** *m* Franciscan Order, Order of St Francis.

Franzose *m* **1.** Frenchman; ***die*** ~***n*** the French (*pl.*); ***er ist*** ~ he's French; **2.** ⚙ monkey wrench; **Französin** *f* Frenchwoman; ***sie ist*** ~ she's French; **französisch I.** *adj.* French; ~***es Bett*** (double) divan; ***die*** ~***e Küche*** French cuisine; ***die*** ~***e Schweiz*** French-speaking Switzerland; **II.** *adv.*: ***sich*** ~ ***empfehlen*** take French leave; **französ(si)sieren** *v/t.* Gallicize, gallicize; *bsd. contp.* Frenchify.

frappant *adj.* striking; **frappieren** *v/t.* astonish, take *s.o.* aback; **frappierend** *adj.* amazing, astonishing, remarkable; ~***e Ähnlichkeit*** striking resemblance.

Fräse *f* **1.** milling machine; *für Holz*: shaper; **2.** 🌱 rotary hoe; **fräsen** *v/t. u. v/i.* mill; (*Holz*) shape.

Fräs|kopf *m* milling head; **~maschine** *f* milling machine.

Fraß *m* **1.** F *contp.* (*Essen*) F muck, swill; **2.** (*Tierfutter*) feed; *fig.* (*Opfer*) food (*gen.* for); ***et. e-m Tier zum ~ vorwerfen*** throw s.th. to an animal; **3.** (*Schaden*) damage; ⚕ caries; (*Säure*2, *Rost*2) corrosion.

Frater *m R.C.* Brother.

fraternisieren *v/i.* fraternize; **Fraternisierung** *f* fraternization.

Fratz *m* (*ungezogenes Kind*) little monkey, F *contp.* brat; ***niedlicher*** (*od.* ***süßer***) ~ cute little thing.

Fratze *f* (*Grimasse*) grimace; F (*Gesicht*) (ugly *od.* grotesque) face; ***so e-e ~!*** what a face!; ***widerliche ~*** F ugly mug; ***~n schneiden*** pull faces; **fratzenhaft** *adj.* grotesque.

Frau *f* woman; *statistisch*: female; (*Dame*) lady; (*Ehe*2) wife; *vor Namen, bei verheirateter Frau*: Mrs, *schriftlich*: *a.* Ms, *bei unverheirateter Frau, bsd. schriftlich*: Ms, *obs.* Miss; F (*Freundin*) F girl; ***~ Doktor*** Doctor; ***wie geht es Ihrer ~?*** how's Mrs X?, *familiär*: how's the wife (F missus)?; ***Ihre ~ Mutter*** your mother; *eccl.* ***Unsere Liebe ~*** Our (Blessed) Lady; ***~ und Kinder haben*** have a wife and children (F kids); ***zur ~ nehmen*** marry; **Frauchen** *n* little old lady, F old biddy; ***mein ~*** (*Ehefrau*) my dear wife, F my old woman; ***komm zu ~!*** *zum Hund*: come to Mummy!

Frauen|arbeit *f* **1.** *a* woman's job, women's jobs *pl.*, women's labo(u)r; ***das ist keine ~!*** that's no job for a woman, that's a man's job; **2.** *für die Belange der Frau*: women's aid; ***ich interessiere mich für ~*** I'd like to do something to help women (*od.* the women's cause); **~arzt** *m* gyn(a)ecologist, F gyny; **~beauftragte** *f* women's representative; **~beruf** *m* female profession; **~bewegung** *f*: ***die ~*** women's lib(eration), the women's liberation movement; **~chor** *m* (all-)female choir; **~feind** *m* woman-hater, misogynist; **2feindlich** *adj.* anti-women; *Person*: *a.* woman-hating ...; *formell*: misogynous; ***das Konzept ist ~*** *a.* the concept is directed against women; **~fußball** *m* women's football (*Am.* soccer); **~gefängnis** *n* women's prison; **~gruppe** *f* **1.** group of women; **2.** *in der Frauenbewegung*: women's group (*od.* association).

frauenhaft *adj.* feminine.

Frauen|haus *n* women's refuge (*Am.* shelter); **~heilkunde** *f* gyn(a)ecology; **~held** *m* lady-killer; **~herrschaft** *f* matriarchal rule; female domination; (*Matriarchat*) matriarchy; **~klinik** *f* gyn(a)ecological hospital (*od.* clinic); **~kloster** *n* convent; **~krankheit** *f*, **~leiden** *n* gyn(a)ecological disorder (*od.* problem); **~liebling** *m* favo(u)rite among the ladies; **~literatur** *f* women's literature; *emanzipatorische*: feminist writing(s *pl.*) *od.* literature; **~quote** *f* quota of women; **~rechte** *pl.* women's rights; **~rechtlerin** *f* feminist, F women's libber; **~rolle** *f thea.* female part; **~schuh** *m* ♀ lady's slipper; **~sport** *m* women's sport(s *pl.*); **~station** *f* women's ward; **~stimme** *f* woman's (♪ female) voice; **~stimmrecht** *n* votes *pl.* for women, women's suffrage; **~treff** F *m* women's meeting place, F female hangout; **~überschuß** *m* surplus of women; **~zeitschrift** *f* women's magazine; **~zimmer** *n mst contp.* female, woman; daughter of Eve; ***unverschämtes ~*** F brazen hussy.

Fräulein *n* (young) lady; *Titel*: Miss; (*Kinder*2) governess; (*Verkäuferin*) sales girl, *in der Anrede*: Miss; (*Kellnerin*) waitress; ***~!*** excuse me; ***Ihr ~ Tochter*** your daughter; *teleph.* ***~ vom Amt*** operator.

fraulich *adj.* feminine; womanly; **Fraulichkeit** *f* femininity; womanliness, womanly quality (*od.* qualities *pl.*).

frech I. *adj.* cheeky, *bsd. Am.* fresh; (*kühn*) daring; (*dreist*) brazen; (*keß*) saucy; ***zuletzt wurde sie noch ~*** then she started getting cheeky (*bsd. Am.* fresh); F ***der ist ~ wie Oskar*** F he's a cheeky little brat; **II.** *adv.*: F ***j-m ~ kommen*** get cheeky (*bsd. Am.* fresh) with s.o.; ***~ grinsen*** give a cheeky grin; ***er hat es ~ geleugnet*** he had the nerve to deny it; **Frechdachs** F *m* F cheeky (little) monkey; **Frechheit** *f* cheek; ***so e-e ~!*** what a cheek (*od.* nerve), of all the cheek (*od.* nerve); ***die ~ haben zu*** *inf.* have the cheek (*od.* nerve, *formell*: temerity) to *inf.*; ***sich (j-m gegenüber) ~en erlauben*** start getting cheeky (*bsd. Am.* fresh) (with s.o.).

Fregatte *f* frigate.

frei I. *adj.* free (***von*** from, of); (*unabhängig*) *a.* independent; (*befreit*) *von Steuern etc.*: exempt (from); (*in Freiheit*) free; (*unbehindert*) free, unrestrained; (*unbeschäftigt*) free; *Straße etc.*: clear; (*ungezwungen*) free and easy; (*offen*) open; (*nicht gebunden*) unattached; (*moralisch großzügig*) liberal; *Sport*: (*ungedeckt*) unmarked; *phys. Energie, Fall etc.*: free; (*unbeschrieben*) blank; (*unentgeltlich*) free (of charge); (*porto~*) prepaid, post paid; ⚗ uncombined; *Feld, Himmel*: open; *Journalist, Künstler etc.*: freelance; *Stuhl, Raum etc.*: free; *teleph. Leitung*: vacant; *Stelle*: vacant, open; *Übersetzung*: free; ***~er Beruf*** independent profession; ***~er Eintritt*** admission free (***für*** to); ***die ~en Künste*** the liberal arts; ***ein ~er Mensch*** (*der tun kann, was er will*) a free agent; ***~er Mitarbeiter*** freelance(r); ***~er Nachmittag*** afternoon off; ***~e Stadt*** free city; ***~e Stelle*** vacancy; ***~e Wahl*** free choice; ***2e Demokratische Partei*** Free Democratic Party; ***„Zimmer frei"*** room to let (*Am.* rent); ***im ~en Handel*** in the shops; ***~er Markt*** open market, *Börse*: unofficial market; ***~e Marktwirtschaft*** free market economy; ***(die) ~e Wirtschaft*** free enterprise; ***im 2en, unter ~em Himmel*** in the open (air); → *a.* ***Freie***; ***~ werden*** *Energie etc.*: be released; ***~er werden*** *im Benehmen etc.*: loosen up; ***~ machen*** (*Weg etc.*) clear; ***den Oberkörper ~ machen*** strip to the waist; *fig.* ***sich ~ machen von*** free o.s. of, (*herauskommen aus*) get out of, (*loswerden*) get rid of; ***„~ ab 15"*** 15 (= no admission to persons under 15 years); → ***Fuß, Hand, Stück*** *etc.*; → *a.* ***freibekommen, freihaben, freilaufen, freimachen, freinehmen***; **II.** *adv.* freely *etc.*; ***~ sprechen*** speak openly, *Redner*: ad-lib, speak without notes; ***~ erfunden*** (entirely) fictitious; ***das hat er ~ erfunden*** he made that up; ***~ nach (e-m Stück von) X*** freely adapted from the play by X; ***~ heraus*** frankly, (*unverblümt*) point-blank; ***Lieferung ~ Haus*** no delivery charge; ***~ an Bord*** free on board (*abbr.* f.o.b.); ***~ finanziert*** privately financed; ***~ assoziativ*** in free association; **2bad** *n* open-air (*od.* outdoor) swimming pool; **2ballon** *m* free balloon; **2bank** *f* cheap meat counter; **~bekommen I.** *v/t.* **1.** get *a day etc.* off; **2.** get *s.o., one's hands etc.* free; ***j-n ~*** get s.o. free, *durch Verhandlungen etc.*: obtain s.o.'s release; **II.** *v/i.* get the morning *etc.* off.

Freiberufler *m* freelance(r), self-employed person; ***~ sein*** be a freelance(r), be freelance (*od.* self-employed); **freiberuflich I.** *adj.* freelance, self-employed; *Anwalt, Arzt*: *a. adv.* in private practi|ce (*Am. a.* -se); **II.** *adv.*: ***~ tätig sein*** *a.* work (as a) freelance.

Frei|betrag *m* tax allowance; **~beuter** *m* buccaneer; *fig.* shark; **2beweglich** *adj.* ⚙ freely moving, mobile; **~bier** *n* free beer; **2bleibend** *adj. u. adv.* ✝ subject to being sold; **2boxen** *fig. v/t.* bail *s.o.* out; **~brief** *m* charter; *fig.* (*Vorrecht*) privilege (***für et.*** to do s.th.); (*Recht*) right (to do s.th.); (*Entschuldigung, Rechtfertigung*) excuse (for s.th., to do s.th.); *fig.* ***j-m e-n ~ ausstellen*** give s.o. carte blanche (to do s.th.); **~demokrat** *m* Free Democrat, Liberal.

Freidenker *m* freethinker; **freidenkerisch** *adj.* freethinking.

Freie *n the* open air; ***im ~n*** in the open (air), outside; ***Spiele im ~n*** outdoor games; ***im ~n übernachten*** camp out.

Freie(r) *m* freeborn citizen.

Freier *m* **1.** (*Prostituiertenkunde*) client; **2.** *obs.* suitor; **Freiersfüße** *pl.*: ***auf ~n gehen*** be looking for a wife, (*um e-e bestimmte Frau werben*) be courting.

Frei|exemplar *n* free copy; **~fahrschein** *m* free ticket; **~fahrt** *f* free ride; **~flug** *m* ✈ free flight; **~frau** *f*, **~fräulein** *n* baroness; **~gabe** *f* release (*a. für die Presse etc.*); *des Wechselkurses*: floating; ✈ *zum Start*: clearance; **~gänger** *m* (*Häftling*) day release prisoner; ***~ sein*** *a.* be on day release; **2geben I.** *v/t.* release; ✈ *zum Start*: clear; (*Wechselkurse*) float; ***für den Verkehr ~*** open to traffic; ***zur Veröffentlichung ~*** release for publication; **II.** *v/i.*: ***j-m ~*** let s.o. off, give s.o. the day *etc.* off; ***sich ~ lassen*** get time (*od.* the day *etc.*) off.

freigebig *adj.* generous; **Freigebigkeit** *f* generosity, largesse, *Am.* largess.

frei|geboren *adj.* freeborn; **2gehege** *n* open-air enclosure; **2geist** *m* freethinker; **~gelegt** *adj.* exposed; **2gepäck** *n* baggage allowance.

freigiebig *adj.* → ***freigebig.***

Frei|grenze *f* tax exemption limit; **2haben** *v/i.* be off, have the day *etc.* off; ***freitags habe ich ~*** Friday's my day off; ***sie hat heute frei*** a) she's off today, b) it's her day off today; **~hafen** *m* free port; **2halten I.** *v/t.* **1.** (*e-n Platz*) keep, save; (*Straße*) keep clear; (*Angebot, Stelle etc.*) keep open; ***„Eingang ~!"*** do not block entrance; **2.** (*j-n*) treat, pay for; **3.** ***~ von*** keep *s.th.* free of, (*Eingang etc.*) keep *s.th.* clear of; ***j-n von Erkältungen*** *etc.* ~ keep s.o. free (*od.* protect s.o.) from colds *etc.*, keep colds *etc.* away from s.o.; **II.** *v/refl.*: ***sich ~*** keep o.s. free (***für*** for), ***von***: ward off, avoid.

Freihandbücherei *f* open access (*Am.* open stack) library.

Freihandel *m* free trade.
Freihandels|abkommen *n* free trade agreement; **~zone** *f* free trade area.
freihändig *adj. u. adv. Radfahren etc.*: with no hands; *Schießen*: offhand, without support; *Zeichnen etc.*: freehand; ⚖ privately; ✝ *Verkauf etc.*: direct; **~er Verkauf** *von Wertpapieren*: over-the-counter trade.
Freihandzeichnung *f* freehand drawing.
freihängend *adj.* ⚙ freely suspended.
Freiheit *f* freedom, liberty; *von Lasten*: exemption; (*Spielraum*) scope, latitude; (*Unabhängigkeit*) independence; **dichterische ~** poetic licen|ce (*Am.* -se); → **Pressefreiheit, Redefreiheit** *etc.*; **in ~ sein** be free; **in ~ setzen** release, (*bsd. Tier*) *a.* set *an animal* free; **die ~ haben zu** *inf.* be free to *inf.*; **sich die ~ (heraus)nehmen zu** *inf.* take the liberty of *ger.* (*od.* to *inf.*); **sich ~en erlauben** take liberties (**gegenüber** with); **j-m volle ~ gewähren** give s.o. carte blanche (**zu** *inf.* to *inf.*); **freiheitlich** *adj.* free; *Gesinnung etc.*: liberal.
Freiheits|beraubung *f* unlawful detention (*od.* imprisonment); **~beschränkung** *f* restriction of personal liberty; **~bewegung** *f* freedom movement; **~drang** *m* desire for independence (*od.* freedom); love of liberty; **~entzug** *m* imprisonment; **~kampf** *m* struggle for freedom (*od.* [political] independence); (*Aufstand*) revolt; **~kämpfer** *m* freedom fighter; **~krieg** *m* war of liberation (*od.* independence); **~liebe** *f* love of liberty; **2liebend** *adj.* freedom-loving; **~statue** *f* Statue of Liberty; **~strafe** *f* ⚖ prison sentence; **zu e-r ~ von fünf Jahren verurteilt werden** be sentenced to five years' imprisonment.
freiheraus *adv.* openly, straight out.
Frei|herr *m* baron; **~herrin** *f* baroness; **2kämpfen I.** *v/t.* (fight to) free; **II.** *v/refl.*: **sich ~** a) fight o.s. free, b) *aus e-r Menge etc.*: fight (*od.* battle) one's way out (**aus** of); **~karte** *f* free ticket, *thea. etc. a.* complimentary ticket.
Freikauf *m e-r Geisel*: ransom; **freikaufen I.** *v/t.*: **j-n ~** pay for s.o.'s release, pay a ransom to have s.o. released; **II.** *v/refl.*: **sich ~** pay for one's release (*od.* freedom); *fig.* buy a clear conscience.
Freikirche *f* free church; **freikirchlich** *adj.* free-church ...
freikommen *v/i.* get free; (*wegkommen*) get away; ⚖ be released; (*freigesprochen werden*) be acquitted.
Freikörperkultur *f* naturism, nudism.
freikriegen F *v/t.* → **freibekommen.**
Freilandgemüse *n* outdoor vegetables *pl.*
freilassen *v/t.* release, set *s.o.* free; ⚖ **gegen Kaution ~** release on bail; **Freilassung** *f* release.
Frei|lauf *m* freewheel; **im ~ fahren** freewheel, coast; **2laufen** *v/refl.*: **sich ~** *Sport*: get into space; **2laufend** *adj.*: **~e Hühner** free-range hens; **Eier von ~en Hühnern** free-range eggs; **2lebend** *adj.*: **~e Tiere** wildlife, animals living in the wild (*od.* out of captivity); **2legen** *v/t.* lay open, expose; (*Verschüttetes*) uncover; **~leitung** *f* ⚡ overhead (transmission) line.
freilich *adv.* of course; (*zugegebenermaßen*) *a.* admittedly; (*jedoch*) of course, though; **er hat es ~ geleugnet** of course he denied it, though he 'did deny it(, of course); **ja ~!** of course!; F what do you think?
Freilicht|bühne *f* open-air theat|re (*Am. a.* -er); **~kino** *n* open-air cinema; **~konzert** *n* open-air concert; **~malerei** *f* plein air painting; **~museum** *n* open-air museum; **~theater** *n* open-air theat|re (*Am. a.* -er).
frei|liegen *v/i.* lie exposed (*od.* uncovered, open); **2los** *n* free (lottery) ticket; *Sport*: bye.
Freiluft... *in Zssgn* open-air ..., outdoor ...
freimachen I. *v/t.* (*Brief etc.*) stamp; **II.** *v/i.* (*nicht arbeiten*) take time off; **e-n Tag ~** take a day off; → *a.* **frei** I; **III.** *v/refl.*: **sich ~** *vom Dienst etc.*: take time off; (*sich ausziehen*) undresss, get undressed; **sich e-n Tag ~** take a day off.
Freimaurer *m* freemason; **Freimaurerei** *f* freemasonry; **freimaurerisch** *adj.* masonic; **Freimaurerloge** *f* freemasons' (*od.* masonic) lodge.
Freimut *m*, **Freimütigkeit** *f* cando(u)r, openness; **freimütig** *adj.* candid, open.
frei|nehmen *v/t.*: (**sich**) **e-n Tag ~** take a day off; **2plastik** *f* free-standing sculpture; **2platz** *m ped.* free place; *thea.* free seat; **~pressen** *v/t.*: **j-n ~** obtain s.o.'s release; **2raum** *m a. pl.* (*Spielraum*) (personal) freedom; room to manoeuvre (*Am.* maneuver); scope for development; **sich Freiräume schaffen** allow o.s. room for personal development; **~religiös** *adj.* non-denominational; **~schaffend I.** *adj.* freelance; **II.** *adv.*: **~ tätig sein** work (as a) freelance, be a freelance(r); **2schärler** *m* guer(r)illa; *hist.* irregular; **~schießen** *v/refl.*: **sich ~** shoot one's way out (*od.* to the door *etc.*); **~schwebend** *adj.* freely suspended; **~schwimmen** *v/refl.*: **sich ~ 1.** *pass one's 15-minute swimming test*; **2.** F *fig.* learn to stand on one's own two feet, F make the break; **~setzen** *v/t.* ⚗, *phys. u. fig.* release; (*Arbeitskräfte*) lay off, make redundant; **~sinnig** *adj.* liberal(-minded); **~spielen I.** *v/refl.*: **sich ~** *Sport*: get into space; **II.** *v/t.* (*Spieler*) get *a player* in the clear.
freisprechen *v/t.* **1.** ⚖ acquit (**von** of); *von e-r Schuld*: exonerate (from); *von e-m Verdacht*: clear (of); *eccl.* absolve (from); **2.** (*Lehrling*) release from his (*od.* her) articles; **Freisprechung** *f* **1.** *von e-r Schuld*: exoneration; ⚖ → **Freispruch**; *eccl.* absolution; **2.** *e-s Lehrlings*: release from his (*od.* her) articles; **Freispruch** *m* acquittal; verdict of not guilty.
Freistaat *m* free state; republic; **der ~ Bayern** (**Sachsen**) the Free State of Bavaria (Saxony).
freistehen *v/i.* **1.** (*leerstehen*) be unoccupied, be empty; **2.** *Sport*: be unmarked; **3. j-m ~** be up to s.o.; **es steht Ihnen frei zu** *inf.* it's up to you whether you want to *inf.*; **freistehend** *adj.* (*leer*) empty; *Haus*: detached; *Sport*: unmarked.
freistellen I. *v/t.* **1.** (*j-n*) exempt, release (**von** from; *a.* ⚔); **2. j-m et. ~** leave s.th. (up) to s.o.; **freigestellt** (*wahlweise*) optional; **es ist ihm freigestellt zu** *inf.* he's free to *inf.*; **II.** *v/refl.*: **sich ~** *Sport*: run clear; **Freistellung** *f* exemption; release.
Freistil *m Sport*: freestyle; **~ringen** *n* freestyle wrestling; **~schwimmen** *n* freestyle swimming.
Frei|stoß *m Fußball*: free kick; **~stunde** *f ped.* free period.
Freitag *m* Friday; (**am**) **~** on Friday; **freitags** *adv.* on Friday(s).
Frei|tod *m* suicide; **in den ~ gehen, den ~ wählen** commit suicide, take one's own life; **2tragend** *adj.* ⚙ cantilever ..., self-supporting; *Achse*: floating; **~treppe** *f* steps *pl.* (*gen.* of, in front of, leading up to); **~übungen** *pl.* exercises; **~umschlag** *m* stamped addressed envelope, *vorgedruckt*: prepaid envelope; **~vermerk** *m* ✝ prepaid notice.
freiweg F *adv.* straight out.
Freiwild *n* unprotected (*fig.* fair) game.
freiwillig I. *adj.* voluntary; (*aus sich heraus*) spontaneous; **~e Leistung** *finanzielle*: ex gratia payment; **II.** *adv. a.* of one's own free will; **sich ~ melden** volunteer (**zu** for); **Freiwillige(r** *m*) *f* volunteer.
Frei|wurf *m Sport*: free throw; **~zeichen** *n teleph.* dial(l)ing tone.
Freizeit *f* free (*od.* leisure) time; **~angebot** *n* leisure amenities *pl.*; cultural and entertainment facilities *pl.*; **ein großes ~ haben** *a.* offer a lot of leisure amenities; **~beschäftigung** *f* leisure-time activity (*od.* activities *pl.*); **~gesellschaft** *f* leisure(-oriented) society; **~gestaltung** *f* leisure-time activities *pl.*; **die richtige ~ ist sehr wichtig** it's important to organize one's leisure time properly; **~industrie** *f* leisure industry; **~kleidung** *f* leisurewear; **~park** *m* leisure park; **~problem** *n* problem of how to fill one's free time; **~sport** *m* leisure sport; **~wert** *m* recreational assets *pl.*; **mit hohem ~** with a wide range of leisure facilities; **~zentrum** *n* leisure cent|re (*Am.* -er).
freizügig *adj.* **1.** (*großzügig*) generous, liberal; *moralisch*: free, *Film etc.*: explicit; ✝ unrestricted; **2.** (*nicht ortsgebunden*) free to move; **Freizügigkeit** *f* **1.** (*Großzügigkeit*) generosity; *moralische*: permissiveness; **2.** (*Ortsungebundenheit*) freedom of movement.
fremd *adj.* (*unbekannt, ungewohnt*) strange; (*ausländisch, weitS. fremdartig*) foreign; *Pflanzen*: exotic; (*nicht dazugehörig*) outside ...; **~e Leute** strangers; **~e Sitten** foreign (*od.* strange) customs; **~e Länder** foreign (*od.* exotic) countries; **~e Sprachen** foreign languages; **~es Organ** transplanted organ; **~e Hilfe** outside help; **in ~en Händen** in strange hands; **unter ~em Namen** under an assumed name, incognito; **ich bin hier** (**selbst**) **~** I'm a stranger here (myself); **sich ~ fühlen** feel like a stranger, feel very strange; **er ist mir ~** he's a stranger to me, I don't know him (at all); **er ist mir nicht ~** he's no stranger to me, I know him (well); **das ist mir** (**nicht**) **~** that's (nothing) new to me; **das ist mir alles noch sehr ~** it's all still too new to me; **sich** (*od.* **einander**) **~ werden** grow apart, become strangers; **nicht für ~e Ohren bestimmt** for your ears only; **misch dich nicht in ~e Angelegenheiten** don't go poking your nose into other people's business; **sie tat so ~** she was very distant (*scheu*: shy); **s-e Stimme klang ganz ~** his voice sounded very strange (*od.* different); **das ist ihm ganz ~** (*untypisch*) that's completely alien to him.
Fremdarbeiter *obs. m* (*Ausländer*) foreign worker.
fremdartig *adj.* foreign; (*merkwürdig*)

strange; *Pflanze etc., a. fig.*: exotic; **Fremdartigkeit** *f* foreignness, strangeness; exoticism; → ***fremdartig.***

Fremd|befruchtung *f* ⚘ cross-fertilization; **~bestäubung** *f* cross-pollination.

Fremde *f*: ***die ~*** foreign parts *pl.*; ***in die (der) ~*** away from home, (*ins od. im Ausland*) abroad.

Fremde(r) *m* stranger; (*Ausländer*) foreigner; (*Tourist*) tourist; ***er ist mir kein Fremder*** he's no stranger to me.

fremdeln *v/i.* be shy (with strangers); ***er fremdelt sehr*** *Kind*: *a.* he doesn't take to strangers very easily.

Fremden|bett *n* (guest) bed; **~buch** *n* visitors' book.

fremdenfeindlich *adj.* xenophobic, hostile to foreigners; ***die Leute hier sind sehr ~*** *a.* they don't like foreigners around here; **Fremdenfeindlichkeit** *f* xenophobia, hostility towards foreigners.

Fremden|führer *m* (tourist) guide; **~haß** *m* xenophobia, hatred of foreigners; **~heim** *n* guest house; **~industrie** *f* tourist industry; **~legion** *f* Foreign Legion; **~legionär** *m* (Foreign) Legionnaire.

Fremdenverkehr *m* tourism.

Fremdenverkehrs|amt *n*, **~verein** *m* tourist association (*od.* board).

Fremdenzimmer *n im Gasthaus etc.*: room (to let, *Am.* to rent).

Fremd|finanzierung *f* outside financing; **♀gehen** F *v/i.* F two-time; be unfaithful (to one's husband *od.* wife, boyfriend *od.* girlfriend); go out with another man *od.* woman; **~herrschaft** *f* foreign rule; **~kapital** *n* borrowed capital; **~körper** *m* **1.** *biol.* foreign body; **2.** *fig.* alien element; (*Person*) odd man out; ***wie ein ~ wirken*** be (completely) out of place.

fremdländisch *adj.* foreign; *weitS.* exotic.

Fremdling *lit. m* stranger, alien.

Fremdsprache *f* foreign language.

Fremdsprachen|kenntnisse *pl.* foreign language ability *sg.*, knowledge *sg.* of foreign languages; *als Überschrift im Lebenslauf etc.*: foreign languages; **~korrespondent(in *f*)** *m* foreign language correspondent; **~sekretärin** *f* bilingual secretary; **~unterricht** *m* foreign language teaching; **~wörterbuch** *n* foreign language dictionary.

fremdsprachig *adj.* **1.** *Bevölkerungsteil etc.*: foreign-speaking ...; **2.** *Buch etc.*: foreign-language ...; ***~er Unterricht*** teaching (*od.* tuition) in the foreign (*od.* target) language.

fremdsprachlich *adj.* foreign-language *teaching, texts etc.*

Fremd|stoff *m* foreign substance; **~währung** *f* foreign currency.

Fremdwort *n* foreign word; *fig.* ***das ist für ihn ein ~*** he doesn't know what it means; **Fremdwörterbuch** *n* dictionary of foreign loan words.

frenetisch *adj.* frenzied; *Applaus*: *a.* wild.

frequentieren *v/t.* frequent; ***stark frequentiert*** *Lokal etc.*: very popular; *das Museum* ***wird stark ~*** has a lot of visitors.

Frequenz *f phys.* frequency; (*Besucherzahl*) number of visitors; (*Verkehrs♀*) traffic (density); *des Pulses etc.*: (pulse) rate; **~bereich** *m* frequency range; **~regelung** *f* frequency control; **~skala** *f* tuning dial; **~verschiebung** *f* frequency shift; **~verteilung** *f* frequency allocation; **~weiche** *f* frequency separator; crossover network.

Freske *f*, **Fresko** *n* fresco.

Fresken|gemälde *n* fresco (painting); **~maler** *m* fresco painter; **~malerei** *f* fresco (painting).

Fressalien F *pl.* F grub *sg.*, *sl.* nosh *sg.*

Freßbeutel *m* **1.** *für Pferde*: nosebag; **2.** F (*Vorratsbeutel*) *sl.* nosh bag.

Fresse V *f sl.* mug; ***halt die ~!*** *sl.* shut your face; ***ich hau' dir gleich in die ~!*** *sl.* I'll put your face out of joint if you don't watch it.

fressen I. *v/t.* **1.** eat, *Raubtier*: *a.* devour; V *Mensch*: F scoff, stuff o.s. with; (*sich ernähren von*) eat, feed on; *fig.* F (*Bücher*) devour; F (*Geld etc.*) F gobble up; F (*Benzin*) eat up, F guzzle; ***e-m Tier et. zu ~ geben*** *ständig*: feed an animal on s.th., *einmal*: give an animal s.th. to eat; *fig.* ***j-n arm ~*** eat s.o. out of house and home; ***ihn frißt der Neid*** he's eaten up (*od.* consumed) with envy; F ***er wird dich schon nicht ~!*** he won't bite you; F ***friß mich nicht gleich!*** there's no need to bite my head off; F ***den (das) habe ich gefressen*** I can't stand him (it); F ***er hat's gefressen*** (*kapiert*) F the penny's dropped, (*geglaubt*) he fell for it; F ***er hat's immer noch nicht gefressen*** (*kapiert*) F he still hasn't got it into his thick skull; ***da heißt's ~ oder gefressen werden*** it's (a case of) dog eat dog; → *a.* ***Besen*** 1, ***Narr*** *etc.*; **II.** *v/refl.* **2.** ***sich ~ in*** *a. Säure etc.*: eat into; **III.** *v/i.* **3.** eat; V *Person*: gobble, eat like a pig; ***er ißt nicht, er frißt*** he eats like a pig; *fig.* ***j-m aus der Hand ~*** eat out of s.o.'s hand; **4.** *fig.* ***~ an*** eat away at; **IV.** ♀ *n* food; V ***das ist ein ungenießbares ~*** F how is anybody expected to eat this muck?; ***~ und Saufen*** eating and drinking; F ***sie ist zum ~ (süß)*** I could eat her alive; ***das ist ein gefundenes ~ für ihn*** that's just what he was waiting for.

Fresser *m* **1.** *zo.* feeder; **2.** F (*Vielfraß*) glutton; **Fresserei** V *f* **1.** F guzzling; **2.** → ***Freßgelage.***

Freßgelage F *n* F blowout, *sl.* great nosh-up.

Freßgier *f* voracity; *contp.* gluttony, greed(iness); ⚕ b(o)ulimia; **freßgierig** *adj.* voracious; *contp.* greedy, gluttonous.

Freß|korb F *m* hamper; (*Geschenkkorb*) (food) hamper; **~lust** *f zo.* appetite; → *a.* ***Freßgier***; **~napf** *m* (feeding) bowl; *für Vögel*: seed dish; **~paket** F *n* food parcel; **~sack** F *m* glutton; **~sucht** *f* → ***Freßgier***; **~tempel** F *m* gourmet temple.

Frettchen *n* ferret.

Freude *f* joy (***über*** at); (*Vergnügen*) pleasure; (*Entzücken*) delight; ***~ haben (od. finden) an*** enjoy *s.th.*; ***er hat viel ~ daran*** it gives him a lot of pleasure; ***j-m ~ machen (od. bereiten)*** give s.o. pleasure, *stärker*: make s.o. happy; ***es macht mir (keine) ~*** I (don't) enjoy it, ***zu*** *inf.*: I (don't) enjoy *ger.*; ***ich wollte ihr e-e kleine ~ machen*** I wanted to do something nice (for her); ***Freud und Leid*** joy and sorrow; ***in Freud und Leid*** through thick and thin, in good times and bad; ***s-e einzige ~*** his only pleasure (in life); ***die Malerei ist s-e einzige ~*** *a.* he lives for his painting; ***j-m die ~ verderben*** spoil it for s.o.; ***vor ~ weinen*** weep for (*od.* with) joy; ***außer sich vor ~*** overjoyed; ***es war e-e ~ zu*** *inf.* it was a pleasure to *inf.*; ***das war e-e ~!*** it was a real joy; ***zu m-r großen ~*** much to my pleasure; ***es war keine reine ~*** F it was no picnic (*od.* fun and games), it wasn't exactly (great) fun; *iro.* ***die kleinen ~n des Alltags*** the little things that are sent to try us; → ***geteilt.***

Freuden... *in Zssgn mst* ... of joy; **~botschaft** *f* good news, *lit. u. hum.* glad tidings *pl.*; **~fest** *n* (joyful) celebration(s *pl.*); **~feuer** *n* bonfire; **~geschrei** *n* shouts *pl.* of joy; cheers *pl.*, cheering; **~haus** *n* brothel, *iro.* house of ill repute; **~mädchen** *n* prostitute; **♀reich** *adj.* joyful; **~er Tag** *a.* day of rejoicing (*od.* joy), day full of joy; **~schrei** *m* cry of joy; ***e-n ~ ausstoßen*** shout for joy; **~sprung** *m*: ***e-n ~ machen*** jump for joy; **~tag** *m* day of rejoicing; day to be remembered; **~tanz** *m*: ***e-n ~ aufführen*** dance a jig, dance for joy; **~taumel** *m*: ***in e-n ~ geraten*** go into ecstasies; **~tränen** *pl.* tears of joy.

freude|strahlend *adj.* beaming (with joy *od.* happiness); **~trunken** *adj.* delirious with joy, deliriously happy, ecstatic.

Freudianer *m* Freudian, follower (*od.* adherent) of Freud; **freudianisch** *adj.* Freudian.

freudig I. *adj.* (*froh*) happy; (*heiter*) cheerful; (*begeistert*) enthusiastic, keen; (*freudvoll*) joyful; ***~es Ereignis*** happy event; ***~e Nachricht*** good news; ***~e Überraschung*** wonderful surprise; **II.** *adv.* happily *etc.*; → I; ***~ erregt*** very excited; ***j-n ~ begrüßen*** give s.o. a cheerful hello (*od.* warm welcome), be happy to see s.o.; **Freudigkeit** *f* happiness, joy.

freudlos *adj.* miserable, bleak, cheerless; ***ein ~es Dasein fristen*** lead a miserable life.

Freudsch *adj.* Freudian; ***~er Fehler*** Freudian slip.

freudvoll *adj.* joyful, full of joy.

freuen I. *v/refl.*: ***sich ~*** be glad, be pleased (***über*** about, *ein Geschenk etc.*: with); ***sie hat sich über d-n Besuch gefreut*** she was glad (*od.* pleased) that you visited her; ***sich riesig ~*** F be over the moon; ***sich an et. ~*** get a lot of pleasure out of s.th.; ***sich s-s Lebens ~*** enjoy life (to the full); ***sich ~ auf*** look forward to; ***sich darauf ~ zu*** *inf.* look forward to *ger.*; ***sich zu früh ~*** rejoice too soon; ***freu dich nicht zu früh!*** *a.* don't start celebrating too soon; **II.** *v/t.* please; ***das freut mich sehr*** I'm glad to hear that; **III.** *v/impers.*: ***es freut mich, Sie zu sehen*** nice to see you; ***es würde mich ~, wenn*** I'd be very pleased if; ***freut mich!*** *bei Vorstellung*: how d'you do.

Freund(in *f*) *m* friend (*a. fig.*); (*Partner*) boyfriend, (*Partnerin*) girlfriend; (*Gönner*) friend, patron; ***~ und Feind*** friend and foe; ***j-m ein guter ~ sein*** be a good friend to s.o.; ***sich j-n zum ~ machen*** make a friend of s.o.; ***j-n zum ~ haben*** have a friend in s.o.; ***e-n guten ~ an j-m haben*** have a good friend in s.o.; ***ein ~ in der Not*** a friend in need; ***dadurch hat sie sich viele ~e gemacht*** it won (*od.* made) her a lot of friends; ***gut ~ sein mit*** be good friends with; ***der beste ~ des Menschen*** (*Hund*) a man's best friend; *fig.* ***~ der Musik*** *etc.* music lover *etc.*; ***ein ~ sein von*** be fond of; ***kein ~ sein von***

be averse to, be no fan of; ***er ist kein ~ von vielen Worten*** he's not a man of many words, he's not one for talking much; → ***dick.***

Freundchen *n*: *iro.* ***hör mal,*** ~ listen to me, chum (*od.* my lad).

Freundeskreis *m* (circle of) friends *pl.*; ***e-n großen ~ haben*** have a lot of friends; ***im engsten ~ feiern*** celebrate with a few good friends (*od.* with one's close[st] friends).

freundlich I. *adj.* friendly (***gegen*** to[wards]); (*liebenswürdig*) *a.* pleasant; (*zuvorkommend*) obliging; (*leutselig*) affable; *Wetter*: pleasant, mild; *Klima*: mild; *Zimmer*: cheerful; ✝ favo(u)rable, cheerful; ***das macht das Zimmer ~er*** it brightens up the room; ***sehr ~!*** very kind of you; ***mit ~er Genehmigung*** *des Verlags etc.*: by courtesy of; ***seien Sie so ~ zu*** *inf.* would you be good enough to *inf.?*; → ***Gruß***; **II.** *adv.*: ***j-n ~ empfangen*** give s.o. a warm welcome; ***j-m*** (***e-r Sache***) ***~ gesinnt sein*** be well-disposed towards s.o. (s.th.); *pol.* ***~ gesinnt*** friendly; **freundlicherweise** *adv.* (very) kindly; **Freundlichkeit** *f* friendliness; pleasantness; obligingness; affability; → ***freundlich***; ***würden Sie die ~ haben zu*** *inf.?* would you be kind enough to *inf.?*; ***j-m e-e ~ erweisen*** do s.o. a favo(u)r; ***j-m ein paar ~en sagen*** say a few nice words to s.o., *iro.* tell s.o. what's what.

freundlos *adj.* friendless, without friends.

Freundschaft *f* friendship; ***~ schließen mit*** make friends with; ***aus ~*** because we're *etc.* friends; ***in aller ~*** in all friendliness; ***da hört die ~ auf*** my friendship doesn't extend that far, we're not that good friends; **freundschaftlich I.** *adj.* friendly, amicable; ***auf ~em Fuße stehen mit j-m*** be on friendly terms with s.o.; **II.** *adv.*: ***~ gesinnt gegen*** well-disposed towards; ***~ auseinandergehen*** part as friends, part on friendly (*od.* amicable) terms.

Freundschafts|bande *pl.* ties of friendship; **~besuch** *m pol.* goodwill visit; **~bezeigung** *f* token of one's friendship; **~dienst** *m* good turn; ***j-m e-n ~ erweisen*** do s.o. a good turn; **~pakt** *m* friendship pact; **~preis** *m* special price, F mate's rate; **~spiel** *n Sport*: friendly (game); **~vertrag** *m* treaty of friendship.

Frevel *m eccl.* sacrilege; (*Lästerung*) blasphemy; (*Untat, a. fig.*) crime, outrage (***an, gegen*** against); (*Mutwille*) wantonness; (*Bosheit*) wickedness, iniquity; **frevelhaft** *adj.* sacrilegious; outrageous; wanton; wicked; → ***Frevel***; **freveln** *v/i.* commit an outrage (*od.* crime); ***~ an*** (*od.* ***gegen***) trespass against *the law etc., eccl.* commit sacrilege (*lästernd*: blasphemy) against; **Freveltat** *f* outrage, crime; **Frevler** *m* evil-doer, transgressor, offender; (*Gotteslästerer*) blasphemer; **frevlerisch** *adj.* → ***frevelhaft.***

Friede(n) *m zwischen Staaten, a. weitS.* (*Eintracht*) peace; (*Einklang*) harmony; (*Ruhe, a. innerer ~*) tranquil(l)ity, peace of mind; (*Friedensvertrag*) peace treaty; (*Friedenszeit*) (time of) peace, peacetime; ***Frieden schließen*** make peace; ***den Frieden bewahren*** keep the peace; ***s-n Frieden machen mit*** make one's peace with; ***laß mich in Frieden!*** leave me alone; ***laß mich mit dem Unsinn in Frieden!*** leave me alone (*od.* go away) with that nonsense (of yours); ***er gibt mir keinen Frieden*** he gives me no peace, he won't leave me in peace; ***dem Frieden traue ich nicht*** things are too quiet to be true, things are suspiciously quiet; ***um des lieben Friedens willen*** for the sake of peace (and quiet); (***er***) ***ruhe in Frieden*** (may he) rest in peace.

Friedens... *in Zssgn ...* of peace, peace ...; **~angebot** *n* peace offer; **~apostel** F *m* prophet of peace; *weitS.* peace campaigner; **~appell** *m* call for peace; **~bedingungen** *pl.* peace terms, terms of peace; **~bemühungen** *pl.* peace effort *sg.*, attempt to bring about a peace settlement; **~bereitschaft** *f* desire for peace; **~bewegung** *f* peace movement; **~brecher** *m* peacebreaker; **~bruch** *m* ⚖ breach (*pol.* violation) of the peace; **⁀erhaltend** *adj.* peace-keeping; **~formel** *f* peace formula; **~forschung** *f* peace studies *pl.*; **~garantie** *f* guarantee of peace; guaranteed peace; **~gespräche** *pl.* peace talks; **~initiative** *f* peace initiative (*od.* move); **~konferenz** *f* peace conference; **~kundgebung** *f* peace rally; **~liebe** *f* love of peace; **~marsch** *m* peace march; **~mission** *f* peace mission; **~nobelpreis** *m* Nobel Peace Prize; **~pfeife** *f* peace-pipe; ***die ~ rauchen*** smoke the pipe of peace; **~politik** *f* peace politics *pl.*; **~preis** *m* peace prize (*od.* award); **~richter** *m* lay magistrate; *in GB u. den USA*: justice of the peace; **~schluß** *m* conclusion of a (*od.* the) peace treaty; **~sicherung** *f* securing (*od.* preservation) of peace; peacekeeping (measures *pl.*); ***~ im Nahen Osten*** *a.* bringing about peace (*od.* a peace settlement) in the Middle East; **~stärke** *f* peacetime strength; **⁀stiftend** *adj.* peace-making; **~stifter** *m* peacemaker; **~störer** *m* disturber of the peace; **~symbol** *n* symbol of peace; **~taube** *f* dove of peace; **~truppe** *f* peacekeeping force; **~verhandlungen** *pl.* peace negotiations (*od.* talks); **~vertrag** *m* peace treaty; **~wille** *m* desire for peace; **~zeiten** *pl.* times of peace, peacetime *sg.*

friedfertig *adj.* peaceable; *Tier*: gentle, docile.

Friedhof *m* cemetery; *an e-r Kirche*: *a.* graveyard; ***auf welchem ~ liegt er*** (***begraben***)***?*** which cemetery is he buried in?

friedlich *adj.* peaceful; (*friedfertig*) congenial; *Tier*: gentle; *j-n* ***~ stimmen*** pacify; ***auf ~em Wege*** by peaceful means, ***lösen***: find a peaceful solution to (*od.* for) *s.th.*; F ***sei ~*** a) be quiet, b) F take it easy, *sl.* cool it; **Friedlichkeit** *f* peacefulness.

friedliebend *adj.* peaceloving.

frieren *v/i. u. v/impers.* freeze; ***mich friert, es friert mich*** I'm freezing (*od.* frozen); ***mich friert an den Füßen*** I've got cold feet, my feet are cold (*stärker*: freezing); ***es friert*** it's freezing; ***heute nacht wird es ~*** temperatures will be (*od.* will drop to) below freezing tonight; → ***gefroren.***

Fries *m* △ *u. Tuch*: frieze.

Friese *m*, **Friesin** *f*, **friesisch** *adj.*, **Friesisch** *n ling.* Frisian; **Friesennerz** F *m* oilskin jacket.

frigide *adj.* frigid; **Frigidität** *f* frigidity.

Frikadelle *f* meatball, *Am. etwa* (hamburger.

Frikassee *n*, **frikassieren** *v/t.* fricassee.

Friktion *f* friction.

frisch I. *adj.* fresh; *Ei*: *a.* fresh-laid, freshly laid, new-laid; (*sauber*) clean (*a. Blatt Papier*); (*neu*) fresh, new; (*kürzlich geschehen*) recent; *Farbe*: bright; (*kühl*) cool, chilly; ***~ und munter*** wide awake, (*lebhaft*) F bright-eyed and bushy-tailed; ***mit ~er Kraft*** refreshed, with renewed strength; ***sich ~ machen*** freshen up; ***noch in ~er Erinnerung*** fresh in my *etc.* mind; ***~er werden*** *Wind*: freshen; → ***Luft, Tat***; **II.** *adv.* freshly *etc.*; → I; (*von neuem*) again; ***~ geschnitten*** *Blumen etc.*: freshly cut, fresh-cut; ***~ gewaschen*** clean, just washed, *Person*: (nice and) clean; ***~ gereinigt*** straight from the dry cleaners; ***~ gelegt*** *Ei*: → ***frisch*** I; ***~ gestrichen*** newly painted; ***~ gestrichen!*** *Schild*: wet (*Am.* fresh) paint; ***~ rasiert*** clean-shaven; ***~ verheiratet*** newly-wed *couple*; ***das Bett ~ beziehen*** put clean sheets on the bed.

Frische *f* freshness; (*Kühle*) coolness, chill(iness); (*Munterkeit*) briskness, liveliness; *im Gesicht*: fresh colo(u)r; (*Jugend⁀*) vigo(u)r; ***geistige ~*** mental alertness, alert (*od.* lively) mind; ***in alter ~*** as alive and well as ever, *arbeiten etc.*: with renewed vigo(u)r.

Frischei *n* fresh (*od.* fresh-laid, freshly laid, new-laid) egg.

frischen *v/t. metall.* refine.

Frisch|fleisch *n* fresh meat; **⁀gebacken** *adj.* fresh from the oven; F ***~er Ehemann*** newly-wed husband; F ***~er Lehrer*** *etc.* F fledgling teacher *etc.*; **~gemüse** *n* fresh vegetables *pl.*; **~gewicht** *n* fresh weight.

Frischhalte|beutel *m* polythene bag; **~folie** *f* cling film, *Am.* plastic wrap.

Frischhaltung *f von Lebensmitteln*: preservation; (*Kühlung*) refrigeration, cold storage.

Frischkäse *m* cream cheese.

Frischling *m* young wild boar; *fig.* greenhorn.

Frischluft *f* fresh air; **~fanatiker** *m* fresh-air fiend; **~heizung** *f mot.* fresh-air heating system; **~massen** *pl.* fresh air mass *sg.*; **~schneise** *f* fresh air corridor.

Frisch|milch *f* fresh milk; **~obst** *n* fresh fruit; **~waren** *pl.* fresh produce *sg.*; perishables; **~warenabteilung** *f* produce section.

Frischwasser *n* fresh water; **~versorgung** *f* supply of fresh water, fresh water supplies *pl.*

Frischzelle *f* living cell; **Frischzellentherapie** *f* living cell therapy.

Friseur *m* hairdresser, *für Herren*: *a.* barber; **~laden** *m*, **~salon** *m* hairdresser's shop, *für Herren*: *a.* barbershop.

Friseuse *f* hairdresser.

frisieren I. *v/t.* **1.** ***j-n ~*** do s.o.'s hair; **2.** F *fig.* (*Bericht, Zahlen etc.*) F doctor *the accounts*, cook *the books*; *mot.* F soup up; **II.** *v/refl.*: ***sich ~*** do one's hair; **Frisiersalon** *m* hairdressing salon; **frisiert** F *adj. Auto etc.*: F souped up, hyped up; **Frisiertisch** *m* dressing table, dresser.

Frist *f* (*Zeitraum*) (fixed) period of time; (*Zeitpunkt*) deadline; (*Zwischenraum*) interval; (*Aufschub*) extension; (*Zahlungsaufschub*) respite; (*Strafaufschub*) reprieve; ⚖, ✝ ***drei Tage ~*** three days' grace; ***innerhalb e-r ~ von zehn Tagen*** within a ten-day period; ***in kürzester ~*** at (very) short notice; ***äußerste ~*** final date (*od.* deadline); ***e-e ~ einhalten*** meet a deadline; ***(j-m) e-e ~ gewähren*** give s.o. *three days' etc.* grace; ***e-e ~ setzen*** fix a deadline; ***die ~ ist abgelaufen*** the deadline (*od.* period) has expired, *fig.* your *etc.* time is up, F time's up.

fristen *v/t.* **1.** → ***befristen***; **2.** ***ein kümmerliches Dasein*** (*od.* ***Leben***) ~ eke out a miserable existence (***mit*** with, by *doing s.th.*); ***sein Leben*** (*od.* ***Dasein***) ~ get by somehow, live as best one can.

Fristenlösung *f* abortion with a legal upper time limit.

fristgemäß, fristgerecht *adj. u. adv.* in time, within the agreed time limit.

fristlos *adj. u. adv.* without notice; ***~e Entlassung*** dismissal without notice; ***~ entlassen werden*** be dismissed without notice, be fired on the spot.

Frist|überschreitung *f* failure to meet the deadline; **~verlängerung** *f* extension (of the deadline), deadline extension; **~versäumnis** *n* ⚖ default.

Frisur *f* hairstyle; (*Haarschnitt*) haircut.

Friteuse *f* chip pan, deep fat fryer, *Am.* deep fryer.

Frittate *östr. f* strip of pancake; **Frittatensuppe** *östr.* soup with strips of pancake.

Fritten F *pl.* chips, *Am.* fries; **~bude** F *f etwa* fish and chips stand.

frivol *adj.* (*leichtfertig, schnippisch*) frivolous, flippant; (*unanständig*) suggestive *remark etc.*; **Frivolität** *f* frivolity, flippancy, levity; (*Unanständigkeit*) indecency; (*Bemerkung*) suggestive remark.

froh *adj.* (*erfreut*) glad (**über** about); (*~gestimmt*) cheerful; (*erleichtert*) glad; ***~en Mutes*** cheerfully; ***~es Ereignis*** happy event; ***e-e ~e Nachricht*** good news (*sg.*); *eccl.* ***die ~e Botschaft*** the Gospel; ***er ist s-s Lebens nicht mehr ~ geworden*** he never got over it; ***sei ~, daß du nicht dabei warst*** be thankful (*od.* glad) you weren't there; ***bin ich ~, daß das vorbei ist!*** *a.* what a relief that that's over; → ***Ostern, Weihnachten*** I.

frohgemut *adj.* cheerful.

fröhlich I. *adj.* cheerful, happy; (*ausgelassen*) merry; → ***Weihnachten*** I; ***j-n ~ stimmen*** put s.o. in a good mood; **II.** *adv.* (*unbekümmert*) blithely, merrily; **Fröhlichkeit** *f* cheerfulness; (*Lustigkeit*) high spirits *pl.*

frohlocken I. *v/i.* rejoice (**über** at), be jubilant (at); *schadenfroh*: gloat (over); **II.** ♀ *n* jubilation; *schadenfroh*: gloating; **frohlockend** *adj.* jubilant, exultant.

Froh|natur *f*: ***e-e ~ haben*** (*od.* ***sein***) be a cheerful person (*od.* type); **~sinn** *m* cheerfulness.

fromm *adj.* pious, devout; (*sanft*) gentle, meek (as a lamb); *Pferd*: quiet, steady; ***~e Lüge*** white lie; ***~er Betrug*** pious fraud; ***~es Getue*** sanctimoniousness; ***ein ~er Wunsch*** wishful thinking.

Frömmelei *f* sanctimoniousness; **frömmeln** *v/i.* be sanctimonious, F put on one's pious act; **frömmelnd** *adj.* sanctimonious.

Frömmigkeit *f* piety.

Fron *f*, **~arbeit** *f*, **~dienst** *m hist.* soc(c)age, statute labo(u)r; *fig.* drudgery; ***Frondienste leisten*** (*dat. od.* ***für***) → ***fronen.***

fronen *v/i.* perform statute labo(u)r (*dat.* for); *fig.* slave away (for).

frönen *v/i.* (*e-r Sache*) indulge in; (*Gelüsten*) gratify; ***s-n Leidenschaften ~*** let one's passions run wild; ***dem Alkohol ~*** a) be a heavy drinker, *iro.* enjoy one's drink, b) *bei e-r Feier etc.*: imbibe, F have a bit of a booze-up.

Fronleichnam *m* Corpus Christi.

Front *f e-s Gebäudes*: front; ⚔ (*Kampflinie*) front (line), *e-r Formation*: front (*a. meteor. u. fig.*); ***an der ~*** at the front; ***hinter der ~*** behind the lines; ***die feindliche ~*** enemy lines; ***an der vordersten ~ stehen*** be in the front line; ***an zwei ~en kämpfen*** *a. fig.* fight on two fronts; *fig.* ***~ machen gegen*** make a stand against, resist; ***klare ~en schaffen*** make a clear stand, make one's position clear; ***in ~ gehen*** *Sport*: take the lead; ***in ~ liegen*** be in the lead; → ***abstecken*** 2, ***geschlossen*** I, ***verhärten.***

frontal I. *adj.* head-on, frontal ...; **II.** *adv.* head on; **♀angriff** *m* frontal attack; **♀unterricht** *m* class teaching, F chalk and talk; **♀zusammenstoß** *m* head-on collision.

Front|ansicht *f* front(al) view; **~antrieb** *m mot.* front-wheel drive; **~bericht** *m* front-line report; **~dienst** *m* combat duty; **~einsatz** *m* action at the front.

Fronten|system *n meteor.* frontal system; **~verhärtung** *f* hardening of fronts (*od.* positions).

Frontispiz *n* △, *typ.* frontispiece.

Front|kämpfer *m* front-line soldier; *ehemaliger*: ex-serviceman, *Am.* veteran; **~lader** *m Video etc.*: front loader; **~linie** *f* front line; **~scheibe** *f mot.* windscreen, *Am.* windshield; **~spoiler** *m* front spoiler; **~staaten** *pl.* frontline states; **~stadt** *f* front-line city; **~urlaub** *m* leave from the front; **~wechsel** *fig. m* about-face, about-turn, volte-face; ***e-n ~ vornehmen*** do an about-turn; **~zulage** *f* combat pay.

Frosch *m* frog; (*Knall♀*) squib; ♪ *am Geigenbogen etc.*: frog, heel; *fig.* ***sei kein ~!*** don't be a spoilsport; ***e-n ~ im Hals haben*** have a frog in one's throat; **~augen** F *pl.* bulging eyes; **~hüpfen** *n* leapfrog; **~laich** *m* frogspawn; **~mann** *m* frogman; **~perspektive** *f* worm's eye view; *Film*: *a.* tilt shot; ***aus der ~ sehen*** have a worm's eye view of; **~schenkel** *pl. gastr.* frog's legs; **~teich** *m* frog pond; **~test** *m* ⚕ frog test.

Frost *m* frost; (*Fieber♀*) *the* shivers *pl.*; ***bei ~*** when there's frost, in frosty weather; ***bei schwerem ~*** in heavy frost; ***~ abbekommen*** get a touch of frost; **♀beständig** *adj.* frost-resistant; **~beule** *f* chilblain; **~einbruch** *m* sudden frost.

frösteln I. *v/i. u. v/impers.* shiver (with cold); *vor Ekel etc.*: *a.* shudder; ***mich fröstelt*** I feel shivery; ***da fröstelt's einen ja*** (***bei dem Gedanken***) it makes you shudder (to think of it); **II.** ♀ *n* shivering.

frostempfindlich *adj.* sensitive to frost.

frosten *v/t.* freeze.

frostfrei *adj.* free of frost, frost-free.

Frost|gefahr *f* danger of frost; **~grenze** *f* frost line.

frostig *adj.* frosty; *fig. a.* icy; **Frostigkeit** *fig. f* frostiness, iciness.

frost|klar *adj.*: ***~e Nacht*** clear, frosty night; **♀periode** *f* spell of frost; **♀schaden** *m* frost damage; **♀schutzmittel** *n mot.* antifreeze; **~sicher** *adj.* frost-resistant; *Ort*: free of frost; **♀wetter** *n* frosty weather.

Frottee *n, m* (terry) towel(l)ing, terry(cloth); **~bademantel** *m* terry(cloth) bathrobe; **~bettuch** *n* (*getr.* ***tt-t***) terry(cloth) sheet; **~handtuch** *n* (fleecy) towel; **~socken** *pl.* terry(cloth) socks.

frottieren *v/t.* rub down; (*Haare etc.*) rub (with a towel); **Frottier(hand)tuch** *n* (fleecy) towel.

Frotzelei F *f a. pl.* teasing; ***hör auf mit der ~!*** stop teasing; **frotzeln** F **I.** *v/t.* tease, make fun of; **II.** *v/i.*: ***~ über*** make fun of, F take the mickey out of.

Frucht *f* **1.** ✿ *a. pl.* fruit; *fig. pl.* fruit *sg.*, *fruits*, result *sg.*, results; ***Früchte tragen*** bear fruit, *fig. a.* come to fruition; *fig.* ***die Früchte s-r Arbeit*** the fruits of one's labo(u)r, ***genießen***: reap the rewards of one's labo(u)r; *bibl.* ***an ihren Früchten sollt ihr sie erkennen*** by their fruits ye shall know them; → ***verboten***; **2.** (*Leibes♀*) f(o)etus.

fruchtbar *adj. biol.* fertile; *fig.* fruitful; *Schriftsteller*: prolific; ***nicht ~*** infertile, *fig.* unfruitful; ***~e Tage*** *der Frau*: fertile period; *fig.* ***auf ~en Boden fallen*** fall on fertile ground; **Fruchtbarkeit** *f* fertility; *fig.* fruitfulness.

Fruchtbarkeits|gott *m*, **~göttin** *f* fertility god(dess *f*).

Frucht|becher *m* **1.** (*Eisbecher*) fruit sundae; **2.** ✿ cup; **~blase** *f* amniotic sac; **~bonbon** *m, n* fruit drop; **♀bringend** *adj.* fruitful.

Früchtchen F *iro. n* troublemaker; (*Kind*) F (little) scamp.

Früchte|brot *n* fruit loaf; **~cocktail** *m* fruit cocktail.

Fruchteis *n* fruit-flavo(u)red ice cream.

fruchten *fig. v/i.* be of use; (*wirken*) have an effect; ***es hat nichts gefruchtet*** it was fruitless (*od.* no use).

Frucht|fleisch *n* flesh; **~folge** *f* ⚒ crop rotation; **~hülle** *f* ✿ pericarp; **~hülse** *f* ✿ pod.

fruchtig *adj.* fruity.

Frucht|joghurt *m* fruit yoghurt; **~kapsel** *f* ✿ capsule; **~knoten** *m* ✿ ovary.

fruchtlos *fig. adj.* fruitless, futile.

Frucht|mark *n* fruit pulp; **~presse** *f* juicer; **~saft** *m* fruit juice; **~salat** *m* fruit salad; **~säure** *f* fruit acid.

Fruchtwasser *n anat.* amniotic fluid, F *the* waters *pl.*; **~punktion** *f* amniocentesis.

Fruchtzucker *m* fruit sugar, fructose.

Fructose *f* fructose.

frugal *adj.* frugal; **Frugalität** *f* frugality.

früh I. *adj.* early; ***ein ~er van Gogh*** an early van Gogh (*od.* work of van Gogh's); ***am ~en Morgen*** early (*od.* first thing) in the morning; ***am ~en Nachmittag*** (***Abend***) early in the afternoon (evening), in the early afternoon (evening), early afternoon (evening); → ***früher, frühest***; **II.** *adv.* early; (*im jungen Alter*) at an early age; (*im frühen Stadium*) early on, at an early stage; ***heute ~*** this morning; ***~ um fünf, um fünf Uhr ~*** at five (o'clock) in the morning; (***schon***) ***~*** early on; ***~ genug*** soon enough; ***von ~ bis spät*** from morning till night; ***~ aufstehen*** get up early, *gewohnheitsmäßig*: *a.* be an early riser; ***~ sterben*** die prema-

turely (*od.* young, before one's time); ***zu ~ kommen*** be early; **2antike** *f*: ***die ~*** early antiquity; **2apfel** *m* early apple.
frühauf *adv.*: ***von ~*** from an early age.
Früh|aufsteher *m* early riser (F bird); **~ausgabe** *f* first edition; **~beet** *n* cold frame; **~begabung** *f* **1.** ***er zeigte e-e ~*** his talent surfaced very early; **2.** (*Kind*) very talented child; ***sie ist e-e ~*** *a.* she's extremely talented for her age.
Frühchen F *n* (*Frühgeburt*) premature baby, F early arrival.
früh|christlich *adj.* early Christian; **2diagnose** *f* early diagnosis; **2dienst** *m* early shift; ***~ haben*** be on early shift.
Frühe *f* (early) morning; ***in aller ~*** early (*od.* first thing) in the morning.
früher I. *adj.* earlier; (*ehemalig*) former, (*vorherig*) *a.* previous; (*einstig*) past; (*älter*) older; ***~e Fassung*** earlier version; ***der ~e Besitzer*** the previous owner; ***in ~en Zeiten*** in the past; ***die ~e DDR*** former East Germany; **II.** *adv.* earlier; (*eher*) *a.* sooner; (*einstmals*) in the past; ***~, als ...*** in the old days when ...; ***~ oder später*** sooner or later; ***~ habe ich geraucht*** I used to smoke; ***~ habe ich nie geraucht*** I never used to smoke (in the past); ***hast du ~ wirklich geraucht?*** did you really use to smoke?; ***warst du ~ wirklich Rennfahrer?*** did you really use to be a racing driver?; ***ich hab' noch m-e ganzen Bücher von ~*** I've still got all my old books (from university *etc.*); ***ich kenne ihn von ~*** I know him from a long way back (F from way back); ***es ist alles noch wie ~*** nothing has changed.
Früherkennung *f* ⚕ early detection (*od.* diagnosis).
frühest *adj.* earliest; ***in ~er Kindheit*** at a very early age; **frühestens** *adv.* at the earliest, not before; ***~ am Sonntag*** (on) Sunday at the earliest, not before Sunday; ***das Haus ist ~ in e-m Jahr fertig*** it will take at least a year to build (*od.* finish) the house.
frühestmöglich I. *adj. the* earliest possible *date etc.*; ***zum ~en Zeitpunkt*** → **II.** *adv.* as soon as possible, as soon as you *etc.* can.
Frühgeburt *f* **1.** premature birth; **2.** premature baby.
Frühgeschichte *f*: ***die ~*** early history; ***die ~ der Menschheit*** the early history of man(kind); ***in der ~ der Menschheit*** *a.* in the early days of man(kind); **frühgeschichtlich** *adj.* early, ancient; ancient history ...
Früh|gottesdienst *m* morning service; **~herbst** *m* early autumn (*Am. a.* fall).
Frühjahr *n* spring; ***im ~*** in (the) spring.
Frühjahrs|kollektion *f* spring collection; **~messe** *f* spring fair; **~mode** *f* spring fashions *pl.*; **~müdigkeit** *f* springtime lethargy (*od.* tiredness); **~putz** *m* spring cleaning.
Frühkapitalismus *m* (*a.* ***Zeit des ~***) early age (*od.* days *pl.*) of capitalism.
Früh|kartoffeln *pl.* new potatoes; **2kindlich** *adj.* infant ...; **~kultur** *f* early civilization; ***die chinesische ~*** early Chinese society (*od.* civilization).
Frühling *m* spring(time) (*a. fig.*); ***im ~*** in (the) spring; ***es riecht nach ~*** spring is in the air, you can smell the spring air; *fig.* ***e-n zweiten ~ erleben*** go through a second youth.
Frühlings|anfang *m*, **~beginn** *m* beginning of spring; first day of spring; early spring; **~blume** *f* spring flower; **~gefühle** *pl.*: ***~e haben*** (*a. sexuell*) be feeling frisky.
frühlingshaft *adj.* springlike, spring ...
Frühlings|luft *f* spring air; **~rolle** *f gastr.* spring roll; **~tag** *m* spring day; ***an e-m schönen ~*** one fine day in spring; **~wetter** *n* spring weather; **~zeit** *f* springtime.
Früh|mensch *m*: ***der ~*** early man; **~messe** *f* morning service; **~mette** *f* matins *pl.*; **~mittelalter** *n* early Middle Ages *pl.*
frühmorgens *adv.* early in the morning.
Frühnachrichten *pl.* early morning news (bulletin) *sg.*
Frühnebel *m* early morning fog; **~felder** *pl.* early morning fog patches (*od.* fog *sg.* in places).
Frühobst *n* early fruit, primeurs *pl.*
Frühpensionierung *f* early retirement.
frühreif *adj.* **1.** *Kind etc.*: precocious; **2.** ♀ early-maturing; **Frühreife** *f* **1.** *e-s Kindes etc.*: precociousness; **2.** ♀ early maturity.
Früh|rente *f* early retirement; ***in ~ gehen*** take (*od.* go into) early retirement; **~rentner** *m* early leaver; ***er ist ~*** *a.* he took (*od.* went into) early retirement; **~schicht** *f* early shift; ***~ haben*** be on early shift; **~schoppen** *m* pre-lunch drink(s *pl.*), *Brit. a. etwa* midday pint; **~sommer** *m* early summer; **~sport** *m* early morning exercises *pl.*, F *one's* daily dozen *pl.*; **~stadium** *n*: (***im ~*** at an) early stage.
Frühstück *n* breakfast; ***zweites ~*** mid-morning snack, *Brit. a.* elevenses *pl.*; ***Zimmer mit ~*** bed and breakfast; **frühstücken I.** *v/i.* have (one's) breakfast, breakfast; **II.** *v/t.* have *s.th.* for breakfast.
Frühstücks|büfett *n* breakfast buffet; **~fernsehen** *n* breakfast TV; **~fleisch** *n* luncheon meat; **~geschirr** *n* breakfast dishes (*od.* plates) *pl.*; **~pause** *f* morning break; **~speck** *m* bacon; **~tisch** *m*: (***am ~*** at the) breakfast table; **~zimmer** *n* breakfast room.
Früh|warnsystem *n* early warning system; **~werk** *n* early work(s *pl.*); *e-s Schriftstellers*: *a. coll.* early writings *pl.*; **~zeit** *f* **1.** early period; **2.** (*Vorzeit*): (***in der ~*** in) prehistoric times *pl.*
frühzeitig I. *adj.* (*vorzeitig*) untimely, premature; **II.** *adv.* early, in good time.
Früh|zug *m* early train; **~zündung** *f mot.* pre-ignition.
Frust F *m sl.* grind; ***hab' ich e-n ~!*** F am I cheesed off (*sl.* pissed off); ***so ein ~!*** *sl.* what a drag (*od.* pain, grind); ***nichts als ~!*** F it's like banging your head off a brick wall; **Frustration** *f* frustration; ***e-e ~ erleben*** be frustrated, have a frustrating time (of it); **frustrieren** *v/t.* frustrate; (*nerven*) get on *s.o.'s* nerves, F drive *s.o.* mad; (*enttäuschen*) get *s.o.* down.
Fuchs *m* **1.** fox; *fig.* ***alter ~*** cunning old devil; ***wo sich ~ und Hase gute Nacht sagen*** F at the back of beyond, out in the sticks (*Am. a.* boondocks); **2.** → ***Fuchspelz***; **3.** (*Pferd*) sorrel; **4.** (*Schmetterling*) ***Großer ~*** large tortoiseshell; ***Kleiner ~*** painted lady; **~bau** *m* fox's den, earth.
fuchsen F **I.** *v/t.* rile, F get to *s.o.*; **II.** *v/refl.*: ***sich ~ über*** be riled about.
Fuchsie *f* ♀ fuchsia.
fuchsig *adj.* **1.** *Haar*: ginger; **2.** F *fig.* mad.
Füchsin *f* vixen.
Fuchs|jagd *f* fox hunt(ing); **~pelz** *m* fox (fur); **2rot** *adj. Haar*: ginger; **~schwanz** *m* **1.** foxtail, fox brush; **2.** ♀ a) amaranth, b) love-lies-bleeding; **3.** (*Säge*) handsaw.
fuchsteufelswild F *adj.* F (hopping) mad, wild.
Fuchtel F *f*: ***j-n unter s-r ~ haben*** have s.o. under one's thumb; **fuchteln** *v/i.*: ***~ mit*** wave *s.th.* around; *drohend*: brandish; ***mit den Händen ~*** gesticulate wildly; **fuchtig** F *adj.* F (hopping) mad, wild.
Fug *m*: ***mit ~ und Recht*** rightly, with good reason; ***sie behauptet mit ~ und Recht*** she justly claims, she is justified in claiming (*od.* saying); ***er tat es mit ~ und Recht*** he had every reason to do so.
Fuge[1] *f* ♪ fugue.
Fuge[2] *f* ⚙ joint; (*Zwischenraum*) interstice; ***aus den ~n geraten*** fall apart, *fig.* be thrown out of joint; *fig.* ***in allen ~n krachen*** be coming apart at the seams; **fugen** *v/t.* (*zusammenfügen*) joint; (*verstreichen*) point up.
fügen I. *v/t.* **1.** → ***an-, hinzu-, zusammenfügen***; **2.** *fig.* (*verfügen*) decree; **II.** *v/refl.* **3.** ***sich ~ in*** (*passen zu*) fit in well with; *fig.* ***sich ~ an*** follow on from; ***eines fügte sich ans andere*** one thing followed (*od.* led to) another; **4.** ***sich ~*** *dat.* (*od.* ***in***) (*nachgeben*) submit to; (*sich abfinden mit*) resign o.s. to; **III.** *v/impers.*: ***es fügt sich*** it so happens.
füglich *adv.* rightly, justifiably.
fügsam *adj.* obedient; (*nachgiebig*) compliant; **Fügsamkeit** *f* obedience; (*Nachgiebigkeit*) compliance.
Fügung *f* **1.** *göttliche, des Schicksals*: (act of) providence; (*Zusammentreffen*) coincidence; (*Schicksal*) fate; ***durch e-e glückliche ~*** by a lucky coincidence; ***e-e merkwürdige ~ des Schicksals*** a (strange) twist of fate; **2.** (*Sichfügen*) resignation (***in*** to), submission (to).
fühlbar *adj.* **1.** (*merklich*) noticeable; (*beträchtlich*) considerable, appreciable; ***~er Verlust*** serious loss; ***sich ~ machen*** make itself felt; **2.** (*wahrnehmbar*) tangible; **fühlen I.** *v/t.* **1.** feel; (*gewahr werden*) *a.* sense; **2.** (*abtasten*) feel; **II.** *v/i.* **3.** (*empfinden*) feel; ***mit j-m ~*** feel with s.o.; **4.** ***~ nach*** (*tasten*) feel (*od.* grope) for; **III.** *v/refl.*: ***sich glücklich*** *etc.* ***~*** feel happy *etc.*; ***sich ~ als*** see o.s. as; F ***er fühlt sich aber!*** (*ist eingebildet*) F he doesn't half fancy himself; **fühlend** *adj.* feeling *heart etc.*; (*mit~*) *a.* sympathetic; **Fühler** *m* feeler, antenna; *bei Weichtieren*: tentacle; ⚙ sensor; (*Meß2*) probe; ***die ~ ausstrecken*** *Schnecke*: put out its horns, *fig.* put out (one's) feelers; **Fühlung** *f* contact; ***~ haben*** (***verlieren***) ***mit*** be in (lose) touch with; ***~ (auf)nehmen mit*** contact, get in touch with; **Fühlungnahme** *f* initial (*od.* first) contact.
Fuhre *f* **1.** (*Wagen*) loaded cart; **2.** (*Ladung*) (lorry)load, *bsd. Am.* (truck)load; *Wagen*: cart(load).
führen I. *v/t.* lead (***nach, zu*** to); (*geleiten*) *a.* take; *zu e-m Platz*: *a.* usher; (*j-m den Weg zeigen*) lead, guide; (*gewaltsam*) escort; (*Mannschaft, a.* ⚔) lead; (*bei sich tragen*) carry; (*steuern*) drive; (*Gerät*) handle, (*bewegen*) guide; (*verwalten, beaufsichtigen*) be in charge of; (*Amt*) hold; (*Aufstand etc.*) head, lead; (*Bücher*)

keep; (*Geschäft*) manage, run; (*Prozeß*) conduct; (*Namen*) bear, go by (*od.* under) *the name of*; (*Titel*) hold; (*Wappen*) have; (*Ware*) *auf Lager*: stock, *zum Verkauf*: *a.* sell, have; (*Schlag*) strike *a blow*; (*Sprache*) use; ⚡ (*Strom*) carry, (*leiten*) conduct; *Besucher* **in ein Zimmer ~** show (*od.* lead, usher) into a room; **was führt dich her?** what brings you here?; **bei sich ~** have on one; **zum Mund ~** raise to one's lips; **ein Leben ~** lead (*od.* live) a life; **sie ~ e-e gute Ehe** they're happily married, they have a good (husband-and-wife) relationship; **den Titel ... ~** *Buch*: be entitled ...; **er führt den Ball gut** *Fußball*: he's got good ball control; → **Gespräch, Krieg, Schild²** 1 *etc.*; **II.** *v/i.* lead (**nach, zu** to); (*führend sein*) lead, *Sport*: *a.* be in the lead; **mit zwei Toren ~** be two goals ahead, have a two-goal lead; **mit 3:1 ~** be 3-1 up, **gegen X:** lead X by 3-1; **die Straße führt nach X** this road leads to X; *das Tal* **führt in e-e Bucht** opens into a bay; *fig.* **~ zu** lead to, end in, (*zur Folge haben*) result in; **das führt zu nichts** that won't get us *etc.* anywhere; **das führt zu weit** that's (*od.* that would be) going too far; **III.** *v/refl.*: **sich ~** conduct o.s., *bsd. Schüler*: behave (o.s.); **sich gut ~** behave; **führend** *adj.* leading; *Politiker etc.*: *a.* senior, top-ranking ..., *a. Künstler etc.*: prominent; **~er Politiker (Unternehmer)** *a.* political (business) leader; **~e Position** senior position; **~ sein** lead, rank in first place; **e-e ~e Rolle spielen** play a key role, hold a key position.

Führer *m* **1.** leader; (*Leiter*) head; (*Fremden*♀ *etc.*) guide; ⚔ (*Gruppen*♀ *etc.*) leader, (*Kompanie*♀ *etc.*, *a.* ⚓) *a.* commander; *Sport*: captain; **2.** *mot. etc.* driver; ✈ pilot; *e-s Krans etc.*: operator; **3.** (*Reiseführer* [= *Buch*]) guide (**für, durch** to), guidebook (on); **4.** *hist.* **der ~** the Fuehrer; **~haus** *n* driver's cab.

führerlos *adj.* without a leader (*od.* guide *etc.*); *Partei etc.*: *a.* leaderless; *Wagen*: driverless; *Flugzeug*: unpiloted, pilotless.

Führer|natur *f*, **~persönlichkeit** *f* born (*od.* natural) leader; **~rolle** *f* role of (a) leader.

Führerschaft *f* leadership; *coll. the leaders pl.*

Führerschein *m mot.* driving licence, *Am.* driver's license; **s-n ~ machen** take (*od.* do) one's driving test; **~entzug** *m* suspension of one's driving licence (*Am.* driver's license); **zu e-m Jahr ~ verurteilt werden** be banned from driving for a year.

Führerstellung *f* (position of) leadership.

Fuhr|mann *m* (*pl.* **Fuhrleute**) **1.** carter; **2.** (*Kutscher*) coachman; **3.** *ast.* Auriga, *the* Charioteer; **~park** *m* car pool, fleet (of cars *od.* vehicles).

Führung *f* **1.** guidance, direction; *e-r Partei etc.*: leadership; (*die Führer*) *a. the* leaders *pl.*; ⚔ command; *e-s Unternehmens*: management; **unter der ~ von** headed by, under the direction (*od.* leadership, ⚔ command) of; **die ~ übernehmen** take charge, take over; → *a.* 5; **die ~ an sich reißen** seize control; **2.** *in e-m Museum etc.*: (guided) tour; **3.** *von Verhandlungen etc.*: conduct; **4.** (*Benehmen*) conduct, behavio(u)r; **gute ~** good conduct; **5.** *Sport u. fig.*: lead; **in ~ gehen, die ~ übernehmen** take the lead; **in ~ sein** be in the lead; **in ~ bleiben** keep the lead, stay in front; **er hat sie in ~ gebracht** he's given them the lead; **6.** *e-s Titels*: use; **7.** *e-r Kamera etc.*: guiding.

Führungs|anspruch *m* claim to (the) leadership; **s-n ~ anmelden** make a bid for (the) leadership; **~aufgabe** *f* executive function; **~eigenschaften** *pl.* leadership qualities; **~gremium** *n*, **~gruppe** *f* management committee; **~kampf** *m* struggle for (the) leadership; **~kraft** *f* ♆ executive; *pl.* executive personnel (*pl.*); *pl. pol.* leaders; **~kreise** *pl.* leadership (ranks) *sg.*; **in ~n** among the leadership; **~krise** *f* crisis of leadership; **~macht** *f* leading (*od.* dominant) power; **~nachwuchs** *m pol.* future leaders *pl.*; ♆ future executives *pl.*; **~nut** *f* ⚙ guide slot; **~position** *f* **1.** position of leadership; **2.** top position; **~rille** *f* ⚙ groove; **~rolle** *f* **1.** leading role; **2.** leadership role; **~schicht** *f* ruling class(es *pl.*); **~schiene** *f* ⚙ guide rail; **~schwäche** *f* weak leadership; **~spitze** *f* top echelons *pl.* (♆ management, executives *pl.*); **~stab** *m* ⚔ command; ♆ top executive team; **~stil** *m* style of leadership; ♆ managerial style; **~struktur** *f* ♆ management structure; **~treffer** *m Sport*: **den ~ erzielen** put one's team into the lead; **~wechsel** *m* change in leadership; **~zeugnis** *n* (*a.* **polizeiliches ~**) certificate of (good) conduct (*od.* no conviction).

Fuhr|unternehmen *n* haulage company; **~unternehmer** *m* haulage contractor.

Fuhrwerk *n* horsedrawn vehicle, *für Personen*: carriage; (*Karren*) cart; **fuhrwerken** F *v/i.* bustle around, *laut*: bang around; **mit et. ~** brandish s.th.

Fülle *f* fullness (*a. fig.*); (*Menge, Überfluß*) wealth, abundance; (*Körper*♀) stoutness; *der Stimme, des Klangs*: richness, sonority; **Essen** *etc.* **war in ~ vorhanden** there was plenty of food *etc.*; **zur ~ neigen** be a bit on the stout side; → **Hülle.**

füllen I. *v/t.* fill (*a. Zahn*); (*Braten*) stuff; **den Eimer mit Wasser ~** fill the bucket up with water; **in Flaschen ~** bottle; **Wein in Fässer ~** fill wine into casks; **bis zum Rand ~** fill (right) up; *der Bericht* **füllte 15 Seiten** took up 15 pages; → **gefüllt; II.** *v/refl.*: **sich ~** fill; **der Saal füllte sich schnell** the hall filled up very quickly.

Füllen *n zo.* foal; (*Hengst*♀) colt; (*Stuten*♀) filly.

Füller *m* (fountain) pen.

Füll(feder)halter *m* fountain pen.

Füllhorn *n* horn of plenty, cornucopia.

füllig *adj.* full; *Figur*: *a.* ample; *Person*: stout.

Füll|masse *f* filling compound; **~material** *n*, **~mittel** *n* filler.

Füllsel *n* filler; *schriftlich*, *a. im Koffer etc.*: padding; *gastr.* filling, *Braten etc.*: stuffing.

Füllung *f* **1.** filling (*a. Zahn*♀); *Braten*: stuffing; *Praline*: cent|re (*Am.* -er); **2.** (*Polsterung*) padding.

Füllwort *n* filler.

fulminant *adj.* brilliant.

Fummel F *contp. m* F rag.

fummeln F *v/i.* **1.** fiddle around (**an** with); (*herumkramen*) fumble around; **2.** (*j-n betasten*) F grope; **mit j-m ~** *sl.* feel s.o. up.

Fund *m* finding; *e-s Schatzes etc.*: discovery; (*Gefundenes*) find; **e-n ~ machen** make a find (*od.* discovery).

Fundament *n* △ foundations *pl.*; *fig.* foundation, basis; **bis auf die ~e zerstört werden** be razed (to the ground); *fig.* **das ~ legen für** lay the foundations for (*od.* of); **ein gutes ~** a solid foundation (*bsd. Wissen*: grounding); **auf e-m festen ~ stehen** be on a firm footing; **in s-n ~en erschüttern** destroy the (very) foundations *od.* roots of.

fundamental I. *adj.* fundamental, basic; **~er Irrtum** grave mistake; **von ~er Bedeutung** crucially important; **II.** *adv.*: **~ voneinander abweichen** be fundamentally different (*Meinungen*: opposed); **Fundamentalismus** *m* fundamentalism; **Fundamentalist** *m* fundamentalist; **fundamentalistisch** *adj.* fundamentalist.

fundamentieren *v/t.* lay the foundations of.

Fund|büro *n* lost property office; *Schild*: *a.* lost and found; **~gegenstand** *m* → **Fundsache; ~grube** *fig. f* goldmine; *für et. Bestimmtes*: treasure chest; *im Kaufhaus etc.*: bargain offers *pl.*

Fundi F *m pol.* radical Green.

fundieren *v/t.* **1.** (*Behauptung etc.*) substantiate; **2.** ♆ (*Anleihe, Schuld*) fund, consolidate; **fundiert** *adj.* **1.** *Wissen etc.*: sound; *Tatsachen*: well-founded, well-grounded; **wissenschaftlich ~** well-founded, backed up by research; **2.** ♆ *Schuld*: funded; (**gut ~**) *Geschäft*: solid, sound.

fündig *adj*: **~ werden** strike gold (*od.* oil *etc.*), *a. weitS.* make a strike, strike it lucky; *weitS. a.* find s.th.; **bist du ~ geworden?** did you find anything?, did you have any luck?

Fund|ort *m* place where s.th. was found; *Archäologie etc.*: site of the discovery *etc.*; **~sache** *f* lost article, piece of lost property; *pl.* lost property *sg.*; **~stätte** *f archäologische*: site (of the discovery); **~unterschlagung** *f* unlawful keeping of lost property.

Fundus *m* **1.** store *of knowledge etc.*; **2.** *thea.* general equipment.

fünf I. *adj.* five; *fig.* **~ vor zwölf** at the eleventh hour; **es ist ~ vor zwölf** time is running out fast, it's almost high noon; **s-e ~ Sinne beisammenhaben (zusammennehmen)** have one's wits about one (collect *od.* gather one's wits); **alle ~e gerade sein lassen** stretch a point; **du mußt ~e gerade sein lassen** you mustn't be so critical, you must take a more relaxed view of things; **II.** ♀ *f* five; (*Note*) *etwa* E; (*Buslinie etc.*) (number) five; **e-e ~ schreiben** get an E.

Fünf|akter *m thea.* five-act play; **♀bändig** *adj.* five-volume ..., in five volumes.

Fünfeck *n* pentagon; **fünfeckig** *adj.* pentagonal.

Fünfer F *m* **1.** five-pfennig piece; **2.** → **Fünf.**

fünferlei *adj.* five (different) kinds of; *su.* five things.

fünffach *adj.* fivefold; **die ~e Menge** five times the amount; **~er Sieger** five-time winner (*od.* champion).

fünfhundert *adj.* five hundred.

Fünfjahresplan *m* five-year plan.

fünfjährig *adj.* **1.** five-year-old ...; **2.** (*fünf Jahre dauernd*) five-year ...; **ein ~es ...** *a.* five years of ...; **Fünfjährige(r** *m*) *f* five-year-old.

Fünfkampf *m* pentathlon.

fünf|karätig *adj.* five-carat ...; **~köpfig** *adj. family etc.* of five; **~e Delegation** *etc. a.* five-member (*od.* five-man) delegation *etc.*
Fünflinge *pl.* quintuplets, F quins.
fünfmal *adv.* five times.
Fünfmarkstück *n* five-mark piece.
Fünfprozent|hürde *f parl.* five per cent (*od.* percent) hurdle (*od.* threshold); **~klausel** *f* five per cent (*od.* percent) clause.
fünfseitig *adj.* pentagonal.
fünfstellig *adj. Zahl*: five-digit ...
Fünfsternehotel *n* five-star hotel.
fünf|stöckig *adj.* five-stor(e)y ...; **~stündig** *adj.* five-hour(-long) ...
fünft I. *adj.* fifth; **~es Kapitel** chapter five; **am ~en Mai** on the fifth of May, on May the fifth; **5. Mai** 5th May, May 5(th); → **Kolonne, Rad**; **II.** *adv.*: **wir waren zu ~** there were five of us; **wir gingen zu ~ hin** five of us went there.
Fünftagewoche *f* five-day working week.
fünf|tägig *adj.* **1.** five-day(-long) ...; **2.** (*fünf Tage alt*) five-day-old ...; **~tausend** *adj.* five thousand.
Fünfte(r) *m* (the) fifth; **er war** (**wurde**) **Fünfter** he was (came) fifth; **Georg V.** George V (= George the Fifth); **heute ist der Fünfte** it's the fifth today.
fünfteilig *adj.* five-part ..., in five parts.
Fünftel *n* fifth.
fünftens *adv.* fifth(ly), five, in fifth place.
Fünfter → **Fünfte(r)**.
Fünfuhrtee *m* five-o'clock tea.
fünfwöchig *adj.* **1.** five-week ...; **2.** (*fünf Wochen alt*) five-week-old ...
fünfzehn *adj.* fifteen; **fünfzehnt** *adj.* fifteenth; **Fünfzehntel** *n* fifteenth (part).
fünfzig *adj.* fifty; **in den ~er Jahren** in the fifties; **sie ist in den 2ern** she's in her fifties; **Fünfziger** *m* **1.** fifty-mark note; **2.** (*a.* **Fünfzigerin** *f*) man (*f* woman) in his (her) fifties; F fiftysomething; **Fünfzigmarkschein** *m* fifty-mark note (*Am.* bill); **fünfzigst** *adj.* fiftieth; **er hat heute s-n 2en** he's fifty today, it's his fiftieth birthday today.
fungieren *v/i.*: **~ als** act as, *Sache*: serve as, function as.
Funk *m* radio; → *a.* **Radio, Rundfunk**; **~amateur** *m* radio ham; **~aufklärung** *f* signal intelligence; **~ausstellung** *f* radio (and TV) show; **~bearbeitung** *f* radio adaptation, adaptation for radio; **~bild** *n* radio picture.
Fünkchen *fig. n* scrap; *Wahrheit*: *a.* grain; *Hoffnung*: flicker; **da ist kein ~ Wahrheit dran** there's not a scrap (*od.* grain) of truth in it.
Funke *m* spark, *stärker*: flash; *fig.* (*bißchen*) scrap; *Wahrheit*: *a.* grain; *Hoffnung*: flicker; **~n sprühen** send out sparks; **~n sprühten aus** sparks were flying from (*od.* out of); *fig.* **nicht e-n ~n** (**von**) not a scrap (*od.* bit) of; **der ~ ist übergesprungen** we (*od.* they) clicked; **sie arbeiteten, daß die ~n flogen** they worked so fast you could see the sparks fly.
funkeln *v/i.* sparkle (*a. fig. Geist, Witz*); (*glitzern*) glisten, glitter; *Sterne*: twinkle; *Augen*: flash.
funkelnagelneu F *adj.* brand-new, F spanking new.
Funkempfänger *m* radio receiver.
funken I. *v/t.* send out, radio; **II.** F *fig. v/impers.*: **hat es bei ihm endlich gefunkt?** F has the penny finally dropped?; **es hat bei ihnen gefunkt** F they hit it off (from the word go), they clicked.
Funken *m* → **Funke**; **~bildung** *f* sparking; **~flug** *m* flying sparks *pl.*; **~regen** *m* shower of sparks; **2sprühend** *adj.* **1. ~e Räder** *etc.* wheels *etc.* sending out sparks; **2.** *fig. Augen*: flashing; *Diskussion*: heated; *Geist*: scintillating *mind*; **~strecke** *f* spark gap.
funkentstört *adj.* suppressed; **Funkentstörung** *f* noise suppression; (*Vorrichtung*) static screen.
Funker *m* radio operator.
Funk|gerät *n* transmitter; **~haus** *n* broadcasting studios *pl.*; **~kolleg** *n* educational broadcasts *pl.*, schools program(me)s *pl.*; **~kontakt** *m* radio contact; **~ haben** be in radio contact (**mit** with); **~meldung** *f*, **~nachricht** *f* radio message; **~offizier** *m* signal officer; **~ortung** *f* radio location; **~peilgerät** *n* radio direction finder (*abbr.* RDF); **~peilung** *f* direction finding; **~rufempfänger** *m* bleeper; **~signal** *n* radio signal.
Funksprech|gerät *n* walkie-talkie; **~stunde** *f* radio phone-in; **~verkehr** *m* radio telephony.
Funk|spruch *m* radio message; **~station** *f*, **~stelle** *f* radio station; **~stille** *f* radio silence, blackout; (*Sendepause*) break in transmission; *fig.* silence; *fig.* **bei ihnen herrscht ~** they're not on speaking terms; **~störung** *f* interference; *durch Störsender*: jamming.
Funkstreife *f* **1.** radio patrol; **2.** → **Funkstreifenwagen** *m* squad car.
Funk|taxi *n* radio cab; **~technik** *f* radio engineering; **~techniker** *m* radio engineer; **~telefon** *n* cellular phone.
Funktion *f* function; *e-s Organs*: functioning; (*Stellung*) position; **außer ~** not working, not in operation, at a standstill; **außer ~ setzen** bring to a standstill; **in ~ treten** go into operation, (*die Arbeit aufnehmen*) take up one's duties, *Krisenstab etc.*: go into action; **dies hat die ~ zu** *inf.* this is supposed to *inf.*, this is for *ger.*; **was hat es für e-e ~?** what's it for?, what's it supposed to do?; **e-e hohe ~ ausüben** hold a key position.
funktional *adj.* functional; **Funktionalismus** *m* functionalism; **Funktionalität** *f* functionality (*a. e-r Software*).
Funktionär *m* official; **hoher ~** top official, F top nob; **hohe ~e** *a.* (the) top brass.
funktionell *adj.* functional.
funktionieren *v/i.* work; ⚙ *a.* function, be functioning; *der Apparat* **funktioniert nicht** doesn't work, is out of order; **gut ~** (*ablaufen*) go well.
Funktions|ablauf *m* operational sequence; **2fähig** *adj.* functioning, working, in working order; *System etc.*: workable; **~störung** *f* ⚕ malfunction; **~taste** *f* function key.
Funk|turm *m* radio tower; **~verbindung** *f* radio contact; **~verkehr** *m* radio communication; **~wagen** *m* **1.** radio van; **2.** → **Funkstreifenwagen.**
für I. *prp.* for; (*als Ersatz*) *a.* in exchange (*od.* return) for; (*zugunsten von*) *a.* in favo(u)r of; (*anstatt*) *a.* instead of; (*im Namen von*) on behalf of *s.o.*; **Tag ~ Tag** day after day; **Schritt ~ Schritt** step by step; **~ mich** (*um meinetwillen*) for my sake; **ich ~ m-e Person, ich ~ mein Teil** I myself; **~s erste** for the moment; **~ sich leben** live by o.s.; **er ist gern ~ sich** (**allein**) he likes to be on his own; **das ist e-e Sache ~ sich** a) that's another matter entirely, b) that's a different story; **das hat viel ~ sich** there's a lot to be said for it; **ich halte es ~ unklug** I don't think it's (*od.* it would be) a good idea; **was ~ (ein)?** what (kind of)?; **II. 2** *n*: **das ~ und Wider** the pros and cons *pl.*
Fürbitte *f* intercession; **~ einlegen** intercede (**für** for, on behalf of; **bei** with); **Fürbitter** *m* intercessor.
Furche *f* furrow (*a. anat. u. fig. Runzel*); ⚙ groove; (*Wagenspur*) rut.
Furcht *f* fear (**vor** of), *stärker*: dread (of); **~ haben vor** be afraid (*od.* scared, frightened) of; **aus ~ vor** because he's *etc.* afraid (*od.* scared, frightened) of, for fear of *ger.*; **ohne ~ sein, keine ~ kennen** be fearless, know no fear; *j-m* **~ einflößen** (*od.* **einjagen**) frighten, scare, *stärker*: terrify, put the fear of death into; **~ und Schrecken verbreiten** spread fear and terror, **in**: *a.* terrorize; **zwischen ~ und Hoffnung schweben** be in a state of trepidation, *längerfristig*: live in fear and trepidation.
furchtbar I. *adj.* terrible, *stärker*: dreadful; **II.** *adv.* terribly; F (*sehr*) terribly, dreadfully; **~ aufregend** really exciting; **~ nett** extremely nice; **das ist ~ nett von Ihnen** that's very kind of you; **es ist ~ einfach** F it's dead easy; **ich bin ~ erschrocken** I got such a (*od.* a real) fright.
furchteinflößend *adj.* frightening.
fürchten I. *v/t.* be afraid of, *stärker*: dread; **Gott ~** fear God; **ich fürchte, wir schaffen es nicht** I don't think we're (*od.* I have a feeling we're not) going to make it; → **gefürchtet**; **II.** *v/i.*: **~ für** (*od.* **um**) fear for; **ich fürchte um sein Leben** I fear for his life; **III.** *v/refl.*: **sich ~** be frightened, be scared, be afraid (**vor** of); **sich ~ vor** → *a.* I; **sich** (**davor**) **~ zu** *inf.* be afraid of *ger.*, be scared to *inf.*; **sich im Dunkeln ~** be afraid (*od.* scared) of the dark; **IV. 2** *n*: **j-n das ~ lehren** put the fear of God (*od.* death) into s.o.; **da kann man das ~ lernen** it soon teaches you what fear is all about; **das ist ja zum ~** it's enough to frighten the life (*od.* wits) out of you; **er sieht zum ~ aus** F he looks a (real) fright.
fürchterlich *adj. u. adv.* → **furchtbar.**
furchterregend *adj.* frightening, *stärker*: horrific.
furchtlos *adj.* fearless, intrepid; **Furchtlosigkeit** *f* fearlessness.
furchtsam *adj.* timorous; **Furchtsamkeit** *f* timorousness.
Furchung *f* **1.** *biol.* cleavage; **2.** *geol.* striation.
füreinander I. *adv.* for each other, for one another; **II. 2** *n* concern for one another, mutual (care and) concern.
Furie *f* Fury; *fig.* virago; **wie e-e ~** like a madwoman.
furios *adj.* (*leidenschaftlich*) passionate; (*rasend*) furious; (*mitreißend*) rousing; (*glänzend*) brilliant.
Furnier *n*, **furnieren** *v/t.* veneer.
Furore *f*, *n*: **~ machen** cause a sensation, cause (*od.* create) quite a stir, (*groß in Mode sein*) be all the rage; **er hat mit s-m Buch ~ gemacht** his book caused quite a sensation (*od.* stir).
Fürsorge *f* care (**für** for), *eifrige*: solicitude; **ärztliche ~** medical care; **öffentliche ~** a) public welfare, b) → **Fürsorgeunterstützung**; **~einrichtung** *f* wel-

fare institution; **~empfänger** *m* social security beneficiary; ~ ***sein*** be on social security.

fürsorgerisch *adj.* welfare ...

Fürsorgeunterstützung *f* social security; ***von der ~ leben*** be (*od.* live) on social security.

fürsorglich *adj.* thoughtful, considerate; solicitous.

Fürsprache *f* intercession (**für** for, on behalf of; ***bei*** with), plea; (*Empfehlung*) recommendation; (*Vermittlung*) mediation; ***für j-n ~ einlegen*** intercede on s.o.'s behalf, F put in a good word for s.o.; **Fürsprecher** *m* **1.** intercessor; (*Vermittler*) mediator; **2.** *fig.* (*Verfechter*) advocate.

Fürst *m* prince (*a. Titel u. fig.*); (*Herrscher*) ruler; F ***leben wie ein ~*** live like a lord (*od.* king); *bibl.* ***der ~ der Dunkelheit*** the Prince of Darkness.

Fürsten|geschlecht *n*, **~haus** *n* dynasty; **~hof** *m* royal court; **~tum** *n* principality; ***das ~ Monaco*** the Principality of Monaco.

fürstlich I. *adj.* princely; prince's ...; *fig.* splendid; (*üppig*) lavish; *Mahl*: sumptuous; *Gehalt, Trinkgeld*: generous, *Summe*: *a.* princely; **II.** *adv.*: ~ ***leben*** live in grand style; ***j-n ~ belohnen*** reward s.o. royally; ***j-n ~ bewirten*** entertain s.o. lavishly, F lay on the works for s.o.

Furt *f* ford.

Furunkel *m, n* ⚕ boil.

Fürwort *n ling.* pronoun.

Furz V *m*, **furzen** V *v/i.* V fart.

Fusel F *m* F gutrot, rotgut.

Fusion *f* **1.** ⚛ fusion; **2.** ⚚ merger; *neue Firma*: amalgamation; (*Übernahme*) takeover; **fusionieren** *v/i.* ⚚ merge; amalgamate.

Fusions|energie *f* fusion energy; **~reaktor** *m* fusion reactor.

Fuß *m* **1.** foot (*pl.* feet); *e-s Berges, Schranks, e-r Liste, Seite etc.*: foot, bottom; *e-r Säule*: base, pedestal; *e-s Glases*: stem; *e-r Lampe*: stand; *e-s Tisches, e-s Stuhls*: leg; ***zu ~*** on foot; ***zu ~ gehen*** walk; ***zu ~ (bequem) erreichbar*** within (easy) walking distance; ***gut zu ~ sein*** be a good walker; ***bei ~!*** *zum Hund*: heel!; ***wir werden uns auf die Füße treten*** (*wegen der Enge*) we'll be tripping over each other; ***(festen) ~ fassen*** get (*fig. a.* gain) a foothold, *fig. Sache*: *a.* catch on; ***auf dem ~e folgen*** *a. fig.* follow (hard) on the heels of; ***sich j-m zu Füßen werfen*** *a. fig.* throw o.s. at s.o.'s feet; *fig.* ***j-m zu Füßen liegen*** worship s.o.; ***wieder auf den Füßen sein*** be back on one's feet again; ***auf die Füße fallen*** fall on one's feet; ***auf freiem ~*** at large; ***auf freien ~ setzen*** let *s.o.* go; ***auf eigenen Füßen stehen*** stand on one's own two feet; ***auf schwachen Füßen stehen*** stand on shaky ground; ***auf festen Füßen stehen*** be on a sound footing; ***mit beiden Füßen auf der Erde stehen*** have both feet firmly on the ground; ***auf großem ~ leben*** live in grand style (*od.* on a grand scale); ***auf gutem (schlechtem) ~ stehen mit*** be on good (bad) terms with; ***mit Füßen treten*** trample on; ***sein Glück mit Füßen treten*** cast away one's fortune; ***j-m auf die Füße treten*** tread on s.o.'s toes; ***kalte Füße bekommen*** get cold feet; ***rate mal, wer mir heute über die Füße gelaufen ist*** guess who I ran (*od.* bumped) into today; F ***mein Taschenrechner hat Füße bekommen*** my calculator seems to have just walked off; → ***Grab, link*** 1 *etc.*; **2.** (*Längenmaß*) foot (= *30,48 cm*); ***zehn ~ lang*** ten feet long; ***ein zehn ~ langes Brett*** a ten-foot(-long) plank; **~abdruck** *m* footprint; **~abstreifer** *m* (*Matte*) doormat; **~angel** *f* mantrap; *fig.* trap; *fig.* ***j-m ~n legen*** set (up) traps for s.o.; **~bad** *n* footbath.

Fußball *m* **1.** (*Spiel*) football, *bsd. Am.* soccer; ***amerikanischer ~*** American football, *Am.* football. **2.** (*Ball*) football, *Am.* soccer ball; **Fußballänderspiel** *n* (*getr.* ***ll-l***) international (football) match; **Fußballbundesliga** *f* Bundesliga.

Fußballen *m anat.* ball of the (*od.* one's) foot.

Fußballer F *m* footballer.

Fußball|fan *m* football fan; **~feld** *n* football pitch; **~klub** *m* football club; **~krimi** *m* cliffhanger of a (soccer) match; **~mannschaft** *f* football team; **~nationalmannschaft** *f* national football team (*od.* side); **~platz** *m* football pitch; **~profi** *m* professional football player; **~schuh** *m* football boot; **~spiel** *n* football match; **~spieler** *m* football player; **~stadion** *n* football stadium; **~star** *m* football star; **~team** *n* football team; **~toto** *m, n* football pools *pl.*, F *the* pools *pl.*; **~trainer** *m* football coach; **~turnier** *n* football tournament; **~verband** *m* football association; **~verein** *m* football club; **~weltmeister** *m* World Cup holders *pl.*; **~weltmeisterschaft** *f* World Cup.

Fuß|bank *f* footstool; **~bekleidung** *f* socks and shoes *pl.*, footwear.

Fußboden *m* **1.** floor; **2.** → **~belag** *m* floor covering, flooring; **~heizung** *f* underfloor heating.

Fuß|breit *m*: ***er wollte keinen ~ weichen*** he refused to budge (*od.* give) an inch; **~bremse** *f* footbrake; **~eisen** *n* mantrap.

Fussel *f* (piece of) fluff; **fusselig** *adj.* covered in fluff; F ***sich den Mund ~ reden*** talk till one is blue in the face; **fusseln** *v/i.* shed a lot of fluff, F mo(u)lt.

fußeln, füßeln F *v/i.* F play footsie.

fußen *v/i.*: ***~ auf*** be based (up)on, rest on.

Fußende *n* foot of the bed, bottom (of the bed).

Fußfall *m* prostration; ***e-n ~ vor j-m tun*** throw o.s. at s.o.'s feet; **fußfällig** *fig. adv.* on bended knee.

Fußfehler *m Sport*: foot fault.

Fußgänger *m* pedestrian; **~ampel** *f* pedestrian lights *pl.*; **~brücke** *f* footbridge; **~strom** *m* stream of pedestrians; **~überführung** *f* (pedestrian) overpass; footbridge; **~übergang** *m*, **~überweg** *m* pedestrian crossing; **~unterführung** *f* (pedestrian) underpass, *Brit. a.* subway; **~zone** *f* pedestrian precinct (*Am.* mall).

Fuß|geher *östr. m* pedestrian; **~gelenk** *n* ankle; **~hebel** *m* pedal; **2hoch** *adj. Schnee etc.*: ankle-deep; **2kalt** *adj.*: ***dieses Zimmer ist ~*** I'm always cold around the feet in this room; **~knöchel** *m* ankle; **2krank** *adj.* **1.** *vom Marschieren*: footsore; **2.** ***~ sein*** have a foot disease; **~leiste** *f* skirting board.

Füßling *m am Strumpf*: foot.

Fuß|marsch *m* (long) walk; ⚔ march; ***wir haben noch e-n langen ~ vor uns*** we've still got a long trek ahead; ***es ist ein ~ von drei Stunden*** it's a three-hour walk, it's three hours on foot; **~matte** *f* doormat; *mot.* car rug; **~note** *f* footnote; **~pfad** *m* footpath; **~pflege** *f* pedicure, chiropody; care of the feet; **~pfleger(in** *f*) *m* pedicurist, *bsd. Brit.* chiropodist; **~pilz** *m* ⚕ athlete's foot; **~puder** *m* foot powder; **~punkt** *m* 𝔄 foot; *ast.* nadir; **~raste** *f* footrest; **~sack** *m* foot muff; **~schalter** *m* pedal switch; **~schemel** *m* footstool; **~schweiß** *m mst* sweaty feet *pl.*; **~sohle** *f* sole (of the *od.* one's foot); **~soldat** *m* ⚔ foot soldier, infantryman; **~spann** *m* instep; **~spitze** *f*: ***auf den ~n gehen*** (walk on) tiptoe; ***auf den ~n stehen*** stand on tiptoe; **~spray** *m, n* foot spray; **~sprung** *m*: ***e-n ~ machen*** jump in feet first; **~spur** *f* footprint; (*Fährte*) track; **~stapfe** *f* footstep; *fig.* ***in j-s ~n treten*** follow in s.o.'s footsteps; **~stütze** *f* footrest; ⚕ arch support; **2tief** *adj. Schnee etc.*: ankle-deep; **~tritt** *m* **1.** (*Geräusch*) footstep, footfall; **2.** (*Spur*) footprint; **3.** (*Stoß*) kick; ***j-m e-n ~ geben*** (*od.* ***versetzen***) give s.o. a kick, kick s.o.; *fig.* ***e-n ~ kriegen*** (*od.* ***bekommen***) (*entlassen werden*) F get the boot, (*weggeschickt werden*) be kicked (F turfed) out; **~volk** *n* **1.** ⚔ infantry; **2.** *fig.* rank and file *of a party etc.*; **~wanderung** *f* hike, walking tour; **~waschung** *f* foot washing; **~weg** *m* **1.** footpath; **2.** ***ein ~ von einer Stunde*** an hour's walk, an hour on foot; **2wund** *adj.* footsore; **~wurzel** *f* tarsus.

futsch F *adj.* (*kaputt*) broken, (*zerschlagen*) smashed (up), *sl.* bust, kaput; (*verdorben*) ruined; (*weg, verloren*) gone; ***alles ~!*** *Pläne etc.*: F forget it.

Futter[1] *n* (*Vieh*2) feed, fodder; F (*Essen*) F grub, *bsd. Am.* F chow; F ***gut im ~ stehen*** be well-fed.

Futter[2] *n* (*Rock*2 *etc.*) lining; ⚠ casing; ⚙ (*Verkleidung*) lining.

Futteral *n* case; (*Hülle*) cover.

Futter|beutel *m* nosebag; **~getreide** *n* fodder cereals *pl.*; **~häuschen** *n* (covered) bird table; **~krippe** *f* manger; *fig.* gravy train; *fig.* ***an der ~ sitzen*** be doing nicely for o.s.; **~mittel** *n* feed; fodder.

futtern F **I.** *v/t.* F dig into, scoff; **II.** *v/i.* F scoff, feed one's face.

füttern[1] *v/t.* (*a. Computer*) feed; F ***j-n mit et. ~*** feed s.o. on, F stuff s.o. with.

füttern[2] *v/t.* (*Rock etc.*) line (*a.* ⚙); (*auspolstern*) pad.

Futter|napf *m* feeding bowl; **~neid** *fig. m* (professional *od.* social) envy *od.* jealousy; envy of the have-nots; **~pflanze** *f* forage plant (*od.* crop); **~sack** *m* nosebag; **~seide** *f* lining silk; **~stelle** *f* feeding ground; **~stoff** *m* lining (material); **~trog** *m* feeding trough.

Fütterung *f* (*Tier*2) feeding; *im Zoo*: feeding time.

Futterverwerter F *m*: ***ein guter ~ sein*** a) get by on very little (food), b) F put it on (*od.* put on the pounds) very quickly; ***ein schlechter ~ sein*** a) F put away huge amounts (of food), b) never put on weight.

Futur *n ling.* future (tense) (*a.* = ***erstes ~***); ***zweites ~*** future perfect; **Futurismus** *m* futurism; **Futurist** *m*, **futuristisch** *adj.* futurist; **Futurologe** *m* futurologist; **Futurologie** *f* futorology; **Futurum** *n ling.* → ***Futur.***

Fuzzi F *m* F dopey character, dope.

G

G, g *n* G, g; ♪ G.
Gabardine *m, f* gabardine.
Gabe *f* **1.** (*Spende*) contribution (**an** to); (*Schenkung*) donation; (*Opfer*) offering; (*Geschenk*) gift, present; ***um e-e milde ~ bitten*** ask for alms; **2.** *fig.* (*Begabung*) gift, talent; (*Geschick*) knack; ***die ~ haben zu*** *inf.* have a gift for *ger.*, *iro. a.* have a (great) knack of *ger.*, be (very) good at *ger.*; **3.** ⚕ (*Verabreichung, Dosis*) dose.
Gabel *f* fork (*a. am Motorrad, e-r Straße, e-s Asts*); (*Heu2, Mist2*) pitchfork; *teleph.* cradle; *Deichsel*: shafts *pl.*; **2förmig** *adj.* forked.
gabeln I. *v/t.* fork *s.th.* up; F *fig.* ***sich*** *j-n od. et.* **~** pick up; **II.** *v/refl.*: ***sich ~*** *Straße etc.*: fork (off *od.* out).
Gabelstapler *m* forklift truck.
Gabelung *f* fork (in the road *etc.*).
Gabelzinke *f* prong, tine.
Gabentisch *m* table with (the) presents.
gackern *v/i.* cluck; *fig.* gabble.
gaffen *v/i.* F gawk, gawp.
Gaffer *m* F nosy parker.
Gag *m* gag; *Werbung*: *a.* gimmick; *pl. a.* special effects; ***da hat er sich wieder e-n ~ einfallen lassen*** he always comes up with something new; F ***der ~ war ...*** the thing was ...
Gage *f* fee.
gähnen I. *v/i.* yawn; **II.** 2 *n* yawn(ing); **gähnend** *fig. adj.* yawning *chasm etc.*; ***~e Leere*** gaping void.
Gala *f* gala dress; F ***sich in ~ werfen*** F put on one's glad rags; **~abend** *m* gala night; **~aufführung** *f* gala performance; **~diner** *n* gala dinner, (gala) banquet; **~empfang** *m* formal reception; **~konzert** *n* gala concert.
galaktisch *adj.* galactic.
Galan F *m* (*Liebhaber*) F Romeo; ***sie hat sich mit ihrem ~ verabredet*** *a.* F she's got a date with her man.
galant *adj.* gallant; ***~es Abenteuer*** amorous escapade; **Galanterie** *f* gallantry.
Galater *m hist.* Galatian; ***Brief an die ~*** → **~brief** *m*: *bibl.* **der ~** the (*od.* St Paul's) Epistle to the Galatians, Galatians *pl.* (*sg. konstr.*).
Gala|uniform *f* full dress; **~vorstellung** *f* gala performance.
Galaxie *f* galaxy.
Galaxis *f* Galaxy, Milky Way.
Galeere *f* galley.
Galeeren|sklave *m*, **~sträfling** *m* galley slave.
Galerie *f* ⚠, *thea. etc.* gallery; (*Kunst2*) art gallery; F *fig.* ***e-e ganze ~ von*** F a whole battery of; **Galerist** *m* (art) gallery owner, art dealer, gallerist; ***er ist ~*** *a.* he owns (*od.* runs) an art gallery.
Galgen *m* **1.** gallows *sg.*; ***an den ~ bringen*** (***kommen***) send to (end up on) the gallows; **2.** (*Mikrofon2*) (microphone) boom; **~frist** *f* reprieve; ***ich gebe dir eine Woche ~*** I'll give you a week's grace; **~humor** *m* gallows humo(u)r; **~strick** F *m*, **~vogel** F *m* good-for-nothing.
Galionsfigur *f* figurehead.
gälisch *adj.*, 2 *n ling.* Gaelic.
Gallapfel *m* oak apple.
Galle *f* (*Organ*) gall bladder; (*Sekret*) bile, *bsd. zo.*, ⚘ gall; *fig.* bile, venom; *fig.* ***ihm kam die ~ hoch, ihm lief die ~ über*** his blood was up, he was seething; → ***Gift.***
Galleiche *f* gall oak.
gallenbitter *adj.* acrid; *fig. a.* caustic.
Gallenblase *f* gall bladder; **Gallenblasenentzündung** *f* inflammation of the gall bladder, 📖 cholecystitis.
Gallen|gang *m* bile duct; **~kolik** *f* bilious colic; **~leiden** *n* gall bladder complaint.
Gallenstein *m* gallstone; **~operation** *f* gallstone operation.
Gallenwege *pl.* biliary tract *sg.*
Gallert *n* jelly; **2artig** *adj.* gelatinous, jelly-like; ***~e Masse*** gelatinous (*od.* jelly-like) substance *od.* mass.
Gallier(in *f*) *m hist.* Gaul.
gallig *adj. Geschmack etc.*: acrid; *Temperament, Laune etc.*: bilious; *Bemerkung, Humor etc.*: caustic; *Satire etc.*: biting.
gallisch *adj.* Gallic, Gaulic, Gaulish.
Gallizismus *m* Gallicism.
Gallone *f* (*in GB a.* Imperial) gallon (= *4,54 l*), (*in den USA a.* US) gallon (= *3,78 l*).
Galopp *m* gallop; ***leichter ~*** canter; ***im ~*** at a gallop; ***in*** (***den***) ***~ fallen*** break into a gallop; *fig.* ***im ~ ankommen*** come galloping along; ***et. im ~ erledigen*** race (*od.* gallop) through s.th.; **galoppieren** *v/i.* gallop; **galoppierend** *fig. adj.* ⚕ galloping *consumption etc.*; ✝ *a.* runaway *inflation etc.*
Galoschen *pl.* galoshes, overshoes, *Am. a.* rubbers.
galvanisch *adj.* galvanic(ally *adv.*); ***~es Element*** galvanic cell; **Galvaniseur** *m* electroplater; **galvanisieren** *v/t.* galvanize (*a.* ⚕), ⚙ *a.* electroplate; **Galvanisierung** *f* galvanization, electroplating; **Galvanometer** *n* galvanometer.
Gamasche *f* gaiter, legging; *über dem Fuß*: spat; F *fig.* ***er hat ~n vor ihr*** F she puts the wind up him.
Gambe *f* ♪ viola da gamba, viol.
Gameboy *m* gameboy.
Gamet *m biol.* gamete.
Gamma|strahlen *pl.* gamma rays; **~strahlung** *f* gamma radiation.
Gammelei F *f* loafing (F bumming, *Am.* F goofing) around; **gammelig** F *adj.* **1.** (*modrig*) mo(u)ldy, *Obst*: rotten; **2.** (*ungepflegt*) scruffy; **gammeln** F *v/i.* (*faulenzen*) loaf (F bum) around, *Am.* F goof off (*od.* around); **Gammler** F *m* F layabout.
Gams *dial. f* chamois; **~bart** *m* tuft of chamois hair, F *hum.* shaving brush.
Gang *m* **1.** (**~art**) walk, way *s.o.* walks, gait; (*Tempo*) *Pferd u. fig.*: pace; **2.** (*Spazier2*) walk; (*Besorgungs2*) errand; (*Weg*) way; ***auf dem ~ zu*** on the (*od.* one's) way to; ***e-n ~ machen*** go (*od.* be) on an errand; ***Gänge besorgen*** run errands; ***e-n kleinen ~ machen*** take (*od.* go for) a short walk; ***e-n ~ machen zu*** go to; *fig.* ***letzter ~*** last journey; ***das war ein schwerer ~*** that wasn't easy, that was no easy business (*od.* matter); ***ihr erster ~ war*** the first thing she did was (to) *inf.*; **3.** (*Bahn, Verlauf*) course *of business, of events etc.*; ***s-n ~ gehen*** take its course; ***s-n gewohnten ~ gehen*** go (*od.* carry) on as usual; **4.** *e-r Maschine etc.*: running, working; (*Wirkungsweise*) action; *fig.* (*Bewegung*) movement, progress; ***e-n leisen ~ haben*** ⚙ run quietly; ***in ~ bringen*** (***od. setzen***) ⚙ start, put into operation, *fig.* get *s.th.* going, (*Entwicklung etc.*) set *s.th.* in train; ***in ~ sein*** ⚙ be running, *fig.* be under way; ⚙ ***außer ~ setzen*** put out of operation; ⚙ *u. fig.* ***in ~ halten*** (***kommen***) keep (get) going; *fig.* ***in vollem ~*** in full swing; ***im ~e sein*** be afoot; ***es ist etwas im ~e*** *a.* there's something (fishy) going on; **5.** (*Flur*) corridor; (*Durch2*) passage(way); *im Flugzeug etc.*: aisle; (*Bogen2*) arcade; (*Laufsteg*) walkway; (*Röhren2*) duct; **6.** *gastr.* course; ***Essen mit drei Gängen*** three-course meal; **7.** ⚙ speed; *mot.* gear, *Fahrrad*: *a.* speed; ***erster ~*** first (*od.* bottom) gear; ***zweiter ~*** second gear; ***den ~ wechseln*** change (*bsd. Am.* shift) gears; ***den ~ herausnehmen*** change (*bsd. Am.* shift) into neutral; ***den zweiten ~ einschalten, in den zweiten ~ gehen*** (***od. schalten***) change (*bsd. Am.* shift) into second (gear); ***durch die Gänge jagen*** run through the gears; **8.** *anat.* duct, canal, passage.
gang *adj.*: ***~ und gäbe sein*** be quite usual, be the usual thing; ***das ist*** (***hier***) ***~ und gäbe*** *a.* that's nothing unusual (around here).
Gangart *f* gait, walk, *Pferd*: pace; *fig.* (*Vorgehensweise*) approach; ***e-e andere ~ anschlagen*** a) change the (*od.* one's) pace, b) *a.* ***e-e härtere ~ anschlagen*** force the pace, *fig.* take a tougher line (***gegenüber*** against).
gangbar *adj. Weg*: passable; *fig.* practicable, feasible, *Lösung, Plan*: *a.* workable.
Gängelband *n fig.*: ***am ~ führen*** (***od. halten***) → ***gängeln.***
gängeln *v/t.* lead *s.o.* by the nose; *Frau, Mutter*: *a.* keep *s.o.* tied to one's apron strings.
Ganghebel *m* gearstick, gear lever, *Am.* gearshift.
gängig *adj.* **1.** *Ausdruck*: current; *Metho-*

de etc.: (very) common; ***die ~e Meinung*** the conventional wisdom; **2.** ✝ sal(e)able, marketable; (*gutgehend*) fast-selling; **~st** best-selling; **Gängigkeit** *f* currency; commonness; ✝ sal(e)ability, marketability.

Ganglien|knoten *m anat.* gangliar node; **~system** *n* gangliar system; **~zelle** *f* ganglion cell.

Ganglion *n* ganglion; *pl.* ganglia.

Gangschaltung *f mot.* gearshift(ing).

Gangster *m* gangster; **~bande** *f* gang of criminals; **~boß** *m* gang boss, gangland leader; **~braut** *f sl.* moll; **~film** *m* gangster film; **~held** *m* gangster hero; **~methoden** *pl.*: ***das sind ja ~!*** that's (almost) criminal; **~tum** *n* world of gangsters.

Gangway *f* ✈ steps *pl.*; ⚓ gangway.

Ganove F *m* F crook, hoodlum; ***kleiner ~*** small-time crook; **Ganovensprache** *f* underworld slang, thieves' cant; **Ganoventrick** *m* con trick.

Gans *f* goose (*pl.* geese); ***junge ~*** gosling; *fig.* ***dumme ~*** stupid thing (*od.* girl).

Gänse|blümchen *n* daisy; **~braten** *m* roast goose; **~feder** *f* goose feather; (*Schreibfeder*) (goose) quill; **~füßchen** *pl.* quotation marks, inverted commas; **~haut** *fig. f* goose pimples *pl.*; ***ich bekam e-e ~*** it sent shivers down my spine, F it gave me the creeps; **~kiel** *m* (goose) quill; **~klein** *n gastr.* goose giblets *pl.*

Gänseleber *f* goose liver; **~pastete** *f* pâté de foie gras.

Gänsemarsch *m*: ***im ~*** in single (*bsd. Am.* Indian) file.

Gänserich *m* gander.

Gänseschmalz *n* goose dripping.

ganz I. *adj.* **1.** (*ungeteilt*) whole; (*vollständig*) complete; ***~ Deutschland*** the whole (*od.* all) of Germany; ***die ~e Stadt*** the whole town; ***über ~ Amerika*** all over America; ***in der ~en Welt*** all over the world; ***~e Länge*** total (*od.* overall) length; ***~e Zahl*** whole number; ♪ ***~e Note*** semibreve, *Am.* whole note; ♪ ***~e Pause*** semibreve (*Am.* whole note) rest; ***~e Wochen*** *arbeiten an etc.*: for weeks on end; ***von ~em Herzen*** with all my *etc.* heart; ***m-e ~en Schuhe*** all (of) my shoes; ***den ~en Morgen (Tag)*** all morning (day); ***die ~e Nacht (hindurch)*** all night long; ***die ~e Zeit*** all the time, the whole time; ***den ~en Goethe*** *lesen etc.*: the whole (*od.* all) of Goethe; **2.** (*unbeschädigt*) in one piece, intact; ***wieder ~ machen*** mend; ***die Tasse ist noch ~*** *a.* the cup didn't break; **3.** F ***~e zwei Stunden*** (for) two solid hours, (*nicht mehr*) just two hours; ***es hat ~e fünf Minuten gedauert*** it didn't take more than five minutes, it was all over in five minutes; ***er hat mir ~e zehn Mark gegeben*** all he gave me was ten marks; ***es hat mich ~e 50 Mark gekostet*** it only cost me 50 marks; **II.** *adv.* (*völlig*) completely, totally; (*ziemlich, leidlich*) quite, F pretty; (*sehr*) very, really; ***~ gut*** quite good, F not bad; ***es hat mir ~ gut gefallen*** I quite liked (*od.* enjoyed) it; ***~ schön viel*** quite a lot, F a fair bit; ***~ schön dreckig*** F pretty dirty; ***~ und gar nicht*** not at all; ***das ist was ~ anderes*** that's a completely different matter; ***nicht ~ dasselbe*** not quite the same thing; ***~ gewiß*** certainly, (*ohne Zweifel*) (oh,) definitely; ***~ naß*** wet through; ***(ich bin) ~ Ihrer Meinung*** I quite agree; ***das hatte ich ~ vergessen*** I'd completely forgotten (about that); ***er ist ~ der Vater*** he's just like his father, F he's a chip off the old block; ***nicht ~ zehn*** just under ten, F coming up for ten; ***ich würde es ~ gern machen, aber*** I'd like to, but; ***~ besonders, weil*** (e)specially since; ***im großen (und) ~en*** on the whole, all in all.

Ganz|aufnahme *f*, **~bild** *n* full-length portrait.

Ganze(s) *n* whole; (*Gesamtbetrag*) total (amount); (*Gesamtheit*) entirety; ***einheitliches Ganzes*** integral whole; ***das Ganze*** the whole thing; ***et. als Ganzes betrachten*** look at s.th. as a whole; ***aufs (große) Ganze gesehen*** seen (*od.* viewed) as a whole, all in all; ***aufs Ganze gehen*** go all out, F go the whole hog; ***jetzt geht's ums Ganze*** it's all or nothing now.

Gänze *f*: ***zur ~*** completely, in full; ***in s-r ~*** in its entirety.

Ganzfoto *n* full-length portrait.

Ganzheit *f* whole; ***in s-r ~*** as a whole, in its entirety; **ganzheitlich I.** *adj.* (*umfassend*) comprehensive, all-embracing; *phls., psych.,* ⚕ *etc.* holistic; **II.** *adv.* comprehensively; *phls.,* ⚕ *etc.* holistically; ***~ betrachtet*** seen as a whole (*od.* in its entirety).

Ganzheits|medizin *f* holistic medicine; **~methode** *f* **1.** holistic method; **2.** *ped.* integrated curriculum; **~psychologie** *f* holistic psychology; **~unterricht** *m ped.* **1.** integrated curriculum; **2.** → ***Ganzwortmethode***.

ganzjährig I. *adj.* all-year ...; *Öl*: all-season ...; **II.** *adv.* all year round.

Ganzkörperbestrahlung *f* whole body dose (of radiation).

Ganzleder *n* (full) leather; ***in ~*** leather-bound; **~band** *m* leatherbound volume.

Ganzleinen *n* full cloth (binding); ***in ~*** clothbound.

gänzlich I. *adj.* complete, total; **II.** *adv.* completely, totally, absolutely.

Ganz|metall *n* all-metal *construction etc.*; **~seide** *f* pure silk; **~seitig** *adj.* full-page ...; **~tägig I.** *adj.* all-day ...; *Beschäftigung*: full-time ...; **II.** *adv.* all day, (for) the whole day; ***~ geöffnet*** open all day; ***~ beschäftigt sein*** have a full-time job.

Ganztags|beschäftigung *f* full-time job; **~schule** *f* all-day school(ing).

Ganzwortmethode *f ped.* whole word method.

ganzzählig *adj.* ⅍ integer.

gar I. *adj. gastr.* done, cooked; ***nicht ~*** underdone; **II.** *adv.* (*sogar*) even; (*vielleicht*) perhaps; ***~ nicht*** not at all; ***~ nichts*** not a thing, nothing at all, absolutely nothing; ***~ keiner*** nobody at all; ***es hat ~ keinen Sinn*** it's no use (at all); ***es besteht ~ kein Zweifel*** there's no doubt whatsoever; ***~ nicht schlecht*** not bad at all; ***das ist ~ nichts gegen m-e Geschichte*** that's got nothing on my story; ***oder ~*** let alone; ***~ so*** so very; ***~ zu*** (a bit) too; → *a.* ***allzu (...)***.

Garage *f* garage.

Garagen|einfahrt *f* garage entrance; **~tor** *n* garage door.

Garant *m* guarantor; → *a.* ***Bürge***.

Garantie *f* guarantee; ***es hat ein Jahr ~*** it's got a year's (*od.* a one-year) guarantee; *fig.* ***dafür kann ich keine ~ übernehmen*** I can't make any guarantees; F ***er fällt unter ~ durch*** he's bound to fail, F he's just got to fail, there's no way he's going to pass; F ***sie hat's unter ~ vergessen*** she's bound to have forgotten, F I bet (you any money) she's forgotten; **~anspruch** *m* ⚖ warranty claim; **~bedingungen** *pl.* terms of a (*od.* the) guarantee; **~frist** *f* guarantee period.

garantieren *v/t.* (*u. v/i.* ***für et. ~***) guarantee (*a. fig.*); ***garantiert echt*** guaranteed genuine; F ***sie kommt garantiert nicht*** F I bet (you) she won't come.

Garantie|schein *m* guarantee; **~zeit** *f* guarantee (period); ***die ~ ist abgelaufen*** the guarantee has run out.

Garaus *m*: ***j-m den ~ machen*** F finish (*od.* bump) s.o. off; ***e-r Sache den ~ machen*** put paid to s.th.

Garbe *f* ⚘ sheaf; ***in ~n binden*** bundle, tie up into sheaves.

Gärbottich *m* fermenting vat.

Garde *f* ⚔ *the* guards *pl.*; *fig.* ***er ist noch von der alten ~*** he's still one of the old school.

Gardenie *f* ⚘ gardenia.

Garde|offizier *m* guards officer; **~regiment** *n* guards regiment.

Garderobe *f* **1.** (**~nraum**) cloakroom, *Am. a.* checkroom; (*Flur*~) coatrack, *freistehend*: hall stand; ***et. an der ~ abgeben*** leave s.th. in the cloakroom (*Am.* checkroom); ***für ~ wird nicht gehaftet*** we regret that the management cannot accept responsibility for losses due to theft; **2.** *thea. etc.* (*Umkleideraum*) dressing room; **3.** (*Kleidung*) clothes *pl.*, wardrobe; ***e-e große ~ haben*** have a lot of clothes (*od.* a large wardrobe); **4.** (*Mäntel etc.*) hats and coats *pl.*

Garderoben|frau *f* cloakroom (*Am.* checkroom) attendant; **~marke** *f*, **~nummer** *f* cloakroom ticket, *Am.* check; **~ständer** *m* coatrack, *freistehend*: hall stand.

Garderobiere *f* → ***Garderobenfrau.***

Gardine *f* (net) curtain; *fig.* ***hinter schwedischen ~n*** behind bars; **Gardinenpredigt** F *f* lecture, dressing down.

Gardist *m* guardsman.

garen *v/t.* (*a. v/i.* ***~ lassen***) *gastr.* cook slowly.

gären *v/i.* ferment (*a.* ***~ lassen***); *fig.* be seething, fester; ***es gärte ihn ihm*** he was seething with hatred (*od.* rage *etc.*); ***der Aufruhr gärt im Lande*** the country is seething with unrest (*od.* revolt); ***es gärt im Volk*** there's growing unrest among the people.

Gärmittel *n* ferment.

Garn *n* thread; (*Baumwoll*~) *a.* cotton; *fig.* ***(j-m) ins ~ gehen*** walk into the (s.o.'s) trap; ***ein ~ spinnen*** spin a yarn.

Garnele *f* shrimp (*Am. a. pl.*), prawn.

garni *adj.* → ***Hotel.***

garnieren *v/t.* decorate; (*Hut etc.*) *a.* trim; *gastr.* garnish; **Garnierung** *f* decoration; trimmings *pl.*; *gastr.* garnish (-ing).

Garnison *f* garrison; **Garnisonsstadt** *f* garrison town.

Garnitur *f* (*Satz*) set; (*Unterwäsche*) matching underwear; → *a.* ***Sitzgarnitur*** *etc.*; ⚔ full uniform; (*Besatz*) trimming(s *pl.*); *fig.* ***erste ~*** top rank(s), (*Person[en]*) F top notcher(s); ***zweite (dritte) ~*** second- (third-)rater(s); ***Solisten der ersten ~*** top-class (F top-notch) soloists.

Garn|knäuel *m, n* ball of thread; **~rolle** *f* reel (of thread *od.* cotton); **~spule** *f* spool, bobbin.
Gärprozeß *m* fermentation process, (process of) fermentation.
garstig *adj.* nasty.
Gärstoff *m* ferment.
Garten *m* garden; ***botanischer*** ~ botanical gardens; ***zoologischer*** ~ zoological gardens, zoo; *bibl.* ***der ~ Eden*** the Garden of Eden; **~anlage** *f* (public) gardens *pl.*; **~arbeit** *f* gardening; **~architekt** *m* landscape gardener; **~bank** *f* garden bench.
Gartenbau *m* horticulture; *in Zssgn* horticultural *show etc.*; **~ingenieur** *m* horticulturist.
Garten|beet *n* flower (*od.* vegetable) bed; **~fest** *n* garden party; **~geräte** *pl.* gardening tools; **~gewächs** *n* **1.** garden plant; **2.** *pl.* garden produce *sg.*; **~haus** *n* summer house; **~kräuter** *pl.* pot herbs; **~kresse** *f* garden cress; **~laube** *f* arbo(u)r, bower; summer house; **~lokal** *n* → ***Gartenwirtschaft***; **~möbel** *pl.* garden furniture *sg.*; **~schau** *f* horticultural show; *größere*: garden festival; **~schere** *f*: (***e-e*** ~ a pair of) pruning shears *pl.*; **~schlauch** *m* garden hose; **~stadt** *f* garden city; **~stuhl** *m* garden chair; **~wirtschaft** *f* **1.** outdoor café (*od.* restaurant); **2.** beer garden; **~zaun** *m* garden fence; **~zwerg** *m* (garden) gnome; F *fig. häßlich*: ugly little thing, *unangenehm*: F horrible little squirt.
Gärtner *m* gardener; **Gärtnerei** *f* gardening; (*Betrieb*) market garden, *Am.* truck farm; **Gärtnerinart** *f*: *gastr.* ***nach ~*** à la jardinière; **gärtnern** *v/i.* do gardening, work in the garden.
Gärung *f* fermentation; *fig.* (state of) unrest.
Gärungs|alkohol *m* ethyl alcohol; **~mittel** *n* ferment; **~prozeß** *m* fermentation process, (process of) fermentation; **~zeit** *f* fermentation period.
Garzeit *f* cooking time.
Gas *n* gas; *mot.* ***~ geben*** step on the accelerator (F *u. Am.* gas); ***gib ~!*** F step on it!; ***~ wegnehmen*** throttle down (*Am.* back); **~ableser** *m* gasman; **~anzünder** *m* gas lighter; **2artig** *adj.* gaseous; **~behälter** *m* gas tank; **2beheizt** *adj.* gas-fired, gas-heated; ***~e Wohnung*** house (*od.* flat, *Am.* apartment) with gas heating; **~beleuchtung** *f* gas light(ing); **~brenner** *m* gas burner; **2dicht** *adj.* gasproof; **~druck** *m* gas pressure; **~entwicklung** *f*, **~erzeugung** *f* gas production; **~explosion** *f* gas explosion; **~fernleitung** *f* long-distance gas pipe; **~feuerung** *f* gas firing; **~feuerzeug** *n* gas lighter; **~flamme** *f* gas flame; *am Kocher*: burner; **~flasche** *f* gas cylinder; **2förmig** *adj.* gaseous; **2gefüllt** *adj.* gas-filled, filled with gas; **2gekühlt** *adj.* gas-cooled; **~gemisch** *n* gas(eous) mixture; **~geruch** *m* smell of gas; **~gewinnung** *f* gas production; **~hahn** *m* gas tap; ***den ~ aufdrehen*** (***abdrehen***) turn the gas on (off); **2haltig** *adj.* gaseous; **~hebel** *m mot.* **1.** (*Hand2*) throttle control; **2.** → ***Gaspedal***; **~heizofen** *m* gas fire; **~heizung** *f* gas heating; **~herd** *m* gas cooker (*od.* stove, *Am. a.* range); **~kammer** *f* gas chamber; **~kocher** *m* camping stove; **~lampe** *f* gas lamp, gaslight; **~leitung** *f* gas pipe; **~licht** *n* gaslight; **~-Luft-Gemisch** *n mot.* explosive mixture; **~mann** *m* gasman; **~maske** *f* gas mask; **~ofen** *m* gas stove.
Gasometer *m* gasometer.
Gas|pedal *n mot.* accelerator (pedal), *Am. a.* gas pedal; **~pistole** *f* tear-gas pistol; **~rechnung** *f* gas bill; **~rohr** *n* gas pipe.
Gäßchen *n* (little) alleyway, narrow lane.
Gasse *f* narrow street, (narrow) lane; (*Bahn*) path; ***sich e-e ~ bahnen durch*** force one's way through; *dial.* ***auf der ~*** in (*od.* on) the street; *fig.* ***auf allen ~n zu hören sein*** be the talk of the town; → ***Hansdampf.***
Gassen|hauer *m* popular song (*od.* tune); **~junge** *m* urchin.
Gassi F: (***mit dem Hund***) ***~ gehen*** take the dog out (for a walk), F go walkies (with the dog); ***komm, wir gehen jetzt ~!*** F time for walkies!
Gast *m* guest; (*Besucher*) visitor; *im Wirtshaus etc.*: customer; *thea.* guest (performer *od.* artist); *pl. Sport*: away (*od.* visiting) team *sg.*, F visitors *pl.*; ***er ist ein seltener ~*** he's a stranger in these parts; ***Gäste haben*** have visitors (*od.* company); ***oft Gäste haben*** a) often have people to stay, b) do a lot of entertaining; ***wir haben heute abend Gäste*** we're having guests (*od.* visitors) tonight, we're having some people round tonight; ***heute abend haben wir X zu ~*** *TV etc.* our guest tonight is X; ***heute bist du mein ~*** it's all on me (today); ***bei j-m zu ~ sein*** be staying with s.o.; ***j-n zu ~ bitten*** invite s.o., *formell*: request the pleasure of s.o.'s company; ***nur für Gäste*** for patrons only; *Vorstellung etc.* ***für geladene Gäste*** for an invited audience; **~arbeiter** *m* foreign (*od.* immigrant) worker; **~dirigent** *m* guest conductor; **~dozent** *m* guest (*od.* visiting) lecturer.
Gäste|bett *n* guest (*od.* spare) bed; **~buch** *n* visitors' book; **~handtuch** *n* guest towel; **~haus** *n* guest house; **~-WC** *n* guest toilet; **~zimmer** *n* guest room; *im Hotel etc.*: lounge.
gastfrei *adj.* hospitable; **Gastfreiheit** *f* hospitality.
gastfreundlich I. *adj.* hospitable; *Land etc.*: *a.* very friendly towards visitors (*od.* tourists); **II.** *adv.*: ***~ empfangen*** give *s.o.* a warm welcome; ***wir wurden sehr ~ behandelt*** we were made to feel at home, we were treated very kindly; **Gastfreundlichkeit** *f* hospitality.
Gastfreundschaft *f* hospitality.
Gastgeber *m* host; *pl. Sport*: home team *sg.*; **Gastgeberin** *f* hostess.
Gast|geschenk *n* present (for the host [-ess]); **~haus** *n*, **~hof** *m* restaurant; *mit Unterkunft*: guesthouse; **~hörer** *m univ.* auditor.
gastieren *v/i.* (*als Gast auftreten*) give a guest performance, *bsd. Am.* guest (**an** at *a theatre*; **in** in *a town*); *weitS.* (*auftreten*) perform, give a performance; ***in Japan ~*** (*auf Tournee sein*) tour Japan.
Gast|konzert *n* guest concert (*od.* performance); **~land** *n* host country.
gastlich *adj.* **1.** hospitable; **2.** (*einladend*) inviting; (*gemütlich*) cosy, *Am.* homey; **Gastlichkeit** *f* **1.** hospitality; **2.** (*Gemütlichkeit*) cosiness, *Am.* homeyness.
Gast|mahl *n* banquet; **~mannschaft** *f* visiting team; **~professor** *m* visiting professor; **~recht** *n* (right of) hospitality; **~redner** *m* guest speaker.
gastrisch *adj.* ⚕ gastric.
Gastritis *f* ⚕ gastritis.
Gastroenteritis *f* ⚕ gastroenteritis.
Gastrolle *f thea.* guest part; *fig.* ***e-e ~ geben*** pay a flying visit (***in*** to), put in a brief appearance (at, in).
Gastronom *m* restaurateur, restaurant chef; **Gastronomie** *f* **1.** (*Gewerbe*) catering trade; **2.** (*Kochkunst*) gastronomy; **gastronomisch** *adj.* **1.** catering *business etc.*; **2.** gastronomic(al).
Gastspiel *n* guest performance; *Sport*: away game; *fig.* → ***Gastrolle***; **~reise** *f* tour (***in*** of).
Gaststätte *f* restaurant; **Gaststättengewerbe** *n* catering trade.
Gasturbine *f* gas turbine.
Gast|vorlesung *f* guest lecture; **~vorstellung** *f thea.* guest performance; *fig.* → ***Gastrolle***; **~vortrag** *m* guest lecture.
Gastwirt *m* landlord, (*a. Restaurantinhaber*) proprietor; **Gastwirtin** *f* landlady, (*a. Restaurantinhaberin*) proprietress; **Gastwirtschaft** *f* → ***Gasthaus.***
Gas|uhr *f* gas meter; **~vergiftung** *f* gas poisoning; **~werk** *n* gasworks *pl.* (*a. sg. konstr.*); **~wolke** *f* cloud of gas; **~zähler** *m* gas meter.
Gatt *n* ⚓ **1.** (*Heck*) stern; **2.** (*Loch*) hole; (*Spei2*) scupper (hole).
Gatte *m* husband; ⚖ spouse; **Gattenwahl** *f zo.* choosing (*od.* choice of) a mate.
Gatter *n* gate (*a. electron.*); (*Zaun*) fence; *am Fenster*: grille; **~säge** *f* framesaw; **~tor** *n*, **~tür** *f* gate; (*Zaun*) fence.
Gattin *f* wife; ⚖ spouse; ***Ihre ~*** your wife, *formell*: Mrs X.
Gattung *f* **1.** *zo.*, ⚘ genus, (*Familie*) family, (*Art*) species; **2.** *Kunst*: form; *Literatur*: genre; **3.** (*Sorte*) kind, type.
Gattungs|begriff *m* generic term; **~name** *m* generic name; *ling.* collective (*od.* common) noun.
Gau *m* district.
GAU *m* maximum credible accident, MCA.
Gaudi F *f, n*: ***das war e-e ~!*** F it was a (real) scream (*Am. a.* gas); ***nur zur ~*** just for fun (F kicks), just for the fun of it.
Gaukelbild *n* illusion, mirage; (*Blendwerk*) delusion.
Gaukelei *f* delusion; *e-s Clowns*: tricks *pl.*; **gaukeln** *v/i.* (*flattern*) flutter (around).
Gaukel|spiel *n* (*Täuschung*) delusion; ***ein ~ treiben mit*** delude; **~werk** *n* delusion.
Gaukler *m* tumbler; (*Spaßmacher*) clown; (*Scharlatan*) charlatan.
Gaul *m* horse; *contp.* nag; ***alter ~*** (old) jade; *fig.* ***e-m geschenkten ~ sieht man nicht ins Maul*** never look a gift horse in the mouth.
Gauleiter *m hist.* gauleiter.
Gaumen *m a. fig.* palate; *fig.* ***e-n feinen ~ haben*** have a fine palate (*od.* tongue, sense of taste); → ***gespalten***; **~freuden** *pl.* culinary delights; **~kitzel** *m*: ***jetzt gibt es e-n kleinen ~*** now for something to tickle your palate (*od.* tastebuds); **~laut** *m* palatal; **~platte** *f* ⚕ upper plate; **~zäpfchen** *n* uvula.
Gauner *m* crook, swindler; (*Halunke*) rascal; ***diese ~!*** what a bunch of crooks!; **~bande** *f* gang of crooks.

Gaunerei *f* swindling, swindle, F con game; **gaunerhaft** *adj.* F crooked; **gaunern** *v/i.* swindle.

Gauner|sprache *f* underworld jargon, thieves' cant; **~streich** *m*, **~stück** *n* swindle, F con.

Gaze *f* gauze (*a.* ⚕); ✝ *feine*: gossamer; (*grobe Baumwoll*≈) cheesecloth; (*Draht*≈) wire gauze; **~binde** *f* gauze bandage.

Gazelle *f* gazelle.

geachtet *adj.* respected; ***bei allen ~ sein*** have everyone's respect.

Geächtete(r) *m* outlaw.

Geächze *n* groaning, groans *pl.*

Geäder *n* **1.** (*Blutgefäße*) blood vessels *pl.*; **2.** (*Maserung*) veins *pl.*, veined structure; *im Holz*: grain; **geädert** *adj.* veined; (*marmoriert*) marbled; *Holz*: grained; *Käse*: veiny.

geartet *adj.* disposed; ***anders ~ sein*** be different; ***besonders ~*** special *case*; ***so ~, daß*** the kind of person *etc.* that *would, will etc.*

Geäst *n* branches *pl.*

Gebäck *n* (*Fein*≈) (fancy) cakes *pl.*; (*Kekse*) biscuits *pl.*, *Am.* cookies *pl.*

gebadet *adj.* → **Schweiß**.

Gebälk *n* (*Balken*) beams *pl.*; (*Säulen*≈) entablature; *fig.* ***es knistert im ~*** there's trouble brewing (*od.* in the air).

geballt I. *adj. Faust*: clenched; *fig.* concentrated; *Stil*: *a.* compact; ***~er Angriff*** concerted attack; → ***Ladung***[1] 3; **II.** *adv.*: ***~ auftreten*** *Probleme etc.*: come all at once, *nacheinander*: come thick and fast.

gebannt *adj. u. adv.* (*a.* ***wie ~***) fascinated, spellbound; ***~ zusehen*** *a.* be riveted; ***~ vor dem Fernseher sitzen*** be glued to the TV; ***wie ~ stehenbleiben*** stop dead in one's tracks.

Gebärde *f* gesture; *fig.* air.

gebärden *v/refl.*: ***sich ~*** behave, act (***wie*** like); ***sich wie toll ~*** behave (*od.* act) like a madman.

Gebärden|dolmetscher *m* sign language interpreter; **~spiel** *n* gestures *pl.*; *stummes*: pantomime (*a. fig.*); **~sprache** *f* sign language; *thea.* mimicry.

gebaren I. *v/refl.* → **gebärden**; **II.** ≈ *n* behavio(u)r, demeano(u)r; (*Geschäfts*≈) conduct.

gebären I. *v/t.* give birth to; *fig.* breed, beget; ***geboren werden*** be born; ***ich wurde geboren am*** I was born on; *fig.* ***der Mann muß noch geboren werden*** that man hasn't been born yet; → ***geboren***; **II.** *v/i.* give birth; **gebärfähig** *adj.* capable of childbearing (*zo.* of giving birth); ***im ~en Alter*** of childbearing age; **gebärfreudig** *adj.* fertile; F *hum.* ***sie hat ein ~es Becken*** F she's broad in the beam.

Gebärmutter *f* womb, uterus; **~hals** *m* neck of the uterus, 📖 cervix uteri; **~krebs** *m* cervical cancer, cancer of the womb; **~senkung** *f* uterine descent; **~vorfall** *m* (uterine) prolapse.

gebauchpinselt F *adj.*: ***sich ~ fühlen*** F be *od.* feel (quite) tickled.

Gebäude *n* building; structure; *bsd. großes, bemerkenswertes*: edifice; *fig.* (*Zusammengefügtes*) structure; *von Gedanken*: edifice; **~flügel** *m* wing (of a *od.* the building); **~komplex** *m* complex (of buildings), group of buildings; **~trakt** *m* part of a (*od.* the) building; (*Flügel*) wing.

gebauscht *adj.* puffed-out.

gebaut *adj.*: ***gut ~*** well-built (*a. iro.*); ***so wie er ~ ist, schafft er es leicht*** a man of his size won't have any problems.

gebefreudig *adj.* open-handed, (very) generous; **Gebefreudigkeit** *f* open-handedness, generosity.

Gebein *n* **1.** bones *pl.*; (*Knochengerüst*) skeleton; **2.** *pl.* (*sterbliche Reste*) (mortal) remains; *eccl.* relics.

Gebelfer *n von Hunden*: yelping, yapping; *fig. von Menschen etc.*: barking.

Gebell *n* barking; (*Kläffen*) yapping.

geben I. *v/t.* **1.** give (***j-m et.*** s.o. s.th., s.th. to s.o.); (*reichen*) *a.* hand; (*Unterricht, Fach*) teach; (*Aufsatz*) set; (*Ertrag etc.*) give, yield; ***j-m zu trinken (essen)*** ~ give s.o. s.th. to drink (eat); ***sich et. ~ lassen*** (*bitten um*) ask for s.th.; F ***ich gäbe was drum zu wissen*** I'd give anything to know; F ***es j-m ~*** let s.o. have it; → ***Anlaß, bedenken*** 1, ***Bescheid, Blöße*** 2, ***denken*** I *etc.*; → ***gegeben***; **2.** (*gewähren*) give, grant; **3.** (*Konzert etc.*) give; (*Theaterstück etc.*) perform, F do; (*Film*) show; (*Essen, Party*) have, give; ***was wird heute abend gegeben?*** what's on tonight?; ***das Stück wurde drei Monate lang gegeben*** the play ran (*od.* was on) for three months; **4.** (*ergeben*) make *a good soup etc.*; (*Flecken*) make, leave; ***das gibt keinen Sinn*** it doesn't make (any) sense; ***fünf mal sechs gibt dreißig*** five sixes are thirty, five times six is thirty; **5.** (*tun, legen, stecken etc.*) put; (*hinzutun, beimischen*) add; ***Salz in die Suppe ~*** put salt into (*od.* add salt to) the soup; **6.** ***von sich ~*** ⚗ give off, emit; (*Essen*) bring up; (*Äußerung*) make; (*Schrei etc.*) give, (*a. Flüche*) let out; ***nichts als Unsinn von sich ~*** talk nothing but nonsense; → ***Ton***[1]; **7.** ***viel ~ auf*** set great store by, (*bsd. j-n*) think highly (*od.* a lot) of; **II.** *v/i.* **8.** give (***mit vollen Händen*** freely); **9.** *Kartenspiel*: deal; ***wer gibt?*** whose deal is it?; **10.** *Tennis*: serve; **III.** *v/refl.*: ***sich ~*** **11.** (*sich benehmen*) act, behave; ***sich natürlich ~*** act naturally; **12.** *Gelegenheit*: arise, present itself; **13.** (*nachlassen*) ease up; (*vorübergehen*) pass, blow over; *Leidenschaft etc.*: *a.* cool (down); *Schmerzen*: let up; *völlig*: go away; *Fieber*: go down; (*wieder gut werden*) come right; ***das gibt sich wieder*** *a.* it'll sort itself out; **14.** ***sich als*** *Experte etc.* ~ (try to) act *the expert etc.*, try to pass o.s. off as; **15.** ***sich in sein Schicksal ~*** give o.s. up to one's fate; → ***gefangen, geschlagen, verloren***; **IV.** *v/impers.* **16.** ***es gibt*** there is, there are; ***es gibt Leute, die ...*** some people ...; ***der beste Spieler, den es je gab*** the best player of all time; ***es gab viel zu tun*** there was a lot to do; ***es gab kein Entrinnen*** there was no escaping; ***das gibt Ärger*** there'll be trouble; ***was gibt's?*** what's up?; ***was gibt's Neues?*** what's new?; ***was gibt es zum Mittagessen?*** what's for lunch?; ***was es nicht alles gibt!*** you don't say; ***so was gibt es nicht*** there's no such thing; ***das gibt's nicht!*** *verbietend*: that's out, (*das darf nicht wahr sein*) you're joking, that can't be true; ***das gibt's nicht, daß sie noch aufgetaucht ist*** I don't (*od.* can't) believe she actually turned up; ***gibt's den noch?*** is he still around?; ***da gibt's nichts!*** (*ohne Zweifel*) there's no doubt about that, and no mistake about it, (*unter allen Umständen*) and if it kills me; ***morgen gibt es Schnee*** it's going to snow (*od.* there's going to be snow) tomorrow; ***heute wird's noch was ~*** (*Gewitter*) I think we're in for something, (*Krach*) *a.* there's trouble brewing (*od.* in the air); F ***sei ruhig, sonst gibt's was!*** be quiet, or else!; **V.** ≈ *n* **17.** giving; ***es ist alles ein ~ und Nehmen*** it's all a matter of give and take; *bibl.* ***~ ist seliger denn Nehmen*** it is more blessed to give than to receive; **18.** *Kartenspiel*: ***am ~ sein*** be dealing; ***er ist am ~*** it's his deal.

gebenedeit *adj.* blessed.

Geber *m* giver; *Kartenspiel*: dealer; ⚡ pickup; (*Sender*) transmitter; ✝ ***~ und Nehmer*** (*pl.*) sellers and buyers; **~land** *n* donor country; **~laune** *f*: (***in ~ sein*** be in a) generous mood.

Gebet *n* prayer; ***sein ~ verrichten*** say one's prayers; *fig.* ***j-n ins ~ nehmen*** give s.o. a good talking-to; **~buch** *n* prayer book.

Gebets|mühle *f* prayer wheel; **~riemen** *m* phylactery; **~teppich** *m* prayer mat.

Gebettel *n*: (***dauerndes ~*** constant) begging.

gebeugt *adj.*: ***vom Alter ~*** bowed (down) *od.* bent with age; ***vom Kummer ~*** bowed down with grief.

Gebiet *n* **1.** (*Fläche*) area; (*Gegend*) *a.* region; (*Bezirk*) district, zone; (*Staats*≈) territory; ***benachbarte ~e*** a) neighbo(u)ring territories, b) neighbo(u)ring countries; **2.** (*Fach*≈) field; (*Bereich*) *a.* area, sphere; ***auf politischem ~*** in the political field (*od.* sphere); ***er ist Fachmann auf dem ~ der Kernspaltung*** he's an authority on (*od.* in the field of) nuclear fission; ***ich kenne mich in dem ~ überhaupt nicht aus*** I don't know anything (*od.* the first thing) about the subject; ***das ist nicht mein ~*** that's not my field (*od.* line, F territory).

gebieten I. *v/t.* (*erfordern*) require, call for; (*Achtung, Ehrfurcht*) command; (*Schweigen*) impose; (*Ruhe*) call for; ***j-m ~, et. zu tun*** order (*anweisen*: instruct) s.o. to do s.th.; ***die Vernunft gebietet uns zu*** *inf.* reason demands of us that we ...; **II.** *v/i.*: ***~ über*** (*et.*) control, (*a. j-n*) hold sway over; (*herrschen über*) rule (over), govern; (*verfügen über*) have at one's disposal (*od.* command); → ***geboten***; **Gebieter** *m* master, lord; (*Herrscher*) ruler; → ***Herr***; **Gebieterin** *f* mistress; (*Herrscherin*) ruler; **gebieterisch** *adj.* imperious; *Ton etc.*: *a.* peremptory; ***~es Wesen*** *a.* imperiousness.

Gebiets|abtretung *f* cession of territory; ***~en verlangen von*** make territorial claims on; **~anspruch** *m* territorial claim; **~hoheit** *f* territorial sovereignty (*od.* jurisdiction); **~körperschaft** *f* territorial authority; **~leiter** *m* ✝ regional manager; **~reform** *f* regional reorganization.

gebietsweise *adv.* regionally, locally; by (*od.* according to) regions; ***~ Regen*** local showers, rain in places.

Gebilde *n* (*Ding*) thing; (*Form*) form, shape; (*Bau, Gefüge*) structure; (*Werk*) work, creation; (*Erzeugnis*) product; ✝, ⚖ entity; (*Bildung*) *a. geol.* formation.

gebildet *adj.* educated; (*kultiviert*) cultured; (*wissensreich*) well-informed; (*belesen*) well-read; **Gebildete(r)** *m* educated person; ***die Gebildeten*** the educated world (*od.* classes), *weitS.* the intellectuals; *iro.* ***das ist so ein Gebildeter*** he's one of those educated people.

Gebimmel *n*: (***dauerndes*** ~ continual) ringing.

Gebinde *n* bundle; *von Blumen*: spray; *von Garn*: skein; ⚠ truss; (*Faß*) barrel, cask.

Gebirge *n* mountains *pl.*; (*Gebirgskette*) mountain range; **gebirgig** *adj.* mountainous; **Gebirgler** *m* mountain-dweller.

Gebirgs... → *a.* ***Berg...***; **~ausläufer** *m* spur; **~bach** *m* mountain stream; *reißender*: (mountain) torrent; **~bewohner** *m* mountain-dweller; **~blume** *f* mountain (*od.* alpine) flower; **~dorf** *n* mountain village; **~gegend** *f* mountainous region; **~jäger** *m* ⚔ mountain infantryman; *pl.* mountain infantry *sg.* (*a. pl. konstr.*); **~kette** *f* mountain range; **~klima** *n* mountain climate; **~land** *n* mountain(ous) country; **~landschaft** *f* **1.** *geogr.* mountainous region (*od.* area); **2.** mountain scenery; **3.** *Kunst*: mountain landscape; **~massiv** *n* massif; **~paß** *m* mountain pass; **~stock** *m* massif; **~straße** *f* mountain road (*od.* route); **~tal** *n* mountain valley; **~truppen** *pl.* mountain troops; **~volk** *n* mountain people (*od.* tribe); **~wand** *f* mountain face, rockface; **~zug** *m* mountain range.

Gebiß *n* (set of) teeth *pl.*; *künstliches*: dentures *pl.*, (set of) false teeth *pl.*; *am Zaum*: bit; ***ein scharfes*** ~ sharp teeth; ***ein ~ tragen*** wear dentures, have false teeth; **~abdruck** *m* (dental) impression; **~träger** *m*: ~ ***sein*** wear dentures.

Gebläse *n* ⚙ fan, blower; *mot.* (*Auflade*~) supercharger; *beim Hochofen*: airpipe; (*Blasebalg*) bellows *pl.*; **~motor** *m* fan motor; (*Lader*) supercharger engine; *Diesel*: blast-injection engine.

geblichen *adj.* faded.

Geblödel *n* fooling around, larking about.

geblümt I. *adj. Muster*: floral; *Stil*: flowery; **II.** *adv.*: ***sich ~ ausdrücken*** a) use flowery language, b) talk around things.

Geblüt *n* blood; (*Geschlecht*) *a.* lineage; ***von edlem*** ~ of noble blood (*od.* birth).

gebogen *adj.* bent, (*geschwungen*, *rund*) curved; *Nase*: hooked.

gebongt *adj.*: F ***ist*** ~ F will do.

geboren *adj.* born; ***er ist ein ~er Deutscher*** (***Berliner***) he's German by birth (he was born in Berlin); ***~e Schmidt*** née Schmidt; ***sie ist e-e ~e Schmidt*** her maiden name is Schmidt; ~ ***sein zu*** be born to *s.th.* (*od.* to be *s.th.*, to do *s.th.*), (*e-m Beruf*) *a.* be cut out for *teaching*, *politics etc.*; ***ein ~er Geschäftsmann*** a born (*od.* natural) businessman; → *a.* ***gebären.***

geborgen *adj.* safe, secure, safe and secure; ***sie fühlt sich bei ihm*** ~ she feels very secure with him, he gives her a sense of security; **Geborgenheit** *f* security; ***die ~ des Elternhauses*** the warmth and security of the home; **Geborgenheitsgefühl** *n* sense of security.

Gebot *n* order, command; (*Erfordernis*) requirement, necessity; (*Vorschrift*) rule; *bei Versteigerung*: bid; ***die Zehn ~e*** the Ten Commandments; ***ein ~ abgeben*** make a bid; ***dem ~ der Vernunft folgen*** follow the dictates of reason; ***es ist ein ~ der Vernunft, daß*** reason demands that; ***es ist ein ~ der Höflichkeit*** *etc.* it's a matter of courtesy *etc.*; ***... ist das ~ der Stunde, ... ist oberstes*** ~ ... is top (*od.* number one) priority, ... is urgently called for, ... is of paramount importance; ***j-m zu ~e stehen*** be at s.o.'s disposal; ***zu ~e stehend*** available; ***mit allen zu ~e stehenden Mitteln*** by fair means or foul, ***versuchen zu*** *inf.*: try every possible means to *inf.*, do one's utmost to *inf.*

geboten *p.p. u. adj.* (*notwendig*) necessary; *pred.* called for; (*gehörig*) due; ***dringend*** ~ (absolutely) imperative; ***es ist Vorsicht*** ~ caution is called for, it would do good to exercise caution (*od.* be cautious); F ***da ist was*** ~ F there's something doing there.

Gebotsschild *n* traffic sign (*giving an instruction*).

gebrannt *adj.* burnt; *Kaffee etc.*: roasted; *Keramik*: fired; → ***Kind.***

gebraten *adj.* fried; ~***es*** fried foods (F stuff).

Gebräu *n* brew; *fig. a.* concoction.

Gebrauch *m* use; (*Anwendung*) *a.* application (*a. pharm.*, ⚕); *ling.* usage; (*Sitte*) custom; (*Gepflogenheit*) practi|ce (*Am. a.* -se); ***heilige Gebräuche*** sacred rites; ***von et. ~ machen*** make use of s.th., use s.th.; ***guten*** (***schlechten***) ~ ***von et. machen*** put s.th. to good (bad) use; ***in ~ kommen*** come into use; ***im ~ sein*** be in use, be used; ***außer ~ kommen*** pass out of use; ***allgemein in*** ~ in common use; ***der ~ s-s linken Arms*** the use of his left arm; ***zum äußeren*** (***inneren***) ~ for external (internal) application *od.* use; ***zum persönlichen*** ~ for personal use; ***vor ~ schütteln!*** shake before use; **gebrauchen** *v/t.* (*benutzen*) use; (*Arznei*) take; ***kannst du das ~?*** can you make (any) use of that?; ***s-n Verstand*** ~ use one's head (*od.* brains); ***ich könnte e-n Schirm*** (***e-n Whisky***) ~ I could do with an umbrella (a Scotch); ***das hätte ich ~ können*** I could have done with that; ***du wirst nicht mehr gebraucht*** you can go now; ***dich kann ich jetzt nicht*** ~ I haven't got time for you right now; ***er*** (***es***) ***ist zu nichts zu*** ~ he's absolutely hopeless (it's useless); → *a.* ***brauchen.***

gebräuchlich *adj.* (*gewöhnlich*) common; (*üblich*) normal; *Wörter etc.*: common; ***nicht mehr*** ~ no longer used; outdated; ***das ist hier nicht*** ~ it's not done (*od.* they don't do that) around here; ~ ***werden*** come into use; **Gebräuchlichkeit** *f e-s Wortes etc.*: currency.

Gebrauchs|anleitung *f*, **~anweisung** *f* directions *pl.* for use, instructions *pl.* (for use); **~artikel** *m* (basic) commodity; *pl. a.* consumer goods; ~**fähig** *adj.* usable; in working order; **~fahrzeug** *n* utility vehicle; ~**fertig** *adj.* ready for use; **~gegenstand** *m* → ***Gebrauchsartikel***; **~graphik** *f* commercial art; **~graphiker** *m* commercial artist; **~güter** *pl.* (consumer) durables; **~möbel** *pl.* utility furniture *sg.*; **~musik** *f* functional music.

Gebrauchsmuster *n* patented design; **~schutz** *m* protection of patented designs.

Gebrauchs|wert *m* practical value; **~zweck** *m* purpose, intended use.

gebraucht *adj.* used, ✝ *a.* second-hand; *Kleidung*: *a.* old; ***et. ~ kaufen*** buy s.th. second-hand.

Gebrauchtwagen *m* used (*od.* second-hand) car; **~handel** *m* used (*od.* second-hand) car trade; **~händler** *m* used (*od.* second-hand) car dealer; **~markt** *m* used (*od.* second-hand) car market.

Gebrauchtwaren *pl.* second-hand goods; **~laden** *m* second-hand shop.

gebräunt *adj.* tanned; ***tief*** ~ bronzed.

Gebrechen *n* (physical) disability *od.* handicap; (*Krankheit*) complaint, ailment; *fig.* shortcoming; ***die ~ des Alters*** the infirmities of old age.

gebrechlich *adj.* frail; **Gebrechlichkeit** *f* frailty; (*Altersschwäche*) *a.* infirmity.

gebrochen *adj.* broken (*a. Farben, Akkord u. fig.*); ⚕ *a.* fractured; ***mit ~er Stimme*** in a broken voice; ***mit ~em Herzen, ~en Herzens*** broken-hearted, heartbroken; ***an ~em Herzen sterben*** die of a broken heart; ***er*** (***sie***) ***ist ein ~er Mensch*** he's a broken man (she's a broken woman); ***~es Englisch*** broken English; ~ ***weiß*** off-white; ***~es Verhältnis*** fractured relationship; ***sie haben ein ~es Verhältnis*** (***zueinander***) they have a compromised relationship.

Gebrüder *pl.* brothers; ✝ ~ (***Gebr.***) ***Wolfram*** Wolfram Brothers (*abbr.* Bros.).

Gebrüll *n* roaring; (*Geschrei*) screaming; (*lautes Rufen*) bellowing.

Gebrumme *n* (loud) hum(ming), (loud) humming sound; drone, droning.

gebückt *adj.* stooping; ~ ***sein*** *a.* be bending down.

Gebühr *f* **1.** charge, fee; (*Beitrag*) subscription; (*Satz*, *Tarif*) rate; (*Post*~) postage; (*Straßen*~) toll; *pl. Radio, TV*: licen|ce (*Am.* -se) fee; 📯 ***ermäßigte*** ~ reduced rate; ~ ***bezahlt*** postage paid; ~ ***zahlt Empfänger*** postage to be paid by addressee; ***e-e ~ erheben*** charge a fee, charge postage (*od.* toll *etc.*); ***e-e ~ von hundert Mark erheben*** *a.* charge a hundred marks; ***e-e ~ entrichten*** pay a fee, pay postage (*od.* toll *etc.*); **2.** ***nach*** ~ duly, as s.o. deserves; ***über*** ~ excessively, unduly.

gebühren I. *v/i.*: ***j-m*** ~ be due to s.o.; ***es gebührt ihm*** he deserves it, it's his due; ***gib ihm, was ihm gebührt*** give him his due; **II.** *obs. v/refl. impers.*: ***sich*** ~ → ***gehören*** II.

Gebühren|anpassung *f* rate increase; **~ansage** *f*: ***Gespräch mit*** ~ ADC call; **~anzeiger** *m* → ***Gebührenzähler.***

gebührend I. *adj.* (*gehörig*) due; (*geziemend, passend*) due, proper, fitting; ***j-m die ~e Achtung entgegenbringen*** treat s.o. with due respect; *iro.* ***in ~em Abstand*** at a respectful distance; **II.** *adv.* (*a.* ***gebührendermaßen, gebührenderweise***) duly, properly, as is fitting; as befits the occasion.

Gebühren|einheit *f* unit; **~erhöhung** *f* increase in charges *etc.*; → ***Gebühr***; rate increase; **~erlaß** *m* remission of fees.

gebührenfrei *adj.* free of charge; **Gebührenfreiheit** *f* exemption from charges.

Gebühren|marke *f* revenue stamp; **~ordnung** *f* scale of fees (*od.* charges); ~**pflichtig I.** *adj.* subject to charges; ***~e Straße*** toll road; ***~e Verwarnung*** ticket, fine; **II.** *adv.*: ~ ***verwarnt werden***

get ticketed; **~satz** *m* rate; **~zähler** *m* *teleph.* call-fee indicator.

gebündelt *adj.* bundled, *phys. a.* pencil(l)ed *rays*.

gebunden *adj.* **1.** *Buch*: bound; (*Ggs. Paperback*) hardcover; **2.** *fig.* tied (**an** to); ***anderweitig ~ sein*** have already committed o.s., *formell*: be otherwise engaged, *euphem.* (*verlobt etc.*) be already attached; ***vertraglich ~*** bound by contract; ***an e-n Ort ~ sein*** be tied to a (particular) place; ***sich an et. ~ fühlen*** feel committed to s.th.; ***ich fühle mich in keiner Weise ~*** I don't feel in any way obliged (*od.* committed), I'm free to choose; ***mir sind die Hände ~*** my hands are tied; **3.** ✝ *Kapital*: tied (up); (*gesperrt*) blocked; (*zweck~*) earmarked; (*gelenkt*) controlled; **4.** ⚗ fixed (**an** to), combined (with); *phys. Wärme*: latent; **5.** ♪ tied, (*a. adv.*) legato; **6.** ***in ~er Rede*** in verse; **7.** *Soße etc.*: thickened; → *a.* ***binden***; **Gebundenheit** *f* (*Verpflichtung*) commitment (**an** to); (*Beschränkung*) restriction; (*Abhängigkeit*) dependence (on).

Geburt *f* birth; ⚕ (child)birth; (*Entbindung*) delivery; (*~svorgang*) parturition; (*Abstammung*) birth, descent; *fig.* birth; ***bei der ~ ... wiegen*** weigh ... at birth, F weigh in at ...; *s-e Frau* ***starb bei der ~*** died in childbirth; ***von ~ an*** from birth; *Katholiken etc.* ***von ~ an*** *a.* cradle Catholics *etc.*; ***er ist Deutscher von ~*** he's (a) German by birth; F *fig.* ***es war e-e schwere ~*** F it was a tough job, it was tough going.

Geburten|abstand *m* birth spacing; **~beschränkung** *f* birth (*od.* population) control; **~kontrolle** *f* birth control; **~rate** *f* birthrate; **~regelung** *f* birth control; **~rückgang** *m* decline (*od.* drop) in the birthrate; **2schwach** *adj.* low-birthrate *year etc.*; ***die ~en Jahrgänge*** *a.* F the baby-bust generation; **2stark** *adj.* high-birthrate *year etc.*; ***die ~en Jahrgänge*** *a.* F the baby boomer generation; **~überschuß** *m* excess of births over deaths; **~ziffer** *f* birthrate.

gebürtig *adj.*: ***er ist ~er Engländer*** he's English (*od.* British) by birth.

Geburts|adel *m* hereditary nobility; **~anzeige** *f* birth announcement; (*Meldung*) registration of a (*od.* the) birth; **~beihilfe** *f* maternity benefit; **~datum** *n* date of birth; **~einleitung** *f* induction of labo(u)r; **~fehler** *m* congenital defect; **~gewicht** *n* weight at birth; **~haus** *n*: ***mein*** *etc.* **~** the house where I *etc.* was born; **~helfer** *m* male midwife; (*Arzt*) obstetrician; **~helferin** *f* midwife; **~hilfe** *f* obstetrics *pl.* (*sg. konstr.*); *engS.* midwifery; ***~ leisten*** assist at a (*od.* the) birth; **~jahr** *n* year of birth; **~jahrgang** *m* cohort; **~land** *n* native country; **~name** *m* birth name; *e-r Frau*: maiden name; **~ort** *m* birthplace; ***~ und Geburtstag*** place and date of birth; **~schein** *m* birth certificate; **~stadt** *f* native town; **~stätte** *f* birthplace; **~stunde** *f* hour of birth; *fig.* birth; **~tag** *m* birthday; *amtlich*: date of birth; ***wann hast du ~?*** when's your birthday?; ***er hat heute ~*** it's his birthday today; (***ich***) ***gratuliere*** (*od.* ***herzliche Glückwünsche***) ***zum ~*** many happy returns of the day; ***alles Gute zum ~*** *a.* happy birthday; ***was hast du zum ~ bekommen?*** what did you get for your birthday?; ***was wünscht du dir zum ~?*** what would you like for your birthday?

Geburtstags|feier *f* birthday party; **~geschenk** *n* birthday present; **~karte** *f* birthday card; **~kind** *n* birthday boy (*od.* girl); **~kuchen** *m* birthday cake; **~wunsch** *m*: ***was hast du für Geburtstagswünsche?*** what would you like for your birthday?

Geburts|urkunde *f* birth certificate; **~wehen** *pl.* labo(u)r pains, labo(u)r *sg.*; **~zange** *f* forceps.

Gebüsch *n* bushes *pl.*; (*Dickicht*) thicket; (*Gehölz*) underbrush, brushwood; ***sich ins ~ schlagen*** take to the bush (*od.* brush, wilds).

Geck *m* fop.

gedacht *adj.* (*vorgestellt*) imagined, imaginary; (*angenommen*) assumed; **~ *als*** intended (*od.* meant) as *od.* to be; **~ *für*** intended (*od.* meant) for.

Gedächtnis *n* memory; ***aus dem ~*** from memory, (*auswendig*) by heart; ***sich et. ins ~ (zurück)rufen*** recall s.th., call s.th. to mind; ***zum ~ an*** in memory of; ***ein ~ wie ein Sieb*** a memory like a sieve; ***wenn mich mein ~ nicht trügt*** if my memory serves me right; ***ich habe kein gutes ~ für Gesichter*** *etc.* I'm no good at remembering faces *etc.*; ***j-s ~ nachhelfen*** jog s.o.'s memory; ***wir haben unsere Methoden, Ihrem ~ nachzuhelfen*** we have ways of making you remember; **~feier** *f* **1.** commemoration; **2.** → **~gottesdienst** *m* memorial service; **~hilfe** *f* mnemonic (aid); **~kirche** *f* memorial church; **~konzert** *n* memorial concert; **~kraft** *f* memory; **~lücke** *f* lapse of memory; **~protokoll** *n* minutes from memory; **~rede** *f* commemorative address (*od.* speech); **~schwäche** *f* weak memory; ***an ~ leiden*** have a weak (*od.* poor) memory; **~schwund** *m* loss of memory; **~stätte** *f* memorial (site); **~störung(en** *pl.*) *f* partial amnesia; **~stütze** *f* mnemonic (aid); **~test** *m* recall test; **~training** *n* memory training; **~übung** *f* memory training exercise; **~verlust** *m* amnesia, loss of memory.

gedämpft *adj. Schall*: muffled; *Stimme, Farbe, Licht*: subdued; *Streichinstrument*: muted; *phys.* damped; *gastr.* steamed; *fig. Stimmung*: subdued (*a.* F *Person*), muted; ***mit ~er Stimme*** in an undertone; *fig.* ***~er Optimismus*** guarded (*od.* cautious) optimism.

Gedanke *m* thought (**an** of); (*Vorstellung, Einfall, Plan*) idea; (*Gefühl, Ahnung*) notion; (*Gedankengang, Betrachtung*) thought(s *pl.*); (*Mutmaßung*) conjecture; (*Ansicht*) thoughts *pl.*, view(s *pl.*) (**über** on); ***der ~ der Demokratie*** the idea (*od.* concept) of democracy; ***guter ~*** good idea; ***das ist ein (guter) ~!*** *a.* that's an (*od.* the) idea; ***in ~n*** (*zerstreut*) absent-mindedly, (*im Geiste*) in spirit, (*in der Phantasie*) in one's mind's eye; ***in ~n versunken*** (*od.* ***vertieft***) lost in thought, F miles away; ***et. ganz in ~n tun*** do s.th. absent-mindedly; ***sie ist in ihren ~n immer woanders*** she's always got her mind on other things; ***s-e ~n beisammenhaben*** (***beisammenhalten***) have (keep) one's wits about one; ***j-n auf andere ~n bringen*** get s.o.'s mind onto other things, (*von Kummer etc. ablenken*) take s.o.'s mind off things; ***j-n auf den ~n bringen zu*** *inf.* give s.o. the idea of *ger.*; ***er kam auf den ~n zu*** *inf.* he had the idea of *ger.*, it occurred to him to *inf.*; ***auf dumme ~n kommen*** get ideas; ***j-n auf dumme ~n bringen*** put ideas into s.o.'s head; ***ich will nicht, daß sie auf dumme ~n kommt*** I don't want her to get any (silly) ideas; ***j-s ~n lesen*** read s.o.'s mind; ***der ~, daß*** the thought of *s.o. od. s.th. ger.* (*od.* that); ***schon bei dem ~n, allein der ~*** (***daran***) just to think of it, just the thought of it; ***ich kann keinen klaren ~n fassen*** I can't think straight; ***sein einziger ~ war zu*** *inf.* his one thought was to *inf.*; ***sich ~n machen über*** (*nachdenken*) think about, (*sich fragen*) wonder about, (*sich sorgen*) worry about, be worried about; ***mach dir keine ~n darüber*** don't worry about it, don't let it worry you; ***wie kommst du auf den ~n?*** what made you think of that?; ***das bringt mich auf e-n ~n*** that's (*od.* you've *etc.*) just given me an idea; ***auf den ~n wäre ich nie gekommen*** I would never have thought of it, it would never have occurred to me; ***ich möchte nicht den ~n erwecken, daß*** I don't want to give the impression that; ***~n sind (zoll)frei*** you can think what you like, there's no harm in thinking; → ***spielen*** 6, ***tragen*** III *etc.*

gedankenarm *adj.* lacking in ideas; *Sache*: *a.* uninspired; **Gedankenarmut** *f* lack of ideas.

Gedanken|austausch *m* exchange of ideas; ***sich zu e-m ~ treffen*** *pol.* get together for informal talks; **~blitz** *m* sudden inspiration, F brainwave; **~flug** *m* leap of the imagination; **~freiheit** *f* freedom of thought; **~fülle** *f* wealth of ideas; **~gang** *m* line of thought; **~gebäude** *n* system of thought; philosophy; **2leer** *adj.* devoid of (*od.* lacking in) ideas; *Blick*: vacant, blank; **~lesen** *n* mind-reading; **~leser** *m* mind-reader.

gedankenlos *adj.* thoughtless; (*rücksichtslos*) *a.* inconsiderate; (*mechanisch*) mechanical; (*zerstreut*) absent-minded, *adv. a.* without thinking; **Gedankenlosigkeit** *f* **1.** thoughtlessness; **2.** thoughtless act (*od.* remark); ***so e-e ~!*** what a thoughtless thing to do (*od.* say), how thoughtless (of her *etc.*).

Gedankenlyrik *f* contemplative (*od.* reflective) poetry.

gedankenreich *adj.* full of ideas, very thoughtful; **Gedankenreichtum** *m* wealth of ideas.

Gedanken|richtung *f* direction of thought; **2schnell** *adj. u. adv.* (as) quick as a flash; **2schwer** *adj. geistiges Erzeugnis*: deep, heavy; *Person*: weighed down with thoughts; **~sprung** *m* mental leap; ***~: ...*** to take a leap - ...; ***das ist jetzt ein ~ von mir*** this has got nothing to do with what we're talking about, but; if I may change the subject briefly; **~stimme** *f Film, TV*: voice-over; **~strich** *m* dash; **~übertragung** *f* telepathy; **2verloren** *adj.* lost in thought; **2voll** *adj.* pensive; **~welt** *f* (world of) ideas *pl.*

gedanklich I. *adj.* intellectual; **II.** *adv.* intellectually; ***~ verarbeiten*** (mentally) digest.

Gedärm *n, mst pl.* intestines (*pl.*), *zo.* entrails (*pl.*).

Gedeck *n* **1.** cover; ***ein ~ auflegen*** set a

place; **2.** (*Speise*) set meal; **3.** (*~preis*) cover charge.

gedeckt *adj.* covered (*a. Scheck*); *Tisch*: laid; *Sport*: marked, shadowed (**von** by); → *a.* **decken** 1; *Farben*: subdued.

gedehnt I. *adj.*: **~e Sprechweise** drawl; **II.** *adv.*: **~ sprechen** speak with a drawl, drawl (one's words).

Gedeih *m*: **auf ~ und Verderb** come what may; **j-m auf ~ und Verderb ausgeliefert sein** be completely at s.o.'s mercy; **gedeihen I.** *v/i.* **1.** *Pflanzen, Kinder etc.*: thrive; (*wachsen*) grow; (*blühen*) flourish; (*überleben*) survive; *fig.* † *etc.* flourish, prosper, thrive; (*vorwärtskommen*) progress (well), get on (well); **die Sache ist nun so weit gediehen, daß** the matter has now reached a point where; F **wie weit bist du gediehen?** how far have you got?; **II.** 2 *n* prosperity; success; **gedeihlich** *adj.* **1.** (*ersprießlich*) profitable; **2.** (*förderlich*) fruitful, productive.

Gedenkausgabe *f* commemorative issue.

gedenken I. *v/i.* (*e-r Sache od. Person*) think of; (*sich erinnern*) remember, recollect; (*bedenken*) bear in mind; (*erwähnen*) mention; (*feiern*) commemorate; **e-r Sache nicht ~** pass s.th. over in silence; **II.** *v/t.*: **~ zu tun** think of doing, intend (*od.* propose) to do; *bsd. iro.* **was gedenkst du zu tun?** what do you propose to do (about it)?; **III.** 2 *n* memory; **zum ~ an** in memory (*od.* remembrance) of; → *a.* **Gedächtnis, Andenken.**

Gedenk|feier *f* commemoration (ceremony); **~gottesdienst** *m* memorial service; **~minute** *f* a minute's silence (**für** in memory of); → **einlegen** 3; **~münze** *f* commemorative coin; **~rede** *f* commemorative address; **~säule** *f* commemorative column; **~stätte** *f* memorial (site); **~stein** *m* memorial (stone); **~stunde** *f* hour of remembrance; **~tafel** *f* commemorative plaque; **~tag** *m* day of remembrance.

Gedicht *n* poem, *pl. a.* poetry *sg.*; F **das Kleid** *etc.* **ist ein ~** the dress *etc.* is a dream; **~band** *m* book of poems (*od.* poetry); **~form** *f* poetic form; **in ~** in verse; **~sammlung** *f* collection of poems; *in Auswahl*: anthology; **~zyklus** *m* cycle of poems.

gediegen *adj.* **1.** good-quality ...; (*massiv*) solid; (*geschmackvoll*) tasteful; *fig.* solid; *Wissen*: sound; *Mensch*: worthy, upright; **e-e ~e Arbeit** *a. fig.* a solid piece of work; **ihre Einrichtung ist ~** her flat *etc.* has got class; **2.** F (*komisch*) funny; **das ist ~** that's a good one.

Gedonner *n* thundering.

Gedöns F *n* fuss; **mach doch nicht so'n ~!** don't make such a fuss (*od.* hue and cry) about it.

Gedränge *n* pushing (and shoving); (*Menge*) crowd, F crush; (*Ansturm*) rush (**nach, um** for); *Rugby*: scrummage; *fig.* **ins ~ kommen** get into a (mad) rush; **damit wir nicht ins ~ kommen** so that we don't have to rush things (*od.* don't get pushed for time).

Gedrängel *n* pushing (and shoving); **laß doch das ~!** stop pushing, will you?

gedrängt I. *adj.* **1.** (*dicht ~*) crowded, packed; **2.** *Stil etc.*: concise, compact, terse; **~e Übersicht** condensed summary, F quick rundown; **II.** *adv. schreiben etc.*: concisely, tersely, in a concise (*od.* terse) style; **~ voll** (F jam)packed.

gedrechselt *adj. Rede, Stil*: stilted.

Gedröhne *n* droning; *lauter*: roaring.

gedruckt *adj.* printed; *electron.* **~e Schaltung** printed cicuit; F **lügen wie ~** F lie through one's teeth.

gedrückt *adj.* depressed (*a.* † *Kurse, Preise*); **in ~er Stimmung sein** be down in the dumps; **Gedrücktheit** *f* depressed feeling; *Atmosphäre*: depressed atmosphere.

gedrungen *adj. Gestalt*: stocky, thickset; → *a.* **gedrängt** 2.

Gedudel *n* tootling.

Geduld *f* patience; (*Ausdauer*) perseverance; (**nur**) **~!** patience, be patient, don't get impatient; **~ haben mit** be patient with; **die ~ verlieren** lose (one's) patience; **gleich verlier' ich die ~!** my patience is wearing very thin, I'm beginning to lose my patience; **jetzt reißt mir aber die ~!** that's done it!; **sich in ~ fassen** have patience; **j-s ~ auf die Probe stellen** try s.o.'s patience; **er war mit s-r ~ am Ende** he was at the end of his tether; F **mit ~ und Spucke (fängt man e-e Mucke)** patience is a virtue; **gedulden** *v/refl.*: **sich ~** be patient; **wenn Sie sich noch ein wenig ~ würden** if you wouldn't mind waiting a moment; **geduldig** *adj.* patient; **~ wie ein Lamm** (*nachgiebig*) meek as lamb.

Gedulds|arbeit *f*: **das ist reine ~** it takes a lot of patience, you need a lot of patience to do that; **~faden** F *m*: **mir riß der ~** I lost my patience; **~probe** *f* test of one's patience; **j-n auf e-e harte ~ stellen** (really) put s.o.'s patience to the test, try s.o.'s patience hard; **~spiel** *n* game to test your nerve (*od.* skill, wits); test of skill; *fig.* test of patience.

gedungen *adj.* hired *killer etc.*

gedunsen *adj.* bloated.

geehrt *adj.* hono(u)red; *in Briefen*: **Sehr ~er Herr N.!** Dear Mr N; **Sehr ~e Herren!** Dear Sirs; **Sehr ~e Damen und Herren!** Dear Sir or Madam, Dear Sir/Madam.

geeicht *adj.* ⚙ calibrated, standardized; *fig.* **darauf ist er ~** he's an expert on that kind of thing, it's right up his street.

geeignet *adj.* **1.** suitable (**für, zu** for); (*passend*) right (for); **~e Schritte** appropriate action; **gut ~** just right; **er ist nicht dafür ~** he's not the right man (for it); **er ist für s-n Job nicht ~** he doesn't fit into his job properly; **im ~en Augenblick** at the right moment; **sie ist als** (*od.* **zur**) **Lehrerin nicht ~** she wasn't cut out to be a teacher; **2. das ist (eher) ~ zu** *inf.* that's (more) likely to *inf.*

Geest *f* geest; *North German coastal heathland.*

Gefahr *f* danger (**für** for, to); (*Bedrohung*) *a.* threat; (*Risiko*) risk; **~ für die Gesundheit** health hazard; **auf eigene ~** at one's own risk, on one's own responsibility; **unter ~** *gen.* (*od.* **zu** *inf.*) at the risk of (*ger.*); **außer ~** out of danger, F out of the wood(s); **auf die ~ hin zu** *inf.* at the risk of *ger.*; **ohne ~** safely; **in ~ sein zu** *inf.* be in danger of *ger.*; **~ laufen zu** *inf.* *a.* run the risk of *ger.*, be liable to *inf.*; **~ laufen, sich lächerlich zu machen** invite ridicule; **der ~ aussetzen** expose to danger; **in ~ bringen → gefährden**; **sich in ~ begeben** take a risk; **es besteht keine ~** there's no danger, it's perfectly safe; **mit ~ verbunden sein** involve a certain risk; **2bringend** *adj.* dangerous.

gefährden *v/t.* endanger; (*bedrohen*) threaten; (*aufs Spiel setzen*) risk, put at risk; (*in Frage stellen*) jeopardize; (*Ruf, Stellung*) compromise; **j-s Leben ~** put s.o.'s life at risk; **gefährdet** *adj.* endangered (*a. Jugend etc.*), *stärker*: imperilled; *pred. a.* at risk; **am meisten ~ sein** *Personen*: run the highest risk, *a. Bäume etc.*: be in greatest danger, be particularly at risk; **Gefährdung** *f* endangering *etc.*; → **gefährden**; danger, threat, menace (*gen.* to).

Gefahren|bereich *m* danger zone; **~grenze** *f* danger limit; **~herd** *m* (constant) source of danger; *pol.* trouble spot; **~moment** *n* hazard; **~punkt** *m* danger spot; *fig.* critical point; **~quelle** *f* **1.** safety hazard; **2.** → **~stelle** *f* danger spot, (accident) black spot; **~stufe** *f* danger level; **~zone** *f* danger zone; **~zulage** *f* danger money.

Gefahrgut *n* hazardous freight.

gefährlich *adj.* dangerous; (*gewagt*) risky; (*ernst*) critical, grave, serious; (*unsicher*) unsafe; **~es Alter** tricky age; **sie kommt in ein ~es Alter** she's getting to a tricky age; **ein ~er Bursche** F a dangerous customer; F **der könnte mir ~ werden** F I'll have to watch myself with him; F **der sieht ja ~ aus!** what a sight; → **Spiel** 1; **Gefährlichkeit** *f* danger; (*Ernst*) seriousness, gravity.

gefahrlos *adj.* not dangerous; (*sicher*) safe; (*harmlos*) harmless; **es ist ~** *a.* there's no danger; **Gefahrlosigkeit** *f* safety; (*Harmlosigkeit*) harmlessness.

Gefährt *n* vehicle; → *a.* **Fuhrwerk.**

Gefährte *m*, **Gefährtin** *f* companion; → *a.* **Lebensgefährte, Kamerad.**

gefahrvoll *adj.* dangerous.

Gefälle *n* slope, incline, *e-r Straße*: *a.* gradient, *bsd. Am.* grade; *Wasserbau*: (height of) fall; ⛏, ⚡, *phys.* gradient; *fig.* (*graduelle Unterschiede*) differential(s *pl.*); **„starkes ~!"** steep slope; **ein starkes ~ haben** slope (down) steeply, drop sharply; → **Lohngefälle, Nord-Süd-Gefälle, Zinsgefälle.**

Gefallen[1] *m* favo(u)r; **j-m e-n ~ tun** do s.o. a favo(u)r; **j-n um e-n ~ bitten** ask a favo(u)r of s.o.; **tu mir den ~ und ...** do me a favo(u)r and ...(, will you?).

Gefallen[2] *n* pleasure; **~ finden an** (*e-r Sache*) enjoy, (*j-m*) like; **~ daran finden zu** *inf.* enjoy *ger.*, *formell*: take pleasure in *ger.*; **ich finde kein ~ daran** I don't enjoy it, I don't get anything out of it; **mir zu ~** for my sake, for me; **j-m et. zu ~ tun** do s.th. to please s.o.

gefallen[1] *v/i.* **1. es gefällt mir** I like it, **sehr gut**: I really like it, I like it a lot; **er gefiel mir auf den ersten Blick** I took to him straightaway; **was mir daran (an ihr) gefällt** what I like about it (her); **solche Filme ~ der Masse** films like that appeal to the masses; **er gefällt mir nicht** (*sieht krank aus*) I don't like the look of him; **hat dir das Konzert ~?** did you enjoy the concert?; **wie gefällt dir mein Hut?** how d'you like my hat?; **wie gefällt es Ihnen in X?** how do you like X?; **tu, was dir gefällt** please yourself; **er will allen ~** he wants everybody to like him; **2. sich et. ~ lassen** put up with s.th.; ***das lasse ich mir nicht*** ~ I'm not going to put up with it; ***er läßt sich alles (nichts)*** ~ he lets people walk all over him (he won't let you get away with anything); ***das lasse ich mir ~!*** that's what I like to see (*od.* hear)!, (*das hört sich schon besser an*) F now you're talking!; **3.** ***sich ~ in*** enjoy *ger.*, *stärker*: take great pleasure in *ger.*; ***er gefällt sich in der Rolle des Märtyrers (Helden*** *etc.*) he likes to play *od.* act the martyr (hero *etc.*), ***des Frauenhelden*** *etc.*: *a.* he fancies himself as a ladies' man *etc.*

gefallen² *adj.* fallen *angel, woman*; ⚔ killed in action, fallen; ***e-e ~e Größe*** a has-been; **Gefallene(r)** *m* ⚔ soldier killed in the war; ***die Gefallenen*** the (war) dead (*pl.*).

Gefallenen|denkmal *n* war memorial; **~friedhof** *m* war cemetery.

gefällig *adj.* (*ansprechend*) pleasant, pleasing, agreeable; (*verbindlich*) obliging, complaisant; (*zuvorkommend*) kind; *Wein*: palatable, pleasing; ***j-m ~ sein*** oblige s.o., help s.o.; ***sich j-m ~ zeigen*** help s.o. (out), do s.o. a favo(u)r; ***sie war so ~, mir zu helfen*** she was kind enough to help out; ***etwas zu trinken ~?*** would you like something to drink?; *iro.* ***sonst noch was ~?*** anything else (while I'm at it)?; *iro.* ***wenn's ~ ist*** if you don't mind, of course; → ***gefälligst***; **Gefälligkeit** *f* obligingness; *konkret*: favo(u)r; → ***Gefallen¹***; **Gefälligkeitsvertrag** *m* accommodation agreement; **gefälligst** *adv. iro.* if you don't mind; ***sei ~ still!*** be quiet, will you!; ***hör ~ zu(, wenn ich rede)!*** will you listen to me (when I'm talking).

Gefallsucht *f* desire to please; **gefallsüchtig** *adj.* anxious to please.

gefangen *adj.* caught; ⚔ captive; (*eingekerkert*) imprisoned, in prison; *fig.* captivated (**von** by); ***sich ~ geben*** surrender; **Gefangene(r)** *m* prisoner; (*Sträfling*) convict.

Gefangenen|austausch *m* exchange of prisoners (of war); **~fürsorge** *f* prison welfare work; **~hilfe** *f* prisoners' aid; **~hilfsorganisation** *f* prisoners' aid society (*od.* organization); **~lager** *n* prison camp; ⚔ prisoner-of-war (*abbr.* POW) camp; **~mißhandlung** *f* mistreatment of prisoners.

gefangenhalten *v/t.* keep (*od.* hold) *s.o.* prisoner, keep *s.o.* imprisoned; (*Tier*) keep *an animal* locked up, *im Zoo etc.*: hold *an animal* captive; *fig.* hold *s.o.* under one's spell, *Sache*: have *s.o.* spellbound.

Gefangennahme *f* arrest; ⚔ capture; **gefangennehmen** *v/t.* arrest; ⚔ capture, take *s.o.* prisoner; *fig.* captivate, enthral(l); ***sich ~ lassen*** surrender, *fig.* be enthral(l)ed, be captivated (**von** by); *fig.* ***sich von j-m ~ lassen*** come under s.o.'s spell.

Gefangenschaft *f* imprisonment; ⚔ *u. Tiere*: captivity; ***in ~ geraten*** be taken prisoner, be captured; ***in ~ sein*** *im Krieg*: be a prisoner-of-war.

gefangensetzen *v/t.* put *s.o.* in prison, imprison.

Gefängnis *n* prison, jail, *Brit. a.* gaol; ⚖ (*Strafe*) (term of) imprisonment; ***ins ~ kommen*** be sent (*od.* go) to prison; F ***ins ~ stecken*** put *s.o.* in prison, F lock *s.o.* up; ***fünf Jahre ~ bekommen*** get five years in prison, get five years' imprisonment; ***mit ~ bestraft werden*** *Vergehen*: be punishable by imprisonment; *Person*: be sentenced to prison; **~arzt** *m* prison doctor; **~aufseher** *m* prison officer, *Am.* warder, guard; **~direktor** *m* director of a prison, *Am.* warden; **~geistliche(r)** *m* prison chaplain; **~haft** *f* detention (in prison); **~insasse** *m* prison inmate; **~mauer** *f* prison wall; **~revolte** *f* prison riot(s *pl.*); **~strafe** *f* ⚖ (term of) imprisonment; **~verwaltung** *f* prison administration; **~wärter** *m* → ***Gefängnisaufseher***; **~zelle** *f* prison cell.

gefärbt *adj.* **1.** *Haare*: dyed; *Lebensmittel*: artificially colo(u)red; ***~e Lebensmittel*** *a.* foods with artificial colo(u)ring; **2.** *fig.* tinged (**mit** with); *Bericht etc.*: bias(s)ed; ***s-e Aussprache ist (italienisch) ~*** he has an (Italian) accent.

Gefasel F *n* F drivel.

Gefäß *n* receptacle; (*Schale, Schüssel*) bowl; (*Topf*) jar; *anat.*, ♣ *u. bibl. fig.* vessel; **~chirurgie** *f* vascular surgery; **~entzündung** *f* ⚕ vasculitis; **2erweiternd** *adj.* ⚕ vasodilatory; **~erweiterung** *f* ⚕ vasodilation; **~krankheit** *f*, **~leiden** *n* vascular disease.

gefaßt I. *adj.* calm, composed; ***~ sein auf*** be prepared for; ***sich ~ machen auf*** prepare for, brace o.s. for; F ***er kann sich auf etwas ~ machen*** F he's in for it now; F ***darauf kannst du dich ~ machen!*** F you can bet your bottom dollar on that; **II.** *adv.* calmly, with composure; **Gefaßtheit** *f* composure.

gefäß|verengend *adj.* ⚕ vasoconstrictive; **2verengung** *f* ⚕ vasoconstriction; **2verschluß** *m* ⚕ vascular obstruction; **2wand** *f* vascular wall.

Gefecht *n* fight; (*Scharmützel*) skirmish; (*Schlacht*) battle; (*Einsatz*) action; *fig.* conflict; ***außer ~ setzen*** put out of action (*a. fig.*), (*Kanonen*) *a.* silence; *fig. Argumente etc.* ***ins ~ führen*** advance; ***letztes ~*** last-ditch stand; → ***Hitze.***

gefechts|bereit *adj.* ready for combat (*od.* action); **2einheit** *f* combat unit; **2kopf** *m*: (***nuklearer ~*** nuclear) warhead; **2stärke** *f* fighting strength; **2tätigkeit** *f* combat activity; **2übung** *f* field exercise; **2ziel** *n* objective.

gefeiert *adj. Künstler etc.*: (highly) acclaimed, renowned, celebrated.

gefeit *adj.*: ***~ gegen*** immune to, safe from.

gefesselt *adj.* **1.** tied up, bound; *mit Ketten*: in chains; *mit Handschellen*: handcuffed; *fig.* ***ans Bett ~*** confined to one's bed, bedridden; ***an den Rollstuhl ~*** wheelchair-bound; **2.** *fig.* (*fasziniert*) fascinated, *stärker*: spellbound, entranced.

gefestigt *adj. Charakter, Position etc.*: stable, firm.

Gefieder *n* plumage, feathers *pl.*; **gefiedert** *adj.* feathered, feathery; ***unsere ~en Freunde*** our feathered friends.

Gefilde *n* **1.** *poet.* fields *pl.*; ***das ~ der Seligen*** the Elysian Fields; *iro.* ***in höheren ~n schweben*** be up in the clouds; **2.** *lit.* (*Gegend*) zone; ***heimatliche ~*** home ground; **3.** *fig.* (*Bereich*) realm.

Geflatter *n* fluttering.

Geflecht *n* (*Weiden2*) wickerwork; *aus Garn etc.*: netting, *aus Draht etc.*: *a.* mesh; (*Gewebe*) weave; *anat.* (*Nerven2*) plexus; *fig.* (*Lügen2 etc.*) mesh.

gefleckt *adj.* spotted; (*gesprenkelt*) speckled; (*marmoriert*) mottled.

Geflenne F *n* howling.

Geflimmer *n* flickering.

geflissentlich I. *adj.* intentional, deliberate; **II.** *adv. a.* studiously.

Geflügel *n* poultry *sg.*; **~cremesuppe** *f* cream of fowl (*engS.* chicken) soup; **~farm** *f* poultry farm, chicken (*od.* turkey *etc.*) farm; **~händler** *m* poulterer; **~handlung** *f* poultry shop; **~klein** *n* chicken (*od.* turkey *etc.*) giblets *pl.*; **~leber** *f* chicken (*od.* turkey *etc.*) liver(s *pl.*); **~salat** *m* chicken (*od.* turkey *etc.*) salad; **~schere** *f*: (**e-e ~** a pair of) poultry shears *pl.*

geflügelt *adj.* winged; ***~es Wort*** saying.

Geflügel|zucht *f* poultry farming, chicken (*od.* turkey *etc.*) farming; **~züchter** *m* poultry farmer, chicken (*od.* turkey *etc.*) farmer.

Geflunker F *n* fibbing; *konkret*: fibs *pl.*, lies *pl.*

Geflüster *n* whispering.

Gefolge *n* entourage; (*Bedienstete*) attendants *pl.*; (*Bedeckung*) escort; (*Trauer2*) cortège, mourners *pl.*; *fig.* ***im ~ von*** (*od. gen.*) in the wake of; ***et. im ~ haben*** bring s.th. in its wake; **Gefolgschaft** *f* followers *pl.*, following, adherents *pl.*; ***j-m ~ leisten*** show one's allegiance to s.o.; ***j-m die ~ verweigern*** refuse to be led by s.o., reject s.o. as a leader; ***j-m die ~ (auf)kündigen*** dissociate o.s. from s.o.; **Gefolgsleute** *pl.* → **Gefolgsmann** *m* **1.** vassal; **2.** *pol. etc.* follower, supporter, acolyte, henchman.

Gefrage *n* (endless) questions *pl.*; ***hör auf mit dem ~*** I wish you'd stop asking all those questions; ***was soll das ~?*** what are you after (*od.* getting at)?

gefragt *adj.*: (**sehr**) ~ (very much) in demand; ***nicht mehr ~ sein*** *a.* have fallen out of favo(u)r; ***ein ~er Mann*** *a.* a popular man; ***Mut ist nicht ~*** courage is not called for (*od.* appreciated).

gefräßig *adj.* greedy; *Insekt*: voracious; F ***es herrscht ~e Stille*** everyone's busy eating (*nach dem Essen*: digesting); **Gefräßigkeit** *f* greediness; voracity.

Gefreite(r) *m* ⚔ lance corporal, *Am.* private 1st class (Pfc.); ✈ aircraftman 1st class, *Am.* airman 3rd class.

Gefrett *dial.* F *n* (*Ärger*) nuisance; (*Arbeit*) grind.

Gefrier|anlage *f* refrigeration plant; **~beutel** *m* freezer bag; **~brand** *m* freezer burn.

gefrieren *v/i.* (*a.* **~ lassen**) freeze.

Gefrier|fach *n* freezer, freezing compartment; **2fest** *adj.* non-freezing; **~fleisch** *n* frozen meat; **2getrocknet** *adj.* freeze-dried; **~gut** *n* → ***Gefrierkost***; **~kette** *f* cold chain; **~kombination** *f* fridge-freezer; **~kost** *f* frozen food(s *pl.*); **~produkte** *pl.* frozen goods; **~punkt** *m*: (***auf dem ~*** at) freezing point; ***unter dem ~*** below zero, below freezing (point); ***auf den ~ sinken*** drop to zero; **~raum** *m* cold room; **~schrank** *m* (upright) freezer; **~schutzmittel** *n* anti-freeze; **2trocknen** *v/t.* freeze-dry; **~trocknung** *f* freeze-drying; **~truhe** *f* deep-freeze, (chest) freezer.

gefroren *adj.* frozen; *Hände etc.*: *a.* freezing(-cold), ice-cold; *See etc.*: frozen over; **Gefrorene(s)** *östr. n* ice cream.

Gefüge *n* **1.** (*Bau2*) structure; **2.** structure; make-up; fabric; system; ***soziales***

~ social fabric; ***syntaktisches ~*** syntactic structure.

gefügig *adj. Material*: pliable; *Person*: compliant, docile, *stärker*: submissive; **(*sich*) *j-n ~ machen*** bring s.o. to heel, make sure s.o. toes the line; ***er ist ihr ein ~es Werkzeug*** he's wax in her hands, she can do what she likes with him.

Gefühl *n* feeling; (*Empfänglichkeit, intuitives ~*; *a. der Verantwortung etc.*) sense (**für** of); *als Wahrnehmung*: sensation; (*Tastsinn*) touch, *weitS.* feel; (*Instinkt*) instinct, feel(ing), (*besondere Begabung*) flair; ***~ der Kälte*** cold sensation; ***ich hab' kein ~ im Arm*** I can't feel anything in my arm, my arm's gone numb (*od.* dead); ***~ für Anstand (Proportionen, Recht und Unrecht)*** sense of propriety (proportion, justice); ***mit gemischten ~en*** with mixed feelings; ***e-r Sache mit gemischten ~en gegenüberstehen*** have mixed feelings about s.th.; ***für mein ~, m-m ~ nach*** my feeling is that; I think (that); ***s-e ~e zur Schau tragen*** wear one's heart on one's sleeve; ***ich habe das ~, daß*** I have a feeling that; ***ich habe dabei ein ungutes ~*** I've got a funny feeling about it; ***von s-n ~en überwältigt*** overcome with emotion; ***das muß man mit ~ machen*** you've got to have the right touch; ***et. im ~ haben*** have a feeling (*od.* instinct) for s.th., (*ahnen, wissen*) feel it in one's bones; F ***das ist das höchste der ~e*** a) F it's heaven, I can't describe the feeling, b) (*das Äußerste*) that's the (absolute) limit.

gefühlig *adj.* sentimental, mawkish.

gefühllos *adj. Gliedmaßen etc.*: numb; *Person*: *a. fig.* insensitive (**gegen** to); (*hartherzig*) unfeeling, callous, heartless; **Gefühllosigkeit** *f* numbness; *fig.* heartlessness, *a. konkret*: cruelty.

Gefühls|anwandlung *f* fit of emotion; ***in e-r ~*** *a.* suddenly overcome with emotion; **≈arm** *adj.* emotionally cold; ***er ist ~*** he's got no feelings; **~ausbruch** *m* (emotional) outburst; **≈bedingt** *adj.* emotional; **≈betont** *adj.* emotional; **~duselei** *f* (sloppy) sentimentality; **≈duselig** *adj.* sentimental, mawkish, sloppy; **≈geladen** *adj.* (very) emotional, emotionally charged; *Wort etc.*: *a.* emotive; **≈kalt** *adj.* (emotionally) cold; **~kälte** *f* emotional frigidity; **~leben** *n* emotional life.

gefühlsmäßig I. *adj.* emotional; *weitS.* intuitive, instinctive; **II.** *adv.* emotionally *etc.*; (*instinktiv*) by instinct.

Gefühls|mensch *m* emotional person; **~nerv** *m* sensory nerve; **~regung** *f* emotion; ***keine ~ zeigen*** show no trace of emotion, show no emotion at all; **~sache** *f*: ***das ist ~*** it's a matter of feeling; **~skala** *f* range of emotions; **≈stark** *adj.* very emotional; **~tiefe** *f* emotional depth; **~tube** F *f*: ***auf die ~ drücken*** F give s.o. a sob story; **~umschwung** *m* emotional about-turn; **~wärme** *f* warmth; **~welt** *f* emotional world; **~wert** *m* emotional value; *e-s Gegenstands*: sentimental value.

gefühlvoll I. *adj.* full of feeling; (*empfindsam*) sensitive; (*zärtlich*) tender; (*gefühlsbetont*) emotional; (*rührselig*) sentimental; **II.** *adv.* feelingly *etc.*; *singen etc.*: with feeling; F (*vorsichtig*) gently.

geführt *adj.*: ***~e Fahrt*** guided tour.

gefüllt *adj.* filled (**mit** with); (*voll*) full; ***~e Tomaten etc.*** stuffed tomatoes *etc.*

Gefummel F *n* **1.** fiddling around; **2.** (*Betastung*) groping.

gefunden *adj.* → ***Fressen.***

gefurcht *adj.* furrowed.

gefürchtet *adj. Gegner etc.*: feared, dreaded.

gegeben *adj.* given *temperature, facts etc.*; 𝔄 ***~e Größe*** given quantity; ***wenn wir es als ~ voraussetzen, daß*** taking (it) for granted that; ***unter den ~en Umständen*** under the circumstances; ***zu ~er Zeit*** a) when the occasion arises, b) at some future time; ***das ist das ~e*** it's the obvious thing; **gegebenenfalls** *adv.* should the occasion arise; (*notfalls*) if necessary; *auf Formularen*: if applicable; **Gegebenheit** *f* given fact; *pl.* (*Zustände*) circumstances, (*Tatsachen*) reality *sg.*

gegen *prp. örtlich, zeitlich*: towards; (*gegensätzlich*) against; (*ungefähr*) about, around; *Mittel ~ e-e Krankheit*: for; *vergleichend*: compared with; (*als Gegenleistung für*) in return for; ⚖, *Sport*: versus (*abbr.* v.); ***~ die Tür klopfen*** knock at the door; ***~ die Wand lehnen (stoßen)*** lean (knock [o.s.]) against the wall; ***~ e-n Baum fahren*** drive (*od.* crash) into a tree; ***et. ~ das Licht halten*** hold s.th. up to the light; ***ich wette zehn ~ eins*** I bet you ten to one; ***ich bin ~ den Vorschlag*** I don't agree with the proposal; ***et. ~ et. eintauschen*** exchange s.th. for s.th.; ***freundlich (grausam etc.) ~*** kind (cruel *etc.*) to(wards); ***~ die Vernunft*** *etc.* contrary to reason *etc.*; ***~ Bezahlung*** for money (*od.* payment); ***~ bar*** for cash.

Gegen|aktion *f* countermove; → *a.* ***Gegenmaßnahme***; **~angebot** *n* counteroffer; **~angriff** *m a. fig.* counterattack (*a.* ***e-n ~ führen gegen***); **~anklage** *f* countercharge; **~anschlag** *m* counterattack; **~ansicht** *f* opposing view; **~anspruch** *m* counterclaim; **~antrag** *m* countermotion; **~antwort** *f* reply, rejoinder; **~anzeige** *f* ⚕ contraindication; **~argument** *n* counterargument; **~auftrag** *m* counterorder; **~aussage** *f* counterstatement; **~bedingung** *f* counterstipulation; ***zur ~ machen, daß*** stipulate in return that; **~befehl** *m* counterorder; **~behauptung** *f* counterclaim; **~beispiel** *n* example to prove (*od.* show) the opposite; **~bemerkung** *f* rejoinder; **~beschuldigung** *f* countercharge; **~bestrebung** *f* countertendency; **~besuch** *m* return visit; ***j-m e-n ~ machen*** return s.o.'s visit; **~bewegung** *f* countermovement; ♪ contrary motion; **~beweis** *m* proof to the contrary; ⚖ *a.* counterevidence; ***den ~ antreten*** provide evidence to the contrary, ***für*** (*od.* ***zu***) ***et.:*** provide evidence against s.th. (*od.* to counter s.th.); **~bitte** *f*: ***ich habe e-e ~*** could you do me a favo(u)r in return?; **~buchung** *f* ✝ cross entry.

Gegend *f* area, part of town (*od.* the country *etc.*), parts *pl.*; (*Nachbarschaft*) neighbo(u)rhood, vicinity; (*Körper≈*) region, area; (*Richtung*) direction; ***umliegende ~*** surroundings *pl.*, environs *pl.*; ***in der ~ von*** near, (*um ... herum*) around, in the *Munich etc.* area; ***in unserer ~*** where we live; ***hier in der ~*** around here, in this area, in these parts; ***ungefähr in dieser ~*** somewhere around here; ***wenn Sie mal wieder in dieser ~ sind*** if ever you happen to be in these parts (*od.* in this part of the country *etc.*) again; ***die ~ um den Blinddarm*** (the area) around the appendix; ***durch die ~ laufen*** run around the place; F ***et. durch die ~ schmeißen*** throw s.th. around; F ***die ganze ~ kam*** everyone (from miles around) came, the whole village *etc.* came; F ***die ~ unsicher machen*** terrorize the neighbo(u)rhood.

Gegen|darstellung *f* correction; (*Widerlegung*) refutation; ***s-e ~*** his version; **~demonstration** *f* counterdemonstration; **~dienst** *m* favo(u)r in return, return favo(u)r; ***als ~*** in return; ***e-n ~ leisten*** return the favo(u)r, reciprocate; ***j-m e-n ~ leisten*** return s.o.'s favo(u)r, do s.o. a favo(u)r in return, do s.th. for s.o. in return; ***zu ~en (jederzeit) gern bereit*** (always) glad to reciprocate; **~druck** *m* counterpressure, back pressure; *fig.* resistance.

gegeneinander I. *adv.* against (*zueinander*: towards) one another *od.* each other; (*gegenseitig*) mutually; **II.** ≈ *n* antagonism; **~halten** *v/t.* put side by side; (*vergleichen*) *a.* compare; **~prallen** *v/i.* run (*od.* bump) into each other; *Dinge*: hit each other, collide; **~stellen** *v/t.* put (*od.* place) side by side; (*vergleichen*) *a.* compare; **~stoßen I.** *v/i.* → ***gegeneinanderprallen***; **II.** *v/t.* bang *things* together.

Gegen|entwurf *m* alternative concept, counterconcept (**zu** to); **~erklärung** *f* counterstatement; **~fahrbahn** *f* opposite lane; **~farbe** *f* complementary colo(u)r; **~forderung** *f* counterdemand; ⚖ *etc.* counterclaim; **~frage** *f*: ***erlauben Sie mir e-e ~*** if I may answer your question with another question, let me ask 'you something; **~fuge** *f* ♪ counterfugue; **~gerade** *f Sport*: back straight, *bsd. Am.* backstretch; **~geschenk** *n* present (given) in return; ***j-m ein ~ machen*** give s.o. a present in return; ***j-m et. als ~ überreichen*** give s.o. s.th. in return; **~gewicht** *n a. fig.* counterweight; *fig.* ***ein ~ bilden*** (*od.* ***darstellen***) act as a counterbalance; ***das ~ halten*** *dat.*, ***ein ~ bilden zu*** counterbalance; ***als ~ zu et.*** to balance s.th., to set s.th. off; **~gift** *n a. fig.* antidote (**gegen** to, against; **für** for); **~grund** *m* counterargument, argument against (it); **~gutachten** *n* opposing opinion; **≈halten** *v/t.*: ***s-n Fuß*** *etc.* ~ press one's foot *etc.* against it; **~kandidat** *m* opponent, rival; rival (*od.* opposition) candidate; ***ohne ~*** unopposed, uncontested; **~kandidatur** *f* counter-candidacy, rival candidacy; **~klage** *f* ⚖ cross action; ***~ erheben*** → **≈klagen** *v/i.* file a cross action (**gegen** against), countersue (*s.o.*); **~kraft** *f* counteracting force (*a. fig.*); **~kultur** *f* counterculture; **~kurs** *m* opposite course (*a. fig.*); ***auf ~ gehen*** take the opposite course; **≈läufig** *adj.* ⚙ counter-rotating; *fig.* opposite; ***~e Tendenz*** reversal; ***~er Zyklus*** anticyclical pattern; **~leistung** *f* return favo(u)r, quid pro quo; ***als ~*** in return (**für** for); **≈lenken** *v/i.* → ***gegensteuern***; **≈lesen** *v/t.* check; ***könntest du das bitte ~?*** could you check this to see that I haven't missed anything?

Gegenlicht *n* back light(ing); contre jour;

bei ~ against the light; **~aufnahme** *f* contre-jour shot; **~blende** *f* lens hood.
Gegen|liebe *f*: **er fand keine** ~ his love remained unrequited, *fig.* his suggestion *etc.* didn't go down particularly well; **~maßnahme** *f* countermeasure; *vorbeugende*: preventive measure; (*Vergeltung*) reprisal; **~n ergreifen gegen** take steps against; **~meinung** *f* opposing view; **~mittel** *n a. fig.* remedy (**gegen** for); antidote (against); **~mutter** *f* ⚙ counternut; **~offensive** *f* counteroffensive; **~papst** *m* antipope; **~partei** *f* ⚖ opposing party, other side; *pol.* opposition; *Sport*: opponents *pl.*; **die ~ ergreifen** take the other side; **~pol** *m* opposite pole; *fig.* counterpart; (*Ausgleich*) counterbalance; **~probe** *f* cross-check; *parl.* counter-verification; **die ~ machen** cross-check (**auf et.** s.th.); **~propaganda** *f* counterpropaganda; **~rechnung** *f* **1.** (*Gegenprobe*) cross-checking; *fig.* **ich muß erst die ~ machen** I'll have to see what there is to lose; **2.** ✝ (*Gegenforderung*) counterclaim, *Buchhaltung*: set-off; **~reaktion** *f* counter-reaction; *heftige*: backlash; **~rede** *f* reply; (*Widerspruch*) contradiction; (*Einwand*) objection; **sie wechselten Rede und ~** their conversation went to and fro; **~revolution** *f* counter-revolution; **~richtung** *f* opposite direction; **Verkehr aus der ~** oncoming traffic.
Gegensatz *m* contrast (**zu** to, with); (*Gegenteil*) *the* opposite, *the* contrary (**von** of); *mst pl. der Meinungen etc.*: differences; **im ~ zu** in contrast to (*od.* with), unlike; **im ~ dazu** by contrast; **e-n scharfen ~ bilden zu, im scharfen ~ stehen zu** stand in (*od.* form a) sharp contrast to, *Meinung etc.*: be in sharp opposition to; **Gegensätze ziehen sich an** opposites (*od.* opposite poles) attract; → *a.* **Widerspruch**; **gegensätzlich** *adj.* opposite; *Meinungen*: contrary; (*entgegenwirkend*) opposing, antagonistic; **~e Vorschriften** conflicting regulations; **Gegensätzlichkeit** *f* oppositeness, opposing (*od.* antithetical) nature (*gen.* of), polarity; antagonism.
Gegen|schlag *m* counterblow, *fig. a.* retaliation; **e-n ~ tun** counter, *fig. a.* retaliate; **zum ~ ausholen** *a. fig.* start to hit back; **~seite** *f* opposite (*od.* other) side; → *a.* **Gegenpartei.**
gegenseitig I. *adj.* mutual, reciprocal; **~e Abhängigkeit** interdependence; **~e Beziehung** interrelation; correlation; **~e Hilfe** mutual help (*od.* aid); **~es Interesse** mutual interest; **II.** *adv.*: **sich ~ helfen** *etc.* help *etc.* one another (*od.* each other); **Gegenseitigkeit** *f* reciprocity, mutuality; **Abkommen auf ~** mutual agreement; **auf ~ beruhen** be mutual; **es beruht ja schließlich auf ~** you scratch my back and I'll scratch yours; *iro.* **das beruht ganz auf ~** (I can assure you) the feeling is mutual.
Gegenseitigkeits|abkommen *n* ✝ reciprocal trade agreement; **~klausel** *f* reciprocity clause; **~prinzip** *n* principle of reciprocity; **~vertrag** *m pol.* bilateral agreement; *zur Hilfeleistung*: mutual assistance treaty.
Gegen|sinn *m*: **im ~** in the opposite direction; **~spieler** *m* antagonist, *a. Sport etc.*: opponent; **~spionage** *f* counterespionage, counterintelligence.
Gegensprech|anlage *f* intercom system; **~verkehr** *m* duplex communication.
Gegenstand *m* object, thing; (*a. Punkt der Tagesordnung etc.*) item; (*Thema*) subject, topic; *künstlerischer*: motif, theme; (*Inhalt*) subject matter; (*Angelegenheit*) matter, affair; (*Streitfrage*) issue; **~ des Mitleids** *etc.* object of pity *etc.*; **~ des Spottes** figure of fun; **zum ~ haben** deal (*od.* be concerned) with.
gegenständig *adj.* ⚘ opposite.
gegenständlich *adj.* concrete (*a. ling.*); (*anschaulich*) graphic(ally *adv.*); *Kunst*: representational.
gegenstandsbezogen *adj.* **1.** *Diskussion etc.*: factual; **2.** *Kunst*: representational.
gegenstandslos *adj.* (*abstrakt*) abstract; *Kunst*: *a.* nonrepresentational; (*zwecklos*) useless; (*sinnlos*) meaningless; (*unnötig*) unnecessary, superfluous; (*nicht zur Sache gehörend*) irrelevant, immaterial; (*ungültig*) invalid; **der Vertrag** *etc.* **ist ~ geworden** the contract *etc.* is no longer valid; **damit ist Ihre Frage ~ geworden** that takes care of your question.
gegen|steuern *v/i.* steer against it; *fig.* take countermeasures; **ℒstimme** *f* **1.** *parl.* dissenting vote, vote against; **es gab fünf ~n** *a.* there were five noes; **ohne ~** unanimously; **2.** (*gegenteilige Meinung*) objection; *mst iro.* dissenting voice; **3.** ♪ counterpart; **ℒstoß** *m*: (**e-n ~ führen** make a) counterthrust; **ℒstrom** *m* ⚡ countercurrent; **ℒströmung** *f* ⚡ countercurrent; *fig.* countermovement; **ℒstück** *n* counterpart; (*Gegensatz*) opposite (**zu** of); *Kunst*: pendant; (*Figur etc.*) matching piece; **er ist das genaue ~ zu s-m Vater** he's the exact opposite of his father.
Gegenteil *n* opposite (**von** of), reverse; (**ganz**) **im ~** on the contrary; oh no(, not at all); **genau das ~** the exact opposite, exactly the opposite; **das ~ behaupten** argue the converse; **das ~ bewirken** have the opposite effect, be counterproductive; **et. ins ~ verkehren** twist s.th. round (completely); **dann schlug alles ins ~ um** then there was a complete reversal (of events); **gegenteilig** *adj.* contrary, opposite; **~e Behauptung** contradictory claim; **~er Meinung sein** disagree; **e-e ~e Wirkung haben** have the opposite (*od.* a paradoxical) effect.
Gegen|terror *m* counter-terrorism; **~tor** *n*: *der Torwart* **ist in den letzten vier Spielen ohne ~** hasn't lost a goal in the last four matches.
gegenüber I. *adv.* opposite, *Personen*: *a.* face to face; across the way (*od.* street); **sie saßen einander ~** *a.* they sat facing one another; **direkt ~** right opposite; **II.** *prp. räumlich*: opposite, facing; *fig.* (*gegen*) to(wards); (*im Vergleich zu*) compared with, as against; (*im Gegensatz zu*) in contrast to; (*in Anbetracht von*) in view of, in the face of; **Männern ~ verhält sie sich komisch** she's funny with men; **III.** ℒ *n* person opposite; vis-à-vis; *fig. Sport*: opponent; *pol. etc.* counterpart, opposite number; (*Haus*) house opposite; (*das Entgegengesetztsein*) antithesis; **~liegen** *v/i.* be opposite, face (*dat.* s.th.); **~d** opposite (*mst nachgestellt*); **~sehen** *v/refl.*: **sich** *e-r Aufgabe, e-m Gegner etc.* ~ be up against; **~stehen** *v/i.*: **j-m ~** face s.o. (*a. fig.*); **sich** (*od.* **einander**) **~** be facing each other, *fig. gegensätzlich*: be opponents, *feindlich*: be enemies; *fig. e-r Sache* ~ be faced (*od.* confronted) with, face, be up against, (*betrachten*) view, regard, look upon; **e-r Sache kritisch** (**skeptisch**) **~** take a critical (sceptical, *Am.* skeptical) view of s.th., view s.th. with criticism (scepticism, *Am.* skepticism); **sich** (*od.* **einander**) **~de Meinungen** conflicting opinions.
gegenüberstellen I. *v/t.* **1.** *fig.* **j-n j-m ~** confront s.o. with s.o., bring s.o. face to face with s.o.; **2. et. e-r Sache ~** put s.th. opposite s.th., *fig.* compare s.th. with s.th.; **II.** *v/refl.*: **sich** (**feindlich**) **~** *dat.* oppose; **Gegenüberstellung** *f* **1.** *a.* ⚖ confrontation; **2.** *zur Identifizierung*: identification parade, *Am.* line-up; **3.** (*Vergleich*) comparison.
gegenübertreten *v/i. a. fig.* face; *feindlich*: oppose (*dat. s.o., s.th.*).
Gegen|unterschrift *f* countersignature; **~verkehr** *m* oncoming traffic; *auf einem Autobahnfahrstreifen*: contraflow traffic; *Verkehrsschild*: two-way traffic; **~versuch** *m* control test; **~vorschlag** *m* alternative (suggestion); **darf ich e-n ~ machen?** *a.* may I suggest an alternative?
Gegenwart *f* **1.** (*jetzige Zeit*) *the* present (time); *Künstler etc.* **der ~** → **gegenwärtig** 2; **2.** (*Anwesenheit*) presence; **in der ~ von** in the presence of, with ... present (*od.* around); **in s-r ~** when he's around (*od.* there); **3.** *ling.* present (tense); **gegenwärtig I.** *adj.* **1.** (*jetzig*) present; (*vorherrschend*) prevailing; **zum ~en Zeitpunkt** at the moment, at present; **2.** (*unserer Zeit, heutig*) present-day ..., contemporary, of our time, today's; **3.** (*anwesend*) present; **4. es ist mir im Moment nicht ~** (*erinnerlich*) I can't think of it right now, I forget; **II.** *adv.* **5.** at the moment; at present; *bsd. Am.* at this moment in time; **6.** (*heutzutage*) nowadays, these days, today.
gegenwarts|bezogen *adj.* topical; *Denken etc.*: modern; **~fern**, **~fremd** *adj.* remote, unrealistic; *Mensch*: out of touch; **ℒkunst** *f* contemporary art; **ℒliteratur** *f* contemporary literature; **~nah** *adj.* topical; **ℒnähe** *f* topicality; relevance to the present; **ℒprobleme** *pl.* present-day problems; **ℒsprache** *f* present-day language (*od.* speech).
Gegen|wehr *f* defen|ce (*Am.* -se); resistance; **~ leisten** put up a defen|ce (*Am.* -se) *od.* fight; **keine ~ leisten** offer no resistance; **~wert** *m* equivalent (value); **im ~ von** to the equivalent value of; **~wind** *m* headwind; **wir haben ~** there's a headwind (blowing); **~winkel** *m* ⩓ opposite angle; **~wirkung** *f* reaction (**auf** to), countereffect; ⚕ adverse reaction.
gegenzeichnen *v/i. u. v/t.* countersign; (*indossieren*) endorse; **Gegenzeichnung** *f* countersignature.
Gegen|zeuge *m* counterwitness; **~zug** *m* **1.** *Schach u. fig.*: countermove; **im ~** (**zu**) as a countermove (to), in reaction (to); **2.** 🚂 train coming from the other direction.
gegliedert *adj.* **1.** *Gliedmaßen etc.*: jointed; **2.** ⚙, ⚠ **~e Bauweise** sectionalized design; **3.** *fig.* organized, planned; structured.

Gegner *m* opponent (*a. Sport*), *stärker*: antagonist; (*Feind*) enemy, *lit.* foe; (*Angreifer*) assailant; (*Rivale*) rival, competitor; ⚖ opposing party, other side; **ein ~ sein von** (*e-r Sache*) be against, strongly oppose; **sich j-n zum ~ machen** make an enemy of s.o., antagonize s.o.; **j-n zum ~ haben** have s.o. as a rival *etc.*, have to compete against s.o.; **gegnerisch** *adj.* opposing, *stärker*: antagonistic; enemy ...; **die ~e Mannschaft** the opponents, the other side; **Gegnerschaft** *f* opponents *pl.*, opposition; (*Widerstand*) opposition, *stärker*: antagonism; (*Rivalität*) rivalry.

gegriffen *p.p. u. adj.* → **greifen** 1.

Gehabe *n* silly behavio(u)r, affectation; (*Getue*) fuss; **gehaben** *v/refl.*: *mst iro.* **gehab dich wohl!** farewell.

gehabt *adj.*: **(alles) wie ~** same as ever; **es ist alles wie ~** *a.* nothing's changed; **wie ~** *am Satzende*: *mst* as always, as usual; **das bleibt wie ~** that stays as it is.

Gehackte(s) *n* mincemeat, minced (*Am.* ground) meat; *vom Rind*: *Am. a.* hamburger.

Gehalt[1] *m* **1.** (*Inhalt*) content; (*Substanz*) substance; **geistiger ~** intellectual content; **2.** (*Anteil*) content, *prozentualer*: percentage; ⚗ *a.* concentration (*alle* **an** of); *Wein*: body; **~ an Öl** oil content.

Gehalt[2] *n* salary, pay; **ein ~ beziehen** draw a salary; **mit vollem ~** on full pay.

gehalten *adj.* **1. ~ sein zu** *inf.* be expected to *inf.*; **ich bin ~ zu** *inf.* I'm constrained (*od.* under an obligation) to *inf.*; **2.** (*zurückhaltend*) restrained, subdued.

gehaltlos *adj.* **1.** *Nahrung*: insubstantial; *Wein*: lacking body; **2.** *fig.* empty, lacking in substance; (*bedeutungslos*) meaningless.

Gehalts|abrechnung *f* pay slip; **~abstufung** *f* salary scale; **~abzug** *m* deduction from salary; **~angleichung** *f* salary adjustment; **~ansprüche** *pl.* salary expectations; **~auszahlung** *f* payment of salary (*od.* salaries); **~empfänger** *m* salaried employee; **~erhöhung** *f* (pay) rise; salary increase; **~forderung** *f* salary claim; **~fortzahlung** *f* continued payment of salary; **~grenze** *f* salary limit; **~gruppe** *f*, **~klasse** *f* salary bracket; **~konto** *n* salary account; **~kürzung** *f* salary cut; **~liste** *f* payroll; **~streifen** *m* pay slip; **~stufe** *f* salary bracket; **~vorschuß** *m* advance; **~zahlung** *f* payment of salary; **~zulage** *f* bonus.

gehaltvoll *adj.* **1.** *Nahrung*: substantial, nourishing; *Wein*: full-bodied; **2.** *fig. work etc.* of substance; (*tief*) profound.

gehandikapt *adj.* handicapped.

Gehänge *n* **1.** (*Blumen*~) festoon(s *pl.*); **2.** (*Schmuck*~) pendants *pl.*; (*Ohr*~) ear drops *pl.*; **3.** *sl.* (*männliche Geschlechtsteile*) *sl.* accoutrements *pl.*, (family) jewels *pl.*

geharnischt *adj.* **1.** *Antwort etc.*: withering; **ein ~er Brief** a strongly-worded reply, F a nasty letter; **2.** (*gepanzert*) (clad) in armo(u)r, armo(u)r-clad.

gehässig *adj.* spiteful; **Gehässigkeit** *f* spitefulness; (*Bemerkung*) spiteful remark; **aus reiner ~** out of sheer spite.

gehäuft I. *adj. Löffel*: heaped; **ein ~er Teelöffel** one heaped teaspoonful; **II.** *adv. zeitlich*: frequently, at frequent intervals, repeatedly; **die Anschläge sind in letzter Zeit ~ vorgekommen** there's been a spate of attacks recently.

Gehäuse *n* casing, case; *e-s Geräts*: cabinet; *phot.* body; *zo.* (*Schnecken*~ *etc.*) shell; *e-s Insekts*: case; ♀ case, (*Frucht*~) pericarp, (*Apfel*~ *etc.*) core.

gehbehindert *adj.*: **sie ist ~** she can't walk properly.

geheftet *adj. Buch*: stitched, sewn.

Gehege *n* enclosure; *für Tiere*: *a.* pen; (*Pferde*~) paddock, *Am.* corral; *Jagd*: *a. fig.* preserve; *fig.* **j-m ins ~ kommen** F get under s.o.'s feet; **komm mir ja nicht ins ~!** just keep out of my way.

geheim *adj.* secret; (*vertraulich*) confidential, private; (*verborgen*) hidden; (*heimlich, unerlaubt*) clandestine, surreptitious; *Lehre etc.*: occult; **im ~en** secretly (*a. im Innersten*), in secret; **~!** *auf Dokumenten*: Restricted!; **streng ~** top secret; **~abkommen** *n* secret agreement; **~agent** *m* secret agent; **~akte** *f* secret (*od.* classified) document; *pl.* secret files; **~auftrag** *m* secret mission; **~befehl** *m* secret order; **~bund** *m* secret society; **~dienst** *m* secret service; **~dokument** *n* secret document; **~fach** *n* secret drawer; hidden safe.

geheimhalten *v/t.* keep *s.th.* secret (F under wraps); (*vertuschen*) hush *s.th.* up; **et. vor j-m ~** keep s.th. a secret from s.o.; **wir müssen es vor ihm ~** *a.* he mustn't find out (about it); **Geheimhaltung** *f* (observance of) secrecy; (*Verschweigen*) concealment; **zur ~ verpflichtet sein** be sworn to secrecy.

Geheimhaltungs... *in Zssgn* ⚔, *pol.* security *measures etc.*; **~pflicht** *f* (imposed) secrecy; **~stufe** *f* security classification (*od.* grade); **die ~ e-s Dokuments** *etc.* **aufheben** declassify a document.

Geheim|konto *n* **1.** secret account; **2.** numbered account; **~lehre** *f* **1.** esoteric doctrine; **2.** occult doctrine; **~mittel** *n* secret remedy.

Geheimnis *n* secret; (*Rätselhaftes, Verborgenes*) mystery; **ein (kein) ~ aus et. machen** make a secret out of s.th. (make no secret of s.th.); **ein öffentliches** (*od.* **offenes**) **~** an open secret; **die ~se der Physik** the mysteries of physics; F **das ist das ganze ~** that's all there is to it; **~krämer** *m*: **er ist ein richtiger ~** a) he likes to make a mystery out of things, b) he likes to make out he knows things that other people don't; **~krämerei** *f*: **hör doch auf mit dieser ~** stop making such a big secret out of it; **~träger** *m* bearer of official secrets; **~tuer** *m* → **Geheimniskrämer**; **~tuerei** *f* → **Geheimniskrämerei**; **~umwittert** *adj.* surrounded by mystery, mysterious; (*rätselhaft*) enigmatic; → *a.* **~umwoben** *adj.* shrouded in mystery; **~voll** *adj.* mysterious; (*rätselhaft*) *a.* enigmatic; (*obskur*) arcane; **tu nicht so ~!** don't be so secretive, don't make such a big secret out of it.

Geheim|nummer *f* secret number; *teleph.* ex-directory (*Am.* unlisted) number; **~organisation** *f* secret organization; **~polizei** *f* secret police; **~polizist** *m* member of the secret police; **er ist ~** *a.* he's from the secret police.

Geheimrat *m hist.* privy councillor; **Geheimratsecken** *pl.*: **er hat ~** his hair is receding at the temples, F he's got a widow's peak.

Geheim|rezept *n* secret recipe; **~sache** *f* secret matter; *pol.*, ⚔ security matter; **~schrift** *f* secret code; **~sender** *m* secret transmitter; **~sitzung** *f* secret meeting; **~sprache** *f* secret language; *contp.* jargon; **~tinte** *f* invisible ink; **~tip** F *m* F hot tip; *beim Wetten etc.*: insiders' tip; **dieser Ort ist mein ~** this is a place I don't like to tell everyone about; **~tür** *f* secret door; **~versteck** *n* secret hiding place; **~vertrag** *m* secret treaty; **~waffe** *f* secret weapon; **~zahlungen** *pl.* secret payments; **~zeichen** *n* secret sign; (*Chiffre*) code, cipher.

Geheiß *n*: **auf j-s ~** (**hin**) at s.o.'s behest.

gehemmt *adj.* inhibited; (*befangen*) *a.* self-conscious; (*scheu*) *a.* shy; **~ sein** feel inhibited, be (*od.* feel) self-conscious *od.* shy; **Gehemmtheit** *f* inhibition; (*Befangenheit*) self-consciousness, shyness.

gehen I. *v/i.* **1.** (*a. v/t.*) (**zu Fuß ~**) walk, go (on foot); **schwimmen** *etc.* **~** go swimming *etc.*; **j-n suchen ~** (go and) look for s.o.; **mit j-m zum Bahnhof** *etc.* **~** see s.o. to the station *etc.*; **mit** *e-m Freund, Mädchen* **~** go out with, *bsd. Am.* go steady with; **~ als** (*arbeiten als*) work as, (*verkleidet sein als*) go as; **ganz in Weiß** *etc.* **~** wear white *etc.*, be all in white *etc.*; **2.** (*fort*~, *abreisen, abfahren*) go, leave; (*verkehren*) go, run (**nach, bis** to, as far as); (*führen*) *Weg*: go, lead (to); (*reichen*) go (**um** *die Taille etc.* round); (*aus e-r Stellung scheiden*) go, leave, *aus e-m Amt*: *a.* resign; **j-n ~ lassen** let s.o. go, *ungestraft*: let s.o. off; → *a.* **gehenlassen**; **er ist gegangen** he's (= he has) gone *od.* left; F **er ist gegangen worden** F he was sacked (*od.* fired); **er ist von uns gegangen** (*ist tot*) he has passed away; F *fig.* **(ach,) geh!** come on!, go on!; **geh mir doch mit d-n faulen Ausreden!** I don't want to hear any of your excuses; **3.** (*funktionieren*) ⚙ go, work; *fig.* (*klappen*) work; (*möglich sein*) be possible; (*erlaubt sein*) be allowed; *die Uhr* **geht nicht** has stopped, (*ist kaputt*) is broken; *das Gedicht, Lied* **geht so** goes like this; **wie geht es Ihnen?, wie geht's?** how are you?, *zu e-m Kranken*: how are you feeling?; F **wie geht's, wie steht's?** how are things?, how's life (with you)?, how's life treating you?; **es geht** (*nicht übel*) not too bad(ly), (it) could be worse, (*ich brauche keine Hilfe*) I can manage, (*es funktioniert*) it works; **es geht nicht** (*ist unmöglich*) it can't be done, it's impossible, F nothing doing, no way, (*genügt nicht*) it just won't do, (*funktioniert nicht*) it doesn't work; **es wird schon ~** it'll be all right (*Am.* alright); **es geht auch so** (*ohne das*) we can manage without (it); **es geht (eben) nicht anders** it can't be helped(, I'm afraid); **mir ist es genauso gegangen** it was the same with me, F same here; **mir geht es genauso** I feel exactly the same way, F same here; **ihm ist es (auch) nicht besser gegangen** he didn't do (*od.* fare) any better; **so geht es, wenn man** *nicht aufpaßt etc.*: that's what comes of *ger.*; **das geht nun schon seit Jahren so** that's been going on for years; **wie ~ die Geschäfte?** how's business?; **so geht's nicht!** you can't just go about it like that; → *a.* **gutgehen, schlechtgehen**; **4.** *Ware*: sell (**gut** well), go (well); **die Stiefel ~ überhaupt nicht** nobody's buying (*od.* interested in) the boots, the boots aren't selling at all; **5.**

Klingel: ring, go; *Türklingel*: ring; *Radio*: be on; *Puls*: beat; *Teig*: rise; *Wind*: blow; **6.** *mit prp.*: ~ **bis an** (*reichen*) go as far as, reach *od.* come up (*od.* down) to; *das Erbteil* **ging an ihn** went (*od.* fell) to him; **an die Arbeit** *etc.* ~ get down to work *etc.*; **geh mir ja nicht an m-e Sachen** don't you (dare) touch (*od.* interfere with) my things; **wenn's ans Trinken geht** when it comes to drinking; ~ **auf** go (*od.* climb) up to, (*das Dach*) climb onto, (*die Straße*) go out into; *das Fenster* **geht auf die Straße** (**hinaus**) looks out onto the street; **es geht auf zehn** it's getting on for ten; **das geht auf dich** that's meant for you; **auf e-n Zentner ~ 50 Kilogramm** 50 kilogram(me)s make a (metric) hundredweight; **das geht auf die Leber** *etc.* it's bad for your liver *etc.*, it takes its toll on your liver *etc.*; **s-e Kritik ging dahin, daß** his criticism was to the effect that, what his criticism boiled down to was that; ~ **durch** go (*od.* pass) through, *fig.* (*sich ziehen durch*) run through; ~ **gegen** (*j-n, j-s Gewissen*) go against; ~ **in** go into, enter, (*passen in*) go (*od.* fit) in(to), (*die Schule etc.*) go to (*a. ins Theater*), *Treppe*: lead (up *od.* down) to, *Leitung*: lead into; *der Schaden* **geht in die Millionen** runs into millions; **die Kämpfe ~ in den vierten Tag** fighting has entered its fourth day; **es ~ 200 Personen in den Saal** the hall holds (*od.* seats) two hundred people; **in die Industrie** ~ go into industry; **in sich** ~ do a bit of soul-searching; **wie oft geht fünf in neunzig?** how many times does five go into ninety?; ~ **nach** (*sich richten nach*) go by; *das Fenster* **geht nach Norden** faces (*od.* looks) north; **wenn es nach mir ginge** if I had my way; ~ **über** go (*od.* walk) over, (*die Straße*) cross; *die Brücke* **geht über e-e Schlucht** spans (*od.* goes over) a ravine; *der Zug etc.* **geht über Berlin** goes via Berlin; **das geht ihm über alles** it means everything to him; **nichts geht über ...** there's nothing like ...; **es geht ihm nur ums Geld** he's just interested in the money; **mir geht's nicht ums Geld** it's not a question of money, I'm not interested in the money; **es geht hier um ...** we're talking about (*od.* looking at) ...; **es geht um** *den Frieden, sein Leben etc.*: ... is at stake; **worum geht es?** what's the problem?; **es geht darum zu** *inf.* it's a question (*od.* matter) of *ger.*; **darum geht es hier (gar) nicht** that's not the point; ~ **vor** *a. fig.* go before; **vor sich** ~ happen; **was geht hier vor sich?** what's going on here?; **zu j-m** ~ join s.o., *mit e-r Frage etc.*: go up to s.o., (*besuchen*) go and see s.o.; → **Auge** 1, **Begriff** 1, **Bett, Bord, Grund** 1 *etc.*; → *a.* **vonstatten, weit** II; **II.** 2 *n* **1.** *a. Sport*: walking; **das ~ fällt ihm schwer** he finds it hard to walk; **2. zum ~ bringen** (*Gerät etc.*) get *s.th.* going; **~lassen** *v/refl.*: **sich** ~ *unmanierlich*: let o.s. go, (*die Beherrschung verlieren*) lose one's temper.

Geher *m Sport*: walker.

Gehetze *n* rush(ing); *weitS.* rat-race; **ich kann dieses ~ nicht ausstehen** I can't stand having to rush round like an idiot all the time; **gehetzt** *adj.* hunted (*a. Blick etc.*); *fig. Person*: harassed.

geheuer *adj.*: **nicht** ~ (*unheimlich*) eerie, F creepy, spooky, scary; (*verdächtig*) fishy, strange; (*dubios*) dubious; **es ist dort nicht ganz** ~ it's a funny place; **mir ist dieser Ort nicht** ~ this place gives me the creeps; **er** (**die Sache** *etc.*) **ist mir nicht** ~ I've got a funny feeling about him (it *etc.*); **ihm war nicht ganz ~ zumute** he felt very uneasy.

Geheul *n* howling, howls *pl.*; **Geheule** F *n* howling; **hör mit dem ~ auf!** stop your howling now.

gehext *adj.*: **wie** ~ as if by magic; *der Haushalt* **läuft wie** ~ seems to run itself.

geh|fähig *adj.* able to walk; **2fehler** *m* limp; **2gips** *m* walking cast.

Gehilfe *m* assistant; (*Aushilfe*) someone to help out; (*Laden2*) shop assistant; (*Büro2*) clerk; (*Handwerks2*) journeyman; ⚖ accessory (before the fact); *contp.* henchman.

Gehirn *n* brain; F *fig.* brain(s *pl.*), mind; **~...** *in Zssgn* brain, cerebral, *nachgestellt*: of the brain; → *a.* **Hirn...**; **~akrobatik** F *f* mental acrobatics (*od.* gyrations) *pl.*; **2amputiert** F *hum. adj.* F dead from the neck up; **~blutung** *f* brain (*od.* cerebral) h(a)emorrhage; **~chirurg** *m* brain surgeon; **~chirurgie** *f* brain surgery; **~durchblutung** *f* blood flow (*od.* circulation) in the brain; **es fördert die** ~ *a.* F it gets your brain cells working; **~erschütterung** *f* concussion; **e-e ~ haben** have (*od.* be suffering from) concussion; → **schwer** I; **~erweichung** *f a. fig.* softening of the brain.

Gehirnhaut *f* cerebral membrane; **~entzündung** *f* meningitis.

Gehirn|kasten F *m* F skull; **streng d-n ~ an!** use your brains (F noddle)!; **~lappen** *m* lobe of the brain; **~nerv** *m* cranial nerve; **~quetschung** *f* cerebral contusion; **~rinde** *f* cerebral cortex; **~schlag** *m* stroke; **~schmalz** F *n* F (little) grey (*Am.* gray) cells *pl.*; **dafür habe ich e-e Menge ~ verschwendet** that cost me a few grey (*Am.* gray) cells; **bei dir reicht wohl das ~ nicht aus** F have you got sawdust between your ears?; **~schwund** *m* atrophy of the brain; **~tätigkeit** *f* cerebral activity; **die ~ hat ausgesetzt** the brain has stopped functioning; **~tod** *m* brain death; **~tumor** *m* brain tumo(u)r; **~verletzung** *f* brain injury; **~wäsche** *f* brainwashing; **j-n e-r ~ unterziehen** brainwash s.o.

Gehminute *f*: **es ist nur ein paar ~n von hier** it's only a few minutes' walk away (*od.* from here).

gehoben *adj. Stellung*: high, senior; *Stil*: elevated; **~e Stimmung** high spirits *pl.*; **~e Ansprüche** expensive tastes; † **Güter des ~en Bedarfs** luxuries and semi-luxuries.

Gehöft *n* farm(stead).

Gehölz *n* wood, copse; (*Dickicht*) thicket.

Gehör *n* (sense of) hearing; ears *pl.*; (*Empfinden*) ear; ⚖ hearing; **feines** (**scharfes**) ~ sensitive (keen) ear; **nach dem** ~ by ear; ~ **haben für** have an ear for; **j-m ~ schenken** listen to what s.o. has to say; *e-r Sache* **kein ~ schenken** turn a deaf ear to, *e-r Person*: refuse to listen to; **(j-n) um ~ bitten** request a hearing (from s.o.); ~ **finden** get a hearing; **sich ~ verschaffen** make o.s. heard; ⚖ **j-n ohne rechtliches ~ verurteilen** sentence s.o. without a hearing; → **absolut** I; **~bildung** *f* aural training.

gehorchen *v/i.*: **j-m** (**nicht**) ~ (dis)obey s.o.; **du mußt d-r Mutter** ~ you must do as your mother tells you; → **Wort.**

gehören I. *v/i.* belong to (*a. fig.*); ~ **zu** belong to (*a. als Mitglied*), (*e-n Teil bilden von*) *a.* be part of, (*zählen zu*) rank (*od.* be) among; **unter** *e-e Rubrik etc.* ~ come (*od.* fall) under; **wem gehört das Buch?** whose book is this?, who does this book belong to?; **gehört der Handschuh dir?** is this your glove?; **er gehört zu den besten Spielern** he's one of the best players; **die Sachen ~ in den Schrank** these things go into the cupboard; **das Fahrrad gehört nicht in die Wohnung!** the flat is no place for a bike; **es gehört zu s-r Arbeit** it's part of his job; **das gehört nicht zur Sache** that's not relevant; **er gehört nicht zu dieser Sorte** he's not like that, he's not that sort of person; **dazu gehört Geld** you need money for that, **Zeit:** that kind of thing takes time; **Mut:** it takes a lot of courage; **es gehört nicht viel dazu** it doesn't take much; **dazu gehört schon einiges** that takes a lot of doing, *an Frechheit*: you've got to be pretty cheeky to do that; **du gehörst ins Bett** you should be in bed; F **er gehört tüchtig verprügelt** what he wants is a good hiding; **er gehört auf den Fußballplatz** he ought to be playing football; **II.** *v/refl.*: **das gehört sich nicht** it's not done; **so gehört es sich auch** that's the way it should be; **er weiß, was sich gehört** he knows how to behave; **wie es sich gehört** properly; *ihr habt ja e-n tollen Wagen* - **wie sich's gehört** what do you expect?

Gehör|fehler *m* hearing defect; impaired hearing; **~gang** *m* auditory canal.

gehörig I. *adj.* **1.** (*gebührend*) right, due, proper; (*notwendig*) necessary; **mit dem ~en Respekt** with due respect; **2.** F (*tüchtig*) decent; **e-e ~e Portion Kartoffelbrei** a decent serving (F a good dollop) of mashed potatoes; **dazu gehört e-e ~e Portion Frechheit** that takes a fair bit of cheek; **e-e ~e Tracht Prügel** a good hiding; **ein ~er Schluck** a decent gulp (F swig); **3. j-m** (**e-r Sache**) ~ **sein** belong to s.o. (s.th.); (**nicht**) **zur Sache** ~ (ir)relevant; **II.** *adv.* duly, properly; **ich habe es ihm ~ gegeben** F I really let him have it.

Gehörknöchelchen *n anat.* ossicle.

Gehörleiden *n* hearing defect.

gehörlos *adj.* deaf; **Gehörlosenschule** *f* school for the deaf; **Gehörlosigkeit** *f* deafness.

Gehörn *n* horns *pl.*; (*Geweih*) antlers *pl.*

Gehörnerv *m* auditory nerve.

gehörnt *adj.* horned; F *fig.* **~er Ehemann** cuckold.

Gehörprüfung *f* hearing test.

gehorsam I. *adj.* obedient (**gegen** to); *Bürger*: law-abiding; (*folgsam*) submissive; *die Kinder* **sind sehr** ~ always do as they're told; **II.** 2 *m* obedience (**gegen**-[**über**] to); **blinder** ~ blind (*od.* unquestioning) obedience; **j-m ~ leisten** obey s.o.; **j-m den ~ verweigern** disobey s.o., refuse to carry out s.o.'s orders; **sich bei j-m ~ verschaffen** force s.o. to obey; **Gehorsamsverweigerung** *f* disobedience; ⚔ insubordination.

Gehör|schaden *m* hearing defect; impaired hearing; **~sinn** *m* sense of hearing; **~verlust** *m* loss of hearing.

Gehrock *m* frock coat.

Gehrung *f* ⚙ mit|re (*Am.* -er); bevel.
Gehsteig *m* pavement, *Am.* sidewalk.
Gehudel F *n* sloppiness; *konkret*: sloppy (*od.* messy) piece of work.
gehuft *adj.* hoofed.
gehüllt *adj.* → ***hüllen***.
Gehupe *n* honking (of car horns), tooting; blaring horns *pl.*
gehupft *p.p.* → ***hupfen.***
Gehuste *n* (endless) coughing, F coughing and spluttering.
Geh|versuch *m* attempt to walk; *fig.* ***erste literarische*** *etc.* ***~e*** first attempt to write *etc.*, first literary *etc.* effort; **~weg** *m* footpath; (*Bürgersteig*) pavement, *Am.* sidewalk.
Geier *m* vulture (*a. fig.*); F ***hol's der ~!*** F to hell with it!; F ***weiß der ~!*** God knows.
Geifer *m* (*Speichel*) dribble, slaver; (*Schaum*) foam, froth; *fig.* venom, spite; **Geiferer** *m* vituperator; **geifern** *v/i.* dribble, slaver; ***vor Wut ~*** froth at the mouth; *fig.* ***~ gegen*** rail at.
Geige *f* violin; ***~ spielen*** play the violin; ***(die) erste (zweite) ~ spielen*** play first (second) violin, *fig.* play first (second) fiddle; **geigen I.** *v/i.* play the violin, F fiddle; **II.** *v/t.* play *s.th.* on the violin, F fiddle *a tune*; F *fig.* ***es j-m ~*** F tell s.o. what's what.
Geigen|bau *m* violin making; **~bauer** *m* violin maker; **~bogen** *m* violin bow; **~harz** *n* rosin; **~kasten** *m* violin case; **~spiel** *n* violin playing; **~spieler** *m* violinist; **~stimme** *f* violin part; **~strich** *m* stroke (of the bow).
Geiger(in *f*) *m* violinist.
Geigerzähler *m* Geiger counter.
geil *adj.* **1.** (*sexuell gereizt*) F randy, horny; (*wollüstig*) lecherous; F ***~er alter Bock*** F randy (*od.* dirty) old man, *sl.* lech; F *fig.* ***~ sein auf*** (*verrückt sein nach*) F be crazy about, *e-n Job etc.*: be burning to get, *sl.* lech after; **2.** F (*toll*) *sl.* brill, ace; **3.** *Pflanzen*: rank, luxuriant *vegetation*; **geilen** *v/i.*: ***~ nach*** lust after (*od.* for).
Geisel *f* hostage; ***j-n als ~ nehmen*** take s.o. hostage; **~befreiung** *f* freeing (*od.* release) of (the) hostages; **~drama** *n* hostage drama (*od.* crisis); kidnapping drama; **~gangster** *m* violent kidnapper; **~haft** *f* captivity as a hostage; ***nach drei Jahren ~*** *a.* after three years of being held hostage; **~nahme** *f* taking of hostages (*od.* a hostage); kidnapping; **~nehmer** *m* hostage-taker, kidnapper, captor.
Geisha *f* geisha (girl).
Geiß *f* (nanny) goat; (*Ricke*) doe; **~bock** *m* billy goat.
Geißel *f* **1.** whip; *fig.* scourge; **2.** *biol.* flagellum; **geißeln** *v/t.* whip; *eccl.* flagellate (***sich*** o.s.); *fig.* castigate (o.s.), chastise (o.s.); **Geißeltierchen** *n* flagellate; **Geißelung** *f* flagellation; *fig.* castigation; (*Kritik*) severe condemnation.
Geist *m* **1.** (*Verstand*) mind; (*Intellekt*) intellect; (*Sinn, Gemüt*) mind; (*Witz*) wit; (*Seele*) spirit; (*geistige Verfassung*) morale, spirit; (*Denker*) thinker; ***~ und Körper*** mind and body, body and spirit; ***der ~ des Christentums*** *etc.* the spirit of Christianity *etc.*; ***ein großer ~*** a great thinker; ***Mann von ~*** man of wit; ***der ~ ist willig, aber das Fleisch ist schwach*** the spirit is willing but the flesh is weak; ***im ~e*** in one's mind's eye; ***im ~e sah sie sich schon als Siegerin*** she already imagined (*od.* saw) herself as the winner; ***wir werden im ~e bei euch sein*** our thoughts will be with you; ***in j-s ~e handeln*** act in the spirit of s.o.; ***daran sieht man, wes ~es Kind er ist*** it says a lot about him; ***sie ist ein unruhiger ~*** she's a restless person, she can't sit still for one moment, F she's up and down like a yoyo; F ***das geht mir auf den ~*** F it really gets on my wick, it's driving me spare; F *der Wagen etc.* ***hat den ~ aufgegeben*** F has given up the ghost, has conked out; → ***scheiden*** III; **2.** *überirdischer*: spirit; (*Gespenst*) ghost; (*Erscheinung*) apparition; ***böser ~*** evil spirit, demon; *eccl.* ***der Böse ~*** the Evil One; *fig.* ***j-s guter ~*** s.o.'s good genius; ***hier geht ein ~ um*** this place is haunted; ***bist du denn von allen guten ~ern verlassen?*** are you out of your (F tiny little) mind?; → ***heilig.***
Geister|bahn *f* ghost train; **~beschwörer** *m* (*der Geister ruft*) necromancer; (*der sie austreibt*) exorcist; **~beschwörung** *f* necromancy; (*Austreibung*) exorcism; **~bild** *n TV* ghosting, F shadow(s *pl.*); **~erscheinung** *f* apparition; **~fahrer** *m* wrong-way driver; ***plötzlich kam uns ein ~ entgegen*** suddenly a car was driving towards us in the wrong direction; **~geschichte** *f* ghost story; **~glaube** *m* belief in ghosts; (*Aberglaube*) superstition.
geisterhaft *adj.* ghostly, F spooky.
Geister|hand *f*: ***wie von ~*** as if by magic; **~haus** *n* **1.** haunted house; **2.** *Buddhismus etc.*: spirit house.
geistern *fig. v/i.*: ***~ durch*** flit around; ***~ über*** *Licht etc.*: flit across; ***die Idee geistert immer noch in ihren Köpfen*** they still haven't managed to get that idea out of their heads.
Geister|reich *n* realm of spirits; **~schiff** *n* phantom ship; **~schloß** *n* haunted castle; **~schreiber** *m* ghostwriter; **~stadt** *f* ghost town; **~stimme** *f* spooky voice; *TV* voice-over; **~stunde** *f* witching hour; **~welt** *f* realm (*od.* world) of the supernatural; → *a.* ***Geisterreich***; **~zug** *m* empty train.
geistesabwesend I. *adj.* absent, distracted; **II.** *adv.* absent-mindedly; (*nachdenklich*) absently; **Geistesabwesenheit** *f* distractedness; (*Zerstreutheit*) absent-mindedness.
Geistes|anstrengung *f* mental effort; **~arbeit** *f* brainwork; **~arbeiter** *m* brainworker; **~bildung** *f* cultivation of the mind; ***ein Mann von großer ~*** a highly educated man; **~blitz** *m* flash of inspiration; (*konkrete Idee*) F brainwave; **~freiheit** *f* intellectual freedom; **~gaben** *pl.* intellectual gifts.
Geistesgegenwart *f* presence of mind; **geistesgegenwärtig I.** *adj. Person*: alert, F on the ball; *a. Antwort, Reaktion etc.*: quick; **II.** *adv.*: ***~ riß er das Kind weg*** he had the presence of mind to pull the child away.
Geistesgeschichte *f* history of thought (*od.* ideas); ***die deutsche*** *etc.* ***~*** the history of German *etc.* thought.
geistesgestört *adj.* mentally disturbed; **Geistesgestörte(r** *m*) *f* mentally disturbed person; **Geistesgestörtheit** *f* mental imbalance (*stärker*: derangement).
Geistes|haltung *f* attitude, mentality; **~kräfte** *pl.* mental faculties.
geisteskrank *adj.* mentally ill (*od.* disordered); **Geisteskranke(r** *m*) *f* mental patient; *pl. the* mentally ill (*pl.*); **Geisteskrankheit** *f* mental disease.
Geistes|leben *n* intellectual life; **~produkt** *n* (intellectual) product, brainchild; **~richtung** *f* school of thought; **~schärfe** *f* acuity of mind; keen intellect.
geistesschwach *adj.* feebleminded; **Geistesschwäche** *f* feeblemindedness.
Geistes|störung *f* mental disorder; **~trägheit** *f* mental sluggishness; **~verfassung** *f* frame of mind, (mental) state.
geistesverwandt *adj.* congenial (***mit*** to), kindred ...; ***~e Menschen*** kindred spirits; **Geistesverwandtschaft** *f* (spiritual) affinity.
Geistesverwirrung *f* confused state of mind.
Geisteswissenschaft *f* arts subject; ***die ~en*** the arts, the humanities; **Geisteswissenschaftler** *m* arts scholar (F person, man); (*Student*) arts student; **geisteswissenschaftlich** *adj.* arts ...; *Forschung etc., nachgestellt*: in the arts, in the (field of) humanities.
Geistes|zerrüttung *f* mental derangement, dementia; **~zustand** *m* mental state; ***j-n auf s-n ~ (hin) untersuchen*** give s.o. a mental examination; F ***du solltest dich mal auf d-n ~ untersuchen lassen!*** F you need your head testing (*od.* tested).
geistig I. *adj.* (*seelisch, nicht körperlich*) spiritual; (*die Denkkraft betreffend*) intellectual, mental; *Mensch*: intellectual; ***~e Entwicklung*** spiritual (*od.* intellectual) development; ***~es Eigentum*** intellectual property; → ***Diebstahl***; ***~er Austausch*** exchange of ideas; ***~e Arbeit*** *etc.* → ***Geistesarbeit*** *etc.*; ***~er Vater*** spiritual father; F ***~e Getränke*** spirits, alcohol; → ***Auge*** 1; **II.** *adv.* mentally *etc.*; → I; ***~ anspruchsvoll*** highbrow; ***~ behindert*** mentally handicapped; ***~ aktiv sein*** a) have an active mind, b) exercise one's mind, c) have a lot of intellectual pursuits; ***ich kann ~ nicht mehr folgen*** I'm lost, you've *etc.* lost me; **Geistigkeit** *f* intellectuality; spirituality.
geistig-seelisch *adj.* mental and spiritual.
geistlich *adj.* religious; *Musik etc.*: *a.* sacred; (*≈e betreffend*) clerical; (*kirchlich*) ecclesiastical; (*nicht weltlich*) spiritual; ***~es Amt*** ministry; ***~er Orden*** religious order; → ***Stand*** 3; **Geistliche(r)** *m* clergyman; minister; (*Priester*) priest; ⚔ chaplain, padre; ***die Geistlichen*** → **Geistlichkeit** *f the* clergy.
geistlos *adj.* (*langweilig*) dull; (*flach*) insipid, vapid; (*dumm*) stupid; **Geistlosigkeit** *f* insipidity; (*Äußerung*) banality, platitude.
geistreich *adj.* witty, clever; ***e-e nicht gerade ~e Bemerkung*** not the most profound remark; **geistreicheln** *v/i.* try to be clever, display one's wit.
geist|sprühend *adj.* sparkling, scintillating; **~tötend** *adj.* deadly boring; *Beschäftigung*: *a.* mind-dulling, mind-numbing, F brainless; ***es war ~*** *a.* F it was a crushing bore; **~voll** *adj.* → ***geistreich***; (*tief*) profound.
Geiz *m* stinginess, miserliness; ***aus lauter ~ macht er die Heizung nicht an*** he's too stingy to turn the heating on; **geizen** *v/i.*: ***~ mit*** be mean with; ***nicht ~ mit*** be

very generous with, not to stint (on); **mit Worten ~** be very sparing with words; **mit s-r Zeit ~** plan one's time very carefully; **er geizt mit jeder Mark** he turns every mark round in his pocket; **Geizhals** *m* skinflint, (old) miser; **geizig** *adj.* stingy, tight-fisted, miserly; **Geizkragen** *m* skinflint, (old) miser.

Gejammer *n* moaning, whining.

Gejaule *n* howling.

Gejohle *n* shouting.

gekachelt *adj.* tiled.

Gekeife *n* squawking.

Gekicher *n* giggling.

Gekläff *n* yapping, barking.

Geklapper *n* rattling, clatter.

Geklatsche *n* clapping; **dieses ~ geht mir auf die Nerven** I wish they wouldn't keep clapping.

Geklimper *n* tinkling.

Geklingel *n* ringing; *von Glöckchen etc.*: tinkling, jingling.

Geklirr(e) *n* tinkling; *von Geschirr*: clattering; *von Ketten etc.*: rattling.

Geklopfe *n* knocking, banging.

Geknatter *n* crackling; *e-s Mofas*: put-put(ting).

geknickt *fig. adj.* crestfallen, crushed.

Geknister *n* crackling; *von Papier*: rustling.

geknüppelt F *adv.*: **~ voll** F jampacked, chock-a-block.

Geknutsche F *n* necking.

gekocht *adj.* boiled; (*Ggs. roh*) cooked; **~es Gemüse** boiled (*od.* cooked) vegetables; **~es Obst** stewed fruit.

gekonnt I. *adj.* skil(l)ful; (*meisterhaft*) masterly; **das war ~!** *a.* it was brilliant; **II.** *adv.*: **das hat sie ~ gemacht** *a.* she made an excellent job of it.

gekoppelt *adj.* linked (**an** to, with).

Gekrakel *n* scrawl; **das ist ja ein furchtbares ~** *a.* it looks as if a spider's walked all over it.

gekränkt *adj.* hurt, offended (**über** at, by); *Stolz*: injured.

gekräuselt *adj. Haar etc.*: curly; *Wasser*: rippled; *Stoff*: gathered.

Gekreisch(e) *n* screeching, screaming.

Gekreuzigte(r) *m*: *eccl.* **der Gekreuzigte** Christ on the cross, Christ crucified.

Gekritzel *n* scrawling, scribbling; (*Schrift*) scrawl.

gekrönt *adj.*: **~e Häupter** crowned heads; *fig.* **von Erfolg ~** crowned with success.

gekröpft *adj.* ⚙ cranked, goosenecked; △ angulate.

Gekröse *n* **1.** *gastr.* tripe; **2.** *anat.* mesentery.

gekrümmt I. *adj.* curved; (*hakenartig ~*) hooked; (*gebogen, gebeugt*) bent; (*verzogen, verworfen*) warped; **II.** *adv.*: **sie geht ganz ~** she's almost bent double.

gekünstelt *adj.* artificial, affected; *Stil*: *a.* stilted, contrived; *Lachen*: forced.

Gel *n* gel.

Gelaber(e) *n* drivel.

Gelächter *n* laughing, laughter; **in schallendes ~ ausbrechen** roar with laughter; **j-n (et.) dem ~ preisgeben** expose s.o. (s.th.) to ridicule, (*j-n*) *a.* make s.o. a laughing stock, *gen.*: make s.o. the laughing stock of.

gelackmeiert *adj.*: **sich ~ fühlen** feel one has been had (*od.* conned); **ich bin der ♀e** I've been had (*od.* taken for a ride), F I'm the sucker (*od.* mug).

geladen *adj.* **1.** loaded; ⚡ charged; *Draht*: live; F *fig.* (*wütend*) fuming, F mad; F *fig.* **auf j-n ~ sein** F have it in for s.o.; **~ mit** brimming with; **2.** *Gast*: invited.

Gelage *n* feast; **wildes ~** wild carousal.

gelagert *fig. adj.*: **anders ~** different; **das hängt davon ab, wie der Fall ~ ist** that depends on the particular case; **in besonders ~en Fällen** in special cases.

gelähmt *adj.* paralyzed (*fig.* **vor** with); **einseitig (doppelseitig) ~** paralyzed on *od.* down one side (both sides) of one's body, 🕮 hemiplegic (paraplegic); **rechtsseitig (linksseitig) ~** paralyzed on the right (left) *od.* down one's right (left) side; **wie ~ dastehen** stand rooted to the spot, stand transfixed; **sie war vor Angst wie ~** she was petrified (*od.* paralyzed with fear).

Gelände *n* area; (*Boden*) ground, terrain; (*Bau♀, Grundstück*) site; (*Areal*) grounds *pl.*, complex; **(ein) hügeliges ~** hilly ground; **(ein) offenes ~** open country (*od.* terrain); **(ein) schwieriges ~** difficult terrain; **~aufnahme** *f* topographical survey; (*Luftbild*) aerial photograph; **~ausbildung** *f* ⚔ field training; **~erkundung** *f* ⚔ terrain reconnaissance; **~fahrrad** *n* BMX bike, (BMX) fun bike; **~fahrt** *f* cross-country drive; **~fahrzeug** *n* cross-country (*od.* off-road) vehicle; all- (*od.* four-)wheel drive; **♀gängig** *adj.* cross-country *vehicle etc.*; **~karte** *f* ground map; **~kunde** *f* topography; **~lauf** *m* cross-country run (*Wettlauf*: race); **~läufer** *m* cross-country runner; **~marsch** *m* cross-country march.

Geländer *n* railing(s *pl.*); (*Treppen♀*) banister(s *pl.*).

Gelände|reifen *m mot.* cross-country tyre (*Am.* tire); **~sport** *m* field sports *pl.*; **~übung** *f* field exercise; **~wagen** *m* → **Geländefahrzeug.**

gelangen *v/i.*: **~ an** (*od.* **nach, zu**) reach, get to; **zum Ziel ~** reach (*od.* arrive at) one's destination, *fig.* reach one's goal; **zu et. ~** gain *power etc.*, acquire *a fortune, great wealth etc.*, reach (*od.* come to) *an agreement, an understanding*; **zu Ehren ~** make a name for o.s.; **in j-s Hände ~** get into s.o.'s hands; **in den Besitz von et. ~** come into the possession of s.th.; **zu der Ansicht ~, daß** come to the conclusion that, decide that; **zum Abschluß ~** be finished, be completed, come to an end; **zur Aufführung ~** be put on stage; **zur Ausführung ~** be carried out; → **Erkenntnis, Macht, Schluß** 2 *etc.*

gelangweilt I. *adj.* bored; *Gesichter*: *a.* bored-looking; *fig.* **zu Tode ~** bored to death (*od.* tears); **II.** *adv.*: **sie hörten ~ zu** they listened, completely bored.

gelassen I. *adj.* calm; (*gefaßt*) composed; (*besonnen*) cool; (*unerschütterlich*) imperturbable; **~ bleiben** keep (one's) cool; **sich ~ geben** act cool; F **~er Typ** F laid-back sort of guy; **II.** *adv.*: **et. ~ hinnehmen** take s.th. calmly, (*unberührt*) take s.th. in one's stride; **~ s-m Schicksal entgegensehen** calmly await one's fate; **Gelassenheit** *f* calm (-ness); composure; coolness; imperturbability; → **gelassen.**

Gelatine *f* gelatin(e).

geläufig *adj.* **1.** (*allgemein bekannt*) familiar, common; **das Wort ist mir (nicht) ~** I've heard (of) the word, (*sehr ~*) I know the word (I've never heard [of] the word, I don't know the word); **2.** (*fließend*) fluent; **Geläufigkeit** *f* **1.** widespread use, currency; **2.** (*Gewandtheit*) ease (**beim Spielen** with which one plays).

gelaunt *adj.*: **gut (schlecht) ~ sein** be in a good (bad) mood; **ich bin dazu nicht ~** I'm not in the mood (for it), I don't feel like it; **wie ist sie heute ~?** what kind of mood is she in today?; *iro.* **wie bist du wieder ~!** in a bad mood, are we?

Geläut(e) *n* ringing (of bells); (*die Glokken*) bells *pl.*, chime(s *pl.*).

geläutert *adj.* ⚙ refined; *fig.* purified, chastened.

gelb I. *adj.* yellow; *Verkehrsampel*: amber; *Teint*: sallow; **~e Seiten** yellow pages; *fig. contp.* **die ~e Gefahr** the yellow peril; **~ vor Neid** green with envy; → **Karte**; **II. ♀** *n* yellow; **bei ~ über die Kreuzung fahren** cross when the lights are at (*od.* on) amber; **~braun** *adj.* yellowish- (*od.* yellowy-)brown.

Gelbe(s) *n vom Ei*: yolk; F *fig.* **das ist auch nicht gerade das Gelbe vom Ei** that's not exactly brilliant either, is it?

Gelb|fieber *n* yellow fever; **~filter** *m, n phot.* yellow filter; **♀grün** *adj.* yellowish- (*od.* yellowy-)green; **~körper** *m anat.* corpus luteum.

gelblich *adj.* yellowish, yellowy.

Gelblicht *n Verkehrsampel*: amber.

Gelbstich *m phot.* yellow cast; **gelbstichig** *adj.*: **~ sein** have a yellow cast.

Gelbsucht *f* ⚕ (yellow) jaundice; **gelbsüchtig** *adj.* jaundiced; **~ sein** have (yellow) jaundice.

Gelbwurz *f* ♣ turmeric.

Geld *n* money, F cash, *sl.* brass; **~er** money, funds; (*Einlagen*) deposits; **billiges ~** easy money; **teures ~** hard-earned money; **großes ~** notes; **kleines ~** small change; **~ zurück** money back; F **~ machen** make money; F **das große ~ machen** make big money; **zu ~ kommen** get hold of some money, (*reich werden*) F strike (it) rich, hit the jackpot; **wenn ich wieder bei ~ bin** when I'm in the money (F black) again; **~ spielt keine Rolle** money is no object; **er ist nur auf ~ aus** all he (ever) thinks of is money; **die wollen nur dein ~** all they're after is your money; **et. für sein ~ bekommen** get one's money's worth; F **rausgeschmissenes ~** money down the drain; F **sie hat ~ wie Heu** F she's rolling in money (*od.* it); F **mit s-m ~ um sich schmeißen** F spend one's money like it's going out of style; **schade ums ~!** what a waste of money; **von dem bißchen ~ kann doch keiner leben** how are you supposed to live on a pittance like that?; **ins ~ gehen** run into a lot of money; **das geht ins ~** *a.* F that's going to cost me *etc.* a pretty packet; **es (er) ist für ~ nicht zu haben** it's not for sale (you can't buy him); **sie ist nicht mit ~ zu bezahlen** she's worth her weight in gold, she's priceless; **was machst du mit dem vielen ~?** what do you do with all that money of yours?; **zu ~ machen** turn into cash; **~ stinkt nicht** money's money, money talks; **~ regiert die Welt** money makes the world go round; **~ allein macht nicht glücklich** money's not everything; **nicht für ~ und gute Worte** not for love or money; **~abfindung** *f* cash settlement; **~abfluß** *m* outflow of money; **~abwertung** *f* (currency) devaluation; **~adel** *m* moneyed aristocracy, plutocracy; **~angelegenheit** *f* money matter; **~anlage** *f* investment; **~anleger** *m* investor; **~anleihe** *f* loan; **~anweisung** *f* money order; **~aufwand** *m* expenditure(s *pl.*); **~aufwertung** *f* (currency) revaluation; **~ausgabe** *f* expenditure, expense; **~auslage** *f* (financial) outlay; **~automat** *m* cash dispenser (F machine), autoteller, automated teller machine, ATM; **~bedarf** *m* cash requirements *pl.*; *Geldmarkt*: currency demands *pl.*; **~bestand** *m* monetary holdings *pl.* (*od.* stock); **~betrag** *m* amount, sum; **~beutel** *m* purse, *Am.* money purse; *fig.* ***(nicht) für jeden ~*** (not) within everybody's means *od.* reach; **~bombe** *f* night safe container; **~buße** *f* fine; ***zu e-r ~ verurteilt werden*** be fined; **~dinge** *pl.*: ***in ~n*** in money (*od.* monetary) matters, when it's a question of money; **~einlage** *f* **1.** deposit; **2.** ✝ investment, capital invested; **~einnahmen** *pl.* receipts; **~einwurf** *m am Automaten*: (coin) slot; **~empfänger** *m* payee; **~entschädigung** *f* compensation; **~entwertung** *f* inflation; **~erwerb** *m* moneymaking; ***zum ~*** to make money; ***auf ~ ausgehen*** (try to) earn a living; **~forderung** *f* money due; outstanding debt; monetary claim; **~frage** *f* financial matter; ***e-e (reine) ~*** (just) a question of money; **~geber** *m* financial backer; *engS.* sponsor; **~geschäft** *n* **1.** money transaction; **2.** banking (business); **~geschenk** *n* (gift of) money; *größeres*: donation.

Geldgier *f* greed for money, avarice; **geldgierig** *adj.* greedy for money, obsessed with money.

Geld|hahn *m*: ***j-m den ~ zudrehen*** cut off s.o.'s money supply; ***e-m Institut*** *etc.* ***den ~ zudrehen*** axe an institute's *etc.* funds; **~heirat** *f* money match, marriage for money; **~herrschaft** *f* plutocracy; **~hilfe** *f* financial aid; **~institut** *n* financial institution; **~kassette** *f* cash box; **~klemme** F *f*: ***in e-r ~ sein*** F be hard up (for cash), be in a tight spot (financially); **~knappheit** *f* shortage of money, F money crunch; **~kreislauf** *m* money circuit; **~krise** *f* monetary crisis; **~kurs** *m* (*Kaufkurs*) buying rate; *der Börse*: bid price; **~leistung** *f* payment; **~leute** F *pl.* **1.** financiers; **2.** rich people.

geldlich *adj.* financial, monetary.

Geld|macherei F *f* moneymaking, money-spinning; **~macht** *f* financial power; **~makler** *m* money broker; **~mangel** *m* lack of money; **~mann** F *m* **1.** financier; **2.** rich man; **~markt** *m* money market; **~menge** *f* ✝ money supply; **~mensch** F *m* **1.** money-minded (F money-mad) person; **2.** → ***Geldmann***; **~mittel** *pl.* means, funds, (financial) resources; **~münze** *f* coin; **~not** *f* shortage of money; **~politik** *f* monetary policy; **~prämie** *f* bonus; **~preis** *m Sport*: cash prize; **~protz** F *m*: ***er ist ein ~*** he likes to flash his money around; **~quelle** *f* source of money; **~reform** *f* monetary reform; **~reserve** *f* money reserve; **~rolle** *f* roll of coins; **~rückgabe** *f* money back; **~sache** *f* money matter; **~sack** *m* **1.** moneybag; *mit Inhalt*: bag of money; **2.** F (*reicher Mann*) F moneybags (*sg.*); **~sammlung** *f* collection; **~satz** *m* money rate; **~schein** *m* (bank)note, *Am.* bill; **~schöpfung** *f* creation of money.

Geldschrank *m* safe; **~knacker** F *m* F safecracker.

Geld|schuld *f* (money) debt; **~schwemme** *f* glut of money; **~schwierigkeiten** *pl.* financial difficulties (*od.* straits); **~sendung** *f* cash remittance; **~sorgen** *pl.* money worries; → *a.* ***Geldschwierigkeiten***; **~sorten** *pl.* notes and coins; **~spende** *f* donation; **~spritze** F *f* (fiscal) shot in the arm, cash injection; **~strafe** *f* fine; ***zu e-r ~ verurteilen*** fine; **~stück** *n* coin; **~summe** *f* sum (of money); **~tasche** *f* money bag; **~theorie** *f* monetary theory; **~transport** *m* transport(ing) of money; **~transporter** *m* security van; **~überhang** *m* ✝ money surplus; surplus money; **~überweisung** *f* remittance, (money) transfer; **~umlauf** *m* circulation of money; **~umsatz** *m* turnover; **~umtausch** *m* currency exchange; **~unterstützung** *f* financial support; **~verdienen** *n* moneymaking; earning a living; ***sich ans ~ machen*** start earning some money; **~verdiener** *m* money-earner; **~verknappung** *f* monetary restraint; **~verlegenheit** *f*: ***in ~ sein*** be pushed for money; → *a.* ***Geldklemme***; **~verleiher** *m* moneylender; **~verlust** *m* financial loss.

Geldvermögen *n* financial assets *pl.*; **Geldvermögenswert** *m* financial asset.

Geld|verschwendung *f* **1.** waste of money; **2.** wasting of money; extravagance; **~volumen** *n* money supply; **~vorrat** *m* funds *pl.*; cash reserve; (*Kassenbestand*) cash in hand; *am Geldmarkt*: supply of money; → *a.* ***Geldbestand***; **~vorschuß** *m* (cash) advance; **~währung** *f* currency; **~waschanlage** *f* money laundry (*od.* laundering outfit); **~wäsche** *f* money laundering; **~wechsel** *m* currency exchange; *Schild*: Bureau de Change; **~wechsler** *m* moneychanger; **~wert** *m* cash value; ✝ value of (the) currency; **2wert** *adj.*: ***~e Vorteile*** benefits in money's worth; **~wesen** *n* monetary system, finance.

Geldwirtschaft *f* money economy; **geldwirtschaftlich** *adj.* monetary.

Geld|wucher *m* usury; **Geld-zurück--Garantie** *f* money-back guarantee; **~zuwachsrate** *f* rate of money growth; **~zuwendung** *f* **1.** *dauernde*: allowance; **2.** *einmalige*: appropriation of funds; **3.** → ***Geldgeschenk.***

geleckt *adj.*: ***wie ~ aussehen*** be spick and span, F be squeaky clean; *Person*: be all spruced up.

Gelee *n, m* jelly.

Gelege *n* nest of eggs.

gelegen *adj.* **1.** lying, situated, located; **2.** (*passend*) convenient, suitable; (*günstig*) opportune; ***es kommt mir ganz ~ Termin*** *etc.*: that suits me just fine, *Sache*: that's just what I need; ***du kommst mir gerade ~*** you're just the person I wanted to see; ***ihm ist (sehr) daran ~ zu*** *inf.* he's keen (anxious) to *inf.*; ***es ist ihr sehr daran ~*** it's very important to her, it matters a lot to her, *allgemein*: *a.* she sets great store by it; ***mir ist sehr daran ~, daß er es tut*** I'm very anxious *od.* keen for him to do it (*od.* that he should do it); ***mir ist nichts daran ~*** I don't care one way or the other; ***was ist daran ~?*** what difference does it make?

Gelegenheit *f* opportunity, chance; (*Anlaß*) occasion; ***bei ~*** a) some time, b) when I *etc.* get a chance; ***bei dieser ~ lernte ich ihn kennen*** that's when I got to know him; ***bei dieser ~ möchte ich ...*** I'd like to take this opportunity to *inf.*, ***bemerken*** *etc.*: in this connection I'd like to note *etc.*; ***bei der ersten ~*** at the first best opportunity; ***bei solchen ~en*** at such times; ***~ haben zu*** *inf.* have the opportunity (*od.* chance) to *inf.*; ***die ~ ergreifen*** (*od.* ***wahrnehmen, nutzen***) ***zu*** *inf.* take the opportunity to *inf.*; ***die ~ ungenutzt verstreichen lassen*** pass up the opportunity; ***j-m ~ geben zu*** *inf.* give s.o. the opportunity to *inf.* (*od.* of *ger.*), give s.o. a (*od.* the) chance to *inf.*; ***es bot sich eine ~*** an opportunity came up (*od.* presented itself); ***~ macht Diebe*** opportunity makes the thief; ***~ zum 3:0*** *Sport*: chance to make it 3-0 (= three nil); → ***Schopf.***

Gelegenheits|arbeit *f* casual labo(u)r, F odd jobs *pl.*; **~arbeiter** *m* casual labo(u)rer; **~dieb** *m* sneak thief; **~diebstahl** *m* casual theft; **~gedicht** *n* occasional poem; **~kauf** *m* bargain; **~käufer** *m* chance buyer; **~raucher** *m* occasional smoker; ***er ist ~*** *a.* he has the occasional cigarette; **~trinker** *m* occasional drinker.

gelegentlich I. *adj.* occasional; (*zufällig*) chance ...; (*unverbindlich*) casual; (*zeitweilig*) temporary; ***~e Anrufe*** *etc.* the occasional (*od.* odd) phone call *etc.*; **II.** *adv.* occasionally, now and then, from time to time; (*bei Gelegenheit*) when you get (*od.* she gets *etc.*) a chance; (*irgendwann*) some time; ***~ e-e Tasse Kaffee trinken*** have the occasional cup of coffee.

gelehrig *adj.* receptive; *Tier*: docile; (*klug*) quick; **Gelehrigeit** *f* receptiveness; docility; quickness.

Gelehrsamkeit *f* erudition, learning, scholarship.

gelehrt I. *adj.* learned, erudite; (*wissenschaftlich*) scholarly; ***~e Abhandlung*** scholarly treatise; ***die ~e Welt*** the world of scholarship; **II.** *adv.*: F ***sich ~ ausdrücken*** F speak in tongues; **Gelehrte(r)** *m* scholar; ***die Gelehrten*** *a.* (the world of) scholarship *od.* academe.

Gelehrten|dasein *n the* life of a scholar, scholarly existence; **~kreis** *m* scholarly circle, circle of scholars; *pl.* scholarly circles; ***in ~en*** *a.* among scholars; **~streit** *m* academic (*od.* scholarly) dispute *od.* debate; **~vereinigung** *f* scholarly society, society for intellectuals.

Gelehrtheit *f* → ***Gelehrsamkeit.***

Geleier *n* (endless) droning.

Geleise *n* → ***Gleis.***

geleistet *adj.*: ***~e Arbeitsstunden*** hours worked (*od.* put in); ***~e Zahlungen*** payments made.

Geleit *n* escort; ⚔ convoy; → *a.* ***Gefolge***; ***j-m das ~ geben*** escort s.o.; ***j-m freies*** (*od.* ***sicheres***) ***~ geben*** give s.o. safe conduct; ***j-m das letzte ~ geben*** pay s.o. one's last respects; ***Zum ~*** *in Büchern*: Foreword; **~boot** *n* escort vessel; **~brief** *m* letter of safe conduct.

geleiten *v/t.* accompany; ⚔ *u. schützend*: escort; ***an die Tür ~*** see *s.o.* to the door.

Geleit|fahrzeug *n* escorting vehicle; ⚓ escort vessel; **~schutz** *m* escort; ***unter ~*** under escort, escorted; ***~ geben*** escort; **~wort** *n* foreword.

Gelenk *n* joint (*a.* ⚙); (*Hand2*) wrist; (*Fuß2*) ankle; ⚕ articulation, joint; **~bus**

m articulated bus; **~entzündung** *f* ⚕ synovitis; **~fahrzeug** *n* articulated vehicle, *Brit. a.* F artic.

gelenkig *adj.* supple; (*flink, gewandt*) agile; (*geschmeidig*) lithe, lissom; **Gelenkigkeit** *f* suppleness; agility; litheness; → **gelenkig.**

Gelenk|kapsel *f anat.* articular capsule; **~kopf** *m* **1.** ⚙ swivel head; **2.** *anat.* condyle; **~pfanne** *f anat.* socket; **~rheumatismus** *m* ⚕ rheumatoid arthritis; **~schmerzen** *pl.* pains in one's joints; painful joints; **~schmiere** *f* synovial fluid; **~stange** *f* ⚙ toggle link.

gelenkt *adj.* controlled; *Rakete etc.*: guided; **~e Wirtschaft** planned economy.

Gelenk|verbindung *f* ⚙ link joint; **~versteifung** *f* stiffening of the joints; stiff joints *pl.*; **~welle** *f* ⚙ cardan shaft.

gelernt *adj.* qualified; *Arbeiter*: skilled; *Handwerker etc.*: trained.

Geliebte(r *m*) *f* **1.** lover, *f mst* F mistress; **2.** *obs. Anrede*: love, sweetheart.

geliefert F *adj.*: **~ sein** F have had it, have had one's chips; **wenn sie das erfährt, bin ich ~** *a.* F if she finds out she'll have my guts for garters.

gelieren *v/i.* gel.

Gelier|mittel *n* gelling agent; **~zucker** *m* preserving sugar.

gelind(e) **I.** *adj.* mild (*a. fig.*); *Schmerz, Kälte etc.*: slight; *Feuer*: slow; (*mäßig*) moderate, slight; F **gelinde Zweifel** some doubt; **mich packte e-e gelinde Wut** I got really angry; **da packt einen ein gelindes Grauen** it sends shivers down your spine; **II.** *adv.*: **gelinde gesagt** to put it mildly.

gelingen **I.** *v/i.* succeed, be successful; **es gelang ihm** he managed (it), he succeeded, **zu** *inf.*: he managed to *inf.*, he succeeded in *ger.*; **es gelang ihm nicht** *a.* he failed (**zu** *inf.* to *inf.*); **es gelingt mir einfach nicht zu** *inf.* I just don't seem to be able to *inf.*; **ist dir der Auftrag gelungen?** were you successful with the assignment?, did you manage all right (*Am.* alright) with the assignment?; **m-e Fotos (Aufsätze, Pläne) ~ nie** my photos never turn out (my essays never turn out well, my plans never work out); *die Ausstellung etc.* **gelang gut** turned out well, was a success; **das Badezimmer** *etc.* **ist dir gut gelungen** you've made a good job of (*od.* done a good job on) the bathroom *etc.*; **der Kuchen ist mir nicht ganz gelungen** the cake hasn't quite turned out as I'd hoped (*od.* intended); → **gelungen**; **II.** ♀ *n* success; successful outcome; **zum ~ e-r Sache beitragen** help (*od.* do one's bit) to make s.th. a success; **gutes ~!** (the) best of luck.

gell¹ *adj.* shrill, piercing.

gell² *int.* → **gelt.**

gellen *v/i.* ring out; (*gellend schreien*) scream; (*widerhallen*) ring (**von** with); **mir ~ die Ohren, es gellt mir in den Ohren** my ears are ringing; **gellend** *adj.* shrill, piercing; **~es Geschrei** screaming, high-pitched screams.

geloben *v/t.* solemnly promise (**j-m et.** s.o. s.th.); *feierlich, eidlich*: vow, pledge; **sich ~ zu** *inf.* solemnly resolve to *inf.*; **Gelöbnis** *n* (solemn) promise; pledge, vow; **gelobt** *adj.*: **das ♀e Land**, *a. fig.* **das ~e Land** the Promised Land.

gelockt *adj.*: **~es Haar** curly hair, curls.

gelöst *fig. adj.* relaxed; **er machte e-n ~en Eindruck** he seemed very relaxed; **Gelöstheit** *f* relaxed manner (*od.* mood *etc.*).

gelt *int.*: **sie ist ziemlich reich, ~?** she's quite rich, isn't she?; **so was würdest du nicht machen, ~?** you wouldn't do a thing like that, would you?; **das hat dich überrascht, ~?** I bet that surprised you.

gelten *v/t. u. v/i.* be worth *two points etc.*; (*gültig sein*) be valid; (*zählen*) *Fehler, Treffer etc.*: count; *Gesetz etc.*: be effective; *Regel etc.*: apply; **der Paß gilt nicht mehr** the passport is invalid (*od.* has run out); **etwas ~** *Person*: carry weight; **nicht viel ~** not to count for much (**bei** with); **wenig ~** rate low; **j-m ~** *Schuß, Vorwurf etc.*: be meant for s.o., *Sympathie etc.*: be for s.o.; **~ für** (*od.* **als**) (*angesehen werden als*) be considered to be; **~ für** (*sich anwenden lassen auf*) apply to, go for; **das gilt auch für dich** the same goes for (*od.* applies to) you too; **~ lassen** (*akzeptieren*) accept, allow, (*nicht beanstanden*) let *s.th.* pass; **~ lassen als** let *s.th.* pass for; **das will ich ~ lassen!** I'll grant you that; ⚖ *in Zweifelsfällen* **gilt die englische Fassung** the English version shall prevail; **was er sagt, gilt** what he says goes, his word is the law; **es gilt!**, *a.* **die Wette gilt!** you're on!; **das gilt nicht** (*ist nicht erlaubt*) that's not allowed (*od.* not fair), (*zählt nicht*) that doesn't count; **jetzt gilt's!** this is it; **es gilt zu** *inf.* it's a matter of *ger.*; **es gilt e-n Versuch** we should give it a try, it's worth a try; **es gilt, rasch zu handeln** we've got to act quickly, immediate action is called for; **da galt kein Zaudern** there was no time for hesitation; **es galt unser Leben** it was a matter of life and death; → **Prophet.**

geltend *adj.* valid, *Gesetz etc.*: *a.* in effect; *Preise etc.*: current; (*allgemein anerkannt*) accepted; (*vorherrschend*) prevailing; **~ machen** (*Ansprüche, Rechte*) assert, (*Gründe*) advance; **~ machen, daß** argue that; **wieder ~ machen** reassert; **als Entschuldigung** *etc.* **~ machen** plead; **sich ~ machen** make itself felt, be felt; → **Einfluß**; **Geltendmachung** *f von Ansprüchen etc.*: assertion; *von Einfluß*: exercise; *von Gründen etc.*: advancing.

Geltung *f* (*Wert*) value; (*Gültigkeit*) validity; (*Wichtigkeit*) importance, *e-r Person*: *a.* prestige; (*Achtung*) respect, recognition; **~ haben** *Gesetz etc.*: be valid; (*akzeptiert sein*) be accepted *od.* recognized (**bei** by); (*Einfluß haben*) carry (a great deal of) weight (**bei** with); **zur ~ bringen** (*Einfluß etc.*) bring to bear, (*hervorheben*) accentuate, bring out; **zur ~ kommen** (begin to) tell, be (*od.* make itself) felt, *Einfluß etc.*: come into play, (*herausragen*) stand out, (*wirkungsvoll erscheinen*) be (very) effective, show to advantage; **das Bild kommt dort nicht richtig zur ~** the picture's in the wrong place (there); **er kam in der Masse nicht zur ~** he was swallowed up by the crowd; **sich ~ verschaffen** assert o.s., (*Ansehen gewinnen*) gain prestige, (*Bedeutung erlangen*) gain importance; **e-m Gesetz (e-r Maßnahme** *etc.*) **~ verschaffen** enforce a law (a measure *etc.*) (**bei** [up]on); **e-r Ansicht** *etc.* **~ verschaffen** get a view *etc.* (generally) accepted (**bei** by); **~ erlangen** gain acceptance (*Ansehen*: recognition).

Geltungs|bedürfnis *n* → **Geltungsdrang**; **~bereich** *m* scope; area of applicability; ⚖ jurisdiction; *e-s Gesetzes*: scope, purview; **in den ~ e-s Gesetzes fallen** come within the purview of a law; **~dauer** *f* (period of) validity; *e-s Patents etc.*: life; *e-s Vertrags*: term; **e-e ~ von ... haben** be valid for ...; **~drang** *m*, **~trieb** *m* craving for recognition; **e-n ~ haben** crave recognition.

Gelübde *n* vow; **ein ~ ablegen** take (*od.* make) a vow.

Gelump F *n* rubbish.

gelungen *adj.* **1.** very good, successful, *pred. a.* a success; (*wirkungsvoll*) effective; **das Bild ist gut ~** the picture has turned out well; *p.p.* → **gelingen**; **2.** (*drollig*) funny; **das war ja ~!** it was brilliant, F what a scream.

Gelüst(e) *n* craving (**nach** for); *sinnliches*: desire, appetite; **gelüsten** *v/impers. mst hum.*: **es gelüstet mich** (*od.* **mich gelüstet**) **nach** I'm craving for; **es gelüstet mich sehr zu** *inf.* I'd love to *inf.*

Gemach *n* room, chamber; *hum.* **sich in s-e Gemächer zurückziehen** retire to (*od.* withdraw into) one's closet.

gemächlich **I.** *adj.* leisurely (*a. Leben*); slow; **~es Tempo** leisurely (*od.* relaxed) pace; **~en Schrittes** at a leisurely pace; **II.** *adv.* without any hurry, in one's own time; **wir gingen ~ nach Hause** *a.* we slowly strolled home.

gemacht *adj.* → **machen** IV.

Gemahl *m* husband; **grüßen Sie Ihren Herrn ~** say hello to Mr N from me.

gemahlen *adj. Kaffee etc.*: ground.

Gemahlin *f* wife, spouse; **Ihre Frau ~** Mrs +*Familienname*, your wife.

gemahnen *lit.* **I.** *v/t.*: **j-n ~ an** remind s.o. of; **II.** *v/i.*: **~ an** recall, remind us (*od.* them) of.

Gemälde *n* painting; *fig.* portrait; **~ausstellung** *f* exhibition of paintings, art exhibition; **~fälscher** *m* art forger; **~galerie** *f* art (*od.* picture) gallery; **~sammlung** *f* collection of paintings, art collection.

gemasert *adj.* veined; *Holz*: grained; *Marmor*: marbled.

gemäß **I.** *prp.* (*entsprechend*) according to, in accordance with; (*in Übereinstimmung mit*) in compliance (*od.* conformity) with; **~ Ihren Anweisungen** *a.* as you had instructed, ✝ *etc.* as per your instructions; **II.** *adj.* (*angemessen*) appropriate (*dat.* to), in keeping (with); (*passend*) suited (to); (*entsprechend*) commensurate (with).

gemäßigt *adj.* **1.** moderate; **~e Politik** policy of moderation; **die ~e Rechte** the cent|re (*Am.* -er) right; **die ~e Linke** the cent|re (*Am.* -er) left; **~er Optimismus** guarded optimism; **2.** *Zone*: temperate; *Klima*: *a.* moderate; **Gemäßigte(r)** *m* moderate; (*Konservativer, in GB*) *a.* F wet.

Gemäuer *n* walls *pl.*; **altes ~** ruins.

Gemecker *n* → **Meckerei.**

gemein **I.** *adj.* **1.** (*boshaft*) mean, nasty; *von Frauen*: *a.* F bitchy; *Bemerkung etc.*: mean, (*abfällig*) snide; (*ordinär*) vulgar; (*roh*) coarse; F *Verletzung etc.*: nasty; **~er Kerl** nasty guy; **~e Lüge** F rotten (*od.* dirty, filthy) lie; **~er Streich** dirty trick; ***das* ℒ*e daran*** the nasty thing about it, the nasty part (of it); ***das ist* ~*!*** that's not fair, that's mean; ***wie kann man nur so* ~ *sein?*** how can anyone be so mean (*od.* nasty, cruel)?; F *die Prüfung, das Interview etc.* ***war*** ~ F was really tough, was a real stinker; **2.** (*gewöhnlich*) common; (*öffentlich*) public; ***der* ~*e Mann*** the man in the street; ***das* ~*e Volk*** the common people; ***das* ~*e Wohl*** the common good (*lit.* weal); ***für das* ~*e Wohl*** *a.* for the good (*od.* benefit) of all; ***Å*** ~***er Bruch*** vulgar fraction; **3.** ***et.*** ~ ***haben mit*** have s.th. in common with; ***sie haben nichts miteinander*** ~ they have nothing in common; ***das hat mit Nächstenliebe nichts*** ~ that's got very little to do with brotherly love; ***sich*** ~ ***machen mit*** start to have dealings with, F get chummy with; **4.** *zo.*, ♀ common; **II.** F *adv.*: ~ ***kalt*** really (F rotten) cold; ***es tut*** ~ ***weh*** F it hurts like hell.

Gemeinbesitz *m* public property.

Gemeinde *f* municipality; (*Verwaltung*) local authority; (*Land*ℒ) rural commune; (*Kirchen*ℒ) parish; (*Kirchgänger*) congregation; (*Gemeinschaft*) community; F ***auf die*** ~ ***gehen*** *oft* go to the town hall, *Am.* go to city hall; ~**abgaben** *pl.* rates, *Am.* local taxes; ~**amt** *n* local authority; ~**betrieb** *m* communal enterprise; ~**bezirk** *m* (municipal) district.

gemeindeeigen *adj.* municipal, communal(ly-owned).

Gemeinde|haus *n eccl.* parish hall; ~**haushalt** *m* municipal (*od.* local government) budget; ~**helfer(in** *f*) *m* parish worker; ~**mitglied** *n eccl.* parishioner, member of the parish; ~**ordnung** *f* municipal code; *Brit. a.* byelaws *pl.*; ~**rat** *m* **1.** local council; **2.** (*Person*) municipal council(l)or; ~**saal** *m eccl.* church (*od.* parish) hall; ~**schwester** *f* district nurse; ~**steuer** *f* local tax; (*Grundsteuer*) rates *pl.*

gemeindeutsch *adj.* standard German; **das** ℒ**e** standard German.

Gemeinde|vertreter *m* local council(l)or; ~**vertretung** *f* local council; ~**verwaltung** *f* local government; ~**vorstand** *m eccl.* **1.** parish council; **2.** (*Person*) chairman of a (*od.* the) parish council; ~**wahl** *f* local election(s *pl.*); ~**zentrum** *n* community cent|re (*Am.* -er).

Gemein|eigentum *n* common property; *e-r Gemeinde*: communal property; ℒ**gefährlich I.** *adj.* dangerous to the public, *pred. a.* a public danger, a danger to the public; ~***er Verbrecher*** dangerous criminal, *Am. a.* public enemy; **II.** *adv.*: ~ ***handeln*** endanger the public safety; ~**geist** *m* public spirit; ℒ**gültig** *adj.* (generally) accepted, recognized; ~**gut** *n* common property (*a. fig.*); *fig.* ***zum*** ~ **(*der Deutschen*) *gehören*** be part of our *etc.* common heritage (be part of Germany's heritage); ***zum*** ~ ***gehören*** *Wissen*: be common knowledge.

Gemeinheit *f* meanness, nastiness; ***aus*** ~ out of (sheer) spite, just to be nasty; ***es war e-e*** ~ ***zu*** *inf.* it was really mean of him *etc.* to *inf.*; ***die*** ~ ***dabei*** the mean thing about it; ***so e-e*** ~ what a nasty thing to do (*od.* say, happen).

gemeinhin *adv.* commonly, generally.

Gemeinkosten *pl.* overheads *pl.*

Gemeinnutz *m the* common good, *the* public interest; **gemeinnützig** *adj.* for the public welfare; (*wohltätig*) charitable, welfare ...; (*genossenschaftlich*) cooperative; *Organisation*: non-profit (-making); **Gemeinnützigkeit** *f e-r Organisation*: charitable (*od.* non-profit) status.

Gemeinplatz *m* commonplace, platitude.

gemeinsam I. *adj.* common (*dat.* to); *Erklärung etc.*: joint, mutual; *Konto*: joint, shared; (*zusammengenommen*) combined; (*gegenseitig*) mutual; ~***e Anstrengung*** concerted effort; ~***es Eigentum*** joint (*od.* common) property; ~***e Eigentümer*** joint owners; ~***er Freund*** mutual friend; ~***e Überzeugung*** shared belief; ~***es Ziel*** common goal; ℒ***er Markt*** Common Market; ***allen*** ~ common to all; ***vieles*** ~ ***haben*** have a lot in common; ***sie haben ein*** ~***es Zimmer*** *etc.* they share a room *etc.*; → ***Nenner, Sache***; **II.** *adv.* together; jointly; ~ ***vorgehen*** take joint action; **Gemeinsamkeit** *f* common interest; ***sie haben viele*** ~***en*** they have a lot (of things) in common.

Gemeinschaft *f* community (*a. pol.*); (*Vereinigung*) association; (*Verkehr, Verbindung*) association (***mit*** with); → *a.* ***Gemeinschaftsgefühl, -geist***; ***Europäische*** ~ European Community; *eccl.* ~ ***der Heiligen*** community of saints; ***in*** ~ ***mit*** together (*od.* jointly, in conjunction) with; ***in enger*** ~ ***leben*** live in close companionship (***mit*** with), ***arbeiten***: work in close association (with); **gemeinschaftlich** *adj. u. adv.* → ***gemeinsam.***

Gemeinschafts|abkommen *n* ✝ joint venture agreement; ~**aktion** *f* cooperative action; ~**anlagen** *pl.* communal installations; ~**anschluß** *m teleph.* party line; ~**antenne** *f* communal aerial (*od.* antenna); ~**arbeit** *f* teamwork, (*a. Ergebnis*) joint effort; ***es ist in*** ~ ***entstanden*** it's the result of a joint effort; ~**besitz** *m* joint ownership; *konkret*: joint property; ~**finanzierung** *f* group financing; ~**gefühl** *n* sense of community; (*Solidarität*) (sense of) solidarity; ~**geist** *m* team spirit; public spirit; ~**grab** *n* communal grave; ~**haushalt** *m EG*: Community budget; ~**kasse** *f* F kitty; ~**konto** *n* joint account; ~**küche** *f* communal (*od.* shared) kitchen; (*Kantine*) canteen; ~**kunde** *f ped.* social studies *pl.*; ~**leben** *n* communal living; ~**praxis** *f* joint (*od.* group) practice; ~**produktion** *f* coproduction; ~**programm** *n TV, Radio*: joint program(me); ~**raum** *m* common room; ~**sauna** *f* mixed sauna; ~**schule** *f* interdenominational school; ~**sendung** *f* joint program(me); ~**verpflegung** *f* canteen meals *pl.* (*od.* food); ~**werbung** *f* joint advertising; *konkret*: joint advertisement; ~**zelle** *f* communal cell.

Gemein|schuldner *m* bankrupt; ~**sinn** *m* public spirit; ~**sprache** *f* standard language; ℒ**verständlich I.** *adj.* generally intelligible; **II.** *adv.*: ***sich*** ~ ***ausdrücken*** express o.s. in a way that everyone can (*od.* will) understand, express o.s. in plain English *etc.*; ~**wesen** *n* community; (*Staat*) polity; ~**wirtschaft** *f* social economy; ℒ**wirtschaftlich** *adj.* non-profit; ~***er Nutzungsbetrieb*** public utilities *pl.*; ~**wohl** *n* public welfare (*od.* interest); *lit.* public (*od.* common) weal.

Gemenge *n* **1.** mixture; **2.** → ***Handgemenge.***

Gemengsel *n* mishmash.

gemessen *p.p. u. adj.* measured (*a. Schritte, Worte,* ♪); (*feierlich*) grave, solemn; (*würdevoll*) dignified; ~***en Schrittes*** *lit.* at a measured pace; ~***en Schrittes dem Sarg folgen*** pace slowly behind the coffin; ***mit*** ~***en Worten*** with well-considered words; ~ ***an*** compared with.

Gemetzel *n* bloodbath, carnage, slaughter; massacre.

Gemisch *n* mixture (*a.* ⚗, *mot.*); *fig.* (*Durcheinander*) jumble; F *gastr.* F concoction.

gemischt I. *adj.* mixed (*a. Tennis*); *Kekse etc.*: assorted; F *fig.* (*zweifelhaft*) dubious; (*nicht besonders gut*) patchy; ~***e Gesellschaft*** mixed company; → ***Gefühl***; **II.** *adv.*: F ***es ging sehr*** ~ ***zu*** all sorts of things were going on; F ***jetzt wird's*** ~ things are really happening now; F ***mir geht's ziemlich*** ~ I'm not doing too well; ℒ**bauweise** *f* composite construction; ~**wirtschaftlich** *adj.* mixed(-enterprise ...).

Gemme *f* cameo.

gemoppelt F → ***doppelt*** II.

Gemotze F *n* moaning.

Gemsbock *m* chamois buck; **Gemse** *f* chamois; **Gemsleder** *n* chamois (leather).

Gemunkel *n* whisperings *pl.*; (*Gerücht*) rumo(u)r(s *pl.*), gossip, talk.

Gemurkse F *n* **1.** messing around; **2.** (*Pfuscharbeit*) mess.

Gemurmel *n* murmuring; muttering, mumbling.

Gemüse *n* vegetable; *coll.* vegetables *pl.*, greens *pl.*; F *fig.* ***junges*** ~ youngsters; ~**(an)bau** *m* vegetable (✝ market) gardening, *Am.* truck farming; ~**beet** *n* vegetable bed; ~**eintopf** *m* vegetable stew; ~**garten** *m* vegetable garden; ~**gärtner** *m* market gardener, *Am.* truck farmer; ~**gärtnerei** *f* market garden, *Am.* truck farm; ~**händler** *m* greengrocer; ~**konserven** *pl.* tinned (*bsd. Am.* canned) vegetables; ~**laden** *m* greengrocer's; ~**markt** *m* vegetable market; ~**pflanze** *f* vegetable; ~**saft** *m* vegetable juice; ~**stand** *m* vegetable stand; ~**suppe** *f* vegetable soup.

gemüßigt *adj.*: ***sich*** ~ ***sehen zu*** *inf.* feel compelled to *inf.*

gemustert *adj.* patterned.

Gemüt *n* mind; (*Gefühl*) feeling; (*Seele*) soul; (*Herz*) heart; (*Gemütsart*) nature, disposition; F (*Person*) soul; ~***er*** (*Personen*) people; ***sonniges*** ~ sunny disposition (*od.* nature); ***das deutsche*** ~ the German mentality (*od.* soul); ***in s-m kindlichen*** ~ in his childlike innocence, in his naive way; ***etwas fürs*** ~ something for the soul; ***sich et. zu*** ~***e führen*** take *s.th.* to heart, F (*Essen etc.*) treat o.s. to, indulge in; ***es schlägt ihm aufs*** ~ it's getting him down; ***die*** ~***er bewegen*** (*od.* ***erregen***) cause quite a stir, *stärker*: stir the blood; ***wenn sich die*** ~***er wieder beruhigt haben*** when things have calmed down (again); → ***erhitzen.***

gemütlich I. *adj.* **1.** (*behaglich*) comfortable, F comfy; cosy, *Am.* cozy; (*angenehm*) pleasant; (*entspannt*) relaxed; (*gemächlich*) leisurely; ***es sich*** ~ ***machen*** make o.s. at home, relax; *iro.* ***der macht sich's aber*** ~ you'd think he owned the place; ~***es Beisammensein*** cosy (*Am.*

cozy) get-together; ***jetzt beginnt der ~e Teil des Abends*** this is where the fun starts; ***jetzt wird's doch erst richtig ~*** the fun's only just started; **2.** (*ungestört*) quiet; ***e-e ~e Tasse Tee trinken*** have a nice (quiet) cup of tea; **3.** *Mensch*: easy-going; **II.** *adv.* cosily *etc.*; → I; (*ungestört*) in peace and quiet; **(*ganz*) ~ *et. tun*** take one's time doing (*od.* over) s.th.; ***jetzt können wir (ganz) ~ e-n Kaffee trinken*** we've got plenty of time for a nice cup of coffee now; ***~ dasitzen*** sit and relax; ***~ durch die Stadt (nach Hause) schlendern*** saunter through town (slowly make one's way home); **Gemütlichkeit** *f* (*Behaglichkeit*) cosiness, *Am.* coziness; cosy (*Am.* cozy) atmosphere; gemütlichkeit; (*Gemächlichkeit*) leisureliness; ***in aller ~ et. tun*** take one's time doing (*od.* over) s.th.; ***in aller ~ frühstücken*** have breakfast in peace, have a nice long(-drawn-out) breakfast; F ***da hört doch die ~ auf!*** that's the limit!

gemütsarm *adj.* lacking in feeling; cold.

Gemüts|art *f* disposition, temperament, nature; **~bewegung** *f* emotion; ***sie zeigte keine ~*** *a.* there was no trace of emotion in her face, she didn't flinch; **~erregung** *f* agitation, excitement; *psych.* affect; ***die Nachricht löste bei ihm e-e heftige ~ aus*** the news gave him quite a turn, *sichtbar*: he reacted visibly to the news.

gemütskrank *adj.* emotionally disturbed; (*schwermütig*) depressed, depressive; F ***da wird man ja ~*** F it's enough to drive you insane; **Gemütskrankheit** *f* emotional disorder; (*Schwermut*) depression.

Gemüts|krüppel F *m* F emotional cripple; **~lage** *f* mood, frame of mind; **~leben** *n* emotional life; **~leiden** *n* → ***Gemütskrankheit***; **~mensch** *m* good-natured (*od.* imperturbable) person; *iro.* ***du bist ein ~!*** you've got a nerve; anything else?; **~regung** *f* emotion; **~ruhe** *f* composure, calmness; ***in aller ~*** with the greatest of calm; (*gemütlich*) unhurriedly; (*eiskalt*) calmly, as cool as you please; ***er trank in aller ~ sein Bier aus*** *a.* he took his time over his beer; **~verfassung** *f*, **~zustand** *m* frame of mind.

gemütvoll *adj.* warmhearted; emotional.

gen *lit. prp.* to, toward(s); ***~ Osten*** eastward; ***~ Himmel*** heavenward.

Gen *n biol.* gene; **~abdruck** *m* genetic (*od.* DNA) fingerprint; **~änderung** *f* gene mutation.

genannt *adj.* (*oben erwähnt*) (the) said, *schriftlich*: *a.* (the) above-mentioned.

genarbt *adj. Leder*: grained; *Haut etc.*: *a.* ⚕ pitted.

genau I. *adj.* exact, accurate; ⚙ *a.* true; (*exakt*) exact, precise; (*streng*) strict; (*sorgfältig*) careful, thorough, *stärker*: meticulous; (*ins einzelne gehend*) detailed; (*eigen, peinlich ~*) particular; ***die ~e Zeit*** the exact time; ***~er Bericht*** detailed account, full report; ***et. 2es*** s.th. definite; ***2eres*** further details *pl.*; ***weißt du 2eres?*** do you know any more about it?; **II.** *adv.* exactly *etc.*; → I; ***~!*** exactly, that's it; ***stimmt ~!*** (you're) absolutely right; ***~ dasselbe*** (exactly) the same thing; ***~ das wollte ich auch sagen*** that's exactly (*od.* just) what I was going to say; ***~ überlegt*** carefully considered; ***~ um 4 Uhr*** at exactly 4 o'clock, at 4 o'clock on the dot; ***~ in der Mitte*** right in the middle; ***~ der Mann, den wir brauchen*** just the man we want; ***~ aufpassen*** pay close attention, (*zusehen*) *a.* watch closely (*od.* carefully); ***~ hinhören*** listen closely (*od.* carefully); *Vorschriften* ***~ befolgen*** follow closely; ***~ gehen*** *Uhr*: keep good time; ***~ kennen*** know inside out; ***~ passen*** be a perfect fit, ***j-m:*** fit s.o. perfectly; ***ich weiß es noch nicht ~*** I'm not sure yet; ***ich weiß es ~*** I know (for sure); ***merk dir das ~*** make sure you don't forget it; ***et. ~ nehmen*** (*wörtlich*) take s.th. literally; ***es ~ nehmen*** be very particular *od.* strict (***mit*** about); ***es mit der Disziplin (der Wahrheit*** *etc.*) ***~ nehmen*** be a stickler for discipline (the truth *etc.*); ***es mit der Etikette ~ nehmen*** stand on etiquette; ***du darfst es nicht so ~ nehmen*** a) you mustn't take it so seriously, b) (*pedantisch*) you've got to stretch a point here and there; ***aufs ~este*** to a T; → ***genauso.***

genaugenommen *adv.* strictly speaking; (*eigentlich*) actually.

Genauigkeit *f* accuracy; precision; strictness; care, meticulousness; → ***genau***; (*Wiedergabetreue*) fidelity; ***mit ~*** accurately; **Genauigkeitsgrad** *m* ⚙ (degree of) accuracy.

genauso *adv.* **1.** exactly (*od.* just) the same (way); ***ich sehe es ~*** I see it the same way; ***ich denke darüber ~*** I feel the same way about it; **2.** *vor adj.*: just as *good etc.*; ***~ wie*** just like *his father etc.*; **~gern** *adv.*: ***er mag Äpfel ~*** he likes apples just as much; ***ich fahre ~ morgen*** I can just as easily go tomorrow; **~gut** *adv.* (just) as well; **~lange** *adv.* just as long; **~oft** *adv.* just as often; **~viel** *adv. u. pron.* just as much (*pl.* many); **~wenig** *adv. u. pron.* just as little; *a. pl.* no more (***wie*** than); ***es waren ~ da wie am Montag*** *Leute*: *a.* the numbers were just as low as on Monday.

Gen-Bank *f* gene bank.

Gendarm *östr. m* policeman; **Gendarmerie** *f* police station.

Genealoge *m* genealogist; **Genealogie** *f* genealogy; **genealogisch** *adj.* genealogical.

genehm *adj.* convenient, agreeable (*dat.* to); ***wann es ihm ~ ist*** when it suits him.

genehmigen *v/t.* (*Antrag etc.*) approve; (*bewilligen*) grant, give; (*einwilligen in*) agree (*od.* consent) to; (*Vorschlag etc.*) accept; (*Vertrag etc.*) ratify; ***amtlich genehmigt*** (officially) approved; ***er hat es mir genehmigt*** *a.* F he's okayed it; F ***sich*** *et.* ***~*** treat o.s. to; F ***sich einen ~*** F have a wee drop; **Genehmigung** *f* (*Billigung*) approval (*gen.* of); (*Bewilligung*) granting (of); *e-s Vertrags etc.*: ratification; (*Erlaubnis*) permission; (*Ermächtigung*) authorization; (*behördliche Zulassung*) permit; ***mit freundlicher ~ von*** by courtesy of; ***j-m e-e ~ erteilen*** give s.o. permission (*od.* authorization, ✝ *a.* licen|ce [*Am.* -se]); ***j-m die ~ erteilen zu*** *inf.* give s.o. permission to *inf.*, authorize s.o. to *inf.*; ***j-m die ~ verweigern*** refuse s.o. permission (***zu*** *inf.* to *inf.*).

Genehmigungspflicht *f* licen|ce (*Am.* -se) requirement; ***es besteht ~ für*** a licen|ce (*Am.* -se) is required for (*od.* to *inf.*); **genehmigungspflichtig** *adj.* subject to authorization; ***~ sein*** *a.* require official approval, ✝, *Radio, TV etc.*: require a licen|ce (*Am.* -se).

geneigt *adj.* **1.** ***~ sein zu*** *inf.* feel inclined to *inf.*, feel like *ger.*; ***du scheinst dazu nicht sehr ~ zu sein*** you don't seem to be very keen (on it); ***ich bin dazu überhaupt nicht ~*** it's the last thing I feel like doing; **2.** *lit.* ***j-m ~ sein*** *formell*: be well-disposed towards s.o.; ***j-m ein ~es Ohr schenken*** lend s.o. a willing ear; ***~er Leser*** gentle reader; **3.** (*abschüssig*) sloping.

General *m* general; **~agent** *m* general agent; **~amnestie** *f* general amnesty; **~angriff** *m* all-out attack; **~anwalt** *m* advocate general; **~baß** *m* (basso) continuo; **~bevollmächtigte(r)** *m pol.* plenipotentiary; ✝ universal agent, *im Betrieb*: general manager; **~bundesanwalt** *m* Chief Federal Prosecutor; **~debatte** *f* policy (review) debate; F *fig.* ***wir wollen keine ~ daraus machen*** we don't want a full-scale debate about it; **~direktion** *f* executive board; **~direktor** *m* general manager, chairman, *Am.* president; ***stellvertretender ~*** *Am.* executive vice president; **~gouverneur** *m* governor general; **~inspekteur** *m* ⚔ Chief of Staff (of the German Armed Forces); **~inspektion** *f* general inspection; **~intendant** *m thea. etc.* director.

generalisieren *v/t. u. v/i.* generalize; **Generalisierung** *f* generalization.

Generalität *f* ⚔ *the* generals *pl.*

General|klausel *f* blanket clause; **~kommando** *n* chief command; (*Hauptquartier*) command headquarters *pl.* (*a. sg. konstr.*); **~konsul** *m* consul general; **~konsulat** *n* consulate general; **~leutnant** *m* lieutenant general; ✈ *Brit.* air marshal; **~linie** *f* general policy; *e-r Partei*: party line; **~major** *m* major general; ✈ *Brit.* air vice marshal; **~nenner** *m* 𝔄 *u. fig.* common denominator; ***auf e-n ~ bringen*** reduce to a common denominator, *fig. a.* bring *things* down to a common denominator; **~oberst** *m hist.* colonel general; **~pause** *f* ♪ tacit; **~probe** *f* (final) dress rehearsal; *thea. a.* full dress rehearsal; *fig.* dress rehearsal; **~sekretär** *m* secretary general; **~staatsanwalt** *m* chief public prosecutor.

Generalstab *m* ⚔ general staff (*a. pl. konstr.*).

Generalstabs|chef *m* chief of staff; **~karte** *f* ordnance survey map; **~offizier** *m* general staff officer.

Generalstreik *m* general strike.

generalüberholen *v/t.* ⚙ (give *s.th.* a complete) overhaul; **Generalüberholung** *f* major overhaul.

General|untersuchung *f* ⚕ general checkup; **~versammlung** *f* ✝ shareholders' meeting; *pol.* general assembly; **~vertreter** *m* general agent; **~vertretung** *f* general agency; **~vollmacht** *f* ⚖ full power of attorney.

Generation *f* generation (*a. fig.*); ***die ~ unserer Eltern*** our parents' generation; *Computer etc.* ***der dritten ~*** third-generation ...; ***seit ~en*** for generations.

Generationenvertrag *m* contract between the generations.

Generations|konflikt *m* generation gap; **~problem** *n* **1.** generation gap; problems *pl.* between the generations; **2.** problem of (*od.* specifically connected with) the younger *etc.* generation; **~un-**

terschied *m* difference in generation; **~wechsel** *m* **1.** ♀ alternation in generations; **2.** ***es hat ein ~ stattgefunden*** a new generation has taken over.
generativ *adj.* **1.** ♀ reproductive; **2.** ***~e Transformationsgrammatik*** generative transformational grammar.
Generator *m* ⚡ generator, (*Gleichstrom2, Licht2*) dynamo, (*Wechselstrom2*) alternator.
generell *adj.* general(ly *adv.*).
generieren *v/t.* generate.
generisch *adj.* generic(ally *adv.*).
generös *adj.* generous, liberal; (*edelmütig*) magnanimous; **Generosität** *f* generosity; (*Edelmut*) magnanimity.
genervt F *adj.*: ***~ sein*** be at the end of one's tether; ***er ist zur Zeit ziemlich ~*** *a.* he's having a very trying time.
Genese *f biol. u. fig.* genesis.
genesen *v/i.* recover (**von** from), get well; **Genesende(r** *m*) *f* convalescent.
Genesis *f* genesis; *bibl.* **die ~** Genesis.
Genesung *f* recovery, *allmähliche*: convalescence (**von** from).
Genesungs|heim *n* convalescent home; **~prozeß** *m* (process of) recovery; convalescence; **~urlaub** *m* sick leave.
Genetik *f* genetics *pl.* (*als Fach sg. konstr.*); **Genetiker** *m* geneticist; **genetisch** *adj.* genetic(ally *adv.*); ***~er Fingerabdruck*** *m* genetic fingerprint.
Genfaktor *m* unit factor.
Genforschung *f* genetic research, genetics *pl.* (*als Fach sg. konstr.*).
genial *adj.* ingenious, brilliant; ***e-e ~e Leistung*** the work of a genius; ***ein ~er Einfall*** a stroke of genius; ***ein ~er Mensch*** (*od.* ***Kopf***) a genius; ***er ist ~, er hat e-e ~e Begabung*** he's a genius; ***er hat etwas 2es*** he has a touch of genius about him; **genialisch I.** *adj.* brilliant; ***er hat ein ~es Talent*** he has a touch of genius; **II.** *adv.* with a touch of genius; **Genialität** *f* genius; brilliance.
Genick *n* (back of the) neck, nape (of the neck); ***steifes ~*** stiff neck; ***(sich) das ~ brechen*** break one's neck; *fig.* ***das brach ihm das ~*** that was his ruin (*od.* undoing); ***du wirst dir noch mal das ~ brechen*** you'll get yourself into trouble one of these days; ***j-m im ~ sitzen*** be breathing down s.o.'s neck; **~bruch** *m* neck fracture; broken neck; **~schuß** *m* shot in the back of the neck.
Genie *n* genius; ***sie hat ~*** she's a genius; ***er ist ein ~ im Kreuzworträtsellösen*** he's a genius at (*od.* when it comes to) solving crossword puzzles; *iro.* ***er ist nicht gerade ein ~*** he's not exactly an Einstein; → ***verkannt.***
genieren I. *v/refl.*: ***sich ~*** feel embarrassed *od.* awkward (**vor** in front of, with ... there), (*scheu sein*) be shy (with, in front of); ***ich geniere mich vor ihm*** *a.* he makes me feel awkward (*od.* uncomfortable); ***sich ~, et. zu tun*** be too shy to do s.th.; ***~ Sie sich nicht*** make yourself at home, *beim Essen*: help yourself; ***du brauchst dich nicht zu ~*** *beim Ausziehen etc.*: no need to be shy (*stärker*: prudish); ***er genierte sich nicht zu*** *inf.* he had the nerve to *inf.*; **II.** *v/t.* (*stören*) bother; (*verlegen machen*) embarrass; ***das geniert ihn nicht*** he doesn't mind, that doesn't bother him; **genierlich** *adj.* **1.** (*lästig*) awkward; (*peinlich*) *a.* embarrassing; ***es war ihm ~*** (*peinlich*) he felt awkward about it; **2.** (*schüchtern*) shy, bashful.
genießbar *adj.* eatable, (*unschädlich*) edible; *Getränk*: drinkable; F *fig.* en-joyable; *Buch*: *a.* readable; *Person*: bearable; ***nicht ~*** → ***ungenießbar***; ***das Essen ist ja fast nicht ~*** F how are you supposed to eat this food?; **genießen** *v/t.* enjoy (*a. Ruf, Vorteil etc.*); (*Nahrung*) take, (*essen*) eat, (*trinken*) drink; (*richtig ~*) relish, savo(u)r (*a. fig.*); (*schwelgen in*) revel in; ***nicht zu ~*** → ***ungenießbar***; ***kaum zu ~*** (virtually) inedible; ***er genoß es zu*** *inf.* he enjoyed *ger.*; ***j-s Vertrauen ~*** be in s.o.'s confidence; ***e-e gute Erziehung ~*** receive a good education; *iro.* ***ich hab' die Armee gründlich genossen*** I've had enough (*od.* just about all I can take) of the army; → ***Vorsicht***; **Genießer** *m* epicure; *des Lebens*: bon vivant; *im Essen*: gourmet; ***er ist ein stiller ~*** he knows how to enjoy life in his own quiet way; **genießerisch I.** *adj.* appreciative; **II.** *adv.* with (great) relish.
Geniestreich *m* stroke of genius; *iro. a.* bright idea, *stärker*: inspired blunder.
genital *adj.* genital; **Genitalbereich** *m* genitals *pl.*; ***im ~*** around (*od.* on) the genitals, in the genital area; **Genitalien** *pl.* genitals.
Genitiv *m* genitive; **~objekt** *n* genitive object.
Genius *m* genius; ***guter ~*** guardian angel.
Gen|manipulation *f* genetic engineering; **~marker** *m* gene marker; **~material** *n* genetic material; **~mutation** *f* gene mutation.
Genörgel *n* niggling, moaning.
genormt *adj.* standardized.
Genosse *m* **1.** *pol.* comrade; ***liebe Genossinnen und ~n*** comrades; **2.** F (*Kumpel*) F mate; *contp.* ***Kruse und ~n*** Kruse and co., Kruse and his ilk; **3.** *obs.* (*Kamerad*) companion; **4.** ✝ *obs.* ***Braun und ~n*** Braun and associates.
Genossenschaft *f* association; ✝ cooperative (society); ***landwirtschaftliche ~*** farmers' cooperative; **Genossenschaftsbank** *f* cooperative bank.
Genossin *f* → ***Genosse.***
genötigt → ***nötigen.***
Genotyp *m* genotype; **genotypisch** *adj.* genotypic(al).
Genozid *m* genocide.
Genre *n* genre; **~bild** *n* genre painting; **~maler** *m* genre painter; **~malerei** *f* genre painting.
Gen|technik *f* genetic engineering; **2technisch** *adj. u. adv.* genetic(ally *adv.*); ***~manipuliert, verändert*** genetically manipulated, changed; **~technologie** *f* **1.** gene technology; **2.** → ***Gentechnik.***
Gentleman *m* gentleman; ***ein wahrer*** (*od.* ***echter***) ***~*** a real gentleman.
genug *adv. u. adj.* enough; a sufficient amount (*od.* number) of; ***das ist ~ für mich*** that's enough (*od.* that'll do) for me; ***gut ~*** good enough; ***~ (davon)!*** enough (of that)!, that'll do!; ***ich hab' ~ davon*** (*mir reicht's*) I've had enough, I'm fed up; ***ich hab' ~*** (*kann nicht mehr*) I've had enough, F I've had it; ***das ist wenig ~*** it's precious little as it is; ***er kann nie ~ kriegen*** he just can't get enough; ***nicht ~ (damit), daß ich Überstunden mache, der Chef verlangt neuerdings Wochenendarbeit*** not only am I doing overtime, the boss wants me to work at the weekends as well; ***sag, wenn es ~ ist!*** *beim Einschenken etc.*: say when; → ***betonen.***
Genüge *f* **1.** ***zur ~*** only too well; **2.** ***~ tun*** (*od.* ***leisten***) (*j-m*) give *s.o.* satisfaction, (*Anforderungen etc.*) → ***genügen*** 2.
genügen *v/i.* **1.** be enough (*dat.* for); ***das genügt (mir)*** that's enough, that'll do for me; ***das genügt für eine Woche*** that'll do for a week; ***Anruf genügt!*** just give me (*od.* us) a call; **2.** (*Anforderungen etc.*) come up to, meet; **genügend** *adj.* enough, sufficient(ly *adv.*); (*mehr als genug*) plenty of; (*befriedigend*) satisfactory; (*Zeugnisnote*) fair.
genügsam *adj.* easily satisfied, easy to please; *a. Pflanze, Tier etc.*: undemanding; (*mäßig*) moderate, *im Essen*: frugal; (*bescheiden*) modest; ***er ist sehr ~*** *a.* he doesn't make many demands, (*lebt ~*) he gets by on very little; **Genügsamkeit** *f* modesty; frugality.
genugtun *v/i.* (*e-r Sache*) satisfy, (*j-m*) *a.* please; ***er kann sich nicht ~, es zu loben*** he can't praise it enough; **Genugtuung** *f* **1.** (*Wiedergutmachung*) satis-faction (**für** for); ***~ leisten*** make amends (**für** for); ***~ verlangen*** demand satisfaction; **2.** (*Befriedigung*) satisfaction (**über** at); ***ich habe mit großer ~ vernommen, daß*** I was gratified to hear that, *a. bei Schadenfreude*: it gave me great satisfaction to hear that.
Genus *m* **1.** *biol.* genus. **2.** *ling.* gender.
Genuß *m* **1.** *von Nahrung*: consumption, (*Essen*) *a.* eating, (*Trinken*) *a.* drinking; ***übermäßiger ~ von*** too much *alcohol etc.*, too many *sweet things etc.*, (*Völlerei*) overindulgence in; **2.** (*Freude*) pleasure, delight; (*das Genießen*) enjoyment; ***es war ein ~*** *a.* it was a (real) treat, *Buch etc.*: I really enjoyed it; ***mit ~*** with relish; *et.* ***mit ~ essen (trinken, sehen, hören*** *etc.*) enjoy; **3.** ***in den ~*** *e-r Sache* ***kommen*** get (the benefit of), *weitS. e-s Konzerts etc.*: be treated to; **~aktie** *f* bonus share; **2freudig** *adj.* pleasure-loving.
genüßlich I. *adj.* voluptuous; (*Genuß erzeugend*) pleasurable; **II.** *adv.* with (great) relish.
Genüßling *m* → ***Genußmensch.***
Genuß|mensch *m* pleasure-seeker, epicure; **~mittel** *n* semi-luxury; *anregendes*: stimulant; **2reich** *adj.* enjoyable; **~schein** *m* ✝ participating certificate.
Genußsucht *f* hedonism; **genußsüchtig** *adj.* hedonistic; sybaritic.
genußvoll *adj. u. adv.* → ***genüßlich.***
Geochemie *f* geochemistry.
Geodäsie *f* geodesy; **Geodät** *m* geodesist; **geodätisch** *adj.* geodetic(al), geodesic(al).
Geodreieck *n* set square.
geöffnet *adj.* open; ***nur vormittags ~*** open mornings only; ***von 9–18 h ~*** open 9 a.m. – 6 p.m.; ***bis wann haben sie ~?*** how long are they open till?; *das Geschäft* ***ist ab 9 h ~*** opens at 9.
Geograph *m* geographer; **Geographie** *f* geography; **geographisch** *adj.* geographic(al).
Geologe *m* geologist; **Geologie** *f* geology; **geologisch** *adj.* geologic(al).
geölt *p.p.* → ***ölen.***
Geomagnetismus *m* geomagnetism.

Geometrie *f* geometry; **geometrisch** *adj.* geometric(al).
Geophysik *f* geophysics *pl.* (*sg. konstr.*); **Geophysiker** *m* geophysicist.
Geopolitik *f* geopolitics *pl.* (*als Fach sg. konstr.*); **geopolitisch** *adj.* geopolitical.
geordnet *adj.* tidy, orderly; systematic; ***in ~en Verhältnissen leben*** a) live in well-ordered circumstances, b) *finanziell*: have a steady income; ***aus ~en Verhältnissen stammen*** come from a perfectly respectable family (*od.* background); → ***ordnen.***
Geosphäre *f* geosphere.
geostationär *adj. Satellit*: geostationary.
geothermal *adj.* geothermal.
Geowissenschaften *pl.* earth sciences.
geozentrisch *adj.* geocentric(ally *adv.*).
Gepäck *n* luggage, *bsd.* ✈ *u. Am.* baggage; ***mit leichtem ~ reisen*** travel light; ***ich habe nie viel ~ dabei*** I never take much with me (when I'm travel[l]ing); **~abfertigung** *f* luggage (*od.* baggage) counter; ✈ baggage check-in; **~annahme** *f* luggage (*od.* baggage) counter; **~aufbewahrung(sstelle)** *f* left-luggage (office), *Am.* checkroom; **~ausgabe** *f* **1.** ✈ baggage claim; **2.** → ***Gepäckannahme***; **~ermittlung** *f* baggage tracing; **~förderband** *n* baggage conveyor; **~identifizierung** *f* baggage identification; **~kontrolle** *f* luggage (*od.* baggage) check; **~netz** *n* luggage (*od.* baggage) rack; **~raum** *m* luggage (*bsd.* ✈ baggage) hold; *mot.* boot, *Am.* trunk; **~schalter** *m* → ***Gepäckannahme***; **~schein** *m* luggage ticket, *Am.* baggage check; **~schließfach** *n* luggage (*od.* baggage) locker; **~stück** *n* piece *od.* item of luggage (*od.* baggage); **~träger** *m* **1.** *am Fahrrad*: carrier; *mot.* (*Dach*Ꝛ) roofrack; **2.** (*Person*) porter; **~versicherung** *f* luggage (*od.* baggage) insurance; **~wagen** *m* luggage van, *Am.* baggage car.
gepanscht *adj.*: ***~er Wein*** adulterated wine.
gepanzert *adj.* **1.** *mot.* armo(u)red; **2.** *zo.* mailed; *mit Hornhaut*: sclerodermic.
Gepard *m* cheetah.
gepfeffert F *adj. Preis etc.*: steep, *Rechnung*: *a.* hefty; *Brief, Strafe etc.*: stiff; *Kritik etc.*: biting; *Prüfung, Frage*: tough; *Witz etc.*: spicy.
Gepfeife *n* (awful) whistling.
gepflegt **I.** *adj.* very neat; *Sache*: well-looked-after; *Garten etc.*: well-kept, *Rasen*: *a.* manicured; *Sprache, Stil etc.*: cultivated, refined; *Atmosphäre*: cultivated; *Wein*: select; ***er hat sehr ~e Hände*** *etc.* he takes good care of his hands *etc.*; **II.** *adv.*: ***sich ~ ausdrücken*** be well-spoken; ***sich ~ unterhalten*** have a good (*od.* decent) conversation; ***dort kann man sehr ~ essen*** it's a very nice place to eat; **Gepflegtheit** *f* **1.** (a) neat appearance; **2.** refinement *of speech etc.*
Gepflogenheit *f* habit; (*Brauch*) custom; *bsd.* ✝ practi|ce (*Am. a.* -se).
gepfropft *adv.*: F ***~ voll*** F jampacked, chock-a-block.
geplagt *p.p. u. adj.*: ***~ von*** *Problemen etc.*: dogged by, *a. Schmerzen etc.*: plagued by; ***von Sorgen ~*** beset with worries; ***von Zweifeln ~*** racked with doubts; ***von der Hitze ~*** wilting under the heat; ***er ist ein ~er Mann*** F he's got a lot on his plate.
Geplänkel *n* skirmish; *fig.* tit for tat, *humorvolles*: banter.
Geplapper *n a. contp.* babbling.
Geplärr *n* (terrible) bawling.
Geplätscher *n* **1.** *e-s Bachs etc.*: babbling; **2.** F *contp.* (shallow) chit-chat.
geplättet F *adj.* F floored; ***er war ziemlich ~*** *a.* that floored him.
Geplauder *n* chat(ting); chit-chat.
gepolstert *adj.* **1.** *Möbel*: upholstered; *Kleidung etc.*: padded; **2.** F *fig.* ***gut ~*** F well-padded.
Gepräge *n* **1.** impression, stamp; **2.** *fig.* character; (*Aussehen*) *a.* look; ***e-r Sache sein ~ geben*** leave one's stamp on s.th.; ***das ~*** *j-s od. e-r Sache* ***aufweisen*** bear the imprint (*od.* stamp) of.
geprägt *adj.* → ***prägen.***
Geprahle *n* boasting, F big talk.
Gepränge *n* pomp, splendo(u)r.
gepreßt *adj.* pressed (*a. Oliven*); *Zitrone etc.*: squeezed; ***~er Zitronensaft*** *etc. a.* fresh(ly squeezed) lemon juice *etc.*; *fig.* ***mit ~er Stimme*** in a choked voice.
gepunktet *adj.* dotted; *Kleid etc.*: with dots, polka-dot ...
Gequake *n von Fröschen*: croaking; *von Enten*: quacking; *vom Kind*: grizzling; *von e-r Person*: F whing(e)ing; *vom Radio etc.*: squawking.
Gequäke *n* squawking.
gequält *adj. Gesichtsausdruck*: pained, *stärker*: anguished; *Lächeln*: forced; → *a.* ***quälen.***
Gequassel F *n*, **Gequatsche** F *n* blather(ing), F yak-yakking.
Gequieke *n* squeaking.
Gequietsche *n* squeaking; *von Autoreifen etc.*: squealing; *a. von Metall*: screeching.
gerade **I.** *adj.* straight; *Haltung etc.*: *a.* erect; *Zahl*: even; *fig.* (*aufrichtig*) honest, upright; (*unumwunden*) outspoken; ***in ~r Linie abstammen von*** be a direct descendant of; **II.** *adv.* straight; (*eben, genau*) just, exactly; ***das ist es ja ~*** that's just it, that's the point; ***~ gegenüber*** directly opposite; ***~ entgegengesetzt*** diametrically opposed; ***~ das Gegenteil*** the exact opposite; ***~ in dem Augenblick*** just then, at that very moment; ***ich bin ~ gekommen*** I've just arrived; ***sie wollte ~ gehen*** she was just about (*od.* going) to leave; ***ich war ~ beim Lesen*** I was just reading, I was in the middle of reading; ***er ist ~ unterwegs*** he's out just (*od.* right) now; ***könntest du ~ mal runterkommen?*** could you come down (-stairs) for a minute?; ***ich war ~*** (*zufällig*) ***dort*** I happened to be there (at the time); ***~ heute!*** today of all days; ***warum ~ heute?*** *a.* why does it have to be today?; ***~ im Winter*** *ist es am schlimmsten etc.*: in winter especially; ***daß ich ~ dich treffe!*** fancy bumping into you of all people!; ***warum ~ ich?*** why me (of all people)?; ***das hat mir ~ noch gefehlt*** that's all I needed; ***ich hab's ~ noch geschafft*** *a. zeitlich*: I only just made it; ***ich hab' ihn ~ noch erwischt*** I caught him just in time; ***das ging ~ noch gut*** that was close (*od.* a close shave); ***wir haben ~ noch genug*** we've got just about enough; ***sie ist nicht ~ e-e Schönheit*** she's not exactly what you might call beautiful; ***das ist*** (***nicht***) ***~ das Richtige*** that's just what we need (it's not quite what we're looking for); ***da wir ~ von Kindern sprechen*** speaking of children; ***~ zur rechten Zeit*** just in time (***um zu*** *inf.* to *inf.*), *Hilfe etc.*: *a.* not a moment too soon, F in the nick of time; → ***recht*** II; **III.** Ꝛ *f* 𝔄 straight line; *Renn-, Laufsport*: straight; → ***Zielgerade***; ***linke*** (***rechte***) ***~*** *Boxen*: straight left (right).
geradeaus **I.** *adv.* straight on (*od.* ahead); ***fahren Sie*** (***200 Meter***) ***~*** go straight on *od.* ahead (for about 200 yards); ***immer ~!*** just keep going straight on (*od.* ahead); **II.** *fig. pred. adj.* (*direkt*) very outspoken.
gerade|biegen *v/t.* straighten; F *fig.* straighten *s.th.* out, put *s.th.* right; **~halten** *v/refl.*: ***sich ~*** sit (up) straight, stand up straight.
geradeheraus **I.** *adv.* straight out; (*unumwunden*) bluntly, point-blank; **II.** *adj. pred.* open, outspoken.
gerade|legen, ~machen, ~richten *etc. v/t.* straighten (out).
gerädert F *adj.*: (***wie***) ***~*** absolutely shattered, F whacked.
geradeso *adv.* → ***genauso, ebenso*** 1.
geradestehen *v/i.* **1.** stand up straight; ***ich konnte*** (***vor Müdigkeit***) ***kaum noch ~*** (I was so tired) I could hardly stand up *od.* stand on my feet; **2.** *fig.* ***~ für*** answer for, (*verantwortlich sein für*) take the responsibility for, (*s-e Überzeugung etc.*) stand up for.
geradewegs *adv.* **1.** straight, directly; ***~ auf*** *et.* ***losgehen*** head straight for, make a beeline for, *fig.* (*Problem etc.*) get straight down to; **2.** (*sofort*) straightaway.
geradezu *adv.* **1.** → ***geradeheraus***; **2.** (*praktisch*) virtually; (*fast*) almost; (*nichts anderes als*) absolute(ly); (*wirklich*) really; ***es machte ~ Spaß*** we actually (*od.* even) enjoyed it; ***es wäre ~ ein Wunder*** it would be nothing short of a miracle.
Geradheit *f* **1.** straightness; **2.** *fig.* honesty, uprightness; (*Unumwundenheit*) outspokenness.
geradlinig **I.** *adj.* **1.** straight; 𝔄 *a.* rectilinear; *Abstammung*: direct *descent*; **2.** *fig.* straight; **II.** *adv.* in a straight line; **Geradlinigkeit** *f* **1.** straightness; 𝔄 *a.* linearity; **2.** *fig.* straightness.
gerammelt F *adv.*: ***~ voll*** F jampacked, chock-a-block.
Gerangel F *n* wrangling, dispute, *internes*: *a.* infighting (***um*** over), F free-for-all (for); (*Gedrängel*) scramble (for).
Geranie *f*, **Geranium** *n* ♣ geranium.
Gerät *n* (*Vorrichtung*) device, gadget; (*Apparat*) *a. pl. coll.* apparatus; *feinmechanisches*: instrument; (*Radio, Fernseher*) set; (*Haushalts*Ꝛ) appliance; (*Ausrüstung*) equipment, *kleineres*: *a.* outfit; (*Werkzeug*) tool, implement; (*Turn*Ꝛ) piece of apparatus, *coll. u. pl.* apparatus (*sg.*); ***er hat so viele ~e in s-m Zimmer*** F he's got so many bits and pieces of equipment in his room.
Gerätemedizin *f* high-tech(nology) medicine.
geraten[1] *v/i.* **1.** (*ausfallen*) turn out *well etc.*; *der Kuchen* ***ist mir nicht ~*** hasn't turned out (properly); ***die Suppe ist ein bißchen salzig ~*** the soup's a bit on the salty side; ***j-m zum Vorteil ~*** turn out to s.o.'s advantage; ***ihm gerät alles*** everything turns out right with him; **2.** ***nach j-m ~*** *Kind*: take after s.o.; ***er gerät ganz nach s-m Vater*** he really takes after his

father, *negativ*: he's getting to be just like his father; **3.** (*gelangen, kommen*) *mit prp.*: get; **an** *et.* ~ (*erlangen*) come by, get hold of, (*stoßen auf*) come across; **an** *j-n* ~ meet, come across, *feindlich*: fall foul of; **da sind Sie** (**bei mir**) **an den Falschen** ~ you've come to the wrong person, I'm afraid; F **wie bist du denn an den ~?** F where did you find him (*od.* pick him up)?; **in j-s Hände** ~ fall into s.o.'s hands; **in Gefahr** ~ run into danger; **in** *e-n Sturm etc.* ~ get caught in; **in e-n Stau** ~ get into (*od.* get stuck in) a traffic jam; **in Besorgnis** ~ get worried; **unter ein Auto** ~ be (*od.* get) run over by a car; **unter j-s Einfluß** ~ come under s.o.'s influence (*od.* sway) → **Abweg, Adresse, außer** I, **Brand** 1, **Wut** *etc.*

geraten² *adj.* (*ratsam*) advisable; (*vorteilhaft*) advantageous; **es scheint mir ~ zu** *inf.* I think it would be advisable to *inf.*, the best policy would seem to be to *inf.*; **ich halte es nicht gerade für ~ zu** *inf.* I don't really think it would be a good idea to *inf.*

Geräte|schuppen *m* (tool)shed; **~stekker** *m* ⚡ plug connector; **~turnen** *n* apparatus gymnastics *pl.*

Geratewohl *n*: **aufs ~** at random, haphazardly; **es aufs ~ tun** take a chance (on it), do it on the off-chance; **sich aufs ~ bewerben** apply on the off-chance of getting a job.

Gerätschaften *pl.* equipment *sg.*; (*Werkzeuge*) tools; (*Instrumente*) instruments.

Geräucherte(s) *n* smoked meat.

Geraufe *n* fighting, scuffling, F tussling.

geraum *adj.*: (**e-e**) **~e Zeit** a fairly long time; **seit ~er Zeit** for quite a long time, for a while now.

geräumig *adj.* spacious, roomy, large; **Geräumigkeit** *f* spaciousness.

Geräusch *n* noise, sound; *Radio etc.*: noise; *pl. thea., Film*: sound effects; **~archiv** *n* sound effects library; **~arm** *adj.* quiet; (*schallgedämpft*) *a.* soundproof; *Cassette*: low-noise ...; **~dämmend** *adj.* noise-reducing; **~dämpfer** *m* noise suppressor; **~dämpfung** *f* noise reduction.

Geräuschemacher *m Film, Funk*: foley, sound effects technician.

geräuschempfindlich *adj.* sensitive to noise.

Geräuschkulisse *f* background noise; *thea., Film*: sound effects *pl.*

geräuschlos *adj.* silent, quiet (*a.* ⚙); **Geräuschlosigkeit** *f* silence, quietness.

Geräuschminderung *f* noise reduction.

Geräuschpegel *m* noise level; **~messer** *m* noise level detector (*od.* meter).

geräuschvoll *adj.* noisy, loud; (*lärmend*) boisterous.

gerben *v/t.* tan; (*Stahl*) refine; *fig.* **j-m tüchtig das Fell ~** give s.o. a good hiding; **Gerber** *m* tanner; **Gerberei** *f* tanner's trade; (*Anlage*) tannery; **Gerberviertel** *n* tanners' quarter (*od.* district); **Gerbsäure** *f* tannic acid, tannin.

gerechnet *p.p. u. adj.* → **rechnen.**

gerecht I. *adj.* just, fair; (*unparteiisch*) impartial; (*berechtigt*) justified; (*verdient*) (well-)deserved; *Strafe*: just; (*rechtschaffen*) good, righteous; *iro.* **~er Lohn** one's just deserts *pl.*; **~e Sache** good cause; **~er Zorn** righteous anger; **~ werden** (*j-m od. e-r Sache*) do justice to (*a. fig.*), (*Anforderungen, Bedingungen, Wunsch*) meet, (*Erwartungen*) meet, come up to, (*s-m Ruf, Namen*) live up to; **e-r Aufgabe ~ werden** (be able to) cope with a task; **allen Seiten** *e-s Problems etc.* **~ werden** deal with all aspects; **allen** (**Leuten**) **~ werden** please everybody; **II.** *adv.*: **~ teilen** share *s.th.* (out) properly, share *s.th.* out fairly; divide *s.th.* (up) fairly; **Gerechte(r)** *m bibl.* righteous man; **die Gerechten** the righteous (*pl.*); **den Schlaf des Gerechten schlafen** sleep the sleep of the just; **gerechterweise** *adv.* justly; *einräumend*: in fairness; **gerechtfertigt** *adj.* justified, justifiable.

Gerechtigkeit *f* **1.** justice; (*Billigkeit*) fairness, justness; (*Rechtmäßigkeit*) legitimacy; **~ walten lassen** be just; → **ausgleichen** 1; **2.** (*Rechtschaffenheit*) righteousness.

Gerechtigkeits|fanatiker *m* (fanatical) stickler for justice; **~fimmel** *m*: **e-n ~ haben** be obsessed with justice; **~gefühl** *n* sense of justice; **~liebe** *f* love of justice, fair-mindedness; **~liebend** *adj.* fair-minded.

Gerede *n* talk; (*Klatsch*) *a.* gossip; (*Gerücht*[*e*]) rumo(u)r(s *pl.*); **ins ~ kommen** get o.s. talked about; **sie ist ins ~ gekommen** people have started (*od.* are) talking about her; **j-n ins ~ bringen** start people talking about s.o.; **dummes ~** nonsense; **hör dir das ~ der Leute nicht an** don't listen to what people say (*od.* are saying); → **leer** I.

geregelt *adj.* (*regelmäßig*) regular (*a. Leben*); (*ordentlich*) orderly; ⚙ control(l)ed; *mot.* **~er Katalysator** three-way catalytic converter (*od.* catalyst).

gereichen *v/i.*: **es gereicht ihm zur Ehre** it's a credit to his name; **es gereicht mir zur Freude** it gives me great pleasure; **es gereicht ihm zum Vorteil** it's to his advantage.

gereift *adj.* ripe; *fig.* mature; **in ~en Jahren** at a mature (F ripe old) age.

gereizt *adj.* irritated (*a.* ⚕); (*reizbar*) irritable, edgy; *Atmosphäre*: tense, strained; **Gereiztheit** *f* irritability.

Gerenne *n* running (around); **~ nach** (*Ansturm*) rush for.

Geriatrie *f* ⚕ (*a. Abteilung*) geriatrics *pl.* (*sg. konstr.*); **in der ~ arbeiten** work in geriatrics; **geriatrisch** *adj.* geriatric; → *a.* **Alters...**

Gericht¹ *n* dish; (*Mahlzeit*) meal; (*Gang*) course.

Gericht² *n* ⚖ (*Gerichtshof, a. Gerichtsgebäude*) (law) court(s *pl.*); *mst lit. u. fig.* tribunal; (*die Richter*) *the* judges *pl.*; (*Verhandlung*) hearing, *im Strafverfahren*: trial; (*Rechtsprechung*) jurisdiction; (*Urteil*) judg(e)ment; *eccl.* **Jüngstes ~** Last Judg(e)ment; **Tag des** (**Jüngsten**) **~s** Day of Judg(e)ment; **ordentliches ~** ordinary court (of law); **~** (**ab**)**halten** hold court, sit; **vor ~ bringen** take *s.o.* to court; **vor ~ gehen** go to court; **vor ~ kommen** *Sache*: come before the court(s), *Person*: go on trial; **vor ~ laden** summon before a (*od.* the) court; **vor ~ stehen** be up for trial, be on trial; **vor ~ aussagen** testify before a (*od.* the) court; **vor ~ vertreten** represent *s.o. od. s.th.* in court; **sich vor ~ verantworten** stand trial; **Hohes ~!** Your Lordship (*Am.* Your Honor), Members of the Jury; *fig.* **mit j-m scharf ins ~ gehen** take s.o. to task, haul s.o. over the coals; **~ halten über** sit in judg(e)ment on *s.o.*;

gerichtet *p.p. u. adj.* → **richten**;

gerichtlich I. *adj.* judicial, legal; court ..., of the court; **~e Medizin** forensic medicine; **~e Untersuchung** judicial inquiry; **~es Verfahren** legal proceedings; **~e Verfügung** court order; **~e Verfolgung** prosecution; **II.** *adv.* judicially, legally; by order of the court; **j-n ~ belangen, gegen j-n ~ vorgehen** take legal action against s.o.; **et. ~ austragen** fight s.th. through the courts; **~ vereidigt** sworn *interpreter etc.*

Gerichts|akten *pl.* court records; **~arzt** *m* forensic pathologist; **~ärztlich** *adj.* medico-legal; **~assessor** *m* junior barrister.

Gerichtsbarkeit *f* jurisdiction.

Gerichts|beamte(r) *m* court official; **~befehl** *m* writ, court order; **~berichterstatter** *m* courtroom reporter; **~beschluß** *m* court order, decree of the court; **~bezirk** *m* court circuit, juridical district; **~diener** *m* (court) usher, *Am. a.* marshal; **~entscheid(ung** *f*) *m* court decision, judicial ruling; **~ferien** *pl.* vacation *sg.*, *Am.* recess *sg.*; **~gebäude** *n* law court(s *pl.*), *Am.* courthouse; **~hof** *m* court of justice, law court; *mst lit. od. fig.* tribunal; **Oberster ~** supreme court; **~kosten** *pl.* legal costs.

Gerichtsmedizin *f* forensic medicine; **Gerichtsmediziner** *m* forensic pathologist; **gerichtsmedizinisch** *adj.* forensic; **~e Untersuchung** forensic tests.

gerichtsnotorisch *adj.* known to the court(s).

Gerichts|ordnung *f* rules *pl.* of the court; **~person** *f* member of the court; **~präsident** *m* presiding judge; **~referendar** *m* junior lawyer; **~saal** *m* courtroom; **~schreiber** *m* clerk; **~sitzung** *f* session, hearing; **~stand** *m* (legal) domicile; **~: Berlin** *a.* any disputes arising hereunder will be settled before a competent Berlin court of law; **~tag** *m* day of hearing; **~ halten** be in session; **~urteil** *n* verdict; (*Richterspruch*) judg(e)ment; (*Strafe*) sentence; **~verfahren** *n formal*: court procedure; *konkret*: legal proceedings *pl.*, lawsuit; (*Strafverfahren*) trial; **ein ~ einleiten gegen** institute legal proceedings against; **~verfassung** *f* **1.** constitution of the courts; **2.** judiciary; **~verhandlung** *f* (judicial) hearing; (*Strafverhandlung*) trial; **~vollzieher** *m* bailiff, *Am.* marshal; F **du wirst bald den ~ im Haus haben** F you'll have the bailiffs at your door before long; **~vorsitzende(r)** *m* presiding judge; **~weg** *m*: **auf dem ~** by legal action, through the courts; **den ~ einschlagen** take legal action; **~wesen** *n* judicial system, judiciary.

gerieben F *adj.* sly; **das ist ein ~er Kerl** he's a sly one.

Geriesel *n* trickling; *von Schnee*: soft fall.

geriffelt *adj.* grooved, fluted; (*gerippt*) ribbed; (*eng gewellt*) corrugated; (*gezahnt*) serrated.

gering I. *adj. bsd. bei Mengen*: small; (*wenig*) little, *pl.* few; → **geringer, geringst**; (*unbedeutend*) insignificant, negligible, minor *amount etc.*; (*wenig, schwach*) slight, little; (*bescheiden*) modest; (*beschränkt*) limited; (*minderwertig*) inferior, poor, low *quality*; *Preis, Tempe-*

ratur, Druck: low; *Herkunft etc., a. Ansehen, Meinung*: low; *Einkommen*: low, modest; *Entfernung*: short; **⁓e Chancen** slim prospects; **die Chancen sind ⁓** *a.* there isn't much chance (*od.* hope); **⁓es Interesse** little interest; **⁓e Kenntnisse** scant knowledge; **e-e ⁓e Meinung haben von** have a low opinion of, not to think much (*od.* too highly) of; **mit ⁓er Verspätung** slightly late, *Zug etc.*: with a slight delay; **in ⁓er Höhe** fairly low (down); **in ⁓er Tiefe** not too deep (down); **nichts 2es** no small matter; **um ein ⁓es** (*ein wenig*) a little *better etc.*, (*fast*) very nearly, (*billig*) cheaply; **II.** *adv.* a little; **⁓ geschätzt** at least, at a conservative estimate; **zu ⁓ einschätzen** *konkret*: underestimate, *ideell*: underrate.

geringachten *v/t.* **1.** → **geringschätzen**; **2.** (*Gesundheit etc.*) place little value on, not to care (much) about; (*Gefahr*) disregard; **Geringachtung** *f* **1.** → **Geringschätzung**; **2.** disregard (*gen.* of, for).

geringelt *adj. Socken*: ringed; *Pullover etc.*: striped, with stripes going across, F strip(e)y.

geringer *adj.* smaller; (*weniger*) less; (*niedriger*) lower; *Qualität etc.*: inferior; **in ⁓em Maße** to a lesser extent; **das ⁓e von zwei Übeln** the lesser of two evils; **nichts 2es als** nothing (*od.* no) less than; **kein 2er als** no less than; ..., no less.

geringfügig I. *adj.* slight; (*unbedeutend*) negligible, insignificant; *Unterschied etc.*: minor, marginal; *Vergehen*: petty *crime*; **II.** *adv.* very slightly, marginally; **Geringfügigkeit** *f* (*Unwichtigkeit*) insignificance, trivial nature; (*Banalität*) triviality; (*Kleinigkeit*) trifle, little thing.

geringhaltig *adj.* base, low-grade ...

geringschätzen *v/t.* have a low opinion of, not to think much (*od.* very highly) of; (*et.*) *a.* hold cheap, set little store by; (*verachten*) despise; (*unbeachtet lassen*) ignore; **geringschätzig I.** *adj.* disdainful, contemptuous; (*herabsetzend*) deprecatory, disparaging; **⁓e Geste** dismissive gesture; **II.** *adv.* disdainfully *etc.*; **j-n ⁓ behandeln** treat s.o. with contempt; **et. ⁓ abtun** dismiss s.th.; **Geringschätzigkeit** *f* disdain, contempt; deprecatory (*od.* disparaging) manner; **Geringschätzung** *f* contempt (*gen.* of, for), disdain (of, for); (*Geringachtung*) scant regard (for).

geringst *adj.* least; slightest; minimum; smallest; **nicht im ⁓en** not in the least (*od.* slightest); **das interessiert mich nicht im ⁓en** *a.* that doesn't interest me one bit; **nicht das 2e** not a thing; **die ⁓e Kleinigkeit** the least little thing; **bei der ⁓en Kleinigkeit** at the drop of a hat; **wir haben nicht die ⁓e Aussicht** we haven't got the slightest chance (F the *od.* a ghost of a chance); **er hat nicht die ⁓e Ahnung** he has no idea, he hasn't got the faintest (F foggiest) idea, *bsd. contp.* F he hasn't got a clue; **nicht den ⁓en Zweifel** not the slightest doubt, not the shadow of a doubt; **das ist m-e ⁓e Sorge** that's the least of my worries; **beim ⁓en Anzeichen** *gen.* at the first sign of; **geringstenfalls** *adv.* at the very least; **geringstmöglich** *adj.* least possible.

geringwertig *adj.* inferior, of inferior quality.

gerinnen *v/i.* ⚗ coagulate, clot, *durch Kälte*: congeal; *Blut*: clot; *Milch*: curdle; *fig.* **ihm gerann das Blut in den Adern** his blood ran cold; **j-m das Blut in den Adern ⁓ lassen** make s.o.'s blood curdle (*od.* run cold); **zu et. ⁓** *Erlebnis etc.*: congeal into.

Gerinnsel *n* (blood)clot.

Gerinnung *f* coagulation; *Blut*: *a.* clotting.

gerinnungs|fähig *adj.* coagulable; **2faktor** *m* coagulation (*od.* clotting) factor; **⁓hemmend** *adj.* anticoagulant; **2mittel** *n* clotting agent, coagulant.

Gerippe *n* skeleton; F (*dürrer Mensch*) F bag of bones; △ framework, shell; *fig.* (*Gliederung*) skeleton, outline.

gerippt *adj.* ribbed (*a.* ⚙); *Gewebe*: corded; *Säule*: fluted; *Papier*: laid.

gerissen F *adj.* (*schlau*) sly, crafty; **ein ⁓er Geschäftsmann** *etc.* a (shrewd,) calculating businessman *etc.*; **ein ⁓er Bursche** *a.* a shrewd operator.

geritzt F *adj.*: **die Sache** (*od.* **das**) **ist ⁓** that's settled, then.

Germ *östr. f* yeast.

Germane *m*, **Germanin** *f* Teuton, ancient German; **die alten Germanen** *a.* the ancient Germanic peoples (*od.* tribes); **germanisch** *adj.* Germanic, Teutonic.

Germanismus *m* Germanism; **Germanist** *m* **1.** Germanist; **2.** student of German (language and literature), German student; **Germanistik** *f* German(ic) philology, German (studies *pl.*), German language and literature.

gern(e) *adv.* gladly; (*bereitwillig*) willingly; **⁓!** of course, *stärker*: I'd love to; **ich helfe ⁓** I'll be glad to help; **⁓ haben** (*od.* **mögen**) like *s.o. od. s.th., doing s.th.*, F be keen on (*ger.*); **⁓ tun** *a.* enjoy *ger.*; **ich würde es ganz ⁓ tun** I wouldn't mind (doing it); *nach dem Essen* **ging er ⁓ spazieren** he would go for a walk; **er kommt ⁓ um diese Zeit** he usually comes (*od.* turns up) around this time; **Erlen wachsen ⁓ am Fluß** alders tend to grow (*od.* are usually found) along riverbanks; **... wird ⁓ gekauft** sells well, is in demand; **das glaube ich ⁓** I can believe that; **das kannst du ⁓ haben** you're welcome to it; **du kannst ⁓ kommen** you're welcome to come; **ich möchte ⁓ wissen** I'd (really) like to know, (*a. ich frage mich*) I wonder; **ich hätte ⁓ Herrn X gesprochen** could I speak to Mr X, please?; **du weißt, du bist bei uns immer ⁓ gesehen** you know you're always welcome here; **er (es) ist nicht ⁓ gesehen** he's not welcome around here *etc.* (it's frowned [up]on); **er sieht es nicht ⁓, wenn du ...** he doesn't like you *ger.*; **⁓ geschehen!** you're welcome; **das haben wir ⁓!** *iro.* that's just great; F **du kannst mich ⁓ haben!** F you know what you can do; → **Leben.**

Gernegroß *m*: **das ist so ein kleiner ⁓** he likes to act the big shot.

Geröll *n* gravel; (*Steinchen*) pebbles *pl.*; *größeres*: boulders *pl.*; (*Bruch*) rubble, *geol.* debris, detritus; **⁓halde** *f* scree.

Gerontologe *m* gerontologist; **Gerontologie** *f* gerontology; **gerontologisch** *adj.* gerontological.

gerötet *adj.* red(dened); (*entzündet*) inflamed; → **Augenrand.**

Gerste *f* barley.

Gersten|graupen *pl.* pearl barley *sg.*; **⁓korn** *n* **1.** barleycorn; **2.** ⚕ *am Auge*: sty(e); **⁓saft** *hum. m* (*Bier*) F juice of the barley, amber liquid.

Gerte *f* switch; (*Reit2*) riding crop; **gertenschlank** *adj.* very slender, willowy.

Geruch *m* **1.** smell; (*Duft*) scent, fragrance; **übler ⁓** bad (*od.* unpleasant) smell *od.* odo(u)r, *stärker*: stench; → **Körper-, Mundgeruch**; **2.** → **Geruchssinn**; **3.** *fig.* reputation; **in dem ⁓ stehen zu** *inf.* be said to *inf.*, *allgemein*: *a.* have the reputation of *ger.*; **in schlechtem ⁓ stehen** be in bad odo(u)r (**bei** with); **im ⁓ der Heiligkeit stehen** have an odo(u)r of sanctity; **2frei** *adj.* odo(u)rless; **2los** *adj.* odo(u)rless; inodorous *gas etc.*; *Seife etc.*: unscented; *die Blume* **ist ⁓** has no scent.

Geruchs|belästigung *f* offensive smell; **2empfindlich** *adj.* sensitive to smell; **⁓ sein** *a.* have a sensitive nose; **⁓nerv** *m* olfactory nerve; **2neutral** *adj.* unscented, fragrance-free; non-odiferous; **⁓sinn** *m* sense of smell; **feiner ⁓** *a.* F good nose; **⁓stoff** *m* odorous substance.

Gerücht *n* rumo(u)r; **es geht das ⁓, daß** there's a rumo(u)r that, rumo(u)r has it that; F **das halte ich für ein ⁓** I have my doubts about that, *stärker*: I don't believe that for one minute.

Gerüchte|küche *f* rumo(u)r factory (*od.* mill); **⁓macher** *m* rumo(u)r-monger.

geruchtilgend *adj.* deodorizing.

gerüchtweise *adv.*: **⁓ verlautet, daß** rumo(u)r has it that; **ich habe es nur ⁓ gehört** I only know it from hearsay, I heard it on the grapevine.

gerufen *p.p.* → **rufen** II.

geruhen *v/i.*: **⁓ zu** *inf. bsd. iro.* deign to *inf.*

gerührt *fig. adj.* touched, moved; **zutiefst ⁓** deeply moved (*od.* touched); **zu Tränen ⁓** moved to tears.

geruhsam I. *adj.* (*ruhig*) quiet, peaceful; (*gemütlich*) leisurely; **II.** *adv.*: **⁓ frühstücken** have a leisurely breakfast.

Gerümpel *n* junk.

Gerundium *n ling.* gerund.

Gerüst *n* (*Bau2*) scaffold(ing); (*Gestell*) trestle; (*Dach2, Brücken2*) truss; (*Schau2*, ⚙ *Arbeitsbühne*) stage, platform; *biol.* stroma, reticulum; *fig.* framework; (*schriftlicher Entwurf*) outline; **⁓bau** *m* scaffolding; **⁓bauer** *m* scaffolder.

gerüstet *fig. adj.* ready, prepared, *iro.* armed (**für** for); **für den Kampf ⁓** ready for the fray (*od.* to do battle).

Ges *n* ♪ G flat.

gesagt *adj.*: **⁓, getan** no sooner said than done; → *a.* **sagen** I.

gesalzen *adj.* salted; *fig. Preis*: steep, *Rechnung*: *a.* hefty; *Brief etc.*: stiff; *Witz*: spicy.

gesammelt *adj.*: **⁓e Werke** complete works.

gesamt *adj.* whole, entire; all *his money etc.*; (*vollständig*) complete; *Summe etc.*: total, overall; → *a.* **ganz; Gesamte(s)** *n the* whole, *the* total; **im gesamten** all in all, all told; → *a.* **insgesamt**; **... beträgt im gesamten** ... amounts to a total of, ... totals.

Gesamt|absatz *m* ⚚ total sales *pl.*; **⁓ansicht** *f* general view; **⁓aufkommen** *n* total revenue; **~auflage** *f e-r Zeitung*: total circulation; *e-s Buchs*: total number of copies published; **~aufnahme** *f* **1.** *Film*: long shot; **2.** *Schallplatte*: complete (*od.* full-length) recording; **~ausfall** *m* total failure; **~ausgabe** *f e-s Buchs*: complete edition (*od.* works *pl.*); **~ausgaben** *pl.* ✝ total expenditure *sg.*; **~bedarf** *m* total requirements *pl.*; **~bestand** *m* total stock; **~betrag** *m* total (amount), grand total, sum total; **~bevölkerung** *f* total population; **~bild** *n* overall picture; **2deutsch** *adj. pol.* all-German; **~eigentum** *n* joint property; **~eindruck** *m* general impression; **~einkommen** *n* total income; **~einnahme** *f* total revenue; **~entwicklung** *f* general trend; **~erbe** *m*, **~erbin** *f* sole heir; **~erlös** *m* total revenue; **~ergebnis** *n* overall result; **~ertrag** *m* total proceeds *pl.*; ⚒ total yield; **2europäisch** *adj.* Europe-wide, European-wide, pan-European; **~fläche** *f* total area; **~gewicht** *n* total weight.

Gesamtheit *f* totality; *the* whole; *the* entirety; ***in s-r ~*** in its entirety.

Gesamt|hochschule *f etwa* polytechnic; **~höhe** *f* total (*od.* overall) height; **~kapital** *n* total capital; **~katalog** *m* union catalog(ue); **~konzept(ion** *f*) *n* overall plan (*od.* idea, design); master plan; **~kosten** *pl.* total cost *sg.*; **~kunstwerk** *n* total art work; **~lage** *f* general (*od.* overall) situation; ***wirtschaftliche ~*** state of the economy; **~länge** *f* overall length; **~leistung** *f Betrieb etc.*: total output; *Person, Maschine*: overall performance; **~note** *f ped.* overall mark (*od.* grade); **~plan** *m* master plan; **~planung** *f* overall planning; **~preis** *m* total price; **~produktion** *f* total output; **~rahmen** *m* overall framework; **~regelung** *f* general arrangement; ⚖ overall settlement; **~schaden** *m* total loss; **~schuld** *f* joint liability (*od.* debt); **~schuldner** *m* co-debtor; *bei Bürgschaft*: joint guarantor; **~schule** *f* (*a.* ***integrierte ~***) comprehensive (school); **~sieger** *m* final winner; **~summe** *f* → ***Gesamtbetrag***; **~titel** *m* overall (*od.* general) title; **~überblick** *m*, **~übersicht** *f* overall idea (*od.* picture); **~umsatz** *m* total turnover; **~unterricht** *m ped.* integrated-curriculum teaching; **~urteil** *n* overall assessment (*od.* rating); **~verantwortung** *f* overall responsibility; ***die ~ liegt bei*** overall responsibility lies with; **~verband** *m* general association; **~verbrauch** *m* total consumption; **~vermögen** *n* total assets *pl.*; **~vollmacht** *f* ⚖ joint power of attorney; **~werk** *n* complete works *pl.*; **~wert** *m* total value; ***im ~ von ...*** totalling ... (in value); **~wertung** *f* overall placing(s *pl.*); ***in der ~ führen*** have the overall lead; **~wetterlage** *f* overall (weather) conditions *pl.* (*od.* outlook); **~wirkung** *f* general effect; **~wirtschaft** *f* national (*od.* overall) economy; **2wirtschaftlich I.** *adj.* national (*od.* overall) economic ...; **II.** *adv.*: ***~ gesehen*** seen from an overall economic point of view; **~zahl** *f* total number.

Gesandte(r) *m pol.* envoy; *rangmäßig*: minister; (*Botschafter*) ambassador; ***päpstlicher Gesandter*** (papal) nuncio; **Gesandtschaft** *f* legation; (*Botschaft*) embassy.

Gesang *m* (*Singen*) singing; ♪ vocal music; *als Fach*: voice; (*Lied*) song; (*Teil e-r Dichtung*) canto, book; ***~ studieren*** study voice (***bei*** with); **~buch** *n* songbook; *eccl.* hymnbook, hymnal.

gesanglich *adj.* singing ...; ***~e Begabung*** talent for singing, good voice; ***~e Leistung*** singing, vocal performance.

Gesangprobe *f* audition.

Gesangs|einlage *f* vocal number; **~kunst** *f* (art of) singing.

Gesang(s)|lehrer(in *f*) *m* singing teacher; **~stunde** *f* singing lesson (*od.* class).

Gesangstechnik *f* singing technique.

Gesang(s)|unterricht *m* singing lessons (*od.* classes) *pl.*; **~verein** *m* (*mst* male) choir, *Am.* glee club; choral society.

Gesäß *n* buttocks *pl.*; F behind; *e-r Hose od.* F: seat; **~backe** *f* buttock; **~knochen** *m* ischium; **~muskel** *m* gluteal muscle; **~tasche** *f* back (*od.* hip) pocket.

gesät *adj.*: ***dünn ~*** few and far between.

gesättigt *adj.* full; ⚗ *Lösung*, *a. fig. Markt*: saturated.

Gesaufe F *n* F boozing.

geschaffen *p.p.* → ***schaffen*** 1.

geschafft F *adj.* (*erschöpft*) F whacked, bushed; ***ich bin ~*** *a.* F I've had it; → *a.* ***schaffen*** 4.

Geschäft *n* business; (*Transaktion*) transaction, F deal, *coll.* business, *Börse*: trading; (*Handel*) trade, business; (*Angelegenheit*) business, affair; (*Arbeit*) work; (*Beschäftigung*) trade, line, job; (*Aufgabe*) duty; (*Firma*) business, firm, company; (*Laden*) shop, *bsd. Am.* store; ***gutgehendes ~*** thriving business; ***dunkles ~*** F racket; ***~ in Wolle*** wool trading; ***~e machen mit*** (*j-m*) do business with, (*et.*) deal in; ***wie gehen die ~e?*** how's business?; ***die ~e gehen gut*** (***schlecht***) business is good (slack); ***~ ist ~*** business is business; (***groß***) ***ins ~ kommen*** make (a lot of) money (***mit*** out of); ***sie versucht, aus allem ein ~ zu machen*** she tries to make money out of everything; ***s-n ~en nachgehen*** go about one's business; ***er versteht sein ~*** he knows what he's doing; ***das ~ mit der Angst*** exploiting (*od.* playing on) people's fear and insecurity; F *fig.* ***sein ~ verrichten*** (*Notdurft*) F do one's business; F ***kleines*** (***großes***) ***~*** F small (big) job.

geschäftehalber *adv.*: ***~ unterwegs*** away on business; ***~ mit j-m zu tun haben*** have business dealings with s.o.

Geschäftemacher *m* profiteer, F wheeler-dealer.

geschäftig *adj.* busy, active; **Geschäftigkeit** *f* activity; (*Unruhe, Betriebsamkeit*) bustle, bustling.

geschäftlich I. *adj.* business ...; ***~e Angelegenheit*** business matter; **II.** *adv.* on business; ***~ unterwegs*** away on business; ***~ verhindert*** prevented by business; ***~ zu tun haben mit*** (*j-m*) do business with; ***~ in Köln zu tun haben*** a) have business (to do) in Cologne, b) be in Cologne on business; ***~ geht es ihm gut*** (***schlecht***) his business is doing well (isn't doing too well).

Geschäfts|abschluß *m* (business) transaction (F deal); **~adresse** *f* business address; **~anteil** *m* share, business interest; ***maßgeblicher ~*** control(l)ing interest; **~anzeige** *f* business advertisement; **~aufgabe** *f* closing of a business; retirement from business; ***Räumungsverkauf wegen ~*** closing-down sale; **~bank** *f* commercial bank; **~bedingungen** *pl.* terms of business; **~bereich** *m* scope of business; ⚖ jurisdiction; *pol.* portfolio; ***Minister ohne ~*** minister without portfolio; **~bericht** *m* business report; ***jährlicher ~*** annual report, *über die Marktlage*: market report; **~betrieb** *m* **1.** business (activity); **2.** (*Firma*) business; **~beziehungen** *pl.* business relations; **~brief** *m* business letter; **~bücher** *pl.* account books.

geschäftserfahren *adj.* experienced in business; ***~ sein*** *a.* have had business experience; **Geschäftserfahrung** *f* business experience.

Geschäftseröffnung *f* **1.** opening of a shop (*od.* store); **2.** starting-up of (*od.* starting up) a business.

Geschäftsessen *n* business lunch (*od.* dinner).

geschäftsfähig *adj.* legally competent (to contract); ***voll*** (***beschränkt***) ***~*** with full (restricted) legal capacity; **Geschäftsfähigkeit** *f* legal (*od.* contractual) capacity.

Geschäfts|frau *f* businesswoman; **~freund** *m* business friend.

geschäftsführend *adj.* managing, executive; *pol.* ***~e Regierung*** caretaker government; **Geschäftsführer** *m* manager; *e-s Vereins*: secretary; *pol. e-r Partei*: party chairman; **Geschäftsführung** *f* management (*a. Personal*).

Geschäfts|gang *m* **1.** (*Ablauf*) (run of) business; business routine; **2.** (*Besorgung*) errand; ***e-n ~ machen*** run an errand; **~gebaren** *n* business policy (*od.* practi|ces [*Am. a.* -ses] *pl.*); ***anständiges ~*** fair practi|ces (*Am. a.* -ses); ***unlauteres ~*** unfair (trade) practi|ces (*Am. a.* -ses); **~geheimnis** *n* trade secret; **~grundlage** *f* basis of a (*od.* the) transaction; **~haus** *n* firm, company; (*Gebäude*) business premises *pl.*; (*Bürogebäude*) office building; **~inhaber(in** *f*) *m* proprietor; **~interesse** *n* business interest; ***in j-s ~*** in the interests of s.o's business; **~jahr** *n* business year; *der Regierung*: financial (*od.* fiscal) year; **~jubiläum** *n* company anniversary; **~karte** *f* business card; **~kosten** *pl.* business expenses; ***auf ~*** on expense account; **~kreise** *pl.* business circles; **~lage** *f* business situation; **~leben** *n* business; ***ins ~ eintreten*** go into business; **~leiter** *m*, **~leitung** *f* → ***Geschäftsführer, -führung***; **~leute** *f* businessmen, business men and women.

geschäftsmäßig *adj.* businesslike; (*unpersönlich*) *a.* impersonal.

Geschäfts|moral *f* business ethics *pl.*; **~ordnung** *f* **1.** *parl.* standing orders *pl.*; **2.** rules *pl.* (of procedure); (*Tagesordnung*) agenda; **~papiere** *pl.* business papers; **~partner** *m* business partner; **~politik** *f* company (*od.* corporate) policy; **~räume** *f* business premises; **~reise** *f* business trip; *pl. a.* business travel *sg.*; **~reisende(r)** *m* business travel(l)er; travel(l)ing businessman; **~risiko** *n* business risk; **~rückgang** *m* decline in business.

geschäftsschädigend *adj.* ⚖ damaging to business (interests); **Geschäftsschädigung** *f* trade libel, injurious malpractice.

Geschäfts|schluß *m* closing time; ***nach ~*** *a.* after business (*od.* office) hours;

~sinn *m* (a) head for business; **~sitz** *m* place of business; registered office; **~sprache** *f* commercial language, F commercialese; *pol.* official language; **~stelle** *f* office; *e-r Bank etc.*: branch; **~straße** *f* shopping street; **~stunden** *pl.* business (*od.* office) hours; **~tätigkeit** *f* business activity; **~teilhaber(in** *f*) *m* partner; **~ton** *m*: (**im ~** in a) businesslike tone; **~träger** *m pol.* chargé d'affaires; † representative.

geschäftstüchtig *adj.* efficient; (*gerissen*) smart; ***er ist sehr ~*** *a.* he's a good businessman; **Geschäftstüchtigkeit** *f* business acumen; (*Gerissenheit*) smartness.

Geschäfts|übergabe *f* handing over of a (*od.* the) business (**an** to); **~übernahme** *f* (business) takeover; **~umfang** *m* **1.** volume of business; **2.** scope of business.

geschäftsunfähig *adj.* legally incapacitated (*od.* incompetent); **Geschäftsunfähigkeit** *f* legal incapacity.

Geschäfts|unkosten *pl.* business expenses; (*Gemeinkosten*) overheads; **~unterlagen** *pl.* business papers; **~verbindung** *f* business contacts *pl.*; ***in ~ stehen mit*** do business with; ***in ~ treten mit*** enter into business relations with; **~verkehr** *m* business (dealings *pl. od.* transactions *pl.*); **~viertel** *n* business quarter, commercial district; (*Läden*) shopping cent|re (*Am.* -er); **~vollmacht** *f* power of attorney; **~wagen** *m* company car; **~welt** *f* business world (*od.* community); **~wert** *m* goodwill; **~zeichen** *n* reference (*od.* file) number; **~zeit** *f* → ***Geschäftsstunden***; **~zimmer** *n* office; **~zweig** *m* line (of business).

Geschäker F *n* flirting.

geschätzt *adj.* **1.** estimated; **2.** *fig.* respected, *formell*: esteemed; *Freund*: valued; (*beliebt*) well-liked.

gescheckt *adj.* piebald *horse etc.*; *Kuh*: brindled; *Katze*: tabby.

geschehen I. *v/i.* happen; (*sich ereignen*) *a.* occur; (*stattfinden*) take place; (*widerfahren*) happen (***j-m*** to s.o.); (*getan werden*) be done; ***~ lassen*** let *s.th.* happen, allow, (*wegschauen*) turn a blind eye to; ***es geschieht ihm recht*** it serves him right; ***was geschieht, wenn*** what happens if; ***was soll damit ~?*** what am I *etc.* supposed to do with it?; ***es muß etwas ~*** something must be done about it; ***es wird dir nichts ~*** nothing will happen to you, you'll be all right (*Am.* alright), *weitS.* they won't do anything to you; ***es geschieht in d-m Interesse*** it's for your own good (*od.* sake); ***er wußte nicht, wie ihm geschah*** he didn't know what was happening to him; ***es ist um sie ~*** that's the end of her, F she's done for, she's had it; ***Dein Wille geschehe*** Thy will be done; ***~ ist ~*** it's no use crying over spilt milk; ***2es kann man nicht rückgängig machen*** you can't put the clock back; → ***gern(e), Unrecht*** II; **II. 2** *n* events *pl.*; ***in das ~ eingreifen*** intervene; ***das ~ auf der Straße faszinierte ihn*** he was fascinated by what was going on in the street.

Geschehnis *n* event, incident; ***die ~se der letzten Tage*** the events of the past few days, what has been happening in the past few days.

gescheit *adj.* clever; (*aufgeweckt*) bright; (*vernünftig*) sensible; F (*ordentlich*) *Portion etc.*: F decent; ***sei doch ~!*** be sensible; ***du bist wohl nicht ~*** you must be mad; ***ich werde nicht ~ daraus*** I can't make head or tail of it, I don't get it; ***das ist immer am ~sten*** that's always the best policy; F ***nichts 2es*** nothing (doing F); ***das ist doch nichts 2es*** that's no good; ***er weiß nichts 2es mit sich anzufangen*** he doesn't know what to do with himself; ***wie soll aus dir was 2es werden?*** what 'is to become of you?; ***etwas 2es zu essen*** a decent bite to eat, a decent meal; ***etwas 2es zu trinken*** a decent drink, *Alkohol*: *a.* a good stiff drink; ***hier gibt's nichts 2es zu essen*** there's nothing worth eating here.

gescheitelt *adj.*: ***das Haar ~ tragen*** have a parting, part one's hair.

gescheitert *adj.*: ***ein ~er Versuch*** an unsuccessful (*od.* a failed) attempt.

Geschenk *n* present, gift; (*Werbe2*) free gift; (*Schenkung*) donation; ***j-m et. zum ~ machen*** give s.o. s.th. as a present; *fig.* ***~ des Himmels*** godsend; **~abonnement** *n* gift subscription.

Geschenkartikel *pl.* gifts; **~laden** *m* gift shop.

Geschenk|etui *n* presentation case; **~gutschein** *m* gift voucher; **~idee** *f* gift idea, idea for a present; **~korb** *m* (gift) hamper; **~packung** *f* gift wrapping; presentation box; ***in ~*** gift-wrapped; **~paket** *n* **1.** present; box of presents; **2.** → ***Geschenksendung***; **~papier** *n* (gift) wrapping paper; **~sendung** *f* gift parcel (*Am.* package).

geschenkt *p.p. u. adj.*: ***das ist ja (fast) ~!*** F it's a snip (*od.* giveaway, *Am. a.* steal); ***ich möcht's nicht einmal ~ haben*** I wouldn't take it if you paid me for it; F ***~!*** forget it!; → ***Gaul.***

geschert F *dial. adj.* ignorant; ***~er Lackel*** ignorant oaf.

Geschichte *f* **1.** story; (*Märchen etc.*) *a.* tale; F ***immer die alte ~!*** it's the same old story every time; F ***erzähl mir keine ~n!*** don't give me any of your nonsense; **2.** *als Wissenschaft*: history; *weitS. e-r Person od. Sache*: story; ***die ~ des X*** the X story, the story of X; ***~ machen*** make history; ***in die ~ eingehen*** go down in history; ***das ist (bereits) ~*** that's (already) part of history; **3.** F (*Angelegenheit, Sache*) affair, business; ***e-e dumme ~*** (such) a stupid thing; ***e-e schöne ~!*** a fine mess; ***die ganze ~*** the whole business; ***da haben wir die ~!*** there you are; ***mach keine ~n!*** a) don't make such a fuss, b) don't be a fool; ***das ist e-e böse ~ mit s-m Knie*** that's a nasty business he's got with his knee.

Geschichten|buch *n* storybook; **~erzähler** *m* storyteller.

geschichtlich I. *adj.* historical; (*~ bedeutsam*) historic; ***von ~er Bedeutung*** historically important, of historic(al) importance; **II.** *adv.* historically; **Geschichtlichkeit** *f* historicity.

Geschichts|atlas *m* historical atlas; **~auffassung** *f* view of history (*od.* the past); **~bewußtsein** *n* sense of history (*od.* the past), historical awareness (*od.* consciousness); **~bild** *n* view of history; **~buch** *n* history book; **~deutung** *f* interpretation (*od.* view) of history; **~drama** *n* historical play (*od.* drama); *pl.* historical plays (*od.* drama *sg.*); **~epoche** *f* period of history, historical period (*od.* era); **~fälschung** *f* falsification of history; corruption of historical fact(s); **~forscher** *m* historian; **~forschung** *f* historical research; **~kenntnis(se** *pl.*) *f* knowledge (*sg.*) of history; **~klitterung** *f* **1.** bias(s)ed historical account; **2.** → ***Geschichtsfälschung***; **~lehrer(in** *f*) *m* history teacher.

geschichtslos *adj.* without (a) history; *Bewußtsein*: ahistorical.

Geschichts|lüge *f* historical fabrication; **~philosophie** *f* philosophy of history; **~quelle** *f* historical source; **~roman** *m* historical novel; **~schreiber** *m* historian; **~schreibung** *f* historiography, *the* writing of history; **~stunde** *f* history class (*od.* lesson).

geschichtsträchtig *adj. Ort, Stätte etc.*: steeped in history, (very) historical, historically important; *Moment, Ereignis etc.*: historic; ***dies ist ein ~es Ereignis*** *a.* this event will go down in history.

Geschichts|unterricht *m* **1.** history class(es *pl.*) *od.* lessons *pl.*; **2.** *the* teaching of history; **~verständnis** *n* conception of history; **~werk** *n* historical work; **~wissenschaft** *f* history; **~wissenschaftler** *m* historian.

Geschick[1] *n* **1.** (*Schicksal*) fate; ***trauriges ~*** sad fate (*od.* lot); ***schweres ~*** cruel fate; **2.** *pl.* (*Belange*) destiny *sg.*, fortunes.

Geschick[2] *n* **1.** (*Begabung*) talent (**zu** for); F knack; ***er hat nicht das ~ dazu*** he hasn't got the knack, he hasn't got what it takes; *iro.* ***ein (besonderes) ~ haben zu*** *inf.* have the knack of *ger.*, have a special knack for *ger.*; **2.** → ***Geschicklichkeit.***

Geschicklichkeit *f* skill; *bsd. körperliche*: dexterity, *der Finger*: *a.* deftness.

Geschicklichkeits|fahren *n mot.* skill tests *pl.*, *Am.* gymkhana; **~prüfung** *f* test of skill; **~spiel** *n* game of skill; **~übung** *f* exercise in skill.

geschickt I. *adj.* skil(l)ful (**in** at); (*fingerfertig*) *a.* dext(e)rous, deft; *geistig*: clever, quick; ***er ist besonders ~ in*** he has a knack for (*ger.*); → ***Zug*** 12; **II.** *adv.* skil(l)fully *etc.*; ***~ vorgehen*** play one's cards well; → ***Affäre.***

Geschiebe *n* **1.** pushing, F shoving; pushing and shoving; **2.** *geol.* glacial drift.

geschieden *adj.* divorced; *Ehe*: dissolved; ***~er Mann, 2er, ~e Frau, 2e*** divorcee; ***die Zahl der 2en*** the number of divorced people; *fig.* ***wir sind ~e Leute*** F we're through, I'm through with you (*od.* him *etc.*).

Geschimpfe F *n* ranting and raving; (*Fluchen*) cursing and swearing.

geschirmt *adj.* ⚡ shielded.

Geschirr *n* **1.** crockery, F crocks *pl.*; (*Porzellan*) china; (*Tee2*) tea things *pl.*; (*Küchen2*) kitchen things *pl.*, pots and pans *pl.*, † kitchenware; ***~ spülen*** do (*od.* wash) the dishes; ***das ~ abräumen*** clear the dishes away, clear the table; ***das ~ einräumen*** put the dishes away; **2.** (*Pferde2*) harness; (*Wagen u. Gespann*) horse and carriage; ***sich ins ~ legen*** pull hard, *fig.* put one's back into it; **~schrank** *m* (china) cupboard, F cupboard where the plates are (kept); **~spüler** *m* (*a. Person*) dishwasher; **~spülkorb** *m* dish drainer; **~spülmaschine** *f* dishwasher; **2spülmaschinenfest** *adj.* dishwasher-safe; **~spülmittel** *n* washing-up liquid, detergent; **~tuch** *n* tea towel, drying-up cloth, *Am.* dish towel.

geschlagen *p.p. u. adj.*: ***sich ~ geben*** give in, admit defeat; ***ein ~er Mann*** a broken man; ***zwei ~e Stunden (lang)*** (for) two solid hours; → *a.* ***schlagen*** I.

geschlaucht F *adj.* F whacked, bushed, dead beat; ***ich bin ~*** *a.* F I've had it.

Geschlecht *n* **1.** sex; ***das andere ~*** the opposite sex; ***das starke ~*** the strong sex; ***das schwache (schöne) ~*** the weaker (fair) sex; ***beiderlei ~s*** of both sexes; **2.** (*Gattung*) species; ***das menschliche ~*** the human race, mankind; **3.** (*Familie*) family; (*Fürsten*2) dynasty; (*Abstammung*) descent, lineage; **4.** (*Generation*) generation; ***die kommenden ~er*** generations to come; **5.** *ling.* gender; ***welches ~ hat das Wort?*** what gender is the word?; **6.** *lit.* (*Geschlechtsteil*) *lit.* sex.

Geschlechter|rolle *f* sex (*od.* gender) role; **~trennung** *f* segregation of the sexes.

geschlechtlich I. *adj.* sexual, sex ...; *biol. a.* (*gattungsmäßig*) generic; **II.** *adv.*: ***mit j-m ~ verkehren*** have (sexual) intercourse with s.o.; **Geschlechtlichkeit** *f* sexuality.

Geschlechts|akt *m* sex(ual) act; ***der ~*** *a.* coitus; **~bestimmung** *f* sex determination; **~chromosom** *n* sex chromosome; **~drüse** *f* gonad; **2gebunden** *adj. biol.* sex-linked; **~hormon** *n* sex hormone; **2krank** *adj.* VD *patients etc.*; ***~ sein*** have venereal disease (*od.* VD); **~krankheit** *f* venereal disease, VD; **~leben** *n* sex life; **2los** *adj.* sexless, *a. biol.* asexual; *ling.* neuter; **~merkmal** *n* sex characteristic; **~organ** *n* sex(ual) organ, *pl. a.* genitals; **~partner** *m* (sexual) partner; **2reif** *adj.* sexually mature; **~reife** *f* sexual maturity; ***die ~ erlangen*** reach sexual maturity; **2spezifisch** *adj.* sex-specific; **~teil** *n, m* genitals *pl.*; **~trieb** *m* sex(ual) drive; **~umwandlung** *f*: ***(e-e ~ durchmachen*** have a) sex change (operation); **~unterschiede** *pl.* differences between the sexes; **~verhältnis** *n* sex ratio; **~verirrung** *f* sexual perversion; **~verkehr** *m* (sexual) intercourse, sex; **~wort** *n ling.* article; **~zugehörigkeit** *f* sex; ***Benachteiligung aufgrund der ~*** sex discrimination.

geschliffen *fig. adj.* polished, *Manieren*: refined.

geschlossen I. *adj.* closed (*a. ling. Vokal,* ⚡ *Stromkreis*); (*in sich ~*) self-contained *unit, whole*; *Gruppe, Einheit etc.*: cohesive; *Arbeit, Leistung*: well-rounded, finished; (*einheitlich*) uniform; *Formation, Reihen*: closed, serried *ranks*; (*vereint*) united; ***~e Gesellschaft (Vorstellung)*** private party (performance); ***~e Ortschaft*** built-up area; ***~e Wolkendecke*** overcast skies; ***e-e ~e Front bilden*** form a united front; ⚖ ***in ~er Sitzung*** in camera; **II.** *adv.* (*alle gemeinsam*) all together; (*einstimmig*) unanimously; ***~ hinter j-m stehen*** be solidly behind s.o.; ***sie waren ~ dafür (dagegen)*** they were unanimously in support of it (against it), they were unanimous in their support for it (opposition to it); **Geschlossenheit** *f* (*Einheit*) unity, solidarity; (*Einstimmigkeit*) unanimity.

Geschlürfe *n* (loud) slurping.

Geschmack *m* **1.** *von Essen etc.*: taste (*a. ~sempfindung*); (*Aroma*) *a.* flavo(u)r; ***ich habe gar keinen ~ mehr*** I've got no sense of taste, I can't taste anything any more; **2.** (*ästhetisches Empfinden*) taste; (*Vorliebe*) taste, liking (**an** for); ***~ haben*** have (good) taste; ***keinen ~ haben*** have no (sense of) taste; ***e-n teuren ~ haben*** have expensive tastes; ***es ist nicht jedermanns ~*** it's not everyone's taste; ***~ finden an*** (get *od.* come to) like; ***den ~ verlieren an*** lose one's taste for; ***auf den ~ kommen*** acquire a taste for it, get to like it, F get hooked; ***j-n auf den ~ bringen*** whet s.o.'s appetite (for s.th.); *drohend*: ***wir werden dich schon auf den ~ bringen!*** you'll get to like it soon enough; *mst iro.* ***ist es nach d-m ~?*** is it to your liking (*od.* taste)?; ***(das ist) ein Mann nach m-m ~!*** that's the kind of man I like, that's my kind of man; ***jeder nach s-m ~*** everyone to his own taste; ***die Geschmäcker sind verschieden, über ~ läßt sich streiten*** *a.* there's no accounting for tastes; ***was hat sie für e-n musikalischen ~?*** what are her musical tastes (*od.* tastes in music)?; ***es zeugt nicht gerade für s-n ~*** it doesn't say much for his taste(s); ***der ~ von heute*** today's tastes (*od.* fashions); ***ohne ~*** → ***geschmacklos***; ***mit ~*** → ***geschmackvoll.***

geschmacklich *adv.*: ***~ verschieden sein*** taste different; ***~ verfeinern*** improve the taste of; *fig.* ***~ unmöglich*** *Einrichtung etc.*: absolutely tasteless.

geschmacklos *adj.* tasteless (*a. fig.*); *fig. a.* in bad taste; (*taktlos*) tactless; ***das war äußerst ~*** that was in very bad taste; **Geschmacklosigkeit** *f* tastelessness; *fig. a.* bad taste; (*Taktlosigkeit*) tactlessness; (*Geschmackssünde*) offen|ce (*Am.* -se) against good taste; (*geschmacklose Bemerkung*) tasteless remark; ***das war e-e ~*** that was in bad taste.

Geschmacks|frage *f* → ***Geschmackssache***; **~knospe** *f* taste bud; **~nerv** *m* gustatory nerve; **2neutral** *adj.* tasteless; **~organ** *n* organ of taste; **~probe** *f* **1.** tasting; **2.** (*kleine Menge*) sample; **~richtung** *f* taste; **~sache** *f* (a) matter of taste; **~sinn** *m* (sense of) taste; **~störung** *f* impaired taste; **~verirrung** *f* insult to good taste; (*Gegenstand der ~*) *a.* (definite) mistake; F ***sie leidet an ~*** she's never heard of the word taste; **~verstärker** *m* flavo(u)r enhancer; **2widrig** *adj.* in bad taste; ***~ sein*** *a.* go against good taste; **~zusatz** *m* flavo(u)r(ing); ***mit ~*** flavo(u)red.

geschmackvoll I. *adj.* tasteful, in good taste; elegant, stylish; ***das war nicht sehr ~ von ihm*** that wasn't very tactful of him, that was in bad taste; **II.** *adv.*: ***er kleidet sich ~*** he's very well dressed, he has good dress sense.

geschmeidig *adj.* (*glatt*) smooth (*a. Haar*); (*elastisch*) elastic, pliant; *Leder*: soft; *Körper*: lithe; *fig. Geist*: elastic *mind*; (*gewandt*) adroit; (*aalglatt*) smooth, F slick; *Zunge*: glib; **Geschmeidigkeit** *f* smoothness; elasticity, pliancy; softness; litheness; glibness; → ***geschmeidig.***

Geschmeiß *n a. fig. contp.* vermin.

Geschmetter *n* flourish *of trumpets etc.*; *contp.* blaring.

Geschmier(e) *n* smearing; (*Gekritzel*) scribble; (*schlechtes Bild*) daub; (*Aufsatz etc.*) hotchpotch.

geschmiert *p.p.* → ***schmieren*** 1.

Geschmorte(s) *n* stewed (*od.* braised) meat.

Geschmunzel *n* smirk(ing).

Geschmuse *n* (kissing and) cuddling; *Liebespaar*: *a.* F smooching.

Geschnarche *n* snoring.

Geschnatter *n von Enten*: quacking; *von Gänsen*: cackling; *fig.* chatter(ing).

geschniegelt *adj.* (*a.* ***~ und gebügelt***) (*pred.* all) spruced up.

Geschnörkel *n* curlicues *pl.*; F fiddly (*od.* fancy) bits *pl.*

Geschnüffel *n* sniffling, sniffing; *fig.* snooping (around).

Geschöpf *n* **1.** creature; F ***süßes (armes) ~*** lovely (poor) creature *od.* thing; **2.** (*erdichtete Gestalt etc.*) creation (*gen.* of).

Geschoß¹ *n* (*Stockwerk*) stor(e)y, floor; ***im ersten ~*** on the first (*Am.* second) floor; ***im oberen (unteren) ~*** upstairs (downstairs).

Geschoß² *n* missile (*a. Wurf*2); (*Kugel*2) bullet; (*Granate*) shell; **~bahn** *f* trajectory; **~hagel** *m* hail of bullets (*od.* shells).

geschraubt I. *adj.* ⚙ screwed, bolted; *fig. Stil*: stilted, affected, artificial; **II.** *adv.*: ***~ reden*** talk like a book; **Geschraubtheit** *f des Stils etc.*: affectation, artificiality.

Geschrei *n* shouting, *stärker*: screaming; shouts *pl.*, screams *pl.*; *anfeuerndes*: cheering; *fig.* howls *pl.* of protest, hue and cry; (*Aufhebens*) huge (F almighty) fuss; ***ein großes ~ machen*** raise a hue and cry, (*Getue*) make a huge fuss (***um, wegen*** about).

Geschreibsel *n* scrawl, scribble; *fig.* scribblings *pl.*

geschunden *adj.* maltreated.

geschuppt *adj.* scaly; *Ziegel*: scalloped.

Geschütz *n* gun; ***schweres ~*** heavy gun, *coll.* heavy artillery; *fig.* ***schweres ~ auffahren*** bring in the big guns (***gegen*** against); **~feuer** *n* gunfire, shelling; **~führer** *m* gunner.

geschützt *adj.* protected; (*sicher*) safe, secure; (*wind~ etc.*) sheltered; ***~e Tierart*** protected species; ***patentamtlich ~*** patented; ***(gesetzlich) ~es Warenzeichen*** registered trademark; → ***urheberrechtlich.***

Geschwader *n* ⚓ squadron; ✈ group, wing; F *fig.* troop.

Geschwafel F *n* drivel.

Geschwätz *n* talk, prattle; nonsense; (*Klatsch*) gossip; ***leeres ~*** hot air; **geschwätzig** *adj.* talkative, garrulous; gossipy; ***er ist ein ~er Typ*** he talks an awful lot, he never stops talking; **Geschwätzigkeit** *f* talkativeness; gossiping.

geschwefelt *adj.* sulphonated, *Am.* sulfonated.

geschweift *adj.* curved; ***~e Klammern*** braces; ***~ sein*** *Komet etc.*: have a tail.

geschweige *cj.*: ***~ denn*** let alone, never mind, much less.

geschwellt *adj.*: ***von Stolz ~*** puffed up (with pride).

geschwind I. *adj.* fast; **II.** *adv.* quickly; ***~!*** quick!

Geschwindigkeit *f* speed; (*Lauftempo etc.*) pace; *phys.* velocity; (*Maß der Fortbewegung*) rate; (*Schwung*) momentum; ***mit e-r ~ von*** at a rate (*od.* speed) of; ***mit***

größter ~ full speed, at top speed; F ***er macht es mit e-r ~!*** he does it so fast (*od.* at such speed).

Geschwindigkeits|abfall *m* loss of speed; **~begrenzung** *f*, **~beschränkung** *f* speed limit; **~kontrolle** *f* speed check; **~messer** *m mot.* speedometer; **~rausch** *m* thrill of speed; ***im ~*** drunk with speed; **~rekord** *m* speed record; **~überschreitung** *f* speeding.

Geschwirr *n* whirring, buzz(ing).

Geschwister *pl.* brother(s) and sister(s); *bsd. formell*: siblings; ***haben Sie noch ~?*** have you got any brothers or sisters?; **Geschwisterchen** *n* little (*od.* baby) brother *od.* sister; **geschwisterlich** *adj.* brotherly, sisterly.

Geschwister|liebe *f* brotherly (*od.* sisterly) love; **~paar** *n* brother and sister.

geschwollen *adj.* swollen; *fig. Rede*: pompous, inflated.

geschworen *adj.*: ***~er Gegner*** (*od.* ***Feind***) sworn enemy.

Geschworene(r *m*) *f* ⚖ **1.** *in angelsächsischen Ländern*: juror, member of the jury; ***die Geschworenen*** the jury (*sg.*); **2.** *obs.* lay judge.

Geschworenen|bank *f*: (***auf der ~*** in the) jury box; **~gericht** *n* jury court.

Geschwulst *f* ⚕ growth, tumo(u)r; (*Knoten*) *a.* lump; **2artig** *adj.*: ***~e Gewebebildung*** tumescent growth.

geschwungen *adj.* curved, *weit*: sweeping.

Geschwür *n* ⚕ ulcer; *auf der Haut*: sore; (*Furunkel*) boil; **2artig** *adj.* ulcerous.

gesegnet *adj.* blessed (***mit*** with); ***~e Mahlzeit!*** enjoy your meal; ***~es neues Jahr!*** Happy New Year!; ***im ~en Alter von*** at the ripe old age of.

Geselchte(s) *dial. n* smoked meat.

Geselle *m* **1.** (*Handwerker*) journeyman (*z. B.* ***Schneider2*** journeyman tailor); **2.** F (*Bursche*) lad; *bsd. contp.* type.

gesellen *v/refl.* **1. *sich ~ zu*** join *s.o. etc.*; ***zu uns gesellte sich e-e junge Dame*** we were joined by a young lady; → ***gleich*** 1; **2. *dazu gesellten sich noch andere Probleme*** in addition to that other problems cropped up.

Gesellen|brief *m* apprenticeship diploma; **~prüfung** *f* (apprentices') final examination; **~stück** *n* diploma piece.

gesellig *adj.* **1.** sociable, *a. Tiere*: gregarious; ***~es Wesen*** social being; **2. *~es Beisammensein*** (little) get-together; ***~er Abend*** *a.* pleasant evening together; **Geselligkeit** *f* sociability; (*Umgang*) socializing.

Gesellschaft *f* **1.** society; ***die feine ~*** high society; ***e-e Dame der ~*** a society lady; ***sich in guter ~ bewegen*** move in high circles; *iro.* ***du bewegst dich ja in guter ~!*** you don't mix with the hoi polloi, do you?; *iro.* ***benimm dich, wir sind hier in guter ~!*** (watch your manners -) we're not at home now; **2.** (*Zusammensein mit anderen*; *Besucher*, *Gäste*) company; ***gute*** (***schlechte***) ***~*** good (bad) company; ***in schlechte ~ geraten*** get in with the wrong crowd; ***in j-s ~*** in the company of s.o.; ***j-m ~ leisten*** keep s.o. company, ***bei:*** join s.o. in (*ger.*); ***komm, leiste mir ein bißchen ~*** come and talk to me; ***hier hast du ~*** here's someone to keep you company; ***wir kriegen ~*** look who's coming; *fig. iro.* ***sich in guter ~ befinden*** (*unter Leidensgenossen etc.*) be in good company; ***da bist du ja in guter ~!*** *a.* join the club; **3.** *fig. contp.* lot, bunch, crowd; ***ihr seid ja e-e langweilige ~!*** what a boring lot you are; **4.** (*geselliges Beisammensein*) social gathering; (*Party*) party; ***e-e ~ geben*** have (*od.* give) a party; **5.** (*Vereinigung*) society, association; ✝ company, *Am. a.* corporation; (*Teilhaberschaft*) partnership; *eccl.* ***~ Jesu*** Society of Jesus; → ***Aktiengesellschaft, Handelsgesellschaft, Haftung*** 2.

Gesellschafter *m* **1. *er ist ein guter ~*** he's good company; **2.** ✝ partner, associate; → *a.* ***Aktionär***; ***stiller ~*** sleeping (*Am.* silent) partner; **~versammlung** *f* ✝ corporate (*od.* general) meeting.

gesellschaftlich I. *adj.* social; ***~e Entwicklung*** development of society; ***~es Gefüge*** social fabric, fabric of society; **II.** *adv.* socially; ***~ gewandt*** (*od.* ***sicher***) ***sein*** have plenty of savoir-faire, move easily in society; ***sich ~ unmöglich machen*** disgrace o.s. in public; ***so kann man sich ~ nicht benehmen*** you can't behave like that in society.

Gesellschafts|abend *m* (dinner) party; **~anzug** *m* formal suit; ***~ erbeten*** black tie; **2fähig** *adj.* socially acceptable; *a. Kleidung*: presentable, respectable; ***nicht ~*** *Witz etc.*: risqué, near the knuckle; ***in der Hose bist du nicht ~*** you can't go out in those trousers; **2feindlich** *adj.* **1.** ***~ sein*** *Entwicklungen etc.*: threaten (*od.* be a threat to) society; **2.** *Einstellung etc.*: antisocial; **~form** *f* social system; **~kapital** *n* ✝ corporate capital; (*Grundkapital*) joint stock, share capital; **~klasse** *f* (social) class; **~kritik** *f* social criticism; **~kritiker** *m* social critic; **2kritisch** *adj.* sociocritical; *Person etc.*: socially critical, critical of society; **~kunde** *f* social studies *pl.*; **~lehre** *f* sociology; **~ordnung** *f* social order; **~politik** *f* sociopolitics *pl.* (*als Fach sg. konstr.*); **2politisch** *adj.* sociopolitical; **~raum** *m* party room; *im Hotel etc.*: lounge; **~reise** *f* group tour; **~roman** *m* social novel; **~schicht** *f* (social) class; **~spiel** *n* party (*od.* parlo[u]r) game; **~struktur** *f* social structure; structure of society; **~stück** *n thea.* drawing-room comedy; *Kunst*: genre painting; **~system** *n* social system; **~tanz** *m* ballroom dance; **~vermögen** *n* company assets *pl.*; **~vertrag** *m* **1.** *pol., phls.* social contract; **2.** ✝ articles *pl.* of association.

gesengt *adj.* → ***Sau*** 2.

Gesenk *n* ⚙ die.

Gesetz *n* law (*a. fig.*); ⚖, *parl. a.* act; (*Gesetzesvorlage*) bill; (*Vorschrift*, *a. fig. Prinzip*) rule, principle; *coll.* ***das ~*** the law; ***gegen das ~*** against the law, illegal; ***nach dem ~*** under the law; ***im Namen des ~es*** in the name of the law; ***zum ~ werden*** become law; ***mit dem ~ in Konflikt geraten*** come up against the law, F get tangled up with the law; ***es steht im ~, daß*** the law says (that); F ***das steht nicht im ~*** there's no law about that; → ***aufheben*** 4, ***erlassen*** 3, ***Hüter*** *etc.*; ***das ~ des Dschungels*** the law of the jungle, jungle law; ***das ~ der Serie*** the law of continuity; *fig.* ***das oberste ~ der Werbung ist*** the first rule of advertising is; ***sich et. zum obersten ~ machen*** make s.th. a cardinal rule; **~blatt** *n* law gazette; **~buch** *n* code (of law); statute book; **~entwurf** *m parl.* bill.

Gesetzes|hüter *iro. m* guardian of the law; **2konform** *adj. u. adv.* within the law; **~kraft** *f* legal force; ***~ erlangen*** become law; **~lücke** *f* gap (*od.* loophole) in the law; **~mißachtung** *f* defiance of the law; **~novelle** *f* amendment; **~sammlung** *f* statute book; **2treu** *adj.* law-abiding; **~übertretung** *f* offen|ce (*Am.* -se); violation of the law; **~vorlage** *f* bill; **~werk** *n* body of law.

gesetzgebend *adj.* legislative; ***~e Gewalt*** legislature; ***~e Körperschaft*** legislative (body); **Gesetzgeber** *m* legislator, lawmaker; **Gesetzgebung** *f* legislation; **Gesetzgebungswerk** *n* body of law.

gesetzlich I. *adj.* legal, (***~ bestimmt***) *a.* statutory; (*rechtmäßig*) lawful; *Forderung*: legitimate; (*gesetzgeberisch*) legislative; ***~es Alter*** legal age; ***~es Rentenalter*** compulsory retirement age; → ***Feiertag***; **II.** *adv.* legally *etc.*; ***~ bestimmt*** prescribed by law, statutory; ***~ geschützt*** patented, *Warenzeichen etc.*: registered; ***~ zulässig*** legal, lawful; ***~ verboten*** prohibited (by law); ***~ verpflichtet*** bound by law; **Gesetzlichkeit** *f* legality; (*Rechtmäßigkeit*) legitimacy.

gesetzlos *adj.* lawless; anarchic(al); **Gesetzlosigkeit** *f* lawlessness; anarchy.

gesetzmäßig *adj.* legal, lawful; *Anspruch etc.*: *a.* legitimate; *fig.* regular, following a set pattern; **Gesetzmäßigkeit** *f* legality; lawfulness; legitimacy; *phys.* conformity with a natural law; *fig.* (inherent) law(s *pl.*), regularity; (predetermined) pattern(s *pl.*).

Gesetzsammlung *f* statute book.

gesetzt I. *adj.* (*ruhig*, *ernsthaft*) staid; (*nüchtern*) sober; (*würdig*, *ernst*) dignified; (*älter*, *reif*) mature; ***~es Alter*** mature age; *ein Herr* ***in ~em Alter*** of mature years; **II.** *cj.*: ***~ den Fall, daß*** suppose, supposing, let's assume; **Gesetztheit** *f*: ***~ des Alters*** staidness of old age.

gesetzwidrig *adj.* illegal; **Gesetzwidrigkeit** *f* unlawful (*od.* illegal) act.

Geseufze *n* sighing.

gesichert *adj.* secured (***vor, gegen*** against), safe (from), protected (from); ⚙, *a.* ✝ secured; *Schußwaffe*: at safe; *Existenz etc.*: secure.

Gesicht *n* face (*a. fig. Person*); (*Miene*) *a.* expression; *fig.* (*Aussehen*) look; *lit.* (*Charakter*) character; ***~er machen*** (*od.* ***schneiden***) make (*od.* pull) faces; ***ein böses ~ machen*** scowl; ***er machte ein langes ~*** *enttäuscht*: his face fell, *trotzig*: he pulled a face; ***was machst du für ein ~?*** what are you pulling (such) a face for?; ***mach nicht so ein ~!*** stop pulling such a face, wipe that look off your face; ***mach nicht so ein dummes ~!*** don't look so stupid, wipe that stupid look off your face; ***das sieht man ihm am ~ an*** you can tell by the look on his face; ***es steht ihm im ~ geschrieben*** it's written all over his face; ***j-m*** (***gerade***) ***ins ~ sehen*** look s.o. (straight) in the eye; ***e-r Gefahr*** *etc.* ***ins ~ sehen*** face up to a danger *etc.*; ***den Tatsachen ins ~ sehen*** face the facts; ***ich kann ihm nicht mehr ins ~ sehen*** I can't look him in the face (*od.* eye) any more; ***j-m ins ~ schlagen***

slap s.o. in the face; ***j-m et. ins ~ sagen*** say s.th. to s.o.'s face; ***j-m ins ~ lügen*** lie to s.o.'s face; ***das springt einem doch ins ~*** it stares you in the face, it's so obvious; ***ich hätte ihm ins ~ springen können*** I could have strangled him; ***zu ~ bekommen*** (*erblicken*) catch sight of, *kurz*: catch a glimpse of, (*sehen*) set eyes (up)on, see; *lit.* ***aus dem ~ verlieren*** lose sight of; ***er ist s-m Vater wie aus dem ~ geschnitten*** he's the spitting image (*od.* spit and image) of his father, F he's a chip off the old block; ***das ~ wahren*** save (one's) face; ***das ~ verlieren*** lose face; ***sein wahres ~ zeigen*** show its true face, *Person*: *a.* show one's true colo(u)rs; ***ein anderes ~ bekommen*** take on a new (*od.* different) look *od.* complexion; ***das gibt der Sache ein anderes ~*** that puts a new (*od.* different) light *od.* complexion on the matter.

Gesichts|ausdruck *m* (facial) expression; **~creme** *f* face cream; **~farbe** *f* complexion; **~feld** *n opt.* range of vision; **~haar** *n* facial hair; **~hälfte** *f* side of the face; **~haut** *f* (facial) skin; **~kontrolle** F *f* appearance (*od.* face) check; ***so kommst du nie durch die ~*** they'll never let you in like that; **~kreis** *m* **1.** *fig.* (*Horizont*) horizon(s *pl.*); ***das liegt außerhalb ihres ~es*** it's beyond her horizon; **2.** (*Blickfeld*) view; ***in den ~ treten*** come into view; ***aus dem ~ verschwinden*** *a. fig.* disappear from view; *fig.* ***ich habe sie aus m-m ~ verloren*** I've lost touch with her, I've lost sight of her; **~lähmung** *f* Bell's palsy.

gesichtslos *adj.* faceless.

Gesichts|maske *f* mask; *des Chirurgen*: (face) mask; (*Schutzmaske*) face guard; *Fechten*: fencing mask; → ***Gesichtspackung***; **~massage** *f* facial massage; **~muskel** *m* facial muscle; **~nerv** *m* facial nerve; **~operation** *f* plastic surgery; **~packung** *f* face pack, facial; **~partie** *f* area (of the face); **~pflege** *f* skin (*od.* face) care; **~plastik** *f* plastic surgery; **~puder** *m* face powder; **~punkt** *m* point of view, angle; (*Faktor*) factor; ***unter dem ~ gen.*** *a.* in terms of; ***von diesem ~ aus gesehen*** seen from this angle (*od.* point of view); **~seife** *f* facial (*od.* face) soap; **~straffung** *f* facelift; **~verlust** *m* loss of face; ***e-n ~ erleiden*** lose face; **~wasser** *n* face lotion; **~winkel** *m opt.* visual angle; *fig.* angle; **~züge** *pl.* features.

Gesims *n* ⚠ (*Zierleiste*) mo(u)lding; (*Kranz*≈) cornice; (*Kamin*≈) mantelpiece; (*Fenster*≈) sill; *geol.* ledge.

Gesindel *n* rabble, good-for-nothings *pl.*

gesinnt *adj. in Zssgn* ...-minded, ...-oriented; (*freundlich ~ etc.*) *well*-disposed *etc.*; ***feindlich ~*** hostile; ***anders ~ sein*** have different views (**als** from); ***fortschrittlich ~ sein*** be (a) progressive, be in favo(u)r of progress; ***sozialistisch ~ sein*** have socialist leanings (*od.* views); ***wie ist sie politisch ~?*** where does she stand politically?, what are her political leanings?

Gesinnung *f* mentality; (*Denkart*) way of thinking; (*Ansichten*) opinions *pl.*, views *pl.*; (*Einstellung*) attitude; (*Überzeugung*) conviction, persuasion; (*Charakter*) character; ***edle ~*** noble-mindedness; ***von edler ~*** noble-minded; ***treue ~*** loyalty; ***ein Mann mit liberaler (demokratischer) ~*** a liberal-minded (democratically minded) man; ***s-e wahre ~ zeigen*** show one's true colo(u)rs.

Gesinnungsgenosse *m* fellow-communist *etc.*; *iro.* kindred spirit; *contp.* crony; (*Anhänger*) adherent, supporter.

gesinnungslos *adj.* unprincipled, lacking in character; (*treulos*) disloyal; **Gesinnungslosigkeit** *f* lack of principles.

Gesinnungslump *m* timeserver, opportunist; **Gesinnungslumperei** *f* opportunism, timeserving.

Gesinnungs|schnüffelei F *f* ideological spying (F snooping); *etwa* McCarthyism; **~täter** *m* politically *etc.* motivated offender; **≈treu** *adj.* loyal; **~treue** *f* loyalty; **~wandel** *m*, **~wechsel** *m* change of heart; *bsd. pol.* about-turn, volte-face.

gesittet *adj.* civilized; (*moralisch*) moral; (*wohlerzogen*) well-mannered; (*höflich*) polite, courteous.

Gesocks F *n* rabble, F shower.

Gesöff F *n* F brew.

gesondert *adj.* separate.

gesonnen *adj.*: ***~ sein zu*** *inf.* be inclined to *inf.* (*od.* towards *ger.*); ***er scheint nicht ~ zu*** *inf. a.* he doesn't seem willing *od.* prepared to *inf.* (*od.* keen on *ger.*).

Gesottene(s) *n* boiled meat.

gespalten *adj.* split; *Partei etc.*: *a.* divided; ***~er Gaumen*** cleft palate; *psych.* ***~e Persönlichkeit*** split personality.

Gespann *n* team; (*Pferde*≈) horse and cart; *fig.* team, (*Paar*) pair, duo, tandem; *die beiden* ***bilden ein ideales (merkwürdiges) ~*** make a perfect team (make strange bedfellows).

gespannt I. *adj.* **1.** *Seil*: taut; *Muskel*: tense; **2.** *fig. Beziehungen*: strained; *Lage*: tense; (*neugierig*) curious; ***ich bin ~ auf*** I can't wait to see (*od.* find out *etc.*), ***das Konzert***: I wonder what the concert's going to be like; ***ich bin ~, ob*** I wonder if (*od.* whether); F ***ich bin ~ wie ein Regenschirm*** I (just) can't wait, I can hardly wait, the suspense is killing me, F I'm dying (*od.* bursting) to find out *etc.*; ***et. mit ~er Aufmerksamkeit verfolgen*** follow s.th. closely (*od.* with keen interest); ***sie steht mit ihm auf ~em Fuß*** she doesn't get on (very well) with him; **II.** *adv.* (*aufmerksam, konzentriert*) intently; ***~ zusehen*** watch closely, be riveted; ***er hörte ~ zu*** he listened intently, he was all ears; ***wir warten schon ganz ~*** we can't wait (to hear *etc.*); **Gespanntheit** *f* (*gespannte Erwartung*) expectation, *stärker*: excited anticipation; (*Aufmerksamkeit*) intentness; (*Spannungszustand*) tension; ***man konnte die ~ im Saal spüren*** the hall was buzzing with expectation (*od.* anticipation, excitement).

Gespenst *n* ghost; *fig.* (*Gefahr*) spect|re (*Am.* -er); F ***du siehst ja ~er!*** you're seeing (*od.* imagining) things; ***wie ein ~ aussehen*** look like a ghost; ***da gehen ~er um*** the place is haunted; *fig.* ***das ~ der Anarchie*** *etc.* ***an die Wand malen*** raise (*od.* conjure up) the spect|re (*Am.* -er) of anarchy *etc.*

Gespenstergeschichte *f* ghost story.

gespensterhaft *adj.* ghostly; *fig.* (*unheimlich*) uncanny.

Gespenster|schiff *n* phantom ship; **~stunde** *f* witching hour.

gespenstisch *adj.* ghostly, eerie; F (*unglaublich*) incredible.

gesperrt I. *adj.* **1.** closed (**für** to); (*verschlossen*) locked; ✝ blocked; *Scheck*: stopped; ***für den Verkehr ~*** closed to all traffic; **2.** *typ.* spaced; **II.** *adv.*: ***~ gedruckt*** spaced out.

gespickt *adj.* **1.** *Braten*: larded; **2.** F *fig.* ***~ mit*** *Fehlern*: bristling with, *Zitaten etc.*: interlarded with; ***s-e Brieftasche war ~*** F his wallet (*od.* he) was loaded.

Gespiele *m*, **Gespielin** *f lit. u. iro.* playmate.

gespielt *adj.*: ***~e Gleichgültigkeit*** *etc.* studied indifference *etc.*

Gespinst *n* spun yarn; (*Gewebe*) web, tissue; *der Raupe*: cocoon; *der Spinne*: web; *fig.* web *of lies etc.*

gesponnen F *adj.*: ***alles ~es Zeug*** he's *etc.* made it all up.

Gespons *hum. m, n* spouse.

Gespött *n* mockery, ridicule; ***sich zum ~ (der Leute) machen*** make a fool of o.s., make o.s. into a laughing stock; ***zum ~ der Leute werden*** become a laughing stock; **Gespöttel** *n* (constant) mocking *od.* mockery.

Gespräch *n* conversation (**über** about, on); (*Diskussion*) discussion; (*Zwie*≈) dialog(ue); *pol.* talks *pl.*; (*Telefon*≈) telephone conversation, (*Anruf*) call; ***ein ~ führen mit*** have a conversation with; ***~e führen mit*** talk to, *bsd. pol.* have talks with; ***ins ~ kommen mit*** get into conversation with, get talking to, *fig.* make contact with; ***es ist im ~*** (*wird erwogen*) it's being considered, it's under discussion (*od.* consideration), (*wird beredet*) it's a talking point; ***das ~ bringen auf*** bring the conversation round to; ***mit j-m im ~ bleiben*** keep in contact with s.o., keep up contacts (*od.* the contact) with s.o.

gesprächig *adj.* talkative; (*mitteilsam*) communicative; ***sie ist nicht sehr ~*** *a.* she doesn't say much; ***heute bist du ja nicht sehr ~*** *a.* you haven't got much to say for yourself today, have you?; **Gesprächigkeit** *f* talkativeness.

gesprächsbereit *adj. bsd. pol.* ready for talks; prepared (*od.* willing) to have talks; ready (*od.* prepared, willing) to negotiate; **Gesprächsbereitschaft** *f* willingness to have talks; desire for talks (*od.* negotiations).

Gesprächs|dauer *f*: *teleph.* ***bei e-r ~ von fünf Minuten*** a five-minute call *will cost etc.*; **~einheit** *f teleph.* unit; **~fetzen** *pl.* snatches of (a *od.* the) conversation; **~form** *f*: ***in ~*** in the form of a conversation *od.* dialog(ue); **~gegenstand** *m* topic (*od.* subject) of conversation; **~grundlage** *f* basis for talks; **~klima** *n pol.* atmosphere of the talks; **~leiter(in** *f*) *m Radio, TV*: host; *bei Konferenzschaltung*: *a.* anchorman, *f* anchorwoman; **~leitung** *f*: ***die ~ hat ...*** hosting the discussion we have ...; **~partner** *m*: ***er ist ein guter ~*** you can have good conversations with him; ***mein ~ war ...*** I was talking to ...; ***sie braucht e-n ~*** she needs someone to talk to; ***unsere ~ heute abend sind ...*** with us here this evening (to talk about it) are ...; *pol.* ***sein ~*** his partner in the talks; ***er trifft sich mit s-m ~ X*** he'll be meeting X for talks; **~pause** *f* lull in the conversation; **~runde** *f pol.* round of talks; **~stoff** *m* topic(s *pl.*) of conversation; ***genügend ~ haben*** have plenty to talk about; → ***ausgehen*** 3;

~thema *n* topic (of conversation); topic of discussion; **~ Nummer eins** topic number one; **es ist zur Zeit ~ Nummer eins** everyone's talking about it; **das ist für mich kein ~** that's not something I'm even prepared to discuss; **~therapie** *f* counsel(l)ing.
gesprächsweise *adv.* in conversation; *konkret*: in the course of (the) conversation.
gespreizt *adj.* spread-out; *Wellenbereich*: spread; *fig.* affected; *Stil*: *a.* stilted; **Gespreiztheit** *f* affectation.
gesprenkelt *adj.* speckled; (*gescheckt*) mottled.
gespritzt *adj. Getränk*: ... with soda; **~er Whisky** whisk(e)y soda.
Gespritzte *dial. m* wine with soda water, spritzer.
gesprungen *adj. Vase etc.*: cracked; **die Tasse ist ~** *a.* the cup's got a crack.
Gespür *n* (*Gefühl*) feeling (**für** for); (*Wahrnehmungsvermögen*) sense (of); **feines ~** *a.* antenna, nose (**für** for); **sie hat ein ~ dafür** she picks that kind of thing up straightaway.
gespurt *adj. Loipe*: tracked, prepared.
Gestade *lit. n des Meeres*: shore, *flaches*: beach.
gestaffelt *adj. Preise, Steuern, Zinsen*: graduated, sliding scale ...; **~e Arbeitszeiten** (**Urlaubszeiten**) staggered working hours (holidays); **~er Zinssatz** progressive (interest) rate.
Gestagen *n* progestin.
Gestalt *f* **1.** (*undeutlich wahrgenommener Mensch*) figure, form; (*Ding*) form, shape; *fig.* (*komische ~*) character; **dunkle ~** dark shape (*od.* figure), *fig.* shady character; **2.** (*äußere ~*) shape, form; (**feste**) **~ annehmen** take shape, materialize, be shaping up; **die ~ e-r Pyramide haben** be shaped like a pyramid; **e-r Sache ~ geben** give s.th. shape; **in ~ von** in the form (*od.* shape) of; **in s-r jetzigen ~** in its present shape (*od.* form); **3.** (*Körperbau*) build, frame; **von hagerer ~** of lean build, lean-built; **sie ist e-e zierliche ~** she's gracefully built; **4.** (*Persönlichkeit*) personality, figure; (*literarische ~*) figure, character; **5.** (*Verkörperung*) shape, form; (*Tarnung*) *a.* guise; **in der ~ des Teufels** in the shape (*od.* guise) of the devil, disguised as the devil; **sich in s-r wahren ~ zeigen** reveal one's true character; **6.** *psych.* gestalt.
gestalten **I.** *v/t.* form, shape; *Bildhauerei etc.*: model; (*entwerfen, künstlerisch ~, a.* ⚙) design; (*schöpferisch ~*) create, produce, make; (*schmücken*) decorate; (*einrichten*) arrange; **et. interessanter** *etc.* **~** make s.th. more interesting *etc.*; **et. abwechslungsreich ~** lend s.th. variety, lend (some) variety to s.th.; **et. dramatisch ~** dramatize s.th., lend s.th. a dramatic element; **et. zu et. ~** make s.th. out of s.th., turn s.th. into s.th.; **II.** *v/refl.*: **sich ~** take shape; (*sich entwickeln*) develop; **sich gut** *etc.* **~** go (*od.* turn out) well *etc.*; **sich zu** *e-m Erfolg etc.* **~** prove, turn out (to be), be; **Gestalter** *m* designer; (*Organisator*) organizer; (*Schöpfer*) creator; **gestalterisch** *adj.* design ...; artistic; creative; organizational; → **gestalten.**
gestaltlos *adj.* shapeless, amorphous; **Gestaltlosigkeit** *f* shapelessness.
Gestaltpsychologie *f* gestalt psychology.
Gestaltung *f* (*künstlerische ~*) creation, production; (*Formgebung*) shaping, *a.* ⚙ designing; (*Organisierung*) organization, arrangement; (*Gestalt*) shape; form; structure; (*Merkmale*) features *pl.*; (*Stil, Zuschnitt*) style, *a.* ⚙ design; (*Entwicklung*) development.
Gestaltungs|kraft *f* creative power; **~trieb** *m* creative impulse.
Gestammel *n* stuttering, stammering; *contp.* (*unverständliche Wörter*) F gobbledygook; **was war denn das für ein ~?** what was all that about?
gestanden *adj.*: **ein ~er Mann, ein ~es Mannsbild** a man who's made it (*od.* got somewhere) in life; **ein ~er Politiker** a seasoned politician.
geständig *adj.*: **~ sein** (*gestehen*) confess, own up, (*gestanden haben*) have confessed (*od.* owned up), have made a confession.
Geständnis *n a.* ⚖ confession; (*Ein*~) admission; (*Bekenntnis*) avowal; **ein ~ ablegen** make a confession, confess (**über et.** s.th.); **j-m ein ~ abringen** get s.o. to confess (*od.* make a confession); **ich muß dir ein ~ machen** there's something I have to tell (*od.* confess to) you.
Gestank *m* smell, *stärker*: stench, stink.
gestatten *v/t.* allow, permit; (*gewähren*) grant; **Rauchen** (**Fotografieren**) **nicht gestattet** no smoking (no photographs); **j-m et. ~** allow s.o. to do s.th.; **~ Sie, daß ich rauche?** do you mind my smoking (*od.* if I smoke)?; **~ Sie mir zu** *inf.* allow me to *inf.*; **~ Sie?** may I?; **heute gestatte ich mir ...** today I'm going to allow myself (*od.* treat myself to) ...
Geste *f* gesture (*a. fig.*); **mit lebhaften ~n** gesticulating wildly; *fig.* **~ der Versöhnung** conciliatory gesture, F peace offering; **als ~ der Höflichkeit** as a matter of politeness.
Gesteck *n* flower arrangement.
gesteckt *adv.*: F **~ voll** (F jam)packed, F chock-a-block.
gestehen **I.** *v/t.* admit, *a.* ⚖ confess; **ich muß ~, daß** I must confess (*od.* admit) that; **offen gestanden** to be quite honest; **II.** *v/i.* confess, make a confession (*a.* ⚖), own up.
Gestehungskosten *pl.* cost price *sg.*
Gestein *n* rock(s *pl.*); ⚒ rock, stone.
Gesteins|art *f* type of rock; **~bildung** *f* rock formation; **~kunde** *f* petrology, mineralogy; **~masse** *f* rocky mass; **~probe** *f* rock sample; **~schicht** *f* stratum.
Gestell *n* rack; (*Regal*) shelves *pl.*; (*Ständer*) stand; (*Stütze*) support; (*Bock*) trestle; (*Beine*) legs *pl.*; (*Fassung, Rahmen*) frame (*a. Brillen*~, *Fahrrad*~); (*Sockel*) pedestal; → **Bett-, Fahrgestell** *etc.*
gestellt *adj.* **1.** *Bild etc.*: posed; *Szene*: acted; *weitS.* (*unnatürlich*) artificial, unnatural; **es ist ~** *Szene*: they're (just) acting; **2. gut** (**schlecht**) **~ sein** be well (badly) off; **er ist nicht besonders gut ~** he doesn't do too well (moneywise); **auf sich selbst ~ sein** have to fend for o.s., have to paddle one's own canoe.
gestelzt **I.** *adj.* affected; *Stil*: *a.* stilted; **II.** *adv.*: **~ reden** *a.* talk like a book.
gestern *adv.* yesterday; **~ früh, ~ morgen** yesterday morning; **~ abend** last night; **~ vor e-r Woche** yesterday week, a week ago yesterday; **von ~** yesterday's; *fig.* **er ist nicht von ~** he wasn't born yesterday, he's nobody's fool.
gestiefelt *adj.* in boots; **der ~e Kater** Puss-in-Boots; *fig.* **~ und gespornt** ready and waiting, *iro.* raring to go.
gestielt *adj.* stemmed *vase etc.*; ✿ stalked.
Gestik *f* gestures *pl.*; (*Zeichensprache*) sign language; (*Körpersprache*) body language; **e-e lebhafte ~ haben** gesticulate a lot, use one's hands a lot; **sich durch ~ verständigen** communicate through sign language, signal to s.o. (*od.* to one another).
gestikulieren **I.** *v/i.* gesticulate, wave one's hands about (in the air); **II.** ~ *n* gesticulation.
Gestirn *n* (*Stern*) star(s *pl.*); (*Sternbild*) constellation; **gestirnt** *adj.* starry.
Gestöber *n* (snow)drift, (snow) flurry.
gestochen **I.** *adj. Handschrift*: very neat (*od.* clear); **II.** *adv.*: **~ scharf** *Fotos etc.*: pin-sharp.
gestohlen *adj.* stolen; **~e Ware** stolen goods; F *fig.* **der** (**das**) **kann mir ~ bleiben** *sl.* to hell with him (it).
Gestöhn(e) *n* moaning, moans *pl.*
gestopft **I.** *adj.* stuffed; *Socken etc.*: darned; **II.** *adv.*: F **~ voll** F jampacked, chock-a-block.
gestört *adj.* disturbed; **~er Schlaf** *a.* broken sleep; **~er Empfang** bad reception; **~e Leitung** faulty line; **~e Ehe** unstable marriage; **~e Erziehung** troubled upbringing; **Kinder aus ~em Elternhaus** (*od.* **Umfeld**) children from unstable homes (*od.* backgrounds); **~es Verhältnis** ambivalent (*od.* uneasy, *stärker*: shaky) relationship (**zu** with); **sie haben ein ~es Verhältnis** *a.* it's not a straightforward relationship; **er hat ein ~es Verhältnis zu sich selbst** he finds it hard to come to terms with himself; **geistig ~** mentally disturbed (*od.* imbalanced).
Gestotter *n* stuttering.
Gestrampel *n* kicking (and struggling).
gestrandet *adj.* stranded.
Gesträuch *n* bushes *pl.*, shrubbery.
gestreckt *adj.* stretched; **in ~em Galopp** at full gallop.
gestreift *adj.* striped, F strip(e)y; **rotblau ~** with blue and red stripes, blue-and-red striped *jumper etc.*
gestreng *adj.* → **streng.**
gestreßt F *adj.* under a lot of pressure (*stärker*: stress); **er ist zur Zeit ziemlich ~** *a.* F he's got an awful lot on his plate at the moment.
gestreut *adj.* scattered; ✝ diversified.
gestrichelt *adj.*: **~e Linie** broken (F dotted) line.
gestrichen **I.** *adj.* (*bemalt*) painted; → **frisch** II; *typ.* deleted; ♪ bowed; **drei ~e Teelöffel** three level teaspoons(ful); **II.** *adv.*: **~ voll** filled to the brim; F *fig.* **ich hab' die Nase ~ voll** F I'm fed up to the back teeth (with it).
gestriegelt *adj.* (*a.* **~ und gebügelt**) (*pred.* all) spruced up.
gestrig *adj.* yesterday's; **am ~en Tage** yesterday; **am ~en Abend** last night; **unser ~es Schreiben** our letter of yesterday; **auf unser ~es Gespräch zurückkommend** coming back to what we were saying yesterday, *im Brief*: with reference to our conversation of yesterday; **ewig ~e** (*pol.* political) diehards, F old fogeys.
Gestrüpp *n* brushwood, scrub; (*Unterholz*) underbrush; *fig.* jungle, maze.

Gestühl *n* chairs *pl.*, seats *pl.*; *in der Kirche*: pews *pl.*; (*Chor*≈) stalls *pl.*
Gestümper *n* bungling; *konkret*: F botch-up.
gestürzt *adj. Regierung etc.*: overthrown; *Staatsoberhaupt*: *a.* ex-...
Gestüt *n* stud farm; **~buch** *n* studbook; **~hengst** *m* stallion; **~stute** *f* stud mare.
gestylt *adj.* designer ...; styled.
Gesuch *n* (*Bittschrift*) petition; (*Antrag, Bewerbung*) application.
gesucht *adj.* **1.** (*begehrt*) (much) sought-after; **~ *sein*** *a.* be in demand; ***sehr ~ sein*** be in great demand, be very much in demand; **2.** (*benötigt*; *in Inseraten*; *polizeilich* ~) wanted; **3.** *fig.* (*absichtlich*) studied; (*geziert, gekünstelt*) affected; *Ausdruck, Vergleich*: labo(u)red.
Gesudel *n* scrawl.
Gesumm(e) *n* hum, humming (noise).
Gesums F *n* fuss (and bother).
gesund *adj.* healthy (*a. Appetit, Klima, Opposition etc.*); *Person*: *pred. a.* (very) well; (*fit*) fit; *fig. Firma, Instinkt*: sound; *Ansichten*: sound, healthy; ***~e Nahrung*** good(, wholesome) food; *Ihre Leber etc.* ***ist ~*** *a.* is in (perfectly) good shape; ***~ und munter*** alive and kicking; ***Obst ist ~*** fruit is good for you; ***Schokolade ist für die Zähne nicht ~*** chocolate is bad for your teeth; ***wir machen dich schon wieder ~*** we'll get you back on your feet again; ***bleib*** (***schön***) ***~!*** look after yourself; ***~er Menschenverstand*** (sound) common sense; ***ein ~es Urteil*** sound judg(e)ment; *fig.* ***das ist ganz ~ für ihn*** it'll do him good; *iro.* ***sonst bist du ~?*** apart from that you're fine, are you?; → ***gesundmachen, -stoßen.***
gesundbeten *v/t.* cure *s.o.* by faith healing; **Gesundbeter** *m* faith healer; **Gesundbeterei** *f* faith healing.
Gesundbrunnen *fig. m* fountain of youth.
gesunden *v/i.* recover (*a. fig.*), get well.
Gesundheit *f* health; (*Zuträglichkeit*) healthiness; ***bei bester ~*** in the best of health; ***e-e eiserne ~ haben*** have an iron constitution; ***vor ~ strotzen*** be the picture of health; ***auf j-s ~ trinken*** drink to s.o.'s health; ***auf Ihre ~!*** your health!; ***~!*** *beim Niesen*: bless you!, *Am. a.* gesundheit!
gesundheitlich I. *adj.* health ...; (*gesundheitsfördernd*) healthy; ***~er Zustand*** state of health; **II.** *adv.* healthwise; ***wie geht's ~?*** how are things healthwise?, how's your health?
Gesundheits|amt *n* health cent|re (*Am.* -er); **~apostel** *m* health freak; **~artikel** *m* health product; **~attest** *n* health certificate; **~beamte(r)** *m* public health officer; **~behörde** *f* public health authority; **≈bewußt** *adj.* health-conscious; **~dienst** *m* public health service; **~erziehung** *f* health education; **~fanatiker** *m* health freak; **≈fördernd** *adj.* healthy, good for one's health; **~fürsorge** *f* health care; **≈gefährdend** *adj.* noxious; ***~ sein*** *a.* be a health hazard; **~gefährdung** *f* health hazard; **~gründe** *pl.*: ***aus ~n → gesundheitshalber.***
gesundheitshalber *adv.* for health reasons, for reasons of health.
Gesundheits|industrie *f* health (care) industry; **~minister** *m* health minister, minister for health; *in GB*: Health Secretary, Secretary of State for Health; *in den USA*: Secretary of Health; **~ministerium** *n* health ministry (*od.* department); *in GB*: Health Department, *a. in den USA*: Department of Health; **~pflege** *f* health care; **~politik** *f* health policy; **~reform** *f* health service reform(s *pl.*); **~risiko** *n* health hazard; **~schaden** *m* health injury; *pl. a.* damage *sg.* to one's health; **≈schädlich** *adj.* bad for one's health; *Gas etc.*: noxious; ***~e Auswirkungen*** adverse health effects; **~schuh** *m* orthop(a)edic shoe; **~schutz** *m* health protection; **~vorsorge** *f* health care; **~wesen** *n* (*öffentliches* ~) public health system; **~zeugnis** *n* health certificate; **~zustand** *m* (state of) health, physical condition.
gesund|machen *v/refl.* → ***gesundstoßen***; **~pflegen** *v/t.* nurse *s.o.* back to health.
gesundschrumpfen I. *v/t.* (*Firma etc.*) pare (*od.* whittle) down, shake up; **II.** *v/refl.*: ***sich ~*** be pared (*od.* whittled) down, have a shake-up; **Gesundschrumpfung** *f* shakeout, shake-up.
gesundstoßen F *v/refl.*: ***sich ~*** F make a packet (***an*** on, with); ***mit dem Geschäft hat er sich gesundgestoßen*** *a.* F he got rich in that racket.
Gesundung *f* recovery (*a. fig.*).
getäfelt *adj.* panel(l)ed.
getan *p.p. u. adj.*: ***gesagt, ~*** no sooner said than done; ***nach ~er Arbeit*** when the day's work is done, after work.
getaucht *adj.*: ***in Licht ~*** bathed in light; ***in Dunkelheit*** (***Nebel***) ***~*** shrouded *od.* enveloped in darkness (fog).
geteilt *adj.* divided (*a. pol. Land*); ♀ *Blatt*: parted; ⚙, ✝ split; ***~er Meinung sein*** disagree; ***da sind wir ~er Meinung*** *a.* our opinions differ on that; ***die Meinungen sind ~*** opinions differ (*od.* are divided); ***~es Leid ist halbes Leid*** a sorrow shared is a sorrow halved; ***~e Freude ist doppelte Freude*** a joy shared is a joy doubled.
Getier *n* animals *pl.*; (*Insekten u. Kleintiere*) creatures *pl.*
getigert *adj.* striped.
getönt *adj.* tinted.
Getöse *n* din, F racket; (*Krachen*) crash; *e-r Menge etc.*: uproar; *des Windes, der Wellen*: roaring.
getragen *adj. Kleidung*: old; *fig.* (*feierlich*) solemn; ♪ portato (*a. adv.*).
Getrampel *n* trampling about.
Getränk *n* drink.
Getränke|automat *m* drinks machine; **~industrie** *f* beverage industry; **~karte** *f* list of beverages; wine list; **~kellner** *m* wine waiter; **~steuer** *f* beverage tax; *tax on alcoholic beverages consumed in public.*
getränkt *adj.*: ***mit Alkohol*** *etc.* ~ soaked in alcohol *etc.*
Getratsche *n* gossip.
getrauen *v/refl.* **1.** ***sich ~*** dare (***et. zu tun*** [to] do s.th.); **2.** ***das getraue ich mich*** (***nicht***) I (don't) think I could do that.
Getreide *n* grain, cereals *pl.*, *Brit. a.* corn; **~anbau** *m* growing of cereals; **~art** *f* cereal, (type of) grain; **~börse** *f* grain exchange; *in England*: corn exchange; **~ernte** *f* grain harvest; **~export** *m* export(ing) of grain(s); **~feld** *n* cornfield, *Am.* grainfield; **~händler** *m* grain merchant; **~import** *m* import(ing) of grain(s); **~korn** *n* grain; **~land** *n* grain-growing country; **~lieferungen** *pl.* grain supply *sg.* (*od.* supplies) (***an*** to); **~mehl** *n* flour; *grob*: meal; **~mühle** *f* grain mill; **~produkte** *pl.* cereal products; **~silo** *m, n,* **~speicher** *m* granary; silo, *Am. a.* (grain) elevator; **~stärke** *f* cereal starch; **~vorrat** *m* grain supply (*od.* supplies *pl.*).
getrennt *adj. u. adv.* separate(ly); ***~ leben*** be separated (***von*** from), live apart; ***~ schlafen*** have separate bedrooms; *Begriffe* ***~ halten*** distinguish between; *Wort* ***~ schreiben*** write as two words; ***mit ~er Post*** under separate cover; ***~e Kasse machen*** go Dutch, go halves on s.th., (*getrennte Konten haben*) have separate accounts; *im Urlaub* ***machen wir ~e Kasse*** *a.* we each pay for ourselves; ***wir zahlen ~*** *im Restaurant*: could we have separate bills?; **≈schreibung** *f*: ***die ~ findet man häufiger*** it's usually written as two (*od.* three *etc.*) words.
getreu *lit. adj.* faithful, loyal (*dat.* to); ***~e Abschrift*** true copy; ***~e Übersetzung*** faithful translation; ***~ s-m Eid*** *etc.* true to his oath *etc.*; ***sich selbst ~ bleiben*** remain true to o.s.; **Getreue(r** *m*) *f* follower, loyal supporter; **getreulich** *lit. adj.* faithful (*a. fig. genau*), loyal.
Getriebe *n* **1.** ⚙ gear unit; *mot. etc.* transmission; (*Räderkasten*) gearbox; (*Antrieb*) drive; *e-r Uhr etc.*: clockwork; **2.** *fig.* machinery; → ***Sand***; ~... *in Zssgn mst* transmission ...; **~bremse** *f* gear brake; **~gehäuse** *n*, **~kasten** *m* gearbox.
getrieben *adj. Metall*: embossed; ***~e Arbeit*** *a.* chased work.
Getriebe|rad *n* gear wheel; **~schaden** *m* transmission trouble (*totaler*: failure); **~welle** *f* shaft.
getrimmt *adj.*: ***~ für*** trained for, (*e-e Prüfung etc.*) in form for; ***auf gutes Benehmen*** *etc.* ~ trained to behave well *etc.*; ***auf alt ~*** done up to look old; (***sie ist***) ***auf jugendlich ~*** F mutton dressed up as lamb.
getroffen *adj.* **1.** ***auf dem Foto bist du gut ~*** it's a good photo of you; **2.** ***sich ~ fühlen*** feel hurt.
getrost *adv.* (*sicher, ohne Risiko*) safely; (*leicht, ohne weiteres*) easily; (*vertrauensvoll*) confidently; ***das kannst du ~ tun*** there's no reason why you shouldn't do it, (*Erlaubnis erteilend*) *a.* go ahead (and do it), feel free (to do so); ***du kannst ~ nach Hause gehen*** just go home, it'll be all right (*Am.* alright); ***ihr kannst du es ~ sagen*** you needn't worry about telling her; ***man kann ~ behaupten, daß*** one can safely say that.
Getto *n a. fig.* ghetto; *hist.* ***das Warschauer*** (***Prager***) ***~*** the Warsaw (Prague) Ghetto.
Getue *n* **1.** fuss (***um*** about, over); ***was soll das ganze ~?*** what's the big fuss (all about)?; **2.** (*dummes* ~) silly behavio(u)r; **3.** (*Gespreiztheit*) acting.
Getümmel *n* tumult, hurly-burly; ***sich ins ~ stürzen*** enter (*od.* throw o.s. into) the fray.
getunt F *adj. mot.* F souped up.
getüpfelt, getupft *adj.* spotted; *Kleid etc.*: with dots, polka-dot ...; ***gelb ~*** with yellow dots (*od.* spots).
geübt *adj.* practi|sed (*Am.* -ced); skilled, experienced; trained (*a. Auge*); ***er ist*** (***darin***) ***~*** he's had plenty of practi|ce (*Am. a.* -se) (at it); **Geübtheit** *f* practi|ce (*Am. a.* -se), experience.

Geviert *n*: ***... im ~ ...*** square.

Gewächs *n* (*Pflanze*) plant; (*Erzeugnis*) produce; (*Wein*) wine, (*Jahrgang*) vintage; ⚘ growth; ***unser eigenes ~*** our own produce; ***ein edles ~*** (*Wein*) a choice wine.

gewachsen *adj.* **1.** grown; *Erde*: natural, undisturbed; *fig. Traditionen etc.*: deep-rooted; ***wie aus dem Boden ~ erscheinen*** suddenly appear (as if) from nowhere; **2.** *fig.* ***j-m ~ sein*** be a match for s.o.; ***e-r Sache ~ sein*** be up to s.th.; ***der Sache ~ sein*** *a.* be equal to the task; ***sich der Lage ~ zeigen*** rise to the occasion.

Gewächshaus *n* greenhouse, hothouse; **~pflanze** *f* hothouse plant.

gewagt *adj.* (*gefährlich*) risky; (*kühn*) daring; *Kleid etc.*: *a.* risqué (*a. Witz*); ***~es Unternehmen*** risky business (*od.* venture); **Gewagtheit** *f* riskiness; (*Kühnheit*) daring.

gewählt **I.** *adj. Sprache etc.*: refined; *Gesellschaft*: select; **II.** *adv.*: ***sich ~ ausdrücken*** talk well, choose one's words well, be very articulate; **Gewähltheit** *f*: ***~ des Ausdrucks*** careful choice of words.

gewahr *adj.*: *e-r Sache* ***~ werden*** notice; (*entdecken*) *a.* discover; (*Gefahr etc.*) realize; (*sehen*) catch sight of, see.

Gewähr *f* guarantee, ⚖, ⚚ *a.* security; ***diese Angaben erfolgen ohne ~*** no responsibility is accepted for the correctness of this information; ***~ bieten*** (*od.* ***leisten***) ***für*** guarantee.

gewähren *v/t.* (*bewilligen*) grant; (*einräumen*) allow; (*geben, darbieten*) give, offer; ***j-n ~ lassen*** let s.o. have his way, (*in Ruhe lassen*) leave s.o. alone; ***j-m Einlaß ~*** let s.o. in, admit s.o.; ***es gewährt e-n Einblick*** it affords an insight (***in*** into).

gewährleisten *v/t.* (*garantieren*) guarantee; (*sichern*) ensure; **Gewährleistung** *f* guarantee, *a.* ⚚ warranty.

Gewahrsam *m* (*Obhut*) care; safekeeping; (*Haft*) custody, detention; ***et. in ~ haben*** have s.th. in safekeeping; ***j-n in ~ halten*** keep s.o. in custody; ***in ~ nehmen*** (*Sache*) take charge of, (*Person*) take into custody; place under detention; ***in sicherem ~*** in safekeeping, *Person*: in custody.

Gewährsmann *m* authority, source; (*Bürge*, *a.* **Gewährsträger** *m*) guarantor.

Gewährung *f* granting.

Gewalt *f* (*Macht*) power (***über*** over); *durch Amt etc.*: *a.* authority; (*Herrschaft*) control (of, over); (*zwingende Kraft*) force, power; (*~tätigkeit, ~anwendung*) violence, force; (*Kraft*) strength, might; (*Wucht*) force, impact; *pol.* ***die drei ~en*** the three powers; ***höhere ~*** an act (*od.* acts) of God, force majeure; (***die***) ***nackte*** *od.* ***rohe ~*** brute force; ***mit ~*** by force, using force, forcibly; ***mit nackter*** (*od.* ***roher***) ***~*** by brute force, through sheer force; ***mit ~ öffnen*** force (*od.* break) open, (*Tür*) *a.* break down; ***mit sanfter ~*** (by) using gentle force; ***mit aller ~*** for all he's *etc.* worth; ***sie will es mit aller ~ schaffen*** she desperately wants to make it; ***er hat es mit aller ~ abgestritten*** he vehemently denied it; ***sich in der ~ haben*** have o.s. under control; ***die ~ verlieren über*** lose control over (*a. über den Wagen*), lose one's grip on; ***er verlor die ~ über den Wagen*** *a.* the car went out of control; ***in s-e ~ bringen*** gain control of, (*Flugzeug etc.*) take command of, *weitS.* hijack; ***j-n in s-r ~ haben*** have s.o. under one's thumb (*od.* in one's sway); ***sich in der ~ haben*** be in control of o.s.; → ***antun*** 1, ***anwenden***; **~akt** *m* act of violence; *fig.* tour de force; **~androhung** *f*: (***unter ~*** under) threat of violence; **~anwendung** *f* (use of) force; (*Gewalttätigkeit*) (use of) violence; ***unter ~*** by force, using force; **~ausbruch** *m* eruption of violence; **~ausübung** *f* use of force; **~bereitschaft** *f* readiness to resort to violence; **~demonstration** *f* violent demonstration.

Gewalten|teilung *f*, **~trennung** *f pol.* separation of powers.

gewaltfrei *adj. Protest etc.*: nonviolent; *Politik, Zeit*: peaceful; **Gewaltfreiheit** *f* absence of violence.

Gewalt|herrschaft *f* despotism, tyranny; **~herrscher** *m* despot.

gewaltig **I.** *adj.* powerful; (*heftig*) vehement, violent; (*ungeheuer*) enormous, immense, stupendous; (*riesig*) gigantic, *a. Gebiet, Anlage*: huge, vast; F tremendous, terrific; ***~er Irrtum*** big(, big) mistake; ***~e Leistung*** tremendous feat (*od.* achievement); ***~e Lüge*** great big lie; ***~e Menge*** huge (*od.* vast) amount; ***~er Unterschied*** vast difference; ***~er Schlag*** powerful blow; ***e-n ~en Hunger haben*** be ravenous; ***e-n ~en Eindruck hinterlassen*** make a big (*od.* deep) impression (***bei*** on); ***die ≈en*** the people in power, ***der Industrie*** *etc.*: the big names in industry *etc.*; **II.** *adv.* enormously *etc.*; → I; → *a.* ***irren*** II.

Gewalt|kriminalität *f* violent crime(s *pl.*); **~kur** *f* ⚘ *etc.* drastic cure; *zum Abnehmen*: crash diet; *fig.* drastic measures *pl.*; *fig.* ***das ist e-e ziemliche ~*** that's a bit drastic; **~leistung** *f* tour de force.

gewaltlos *adj. Politik*: nonviolent; *Übernahme etc.*: *a.* bloodless (*a. Revolution*); **Gewaltlosigkeit** *f* absence of violence; *bsd. als Prinzip*: nonviolence.

Gewalt|lösung *f* drastic solution; **~marsch** *m* forced march; **~maßnahme** *f* drastic (*od.* violent) measure; **~mensch** *m* brutal person.

gewaltsam **I.** *adj.* violent; (*drastisch*) drastic; (*erzwungen*) forcible; ***e-s ~en Todes sterben*** die a violent death; ***~es Vorgehen*** *der Polizei etc.*: use of force; **II.** *adv.* violently; (*mit Gewalt*) by force; **Gewaltsamkeit** *f* violence; force; (*Tat*) act of violence.

Gewalt|schuß *m Fußball*: F rocket; **~streich** *m* coup de main; **~tat** *f* act of violence; → ***terroristisch***; **~täter** *m* violent criminal.

gewalttätig *adj.* violent; **Gewalttätigkeit** *f* brutality, violence; (*Tat*) act of violence.

Gewalt|verbrechen *n* violent crime; **~verbrecher** *m* violent criminal; **~verherrlichung** *f* glorification of violence; ***~ in den Medien*** overexposure of violence in the media; **~verzicht** *m* non-aggression; renunciation of force.

Gewaltverzichts|abkommen *n* non-aggression pact; **~klausel** *f* non-aggression clause; **~vertrag** *m pol.* non-aggression treaty.

Gewand *n* garment; *wallendes*: robe, gown; *eccl.* robe, vestment; *dial.* (*Anzug*) suit; (*Kleid*) dress; *fig.* look; *fig.* ***im ~*** *gen.* in the guise of; *die Zeitschrift etc.* ***erscheint in neuem ~*** has had a face-lift.

gewandt *adj.* (*flink*) quick, agile, nimble; (*geschickt*) skil(l)ful, clever (*beide a. fig.*); (*tüchtig*) efficient; (*raffiniert*) clever, smart; *Umgangsformen, Stil etc.*: elegant, *a. contp.* smooth; *Redner*: fluent; ***~ sein in*** *a.* be good at; ***~ sein im Umgang mit*** have a way with; **Gewandtheit** *f* agility; skill; efficiency; smartness; elegance; smoothness; fluency.

gewappnet *adj.* armed (***gegen*** against), prepared (for).

gewärtig *adj.*: *e-r Sache* ***~ sein*** be aware of; (*erwarten*) expect, reckon with; (*erkennen*) realize; (*vorbereitet sein auf*) be prepared for.

Gewäsch F *n* F twaddle, hogwash.

Gewässer *n* body of water; *pl. im Binnenland*: lakes and rivers; *im Meer*: waters; **~kunde** *f* hydrology; **~reinigung** *f* cleaning up of rivers and lakes; **~schutz** *m* water pollution control; **~verschmutzung** *f*, **~verunreinigung** *f* water pollution.

Gewebe *n* (*Stoff*) fabric, textile; (*Webart*) texture; *anat.* tissue; *fig.* web; **~flüssigkeit** *f* tissue (*od.* lymph) fluid; **~kultur** *f* tissue culture; **~probe** *f* tissue sample; **~schicht** *f* layer of tissue; **≈schonend** *adj.* kind to fabrics; **~stoffwechsel** *m* tissue metabolism; **~verpflanzung** *f* tissue transplant(s *pl.*); **~verträglichkeit** *f* tissue tolerance.

Gewehr *n* gun; rifle; *pl.* (*Feuerwaffen*) (fire)arms; *fig.* ***~ bei Fuß stehen*** be ready for battle; **~feuer** *n* rifle fire; **~granate** *f* rifle-launched grenade; **~kolben** *m* (rifle) butt; **~kugel** *f* (rifle) bullet; **~lauf** *m* barrel; **~mündung** *f* muzzle (of a gun *od.* rifle); **~munition** *f* rifle (*od.* small-arms) ammunition; **~patrone** *f* cartridge; **~salve** *f* volley of gunfire; **~schuß** *m* rifle shot.

Geweih *n* antlers *pl.*

geweiht *adj.* consecrated; *Priester*: ordained; *j-m od. e-r Sache* **~** dedicated to, devoted to; ***dem Tode ~*** doomed to die; ***dem Untergang ~*** doomed.

Gewerbe *n* (*Erwerbszweig*) trade, business; (*Handwerk*) craft; (*Industriezweig*) branch of industry, trade; *fig.* trade; ***ehrliches ~*** honest trade; ***dunkles ~*** shady business; *hum.* ***das älteste ~ der Welt*** the oldest profession in the world; **~aufsichtsamt** *n* trade supervisory board; **~ausstellung** *f* trade exhibition; **~betrieb** *m* business enterprise; **~freiheit** *f* freedom of trade; **~gebiet** *n* industrial estate (*od.* park); **~gesetz** *n* trade law; **~ordnung** *f* trade regulations *pl.*; **~schein** *m* trading licen|ce (*Am.* -se); **~schule** *f* trade school; **~steuer** *f* trade tax; **~tätigkeit** *f* commercial activity.

gewerbetreibend *adj.* engaged in a trade, trading; industrial, manufacturing; **Gewerbetreibende(r)** *m* businessman; (*Hersteller*) manufacturer; (*Handwerker*) craftsman, artisan.

Gewerbezweig *m* trade, branch of industry; line (of business).

gewerblich **I.** *adj.* industrial, commercial, trade ...; business ...; ***~e Einfuhr*** industrial imports; ***~es Fahrzeug*** commercial vehicle; ***~e Räume*** business

premises; **~e Wirtschaft** trade and industry; **II.** *adv. betreiben etc.*: commercially, on a commercial basis; **~ tätig sein** carry on (*od.* out) a trade; **~ genutzt** (used) for commercial purposes; **~ genutzte Räume** business premises.
gewerbsmäßig I. *adj.* professional (*a.* ⚖); **~e Unzucht** prostitution; **II.** *adv.* professionally, on a commercial basis.
gewerbstätig *adj.* → **gewerbetreibend.**
Gewerkschaft *f* (trade) union, *Am.* labor union; **Gewerkschaft(l)er** *m* trade unionist; (*Funktionär*) (trade) union official; **gewerkschaftlich I.** *adj.* (trade) union ...; **II.** *adv.*: (**sich**) **~ organisieren** form a union; **~ (nicht) organisiert** (not) unionized, (non-)union ...
Gewerkschafts|beiträge *pl.* union dues; **~bewegung** *f* trade unionism, trade union movement; **~boß** F *m* union leader; **~bund** *m* federation of trade unions; **2feindlich** *adj.* anti-union ...; **~führer** *m* union (*od.* labo[u]r) leader; **~funktionär** *m* (trade) union official; **~mitglied** *n* (trade) union member; **~sprecher** *m* union spokesman; **~verband** *m* federation of trade unions; **~wesen** *n* trade unionism; **~zugehörigkeit** *f* union membership.
gewesen *adj.* former, one-time.
Gewicht *n* **1.** weight (*a. als Maß*); (*Last, Belastung*) *a.* load; *e-r Waage*: weight; **fehlendes ~** short weight; ⚙ **totes ~** (*Eigen2*) dead weight; → **spezifisch** *etc.*; **nach ~** by weight; **2.** *fig.* weight, importance, significance; *e-r Sache* **großes** (**wenig**) **~ beimessen** attach great (little) importance to; **~ erhalten, an ~ gewinnen** gain in importance (*od.* significance); *e-r Sache* **~ geben** (*od.* **verleihen**) lend weight to; **~ haben** carry weight (**bei** with); **~ legen auf** set great store by, (*betonen*) place great emphasis on; **das ~ legen auf** put the emphasis on, emphasize, stress; **die ~e haben sich verlagert** the emphasis has (*od.* the priorities have) shifted; **ins ~ fallen** count, matter (a lot); **nicht ins ~ fallen** make no difference; **fällt das überhaupt ins ~?** *a.* is it important?; **an ~ verlieren** lose in (*od.* its) importance *od.* significance.
gewichten *v/t. Statistik*: weight; *fig.* assess; *fig.* **neu ~** reassess, have another look at.
Gewichtheben *n* weight-lifting; **Gewichtheber** *m* weight-lifter.
gewichtig *adj.* weighty, heavy; *fig.* weighty; *Entscheidung*: *a.* momentous; (*einflußreich*) influential; *Auftreten, Person*: imposing; (*wichtigtuerisch*) self-important; *fig.* **e-e ~e Person** (*od.* **Persönlichkeit**) a) an influential figure, b) *hum.* a person of some weight; **ein ~es Wort mitzureden haben** have a big say in the matter.
Gewichts|abnahme *f* loss of weight, weight loss; **~analyse** *f* gravimetric analysis; **~angabe** *f* ☤ declared weight; *e-r Waage*: weight; **~einheit** *f* unit of weight; **~grenze** *f* weight limit; **~klasse** *f Sport*: weight (class); **~kontrolle** *f* weight check.
gewichtslos *adj.* weightless; **Gewichtslosigkeit** *f* weightlessness.
gewichtsmäßig *adj.* in (terms of) weight.
Gewichts|satz *m* set of weights; **~training** *n* weight training; **~unterschied** *m* difference in weight; **~verhältnis** *n* weight ratio; **~verlagerung** *f* shifting of weight; *fig.* shift of emphasis; **~verlust** *m* loss of weight; **~zunahme** *f* increase in weight.
Gewichtung *f Statistik*: weighting; *fig.* assessment; (*Festlegen von Schwerpunkten*) prioritization, establishing priorities.
gewieft F *adj.* (*schlau*) smart, clever; (*gerissen*) shrewd; (*durchtrieben*) sly; (*erfahren*) experienced; *im täglichen Konkurrenzkampf*: streetwise, streetsmart.
gewillt *adj.* willing; (*bereit*) prepared; (*entschlossen*) determined.
Gewimmel *n* swarming, bustle; (*Menge*) swarm, teeming crowd, mass of people.
Gewimmer *n* whimpering.
Gewinde *n* **1.** (*Blumen2*) garland; (*Kranz*) wreath; **2.** ⚙ (*Schrauben2*) thread; **3.** *Schneckenhaus*: spire; *Muschel*: whorl; **~bohrer** *m* tap; **~fräsen** *n* thread milling; **~gang** *m* (turn of a) thread; **~schleifen** *n* thread grinding.
Gewinn *m* (*Spiel2*) winnings *pl.*; (*Lotterie2*) prize; (*Profit*) profit; (*Ertrag*) yield, returns *pl.*; (*Erlös*) proceeds *pl.*; (*Verdienst*) earnings *pl.*; *fig.* profit, gain; (*Vorteil, Nutzen*) advantage, benefit; (*Bereicherung*) improvement, enhancement; **~e** *bei e-r Wahl*: gains; **reiner ~** net profit; **~ bringen** yield a profit; **am ~ beteiligt sein** have a share in the profits; **~ erzielen** net a profit; **mit ~ verkaufen** (**arbeiten**) sell (work) at a profit; *fig.* **~ ziehen aus** profit from; **die Reise war ein ~ für mich** I really profited from (*od.* got a lot out of) the trip; **~abführung** *f* transfer of profits; **~abschöpfung** *f* skimming-off of excess profits; **~anteil** *m* share in (the) profits; dividend; **~ausschüttung** *f* dividend payout; **~aussichten** *pl.* profit prospects; **~beschränkung** *f* control of profits; **~beteiligung** *f* profit sharing; **2bringend I.** *adj.* profitable (*a. fig.*), lucrative; **II.** *adv.*: **Geld ~ anlegen** invest money profitably; **~chancen** *pl.* chances of winning; odds.
gewinnen I. *v/t.* **1.** win; (*Preis*) *a.* get; (*Vorteil, Vorsprung*) gain; (*erwerben*) get, obtain; (*verdienen*) earn, make; *fig.* (*Einblick, Eindruck, j-s Zutrauen etc.*) gain; **j-n für sich** (**et.**) **~** win s.o. over (to s.th.); **j-n für s-e Pläne** *etc.* **~** win s.o.'s support for one's plans *etc.*; **j-s Herz ~** win s.o.'s heart; **was ist damit gewonnen?** what good will it do?; **damit ist nichts gewonnen** it won't do any good; **wie gewonnen, so zerronnen** easy come, easy go; → **Oberhand, Spiel** 1 *etc.*; **2.** ⚒ *etc.* win, obtain, extract; *aus Altmaterial*: recover, reclaim (**aus** from); ⚗ extract, derive; **II.** *v/i.* **3.** win, be the winner(s); win the match *etc.*; **~ gegen** beat; **gegen ihn kannst du nicht ~** *a.* he's unbeatable; **knapp ~** *Sport*: scrape home; → **spielend**; **4. an** *Bedeutung, Klarheit etc.* **~** gain (in); **an Boden ~** gain ground; **5.** *durch Vergleich od. Kontrast etc.*: gain, improve; **~ durch** profit by, benefit from; **sie gewinnt bei näherer Bekanntschaft** she's not so bad when you get to know her; **durch den Bart gewinnt er** the beard improves him, he definitely suits a beard; **gewinnend** *fig. adj.* winning, engaging.
Gewinnentnahme *f* withdrawal of profits.
Gewinner(in *f*) *m* winner.
Gewinn|gemeinschaft *f* profit pool; **~liste** *f* list of winners; **~los** *n* winning ticket (*od.* number), winner; **2orientiert** *adj.* profit-minded; **~quote** *f* ☤ profit margin; *Lotterie etc.*: prize; *Fußballtoto*: dividend; **2reich** *adj.* profitable; **~schwelle** *f* breakeven point; **~spanne** *f* profit margin; *im Handel*: *a.* trade margin; **~strähne** *f* lucky streak; **~streben** *n* pursuit of gain (*od.* profit).
Gewinnsucht *f* profit-seeking; greed; **gewinnsüchtig** *adj.* profit-seeking, grasping, profiteering; ⚖ **in ~er Absicht** with the object of gain.
gewinnträchtig *adj.* high-profit ..., high-yield ..., lucrative.
Gewinnummer *f* (*getr.* **nn-n**) winning ticket (*od.* number), winner.
Gewinn-und-Verlust-Rechnung *f* profit and loss account.
Gewinnung *f von Bodenschätzen etc.*: production, extraction; (*Fördermenge*) output; *von Neuland*: reclamation; ⚗ preparation, extraction.
Gewinn|verteilung *f* distribution of profits; **~zahl** *f* winning number; **~zuschlag** *m* profit markup.
Gewinsel *n* whining.
Gewirr *n* tangle, snarl; *von Straßen etc.*: maze; (*Durcheinander*) jumble, confusion.
gewiß I. *adj.* **1.** (*sicher*) certain, positive, sure; **eines ist ~** there's one thing for sure; **der Preis ist ihm ~** he's certain to win; **sich s-r Sache ~ sein** be sure of one's facts; **m-e Unterstützung ist ihm ~** he can count on my support; **man weiß nichts Gewisses** nothing definite is known, nobody knows anything for sure; **2.** (*nicht näher bestimmt*) certain; **ein gewisser Herr X** a certain (*od.* one) Mr X; **ein gewisses Etwas** a certain something; **in gewissem Sinne** in a sense (*od.* way); **in gewisser Hinsicht** in a way, in some ways; **in gewissen Fällen** in certain (*od.* some) cases; **II.** *adv.* certainly; (*zweifellos*) no doubt; **~ nicht** definitely not; **das weiß ich ganz ~** I know that for sure; **~!** certainly; yes, indeed; **aber ~!** yes, of course.
Gewissen *n* conscience; **ein reines** (*od.* **gutes, ruhiges**) **~** a clear conscience; **ein schlechtes ~** a bad (*od.* guilty) conscience; **ein schlechtes ~ haben wegen** *a.* feel bad about (*ger.*); **soziales ~** social conscience; **ihn plagt sein ~** he's got a bad conscience; **sein ~ erleichtern** ease one's conscience; **j-m ins ~ reden** have a serious talk with s.o.; **j-n** (**et.**) **auf dem ~ haben** have s.o. (s.th.) on one's conscience; **das hast du auf dem ~** you've got to answer for that; **das mußt du mit d-m ~ ausmachen** you'll have to settle that with your conscience; **sich kein ~ machen zu** *inf.* have no scruples about *ger.*; **sie macht sich kein ~ daraus** *a.* it doesn't bother (*od.* worry) her in the slightest; **das kannst du mit gutem ~ behaupten** you can say that with a safe conscience; → **Wissen.**
gewissenhaft *adj.* conscientious; (*gründlich*) thorough; (*übergenau*) scrupulous; **Gewissenhaftigkeit** *f* conscientiousness; thoroughness; scrupulousness; → **gewissenhaft.**
gewissenlos *adj.* unscrupulous; (*verantwortungslos*) irresponsible; *Tat*: *a.* unconscionable; **Gewissenlosigkeit** *f* un-

scrupulousness; irresponsibility; → ***gewissenlos.***

Gewissens|angst *f* (terrible) qualms *pl.* (about s.th.); **~bisse** *pl.* pangs (*od.* pricks) of conscience; ***~ bekommen*** get a guilty conscience, start to feel guilty (***wegen*** about); ***sich ~ machen*** have a guilty conscience, feel guilty (***wegen*** about); ***er macht sich überhaupt keine ~ deswegen*** it doesn't bother (*od.* worry) him in the slightest; **~entscheidung** *f* moral decision; **~frage** *f* matter of conscience; **~freiheit** *f* freedom of conscience; **~gründe** *pl.*: ***aus ~n*** for reasons of conscience; ***Wehrdienstverweigerer aus ~n*** conscientious objector; **~konflikt** *m* moral conflict; **~not** *f* moral dilemma; **~pflicht** *f* moral obligation (*od.* duty); ***es ist e-e ~ zu*** *inf.* we *etc.* have a moral duty to *inf.*, we're *etc.* under a moral obligation to *inf.*; **~qualen** *pl.* terribly bad conscience; **~sache** *f* matter of conscience; **~zwang** *m* moral constraint; *religiöser*: religious despotism; **~zweifel** *pl.* moral doubts.

gewissermaßen *adv.* as it were; so to speak; (*in gewissem Maße*) in a way; to a certain extent.

Gewißheit *f* certainty; (*innere ~*) assurance; ***mit ~*** for certain, with certainty; ***zur ~ werden*** become certain (*od.* a certainty); ***~ erlangen über*** become certain of (*od.* about); ***sich ~ verschaffen über*** make sure about (*od.* of), find out for certain about; ***die ~ haben, daß*** know for sure (*od.* certain) that; ***ich muß ~ haben*** I want to be sure (of *od.* about it).

Gewitter *n* (thunder)storm; ***schweres ~*** heavy *od.* severe (thunder)storm; ***wie ein reinigendes ~ wirken*** clear the air; **~fliege** *f* thunder fly; **~front** *f* stormy front.

gewitterig *adj.* → ***gewittrig.***

Gewitterluft *f*: ***es ist ~*** there's a storm in the air.

gewittern *v/impers.*: ***es gewittert*** there's a storm on its way.

Gewitter|neigung *f* possibility of thunderstorms; **~regen** *m*, **~schauer** *m* thundery shower; **~störungen** *pl. Radio*: static *sg.*; **~sturm** *m* thunderstorm; **~wolke** *f* thundercloud.

gewittrig *adj.* thundery; ***es sieht ~ aus*** it looks as though we're in for a storm.

Gewitzel *n* joking, (silly) jokes *pl.*

gewitzigt *adj.*: ***~ sein*** have learnt from experience.

gewitzt *adj.* smart, clever, shrewd.

gewogen *adj.* (*j-m od. e-r Sache*) well-disposed to(wards); **Gewogenheit** *f* goodwill (***gegenüber*** towards); (*Zuneigung*) affection (for).

gewöhnen I. *v/refl.*: ***sich ~ an*** get used (*od.* accustomed) to; ***sich daran ~ zu*** *inf.* get used to *ger.*, get into the habit of *ger.*; ***du wirst dich daran ~ müssen*** *a.* you'll have to learn to put up with it; ***man wird sich daran ~ müssen*** it'll take a bit of getting used to; **II.** *v/t.*: ***j-n an et. ~*** get s.o. used to s.th.; (*vertraut machen mit*) familiarize s.o. with s.th.; ***gewöhnt (sein)*** → ***gewohnt*** 2.

Gewohnheit *f* habit; ***aus (alter) ~*** out of habit; ***aus lauter ~*** out of sheer habit, from force of habit; ***das macht die ~*** a) it's (a) habit, b) that's what habit can do (to you); ***aus der ~ kommen*** get out of practi|ce (*Am. a.* -se); ***die ~ haben zu*** *inf.* be in the habit of *ger.*, have a habit of *ger.*; ***j-m zur ~ werden*** become a habit with s.o.; ***in die ~ verfallen zu*** *inf.* get into the habit of *ger.*; ***sich et. zur ~ machen*** make s.th. (into) a habit; ***zur ~ werden*** become (*od.* grow into) a habit; ***ich komme aus der ~ nicht heraus*** I can't break (*od.* get out of) the habit, I can't stop doing it; ***wie es s-e ~ war*** as he was in the habit of doing, *formell u. iro.*: as was his wont; → ***ablegen*** 3, ***Macht.***

gewohnheitsmäßig I. *adj.* habitual (*a.* ⚖); usual; **II.** *adv.* habitually, out of habit.

Gewohnheits|mensch *m* creature of habit; **~recht** *n* customary law; (*ungeschriebenes Gesetz*) common law; (*ersessenes Recht*) prescriptive right; *weitS.* established right; **~sache** *f* matter of habit; **~täter** *m* habitual (*od.* persistent) offender; **~tier** *n* creature (*od.* slave) of habit; **~trinker** *m* habitual drinker; **~verbrecher** *m* habitual criminal.

gewöhnlich I. *adj.* (*üblich*) usual; (*normal*) normal; (*alltäglich*) ordinary, everyday; (*herkömmlich*) conventional; (*einfach*) plain; (*durchschnittlich*) average; (*mittelmäßig*) mediocre; (*unfein*) common, vulgar; ***unter ~en Umständen*** under ordinary (*od.* normal) circumstances; ***der ~e Sterbliche*** we ordinary mortals; ***im ~en Leben*** in everyday life; ***mein ~es Pech!*** my usual luck; ***~ aussehen, ein ~es Aussehen haben*** look (rather) common; **II.** *adv.* usually *etc.*; (*normalerweise*) *a.* ***für ~*** as a rule, generally, normally; ***wie ~*** as usual; ***gewöhnlicherweise*** *adv.* → ***gewöhnlich*** II.

gewohnt *adj.* **1.** usual; (*vertraut*) familiar; ***in ~er*** (*od.* ***auf ~e***) ***Weise*** (in) the usual way; ***zu ~er Stunde*** at the usual time; → ***Gang*** 3; **2. *et. ~ sein*** be used (*od.* accustomed) to s.th. (*od. ger.*); ***~ sein zu*** *inf.* be used (*od.* accustomed) to *ger.*, (*die Gewohnheit haben*) be in the habit of *ger.*; ***ich bin ~, früh aufzustehen*** I'm used to getting up early.

gewöhnt *adj.*: ***an et. ~ sein*** be used (*od.* accustomed) to s.th.; ***es*** (*od.* ***daran***) ***~ sein zu*** *inf.* be used (*od.* accustomed) to *ger.*; ***ich bin ja viel ~, aber ...*** I've seen a lot (of things) in my time, but ...

gewohntermaßen *adv.* usually; ***wie ~*** as usual.

Gewöhnung *f* **1.** ***~ an*** getting used to; adaptation to; ***die ~ daran wird lange dauern*** it'll take a long time to get used to it; **2.** ⚕ ***~ an*** becoming habituated to; addiction to; *Kokain etc.* ***führt zur ~*** is a habit-forming drug; **3.** *an ein Klima*: acclimatization.

Gewölbe *n* vault (*a. fig. des Himmels*); (*Keller*) vaults *pl.*; **~bogen** *m* arch (of a *od.* the vault); **~pfeiler** *m* pier (of a *od.* the vault).

gewölbt *adj.* vaulted, arched; *Stirn etc.*: domed; ⚙ convex, curved.

Gewölk *n* clouds *pl.*

gewollt I. *adj.* (*absichtlich*) deliberate; *Höflichkeit etc.*: studied; (*gekünstelt*) artificial; **II.** *adv.* deliberately; ***~ gelassen*** with studied calm; ***~ ungezwungen*** with forced casualness; ***sich ~ naiv*** *etc.* ***geben*** act (*od.* pretend to be) naive *etc.*

Gewühl *n* (*Durcheinander*) turmoil; (*Menschenmenge*) crowd, crush.

gewunden I. *adj.* winding, twisting; *fig. Redeweise etc.*: roundabout, tortuous; **II.** *adv.*: ***sich ~ ausdrücken*** express o.s. in a roundabout way, beat about (*od.* around) the bush.

gewünscht *adj.* desired, wished-for; (*erwartet*) expected; (*erhofft*) hoped-for.

gewürfelt *adj. Stoff*: checked.

Gewürz *n* spice; (*Zutat*) seasoning; **~bord** *n* spice rack; **~essig** *m* aromatic vinegar; **~gurke** *f* gherkin, *Am.* pickle; **~handel** *m* spice trade; **~kräuter** *pl.* (pot) herbs; **~mischung** *f* mixed spices *pl.*; **~nelke** *f* clove; **~regal** *n*, **~ständer** *m* spice rack.

gewürzt *adj.* seasoned, spiced; *fig.* spiced, spicy.

Gewürztraminer *m* gewürztraminer.

Geysir *m* geyser.

gezackt *adj.* jagged; *bsd.* ♣, ⚙ serrated.

gezahnt, gezähnt *adj.* toothed (*a.* ⚙); (*gekerbt*) notched; *biol.*, ♣ dentate; *Briefmarke*: perforated.

Gezänk(e) *n* squabbling, bickering.

Gezappel *n* fidgeting, wriggling (about).

gezeichnet *adj.* drawn; (*unterschrieben*) signed; *fig. Gesicht etc.*: marked (***von*** by); ***schön ~es Fell*** beautifully patterned fur; *fig.* ***realistisch ~*** *Charaktere etc.*: realistically portrayed; ***fürs Leben ~*** scarred (*als Krimineller etc.*: branded) for life; ***vom Tod ~*** bearing the stamp of death; ***sie ist von der Krankheit ~*** the illness has left its mark (on her).

Gezeiten *pl.* tide *sg.*; ***~..., den ~ unterworfen*** tidal; **~energie** *f* tidal energy; **~hafen** *m* tidal habour (*od.* port); **~kraftwerk** *n* tidal power plant; **~strom** *m*, **~strömung** *f* tidal current; **~wechsel** *m* turn of the tide, changing tide.

Gezeter *n* yelling; (*Zetergeschrei*) hue and cry.

gezielt I. *adj. Schuß*: well-aimed; *fig.* selective; *Frage*: specific; *Maßnahme*: calculated; *Werbung*: targeted; *Bemerkung*: pointed; ***~er Versuch*** *contp.* deliberate attempt (***zu*** *inf.* to *inf.*); ***durch e-n ~en Einsatz der Polizei*** through a concerted effort on the part of the police; **II.** *adv.*: ***~ schießen*** shoot to kill; *fig.* ***~ fragen*** ask specifically, F ask *s.o.* straight; ***~ vorgehen*** take calculated measures (*od.* steps); ***das müssen wir ganz ~ angehen*** we've got to plan our approach carefully.

geziemen I. *v/i.*: ***j-m ~*** befit s.o.; **II.** *v/refl.*: ***es geziemt sich nicht*** it's not done, it's not (considered) good form, it's not considered proper; ***wie es sich geziemt*** as is proper (*od.* fitting); **geziemend** *adj.* proper; (*anständig*) decent; (*gehörig*) due, proper *respect etc.*; respectful *distance*.

geziert *adj.* affected; ***tu nicht so ~!*** stop putting it on; **Geziertheit** *f* affectation.

gezinkt *adj.* **1.** *Holz*: dovetailed; **2.** *Spielkarten*: marked; *fig.* ***mit ~en Karten spielen*** play with a stacked deck.

Gezischel *n* whispering; (*Tratsch*) gossip; ***was soll das ~?*** what's all this (secret) whispering going on?

gezogen *adj. Waffe*, *a.* ⚙ *Draht etc.*: drawn; *Gewehrlauf*: rifled.

gezuckert *adj.* **1.** sugared; **2.** *phot.* ***~e Leinwand*** glass-beaded screen.

Gezwinker *n* winking.

Gezwitscher *n* chirping, twittering.

gezwungen I. *adj.* (*unnatürlich*) unnatural; (*geziert*) affected; (*steif*) stiff;

Lächeln etc.: forced; *Gespräch etc.*: strained; ∼ **sein** (**sich** ∼ **sehen**), **zu** *inf.* be (find o.s., feel) compelled *od.* constrained to *inf.*; **II.** *adv.*: ∼ **lachen** give a forced laugh, force a laugh; **gezwungenermaßen** *adv.*: ∼ **et. tun** be forced to do s.th.; **Gezwungenheit** *f* affectation; (*Steifheit*) stiffness.

Ghanaer(in *f*) *m*, **ghanaisch** *adj.* Ghanaian.

Ghetto *n* → **Getto.**

Gibraltarer(in *f*) *m*, **gibraltarisch** *adj.* Gibraltarian.

Gicht[1] *f* ⚕ gout.

Gicht[2] *f metall.* furnace top; (*Einsatz*) furnace charge.

Gichtanfall *m* attack of gout.

gichtig *adj.* gout-ridden.

Gichtknoten *m* chalkstone.

gichtkrank *adj.*: ∼ **sein** suffer from (*od.* have) gout; **Gichtkranke(r** *m*) *f* gout sufferer.

Giebel *m* gable; (*Zier*♀) pediment; **∼dach** *n* gable(d) roof; **∼feld** *n* tympanum; **∼fenster** *n* gable window; **∼seite** *f* side, gable end, end wall.

Gier *f* greed (**nach** for); *vorübergehende, bsd. nach Essen*: craving (for).

gieren[1] *v/i.*: ∼ **nach** crave, lust for (*od.* after).

gieren[2] *v/i.* ⚓, ✈ yaw.

gierig I. *adj.* greedy (**nach, auf** for); (*gefräßig*) *a.* gluttonous; **II.** *adv.*: ∼ **essen** eat greedily; ∼ **verschlingen** bolt down, (*a. fig. Buch*) devour; ∼ **lesen** read avidly; **es** (*die Nachricht etc.*) ∼ **in sich aufnehmen** F lap it up; ∼ **ansehen** look at *s.o. od. s.th.* with lust in one's eyes (*od.* with lustful eyes).

Gießbach *m* torrent.

gießen I. *v/t.* **1.** pour; (*verschütten*) spill; **2.** (*Blumen*) water; **3.** ⚙ (*Gußstücke*) cast; **II.** *v/impers.*: **es gießt** it's pouring; **es gießt in Strömen** (F **wie aus Kübeln**) F it's coming down in buckets.

Gießer *m* ⚙ caster; founder; **Gießerei** *f* foundry; (*Tätigkeit*) casting.

Gießform *f* mo(u)ld; *Spritzguß*: die.

Gießkanne *f* watering can; **Gießkannenprinzip** *n* watering-can principle; **Gelder** *etc.* **nach dem** ∼ **verteilen** *a.* try to give everyone a slice of the cake.

Gift *n* poison; ⚗, *biol.* toxin; *fig.* poison; (*Bosheit*) venom; *fig.* **das ist das reinste** ∼ **für ihn** that's sheer poison for him, that's the worst thing you could give him, **für die Beziehung** *etc.*: that could kill off relations; **darauf kannst du** ∼ **nehmen** F you can bet your bottom dollar on that; **er spuckte** ∼ **und Galle** F he was really fuming; F **blondes** ∼ F blonde bombshell; **∼ampulle** *f* poison phial; **∼becher** *m* cup of poison; **∼beere** *f* poisonberry; **∼blase** *f zo.* poison sac; **∼drüse** *f* poison gland.

giften I. *v/t.* (*ärgern*) rile, (really) get to *s.o.*; **II.** *v/i.*: ∼ **über** say (really) nasty things about; **III.** *v/refl.*: **sich** ∼ get het up *od.* mad (**über** about); **gifte dich nicht darüber** *a.* don't let it get to you.

Gift|faß *n* toxic waste drum; **∼flasche** *f* bottle of poison; **∼gas** *n* poison gas; **∼gasgranate** *f* gas-filled (*od.* poison gas) artillery shell; ♀**grün** *adj.* bright green; ♀**haltig** *adj.* toxic.

giftig I. *adj.* poisonous; ⚗ toxic; ⚕ virulent, contagious; *fig.* (*bösartig*) vicious, (really) nasty; *Antwort etc.*: vitriolic; **II.** *fig. adv.* viciously; *j-n* ∼ **ansehen** look daggers at; **Giftigkeit** *fig. f* (*Bosheit*) viciousness.

Gift|körper *m* toxic agent; **∼kröte** F *f sl.* narky bastard, (*Frau*) *sl.* bitch; **∼küche** F *fig. f* hotbed of gossip (and intrigue); **∼kunde** *f* toxicology; **∼mischer** *m* **1.** poison brewer; **2.** F *fig.* (*Apotheker*) F poison peddler; **3.** F *fig.* **er ist ein richtiger** ∼ (*Intrigant*) he's always stirring up trouble; **∼mord** *m* (murder by) poisoning; **∼mörder(in** *f*) *m* poisoner, *a.* assassin; **∼müll** *m* toxic waste; **∼mülldeponie** *f* toxic waste dump; **∼nudel** F *f* (*Frau*) F (old) shrew, *sl.* bitch; **∼pfeil** *m* poison arrow (*Blasrohr*: dart); **∼pflanze** *f* poisonous plant; **∼pilz** *m* poisonous mushroom; toadstool; **∼schlange** *f* poisonous snake; F *fig.* F (old) shrew; **∼schrank** *m* poison cabinet; **∼spinne** *f* poisonous spider; **∼stachel** *m* poison sting; *von Fischen*: venomous spine.

Giftstoff *m* poison(ous substance); ⚕ *u. Umwelt*: toxin, toxic agent; (*Abgas etc.*) pollutant; **∼beseitigung** *f* disposal of toxic substances (*od.* wastes).

Gift|wirkung *f* effect of the poison; **∼zahn** *m* poison fang; **∼zentrale** *f* public laboratory; **∼zwerg** F *m* F nasty little man.

Gigant *m* giant; *fig. a.* heavyweight; *fig.* **∼en der Politik** political giants (*od.* heavyweights); **gigantisch** *adj.* huge, gigantic; *Leistung etc.*: tremendous; **∼es Unternehmen** *a.* momentous undertaking; **Gigantismus** *m* gigantism; **Gigantomanie** *f* megalomania.

Gigolo *m* gigolo.

Gigue *f* ♪ gigue; (*Tanz*) jig.

Gilde *f* guild; **∼haus** *n* guildhall.

Gimpel *m zo.* bullfinch; F *fig.* F dimwit; **∼fang** F *m* F con (job[s *pl.*]); **auf** ∼ **ausgehen** F go out on the con game.

Ginster *m* ⚘ broom; (*Stech*♀) gorse.

Gin Tonic *m* gin and tonic.

Gipfel *m* **1.** summit, (mountain) peak, mountain top; *e-s Baumes*: top; *e-r Kurve*: peak; **2.** *fig.* (*Höhepunkt*) peak, height; **auf dem** ∼ *gen.* at the peak (*od.* height) of *one's power etc.*; **der** ∼ **der Frechheit** the height of cheek; **das ist der** ∼ **der Geschmacklosigkeit** *a.* for tastelessness that's hard to beat; **das ist ja der** ∼! that really is the limit, *Brit. a.* F that takes the biscuit; **3.** *pol.* → **Gipfelkonferenz**; **∼abkommen** *n pol.* summit agreement; **∼diplomatie** *f pol.* summitry; **∼gespräch** *n pol.* summit talks *pl.*; **∼konferenz** *f pol.* summit (conference); **∼leistung** *f* peak (performance); (*Rekord*) record.

gipfeln *v/i.* culminate (**in** in); *Unruhen etc.*: *a.* escalate (into); *Karriere, Rede etc.*: climax (in), culminate (in).

Gipfel|punkt *m* highest point; *fig.* high point, culmination; *fig.* **s-n** ∼ **erreichen** *a.* reach one's zenith; **∼stürmer** *m* mountaineering fanatic; *fig.* high flier; **∼teilnehmer** *m pol.* summiteer; **∼treffen** *n pol.* summit (meeting).

Gips *m* **1.** *min.* gypsum, calcium sulphate; **2.** plaster (of Paris); ⚕ **das Bein in** ∼ **legen** put s.o.'s leg in plaster (*od.* in a [plaster] cast); **∼abdruck** *m* plaster cast; **∼bein** *n*: **ein** ∼ **haben** have one's leg in plaster (*od.* in a [plaster] cast); **∼binde** *f* plaster bandage; **∼büste** *f* plaster bust; **∼decke** *f* plaster ceiling.

gipsen *v/t.* plaster (*a. Wein u.* ⚕).

Gips|figur *f* plaster figure; **∼kopf** F *fig. m* F blockhead; **∼marmor** *m* imitation marble; **∼maske** *f* face mask; (*Totenmaske*) death mask; **∼mehl** *n* powdered plaster; **∼mörtel** *m* gypsum mortar; **∼verband** *m* ⚕ plaster cast; **e-m Bein e-n** ∼ **anlegen** put a leg in plaster (*od.* in a [plaster] cast).

Giraffe *f* giraffe.

girieren *v/t.* † endorse, indorse (**auf** on).

Girlande *f* garland; (*Papierkette*) paper chain.

Giro *n* **1.** *e-s Wechsels etc.*: endorsement, indorsement; **2.** (*Überweisung*) bank (*od.* giro) transfer; **∼abteilung** *f* giro department; **∼auftrag** *m* credit transfer order; **∼bank** *f* clearing bank; **∼guthaben** *n* current account balance; **∼konto** *n* current account; *bsd.* 📯 giro account; **∼kunde** *m* current account customer (*od.* holder); **∼überweisung** *f* giro transfer; **∼verkehr** *m* clearing; **∼zentrale** *f* clearing house, central giro institution.

girren *v/i.* coo (*a. fig.*).

Gis *n* ♪ G sharp.

Gitarre *f* guitar; **Gitarrenspieler** *m*, **Gitarrist** *m* guitar player, guitarist.

Gitter *n* grating; *an Tür, Fenster*: *a.* grille; (*Gatterwerk*) trellis; (*Eisen*♀) (iron) bars *pl.*; (*Tor, Schutz*♀) gate; *am Kinderbett*: bars *pl.*; *vor e-m Kamin*: guard; (*Rost*) grate; (*Draht*♀) screen; (*Zaun*) fence; (*Geländer*) railing; *electron.* grid; *geogr. auf Karten*: grid; *phys.* grating; *fig.* **hinter ∼n** behind bars; **hinter** ∼ **kommen** be locked up; ♀**artig** *adj.* latticed; **∼bett** *n* cot, *Am.* crib; **∼draht** *m* wire netting; ⚡ grid wire; **∼fenster** *n* lattice window; *mit Eisenstangen*: window with iron bars; **∼netz** *n Karte*: grid; **∼rost** *m* **1.** grating; **2.** *im Backofen*: grill; **∼spannung** *f* grid voltage; **∼stab** *m* bar; **∼tor** *n* iron gate; **∼werk** *n* latticework; **∼zaun** *m* palings *pl.*; *gekreuzt*: lattice fence.

Glacé|handschuhe *pl.* kid gloves; *fig.* **mit ∼n anfassen** handle *s.o.* with kid gloves; **∼leder** *n* glacé (*od.* kid) leather.

glacieren *v/t. gastr.* glaze.

Gladiator *m* gladiator.

Gladiole *f* ⚘ gladiola, gladiolus.

Glanz *m* shine, lust|re (*Am.* -er); *funkelnder*: brilliance, sparkle; *strahlender*: radiance, glow; (*Glitzern*) glitter; (*blendender Schein*) glare; (*Politur, Oberfläche*) shine, polish; *des Haars*: shine; *auf Stoffen*: sheen; *fig.* splendo(u)r; (*Ruhm*) glory; (*Gepränge*) pomp; (*Flitter*) glitter, tinsel; *fig.* **äußerer** ∼ gloss; **in vollem** ∼ *a. iro.* in all one's glory; (**die Prüfung**) **mit** ∼ (**und Gloria**) **bestehen** pass (the exam) with flying colo(u)rs; F **mit** ∼ **und Gloria** *untergehen etc.*: F in style; *iro.* **welcher** ∼ **in m-r Hütte** what gives me the hono(u)r?

glänzen I. *v/i.* shine; be shiny; (*funkeln*) glitter, sparkle, *Sterne*: *a.* twinkle; *Person*: (*strahlen*) beam (**vor** with); *durch Leistungen, Geist*: shine; ∼ **in** be brilliant at; ∼ **wollen** like (*od.* want) to impress, **mit s-m Wissen** *etc.*: like (*od.* want) to show off one's knowledge *etc.*; → **Abwesenheit, Gold**; **II.** *v/t.* ⚙ polish; (*Leder, Papier, Stoff*) glaze; **glänzend I.** *adj.* shining, shiny, bright, gleaming; (*funkelnd*) glittering, sparkling; *Person*: radiant; *phot.* glossy; *fig.* brilliant, excellent; **~e Idee** brilliant (*iro. a.* bright) idea; **in ~er Form** in top form; **~e Kritik** glowing (F rave) review; **~es Comeback** blistering comeback (**in** to); **II.** *fig. adv.* brilliantly; extremely well; **die Prüfung ~ bestehen** pass (the exam) with flying colo(u)rs, do brilliantly (in the exam); **sie verstehen sich ~** they get on like a house on fire; **ihm geht's ~** he's doing very well (*od.* just fine), *gesundheitlich*: *a.* F he's in the pink; **~ aussehen** look tremendous (F great); **sich ~ amüsieren** have a great time (of it), F have a whale of a time.

Glanz|foto *n* glossy print; **~idee** *f a. iro.* brilliant idea; **~lack** *m* brilliant varnish; **~leder** *n* patent leather; **~leistung** *f* brilliant feat (*od.* performance); **es war nicht gerade e-e ~** it wasn't exactly brilliant (*od.* a brilliant performance *etc.*); **~licht** *n Gemälde*: highlight; *fig.* **e-r Sache ~er aufsetzen** add a few highlights to s.th.

glanzlos *adj.* dull; *bsd. Augen u. fig.*: *a.* lacklust|re (*Am.* -er); (*ruhmlos*) inglorious.

Glanz|nummer *f* highlight; *e-s Artisten etc.*: pièce de résistance, F party piece; **~papier** *n* glazed paper; **~parade** *f Sport*: brilliant save; **~partie** *f* **1.** brilliant performance; **2.** → **Glanzrolle**; **~periode** *f* → **Glanzzeit**; **~punkt** *m* highlight; (*Höhepunkt*) climax; **~rolle** *f thea.* star role; (*erfolgreichste Rolle*) best role; **~seide** *f* glossy silk; **~stelle** *f an der Hose etc.*: shiny patch; **~stück** *n* **1.** *e-r Sammlung etc.*: showpiece; **2.** → **Glanzleistung, -nummer**; **2voll** *adj. Fest, Karriere etc.*: glittering; → *a.* **glänzend**; **~zeit** *f* heyday; (*Epoche*) golden age.

Glas[1] *n* glass (*a. Gefäß*); *ohne Fuß*: *a.* tumbler; (*Einweck2*) jar; *opt.* (*Brillen2*) lens; (*Fern2*) binoculars *pl.*; (*Opern2*) opera glasses *pl.*; (*Spiegel*) mirror; **Gläser** (*Brille*) glasses; **hinter ~** *Bild etc.*: behind glass, *Exponat etc.*: (*a.* **unter ~**) in a glass case; **zwei ~ Wein** two glasses of wine; **bei e-m ~ Wein besprechen** discuss over a glass of wine; F **er hat zu tief ins ~ geguckt** he's had a drop too many, F he's had one over the eight.

Glas[2] *n* ⚓ (*1/2 Stunde*) bell; **acht ~en** eight bells.

Glas|auge *n* glass eye; **~ballon** *m* demijohn; ⚗ balloon (flask); **~bläser** *m* glass blower; **~bläserei** *f* **1.** (*Gewerbe*) glass blowing; **2.** (*Betrieb*) glassworks *pl.* (*oft sg. konstr.*), glass factory; *kleinere*: glass blowing workshop.

Glasbodenboot *n* glass-bottomed boat.

Gläschen *n*: **ein ~ zuviel** a drop too many; **sich ein ~ genehmigen** F have a wee drop.

Glasdach *n* glass roof.

Glaser *m* glazier; **Glaserei** *f* **1.** glazier's workshop; **2.** (*Handwerk*) glazing; **Glaserkitt** *m* (glazier's) putty.

gläsern *adj.* (made of) glass; *fig.* **~e Augen** glazed eyes; **~er Blick** glassy stare; **~er Klang** tinkling sound; **~e Stimme** brittle voice.

Glasfabrik *f* → **Glashütte.**

Glasfaser *f* fibreglass, *Am.* fiberglass; **~kabel** *n* fibre-optic (*Am.* fiber-optic) cable; **~optik** *f* fib|re (*Am.* -er) optics *pl.* (*sg. konstr.*).

Glas|fenster *n* glass window; **~fiber** *f* → **Glasfaser**; **~flasche** *f* glass bottle; **~flügler** *m zo.* clearwing; **~geschirr** *n* glassware; **~harfe** *f*, **~harmonika** *f* glass harmonica; **2hart** F *adj.* (as) hard as rock; *Schlag, Schuß*: cracking ...; **~haus** *n* greenhouse; **wer im ~ sitzt, soll nicht mit Steinen werfen** people in glass houses shouldn't throw stones; **~hütte** *f* glassworks *pl.* (*oft sg. konstr.*), glass factory.

glasieren *v/t.* glaze; (*lackieren*) enamel; *gastr.* frost, ice; (*Früchte*) candy.

glasig *adj.* glassy; *Auge*: *a.* glazed; *Zwiebeln, Speck, beim Braten*: transparent; *Kartoffeln etc.*: waxy.

Glas|industrie *f* glass industry; **~kasten** *m* glass case; F *contp.* (*Gebäude*) F glass box; **2klar** *adj.* crystal-clear (*a. fig.*); **~kolben** *m* **1.** ⚗ (glass) flask; **2.** ⚡ (glass) bulb; **~körper** *m anat.* vitreous body; **~kugel** *f* glass ball; **~malerei** *f* painting on glass; *konkret*: stained glass (window[s *pl.*]); **~nudeln** *pl.* glass noodles, vermicelli; **~palast** F *contp. m* F glass box; **~papier** *n* glass paper; **~perle** *f* (glass) bead; **~platte** *f* sheet of glass; (*Abdeckplatte*) glass top; **~röhre** *f* glass tube, *pharm. a.* vial; **~sammelcontainer** *m* bottle bank; **~schale** *f* glass bowl; **~scheibe** *f* pane (of glass); **~scherbe** *f* piece of (broken) glass; *pl.* broken glass *sg.*; **~schleifer** *m* glass grinder (*od.* cutter); **~schneider** *m* glass cutter; (*Diamant*) glazier's diamond; **~schrank** *m* glass cabinet; **~schüssel** *f* glass bowl; **~splitter** *m* splinter of glass; **~tür** *f* glass door.

Glasur *f Keramik*: glaze; *auf Metall etc.*: gloss; *für Backwerk*: icing, *Am.* frosting.

Glas|veranda *f* glass veranda, *Am.* sun parlor; **~waren** *pl.* glassware *sg.*; **~watte** *f* glass wool.

glasweise *adv.* by the glass.

Glas|wolle *f* glass wool; **~ziegel** *m* glass tile; (*Baustein*) glass brick.

glatt I. *adj.* smooth; *Haut*: *a.* soft; *Haar*: (*nicht kraus*) straight; (*eben*) level; *Meer*: calm; (*poliert*) polished; (*glitschig*) slippery, *Straße*: *a.* icy; *Schnitt, Bruch*: clean; *Zahl*: even; *fig.* (*gefällig, gewandt*) smooth; *Worte, Zunge*: *a.* glib; (*reibungslos*) smooth; F *Unsinn etc.*: downright; **~e Landung** smooth landing; **Vorsicht, hier ist es ~!** mind you don't slip (*mot.* skid); *fig.* **~e Absage** flat refusal; **(ein) ~er Beweis** proof positive; **e-e ~e Eins** a straight A; **~e Lüge** downright (*od.* absolute) lie; **~er Sieg** straight win; F *es kostete mich* **~e 1000 Dollar** F a quick thousand (dollars); **II.** *adv.* smoothly; *fig.* (*ohne Zwischenfall*) *a.* without a hitch; (*ganz*) completely; **~ anliegen** fit closely, **an der Wand** *etc.*: be flush with the wall *etc.*; **~ durchschneiden** cut clean through; *fig.* **~ ablehnen (ableugnen)** flatly refuse (deny); **~ gewinnen** win hands down; F **~ heraussagen** say *s.th.* (straight) to s.o.'s face; F **er kam ~ zu spät** he had the nerve to turn up late; F **~ vergessen haben** have completely (F clean) forgotten; **~ verlaufen** go off smoothly (*od.* without a hitch); F **ich könnte ~ ...** F I've a good mind (*od.* half a mind) to *inf.*; **~bügeln** *v/t.* iron; *fig.* (*Probleme*) iron out.

Glätte *f* smoothness; (*Schlüpfrigkeit*) slipperiness; (*Politur*) polish; *fig. e-r Person*: smoothness.

Glatteis *n* ice; *mot. oft* black ice; **es ist ~ (auf den Straßen)** the roads are icy (*od.* iced over); *fig.* **j-n aufs ~ führen** put s.o. in a tricky situation; **er war aufs ~ geraten** he was skating on thin ice; **~gefahr** *f* (*a.* **auf den Straßen ~**) icy roads *pl.*, ice on the roads.

glätten I. *v/t.* smooth out; (*Haar etc.*) smooth (down); (*Falten*) take out; (*Hautfalten*) smooth away; ⚙ smooth, give *s.th.* a smooth finish; (*polieren*) polish, (*Metall*) *a.* burnish; (*Holz*) plane; *fig.* polish; **II.** *v/refl.*: **sich ~** smooth (itself) out; *Haut*: become smooth; *Gesicht*: relax; *Meer*: calm down; *fig. Erregung etc.*: blow over; **das Hemd wird sich von alleine ~** *a.* the creases will come out (of the shirt) by themselves.

glatterdings *adv.* absolutely *impossible etc.*; flatly *refuse etc.*

glatt|feilen *v/t.* file *s.th.* smooth; **~gehen** F *v/i.* go off smoothly (*od.* without a hitch); **es geht eben nicht immer alles glatt** it can't be plain sailing all the time; **~haarig** *adj.* straight-haired; *Hund etc.*: smooth-haired.

Glattheit *f* → **Glätte.**

glatt|hobeln *v/t.* plane *s.th.* smooth; **~machen** *v/t.* **1.** → **glätten**; **2.** ✝ settle; **~rasiert** *adj.* clean-shaven; **~rühren** *v/t.* beat until smooth; **~schleifen** *v/t.* polish.

glattstellen *v/t.* ✝ settle, square, even up; **Glattstellung** *f* settlement.

glattstreichen *v/t.* smooth out; (*Haar*) smooth (down).

glattweg F *adv.* just like that; (*rundheraus*) *a.* point-blank; (*völlig*) absolutely; **~ ablehnen** flatly refuse; **er hat ~ behauptet** he literally said.

glattzüngig *adj.* smooth-tongued.

Glatze *f* bald head, *hum.* bald pate; (*kahle Stelle*) bald patch; F **die ~n** skinheads; **Glatzkopf** *m* **1.** bald head; **2.** bald man, F baldie, slap-head; **glatzköpfig** *adj.* bald(-headed).

Glaube *m* belief (**an** in); (*festes Vertrauen*) faith, trust (in); (*Bekenntnis*) creed; (*Religion*) (religious) faith *od.* belief, religion; (*Überzeugung*) conviction; **~ an die Zukunft** faith in the future; **fester ~** firm belief; **in gutem ~n** in good faith; **im ~n, daß** believing (that), under the impression that; **~n schenken** *dat.* believe; **den ~n verlieren** lose (one's) faith (**an** in); **des (festen) ~ns sein, daß** firmly believe (that); **j-n in dem ~n lassen, daß** let s.o. go on believing (that); **laß sie doch in dem ~n** let her believe it, don't spoil her illusion(s); **ich möchte Sie nicht von Ihrem ~n abbringen(, daß)** I wouldn't like to disillusion you (about ... *ger.*).

glauben I. *v/t.* believe; (*meinen, annehmen*) *a.* think; **das glaube ich gern** I can (well) believe that; F **es ist nicht zu ~** it's incredible (*od.* unbelievable); **das ist kaum zu ~** it's hard to believe; **er glaubt alles** he'll believe anything; **ob du es glaubst oder nicht** believe it or not; **und das soll ich ~?** you don't expect me to believe that, do you?; **ich glaube dir kein Wort** I don't believe a word (you're telling me); **das glaubst du ja wohl selber nicht** F tell me another one; F **wer's glaubt, wird selig** F that's a good one; **er glaubte sich unbeobachtet** he didn't think anyone was looking; **ich glaubte,**

er sei Arzt I thought he was a doctor; **II.** *v/i.* believe (***j-m*** s.o.; ***an*** in); **~ an** (*Vertrauen haben zu*) have faith in; ***ich glaube schon*** I think so; ***sie ~ fest daran*** they swear by it; ***du kannst mir ~*** take my word for it; F ***dran ~ müssen*** F come a cropper; F ***jetzt mußt du dran ~*** (*bist du dran*) you can't get out of it now; F ***e-s Tages müssen wir alle dran ~*** F we've all got to go one of these days; **III.** 2 *m* → ***Glaube.***

Glaubens|artikel *m* article of faith; **~bekenntnis** *n* **1.** (*Formel*) creed; **2.** (*Konfession*) confession; **3.** *pol. etc.* creed; ***sein politisches ~ ablegen*** lay down one's political creed; **~bewegung** *f* religious movement; **~bruder** *m* → ***Glaubensgenosse***; **~eifer** *m* religious zeal; **~frage** *f* **1.** matter of faith; **2.** religious question; **~freiheit** *f* religious freedom, freedom of religion; **~gemeinschaft** *f* religious community; **~genosse** *m* fellow Christian (*od.* Moslem, Socialist *etc.*); **~krieg** *m* religious war; **~lehre** *f* religious doctrine, dogma; dogmatics *pl.* (*sg. konstr.*); **~sache** *f* matter of faith; **~satz** *m* dogma; **~spaltung** *f* schism; **2stark** *adj.* deeply religious; **~streit** *m* religious controversy; **~strenge** *f* (strict) orthodoxy; **~treue** *f* (religious) faith; **~verfolgung** *f* religious persecution; **~wechsel** *m* change of faith; **2wert** *adj.* credible; **~zwang** *m* religious coercion, intolerance; **~zweifel** *m a. pl.* (religious) doubt.

glaubhaft I. *adj.* plausible; ⚖ ***~ machen*** substantiate; ***j-m et. ~ machen*** convince (*od.* persuade) s.o. of s.th.; → ***glaubwürdig***; **II.** *adv.*: ***~ nachweisen*** satisfactorily show; **Glaubhaftigkeit** *f* credibility, plausibility.

gläubig *adj.* **1.** religious; (*fromm*) *a.* devout; **2.** (*vertrauend*) trusting; *Anhänger*: faithful, loyal; (*leicht~*) gullible.

Gläubige(r[1]) *m* (true) believer; ***die Gläubigen*** the faithful (*pl.*).

Gläubiger[2] *m* † creditor; (*Bürgschafts2*) guarantor; (*Hypotheken2*) mortgagee; **~ausschuß** *m* creditor's committee; **~staat** *m* creditor country (*od.* nation); **~versammlung** *f* meeting of creditors.

Gläubigkeit *f* (unquestioning) faith; (*Frömmigkeit*) devoutness; (*Vertrauen*) trustfulness; (*Leicht2*) gullibility.

glaublich *adj.*: ***kaum ~*** hard to believe.

glaubwürdig *adj.* plausible; *Quelle etc.*: reliable; *Person*: (*zuverlässig*) trustworthy; ***~er Zeuge*** credible witness; ***aus ~er Quelle*** on good authority; **Glaubwürdigkeit** *f* plausibility, credibility; reliability; trustworthiness; → ***glaubwürdig***; ***Mangel an ~*** credibility gap; **Glaubwürdigkeitskrise** *f* credibility crisis; **Glaubwürdigkeitsverlust** *m* loss of credibility.

Glaukom *n* ⚕ glaucoma.

glazial *adj.* glacial; **2landschaft** *f* glacial landscape; **2zeit** *f* ice age, glacial period.

gleich I. *adj.* **1.** (*identisch*) *pred. the* same; identical; *zahlenmäßig etc.*: equal (*a. Rechte, Bezahlung etc.*); (*~bleibend*) constant; (*einheitlich*) uniform; ***fast ~*** very similar; Å ***~e Winkel*** equal angles; ***in ~em Abstand voneinander*** equidistant from each other; ***x ist ~ y*** x equals y; ***7–2 ist ~ 5*** 7–2 is (*od.* leaves) 5; ***in ~er Weise*** (in) the same way; ***zu ~en Teilen*** equally; ***zu ~er Zeit*** at the same time, simultaneously; ***es geht uns diesmal allen ~*** we're all in the same boat this time; ***das sieht ihm ~*** that's just like him; ***ins ~e bringen*** settle; ***~ und ~ gesellt sich gern*** birds of a feather (flock together); ***das ~e*** (*od.* ***2es***) ***gilt für*** the same applies to (F goes for); ***er ist nicht mehr der ~e*** he's not the Peter *etc.* I (*od.* we) used to know, he's really changed, you wouldn't recognize him any more; ***es kommt aufs ~e hinaus*** it boils down to the same thing; ***2es mit 2em vergelten*** give *s.o.* tit for tat, F an eye for an eye; ***alle Menschen sind ~, nur einige sind ~er als die anderen*** all people (*od.* men) are equal, only some are more equal than others; → ***gleichbleiben***; **2.** (*egal*) ***es ist mir ~*** it's all the same to me; ***ganz ~ wann*** *od.* ***wo*** *etc.* whenever *od.* wherever *etc.* (it is), no matter when *od.* where *etc.* (it is); ***es ist ganz ~ wann*** *od.* ***wo*** *etc.* it doesn't matter (*od.* make any difference) when *od.* where *etc.*; ***das soll dir doch ~ sein*** why should you care?; **II.** *adv.* **3.** alike, equally; ***~ alt*** (***groß*** *etc.*) the same age (size *etc.*); **4.** (*unmittelbar*) right, straight, just, directly; (*sofort*) straightaway, immediately; ***~ zu Beginn*** right at the outset; to start off with; ***~ daneben*** right beside (*od.* next to) it; ***~ gegenüber*** just opposite; ***~ als*** as soon as; ***~ nach(dem)*** right (*od.* straight) after; ***ich ging ~ hin*** I went straight there; ***es muß nicht ~ sein*** there's no hurry; ***~ (jetzt)*** right now, this minute; ***(ich komme) ~!*** (I'm) coming!, I'm on my way!; ***Kollege kommt ~*** *im Restaurant*: you'll be served right away; ***~!*** *hinhaltend*: just a minute, F give us a chance; ***ich bin ~ wieder da*** I won't be long, (*sofort*) I won't be a minute; ***bis ~!*** see you in a minute (*od.* later); ***geh doch nicht ~ in die Luft*** there's no need to get angry; ***das haben wir ~*** it won't take a minute, we'll have that done (*od.* fixed) in no time; ***das dachte ich mir doch ~*** I thought so (*od.* as much); ***habe ich es nicht ~ gesagt?*** what did I say?; ***es ist ~ zehn (Uhr)*** it's nearly ten (o'clock); **5.** *als Füllwort*: ***wie heißt er ~?*** what's (*od.* what was) his name again?; ***was wollte ich ~ sagen?*** what was I going to say?; ***wo war es ~?*** where was it now?; ***das hört sich ~ ganz anders an!*** that's better, that's more like it; ***willst du ~ den Mund halten!*** will you shut up!; ***es muß nicht ~ ... heißen*** it doesn't mean to say (that), ***sein:*** it doesn't (necessarily) have to be; **III.** *prp.*: ***~ e-m König*** like a king.

gleichaltrig *adj.* (of) the same age.

gleichartig *adj.* of the same kind; (*ähnlich*) similar; **Gleichartigkeit** *f* homogeneity; (*Ähnlichkeit*) similarity.

gleichauf *adv.*: ***~ liegen*** *Sport*: be on level pegging.

gleichbedeutend *adj.* **1.** synonymous (***mit*** with); ***~e Wörter*** synonyms; **2.** equivalent (***mit*** to); ***das ist ~ mit e-r Annahme (Absage)*** it means you've *etc.* been accepted (turned down, it amounts to a refusal).

Gleichbehandlung *f* equal treatment.

gleichberechtigt I. *adj.* equal; ***~ sein*** *a.* have equal rights; **II.** *adv.*: ***~ behandeln*** treat *people etc.* on an equal basis, *Vorgesetzter etc.*: treat *s.o.* as an equal; **Gleichberechtigung** *f* equality; ***~ der Frau*** *etc.* equal rights *pl.* for women *etc.*

gleichbleiben *v/i. u. v/refl.* (***sich ~***) stay the same; ***er wird sich immer ~*** he'll never change; ***das bleibt sich gleich*** it doesn't make any difference, it comes (*od.* boils) down to the same thing; **gleichbleibend** *adj.* always the same; (*unveränderlich*) constant, invariable; steady (*a.* † *u. Barometer*).

gleichdenkend *adj.* like-minded.

gleichen *v/i.* (*ähnlich sein*) be (*od.* look) like, resemble (***j-m*** s.o.); (*nahekommen*) come close to; ***er gleicht s-r Mutter*** *a.* he takes after his mother; → ***Ei*** 1.

gleichermaßen *adv.* **1.** equally; ***~ ... wie ...*** both ... and ..., at one and the same time ... and ...; **2.** → **gleicherweise** *adv.* in the same way.

gleichfalls *adv.* likewise; ***danke, ~!*** thanks, and (to) you.

gleichfarbig *adj.* (of) the same colo(u)r.

gleichförmig *adj.* uniform; (*unveränderlich*) steady, constant, unchanging; (*eintönig*) monotonous; **Gleichförmigkeit** *f* uniformity; (*Unveränderlichkeit*) steadiness; (*Eintönigkeit*) monotony.

gleich|geartet *adj.* of the same kind; (*ähnlich*) similar; **~gerichtet** *adj.* **1.** *Ziele, Interessen etc.*: similar, parallel; **2.** ⚙ synchronous; ⚡ unidirectional; **~geschlechtlich** *adj.* homosexual; *Zwillinge*: (of) the same sex.

gleichgesinnt *adj.* like-minded; ***~e Leute*** people with the same kind of interest (*od.* outlook *etc.*); **Gleichgesinnte(r)** *m* kindred spirit.

gleich|gestellt *adj.* on an equal footing (*dat.* with); *gesellschaftlich*: on the same social level; **~gestimmt** *adj.* ♪ tuned to the same pitch; *fig.* in tune (with one another); ***~e Seelen*** kindred spirits.

Gleichgewicht *n a. fig.* balance, equilibrium; ***~ der Kräfte*** balance of power (*phys.* of forces); ***ökologisches ~*** balance of nature, ecological balance; ***seelisches ~*** inner harmony; ***im ~*** balanced; ***aus dem ~ kommen, das ~ verlieren*** lose one's balance, *fig.* be thrown (off balance); ***aus dem ~ bringen*** (*et.*) unbalance, (*j-n*) put *s.o.* off balance, *fig. a.* throw *s.o.* (off balance); ***das ~ (be)halten*** *od.* ***wahren, sich im ~ halten*** keep one's balance, *fig.* stay on an even keel; ***das ~ halten*** *dat.* counterbalance *s.o. od. s.th.*; ***sich das ~ halten*** *a. fig.* balance each other out; ***sich wieder ins ~ bringen*** steady o.s., *fig.* get back on an even keel; *fig.* ***et. wieder ins ~ bringen*** put s.th. back on an even keel; ***das ~ wiederherstellen*** redress the balance.

Gleichgewichts|lage *f* balanced position; *fig.* balance; **~organ** *n anat.* organ of equilibrium; **~sinn** *m* sense of balance; **~störung** *f* imbalance; ***sie leidet unter ~en*** her sense of balance is upset.

gleichgültig I. *adj.* indifferent (***gegen*** to); (*leichtfertig*) careless; (*lässig*) *a.* casual; (*teilnahmslos*) listless; apathetic (about); (*gefühllos*) unfeeling, callous; (*belanglos*) unimportant, trivial; ***es ist mir (vollkommen) ~*** it's all the same to me, I don't care (a bit, *stärker*: F a damn), I couldn't really care less; ***Sport ist mir ~*** I'm not interested in sports, sports don't interest me; ***er ist mir ~*** he means nothing to me; ***ich bin dir wohl ~*** I don't suppose you care about me at all;

es läßt ihn ~ it leaves him cold; ***es ist völlig*** ~ it doesn't make any difference (at all); (***ganz***) ~, ***was du tust*** whatever you do, no matter what you do; **II.** *adv.*: ~ ***zusehen*** (just) stand there and do nothing, (just) stand and watch; ***sie reagierte*** ~ she didn't seem to care (*od.* be bothered); **Gleichgültigkeit** *f* indifference (***gegen*** to[wards]); (*Unbekümmertheit*) apathy, couldn't-care-less attitude.

Gleichheit *f* equality; *völlige*: identity, identical nature; (*Ähnlichkeit*) similarity; (*Einheitlichkeit*) uniformity; (*Übereinstimmung*) conformity; (*Gleichartigkeit*) homogeneity; (*Gleichwertigkeit*) equivalence; *von Flächen etc.*: evenness; ~ ***vor dem Gesetz*** equality before the law.

Gleichheits|prinzip *n* principle of equality; **~zeichen** *n* 𝔄 equals sign.

Gleichklang *m* unison; *ling.* consonance; *fig.* (***im*** ~ in) harmony, unison.

gleichkommen *v/i.* **1.** (*erreichen, dat.*) come up to, compare with; ***an ... kommt ihr*** (***so schnell***) ***keiner gleich*** there's no-one to touch her (she's hard to beat) when it comes to ...; **2.** (*auf dasselbe hinauslaufen, dat.*) amount to, *negativ*: *a.* be nothing short of.

Gleichlauf *m* ⚙, ⚡, *TV* synchronism, synchronized operation; 𝔄 *etc.* parallelism; **gleichlaufend** *adj.* parallel (***mit*** to, with); ⚙ synchronous, synchronized; **Gleichlaufschwankungen** *pl. Tonband etc.*: wow and flutter *sg.*

gleichlautend *adj. Text*: identical, with the same wording; *Inhalt*: to the same effect; *Wörter*: homonymic, *bei verschiedener Schreibung*: homophonic; ***~es Wort*** a) homonym, b) homophone; ***~e Abschrift*** true copy.

gleichmachen *v/t.* make equal (*dat.* to); (*einebnen*) level (with *od.* to); (*vereinheitlichen*) standardize, *negativ*: reduce to the same level, rob of its (*od.* their) individuality; ***dem Erdboden*** ~ raze to the ground; ***j-n*** (***et.***) ***e-r Sache*** ~ turn s.o. (s.th.) into s.th.; ***der Tod macht alle gleich*** death is the great level(l)er (*od.* equalizer); **Gleichmacher** *m* level(l)er, egalitarian; **Gleichmacherei** *f* level(l)ing, egalitarianism; **gleichmacherisch** *adj.* egalitarian.

Gleichmaß *n* symmetry; harmony; (*Regelmäßigkeit*) regularity; → *a.* ***Gleichmäßigkeit***, ***Gleichgewicht***; **gleichmäßig I.** *adj.* (*regelmäßig*) regular; (*ohne Schwankung*) *a.* steady, even; (*gleichbleibend*) consistent; (*wohlproportioniert*) well-proportioned; (*symmetrisch*) symmetrical; *Züge*: (very) regular; **II.** *adv. verteilen etc.*: evenly; ~ ***gut*** consistently good; **Gleichmäßigkeit** *f* regularity; steadiness, evenness; consistency; symmetry; → ***gleichmäßig.***

Gleichmut *m* equanimity; ***heiterer*** ~ serenity; ***stoischer*** ~ stoicism; **gleichmütig** *adj.* (*ruhig*) calm, composed; (*unerschütterlich*) imperturbable; (*gleichgültig*) indifferent; **Gleichmütigkeit** *f* equanimity; (*Ruhe*) calmness, composure; (*Unerschütterlichkeit*) imperturbability; stoicism; (*Gleichgültigkeit*) indifference.

gleichnamig *adj.* of the same name; *phys.* like *poles etc.*; 𝔄 *Brüche*: with a common denominator; 𝔄 ~ ***machen*** (*Brüche*) bring down to a common denominator.

Gleichnis *n* **1.** *a. bibl.* parable; **2.** *Rhetorik*: simile; (*Bild*) image; **gleichnishaft** *adj.* allegorical; (*symbolisch*) symbolic(ally *adv.*).

gleichrangig *adj.* ⚔ *etc.* of equal rank; *leistungsmäßig*: on the same level, on a par; (*gleich wichtig*) of equal importance.

gleichrichten *v/t.* ⚡ rectify; **Gleichrichter** *m* rectifier; **Gleichrichtung** *f* rectification.

gleichsam *adv.* as it were, so to speak; ~ ***als wollte er sagen*** as if (*od.* as though) he wanted to say.

gleichschalten *v/t.* **1.** ⚙ synchronize; **2.** *fig.* bring into line, *pol. a.* impose political (and economic *etc.*) conformity on; **Gleichschaltung** *f* **1.** ⚙ synchronization; **2.** *fig.* enforced (political *etc.*) conformity, *pol. a.* gleichschaltung.

gleich|schenk(e)lig *adj.*: 𝔄 ***~es Dreieck*** isosceles triangle; **2schritt** *m*: ***im*** ~ (marching) in step, *fig.* in step (***mit*** with); ***im*** ~, ***marsch!*** forward, march!; **~sehen** *v/i.* **1.** resemble, look (*od.* be) like (*dat. s.o., s.th.*); **2.** ***das sieht ihm gleich*** that's just like him; **~seitig** *adj.* 𝔄 equilateral.

gleichsetzen *v/t. a.* 𝔄 equate (*dat. od.* ***mit*** with); (*vergleichen*) *a.* compare (with); (*auf dieselbe Ebene stellen*) identify, put on a level (with); **Gleichsetzung** *f* identification, equation; (*Vergleich*) comparison.

Gleichspannung *f* ⚡ DC voltage.

Gleichstand *m Sport*: tie; **gleichstehen** *v/i.* be on a par *od.* level (*dat.* with); ***sie stehen gleich*** *Sport*: they're drawing, *in der Tabelle*: they're level on points.

gleichstellen *v/t.* put in the same category (*dat.* as); compare (with).

Gleichstrom *m* ⚡ direct current (*abbr.* DC); *in Zssgn* direct-current ..., DC ...

gleichtun *v/t.*: ***es j-m*** ~ emulate s.o.; *in der Leistung*: match s.o.; ***es j-m*** ~ ***wollen*** vie with s.o.; ***an ... tut's ihm keiner gleich*** there's no match for him (*od.* there's no-one to touch him) when it comes to ...

Gleichung *f* equation; *fig.* ***die*** ~ ***ging nicht auf*** it (*od.* things) didn't work out.

gleichviel *adv.* all the same; ~, ***ob*** *etc.* no matter if *etc.*; ~, ***wo*** no matter where, wherever.

gleichwertig *adj.* equivalent (*dat.* to); equally good; *fig.* equal (*dat.* to), on a par (with).

gleichwie *cj. u. adv.* (just) as.

gleichwink(e)lig *adj.* with equal angles, 🕮 equiangular.

gleichwohl *obs. adv.* nevertheless, all the same; yet, however.

gleichzeitig I. *adj.* simultaneous; (*zusammenfallend*) concurrent; **II.** *adv.* at the same time, simultaneously; **Gleichzeitigkeit** *f* simultaneousness; concurrence.

gleichziehen *v/i. Sport*: (*einholen*) draw even (***mit*** with), catch up (with) (*beide a. fig.*); (*ausgleichen*) equalize.

Gleis *n* rails *pl.*, track; (*Bahnsteig*) platform; *fig.* rut; ***einfaches*** ~ single track; ***aus dem*** ~ ***springen*** jump the rails; *fig.* ***das alte*** ~ the same old rut; ***aus dem*** ~ ***werfen*** (*od.* ***bringen***) throw *s.o.* (completely); ***wieder ins rechte*** ~ ***bringen*** set (*od.* put) to rights again; ***auf ein falsches*** ~ ***geraten*** get onto the wrong track; ***auf ein totes*** ~ ***schieben*** (*Sache*) shelve, (*Person*) put on the shelf, put out to pasture; **~anlage** *f* track system; **~anschluß** *m* works siding; **~anzeige** *f* platform indicator.

Gleiskette *f* track chain; **Gleiskettenschlepper** *m* crawler tractor.

Gleiskörper *m* track.

gleißen *v/i.* gleam; (*blenden*) glare; **gleißend** *adj.*: ***~e Sonne*** glaring sun; ***~e Hitze*** searing heat; ***~es Licht*** glaring (*stärker*: blinding) light, strong glare.

Gleit|bahn *f* (*Rutschbahn*) slide, (*Rinne*) *a.* chute; ⚓ slipway; ✈ glide path; **~boot** *n* hydroplane.

gleiten *v/i.* glide (***über*** across); (*rutschen*) slide; (*schlüpfen, a. ausrutschen*) slip; *mot.* skid; ⚓ glide; *Boot*: skim (across); *Hände*: pass, run (over); *Lächeln*: pass (over *s.o.'s face*); ~ ***über*** *Blick*: scan; ***et.*** ~ ***lassen*** slide *od.* slip s.th. (***in*** into); ***es ist mir aus der Hand geglitten*** it slipped out of my hand; ***die Hand*** ~ ***lassen über*** run one's hand over; **gleitend** *adj.* gliding; *a. Maschinenteile, fig. Skala etc.*: sliding; ***~e Arbeitszeit*** flexible working hours, flexitime.

Gleit|fläche *f* sliding surface; **~flug** *m* glide; **~flugzeug** *n* glider; **~klausel** *f* ✝ escalator clause; **~komma** *n* floating point; **~lager** *n* ⚙ slide bearing; **~laut** *m ling.* glide; **~schiene** *f* slide bar, guide; *Schreibmaschine*: carriage rail.

Gleitschirm *m* paraglider; **~fliegen** *n* paragliding; **~flieger** *m* paraglider.

Gleitschritt *m Tanz*: glissade; *Skisport*: gliding step.

Gleitschutz *m* **1.** anti-skid protection; **2.** → **~vorrichtung** *f* anti-skid device.

Gleitsegeln *n* hang-gliding; **Gleitsegler** *m* hang-glider.

gleitsicher *adj.* non-skid.

Gleit|sitz *m Rudern*: sliding seat; **~tag** *m* flexiday; **~wachs** *n* gliding wax; **~winkel** *m* gliding angle; **~zeit** *f* flexible working hours *pl.*, flexitime.

Gletscher *m* glacier; **~bach** *m* glacial stream; **~bildung** *f* glacier formation; **~boden** *m* glacial soil; **~brand** *m* glacial sunburn; **~brille** *f*: (***e-e*** ~ a pair of) (high protection) snow goggles *pl.*, glacier goggles *pl.*; **~eis** *n* glacial ice; **~kunde** *f* glaciology; **~mühle** *f* moulin; **~spalte** *f* crevasse; **~tal** *n* glacial valley; **~tor** *n* mouth of a (*od.* the) glacier; **~wanderung** *f* glacier tour; **~wasser** *n* glacier water.

Glibber *m* slime; **glibb(e)rig** *adj.* slimy; slippery.

Glied *n* (*Körper*2) limb; (*Gelenk*) joint; (*Penis*) penis, (male) member; (*Ketten*2, *a. fig.*) link; *bibl.* generation; ⚔ rank; *ling.* → **Satzteil**; 𝔄, *Logik*: term; ***künstliches*** ~ artificial limb; ***an allen ~ern zittern*** tremble like a leaf; ***s-e ~er strecken*** stretch (o.s.); ***ich konnte kein*** ~ ***rühren*** I couldn't move (*od.* budge an inch); ***der Schreck fuhr ihm in alle ~er*** it gave him quite a turn; ***der Schreck sitzt mir noch in den ~ern*** I'm still recovering (*stärker*: reeling) from the shock.

Glieder|armband *n* adjustable bracelet; **~füßer** *m zo.* arthropod; **~kette** *f* link chain; **2lahm** *adj.* worn out; ***ich bin*** ~ I can hardly walk (*od.* move); **~lähmung** *f* paralysis.

gliedern I. *v/t.* (*anordnen*) arrange; (*aufbauen*) structure; *in Teile*: divide (***in***

into), (*unterteilen*) subdivide (into); *nach Sachgebieten etc.*: arrange, classify; ⚔ organize, *taktisch*: deploy; **II.** *v/refl.*: **sich ~ in** be made up of; be divided into.

Glieder|puppe *f* jointed doll; (*Marionette*) puppet; *für Maler*: lay figure; *für Kleider*: mannequin; **~reißen** *n*, **~schmerz** *m* pains *pl.* in one's arms *od.* legs (*od.* arms and legs); **~tier** *n* articulate.

Gliederung *f* (*Anordnung*) arrangement; (*Plan*) plan; (*Muster*) pattern; (*Aufbau*) structure, organization; (*Einteilung*) division (**in** into); *nach Sachgebieten etc.*: classification; *e-s Aufsatzes*: plan; ⚔ organization; *zo.*, segmentation.

Glied|maßen *pl.* limbs; **~satz** *m ling.* subordinate clause; **~staat** *m* member state.

glimmen I. *v/i. Feuer*: smo(u)lder (*a. fig.*); (*glühen*) glow (*a. Zigarette, fig. Augen etc.*); (*schimmern*) glimmer, gleam; *fig. Hoffnung*: flicker; **II.** 2 *n* smo(u)ldering (*a. fig.*); faint glow; gleam, glimmer.

Glimmer *m min.* mica.

glimmern *v/i.* glimmer.

Glimm|lampe *f* glow lamp; **~stengel** F *obs. m* F smoke stick.

glimpflich I. *adj.* mild; **II.** *adv.*: **~ davonkommen** get off lightly; **es ist noch einmal ~ abgelaufen** we *etc.* were lucky; **j-n ~ behandeln** be lenient with s.o., not to be too hard on s.o.

glitschen F *v/i.* slip; **glitschig** *adj.* slippery; (*schleimig*) slimy.

glitzern *v/i.* glitter; *Augen*: glisten.

global I. *adj.* worldwide, global; (*umfassend*) overall; *Wissen*: exhaustive; (*allgemein*) general; **II.** *adv.* worldwide, globally; (*im ganzen*) as a whole; **~ gesehen** a) seen on a global scale, b) seen from a broader perspective; **2abkommen** *n* overall (*od.* global) agreement; **2betrag** *m* ✝ overall amount; **2kürzung** *f* across-the-board cut; **2steuerung** *f* overall control; **2strategie** *f* global strategy; **2vereinbarung** *f* → **Globalabkommen**; **2versicherung** *f* blanket insurance; **2vertrag** *m* global contract.

Globetrotter *m* globetrotter.

Globulin *n* (*Eiweißkörper*) globulin.

Globus *m* globe; **sie ist um den ganzen ~ gereist** she's been all around the globe (*od.* all over the world).

Glöckchen *n* little bell.

Glocke *f* bell; *e-r Lampe*: globe; (*Käse2 etc.*) cover; bell (jar); *der Klingel*: gong; *fig. von Dunst etc.*: blanket, thick layer; *fig.* **et. an die große ~ hängen** make a big thing about (*od.* of) s.th.; **du solltest es nicht an die große ~ hängen** I would keep quiet about it if I were you; **er weiß, was die ~ geschlagen hat** he knows what to expect (*od.* what he's in for).

Glocken|blume *f* bluebell; **2förmig** *adj.* bell-shaped; **~geläut** *n* **1.** ringing of bells; **2.** bells *pl.*; *abgestimmtes*: chime(s *pl.*), chiming; **~gießer** *m* bell founder; **~gießerei** *f* bell foundry; **2hell** *adj. u. adv.* (as) clear as a bell; **~hut** *m* cloche; **~klang** *m* peal of bells; **2rein** *adj. u. adv.* → **glockenhell**; **~rock** *m* flared skirt; **~schlag** *m* stroke of the clock; **mit dem** (*od.* **auf den**) **~** (*pünktlich*) on the dot; **~seil** *n* bell rope; **~spiel** *n* chime(s *pl.*); ♪ glockenspiel, carillon; **~turm** *m* bell tower, belfry; **~zeichen** *n* bell signal; **~zug** *m* bell pull.

Glöckner *m* bell ringer; (*Kirchendiener*) sexton; **der ~ von Notre-Dame** the hunchback of Notre Dame.

Glorie *f* glory; **Glorienschein** *m* halo; **glorifizieren** *v/t.* glorify; **Gloriole** *f* halo; **glorios, glorreich** *adj.* glorious; *iro.* **~e Idee** bright idea; **wer ist denn auf die ~e Idee gekommen?** whose bright idea was that?

Glossar *n* glossary (of terms).

Glosse *f ling.* gloss; (*Texterläuterung*) commentary, marginal note; *in der Presse*: commentary; **Gegenstand zahlreicher ~n werden** become the subject of endless commentaries; *fig.* **s-e ~n machen über** sneer (*od.* scoff) at; **glossieren** *v/t.* (*Text*) gloss; *in der Presse*: write (*Radio*: do) a commentary on; *fig.* make fun of.

glottal *adj. ling.* glottal; **Glottal(laut)** *m* glottal (sound).

Glotzauge *n* goggle eye; exophthalmos; **glotzäugig** *adj.* goggle-eyed.

Glotze F *f*, **Glotzkasten** F *m* F *the* box, *Am. a.* F (boob) tube.

glotzen F *v/i.* stare; *mit offenem Mund*: gape, F gawk; **glotz nicht so blöd!** stop gawking like an idiot.

Glück *n* luck; (*Glücksfall, glücklicher Zufall*) (good) luck, stroke of (good) luck; (*Glücksgefühl*) happiness; **eheliches ~** domestic (*od.* marital) bliss; **zum ~** fortunately; **~ haben** be lucky, be in luck; **kein ~ haben** be out of luck; **das ~ haben zu** *inf.* be lucky enough to *inf.*, have the good fortune to *inf.*; **da hast du ~ gehabt** you were lucky (there); **da kannst du von ~ sagen** you can count yourself lucky; **damit wirst du bei ihr kein ~ haben** that won't get you anywhere with her, that won't cut any ice with her(, I'm afraid); **ein ~, daß** thank goodness (that); **ein ~, daß du da warst** *a.* it's lucky (*od.* a good thing) you were there; **j-m ~ wünschen** wish s.o. luck; (**ich wünsch' dir**) **viel ~!** good luck!, F best of luck!; **es soll ~ bringen** it's supposed to bring you (good) luck; **sein ~ machen** make one's fortune; **sein ~ versuchen** try one's luck (**bei** with), **mit et.:** *a.* F have a shot at s.th.; **auf gut ~** on the off-chance; **wir sind auf gut ~ nach Florenz gefahren** we went to Florence on the off-chance of finding a room (*od.* finding some good weather *etc.*); **nochmal ~ gehabt!** F that was a close shave; **ich hatte ~ im Unglück** I was lucky things didn't turn out worse; **er** (**sie**) **hat viel ~ bei den Frauen** (**Männern**) he's (she's) a great success with the ladies ([the] men); **mancher hat mehr ~ als Verstand** Fortune favo(u)rs fools; **dein ~!** lucky for you; F **das hat mir gerade noch zu m-m ~ gefehlt** that's all I wanted (*od.* needed).

glückbringend *adj.* lucky *charm etc.*

Glucke *f* mother hen (*a. fig.*), *brütende*: sitting hen; **glucken** *v/i.* cluck.

glücken *v/i.* succeed, be successful, turn (*od.* work) out well, F come off; **es glückte ihm zu** *inf.* he succeeded in *ger.*, he managed to *inf.*; **ihm glückt aber auch alles** some people have all the luck; **es wollte ihm nicht ~** he just couldn't manage it, *a.* he just couldn't get it right; **es ist ihm gut geglückt** he did a good job of it; **nichts wollte ~** everything went wrong.

gluckern I. *v/i.* gurgle; **II.** F *v/t.* (*Getränk*) F swill down.

Gluckhenne *f* → **Glucke.**

glücklich I. *adj.* (*froh*) happy; (*vom Glück begünstigt*) lucky, fortunate; (*treffend*) most appropriate, happy; *Entscheidung, Wahl etc.*: good, fortunate; inspired; **der ~e Gewinner** a) *im Lotto etc.*: the lucky winner, b) (*a.* **der ~e Sieger**) the happy winner(s); **ein ~er Wurf** a smart move; **nicht sehr ~** *Auswahl etc.*: a bit unfortunate; **~ sein** be (*od.* feel) happy; **du kannst dich ~ schätzen** (*od.* **preisen**) you can count yourself lucky; **e-e ~e Hand haben** have the right touch (**bei** for, when it comes to); **du 2er!** F you lucky thing; **wer ist denn der** (**die**) **2e?** who's the lucky man (lady *od.* girl), then?; **II.** *adv.* happily *etc.*; → I; (*gut*) well; (*erfolgreich*) successfully; *iro.* F (*endlich*) finally; **~ ankommen** arrive safely; **~ enden** have a happy end(ing); F **jetzt hat er ~ auch noch ...** F to cap it all he's ...; F **jetzt ist er ~ weg** F thank goodness he's gone; **glücklicherweise** *adv.* fortunately, luckily.

Glücksache *f* → **Glückssache.**

Glücks|botschaft *f* good news (*sg.*); **~bringer** *m* (*Anhänger etc.*) lucky charm; (*Teddybär etc.*) mascot; **du bist ein ~!** you've brought me good luck.

glückselig *adj.* blissful, happy, *pred. a.* overjoyed; **Glückseligkeit** *f* bliss(fulness), happiness; **ewige ~** eternal bliss.

glucksen *v/i. Henne*: cluck; *Wasser*: gurgle; (**~d lachen**) chortle (**vor** with).

Glücks|fall *m*: (**durch e-n ~** by a) stroke of luck; (*glücklicher Umstand*) *a.* lucky coincidence; **es war ein reiner ~, daß ich ihm begegnete** it was pure luck that I ran (*od.* should have run) into him; **~fee** *f a. fig.* fairy godmother, good fairy; **~gefühl** *n* feeling of happiness; *kurzes*: blissful sensation; **~göttin** *f*: **die ~** (F Dame) Fortune, F Lady Luck; **~güter** *pl. the* blessings (*od.* good things) in life; **~kind** *n*: **sie ist ein ~** she was born under a lucky star; **~klee** *m* four-leaf (*od.* four-leaved) clover; **~pfennig** *m* lucky penny; **~pille** F *f* mood drug; **~pilz** *m* F lucky devil; **ist das ein ~!** *a.* some people have all the luck; **~rad** *n* wheel of fortune; **~ritter** *obs. m* soldier of fortune; **~sache** *f* a matter of luck; **~!** luck!; **reine ~** pure luck; **~spiel** *n* game of chance; *coll.* gambling; *fig.* gamble; **~spieler** *m* gambler; **~stern** *m* lucky star; **~strähne** *f* streak *od.* run of (good) luck, lucky streak; **~tag** *m* lucky day; **das ist für mich ein ~!** this is my lucky day.

glückstrahlend *adj.* radiant(ly happy), beaming all over one's face.

Glücks|treffer *m* fluke, lucky shot (*a. Sport*); *fig.* stroke of luck; (*Geldgewinn*) windfall; **~zahl** *f* lucky number.

glückverheißend *adj.* propitious.

Glückwunsch *m* congratulations *pl.* (**zu** on); good wishes *pl.*; **herzlichen ~!** congratulations!, *bei Prüfung etc.*: *a.* F well done!; → **Geburtstag**; **~karte** *f* greetings card; **~telegramm** *n* greetings telegram.

Glucose *f* glucose.

Glüh|birne *f* (light) bulb; **~draht** *m* ⚡ filament.

glühen I. *v/i.* glow, *Metall*: be red-hot; *fig. Gesicht*: burn; *Berge etc.*: glow; *fig.* **vor Zorn** *etc.* ~ burn with anger *etc.*; **II.** *v/t.* (*zum Glühen bringen*) make *s.th.* red-hot; (*Stahl*) anneal; **glühend** *adj.* glowing; (*rot~*) red-hot; *Kohlen*: live; *Zigarette*: burning; *fig.* burning; *Berge etc.*: glowing; *Anhänger etc.*: fervent, ardent; **~e Hitze** scorching heat; *fig.* **in ~en Farben schildern** paint *s.th.* in glowing colo(u)rs, paint a glowing picture of *s.th.*; → **Farbe, Kohle**; **glühendheiß** *adj.* red-hot; *fig.* **ein ~er Tag** F a (real) scorcher.
Glüh|faden *m* ⚡ filament; **~kerze** *f mot.* glow plug; **~lampe** *f* electric light bulb; **~wein** *m* mulled wine, glühwein; **~würmchen** *n* glow-worm.
Glupschaugen F *pl.* F goggle eyes; **~ machen** goggle; **glupschäugig** F *adj.* F goggle-eyed.
Glut *f* embers *pl.*; (*Hitze*) (scorching *od.* blazing) heat; (*Röte*) glow; *fig. der Leidenschaft etc.*: fervo(u)r, fire.
Glutamat *n* glutamate.
Glutamin *n* glutamine; **~säure** *f* glutamic acid.
glutäugig *lit. adj.* fiery-eyed; **mit ~em Blick** with blazing eyes, *lit.* with eyes ablaze.
Gluten *n* gluten; **2frei** *adj.* gluten-free.
glutrot *adj.* fiery red; **~ werden** *im Gesicht*: turn crimson.
Glykol *n* (ethylene) glycol.
Glyzerin *n* glycerine.
Gnade *f* (*Barmherzigkeit*) mercy; *eccl. a.* grace; (*Gunst*) favo(u)r; (*Segnung*, ~ *des Himmels*) blessing; **ohne ~** merciless(ly); **um ~ bitten** beg for mercy; **e-e ~ gewähren** grant a favo(u)r; **~ vor Recht ergehen lassen** be lenient; *obs.* **j-m auf ~ oder Ungnade ausgeliefert sein** be at s.o.'s mercy; **~ finden vor** find favo(u)r with; **bei j-m in (hohen) ~n stehen** be in s.o.'s good graces; **Euer ~n** Your Grace; *iro.* **hättest du die ~ zu** *inf.* do you think you could lower yourself to *inf.* (*od. ger.*); **sie hatte die ~ zu** *inf.* she (actually) condescended to *inf.* (*od. ger.*); → **Gott**; F **ein Künstler** *etc.* **von eigenen ~n** a self-styled artist *etc.*; **gnaden** *v/i.*: **dann gnade dir Gott** God help you.
Gnaden|akt *m* act of mercy (*od.* clemency); **~beweis** *m*, **~bezeigung** *f* show of favo(u)r (*od.* mercy, clemency); **~bild** *n eccl.* miraculous image of the Virgin Mary *etc.*; **~brot** *n*: **bei j-m das ~ essen** live on s.o.'s charity; **~erlaß** *m* amnesty; **~frist** *f* reprieve; ✝ **e-e ~ von fünf Tagen (e-r Woche)** five days' (one week's) grace; **~gesuch** *n* plea for clemency.
gnadenlos *adj.* merciless, pitiless.
gnadenreich *adj.* **1.** *Zeit*: happy; **2.** *R. C.* blessed, *Maria*: full of grace.
Gnaden|stoß *m* coup de grâce; **~tod** *m*: **der ~** (*konkret*: death by) euthanasia; **~weg** *m*: **auf dem ~** by special grace.
gnädig I. *adj.* (*gunstvoll, a. iro. herablassend*) gracious (**gegen[über]** to); (*freundlich*) kind, benevolent; (*barmherzig*) merciful; *Urteil*: lenient, mild; *als Titel*: gracious *king*; *obs.* **~e Frau, ~es Fräulein,** *a. iro.* **(die) 2ste** Madam, *Am.* Ma'am; *iro.* **wärst du wohl so ~ zu** *inf.* do you think you might just be able to *inf.* (*od.* just lower yourself to *inf. od. ger.*); **das war ja noch ~** we *etc.* got off lightly there, it could have been a lot worse; **Gott sei ihm ~!** God have mercy on him; **II.** *adv.* graciously *etc.*; **noch ~ davonkommen** get off lightly; **mach's ~** don't be too hard (on us *etc.*); **gnädigerweise** *adv.*: *iro.* **~ et. tun** condescend to do(ing) s.th.
Gneis *m min.* gneiss.
Gnom *m* gnome; F *contp. a.* dwarf; **gnomenhaft** *adj.* gnomic.
Gnostiker *m*, **gnostisch** *adj.* Gnostic.
Gnu *n* gnu.
Go *n* (*Brettspiel*) go.
Goanese *m*, **Goanesin** *f* Goan, Goanese; **goanesisch** *adj.* Goanese.
Gobelin *m* tapestry, Gobelin.
Gockel(hahn) *m* cock, rooster.
Go-Kart *m* go-kart.
Gold *n* gold (*a. fig.*); *fig.* **sie ist nicht mit ~ zu bezahlen** (*od.* **aufzuwiegen**) she's priceless, she's worth her weight in gold; **er hat ein Herz aus ~, er ist treu wie ~** he's got a heart of gold; **~ in der Kehle haben** have a voice of gold; **~ gewinnen** win gold (*od.* a gold medal); **zweimal ~ gewinnen** win two golds (*od.* two gold medals); → *a.* **olympisch**; **es ist nicht alles ~, was glänzt** all that glitters is not gold; **~ader** *f* vein of gold; **~ammer** *f zo.* yellowhammer; **~amsel** *f zo.* golden oriole; **~anleihe** *f* ✝ gold loan; **~auflage** *f* gold plating; **~barren** *m* gold ingot; ✝ *pl. mst* bullion *sg.*; **~barsch** *m* rosefish, ocean perch; ✝ Norway haddock; **~bestand** *m* gold reserves *pl.*; **2bestickt** *adj.* embroidered with gold; **~blatt** *n* gold leaf; **~blättchen** *n* (piece of) gold leaf; **~blech** *n* gold foil; **2blond** *adj.* golden(-haired); **2braun** *adj.* golden-brown; **~brokat** *m* gold brocade; **~buchstabe** *m* gold letter; **mit ~n** in gold lettering; **~deckung** *f* ✝ gold backing; **~devisenwährung** *f* gold exchange standard; **~dublee** *n* gold plate; **es ist ~** *a.* it's gold-plated; **2durchwirkt** *adj.* interwoven with gold.
golden *adj.* (of) gold; *fig.* golden; *fig.* **~e Hochzeit** golden wedding; **~er Mittelweg** golden mean; **~e Regel** golden rule; **2e Schallplatte** gold disc; 𝔄 **~er Schnitt** golden section; **~es Zeitalter** golden age; **die ~e Jugendzeit** golden youth; **die ~en Zwanziger** the roaring (*od.* golden) twenties; **das 2e Buch** the visitors' book; **sich ins 2e Buch (der Stadt) eintragen** sign the visitors' book; F **sich e-e ~e Nase verdienen** F make (*od.* earn) a mint (**an** with); F **sich den ~en Schuß setzen** *sl.* OD oneself; → **Brücke, Käfig** *etc.*
Gold|erz *n* gold ore; **~esel** F *m*: **ich bin doch kein ~** F I'm not made of money(, you know); **~faden** *m* gold thread; **~farbe** *f* gold colo(u)r; **2farben, 2farbig** *adj.* gold-colo(u)red, golden; **~fasan** *m* golden pheasant; **~feder** *f* gold nib; **~fink** *m* goldfinch; **~fisch** *m* goldfish; **~füllung** *f* gold filling; **~gehalt** *m* gold content; **2gelb** *adj.* yellow(y)-gold; *Wein*: *a.* golden; **~gewicht** *n* troy (weight); **~gräber** *m* gold digger; **~grube** *f* goldmine; *fig. a.* F moneyspinner; **~grund** *m Kunst*: gold (back)ground; **2haltig** *adj.* auriferous, gold-bearing; **~hamster** *m* golden hamster.
goldig *adj.* lovely, cute, (*a. nett*) sweet.
Gold|junge F *m* F blue-eyed boy; **~käfer** *m* rose chafer; **~kette** *f* gold chain; **~kind** *n* (little) darling; **~klumpen** *m* gold nugget; **~kurs** *m* price of gold; **~legierung** *f* gold alloy; **~markt** *m* gold market; **~medaille** *f* gold medal.
Goldmedaillen|gewinner(in *f*) *m*, **~inhaber(in** *f*) *m* gold medal(l)ist.
Gold|mine *f* goldmine; **~münze** *f* gold coin; **~papier** *n* gold foil; **2plattiert** *adj.* gold-plated; **~plombe** *f* gold filling; **~rahmen** *m* gold (*od.* gilt) frame; **~rand** *m* gilt edge; **mit ~** gilt-edged; **~rausch** *m* gold fever; *hist.* gold rush; **~regen** *m* ♣ laburnum.
goldrichtig F **I.** *adj.* exactly (*od.* just) right; *Sache*: *a.* F spot on; **II.** *adv.* exactly (*od.* just) right; **~ handeln** do just the right thing.
Gold|ring *m* gold ring; **~schatz** *m* treasure of gold; F *fig.* darling; **~schmied** *m* goldsmith; **~schmiedearbeit** *f* (piece of) goldsmith's work; **~schnitt** *m Buch*: gilt edge; **mit ~** gilt-edged; **~standard** *m* gold standard; **~staub** *m* gold dust; **~stück** *n* gold coin; F *fig.* (*Person*) gem; **~sucher** *m* gold prospector; **~tresse** *f* gold braid; **~uhr** *f* gold watch; **2umrandet** *adj.* gilt- -edged, edged in gold; **~vorkommen** *n* gold deposits *pl.*; **~vorrat** *m* gold reserves *pl.*; **~waage** *f* gold balance (*od.* scales *pl.*); *fig.* **jedes Wort auf die ~ legen** (*genau überlegen*) weigh every word, (*zu ernst nehmen*) take everything to heart; **~währung** *f* gold standard; **~waren** *pl.* gold articles, jewellery *sg.*, *bsd. Am.* jewelry *sg.*; **~wäscher** *m* gold washer; **~wert** *m* gold value; (*Goldpreis*) price of gold; **~zahn** *m* gold tooth.
Golf[1] *m geogr.* gulf.
Golf[2] *n Sport*: golf; **~ball** *m* golf ball; **~klub** *m* golf club; **~mütze** *f* golfing (*od.* golfer's) cap; **~platz** *m* golf course, *bsd. an der Küste*: golf links *pl.*; **~schläger** *m* golf club; **~spiel** *n* **1.** golf; **2.** game of golf; **~spieler(in** *f*) *m* golfer.
Golfstrom *m* Gulf Stream.
Goliath *fig. m* giant.
Gondel *f* gondola, *e-s Ballons*: *a.* basket; **~bahn** *f* cable railway, gondola (ski) lift, F bubble lift.
gondeln *v/i.*: F *fig.* **~ durch** wander through (*od.* around in), (*fahren*) F cruise around in.
Gondoliere *m* gondolier.
Gong *m* gong; *Sport*: bell; **gongen I.** *v/i.* sound the gong; **II.** *v/impers.*: **es gongt** there's the gong; **Gongschlag** *m*: **beim ~ ist es 6 Uhr** *etwa* at the first stroke it will be 6 a.m.
gönnen *v/t.*: **j-m et. ~** (*nicht neiden*) not to grudge s.o. s.th., (*zukommen lassen*) allow s.o. s.th.; **ich gönne es ihm (von Herzen), das sei ihm (auch wirklich) gegönnt** I'm really glad for him, he deserves it, *iro.* (it) serves him right; **ich gönne ihm das Vergnügen** I don't grudge him the pleasure (at all); **er gönnt sich keine Pause** he never stops for a minute; **ich gönn' mir jetzt e-e kleine Pause** I'm going to allow myself (*od.* have) a little break now; **gönn dir doch mal e-n Urlaub** you really should have a holiday (- for your own sake); **gönn's ihm doch!** a) (go on,) let him; don't be so hard (on him), b) don't be so grudging; **sie gönnte ihm keinen Blick** she didn't so much as look at him; **er gönnt ihr kein gutes Wort** he hasn't got a good (*od.* nice) word to say about her.

Gönner *m* patron; (*Wohltäter*) benefactor; **gönnerhaft** *adj.* patronizing; ***er tut so*** ~ he's so patronizing, he has such a patronizing manner; **Gönnerhaftigkeit** *f*, **Gönnermiene** *f*: (***mit*** ~ with a) patronizing air; **Gönnerschaft** *f* patronage.
Gonorrhö(e) *f* ⚕ gonorrh(o)ea.
Goodwill *m* goodwill; (*Ruf*) good name (*od.* reputation); **~besuch** *m* goodwill visit; **~reise** *f*, **~tour** *f* goodwill tour.
Gör F *n* F kid; *contp.* little minx.
gordisch *adj.*: ***den* /*en Knoten zerhauen*** cut the Gordian knot.
Göre F *f* → ***Gör***.
Gorilla *m* gorilla (*a.* F *Leibwächter*).
Gosche F *dial. f* F mush; ***halt die*** **~!** F shut up!
Gosse *f* gutter (*a. fig.*); *fig.* ***in der ~ enden*** land (*od.* end up) in the gutter; ***j-n aus der ~ ziehen*** drag s.o. out of the gutter; ***j-n durch die ~ ziehen*** drag s.o.'s name through the mud (*od.* mire).
Gote *m* Goth.
Gotik *f* **1.** (*Stil*) Gothic (style); **2.** (*Epoche*) Gothic period; **gotisch I.** *adj.* Gothic; *typ.* ***~e Schrift*** Gothic (type); **II. Gotisch** *n ling.* Gothic.
Gott *m* (*Gottheit*) god, deity; *im Christentum, Judentum, Islam*: God; ~ ***der Herr*** the Lord God; ~ ***der Allmächtige*** God (*od.* the) Almighty; ***der liebe*** ~ God; F ***ach du lieber ~!, großer ~!*** F oh God!, oh no!; ***ach*** ~ *als Füllsel*: well; ~ ***bewahre!*** God forbid; ~ ***sei Dank!*** thank goodness, (*glücklicherweise*) *a.* fortunately; ***leider ~es*** unfortunately; ***um ~es willen!*** for heaven's sake!, *betroffen*: (oh,) goodness!, oh no!; ***dann mach's in ~es Namen!*** do it then, if you must, *ungeduldig*: then for God's sake do it; ***so wahr mir ~ helfe!*** so help me God; ***weiß ~, wo er steckt*** God (*od.* heaven) knows where he is; ***das wissen die Götter*** God knows, *a.* don't ask me; ***es ist weiß ~ nicht einfach*** *etc.* God knows it isn't easy *etc.*; ***von ~es Gnaden*** by the grace of God; ***um ~es Lohn*** for nothing; ***den lieben ~ e-n guten Mann sein lassen*** live for the day; ***den lieben ~ spielen*** play God; ***wie ~ in Frankreich leben*** F live the life of Riley, live (*od.* be) in clover; ***er kennt ~ und die Welt*** he knows the world and his brother; ***über ~ und die Welt reden*** talk about everything under the sun; ***dein Wort in ~es Ohr!*** let's hope so; ***ein Bild für die Götter*** a sight for sore eyes.
gottähnlich *adj.* godlike.
gottbegnadet *adj.* gifted, inspired.
Gottchen *int.*: (***ach***) **~!** goodness!
Gotterbarmen *n*: ***zum*** ~ pitiful(ly).
Götter|bild *n* statue (*od.* picture *etc.*) of a god, idol; **~bote** *m* messenger of the gods; ***der*** ~ (*Merkur*) Mercury, (*Hermes*) Hermes; **~dämmerung** *f* twilight of the gods; **~gabe** *f* gift of the gods; **~gatte** F *hum. m* F lord and master.
gottergeben *adj.* resigned to (one's) fate; (*fromm*) pious.
Götter|geschlecht *n* (race of) gods *pl.*; **~glaube** *m* belief in (the) gods; **gleich** *adj.* godlike; like a god; **~leben** *n*: ***ein ~ führen*** F live the life of Riley, live (*od.* be) in clover; **~liebling** *m* favo(u)rite of the gods; **~mahl** *n* feast for the gods; **~sage** *f* myth; **~sitz** *m myth.* seat (*od.* home) of the gods; **~speise** *f* **1.** *myth.* ambrosia; **2.** *gastr.* jelly; **~trank** *m* nectar; **~welt** *f* **1.** realm of the gods; **2.** *the* gods *pl.*
Gottes|acker *m* graveyard; **~anbeterin** *f zo.* praying mantis; **~beweis** *m* proof of the existence of God; **~dienst** *m* (church) service.
Gottesfurcht *f* fear of God; (*Frömmigkeit*) piety; **gottesfürchtig** *adj.* God-fearing; pious.
Gottes|gabe *f* gift of God; *unverhoffte*: godsend; **~geißel** *f* scourge of God; **~gelehrte(r)** *obs. m* theologian; **~gericht** *n* → ***Gottesurteil***; **~geschenk** *n* gift of God (*od.* of the gods); **~glaube** *m* belief in God; **~haus** *n* house of God, church; **~lamm** *n* lamb of God.
Gotteslästerer *m* blasphemer; **gotteslästerlich** *adj.* blasphemous; **Gotteslästerung** *f* blasphemy.
Gottes|lohn *m*: ***für*** (*od.* ***um***) ~ for charity; **~mutter** *f* Mother of God; **~sohn** *m* Son of God; **~staat** *m* theocracy; **~urteil** *n* trial by ordeal; **~wort** *n* Word of God.
gott|gegeben *adj.* god-given; **~geweiht** *adj.* dedicated to God; *Boden etc.*: consecrated; **~gewollt** *adj.* divinely-ordained; **~gleich** *adj.* godlike.
Gottheit *f* deity, divinity; god, goddess.
Göttin *f* goddess.
Gottkönig *m* divine king (*od.* monarch); **~tum** *n* divine kingship (*od.* monarchy).
göttlich *adj.* divine; (*e-m Gott ähnlich*) *a.* godlike; heavenly; F *fig.* (*herrlich*) divine, heavenly; ***das e*** the divine; ***~e Ordnung*** divine order; F *fig.* ***ein ~er Anblick*** a sight for sore eyes; ***das war ein ~er Spaß*** it was hilarious; **Göttlichkeit** *f* divinity; godliness.
gottlob *int.* thank God (*od.* goodness); ***es war ~ nichts Ernstes*** *a.* thankfully it wasn't anything serious.
gottlos *adj.* godless, ungodly; (*sündhaft*) sinful, wicked; F *Sache*: ungodly; **Gottlosigkeit** *f* ungodliness, irreligion; (*Sündhaftigkeit*) wickedness.
Gottseibeiuns F *m* F Old Nick.
gottserbärmlich, gottsjämmerlich *adj.* pitiful.
Gottvater *m* God the father.
gottvergessen *adj.* → ***gottlos.***
gottverlassen F *adj.* godforsaken.
Gottvertrauen *n* faith in God.
Götze *m* idol (*a. fig.*).
Götzen|bild *n* idol; **~dienst** *m* idolatry; ~ ***treiben*** worship idols; *fig.* ~ ***treiben mit*** make an idol *od.* idols (out) of.
Götzzitat *n*: ***er antwortete mit dem*** ~ F he told him *etc.* where to go.
Gouache *f* gouache.
Gourmand *m* **1.** (*Schlemmer*) gourmand, gormandizer; **2.** → **Gourmet** *m* gourmet.
Gouvernante *f* governess; **gouvernantenhaft** *adj.* schoolmarmish.
Gouverneur *m* governor.
G-Punkt *m anat.* G-spot.
Grab *n* grave; *lit.* (*a.* **~mal**) tomb; (*Gruft*) sepulch|re (*Am.* -er); ***am*** ~ at the graveside; ***zu ~e tragen*** *a. fig.* bury; ***j-m ins ~ folgen*** follow s.o. to the grave; ***er nahm sein Geheimnis mit ins*** ~ he took his secret with him into the grave, his secret died with him; ***bis ins*** ~ unto (*od.* till) death; ***über das ~ hinaus*** beyond the grave; ***er ist verschwiegen wie ein*** ~ his lips are sealed; *fig.* ***er bringt mich noch ins*** ~ he'll be the death of me yet; ***mit einem Bein*** (*od.* ***Fuß***) ***im ~(e) stehen*** have one foot in the grave; ***sein eigenes ~ graben*** (*od.* ***schaufeln***) be digging one's own grave; ***sich im ~e umdrehen*** turn in one's grave; **~beigabe** *f* burial object.
grabbeln *v/i.* grope (*od.* rummage) around (***nach*** for); **Grabbeltisch** F *m* bargain counter.
graben I. *v/i.* dig (***nach*** for); *Tier*: burrow; **II.** *v/t.* dig; (*Loch*) *a.* burrow; (*Schacht*) sink; ⚠ (*Fundament*) dig out, excavate; (*schneiden*) carve (***in*** into); ⚙ engrave, cut; F *fig.* (*Hände in die Taschen etc.*) dig; → *a.* ***eingraben***; **III.** *v/refl.*: ***sich ~ in*** dig into; bury o.s. into; *fig.* ***sich in j-s Gedächtnis*** ~ engrave itself on s.o.'s memory.
Graben *m* ditch, *bsd.* ⚔ trench; (*Abzugs*) drain, culvert; (*Burg*) moat; *geol.* rift valley, *im Meer*: trench; ***e-n ~ ziehen*** dig a ditch; *e-n Wagen* ***in den ~ fahren*** ditch, run *a car* into a ditch; **~bruch** *m geol.* rift valley; **~krieg** *m* trench war(fare).
Gräber|feld *n* burial ground, necropolis; **~fund** *m* grave find.
Grabes|dunkel *n* sepulchral darkness; ***es herrschte*** ~ it was as dark as the tomb; **~stille** *f* deathly silence; ***es herrschte*** ~ there was (a) deathly silence; **~stimme** *f* sepulchral voice.
Grab|geläut(e) *n* (death) knell (*a. fig.*); **~gesang** *m* funeral song, dirge; **~gewölbe** *n* burial vault, crypt; **~hügel** *m* burial mound; **~inschrift** *f* inscription (on a *od.* the gravestone); epitaph; **~kammer** *f* burial chamber; **~kapelle** *f* funeral chapel; **~legung** *f* burial; *eccl., Kunst*: ~ (***Christi***) *the* Entombment (of Christ); **~mal** *n* tomb; (*Ehrenmal*) monument; → *a.* ***Grabstein***; **~pflege** *f* looking after (*od.* care of) a grave *od.* graves; **~platte** *f* ledger; *aus Marmor*: *a.* marble slab; **~räuber** *m* grave robber; **~rede** *f* funeral address (*eccl.* sermon); **~relief** *n* tomb relief; **~schänder** *m* **1.** desecrator of graves; **2.** grave robber; **~schändung** *f* **1.** desecration of graves; **2.** grave robbery; **~stätte** *f*, **~stelle** *f* burial place; (*Grab*) grave, tomb; **~stein** *m* gravestone, tombstone; **~stichel** *m* ⚙ graving tool, chisel.
Grabung *f* excavation; **Grabungsfund** *m* arch(a)eological find; **Grabungsstätte** *f* arch(a)eological site.
Graburne *f* (funeral) urn.
Grad *m* degree (*a.* ⩘, *phys., geogr., univ.*); (*Ausmaß*) *a.* extent; (*Stufe*) stage; ⚔ rank; ***bei ...*** ~ at (a temperature of) ... degrees; ***es sind ...*** ~ it's ... degrees, the temperature is ... degrees; ***...*** ~ ***Wärme*** (***Kälte***) ... degrees above (below) zero; ***...*** ~ (***Fieber***) ***haben*** have a temperature of ...; ***40 ~ nördlicher Breite*** 40° (= forty degrees) north (latitude); ***Verbrennung zweiten ~es*** second-degree burn; ***Vetter ersten ~es*** first cousin; ***dritter ~*** *bei Verhör*: third degree; ***bis zu e-m gewissen*** ~ up to a point, to some extent; ***in hohem ~e*** to a high degree, highly, (*weitgehend*) largely, to a great extent; ***in höchstem ~e*** extremely, highly; ***in geringem ~e*** slightly; ***in dem ~e, daß*** to such a degree that; **~bogen** *m* graduated arc; **~einteilung** *f* graduation, scale.
Gradient *m* ⩘, *phys.* gradient.
gradieren *v/t.* graduate; **Gradierung** *f* graduation.

gradlinig *adj.* → ***geradlinig.***
Grad|messer *m* yardstick, measure, indication (*gen.* of); **~netz** *n Landkarte*: grid; **~strich** *m* graduation (mark).
Graduale *n R.C.* gradual.
graduell I. *adj.* gradual; *Unterschied etc.*: of degree; **II.** *adv.* gradually, by degrees; *verschieden*: in degree.
graduieren I. *v/t.* **1.** ⚙ graduate; **2.** *univ.* confer a degree on; **II.** *v/i. univ.* graduate; **Graduierte(r** *m*) *f univ.* graduate.
Gradunterschied *m* difference in degree.
gradweise *adv.* by degrees.
Graf *m* count, *als Titel*: Count; *in GB*: earl.
Grafen|geschlecht *n* lineage of counts (*in GB*: earls); **~krone** *f* count's (*in GB*: earl's) coronet.
Graffel *dial. n* rubbish, junk.
Graffiti *pl.* graffiti.
Grafik(...) → ***Graphik(...).***
Gräfin *f* countess.
gräflich *adj.* count's, countess's; *in GB*: earl's; of a count(ess), of an earl.
Grafschaft *f* county.
Grahambrot *n* wheatmeal bread.
gräko... *in Zssgn* Gr(a)eco-...
Gral *m*: ***der Heilige ~*** the (Holy) Grail.
Grals|burg *f* Castle of the Grail; **~hüter** *m* keeper of the Grail; *fig. a.* guardian; **~ritter** *m* Knight of the Grail; **~suche** *f* quest for the (Holy) Grail.
Gram *m* grief, sorrow; ***vor ~ vergehen*** pine away; ***vor ~ sterben*** die of grief, die of a broken heart.
gram *pred. adj.*: ***j-m ~ sein*** bear s.o. a grudge; be angry with s.o.
grämen I. *v/refl.*: ***sich ~*** grieve (***über*** over), (*sich sorgen*) fret (about); ***sich zu Tode ~*** pine away, die of a broken heart; **II.** *lit. v/t.* trouble *s.o.* (deeply).
gram|erfüllt *adj. Person*: grief-stricken; *Leben*: beset with grief; **~gebeugt** *adj.* bowed down with grief; **~gefurcht** *adj.* careworn.
grämlich *adj.* morose, surly.
Gramm *n* gramme, *Am.* gram.
Grammatik *f* grammar; (*Buch*) grammar (book); **grammatikalisch** *adj.* grammatical; **Grammatiker** *m* grammarian.
Grammatik|fehler *m* grammar (*od.* grammatical) mistake; **~regel** *f* rule of grammar, grammatical rule.
grammatisch *adj.* grammatical, grammar ...
Grammophon *obs. n* gramophone, *Am.* phonograph.
Granat *m* **1.** *min.* garnet; **2.** *zo.* shrimp, prawn; **~apfel** *m* pomegranate.
Granate *f* shell; (*Gewehr*2, *Hand*2) grenade.
Granat|feuer *n* ⚔ shellfire, shelling; **~splitter** *m* piece of shrapnel; *pl.* shrapnel *sg.*; **~trichter** *m* shell crater.
Grand *m Skat*: grand.
Grande *m* grandee.
Grandezza *f* grandeur.
grandios *adj.* grand, magnificent; F *fig.* brilliant; ***~er Auftritt*** *a.* heroic performance; ***~e Einbildung*** grand delusion.
Granit *m min.* granite; *fig.* ***auf ~ beißen*** bang one's head against a brick wall; ***bei ihm wirst du auf ~ beißen*** you'll be banging your head against a brick wall with him, you won't get anywhere with him; **~felsen** *m* granite rock; **~gebirge** *n* granite mountains *pl.*; **~gestein** *n* granite (rock).
Granne *f* ⚘ awn, beard, 🕮 arista.
Grant *dial. m* ill humour, bad temper; ***einen ~ haben*** be in a bad mood.
grantig *dial. adj.* F grumpy, grouchy, crabby.
Granulat *n* granules *pl.*; **granulieren** *v/t. u. v/i.* granulate.
Grapefruit *f* grapefruit; **~saft** *m* grapefruit juice.
Graph *m* ⩓, *phys.*, *ling.* graph.
Graphem *n ling.* grapheme.
Graphik *f* **1.** graphic arts *pl.*; ✝ commercial art; **2.** *Kunst*: print; **3.** (*graphische Gestaltung*) layout, artwork; **4.** (*graphische Darstellung*) graph, diagram; **5.** *Computer*: graphics *pl.*; **~bildschirm** *m* graphics screen; **~cursor** *m* graphics cursor; **~drucker** *m* graphics printer.
Graphiker *m* graphic designer, commercial artist.
graphikfähig *adj*: ***~ sein*** *Computer*: have graphics capabilities; **Graphikfähigkeit** *f* graphics capability.
Graphik|karte *f Computer*: graphics card (*od.* board); **~modus** *m* graphics mode; **~tablett** *n* graphics (*od.* digitizing) tablet; **~zeichen** *n* graphic character; **~zeichensatz** *m* graphic character set.
graphisch *adj.* graphic(ally *adv.*); ***~e Darstellung*** → ***Graphik*** 4; ***~e Gestaltung*** → ***Graphik*** 3.
Graphit *m min.* graphite; **~stift** *m* lead (*od.* graphite) pencil.
Graphologe *m* graphologist; **Graphologie** *f* graphology; **graphologisch** *adj.* graphological.
grapschen F *v/t. u. v/i.* grab (***nach*** at).
Grapscher F *m* F groper.
Gras *n* grass; *fig.* F ***er hört das ~ wachsen*** a) he reads too much into things, he overinterprets, *contp.* F he thinks he's got a hot line to Heaven, b) he's got an answer for everything; F ***ins ~ beißen*** F bite the dust; ***über et. ~ wachsen lassen*** let the dust settle (on s.th.); ***darüber ist längst ~ gewachsen*** that's dead and buried; **2bewachsen** *adj.* grassy; **~büschel** *n* tuft of grass.
grasen *v/i.* graze.
Gras|fläche *f* patch of grass; (*Rasen*) lawn; **~fleck** *m* grass stain; **2fressend** *adj. zo.* grass-eating; ***~es Tier*** → **~fresser** *m* grass-eater; **~frosch** *m* grass frog; **~futter** *n* grass fodder; **2grün** *adj.* bright green; **~halm** *m* blade of grass; **~hüpfer** *m* grasshopper.
grasig *adj.* grassy.
Gras|karpfen *m* grass carp; **~land** *n* grassland; **~mücke** *f* warbler; **~narbe** *f* turf, sod; **~pflanze** *f* grass plant; **~platz** *m Tennis*: grass court; **~samen** *m* grass seed(s *pl.*).
grassieren *v/i.* rage; *bsd. Verbrechen*: be rife, be rampant; *Unsitte*: take hold; *Gerücht*: spread; **grassierend** *adj.* widespread; *stärker*: raging, rampant.
gräßlich I. *adj.* horrible, terrible, awful (*alle a.* F *fig.*); (*scheußlich*) hideous; **II.** *adv.*: F ***~ faul*** *etc.* terribly (F incredibly) lazy *etc.*; **Gräßlichkeit** *f* (*Untat*) terrible thing to do, *stärker*: atrocity.
Gras|steppe *f* grassy plains *pl.*; **~streifen** *m* strip of grass; **2überwachsen, 2überwuchert** *adj.* overgrown with grass.
Grat *m* (sharp) edge; (*Bergrücken*) ridge; ⚙ bur(r), *stärker*: flash, (*Gußnaht*) fin; ⚠ arris, (*Gewölbe*2) groin.
Gräte *f* (fish)bone.
Gräten|muster *n* herringbone pattern; **~schritt** *m Skisport*: herringbone.
Gratifikation *f* gratuity; (*Weihnachts*2 *etc.*) bonus.
grätig *adj.* **1.** *Fisch*: full of bones; **2.** F *fig.* F grumpy, crabby.
gratinieren *v/t. gastr.* gratiné, gratinate.
gratis *adv.* free (of charge); for nothing; *als Dreingabe*: into the bargain; **2aktie** *f* ✝ bonus share; **2beilage** *f* free supplement; **2exemplar** *n* free copy; **2probe** *f* free sample.
Grätsche *f* **1.** straddle; ***in die ~ gehen*** do the splits; **2.** (*Sprung*) straddle vault; **grätschen** *v/t. u. v/i.* straddle; *im Spagat*: do the splits; **Grätschsprung** *m* straddle vault.
Gratulant *m* well-wisher; **Gratulation** *f* congratulations *pl.* (***zu*** on); **gratulieren** *v/i.* congratulate (***j-m zu et.*** s.o. on s.th.); ***j-m zum Geburtstag ~*** wish s.o. a happy birthday; ***ich gratuliere!*** congratulations; F *fig.* ***da kannst du dir ~!*** you can count yourself lucky, *iro.* you'll regret it.
Gratwanderung *f* ridge walk; *fig.* tightrope walk; *fig.* ***sich auf e-r ~ befinden*** be walking a tightrope.
grau I. *adj.* grey, *Am.* gray; *fig.* (*trostlos*) dark, gloomy; ***~ werden*** turn *od.* go grey (*Am.* gray); ***sie hat schon ~e Haare bekommen*** she's going grey (*Am.* gray) already; ***~er Star*** cataract(s); F ***die ~en Zellen*** the little grey (*Am.* gray) cells, one's grey (*Am.* gray) matter; ***~ in ~*** *Wetter*: dismal; *fig.* ***er sieht*** (*od.* ***malt***) ***alles ~ in ~*** he's so negative about everything; ***~er Alltag*** *the* daily grind; ***ich laß mir darüber keine ~en Haare wachsen*** I'm not going to lose any sleep over it; ***~er Markt*** grey (*Am.* gray) market; ***~er Flugscheinmarkt*** bucket shop system; ***e-e ~e Maus*** a mousy person; ***in ~er Vorzeit*** in the dim and distant past; ***in ~er Zukunft*** (*od.* ***Ferne***) in the (long) distant future; ***das liegt noch in ~er Zukunft*** (*od.* ***Ferne***) that's still a long way off; ***das ist alles ~e Theorie*** it's all theory; → ***Eminenz***; **II.** 2 *n* grey, *Am.* gray; **2bart** F *m* (*alter Mann*) greybeard, *Am.* graybeard; **~blau** *adj.* greyish- (*Am.* grayish-)blue; **2brot** *n* mixed-grain bread.
Graubündner *m* inhabitant of Grisons (*od.* Graubünden); ***~ sein*** *mst* come from Grisons (*od.* Graubünden).
grauen[1] **I.** *v/i. Tag*: dawn, be dawning; ***der Tag*** (*od.* ***Morgen***) ***graut*** day is (*od.* it's) dawning; **II.** 2 *n*: ***beim ~ des Tages*** at daybreak.
grauen[2] **I.** *v/impers.*: ***es graut mir*** (*od.* ***mir graut***) ***vor*** I shudder at the thought of, (*e-r Prüfung etc.*) I dread, I'm dreading; **II.** 2 *n* dread, horror (***vor*** of); ***~ empfinden vor*** be horrified of, shudder at the thought of; ***j-m ~ einflößen*** fill s.o. with horror; ***vom ~ gepackt*** seized (*od.* filled) with horror; ***ein Bild des ~s*** (***bieten***) (be) a horrific sight *od.* scene, (be) a scene of horror.
grauenerregend, grauenhaft, grauenvoll *adj.* horrific, ghastly, gruesome; F *fig.* dreadful, terrible.
Graugans *f* greylag (goose), *Am.* graylag (goose).
grauhaarig *adj.* grey-haired, *Am.* gray-haired.

graulen *v/refl.*: **sich ~** be scared (**vor** of), dread (*s.th.*); → *a.* **grauen²**.
gräulich *adj.* greyish, *Am.* grayish.
graumeliert *adj.* **1.** *Haar*: greying, *Am.* graying; grizzled; **2.** *Stoff etc.*: mottled grey (*Am.* gray).
Graupe *f* barley; ⚒ grain.
Graupel *f meteor.* (soft) hail, *Am.* sleet (*beide a. pl.*); **graupeln** *v/impers.*: ***es graupelt*** it's hailing (*Am.* sleeting); **Graupelschauer** *m* hail, *Am.* sleet (*beide a. pl.*).
Graus *m* horror, dread; *obs. u. iro.* ***o ~!*** (oh) horrors!; ***es ist ein ~*** it's horrible; ***das*** (***er***) ***ist mir ein ~*** I can't stand it (him); ***es ist ein ~ mit ihm*** he's impossible.
grausam I. *adj.* cruel (**gegen** to); F (*schlimm*) terrible, awful; **II.** *adv.*: ***~ zu Tode kommen*** die a horrible death; **Grausamkeit** *f* **1.** cruelty; **2.** (*Greueltat*) atrocity.
Grau|schimmel *m* grey (horse), *Am.* gray (horse); **~schleier** *m* **1.** *vor den Augen*: grey (*Am.* gray) haze; **2.** *in der Wäsche*: greyness, *Am.* grayness; ***e-n ~ haben*** be grey (*Am.* gray).
grauschwarz *adj.* grey(ish)-black, *Am.* gray(ish)-black.
grausen *v/impers.*: ***es graust mir*** (*od.* ***mir graust***) ***vor*** I shudder at the thought of, (*e-r Prüfung etc.*) I dread, I'm dreading, (*Schlangen etc.*) I'm terrified of.
grausig *adj.* → ***grauenerregend***.
Grau|tier F *n* donkey; **~ton** *m* shade of grey (*Am.* gray); **~wal** *m* Californian grey (*Am.* gray) whale; **~zone** *fig. f* grey (*Am.* gray) area, twilight zone.
Graveur *m* engraver.
gravieren *v/t.* engrave.
gravierend *adj.* serious, grave.
Graviernadel *f* engraving needle.
Gravierung *f* engraving.
gravimetrisch *adj.* gravimetric(ally *adv.*).
Gravis *m ling.* grave (accent).
Gravitation *f phys.* gravitation, gravity.
Gravitations|feld *n* gravitational field; **~gesetz** *n* law of gravity.
gravitätisch *adj.* (*u. adv.*) *a. iro.* solemn(ly), grave(ly); ***mit ~em Ernst*** very solemnly.
gravitieren *v/i.* gravitate (**zu, nach** towards).
Gravur *f*, **Gravüre** *f* engraving.
Grazie *f* **1.** grace(fulness); ***mit ~*** → ***graziös*** II; **2.** ***die drei ~n*** the three Graces.
grazil *adj.* delicate(ly built); (*biegsam*) willowy; *Kunst etc.*: delicate; graceful.
graziös I. *adj.* graceful; **II.** *adv.* gracefully; *a. fig.* elegantly.
Greif *m myth.* griffin.
Greif|arm *m zo.* tentacle; ⚙ grip(per) arm; **~bagger** *m* grab dredger.
greifbar *adj.* **1.** (*a.* ***in ~er Nähe***) handy, within easy reach; ☤ available, in stock; **2.** *fig.* tangible, (*konkret*) *a.* concrete; (*offenkundig*) obvious; ***er ist nie ~*** you just can't get hold of him; ***~e Gestalt annehmen*** assume a definite form; ***in ~e Nähe rücken*** a) get closer (and closer), b) become a distinct possibility; ***e-e Lösung schien in ~er Nähe*** a solution seemed close at hand.
greifen I. *v/t.* **1.** take; *fest*: grasp; (*packen*) grab (hold of); ♪ play, (*Saite*) hold down, (*Tonloch*) stop; F (*j-n*) F grab; *fig.* ***das ist*** (***völlig***) ***aus der Luft gegriffen*** he's *etc.* made it up; ***die Zahl ist zu hoch gegriffen*** that's a very high estimate; F ***sich j-n ~*** F nab s.o.; **II.** *v/i.* **2.** ***an*** *den Hut etc.* ~ touch; ***sich an die Stirn*** *etc.* ~ clutch one's brow (*od.* forehead) *etc.*; ***~ in*** reach into; ***~ nach*** reach for, *hastig*: snatch at, *klammernd*: clutch at; ***zu*** *et.* ~ reach for, *fig.* resort to; ***zu den Waffen ~*** take up arms, *Volk*: *a.* rise in arms; ***zu e-m Buch*** *etc.* ~ pick up a book *etc.*; *ein Buch etc.* ***zu dem man immer wieder*** (***gerne***) ***greift*** to which one will always return (with pleasure), one wouldn't like to miss; ***es war zum ℒ nah*** (*fig.* you felt) you could almost touch it; *fig.* ***mit beiden Händen ~ nach*** jump at, F grab *the opportunity etc.*; ***zum Äußersten ~*** go to extremes; ***um sich ~*** *Unsitte etc.*: spread, proliferate; ***um sich ~d*** rampant; → ***Feder, Flasche, Strohhalm*** *etc.*; **3.** *Räder etc*: grip; **4.** *fig.* (*zu wirken beginnen*) (begin to) take effect, (*wirksam sein*) be effective; (*ankommen*) catch on.
Greifer *m* gripping device; (*Klaue*) claw; *Bagger, Kran*: grab.
Greif|fuß *m zo.* prehensile foot; **~klaue** *f*, **~kralle** *f* claw; **~vogel** *m* bird of prey; **~zange** *f*: (**e-e ~** a pair of) tongs *pl.*; **~zirkel** *m* outside cal(l)ipers *pl.*
greinen F *v/i. Kind*: F grizzle; *Erwachsener*: (*jammern*) F whinge.
Greis I. *m* old man; **II.** ℒ *adj.* old; (*grau*) grey, *Am.* gray; *iro.* ***er schüttelte sein ~es Haupt*** he shook his wise old head.
Geisenalter *n*: ***im ~*** as an old man, at a ripe old age.
greisenhaft *adj.* senile (*a.* ⚕), *the face etc.* of an old man (*od.* woman); **Greisenhaftigkeit** *f* senility.
Greisin *f* old woman (*od.* lady).
grell I. *adj. Farbe*: garish, loud, very bright; *Ton*: shrill, piercing; (*blendend hell*) dazzling, glaring; *Licht*: *a.* harsh; *fig. Kontrast etc.*: stark; **II.** *adv.*: ***~ gegen et. abstechen*** form a sharp (*od.* stark) contrast to s.th.; **~beleuchtet** *adj.* blindingly bright, glaring; **~bunt** *adj.* gaudy; **~gelb** (**~grün, ~rot**) *adj.* bright yellow (green, red).
Gremium *n* committee; (*Körperschaft*) body.
Grenz|abfertigung *f* customs clearance; **~aufsicht** *f* border surveillance; **~bahnhof** *m* border station; **~beamte(r)** *m* border official; **~befestigungen** *pl.* frontier fortifications; **~belastung** *f* ⚙ critical load; **~bereich** *m* **1.** border area; **2.** (*Zwischenzone*) intermediate zone; **3.** (*äußerste Grenze*) limits *pl.*; **~bereinigung** *f*, **~berichtigung** *f* frontier revision; **~bevölkerung** *f* border population; **~bewohner** *m* border dweller; **~bezirk** *m* border district.
Grenze *f* boundary, border; (*Landes*ℒ) border, frontier; *fig.* limit(s *pl.*); *fig.* ***~n*** *der Bescheidenheit, des Möglichen etc.*: bounds; ***s-e ~n kennen*** know one's limitations; ***keine ~n kennen*** know no bounds; ***der Applaus kannte keine ~n*** the applause just wouldn't stop; ***du kennst wohl keine ~n*** you just don't know when to stop; ***~n setzen*** (*od.* ***stecken***) set limits (*dat.* to); ***e-e*** (***scharfe***) ***~ ziehen*** draw a (sharp) line; ***in ~n bleiben, sich in ~n halten*** keep within (reasonable) limits, (*erträglich sein*) be tolerable; ***s-e Begeisterung hielt sich in ~n*** he wasn't overly enthusiastic; ***die ~n überschreiten*** go too far, overstep the mark; ***es ist an der ~*** F it's pushing it (a bit); ***alles hat s-e ~n*** there's a limit to everything; ***dem sind nach oben keine ~n gesetzt*** there's no upper limit, F the sky's the limit; ***ohne ~n*** → ***grenzenlos***.
grenzen *v/i.*: ***~ an*** border on; *Garten etc.*: *a.* be right next to, adjoin, abut on; *fig.* border on, verge on, come close to, be little short of.
grenzenlos I. *adj.* boundless, unbounded; (*unermeßlich*) immeasurable; ***e-e ~e Frechheit*** the height of impudence; ***ins ℒe gehen*** be endless, be never-ending; **II.** *adv.* (*unermeßlich*) immeasurably; ***~ glücklich*** deliriously happy; ***~ dumm*** stupid beyond belief, F incredibly stupid; ***j-n ~ lieben*** love s.o. with all one's being.
Grenzer *m* **1.** border guard; **2.** → ***Grenzbewohner***.
Grenz|ertrag *m* ☤ marginal returns *pl.*; **~fall** *m* borderline case; **~fläche** *f* interface; **~formalitäten** *pl.* border formalities; **~gänger** *m* **1.** cross-border commuter; **2.** *illegaler*: illegal border crosser; **3.** (*Schmuggler*) smuggler; **4.** *fig.* (*Musiker etc.*) crossover artist; **~gebiet** *n* border area; (*Fachgebiet*) interdisciplinary subject; **~graben** *m* boundary ditch; **~jäger** *m* border patrolman; **~kämpfe** *pl.* border fighting *sg.*; **~konflikt** *m* border dispute; **~kontrolle** *f* border control; ***erleichterte ~n*** relaxation of border controls; **~kosten** *pl.* ☤ marginal cost *sg.*; **~krieg** *m* border war(fare); **~land** *n* **1.** border area; **2.** bordering country; **~lehre** *f* ⚙ limit ga(u)ge; **~linie** *f* border; *pol.* demarcation line; *Sport*: line; **~maß** *n* ⚙ (*Passung*) limiting size; **~mauer** *f* boundary wall; **~nutzen** *m* marginal utility; **~ort** *m* border town (*od.* village); **~pfahl** *m* boundary post; **~polizei** *f* border police; **~posten** *m* border guard; **~punkt** *m* limit; **~schutz** *m* **1.** frontier protection; **2.** *coll.* border guard; **~situation** *f* borderline situation; **~sperre** *f* **1.** closing of the border(s); **2.** (*Hindernis*) (frontier) barrier; **~stadt** *f* border town; **~station** *f* frontier station; **~stein** *m* boundary stone; **~streife** *f* border patrol; **~übergang** *m* **1.** border crossing point; **2.** (border) crossing; **ℒüberschreitend** *adj.* cross-border ...; international; *Probleme etc.*: of international significance; **~überschreitung** *f*, **~übertritt** *m* border crossing; **~verkehr** *m*: (***kleiner ~*** local) border traffic; **~verlauf** *m* border; **~verletzung** *f* border violation; **~wache** *f*, **~wächter** *m* border guard; **~wert** *m* limit, threshold value; **~winkel** *m* critical angle; **~ziehung** *f* **1.** creation of the frontier (*od.* of frontiers); **2.** frontier(s) created; **~zoll** *m* customs duty; **~zone** *f* border zone; **~zwischenfall** *m* border incident; *pl. mst* border clashes.
Gretchenfrage *f the* big question, F *the* sixty-four thousand dollar question.
Greuel *m* horror (**vor** of); (**~***tat*) atrocity, outrage; ***er*** (***es***) ***ist mir ein ~*** I loathe him (it); ***es ist mir ein ~ zu*** *inf.* I loathe *ger.*, I loathe having to *inf.*; **~geschichte** *f*, **~märchen** *n* horror story; **~propaganda** *f* horror stories *pl.*; **~szene** *f* scene of horror; **~tat** *f* atrocity.
greulich *adj.* → ***gräßlich***.
Grieben *pl.* greaves, crackling *sg.*; **~schmalz** *n* dripping (with greaves *od.* crackling).

Grieche *m* **1.** *a.* **Griechin** *f* Greek; **2.** F Greek restaurant; ***zum ~n gehen*** F go to a Greek place; ***in der Nähe ist ein ~*** there's a Greek place near here.
griechisch I. *adj.* Greek; ⩓ *u. Kunst*: *a.* Grecian; **II.** ♀ *n ling.* Greek; **~-orthodox** *adj.* Greek Orthodox; **~-römisch** *adj.* Gr(a)eco-Roman.
Griesgram *m* F (old) grouch; **griesgrämig** *adj.* F grumpy, grouchy, crabby; **Griesgrämigkeit** *f* grumpiness.
Grieß *m gastr.* semolina; (*Sand*) grit; ⚕ gravel; **~brei** *m* semolina; **~kloß** *m*, **~klößchen** *n* semolina dumpling.
Griff *m* **1.** (*das Greifen*) grasping (**nach** at), *schneller*: snatching (at), *klammernd*: clutching (at); (*Hand*♀) movement (of the hand); *Ringen*: hold; *Turnen*: grip; *Bergsteigen*: (hand)hold; ♪ stop; (*Akkord*) chord; **sicherer ~** sure touch; ***e-n ~ nach et. tun*** reach for s.th., *schnell*: grasp at s.th.; ***mit einem ~*** with one swift movement, *fig.* in no time; *fig.* ***e-n guten ~ tun*** make a good choice, strike lucky (***mit*** with); ***e-n schlechten ~ tun*** make a bad choice, pick the wrong man *etc.*; ***im ~ haben*** have got the hang of, (*unter Kontrolle haben*) have *s.th.* under control, (*Person, Tier*) *a.* have a good grip on (*a. Thema etc.*); ***in den ~ bekommen*** (F ***kriegen***) get the hang of, (*Situation etc.*) get a grip on; ***kühner ~*** bold stroke; ***~ nach der Macht*** attempt to seize power; **2.** (*Koffer*♀, *Messer*♀ *etc.*) handle; → ***Türgriff*** *etc.*; **3.** *von Stoff etc.*: feel; ♀**bereit** *adj.* handy; **~brett** *n* ♪ fingerboard.
Griffel *m* **1.** slate pencil; *hist.* stylus; **2.** ⚘ pistil; **3.** F *Finger*: ***nimm' deine ~ weg*** F take your (dirty) paws (*od.* mitts) off.
griffig *adj.* **1.** ***~ sein*** *Werkzeug etc.*: handle (*od.* hold) well; *Reifen, Fahrbahn etc.*: have a good grip; *Stoff*: have a good feel; **2.** *Mehl*: coarse-grained; **3.** *fig. Schlagwort etc*: catchy; **Griffigkeit** *f mot.* grip, traction.
Griff|loch *n* ♪ fingerhole; **~stück** *n* grip; **~übung** *f* ♪ fingering exercise.
Grill *m* grill, *Am.* barbecue; ***... vom Grill*** roast *chicken etc.*
Grille *f zo.* cricket; *fig.* silly idea; *fig.* ***~n fangen*** mope; ***~n im Kopf haben*** be full of silly ideas; ***j-m ~n in den Kopf setzen*** put ideas into s.o.'s head.
grillen I. *v/t.* grill, *Am. a.* barbecue, broil; **II.** *v/i.* (have a) barbecue; **III.** F *v/refl.*: ***sich in der Sonne ~*** F roast in the sun.
Grillenfänger *m* moody person.
grillenhaft *adj.* (*seltsam*) strange, *Person*: *a.* eccentric; (*launisch*) moody; (*mürrisch*) F grumpy.
Grill|fest *n* barbecue; **~fleisch** *n* **1.** grilled meat; **2.** meat for grilling; **~kohle** *f* charcoal; **~party** *f* barbecue; **~platz** *m* barbecue site; **~rost** *m* grill, rack; **~spieß** *m* spit.
Grimasse *f* grimace, face; ***~n schneiden*** pull faces.
Grimm *m* wrath, fury; **Grimmdarm** *m* colon; **grimmig** *adj.* **1.** fierce; *Lachen etc.*: grim; (*schlecht gelaunt*) in a bad mood; **2.** *Kälte, Schmerzen etc.*: severe.
Grind *m* ⚕ scab; (*Kopf*♀) scurf; *vet.* mange; ⚘ scurf; **grindig** *adj.* scabby.
grinsen I. *v/i.* grin; *spöttisch*: smirk, *stärker*: sneer (***über*** at); **II.** ♀ *n* grin; *höhnisches*: sneer; ***dir wird das ~ schon noch vergehen*** I'll *etc.* wipe that grin off your face(, don't you worry).
grippal *adj.*: ⚕ ***~er Infekt*** influenza.
Grippe *f* influenza, flu; **~epidemie** *f* flu epidemic; **~impfung** *f* flu vaccination; **~mittel** *n* flu remedy; ***kannst du mir irgendein ~ mitbringen?*** do you think you could get me something for this cold (*od.* flu) of mine?; **~virus** *m* flu virus; **~welle** *f* flu epidemic.
Grips F *m* F nous.
grob I. *adj.* coarse; (*rauh*) *a.* rough (*a. Stimme*); (*unverarbeitet*) raw, crude; (*unfertig*) unfinished; (*~körnig*) coarse-grained; *Arbeit*: rough; *Person, Benehmen*: coarse; (*ungehobelt*) uncouth; (*roh*) very rough, brutal; (*unhöflich, beleidigend*) rude; (*geradeheraus*) bluff, blunt; (*ordinär*) crude; ⚖ gross; ***~e*** (*ungefähre*) ***Entfernung*** approximate distance; ***~e Fahrlässigkeit*** gross negligence; ***~er Fehler*** grave mistake; ***~e Lüge*** downright (*od.* flagrant) lie; ***~e Skizze*** rough sketch; ***~es Vergehen*** grievous offen|ce (*Am.* -se); ***in ~en Zügen*** very roughly; ***~ werden*** be rude (***gegen*** to), get offensive (towards); ***der gröbste Dreck*** the worst of the dirt; ***aus dem Gröbsten heraus sein*** be out of the wood(s), *bei Arbeit etc.*: have broken the back of it; → ***Holz, Schnitzer*** 2 *etc.*; **II.** *adv.* coarsely *etc.*; → I; ***~ gerechnet*** roughly, at a rough estimate; *et.* ***~ schätzen*** make a rough guess at; ***~ geschätzt*** at a rough guess; *et.* ***~ umreißen*** give a rough outline of; ***j-m ~ kommen*** be rude to s.o., get offensive towards s.o.; ⚖ ***~ fahrlässig*** grossly negligent; ♀**einstellung** *f* ⚙ coarse adjustment; **~faserig** *adj.* coarse-fibred (*Am.* fibered); *Holz*: coarse-grain(ed); ♀**feile** *f* ⚙ rough file; **~gehackt** *adj.* coarsely chopped; **~gemahlen** *adj.* coarse-ground.
Grobheit *f* coarseness; roughness; crudeness; → ***grob***; *fig.* (*grobes Benehmen*) rudeness; ***~en*** abuse; ***j-m ~en an den Kopf werfen*** be rude to s.o.
Grobian *m* boor.
grobklotzig *adj.* clumsy, hamfisted.
grob|knochig *adj.* big-boned; **~körnig** *adj.* coarse-grained; *phot.* grainy.
gröblich I. *adj.* gross; **II.** *adv.*: ***j-n ~ beleidigen*** grossly insult s.o.
grob|maschig *adj.* wide-meshed; ♀**raster** *m* coarse screen; **~schlächtig** *adj.* uncouth; ♀**schnitt** *m* (*Tabak*) coarse cut.
Grog *m* hot grog.
groggy F *adj.* shattered, F whacked, pooped.
grölen *v/i. u. v/t.* bellow; *Menge*: roar; ***~de Menge*** noisy crowd.
Groll *m* rancour, resentment; (*eingewurzelter Haß*) animosity; ***e-n ~ gegen j-n hegen*** bear a grudge against s.o.; **grollen** *v/i.* **1.** *Donner etc.*: rumble; **2.** ***j-m ~*** bear s.o. a grudge; ***er grollt seit Tagen*** it (*od.* something) has been galling him for days; **grollend** *adj.* angry.
Grönländer(in *f*) *m* Greenlander; **grönländisch** *adj.* Greenland ..., from Greenland.
Gros[1] *n* ✝ gross.
Gros[2] *n the* vast (*od.* great) majority.
Groschen *m* **1.** (*österreichischer ~*) groschen; **2.** F ten-pfennig piece, ten pfennigs *pl.* (*mst sg. konstr.*); *fig.* ***keinen ~ wert*** not worth a penny (*od.* cent); ***sich ein paar ~ dazuverdienen*** earn a bit of pocket money (on the side); ***der ~ ist gefallen!*** the penny has dropped; **~blatt** *n* F rag; **~roman** *m* penny dreadful, *Am.* dime novel.
groschenweise *adv.* bit by bit, a little bit at a time.
groß I. *adj.* big (*bsd. gefühlsbetont*), *etwas gehobener*: large; *Person*: tall, (*~gebaut*) big; *Baum, Gebäude etc.*: (*hoch*) tall; (*riesig*) huge; (*weit*) vast; *Entfernung*: long, great; (*erwachsen*) grown-up; *an Wert etc.*: great; (*bedeutend*) great, major, important; *Fehler*: big; *Hitze*: great, intense; *Kälte*: severe; *Schmerz*: great; *Verlust*: heavy; ***größer*** (*ziemlich ~*) quite big *etc.*; ***~er Buchstabe*** capital letter; ***~e Ferien*** summer holiday(s), long vacation; ***ein ~es Gebäude*** a big(, tall) building; ***~e Mehrheit*** great majority; ***~e Schwester*** big sister; ***ein ~er Tag*** a great day; ***der größere Teil*** most of it (*od.* them); ***zum ~en Teil*** largely; ♪ ***~e Terz*** major third; ***~er Unterschied*** big (*od.* great) difference; ***e-e ~e Zahl von*** a large number of, a great many; ***~e Zehe*** big toe; ***gleich ~*** the same size; ***so ~ wie ein Fußballfeld*** the size of a football pitch; ***~ werden*** *Kinder*: grow up; ***zu ~ werden für*** outgrow *s.th.*; ***wie ~ ist er?*** how tall is he?; ***er ist ... ~*** he's ... (tall); *das Grundstück* ***ist ... m² ~*** is ... met|res (*Am.* -ers) square; ***~en Hunger haben*** be very hungry, *stärker*: be starving; F ***ganz ~*** F great; F ***im Rechnen ist er ganz ~*** he's really good (*od.* he's brilliant) at arithmetic; ***ich bin kein ~er Tänzer*** *etc.* I'm not much of a dancer *etc.*; *unser Umsatz* ***war dreimal so ~ wie der der Konkurrenz*** was three times that of our rivals; ***Friedrich der ♀e*** Frederick the Great; ***Karl der ♀e*** Charlemagne; → ***Auge*** 1, ***Bär*** 2, ***Glocke*** *etc.*; → *a.* ***Große(r), Große(s)***; **II.** *adv.*: ***~ auftreten*** act big; F ***~ angeben*** a) talk big, b) throw one's weight around (*od.* about); ***er sah mich ganz ~ an*** he just stared at me; F ***~ ausgehen*** have a real night out; ***~ schreiben*** capitalize; ***schreibt man das ~?*** does that have a capital (letter)?; F ***er kümmert sich nicht ~ darum*** he doesn't really bother about it; F ***was ist schon ~ dabei?*** so what's the problem?; F ***was gibt es da ~ zu sagen?*** what can you say?; F ***er ist ganz ~ angekommen*** the audience *etc.* loved him; ***~ und breit*** *dastehen etc.*: as large as life; → ***herausbringen*** *etc.*
Groß|abnehmer *m* ✝ bulk buyer; **~admiral** *m* ⚓ Admiral of the Fleet; **~aktion** *f* major (*od.* large-scale) campaign *od.* operation; **~aktionär** *m* major shareholder; **~alarm** *m* red (*od.* major) alert; ♀**angelegt** *adj.* large-scale, full-scale; **~angriff** *m* ⚔ major offensive, all-out attack, ✈ air blitz; **~anschaffung** *f* major purchase (*od.* investment).
großartig I. *adj.* tremendous, great; (*ausgezeichnet*) *a.* excellent; brilliant; (*wunderbar*) wonderful, magnificent; (*spektakulär*) grand; (*großspurig*) pompous; ***du warst ~!*** you were tremendous (*od.* just great); **II** *adv.*: ***~ tun*** put on airs; ***sie haben ~ gespielt*** they played really well; ***sich ~ amüsieren*** have a great time.
Groß|aufnahme *f phot., Film*: close-up (shot); **~auftrag** *m* ✝ large-scale order; ♀**äugig** *adj.* big-eyed, wide-eyed; **~bank** *f* big bank; **~bauer** *m* (big) farmer; **~baustelle** *f* major building site; **~betrieb** *m* large concern (↗ farm).
Großbildkamera *f* large-format camera.
Groß|brand *m* big fire; **~buchstabe** *m*

capital (letter); *typ.* uppercase letter; ***in ~n*** *a.* uppercase, F in caps.

großbürgerlich *adj.* upper middle class; **Großbürgertum** *n* upper middle class (-es *pl.*).

großdeutsch *adj.* pan-German.

Großdruckausgabe *f* large-print edition.

Große(r *m) f* **1.** ***die Großen der Welt (des Films)*** the great people of this world (the big names in the film industry); **2.** *pl.* (*Erwachsene*) grown-ups; **3.** (*ältestes Kind*) *our etc.* eldest, oldest.

Große(s) *n* **1.** ***Großes*** great things (*od.* deeds) *pl.*; ***es hat sich nichts Großes ereignet*** nothing important happened; **2.** ***im großen*** (*im großen Maßstab*) on a large scale, large-scale ...; ⚚ *buy etc.* wholesale, (in) bulk; ***im Großen wie im Kleinen*** at all levels; → ***ganz*** II, **Ganze(s).**

Größe *f* **1.** size (*a. Nummer*); (*Körper2*) height; (*Geräumigkeit*) spaciousness, (*Weite*) vastness; (*Menge, bsd.* A) quantity; (*Größenordnung*) order; (*Ausmaß*) extent; (*Bedeutsamkeit*) significance, *e-r Kultur etc.*: *a.* greatness; *e-s Vergehens*: enormity; *ast.* magnitude; ***dieselbe ~ haben*** be the same size (*Person*: height); ***er hat ungefähr d-e ~*** he's about your height; ***welche ~ haben*** (*od.* ***tragen***) ***Sie?*** what size do you take?; ***in voller ~*** full-size, *weitS.* (as) large as life; ***von mittlerer ~*** medium-sized, *Person*: of medium height; ***Stern erster ~*** star of the first magnitude; **2.** (*menschliche Größe*) magnanimity, largesse, *Am.* largess; **3.** (*berühmte Person*) celebrity, important figure, *bsd. iro.* worthy; *thea., Sport*: star; (*Wissenschaftler*) authority; ***politische ~*** political heavyweight; ***(un-)bekannte ~*** (un)known quantity; ***e-e vergangene ~*** a has-been.

Groß|einkauf *m* **1.** ***e-n ~ machen*** do a big shop; **2.** ⚚ a) bulk buying, b) bulk purchase; **~einsatz** *m* large-scale (*od.* major) operation; ***~ der Polizei*** large police deployment; **~eltern** *pl.* grandparents; **~enkel** *m* great-grandson; *pl.* great-grandchildren; **~enkelin** *f* great-granddaughter.

Größen|klasse *f* size; **~ordnung** *f* order (of magnitude; *a. ast.*); *Unternehmen etc.* ***von dieser ~*** of that scale; ***es liegt in der ~ von*** it's somewhere in the order (*od.* region) of.

großenteils *adv.* largely, to a great extent.

Größenverhältnis *n* ratio; (*Proportionen*) proportions *pl.*, dimensions *pl.*; (*Maßstab*) scale; ***das ~ stimmt nicht*** it's out of proportion (*od.* scale).

Größenwahn *m* megalomania; delusions *pl.* of grandeur; **größenwahnsinnig** *adj.*, **Größenwahnsinnige(r)** *m* megalomaniac.

größer(e)nteils *adv.* largely, for the large part, to a large extent.

Groß|erzeuger *m* large-scale producer (*od.* manufacturer); **~fahndung** *f* dragnet operation; **~familie** *f* extended family; **~feuer** *n* big fire; **2flächig** *adj.* extensive; *Gesicht*: wide; **~flughafen** *m* international (*od.* major) airport; **~format** *n* large size; *phot. etc.* large format; ***im ~*** → **2formatig** *adj.* large-format; **~fürst** *m* grand duke; **~fürstentum** *n* grand duchy; **~fürstin** *f* grand duchess; **2füttern** F *v/t.* bring up; ***wir haben ihn großgefüttert*** *a.* we fed and clothed him all those years; **~garage** *f* **1.** big garage; *öffentliche*: (underground) car park; **2.** major service station; **2gedruckt** *adj.* in large letters (*od.* print); **2gewachsen** *adj.* tall, big; **~grundbesitz** *m* large estate(s *pl.*); **~grundbesitzer** *m* big landowner.

Großhandel *m* wholesale trade (*od.* trading); (*Großmarkt*) wholesaler's, wholesale store; ***im ~*** (*ver*)*kaufen*: wholesale, (in) bulk.

Großhandels|geschäft *n* **1.** wholesale business; **2.** wholesaler's, wholesale store; **~preis** *m* wholesale price; **~rabatt** *m* bulk discount.

Großhändler *m* wholesaler; **Großhandlung** *f* wholesale firm (*od.* business).

großherzig *adj.* magnanimous; **Großherzigkeit** *f* magnanimity.

Groß|herzog(in *f*) *m* grand duke (*f* duchess); **~herzogtum** *n* grand duchy.

Großhirn *n anat.* cerebrum; **~rinde** *f* cerebral cortex.

Groß|industrie *f* big industry; **~industrielle(r)** *m* big industrialist, F tycoon; **~inquisitor** *m* Grand Inquisitor, Inquisitor General.

Grossist *m* wholesaler.

großjährig *adj.* of age; ***~ werden*** come of age; **Großjährigkeit** *f* majority.

großkalibrig *adj.* large-calib|re (*Am.* -er).

Groß|kampftag *fig. m* tough (*od.* hard) day; **~kapital** *n* high finance, big business; *coll.* big financiers *pl.*; **~kapitalist** *m* capitalist; **2kariert** *adj.* large-checked; **~katze** *f* big cat; **~klima** *n* macroclimate; **~konzern** *m* big concern.

Großkopferte *dial. m* F big shot.

großkotzig F *adj. Person*: full of o.s.; *Sache*: flashy; ***er ist so ~*** *a.* he's such a show-off.

Groß|kraftwerk *n* large(-scale) power station (*od.* plant); **~küche** *f* large kitchen; *weitS.* canteen; **~kundgebung** *f* mass rally.

Großmacht *f* great power; superpower; **~politik** *f* superpower politics *pl.*; **~stellung** *f* position of power.

Großmama F *f* grandma, granny; *als Anrede*: Grandma, Granny.

Großmannssucht *f*: ***er leidet unter ~*** he always has to act the big shot, he likes to play lord of the manor.

Groß|markt *m* **1.** wholesale market (*od.* store); **2.** hypermarket; **2maschig** *adj.* wide-meshed; **~mast** *m* ⚓ mainmast.

Großmaul F *n* F loudmouth; **großmäulig** F *adj.* F loudmouthed.

Groß|meister *m* grand master; **~mogul** *m hist.* Grand (*od.* Great) Mogul; **~mufti** *m* grand mufti.

Großmut *f* magnanimity, largesse, *Am.* largess; **großmütig** *adj.* magnanimous.

Großmutter *f* grandmother; **großmütterlich** *adj.* one's grandmother's; *fig.* grandmotherly; **großmütterlicherseits** *adv.* on one's grandmother's side.

Groß|neffe *m* grand-nephew; **~nichte** *f* grand-niece; **~offensive** *f* major offensive; **~onkel** *m* great-uncle; **~packung** *f* large (*od.* economy) pack; **~papa** F *m* F grandpa; *als Anrede*: Grandpa.

Großraum *m*: ***der ~ München*** the Munich area, Munich and its surrounding areas; **~büro** *n* open-plan office; **~flugzeug** *n* wide-bodied jet.

großräumig *adj.* spacious; *weitS.* extensive; ***ortskundige Fahrer werden gebeten, den Stau ~ zu umfahren*** *etwa* motorists are advised to keep well away from the congested area.

Großraumwagen *m* 🚃 open-plan carriage.

Groß|razzia *f* large-scale raid (F swoop); **~reinemachen** F *n* big clean-up, big cleaning-up session; *bsd. im Frühjahr*: spring-clean(ing session); *fig.* purge.

großschnauzig, großschnäuzig F *adj.* F loudmouthed.

großschreiben *fig. v/t.*: ***großgeschrieben werden*** rate very highly, (*knapp sein*) be very much in demand; ***bei ihm wird Pünktlichkeit großgeschrieben*** *a.* he sets great store by punctuality;

Großschreibung *f* capitalization; ***er hat Probleme mit der Groß- und Kleinschreibung*** he has problems with capitalization.

Groß|segel *n* mainsail; **~sender** *m* high-power transmitter (*weitS.* broadcasting station).

Großsprecher *m* loudmouth; **Großsprecherei** *f* bragging; loudmouthed behavio(u)r; **großsprecherisch** *adj.* loudmouthed.

großspurig *adj.* high and mighty; (*wichtigtuerisch*) pompous.

Großstadt *f* big town (*od.* city), city; (*Weltstadt*) metropolis; **Großstädter(in** *f*) *m* city-dweller; *contp.* city-slicker; **großstädtisch** *adj.* urban, (big-)city ...

Großstadt|lärm *m* big-city noise, noise (*od.* hubbub) of the (big) city; **~leben** *n* (big-)city life, life in the city; **~luft** *f* city air; **~mensch** *m* big-city person (*od.* man, woman); *contp.* city-slicker; ***ich bin ein ~*** *a.* I grew up in the city; **~mentalität** *f* big-city mentality; **~rummel** *m* bustling city life (*od.* life of the city), hubbub of the city; **~verkehr** *m* (big-)city traffic; traffic in the cities.

Großtankstelle *f* (large) service station.

Großtante *f* great-aunt.

Großtat *f* great feat.

Großteil *m a* large part, *the* majority, *the* bulk (*gen.* of).

größtenteils *adv.* mainly, for the most part.

Größtmaß *n* **1.** maximum (size); *Passung*: maximum limit; **2.** → ***Höchstmaß.***

größtmöglich *adj.* greatest possible; *the* utmost *effort, care etc.*

Großtuer *m* show-off; **Großtuerei** *f* showing off; **großtuerisch** *adj.* boastful; **großtun I.** *v/i.* act big, show off; **II.** *v/refl.*: ***sich mit et. ~*** show s.th. off; *verbal*: brag about s.th.

Groß|unternehmen *n* big business; **~unternehmer** *m* big businessman.

Großvater *m* grandfather; **großväterlich** *adj.* one's grandfather's; *fig.* grandfatherly; **großväterlicherseits** *adv.* on one's grandfather's side.

Großvater|sessel *m* (big,) comfy armchair; **~uhr** *f* grandfather clock.

Groß|veranstaltung *f* big event; *bsd. pol.* mass rally; **~verbraucher** *m* bulk consumer; **~verdiener** *m* big(-income) earner; **~versuch** *m* large-scale test (*od.* experiment); **~vieh** *n* cattle and horses *pl.*; **~wetterlage** *f* general weather situation; *fig.* general situation.

Großwildjagd *f* big-game hunt(ing).

Großwürdenträger(in *f*) *m* high dignitary.

großziehen *v/t.* bring up, raise.

großzügig *adj.* **1.** generous; **2.** *Ansichten, Charakter etc.*: liberal, broadminded;

(*alles erlaubend*) permissive; **3.** *Anlage, Planung etc.*: large-scale, generous; (*weiträumig*) spacious; **Großzügigkeit** *f* generosity; liberality, broadmindedness; bold conception (*od.* design).

grotesk I. *adj.* grotesque; (*extrem*) *a.* gross; (*lächerlich*) absurd; **II.** ♀ *f typ.* grotesque; **Groteske** *f Literatur*: grotesque; △, *Kunst*: grotesque(rie); *fig.* farce; **Groteskschrift** *f typ.* grotesque.

Grotte *f* grotto.

Grübchen *n Wange etc.*: dimple; ♀, *zo.* fossule; ⚙ pit.

Grube *f* pit; ⚒ *a.* mine, (*Kohlen*♀) *a.* colliery; (*Höhlung*) hollow; (*Loch*) hole; *fig.* **j-m e-e ~ graben** set (up) a trap for s.o.; **wer andern e-e ~ gräbt, fällt selbst hinein** you've got to watch you don't fall into your own trap (*od.* watch you're not hoist with your own petard).

Grübelei *f a. pl.* brooding; **grübeln I.** *v/i.* brood (**über** over, about); **~ über** *ein akademisches Problem etc.*: mull over; **II.** ♀ *n*: **ins ~ kommen** start brooding.

Gruben|arbeiter *m* miner; **~brand** *m* pit fire; **~explosion** *f* explosion in a (*od.* the) mine; **~gas** *n* pit gas, firedamp; **~lampe** *f* miner's lamp; **~schacht** *m* mineshaft; **~unglück** *n* mining accident (*od.* disaster), pit disaster.

Grübler(in *f*) *m* broody person; (*Denker*) reflective person; **grüblerisch** *adj.* brooding, broody; (*nachdenklich*) introspective.

Gruft *f* tomb; (*Krypta*) crypt; *poet.* grave; **Grufti** F *m* F crumbly, wrinkly, oldster.

grün I. *adj.* green; (*unreif*) *a.* unripe; *fig. Person*: green, (still) wet behind the ears; *pol.* green, ecology ...; **Aal ~** stewed eel; **die Ampel ist ~** the lights are green, it's green; **~e Heringe** fresh herrings; **die ♀e Insel** (*Irland*) the Emerald Isle; **~er Salat** lettuce; *die Bananen etc.* **sind noch zu ~** aren't ripe yet; *fig.* **~er Junge** greenhorn; **j-m ~es Licht geben** give s.o. the go-ahead (F thumbs up); **~e Lunge** green lung; **~ vor Neid** green with envy; **~e Weihnachten** snow-free Christmas; **~ und blau schlagen** (*od.* **dreschen**) beat *s.o.* black and blue; **sich ~ und blau ärgern** F be really mad; **ich hab' mich ~ und blau geärgert** (*über mich selbst*) I could have kicked myself; **ich komme auf keinen ~en Zweig** I'm just not getting anywhere; **er wird nie auf e-n ~en Zweig kommen** he'll never get anywhere in life; F **sie ist mir nicht ~** she doesn't like me; → **Bohne, Minna, Star, Tisch, Welle** *etc.*; **II.** ♀ *n* green; **im ~en** out in the open; *Fahrt* **ins ~e** into the countryside; **die Ampel steht auf ~** the lights are green; **bei ~** at green; **geht bitte nur bei ~ über die Straße** don't cross the road until the lights are green; F **das ist dasselbe in ~** it's six of one and half a dozen of the other; **♀anlage** *f* park; (*Grünfläche*) green; **~n** green spaces; **~blau** *adj.* greenish-blue; **~blind** *adj.* green-blind.

Grund *m* **1.** (*Boden*) ground; (**~***besitz*) land, property; *von Gewässern, Gefäßen etc.*: bottom; △ (*Fundament*) foundations *pl.*; (*Bauplatz*) plot; (*Hinter*♀) background; (*Grundierung*) priming (coat); (*Kaffeesatz*) ground; **~ und Boden** land, property; ⚓ **auf ~ geraten** (*od.* **laufen**) run aground; *fig.* **den ~ legen zu** lay the foundations of; **e-r Sache auf den ~ gehen** get to the bottom of s.th.; **im ~e s-s Herzens** at (the bottom of his) heart; **von ~ aus** (*od.* **auf**) completely, ... through and through; **im ~e** (**genommen**) basically, (*eigentlich*) really; **j-n in ~ und Boden reden** talk s.o. into the ground; **in ~ und Boden verdammen** condemn outright; **ich habe mich in ~ und Boden geschämt** I wished the earth would open up and swallow me; **2.** (*Vernunfts*♀) reason (**zu** *inf.* to *inf.*, for *ger.*); (*Ursache, Anlaß*) *a.* cause (**für** of); (*Beweis*♀) argument; **Gründe für und wider** arguments for and against, *the* pros and cons; **auf ~ von** on grounds of; **aus gesundheitlichen** (**familiären**) **Gründen** for health (family) reasons, for reasons of health; **aus diesem ~** that's (*od.* that was) why; **aus welchem ~?** why?; **aus dem einfachen ~, daß** for the simple reason that; **mit** (**gutem**) **~** with good reason; **ein ~ mehr zu** *inf.* all the more reason to *inf.*; **aus diesem oder jenem ~** for one (*od.* some) reason or another; **ich habe m-e Gründe dafür** I have my reasons; **es hat schon s-e Gründe** he knows *etc.* what he's *etc.* doing; **nicht ohne ~** not without reason; **ohne jeden ~** for no apparent reason; **jeden** (**keinen**) **~ haben zu** *inf.* have every (no) reason to *inf.*; **es besteht** (**kein**) **~ zu der Annahme, daß** we *etc.* have (no) reason to suppose that; **Gründe anführen** state one's case (**für** for); **kein ~ zur Besorgnis** no need to get worried, there's no cause for concern; → **zugrunde**; **~akkord** *m* ♪ basic chord; **~anschauung** *f* basic outlook.

grundanständig *adj.* really decent.

Grund|anstrich *m* first coat(ing); **~ausbildung** *f* basic training; **~ausstattung** *f* basic equipment; **~bau** *m* foundations *pl.*; **~baustein** *m* **1.** *phys.* elementary particle; **2.** basic component; **~bedarf** *m* basic needs (*od.* requirements) *pl.*; **~bedeutung** *f* primary (*od.* basic) meaning; **~bedingung** *f* basic condition; **~bedürfnis** *n* basic requirement (*od.* need); **~begriff** *m* **1.** *pl.* (*Grundkenntnisse*) basics; **2.** basic concept; **~besitz** *m* property, real estate; (*Immobilien*) immovables *pl.*; **~besitzer** *m* landowner; **~bestandteil** *m* basic component; **~betrag** *m* basic sum; **~buch** *n* real estate register.

grundehrlich *adj.* absolutely honest.

Grund|eigenschaft *f* basic (*od.* fundamental) characteristic; essential aspect (*od.* quality); **~eigentum** *n* → **Grundbesitz**; **~eigentümer** *m* → **Grundbesitzer**; **~einheit** *f* absolute unit; **~einkommen** *n* basic income; **~einstellung** *f* basic attitude (*od.* outlook); **~eis** *n* **1.** ground ice; **2.** V **ihm geht der Arsch mit ~** *sl.* he's got the wind up, V he's scared shitless.

gründen I. *v/t.* found, (*einrichten*) establish, set up; (*schaffen*) create; ✝ (*Gesellschaft*) form, found; (*Geschäft*) start (up), set up; (*einleiten*) launch; **et. ~ auf** base (*od.* found) s.th. on; **II.** *v/refl.*: **sich ~ auf** be based on.

Gründer *m* founder; (*Schöpfer*) originator, creator; ✝ founder, promoter; **~aktien** *pl.*, **~anteile** *pl.* founders' shares (*Am.* stock *sg.*).

Grund|erfahrung *f* basic experience; **~erfordernis** *n* basic requirement.

Gründerjahre *pl. period of industrial expansion in Germany from 1871 on.*

Gründervater *m* founding father.

Grunderwerb *m* acquisition of land; **Grunderwerbssteuer** *f* land transfer tax.

Gründerzeit *f* → **Gründerjahre.**

grundfalsch *adj.* absolutely (*od.* completely) wrong; **was du machst, ist ~** *a.* you're doing the completely wrong thing, you couldn't do worse.

Grund|farbe *f* **1.** primary colo(u)r; **2.** (*Grundanstrich*) first coat; **~fehler** *m* basic *od.* fundamental mistake (*od.* error); **~festen** *fig. pl.* foundations; **an den ~ des Staates** *etc.* **rütteln** rock the foundations of the state *etc.*; **et. in den** (*od.* **s-n**) **~ erschüttern** shake s.th. to its (very) foundations; **~fisch** *m* groundfish; **~fläche** *f* (surface) area; **~form** *f* basic form; *ling.* infinitive; **~formel** *f* basic formula; **~frage** *f* basic question; **~freiheiten** *pl. pol.* (basic) civil rights, basic freedoms; **~gebühr** *f* basic charge, flat rate; **~gedanke** *m* basic (*od.* fundamental) idea.

Grundgehalt[1] *m* basic content.

Grundgehalt[2] *n* basic salary.

grundgescheit *adj.* very intelligent (*od.* bright).

Grund|gesetz *n* basic law; *pol.* Basic Law; **~haltung** *f* basic attitude.

grundhäßlich *adj.* really ugly, ugly as sin (F hell).

Grundidee *f* basic idea.

grundieren *v/t. Malerei*: ground; ⚙ *mst* prime; (*Holz, Papier*) stain; **Grundierfarbe** *f* primer; **Grundierung** *f* **1.** (*Grundierfarbe*) primer; **2.** (*das Grundieren*) priming; **3.** (*Spachtel*) filler.

Grund|irrtum *m* fundamental error; **~kapital** *n* ✝ capital stock; **~kenntnisse** *pl.* basic knowledge *sg.* (**in** of), basics; **~kosten** *pl.* basic cost *sg.*; **~kurs** *m* basic (*od.* beginners') course.

Grundlage *f* basis; F *für Alkohol*: base; **~n** *e-r Wissenschaft etc.*: fundamentals, basics; **die ~ bilden für** form the basis of, be (*od.* constitute) the basis for; **die ~n schaffen für** lay the foundations for; **jeder ~ entbehren** be completely unfounded; **jeder gesetzlichen ~ entbehren** have no legal basis *od.* authority (whatsoever); F **für heute abend wirst du e-e gute ~ brauchen** F you'll have to line your stomach well (*od.* you'll need a good lining) for tonight; **Grundlagenforschung** *f* basic research.

grundlegend I. *adj.* basic, fundamental; (*wichtig*) essential; **II.** *adv.* fundamentally; **~ verändern** *a.* radically change, change the whole face of.

gründlich I. *adj.* thorough; (*sorgfältig*) *a.* careful; (*anständig*) proper; **e-e ~e Arbeit** a good piece of work; **~e Kenntnisse haben in** be well-grounded in; **II.** *adv.* thoroughly *etc.*; F (*sehr*) *a.* properly; **sich ~ vorbereiten** prepare o.s. well; **ich habe mich ~ vorbereitet** I'm well-prepared; **er hat s-e Sache ~ gemacht** he's done a very thorough job, *iro.* he's made a thorough job of it; **j-m ~ die Meinung sagen** give s.o. a piece of one's mind; **da hast du dich ~ getäuscht** you're very much mistaken there; **ich habe mich in ihr ~ getäuscht** I completely misjudged her; **er hat sich ~ blamiert** he made a real (F right, proper) fool of himself; **Gründlichkeit** *f* thoroughness; carefulness.

Grundlinie *f* ⩓ base; *Sport*: base line; *pl. fig.* outline *sg.*
Grundlinien|schlag *m* base-line shot; **~spiel** *n* base-line game.
Grundlohn *m* basic wage(s *pl.*).
grundlos I. *adj.* **1.** (*ohne Boden*) bottomless; **2.** *Weg*: muddy; **3.** *fig.* (*unbegründet*) unfounded; **II.** *adv.* for no reason (at all).
Grund|mauer *f* foundation wall; **~metall** *n* base metal; **~modell** *n* standard model; **~nahrungsmittel** *n* staple, basic (*od.* staple) food.
Gründonnerstag *m* Maundy Thursday.
Grund|ordnung *f e-s Staates etc.*: fundamental order; **~pfeiler** *m* main support; *fig.* mainstay, bedrock; **~position** *f* basic point of view; **~preis** *m* basic price; **~prinzip** *n* basic principle; **~problem** *n* basic (*od.* fundamental) problem; **~rechenart** *f*, **~rechnungsart** *f* basic (arithmetical) operation; **~rechte** *pl.* basic (*od.* fundamental) rights; **~regel** *f* basic rule; *fürs Leben etc.*: maxim; **~rente** *f* **1.** (*Altersversorgung*) basic pension; **2.** *Immobilien*: ground rent; **~richtung** *f* general tendency; **~riß** *m* **1.** ⚠ ground plan; (*Anlageplan*) layout; **2.** *fig.* outline, sketch; (*Abriß*) outline(s *pl.*).
Grundsatz *m* principle; (*Lebensregel*) *a.* maxim; *bsd. phls.* axiom; (*Lehrsatz*) tenet; ***nach dem ~, daß*** on the principle that; ***es sich zum ~ machen*** make it a rule; ***er ist ein Mann mit Grundsätzen*** he's a man of principle, he's got his principles; **~debatte** *f* debate on basic principles; *pol.* policy debate; **~entscheidung** *f* fundamental (*od.* basic) decision; ⚖ landmark decision; ***wir müssen e-e ~ treffen*** *a.* we've got to make a decision and stick by it; **~erklärung** *f* policy statement; **~frage** *f* basic issue; key question.
grundsätzlich I. *adj.* fundamental, basic; (*prinzipiell*) *nachgestellt*: on principle; **II.** *adv.* fundamentally; (*im Grunde*) basically; (*prinzipiell*) on principle, as a matter of principle; (*immer*) always, invariably; *weitS.* (*absolut*) absolutely.
Grundsatz|programm *n pol.* (basic) policy statement; (*Plattform*) party platform; **~rede** *f pol.* keynote speech (*od.* address); **~urteil** *n* leading decision.
Grund|schlag *m* ♪ beat; **~schrift** *f typ.* main type; **~schulbildung** *f* primary education; **~schuld** *f* land charge; **~schule** *f* primary school, *Am.* elementary (*od.* grade) school; **~schüler(in** *f*) *m* primary pupil; *Am. a.* elementary (*od.* grade) school student.
grundsolide *adj.* absolutely dependable, rock solid.
Grundstein *m* foundation stone; *fig.* cornerstone; ***den ~ legen zu*** lay the foundation stone of, *fig.* lay the foundations for; **~legung** *f* laying of the foundation stone; *feierliche*: cornerstone ceremony.
Grund|stellung *f Tanzen*: starting position; *Turnen*: normal position; *Boxen*: on-guard position; ⚔ position of attention; **~steuer** *f* land tax; **~stimmung** *f* general mood; *von Gesprächen etc.*: tenor; **~stock** *m* basis; (*Kern*) core.
Grundstoff *m phys.* element; (*Rohstoff*) raw material; **~industrie** *Grundlinief* basic industry.
Grund|stoffwechsel *m physiol.* basal metabolism; **~stück** *n* piece (*od.* plot) of land; (*Besitz*) property; (*Bauplatz*) (building) site.
Grundstücks|makler *m* estate agent, *Am.* realtor; **~markt** *m* property market; **~spekulant** *m* land jobber; **~spekulation** *f* land speculation.
Grund|studium *n* foundation course; **~stufe** *f* **1.** elementary stage; **2.** *Schule*: junior school; **3.** *ling.* positive degree; **~substanz** *f* basic substance; **~tarif** *m* base (*od.* basic) rate; **~tendenz** *f* general tendency (*od.* direction); **~text** *m* original text; **~ton** *m* **1.** ♪ *e-r Tonleiter*: tonic, *e-s Dreiklangs*: root; **2.** *e-r Farbe*: bottom shade; **3.** *fig.* general mood; **~tugend** *f* cardinal virtue; **~übel** *n* basic problem; ***das ~ ist ...*** *a.* the root of all the other problems is ..., all the other problems go back to ...; **~überzeugung** *f* fundamental conviction; **~umsatz** *m* **1.** ✝ basic turnover; **2.** *physiol.* basal metabolic rate.
Gründung *f* foundation; ✝ *e-r Gesellschaft*: formation; (*Errichtung*) establishment, setting-up, *e-s Geschäfts*: *a.* opening, starting (up).
Gründünger *m* green manure.
Gründungs|feier *f* inaugural celebrations *pl.* (*feierliche*: ceremony); **~jahr** *n* year of foundation; **~kapital** *n* initial capital stock; **~mitglied** *n* founder member; **~urkunde** *f* corporate charter.
Grund|unterschied *m* fundamental (*od.* basic) difference; **~ursache** *f* primary cause.
grundverkehrt *adj.* totally wrong; ***es wäre ~ zu*** *inf.* it would be a big mistake to *inf.*
Grundvermögen *n* **1.** ✝ basic assets *pl.*; **2.** → ***Grundbesitz.***
grundverschieden *adj.* totally (*od.* fundamentally) different; ***~ sein*** *Personen*: be totally different personalities, F be poles apart.
Grundversorgung *f* basic supply, basics *pl.*
Grund|voraussetzung *f* basic (*od.* absolute) prerequisite; **~wachs** *n Ski*: base wax; **~wahrheit** *f* fundamental (*od.* basic) truth.
Grundwasser *n* (under)ground water; **~spiegel** *m*, **~stand** *m* water table.
Grund|wert *m* basic (*od.* core) value; **~wissen** *n* basic knowledge (**in** of); **~wissenschaft** *f* fundamental science; **~wort** *n ling.* primary word, 🕮 etymon; **~wortschatz** *m* basic vocabulary; **~zahl** *f* cardinal number; *Logarithmus*: base radix; *Potenz*: base; **~zug** *m* characteristic (feature), main feature; ***Grundzüge*** *der Physik etc.*: fundamentals, outline; ***in s-n Grundzügen*** in outline.
Grüne(r *m*) *f pol.* Green; ***die Grünen*** the Greens, the German ecology party.
Grüne(s) *n* → ***grün*** II.
grünen I. *v/i.* be green (*od.* verdant); (*grün werden*) turn green; *fig.* flourish, blossom; **II.** *v/impers.*: ***es grünt*** (***und blüht***) everything's beginning to flower (again).
Grün|fäule *f* green rot; **~fink** *m* greenfinch; **~fläche** *f* **1.** green, lawn; **2.** *pl.* green spaces, *größer*: unspoilt countryside *sg.*; **~futter** *n* green fodder; **≗gelb** *adj.* greenish-yellow; **~gürtel** *m* green belt; **~kern** *m* unripe spelt grain; **~kohl** *m* kale; **~land** *n* grassland.
grünlich *adj.* greenish.
Grünlicht *n* green light; ***bei ~*** when the lights are (*od.* were) green, at green.
Grünling *m* **1.** (*Vogel*) greenfinch; **2.** (*Fisch*) greenling; **3.** ♣ green agaric; **4.** F *fig.* greenhorn.
Grün|pflanze *f* non-flowering plant; **~schnabel** *fig. m* (*Neuling*) greenhorn; **~span** *m* verdigris; **~stich** *m phot.* green cast; **≗stichig** *adj.*: ***~ sein*** have a green cast; **~streifen** *m Autobahn*: centre (*Am.* median) strip.
grunzen I. *v/i. u. v/t.* grunt; **II.** ≗ *n* grunt(ing).
Grünzeug F *n* raw (green) vegetables *pl.*
Gruppe *f* group; *von Häusern etc.*: *a.* cluster; *von Bäumen*: *a.* clump; *von Arbeitern etc.*: team, crew; (*Klasse*) group, category; ⚔ section, *Am.* squad; ✈ *Brit.* wing, *Am.* group; ✝ group, concern.
Gruppen|abend *m* group get-together (*od.* meeting); **~akkord** *m* group pièce work; (*Lohnsatz*) group piece rate; **~arbeit** *f* teamwork; *ped. a.* group work, work in groups; **~aufnahme** *f* → ***Gruppenbild***; **≗bewußt** *adj.* group-conscious; **~bewußtsein** *n* group consciousness (*od.* awareness); group (*od.* collective) identity; **~bild** *n* group portrait (*od.* photo, shot), photo of the (*od.* a) group; **~bildung** *f* formation (*od.* forming) of groups, grouping; **~dynamik** *f psych.* group dynamics *pl.* (*sg. konstr.*); **≗dynamisch** *adj.* group-dynamic; **~egoismus** *m* sectional self-interest; **~foto** *n* group photo (*od.* shot), photo of the (*od.* a) group; **~führer** *m* group leader; ⚔ *Brit.* section leader, *Am.* squad leader; **~leiter** *m* group manager; **~praxis** *f* group (*od.* joint) practice; **~reise** *f* **1.** group (*od.* organized) tour; **2.** *pl.* group travel *sg.*; **~sex** *m* group sex; **~sieger** *m* group winner(s *pl.*); **~therapie** *f* group therapy; **~unterricht** *m* group instruction.
gruppenweise *adv.* in groups.
Gruppenzwang *m* (peer) group pressure.
gruppieren I. *v/t.* group, arrange in groups; **II.** *v/refl.*: ***sich ~*** form a group (*od.* groups), group (o.s.) (**um** round); (*sich sammeln*) assemble; *Sport*: line up;
Gruppierung *f* **1.** (*das Gruppieren*) forming of groups; **2.** (*Anordnung*) grouping; **3.** (*Gruppe[n]*) group(s *pl.*); *von Häusern etc.*: *a.* cluster; *pol. etc.* group(ing).
Grus *m Kohle*: slack; *geol.* debris.
Gruselfilm *m* horror film; (*Monsterfilm*) *a.* monster movie; **Gruselgeschichte** *f* horror story; **gruselig** *adj.* creepy, F scary; *Geschichte*: *a.* spine-chilling; **gruseln I.** *v/t.*, *v/i.*, *v/impers.*: ***mich*** *od.* ***mir gruselt*** (***es***) I'm scared, this is creepy, this is giving me the creeps; ***mich*** (*od.* ***mir***) ***gruselt vor diesem Haus*** this place gives me the creeps; **II.** ≗ *n the* creeps *pl.*; ***dabei kann man das ~ lernen*** it's enough to give you the creeps.
Gruß *m* **1.** greeting, *formell*: salutation; ***Grüße*** *übermittelte*: regards, *sehr vertraulich*: love (**an** to); ***schöne Grüße aus ...*** greetings from ...; (***sag*** *od.* ***bestell ihm***) ***e-n schönen ~ von mir!*** give him my regards (*sehr vertraulich*: my love), *vertraulich*: *a.* say hello to him from me; ***herzliche Grüße*** *in Briefen*: Kind regards, Best wishes, *sehr vertraulich*: (With) Love; ***mit freundlichem ~*** Yours sincerely; **2.** ⚔ salute; **~adresse** *f*, **~botschaft** *f* message of greeting.

grüßen I. *v/t.* greet, say hello (*od.* good morning *etc.*) to; ⚔ *u. feierlich*: salute; *fig.* greet; ***grüß dich!*** hello!, F hi!; ***~ Sie ihn von mir!*** give him my regards (*vertraulich*: my love), *vertraulich*: *a.* say hello to him from me; ***er läßt Sie ~*** he sends his regards; **II.** *v/i.* greet s.o., say hello (*od.* good morning *etc.*); ⚔ salute; ***kannst du nicht ~?*** *zu Kindern*: have you forgotten how to say hello?; ***er hat überhaupt nicht gegrüßt*** he didn't even say hello.

Gruß|formel *f* salutation (*a. am Briefbeginn*); *am Briefende*: complimentary close, ending; ***welche ~n benutzt man in englischen Briefen?*** how do you address people and sign off in English letters?; **~karte** *f* greetings card.

grußlos *adv.* without a word (of greeting *od.* of goodbye), without (even) saying hello *od.* goodbye.

Gruß|telegramm *n* greetings telegram; **~wort** *n* word(s *pl.*) of welcome, opening words *pl.*

Grütze *f* **1.** groats *pl.*, *Am.* grits *pl.*; (*Grützbrei*) porridge; ***rote ~*** *dessert of semi-liquid red fruit*; **2.** F (*Verstand*) brains *pl.*

Gschaftlhuber *dial. m*: ***er ist ein richtiger ~*** he has to get himself involved in everything.

G-Schlüssel *m* ♪ treble clef.

Guatemalteke *m*, **Guatemaltekin** *f*, **guatemaltekisch** *adj.* Guatemalan.

gucken F **I.** *v/i.* look; *heimlich*: *a.* peep; (*starren*) stare; ***guck mal!*** look!; ***guck mal, der Wagen da!*** look at that car; ***nicht ~!*** no looking, no peeping; ***laß mich mal ~!*** let me (F let's) have a look; ***guck nicht so skeptisch*** don't look so sceptical (*Am.* skeptical); **II.** *v/t.*: ***Fernsehen ~*** watch (the) television (*od.* TV, F telly); **Gucker** F *m* **1.** (*Fernglas*) telescope; (*Operngläs*) opera glasses *pl.*; **2.** *pl.* (*Augen*) F peepers.

Guckfenster *n* peephole.

Gucki F *m* (*Diabetrachter*) (slide) viewer.

Guckkasten *m* peep show (box); **~bühne** *f* picture-frame stage, proscenium (stage).

Guckloch *n* peephole.

Guerilla *m* guer(r)illa; **~einheit** *f* guer(r)illa unit; **~kämpfer** *m* guer(r)illa (fighter); **~krieg** *m* guer(r)illa warfare (*konkret*: war).

Güggeli *schweiz. n* roast chicken.

Guillotine *f*, **guillotinieren** *v/t.* guillotine.

Gulasch *n* goulash; **~kanone** *f* ⚔ field kitchen; **~suppe** *f* goulash soup.

Gülle *f* liquid manure.

Gully *m* drain.

gültig *adj.* valid (*a. fig.*); (*in Kraft*) effective, in force; (*gesetzlich, zulässig*) legal; *Münze*: good; *Fahrkarte*: valid, good (***drei Tage*** for three days); **(*für*) *~ erklären, ~ machen*** declare valid; ***~ sein*** → ***gelten***; **Gültigkeit** *f* validity (*a. fig.*); *e-s Gesetzes*: *a.* legal force; *von Geld*: currency; (*Zulässigkeit*) legality; ***s-e ~ verlieren*** cease to be valid, *Vertrag, Paß etc.*: expire; ***~ haben → gelten.***

Gültigkeits|bereich *m* range of validity, scope; **~dauer** *f* (period of) validity; *e-s Vertrags*: *mst* term; *e-s Patents etc.*: life.

Gummi 1. *m, n* rubber; (*Klebstoff*) gum; **2.** *m* (*Radier2*) rubber, eraser; **3.** *n* (*~ring*) rubber band; (*~band*) elastic band, *in Kleidung*: elastic; **4.** F *m* (*Kondom*) F rubber; **~absatz** *m* rubber heel; **2artig** *adj.* rubbery; **~ball** *m* rubber ball; **~band** *n* elastic band; **~bär(chen** *n*) *m* gummi (*od.* jelly) bear; **~baum** *m* gumtree; *im Zimmer*: rubber plant; **~begriff** *m* elastic concept; **~beine** F *pl.*: ***~ haben*** F have wobbly knees; ***ich habe plötzlich ~ bekommen*** F my knees went all wobbly, *bsd. vor Angst*: my knees turned to jelly; **~boot** *n* rubber dinghy; **~dichtung** *f* rubber seal.

gummieren *v/t. klebrig*: gum; ⚙ rubberize; **gummiert** *adj.* gummed; ⚙ rubberized.

Gummi|geschoß *n* rubber bullet; **~hammer** *m* rubber mallet; **~handschuh** *m* rubber glove; **~harz** *n* gum resin; **~höschen** *n*: (***ein ~*** a pair of) rubber pants *pl.*; **~klausel** F *f* elastic (*od.* catch-all) clause; **~knüppel** *m* (rubber) truncheon; **~linse** *f phot.* zoom lens; **~löwe** *fig. m* paper tiger; **~mantel** *m* rubber coat; **~matte** *f* rubber mat; **~paragraph** F *m* elastic (*od.* catch-all) clause; **~puppe** *f* rubber doll; **~reifen** *m* (rubber) tyre (*Am.* tire); **~ring** *m* rubber band; *für Einmachgläser*: sealing ring; *zum Spielen*: rubber ring, quoit; **~schlauch** *m* rubber hose; *für Reifen*: inner tube; **~schuhe** *pl.* galoshes, rubber overshoes, *Am. a.* rubbers; **~schürze** *f* rubber apron; **~sohle** *f* rubber sole; **~stempel** *m* rubber stamp; **~stiefel** *m* wellington, rubber boot; **~stöpsel** *m* rubber stopper; **~strumpf** *m* elastic stocking; **~tier** *n* rubber animal; **~unterlage** *f* rubber sheet; **~zelle** *f* padded cell; **~zug** *m* elastic.

Gunst *f* favo(u)r; (*Wohlwollen*) goodwill; ***in j-s ~ stehen*** be in s.o.'s good graces (F good books); ***um j-s ~ werben*** court (*od.* try to win) s.o.'s favo(u)r, *im Wahlkampf etc.*: woo s.o.; ***j-s ~ verlieren*** fall out of favo(u)r with s.o.; ***zu m-n ~en*** in my favo(u)r; ***Saldo zu Ihren ~en*** balance in your credit; ***die ~ des Augenblicks nutzen*** make hay while the sun shines; → ***zugunsten***; **~beweis** *m*, **~bezeigung** *f* (mark of) favo(u)r.

Gunstgewerblerin *hum. f* prostitute, lady of pleasure.

günstig I. *adj.* favo(u)rable (***für*** to); (*positiv*) *a.* positive; *Moment*: opportune, good *time*; (*vielversprechend*) promising; (*gut*) good (*a. Angebot*); ***e-n ~en Augenblick abwarten*** wait for the right moment; ***j-n ~ stimmen*** put s.o. in (*od.* get s.o. into) the right mood; ***bei ~em Wetter*** weather permitting; ***im ~sten Fall*** at best; ***sich im ~sten Licht zeigen*** show o.s. off to one's best advantage; ✝ ***zu ~en Bedingungen*** on easy terms; **II.** *adv.* favo(u)rably; positively; ***~ gesinnt*** well-disposed (*dat.* towards); ***~ abschneiden*** come off well (***bei*** in); ***sich ~ entwickeln für j-n*** work out well for s.o.; ***dort kann man ~ einkaufen*** they're quite cheap; **günstigstenfalls** *adv.* at best; *bei Geldbeträgen etc.*: *a.* at (the) most.

Günstling *m* favo(u)rite; *contp.* minion; **Günstlingswirtschaft** *f* favo(u)ritism.

Gurgel *f* throat; ***j-n bei der ~ packen*** grab s.o. by the throat; ***j-m an die ~ springen*** jump at s.o.'s throat; ***j-m die ~ zudrücken*** (*od.* ***abdrücken***) *a. fig.* strangle s.o.; F *fig.* ***sein Geld durch die ~ jagen*** F guzzle all one's money away; **gurgeln** *v/i. u. v/t.* gargle; *Stimme, Wasser*: gurgle; **Gurgelwasser** *n* gargle.

Gurke *f* **1.** cucumber; (*kleine Essig2*) gherkin; ***saure ~n*** pickled cucumbers, *Am.* pickles; **2.** F (*Nase*) F conk, beak; ***e-n auf die ~ kriegen*** F get a bonk (*od.* biff) on the nose; **Gurkensalat** *m* cucumber salad.

gurren *v/i.* coo.

Gurt *m* (*Gürtel*) belt; (*Trage2 etc.*) strap; (*Hosen2 etc.*) waistband; *mot.*, ✈ seatbelt; *am Fallschirm*: harness; △ flange.

Gürtel *m* belt (*a. Sport u. Grün2 etc.*); *geogr.* zone; (*Polizei2, Absperrung*) cordon; (*Taille*) waist(line); *fig.* ***den ~ enger schnallen*** tighten one's belt; **~flechte** *f* → **Gürtelrose**; **~linie** *f* waistline; ***unter der ~*** *Boxen u. fig.*: below the belt; **~reifen** *m mot.* radial-ply tyre (*Am.* tire); **~rose** *f* ⚕ shingles (*sg.*); **~schlaufe** *f* loop (of a *od.* the belt); **~schnalle** *f* belt buckle; **~tier** *n zo.* armadillo.

gurten I. *v/t.* (*anschnallen*) strap; △ brace; **II.** *v/i. mot.* put one's seatbelt on, strap o.s. in.

Gurt|muffel F *m* seatbelt offender; ***ein ~ sein*** *a.* hate wearing seatbelts; **~straffer** *m mot.* seatbelt tensioner; **~zeug** *n am Fallschirm*: harness.

Guru *m a. fig.* guru.

Guß *m* **1.** (*Strahl*) jet of water *etc.*; (*Regen2*) shower, *stärker*: downpour; **2.** ⚙ (*Gießen*) founding, casting (process); (*Gußstücke*) castings *pl.*; *typ.* fount, *Am.* font; ***aus einem ~*** made in one casting; *fig.* ***es ist (wie) aus einem ~*** it's a completely rounded piece of work; **3.** *gastr.* glaze, (*Zucker2*) icing; **~asphalt** *m* poured asphalt; **~beton** *m* cast concrete; **~eisen** *n* cast iron; **2eisern** *adj.* cast-iron ... (*a. fig.*); **~form** *f* mo(u)ld.

Gusto *m*: ***nach j-s ~ sein*** be to s.o.'s taste (*od.* liking); ***et. nach s-m ~ machen*** do s.th. (just) as one likes (*od.* fancies); ***e-n ~ haben auf*** feel like *s.th.*; ***mit ~*** with (great) relish *od.* gusto.

gut I. *adj.* good; ***mein ~er Anzug*** my good (*od.* best) suit; ***aus ~er Familie stammen*** come from a good family; ***sie spricht ein ~es Englisch*** she speaks good English; ***ganz ~*** not bad; ***das ist ganz ~ so, auch ~*** that's all right (*Am.* alright); ***schon ~!*** it's all right (*Am.* alright), *verärgert*: okay, okay, (*es genügt*) that'll do; ***sei so ~ und*** do me a favo(u)r and ..., will you?; ***es ist ganz ~, daß*** it's good that; **(*es ist*) *nur ~, daß*** a good thing (that); ***so ~ wie unmöglich*** virtually impossible; *der Prozeß ist* ***so ~ wie gewonnen*** as good as won; ***so ~ wie fertig*** virtually (*od.* more or less) finished; ***so ~ wie kein*** practically (*od.* virtually) no; ***so ~ wie nichts*** next to nothing; ***zu ~er Letzt*** finally; → ***zugute***; ***e-e ~e Stunde*** a good hour; ***er ist ein ~er Läufer*** he's a good runner, he's good at running; ***~ sein für*** (*od.* ***gegen***) be good for *a cold etc.*; ***wozu soll das ~ sein?*** what's that for (F in aid of)?; ***mir ist nicht ~*** I don't feel well; ***nicht mehr ~ sein*** *Lebensmittel*: have gone off (*od.* bad), *Milch*: have gone off (*od.* sour), have turned sour; ***dafür ist er sich zu ~*** he thinks he's above that sort of thing, he thinks it would be beneath him (*od.* his dignity); ***~ werden*** turn out all right (*Am.* alright) *od.* well; ***es wird schon wieder ~*** it'll all work out in the end; ***~*** finden like; ***er ist kein besonders ~er Tänzer*** *etc.* he's not much of a dancer *etc.*; *iro.* **du bist ~!** I like that!, (*das soll wohl ein Witz sein*) you're joking, of course; → **Ding** 1, **Glaube, Glück, Gute(s)** *etc.*; **II.** *adv.* well;(*mindestens*) *a.* **~ und gern** at least, easily; **~ riechen (schmecken)** smell (taste) good; **~ aussehen** look good, *Person, grundsätzlich*: be good-looking; *gesundheitlich*: look well; **da kennt sie sich ~ aus** she knows all about that, *in e-m Ort*: she really knows her way around there; **~ so!** good!, well done!; **paß ~ auf!** a) watch carefully (now), b) (*auf dich*) watch yourself; **dort hatte er es ~** he was doing all right (*Am.* alright) (for himself) there; **du hast's ~!** it's all right (*Am.* alright) for some, you don't know how lucky you are; **ich kann ihn nicht ~ darum bitten** I can't really ask him; **er täte ~ daran zu gehen** it would be a good idea if he went; **du hast ~ reden (lachen)** you can talk (laugh, well may you laugh); **das fängt ja ~ an** that's a great start; **das kann ~ sein** that's quite possible, that may well be; → **genausogut, gutgehen, gutmachen, guttun, halten** I, III, **machen** I *etc.*

Gut *n* **1.** (*Besitz*) property; **Güter** goods, products; 🚂 freight; (*Vermögensstücke*) assets; **Hab und ~** → **Habe**; **(un)bewegliche Güter** (im)movables; **nicht für alle Güter der Welt** not for all the money in the world; **das höchste ~** the greatest good; **2.** (*Land*~) estate, farm.

Gutachten *n* expert's opinion; (*Zeugnis*) certificate, testimonial; **ärztliches ~** medical certificate; **Gutachter** *m* expert; *Versicherung*: *a.* surveyor; (*Schätzer*) valuer; (*Berater*) consultant.

gut|artig *adj.* good-natured, *a. Krankheit*: harmless; ⚕ *Tumor etc.*: benign; **~aussehend** *adj.* good-looking, attractive; **~besetzt** *adj. Stück*: well-cast; **~es Haus** full house; **~betucht** F *adj.* F well-heeled; **~bezahlt** *adj.* well-paid; **~bürgerlich** *adj.* middle-class; **~e Küche** home cooking, *bei Werbung*: *a.* traditional fare; **~dotiert** *adj.* well-paid.

Gutdünken *n*: **nach (eigenem) ~** at one's own discretion, as one sees fit.

Gute(r *m*) *f* good woman (man); **die Guten** the good (*pl.*), *bibl.* the righteous (*pl.*); F the goodies.

Gute(s) *n*: **etwas Gutes (zu essen)** something nice to eat; **Gutes und Böses** good and evil; **Gutes tun** do good; **das Gute daran ist** the good thing about it is; **die Sache hat auch ihr Gutes** there's a good side to it too; **des Guten zuviel tun** overdo it; **das ist des Guten zuviel** that's too much of a good thing; **sich zum Guten wenden** change for the better; **Gutes verheißen** augur well; **ich ahne nichts Gutes** I have a strange feeling (something has gone wrong *od.* is going to go wrong); **alles Gute!** all the best; **daraus wird nichts Gutes** nothing good will come of it; **im guten** amicably, on friendly terms; **wir sind im guten auseinandergegangen** *a.* we parted as friends.

Güte *f* **1.** goodness, kindness; (*Großzügigkeit*) generosity; *Gottes*: (God's) grace; **in (aller) ~** amicably; **haben Sie die ~ zu** *inf.* would you be so kind as to *inf.*; **durch die ~ des Herrn X** through the kindness of Mr X; F **(ach, du) meine ~!** goodness me!, (my) goodness!; good God!; **2.** (*Qualität*) quality; (**~grad**) *a.* grade, class; (*Vortrefflichkeit*) superior quality; **(von) erster ~** first-class, first-rate, top-quality ...; *iro. Idiot etc.* **erster ~** of the first order; **~grad** *m* quality, grade; **~klasse** *f* class, grade; **~ 1** Grade A quality; prime ...; **~kontrolle** *f* quality control.

Gutenacht|geschichte *f* bedtime story; **~kuß** *m* goodnight kiss; **j-m e-n ~ geben** kiss s.o. goodnight.

Güter|abfertigung *f* (*Vorgang*) dispatch of goods; (*Stelle, a.* **~annahme** *f*) goods (*Am.* freight) office; **~bahnhof** *m* goods (*Am.* freight) station; **~fernverkehr** *m* long-haul transportation; **~gemeinschaft** *f* ⚖ community of property; joint property; **in ~ leben** have joint property, share one's property; **~halle** *f* warehouse.

guterhalten *adj.* in good condition.

Güter|kraftverkehr *m* road haulage; **~markt** *m* commodity market; **~nahverkehr** *m* short-haul transportation; **~transport** *m* transport of goods; **~trennung** *f* separation of property; **in ~ leben** have separate property; **~verkehr** *m* goods (*Am.* freight) traffic; **~versand** *m* goods shipment; **~verteilung** *f* distribution of goods; **~wagen** *m* 🚂 goods wag(g)on, *Am.* freight car; **~zug** *m* goods (*Am.* freight) train.

Güte|siegel *n* seal of quality; **~stempel** *m* quality stamp; *Edelmetalle*: hallmark (*a. fig.*); **~zeichen** *n* quality label; seal of approval; *Edelmetalle*: hallmark (*a. fig.*).

gut|geartet *adj.* good-natured; **~gebaut** *adj.* well-made; *Person*: well-built; **~gefedert** *adj. Matratze*: well-sprung.

gutgehen *v/i.* **1.** (*gut verlaufen*) go well, turn out all right (*Am.* alright); **das konnte nicht ~** it was bound to go wrong; **das kann ja nicht ~** F there's no way it's going to work; **wenn das nur gutgeht!** well, let's just hope for the best; **das ist noch einmal gutgegangen** that was close (*od.* a close thing), F talk about lucky; **2. mir geht's gut** I'm fine, *geschäftlich etc.*: I'm doing fine; **es sich ~ lassen** have a good time, enjoy o.s.; **gutgehend** *adj. Geschäft etc.*: flourishing, thriving.

gut|gelaunt *adj.* in a good mood; **~gemeint** *adj.* well-meant; **~gepflegt** *adj.* well-looked-after; **~gepolstert** *adj.* well-padded; **~gesinnt** *adj.* well-meaning.

gutgläubig I. *adj.* gullible, credulous; *bsd.* ⚖ acting (*od.* done) in good faith, bona fide ...; **II.** *adv.* gullibly, credulously; ⚖ in good faith, bona fide; **Gutgläubigkeit** *f* gullibility, credulity; ⚖ good faith.

Guthaben I. *n* balance; (*Vermögen*) assets *pl.*; **II.** ~ *v/t.* have *s.th.* in hand; ⚓ have credit for; **du hast bei mir noch ein Essen gut** I still owe you a meal.

gutheißen *v/t.* approve of, sanction.

gutherzig *adj.* kind(hearted); **Gutherzigkeit** *f* kindheartedness.

gütig I. *adj.* good, kind (**gegen** to); kindhearted; (*wohlmeinend*) well-meaning; **mit Ihrer ~en Erlaubnis** with your kind permission; *iro.* **zu ~** too kind (of you); *iro.* **würdest du so ~ sein zu** *inf.* would you be so kind as to *inf.*; **II.** *adv.* kindly; **wollen Sie mir ~st gestatten, daß ich ...** *a. iro.* (will you) kindly allow me to *inf.*

gütlich I. *adj.* amicable; **II.** *adv.*: **sich ~ einigen** come to (*od.* reach) a friendly agreement, **über**: settle *s.th.* amicably; **sich ~ tun** have a good time, enjoy o.s., **an**: eat (*od.* drink) one's fill of; **sie taten sich an s-n Zigarren ~** they helped themselves to his cigars.

gutmachen *v/t.* make up for (*a. wiedergutmachen*), (*gewinnen*) make *10 dollars etc.*, (*Abstand, Zeit*) make up.

gutmütig *adj.* good-natured; **Gutmütigkeit** *f* good-naturedness.

gutnachbarlich *adj.* neighbo(u)rly; **zwischen ihnen bestehen ~e Beziehungen** they get on well (enough) with each other.

gutsagen *v/i.* vouch (**für** for).

Gutsbesitzer(in *f*) *m* landowner.

Gutschein *m* voucher; (*Geschenk*~) gift token.

gutschreiben *v/t.* credit; **j-m e-n Betrag ~** credit a sum to s.o.; **e-n Betrag e-m Konto ~** credit an account with an amount, credit an amount to an account; **Gutschrift** *f* credit entry; (*Beleg*) credit slip.

Guts|haus *n* manor house; **~herr(in** *f*) *m* **1.** *hist.* lord (*f* lady) of the manor; **2.** estate owner; owner of the estate; **~hof** *m* estate; (*Bauernhof*) farm.

gutsituiert *adj.* well-off, well-to-do, moneyed.

gutsitzend *adj.*: **ein ~er Anzug** a suit that fits properly (*od.* well).

gutstehen *v/i.* → **gutsagen.**

guttun *v/i.* (*j-m, e-r Sache*) do *s.o. od. s.th.* good; *j-m od.* **bei** *e-r Sache* **~** be good for; **sehr ~** do a lot of good; **das tut gut!** that's just what I need, that feels good, *bei Erleichterung*: that's better, *stärker*: what a relief; **das tut ihm gut!** *a. iro.* he could do with that; **j-m nicht ~** *Arznei etc.*: disagree with s.o.; **das tut d-m Magen nicht gut** it's no good for your stomach, it won't do your stomach any good.

guttural *adj.* guttural; **~(laut)** *m ling.* guttural (sound).

gutunterrichtet *adj.* well-informed.

gutverdienend *adj.*: **er ist ein ~er Mann** he earns a good (*od.* decent) salary.

gutverträglich *adj. Medikament etc.*: well-tolerated; *weitS.* kind to the stomach; (*hautverträglich*) gentle, gentle-action ...; (*allergiegetestet*) hypoallergenic.

gutwillig I. *adj.* willing; (*gefällig*) obliging; (*freiwillig*) voluntary; **II.** *adv.* willingly *etc.*; of one's own accord (*od.* free will).

Gymnasial|bildung *f etwa* grammar (*Am.* high) school education; **~lehrer(in** *f*) *m etwa* grammar (*Am.* high) school teacher.

Gymnasiast(in *f*) *m etwa* grammar (school) pupil, *Am.* high school student.

Gymnasium *n etwa* grammar (*Am.* high) school.

Gymnastik *f* exercises *pl.*; gymnastics *pl.* (*als Disziplin sg. konstr.*); **~ machen** a) do gymnastics, b) (*gymnastische Übungen machen*) do (one's) exercises; **die tägliche ~** *a.* F one's daily dozen; **~lehrer(in** *f*) *m* PE (= physical education) instructor.

gymnastisch *adj.* gymnastic; **~e Übungen** physical exercises.

Gynäkologe *m* gyn(a)ecologist, F gyny; **Gynäkologie** *f* gyn(a)ecology; **Gynäkologin** *f* (woman) gyn(a)ecologist, F gyny; **gynäkologisch** *adj.* gyn(a)ecological.

Gyroskop *n* gyroscope.

H

H, h *n* H, h; ♪ B.

ha *int.* **1.** ah!, aha!; **2.** *bei Genugtuung*: ha!

hä *int.* **1.** eh?; **2.** *bei Schadenfreude*: heh(, heh)!

Haar *n* hair (*a.* ✂); ***sich die ~e schneiden lassen*** get a haircut; ***du mußt dir mal die ~e schneiden lassen*** it's time you had a haircut; ***j-n an den ~en ziehen*** pull s.o.'s hair; *fig.* ***sich die ~e (aus)raufen*** tear one's hair (out); ***ich könnte mir die ~e ausraufen*** I could kick myself; ***aufs ~*** to a T; ***sich aufs ~ gleichen*** look absolutely identical, *Personen*: *a.* be as alike as two peas in a pod; ***um ein ~ wäre ich überfahren worden*** I just missed being run over by the skin of my teeth; ***um ein ~ hätten wir uns verpaßt*** we very nearly missed each other; ***um ein ~ hätte er gewonnen*** *etc.* he came within a whisker of winning *etc.*; ***um kein ~ besser*** not a bit better; ***~e spalten*** split hairs; ***j-m kein ~ krümmen*** not to touch a hair on s.o.'s head; ***er ließ kein gutes ~ an ihm*** he picked (*od.* pulled) him to pieces, he didn't have a good word to say about him; ***an e-m ~ hängen*** hang by a thread; ***sie hat ~e auf den Zähnen*** she's a tough one (*sl.* bitch); ***sich in die ~e geraten*** get into each other's hair; ***sich in den ~en liegen*** be at each other, be at loggerheads; ***(immer) ein ~ in der Suppe finden*** (always) find s.th. to criticize (*od.* quibble about); ***an den ~en herbeigezogen*** far-fetched; ***die ~e standen mir zu Berge, mir sträubten sich die ~e*** it made my hair stand on end; ***laß dir deshalb keine grauen ~e wachsen*** don't lose any sleep over it; ***schwer ~e lassen (müssen)*** *finanziell etc.*: suffer heavy losses, (*a. leiden müssen*) pay dearly, (*eins abbekommen*) take a real beating, F cop it hard; **~ansatz** *m* hairline; **~ausfall** *m* hair loss, 📖 alopecia; **~balg** *m* hair follicle; **~band** *n* hairband; (*Schleife*) (hair) ribbon; **~boden** *m* scalp; **~breit** *fig. n* **1.** ***nicht ein ~ (weichen od. nachgeben)*** not (to give *od.* budge) an inch; **2.** → ***Haaresbreite***; **~bürste** *f* hairbrush; **~büschel** *n* tuft of hair.

haaren *v/i. u. v/refl.* (***sich ~***) lose (*od.* shed) one's hair; *Pelz etc.*: lose (*od.* shed) hairs.

Haar|entferner *m* depilatory (cream); **~ersatz** *m* false hair; wigs and toupets *pl.*

Haaresbreite *f*: ***um ~*** by a hair's breadth; ***nicht um ~*** not an inch; → *a.* ***(um ein) Haar.***

Haareschneiden *n* haircut.

Haar|farbe *f* colo(u)r of hair; ***was hat er für e-e ~?*** what colo(u)r hair has he got?; **~faser** *f* capillary fib|re (*Am.* -er); **~feder** *f* ⚙ hairspring.

haarfein *adj.* **1.** ***~er Riß*** *etc.* hairline crack *etc.*; **2.** *fig.* subtle.

Haar|festiger *m* setting lotion; **~filz** *m für Hüte*: fur felt; **~follikel** *m* hair follicle; **~gefäß** *n* capillary (vessel).

haargenau I. *adj.* exact, (very) precise; **II.** *adv.* exactly, (very) precisely; to a T; ***das stimmt ~*** that's exactly right, F (that's) spot on; ***et. ~ kennen*** know s.th. like the back of one's hand.

haarig *adj.* **1.** hairy, *formell*: hirsute; ✂ pilous; **2.** F (*schlimm, gefährlich*) F hairy.

Haar|kamm *m* (hair)comb; **~klammer** *f* → ***Haarklemme***; **~kleid** *n* coat of hair.

haarklein F *adv. beschreiben etc.*: down to the last detail; *berechnen*: down to the last cent.

Haar|klemme *f* hair clip, *Am. a.* bobby pin; **~krankheit** *f* hair disease; **~kranz** *m um e-e Glatze*: fringe of hair; **~locke** *f* curl; *bsd. abgeschnittene od. herunterhängende*: lock.

haarlos *adj.* hairless; (*kahlköpfig*) bald.

Haar|mittel *n* hair restorer; **~mode** *f* **1.** hairstyle; **2.** hair fashion(s *pl.*).

Haarnadel *f* hairpin; **~kurve** *f* hairpin bend.

Haar|netz *n* hairnet; **~öl** *n* hair oil.

Haarpflege *f* hair care; **~mittel** *n*, **~produkt** *n* hair-care product.

Haarriß *m* hairline crack; *Keramik*: craze.

haarscharf I. *adj.* (*deutlich*) very clear; (*genau*) very precise; *Unterschied*: very fine *distinction*; **II.** *adv.*: *der Wagen* ***fuhr ~ an mir vorbei*** missed me by an inch; ***~ e-m Unfall entgehen*** just miss having an accident; ***das hat er ~ erkannt*** he spotted it right away; ***das hast du ~ beobachtet*** very clever of you to notice that; ***~ unterscheiden*** make a very fine distinction (between); → *a.* ***haargenau.***

Haar|schleife *f* (hair) ribbon, bow; **~schmuck** *m* hair accessories *pl.*; ***sie trägt nie ~*** she never wears anything in her hair; **~schneiden** *n* haircut; **~schnitt** *m* haircut; **~schopf** *m voller*: shock of hair; **~schuppen** *pl.* dandruff *sg.*; **~sieb** *n* hair sieve.

Haarspalter *m*: ***ein ~ sein*** like to split hairs; **Haarspalterei** *f a. pl.* splitting hairs; ***das ist reine ~*** that's just splitting hairs; ***~ treiben*** split hairs; **haarspalterisch** *adj.* hair-splitting.

Haar|spange *f* (hair) slide, *Am.* barrette; **~spray** *n, m* hairspray; **~strähne** *f* strand of hair.

haarsträubend *adj.* dreadful; (*unglaublich*) incredible; (*skandalös*) outrageous; ***das ist ja ~*** it's enough to make your hair stand on end.

Haar|strich *m* hairstroke; **~studio** *n* hair stylist's; hairdresser's; **~teil** *n* hairpiece; **~tracht** *f* hairstyle; **~trockner** *m* hair drier; **~verpflanzung** *f* hair transplant; **~waschen** *n* **1.** *beim Friseur*: shampoo, wash; **2.** washing one's hair; ***bei jedem ~*** every time you wash your hair; **~waschmittel** *n* shampoo; **~wasser** *n* hair tonic; **~wuchs** *m* growth of (the) hair; (*Haare*) hair; **~wuchsmittel** *n* hair restorer; **~wurzel** *f* root of a (*od.* the) hair; *fig.* ***bis zu den ~n erröten*** blush to the roots of one's hair.

Hab: ***all sein ~ und Gut*** everything (he owns *od.* owned).

Habakuk *m bibl.* Habakkuk.

Habe *f* (*Eigentum*) property, possessions *pl.*; *persönliche*: personal effects *pl.*; ***bewegliche ~*** movables; ***unbewegliche ~*** immovables, real estate.

haben I. *v/t.* have (got); ***sie will es so ~*** that's the way she wants it; ***das werden wir gleich ~!*** no problem, *bei Reparatur etc.*: we'll have that done (*od.* fixed) in no time; ***ich hab's bald*** (I'm) nearly finished; ***hast du's bald?*** *ungeduldig*: how much longer are you going to take?; ***hinter sich ~*** have been through *s.th.*; ***das hätten wir hinter uns*** well, that's that; ***das ~ wir noch vor uns*** that's still to come, we've still got that to come; ***unter sich ~*** be in charge of, (*befehligen*) command; F ***es im Hals ~*** have a sore throat; F ***ich hab's nicht mit ihr (mit Pizza)*** I don't like *od.* get on with her (I don't go for pizzas); ***zu ~*** *Ware*: available, *Haus*: up for sale; ***ist es noch zu ~?*** *a.* is it still going?; F ***sie ist noch zu ~*** F she's still up for grabs; F ***ich hab's!*** (I've) got it!; F ***da hast du's!*** there you are, (*ich hab's ja gesagt*) I told you so; ***was hast du?*** what's up (*od.* wrong)?; F ***und damit hat sich's!*** and that's final; F ***er hat's ja!*** he can afford it; ***er hat Geburtstag*** it's his birthday; ***wir ~ April*** it's April; ***welche Farbe ~ s-e Augen?*** what colo(u)r are his eyes?; F ***hat man den Dieb schon?*** have they caught the thief yet?; ***es hat viel für sich*** there's a lot to be said for it; ***ich habe an ihm e-n Freund*** I have a friend in him; ***e-n Italiener zum Chef ~*** have an Italian boss; ***er hat etwas Überspanntes an sich*** there's something eccentric about him; ***er hat das so an sich*** that's just the way he is; F ***es hat sich was damit*** it's not that easy; F ***hat sich was!*** some hope; F ***hat sie was mit ihm?*** is there something going on between them?; F ***die Sache hat es in sich*** it's not easy, F it's a tough one; ***er hat viel von s-m Vater*** he takes after his father; ***woher hast du das?*** where did you get that from?, (*Nachricht etc.*) where did you hear that?; ***was hast du gegen ihn?*** what have you got against him?; ***jetzt ~ wir's nicht mehr weit*** not far to go now; ***dafür bin ich nicht zu ~*** you can count me out, *generell*: that's not (really) my thing; ***für ein Bier bin ich immer zu ~*** I'm always game for a beer; ***was habe ich davon?*** what do I get out of it?, F what for?; ***das hast du jetzt davon*** see?; ***das hast du davon, wenn*** that's what you get from *ger.*; → ***Anschein, Auge*** 1, ***gehabt, gern*** *etc.*; **II.** F *v/refl.*: ***hab dich nicht so*** don't make such a fuss, (*führ dich nicht so auf*) don't take on like that; ***der hat sich vielleicht mit s-n Platten*** what a fuss he makes about his records; ***und damit hat sich's!*** and that's that; **III.** *v/aux.* have; ***hast du ihn gesehen?*** have you seen him?; ***du hättest es mir sagen sollen*** you should have told me; ***er hätte es machen können*** he could have done it.

Haben *n* ✝ credit (side); ***Soll und ~*** credit and debit.

Habenichts *m* have-not (*pl.* have-nots).

Haben|saldo *m* credit balance; **~seite** *f* credit side; **~zinsen** *pl.* credit interest *sg.*, interest *sg.* on deposits.

Haberer *östr. m* **1.** admirer; **2.** mate.

Habgier *f* greed, avarice; **habgierig** *adj.* greedy, grasping.

habhaft *adj.*: ***~ werden*** (*e-r Sache*) get hold of, (*e-r Person*) *a.* seize, catch.

Habicht *m* hawk; **Habichtsnase** *f* hooked nose.

Habilitation *f univ.* habilitation; *postdoctoral qualification*; **Habilitationsschrift** *f postdoctoral thesis*; **habilitieren** *v/i. u. v/refl.* (**sich ~**) habilitate; *obtain one's postdoctoral qualification.*

Habitat *n zo.* habitat.

habituell I. *adj.* habitual; **II.** *adv.* habitually, as a habit.

Habitus *m* **1.** bearing, deportment; *geistiger*: disposition; **2.** *zo.* habit.

Habseligkeiten *pl.* belongings, F bits and pieces.

Habsucht *f*, **habsüchtig** *adj.* → ***Habgier, habgierig.***

Haché *n gastr.* hash.

Hachse *f zo.* hock; *gastr.* knuckles *pl.*; F *pl.* (*Beine*) F pins, ham hocks.

Hack|beil *n* chopper; **~block** *m* chopping block; **~braten** *m* meat loaf; **~brett** *n* **1.** chopping board; **2.** ♪ dulcimer.

Hacke¹ *f* ⚒ hoe, (*Picke*) pick, pickaxe, *Am.* pickax.

Hacke² *f* (*Ferse, Absatz*) heel; ***j-m auf die ~n treten*** tread on s.o.'s heels; ***j-m dicht auf den ~n sein*** be hard (*od.* hot) on s.o.'s heels; ***die ~n zusammenschlagen*** click one's heels; → ***ablaufen*** 6.

hacken¹ *v/t. u. v/i.* hack; ⚒ *a.* hoe; (*Holz etc.*) chop; (*picken*) pick, peck (**nach** at).

hacken² *v/i. Computer*: hack.

Hackentrick *m Fußball*: backheeler.

Hackepeter *m raw minced meat mixed with onions and spices.*

Hacker *m Computer*: hacker.

Hack|fleisch *n* minced (*Am.* ground) meat, mincemeat; *vom Rind*: *Am. a.* hamburger; F *fig.* ***aus j-m ~ machen*** F make mincemeat of s.o.; **~messer** *n* chopper; **~ordnung** *f biol. u. fig.* pecking order.

Häcksel *m, n* ⚒ chaff, chopped straw.

Hacksteak *n* beefburger, hamburger.

Hader *m* quarrel(l)ing; (*Zwietracht*) discord; **hadern** *v/i.* quarrel (**mit** with).

Hafen¹ *m* harbo(u)r, (*Handels*2) port; (*~anlagen*) dock(s *pl.*); *fig.* haven; *fig.* ***in den ~ der Ehe einlaufen*** be joined in holy matrimony.

Hafen² *dial. m* (*Topf*) pot.

Häfen *östr.* F *m* F clink, *Am.* slammer.

Hafen|anlagen *pl.* docks; **~arbeiter** *m* docker, *Am.* longshoreman; **~becken** *n* harbo(u)r basin, (wet) dock; **~behörde** *f* port authorities *pl.*; **~damm** *m* pier, jetty; **~einfahrt** *f* harbo(u)r entrance; **~gebühren** *pl.* harbo(u)r dues; **~kapitän** *m*, **~meister** *m* harbo(u)r master; **~mole** *f* mole; **~polizei** *f* harbo(u)r police; **~rundfahrt** *f* (boat) trip around a (*od.* the) harbo(u)r; **~schleuse** *f* dock gate(s *pl.*); **~sperre** *f* barrage; (*Sanktion*) embargo; (*Blockade*) blockade; **~stadt** *f* (sea)port; **~viertel** *n* dock area, docklands *pl.*

Hafer *m* oats *pl.*; *fig.* ***dich sticht wohl der ~*** *iro.* are you feeling all right (*Am.* alright)?; **~brei** *m* porridge, *Am.* (cooked) oatmeal; **~brot** *n* oatmeal bread; **~flocken** *pl.* porridge oats, *Am.* oatmeal *sg.*; **~grütze** *f* groats *pl.*, grits *pl.*; **~kleie** *f* oat bran; **~mehl** *n* oatmeal; **~schleim** *m*, **~schleimsuppe** *f* gruel.

Haff *n* lagoon.

Haft *f* (*Gewahrsam*) custody; *bsd. pol.* detention; (*Gefängnis*2) imprisonment; ***strenge ~*** close confinement; ***in ~*** under arrest, in custody; ***zu drei Jahren ~ verurteilt werden*** be sentenced to three years' imprisonment (*od.* three years in prison), be given a three-year (prison) sentence; ***aus der ~ entlassen*** release (from custody); ***in ~ behalten*** detain, hold in custody; ***in ~ nehmen*** take into custody, *bsd. pol.* place under detention; **~anstalt** *f* prison; detention cent|re (*Am.* -er); **~aussetzung** *f* suspended prison sentence.

haftbar *adj.* responsible, ⚖ liable (**für** for); ***~ sein*** (**für**) → ***haften*** 2; ***j-n ~ machen für*** make s.o. liable for, (*verantwortlich*) hold s.o. responsible for; **Haftbarkeit** *f* responsibility, liability.

Haft|bedingungen *pl.* prison conditions; **~befehl** *m* arrest warrant; ***e-n ~ gegen j-n erlassen*** issue a warrant for s.o.'s arrest; **~beschwerde** *f*: (***~ einlegen*** lodge *od.* make an) appeal against (a) remand in custody; **~dauer** *f* term of confinement.

haften *v/i.* **1.** cling, (*kleben*) stick (**an** to); *fig.* ***~ an*** *Gedanken*: focus on, revolve around; ***im Gedächtnis ~*** stick (in one's mind); **2.** ⚖ (*bürgen*) be liable, be responsible, answer (*alle* **für** for); be held responsible (for); ***~ für*** (*garantieren*) guarantee; **~bleiben** *v/i.* → ***haften*** 1; ***bei ihr bleibt nichts haften*** F it's in one ear and out (of) the other (with her).

Haft|entlassene(r *m*) *f* released prisoner; **~entlassung** *f* release (from prison *od.* custody); **~entschädigung** *f* compensation for wrongful imprisonment.

haftfähig *adj.* **1.** adhesive; ***~ sein*** *a.* stick; **2.** ⚖ fit to undergo detention; **Haftfähigkeit** *f* **1.** adhesive power(s *pl.*); **2.** ⚖ fitness to undergo detention.

Häftling *m* prisoner; ***politischer ~*** *a.* political detainee.

Häftlings|kleidung *f* prison clothes *pl.*; **~revolte** *f* prison(ers') revolt.

Haftlokal *n* detention room; ⚔ guard room, *Am.* guardhouse.

Haftpflicht *f* liability; **haftpflichtig** *adj.* liable (**für** for); **Haftpflichtversicherung** *f* third party insurance.

Haft|psychose *f* prison psychosis; **~pulver** *n für Gebiß*: denture fixative; **~richter** *m* committing magistrate; **~schale** *f opt.* contact lens; **~schicht** *f* adhesive surface; **~sitz** *m* ⚙ tight fit; **~strafe** *f* prison sentence.

haftunfähig *adj.* ⚖ unfit to undergo detention; **Haftunfähigkeit** *f* unfitness to undergo detention.

Haftung *f* **1.** adhesion; ⚗ absorption; **2.** ⚖ liability; (*Bürgschaft*) guarantee; ***beschränkte*** (***persönliche***) ~ limited (personal) liability; ***Gesellschaft mit beschränkter ~*** private limited (liability) company.

Haftungs|beschränkung *f* restriction of liability; **~verhältnisse** *pl.* contingent liabilities.

Hafturlaub *m* prisoner's leave.

Haftvermögen *n* adhesive power(s *pl.*).

Haftzettel *m* stick note.

Hagebuche *f* ♀ hornbeam.

Hagebutte *f* ♀ rose hip; **Hagebuttentee** *m* rose hip tea.

Hagedorn *m* ♀ hawthorn.

Hagel *m* hail; *fig. a.* shower; *von Schimpfwörtern etc.*: volley, torrent; ***ein ~ von Protesten*** a volley of protest; **2dicht** *fig. adv.* thick and fast; **~korn** *n* hailstone.

hageln *v/i. u. v/t.* hail (*a. fig.*); *fig.* ***die Schläge hagelten auf ihn nieder*** the blows rained down on him; ***es hagelte Vorwürfe*** there was a volley of reproaches, ***auf ihn:*** he was showered with reproaches.

Hagel|schaden *m* damage caused by hail; **~schauer** *m* hailstorm; **~schlag** *m* **1.** (heavy) hail(storm); **2.** damage caused by hail; **~schloße** *f* hailstone; **~sturm** *m* hailstorm; **~versicherung** *f* hail insurance; **~wetter** *n* hailstorm(s *pl.*).

hager *adj.* lean, gaunt.

Hagestolz *obs. m* old (*od.* confirmed) bachelor.

Haggai *m bibl.* Haggai.

Hagiographie *f* hagiography.

haha *int.* ha ha!

Häher *m* jay.

Hahn *m* **1.** cock, (*Haus*2) *a.* rooster; (*Wetter*2) weathercock; ***junger ~*** cockerel; *fig.* ***~ im Korb*** cock of the walk; ***es kräht kein ~ danach*** F nobody cares two hoots about it; **2.** ⚙ tap, *Am. a.* faucet; (*Faß*2) spigot; (*Ventil*) valve; ***den ~ aufdrehen*** (***zudrehen***) turn the tap on (off); *fig.* ***j-m den ~ zudrehen*** stop giving (*od.* sending) s.o. money; ***e-m Institut*** *etc.* ***den ~ zudrehen*** axe (*Am.* ax) an institute's *etc.* funds; **3.** (*Gewehr*2) hammer.

Hähnchen *n* chicken; ***ein halbes ~*** half a chicken.

Hahnen|fuß *m* ♀ crowfoot; **~kamm** *m a.* ♀ cockscomb; **~kampf** *m* cockfight; **~schrei** *m*: *fig.* ***mit dem ersten ~*** at the crack of dawn; **~sporn** *m* cockspur; **~tritt** *m* **1.** *im Ei*: cock tread; **2.** (*Muster*) dog's-tooth check.

Hahnrei *obs. m* cuckold; ***zum ~ machen*** cuckold.

Hai(fisch) *m* shark; **Haifischflossensuppe** *f* sharkfin soup.

Hain *lit. m* grove.

Haitianer(in *f*) *m*, **haitianisch** *adj.* Haitian.

Häkchen *n* small hook; *beim Abhaken*: tick, *Am.* check; *ling.* apostrophe.

Häkelarbeit *f*, **Häkelei** *f* crochet work; **häkeln** *v/t. u. v/i.* crochet; **Häkelnadel** *f* crochet needle (*od.* hook).

Haken I. *m* hook; (*Kleider*2) peg; *auf e-r Liste etc.*: tick, *Am.* check; ***~ und Öse*** hook and eye; F *fig.* ***mit ~ und Ösen***

spielen** Sport*: play dirty; ***linker (rechter) ~ *Boxen*: left (right) hook; ***e-n ~ schlagen*** *Hase etc.*: double back; *fig.* ***die Sache muß doch e-n ~ haben*** there must be a catch to it (somewhere); ***der ~ daran ist*** the (only) problem *od.* thing is; ***ohne ~*** no strings attached; ***da sitzt der ~*** that's where the problem is (*od.* lies); **II.** ≈ *v/t.* hook (***an*** onto *od.* into); ***sich ~ an*** catch (*od.* be caught) on *od.* in; **III.** ≈ *v/i.* (*klemmen*) get (*od.* be) stuck *od.* jammed; **≈förmig** *adj.* hooked; **~kreuz** *n* swastika; **~nase** *f* hooked nose; **~wurm** *m* hookworm.

Halali *n Jagd*: death halloo, mort; ***das ~ blasen*** sound the mort.

halb I. *adj.* half; ***e-e ~e Stunde*** half an hour; ***~ drei*** half past two; ***~ Deutschland*** half of Germany; ♪ ***~e Note*** minim, *Am.* half note; ♪ ***~e Pause*** minim (*Am.* half note) rest; ***auf ~er Höhe*** halfway (up); ***die ~e Summe*** half the amount; ***zum ~en Preis*** for half the price, (at) half-price; ***nichts ≈es und nichts Ganzes*** neither fish nor fowl; ***keine ~en Sachen machen*** not to do anything by halves; ***die ~e Wahrheit*** a half-truth; ***mit ~em Herzen*** half-hearted(ly); ***j-m auf ~em Wege entgegenkommen*** meet s.o. halfway; ***sich auf ~em Wege einigen*** meet halfway; ***er hörte nur mit ~em Ohr zu*** he was only half listening, he was just listening with one ear; F ***es dauert e-e ~e Ewigkeit*** F it's taking an age and a half; **II.** *adv.* half; (*fast*) almost; virtually; ***~ soviel*** half as much; ***~ und ~*** half and half, (*zum Teil*) partly, (*a.* ***~e-~e***) fifty-fifty; ***~e-~e machen mit*** *j-m*: go halves with; ***es ist ~ so schlimm*** (*od.* ***wild***) it's not as bad as all that (*od.* as we *etc.* thought); ***~ herausfordernd, ~ abwehrend*** half in challenge, half in defen|ce (*Am.* -se); ***~ Mensch, ~ Tier*** half-human, half-beast; ***das ist ja ~ geschenkt*** that's a giveaway; ***sich ~ totlachen*** F (nearly) kill o.s. laughing; ***damit war die Sache ~ gewonnen*** that was half the battle; ***ich wünsche ~, daß*** I half wish (that); ***ich dachte mir schon ~*** I half suspected, I had a feeling; ***es war mir nur ~ bewußt*** I was only half aware of it.

Halb|achse *f* Å semiaxis; ⚙ half axle; **~affe** *m* lemur; **≈amtlich** *adj.* semi-official; ***~e Meldung*** unconfirmed report; **~ärmel** *m* half-sleeve; **~automat** *m* semi-automatic machine(ry *a. pl.*); **≈automatisch** *adj.* semi-automatic; **~band** *m Buch*: half-binding; **≈bekleidet** *adj.* half-dressed; **≈bewußt** *adj.* semiconscious; **~bildung** *contp. f* superficial knowledge, semi-literacy; **≈bitter** *adj.* plain *chocolate*; **≈blind** *adj.* semi-blind, partially blind.

Halbblut *n* (*Person*) half-caste; (*Pferd*) half-breed; **Halbblüter** *m* (*Pferd*) half-breed; **halbblütig** *adj.* half-breed *horse*.

Halb|brille *f*: (**e-e ~** a pair of) half-moon glasses *pl.*; **~bruder** *m* half-brother; **~cousin** *m*, **~cousine** *f* second cousin; **~drehung** *f* half-turn; **≈dunkel** *adj.* dusky; *Zimmer*: dimly-lit; **~dunkel** *n* semi-darkness, twilight; **≈durchlässig** *adj.* semi-permeable, semi-porous; **≈durchsichtig** *adj.* translucent.

Halbe *f* pint (of beer).

Halbedelstein *m* semi-precious stone.

...halben, ...halber *in Zssgn* (*wegen*) on account of, due to; (*um ... willen*) for the sake of; (*zwecks*) for; ***gesundheitshalber*** *etc.* for reasons of health *etc.*, for health *etc.* reasons, on grounds of health *etc.*

halb|erfroren *adj.* half-frozen, F frozen to death; **~erhaben** *adj. u. adv.* (in) half relief; **~erstickt** *adj.* half-suffocated; *Stimme*: choked; **~erwachsen** *adj.* almost grown-up; ***~e Kinder*** *a.* teenage children; **≈erzeugnis** *n* semi-finished product; **~fertig** *adj.* half-done, half-finished; ⚙ semi-finished; *fig. Person*: half-baked; **~fest** *adj.* semi-solid; *Eis*: soft; **~fett** *adj.* **1.** *Käse etc.*: medium-fat; **2.** *typ.* semi-bold; **≈finale** *n* semi-final; **≈fliegengewicht(ler** *m*) *n* light flyweight; **~flüssig** *adj.* semi-liquid; **≈format** *n phot.* half-frame; **~gar** *adj.* underdone, rare; **~gebildet** *adj.* half-educated, semi-literate; **≈gebildete(r)** *m* F half-wit; *pl. a.* bunch *sg.* of half-wits, uneducated lot *sg.*; **≈gefrorene(s)** *n gastr.* parfait, soft ice; **≈geschoß** *n* Δ mezzanine; **≈geschwister** *pl.* half-brothers, half-sisters; half-brother(s) and -sister(s); ***er und sie sind ~*** he's her half-brother; she's his half-sister; **≈gott** *m* demigod; F *fig.* ***~ in Weiß*** (*Arzt*) F white-coated wizard, miracle-worker (in white); **≈göttin** *f* demigoddess.

Halbheit *f* half measure; ***er mag keine ~en*** he doesn't like doing things by halves (*od.* in half measures).

halb|herzig *adj.* half-hearted(ly *adv.*); **~hoch I.** *adj.* medium-high (*od.* -sized); *Tisch etc.*: low; *Sport*: hip-high *shot*; **II.** *adv.*: ***~ gefüllt*** half full, ***mit:*** half-full with, half-filled with; **≈idiot** *contp. m* F cretin.

halbieren *v/t.* halve (*a. Summe*), cut in half, divide in half (*od.* in two), F split in half (*od.* in two); *Zeit, Kosten etc.*: halve, cut by (*od.* in) half; Å bisect; **Halbierung** *f* halving; ⚘, Å bisection.

Halbierungs|ebene *f*, **~fläche** *f* Å bisecting plane; **~linie** *f* Å bisecting line, bisector.

Halb|insel *f* peninsula; **~invalide** *m* semi-invalid; **~jahr** *n* half-year; (period of) six months *pl.*

Halbjahres... *in Zssgn mst* half-yearly; six-month; **~bericht** *m* ✝ semi-annual report; **~zeugnis** *n* half-yearly report.

halbjährig *adj. Dauer*: six-month ..., of six months; *Alter*: six-month-old ...

halbjährlich I. *adj.* half-yearly, semi-annual(ly *adv.*); **II.** *adv.* every six months, twice a year.

Halbkonsonant *m* semi-consonant.

Halbkreis *m* semicircle; **≈förmig I.** *adj.* semicircular; **II.** *adv.* in a semicircle.

Halbkugel *f* hemisphere; **≈förmig** *adj.* hemispherical.

Halbkusine *f* second cousin.

halblang *adj.* medium-length ...; *Rock, Hosen*: knee-length ...; *Laut*: half-long; F ***nu' mach mal ~!*** F hold on a minute!, *sl.* hang about!

halblaut I. *adj.* low, subdued; **II.** *adv.* in an undertone, in undertones.

Halbleder *n* half leather; ***in ~ gebunden*** half-leather ...; **~band** *m* half-leather binding; (*Buch*) half-leather volume.

halbleer *adj.* half-empty.

Halbleinen I. *n* half-linen (cloth); ***in ~ gebunden*** half-cloth; **II.** ≈ *adj.* half-linen; **~band** *m* half-cloth binding; (*Buch*) half-cloth volume.

Halbleiter *m electron.* semiconductor; **~technik** *f* semiconductor technology.

halbmast *adv.*: (***auf ~*** at) half-mast (*a. fig. Hosen*); ***auf ~ stehen*** be (flying) at half-mast; ***auf ~ hissen*** hoist to half-mast.

Halb|messer *m* radius; **~metall** *n* semi-metal; **≈militärisch** *adj.* paramilitary; **~mittelgewicht(ler** *m*) *n* light middleweight.

halbmonatlich I. *adj.* half-monthly; **II.** *adv.* half-monthly, fortnightly; **Halbmonatsschrift** *f* fortnightly publication (*od.* periodical).

Halbmond *m* half-moon, (*a. Islamsymbol*) crescent; **≈förmig** *adj.* crescent-shaped.

halb|nackt *adj.* half-naked; **≈nelson** *m Ringen*: half nelson; **~offen** *adj.* half-open (*a. ling.*); **~offiziell** *adj.* semi-official.

halbpart *adv.*: ***~ machen*** go halves, F go fifty-fifty.

Halb|pension *f* half-board; **~profi** *m* semi-pro (*od.* -professional); **~profil** *n* three-quarters profile; **≈reif** *adj.* half-ripe; **~relief** *n* half relief.

halbrund I. *adj.* semicircular; **II.** ≈ *n* semicircle.

Halb|schatten *m* half-shade; *ast., Kunst u. fig.*: penumbra; **~schlaf** *m* doze; ***ich hab's im ~ gehört*** I heard it just as I was dozing off (*od.* beginning to wake up); **~schluß** *m* ♪ imperfect cadence; **~schuh** *m* (low) shoe; **~schwergewicht(ler** *m*) *n Sport*: light heavyweight; **~schwester** *f* half-sister.

Halbseide *f* half-silk; **halbseiden** *adj.* half-silk; *fig. contp.* shady.

halbseitig I. *adj.* **1.** *typ.* half-page ...; **2.** ⚕ unilateral; ***~e Lähmung*** 📖 hemiplegia; **II.** *adv.* on one side; ***~ gelähmt*** paralyzed on one side, 📖 hemiplegic.

Halbstarke(r) F *m* F yob(bo).

Halbstiefel *m* ankle boot.

halbstündig *adj.* half-hour ...; **halbstündlich I.** *adj.* half-hourly; **II.** *adv.* every half-hour.

Halbtageskarte *f* half-day pass.

halbtägig I. *adj.* half a day's ..., half-day ...; **II.** *adv.* → ***halbtags.***

halbtags *adv.* (for) half the day; ***~ arbeiten*** work half-days, have a part-time job; ***~ geöffnet*** open in the mornings (*od.* afternoons); **≈arbeit** *f* part-time job (*od.* employment); **≈beschäftigte(r** *m*) *f*, **~kraft** *f* part-time worker (*od.* employee), part-timer.

Halb|ton *m* **1.** ♪ semitone, *Am.* half tone; **2.** *phot., typ.* half-tone; **≈tot** *adj.* half-dead; **~totale** *f Film*: medium long shot; **~trauer** *f* half mourning; **≈trocken** *adj. Wein etc.*: medium dry; **≈verdaut** *adj.* half-digested (*a. fig.*); **≈verfault** *adj.* rotting; **≈verhungert** *adj.* starving; **~vetter** *m* second cousin; **~vokal** *m* semi-vowel; **≈voll** *adj.* half-full; **≈wach** *adj.* half-awake, dozing; **~wahrheit** *f* half-truth; **~waise** *f*: ***er ist ~*** he('s) lost his father (*od.* mother).

halbwegs *adv.* halfway; *fig.* (*leidlich*) fairly, reasonably; (*in etwa*) more or less; *fig.* ***ich möchte e-n ~ anständigen Wagen*** *a.* I don't want just any old car; ***kannst du dich nicht mal ~ normal benehmen?*** can't you try and act like a human being for a change?; ***wie geht's? - so ~*** how are things? - oh, all right (*Am.* alright).

Halbwelt *f* demimonde; **~dame** *f* demimondaine.
Halbweltergewicht(ler *m*) *n* light welterweight.
Halbwert(s)zeit *f phys.* half-life (period).
halbwild *adj.* half-wild; *Völker*: semi-barbarian.
Halbwissen *n* superficial (*od.* bitty) knowledge.
halbwöchentlich *adj.* half-weekly, twice-weekly.
halbwüchsig *adj.* teenage ...; **Halbwüchsige(r** *m*) *f* adolescent, teenager.
Halbwüste *f* semi-desert.
Halbzeit *f* **1.** *Sport*: *first, second* half; (*Pause*) half-time; ***nach der ~*** in the second half; ***zur ~ steht es 2:1*** the half-time score is 2-1, the score at half-time is 2-1; **2.** *phys.* half-life (period); **~ergebnis** *n* half-time score; **~pause** *f* half-time; **~stand** *m* half-time score.
Halde *f* slope, hillside; ⚒ slagheap; ***auf ~ stehen*** *Autos etc.*: be in the storage yard.
Hälfte *f* half; ***die ~ (davon)*** half of it; ***gib mir die ~*** give me half (of it); ***die ~ der Leute*** half the people; ***die ~ m-r Zeit*** half my (*od.* the) time; ***um die ~ teurer sein*** cost half as much again; ***bis zur ~ zahlen*** pay half; ***(nur) die ~ zahlen*** pay (only) half-price; ***Kosten*** *etc.* ***zur ~ tragen*** pay (*od.* bear) half the costs *etc.*; ***sich je zur ~ beteiligen*** go half-shares (***an*** in); ***wir haben's bis zur ~ geschafft*** we're halfway there; ***zur ~*** half (of it *od.* them); F ***m-e bessere ~*** F my better half.
Halfter 1. *m, n* (*Zaum*) halter; **2.** *f, n* (*Pistolen*≈) holster; **halftern** *v/t.* halter.
Hall *m* sound; (*Wider*≈) echo.
Halle *f* hall; (*Vorhalle*) *a.* entrance hall; *Hotel*: foyer, lobby; (*Werks*≈) shop; (*Turn*≈) gymnasium, gym; *Tennis*: covered court; ✈ hangar; ***in der ~ (spielen*** *etc.*) *Sport*: (play *etc.*) indoors.
Halleluja I. *n* hallelujah; **II.** ≈ *int.* hallelujah!
hallen *v/i.* echo, resound (**von** with).
Hallen|bad *n* indoor (swimming) pool; **~fußball** *m* five-a-side; **~handball** *m* (indoor) handball; **~meisterschaft** *f* indoor championship(s *pl.*); **~rekord** *m* indoor record; **~schwimmbad** *n* indoor (swimming) pool; **~sport** *m* indoor sports *pl.* (*od.* athletics); **~tennis** *n* indoor tennis; **~turnier** *n* indoor tournament (*Leichtathletik*: *a.* meeting).
Hallig *f small island off Schleswig-Holstein.*
halli hallo *int.* **1.** yoo hoo!; **2.** (*Begrüßung*) well, hello there!
hallo I. *int.* hello, F hi; ***~(, Sie)!*** excuse me; **II.** ≈ *n* **1.** hello; **2.** (*Aufregung*) fuss, hullabaloo; ***es gab ein großes ~, als sie ankam*** everyone made a big fuss (*od.* there was a great hullabaloo) when she arrived.
Hallodri *dial. m* F scallywag, *Am.* scalawag.
Halluzination *n* hallucination; **halluzinatorisch** *adj.* hallucinatory; **halluzinieren** *v/i.* hallucinate; **halluzinogen I.** *adj.* hallucinogenic; **II.** ≈ *n* hallucinogen, hallucinogenic drug.
Halm *m* (*Gras*≈) blade; (*Getreide*≈) stalk; (*Stroh*≈) straw.
Halma *n* halma.
Halo *m ast.*, ⚕ halo.
Halogen I. *n* halogen; **II.** ≈ *adj.* halogenous; **~lampe** *f* halogen lamp; **~scheinwerfer** *m mot.* halogen headlight (*od.* headlamp).
Hals *m* neck; (*Schlund, a. äußere Kehle*) throat; ⚙ neck, collar; *e-r Flasche, Geige etc.*: neck; ♪ *e-r Note*: tail; ***steifer ~*** stiff neck; ***j-m in den ~ schauen*** (have a) look at s.o.'s throat; F ***ich hab's im ~*** I've got a sore throat; ***sich den ~ brechen*** break one's neck; ***j-m um den ~ fallen*** fling one's arms around s.o.'s neck; ***bis an den ~*** up to one's neck (*fig. a.* eyes, ears); ***er hat es in den falschen ~ bekommen*** it went down (*fig.* he took it) the wrong way; ***aus vollem ~(e) schreien (lachen)*** scream at the top of one's voice (roar with laughter); *fig.* ***et. (j-n) auf dem ~ haben*** be lumbered with s.th. (s.o.); ***sich et. auf den ~ laden*** lumber o.s. with s.th., get o.s. lumbered with s.th.; ***j-m die Polizei*** *etc.* ***auf den ~ hetzen*** get the police *etc.* onto s.o.; ***j-m den ~ umdrehen*** wring s.o.'s neck; ***sich j-m an den ~ werfen*** throw o.s. at s.o.; ***sich*** *et. od. j-n* ***vom ~(e) schaffen*** get rid of; ***~ über Kopf*** (*hastig*) headlong, ***verliebt sein:*** be head over heels in love; ***e-r Flasche den ~ brechen*** crack a bottle; ***das kann ihn den ~ kosten*** that could cost him his head; ***das Wort blieb mir im ~(e) stecken*** the word stuck in my throat; ***es hängt mir zum ~(e) heraus*** F I'm fed up to the back teeth with it, I'm sick (and tired) of it; ***er kann den ~ nicht vollkriegen*** he can't get enough (of it); ***schaff es (ihn) mir vom ~e*** a) get it (him) out of here (*od.* out of my sight), b) I don't want to have anything to do with it (him), F get it (him) off my back; ***bleib mir damit vom ~e!*** I don't want to know about it; → ***ausrenken, Herz*** *etc.*
Halsabschneider *m* shark; **halsabschneiderisch** *adj.* extortionate; *a. Person*: cutthroat ...
Hals|ausschnitt *m am Kleid*: neckline; ***tiefer ~*** low neck(line); **~band** *n* necklace; *für Hunde*: collar.
halsbrecherisch *adj.* hair-raising; breakneck *speed etc.*
Hals|entzündung *f* ⚕ sore throat; **~kette** *f* necklace; **~kragen** *m* collar (*a. zo.*); **~krause** *f* ruff; ⚕ neck brace; **~länge** *f*: ***um e-e ~*** by a neck; **~muskel** *m* neck muscle, muscle in one's neck; **~-Nasen-Ohren-Spezialist** *m* ear, nose and throat (*od.* ENT) specialist, otolaryngologist; **~partie** *f* neck (area), throat (area); throat and neck *pl.*; **~schlagader** *f* carotid (artery); **~schmerzen** *pl.* sore throat; ***~ haben*** have a sore throat.
halsstarrig *adj.* stubborn; **Halsstarrigkeit** *f* stubbornness.
Hals|tuch *n* neckerchief; (*Schal*) scarf; **~- und Beinbruch** *int.* F break a leg!; **~weh** *n* → ***Halsschmerzen***; **~weite** *f* collar size; ***was haben Sie für e-e ~?*** what size collar do you take?; **~wirbel** *m anat.* cervical vertebra (*pl.* vertebrae).
Halt *m* **1.** (*Griff, Stand*) hold, *für die Füße*: *a.* foothold; (*Stütze, Abstützung*) support (*a. fig.*); *fig.* (*innere Festigkeit*) (moral) stability; *Mensch* ***ohne ~*** a) weak, unstable, b) helpless, disoriented; ***j-m ein ~ sein*** be a (great) support to s.o.; ***an j-m ~ finden*** find support in s.o.; **2.** (*Aufenthalt, Pause*) stop; *j-m, e-r Sache* ***~ gebieten*** call a halt to, halt, stop; → ***haltmachen.***
halt I. *int.* stop!, don't move!; wait!; (*es genügt*) that'll do; (*Moment mal!*) wait a minute; ***~! Keine Bewegung!*** freeze!; ***~, wer da?*** halt, who goes there?; **II.** F *adv.* (*eben*) just; you know; ***das ist ~ so*** that's the way it is; ***da kann man ~ nichts machen*** there's nothing you can do (about it); ***dann tu's ~*** do it then(, if you must).
haltbar *adj.* **1.** *Lebensmittel*: non-perishable; *Milch etc.*: long-life ...; ***~ sein*** *mst* keep (for a long time); ***~ machen*** preserve; ***~ bis*** best before; **2.** *Material*: hardwearing, durable; (*fest, stabil*) strong, solid; ⚙ *a.* wear-resistant; **3.** *Farbe*: fast; **4.** *fig.* lasting; *Argument etc.*: tenable, valid; ***sich als nicht ~ erweisen*** prove untenable; **5.** ***das war ein ~er Schuß*** *Sport*: he could have saved that (one); **Haltbarkeit** *f Ware*: shelf life; *Material*: durability; stability (*a.* ⛫); ⚙ *a.* resistance to wear; service life; *Farbe*: fastness; **Haltbarkeitsdatum** *n* best-by (*od.* best-before) date, *Am.* pull date.
Halte|bogen *m* ♪ tie; **~bucht** *f* lay-by, *Am.* rest stop; **~griff** *m* strap.
halten I. *v/t.* (*fest~*) hold; (*stützen*) hold (up), support; (*in e-m Zustand ~*) keep; (*ab~, Versammlung etc.*) hold, (*Hochzeit, Messe*) *a.* celebrate; (*Mahlzeit*) have, take; ♪ (*Ton*) hold; (*ent~, fassen*) hold, contain; (*Preise*) hold, maintain; (*ein~, erfüllen*) keep; *Sport*: (*Schuß*) hold, stop, save, (*den Ball*) *in den eigenen Reihen*: hold onto; (*Gegner*) (*auf~*) stop, *beim Boxen, unfair*: hold; (*Rekord, Titel*) hold; (*Personal, Wagen etc., mst* ***sich et. ~***) keep, (*Zeitung*) take; ✝ (*Ware*) *auf Lager*: (keep in) stock; ***j-n an der Hand ~*** hold s.o.'s hand; ***ans Licht ~*** hold to the light; ***den Kopf hoch ~*** hold one's head up; ***frisch (warm) ~*** keep fresh (warm); ***das Zimmer ist in Blau gehalten*** the colo(u)r scheme in the room is blue; ***was hältst du von ...?*** what do you think of ...?, *auffordernd*: how about ...?; ***was hältst du davon?*** what do you think (of it)?; ***viel ~ von*** think highly (*stärker*: the world) of; F ***er hält e-e ganze Menge von dir*** F he thinks you're great; ***ich halte nicht viel davon*** I don't think much of it, (*Idee, Gemälde etc.*) *a.* I'm not keen on it; ***er hält nichts vom Sparen*** he doesn't believe in saving; ***ich halte es mit m-m Lehrer, der immer sagte*** I go by (*od.* I set great store by) what my teacher always used to say; ***~ für*** consider (to be), think *s.o.* is, *irrtümlich*: (mis)take for; ***er hält ihn für den Besitzer*** *mst* he thinks he's the owner; ***ich halte es für richtig, daß er absagt*** I think he's right to refuse, I think it's right that he should refuse; ***ich hielt es für gut, wenn wir gingen*** I think we should go, I think it would be a good idea if we went; ***für wie alt hältst du ihn?*** how old do you think he is?; ***wofür ~ Sie mich (eigentlich)?*** who do you think I am?; ***das kannst du ~, wie du willst*** please yourself; ***wie hältst du es mit ...?*** what do you usually do about ...?; ***so haben wir es immer gehalten*** we've always done it that way; *diese These* ***läßt sich nicht ~*** is untenable; ***er ließ sich nicht ~, er war nicht zu ~*** there was no stopping him, you couldn't hold him back; → *a.*

gehalten; → ***Daumen, Gang*** 4, ***laufend*** I *etc.*; **II.** *v/i.* (*festsitzen*, *fest sein*) hold; (*haltmachen*) stop, *Fahrzeug*: *a.* draw up, pull up; (*Bestand haben*) last; *Lebensmittel etc.*: keep; *Wetter*: hold; *Fußball etc.*: save; ***links*** (***rechts***) ~ keep left (right); ~ ***auf*** (*achten auf*) pay attention to, (*Wert legen auf*) set great store by, (*bestehen auf*) insist on; ***auf sich*** ~ be very particular about one's appearance, *gesundheitlich*: look after one's health; ***jeder Handwerker, der*** (***etwas***) ***auf sich hält*** any self-respecting craftsman; ***wir*** ~ ***nicht auf Formen*** we don't stand on ceremony; ***zu j-m*** ~ stand by (F stick to) s.o., *parteinehmend*: side with s.o.; ***an sich*** ~ control o.s.; ***ich mußte an mich*** ~, ***um nicht zu*** *inf.* I could hardly stop myself (from) *ger.*; **III.** *v/refl.*: ***sich*** ~ *Lebensmittel etc.*: keep; *Schuhe etc.*: last; *Wetter*: hold; (*stand*~) hold out; ***sich an*** *et.* ~ (*fest*~) hold onto; ***sich*** ~ ***an*** (*die Tatsachen etc.*) keep to, stick to, (*j-n*; *sich verlassen auf*) rely on, *wegen Schadenersatz*: hold *s.o.* liable; ***sich*** (***auf*** *e-m Posten*, ***in*** *e-r Firma etc.*) ~ last; ***sich*** ~ ***als*** maintain one's position as; ***sich warm*** (***fit*** *etc.*) ~ keep warm (fit *etc.*); ***sich in Form*** ~ keep in form, *körperlich*: *a.* keep fit; ***sich bei guter Gesundheit*** (***Laune***) ~ stay healthy (keep up one's good mood), manage to stay healthy (cheerful); ***sich bereit*** ~ be ready, *Truppen etc.*: be on standby; ***sich gut*** ~ *Lebensmittel*, *Medikamente*: keep well, *Person*: (*a.* ***sich wacker*** ~) hold one's own (***gegen*** against), do well; ***sie hat sich gut gehalten*** (*ist wenig gealtert*) she looks good for her age; ***sich links*** (***rechts***) ~ keep to the left (right); ***sich südlich*** ~ keep on south, keep going in a southerly direction; ***sich nicht*** (*od.* ***kaum***) ***mehr*** ~ ***können vor Freude*** (***Zorn*** *etc.*) be beside o.s. with joy (anger *etc.*); ***sich*** (***vor Lachen***) ***nicht mehr*** ~ ***können*** F be rolling about, be creasing (*od.* creased) up; **IV.** ♀ *n*: ***da gab es kein*** ~ ***mehr*** there was no holding them *etc.* (back).

Halte|platz *m* stopping place; **~punkt** *m* (*Haltestelle*) stop; *phys.* critical point; *beim Schießen*: point of aim.

Halter *m* **1.** (*Haltevorrichtung*) holder; (*Griff*) handle; **2.** (*Eigentümer*) owner.

Halterung *f* fixture.

Halte|schild *n mot.* stop sign; **~seil** *n* safety rope; **~signal** *n* stop signal; **~stelle** *f* stop.

Halteverbot *n auf Schild*: no stopping; **Halteverbotsschild** *n* "no-stopping" sign.

Haltevorrichtung *f* ⚙ (clamping *od.* holding) fixture.

haltlos *adj.* **1.** *Mensch*: disoriented, (completely) insecure, completely adrift, *stärker*: floundering; **2.** *Theorie etc.*: untenable; (*unbegründet*) unfounded; **Haltlosigkeit** *f* **1.** lack of orientation; **2.** lack of foundation, untenable nature (*gen.* of).

haltmachen *v/i.* (make a) stop; *fig.* ***er macht vor nichts halt*** he'll stop at nothing.

Haltung *f* **1.** (*Körper*♀) posture; (*Körperstellung*) *a. Sport*: position; (*Pose*) pose; ***e-e gute*** ~ ***haben*** have good posture; **2.** (*Grundeinstellung*) outlook (***zu*** on), approach (to); *zu et. Bestimmtem*: attitude (***gegenüber*** towards); ***politische*** ~ political outlook (*od.* views *pl.*); ***e-e konservative*** *etc.* ~ ***einnehmen*** take a conservative *etc.* approach (*od.* line); **3.** (*Auftreten*) bearing, manner; ***ihre ganze*** ~ *a.* the way she comes across; **4.** (*inneres Gleichgewicht*) poise, composure; (*Selbstbeherrschung*) self-possession; ~ ***bewahren*** keep a stiff upper lip, *im Zorn etc.*: retain one's composure, F keep one's cool; ***um*** ~ ***ringen*** try to keep one's composure (F one's cool); **5.** *von Tieren etc.*: keeping; **Haltungsfehler** *m* **1.** ⚕ bad posture; **2.** *Sport*: style fault.

Halunke *m* rogue; (*Kind*) rascal.

Häme *f* malice; **hämisch I.** *adj.* malicious; ***~e Bemerkung*** snide remark; **II.** *adv.* maliciously; ~ ***grinsen*** sneer (***über*** at).

Hammel *m* **1.** wether; (*~fleisch*) mutton; **2.** F *fig.* lout, boor; ***blöder*** ~ (F blithering) idiot; **~beine** *pl.*: F ***j-m die*** ~ ***langziehen*** F give s.o. a good going over; **~braten** *m* joint of mutton; *gebraten*: roast mutton; **~fleisch** *n* mutton; **~keule** *f* leg of mutton; **~kotelett** *n* mutton chop; **~ragout** *n* mutton stew; **~rippchen** *n* mutton chop; **~sprung** *m parl.* (vote by) division.

Hammer *m* **1.** hammer (*a.* ♪, *Sport u. Auktion*); (*Holz*♀) mallet; *parl. etc.* gavel; ~ ***und Sichel*** hammer and sickle; *fig.* ***unter den*** ~ ***kommen*** come under the hammer; **2.** F *Sport*: (*scharfer Schuß*) F hammer; **3.** F (*Fehler*) F boo-boo; ***das ist ein*** ~*!* (*ist toll*) F that's great, (*ist unerhört*) F that's incredible, that really takes the biscuit; ***du hast wohl e-n*** ~ F you must be off your nut; **~hai** *m* hammerhead (shark); **~klavier** *n* pianoforte, fortepiano.

hämmern I. *v/i.* hammer (*a. fig.*); *Herz*: pound; *fig.* ~ ***auf*** hammer away at; **II.** *v/t.* hammer; (*schmieden*) forge; *fig.* ***j-m et. in den Kopf*** ~ hammer s.th. into s.o.

Hammer|schlag *m* hammer blow, blow of the hammer; **~werfen** *n* hammer throwing; **~werfer** *m* hammer thrower; **~zeh(e** *f*) *m* ⚕ hammer toe.

Hammondorgel *f* Hammond organ.

Hämoglobin *n* h(a)emoglobin.

Hämophile(r) *m* ⚕ h(a)emophiliac; **Hämophilie** *f* h(a)emophilia.

Hämorrhoiden *pl.* ⚕ h(a)emorrhoids, F piles.

Hampelmann *m* jumping jack; F *fig.* F wimp; **hampeln** F *v/i.* jump around; (*zappeln*) fidget.

Hamster *m* hamster; **~backen** F *pl.* fat (F pudgy) cheeks; **~käufe** *pl.* hoarding *sg.*; (*Panikkäufe*) panic buying *sg.*; ~ ***machen*** hoard (food *etc.*), stock up (on food *etc.*).

hamstern *v/t. u. v/i.* hoard.

Hamster|preise *pl.* inflated prices; **~ware** *f* hoarded goods *pl.*

Hand *f* hand (*a.* *~schrift*, *Kartenspiel*); ***mit der*** ~ *machen etc.*: by hand; ***mit der*** ~ ***gemacht*** handmade; ***von*** ~ ***gemalt*** handpainted; ***j-m die*** ~ ***geben*** (*od.* ***schütteln***) shake hands with s.o.; ***j-n an die*** ~ ***nehmen*** take s.o.'s hand; ***Hände hoch!*** hands up!; *parl.* ***durch Heben der Hände*** by a show of hands; *fig. j-s* ***rechte*** ~ right-hand man (*od.* woman); ***öffentliche*** ~ authorities, state; ***an*** ~ ***von*** with help of, (*auf der Grundlage von*) on the basis of, in the light of; ***aus bester*** ~ on good authority; ***aus erster*** ~ first-hand; ***ich hab's aus erster*** ~ I got it straight from the horse's mouth; ***aus zweiter*** ~ *kaufen etc.*: second-hand, *fig. Erlebnis*, *erleben*: vicarious(ly); ***aus der*** ~ ***geben*** part with, (*Posten etc.*) *a.* give up; ***er gibt es nicht aus der*** ~ *a.* he won't let go of it, he won't let anyone else have it (*od.* take it from him); ***aus der*** ~ ***legen*** put aside; ***bei der*** ~, ***zur*** ~ at hand, handy; ***sie hat immer e-e Antwort zur*** ~ *a.* she's always got an answer pat, she's never at a loss for words; ***mit vollen Händen*** liberally, ***sein Geld ausgeben:*** throw one's money about; ***unter der*** ~ (*nicht offiziell*) through unofficial channels, (*privat*) *kaufen etc.*: privately, (*heimlich*, *illegal*) under the counter, (*nebenbei*) on the side; ***von langer*** ~ long beforehand; ***zu Händen*** *auf Brief*: c/o (= care of), *amtlich*: att., Attention; ***zur rechten*** (***linken***) ~ on the right-hand (left-hand) side; ~ ***anlegen*** lend a hand, (*sich ins Zeug legen*) put one's shoulder to the wheel; ~ ***an sich legen*** commit suicide; ***letzte*** ~ ***an*** *et.* ***legen*** add the finishing touches to; ***j-n an der*** ~ ***haben*** have contacts with s.o.; ~ ***in*** ~ ***gehen*** walk hand in hand, *fig.* go hand in hand, go together (***mit*** with); ~ ***in*** ~ ***arbeiten*** work together, cooperate (closely); ~ ***und Fuß haben*** *Plan etc.*: make sense, hold water; ***was er macht, hat*** ~ ***und Fuß*** he doesn't do things in half measures; ***alle*** (*od.* ***beide***) ***Hände voll*** (***zu tun***) ***haben*** have one's hands full, have a lot on one's plate; ***e-e offene*** ~ ***haben*** be open-handed, be generous; ***e-e glückliche*** (*od.* ***geschickte***) ~ ***haben*** have the right touch (***mit*** for), ***mit***: *a.* know how to handle, *bei Menschen*, *Pflanzen etc.*: have a way with; ***er hat e-e leichte*** ~ a) (*a.* ***die Arbeit geht ihm flott von der*** ~) he's a fast worker, b) (*schafft alles mühelos*) things come easily to him, c) (*ist oberflächlich*) he doesn't take his time over things, he doesn't take things seriously enough; ***et. in die Hände bekommen*** get hold (*od.* control) of s.th.; ***et. in die Hände nehmen*** take charge of s.th.; ***die Sache in die Hände nehmen*** take the initiative; ***j-m aus der*** ~ ***fressen*** eat out of s.o.'s hand; *j-m* ***die*** ~ ***reichen*** *zur Ehe*: marry; ***einander die*** ~ ***geben*** *Ereignisse etc.*: follow hard on each other's heels, happen in close succession; ***die Ereignisse gaben einander die*** ~ *a.* one thing led to another; ***die beiden können einander die*** ~ ***reichen*** (*od.* ***geben***) they're two of a kind, *contp. a.* they're as bad as each other; ***j-m*** (***et.***) ***in die Hände spielen*** play (s.th.) into s.o.'s hands; ***j-m freie*** ~ ***lassen*** give s.o. a free hand; ***j-n auf Händen tragen*** wait on s.o. hand and foot; ***j-n in der*** ~ ***haben*** have s.o. in one's grip; ***j-m in die Hände fallen*** fall into s.o.'s hands; ***mit beiden Händen zugreifen*** jump at the chance; ***es ist mit beiden Händen zu greifen*** F it sticks out a mile (*od.* like a sore thumb); ***mit leeren Händen weggehen*** go away (*od.* be left) empty-handed; ***s-e*** ~ ***im Spiel haben*** have a hand in it; ***s-e*** ~ ***ins Feuer legen für*** put one's hand into the fire for; ***sich mit Händen und Füßen wehren*** fight tooth and nail; ***von der*** ~ ***in den Mund leben*** live from hand to mouth; ***von der*** ~ ***weisen*** (*verwerfen*, *abtun*) dismiss, (*leugnen*) deny; ***es ist nicht von der*** ~ ***zu weisen*** it can't be denied, there's no denying (*od.* getting away from) it, ***daß***: there's no denying (*od.* getting away from) the fact that; ***es liegt in s-r*** ~ *Entscheidung*: it's up to him; ***es liegt klar auf der*** ~ it's (so) obvious; ***e-e*** ~ ***wäscht die andere*** you scratch my back and I'll scratch yours; ***sie ist in festen Händen*** she's accounted for, F she's booked; ***sich (fest) in der*** ~ ***haben*** have everything under (firm) control, have a firm grip on o.s.; ***wir haben die Lage fest in der*** ~ we've got everything under control; ***er ist zu schnell bei der*** ~ ***mit s-r Kritik*** he's always very quick to criticize; → ***drükken*** 1, ***gebunden*** 2, ***link*** 1 *etc.*

Handapparat *m Bibliothek*: (set of) reference works *pl.*

Handarbeit *f* **1.** handicrafts *pl.*; (*Nadelarbeit*) needlework; (*Gegenstand*) *a. pl.* handiwork; **2.** (*Handanfertigung*) handmade article; ***feine*** ~ skilled handiwork; **3.** (*manuelle Arbeit*) manual work; **Handarbeiter** *m* **1.** manual worker; **2.** craftsman; **Handarbeitsunterricht** *m* needlework (classes *pl.*).

Hand|aufheben *n*: *parl.* ***durch*** ~ *abstimmen*: by a show of hands; **~auflegen** *n*, **~auflegung** *f eccl.* laying on of hands; **~ball** *m* handball; **~ballen** *m anat.* ball of the thumb; **~beil** *n* hatchet; **~besen** *m* (hand)brush; **~betrieb** *m* manual operation; hand control; ***mit*** ~ manual *set etc.*, hand-operated; **~bewegung** *f* movement (*schwungvolle*: sweep) of the hand, gesture; ***durch e-e*** ~ ***auffordern*** motion (***zu*** *inf.* to *inf.*); **~bibliothek** *f* reference library; **~bohrer** *m* ⚙ gimlet; **~bohrmaschine** *f* hand drill; **≈breit** *adj.* *a* hand's breadth; ~ ***offenstehen*** *Tür*: be ajar; **~breit(e)** *f* hand's breadth; **~bremse** *f* hand brake, *Am.* emergency (*od.* parking) brake; **~buch** *n* textbook; (*Anweisungen*) manual, handbook; **~creme** *f* handcream.

Händchen *n*: ~ ***halten*** hold hands; ***j-m*** ~ ***halten*** hold s.o.'s hand; **≈haltend** *adv.* hand in hand, holding hands.

Hände|druck *m* handshake; ***et. mit e-m*** ~ ***bekräftigen*** shake hands on s.th.; **~klatschen** *n* clapping, applause.

Handel *m* **1.** trade, commerce, *bsd. Börse*: trading (***mit*** in); (*Markt*) market; (*Geschäft*) (business) transaction, deal; (*Tausch≈*) barter; ~ ***und Gewerbe*** trade and industry; ***im*** ~ on the market; ***im*** ~ ***sein*** *a.* be available; ***nicht mehr im*** ~ off the market, no longer available; ***in den*** ~ ***bringen*** (***kommen***) put on (come onto) the market; ~ ***treiben*** trade, ***mit et.***: deal in s.th., ***mit j-m***: do business with s.o.; **2.** (*Sache, Vorfall*) affair, business.

Händel *pl.*: ***in*** ~ ***geraten mit*** start squabbling (*od.* arguing) with, *handgreiflich*: get involved in a scuffle with.

handeln I. *v/i.* **1.** act; (*in Aktion treten*) take action; (*verfahren*) proceed; (*sich verhalten*) behave; **2.** † trade (***mit*** with *s.o.*; in *goods*), deal (in *goods*); (*feilschen*) bargain (***um*** for *goods*, over *a price*), *contp.* haggle (over); ***mit sich*** ~ ***lassen*** be open to offers, *fig.* be prepared to discuss things, be open to persuasion; **3.** *fig.* ~ ***von*** be about, *sachlich*: *a.* deal with; **II.** *v/t.*: ***an der Börse gehandelt werden*** be traded (*od.* listed) on the stock exchange; **III.** *v/impers.*: ***es handelt sich um*** it's a question (*od.* matter) of, it concerns; ***es handelt sich um folgendes*** the thing (*od.* situation *etc.*) is (this); ***es handelt sich darum, ob*** *etc.* the question is whether *etc.*; ***gerade darum handelt es sich ja*** that's (just) the point; ***wenn es sich darum handelt zu helfen*** *etc.* when it comes to helping *etc.*; ***worum handelt es sich?*** a) what's it about?, b) what's the problem?; **IV.** ≈ *n* action.

Handels|abkommen *n* trade agreement; **~attaché** *m* commercial attaché; **~bank** *f* commercial (*od.* merchant) bank; **~bericht** *m* trade (*od.* market) report; **~beschränkungen** *pl.* trade restrictions; **~betrieb** *m* commercial enterprise, business; **~bezeichnung** *f* trade name; **~beziehungen** *pl.* trade relations; **~bilanz** *f* balance of trade; **~blatt** *n* trade journal; **~bücher** *pl.* account books; **~defizit** *n* trade deficit; **~delegation** *f* trade delegation; **~einheit** *f Börse*: unit of trading.

handelseinig, handelseins *adj.*: ~ ***werden*** come to (*od.* reach) an agreement (***mit*** with).

Handelsembargo *n* trade embargo.

handelsfähig *adj.* negotiable.

Handels|flagge *f* merchant flag; **~flotte** *f* merchant fleet; **~freiheit** *f* freedom of trade, *weitS.* free trade.

handelsgängig *adj.* marketable.

Handels|geist *m* commercialism; **~gericht** *n* commercial court; **~gesellschaft** *f* (trading) company, *Am.* (business) corporation; **~gewerbe** *n* trade, business; **~gewicht** *n* avoirdupois; **~hafen** *m* commercial port; **~hochschule** *f* commercial college, *Am.* business school; **~kammer** *f* chamber of commerce; **~kapital** *n* trading capital; **~kette** *f* chain (of stores); **~klasse** *f* grade; **~korrespondent** *m* commercial correspondent; **~korrespondenz** *f* commercial correspondence; **~kredit** *m* business loan; **~krieg** *m* trade war(fare); **~luftfahrt** *f* commercial aviation; **~macht** *f* trading nation; **~marine** *f* merchant navy; **~marke** *f* trademark; **~metropole** *f* commercial capital, cent|re (*Am.* -er) of commerce; **~minister** *m* minister (*Am.* secretary) of commerce; *in GB*: Secretary of State for Trade and Industry; *in den USA*: Secretary of Commerce; **~ministerium** *n* department of commerce; *in GB*: Department of Trade and Industry; *in den USA*: Department of Commerce; **~monopol** *n* trade monopoly; **~name** *m* trade name; **~nation** *f* trading nation; **~niederlassung** *f* **1.** business establishment; **2.** ⚖ registered seat; **3.** (*Zweigstelle*) branch; **~partner** *m* trading partner; **~platz** *m* trading cent|re (*Am.* -er).

Handelspolitik *f* commercial policy; **handelspolitisch** *adj.* trade ...

Handelsrecht *n* commercial law; **handelsrechtlich I.** *adj.* in accordance with (*od.* relating to) commercial law; **II.** *adv.* under (*od.* according to) commercial law.

Handels|register *n* commercial (*od.* trade) register; ***ins*** ~ ***eintragen*** register *a firm*; **~reisende(r)** *m* → ***Handlungsreisende(r)***; **~schiff** *n* merchant ship, trading vessel; **~schiffahrt** *f* (*getr.* ***ff-f***) merchant shipping; **~schule** *f* commercial (*od.* business) school; **~spanne** *f* profit margin, markup; **~sperre** *f* embargo; **~stadt** *f* commercial cent|re (*Am.* -er); **~straße** *f* trade route; **~stützpunkt** *m* trading base; **~teil** *m e-r Zeitung*: financial pages *pl.* (*od.* section); **~überschuß** *m* trade surplus.

handelsüblich *adj.* usual in the trade; commercial; **~e** ***Qualität*** commercial quality; **~e** ***Bezeichnung*** trade name; **~e** ***Verpackung*** standard packaging.

Handels|unternehmen *n* commercial enterprise; **~verbindung** *f* **1.** trade route; **2.** **~en** trade relations; **~verkehr** *m* trading; commerce; **~vertrag** *m* trade agreement; **~vertreter** *m* travel(l)ing salesman; **~vertretung** *f* commercial agency; *pol.* trade mission; **~volk** *n* trading nation, nation of traders; **~ware** *f* commodity; *pl.* merchandise *sg.*; **~wechsel** *m* trade bill; **~weg** *m* trade route; **~wert** *m* market value; **~zentrum** *n* commercial cent|re (*Am.* -er); **~zweig** *m* line of business.

handeltreibend *adj.* trading.

hände|ringend *adv.* (*flehentlich*) imploringly; (*verzweifelt*) despairingly; ***j-n*** ~ ***anflehen*** implore s.o.; **≈schütteln** *n* shaking of hands, handshake; **≈trockner** *m* drier.

Hand|exemplar *n* personal copy; **~feger** *m* (hand)brush; **~fertigkeit** *f* manual skill, dexterity; **≈fest** *adj.* sturdy, strong; *fig.* (*greifbar*) tangible, concrete; hard *evidence etc.*; *Drohung*: serious; *Skandal, Konflikt etc.*: full-blown; **~e** ***Mahlzeit*** good, square meal; **~e** ***Lüge*** out and out lie; **~feuerlöscher** *m* fire extinguisher; **~feuerwaffe** *f* portable firearm; *pl. mst* small arms; **~fläche** *f* palm (of one's hand); **≈gearbeitet** *adj.* handmade; **~gebrauch** *m*: ***zum*** ~ for everyday use; **≈gefertigt** *adj.* handmade; **≈geknüpft** *adj.* handwoven; **~geld** *n* **1.** † earnest money; **2.** *Sport*: signing-on fee; **~gelenk** *n* wrist; F *fig.* ***aus dem*** ~ off the cuff, (*leicht*) just like that; ***ich kann keine Rede so einfach aus dem*** ~ ***schütteln*** I can't come up with a speech just like that; **≈gemacht** *adj.* handmade; **≈gemalt** *adj.* handpainted; **≈gemein** *adj.*: ~ ***werden*** come to blows (***mit j-m*** with s.o.); **~gemenge** *n* brawl, scuffle; ***es kam zu e-m*** ~ scuffling (*od.* scuffles) broke out; **≈genäht** *adj.* hand-sewn; **~gepäck** *n* hand luggage (*Am.* baggage), carry-on luggage (*Am.* baggage); **≈gerecht** *adj.* handy; (*praktisch*) *a.* practical; **≈geschnitzt** *adj.* hand-carved; **≈geschrieben** *adj.* handwritten; **≈gestickt** *adj.* hand-embroidered; **≈gestrickt** *adj.* hand-knitted; F *fig.* homemade; **≈gewebt, ≈gewirkt** *adj.* hand-woven; **~granate** *f* hand grenade.

handgreiflich I. *adj. Auseinandersetzungen etc.*: violent *clashes, dispute*; *fig.* palpable; (*offensichtlich*) evident, manifest; **~e** ***Lüge*** out and out (*od.* blatant) lie; ~ ***werden*** a) turn (*od.* get) violent, lash out, F get rough, *mehrere*: *a.* come to blows, b) F *sexuell*: F start pawing; **II.** *adv.*: ***j-m et.*** ~ ***vor Augen führen*** show s.o. s.th. quite plainly.

Handgriff *m* **1.** grip, handle; **2.** (*Art des Zugreifens*) movement, manipulation; **~e** *im Haushalt etc.*: mechanical jobs; ***mit e-m*** ~ with a flick of the wrist, (*schnell*) in no time, just like that; ***er tut keinen*** ~ he doesn't lift a finger.

handgroß *adj. nachgestellt*: the size of a hand.

Handhabe *f* grounds *pl.* (**um et. zu tun** for doing s.th.); (*Beweise*) proof, evidence; ***gesetzliche*** ~ legal grounds; ***e-e gesetzliche*** ~ ***haben gegen*** have a case against *s.o.*; ***keinerlei*** ~ ***gegen j-n haben*** F have nothing on s.o.; ***er hat keinerlei*** ~ he hasn't got a leg to stand on.

handhaben *v/t.* **1.** (*Werkzeug etc.*) use, go about with; (*Maschine*) operate; **2.** *fig.* handle, deal with; (*anwenden*) apply; ***das wurde immer so gehandhabt*** it's always been done like that; **Handhabung** *f* use; operation; *fig.* handling.

Handikap *n* handicap; (*Nachteil*) *a.* drawback.

Hand|kante *f* side of the hand; ***Schlag mit der*** ~ chop; **~karren** *m* handcart; **~koffer** *m* small suitcase; **~kuß** *m*: ***j-m e-n*** ~ ***geben*** kiss s.o.'s hand; *fig.* ***er hat es mit*** ~ ***angenommen*** he was only too glad to have (*od.* accept) it.

Handlanger *m* odd-job man; *contp.* dogsbody; (*Komplize*) accomplice; *pol. etc.* henchman, F stooge; F ***den*** ~ ***machen*** F do the donkey (*od.* dirty) work, ***für j-n***: act as s.o.'s servant; **~dienste** *pl.* donkey (*od.* dirty) work *sg.*; ***j-m*** ~ ***leisten*** fetch and carry for s.o., *bei Verbrechen etc.*: do the dirty work (for s.o.).

Händler *m* trader, merchant; (*Einzel*2) retailer, dealer; (*Laden*2) shopkeeper; ***wenden Sie sich an Ihren*** ~ ask at your local dealer's; **~preis** *m* trade price; **~rabatt** *m* trade discount.

Handlesekunst *f* palmistry; **Handleser(in** *f*) *m* palmist.

Handleuchte *f* (portable) lamp.

handlich *adj.* handy; convenient; (*praktisch*) *a.* practical; (*kompakt*) compact; *Auto etc.*: easy to handle.

Handlung *f* **1.** (*Tat*) act, action; **2.** *e-s Romans etc.*: action, story, *im Grundriß*: plot (*a. thea.*); ***Ort der*** ~ scene (of action); ***Ort der*** ~ ***ist ...*** the scene (*od.* story *etc.*) is set in ..., the action (*od.* story *etc.*) takes place in ...; **3.** (*Geschäft*) *in Zssgn* business, shop, *bsd. Am.* store.

Handlungs|ablauf *m* sequence (*od.* course) of events; *thea. etc.* plot; **2arm** *adj.*: ***ein ~er Roman*** *etc.* a novel *etc.* without much action (*od.* much of a plot); **~bedarf** *m*: ***es besteht kein (dringender)*** ~ there's no (urgent) call for action; **~bevollmächtigte(r)** *m* (authorized) agent, proxy.

handlungsfähig *adj.* ⚖ capable of acting; *weitS. Regierung etc.*: working; functioning; **Handlungsfähigkeit** *f* ⚖ legal capacity; *weitS.* capacity to act.

Handlungs|freiheit *f* freedom of action; ***j-m*** ~ ***geben*** *a.* give s.o. a free hand; **~kette** *f* chain of events; **2reich** *adj. Geschichte etc.*: full of action, action-packed; ***es ist e-e ~e Geschichte*** *etc. a.* there's plenty of action in the story *etc.*; **~reisende(r)** *m* travel(l)ing salesman; **~schema** *n* plot; **~spielraum** *m* room for manoeuvre (*Am.* maneuver); **~strang** *m* strand (of the plot).

handlungsunfähig *adj.* ⚖ incapable of acting; *weitS. Regierung etc.*: immobilized; **Handlungsunfähigkeit** *f* ⚖ legal incapacity; *weitS.* immobilization.

Handlungs|verlauf *m* sequence (*od.* course) of events; *thea. etc.* plot; **~vollmacht** *f* limited authority to act and sign; **~weise** *f* (*Verhalten*) behavio(u)r, conduct; (*Verfahren*) procedure; (*Methoden*) methods *pl.*

Hand|mikrophon *n* hand microphone; **~mühle** *f* hand mill.

Handout *n* handout.

Hand|pflege *f* hand care, care of the hands; manicure; **~presse** *f* hand press; **~pumpe** *f* hand pump; **~puppe** *f* (hand) puppet; **~reichung** *f a. pl.* help; (*Empfehlung*) tip, suggestion; ***~en tun*** help out; **~rücken** *m* back of the (*od.* one's) hand; **~säge** *f* hand saw.

handsam *adj.* (*umgänglich*) amenable.

Hand|satz *m typ.* hand composition; **~schelle** *f* handcuff; ***j-m ~n anlegen*** handcuff s.o.; **~schlag** *m* handshake; ***durch*** ~ ***bekräftigen*** shake hands on; **~schreiben** *n* handwritten letter.

Handschrift *f* **1.** handwriting, hand; ***e-e gute*** ~ good (*od.* nice) handwriting, a nice hand; *fig.* ***es trägt s-e*** ~ it carries his trademark; **2.** (*Manuskript*) manuscript.

Handschriften|abteilung *f* manuscript section (*od.* department); **~deutung** *f* graphology; **~kunde** *f* pal(a)eography; **~probe** *f* specimen of s.o.'s handwriting.

handschriftlich I. *adj.* **1.** handwritten; **2.** manuscript ...; **II.** *adv.* in writing.

Handschuh *m* glove; (*Faust*2) *a.* mitten; *fig.* ***j-m den*** ~ ***hinwerfen*** throw down the gauntlet to s.o.; ***den*** ~ ***aufheben*** take up the gauntlet; **~fach** *n* glove compartment; **~nummer** *f* glove size.

Hand|setzer *m typ.* (hand) compositor; **2signiert** *adj.* autographed, signed (*Gemälde etc.*: by the artist); **~skizze** *f* rough sketch; **~spiegel** *m* hand mirror; **~spiel** *n Fußball*: hand ball, hands; **~stand** *m* handstand; ***e-n*** ~ ***machen*** do a handstand; **~steuerung** *f* ⚙ manual control; **~stickerei** *f* hand embroidery; **~streich** *m* surprise attack; (*Staatsstreich*) coup; ***im*** ~ ***nehmen*** take in a surprise attack; ***durch*** ~ ***stürzen*** overthrow by coup; ***durch*** ~ ***an die Macht kommen*** come to power in a coup; **~tasche** *f* handbag, *Am. a.* purse; **~teller** *m* palm (of one's hand).

Handtuch *n* towel; ***das*** ~ ***werfen*** *Boxen u. fig.*: throw in the towel; **~automat** *m* towel dispenser; **~halter** *m*, **~ständer** *m* towel rack.

Hand|umdrehen *n*: ***im*** ~ in no time; **2verlesen** *adj.* handpicked (*a. fig.*); **~voll** *f* handful (*a. fig.*); **~waffe** *f* → ***Handfeuerwaffe***; **~wagen** *m* handcart; **2warm** *adj.* lukewarm; **~waschbecken** *n* hand basin; **~wäsche** *f* hand wash(ing).

Handwerk *n* craft, trade; ***das*** ~ (*Berufsstand, a. coll.*) the craft, the trade; ***ein*** ~ ***lernen*** learn a trade; ***sein*** ~ ***verstehen*** *a. fig.* know one's business (F stuff); *fig.* ***j-m das*** ~ ***legen*** throw a spanner (*Am.* monkey wrench) into the works, put a stop to s.o.('s game); ***j-m ins*** ~ ***pfuschen*** meddle in s.o. else's affairs; ***ich möchte Ihnen nicht ins*** ~ ***pfuschen*** I wouldn't like to tread on your toes; **Handwerker** *m* **1.** workman; ***morgen kommen die*** ~ *a.* we're having (the) workmen in tomorrow; **2.** *künstlerischer*: craftsman; **handwerklich** *adj.* (handi)craft ...; ***~er Beruf*** skilled trade; ***~e Fähigkeiten*** craft skills.

Handwerks|geselle *m* journeyman; **~kammer** *f* chamber of handicrafts; **~kasten** *m* tool box; **~meister** *m* master craftsman; **~zeug** *n* tools *pl.*; *fig.* tools *pl.* of the trade, stock-in-trade.

Handwörterbuch *n* concise dictionary.

Handwurzel *f* wrist, 🕮 carpus; **~knochen** *m* wristbone, 🕮 carpal bone.

Handy *n* mobile phone.

Hand|zeichen *n* (*Signal*) sign; *parl.* show of hands; *e-s Analphabeten*: cross; **~zeichnung** *f* sketch; **~zettel** *m* leaflet.

hanebüchen *adj.* incredible.

Hanf *m* hemp.

Hänfling *m zo.* linnet.

Hanf|öl *n* hempseed oil; **~samen** *m* hempseed; **~seil** *n* hemp rope.

Hang *m* **1.** slope (*a. Ski*2); **2.** *Turnen*: hang; **3.** *fig.* (natural) inclination (**zu** to *stoutness etc.*, to *do*); bent (for *language etc.*, for *doing*); tendency (towards *s.th.*, *doing*, to *do*); propensity (to *do*, for *doing*, to *s.th.*), penchant (for *s.th.*); (*Vorliebe*) partiality (for *s.th.*), (*a. Zuneigung*) fondness (for, of *s.th.*); (*Anfälligkeit*) proneness (to *s.th.*).

Hangar *m* ✈ hangar.

Hänge|arsch V *m* **1.** drooping buttocks *pl.*; **2.** (*Hose*) F droopy drawers *pl.*; **~backen** *pl.* flabby cheeks; **~bahn** *f* suspension railway; **~bauch** *m* paunch, pot belly, flabby stomach; **~brücke** *f* suspension bridge; **~brust** *f*, **~busen** *m* sagging breasts *pl.*; **~lager** *n* ⚙ hanging bearing; **~lampe** *f* hanging lamp.

hangeln *v/i.* work one's way along *s.th.* (with one's hands).

Hängematte *f* hammock.

Hangen *n*: ***mit*** ~ ***und Bangen*** in anxious anticipation; (*knapp*) barely; ***mit*** ~ ***und Bangen bestehen*** scrape through.

hängen I. *v/i.* hang (**an** on; **von** from), be suspended (from); (*haften*) cling, stick (**an** to), ⚙ catch, stick; (*festsitzen*) be caught; △ (*durch*~) sag; (*schief stehen etc.*) slope; F *fig.* (*nicht weiterkommen*) be stuck; ***es hängt schief (zu tief*** *etc.*) it's not straight (it's too low *etc.*); ***voller Früchte*** ~ *Baum*: be laden with fruit; ***voller Bilder*** ~ *Wand*: be covered in paintings, *Haus*: be full of paintings; *fig.* ~ ***an*** (*e-m Brauch, am Leben etc.*) cling to, (*j-m*) be very attached (*stärker*: devoted) to, (*abhängen von*) depend on; ***die ganze Arbeit hängt an mir*** a) I'm responsible for all the work, b) F I've been lumbered with all the work; F ***er hängt dauernd am Telefon*** he's on the phone all day, he's never off the phone; F ***er hängt dauernd vor dem Fernseher*** he can't take his eyes off the TV, F he's glued to the TV most of the time; → *a.* ***Faden, Lippe***; ~ ***über*** *Schicksal etc.*: hang over; F *ped.* ***sie hängt in Latein*** she's not very good at Latin, Latin's her weak subject; ***woran hängt's?*** what's the problem?; ~ ***lassen*** → ***Flügel, Kopf*** 5; → ***hängenlassen***; **II.** *v/t.* hang (**an** [up] on *the wall*, from *the ceiling*), suspend (from); (*befestigen*) fix, fasten, attach (**an** to); (*anhaken*) hook on(to); (*hinrichten*) hang; ***gehängt werden*** be hanged; *fig.* ***sich an j-n*** ~ cling to s.o., *Laufsport*: drop in behind s.o.; ***sein Herz an et.*** ~ set one's heart on s.th.; → ***Glocke, Mantel, Nagel***; **III.** 2 *n*: F ***mit*** ~ ***und Würgen*** only just, ***et. schaffen***: only just manage (s.th.), ***die Prüfung bestehen***: scrape through (the exam); **~bleiben** *v/i.* get (*od.* be) caught (**an** on), catch (on, in); get (*od.* be) stuck (**in** in); ⚙ jam, stick; *fig.* stick (**im Gedächtnis** in one's mind); (*aufgehalten werden*) be held up; *Sport*: be stopped (**an** by); **~ in** (**bei**) (*landen*) end up in (at); **~ an** *e-m Detail etc.*: get stuck on; **an mir bleibt alles hängen** F I get lumbered with everything, I end up having to do everything; **von dem Vortrag ist bei mir nicht viel hängengeblieben** I can't remember much of (what was said in) the talk; **~lassen I.** *v/t.* (*Wäsche*) leave on the line; (*vergessen*) leave (hanging); F *fig.* **j-n ~** (*im Stich lassen*) leave s.o. in the lurch; **II.** *v/refl.*: **sich ~** (*sich gehenlassen*) let o.s. go.

Hänge|ohren *pl.* drooping (*od.* floppy) ears; **~partie** *f Schach*: adjourned game; **~pflanze** *f* hanging plant.

Hänger *m* (*Kleid*) loose dress; smock; (*Mantel*) loose coat.

Hänge|reck *n* trapeze; **~schloß** *n* padlock; **~schrank** *m* wall cupboard; **~weide** *f* weeping willow.

Hanglage *f* hillside location.

Hansa *f* → **Hanse.**

Hänschen *n*: **was ~ nicht lernt, lernt Hans nimmermehr** you can't teach an old dog new tricks.

Hansdampf F *m*: **er ist ein richtiger ~ in allen Gassen** he's a jack-of-all-trades, *weitS.* he's got his finger in every pie.

Hanse *f hist.* Hansa, Hanseatic League; **hanseatisch** *adj.* Hanseatic.

Hänselei *f* teasing; **hänseln** *v/t.* tease.

Hansestadt *f* Hansa (*od.* Hanseatic) city; **~ Hamburg** the Hanseatic city of Hamburg.

Hanswurst *m* clown; *thea.* pantaloon; F fool, idiot, buffoon; **den ~ machen für** do the donkey work for.

Hantel *f* dumbbell.

hantieren *v/i.* bustle around (*od.* about); *gemütlich*: potter around (*od.* about); **~ mit** work with, handle, F (*Werkzeug etc.*) *gefährlich*: wield; **~ an** work on, *contp.* fiddle with, mess around with.

hapern F *v/impers.*: **es hapert mit** (*od.* **bei**) there are problems with; **es hapert an ...** the problem is ..., *a.* there isn't (*od.* aren't) enough ...; **woran hapert's?** what's the problem?; **bei uns hapert's am Geld** the problem (with us) is money; **im Englischen hapert's bei ihm** English is his weak point.

Häppchen *n* titbit, *Am.* tidbit; small snack; (*Bissen*) gobbet, *kleines*: morsel.

Happen *m* bite (to eat); → **Häppchen**; *fig.* (*Beute*) catch; **großer ~** hunk; **e-n ~ essen** have a bite to eat; *fig.* **fetter ~** good catch (*od.* haul).

Happening *n* (art) happening.

happig F *adj. Preis, Ansprüche etc.*: F steep; (*schwierig*) F stiff; **das ist ganz schön ~** *a.* F that's a bit much.

happy F *adj.* (as) pleased as Punch, F over the moon, high; **Happy-End** *n* happy end(ing).

Harakiri *n*: (**~ machen** commit) harakiri.

Härchen *n* little (*od.* tiny) hair; *biol.* cilium; → *a.* **Haar.**

Hardware *f Computer*: hardware.

Harem *m* harem; **Haremsdame** *f* member of a (*od.* the) harem.

hären *adj.* (made of) hair; **~es Gewand** hairshirt.

Häresie *f* heresy; **Häretiker** *m* heretic; **häretisch** *adj.* heretical.

Harfe *f* harp; **Harfenist(in** *f*) *m*, **Harfenspieler(in** *f*) *m* harpist.

Harke *f* rake; *fig.* **j-m zeigen, was e-e ~ ist** tell s.o. what's what; **harken** *v/t.* rake.

Harlekin *m* harlequin.

Harm *m* (*Kummer*) grief, sorrow; (*Kränkung*) injury.

härmen *v/refl.* → **grämen.**

harmlos I. *adj.* harmless; (*unschädlich*) *a.* innocuous; *Medizin etc.*: *a.* (perfectly) safe; *Prüfung etc.*: easy; (*unbedeutend*) insignificant; *Miene*: innocent, *Vergnügen etc.*: *a.* harmless; (*ohne Bosheit*) guileless; **er ist ein ~er Typ** he's harmless, you needn't worry about him; **der Film ist eher ~** it's a harmless sort of film; **das ist ja noch ~!** that's nothing; **II.** *adv.*: **~ verlaufen** *Krankheit etc.*: not to be very dangerous (*od.* serious); **ganz ~ fragen** ask in all innocence.

Harmonie *f* harmony (*a. fig.*); **~lehre** *f* harmony.

harmonieren *v/i.* **1.** ♪ harmonize (**mit** with); **2.** go (well) together; *Personen*: get on well (together); *Paar*: *a.* make a good couple.

Harmonika *f* ♪ accordion; *kleinere*: concertina; (*Mund≈*) mouthorgan, harmonica; **er spielt ~** he plays the accordion *etc.*

harmonisch I. *adj.* ♪ harmonic (*a.* 𝒜), *a. fig.* harmonious; *Wein*: well-balanced, harmonious; **~e Schwingungen** harmonics; **II.** *adv.*: (**vollkommen**) **~** *zusammenleben etc.*: in (perfect) harmony; **~ ablaufen** go (off) smoothly (*od.* without a hitch).

harmonisieren *v/t.* harmonize.

Harmonium *n* ♪ harmonium.

Harn *m* urine, F water; **~ lassen** pass water; **~analyse** *f* urinalysis; **~blase** *f* bladder; **~drang** *m* urge to pass water; **~gang** *m* ureter; **~grieß** *m* gravel.

Harnisch *m* (suit of) armo(u)r; *fig.* **j-n in ~ bringen** infuriate s.o., raise s.o.'s hackles; **in ~ geraten** get (really) furious.

Harn|leiter *m* ureter; **~probe** *f* urine sample; **~röhre** *f* urethra; **~säure** *f* uric acid; **~stein** *m* urinary calculus; **~stoff** *m* urea; **≈treibend** *adj.* (*a.* **~es Mittel**) diuretic; **~untersuchung** *f* urinalysis; **~wege** *pl.* urinary tract *sg.*; **~zwang** *m* strangury.

Harpune *f* harpoon; **harpunieren** *v/t.* harpoon.

harren *v/i.* wait (*gen. od.* **auf** for), (*hoffen*) hope (for); **~** *gen.* (*od.* **auf**) *a.* await; **der Dinge ~, die da kommen sollen** wait and see what happens, await events.

harsch *adj.* **1.** *Schnee*: crusted; **2.** *Stimme, Art etc.*: harsh; **Harsch(schnee)** *m* crusted snow.

hart I. *adj.* **1.** hard; (*fest*) firm, solid; *Brot*: stale; *Ei*: hard-boiled; *fig.* hard; (*zäh*) tough; (*abgehärtet*) hardened; (*streng*) hard, severe, F tough; (*schwierig*) hard, F tough; *Licht, Ton, Stimme, Aussprache etc.*: harsh; **~e Droge** hard drug; F **die ~en Sachen** (*Alkohol*) F the hard stuff; **~es Geld** hard cash; **~e Währung** hard currency; **~es Los** hard lot; **~er Schlag** (**Verlust**) heavy blow (loss); **~es Spiel** *Sport*: tough game; **~e Strafe** severe (*od.* harsh) punishment; **~e Tatsachen** hard facts; **~er Winter** hard (*od.* severe) winter; **~e Worte** harsh words; **~e Zeiten** hard times; **~ machen** (*od.* **werden**) harden; **j-n ~ machen** F toughen s.o. up; **er blieb ~** he was adamant, he wouldn't relent; **durch e-e ~e Schule gegangen sein** have learnt it the hard way; **e-n ~en Stand haben** have no easy time of it; **mit** (*od.* **zu**) **j-m ~ sein** be hard on s.o.; F **das ist ganz schön ~** F it's tough (going); **II.** *adv.* **2.** hard; **~ arbeiten** work hard; **~ bestrafen** punish *s.o.* hard (*od.* severely); **j-n ~ anfassen** be firm (F tough) with s.o.; **es kommt ihn ~ an** it's hard on him, he's finding it hard; **j-n ~ treffen** hit s.o. hard; **~ aneinandergeraten** come to blows, F go at each other hammer and tongs; **~ aufsetzen** ✈ *etc.* land with a bump; **es ging ~ auf ~** it was a pitched battle, *bei Verhandlungen*: *a.* both sides were driving a hard bargain; **es kommt ~ auf ~** it's one problem after another; **3. ~ an** (*dicht, nah an*) hard by, close to; **~ vorbeistreifen an** graze; **~ am Wind segeln** sail close to the wind.

Härte *f* hardness; *des Stahls*: *a.* temper; *fig.* (*Zähigkeit; Brutalität, Aggressivität*) toughness; *Sport*: tough play; (*Strenge*) severity; (*Stabilität*) stability; (*Unbill*) hardship; *phot.* contrast; *der Aussprache, des Tons etc.*: harshness; **soziale ~** social hardship; ⚖ **unbillige ~** undue hardship; **mit aller ~** extremely hard, (*verbissen*) fiercely, (*erbarmungslos*) relentlessly, (*drastisch*) drastically; **es traf sie in s-r ganzen ~** it hit her with all its force; **~ausgleich** *m* hardship allowance; **~bad** *n* ⚙ hard-treating (*metall.* tempering) bath; **~fall** *m* case of hardship; (*Person*) hardship case; **~fonds** *m* hardship fund; **~grad** *m* degree of hardness; *von Stahl*: temper; **~klausel** *f* ⚖ hardship clause; **~mittel** *n* hardening agent, hardener.

härten I. *v/t.* harden; (*Stahl*) temper; **II.** *v/i.* harden, grow hard.

Härte|ofen *m* ⚙ hard-treating (*metall.* tempering) furnace; **~posten** *m* hardship post; **~skala** *f* scale of hardness.

Hartfaserplatte *f* hardboard, *Am.* fiberboard.

Hart|futter *n* grain fodder; **≈gefroren** *adj.* frozen; *pred. a.* frozen solid (*od.* hard); **≈gekocht** *adj.* hard-boiled; **~geld** *n* hard cash, coins *pl.*; **≈gelötet** *adj.* ⚙ hard-soldered; **≈gesotten** *fig. adj.* hard-boiled; *Verbrecher etc.*: hardened; **~glas** *n* hard(ened) glass; **~gummi** *n, m* hard rubber; ✝ vulcanite.

hartherzig *adj.* hard-hearted, unfeeling, callous; **Hartherzigkeit** *f* hard-heartedness, callousness.

Hart|holz *n* hardwood; (*Schichtholz*) laminated wood; **~käse** *m* hard cheese; **≈löten** *v/t. u. v/i.* ⚙ hard-solder; **~metall** *n* hard metal; ⚙ cutting metal.

hartnäckig *adj.* stubborn (*a. Krankheit*); (*beharrlich*) persistent, *Versuch etc.*: *a.* dogged; *Problem etc.*: intractable; **Hartnäckigkeit** *f* stubbornness; persistence, doggedness; intractability; → **hartnäkkig.**

Hartplatz *m Tennis*: hard court.

Härtung *f* hardening, *Stahl*: *a.* tempering; **Härtungsmittel** *n* hardening agent.

Hartweizen *m* durum wheat; **~grieß** *m* semolina.

Hartwurst *f* dry sausage.

Harz *n* resin; *in festem Zustand*: (*a.* ♪ *Bo-*

*gen*2) rosin; *mot.* (*Benzinrückstand*) gum; **harzig** *adj.* resinous.

Harz|lack *m* resin varnish; **~säure** *f* resin acid.

Hasardeur *m* gambler (*a. fig.*); **hasardieren** *v/i.* gamble, take a risk (*od.* risks); **Hasardspiel** *n* game of chance; *fig.* gamble.

Hasch F *n* F hash, pot.

Haschee *n* hash.

haschen[1] **I.** *v/t.* catch; ***sich ~*** *Spiel*: play catch; **II.** *v/i.*: ***~ nach*** grasp at, try to catch; *fig.* strive after; *fig.* ***nach Anerkennung*** (***Komplimenten***) ***~*** strive for recognition (fish for compliments).

haschen[2] F *v/i.* (*Haschisch rauchen*) F smoke pot.

Häschen *n* young hare, leveret; F bunny.

Häscher *contp. m* bloodhound.

Hascherl *dial. n*: ***armes ~*** poor little thing (*od.* mite).

Haschisch *n* hashish, cannabis; **~zigarette** *f* joint.

Hase *m* hare; (*Kaninchen*) rabbit; F (*Tempomacher*) F rabbit; ***junger ~*** leveret; ***männlicher ~*** buck (hare); *gastr.* ***falscher ~*** meat loaf; F *fig.* ***alter ~*** old hand; F ***sehen, wie der ~ läuft*** see how things develop; F ***da liegt der ~ im Pfeffer*** that's the real problem; F ***mein Name ist ~(, ich weiß von nichts!)*** F search me.

Hasel|busch *m* hazelnut (tree), hazel; **~maus** *f* dormouse.

Haselnuß *f* **1.** hazelnut; **2.** → ***Haselstrauch***; **2braun** *adj.* hazel; **2groß** *adj. nachgestellt*: the size of a hazelnut.

Haselstrauch *m* hazelnut (tree), hazel.

Hasen|braten *m* roast hare; **~fuß** *fig. m* coward; **~jagd** *f* hare hunt(ing); **~klein** *n*, **~pfeffer** *m gastr. etwa* jugged hare, *Am.* hasenpfeffer; **2rein** F *adj.*: ***nicht ganz ~*** F a bit fishy, not quite kosher; **~rücken** *m gastr.* saddle of hare; **~scharte** *f* ⚕ hare lip.

Häsin *f* female hare, doe.

Haspe *f* hasp.

Haspel *f* (*Garn*2) reel; (*Winde*) windlass, winch; ⚓ capstan; **haspeln I.** *v/t.* **1.** reel; **2.** (*hastig sprechen*) splutter (out); **II.** *v/i.* (*hastig sprechen*) splutter.

Haß *m* hatred, hate (***auf, gegen*** for); (*Erbitterung*) animosity; (*Abscheu*) loathing; (*Feindschaft*) enmity; ***aus ~*** out of hatred; ***e-n ~ haben auf*** really hate; F ***e-n ~ kriegen*** see red, F go wild; **~briefe** *pl.* hatemail *sg.*

hassen *v/t.* hate; (*verabscheuen*) *a.* loathe, detest; → ***Pest***; **hassenswert** *adj.* hateful, *stärker*: odious.

haß|erfüllt I. *adj.* full of hatred, *Person*: *a.* seething with hatred; **II.** *adv.*: ***j-n ~ anblicken*** give s.o. a look of hatred, look daggers at s.o.; **2gefühle** *pl.* feelings of hatred, ranco(u)r *sg.*; **2gesang** *m* litany of hate.

häßlich I. *adj.* ugly; (*scheußlich*) hideous; (*unschön*) unsightly; *fig. Person, Handlung, Wetter etc.*: nasty; (*unangenehm*) ugly, unpleasant; ***~er Anblick*** ugly sight, (real) eyesore; **II.** *adv.*: ***sich ~ benehmen*** be nasty, behave nastily; ***~ über j-n reden*** say nasty things about s.o.

Haß|liebe *f* love-hate relationship (***für j-n*** with s.o.); ***mit e-r Art ~ an j-m hängen*** have a (kind of) love-hate relationship with s.o.; **~objekt** *n* object of hate; F ***bevorzugtes ~*** pet hate; **~tirade** *f* vitriolic attack.

Hast *f* hurry(ing); *des Lebens*: mad rush; ***ohne ~*** without hurrying (*od.* rushing); ***sich ohne ~ fertigmachen*** *a.* take one's time getting ready; ***in großer ~*** in a great hurry, *lit.* in great haste; ***nur keine ~!*** no need to rush; **hasten** *v/i.* hurry; (*rennen*) *a.* rush, race; **hastig I.** *adj.* hurried, rushed; (*voreilig*) rash; (*schlampig*) slapdash; **II.** *adv.* quickly, in a hurry; ***nicht so ~!*** just a minute!; (***noch***) ***~ et. aufschreiben*** jot s.th. down quickly.

Hätschelkind *n* pampered child, *a.* Mummy's boy (*od.* girl); **hätscheln** *v/t.* pamper, mollycoddle, spoil; (*liebkosen*) (kiss and) cuddle, (*Tier*) pet; ***sie hätschelt das Kind*** (***den Hund***) ***dauernd*** *a.* she smothers that child (dog), she's all over that child (dog).

hatschen *dial. v/i.* shuffle along; (*hinken*) limp.

Hatscher *dial. m* **1.** worn-down shoe; **2.** long tiring walk.

hatschi, hatzi *int.* achoo!, atishoo!

Hatz *f* hunt, chase.

Haube *f* **1.** bonnet; (*Kapuze*) hood; *hist.* coif; (*Sturm*2) helmet; *eccl.* (*Schwestern*2) cornet; *fig.* ***unter die ~ bringen*** find a husband for, get *one's daughter etc.* married; ***unter die ~ kommen*** get married, *gezwungenermaßen*: be married off; **2.** *mot.* bonnet, *Am.* hood; ✈ cowling; **3.** ⚙ cover, cap, dome; *am Plattenspieler*: dust cover; **4.** (*Trocken*2) hair drier; **5.** *der Vögel*: crest; *des Falken*: hood; **6.** *von Wiederkäuern*: second stomach, bonnet.

Hauben|lerche *f* crested lark; **~meise** *f* crested tit(mouse); **~taucher** *m* (great) crested grebe.

Haubitze *f* ⚔ howitzer; F *fig.* ***voll wie e-e ~*** F drunk to the gills, plastered.

Hauch *m* breath; (*Luft*2) breath (of wind), breeze; (*Duft*2) whiff; *ling.* aspiration; *fig.* (*Anflug*) trace, touch, (*a. von Farbe*) tinge, hint; (*Schicht*) (thin) film; (*Atmosphäre*) air; *fig.* ***ein ~ von Ironie*** a touch of irony; ***nicht der leiseste ~ von*** not a trace of; **2dünn** *adj.* wafer-thin; *Gewebe*: flimsy; *Strumpf, Kondom*: sheer; *Porzellan*: eggshell ...; *fig. Mehrheit, Vorsprung*: very slim, wafer-thin; ***~er Sieg*** knife-edge victory; ***~ schneiden*** cut into very fine (*od.* wafer-thin) slices.

hauchen I. *v/i.* breathe; (***sich***) ***in die Hände ~*** blow on one's hands; **II.** *v/t.* (*flüstern*) breathe, whisper; *ling.* aspirate.

hauch|fein *adj.* wafer-thin; *Gewebe*: flimsy; *fig. Unterschied*: very fine, subtle; **2laut** *m ling.* aspirate; **~zart** *adj.* very delicate.

Haudegen *m* broadsword; *fig.* (*a.* ***alter ~***) (*Soldat*) old trooper, (*Politiker etc.*) old warhorse.

Haue[1] *f* (*Hacke*) hoe.

Haue[2] *dial. f*: ***~ kriegen*** get a smack (*od.* spanking).

hauen I. *v/t.* (*j-n*) hit, *wiederholt*: beat; (*Kind*) smack; (*hacken*) chop; (*Bäume*) chop down; (*Statue etc.*) hew, make (***aus*** from); (*Loch etc.*) *mit Werkzeug*: cut, make; (*schmeißen*) throw, *auf den Tisch etc.*: bang (down); ***sich ~*** (have a) fight; ***haut ihn!*** F let him have it!; ***j-m et. auf den Kopf ~*** hit s.o. over the head with s.th.; ***e-n Nagel in die Wand ~*** bang a nail into the wall; F ***et.*** (***die Wohnung, j-n***) ***kurz und klein ~*** F smash s.th. to pieces (tear the place apart, make mincemeat of s.o.); **II.** *v/i.*: ***~ nach*** lash out at; ***um sich ~*** hit out in all directions; ***j-m ins Gesicht ~*** hit (*od.* slap) s.o. in the face; ***auf den Tisch ~*** bang (one's fist on) the table; ***mit dem Kopf an die Tür ~*** knock (*od.* bang) one's head against the door; ***nicht ~!*** don't hit me (*od.* him *etc.*)!; → ***Pauke***; **III.** *v/refl*: ***sich ~*** (*sich stoßen*) knock o.s., hit o.s.; → ***Ohr.***

Hauer *m* **1.** ⚒ face worker; **2.** (*Eckzahn des Keilers*) tusk; **3.** *östr.* vintner, wine grower.

Hauerei F *f* fight(ing), F scrap(ping).

Häufchen F *n* **1.** (*Kot*) (pile of) dog's *etc.* muck; **2.** ***wie ein ~ Unglück*** (*od.* ***Elend***) the picture of misery.

häufeln *v/t.* heap up.

Haufen *m* pile, *mst größer*: heap; (*Ansammlung, Häufung*) mass; *Holz etc.*: stack; *fig.* (*Schwarm*) swarm, crowd; ***zu e-m ~ zusammenkehren*** sweep into a pile; F ***ein ~*** (*große Menge*) F piles (*gen.* of), masses (of); ***ein ~ Arbeit*** a pile (*od.* piles) of work; ***ein ~ Geld*** F heaps (*od.* stacks) of money; ***e-n ~*** (***Geld***) ***verdienen*** F rake it in, *einmalig*: F make a pile; ***es hat e-n ~ Geld gekostet*** F it cost a packet; ***in hellen ~*** in droves; *contp.* ***der große ~*** the rabble; ***auf e-m ~*** *sitzen etc.*: in a big group; ***auf e-n ~*** *kommen etc.*: all at the same time; F ***j-n über den ~ rennen*** (***schießen***) F (nearly) knock s.o. flying (bump s.o. off); F ***über den ~ werfen*** a) (*Pläne etc., durcheinanderbringen*) mess up, (*zunichte machen*) *Unvorhergesehenes etc.*: put paid to, *Person*: F scupper, (*eigene Pläne*) throw overboard, b) (*Theorie etc.*) upset, *stärker*: explode.

häufen I. *v/t.* pile up, heap up; ***~ auf*** pile (up) on, pile onto; → ***gehäuft*** I; **II.** *v/refl.*: ***sich ~*** (*sich anhäufen*) pile up, accumulate, mount; (*sich mehren*) multiply, increase; (*sich verbreiten*) spread; (*öfter vorkommen*) happen (*od.* occur) more and more often, be on the increase; ***die Beschwerden ~ sich*** more and more complaints are being made (*od.* are coming in); ***die Todesfälle ~ sich*** the number of deaths is going up (*od.* is on the increase); ***die Hinweise ~ sich*** evidence is mounting; → ***gehäuft*** II.

haufenweise *adv.* in piles; (*scharenweise*) in droves; ***wir kriegen ~ Beschwerden*** we get an endless stream of complaints; ***Platten hat er ~*** F he's got masses (*od.* piles) of records.

Haufenwolke *f* cumulus (cloud); ***geschichtete ~*** stratocumulus.

häufig I. *adj.* frequent; (*verbreitet*) widespread; ***ein ~er Fehler*** a common mistake; ***~er werden*** (be on the) increase, be increasing; **II.** *adv.* frequently, (quite) often, F a lot; ***das ist ~ so*** that's often the case; **Häufigkeit** *f* frequency; *von Verbrechen, Krankheit etc.*: incidence.

Häufigkeits|kurve *f* frequency curve; **~verteilung** *f* frequency distribution.

Häuflein *n* → ***Häufchen.***

Häufung *f* accumulation (*gen.* of); (*Verbreitung*) spread(ing) (of); (*Wiederholung*) increase (in, of), increased number (of).

Haupt *n* head (*a. fig.*); *lit.* ***zu Häupten*** *gen.* at the head of; *fig.* ***an ~ und Gliedern reformieren*** reform root and branch.

Haupt... *in Zssgn mst* main, chief, principal; **~abnehmer** *m* ⚚ biggest buyer (*od.* importer); **~abschnitt** *m* 🚂 *etc.* main stretch; **~absicht** *f* main intention (*od.* purpose); **~abteilungsleiter** *m* (senior) head of department; **~achse** *f* main axis; *fig.* (*Straße*) main thoroughfare; **~ader** *f* ⚒ master lode; **~aktionär** *m* ⚚ principal shareholder (*Am.* stockholder); **~akzent** *m ling.* primary stress; *fig.* main emphasis; *fig.* ***der ~ liegt auf*** the main emphasis is on; **~altar** *m* high altar; **2amtlich I.** *adj.* full-time; **II.** *adv. a.* on a full-time basis; **~angeklagte(r)** *m* principal defendant; **~angriffsziel** *n* main (*od.* chief) target; **~anklagepunkt** *m* main (*od.* principal) charge; **~anliegen** *n* main (*od.* chief) concern; **~anschluß** *m teleph.* main line; **~anteil** *m* ⚚ principal share; *fig.* lion's share (***an*** of); **~arbeit** *f* **1.** ***die ~*** most (*od.* the main part) of the work; **2.** → ***Hauptaufgabe***; **~argument** *n* main (*od.* chief) argument; **~artikel** *m* ⚚, ⚖ main article; *e-r Zeitung*: leader, lead story; **~attraktion** *f* main (*od.* chief) attraction; *bei Veranstaltung etc.*: *a.* big draw; **~aufgabe** *f* main (*od.* chief) task; **~augenmerk** *n*: ***sein ~ richten auf*** focus (one's) attention on; **~ausgang** *m* main exit; **~aussage** *f* main statement (*od.* point); **~ausschuß** *m* central committee; **~bahnhof** *m* main (*od.* central) station; **~bedeutung** *f ling.* primary meaning; *fig. e-s Ereignisses etc.*: main (*od.* primary) significance; **~bedingung** *f* main (*od.* principal) condition; **~belastungszeuge** *m* chief witness for the prosecution.

Hauptberuf *m* main job; **hauptberuflich I.** *adj.* full-time ...; **II.** *adv.* as one's main job; *work* full-time; ***~ ist er Lehrer*** his main job is teaching; ***was machen Sie ~?*** what's your main job?

Haupt|beschäftigung *f* main job; **~bestandteil** *m* main constituent (*bsd.* ⚙ component); **~beteiligte(r)** *m* principal party (*od.* person) concerned; *aktiv*: *a.* chief protagonist; **~betrieb** *m* **1.** main office(s *pl.*) *od.* plant; **2.** *zeitlich*: peak period; **~beweggrund** *m* main reason; **~beweis** *m* main proof (*od.* evidence); **~darsteller(in** *f*) *m* leading actor (*f* actress), lead; → *a.* ***Hauptrolle***; **~datei** *f Computer*: master file; **~deck** *n* ⚓ main deck; **~eigenschaft** *f* chief characteristic; **~einfahrt** *f*, **~eingang** *m* main entrance; **~einkaufszeit** *f* peak shopping hours *pl.*; **~einnahmequelle** *f* chief (*od.* main) source of income; **~einschaltquote** *f* highest viewer (*od.* listener) rating; **~erbe** *m*, **~erbin** *f* chief heir(ess *f*); **~erfordernis** *n* chief requirement; **~erzeugnis** *n* main product; **~fach** *n* main subject, *Am.* major; ***was hast du als ~?*** what's your main subject (*Am.* major, what do you major in)?; **~faktor** *m* main factor; **~fehler** *m* chief mistake; (*Schwäche*) main fault; **~feind** *m* chief enemy; **~feldwebel** *m* ⚔ *etwa* staff sergeant, *Am.* sergeant major; **~figur** *f* main (*od.* central) figure; *thea. etc.* main character; hero, *f* heroine; protagonist; **~filiale** *f* main branch; **~film** *m* main feature; **~frage** *f* main question (*od.* issue); **~funktion** *f* main function (*od.* purpose); **~gang** *m* **1.** *gastr.* main course; **2.** main corridor; *im Fuchsbau etc.*: main passage; **~gebäude** *n* main building; **~gedanke** *m* main idea; **~gefahr** *f* main (*od.* primary) danger; **~gefreite(r)** *m* ⚔ lance corporal, *Am.* private 1st class; **~gericht** *n gastr.* main course; **~geschäft** *n* **1.** *a.* **~geschäftsstelle** *f* head office; **2.** *a.* **~geschäftszeit** *f* **1.** peak business hours *pl.*; **2.** → ***Haupteinkaufszeit***; **~gesichtspunkt** *m* main (*od.* major) consideration; **~gesprächsthema** *n* main topic of conversation, conversation topic number one; **~gewicht** *fig. n* main emphasis; **~gewinn** *m* first prize; ⚚ main profit; **~gläubiger** *m* principal creditor; **~grund** *m* main reason; **~hahn** *m* main tap (*Am.* faucet); **~handlung** *f thea. etc.* main plot; **~hindernis** *n* main obstacle (*od.* hurdle); **~inhalt** *m* essence; **~interesse** *n* main interest; ***sein ~ gilt ...*** he's mainly (*od.* primarily) interested in ...; **~interessengebiet** *n* main area (*od.* field) of interest; **~kasse** *f* main cash desk; *thea.* box office; **~katalog** *m* main catalog(ue); **~kläger** *m* principal plaintiff; **~last** *f* main burden; brunt (of it); ***die ~ zu tragen haben*** have to bear the brunt (of it); **~leidenschaft** *f* great(est) passion; **~leidtragende(r)** *m* main victim; ***der Hauptleidtragende*** *a.* the one to suffer most; ***die Hauptleidtragenden*** those who suffer most; **~leitung** *f* mains *pl.*; **~lieferant** *m* main (*od.* chief) supplier.

Häuptling *m* headman; (*Stammes2*) *a.* tribal chief; (*Indianer2*) (Indian) chief; F (*Anführer*) boss.

Haupt|mahlzeit *f* main meal (of the day); **~mangel** *m* main fault (*Schwäche*: weakness); **~mann** *m* ⚔ captain; (*Anführer*) leader; **~masse** *f* bulk, main body; **~menü** *n Computer*: main menu; **~merkmal** *n* main feature, chief characteristic; **~mieter** *m* main tenant; **~motiv** *n* **1.** main motive (*od.* motivation); **2.** *Kunst*: central motif (*od.* theme); **~nachricht** *f* **1.** lead story; **2.** *pl.* main news (*sg.*); **~nahrung(smittel** *n*) *f* staple (food), *pl. a.* staple diet *sg.*; **~nenner** *m* 𝔄 *u. fig.* common denominator; *fig.* ***um es auf e-n ~ zu bringen*** to bring it down to a common denominator; **~niederlassung** *f* ⚚ head (*od.* central) office, headquarters *pl.* (*a. sg. konstr.*); **~person** *f* → ***Hauptfigur***; ***er will immer die ~ sein*** he always wants to be number one (*od.* the cent|re [*Am.* -er] of attention); **~portal** *n* main entrance (*gen.* of, to), main door(way) (of, into); **~post(amt** *n*) *f* main (*Am.* general) post office; **~probe** *f thea.* dress rehearsal; ♪ general rehearsal; **~problem** *n* main problem; **~punkt** *m* main point (*od.* issue); **~quartier** *n* headquarters *pl.* (*a. sg. konstr.*); **~rechner** *m Computer*: mainframe (computer); **~redner** *m* main speaker; **~regel** *f* principal (*od.* most important) rule, rule number one; **~reisezeit** *f* (peak) tourist season; **~richtung** *f* **1.** main (*od.* general) direction; **2.** (*Trend*) major (*od.* main) trend; **~rolle** *f* leading role, main part, lead; (*Titelrolle*) title role; ***die ~ spielen*** *thea.* play the lead(ing role) *od.* main part, *fig. Person*: be the central figure, *aktiv*: *a.* be the chief protagonist, *Sache*: play the most important role, be the most important thing.

Hauptsache *f* **1.** main (*od.* most important) thing; ***das ist die ~*** *a.* that's what matters most; ***~ sie gewinnt*** the main thing is that she wins (*od.* is for her to win); ***in der ~*** mainly, in the main, for the main part; **2.** ⚖ main issue; **hauptsächlich I.** *adj.* main ..., most important, essential; **II.** *adv.* mainly, chiefly, essentially; (*vor allem*) above all; ***worauf es ~ ankommt, ist*** what matters most is, the most important thing is.

Haupt|saison *f* peak season; **~satz** *m* **1.** *ling.* main clause; **2.** *phys. etc.* first principle (*od.* law); **~schalter** *m* **1.** ϟ main (*od.* master) switch; **2.** *Bank etc.*: main desk (*od.* counter); 🚂 *etc.* main booking office (*od.* ticket desk, ticket counter); **~schiff** *n* ⌂ nave; **~schlagader** *f anat.* aorta; **~schlüssel** *m* master key; **~schuld** *f* **1.** ***er trägt die ~ daran*** it's mainly his fault, he's mostly to blame (for it); **2.** ⚚ principal debt; **~schuldige(r)** *m* major offender; **~schuldner** *m* principal debtor; **~schule** *f etwa* secondary modern school; **~schwierigkeit** *f* main (*od.* chief, major) difficulty; **~seminar** *n* (advanced) seminar; **~sendezeit** *f TV* peak viewing hours *pl.*, prime time; **~sicherung** *f* ϟ main fuse; **~sitz** *m* ⚚ head office, headquarters *pl.* (*a. sg. konstr.*); **~sorge** *f* main (*od.* chief) concern, main worry; **~speicher** *m Computer*: main memory; **~speise** *f* main course; **~stadt** *f* capital (city); **~stamm** *m* chief tribe; **~stärke** *f* strong point, main (*od.* chief) strength; **~stoßrichtung** *f* general thrust (of the attack); **~straße** *f* main street; → *a.* ***Hauptverkehrsstraße***; **~strecke** *f* main route; 🚂 main line; **~streitpunkt** *m* main issue (*od.* point of contention); **~strom** *m* ϟ main current; **~strömung** *f* main current (*od.* trend); **~stütze** *fig. f* mainstay; **~täter** *m* ⚖ principal offender; **~tätigkeit** *f* main job; (*Pflicht*) main duty (*od.* function); **~teil** *m* main part; ***der ~*** (*das meiste*) most of it, the greater part; **~thema** *n* main subject; ♪ principal theme; **~ton** *m* main stress; ♪ keynote; **~tor** *n* main gate; **~treffer** *m* first prize, F jackpot; ***den ~ gewinnen*** hit the jackpot; **~treppe** *f* main (*od.* grand) staircase; **~tribüne** *f* grandstand; **~triebfeder** *f* mainspring (*a. fig.*); **~triebkraft** *fig. f* prime mover (*gen.* of), (*a. Person*) powerhouse (behind); **~triebwerk** *n* main rocket engine; **~tugend** *f* cardinal virtue; **~unterschied** *m* main difference; **~ursache** *f* main cause; ***die ~ ist ...*** *a.* at the bottom of it all is ...; **~verantwortung** *f* chief (*od.* prime) responsibility; ***die ~ übernehmen*** take chief (*od.* prime) responsibility (***für*** for); **~verdiener** *m* chief earner (F breadwinner); **~verdienst**[1] *m* main income; **~verdienst**[2] *n* major (*od.* greatest) achievement; **~verhandlung** *f Strafprozeß*: trial, hearing; *Zivilprozeß*: main proceedings *pl.*; **~verkehr** *m* **1.** rush-hour traffic; **2.** ***der ~*** (*der meiste Verkehr*) most of the traffic.

Hauptverkehrs|straße *f* main road; (*Durchgangsstraße*) main thoroughfare; **~zeit** *f* rush hour; peak traffic hours *pl.*

Haupt|versammlung *f* ⚚ general meeting; **~vertreter** *m* general agent; **~verwaltung** *f* head office, headquarters *pl.* (*a. sg. konstr.*); **~vorstand** *m* governing board; **~wachtmeister** *m* police sergeant; ⚔ → ***Hauptfeldwebel***; **~wasch-**

gang *m* main wash; **~werk** *n* major work; (*Fabrik*) main plant; **~wohnsitz** *m* main (place of) residence; **~wort** *n ling.* noun; **~zeuge** *m* chief witness; **~ziel** *n* main objective; **~zug** *m* **1.** regular train; **2.** (*Eigenschaft*) main (*od.* chief) characteristic; *e-r Person*: main (character) trait; ***et. in s-n Hauptzügen schildern*** outline s.th., give an (*od.* a rough) outline of s.th.; **~zweck** *m* main (*od.* chief, primary) purpose.

hau ruck *int.* heave-ho!

Haus *n* **1.** house (*a. ast. u. fig. die* ~*bewohner*); (*Gebäude*) building, (*Häuserblock*) *a.* block (of flats); (*Heim*) home, *fig.* (*Familie*) *a.* family; (*Geschlecht*) dynasty; *parl.* House; (*Hotel*) hotel; (*Restaurant*) restaurant; (*Geschäft*) shop, store; ***im*** ~ inside; ***zu ~e*** at home; ***zu ~e sein*** *a.* be in; ***wieder zu ~e sein*** be back home again; ***nach ~e*** home; ***j-n nach ~e bringen*** take (*od.* see) s.o. home; ***er ist in X zu ~e*** his home is (in) X, he comes from X; ***bei uns zu ~e*** a) in my family, F at our place, b) where I come from; ***er ist außer ~e*** he's out, he's not in, he's gone out; ✝ ***außer ~ geben*** contract out; ***von ~ zu ~*** from door to door; ***ein ~ weiter*** a) next door, b) in the next block (of flats); ***zwei Häuser weiter*** a) next door but one, b) two blocks (further) down *od.* up; ***~ an ~ wohnen*** live next door to each other, be next-door neighbo(u)rs, ***mit j-m:*** live next door to s.o.; ***tut, als ob ihr zu ~e wäret*** make yourselves at home; ***ein offenes ~ haben*** have an open door; ***das kommt mir nicht ins ~!*** I'm not having that in the (*od.* my) house; ✝ ***frei ~*** carriage paid; *thea.* ***volles ~*** full house; ***immer volle Häuser haben*** always be sold out; ***das ganze ~ tobte*** the audience went wild, *a.* they nearly brought the house down; ***das erste ~ am Platz(e)*** the best hotel (*od.* restaurant, store) in town, the number one hotel *etc.* around here; ***~ und Hof*** house and home; *fig.* ***aus gutem ~e sein*** come from a good family; ***sein ~ bestellen*** (*od.* ***beschicken***) put one's house in order; ***in e-r Sache zu ~e sein*** be well up in s.th.; ***auf ihn kann man Häuser bauen*** he's rock solid; ***es stehen Neuwahlen ins ~*** elections are coming up, there are elections ahead (*od.* on the doorstep); ***ihm steht e-e Versetzung ins ~*** he's got a posting coming up, he's in for a posting; ***von ~ aus*** (*eigentlich*) actually, (*ursprünglich*) originally; ***er ist von ~ aus Chirurg*** he's (actually) a qualified surgeon, he was originally a surgeon; **2.** *hum.* ***altes ~*** old chap; ***fideles ~*** cheerful type; **~altar** *m* family altar; **~angestellte** *f* domestic (servant); maid; **~antenne** *f* roof aerial (*od.* antenna); **~apotheke** *f* medicine cabinet (*od.* chest); **~arbeit** *f* housework; *ped. a. pl.* homework; **~arrest** *m*: (***unter ~ stellen*** place under) house arrest; **~arzt** *m* family doctor, *etwa* GP (= general practitioner); **~aufgabe** *f a. pl.* homework.

hausbacken *adj.* homemade; *fig. Person*: homely; *Sache*: plain, prosy, F boring.

Haus|ball *m* private ball, dinner and dance; **~bar** *f* cocktail cabinet; *mit Theke*: bar; **~bau** *m* house building; **~bedarf** *m* household requirements *pl.*; ***für den ~*** for the home, *weitS.* for (your *etc.* own) private use; **~besetzer** *m* squatter; **~besetzung** *f* squatting; **~besitzer(in** *f*) *m* house owner; (*Vermieter*) landlord (*f* landlady); **~besuch** *m des Arztes etc.*: home visit; ***~e machen*** *a.* be on (*od.* doing) one's rounds; **~bewohner(in** *f*) *m* occupant; (*Mieter*) tenant; **~bibliothek** *f* private library; **~boot** *n* houseboat; **~brand** *m* domestic fuel.

Häuschen *n* small house; cottage; (*Pförtner*⁓, *Jagd*⁓) lodge; → ***Hütte***; F (*Abort*) F loo, *Am.* F john; F *fig.* ***(ganz) aus dem ~ geraten*** F flip one's lid, throw a wobbly; F ***ganz aus dem ~ sein*** be all excited, (*glücklich*) *a.* F be over the moon, ***vor:*** F be wild with *excitement etc.*

Haus|dame *f* housekeeper; **~detektiv** *m* store detective; **~drachen** F *m* battle-ax(e); **~durchsuchung** *f* house search; **~eigentümer(in** *f*) *m* → ***Hausbesitzer(in)***; **~eingang** *m* entrance (to a *od.* the house), front door (*od.* entrance).

hausen *v/i.* **1.** (*wohnen*) live; **2.** *contp.* wreak havoc; ***sie haben dort wie die Vandalen gehaust*** *a.* F they wrecked the place.

Häuser|block *m* block (of houses); **~flucht** *f* row of houses; **~front** *f* **1.** housefront; **2.** row of houses; **~makler** *m* estate agent, *Am.* realtor; **~meer** *n* sea of houses; ***ein ~*** *a.* houses as far as the eye can see.

Hausflur *m* hall(way).

Hausfrau *f* housewife; *Am. a.* homemaker; *weitS.* lady of the house; (*Hauswirtin*) landlady; **Hausfrauendasein** *n* life of a housewife; ***das ~ satt haben*** be fed up of being (just) a housewife; **hausfraulich** *adj.* housewifely; domestic; ***~e Pflichten*** duties of a housewife; ***ich habe keine ~en Fähigkeiten*** I'm (*od.* I'd be) no good as a housewife.

Hausfreund *m* friend of the family; *iro.* boyfriend, F man.

Hausfriedensbruch *m* ⚖ trespass; illegal entry of s.o.'s house.

Haus|gebrauch *m*: ***für den ~*** for use in the home; F *fig.* for (one's own) pleasure; F *fig.* ***für den ~ reichen*** be enough to get by on, be good enough for one's own simple needs (*od.* requirements); **~gehilfin** *f* maid; **⁓gemacht** *adj.* homemade (*a.* F *fig.*); **~gemeinschaft** *f* **1.** tenants *pl.*; **2.** community, household; ***wir haben e-e nette ~*** we have nice neighbo(u)rs, we all get on with each other (in our block of flats).

Haushalt *m* **1.** household; (*Haushaltung*) housekeeping; ***den ~ führen*** run the household, *j-m*: *a.* keep house *for s.o.*; ***im ~ helfen*** help (out) in (*od.* around) the house; **2.** *pol.* budget; **haushalten** *v/i.* (*wirtschaften*) economize; ***~ mit*** be economical with, (*sehr sparsam sein*) economize on, *a. fig. mit der Gesundheit*: F go easy on; *fig.* ***mit der Zeit (s-r Energie) ~*** divide one's time (energies) up sensibly; **Haushälterin** *f* housekeeper; **haushälterisch I.** *adj.* economical; **II.** *adv.*: ***~ umgehen mit → haushalten.***

Haushalts|artikel *m* household article; **~ausschuß** *m parl.* budget(ary) committee; **~debatte** *f* budget(ary) debate, debate on the budget; **~defizit** *n* budget deficit; **~entwurf** *m* budget proposals *pl.*; **~experte** *m* budget expert; **~führung** *f* housekeeping; **~geld** *n* housekeeping money; **~gerät** *n* household appliance; **~gesetz** *n* budget law; **~jahr** *n* fiscal (*od.* financial) year; **~mitglied** *n* member of a (*od.* the) household; **~mittel** *pl.* budgetary means; *gebilligte*: appropriations; **~packung** *f* economy pack; **~plan** *m parl.* budget; **~planung** *f* budgeting; **~politik** *f* budgetary policies *pl.*; **⁓politisch** *adj.* budgetary; **~überschuß** *m* budget surplus; **~vorlage** *f* budget proposals *pl.*; **~vorstand** *m* head of a (*od.* the) household; **~waren** *pl.* household articles.

Haushaltung *f* **1.** housekeeping; **2.** (*Haushalt*) household; **Haushaltungskosten** *pl.* household expenses.

Haus-Haus-Verkehr *m* door-to-door service.

Hausherr *m* head of a (*od.* the) household; (*Gastgeber*) host; → ***Hausbesitzer;*** **Hausherrin** *f* lady of the house; (*Gastgeberin*) hostess; → ***Hausbesitzerin.***

haushoch I. *adj.* very high, huge; *fig.* vast, enormous; ***haushohe Niederlage*** shattering (*od.* crushing) defeat; ***haushoher Sieg*** walkover, *Am.* walkaway; **II.** *adv.*: ***~ gewinnen*** win hands down; ***~ schlagen*** trounce, *Sport*: *a.* play *s.o.* into the ground; ***~ verlieren*** suffer a crushing defeat, F be thrashed; *j-m, e-r Mannschaft etc.* ***~ überlegen sein*** be more than a match for, *bsd. Einzelperson*: *a.* be head and shoulders above, *in Wissen, Erfahrung etc.*: be streets ahead of, *zahlenmäßig*: outnumber by far; ***sie ist ihm ~ überlegen*** *a.* he's no match for her, he can't hold a candle to her.

Haus|huhn *n* domestic fowl; **~hund** *m* (domestic) dog.

hausieren *v/i.* hawk, *a. fig.* peddle (***mit et.*** s.th.); ***Betteln und ⁓ verboten!*** no hawkers; *fig.* ***~ mit*** (*e-r Geschichte etc.*) tell the whole world (about); **Hausierer** *m* hawker, peddler; door-to-door salesman.

Haus|industrie *f* cottage industry; **⁓intern** *adj.* internal, in-house ...; **~jurist** *m* company (*od.* corporate) lawyer; **~kapelle** *f* **1.** private chapel; **2.** ♪ resident band (*od.* orchestra); **~katze** *f* (domestic) cat; **~käufer** *m* home buyer; **~klingel** *f* (front) doorbell; **~konzert** *n* private (*od.* house) concert; **~korrektur** *f typ.* house corrections *pl.*; **~lehrer** *m* private tutor.

häuslich I. *adj.* domestic (*a. Glück etc.*); household ..., family ...; (*gern zu Hause bleibend*) domesticated; ***er ist ein ~er Typ*** *a.* he's quite happy to be at home (with the family) *od.* around the house; **II.** *adv.*: ***sich ~ einrichten*** (*od.* ***niederlassen***) make o.s. at home (***bei j-m*** in s.o.'s flat *etc.*), F camp down (at s.o.'s place); **Häuslichkeit** *f* (*Familienleben*) family life; (*Liebe zum Haus*) domesticity; (*Heim*) home.

Hausmacherart *f*: ***nach ~*** traditional-style ...

Hausmädchen *n* maid.

Hausmann *m* house husband; **Hausmannskost** *m* good plain cooking.

Haus|marder *m zo.* beech marten; **~marke** *f* own brand; (*Wein*) house wine; F *weitS. one's* favo(u)rite brand; **~meister** *m* caretaker, *Am.* janitor; **~mittel** *n* household (*od.* home) remedy; **~müll** *m* household waste; **~müllaufkommen** *n* volume of household waste; **~musik** *f* music-making in the home.

Hausmutter *f* matron; **Hausmütterchen** F *n* F homebody; **hausmütterlich** *adj.* homely.

Haus|nummer *f* house number, number of the house; **~ordnung** *f* rules *pl.* (for residents); *iro.* ***die ~ besagt, daß*** the rules in this house say that; **~personal** *n* domestic staff (*mst pl. konstr.*) *od.* servants *pl.*; **~pflege** *f* ⚕ home nursing; *Sozialwesen*: home care; **~post** *f* internal (*od.* in-house) mail; **~putz** *m* spring-clean(ing); ***~ machen*** give the house a spring-clean.

Hausrat *m* household effects *pl.*; **~versicherung** *f* household contents insurance.

Haus|sammlung *f* door-to-door collection; **~schlachtung** *f* home slaughtering; **~schlüssel** *m* (front) doorkey, key to the (front) door; **~schuh** *m* slipper; **~schwalbe** *f* (house) martin; **~schwamm** *m* house fungus; ***Echter ~*** dry rot; **~schwein** *n* (domestic) pig.

Hausse *f* ✝ *Börse*: bull market; ***auf ~ spekulieren*** bull the market.

Haussegen *m*: F ***der ~ hängt (bei ihnen) schief*** F they've been having a row.

Hausse|markt *m* ✝ bull(ish) market; **~spekulation** *f* ✝ bull operation.

Haussier *m* ✝ bull operator.

Haussprechanlage *f* intercom; ***über die ~*** on the intercom.

Hausstand *m* household; ***e-n ~ gründen*** set up house.

Hausstaubmilbe *f* dust mite.

Haussuchung *f* house search; **Haussuchungsbefehl** *m* search warrant.

Haus|telefon *n* intercom; **~tier** *n* **1.** domestic animal; **2.** (*Heimtier*) pet.

Haustür *f* front door; **~schlüssel** *m* front doorkey.

Haus|tyrann *m* household tyrant; **~vater** *m* warden; **~verbot** *n* order to stay away; ***er hat bei ihnen ~*** he's been told to stay away, they're not letting him into the house (*od.* building *etc.*); **~verwalter** *m* **1.** property manager, *Am.* superintendent; **2.** (*Hausmeister*) caretaker, *Am.* janitor; **~verwaltung** *f* property management; **~wand** *f* outside wall, (outer) wall of a (*od.* the) house; **~wirt** *m* landlord; **~wirtin** *f* landlady.

Hauswirtschaft *f* housekeeping; *als Lehrfach*: domestic science; **hauswirtschaftlich** *adj.* domestic, household ...; **Hauswirtschaftslehre** *f* domestic science, home economics *pl.* (*sg. konstr.*).

Hauszeitschrift *f* company *od.* in-house magazine (F rag).

Haut *f* skin (*a.* ✂ *etc.*; *a. Wurst*≈ *etc. u. auf der Milch*); (*abgezogene Tier*≈, *a.* ⚙) hide; *e-r Frucht*: skin, *mst entfernt*: peel; (*dünne Schicht, auf Flüssigkeiten*) film; ***obere ~*** epidermis; ***dünne ~*** membrane (*a.* ⚕); ***bis auf die ~ durchnäßt*** soaked to the skin; ***auf bloßer ~ tragen*** wear next to one's skin; ***er trägt die Jacke auf der bloßen ~*** *a.* he's got nothing on under his jacket; ***e-m Tier die ~ abziehen*** skin an animal; ***sich die ~ aufschürfen*** graze o.s., ***an den Knien*** *etc.*: skin (*od.* graze) one's knees *etc.*; *fig.* F ***e-e ehrliche (gute) ~*** an honest (a good) soul; F ***mit ~ und Haaren*** completely, F hook, line and sinker; F ***auf der faulen ~ liegen*** take it easy, have an easy time of it; F ***aus der ~ fahren*** F go through (*od.* hit) the roof; F ***das ist ja zum Aus-der-~-Fahren*** F it's enough to drive you spare; F ***e-e dicke ~ haben*** have a thick skin, be thick-skinned; F ***mit heiler ~ davonkommen*** come out of it unscathed (*unverletzt*: *a.* F in one piece); F ***s-e (eigene) ~ retten*** save one's skin (F *hum.* bacon); F ***sich s-r ~ wehren*** defend o.s. (with all one's might); F ***ihr ist nicht wohl in ihrer ~*** she feels (rather) uncomfortable (*od.* uneasy); F ***ich möchte nicht in s-r ~ stecken*** I wouldn't like to be in his shoes; F ***er ist nur noch ~ und Knochen*** he's just skin and bones; F ***es kann eben keiner aus s-r ~*** a leopard can't change its spots; F ***das geht einem unter die ~*** it gets under your skin; F ***s-e ~ zu Markte tragen*** (*sein Leben riskieren*) risk one's neck, (*sich verkaufen*) sell o.s., *Frau*: sell one's charms; → ***heil*** I; **~abschürfung** *f* abrasion, graze; **~absonderung** *f* skin secretion; **~arzt** *m* dermatologist, skin specialist; **~atmung** *f* cutaneous respiration; **~ausschlag** *m* (skin) rash.

Häutchen *n* (*Überzug*) thin coat(ing); *auf Flüssigkeiten*: film; *anat.*, ⚕ membrane.

Haut|creme *f* skin cream; **~drüse** *f* cutaneous gland.

Haute Couture *f* (*a.* ***die ~***) haute couture.

häuten I. *v/t.* skin, flay; **II.** *v/refl.*: ***sich ~*** shed one's skin, *Schlangen etc.*: slough off; F *nach Sonnenbrand*: peel.

hauteng *adj. Kleidung*: skintight, body-hugging.

Hautentzündung *f* inflammation of the skin; (*Ausschlag*) skin rash.

Hautevolee *f* F upper crust; top knobs *pl.*

Haut|falte *f* skin fold; *kleine*: wrinkle; **~farbe** *f* colo(u)r (of one's skin); *Gesicht*: complexion; **≈farben** *adj.* flesh-colo(u)red, *Kosmetik*: skin-colo(u)red; **~farbstoff** *m* (skin) pigment; **~fetzen** *m* piece of skin; **~flügler** *m zo.* hymenopteron; **≈freundlich** *adj.* kind to the skin; → *a.* ***hautverträglich***; **~gift** *n* skin (*od.* contact) poison, 📖 vesicant.

Hautgout *m* **1.** *gastr.* high flavo(u)r; ***~ haben*** be high; **2.** *fig.* shadiness; shady touch.

Haut|jucken *n* itching, irritation of the skin, *stärker*: 📖 pruritus; **~krankheit** *f* skin disease; **~krebs** *m* skin cancer.

hautnah I. *adj. Sport*: close, tight; *fig. Beschreibung etc.*: graphic, vivid; **II.** *adv. Sport*: closely; *fig.* ***j-n ~ berühren*** affect s.o. directly, *emotional*: go straight to the core, get under s.o.'s skin; ***wir haben es ~ miterlebt*** it happened right in front of our eyes; ***durch das Fernsehen kann man das Weltgeschehen ~ miterleben*** television brings world events right into your living room.

Haut|nerv *m* cutaneous nerve; **~öl** *n* skin oil.

Hautpflege *f* skin care; **~mittel** *n* skin care product.

Haut|pilz *m* **1.** skin (*od.* cutaneous) fungus; **2.** (*Krankheit*) fungal infection; **~plastik** *f* dermoplasty; **~reizung** *f* skin irritation; **~rötung** *f* red (patch of) skin; **~salbe** *f* skin ointment; **~schere** *f* cuticle scissors *pl.*; **~transplantation** *f* skin graft(ing); **~typ** *m* skin type; ***was für e-n ~ hat sie?*** what type of skin has she got?; ***für jeden ~*** for all skin types.

Häutung *f der Schlange etc.*: sloughing.

Haut|unreinheit *f* (skin) blemish; (*Pikkel*) spot; **~en** *a.* spots and blackheads; **~verletzung** *f* superficial wound, (skin) lesion; **~verpflanzung** *f* skin graft(ing); **≈verträglich** *adj.* non-irritant, hypoallergenic; **~wunde** *f* → ***Hautverletzung***; **~zipfel** *m* skin tag.

Havanna(zigarre) *f* Havana (cigar).

Havarie *f* (*Schaden*) damage, average; (*Unfall*) accident; **~kommissar** *m* average adjuster, claims agent.

Hawaii|gitarre *f* Hawaiian guitar; **~toast** *m gastr.* toast Hawaii.

Haxe *f* → ***Hachse.***

H-Bombe *f* H-bomb.

he *int.* hey!, *sl.* oy!

Hebamme *f* midwife.

Hebe|arm *m*, **~baum** *m* lever; **~bühne** *f mot.* hydraulic lift; **~kran** *m* hoist(ing crane).

Hebel *m* lever (*a. fig.*); *am Automat etc.*: handle; (*Kurbel*) crank; *fig.* ***den ~ ansetzen*** get things moving; ***alle ~ in Bewegung setzen*** do everything in one's power, move heaven and earth, leave no stone unturned; ***am längeren ~ sitzen*** have more pull; ***an den ~n der Macht sitzen*** be at the controls; **~arm** *m* lever arm; **~gesetz** *n phys.* lever law; **~griff** *m Sport*: lever hold; **~kraft** *f*, **~moment** *n* leverage; **~stützpunkt** *m* fulcrum; **~waage** *f* beam scale; **~werk** *n* lever gear; **~wirkung** *f* leverage; ***e-e ~ haben*** have a levering effect.

heben I. *v/t.* lift (*a. Sport*); (*höher stellen*) raise (*a. das Glas*); (*hochwinden*) hoist; (*Auto aufbocken*) jack up; (*Schatz, Wrack*) raise; *fig.* (*Niveau, Qualität etc.*) raise; (*vermehren*) increase; (*verbessern*) improve; (*Stimme*) raise; (*Wirkung etc.*) add to; ***j-s Moral (Selbstbewußtsein) ~*** boost s.o.'s morale (self-confidence); F ***einen ~*** F hoist one; **II.** *v/refl.*: ***sich ~*** rise, go up; *Vorhang, Nebel etc.*: lift; *fig.* (*sich verbessern*) improve; *Stimme*: rise; ***sich ~ und senken*** rise and fall; → ***Angel²***, ***Himmel*** *etc.*; **III.** ≈ *n* (*Gewicht*≈) weight lifting.

Heber *m phys.* (*Saug*≈) siphon; (*Stech*≈) pipette; (*Spritze*) syringe; ⚙ *bsd. in Zssgn* ...-lifter, ...-raiser; *mot.* jack.

Hebe|satz *m* rate of assessment; **~schiff** *n* salvage ship; **~vorrichtung** *f* lifting gear, hoisting apparatus; *an Werkzeugmaschinen*: elevating mechanism; (*hydraulische Hebeflasche*) hydraulic jack; **~zeug** *n* lifting gear, hoist.

Hebräer *m* Hebrew; ***Brief an die ~*** → **~brief** *m*: *bibl.* ***der ~*** the (*od.* St Paul's) Epistle to the Hebrews, Hebrews *pl.* (*sg. konstr.*).

hebräisch *adj.*, **Hebräisch** *n ling.* Hebrew.

Hebung *f* **1.** lifting, raising; *des Geländes*: elevation, rise; **2.** *fig.* improvement; increase; **3.** *Metrik*: stress; (*Silbe*) stressed syllable.

Hechel *f* hackle, flax comb; **Hechelei** F *f a. pl.* (malicious) gossip; **hecheln** *v/i.* **1.** *Hund etc.*: pant; **2.** F (*klatschen*) gossip.

Hecht *m* **1.** pike; *fig.* F ***ein toller ~*** F some guy; ***er ist der ~ im Karpfenteich*** he really stirs things up; **2.** F (*Tabakqualm*) F fug.

hechten *v/i. Schwimmen*: do a racing dive; *Turnen*: do a long-fly; *Fußball etc.*: dive (full-length).

Hecht|sprung *m Schwimmen*: racing dive; *Turnen*: long-fly; *Fußball etc.*: (flying) dive; **~suppe** *f*: F ***hier zieht's***

wie ~ F it's like a gale-force wind blowing in here.

Heck *n* ⚓ stern; *mot.* rear; ✈ tail; (*Zaun*) fence; (*Gattertür*) gate; **~antrieb** *m mot.* rear-wheel drive.

Hecke *f* hedge (*a. Reitsport*); (*Busch*2) hedgerow.

hecken *v/t. u. v/i.* hatch; *Säugetiere*: breed.

Hecken|rose *f* dogrose; **~schere** *f*: (***e-e*** ~ a pair of) hedge clippers *pl.*; **~schütze** *m* ⚔ sniper; **~zaun** *m* hedge(s *pl.*), hedge fencing.

Heck|fenster *n mot.* rear window; **~flosse** *f mot.* tailfin; **~klappe** *f mot.* tailgate; **2lastig** *adj.* ✈ *u. mot.* tail-heavy; **~licht** *n* ✈ *u. mot.* tail-light.

Heckmeck F *m* **1.** fuss; ***mach keinen*** ~ stop making such a fuss; **2.** (*dummes Zeug*) rubbish.

Heck|motor *m mot.* rear engine; **~scheibe** *f mot.* rear windscreen; **~scheibenwischer** *m mot.* rear (windscreen) wiper; **~spoiler** *m mot.* back spoiler; **~tür** *f mot.* tailgate.

heda *int.* hey(, you there)!

Hederich *m* ⚘ wild radish; (*Unkraut*) wild mustard.

Hedonismus *m* hedonism; **Hedonist** *m* hedonist; **hedonistisch** *adj.* hedonistic(ally *adv.*).

Heer *n* army; *fig. a.* huge crowd.

Heeres|bestände *pl.* military stores; **~dienst** *m* military service; **~führung** *f* army command; ***Oberste*** ~ *the* Supreme Command; **~macht** *f* (military) forces *pl.*, army.

Heer|fahrt *f* expedition; **~führer** *m* **1.** military leader; **2.** commander (of the army); **~schar** *f* host; *bibl.* ***himmlische ~en*** heavenly hosts.

Hefe *f* yeast; *Bäckerei*: (baker's) yeast, *für Sauerteig*: leaven; *Brauerei*: (brewer's) yeast; (*Bodensatz*) dregs *pl.*; *fig.* ***die*** ~ ***des Volkes*** the scum of the earth; **~extrakt** *m* yeast extract; **~gebäck** *n* yeast pastries *pl.*; **~kloß** *m gastr.* yeast dumpling; F *fig.* ***er ist aufgegangen wie ein*** ~ he's really put on weight, F he's like a balloon; **~kuchen** *m* yeast cake; **~pilz** *m* yeast fungus; **~präparat** *n* yeast preparation; **~teig** *m* yeast dough.

hefig *adj.* yeasty; *Wein*: full of dregs.

Heft *n* **1.** (*Schreib*2) notebook; (*Übungs*2) exercise book; **2.** (*Zeitschrift*) magazine; (*Lieferung*) number; (*Exemplar*) copy; *e-r Zeitung*: number, issue; **3.** *fig.* ***das*** ~ ***fest in der Hand haben*** have things firmly under control; ***das*** ~ ***aus der Hand geben*** hand over control (*od.* the controls, the reins); ***j-m das*** ~ ***aus der Hand nehmen*** seize control from s.o.

Heftchen *n* (*Briefmarken*2 *etc.*) book.

heften I. *v/t.* fix; *mit Stecknadeln, Reißzwecken*: pin; *Näherei*: baste, tack, (*a. Buch*) stitch, sew (*alle* ***an*** to); → ***geheftet***; *fig.* ***s-e Augen*** (***s-n Blick***) ~ ***auf*** fix one's eyes (one's gaze) on; **II.** *fig. v/refl.*: ***sich*** ~ ***auf*** *Augen*: a) fix (themselves) on, b) be glued to; ***sich an j-s Fersen*** ~ stick hard on s.o.'s heels; **Hefter** *m* **1.** (*Ordner*) file; **2.** (*Heftmaschine*) stapler.

Heft|faden *m*, **~garn** *n* tacking thread.

heftig I. *adj.* violent; (*stürmisch*) *a.* vehement; (*wild, erbittert*) fierce; (*leidenschaftlich*) passionate; (*reizbar*) hot-tempered; (*wütend*) furious; (*stark*) intense, intensive; *Kälte etc.*: sharp, severe (*a. Kritik*); *Erkältung*: bad, severe; *Worte*: angry; ***~er Regen*** heavy rain(fall) *od.* showers; ***~es Kopfweh*** a severe (*od.* splitting) headache; ***~e Kämpfe*** fierce fighting; ~ ***werden*** *Person*: lose one's temper; ***sei doch nicht gleich so*** ~ calm down, no need to get upset; **II.** *adv.* violently *etc.*; →I; ***es stürmt*** ~ there's a real storm going (*od.* outside); ***der Wind bläst*** ~ there's a strong wind blowing.

Heft|klammer *f* paper clip; *der Heftmaschine*: staple; **~maschine** *f für Fadenheftung*: stitching machine, stitcher; *für Drahtheftung*: (*a. Büro*2) stapler; **~pflaster** *n* (sticking) plaster; **~stich** *m* tack.

heftweise *adv. Buch*: in fascicles.

Heftzwecke *f* drawing pin, *Am.* thumbtack.

Hege *f* care, preservation.

Hegemonialanspruch *m* claim to hegemony; **Hegemonie** *f* hegemony, supremacy.

hegen *v/t.* look after; (*schützen*) protect; (*Pflanzen*) tend, look after; (*Künste, Beziehungen*) cultivate; (*Gefühle, Hoffnung*) cherish, entertain; (*Verdacht, Zweifel etc.*) have; ***Haß*** (***e-n Groll***) ***gegen j-n*** ~ harbo(u)r hatred (bear a grudge) against s.o.; ~ ***und pflegen*** take great care of, look after *s.th.* well, (*j-n*) attend to *s.o.'s* every need.

Hehl *n*: ***kein*** ~ ***machen aus*** make no secret of, make no bones about; ***kein*** ~ ***daraus machen, daß*** make no secret of the fact that, make no bones about the fact that (*od.* about *ger.*).

Hehler *m* ⚖ receiver of stolen goods, F fence; **Hehlerei** *f* receiving (of) *od.* accepting stolen goods.

hehr *lit. adj.* sublime, noble; *Person*: noble, august.

heia: ~ ***machen*** *Kindersprache*: go bye-byes; **Heia** *f*: ***in die*** ~ ***gehen*** go to beddy-byes, go bye-byes; **Heiabett** *n* bed, beddy-byes.

Heide[1] *m* heathen; *bsd. in der klassischen Antike*: pagan; *bibl.* (*Nichtjude*) gentile.

Heide[2] *f* **1.** heath(land), (**~moor**) *a.* moor (-land); **2.** → **~kraut** *n* heather.

Heidelbeere *f* ⚘ bilberry, blueberry.

Heidemoor *n* moorland.

Heiden|angst F *f*: ***e-e*** ~ ***haben*** be scared to death, F be scared stiff (***vor*** of); **~arbeit** F *f* a huge (*sl.* hell of a) job; ***das war e-e*** ~ *a.* F that was a real sweat; **~geld** F *n*: ***ein*** ~ a fortune, F a packet, pots (*od.* stacks) of money; **~lärm** F *m* F dreadful racket (*od.* din); ***ihr macht ja e-n*** ~! *a.* you'll bring the roof down in a minute.

heidenmäßig F *adv.*: ~ ***viel Geld*** F pots (*od.* stacks) of money; ~ ***schreien*** F scream blue murder, scream one's head off.

Heiden|respekt F *m*: ***e-n*** ~ ***haben vor*** have a healthy respect for, *stärker*: be scared to death of; ***sie haben e-n*** ~ ***vor ihm*** *a.* they wouldn't dare put a foot wrong when he's around; **~spaß** F *m*: ***e-n*** ~ ***haben*** F have a whale of a time (***an*** with).

Heidentum *n* heathenism; *klassisch*: paganism; (*die Heiden*) heathendom; *the* pagans *pl.*

Heideröschen *n* briar-rose.

Heidin *f* → ***Heide***[1]; **heidnisch** *adj.* heathen; *klassisch*: pagan; ***~e Bräuche*** pagan customs (*od.* rites).

Heidschnucke *f zo.* (North German) moorland sheep.

heikel *adj.* **1.** *Angelegenheit etc.*: awkward, *a. Problem*: tricky; ***heikles Thema*** delicate subject; **2.** (*wählerisch*) fussy, hard to please; (*anspruchsvoll*) choosy; ***sie ist im Essen*** ~ she's fussy about her food (*od.* what she eats), she's a fussy eater.

heil I. *adj.* (*unversehrt*) *Person*: unhurt, unharmed, safe and sound; *Sache*: undamaged, intact; (*geheilt*) healed, cured; ***~e Welt*** intact (*od.* ideal, *iro.* sugarcoated) world; ***et.*** ~ ***überstehen*** come through (s.th.) unscathed; *iro.* ***da bist du noch mal mit ~er Haut davongekommen*** you got off lightly this time; ***wieder*** ~ ***machen*** fix, mend, (*e-n verletzten Finger etc.*) *Kindersprache*: make *s.th.* better; ***wieder*** ~ ***sein*** be better; *die Vase etc.* ***ist*** ~ ***geblieben*** didn't break, is still intact (*od.* in one piece); **II.** 2 *n* welfare, well-being; *eccl.* salvation; ***sein*** ~ ***in der Flucht suchen*** take flight; ***sein*** ~ ***bei j-m*** (***mit et.***) ***versuchen*** try one's luck with s.o. (s.th.); **III.** *int. hist.* hail!

Heiland *m eccl.* Savio(u)r.

Heil|anstalt *f* sanatorium; (*Nerven*2 *etc.*) (mental) home; **~anzeige** *f* ⚕ indication; **~bad** *n* **1.** (*Kurort*) health resort, spa; **2.** (*Bad*) therapeutic bath.

heilbar *adj.* curable; ***nicht*** ~ incurable; ***es ist nicht*** ~ *a.* it can't be cured; **Heilbarkeit** *f* curability.

heilbringend *adj.* salutary.

Heilbrunnen *m* mineral spring.

Heilbutt *m* halibut.

heilen I. *v/t.* (*Krankheit, j-n*) cure; (*Wunde*) heal; *fig.* ***j-n*** ~ ***von*** cure s.o. of; ***jetzt ist er für immer geheilt*** that seems to have cured him (good and proper *od.* once and for all); **II.** *v/i.* heal; *Wunde*: *a.* heal up; **heilend** *adj.* healing; curative.

Heil|erde *f* healing earth; **~erfolg** *m* successful cure (*od.* treatment), success; ***damit hat man gute ~e erzielt*** it has proved a successful cure; **~fasten** *n* **1.** fasting (cures *pl.*); **2.** (*Kur*) fasting cure.

heilfroh F *adj.* really glad; (*erleichtert*) *a.* relieved; ***ich war*** ~, ***als ich wegkam*** I was glad (*od.* relieved) to get away.

Heil|gymnast(in *f*) *m* physiotherapist; **~gymnastik** *f* physiotherapy.

heilig *adj.* holy; (*Gott geweiht*) sacred; (*geheiligt, geweiht*) hallowed; (*fromm*) pious, devout; (*feierlich*) solemn; (*unverletzlich*) sacred, inviolable, sacrosanct; (*ehrwürdig*) venerable; *vor Eigennamen*: Saint (*abbr.* St); ***der ~e Antonius*** St Anthony; ***2er Abend*** Christmas Eve; ***das 2e Römische Reich*** the Holy Roman Empire; ***der 2e Geist*** (***Stuhl, Vater***) the Holy Spirit *od.* Ghost (See, Father); ***das 2e Grab*** the Holy Sepulchre; ***das 2e Land*** the Holy Land; ***die 2e Schrift*** the Bible, the Scriptures *pl.*; ***~e Pflicht*** sacred duty; ***ihm ist nichts*** ~ nothing is sacred to him; ***schwören bei allem, was*** ~ ***ist*** swear by all that is holy; F ~ ***tun*** act the saint; → ***Jungfrau, Kuh***; **2abend** *m* Christmas Eve.

heiligen *v/t.* hallow, sanctify; (*heilighalten*) hold *s.th.* sacred; → ***Zweck.***

Heiligen|bild *n* depiction (*od.* picture, statue) of a saint; **~figur** *f* figure (*od.* statue) of a saint; **~leben** *n* life of a saint;

~**legende** *f* life (*od.* legend) of a saint; ~**schein** *m* halo, gloriole; ~**verehrung** *f* worship of saints.

Heilige(r *m*) *f* saint (*a. weitS.*).

heilighalten *v/t.* hold *s.th.* sacred; (*Sonntag etc.*) keep *s.th.* (holy), observe.

Heiligkeit *f* holiness, sanctity, sacredness; *Person*: saintliness; ***Seine*** ~ (*der Papst*) His Holiness.

heiligsprechen *v/t.* canonize; **Heiligsprechung** *f* canonization.

Heiligtum *n* (*Stätte*) (holy) shrine; (*Gegenstand*) (sacred) relic; *fig.* something sacred; F *hum.* (*Zimmer*) sanctum.

Heiligung *f* hallowing, sanctification (*a. fig.*).

Heilklima *n* healthy climate.

Heilkraft *f* healing power(s *pl.*); **heilkräftig** *adj.* curative.

Heil|kraut *n* medicinal herb; ~**kunde** *f* medicine, therapeutics *pl.* (*sg. konstr.*).

heillos F **I.** *adj.* dreadful, F unholy; ***dort herrscht ein ~es Durcheinander*** F the place is an absolute shambles, it's absolutely chaotic there; **II.** *adv.* hopelessly; ~ ***verschuldet*** up to one's neck in debt.

Heilmethode *f* (method of) treatment, therapy, cure.

Heilmittel *n* remedy, cure (***gegen*** for; *a. fig.*); medicine; ~**kunde** *f*, ~**lehre** *f* pharmacology.

Heil|pflanze *f* medicinal plant (*od.* herb); ~**pflaster** *n* healing (*od.* medicated) plaster; ~**praktiker** *m* non-medical practitioner; ~**quelle** *f* mineral spring; ~**salbe** *f* healing ointment.

heilsam *fig. adj.* salutary; *iro.* ***das wäre sehr ~ für ihn*** that would do him good, he could do with (s.th. like) that; **Heilsamkeit** *fig. f* salutary nature (*od.* effect).

Heils|armee *f* Salvation Army; ~**botschaft** *f* gospel (*a. fig.*).

Heil|schlaf *m* healing sleep; (*Verfahren*) hypnotherapy; ~**serum** *n* ⚕ antiserum.

Heils|geschichte *f eccl.* history of salvation, Heilsgeschichte; ~**lehre** *f eccl.* doctrine of salvation.

Heil|stätte *f* sanatorium, *Am.* sanitarium; ~**trank** *m* medicinal potion; ~**- und Pflegeanstalt** *f* **1.** sanatorium, *Am.* sanitarium; **2.** mental home (*od.* institution).

Heilung *f* cure; (*das Heilen*) curing, *von Wunden*: healing; (*Genesung*) recovery.

Heilungs|aussichten *pl.*, ~**chancen** *pl.* chances of recovery; ~**prozeß** *m* healing process; (*Genesung*) recovery; ~**quote** *f* cure rate.

Heil|verfahren *n* (medical) treatment, therapy; ~**wasser** *n* healing water(s *pl.*); ~**wirkung** *f* therapeutic effect.

Heim I. *n* **1.** home (*a. Anstalt*); **2.** (*Studenten*≈) students' hostel, *bsd. auf dem Universitätsgelände*: hall of residence, *Am.* dormitory; **3.** (*Vereins*≈) club(house); (*Erholungs*≈) recreation cent|re (*Am.* -er); **4.** (*Obdachlosen*≈) hostel; **II.** ≈ *adv.* home; ~**abend** *m* social (evening); ~**arbeit** *f* homework, outwork; *weitS.* cottage industry; ~**arbeiter(in** *f*) *m* homeworker, outworker.

Heimat *f* home; (~*land*) *a.* home country; (~*stadt*) *a.* home town; ⚘ habitat; ***zweite*** ~ second home, F home from home; ~**adresse** *f*, ~**anschrift** *f* home address; ~**dichter** *m* regional writer; ~**dichtung** *f* regional literature; ~**erde** *f* native soil; ~**film** *m* (*sentimental*) *film with a regional background*; ~**forscher** *m* local historian; ~**forschung** *f* local heritage studies *pl.*; ~**hafen** *m* home port; ~**kunde** *f ped.* local studies *pl.*; ~**land** *n* home country, homeland.

heimatlich *adj.* home ...; (~ *anmutend*) like home, *Am.* hom(e)y; ***~er Boden*** *one's* native soil; ***~e Klänge*** familiar sounds; ***das sind ~e Klänge*** *a.* it sounds just like home.

heimatlos *adj.* homeless; (*ausgestoßen*) outcast; (*entwurzelt*) uprooted.

Heimat|museum *n* local heritage museum; ~**ort** *m* home town (*od.* village); ~**recht** *n* right of abode; ~**roman** *m novel set in a regional background*; ~**sprache** *f* native language (*od.* tongue), mother tongue; ~**staat** *m* native country, country of origin; ~**stadt** *f* home town; ~**verband** *m* homeland association; *association of regional compatriots stemming from Germany's former eastern territories*; ≈**verbunden** *adj.* tied to one's roots; ~**vertriebene(r** *m*) *f* displaced person, expellee (*from one of Germany's former eastern territories*).

heim|begeben *v/refl.*: ***sich*** ~ make one's way home; ~**begleiten**, ~**bringen** *v/t.* see (*od.* take) *s.o.* home.

Heimchen *n* **1.** *zo.* (house) cricket; **2.** *contp.* ***ein*** ~ (***am Herd***) (just a) housewife, an ordinary housewife.

heimelig *adj.* cosy, *Am.* cozy, hom(e)y.

Heimerziehung *f* upbringing in an institution, institution upbringing.

heimfahren *v/i.* go home; *nach Urlaub*: *a.* go back; *mot.* (*a. v/t.*) drive home (*od.* back); **Heimfahrt** *f* ride (*länger*: journey) back *od.* home, return journey (*länger*: *a.* trip); ***auf der*** ~ *a.* on the (*od.* our *etc.*) way back.

Heimfall *m* ⚖ reversion, escheat; **heimfallen** *v/i.* revert (***an*** to).

heim|finden *v/i.* find one's way home; ~**führen** *v/t.* **1.** take *s.o.* home; **2.** *obs. als Frau*: marry; ≈**gang** *m* (*Tod*) death, decease; ≈**gegangene(r** *m*) *f* departed, deceased; ~**gehen** *v/i.* **1.** go home; **2.** *fig.* (*sterben*) die, pass away; ~**geigen** F *v/i.*: ***j-m*** ~ (*zurechtweisen*) F tell s.o. what's what, (*abweisen*) F tell s.o. where to go; ***der soll sich gleich ~ lassen*** F he can go jump in the lake; ~**gesucht** *p.p. u. adj.* → ***heimsuchen***; ~**holen** *v/t.* fetch home; *fig.* ***heimgeholt werden*** (*sterben*) be called to one's Maker; ≈**industrie** *f* cottage industry.

heimisch *adj.* home ...; ⚘ *etc.* native, indigenous; ***~e Gewässer*** home waters; ~ ***sein in*** be indigenous to, (*wohnen, leben*) live in, *a. fig.* be at home in; ~ ***werden*** acclimatize o.s. (***in*** to); ***sich ~ fühlen*** feel at home; *auch nach 5 Jahren* ***fühlte er sich nicht*** ~ *a.* he didn't feel he belonged (there), he felt no sense of belonging.

Heimkehr *f* return, homecoming; **heimkehren** *v/i.* come (*od.* return) home, come back; **Heimkehrer** *m* homecomer; (*Kriegsgefangener etc.*) returnee.

Heim|kind *n* institution child; ~**kino** *n* cine-projector, movie-projector; (*Vorführung*) movie-night; (*Fernseher*) F *the* box; ≈**kommen** *v/i.* → ***heimkehren***; ~**kunft** *f* → ***Heimkehr***; ~**leiter(in** *f*) *m* director (of a home); *Internat*: a) warden, b) headmaster, *f* head-mistress; ≈**leuchten** F *fig. v/i.*: ***j-m*** ~ (*zurechtweisen*) F tell s.o. what's what, (*abweisen*) F tell s.o. where to go.

heimlich I. *adj.* (*geheim*) secret; (*verborgen*) *a.* hidden; (*verstohlen*) surreptitious, furtive; (*verboten*) clandestine; (*getarnt*) undercover ...; **II.** *adv.* secretly *etc.*; → I; F on the quiet (*a.* ~, ***still und leise***); (*innerlich*) inwardly; ***j-n ~ anblicken*** steal a (furtive) glance at s.o.; ***sich ~ entfernen*** sneak (*od.* slip) away; **Heimlichkeit** *f* secrecy; ~**en** secrets.

Heimlichtuer *m* mystery-monger; **Heimlichtuerei** *f* secretiveness, mysteriousness; **heimlichtun** *v/i.* be very secretive (***mit*** about), make a mystery (out of).

heim|müssen *v/i.* have to go home; ~**nehmen** *v/t.* take home; ≈**niederlage** *f Sport*: home defeat; ≈**orgel** *f* electric organ.

Heimreise *f* journey home, return trip (*od.* journey); ***auf der*** ~ *a.* on the (*od.* our *etc.*) way home; ***die ~ antreten*** set off (for) home; **heimreisen** *v/i.* go (*od.* drive, fly *etc.*) home.

heim|schicken *v/t.* send home; ≈**sieg** *m Sport*: home win; ≈**sonne** *f* sun-ray (*od.* UV) lamp; ≈**spiel** *n Sport*: home game; ≈**stätte** *f* home; (*Land*) *a.* homeland; ***nationale*** ~ national home.

heimsuchen *v/t.* hit, strike, *bibl.* visit; (*zerstören*) ravage; *Geister*: haunt (*a. fig. das Gemüt*); *Ungeziefer*: descend on (*a. hum. besuchen*); ***heimgesucht von*** struck *etc.* by; ***heimgesucht werden von*** *a.* suffer *severe drought etc.*, *e-r Krankheit*: come down with; ***von Dürre*** (***Krieg***) ***heimgesucht*** drought-stricken (war-torn); ***vom Streik heimgesucht*** strike-ridden; **Heimsuchung** *f* disaster; ~ ***Gottes*** divine retribution; *eccl.* ~ ***Mariä*** *the* Visitation.

heimtragen *v/t.* carry home; ***wie wollen wir das ~?*** how are we going to get it home?

Heimtrainer *m Gerät*: home exerciser.

Heimtücke *f* (*Hinterlist*) insidiousness; (*Boshaftigkeit*) malice, maliciousness; (*Verrat*) treachery; **heimtückisch** *adj.* insidious (*a. fig. Krankheit*); (*boshaft*) malicious; *Tat*: treacherous (*a. fig. Straße etc.*).

Heimvorteil *m a. fig.* home advantage.

heimwärts *adv.* homeward(s), home; ***sie gingen gerade*** ~ they were on their (*od.* the) way home.

Heim|weg *m* way home; ***auf dem*** ~ on the (*od.* my *etc.*) way home; ***sich auf den ~ machen*** set off (for) home; ~**weh** *n* homesickness; ~ ***haben*** be homesick; ~ ***haben nach*** *a.* pine for (*od.* after), (*a. j-m*) yearn for; ~**werker** *m* do-it-yourselfer, DIYer, handyman.

heimzahlen *v/t.*: ***j-m et.*** ~ get one's own back on s.o. for s.th.

Hein *m*: ***Freund*** ~ the Grim Reaper, Death.

Heini F *contp. m* idiot, F twerp; ***komischer*** ~ F queer customer.

Heinzelmännchen *pl. etwa the* little people, fairies.

Heirat *f* marriage; ***gute*** ~ (*Partie*) good match; **heiraten I.** *v/i.* get married, marry; **II.** *v/t.* marry, get married to.

Heirats|absichten *pl.* marriage plans; ~ ***sich mit ~ tragen*** be thinking of getting (*od.* be planning to get) married; ~**alter** *n*: (***durchschnittliches*** ~ average) age at marriage; **~annonce** *f* marriage ad; **~antrag** *m* (marriage) proposal; *j-m* ***e-n ~ machen*** propose to, F pop the question to; **~anzeige** *f* **1.** marriage announcement; **2.** → ***Heiratsannonce***; **&fähig** *adj.* marriageable; ***in ~em Alter*** of marriageable age; **~institut** *n* marriage bureau; **~kandidat** *m* **1.** groom-to-be; **2.** eligible young man; **~kandidatin** *f* **1.** bride-to-be; **2.** marriageable young woman; **&lustig** *adj.* keen to get married; **~markt** *m* **1.** *Zeitung*: marriage ads *pl.*; **2.** marriage (*contp.* F cattle) market; **~muffel** F *m* confirmed bachelor; **~pläne** *pl.* → ***Heiratsabsichten***; **~schwindel** *m* marriage fraud; **~schwindler(in** *f*) *m* marriage impostor; fortune hunter; **~urkunde** *f* marriage certificate; **~urlaub** *m* wedding leave; **~vermittler(in** *f*) *m* marriage broker; **~vermittlung** *f* marriage brokerage (*od.* bureau); **~ziffer** *f* marriage rate.

heischen *v/t.* (*erbitten*) ask for; (*fordern*) demand.

heiser *adj.* hoarse; (*belegt*) husky; (*krächzend*) croaky; ***sich ~ reden (schreien)*** talk (shout) o.s. hoarse; **Heiserkeit** *f* hoarseness; huskiness.

heiß I. *adj.* hot; *Zone*: torrid; *fig.* (*leidenschaftlich*) fiery, *Liebesaffäre*: *a.* passionate; (*heftig*) vehement, fierce; (*inbrünstig*) fervent; (*brünstig*) on heat; ***glühend ~*** red-hot, *Sonne etc.*: scorching; ***~es Blut*** hot blood (*od.* temper); ***~er Krieg*** shooting war; F ***~e Musik*** hot sounds (*od.* rhythms); ***~er Sommer*** *fig.* long, hot (*od.* turbulent) summer; ***~e Spur*** hot trail; ***~es Thema*** (highly) controversial issue; ***~er Tip*** hot tip; F ***~er Typ*** F hunk; ***~e Ware*** hot goods; ***~ machen*** heat (up); ***~e Tränen weinen*** weep bitterly; ***mir ist ~*** I'm hot; ***mir wird ~*** I'm getting hot; ***ihm wurde ~ und kalt (vor Angst)*** he went hot and cold (with fear); ***das Kind ist ganz ~*** the baby feels hot; ***sie haben sich die Köpfe ~ geredet*** they talked themselves silly, they talked till they were blue in the face, (*haben sich gestritten*) F they went at it hammer and tongs; ***was ich nicht weiß, macht mich nicht ~*** ignorance is bliss; ***es wird nichts so ~ gegessen, wie es gekocht wird*** things are never as bad as they look; F ***ganz ~ sein auf*** F be wild about; *sl.* ***echt ~!*** *sl.* brill!; → ***Draht, Eisen, Hölle*** *etc.*; **II.** *fig. adv.* (*leidenschaftlich*) fervently, ardently; ***~ (und innig) lieben*** love *s.o.* madly, (*a. Sache*) adore, F be wild about; *et.* ***~ ersehnen*** long for (fervently); ***~ begehrt sein*** ✝ *etc.* be in great demand; ***die Stadt ist ~ umkämpft*** fierce battles are being fought over the town; F ***den haben sie wohl zu ~ gebadet*** F they must have dropped him on his head when he was a baby; → ***hergehen*** 2; **~begehrt** *adj.* coveted; **~blütig** *adj.* (*impulsiv*) hot-blooded; (*leidenschaftlich*) passionate, fiery.

heißen¹ I. *v/i.* be called; (*bedeuten*) mean; ***ich heiße ...*** my name is ...; ***wie heißt du?*** what's your name?; ***wie heißt das?*** what's that called?; ***wie heißt das auf englisch?*** what's that (called) in English?; ***wie heißt ... auf englisch?*** *a.* what's the English (word *od.* expression) for ...?; ***das heißt*** (*abbr.* ***d.h.***) that is (to say) (*abbr.* i.e.); ***das hieße*** (*od.* ***würde ~***) that would mean; ***das will (et)was ~*** that's saying something; ***das will nicht viel ~*** that doesn't mean much; ***was heißt das schon?*** so?, that doesn't mean a thing; ***es heißt, daß*** they say that, apparently; ***es heißt in dem Brief*** it says in the letter, the letter says; ***das soll nicht ~, daß*** that doesn't mean (to say) that; ***es soll nicht ~, daß*** I don't want it to be said that; ***damit es nicht (nachher) heißt, ...*** so that nobody can say ...; ***nun heißt es handeln*** *etc.* the situation calls for action *etc.*, it's time to act *etc.*; ***soll das ~, daß ...?, das heißt also, daß ...*** does that mean (that) ...?, do you mean to say (that) ...?; ***das heißt doch nicht etwa, daß ...?*** you don't mean to say (that) ...?; ***was soll das eigentlich ~?*** what's this all about?, F what's the big idea?; **II.** *lit. v/t.* (*nennen*) call; ***j-n et. tun ~*** tell s.o. to do s.th.; ***das heiße ich e-e gute Nachricht*** that's what I call good news; → ***willkommen.***

heißen² *v/t.* ⚓ hoist.

heiß|ersehnt *adj.* longed-for; *Brief etc.*: *a.* long-awaited; **~geliebt** *adj.* dearly (*stärker*: passionately) loved; ***~e(r) ...*** dearly beloved ...

Heißhunger *m* (sudden) craving (***auf, nach*** for); **heißhungrig** *adj.* ravenous, *bsd. fig.* voracious.

heißlaufen *v/i. u. v/refl.* (***sich ~***) overheat; ***der Motor ist heißgelaufen*** the engine is overheated.

Heißluft *f* hot air; **~ballon** *m* hot-air balloon; **~behandlung** *f* hot-air treatment; **~herd** *m* convection oven.

Heißsporn *fig. m* hothead.

heiß|umkämpft *adj.* embattled; *fig.* much sought-after; **~umstritten** *adj.* highly controversial; (*Thema etc.*) *a.* hotly debated.

Heißwasserbereiter *m* water heater, *Brit. a.* geyser.

heiter *adj.* (*sonnig*) bright; (*fröhlich*) cheerful; (*amüsant*) amusing, funny; humorous *story etc.*; (*abgeklärt, gelassen*) serene; F (*beschwipst*) F merry; ***~ bis wolkig*** fair to cloudy; ***~(er) werden*** *Wetter*: brighten up; ***wie aus ~em Himmel*** completely out of the blue; *iro.* ***das ist ja ~!*** F that's just (*od.* really) great; ***das kann ja ~ werden*** F looks like we're in for some fun and games; **heiter-besinnlich** *adj. Film etc.*: serio-comic, amusing but thought-provoking; ***~er Film*** *a.* contemplative (*od.* serious) comedy; **Heiterkeit** *f* cheerfulness; (*Belustigung*) amusement; (*Gelächter*) *a.* mirth; ***zur allgemeinen ~*** to everybody's amusement; **Heiterkeitserfolg** *m*: ***damit hatte er e-n ~*** it gave everyone a good laugh.

Heiz|anlage *f* heating system; **~apparat** *m* heater.

heizbar *adj.* heatable; *Zimmer*: with heating; *mot.* ***~e Heckscheibe*** heated rear windscreen (*Am.* windshield).

Heiz|decke *f* electric blanket; **~draht** *m* heating wire; **~element** *n* heating element.

heizen I. *v/t.* heat; (*Ofen*) fire; **II.** *v/i.* put (*od.* have) the heating on; *der Ofen* ***heizt gut*** heats well, gives off plenty of heat; **III.** *v/refl.*: ***sich gut ~*** *Zimmer*: get warm quickly; **Heizer** *m* boilerman; 🚂 *etc.* stoker, *Am.* fireman.

Heiz|fläche *f* heating surface; **~gebläse** *n* fan heater; **~gerät** *n* heating appliance, heater; **~kessel** *m* boiler; **~kissen** *n* electric pad.

Heizkörper *m* heater; (*Radiator*) radiator; **~verkleidung** *f* radiator cover.

Heizkosten *pl.* heating costs; **~abrechnung** *f* heating bill.

Heiz|kraftwerk *n* thermal power station; **~lüfter** *m* fan heater; **~material** *n* fuel; **~ofen** *m* stove; (electric, oil *etc.*) heater; **~öl** *n* heating oil; **~periode** *f* heating period; **~platte** *f* hotplate; **~schlange** *f* heating coil; **~sonne** *f* electric fire; **~strahler** *m* (heater-)reflector; **~strom** *m* heating current.

Heizung *f* (central) heating; (*Heizkörper*) radiator.

Heizungs|anlage *f* heating system; **~bauer** *m* heating engineer; **~keller** *m* boiler room; **~monteur** *m* heating engineer; **~rohr** *n* heating pipe; **~technik** *f* heating engineering.

Heizwert *m phys.* thermal (*od.* calorific) value.

Hektar *n* hectare.

Hektik *f des Lebens*: mad rush, frantic pace; *im Büro etc.*: commotion, hectic atmosphere; *e-r Person*: nervousness; ***in der ~*** *habe ich m-e Tasche liegenlassen*: in the general rush; ***nur keine ~!*** (just) take your time, F take it easy; ***das machen wir ohne ~*** we'll take our time, we'll take it nice and easy; ***wozu die ~?*** what's the rush?; ***sie bringt viel ~ hinein*** she makes everybody nervous; ***das ist e-e ~ heute*** it's one of those days, it's all go;

Hektiker *m*: ***er ist ein absoluter ~*** he's always rushing around like a madman; **hektisch** *adj.* hectic; *Betriebsamkeit*: frantic *activity*; *Atmosphäre*: excited, *stärker*: frenzied; *Person*: nervous; ***~es Treiben*** hustle and bustle, *stärker*: frantic activity; ***ein paar ~e Stunden*** a few frantic hours.

Hektoliter *m, n* hectolit|re (*Am.* -er).

Held *m* hero; *thea., e-s Romans etc.*: protagonist; (*Vorkämpfer*) champion; *fig.* ***~ des Tages*** man of the moment; F ***er ist kein ~ in Mathematik*** F he's not the world's best mathematician; ***den ~en spielen*** *thea.* play the hero, *fig. iro.* act the hero('s part); *iro.* ***das ist vielleicht ein ~!*** some hero he is.

Helden|dichtung *f* epic poetry; **~epos** *n* epic (poem).

heldenhaft *adj.* heroic(ally *adv.*).

Heldenmut *m* bravery, heroism; **heldenmütig** *adj.* heroic(ally *adv.*).

Helden|rolle *f thea.* part of a (*od.* the) hero; **~sage** *f* saga; **~stück** *n* → **~tat** *f* heroic deed; F ***nicht gerade e-e ~*** F nothing to write home about; **~tenor** *m* heroic tenor, Heldentenor; **~tod** *m* he-roic death; ⚔ death in action; ***den ~ sterben*** die a hero's death, ⚔ be killed in action.

Heldentum *n* heroism.

Heldenverehrung *f* hero worship.

Heldin *f* heroine (*a. thea.*).

heldisch *adj.* heroic(ally *adv.*).

helfen *v/i.* help (***j-m*** s.o.; ***bei*** with); (*behilflich sein*) *a.* lend *s.o.* a hand; (*nutzen*) help, be of use; ***j-m et. tun ~*** help s.o. (to) do s.th.; ***kann ich irgendwie ~?*** is there anything I can do?, can I (be of any) help?; ***im Haushalt ~*** help (out) with the housework; ***~ gegen*** (*od.* ***bei***) *et.*: be good for; ***j-m über die Straße ~*** help s.o. across the road; ***j-m aus dem (in den) Mantel*** ~ help s.o. off (on) with his (*od.* her) coat; ***j-m aus e-r Verlegenheit*** ~ help s.o. out of a difficulty; ***j-m bei der Arbeit*** ~ help s.o. with his (*od.* her) work; ***da ist nicht zu*** ~ there's nothing you can do (about it); ***das hilft mir wenig*** that's not much help; ***hat's was geholfen?*** was it any use (*a. Mittel*: good)?; ***es hat nichts geholfen*** it was no good, *a. Mittel, Tadel etc.*: it didn't help, it didn't do any good; ***er weiß sich zu*** ~ he can cope, he can look after himself; ***er weiß sich immer zu*** ~ he's never at a loss as to what to do; ***er weiß sich nicht (mehr) zu*** ~ he's at a loss as to what to do, *stärker*: he's at his wits' end; ***sie läßt sich von niemandem*** ~ she won't accept anybody's help, she won't let anybody help her; ***es hilft nichts*** it's no use; ***da hilft kein Jammern*** it's no use complaining; ***da hilft nur eins*** there's only one thing for it; ***was hilft es, wenn*** what's the use of *ger.*; ***es hilft alles nichts, wir müssen gehen*** we've got to go whether we like it or not; ***ich kann mir nicht*** ~ I can't help it; ***ich kann mir nicht ~, ich muß einfach lachen*** I can't help laughing (about it); ***ihm ist nicht (mehr) zu*** ~ there's no hope for him, *iro. a.* he's hopeless, F he's a dead loss; *iro.* ***ihm werd' ich schon*** ~ I'll show him; ***dir werd' ich ~!*** *warnend*: just you try; ***das half*** (*wirkte*) that worked, F that did the trick.

Helfer *m* helper; (*Gehilfe*) assistant; *fig.* (*Hilfe*) help; ***ein ~ in der Not*** a friend in need.

Helfershelfer *m* accomplice, F stooge.

Helikopter *m* helicopter.

Heliograph *m* heliograph; **Heliographie** *f* heliography.

Helioskop *n* helioscope.

Heliotrop *n* heliotrope.

heliozentrisch *adj.* heliocentric(ally *adv.*).

Helium *n* helium.

hell I. *adj. Licht, Himmel*: bright; (*leuchtend*) shining; *Farbe*: light (*a. Haarfarbe*); *Hautfarbe*: fair; *Kleidung*: light-colo(u)red; *Klang*: clear; *Vokal*: bright; *fig.* (F *a.* **helle**) bright, clever; ***~es Bier*** *etwa* lager; ***es wird*** ~ *morgens*: it's getting light, *nach Regen etc.*: it's brightening up (again); ***es ist schon*** ~ it's light (already), the sun's up (already); *fig.* ***~er Neid*** pure envy; ***er ist ein ~er Kopf*** F he's a bright young spark; ***er hatte s-e ~e Freude daran*** he really enjoyed it; ***das ist ja ~er Wahnsinn*** that's (sheer) madness, F that's (absolutely) crazy; ***in ~er Verzweiflung*** out of sheer desperation; **II.** *adv. leuchten, Lampe etc.*: brightly, *Mond etc.*: bright; → *a.* ***hellauf.***

hellauf *adv.*: ***sie waren ~ begeistert*** they thought it was tremendous, *von e-r Idee etc.*: they were all for it.

hellblau *adj.*, **Hellblau** *n* light blue.

hellblond *adj.* very fair.

Helldunkel *n Kunst*: chiaroscuro.

helle F *adj.* bright, clever.

Helle *f* (bright) light; brightness.

Helle(s) F *n etwa* lager.

Hellebarde *f hist.* halberd.

Hellene *m* Hellene, (ancient) Greek; **Hellenentum** *n* Hellenism, Hellenic culture; **hellenisieren** *v/t.* Hellenize; **Hellenismus** *m* Hellenism; **Hellenist** *m* Hellenist, Greek scholar; **Hellenistik** *f* ancient (*od.* classical) Greek, Greek studies *pl.*; **hellenistisch** *adj.* Hellenistic.

Heller *m*: ***es ist keinen ~ wert*** it's not worth a cent; ***er besitzt keinen roten*** ~ he hasn't got a penny to his name, *Am.* he doesn't have a red cent; ***auf ~ und Pfennig*** down to the last penny (*od.* cent).

helleuchtend *adj.* (*getr.* ***ll-l***) bright(ly shining).

hell|farbig *adj.* light(-colo[u]red); **~gelb** *adj.* pale (*od.* straw) yellow; **~grün** *adj.* light green; **~haarig** *adj.* fair-haired; **~häutig** *adj.* light-skinned, fair-skinned; **~hörig** *adj.* **1.** *Person*: (*empfänglich*) sensitive (***für*** to); (*aufmerksam*) alert (to); ***~ sein*** *a.* have keen senses; ***~ werden*** prick up one's ears; ***da wurde er*** ~ that made him sit up straight (*od.* prick up his ears); ***sie ist für solche Dinge sehr*** ~ she picks that kind of thing up very quickly; **2.** *Wand*: wafer-thin; *Haus etc.*: badly soundproofed; ***die Wand ist sehr*** ~ *a.* you can hear (virtually) everything through that wall; ***das Haus ist sehr*** ~ *a.* the house has got very thin walls, you can hear (virtually) everything in this house.

hellicht *adj.* (*getr.* ***ll-l***): ***am ~en Tage*** in broad daylight.

Helligkeit *f* brightness (*a. TV*); *phys.* light intensity.

Helligkeits|regelung *f*, **~regler** *m TV* brightness control.

Helling *f* ⚓ slip(way); ✈ (assembly) cradle.

hell|klingend *adj.* clear-sounding; **~rosa** *adj.* pale pink; **~rot** *adj.* light red.

hellsehen I. *v/i.* have second sight (*od.* psychic powers), be clairvoyant, be psychic; **II.** 2 *n* clairvoyance; **Hellseher(in** *f*) *m*, **hellseherisch** *adj.* clairvoyant, psychic.

hellsichtig *adj.* perceptive; (*klug*) shrewd; **Hellsichtigkeit** *f* perceptiveness; (*Klugheit*) shrewdness.

hellwach *adj.* wide-awake (*a. fig.*).

Helm *m* **1.** (*Schutz*2 *etc.*) helmet; **2.** ⚠ cap, *spitzer*: *a.* spire; **~dach** *n* helm roof.

Helvetismus *m ling.* Helveticism.

Hemd *n* shirt; (*Unter*2) vest, *Am.* undershirt; *fig.* ***j-m sein letztes ~ geben*** give s.o. the shirt off one's back; ***er hat kein (ganzes) ~ mehr auf dem Leib*** he hasn't got a shirt to his back; ***j-n bis aufs ~ ausziehen*** fleece s.o.; F ***mach dir nicht ins ~!*** F no need to wet yourself; **~bluse** *f* shirt; **~brust** *f* shirt front; **~kleid** *n* shirtwaister.

Hemdsärmel *m* shirt sleeve; ***in ~n*** in one's shirt sleeves; **hemdsärmelig** *adj.* shirt-sleeved; *fig.* casual, shirt-sleeve ...; **Hemdsärmeligkeit** *f* (over)casual manner.

Hemisphäre *f* hemisphere.

hemmen *v/t.* (*aufhalten*) stop; (*behindern*) impede, hamper; (*Fortschritt*) *a.* check; (*Entwicklung*) hold back; *seelisch*: inhibit; (*Leidenschaften*) check, restrain; ⚕ (*Blut*) sta(u)nch; ***sich gegenseitig*** ~ hold each other back; → ***gehemmt***; **hemmend** *adj.* obstructive; hampering, impeding; *psych. etc.* inhibitory; **Hemmer** *m biol., physiol. etc.* inhibitor; **Hemmnis** *n* obstacle.

Hemm|schuh *m* brake shoe; *fig.* obstacle (***für*** to), impediment (to); **~schwelle** *f psych.* inhibition threshold; ***e-e ~ überwinden*** overcome one's inhibitions.

Hemmung *f* **1.** (*Scheu*) inhibition; (*Skrupel*) scruple; ***~en haben*** be inhibited; ***ohne ~en*** uninhibited(ly); ***nur keine ~en!*** don't be shy!; ***~en haben zu*** *inf.* have inhibitions (*od.* scruples) about *ger.*, (*sich genieren*) feel awkward about *ger.*; ***keine ~en haben zu*** *inf.* have no compunction (*od.* inhibitions, scruples) about *ger.*; ***die haben überhaupt keine ~en*** F they don't give a damn; **2.** hampering; checking *etc.*; → ***hemmen***; **3.** (*Lade*2) jam, stoppage; **4.** ⚙ stop, catch; *e-r Uhr*: escapement.

hemmungslos *adj.* (*skrupellos*) unscrupulous; (*ungezügelt*) unrestrained; ***~ sein*** (*ohne Skrupel*) *a.* have no scruples, (*ohne Scham*) have no sense of shame; **Hemmungslosigkeit** *f* shamelessness; shameless behavio(u)r.

Hendl *dial. n* chicken.

Hengst *m* stallion; F *fig.* stud; **~fohlen** *n*, **~füllen** *n* colt.

Henkel *m* handle; **~krug** *m* jug; **2los** *adj.* without a handle; **~mann** F *m* **1.** (*Topf*) F canteen; **2.** (*tragbare Hi-Fi-Anlage*) F ghetto-blaster.

henken *v/t.* hang; **Henker** *m* executioner; F ***scher dich zum ~!*** F go to hell!; F ***zum ~!*** F to hell with it!; F ***wer zum ~?*** F who the hell?

Henkers|beil *n* executioner's axe; **~knecht** *m* executioner's assistant; *fig.* henchman; **~mahlzeit** *f* condemned man's breakfast (*od.* last meal); *fig.* final binge.

Henna *f*, *n* henna; **2rot** *adj.* henna (-colo[u]red), hennaed.

Henne *f* hen.

Hepatitis *f* ⚕ hepatitis.

her *adv.* **1.** ***von ...*** ~ from; ***er ist von weit ~ gekommen*** he's come a long way; ***von oben*** ~ from above; ***von links*** ~ from the left; → ***herhaben, hersein*** 2; **2.** ***j-n von früher ~ kennen*** know s.o. from before; → *a.* ***hersein*** 1; **3.** ***~ damit!*** give it to me!, hand it over!; **4.** ***um mich*** ~ around me, round about me; **5.** *fig.* ***von ...*** ~ from the point of view of; ***vom Technischen*** ~ from a technical point of view, technically (speaking); ***vom Inhalt*** ~ as far as the content goes, F contentwise.

herab *adv.* → *a.* ***hinab, herunter***; *in Zssgn mst ...* down; ***von oben*** ~ from above, *fig.* from on high, condescendingly; **~blicken** *v/i.* → ***herabsehen***; **~brechen** *v/t.* break off; **~gesetzt** *adj. Preise*: reduced, cut-rate ...; *Ware*: reduced, cut-price ...; ***zu ~en Preisen*** at reduced prices, cut-rate ...; **~hängen** *v/i.* → ***herunterhängen***; **~kommen** *v/i.* → ***herunterkommen.***

herablassen I. *v/t.* let down, lower; **II.** *fig. v/refl.*: ***sich*** ~ lower o.s., ***zu:*** deign (*od.* condescend, stoop) to *talk to s.o. etc.*; **herablassend** *adj.* (*u. adv.*) condescending(ly); ***~e Art*** condescending attitude (*od.* approach); **Herablassung** *f* condescension; ***j-n mit ~ behandeln*** patronize s.o., be (very) patronizing towards s.o.

herab|mindern *v/t.* reduce, diminish; (*Wert, Leistung etc.*) belittle; (*bagatellisieren*) minimize; **~sehen** *v/i.*: ***~ auf*** *a. fig.* look down on.

herabsetzen *v/t.* (*verringern*) reduce, lower; ✝ reduce (in price); (*kürzen*) cut (back); *fig.* (*j-n*) disparage, run down; (*Leistung*) belittle; → ***herabgesetzt***; **herabsetzend** *adj.* (*u. adv.*) disparaging(ly); **Herabsetzung** *f* lowering, reduction (*a.* ✝); (*Kürzung*) *a.* cut (**von** in); *fig.* disparagement.

herab|steigen *v/i.* descend, walk (*od.* climb, come) down; *vom Pferd*: dismount; **~stürzen** → ***herunterstürzen***; **~tropfen** *v/i.* drip (onto the ground *od.* floor *etc.*); ***von e-m Baum ~*** drip from a tree.

herabwürdigen *v/t.* degrade (**sich** o.s.), lower (o.s.); **herabwürdigend I.** *adj.* disparaging; **II.** *adv.* disparagingly; ***~ behandeln*** *a.* treat with disdain; **Herabwürdigung** *f* degradation.

Heraldik *f* heraldry; **heraldisch** *adj.* heraldic.

heran *adv.* near, close; ***~ an*** up (*od.* close, next) to; ***mehr links ~*** more (*od.* closer) to the left; ***nur ~!*** come closer!; **~arbeiten** *v/refl.*: ***sich ~ an*** work one's way forward to (*od.* through towards, *fig.* towards); **~bilden I.** *v/t.* **1.** train (**zu** to be); **II.** *v/refl.*: ***sich ~*** **2.** be in the making; **3.** train (**zu** to be); **~bringen** *v/t.* bring (**an** [up] to); *fig.* → ***heranführen***; **~drängen** *v/refl.*: ***sich ~*** push forward (**an** towards); **~fahren** *v/i.* drive up (**an** to); **~führen** *v/t.* lead, take (**an** to); (*Werkzeug etc.*) bring (to); *fig.* ***j-n*** (***langsam***) ***an et. ~*** introduce s.o. to s.th. (gradually); **~gehen** *v/i.*: ***~ an*** go up to; *fig.* approach, tackle; ***geh nicht so nah heran*** don't go too close; **~holen** *v/t.* fetch, get; *phot.* zoom in on; **~kämpfen** *v/refl.*: ***sich ~*** *Sport*: close in (**an** on), pull up (to); **~kommen** *v/i.* come up, approach; ***~ an*** come up to; *mit der Hand*: reach, get hold of; (*Zugang haben zu*) (*Stelle etc.*) be able to get (through) to, (*j-n, et.*) be able to get at (*od.* get hold of); *fig.* (*heranreichen an*) come up to, (*e-e Zahl etc.*) come near, approach; ***die Sache*** (*od.* ***es***) ***an sich ~ lassen*** wait and see; ***er*** (***es***) ***kommt nicht an ... heran*** *a.* he (it) can't touch ...; ***er kommt an sie nicht heran*** *a.* he can't hold a candle to her; **~lassen** *v/t.*: ***er läßt niemanden an sich*** (***s-e Bücher***) ***heran*** he won't let anyone (come) near him (touch his books); → *a.* ***ranlassen***; **~machen** *v/refl.*: ***sich ~ an*** (*et.*) set to work on, get going on; (*j-n*) sidle up to, *fig.* approach, *schmeichelnd*: make up to, *beeinflussend*: start working on; **~nahen I.** *v/i.* approach, draw near; **II.** ≈ *n* approach; **~pirschen** *v/refl.*: ***sich ~ an*** stalk (up on), (*j-n*) stalk (*od.* creep, sneak) up on; **~reichen** *v/i.*: ***~ an*** reach, *Wasser etc.*: *a.* come up to; *fig. leistungsmäßig*: come up to, equal; (*angrenzen an*) come (very) close to; ***sie reicht ihm bis an die Schulter heran*** she comes up to his shoulders; *fig.* ***sie reicht lange nicht an ihn heran*** she can't touch him, she can't hold a candle to him; ***der Film reicht lange nicht an s-n letzten heran*** the film isn't nearly as good as his last one (*od.* isn't a patch on his last one); **~reifen** *v/i. Früchte etc.*: ripen; *fig. Plan etc.*: mature; *Person*: grow up (**zu** into); *fig.* ***er reift zu e-m wahren Profi heran*** he's fast becoming a real professional; **~rücken I.** *v/t.* move (*od.* push) nearer; (*Stuhl*) pull up; **II.** *v/i.* approach, draw near (*beide a. zeitlich*); ***an j-n ~*** move up (close) to s.o.; **~schleichen** *v/refl.*: ***sich ~*** sneak (*od.* creep) up (**an** to, *j-n*: on); **~stürmen** *v/i.* come rushing up (*od.* along); **~tasten** *v/refl.*: ***sich ~ an*** grope one's way towards, *fig.* feel one's way towards, (*ein Problem etc.*) cautiously approach; **~tragen** *v/t.* bring (over); *fig.* ***et. an j-n ~*** (*Bitte, Wunsch etc.*) approach s.o. with s.th.; **~trauen** *v/refl.*: ***sich ~*** dare to go near (*od.* approach), **an**: dare to go near (*Hund etc.*: *a.* up to); ***sich nicht ~ an*** (*Hund etc.*, *a. fig. Person*) be scared of; ***ich trau' mich an die Maschine nicht heran*** I wouldn't like to tinker with the machine, *stärker*: I daren't touch the machine; *fig.* ***ich trau' mich an das Projekt nicht heran*** I don't think I can handle the project; ***er hat sich schon an schlimmere Probleme herangetraut*** he's tackled (*od.* had to deal with) worse problems than that; **~treten** *v/i.* approach (***an j-n*** s.o., *a. fig.*); ***~ an*** go (*od.* step) up to; ***es traten einige Probleme an ihn heran*** he had to face up to (*od.* was confronted with) a number of problems.

heranwachsen *v/i.* grow up; ***~ zu*** grow (up) into; ***die ~de Jugend*** the youth of today; **Heranwachsende(r** *m*) *f* adolescent; ⚖ young person.

heran|wagen *v/refl.* → ***herantrauen***; **~winken** *v/t.* wave *s.o.* over, *aus der Nähe*: motion *s.o.* to come nearer; (*Taxi*) hail; **~ziehen I.** *v/t.* **1.** pull up; **2.** (*aufziehen*) raise; (*Nachwuchs etc.*) train; **3.** *fig.* (*interessieren*) draw; *zu Diensten*: call on, enlist *s.o.*(*'s* services), (*Arbeitskräfte etc.*, *a.* ⚔) mobilize, recruit (**zu** for); (*Arzt, Fachmann*) consult, call in; (*Gelder etc.*) draw on, use; (*sich berufen auf*) cite, quote; **II.** *v/i.* approach, draw near; ⚔ *a.* advance; *Wolken*: gather.

herauf *adv.* up, upwards; (*hier ~*) up here; ***den Berg ~*** up the hill, uphill; ***den Fluß ~*** up the river, upstream; ***die Treppe ~*** up the stairs, upstairs; (***von***) ***unten ~*** from below; *in Zssgn mst* ... up; → *a.* ***empor...***; **~arbeiten** *v/refl.*: ***sich ~*** *a. fig.* work one's way up; **~begeben** *v/refl.*: ***sich ~*** go up(stairs); **~beschwören** *v/t.* **1.** (*verursachen*) bring on, provoke; ***wir wollen es nicht ~*** let's not tempt fate; **2.** (*Vergangenes*) evoke, recall, conjure up; **~bitten** *v/t.* ask *s.o.* (to come) up; **~blicken** *v/i.* look up (**zu** at); **~bringen** *v/t.* bring up(stairs); **~dämmern** *v/i. Tag*: dawn; *Morgen*: break; **≈dämmern** *fig. n* dawning; **~dringen** *v/i. Duft*: waft up; ***der Lärm drang von unten herauf*** the noise could be heard from below; **~kommen** *v/i.* come up(stairs); *Gewitter*: come up; ***die Straße ~*** come up (*od.* along) the street; **~schalten** *v/i. mot.* shift into higher gear, shift up; **~sehen** *v/i.* look up (**zu** at); **~setzen** *v/t.* raise, put up; **~steigen** *v/i.* go (*od.* climb) up; *Dämpfe etc.*: rise; *Unwetter*: come up, be brewing; **~ziehen I.** *v/t.* pull up; **II.** *v/i. Unwetter*: come up, be brewing.

heraus *adv.* out; (***~ aus***) out of; ***zum Fenster ~*** out of the window, *Am. a.* out the window; ***nach vorn ~ wohnen***: at the front; ***von innen ~*** from inside; ***aus einem Gefühl*** *der Verlassenheit etc.* ***~*** from (*od.* out of) a sense of; ***~ mit ihm!*** out with him; ***~ damit!*** (come on,) out with it; ***~ mit der Sprache!*** out with it!; ***da ~*** out there; ***geht es da ~?*** is that the way out?; ***frei*** (*od.* ***gerade, offen, rund***) ***~*** openly, (*schonungslos*) bluntly, point-blank; → ***heraushaben, heraussein***; *in Zssgn mst* ... out; **~arbeiten I.** *v/t.* work out; *aus Stein, Holz*: carve out; *fig.* (*Gedanken*) work out, *kunstvoll, umständlich*: elaborate; **II.** *v/refl.*: ***sich ~*** work one's way out (**aus** of), struggle out (of); *fig.* manage to get out (of); **~bekommen** *v/t.* **1.** get out (**aus** of); (*Geheimnis*) find out, **aus**: get out of; (*Rätsel etc.*) work out, solve; (*den Sinn*) make (*od.* figure) out; **2.** ***sein Geld wieder ~*** get one's money back; ***etwas*** (***Wechselgeld***) ***~*** get some change; ***Sie bekommen zwei Mark heraus*** you get two marks change; **~bringen** *v/t.* bring out, (*herausbekommen*) get out (**aus** of); *fig.* (*Fabrikat*) bring out, (*Buch*) *a.* publish; (*Schallplatte*) release; *thea.* produce; ***groß ~*** give *s.o. od. s.th.* a big buildup; ***sie brachte kein Wort heraus*** she couldn't say a word; **~bügeln** *v/t.* iron out; **~destillieren** *v/t.* ⚗ top, remove through distillation; *fig.* distil (**aus** from); **~drücken** *v/t.* squeeze out (**aus** of); (*die Brust*) stick out; **~fahren I.** *v/i.* come (*od.* drive) out (**aus** of); *fig. Worte*: slip out; **II.** *v/t.* drive out (**aus** of); **~fallen** *v/i.* fall out; *Sache*: *a.* drop out; **~filtern** *v/t.* filter out (*a. fig.*); **~finden I.** *v/t.* find out; (*finden*) find; **II.** *v/i. u. v/refl.* (***sich ~***) find one's way out (**aus** of); *fig.* get out (of); **~fischen** *v/t. a. fig.* fish out (**aus** of); **~fliegen** *v/i. u. v/t.* fly out (**aus** of); → ***hinausfliegen***; **~fließen** *v/i.* flow out (**aus** of).

Herausforderer *m* challenger; *pol.* rival candidate, opponent; **herausfordern** *v/t.* challenge (**zu** to); (*provozieren*) provoke (into *ger.*); ***das Unglück ~*** court disaster; ***das Schicksal ~*** tempt fate; ***zur Kritik ~*** invite criticism; ***das fordert geradezu heraus zu*** *inf.* that's an open invitation to (*doing*) *s.th.*; **herausfordernd I.** *adj.* challenging; (*trotzig*) defiant; (*aufreizend*) provocative; (*anmaßend*) arrogant; (*lockend*) inviting; ***~er Blick*** (*einladend*) F come-hither look; **II.** *adv.*: ***j-n ~ ansehen*** give s.o. a challenging look; **Herausforderung** *f* challenge (*a. fig. Aufgabe etc.*); (*Provokation*) provocation.

herausfühlen *v/t.* sense, feel; ***ich fühle es aus s-m Verhalten heraus*** I can sense from (*od.* tell by) his behavio(u)r.

Herausgabe *f* ⚖ surrender; (*Auslieferung*) delivery; *e-s Buches*: publication; **herausgeben I.** *v/t.* hand over; (*zurückgeben*) give back, return; (*Buch etc.*) publish, *als Bearbeiter*: edit; (*Briefmarken, Vorschrift etc.*) issue; (***j-m***) ***zwei Mark ~*** give s.o. two marks change; **II.** *v/i.* give s.o. change; ***können Sie ~?*** can you change this?; ***~ auf*** give change for; **Herausgeber(in** *f*) *m* publisher; (*Redakteur, Verfasser*) editor.

heraus|gehen *v/i.* go out; *Fleck*: come out; *fig.* ***aus sich ~*** come out of one's shell; **~greifen** *v/t.* pick out; (*Beispiele*) cite; ***sich*** *ein Opfer etc.* ***~*** single out; **~gucken** *v/i.* **1.** look out (**aus** of); **2.** (*zu sehen sein*) peep out; **~haben** *v/t.* have got *s.th.* out; (*festgestellt haben*) have found *s.th.* out; (*Rätsel etc.*) have solved (*od.* got) *s.th.*; ***jetzt hat er es heraus***

(*Handgriff etc.*) he's got (the hang of) it now; **~halten I.** *v/t.*: ***j-n*** **(*et.*) *aus et.* ~** keep s.o. (s.th.) out of s.th.; **II.** *v/refl.*: ***sich*** **~** keep out of it; ***sich aus et.*** **~** keep out of s.th.; ***halt dich da heraus*** don't get involved; **~hängen** *v/t. u. v/i.* hang out; **~hauen** *v/t.* knock out; (*meißeln*) carve out; *fig.* ***j-n*** **(*sich*)** ~ get s.o. (o.s.) out (***aus*** *of a difficulty etc.*); **~heben** *v/t.* lift (*od.* take) out; *fig.* → ***hervorheben***; **~helfen** *v/i.*: ***j-m*** ~ help s.o. out (*a. fig.*); **~holen** *v/t.* get out (*a. fig. retten*; ***aus*** of); (*herausbringen*) bring (*od.* fetch) out; *fig.* (*Gewinne, Erfolge etc.*) gain, F notch up; (*herausarbeiten*) bring out; *fig.* ~ ***aus*** (*erfragen, a. verdienen etc.*) get out of; ***was*** **(*wieviel*)** ***hast du herausgeholt?*** what did you manage to achieve? (how much did you get out of it?); ***alles aus sich*** ~ give everything one has got; → ***letzt*** II; **~hören** *v/t.* hear; *fig.* detect (***aus*** in); *fig.* ***es war deutlich herauszuhören*** it was obvious to anyone with ears, you couldn't overhear it; **~interpretieren** *v/t.* deduce, derive (***aus*** from); **~kehren** *fig. v/t.* act, play *the expert etc.*; (*zeigen*) show, display, *stärker*: parade; **~kommen** *v/i.* come out (***aus*** of); (*erscheinen*) appear, emerge (from); (*wegkommen*) get out (of); *fig. aus e-r Schwierigkeit*: get out (of); (*bekannt werden*) come out; *Erzeugnis*: come out, *Buch etc.*: *a.* be published, appear, *Briefmarken etc.*: be issued; ⚖ be the result; ***groß*** ~ (*erfolgreich sein*) be a great success; ***komisch*** *etc.* ~ (*sich anhören*) sound funny *etc.*; F ***mit*** *et.* ~ come out with, (*gestehen*) admit; → *a.* ***herausrücken, herausspringen***; ***es kommt aufs gleiche*** (*od.* ***auf dasselbe***) ***heraus*** it boils (*od.* comes) down to the same thing; ~ ***bei*** (*resultieren*) come (out) of *s.th.*; ***es kommt nichts dabei heraus*** it's not worth it, it doesn't pay; ***dabei ist nichts Gutes herausgekommen*** nothing good has come (out) of it; ***was ist dabei herausgekommen?*** what was the outcome?, *a.* what was decided?; ***ist irgend etwas dabei herausgekommen?*** was it any good?, did you *etc.* achieve anything (F get anywhere)?; ***wir kamen aus dem Lachen*** **(*Staunen*)** ***nicht mehr heraus*** we just couldn't stop laughing (we couldn't believe our eyes); **~können** *v/i.* be able to get out (***aus*** of); ***ich kann nicht heraus*** I can't get out, (*hänge fest*) *a.* I'm stuck; **~kriegen** F *v/t.* → ***herausbekommen***; **~kristallisieren I.** *v/refl.*: ***sich*** ~ crystallize (***aus*** out of, *a. fig.* from; ***zu*** into); **II.** *v/t.* crystallize (***aus*** out of, from); *fig.* distil, extract (from); **~lassen** *v/t.* let out; (*weglassen*) leave out; **~laufen** *v/i.* run out; **~legen** *v/t.* put out (*dat.* for); **~lesen** *v/t.* **1.** pick out; **2.** (*erfahren*) gather (***aus*** from); (*herausdeuten*) read (into); **~locken** *v/t.* lure out; *fig.* ***aus j-m*** ~ worm *s.th.* out of s.o.; ***j-n aus s-r Reserve*** ~ draw s.o. out of his (*od.* her) shell; **~lügen** *v/refl.*: ***sich*** ~ lie one's way out (***aus*** of); **~machen I.** *v/t.* take out; **II.** F *fig. v/refl.*: ***sich*** ~ be coming along well, improve; *nach e-r Krankheit*: be doing nicely; **~müssen** *v/i. Zahn etc.*: have to come out; *aus e-r Wohnung etc.*: have to get out; *nach draußen*: have to go out (-side); *aus dem Bett*: have to get up; ***das mußte noch heraus*** (*mußte gesagt werden*) it had to be said, I *etc.* had to say it.

herausnehmbar *adj.* removable; **herausnehmen** *v/t.* take out (***aus*** of); *weitS.* (*entfernen*) remove (from); ***sich den Blinddarm*** *etc.* ~ ***lassen*** have one's appendix *etc.* (taken) out; *mot.* ***den Gang*** ~ go into neutral, put the gear in neutral; *fig.* ***sich et.*** ~ (*sich anmaßen*) arrogate s.th. (to o.s.); ***sich Freiheiten*** ~ take liberties (***j-m gegenüber*** with s.o.); ***sich zuviel*** ~ go too far, overstep the mark; ***nimm dir ja nicht zuviel heraus!*** watch you don't overdo it (*od.* overstep the mark).

heraus|platzen *v/i.* burst out (*lachend*: laughing); ***mit*** *der Wahrheit etc.* ~ blurt out; **~pressen** *v/t.* press (*od.* squeeze) out; **~putzen** *v/t.* spruce (***sich*** o.s.) up; **~quetschen** *v/t.* squeeze out (*a. fig.*).

herausragen *v/i.* jut out; *Haus etc.*: tower, rise (***aus*** above); *fig.* stand out; **herausragend** *fig. adj.* outstanding.

heraus|reden *v/refl.*: ***sich*** ~ talk one's way out of it, wriggle out of it, ***aus:*** talk one's way out of, wriggle out of; **~reißen** *v/t.* pull out; (*Papier etc.*) tear out; *fig.* tear s.o. (***aus*** from); (*befreien*) get out (of); (*aufrütteln*) shake out (of); F (*retten*) save; F *fig. diese Leistung* ***hat ihn noch herausgerissen*** saved him (from the worst); F ***das reißt alles*** (***wieder***) ***heraus*** that makes up for it; **~rücken I.** *v/t.* push (*od.* move) out; F *fig.* (*hergeben*) → **II.** F *v/i.*: ~ ***mit*** come out with; (*Geld*) F fork out, cough up; ***mit der Sprache*** ~ talk, (*gestehen*) come out with it; ***jetzt rück mal heraus*** (***mit der Sprache***) come on, out with it; **~rufen** *v/t.* call out; *thea.* call for, call before the curtain; **~rutschen** *v/i.* slip out (*a. fig.*); *fig.* ***das ist mir so herausgerutscht*** it just slipped out; **~sagen** *v/t.* (*mst* ***frei*** ~) say *s.th.* straight out; → *a.* ***heraus***; **~schaffen** *v/t.* take (*od.* move, carry) out; **~schälen** *fig.* **I.** *v/t.* **1.** (*Idee etc.*) sift out; **II.** *v/refl.* **2.** F ***sich aus s-n Sachen*** ~ F peel one's clothes off; **3. *sich*** ~ emerge; **~schauen** *v/i.* look out; *fig.* → ***herausspringen*** 2; **~schinden** F *v/t.* → ***herausschlagen*** 2; **~schlagen I.** *v/t.* **1.** knock out (***aus*** of); **2.** *fig.* get (***aus*** out of); ***Geld*** ~ ***aus*** make money out of; ***möglichst viel*** ~ get as much as one can (***aus*** out of); ***e-n Vorteil*** ~ wangle an advantage (***aus*** out of); **II.** *v/i. Flamme*: leap out (***aus*** of); **~schleudern** *v/t.* **1.** throw (*od.* hurl, catapult) out; ***aus e-m Auto herausgeschleudert werden*** be thrown (*od.* hurled) out of a car; **2.** (*Worte, Anklage etc.*) burst out with; **~schlüpfen** *v/i.* slip out; **~schmecken** *v/t.* taste; ***et.*** ~ ***aus*** taste s.th. in *the sauce etc.*; **~schmeißen** *v/t.* throw out (***aus*** of); → *a.* ***rausschmeißen***; **~schneiden** *v/t.* cut out; **~schöpfen** *v/t. mit Löffel etc.*: ladle out; (*Wasser*) scoop out; *aus e-m Boot*: bale out (*alle* ***aus*** of); **~schrauben** *v/t.* unscrew (***aus*** from); **~schreiben** *v/t.* copy (***aus*** from, out of); **~schütteln** *v/t.* shake out (***aus*** of); **~schütten** *v/t.* pour out (***aus*** of); **~schwindeln** *v/refl.*: ***sich*** ~ wriggle (one's way) out of it, ***aus:*** wriggle out of; **~sehen** *v/i.* look out; **~sein** F *v/i.* (*bekannt*) be out; ***jetzt ist es heraus!*** *a.* now the secret's out, now the cat's been let out of the bag; ***es ist noch nicht heraus, ob*** it's still open as to whether; → ***fein*** II; **~sickern** *v/i.* seep (***aus*** out of); (*tröpfeln*) trickle (out of); **~springen** *v/i.* **1.** jump out (***aus*** of); **2.** F *fig.* ***was springt für mich dabei heraus?*** what's in it for me?; **~spritzen** *v/i.* squirt out; **~sprudeln I.** *v/i.* bubble out; *fig. Worte*: come spluttering out; **II.** *fig. v/t.* splutter out; **~stechen** *v/i. Farbe etc.*: stand out; **~stehen** *v/i.* stand out; stick out; *scharf*: jut out; **~stellen I.** *v/t.* **1.** put out(side); **2.** *fig.* (*betonen*) emphasize, underline, bring out (clearly); (*an die Öffentlichkeit bringen*) publicize; (*in der Werbung etc.*: highlight, feature (*a. thea.*), bring out; (*abheben*) set off, throw into (sharp) relief; ***et. klar und deutlich*** ~ make s.th. quite clear; → *a.* ***hinausstellen***; **II.** *v/refl.*: ***sich*** ~ ***als*** turn out (to be); ***es hat sich herausgestellt, daß*** it turned out (that), ***er ein Drogenschmuggler ist:*** he turned out to be (*od.* it turned out he was) a drug smuggler; ***es hat sich herausgestellt, daß er sehr kompetent ist*** *a.* he proved (to be) very competent; ***das hat sich erst später herausgestellt*** that only came out (*od.* came to light) later; **~strecken** *v/t.* (*Kopf etc.*) stick out (***aus*** of); → ***Zunge***; **~streichen I.** *v/t.* cross out (***aus*** of), delete (from); *fig.* praise to the skies; **II.** *v/refl.*: ***sich*** ~ blow one's own trumpet; **~strömen** *v/i. a. fig.* pour out (***aus*** of); **~stürzen** *v/i.* fall out (***aus*** of); (*eilen*) rush (*od.* storm) out (of), come rushing (*od.* storming) out (of); **~suchen** *v/t.* choose, pick out; **~tragen** *v/t.* carry out (***aus*** of); **~trennen** *v/t.* detach, remove (***aus*** from); **~treten** *v/i.* step (*od.* come) out (***aus*** of); → *a.* ***hervortreten***; **~wachsen** *v/i.*: ~ ***aus*** grow out of, (*den Kleidern*) *a.* outgrow; F ***das wächst mir zum Hals heraus*** I'm sick and tired of it; **~wagen** *v/refl.*: ***sich*** ~ venture out(side); **~waschen** *v/t.* wash out; **~werfen** *v/t.* throw out (***aus*** of); **~winden** *fig. v/refl.*: ***sich*** ~ wriggle out of it, ***aus:*** wriggle out of; **~winken I.** *v/t.* (*Auto*) flag down; **II.** *v/i.*: ***aus dem Fenster*** *etc.* ~ wave from the window *etc.*; **~wirtschaften** *v/t.* get (***aus*** out of); ***e-n Gewinn*** ~ make a profit (***aus*** out of); **~wollen** *v/i.* want to get out; *fig.* ***er will nicht mit der Sprache heraus*** he won't open up, he's clammed up; **~ziehen** *v/t.* pull out (***aus*** of); (*Zahn*) *a.* extract (from) (*a.* ⚕ *u. fig. Inhalt*); (*schleppen*) drag out (of); ⚔ (*Truppenteil*) withdraw (from), pull out (of); (*Notizen*) *aus Büchern etc.*: cull (from).

herb *adj.* sour, tart; *Wein*: dry; *Duft*: tangy; *fig.* harsh, severe; *Enttäuschung, Niederlage etc.*: bitter; *Schönheit, Stil*: austere.

Herbarium *n* herbarium.

Herbe *f* → ***Herbheit.***

herbei *adv.* here; ~... *in Zssgn* → *a.* ***her(an)...***; **~eilen** *v/i.* come running (up); **~führen** *v/t.* (*verursachen*) cause, bring about; (*bewirken*) lead to; (*erzwingen*) force; *bsd.* ⚕ induce; **~holen** *v/t.* fetch; (*Arzt etc.*) *a.* call (*od.* send) for; **~kommen** *v/i.* come along; **~laufen** *v/i.* come running (along); **~locken** *v/t.* attract, lure; **~reden** *v/t.* (*Krise etc.*) provoke; ***wir wollen es nicht*** ~ let's not tempt fate; **~rufen** *v/t.* call over; (*Arzt etc.*) call (*od.* send) for; **~schaffen** *v/t.* fetch; (*besorgen*) provide, get; (*Beweise* *etc.*) produce; **~schleppen** *v/t.* drag along (*od.* in); **~sehnen** *v/t.* long for; ***sie sehnt den Frühling (ihre Kinder) herbei*** *a.* she can't wait for spring (she wishes her children were there *od.* with her); **~strömen** *v/i.* flock to the scene; come in crowds; **~ *zu*** flock to; ***die Menschen sind herbeigeströmt*** crowds of people came; **~stürzen** *v/i.* rush up (to the scene); **~winken** *v/t.* beckon *s.o.* to come; (*Taxi*) hail, flag down; **~wünschen** *v/t.*: (***sich***) ***et.*** ~ long for s.th.; ***sich j-n*** ~ wish s.o. were (*od.* was) there; → *a.* ***herbeisehnen***; **~zaubern** *v/t.* conjure up; **~ziehen** *v/t.* pull near; (*Stuhl*) pull up; *fig.* → ***Haar***; **~zitieren** *v/t.* send for, ask *s.o.* to come and see one.

her|bekommen *v/t.* get (hold of); **~bemühen I.** *v/t.*: ***j-n*** ~ ask s.o. to come (there *od.* here); **II.** *v/refl.*: ***sich*** ~ take the trouble to come; ***Sie haben sich leider umsonst herbemüht*** I'm afraid you've come all this way for nothing; **~beordern** *v/t.* summon.

Herberge *f* (*Gasthaus*) inn; (*Jugend*♀ *etc.*) (youth *etc.*) hostel; (*Obdach*) shelter (*a. fig.*), hostel; **Herbergsmutter** *f*, **Herbergsvater** *m* warden.

her|bestellen *v/t.* ask *s.o.* to come; send for; (*Taxi*) order; **~beten** *v/t.* reel (*od.* rattle) off.

Herbheit *f* sourness; *Wein*: dryness, dry quality; *fig.* severity; bitterness; *Schönheit*, *Stil*: austerity.

herbitten *v/t.* ask *s.o.* to come.

Herbizid *n* herbicide.

herbringen *v/t.* bring (along); → ***hergebracht.***

Herbst *m* autumn, *Am. a.* fall; **~anfang** *m* beginning of autumn (*Am. a.* fall); **~blume** *f* autumn flower; **~färbung** *f* autumn(al) colo(u)rs *pl.*; **~ferien** *pl.* autumn break *sg.*; **~kollektion** *f* autumn collection.

herbstlich I. *adj.* autumn(al); **II.** *adv.*: ~ ***kühles Wetter*** (***kühler Abend*** *etc.*) cool autumn weather (evening *etc.*).

Herbst|monat *m* autumn month; **~punkt** *m ast.* autumn equinox; **~rose** *f* hollyhock; **~tag** *m* autumn day; **~wetter** *n* autumn weather; **~wind** *m* autumn(al) wind; **~zeitlose** *f* ⚘ meadow saffron, naked lady.

Herd *m* **1.** (*Küchen*♀) stove, cooker; *aus Eisen*: range; (*Ofen*) oven; *fig.* hearth, home; *fig.* ***den ganzen Tag am ~ stehen*** stand in the kitchen all day long; ***am häuslichen*** ~ at home; ***eigener ~ ist Goldes wert*** there's no place like home; **2.** *fig.* (*Ausgangspunkt*) cent|re (*Am.* -er); focus (*a.* ✱); *e-s Erdbebens*: epicent|re (*Am.* -er).

Herde *f* **1.** herd; (*Schaf*♀) flock; ***in der ~ leben*** *Tierart*: live in herds; **2.** *fig.* herd, masses *pl.*; ***mit der ~ laufen*** (just) follow the herd; ***aus der ~ ausbrechen*** break away from the others, go one's own way.

Herden|geist *m* herd mentality; **~instinkt** *m* herd instinct; **~mensch** *m* sheep; **~tier** *n* **1.** gregarious animal; **2.** *fig. contp.* sheep; **~trieb** *m* herd (*fig. a.* sheep) instinct; **~vieh** *fig. contp. n the* herd.

herdenweise *adv.* in herds (*a. fig.*).

Herd|infektion *f* focal infection; **~platte** *f* hotplate.

hereditär *adj.* hereditary.

herein *adv.* in; ***von draußen*** ~ from outside; **~!** come in!; ***hier ~!*** this way, please; **~bekommen** *v/t. a.* † get in; (*Außenstände*) recover; **~bitten** *v/t.* ask *s.o.* to come in; **~blicken** *v/i.* look in(side); ~ ***in*** look into (*od.* inside); **~brechen** *fig. v/i. Nacht*: fall; *Sturm*: break; *Winter*: set in; ~ ***über*** hit, strike, *Unglück*, *Schicksal etc.*: *a.* befall; **~bringen** *v/t.* bring in, *mit Mühe*: get in; **~dringen** *v/i.* → ***eindringen***; **~fallen** *v/i. Licht etc.*: come in; *fig.* be taken in (***auf*** by), (*a.* ***darauf*** ~) F fall for it; ~ ***auf*** *a.* fall for; ***mit*** *et. od. j-m* ~ make a mistake with; **~führen** *v/t.* show in(to ***in***); **~gehen** *v/i.* → ***hineingehen***; **~holen** *v/t.* fetch (*od.* bring) in; † (*Aufträge*) get (in); *fig.* (*Verluste etc.*) recoup; (*aufholen*) make up for; **~kommen** *v/i.* come in(side); walk in; *mühsam*: get in; † come in; ~ ***in*** come into (*od.* inside); **~langen I.** *v/t.* pass *s.th.* in(to ***in***); **II.** *v/i.* (*a.* ~ ***in***) reach inside; **~lassen** *v/t.* let in; **~legen** *v/t.* F take *s.o.* for a ride, *a. finanziell*: take *s.o.* in; **~locken** *v/t.* lure in(side); **~nehmen** *v/t.* take in; **~platzen** *v/i. in ein Zimmer*: burst in(to ***in***); **~regnen** *v/impers.*: ***es regnet herein*** it's raining in, the rain's coming in (*od.* through the roof *etc.*); ~ ***in*** rain into; **~reichen I.** *v/t.*: ***j-m et.*** ~ hand s.th. in to s.o.; **II.** *v/i.*: ~ ***in*** reach as far as; **~reißen** F *v/t.*, **~reiten** F *v/t.* get (*od.* land) s.o. in a (real) mess; ***j-n in et.*** ~ land s.o. in s.th., drag s.o. into s.th.; **~rufen** *v/t.* call in; **~schauen** *v/i.* look in; F (*vorbeischauen*) look in, drop by (***bei*** at); ~ ***in*** look into; ***zur Tür*** ~ pop one's head around the door; **~schmuggeln** *v/t.* smuggle in(to ***in***); **~schneien I.** *v/impers.*: ***es schneit herein*** it's snowing in, the snow's coming in (*od.* through the door *etc.*); ~ ***in*** snow into; **II.** F *fig. v/i.* F blow in, breeze in; **~sehen** *v/i.* → ***hereinschauen***; **~spazieren** *v/i.* stroll in, walk in; ***hereinspaziert kommen*** come waltzing (*od.* strolling) in; ***hereinspaziert kam(en) ...*** in strolled ..., in walked ..., who should walk in but ...; ***hereinspaziert!*** come in!, come in!; **~strömen** *v/i.* pour in (*a. fig.*); **~stürmen** *v/i.*, **~stürzen** *v/i.* rush in(to ***in***); **~treten** *v/i.* come in, walk in, enter; ~ ***in*** come into, enter; **~ziehen I.** *v/t.* pull in; *fig.* → ***hineinziehen***; ~ ***in*** pull into (*od.* inside); **II.** *v/i.* → ***einziehen.***

herfahren I. *v/t.* bring (*od.* drive) here; bring by car; **II.** *v/i.* drive (here); come by car; ***hinter*** *j-m od. et.* ~ drive behind; follow; ***vor*** *j-m od. et.* ~ drive in front (*od.* ahead) of; **Herfahrt** *f* journey (*od.* trip) here; ***auf der*** ~ on the (*od.* my *etc.*) way here.

her|fallen *v/i.*: ~ ***über*** pounce on, attack; F (*kritisieren*) F have a (real) go at; F (*Essen*) F go for, pitch into; **~finden** *v/i.* find one's way here; **~führen I.** *v/t.* bring here; ***was führt Sie her?*** what brings you here?; **II.** *v/i.*: ***neben et.*** ~ *Straße etc.*: run *od.* go along(side) s.th.

Hergang *m* sequence of events; (*Umstände*) circumstances *pl.*, details *pl.*; ***den ~ schildern*** describe exactly what happened.

her|geben I. *v/t.* (*zurückgeben*) give (*od.* hand) back; (*weggeben*) give away; ***gib her!*** give it to me, hand it over; ***gib mal her!*** (*laß mich mal sehen*) let me have a look; ***ich gebe es nicht gerne her*** I don't like to part with it; ***s-n Namen ~ zu*** associate o.s. with; *fig.* ***e-e Menge*** ~ F be pretty good, *weitS.* be well worth the effort; ***es gibt nichts her*** it's not much use, (*lohnt sich nicht*) it's not worth it, *Buch*, *Thema etc.*: there isn't much to it; **II.** *v/refl.*: ***sich zu et.*** ~ get involved in s.th., *stärker*: stoop to s.th.; ***sich dazu ~ zu*** *inf.* lower o.s. to *inf.*, stoop to *ger.*; ***dazu gebe ich mich nicht her*** *a.* I'm not going to have anything to do with that (*od.* be a party to that); **~gebracht** *adj.* usual, customary; (*alt*~) traditional, old; **~gehen** *v/i.* **1.** ***hinter*** *j-m od. et.* ~ follow, walk behind; ***vor*** *j-m od. et.* ~ walk in front (*od.* ahead) of; **2.** ***es ging heiß her*** things got pretty lively, *Party*: they were having a great time; ***hier geht es hoch her*** there's plenty of action (*od.* plenty going on) around here; ***es ging lustig her*** it was great fun; **3.** ***über j-n*** ~ pull s.o. to pieces; **~geholt** *adj.*: ***weit*** ~ far-fetched; **~gehören** *v/i.* → ***hierhergehören***; **~gelaufen** *contp. adj.*: ***jeder ~e Kerl*** any (old) Tom, Dick or Harry; ***du kannst doch nicht einfach diesen ~en Kerl heiraten*** you can't just marry the first man who happens to come your way; **~haben** *v/t.*: ***wo hast du das her?*** where did you get that (from)?; **~halten I.** *v/t.* hold out; **II.** *v/i.*: ~ ***müssen*** F have to take the rap; **~holen** *v/t.* fetch, get; ~ ***lassen*** send for; → ***hergeholt***; **~hören** *v/i.* listen; ***hört mal alle her!*** listen, everyone.

Hering *m* **1.** *zo.* herring; F *fig.* (*dünner Mensch*) F matchstick; ***wie die ~e zusammengedrängt*** packed like sardines; **2.** (*Zeltpflock*) tent peg.

Herings|fischerei *f* herring fishery; **~hai** *m* mackerel shark; **~milch** *f* herring milt; **~salat** *m* pickled herring salad.

herjagen I. *v/i.*: ~ ***hinter*** (*j-m*) chase after, (*e-r Sache*) *a.* try to chase up; **II.** *v/t.*: ***vor sich*** ~ drive *an animal etc.* along in front of one.

herkommen I. *v/i.* come (here); (*sich nähern*) approach; ~ ***von*** *a. fig.* come from; ***wo kommt er her?*** where does he come from?; **II.** ♀ *n* **1.** → ***Herkunft***; **2.** tradition; **herkömmlich** *adj.* (*gebräuchlich, üblich*) customary; *Brauch*: traditional; *Waffen etc.*: conventional.

Herkulesarbeit *fig. f* Herculean task.

herkulisch *adj.* Herculean.

Herkunft *f* origin; *e-r Person*: *a.* background; *e-s Wortes*: origin, derivation; ***der ~ nach*** by origin; ***er ist chinesischer*** ~ he's of Chinese origin (*od.* descent), he has a Chinese background; ***es ist kanadischer*** ~ it comes from Canada.

Herkunfts|bezeichnung *f* † mark of origin; **~land** *n* † country of origin; **~ort** *m* † place of origin.

her|laufen *v/i.* run (here); ***hinter*** *j-m od. et.* ~ run (*od.* chase) after; → ***hergelaufen***; **~leiern** *v/t.* reel off.

herleiten I. *v/t.* (*ableiten*) derive (***von*** from); *logisch*: deduce (from), infer (from); **II.** *v/refl.*: ***sich ~ von*** derive (*od.* be derived) from; go back to; *genealogisch*: descend (*od.* be descended) from; **Herleitung** *f e-s Wortes etc.*: derivation.

her|locken *v/t.* lure (over here); **~machen I.** *v/refl.*: ***sich ~ über*** (*Arbeit*, *Buch etc.*) tackle, F get stuck into; (*Essen etc.*) F go for, pitch into; (*j-n*) F have a (real) go at; → *a.* ***herfallen***; **II.** *v/i.*: ***etwas*** (***viel***) ~ be quite (very) impressive, *Kleidung etc.*: look good (great); ***es macht nicht viel her*** F it's not up to much, it's not much to look at.

Hermaphrodit *m* hermaphrodite; **hermaphroditisch** *adj.* hermaphroditic(al).

Hermelin[1] *n zo.* ermine, stoat.

Hermelin[2] *m* (~*pelz*) ermine.

Hermesbürgschaft *f* export credit guarantee.

hermetisch I. *adj.* hermetic, airtight; **II.** *adv.* hermetically; ~ ***verschlossen*** (*od.* ***abgeriegelt***) hermetically sealed.

hermüssen *v/i.* have to come (here); ***das Buch muß her!*** we must get hold of (*od.* get our hands on) that book.

hernach *dial. adv.* afterwards; later (on).

hernehmen *v/t.* **1.** get (***von*** from), find; **2.** F (*stark fordern*) put *s.o.* through the mill; (*schelten*) F give *s.o.* a good going over; ***den muß ich mir mal*** ~ I'll have to have words with him.

Hernie *f* ⚕ hernia, rupture.

heroben *dial. adv.* up here.

Heroenkult *m* hero worship.

Heroin *n* heroin; ~ ***spritzen*** shoot heroin.

Heroine *f thea.* heroine.

Heroin|opfer *n* → ***Herointote(r)***; **~sucht** *f* heroin addiction; **2süchtig** *adj.* addicted to heroin; **~süchtige(r** *m*) *f* heroin addict; **~tote(r** *m*) *f* heroin victim; ***die Zahl der Herointoten*** *a.* the number of heroin deaths.

heroisch *adj.* heroic(ally *adv.*); **Heroismus** *m* heroism.

Herold *m* herald; *fig.* (*Vorbote*) *a.* harbinger.

Heros *m* hero.

Herpes *m* ⚕ herpes.

herplappern *v/t.* rattle off.

Herr *m* **1.** (*Mann*) man, *sehr höflich*: gentleman; *vor Eigennamen*: Mr; ***die ~en N. und M.*** Messrs N and M; ~ ***Doktor*** (***Professor*** *etc.*) doctor (professor *etc.*); ~ ***Präsident!*** Mr Chairman, *im Unterhaus*: Mr Speaker, *zum Präsidenten der USA*: Mr President; ***der ~ Präsident*** the Chairman *etc.*; ***meine*** (***Damen und***) ***~en!*** (ladies and) gentlemen!; ***Sehr geehrter ~ N.*** *in Briefen*: Dear Sir, *vertraulicher*: Dear Mr N; ***Ihr ~ Vater*** your father; ***~en*** *Toilette*: Gentlemen, Men; ***bei den ~en*** *Sport*: in the men's event (*od.* finals *etc.*); ***meine ~en!*** *als Ausruf*: would you believe it; **2.** (*Gebieter*) master (*a. e-s Hundes*), (*bsd. Adliger*) lord; (*Herrscher*) ruler; ***mein ~ und Gebieter*** my lord and master; ***s-n ~n und Meister finden in*** meet one's match in; ***aus aller ~en Länder*** from the four corners of the earth; ***sein eigener ~ sein*** be one's own boss; ~ ***im eigenen Hause sein*** be master (*od.* have the say) in one's own house; ***zwei ~en dienen*** serve two masters; ~ ***der Lage sein*** have everything under control; ~ ***über Leben und Tod sein*** have power over life and death; ~ ***werden*** *gen.* get *s.th.* under control, (*Probleme*) get on top of; ***s-r Gefühle ~ werden*** get a grip of oneself; ***den*** (***großen***) ***~n spielen*** play lord of the manor, F act the big shot; ***wie der ~, so's Gescherr*** like master, like man; **3.** (*Gott, Christus*) Lord; ***Gott, der ~*** the Lord God; ***der ~ Jesus*** the Lord Jesus; ***im Jahre des ~n*** in the year of our Lord.

Herrchen F *n e-s Hundes*: master; ***komm zu ~!*** come to Daddy!

Herreise *f* → ***Herfahrt***; **herreisen** *v/i.* come (*od.* get) here.

Herren|abend *m* stag party; **~anzug** *m* man's suit; **~artikel** *pl.* men's accessories; **~ausstatter** *m* men's outfitter, *Am.* haberdasher; **~begleitung** *f*: ***in*** ~ accompanied by a man, in male company, with a man; **~bekleidung** *f* men's clothing, menswear; **~besuch** *m* male visitor(s *pl.*); **~doppel** *n Tennis etc.*: men's doubles *pl.* (*Match*: *sg. konstr.*); **~einzel** *n Tennis*: men's singles *pl.* (*Match*: *sg. konstr.*); **~fahrrad** *n* men's bicycle; **~friseur** *m* men's hairdresser, barber; (*Geschäft*) men's hairdresser's, barber's, barber('s) shop; **~gesellschaft** *f* **1.** stag party; **2.** → ***Herrenbegleitung***; **~größe** *f* men's size; **~hemd** *n* man's shirt; **~hof** *m* manor; **~hose** *f*: (***e-e*** ~ a pair of) men's trousers (*Am.* pants) *pl.*; **~hut** *m* men's hat; **~kleidung** *f*, **~konfektion** *f* men's clothing, menswear; **~leben** *n* life of luxury; ***ein ~ führen*** live like a lord.

herrenlos *adj.* abandoned; *Tier*: stray; ***~e Güter*** unclaimed property.

Herren|magazin *n* men's magazine; **~mannschaft** *f* men's team; **~mode** *f* men's fashion(s *pl.*); **~oberbekleidung** *f* menswear; **~rasse** *f* master race; **~schirm** *m* men's umbrella; **~schneider** *m* men's tailor; **~sitz** *m* **1.** (*Gut*) manor; **2.** ***im ~ reiten*** *Reitsport*: ride astride; **~toilette** *f* men's lavatory (*od.* toilet, *Am.* restroom); *Aufschrift*: Gentlemen, Men; **~unterwäsche** *f* men's underwear; **~volk** *n* master race; **~welt** *f the* men *pl.*; **~witz** *m* dirty joke.

Herrgott *m* God, *the* Lord (God); → ***Gott***; **Herrgottsfrühe** *f*: ***in aller ~*** at the crack of dawn, at an (*od.* some) unearthly hour.

herrichten I. *v/t.* (*bereiten*) get ready; (*ordnen*) tidy up; (*renovieren*) do up; **II.** *dial. v/refl.*: ***sich ~*** get ready, *fein*: smarten o.s. up, get all spruced up.

Herrin *f* **1.** mistress, lady; **2.** (*Herrscherin*) ruler.

herrisch *adj. Person, Benehmen*: domineering, imperious (*a. Ton*), *stärker*: dictatorial; *Stimme etc.*: commanding; (*hochmütig*) arrogant, overbearing.

herrlich I. *adj.* wonderful, marvel(l)ous; *Wetter*: *a.* beautiful, glorious; (*prächtig*) splendid; **II.** *adv.* marvel(l)ously *etc.*; ~ ***und in Freuden leben*** live in clover; **Herrlichkeit** *f* magnificence; (*Pracht*) splendo(u)r; *der Landschaft etc.*: (great) beauty; ***~en*** wonderful things, (*Schätze*) treasures; ***die ~ Gottes*** the glory (*od.* majesty) of God; F ***das war die ganze ~*** that was it.

Herrschaft *f* rule; (*Regierung*) government, *e-s Fürsten*: reign; (*Gewalt*) power (*a. fig.*); (*Vor2*) supremacy; *fig.* (*Kontrolle*) control (***über*** of); ***meine ~en!*** ladies and gentlemen; ***hohe ~en*** dignitaries, F *iro.* F top nobs; ***unter j-s ~ fallen*** (***kommen***) fall (come) under s.o.'s sway; *fig.* ***die ~ verlieren über*** lose control of; F ~ (***noch mal***)***!*** damnation!; **herrschaftlich** *adj.* manorial; *Rechte*: territorial; (*erstklassig*) grand.

Herrschafts|anspruch *m* claim to power (*od.* the throne); ***e-n ~ geltend machen*** a) make a territorial claim (***auf*** on), b) lay claim to the throne; **~bereich** *m* **1.** sphere of control; **2.** territory; **~form** *f* form (*od.* system) of rule; **~instrument** *n* instrument of power; **~struktur** *f* power structure; **~system** *n* system of rule (*od.* government).

herrschen *v/i.* **1.** rule (***über*** over); (*regieren*) govern (***über e-n Staat*** *etc.* a state *etc.*); *Monarch*: reign (over); *fig.* rule (*s.th., s.o.*), be in control (of); **2.** (*vorhanden sein*) be; (*vor~*) prevail; *Krankheit*: be raging, be rife; (*in Mode sein*) be the fashion; *fig.* ~ ***über*** *a.* control; ***es herrscht ...*** *oft* there is ...; ***bei uns herrscht ...*** we have ..., we're having ...; ***es herrschte e-e gute Stimmung*** a) everyone was in good spirits, b) the general mood was positive; **herrschend** *adj.* ruling, in power; (*vor~*) prevailing (*a. Meinung*), prevalent, current; (*gegenwärtig*) present; *Mode*: current, latest; ***~e Ansichten*** *a.* climate of opinion; ***die ~en Gesellschaftsschichten*** the ruling (*od.* governing) classes; ***nach der ~en Meinung ...*** current opinion has it that ...; ***unter den ~en Verhältnissen*** (*od.* ***Umständen***) under the present circumstances, conditions being as they are.

Herrscher *m* ruler; (*Monarch*) monarch, sovereign; **~blick** *m* imperious look; **~geschlecht** *n* dynasty; **~gewalt** *f* sovereign power; **~haus** *n* **1.** dynasty; **2.** *regierendes*: ruling house.

Herrscherin *f* → ***Herrscher***.

Herrscher|kult *m* ruler cult; **~miene** *f* commanding air; **~paar** *n* ruler (*od.* sovereign) and his *od.* her consort; **~stab** *m* scept|re (*Am.* -er).

Herrschsucht *f* lust (*od.* thirst) for power; *fig.* domineering (*stärker*: tyrannical) nature; **herrschsüchtig** *adj.* power-mad; *fig.* domineering, *stärker*: tyrannical.

her|rücken I. *v/i.* move up (*od.* closer); **II.** *v/t.* (*Tisch etc.*) move closer; **~rufen** *v/t.* call (over); **~rühren** *v/i.*: ~ ***von*** come (*od.* stem, result, derive) from, be due to; **~sagen** *v/t.* recite; (*Gebet, Aufgabe*) say; (*herunterleiern*) reel off; **~schaffen** *v/t.* get here; get hold of; → *a.* ***herbeischaffen***; **~schenken** *dial. v/t.* give away; **~schicken** *v/t.* send here (*od.* over); **~schieben** *v/t.* push over (here), push this way; ***vor sich ~*** push (along), *fig.* keep putting off; **~schleichen** *v/i. u. v/refl.* (***sich ~***) sneak over; **~schleppen** *v/t.* drag *od.* lug over (here); *über größere Entfernung*: drag (*od.* lug) all the way here; **~sehen** *v/i.* look (here *od.* this way); **~sein** *v/i.* **1.** ***es ist drei Tage her*** it was three days ago, it's three days now, ***daß***: it's three days since, it was three days ago that; ***wie lange ist es schon her?*** how long ago was it?, how long has it been now?; **2.** ***wo ist er her?*** where is he from?, where does he come from?; **3.** F ***hinter*** *j-m od. et.* ~ be after (*a. Frau, Mann*), be trying to get hold of; **4.** F ***mit ihm*** (***dem Roman***) ***ist es nicht weit her*** F he's (the novel's) no great shakes; **~setzen I.** *v/t.* put (*od.* place) here; **II.** *v/refl.*: ***sich zu j-m ~*** sit (down) next to (*od.* beside) s.o.; ***setz dich zu mir her!*** come and sit down next to (*od.* beside) me; **~stammen** *v/i.* **1.** ~ ***von*** come from; **2.** → ***herrühren***.

herstellbar *adj.*: ***leicht*** (***schwer***) ~ easy (difficult) to make *od.* produce; **herstellen I.** *v/t.* **1.** put here; **2.** (*erzeugen*) produce, make; (*bauen*) build; 🍳 prepare; **3.**

(*wieder~*) restore, repair; *gesundheitlich*: restore to health; **4.** (*schaffen, zustande bringen*) establish; **II.** *v/refl.*: **sich ~ 5.** come and stand over here; ***stell dich her zu mir!*** come and stand over here (*od.* next to me, beside me); **6.** (*zustande kommen*) come about, be established; **Hersteller** *m* **1.** manufacturer; **2.** *im Verlag*: production man; **Herstellung** *f* production; *von Beziehungen etc.*: establishment; (*Wieder*2) restoration, repair.

Herstellungs|betrieb *m* manufacturing *od.* production firm (*od.* plant); **~kosten** *pl.* production costs (*od.* cost *sg.*); (*Selbstkosten*) prime cost *sg.*; **~land** *n* producer country; (*Ursprungsland*) country of origin; **~preis** *m* production price, cost of manufacture; **~verfahren** *n* manufacturing process.

her|stürzen *v/i.* **1.** rush here (*od.* over); **2.** → ***herfallen***; **~tragen** *v/t.* carry here; **~treiben** *v/t.*: ***vor sich ~*** drive along (in front of one); F ***was treibt dich her?*** what brings you here?

Hertz *n phys.* hertz, cycle per second.

herüben *dial. adv.* over here, (over) on this side.

herüber *adv.* (over) here; ~ ***und hinüber*** to and fro; **~...** *in Zssgn mst* ... over, ... across; **~bitten** *v/t.* ask *s.o.* (to come) over; **~blicken** *v/i.* look (*od.* glance) over; **~bringen** *v/t.* bring over (*od.* round); ***über*** *e-e Grenze etc.* ~ take across; **~dringen** *v/i.* find its (*od.* their) way over; *Töne etc.*: carry over (**an** to); **~eilen** *v/i.* hurry (*od.* rush) over; **~fliegen** *v/i.* fly over; **~gelangen** *v/i.* get over; **~helfen** *v/i.*: ***j-m*** ~ help s.o. (to get) over; **~holen** *v/t.* fetch (over); → ***herbeiholen***; **~klettern** *v/i.* climb over; **~kommen** *v/i.* come over (*od.* round); ***über*** *e-e Straße etc.* ~ get across; **~lassen** *v/t.* let *s.o.* (come) over; **~laufen** *v/i.* come running over; **~reichen I.** *v/t.* hand (over), pass (across); **II.** *v/i. a. Person*: reach (across); *die Schnur etc.* ***reicht nicht herüber*** won't reach, isn't long enough; **~retten** *v/t.* → ***hinüberretten***; **~schwimmen** *v/i.* swim over; **~springen** *v/i.* jump over; **~wechseln** *v/i.* change sides; ***auf die linke Fahrbahn*** ~ switch to the left(-hand) lane; **~wehen I.** *v/i. Duft etc.*: waft over (*od.* across); *Papier etc.*: be blown over (*od.* across); **II.** *v/t.* blow over (*od.* across).

herum *adv.* **1.** *ziellos*: (a)round, about; ~ ***um*** (a)round; (*rings~, rund~*) round about, (all) around; ***hier ~!*** this way!; ***gleich um die Ecke*** ~ just (a)round the corner; **2.** ***um ...*** ~ (*ungefähr*) about; in the region of; ***er ist um die vierzig*** ~ he's about forty, he's fortyish; ***um zehn Uhr*** ~ (at) about ten o'clock; ***um Weihnachten*** ~ round about Christmas (time); ***hier*** ~ *muß es liegen*: somewhere (a)round here; **3.** (*vorbei*) over; ***die Zeit ist*** ~ time's up; **~...** *in Zssgn mst* ... round; → *a.* ***umher...***; **~albern** *v/i.* fool around; **~ärgern** *v/refl.*: ***sich ~ mit*** battle with, *dauernd*: be having a constant battle with; **~balgen** *v/refl.*: ***sich*** ~ romp around; *fig.* ***sich ~ mit*** wrangle with; **~basteln** *v/i.* tinker around; ~ ***an*** tinker *od.* fiddle (around) with; **~bekommen** F *v/t.* → ***herumkriegen***; **~brüllen** *v/i.* shout one's head off, yell; ***was brüllt der so herum?*** what's he shouting (his head off) about?; **~bummeln** *v/i.* **1.** (*schlendern*) stroll around; (*sich herumtreiben*) gad about (the place); ***in Indien*** ~ gad about India; **2.** (*langsam arbeiten*) mess around; **~deuteln I.** *v/i.*: ~ ***an*** quibble (*od.* split hairs) over; **II.** *v/t.*: ***daran ist nichts herumzudeuteln*** it's perfectly plain; **~dirigieren** *v/t.* boss around; **~doktern** F *v/i.*: ~ ***an*** tinker *od.* fiddle (around) with, (*j-m*) tinker around with, treat *s.o.* like a guinea pig; **~drehen** *v/t. u. v/refl.* (***sich*** ~) turn (a)round; (*Liegendes*) *a.* turn over; **~drücken** F *v/refl.* **1.** ***sich*** ~ hang (a)round (*in a place*); **2.** ***sich ~ um*** try to get out of; ***sich um das wahre Problem*** ~ (try to) avoid the issue; **~drucksen** F *v/i.* hum and haw; **~experimentieren** *v/i.* experiment (***mit*** with); *contp.* experiment around (with); **~fahren** *v/i.* drive (*od.* ride, ⚓ sail) (a)round; ***um die Stadt*** ~ drive round the outskirts of the town; ***in der Stadt*** ~ drive around (the) town; ***um e-e Ecke*** ~ drive round (*od.* turn) a corner; **~fingern** *v/i.*: ~ ***an*** fiddle around with, (*betasten*) touch, finger; **~fliegen** *v/i.* fly (a)round (***um et.*** s.th.); **~fragen** *v/i.* ask (a)round; **~fuchteln** *v/i.* gesticulate; ***mit*** *et.* ~ wave *s.th.* around, *drohend*: brandish, wield; **~führen I.** *v/t.* **1.** show *s.o.* (a)round (***in*** *a place*); → ***Nase***; **2.** ***e-n Graben*** *etc.* ~ ***um*** run a ditch *etc.* (a)round; **II.** *v/i.*: ~ ***um*** *Straße etc.*: go (*od.* run) (a)round; F *fig.* ***da führt kein Weg*** (***drum***) ***herum*** there's no getting round it; **~fuhrwerken** F *v/i.* bustle about; ***mit et.*** ~ wield s.th. about; **~fummeln** F *v/i.*: ~ ***mit*** fiddle (*od.* mess) around with; **~gehen** *v/i.* walk around; (*herumgereicht werden*) be passed (a)round; (*verlaufen*) *Graben etc.*: run round; *Zeit*: pass; ~ ***um*** walk (*od.* go) (a)round; ~ ***in*** walk around *a place*; ~ ***lassen*** pass *s.th.* (a)round; *fig.* ***im Kopf*** ~ go round and round in one's head; **~geistern** F *v/i.* F flit around (***in*** *a place*); ***in j-m*** (*od.* ***j-s Kopf***) ~ *Idee etc.*: dart about in s.o.'s head, *stärker*: haunt s.o.; ***in den Köpfen*** ~ be on people's minds; **~gondeln** F *v/i.* F coast (*od.* swan) around (***in*** *a place*); **~hacken** F *v/i.*: ***auf j-m*** ~ pick on s.o., go on at s.o.; **~hängen** F *v/i.* hang (a)round; ~ ***in*** hang around (in) *a place*; **~hantieren** *v/i.*: ~ ***mit*** fiddle around with; **~hetzen I.** *v/i.* run around (like mad); **II.** *v/t.* chase *s.o.* (a)round, keep *s.o.* on the run; **~horchen** *v/i.* keep one's ears open, ask around (***ob*** to see whether, in case); **~huren** *v/i.* whore around; **~irren** *v/i.* wander around *od.* about (lost *od.* like a lost soul), ***in***: wander around *a place*; **~kommandieren** *v/t.* boss around (*od.* about); **~kommen** *v/i.* **1.** (*a.* ~ ***um***) come (a)round *the corner etc.*; F *aus dem Nachbarhaus*: come round (*od.* over); **2.** (*weit* ~) get around; *Gerücht*: spread; **3.** ***um et.*** ~ get (a)round s.th. (*a. fig.*); *fig.* ***du kommst um die Tatsachen*** (***Prüfung***) ***nicht herum*** there's no getting away from the facts (around the exam); **~krebsen** F *v/i.* struggle along; **~kriegen** F *v/t.* **1.** (*j-n*) get (*od.* talk, bring) *s.o.* round; ***j-n dazu ~ zu*** *inf.* get s.o. to *inf.*, get s.o. round to *ger.*, talk s.o. into *ger.*; **2.** (*Zeit*) pass; ***wie kriegen wir den Abend*** (***die Stunde***) ***herum?*** what are we going to do all evening (for the next hour)?; **~kritisieren** *v/i.*: ~ ***an*** keep finding fault with, pick (*od.* keep picking) holes in; **~kurven** F *v/i.* F cruise around (***in*** *a place*); **~kutschieren** F **I.** *v/t.* chauffeur (F cart) *s.o.* around (the place); **II.** *v/i.* F drive (*od.* chauffeur people) around the place; **~laufen** *v/i. ziellos*: run (a)round; ***um et.*** ~ run (a)round s.th.; ~ ***mit*** (*e-m Schnurrbart etc.*) sport; **~liegen** *v/i.* lie around; ***um et.*** ~ surround; **~lümmeln** F *v/i.* lounge around, F loll about; **~lungern** F *v/i.* hang (a)round; **~machen** F *v/i.* **1.** ~ ***an*** fiddle around with; **2.** ~ ***an*** (*j-m*) go on at, (*e-r Sache*) go on about; **3.** (*überlegen*) ***mach nicht so lang herum*** a) F stop dawdling, b) make up your mind; **~mäkeln** F *v/i.* find fault (***an*** with), ***an***: *a.* pick holes in; **~meckern** F *v/i.* moan (about everything), keep moaning, F whinge; **~murksen** F *v/i.* mess around; **~nörgeln** F *v/i.* find fault (***an*** with), ***an***: *a.* pick holes in; **~pfuschen** *v/i.*: ~ ***an*** fiddle around with, *unerlaubt*: tamper with; **~plagen** *v/refl.*: ***sich ~ mit*** a) have a hard time with, b) have to mess around with; **~quälen** *v/refl.*: ***sich ~ mit*** a) be plagued by, (*Krankheit etc.*) *a.* go around with, try to fight off, b) → ***herumplagen***; **~rasen** *v/i.* rush around (like a madman *od.* an idiot); **~rätseln** *v/i.* rack one's brains (***an*** over); ***an et.*** ~ *a.* try to figure (*od.* work) s.th. out; **~reden** *v/i.*: ***um et.*** ~ talk round s.th.; ***darum*** ~ beat around (*od.* about) the bush, avoid the issue; **~reichen** *v/t.* hand (*od.* pass) round; **~reisen** *v/i.* travel around (***in e-m Land*** *etc.* a country *etc.*); **~reiten** *v/i.* ride around; *fig.* ~ ***auf*** harp (*od.* go) on about *s.th.*; **~rutschen** *v/i.* slide around; **~scharwenzeln** F *v/i.*: ~ ***um*** F suck up to; **~schlagen** *v/refl.*: ***sich ~ mit*** scuffle with; *fig.* grapple with; **~schleppen** *v/t.* drag around; **~schmeißen** F *v/t.* throw around; **~schnüffeln** *v/i.* snoop around (***in*** *a place*); **~schubsen** F *v/t.* push *s.o.* around; **~schwänzeln** F *v/i.*: ~ ***um*** F suck up to; **~schwirren** *v/i.* **1.** (*a.* ~ ***um***) buzz around, *lautlos*: fly around; ~ ***um*** *a.* circle; **2.** *fig. Menschen*: mill around *od.* about (***in*** in); *einzelne Person*: flit around (the place); **~sitzen** *v/i.* sit around (doing nothing); **~spielen** *v/i.* play around (***mit, an*** with); **~spionieren** *v/i.* snoop around; **~sprechen** *v/refl.*: ***sich*** ~ get around; ***es sprach sich herum*** *a.* word got out; **~stehen** *v/i.* stand (a)round; **~stöbern** *v/i.* poke around; ~ ***in*** dig around in, (*herumschnüffeln*) nose around in; **~stochern** *v/i.*: ~ ***in*** poke around in; ***im Essen*** ~ pick at one's food; **~stolzieren** *v/i.* strut around (***in*** *a place*); **~stoßen** *v/t. a. fig.* push *s.o.* around; **~streichen** *v/i.*, **~streifen** *v/i.* prowl (***in den Straßen*** the streets), roam around (***in*** *a place*); **~streiten** *v/refl.*: ***sich*** ~ argue; ***ich will mich mit dir nicht*** ~ *a.* I don't want to waste time arguing with you; **~streunen** *v/i.* *Hund etc.*: roam around, wander around (the streets *etc.*); **~suchen** *v/i.* look (*stärker*: hunt) around (***nach*** for); **~tanzen** *v/i.* dance around (***um et.*** s.th.); → ***Nase***; **~tappen** *v/i.*, **~tasten** *v/i.* grope (*od.* feel) around (***nach*** for); **~telefonieren** *v/i.* ring up all over the place; ***den ganzen Tag*** ~ spend the whole day on the phone (*od.* ringing people up); **~toben** *v/i.*, **~tollen** *v/i.* romp around; **~tra-**

gen *v/t.* carry (a)round; *fig.* (*Nachrichten*) spread; *fig. Kummer etc.* **mit sich ~** nurse; **~trampeln** *v/i.* trample around (**auf** on), *laut*: stamp around (on); *fig.* **~ auf** (*j-s Gefühlen etc.*) trample on, (*j-m*) treat *s.o.* like a doormat.

herumtreiben *v/refl.*: **sich ~** roam around (**in** *a place*); *in Lokalen etc.*: hang out (in); **wo hast du dich wieder herumgetrieben?** what have you been up to then?; **Herumtreiber** *m* loafer; (*Vagabund*) tramp.

herum|trödeln *v/i.* dawdle (**mit** over); **~turnen** *v/i. Kinder*: scramble about; **~wälzen I.** *v/t.* turn (*od.* roll) over; **II.** *v/refl.*: **sich ~** turn (a)round; *schlaflos*: toss and turn; **~wandern** *v/i.* wander (a)round (**in** *a place*); **~werfen I.** *v/t.* throw (*od.* toss) around; (*Steuerrad*) pull round; **II.** *v/refl.*: **sich ~** *im Schlaf*: toss and turn; **~wickeln** *v/t.* wrap (*Schnur*: tie) (a)round; **~wirbeln** *v/t. u. v/i.* spin *od.* whirl (*s.o.*) (a)round; **~wirtschaften** F *v/i.* potter about; **~wühlen** *v/i.* rummage (**in** [around] in); *fig. in j-s Vergangenheit etc.*: dig around (in); **~wursteln** F *v/i.* mess around (**an** with); **~zanken** *v/refl.*: **sich ~** argue, squabble; **~zeigen** *v/t.* show (a)round; **~zerren I.** *v/t.* (*Steuerrad etc.*) pull (F yank) round; *durch die Gegend*: drag (a)round; **II.** *v/i.*: **~ an** tug at.

herumziehen I. *v/t.* drag around; **II.** *v/i.* wander about; *fig.* **~ mit** F hang around with; **herumziehend** *adj. Volk*: nomadic; *Händler*: itinerant; *Schauspieler*: strolling *player*.

herumzigeunern *v/i.* rove around.

herunten *dial. adv.* down here.

herunter *adv.* down; **da ~** down there; **hier ~** down here; **die Treppe ~** down the stairs, downstairs; **~ von dem Bett!** get off the bed!; *in Zssgn → a.* **herab...**; **~bekommen** *v/t.* get *s.th.* down, (*wegbekommen*) get *s.th.* off; **~beten** F *v/t.* reel off, rattle off; **~blicken** *v/i.* look down (**auf** at); **~bringen** *v/t.* bring down (*a. fig. Preise, Temperatur etc.*); *mühsam*: get down; *fig.* (*j-n, Wirtschaft etc.*) ruin; **~drücken** *v/t.* press down; (*Taste*) press; *fig.* (*Preise*) bring (*stärker*: force) down; **~fallen** *v/i.* fall (down); **~ von** fall (*od.* drop) off *s.th.*; **fall nicht herunter!** mind you don't fall; **~gehen** *v/i.* **1.** go down; *Temperatur etc.*: *a.* drop (**bis auf** to); *Preise*: *a.* fall, drop; ✈ *a.* descend; **~ mit** reduce, lower *prices, speed etc.*; **2.** *Weg etc.*: go down (**zu** to); **3. ~ von** (*e-m Tisch etc.*) get off; **~gekommen** *adj. Person*: (*schäbig*) dowdy, down-at-heel, scruffy; *sittlich*: dissolute; *gesundheitlich*: in bad shape; *Bauernhof etc.*: run-down, neglected, (*verfallen*) dilapidated; *Betrieb etc.*: run-down; **~ sein** *Haus, Betrieb etc.*: *a.* be going to rack and ruin; **~handeln** *v/t.* (*Preis, j-n*) beat down (**auf** to); (*Summe*) get *20 marks etc.* knocked off (**vom Preis** the price); **et. ~** (manage to) get s.th. cheaper; **et. um 20 Mark ~** get 20 marks knocked off s.th., get s.th. 20 marks cheaper; **~hängen** *v/i.* hang down; *baumelnd*: dangle (**von** from); **~hauen** *v/t.* → **runterhauen**; **~helfen** *v/i.*: **j-m ~** help s.o. (to get) down; **~holen** *v/t.* fetch (*od.* get) down; ⚔ shoot down; **~klappen** *v/t.* turn down; **~klettern** *v/i.* climb down (**von** from); **~kommen I.** *v/i.* **1.** come down; *kletternd etc.*: get down (**von** from); **~ von** (*e-m Bett etc.*) *a.* get off; **2.** *fig.* (*sich verschlechtern*) go downhill; *stärker, Betrieb, Wirtschaft etc.*: go to rack and ruin; *Person, wirtschaftlich*: come down in the world, *sittlich*: go to the dogs, sink low; → **heruntergekommen**; **II.** *v/t.* (*die Straße etc.*) come down; **die Treppe ~** *a.* come downstairs; **~kriegen** F *v/t.* **1.** → **herunterbekommen**; **2. ich krieg's nicht herunter** (*Essen etc.*) I can't eat (*od.* drink) it, I can't get it down; **~lassen** *v/t.* let down, lower; drop; **~laufen I.** *v/t.* (*die Straße etc.*) walk (*rennen*: run) down; **II.** *v/i. Wasser etc.*: run down (**an der Wand** *etc.* the wall *etc.*); **~leiern** *v/t.* rattle off, reel off; **~machen** *v/t.* **1.** lower; (*Kragen*) turn down; **2.** *fig.* (*j-n*) run down, pull to pieces; **~nehmen** *v/t.* take down; **~ von** take down from, take off; **die Füße vom Tisch ~** take one's feet off the table; **~prasseln** *v/i. Regen*: pelt down; *Münzen, Perlen etc.*: scatter all over the floor; **~purzeln** *v/i.* fall (*od.* tumble) down; **~putzen** F *v/t.*: **j-n ~** give s.o. a dressing down, lambast s.o., F blow s.o. up; **~reichen I.** *v/i.* reach down (**bis** to, as far as); **II.** *v/t.* hand (*od.* pass) *s.th.* down; **~reißen** *v/t.* pull down; *fig.* → **heruntermachen**; **~rutschen** *v/i.* slide (*od.* slip) down; **~schalten** *v/i. mot.* change (*Am.* shift) down; **~schikken** *v/t.* send down; **~schlagen** *v/t.* **1.** knock down; **2.** (*Kragen etc.*) turn down; **~schlucken** *v/t.* swallow (*a. fig.*); **~schmeißen** F *v/t.* throw down; (*umstoßen*) knock down; **~schütteln** *v/t.* shake down (*od.* off); **~sehen** *v/i.* look down (**auf** at, *fig.* on); **~sein** F *v/i.* **1.** *gesundheitlich, a. Betrieb etc.*: be run-down; **er ist mit den Nerven herunter** his nerves are shot; **2.** *Fieber*: have gone down; **~spielen** *v/t.* **1.** ♪ rattle off, rush through; **2.** *fig.* (*bagatellisieren*) play down; **~springen** *v/i.* jump down; **~spülen** *v/t.* wash off (**von** *s.th.*), wash down (from); *den Abfluß herunter*: wash *s.th.* down the sink; F (*Essen*) F wash down; **~steigen** *v/i. u. v/t.* climb down; **die Treppe ~** *a.* come down the stairs, come downstairs; **~stoßen** *v/t.* knock down; **~stürzen** *v/i.* fall down, *stärker*: come crashing down; **~tragen** *v/t.* carry *od.* take down(stairs); **~tropfen** *v/i.* drip (down); **~werfen** *v/t.* throw down; **~wirtschaften** *v/t.* mismanage, run down; **~ziehen** *v/t.* pull down; *fig. contp.* drag *s.o.* down (**auf** to *a lower level etc.*); *fig.* **j-n zu sich ~** drag s.o. down to one's own level.

hervor *adv.* out; **~ aus** out of; **hinter ... ~** from behind ...; **unter ... ~** from under ...; **~blicken** *v/i.* (*sichtbar sein*) peep out (**hinter, unter** of), appear; **hinter e-m Baum** *etc.* **~** peep from behind a tree *etc.*; **~brechen** *v/i.* burst out (*od.* through); ⚔ rush forward; **~bringen** *v/t.* produce (*a. Nachkommen*); (*schaffen*) create; (*bewirken*) cause, give rise to; (*Worte*) utter; **~dringen** *v/i.* come out (**von** of); **~ aus** *Geräusche etc.*: come (*od.* penetrate) from; **~gehen** *v/i.*: **~ aus** (*stammen aus*) come (*od.* emerge) from; (*sich entwickeln aus*) develop (*od.* arise) from; (*sich als Folge ergeben aus*) result from; **daraus geht hervor, daß** it follows that, this shows that; **aus dem Brief geht nicht hervor, ob** the letter doesn't indicate whether; **wie aus der Umfrage hervorgeht, ...** the survey shows that ...; **als Sieger ~** emerge victorious; **~gucken** F *v/i.* peep out.

hervorheben *fig.* **I.** *v/t.* emphasize, underline, stress; (*Schrift etc.*) set off, bring out; **II.** *v/refl.*: **sich ~** stand out (**aus** against); **Hervorhebung** *f* emphasis; **unter** (**besonderer**) **~** *gen.* with (special) emphasis on.

hervor|holen *v/t.* produce; take (*od.* pull) out (**aus** of); **~kehren** *v/t.* **1.** (*betonen*) emphasize; **2.** (*herauskehren*) act, play *the big boss etc.*; **~kommen** *v/i.* come out (**hinter** from behind); (*auftauchen*) appear, emerge (**aus** from); **~kramen** F *v/t.* F fish out, dig up; *fig.* (*Erinnerungen etc.*) F dredge up; **~leuchten** *v/i.* shine (*a. fig.*); **~locken** *v/t.* lure out; **~quellen** *v/i.* **1.** *Flüssigkeit etc.*: well up (**aus** out of, from); *stärker*: gush out (of); **~ aus** *a.* well (*od.* gush) from; **2.** *Rauch etc.*: pour (**aus** from); **3.** *Augen, Bauch etc.*: bulge, protrude.

hervorragen *v/i.* **1.** jut (*od.* stick) out (**aus** of); project (from); **~ aus** (*sich erheben*) rise (*od.* tower) above; **2.** *fig.* stand out (**durch** by); **hervorragend I.** *adj.* excellent, outstanding, first-rate; **sie hat ~es geleistet** she has achieved some outstanding things; **II.** *adv.* extremely well, outstandingly.

hervor|rufen *v/t.* **1.** *fig.* (*bewirken*) cause, give rise to; (*Ärger, Protest etc.*) provoke; (*Eindruck*) create; **bei j-m Gelächter** (**e-e Reaktion** *etc.*) **~** make s.o. laugh (react *etc.*); **2.** *thea.* call for; **~springen** *v/i.* **1.** jump out (**aus** of); **2.** *Felsen, Kinn*: jut out; **~der Felsen** protruding rock; **~des Kinn** (**~de Nase**) prominent chin (nose); **sie hat ein ~des Kinn** *a.* her chin juts out; **3.** *fig.* → **hervorstechen.**

hervorstechen *fig. v/i.* stand out (**aus** against); be prominent; be conspicuous; **hervorstechend** *adj.* prominent; (*auffallend*) striking; (*vorherrschend*) (pre-)dominant.

hervorstehen *v/i.* jut (*od.* stick) out; *Augen*: protrude, bulge; *Ohren*: stick out; **~de Backenknochen** high cheekbones; **~de Zähne** buck teeth.

hervortreten *v/i.* **1.** come out (**aus** of; **hinter** from behind); *aus e-m Versteck etc.*: *a.* emerge (from); **2.** *fig. Augen*: bulge, protrude; (*sich abheben*) stand out; (*in Erscheinung treten*) emerge; *Person*: make o.s. a name (**als** as); **mit** *e-m Roman etc.* **~** come out with; **hervortretend** *adj.* striking, prominent; *Augen*: protruding.

hervor|tun *v/refl.*: **sich ~ 1.** distinguish o.s.; **2.** (*angeben*) show off; **sich mit et. ~** *a.* flaunt s.th.; **~wagen** *v/refl.*: **sich ~** venture out, dare to appear; **~zaubern** *v/t.* conjure up (*a. fig.*); **~ziehen** *v/t.* pull out (**aus** of), *zum Vorzeigen*: *a.* produce (out of, from).

herwagen *v/refl.*: **sich ~** dare to come (*od.* put in an appearance) here.

Herweg *m*: **auf dem ~** on the way here.

Herz *n* heart (*a. fig.*); (*Seele*) *a.* soul; (*Kartenfarbe*) hearts *pl.*, (*Einzelkarte*) heart; (*Mittelpunkt*) heart, core, cent|re (*Am.* -er); **er hat's am ~en** he has heart trouble (*od.* a heart condition); *fig.* **aus tiefstem ~en** from the bottom of one's heart; *ein Mann* **nach m-m ~en** after my own heart; **von ~en** sincerely; **von ~en**

kommend sincere, heartfelt; ***von ganzem ~en*** with all one's heart; ***ich bedanke mich von ganzem ~en*** I'm deeply grateful (to you); ***et. auf ~ und Nieren prüfen*** put s.th. through its paces; ***es läßt die ~en höher schlagen*** a) it makes your heart swell, b) it gets you going; ***er läßt die ~en höher schlagen*** he makes the ladies swoon (*od.* go weak in the knees); ***sein ~ schlug höher*** his heart leapt; ***mir schlug das ~ bis zum Hals*** my heart was in my mouth; ***mir fiel das ~ in die Hosentasche*** my heart sank; ***et. auf dem ~en haben*** have s.th. on one's mind; ***j-m et.*** (***besonders***) ***ans ~ legen*** a) urge s.o. to do s.th., b) entrust s.o. with the task of doing s.th.; ***j-m zu ~en gehen*** move s.o.; ***j-n in sein ~ schließen*** grow very fond of s.o., become very attached to s.o.; ***j-s ~ brechen*** (***gewinnen, stehlen***) break (win, steal) s.o.'s heart; ***sein ~ an et. hängen*** set one's heart on s.th.; ***sein ganzes ~ hängt daran*** it means the world to him; ***sein ~ auf der Zunge tragen*** wear one's heart on one's sleeve; ***sich ein ~ fassen*** pluck (F screw) up some courage; ***sich et. zu ~en nehmen*** take s.th. to heart; ***Hand aufs ~!*** cross my heart; ***es liegt mir am ~en*** it means a lot to me (***zu*** *inf.* to be able to *inf.*), ***zu*** *inf.*: *a.* I'm (very) anxious to *inf.*; ***mit ganzem ~en*** *dabeisein etc.*: heart and soul; ***er ist mit ganzem ~en bei der Arbeit*** his heart's in his work; ***es tut dem ~en wohl*** it does you good; ***ich kann es nicht übers ~ bringen*** I can't bring myself to do it, I haven't got the heart (to do it); ***mein ~ blutete*** my heart bled (***für ihn*** for him; ***bei dem Anblick*** at the sight); ***alles, was das ~ begehrt*** everything your heart desires, everything you could possibly wish for; ***ein ~ für Kinder*** (***Tiere*** *etc.*) a place in one's heart for children (animals *etc.*); ***ein ~ u. eine Seele sein*** be inseparable; → ***ausschütten*** 2, ***Fleck, gebrochen, leicht*** 1, ***schwer*** I *etc.*; **~anfall** *m* heart attack; **~as** *n* ace of hearts; **~asthma** *n* cardiac asthma.

herzaubern *v/t.* conjure up.

Herzbeschwerden *pl.* heart trouble *sg.*

Herzbeutel *m* pericardium; **~entzündung** *f* pericarditis.

herzbewegend *adj.* (deeply) moving, heart-rending.

Herz|blatt *n* **1.** *pl. Salat etc.*: heart *sg.*; **2.** ♀ grass-of-Parnassus; **3.** F sweetheart; **~blut** *fig. n one's* lifeblood; ***et. mit s-m ~ machen*** put one's entire heart into s.th.; **~bube** *m* jack of hearts.

Herzchen *n* **1.** *Kosewort*: darling, sweetheart; **2.** *iro.* (*naiver Mensch*) simple soul.

Herz|chirurg *m* heart surgeon; **~chirurgie** *f* heart (*od.* cardiac) surgery; **~dame** *f* queen of hearts.

herzeigen *v/t.* show, let *s.o.* see *s.th.*; ***zeig mal her!*** *a.* let's have a look.

herzen *v/t.* hug, cuddle.

Herzens|angelegenheit *f* **1.** matter of the heart; **2.** something close to one's heart; **~brecher** *m* lady-killer; **2froh** *adj.* overjoyed, very happy; **~grund** *m*: ***aus tiefstem ~*** from the bottom of one's heart; **2gut** *adj.* very kind(hearted); ***ein ~er Mensch*** *a.* a good soul; **~güte** *f* kindheartedness; **~lust** *f*: ***nach ~*** to one's heart's content; **~wunsch** *m* great desire; *one's* dearest wish.

Herz|entzündung *f* carditis; **2erfrischend** *adj.* heart-warming, very refreshing; **2ergreifend** *adj.* deeply moving; **2erquickend** *adj.* → ***herzerfrischend***; **2erwärmend** *adj.* heart-warming; **2erweichend** *adj.* heart-rending; **~erweiterung** *f* dilatation of the heart; **~fehler** *m* heart defect; **~flattern** *n* **1.** F *fig.* palpitations *pl.*; ***dabei kriege ich ~*** *a.* F it makes my heart go pitter-patter; **2.** → **~flimmern** *n* heart flutter; (*Herzkammerflimmern*) ventricular fibrillation; **2förmig** *adj.* heart-shaped; **~gegend** *f* cardiac region; ***in der ~*** *a.* around the heart; **~geräusch** *n* cardiac murmur.

herzhaft I. *adj.* good, decent; *Essen*: substantial, robust; *Händedruck*: firm; *Wein*: hearty; ***~er Kuß*** big kiss, F smack on the cheek (*od.* lips); **II.** *adv.*: ***~ lachen*** have a good laugh; ***~ zulangen*** F dig in.

herziehen I. *v/t.* **1.** pull (*od.* draw) up; ***hinter sich ~*** pull along; **II.** *v/i.* **2.** ***~ hinter*** follow; **3.** come to live here, move here (*od.* to this place); **4.** F *fig.* ***~ über*** run down, pull to pieces.

herzig *adj.* cute.

Herz|infarkt *m* heart attack, coronary, 🕮 cardiac infarction; **~insuffizienz** *f* heart failure, 🕮 cardiac insufficiency; **~jagen** *n* tachycardia; **~kammer** *f* ventricle; **~katheter** *m* cardiac catheter.

Herzklappe *f* (heart) valve; **Herzklappenfehler** *m* valvular defect.

Herz|klopfen *n* **1.** ⚕ palpitations *pl.*; **2.** ***mit ~ ging ich hinein*** my heart was thumping when I went in; **~kollaps** *m* heart failure; **~könig** *m* king of hearts.

herzkrank *adj.*: ***~ sein*** suffer from a heart disease (*od.* condition); **Herzkranke(r)** *m* heart (*od.* cardiac) patient; **Herzkrankheit** *f* heart disease (*od.* complaint).

Herzkranzgefäß *n* coronary vessel.

Herz-Kreislauf|-Erkrankung *f* cardiovascular disease (*od.* complaint); **~-System** *n* cardiovascular system.

Herzleiden *n* heart disease (*od.* complaint).

herzlich I. *adj.* warm; (*innig empfunden*) heartfelt, sincere; (*liebevoll*) affectionate; *im Brief*: ***~e Grüße*** best regards, *vertraulich*: love; ***~en Dank*** many thanks (indeed), I'm much obliged; ***~en Glückwunsch!*** congratulations! (***zu*** on); ***~es Beileid*** I'm so sorry (to hear about your father *etc.*); ***ich habe e-e ~e Bitte an dich*** I wonder if you could do me a big favo(u)r; **II.** *adv.* warmly *etc.*; ***~ gern*** gladly, with pleasure; ***~ schlecht*** pretty bad; ***~ wenig*** not very much at all, ***verdienen***: earn a pittance; ***~ lachen*** have a good laugh; ***~ empfangen werden*** be given a warm welcome; ***ich gratuliere ~!*** congratulations! (***zu*** on); ***ich danke Ihnen ~*** many thanks indeed, I'm much obliged to you; **Herzlichkeit** *f* warmth; sincerity.

Herzlinie *f* **1.** cardioid; **2.** *Handlesen*: heart line.

herzlos *adj.* heartless, unfeeling; **Herzlosigkeit** *f* heartlessness.

Herz-Lungen-Maschine *f* heart-lung machine.

Herz|massage *f* cardiac massage; **~mittel** *n* cardiac stimulant.

Herzmuskel *m* cardiac muscle; **~entzündung** *f* myocarditis; **~störung** *f* (*Insuffizienz*) myocardiac insufficiency; (*Schaden*) myocardiac lesion.

Herzneurose *f* cardiac neurosis.

Herzog *m* duke; **Herzogin** *f* duchess; **herzoglich** *adj.* ducal; **Herzogtum** *n* duchy.

Herz|operation *f* heart surgery (*od.* operation); **~patient** *m* heart (*od.* cardiac) patient; **~pflaster** *n* nitrate (*od.* angina) patch; **~rhythmusstörungen** *pl.* irregular heartbeat *sg.*, cardiac arrhythmia (*od.* dysrhythmia) *sg.*; **~risikopatient** *m* coronary-risk patient; **~schaden** *m* heart (*od.* cardiac) defect; **~scheidewand** *f* septum of the heart; **~schlag** *m* **1.** heartbeat; *weitS.* pulse; **2.** (*Herztod*) heart failure; **~schmerzen** *pl.* pains (*od.* pain *sg.*) in the chest; **~schrittmacher** *m* pacemaker; **~schwäche** *f* cardiac insufficiency; *momentane*: syncope; **~spezialist** *m* heart specialist, cardiologist; **2stärkend** *adj.* cardiotonic; ***~es Mittel*** cardiac stimulant; **~stillstand** *m* cardiac arrest; **~stück** *fig. n* heart, core; **~tätigkeit** *f* cardiac activity; ***Aussetzen der ~*** cardiac arrest; **~tod** *m* cardiac (*od.* heart-related) death; ***den ~ sterben*** die of heart failure; **~töne** *pl.* cardiac sounds; **~transplantation** *f* heart transplant.

herzu(...) → ***herbei(...)***, ***hinzu(...)***.

Herz- und Kreislauf-Krankheiten *pl.* cardiovascular diseases.

Herz|verfettung *f* fatty degeneration of the heart; **~vergrößerung** *f* cardiac enlargement; **~verpflanzung** *f* heart transplant; **~versagen** *n* heart failure; **~vorkammer** *f* atrium; **~wand** *f* cardiac wall; **2zerreißend** *adj.* heart-rending.

Hesekiel *m bibl.* Ezekiel.

Hesse *m*, **Hessin** *f* Hessian; ***~ sein*** *a.* come from Hesse; **hessisch** *adj.* Hessian.

hetero F **I.** *adj.* F straight; **II. 2** *m*, *f* F het.

heterogen *adj.* heterogeneous; **Heterogenität** *f* heterogeneity.

heteronym I. *adj.* heteronymous; **II. 2** *n* heteronym.

Heterosexualität *f* heterosexuality; **heterosexuell** *adj.* heterosexual; **Heterosexuelle(r** *m*) *f* heterosexual.

Hethiter *m hist.* Hittite; **~reich** *n* Hittite Empire.

Hetz *östr. f* fun.

Hetz|artikel *m* inflammatory article; **~blatt** *n* smearsheet.

Hetze *f* **1.** (*Eile*) rush, *des Lebens*: *a.* F rat race; ***was soll die ~?*** what's the big rush?; **2.** (*Hetzfeldzug*) smear campaign; (*Aufhetzung*) agitation; ***~ gegen die Juden*** *etc.* Jew-baiting *etc.*; **3.** → ***Hetzjagd*** 1; **hetzen I.** *v/t.* **1.** (*antreiben*) rush; ***j-n ~ bei der Arbeit***: *a.* breathe down s.o.'s neck; ***ich lasse mich nicht ~*** I won't be rushed; ***gehetzt werden*** (***von***) a) be put under pressure (by), b) be under pressure (from); **2.** (*Tiere*) hunt (with hounds), chase; **3.** *j-n od. ein Tier* ***~ auf*** set on(to); → *a.* ***aufhetzen***; **4.** *fig.* (*verfolgen, jagen*) chase, hunt; ***zu Tode ~*** hound to death, *weitS.* (*Witz etc.*) flog to death; **II.** *v/i.* **5.** *a. v/refl.* (***sich ~***) (*eilen*) rush; ***du brauchst*** (***dich***) ***nicht zu ~*** there's no (great) rush; ***hetz nicht so!*** not so fast!; **6.** *fig.* (*Hetzreden führen*) stir (things up); ***~ gegen*** stir up hatred against; ***~ zu*** agitate for *s.th.*; **Hetzer** *m* agitator, rabble-rouser; **Hetzerei** *f* → ***Hetze*** 1 *u.*

3; **hetzerisch** *adj.* inflammatory; rabble-rousing.
Hetz|jagd *f* **1.** hunt(ing) (with hounds); **2.** *fig.* (*Verfolgung*) hunt, chase; **3.** *fig.* (mad) rush; **4.** → **~kampagne** *f* smear campaign; **~parole** *f* demagogic slogan; **~rede** *f* inflammatory (*od.* rabble-rousing) speech; **~tirade** *f* inflammatory harangue.
Heu *n* hay; *fig.* ***Geld wie ~ haben*** have money to burn; **~ballen** *m* bale of hay; **~boden** *m* hayloft.
Heuchelei *f* hypocrisy; (*Verstellung*) dissimulation; (*Unaufrichtigkeit*) insincerity; (*Falschheit*) deceit; **heucheln I.** *v/i.* (*scheinheilig sein od. tun*) be hypocritical; (*unaufrichtig sein*) be insincere; (*scheinheilig reden*) cant; (*sich verstellen*) (dis-)simulate, dissemble; **II.** *v/t.* feign, affect, F fake; **Heuchler(in** *f*) *m* hypocrite; **heuchlerisch** *adj.* hypocritical; (*falsch*) deceitful, insincere; **Heuchlermiene** *f* hypocritical air.
heuer *dial. adv.* this year.
Heuer *f* ⚓ pay; **heuern** *v/t.* ⚓ sign on; F *weitS.* (*a.* ***sich*** *j-n* ~) hire.
Heu|ernte *f* hay harvest; (*Erntezeit*) haymaking season; **~fieber** *n* hay fever; **~gabel** *f* pitchfork; **~haufen** *m* haystack.
Heulboje *f* whistling buoy.
heulen I. *v/i.* howl (*a. Wind*); *Eule*: hoot; *Sirene*: wail; *Bombe etc.*: scream; *weinen*: cry, *laut*: howl; ***er heulte vor Wut*** he wept with rage; **II.** 2 *n* howling *etc.*; → I; (*Heulerei*) crying, howling; ***es ist zum ~*** it's enough to make you weep; *bibl.* ***~ und Zähneklappern*** weeping and gnashing of teeth; **Heuler 1.** F ***das ist ja der letzte ~!*** a) would you believe it, b) *anerkennend*: *sl.* it's (absolutely) brill; **2.** (*junger Seehund*) baby seal, seal pup; **Heulerei** *f* crying, howling; ***hör auf mit der ~!*** stop howling!
Heul|suse F *f* F crybaby; **~ton** *m* wailing sound; sound of a siren.
Heupferd *n zo.* grasshopper; *schädliches*: locust.
heurig *dial. adj.* this year's (*od.* season's), new; **Heurige(r)** *m* **1.** new wine; **2.** (Austrian) wine tavern (*selling new wine*).
Heu|schnupfen *m* hay fever; **~schober** *m* haystack.
Heuschrecke *f* grasshopper; *schädliche*: locust; **Heuschreckenplage** *f* plague of locusts.
heute I. *adv.* today; ***~ abend*** this evening, tonight; ***~ früh, ~ morgen*** this morning; ***~ nacht*** tonight, (*letzte Nacht*) last night; ***~ in acht Tagen*** a week (from) today, today week; ***~ in einem Jahr*** a year from today; ***~ vor acht Tagen*** a week ago (today); ***von ~ an, ab ~*** from today, as of today; ***von ~ auf morgen*** overnight, from one day to the next; ***lieber ~ als morgen*** the sooner the better; (***noch***) ***bis ~*** to this day; ***er hat bis ~*** (***noch***) ***nicht bezahlt*** he hasn't paid to this day, I'm *etc.* still waiting for him to pay (up); ***... von ~*** ... of today, today's ..., *weitS.* present-day ...; (***die***) ***Ausgabe von ~*** today's issue; ***das Amerika von ~*** present-day America, America today; ***die Frau von ~*** today's women, the women of today; → *a.* ***heutzutage***; **II.** 2 *n*: ***das ~*** the present.
heutig *adj.* today's; (*gegenwärtig*) *a.* present(-day...), of today, modern; ***der ~e Tag*** today; ***die ~e Zeitung*** today's paper; ***bis zum ~en Tag*** to this day; ***in der ~en Zeit*** → ***heutzutage.***
heutzutage *adv.* these days, nowadays, today.
Heuwagen *m* haycart, haywag(g)on.
hexadezimal *adj.* hexadecimal; **2system** *n* hexadecimal system; **2zahl** *f* hexadecimal number.
Hexagon *n* 𝔄 hexagon; **hexagonal** *adj.* hexagonal.
Hexameter *m* hexameter.
Hexe *f* witch; *fig. contp.* old hag; **hexen** *v/i.* practi|se (*Am.* -ce) witchcraft; ***ich kann doch nicht ~*** I can't perform miracles; → ***gehext.***
Hexen|einmaleins *n* magic square; **~glaube** *m* belief in witches; **~häuschen** *n* gingerbread house; **~jagd** *fig. f* witch-hunt(ing); **~kessel** *m* **1.** witch's (*od.* witches') cauldron; **2.** *fig.* chaos; *bsd. pol.* inferno; *pol.* ***mitten im ~ sitzen*** be sitting on a powder keg; **~küche** *f* witches' kitchen; **~kunst** *f a. pl.* witchcraft; **~meister** *m* wizard, sorcerer; **~prozeß** *m* witch('s) trial; **~sabbat** *m* witches' sabbath; *fig.* inferno; **~schuß** *m* ⚕ lumbago; **~verbrennung** *f* burning of witches (*od.* of a witch); **~verfolgung** *f* witch-hunt(ing).
Hexerei *f* witchcraft, sorcery; (*Zauberei*) magic.
Hexzahl *f* hex number.
Hickhack F *n* wrangling, squabbling.
hie *adv.*: ***~ und da*** now and then; (*stellenweise*) here and there.
Hieb *m* **1.** (*Schlag*) blow, *mit der Faust*: *a.* punch; *mit der Peitsche*: lash; *Fechten*: cut; (*~wunde*) cut, gash; *fig.* (*Anspielung*) dig (***auf*** at); **~e** (*Prügel*) beating; ***j-m e-n ~ versetzen*** *a. fig.* deal s.o. a blow; *fig.* ***auf den ersten ~*** first time round; ***der ~ saß*** that hit home; F ***e-n*** (***leichten***) ***~ haben*** F be (slightly) cracked; **2.** (*Baum*2) felling; **3.** *der Feile*: cut.
hieb- und stichfest *adj. Argumente etc.*: watertight; *Beweise, Garantie etc.*: cast-iron ...
hier I. *adv.* **1.** here; (*an diesem Ort*) *a.* in this place; ***~*** (***drüben***) over here; ***~ draußen*** (***drinnen***) out (in) here; ***~ oben*** (***unten***) up (down) here; ***~ entlang*** this way; ***~ hinein*** this way, in here; ***~!*** *Appell*: present!, here!; *teleph.* ***~*** (***spricht***) ***John B.*** (this is) John B speaking; ***ich bin auch nicht von ~*** I'm a stranger here myself; ***das Haus ~*** this house; ***~ und da*** now and then, *örtlich*: here and there; ***~ und jetzt*** here and now; F ***es steht mir bis ~*** F I'm fed up to the back teeth with it; F ***nicht ganz ~*** F not all there; **2.** (*in diesem Fall*) here, in this case; (*zu diesem Zeitpunkt*) at this point; ***~ ist nichts mehr zu machen*** there's nothing more we can do; **II.** 2 *n*: ***das ~ und Jetzt*** the here and now; ***im ~ und Jetzt*** here and now.
hier... *in Zssgn* → *a.* ***da...***
hieran *adv.* at (*od.* by, in, on, to) this; ***wenn ich ~ denke*** when I think of this; ***er wird sich ~ erinnern*** he'll remember this; ***~ kann ich es erkennen*** I can recognize it by that; ***~ wird sich entscheiden, ob*** this will decide whether; ***~ schließt sich ... an*** following this is (*od.* are) ...
Hierarchie *f* hierarchy; **hierarchisch** *adj.* hierarchical.
hieratisch *adj.* hieratic.
hierauf *adv.* on this (*od.* that), here; *zeitlich*: then, thereupon.
hieraus *adv.* from (*od.* out of) this; ***~ geht hervor, daß*** it follows (*od.* would appear) from this that.
hierbehalten *v/t.* keep here.
hierbei *adv.* (*bei dieser Gelegenheit*) here, on this occasion; (*in diesem Zusammenhang*) in this connection; (*in diesem Fall*) in this case; (*währenddessen*) during this, while doing so.
hierbleiben *v/i.* stay here; ***hiergeblieben!*** don't you move!, you just stay put!
hierdurch *adv.* **1.** *örtlich*: through here, this way; **2.** *ursächlich*: this way; because of this; *am Satzbeginn*: *a.* that's how.
hierein *adv.* in here.
hierfür *adv.* for this (*od.* it).
hiergegen *adv.* against this (*od.* it); (*im Vergleich*) in comparison.
hierher *adv.* here; this way, over here; (***komm***) ***~!*** come here!; ***bis ~*** up to here, this far; ***bis ~ und nicht weiter*** this far and no (*od.* not a step) further; ***~...*** *in Zssgn* → *a.* ***her...***
hierherauf *adv.* up here.
hierher|bemühen I. *v/t.* trouble *s.o.* to come here; **II.** *v/refl.*: ***sich ~*** take the trouble to come here; **~bringen** *v/t.* bring here; **~gehören** *v/i.* belong here; ***er gehört hierher*** *a.* this is where he belongs; ***das gehört nicht hierher*** (*ist unangebracht*) it's out of place, (*ist abwegig*) it's irrelevant; **~kommen** *v/i.* come here; come this way; **~passen** *v/i.* fit, look right; *fig. a.* be appropriate; ***es paßt nicht hierher*** *a.* it looks out of place; **~tragen** *v/t.* carry *s.th.* here.
hierherum *adv.* this way round; (*ungefähr hier*) somewhere (a)round here.
hierherwagen *v/refl.*: ***wie kannst du dich ~?*** how dare you come near this place?
hierhin *adv.* here, this way.
hierhinaus *adv.* out here.
hierhinein *adv.* in here.
hierin *adv.* **1.** in here, in it; **2.** (*in diesem Punkt*) here, in this.
hiermit *adv.* with this; (*mit diesen Worten*) with these words, with this, saying this; ***~ ist die Sache erledigt*** that settles that; ***~ bin ich einverstanden*** I'll agree to that, that's all right (*Am.* alright) by me; ***~ wird bescheinigt*** this is to certify; ***~ geht unsere Sendung zu Ende*** that brings us to the end of our program(me); ***~ möchte ich mich verabschieden*** and that's all from me (for today *etc.*).
hiernach *adv.* **1.** after this; **2.** (*dementsprechend*) according to this.
Hieroglyphe *f* hieroglyph; **Hieroglyphenschrift** *f* hieroglyphic writing (*od.* script); **hieroglyphisch** *adj.* hieroglyphic.
Hierokratie *f* hierocracy; **hierokratisch** *adj.* hierocratic(ally *adv.*).
hiersein *v/i.* be here; ***wann sollte er ~?*** when was he supposed to come (*od.* be here)?
hierüber *adv.* **1.** (*über dieses Thema*) about this (*od.* it), on this (*od.* it), on this (*od.* the) subject; **2.** (*währenddessen*) in the process; **3.** *örtlich*: over here; over this (*od.* it).
hierum *adv.* **1.** (a)round here; **2.** (*um diese Sache*) about this (*od.* it); ***~ geht es nicht*** that's not the point.

hierunter *adv.* **1.** (*unter dieser Menge*) (included) among them *od.* these; **2.** *verstehen etc.*: by that; ~ ***verstehe ich*** *a.* by that I mean; **3.** *örtlich*: under(neath) this (*od.* it).

hiervon *adv.* **1.** of *od.* from this (*od.* it, these, them); **2.** (*hierüber*) about it (*od.* this).

hiervor *adv.* → ***davor.***

hierzu *adv.* (*zu diesem Zweck*) for this (purpose); (*zu diesem Punkt*) concerning this, on this score; (*zu dieser Kategorie etc.*) to this (*od.* these).

hierzulande *adv.* in this country, in these parts, around here, (over) here.

hierzwischen *adv.* between them (*od.* these, the two); in between.

hiesig *adj.* local, ... (around) here; **Hiesige(r)** *m* local.

hieven *v/t.* ⚓ heave (*a. fig.*), hoist.

Hi-Fi *n* hi-fi; **~-Anlage** *f* stereo (system), hi-fi (system); **~-Fan** *m* stereo fan, audiophile; **~-Gerät** *n* piece of hi-fi equipment; *pl.* hi-fi equipment *sg.*; **~-Turm** *m* rack system.

Hilfe *f* help (*a. Person*); (*Beistand*) *a. finanziell etc.*: *a.* aid, assistance; (*Unterstützung*) support; (*Mitwirkung*) cooperation; *mst pl.* (*Hilfsmittel, Stützen*) *teaching etc.* aids; ***(j-n) um ~ bitten*** ask for help (ask s.o. to help one, ask for s.o.'s help); ***Erste ~ (leisten)*** (give) first aid; ***~!*** help!; ***mit ~*** *gen.* (*od.* ***von***) with *s.o.'s* help, by means of *s.th.*; ***ohne ~*** (*selbständig*) without any help, single-handed, (by) himself *etc.*; ***~ suchen*** seek help; *et.* ***zu ~ nehmen*** make use of; ***j-m ~ leisten*** help s.o.; ***j-m zu ~ kommen*** come to s.o.'s assistance (*od.* aid); ***um ~ rufen*** call (*od.* shout) for help; *iro.* ***du bist mir e-e schöne ~*** you're a great help(, I must say); **~gesuch** *n* request for help; **~leistung** *f* help, *a. finanzielle*: assistance, aid; **~ruf** *m*, **~schrei** *m* call (*od.* cry) for help (*a. fig.*); **~stellung** *f Turnen*: support; ***j-m ~ leisten*** support s.o., give s.o. support, *fig. a.* back s.o. up; **2suchend** *adj. nachgestellt*: seeking help; *Blick*: beseeching; **2e** those seeking (*od.* in need of) help; **~taste** *f Computer*: help key.

hilflos I. *adj. a. fig.* helpless (***gegenüber*** in the face of); *j-m od. e-r Sache* ***gegenüber völlig ~ sein*** be at a complete loss as to what to do with (*od.* about); **II.** *adv.*: *j-m od. e-r Sache* ***~ ausgeliefert sein*** be at the mercy of; **Hilflosigkeit** *f* helplessness.

hilfreich I. *adj.* helpful; (*Unterstützung bietend*) supportive; ***es wäre ~, wenn wir wüßten ...*** it would be helpful to know ..., it would help if we knew ...; **II.** *adv.*: ***j-m ~ zur Seite stehen*** help s.o. out, *in Krise etc.*: *a.* support s.o.

Hilfs... *in Zssgn oft* auxiliary, emergency; temporary; relief; assistant, junior; → *a.* ***Behelfs..., Not...***; **~aktion** *f* relief campaign; **~arbeiter** *m* unskilled worker (*od.* labo[u]rer); *pl.* unskilled labo(u)r *sg.*; **~assistent** *m univ.* graduate lecturer.

hilfsbedürftig *adj.* in need of help; (*notleidend*) needy.

hilfsbereit *adj.* (very) helpful; *im Dienst*: *a.* cooperative; **Hilfsbereitschaft** *f* helpfulness; cooperativeness.

Hilfs|bremse *f* auxiliary brake; **~dienst** *m* auxiliary service; (*Notdienst*) emergency service; **~fonds** *m* relief fund; **~gelder** *pl.* subsidies; ***~ zahlen an*** subsidize; **~güter** *pl.* aid supplies; **~kasse** *f* relief fund; **~komitee** *n* action committee; **~kraft** *f* temporary worker; (*bsd. Sekretärin*) F temp; *wissenschaftliche etc.*: assistant; **~linie** *f* ♪ leger line; ✈ *etc.* auxiliary line; **~maßnahmen** *pl.* aid *sg.*; *im Notfall*: *a.* emergency measures; **~menü** *n Computer*: help menu; **~mittel** *n* aid (*a.* ⚙; *a. pl., nach Katastrophe etc.*); *weitS.* remedy; (*Maßnahme*) measure; (*Notbehelf*) expedient; (***finanzielle ~*** financial) aid; ***~ pl. für den Unterricht*** teaching aids; **~motor** *m* auxiliary engine (⚡ motor); **~organisation** *f* relief organization, aid agency; **~paket** *n* aid package; **~personal** *n* ancillary staff; **~polizei** *f* auxiliary police; **~polizist** *m* special constable; **~prediger** *m* curate; **~programm** *n* aid program(me); **~quelle** *f* **1.** (natural) resource; **2.** ✝ financial resources *pl.*; **3.** *wissenschaftliche*: source; **~tätigkeit** *f* auxiliary work; ***e-e ~ ausüben*** help out; **~truppen** *pl.* ⚔ reinforcements; **~verb** *n* auxiliary verb; **~vorrichtung** *f* auxiliary device; **~werk** *n* welfare (*od.* relief) organization; **~wissenschaft** *f* auxiliary science; **~zeitwort** *n* auxiliary verb.

Himbeere *f* raspberry.

Himbeer|eis *n* raspberry ice cream; **~geist** *m* raspberry brandy; **~saft** *m* raspberry juice; **~strauch** *m* raspberry bush.

Himmel *m* sky; *meteor. a.* skies *pl.*; *lit.* heavens *pl.*; (*~reich*) heaven; (*Bett2 etc.*) canopy; ***am ~*** in the sky; ***im ~*** (*~reich*) in heaven; ***unter freiem ~*** in the open air; ***unter südlichem ~*** under southern skies; *fig.* ***der ~ auf Erden*** heaven on earth; ***den ~ auf Erden haben*** live in paradise; ***~ und Hölle in Bewegung setzen*** move heaven and earth; ***aus allen ~n fallen*** be crushed; ***in den ~ heben*** praise to the skies; ***im sieb(en)ten ~ sein*** be on cloud nine, be walking on air, be in the seventh heaven; ***ihm hängt der ~ voller Geigen*** he thinks life's a bed of roses; ***wie vom ~ fallen*** appear from nowhere; ***(wie) aus heiterem ~*** (completely) out of the blue; ***das schreit*** (F ***stinkt***) ***zum ~*** it's a scandal; ***... fallen nicht vom ~*** ... don't grow on trees; ***es ist noch kein Meister vom ~ gefallen*** everyone has to learn; ***ein neuer Stern am musikalischen (literarischen) ~*** a new star on the music (literary) scene; ***Wolken am politischen ~*** clouds on the political horizon; ***du lieber ~!*** my goodness!, good Heavens!; ***um ~s willen!*** for Heaven's (*od.* God's) sake!; ***weiß der ~*** God knows; **2angst** F *adj.*: ***mir wurde ~*** I was scared to death; **~bett** *n* four-poster (bed); **2blau** *adj.*, **~blau** *n* sky-blue, azure; **~donnerwetter** F *int.* F damnation!

Himmelfahrt *f eccl.* **1.** (*a.* ***Christi ~***) the Ascension (of Christ); ***Mariä ~*** the Assumption (of the Blessed Virgin); **2.** → ***Himmelfahrtstag.***

Himmelfahrts|kommando *n* **1.** suicide mission; **2.** suicide squad; **~nase** F *f* snub nose; **~tag** *m* Ascension Day.

himmel|hoch I. *adj.* sky-high, soaring; **II.** *adv.* high in the sky; *fig.* ***~ jauchzend, zu Tode betrübt*** up one minute, down the next; **2reich** *n* (Kingdom of) Heaven; **~schreiend** *adj.* outrageous; *Unsinn etc.*: blatant.

Himmels... *in Zssgn oft* heavenly; celestial; **~erscheinung** *f* celestial phenomenon; **~gabe** *f* gift from heaven; **~globus** *m* celestial globe; **~karte** *f* star chart, map of the night sky; **~körper** *m* celestial body; **~kugel** *f* sphere; **~kunde** *f* astronomy; **~leiter** *f* Jacob's ladder (*a.* ✿); **~pforte** *f* gates *pl.* of Heaven, F pearly gates *pl.*; **~reklame** *f* skywriting, aerial advertising; **~richtung** *f* **1.** point of the compass, cardinal point; **2.** direction; ***aus allen ~en*** from everywhere, from all four corners of the earth; ***in alle vier ~en deuten*** point north, south, west and east; ***in alle ~en zerstreut werden*** be scattered to the four winds; **~schlüssel** *m* ✿ cowslip; **~schreiber** *m* skywriter; **~schrift** *f* skywriting; ***in ~*** skywritten; **~spion** F *m* spy satellite, F spy in the sky; **~tor** *n*, **~tür** *f* → ***Himmelspforte;*** **~zelt** *n* firmament.

himmelwärts *adv.* heavenward(s).

himmelweit *fig. adj.* (*u. adv.*) vast(ly), enormous(ly); ***~ voneinander entfernt*** worlds apart.

himmlisch *adj.* heavenly; (*göttlich*) divine; F (*herrlich*) (absolutely) wonderful, *Kleid etc.*: *a.* gorgeous; ***~er Vater*** Our Father in Heaven; ***~e Geduld*** *the* patience of Job.

hin I. *adv.* **1.** there; ***auf*** (*od.* ***nach, zu***) ***... ~*** towards, to; ***bis ~ zu*** as far as, up to; *fig.* including (even); ***über ... ~*** over; ***an ... ~*** (*entlang*) along; ***~ und her*** to and fro, back and forth (→ *a.* II); ***~ und zurück*** there and back; ***zweimal Kiel ~ und zurück*** two returns (*Am.* round-trip tickets) to Kiel; ***bis ... ist noch (ist nicht mehr) lange ~*** ... is still a long way off (... isn't far away now); ***bis Weihnachten sind noch einige Wochen ~*** we've still got a few weeks to go before Christmas, Christmas is still a few weeks off; ***et. ~ und her überlegen*** turn s.th. over in one's mind; ***wir haben ~ und her überlegt*** we to-ed and fro-ed; ***~ und her gerissen sein*** be torn (***zwischen*** between), F (*begeistert*) be absolutely delighted (***von*** with, by), (*gebannt*) be entranced *od.* mesmerized (by); ***ich bin ~ und her gerissen*** *a.* I just can't decide; ***Freundschaft ~ oder her*** friendship or no; ***ein paar Mark ~ oder her*** give or take a couple of marks, ***das macht nichts:*** a few marks more or less aren't going to make any difference; ***~ und wieder*** now and then, *örtlich*: here and there; ***vor sich ~*** *in Zssgn, gehen*: along, *murmeln, weinen etc.*: to o.s.; ***ich muß ~*** I've got to go (there); ***nichts wie ~!*** what are we waiting for?; ***wo ist er ~?*** where has he gone?, (*wo hat er sich versteckt?*) *a.* where has he got to?; ***wo willst du ~?*** a) where are you going?, b) where do you want to go?; **2.** ***auf*** *et.* ***~*** as a result of, following, (*in Beantwortung*) in reply to, on, (*hinsichtlich*) concerning; ***auf die Gefahr ~ zu*** *inf.* at the risk of *ger.*; ***auf s-n Rat ~*** on his advice; ***auf*** *e-e Zielgruppe etc.* ***~ konzipiert*** designed for ..., with ... in mind; ***j-n auf Krebs ~ untersuchen*** test s.o. for cancer; → ***Verdacht***; **3.** → ***hinsein***; **II.** **2** *n*: ***~ und Her*** coming and going, to-ing and fro-ing; *fig.* (*Wenn u. Aber*) ifs and buts; *fig.* ***nach vielem ~ und Her*** (*Verhandeln*) after much discussion (*od.* talk[ing], bargaining), (*Herumprobieren*) after many attempts, after much experimentation, (*Überlegung*) after a lot of to-ing and fro-ing.

hinab(...) → ***hinunter(...)***

hinarbeiten I. *v/i.*: ~ ***auf*** work towards; ***darauf ~ zu*** *inf.* work towards *ger.*, *angestrengt*: strive to *inf.*; **II.** *v/refl.*: ***sich ~ zu*** work one's way towards.

hinauf *adv.* up, upwards; up there; ***bis ~ zu*** up to; ***den Berg ~*** up the hill; ***die Treppe ~*** up the stairs, upstairs; ***hier ~*** up here, this way; ***dort ~*** up there; *in Zssgn mst ...* up; → *a.* ***empor..., hoch...***; **~arbeiten** *v/refl.*: ***sich ~*** work one's way up (*a. fig.*); **~begeben** *v/refl.*: ***sich ~*** go up(stairs); **~blicken** *v/i.* look up (**zu** at, *fig.* to); **~bringen** *v/t.* bring (*od.* carry, take) up(stairs); **~fahren I.** *v/i.* drive up, go up; **II.** *v/t.* take (*od.* drive) up; **~führen I.** *v/t.* **1.** take *s.o.* up(stairs); **2.** *Weg etc.*: lead (*od.* go) up *the mountain etc.*; **II.** *v/i.* go up (there); **~gehen I.** *v/i.* **1.** go (*od.* walk) up; (*die Treppe ~*) go upstairs; **2.** (*hinaufführen*) go up (there); **3.** *fig. Preise*: go up, rise; **II.** *v/t.* **4.** (*e-n Berg etc.*) go up, walk up; **5.** *Weg etc.*: go up *the mountain etc.*; **~klettern I.** *v/t.* climb (up); **II.** *v/i.* climb up; **~kommen** *v/i.* come up; (*es schaffen*) make it; **~laufen** *v/i. u. v/t.* run up (*s.th.*); **~reichen I.** *v/t.* pass *s.th.* up (***j-m*** to s.o.); **II.** *v/i.* reach (***bis zu*** [as far as, up to]), reach up (to); **~schicken** *v/t.* send up; **~schrauben** F *v/t.* (*Preise etc.*) push (*od.* force) up; (*Produktion etc.*) step up, F up; **~sehen** *v/i.* look up (**zu** at); **~setzen** *v/t.* (*Preis etc.*) put up; **~steigen I.** *v/t.* climb (up); (*Treppe*) go up, *mit Mühe*: climb (up); **II.** *v/i.* climb up; **~tragen** *v/t.* carry *od.* take up(stairs); **~treiben** *v/t.* (*Preise*) push (*od.* force) up; **~ziehen I.** *v/t.* pull up; **II.** *v/i.* move up; **III.** *v/refl.*: ***sich ~*** pull o.s. up; ***sich ~ bis*** (*reichen*) stretch up to.

hinaus *adv.* out, out there; (*nach außen*) outside; ~ ***aus*** out of; ***hier ~*** out here, this way; ***nach hinten*** (***vorn***) ~ *wohnen*: at the back (front); ***über ... ~*** beyond, past, (*höher als*) above, more than; ***zum Fenster ~*** out of the window, *Am. a.* out the window; ***ein Zimmer zur Straße*** (***zum Hof***) ~ a room facing *od.* overlooking the street (overlooking *od.* looking into a courtyard); *fig.* ***er weiß nicht wo ~*** he doesn't know which way to turn; ***auf Jahre ~*** for years (to come); ***über die nächste Woche ~*** till (at least) the week after next; ***~!*** get out!; ***~ mit ihm!*** throw him out!; ***~ damit*** out with it; → ***darüber*** 4; **~befördern** *v/t. mst iro.* F kick *s.o.* out; **~begleiten** *v/t.* see *od.* show *s.o.* out (*od.* to the door); **~beugen** *v/refl.*: ***sich ~*** lean out (***aus, zu*** of); **~blicken** *v/i.* look out (***aus, zu*** of); **~bringen** *v/t.* bring *od.* take out(side); see *s.o.* out; **~ekeln** F *v/t.* F freeze out; **~fahren** *v/i.* drive out (*a. v/t.*); ⚓ sail out, put to sea; **~fallen** *v/i.* fall out (***aus, zu*** of); **~finden** *v/i.* find one's way out; ***allein ~*** find one's own way out; **~fliegen** *v/i.* **1.** fly out; **2.** F be kicked out; *aus e-r Stellung*: *a.* F get the sack; **~führen I.** *v/t.* take out; **II.** *v/i. Weg*: lead out; ***~ auf*** *Tür*: open onto, lead to; **~gehen** *v/i.* go (*od.* walk) out, leave; *das Zimmer* ***geht auf den Park hinaus*** looks out onto the park; ***~ über*** go beyond, *Sache*: *a.* surpass; ***~ auf*** *Absicht*: aim at; **~geleiten** *v/t.* see (*od.* show) *s.o.* out; **~greifen** *fig. v/i.*: ***~ über*** go beyond; **~jagen** *v/t. a. fig.* chase out; *fig.* (*entlassen*) F kick out; **~katapultieren** *v/t. mit Schleudersitz*: eject; F *fig.* F chuck (*od.* kick) out; **~kommen** *v/i.* come out; (*hinauskönnen*) get out; *fig.* → ***hinauslaufen*** 2; *fig.* ***~ über*** get beyond, get further than, *in der Leistung*: manage (*od.* do) more than; **~komplimentieren** *iro. v/t.* get rid of, see *s.o.* off the premises; **~lassen** *v/t.* let out; **~laufen** *v/i.* **1.** run (*od.* rush) out; **2.** *fig.* ***~ auf*** (*bedeuten*) come (*od.* boil) down to, (*enden in*) end up in; ***es läuft auf dasselbe hinaus*** it comes (*od.* amounts) to the same thing; **~lehnen** *v/refl.*: ***sich ~*** lean out (***aus, zu*** of); ***nicht ~!*** *Aufschrift im Zug*: do not lean out (of the window); **~müssen** *v/i.* have to go out; ***ich muß mal eben hinaus an die frische Luft*** I must just go out for (*od.* to get some) fresh air; **~posaunen** *v/t.* broadcast *s.th.*; **~ragen** *v/i.* jut out; ***~ über*** *Gebäude etc.*: tower above (*a. fig.*); **~reichen I.** *v/t.* reach (*od.* hand) *s.th.* out; **II.** *v/i.*: ***~ über*** reach (*od.* stretch) beyond; *zeitlich*: last more than; **~schaffen** *v/t.* take (*od.* get) out; **~schauen** *v/i.* look out (***aus, zu*** of); **~schicken** *v/t.* send out; **~schieben** *v/t.* **1.** push out; **2.** *fig.* put off, postpone; (*verzögern*) delay; **~schießen** *v/i.*: ***~ über*** overshoot (***das Ziel*** the mark); **~schleichen** *v/i.* sneak out; **~schleppen** *v/t.* drag *s.o. od. s.th.* out (***aus, zu*** of); **~schlüpfen** *v/i.* slip out, *heimlich*: *a.* sneak out (***aus*** of); **~schmeißen** F *v/t.* → ***hinauswerfen***; **≈schmiß** F *m* → ***Hinauswurf***; **~sehen** *v/i.* look out; **~sein** *v/i.*: ***über et. ~*** be past s.th.; ***ich bin längst darüber hinaus zu*** *inf.* I'm long past *ger.*; ***über die Vierzig ~*** be over forty; ***darüber ist er hinaus*** he's got over that; ***über das Alter ist sie hinaus*** she's grown out of it; **~setzen** *v/refl.*: ***sich ~*** (go and) sit outside *od.* out in the open; **~stehlen** *v/refl.*: ***sich ~*** steal (*od.* sneak) out (***aus*** of); **~stellen** *v/t.* put out(side); *Sport*: send off; **~stoßen** *v/t.* push out (***aus*** of); **~stürzen I.** *v/i.* rush out; **II.** *v/refl.*: ***sich*** (***zum Fenster***) ~ jump out *od.* throw o.s. out (of the window); **~torkeln** *v/i.* stagger out; **~tragen** *v/t.* carry out; **~treiben** *v/t.* drive out; (*verjagen*) chase away; ***es treibt mich hinaus*** I've got to get out of (*od.* away from) here; **~trompeten** *v/t.* broadcast *s.th.*; **~wachsen** *v/i.*: ***~ über*** grow bigger than; *fig.* outgrow *s.th.*; surpass *s.o.*; ***der Baum ist über die Garage hinausgewachsen*** the tree's taller than the garage now; *fig.* ***über sich selbst ~*** rise above o.s.; **~wagen** *v/refl.*: ***sich ~*** venture out; **~weisen I.** *v/t.* show *s.o.* the door, *höflicher*: ask *s.o.* to leave; **II.** *v/i.*: ***~ über*** (*Augenblicksprobleme etc.*) point (*od.* go, reach) beyond; **~werfen** *v/t.* throw out (***aus*** of); (*j-n, entlassen*) *a.* F (give the) sack, fire; *Geld* ***zum Fenster ~*** squander; **~wollen** *v/i.* **1.** want to get out (***aus*** of); **2.** *fig.* ***~ auf*** drive at; ***worauf will er hinaus?*** *a.* what's he getting at?; ***hoch ~*** aim high, be ambitious; ***höher ~ als*** have set one's sights further than; **≈wurf** *m*: ***j-m mit dem ~ drohen*** threaten to throw (F kick) s.o. out; **~ziehen I.** *v/t.* **1.** pull out; **2.** *fig.* draw (*od.* drag) out; **3.** *fig.* ***es zog ihn hinaus*** (***in die Welt***) he felt he had to go out into the big wide world; **II.** *v/i.*: ***aufs Land ~*** move out into the country; **III.** *v/refl.*: ***sich ~*** drag on; (*sich verzögern*) be delayed; **~zögern I.** *v/t.* put off; (*in die Länge ziehen*) drag (F spin) out; **II.** *v/refl.*: ***sich ~*** be delayed; take longer than expected.

hin|begeben *v/refl.*: ***sich ~*** go there; ***sich ~ zu*** go to, make one's way to; **~bekommen** *v/t.* → ***hinkriegen***; **~bemühen I.** *v/t.* ask *s.o.* to go there; **II.** *v/refl.*: ***sich ~*** take the trouble to go there; **~biegen** F *v/t.* (*wiedergutmachen*) put straight (*od.* right), straighten out; (*ausbügeln*) iron out; → *a.* ***hindrehen, hinkriegen***; **~blättern** F *v/t.* (*Geld*) F shell out; **≈blick** *m*: ***im ~ auf*** in view of; (*hinsichtlich*) regarding; (*vorausschauend auf*) with the prospect of, with ... in mind (*od.* view); **~blicken** *v/i.* look (**zu** at); **~bringen** *v/t.* **1.** take there; ***wo darf ich Sie ~?*** where would you like to go?; **2.** (*Zeit*) spend, pass (away); ***s-e Zeit mit Schreiben ~*** spend one's time writing; **3.** (*fertigbringen*) manage; **~brüten** *v/i.*: ***vor sich ~*** brood; **~dämmern** *v/i.*: ***vor sich ~*** doze; **~deichseln** F *v/t.* sort out; → ***hinbiegen, hindrehen, hinkriegen***; **~denken** *v/i.*: ***wo denkst du hin?*** say that again?, you've got to be joking.

hinderlich *adj.* obstructive (*dat.* to); (*lästig*) troublesome; (*unbequem*) inconvenient (to); ***j-m ~ sein*** (*störend*) be in s.o.'s way.

hindern *v/t.* hinder; (*Verkehr*) block, obstruct; ***j-n an et. ~, j-n*** (***daran***) ***~ zu*** *inf.* stop (*od.* prevent) s.o. from *ger.*

Hindernis *n* **1.** barrier; *Laufsport*: hurdle; *Reitsport*: fence; **2.** *fig.* obstacle (***für*** to); (*Schwierigkeit*) difficulty; ***kein ~ für*** no obstacle to; ***auf ~se stoßen*** run into difficulties; ***j-m ~se in den Weg legen*** throw obstacles into s.o.'s path; **~lauf** *m*, **~rennen** *n* steeplechase.

Hinderung *f* obstruction; **Hinderungsgrund** *m* reason (*for not coming etc.*); (*Argument dagegen*) argument (*for not coming etc.*); (*Ausrede*) excuse; ***das ist für mich kein ~*** *a.* that's not going to stop me; ***ich sehe darin keinen ~*** I don't see why that should stop me *etc.*

hindeuten *v/i.*: ***~ auf*** point to (*od.* at); *fig.* point to, indicate.

Hindi *n ling.* Hindi.

hin|drängen I. *v/t.*: *j-n od. et.* ***~ zu*** push towards; *fig.* ***es drängt ihn zu*** *j-m od. et.* ***hin*** he feels drawn to(wards); **II.** *v/refl.*: ***sich ~ zu*** push (one's way) towards *od.* (through) to; **III.** *v/i.*: ***~ zu*** (***od. nach***) push (one's way) towards *od.* (through) to; *fig.* ***~ auf*** *Person*: urge, press for *reform etc.*, *Sache*: move irresistibly towards; ***zu et. ~*** (*e-n Drang zu et. fühlen*) feel drawn to(wards) s.th.; **~drehen** F *v/t.* **1.** (*fertigbringen*) sort out, manage, *negativ*: F wangle; **2.** ***et. so ~, daß*** twist s.th. so that, ***alle glauben ...***: twist s.th. to make everyone believe ...; ***er dreht alles so hin, wie's ihm gerade paßt*** he twists everything to suit his purposes.

Hindu *m* Hindu; **Hinduismus** *m* Hinduism; **hinduistisch** *adj.* Hindu.

hindurch *adv.* **1.** *örtlich*: through; (*darüber*) across; ***durch et. ~*** through s.th.; ***mitten ~*** right *od.* straight through (the middle); **2.** *zeitlich*: through(out), during; ***den ganzen Tag ~*** all day (long); ***die ganze Nacht ~*** all night (long), the whole night long; ***das ganze Jahr*** ~ all year round, the whole year; *in Zssgn* → ***durch...***

hin|dürfen *v/i.* be allowed to go (there); **~eilen** *v/i.* hurry there.

hinein *adv.* in; ~ ***in*** into, in(side); ***da*** (***hier***) ~ in there (here); ***bis*** (*od.* ***mitten***) ~ ***in*** right into (the middle of); ***bis in den Mai*** (***die Nacht***) ~ well (*od.* right) into May (the night); ***bis tief in die Nacht*** ~ till the (wee) small hours; ***nur ~!*** go on in; ~ ***mit dir!*** in you go!; *in Zssgn mst* ... in(to ***in***); **~arbeiten** *v/refl.*: ***sich*** ~ work one's way in(to ***in***); *fig.* get in(to); **~beißen** *v/i.*: ~ ***in*** bite into; take a bite of; **~bekommen** *v/t.* get *s.th.* in(to ***in***); **~bringen** *v/t.* take *od.* bring in(to ***in***); *mühsam*: get *s.th.* in(to); F ***ich bring' nichts mehr hinein*** (*bin satt*) I couldn't eat another thing; **~denken** *v/refl.*: ***sich*** ~ ***in*** (*j-n*) put o.s. in *s.o.'s* place (*od.* position); (*Zeit, Umgebung etc.*) imagine one is in; (*Vergangenes*) think back to; **~deuten** *v/t.* → ***hineininterpretieren***; **~drängen** **I.** *v/t.* (*et.*) squeeze *od.* force in(to ***in***); (*j-n*) force *od.* push in(to), (*Menge*) *a.* herd in(to); **II.** *v/refl.*: ***sich*** ~ push one's way in(to ***in***); **~fallen** *v/i.* **1.** fall in(to ***in***); **2.** → ***hereinfallen***; **~finden** **I.** *v/i.* (*a.* ***sich*** ~) find one's way in(to ***in***); **II.** *fig. v/refl.*: ***sich*** ~ ***in*** get into; **~geheimnissen** *v/t.*: ***et. in et.*** ~ try to read s.th. into s.th., try to find a hidden meaning in s.th.; ***viel in et.*** ~ read all sorts of things into s.th., try to find all sorts of things in s.th.; **~gehen** *v/i.* go in(to ***in***); ***in den Kanister gehen ... hinein*** *a.* the container holds ...; ***in den Saal gehen ... hinein*** *a.* the hall seats ... *persons*; **~geraten** *v/i.*: ~ ***in*** get into; (*verwickelt werden in*) *a.* get (o.s.) involved in; (*Unangenehmes etc.*) *a.* get caught up in; **Ⓢgrätschen** *n Fußball*: sliding tackle; **~halten** *v/t.* put *s.th.* in; ~ ***in*** put in(to); **~hängen** **I.** *v/t.* **1.** hang *s.th.* inside (*od.* in there); ~ ***in*** hang *s.th.* in *the wardrobe etc.*; **II.** *v/i.* **2.** hang (***in*** in *the water etc.*); **III.** F *v/refl.* **3.** ***sich*** ~ → ***hineinknien***; **4.** ***sich*** ~ ***in*** (*einmischen*) F stick one's nose into; **~horchen** *v/i.* **1.** ***in sich*** ~ do some soul-searching; **2.** ***in*** *e-n Text etc.* ~ try to grasp the meaning of; **~interpretieren** *v/t.*: ***et.*** ~ ***in*** read s.th. into; **~knien** *v/refl.*: ***sich*** ~ put one's back into it, ***in et.***: get down to s.th.; **~kommen** *v/i.* come in; (*gelangen, geraten*) get in(to ***in***); ***das kommt hier*** (***dort***) ***hinein*** that goes in here (there); *fig.* ***ins Reden*** *etc.* ~ start talking *etc.*; **~kriechen** *v/i.* creep in(to ***in***); **~lachen** *v/i.*: ***in sich*** ~ laugh (*od.* chuckle) to o.s.; **~langen** *v/i.*: ~ ***in*** reach into; ***nicht ~!*** hands off!; **~lassen** *v/t.* let in; **~laufen** *v/i.* run inside (*od.* in there); ~ ***in*** run inside (*od.* into); F *fig.* ***in j-n*** ~ run (*od.* bump) into s.o.; **~legen** *v/t.* **1.** put in(to ***in***) *od.* inside; **2.** F *fig.* → ***hereinlegen***; **~lesen** *v/t.*: ***et.*** ~ ***in*** read s.th. into; **~leuchten** *v/i.* **1.** shine in(to ***in***); ***mit e-r Taschenlampe*** *etc.* ~ ***in*** shine a torch (*Am.* flashlight) *etc.* into; **2.** *fig.* ~ ***in*** (*untersuchen*) probe into, (try to) throw light on; **~manövrieren** *v/t.* manoeuvre (*Am.* maneuver) in(to ***in***) *od.* inside; **~mischen** *v/refl.*: ***sich*** ~ → ***einmischen***; **~passen** *v/i.* fit in(to ***in***), *platzmäßig*: *a.* go in(to); ***es paßt nicht hinein*** it won't fit (in) *od.* go in; **~pfuschen** *v/i.* meddle (***in*** in, with), interfere (in, with); **~platzen** *v/i.* burst in(to ***in***); **~pressen** *v/t.* press in(to ***in***); ~ ***in*** (*ein Schema etc.*) force into; **~projizieren** *v/t.*: ~ ***in*** project onto; **~pumpen** *v/t.* pump in(to ***in***) (*a.* F *fig.*); **~quetschen** *v/t.* squeeze in(to ***in***); **~reden** *v/i.*: ~ ***in*** interfere with, (*ein Gespräch*) interrupt; **~reichen** **I.** *v/t.* pass in; **II.** *v/i.* reach in(side); **~rennen** *v/i.* run in(to ***in***); *fig.* ***in sein Verderben*** ~ rush headlong into disaster; **~riechen** F *v/i.*: ~ ***in*** (*e-e Firma etc.*) take a look at, (*e-e Arbeit etc.*) have a go at; **~scheinen** *v/i.* shine in(to ***in***); **~schlittern** F *v/i.*: ~ ***in*** drift into, get involved in; **~spielen** *v/i.* be involved, play a role (*od.* part), figure (***in*** in); **~stecken** *v/t.* put in(to ***in***); *fig.* ***Geld*** ~ ***in*** put (✝ sink) money into; → ***Nase***; **~steigern** *v/refl.*: ***sich*** ~ ***in*** a) work o.s. up into *a rage etc.*, b) get all worked up over *a problem etc.*, c) get completely wrapped up in *one's work etc.*, go completely overboard for *an idea etc.*, get completely involved (*od.* caught up) in *a role etc.*; **~stopfen** *v/t.* **1.** stuff in(to ***in***) (*a.* F *fig.*); **2.** F *Schokolade etc.* ***in sich*** ~ F stuff o.s. with, *sl.* feed one's face with; **~stoßen** *v/t.* **1.** push in(to ***in***); **2.** ♪ ~ ***in*** *ein Horn etc.*: blow into; **~stürmen** *v/i.* storm in(side); ~ ***in*** storm into (*od.* inside); **~stürzen** **I.** *v/i.* fall in(to ***in***); *in ein Zimmer etc.*: burst in(to); **II.** *v/t.* push *s.o.* in(to ***in***); *fig.* ~ ***in*** *e-e unangenehme Lage etc.*: plunge *s.o.* into; **III.** *v/refl.*: ***sich*** ~ jump in(to ***in***), plunge in(to); *fig. ins Treiben etc.*: throw o.s. into the fray; ***sich in die Arbeit*** ~ throw o.s. into one's work; **~tappen** *v/i.*: ~ ***in*** walk into (*a. fig. e-e Falle*); *fig.* get (o.s.) involved in, get caught up in *a difficult situation etc.*; **~tun** *v/t.* put in(to ***in***); *fig.* ***e-n Blick*** ~ ***in*** take a look at; **~versetzen** *v/refl.* → ***versetzen*** II, ***hineindenken***; **~wachsen** *v/i.*: ~ ***in*** grow into; **~wagen** *v/refl.*: ***sich*** ~ venture in; ***ich wagte mich nicht hinein*** I didn't dare (to) go in; **~wehen** *v/i.* blow in(to ***in***); *Brise*: *a.* waft in(to); **~werfen** *v/t.* throw in(to ***in***); *fig.* ***e-n Blick*** ~ (***in***) take *od.* have a quick look (at), ***in ein Buch*** *etc.*: *a.* glance at a book; **~wollen** *v/i.* want to go (*od.* get) in; ***das will mir nicht in den Kopf hinein*** I just can't understand it; **~ziehen** *v/t.* **1.** pull in(to ***in***); **2.** *fig.* ***j-n in et.*** ~ (*verwickeln*) drag s.o. into s.th.; **~zwängen** *v/t.* squeeze (*od.* force) in(to ***in***).

hinfahren **I.** *v/t.* **1.** drive (*od.* take) *s.o. od. s.th.* there; ~ ***nach*** (*od.* ***zu***) drive (*od.* take) to; **II.** *v/i.* **2.** drive (*od.* go) there; ~ ***nach*** (*od.* ***zu***) drive (*od.* go) to; **3.** *fig.* ***mit der Hand über et.*** ~ run one's hand over s.th.; **Hinfahrt** *f* journey there; ***auf der*** ~ on the (*od.* our *etc.*) way there.

hinfallen *v/i.* fall (down); *Person*: (*stürzen*) *a.* fall over.

hinfällig *adj.* **1.** (*gebrechlich*) frail; **2.** (*ungültig*) invalid; ~ ***machen*** invalidate; ***damit wird die Sache*** ~ that disposes of that (*od.* the matter); **Hinfälligkeit** *f* **1.** (*Gebrechlichkeit*) frailty; **2.** (*Ungültigkeit*) invalidity.

hin|finden *v/i.* find the way (*od.* one's way there); **~fläzen, ~flegeln** F *v/refl.*: ***sich*** ~ F sprawl all over the place, ***auf***: sprawl all over.

Hinflug *m* outward flight; ***auf dem*** ~ *a.* flying over, on the way there.

hinführen **I.** *v/t.* take there; **II.** *v/i.* go there; ~ ***nach*** (*od.* ***zu***) lead (*od.* go) to; *fig.* ***wo soll das ~?*** where will it all end?; ***wo soll*** (*od.* ***würde***) ***das*** ~, ***wenn ...*** where would we all be if ...

Hingabe *f* devotion (***an*** to); ***mit*** (*od.* ***voller***) ~ devotedly, (*begeistert*) *a.* passionately, (*selbstvergessen*) with abandon; **hingeben** **I.** *v/t.* (*weggeben*) give away; (*opfern*) sacrifice; ***sein Leben*** ~ lay down one's life; **II.** *v/refl.*: ***sich*** ~ *dat.* devote (*od.* dedicate) o.s. to; (*Lastern etc.*) indulge in; (*Hoffnungen, Illusionen etc.*) cherish; (*sich unterwerfen*) surrender to; ***sie gab sich ihm hin*** she gave herself to him; ***sich s-m Schmerz*** *etc.* ~ abandon o.s. to one's grief *etc.*; **Hingebung** *f* → ***Hingabe***; **hingebungsvoll** *adj.* (*u. adv.*) devoted(ly); → *a.* (***mit***) ***Hingabe.***

hingegen *adv.* however, on the other hand.

hin|gegossen *adj.*: F ***wie*** ~ ***auf der Couch liegen*** F lie draped over the settee; **~gehen** *v/i.* **1.** go (*Straße*: *a.* lead) there; ***zu j-m*** ~ go up to s.o., (*besuchen*) go to (see) s.o., go and see s.o.; ***wo gehst du hin?*** where are you going?; F ***wo kann man hier ~?*** (*ausgehen*) what sort of places can you go to around here?; **2.** *Zeit*: pass (by); **3.** *fig.* (*durchgehen, gelten*) pass; ~ ***lassen*** let *s.th.* pass, (*übersehen*) overlook; **~gehören** *v/i.* belong; ***wo gehört das hin?*** where does that belong (*od.* go)?; **~gelangen** *v/i.* get there; **~geraten** F *v/i.* F land, end up; ***wo ist sie ~?*** *a.* what became of her?; **~gerissen** **I.** *adj.* fascinated; enthralled; **II.** *adv.*: ~ ***lauschen*** listen with rapt attention; ~ ***der Musik lauschen*** *a.* be transported (*od.* carried away) by the music; **~geworfen** *adj. Bemerkung etc.*: casual.

hinhalten *v/t.* **1.** hold out (*dat.* to); **2.** *fig.* (*j-n*) put off; (*warten lassen*) keep *s.o.* hanging; **hinhaltend** *adj.* delaying *action etc.*; **Hinhaltepolitik** *f*, **Hinhaltetaktik** *f* delaying (*od.* stalling) tactics *pl.*

hin|hauen F **I.** *v/i.* **1.** hit; **2.** *fig.* (*klappen*) work; (*stimmen*) work out (just) right; **II.** *v/t.* **3.** (*hinwerfen*) slam *od.* bang down (***auf*** on); **4.** *fig.* (*schnell u. schlampig erledigen*) F knock off; (*schreiben*) F reel off; **III.** *v/refl.*: ***sich*** ~ (*schlafen gehen*) F hit the sack (*od.* hay); ***sich aufs Bett*** ~ flop down on the bed; **~hocken** *v/refl.*: ***sich*** ~ squat (down); F ***hock dich hin!*** F plonk yourself down; **~hören** *v/i.* listen.

hinken *v/i.* limp; *permanent*: have a limp; *fig.* ***der Vergleich hinkt*** the metaphor doesn't work.

hin|knallen F **I.** *v/t.* slam *od.* bang down (***auf*** on); **II.** *v/i.* crash down (***auf*** onto); **~knien** *v/i. u. v/refl.* (***sich*** ~) kneel down; **~kommen** *v/i.* **1.** come (*od.* get) there; **2.** → ***hingeraten***; **3.** *fig.* ***wo kämen wir hin, wenn ...*** where would we be if ...; **4.** F (*auskommen*) manage, get along (***mit*** with); *zeitlich*: make it; **5.** (*hingehören*) go, belong; **6.** F *fig.* → ***hinhauen*** 2; **~kriegen** F *v/t.* **1.** (*fertigbringen*) do, manage; ***das hast du gut hingekriegt*** you've done a good job of it; **2.** (*oft* ***wieder*** ~) (*reparieren*) fix, (*a. j-n, heilen*) put right, *notdürftig*: patch up; (*wiedergutmachen*) put right (*od.* straight); ***das werden wir wieder*** ~ (*reparieren*) *a.* we'll have that fixed again no problem; → *a.* ***hinbiegen, hindrehen***; **~langen** *v/i.* **1.** reach out (***nach*** for); ~ ***nach*** (*an-*

fassen) touch; **2.** F (*sich an die Arbeit machen*) F get stuck in; (*tüchtig arbeiten*) put one's shoulder to the wheel; **3.** *finanziell etc.*: take what one can get; ***er hat ganz schön hingelangt*** he didn't exactly hold back.

hinlänglich *adj.* (*u. adv.*) sufficient(ly), adequate(ly); *adv.* ***~ bekannt*** sufficiently well-known.

hin|laufen *v/i.* **1.** run (there); **2.** walk (there); **~legen I.** *v/t.* lay (*od.* put) down; (*Kind*) put to bed; **II.** *v/refl.*: ***sich ~*** lie down; **~lenken** *v/t.*: ***~ auf*** (*Gespräch etc.*) direct to(wards), (*Aufmerksamkeit*) *a.* draw to; **~lümmeln** *v/refl.* → ***hinfläzen***; **~machen** F **I.** *v/t.* **1.** put (there); **2.** (*kaputtmachen*) smash (up); **3.** (*j-n erledigen*) F finish off, burn out; **II.** *v/i. Hund etc.*: F do something; **III.** *v/refl.*: ***sich ~*** F burn o.s. out; **~nehmen** *v/t.* accept, take; (*dulden*) take; put up with; *widerstandslos*: take *s.th.* lying down; → ***selbstverständlich*** I.

hinneigen I. *fig. v/i.*: ***~ zu*** be inclined (*od.* incline) towards; ***zu der Auffassung*** (*od.* ***Überzeugung, Meinung***) ***~, daß*** be inclined to believe that; ***ich neige zu der Meinung hin, daß*** *a.* I rather think that; **II.** *v/refl.*: ***sich ~ zu*** lean (over) towards; *Gelände etc.*: be inclined towards; **III.** *v/t. den Kopf etc.* ***~ zu*** bow (*od.* incline) towards; **Hinneigung** *f* inclination, leanings *pl.* (***zu*** towards).

hin|opfern *v/t.* sacrifice; **~passen** *v/i.* fit (in); *platzmäßig*: fit; **~pflanzen** *v/t.* **1.** plant; **2.** F plonk (***sich*** o.s.) down; **~plappern** F *v/t.*: ***das hat er nur so hingeplappert*** he just said it without (really) thinking (about it); **~raffen** *v/t. Tod*: snatch away.

hinreichen I. *v/t.* hand, give; **II.** *v/i.* (*genügen*) be enough, do; ***~ bis*** reach to (*od.* as far as); **hinreichend I.** *adj.* enough, sufficient; (*angemessen*) adequate; (*reichlich*) ample; **II.** *adv.* sufficiently, enough; adequately.

Hinreise *f* trip there; outward journey; ***auf der ~*** on the way there; **hinreisen** *v/i.* travel (*od.* go) there.

hinreißen *v/t.* **1.** snatch; **2.** *fig.* (*begeistern*) enthral(l); ***sich ~ lassen*** let o.s. be carried away (***von*** by); ***sich*** (***dazu***) ***~ lassen zu*** *inf.* let o.s. be carried away and *do s.th.*; ***das Stück riß zu Beifallsstürmen hin*** the play received rapturous applause; → ***hingerissen***; **hinreißend I.** *adj.* fascinating; marvel(l)ous; **II.** *adv.*: ***~ schön*** *Person*: stunningly beautiful; ***sie hat ~ gespielt*** she played beautifully, it was a wonderful performance.

hinrichten *v/t.* **1.** execute, put to death; *auf dem elektrischen Stuhl*: electrocute; *durch den Strang*: hang; **2.** (*herrichten*) get ready; (*bereitlegen*) put out (ready); **Hinrichtung** *f* execution.

Hinrichtungs|befehl *m* orders *pl.* for execution; **~kommando** *n* execution squad.

Hinrunde *f* **1.** first half of the season; **2.** (*Hinspiel*) *corresponding match in the first half of the season.*

hin|schaffen *v/t.* take (*od.* get) there; **~schauen** *v/i.* → ***hinsehen***; **~schicken** *v/t.* send (there); **~schielen** *v/i.* sneak a glance (***nach, zu*** at); ***~ nach*** (*od.* ***zu***) *a.* squint at; **~schlachten** *v/t.* slaughter; **~schleppen I.** *v/t.* drag along; **II.** *v/refl.*: ***sich ~*** drag o.s. along; *fig. Zeit, Verhandlungen, Prozeß etc.*: drag (on); **~schmeißen** F *v/t.* throw down; *fig.* F chuck in; **~schmieren** *v/t.* (*hinschreiben*) scribble, scrawl; (*hinmalen*) daub; **~schreiben** *v/t.* write down; **~sehen I.** *v/i.* look; **II.** ℒ *n*: ***vom bloßen ~ wird mir übel*** it makes me feel sick just to look (at it); **~sein** F *v/i.* (*kaputt*) be broken; (*zerschlagen*) *a.* be smashed; (*verloren*) be gone (*od.* lost); (*ruiniert*) be ruined, F be done for; (*erschöpft*) F be done in, be all in; (*tot*) be dead, F be dead and gone; (*hingerissen*) F be gone; ***er*** (***es***) ***ist hin*** (*kaputt, ruiniert, erschöpft od. tot*) *a.* F he's (it's) had it; **~setzen I.** *v/t.* put (down); **II.** *v/refl.*: ***sich ~*** sit down.

Hinsicht *f*: ***in dieser ~*** on that score; ***in gewisser ~*** in a way; ***in einer ~*** in one sense; ***in mancher ~*** in some ways; ***in jeder ~*** in every respect; ***in keiner ~*** in no respect (*od.* way); ***in politischer ~*** politically; ***in ~ auf*** → **hinsichtlich** *prp.* concerning, regarding, with regard to; as to.

Hinspiel *n Sport* **1.** first leg; **2.** away leg (*od.* tie).

hin|sprechen *v/t.*: (***nur so***) ***~*** say *s.th.* without thinking; ***vor sich ~*** talk to o.s.; **~stellen I.** *v/t.* put (down); *fig.* ***~ als*** make out to be; **II.** *v/refl.*: ***sich ~*** stand (up); ***sich ~ vor*** *etc.* stand in front of *etc.*; *fig.* ***sich ~ als*** make o.s. out to be, pose as; **~steuern** *v/i.*: ***auf*** *et.* ***~*** steer towards, make (*od.* head) for (*a. fig.*); *fig. auf ein Ziel*: be aiming at; **~streben** *v/i.*: ***~ zu*** (*od.* ***nach***) make (*od.* head) for; *fig.* strive for (*od.* after); *phys. u. fig.* gravitate towards; **~strecken I.** *v/t.* **1.** (*Hand*) stretch *od.* hold out (*dat.* to); **II.** *v/refl.*: ***sich ~*** **2.** *Person, Tier*: lie down, stretch out; **3.** (*sich erstrecken*) stretch (out), extend (***über Meilen*** for miles); **~strömen** *v/i.* throng there; **~stürzen** *v/i.* fall; ***~ nach*** rush to.

hintan|setzen *v/t.* (*zuletzt berücksichtigen*) put last; (*vernachlässigen*) neglect; (*ignorieren*) disregard, ignore; **~stehen** *v/i.* come last (*od.* second); **~stellen** *v/t.* → ***hintansetzen.***

hinten *adv.* at the back; (*am Ende*) *a.* at the end; ***~ in*** *dat.* in (*od.* at) the back of; ***nach ~*** (to the) back; ***nach ~ gelegenes Zimmer*** room at the back; ***nach ~ hinausgehen*** *Zimmer etc.*: be at (*od.* face) the back; ***von ~*** from behind; ***~ anfügen*** add; ***sich ~ anstellen*** join (*od.* go to the back of) the queue (*Am.* line); F *fig.* ***~ und vorn(e)*** left, right and cent|re (*Am.* -er); F ***es stimmt ~ und vorn(e) nicht*** *Rechnung etc.*: it's totally wrong, (*es ist gelogen*) F it's a pack of lies; F ***ich weiß nicht mehr, wo ~ und vorn(e) ist*** I don't know whether I'm coming or going; ***ziemlich weit ~ sein*** (*im Rückstand*) be a long way behind; F ***ich hab' doch ~ keine Augen*** I haven't got eyes in the back of my head; **~an** *adv.* behind, at the back; **~herum** *adv.* (a)round the back; *fig. erfahren*: through the grapevine; *beschaffen*: under the counter.

hinter[1] *prp.* behind, at the back of; *Folge*: after; ***~ m-m Rücken*** behind my back; ***~ dem Hügel hervor*** from behind the hill; ***~*** *et.* ***kommen*** find out about, (*verstehen*) get the hang of; → ***dahinter***; ***~*** *et.* ***stecken*** be at the bottom of (*od.* behind); ***~*** *e-r Sache* ***stehen*** be behind, (*unterstützen*) *a.* back; ***~ sich bringen*** get *s.th.* over (and done) with; ***et. ~ sich haben*** a) (*erledigt haben*) have got s.th. out of the way (*od.* over [and done] with), b) (*mitgemacht haben*) have been through s.th.; ***viel ~ sich haben*** have been through a lot; ***er hat gerade e-e Niereninfektion ~ sich*** he's just got over a kidney infection; ***das Schlimmste haben wir ~ uns*** we've got over the worst part (of it), we're out of the wood(s) now; *j-n od. et.* ***~ sich lassen*** leave behind; ***sich ~*** *et.* ***machen*** get down to; ***~ et. kommen*** find s.th. out.

hinter[2] *adj.* rear, back; ***~es Ende*** far end; ***die ~en Bänke*** the back benches; ***die ~en Räume*** *etc. a.* the rooms *etc.* at the back (*od.* rear); 🚃 ***die ~en Wagen*** the rear coaches; ***die ℒen*** those (*od.* the ones) at the back.

Hinterachsantrieb *m* rear-axle drive; **Hinterachse** *f* rear axle.

Hinter|ansicht *f* rear view; **~ausgang** *m* rear (*od.* back) exit; **~backe** *f* buttock; **~bänkler** *m parl.* backbencher; **~bein** *n* hind leg; ***sich auf die ~e stellen*** *Tier*: stand on its hind legs, *fig.* put up a fight, not to take it (*od.* things) lying down.

Hinterbliebene(r *m*) *f* dependant, dependent; ***die Hinterbliebenen*** *in Traueranzeigen*: the bereaved (*pl.*); **Hinterbliebenenrente** *f* survivor's pension (*od.* benefit[s *pl.*]).

hinter'bringen *v/t.*: ***j-m et. ~*** inform s.o. about s.th.

Hinterdeck *n* ⚓ afterdeck.

hintereinander *adv.* one behind the other; (***~ her***) one after the other, one by one; (*ohne Unterbrechung*) in a row, at a stretch; ***drei Tage ~*** three days running (*od.* in a row); ***an drei Tagen ~*** on three consecutive days; ***et. ~ tun*** (*abwechselnd*) do s.th. in turns, take turns (to do s.th.); ***dicht ~*** close together; **~gehen** *v/i.* walk in single file.

Hintereingang *m* back (*od.* rear) entrance.

hinterfotzig F *adj.* false, F two-faced; **Hinterfotzigkeit** F *f* **1.** falseness, F two-facedness; **2.** *konkret*: dirty trick.

hinterfragen *v/t.* question, *stärker*: scrutinize; try to get to the bottom of.

Hinter|fuß *m* hind foot; *von Hund, Katze*: hind paw; **~gebäude** *n* back building; **~gedanke** *m negativer*: ulterior motive; ***ohne ~n*** *a.* quite innocently; ***mein ~ dabei war ...*** what was at the back of my mind was ...

hinter'gehen *v/t.* deceive, go (*od.* do s.th.) behind s.o.'s back; (*Ehepartner etc.*) deceive, be unfaithful to; ***er fühlt sich von s-m Bruder hintergangen*** he thinks his brother should have come to him about it (and not done it behind his back); **Hintergehung** *f* deception.

Hinterglasmalerei *f* glass painting.

Hintergrund *m* background (*a. Kunst u. fig.*); *thea. u. fig.* backdrop; *fig.* ***die Hintergründe*** *e-r Tat etc.*: the background (*gen.* of), what's behind *s.th.*; ***den ~ e-r Sache bilden*** form the background to s.th.; ***sich vor dem ~ e-s Krieges etc. abspielen*** take place against a backdrop of war *etc.*; ***in den ~ treten*** F take a back seat; ***sich im ~ halten*** keep out of the way, *beobachtend*: watch from the sidelines; ***j-n in den ~ drängen*** push s.o. into the background, force s.o. onto the sidelines; ***et. im ~ haben*** (*geheimen Plan etc.*) have s.th. up one's sleeve; **hinter-**

gründig *fig. adj.* enigmatic; (*fein, subtil*) subtle; (*tief*) profound; (*heimlich*) hidden.

Hintergrund|musik *f* background music; **~rauschen** *n Hi-Fi etc.*: background noise.

Hinterhalt *m*: ***in e-n ~ geraten*** be ambushed; ***aus dem ~ überfallen*** waylay, ambush; ***im ~ liegen*** lie in ambush; *fig.* ***et. im ~ haben*** have s.th. up one's sleeve; **hinterhältig** *adj.* underhanded, *Methoden*: *a.* underhand; (*tückisch*) insidious.

Hinter|hand *f* **1.** *Pferd*: hindquarters *pl.*; **2.** *Kartenspiel*: (***in der ~ sein*** be the) youngest hand; *fig.* ***et. in der ~ haben*** have s.th. up one's sleeve; **~haus** *n* **1.** back (part) of the house; **2.** house at the back.

hinterher *adv.* **1.** *örtlich*: after, behind; **2.** *zeitlich*: afterwards; *fig.* when it's (*od.* it was) too late; **~gehen** *v/i.* follow; **~hinken** *fig. v/i.* lag behind; **~kommen** *v/i.* come on later; **~laufen, ~rennen** *v/i.* run behind; ***j-m ~*** run (*bsd. fig.* chase) after s.o.; *fig.* ***e-r Sache ~*** chase after s.th.; **~schicken** *v/t.*: ***j-n j-m ~*** send s.o. after s.o.; **~sein** F *v/i.* **1.** ***j-m ~*** be after s.o., be on s.o.'s heels; **2.** ***~ mit*** *der Arbeit etc.*: be behind with; **3.** ***~, daß*** (*achten auf*) see (to it) that, make sure that; ***~ bei*** *e-r Sache*: see (to it) that *s.th.* is done, *j-m*: keep an eye on *s.o.*, F make sure *s.o.* does his (*od.* her) stuff; **~tragen** *v/t.*: ***j-m et. ~*** (*Vergessenes*) run after s.o. with s.th.

Hinter|hirn *n* hind brain; **~hof** *m* backyard; **~kopf** *m* back of the head; *fig.* ***et. im ~ haben*** have s.th. at the back of one's mind; **~lader** *m* breech-loader; **~land** *n* hinterland.

hinterlassen I. *v/t.* leave (behind); *fig.* (*Eindruck etc.*) leave; (*Person, nach eigenem Tod*) leave behind, be survived by; ***j-m et. ~*** *letztwillig*: leave s.th. to s.o.; ***e-e Nachricht ~*** leave a message; **II.** *adj. Werke*: posthumous; **Hinterlassenschaft** *f* estate; *fig.* bequest.

Hinterlauf *m zo.* hind leg.

hinterlegen *v/t.* deposit (***bei*** with); **Hinterlegung** *f*: ***gegen ~*** *gen.* on depositing *s.th.*, (*Bezahlung*) *a.* against payment of.

Hinterleib *m zo.* hindquarters *pl.*; *von Insekten etc.*: abdomen.

Hinterlist *f* (*Verschlagenheit*) cunning, deceit; (*Tücke*) underhandedness; **hinterlistig** *adj.* cunning, deceitful; underhanded; *Methoden*: *a.* underhand.

Hinter|mann *m* person behind (me, him *etc.*); *fig.* wirepuller, *the* brains behind it; **~mannschaft** *f Sport*: defen|ce (*Am.* -se).

Hintern F *m* F backside, bottom, behind; ***du kriegst gleich ein paar auf den ~*** you'll get your bottom smacked; *fig.* ***ich hätte mich in den ~ beißen können*** I could have kicked myself; ***j-m in den ~ treten*** F give s.o. a kick up the backside; ***j-m in den ~ kriechen*** F suck up to s.o.

Hinterpfote *f* hind paw.

Hinterrad *n* back (*od.* rear) wheel; **~achse** *f* rear axle; **~antrieb** *m* rear-wheel drive; **~bremse** *f* rear-wheel brake.

Hinterreifen *m* back (*od.* rear) tyre (*Am.* tire).

hinterrücks *adv.* from behind; *fig.* behind s.o.'s back.

Hinterseite *f* back; reverse.

Hintersinn *m* deeper (*od.* hidden) meaning; **hintersinnig** *adj. story etc.* with a deeper (*od.* hidden) meaning; ***~er Gedanke, ~e Absicht*** ulterior motive; → ***hintergründig.***

Hintersitz *m* back seat.

hinterst *adj.* (very) last; ***~e Reihe*** *a.* back row; ***der ~e Baum*** *etc. a.* the tree *etc.* right at the back; ***das ~e Ende*** the tail end; ***die 2en*** those (*od.* the ones) (right) at the back.

Hinter|stübchen *n*: ***et. im ~ haben*** have s.th. at the back of one's mind; **~teil** *n* back (part); F (*Hintern*) F backside, behind; **~treffen** *n*: ***im ~ sein*** be at a disadvantage, (*nachhinken*) lag behind, ***mit*** *et.*: have fallen behind with; ***ins ~ geraten*** (*od.* ***kommen***) fall behind.

hintertreiben *v/t.* obstruct, thwart, prevent *s.th.* (from being carried out *od.* taking place *etc.*); *durch Gegenlist*: counteract; (*torpedieren*) torpedo; **Hintertreibung** *f* obstruction.

Hintertreppe *f* back stairs *pl.*

Hintertreppen|politik *f* backstairs politics *pl.*; **~roman** *m* F penny dreadful, *Am.* F dime novel.

Hinter|tupfing(en) F *n* F: (***in ~*** at) the back of beyond; **~tür** *f* back door; *fig. a.* loophole; *fig.* ***sich e-e ~ offenhalten*** leave o.s. a way out; ***durch die ~ wieder hereinkommen*** come back in through the back door; **~wäldler** *m* country bumpkin (*od.* yokel), *Am. a.* hick.

hinterziehen *v/t.* (*Steuern*) evade; **Hinterziehung** *f tax* evasion.

Hinterzimmer *n* back room.

hin|tragen *v/t.* carry (*od.* take) there; **~träumen** *v/i.*: ***vor sich ~*** daydream; **~treten** *v/i.* step, tread; ***vor j-n ~*** go up to s.o., *fig.* stand before s.o.; **~tun** *v/t.* put (there); ***wo soll ich es ~?*** where shall I put it?; F *fig.* ***ich weiß nicht, wo ich ihn ~ soll*** I can't place him.

hinüber *adv.* over (there); to the other side; ***über ... ~*** over, across; **~blenden** *v/i. Film*: ***~ nach*** cut to, *bei Fernsehdiskussion etc.*: switch over to; **~blicken** *v/i.* look over *od.* across (***zu*** to); ***er blickte zu mir hinüber*** *a.* he looked my way; **~bringen** *v/t.* take over (*od.* across); **~fahren I.** *v/t.* drive (*od.* run, take) over; **II.** *v/i.* go *od.* drive over (***nach*** to); ***über die Grenze ~*** cross; **~führen I.** *v/i. Weg etc.*: go across (***nach*** to); ***es führt hinüber nach*** *a.* it takes you across to; **II.** *v/t.* take (*od.* lead) *s.o.* across; **~gehen** *v/i.* go over, walk across; *fig.* pass away; ***~ über*** cross; **~geleiten** *v/t.* walk *s.o.* across; **~helfen** *v/i.*: ***j-m ~*** help s.o. across (*od.* over); **~kommen** *v/i.* get over (*od.* across); **~lassen** *v/t.* let *s.o.* over (*od.* across); **~müssen** *v/i.* have to go *od.* get across (*od.* over); **~reichen I.** *v/t.* pass (*od.* hand) over *od.* across; **II.** *v/i.* reach (across); **~retten** *v/t.* save, salvage; (*Werte*) ensure the survival of *s.th.* (***in*** into *the next century etc.*); ***j-n über die Grenze ~*** get s.o. over the border; **~schauen** *v/i.* → ***hinüberblicken***; **~schlummern** *v/i.* (*oft* ***friedlich ~***) pass away peacefully; **~schwimmen** *v/i.* swim across *od.* over (***zu*** to); **~sehen** *v/i.* → ***hinüberblicken***; **~sein** F *v/i.* (*verdorben*) be bad, be off; (*kaputt*) be broken, (*zerschlagen*) *a.* be smashed; (*erschöpft*) F be done in, be all in; (*tot*) be dead; (*ohnmächtig*) have passed (F conked) out; ***er ist hinüber*** *a.* F he's had it; **~spielen** *fig. v/i.*: ***~ in*** (*e-e Farbe*) verge on, have a tinge of, (*ein anderes Gebiet*) border on; **~springen** *v/i.* jump over (*od.* across); F (*hinüberlaufen*) run over *od.* across (***zu*** to); **~tragen** *v/t.* carry over *od.* across (***zu*** to); **~wechseln** *v/i.* cross over (***zu*** to); *fig.* switch over (to), go over (to); **~werfen** *v/t.* throw over (*od.* across); **~wollen** *v/i.* want to go over (there); **~ziehen I.** *v/t.* pull across (*od.* over); **II.** *v/i.* move across (*od.* over).

Hinundher|gerede *n* talk; ***was soll das ganze ~?*** all this talk isn't going to get you *etc.* anywhere; **~überlegen** *n* indecision, humming and hawing.

hinunter *adv.* down; ***den Hügel ~*** down the hill; ***die Treppe ~*** down the stairs; ***da ~*** down there, down that way; *in Zssgn mst* ... down; **~blicken** *v/i.* look *od.* glance down (***auf*** at); **~bringen** *v/t.* take down; **~fahren** *v/i.* drive (*od.* go) down; **~fallen** *v/i.* fall down; **~führen I.** *v/t.* take down; **II.** *v/i. Treppe*: lead down, *Weg*: *a.* run down; **~gehen** *v/i.* **1.** go (*od.* walk) down; **2.** (*hinunterführen*) go *od.* lead down (***zu*** to); **~helfen** *v/i.*: ***j-m ~*** help s.o. down; **~lassen** *v/t.* let down, lower; **~müssen** *v/i.* have to go down(stairs); **~reichen I.** *v/t.* hand down; **II.** *v/i.*: ***~ (bis) auf*** *od.* ***zu*** reach down to; **~schauen** *v/i.* → ***hinunterblicken***; **~schlingen** *v/t.* bolt (*od.* wolf) down; **~schlucken** *v/t.* swallow (*a. fig.*); **~sehen** *v/i.* → ***hinunterblicken***; **~springen** *v/i.* jump down; **~spülen** *v/t.* wash down; *fig.* ***s-n Kummer (mit Alkohol) ~*** drown one's sorrows in drink; **~stürzen I.** *v/i.* **1.** fall down, *schwerer Gegenstand*: crash down, *a.* crash to the floor (*od.* ground); *fig.* plummet; ***~ von*** fall off, *vom Fenster*: fall out of; **2.** (*die Treppe hinunterrasen*) rush (*od.* run) downstairs *od.* down the stairs; **II.** *v/t.* **3.** ***die Treppe ~*** → 2; ***den Berg ~*** fall down the mountainside; **4.** (*Glas Bier etc.*) F knock back; (*Tasse Kaffee etc.*) gulp down; **~tragen** *v/i.* take *od.* carry down(stairs); **~werfen** *v/t.* throw down; **~wollen** *v/i.* want to go down(stairs); **~würgen** *v/t.* choke (*od.* force) down; **~ziehen I.** *v/t.* pull down; **II.** *v/i.* move down.

hinwagen *v/refl.*: ***sich ~ zu*** dare to go to (*od.* near), venture near.

Hinweg *m*: ***auf dem ~*** on the way there.

hinweg *adv.* **1.** away; **2.** ***über et. ~*** over (*od.* across) s.th.; **3.** *fig.* ***über Jahre ~*** for years (and years); ***über alle Unterschiede ~*** despite (*stärker*: transcending) all differences; **~bringen** *v/t.*: ***j-n über e-n Verlust*** *etc.* ***~*** help s.o. (to) get over a loss *etc.*; ***dies wird uns über die kritische Zeit ~*** this will see us through the critical period; **~gehen** *v/i.*: ***über et. ~*** pass over s.th.; *lachend*: laugh s.th. off; *gleichgültig*: shrug s.th. off; (*auslassen*) skip s.th.; (*ignorieren*) ignore s.th.; **~helfen** *v/i.*: ***j-m ~ über*** help s.o. (to) get over *s.th.*, *a. finanziell*: tide s.o. over *the winter etc.*; **~kommen** *v/i.*: ***~ über*** get over; ***ich komme nicht darüber hinweg, daß*** I can't get over the fact that, *weitS.* I can't get it into my head that; **~raffen** *lit. v/t.* snatch away; **~reden** *v/i.*: ***~ über*** ignore, pretend *s.th.* doesn't exist; **~sehen** *v/i.*: ***~ über*** see over, (*blicken*) look over; *fig.* overlook, turn a blind eye to; **~sein** F *v/i.*: ***über et. ~*** be past s.th., *über ein*

Erlebnis etc.: have got over s.th.; **~setzen I.** *v/i.*: **über** *ein Hindernis* ~ jump (over); **II.** *fig. v/refl.*: **sich ~ über** ignore, *gleichgültig*: shrug *s.th.* off; **sich rücksichtslos über et.** ~ ride roughshod over s.th.; **~täuschen I.** *v/t.*: **j-n ~ über** mislead s.o. as to; **II.** *v/i.*: **über et.** ~ obscure the fact *that*; **III.** *v/refl.*: **sich ~ über** ignore, be blind to; **sich nicht darüber ~, daß** not to have any illusions about (*od.* as to) the fact that; **~trösten I.** *v/t.*: **j-n ~ über** help s.o. get over *s.th.*; **das tröstet mich nicht darüber hinweg** that's no consolation to me, that doesn't make up for it; **II.** *v/refl.*: **sich ~ über** (try to) get over.

Hinweis *m* (*Rat*) tip, *some* advice; (*Anhaltspunkt*) clue, pointer; (*Andeutung*) indication, (*Anhaltspunkt*) *a.* evidence (*a. pl.*); (*Verweis*) reference; (*Bemerkung*) remark; **anonymer ~** *an die Polizei*: anonymous tip-off; **mit** (*od.* **unter**) **~ auf** referring to; **hinweisen I.** *v/t.* **1. j-n ~ auf** point *s.th.* out to s.o.; **ich möchte Sie nochmals auf die Gefahren ~** I'd like to remind you once again of the dangers; **II.** *v/i.* **2. ~ auf** point to; (*anspielen*) allude to; (*verweisen*) refer to; **darauf ~, daß** point out that, *nachdrücklich*: stress (*od.* emphasize, underline) that; **3. ~ auf** *mit dem Finger etc.*: point to (*od.* out); **Hinweisschild** *n* sign.

hin|wenden I. *v/refl.* **1. sich ~ zu** turn to(wards), turn round to; **2.** *fig.* **sich ~ an** turn to, (*e-e Dienststelle*) *a.* go to; **ich wußte nicht, wo ich mich ~ sollte** I didn't know which way to turn; **II.** *v/t.*: **den Kopf ~ zu** turn (one's head) round to; **die Augen ~ zu** turn to look at; **~werfen I.** *v/t.* **1.** throw down; **e-m Hund et. ~** throw a dog s.th., throw s.th. to a dog; **2.** *fig.* (*aufgeben*) give up, F chuck in; → **Kram**; **3.** *fig.* (*Bemerkung etc.*) (casually) drop, throw in; → **hingeworfen**; **II.** *v/refl.*: **sich ~** throw o.s. down (*od.* onto the floor *od.* ground).

hinwieder *obs. adv.* on the other hand, in turn; **hinwiederum** *adv.* **1.** *zeitlich*: once again; **2.** → **hinwieder.**

hin|wirken *v/i.*: **~ auf** work towards; **darauf ~, daß j-d et. tut** try and bring s.o. to do s.th.; **darauf ~, daß sich die Lage verbessert** work towards improving the situation; **~wollen** *v/i.* want to go (there); **wo willst du hin?** where are you going?

Hinz *m*: **~ und Kunz** every (*od.* any old) Tom, Dick and Harry.

hin|zählen *v/t.* count out; **~zaubern** F *v/t.* conjure up; (*bsd. Essen*) *a.* F whip up; **~zeigen** *v/i.* point there; **~ auf** point at; **~ziehen I.** *v/t.* **1.** pull there; *fig.* **sich hingezogen fühlen zu** be drawn to (-wards); **2.** *fig.* (*verzögern*) draw (*od.* drag) out; **II.** *v/refl.*: **sich ~ 3.** *zeitlich*: drag on, **bis zu:** *a.* go on until (*od.* till); **sich über Jahre ~** go on for years (and years); **die Entscheidung wird sich noch ~** it will be some time (yet) before a decision is reached; **4.** *räumlich*: stretch (**bis** to, as far as); **sich ~ an** *der Küste etc.*: stretch along; **III.** *v/i.* move; **wo zieht ihr hin?** where are you moving (to)?; **~zielen** *v/i.*: **~ auf** aim at; *Bemerkung*: be directed at, be meant for.

hinzu|addieren *v/t.* add on; **~bekommen** *v/t.* get *s.th.* on top of it (*od.* into the bargain); **~denken** *v/t.* (try to) imagine (there is *od.* are), (try to) visualize; **das übrige können Sie sich ~** I'm sure you can fill in (*bsd. visuell*: imagine) the rest, I'll leave the rest to your imagination.

hinzufügen *v/t.* add (*dat.* to); (*beilegen*) enclose; *als Nachtrag*: append; **Hinzufügung** *f* addition; **unter ~ von** (by) adding.

hinzu|gesellen *v/refl.*: **sich ~** join the group (*od.* us, them *etc.*); **~kommen** *v/i.* **1.** come along; **2.** (*sich anschließen*) join (**zu** *s.o. od. s.th.*); **zur Mannschaft kamen noch zwei neue Spieler hinzu** the team was joined by two new players; **3. hinzu kommt noch, daß** on top of this (is the fact that), and we mustn't forget that; **es kommen noch die Heizkosten hinzu** we've *etc.* got to add the heating costs (to that), and we *etc.* mustn't forget the heating costs, on top of that there are the heating costs; **es kamen weitere Probleme hinzu** more problems cropped up; **~nehmen** *v/t.* add (**zu** to), (*Person*) *a.* include (in); **~setzen I.** *v/t.* add (**zu** to); **II.** *v/refl.*: **sich zu j-m ~** join s.o.; **~treten** *v/i.* → **hinzukommen**; **~tun** F *v/t.* add (**zu** to); **~zählen** *v/t.* add (**zu** to).

hinzuziehen *v/t.* **1.** (*Arzt etc.*) call in, (*a. Hilfsmittel etc.*) consult; **2.** (*mit einbeziehen*) include; **Hinzuziehung** *f*: **unter ~ von** with the help of.

Hiob *m bibl.* Job; **das Buch ~** (the Book of) Job.

Hiobs|bote *m* bearer of bad tidings; **~botschaft** *f* bad news (*sg.*); **~geduld** *f* *the* patience of Job (*od.* of a saint).

Hippie *m* hippy.

Hippodrom *n* hippodrome.

hippokratisch *adj.* ⚕ Hippocratic *oath etc.*

Hirn *n* brain; *gastr. u. fig.* (*Verstand*) brains *pl.*; *fig.* (*Kopf*) mind; → *a.* **Gehirn(...)**; **~anhangdrüse** *f* pituitary (gland); **~arbeit** *f* brainwork; **~blutung** *f* cerebral (*od.* brain) h(a)emorrhage; **~erweichung** *f* softening of the brain; **~forscher** *m* brain researcher; **~funktion** *f* function(ing) of the brain; **2geschädigt** *adj.* brain-damaged; **~gespinst** *n* crazy idea; (*Einbildung*) delusion; (*Utopie*) pipe dream; **~hälfte** *f*: **rechte** (**linke**) **~** right (left) half of the brain.

Hirnhaut *f* cerebral membrane; **~entzündung** *f* meningitis.

Hirni F *m* F screwball.

Hirnkasten F *m*: **nichts im ~ haben** F have (nothing but) sawdust between one's ears.

hirnlos F *adj.* F brainless; **~er Mensch** *a.* F moron, cretin; **Hirnlosigkeit** F *f* **1.** F brainlessness; **2.** *konkret*: F crazy thing to do.

Hirn|masse *f* cerebral matter; **~quetschung** *f* contusion of the brain; **~rinde** *f* cerebral cortex.

hirnrissig F *adj.* F crazy, whacky.

Hirn|schaden *m* brain damage; **~schale** *f* cranium; **~schlag** *m* stroke; **~schmalz** F *n* F grey (*Am.* gray) matter; **~schwund** *m* shrinking of the brain; **~substanz** *f* cerebral matter; **graue ~** grey (*Am.* gray) matter; **weiße ~** white matter; **~tod** *m* brain death; **~trauma** *n* brain (*od.* cerebral) trauma; **~tumor** *m* brain tumo(u)r.

hirnverbrannt F *adj.* mad, F crazy, cracked.

Hirn|verletzung *f* brain injury; **~zelle** *f* brain cell.

Hirsch *m* **1.** stag; *weitS.* (red) deer; **2.** *gastr.* venison; **3.** F (*Idiot*) F clod; **~brunft** *f* rutting season; **~geweih** *n* (stag's) antlers *pl.*; **~horn** *n* staghorn, buckhorn; **~jagd** *f* stag hunt(ing); **~käfer** *m* stag beetle; **~kalb** *n* fawn, calf; **~kuh** *f* hind.

Hirschleder *n*, **hirschledern** *adj.* buckskin (...).

Hirse *f* millet; **~brei** *m* millet gruel; **~korn** *n* **1.** millet (seed); **2.** ⚕ sty; **~mehl** *n* millet flour.

Hirt *m* herdsman; (*Schaf2, a. fig. Seelen2*) shepherd; *eccl.* **der Gute ~e** the Good Shepherd.

Hirten|amt *n eccl.* pastorate; **~brief** *m eccl.* pastoral letter; **~dichtung** *f* pastoral poetry; **~gedicht** *n* pastoral poem, eclogue; **~junge** *m*, **~knabe** *m* shepherd boy; **~leben** *n* pastoral life; **~lied** *n* pastoral song; **~mädchen** *n* (young) shepherdess; **~spiel** *n* pastoral play; **~stab** *m* shepherd's crook; *eccl.* crosier, crozier; **~täschel(kraut)** *n* ⚘ shepherd's purse; **~volk** *n* pastoral tribe.

His *n* ♪ B sharp.

hissen *v/t.* hoist (up), raise.

Histamin *n* histamine.

Histologie *f* ⚕ histology.

Histörchen *n* anecdote, little story.

Historien|maler *m* historical painter; **~malerei** *f* historical painting.

Historiker *m* historian.

Historiograph *m* historiographer; **Historiographie** *f* historiography.

historisch I. *adj.* historical; (*geschichtlich bedeutsam*) historic; **~es Verständnis** sense (*od.* understanding) of history; **II.** *adv.*: **~ bedeutend sein** be historically significant, be of historical significance; **~-kritisch** *adj.* historicocritical.

historisieren *v/t.* historicize; **Historismus** *m* historicism; **historistisch** *adj.* historicist; **Historizismus** *m* → **Historismus.**

Hit *m* hit.

Hitler|gruß *m* Nazi salute; **~jugend** *f hist.* Hitler Youth; **~junge** *m hist.* member of the Hitler Youth; **~zeit** *f hist.* Hitler era; **in der ~** *a.* at the time of Hitler, in Hitler's time.

Hit|liste *f* hit parade, top twenty, top one hundred *etc.*; **auf Platz 1 der ~ sein** be number one in the hit parade *etc.*; **~parade** *f* hit parade *etc.*; → **Hitliste.**

Hitze *f* heat (*a. fig.*); **das ist heute e-e ~!** it's sweltering (*od.* really hot) today; **hier drinnen ist aber e-e ~!** it's like an oven in here; **bei dieser ~** in this heat; *fig.* **in ~ geraten** get all worked up; **in der ~ des Gefechtes** in the heat of the moment; **~ausschlag** *m* ⚕ heat rash.

hitzebeständig *adj.* heat-resistant, heat-proof; *Glas*: *a.* oven-proof; **Hitzebeständigkeit** *f* heat-resistance.

Hitze|bläschen *pl.* heat blisters; **~einwirkung** *f* effect of (the) heat; **2empfindlich** *adj.* heat-sensitive, sensitive to heat; **2fest** *adj.* → **hitzebeständig**; **2frei** *adj.*: **~ haben** be off school because of the heat; **~grad** *m* temperature; **~mauer** *f* wall of heat; **~periode** *f* hot spell; **~schild** *m Raumfahrt*: heat shield; **~schweif** *m e-r Rakete*: exhaust plume; **~welle** *f* **1.** heat wave; **2. ~n** ⚕ hot flushes.

hitzig *adj.* quick-tempered; (*vorschnell*) rash; (*heftig*) violent; *Debatte*: heated; ~

werden flare up; ***nicht so ~!*** don't get excited.
Hitzkopf *m* hothead; **hitzköpfig** *adj.* hotheaded.
Hitzschlag *m* heatstroke.
HIV-negativ *adj.* HIV-negative; **~-positiv** *adj.* HIV-positive; **~-Positive(r)** *m* HIV-carrier.
Hiwi *m univ.* assistant.
hm *int.* **1.** *überlegend*: um; **2.** *zustimmend*: mm; **3.** *verwundert*: huh?
H-Milch *f* long-life milk.
HNO-Arzt *m* ear, nose and throat doctor, *bsd. Am.* ENT specialist.
Hobby *n* hobby; **~gärtner** *m* amateur gardener; **~keller** *m* workshop (in the cellar); **~koch** *m* keen cook.
Hobel *m* ⚙ plane; *gastr.* slicer; **~bank** *f* carpenter's bench, workbench; **~eisen** *n* plane iron; **~maschine** *f* planer, planing machine; **~messer** *n* plane iron.
hobeln *v/t.* plane; *fig.* polish; → ***Span.***
Hobelspäne *pl.* (wood) shavings; *Stahl*: facings.
hoch I. *adj.* → ***höher, höchst***; high; *Gestalt, Baum, Haus etc.*: tall; *Leiter etc.*: long; *Einkommen*: big, high; *Strafe*: heavy, severe; *Posten*: high, important; (*edel*) noble; (*groß*) great; ***3 Meter ~ sein*** be 3 met|res (*Am.* -ers) high, *Schnee, Wasser*: be 3 met|res (*Am.* -ers) deep; ♪ ***zu ~*** sharp; ***hoher Adel*** nobility, *Brit. a.* peerage; ***hohes Alter*** great (*od.* advanced) age; ***ein hohes Alter erreichen*** *a.* live to be very old (*od.* to a ripe old age); ***hohe Ehre*** great hono(u)r; ***hoher Gast*** distinguished guest, VIP; ***hohe Geburt*** high birth; ***hohes Gericht*** high court, *in der Anrede*: Your Lordship (*Am.* Your Honor), Members of the Jury; ***das hohe Mittelalter*** the High Middle Ages; ***der hohe Norden*** the far north; ***hoher Offizier*** *etc.* high-ranking officer *etc.*; ***hohe Politik*** high politics; ***ein hohes Lied singen auf*** sing the praises of; ***e-e hohe Meinung haben von*** think very highly of; ***das ist mir zu ~*** (*zu schwierig*) that's above my head (*od.* beyond me); ***s-e Rede war zu ~ für sie*** he was talking over their heads; → ***Ansehen, höchst*** I, ***Kante, Roß*** *etc.*; **II.** *adv.* high(ly); (*überaus, äußerst*) *a.* extremely; ***drei Mann ~*** three of them; ***~ oben*** high up, (*weit*) a long way up, ***im Norden:*** far up in the north; ***~ und heilig versprechen*** promise solemnly, swear; ***~ in den Achtzigern*** (F ***in die achtzig***) ***sein*** be well into one's eighties; ***~ spielen*** play (for) high (stakes) (*a. fig.*); ***~ verehren*** esteem highly; ***zu ~ singen*** (***spielen***) sing (play) sharp; ***zwei Treppen ~*** (***höher***) ***wohnen*** live on the second (*Am.* third) floor (live two floors up); ***zu ~ einschätzen*** overestimate, overrate; ***~ verschuldet*** heavily (*od.* deep) in debt; ***das ist zu ~ gegriffen*** (*überschätzt*) that's a bit high, (*übertrieben*) that's an exaggeration; ***wenn es ~ kommt*** at (the) most; ***j-m et. ~ anrechnen*** respect s.o. for (doing) s.th.; ***er rechnet dir das ~ an*** *a.* F that really impressed him; ***Hände ~!*** hands up!; ***Kopf ~!*** chin up!; ***~ lebe ...!*** three cheers for ...!; ***~ lebe der König!*** long live the King!; → ***hergehen*** 2, ***höchst*** II *etc.*; **III.** 𝔄 *prp.*: ***4 ~ 5*** four to the fifth (power).
Hoch *n* **1.** (***~ruf***) cheers *pl.* (***auf*** for); ***ein ~ für*** three cheers for; **2.** *fig.* (***~stand***) high, peak; **3.** *meteor.* high(-pressure area).
hochachten *v/t.* greatly respect, hold in high esteem; **Hochachtung** *f* (great) respect (***vor*** for); (*Bewunderung*) admiration (for); ***bei aller ~ vor*** with all respect to; ***mit vorzüglicher ~*** *Briefschluß*: Yours faithfully, *bsd. Am.* Yours very truly; **hochachtungsvoll** *adv. Briefschluß*: Yours sincerely, *bsd. Am.* Yours truly.
Hoch|adel *m* higher nobility; **2aktuell** *adj.* highly topical; up-to-the-minute; very much in the news; **2alpin** *adj.* alpine; **~altar** *m* high altar; **~amt** *n* high mass; **2angesehen** *adj.* highly regarded; very distinguished *personality*; **2anständig** *adj.* very decent; **~antenne** *f* outdoor aerial (*od.* antenna); **2arbeiten** *v/refl.*: ***sich ~*** work one's way up; **2aufgeschossen** *adj.* lanky; **2auflösend** *adj. phot.* high-resolution; *TV* high-definition; ***~es Fernsehbild*** high-definition TV (screen), HDTV; **2aufragend** *adj.* towering; **~bahn** *f* elevated railway (*Am.* railroad); **~barock** *m, n* high baroque (period).
Hochbau *m* building construction; → ***Hoch- und Tiefbau***; **~amt** *n* municipal building department; **~ingenieur** *m*, **~techniker** *m* structural engineer.
hoch|bedeutsam *adj.* highly significant; **~befriedigt** *adj.* very (*od.* extremely) satisfied; **~begabt** *adj.* very (*od.* highly) gifted; **~beglückt** *adj.* extremely (*od.* blissfully) happy; **~beinig** *adj.* long-legged; **~berühmt** *adj.* very famous; **~besteuert** *adj.* heavily taxed; **~betagt** *adj.* (very) advanced in years; ***~ sterben*** die at a very old age, die a very old man (*od.* woman); **2betrieb** *m* **1.** ***es herrscht ~, wir*** *etc.* ***haben ~*** things are really busy, F it's all go; **2.** (*Stoßzeit*) rush hour, peak hours *pl.*; **3.** (*Hochsaison*) peak season; **~bezahlt** *adj.* highly paid; **~binden** *v/t.* tie up; **~blicken** *v/i.* look up; **2blüte** *f* **1.** ✿ ***in ~ stehen*** be in full bloom; **2.** *fig. kulturelle etc.*: golden age; (*Glanzzeit*) heyday; ***die ~ des Mittelalters*** (***der italienischen Malerei*** *etc.*) the flowering of the Middle Ages (of Italian painting *etc.*); ***e-e*** (***s-e***) ***~ erleben*** experience a peak (have its heyday); ***e-e wirtschaftliche ~ erleben*** go through a period of economic power (*od.* prosperity, expansion); **~bringen** *v/t.* bring up (*a.* ⚕ *speien*); (*heben*) lift, get up; *fig.* ***e-e Firma*** (***e-n Kranken***) ***wieder ~*** get a company (a sick person) back on its (his *od.* her) feet; ***j-n ~*** (*ärgern*) raise s.o.'s hackles, F get s.o.'s back up; **~brisant** *fig. adj.* highly charged, explosive; **2burg** *fig. f* stronghold.
hochdeutsch *adj.*, **Hochdeutsch** *n ling.* standard (*engS.* High) German.
hochdotiert *adj.* highly paid.
Hochdruck *m* high pressure (*a. meteor.*); ⚕ high blood pressure; *fig.* ***mit ~ arbeiten*** work flat out.
hochdrücken *v/t.* press *od.* push up (-wards).
Hochdruck|gebiet *n* high(-pressure area); **~keil** *m* wedge of high pressure; **~kern** *m* high-pressure cent|re (*Am.* -er) *od.* core; **~zone** *f* → ***Hochdruckgebiet.***
Hoch|ebene *f* plateau; **2elegant** *adj.* very elegant; **2empfindlich** *adj.* highly sensitive; *Film*: high-speed ..., fast; F *Person*: hypersensitive, (*leicht reizbar*) *a.* very touchy; **2entwickelt** *adj.* highly developed, sophisticated; *Technik etc.*: *a.* very advanced; **2erfreut** *adj.* delighted (***über*** at); **2erhoben** *adj.*: ***~en Hauptes*** with one's head (*od.* nose) in the air; **2erstaunt** *adj.* (absolutely) amazed; **2explosiv** *adj.* highly explosive.
hochfahren I. *v/i.* **1.** *erschreckt*: start; *zornig*: flare up; **II.** *v/t.* **2.** drive *s.o. od. s.th.* up (there); **3.** (*Computer*) boot up; **hochfahrend** *adj.* overbearing, arrogant.
hochfein *adj.* first-class, top quality; *Familie etc.*: very refined.
Hochfinanz *f* high finance.
hochfliegen *v/i.* soar (up); (*explodieren*) blow up, explode; **hochfliegend** *fig. adj.* ambitious; (*übertrieben*) high-flown.
Hoch|flut *f* high tide; *fig.* flood, deluge; **~form** *f*: ***in ~*** in top form; **~format** *n* upright format; ***Foto im ~*** upright photo.
hochfrequent *adj.* high-frequency ...
Hochfrequenz *f* ⚡ high frequency; **~bereich** *m* high-frequency range; **~technik** *f* high-frequency engineering.
Hoch|garage *f* multi-stor(e)y car park; **2geachtet** *adj.* highly esteemed; **2gebildet** *adj.* (very) erudite.
Hochgebirge *n* high mountain region(s *pl.*); **Hochgebirgs...** *in Zssgn* high mountain, alpine.
hoch|geehrt *adj.* highly hono(u)red; **2gefühl** *n* feeling of elation; ***das ist ein ~*** it's a wonderful feeling; **~gehen** *v/i.* **1.** go up; *Vorhang, Preise etc.*: *a.* rise; **2.** F (*explodieren*) blow up; (*wütend werden*) flare up, F hit the roof; ***~ lassen*** (*Sprengsatz etc.*) blow up, F (*Bande etc.*) F bust; **~geistig** *adj.* (highly) intellectual, *iro.* highbrow; **~gelegen** *adj.* high-up, high up in the mountains; **~gelehrt** *adj.* very learned, erudite; **2genuß** *m* absolute delight, real treat; **~geschätzt** *adj.* highly esteemed; **~geschlossen** *adj. Kleidung*: high-necked, with a high neckline; **~geschraubt** *adj. Erwartungen*: high, exaggerated; *Ambitionen*: high-flown.
Hochgeschwindigkeits|strecke *f* high-speed rail link; **~zug** *m* high-speed train.
hoch|gesinnt *adj.* high-minded; **~gespannt** *adj.* ⚙ high-pressure ...; ⚡ high-voltage ...; *fig. Erwartungen*: great, high; *Pläne*: ambitious; **~gesteckt** *adj.* high-flown; ***~es Ziel*** *a. iro.* lofty mission; **~gestellt** *adj.* high-ranking *personality*; **~gestimmt** *adj.* elated; (*erwartungsvoll*) expectant; **~gestochen** F *adj. Person*: F jumped-up; *Art, Redeweise*: F high-falutin; *Buch etc.*: highbrow; **~gewachsen** *adj.* lanky; **~gezüchtet** *adj.* high-bred; ⚙ sophisticated; *Rennwagen etc.*: F souped up; **~giftig** *adj.* highly toxic.
Hochglanz *m* high polish; ***auf ~ polieren*** give *s.th.* a high polish; *fig.* ***auf ~ bringen*** spruce up; **~abzug** *m phot.* glossy print; **~papier** *n phot.* glossy paper; **~politur** *f* mirror finish.
Hoch|gotik *f* High Gothic period; ***das ist ~*** that's High Gothic, that's from the High Gothic period; **2gradig I.** *adj.* extreme; intense; ⚗ highly concentrated; *Unsinn*: utter *nonsense*; **II.** *adv.* extremely, to a high degree; **2gucken** *v/i.* look

up; **2hackig** *adj.* high-heeled *shoes*; **2halten** *v/t.* hold up; *fig.* hono(u)r; (*Andenken, Gefühl*) cherish; (*Traditionen etc.*) uphold, preserve; (*Ehre*) uphold; † (*Preise*) keep up; **~haus** *n* block of flats, *höher*: high-rise, tower block; **2heben** *v/t.* lift (up); *parl.* ***durch 2 der Hände*** by show of hands; **2heilig** *adj.* (most) holy; **2herrschaftlich I.** *adj.* grand; **II.** *adv.*: ***dort geht es ~ zu*** they live in grand style; **2herzig** *adj.* high-minded; (*großzügig*) magnanimous; **2industrialisiert** *adj.* highly industrialized; **2intellektuell** *adj.* highly intellectual; **2intelligent** *adj.* very (*od.* highly) intelligent; **2interessant** *adj.* very (*od.* most) interesting; **2jagen** *v/t.* **1.** rouse; **2.** (*Motor*) rev up; **2jubeln** F *v/t.* F crack up; **2kämmen** *v/t.* comb (*od.* sweep) *one's hair* up; **2kant(ig)** *adv.* on end; ***~ stellen*** upend; F *fig.* ***~ hinausfliegen*** F be turned out on one's ear, *aus e-m Job etc.*: *a.* F get the boot; F ***j-n ~ hinauswerfen*** F kick s.o. out, F give s.o. the boot; **~kapitalismus** *m* heyday of capitalism; **2karätig** *adj.* high-carat ...; *fig.* high-calib|re (*Am.* -er), top-flight ...; **2kippen** *v/t.* tilt up; **~kirche** *f in GB*: High Church.

hochklappbar *adj.* tip-up ...; *Bett*: folding ...; **hochklappen** *v/t.* (*Kragen*) turn up; (*Bett*) fold up, (*Sitz*) *a.* tip up.

hoch|klettern *v/i.* climb up (*a. fig.*); ***~ an*** climb (up); *fig.* ***langsam ~*** *Zinsen etc.*: creep up; **~komfortabel** *adj.* luxury *flat etc.*; **~kommen** *v/i. nach oben*: come up; (*aufstehen*) get up, get on one's feet; *fig.* get on (*od.* ahead); *nach Schwierigkeit etc.*: get back on one's feet; F ***mir kam alles wieder hoch*** I brought everything up again, *fig. Erinnerungen etc.*: it all came (flooding) back; ***wenn es hochkommt*** at (the) most, at best; **2konjunktur** *f* † (economic) boom; ***~ haben*** be going through (*od.* experiencing) an economic boom; **~konzentriert I.** *adj.* highly concentrated; **II.** *adv. lesen etc.*: with great concentration, very concentratedly; **~krempeln** *v/t.* roll up; *fig.* ***die Ärmel ~*** roll up one's sleeves, F get down to it; **~kriegen** *v/t.* **1.** get *s.o. od. s.th.* up; **2.** F ***einen ~*** (*e-e Erektion haben*) *sl.* get (*od.* have) a hard on; F ***er kriegt keinen hoch*** *sl.* he can't get it up; **~kultiviert** *adj.* highly civilized; *Person etc.*: highly cultivated (*od.* cultured); **2kultur** *f* advanced civilization; **~kurbeln** *v/t.* wind up; **~lagern** *v/t.* (*Beine*) put *one's legs* up; (*Kopf*) prop *s.o.'s head* up; **2land** *n* uplands *pl.*; (*Gebirge*) mountains *pl.*; **~leben** *v/i.*: ***er lebe hoch!*** three cheers!; ***j-n ~ lassen*** give s.o. three cheers.

Hochleistung *f* top performance; ⚙ *a.* high output.

Hochleistungs... ⚙ *in Zssgn* high-capacity, high-output, high-performance, high-power(ed); **~motor** *m* high-performance engine; **~sport** *m* high-performance sport(s *pl.*); **~sportler(in** *f*) *m* top sportsman (*f* sportswoman); (*Leichtathlet*) top athlete.

Hoch|leitung *f* ⚡ overhead wire; **2löblich** *adj. bsd. iro.* most esteemed; **~mittelalter** *n* High Middle Ages *pl.*; **2modern I.** *adj.* very modern, ultramodern; **II.** *adv.*: ***sich ~ kleiden*** wear the latest fashions; ***e-e ~ eingerichtete Küche*** a kitchen with all the latest mod cons; **~moor** *n* moor, sphagnum bog.

Hochmut *m* arrogance, pride; ***~ kommt vor dem Fall*** pride goes before a fall; **hochmütig** *adj.* haughty, arrogant.

hochnäsig *adj.* F stuck-up, snooty, snotty-nosed; **Hochnäsigkeit** *f* F snootiness.

Hochnebel *m* low stratus; **~decke** *f* extended low stratus; **~felder** *pl.* patches of low stratus.

hoch|nehmen *v/t.* (*hänseln*) pull *s.o.'s* leg; (*übervorteilen*) fleece, F do; (*Verbrecherbande etc.*) F bust; **~notpeinlich** *iro. adj.* (*streng*) severe; (*genau*) scrutinizing; **2ofen** *m* blast furnace; **~organisiert** *adj.* highly organized; **~päppeln** *v/t.* (*j-n*) get *s.o.* back on his (*od.* her) feet; *weitS.* feed *s.o.* up; (*Pflanze etc.*) nurse *a plant etc.* back to life; **2parterre** *n* raised ground floor; **2plateau** *n* plateau; **~politisch** *adj.* highly political; **~prozentig** *adj. Alkohol*: high-proof; **~qualifiziert** *adj.* highly qualified (*od.* trained); **~radioaktiv** *adj.* highly radioactive (*od.* contaminated); **~ragen** *v/i.* tower *od.* rise (up); **~rangig** *adj.* high-ranking; **~ranken** *v/refl.*: ***sich ~*** climb (up), ***an:*** climb (*od.* creep) up; **~rappeln** *v/refl.* → ***aufraffen***; **~rechnen I.** *v/t.* project; **II.** *v/i.* make a projection; **2rechnung** *f* projection; *bei Wahlen*: computer prediction; *aufgrund von Umfrage*: exit poll; ***die ersten ~en haben ergeben ...*** early indications point to ...; **~recken I.** *v/refl.*: ***sich ~*** stretch up; **II.** *v/t.* (*die Arme etc.*) stretch up (into the air); **~reichen** *v/t.* pass *s.th.* up; **2relief** *n* high relief; **2renaissance** *f* High Renaissance; **~rot** *adj.* bright red, crimson (*beide a. Gesicht*); **~rutschen** *v/i.* **1.** *Kleid etc.*: ride up; **2.** *Person*: move up; **2saison** *f*: (***in der ~*** in the) peak season, (at the) height of the season; **~schätzen** *v/t.* think (very) highly of; **~schaukeln** *v/t.* play up; ***sich* (*gegenseitig*) *~*** get each other (all) worked up; **~schieben** *v/t.* push up; **~schießen** *v/t. u. v/i.* shoot up; **~schlagen I.** *v/t.* (*Kragen etc.*) turn up; **II.** *v/i. Wellen*: be high; *fig. Gefühle*: run high; **~schnellen** *v/i.* jump up; *Preise*: soar, F go sky-high, skyrocket; **~schrauben** *v/t.* (*Preise etc.*) push (*od* force) up; (*Erwartungen*) raise; **~schrecken** *v/t.* (*Tier*) startle, frighten (away), disturb.

Hochschulabsolvent(in *f*) *m* (university *od.* college) graduate; **Hochschule** *f* university; (*Akademie*) college; ***technische ~*** college of advanced technology, *Am.* institute of technology; ***pädagogische ~*** college of education.

Hochschul|gesetz *n legislation governing higher education*; **~lehrer(in** *f*) *m* (university *od.* college) lecturer; **~reform** *f* higher education reforms *pl.*; **~reife** *f* university entrance qualification(s *pl.*).

hochschwanger *adj.* highly pregnant; **~sein** *a.* be at an advanced stage of pregnancy.

Hochsee *f* high sea(s *pl.*), open sea; **~fischerei** *f* deep-sea fishing; **~flotte** *f* **1.** deep-sea fishing fleet; **2.** navy fleet; **~jacht** *f* ocean yacht.

Hochseil *n* tightrope, high wire; **~akrobat** *m* tightrope artist; **~akt** *m* tightrope (*od.* high-wire) act; *fig.* tightrope walk.

Hochsicherheits|gefängnis *n* top-security prison; **~trakt** *m* security wing.

Hochsitz *m* (*Jagd2*) raised hide (*Am.* blind).

Hochsommer *m* middle of summer; **hochsommerlich** *adj.* summery; ***~e Temperaturen*** temperatures in the (high) eighties.

Hochspannung *f* **1.** ⚡ high voltage; **2.** *fig.* great suspense; ***es herrscht ~*** things are very tense.

Hochspannungs|leitung *f* ⚡ power line; **~mast** *m* ⚡ pylon.

hoch|spezialisiert *adj.* highly specialized; **~spielen** *v/t.* (*Sache*) play up, *stärker*: blow up; (*Film etc.*) build up.

Hochsprache *f*: ***die deutsche ~*** standard German; **hochsprachlich** *adj.* standard (German *etc.*) ...

hochspringen *v/i.* jump up (in the air); **Hochspringer(in** *f*) *m* high-jumper; **Hochsprung** *m* high jump.

hochspülen *v/t.* wash up to the surface; *fig.* bring to the surface.

höchst I. *adj.* highest; *fig.* (*größt*) greatest, utmost; *fig.* ***~e Instanz*** highest authority; ***~er Punkt*** peak; ***~e Vollkommenheit*** peak of perfection; ***in den ~en Tönen loben*** praise to the skies; ***es ist ~e Zeit*** it's high time *you went to bed etc.*; ***von ~er Wichtigkeit*** extremely important; ***das ist das ~e der Gefühle*** it's the most wonderful feeling, it's an amazing experience; → ***äußerst, Höchste***; **II.** *adv.* (*a.* ***aufs ~e***) highly; greatly, extremely, most; **2alter** *n* age limit; ***das ~ überschritten haben*** be over the age limit, be too old; **2angebot** *n* highest offer; *Ausschreibung etc.*: highest bid.

hochstämmig *adj.* tall.

Hochstapelei *f* **1.** confidence trickery, swindling; (*Einzelfall*) confidence trick; **2.** (*Übertreibung*) overstatement, exaggeration; (*Angeberei*) boasting; ***geistige ~*** intellectual fraud; **hochstapeln** *v/i.* **1.** swindle (s.o. *od.* people); **2.** (*übertreiben*) exaggerate, overstate things (*od.* the case *etc.*); (*angeben*) boast; **Hochstapler** *m* **1.** F con man; **2.** fake.

Höchst|belastung *f* ⚙ peak stress (*a.* ⚡ load); **~betrag** *m* maximum (amount), limit; **~bietende(r)** *m* highest bidder.

Höchste *n*: ***das ~*** (*Äußerste*) the (ut)most; ***das ist ja das ~!*** that's the limit.

hoch|stehend *adj. Kragen*: turned-up; *Haar*: F sticking-out, *nachgestellt*: standing up; *typ.* superior; *fig.* ***~e Persönlichkeit*** leading figure, distinguished personality, VIP; **~steigen I.** *v/i.* **1.** *Preise, Zahlen etc.*: go up; rise; **2.** climb up; **3.** *fig. Wut etc.*: well up (***in j-m*** inside s.o.); **II.** *v/t.* (*Treppe, Berg etc.*) climb (up).

höchst|eigen *hum. adj.*: ***in ~er Person*** in person; ***der Präsident in ~er Person*** *a.* the president himself(, no less); **~eigenhändig** *hum. adj.* personally.

hoch|stellen *v/t.* **1.** put *s.th.* up; **2.** (*hochkant stellen*) stand *s.th.* upright (*od.* on end); **3.** (*Heizung etc.*) turn up; **~stemmen I.** *v/t.* lift (*od.* heave) up; **II.** *v/refl.*: ***sich ~*** push o.s. up.

höchstens *adv.* at (the) most, at the outside; (*ausschließlich*) only; ***er ist ~ zwanzig*** he can't be more than twenty; ***es ist ~ neun Uhr*** it can't be later than nine o'clock; ***ich trinke ~ mal ein Bier*** very occasionally I might have a beer; ***das gibt es ~ noch in ...*** the only place you might find it is (in) ...; ***das gibt es ~ im Fachhandel*** you might find it at a specialist's; **~, wenn** unless; **~ ein Wunder würde ...** only (*od.* nothing short of) a miracle would ..., it would take a miracle to ...

Höchst|fall *m*: **im ~ → höchstens**; **~form** *f*: **in ~** in top form; **~gebot** *n* highest offer; **~geschwindigkeit** *f* maximum (*od.* top) speed; *mot.* **zulässige ~** speed limit; **~gewicht** *n* maximum weight; **~gewinn** *m* maximum win (-nings *pl.*); **~grenze** *f* limit, ceiling; **e-e ~ festsetzen für** put a ceiling on.

hochstilisieren *v/t.* build up; **~ zu** turn *s.o. od. s.th.* into, make *s.o. od. s.th.* out to be.

Hochstimmung *f* high spirits *pl.*; **in ~ sein** *a.* be excited.

Höchst|last *f* maximum load; **~leistung** *f* top performance, ⚙ *a.* maximum output; *Sport*: record (performance); *wissenschaftliche etc.*: great achievement; **~lohn** *m* maximum wage(s *pl.*) *od.* salary; **~maß** *n* maximum (**an** of); *Geduld etc.*: great deal (of); **~menge** *f* maximum (amount); **2möglich** *adj.* highest possible; **~note** *f Sport*: top score, top marks *pl.*; **2persönlich I.** *adj.* strictly personal; **II.** *adv.* himself (*f* herself), in person, personally; **~preis** *m* top (*od.* maximum) price, price ceiling.

Hoch|straße *f* **1.** mountain road; **2.** elevated highway; **2strebend** *adj.* soaring; *fig.* ambitious; **2strecken** *v/t.* (*Arm etc.*) stretch up (into the air).

höchst|richterlich *adj.*: **~e Entscheidung** decision by the supreme court; **2satz** *m* maximum rate; **2stand** *m* highest level, all-time high; *Wasser*: high-water mark; **2strafe** *f* maximum penalty (*od.* sentence); **2summe** *f* maximum sum (*od.* amount); **2temperaturen** *pl.* maximum temperatures; **~wahrscheinlich** *adv.* very probably (*od.* likely), in all probability; **2wert** *m* maximum value; **2zahl** *f* maximum (figure); **~zulässig** *adj.* maximum (permitted).

Hoch|tal *n* high-lying valley; **2technisiert** *adj.* sophisticated; high-tech ...; **~technologie** *f* high tech(nology).

Hochtemperaturreaktor *m* high-temperature reactor.

hoch|tönend *adj.* high-sounding, grandiloquent; **2töner** *m Hi-Fi*: tweeter; **2touren** *pl.*: **auf ~ sein** be running at full power (*mot.* speed), F *fig. Person*: be working flat out, *Sache*: be in full swing, *bsd. Projekt etc.*: be going full steam ahead; (*wütend sein*) *sl.* be freaking out; F **j-n auf ~ bringen** F make s.o. wild; **~tourig** *adv.*: **~ fahren** run at high revs; **~trabend** *adj.* pompous, high-falutin, high-sounding; **~treiben** *v/t.* force up.

Hoch- und Tiefbau *m* structural and civil engineering.

hoch|verdient *adj. Person*: meritorious, of great merit; *Sieg etc.*: well-deserved, well-earned; **~verehrt** *adj.* esteemed, greatly respected; *in der Anrede*: dear; **2verrat** *m* high treason; **2verräter** *m* traitor; **~verzinslich** *adj.* yielding high interest, high-interest-bearing; **2wald** *m* timber forest.

Hochwasser *n e-s Flusses*: high water; *der See*: high tide; (*Überschwemmung*) flood(s *pl.*); **~ haben** (*od.* **führen**) be swollen; F *fig.* **er hat ~** F his trousers are at half-mast; **~hosen** F *pl.*: **er trägt immer ~** F he always wears his trousers at half-mast; **~katastrophe** *f* flood disaster; **~schaden** *m* flood damage; **~stand** *m* high-water level.

hoch|werfen *v/t.* throw up (in the air); **~wertig** *adj.* high-grade ..., high-quality ...; **~e Nahrungsmittel** highly nutritive food; **~wichtig** *adj.* highly important; **2wild** *n* big game; **~willkommen** *adj.* most welcome; **~winden I.** *v/t.* hoist up; **II.** *v/refl.*: **sich ~** *Weg etc.*: wind its way up (**am** *od.* **den Berg** the mountain); **~wirksam** *adj.* highly effective; **~wohlgeboren** *obs. adj.*: **Euer** (*od.* **Eure,** *abbr.* **Ew.**) **2!** Your Hono(u)r; **~wohllöblich** *iro. adj.* highly-esteemed; **~wuchten** *v/t.* heave up; *mit Hebel*: lever up; **2würden: Eure** (*od.* **Euer**) **~!** Reverend (Father); **Seine ~** the Most Reverend (*mit Titel u. vollem Namen*); **2zahl** *f* ℞ exponent; **~zeilig** *adj.* TV high-definition.

Hochzeit¹ *f* wedding; **~ feiern** a) get married, b) have a wedding; **wann feiert ihr denn ~?** *a. iro.* when's the wedding (*od.* big) day then?; *fig.* **man kann nicht auf zwei ~en tanzen** a) you can't be in more than one place at the same time, b) you can't have your cake and eat it.

Hochzeit² *f* (*Blütezeit*) golden age.

Hochzeits|feier *f*, **~fest** *n* wedding (reception); **~flug** *m zo.* nuptial flight; **~foto** *n* wedding photo; **~gast** *m* wedding guest; **~geschenk** *n* wedding present; **~kleid** *n* wedding dress; **~kuchen** *m* wedding cake; **~nacht** *f* wedding night; **~paar** *n* bride and groom, F happy couple; **~reise** *f* honeymoon; **auf ~ sein** be on one's honeymoon, F be honeymooning; **~strauß** *m* bridal bouquet; **~tag** *m* wedding day; (*Jahrestag*) (wedding) anniversary; **~torte** *f* wedding cake.

hochziehen I. *v/t.* pull up; (*Hose*) hitch up; (*Beine*) draw up; (*Augenbrauen*) raise; (*Mauer etc.*) build, erect; ✈ pull up; **die Nase ~** sniff; **II.** *v/refl.*: **sich ~** pull o.s. up (**an** by); *fig.* **sich ~ an** a) get a thrill out of, b) make a fuss about; **III.** *v/i. Gewitter*: come up.

Hochzinspolitik *f* policy of high interest rates.

hochzivilisiert *adj.* highly civilized.

hochzüchten *v/t.* breed selectively; *fig.* (*Motor*) F soup up; (*Gefühle etc.*) nurture.

Hocke *f Turnen etc.*: crouch, squatting position; **in die ~ gehen** crouch down, squat (down).

hocken I. *v/i.* squat, crouch; F (*sitzen*) sit; *untätig*: sit around; **~ über** be poring over; **II.** *v/refl.*: **sich ~** squat down; F (*sich setzen*) F plonk o.s. down; **~bleiben** F *v/i. ped.* have to repeat a year.

Hocker *m* stool.

Höcker *m* (*Buckel*) hump (*a. zo.*); (*Beule*) bump.

Hockergrab *n* crouched burial.

höckerig *adj.* bumpy.

Hockey *n* hockey; **~schläger** *m* hockey stick; **~spieler(in** *f*) *m* hockey player.

Hockstellung *f* squatting position.

Hode *m, f* **→ Hoden.**

Hoden *m anat.* testicle; **~sack** *m* scrotum.

Hodometer *m* (h)odometer.

Hof *m* **1.** yard; (*Innen2*) courtyard; (*Hinter2*) backyard; (*Schul2*) playground; **2.** (*Fürsten2*) court; **bei** (*od.* **am**) **~e** at court; *fig.* **j-m den ~ machen** court s.o.; **3.** (*Bauern2*) farm; **4.** *um Sonne, Mond*: halo (*a. opt. u.* ✈), corona; *anat.* areola; **~dame** *f* lady-in-waiting; **~dichter** *m in GB*: Poet Laureate; **2fähig** *adj.* socially acceptable; *engS.* presentable.

Hoffart *f* haughtiness, pride.

hoffen I. *v/t. u. v/i.* hope (**auf** for); **~ auf** *a.* set (*od.* pin) one's hopes on; **~ wir das Beste** let's hope for the best; **ich hoffe es (sehr)** I (sincerely *od.* certainly) hope so; **das will ich doch ~!** (*daß er es macht*) *drohend*: he'd better; **ich hoffe nicht** I hope not; **verzweifelt ~** hope against hope; **II. 2** *n* hoping, hope.

hoffentlich *adv.* hopefully, I hope ...; *in Antworten*: I hope so, let's hope so; **~ nicht** I hope not, let's hope not.

Hoffnung *f* hope (**auf** for, of); (*Erwartung*) *a.* expectation; (*Aussicht*) prospect; **in der ~ zu** *inf.* in the hope of *ger.*, hoping to *inf.*; **die ~ verlieren** lose hope; **die ~ aufgeben** give up (*od.* abandon) hope; **man darf die ~ nie aufgeben** *a.* never say die; **j-m ~(en) machen, in j-m ~(en) erwecken** raise s.o.'s hopes; **sich ~en machen** be hopeful, be hoping; **j-m ~ machen, daß** lead s.o. to believe (*od.* expect) that; **j-m ~en auf et. machen** hold out the prospect of s.th. to s.o.; **mach dir keine allzu großen ~en** don't be too hopeful, don't expect too much; **ich habe keine große ~, daß** I don't hold out much hope that (*od.* of *ger.*); **s-e ~en setzen auf** pin one's hopes on, place one's hopes in, bank on; **es besteht noch ~** there's still hope, there's hope yet; **ist** (*od.* **besteht**) **noch ~?** is there any hope (left)?; **er (es) ist unsere letzte ~** he's (it's) our last hope; **er ist unsere große ~** we're pinning all our hopes on him, he's our great hope.

hoffnungslos *adj.* hopeless (*a.* F *fig.*); (*verzweifelt*) desperate; F **ein ~er Fall** a hopeless case; **Hoffnungslosigkeit** *f* hopelessness; despair.

Hoffnungs|schimmer *m* glimmer of hope; **~träger** *m* F *the* great white hope; **2voll** *adj.* hopeful; (*vielversprechend*) promising.

hofhalten *v/i.* hold court.

hofieren *v/t.*: **j-n ~** court s.o.'s favo(u)r.

höfisch *adj.* courtly.

Hof|kapelle *f* **1.** court chapel; *königliche*: chapel royal; **2.** ♪ court orchestra; **~leben** *n* life at court; **~leute** *pl.* courtiers.

höflich I. *adj.* polite, courteous (**zu** to[wards]); **~, aber bestimmt** polite but firm; **II.** *adv.* politely *etc.*; **wir bitten Sie ~ zu** *inf.* may we ask you to *inf.* (*od.* request that you ...); **~, aber bestimmt** politely but firmly; **Höflichkeit** *f* politeness, courtesy; (*Kompliment*) compliment; *iro.* **darüber schweigt des Sängers ~** *wissentlich*: we won't say any more about that, *aus Unwissenheit*: that will have to remain a mystery.

Höflichkeits|besuch *m* courtesy call; **~bezeigung** *f* mark of respect; **~floskel** *f*, **~formel** *f* polite phrase; *im Briefschluß*: complimentary close.

Hoflieferant *m* purveyor to the court (*in GB*: to His *od.* Her Majesty).

Höfling *m* courtier.

Hof|maler *m* court painter; **~mann** *m* courtier; **~narr** *m* court jester; **~prediger** *m* court chaplain; **~rat** *m in GB*: Privy Councillor; (*östr. Titel*) Hofrat; **~staat** *m* royal (*od.* princely) household (*Gefolge*: retinue); **~zeremoniell** *n* court etiquette.

HO-Geschäft *n hist. DDR*: state-owned store; *pl. coll.* state-owned store chain *sg.*
hohe(r, -s) *adj.* → **hoch.**
Höhe *f* height; *ast., geogr.,* ✈ altitude; (*An*≈) hill, elevation; (*Gipfel*) summit, top; *fig.* (*Niveau*) level; (*Ausmaß*) extent; (*Bedeutung, Größe*) importance, magnitude; (*Höhepunkt*) height, peak; ♪ (*Ton*≈) pitch; *phys.* (*Stärke*) intensity; *e-r Summe*: size, amount; *e-r Strafe*: severity; **in e-r ~ von** *1000 Metern* at a height (✈ an altitude) of; *Summe* **in ~ von** (to the amount) of, F to the tune of; *Bevölkerungszuwachs etc.* **in ~ von** at the rate of; **e-e Strafe bis zu e-r ~ von ...** a maximum of ...; **auf der ~ von** on the same latitude as *London*, ⚓ off *Dover*; **auf gleicher ~ mit** on a level with; **aus der ~** from above; **in die ~** up, upwards; **in die ~ gehen** go up, increase; **in die ~ treiben** force up; **trotz der ~ s-s Alters** despite his (advanced *od.* great) age *od.* advanced years; *fig.* **die ~n und Tiefen des Lebens** the ups and downs of life; **auf der ~** *s-s Ruhms etc.*: at the height (*od.* peak) of; **auf der ~ sein** be in good form, *der Zeit*: be up to date; **sich nicht ganz auf der ~ fühlen** not to feel quite up to the mark; **e-e gewaltige ~ erreichen** reach great heights; F **in die ~ gehen** F hit the roof; F **das ist ja wohl die ~!** F that really is the limit!
Hoheit *f* **1.** *pol.* sovereignty; **2.** *Titel*: *His etc.* Highness; *Anrede*: Your Highness; **Seine (Ihre) Königliche ~** His (Her) Royal Highness; **3.** *fig. e-r Person*: dignity; *von Bergen etc.*: grandeur, majesty; **hoheitlich** *adj.* sovereign.
Hoheits|akt *m* sovereign act; **~bereich** *m* **1.** jurisdiction (*of the state etc.*); **2.** → **~gebiet** *n* (sovereign) territory; **deutsches ~** German territory; **~gewalt** *f* sovereignty; **~gewässer** *pl.* territorial waters; **~recht** *n* sovereign right; **≈voll** *adj.* majestic(ally *adv.*); (*gebieterisch*) imperious; **~zeichen** *n* national emblem.
Hohelied *n* **1.** *bibl.* Song of Solomon, Song of Songs; **2.** *fig.* hymn (*gen.* in praise of).
Höhen|angst *f* fear of heights; **~flosse** *f* ✈ stabilizer; **~flug** *m* high-altitude flight; *fig.* **geistiger ~** flight of fancy; **der ~ des Dollars** the soaring dollar; **~kabine** *f* pressurized cabin; **~karte** *f* relief map; **~klima** *n* mountain climate; **~krankheit** *f* altitude sickness; **~kurort** *m* high-altitude health resort; **~lage** *f* altitude; **in den ~n** at higher altitudes; **~leitwerk** *n* ✈ horizontal tail; **~luft** *f* mountain air; **~messer** *m* altimeter; **~messung** *f* measurement of altitude; **~rausch** *m* high-altitude euphoria; **~regler** *m Radio etc.*: treble control; **~rekord** *m* altitude record; **~ruder** *n* ✈ elevator; **~schreiber** *m* altigraph; **~sonne** *f* **1.** mountain sun; **2.** (*Lampe*) sun-ray lamp; **~strahlung** *f* cosmic radiation; **~training** *n* high-altitude training; **~unterschied** *m* difference in altitude; **~verlust** *m* ✈ loss of altitude; **≈verstellbar** *adj.* height-adjustable; **~wind** *m* upper wind; **~zug** *m* ridge.
Hohepriester *m* high priest.
Höhepunkt *m* climax (*a. sexuell*); *e-s Festes etc.*: *a.* highlight; *der Macht*: height *of* (*one's*) *power*; (*entscheidende Phase*) critical stage; *e-r öffentlichen Karriere etc.*: high-water mark; **auf dem ~** *gen.* at the height of; **s-n ~ erreichen** culminate (**in** in), climax (in), *Verkaufszahlen etc.*: peak, reach its (*od.* their) peak.
höher I. *adj.* higher; **~e Bildung** higher education; **~es Dienstalter** seniority; **~e Instanz** ⚖ higher court, *Verwaltung*: higher authority; **~e Mathematik** higher mathematics (*sg.*); → **Gewalt, Schule**; **II.** *adv.* higher, more highly; (*weiter* [*nach*] *oben*) higher up; **immer ~** higher and higher; **~ bewerten** rate higher (*od.* more highly); **~besteuert** *adj.* more heavily taxed; **~bezahlt** *adj.* better (*od.* more highly) paid.
Höhere *fig. n*: **das ~** higher things.
höher|entwickelt *adj.* more highly developed; **~gelegen** *adj.* higher, *pred. a.* situated higher (*od.* further) up; **~gestellt** *adj.* higher(-ranking); **~liegend** *adj.* → **höhergelegen**; **~qualifiziert** *adj.* more highly qualified; **~schrauben** F *v/t.* (*Preise etc.*) push up; (*Ansprüche*) step up; **~stehend** *adj.* higher(-ranking); *biol.* more highly developed; **~stufen** *v/t.* upgrade; **≈versicherung** *f* increased insurance.
hohl *adj.* hollow (*a. Zahn*); *Augen, Wangen*: *a.* sunken; *Nuß*: empty; *Hand*: cupped; *opt.* concave; *fig.* (*leer*) hollow, empty; *Klang*: hollow; **e-e ~e Hand machen** cup one's hand; **et. in der ~en Hand halten** hold s.th. cupped in one's hand (*od.* in the hollow of one's hand); F *fig.* **e-n ~en Kopf haben** F have nothing but sawdust in one's head; F **das ist was für den ~en Zahn** that's not enough to keep a sparrow alive; **~äugig** *adj.* hollow-eyed; **≈block(stein)** *m* hollow block; **~brüstig** *adj.* pigeon-chested.
Höhle *f* cave; (*Höhlung*) hollow; (*Grotte*) grotto; *von Raubtieren*: den, lair (*beide a. fig.*), *von Füchsen, Kaninchen etc.*: burrow; *anat.* cavity; (*Augen*≈) socket; F *contp.* (*Wohnung, Zimmer*) F hole, hovel; *fig.* **sich in die ~ des Löwen wagen** venture into the lion's den; F *fig.* **sich in s-e ~ verkriechen** retreat into one's den.
Hohleisen *n* gouge; (*Meißel*) spoon chisel.
Höhlen|bewohner *m* cave-dweller, caveman, *bsd. prähistorischer*: *a.* troglodyte; **~forscher** *m* cave explorer, spel(a)eologist; *unterirdisch*: *a.* potholer; **~forschung** *f* spel(a)eology; **~fund** *m* cave find; **~kunde** *f* spel(a)eology; **~malerei** *f* cave painting; **~mensch** *m* caveman; **~zeichnung** *f* cave drawing.
hohl|erhaben *adj. phys.* concavo-convex; **~geschliffen** *adj.* concave; **≈glas** *n* hollow glass(ware).
Hohlheit *f* hollowness; *fig. a.* emptiness.
hohlklingend *adj.* hollow-sounding.
Hohlkopf *m* F numskull; **hohlköpfig** *adj.* empty-headed.
Hohl|körper *m* hollow body; **~kreuz** *n* hollow back; **~kugel** *f* hollow sphere; **~maß** *n* measure of capacity; *für Korn etc.*: dry measure; **~meißel** *m* gouge; **~nadel** *f* ⚕ cannula; **~raum** *m* hollow (space), *a. anat.,* ⚕, *metall.* cavity; **~raumversiegelung** *f mot.* vacuum sealing; **~rücken** *m* hollow back; **~saum** *m* hemstitch; **≈schleifen** *v/t.* grind *s.th.* hollow; **~schliff** *m* hollow grinding; **~spiegel** *m* concave mirror; **~tier** *n* zoophyte, *pl.* coelenterata.
Höhlung *f* hollow, *a. anat.* cavity.
hohl|wangig *adj.* hollow-cheeked; **≈weg** *m* hollow; (*Schlucht*) ravine, gorge; (*Engpaß*) narrow pass; **≈ziegel** *m* hollow brick; (*Dachziegel*) hollow tile.
Hohn *m* (*Verachtung*) scorn, disdain; (*Verspottung*) mockery, derision, scoffing, sneering; (*Sarkasmus*) sarcasm; **der reinste ~** sheer mockery; **zum ~(e)** *gen.* in defiance of; **ein ~ auf et. sein** make a mockery of; **nur ~ und Spott ernten** be(come) a laughing stock; **höhnen** *v/i.* sneer, mock, scoff (*alle* **über** at).
Hohngelächter *n* derisive laughter.
höhnisch *adj.* (*geringschätzig*) disdainful; (*spöttisch*) sneering, mocking, derisive; (*hämisch*) gloating; **~es Lächeln** sneer.
hohnlächeln I. *v/i.* sneer (**über** at); **II.** ≈ *n* sneer; **hohnlächelnd I.** *adj.* sneering; **II.** *adv. a.* with a sneer.
hohnlachen I. *v/i.* laugh derisively (**über** *j-n*: at, *et.*: about); **II.** ≈ *n* derisive laughter.
hohnsprechen *v/i.* make a mockery (*dat.* of).
Höker *m* street trader.
Hokuspokus *m* **1.** *Zauberformel*: abracadabra; **2.** (*fauler Zauber*) mumbo-jumbo; **3.** (*Schwindel*) eyewash; **4.** (*Unfug*) nonsense.
hoi *int.* hey!
hold I. *adj.* **1.** *poet.* (*lieblich*) lovely, sweet, fair; **2. j-m (e-r Sache) ~ sein** be well-disposed towards s.o. (s.th.); **das Glück war ihm ~** fortune smiled upon him, he was in luck; **II.** *adv.*: **~ lächeln** *etc.* smile *etc.* sweetly.
Holdinggesellschaft *f* ✝ holding company.
holdselig *adj.* → **hold** 1.
holen *v/t.* (go and) get, fetch; go for; (*ab~*) call for, pick up; (*nehmen*) take; (*Preis etc., a.* **sich ~**) get, win, take *first prize etc.*; **~ lassen** send for, call *s.o.*; **j-n ans Telefon ~** get s.o. (to come) to the phone; **j-n aus dem Bett ~** get s.o. out of bed, wake s.o. up; **sich** *et.* **~** get, F *fig.* (*sich zuziehen*) *a.* catch; **sich bei j-m Rat ~** ask s.o.'s advice; F **hier ist nichts zu ~** there's nothing going here; → **Atem, Luft.**
Holismus *m* holism; **holistisch** *adj.* holistic(ally *adv.*).
Holländer *m* **1.** Dutchman; **die ~** the Dutch; **2.** Dutch cheese; **Holländerin** *f* Dutchwoman; **holländisch** *adj.*, **Holländisch** *n ling.* Dutch.
Hollandrad *n* (heavy-duty) town bike.
Hölle *f* hell; **in der ~** in hell; **in die ~ kommen** go to (*od.* end up in) hell; *fig.* **die ~ auf Erden** hell on earth; **j-m die ~ heiß machen** (*Angst machen*) put the fear of death into s.o.; (*zusetzen*) give s.o. a hard time, make things unpleasant for s.o.; **j-m die ~ heiß machen, daß er et. tut** keep on at s.o. to do s.th., put s.o. under pressure to do s.th.; **j-m das Leben zur ~ machen** make life hell for s.o.; **die ~ war los** it was sheer pandemonium; F **zur ~ damit!** F to hell with it.
Höllen|angst F *f*: **e-e ~ haben** F be scared stiff; **~fahrt** *f eccl.* Christ's Descent into Hell; **~feuer** *n* hellfire; **~gestank** F *m* diabolical smell; **~hitze** F *f*: **es war e-e ~** the heat was unbearable, *sl.* it was hot as hell; **~lärm** F *m* F terrible racket, almighty din; **~qualen** F *pl.*: **~ ausstehen** go through hell; **~spektakel** F *n* → **Höllenlärm**; **~tempo** F *n*: **in e-m ~** at breakneck speed.

Holler *dial. m* elder.

höllisch I. *adj.* (*teuflisch*) devilish; F *fig.* dreadful, F hellish; (*extrem*) incredible; ***e-e ~e Arbeit*** a hellish job; **II.** F *fig. adv.*: ***~ schwer*** F hellishly difficult; ***es tut ~ weh*** *sl.* it hurts like hell; ***du mußt ~ aufpassen*** you've really got to watch out.

Hollywoodschaukel *f* swing seat.

Holocaust *m*: (***atomarer ~*** nuclear) holocaust.

Hologramm *n* hologram; **Holographie** *f* holography; **holographisch** *adj.* holographic(ally *adv.*).

holp(e)rig I. *adj.* rough; *Weg*: *a.* bumpy; *fig. Stil*: clumsy; ***sie spricht ein ~es Englisch*** her English is very shaky; **II.** *adv.* (*stockend*) haltingly; (*ungeschickt*) clumsily; ***et. ~ vorlesen*** (*od.* ***vortragen***) stumble through s.th.; **holpern** *v/i.* bump (along); *fig. Vers etc.*: be clumsy; *Person*: stumble (along); **Holperschwelle** *f mot.* sleeping policeman.

holterdiepolter *adv.* (*überstürzt*) helter-skelter.

Holunder *m* elder; **~beere** *f* elderberry; **~strauch** *m* elder.

Holz *n* wood (*a. Gehölz*); (*Nutz*2) timber; ***aus ~*** made of wood, wooden; F ***ich bin doch nicht aus ~*** I've got feelings too, you know; *fig.* ***sie sind*** (***er ist***) ***aus demselben ~ geschnitzt*** they're two of a kind (*wie der Vater*: he's a chip off the old block); ***aus anderem ~ geschnitzt sein*** be made of different stuff; ***aus grobem ~ geschnitzt*** rough and insensitive; F ***~ sägen*** (*schnarchen*) F saw wood; F ***wie ein Stück ~ dastehen*** F stand there (*od.* around) like a lemon; F ***~ vor der Hütte haben*** F be well-stacked; **~apfel** *m* crab apple; **~arbeit** *f* **1.** woodwork; **2.** *konkret*: piece of woodwork; (*Figur*) wood carving, wooden figure; **~art** *f* (kind of) wood; **~asche** *f* wood ashes *pl.*; **~auge** *n*: F ***~, sei wachsam!*** F keep your eyes peeled; **~balken** *m* wooden beam; **~bank** *f* wooden bench; **~baracke** *f* wooden hut; **~bau** *m* **1.** wooden structure; **2.** → **~bauweise** *f* timber construction; **~bein** *n* wooden leg; **~birne** *f* wild pear; **~bläser** *m* ♪ woodwind player; ***die ~*** the woodwind (*pl.*); **~blasinstrument** *n* woodwind (instrument); **~block** *m* **1.** block of wood; **2.** ♪ woodblock; **~bock** *m* **1.** *zo.* (wood) tick; **2.** (*Sägebock*) sawhorse, *Am. a.* sawbuck; **~boden** *m* wooden floor; **~bohrer** *m* wood drill; (*Handbohrer*) gimlet; **~brett** *n* wooden board; *großes*: wooden plank; **~decke** *f* wooden ceiling; **~druck** *m* woodblock print(ing).

holzen F *v/i. Fußball*: kick everything above the grass.

hölzern *adj.* wooden (*a. fig. Bewegung, Interpretation etc.*); *fig.* (*ungeschickt*) awkward.

Holzfäller *m* woodcutter, *bsd. Am.* lumberjack.

Holzfaser *f* wood fib|re (*Am.* -er); (*Struktur*) grain; **~platte** *f* wood fibreboard (*Am.* fiberboard).

Holz|fäule *f* dry rot; **~figur** *f* wood carving, wooden figure; **~floß** *n* (wooden) raft; **2frei** *adj. Papier*: wood-free; **~fußboden** *m* wooden floor; **~gerüst** *n* wooden scaffolding; **2getäfelt** *adj.* wood-panel(l)ed, wainscot(t)ed; **~gewächs** *n* woody plant; **~hacken** *n* wood chopping, chopping wood; **~hacker** *m* **1.** woodchopper; → *a.* ***Holzfäller***; **2.** *Fußball*: butcher; **2haltig** *adj.* ligneous; *Papier*: woody; **~hammer** *m* mallet; **~hammer...** F *in Zssgn* sledge-hammer *method, diplomacy*; **~handel** *m* wood (*od.* timber) trade; **~haus** *n* wooden house; **~hütte** *f* wooden hut.

holzig *adj.* woody; *Rettich etc.*: stringy.

Holz|industrie *f* wood (*od.* timber) industry; **~kiste** *f* wooden box (*od.* crate); **~klotz** *m* **1.** block of wood; **2.** → **~klötzchen** *n* (*Spielzeug*) wooden brick.

Holzkohle *f* charcoal; **Holzkohlengrill** *m* charcoal grill.

Holz|konstruktion *f* **1.** wood (*od.* timber) construction; **2.** *konkret*: wooden structure; **~kopf** F *m* F blockhead; **~lager** *n* timber yard; **~leim** *m* wood glue; **~leiste** *f* strip (*od.* thin piece) of wood; **~löffel** *m* wooden spoon; **~maserung** *f* wood grain, grain of the wood; **~nagel** *m* wooden nail (*od.* peg); **~ofen** *m* wood-burning stove; **~pantoffeln** *pl.* clogs; **~papier** *n* wood(-pulp) paper; **~plastik** *f* wooden figure (*größer*: statue); **~platte** *f* wooden board; **~puppe** *f* wooden doll; **~rahmen** *m* wooden frame; **~schädling** *m* wood pest; **~schale** *f* wooden bowl; **~scheit** *n* piece of wood; **~schliff** *m* (mechanical) wood pulp; **~schnitt** *m* woodcut; **~schnitzer** *m* wood carver; **~schnitzerei** *f* wood carving; **~schraube** *f* wood screw; **~schuh** *m* clog; **~schuppen** *m* **1.** wooden shed; **2.** *für Holz*: woodshed; **~schutzmittel** *n* wood preserver; **~schwamm** *m* dry rot; **~sorte** *f* (kind of) wood; **~späne** *pl.* wood shavings; **~spanplatte** *f* (wood) chipboard; **~spiritus** *m* wood alcohol; **~splitter** *m* splinter (of wood); **~stapel** *m* pile of wood; **~stich** *m* wood engraving; **~stift** *m* wooden peg; **~stock** *m* woodblock; **~täfelung** *f* wood panel(l)ing, wainscot(t)ing; **~teer** *m* wood tar; **~teller** *m* wooden plate; **~treppe** *f* wooden staircase; **~tür** *f* wooden door; **2verarbeitend** *adj.*: ***~e Industrie*** wood-processing industry; **~verarbeitung** *f* **1.** woodworking; **2.** → **~veredelung** *f* wood processing; **~verkleidung** *f* wood panel(l)ing, wainscot(t)ing; **~verschalung** *f* timber facing, boarding; **~verschlag** *m* wooden partition; **~ware** *f* wooden article(s *pl.*); **~weg** *m*: *fig.* ***auf dem ~ sein*** a) be barking up the wrong tree, b) be very much mistaken; **~wirtschaft** *f* wood (*od.* timber) industry; **~wolle** *f* excelsior; **~wurm** *m* woodworm; **~zaun** *m* wooden fence; *aus Brettern*: hoarding; **~zellstoff** *m* wood cellulose.

Homburg *m* Homburg (hat).

Homecomputer *m* home computer.

homerisch *adj.* Homeric; ***~es Gelächter*** Homeric laughter.

Homiletik *f* homiletics *pl.* (*sg. konstr.*).

Hominide *m biol.* hominid.

Homo F *m* F gay, *contp.* queer.

homo... *in Zssgn* homo.

Homoerotik *f* homoeroticism; **homoerotisch** *adj.* homoerotic.

homogen *adj.* homogeneous; **homogenisieren** *v/t.* homogenize; **Homogenität** *f* homogeneity.

Homograph *n* homograph.

Homonym *n* homonym.

Homöopath *m* ⚕ hom(o)eopath; **Homöopathie** *f* hom(o)eopathy; **homöopathisch** *adj.* hom(o)eopathic(ally *adv.*).

Homophon *n ling.* homophone.

Homosexualität *f* homosexuality; **homosexuell** *adj.* homosexual; **Homosexuelle(r** *m* **)** *f* homosexual.

Honig *m* honey; F *fig.* ***j-m ~ um den Bart schmieren*** F butter s.o. up; **~biene** *f* honey bee; **2farben, 2gelb** *adj.* honey-colo(u)red; **~klee** *m* sweet clover; **~kuchen** *m* honey cake; **~melone** *f* sugar (*od.* honeydew) melon; **~schlecken** *fig. n*: ***das ist kein ~*** it's no bed of roses; **~schleuder** *f* honey extractor; **~seim** *m* honey; **2süß** *adj.* honey-sweet, (*a. adv.*) as sweet as honey; **~wabe** *f* honeycomb; **~wein** *m* mead.

Honorar *n* fee; *e-s Autors etc.*: royalties *pl.*; **2frei** *adj.* free of charge; **~konsul** *m* honorary consul; **~professor** *m* honorary professor.

Honoratioren *pl.* local dignitaries.

honorieren *v/t.* (*et.*) pay for; (*j-n*) pay, remunerate (**für** for); † (*Wechsel*) hono(u)r; *fig.* (*anerkennen*) acknowledge, (*belohnen*) reward; *fig.* ***es wird überhaupt nicht honoriert*** you get no credit (*od.* thanks) for it; **Honorierung** *f* remuneration, payment; *fig.* acknowledg(e)ment, (*Belohnung*) reward.

Hopfen *m* ⚘ hop; ✓ *coll.* hops *pl.*; F *fig.* ***an ihm ist ~ und Malz verloren*** F he's a dead loss; **~anbau** *m* hop growing; **~bauer** *m* hop farmer; **~bier** *n* hopped beer; **~ernte** *f* hop picking; hop-picking time (*od.* season); **~klee** *m* hop clover; **~stange** *f* **1.** hop pole; **2.** F (*Person*) F beanpole.

hopp *int.* jump!; (*schnell*) quick!; ***nun mal ~!*** F get a move on!, chop, chop!; ***~, raus aus dem Bett!*** come on, up you get!

hoppeln *v/i.* hop; *Wagen etc.*: jolt (along), bump along.

hopphopp I. *int.* chop, chop!; **II.** *adv.*: ***bei ihr muß alles ~ gehen*** she wants everything done in double-quick time.

hoppla *int.* (wh)oops(-a-daisy)!; F ***~, jetzt komm' ich!*** F look out, here I come!; **hopplahopp** F *adv.* (*schlampig*) slapdash; (*schnell-schnell*) chop-chop; ***so ~ geht das nicht*** you can't rush these things, it takes time.

hops F *adj.*: ***~ sein → hinsein.***

hopsa(ssa) *int.* (wh)oops(-a-daisy)!

hopsen F *v/i.* hop, skip, hop and skip; **Hopser** F *m* hop; ***e-n ~ machen*** give a little hop; **Hopserei** F *f* jumping around.

hops|gehen F *v/i.* (*sterben*) F snuff it, pop one's clogs; (*verlorengehen*) get lost; *Geld etc.*: F go down the drain; (*verhaftet werden*) F get nabbed; **~nehmen** F *v/t.* F nab *a thief etc.*

Hörapparat *m* hearing aid.

hörbar *adj.* audible; ***sich ~ machen*** make o.s. heard; **Hörbarkeit** *f* audibility.

hörbehindert *adj.* partially deaf; **Hörbehinderung** *f* impaired hearing; partial deafness.

Hör|bereich *m* auditory range; *e-s Senders*: broadcasting range; **~bibliothek** *f* audio library; **~bild** *n* radio feature; **~buch** *n* talking book.

horchen *v/i.* listen (**auf** to); *heimlich*: *a.* eavesdrop.

Horde¹ *f* **1.** *contp.* horde, mob; **2.** *Völkerkunde*: (wandering) tribe.
Horde² *f* (*Gestell*) rack.
hordenweise *adv.* in hordes.
hören I. *v/t. u. v/i.* hear; (*zufällig mit an~*) overhear; (*zuhören*) listen; ***hör mal!*** listen; ***Radio ~*** listen to the radio; ***an*** *et.* **~** be able to tell by; **~ *auf*** listen to; ***auf den Namen ... ~*** answer to the name of ...; ***gut ~*** have good ears (*od.* hearing); ***schwer*** (*od.* ***schlecht***) **~** be slightly deaf, be hard of hearing; ***ich hör' dich so schlecht*** I can't hear you very well; ***du hörst wohl schlecht?*** are you (going) deaf?; ***bei Professor B. Geschichte ~*** go to Professor B.'s history lectures; **~ *von*** (*erfahren*) hear of (*od.* about); ***ich hab's von ihr gehört*** I heard it from her, she told me; ***ich habe von ihm gehört*** I've heard of him, (*habe e-n Brief etc. bekommen*) I've heard from him; ***ich habe schon viel von ihm gehört*** I've heard a lot about him; ***ich habe gehört, daß*** they say (that); ***ich will davon nichts ~*** I don't want to hear about it; ***das ist das erste, was ich höre*** that's the first I've heard of it; ***soviel ich gehört habe*** as far as I've heard; ***nach allem, was ich höre*** from what I've heard; ***was muß ich da ~?*** what's this you're telling me?; F ***ich glaube, ich höre nicht recht*** did I hear (you) right?, F say that again; ***er hat nichts von sich ~ lassen*** he hasn't written (*od.* phoned), we *etc.* haven't heard from him at all; ***man hörte nie mehr etwas von ihm*** he was never heard of again; ***laßt mal von euch ~*** keep in touch; ***ich lasse von mir ~*** I'll let you know; ***Sie werden noch von mir ~!*** *drohend*: you haven't heard the last of this!; ***das läßt sich ~*** that doesn't sound too bad at all; ***er hört sich gerne reden*** he likes the sound of his own voice; ***man höre und staune*** would you believe it; ***wer nicht ~ will, muß fühlen*** that's what you get for not listening; **II.** ♀ *n*: ***beim ~ des Vortrags*** while listening to the lecture; ***ihm verging ~ und Sehen*** (***dabei***) F he almost passed out; ***..., daß dir ~ und Sehen vergeht*** *drohend*: ... that you'll wish you were never born; ♀**sagen** *n*: ***vom ~*** by hearsay.
Hörer *m* **1.** (*a. Radio*♀) listener; *univ.* student; ***liebe ~innen und ~!*** *zum Sendebeginn*: hello everybody, hello to our listeners everywhere, *im Satz, verstärkend*: dear listeners; **2.** (*Telefon*♀) receiver; ***den ~ abheben*** pick up (*wenn es klingelt*: *a.* answer) the phone; ***den ~ auflegen*** put the phone down; **~brief** *m* letter (from a listener); *pl.* listeners' letters; **~kreis** *m*, **~schaft** *f* listeners *pl.*, audience; **~wunsch** *m* request (from a listener); *pl.* (listeners') requests.
Hör|fähigkeit *f* hearing ability; **~fehler** *m* **1.** misunderstanding; **2.** ⚕ hearing defect; impaired hearing; **~frequenz** *f* audio frequency; **~funk** *m* sound broadcasting, radio; **~gerät** *n* hearing (*od.* deaf) aid; ♀**geschädigt** *adj.* hard of hearing, partially deaf; **~hilfe** *f* → ***Hörgerät.***
hörig *adj.* (*abhängig, a. sexuell*) dependent (*dat.* on); ***j-m ~ sein*** *als Sklave*: be in bondage to s.o.; **Hörigkeit** *f* (total) dependence (***gegenüber*** on), *a. hist.* bondage (to).
Horizont *m* horizon (*a. geol. u. fig.*); ***am ~*** on the horizon; ***die Sonne sank unter den ~*** the sun sank (*od.* disappeared) behind the horizon; *fig.* ***beschränkter*** (*od.* ***enger***) **~** narrow horizons; ***großer*** (*od.* ***weiter***) **~** broad view (*od.* horizon); ***s-n ~ erweitern*** broaden one's horizons; ***das erweitert den ~*** it broadens your horizons (*od.* the mind); ***das geht über m-n ~*** that's beyond me.
horizontal *adj.* horizontal; F ***das ~e Gewerbe*** F the oldest profession in the world; **Horizontale** *f* horizontal; F ***sich in die ~ begeben*** F *iro.* (go and) recline.
Horizontal|konzern *m* ✝ horizontal group; **~lage** *f* horizontal position.
Hormon *n* hormone; **hormonal** *adj.* hormonal.
Hormon|behandlung *f* hormonal treatment; course of hormone tablets (*od.* injections); **~drüse** *f* hormone gland.
hormonell I. *adj.* hormonal; hormone ...; **II.** *adv. behandeln etc.*: with hormones.
Hormon|haushalt *m* hormone balance; **~mangel** *m* lack of hormones; **~präparat** *n* hormone preparation; **~spiegel** *m* hormone level; **~spritze** *f* hormone injection, F shot of hormones.
Hörmuschel *f teleph.* earpiece.
Horn *n* **1.** *zo.* horn (*a. Material*); *der Schnecke*: feeler; *fig.* ***die Hörner einziehen*** pull in one's horns; ***j-m Hörner aufsetzen*** cuckold s.o.; ***sich die Hörner abstoßen*** sow one's wild oats; → ***Stier*** 1; **2.** ♪ (French) horn; ⚔ bugle; ***ins ~ stoßen*** blow one's horn; *fig.* ***ins gleiche ~ stoßen*** play the same tune, be of one mind (in the matter), ***mit j-m:*** chime in with s.o., go along with s.o. (wholeheartedly); **3.** *mot.* (*Hupe*) horn.
Hornberger Schießen *n*: ***ausgehen wie das ~*** be a complete flop.
Horn|blende *f min.* hornblende; **~brille** *f*: (***e-e ~*** a pair of) horn-rimmed glasses *pl. od.* spectacles *pl.*
Hörnchen *n* **1.** (*Gebäck*) croissant; **2.** *zo.* squirrel.
hörnern *adj.* horn ..., made of horn.
Hörnerv *m* auditory nerve.
Hornhaut *f* **1.** callus(es *pl.*); **2.** *des Auges*: cornea; **~entzündung** *f* inflammation of the cornea, keratitis; **~trübung** *f* nebula; **~verletzung** *f* injured cornea.
hornig *adj. Haut*: horny.
Hornisse *f* hornet; **Hornissennest** *n* hornets' nest.
Hornist *m* (French) horn player.
Hornochse F *m* idiot, F clod.
Hörorgan *n* organ of hearing.
Horoskop *n* horoscope.
Hör|probe *f* audition; *bei Tonaufnahme*: test recording; **~prüfung** *f* ⚕ hearing test.
horrend *adj. Preis etc.*: shocking, ridiculous; ***e-e ~e Dummheit*** sheer lunacy.
Hörrohr *n* **1.** ear trumpet; **2.** ⚕ stethoscope.
Horror *m* **1.** ***e-n ~ haben vor*** F have a thing about, (*j-m, e-r Prüfung, Spinnen etc.*) be terrified of; ***ich habe e-n ~ vor Spinnen*** *etc. a.* I can't stand spiders *etc.*; **2.** ***es ist der reinste ~*** it's excruciating, F it's sheer hell; **~film** *m* horror film (*od.* movie); **~geschichte** *f* horror story; **~szene** *f* scene of horror; *im Film*: horror (*od.* horrific) scene; **~video** *n* video nasty.
Hör|saal *m* lecture hall, auditorium; **~schaden** *m* hearing defect (*od.* impairment); impaired hearing; **~schärfe** *f* hearing acuity; **~schwelle** *f* auditory threshold; **~spiel** *n* radio play.
Horst *m* **1.** nest; (*Adler*♀) eyrie; **2.** (*Gehölz*) thicket; **3.** ✈ air base.
Hörsturz *m* acute hearing loss; sudden deafness.
Hort *m* **1.** *poet.* (*Schatz*) treasure; (*sicherer Ort*) safe retreat, refuge; **2.** (*Kinder*♀) after-school care cent|re (*Am.* -er); **horten** *v/t.* hoard; (*Rohstoffe*) stockpile.
Hortensie *f* ♀ hydrangea.
Hörtest *m* hearing test; ***e-n ~ machen lassen*** have one's ears tested.
Hortung *f* hoarding; *von Rohstoffen*: stockpiling.
Hör|vermögen *n* hearing; **~weite** *f*: ***außer*** (***in***) **~** out of (within) earshot.
Höschen *n* **1.** (*Damenslip*): (***ein ~*** a pair of) panties *pl.*; **2.** (*Kinderhose*): (***ein ~*** a pair of) short trousers *pl.*
Hose *f*: (***e-e ~*** a pair of) trousers (*Am.* pants) *pl.*; ***kurze ~(n)*** (pair of) shorts *pl.*; ***in die ~ machen*** a) wet o.s. (*a.* F *fig.*), b) fill (*od.* make a mess in) one's pants; F ***die ~n (gestrichen) voll haben*** F be in a blue funk; F ***j-m die ~n strammziehen*** give s.o. a good hiding; F ***die ~n anhaben*** wear the trousers (*Am.* pants); F ***es ist in die ~n gegangen*** (*war ein Mißerfolg*) F it was a flop (*od.* washout), (*ist schiefgegangen*) it didn't work out, F it was a bit of a disaster, (*ist nicht angekommen*) *Witz etc.*: nobody got it, it didn't come over; *sl.* ***tote ~ sein*** F be a washout, *Ort etc.*: F be a dump.
Hosea *m bibl.* Hosea.
Hosen|anzug *m* trouser (*Am.* pants) suit; **~aufschlag** *m* turn-up, *Am.* cuff; **~bein** *n* trouser leg; **~boden** *m* seat of the *od.* one's trousers (*bsd. Am.* pants); F *fig.* ***sich auf den ~ setzen*** (*stillhalten*) sit down (F and shut up), (*fleißig sein*) F knuckle under; F ***j-m den ~ versohlen*** F tan s.o.'s hide; **~bügel** *m* trouser (*Am.* pants) hanger; **~bund** *m*, **~gurt** *m* waistband; **~latz** *m* flies *pl.*, fly; **~matz** F *m* F little guy; **~rock** *m*: (***ein ~*** a pair of) culottes *pl.*; **~scheißer** F *m* F scaredy-pants, scaredy-cat; **~schlitz** *m* flies *pl.*, fly; **~tasche** *f* trouser pocket; F *fig.* ***et. wie s-e ~ kennen*** know s.th. like the back of one's hand; **~träger** *m*: (***ein ~*** a pair of) braces (*Am.* suspenders) *pl.*
Hospitant *m* auditor; **hospitieren** *v/i.* sit in (***bei*** on).
Hospiz *n* **1.** hospice; **2.** Christian-run hotel.
Hostess *f*, **Hosteß** *f* hostess (*a. euphem.*); ✈ air hostess.
Hostie *f eccl.* host.
Hotel *n* hotel; **~ *garni*** bed and breakfast hotel; ***in welchem ~ seid ihr?*** which hotel are you (staying) at?; **~angestellte(r** *m*) *f* hotel employee; **~bar** *f* hotel bar; **~besitzer** *m* hotel owner; **~bett** *n* **1.** hotel bed; **2.** ***hier gibt es wenig ~en*** hotel accommodation here is limited; **~direktor** *m* hotel manager; **~fach** *n* hotel business; **~fachschule** *f* school for hotel management; **~führer** *m* hotel guide; **~gast** *m* hotel guest; **~gewerbe** *n* hotel trade (*od.* industry); **~halle** *f* foyer, (hotel) lobby.
Hotelier *m* hotelier.
Hotel|kette *f* hotel chain; **~koch** *m* hotel chef; **~küche** *f* hotel kitchen; **~nachweis** *m* **1.** hotel information service; **2.** list of hotels; **~pension** *f* residential hotel, boarding house; **~personal** *n* hotel

staff (*mst pl. konstr.*); **~portier** *m* (hotel) doorman; **~- und Gaststättengewerbe** *n* catering trade; **~verzeichnis** *n* list of hotels; **~zimmer** *n* hotel room.
hott *int.* gee!; → ***hü.***
hu *int. bei Ekel*: ugh!; *bei Hitze etc.*: whew!; *bei Kälte*: brrr!; *zum Erschrekken*: boo!
hü *int.* (*vorwärts*) gee up!; (*links*) wo hi!; *fig.* ***~ oder hott!*** make up your mind; ***einmal sagt er ~, einmal hott*** first he says one thing and then he says something completely different.
Hub *m* ⚙, *mot.* stroke; *des Ventils, e-s Krans*: lift.
Hubbel *dial. m* bump; **hubbelig** *dial. adj.* bumpy.
Hubbrücke *f* lift bridge.
hüben *adv.* on this side; ***~ und*** (*od.* ***wie***) ***drüben*** on either side.
Hub|kraft *f*, **~leistung** *f* lifting capacity; *mot.* output per unit of displacement; **~raum** *m* cubic capacity; → ***Hubvolumen.***
hübsch I. *adj.* **1.** pretty; *Junge*: nice-looking; *Mann*: good-looking, handsome; **2.** *weitS.* nice; **3.** F (*beträchtlich*) F nice; ***e-e ~e Summe*** F a tidy sum; ***ein ~es Stück Weg*** quite a way; *iro.* ***~e Aussichten*** nice prospects; *iro.* ***e-e ~e Angelegenheit!*** a fine state of affairs; **4.** F (*freundlich, nett*) nice; **II.** *adv.* **5.** nicely; **6.** F (*ziemlich, sehr*) F pretty; **7.** F ***das wirst du ~ sein lassen*** you'll do nothing of the sort; ***sei ~ artig!*** be a good boy (*od.* girl); ***immer ~ der Reihe nach!*** one after the other, please.
Hubschrauber *m* helicopter; **~landeplatz** *m* heliport; **~pilot** *m* helicopter pilot.
Hub|stapler *m* forklift truck; **~volumen** *n* piston displacement; **~weg** *m* piston travel.
huch *int.* ooh!
Hucke F *f*: ***j-m die ~ voll hauen*** give s.o. a good hiding; ***sich die ~ voll saufen*** F get plastered; ***j-m die ~ voll lügen*** F tell s.o. a pack of lies; ***sich die ~ voll lachen*** F kill o.s. (laughing).
huckepack *adv.* piggyback; **Ձverkehr** *m* piggyback transport (*od.* traffic), piggybacking.
Hudelei F *f* sloppiness; *konkret*: sloppy work; **hudelig** F *adj.* sloppy; **hudeln** F *v/i.* be sloppy; do a sloppy job; **Hudler** F *m* sloppy person (*od.* worker).
Huf *m* hoof.
Hufeisen *n* horseshoe; **~bogen** *m* △ horseshoe arch; **Ձförmig** *adj.* horseshoe ..., horseshoe-shaped; **~magnet** *m* horseshoe magnet.
Huf|lattich *m* ⚘ coltsfoot; **~nagel** *m* horseshoe nail; **~schlag** *m* **1.** hoofbeat; **2.** (horse's) kick; **~schmied** *m* blacksmith; **~spur** *f* hoof mark.
Hüft|bein *n* hip-bone, 🕮 ilium; **~beuge** *f* groin.
Hüfte *f* hip; *von Tieren*: haunch; ***sich in den ~n wiegen*** sway one's hips; ***mit den ~n wackeln*** wiggle one's hips; ***die Arme in die ~n stemmen*** put one's hands on one's hips; ***die Arme*** (*od.* ***mit den Armen***) ***in den ~n*** *a.* (with) arms akimbo; ***bis an die ~ reichend*** → ***hüfthoch.***
Hüft|gelenk *n* hip joint; **~halter** *m* suspender belt; **Ձhoch** *adj.* waist-high; *Wasser*: waist-deep.
Huftier *n* hoofed animal.
Hüft|knochen *m* hip-bone; **~leiden** *n* hip complaint; **~weite** *f* hip measurement.
Hügel *m* hill; *kleiner*: hillock; **~grab** *n* burial mound; *in GB*: barrow, *in Schottland*: cairn; *in Europa*: tumulus; *in den USA*: mound.
hügelig *adj.* hilly.
Hügel|kette *f* range of hills; **~landschaft** *f* hill(y) country.
Hugenotte *m*, **hugenottisch** *adj.* Huguenot.
Huhn *n* chicken; (*Henne*) hen; *fig.* ***verrücktes ~*** F (real) nutcase; F ***mit den Hühnern zu Bett gehen*** (***aufstehen***) go to bed early (get up at the crack of dawn); F ***da lachen ja die Hühner!*** don't make me laugh.
Hühnchen *n* chicken; (*Brat*Ձ) roast chicken; *fig.* ***mit j-m ein ~ zu rupfen haben*** have a bone to pick with s.o.
Hühnerauge *n* corn; F ***j-m auf die ~n treten*** (*j-n beleidigen*) tread on s.o.'s toes (*od.* corns); (*j-n erinnern*) (*a.* ***j-m auf die ~n steigen***) give s.o. a subtle reminder; **Hühneraugenpflaster** *n* corn plaster.
Hühner|brühe *f* chicken broth; **~brust** *f* chicken breast; ⚕ pigeon chest; F *fig.* ***e-e ~ haben*** F be pigeon-chested.
Hühnerei *n* hen's egg; **Ձgroß** *adj.* the size of an (*od.* a chicken's) egg.
Hühner|farm *f* poultry (*od.* chicken) farm; **~fleisch** *n* chicken (meat); **~frikassee** *n* chicken fricassee; **~futter** *n* chicken feed; **~habicht** *m* goshawk; **~haus** *n* henhouse; **~hof** *m* **1.** chicken run; **2.** → ***Hühnerfarm***; **~jagd** *f* partridge shoot(ing); **~leber** *f* chicken liver (*gastr.* livers *pl.*); **~leiter** *f* chicken ladder; **~pastete** *f* chicken pie; **~pest** *f* fowl pest; **~schlag** *m*, **~stall** *m* chicken coop; **~stange** *f* perch, (chicken) roost; **~steige** *f* chicken ladder; **~suppe** *f* chicken soup; **~vögel** *pl.* gallinaceous birds; **~zucht** *f* **1.** chicken farming; **2.** chicken farm; **3.** chickens *pl.*, hens *pl.*
hui *int. erstaunt*: ooh!; *beeindruckt*: wow!; ***außen ~, innen pfui*** it's all right (*Am.* alright) until you take the wrappings off.
Huld *f* grace, favo(u)r; (*Güte*) benevolence; ***in j-s ~ stehen*** be in s.o.'s good graces; ***j-m s-e ~ schenken*** bestow one's favo(u)r on s.o.; **huldigen** *v/i.* (*j-m*) pay tribute (*od.* homage) to; (*e-r Anschauung etc.*) subscribe to *a way of thinking*; (*e-m Laster etc.*) indulge in; (*e-m Glauben etc.*) hold; (*der Mode etc.*) follow, worship; **Huldigung** *f* tribute (**an** to); (*Beifall*) applause; **huldreich, huldvoll** *adj. a. iro.* gracious.
Hülle *f* cover; (*Schallplatten*Ձ) (record) sleeve; (*Buch*Ձ) cover, jacket; (*Ausweis*Ձ) cover; (*Futteral, Gehäuse*) case; (*Schleier*) veil; *des Elektrons*: shell; *fig.* ***sterbliche*** (*od.* ***irdische***) ***~*** mortal remains; ***... in ~ und Fülle*** ... galore, plenty of; ***die ~ des Schweigens über et. breiten*** draw a veil of silence over s.th.; F *hum.* ***s-e ~n abstreifen*** F peel off; **hüllen** *v/t.*: ***~ in et.*** wrap (up) in; *fig.* ***in Flammen gehüllt*** enveloped in flames; ***in Dunkel*** (***Nebel***) ***gehüllt*** shrouded in darkness (mist); ***in Wolken gehüllt*** covered in clouds; ***sich in Schweigen ~*** remain silent (***über*** about); ***er hüllt sich in Schweigen*** *a.* his lips are sealed; **Hüllenelektron** *n phys.* orbital electron; **hüllenlos** *adj.* naked; F *hum.* stark naked, F starkers; ***er stand ~ da*** *a.* F he stood there without a stitch on.
Hülse *f* husk; (*Schale*) shell; (*Schote*) pod; (*Kapsel*) capsule; ⚙ case, sleeve; (*Röhre*) tube; *e-s Füllhalters*: cap; (*Etui*) case; **Hülsenfrucht** *f* legume; *pl.* pulses.
human *adj.* human, humane; F (*anständig*) decent; **Ձbiologe** *m* human biologist; **Ձbiologie** *f* human biology; **Ձgenetik** *f* human genetics *pl.* (*sg. konstr.*); **Ձgenetiker** *m* human geneticist.
humanisieren *v/t.* make more human.
Humanismus *m* humanism; **Humanist** *m* humanist; (*Altphilologe*) classicist; **humanistisch** *adj.* humanist; ***~e Bildung*** classical education; ***~es Gymnasium*** grammar school (*emphasizing the study of the classics*).
humanitär *adj.* humanitarian.
Humanität *f* humanitarianism; **Humanitätsduselei** *f* sentimental humanitarianism.
Human|medizin *f* human medicine; **~mediziner** *m* doctor (of medicine); **~versuch** *m* human experiment; **~wissenschaften** *pl.* human sciences (*od.* studies).
Humbug *m* nonsense; (*Schwindel*) humbug.
Hummel *f* bumblebee.
Hummer *m* lobster; **~cocktail** *m* lobster cocktail; **~fleisch** *n* lobster (meat); **~gabel** *f* lobster fork; **~gericht** *n* lobster dish; **~krabben** *pl.* king prawns; **~schere** *f* lobster claw.
Humor *m* humo(u)r; (*Sinn für ~*) sense of humo(u)r; ***er hat keinen ~*** he has no sense of humo(u)r, (*versteht keinen Spaß*) *a.* he can't take a joke; ***et. mit ~ ertragen*** take s.th. in good humo(u)r; *iro.* ***du hast*** (***vielleicht***) ***~!*** you've got a nerve; ***das kann einem wirklich den ~ verderben*** F it can really get to you.
Humoreske *f* humorous sketch (*od.* story); ♪ humoresque.
humorig *adj.* humorous.
Humorist *m* humorous writer; (*Komiker*) comedian; **humoristisch** *adj.* humorous.
humorlos *adj.* humo(u)rless, unfunny; ***~ sein*** have no sense of humo(u)r; ***sei doch nicht so ~!*** don't take everything so seriously; can't you take a joke?; **Humorlosigkeit** *f* lack of humo(u)r; ***an ~ leiden*** have no sense of humo(u)r.
humorvoll *adj.* humorous, funny.
humpeln *v/i.* hobble; (*hinken*) limp, *permanent*: have a limp.
Humpen *m* tankard.
Humus *m* humus; **~boden** *m* humus soil; **~erde** *f* humus; **~schicht** *f* humus layer.
Hund *m* **1.** dog; (*Jagd*Ձ) *a.* hound; ***junger ~*** puppy; → ***bissig*** 1; **2.** F *fig.* (***gemeiner***) ***~*** *sl.* (rotten) swine; ***armer*** (***schlauer, fauler***) ***~*** F poor (sly, lazy) devil; ***blöder ~!*** idiot!, F cretin!; ***so ein blöder ~!*** *a.* V what a stupid bastard; ***auf den ~ bringen*** ruin; (***ganz***) ***auf dem ~ sein*** be in a real mess, *gesundheitlich*: *a.* be a wreck; ***mit den Nerven auf dem ~ sein*** be a nervous wreck; ***vor die ~e gehen*** go to the dogs; ***wie ~ und Katze leben*** fight like cat and dog; ***da liegt der ~ begraben*** that's why; ***er ist bekannt wie ein bunter ~*** everybody knows him; ***er ist mit allen ~en gehetzt*** he knows all the tricks of the trade; ***das ist ein dicker ~*** F that's a bit thick; ***damit kann***

man keinen ~ hinter dem Ofen hervorlocken who's interested in that?; ***~e, die*** (***viel***) ***bellen, beißen nicht*** barking dogs seldom bite.

Hunde|augen *pl.*: *fig.* ***treue ~*** big faithful eyes; ***j-n mit traurigen ~ ansehen*** give s.o. a hangdog look; **~ausstellung** *f* dog show; **~besitzer** *m* dog owner; **~biß** *m* dog bite; **~blick** *m* → ***Hundeaugen***; **~dreck** F *m* F dog's muck; **~dressur** *f* dog training; **ℒelend** F *adj.*: ***sich ~ fühlen*** feel rotten (F lousy); **~fänger** *m* dog-catcher; **~fraß** F *m* F muck; ***das ist ja ein ~*** it's not fit for a dog; **~futter** *n* dogfood; **~gebell** *n* (sound of) barking dogs (*od.* a dog barking), barking; **~haare** *pl.* dog's hair *sg.* (*od.* hairs); **~halsband** *n* dog collar; **~halter** *m* dog owner; **~hütte** *f* (dog) kennel, *Am.* doghouse; **~kälte** F *f*: ***es ist e-e ~*** it's absolutely freezing; **~kot** *m* dog('s) dirt, F dog's muck; **~krankheit** *f* dog's disease; **~kuchen** *m* dog biscuit; **~leben** *n*: F ***ein ~ führen*** lead a dog's life; **~leine** *f* lead, leash; **~liebhaber** *m* dog-lover; **~lohn** F *m* pittance; ***für e-n ~ a.*** F for peanuts; **~marke** *f* dog tag (*a.* F ⚔ *etc.*); **~meute** *f* pack of dogs; **ℒmüde** F *adj.* F dog-tired, *sl.* zonked; **~narr** *m* F dog freak; ***er ist ein ~*** he's crazy about dogs; **~pflege** *f* dog care; **~rasse** *f* breed (of dog); **~rennen** *n* dog (*od.* greyhound) racing.

hundert I. *adj.* a (*betont u. Am.* one) hundred; **II.** ℒ *n* hundred; ***fünf vom ~*** (*abbr.* ***v. H.***) five per cent (*od.* percent); ***~e von Menschen*** hundreds of people; ***zu ~en*** by the (*od.* in their) hundreds; ***in die ~e gehen*** *Kosten etc.*: run into the hundreds; **III.** ℒ *f* hundred; **~achtzig:** F ***auf ~ sein*** F be hitting the roof, *sl.* be freaking out.

Hunderter *m* ℞ *the* hundred; (*die Ziffer 100*) hundred; (*dreistellige Zahl*) three-digit number; F (*Geldschein*) hundred-mark *etc.* note (*Am.* bill).

hunderterlei *adj.* hundreds of different *things etc.*

hundertfach I. *adj.* a hundredfold; ***die ~e Summe*** a hundred times the sum; ***in ~er Vergrößerung*** enlarged (*od.* magnified) a hundred times; **II.** *adv.* a hundred times; **Hundertfache** *n*: ***das ~*** a hundred times that (*od.* as much).

hundertfünfzigprozentig F *adj.* ultra ...; ***so ein ℒer*** one of those fanatics.

Hundertjahrfeier *f* centenary, *Am.* centennial.

hundertjährig *adj. a* hundred-year-old ..., *pred.* a hundred years old; a hundred years of *fighting, experience etc.*; ***~es Jubiläum*** centenary, *Am.* centennial; *hist.* ***der ℒe Krieg*** the Hundred Years' War; **Hundertjährige(r** *m*) *f* centenarian.

hundertmal *adv.* a hundred times.

Hundertmarkschein *m* hundred-mark note (*Am.* bill).

Hundertmeterlauf *m the* 100 (= hundred) met|res (*Am.* -ers).

hundertprozentig I. *adj.* a hundred per cent (*od.* percent); *Alkohol*: pure; *fig. a.* one hundred per cent ..., out-and-out ...; ***~e Tochtergesellschaft*** wholly-owned subsidiary; **II.** *fig. adv.* a (*od.* one) hundred per cent *od.* percent; (*vollkommen*) *a.* absolutely; ***das weiß ich ~ a.*** I know that for sure; ***ich stimme ~ mit Ihnen überein*** I couldn't agree with you more.

Hundertsatz *m* percentage.

Hundertschaft *f* contingent of a hundred police *etc.*, hundred-strong police *etc.* contingent; ***mehrere ~en*** several hundred police *etc.*

hundertst *adj.* hundredth; *fig.* ***wir kamen vom ℒen ins Tausendste*** one thing led to another; we just got talking and couldn't stop; ***das geht vom ℒen ins Tausendste*** it just goes on forever, there's no end to it; **Hundertstel** *n* hundredth.

hunderttausend *adj.* a (*od.* one) hundred thousand; ***ℒe von Exemplaren*** hundreds of thousands of copies.

hundertweise *adv.* by the hundred, in (their) hundreds.

Hunde|salon *m* dog (F pooch) parlo(u)r; **~scheiße** *sl. f* F dog's muck, V dog shit; **~schlitten** *m* dog sleigh (*od.* sled); **~schnauze** *f* dog's nose; F ***kalt wie e-e ~*** (as) cold as a fish; **~sohn** *contp. m sl.* bastard, *bsd. Am. sl.* son of a bitch; **~steuer** *f* dog licen|ce (*Am.* -se) fee; **~typ** *m* kind of dog; **~wetter** F *n* nasty weather; **~zucht** *f* dog breeding; (*Zwinger*) kennel (of dogs); **~züchter** *m* dog breeder; **~zwinger** *m* (dog) kennel(s *pl.*).

Hündin *f* bitch.

hündisch *fig. contp.* **I.** *adj.* servile; ***~e Ergebenheit*** abject devotion; **II.** *adv.*: ***~ ergeben*** abjectly (*od.* utterly) devoted (*dat.* to).

hundsgemein F **I.** *adj.* really mean, *a. Lüge, Bemerkung etc.*: nasty; ***~er Kerl*** *a. sl.* bastard; ***er*** (***sie***) ***kann ~ werden*** *sl.* he (she) can be a real bastard (bitch); **II.** *adv.* nastily; (*sehr, verdammt*) F damn, *sl.* bloody *cold etc.*; ***es tut ~ weh*** *sl.* it hurts like hell; **Hundsgemeinheit** F *f* **1.** nastiness; **2.** *konkret*: F dirty trick.

hundsmiserabel F *adj.* F lousy.

Hunds|rose *f* dogrose; **~stern** *m* Sirius, Dog Star; **~tage** *pl.* dog days.

Hüne *m* giant; ***er ist ein ~ a.*** he's gigantic (*od.* huge); **Hünengrab** *n* megalithic grave, dolmen; **hünenhaft** *adj.* giant, gigantic.

Hunger *m* hunger; (*Eßlust*) appetite; (*Hungersnot*) famine; *fig.* hunger, thirst (***nach*** for); ***~ haben*** (***bekommen***) be (get) hungry (***auf*** for); ***ich habe ~ auf ...*** *a.* I feel like ..., F I (could just) fancy ...; ***~ leiden*** starve; ***vor ~ sterben*** die of starvation, starve to death; F *fig.* ***ich sterbe vor ~*** F I'm famished, I'm ravenous; ***~ ist der beste Koch*** hunger is the best sauce; **~blockade** *f* hunger blockade; **~dasein** *n* miserable existence; ***ein ~ fristen*** eke out a living; **~gefühl** *n* hungry feeling; ***starkes ~*** hunger pangs, gnawing hunger; **~jahr** *n* year of famine; *pl.* lean years; **~künstler** *m* professional faster; **~kur** *f* starvation diet; **~leben** *n* life of want; → *a.* ***Hungerdasein***; **~leider** F *m* pauper; **~lohn** *m* pittance.

hungern I. *v/i.* go hungry, *stärker*: starve; (*fasten*) fast; *fig.* ***~ nach*** hunger (*od.* long) for; **II.** *v/refl.*: ***sich zu Tode ~*** starve o.s. to death; **hungernd** *adj.* hungry, starving.

Hungersnot *f* famine; ***es herrscht ~ in ...*** there is a (*od.* widespread) famine in ...

Hunger|streik *m* hunger strike; ***in den ~ treten*** go on hunger strike; **~tod** *m* (death from) starvation; ***den ~ sterben*** die of starvation, starve to death; **~tuch** *n*: ***am ~ nagen*** be on the breadline.

hungrig *adj.* hungry; (*ausgehungert*) starving, famished; *fig.* hungry (*a. Blick etc.*), starved (***nach*** for).

Hunne *m* Hun; **Hunnenkönig** *m* king of the Huns.

Hupe *f mot.* horn; ***auf die ~ drücken*** sound (F toot, beep) one's horn; **hupen** *v/i.* hoot, honk; sound (F toot, beep) one's horn; **Huperei** *f* honking, tooting.

hupfen *v/i.* → ***hüpfen***; F ***das ist gehupft wie gesprungen*** F it's six of one and half a dozen of the other.

hüpfen *v/i.* hop; (*springen*) jump (***vor Freude*** for joy); *fig.* ***sein Herz hüpfte ihm vor Freude*** his heart leapt for joy; **Hüpfer** *m* hop, (little) jump; ***e-n ~ machen*** give a hop (*od.* little jump).

Hup|konzert F *n* barrage of honking, F car-horn (⚓ foghorn) opera; **~signal** *n* hoot; ***j-m ein ~ geben*** hoot (*od.* toot one's horn) at s.o.; **~ton** *m* sound of a horn; ***ein anhaltender ~*** prolonged tooting; **~verbot** *n Hinweis*: no horn signals; **~zeichen** *n* → ***Hupsignal.***

Hürde *f* **1.** *Sport*: hurdle (*a. fig.*); ***e-e ~ nehmen*** take (*od.* clear) a hurdle; **2.** (*Pferch*) fold, pen.

Hürden|lauf *m* hurdles *pl.*; **~läufer** *m* hurdler.

Hure *f* whore; **huren** *v/i.* whore around.

Huren|bock *contp. m* lecher; **~sohn** *contp. m sl.* son of a bitch; **~viertel** F *n* red-light district.

Hurerei *f* whoring.

hurra *int.* hooray!; **Hurra** *n* hooray, cheer.

Hurrapatriot *m* jingoist, flag-waver; **hurrapatriotisch** *adj.* jingoistic; **Hurrapatriotismus** *m* jingoism.

Hurraruf *m* cheer(s *pl.*), hooray(ing).

Hurrikan *m* hurricane.

hurtig *adj.* swift, quick; (*flink u. gewandt*) nimble.

Husar *m* hussar; **Husarenuniform** *f* hussar's uniform.

husch *int. verscheuchend*: shoo!; (*schnell!*) quick!; ***~ ins Bett!*** off to bed with you!; **huschen** *v/i.* dart, flit, F whizz, *Am.* whiz; whoosh.

hüsteln I. *v/i.* give a little cough; (*e-n leichten Husten haben*) have a slight cough; **II.** ℒ *n* slight cough(ing).

husten I. *v/i.* cough; ***stark ~*** have a bad cough; F *fig.* ***ich huste drauf*** F I couldn't give a damn (about it); **II.** *v/t.* (*aus~*) cough (*od.* bring) up; ***Blut ~*** spit blood; F *fig.* ***sich die Gedärme*** (*od.* ***die Seele***) ***aus dem Leib ~*** cough one's heart out, *sl.* cough one's guts up; F ***ich werde dir was ~*** F you'll be lucky, you know what you can do; **III.** ℒ *m* cough; ***e-n*** (***schlimmen*** *od.* ***bösen***) ***~ haben*** have a (bad *od.* nasty) cough.

Husten|anfall *m* coughing fit; **~bonbon** *m, n* cough sweet (*od.* drop); **~mittel** *n* cough medicine; **~reiz** *m* tickle in one's throat; **~saft** *m*, **~sirup** *m* cough mixture; **ℒstillend** *adv.*: ***~ wirken*** relieve coughs; **~tee** *m* bronchial tea; **~tropfen** *pl.* cough drops.

Huster F *m* cough.

Hut¹ *m* hat; *des Pilzes*: cap; *fig.* ***vor j-m den ~ ziehen*** take one's hat off to s.o.; ***~ ab!*** I take my hat off; F ***unter einen ~ bringen*** (*Meinungen etc.*) reconcile, (*Personen*) *a.* get *people* to agree (*od.* cooperate *etc.*), (*koordinieren*) coordinate, sort out, (*Termine, Pläne etc.*) fit in; F

s-n ~ nehmen müssen have to go; F ***mit Politik*** *etc.* ***habe ich nichts am ~*** politics *etc.* isn't my cup of tea, I'm not very politically-minded *etc.*, I don't know the first thing about politics *etc.*; F ***ein alter ~*** F old hat; F ***ihm ging der ~ hoch*** F he blew his top (*sl.* stack); F ***eins auf den ~ kriegen*** F get a rap across the knuckles; F ***das kannst du dir an den ~ stecken!*** *sl.* you can stick that.

Hut² *f* **1.** (*Obhut*) care, keeping; (*Schutz*) protection; **2.** ***auf der ~ sein*** be on one's guard (***vor*** against), look (*od.* watch) out (for), be on the lookout (for), be careful (***nicht zu*** *inf.* not to *inf.*); ***nicht auf der ~ sein*** be off one's guard.

Hut|ablage *f* hat rack; **~abteilung** *f* hat (*für Damen*: *a.* millinery) department; **~band** *n* hatband.

hüten I. *v/t.* guard, protect (***vor*** from); (*bewachen*) watch (over); (*Vieh*) tend; (*Kind*) look after; (*Geheimnis*) keep, guard; **II.** *v/refl.*: ***sich ~*** → *auf der* ***Hut²*** *sein*; ***sich ~ zu*** *inf.* be careful not to *inf.*, take care not to *inf.*; ***sich ~ vor*** watch out for; ***hüte dich vor ihm*** *a.* be careful of him; F ***ich werd' mich ~!*** I'll make sure I don't, F I'll be blowed if I do, *auf Frage*: F not likely!; ***er soll sich ~(, das zu tun)*** he'd better not (try); **Hüter** *lit. m* custodian; *hum.* ***der ~ des Gesetzes*** the arm of the law.

Hut|geschäft *n* hat shop; *für Damen*: *a.* milliner's (shop); **~größe** *f* hat size; ***welche ~ haben Sie?*** what size hat do you take?; **~krempe** *f* brim (of a *od.* the hat); **~laden** *m* → ***Hutgeschäft***; **~macher** *m* hat maker; *für Damen*: *a.* milliner; **~nadel** *f* hatpin; **~schachtel** *f* hatbox; **~schnur** *f* hat string; F *fig.* ***das geht mir über die ~*** F that's a bit much; **~ständer** *m* hatstand.

Hütte *f* **1.** hut; *elende*: hovel, shack; (*Bergℒ*) alpine hut; (*Schutzℒ*) refuge; (*Jagdℒ*) hunting lodge; **2.** *metall.* steelworks *pl.* (*a. sg. konstr.*); (*Schmelzℒ*) smelting works *pl.* (*a. sg. konstr.*); (*Glasℒ*) glassworks *pl.* (*a. sg. konstr.*).

Hütten|arbeiter *m* (iron-and-)steelworker; **~betrieb** *m* metal plant (*od.* factory); **~fest** *n bibl.* Feast of Tabernacles; **~industrie** *f* iron and steel industry; **~ingenieur** *m* metallurgical engineer; **~käse** *m* cottage cheese; **~kunde** *f* metallurgy; **~schuhe** *pl.* slipper socks; **~wesen** *n* metallurgy.

hutz(e)lig *adj.* shrivel(l)ed, withered; *Person*: *a.* wizened *old woman etc.*

Hyäne *f zo.* hyena.

Hyazinth *m min.* hyacinth.

Hyazinthe *f* ⚘ hyacinth.

hybrid *adj.*, **Hybride** *f, m* hybrid.

Hybris *f* hubris.

Hydra *f* hydra.

Hydrant *m* fire hydrant.

Hydrat *n* hydrate.

Hydraulik *f phys.* hydraulics *pl.* (*als Fach sg. konstr.*); **hydraulisch** *adj.* hydraulic(ally *adv.*); ***~es Getriebe*** hydrodynamic drive.

Hydro... *in Zssgn* hydro... (→ *a.* ***Wasser...***).

Hydrodynamik *f phys.* hydrodynamics *pl.* (*sg. konstr.*).

hydroelektrisch *adj.* hydroelectric.

Hydrographie *f* hydrography.

Hydrokultur *f* hydroponics *pl.* (*sg. konstr.*).

Hydrologie *f* hydrology.

Hydrolyse *f* hydrolysis; **hydrolytisch** *adj.* hydrolytic.

Hydrometer *n* hydrometer.

Hydrophobie *f* ⚕ hydrophobia.

Hydrosphäre *f* hydrosphere, hydrospace.

Hydrostatik *f* hydrostatics *pl.* (*als Fach sg. konstr.*); **hydrostatisch** *adj.* hydrostatic(ally *adv.*).

Hydrotechnik *f* hydraulic engineering.

Hydrotherapie *f* ⚕ hydrotherapy.

Hygiene *f* hygiene; ***mangelnde ~*** lack of hygiene, unhygienic conditions; **~artikel** *pl.* toiletries; **~vorschriften** *pl.* rules of hygiene.

hygienisch *adj.* hygienic(ally *adv.*).

Hygrometer *n* hygrometer.

Hygroskop *n* hygroscope.

Hymen *n anat.* hymen.

Hymnar *n* hymnal, hymn book.

Hymne *f* hymn (***an*** to); (*Gedicht*) *a.* ode (to); (*Nationalℒ*) national anthem.

Hymnen|dichter *m* hymn composer (*od.* writer); **~melodie** *f* melody of a (*od.* the) hymn; **~sammlung** *f* book of hymns.

hymnisch *adj.* hymnic; *fig.* eulogistic, panegyrical.

Hyperbel *f* A hyperbola; *ling.* hyperbole; **hyperbolisch** *adj.* hyperbolic(al).

hyper|genau *adj.* overexact, extremely meticulous; **~korrekt** *adj.*: ***~er Mensch*** stickler for etiquette (*od.* form); **~modern** *adj.* ultramodern, hypermodern; **~sensibel** *adj.* hypersensitive, *auf nervöse Art*: highly strung.

Hypertonie *f* ⚕ *Blutdruck*: hypertension; *Muskel, Auge*: hypertonia; **Hypertoniker** *m* hypertension sufferer.

hypertroph *adj.* ⚕ hypertrophied; *fig.* exaggerated; **Hypertrophie** *f* ⚕ hypertrophy; **hypertrophiert** *adj.* hypertrophied (*a. fig.*).

Hypnose *f* hypnosis; ***in ~ versetzen*** hypnotize, put under hypnosis; ***unter ~*** in a state of hypnosis, in a hypnotic state; ***aus der ~ erwachen*** come out of one's hypnosis, F wake up again; **Hypnotherapie** *f* hypnotherapy; **hypnotisch** *adj.* hypnotic(ally *adv.*); **Hypnotiseur** *m* hypnotist; **hypnotisieren** *v/t.* hypnotize; *fig.* mesmerize; **hypnotisiert** *adj.* hypnotized; *fig.* (*a.* ***wie ~***) mesmerized (***von*** by); **Hypnotismus** *m* hypnotism.

Hypochonder *m* hypochondriac; **Hypochondrie** *f* hypochondria; **hypochondrisch** *adj.* hypochondriac.

Hypophyse *f anat.* pituitary (gland).

Hypostase *f ling., phls.* hypostasis.

Hypotenuse *f* hypotenuse.

Hypothek *f* mortgage; *fig.* burden; ***e-e ~ aufnehmen*** take out a mortgage (***auf*** on); ***mit e-r ~ belasten*** mortgage; **hypothekarisch I.** *adj.* mortgage ...; **II.** *adv.*: ***~ belasten*** mortgage; ***~ belastet*** mortgaged; ***~ belastbar*** mortgageable; ***~ gesichert*** secured by a mortgage.

Hypotheken|bank *f* mortgage bank; **~brief** *m* mortgage (deed); **~darlehen** *n* mortgage loan; **ℒfrei** *adj.* unencumbered; **~gläubiger** *m* mortgagee; **~pfandbrief** *m* mortgage bond; **~schuld** *f* mortgage debt; **~schuldner** *m* mortgagor; **~zinsen** *pl.* mortgage interest *sg.*

Hypothese *f* hypothesis, supposition; **hypothetisch** *adj.* hypothetical.

Hypotonie *f* ⚕ *Blutdruck*: hypotension; *Muskel, Auge*: hypotonia; **Hypotoniker** *m* hypotension sufferer.

Hysterie *f* hysteria; **Hysteriker(in** *f***)** *m* hysterical person; **hysterisch** *adj.* hysterical; ***e-n ~en Anfall bekommen*** ⚕ have a hysterical fit, F *fig.* (*a.* ***~ werden***) go hysterical, go into hysterics; F ***werd nicht gleich ~!*** F keep your hair on.

I

I, i I. *n* I, i; → ***Tüpfelchen***; **II.** *int.* ***i!*** *bei Ekel*: ugh!; F ***i wo!*** oh no, F get away.
iberisch *adj.* Iberian; ***die ℒe Halbinsel*** the Iberian Peninsula.
ibid., ibidem *adv.* ibid.
Ibis *m* ibis.
IC *m* intercity (train); ***mit dem ~ fahren*** travel (*od.* go) by intercity, go intercity.
ich I. *pers. pron.* I; ***~ bin's!*** it's me; ***wer, ~?*** who, me?; ***~ nicht*** not me; *wer will es?* - ***~!*** me!, I do!; ***immer ~!*** why (always) me?; ***~ selbst würde es nicht machen*** personally, I wouldn't do it; if you ask me, I wouldn't do it; ***~ Idiot!*** how stupid can you get, what an idiot I am; ***du und ~, wir machen uns e-n schönen Abend*** you and me, we're going to have a nice evening together; ***hier bin ~!*** here I am!, *eingebildet u. iro.*: hi everybody, it's me!; **II.** ℒ *n* self; *psych.*, *phls.* ego; ***mein zweites*** (*od.* ***anderes***) ***~*** my other self, (*guter Freund*) my alter ego; ***sein besseres ~*** his better self; ***das liebe ~*** one's own sweet self.
ichbezogen *adj.* egocentric, self-centred (*Am.* -centered); **Ichbezogenheit** *f* self-centredness (*Am.* -centeredness).
Ich-Erzähler *m* first-person narrator; **Ich-Erzählung** *f* first-person narrative.
Ich-Form *f*: ***Roman in der ~*** novel written in the first person (singular).
Ich-Gefühl *n* consciousness (*od.* perception) of the self.
Ich-Mensch *m* self-centred (*Am.* -centered) person; ***ein ~ sein*** *a.* be totally self-centred (*Am.* -centered).
Ichthyologie *f* ichthyology.
Ichthyosaurus *m* ichthyosaurus.
IC|-Netz *n* 🚂 intercity network; **~-Zug** *m* intercity (train).
Id *n psych.* id.
ideal I. *adj.* **1.** ideal, perfect; (*vorbildlich*) *a.* model *husband etc.*; **2.** *phls.* ideal; (*gedanklich*) conceptual; **3.** (*ideell*) idealistic; **II.** ℒ *n* ideal; F (*Wunsch*) *a.* dream.
Ideal|bild *n* ideal; **~fall** *m* ideal case; ***im ~*** ideally; **~figur** *f the* perfect figure; **~gewicht** *n* optimum weight.
idealisieren *v/t.* idealize; **Idealisierung** *f* idealization.
Idealismus *m* idealism; **Idealist** *m* idealist; **idealistisch** *adj.* idealistic(ally *adv.*).
Ideal|lösung *f* ideal solution; **~typ** *m*: ***der ~ des Lehrers*** the ideal teacher, *konkret*: a model teacher; **~vorstellung** *f* ideal; (*Illusion*) idealistic view; **~zustand** *m* ideal (state of affairs).
Idee *f* **1.** idea; (*Gedanke*) *a.* thought; (*Begriff*) concept; ***gute ~*** good idea; ***ich habe keine ~*** (I've) no idea; ***ich kam auf die ~ zu*** *inf.* it occurred to me to *inf.* (*od.* that I could ...), I (suddenly) had the idea to *inf.*; ***wie kamst du auf die ~?*** what made you think of it?, what made you decide that?; ***wie kamst du auf die ~ zu*** *inf.?* what made you think of *ger.* (*od.* decide to *inf.*)?; ***das ist die ~!*** that's it, that's the answer; ***ein Mann mit ~n*** a man of ideas; ***allein die ~!*** even just to think of it; F ***ich hab' so 'ne ~, daß*** I have an idea (*od.* a feeling) that; → ***fix*** 1; → *a.* ***Gedanke***; **2.** F ***eine ~*** (*ein bißchen*) just a (F a wee) bit *darker etc.*
ideell *adj.* **1.** (*Ggs. materiell*) non-material(istic), idealistic; *Werte*: *a.* spiritual; (*ethisch*) moral, ethical; ***~er Wert*** *e-s Gegenstandes*: sentimental value; **2. *der ~e Gehalt e-s Buches*** *etc.* the ideas in (*od.* behind) a book *etc.*; **3.** *phls. u.* ⩓ ideal.
ideenarm *adj.* lacking in ideas; unimaginative; **Ideenarmut** *f* lack of ideas (*od.* imagination).
Ideen|assoziation *f* association of ideas; **~austausch** *m* exchange of ideas; **~drama** *n* drama of ideas; **~geschichte** *f* history of ideas; **~lehre** *f phls.* ideology; ***Platos ~*** Plato's theory of ideas.
ideenlos *adj.* → ***ideenarm***; **Ideenlosigkeit** *f* → ***Ideenarmut.***
ideenreich *adj.* full of ideas, very (*od.* highly) imaginative; *Person*: *a.* inventive; **Ideenreichtum** *m* wealth of ideas; (*Phantasie*) inventiveness.
Ideenwelt *f* (world of) ideas *pl.*
identifizierbar *adj.* identifiable; **identifizieren I.** *v/t.* identify (*a. gleichsetzen*; ***mit*** with); **II.** *v/refl.*: ***sich ~ mit*** identify with, relate to; **Identifizierung** *f* identification.
identisch *adj.* identical (***mit*** with).
Identität *f* identity.
Identitäts|krise *f* crisis of identity; **~nachweis** *m* proof of (one's) identity; **~verlust** *m* loss of identity.
Ideogramm *n ling.* ideogram.
Ideologe *m* ideologist; *contp.* ideologue; **Ideologie** *f* ideology; **ideologisch** *adj.* ideological; **ideologisieren** *v/t.* ideologize.
Idioblast *m biol.* idioblast.
Idiolatrie *f* idiolatry.
Idiolekt *m* idiolect.
Idiom *n* (*Spracheigenheit u. Wortprägung*) idiom; (*Sprache*) language; **Idiomatik** *f* idioms (and phrases) *pl.*; (*Phraseologie*) phraseology; **idiomatisch** *adj.* idiomatic(ally *adv.*); ***~e Wendung*** idiom, idiomatic phrase (*od.* expression).
Idiot *m* idiot.
Idiotenarbeit F *f* mindless work (*od.* job), F donkeywork.
idiotenhaft *adj.* idiotic, ridiculous.
Idiotenhügel F *m Skisport*: nursery slope, F dope slope.
idiotensicher F *adj.* foolproof.
Idiotie F *f*: ***e-e ~*** (sheer) lunacy.
idiotisch *adj.* idiotic, ridiculous.
Idol *n* idol; (*Jugendℒ etc.*) *a.* hero, *weiblich*: heroine; ***ein ~ der sechziger Jahre*** *a.* an icon of the sixties; **Idolatrie** *f* idolatry.
Idyll *n* idyll; **Idylle** *f* idyll; *in der Malerei*: *a.* pastoral scene; (*Hirtengedicht*) pastoral poem; **idyllisch** *adj.* idyllic.
Igel *m* hedgehog.
igittigitt *int.* ugh!, F yuk!
Iglu *n* igloo.
ignorant *adj.* ignorant; **Ignorant** *m* ignorant person; **Ignorantentum** *n* ignorance; **Ignoranz** *f* ignorance.
ignorieren *v/t.* ignore, take no notice of; (*j-n schneiden*) *a.* cut *s.o.* dead.
ihm *pers. pron.* (*dat. von* **er** *u.* **es**) **1.** (to) him; *von Dingen*: (to) it; (*für ihn*) for him; ***ich hab's ~ gesagt*** (***gegeben***) I told him (I gave it to him, I gave him it); ***wie geht's ~?*** how is he?; **2.** *nach prp.*: him, *z. B.* ***von ~*** from him; ***ein Freund von ~*** a friend of his, one of his friends.
ihn *pers. pron.* (*acc. von* **er**) him, *von Dingen*: it.
ihnen *pers. pron.* (*dat. pl. von* **er, sie, es**) **1.** (to) them; ***ich hab's ~ gesagt*** (***gegeben***) I told them (I gave it to them, I gave them it); ***wie geht's ~?*** how are they?; **2.** *nach prp.*: them; ***bei ~*** with them; at their place; **3.** ℒ (*dat. von* **Sie**) (to) you.
ihr I. *pers. pron.* **1.** (*dat. von* **sie** *sg.*) (to) her, *von Dingen*: (to) it; (*für sie*) for her; ***ich hab's ~ gesagt*** (***gegeben***) I told her (I gave it to her, I gave her it); ***wie geht's ~?*** how is she?; **2.** (*nom. pl. von* **du**; *im Brief*: ℒ) you; **II.** *poss. pron.* (→ *a.* **sein²** I); **3.** *adjektivisch*: *sg.* her, *von Dingen*: its; *pl.* their; ***einer ~er Verwandten*** one of her (*pl.* their) relatives, a relative of hers (*pl.* theirs); **4.** *substantivisch*: ***der*** (***die, das***) ***~(ig)e*** hers (*pl.* theirs, *Anrede*: ℒ yours).
ihrerseits *adv.* as far as she's (*pl.* they're, ℒ you're) concerned.
ihresgleichen *pron.* her (*pl.* their, ℒ your) equals *pl.*, *contp.* the likes of her (*pl.* them, ℒ you), her (*pl.* their, ℒ your) sort.
ihret|halben *obs. adv.* → **~wegen** *adv.* **1.** (*wegen ihr etc.*) because of her (*pl.* them, ℒ you), on her (*pl.* their, ℒ your) account; (*ihr etc. zuliebe*) because of her (*pl.* them, ℒ you), for her (*pl.* their, ℒ your) sake; **2.** (*in ihrer etc. Sache*) on her (*pl.* their, ℒ your) behalf; **~willen** *adv.*: (***um***) ***~*** for her (*pl.* their, ℒ your) sake; (*in ihrer etc. Sache*) on her (*pl.* their, ℒ your) behalf.
ihrige → ***ihr*** 4.
Ikone *f* icon; **Ikonenmalerei** *f* **1.** icon painting, painting of icons; **2.** → ***Ikone.***
Ikonographie *f* iconography.
Ikonoklasmus *m* iconoclasm; **Ikonoklast** *m* iconoclast; **ikonoklastisch** *adj.* iconoclastic.
Ikonostase *f* iconostasis.
Ilias *f* Iliad.
illegal *adj.* illegal; **Illegalität** *f* **1.** illegali-

ty; **2.** (*Zustand*) illegal status; **3.** (*Handlung*) illegal act.
illegitim *adj.* illegitimate; **Illegitimität** *f* illegitimacy.
Illumination *f* **1.** illumination; **2.** *konkret*: illuminations *pl.*, lights *pl.*; **illuminieren** *v/t.* illuminate.
Illusion *f* illusion; (*Wahn*) *a.* delusion; ***das ist e-e reine ~*** that's an illusion, that's pure illusion; ***sich ~en machen*** delude o.s., fool o.s., ***über***: *a.* be under an illusion about; ***darüber mache ich mir keine ~en*** I have no illusions about that; ***mach dir keine ~en!*** don't fool (F kid) yourself!; ***laß ihm doch s-e ~en*** let him dream; **illusionär** *adj.* illusory; **Illusionismus** *m Kunst, phls. etc.*: illusionism; **Illusionist** *m* illusionist; **illusionslos** *adj.* **1.** free from illusions; *Einschätzung etc.*: realistic, sober; ***~ sein*** *a.* have no illusions; **2.** disillusioned; **illusorisch** *adj.* illusory; ***das ist doch ~!*** that's an illusion, you're fooling yourself.
illuster *adj.* distinguished.
Illustration *f* illustration, picture; ***zur ~*** to illustrate (what I mean); **illustrativ** *adj.* illustrative; **Illustrator** *m* illustrator; **illustrieren** *v/t.* illustrate, *fig. a.* demonstrate; **illustriert** *adj.* illustrated; ***ist es ~?*** *a.* has it got illustrations (*od.* pictures)?; **Illustrierte** *f* (glossy) magazine, F glossy.
im (= ***in dem***) → ***in.***
Image *n* image; **~pflege** *f* image cultivation (*od.* building).
imaginär *adj.* imaginary.
Imago *f psych. u. zo.* imago.
Imam *m* imam.
Imbiß *m* **1.** snack, F bite to eat; **2.** → ***Imbißstand, -stube***; **~stand** *m* snack booth; *a. etwa* hot-dog stand (*od.* stall); **~stube** *f* snack bar.
Imitation *f* imitation; (*Nachbildung*) *a.* copy; (*Fälschung*) fake; **Imitator** *m* imitator; *von Personen*: impersonator; **imitieren** *v/t.* **1.** imitate; (*Politiker etc.*) impersonate; **2.** (*nachbilden*) copy.
Imker *m* bee-keeper, *formell*: apiarist; **Imkerei** *f* **1.** bee-keeping; **2.** (*Betrieb*) apiary.
immanent *adj.* inherent (*dat.* in); *phls.* immanent; **Immanenz** *f* immanence.
immateriell *adj.* immaterial.
Immatrikulation *f univ.* enrol(l)ment; **immatrikulieren** *v/t. u. v/refl.* (***sich ~***) enrol(l), register (***an*** at).
immens *adj.* tremendous, vast.
immer *adv.* **1.** always; (*jedesmal*) *a.* every time; (*fortwährend*) *a.* constantly, all the time; ***~ noch, noch ~*** still; ***es ist ~ noch nicht da*** it still hasn't arrived; ***er ist ~ noch*** (*immerhin*) ***dein Chef*** he 'is your boss after all; ***~ wenn*** every time, whenever; ***für ~*** *weggehen etc.*: for good; ***~ wieder*** over and over again, time and again; ***et. ~ wieder tun*** (*zu wiederholten Malen*) do s.th. over and over again, (*dauernd*) keep (on) doing s.th.; ***es ist ~ wieder dasselbe*** it's the same (thing) every time; ***~ weiter reden*** keep (on) talking, F go on and on; ***~ und ewig*** for evermore; F ***~ zu!*** don't stop!; F ***~ mit der Ruhe!*** F (take it) easy now; **2.** *vor comp.*: ***~ besser*** better and better; ***~ schlimmer*** worse and worse; ***~ größer werdend*** ever-increasing; **3.** F (*jeweils*) at a time; ***~ den dritten Tag*** every third day; ***~ zu zweit*** in twos; **4.** *verallgemeinernd*: ***wann auch ~*** whenever; ***was auch ~*** whatever; ***wer auch ~*** whoever; ***wie auch ~*** however, ***du es machen willst*** *etc.*: whichever way you choose *etc.*; ***wo auch ~*** wherever; ***wann*** (***wo*** *etc.*) ***auch ~ ich ...*** *a.* it doesn't matter when (where *etc.*) I ..., no matter when (where *etc.*) I ...
immerfort *obs. adv.* continually, all the time.
immergrün *adj.*, **Immergrün** *n* ⚘ evergreen.
immerhin *adv. einräumend*: still, *am Satzende*: though; (*doch*) after all; (*wenigstens*) at least; ***~!*** a) not bad, considering, b) well, that's something at least; ***das ist ~ etwas*** well, it's better than nothing, I suppose; ***es war ~ das zweitbeste Ergebnis*** it 'was the second-best score; ***er ist ~ dein Chef*** he 'is your boss, after all; don't forget he's your boss.
immerwährend *adj.* perpetual; (*ewig*) eternal.
immerzu *adv.* all the time; ***et. ~ tun*** *a.* keep (on) doing s.th.
Immigrant *m* immigrant; **Immigration** *f* immigration; **Immigrationsbestimmungen** *pl.* immigration laws; **immigrieren** *v/i.* immigrate.
Immission *f* (harmful effects *pl.* of) noise *od.* pollutants *pl. etc.*
Immobilien *pl.* real estate *sg.*, *a. Zeitungsrubrik*: property *sg.*; **~händler** *m* → ***Immobilienmakler***; **~magnat** *m* property giant; **~makler** *m* estate agent, *Am.* realtor; **~markt** *m* property market.
immobilisieren *v/t.* immobilize.
Immortelle *f* ⚘ everlasting (flower), immortelle.
immun *adj. a. fig.* immune (***gegen*** to, *Diplomat etc.*: from); ***~ machen*** → ***immunisieren.***
Immunbiologie *f* immunobiology.
Immundefizienz *f* immunodeficiency.
immunisieren *v/t.* make immune (***gegen*** against, to); immunize (against).
Immunität *f* immunity (***gegen*** to, against, *diplomatische etc.*: from); *parl. a.* (parliamentary) privilege.
Immunkörper *m* antibody.
Immunologe *m* immunologist; **Immunologie** *f* immunology.
Immun|reaktion *f* immunological reaction, immunoreaction; **~schwäche** *f* immunodeficiency; **~system** *n* immune system; **~therapie** *f* immunotherapy.
Impedanz *f* ⚡ impedance.
Imperativ *m ling.* imperative (mood); *phls.* ***kategorischer ~*** categorical imperative; **imperativisch** *adj.* imperative.
Imperfekt *n ling.* imperfect (tense).
Imperialismus *m* imperialism; **Imperialist** *m* imperialist; **imperialistisch** *adj.* imperialist(ic).
Imperium *n* empire (*a. fig.*).
impertinent *adj.* impertinent, insolent; **Impertinenz** *f* impertinence; *konkret*: *a.* impertinent remark (*od.* thing to do).
Impf|aktion *f* vaccination program(me); **~anstalt** *f* vaccination clinic (*od.* cent|re [*Am.* -er]).
impfen *v/t.* vaccinate, inoculate; *fig.* → ***einimpfen*** 1; ***sich ~ lassen*** be vaccinated, get a vaccination.
Impf|narbe *f* vaccination scar; **~paß** *m* vaccination card; **~pistole** *f* vaccination gun; **~schein** *m* vaccination certificate; **~stoff** *m* vaccine, serum.
Impfung *f* vaccination, inoculation.
Impfzwang *m* compulsory vaccination.
Implantat *n* ⚕ implant; **Implantation** *f* implantation; **implantieren** *v/t.* implant.
Implikation *f* implication; **implizieren** *v/t.* imply; ***es impliziert***(***, daß***) *a.* it would indicate *od.* suggest (that).
implizit *adj.* implicit.
implizite *adv.* implicitly.
implodieren *v/i.* implode; **Implosion** *f* implosion.
Imponderabilien *pl.* imponderables.
imponieren *v/i.* (*j-m*) impress; (*Achtung einflößen*) command *s.o.'s* respect; **imponierend** *adj.* impressive; ***~es Auftreten*** commanding presence; **Imponiergehabe** *n* **1.** showing off, posturing, exhibitionism; attempt to impress; ***der mit s-m ~!*** he's just trying to impress (people); **2.** *zo.* display behavio(u)r.
Import *m* ✝ import(ing); *konkret*: (*a. pl.*) imports *pl.*; → *a.* ***Einfuhr***; **~abgabe** *f* import duty; **~artikel** *m* import, imported article; *pl. a.* imported goods; **~beschränkung** *f* import restriction.
Importeur *m* importer.
Import|firma *f* importer, importing company; **~geschäft** *n* **1.** import trade; **2.** → ***Importfirma.***
importieren *v/t.* import.
Import|kontingent *n* import quota; **~stopp** *m* ban on imports; **~ware** *f* imported goods *pl.*; **~zoll** *m* import duty.
imposant *adj.* impressive; *Gebäude, Figur etc.*: imposing; (*auffallend*) striking.
impotent *adj.* impotent; **Impotenz** *f* impotence.
imprägnieren *v/t.* impregnate; (*bsd. Webstoffe*) waterproof; **Imprägniermittel** *n* impregnating agent; **Imprägnierung** *f* impregnation; waterproofing.
impraktikabel *adj.* impracticable.
Impresario *m* impresario, agent.
Impressionen *pl.* impressions.
Impressionismus *m* Impressionism; **Impressionist** *m* Impressionist; **impressionistisch** *adj.* impressionist(ic); *Kunstrichtung*: Impressionist.
Impressum *n typ.* imprint; *e-r Zeitung*: *a.* masthead.
Imprimatur *typ.* **1.** *n* imprimatur; ***das ~ erteilen für*** pass *s.th.* for press; **2.** *int.* ***~!*** ready for press.
Impromptu *n* ♪ impromptu.
Improvisation *f* improvisation; **Improvisator** *m* improviser; **improvisieren** *v/t. u. v/i.* improvise (*a. fig.*); ♪, *beim Reden etc.*: *a.* ad-lib, extemporize; **improvisiert** *adj.* improvised; *Rede*: *a.* off-the-cuff ...; (*schnell zusammengestellt*) improvised, F instant ..., *pred.* thrown together.
Impuls *m* **1.** impulse; (*Idee*) *a.* idea; *a. pl.* inspiration (*sg.*); ***e-r Sache neue ~e geben*** give a fresh impetus to s.th.; **2.** (*Drang*) impulse; ***aus e-m ~ heraus, e-m plötzlichen ~ folgend*** on an (*od.* a sudden) impulse; **3.** *electron.* impulse.
impulsiv **I.** *adj.* impulsive; spur-of-the-moment *decision etc.*; **II.** *adv.*: ***~ handeln*** act on impulse (*od.* on the spur of the moment); **Impulsivität** *f* impulsiveness.
Impulskauf *m* impulse purchase; *pl. a.* impulse buying *sg.*
imstande *pred. adj.*: ***~ sein zu*** *inf.* (***zu et.***) be capable of *ger.* (of s.th.), be in a position to *inf.* (to do s.th.); ***nicht ~ zu***

inf. unable to *inf.*, incapable of *ger.*; ***er ist nicht ~ aufzustehen*** *a.* he just can't get up; ***sie ist durchaus ~, das zu tun*** she's perfectly capable of doing it, there's nothing to stop her doing it; *iro.* ***dazu ist er glatt ~*** I wouldn't put it past him; ***er ist ~ und ...*** he's quite capable of *ger.*; ***er ist zu allem ~*** he'll stop at nothing.

in I. *prp.* **1.** *räumlich*: (*wo?*) in, at; *e-r Stadt*: in, *e-m kleineren Ort*: *a.* at; (*innerhalb*) within; (*wohin?*) into, in; ***im Haus*** in(side) the house, indoors; ***im ersten Stock*** on the first (*Am.* second) floor; ***~ der (die) Kirche (Schule)*** at (to) church (school); ***im (ins) Theater*** at (to) the theat|re (*Am. a.* -er); ***~ England*** in England; ***waren Sie schon ~ England?*** have you ever been to England?; **2.** *zeitlich*: in; (*während*) during; (*innerhalb*) within; *Dauer*: ***~ drei Tagen*** in three days; ***~ diesem (im letzten, nächsten) Jahr*** this (last, next) year; ***heute ~ acht Tagen*** a week (from) today; ***im Jahr 1990*** in (the year) 1990; ***im (Monat) Februar*** in (the month of) February; ***im Frühling (Herbst)*** in (the) spring (autumn, *Am.* fall); ***~ der Nacht*** at night, during the night; ***~ letzter Zeit*** lately; **3.** *Art u. Weise*: ***~ größter Eile*** in a great rush; ***im Kreis*** in a circle; **4.** ***im Alter von*** at the age of; ***~ Behandlung sein*** be having treatment; ***~ Vorbereitung*** being prepared, F in the pipeline; ***~ e-m Klub*** *etc.* ***sein*** be in a club *etc.*, belong to a club *etc.*; ***~ Biologie ist er schwach*** he's not very good at biology; **II.** F *adj.*: ***~ sein*** F be in, be the fashion.

inadäquat *adj.* (*nicht passend*) inappropriate; (*nicht ausreichend*) unsatisfactory, inadequate.

inaktiv *adj.* inactive; ⚗ *a.* inert; *Mitglied*: non-active; **inaktivieren** *v/t.* inactivate.

inakzeptabel *adj.* unacceptable.

Inangriffnahme *f e-s Projekts etc.*: launching; *e-r Arbeit*: tackling; ***seit ~ des Projekts*** since the project was launched (*od.* started); ***seit ~ der Arbeit*** since the job *od.* work was started (*od.* taken up).

Inanspruchnahme *f* (laying) claim (*gen.* to); (*Benutzung*) use (of), utilization (of); (*Zuhilfenahme*) *e-s Rechtes etc.*: resort (to); (*Beanspruchung*) demands *pl.* (on); *zeitliche*: claims *pl.* on *s.o.'s* time; (*Belastung*) strain (on); ✝ ***~ von Kredit*** availment of credit.

Inaugenscheinnahme *f* inspection.

Inbegriff *m* epitome (*gen.* of); ***der ~ von Qualität*** *etc.* a byword for quality *etc.*

inbegriffen I. *pred. adj.* included; ***Mahlzeiten ~*** meals included, including meals; **II.** *prp.* including, inclusive of.

Inbesitznahme *f* appropriation, seizure; *von Land, Gebäude*: *a.* occupation.

Inbetriebnahme *f*, **Inbetriebsetzung** *f* opening; *e-r Maschine etc.*: starting up; (*Einschalten*) switching on; ***vor ~*** *gen.* before starting (*od.* switching on) ...

Inbrunst *f* ardo(u)r, fervo(u)r; **inbrünstig I.** *adj.* ardent, fervent; **II.** *adv.*: ***~ hoffen, daß*** *a.* hope and pray that.

indeklinabel *adj.* indeclinable.

indelikat *adj.* indelicate; (*taktlos*) tactless.

indem *cj.* **1.** *Gleichzeitigkeit*: as, while; ***~ er mich ansah, sagte er*** looking at me he said; ***~ er dies sagte,*** *zog er sich zurück*: saying this, with these words; **2.** *Mittel*: by (*ger.*); ***er gewann, ~ er mogelte*** he won by cheating.

Inder *m* **1.** *a.* **Inderin** *f* Indian; **2.** F Indian restaurant; ***zum ~ gehen*** F go to an Indian; ***in der Nähe ist ein ~*** there's an Indian place near here.

indes, indessen I. *adv.* (*mittlerweile*) meanwhile, in the meantime; (*dennoch*) nevertheless; (*dessenungeachtet*) still; **II.** *cj.* (*wohingegen*) whereas.

Index *m* index; ⅍ *a.* exponent; *eccl. Bücher* ***auf den ~ setzen*** put on the Index; **~lohn** *m* ✝ index-linked wages *pl.*; **~preis** *m* index-linked price; **~währung** *f* ✝ index-based currency; **~zahl** *f*, **~ziffer** *f* index (number).

Indianer(in *f***)** *m* (Red *od.* American) Indian.

Indianer|häuptling *m* Indian chief; **~reservat** *n*, **~reservation** *f* Indian reservation; **~sprache** *f* American Indian language; **~stamm** *m* Indian tribe; **~zelt** *n* wigwam.

indianisch *adj.* (Red) Indian.

indifferent *adj.* indifferent (***gegenüber*** to); *phys.*, ⚗ *a.* neutral; *Gas*: inert; **Indifferenz** *f* indifference (***gegenüber*** to).

indigniert *adj.* indignant (***über*** at).

Indigo *m* indigo; **~blau** *n* ⚗ indigo.

Indikation *f* ⚕ indication; **Indikationsmodell** *n etwa* grounds *pl.* for legal abortion.

Indikativ *m ling.* indicative (mood).

Indikator *m* indicator; **~en** *a.* indications.

Indio *m* South American Indian.

indirekt I. *adj.* indirect; *Antwort, Anspielung etc.*: *a.* oblique; ***(die) ~e Rede*** indirect (*od.* reported) speech; **II.** *adv.* indirectly; obliquely; *ausdrücken*: *a.* in a roundabout way.

indisch *adj.* Indian.

indiskret *adj.* indiscreet; tactless; **Indiskretion** *f* indiscretion; *konkret*: *a.* tactless remark (*od.* thing to do).

indiskutabel *adj.* not worth considering; *Theorie etc.*: out of court; (*nicht in Frage kommend*) out of the question; (*unmöglich*) appalling, impossible.

indisponiert *adj.* indisposed.

Individualbereich *m* personal sphere.

individualisieren *v/t.* individualize.

Individualismus *m* individualism; **Individualist** *m* individualist; **individualistisch** *adj.* individualist(ic).

Individualität *f* individuality.

Individual|psychologie *f* individual psychology; **~recht** *n* right(s *pl.*) of an (*od.* the) individual.

individuell I. *adj.* individual; personal; (*originell*) original; ***die ~e Note*** the personal touch; **II.** *adv.*: ***~ gestalten*** do (*od.* arrange *etc.*) according to one's own tastes *etc.*, (*e-e persönliche Note geben*) individualize, personalize; ***das ist ~ verschieden*** that varies from person to person; ***man kann es sich ~ aussuchen (zusammenstellen)*** you can choose whatever you like *od.* whatever suits you best (you can arrange it whichever way you like *od.* as it suits you best).

Individuum *n* individual (*a. fig.*).

Indiz *n* **1.** indication, sign; **2.** ⚖ ***Indizien*** circumstantial evidence.

Indizien|beweis *m* ⚖ *a. pl.* circumstantial evidence; **~kette** *f* chain of evidence; **~prozeß** *m trial based on circumstantial evidence.*

indizieren *v/t.* **1.** indicate; **2.** (*Buch etc.*) index; *eccl.* put on the Index; **indiziert** *adj.* ⚕ *u. fig.* indicated.

indoeuropäisch *adj.* Indo-European.

indogermanisch *adj.* Indo-European.

Indogermanistik *f* Indo-European studies *pl.*

Indoktrination *f* indoctrination; **indoktrinieren** *v/t.* indoctrinate; **Indoktrinierung** *f* indoctrination.

indolent *adj.* indolent, idle; **Indolenz** *f* indolence.

Indologe *m* Indologist; **Indologie** *f* Indology.

Indonesier(in *f***)** *m*, **indonesisch** *adj.* Indonesian.

Indossament *n* ✝ endorsement; **Indossant** *m* endorser; **Indossat** *m* endorsee; **indossieren** *v/t.* endorse.

Induktion *f phls. u.* ⚡ induction.

Induktions|beweis *m phls.* inductive proof; **~motor** *m* induction motor; **~spule** *f* induction coil; **~strom** *m* induced current.

induktiv *adj.* inductive; **Induktivität** *f* inductivity, inductance.

industrialisieren *v/t.* industrialize; **Industrialisierung** *f* industrialization; **Industrialismus** *m* industrialism.

Industrie *f* industry; *einzelne*: (branch of) industry; ***in der ~ (tätig) sein*** be (employed) in industry; **~abfälle** *pl.* industrial waste *sg.*; **~abgase** *pl.* industrial emissions (*od.* waste gases); **~abwässer** *pl.* industrial sewage (*od.* effluent) *sg.*; **~anlage** *f* industrial plant; **~arbeiter(in** *f***)** *m* industrial worker; **~archäologie** *f* industrial arch(a)eology; **~berater** *m* industrial consultant; **~betrieb** *m* industrial concern; (*Anlage*) industrial plant; **~boß** F *m* captain of industry; **~erzeugnis** *n* industrial product; **~gebiet** *n* **1.** industrial area; **2.** → **~gelände** *n* industrial estate; industrial park; **~gesellschaft** *f* industrial society; **~gewerkschaft** *f* industrial (*od.* industry-wide) union; ***~ Metall*** Metal Workers' Union: **~gigant** *m* industrial giant; **~kaufmann** *m etwa* industrial clerk; sales clerk; purchase clerk; **~komplex** *m* industrial complex; **~konzern** *m* industrial concern; **~land** *n* industrial (*od.* developed) nation; **~landschaft** *f* industrial landscape; **~lärm** *m* industrial noise.

industriell *adj.* industrial; **Industrielle(r)** *m* industrialist.

Industrie|macht *f* industrial power; **~magnat** *m* industrial magnate, captain of industry, tycoon; **~messe** *f* industrial fair; **~müll** *m* industrial waste; **~nation** *f* industrialized nation; ***die ~en*** *a.* the developed world; **~norm** *f* industrial standard; ***Deutsche ~*** German Standard Specification; **~park** *m* industrial park; **~potential** *n* industrial potential (*od.* capacity); **~produkt** *n* industrial product; **~roboter** *m* industrial robot; **⁀schwach** *adj.* under-industrialized; **~spion** *m* industrial spy; **~spionage** *f* industrial espionage; **~staat** *m* industrial nation; **~stadt** *f* industrial town (*od.* city); **~technik** *f* industrial engineering; **~- und Handelskammer** *f* Chamber of Industry and Commerce; **~verband** *m* confederation of industries; **~viertel** *n* industrial area (*od.* part of town); **~werk** *n* industrial plant; **~werte** *pl.* industrials; **~wirtschaft** *f* industry; **~zeitalter** *n* industrial age; **~zentrum** *n* in-

dustrial cent|re (*Am.* -er); **~zweig** *m* (branch of) industry.
induzieren *v/t.* induce (*a. phys.*).
ineffizient *adj.* **1.** (*unwirksam*) ineffective; **2.** (*unwirtschaftlich*) uneconomical; *Methode etc.*: inefficient.
ineinander *adv.* in(to) one another; *zwei*: *a.* in(to) each other; *in Zssgn a.* inter...; **~ verliebt** in love (with each other); **~flechten** *v/t.* intertwine; **~fließen** *v/i.* merge (into one another); *Farben*: *a.* run; **~fügen** *v/t.* fit together, fit *things* into each other, join; **~geschachtelt** *adj.* fitted into each other; *Kartons etc.*: *a.* nested; *Häuser etc.*: closely interlocking; *Sätze*: encapsulated; **~greifen** *v/i.* interlock; *fig. Tatsachen etc.*: be interconnected; **~greifend** *adj.* interlocking; *fig.* interconnected; **~passen** *v/i. u. v/t.* fit together (*od.* into each other); **~schachteln** *v/t.* fit *things* into each other; **~schieben** *v/t. u. v/refl.* (**sich ~**) telescope; **~stecken** *v/t.* fit *things* together; **~wachsen** *v/i.* grow together.
inexakt *adj.* inaccurate.
infam *adj.* disgraceful, shameless; F *fig.* awful; **~e Lüge** *a.* disgusting lie.
Infanterie *f* infantry; **Infanterist** *m* infantryman.
infantil *adj.* childish, infantile, puerile; **Infantilität** *f* childishness; childish (*od.* infantile, puerile) behavio(u)r.
Infarkt *m* ⚕ **1.** infarct; **2.** (*Herz*Ձ) heart attack, coronary, 🕮 cardiac infarction; Ձ**gefährdet** *adj.* coronary-risk *patient etc.*; **~persönlichkeit** *f* coronary-risk type.
Infekt *m*, **Infektion** *f* ⚕ infection.
Infektions|abteilung *f* isolation ward; **~erreger** *m* pathogen; **~gefahr** *f* risk of infection; **~herd** *m* focus of infection; **~krankheit** *f* infectious disease; **~träger** *m* (infection) carrier; **~weg** *m* path of infection.
infektiös *adj.* infectious, *durch Kontakt*: *a.* contagious.
infernalisch *adj.* **1.** (*teuflisch*) infernal; *Gelächter*: fiendish; **2.** (*unangenehm*) dreadful *smell etc.*; **~er Krach** terrible din.
Inferno *n* inferno (*a. fig.*).
Infiltration *f* infiltration (*a. fig.*); **infiltrieren** *v/t. u. v/i.* infiltrate (*a. fig.*).
infinit *adj. ling.* non-finite.
Infinitesimalrechnung *f* infinitesimal calculus.
Infinitiv *m* infinitive; **~satz** *m* infinitive clause.
Infix *n ling.* infix.
infizieren I. *v/t.* infect; **j-n (mit et.) ~** *a.* pass s.th. on to s.o.; **II.** *v/refl.*: **sich ~** get an infection; *bei et.*: infect o.s. *doing s.th.*; **Infizierung** *f* infection.
in flagranti *adv.*: **~ ertappt werden** be caught in the act (*Dieb*: *a.* red-handed).
Inflation *f* inflation; **inflationär, inflationistisch** *adj.* inflationary.
Inflations|ausgleich *m* inflationary adjustment; **~bekämpfung** *f* fight against inflation; **~erscheinung** *f* symptom of inflation; **~gefahr** *f* risk of inflation; Ձ**hemmend** *adj.* anti-inflationary; **~politik** *f* inflationary policies *pl.*; **~rate** *f* rate of inflation, inflation rate; **~rückgang** *m* easing-off of inflation, drop in the inflation rate; Ձ**sicher** *adj.* inflation-proof; Ձ**treibend** *adj.* inflationary; **~zeit** *f* time of inflation; inflationary period.
inflexibel *adj.* inflexible; *ling.* invariable.
Info F *n* **1.** F *a. pl.* info, *sl.* gen; **2.** (*Informationsblatt*) F info sheet.
infolge *prp.* as a result of.
infolgedessen *adv.* as a result (of this), consequently.
Informant *m* source; *in der Forschung*: *a.* informant (*a. für die Regierung etc.*); (*Denunziant*) informer.
Informatik *f* information science, informatics *pl.* (*sg. konstr.*); **Informatiker** *m* information scientist.
Information *f* **1.** *a. pl.* information (**über** on, about); **zu Ihrer ~** for your information; **2.** (*Stelle*) information (*od.* inquiry) desk.
Informations|austausch *m* exchange of information; **~besuch** *m* fact-finding mission; **~blatt** *n* information sheet; news sheet; **~büro** *n* inquiry office; **~dienst** *m* information service; **~fluß** *m* flow of information; **~flut** *f* information explosion; **~freiheit** *f* freedom of information; **~gehalt** *m* informational content; **~gesellschaft** *f* informed society; **~gespräch** *n* exchange of information; Ձ**hungrig** *adj.* starved for information; **~lücke** *f* information gap; **~material** *n* information; (*Prospekte etc.*) information leaflets *pl.*; **~netz** *n* information network; **~politik** *f* information policy; **~quelle** *f* source (of information); **~recht** *n* right to be informed; **~reise** *f* fact-finding tour (*od.* mission); **~sendung** *f* informational program(me); **~stand** *m* **1. nach dem neuesten ~** according to the latest information (available); **2.** *auf e-r Messe etc.*: information stand (*od.* desk); **~technik** *f*, **~technologie** *f* information technology; **~wert** *m* informational value; **~wissenschaft** *f* information science; **~wissenschaftler** *m* information scientist; **~zeitalter** *n* information age; **~zentrum** *n* information cent|re (*Am.* -er).
informativ *adj.* informative, instructive.
informatorisch *adj.* informational.
informell *adj.* informal.
informieren I. *v/t.* **1.** (*in Kenntnis setzen*) let *s.o.* know (**über** about), tell *s.o.* (about), *offiziell*: *a.* notify *s.o.* (of); **falsch ~** misinform; **2.** (*belehren*) inform (**über** about, of); **3.** (*anweisen*) instruct; *bsd.* ⚔ brief; **II.** *v/refl.*: **sich ~** find out, inform o.s., *generell*: keep informed (*alle* **über** about); **sich ~ über** *durch Lesen*: *a.* read up on; **informiert** *adj.* informed; *über Sachverhalt*: *a.* in the picture; **~e Kreise** well-informed circles; **er ist gut ~** he knows a lot (**über** about), **über**: *a.* he's well up on; **ich bin darüber ~** I've been told (*od.* I know) about it; **Informiertheit** *f* (extent of) knowledge; **ich war erstaunt über ihre ~** I was amazed at how much they knew (*od.* how well-informed they were).
Infostand *m* information stand.
Infragestellung *f* questioning, calling in question; (*Gefährdung*) jeopardizing.
infrarot *adj.*, **Infrarot** *n* infrared.
Infrarot|bestrahlung *f* infrared heat treatment; **~film** *m* infrared film; **~fotografie** *f* infrared photography; **~kamera** *f* infrared camera; **~lampe** *f* infrared lamp.
Infraschall *m* infrasound.
Infrastruktur *f* infrastructure.
Infusion *f* infusion, F *the* drip.
Infusionstierchen *pl.*, **Infusorien** *pl.* infusoria.
Ingangsetzung *f* starting (up).
Ingenieur *m* engineer; **~büro** *n* consulting engineers *pl.*; engineering office; **~schule** *f* school of engineering.
Ingredienz(i)en *pl.* **1.** *gastr.* ingredients; **2.** *pharm. etc.* constituents, components, constituent parts.
Ingrimm *obs. m* (terrible) wrath.
Ingwer *m* ginger; **~stäbchen** *n* ginger stick.
Inhaber(in *f*) *m* owner, proprietor; *e-r Urkunde, e-s Titels, e-s Amts etc., a. Sport*: holder; *e-s Wechsels, Wertpapiers etc.*: holder, bearer.
Inhaber|aktie *f* bearer share; **~scheck** *m* cheque (*Am.* check) to bearer; **~schuldverschreibung** *f* bearer bond; **~zertifikat** *n* bearer certificate.
inhaftieren *v/t.* arrest, take into custody; **Inhaftierung** *f* imprisonment.
Inhalation *f* inhalation; **Inhalationsapparat** *m* inhaler; **inhalieren** *v/t. u. v/i.* inhale.
Inhalt *m* **1.** *e-s Pakets etc.*: contents *pl.*; **2.** (*Raum*Ձ) capacity; (*Körper*Ձ) volume; (*Flächen*Ձ) area; **3.** (*gedanklicher ~*) content; (*Handlungsablauf*) plot, (*a. behandelter Stoff*) contents *pl.*; (*Thematik*) subject matter; (*das Wesentliche*) essence, substance; **den ~ e-s Romans erzählen** summarize the contents of a novel, give a summary of what happens in a novel; **4.** (*Lebens*Ձ *etc.*) meaning; **ein Leben ohne ~** a meaningless life; **inhaltlich I.** *adj.* (*den Text betreffend*) textual; **~e Zusammenfassung** summary of the plot (*od.* contents); **~e Analyse** analysis of the content (*Handlung*: plot); **II.** *adv.* in content; as far as the content (*Handlung*: plot) is concerned; **~ ist der Film gut** the film has a good storyline.
inhaltlos *adj.* → **inhaltslos.**
inhaltreich *adj.* → **inhaltsreich.**
Inhalts|angabe *f* **1.** summary, synopsis; **e-e ~ machen von** summarize; **2.** → **Inhaltsverzeichnis;** Ձ**arm** *adj.* lacking in substance, shallow; *handlungsmäßig*: thin on plot; **~erklärung** *f Warensendung*: description of contents; Ձ**gleich** *adj.* A equal; Ձ**leer,** Ձ**los** *adj. a. Leben*: empty, meaningless; *Buch etc.*: lacking in substance, shallow; Ձ**reich** *adj. Buch etc.*: rich in content, F meaty; (*bedeutsam*) weighty, momentous; *Leben*: full, rich; Ձ**schwer** *adj.* fraught with meaning; (*bedeutsam*) momentous; **~übersicht** *f* **1.** summary, synopsis; *e-r wissenschaftlichen Arbeit*: *mst* abstract; **2.** → **~verzeichnis** *n* list (*Buch*: table) of contents; *Computer*: directory.
inhärent *adj.* inherent (*dat.* in); **Inhärenz** *f* inherence.
inhuman *adj.* inhuman; **Inhumanität** *f* inhumanity; (*Tat*) inhuman act, act of inhumanity (*od.* cruelty).
Initiale *f a. Buchmalerei*: initial.
Initialzündung *f* **1.** booster; **2.** *fig.* (*zündende Idee*) initial (*od.* original) idea; **die ~ kam von ihr** it was her idea that sparked it all off.
Initiative *f* **1.** initiative; **die ~ ergreifen** take the initiative; **auf s-e ~ hin** on his initiative; **aus eigener ~** on one's own initiative, of one's own accord; **2.** (*Bürger*Ձ *etc.*) action group; **Initiativgruppe**

f action group; **Initiator** *m* initiator; ***er war der ~ a.*** he was behind it all, he got the whole thing going; **initiieren** *v/t.* initiate, start *s.th.* off.

Injektion *f* injection.

Injektions|nadel *f* hypodermic needle; **~spritze** *f* hypodermic syringe.

injizieren *v/t.* inject.

Inka *m hist.* Inca; **~kultur** *f*: ***die ~*** Inca civilization; **~reich** *n* Inca Empire.

Inkarnation *f eccl.* incarnation; *fig. a.* embodiment.

Inkasso *n* † collection; ***zum ~*** for collection; **Ꝛbevollmächtigt** *adj.* authorized to collect; **~büro** *n* collection agency; **~vollmacht** *f* authority to collect; **~wechsel** *m* bill for collection.

Inklusion *f* △, ⚕, *min.* inclusion.

Inklusivangebot *n* all-in package.

inklusive I. *prp.* including, inclusive of; † ***~ Verpackung*** packing included; **II.** *adv.*: ***bis zum 3. Mai ~*** up to and including May 3rd; ***Montag bis ~ Freitag*** Monday to Friday, *Am.* Monday through Friday.

Inklusivpreis *m* inclusive (*od.* all-in) price.

inkognito I. *adv. reisen etc.*: incognito; **II.** Ꝛ *n* disguise; ***sein ~ wahren*** (manage to) hide one's true identity; ***sein ~ lüften*** reveal one's true identity, drop one's mask.

inkompatibel *adj.* incompatible; **Inkompatibilität** *f* incompatibility.

inkompetent *adj.* incompetent; **Inkompetenz** *f* incompetence.

inkongruent *adj.* △ incongruent; *fig.* incongruous; **Inkongruenz** *f* incongruity.

inkonsequent *adj.* **1.** *im Verhalten etc.*: inconsistent; **2.** (*unlogisch*) illogical, not logical; **Inkonsequenz** *f* **1.** inconsistency; **2.** illogicality, lack of logic.

inkorrekt *adj.* (*unrichtig*) incorrect; (*ungenau*) inaccurate; *Benehmen, Kleidung etc.*: inappropriate, *stärker*: improper.

Inkraft|setzung *f e-s Gesetzes*: introduction, enactment; **~treten** *n*: ***bei ~ des Gesetzes*** *etc.* when the law *etc.* comes into effect (*od.* is introduced); ***Tag des ~s*** effective date.

inkriminieren *v/t.* incriminate.

Inkubationszeit *f* incubation (⚕ *a.* latency) period.

Inkubator *m* incubator.

Inkubus *m* incubus.

Inkunabel *f* incunabulum (*pl.* incunabula), cradle book, incunable; early printed book.

Inland *n* (*Ggs. Ausland*) home; ***im In- und Ausland*** at home and abroad; ***im ~ hergestellt*** domestic *product etc.*; ***für das ~ bestimmt*** for home consumption; *in Zssgn mst* home; internal; domestic; **~eis** *n* ice sheet; **~flug** *m* domestic (*od.* internal) flight.

inländisch *adj.* home ..., domestic ...; *Verkehr*: internal.

Inlands|absatz *m* † domestic sales *pl.*; **~abteilung** *f* domestic (sales) department; **~auftrag** *m* domestic order; **~brief** *m* inland (*Am.* domestic) letter; **~handel** *m* domestic trade; **~markt** *m* home (*od.* domestic) market; **~porto** *n* inland (*Am.* domestic) postage; **~post** *f* inland (*Am.* domestic) mail; **~presse** *f* domestic press; **~tarif** *m* inland (*Am.* domestic) rate; **~telegramm** *n* inland (*Am.* domestic) telegram; **~wechsel** *m* inland (*Am.* domestic) bill of exchange.

Inlay *n* inlay.

Inlett *n* ticking.

in medias res: ***~ gehen*** get straight to the point, *formell*: plunge in medias res.

inmitten I. *prp.* in the middle (*lit.* midst) of; **II.** *adv.*: ***~ von*** (*umgeben von*) among(st), surrounded by.

in natura *adv.* in real life; *Person*: *a.* in the flesh.

inne|haben *v/t.* (*Amt, Stelle, Rekord*) hold; **~halten** *v/i.* stop, pause.

innen *adv.* (on the) inside; ***~ und außen*** inside and out(side); ***nach ~*** *tragen etc.*: inside, **(zu)**: inwards; ***die Tür geht nach ~ auf*** the door opens inwards (*od.* into the hall *etc.*); ***nach ~ gekehrt*** *Mantel*: inside-out, *Pelzfutter etc.*: on the inside, facing inwards, *fig. Person*: introspective, *stärker*: introverted; ***von ~*** from (the) inside; ***hast du das Haus von ~ gesehen?*** have you been inside the house?; ***hast du ein Filmstudio (Fernsehgerät) schon einmal von ~ gesehen?*** *a.* have you ever seen a film studio (TV set) from the inside?, F have you ever seen the insides of a film studio (TV set)?

Innen|abmessungen *pl.* inside measurements (*od.* dimensions); **~ansicht** *f* interior view; **~antenne** *f* indoor aerial (*od.* antenna); **~arbeiten** *pl. beim Bau*: indoor work *sg.*; **~architekt** *m* interior designer; **~architektur** *f* interior design; **~aufnahme** *f phot.* indoor (*Film*: studio) shot; **~ausschuß** *m* committee on internal affairs; **~ausstattung** *f e-r Wohnung*: décor; *mot.* interior fittings *pl.*; ⚒ inside furnishings *pl.*; **~bahn** *f Sport*: inside lane; **~beleuchtung** *f* interior lighting; **~dienst** *m* office work; ***im ~ tätig sein*** work in the office (F at base); **~dimensionen** *pl.* interior (*od.* inside) dimensions; **~durchmesser** *m* inside diameter; **~einrichtung** *f* → ***Innenausstattung***; **~fläche** *f* inside surface; *der Hand*: palm; **~futter** *n* inside lining, liner; **~hof** *m* (inner) courtyard; **~kante** *f* inside (*od.* inner) edge; **~lage** *f Skisport*: inward lean; **~leben** *n* **1.** inner life; *iro.* ***erzähl mir etwas aus d-m (reichen) ~*** tell me what's been going on in that mind of yours; **2.** *fig. e-r Uhr etc.*: internal *od.* inner mechanism (*od.* workings *pl.*), F insides *pl.*; → *a.* ***Innereien*** 2; **~leitung(en** *pl.*) *f* internal wiring (*sg.*); **~leuchte** *f mot.* courtesy light; **~minister** *m* minister of the interior; *in GB*: Home Secretary; *in den USA*: Secretary of the Interior; **~ministerium** *n* interior ministry; *in GB*: Home Office; *in den USA*: Department of the Interior; **~ohr** *n* inner ear; **~politik** *f* domestic policy (*od.* policies *pl.*); **Ꝛpolitisch I.** *adj.* domestic (political), internal, home *affairs*; ***~e Auseinandersetzung*** dispute over domestic policy; **II.** *adv.* on the domestic front; ***~ gesehen*** as far as domestic policy is (*od.* home affairs are) concerned; **~raum** *m* **1.** interior; **2.** *e-r Stadt*: cent|re (*Am.* -er), central part (*od.* area); **~seite** *f* inside; **~ski** *m* inside ski; **~spiegel** *m mot.* inside mirror; **~stadt** *f* town (*od.* city) cent|re (*Am.* -er), *Am. a.* downtown; ***in der ~ leben*** *Am.* live downtown; **~tasche** *f* inside pocket; **~temperatur** *f* inside (*im Haus etc.*: indoor) temperature; **~tür** *f* inside door; **~verkleidung** *f* inside (*od.* interior) lining; **~wand** *f* inside wall; **~widerstand** *m* ⚡ internal resistance; **~winkel** *m* △ internal angle.

inner *adj.* (*auf der Innenseite*) inside; *pol.* internal, domestic; (*seelisch*) inner; (*geistig*) mental; ⚕ internal *bleeding, medicine etc.*; ***das ~e Auge*** one's mind's eye; ***ohne ~en Halt*** very insecure; ***~er Konflikt*** inner conflict; ***e-n ~en Konflikt haben*** be torn; ***~er Monolog*** interior monolog(ue); ***~e Ordnung*** internal order; ***~e Unruhe*** agitation; ***~e Uhr*** body clock, 📖 circadian rhythms; ***~e Ruhe*** peace of mind; ***~e Stimme*** inner voice, voice inside (*od.* within) one; ***~er Wert*** intrinsic value; ***~er Widerspruch*** contradiction in itself, *weitS.* inconsistency; **~betrieblich** *adj.* † internal; in-company *training etc.*; **~deutsch** *adj.* **1.** German, domestic, internal; **2.** *hist.* German-German, inter-German; ***~e Grenze*** inner-German border.

Innere¹ *n* interior (*a. geogr.*), inside; (*Mitte*) heart, core, cent|re (*Am.* -er); *fig. e-s Menschen*: inner being, (*Geist*) mind, heart, soul; ***im ~n*** inside, *e-s Landes*: in the interior, *pol.* on the home front; *fig.* at heart, secretly; ***Minister des ~n*** → ***Innenminister***; *fig.* ***tief im ~n*** deep down (inside); *ich würde gern wissen,* ***was in s-m ~n so vor sich geht*** what's going on inside him, what's going through his mind (*od.* head).

Innere² F *f* ⚕ **1.** internal medicine; **2.** ***in der ~n arbeiten (liegen)*** F be in medical.

Innereien *pl.* **1.** innards; *von Geflügel*: *a.* giblets; *von Fisch*: guts; **2.** F *fig.* F insides, innards, entrails.

innerhalb I. *prp.* inside, within (*a. fig.*); *zeitlich*: within, in; (*während*) within, during; ***~ e-r Woche*** within a week; **II.** *adv.*: ***~ von*** within; *zeitlich*: *a.* within a period of.

innerlich I. *adj.* **1.** ⚕ internal; **2.** *Gefühle etc.*: inner; (*~ veranlagt*) introspective; (*gefühlsmäßig, gefühlsbetont*) emotional; **II.** *adv.* **3.** ⚕ internally; *pharm.* ***~ (anzuwenden)*** for internal use (only); **4.** *betroffen etc.*: inwardly; (deep down) inside; (*insgeheim*) secretly; ***~ lachen*** laugh to o.s.; **Innerlichkeit** *f* sensitivity; (*Tiefe*) depth; (*nach Innen gekehrtes Wesen*) introspection.

inner|parlamentarisch *adj.* intra-parliamentary; **~parteilich** *adj. pol.* inner-party ..., internal; ***~e Kämpfe*** (party) infighting; **~politisch** *adj.* → ***innenpolitisch.***

innerst *adj.* innermost; *fig. a.* inmost; ***die ~en Gedanken (Wünsche)*** one's most secret thoughts (desires).

inner|staatlich *adj.* internal; **~städtisch** *adj.* urban, inner-city ...

Innerste *n* the innermost part; (*Mittelpunkt*) heart, core; ***im ~n des Waldes*** in the heart of the forest; *fig.* ***bis ins ~*** to the heart (*od.* core); ***in s-m ~n, im ~n s-r Seele*** deep down (inside), in his heart of hearts.

inne|sein *v/i.*: ***e-r Sache ~*** be aware of s.th.; **~werden** *v/i.*: ***e-r Sache ~*** become aware of s.th.; **~wohnen** *v/i.*: ***e-r Sache ~*** be inherent in s.th.; **~wohnend** *adj.* inherent (*dat.* in), innate (in).

innig I. *adj.* (*zärtlich*) tender, affectionate; (*glühend*) ardent, fervent; (*herzlich*) heartfelt, sincere; *Freundschaft etc.*:

close; **II.** *adv.* tenderly *etc.*; → ***heiß*** II; **Innigkeit** *f* tenderness; ardo(u)r; sincerity; closeness; → ***innig*** I; **inniglich** *adv.* → ***innig*** II; **innigst** *adj.*: ***mein ~er Wunsch*** my greatest desire.

Innovation *f* innovation; **innovationsfeindlich** *adj.* hostile to (any form of) innovation, unwilling to adapt (to the times); **innovationsfreudig** *adj.* innovative; **Innovationsschub** *m* innovative advance; **innovativ** *adj.* innovative; **innovatorisch** *adj.* innovational; **innovieren** *v/t. u. v/i.* innovate.

in nuce *adv.* in nuce, in a nutshell, in short, in a word.

Innung *f* (trade) guild; F *fig.* ***die ganze ~ blamieren*** F let the side down; **Innungsverband** *m* association of trade guilds.

inoffiziell *adj.* unofficial; off-the-record *statement*; (*zwanglos*) informal *talks etc.*

inoperabel *adj.* ⚕ inoperable; ***es ist ~*** *a.* it can't be operated on.

in petto *adv.*: ***et. ~ haben*** have s.th. up one's sleeve.

in puncto *prp.* when it comes to, where (*od.* as far as) ... is (*od.* are) concerned, in matters of, as regards.

Inquisition *f hist.* Inquisition; *fig.* inquisition; **Inquisitionsgericht** *n* Court of Inquisition; **Inquisitor** *m* inquisitor.

ins (= ***in das***) → ***in.***

Insasse *m*, **Insassin** *f e-s Autos etc.*: passenger; *e-s Gefängnisses*: inmate; **Insassenversicherung** *f mot.* passenger insurance (cover).

insbesondere *adv.* particularly, (e)specially, in particular.

Inschrift *f* inscription; *auf Gräbern etc.*: *a.* epigraph.

Insekt *n* insect, *bsd. Am.* bug.

Insekten|bekämpfung *f* insect (*od.* pest) control; **~bekämpfungsmittel** *n* insecticide; **~forscher** *m* entomologist; **~fraß** *m* insect damage; **2fressend** *adj.* insectivorous; **~fresser** *m* insectivore, insect-eater; **~gift** *n* **1.** *von Insekten*: insect poison; **2.** *gegen Insekten*: insecticide; **~kunde** *f*, **~lehre** *f* entomology; **~plage** *f* plague of insects; **~spray** *m, n* insect spray; **~staat** *m* insect state; **~stich** *m* insect bite; **~vertilgungsmittel** *n* insecticide.

Insektizid *n* insecticide.

Insel *f* island (*a. fig. u. Verkehrs2*); *poet.* isle; ***die ~ Wight*** the Isle of Wight; ***die Britischen ~n*** the British Isles; **~bewohner(in** *f*) *m* islander.

Inselchen *n* islet.

Insel|gruppe *f* group of islands, archipelago; **~kette** *f* string of islands; **~lage** *f* island position; **~meer** *n* archipelago; **~paradies** *n* island (*od.* tropical) paradise; **~republik** *f* island republic; **~staat** *m* island state; **~volk** *n* (nation of) islanders *pl.*; **~welt** *f* (group of) islands *pl.*

Inserat *n* advertisement, ad, *Brit. a.* advert; ***ein ~ aufgeben → inserieren*** II; **Inserent** *m* advertiser; **inserieren I.** *v/t.* advertise; **II.** *v/i.* advertise, place an ad *od.* advertisement (in the *od.* a paper).

insgeheim *adv.* secretly; behind s.o.'s back.

insgemein *obs. adv.* generally; on the whole.

insgesamt *adv.* altogether, in all; (*als Ganzes*) as a whole; ***er erhielt ~ 500 Briefe*** he received a total of 500 letters; ***s-e Schulden betragen ~ ...*** his debts total ...

Insichgehen *n* soul-searching.

Insider *m* insider; **~geschäfte** *pl.* insider trading *sg.*, insider dealings (*od.* dealing *sg.*); **~information** *f* insider information.

Insignien *pl.* insignia.

insistieren *v/i.* insist (***auf*** on); ***darauf ~, daß*** insist that; ***er insistierte darauf, daß ich komme*** *a.* he insisted on my coming.

insofern I. *adv.* (*in dieser Hinsicht*) as far as that goes (*od.* is concerned), from that point of view; **II.** *cj.*: ~ (***als***) in so far as, insofar as, inasmuch as, in that; (*wenn, falls*) if; ***er hat ~ recht, als*** he's right in so far as *etc.*

insolvent *adj.* ✝ insolvent; **Insolvenz** *f* insolvency; → ***Bankrott.***

insoweit *adv. u. cj.* → ***insofern.***

in spe *adj.* ...-to-be, future ...; ***ein Arzt ~*** *a.* a doctor in the making.

Inspekteur *m* inspector; ⚔ Chief of Staff.

Inspektion *f* **1.** inspection; **2.** *mot.* service; ***zur ~ bringen*** put *the car* in for a service; **3.** (*Amt*) inspectorate; **Inspektionsgang** *m* inspection round.

Inspektor *m* inspector.

Inspiration inspiration; **inspirieren** *v/t.* inspire; ***j-n zu e-m Gedicht*** (***e-m Gemälde*** *etc.*) ~ inspire s.o. to write a poem (paint a picture *etc.*); ***j-n zu e-r Idee ~*** give s.o. an idea; ***sich ~ lassen von*** draw inspiration from; F ***laß dich mal ~!*** see if you can come up with something; F ***ich muß mich mal ~ lassen*** I'll have to go away and think about it; **inspiriert** *adj.* inspired.

Inspizient *m thea.* stage manager.

inspizieren *v/t.* inspect; examine.

instabil *adj.* unstable; *Konstruktion*: *a.* not stable; **Instabilität** *f* instability.

Installateur *m* plumber; *für Gasanlagen*: gas fitter; ⚡ electrician; **Installation** *f* **1.** (*das Installieren*) installation; **2.** (*Anlage*) installation; (*Wasserleitungen*) plumbing; **installieren I.** *v/t.* put in, fit, instal(l); **II.** *v/refl.*: ***sich*** ~ instal(l) o.s.

instand *adv.*: ~ ***halten*** keep in good condition (*od.* repair); maintain, service; ~ ***setzen*** repair, (*renovieren*) renovate, (*Gerät etc.*) recondition; ***j-n ~ setzen zu*** *inf.* enable s.o. to *inf.*, put s.o. in a position to *inf.*

instandbesetzen *v/t.* occupy and refurbish; **Instandbesetzung** *f* squatter-renovation.

Instandhaltung *f* upkeep, maintenance; ⚙, *mot.* servicing; **Instandhaltungskosten** *pl.* maintenance costs.

inständig I. *adj.* urgent; **II.** *adv.*: *j-n* ~ ***bitten*** implore; **Inständigkeit** *f e-r Bitte etc.*: urgency.

Instandsetzung *f* repair; (*Renovierung*) renovation; **Instandsetzungsarbeit** *f* repair work, repairs *pl.* (***an*** on).

Instanz *f* (*Dienststelle*) authority; ⚖ instance; ***höhere ~en*** higher authorities (⚖ courts); ⚖ ***in erster ~*** at first instance; ***Gericht erster ~*** court of first instance, (*Strafgericht*) *a.* trial court; ***in letzter ~*** without further appeal, ***entscheiden***: make the final decision, *fig.* have the final say, ultimately decide; **Instanzenweg** *m* ⚖ (successive) stages *pl.* of appeal; → *a.* ***Dienstweg***; ***auf dem ~*** through the prescribed channels.

Instinkt *m* instinct; *weitS. a.* feeling; ***aus ~*** instinctively; ***s-m ~ folgen*** follow one's instincts (F one's nose); ***mein ~ sagt mir*** my instinct tells me, I have an instinctive feeling; ***e-n ~ haben für*** (*Gefahr etc.*) have an instinctive feel for, F have a nose for; ***sich an die niederen ~e richten*** appeal to the baser human instincts; **instinkthaft** *adj.* instinctive; **Instinkthandlung** *f* instinctive act (*od.* reaction); **instinktiv I.** *adj.* instinctive, intuitive; *Reaktion*: *a.* visceral; *Angst etc.*: instinctive, innate; ***~e Begabung*** natural talent; **II.** *adv.* instinctively, intuitively; **instinktlos** *adj.* lacking in instinct; *weitS.* (*taktlos*) tactless, insensitive; **instinktmäßig I.** *adj.* instinctive; **II.** *adv.* instinctively, on (an) instinct; **instinktsicher I.** *adj.*: ***~ sein*** have a good (*od.* an unerring) instinct, F have a good nose; **II.** *adv.*: ~ ***handeln*** rely on one's instincts; ***er hat wieder einmal ~ gehandelt*** his instinct proved him right again.

Institut *n* institute; **Institution** *f* institution (*a. fig.*); **institutionalisieren** *v/t.* institutionalize; **institutionell** *adj.* institutional(ly *adv.*).

instruieren *v/t.* give *s.o.* instructions (***über*** on); *a.* ⚔ brief (on); (*unterrichten*) inform (about); **Instruktion** *f* instruction; (*Anweisung*) *a.* directions *pl.*; **instruktiv** *adj.* instructive.

Instrument *n* instrument; (*Gerät*) *a.* tool, implement; **instrumental** *adj.* instrumental.

Instrumental|aufnahme *f* instrumental version; **~begleitung** *f* instrumental accompaniment; **~musik** *f* instrumental music; **~stück** *n* instrumental piece; *modernes*: instrumental.

Instrumentarium *n* ♪ *u. fig.* instruments *pl.*

Instrumenten|bau *m* instrument making; **~bauer** *m* instrument maker; **~beleuchtung** *f mot.* dashboard lighting; **~brett** *n* instrument panel; *mot. a.* dashboard; ✈ *a.* control panel; **~flug** *m* instrument flying (*od.* flight).

instrumentieren *v/t.* ♪ arrange (for instruments); **Instrumentierung** *f* arrangement (for instruments), instrumentation.

Insubordination *f* insubordination.

Insuffizienz *f bsd.* ⚕ insufficiency.

Insulaner(in *f*) *m* islander.

Insulin *n* insulin; **~mangel** *m* insulin deficiency; **~schock** *m* insulin (*od.* hypoglycaemic) shock; **~spritze** *f* insulin injection (F jab).

inszenieren *v/t. thea.* stage, put on stage, produce, (*a. Sendung*) mount; (*Film*) produce, *als Regisseur*: direct; *fig.* (*Aufruhr, Streik etc.*) stage, (*Ärger*) *a.* F kick up *a row*; (*Intrige*) conduct, (*Kampagne etc.*) *a.* orchestrate; **Inszenierung** *f* production; **~: *X*** produced by X.

intakt *adj.* intact (*a. Verhältnis*); *Organe etc.*: *a.* in good shape; *Motor etc.*: *a.* in good working order; ***das Dach ist ~ geblieben*** the roof is still intact (*od.* in one piece).

Intarsien *pl.* inlaid work *sg.*, marquetry *sg.*

integer *adj. man* of integrity.

integral *adj.* 𝔄 integral; **2bauweise** *f* integral construction; **2gleichung** *f* integral equation; **2rechnung** *f* integral calculus; **2zeichen** *n* integral sign.

Integration *f* integration; **Integrationsprozeß** *m* process of integration.
integrieren I. *v/t.* ⚒ *u. fig.* integrate (**in** into); **II.** *v/refl.*: **sich ~** integrate (o.s.), become integrated (**in** into); **integriert** *adj.* integrated; **~er Schaltkreis** integrated circuit.
Integrität *f* integrity (*a. e-s Staates*).
Intellekt *m* intellect; **intellektuell** *adj.* intellectual, F highbrow; *Stoff, Person*: (*durchgeistigt*) *a.* cerebral; **Intellektuelle(r** *m*) *f* intellectual, F highbrow.
intelligent *adj.* intelligent, bright.
Intelligenz *f* **1.** intelligence; **2.** (*~schicht*) intelligentsia; **~bestie** F *f* F brain(box); ***das ist e-e ~*** F he's (*od.* she's) a real brain; **~grad** *m* level of intelligence.
Intelligenzija *f* intelligentsia.
Intelligenzleistung *f* feat of (human) intelligence.
Intelligenzler F *m* F egghead.
Intelligenz|quotient *m* intelligence quotient, IQ; **~test** *m* intelligence test.
Intendant *m thea. etc.* director; **Intendanz** *f* **1.** directorship; ***die ~ von ... übernehmen*** take over as director of ...; **2.** (*Büro*) director's office(s *pl.*).
intendieren *v/t.* (*beabsichtigen*) intend; (*hinarbeiten auf*) aim at, plan.
Intensität *f* intensity; **intensiv I.** *adj.* intensive; *Gefühl, Interesse, Schmerz etc.*: intense; (*gründlich*) intensive, thorough; **II.** *adv.* intensively; intensely; ***sich ~ bemühen*** try very hard, make a great (*od.* tremendous) effort; ***sich ~ auf e-e Prüfung vorbereiten*** study hard for an exam, F swot away; ***~ nachdenken*** think hard; ***j-n ~ ansehen*** give s.o. a long, hard look; **intensivieren** *v/t.* intensify; (*Bemühungen*) *a.* step up; **Intensivierung** *f* intensification; *von Bemühungen*: *a.* stepping up *of efforts*.
Intensiv|interview *n* (in-)depth interview; **~kurs** *m* crash course; **~station** *f* ⚕ intensive care unit.
Intention *f* intention.
Interaktion *f* interaction.
Intercity(-Zug) *m* inter-city (train); → *a.* ***IC.***
Interdikt *n eccl.* interdict.
interdisziplinär *adj.* interdisciplinary.
interessant I. *adj.* interesting; *Geschäft etc.*: attractive; ***das 2e daran*** the interesting thing about it; ***er will sich bei ihr bloß ~ machen*** he's just trying to impress her; ***das ist überhaupt nicht ~*** (*irrelevant*) that's totally irrelevant; **II.** *adv.*: ***er kann ~ erzählen*** he's a good story-teller; **interessanterweise** *adv.* interestingly, it's interesting that ...
Interesse *n* interest (**an, für** in); ***das ~ verlieren*** lose interest; ***~ zeigen*** show an (*od.* some) interest (**für** in); ***~ haben an*** (*od.* ***für***) be interested in; ***es ist für mich nicht von ~*** it's of no interest to me; ***sein besonderes ~ gilt*** he's particularly interested in, his special area of interest is; ***in j-s ~ sein*** be in s.o.'s interest; *ich tat es* ***in d-m ~*** for your sake; ***im öffentlichen ~*** in the public interest; ***es besteht kein ~ an*** nobody's interested in, (*e-m Artikel etc.*) there's no demand for; **interessehalber** *adv.* out of interest, as a matter of interest.
interesselos *adj.* uninterested, indifferent; **Interesselosigkeit** *f* indifference, *stärker*: apathy.
Interessen|ausgleich *m* balancing of interests; **~gebiet** *n* field (*od.* area) of interest; **~gegensatz** *m* conflict of interests; **~gemeinschaft** *f* **1.** interest group; ✝ (*Vereinbarung*) pooling agreement; (*Vereinigung*) combine, pool; (*Kartell*) syndicate; **2.** (*gemeinsames Interesse*) common interest(s *pl.*); **~kollision** *f* clash of interests; **~konflikt** *m* conflict of interests; **~lage** *f*: ***die ~ erforderte es, daß*** it was in their *etc.* interests to *inf.*; **~schwerpunkt** *m* focus of interest; **~sphäre** *f* sphere of influence.
Interessent *m* **1.** *für e-e Ware etc.*: prospective buyer; ***wir haben schon drei ~en*** *a.* there are already three people interested, three people have rung up *etc.* already; **2.** *für e-n Kurs etc.*: interested person; ***~en*** *sollen sich melden etc.*: anyone (*od.* those) interested; **3.** (*Bewerber*) applicant; **4.** *für e-e Sache*: interested party; **Interessentenkreis** *m* group of interested people, those *pl.* interested; ✝ prospective buyers *pl.*, market.
Interessen|verband *m* pressure group, lobby; **~vertreter** *m* representative, spokesman, spokesperson; **~wahrnehmung** *f* safeguarding of interests.
interessieren I. *v/refl.* **1.** ***sich ~ für*** be interested in; ***sich gar nicht ~ für*** *a.* take no interest in; ***er interessiert sich für nichts*** he's not interested in anything; **II.** *v/t.* **2.** ***das Buch*** *etc.* ***interessiert mich nicht*** I'm not interested in the book *etc.*, the book *etc.* doesn't interest me; ***das interessiert mich überhaupt nicht*** I'm not in the least bit interested, I couldn't care less; ***es wird dich ~ zu erfahren*** you'll be interested to know; **3.** ***j-n für et.*** ~ interest s.o. in s.th., get s.o. interested in s.th.; **III.** *v/i.* ***das interessiert nicht*** that's of no interest, that's irrelevant; **interessiert I.** *adj.* interested (**an** in); ***politisch*** *etc.* ~ interested in politics *etc.*, politically *etc.* aware; ***musikalisch 2e*** *the* musically minded, music lovers; ***sehr daran ~ sein, daß es klappt*** *etc.* be keen to see it work out *etc.*; **II.** *adv.*: ***~ zuhören*** (***zuschauen***) listen (watch) intently.
Interferenz *f phys. u. ling.* interference; **~erscheinung** *f* interference phenomenon.
Interferon *n* interferon.
Interieur *n* interior.
Interim *n* **1.** (*Übergangsregelung*) temporary arrangement, interim solution; **2.** (*Zwischenzeit*) interim; **interimistisch** *adj.* interim ...
Interims|abkommen *n* temporary agreement; **~lösung** *f* interim (*od.* stopgap) solution; **~regierung** *f* caretaker (*od.* interim, transitional) government.
Interjektion *f* interjection.
interkonfessionell *adj.* interdenominational.
interkontinental *adj.* intercontinental; **2flug** *m* intercontinental flight; **2rakete** *f* intercontinental ballistic missile.
interlinear *adj.*, **2...** interlinear.
Intermezzo *n* ♪ intermezzo, interlude (*a. fig.*).
intern I. *adj.* internal; ***das ist e-e ~e Sache*** *a.* that's something that concerns us (*od.* them *etc.*); **II.** *adv.* internally; (*unter uns etc.*) among ourselves (*od.* themselves *etc.*); (*a.* ***~ gesehen***) seen from the inside, on the inside.
internalisieren *v/t.* internalize; **Internalisierung** *f* internalization.
Interne(r *m*) *f* boarder.
Internat *n* boarding school.
international I. *adj.* international; **II.** *adv.*: ***~ bekannt*** internationally known.
Internationale *f* International(e).
internationalisieren *v/t.* internationalize; **Internationalisierung** *f* internationalization.
Internationalismus *m* internationalism.
Internationalität *f* international character; *e-r Gemeinde etc.*: *a.* mix of nationalities, international mix.
Internats|schule *f* boarding school; **~schüler(in** *f*) *m* boarder.
Internet *n* internet; ***im ~ surfen*** surf the internet.
internieren *v/t.* intern; ⚕ isolate; **Internierte(r** *m*) *f* internee; **Internierung** *f* internment; **Internierungslager** *n* detention camp.
Internist *m* ⚕ internist; **internistisch** *adj.* internal(-medical).
interparlamentarisch *adj.* interparliamentary.
Interpellant *m parl.* questioner; **Interpellation** *f* (parliamentary) question; **interpellieren** *v/i.* ask (*od.* put) a question (in parliament).
interplanetarisch *adj.* interplanetary.
Interpolation *f* interpolation; **interpolieren** *v/t. u. v/i.* interpolate.
Interpret *m* **1.** interpreter; *e-r Theorie etc.*: *a.* exponent; **2.** ♪ performer; (*Sänger*) singer; ***er ist ein bekannter Schubert-~*** he's famous for his Schubert interpretations (*od.* performances); **Interpretation** *f* interpretation; ♪, *Gedicht etc.*: *a.* rendering; **interpretieren** *v/t.* interpret (*a.* ♪); (*auffassen*) *a.* understand; ⚖ construe; ***~ als*** interpret *s.th.* as, take *s.th.* as *an insult etc.*
Interpunktion *f* punctuation.
Interpunktions|fehler *m* punctuation mistake; **~zeichen** *n* punctuation mark.
interrogativ *adj. ling.* interrogative; **2pronomen** *n* interrogative pronoun; **2satz** *m* interrogative clause.
Intervall *n* interval (*a.* ♪); ***in regelmäßigen ~en wiederkehren*** occur at regular intervals; **~training** *n Sport*: interval training.
intervenieren *v/i.* intervene; **Intervention** *f* intervention.
Interventions|krieg *m* war of intervention; **~recht** *n* right to intervene, right of intervention.
Interview *n* interview; **interviewen** *v/t.* interview; **Interviewer** *m* interviewer.
Inthronisation *f* enthronement.
intim *adj.* intimate (*a. Kenntnisse*); *Raum*: *a.* cosy, *Am.* cozy; *Freundschaft*: close; (*plump-vertraulich*) F chummy; (*erotisch* ~) intimate, sexual; ***im ~en Kreis*** with close friends (and relatives); ***ich bin mit ihr nicht so ~*** I don't know her that well; ***~er Kenner*** → ***Intimkenner***; ***mit j-m ~ sein*** *sexuell*: F sleep with s.o.; ***miteinander ~ sein*** sleep with each other.
Intim|bereich *m* **1.** genitals *pl.*; **2.** → ***Intimsphäre***; **~feind** *m* personal enemy number one; **~hygiene** *f* → ***Intimpflege.***
Intimität *f* (*Vertraulichkeit*) familiarity; *e-r Freundschaft*; closeness; *e-s Raums etc.*: intimacy; **~en** liberties.
Intim|kenner *m* expert (*gen.* on), connoisseur (of); ***er ist ein ~ von*** *a.* he has an intimate knowledge of; **~kontakt** *m*

sexual contact; **~leben** *n* sex (*od.* love) life; **~pflege** *f* intimate hygiene; *bei Frauen*: *a.* feminine hygiene; **~sphäre** *f* private sphere, privacy; ***in j-s ~ eindringen*** invade (*od.* encroach on) s.o.'s privacy; **~spray** *m, n* vaginal (*od.* feminine) spray.
Intimus F *m* F best buddy.
Intimverkehr *m* intercourse.
intolerant *adj.* intolerant (***gegen[über]*** towards, *Sache*: *a.* of); **Intoleranz** *f* intolerance (***gegen[über]*** towards, *Sache*: *a.* of).
Intonation *f* ♪, *ling.* intonation; **intonieren** *v/t.* intonate.
intramuskulär *adj.* ⚕ intramuscular.
intransitiv *adj. ling.* intransitive.
Intrauterinpessar *n* intrauterine device, IUD.
intravenös *adj.* ⚕ intravenous.
intrigant *adj.* scheming; **Intrigant(in** *f*) *m* schemer; **Intrige** *f* intrigue, scheme; ***~n spinnen*** plot and scheme; **Intrigenspiel** *n*, **Intrigenwirtschaft** *f* plotting and scheming; *intern*: *a.* infighting; **intrigieren** *v/i.* (plot and) scheme.
Introversion *f* introversion; **introvertiert** *adj.* introverted; ***~er Mensch*** introvert; **Introvertiertheit** *f* introversion.
intuitiv *adj.* intuitive; **Intuition** *f* **1.** intuition; **2.** (*plötzliches Erfassen*) (sudden) intuition; (*Eingebung*) (flash of) inspiration.
intus F *adv.*: ***~ haben*** (*Essen*) F have put away, (*Getränke*) F have downed, (*Alkohol*) *a.* F have knocked back; ***jetzt, wo ich drei Tassen Kaffee ~ habe*** *a.* with three cups of coffee inside me; *fig.* ***jetzt hab' ich's ~*** (*Grammatikregel etc.*) F it's finally sunk in, I've got it now.
Invalide *m* invalid.
Invaliden|rente *f* disability pension; **~versicherung** *f* disability insurance.
Invalidität *f* disablement, disability.
invariabel *adj.* invariable.
Invasion *f* invasion (*a. fig.*); **Invasionskrieg** *m* war of invasion; **Invasoren** *pl.* invaders, invading forces.
Inventar *n* (*Verzeichnis*) inventory; (*Gegenstände*) stock; ***~ aufnehmen*** → ***inventarisieren***; ***festes ~*** fixture(s), (*Büroeinrichtung*) office furniture and equipment; F *fig.* ***zum ~ gehören*** *Person*: F be one of the fixtures; **inventarisieren I.** *v/i.* take inventory (*od.* stock); **II.** *v/t.* take an inventory of.
Inventar|liste *f*, **~verzeichnis** *n* inventory.
Inventur *f* ✝ inventory, stocktaking; ***~ machen*** take inventory (*od.* stock); **~ausverkauf** *m* stocktaking sale.
Inversion *f* inversion; **Inversionslage** *f meteor.* temperature inversion.
investieren I. *v/t.* invest (***in*** in); *fig.* (*Zeit, Mühe etc.*) put (into), invest (in); ***Geld ~ in*** *a.* F sink money into; **II.** *v/i.* invest; **Investierung** *f* investment; **Investition** *f* ✝ investment; (*Kapitalaufwand*) capital expenditure.
Investitions... *in Zssgn mst* investment *loan, bank etc.*; **~abgabe** *f* investment tax; **~anreiz** *m* investment incentive; **~beihilfe** *f* investment grant; **~güter** *pl.* capital goods; **~kraft** *f* investment potential; **~programm** *n* investment program(me); **~tätigkeit** *f* investment activity; **~volumen** *n* investment volume; **~zulage** *f* capital investment bonus.
Investitur *f* investiture; **~streit** *m hist.*: ***der ~*** the investiture controversy.
Investment|anteil *m* investment share; **~fonds** *m* unit trust; **~gesellschaft** *f* investment company.
inwendig *adv.* → ***auswendig.***
inwiefern *cj.* in what way, how; → *a.* ***inwieweit.***
inwieweit *cj.* to what extent.
Inzahlungnahme *f* part exchange, trade-in.
Inzest *m* incest; **inzestuös** *adj.* incestuous.
Inzucht *f* intermarriage, *a. zo.* inbreeding.
inzwischen *adv.* **1.** (*in der Zwischenzeit*) in the meantime, meanwhile; (*bis dahin*) *a.* before (*od.* till, until) then; (*bis spätestens dann*) by then; ***ich mache ~ das Mittagessen*** (meanwhile) I'll be getting on with the lunch; **2.** (*nunmehr*) now; (*schon*) already; ***ich habe ~ an die 600 Münzen*** I've managed to collect about 600 coins so far.
Ion *n phys.* ion; **Ionenaustauscher** *m* ion(ic) exchanger; **Ionisator** *m* ionizer; **ionisieren** *v/t.* ionize; **Ionisierung** *f* ionization; **Ionosphäre** *f* ionosphere.
Iota *n* → ***Jota.***
I-Punkt *m* dot over the i; *fig.* ***bis auf den ~*** down to the last detail.
Iraker *m* Iraqi; **Irakerin** *f* Iraqi (woman); **irakisch** *adj.* Iraqi.
Iraner *m* Iranian; **Iranerin** *f* Iranian (woman); **iranisch** *adj.* Iranian.
irden *adj.* earthenware.
irdisch *adj.* earthly; (*zeitlich*) temporal; (*weltlich*) worldly; (*sterblich*) mortal; → ***Hülle***; **Irdische** *n*: ***den Weg alles ~n gehen*** go the way of all flesh.
Ire *m* Irishman; ***die ~n*** the Irish (*pl.*).
irgend *adv.* **1.** ***wenn es ~ geht*** if (it's) at all possible, if I *etc.* possibly can; ***wann*** (***wo***) ***es ~ geht*** whenever (wherever) it might be possible; ***wer nur ~ geeignet ist*** anyone who is even remotely qualified; ***so rasch wie ~ möglich*** as soon as at all possible; **2.** ***~ etwas*** something, *in der Frage*: *a.* anything; (*egal was*) anything; ***nicht ~ etwas!*** not just anything; ***~ jemand*** somebody, someone, *in Fragen*: *a.* anybody, anyone; (*egal wer*) anybody, anyone; ***er ist ja*** (***schließlich***) ***nicht ~ jemand*** (I mean,) he isn't just anybody (F any old Joe Bloggs); ***~ so ein Politiker*** one of those politicians, some politician or other; **~ein(e)** *indef. pron.*: ***irgendeine Tasse*** a cup; (*egal welche*) some cup or other; ***nimm irgendeine Tasse*** take any cup, it doesn't matter what (sort of) cup; ***irgendein anderer*** someone else, *in Fragen*: *a.* anyone else; (*egal wer*) anyone else; ***besteht irgendeine Hoffnung?*** is there any hope at all?; **~eine(r, -s)** *indef. pron.* **1.** (*Person*) somebody, someone; *in Fragen*: *a.* anybody, anyone; (*egal welche[r, -s]*) anybody, anyone; **2.** (*Ding*) something, *in Fragen*: *a.* anything; (*egal welche[r, -s]*) anything; **~einmal** *adv.* → ***irgendwann***; **~eins** *indef. pron.* → ***irgendeine(r, -s)***; **~wann** *adv.* sometime (or other), (*egal wann*) *a.* any time, whenever you like *etc.*, whenever it suits you *etc.*; **~was** *indef. pron.* something, *in Fragen*: *a.* anything; (*egal was*) anything; ***nicht ~!*** not just anything; **~welche** *indef. pron.* any; ***ohne ~ Kosten*** without any expense (at all); **~wer** *indef. pron.* somebody, someone, *in Fragen*: *a.* anybody, anyone; (*egal wer*) anybody, anyone; ***er ist ja*** (***schließlich***) ***nicht ~*** (I mean,) he isn't just anybody (F any old Joe Bloggs); **~wie** *adv.* somehow (or other); (*egal wie*) any old how; **~wo** *adv.* somewhere (or other), *in Fragen*: *a.* anywhere; (*egal wo*) anywhere; ***~ anders*** somewhere else, *in Fragen*: *a.* anywhere else; **~woher** *adv.* from somewhere (or other), *in Fragen*: *a.* from anywhere; (*egal woher*) from anywhere; **~wohin** *adv.* somewhere (or other), *in Fragen*: *a.* anywhere; (*egal wohin*) anywhere.
Irin *f* Irishwoman; ***sie ist ~*** she's Irish.
Iris *f anat.*, ⚘ iris.
irisch I. *adj.* Irish; ***die* ℒ*e Republik*** the Irish Republic, Eire; **II.** ℒ *n ling.* Irish.
irisierend *adj.* iridescent.
Irländer *m* → ***Ire***; **Irländerin** *f* → ***Irin.***
Irokese *m* Iroquois (Indian); **Irokesenschnitt** *m* (*Frisur*) Mohican (haircut).
Ironie *f* irony (***des Schicksals*** of fate); **Ironiker** *m* ironist; **ironisch** *adj.* ironic(ally *adv.*); ***das* ℒ*e daran war*** the irony of it was, the ironic thing about it was; **ironisieren** *v/t.* treat with irony.
irrational *adj.* irrational; **Irrationalismus** *m* irrationalism; **Irrationalität** *f* irrationality, irrational nature (*gen.* of).
irr(e) I. *adj.* **1.** (*verrückt, geistesgestört wirkend*) mad, F crazy; *Blick*: wild, crazed *look*; *Lachen*: mad, F crazy; ***irres Lächeln*** crazy grin, wild sneer; ***irres Zeug reden*** rave; F ***wie irre schuften*** *etc.* F work *etc.* like mad (*od.* like a madman, *sl.* like crazy); ***in e-m irren Tempo fahren*** drive like a maniac; **2.** ⚕ (*geisteskrank*) mad, insane, demented; **3.** F (*sagenhaft, ungewöhnlich*) F incredible; ***ein irrer Typ*** *a.* F an amazing guy; ***es ist irre*** *a.* F it's unreal; **4.** (*verwirrt*) (totally) confused; → *a.* ***irremachen***; **5. *irre werden an*** begin to have one's doubts about; **II.** *adv.* **6.** *verstärkend*: F incredibly; *schwitzen etc.* F like mad (*sl.* crazy, hell).
Irre *f*: ***in die ~ führen*** lead *s.o.* astray; → *a.* ***irreführen***; ***in die ~ gehen*** go astray.
Irre(r *m*) *f* madman (*f* madwoman); F *fig.* F lunatic; F ***wie ein Irrer*** F like an idiot (*od.* a maniac).
irreal *adj.* **1.** unreal; **2.** unrealistic.
irreführen *v/t.* mislead; (*täuschen*) *a.* deceive; ***sich ~ lassen*** be deceived (***von*** by); **irreführend** *adj.* misleading; **Irreführung** *f* (*Täuschung*) deception; F pulling the wool.
irregehen *v/i.* **1.** (*sich täuschen*) be mistaken; ***gehe ich irre in der Annahme, daß ...?*** am I wrong in assuming that ...?; **2.** *lit.* (*in die Irre gehen*) go astray.
irregeleitet *adj.* misguided.
irregulär *adj.* irregular.
irreleiten *v/t.* misguide, *stärker*: lead astray.
irrelevant *adj.* irrelevant (***für*** to); **Irrelevanz** *f* irrelevance.
irremachen *v/t.* **1.** totally confuse, F throw; **2. *j-n an et. ~*** have s.o. wondering about s.th.; → *a.* ***beirren.***
irren I. *v/i.* **1.** wander (*a. Blick*), roam; **2.** → **II.** *v/refl.*: ***sich ~*** be wrong, be mistaken; ***sich in j-m od. et. ~*** be wrong about, *engS. im Datum etc.*: get *s.th.* wrong, *in der Tür etc.*: go to the wrong *door etc.*, *in der Telefonnummer*: get (*od.* dial) the wrong number; ***sich um tausend Mark***

~ be out by a thousand marks, be a thousand marks out; ***ich kann mich (auch) ~*** I may be wrong; ***wenn ich mich nicht irre*** if I'm not mistaken, I think I'm right in saying (that); ***da irrst du dich aber gewaltig*** you couldn't be more wrong, that's where you make your big mistake; *wenn sie glaubt, daß ich das mache etc.*, ***dann irrt sie sich gewaltig*** she's got another think coming; **III.** ♀ *n*: ***~ ist menschlich*** we all make mistakes, *lit. u. iro.* 'tis human to err.

Irren|anstalt *f* mental asylum; **~haus** *n*: F *fig.* ***hier geht's zu wie im ~*** F it's like a madhouse (here), it's (sheer) bedlam; ***er ist reif fürs ~*** F he ought to be certified.

irreparabel *adj.* irreparable.

irrereden *v/i.* rave.

irreversibel *adj.* irreversible.

Irr|fahrt *f* wild-goose chase, *längere*: odyssey; **~flug** *m* odyssey (in the air); **~garten** *m* maze, labyrinth; **~glaube(n)** *m* misconception, delusion; (*Ketzerei*) heresy.

irrig *adj.* wrong, mistaken, erroneous; ***~e Ansicht*** *a.* misconception; **irrigerweise** *adv.* wrongly, erroneously.

irritierbar *adj.*: ***leicht ~*** (*verärgert*) easily annoyed, (*verwirrt*) easily put off (F thrown), (*abgelenkt*) easily distracted; **irritieren** *v/t.* irritate, get on *s.o.'s* nerves, (*ärgern*) *a.* annoy; (*ablenken*) irritate, distract; (*unsicher machen*) put *s.o.* off (**bei** *s.th.*), F throw; ***sich ~ lassen*** be put off, F be thrown (**durch** by).

Irr|läufer *m* **1.** (*Brief etc.*) stray (*od.* misdirected) letter *etc.*; **2.** (*Satellit*) rogue satellite; **~lehre** *f* false doctrine, heresy; **~licht** *n* will-o'-the-wisp (*a. fig.*).

Irrsinn *m* madness (*a. fig.*); **irrsinnig I.** *adj.* insane, mad; F *fig.* F crazy, mad; F (*toll*) F incredible; **II.** F *adv. verstärkend*: F incredibly; **Irrsinnige(r** *m*) *f* → ***Irre(r)***.

Irrtum *m* mistake; (*Mißverständnis*) misunderstanding; ***im ~ sein, sich im ~ befinden*** be mistaken, be wrong, be in the wrong (**über** about); ***~ vorbehalten*** errors (and omissions) excepted; **irrtümlich I.** *adj.* wrong; **II.** *adv.* wrongly; ***ich war ~ der Meinung*** I was wrong in thinking; **irrtümlicherweise** *adv.* by mistake, mistakenly.

Irrweg *m fig.*: ***auf e-n ~ geraten sein*** be on the wrong track completely; ***j n auf e-n ~ führen*** lead s.o. astray.

Irrwisch *m* **1.** will-o'-the-wisp; **2.** (*Kind*) jack-in-the-box; ***er ist ein richtiger ~*** *a.* he's up and down like a yo-yo, he can't sit still for one minute.

irrwitzig *adj.* ridiculous, absurd, F crazy, hare-brained.

ISBN-Nummer *f* ISBN number.

Ischias *m, n, f* ⚕ sciatica; **~nerv** *m* sciatic nerve.

Islam *m* Islam; **islamisch** *adj.* Islamic; **islamisieren** *v/t.* convert to Islam, Islamise; **Islamisierung** *f* Islamisation.

Isländer(in *f*) *m* Icelander; **isländisch** *adj.* Icelandic.

Ismus F *iro. m* F ism.

Isobar(e *f*) *n* isobar.

Isoglosse *f* isogloss.

Isogon *n* ⛭ isogon.

Isolation *f* **1.** *pol.* isolation; **2.** ⚡, ⚙ insulation.

Isolationismus *m pol.* isolationism; **Isolationist** *m* isolationist; **isolationistisch** *adj.* isolationist.

Isolationshaft *f* solitary confinement.

Isolator *m* insulator.

Isolierband *n* insulating tape.

isolieren I. *v/t. pol. etc.* isolate (*a.* ⚗); ⚡, ⚙ insulate; **II.** *fig. v/refl.*: ***sich ~*** isolate o.s., cut o.s. off; **III.** *v/i.*: ***gut ~*** insulate well, be a good insulator.

Isolier|haft *f* solitary confinement; **~kanne** *f* thermos jug (*TM*); **~lack** *m* insulating varnish (*od.* paint); **~masse** *f* insulating compound; **~material** *n* insulating material; **~schicht** *f* insulating layer; **~schutz** *m* (thermal) insulation; **~station** *f* ⚕ isolation ward.

isoliert I. *adj.* isolated, cut off; ⚕, *Häftling*: isolated, in isolation; ***~e Fälle*** isolated cases, **II.** *adv.*: ***~ betrachten*** view *s.th.* in isolation; ***man darf es nicht ~ betrachten*** *a.* you've got to see it in context; **Isoliertheit** *f* isolation.

Isolierung *f* **1.** isolation; **2.** ⚡, ⚙ insulation.

Isolierwirkung *f* insulating action.

isometrisch *adj.* isometric; ***~e Übungen*** isometric exercises.

isomorph *adj.* isomorph.

Isotop *n* isotope.

isotrop *adj.* isotropic.

Israeli *m*, **israelisch** *adj.* Israeli.

Israelit(in *f*) *m*, **israelitisch** *adj.* Israelite.

Ist-Bestand *m* ✝ actual stock.

Isthmus *m geogr.* isthmus.

Ist|-Leistung *f* ✝ actual output; **~-Stärke** *f* ⚔ effective (*od.* actual) strength; **~-Wert** *m* actual (*od.* true) value.

Itaker *contp. m* F dago, wop, Eyetie.

Italiener *m* **1.** *a.* **Italienerin** *f* Italian (woman); **2.** F Italian place; ***laß uns zum ~ gehen*** F let's go to an Italian; ***um die Ecke ist ein ~*** F there's an Italian (place) round the corner; **italienisch I.** *adj.* Italian; ***die ~e Schweiz*** Italian-speaking Switzerland; **II.** ♀ *n ling.* Italian.

Italo-Western F *m* F spaghetti western.

I-Träger *m* I-beam.

I-Tüpfelchen *n* → ***I-Punkt.***

J

J, j *n* J,j.

ja I. *adv.* **1.** yes; F yeah, yep; *parl.* aye, *Am.* yea; *bei der Trauung*: I do; *beim Nachdenken, als Pausenfüller*: um, er, (*na ja*) well; **~?** (*tatsächlich?*) really?, F oh yeah?, *teleph.* (*hallo?*) hello?; **wenn ~** if so; **~ sagen** say yes, (*zustimmen*) *a.* agree (**zu** to); *wird er kommen?* – **ich glaube ~** I think so; **aber ~!** *beruhigend*: yes, of course; *ungeduldig*: yes, yes, *zum Ehepartner etc.*: *iro.* yes, dear; **2.** (*schließlich*) **er ist ~ mein Freund** I mean, he's a friend (after all); **dazu ist es ~ da** that's what it's (there) for (after all); **es ist ~ nicht so schlimm** it's not that bad; **du kennst ihn ~** you know what he's like; **3.** *einleitend*: **~, wissen Sie** well, you know; **4.** *feststellend*: **da bist du ~!** there you are!; **da haben wir's ~!** there we are, isn't that (just) what I said?; **ich sagte es dir ~** didn't I tell you?; **das ist ~ unglaublich** that's really incredible; **5.** *einschärfend*: **sag's ihm ~ nicht** don't you tell (*od.* go telling) him; **laß sie ~ in Ruhe** just (*od.* you'd better) leave her alone; **bring es ~ mit** make sure you bring it; **6.** *überrascht*: **~, weißt du denn nicht, daß** do you mean to say you didn't know (that); **~, so e-e Überraschung!** well, this really is a surprise; **7.** *einschränkend*: **ich würde es ~ gern tun, aber** I'd really like to do it, but; **8.** *verstärkend*: **du weißt ~ gar nicht ...** you have no idea; **das sag ich ~** that's what I mean; **9.** *steigernd*: **er genießt die Filme, ~ verschlingt sie** he really enjoys the films, or rather devours them (*od.* or devours them is more like it); **10.** *nachgestellt*: **du kommst doch später, ~?** you 'are coming later on, aren't you?; **gibst du's mir, ~?** will you give it to me(, please)?, *Zusicherung erhoffend*: are you going to give it to me then?; **II.** 2 *n* yes; *parl.* aye, *Am.* yea; **mit ~ oder Nein antworten** answer yes or no; **mit ~ (be)antworten** say yes (to); **er (es) bleibt bei s-m ~** he's said yes and he means it; → *a.* **Jawort.**

Jacht *f* yacht; **~klub** *m* yacht club.

Jacke *f* jacket, *Am. a.* coat; (*Strick*2) cardigan; F **das ist ~ wie Hose** it's much of a muchness, it's (a case of) six of one and half a dozen of the other; F **j-m die ~ voll hauen** give s.o. a good hiding.

Jackenkleid *n* two-piece dress.

Jacketkrone *f* jacket crown.

Jackett *n* jacket, *Am. a.* coat.

Jade *m, f min.* jade; **2grün** *adj.* jade(-colo[u]red).

Jagd *f* **1.** hunt(ing), *mit der Flinte*: *a.* shoot(ing); (**~***gesellschaft*) hunting (*od.* shooting) party; **auf (die) ~ gehen** go hunting; **auf der ~ sein** be hunting; *ein Tiger etc.* **bei der ~** hunting for prey; **2.** *fig.* (*Verfolgung*) chase, pursuit; **die ~ auf** *Terroristen etc.*: the hunt for; **~ machen auf** chase (after), hunt for, try to track down; **3.** *fig.* (*Streben*) pursuit (**nach** of), chasing (after *money etc.*); **e-e wilde ~** a mad scramble *od.* rush (**nach** for); **die ~ hat begonnen** the race (*od.* chase) is on; **~aufseher** *m* gamekeeper.

jagdbar *adj.* fit for hunting; **~es Wild** fair game.

Jagd|beute *f* bag; **~bomber** *m* ✈ fighter bomber; **~fieber** *n* hunting fever; **~flieger** *m* ✈ fighter pilot; **~flinte** *f* shotgun; **~flugzeug** *n* ✈ fighter (jet, plane, aircraft); (*Abfangjäger*) interceptor (aircraft); **~frevel** *m* poaching; **~gebiet** *n* hunting ground; **~gesellschaft** *f* hunting party; **~gesetz** *n* game law; **~gewehr** *n* shotgun; **~gründe** *pl.* hunting grounds; **in die ewigen ~ eingehen** go to the happy hunting grounds; **~haus** *n* (hunting) lodge; **~horn** *n* hunting horn, bugle; **~hund** *m* hound; (*Rasse*) short--haired pointer; **~hütte** *f* (hunting) lodge; **~leidenschaft** *f* passion for hunting; **~messer** *n* hunting knife; **~pacht** *f* (tenancy of a) shoot; **~recht** *n* **1.** hunting rights *pl.*; **2.** (*Gesetz*) game law; **~rennen** *n* steeplechase; **~revier** *n* hunting ground; **~ruf** *m* hunting call; **~schein** *m* shooting licen|ce (*Am.* -se); F *fig.* **er hat den ~** F he needs certifying; **~schloß** *n*, **~schlößchen** *n* hunting lodge; **~staffel** *f* ✈ fighter squadron; **~stück** *n Kunst*: hunting scene; **~stuhl** *m* shooting stick; **~szene** *f* → **Jagdstück**; **~tasche** *f* game bag; **~trieb** *m* hunting instinct; **~trophäe** *f* hunting trophy; **~waffe** *f* hunting weapon; **~wild** *n* game, game animal(s *pl.*); **~zeit** *f* hunting (*od.* shooting) season.

jagen I. *v/t.* **1.** hunt; (*treiben*) drive; (*verfolgen*) chase; *mit Hunden*: hound; (*schießen*) shoot; **2.** *fig.* (*verfolgen*) chase (after); (*suchen*) hunt for; **aus dem Bett** *etc.* **~** chase out of bed *etc.*; **in die Luft ~** blow up, F blow *s.th.* sky-high; F **j-m e-e Nadel in den Arm ~** stick a (F whopping great) needle into s.o.'s arm; F **j-m ein Messer in den Leib ~** run a knife into s.o.; F **j-m (sich) e-e Kugel durch den Kopf ~** put a bullet through s.o.'s (one's) head, *sl.* blow s.o.'s (one's) brains out; **den Ball ins Netz ~** *Fußball*: slam (*od.* drive) the ball home; **ein Ereignis jagt(e) das andere** things are really happening *od.* starting to happen (things were happening really fast); F **damit kannst du mich ~!** F I wouldn't touch it with a bargepole; → **Gurgel**; **II.** *v/i.* **3.** go hunting, go shooting, hunt; **4.** *fig.* (*rasen*) race, tear; *Wind etc.*: sweep; *Wolken*: scud *across the sky*; **~ nach** chase after; **III.** 2 *n* hunt(ing), shooting; → *a.* **Jagd.**

Jäger *m* **1.** huntsman; (*Förster*) ranger; (*Wildhüter*) gamekeeper; *Völkerkunde*: hunter; **2.** ⚔ rifleman; **3.** ✈ fighter (jet, plane, aircraft); **ein ~ vom Typ F117** an F117 fighter jet (*od.* plane); **Jägerei** *f* hunting.

Jäger|latein *n* cock-and-bull story (*od.* stories *pl.*); **~meister** *m* professional huntsman; **~schnitzel** *n gastr.* escalope alla cacciatora.

Jaguar *m zo.* jaguar.

jäh I. *adj.* **1.** (*plötzlich*) sudden, abrupt; (*ungestüm*) impetuous; (*vorschnell*) rash; **~er Aufbruch** abrupt departure; **~es Erwachen** *a. fig.* rude awakening; **~er Schmerz** sudden sharp pain; **~er Tod** sudden death; **~e Wendung** sudden (*od.* unexpected) turn *for the worse etc.*; **2.** (*abschüssig*) steep; **~er Abhang** sheer drop, precipice; **II.** *adv.* **3.** (*plötzlich*) all of a sudden; abruptly; (*kopfüber*) headlong; **4.** (*steil*) precipitously; **~abfallend** precipitous; **dort fällt die Straße nach rechts ~ ab** at that point the road drops away to the right (*od.* there's a sheer drop to the right).

Jahr *n* year; **ein halbes ~** six months; **anderthalb ~e** a year and a half, eighteen months; **dreiviertel ~** nine months; **im ~ 1996** in (the year) 1996; **bis zum 31. Dezember d. J.** (= **dieses Jahres**) until December 31st of this year; **Anfang der achtziger ~e** in the early eighties; **alle ~e** every year; **auf ~e hinaus** for years to come; **im Lauf der ~e** through (*od.* over) the years; **in die ~e kommen** be getting on (a bit); **in diesem (im nächsten) ~** this (next) year; **mit den ~en** with (the) years; **mit** (*od.* **im Alter von) 20 ~en** at the age of twenty; **nach ~en** after (many) years; **nach ~ und Tag** after a very long time, (many) years later; **seit ~ und Tag** for a long time, for many years; **heute vor einem ~** a year ago today; **von ~ zu ~** from year to year, *weitS.* as the years go by; **~ für ~** year after year; **in den besten ~en sein** be in the prime of life; → **Buckel** 2.

jahraus *adv.*: **~, jahrein** year in, year out.

Jahrbuch *n* yearbook; (*Almanach*) almanac.

Jährchen F *n* year; **ein paar ~ noch** another year or two, another couple of years.

jahrelang I. *adj.* longstanding; **~e Erfahrung** years of experience; **ein ~er Kampf** *a.* years of struggle (*od.* struggling); **e-e ~e Freundschaft** *a.* a friendship that goes back a long time; **II.** *adv.* for years (and years), for years on end.

jähren *v/refl.*: **1995 jährt sich die Erfindung des ... zum 200. Mal** 1995 will see the 200th anniversary (*od.* the bicentennial) of the invention of ...; **heute (morgen) jährt sich sein Todestag** it's a year today since he died, it's a year ago today that he died (it'll be a year ago tomorrow that he died).

Jahres... *in Zssgn mst* annual, yearly; **~abonnement** *n* annual subscription; *thea. etc.* yearly season ticket; **~abrechnung** *f*, **~abschluß** *m* annual (statement of) accounts *pl.*; **~anfang** *m*: (**zu** at the) beginning of the year; **~ausgleich** *m* annual tax adjustment; **~beginn** *m*: (**zu** at the) beginning of the year; **~beitrag** *m* annual subscription (*od.* contribution); **~bericht** *m* annual report; **~bestleistung** *f* best performance of the year (so far); **~bestzeit** *f* best time of the year (so far); **~bilanz** *f* annual balance (sheet); **~einkommen** *n* yearly income; **~ende** *n* end of the year; **~etat** *m* annual budget; **~fehlbetrag** *m* annual deficit, net loss for the year; **~frist** *f*: ***binnen ~*** within a year; ***nach ~*** after one year; **~gehalt** *n* annual salary; **~hälfte** *f*: ***erste*** (***zweite***) ***~*** first (second) half of the year; **~hauptversammlung** *f* annual general meeting, AGM; **~haushalt** *m* annual budget; **~hoch** *n* annual high; **~karte** *f* yearly season ticket; **~mitte** *f* middle of the year; ***... zur ~*** mid-year ...; **~mittel** *n* yearly average; **~ring** *m* ♀ annual ring; **~rückblick** *m* review of (*od. a* look back at) the year's events; **~schluß** *m* end of the year; ***zum ~*** at (***bis:*** by) the end of the year, year-end ...; **~tag** *m* anniversary; **~temperatur** *f*: ***mittlere ~*** annual mean temperature; **~tief** *n* annual low; **~überschuß** *m* net earnings *pl.*; **~umsatz** *m* annual turnover; **~urlaub** *m* annual holiday (allowance), *Am.* annual vacation (allowance); **~verdienst** *m* annual income (*od.* earnings *pl.*); **~versammlung** *f* annual meeting; **~vertrag** *m* one-year contract; **~wagen** *m* employee('s) car; **~wechsel** *m*, **~wende** *f* turn of the year; (*Fest*) New Year; **~wirtschaftsbericht** *m* annual economic report; **~zahl** *f* date, year; ***ich kann mir keine ~en merken*** I'm hopeless at dates.

Jahreszeit *f* season, time of the year; ***zu jeder ~*** (in) any season, in all seasons; **jahreszeitlich I.** *adj.* seasonal; **II.** *adv.* seasonally; ***~ bedingt*** seasonal.

Jahrgang *m* (*Altersklasse*) age group, 🕮 cohort; *ped.* year; *Wein*: vintage (*a. fig.*), year; *Zeitschriften*: volume, year; ***der ~ 1968*** those born in 1968, *Wein*: the 1968 vintage; ***wie ist der ~ 1983?*** *Wein*: what's the 1983 (vintage) like?; ***wir sind derselbe ~*** we're the same age, we were born in the same year; ***was ist er für ein ~?*** what year was he born (in)?; ***ich bin ~ 62*** I was born in (19)62.

Jahrhundert *n* century; **jahrhundertealt** *adj.* centuries-old; ancient; **jahrhundertelang I.** *adj.* centuries of ...; **II.** *adv.* for centuries, for hundreds of years.

Jahrhundert|ereignis *n* **1.** event (*od.* happening) of the century; **2.** once-in-a-lifetime event; **~feier** *f* centenary, centennial; **~hälfte** *f*: ***erste*** (***zweite***) ***~*** first (second) half of the century; **~mitte** *f*: (***um die ~*** around the) middle of the century; **~wein** *m* vintage of the century; rare vintage; **~wende** *f*: (***um die ~*** around the) turn of the century.

jährlich I. *adj.* yearly, annual; **II.** *adv.* every year, yearly, once a year; *1,000 dollars* a year, per annum.

Jährling *m zo.* yearling.

Jahrmarkt *m* fair; *fig.* ***~ der Eitelkeiten*** vanity fair; **Jahrmarktschreier** *m* fairground barker; **Jahrmarktstreiben** *n* fairground (hustle and) bustle.

Jahr|milliarden *pl.*: ***vor ~*** thousands of millions of years ago, billions of years ago; ***seit ~*** for thousands of millions of years, for billions of years; **~millionen** *pl.*: ***vor ~*** millions of years ago; ***seit ~*** for millions of years.

Jahrtausend *n* millennium; **~feier** *f* millenary; **~wende** *f* turn of the millennium.

Jahrzehnt *n* decade, ten years *pl.*; **jahrzehntelang I.** *adj.* decades of ...; **II.** *adv.* for decades.

Jähzorn *m* **1.** (*Eigenschaft*) violent temper; **2.** (*Anfall von ~*) sudden (outburst of) rage; **jähzornig I.** *adj.* hot-tempered; ***er ist ein ~er Mensch*** *a.* he's got a violent temper, he tends to flare up; **II.** *adv.* angrily, in a temper.

Jakob *m*: F ***nicht gerade der wahre ~*** not quite what I *etc.* want.

Jakobiner *m* **1.** *hist. pol.* Jacobin; **2.** *eccl.* Dominican (friar), Jacobin.

Jakobs|leiter *f* ⚓ *u. bibl.* (***die ~***) Jacob's ladder; **~muschel** *f* scallop shell.

Jakobus *m bibl.* James; ***Brief des ~*** → **~brief** *m*: *bibl.* ***der ~*** (the Epistle of St) James.

Jalousie *f* (Venetian) blind(s *pl.*).

Jamaikaner(in *f*) *m*, **jamaikanisch** *adj.* Jamaican.

Jambe *f*, **Jambus** *m* iamb(us).

Jammer *m* (*Elend*) misery; (*Verzweiflung*) despair; (*Wehklagen*) lamentation; ***es ist ein ~*** it's such a shame; ***der ~ ist, daß*** the trouble is that; ***es ist immer derselbe ~*** it's the same old story every time; **~bild** *n* pitiful sight, (*Person*) *a.* picture of misery; **~geschrei** *n* wailing; **~gestalt** *f* miserable wretch (*a. fig. contp.*); **~lappen** F *m* F spineless jellyfish.

jämmerlich I. *adj.* miserable, wretched, pitiful (*alle a. fig. contp.*); (*verächtlich*) deplorable; (*herzzerreißend*) heart-rending; ***~ aussehen*** look wretched; ***ihm war ~ zumute*** he felt utterly miserable; **II.** *adv.*: ***~ weinen*** weep bitterly, *bsd. Kind*: cry one's eyes out; ***~*** (***schlecht***) *singen etc.*: miserably; ***~ frieren*** be dreadfully cold, be freezing, freeze; ***~ vernachlässigt werden*** be woefully neglected.

jammern I. *v/i.* **1.** moan, *laut*: *a.* wail; (*wimmern*) whimper; ***~ nach*** (*der Mutter etc.*) cry for; **2.** (*sich beklagen*) moan, F bellyache; **II.** *v/t.*: ***es jammert mich zu sehen*** it breaks my heart to see; ***er jammert mich*** I feel sorry for him; **III. ♀** *n* moaning, wailing; → ***jammern*** I.

jammerschade *adj.*: ***es ist ~*** it's such a shame (***um*** about), F it's too bad (about).

Jammertal *lit. n lit.* vale of tears.

Janker *m* Janker jacket.

Jänner *östr. m* January.

Januar *m* January; ***im ~*** in January.

januskköpfig *fig. adj.* two-sided, Janus-faced.

Japaner *m* Japanese; **Japanerin** *f* Japanese (woman); **japanisch** *adj.*, **Japanisch** *n ling.* Japanese.

Japanologe *m* Japanologist; **Japanologie** *f* Japanese studies *pl.*, Japanology.

Japanseide *f* Japanese silk.

Japs(e) F *contp. m* (*f*) F Nip, slit-eye.

japsen *v/i.* gasp (***nach Luft*** for breath), pant.

Jargon *m* jargon; slang.

Jasager *m* yes-man.

Jasmin *m* jasmin(e); **~öl** *n* jasmine oil; **~tee** *m* jasmine tea.

Jaspis *m min.* jasper.

Jastimme *f parl.* aye, *Am.* yea.

jäten I. *v/t.* weed (out); (*Beet etc.*) weed; ***Unkraut ~*** pull out (the) weeds; **II.** *v/i.* weed (the garden), pull out (the) weeds.

Jauche *f* liquid manure; F *fig.* swill; **~grube** *f* manure pit.

jauchen *v/t. u. v/i.* manure, dung.

jauchzen I. *v/i.* cheer; shout for joy, whoop with joy; **II. ♀** *n* cheers *pl.*; *lit.* jubilation; **jauchzend** *adj.* cheering; exultant, jubilant; **Jauchzer** *m* (loud) whoop, shout of joy; ***e-n ~ ausstoßen*** give a loud whoop, whoop with joy.

jaulen *v/i.* howl; *Gitarre*: *a.* whine, scream.

Jause *östr. f* snack; ***e-e ~ machen*** have a snack (*od.* bite to eat).

Javamensch *m*: ***der ~*** Pithecanthropus, Java Man.

Javaner(in *f*) *m*, **javanisch** *adj.* Javanese.

jawohl *adv.* yes; will do; ⚔ *etc.*, *a. iro.* yes, Sir!, yessir!

Jawort *n*: ***sie gab ihm das ~*** she said yes.

Jazz *m* jazz; **~band** *f* jazz band; **~festival** *n* jazz festival; **~kapelle** *f* jazz band; **~musik** *f* jazz (music); **~musiker** *m* jazz musician; **~sänger** *m* jazz singer.

je[1] *int.*: ***ach ~!*** oh no!, oh dear!

je[2] *adv. u. cj.* **1.** → **eh** 2; **2.** (*jemals*) ever; ***ohne ihn ~ gesehen zu haben*** without ever having seen him; ***hast du ~ so etwas gehört?*** did you ever hear (of) such a thing?; **3. *~ sechs*** six each; ***sie kosten ~ einen Dollar*** they cost a dollar each; ***er gab den Jungen ~ einen Apfel*** he gave each of the boys an apple, he gave the boys an apple each; ***für ~ zehn Wörter*** for every ten words; ***in Schachteln mit ~ zehn Stück*** in boxes of ten; ***~ zwei und zwei*** in twos; **4. *~ nach*** according to; ***~ nachdem*** *als adv.*: it (all) depends, *als cj.*: according to, depending on *what he says etc.*; **5.** *mit comp.*: ***~ ... desto ...*** the ... the ...; ***~ länger, ~ lieber*** the longer the better.

Jeans *pl.*, *a. f*: (***e-e ~*** a pair of) jeans; **~anzug** *m* denim suit; **♀farben** *adj.* denim(-colo[u]red); **~jacke** *f* denim jacket; **~stoff** *m* denim.

jeck *dial. adj.* mad, F crazy; ***bist du ~?*** *a.* have you gone mad?

jede, jeder, jedes *indef. pron.* **1.** *adjektivisch*: (*~ insgesamt*) every; (*~ einzelne*) each; *betonend*: each and every; (*~ beliebige*) any; *von zweien*: either; (*alle*) all; ***jeder einzelne ...*** every single ...; ***jeder zweite ...*** every other ...; ***ohne jeden Zweifel*** without (any) doubt; (***zu***) ***jeder Zeit*** any time; ***sie kann jeden Moment dasein*** she could be here any minute; ***um jeden Preis*** whatever the cost (*od.* price); ***bei jedem Wetter*** in any weather; ***fern jeder Zivilisation*** far away from civilization; → ***Fall*** 2; **2.** *substantivisch*: (*Personen*) everyone, (*~ einzelne*) every single one (*od.* person), (*~ beliebige*) anyone; (*Dinge*) every (*od.* each) one, (*~ beliebige*) any (of them); → *a.* **jedermann**; ***jeder von ihnen*** all (*od.*

each) of them; ***alles und jedes*** everything (under the sun); ***jeder hat seine Fehler*** we all have our faults; ***da kann jeder machen, was er will*** you can do what(ever) you like there.

jedenfalls *adv.* **1.** (*wie besprochen*) anyway, in any case, at any rate; **2.** (*was immer auch sei*) at any rate, at all events; **3.** (*wie dem auch sei*) be that as it may; **4.** (*wenigstens*) at least, at any rate; ***ich bin es ~ nicht*** it's not me, anyway; (*nicht überrascht etc.*) I for one am not.

jederlei *adj.* all sorts (*od.* kinds) of ...

jedermann *indef. pron.* everyone, everybody; (*jeder beliebige*) anyone, anybody; ***nicht ~s Sache*** not everybody's cup of tea; *thea.* ***Jedermann*** Everyman.

jederzeit *adv.* **1.** any time, always; **2.** (*jeden Moment*) any minute (now); (*jeden Tag*) any day (now); ***er rechnet ~ mit s-r Entlassung*** he's waiting to be given notice any day now.

jedesmal *adv.* every time; (*immer*) always; ***~ wenn*** every time, whenever.

jedoch *adv.* however, still; *nachgestellt*: though.

jedwede, jedweder, jedwedes *indef. pron.* every single; *Freude, Bedauern etc.*: all; ***ohne jedweden ...*** without a trace of, bar all, devoid of (all); ***ihm fehlt jedweder Sinn für Humor*** *etc.* he hasn't got the slightest sense of humo(u)r *etc.*

Jeep (*TM*) *m* jeep (*TM*).

jegliche, jeglicher, jegliches *indef. pron.* → ***jedwede, jedweder, jedwedes.***

jeher *adv.*: ***von ~*** always; all along; (*seit alters*) from time immemorial, ever since I *etc.* can remember.

jein *adv.* yes and no.

Jelängerjelieber *n, m* ⚘ honeysuckle.

jemals *adv.* ever.

jemand I. *indef. pron.* somebody, someone; *fragend*: *a.* anybody, anyone; *verneinend*: anybody, anyone; ***es kommt ~*** somebody's coming; ***ist ~ da?*** is there anybody here (*od.* home)?; ***~ anders*** somebody (*od.* anybody) else; ***sonst noch ~?*** anyone else (*iro.* while I'm at it)?; → ***irgend*** 2; **II.** ♀ *m*: ***ein gewisser ~*** a certain somebody.

Jemenit(in *f*) *m*, **jemenitisch** *adj.* Yemenite, Yemeni.

jener, jene, jenes *dem. pron.* **1.** *adjektivisch*: that, *pl.* those; ***seit jenem Tag*** from that day on; **2.** *substantivisch*: that one, *pl.* those; (*der, die, das vorher Erwähnte*) the former; → ***dieser, diese, dieses*** 2.

jenseitig *adj.* **1.** on the other side; ***am ~en Ufer*** on the opposite bank; **2.** *fig.* otherworldly.

jenseits I. *prp.* on the other side of, across, beyond; **II.** *adv.* on the other side; ***~ von*** beyond; F ***~ von Gut und Böse*** F past it; **III.** ♀ *n the* hereafter; F ***ins ~ befördern*** F send *s.o.* up the river.

Jeremia *m bibl.* Jeremiah; ***das Buch ~*** (the Book of) Jeremiah; ***die Klagelieder ~s*** the Lamentations of Jeremiah; **Jeremiade** *f* jeremiad, lamentation.

Jersey *m* jersey.

Jesaja *m bibl.* Isaiah.

Jesses *int.* (*a.* ***~ Maria!***) good Lord!

Jesuit *m* Jesuit.

Jesuiten|drama *n* Jesuit play; *coll.* Jesuit plays *pl.* (*od.* drama); **~orden** *m* Jesuit Order, Order of Jesuits; Jesuits *pl.*; **~schule** *f* Jesuit school.

jesuitisch *adj.* Jesuit ..., Jesuitic(al); *contp.* jesuitical.

Jesus *m* Jesus; ***~ Christus*** Jesus Christ; ***der Herr ~*** the Lord Jesus; **~kind** *n*: ***das ~*** the infant (*od.* child) Jesus, *Kindersprache*: (the) baby Jesus; **~latschen** F *pl.* F Jesus sandals; (*Zehensandalen*) (leather) thongs.

Jet *m* ✈ jet.

Jeton *m* chip.

Jet-set *m* jet set.

jetten *v/i.*: ***~ nach*** jet off to.

jetzig *adj.* present; current; (*bestehend*) existing; (*vorherrschend*) prevailing; ***in der ~en Zeit*** these days, nowadays.

jetzt I. *adv.* **1.** now; (*heutzutage*) these days, nowadays; ***erst ~*** only now; ***gleich ~*** right now; ***noch ~*** even now, to this day; ***ich habe ~ keine Zeit*** I haven't got (any) time right now; **2.** *bei lebhafter Erzählung*: ***~*** (*da*) ***erhob er sich*** then he got up; **3.** *nach prp.*: ***bis ~*** so far, *bei Verneinung*: *a.* as yet; ***von ~ an*** from now on; **4.** ***wo hab' ich's ~ hingetan?*** where did I put it now?; ***was hast du denn ~?*** what's wrong now (*od.* this time)?; **II.** ♀ *n* → ***Hier***; **♀zeit** *f* present (time).

jeweilig I. *adj.* respective; (*gegeben, spezifisch*) particular; (*relevant*) relevant; (*vorherrschend*) prevailing; ***der ~e Präsident*** the president in office; ***der ~e Abteilungsleiter*** the head of department in each case; ***den ~en Umständen nach*** according to the circumstances (at the time); **II.** *adv.* → **jeweils** *adv.* **1.** (*gleichzeitig*) *two etc.* at a time; **2.** (*jedesmal*) always; a time; ***sie kommt ~ am Montag*** she comes every Monday (*od.* on Mondays); ***er gibt ~ zwei Stunden Geschichte*** he does two hours of history a time; **3.** (*je*) each; *Übungen* ***mit ~ 20 Fragen*** with twenty questions each; **4.** (*jeweilig*) in each case; ***die ~ erforderlichen Maßnahmen*** the relevant (*od.* appropriate) measures.

jiddisch *adj.*, ♀ *n ling.* Yiddish.

Jiu-Jitsu *n* j(i)ujitsu.

Job *m* job; **jobben** *v/i.* job around; *Student*: work during the vac; F (*e-n Beruf ausüben*) work, have a job.

Joch *n* **1.** yoke (*a.* ⚡ *u. fig.*); *fig.* ***unter das ~ bringen*** bring under one's yoke (*od.* sway); **2.** (*Berg*♀) saddleback; **3.** △ bay; → **~balken** *m* crossbeam, girder; **~bein** *n anat.* cheekbone.

Jockei *m*, **Jockey** *m* jockey.

Jod *n* ⚗ iodine.

jodeln *v/i. u. v/t.* yodel.

jodhaltig *adj.*: ***~ sein*** contain iodine.

jodieren *v/t.* ⚗ iodinate; ⚕ *u. phot.* iodize.

Jodler *m* **1.** (*Person*) yodel(l)er; **2.** (*Ruf*) yodel.

Jod|lösung *f* iodine solution; **~präparat** *n* iodine preparation; **~salbe** *f* iodine ointment; **~salz** *n* iodized salt; **~silber** *n* silver iodide; **~tinktur** *f* iodine tincture, tincture of iodine.

Joel *m bibl.* Joel.

Joga *m, n* yoga; **~übung** *f* yoga exercise.

joggen *v/i.* jog, go jogging; **Jogger** *m* jogger.

Jogging *n* jogging; **~anzug** *m* tracksuit; **~hose** *f* tracksuit trousers (*od.* bottoms) *pl.*; **~schuhe** *pl.* running shoes.

Joghurt *m, n* yog(h)urt.

Johannes *m bibl.* John; ***~ der Täufer*** John the Baptist; → ***Offenbarung*** 2; ***1.*** (***2.***) ***Brief des ~*** → **~brief** *m*: *bibl.* ***der 1.*** (***2., 3.***) ***~*** the 1st (2nd, 3rd) Epistle of St John, John I (II, III); **~evangelium** *n*: ***das ~*** (the Gospel of) St John, St John's Gospel.

Johannisbeere *f*: ***rote ~*** redcurrant; ***schwarze ~*** blackcurrant.

Johannis|brot *n* carob; **~feuer** *n* Midsummer Eve bonfire; **~käfer** *m* glow-worm; **~kraut** *n* ⚘ St John's wort; **~nacht** *f* Midsummer Eve (*od.* Night), Eve of St John; **~trieb** *m* **1.** ⚘ lammas shoot; **2.** F *fig.* late love.

Johanniterorden *m* Order of (the Knights of) St John of Jerusalem.

johlen I. *v/i.* bawl, yell; **II.** ♀ *n* bawling, yelling.

Joker *m* joker; *fig.* trump card.

Jolle *f* dinghy.

Jona *m bibl.* Jonah.

Jongleur *m* juggler; **jonglieren** *v/t. u. v/i.* juggle (***mit*** [with] *s.th.*; *a. fig.*).

Joppe *f* jacket.

Jordan *m* (River) Jordan; *fig.* ***über den ~ gehen*** go to meet one's Maker, pass on.

Jordanier(in *f*) *m*, **jordanisch** *adj.* Jordanian.

Josephsehe *f* unconsummated marriage.

Josua *m bibl.* Joshua; ***das Buch ~*** (the Book of) Joshua.

Jota *n*: *fig.* ***kein ~*** not one jot (or tittle); ***kein ~ nachgeben*** not to budge (*od.* give) an inch.

Joule *n phys.* joule.

Journal *n* journal, magazine; **Journalismus** *m* journalism; **Journalist** *m* journalist; **Journalistendeutsch** *n*, **Journalistenstil** *m* journalese; **Journalistik** *f* journalism; **journalistisch** *adj.* journalistic(ally *adv.*).

jovial *adj.* genial, affable; **Jovialität** *f* geniality; affability.

Joystick *m Computerspiele*: joystick.

Jubel *m* cheering, cheers *pl.*; (*Freude*) rejoicing; ***es herrschte allgemeiner ~*** there was great rejoicing; ***es herrschte ~, Trubel, Heiterkeit*** there was much merrymaking; **~feier** *f*, **~fest** *n* anniversary (celebration[s *pl.*]); **~geschrei** *n* cheering; **~greis** F *m* sprightly old fellow; **~jahr** *n* jubilee year; F ***alle ~e einmal*** F once in a blue moon.

jubeln *v/i.* cheer, shout for joy; (*sich freuen*) rejoice; ***zu früh ~*** rejoice too soon; F *fig.* ***j-m et. unter die Weste ~*** (*andrehen*) fob s.th. off on s.o., (*aufhalsen*) F land s.o. with s.th.

Jubilar(in *f*) *m person celebrating an anniversary*; (*Geburtstags*♀) F birthday boy (*od.* girl).

Jubiläum *n* anniversary.

Jubiläums|ausgabe *f* anniversary edition; **~feier** *f* anniversary celebration(s *pl.*).

jubilieren *v/i.* **1.** rejoice (***über*** over), *schadenfroh*: *a.* gloat (over); **2.** *Vogel*: trill, carol.

juchhe *int.* whoopee!

Juchten *n* Russia leather; (*Duft*) Russian leather; **~leder** *n* Russia leather.

juchzen *v/i.* → ***jauchzen***; **Juchzer** *m* → ***Jauchzer.***

juckeln F *v/i.* **1.** fidget (F twitch) around; ***hör doch auf mit dem ♀*** *a.* F have you got ants in your pants?; **2.** *Auto*: chug along.

jucken I. *v/t. u. v/i.* itch; ***mich juckt's*** I'm itching; ***es juckt mich am Arm*** my arm's itching; ***der Pullover juckt*** the pullover's scratchy; *fig.* ***es juckt(e) mich zu*** *inf.* I'd love to *inf.* (I was tempted to *inf.*); ***dir juckt wohl das Fell*** what's got into you all of a sudden?; ***das juckt mich nicht*** why should I care?; ***es scheint ihn nicht zu ~*** it doesn't seem to bother him (in the slightest); ***wen juckt's?*** who cares?: ***das juckt niemanden*** nobody could care less (F give a damn); **II.** F *v/refl.*: ***sich ~*** (*sich kratzen*) scratch o.s.; **III.** 2 *n* itch(ing).

Juck|pulver *n* itching powder; **~reiz** *m* itch(ing), itchiness.

Judaika *pl.* Judaica.

Judaismus *m* Judaism; **Judaistik** *f* Jewish (*od.* Judaic) studies *pl.*

Judas *m bibl.* Judas; *fig. a.* traitor; ***Brief des ~*** → ***Judasbrief***; **~baum** *m* ⚘ Judas tree; **~brief** *m*: *bibl.* ***der ~*** (the Epistle of) Jude; **~kuß** *m* Judas kiss; ***der ~*** *Kunst*: the Betrayal; **~lohn** *m* traitor's reward, (*one's*) thirty pieces of silver.

Jude *m* Jew.

Juden|stern *m* Star of David; **~tum** *n* **1.** ***das ~*** Judaism; **2.** (*das Volk*) *the* Jews *pl.*, *the* Jewish people, *modern etc.* Jewry; **~verfolgung** *f* persecution of the Jews; **~viertel** *n* Jewish quarter.

Judikative *f* judiciary.

Jüdin *f* Jew, *selten*: Jewess.

jüdisch *adj.* Jewish.

Judo *n* judo; **~anzug** *m* judo outfit; **~griff** *m* judo hold; **~hose** *f* judo pyjamas (*Am.* pajamas) *pl.*; **~jacke** *f* judo jacket.

Judoka *m* judoka.

Judowurf *m* judo throw.

Jugend *f* **1.** youth; (*Kindesalter*) childhood; ***in m-r ~*** when I was young; ***von ~ auf*** since I was (*od.* you were *etc.*) young *od.* a child; **2.** (*Jugendlichkeit*) youth(fulness); **3.** *coll.* ***die ~*** young people, the younger generation, *heutige*: *a.* the youth of today, today's youth; ***die deutsche ~*** the young Germans (of today); **4.** → ***Jugendmannschaft***; **~alter** *n*: (***im ~*** in) adolescence; **~amt** *n* youth welfare office; **~arbeitslosigkeit** *f* youth unemployment; **~arrest** *m* ⚖ *short-term detention for young offenders*; **~bande** *f* gang of youths; **~bewegung** *f* youth movement; **~bild(nis)** *n*: ***ein ~ von X*** a portrait of X as a young man (*od.* woman); → ***Jugendfoto***; **~buch** *n* book for young people (*od.* adolescents); **~bücherei** *f* junior library, library for young people; **~elf** *f* youth team; **~erinnerungen** *pl.* memories of one's youth; **~foto** *n*: ***ein ~ von X*** a photo of X as a young man (*od.* woman), a photo of X when he (*od.* she) was young; **2frei** *adj. Film*: suitable for all ages, U-certificate, *Am.* G-rated; ***nicht ~*** for adults only; **~freund(in** *f*) *m* friend from one's youth; ***er ist ein Jugendfreund von mir*** *oft* we've been friends ever since we were young; **~frische** *f* youthfulness; **2gefährdend** *adj.* harmful (to young people); **~gefängnis** *n* → ***Jugendstrafanstalt***; **~gericht** *n* juvenile court; **~gruppe** *f* youth group; **~haft** *f* youth custody; **~heim** *n* youth cent|re (*Am.* -er); **~herberge** *f* youth hostel.

Jugendherbergs|mutter *f*, **~vater** *m* youth hostel warden; **~verband** *m* Youth Hostel Association.

Jugend|hilfe *f* youth welfare (services *pl.*); **~jahre** *pl.*: ***die ~*** one's youth; ***in m-n ~n*** in my youth, when I was young, when I was a young lad (*od.* girl); **~kammer** *f* ⚖ juvenile division; **~klasse** *f Sport*: youth class; **~kriminalität** juvenile delinquency; **~lager** *n* youth camp.

jugendlich *adj.* youthful (*a. Aussehen, Kleidung etc.*); (*jung*) young; ⚖ *a.* juvenile; ***~er Leichtsinn*** youthful abandon (*Ahnungslosigkeit*: innocence); ***~er Täter*** youth offender; ***~ aussehen*** look young; ***~ wirken*** *a.* come across as quite young; ***sich ~ geben*** act young; **Jugendliche(r** *m*) *f* young person, *m a.* youth, ⚖ *a.* juvenile; **Jugendlichkeit** *f* youthfulness.

Jugend|liebe *f* **1.** (*Person*) old flame; **2.** puppy love; **~literatur** *f* books *pl.* for young people, young adult literature; **~mannschaft** *f* youth team; **~meister** *m* youth champion; **~meisterschaft** *f* youth championships *pl.*; **~organisation** *f* youth organization; **~pflege** *f* youth welfare; **~pfleger** *m* youth welfare worker; **~recht** *n* juvenile law (*od.* legislation); **~richter** *m* juvenile court judge.

Jugendschutz *m legal protection for children and young persons*; **~gesetz** *n in GB*: Children and Young Persons Act.

Jugend|sprache *f* teenage slang; **~stil** *m* Jugendstil, *a.* art nouveau; **~strafanstalt** *f* youth custody unit, remand centre, *Am.* reform school; **~streich** *m* youthful escapade (*od.* exploit); **~sünde** *f* sin (*od.* transgression) of one's youth; → **~torheit** *f* youthful escapade (*od.* exploit), folly of one's youth; **~traum** *m* childhood dream; ambition of one's youth; ***es ist ein ~ von mir (gewesen)*** *a.* it's something I've always dreamt of (doing); **~verbot** *n*: *der Film **hat ~*** is for adults only; **~werk** *n* early work; **~zeit** *f* → ***Jugend*** 1; **~zeitschrift** *f* teenage magazine; **~zentrum** *n* youth cent|re (*Am.* -er).

Jugoslawe *m* **1.** *a.* **Jugoslawin** *f* Yugoslav; **2.** F (*Restaurant*) F Yugoslavian place; **jugoslawisch** *adj.* Yugoslav.

Juli *m* July; ***im ~*** in July.

Jumbo(-Jet) *m* jumbo (jet).

jung *adj.* young; (*jugendlich*) youthful; ***~es Unternehmen*** new company; ***~er Wein*** new wine; ***~es Glück*** new-found happiness; ***von ~ auf*** from childhood; ***~ und alt*** young and old; ***~ heiraten*** (***sterben*** *etc.*) marry (die *etc.*) young *od.* at an early age; ***die 2en*** the young ones, the young(er) generation; ***die 2en und die Alten*** young and old; → ***jünger, jüngst*** I, ***Gemüse, Hund*** 1 *etc.*

Jung|brunnen *m* fountain of youth; **~demokrat** *m* Young Democrat.

Junge *m* boy; F (*junger Mann*) F lad; F (*Spielkarte*) jack; ***dummer ~*** silly little boy; ***armer ~*** poor lad; F ***~, ~!*** F boy oh boy; → ***schwer*** I.

Junge(s) *n zo.* F baby; (*Hund*) puppy; (*Kätzchen*) kitten; (*Raubtier*2) *oft* cub; (*Kalb, Elefant, Robbe*) calf; ***Junge werfen*** (*od.* ***bekommen***) have young (*od. a.* litter), *Hündin*: have puppies, *Katze*: have kittens, *Kuh etc.*: calve, *Reh, Rotwild*: fawn.

Jungengesicht *n* boy's face; boyish face.

jungenhaft *adj.* boyish; **Jungenhaftigkeit** *f* boyishness.

Jungen|klasse *f* boys' class; **~schule** *f* boys' school; **~streich** *m* schoolboy prank.

jünger *adj.* younger; *weitS.* (*ziemlich jung*) youngish; (*zeitlich näher*) more recent, later; ***der 2e*** (***d. J.***) the Younger; ***~en Datums*** more recent; ***sie sieht ~ aus als sie ist*** she looks younger than her age, she doesn't look her age.

Jünger *m* disciple; *fig. a.* follower; **Jüngerschaft** *f* (body of) followers *pl. od.* disciples *pl.*

Jungfer *f*: ***alte ~*** old maid.

Jungfern|fahrt *f* maiden (*od.* inaugural) voyage; **~flug** *m* maiden (*od.* inaugural) flight; **~häutchen** *n anat.* hymen; **~öl** *n* virgin oil; **~rede** *f* maiden speech; **~zeugung** *f biol.* parthenogenesis.

Jungfrau *f* **1.** virgin; ***sie ist noch ~*** she's still a virgin; ***die ~ Maria*** the Virgin Mary; ***die Heilige ~*** the Blessed Virgin; ***Eiserne ~*** Iron Maiden; ***die ~ von Orleans*** the Maid of Orleans, Joan of Arc; F ***er ist dazu gekommen wie die ~ zum Kind*** it just (F sort of) fell into his lap; **2.** (*Sternzeichen*) Virgo; **(e-e) ~ sein** be (a) Virgo; **Jungfrauengeburt** *f bibl.* Virgin Birth; **jungfräulich** *adj.* (*keusch*) chaste; (*unberührt*) virginal; *fig.* virgin ...; **Jungfräulichkeit** *f* virginity; (*Keuschheit*) chasteness.

Junggeselle *m* bachelor, single man; ***eingefleischter*** (***alter***) ***~*** confirmed (old) bachelor; ***er ist noch ~*** he's still a bachelor, he's still single.

Junggesellen|bude F *f* F bachelor pad; **~dasein** *n* life of a bachelor, bachelor life; **~haushalt** *m* bachelor household; **~leben** *n* → ***Junggesellendasein***; **~tum** *n* bachelorhood; **~wirtschaft** *f* bachelor household; **~zeit** *f* bachelor years (*od.* days) *pl.*

Junggesellin *f* single girl (*od.* woman), unmarried woman; *Amtssprache*: spinster.

Jüngling *m* youth; *contp.* stripling; **Jünglingsalter** *n*: (***im ~*** in one's) youth, (in) adolescence; **jünglingshaft** *adj.* youthful, *nachgestellt*: of youth.

Jung|pflanze *f* seedling, young plant; **~sozialist** *m* Young Socialist.

jüngst I. *adj.* youngest; *zeitlich*: latest; ***2er Tag*** Day of Judg(e)ment; ***Vorgänge der ~en Vergangenheit*** recent events; ***sein ~es Werk*** his latest work; F ***sie ist auch nicht mehr die 2e*** she's not getting any younger, F she's no spring chicken any more; ***unser 2er, unsere 2e*** our youngest (one *od.* child); ***in ~er Zeit*** → **II.** *adv.* recently; the other day.

Jung|steinzeit *f* Neolithic Age; **~tier** *n* young animal; *Jagd*: young deer (*od.* doe); **~türke** *m pol.* Young Turk; **~unternehmer** *m* young entrepreneur (*od.* businessman); **2verheiratet, 2vermählt** *adj.* newly-wed; **~vieh** *n* young stock; **~wähler** *m* young voter.

Juni *m* June; ***im ~*** in June.

junior I. *adj.* **1.** junior; ***X ~*** X junior, young X; **II.** 2 *m* **2.** *Sport u.* F *e-r Familie etc.*: junior; **3.** ☤ a) owner's son, b) *a.* **Juniorchef** *m* junior partner.

Junioren... *in Zssgn Sport*: junior *class etc.*

Junker *m* **1.** (young) nobleman; (*Land*2) (country) squire; **2.** *hist. in Preußen*:

Junker; **Junkertum** *n* **1.** squir(e)archy; **2.** *hist. in Preußen*: Junkerdom.
Junkie F *m* F junkie.
Junktim *n pol.* nexus.
Juno *m* June; ***im*** ~ in June.
Junta *f pol.* junta.
Jura[1] law.
Jura[2] *m geol.* Jurassic (period); **~formation** *f* Jurassic system.
Jura|student *m* law student; **~studium** *n* law studies *pl.*; study of law; law degree.
Jurazeit *f geol.* Jurassic period.
Jurisprudenz *f* jurisprudence.
Jurist *m* lawyer; (*Student*) law student.
Juristen|deutsch *n*, **~sprache** *f* legalese.
juristisch *adj.* legal; ***~e Fakultät*** faculty of law, law school; ***~e Laufbahn*** career in law, legal career; ***~e Person*** legal entity.
Jury *f* **1.** jury, (panel of) judges *pl.*; *Ausstellung*: selection committee; **2.** ⚖ jury.
Jurymitglied *n* **1.** panel(l)ist; **2.** ⚖ member of the jury.
Jus *n* law.
Juso *m* young member of the SPD.
just *obs. adv. a. hum.* just; ~ ***als*** just as; ~ ***in dem Moment*** at that very moment, just then; ~ ***er*** him of all people.
Justage *f* adjustment; justification; **justierbar** *adj.* adjustable; **justieren** *v/t.* adjust, set; (*Gewehr etc.*) true up; (*eichen*) calibrate; *typ.* justify; **Justierung** *f* adjustment; calibration.
Justitia *f* Justice; goddess of justice.
Justitiar *m* legal adviser.
Justiz *f* justice; *the* law; **~beamte(r)** *m* judicial officer; **~behörde** *f* legal authority; **~gebäude** *n* law courts *pl.*; **~gewalt** *f* judiciary (power); **~irrtum** *m* error of justice; **~minister** *m* justice minister; *in GB*: *etwa* Lord Chancellor; *in den USA*: *etwa* Attorney General; **~ministerium** *n* ministry of justice; *in den USA*: *etwa* Department of Justice; **~mord** *m* judicial murder; **~palast** *m* (central) law courts *pl.*; **~verwaltung** *f* **1.** administration of justice; **2.** *konkret*: legal administrative body; **~vollzugsanstalt** *f* prison; **~wesen** *n* judicial system, judiciary.
Jute *f* jute.
Jüte *m* Jute.
Jute|faser *f* jute fib|re (*Am.* -er); **~leinen** *n*, **~leinwand** *f* burlap; **~pflanze** *f* jute plant; **~tasche** *f* jute bag.
Juwel *n* jewel (*a. fig. Bauwerk etc.*); *fig.* (*Person*) gem; **~en** jewellery, *bsd. Am.* jewelry; (*Edelsteine*) precious stones.
Juwelen|händler *m* jewel(l)er; **~schmuck** *m* jewellery, *bsd. Am.* jewelry.
Juwelier *m* jewel(l)er; **~geschäft** *n* jewel(l)er's shop.
Jux F *m* (practical) joke; ***aus*** ~ for fun, for a laugh, F for (*od.* as) a lark; ***er macht nur*** ~ F he's just kidding; ***sich e-n*** ~ ***machen*** have a lark; ***sich e-n*** ~ ***daraus machen zu inf.*** have a bit of fun *ger.*
jwd F *hum. adv.*: ~ ***wohnen*** F live at the back of beyond, live out in the sticks (*Am. a.* boondocks).

K

K, k *n* K, k.

Kabarett *n* (political) revue; **Kabarettist(in** *f*) *m* revue artist; (political) satirist; **kabarettistisch** *adj.* cabaret ...

Kabäuschen F *n* (*Pförtnerloge*) (gatekeeper's) cabin; (*Zimmer*) cubbyhole; (*Kommentatorenbox*) commentary box; (*Glaskabine*) booth.

Kabbala *f* cabbala, kabbala; **Kabbalistik** *f* cabbalism; **kabbalistisch** *adj.* cabbalistic.

kabbelig *adj.*: ***~e See*** choppy water (*od.* seas).

Kabel *n* ⚡, ⚙ cable; **~ader** *f* cable core; **~anschluß** *m* cable connection; **~baum** *m* ⚡ cable harness; **~brand** *m*: ***das Feuer entstand durch ~*** the fire was caused by an electrical fault; **~fernsehen** *n* cable TV; **~fernsehzentrale** *f* cablehead.

Kabeljau *m* cod.

Kabel|kanal *m* cable TV channel; **~klemme** *f* cable terminal; **~mantel** *m* cable sheath; **~netz** *n* cable network; **~rundfunk** *m* cable broadcasting; **~schnur** *f* flex; **~trommel** *f* cable drum; **~tuner** *m* cable decoder (*od.* tuner); **~verbindung** *f* cable link.

Kabine *f* cabin; ⚓ (*Luxus*2) stateroom (*a. Am.* 🚗); *im Schwimmbad, beim Arzt*: cubicle; *Sport*: dressing room; *Seilbahn*: car; *teleph.* telephone booth; *im Sprachlabor etc.*: booth.

Kabinen|bahn *f* cable railway; **~personal** *n* cabin staff (*mst pl. konstr.*); **~predigt** F *f* F half-time roasting.

Kabinett *n* **1.** *pol.* cabinet; **2.** Kabinett wine.

Kabinetts|beschluß *m* cabinet decision; **~bildung** *f* formation of a cabinet; **~justiz** *f* **1.** *hist.* star-chamber justice; **2.** *fig.* arbitrary government; **~krise** *f* cabinet crisis; **~liste** *f* list of cabinet members; **~mitglied** *n* cabinet member; **~sitzung** *f* cabinet meeting; **~tisch** *m*: ***auf den ~ kommen*** be put before the cabinet.

Kabinettstück *n* **1.** *Kunst*: showpiece; **2.** *fig., a.* **~chen** *n* masterstroke; (*brillanter Einfall*) flash of genius, *Sport*: *a.* F beautiful little trick.

Kabinetts|umbildung *f* cabinet reshuffle; **~vorlage** *f* cabinet bill.

Kabinettwein *m* Kabinett wine.

Kabrio(lett) *n* convertible.

Kabuff F *n* cubbyhole.

Kachel *f*, **kacheln** *v/t.* tile.

Kachel|ofen *m* tiled stove; **~wand** *f* tiled wall.

Kacke V *f* V shit; ***die ~ ist am Dampfen*** V the shit's really flying now; **kacken** V *v/i.* V shit.

Kadaver *m* (*Aas*) carcass (*a. fig.*); (*Leiche*) corpse; **~gehorsam** *m* slavish obedience; **~verwertung** *f* animal waste processing.

Kadenz *f* ♪ cadence.

Kader *m* ⚔, *pol. etc.* cadre; *Sport*: pool *of players etc.*; **~schmiede** *f* cadre training unit; *weitS.* elite training cent|re (*Am.* -er).

Kadett *m* cadet.

Kadettenanstalt *f* cadet school.

Kadi *m*: F ***j-n vor den ~ schleppen*** have s.o. up (***wegen*** for); ***zum ~ laufen*** go to court.

Kadmium *n* ⚗ cadmium; **~gelb** *n*, **~sulfid** *n* cadmium sulphide (*od.* yellow).

kaduzieren *v/t.* ✝ cancel; ***kaduzierte Aktie*** forfeited share.

Käfer *m* beetle (*a.* F *VW*).

Kaff F *n* F hole, dump.

Kaffee *m* coffee; ~ ***kochen*** make (some *od.* the) coffee; ***e-e Tasse ~*** a cup of coffee; ~ ***mit*** (***ohne***) ***Milch*** white (black) coffee; F ***das ist kalter ~*** F that's old hat; **~anbau** *m* coffee growing; **~automat** *m* coffee machine; **~bohne** *f* coffee bean; **2braun** *adj.* coffee-colo(u)red; **~-Ersatz** *m* coffee substitute, ersatz coffee; **~fahrt** *f type of magical mystery tour involving sales promotion*; **~filter** *m* **1.** coffee filter; **2.** (*Papierfilter*) filter, paper cone; **~geschirr** *n* coffee things *pl.*; (*Service*) coffee service.

Kaffeehaus *n* café, coffee house; **~literat** *m* coffee-house writer; *pl.* coffee-house literati; **~philosoph** *m* coffee-house philosopher.

Kaffee|kanne *f* coffee pot; **~klatsch** F *m* coffee party, *Am.* F coffee klatch; **~löffel** *m* teaspoon; **~maschine** *f* coffee machine (*od.* maker); **~mühle** *f* coffee grinder; **~pause** *f* coffee break; **~plantage** *f* coffee plantation; **~sahne** *f* (coffee) cream; **~satz** *m* coffee grounds *pl.*; **~service** *n* coffee service; **~tante** F *f* F coffee freak (*od.* addict); **~tasse** *f* coffee cup; **~trinker** *m*: ***ich bin*** (***kein***) ~ I (don't) drink coffee; **~wasser** *n*: ***das ~ aufsetzen*** put the kettle on for some coffee; **~weißer** *m* coffee whitener (*Am.* creamer).

Kaffer F *m* (F blithering) idiot.

Käfig *m* cage (*a.* ⚡, ⚙); *fig.* ***im goldenen ~ sitzen*** be a bird in a gilded cage; **~haltung** *f* caging of animals.

kafkaesk *adj.* Kafkaesque.

Kaftan *m* caftan.

kahl *adj.* bald, (*geschoren*) shorn; *fig. Felsen etc.*: bare; *Baum*: bare, leafless; *Landschaft*: barren, bleak; *Wand*: bare; (*schmucklos*) plain; (*leer*) empty; ~ ***werden*** go bald.

Kahlfraß *m* complete defoliation.

kahlfressen *v/t.* strip (of its *od.* their leaves).

kahlgeschoren *adj.* shaven.

Kahlkopf *m* bald head; F (*Person*) F baldy, slap-head; **kahlköpfig** *adj.* bald (-headed); **Kahlköpfigkeit** *f* baldness.

kahlrasieren *v/t.* shave.

Kahlschlag *m* complete deforestation; (*Stelle*) clearing, deforested area; *weitS.* (*Zerstörung*) eradication; *fig.* wiping the slate clean; **~sanierung** *f* wholesale redevelopment.

Kahlweiden *n* overgrazing.

Kahn *m* **1.** (rowing *od.* fishing) boat; (*Last*2) barge; F (*altes Schiff*) F tub; **2.** F *fig.* ***in den ~ gehen*** F turn in; **3.** F ***Kähne*** (*Schuhe*) F beetle-crushers; **~fahrt** *f* boat trip.

Kai *m* quay(side), wharf; **~anlage** *f* wharf, wharves *pl.*; **~arbeiter** *m* docker.

Kaiman *m zo.* cayman.

Kaimauer *f* quayside.

Kainsmal *n* mark of Cain.

Kaiser *m* emperor; ***der deutsche ~*** the German Emperor, (*1871-1918*) *a.* the Kaiser; *fig.* ***sich um des ~s Bart streiten*** squabble over little things; ***gebt dem ~, was des ~s ist*** render unto Caesar the things that are Caesar's; **~adler** *m* imperial eagle; **~haus** *n* imperial dynasty.

Kaiserin *f* empress.

Kaiserkrone *f* **1.** imperial crown; **2.** ❀ crown imperial.

kaiserlich *adj.* imperial.

Kaiser|reich *n* empire; **~schmarr(e)n** *m shredded pancake with sugar and raisins*; **~schnitt** *m* ⚕ C(a)esarean (section); ***durch ~ zur Welt kommen*** be born by C(a)esarean.

Kaisertum *n* **1.** (*Staatsform*) imperial rule; **2.** (*Kaiserwürde*) imperial status.

Kaiser|wetter *n* glorious weather; ***das ist ja ein ~ heute*** what a glorious day; **~würde** *f* imperial status; ***die ~ erlangen*** become emperor.

Kajak *m, n* kayak.

Kajüte *f* ⚓ cabin.

Kakadu *m* cockatoo; F *fig.* F chatterbox.

Kakao *m* **1.** cocoa; F ***durch den ~ ziehen*** (*hänseln*) make fun of, F kid, (*schlechtmachen*) pull to pieces; **2.** → **~baum** *m* ❀ cocoa tree, cacao tree; **~bohne** *f* cocoa bean; **~pulver** *n* cocoa (powder).

Kakerlak *m* cockroach, *Am.* roach.

Kakophonie *f* cacophony.

Kaktee *f*, **Kaktus** *m* ❀ cactus; *pl.* cacti, cactuses.

Kalamität *f* difficulty.

Kalander *m* calender, roller; **kalandern** *v/t.* calender, roll.

Kalauer *m* (*Wortspiel*) low pun; (*dummer Witz*) corny joke; **kalauern** *v/i.* pun; (*Witze machen*) tell corny jokes.

Kalb *n* calf; (*~fleisch*) veal; *fig.* ***der Tanz um das goldene ~*** the pursuit of mammon; F ***dummes ~*** F silly goose; **kalben** *v/i.* calve.

kalbern, kälbern F *v/i.* fool around; ***hör auf zu ~*** F stop acting the goat.

Kalb|fell *n* calfskin; **~fleisch** *n* veal.
Kalbs|braten *m* joint of veal; *gebraten*: roast veal; **~bries** *n* sweetbread; **~brust** *f* breast of veal; **~filet** *n* fillet of veal; **~frikassee** *n* veal fricassee; **~haxe** *f* knuckle of veal; **~keule** *f* leg of veal; **~kopf** *m* **1.** calf's head; **2.** F *fig.* (*dummer Mensch*) F stupid oaf (*od.* twit); **~kotelett** *n* veal cutlet (*od.* chop); **~leber** *f* calf's liver.
Kalbsleder *n* calf (leather); ***in ~ gebunden*** calfbound; **kalbsledern** *adj.* calfskin.
Kalbsschnitzel *n* veal cutlet.
Kaldaunen *pl. gastr.* tripe *sg.*
Kalebasse *f* **1.** calabash; **2.** ⚘ (bottle) gourd.
Kaleidoskop *n* kaleidoscope; **kaleidoskopisch** *adj.* kaleidoscopic.
kalendarisch *adj.* calendrical, calendar ...; (*nach dem Kalender*) according to the calendar.
Kalender *m* calendar (*a. weitS.*); ***et. rot im ~ anstreichen*** mark s.th. down as a red-letter day, *iro.* put s.th. on the record; **~blatt** *n* page of a (*od.* the) calendar; **~jahr** *n* calendar year.
Kalfakter *m*, **Kalfaktor** *m* handyman, odd-job man; *im Gefängnis*: trusty.
kalfatern *v/t.* ⚓ caulk.
Kali *n* potash (*a.* ⚒); (***kohlensaures***) **~** potassium carbonate; ***salpetersaures ~*** potassium nitrate.
Kaliber *n Gewehr*: calib|re (*Am.* -er) (*a. fig.*), bore; ⚙ ga(u)ge; *fig. a.* type, sort; *fig.* ***kleineren*** (***größeren***) ***~s*** *Ausmaß*: small-scale (large-scale), *Bedeutung*: low-calibre (high-calibre).
Kalibergwerk *n* potassium mine.
kalibrieren *v/t.* ⚙ calibrate, ga(u)ge.
Kalidünger *m* potash fertilizer.
Kalif *m hist.* caliph; **Kalifat** *n hist.* caliphate.
Kalifornier(in *f*) *m*, **kalifornisch** *adj.* Californian.
Kaliko *m* calico; *Buch*: cloth (binding).
Kali|lauge *f* potash lye; **~salpeter** *m* potassium nitrate, saltpet|re (*Am.* -er); **~salz** *n* potassium salt.
Kalium *n* potassium; **~chlorat** *n* potassium chlorate.
Kalk *m* ⛏ lime; (*~stein*) limestone, chalk; ⚕ calcium; ***gelöschter ~*** slaked lime; F *fig.* ***bei ihm rieselt schon der ~*** F he's past it; **~ablagerung** *f geol.* lime deposit (*a. in Kaffeemaschine etc.*); ⚕ a) calcification, b) calcium deposit; **2arm** *adj.* deficient in lime (⚕ calcium); **~boden** *m* chalky soil; **~brennerei** *f* limekiln; **~dünger** *m* lime (fertilizer).
kalken *v/t.* ⚒ lime; (*tünchen*) whitewash.
Kalk|gebirge *n* limestone mountains *pl.*; **~grube** *f* limepit; **2haltig** *adj. Wasser*: hard; *Erde*: chalky; **~hütte** *f* limekiln.
kalkig *adj.* **1.** → ***kalkhaltig***; **2.** *Farbe*: chalky.
Kalk|mangel *m* ⚕ calcium deficiency; **~ofen** *m* limekiln; **~stein** *m* limestone; **~stickstoff** *m* calcium cyanamide.
Kalkül *n* calculation; (***mit***) ***ins ~ ziehen*** take into consideration (*od.* account).
Kalkulation *f* calculation; (*Kostenberechnung*) estimate; **Kalkulationsfehler** *m* miscalculation; **Kalkulator** *m* cost accountant; **kalkulierbar** *adj.* calculable; ✝ ***~e Risiken*** insurable risks; **kalkulieren** *v/t. u. v/i.* calculate; **kalkuliert** *fig. adj.* (*bewußt*) studied *nonchalance etc.*

Kalligraphie *f* calligraphy.
Kalme *f meteor.* calm; **Kalmengürtel** *m* calm belt; ***äquatorialer ~*** *the* doldrums.
Kalorie *f* calorie.
kalorien|arm *adj.* low-calorie, low in calories; **2bedarf** *m* calorie requirement; **~bewußt** *adj.* calorie-conscious; **2bombe** *f* fattener; **~reduziert** *adj.* low-calorie; **~reich** *adj.* high-calorie, high in calories; **2tabelle** *f* calorie chart; **2wert** *m* calorific value; **2zufuhr** *f* calorie intake.
Kalorimeter *n* calorimeter.
kalt I. *adj.* **1.** cold; *Wetter etc.*: *a.* chilly; ***mir ist ~*** I'm cold; ***mir wird ~*** I'm getting cold; **~ *werden*** get cold, (*sich abkühlen*) cool down; **2.** *psych. u. Zone*: frigid; **3.** *fig. Person, Farbe etc.*: cold; *Blick, Empfang*: cool; *~! im Spiel*: cold; ***j-m die ~e Schulter zeigen*** give s.o. the cold shoulder; ***j-n ~ erwischen*** F catch s.o. with his pants down; → ***Dusche, Fuß*** 1, ***Küche etc.***; **II.** *adv.* coldly; **~ *stellen*** put in a cool place, *in den Kühlschrank*: put in the fridge; ***wir zahlen ~ 1200 Mark*** we pay 1200 marks without heating; → ***Rücken.***
kaltbleiben *fig. v/i.* keep cool.
Kaltblut *n* draught (*Am.* draft) horse; **Kaltblüter** *m* cold-blooded animal.
kaltblütig I. *adj. zo. u. fig. Mord etc.*: cold-blooded; *fig.* (*ruhig*) cool; **II.** *adv. umbringen etc.*: in cold blood; (*gelassen*) calmly; **Kaltblütigkeit** *f* cold-bloodedness; (*Beherrschtheit*) calmness, sangfroid.
Kälte *f* **1.** cold; ***drei Grad ~*** three degrees below zero; ***draußen in der ~*** (out) in the cold; ***vor ~ zittern*** shiver with cold; **2.** *psych.* frigidity; **3.** *fig. e-r Person, Farbe etc.*: coldness; **~anlage** *f* refrigerating plant; **~behandlung** *f* ⚕ cryotherapy; **2beständig** *adj.* cold-resistant; **~chirurgie** *f* cryosurgery; **~einbruch** *m* cold snap, sudden cold spell; **2empfindlich** *adj.* sensitive to (the) cold; **~gefühl** *n* cold feeling; **~grad** *m* temperature (below zero); **~hoch** *n* cold-weather high; **~maschine** *f* refrigerating machine; **~mittel** *n* refrigerant; **~periode** *f* cold spell; **~sturz** *m* cold snap, sudden drop in temperature; **~technik** *f* refrigeration engineering; **~therapie** *f* ⚕ cryotherapy; **~tod** *m* (death through) hypothermia; ***den ~ sterben*** die of hypothermia (*draußen*: *a.* exposure), freeze to death; **~welle** *f* cold spell.
Kalt|front *f* cold front; **2gepreßt** *adj. Öl*: cold-pressed; **2herzig** *adj.* cold-hearted, unfeeling; **2lächelnd** F *fig. adv.* without turning a hair; **~lagerung** *f* cold storage; **2lassen** *v/t.*: ***das läßt mich kalt*** that leaves me cold.
Kaltluft *f* cold air; **~einbruch** *m* cold snap; **~masse** *f* cold air mass; **~schneise** *f* fresh air corridor.
kalt|machen F *v/t.* (*töten*) F bump off; **2miete** *f* basic rent (without heating); **2schale** *f* iced fruit soup; **~schmieden** *v/t.* cold-hammer; **~schnäuzig** F *adj.* callous; (*frech*) cheeky; **2start** *m a. fig.* cold start; **~stellen** F *fig. v/t.* neutralize; **2verpflegung** *f* cold dishes *pl.*; **~walzen** *v/t.* cold-roll.
Kaltwasser|behandlung *f* cold-water treatment, hydrotherapy; **~kur** *f* cold-water therapy (*od.* cure).
Kaltwelle *f* (*Dauerwelle*) cold wave.
Kalvarienberg *m*: ***der ~*** Calvary.

Kalvinismus *m* Calvinism; **Kalvinist(in** *f*) *m* Calvinist; **kalvinistisch** *adj.* Calvinist(ic).
kalzinieren *v/t.* calcine.
Kalzium *n* calcium; **~chlorid** *n* calcium chloride; **~karbonat** *n* calcium carbonate; **~mangel** *m* ⚕ calcium deficiency; ***unter ~ leiden*** have a calcium deficiency, be low on calcium; **~spiegel** *m* calcium level.
Kamarilla *f* camarilla.
Kambodschaner(in *f*) *m*, **kambodschanisch** *adj.* Cambodian.
Kamee *f* cameo.
Kamel *n* camel; F *fig.* idiot; ***eher geht ein ~ durchs Nadelöhr*** it's easier for a camel to go through the eye of a needle; **~garn** *n* mohair; **~haar** *n*, **~haar...** *in Zssgn* camelhair; **2haarfarben** *adj.* camel(-colo[u]red).
Kamelie *f* ⚘ camellia.
Kamellen *pl.*: F ***olle ~*** F old hat, (*Witze, Geschichten*) F old chestnuts; ***das sind doch olle ~*** *Witze etc.*: *a.* they're as old as the hills.
Kameltreiber *m* camel driver.
Kamera *f* camera; **~ausrüstung** *f* photographic equipment.
Kamerad *m* companion, F mate; → ***Schul-, Spielkamerad.***
Kameradenschwein *contp. n sl.* dirty rat; ***~e können wir nicht gebrauchen*** F we don't like people who do the dirty on us.
Kameradschaft *f* comradeship; loyalty; **kameradschaftlich I.** *adj.* friendly; ***rein ~*** purely platonic; ***unser Verhältnis ist rein ~*** *a.* we're just good friends; ***das war nicht sehr ~ von dir*** that wasn't very nice of you, a fine friend 'you are; **II.** *adv.* as a friend; **Kameradschaftsgeist** *m* esprit de corps.
Kamera|einstellung *f* **1.** camera position (*od.* angle); *Film*: *a. long etc.* shot; **2.** camera setting; **~führung** *f Film*: camera work, photography; **~mann** *m* cameraman; **2scheu** *adj.* camera-shy; **~schwenk** *m* pan; *vertikal*: tilt; **~tasche** *f* camera case (*größere*: holdall); **~team** *n* camera team (*od.* crew); **~wagen** *m* dolly.
Kameruner(in *f*) *m*, **kamerunisch** *adj.* Cameroonian.
Kamikaze|flieger *m hist.* kamikaze pilot; **~unternehmen** *fig. n* suicide mission, kamikaze operation.
Kamille *f* ⚘ camomile.
Kamillentee *m* camomile tea.
Kamin *m innen*: fireplace; (*Schornstein*) chimney (*a. geol.*); ***am ~ sitzen*** sit in front of the fire; *fig.* ***in den ~ schreiben*** write *s.th.* off; ***das kannst du dir in den ~ schreiben*** *a.* you can wave goodbye to that (*od.* forget that); **~feuer** *n* (open) fire; ***am ~*** by the fireside; **~kehrer** *m* chimney sweep; **~sims** *m* mantelpiece.
Kamm *m* comb; (*Gebirgs2*) ridge; (*Wellen2*) crest; *orn.* comb, crest; (*Rad2*) cog; → ***Kammstück***; *fig.* ***man kann nicht alle(s) über e-n ~ scheren*** you can't just lump them all (everything) together; ***ihm schwoll der ~*** it went to his head.
kämmen *v/t.* comb; ***sich ~*** comb one's hair.
Kammer *f* **1.** small room; (*Abstellraum*) cubbyhole; **2.** *pol.* chamber; ⚖ division; **3.** *anat.* (*Herz2 etc.*) ventricle, chamber; **4.** ⚘ valve; **~chor** *m* chamber choir; **~diener** *m* valet.

Kämmerei *f* finance department; **Kämmerer** *m* treasurer.

Kammer|frau *f*, **~fräulein** *n hist.* lady-in-waiting; **~gericht** *n* Court of Appeal (in Berlin); **~jäger** *m* pest controller; **~konzert** *n* chamber concert; (*Musikstück*) chamber concerto.

Kämmerlein *n*: F ***im stillen ~*** in private; ***das lese ich im stillen ~*** F I'll read that when I'm locked up in my little closet.

Kammer|musik *f* chamber music; **~orchester** *n* chamber orchestra; **~sänger(in** *f*) *m title conferred on singer of outstanding merit*; **~spiel** *n* **1.** society play; **2.** *pl.* (*Theater*) studio theat|re (*Am. a.* -er); **~ton(höhe** *f*) *m* concert pitch; **~zofe** *f* lady's maid.

Kamm|garn *n* worsted; **~gebirge** *n* ridged mountains *pl.*; **~lagen** *pl.*: ***in den ~*** on the peaks; **~stück** *n vom Rind etc.*: neck.

Kammuschel *f* (*getr.* ***mm-m***) scallop.

Kampagne *f* campaign; ***e-e ~ starten*** launch a campaign.

Kampf *m* fight; (*Schlacht*) battle; *fig.* fight, battle, *schwerer*: struggle (*alle* **um** for; **gegen** against); (*Konflikt*) conflict (*a. pol.*); (*Fehde*) feud; (*Rivalität*) rivalry; (*innerer, seelischer ~*) struggle, battle (with o.s.), inner conflict; (*Wett2*) contest; (*Spiel*) match; (*Boxen*) fight; ***~ ums Dasein*** fight for survival; ***~ dem Hunger*** *etc.* war on hunger *etc.*; ***~ auf Leben und Tod*** life-and-death struggle; ***j-m den ~ ansagen*** challenge s.o.; **~abstimmung** *f* crucial vote; *Gewerkschaft*: strike ballot; **~ansage** *f* challenge (**an** to); **~anzug** *m* ⚔ battle dress; **~ausbildung** *f* combat training; **~ausrüstung** *f der Polizei*: riot gear; **~bahn** *f Sport*: stadium; **~befehl** *m* order to attack; **2bereit** *fig. adj.* ready to do battle, ready for the fray; **2betont** *adj. Sport*: tough, hard; **~bund** *m* pressure (*od.* action) group; **~einheit** *f* ⚔ combat unit; **~einsatz** *m* operational mission; ***zum ~ kommen*** be sent into action, see action.

kämpfen I. *v/i.* fight (**für, um** for; *a. fig.*); (*ringen, a. fig.*) struggle (**mit** with; **gegen** against), wrestle (**mit** with); ***~ gegen*** fight (against); *fig.* ***~ mit*** *a.* fight (against), contend (*od.* grapple) with, (*Schwierigkeiten*) be up against, (have to) face; ***mit dem Schlaf ~*** struggle to keep awake; ***mit den Tränen ~*** fight back one's tears; **II.** *v/t.*: ***e-n schweren Kampf ~*** *a. fig.* fight a hard battle; **III.** *v/refl.*: ***sich durch et. ~*** *a. fig.* fight (*od.* battle) one's way through s.th.; *fig.* ***sich nach oben ~*** fight one's way to the top; **IV.** 2 *n* → ***Kampf.***

Kampfer *m* camphor.

Kämpfer *m* **1.** ⚔ combatant; **2.** *fig.* champion (**für** of), fighter (for); **3.** *Sport*: contestant, (*Boxer*) fighter, (*Ring2*) wrestler.

kampf|erfahren, ~erprobt *adj.* battle-hardened; *fig.* seasoned, *a. Sport*: veteran ...

kämpferisch *adj.* combative; (*aggressiv*) belligerent, aggressive; *pol. etc.* militant; *Sport*: physically strong; ***~e Maßnahmen*** combative measures.

Kämpfernatur *f* fighter.

kampffähig *adj.* ⚔ fit for action, *a. Sport*: fighting fit.

Kampf|fahrzeug *n* combat vehicle; **~flieger** *m* combat (*hist.* bomber) pilot; **~flugzeug** *n* fighter aircraft; *hist.* bomber; **~gas** *n* war gas; **~gebiet** *n* conflict area; **~gefährte** *m* comrade-in-arms; **~geist** *m* fighting spirit; ***~zeigen*** put up a good fight; **~gemeinschaft** *f* activist group; **~gericht** *n Sport*: *the* judges *pl.*; **~geschehen** *n* fighting, action; ***Ort des ~s*** scene of the fighting; **~getümmel** *n* fighting; ***sich ins ~ stürzen*** throw o.s. into the fray; **~gewicht** *n Sport*: fighting weight; ***sein ~ ist 60 kg*** *bei Wettkampf*: he has weighed in at 60 kilos; **~hahn** *m* **1.** fighting cock; **2.** F *fig.* (*Person*) F pugnacious so-and-so; ***er ist ein richtiger ~*** *a.* he's always looking for a fight; ***guck dir die zwei Kampfhähne an*** look at those two fighting like cat and dog; **~handlung** *f* ⚔ *a. pl.* action, fighting; **~hubschrauber** *m* (helicopter) gunship; **~hund** *m* fighting dog; **~kraft** *f* (fighting) strength; **~lied** *n* **1.** battle song; **2.** revolutionary song.

kampflos *adj. u. adv.* without a fight; ***~er Sieg*** walkover, *Am.* walkaway; ***~ e-e Runde weiterkommen*** reach the next round by default.

Kampflust *f* aggressiveness, pugnacity; **kampflustig** *adj.* belligerent.

Kampf|maßnahme *f* ⚔ *a. pl.* military (*pol.* militant) action; **~moral** *f* morale (of the soldiers *od.* troops); **2müde** *adj.* battle-weary; **~pause** *f* lull in the fighting; **~platz** *m* battleground; *Sport*: arena; *fig.* scene of the action; **~preis** *m* + cut-rate price; **~richter** *m* judge; (*Schiedsrichter*) referee, *Tennis, Schwimmen*: umpire; **~schrift** *f* pamphlet, political broadside; **~sport** *m* combative sports *pl.*; (*Judo, Karate etc.*) martial arts *pl.*; **2stark** *adj.* ⚔ *u. Sport*: strong; **~stoff** *m*: ***chemischer*** (***biologischer***) ~ chemical (biological) weapon; **~strategie** *f* tactics *pl.*; **~tag** *m*: ***am dritten*** *etc.* ~ on the third *etc.* day of action; **~truppe** *f* combat troops *pl.*; **2unfähig** *adj.* out of action; ***~ machen*** *a. Sport*: put out of action; **~verband** *m* combat unit; **~weise** *f* tactics *pl.*, strategy; **~ziel** *n* objective; **~zone** *f* fighting zone.

kampieren *v/i.* camp; F *fig.* ***bei j-m ~*** sleep (F crash out) on s.o.'s floor (*od.* sofa).

Kanadier[1] *m*, **Kanadierin** *f*, **kanadisch** *adj.* Canadian.

Kanadier[2] *m* Canadian (canoe); **~-Einer** (**-Zweier**) Canadian single (double).

Kanaille *contp. f* **1.** (*Pack*) mob, rabble; **2.** (*Schuft*) *sl.* swine.

Kanake *m* **1.** Kanaka; **2.** *contp.* (*Ausländer*) *sl.* bloody foreigner, wog.

Kanal *m* canal; *natürlicher*: channel (*a. fig.*); (*Abwasser2*) drain; *anat.* duct; *Radio, TV*: channel; ***der ~*** (*Ärmel2*) the (English) Channel; *fig.* ***diplomatische Kanäle*** diplomatic channels; ***roter*** (***grüner***) ***~*** *am Flughafen*: red (green) channel; F ***den ~ voll haben*** a) F be fed up to the back teeth, b) *von Alkohol*: F be full to the gills; **~arbeiter** *m* **1.** sewage worker; **2.** F *fig. pol.* F backroom boy; **~deckel** *m* manhole cover; **~gebühren** *pl.* canal dues.

Kanalisation *f* sewage system; *e-s Flusses*: canalization; **Kanalisationsnetz** *n* sewage system; network of sewers.

kanalisieren *v/t.* (*Stadt*) provide with sewers; (*Fluß*) canalize; *fig.* channel.

Kanal|schleuse *f* canal lock; **~schwimmer** *m* (cross-)Channel swimmer; **~system** *n zur Bewässerung*: irrigation system; *zur Entwässerung*: drainage system; **~tunnel** *m Ärmelkanal*: Channel tunnel, F Chunnel; **~wähler** *m TV* channel selector.

Kanapee *n* **1.** *gastr.* canapé; **2.** (*Sofa*) sofa.

kanarien|gelb *adj.* canary yellow; **2vogel** *m* canary.

Kandare *f* bit; *fig.* ***j-n an die ~ nehmen*** keep a tighter rein on s.o., bring s.o. to heel (*od.* into line).

Kandelaber *m* candelabra.

Kandidat *m* candidate (*a. fig.*), contender; *pol.* ***vorgeschlagener ~*** nominee; **Kandidatenliste** *f* list of candidates; *e-r Partei*: *Am.* party ticket; **Kandidatur** *f* candidature; **kandidieren** *v/i.* stand *od.* run for election (*od.* an office *etc.*); ***für das Amt des Präsidenten*** (***Bürgermeisters***) ~ run for the presidency (the office of mayor); ***erneut ~*** run for re-election, stand (for election) again.

kandieren *v/t.* crystallize; **kandiert** *adj.* candied, glacé.

Kandis(zucker) *m* sugar (*od.* rock) candy.

Kaneel *m* cinnamon.

Känguruh *n* kangaroo.

Kaninchen *n* rabbit; **~bau** *m* burrow; **~fell** *n* rabbit skin; **~stall** *m* rabbit hutch; **~züchter** *m* rabbit breeder.

Kanister *m* canister, can.

Kannbestimmung *f* ⚖ discretionary clause.

Kännchen *n* jug; ***ein ~ Kaffee*** a pot of coffee.

Kanne *f* (*Krug*) jug; (*Kaffee2 etc.*) pot; (*Öl2 etc.*) can; (*große Milch2*) churn.

kanneliert *adj.* fluted; **Kannelierung** *f* fluting.

kannenweise *adv.* **1.** in cans; **2.** ***~ Kaffee trinken*** F drink pots of coffee, drink coffee by the gallon.

Kannibale *m* cannibal; *fig.* savage; **kannibalisch I.** *adj.* cannibal ...; *fig.* brutal, savage; **II.** *adv.*: F *fig.* ***sich ~ wohl fühlen*** feel terrific (*od.* on top of the world); **Kannibalismus** *m* cannibalism.

Kannvorschrift *f* ⚖ discretionary clause.

Kanon *m* **1.** (*Maßstab, Regel*) canon, code; **2.** *bibl., eccl.,* ⚖, *a.* A canon; **3.** ♪ canon, round.

Kanonade *f* cannonade; *fig. von Schimpfwörtern*: volley, salvo *of abuse*.

Kanone *f* **1.** gun; cannon; *sl.* (*Revolver*) *sl.* iron, *Am. sl.* rod; → ***Spatz***; **2.** F *fig.* (*Könner*) wizard, *bsd. Sport*: ace; **3.** F *fig.* ***unter aller ~*** F lousy, *sl.* the pits.

Kanonenaufschlag *m Tennis*: powerful serve.

Kanonenboot *n* gunboat; **~diplomatie** *f* gunboat diplomacy.

Kanonen|futter *fig. n* cannon fodder; **~kugel** *f* cannonball; **~ofen** *m* cylindrical stove; **~rohr** *n* gun barrel; **~schlag** *m* (*Feuerwerk*) cannon cracker; **~schuß** *m* cannon shot; ***man hörte die Kanonenschüsse*** you could hear the guns being fired.

Kanonier *m* gunner.

kanonisch *adj.* canonical; *eccl.* ***~es Recht*** canon law; **kanonisieren** *v/t.* canonize.

Kanossa *n*: *fig.* ***nach ~ gehen*** pocket

one's pride; **~gang** *m*: ***es war für ihn ein ~*** he had to pocket his pride.
Känozoikum *n geol.* Cenozoic (era).
Kantate *f* ♪ cantata.
Kante *f* edge; (*Web≈*) selvage; F *fig.* ***etwas auf die hohe ~ legen*** put something aside for a rainy day; ***etwas auf der hohen ~ haben*** have something tucked away (somewhere).
Kanten *m Brot*: crust.
kanten I. *v/t.* tilt; (*Ski*) carve; † ***nicht ~!*** this side up; **II.** *v/i. Skisport*: carve.
Kantenball *m Tischtennis*: (table-)edge deflection.
Kanter *m* canter; **~sieg** *m Sport*: runaway victory, walkover, *Am.* walkaway.
Kanthaken *m*: F *fig.* ***j-n beim ~ kriegen*** F give s.o. a good going-over.
kantig *adj.* **1.** squared; *Gesicht*: angular; *Kinn*: square; **2.** *fig. Mensch*: difficult, awkward.
Kantine *f* canteen.
Kantinen|essen *n* canteen meal(s *pl.*); **~fraß** F *contp. m* F canteen slop.
Kanton *m* canton.
Kantonist *m*: F *fig.* ***unsicherer ~*** F fly-by-night.
Kantor *m* choirmaster.
Kanu *n* canoe; **~sport** *m* canoeing.
Kanüle *f* ⚕ can(n)ula, (drain) tube.
Kanute *m* canoeist.
Kanzel *f* **1.** pulpit; ***auf der ~*** in the pulpit; **2.** ✈ cockpit; **~rede** *f* sermon.
kanzerogen *adj.* carcinogenic.
Kanzlei *f* (*Amt, Büro*) office; **~deutsch** *n* officialese.
Kanzler *m pol.* chancellor; *univ.* vice-chancellor; *hist.* ***der Eiserne ~*** (*Bismarck*) the Iron Chancellor; **~amt** *n* **1.** chancellorship; **2.** (*Einrichtung*) chancellor's office, chancellery; **~amtsminister** *m* chancellery minister; **~kandidat** *m* candidate for the chancellorship.
Kaolin *n min.* kaolin.
Kap *n geogr.* cape.
Kapaun *m* capon.
Kapazität *f phys.*, ⚙, ⚡ *u. fig.* capacity; *fig.* (leading) authority (***auf dem Gebiet*** *gen.* on, in the field of).
Kapazitäts|abbau *m* cutback(s *pl.*) in capacity; **~auslastung** *f*, **~ausnutzung** *f* capacity utilization; **~erweiterung** *f* increase in capacity.
Kapee: F ***schwer von ~*** F a bit dense (*od.* slow on the uptake).
Kapelle *f* **1.** *eccl.* chapel; **2.** ♪ band; (*Orchester*) orchestra.
Kapellmeister *m* **1.** director of music; **2.** (*Dirigent*) conductor; **3.** *beim Chor*: chorusmaster, choral director; **4.** ⚔ bandmaster.
Kaper[1] *f* ♣ caper.
Kaper[2] *m* ⚓ (*a.* **~schiff** *n*) privateer.
kapern *v/t.* † capture, seize; F *fig.* F nab.
Kapernsoße *f* caper sauce.
kapieren F **I.** *v/t.* F get, twig; ***ich kapier' das nicht!*** I (just) don't get it; **II.** *v/i.* catch on, F twig; *bei Drohung etc.*: *a.* get the message; ***kapiert?*** got it?, *bei Drohung etc.*: do you read me?
kapillar *adj.* capillary; **Kapillare** *f* ⚕, *phys.* capillary (tube); **Kapillargefäß** *n anat.* capillary (tube); **~netz** *n* capillary network.
Kapital I. *n* **1.** capital; (*Geldmittel*) *a.* funds *pl.*; (*Grund≈*) capital stock; ***flüssiges ~*** available funds; **2.** *fig.* asset; ***~ aus et. schlagen*** capitalize on s.th., cash in on s.th.; **II.** ≈ *adj.* **3.** ***ein ~er Fehler*** an absolute (*od.* a colossal) blunder; **4.** *Hirsch etc.*: royal; **~abfindung** *f* lump-sum compensation; **~abfluß** *m*, **~abwanderung** *f* capital outflow.
Kapitalanlage *f* (capital) investment; **~gesellschaft** *f* investment trust.
Kapital|anleger *m* investor; **~anteil** *m* capital share; **~aufstockung** *f* capital increase; **~aufwand** *m* capital expenditure; **~ausfuhr** *f* capital exports *pl.*; **~bedarf** *m* capital requirements *pl.*; **~beschaffung** *f* raising of funds; **~besitz** *m* capital holdings *pl.*; **~beteiligung** *f* **1.** participation; **2.** *konkret*: stake; ***er hält e-e ~ von 27%*** he has a 27% stake (***an*** in); **~bilanz** *f* balance of capital transactions; **~bildung** *f* accumulation of capital.
Kapitälchen *n typ.* small capital (F cap).
Kapital|einlage *f* capital contribution; **~erhöhung** *f* capital increase.
Kapitalertrag *m* capital yield; **~steuer** *f* capital gains tax.
Kapital|flucht *f* flight of capital; **~geber** *m* sponsor; **~gesellschaft** *f etwa* corporation.
Kapitalgewinn *m* capital gains *pl.*; **~steuer** *f* capital gains tax.
Kapital|güter *pl.* capital goods; **~hilfe** *f* financial aid; **≈intensiv** *adj.* capital-intensive.
kapitalisieren *v/t.* capitalize; **Kapitalisierung** *f* capitalization.
Kapitalismus *m* capitalism; **Kapitalist** *m* capitalist; **kapitalistisch** *adj.* capitalist(ic).
Kapital|knappheit *f* shortage of capital; **~konto** *n* capital account; **~kraft** *f* financial strength; **≈kräftig** *adj.* well-funded, (financially) powerful; **~mangel** *m* lack of capital; **~markt** *m* capital (*od.* money) market; **~mehrheit** *f* majority shareholding, controlling interest; **~rücklage** *f* capital reserve(s *pl.*); **~spritze** *f* cash injection, (fiscal) shot in the arm; **~verbrechen** *n* capital crime (*od.* offen|ce, *Am.* -se); **~verbrecher** *m* dangerous criminal; **~verkehr** *m* turnover of capital; **~vermögen** *n* capital assets *pl.*; **~wert** *m* capital value; **~zins** *m* interest on capital; **~zufluß** *m* influx of capital.
Kapitän *m* **1.** ⚓, ✈ captain; *bsd. auf kleinem Handelsschiff*: skipper; **2.** *Sport*: captain, F skipper.
Kapitänspatent *n* master's certificate.
Kapitel *n* **1.** chapter (*a. eccl.*); **2.** *fig. der Geschichte etc.*: chapter; (*Sache*) story; ***das ist ein ~ für sich*** that's another story.
Kapitell *n* △ capital.
Kapitulation *f* capitulation, surrender; **kapitulieren** *v/i.* capitulate, surrender; *fig.* give in (*od.* up).
Kaplan *m* chaplain.
Kappe *f* cap; (*Verschluß*) *a.* top; *des Schuhs*: (toe)cap; *fig.* ***et. auf s-e ~ nehmen*** take (the) responsibility for s.th., ***müssen***: *a.* have to carry the can for s.th.
kappen *v/t.* (*Tau*) cut; (*Baum*) lop, top; (*Hahn*) capon; (*Verbindungen*) cut off.
Kappes *dial. m* (*Unsinn*) rubbish, F rot, *Am.* F garbage.
Käppi *n* cap; ⚔ forage (*Am.* garrison) cap.
Kappnaht *f* French seam.
Kapriole *f* (*Luftsprung*) caper; (*Streich*) prank; *Reitsport*: capriole.
kaprizieren *v/refl.*: ***sich ~ auf*** insist on (*ger.*).
kapriziös *adj.* capricious.
Kapsel *f anat.*, ♣, *pharm.* capsule; (*Raum≈*) *a.* module; (*Behälter*) case; (*Kappe, Deckel*) cap; (*Spreng≈*) detonator; **~entzündung** *f* ⚕ capsulitis; **≈förmig** *adj.* capsule-shaped.
kapseln *v/t.* ⚙ encase, enclose; *Kernphysik*: jacket.
Kapsikum *n* capsicum.
kaputt F *adj.* **1.** broken; (*außer Betrieb*) *a.* not working; ***die Birne ist ~*** the light bulb's gone; *fig.* ***was ist denn jetzt schon wieder ~?*** what's up now?; **2.** *Firma*: F bust; *Ehe*: broken; **3.** *Organ etc.*: bad, F no good (any more); *Leber*: *a.* ruined; **4.** (*erschöpft*) shattered; ***~er Typ*** (human) wreck; ***ich bin nervlich ~*** my nerves are shot; ***er ist seelisch ~*** he's emotionally drained, *stärker*: he's a broken man; **~arbeiten** F *v/refl.*: ***sich ~*** work o.s. to death; **~ärgern** F *v/refl.*: ***ich hab' mich kaputtgeärgert*** F I was really mad, *über mich selbst*: F I could have kicked myself; **~drücken** F *v/t.*: ***j-n vor Liebe ~*** F squeeze s.o. to death; **~fahren** F *v/t.* smash up, wreck *a car*; **~gehen** F *v/i.* get broken, break; (*bankrott gehen*) F go bust; *Ehe, Freundschaft*: break up; *Person*: go to pieces, crack up; **~lachen** F *v/refl.*: ***sich ~*** F kill o.s. laughing; **~machen** F **I.** *v/t.* break; (*Teller etc.*) *a.* smash; **II.** *v/refl.*: ***sich ~*** kill o.s. *doing s.th.*; **~schlagen** F *v/t.* smash.
Kapuze *f* hood; (*Mönchs≈*) cowl.
Kapuzenmantel *m* hooded coat.
Kapuziner *m* Capuchin (monk); **~kresse** *f* ♣ nasturtium; **~mönch** *m* Capuchin monk; **~orden** *m* Capuchin Order.
Kar *geol. n* cirque.
Karabiner *m* **1.** carbine; **2.** → **~haken** *m* karabiner, snaplink.
Karabiniere *m* carabiniere.
Karacho *n*: F ***mit ~*** F like a bomb.
Karaffe *f* carafe, *für Wein*: *a.* decanter.
Karambolage *f Billard*: cannon, *Am.* carom; F (*Zusammenstoß*) collision, crash; **karambolieren** *v/i. Billard*: cannon, *Am.* carom.
Karamel *m* caramel; **Karamelbonbon** *m, n*, **Karamelle** *f* caramel (sweet); **karamelisieren** *v/t.* caramelize.
Karat *n* carat.
Karate *n* karate.
Karateka *m* karateka.
Karate|kämpfer *m* karate expert; **~kurs** *m* karate course; ***e-n ~ machen*** take karate lessons; **~schlag** *m* karate chop.
...karäter *m in Zssgn*: *z. B.* ***Zweikaräter*** two-carat diamond (*od.* sapphire *etc.*).
...karätig *adj. in Zssgn*: *z. B.* ***achtzehn~es Gold*** 18-carat gold.
Karawane *f* caravan.
Karawanenstraße *f* caravan route.
Karawanserei *f* caravanserai.
Karbid *n* carbide; **~lampe** *f* carbide lamp.
Karbol *n*, **~säure** *f* carbolic acid; **~seife** *f* carbolic soap.
Karbon *n geol.* Carboniferous (period).
Karbonade *f* → ***Kotelett.***
Karbonat *n* ⚗ carbonate.
karbonisieren *v/t.* carbonize.
Karbunkel *m* ⚕ carbuncle.

Kardamom *m, n* cardamom.
Kardan|antrieb *m* ⚙ Cardan drive; **~gelenk** *n* universal joint.
kardanisch *adj.* Cardan(ic).
Kardan|tunnel *m* transmission tunnel; **~welle** *f* drive (*od.* propeller) shaft.
Kardiakum *n* ⚕ cardiac stimulant.
kardial *adj.* ⚕ cardiac.
Kardinal *m* cardinal (*a. Vogel*).
Kardinal|fehler *m* cardinal error; **~frage** *f* essential question.
Kardinalshut *m* red (cardinal's) hat.
Kardinal|tugend *f* cardinal virtue; **~zahl** *f* cardinal number.
Kardiogramm *n* ⚕ cardiogram.
Kardiologe *m* heart specialist, cardiologist; **Kardiologie** *f* cardiology.
Karenzzeit *f Versicherung*: waiting period; ☤ *Konkurrenzklausel*: period of restriction; ⚕ period of rest.
Karfiol *östr. m* cauliflower.
Karfreitag *m*: **(am ~** on) Good Friday.
Karfunkel *m min. u.* ⚕ carbuncle.
karg *adj.* meag|re (*Am.* -er), *stärker*: paltry; *Essen, Leben*: frugal; *Boden, Landschaft*: barren; *Raum*: bare; ***~ sein mit*** → **kargen** *v/i.*: ***~ mit*** be sparing of; ***nicht ~ mit*** lavish; **Kargheit** *f* meagreness, *Am.* meagerness; paltriness; frugality; barrenness; bareness; → ***karg.***
kärglich *adj.* → ***karg***; ***die ~en Reste*** the paltry remains.
Kargo *m* cargo.
Karibe *m* Caribbean, Carib.
karibisch *adj.* Caribbean; ***der ~e Raum*** the Caribbean (basin).
Karibu *m, n* caribou.
kariert *adj.* **1.** checked; *Papier*: squared; **2.** F ***~es Zeug reden*** F talk rot.
Karies *f* ⚕ tooth decay, caries.
Karikatur *f* caricature (*a. fig.*); (*Witzzeichnung*) *mst* cartoon; **Karikaturist** *m* caricaturist; cartoonist; **karikaturistisch** *adj.*: ***~e Darstellung*** cartoon, *e-r Person*: *a.* caricature; **karikieren** *v/t.* caricature.
kariös *adj.* ⚕ decayed, F bad, *stärker*: rotten.
karitativ *adj.* charitable; ***es dient ~en Zwecken*** it's for a good cause, it's for charity.
Karkasse *f* **1.** *gastr.* bones *pl.*, *Geflügel*: *a.* (chicken) carcass; **2.** *e-s Reifens*: casing.
Karma *n* karma.
Karmeliter *m* Carmelite (monk); **Karmeliterin** *f* Carmelite (nun).
karmesin(rot) *adj.* crimson.
Karmin *n*, **ℒrot** *adj.* crimson.
Karneol *m min.* carnelian.
Karneval *m* carnival; **karnevalistisch** *adj.* carnival ...
Karnevals... → *a.* ***Faschings...***; **~(um)zug** *m* carnival procession.
Karnickel *n* **1.** rabbit; **2.** F *fig.* (*Dummkopf*) stupid idiot.
karnivor *adj. zo. u.* ⚘ carnivorous; **Karnivore I.** *m zo.* carnivore; **II.** *f* ⚘ carnivorous plant, carnivore.
Kärntner(in *f*) *m*, **kärntnerisch** *adj.* Carinthian.
Karo *n im Stoff*: check, square; (*Kartenfarbe*) diamonds *pl.*, (*Einzelkarte*) diamond; ***~...*** *in Zssgn* → ***Herz...***
Karolinger *m*, **karolingisch** *adj. hist.* Carolingian.
Karomuster *n* check(ed) pattern.
Karosse *f* state coach.
Karosserie *f* (car) body, coachwork; **~bauer** *m* panel-beater.
Karotin *n* carotin.
Karotte *f* carrot.
Karpfen *m* carp; **~teich** *m* carp pond; → ***Hecht*** 1.
Karre *f* → ***Karren.***
Karree *n* square; (*Wohnblock*) block; ***ums ~ gehen*** go for a walk round the block.
Karren I. *m* cart; F ***alter ~*** F old banger; ***ein ~ voll Äpfel*** a cartload of apples; *fig.* ***den ~ in den Dreck fahren*** mess things up; ***den ~ aus dem Dreck ziehen*** straighten things out; ***den ~ (einfach) laufen lassen*** let things go; ***j-n vor s-n ~ spannen*** F rope s.o. in; ***ich laß mich nicht vor s-n ~ spannen*** I'm not going to be his dogsbody; **II.** ℒ *v/t. a.* F *fig.* cart.
Karriere *f* **1.** career; ***~ machen*** get ahead (*od.* to the top); **2.** *Reitsport*: full gallop; **ℒbewußt** *adj.* career-minded; **~diplomat** *m* career diplomat; **~frau** *f* career girl (*od.* woman); **~koffer** *m* VIP briefcase; **~macher** *m*, **~typ** *m* careerist.
Karrierist *m* careerist.
Karsamstag *m* Easter Saturday.
Karst *m geol.* karst; **~landschaft** *f* karstland, *größeres Gebiet*: karst country; *a.* rocky desert.
Kartäuser *m* Carthusian (monk); **Kartäuserin** *f* Carthusian (nun).
Karte *f* card; (*Land*ℒ) map; (*See*ℒ) chart; (*Eintritts*ℒ, *Fahr*ℒ) ticket; (*Speise*ℒ) menu; (*Wein*ℒ) wine list; ***gelbe (rote) ~*** yellow (red) card; ***~n spielen*** play cards; ***gute (schlechte) ~n haben*** have a good (bad) hand; ***~n geben*** deal; ***j-m die ~n legen*** tell s.o.'s fortune (from the cards); *fig.* ***alles auf e-e ~ setzen*** put all one's eggs in one basket; ***auf die falsche ~ setzen*** bet on the wrong horse; ***mit offenen ~n spielen*** put one's cards on the table; ***mit verdeckten ~n spielen*** play one's cards close to one's chest.
Kartei *f* card index; ***~ führen über*** keep a file on; **~karte** *f* index card; **~kasten** *m* card-index box; **~zettel** *m* index slip (*od.* card).
Kartell *n* ☤, *pol.* cartel; **~absprache** *f* cartel agreement; **~amt** *n* Federal Cartel Office; **~gesetz** *n* antitrust law; **~recht** *n* antitrust law; **~verbot** *n* ban on cartels; **~wesen** *n* cartel system.
Karten|blatt *n*: ***gutes (schlechtes) ~*** good (bad) hand; **~haus** *n* **1.** house of cards; *fig.* ***wie ein ~ einstürzen*** fold up like a house of cards; **2.** ⚓ chart house; **~kunststück** *n* card trick; **~legen** *n* reading the cards; **~leger(in** *f*) *m* fortune-teller; **~netz** *n* map grid; **~spiel** *n* **1.** card game, game of cards; **2.** (*Karten*) pack of cards; **~spieler(in** *f*) *m* card player; **~telefon** *n* cardphone; **~tisch** *m* **1.** card table; **2.** map table; **~verkauf** *m* **1.** sale of tickets; **2.** (*Stelle*) box office; **~vorverkauf** *m* **1.** advance booking; **2.** (*Stelle*) box office; **~zeichen** *n* sign *od.* symbol (on a map); **~zeichner(in** *f*) *m* cartographer.
kartesisch *adj.* Cartesian.
kartieren *v/t.* map; ⚓ chart.
Kartoffel *f* potato; F *fig.* ***(sich) die ~n von unten ansehen*** F be pushing up the daisies; ***j-n wie e-e heiße ~ fallen lassen*** F drop s.o. like a hot potato; **~brei** *m* mashed potatoes *pl.*; ***~ mit ...*** *a.* F ... and mash; **~chips** *pl.* potato crisps (*Am.* chips); **~ernte** *f* potato harvest; (*Ertrag*) potato crop; **~fäule** *f* potato rot; **~feld** *n* potato field; **~gratin** *n* gratinée potatoes *pl.*; **~käfer** *m* Colorado beetle; **~kloß** *m*, **~knödel** *m* potato dumpling; **~puffer** *m* potato fritter; **~püree** *n* mashed potatoes *pl.*; **~salat** *m* potato salad; **~schalen** *pl.* potato peels; **~schäler** *m* potato peeler; **~stampfer** *m* potato masher; **~suppe** *f* potato soup.
Kartograph *m* cartographer; **Kartographie** *f* cartography; **kartographisch** *adj.* cartographic(ally *adv.*).
Karton *m* **1.** (*Pappe*) cardboard, *stärker*: pasteboard; **2.** (*Schachtel*) cardboard box; **3.** (*Skizze*) cartoon; **Kartonagen** *pl.* (cardboard) packaging materials; **kartoniert** *adj.* hardcover.
Kartothek *f* card index.
Kartusche 1. △ cartouche; **2.** ⚔ cartridge.
Karussell *n* roundabout, merry-go--round, *Am.* car(r)ousel; *fig.* merry-go--round; F *fig.* ***mit j-m ~ fahren*** haul s.o. over the coals.
Karwoche *f* (*a.* ***die ~***) Holy Week.
Karzer *m* **1.** *hist.* detention room; **2.** (*Strafe*) detention.
karzinogen I. *adj.* carcinogenic; **II.** ℒ *n* carcinogen; **Karzinom** *n* carcinoma.
Kaschemme *contp. f* F (low) dive.
kaschieren *v/t.* **1.** (*verdecken*) hide, cover up; **2.** (*Papier*) laminate; *thea.* mo(u)ld.
Kaschmir *m* cashmere; **~ziege** *f* Kashmir goat.
Käse *m* **1.** cheese; **2.** F *fig.* (*Unsinn*) F rubbish, *Am.* F garbage; (*dumme Sache*) stupid business; **~auflauf** *m* cheese soufflé; **~aufschnitt** *m* assorted cheese slices *pl.*; (*Käseplatte*) cheese platter; **~blatt** F *n* F (local) rag; **~brot** *n* (open) cheese sandwich; **~ecke** *f* cheese triangle; **~fondue** *n* cheese fondu; **~füße** F *pl.* smelly (F cheesy) feet; **~gebäck** *n* cheese savo(u)ries *pl.*; **~glocke** *f* cheese cover.
Kasein *n* ⚗ casein.
Käsekuchen *m* cheesecake.
Kasematte *f hist.* casemate.
Käse|messer *n* cheese knife; **~milbe** *f* cheese mite; **~platte** *f* cheese platter; **~rinde** *f* cheese rind.
Kaserne *f* barracks *pl.*
Kasernenarrest *m*: ***~ haben*** be confined to barracks.
Kasernenhof *m* parade ground; **~drill** *m* parade-ground drill, F square-bashing; **~ton** *m* parade-ground voice (*od.* manner).
kasernieren *v/t.* barrack.
Käse|schmiere *f bei Neugeborenen*: vernix caseosa; **~stange** *f* cheese straw; **~torte** *f* cheesecake; **ℒweiß** *adj.* (as) white as a sheet; **~würfel** *pl.* diced cheese *sg.*
käsig *adj.* **1.** cheesy; **2.** (*blaß*) pale.
Kasino *n* **1.** ⚔ officers' mess; **2.** (*Speiseraum*) cafeteria; **3.** (*Spiel*ℒ) casino.
Kaskade *f* cascade (*a. phys.*, ⚡); **Kaskadenschaltung** *f* ⚡ cascade connection.
Kaskadeur *m* (circus) acrobat.
Kaskoversicherung *f* **1.** *mot. insurance against damage to one's own vehicle*; **2.** ⚓ hull insurance.
Kasper *m* **1.** → ***Kasperl(e)***; **2.** F *fig.* clown; **Kasperl(e)** *n, m etwa* Punch; **Kasperl(e)theater** *n etwa* Punch and Judy show; **kaspern** F *v/i.* fool around.

Kassa|geschäft *n* ✝ spot transaction; **~kurs** *m* spot price.
Kassation *f* ⚖ annulment; **Kassationshof** *m* court of cassation (*od.* appeal).
Kassazahlung *f* ✝ cash payment.
Kasse *f* **1.** (*Laden*2) till, (*Registrier*2) cash register; (*Kassentisch*) cash desk; *Supermarkt*: checkout (counter); **2.** (*Zahlstelle*) cashier's office; *e-r Bank*: counter; *thea. etc.* box office; *Sport*: ticket window; *Kartenspiel etc.*: pool; ***j-n zur ~ bitten*** present s.o. with the bill; **3.** → ***Krankenkasse***; **4.** (*Einnahmen*) takings *pl.*, receipts *pl.*; **5.** (*Bargeld*) cash; F ***gut*** (***knapp***) ***bei ~ sein*** F be flush (a bit hard up); ✝ ***~ machen*** cash up, F a) F check one's accounts, b) (*schwer verdienen*) F be raking it in; → ***getrennt.***
Kasseler *n gastr.* smoked pork.
Kassen|anweisung *f* order for payment; **~arzt** *m* panel doctor; **~bericht** *m* cash report; **~bestand** *m* cash balance; **~bilanz** *f* cash balance; **~bon** *m* receipt; **~brille** *f*: (***e-e ~*** a pair of) national health glasses *pl.* (*Brit.*); **~buch** *n* cashbook; **~defizit** *n* cash shortfall; **~eingänge** *pl.* cash receipts, takings; **~erfolg** *m* box-office hit; **~magnet** *m* crowd-puller, draw; box-office hit; **~obligation** *f* ✝ medium-term bond; **~patient** *m* health plan patient, non-private patient; *in GB*: NHS patient; *in den USA*: Medicaid patient; ***er nimmt keine ~en*** *a.* he only takes private patients; **~prüfung** *f* cash audit; **~schalter** *m* counter; **~schlager** *m* **1.** → ***Kassenerfolg***; **2.** money-spinner; **~stunden** *pl.* business hours; **~sturz** *m*: F ***~ machen*** count one's cash; **2trächtig** *adj.* lucrative, money-spinning ...; **~wart** *m* treasurer; **~zettel** *m* receipt; **~zwang** *m* compulsory medical insurance.
Kasserolle *f* casserole.
Kassette *f* (*Geld*2) cashbox; (*Schmuck*2) case, box; *für Bücher*: slipcase; *mit Schallplatten*: box set; *phot.* cassette, cartridge; △ coffer; → ***Cassette.***
Kassetten... → *a.* ***Cassetten...***; **~decke** *f* △ coffered ceiling.
Kassiber *sl. m sl.* stiff.
kassieren I. *v/t.* **1.** collect; **2.** F (*verlangen*) charge; (*nehmen*) take; (*verdienen*) make; **3.** F (*einstecken*) F pocket; (*Schlag*) take; **4.** F (*verhaften*) F nab; **5.** ⚖ (*Urteil*) quash; **II.** *v/i.* take (*od.* collect) the money; ***dürfte ich jetzt ~?*** *im Lokal*: do you mind if I give you the bill now?; F ***ganz schön ~*** F be raking it in; F *iro.* ***und er kassiert*** F and he pockets it all;
Kassierer(in *f*) *m* cashier; *Bank*: teller.
Kastagnette *f* castanet.
Kastanie *f* chestnut; (*Roß*2) (horse) chestnut; ***eßbare ~*** (sweet) chestnut.
Kastanien|baum *m* chestnut (tree); **2braun** *adj.* chestnut (brown).
Kästchen *n* small box; *Zeitung, Formular*: box; *Papier*: square.
Kaste *f* caste.
kasteien *v/refl.*: ***sich ~*** chastise o.s.; (*sich enthalten*) deny o.s.; **Kasteiung** *f* self-chastisement.
Kastell *n* fortress, citadel; **Kastellan** *m* castle warden.
Kasten *m* **1.** box; (*Behälter, Kiste*) case; (*Bier*2 *etc.*) crate; (*Brief*2) letterbox; *Turnen*: box; (*Schau*2) showcase; *in Zeitungen etc.*: box; *dial.* → ***Schrank***; **2.** F *fig.* (*Auto, Flugzeug*) F crate; (*Gebäude, a. Fernseher*) F box; (*Gefängnis*) F jug, clink; (*Körper*) body, *großer*: hulk; ***er hat was auf dem ~*** he's not daft; ***er hat nicht viel auf dem ~*** F he's a bit thick; F ***im ~ sein*** *Film*: F be in the can; **~brot** *n* square (*od.* tin) loaf; **~drachen** *m* box kite; **~form** *f* loaf tin; **2förmig** *adj.* box-shaped; **~geist** *m* caste spirit; **~wesen** *n* caste system.
Kastrat *m* eunuch; ♪ castrato.
Kastration *f* castration; *e-s Pferdes etc.*: *a.* gelding.
Kastrations|angst *f* fear of castration; **~komplex** *m psych.* castration complex.
kastrieren *v/t.* castrate; (*Pferd etc.*) *a.* geld; (*weibliche Tiere*) spay.
Kasuistik *f* casuistry; **kasuistisch** *adj.* casuistic(ally *adv.*).
Kasus *m* case; **~endung** *f* case ending.
Katafalk *m* catafalque.
Katakombe *f* catacomb.
Katalane *m*, **Katalanin** *f*, **katalanisch** *adj.* **Katalanisch** *n ling.* Catalan.
Katalog *m* catalog(ue); *fig. von Maßnahmen etc.*: package; *fig.* ***ein ganzer ~ von Fragen*** a long list of questions; **~preis** *m* list price; **~wert** *m* catalog(ue) price.
Katalysator *m* catalyst (*a. fig.*); *mot. a.* catalytic converter; **Katalysatorauto** *n* catalyst (*od.* catalyser) car, F cat car; **katalysieren** *v/t.* catalyse; **katalytisch** *adj. a. fig.* catalytic.
Katamaran *m* catamaran.
katapultieren I. *v/t.* catapult; *fig. a.* propel (***in, auf*** [in]to); *fig.* ***~ in*** (*e-e Karriere*) launch into; **II.** *fig. v/refl.*: ***sich an die Spitze ~*** shoot to the top.
Katapult|sitz *m* ejector seat; **~start** *m* catapult takeoff.
Katarakt *m* cataract (*a.* ⚕).
Katarrh *m* catarrh.
Kataster *m, n* land register; **~amt** *n* land registry.
katastrophal *adj. a. fig.* disastrous.
Katastrophe *f* disaster (*a. fig.*), catastrophe; (*Natur*2 *großen Ausmaßes*) *a.* cataclysm.
Katastrophen|alarm *m* red alert; **~dienst** *m* emergency relief organization; **~einsatz** *m* emergency help, (*Großeinsatz*) emergency operation; **~fall** *m* emergency; ***im ~*** in an emergency, in the event of a disaster; **~gebiet** *n* disaster area; **~hilfe** *f* disaster relief; **~medizin** *f* disaster medicine; **~schutz** *m* disaster control; **~stimmung** *f* doomsday atmosphere.
Kat-Auto F *n* F cat car.
Kate *f* cottage.
Katechese *f* catechesis; **Katechet** *m* catechist; **Katechismus** *m* catechism.
Kategorie *f* category; **kategorisch** *adj.* categorical; **kategorisieren** *v/t.* categorize; **Kategorisierung** *f* categorization.
Kater[1] *m* tom(cat); ***der Gestiefelte ~*** Puss in Boots.
Kater[2] F *m* hangover, *fig. a. the* morning after; **~frühstück** F *n* hangover cure; **~stimmung** F *f* morning-after feeling.
Katharsis *f* catharsis; **kathartisch** *adj.* cathartic(ally *adv.*).
Katheder *n, m* (teacher's *od.* lecturer's) desk; **~weisheit** *f* academic (*od.* bookish) knowledge.
Kathedrale *f* cathedral.
Katheter *m* ⚕ catheter.
Kathode *f* ⚡ cathode.
Kathoden|röhre *f* cathode ray tube; **~strahlen** *pl.* cathode rays.
Kathole F *m* F papist.
Katholik(in *f*) *m*, **katholisch** *adj.* (Roman) Catholic; **Katholizismus** *m* Catholicism.
Kattun *m* calico, *weitS.* cotton; *grob*: dungaree.
Katz *f*: *fig.* ***~ u. Maus spielen mit*** play cat and mouse with; (***alles***) ***für die ~!*** I don't know why I bothered; **2balgen** *v/refl.*: ***sich ~*** **1.** F scrap, tussle; **2.** (*streiten*) squabble; **2buckeln** *v/i.* bow and scrape (***vor*** before).
Kätzchen *n* kitten; ⚘ catkin.
Katze *f* **1.** cat; *fig.* ***falsch wie e-e ~*** as false as they come; ***die ~ aus dem Sack lassen*** let the cat out of the bag, give the show away; ***wie die ~ um den heißen Brei gehen*** beat about (*od.* around) the bush; ***die ~ im Sack kaufen*** buy a pig in a poke; ***zäh wie e-e ~ sein*** have as many lives as a cat; ***die ~ läßt das Mausen nicht*** a leopard can't change his spots; ***wenn die ~ aus dem Haus ist, tanzen die Mäuse auf dem Tisch*** when the cat's away the mice will play; → ***Katz***; **2.** ⚙ → ***Laufkatze.***
katzen|artig *adj.* catlike, feline; **2auge** *n* **1.** cat's eye (*a. fig. u. min.*); **2.** (*Rücklicht*) reflector, *am Straßenrand etc.*: cat's eye; **2buckel** *m*: ***e-n ~ machen*** arch one's back; **2dreck** *m* cat's droppings *pl.*; F *fig.* ***ein ~*** (*Kleinigkeit*) nothing, (*Geld*) F chickenfeed; **2fell** *n* catskin; **~freundlich** *adj.* sugary; **2geschrei** *n* yowling cats *pl.*; **~haft** *adj.* catlike, feline; **2hai** *m* dogfish; **2jammer** *m* hangover (*a. fig.*); (*depressive Stimmung*) *the* blues *pl.*; **2kopf** *m* (*Pflasterstein*) cobble(stone); **2musik** *f* caterwauling; **2mutter** *f* mother cat; **2pfötchen** *n* cat's paw; ⚘ cat's foot; **2sprung** *fig. m a* stone's throw; **2streu** *f* cat litter; **2tisch** *m*: F ***am ~ essen müssen*** have to eat at the little table; **2wäsche** F *f* F a lick and a promise; ***~ machen*** give o.s. a lick and a promise, (just) splash o.s.; ***hast du wieder mal ~ gemacht?*** you've hardly got yourself wet; **2zunge** *f* (*Süßigkeit*) langue de chat.
Kauapparat *m anat.* masticatory organs *pl.* (*od.* apparatus).
Kauderwelsch *n* gibberish; (*unverständliche Fachsprache*) jargon; **kauderwelschen** *v/i.* talk gibberish.
kauen *v/t. u. v/i.* chew; ***an den Nägeln ~*** bite one's nails; *fig.* ***~ an*** chew *s.th.* over.
kauern *v/i. u. v/refl.* (***sich ~***) crouch *od.* squat (down).
Kauf *m* purchase, F buy; (*das Kaufen*) purchasing, buying; ***günstiger ~*** bargain, F good buy; ***zum ~ anbieten*** offer for sale; *fig.* ***mit in ~ nehmen*** accept; **~anreiz** *m* incentive to buy; **~auftrag** *m* buying order; **~bedingungen** *pl.* conditions of sale; **~boom** F *m* high-street boom.
kaufen I. *v/t.* **1.** buy; F *fig.* ***dafür kann ich mir nichts ~*** F a fat lot of use that is; → ***teuer*** I; **2.** (*bestechen*) bribe, buy; **3.** F ***den werde ich mir ~*** F I'll tell him what's what; **II.** *v/i.* (*einkaufen*) shop; ***~ bei*** *gewohnheitsmäßig*: go to.
Käufer(in *f*) *m* buyer; (*Kunde*) customer.
Käufer|forschung *f* buyer research; **~gewohnheiten** *pl.* buying habits;

~gruppe *f* group of buyers; **~markt** *m* buyer's market; **~schicht** *f* group of buyers.
Kauf|frau *f* businesswoman; **~gelegenheit** *f* opportunity (to buy); **~gewohnheiten** *pl.* buying habits; **~halle** *f* small department store.
Kaufhaus *n* department store; **~detektiv** *m* store detective; **~kette** *f*, **~konzern** *m* (department) stores group.
Kauf|interesse *n* (buyer) demand; **~interessent** *m* prospective buyer.
Kaufkraft *f* buying (*od.* purchasing) power; *des Käufers*: spending power; **kauf-kräftig** *adj.* well-funded; *Währung*: strong; **Kaufkraftschwund** *m* dwindling purchasing power.
Kaufläche *f Zahnmedizin*: masticatory surface.
Kauf|laden *m* shop, *bsd. Am.* store; **~leute** *pl.* → ***Kaufmann.***
käuflich I. *adj.* for sale; *fig.* (*bestechlich*) open to bribery; ***~e Liebe*** venal love; **II.** *adv.*: ***~ erwerben*** purchase; **Käuflichkeit** *f* (*Bestechlichkeit*) corruptibility.
Kauflust *f* urge to spend; spending; ✝ demand for consumer goods; **kauflustig** *adj.*: ***~e Touristen*** tourists with plenty of money to spend, *engS.* dollar-happy (*od.* pound-happy) tourists.
Kaufmann *m* businessman; (*Händler*) trader; (*Einzelhändler*) shopkeeper, *Am.* storekeeper; **kaufmännisch I.** *adj.* commercial; business *qualities etc.*; ***~er Angestellter*** clerk; ***~er Betrieb*** business enterprise; ***~es Personal*** office staff; **II.** *adv.*: ***~ ausgebildet sein*** have had business training; **Kaufmannsladen** *m für Kinder*: (toy) shop.
Kauf|objekt *n* article, object; **~orgie** F *f* F splurge; **~preis** *m* purchase price; **~rausch** *m*: ***sie ist im ~*** she can't stop buying things, F she's having a big splurge; **~unlust** *f* lack of spending; ✝ lack of demand for consumer goods; **~verhalten** *n* buying patterns *pl.*; **~vertrag** *m* contract for sale; **~wert** *m* purchase value; **~wut** *f* buying craze; → *a.* ***Kaufrausch***; **~zwang** *m*: ***kein ~*** no obligation.
Kaugummi *m* chewing gum.
Kaukasier(in *f*) *m*, **kaukasisch** *adj.* Caucasian.
Kaulquappe *f* tadpole.
kaum *adv.* hardly; (*nur gerade*) only just, barely; (*mit Mühe*) with great difficulty; ***~ je*** hardly ever; ***~ hatte er ...*** (*od.* ***~ daß er ... hatte***), ***als*** he had hardly ... when, no sooner had he ... than; **(*wohl*) *~!*** hardly, I doubt it very much; ***es ist ~ zu sehen*** you can hardly see it.
Kaumuskel *m* masticatory muscle.
kausal *adj.* causal; **⁀begriff** *m* causal concept; **⁀beziehung** *f* causal connection; **⁀gesetz** *n* law of causality, law of cause and effect.
Kausalität *f* causality; **Kausal(itäts)-prinzip** *n* principle of causality.
Kausal|satz *m ling.* causal clause; **~zusammenhang** *m* causal connection.
kaustisch *adj.* ⚗ *u. fig.* caustic(ally *adv.*).
Kautabak *m* chewing tobacco.
Kaution *f* ✝ security; ⚖ *mst* bail; *für Wohnung etc.*: deposit; ***gegen ~ entlassen*** release on bail; ***gegen ~ freigelassen werden*** be granted bail; ***j-n durch ~ freibekommen*** bail s.o. out.
Kautionssumme *f* (amount of) security *od.* bail.
Kautschuk *m* (India) rubber; **~baum** *m* rubber tree; **~milch** *f* latex; **~paragraph** F *m* elastic clause.
Kauwerkzeuge *pl.* masticatory organs.
Kauz *m* **1.** *zo.* (*a.* **Käuzchen** *n*) tawny owl; **2.** F *fig.* ***komischer ~*** F strange customer, *sl.* weirdo; **kauzig** *adj.* strange, odd.
Kavalier *m* gentleman; ***ein ~ der alten Schule*** a (*od.* the) perfect gentleman; **⁀mäßig** *adj.* gentlemanly, F chivalrous.
Kavaliersdelikt F *n* peccadillo, harmless crime; ***es gilt als ~*** *a.* it's considered a (national) sport.
Kavalier(s)start *m* racing start.
Kavalkade *f* cavalcade.
Kavallerie *f* cavalry; **Kavallerist** *m* cavalryman.
Kaventsmann F *m* (*Mann*) F great hulk; (*Fisch etc.*) F whopper.
Kaviar *m* caviar(e); ***~ fürs Volk*** caviar(e) to the general.
Kavität *f* ⚕ cavity.
Kebab *m gastr.* kebab.
keck *adj.* (*frech*) cheeky, (*a. fig. Hut etc.*) saucy; (*forsch*) bold (as brass).
Kefir *m* kefir.
Kegel *m* **1.** *zum Spiel*: skittle, pin; **2.** *bsd.* ⩓ *u.* ⚙ cone; (*verjüngtes Teil*) taper; → ***Kind***; **~abend** *m* bowling evening; ***Dienstag ist ~*** Tuesday's bowling night; **~bahn** *f* bowling alley; **~bruder** F *m* **1.** F bowling mate; **2.** (*begeisterter Kegler*) F bowling freak; **⁀förmig** *adj.* conical; **~getriebe** *n* ⚙ bevel gear; **~klub** *m* bowling club; **~kugel** *f* bowling ball.
kegeln I. *v/i.* bowl; go bowling; **II.** ⁀ *n* bowling.
Kegelprojektion *f* conical projection.
Kegelrad *n* bevel gear; **~antrieb** *m* bevel drive.
Kegel|schnitt *m* ⩓ conic section; **~spiel** *n*, **~sport** *m* bowling; **~stumpf** *m* ⩓ truncated cone; **~ventil** *n* ⚙ cone valve.
Kegler *m* bowler.
Kehldeckel *m anat.* epiglottis.
Kehle *f* **1.** *anat.* throat; (*Luftröhre*) windpipe; ***aus voller ~*** at the top of one's voice; ***j-m das Messer an die ~ setzen*** put a knife to s.o.'s throat, *fig.* point a gun at s.o.'s head; *fig.* ***er hat es in die falsche ~ bekommen*** F he got the wrong end of the stick; ***ihm geht's an die ~*** he's in for it now; F **(*immer*) *e-e trockene ~ haben*** F be a bit of a tippler; ***sich die ~ anfeuchten*** F wet one's whistle; F ***et. durch die ~ jagen*** F sluice s.th. down the hatch; → ***zusammenschnüren***; → *a.* ***Hals***; **2.** ⚠ chamfer, *a.* ⚙ flute.
Kehlkopf *m* larynx; **~entzündung** *f* laryngitis; **~krebs** *m* cancer of the larynx; **~mikrophon** *n* throat microphone; **~schnitt** *m* laryngotomy; **~spiegel** *m* laryngoscope; **~spiegelung** *f* laryngoscopy.
Kehl|laut *m ling.* guttural (sound); **~leiste** *f* ⚠ mo(u)lding.
Kehraus *m* last dance; *fig.* (grand) finale.
Kehre *f* (*Kurve*) (sharp) bend; (*Wendeplatz*) turning space, loop (*a.* 🚂); *Turnen*: rear vault, (*Abgangs⁀*) back dismount; ✈ *u. Skisport*: turn.
kehren¹ *dial. v/i. u. v/t.* sweep (up); *fig.* ***er soll mal vor der eigenen Tür ~*** he should put his own house in order (first).
kehren² I. *v/t.* **1.** turn; ***j-m den Rücken ~*** *a. fig.* turn one's back on s.o.; *fig.* ***in sich gekehrt*** withdrawn; **II.** *v/refl.* **2.** ***sich ~ gegen*** turn against; ***sich zum Besten ~*** turn out all right (*Am.* alright) in the end; **3.** ***sich nicht ~ an*** pay no attention to; **III.** *v/i.*: ⚔ ***kehrt!*** about turn!
Kehricht *m*, *n* dirt; F *fig.* ***das geht dich e-n feuchten ~ an*** F that's none of your (bloody) business; **~eimer** *m* rubbish bin, *Am.* trashcan; **~haufen** *m* (pile of) dirt; **~schaufel** *f* dustpan.
Kehr|maschine *f* **1.** road sweeper; **2.** (*Teppich⁀*) carpet sweeper; **~reim** *m* refrain; **~seite** *f* other side, reverse; F (*Hintern*) F backside; F ***j-m s-e ~ zuwenden*** turn one's back on s.o.; *fig.* ***die ~ der Medaille*** the other side of the coin; ***die ~ des Lebens*** the seamy side of life.
kehrt|machen *v/i.* turn back; *plötzlich*: turn on one's heels, do an about-turn (*fig. a.* about-face); **⁀wendung** *f*: **(*e-e ~ machen*)** do a[n]) about turn, U-turn, *fig. a.* about-face.
Kehrwert *m* reciprocal.
keifen *v/i.* nag.
Keil *m* wedge (*a. meteor.*); (*Hemm⁀*) chock; (*Zwickel*) gusset; ⚔ spearhead; *fig.* ***e-n ~ treiben zwischen*** drive a wedge between; **~absatz** *m* wedge heel.
Keile *f*: ***~ kriegen*** get a hiding.
keilen I. *v/t.* **1.** wedge; **2.** F (*j-n gewinnen*) F rope *s.o.* in (***für*** for); **II.** F *v/refl.*: ***sich ~*** fight, scuffle, F tussle.
Keiler *m zo.* wild boar.
Keilerei *f* fight, scuffle, F tussle, scrap.
Keil|flosse *f* ✈ vertical tail fin; **~form** *f* ✈ V-formation; **⁀förmig** *adj.* wedge-shaped; *Buchstabe, Schrift*: cuneiform; **~hose** *f*: **(*e-e ~*** a pair of) stretch trousers *pl.* (*Am.* pants *pl.*); **~kissen** *n* (wedge-shaped) bolster; **~riemen** *m* ⚙ V-belt; **~schrift** *f* cuneiform (script).
Keim *m* ⚕ germ; ♣ (*Schößling*) shoot; (*Trieb*) sprout; (*Frucht⁀*) embryo; *fig.* seed(s *pl.*); ***~e treiben*** germinate; *fig.* ***im ~ ersticken*** nip in the bud, (*Gerücht*) scotch; **~blatt** *n* ♣ cotyledon; *biol.* germ layer; **~boden** *m biol.* substratum.
Keimdrüse *f* gonad; **Keimdrüsenhormon** *n* sex hormone.
keimen *v/i.* germinate; (*treiben*) sprout; (*knospen*) bud; *fig.* grow; (*sich regen*) stir.
keim|fähig *adj.* germinable, viable; **~frei** *adj.* sterile; ***~ machen*** sterilize.
Keimling *m* seedling.
Keim|plasma *n* germ plasm; **⁀tötend** *adj.* antiseptic; **~träger** *m* ⚕ (germ) carrier; **~zelle** *f* germ cell, gamete; *fig.* nucleus.
kein *indef. pron.* **1.** *adjektivisch*: **~(e)** no, not any; ***er hat ~ Auto*** he hasn't got a car; ***sie hat ~e Freunde*** she hasn't got any friends; ***~ anderer als*** none other than; ***sie ist ~ Ungeheuer*** she's not a (*od.* no) monster; **2.** *substantivisch*: **~er, ~e, ~(e)s** *von Sachen*: none, not any; *von Personen*: no-one, nobody; *hast du welche gesehen?* - ***nein, ~e*** no, I didn't see any; ***~er (~e, ~s) von beiden*** neither (of them); ***~er von uns*** *beiden*: neither of us, *bei mehreren*: none of us; F ***uns kann ~er*** F there are no flies on us, you can't catch us out (as easily as that).
keinerlei *adj.* no ... at all; ***~ Schmerzen*** *a.* no pain whatsoever; ***auf ~ Weise*** in no way.

keines|falls *adv.* under no circumstances, on no account; (*auf keine Weise*) (in) no way; *als Antwort*: certainly not, F no way; **~wegs** *adv.* not at all; (*alles andere als*) anything but.
keinmal *adv.* not once, never.
Keks *m, n* biscuit, *Am.* cookie; F *fig.* ***j-m auf den ~ gehen*** F get on s.o.'s wick.
Kelch *m* cup, goblet; *eccl.* chalice, communion cup; ⚘ calyx; ***der ~ ist noch einmal an uns vorübergegangen*** we've been spared, F that was close; **~blatt** *n* sepal; **≈förmig** *adj.* cup-shaped; ⚘ calyciform; **~glas** *adj.* (crystal *od.* glass) goblet.
Kelle *f* ladle; (*Maurer≈*) trowel; (*Signal≈*) signal(l)ing disc.
Keller *m* cellar (*a. weitS. Weine*); *bewohnt*: basement; *fig.* ***in den ~ fallen*** hit rock bottom; **~assel** *f zo.* woodlouse; **~bar** *f* cellar bar.
Kellerei *f* wine cellars *pl.*
Keller|falte *f* box pleat; **~geschoß** *n* basement; **~gewölbe** *n* (underground) vault, cellar; **~kind** *n* **1.** deprived child; **2. ~er** *Sport*: bottom-of-the-table team(s); **~lokal** *n* cellar restaurant (*od.* bar); **~meister** *m* cellarer; **~temperatur** *f* cellar temperature; **~treppe** *f* cellar steps (*aus Holz*: stairs) *pl.*; **~wechsel** *m* ✝ dummy bill; **~wohnung** *f* basement (flat).
Kellner *m* waiter; **Kellnerin** *f* waitress; **kellnern** F *v/i.* work (*od.* job around) as a waiter (*od.* waitress).
Kelte *m* Celt.
Kelter *f* wine press; **Kelterei** *f* press house; **keltern** *v/t.* press.
Keltin *f* Celt; **keltisch** *adj.* Celtic.
Kendo *n* kendo.
Kenianer(in *f*) *m*, **kenianisch** *adj.* Kenyan.
Kenn|buchstabe *m* code letter; **~daten** *pl.* data.
kennen *v/t.* know; (*erkennen*) recognize (***an*** by); ***das ~ wir!*** we know all about that!; ***wir ~ uns schon*** we 'have met; ***du kennst mich schlecht*** you don't know me (at all) yet; ***kennst du mich noch?*** remember me?; ***er kannte sich nicht mehr vor Wut*** he was beside himself with anger; ***kennst du den (Witz) vom ...*** did you hear the one about ...?; ***die ~ keine Rücksicht*** they're absolutely ruthless; **~lernen** *v/t.* get to know, (*begegnen*) meet; ***als ich ihn kennenlernte*** when I first met him; ***näher ~*** get to know *s.o. od. s.th.* better; F ***der soll mich noch ~!*** F he hasn't seen anything yet.
Kenner *m* connoisseur; (*Fachmann*) expert (*gen.* on), *stärker*: authority (on).
Kennerblick *m*: (***mit ~*** with an *od.* one's) expert eye.
kennerhaft, kennerisch *adj.* discerning.
Kennermiene *f*: ***mit ~*** with the air of a connoisseur.
Kennerschaft *f* expertise.
Kenn|farbe *f* identifying colo(u)r; **~karte** *f* identity card; **~linie** *f* ⚗, *phys.* characteristic curve; **~marke** *f* identity tag.
kenntlich *adj.* recognizable; (*unterscheidbar*) distinguishable; (*wahrnehmbar*) discernible; (*bezeichnet*) marked; ***~ machen*** mark, (*etikettieren*) label; ***sich ~ machen*** make o.s. known.
Kenntnis *f* **1.** knowledge (*gen. od.* ***von*** of); ***~ haben von*** know (about), be aware of; ***j-n in ~ setzen von et.*** inform s.o. of s.th., bring s.th. to s.o.'s attention; ***~ nehmen von*** take note of; ***es ist uns zur ~ gelangt, daß*** we have learned (*od.* been informed) that; ***das entzieht sich m-r ~*** I don't know anything about it; **2. ~se** (*Wissen*) knowledge (*gen. od.* ***in*** of); (*Erfahrung*) experience (in, of); (*Verständnis*) understanding (of); ***gute ~se haben in*** be well grounded in; **~nahme** *f*: ***zu Ihrer ~*** for your attention; ***mit der Bitte um ~*** please take note; **≈reich** *adj.* knowledgeable, *a. Schriftstück*: well-informed; **~stand** *m* state of knowledge (*od.* information).
Kennung *f* identification; ⚓, ✈ route marking.
Kenn|wort *n* password, *a.* ✝ *etc.* code word; *Inserat*: box number; ***Zuschriften unter dem ~ X*** mark your letters (*od.* envelopes) X; **~zahl** *f* **1.** *teleph.* (area) code, *Am.* prefix; **2.** → ***Kennziffer.***
Kennzeichen *n* (distinguishing) feature, characteristic; (*Abzeichen*) badge, emblem; (*Eigentumszeichen*) brand; *mot.* registration (*Am.* license) number; ✈ aircraft marking; ***besondere ~*** *Paß*: distinguishing marks; ***ein sicheres ~, daß*** a sure sign that; **kennzeichnen** *v/t.* **1.** mark, identify, (*etikettieren*) label; (*Weg*) signpost; (*Tiere*) brand; **2.** (*charakteristisch sein für*) reflect; ***j-n ~ als*** show s.o. to be; **3.** (*darstellen*) describe, (*j-n*) *a.* portray; **kennzeichnend** *adj.* characteristic, typical (***für*** of); (*unterscheidend*) distinguishing.
Kennziffer *f* code number; ⚗ characteristic, index (*of logarithm*); *Statistik*: index (number); *Inserat*: box number.
kentern *v/i.* capsize.
Keramik *f* (*Kunst*) pottery; (*Ware*) ceramics *pl.*, pottery; (*Stück*) piece of pottery; **keramisch** *adj.* ceramic.
Kerbe *f* notch, (*Nut*) groove; *fig.* ***in dieselbe ~ hauen*** do (*od.* say) exactly the same thing.
Kerbel *m* ⚘ chervil.
kerben *v/t.* notch; (*rändeln*) knurl.
Kerb|holz *n*: *fig.* ***etwas auf dem ~ haben*** have done s.th. wrong; ***einiges auf dem ~ haben*** have quite a record; **~tier** *n* insect.
Kerker *m* jail, *Brit. a.* gaol, prison; (*Verlies*) dungeon; ⚖ → **~haft** *f* imprisonment; **~meister** *m* jailer, *Brit. a.* gaoler.
Kerl F *m* F bloke, guy; ***armer ~*** F poor devil; ***ein ganzer ~*** a real man; ***ein anständiger ~*** F a decent sort; ***sie ist ein feiner ~*** F she's a good sort; ***blöder ~*** idiot.
Kern *m* **1.** *von Kernobst*: pip, seed; *von Steinobst*: stone; (*Nuß≈*) kernel; **2.** ⚙, ⚡, *a. e-s Reaktors*: core; 🕮 (*a. Atom≈*) nucleus; **3.** *fig.* core, (*das Wichtigste*) *a.* essence; (*Keimzelle*) nucleus; (*Stadt≈ etc.*) cent|re (*Am.* -er), heart; ***der ~ der Sache*** the heart (*od.* core) of the matter; ***bis zum ~ e-r Sache dringen*** get to the core of s.th.; ***harter ~*** hard core; ***im ~ verdorben*** rotten to the core; ***sie hat e-n guten ~*** she's good at heart; **~brennstoff** *m* nuclear fuel; **~chemie** *f* nuclear chemistry.
Kernenergie *f* nuclear energy; **~programm** *n* nuclear energy program(me); **~risiko** *n* nuclear (energy) risk.
Kern|explosion *f* nuclear explosion; **~fach** *n ped.* core subject; **~familie** *f* nuclear family.
Kernforschung *f* nuclear research; **Kernforschungsanlage** *f* nuclear research plant.
Kern|frage *f* hard-core issue; **~fusion** *f* nuclear fusion; **~gedanke** *m* central idea; **~gehäuse** *n* core; **≈gesund** *adj.* (as) fit as a fiddle.
kernig *adj.* **1.** *Obst*: full of pips; **2.** *fig.* (*markig*) pithy; (*kraftvoll*) robust, vigorous; (*derb*) earthy; **3.** *Wein*: sturdy; **4.** *Leder*: full.
Kernkraft *f* nuclear power (*od.* energy); **~befürworter** *m* pro-nuclear lobbyist; **~gegner** *m* antinuclear protester (*od.* campaigner); **~werk** *n* nuclear power plant.
Kernladung *f* nuclear charge; **Kernladungszahl** *f* atomic number.
kernlos *adj.* ⚘ seedless.
Kern|modell *n* nuclear model; **~obst** *n* pomaceous fruit, pome(s *pl.*); **~physik** *f* nuclear physics *pl.* (*sg. konstr.*); **~physiker** *m* nuclear physicist; **~punkt** *m* essential (*od.* central) point; **~reaktion** *f* nuclear reaction; **~reaktor** *m* nuclear reactor; **~schatten** *m* deepest shadow; *ast.* umbra; **~schmelze** *f* core meltdown; **~seife** *f* curd soap; **~spaltung** *f* nuclear fission; **~speicher** *m Computer*: core memory; **~spintomographie** *f* ⚕ magnetic resonance; **~spruch** *m* pithy saying; **~stück** *n* main item; *e-r Sammlung etc.*: pièce de résistance; **~technik** *f* nuclear technology.
Kernwaffe *f* nuclear weapon; **kernwaffenfrei** *adj.*: ***~e Zone*** nuclear-free zone; **Kernwaffenversuch** *m* nuclear test.
Kern|zeit *f* core time; **~zone** *f* cent|re (*Am.* -er); *geol.* nucleus.
Kerosin *n* kerosene.
Kerze *f* **1.** candle (*a.* ⚡, *Lampe u. Meßeinheit*); (*Zünd≈*) spark(ing) plug; **2.** *Turnen*: shoulder stand; ***e-e ~ fabrizieren*** (*od.* ***produzieren***) *Fußball*: sky one's clearance.
kerzengerade *adj. u. adv.* (as) straight as an arrow; *Person*: (as) straight as a ramrod; (*aufrecht*) bolt upright.
Kerzen|halter *m am Baum*: candleholder; **~leuchter** *m* candelabrum, *für eine Kerze*: candlestick; *an der Wand*: sconce; **~licht** *n*: (***bei ~*** by) candlelight; ***Essen bei ~*** a candlelight dinner; **~stecker** *m mot.* spark-plug cap.
Kescher *m* net; *für Fische*: landing net.
keß F *adj.* pert, saucy.
Kessel *m* **1.** kettle; *großer*: ca(u)ldron; (*Dampf≈*) boiler; **2.** (*Vertiefung*) hollow; (*Wasserbecken*) basin; (*Tal≈*) basin; **3.** ⚔ pocket; **~flicker** *m* tinker; **~haus** *n* boiler house (*od.* room); **~pauke** *f* kettledrum; **~schlacht** *f* battle of encirclement, cauldron battle; **~stein** *m* fur, scale; ***den ~ entfernen von*** descale; **~treiben** *n Jagd*: battue; *fig. pol.* witch-hunt (***gegen*** against).
Ketchup *m, n* (tomato) ketchup, tomato sauce.
Keton *n* ⚗ ketone.
Ketsch *f* ⚓ ketch.
Kette *f* **1.** chain (*a.* ⚗, ✝); (*Hals≈*) *mst* necklace, (*Arm≈*) chain, bracelet; *fig. mst* **~n** chains, fetters; ***an die ~ legen*** (*Hund*) put on the chain, *fig.* (*j-n*) put *s.o.* on a short leash, *Sport*: mark *s.o.* out of the

game; **2.** *e-s Kettenfahrzeugs*: track; **3.** *Weberei*: warp; ~ ***und Schuß*** warp and woof; **4.** *von Bergen etc.*: chain, range; *von Seen*: chain, string; *fig. von Ereignissen etc.*: chain, series, *der Beweisführung, von Gedanken etc.*: chain; (*Absperrung*) cordon; ***e-e ~ bilden*** form a cordon, *zum Weiterreichen*: form a line, *a. Demonstration*: form a human chain.
ketten *v/t.* chain (**an** to) (*a. fig.*).
Ketten|antrieb *m* ⚙ chain drive; **~armband** *n* chain bracelet; **~brief** *m* chain letter; **~bruch** *m* ⅍ continued fraction; **~brücke** *f* suspension bridge; **~fahrzeug** *n mot.* tracked vehicle; **~förderer** *m* ⚙ chain conveyor; **⁓förmig** *adj.* ⚗ aliphatic; **~gebirge** *n* mountain range; **~gelenk** *n*, chain (*mot.* track) link; **~geschäft** *n* chain store; **~glied** *n* chain link; **~hund** *m* watchdog; **~karussell** *n* chairoplane; **~laden** *m* chain store; **~panzer** *m* coat of mail; **~rad** *n* ⚙ sprocket wheel; **~rauchen** *n* chain smoking; **~raucher** *m* chain smoker; **~reaktion** *f phys. u. fig.* chain reaction; **~restaurant** *n* chain restaurant; **~säge** *f* chain saw; **~schluß** *m phls.* chain syllogism, sorites; **~schutz** *m am Fahrrad*: chain guard; **~stich** *m* chain stitch; **~vertrag** *m* chain contract.
Kettfaden *m* warp.
Ketzer(in *f*) *m* heretic; **Ketzerei** *f* heresy; **Ketzergericht** *n hist.* (court of) inquisition; **ketzerisch** *adj.* heretical.
keuchen *v/i.* pant, *pfeifend*: wheeze; *vor Schreck etc.*: gasp; *Zug etc.*: puff.
Keuchhusten *m* ⚕ whooping cough.
Keule *f* **1.** club, cudgel, *hist.* mace; *e-s Mörsers*: pestle; **2.** *zo.* haunch; *gastr.* leg, haunch, *Geflügel*: leg, drumstick; **3.** ***chemische*** ~ chemical mace.
Keulen|schlag *m* cudgel blow; *fig.* ***es traf ihn wie ein*** ~ it came as a tremendous blow to him; **~schwingen** *n Sport*: (Indian) club swinging.
keusch *adj.* chaste; (*jungfräulich*) virginal; **Keuschheit** *f* chastity.
Keuschheits|gelübde *n* vow of chastity; **~gürtel** *m* chastity belt.
Kfz → ***Kraftfahrzeug***; **~...** *in Zssgn* → *a.* ***Kraftfahrzeug...***; **~-Kennzeichen** *n* car registration (*Am.* license) number; **~-Mechaniker** *m*, **~-Schlosser** *m* (car) mechanic; **~-Steuer** *f* road (*Am.* automobile) tax; **~-Werkstatt** *f* garage; **~-Zulassungsstelle** *f* vehicle registration cent|re (*Am.* -er).
Khaki *m, n* khaki.
Khmer[1] *m* Khmer; ***die*** ~ the Khmer (people); ***die Roten*** ~ the Khmer Rouge.
Khmer[2] *n ling.* Khmer.
khmer *adj.* Khmer.
Kibbuz *m*: (***in e-m*** ~ in *od.* on a) kibbutz.
Kiberer *östr. m* detective.
Kichererbse *f* chickpea.
kichern I. *v/i.* giggle; *spöttisch*: snigger; **II.** ⁓ *n* giggling; sniggering.
Kick F *m* **1.** kick; **2.** game; **kicken** F **I.** *v/t.* kick; **II.** *v/i.* play football; **Kicker** F *m* (*Spieler*) (football) player.
Kickstarter *m mot.* kickstarter.
kidnappen *v/t.* kidnap; **Kidnapper(in** *f*) *m* kidnapper.
Kiebitz *m zo.* peewit, lapwing; F (*Zuschauer*) F kibitzer; **kiebitzen** F *v/i.* F sneak a look; *Kartenspiel etc.*: F kibitz.
Kiefer[1] *m* jaw(bone); *Insekt*: mandible.
Kiefer[2] *f* ♧ pine (tree); (*Holz*) pine(wood).
Kiefer|bruch *m* ⚕ fractured jaw; **~chirurgie** *f* oral surgery.
Kieferhöhle *f* (maxillary) sinus; **Kieferhöhlenentzündung** *f* (maxillary) sinusitis.
Kiefer|klemme *f* lockjaw; **~knochen** *m* jawbone.
Kiefern|holz *n* pine(wood); **~nadel** *f* pine needle; **~öl** *n* pine oil; **~wald** *m* pinewood; **~zapfen** *m* pine cone.
Kiefer|orthopäde *m* orthodontist; **~orthopädie** *f* orthodontics *pl.* (*sg. konstr.*).
kieken F *dial. v/i.* → ***gucken***; **Kieker** *m*: F ***j-n auf dem ~ haben*** *a. mißtrauisch*: have one's eye on s.o., (*es auf j-n abgesehen haben*) F have it in for s.o.
Kiel *m* **1.** ⚓, ✈ keel; ***auf ~ legen*** (*Schiff*) lay down; **2.** (*Feder*⁓) quill; **~flosse** *f* ✈ tail fin; **~linie** *f* **1.** line ahead; **2.** *e-s Schiffs*: keel line; **⁓oben** *adj.* bottom up; **~raum** *m* bilge; **~wasser** *n* wake; ***im ~ fahren*** *a. fig.* follow in the wake (*gen.* of).
Kieme *f zo.* gill.
Kiemen|atmung *f* gill breathing; **~deckel** *m* gill cover; **~spalte** *f* gill slit.
Kien *m* resinous (pine)wood; **~apfel** *m* pine cone; **~span** *m* pine(wood) chip; **~zapfen** *m* pine cone.
Kiepe *f* pannier.
Kies *m* **1.** gravel; (*Straßen*⁓ *etc.*) *a.* grit; ***grober*** ~ shingle; **2.** *min.* pyrite; **3.** F (*Geld*) F lolly; **~beton** *m* gravel concrete; **~boden** *m* gravelly soil.
Kiesel *m* pebble; **~alge** *f* diatom; **~erde** *f* silica; **⁓sauer** *adj.* siliceous; **~säure** *f* silicic acid; **~stein** *m* pebble.
Kiesgrube *f* gravel pit.
kiesig *adj.* gravelly.
Kies|strand *m* shingle beach; **~weg** *m* gravel path.
Kiez *m* **1.** area, quarter; **2.** *sl.* (*Bordell-viertel*) red-light district.
kiffen *sl. v/i.* F smoke pot.
kikeriki *int.*, ⁓ *n* cock-a-doodle-doo.
killekille F *int.* tickle-tickle.
killen F *v/t.* F bump off; **Killer** F *m* F hit man, killer, hatchet man.
Killer|kommando F *n* F hit squad; **~satellit** F *m* (hunter-)killer satellite.
Kilo *n* kilogram(me); **~byte** *n* kilobyte; **~gramm** *n* kilogram(me); **~hertz** *n* kilocycle (per second), kilohertz; **~kalorie** *f* kilocalorie.
Kilometer *m, n* kilomet|re (*Am.* -er); ***60 ~ (in der Stunde) fahren*** do 60 kilomet|res (*Am.* -ers); **~fresser** F *m* F speed merchant; **~geld** *n etwa* mileage allowance; **⁓lang I.** *adj.* stretching for miles, miles (and miles) of ...; **II.** *adv.* for miles (and miles); **~pauschale** *f etwa* flat mileage rate; **~stand** *m mot. etwa* mileage (reading); **~stein** *m etwa* milestone; **⁓weit** *adj.* → ***meterlang***; **~zahl** *f mot. etwa* mileage; **~zähler** *m etwa* mileometer, mileage indicator.
Kilo|ohm *n* kilohm, *a* thousand ohms *pl.*; **~pond** *n* kilogram(me) weight; **~tonne** *f* kiloton.
Kilovolt *n* kilovolt; **~ampere** *n* kilovolt-ampere.
Kilowatt *n* kilowatt; **~stunde** *f* kilowatt hour.
Kilt *m* kilt.
Kimber *m hist.* Cimbrian; ***die ~n*** the Cimbri; **kimbrisch** *adj.* Cimbrian.
Kimm *f* ⚓ **1.** visual horizon; **2.** (*Schiffsbauch*) bilge.
Kimme *f* notch.
Kimono *m* kimono.
Kind *n* child; (*Baby*) baby; *fig. des Geistes*: product; ***sie ist kein ~ mehr*** she's not a little kid any more; ***ein großes*** ~ a big baby; ***ein ~ bekommen*** (*od.* ***erwarten***) be pregnant, be expecting a baby; ***von ~ auf*** (ever) since I was (*od.* you were *etc.*) a child; ***das ist nichts für kleine ~er*** you're too young for that; ***~er, ~er!*** my goodness!; ***eure ~er und Kindeskinder*** your children and children's children; ***das weiß doch jedes ~!*** any child knows that; ***(ein) gebranntes ~ scheut das Feuer*** once bitten, twice shy; F *fig.* ***wie sag ich's m-m ~e?*** a) how shall I put it now?, b) *schonend*: how am I going to put it to him (*od.* her)?; F ***wir werden das ~ schon schaukeln*** we'll work it out (somehow); ***das ~ mit dem Bade ausschütten*** throw the baby out with the bathwater; ***ein Berliner*** ~ a Berliner born and bred; ***sich lieb ~ machen bei j-m*** try to get into s.o.'s good books; ***sie sind mit ~ und Kegel losgezogen*** the whole clan went off; ***das ~ beim rechten Namen nennen*** call a spade a spade; ***~er, hört mal!*** *an Erwachsene*: listen (to this), folks.
Kindbett *n* childbed; ***im ~ liegen*** be lying in; ***im ~ sterben*** die in childbed; **~fieber** *n* childbed (*od.* puerperal) fever.
Kindchen *n* small child; *iro.* ***aber ~!*** my dear child!
Kinder|arbeit *f* child employment, *bsd. manuelle*: child labo(u)r; **~arzt** *m*, **~ärztin** *f* p(a)ediatrician; **~bett** *n* cot, *Am.* crib; **~buch** *n* children's book; **~chor** *m* children's choir; **~dorf** *n* children's village; → ***SOS-Kinderdorf***; **~ermäßigung** *f* reduction for children, children's rate; **~erziehung** *f* bringing up children; **~fahrrad** *n* children's bicycle; **⁓feindlich** *adj.*: ~ ***sein*** hate children; **~fernsehen** *n* children's TV (program[me]s *pl.*); **~fest** *n* children's party; **~film** *m* children's film; **~frau** *f* child minder; **~freibetrag** *m* child allowance; **~freund** *m*: ***ein ~ sein*** be very fond of children; **⁓freundlich** *adj.* very fond of children; *Umgebung etc.*: suitable for children; ***ein ~es Hotel*** *etc.* a hotel *etc.* that welcomes children; **~funk** *m* children's TV (*od.* radio); **~garten** *m* kindergarten; **~gärtnerin** *f* kindergarten teacher; **~geld** *n* child benefit, *Brit. a.* children's allowance; **~gesicht** *n* child's face; *weitS.* babyface; **~gottesdienst** *m* children's service; **~heilkunde** *f* p(a)ediatrics *pl.* (*sg. konstr.*); **~heim** *n* children's home; **~hort** *m* after-school care cent|re (*Am.* -er); **~karussell** *n* roundabout, merry-go-round, *Am.* car(r)ousel; **~kleidung** *f* children's wear; **~klinik** *f* children's hospital; **~krankheit** *f* ⚕ children's illness; *fig.* **~en** teething troubles; **~krebs** *m* childhood cancer; **~kriegen** *n*: F ***es ist zum ~*** it's enough to drive you up the wall; **~krippe** *f* crèche, day nursery; **~laden** *m* **1.** children's shop; **2.** (antiauthoritarian) playgroup; **~lähmung** *f* ⚕ polio, 📖 poliomyelitis; **⁓leicht** *adj.* really (F dead) easy; ***es ist ~*** *a.* it's a pushover (F cinch); **⁓lieb** *adj.* very fond of children; **~lied** *n* children's song; *engS.* nursery rhyme.
kinderlos *adj.* childless; **Kinderlosigkeit** *f* childlessness; inability to have children.

Kinder|mädchen *n* nanny; **~mode** *f* children's fashions *pl.*; (*Kleidung*) children's wear; **~mord** *m* child murder; ⚖ infanticide; *bibl.* ***der ~ zu Bethlehem*** the massacre of the innocents; **~mörder(in** *f*) *m* child murderer; **~mund** *fig. m* things *pl.* children say; ***~ tut Wahrheit kund*** out of the mouths of babes and sucklings; **~nahrung** *f* baby food; **~narr** *m*: ***ein ~ sein*** F be crazy about children, go potty over children; **~pflegerin** *f* nursery school teacher; **~popo** F *m*: ***glatt wie ein ~*** (as) smooth as a baby's bottom; **~psychologe** *m* child psychologist; **~puder** *m* baby powder; **2reich** *adj.*: ***~e Familie*** large family; **~reim** *m* nursery rhyme; **~schänder** *m* child molester; **~schreck** *m* bogeyman; **~schuhe** *pl.* children's shoes; *fig. das Unternehmen* ***steckt noch in den ~n*** is still in its infancy; ***er steckt politisch*** *etc.* ***noch in den ~n*** he's still in his political *etc.* nappies; **~schutzbund** *m* child welfare association; **~schwester** *f* children's nurse; **~sendung** *f* children's program(me); **2sicher** *adj.* childproof; **~sicherung** *f* child lock; **~sitz** *m* child seat; **~spiel** *n* children's game; *fig.* pushover; ***das ist für ihn ein ~*** *a.* that's child's play for him; **~spielplatz** *m* children's playground; **~spielzeug** *n* (children's) toys *pl.*; **~sprache** *f* children's language; *von Erwachsenen*: baby talk; **~star** *m* child star; **~station** *f* children's ward, p(a)ediatric ward; **~sterblichkeit** *f* child (*jünger*: infant) mortality; **~stube** *fig. f* upbringing; ***er hat keine*** (***e-e gute***) ***~*** he's got no manners (he's been brought up well); **~stunde** *f TV* children's program(me); **~tagesstätte** *f* day nursery, day care cent|re (*Am.* -er); **~teller** *m im Restaurant*: children's portion; **~wagen** *m* pram, *Am.* baby carriage; **~zimmer** *n* children's room; *für Kleinkinder*: playroom; **~zuschuß** *m* child benefit.

Kindes|alter *n* childhood; *frühes*: infancy; **~aussetzung** *f* abandoning of a child (*od.* children); **~beine** *pl.*: ***von ~n an*** from childhood; **~entführung** *f* child kidnapping; **~kind** *n* → ***Kind***; **~mißhandlung** *f* child abuse; **~mord** *m* infanticide; **~mörder(in** *f*) *m* child murderer; **~mutter** *f* child's mother; **~tötung** *f* infanticide; **~vater** *m* child's father.

Kind|frau *f* **1.** nymphet; **2.** ***sie ist e-e ~*** (*Mädchenfrau*) she's like a young girl; **2gemäß I.** *adj.* suitable for children (*od.* a child); **II.** *adv.*: ***et. ~ ausdrücken*** express s.th. in children's terms; **2gerecht** *adj.* suitable for children (*od.* a child).

Kindheit *f* childhood; *frühe*: infancy; ***von ~ an*** from childhood.

Kindheits|erinnerung *f* childhood memory; **~erlebnis** *n* childhood experience; **~traum** *m* childhood dream.

kindisch *adj.* childish.

kindlich *adj.* childish; childlike; (*unschuldig*) innocent; (*naiv*) naive.

Kinds... *in Zssgn* → *a.* ***Kind(es)...***; **~kopf** *m*: F ***er ist ein richtiger ~*** he's just like a little boy; **~lage** *f* ⚕ presentation; **~taufe** *f* christening, baptism; **~tod** *m*: ***plötzlicher ~*** cot death, 🕮 sudden infant death syndrome, F Sids.

Kinemathek *f* film library.

Kinematographie *f* cinematography; **kinematographisch** *adj.* cinematographic(ally *adv.*).

Kinetik *f phys.* kinetics *pl.* (*sg. konstr.*); **kinetisch** *adj.* kinetic(ally *adv.*).

King F *m* F top dog.

Kinkerlitzchen F *pl.* (*Kleinigkeiten*) odds and ends; (*Flausen*) F monkey business *sg.*

Kinn *n* chin; **~backe** *f*, **~backen** *m* jaw; **~bart** *m* goatee; **~haken** *m* hook to the chin; **~lade** *f* jaw; ***er ließ die ~ fallen*** his jaw dropped; **~riemen** *m* chinstrap; **~stütze** *f Geige etc.*: chin rest.

Kino *n* (*Gebäude*) cinema, *Am.* movie theater; (*Institution*) cinema, *bsd. Am. the* movies *pl.*; *weitS. the* screen; ***ins ~ gehen*** go to the cinema (*Am.* movies), go and see a film (*Am.* movie); **~...** *in Zssgn* → *a.* ***Film...***; **~besucher** *m* cinemagoer, *Am.* moviegoer; **~film** *m* (cinema) film; **~hit** *m* film hit; **~programm** *n* cinema program(me); **~publikum** *n* cinema audience(s *pl.*); **~reklame** *f* **1.** cinema (*od.* screen) advertising; **2.** *für Film(e)*: film publicity.

Kintopp F *m the* movies *pl.*

Kiosk *m* kiosk; (*Zeitungsstand*) *a.* newsstand.

Kipferl *dial. n* croissant.

kippbar *adj.* tiltable, hinged.

Kipp|bewegung *f* tipping movement; **~bühne** *f* tilting stage.

Kippe *f* **1.** F (*Zigarettenstummel*) cigarette butt (*od.* end), F fag end; **2.** ***er*** (***die Firma***) ***steht auf der ~*** it's touch and go with him (the company's on the verge of bankruptcy); **3.** (*Müll2*) dump.

kippelig F *adj.* wobbly.

kippeln F *v/i.* **1.** *Stuhl etc.*: be wobbly; **2.** *auf e-m Stuhl*: go back on one's chair.

kippen I. *v/i.* tip over; *Boot*: capsize; → ***Latsche²***; **II.** *v/t.* tip up; (*Fenster*) tilt; (*Wasser etc.*) tip, pour (***aus*** out of); ***nicht ~!*** *Aufschrift*: (please) do not tilt; F ***einen ~*** (*trinken*) F have a quick one; → *a.* ***umkippen.***

Kipper *m* **1.** ⚙ dumper; **2.** → ***Kippwagen.***

Kipp|fenster *n* tilting window; **~hebel** *m* tilting lever; **~schalter** *m* toggle switch; **~schaltung** *f* ⚡ trigger circuit; **2sicher** *adj.* stable; **~vorrichtung** *f* tipping device; **~wagen** *m mot.* tipper lorry, *a. Am.* dump truck.

Kirche *f* church; (*Gottesdienst*) *a.* service; ***in der ~*** at church; ***in die*** (*od.* ***zur***) ***~ gehen*** go to church; *fig.* ***wir wollen die ~ im Dorf lassen*** let's not get carried away.

Kirchen|älteste(r) *m* elder; **~amt** *n* church office; **~bank** *f* pew; **~bann** *m* excommunication; **~besuch** *m* **1.** church attendance; **2.** → ***Kirchgang***; **~besucher** *m* churchgoer; **~buch** *n* parish register; **~chor** *m* (church) choir; **~diener** *m* sexton; **2feindlich** *adj.* anticlerical; **~fenster** *n* church window; **~führer** *m* church leader; **~funk** *m* religious broadcasting; **~fürst** *m* church dignitary; **~gemeinde** *f* parish; *in der Kirche*: congregation; **~geschichte** *f* church history; **~gestühl** *n* pews *pl.*; **~glocke** *f* church bell; **~jahr** *n* ecclesiastical year; **~kalender** *m* ecclesiastical calendar; **~kampf** *m* struggle between church and state; **~konzert** *n* church concert; **~latein** *n* Church Latin; **~lehre** *f* church doctrine; **~lied** *n* hymn; **~mann** *m* churchman; **~maus** *f*: *fig.* ***arm wie e-e ~*** (as) poor as a church mouse; **~musik** *f* sacred (*od.* church) music; **~politik** *f* church policy; **~raub** *m* theft from a church (*od.* churches); ***er wurde wegen ~s verurteilt*** he was sentenced for stealing from a church; **~recht** *n* canon law; **2rechtlich** *adj.* canonical; **~schändung** *f* sacrilege; **~schiff** *n* nave; **~spaltung** *f* schism; **~staat** *m* **1.** *hist.* Papal States *pl.*; **2.** (*Vatikanstaat*) *the* Vatican City; **~steuer** *f* church tax; **~tag** *m* church congress; **~tonart** *f* church mode; **~vater** *m hist.* church father; ***die Kirchenväter*** the Early Fathers (of the Church); **~vorstand** *m* parish council.

Kirch|gang *m*: ***der ~ am Sonntag war Familientradition*** (***Pflicht***) going to church on Sundays was a family tradition (we had to go to church on Sundays); **~gänger** *m* churchgoer.

Kirchhof *m* churchyard.

Kirchhofs|frieden *fig. m* uneasy peace; **~ruhe** *f* **1.** peace of the graveyard; *fig.* ***es herrschte e-e ~*** it was silent as the grave; **2.** → ***Kirchhofsfrieden.***

kirchlich I. *adj.* church ... (*a. Trauung etc.*); ecclesiastical; (*Geistliche betreffend*) clerical; (*~ gesinnt*) religious, devout; **II.** *adv.*: ***sich ~ trauen lassen*** have a church wedding.

Kirchturm *m* (church) steeple, spire; *ohne Spitze*: church tower; **~politik** *f* parish-pump politics *pl.*; **~spitze** *f* (top of a) church spire; **~uhr** *f* church clock.

Kirchweih *f* (parish) fair.

Kirchweihe *f* consecration of a church.

Kirmes *f* fair.

kirre F *adj.* (*a.* ***~ machen***) tame.

Kirsch *m* kirsch; **~baum** *m* cherry tree; (*Holz*) cherrywood; **~blüte** *f* cherry blossom.

Kirsche *f* cherry; ***saure ~*** sour cherry, morello; *fig.* ***mit ihm ist nicht gut ~n essen*** F he's a tough customer.

Kirsch|kern *m* cherry stone; **~likör** *m* cherry brandy; **2rot** *adj.*, **~rot** *n* cherry(-red), cerise; **~saft** *m* cherry juice; **~torte** *f* cherry gateau; **~wasser** *n* kirsch.

Kissen *n* cushion; (*Kopf2*) pillow; **~bezug** *m*, **~hülle** *f* cushion cover; (*Kopf2*) pillowcase, pillowslip; **~schlacht** *f* pillow fight.

Kiste *f* **1.** box; (*Truhe*) chest; ✝ case; (*Latten2*) crate; **2.** F *mot.*, ✈ F crate; ***alte ~*** F old banger; **3.** F (*Sache*) business, job; ***faule ~*** fishy business; **kistenweise** *adv.* in crates; by the crate.

Kithara *f* cithara.

Kitsch *m* kitsch; (*Waren etc.*) trash, junk; **kitschig** *adj.* kitschy; trashy; **Kitschroman** *m* trashy novel.

Kitt *m* (*Fenster2*) putty; (*Kleb2*) cement; (*Dichtmasse*) sealing cement; (*Füllmasse*) filling compound.

Kittchen F *n* F clink, jug, *Am.* F slammer; ***im ~ sitzen*** be in clink (*od.* jug), *Am.* be in the slammer.

Kittel *m* overall, *Am.* workcoat, white coat; (*Arzt2 etc.*) coat; (*Bluse*) smock; **~schürze** *f* overall.

kitten *v/t.* cement; *Glaserei*: putty; *weitS.* glue together; F *fig.* patch up.

Kitz *n*, **Kitze** *f* kid; (*Reh2*) fawn.

Kitzel *m* tickle, tickling; *fig.* thrill, F kick; (*Verlangen*) F itch (***nach*** for); **kitzeln** *v/t. u. v/i.* tickle (*a. fig.*); ***mich kitzelt's am Fuß*** (***im Hals***) my foot's tickling (I've got a tickle in my throat); *fig.* ***es kitzelte ihn zu*** *inf.* he was itching to *inf.*

Kitzler *m anat.* clitoris.
kitzlig *adj.* ticklish (*a. fig. heikel*).
Kiwi[1] *m zo.* kiwi.
Kiwi[2] *f* (*Frucht*) kiwifruit.
Klabautermann *m* hobgoblin.
Klacks F *m* F blob; *Sahne etc.*: (small) dollop; *fig.* ***das ist doch nur ein ~*** that's nothing.
Kladde *f* **1.** (rough) notebook; (scribbling) pad; ✝ waste book; **2.** (*Entwurf*) rough draft.
kladderadatsch F **I.** *int.* bang!; **II.** ᘔ *m* crash; *fig.* mess; (*Skandal*) scandal, F to-do; ✝ crash.
klaffen *v/i. Abgrund, Spalte, a. Wunde, Kleid etc.*: gape.
kläffen *v/i.* yap, yelp; F *fig.* (*murren*) F whinge; **Kläffer** *m Hund*: yelper, F noisy little critter; F *fig.* F whinger.
Klafter *m, n* **1.** *hist.* fathom (*a.* ⚓); **2.** *Holzmaß*: cord.
klagbar *adj.* actionable; *Anspruch*: suable.
Klage *f* **1.** complaint; (*Weh*ᘔ) lament; **2.** (*Beschwerde*) complaint; ***(keinen) Grund zur ~ haben*** have (no) cause for complaint; **3.** ⚖ suit, action; ***~ erheben gegen*** file a suit against, sue (***wegen*** for); → *a.* ***Anklage***; **~abweisung** *f* ⚖ dismissal of action; **~erhebung** *f* ⚖ filing of an action; **~geschrei** *n* wailing; **~grund** *m* ⚖ cause of action; **~laut** *m* moan; **~lied** *n* dirge; *fig.* lamentation; *fig.* ***ein ~ anstimmen*** set up a wail; → ***Jeremia***; **~mauer** *f*: ***die ~*** the Wailing Wall.
klagen I. *v/i.* **1.** complain (***über*** about, of; ***bei*** to); (*weh*~) wail, lament; ***~ über*** (*leiden an*) complain of; **2.** ⚖ bring an action (***gegen*** against; ***auf, wegen*** for), go to court (***auf, wegen*** about), sue (for); → *a.* ***Klage*** 3; **II.** *v/t.*: ***j-m sein Leid ~*** pour one's heart out to s.o.; **klagend** *adj.*: ⚖ ***der ~e Teil*** the plaintiff(s *pl.*).
Kläger(in *f*) *m* ⚖ plaintiff; (*bsd. Berufungs*ᘔ) complainant; *in Scheidungssachen*: petitioner.
Klage|schrift *f* ⚖ statement of claim; **~weg** *m* ⚖ litigation; ***auf dem ~*** by taking legal action; **~weib** *n* professional mourner.
kläglich I. *adj. Blick etc.*: pitiful; *Dasein, Lage etc.*: *a.* miserable, wretched; **II.** *adv.*: ***~ versagen*** fail miserably; ***~ weinen*** cry pitifully, F howl; ***der Gewinn ist ~ ausgefallen*** we *etc.* made a pittance.
klaglos *adv.* without complaining.
Klamauk F *m* **1.** (*Lärm*) F row, racket; (*Getue*) F to-do; **2.** *thea.* slapstick.
klamm *adj.* clammy; (*erstarrt*) numb.
Klamm *f geol.* gorge.
Klammer *f* (*Büro*ᘔ) clip, (*Heft*ᘔ) staple; (*Wäsche*ᘔ) peg; ⚕ clip; (*Zahn*ᘔ) brace; → *a.* ***Haarklammer*** *etc.*; ⚙ clamp; *typ.* bracket, *a. Am.* parenthesis; ***eckige ~*** square bracket, *Am.* bracket; ***~ auf (zu)*** open (close) brackets (*Am.* parentheses); **~affe** *m zo.* spider monkey; *fig.* ***er ist ein ~*** he's like a leech; **~beutel** *m* peg bag; F *fig.* ***mit dem ~ gepudert sein*** F be off one's head; **~griff** *m* (tight) grip.
klammern I. *v/t.* clip, attach (***an*** to); **II.** *v/refl.*: ***sich ~ an*** *a. fig.* cling to; **III.** *v/i. Boxen*: clinch.
klammheimlich F *adv.* F on the quiet.
Klamotte F *f* **1.** **~n** (*Kleider*) F things, *sl.* gear, clobber; **2.** **~n** (*Sachen*) F things, stuff; **3.** (*alter Film*) F oldie.

Klamottenkiste *f*: F *fig.* ***das hast du wohl aus der ~*** F where did you dig that up?
Klampe *f* ⚓ cleat; *für Rettungsboote*: chock.
Klampfe F *f* guitar.
Klang *m* sound; *von Gläsern*: *a.* clinking, *heller*: tinkling; *von Geld*: chinking; *von Metall*: clanking; (*Ton*) tone; (*~farbe*) timbre; (*Widerhall*) resonance; *fig.* ring; ♪ ***Klänge*** strains, sounds; ***zu den Klängen von*** to the sound (*od.* strains) of; *fig.* ***sein Name hat e-n guten ~*** he's got a good reputation; **~bild** *n* sound; **~effekt** *m* (sound) effect; **~farbe** *f* timbre; **~figuren** *pl.* sound figures; **~fülle** *f* sonority; **~körper** *m* orchestra; **~lehre** *f* acoustics *pl.* (*sg. konstr.*).
klanglich *adj.* tonal, tone ...; sound ...
klanglos *adj.* toneless; → ***sang- und ~.***
Klang|regler *m* tone control; ᘔ**rein** *adj.*: ***~ sein*** have a pure sound (*od.* tone); **~spektrum** *n* range of sound(s); ᘔ**voll** *adj.* sonorous; melodious; *fig.* illustrious; **~welle** *f* sound wave; **~wiedergabe** *f* sound reproduction.
Klapp|bett *n* folding bed; **~brücke** *f* bascule bridge; **~deckel** *m* hinged lid.
Klappe *f lose*: flap (*a. am Briefumschlag, an Tasche etc.*); (*Deckel*) lid; ⚙ shutter; *am Lastwagen*: tailboard, *seitlich*: drop side; (*Tisch*ᘔ) leaf; (*Ventil*) flap valve; ♪ key; *Film*: clapper board(s *pl.*); 🌿, *zo.* valve; ***die ~ fällt am ...*** *Film*: shooting starts on (the) ...; ***nach der letzten ~*** *Film*: when shooting finishes (*od.* finished); F ***bei mir ist die ~ runtergegangen*** I don't want to hear any more about it; F ***~ zu, Affe tot!*** (thank goodness) that's the end of that; F ***halt die ~!*** F shut up; F ***(immer) die ~ aufreißen, e-e große ~ haben*** have a big mouth; F ***in die ~ gehen*** F hit the sack (*bsd. Am.* hay).
klappen I. *v/t.* **1.** fold; ***der Sitz läßt sich nach hinten ~*** the seat folds back; **II.** *v/i.* **2.** *Tür etc.*: click; **3.** F (*gutgehen*) work; go off well; ***es klappt nicht*** it won't work; ***wenn alles klappt*** if all goes well; ***(es) wird schon ~!*** it'll work out all right (*Am.* alright).
Klappen|fehler *m* ⚕ valvular defect; **~text** *m im Buch*: blurb.
Klapper *f* rattle; ♪, *R. C.* clapper; ᘔ**dürr** F *adj.*: ***~ sein*** F be a bag of bones; **~gestell** F *n* **1.** (*Person*) F bag of bones; **2.** → ***Klapperkasten.***
klapperig *adj.* → ***klapprig.***
Klapper|kasten F *m*, **~kiste** F *f mot.* F old banger, boneshaker; ✈ F crate, boneshaker.
klappern I. *v/i.* (*a.* ***mit et. ~***) rattle; *Geschirr etc.*: clatter; *Schuhe*: clip-clop; *Stricknadeln*: click; *Storch*: clatter; ***er klapperte (vor Kälte) mit den Zähnen*** his teeth were chattering (with cold); **II.** ᘔ *n* rattling, rattle, clatter(ing) *etc.*; → I; ***~ gehört zum Handwerk*** puff is part of the trade.
Klapper|schlange *f zo.* rattlesnake; **~storch** *m* stork; ***er glaubt noch an den ~*** *Kind*: he doesn't know about the birds and the bees yet, *iro. Erwachsener*: he still thinks the earth is flat.
Klapp|hut *m* crush hat, opera hat; **~messer** *n* jack-knife; **~rad** *n* folding bicycle.
klapprig *adj.* shaky; *bsd. ältere Person*: F doddery; *Stuhl etc.*: rickety.

Klapp|sitz *m* jump (*od.* folding) seat; **~stuhl** *m* folding chair; **~tisch** *m* folding table; *mit Seitenteilen*: drop-leaf table; *im Zug etc.*: foldaway table; **~ventil** *n* flap valve; **~verdeck** *n mot.* folding hood (*Am.* top).
Klaps *m* **1.** smack; **2.** F ***e-n ~ haben*** F have a screw loose; **~mühle** F *f* F funny farm, nut-house, *Am. a.* F booby hatch.
klar I. *adj.* **1.** clear (*a. Himmel, Stimme, Suppe etc.*); *Schnaps*: colo(u)rless, white; ***~er Blick*** open, honest look; **2.** (*deutlich*) clear; (*offenkundig*) *a.* plain; ***bei ~em Bewußtsein sein*** be fully conscious, know (exactly) what's going on; ***~er Augenblick*** lucid moment; ***er hat e-n ~en Blick*** (*denkt nüchtern*) he knows what he's doing; ***e-n ~en Kopf behalten*** keep a clear head, (*nicht in Panik geraten*) keep one's wits about one; ***sie ist ein ~er Kopf*** F she's got her head screwed on the right way; **3.** *Entscheidung, Ziel etc.*: clear(-cut), definite; (*geordnet*) clear, straight; ***~e Verhältnisse schaffen*** get things straight; ***zwischen ihnen ist alles ~*** they've settled everything; **4.** *Sport etc.*: clear *victory etc.*; **5.** *Wendungen*: ***es ist ~, daß*** it's obvious that; ***es ist mir ~, daß ich bin mir darüber ~, daß*** I realize that; ***es ist mir nur zu ~, daß,*** I'm only too well aware that; ***ich bin mir noch nicht ~ (darüber), was ich tun soll*** I'm not quite sure what to do; ***ist das ~?*** is that clear?, *bsd. drohend*: have you got that straight?; F ***(na) ~!*** of course, oh yes; ***sich im ~en sein über et.*** realize s.th., be aware of s.th.; → ***Kloßbrühe***; → *a.* ***klarkommen, klarmachen*** *etc.*; **6.** ⚓, ✈ clear, ready; ***~ zum Gefecht*** ready for action, *als Kommando*: clear the decks; **II.** *adv.* clearly; ***~ und deutlich*** quite clearly; ***~ zutage treten*** be obvious; ***er brachte es ~ zum Ausdruck, daß*** he made it quite clear that.
Klär|anlage *f* sewage (*od.* water treatment) plant; **~becken** *n* clearing tank.
klar|blickend *adj.* clear-sighted; **~denkend** *adj.* clear-thinking.
Klare(r) *m* schnapps.
klären I. *v/t.* **1.** (*reinigen*) purify; **2.** (*Sache*) clear up, clarify; **II.** *v/i.* **3.** *Sport*: clear; **III.** *v/refl.*: ***sich ~*** **4.** *Himmel etc.*: clear (up); **5.** *Frage*: be settled; *Problem*: be solved.
klargehen F *v/i.*: ***(es) geht klar!*** F it's okay.
Klärgrube *f* cesspit.
Klarheit *f* clearness; *strahlende*: brightness; (*Durchsichtigkeit*) transparency; *fig.* clarity; *des Stils etc.*: *a.* lucidity; ***~ gewinnen, sich ~ verschaffen*** get things straight (***über*** concerning).
klarieren *v/t.* ⚓ clear; **Klarierung** *f* clearance.
Klarinette *f* clarinet; **Klarinettist** *m* clarinettist.
klar|kommen F *v/i.* manage (***mit et.*** s.th.); ***~ (mit)*** (*verstehen*) understand; ***mit j-m ~*** get along with s.o.; **~kriegen** F *v/t.* F sort *it* out; **~legen** *v/t.*: ***j-m et. ~*** explain s.th. to s.o.; **~machen** *v/t.* **1.** ***j-m et. ~*** make s.th. clear to s.o., explain s.th. to s.o.; ***sich et. ~*** get s.th. straight in one's (own) mind; **2.** ⚓ *etc.* (*a. v/i.*) clear, get ready (***zu*** for).
Klär|mittel *n* clarifier; **~schlamm** *m* (sewage) sludge.

Klarschriftleser *m Computer*: (optical) character reader.
klarsehen F *v/i.* see the light.
Klarsicht|folie *f* cling film, *Am.* plastic wrap; **~hülle** *f* plastic cover; *mit zwei offenen Seiten*: plastic wallet; **~packung** *f* transparent pack.
Klar|spüler *m*, **~spülmittel** *n* (liquid) rinse; **2stellen** *v/t.*: ***et.*** ~ get s.th. straight; **~text** *m* text in clear; *fig.* ***im*** ~ in plain English; ***mit j-m*** ~ ***reden*** level with s.o., F talk turkey with s.o.
Klärung *f* purification; *fig.* clarification.
klarwerden *v/i.* become clear (***j-m*** to s.o.); ***es wurde mir klar*** I realized, *langsam*: it dawned on me; ***sich über et.*** ~ realize s.th.; ***sich*** ~ (*sich entscheiden*) make up one's mind (***über*** about).
Klasse I. *f* **1.** *ped.* class, *Am. a.* grade; *Brit. in Zssgn* form (*z.B.* ***zweite*** ~ second form); (*~nzimmer*) classroom; **2.** class; ✝ grade, quality; *Fußball*: division, league; (*Gehalts-, Steuer2*) bracket; ***Fahrkarte erster*** ~ first-class ticket; ***erster*** ~ ***reisen*** travel first-class; ***er ist e-e*** ~ ***für sich*** he's in a class of his own; **II.** F *int.*, *attr.*, *pred.*: 2(*!*), ***(ganz große)*** ~(*!*) F great, fantastic; **~frau** F *f*: ***das ist e-e*** ~ F she's a real smasher.
Klassement *n Sport*: rankings *pl.*
Klassen|älteste(r) *m* oldest (pupil) in the class; **~arbeit** *f* (class) test; **~beste(r)** *m*: ~ ***sein*** be top of the class; **2bewußt** *adj.* class-conscious; **~bewußtsein** *n* class consciousness; **~buch** *n* register; **~durchschnitt** *m* class average; **~feind** *m* class enemy; **~gesellschaft** *f* class society; **~haß** *m* class hatred; **~herrschaft** *f* class rule; **~justiz** *f* class justice; **~kamerad(in** *f*) *m* classmate; **~kampf** *m* class struggle; **~lehrer(in** *f*) *m*, **~leiter(in** *f*) *m* form teacher, form master (*f* mistress).
klassenlos *adj.* classless.
Klassen|schranken *pl.* class barriers; **~sprecher(in** *f*) *m* form captain, *bsd. Am.* class president; **~treffen** *n* class reunion; **~unterschiede** *pl.* class differences; **~ziel** *n*: ***das*** ~ ***erreichen*** complete the school year successfully, *fig.* make the grade; **~zimmer** *n* classroom.
klassieren *v/t.* classify; **Klassifikation** *f* classification; **klassifizieren** *v/t.* classify; **Klassifizierung** *f* classification.
Klassik *f* **1.** classical period (*od.* age); ***die antike*** ~ classical antiquity; ***die deutsche*** ~ the classical period of German literature; ♪ ***die Wiener*** ~ the Vienna classical period (of music); **2.** (*Musik*) classical music.
Klassiker *m* **1.** classical author; ***die antiken*** ~ the classical authors of antiquity; **2.** *fig.* (*großer Künstler, Autor etc.*) great artist (*od.* author *etc.*); (*Werk*) classic.
klassisch *adj.* **1.** classical (*a.* ♪); **~es Werk** classic; **2.** *fig.* classic (*a. Fehler, Beispiel etc.*); **3.** (*herkömmlich*) classical.
Klassizismus *m* classicism; **Klassizist** *m* classicist; **klassizistisch** *adj.* classicistic.
klatsch *int.* bang!; *Brei etc.*: splat!; *ins Wasser*: splash!
Klatsch *m* **1.** *Brei etc.*: splat; *ins Wasser*: splash; *Buch etc.*: thud; **2.** (*Geschwätz*) gossip; **~base** F *f* (old) gossip; **~blatt** F *n* F gossip sheet.
Klatsche *f* **1.** (*Fliegen2*) fly swat(ter); **2.** F (*Petze*) F sneak; **3.** (*Hilfsmittel*) F crib.
klatschen I. *v/i.* **1.** smack; *Regen etc.*: splash; *Tuch etc.*: flap; **2.** (*Beifall~*) clap; **3.** F *fig.* (*schwatzen*) gossip (***über*** about); **II.** *v/t.* **4.** (*Fliege*) swat; **5.** (*schmeißen*) bang (***auf*** on); **6.** ***Beifall*** ~ applaud.
Klatschgeschichte *f* piece of gossip.
klatschhaft *adj.* gossipy.
Klatsch|kolumne *f* gossip column; **~kolumnist** *m* gossip columnist; **~maul** F *n* F old gossip; **~mohn** *m* corn poppy; **2naß** *adj.* soaking (wet), drenched, soaked (to the skin); **~spalte** *f* gossip column; **~tante** F *f*, **~weib** F *n* F old gossip.
klauben *dial. v/t.* (*sammeln*) collect; (*sortieren*) sort out; *fig.* ***Worte*** ~ split hairs.
Klaue *f* **1.** claw, *der Raubvögel*: *a.* talon; (*Pfote*) paw (*a. contp. Hand*); *der Füchse, Wölfe etc.*: foot; *einzelne*: claw; *fig.* ***in j-s ~n geraten*** fall into s.o.'s clutches; ***die ~n des Todes*** the jaws of death; **2.** F (*schlechte Handschrift*) F scrawl; ***was ist denn das für e-e ~?*** what a dreadful scrawl, it looks as if a spider's been all over this.
klauen F **I.** *v/t.* steal, F pinch, snitch, swipe; **II.** *v/i.* steal (things).
Klauen|fuß *m* claw foot; **~seuche** *f* foot-and-mouth disease.
Klause *f* (*Einsiedelei*) retreat; (*Zelle*) cell; F (*Bude*) F den; (*Bergpaß*) defile.
Klausel *f* ⚖ clause; (*Vorbehalt*) proviso; (*Bedingung*) stipulation.
Klausner(in *f*) *m* hermit, recluse.
Klaustrophobie *f* claustrophobia.
Klausur *f* **1.** *univ.* test, exam; **2.** *eccl.* enclosure; F ***in*** ~ ***gehen*** F retreat (from the world); **~tagung** *f* closed conference; ***dreitägige*** ~ three-day retreat.
Klaviatur *f* keyboard, keys *pl.*; *Orgel*: manual.
Klavichord *n* clavichord.
Klavier *n* piano; ~ ***spielen*** (***können***) play the piano; **~abend** *m* piano recital; **~auszug** *m* piano score; **~bauer** *m* piano maker; **~bearbeitung** *f* piano arrangement; **~begleitung** *f* piano accompaniment; **~duo** *n* piano duet; **~hocker** *m* piano stool; **~konzert** *n* piano concert (*od.* recital); (*Stück*) piano concerto; **~lehrer(in** *f*) *m* piano teacher; **~musik** *f* piano music; **~quartett** *n* piano quartet; **~quintett** *n* piano quintet; **~saite** *f* piano string; **~schule** *f* piano tutor; **~sonate** *f* piano sonata; **~spiel** *n* piano playing; **~spieler(in** *f*) *m* pianist; **~stimmer** *m* piano tuner; **~stück** *n* piano piece, piece for piano; **~stuhl** *m* piano stool; **~stunden** *pl.* piano lessons; **~taste** *f* piano key; **~trio** *n* piano trio; **~unterricht** *m* piano lessons *pl.*; **~verleih** *m* piano rental (shop).
Klebe|band *n* adhesive (*od.* sticky) tape; **~bindung** *f typ.* perfect binding; **~folie** *f* adhesive foil; **~mittel** *n* adhesive.
kleben I. *v/i.* **1.** stick (***an*** to); (*klebrig sein*) be sticky; *fig.* ***(am ganzen Körper)*** ~ be hot and sticky; ***m-e Haare*** ~ ***vor Schweiß*** my hair's (all) sticky with sweat; ***m-e Schuhe*** ~ ***vor Dreck*** my shoes are plastered with mud; *fig.* ***an j-m*** ~ cling to s.o. (like a leech), *Sport*: mark s.o. very closely; ***an s-m Posten*** ~ cling to one's job; ***am Buchstaben*** ~ stick to the letter (of the law); ***an j-s Stoßstange*** ~ tailgate s.o.('s car), hang on s.o.'s tail; **2.** F *obs.* (*Sozialversicherung bezahlen*) pay stamps; **II.** *v/t.* glue, stick; (*Film*) splice; F ***j-m e-e*** ~ F give s.o. a wallop, land s.o. one; **~bleiben** *v/i.* get stuck (*a. fig.*); stay stuck; *fig.* ***an Einzelheiten*** ~ get stuck on details; ***das wird an ihm*** ~ he won't be allowed to forget that for a long time to come; → ***sitzenbleiben.***
klebend *adj.* adhesive.
Klebepflaster *n* sticking plaster.
Kleber *m* **1.** glue; **2.** ⚘ gluten.
Klebe|stift *m* glue stick; **~streifen** *m* **1.** sticky (*od.* adhesive) tape; **2.** *auf Umschlag etc.*: adhesive strip; **~verband** *m* adhesive dressing; **~zettel** *m* adhesive label.
Klebfestigkeit *f* adhesive strength, sticking power.
klebrig *adj.* sticky; (*zähflüssig*) viscous.
Kleb|stelle *f* joint; *Film*: splice; **~stoff** *m* glue; (*Kleister*) paste; **~stoffschnüffeln** *n* glue sniffing.
Kleckerfritze F *m* F mucky pup.
kleckern F **I.** *v/i.* **1.** make a mess; *Farbe*: drip; **2.** *fig. Arbeit*: trickle along; **3.** → ***klotzen;*** **II.** *v/t.* spill *soup etc.* (***auf*** on), drip *ice-cream etc.* (on).
kleckerweise *adv.* in bits and pieces, *eintreffen etc.*: in dribs and drabs.
Klecks *m* mark, blotch; (*kleine Menge*) blob.
klecksen I. *v/i.* make a mess, spill something.; *Füller*: blot; **II.** *v/t.* splash.
Klee *m* clover; F ***über den grünen*** ~ ***loben*** praise to the skies.
Kleeblatt *n* **1.** cloverleaf; *irisches Nationalzeichen*: shamrock; ***vierblättriges*** ~ four-leaf(ed) clover; **2.** *fig.* threesome, trio; **3.** (*Straßenkreuzung*) cloverleaf junction; **~bogen** *m* △ trefoil arch.
Kleid *n* dress; **~er** (*Kleidung*) clothes; **~er machen Leute** fine feathers make fine birds.
kleiden I. *v/t.* dress; ***j-n*** (***gut***) ~ suit s.o.; *fig.* ***in Worte*** ~ put into words; **II.** *v/refl.*: ***sich*** ~ dress; ***sich modern*** *etc.* ~ wear fashionable *etc.* clothes.
Kleider|ablage *f* coat rack, (*Ständer*) coat stand; (*Raum*) cloakroom, *Am.* checkroom; **~bad** *n* dry clean(ing); **~bügel** *m* (coat) hanger; **~bürste** *f* clothes brush; **~haken** *m* coat hook; *pl. coll.* coat rack *sg.*; **~ordnung** *f* dress regulations *pl.*; **~sack** *m* garment bag; **~schrank** *m* wardrobe; F *fig.* (*großer Mann*) F gorilla, great hulk; **~ständer** *m* coat stand; *im Kaufhaus*: clothes rack.
kleidsam *adj.* flattering.
Kleidung *f* clothes *pl.*; F *mst iro.* garb; *lit.* attire; ***warme*** ~ warm clothing (*od.* clothes); ***komische*** ~ strange garb; ***in voller*** ~ fully clothed; **Kleidungsstück** *n* piece (*od.* article) of clothing; *pl. a.* clothing *sg.*
Kleie *f* bran.
klein I. *adj.* small (*a. ~gewachsen*); *bsd. attr. u. gefühlsbetont*: little (*a. nach e-m anderen Adjektiv, z.B.* ***ein häßlicher ~er Mann*** an ugly little man); (*winzig*) tiny; (*unbedeutend*) small, little; *Fehler, Vergehen etc.*: little, minor; *Buchstabe, Stimme*: small; *Finger, Zehe*: little; ♪ minor third *etc.*; *Pause etc.*: short; *Unterbrechung*: brief; ***~er Bruder*** little (*od.* younger) brother; ***~er Bauer*** (***Geschäftsmann***) small farmer (businessman); ***es ist ein ~er Anfang*** it's a start; ***als ich noch*** ~ ***war*** when I was a little

boy (*od.* girl); ***er ist doch noch ~*** he's only a (little) child, *zu e-m Kind*: he's much smaller than you, remember; ***von ~ auf*** from an early age, since childhood, since I was *etc.* a child; ***s-e ~en Intrigen*** **(*Launen*)** his little intrigues (moods); ***der ~e Mann*** the man in the street; ***~e Leute*** ordinary people; ***da wurde er ganz ~*** that shut him up; ***könnt ihr euch ~ machen?*** can you squeeze up a bit?; ***im ~en*** on a small scale, *engS.* in miniature; ***bis ins ~ste*** down to the last detail; ***~e Augen haben*** (*müde aussehen*) look tired; ***aus ~en Verhältnissen stammen*** come from a humble background; ***und er hat daran kein ~es Verdienst*** and it's no small thanks to him; F ***es ~ haben*** have the right change; ***~, aber fein*** the best things come in small packages; F ***~, aber oho!*** F a mighty midget, *Person*: *a.* a pocket dynamo; → ***Übel***; **II.** *adv.* small; ***~ anfangen*** start off small; ***~ denken*** be small-minded; ***~ schreiben*** (*Wort*) write with a small letter.

Klein|aktie *f* midget share (*Am.* stock); **~aktionär** *m* small shareholder; **~anzeigen** *pl.* small (*od.* classified) ads; **~arbeit** *f* finicky work; ***in mühevoller ~*** painstakingly; **2asiatisch** *adj.* of (*od.* from) Asia Minor; **~bauer** *m* small farmer; **2bekommen** *v/t.* → ***kleinkriegen***; **~betrieb** *m* small business; ***landwirtschaftlicher ~*** smallholding; **~bildkamera** *f* 35 mm (= thirty-five millimet|re, *Am.* -er) camera; **~buchstabe** *m* small (*typ.* lowercase) letter.

Kleinbürger *m*, **kleinbürgerlich** *adj.* petty (*od.* petit) bourgeois; **Kleinbürgertum** *n* petty bourgeoisie.

Klein|bus *m* minibus, *Am.* passenger van; **~darsteller** *m* bit player, small part actor.

kleindrehen *v/t.* turn down.

Kleineleutemilieu *n* kitchen-sink environment (*od.* setting); ***der Film spielt im ~*** it's a kitchen-sink film.

Kleine(r *m*) *f*: ***der*** **(*die*)** ***Kleine*** the little boy (girl); F ***m-e Kleine*** (*Freundin*) my girl; ***die Kleinen*** the little ones; ***hallo, Kleine(r)!*** hello my little girl (lad)!

Klein|erzeuger *m* small(-scale) producer; **~familie** *f* nuclear family; **~format** *n*: ***... im ~*** small-format ...; **~gärtner** *m* allotment gardener; **~gebäck** *n* (fancy) biscuits *pl.*, *Am.* cookies *pl.*; **2gedruckt** *adj. u. adv.* in small print; ***das 2e*** the small print; **2gehackt** *adj.* (finely) chopped; **~geld** *n* (small) change; ***das nötige ~*** the wherewithal; **2gemustert** *adj.* with a small pattern, small-patterned; **2gewachsen** *adj.* small, short; **~gewerbe** *n* small trade; *coll.* small-scale industries *pl.*; **2gläubig** *adj.* of little faith; **2hacken** *v/t.* chop (up).

Kleinhandel *m* retail trade; **Kleinhandelspreis** *m* retail price; **Kleinhändler** *m* retailer.

Kleinheit *f* smallness.

Klein|hirn *n anat.* cerebellum; **~holz** *n* firewood; F *fig.* ***~ machen aus*** (*et.*) smash to pieces, (*j-m*) F make mincemeat of.

Kleinigkeit *f* little thing; (*Einzelheit*) minor detail; (*Geschenk*) *a* little something; (*Imbiß*) bite; ***das ist e-e ~*** that's nothing; *es kostet* ***die ~ von zwei Millionen Dollar*** a mere two million dollars; ***e-e ~ zu lang*** a little bit on the long side; ***e-e ~ essen*** have a bite to eat; ***ich habe noch ein paar ~en zu erledigen*** I've still got a few (little) things to see to; ***mußt du bei jeder ~ heulen?*** do you have to cry about every little thing?

Kleinigkeitskrämer *m* pedant.

Kleinkalibergewehr *n* small-bore rifle.

klein|kalibrig *adj.* small-bore ...; **~kariert** *fig. adj.* small-minded; **2kind** *n* toddler, small child; *formell*: infant.

Kleinkleckersdorf F: ***in ~*** F out in the sticks, at the back of beyond, *Am. a.* in hicksville.

Klein|klima *n* microclimate; **~kram** *m* trivia *pl.*; **~kredit** *m* personal loan; **~krieg** *m* guer(r)illa war(fare); **2kriegen** F *v/t.* (*Geld*) get through; (*j-n*) cut down to size; ***ich lasse mich nicht ~*** I'm not going to let them *etc.* get to me; ***nicht kleinzukriegen sein*** be indestructible, keep bouncing back; **~kriminalität** *f* petty offences *pl.*; **~kunst** *f* minor arts *pl.*; **~kunstbühne** *f* cabaret; **~künstler** *m* minor artist; **2laut I.** *adj.* subdued; ***da wurde er ganz ~*** that shut him up; **II.** *adv.* meekly; **~lebewesen** *n* microorganism.

kleinlich *adj.* petty; (*sehr genau*) pedantic, fussy; (*geizig*) stingy.

klein|machen *v/t.* (*Holz*) chop; (*Geldschein*) change; (*Vermögen etc.*) get through; **2möbel** *pl.* small pieces of furniture.

Kleinmut *m* faint-heartedness; (*Niedergeschlagenheit*) despondency; **kleinmütig** *adj.* faint-hearted; despondent.

Klein|od *n a. fig.* jewel, gem; **2schneiden** *v/t.* cut up (into small pieces); → ***kleinhacken***; **2schreiben** *v/t.*: *Höflichkeit etc.* ***wird bei ihr kleingeschrieben*** is not one of her priorities; **~schreibung** *f* → ***Großschreibung***; **~sparer** *m* small saver.

Kleinstaat *m* small state; **Kleinstaaterei** *f* particularism.

Kleinstadt *f* small town; **Kleinstädter** *m* small-towner; **kleinstädtisch** *adj.* small-town ..., provincial.

klein|stampfen *v/t.* crush; **~stellen** *v/t.* (*Herd etc.*) turn down, put on low.

Kleinst|betrieb *m* small business, F hole in the wall; **~format** *n*: ***Radio etc. im ~*** miniature (*od.* minute) radio *etc.*; **~kind** *n* baby; **2möglich** *adj.* smallest possible.

Klein|tier *n* small (farm) animal; **~transporter** *m* (pickup) van, *Am.* pickup (truck); **~verdiener** *m* low earner; *pl. coll.* low income bracket *sg.*; **~vieh** *n* small livestock; *fig.* ***~ macht auch Mist*** every little thing (*od.* penny *etc.*) counts; **~wagen** *m* runabout; **~wild** *n* small game.

Kleinwuchs *m* stunted growth, 🕮 hyposomia; **kleinwüchsig** *adj.* small.

Kleister *m* paste; F *fig.* F goo.

kleistern *v/t.* paste; F *fig.* ***j-m e-e ~*** F paste s.o. one, give s.o. a clip round the ears.

Klementine *f* clementine.

Klemme *f* **1.** clamp; ⚡ terminal; → *a.* ***Haarklemme***; **2.** F *fig.* ***in der ~ sein*** (*od.* ***sitzen***) F be in a fix (*od.* tight spot).

klemmen I. *v/t.* **1.** (*quetschen*) squeeze; (*zwängen*) wedge, jam (***hinter*** behind); (*stecken*) stick, tuck *under one's arm etc.*; ***sich den Finger ~*** jam one's finger; **2.** F (*stehlen*) F swipe; **II.** *v/i.* be stuck, be jammed; **III.** F *fig. v/refl.*: ***sich hinter et. ~*** F get cracking on s.th.; ***sich hinter die Arbeit ~*** put one's shoulder to the wheel, F get stuck in; ***sich hinter j-n ~*** get to work on s.o.

Klemm|lampe *f* clamp-on lamp; **~zange** *f* ⚕ blunt forceps.

Klempner *m* plumber; **Klempnerei** *f* **1.** plumbing; **2.** plumbing shop.

Klepper *m* (old) nag.

kleptoman *adj.*, **Kleptomane** *m*, **Kleptomanin** *f* kleptomaniac, F klepto; **Kleptomanie** *f* kleptomania; **kleptomanisch** *adj.* kleptomaniac, F klepto.

klerikal *adj.*, **Klerikale(r)** *m* clerical; **Klerikalismus** *m* clericalism; **Kleriker** *m* clergyman, cleric; **Klerus** *m* clergy.

Klette *f* burr; *fig.* ***sich wie e-e ~ an j-n hängen*** cling to s.o. like a leech.

Klettenverschluß *m* → ***Klettverschluß.***

Klettenwurzel *f* burr root.

Kletterei *f* climbing.

Kletterer *m* climber.

Kletter|gerüst *n* climbing frame; **~max(e)** *m*: ***er ist ein richtiger ~*** (*Kind*) he climbs all over the place.

klettern I. *v/i.* climb (*a.* ♣ *u. fig.*); ***~ auf*** climb (up) *a tree, mountain etc.*; *mit Mühe*: clamber (*od.* scramble) up; **II.** 2 *n* climbing.

Kletter|partie *f* climbing tour; **~pflanze** *f* climbing plant; **~schuhe** *pl.* (rock-)climbing shoes; **~seil** *n* climbing rope; **~stange** *f* climbing pole; **~tour** *f* climbing tour.

Klettverschluß *m* velcro fastening (*TM*).

klick *int.*, **Klick** *n* click.

klicken I. *v/i.* click; ***erst ~, dann starten!*** clunk, click, every trip; **II.** 2 *n* click; *wiederholt*: clicking.

Klient(in *f*) *m* client; **Klientel** *f* clientele.

Kliff *n* cliff.

Klima *n* climate; *fig. a.* atmosphere; **~änderung** *f* change in climate; **~anlage** *f* air conditioning; **~behandlung** *f* climatotherapy; **~forscher** *m* climatologist; **~forschung** *f* climatology; **~gürtel** *m* climatic zone; **~kammer** *f* climatic chamber; **~katastrophe** *f* climatic upheavals *pl.*

klimakterisch *adj.* ⚕ climacteric, menopausal; **Klimakterium** *n* menopause, change of life.

Klimaschutz *m* protection of the atmosphere.

Klimatechnik *f* air-conditioning technology.

klimatisch *adj.* climatic(ally *adv.*); **klimatisieren** *v/t.* air-condition; **klimatisiert** *adj.* air-conditioned; ***der Raum ist ~*** the room has air conditioning; **Klimatologie** *f* climatology.

klimaverträglich *adj.* climatically sustainable.

Klimawechsel *m* change in climate (*a. fig.*).

Klimax *f* climax.

Klimazone *f* climatic zone.

Klimbim F *m* (*Getue*) fuss; (*a. lautes Treiben*) F to-do; (*Kram*) rubbish; ***der ganze ~*** F the whole caboodle.

klimmen *v/i.* climb.

Klimmzug *m*: (***e-n ~ machen*** do a) chin-up; F *fig.* ***geistige Klimmzüge machen*** go into mental contortions.

Klimperkasten F *m* F honky-tonk, *sl.* joanna.

klimpern *v/i.* jingle (*a.* ***~ mit*** *et.*); tinkle (away) *on the piano*; strum *on the guitar*, strum away *at the guitar*.

Klinge *f* blade; *fig.* ***mit j-m die ~n kreuzen*** cross swords with s.o.; ***über die ~ springen lassen*** get rid of, (*wirtschaftlich ruinieren*) ruin, F squeeze out.
Klingel *f* bell; **~beutel** *m* collection bag.
klingeling *int.* dingaling!, ding, ding!
Klingelknopf *m* bell (push).
klingeln I. *v/i.* ring; ***es hat geklingelt*** there's somebody at the door, *in der Schule etc.*: the bell's gone, F *fig.* F the penny's dropped; **II.** *v/t.*: ***j-n aus dem Schlaf ~*** get s.o. out of bed; **III.** 2 *n* ring; *anhaltend*: ringing; *weitS.* bell.
Klingel|zeichen *n* ring; **~zug** *m* bell pull.
klingen *v/i.* sound (*a. fig.*); *Metall, Glocke*: (*a.* ~ ***lassen***) ring; *Glas*: clink; ***es klingt bis zu uns herüber*** you can hear it all the way over here; ***die Gläser ~ lassen*** clink glasses; ***mir ~ die Ohren*** my ears are ringing; ***es klingt verrückt*** it sounds crazy; ***das klingt nach schlechtem Gewissen*** it sounds as if she's *etc.* got a guilty conscience; ***das klingt schon besser*** that's more like it; **klingend** *adj. Stimme etc.*: ringing, resounding; ***schön ~e Worte*** nice-sounding words; → ***Münze.***
Klinik *f* clinic, hospital; **Kliniker** *m* **1.** (*Arzt*) clinician; **2.** (*Student*) houseman, *Am.* intern; **Klinikum** *n* **1.** pre-registration (period), F pre-reg year; *Am.* internship; **2.** clinic; **klinisch I.** *adj.* clinical; **II.** *adv.*: ~ ***tot*** clinically dead.
Klinke *f* (door-)handle; ⚙ (*Sperr*2) pawl, catch; F *fig.* ***die Bewerber gaben sich die ~ in die Hand*** there was an endless queue of applicants.
Klinkenputzer *m* (*Hausierer*) hawker; (*Vertreter*) door-to-door salesman.
Klinker *m* clinker; **~stein** *m* clinker (brick).
Klinomobil *n* mobile clinic.
Klinostat *m biol.* clinostat.
klipp *adv.*: ~ ***und klar*** in no uncertain terms; (*schonungslos*) point-blank, straight out.
Klipp *m* clip; (*Ohr*2) earclip.
Klippe *f* cliff; (*Fels*) rock; *fig.* obstacle; *fig.* ***alle ~n umschiffen*** (*überwinden*) clear all the hurdles, *in e-r Prüfung etc.*: get round all the tricky bits, (*vermeiden*) steer clear of any difficult topics *etc.*
Klippen|küste *f* rocky coast(line); **2reich** *adj.* rocky.
Klipper *m* clipper.
Klippfisch *m* dried cod.
klipp, klapp *int.* click-clack, *Hufschlag*: clip-clop.
klirren *v/i. Ketten etc.*: jangle; *Schlüssel etc.*: jingle, *schwere*: jangle; *Teller, Fensterscheiben etc.*: rattle; *Waffen*: clash; **klirrend** *adj.*: *fig.* ***~e Kälte*** icy (*od.* arctic) cold, biting frost, F brass monkey weather; ***heute ist e-e ~e Kälte*** *a.* it's bitter(ly) cold today.
Klirrfaktor *m* harmonic distortion.
Klischee *n* **1.** stereotype, (*a. Wort*) cliché; **2.** *typ.* (printing) block; **~figur** *f* stereotype.
klischeehaft *adj.* stereotyped; ***es ist so ~*** *a.* it's such a cliché.
Klistier *n* enema; **klistieren** *v/t.* give *s.o.* an enema; **Klistierspritze** *f* enema syringe.
klitoral *adj.* clitoral; **Klitoris** *f* clitoris.
klitsch(e)naß *adj.* → ***klatschnaß.***
klitschig *adj. Brot*: soggy, doughy.
klittern *v/t.* throw *s.th.* together; ***Tatsachen ~*** lump all the facts together.
klitzeklein F *adj.* tiny (little ...), *bsd. Kindersprache*: F teeny weeny; *Am.* F itty bitty.
Klo F *n* F loo, *Am.* F john; ***aufs (im, auf dem) ~*** to (in) the loo (*Am.* john); ***ich muß (dringend) aufs ~*** I've got to go (I'm dying to go) to the loo (*Am.* john).
Kloake *f* **1.** sewer; **2.** *zo.* cloaca.
Klobecken F *n* toilet bowl.
klobig *adj.* **1.** bulky; *Schmuck*: chunky; *Schuhe etc.*: heavy; ***~e Schuhe*** *a.* F clodhoppers; **2.** (*ungeschickt*) clumsy; (*grob*) rough, uncouth.
Klo|brille F *f* toilet (F loo) seat; **~bürste** F *f* toilet (F loo) brush; **~deckel** F *m* toilet lid; **~fenster** F *n* toilet (F loo) window; **~frau** F *f* toilet (F loo) attendant.
klonen *v/i.* clone.
klönen F *dial. v/i.* F (have a) natter.
Klopapier F *n* F loo paper, (*Rolle*) F loo roll.
klopfen I. *v/i.* knock (*a. mot.*); *sanft*: tap (**an, auf** at, on); *Herz*: beat, *stark*: thump (**vor** with); ***es klopft*** there's somebody (knocking) at the door; ***j-m auf die Schulter ~*** *anerkennend*: give s.o. a pat on the back; **II.** *v/t.* (*Fleisch, Kleider, Teppich*) beat; (*Steine*) break; ***e-n Nagel in die Wand ~*** knock a nail into the wall; **III.** 2 *n* knock(ing); *leises*: tap(ping); *mot.* knocking.
Klopfer *m* (*Tür*2) doorknocker; (*Teppich*2) carpet beater; (*Fleisch*2) mallet; *teleph.* sounder.
klopffest *adj. mot.* antiknock ...; **Klopffestigkeit** *f mot.* antiknock rating.
Klopf|sauger *m* vacuum cleaner (with beating action); **~sprache** *f* tapping code; **~zeichen** *n* tap, knock.
Klöppel *m e-r Glocke*: tongue; (*Spitzen*2) (lace) bobbin; **klöppeln** *v/i.* make lace; **Klöppelspitzen** *pl.* bone lace *sg.*; **Klöpplerin** *f* lacemaker.
Klops *dial. m* meatball.
Klosett *n* toilet, F loo, *Am.* F john; **~becken** *n* toilet bowl; **~brille** *f* toilet seat; **~bürste** *f* toilet brush; **~deckel** *m* toilet lid; **~fenster** *n* toilet window; **~frau** *f* toilet (*od.* lavatory) attendant; **~papier** *n* toilet paper; **~sitz** *m* toilet seat.
Klosettür *f* (*getr.* ***tt-t***) toilet door.
Kloß *m* **1.** clump, clod (of earth); **2.** *gastr.* dumpling, *mit Fleisch*: meatball; *fig.* ***e-n ~ im Hals haben*** have a lump in one's throat; **~brühe** *f*: F ***klar wie ~*** (as) clear as daylight.
Kloster *n* monastery; (*Nonnen*2) convent; ***ins ~ gehen*** go into a monastery (*od.* convent), *Nonne*: *a.* take the veil; *iro.* ***da kann ich ja gleich ins ~ gehen*** I may as well join a monastery (*od.* convent); **~anlage** *f* monastery (*od.* convent) complex *od.* grounds *pl.*; **~bruder** *m* monk; **~garten** *m* monastery (*od.* convent) gardens *pl.*; **~gemeinschaft** *f* monastic community, community of monks (*od.* nuns); **~kirche** *f* monastery (*od.* convent) church.
klösterlich *adj.* monastic; *fig. a.* secluded.
Kloster|regel *f* monastic rule; **~schule** *f* monastic (*für Nonnen*: convent) school.
Klotür F *f* toilet (F loo) door.
Klotz *m* block of wood; (*Baumstumpf*) stump; *fig.* (*Rüpel*) lout; *fig.* ***~ am Bein*** handicap, millstone round *s.o.'s* neck.
klotzen F *v/i.* **1.** F go the whole hog; ~, ***nicht kleckern!*** think big!, we don't want any half measures; **2.** (*hart arbeiten*) F slog away, put in some hard graft.
klotzig I. *adj. Möbelstück etc.*: unwieldy; **II.** *adv.*: F ***~ viel Geld*** F stacks of money.
Klub *m* club; *östr.* parliamentary party; **~haus** *n* clubhouse; **~jacke** *f* blazer; **~mitglied** *n* (club) member; **~obmann** *östr. m* party leader *Am.* floor leader; **~sessel** *m* armchair.
Kluft[1] *f* (*Spalt*) gap, crevice, fissure; (*Abgrund*) chasm, abyss; *fig.* gulf; (*Feindschaft*) rift.
Kluft[2] F *f* (*Kleidung*) F gear, get-up.
klug *adj.* clever, *a. Gesicht etc.*: intelligent; (*schlau*) clever, smart; (*weise*) wise; (*verständig*) sensible; (*aufgeweckt*) bright; → *a.* ***schlau; es wäre das klügste zu*** *inf.* the best idea would be to *inf.*
klugerweise *adv.* sensibly; ***~ schwieg er*** *a.* he had the good sense not to say anything.
Klugheit *f* cleverness, intelligence; wisdom; good sense; smartness; → ***klug.***
klug|reden *v/i.* F play the wise guy; always know the answer; ***hör doch auf klugzureden*** stop acting clever; **~scheißen** V *v/i. sl.* shoot one's mouth off; **2scheißer** V *m* V smart arse; **~schnacken** *dial. v/i.* → ***klugreden.***
Klumpen *m* lump; (*Blut*2) clot; (*Gold*2) nugget; F (*Haufen*) heap; (*Gruppe*) huddle; ***~ Erde*** clod of earth.
Klumpfuß *m* clubfoot.
klumpig *adj.* lumpy.
Klüngel *m* clique, crowd; ***er und sein ~*** F him and his cronies; **Klüngelei** *f* **1.** F cronyism; **2.** *dial.* dawdling; **klüngeln** *v/i.* **1.** band together; **2.** *dial.* dawdle.
Kluniazenser *m* Cluniac (monk); **kluniazensisch** *adj.* Cluniac.
Klunkern F *pl.* F rocks, (*Diamanten*) *a.* F ice *sg.*
Klüse *f* ⚓ hawse.
Klüver *m* ⚓ jib; **~baum** *m* jib boom.
Klysma *n* ⚕ enema.
Klystron *n* klystron.
Knabbereien *pl.* nibbles.
knabbern *v/i. u. v/t.* nibble (**an** at); *fig.* ***daran wird er noch lang zu ~ haben*** he'll be chewing on that for a while to come.
Knabe *m* boy; F ***alter ~*** F old chap.
Knaben|alter *n* boyhood; ***im ~*** as a boy; **~chor** *m* boys' choir.
knabenhaft *adj.* boyish.
Knabenstimme *f* ♪ treble.
Knäckebrot *n* crispbread.
knacken I. *v/i.* crack; *Zweig etc.*: snap; *Feuer, Radio*: crackle; *metallisch*: click; **II.** *v/t.* (*Nüsse, Geldschrank etc.*) crack (open); (*Auto*) break into; (*Schloß*) break open; (*Geheimcode etc.*) crack; *fig.* ***j-m e-e harte Nuß zu ~ geben*** give s.o. s.th. to chew on.
Knacker F *m* **1.** ***alter ~*** F old fogey; **2.** → ***Knackwurst.***
knackfrisch *adj.* (nice and) crisp, crunchy.
Knacki F *m* F con, jailbird.
knackig F *adj. Brötchen etc.*: crisp, crunchy; *fig.* (*jugendlich frisch*) F ripe; *Po*: taut, firm.
Knacklaut *m ling.* glottal stop.
Knackpunkt F *m* sticking point.
Knacks *m* **1.** crack; **2.** (*Riß*) crack; **3.** F

fig. ***er hat e-n ~ weg*** *gesundheitlich*: his health has taken a bad knock, *seelisch*: something's snapped; ***ihre Ehe*** (*od.* ***Freundschaft*** *etc.*) ***hat e-n ~*** there's a rift between them; ***e-n leichten ~ haben*** F be slightly cracked.

Knackwurst *f etwa* frankfurter, *Am. a.* F frank.

Knall *m* bang; (*Aufprall*) thud; (*Explosion*) loud bang, (*the* sound of an) explosion; (*Schuß*) shot; *Korken*: pop; (*Düsen*≈) (sonic) boom; F *fig.* (*Streit*) row, flare-up; *fig.* (***auf***) ~ ***und Fall*** just like that, without a word of warning; F ***du hast wohl 'nen ~*** F you must be off your nut; **~bonbon** *m, n* cracker; **≈bunt** *adj.* brightly colo(u)red, *contp.* gaudy, garish; **~effekt** *fig. m* sensation.

knallen I. *v/i.* bang; ***mit der Peitsche ~*** crack one's whip; ***plötzlich knallte es*** suddenly there was a loud bang (*Schuß*: shot); ***ins Schloß ~*** *Tür*: bang shut; F ***gegen*** *et.* ~ crash into; F ***sonst knallt's!*** F or else (you'll cop it)!; **II.** *v/t.* (*schießen*) fire, shoot; (*werfen*) fling; (*hauen*) slam, bang; ***den Ball ins Tor ~*** slam the ball home; F ***er knallte ihm eine*** F he gave him a wallop.

Knaller *m* **1.** → ***Knallkörper***; **2.** F (*Pistole*) gun.

Knall|erbse *f* (toy) torpedo; **~frosch** *m* jumping jack; **≈hart** F *adj.* (as) hard as rock; *Mensch*: (as) hard as nails; (*brutal*) brutal; *Gegner etc.*: tough; **~er Bursche** F tough guy; *der Film etc.* ***ist ~*** doesn't pull any punches; **≈heiß** F *adj.* scorching.

knallig F *adj. Farbe*: loud.

Knall|kopf F *m* F blockhead; **~körper** *m* banger; **≈rot** *adj.* bright red; **~tüte** F *f* F twerp; **≈voll** F *adj.* **1.** F chock-a-block; **2.** (*betrunken*) F paralytic, *sl.* pissed out of one's mind.

knapp I. *adj. Kleider*: tight; *Stil*: concise, terse; *Worte*: brief; (*kärglich*) meag|re (*Am.* -er); (*beschränkt*) limited, *Gelder*: *a.* scarce, tight *funds*; ~ (***bei Kasse***) short (of cash), F hard up; **~e fünf Jahre** just under (*od.* not quite) five years; **~e Mehrheit** slim majority; ~ ***sein*** *Lebensmittel etc.*: be in short supply, be scarce; ~ ***werden*** run short; ***mit ~er Not*** only just; ***er ist mit ~er Not entkommen*** F it was a close shave; **II.** *adv.* (*kaum*) only just; (*dicht*) narrowly; ~ ***bemessen*** (*Dosis etc.*) measure *s.th.* too short, (*Ration etc.*) *contp.* be stingy with; ***das ist ~ bemessen*** (***berechnet***) that's a bit on the short (low) side; ***m-e Zeit ist ~ bemessen*** I'm pushed for time; ***er starb ~ 65-jährig*** he died shortly after his 65th birthday; F ***und nicht zu ~!*** F and how!; **~halten** *v/t.* **1.** ***j-n ~*** keep s.o. short (***mit*** on); **2.** (*Ware*) keep in short supply.

Knappheit *f an Vorräten*: shortage; *des Ausdrucks*: conciseness.

Knappschaft *f* ⚒ body of miners; **Knappschaftskasse** *f* miners' social security fund.

knapsen F *v/i.* be stingy; ~ ***mit*** *a.* F be tight with.

Knarre *f* rattle; F (*Gewehr*) gun.

knarren *v/i.* creak; **~de Stimme** grating (*od.* rasping) voice.

Knast F *m* (*Gefängnis*) jail, F clink, *Am.* F slammer; ***im ~ sitzen*** F be in clink (*od.* the slammer); **~bruder** F *m* F jailbird.

Knaster F *m* cheap(, smelly) tobacco.

Knatsch F *m* row; ***es gab ~*** we *etc.* had a row; **knatschen** F *v/i.* F grizzle; **knatschig** F *adj.* F grumpy.

knattern *v/i. mot.* put-put; *Maschinengewehr*: rat-a-tat-tat; *Fahne*: flap.

Knäuel *m, n* ball *of wool etc.*; *fig.* tangle; *von Leuten*: *a.* cluster.

Knauf *m* knob; (*Degen*≈) pommel; 🜂 capital.

Knauser F *m* F skinflint; **knauserig** *adj.* stingy, mean; ~ ***mit*** *a.* F tight with; **knausern** *v/i.* be stingy, be mean; ~ ***mit*** *a.* F be tight with.

Knaus-Ogino-Methode *f* rhythm method.

knautschen F *v/t. u. v/i.* crumple up, crease.

Knautsch|lack(leder *n*) *m* wet-look leather; **~zone** *f mot.* crumple zone.

Knebel *m* (*Mund*≈) gag; ⚙ (*Hebel*) lever; *am Dufflecoat etc.*: toggle; **~bart** *m* handlebar moustache.

knebeln *v/t.* gag.

Knebelverband *m* tourniquet.

Knecht *m* farmhand; (*Stall*≈) stableboy; (*Diener*) servant; (*Unfreier*) slave (*a. fig.*); (*Leibeigener*) serf; **knechten** *v/t.* enslave; (*tyrannisieren*) tyrannize, oppress; (*unterjochen*) subjugate; **Knechtschaft** *f* slavery, bondage.

kneifen I. *v/t.* **1.** pinch; **II.** *v/i.* **2.** *Kleidung*: pinch; **3.** F (*sich drücken*) shirk (***vor*** *s.th.*), *feige*: F chicken out (of *s.th.*); ***hier wird nicht gekniffen!*** no shirking now.

Kneifer *m* **1.** (*Zwicker*) pince-nez; **2.** F (*Drückeberger*) shirker.

Kneifzange *f*: (***e-e ~*** a pair of) pincers *pl.*

Kneipe *f* pub, *Am.* bar; **Kneipenwirt** *m*, **Kneipier** F *m* pub-owner, *Am.* barkeeper.

kneippen *v/i.* take a Kneipp cure; **Kneippkur** *f* Kneipp cure.

Knete *f* plasticine; F (*Geld*) F dough; **kneten** *v/t.* (*Teig, Körper*) knead; (*Wachs etc.*) mo(u)ld; **Knetmassage** *f* pummel(l)ing massage; **Knetmasse** *f* plasticine.

Knick *m* (*Falte*) crease; (*Eselsohr*) dog-ear; *in Draht etc.*: kink; *im Metall*: buckle; (*Winkel*) angle (*a.* 🜂); (*Kurve*) sharp bend; *in graphischer Kurve*: blip; (*Riß*) crack; *fig. in der Karriere etc.*: setback (***in*** to, in); *im Selbstbewußtsein etc.*: dent; **knicken I.** *v/i.* bend; (*brechen*) break, snap; *Knie, Metall*: buckle, give way; **II.** *v/t.* bend; (*Papier*) crease; (*brechen*) break, snap; *fig.* (*j-s Selbstbewußtsein, Stolz etc.*) dent, *stärker*: (*a. j-n*) crush; → ***geknickt.***

Knicker F *m* F skinflint.

Knickerbocker *pl.* plus fours.

knickerig F *adj.* stingy, mean.

Knick|festigkeit *f* ⚙ buckling strength; **~flügel** *m* ✈ cranked wing; *nach unten geknickt*: *a.* gull wing; **~fuß** *m* ⚕ skew foot.

Knicks *m* curts(e)y; ***e-n ~ machen*** → **knicksen** *v/i.* curts(e)y (***vor*** to).

Knie *n* knee; (*Biegung*) bend; ⚙ (*Rohrstück*) elbow, knee; ***auf den ~n bitten*** beg *s.o.* on bended knee; ***auf die ~ fallen*** fall to one's knees; ***in die ~ gehen*** bend one's knees, *tiefer*: crouch on one's knees, *fig.* go to the wall; *fig.* ***j-n auf die ~ zwingen*** force s.o. to his (*od.* her) knees; F ***j-n übers ~ legen*** give s.o. a good hiding; ***et. übers ~ brechen*** rush s.th.; F ***ich wurde ganz weich in den ~n*** F my legs turned to jelly; **~beuge** *f* **1.** *Turnen*: knee-bend; **2.** *eccl.* genuflection; **~bundhose** *f*: (***e-e ~*** a pair of) knee breeches *pl.*; **~fall** *m*: ***e-n ~ vor j-m machen*** *a. fig.* go down on one's knees before s.o.; **≈frei** *adj.*: **~er Rock** skirt that goes above the knee; ***ich trage meistens ~e Röcke*** I usually wear my skirts above the knee; **~gelenk** *n* knee joint; **≈hoch** *adj.* up to one's knees, knee-high; *Schnee, Wasser*: knee-deep; **~kehle** *f* hollow of the knee; ***in der ~*** *a.* at the back of one's knee; **≈lang** *adj.* knee-length.

knien *v/i.* kneel, be on one's knees; (*nieder*~) kneel down, go down on one's knees.

Knie|reflex *m* knee jerk; **~rohr** *n* elbow pipe.

Kniescheibe *f* kneecap; **Kniescheibenreflex** *m* knee jerk.

Knie|schoner *m*, **~schützer** *m* knee pad; **~strumpf** *m* (knee-length) sock; **~stück** *n* ⚙ bend, elbow; **≈tief** *adj.* knee-deep; *adv.* up to one's knees; **~welle** *f Turnen*: knee circle.

Kniff *m* **1.** (*Kneifen*) pinch; **2.** (*Falte*) crease; *im Hut*: dent; **3.** *fig.* (*Kunstgriff*) trick.

kniff(e)lig F *adj.* tricky.

Knigge *m*: ***er hat s-n ~ nie gelesen*** he doesn't know his etiquette.

Knilch F *m* F creep.

knipsen I. *v/i.* **1.** take photos; ***hast du schon geknipst?*** have you taken it already?; **2.** ***mit den Fingern ~*** snap one's fingers; **II.** *v/t.* **3.** take a picture (*od.* shot) of; ***hast du's geknipst?*** have you got it?; **4.** (*Fahrkarte*) punch.

Knirps *m* little lad; *contp.* F squirt.

knirschen *v/i. Kies, Sand etc.*: crunch; ***mit den Zähnen ~*** grind one's teeth.

knistern I. *v/i. Papier etc.*: rustle; *Feuer*: crackle; *fig.* ***es knisterte vor Spannung*** the atmosphere was electric; **II.** ≈ *n* rustling; crackling.

Knittelvers *m* doggerel.

Knitter *m* crease; **knitterfrei** *adj.* non-crease; **Knitterlook** *m* crumple look; **knittern** *v/t. u. v/i.* crease.

Knobelbecher *m* **1.** dice cup; **2.** F *pl.* (*Stiefel*) jackboots.

knobeln *v/i.* throw dice; toss (***um*** for); *fig.* ~ ***an*** puzzle over.

Knoblauch *m* garlic; **~kapsel** *f* garlic pill; **~presse** *f* garlic press; **~pulver** *n* garlic powder; **~salz** *n* garlic salt; **~zehe** *f* clove of garlic.

Knöchel *m* **1.** (*Fuß*≈) ankle; **2.** (*Finger*≈) knuckle; **≈lang** *adj.* ankle-length *dress*; **≈tief I.** *adj.* ankle-deep; **II.** *adv.* up to one's ankles.

Knochen *m* bone; *fig.* ***mir tun sämtliche ~ weh*** every bone in my body is aching; ***naß bis auf die ~*** soaked to the skin; ***es ist ihm in die ~ gefahren*** it really got to him; ***es sitzt mir noch in den ~*** I still haven't got over it (completely); ***sich bis auf die ~ blamieren*** make an absolute fool of o.s.; F ***fauler ~*** F lazybones; F ***harter ~*** F tough job; **~arbeit** F *f* F hard graft; **~bau** *m* bone structure; **≈bildend** *adj.* bone-building; **~bildung** *f* bone formation; **~bruch** *m* fracture; **~entzündung** *f* inflammation of the bones; 🕮 ostitis; **~erweichung** *f* softening of the bones; 🕮 osteomalacia; **~gerüst** *n* skeleton; **~gewebe** *n* bone tissue; **≈hart** *adj.* (as) hard as rock; *fig. Sport*: tough.

Knochenhaut *f* periosteum; **~entzündung** *f* periostitis.
Knochenkrebs *m* bone cancer.
Knochenmark *n* bone marrow; **~entzündung** *f* osteomyelitis; **~krebs** *m* bone-marrow cancer.
Knochen|mehl *n* bonemeal; **~mühle** F *f* **1.** F sweatshop; **2.** (*Auto*) F boneshaker; **~naht** *f* bone suture; **~säge** *f* butcher's (*od.* bone) saw; **~schinken** *m* ham on the bone; **~schwund** *m* atrophy of the bone(s); **~splitter** *m* bone fragment, piece of bone; **2trocken** F *adj.* bone-dry; **~tumor** *m* bone tumo(u)r; **~verletzung** *f* bone injury.
knöchern *adj.* bony; *aus Knochen*: made of bone, bone ...
knochig *adj. Person*: skinny; *Gesicht etc.*: bony.
Knockout *m*, **knockout** *adj.*, *adv.* knockout; → ***K.o., k.o.***
Knödel *m* dumpling.
Knofel F *m* garlic.
Knöllchen F *n* parking ticket.
Knolle *f* ♀ *Kartoffel etc.*: tuber; *Zwiebel etc.*: bulb; *Baum*: node.
Knollen *m* **1.** lump; → *a.* ***Knolle***; **2.** F (parking) ticket; **~blätterpilz** *m* amanita; **~nase** *f* bulbous nose; **~sellerie** *m* celeriac; **~wurzel** *f* tuberous root.
knollig *adj.* (*knotig*) knotty; (*klumpig*) lumpy; ♀ bulbous.
Knopf *m* **1.** button (*a. Schalter2*); (*Tür2 etc.*) knob; ***auf den ~ drücken*** press the button; **2.** F (*Kerl*) chap, *Am.* guy; **~augen** *pl.* big brown eyes; **~druck** *m*: ***auf ~*** at the touch of a button, *fig. a.* at the flick of a switch.
knöpfen *v/t.* button (up); ***falsch geknöpft*** buttoned up the wrong way.
Knopfloch *n* buttonhole; F *fig.* ***aus allen Knopflöchern platzen*** be bursting at the seams; ***ihm scheint die Neugier (Eitelkeit) aus allen Knopflöchern*** he's just bursting with curiosity (he just oozes vanity); *iro.* ***mit e-r Träne im ~*** with a tear in my *etc.* eye.
knorke F *obs. adj.* F great, *sl.* brill.
Knorpel *m* cartilage; *in Wurst etc.*: gristle; **knorpelig** *adj.* gristly.
Knorren *m* knot; **knorrig** *adj.* knotty, gnarled; *Person*: gruff.
Knospe *f* ♀ bud; *fig. der Liebe*: tender bud; ***~n treiben*** → **knospen** *v/i.* bud, *weitS.* sprout; *fig.* bud.
Knötchen *n* ⚕ nodule.
Knoten I. *m* knot (*a. Geschwindigkeit*); (*Haar2*) *a.* bun; ♀ joint, *a. phys.*, *ast.* node; ⚕ lump; *fig. e-s Dramas etc.*: plot; ***e-n ~ ins Taschentuch machen*** tie a knot in one's handkerchief; *thea.* ***der ~ schürzt (löst) sich*** the plot thickens (unravels); → ***gordisch***; **II.** 2 *v/t. u. v/i.* knot, make knots (in *a rope etc.*); **~punkt** *m von Straßen etc.*: junction; ⚒, *opt.*, *phys.* nodal point; *Handel etc.*: cent|re (*Am.* -er); (*Mittelpunkt*) hub; **~schrift** *f* quipu; **~stock** *m* gnarled (walking) stick.
Knöterich *m* ♀ knotgrass.
knotig *adj.* knotty; ⚕ nodular.
Know-how *n* know-how, expertise, expert knowledge, F savvy; ***geschäftliches (technisches*** *etc.*) ~ *a.* business (technical *etc.*) skills.
Knülch F *m* F creep.
knülle F *adj.* (*betrunken*) F tight.
knüllen I. *v/i.* crumple; crease; **II.** *v/t.* crease; (*Papier*) screw up.
Knüller F *m* sensation (*a. Meldung*); (*Zeitungs2*) scoop; (*Film, Buch etc.*) F blockbuster; (*Schallplatte*) F smash hit.
knüpfen I. *v/t.* (*Knoten, Netz*) tie, make; (*Teppich*) knot; (*befestigen*) attach, fasten (**an** to); *fig.* ***ein Bündnis (e-e Freundschaft)*** ~ form an alliance (a friendship); ***~ an*** (*Hoffnungen*) pin *one's hopes* on, (*Bedingungen*) attach *conditions* to; **II.** *v/refl.*: ***sich ~ an*** (*Vorstellungen etc.*) be tied up with, (*Bedingungen*) be attached to; (*folgen aus*) arise from; ***daran ~ sich für mich glückliche Erinnerungen*** it holds happy memories for me.
Knüppel *m* (heavy) stick, club; (*Polizei2*) truncheon; ✈ (*Steuer2*) control stick, F joystick; *fig.* ***j-m e-n ~ zwischen die Beine werfen*** put a spoke in s.o.'s wheels.
knüppeldick F *adj. u. adv.*: ***es kommt immer gleich ~*** it never rains but it pours; ***dann kam's ~*** then it came thick and fast (*od.* with a vengeance), then things really started happening, then it was just one thing after another; ***ich hab's ~ (satt)*** F I'm fed up to the back teeth; ***er hat's ~ hinter den Ohren*** F he knows all the tricks of the trade.
knüppeldickevoll F *adj.* F chock-a-block, jampacked.
knüppeln *v/t.* beat (with a stick *etc.*).
Knüppelschaltung *f mot.* floor shift.
knüppelvoll F *adj.* F chock-a-block, jampacked.
knurren *v/i.* growl; *fig.* (*grunzen*) grunt, (*murren*) grumble (**über** at); *Magen*: rumble.
Knurrhahn *m* (*Fisch*) gurnard.
knurrig F *adj.* F grumpy.
Knusperhäuschen *n* gingerbread house.
knusp(e)rig *adj.* crunchy; *Brötchen, Braten*: crisp.
Knute *f*: *fig.* ***unter j-s ~*** under s.o.'s thumb; **knuten** *fig. v/t.* oppress.
knutschen F *v/i.* F snog; **Knutschfleck** F *m* F lovebite, *Am.* F hickey.
K. o. *n* knockout, k.o.; **k.o. I.** *adj.* **1.** knocked out, k.o.; **2.** F (*erschöpft*) F whacked, bushed; **II.** *adv.*: ***j-n ~ schlagen*** knock s.o. out, k.o. s.o.
koagulieren *v/i. u. v/t.* coagulate.
Koala(bär) *m* koala (bear).
koalieren *v/i.* form a coalition; **Koalition** *f* coalition; ***große ~*** grand coalition.
Koalitions|partei *f* coalition party; **~partner** *m* coalition partner; **~recht** *n* right of association; **~regierung** *f* coalition government; **~zwang** *m* obligatory compliance with a coalition agreement.
Koautor(in *f*) *m* co-author.
koaxial *adj.* coaxial; **2kabel** *n* coaxial cable.
Kobalt *n* cobalt; **~blau** *n* cobalt blue; **~bombe** *f* cobalt bomb.
Koben *m* (pig)sty.
Kobold *m* (hob)goblin; F *fig.* F imp.
Kobra *f* cobra.
Koch *m* cook; (*Küchenchef*) chef; ***viele Köche verderben den Brei*** too many cooks spoil the broth; **~anleitung** *f* cooking instructions *pl.*; **~apfel** *m* cooking apple; **~beutel** *m*: ***Reis*** *etc.* ***im ~*** boil-in-the-bag rice *etc.*; **~buch** *n* cookery book, cookbook; **~ecke** *f* kitchenette.
köcheln *v/i.* simmer.
Köchelverzeichnis *n* ♪ Köchel catalog(ue); ~ ***421*** (*abbr.* ***KV 421***) Köchel (number) 421 (*abbr.* K421).
kochen I. *v/i.* cook, do the cooking; *Speise*: be cooking, *Flüssiges*: be boiling; *fig. vor Wut*: be seething with rage; ***sie kocht gut*** she's a good cook; **II.** *v/t.* (*Gemüse, Fleisch*) cook; *im Ggs. zu braten etc.*: boil; (*Eier, Wasser, Wäsche*) boil; (*Kaffee, Tee*) make; ***das Essen ~*** make (*od.* cook) the dinner; → ***gekocht***; **III.** 2 *n* cooking, cookery; ***zum ~ bringen*** bring to the boil, *fig.* (*j-n*) make *s.o.'s* blood boil; ***et. am ~ haben*** have s.th. on the boil (*a.* F *fig.*); **kochendheiß** *adj.* boiling hot, scalding.
Kocher *m* cooker, (*Kessel*) boiler.
Köcher *m* quiver; *phot.* lens case.
koch|fertig *adj.* (ready) prepared; (*ofenfertig*) oven-ready; *in Vakuumtüte etc.*: boil-in-the-bag ...; **~fest** *adj.* boil-wash ...; **2fett** *n* cooking fat; **2gelegenheit** *f* cooking facilities *pl.*; **2geschirr** *n* cooking (*od.* kitchen) utensils *pl. od.* things *pl.*; ⚔ mess kit; **2herd** *m* cooker, stove.
Köchin *f* cook.
Koch|käse *m* cooking cheese; **~kunst** *f* cookery, (art of) cooking; **~kurs** *m* cookery course; **~löffel** *m* wooden spoon; **~nische** *f* kitchenette; **~platte** *f* hot plate; **~rezept** *n* recipe.
Kochsalz *n* table salt; **~lösung** *f* salt solution.
Koch|schinken *m* boiled ham; **~topf** *m* saucepan; **~wäsche** *f* boil wash; **~wasser** *n* cooking water.
Kode *m* code.
Kodein *n* codeine.
Köder *m* bait (*a. fig.*); *fig.* ***auf den ~ anbeißen*** fall for (*od.* swallow) the bait; **ködern** *v/t.* bait; *fig.* lure, entice.
Kodex *m* codex, manuscript; ⚖ code; (*Ehren2 etc.*) code *of hono(u)r etc.*
kodieren *v/t.* (en)code; **Kodierung** *f* (en)coding.
kodifizieren *v/t.* codify.
Koedukation *f* coeducation.
Koeffizient *m* coefficient.
Koexistenz *f bsd. pol.* coexistence; **koexistieren** *v/i.* coexist.
Koffein *n* caffeine; **2frei** *adj.* decaffeinated; ***~er Kaffee*** *a.* F decaf.
Koffer *m* suitcase; (*Instrumenten2 etc.*) case; *pl.* → *a.* ***Gepäck***; ***s-e ~ packen*** pack (one's bags), *fig.* pack one's bags (and leave); *fig.* ***aus dem ~ leben*** live out of a suitcase; ***noch e-n ~ in Berlin haben*** still have half a foot in Berlin; **~anhänger** *m* address tag; **~gerät** *n* portable (set); **~kleid** *n* travel(l)ing dress; **~kuli** *m* trolley; **~radio** *n* transistor radio; **~raum** *m* boot, *Am.* trunk.
Kogge *f hist.* ⚓ cog.
Kognak *m* brandy, cognac; **~schwenker** *m* brandy balloon.
kognitiv *adj.* cognitive.
Kohabitation *f* cohabitation.
Kohärenz *f* coherence.
Kohäsion *f* cohesion; **Kohäsionskraft** *f* cohesive force.
Kohl *m* cabbage; F *fig.* rubbish, F rot, *Am.* F garbage; *fig.* ***s-n ~ anbauen*** cultivate one's garden; F ***alten ~ aufwärmen*** dig up old stories; ***das ist doch alter ~*** F that's old hat; → *a.* ***Kraut***; **~dampf** F *m*: ***~ haben*** F be starving.
Kohle *f* coal; ⚗, ⚡ carbon; *zum Zeichnen*: charcoal; F (*Geld*) F cash, readies *pl.*; *fig.*

glühende ~n auf j-s Haupt sammeln heap coals of fire on s.o.'s head; (***wie***) ***auf*** (***glühenden***) ***~n sitzen*** be on tenterhooks; **~kraftwerk** *n* coal(-fired) power station.
Kohlen|bergbau *m* coal-mining (industry); **~bergwerk** *n* coalmine, colliery; **~brenner** *m* charcoal burner; **~dioxyd** *n* carbon dioxide; **~eimer** *m* coal scuttle; **~feuerung** *f* coal firing; **~flöz** *n* coal seam; **~förderung** *f* extraction of coal; (*Produktionsvolumen*) coal output; **~gas** *n* coal gas; **~grube** *f* coal pit; **~halde** *f* coal dump; **~händler** *m* coal merchant; **~heizung** *f* coal heating; **~hydrat** *n* carbohydrate; **~lager** *n* **1.** ✝ coal depot; **2.** *geol.* coal bed; **~meiler** *m* charcoal pile; **~(mon)oxyd** *n* carbon monoxide; **~monoxydvergiftung** *f* carbon monoxide poisoning; **~pott** F *m the* Ruhr coal basin.
kohlensauer *adj.* carbonic; ***kohlensaures Salz*** carbonate; ***kohlensaures Kali*** potassium carbonate; **Kohlensäure** *f* carbonic acid; ***ohne*** ~ *Getränke*: still, flat, *Am.* non-carbonated; ***mit*** ~ → **kohlensäurehaltig** *adj.* fizzy, sparkling, *Am.* carbonated.
Kohlen|schacht *m* coal pit; **~schaufel** *f* coal shovel; **~schicht** *f* coal bed; **~schippe** *f* → ***Kohlenschaufel***; **~staub** *m* coal dust; **~stoff** *m* ⚗ carbon.
Kohlenwasserstoff *m*, **~gas** *n* hydrocarbon; **~verbindung** *f* carbohydrate compound.
Kohlenzeche *f* coalmine.
Kohle|ofen *m* coal stove; **~papier** *n* carbon paper; **~pfennig** *m* coal subsidy levy (on electricity bills); **~präparat** *n* ⚕ medicinal charcoal.
Köhler *m* **1.** charcoal burner; **2.** (*Fisch*) coalfish.
Kohle|stift *m zum Zeichnen*: piece of charcoal; ⚡ carbon rod; **~tablette** *f* charcoal tablet; **~veredelung** *f* coal conversion; **~verstromung** *f* coal-based electricity generation; **~vorkommen** *n* coal deposit(s *pl.*); **~zeichnung** *f* charcoal drawing.
Kohl|kopf *m* (head of) cabbage; **~meise** *f* great tit; **2rabenschwarz** *adj.* jet-black; *Himmel, Nacht*: pitch-black; **~rabi** *m* kohlrabi; **~rouladen** *pl. gastr.* stuffed cabbage leaves; **~rübe** *f* swede, *Am. a.* rutabaga; **~weißling** *m* cabbage white butterfly.
Kohorte *f Soziologie u. hist.*: cohort.
koitieren *v/i.* have sexual intercourse, copulate; **Koitus** *m* coitus, sexual intercourse.
Koje *f* ⚓ bunk, berth.
Kojote *m* coyote.
Kokain *n* cocain(e); **~süchtige(r** *m*) *f* cocain(e) addict.
kokett *adj.* coquettish, F flirty; **kokettieren** *v/i. a. fig.* flirt (***mit*** with).
Kokken *pl.* cocci.
Kokolores F *m* rubbish, F rot, *Am.* F garbage.
Kokon *m* cocoon.
Kokos|baum *m* coconut tree (*od.* palm); **~fett** *n* coconut fat; **~flocken** *pl.* desiccated coconut *sg.*; **~makrone** *f* macaroon; **~matte** *f* coconut mat(ting); **~milch** *f* coconut milk; **~nuß** *f* coconut; **~öl** *n* coconut oil; **~palme** *f* coconut palm (*od.* tree); **~raspeln** *pl.* desiccated coconut *sg.*

Koks *m* **1.** coke; **2.** *sl.* (*Kokain*) *sl.* coke; **koksen** *sl. v/i. sl.* take (*od.* sniff) coke; **Koksfeuerung** *f* coke firing.
Kolanuß *f* cola nut.
Kolben *m mot.* piston; (*Gewehr2*) butt; (*Flasche, a.* ⚗) flask; ⚡ (*Birne*) bulb; (*Tauch2*) plunger; ⚘ spike; (*Mais2*) cob; F (*Nase*) F conk; **~antrieb** *m* piston drive; **~fresser** F *m*: ***ich hatte e-n*** ~ the engine seized (up); **~hub** *m* piston stroke; **~motor** *m* piston engine; **~stange** *f* piston rod; **~verdichter** *m* reciprocating compressor.
Kolchose *f* kolkhoz, collective farm.
Kolibakterien *pl.* coli.
Kolibri *m* humming bird.
Kolik *f* colic.
Kolkrabe *m* (common) raven.
kollabieren *v/i.* ⚕ collapse.
Kollaborateur *m pol.* collaborator; **kollaborieren** *v/i.* collaborate.
Kollagen *n* collagen.
Kollaps *m*: (*a.* ***e-n*** ~ ***erleiden***) collapse.
kollateral *adj.* collateral.
Kolleg *n* **1.** *etwa* sixth-form college; **2.** *R. C.* theological college.
Kollege *m* **1.** colleague; **2.** fellow student (*od.* cyclist *etc.*); **3.** F *als Anrede*: F mate.
Kollegen|kreis *m*: ***im*** ~ among colleagues; ***im*** ~ ***behauptet man*** *etc.* colleagues maintain *etc.*; **~rabatt** *m* trade discount.
kollegial *adj.* friendly; helpful; loyal; ***das war nicht sehr*** ~ ***von dir*** that wasn't very nice of you; **Kollegialität** *f* helpfulness; loyalty (to one's colleagues).
Kollegin *f* → ***Kollege.***
Kollegium *n* committee; (*Lehrkörper*) teaching staff (*mst pl. konstr.*).
Kolleg|mappe *f* document case; **~stufe** *f ped. etwa* sixth-form college, *Am.* junior college.
Kollekte *f* (*Sammlung*) collection; (*Gebet*) collect.
Kollektion *f* ✝ collection, range.
kollektiv *adj.*, 2 *n* collective; **2bedürfnis** *n* collective need; **2bewußtsein** *n* collective consciousness.
Kollektivismus *m* collectivism.
Kollektiv|schuld *f* collective guilt; **~versicherung** *f* group insurance; **~vertrag** *m* collective agreement (*pol.* treaty); **~wirtschaft** *f* collective economy.
Kollektor *m* **1.** ⚡ commutator; **2.** (*Transistor*) collector; **3.** → ***Sonnenkollektor.***
Koller F *fig. m* tantrum; ***e-n*** ~ ***kriegen*** F flip one's lid.
kollern *v/i.* **1.** (*rollen*) roll; **2.** *Puter*: gobble; *Taube*: coo; *Magen*: rumble.
kollidieren *v/i.* collide; *fig.* clash.
Kollier *n* necklace; (*Pelz*) necklet.
Kollision *f* collision; *fig.* clash, *a.* ⚖ conflict; **Kollisionskurs** *m*: ***auf*** ~ ***sein*** *a. fig.* be on a collision course.
Kollokation *f* collocation.
Kolloquium *n* colloquium.
Kollusion *f* ⚖ collusion.
Kölnischwasser *n* eau de Cologne.
Kolon *n ling., anat.* colon.
Kolonial... *in Zssgn* colonial; **~herren** *pl.* colonial masters; **~herrschaft** *f* colonial rule.
Kolonialismus *m* colonialism.
Kolonial|krieg *m* colonial war; **~macht** *f* colonial power; **~stil** *m* colonial style; **~zeit** *f* colonial age; ***in der*** ~ *a.* in colonial times, in the colonial days.
Kolonie *f* colony (*a. biol.*); **Kolonisation** *f* colonization; **Kolonisator** *m* colonizer; **kolonisieren** *v/t.* colonize; **Kolonist** *m* colonist, settler.
Kolonnade *f* colonnade.
Kolonne *f* column; *von Fahrzeugen*: convoy; (*Arbeiter2*) crew; *pol.* ***Fünfte*** ~ Fifth Column; *mot.* ~ ***fahren*** drive in line.
Kolonnen|springer F *m mot.* F queue-jumper; **~verkehr** *m* single-line traffic.
Kolophonium *n* rosin, 🕮 colophony.
Koloratur *f* ♪ coloratura; **~sängerin** *f* coloratura; **~sopran** *m* coloratura soprano.
kolorieren *v/t.* colo(u)r; (*Film*) colo(u)rize; **Kolorierung** *f* colo(u)ring; *Film*: colo(u)rization.
Kolorimeter *n* colorimeter; **Kolorimetrie** *f* colorimetry.
Kolorismus *m Kunst*: colo(u)rism.
Kolorit *n* colo(u)r(ing); *fig. e-s Orts etc.*: local colo(u)r, atmosphere.
Koloß *m* colossus; *fig. a.* giant.
kolossal *adj.* gigantic; *Aufgabe etc.*: mammoth ...; **2film** *m* screen epic, (Hollywood) spectacular; **2gemälde** *n* monumental painting; **2schinken** F *m* **1.** → ***Kolossalfilm***; **2.** → ***Kolossalgemälde***; **2statue** *f* giant statue.
Kolosser *m hist.* Colossian; ***Brief an die*** ~ → **~brief** *m*: *bibl.* ***der*** ~ the (*od.* St Paul's) Epistle to the Colossians, Colossians *pl.* (*sg. konstr.*).
Kolostrum *n* colostrum, first milk.
Kolportage *f* **1.** *in der Presse*: sensationalism; *konkret*: trash; **2.** *von Gerüchten*: rumo(u)r-mongering; **~literatur** *f* trashy literature; **~roman** *m* trashy novel.
Kolporteur *m* rumo(u)r-monger.
kolportieren *v/t.* spread.
Kolumbianer(in *f*) *m*, **kolumbianisch** *adj.* Colombian.
Kolumne *f typ.* column; **Kolumnentitel** *m* running title (*od.* headline); **Kolumnist** *m* columnist.
Koma *n* ⚕ coma; ***im*** ~ ***liegen*** be in a coma.
Kombi F *m* → ***Kombiwagen.***
Kombinat *n hist. DDR* collective combine.
Kombination *f* **1.** combination (*a. Schach*, ♞, ⚙ *etc.*; *a. e-s Schlosses*); (*Kleidung*) matching jacket and trousers (*od.* skirt *etc.*) *pl.*; (*Arbeitsanzug*) overalls *pl.*; ***alpine*** (***nordische***) ~ Alpine (Nordic) combined; ***e-e tolle*** ~ *Fußball etc.*: a lovely move; **2.** (*Folgerung*) deduction; (*Vermutung*) conjecture.
Kombinations|gabe *f* power(s *pl.*) of deduction; **~lauf** *m Skisport*: combined event; **~möbel** *pl.* **1.** add-on furniture *sg.*; **2.** all-purpose furniture *sg.*; **~präparat** *n* compound preparation *sg.*; **~schloß** *n* combination lock; **~spiel** *n* teamwork; **~zange** *f* → ***Kombizange.***
kombinieren I. *v/t.* combine (***mit*** with); ***das läßt sich gut miteinander*** ~ *Kleidung etc.*: they go together very well, *Termine etc.*: we *etc.* could combine that very nicely; **II.** *v/i.* (*folgern*) deduce.
Kombi|wagen *m* estate car, *Am.* station wagon; **~zange** *f*: (***e-e*** ~ a pair of) combination pliers *pl.*
Kombüse *f* galley.
Komet *m* comet; **kometenhaft** *adj.*: ***~er Aufstieg*** meteoric rise; **Kometenschweif** *m* tail of a (*od.* the) comet.
Komfort *m* conveniences *pl.*; (*Luxus*) luxury; ***mit allem*** ~ *Wohnung*: with all the conveniences (*Gerät etc.*: extras).
komfortabel *adj. Leben*: comfortable;

Wohnung: well-appointed, *Hotel*: *a.* good; *Wagen, Sofa etc.*: plush.
Komfortwohnung *f* luxury apartment.
Komik *f* humo(u)r; (*das Komische an e-r Sache*) *the* funny side (**an** of); **voller ~** very funny.
Komiker *m* comedian, comic (*beide a. fig.*); (*Schauspieler*) comic actor; *fig. contp.* idiot; **Komikerin** *f* comedienne; (*Schauspielerin*) comic actress; **Komikerpaar** *n* comedy duo.
komisch *adj.* funny (*a. merkwürdig*); *thea.* comic *opera etc.*; F **~er Vogel** F funny guy; **das ♀e daran** the funny thing about it; **mir ist so ~** I feel really funny; **komischerweise** *adv.* funnily enough.
Komitee *n* committee; body.
Komma *n* comma; *im Dezimalbruch*: decimal point; **sechs ~ vier** six point four; **null ~ fünf** (nought) point five; **hier fehlt ein ~** there's a comma (*Zahl*: decimal point) missing here (*od.* somewhere); **~bazillus** *m* comma bacillus; **~fehler** *m* comma mistake.
Kommandant *m* commander, commanding officer (*abbr.* CO); *e-r Festung*: commandant; **Kommandantur** *f* **1.** commander's office; **2.** garrison headquarters *pl.* (*a. sg. konstr.*).
Kommandeur *m* commander.
kommandieren *v/t. u. v/i.* (*befehligen, führen*) command, be in command (of); (*befehlen*) command, order; give the orders; F (*herum~, nur v/t.*) boss *s.o.* about; **~zu** detach to, (*einteilen*) detail to (*od.* for).
Kommanditgesellschaft *f* limited partnership.
Kommanditist *m* limited partner.
Kommando *n* (*Befehl*) command, order; (*Befehlsgewalt*) command; (*~behörde*) command, headquarters *pl.* (*a. sg. konstr.*); (*Abteilung*) detachment; (*~einheit, mit Sonderauftrag*) commando (unit); **das ~ führen** be in command; **auf ~** on command; **wie auf ~** as if by command, as if he *etc.* had rehearsed it; **ich kann nicht auf ~ lachen** *etc.* I can't just turn it on; **~ zurück!** hold it!; **~brücke** *f* ⚓ bridge; **~gewalt** *f* power of command; **~kapsel** *f Raumfahrt*: command module; **~sprache** *f Computer*: command language; **~stelle** *f* command post; **~ton** *m*: (**im ~** in a *od.* one's) sergeant-major's voice; **~trupp** *m* command unit; **~truppe** *f* Commandos *pl.*, *Am.* Rangers *pl.*
Kommazeichen *n* comma.
kommen I. *v/i.* **1.** come; (*an~*) *a.* arrive; (*gelangen*) get (**bis** to); (*eintreten*) come, (*geschehen*) *a.* happen; **komm schon!** come on!, hurry up!; **ich komme schon!** I'm coming; **er wird bald ~** he won't be long; **es kommt ein Gewitter** there's a storm coming up; **der Morgen kommt** it's nearly morning, it's starting to get light; **spät ~** come (*od.* be) late; **angelaufen** *etc.* **~** come running *etc.* along (*od.* up); **j-n ~ lassen** send for s.o.; *drohend*: **er soll nur ~!** (just) let him come; **et. ~ lassen** (*bestellen*) send for (*od.* order) s.th.; **et. ~ sehen** (*voraussehen*) see s.th. coming; **wie weit bist du gekommen?** how far did you get?; **es ist so weit gekommen, daß** things have got to the stage where; **es wird noch so weit ~, daß er rausgeschmissen wird** he'll be thrown out one of these days; **wenn Sie mir so ~** if you talk to me like that; **komm mir ja nicht so frech!** I don't want any of your cheek; F **na, komm schon!** come on(, now)!; **komme, was da wolle** come what may; **es wird noch ganz anders ~** there's worse to come (yet); **das mußte ja so ~** it had to (*od.* was bound to) happen; **wie kommt das?** how come?; **wie** (*od.* **woher**) **kommt es, daß** how is it that, how come; **das kommt daher, daß** it's because; **es kam mir** (**der Gedanke**)**, daß** it occurred to me that; **es kommt mir e-e Idee** I've got an idea, I know what we can do; **wer zuerst kommt, mahlt zuerst** first come, first served; *iro.* **mir ~ die Tränen** don't make me weep; **2.** *mit prp.*: **~ an** (*gelangen zu*) come (*od.* get) to, arrive at; (*j-m zukommen*) go (*od.* fall) to; **an j-s Stelle ~** take s.o.'s place; → *a.* **Reihe** *etc.*; **~ auf** (*herausfinden*) think of, hit upon *the idea*; (*sich erinnern*) think of, remember; **auf** *soundsoviel* **~** come to, total; **auf** *die Rechnung* **~** go (*od.* be put) on; **das kommt** (*steht*) **auf Seite 12** that comes (*od.* is) on page 12; **auf et. zu sprechen ~** get onto the subject of; **wie kommst du darauf?** what makes you say that?, what gives you that idea?; **darauf wäre ich nie gekommen** it would never have occurred to me; **ich komme nicht darauf!** I just can't think of it; **darauf komme ich gleich** I'll be coming to that; **auf 100 Einwohner kommt ein Arzt** there's a (*od.* one) doctor for every 100 inhabitants; **ich lasse nichts auf ihn ~** I won't have anything said against him; **durch** *e-e Stadt etc.* **~** pass (*od.* come) through; **hinter et. ~** find s.th. out; **~ in** come (*od.* go) into, enter; **das Buch kommt ins oberste Regal** (**ins Arbeitszimmer**) the book goes on the top shelf (into the study); **komm mir nur nicht mit diesen Ausreden** spare me your excuses; **damit kannst du mir nicht ~** you don't expect me to believe that, do you?; **komm mir nicht dauernd mit der Geschichte** I wish you wouldn't keep going on (*od.* I wish you'd shut up) about that business; **er kommt einfach mit diesen Ideen** he just trots out these ideas; **~ nach** come (*od.* get) to; *in der Reihenfolge*: come after; **wie komme ich nach ...?** how do I get to ...?; **~ über** (*reisen über*) come via *Berlin*; (*e-n Zaun etc.*) get over; *Gefühl etc.*: come over *s.o.*; *Fluch*: come upon *s.o.*; **um et. ~** be done out of s.th.; **ums Leben ~** die, (*getötet werden*) *a.* be killed; **~ unter** (*e-e Überschrift etc.*) go under; **das kommt davon!** see?, what did I tell you?; **~ vor** come (*od.* go) before; **vors Gericht ~** *Sache*: come up before the court; **zu et. ~** come (*od.* get) to s.th.; (*bekommen*) come by s.th., get hold of s.th., (*erben*) come into *a fortune*; **zur Ansicht ~, daß** come to the conclusion that, decide that; **zur Sprache ~** come up (for discussion); (**wieder**) **zu sich ~** come to (*od.* round); **wie kamst du bloß dazu**(**, das zu tun**)**?** what on earth made you do that?; **es kam zum Streit** they (*od.* we *etc.*) ended up arguing; **es kam zu Kämpfen zwischen ...** fighting broke out between ...; **ich komme einfach nicht zum Lesen** I just don't get the time to read anything; **ich komme aber erst morgen dazu** I won't get round to it (*od.* manage it) before tomorrow; **wie ~ Sie dazu?** how dare you?; → *a.* **Kraft** 1, **Sache** *etc.*; **II. ♀** *n* arrival; **ein ständiges ~ und Gehen** a constant coming and going; **es ist ein ständiges ~ und Gehen** people are in and out all day, there's a constant stream of traffic (*od.* of people going in and out); **im ~ sein** *Ideologie etc.*: be on the ascendancy; *breitere Schlipse etc.* **sind wieder im ~** are coming in again; **dieser Dirigent ist im ~** he's an up-and-coming (young) conductor; **kommend** *adj.* coming; (*zukünftig*) *a.* future; (*baldig*) forthcoming; **im ~en Jahr** next year; **in** (**den**) **~en Jahren** in (the) years to come; **die ~e Generation** the rising (*od.* up-and-coming) generation; **~e Geschlechter** future generations; **~er Mann** F up-and-comer.
kommensurabel *adj.* commensurable.
Kommentar *m* commentary; (*Stellungnahme*) comment; *in der Zeitung*: opinion column; **e-n ~ zu et. geben** comment on s.th.; **er muß ständig s-n ~ abgeben** he always has to have his say; **kein ~!** no comment; **kommentarlos** *adv.* without comment; **Kommentator** *m* commentator; **Kommentatorenbox** *f im Stadion etc.*: commentary box; **kommentieren** *v/t.* comment on; *ausführlich*: give (*od.* write) a commentary on; (*Texte*) annotate.
Kommerz *m* commerce; **reiner ~** pure commercialism; **nur auf ~ aussein** be out for profit; **kommerzialisieren** *v/t.* commercialize; **Kommerzialisierung** *f* commercialization; **kommerziell** *adj.* commercial.
Kommilitone *m*, **Kommilitonin** *f* fellow student; **m-e Kommilitonen** the other students.
Kommissar *m* **1.** commissioner; *hist. in Rußland*: commissar; **2.** (*Polizei♀*) (police) superintendent; (*Kriminal♀*) (detective) superintendent; **Kommissariat** *n* (*Amt*) commissionership; (*Behörde*) commissioner's *etc.* office; → **Kommissar**; *östr.* (*Polizeirevier*) police station.
kommissarisch *adj.* (*vorübergehend*) provisional, temporary.
Kommission *f* (*Ausschuß*; ✝ *Auftrag, Provision*) commission; **in ~ geben** commission; **Kommissionär** *m* ✝ commission agent.
Kommissions|basis *f*: **auf ~** on commission; **~gebühr** *f* commission; **~geschäft** *n* commission business; **~lager** *n* consignment stock; **~verkauf** *m* sale on commission; **~ware** *f* consigned goods *pl.*
kommissionsweise *adv.* on commission.
Kommittent *m* ✝ consigner.
kommod *dial. adj. Stuhl etc.*: comfortable; *Zeit etc.*: convenient; *Atmosphäre etc.*; cosy, *Job*: cushy.
Kommode *f* chest of drawers, *Am.* bureau.
Kommodore *m* commodore.
kommunal *adj.* municipal, communal, local; **♀abgaben** *pl.* (*local*) rates, *Am.* local taxes; *in GB*: council tax *sg.*; **♀anleihe** *f* municipal loan; **♀bank** *f* municipal bank; **♀beamte(r)** *m* municipal civil servant; **♀politik** *f* local politics *pl.*; **♀steuer** *f* → **Kommunalabgaben**; **♀verwaltung** *f* local government; **♀wahlen** *pl.* local elections.

Kommunarde *m* **1.** *hist.* Communard; **2.** *~ sein* live in a commune.
Kommune *f* (*Gemeinde*) community; (*Wohngemeinschaft*) commune.
Kommunikant *m R. C.* communicant.
Kommunikation *f* communication.
kommunikations|fähig *adj.* able to communicate; **2fähigkeit** *f* ability to communicate; **2fluß** *m* flow of communication, intercommunication; ***gestörter*** ~ communications breakdown; **2forschung** *f* communications research; **2lücke** *f* communications gap; **2mittel** *n* means (*sg.*) of communication; (*Radio, TV etc.*) media; **2satellit** *m* communications satellite; **2schwierigkeiten** *pl.*: ***es gab*** ~ we *etc.* had difficulty communicating, *oft* we *etc.* had difficulty getting across; **2wissenschaft** *f* communication(s) science; **2zentrum** *n* meeting place; *städtisches etc.*: community cent|re (*Am.* -er).
kommunikativ *adj.* communicative.
Kommunion *f R. C.* (Holy) Communion.
Kommuniqué *n* communiqué.
Kommunismus *m* communism; **Kommunist(in** *f*) *m* communist; (*Parteimitglied*) Communist; **kommunistisch** *adj.* communist.
kommunizieren *v/i.* communicate; **kommunizierend** *adj.*: ***~e Röhren*** communicating tubes.
Komödiant(in *f*) *m* **1.** actor (*f* actress); ***er ist ein echter Komödiant*** he's a full-blooded actor; **2.** *fig. contp.* play-actor; (*Heuchler*) hypocrite; **komödiantisch** *adj.* acting ...
Komödie *f* comedy; *fig.* farce; (*Verstellung*) play-acting; **komödienhaft** *adj.* theatrical, histrionic; **Komödienschreiber** *m* comedy writer, comic playwright.
Kompagnon *m* partner.
kompakt *adj.* compact.
Kompaktanlage *f* music cent|re (*Am.* -er).
Kompaktheit *f* compactness.
Kompakt|kamera *f* compact camera; **~ski** *m* compact ski; **~wagen** *m* compact car.
Kompanie *f* ⚔ company; **~chef** *m*, **~führer** *m* company commander.
komparabel *adj.* comparable.
Komparatist *m* comparatist; **Komparatistik** *f* comparative literature (*od.* studies *pl.*).
Komparativ *m*, **2** *adj. ling.* comparative.
Komparse *m* bit player, *Film*: *a.* extra.
Kompaß *m* compass; **~nadel** *f* compass needle.
kompatibel *adj.* compatible; **Kompatibilität** *f* compatibility.
Kompendium *n* compendium.
Kompensation *f a.* ⚡, ✱, *psych.* compensation; **Kompensationsgeschäft** *n* barter transaction.
Kompensator *m* ⚡ compensator, potentiometer.
kompensatorisch *adj.* compensatory.
kompensieren *v/t.* compensate for (*a. psych.*); ⚡, ⚕ compensate.
kompetent *adj.* competent; (*zuständig*) responsible; (*befähigt*) qualified.
Kompetenz *f* competence; (*Zuständigkeit*) responsibility; ***in die*** ~ *gen.* ***fallen*** be the responsibility of; ***s-e ~en überschreiten*** exceed one's authority; **~bereich** *m* area (*od.* sphere) of authority; **~konflikt** *m*, **~streit** *m* conflict of powers; *Gewerkschaft*: demarcation dispute; ⚖ jurisdictional dispute.
Kompilation *f* compilation; **Kompilator** *m* compiler; **kompilieren** *v/t.* compile.
komplementär I. *adj.* complementary; **II. 2** *m* ✝ general partner; **2farbe** *f* complementary colo(u)r.
komplementieren *v/t.* complement.
Komplet¹ *n* matching dress and coat (*od.* jacket).
Komplet² *f eccl.* (*Gebetsstunde*) compline.
komplett *adj.* complete; F *contp. a.* utter *nonsense etc.*; **komplettieren** *v/t.* complete.
Komplex I. *m* complex (*a. psych.*, ⚕, ⚗ *etc.*); ***voller ~e*** complex-ridden, full of complexes; **II. 2** *adj.* complex; **komplexbeladen** *adj. psych.* full of complexes; **Komplexität** *f* complexity.
Komplikation *f* complication; **komplikationslos I.** *adj.* straightforward, uncomplicated; **II.** *adv. ablaufen etc.*: without a hitch.
Kompliment *n* compliment; (***mein***) ~! congratulations!; ***j-m ~e machen*** pay s.o. compliments; **komplimentieren** *v/t. in ein Zimmer etc.*: escort; *euphem.* ***j-n zur Tür*** ~ usher s.o. out.
Komplize *m* accomplice.
komplizieren *v/t.* complicate; ***das kompliziert die Sache*** that complicates matters; **kompliziert** *adj.* complicated; complex *character etc.*; (*verwickelt*) *a.* intricate; ✱ ***~er Bruch*** compound fracture; **Kompliziertheit** *f* complexity.
Komplott *n* plot, conspiracy; ***ein ~ schmieden*** plot, conspire (***gegen*** against), hatch a plot.
Komponente *f* component; *fig. a.* element.
komponieren *v/t. u. v/i.* compose (*a. Farben etc.*), write *a song etc.*; **Komponist** *m* composer; **Komposition** *f* composition (*a. e-s Gemäldes etc.*); *typ.* page make-up, layout; **Kompositionslehre** *f* (theory of) composition; **kompositorisch** *adj.* compositional; ***sein ~es Werk*** his musical works.
Kompositum *n ling.* compound.
Kompost *m* compost; **~haufen** *m* compost heap.
kompostierbar *adj.* bio-degradable.
kompostieren *v/t.* compost; (*Erde, Beet*) put compost on, add compost to; **Kompostierung** *f* composting.
Kompott *n* stewed fruit; **~schale** *f*, **~schüssel** *f* dessert bowl.
Kompresse *f* compress.
Kompression *f* ⚙ compression; **Kompressionsverband** *m* pressure bandage.
Kompressor *m* ⚙ compressor; *mot.* supercharger.
komprimieren *v/t.* compress; (*Gase etc.*, *a. fig. Buch etc.*) condense; **komprimiert I.** *adj.* condensed; *Stil*: concise; **II.** *adv.*: ***et. ~ ausdrücken*** put s.th. concisely.
Kompromiß *m* compromise; *bei Verhandlungen*: *a.* tradeoff; ***e-n ~ schließen*** (make a) compromise (***über*** on); **2bereit** *adj.* willing to compromise; **~formel** *f* compromise (solution).
Kompromißler *m* compromiser; **kompromißlerisch** *adj.* too ready to make concessions; ***~e Haltung*** *bsd. pol.* softly-softly approach.
kompromißlos *adj.* uncompromising; *pol. a.* hard-line ...; (*unerbittlich*) relentless.
Kompromiß|lösung *f* compromise solution; **~vorschlag** *m* compromise proposal.
kompromittieren *v/t.* compromise (***sich*** o.s.).
Komteß *f*, **Komtesse** *f* countess.
Komtur *m* commander (of an order).
Kondensat *n* condensate.
Kondensation *f* condensation.
Kondensator *m* ⚡ capacitor, *bsd.* ⚙, ⚗ condenser; **~mikrophon** *n* condenser microphone.
kondensieren *v/t.* condense; **Kondensierung** *f* condensation.
Kondens|milch *f* evaporated (*od.* condensed) milk; **~streifen** *m* ✈ condensation (*od.* vapo[u]r) trail; **~wasser** *n* condensation.
Kondition *f* condition; ***e-e gute*** (***keine***) ~ ***haben*** be very fit (have no stamina).
Konditional *m*, **2** *adj. ling.* conditional; **~satz** *m* conditional clause.
konditionell *adv.* stamina-wise; ~ ***am Ende*** on one's last legs; ~ ***ganz oben*** in top form.
konditionieren *v/t.* condition.
Konditions|mangel *m* → ***Konditionsschwäche***; **2schwach** *adj.*: ~ ***sein*** have no stamina, be very unfit; **~schwäche** *f* lack of stamina; ***an ~ leiden*** be very unfit; **2stark** *adj.* very fit; **~training** *n* fitness training.
Konditor *m* pastry cook; **Konditorei** *f* cake shop; (*Café*) café.
Kondolenz|besuch *m* visit of condolence; **~brief** *m* letter of condolence; **~buch** *n*: ***sich ins ~ eintragen*** sign the condolences book; **~schreiben** *n* letter of condolence.
kondolieren *v/i.*: ***j-m*** ~ express one's condolences to s.o. (***zu*** on).
Kondom *n* condom.
Kondominium *n* condominium.
Kondor *m* condor.
Konfekt *n* (*Pralinen*) chocolates *pl.*
Konfektion *f* (manufacture of) ready-to-wear clothing.
konfektionieren *v/t.* mass-produce; **konfektioniert** *adj.* mass-produced, *Kleidung*: off-the-peg.
Konfektions|anzug *m* ready-made (*od.* off-the-peg) suit; **~geschäft** *n* clothes shop; **~größe** *f* size; **~n** clothes sizes.
Konferenz *f* conference; **~dolmetscher** *m* conference interpreter; **~raum** *m*, **~saal** *m* conference room; **~schaltung** *f* conference circuit; **~sendung** *f* hookup; **~teilnehmer(in** *f*) *m* conference member; **~tisch** *m* conference table; ***am ~*** *a. fig.* at the round table.
konferieren *v/i.* **1.** confer (***über*** on); **2.** (*a. v/t.*) *thea.* compère.
Konfession *f* religion, (religious) denomination; ***welcher ~ gehören Sie an?*** what (religious) denomination (*od.* religion) are you?; **konfessionell** *adj.* denominational; **konfessionslos** *adj.* non-denominational; **Konfessionsschule** *f* denominational school.
Konfetti *n* confetti; **~parade** *f* ticker-tape parade.
Konfiguration *f* configuration.
Konfirmand *m*, **Konfirmandin** *f* confirmand; **Konfirmandenunterricht** *m* confirmation classes *pl.*
Konfirmation *f eccl.* confirmation.
konfirmieren *v/t.* confirm.
konfiszieren *v/t.* confiscate, seize; **Konfiszierung** *f* confiscation.

Konfitüre *f* jam.
Konflikt *m*: (***bewaffneter, innerer*** ~ armed, inner) conflict; ***in ~ geraten*** come into conflict (***mit*** with), ***mit:*** *a.* clash with; → ***Gesetz***; **~bewältigung** *f* conflict management; **~forschung** *f* conflict studies *pl.*; **2frei** *adj.* peaceful; **2freudig** *adj.* belligerent; **~herd** *m* cent|re (*Am.* -er) of conflict; trouble spot; **~potential** *n* potential for conflict(s *pl.*); **2reich** *adj.* conflict-ridden; **2scheu** *adj.*: ***er ist*** ~ he hates any sort of confrontation; **~situation** *f* conflict situation; **~stoff** *m* seeds *pl.* of conflict; **2trächtig** *adj. Situation*: (potentially) explosive; ***die Situation ist*** ~ *a.* the least thing could spark off a conflict.
Konföderation *f* confederation, confederacy; **konföderieren** *v/i. u. v/refl.* (***sich*** ~) form a confederation (***mit*** with); **Konföderierte(r)** *m* confederate.
konform *adj.* conforming (***mit*** *od. dat.* to), in conformity (with); ***~ gehen*** be in agreement, concur (***mit*** with); ***unsere Meinungen sind da*** (***nicht***) ~ we see it the same way (we don't see eye to eye on it); **Konformismus** *m* conformism; **Konformist** *m*, **konformistisch** *adj.* conformist.
Konfrontation *f* confrontation; face-off; **Konfrontationskurs** *m* collision course; ***sich auf e-m ~ befinden*** be on a collision course; **konfrontieren** *v/t.* confront (***mit*** with).
konfus *adj.* confused, *Gedanken etc.*: *a.* muddled; ***~es Zeug reden*** rave; **Konfusion** *f* confusion, muddle.
kongenial *adj. Partner*: ideal; *Übersetzung, Interpretation etc.*: very sensitive; *zwei Sachen, Personen*: perfectly matched; ***~er Geist*** kindred spirit, (spiritual) soulmate.
Konglomerat *n* ⚚, *geol.* conglomerate; *fig.* conglomeration.
Kongreß *m* congress; (*Fach2*) conference; *Am.* (*a. Partei2 etc.*) convention; *Am. pol.* ***der*** ~ Congress; **~halle** *f* convention hall; **~teilnehmer(in** *f*) *m* conference member.
kongruent *adj.* A congruent, perfectly equal; **Kongruenz** *f* congruence, congruency.
K.-o.-Niederlage *f* knockout.
Konifere *f* conifer.
König *m* king; *eccl.* ***die Heiligen Drei ~e*** the Three Wise Men (from the East), the Magi; ***zum ~ machen*** make *s.o.* king; *bibl.* ***das 1.*** (***2.***) ***Buch der ~e*** the 1st (2nd) Book of Kings, Kings I (II).
Königin *f* queen; **~mutter** *f* queen mother; **~pastete** *f gastr.* chicken vol-au-vent.
königlich I. *adj.* royal; *Haltung etc.*: regal; *Geschenk etc.*: princely; *Mahl*: sumptuous; **II.** *adv.*: ***j-n ~ bewirten*** entertain s.o. lavishly; ***sich ~ amüsieren*** have a marvel(l)ous time.
Königreich *n* kingdom (*a. eccl.*), *lit.* realm.
Königs|adler *m* golden eagle; **~bauer** *m Schach*: king's pawn; **2blau** *adj.* royal blue; **~haus** *n* royal dynasty; **~hof** *m* royal court; **~kerze** *f* ⚘ mullein; **~krone** *f* royal crown; **~macher** *m* kingmaker; **~paar** *n* royal couple; **~schloß** *n* royal castle; **~tiger** *m zo.* Bengal tiger; **2treu** *adj.* loyal (to the king), loyalist, royalist; **~wasser** *n* ⚗ aqua regia, nitrohydrochloric acid.
Königtum *n* monarchy.
konisch *adj.* conical; *Werkzeug etc.*: tapering, tapered.
Konjugation *f* conjugation; **konjugieren** *v/t.* conjugate (*a.* A, ⚙, ⚡).
Konjunktion *f ling.* conjunction; **Konjunktionalsatz** *m* conjunctive clause.
Konjunktiv *m ling.* subjunctive.
Konjunktur *f* ⚚ (*Wirtschaftslage*) economic situation; (*Wirtschaftstätigkeit*) business activity; (*~kreislauf*) trade cycle; (*Hoch2*) boom; *fig.* ***~ haben*** *Ware, Handwerker etc.*: be in great demand, *Kleidung etc.*: be in fashion, F be in; ***dieses Modell hat im Moment*** ~ *a.* everyone's buying this model right now; **2abhängig** *adj.* cyclical; **~abschwächung** *f* downward trend, downturn, downswing; **~aufschwung** *m* upward trend, upturn, upswing, (business) revival; **~aussichten** *pl.* economic outlook *sg.*; **~barometer** *n* business barometer; **2bedingt** *adj.* cyclical; **~belebung** *f* business revival; **~bewegung** *f* cyclical movement; **~daten** *pl.* economic data.
konjunkturell *adj.* cyclical; economic, business *trend etc.*
Konjunktur|entwicklung *f* economic trend; **~flaute** *f* economic slowdown; **~forschung** *f* business research; **~krise** *f* economic depression; **~lage** *f* economic situation; **~phase** *f* trade cycle; **~politik** *f* trade cycle policy; **2politisch** *adj.* economic(ally *adv.*); **~prognose** *f* economic (*od.* business) forecast; **~programm** *n* program(me) of economic measures, stimulus program(me); **~ritter** *m* opportunist; **~rückgang** *m* → ***Konjunkturabschwächung***; **~rückschlag** *m* (economic) slump; **~schwankungen** *pl.* cyclical (*od.* business) fluctuations; **~spritze** F *f* F shot in the arm; **~verlauf** *m* business cycle; economic trend; **~zyklus** *m* business (*od.* trade) cycle.
konkav *adj.* concave; *Tastatur*: sculptured; **2linse** *f* concave lens.
Konklave *n R.C.* conclave.
Konkordanz *f* concordance.
konkret I. *adj.* concrete; (*greifbar*) *a.* tangible; (*genau*) specific; (*bestimmt*) actual; ***~e Poesie*** concrete poetry; **II.** *adv.*: ***was willst du ~ damit sagen?*** what do you actually mean by that?; **konkretisieren I.** *v/t.* put in concrete terms; **II.** *v/refl.*: ***sich ~*** take shape, materialize; *Idee*: gel.
Konkubinat *n* concubinage; **Konkubine** *f* concubine.
Konkurrent *m* competitor, rival; *pl. a.* competition *sg.*
Konkurrenz *f* **1.** (*Wettbewerb*) competition, *stärker*: rivalry; ***j-m ~ machen*** compete with s.o.; ***außer ~ stehen*** be unrival(l)ed; **2.** (*Konkurrent, mst coll. die Konkurrenten*) competitor(s *pl.*), rival(s *pl.*), *coll.* competition; **3.** *Sport*: (*Wettkampf*) event, competition, contest; ***außer*** ~ as a non-official competitor; **4.** ⚖ concurrence; **~angebot** *n* rival offer; **~blatt** *n* rival newspaper; **~denken** *n* competitive mentality; **~druck** *m* competitive pressure; **~erzeugnis** *n* rival product; **2fähig** *adj.* competitive, able to compete; **~fähigkeit** *f* competitiveness; **~firma** *f*, **~geschäft** *n* rival firm; **~kampf** *m* competition; *stärker*: rivalry; **~klausel** *f* restraint clause.
konkurrenzlos *adj.* unrival(l)ed, unbeatable; *Preise*: unmatched.
Konkurrenz|neid *m* professional jealousy; **~produkt** *n* rival product; **~verbot** *n* (agreement on) restraint of trade; **~waren** *pl.* competing goods.
konkurrieren *v/i.* compete (***mit*** with; ***um*** for); **konkurrierend** *adj.* competing, rival ...
Konkurs *m* ⚚ bankruptcy; ***~ anmelden*** file for bankruptcy; ***in ~ gehen*** (*od.* ***geraten***), ***~ machen*** go bankrupt; **~antrag** *m* petition in bankruptcy; **~delikt** *n* bankruptcy offen|ce (*Am.* -se); **~erklärung** *f* declaration of insolvency; **~gericht** *n* bankruptcy court; **~gläubiger** *m* bankrupt's creditor; **~masse** *f* bankrupt's estate, assets *pl.*; **~verfahren** *n*: ***das ~ eröffnen*** open bankruptcy proceedings; **~verwalter** *m* receiver, liquidator; *von Gläubigern eingesetzter*: trustee (in bankruptcy).
können I. *v/t., v/i., v/aux.* **1.** (*vermögen*) be able to *inf.*, (*fähig sein zu*) be capable of *ger.*; be in a position to *inf.*; ***ich kann es*** (***nicht***) I can('t) do it; ***er hätte es tun*** ~ he could have done it; ***sie kann mit ihm machen, was sie will*** she's got him twisted round her little finger; ***du kannst machen, was du willst*** (*es nützt nichts*) it's like banging your head on a brick wall; ***ich kann nicht mehr*** (*bin erschöpft*) F I've had it, (*bin satt*) I couldn't eat another thing, *psychisch*: I can't take any more; F ***wir konnten nicht mehr*** *vor Lachen*: F we were rolling about; ***ich kann das nicht mehr hören*** I can't take it any more; ***er tut, was er kann*** he does his best; ***man kann nie wissen*** you never know; ***das war ein Reinfall, kann ich dir sagen*** what a disaster; **2.** (*dürfen*) be allowed to *inf.*; ***er kann gehen*** he can go; ***Sie ~ es mir glauben*** take my word for it; F ***kannst du machen!*** go ahead; I don't mind; **3.** (*Möglichkeit, Wahrscheinlichkeit*) ***das kann*** (***schon***) ***sein*** it's possible, (*es kann stimmen*) that may be true; ***das kann nicht sein*** (that's) impossible; ***wer kann es gewesen sein?*** who could it have been?; ***ich kann mich auch täuschen*** I may be wrong, of course; ***du könntest recht haben*** you may (well) be right; ***es kann*** (***könnte***) ***etwas länger dauern*** it could (*od.* might) take a while; **4.** ***er kann schwimmen*** he can (*od.* knows how to) swim; ***er kann es*** (***gut***) he can do it (well); ***er kann Spanisch*** he knows (*od.* speaks) Spanish; ***sie kann gut Englisch*** she speaks good English; ***er kann gar nichts*** he's useless; ***man kann alles, wenn man will*** you can do anything if you put your mind to it; F ***er kann's mit ihm*** he gets on all right (*Am.* alright) with him; F ***du kannst mich mal*** F you know what you can do; **5.** ***ich kann nichts dafür*** I can't help it; ***er kann nichts dafür, daß er ...*** he can't help *ger.*; **II.** 2 *n* ability, skill(s *pl.*); ***sportliches*** ~ athletic prowess.
Könner *m* expert, F ace.
Konnex *m* connection; *mit Personen*: contact.
Konnossement *n* ⚚ bill of lading.
Konnotation *f* connotation.
Konrektor *m* deputy headmaster; **Konrektorin** *f* deputy headmistress.
konsekutiv *adj.* consecutive; **2dolmet-**

scher *m* consecutive interpreter; **⁓satz** *m* consecutive clause.
Konsens *m* consensus; (*Einwilligung*) consent; **⁓bildung** *f* reaching a consensus.
konsequent *adj.* (*folgerichtig*) logical; (*beständig*) consistent; (*kompromißlos*) uncompromising; (*beharrlich*) firm, persistent; (*entschlossen*) resolute; (*gründlich*) thorough; ⁓ ***bleiben*** remain firm, F stick to one's guns; **konsequenterweise** *adv.* logically; to be consistent.
Konsequenz *f* (*Zielstrebigkeit*) persistence; (*Entschlossenheit*) determination; (*Folge*, *Ergebnis*) consequence; ***mit eiserner*** ⁓ doggedly; ***bis zur äußersten*** ⁓ a) to the bitter end, b) regardless of the consequences; ***die ⁓en tragen*** bear the consequences; ***die ⁓en ziehen*** take the necessary steps; ***er zog die ⁓ und trat zurück*** he had no alternative but to resign; ***die (logische) ⁓ aus et. ziehen*** draw the logical conclusion from s.th.
Konservatismus *m* conservatism; **konservativ** *adj. a. weitS.* conservative; *Partei(mitglied) etc.*: Conservative, *in GB*: *a.* Tory; **Konservative(r** *m*) *f* conservative; (*Parteimitglied*) Conservative, *in GB*: *a.* Tory.
Konservator *m* curator.
Konservatorium *n* ♪ music academy, conservatory; *bsd. auf dem europäischen Festland*: *a.* conservatoire.
Konserve *f* **1.** tin, can; *pl.* tinned (*od.* canned) foods; **2.** (*Blut⁓*) unit of (stored) blood; **3.** F ***Musik aus der*** ⁓ F canned music.
Konserven|büchse *f*, **⁓dose** *f* tin, can; **⁓fabrik** *f* canning factory, *bsd. Am.* cannery.
konservieren I. *v/t.* preserve (*a. Blut*, *Leiche*, *Gebäude etc.*), conserve; *in Büchsen*: tin, can; (*Traditionen etc.*) preserve, uphold; **II.** *v/refl.*: ***sich*** ⁓ preserve (itself), F *fig. Person*: F preserve o.s.; F *fig.* ***du hast dich gut konserviert*** *a.* you've kept yourself in good shape.
Konservierung *f* preservation; conservation.
Konservierungs|maßnahmen *pl.* conservation measures; **⁓mittel** *n* preservative; **⁓stoff** *m* preservative.
Konsignant *m* ☤ consigner.
Konsignationsware *f* consigned goods *pl.*
Konsilium *n* consultation.
Konsistenz *f* consistency.
Konsole *f* △, ⚙ console, bracket, support.
konsolidieren I. *v/t.* consolidate; **II.** *v/refl.*: ***sich*** ⁓ be consolidated, consolidate; **Konsolidierung** *f* consolidation.
Konsonant *m ling.* consonant.
Konsonanz *f* ♪ consonance, concord.
Konsorte *m* **1.** F *contp.* ***Lehmann u. ⁓n*** F Lehmann and co., Lehmann and his lot; ***gib dich ja nicht mit solchen ⁓n ab*** I should keep away from that crowd; **2.** ☤ consortium (*od.* syndicate) member.
Konsortial|bank *f* consortium bank; **⁓geschäft** *n* syndicate transaction.
Konsortium *n* syndicate, group.
Konspiration *f* conspiracy; **konspirativ** *adj.* conspiratorial; ***⁓e Wohnung*** safe flat (*od.* house), terrorist hideout.
konstant I. *adj.* steady; *Kosten*, *Einkommen*: fixed; *phys.* constant; *Leistung*: steady, *Sport*: *a.* consistent; ***⁓e Größe*** constant; ⁓ ***halten*** maintain; **II.** *adv.* consistently; **Konstante** *f* Ѧ, *phys.* constant; *fig.* constant factor.
konstatieren *v/t.* (*wahrnehmen*) note; (*erklären*) state; (*ermitteln*) ascertain.
Konstellation *f ast.*, ⚡ *u. fig.* constellation.
konsterniert *adj.* completely taken aback, flabbergasted.
Konstipation *f* constipation.
Konstituente *f ling.* constituent.
konstituieren I. *v/t.* constitute; (*gründen*) *a.* establish; **II.** *v/refl.*: ***sich*** ⁓ *parl.* assemble, convene; (*gegründet werden*) become established.
Konstitution *f pol.*, ⚡ constitution; **konstitutionell** *adj.* constitutional.
konstruieren *v/t.* (*bauen*) construct (*a.* Ѧ *u. Gedankensystem etc.*); *ling.* construe; (*herstellen*) create; (*erfinden*) fabricate; **konstruiert** *adj.* (*gezwungen*) contrived.
Konstrukt *n* working model; (*Erfindung*) creation.
Konstrukteur *m* designing engineer.
Konstruktion *f* construction (*a. ling.*); (*Entwurf*, *Bauart*) design.
Konstruktions|büro *n* drawing office; **⁓fehler** *m* constructional flaw; faulty design; **⁓merkmal** *n* constructional feature; **⁓technisch** *adj.* constructional; **⁓teil** *n* structural component, element; **⁓zeichner** *m* draughtsman, *Am.* draftsman; designer.
konstruktiv *adj.* **1.** constructive; **2.** ⚙ constructional, design ...
Konsul *m* consul.
Konsular... *in Zssgn*, **konsularisch** *adj.* consular.
Konsulat(sgebäude) *n* consulate; **Konsulatsgebühren** *pl.* consular fees.
Konsultation *f* consultation.
konsultativ *adj.* consultative; **⁓pakt** *m pol.* consultative pact.
konsultieren *v/t.* consult; (*Arzt*) *a.* see.
Konsum *m* consumption (*a. fig.*); *von Alkohol*: *a.* intake; **⁓artikel** *m* consumer article (*pl.* goods); **⁓denken** *n* consumer mentality; consumerism.
Konsument *m* consumer; **Konsumentennachfrage** *f* consumer demand.
Konsum|forschung *f* consumer research; **⁓genossenschaft** *f* consumers' cooperative; **⁓gesellschaft** *f* consumer society; **⁓güter** *pl.* consumer goods; **⁓herrschaft** *f* consumerism.
konsumieren *v/t.* consume (*a. fig.*).
Konsum|klima *n* buyer demand; ***das ⁓ ist gut (schlecht)*** buyer demand is up (down); **⁓müll** *m* consumer waste; **⁓terror** *m* → ***Konsumzwang***; **⁓verhalten** *n* consumer behaviour; **⁓verweigerer** *m* anti-consumerist; **⁓zwang** *m* hard sell, aggressive marketing.
Kontakt *m* contact (*a.* ⚡); ***enger*** ⁓ close contact(s); ***mit j-m ⁓ aufnehmen*** get in touch with s.o.; ***mit j-m in ⁓ stehen*** be in contact (*od.* touch) with s.o.; *pol.* ***die ⁓e abbrechen*** break ties (***mit*** with); **⁓abzug** *m phot.* contact print; **⁓anzeige** *f* personal (ad); **⁓n** *Rubrik*: personal column; **⁓arm** *adj.*: ***er ist*** ⁓ a) he's not a mixer, b) he hasn't got many friends; **⁓aufnahme** *f*: ***bei der ersten*** ⁓ when I *etc.* first took up contact (*od.* got in touch with him *etc.*); **⁓bildschirm** *m Computer*: touch screen; **⁓büro** *n pol.* liaison mission.
Kontakter *m Werbung*: contact man.
Kontakt|fläche *f* contact area; **⁓freudig** *adj.* sociable, gregarious; **⁓gespräche** *pl.* initial talks; **⁓gift** *n* contact poison.
kontaktieren *v/t.* contact.
Kontakt|linse *f* contact lens; **⁓mangel** *m*: ***sie leidet unter*** ⁓ she hasn't got many friends; **⁓mann** *m* (*Agent etc.*) contact; **⁓person** *f bsd.* ⚡ contact; **⁓pflege** *f* human relations *pl.*; **⁓schalter** *m* contact switch; **⁓scheu** *adj.* shy; ***er ist*** ⁓ *a.* he shies away from social contact; **⁓schwierigkeiten** *pl.*: ⁓ ***haben*** be shy, be introverted, find it hard to make friends; **⁓sperre** *f* ⚖ incommunicado confinement; **⁓stelle** *f* contact point; **⁓studium** *n* refresher course.
Kontamination *f* contamination; **kontaminieren** *v/t.* contaminate.
Kontemplation *f* contemplation; *religiöse etc.*: meditation.
Konter F *m* → ***Konterschlag.***
Konteradmiral *m* rear admiral.
Konterfei *n* portrait; *auf Münzen*: effigy.
konterkarieren *v/t.* go against; (*durchkreuzen*) thwart.
kontern *v/t. u. v/i. Boxen u. fig.*: counter; *Fußball*: counterattack; *fig.* ***er versteht es immer wieder zu*** ⁓ he's never at a loss for a reply; ***gut gekontert!*** touché!
Konter|revolution *f* counter-revolution; **⁓schlag** *m* counterblow; *fig. a.* counterattack.
Kontext *m*: (***im*** ⁓ in) context; ***aus dem ⁓ gerissen*** (taken) out of context.
Kontinent *m* continent; ***der (europäische)*** ⁓ the Continent.
kontinental *adj* continental; **⁓europäisch** *adj.* Continental; **⁓klima** *n* continental climate; **⁓sockel** *m* continental shelf; **⁓verschiebung** *f* continental drift.
Kontingent *n bsd.* ⚔ contingent; ☤ *a.* quota; **kontingentieren** *v/t.* fix (*od.* impose) a quota on, subject to quota; (*Waren*) *a.* ration; **(*nicht*)*kontingentierte Einfuhren*** (non-)quota imports; **Kontingentierung** *f* quota fixing; output limitation.
kontinuierlich I. *adj.* continuous; (*beständig*) steady; **II.** *adv.* continuously; steadily; *arbeiten*: *a.* solidly, without interruption.
Kontinuität *f* continuity.
Kontinuum *n* continuum.
Konto *n* account; (*Bank⁓*) bank account; ***auf ⁓ von*** chargeable to the account of; ***die Getränke gehen auf mein*** ⁓ the drinks are on me; *fig.* ***das geht auf sein*** ⁓ that's his doing; **⁓auszug** *m* bank statement; **⁓eröffnung** *f* opening of an account; **⁓führungsgebühr** *f* service charge; **⁓inhaber** *m* account holder; **⁓korrent** *n* current account; **⁓nummer** *f* account number.
Kontor *n* (*Niederlassung*) branch (office); *fig.* ***das war ein Schlag ins*** ⁓ it came like a bombshell.
Kontorist *m* clerk.
Kontostand *m* balance (of account); ***wie ist der ⁓?*** how does the account stand?
kontra I. *prp.*, *adv.* against; *bsd.* ⚖ *u. fig.* versus (*abbr.* vs.); ***er ist immer*** ⁓ he always has to take the opposite line, he's a contrarian; **II.** ⁓ *n*: ⁓ ***geben*** *Kartenspiel*: double; *fig.* ***j-m ⁓ geben*** hit back at s.o.; → ***pro*** II; **⁓-Alt** *m* ♪ contralto; **⁓baß** *m* ♪ double bass.
Kontradiktion *f* contradiction.

Kontrahent *m* ⚖ contracting party; *Sport etc.*: opponent; **kontrahieren** *v/t. u. v/i.* contract.
Kontraindikation *f* ⚕ contraindication.
Kontrakt *m* contract, agreement; ***e-n ~ (ab)schließen*** make (*od.* conclude) a contract.
Kontraktion *f* contraction.
Kontrapunkt *m* ♪ counterpoint; **kontrapunktierend** *adj.*, **kontrapunktisch** *adj.* contrapuntal.
konträr *adj.* opposing, antithetical; *Charaktere*: (completely) opposite; *Ziele*: contrary.
Kontrast *m* contrast; ***e-n ~ bilden zu*** → ***kontrastieren***; **&arm** *adj. phot.* low-contrast ...; **~brei** *m* ⚕ barium meal; **~farbe** *f* contrasting colo(u)r; **~figur** *f* foil.
kontrastieren *v/i.*: ***~ mit*** contrast with, form a contrast to.
Kontrast|mittel *n* ⚕ contrast medium; **~regler** *m* contrast control; **&reich** *adj.* varied, colo(u)rful; *phot. etc.* high-contrast ..., contrasty.
Kontribution *f* contribution.
Kontrollabschnitt *m* counterfoil, stub.
Kontrollampe *f* (*getr.* ***ll-l***) pilot light; (*Warnlampe*) warning light.
Kontroll|ausschuß *m pol.* supervisory committee; **~beamte(r)** *m* inspector.
Kontrolle *f* (*Aufsicht*) supervision; (*Prüfung*) *a. von Gepäck etc.*: check(ing), ⚙ *u. von Lebensmitteln etc.*: inspection; (*Überwachung, a. Beherrschung*) control; (*Kontrollpunkt*) checkpoint; (*Paß&*) passport control; (*Zoll*) customs *sg.*; ***unter ärztlicher ~*** under medical supervision; ***unter ~ bringen (haben, halten)*** get (have, keep) under control; ***die Inflation*** *etc.* ***unter ~ halten*** *a.* F keep the lid on inflation *etc.*; ***die ~ verlieren über*** lose control of; ***er verlor die ~ über s-e Leute*** his men got out of hand; ***er verliert leicht die ~ über sich*** he's quick to lose his temper, he tends to flare up (very quickly).
Kontrolleuchte *f* (*getr.* ***-ll-l***) → ***Kontrollampe.***
Kontrolleur *m* inspector.
Kontroll|funktion *f* controlling function; **~gang** *m* round; *Polizei*: beat; **~gerät** *n* monitor; **~gruppe** *f bsd.* ⚕ control group.
kontrollierbar *adj.* checkable; controllable; ***schwer ~*** difficult to check (*od.* to keep a check on).
kontrollieren *v/t.* **1.** (*beaufsichtigen*) supervise; *punktuell*: check, (*j-n*) *a.* check up on; ***hör auf, mich dauernd zu ~!*** I wish you'd stop checking up on me all the time!; **2.** (*nachprüfen, a. Gepäck etc.*) check, ⚙ (*a. Lebensmittel etc.*) inspect; **3.** (*beherrschen, regeln, steuern*) control.
Kontrolliste *f* (*getr.* ***ll-l***) checklist.
Kontroll|karte *f* time card; **~maßnahmen** *pl.* control(ling) measures; **~nummer** *f* code number; **~organ** *n pol.* controlling body; **~punkt** *m* checkpoint; **~schirm** *m* monitor; **~stelle** *f* checkpoint; **~stempel** *m* inspection stamp; **~turm** *m* control tower; **~uhr** *f* time clock; **~versuch** *m* control test; **~zettel** *m* check slip.
kontrovers *adj.* controversial; ***~e Frage*** *a.* contentious issue.
Kontroverse *f* controversy, dispute.
Kontur *f* **1.** ***~en*** contours, outline; **2.** *fig.* ***an ~ gewinnen*** (begin to) take shape, *als Politiker etc.*: (begin to) make a name for o.s., begin to make one's mark.
konturenlos *adj.* shapeless, flat.
Konturen|schärfe *f phot.* definition; **~stift** *m* liner.
Konus *m* cone; ⚙ *a.* taper.
Konvaleszent *m* convalescent; **Konvaleszenz** *f* convalescence.
Konvektor *m* convector, convection heater.
Konvent *m* **1.** convention; **2.** (*Kloster*) monastery; (*Frauenkloster*) convent.
Konvention *f* convention; *gesellschaftliche*: *a. pl.* (social) convention.
Konventionalstrafe *f* contract penalty.
konventionell *adj.* conventional.
konvergent *adj.* convergent; **Konvergenz** *f* convergence; **konvergieren** *v/i.* converge.
Konversation *f* conversation.
Konversations|lexikon *n* encyclop(a)edia; **~stück** *n thea.* comedy of manners.
Konverter *m* converter.
konvertibel *adj.*, **konvertierbar** *adj.* convertible.
konvertieren I. *v/t.* convert (***zu*** to); **II.** *v/i.* convert; ***zum Protestantismus*** *etc.* ~ convert to Protestantism *etc.*, become a Protestant *etc.*, turn Protestant *etc.*; **Konvertit** *m* convert.
konvex *adj.* convex; **&linse** *f* convex lens.
Konvoi *m* convoy.
Konvulsion *f* convulsion; **konvulsiv** *adj.* convulsive.
konzedieren *v/t.* concede (***j-m*** to s.o.).
Konzentrat *n* concentrate; *fig.* résumé.
Konzentration *f* concentration.
Konzentrations|fähigkeit *f* powers *pl.* of concentration; **~lager** *n* concentration camp; **~mangel** *m* : ***unter ~ leiden*** have difficulty concentrating; **~schwäche** *f* lack of concentration.
konzentrieren *v/t. u. v/refl.* (***sich ~***) concentrate (***auf*** upon); (*Aufmerksamkeit*) *a.* focus (on); **konzentriert** *adj.* concentrated; **Konzentriertheit** *f* concentration.
konzentrisch *adj.* concentric(ally *adv.*).
Konzept *n* (rough) draft, *für e-e Rede*: *a.* notes *pl.*; (*Plan*) plan(s *pl.*); ***aus dem ~ kommen*** lose the thread; ***j-n aus dem ~ bringen*** put s.o. off; ***das paßt ihm nicht ins ~*** it doesn't fit in with his plans, (*gefällt ihm nicht*) he doesn't like it.
Konzeption *f* concept; (*Entwurf*) plan; ⚕ conception; **konzeptionell** *adj.* conceptual; **konzeptionslos** *adj.*: ***~ sein*** have no concept.
Konzeptpapier *n* notepaper.
Konzern *m* ✝ group; **~multi** *m* multinational group.
Konzert *n* concert; (*Solovortrag*) recital; (*Musikstück*) concerto; ***ins ~ gehen*** go to a concert; **~agentur** *f* concert agency.
konzertant *adj.*: ***~e Aufführung*** concert performance.
Konzert|besucher *m* concertgoer; ***die ~ waren begeistert*** the audience was delighted; **~flügel** *m* classical grand; **~gitarre** *f* classical guitar; **~halle** *f* concert hall, auditorium.
konzertieren *v/i.* give a concert (*od.* concerts).
konzertiert *adj.*: ***~e Aktion*** concerted action.
Konzert|meister *m* leader (of the *od.* an orchestra), *bsd. Am.* concertmaster; **~pianist(in** *f*) *m* concert pianist; **~programm** *n* **1.** (*a. Heft*) (concert) program(me); **2.** *e-r Saison*: program(me) of concerts; **~publikum** *n* concert audience; **~reihe** *f* series of concerts; **~reise** *f* concert tour; **~saal** *m* concert hall; **~saison** *f* concert season; **~sänger(in** *f*) *m* concert singer; **~tournee** *f* concert tour; ***auf ~*** on (a concert) tour; **~veranstalter** *m* (concert) promoter; **~veranstaltung** *f* concert.
Konzession *f* **1.** (*Gewerbeerlaubnis*) licence, *Am.* license, franchise; ⚒ (*a. Öl& etc.*) concession; **2.** (*Zugeständnis*) concession (***an*** to); ***~en machen*** make concessions (*dat. od.* ***an*** to); **konzessionieren** *v/t.* grant a licen|ce (*Am.* -se) to.
konzessions|bereit *adj.* willing to make concessions, conciliatory; **&inhaber** *m* concessionaire.
konzessiv *adj.* concessive; **&satz** *m* concessive clause.
Konzil *n eccl.* council.
konziliant *adj.* conciliatory.
konzipieren *v/t.* plan; ⚙ design; (*Schriftliches*) prepare a draft for; ***konzipiert für*** designed for.
Kooperation *f* cooperation; **Kooperationsvertrag** *m* cooperative agreement; **kooperativ** *adj.* cooperative; **Kooperative** *f* cooperative; **kooperieren** *v/i.* cooperate.
kooptieren *v/t.* coopt.
Koordinate *f* coordinate; **Koordinatensystem** *n* system of coordinates.
Koordination *f* coordination; **Koordinator** *m* coordinator; **koordinieren** *v/t.* coordinate; **Koordinierung** *f* coordination.
Köper *m* twill; **~bindung** *f* twill weave.
Kopeke *f* kopeck.
Kopf *m* **1.** head (*a. von Sachen u.* ⚙); (*Brief&*) letterhead; *e-r Seite etc.*: top; *e-r Pfeife*: bowl; ***~ an ~*** closely packed, *beim Rennen etc.*: neck and neck; ***es steht auf dem ~*** it's upside down; ***von ~ bis Fuß*** from head to foot, from top to toe; **2.** (*Sinn, Verstand, Urteil*) head, mind; (*Willen*) head; (*Gedächtnis*) memory; ***aus dem ~*** *hersagen*: from memory, by heart; ***im ~ ausrechnen*** work out in one's head; **3.** *fig.* (*Geist, Denker*) (great) thinker; (*Führer*) head, leader; (*treibende Kraft*) mastermind, driving force; ***der ~ von et. sein*** mastermind s.th.; **4.** (*einzelne Person*) person, head; (*Stück*) piece; ***pro ~*** a head, per person, each; **5.** *Wendungen*: ***s-n eigenen ~ haben*** have a mind of one's own; ***s-n ~ retten*** save one's skin; ***mir steht der ~ nicht danach*** I don't really feel like it; ***den ~ hängen lassen*** hang one's head; ***den ~ in den Sand stecken*** hide one's head in the sand; ***den ~ oben behalten*** F keep one's pecker up; ***~ hoch!*** F chin up!; ***den ~ (nicht) verlieren*** lose one's head (keep one's cool); ***e-n roten ~ bekommen*** go red, blush; ***er ist nicht auf den ~ gefallen*** he's no fool; ***ich weiß nicht, wo mir der ~ steht*** I don't know whether I'm coming or going; ***j-m den ~ verdrehen*** turn s.o.'s head; ***~ und Kragen riskieren*** risk one's neck; ***j-m den ~ zurechtrücken*** straighten s.o. out; F *Geld* ***auf den ~ hauen*** F blow; ***auf den ~ stellen*** turn *s.th.* upside down; F ***die Bude auf den ~ stellen*** a) turn the place upside down, b) (*ausgelassen feiern*) F have a wild fling; ***Tatsachen auf den ~***

stellen twist things (*od.* the facts); ***ich habe andere Dinge im*** ~ I've got other things on my mind (*od.* to think about); ***den*** ~ ***voll haben*** have a lot (*od.* too much) on one's mind; ***er hat nur Fußball im*** ~ all he ever thinks about is football; ***das kannst du dir aus dem*** ~ ***schlagen*** you can forget (about) that; ***das will mir nicht aus dem*** ~ I can't get it out of my mind; ***sich et. durch den*** ~ ***gehen lassen*** think s.th. over; ***er hat es sich in den*** ~ ***gesetzt, es zu tun*** he's determined to do it, F he's dead set on doing it; ***j-m in den*** ~ (*od.* ***zu*** ~) ***steigen*** go to s.o.'s head; ***immer mit dem*** ~ ***durch die Wand wollen*** be pigheaded; ***bis über den*** ~ ***in Schulden stecken*** be up to one's neck (F eyeballs) in debt; ***j-m über den*** ~ ***wachsen*** outgrow s.o., *Arbeit etc.*: get too much for s.o.; ***über s-n*** ~ ***hinweg*** over his head; ***j-n vor den*** ~ ***stoßen*** F put s.o.'s nose out of joint; ***j-m Beleidigungen an den*** ~ ***werfen*** hurl insults at s.o.; ***wie vor den*** ~ ***geschlagen*** speechless; ***Köpfe werden rollen*** heads will roll; ***er ist nicht ganz richtig im*** ~ F he's got a screw loose somewhere; ***da faßt man sich doch an den*** ~ it really makes you wonder; ***und wenn du dich auf den*** ~ ***stellst*** you can do what you like, *a.* you can talk until you're blue in the face.

Kopf-an-Kopf-Rennen *n* neck-and-neck (*od.* close) race.

Kopf|arbeit *f* brainwork; **~arbeiter** *m* brainworker; **~bahnhof** *m* terminus; **~ball** *m Sport*: header; **~bedeckung** *f* headgear; ***mit*** ~ with something on one's head; ***ohne*** ~ bareheaded.

Köpfchen F *n*: ~, ~! F it's brains you need.

köpfen I. *v/t.* **1.** behead, cut (*od.* chop) off *s.o.'s* head; (*Bäume*) top; **2.** (*Fußball*) head; II. *v/i. Fußball*: head.

Kopf|ende *n* head; 🚗 front; **~form** *f*: ***runde etc.*** ~ round(-shaped) *etc.* head; **~freiheit** *f mot.* head room; **~geld** *n* (*Belohnung*) reward; *weitS.* blood money; **~grippe** *f* head cold; **~haar** *n* hair (on one's head); **~hängerisch** *adj.* down (in the dumps); **~haut** *f* scalp; **~hörer** *m*: (***ein*** ~ a pair of) headphones *pl.*; **~jäger** *m* headhunter (*a. fig.*); **~jucken** *n an* itchy scalp.

Kopfkissen *n* pillow; **~bezug** *m* pillowcase, pillowslip.

Kopf|lage *f bei Geburt*: head presentation; **~länge** *f*: ***um e-e*** ~ by a head; **~lastig** *adj.* top-heavy; ✈ nose-heavy; **~laus** *f* head louse; **~leiste** *f typ.* headpiece.

Köpfler *östr. m* **1.** *Sport*: header; **2.** dive (head first).

kopflos *adj.* headless; *fig.* (*erschreckt*) panic-stricken; ***~e Flucht*** stampede; **Kopflosigkeit** *fig. f* panic; (*Übereiltheit*) rashness.

Kopf|massage *f* scalp massage; **~mensch** *m* cerebral person; **~nicken** *n* nod(ding); **~nuß** F *f* **1.** F biff on the head; **2.** (*Denkaufgabe*) brainteaser; **~rechnen** *n* mental arithmetic; **~salat** *m* lettuce; **~scheu** *adj.* timid; ***j-n*** ~ ***machen*** intimidate s.o.

Kopfschmerzen *pl.* headache *sg.*; ~ ***haben*** have a headache; F fig. ***j-m*** ~ ***bereiten*** give s.o. a headache; ***was mir am meisten*** ~ ***bereitet*** my biggest headache; **Kopfschmerztablette** *f* headache pill (*od.* tablet).

Kopfschuß *m* shot in the head.

Kopfschütteln *n* shaking (*od.* shake) of the head; ***allgemeines*** ~ general disapproval; **kopfschüttelnd** *adv.* shaking one's head; *verneinen etc.*: with a shake of the head.

Kopf|schutz *m* protective headgear; (*Helm*) helmet; **~sprung** *m*: ***e-n*** ~ ***machen*** dive (headfirst); **~stand** *m* headstand; ✈ nose-over; ***e-n*** ~ ***machen*** → **~stehen** *v/i.* stand on one's head; ✈ nose over; *Sache*: be upside down; F *fig.* go mad (***wegen*** over); **~steinpflaster** *n* cobblestones *pl.*; **~steuer** *f hist.* poll tax; **~stimme** *f* head voice; *weitS.* falsetto; **~stoß** *m Boxen*: butt; *Fußball*: header; **~stütze** *f* headrest; *mot. a.* head restraint; **~teil** *m, n des Betts*: headboard; **~tuch** *n* (head)scarf.

kopfüber *adv.* headfirst (*a. fig.*).

Kopf|verletzung *f* head injury; **~wäsche** *f* hairwash; F *fig.* dressing down; **~weh** F *n* → ***Kopfschmerzen***; **~wunde** *f* head wound; **~zahl** *f* number of persons; **~zerbrechen** *n*: ***es hat uns viel*** ~ ***bereitet*** we really had to rack our brains (over it), it gave us quite a headache; ***mach dir kein*** ~ ***darüber*** don't lose any sleep over it.

Kopie *f* copy (*a. fig.*); (*Zweitschrift*) *a.* duplicate; *Kunst*: copy, *Gemälde*: *a.* reproduction, *Plastik*: *a.* replica.

Kopieranstalt *f* print lab.

Kopierdienst *m* copy shop (*od.* service), photocopying service.

kopieren *v/t.* copy; (*nachahmen*) *a.* imitate; *phot.* print; **Kopierer** *m* photocopier.

Kopier|gerät *n* photocopier; **~papier** *n* (*Foto*~) photocopying paper; **~schutz** *m Computer*: copy protection; **~stift** *m* indelible pencil.

Kopilot *m* copilot.

Kopist *m* copyist; (*Nachahmer*) copier, imitator.

Koppel¹ *f* **1.** (*Pferdegehege*) paddock; (*Einfriedung*) enclosure; **2.** (*Riemen*) leash; **3.** (~ *Hunde*) pack.

Koppel² *n* ⚔ belt.

koppeln *v/t.* **1.** link up (*a. Raumschiffe*); (*Fahrzeuge*) couple; **2.** (*Tiere*) tie (*od.* leash) together; **3.** (*Sache*) couple (***mit*** with).

Koppler *m Radio*: coupler.

Kopplung *f* coupling.

Kopplungs... *in Zssgn* ⚡ coupling; **~geschäft** *n* tie-in sale; **~manöver** *n Raumfahrt*: docking.

Koproduktion *f* coproduction, joint production; **Koproduzent** *m* coproducer.

Kopte *m* Copt; **koptisch** *adj.* Coptic.

Kopulation *f* **1.** copulation; **2.** *Gartenbau*: whip graft(ing).

kopulieren I. *v/t.* ⚘ splice-graft; II. *v/i.* (*koitieren*) copulate.

Koralle *f* coral.

Korallen|insel *f* coral island; **~kette** *f* coral necklace; **~riff** *n* coral reef.

Koran *m* Koran; **~schule** *f* Koranic school; **~schüler** *m* student of the Koran.

Korb *m* basket; (*Bienen*~) hive; (*Förder*~) cage; *Sport*: basket; F *fig.* ***j-m e-n*** ~ ***geben*** turn s.o. down, F give s.o. the brush-off; ***e-n*** ~ ***bekommen*** be turned down, F be given the brush-off; **~ball** *m* netball; **~blütler** *m* ⚘ composite.

Körbchen *n* **1.** (*Hunde*~ *etc.*) basket; *fig.* ***ab ins*** ~! off to bed with you; **2.** *von BH*: cup.

körbeweise *adv.*: ~ ***pflücken*** *etc.* pick *etc.* basketfuls of.

Korb|flasche *f* demijohn; **~geflecht** *n* wickerwork; **~macher** *m* basket maker; **~möbel** *pl.* wicker furniture *sg.*; **~sessel** *m*, **~stuhl** *m* wicker chair; **~wagen** *m für Kinder*: bassinet, wicker pram; **~waren** *pl.* wickerwork *sg.*; **~weide** *f* osier, basket willow.

Kord *m* corduroy.

Kordel *f* cord.

Kord|hose *f*: (***e-e*** ~ a pair of) cords *pl. od.* cord(uroy) trousers *pl.*; **~jacke** *f* cord(uroy) jacket.

Kordon *m* cordon; ***e-n*** ~ ***ziehen*** form a cordon (***um*** around), ***um***: *a.* cordon off.

Koreaner(in *f*) *m*, **koreanisch** *adj.*, **Koreanisch** *n ling.* Korean.

Koriander *m* coriander.

Korinthe *f* currant; **Korinthenkacker** F *m* pedant, F nitpicker.

Korinther *m* Corinthian; ***Brief an die*** ~ → **~brief** *m*: *bibl.* **der 1. (2.)** ~ the (*od.* St Paul's) 1st (2nd) Epistle to the Corinthians, Corinthians I (II).

Kork *m* ⚘ cork; **~eiche** *f* cork oak.

Korken *m* cork.

Korkenzieher *m* corkscrew; **~locken** *pl.* corkscrew curls.

Korkgeschmack *m*: ***e-n*** ~ ***haben*** *Wein etc.*: be corked.

Korkmundstück *n* cork tip; ***mit*** ~ cork-tipped.

Kormoran *m* cormorant.

Korn¹ *n von Sand, Getreide, Leder, phot.*: grain; (*Samen*~) seed; (*Getreide*) grain; (*Roggen*) rye; (*Weizen*) wheat; *fig.* ***aufs*** ~ ***nehmen*** attack, (*anvisieren*) take aim at.

Korn² F *m* (~*schnaps*) schnapps.

Kornblume *f* cornflower; **kornblumenblau** *adj.* cornflower (blue).

Körnchen *n* small grain; *fig.* ~ ***Wahrheit*** grain (*od.* modicum) of truth.

körnen I. *v/i. Salz, Zucker etc.*: granulate; II. *v/t. metall.* granulate, (*a. Leder, Schießpulver*) grain.

Körner|fresser F *contp. m* F muesli freak; **~frucht** *f* cereal; **~futter** *n* grain feed.

Kornett *n* ♪ cornet.

Kornfeld *n* cornfield, *Am.* grainfield.

körnig *adj.* grainy; *Reis etc.*: al dente; *in Zssgn.* ...-grained.

Korn|kammer *f* granary (*a. fig.*); **~rade** *f* ⚘ corn cockle; **~speicher** *m* granary.

Körnung *f* grain.

Korona *f ast.*, ⚡ corona; F (*Personenkreis*) F crowd, bunch.

Koronar|erkrankung *f* coronary disease; **~gefäß** *n* coronary vessel; **~insuffizienz** *f* coronary failure; **~thrombose** *f* cardiac infarction, coronary (thrombosis).

Körper *m* body; *phys.*, ⚗ body, *fester*: solid; (~*schaft*) body; *von Farbe, Wein*: body; ***am ganzen*** ~ ***zittern*** tremble from head to foot (*od.* all over); **~bau** *m* build, physique; **~beherrschung** *f* body control; **~behindert** *adj.* (physically) disabled, handicapped; **~behinderte(r** *m*) *f* handicapped person; *pl. the* handicapped, handicapped people; **~behinderung** *f* (physical) disability *od.* handicap; **~bewegung** *f* (body) movement; ***~en*** *Gymnastik*: motions.

Körperchen *n biol.* corpuscle.
körpereigen *adj.* endogenic; ***die ~en Abwehrkräfte*** *etc.* the body's own (*od.* in-built) defen|ces (*Am.* -ses) *etc.*
Körper|fülle *f* corpulence; **~funktion** *f* bodily function; **⁀gerecht** *adj. Sitz etc.*: contoured; **~geruch** *m* body odo(u)r, b.o., BO; **~gewicht** *n* (body) weight; **~größe** *f* height; **~haare** *pl.* bodily hair *sg.*; **~hälfte** *f*: ***die rechte*** (***linke***) ~ the right (left) half (*od.* side) of the body; ***die obere*** (***untere***) ~ the upper (lower) part (*od.* half) of the body; **~haltung** *f*: (***e-e gute, schlechte*** ~ good, bad) posture; **~kontakt** *m* physical (*od.* bodily) contact; *Sport*: body (*od.* bodily) contact; **~kraft** *f* physical strength.
körperlich *adj.* physical; (*fleischlich*) carnal; (*stofflich*) corporeal; material; ⩓ solid; ***~e Arbeit*** physical (*od.* manual) labo(u)r *od.* work; ***~e Betätigung*** physical exercise; ***~e Genüsse*** physical (*od.* carnal) pleasures *od.* delights, pursuits of the flesh; ***~e Züchtigung*** corporal punishment.
körperlos *adj.* disembodied; *Sport*: without bodily contact.
Körper|maße *pl.* (body) measurements; **~öffnung** *f* orifice; **~pflege** *f* personal hygiene; **~puder** *m* talcum powder; **⁀reich** *adj. Wein*: full-bodied; **~säfte** *pl.* body juices.
Körperschaft *f* corporation, body; ***gesetzgebende*** ~ legislative (body); **körperschaftlich** *adj.* corporate; **Körperschaftssteuer** *f* corporation tax.
Körper|schwäche *f* physical weakness; **~sprache** *f* body language, *formell*: non-verbal communication; **~spray** *m, n* deodorant (spray); **~teil** *m* part of the body; **~temperatur** *f* body temperature; **~verletzung** *f* (physical) injury; ⚖ (***schwere*** ~ grievous) bodily harm; **~wärme** *f* body heat.
Korporal *m* corporal.
Korporation *f* corporation; *univ.* fraternity; **korporativ** *adj.* corporate.
Korps *n* corps.
korpulent *adj.* corpulent, stout; **Korpulenz** *f* corpulence.
Korpus[1] F *m* (*Körper*) body.
Korpus[2] *n* **1.** (*Werksammlung*) corpus; **2.** ♪ resonance box.
Korreferat *n* follow-up paper; **Korreferent(in** *f*) *m* **1.** follow-up speaker; **2.** (*Prüfer*) coexaminer.
korrekt I. *adj.* (*richtig*) correct; (*angemessen*) *a.* proper; (*fair*) fair; (*ehrlich*) honest, *Verhalten*: above board; ***~es Benehmen*** (social) etiquette, the right behavio(u)r; ***j-m ~es Benehmen beibringen*** teach s.o. to behave in public; ***er ist sehr ~*** *im Benehmen*: he knows the rules of etiquette; ***er ist ~ wie ein Beamter*** he's a stickler for the rules; **II.** *adv.*: ***sich ~ verhalten*** do the right thing; **korrekterweise** *adv.* by rights, as a matter of courtesy; F so as not to offend anyone; **Korrektheit** *f* correctness.
Korrektiv *n* corrective.
Korrektor *m typ.* proofreader.
Korrektur *f* correction; ~ ***lesen*** proofread, read (the) proofs, do (the) proofreading; **~abzug** *m* (galley) proof; **~band** *n* correction tape; **~bogen** *m* page proof; **~fahne** *f* galley (proof); **~taste** *f* correction key; **~zeichen** *n* proofreader's mark, correction mark.
Korrelat *n* correlative; **Korrelation** *f* correlation; **korrelieren** *v/i.* (*a.* ***miteinander*** ~) correlate.
korrepetieren *v/i.* ♪, *thea.* coach; ~ ***mit*** coach; **Korrepetitor** *m* repetiteur.
Korrespondent(in *f*) *m* correspondent; **Korrespondentenbericht** *m* correspondent's report.
Korrespondenz *f* correspondence.
korrespondieren *v/i.* **1.** correspond (***mit*** with), write (to); **2.** *Sache(n)*: correspond (***mit*** to).
Korridor *m* (*Flur*) hall; (*Gang*) corridor.
korrigieren *v/t.* correct; (*justieren*) adjust; (*Fahnen*) read *the proofs*.
korrodieren *v/t. u. v/i.* corrode.
Korrosion *f* corrosion.
korrosions|fest *adj.* non-corroding; **⁀mittel** *n* corrosive; **⁀schutz** *m* corrosion protection; **~verhütend** *adj.* anti-corrosive.
korrumpierbar adj. corruptible.
korrumpieren *v/t.* corrupt.
korrupt *adj.* corrupt.
Korruption *f* corruption; (*Bestechung*) bribery; **Korruptionsaffäre** *f* corruption scandal.
Korsage *f* corsage.
Korsar *m* corsair.
Korse *m* Corsican.
Korsett *n* corset (*a.* ⚕).
korsisch *adj.* Corsican.
Korso *m* **1.** parade, procession; **2.** (*Prachtstraße*) corso, boulevard.
Kortex *m* cortex.
Kortikoid *n* corticosteroid, corticoid.
Kortisol *n* hydrocortisone, cortisol.
Kortison *n* cortisone.
Korvette *f* ⚓ corvette.
Koryphäe *f* luminary (*gen.* of); great authority (***auf*** *e-m Gebiet*: on), F big name (in).
Kosak *m* Cossack.
koscher *adj.* kosher (*a. fig.*).
K.-o.-Schlag *m* knockout blow, F finisher.
Koseform *f* affectionate form.
kosen *v/i. u. v/t.* caress; (***miteinander***) ~ kiss and cuddle.
Kose|name *m* pet name; **~wort** *n* term of affection.
Kosinus *m* ⩓ cosine.
Kosmetik *f* **1.** (*Kosmetika*) cosmetics *pl.*, makeup; **2.** (*Schönheitspflege*) beauty treatment; **3.** *fig.* cosmetics *pl.*; ***geschickte*** ~ skil(l)ful patching-up; **Kosmetika** *pl.* cosmetics, makeup *sg.*; **Kosmetikerin** *f* beautician.
Kosmetik|industrie *f* cosmetics industry; **~koffer** *m* vanity case; **~salon** *m* beauty parlo(u)r (*od.* salon, *Am. a.* shop); **~tasche** *f* makeup bag.
kosmetisch *adj.* cosmetic(ally *adv.*); *fig. a.* just for show (*od.* effect).
kosmisch *adj.* cosmic(ally *adv.*).
Kosmogonie *f* cosmogony.
Kosmologie *f* cosmology.
Kosmonaut *m* cosmonaut.
Kosmopolit *m*, **kosmopolitisch** *adj.* cosmopolitan.
Kosmos *m* universe.
Kost *f* food; *lit. u. fig.* fare; (*Verpflegung*) board; ***magere*** ~ low-fat diet, *fig.* meag|re (*Am.* -er) offerings; ***leichte*** ~ light food(s), *fig.* light fare, (*Lektüre*) light reading; *fig. das Buch etc.* ***ist schwere*** ~ is heavy-going; → ***Logis.***
kostbar *adj.* precious, valuable (*a. fig. Zeit etc.*); (*teuer*) expensive; **Kostbarkeit** *f* **1.** *konkret*: precious object, treasure; **2.** (*Wert*) (great) value.
kosten[1] *v/t.* (*Speisen*) taste, (*probieren*) *a.* try (*a. fig.*); *fig.* (*genießen*) enjoy; (*Negatives*) get a taste of.
kosten[2] *v/t.* cost (***j-n*** s.o.); (*Mühe, Zeit*) *a.* take; ***was kostet es?*** how much is it?; ***es kostete ihn sein Leben*** (*od.* ***den Kopf***) it cost him his life, he paid for it with his life; ***er ließ es sich viel*** ~ he spent a lot of money on it; ***koste es, was es wolle*** whatever it costs.
Kosten *pl.* cost(s *pl.*) *sg.*; (*Spesen*) expenses; (*Gebühren*) fees, charges, ⚖ costs; ***auf anderer Leute*** (***eigene***) ~ *a. fig.* at other people's (one's own) expense; ***auf ~ der Allgemeinheit*** at the public expense; ***ohne*** ~ at no cost (***für*** to); ***die ~ tragen*** bear (*od.* pay) the costs; ***keine ~ scheuen*** spare no expense; ***sie scheuen die*** ~ they're not prepared to spend the money (*od.* pay that kind of money); ***auf s-e ~ kommen*** cover one's expenses, *fig.* get one's money's worth; *fig.* ***das geht auf ~ der Gesundheit*** it'll take its toll on your health; **~anschlag** *m* estimate; quotation; **~anstieg** *m* increase in costs; **~aufwand** *m* expenditure; ***mit e-m ~ von*** at a cost of; **~berechnung** *f* costing; **~beteiligung** *f* cost sharing; **⁀bewußt** *adj.* cost-conscious; **~dämpfung** *f* curbing (of) costs; **⁀deckend I.** *adj.* cost-covering; **II.** *adv.*: ~ ***arbeiten*** break even; **~deckung** *f* breaking even; **~druck** *m* ✝ rising costs *pl.*; **⁀effizient** *adj.* cost-effective; **~entscheidung** *f* ⚖ order for costs; **~ersparnis** *f* (cost) saving; **~erstattung** *f* refund (of expenses); **~explosion** *f* runaway costs *pl.*; **~faktor** *m* cost factor; **~frage** *f* question of cost; **⁀frei** *adj.* free (of cost); **⁀günstig I.** *adj.* (very) reasonable, cheap; **II.** *adv.* at (*od.* for) a reasonable price, cheaply; **~lawine** *f* spiral(l)ing (*od.* escalating) costs *pl.*
Kosten-Leistungs-Verhältnis *n* cost- (*od.* price-)performance ratio.
kostenlos *adj. u. adv.* free (of charge), *get s.th. etc.* for nothing.
Kosten-Nutzen|-Analyse *f* cost-benefit analysis; **~-Verhältnis** *n* cost-benefit ratio.
kostenpflichtig I. *adj. Person*: liable to pay the costs; **II.** *adv. abschleppen etc.*: at the owner's expense; ⚖ *e-e Klage* ~ ***abweisen*** dismiss with costs.
Kosten|planung *f* expense budgeting; **~preis** *m* ✝ cost price; ***unter dem*** ~ below cost, at a loss; **~punkt** *m* **1.** → ***Kostenfrage***; **2.** ***~?*** how much?; **~: *7000 Mark*** cost: 7,000 marks; **~rechnung** *f* cost accounting; **⁀senkend** *adj.* cost-cutting; **~senkung** *f a. pl.* reduction in costs; **⁀sparend** *adj.* cost-saving; **~steigerung** *f* increase in costs; **~treiber** *m* cost factor; **~verteilung** *f* cost distribution; **~voranschlag** *m* estimate; quotation; **~vorschuß** *m* advance on costs.
Kost|gänger *m* boarder, lodger; **~geld** *n* board, F keep.
köstlich I. *adj.* delicious; (*erlesen*) exquisite; (*reizend*) delightful, wonderful; (*sehr unterhaltsam*) highly amusing; **II.** *adv.*: ***sich ~ amüsieren*** enjoy o.s. immensely, F have a great time; **Köstlichkeit** *f gastr. etc.* titbit, *Am.* tidbit.
Kostprobe *f* sample; *fig. a.* taste.

kostspielig *adj.* expensive; *durch Aufwand*: sumptuous.
Kostüm *n* **1.** costume, *beim Kostümfest*: *a.* fancy dress; *hist.* dress (*a. pl.*), costume; **2.** (*Damen*♀) suit; **∼ball** *m* fancy-dress ball; **∼bildner** *m* costume designer; **∼fest** *n* fancy-dress ball.
kostümieren *v/refl.*: **sich ∼** dress up.
Kostüm|probe *f thea.* dress rehearsal; **∼verleih** *m* costume rental.
Kostverächter *m*: F **er ist kein ∼** he's a bit of a bon vivant.
K.-o.-System *n* knockout system.
Kot *m* excrement, f(a)eces *pl.*; *von Tieren*: *a.* F muck; *fig.* **in den ∼ ziehen** drag through the mud.
Kotangens *m* ⩓ cotangent.
Kotau *m*: **vor j-m e-n ∼ machen** kowtow to s.o.
Kotelett *n* **1.** chop, cutlet; **2. ∼en** (*Backenbart*) sideburns.
Köter *contp. m* cur.
Kotflügel *m mot.* mudguard, *Am.* fender.
kotig *adj.* mucky.
Kotzbrocken V *m sl.* nasty piece of work.
Kotze V *f sl.* puke.
kotzelend V *adj.*: **sich ∼ fühlen** F feel like death warmed up.
kotzen V *v/i. sl.* puke, spew, throw up; **es ist doch zum ♀** it's absolutely sickening.
kotz|langweilig V *adj. sl.* boring as hell; **∼übel** V *adj.*: **mir ist ∼** *sl.* I think I'm going to puke (*od.* throw up).
Krabbe *f zo.* crab; (*Garnele*) shrimp, *größere*: prawn.
Krabbelalter *n*: (**im ∼** at the) crawling stage; **krabbeln I.** *v/i.* crawl; **II.** F *v/t.* (*kitzeln*) tickle; (*kratzen*) scratch.
Krabbencocktail *m* prawn cocktail.
Krach I. *m* noise, F racket; (*Knall, Schlag*) crash; F (*Streit*) F row; ✝ crash; **∼ machen** make a noise (*od.* racket); F **∼ bekommen mit** get into trouble with; **bei denen gibt's ständig ∼** F they're always having rows; **II.** ♀ *int.* crash!, bang!
krachen *v/i.* crash (*a. Donner*); *Feuer, Radio*: crackle; *Tür etc.*: bang, slam; (*bersten*) burst, explode; *Eis*: crack; ✝ crash; **∼ gegen** (*od.* **in**) crash into; **auf der Straße kracht es dauernd** there's one accident after another on that road; F **du tust, was ich dir sage, sonst kracht's** F you'll do as I tell you, or else; F **daß es nur so krachte** F like crazy.
Kracherl *östr. n* sparkling mineral water; fizzy lemonade.
krachledern *adj.* rough and ready; blunt and outspoken; **∼er Typ** *a.* robust personality; **Krachlederne** *dial. f* lederhosen *pl.*
krächzen *v/i. Krähe*: caw; *Papagei*: squawk; F *fig. Person*: F croak; **∼de Stimme** croaking voice.
Krackverfahren *n* ⚗ cracking (process).
Kraft *f* **1.** strength (*a. fig.*); (*Natur*♀, *a. phys.*) force; (*Macht, a.* ⚙, ⚡) power; (*Tat*♀, *a. phys.*) energy; *in Rede, Schrift etc.*: force, power, F punch; (*politische* ∼, *Machtgruppe*) force, power; *phys.* **∼ u. Masse** force and mass; **heilende ∼** healing power; **überirdische Kräfte** supernatural forces; *pol.* **dritte ∼** third force; **treibende ∼** driving force, *fig. a.* powerhouse; **rohe ∼** brute force; **am Ende s-r Kräfte** at the end of his tether; **bei Kräften** on one's feet; **aus eigener ∼** under one's own steam; **mit aller ∼** with all one's might; **mit frischen Kräften** with renewed strength (*od.* vigo[u]r); **mit letzter ∼** with one's last ounce of strength; **volle ∼ voraus** full speed ahead; **nach besten Kräften** to the best of one's ability; **das geht über m-e Kräfte** that's more than I can handle; **Kräfte sammeln** gather strength; **wieder zu Kräften kommen** get back on one's feet; **∼ verleihen** give strength (*dat.* to), *fig.* lend force (to *an argument etc.*); → **Spiel** 1, **vereint** *etc.*; **2. in ∼ sein** be in force, be effective; **in ∼ setzen** put into force, enforce; **in ∼ treten** come into effect (*od.* force), become effective; **außer ∼ setzen** annul, (*Gesetz*) repeal, (*Vertrag etc.*) cancel, (*Regel*) *a.* overrule; *zeitweilig*: suspend; **außer ∼ treten** expire; **3.** (*Arbeits*♀) employee, *pl. a.* personnel (*pl.*).
kraft *prp.* by virtue of; on the strength of.
Kraft|akt *m* strong-man act; *fig.* great feat, tour de force; **∼anstrengung** *f* effort, exertion; **∼antrieb** *m* power drive; **mit ∼** power-driven; **∼aufwand** *m* energy involved; effort; **∼ausdruck** *m* expletive, swearword; **∼brühe** *f* beef tea.
Kräfte|ausgleich *m pol. etc.* balance of power; **∼dreieck** *n* triangle of forces.
kräftemäßig *adv.* physically; **∼ geht's mir gut** I feel quite strong (*od.* fit).
Kräfte|messen *n* trial of strength; **∼parallelogramm** *n* parallelogram of forces; **∼spiel** *n* interplay of forces; **∼verfall** *m* loss of strength; **∼verhältnis** *n* relative strength.
Kraftfahrer *m* driver, motorist.
Kraftfahrzeug *n* motor vehicle; → *a.* **Auto(...), Kfz...**; **∼bau** *m* **1.** car (*od.* automobile) manufacturing; **2.** → **Kraftfahrzeugindustrie**; **∼brief** *m* vehicle registration document; **∼halter** *m* (registered) car owner; **∼industrie** *f* car (*od.* automobile) industry; **∼mechaniker** *m* (car) mechanic; **∼schein** *m* vehicle registration document; **∼steuer** *f* road (*Am.* automobile) tax; **∼steuermarke** *f* tax sticker.
Kraft|feld *n phys.* field (of force); **∼futter** *n* concentrate(d feed).
kräftig I. *adj.* strong; *Motor etc.*: powerful; *Schlag*: heavy, powerful; (∼ *gebaut*) big; *Kleinkind*: bouncing *baby*; (*gesund*) healthy; (*nahrhaft*) nourishing, *Mahlzeit*: *a.* robust, F decent *meal*; *Farbe*: bright, strong; *Händedruck*: firm; *meteor.* strong *high etc.*; *Wein*: robust; **e-n ∼en Durst haben** be really thirsty; **∼er Schluck** F good (old) swig; **II.** *adv.*: **∼ schütteln** give *s.th.* a good shake, *als Anweisung*: shake well; **j-m ∼ die Hand schütteln** give s.o. a firm handshake; **∼ zuschlagen** hit out, *fig. beim Essen*: tuck in, F get stuck in.
kräftigen *v/t.* strengthen (*a. fig.*); (*stählen*) harden, steel; (*erfrischen*) refresh, revive; **kräftigend** *adj.* (*erfrischend*) refreshing; (*belebend*) invigorating, *Luft*: *a.* bracing; **∼es Mittel** tonic; **das wirkt ∼** that'll give you strength.
Kräftigung *f* strengthening; (*Erholung*) recovery; **Kräftigungsmittel** *n* ⚕ tonic.
Kraft|leistung *f* feat of strength; *fig.* great feat, tour de force; **∼linien** *pl. phys.* lines of force.
kraftlos *adj.* weak (*a. fig.*); *Glieder*: *a.* limp; **Kraftlosigkeit** *f* lack of energy; **sie klagt über ∼** she complains that she has no energy.
Kraftmaschine *f* engine.
Kraftmeier F *m* muscle man; **Kraftmeierei** F *f* swaggering.
Kraft|mensch *m* F strong guy; **∼probe** *f* trial of strength; **∼protz** *m* F gorilla, bruiser; **∼quelle** *f* source of power (*fig.* strength); **∼rad** *n* motorcycle; **∼reserve(n** *pl.*) *f* (energy) reserves *pl.*; **∼sport** *m* strength events *pl.*; **∼sprüche** *pl.* big words.
Kraftstoff *m* fuel; → *a.* **Benzin**; **∼anzeiger** *m* fuel ga(u)ge; **∼-Luft-Gemisch** *n* fuel-air mixture; **♀sparend** *adj.* fuel-efficient; **∼verbrauch** *m* fuel consumption.
Kraftstrom *m* power current.
kraftstrotzend *adj.* bursting with energy.
Kraft|stück *n* strong-man act; **∼übertragung** *f* power transmission; **∼verschwendung** *f* waste of energy.
kraftvoll *adj.* strong, powerful (*a. Stil*).
Kraft|wagen *m* motor vehicle; **∼werk** *n* ⚡ power station; **∼wort** *n* swear word.
Kragen *m* collar (*a.* ⚙); *fig.* **j-n beim ∼ nehmen** collar s.o.; **jetzt geht's ihm an den ∼** he's had it now; **j-m den ∼ umdrehen** wring s.o.'s neck; **da platzte mir der ∼** that was the last straw; **∼knopf** *m* collar stud; (*oberster Hemdknopf*) top button; **∼stäbchen** *n* collar stiffener; **∼weite** *f* collar size; F *fig.* **das ist nicht m-e ∼** F it's not my cup of tea.
Kragstein *m* ⩓ console, corbel stone.
Krähe *f* crow; (*Saat*♀) rook.
krähen *v/i.* crow; *fig. Baby*: coo.
Krähen|füße *pl.* **1.** (*Fältchen*) crow's feet; **2.** (*Schrift*) scrawl *sg.*; **∼nest** *n* crow's nest (*a.* ⚓).
Krähwinkel *n* (sleepy) backwater, *Am.* F hick town.
Krake *m zo.* octopus; *myth.* kraken.
Krakeel F *m* F row; (*Lärm*) *a.* F racket; **krakeelen** *v/i.* make (*streiten*: have) a row; **Krakeeler** *m* brawler.
krakelig *adj.*: **∼e Schrift** spidery handwriting; **krakeln** *v/t. u. v/i.* scrawl.
Kral *m, n* kraal.
Kralle *f* claw (*a. fig. u.* F *Fingernagel*); *fig.* **die ∼n zeigen** bare one's teeth; **j-n fest in den ∼n haben** have s.o. in one's clutches; **krallen I.** *v/refl.*: **sich an** *et.* **∼** cling to, clutch (at); *Tier*: dig its claws into; **sich in** *et.* **∼** dig one's feet (*od.* nails *etc.*) into; **II.** *v/t.*: **die Finger** (*od.* **Nägel**) **in** *et.* **∼** dig one's nails into; F *fig.* **sich j-n ∼** collar s.o.
Kram F *m* rubbish; (*Sache*) business; **der ganze ∼** F the whole caboodle; **den ganzen ∼ hinschmeißen** F chuck the whole thing; **das paßt mir überhaupt nicht in den ∼** F that's the last thing I could do with; **soll er s-n ∼ alleine machen** let him get on with it(, then).
kramen *v/i.* rummage (**in, unter** in; **nach** for); *fig.* **in s-n Erinnerungen ∼** take a trip down memory lane, (*schwelgen*) revel in memories.
Krämergeist *m* **1.** petty-mindedness; **2.** petty-minded person.
Kramladen *contp. m* junk shop.
Krampe *f* ⚙ staple.
Krampf *m* **1.** ⚕ (*Muskel*♀, *Magen*♀ *etc.*) cramp; (*Zuckungen*) spasm, convulsions *pl.*; (*Anfall*) fit; **epileptische Krämpfe** an epileptic fit; F *fig.* **Krämpfe kriegen** F have a fit; **2.** F **so ein ∼** *Aufgabe etc.*: F what a bind; *das Konzert etc.* **war der reinste ∼** F was diabolical; **∼ader** *f* ⚕ varicose vein.

krampfartig *adj.* spasmodic, convulsive.
krampfen I. *v/refl.*: **sich ∼** cramp up; **II.** *v/t.* clench (**um** around).
krampfhaft *adj.* convulsive (*a. Lachen, Schluchzen*); *fig.* (*gezwungen*) forced; *Anstrengung etc.*: desperate.
Krampf|husten *m* convulsive cough; **Ձlösend** *adj.*, **Ձstillend I.** *adj.* antispasmodic; **II.** *adv.*: *das Mittel* **wirkt ∼** a) eases cramps, b) will ease the cramps.
Kran *m* crane; **∼arm** *m* jib; **∼brücke** *f* gantry (bridge); **∼führer** *m* crane driver.
Kranich *m zo.* crane.
krank *adj.* sick (*a. psychisch*); *pred. a.* ill, not well; *Organe u.* ⚕: diseased; *Zahn, Mandeln*: bad; *fig. Phantasie, Geist*: sick mind; *Wirtschaft etc.*: sick, ailing; **∼ werden** fall ill (*od.* sick); **sich ∼ melden** ring in sick; **j-n ∼ schreiben** give s.o. a sick note; **∼ spielen** malinger, pretend to be sick; **j-n ∼ machen** make s.o. ill, *fig.* get s.o. down; **er macht mich ∼** F he's driving me round the bend; *fig.* **∼ vor Sorge** sick with worry; **Kranke(r)** *m* sick person; *im Krankenhaus*: *a.* patient; **die Kranken** the sick (*pl.*).
kränkeln *v/i.*: **sie kränkelt seit einiger Zeit (schon immer)** she hasn't been in the best of health lately (she's never been the healthiest of people).
kranken *fig. v/i.*: **∼ an** suffer from.
kränken *v/t.* offend, hurt *s.o.'s* feelings; **das kränkt** that hurts; **es kränkt mich, daß** it upsets me that; → *a.* **gekränkt.**
Kranken|anstalt *f* hospital; **∼bahre** *f* stretcher; **∼bericht** *m* medical report; bulletin; **∼besuch** *m* visit (to the hospital); *des Arztes*: visit, *pl.* rounds; **∼bett** *n* sickbed; **am ∼** at the bedside; **Unterricht am ∼** bedside teaching; **ans ∼ gefesselt** bedridden; **∼blatt** *n* doctor's notes *pl.*, medical record; **∼geld** *n* sickness benefit; **∼geschichte** *f* medical history; **∼gymnast(in** *f*) *m* physiotherapist; **∼gymnastik** *f* physiotherapy.
Krankenhaus *n* hospital; **im ∼ liegen** be in hospital; **ins ∼ gebracht werden** be taken to hospital; **∼aufenthalt** *m* stay in hospital; **∼behandlung** *f* hospital treatment; **∼bett** *n* hospital bed; **∼kosten** *pl.* hospital fees; **Ձreif** *adj.*: **∼ schlagen** F hospitalize, F *fig.* beat *s.o.* to pulp.
Krankenhaustagegeld *n* (hospital) daily benefit; **∼versicherung** *f* (hospital) daily benefits insurance.
Krankenkasse *f* health insurance scheme.
Kranken|kost *f* light foods *pl.*; *weitS.* convalescent diet; **∼lager** *n* → **Krankenbett**; **∼pflege** *f* nursing; **∼pfleger** *m* auxiliary, orderly; *staatlich ausgebildet*: male nurse; **∼pflegerin** *f* nurse; **∼saal** *m* ward; **∼schein** *m* health insurance certificate; **∼schwester** *f* nurse; **∼trage** *f* stretcher; **∼träger** *m* stretcher bearer; ambulance man; **∼transport** *m* ambulance service(s *pl.*); **∼urlaub** *m* sick leave.
krankenversichern I. *v/t.* take out medical insurance for; **II.** *v/refl.*: **sich ∼** take out medical (*od.* health) insurance; **krankenversichert** *adj.* medically insured; **sind Sie ∼?** do you have medical (*od.* health) insurance?; **Krankenversicherung** *f* health insurance.
Kranken|wagen *m* ambulance; **∼wärter** *m* (medical) orderly; **∼zimmer** *n* sick bay.
krankfeiern F *v/i.* malinger, go sick, F skive, take a sicky.
krankhaft *adj.* **1.** pathological; **2.** (*übertrieben, anormal*) abnormal, obsessive.
Krankheit *f* illness, sickness; *bestimmte*: disease (*a.* ⚕ *u. fig.*); (*Leiden*) complaint; **psychische ∼** *mst* psychological disorder.
Krankheits|bericht *m* medical report (*od.* bulletin); **∼bild** *n* syndrome; **Ձerregend** *adj.* pathogenic; **∼erreger** *m* germ, 🕮 pathogen; **∼erscheinung** *f* symptom; **∼fall** *m* case (of illness).
krankheitshalber *adv.* owing to illness.
Krankheits|herd *m* focus of a (*od.* the) disease; **∼keim** *m* germ; **∼lehre** *f* pathology; **∼träger** *m* carrier; **∼übertragung** *f* transmission of a (*od.* the) disease; **∼verlauf** *m* course of an (*od.* the) illness; **∼zeichen** *n* symptom.
kranklachen F *v/refl.*: **sich ∼** F kill o.s. (laughing).
kränklich *adj.* frail; **Kränklichkeit** *f* sickliness, infirmity.
krankmachen F *v/i.* → **krankfeiern.**
Krank|meldung *f* notification of sickness; **∼schreibung** *f* sick note.
Kränkung *f* insult.
Kranwagen *m* **1.** crane truck; **2.** (*Abschleppwagen*) breakdown lorry, *Am.* tow truck.
Kranz *m* garland; *als Grabschmuck*: wreath; △ cornice; ⚙ (*Rad*Ձ) rim; (*Scheiben*Ձ) face; *fig.* ring (*a. Kuchen*); *von Leuten*: circle.
Kränzchen *n* (*Gesellschaft*) F hen party.
kränzen *v/t.* crown (with a wreath, garland *etc.*).
Kranz|gefäß *n* coronary artery; **∼gesims** *n* △ cornice; **∼niederlegung** *f* (ceremonial) laying of a wreath; wreath-laying ceremony; **∼spende** *f* wreath, flowers *pl.*; **es wird gebeten, von ∼n abzusehen** no flowers please.
Krapfen *m* doughnut.
kraß *adj.* (*unverblümt*) crass (*a. Beispiel*); *Widerspruch, Unterschied etc.*: *a.* stark; *Fall, Lüge*: blatant; *Übertreibung etc.*: gross; **dazwischen ist ein krasser Unterschied** *a.* there's a world of difference (between them); **krasser Außenseiter** rank outsider.
Krater *m* crater; **∼landschaft** *f* crater landscape; **∼see** *m* crater lake.
Kratzbürste *f* wire brush; F *fig.* **sie ist e-e richtige ∼** she's vicious; **kratzbürstig** F *adj.* vicious.
Krätze *f*: ✱ **die ∼** scabies.
kratzen I. *v/t.* scratch; (*schaben*) scrape; **sich die Nase ∼** scratch one's nose; F *fig.* **das kratzt mich nicht** that doesn't worry me; **II.** *v/i.* scratch; (*scharren*) scrape; *Rauch etc.*: get to one's throat; **mir kratzt der Hals** I've got a tickle in my throat; F **auf der Geige ∼** F saw away at the violin; **III.** *v/refl.*: **sich ∼** scratch o.s.; **sich am Ohr** *etc.* **∼** scratch one's ear *etc.*; **IV** Ձ *n* scratching (noise); tickle (in one's throat).
Kratzer *m* scratch; (*Gerät*) scraper.
kratzfest *adj.* non-scratch, scratchproof.
Kratzfuß F *m*: **e-n ∼ machen** bow and scrape.
kratzig *adj.* scratchy.
Kratzputz *m* **1.** scratchwork; **2.** *Kunst*: sgraffito.
Kraul *n* (*Schwimmstil*) crawl.
kraulen¹ *v/i.* (*Schwimmstil*) do the crawl.
kraulen² *v/t.*: **e-n Hund** *etc.* **∼** ruffle a dog's *etc.* fur (*od.* neck); **j-m das Haar ∼** run one's fingers through s.o.'s hair; **sich den Kopf ∼** scratch one's head.
Kraulstil *m* crawl.
kraus *adj. Haar*: very curly, *stärker*: frizzy, F fuzzy; *Kleidung etc.*: crinkly; *Gedanken etc.*: muddled, confused; **die Stirn ∼ ziehen** knit one's brow.
Krause *f* ruffle; (*Hals*Ձ) ruff.
Kräuselkrepp *m* crepe.
kräuseln I. *v/t.* (*Haar*) frizz; *mit Lockenstab*: crimp; (*Stoff*) gather; (*Nase*) screw up; **die Stirn ∼** frown; **II.** *v/refl.*: **sich ∼** *Wasser*: ripple; *Rauch*: curl up; *Haar*: curl.
krausen *v/t.* → **kräuseln.**
Kraus|haar *n* very curly (*stärker*: frizzy) hair; **∼kopf** *m* curlyhead.
Kraut *n* leaves *pl.*, *von Gemüse*: top(s *pl.*); *gastr.*, ✱ herb; (*Kohl*) cabbage; (*Unkraut*, F *Tabak*) weed; **ins ∼ schießen** run to leaf, *fig.* run riot; *fig.* **das macht das ∼ auch nicht fett** that's not going to make any difference; **wie ∼ und Rüben (durcheinander)** a complete muddle (*od.* mess); **dagegen ist kein ∼ gewachsen** there's no cure for that yet.
Kräuter|buch *n* herbal (book); **∼butter** *f* herb-flavo(u)red butter; **∼essig** *m* aromatic vinegar; **∼garten** *m* herb garden; *am Fensterbrett etc.*: potted herbs *pl.*; **∼käse** *m* herb-flavo(u)red cheese; **∼likör** *m* herb-flavo(u)red liqueur; **∼tee** *m* herb(al) tea.
Krautsalat *m etwa* coleslaw.
Krawall F *m* **1.** **∼e** riot(s), rioting; **2.** (*Krach*) F row; → *a.* **Krach** (*machen, schlagen*); **∼macher** F *m* rioter.
Krawatte *f* tie.
Krawatten|muffel F *m*: **er ist ein ∼** a) he hates wearing a tie, b) he always wears the same tie; **∼nadel** *f* tiepin; **∼zwang** *m* collar and tie compulsory.
Kraxe *dial. f* pannier.
kraxeln *dial. v/i.* **1.** climb, go climbing; **2.** scramble (**auf** up).
Kreation *f* creation, design.
kreativ *adj.* creative; **Kreativität** *f* creativity; **Kreativurlaub** *m* activity holiday.
Kreatur *f* creature; *fig. contp.* creature, minion.
Krebs *m* **1.** *zo.* crustacean; *gastr.* crayfish; (*Taschen*Ձ) crab; **e-n ∼ fangen** *Rudern*: catch a crab; **2.** ✱ cancer; **3.** (*Sternzeichen*) Cancer; **(ein) ∼ sein** be (a) Cancer, be a Cancerian; **∼angst** *f* fear of cancer; **∼behandlung** *f* treatment of cancer; **Ձbekämpfend** *adj.*: **∼e Mittel** anti-cancer drugs; **∼bekämpfung** *f the* fight against cancer.
krebsen F *v/i.* (*mühsam kriechen*) F crawl.
krebs|erregend *adj.* cancer-causing, carcinogenic; **Ձerreger** *m* carcinogen; **Ձforschung** *f* cancer research; **Ձfrüherkennung** *f* early cancer diagnosis; **Ձgang** *m* retrogression; **im ∼ gehen** be going downhill; **Ձgeschwulst** *f*, **Ձgeschwür** *n* carcinoma; **Ձklinik** *f* cancer clinic; **∼krank** *adj.*: **er ist ∼** he's got cancer; **∼e Kinder** children with (*od.* suffering from) cancer; **Ձkranke(r** *m*) *f* cancer patient; **Ձkrankheit** *f*, **Ձleiden** *n* cancer(ous disease); **∼rot** *adj.* (as) red as a lobster; **Ձspezialist** *m* cancer specialist; **Ձstation** *f* cancer ward; **Ձsuppe** *f* crayfish soup; **Ձtier** *n* crustacean; **Ձverdacht** *m*: **es besteht ∼** (there are fears) it may be cancer, F suspected can-

cer; Ձ**vorsorge** *f* cancer prevention; F → Ձ**vorsorgeuntersuchung** *f* cancer screening (test), *pl. coll.* cancer screening *sg.*; Ձ**zelle** *f* cancer(ous) cell.

kredenzen *v/t.*: ***j-m et.*** ~ offer s.o. s.th.

Kredit *m* ✝ credit; (*Darlehen*) *a.* loan; *fig.* standing; ***auf*** ~ on credit, F on tick; ***e-n*** ~ ***aufnehmen*** take out a loan; ***j-m e-n*** ~ ***gewähren*** grant s.o. a loan; *fig.* ***du hast bei mir keinen*** ~ ***mehr*** F I'm through with you; ~**abbau** *m* loan repayment; ~**abteilung** *f* loan department; ~**anstalt** *f* credit bank; ~**antrag** *m* loan application; ~**aufnahme** *f* borrowing; ~**auftrag** *m* credit order; ~**auszahlung** *f* loan payout; ~**bank** *f* credit bank; ~**bedarf** *m* borrowing requirement(s *pl.*); ~**bedingungen** *pl.* credit terms; ~**beschränkungen** *pl.* lending restrictions; ~**brief** *m* letter of credit; ~**eröffnung** *f* opening of a credit (***bei*** with).

kreditfähig *adj.* sound, solvent; **Kreditfähigkeit** *f* (*Aufnahmefähigkeit*) borrowing power; (*geschätzte* ~) credit standing (*Am.* rating).

Kredit|geber *m* lender; ~**geschäft** *n* **1.** credit transaction; **2.** lending business; ~**hai** F *m* F loan shark.

kreditieren *v/t.*: ✝ ***j-m et.*** ~ credit s.o.('s account) with s.th.; **Kreditierung** *f* (*Gutschrift*) crediting; (*Anzeige*) credit advice; (*Aufgabe*) credit note.

Kredit|institut *n* credit institute (*od.* bank); ~**karte** *f* credit card; ~**kauf** *m* credit sale; ~**knappheit** *f* credit crunch; ~**laufzeit** *f* credit period; ~**limit** *n* overdraft limit; ~**linie** *f* credit line; ~**markt** *m* credit market; ~**nehmer** *m* borrower; ~**politik** *f* lending policy; ~**posten** *m* credit item; ~**rückzahlung** *f* repayment of a loan; ~**schöpfung** *f* credit formation; ~**schraube** *f* F credit screw; ~**seite** *f* credit side; ~**sperre** *f* credit freeze; ~**spritze** *f* credit injection; ~**system** *n* credit system; *Ratenzahlung*: instal(l)ment plan; ~**vereinbarung** *f* credit agreement; ~**verkehr** *m* credit transactions *pl.*; ~**wirtschaft** *f* paper economy.

kreditwürdig *adj.* creditworthy; *fig.* credible; **Kreditwürdigkeit** *f* creditworthiness, credit rating (*od.* standing); *fig.* credibility.

Kreditzins *m* lending rate.

Kredo *n eccl. u. fig.* creed; *Messe*: Credo.

Kreide *f* chalk; *fig.* ***tief in der*** ~ ***sitzen*** be up to one's ears (F eyeballs) in debt, ***bei j-m***: owe s.o. a lot of money; Ձ**bleich** *adj.* (as) white as a ghost (*od.* sheet); ~**fels(en)** *m* chalk cliff; Ձ**haltig** *adj.* chalky, 📖 cretaceous; ~**stift** *m* (piece of) chalk; ~**strich** *m* chalk line; Ձ**weiß** *adj.* → ***kreidebleich***; ~**zeichnung** *f* chalk drawing; ~**zeit** *f* Cretaceous period.

kreidig *adj.* chalky; *geol. a.* cretaceous.

kreieren *v/t.* create; *Mode*: *a.* design.

Kreis *m a.* A *u. fig.* circle; (*Ring*) ring; *ast.* orbit; ⚡ (*Strom*Ձ) circuit; (~*lauf*) cycle; (*Gruppe*) circle; (*Wirkungs*Ձ) sphere; (*Bezirk*) district; ***im*** ~ in a circle; ***mir dreht sich alles im*** ~ my head's spinning; ***e-n*** ~ ***schließen um*** form a circle around; ***sich im*** ~ ***drehen*** revolve, rotate, *Kind*: spin round (in circles), *Diskussion etc.*: go round in circles; ~***e ziehen*** *Vogel etc.*: circle; ***immer weitere*** ~***e ziehen*** *Gerücht*: spread further and further (afield), *Affäre etc.*: have far-reaching implications; ***in weiten*** ~***en*** widely; ***in den besten*** ~***en verkehren*** move in the best circles; ***der*** ~ ***schließt sich*** we've come full circle; ~**abschnitt** *m* A segment (of a circle); ~**amt** *n* district administration; ~**ausschnitt** *m* A sector (of a circle); ~**bahn** *f ast.* orbit; A circular path; ~**behörde** *f* district authority; ~**bewegung** *f* rotation, circular motion; ~**bogen** *m* A arc of a circle.

kreischen *v/i. u. v/t.* screech (*a. Bremsen etc.*); *vor Vergnügen etc.*: squeal *with pleasure etc.*; **kreischend** *adj. Stimme*: shrill.

Kreis|diagramm *n* circular (*od.* pie) chart; ~**durchmesser** *m* diameter.

Kreisel *m* (spinning) top; ⚙ gyroscope; ⚓, ✈ gyro stabilizer; ~**bewegung** *f* gyration; ~**kompaß** *m* gyrocompass.

kreiseln *v/i.* **1.** play with a top; **2.** (*sich drehen*) spin (around).

Kreiselpumpe *f* centrifugal pump.

kreisen I. *v/i.* circle (***um*** around); revolve, rotate, *schnell*: spin; *Blut, Geld*: circulate; ~ ***lassen*** (*Flasche etc.*) pass round; ~ ***um*** *Gedanken*: revolve around; **II.** *v/t. Turnen*: ***die Arme*** ~ swing one's arms around; **III.** Ձ *n* rotation; *der Gestirne*: revolution.

Kreis|fläche *f* A area of a circle; Ձ**förmig I.** *adj.* circular; **II.** *adv.*: ~ ***angeordnet*** arranged in a circle; ~**inhalt** *m* → ***Kreisfläche***; ~**kegel** *m* circular cone; ~**kolbenmotor** *m* rotary-piston engine.

Kreislauf *m biol., des Lebens etc.*: cycle; (*Blut*Ձ, *a. von Geld etc.*) circulation; ~**kollaps** *m* circulatory failure (*od.* breakdown, collapse); ***ich hatte e-n*** ~ F I fainted (*od.* passed out, collapsed); ~**mittel** *n* circulatory preparation; ~**störungen** *pl.* bad circulation *sg.*, problems *pl.* with one's circulation; ~**versagen** *n* circulatory failure (*od.* breakdown, collapse).

kreisrund *adj.* circular.

Kreissäge *f* circular saw.

Kreißsaal *m* delivery room.

Kreis|stadt *f* district town, *Brit. etwa* county town; ~**umfang** *m* A circumference (of a circle); ~**verkehr** *m* roundabout traffic; ***im*** ~ on a roundabout.

Krem *f* → ***Creme.***

Krematorium *n* crematorium, *Am.* crematory.

Krempe *f* brim.

Krempel F *m* → ***Kram.***

krempeln *v/t.*: ***die Ärmel*** *etc.* ***nach oben*** ~ roll up one's sleeves *etc.*

Kren *dial. m* horseradish.

Kreole *m*, **Kreolin** *f*, **kreolisch** *adj.* Creole.

krepieren *v/i.* **1.** *Tier*: die, perish; F *Person*: die a wretched death; **2.** *Geschoß*: burst, explode.

Krepp *m* crepe.

Kreppapier *n* (*getr.* **pp-p**) crepe paper.

Krepp|seide *f* crepe de Chine; ~**sohle** *f* crepe sole.

Kresse *f* cress.

Kreter *m* Cretan.

Krethi und Plethi *pl.* every Tom, Dick and Harry.

Kretin *m* cretin; *contp. a.* moron.

kretisch *adj.* Cretan.

Kreuz I. *n* cross; (*Kruzifix*) crucifix; *anat.* lower back, small of the back, 📖 sacrum; (*Autobahn*Ձ) intersection; (*Kartenfarbe*) clubs *pl.*, (*Einzelkarte*) club, *in Zssgn* → ***Herz...***; ♪ sharp; *typ.* dagger; *fig.* cross; ***über*** ~ crosswise; ***das*** ~ ***schlagen*** make the sign of the cross, *über sich*: *a.* cross o.s. (*a. fig.*); ***das Eiserne*** ~ the Iron Cross; *ast.* ~ ***des Südens*** Southern Cross; F ***ich hab's wieder im*** ~ F my back's playing me up again; *fig.* ***sein*** ~ ***auf sich nehmen*** (***tragen***) take up (bear) one's cross; ***zu*** ~***e kriechen*** eat humble pie, *Am. a.* eat crow; ***er ist mit ihm über(s)*** ~ they've fallen out (with each other); ***es ist ein*** ~ ***mit ihm*** it's one thing after another with him; F ***j-n aufs*** ~ ***legen*** F take s.o. for a ride; F ***j-m et. aus dem*** ~ ***leiern*** F scrounge s.th. off s.o.; ***ich hab' drei*** ~***e gemacht*** I was glad to see (*od.* hear) the last of that; **II.** Ձ *adv.*: ~ ***und quer*** *liegen etc.*: all over the place; ~ ***und quer durch die Stadt*** all over town; ~**abnahme** *f* descent from the cross; ~**altar** *m* lay altar; ~**band** *n* **1.** *anat.* crucial ligament; **2.** (*Streifband*) wrapper; ~**bein** *n anat.* sacrum; ~**blütler** *m* ♀ crucifer; Ձ**brav** F *adj.* very virtuous.

kreuzen I. *v/t.* **1.** (*Linie, Straße etc.*) cross, intersect; ***die Beine*** ~ cross one's legs; ***die Arme*** ~ fold one's arms; **2.** *biol.* cross(breed), interbreed; **3.** ***sich*** ~ cross; *fig. Interessen etc.*: clash; *Blicke*: meet; **II.** *v/i.* ⚓, ✈ cruise.

Kreuzer *m* ⚔ cruiser; (*Jacht*) (cabin) cruiser.

Kreuzestod *m* (death by) crucifixion; ***den*** ~ ***sterben*** die on the cross.

Kreuz|fahrer *m hist.* crusader; ~**fahrt** *f* cruise; ~**feuer** *n* crossfire (*a. fig.*); *fig.* ***ins*** ~ ***geraten*** come under fire, F come in for a shelling; ***im*** ~ ***der Kritik stehen*** be under fire; Ձ**fidel** F *adj.* F very chirpy (*Am.* chipper); Ձ**förmig** *adj.* cross-shaped, cruciform; ~**gang** *m* cloisters *pl.*; ~**gelenk** *n* ⚙ universal joint; ~**gewölbe** *n* △ cross (*od.* groined) vault.

kreuzigen *v/t.* crucify (*a. fig.*), *eccl. a.* nail to the cross; **Kreuzigung** *f* crucifixion.

kreuz|lahm F *adj.*: ***jetzt bin ich aber*** ~ a) F I'm shattered, b) my back!; Ձ**otter** *f zo.* adder; Ձ**probe** *f* ⚕ cross-matching; ***die*** ~ ***machen*** cross-match; ~**reim** *m* alternate rhyme; ~**rippengewölbe** *n* ribbed vault.

Kreuzritter *m* **1.** crusader; **2.** Teutonic Knight; ~**orden** *m* Teutonic Order of Knights.

Kreuz|schiff *n e-r Kirche*: transept; ~**schlitzschraube** *f* cross-recessed screw; ~**schmerzen** *pl.* backache *sg.*; ~**schnabel** *m zo.* crossbill; ~**spinne** *f* cross (*od.* garden) spider; ~**stich** *m* cross-stitch.

Kreuzung *f* **1.** crossroads *pl.* (*sg. konstr.*), *bsd. Am.* intersection; **2.** *biol.* a) (*Züchtung*) cross-breeding, b) (*Produkt*) cross (-breed).

kreuzungs|frei *adj.* non-intersecting; Ձ**punkt** *m* point of intersection.

Kreuz|verhör *n* ⚖ cross-examination; *weitS.* interrogation, F grilling; ***ins*** ~ ***nehmen*** cross-examine, *weitS.* F give s.o. a grilling; ~**verweis** *m* cross-reference; ~**weg** *m* **1.** crossroads *pl.* (*sg. konstr.*; *a. fig.*); **2.** *eccl.* stations *pl.* of the Cross; ~**weh** *n* backache; Ձ**weise** *adv.* crosswise, across; *sl.* ***du kannst mich mal*** ~ *sl.* you know what you can do; ~**worträtsel** *n* crossword (puzzle); ~**zeichen** *n eccl.* sign of the cross; ~**zug** *m* crusade (*a. fig.*).

Krevette *f* shrimp (*Am. a. pl.*); **Krevettencocktail** *m* shrimp cocktail.

kribb(e)lig *adj.* nervous, F jittery; *pred.* on edge; ***das macht mich ganz ~ a.*** F it gives me the heebie-jeebies.

kribbeln I. *v/i.* **1.** (*prickeln*) tickle; (*jukken*) itch; ***mir kribbelt's in den Fingern*** I've got pins and needles in my fingers, *fig.* I'm itching to do it *etc.*; **2. *es kribbelt von Ameisen*** *etc.* the place is crawling with ants *etc.*; **II.** ♀ *n* tingling, pins and needles *pl.*

Kricket *n* cricket; **~spieler** *m* cricket player.

kriechen *v/i.* crawl; *verstohlen, Schutz suchend*: creep; *Schlange, Schnecke etc.*: crawl, slither; *fig.* (*sich langsam fortbewegen*) crawl, *mot. a.* creep; **~*de Pflanze*** creeper; *fig.* ***vor j-m ~*** F toady to, suck up to.

Kriecher *m* F toady; **kriecherisch** *adj.* bootlicking ...; ***ich kann s-e ~e Art nicht ausstehen*** F I can't stand the way he sucks up to people.

Kriech|pflanze *f* creeper; **~spur** *f* **1.** *mot.* slow lane; **2.** *zo.* trail; **~strom** *m* ⚡ (surface) leakage current; **~tempo** *n*: ***sich im ~ fortbewegen*** crawl along; **~tier** *n* reptile.

Krieg *m* war (*a. fig.*); (*~führung*) warfare; (*Fehde, a. fig.*) feud; ***kalter ~*** cold war; ***totaler ~*** total warfare; ***im ~*** at war (***mit*** with); ***vom ~ verwüstet*** war-torn; ***~ führen gegen*** a) make war on, b) be at war with; ***e-m Land den ~ erklären*** declare war on a country; *fig.* ***j-m*** (***e-r Sache***) ***den ~ ansagen*** declare war on s.o. (s.th.).

kriegen F *v/t.* get; (*erwischen*) *a.* catch *a criminal, a train etc.*; (*Krankheit*) get, come down with, *ansteckende*: *a.* catch, (*Herzinfarkt etc.*) have; ***j-n dazu ~, et. zu tun*** get s.o. to do s.th.; ***das werden wir schon ~!*** we'll sort that out, don't you worry; ***ich kriege es nicht über mich zu*** *inf.* I can't bring myself to *inf.*; ***er kriegt was von mir zu hören!*** I'll have something to say to him; ***gleich kriegst du was!*** *drohend*: just watch your step; → *a.* ***bekommen.***

Krieger *m* warrior; (*Soldat*) soldier; *hum.* ***alter ~*** old campaigner; *pol.* ***kalter ~*** cold warrior; **~denkmal** *n* war memorial.

kriegerisch *adj.* warlike, *a. fig.* belligerent; *Konflikt etc.*: military, armed; **~*e Auseinandersetzung(en)*** armed conflict.

Kriegerwitwe *f* war widow.

kriegführend *adj.* warring *nations etc.*; **Kriegführung** *f* strategy; ***biologische*** *etc.* **~** biological *etc.* warfare.

Kriegs|anleihe *f* war loan; **~ausbruch** *m* outbreak of (the) war; ***bei ~*** when the war broke out; **~auszeichnung** *f* war decoration; **~beil** *n*: *fig.* ***das ~ begraben*** bury the hatchet; **~bemalung** *f* war paint; F *fig.* ***in voller ~*** F with her war paint on; **~berichterstatter** *m* war correspondent; **♀beschädigt** *adj.* war-disabled; **~beschädigte(r)** *m* disabled veteran; **~beute** *f* spoils *pl.* of war; **~braut** *f* war bride.

Kriegsdienst *m* military service; **~verweigerer** *m* conscientious objector.

Kriegs|drohung *f* threat of war; **~ende** *n* end of the war; ***bei*** (***nach, vor***) **~** *a.* when (after, before) the war ended; **~entschädigung** *f* reparations *pl.*; **~erklärung** *f* declaration of war; **~erlebnis** *n* wartime experience; **~fall** *m*: ***im ~*** in the event of (a) war; **~film** *m* war film; **~flotte** *f* navy; **~freiwillige(r)** *m* war volunteer; **~fuß** *m*: ***auf ~ stehen mit*** (*j-m*) be at loggerheads with, (*et.*) be having a hard time (*od.* a real struggle) with; **~gebiet** *n* war zone; **~gefahr** *f* threat of war; **~gefangene(r)** *m* prisoner of war (*abbr.* POW); **~gefangenschaft** *f* captivity; ***in ~ geraten*** be put into a prisoner-of-war camp; ***aus der ~ heimkehren*** return from a prisoner-of-war camp; **~gegner** *m* **1.** wartime enemy; **2.** pacifist; **~generation** *f* war generation; **~gericht** *n* court martial; ***vor ein ~ gestellt werden*** be tried by court martial; **~geschrei** *n* battle cry; **~gesetz** *n* martial law; **~gewinnler** *m* war profiteer; **~gott** *m* god of war; **~göttin** *f* goddess of war; **~gräberfürsorge** *f* War Graves Commission; **~greuel** *pl.* war atrocities; **~hafen** *m* naval port; **~held** *m* war hero; *hist.* great warrior; **~herr** *m*: ***oberster ~*** commander-in-chief, supreme commander; *weitS.* warlord; **~hetze** *f* warmongering; **~hetzer** *m* warmonger; **~hinterbliebene** *pl.* war widows and orphans, surviving dependants; **~industrie** *f* war industry; **~invalide** *m* disabled veteran; **~jahr** *n* year of (the) war; **~kamerad** *m* wartime comrade; ***wir sind ~en a.*** we fought together in the war; **~maschinerie** *f* machinery of war; **~material** *n* matériel; **♀müde** *adj.* war-weary.

Kriegsopfer *n* war victim; **~rente** *f* war pension.

Kriegs|pfad *m*: ***auf dem ~ sein*** be on the warpath; **~potential** *n* military resources *pl.*; **~propaganda** *f* war propaganda; **~rat** *m*: *fig.* ***~ halten*** have a conference (*od.* pow-wow); **~recht** *n* ⚖ law of war; ⚔ martial law; **~roman** *m* war novel; **~schaden** *m* war damage; **~schauplatz** *m* theat|re (*Am. a.* -er) of war; **~schiff** *n* warship; *hist.* man-of-war; **~schuld** *f* war guilt; **~schulden** *pl.* war debts; **~spielzeug** *n* toy weapons *pl.*; **~stärke** *f* wartime strength; **~tagebuch** *n* war diary; **~tanz** *m* war dance; **~teilnehmer** *m* (*Soldat*) combatant; *ehemaliger*: (war) veteran; (*Land*) warring nation; **~tote** *pl.* war dead (*pl.*); ***30000 ~ a.*** 30,000 killed in action; **~treiber** *m* warmonger; **~verbrechen** *n* war crime.

Kriegsverbrecher *m* war criminal; **~prozeß** *m* war crimes trial.

Kriegs|verbündete(r) *m* wartime ally; **~verletzung** *f* war injury; **~versehrte(r)** *m* disabled veteran; **~veteran** *m* war veteran; **~waffe** *f* weapon of war; **~waise** *f* war orphan; **~wirtschaft** *f* wartime economy; **~zeit** *f* wartime; ***in ~en*** in times of war; **~zustand** *m* (state of) war; ***im ~*** at war.

Krimi F *m* **1.** (*Roman*) crime thriller; detective novel; **2.** (*Film*) crime thriller; (*Sendereihe*) crime series; **3.** F (*spannendes Fußballspiel etc.*) F nailbiter.

Kriminalbeamte(r) *m*, **Kriminale(r)** F *m* detective.

Kriminal|film *m* crime thriller; **~geschichte** *f* **1.** history of crime; **2.** → ***Krimi*** 1; **~inspektor** *m* detective inspector.

kriminalisieren *v/t.* criminalize.

Kriminalist *m* detective; (*Kriminologe*) criminologist; **Kriminalistik** *f* criminology; **kriminalistisch** *adj.* criminal.

Kriminalität *f* crime.

Kriminal|kommissar *m* detective superintendent; **~komödie** *f* comedy thriller; **~polizei** *f* criminal investigation department (*abbr.* CID), F plainclothes police *pl.*; **~psychologie** *f* psychology of crime, criminal psychology; **~roman** *m* crime thriller, detective novel; *pl. coll.* crime (*od.* detective) fiction *sg.*; **~soziologie** *f* criminology, sociology of crime; **~statistik** *f* crime statistics *pl.*; *engS.* crime figures *pl.*; **~stück** *n thea.* detective play, crime thriller; **~technik** *f* forensic science; **♀technisch** *adj.* forensic.

kriminell *adj.*, **Kriminelle(r** *m*) *f* criminal.

Kriminologe *m* criminologist; **Kriminologie** *f* criminology; **kriminologisch** *adj.* criminological.

Krimmer *m* lambskin, astrakhan.

Krimskrams F *m* junk, odds and ends *pl.*; (*Einzelstück*) piece of junk.

Kringel *m* ring (*a. Gebäck*); *Schrift*: squiggle.

kringeln *v/refl.*: ***sich ~*** curl (up); F ***sich*** (***vor Lachen***) **~** F crease up (laughing).

Krinoline *f* crinoline.

Kripo F *f* → ***Kriminalpolizei.***

Krippe *f a. bibl.* manger; (*Weihnachts♀*) crib; (*Kinder♀*) crèche, day nursery; *fig.* ***an der ~ sitzen*** be in clover.

Krippen|figur *f* nativity figure; **~spiel** *n* nativity play.

Krise *f* crisis.

kriseln F *v/impers.*: ***es kriselt*** there's something in the air, *stärker*: there's trouble brewing; ***in der Partei*** (***in ihrer Ehe*** *etc.*) ***kriselt es*** the party's (they're *etc.*) going through a bit of a sticky patch, *iro.* all is not well in the party (their marriage).

krisen|anfällig *adj.* unstable, crisis-prone; **♀beschwörer** *m* alarmist; **♀bewältigung** *f* crisis management; **~fest** *adj.* stable; **♀gebiet** *n* trouble spot; **~geschüttelt** *adj.* crisis-ridden; **♀herd** *m* trouble spot; **♀management** *n* crisis management; **♀plan** *m* contingency plan; **♀situation** *f* crisis (situation); **♀sitzung** *f* crisis meeting; **♀stab** *m* crisis management group, F crisis squad; **♀stimmung** *f* apprehensive climate; **♀zeit** *f* time of crisis.

Kristall 1. *m* crystal; **2.** *n* (*Glasware*) crystal; **~bildung** *f* crystallization.

kristallen *adj.* crystal; *fig. Wasser etc.*: crystal clear.

Kristalleuchter *m* (*getr.* ***ll-l***) crystal chandelier.

Kristall|gitter *n* ⚗ crystal lattice; **~glas** *n* crystal; (*Gefäß*) crystal glass.

Kristallisation *f* crystallization.

kristallisieren *v/t.*, *v/i. u. v/refl.* (***sich ~***) crystallize (*a. fig.*); **Kristallisierung** *f* crystallization.

kristall|klar *adj.* crystal clear; **♀kugel** *f* crystal ball.

Kristallnacht *f hist.* kristallnacht, Night of the Broken Glass.

Kristall|waren *pl.* crystal(ware) *sg.*; **~zucker** *m* (refined) sugar crystals *pl.*

Kriterium *n* criterion.

Kritik *f* **1.** (*das Kritisieren*) criticism, criticizing; (*konkrete ~*) criticism (***über, an*** of), (*Tadel*) *a.* censure; F ***unter aller ~*** beneath contempt; ***~ üben*** (***an***) → ***kritisieren***; **2.** (*Rezension*) review, write-up; ***gute ~en haben*** have a good press; ***was***

sagt die ~? what do the critics say?; → ***glänzend*** I; **3.** (*kritische Abhandlung, Rede etc.*) critique (***über*** of).
Kritikaster *contp. m* faultfinder; (*Rezensent*) hack critic.
Kritiker *m* critic; (*Rezensent*) *a.* reviewer.
Kritikfähigkeit *f* critical faculties *pl.*; (*Unterscheidungsvermögen*) powers *pl.* of discernment.
kritiklos *adj.* uncritical; **Kritiklosigkeit** *f* uncriticalness; (*mangelndes Unterscheidungsvermögen*) lack of discrimination.
kritisch *adj.* **1.** critical (***gegenüber*** of); (*fein urteilend*) *a.* discriminating, discerning; **2.** (*bedenklich*) critical (*a. phys.*, ⚙); ***~er Augenblick*** critical moment.
kritisieren *v/t.* criticize; (*rezensieren*) review; ***er hat an allem etwas zu ~*** he's always got something to criticize.
Krittelei *f* F nitpicking; **kritteln** *v/i.* find fault (***an*** with).
Kritzelei *f* scribbling; *konkret*: scribble; **kritzeln** *v/i.* scribble; *malend*: doodle.
Kroate *m*, **Kroatin** *f*, **kroatisch** *adj.* Croatian.
Krocket *n* croquet.
Krokant *m* cracknel.
Kroketten *pl. gastr.* croquettes.
Kroko F *n* crocodile, F croc.
Krokodil *n* crocodile; **~leder** *n* crocodile (skin).
Krokodilstränen F *fig. pl.* crocodile tears; ***ein paar ~ weinen*** squeeze a tear.
Krokus *m* ✿ crocus.
Krone *f* **1.** crown; (*Adels*ℒ) coronet; ***die päpstliche ~*** the papal tiara; **2.** *fig.* climax; *des Lebenswerks etc.*: crowning glory; ***die ~ der Schöpfung*** the pride of creation; ***e-r Sache die ~ aufsetzen mit*** crown s.th. with; ***das setzt allem die ~ auf*** that beats everything; F ***das ist ihm in die ~ gestiegen*** it's gone to his head; F ***was ist ihm in die ~ gefahren?*** what's up with him?; F (***ganz schön***) ***e-n in der ~ haben*** have had one too many; ***dir wird kein Stein*** (*od.* ***Zacken***) ***aus der ~ fallen, wenn*** it won't kill you to *inf.*; ***brech dir keinen Stein*** (*od.* ***Zacken***) ***aus der ~!*** don't put yourself out!; **3.** ✿ (*Blumen*ℒ) corolla; (*Baum*ℒ) top; (*Zahn*ℒ) crown; (*Damm*ℒ) top; (*Mauer*ℒ) coping; *e-r Uhr*: winder.
krönen *v/t.* **1.** crown; ***j-n zum König ~*** crown s.o. king; **2.** *fig.* (*vollenden*) crown, cap; (*Veranstaltung etc.*) round off; → ***gekrönt.***
Kronen|korken *m* crown cork; **~mutter** *f* castle nut; **~verschluß** *m* crown cap.
Kron|erbe *m* heir to the throne (*od.* crown); **~gut** *n* crown estate; **~juwelen** *pl.* crown jewels; **~kolonie** *f* crown colony; **~land** *n* crown estate; **~leuchter** *m* chandelier; F ***mir geht ein ~ auf*** F I've seen the light; **~prinz** *m* crown prince; *in GB*: Prince of Wales; **~prinzessin** *f* crown princess; *in GB*: Princess Royal.
Krönung *f* coronation; *fig.* climax, high point; crowning moment (*od.* event); *fig.* ***zur ~ des Ganzen*** to crown (*od.* top) it all.
Krönungs|eid *m* coronation oath; **~feier** *f* coronation (ceremony).
Kronzeuge *m* chief witness; (*geständiger Mittäter*) state witness, accomplice witness; ***als ~ auftreten*** *in GB*: turn Queen's (*od.* King's) evidence.
Kropf *m* ⚕ goit|re (*Am.* -er); *zo.* crop; F ***überflüssig wie ein ~*** F as useful as a hole in the head.
kröpfen *v/t.* (*Gänse*) stuff.
Kroppzeug F *n* **1.** (*Gesindel*) F dregs *pl.*, scum, peasants *pl.*; **2.** (*Kram*) F junk.
kroß *adj.* crisp.
Krösus *fig. m*: ***ich bin doch kein ~!*** I'm not made of money, you know.
Kröte *f* toad; *fig.* ***giftige ~*** (*Frau*) *sl.* nasty bit of stuff, (*Mann*) F nasty customer; F ***freche ~*** (*Kind*) little rascal; F ***m-e letzten ~n*** (*Geld*) my last few pennies (*od.* cents).
Krötenwanderung *f* migration of toads.
Krücke *f* **1.** crutch; (*Griff*) handle; ***an ~n gehen*** walk on crutches; **2.** F *fig.* (*Versager*) F dead loss, washout; **3.** *fig.* support; (*menschliche Stütze*) shoulder to lean on.
Krückstock *m* walking stick.
Krug *m* jug; (*Bier*ℒ) beer mug, *mst Am.* stein, *aus Metall*: tankard; (*Vase*) vase; ***der ~ geht so lange zum Brunnen, bis er bricht*** *Unrecht*: you *etc.* won't get away with that forever, *Geduld*: there's a limit to everything, *drohend*: you do that one more time.
Krümchen *fig. n* tiny bit; ***er zeigte kein ~ Interesse*** he wasn't the least bit interested.
Krume *f* crumb; ⚒ topsoil.
Krümel *m* crumb; **krümelig** *adj.* crumbly; (*voller Krümel*) full of crumbs; **krümeln** *v/i.* be crumbly; ***bitte nicht ~!*** no crumbs on the floor, please.
krumm *adj. u. adv.* **1.** crooked (*a. Nase*); (*verbogen*) bent; (*gewunden*) winding; (*verdreht*) twisted; ***e-e ~e Haltung*** bad posture, a stoop; ***~ gehen*** stoop; ***~ biegen*** bend; ***alt und ~*** bowed down with age; **2.** F *fig.* ***~e Finger machen*** F walk off with s.th.; ***~e Sachen machen*** F get up to no good, get onto the wrong side of the law; ***es auf die ~e Tour machen*** (***versuchen***) F (try to) pull a fast one; **~beinig** *adj.* bandy- (*od.* bow-)legged.
krümmen **I.** *v/t.* bend; *Katze etc.*: (*den Rücken*) arch; → ***Finger, Haar***; **II.** *v/refl.*: ***sich ~*** *Straße*: curve, *Fluß*: bend; *über längere Strecke*: be very windy, *Fluß*: wind its way, meander; *Holz*: warp; *Wurm*: wriggle; *fig.* ***sich ~ vor*** *Schmerzen, Lachen*: be doubled up (*od.* convulsed) with, *Verlegenheit*: squirm with *embarrassment.*
Krümmer *m* ⚙ elbow, bend.
Krumm|horn *n* ♪ crumhorn; ℒ**legen** F *v/refl.*: ***sich ~*** F scrimp and save, have to count every penny; ℒ**linig** *adj.* 𝔄 curvilinear; ℒ**nehmen** F *v/t.*: (***j-m***) ***et. ~*** take offen|ce (*Am.* -se) at s.th.; **~säbel** *m* scimitar; **~stab** *m* crook; *eccl.* crosier, crozier.
Krümmung *f* (*a. Straßen*ℒ) bend; 𝔄, ⚕, *phys.* curvature; (*Windung*) twist.
Krupp *m* ⚕ croup.
Kruppe *f des Pferdes*: croup.
Krüppel *m* cripple; F *fig. contp.* F cretin; ***zum ~ machen*** cripple, maim; ***zum ~ werden*** be crippled; **krüppelig** *adj.* deformed, crippled.
Krupphusten *m* barking cough.
Kruste *f a.* ⚕, *geol.* crust.
Krustentier *n* crustacean.
Kruzifix *n* crucifix.
Kryochirurgie *f* cryosurgery.
Krypta *f* crypt.
Krypton *n* krypton.
Kubaner *m*, **Kubanerin** *f*, **kubanisch** *adj.* Cuban.
Kübel *m* bucket; *größerer*: tub; ***es gießt wie aus ~n*** it's coming down in buckets; **~wagen** *m* jeep (*TM*); ℒ**weise** *adv.* by the bucket(load).
kubieren *v/t.* 𝔄 cube.
Kubik|inhalt *m* cubic content; **~maß** *n* cubic measure; **~meter** *m*, *n* cubic met|re (*Am.* -er); **~wurzel** *f* 𝔄 cube root; **~zahl** *f* 𝔄 cube number.
kubisch *adj.* cubic.
Kubismus *m* cubism; **Kubist** *m* cubist; **kubistisch** *adj.* cubist.
Kubus *m* 𝔄 cube.
Küche *f* kitchen; ⚓, ✈ galley; (*Kochart*) cooking, cuisine; ***kalte ~*** cold dishes; ***warme ~*** hot meals; ***französische ~*** French cuisine; → ***gutbürgerlich, Teufel.***
Kuchen *m* cake.
Küchen|abfälle *pl.* kitchen waste *sg.*, (*Essensabfälle*) kitchen scraps; **~benützung** *f*: ***mit ~*** *Anzeige*: use of kitchen.
Kuchenblech *n* baking tin (*od.* tray).
Küchen|chef *m* chef; **~dienst** *m*: ***du hast heute ~*** it's your turn to do the washing-up (*od.* cooking); ℒ**fertig** *adj. Gemüse etc.*: pre-cooked.
Kuchen|form *f* cake tin; **~gabel** *f* pastry (*od.* cake) fork.
Küchen|gerät *n elektrisches*: kitchen appliance; **~herd** *m* (electric *od.* gas) cooker; **~hilfe** *f* kitchen help; **~latein** *n* dog Latin; **~meister** *m* chef; **~messer** *n* kitchen knife; **~personal** *n* kitchen staff *sg.* (*mst pl. konstr.*); **~schabe** *f* cockroach, *Am.* roach.
Kuchenschlacht F *f* (*Kuchenessen*) cake orgy.
Küchenschrank *m* kitchen cupboard.
Kuchen|teig *m* cake mixture; **~teller** *m* dessert plate.
Küchen|uhr *f* kitchen clock; **~waage** *f*: (***e-e ~*** a pair of) kitchen scales *pl.*; **~wecker** *m* timer; **~zeile** *f* kitchen units *pl.*
kucken *dial. v/i.* → ***gucken.***
Kuckuck *m* cuckoo; F *des Gerichtsvollziehers*: bailiff's seal; F ***zum ~!*** damn it!; ***wo*** (***wie*** *etc.*) ***zum ~ ...?*** where (how *etc.*) the devil ...?; → *a.* ***Teufel.***
Kuckucks|ei *n* cuckoo's egg; **~uhr** *f* cuckoo clock.
Kuddelmuddel F *m*, *n* muddle; *von Dingen*: jumble, mess.
Kufe *f* (*Schlitten*ℒ) runner; ✈ skid.
Küfer *m* cooper; (*Kellermeister*) cellarman.
Kugel *f* 𝔄 sphere; *für Spiele*: ball (*a. Billard*ℒ, *Leder*ℒ); (*Stoß*ℒ) shot; *anat. e-s Knochens*: head; (*Geschoß*) bullet; (*Weihnachts*ℒ) bauble; ***die ~ stoßen*** *Sport*: put the shot; ***die Erde ist e-e ~*** the earth is a sphere; F ***e-e ruhige ~ schieben*** have a cushy job (F number); **~abschnitt** *m* 𝔄 spherical segment; **~bakterien** *pl.* cocci; **~blitz** *m* ball lightning; **~fang** *m* butt; ℒ**fest** *adj.* bulletproof; **~fisch** *m* puffer, globefish.
kugelförmig, kugelig *adj.* spherical.
Kugel|gelenk *n anat.*, ⚙ ball-and-socket joint; **~hagel** *m* hail of bullets.
Kugelkopf *m Schreibmaschine*: golfball; **~maschine** *f* golfball typewriter.
Kugellager *n* ⚙ ball bearing.
kugeln **I.** *v/t. u. v/i.* roll; **II.** *v/refl.*: ***sich ~*** roll about (*a.* F ***vor Lachen***); **III.** ℒ *n*: F ***es war zum ~*** F it was a scream.

Kugel|regen *m* hail of bullets; **&rund** *adj.* perfectly round; F (*dick*) F like a balloon; **~schreiber** *m* ballpoint (pen), *Brit. a.* biro (*TM*); F pen; **~segment** *n* spherical segment; **&sicher** *adj.* bulletproof; **~e Weste** bulletproof vest; **~stoßen** *n Sport*: shot-put(ting); **~stoßer(in** *f*) *m* shot-putter.

Kuh *f* cow; *fig.* **heilige ~** sacred cow; **melkende ~** mealticket; *sl.* **blöde ~** *sl.* silly old cow; **~augen** F *pl.* F goggle eyes; **~dorf** F *n* backwater, *Am.* F hick town; **~fladen** *m* cowpat; **~glocke** *f* cow bell; **~handel** F *fig. m bsd. pol.* horse trading; **~haut** *f* cowhide; *fig.* **das geht auf keine ~** F it's just incredible; **~hirt(e)** *m* cowherd.

kühl I. *adj.* cool (*a. fig.*); *Wetter, Raum etc.*: *a.* chilly; **~es Bier** cold beer; **~ werden** cool (down); **e-n ~en Kopf bewahren** keep one's cool; **mir ist ~** I feel a bit chilly; **~ stellen** (*Wein etc.*) chill, (*Speisen*) let *s.th.* cool down; **II.** *adv.* coolly; **~ aufbewahren** (*od.* **lagern**)**!** keep in a cool place; **&aggregat** *n* cooling aggregate; **&anlage** *f* cold-storage plant; *mot. etc.* cooling system; **&box** *f* ice box.

Kühle *f* coolness (*a. fig.*); *der Nacht etc.*: cool.

kühlen *v/t.* cool; (*erfrischen*) refresh; (*Lebensmittel*) refrigerate; (*Wein etc.*) chill.

Kühler *m* cooler; *mot.* a) radiator, b) bonnet, *Am.* hood; **~figur** *f* radiator emblem (*od.* mascot); **~grill** *m* radiator grille; **~haube** *f* bonnet, *Am.* hood.

Kühl|fach *n* freezing compartment; **~flüssigkeit** *f* coolant; **~haus** *n* cold store; **~kette** *f* cold chain; **~lagerung** *f* cold storage; **~luft** *f* cooling air; **~mittel** *n* coolant; **~raum** *m* cold room (*od.* store); **~rippen** *pl.* cooling ribs; **~schiff** *n* refrigerator ship; **~schlange** *f* cooling coil; **~schrank** *m* fridge, refrigerator; **~stoff** *m* coolant; **~system** *n* cooling system; **~tasche** *f* ice box; **~truhe** *f* (deep) freeze, (chest) freezer; **~turm** *m* cooling tower.

Kühlung *f* cooling; ⚙ *a.* refrigeration; (*Anlage*) cooling system; (*Kühle*) coolness.

Kühl|wagen *m* 🚃 refrigerator van (*Am.* car); *mot.* refrigerator lorry (*bsd. Am.* truck); **~wasser** *n* coolant.

Kuh|milch *f* cow's milk; **~mist** *m* cow dung.

kühn *adj.* bold (*a. Entwurf etc.*); (*riskant*) daring; (*dreist*) audacious; **j-s ~ste Träume übertreffen** go beyond s.o.'s wildest dreams; **Kühnheit** *f* boldness; daring; audacity; → **kühn.**

Kuh|pocken *pl.* cowpox *sg.*; **~stall** *m* cowshed; **&warm** *adj.* still warm (from the cow); **~weide** *f* cow pasture.

Küken *n* **1.** chick; F *fig.* (*Mädchen*) F young thing; **2.** ⚙ plug.

kulant *adj.* ✝ accommodating; *Preis, Bedingungen*: fair; **Kulanz** *f* goodwill; fairness; *die Reparatur* **geht auf ~** will be carried out at the firm's expense.

Kuli[1] *m* coolie; *fig.* slave.

Kuli[2] F *m* → **Kugelschreiber.**

kulinarisch *adj.* culinary; **~e Genüsse** culinary delights.

Kulisse *f* **1.** *thea.* set; *einzelne*: flat; (*Hintergrund*) backdrop; *pl.* wings; *fig.* background (*a.* ♪); (*Rahmen*) setting; (*Fassade*) façade, front; **hinter die** (**den**) **~n** backstage, *bsd. fig.* behind the scenes; **e-n Blick hinter die ~n werfen** take a look behind the scenes (**auf** at), **auf:** *a.* take a backstage look at; **2.** ✝ unofficial market.

Kulissenschieber *m* scene-shifter.

Kulleraugen F *pl.* big wide eyes; **~ machen** goggle.

kullern *v/i.* roll; **mit den Augen ~** roll one's eyes.

Kulmination *f* culmination; **Kulminationspunkt** *m ast.* culmination point, *fig. a.* apex; **kulminieren** *v/i. a. fig.* culminate (**in** in).

Kult *m* cult; **e-n ~ treiben mit** make a cult out of, idolize; **~figur** *f* cult figure; **~film** *m* cult film; **~handlung** *f* rite.

kultisch *adj.* ritual.

kultivierbar *adj.* arable; **kultivieren** *v/t.* cultivate; **kultiviert** *adj. Sprache, Atmosphäre etc.*: cultivated; *Person*: *a.* cultured; *Volk, Land etc.*: civilized; **Kultivierung** *f* cultivation.

Kult|stätte *f* place of worship; **~tanz** *m* ritual dance.

Kultur *f* **1.** culture; (*Ggs. Barbarei*) civilization; **die antike** (**abendländische**) **~** ancient (western) civilization; **die römische** (**griechische**) **~** Roman (ancient Greek) civilization, the civilization of Rome (ancient Greece); **2.** (*Bildung*) culture; **er hat ~** he's got education; F **etwas für die ~ tun** F (try and) educate oneself; **3. ~ des Essens** (**Wohnens**) cultivated eating habits (living); **4.** (*das Anbauen*) cultivation; **5.** (*Bakterien&*) culture; **~abkommen** *n* cultural agreement; **~arbeit** *f* cultural activities *pl.*; **~attaché** *m* cultural attaché; **~austausch** *m* cultural exchange; **~banause** *contp. m* philistine; **&beflissen** *adj.* (very) culturally-minded; **~betrieb** *m* cultural scene; **~beutel** *m* toilet bag; **~boden** *m* **1.** cultivated soil; **2. uralter ~** site of an ancient culture; **3.** *biol.* culture medium; **~denkmal** *n* (*Gebäude etc.*) cultural monument; (*Gemälde etc.*) work of art; *pl. e-s Landes etc.*: *a.* cultural heritage *sg.*; **die Kulturdenkmäler Ägyptens** *a.* the Egyptian antiquities, (*Bauten etc.*) *a.* the ancient Egyptian monuments.

kulturell *adj.* cultural.

Kulturerbe *n* cultural heritage.

Kulturfeind *m* philistine, cultural Bolshevik; **kulturfeindlich** *adj.* philistine.

Kulturführer *m* cultural guide.

Kulturgeschichte *f* **1.** *des Menschen*: history of civilization (*a. Buch*); **2.** cultural history *of Denmark etc.*; **3.** (*Wissenschaft*) history of culture; **kulturgeschichtlich** *adj.* cultural-historical.

Kultur|güter *pl.* cultural assets; **~hoheit** *f* cultural and educational autonomy; **~kreis** *m* society; **~landschaft** *f* man-made landscape; **~leben** *n* cultural life.

kulturlos *adj.* uncultured.

Kultur|magazin *n* arts journal; **~metropole** *f* cultural capital; **~papst** *m* cultural guru; **~pessimismus** *m* pessimistic view of civilization; **~pflanze** *f* cultivated plant.

Kulturpolitik *f* cultural and educational policy; **kulturpolitisch** *adj.* politico-cultural.

Kultur|programm *n* program(me) of cultural events; **~raum** *m* area of culture; **im südostasiatischen ~** in the South-east Asian cultural area; **~redakteur** *m* arts (features) editor; **~referent** *m* head of cultural affairs; **~revolution** *f* cultural revolution; **~schande** *f* **1.** disgrace to (civilized) society; **2.** F eyesore; **~schock** *m* culture shock; **&spezifisch** *adj.* culture-specific; **~staat** *m* civilized nation; **~szene** *f* cultural scene; **~volk** *n* civilized race (*od.* people); **~zentrum** *n* **1.** cultural cent|re (*Am.* -er); **2.** (*Einrichtung*) arts cent|re (*Am.* -er).

Kultus|minister *m* minister (*Am.* secretary) of education and cultural affairs; **~ministerium** *n* ministry of education and cultural affairs.

Kultwagen *m* cult car.

Kümmel *m* **1.** caraway (seed); ⚘ (**echter ~**) cumin; **2.** (*Schnaps*) kümmel.

Kummer *m* worry, worries *pl.*, problems *pl.*; **~ haben** have problems; **j-m ~ machen** (*od.* **bereiten**) cause s.o. a lot of worry; **du machst mir ~** I'm worried about you; **s-n ~ herunterspülen** drown one's sorrows; **das ist mein geringster ~** that's the least of my worries; **~bund** *m* cummerbund; **~falten** *pl.* worry lines.

Kummerkasten F *m* complaints box; **~tante** F *f* F agony aunt.

kümmerlich I. *adj.* miserable; *Lohn etc.*: measly, paltry; (*verkümmert*) stunted; **II.** *adv.*: **sich ~ durchschlagen** just manage to get by.

Kümmerling *m* weakling; (*Pflanze*) stunted plant (*od.* specimen); F pathetic little specimen.

kümmern I. *v/refl.*: **sich ~ um 1.** look after, take care of, (*et.*) *a.* see to; **ich muß mich um alles ~** I have to see to everything; **du mußt dich um Karten ~** you'll have to see about getting tickets; **2.** (*sich Gedanken machen über*) worry about; **ich kümmere mich nicht um solche Sachen** I don't have (the) time to worry about that sort of thing; → **Dreck**; **3.** (*beachten*) pay attention to; **sich nicht ~ um** not to bother about, ignore, (*vernachlässigen*) neglect; **4.** *contp.* (*sich einmischen in*) poke one's nose into; **kümmere dich um d-e eigenen Angelegenheiten** just mind your own business; **II.** *v/t.*: **was kümmert's mich?** it's not my problem (F pigeon).

Kummer|speck F *m*: **~ ansetzen** put on weight with worry; **&voll** *adj.* sorrowful.

Kumpan F *m* **1.** F mate; **2.** (*Mittäter*) partner; **Kumpanei** F *f* **1.** (*Gruppe*) crowd, F lot; **2.** (*Kameradschaft*) camaraderie.

Kumpel *m* **1.** ⚒ miner; **2.** F (*Kamerad*) F mate, *Am.* F buddy; **kumpelhaft** *adj.* F pally.

Kumulation *f* accumulation; **kumulativ** *adj.* cumulative; **kumulieren** *v/t. u. v/i.* accumulate.

Kumulus(wolke *f*) *m* cumulus (cloud).

kündbar *adj.* terminable; *Anstellung, Miete etc.*: subject to notice; ✝ *Kapital*: callable; *Anleihe*: redeemable; **wir sind jederzeit ~** we can be given notice at any time.

Kunde[1] *m* **1.** customer; *für Dienstleistungen*: client; (*Stamm& e-s Ladengeschäfts*) patron; **fester ~** regular customer; **„Nur für ~n"** For Patrons Only; **der ~ ist König** the customer is always right; **2.** F *fig.* F customer; ***merkwürdiger*** (***übler***) ~ queer (nasty) customer.

Kunde² *f* (*Kenntnis*) knowledge; ~ (*Zeugnis*) ***geben von*** bear witness to; ***frohe*** ~ good news (*sg.*), *lit.* glad tidings.

künden *lit.* **I.** *v/t.* announce (*dat.* to), tell (*s.o.*) of; **II.** *v/i.*: ~ ***von*** tell of; bear witness to.

Kunden|beratung *f* customer advisory service (*Stelle*: office); **~besuch** *m* (customer) call; **~dienst** *m* **1.** after-sales service; **2.** (customer) service; ***das gehört zum*** ~ it's (all) part of the service; **3.** (*Stelle*) service department; (*Person[en]*) technician(s *pl.*); ***morgen kommt der ~ wegen m-s Kühlschranks*** they're sending someone (*od.* someone's coming) to have a look at my fridge tomorrow; **~fang** *m* touting; **~kartei** *f* customer file; **~kredit** *m* consumer credit; **~kreis** *m* customers *pl.*, clients *pl.*, clientele; **2spezifisch** *adj.* customized; **~stamm** *m* regular customers *pl.*; **~werbung** *f* canvassing (of customers).

kundgeben *v/t.* make known (*dat.* to), announce (to); (*erklären*) declare; **Kundgebung** *f pol.* rally; demonstration.

kundig *adj.* (well-)informed; (*sachverständig*) expert (*gen.* in); (*geschickt*) skil(l)ful.

kündigen I. *v/i.* hand (*od.* give) in one's notice (***bei*** *e-r Firma*: to; ***zum*** *1. Mai*: for); ***j-m*** ~ (*e-m Arbeitnehmer*) give s.o. notice (F the sack), (*e-m Mieter*) give s.o. (his *etc.*) notice; **II.** *v/t.* (*Vertrag etc.*) cancel, *formell*: terminate; (*Anleihe, Geldeinlage etc.*) call in; ***er hat uns die Wohnung gekündigt*** he's told us we have to leave the flat (*Am.* apartment); ***wir haben die Wohnung gekündigt*** (we've given notice that) we're moving out of the flat (*Am.* apartment).

Kündigung *f* notice; (*Entlassung*) dismissal; *e-r Anleihe etc.*: calling in; ***s-e ~ erhalten*** be given notice (F the sack); ***mit monatlicher*** ~ at (*od.* subject to) a month's notice.

Kündigungs|frist *f* period of notice; ***mit halbjähriger*** ~ at six months' notice; **~grund** *m* grounds *pl.* for giving notice; **~recht** *n* right to give notice; **~schreiben** *n* written notice; *des Arbeitgebers*: letter of dismissal; **~schutz** *m* protection against unlawful dismissal; *für Mieter*: protection against unwarranted eviction; **~termin** *m* (last) date for giving notice.

Kundin *f* (female) customer *etc.*; → ***Kunde¹***.

Kundschaft *f* **1.** ✝ customers *pl.*, clients *pl.*; clientele; *als Verhältnis*: patronage; F (*Kunde*) customer; **2.** ***auf ~ gehen*** go scouting; **3.** (*Botschaft*) news (*sg.*), *obs.* tidings *pl.*

Kundschafter *m* scout, spy.

kund|tun *v/t.* → ***kundgeben***; **~werden** *v/i.* become known; ***e-r Sache*** ~ find out about s.th.

künftig I. *adj.* future; *Generationen etc.*: *a.* (up-and-)coming, *nachgestellt*: ... to come; ***in ~en Zeiten*** in times to come; ***in e-m (im) ~en Leben*** in a future life (in the next life); **II.** *adv.* in future, from now on.

Kungelei *f* wheeling and dealing; **kungeln** *v/i.* fiddle (things).

Kunst *f* (*schöne* ~) art; (*Geschicklichkeit*) *a.* skill; (*Kniff*) trick; ***die schönen (freien) Künste*** the fine (liberal) arts; ***die griechische*** ~ Greek art; ***die bildende*** ~ the graphic arts; ***die ~ zu schreiben (der Liebe)*** the art of writing (of love); ***alle Künste der Überredung*** all the tricks of persuasion; ***jetzt bin ich mit m-r ~ am Ende*** I give up, I've tried everything; ***nach allen Regeln der*** ~ F good and proper; ***das ist keine ~!*** F that's no great shakes, F big deal; F ***was macht die ~?*** F how's things?; → ***brotlos***; **~akademie** *f* academy of arts, art college; **~auge** *n* artificial eye; *aus Glas*: *a.* glass eye; **~auktion** *f* art auction; **~ausstellung** *f* art exhibition; **~banause** *contp. m* philistine; ***er ist ein ~ a.*** he doesn't know the first thing about art; **~beilage** *f* art supplement; **~bewegung** *f* art movement; **~blatt** *n* **1.** art print; **2.** (*Heft*) art journal; **~blume** *f* artificial flower; **~buch** *n* art book; **~darm** *m* (artificial) sausage skin; **~denkmal** *n* art monument; great work of art; **~dieb** *m* art thief.

Kunstdruck *m* **1.** art reproduction; **2.** art printing; **~papier** *n* art paper.

Kunst|dünger *m* artificial fertilizer; **~eis** *n* artificial ice.

Künstelei *f* artificiality; (*Geziertheit*) affectation; **künsteln** *v/t.* → ***gekünstelt.***

Kunst|erzieher *m* art teacher; **~erziehung** *f* art education; **~experte** *m* art connoisseur; **~fälschung** *f* art forgery, fake; **~faser** *f* man-made fib|re (*Am.* -er); **~fehler** *m* ⚕ professional (*od.* medical) blunder; *pl. a.* medical malpractice *sg.*

kunstfertig *adj.* skilled; skil(l)ful, expert; **Kunstfertigkeit** *f* (artistic *od.* technical) skill; craftsmanship.

Kunst|flieger *m* stunt pilot; **~flug** *m* aerobatics *pl.* (*mst sg. konstr.*); **~form** *f* art form; **~freund** *m* art lover; **~führer** *m* art guide; **~galerie** *f* art gallery; **~gattung** *f* art form, genre; **~gegenstand** *m* art object, objet d'art; **~genuß** *m* **1.** enjoyment of art; **2.** (a)esthetic treat.

kunstgerecht *adj.* expert, professional.

Kunstgeschichte *f* history of art, art history; **Kunstgeschichtler** *m* art historian; **kunstgeschichtlich** *adj.* art-historical.

Kunst|gewerbe *n* arts and crafts *pl.*; (*angewandte Kunst*) applied art(s *pl.*); **~glied** *n* artificial limb; **~griff** *m* (clever) trick; ***ein*** ~ (*Täuschungsmanöver*) *a.* sleight of hand; **~halle** *f* art gallery; **~handel** *m* art trade; **~händler** *m* art dealer; **~handlung** *f* art dealer('s); **~handwerk** *n* → ***Kunstgewerbe***; **~handwerker** *m* artist-craftsman; **~harz** *n* synthetic resin; **~herz** *n* artificial heart.

Kunsthistoriker *m* art historian; **kunsthistorisch** *adj.* art-historical.

Kunst|hochschule *f* art academy (*od.* college); **~honig** *m* artificial honey; **~kalender** *m* art calendar; **~kenner(in** *f*) *m* (art) connoisseur.

Kunstkopf *m Radio*: dummy head; **~aufnahme** *f* binaural recording.

Kunst|kritik *f* art criticism; (*die Kunstkritiker*) art critics *pl.*; **~kritiker** *m* art critic; **~leder** *n* imitation leather.

Künstler(in *f*) *m* artist; ♪, *thea. oft* performer; (*Zirkus2 etc.*) artiste; *fig.* genius.

künstlerisch I. *adj.* artistic; ***~e Form*** art form; ***~er Leiter*** art director; ***~e Ader*** artistic vein; **II.** *adv.* artistically; ***ein ~ wertvoller Film*** a film of artistic merit.

Künstler|kolonie *f* artists' colony; **~leben** *n the* life of an artist; **~name** *m* stage name; *e-s Schriftstellers*: pseudonym, pen name, nom de plume; **~pech** F *n* bad luck.

Künstlertum *n* artistry; *coll. the* artistic world.

Künstler|viertel *n* artists' quarter; **~werkstatt** *f* studio.

künstlich I. *adj.* artificial (*a. Atmung, Blume, Befruchtung, Licht, See etc.*); *Zähne etc.*: *a.* false; *Leder etc.*: imitation ...; (*unecht*) fake; (~ *hergestellt*) synthetic; man-made; *Lächeln etc.*: artificial, *bsd. attr.* forced; ***~e Niere*** kidney machine; **II.** *adv.* artificially; ~ ***in die Länge ziehen*** (deliberately) stretch out; F ***sich ~ aufregen*** F make a big thing out of it; **Künstlichkeit** *f* artificiality.

Kunstlicht *n* artificial light; **~film** *m* indoor film.

Kunst|liebhaber *m* art lover; **~lied** *n* lied.

kunstlos *adj.* simple, unsophisticated.

Kunst|maler(in *f*) *m* painter, artist; **~objekt** *n* art object, objet d'art; **~pause** *f* pause for effect; *iro.* awkward pause; ***e-e ~ machen*** pause for effect; **~preis** *m* art award (*od.* prize); **~rasen** *m* astroturf (*TM*); **~raub** *m* art theft; **~räuber** *m* art thief.

kunstreich *adj.* (very) artistic; (*reich geziert*) elaborate, ornate.

Kunst|richtung *f* style (of painting *etc.*); art movement, art school; **~sammler** *m* art collector; **~sammlung** *f* art collection; **~schätze** *pl.* art treasures; **~schmied** *m* ornamental iron-worker, artist blacksmith; **~schule** *f* art school; **~seide** *f* rayon; **~sprache** *f* artificial language; **~springen** *n* (springboard) diving; **~springer(in** *f*) *m* (springboard) diver.

Kunststoff *m* plastic; ***aus*** ~ (made of) plastic; **~bahn** *f* artificial track; **2beschichtet** *adj.* plastic-coated; **~industrie** *f* plastics industry; **~rasen** *m* artificial turf.

Kunst|stopfen *n* invisible mending; **~stück** *n* **1.** ***das ist schon ein*** ~ that takes some doing; ***das ist kein*** ~ (there's) nothing to it; *iro.* ***wie er wohl dieses ~ fertiggebracht hat*** how on earth did he manage that?; F *iro.* **~!** F big deal; **2.** (*Zauber2 etc.*) trick; **~student(in** *f*) *m* art student; **~szene** *f* art scene; **~tischler** *m* cabinet-maker; **~turnen** *n* gymnastics *pl.* (*a. sg. konstr.*); **~turner(in** *f*) *m* gymnast; **~verein** *m* arts society; **~verstand** *m*, **~verständnis** *n* **1.** knowledge of art; **2.** (a)esthetic sense.

kunstvoll *adj.* very artistic; (*reich geziert*) elaborate, ornate; (*geschickt*) skil(l)ful.

Kunst|werk *n* work of art; **~wissenschaft** *f* (theory of) art; **~wort** *n* coinage; **~zeitschrift** *f* art journal (*od.* magazine).

kunterbunt I. *adj.* **1.** (*sehr bunt*) colo(u)rful; (*mehrfarbig*) multicolo(u)red; **2.** (*liederlich*) untidy; ***ein ~es Durcheinander*** a (real) mess; **3.** *Leben*: chequered, very varied; ***~e Mischung*** mixed bag; ***es gab ein ~es Programm*** there were all sorts of things going on (*od.* being shown *etc.*); **II.** *adv.*: ***alles*** ~

durcheinanderwerfen throw everything into a heap, *fig.* lump everything together; ***hier geht's ja ~ zu!*** what on earth's going on here?

Kupfer *n* copper; **~bergwerk** *n* copper mine; **~blech** *n* sheet copper; **~dach** *n* copper roof; **~draht** *m* copper wire; **~druck** *m* copperplate engraving, print; **2farben** *adj.* copper-colo(u)red; **~geld** *n* copper coins *pl.*; **2haltig** *adj.* containing copper; **~kessel** *m* copper kettle; **~münze** *f* copper coin.

kupfern *adj.* (made of) copper.

kupfer|rot *adj.* copper-colo(u)red; **2schmied** *m* coppersmith; **2stecher** *m* copperplate engraver; **2stich** *m* copperplate engraving; **2sulfat** *n* copper sulphate (*Am.* sulfate); **2vergiftung** *f* copper poisoning.

kupieren *v/t.* (*Tier*) dock, (*Ohren etc.*) *a.* crop.

Kupon *m* → ***Coupon.***

Kuppe *f* (*Berg2*) hilltop; (*Finger2*) fingertip; ⚙ (*Nagel2*) head.

Kuppel *f* dome, cupola; **~bau** *m* domed building; **~dach** *n* domed roof; **2förmig** *adj.* dome-shaped.

Kuppelei *f* ⚖ procuration.

kuppeln I. *v/t.* → ***koppeln***; **II.** *v/i. mot.* operate the clutch, (*ein~*) (let in the) clutch, (*aus~*) declutch.

Kuppler *m* ⚖ procurer, pimp; **Kupplerin** *f* ⚖ procuress.

Kupplung *f* ⚙ coupling (*a.* 🚂, ⚡); *mot.* clutch; ***die ~ schleifen lassen*** let the clutch slip.

Kupplungs|automat *m* automatic clutch; **~belag** *m* clutch lining; **~pedal** *n* clutch pedal; **~scheibe** *f* clutch disc.

Kur *f* (course of) treatment; *am Kurort*: cure; ***e-e ~ machen*** be on (*od.* take) a cure; ***zur ~ gehen*** go for a cure.

Kür *f Sport*: voluntary exercise; → *a.* ***Kürlauf.***

Küraß *m* cuirass.

Kürassier *m hist.* cuirassier.

Kurat *m* curate.

Kurator *m* ⚖ trustee; *Museum, univ.*: curator; **Kuratorium** *n* board of trustees.

Kurbad *n* spa (town).

Kurbel *f* winder; ⚙ crank; **~dach** *n* (winding) sunroof; **~gehäuse** *n* crankcase; **~getriebe** *n* crank mechanism.

kurbeln I. *v/t.* wind (*od.* crank) up *etc.*; **II.** *v/i.* wind; *mot.* crank the engine; F ***ich mußte*** (***mit dem Lenkrad***) ***ganz schön ~*** it was hard work steering.

Kurbel|stange *f* connecting rod; **~welle** *f* crankshaft.

Kürbis *m* pumpkin; F (*Kopf*) F nut; **~flasche** *f* gourd; **~kern** *m* pumpkin seed.

Kurde *m* Kurd; **kurdisch** *adj.* Kurdish.

kuren F *v/i.* take (*od.* be on) a cure.

küren *v/t.* choose.

Kürettage *f* ⚕ curettage; **Kürette** *f* curette.

Kurfürst *m* (prince) elector; **Kurfürstentum** *n* electorate; **Kurfürstin** *f* electress; **kurfürstlich** *adj.* electoral.

Kur|gast *m* patient (at a health resort); **~haus** *n* casino (of a health resort); **~hotel** *n* health-resort hotel, spa hotel.

Kurie *f R.C.* curia; *the* papal Court.

Kurier *m* courier, messenger; *auf Motorrad*: dispatch rider; **~dienst** *m* courier service.

kurieren *v/t. a. fig.* cure (***von*** of); *fig.* ***davon bin ich kuriert*** I've had my taste (*od.* share) of that.

kurios *adj.* strange, funny; **Kuriosität** *f* **1.** oddness; **2.** → ***Kuriosum***; **3.** (*Sammlungsstück*) curio, curiosity; **Kuriosum** *n* oddity, odd thing (*od.* fact); *konkret*: curiosity.

Kurklinik *f* sanatorium; *private*: *a.* health farm.

Kurkuma *n* (*Gewürz*) curcuma; **~papier** *n* ⚗ turmeric paper.

Kurlaub *m* holiday-cum-cure.

Kürlauf *m Eissport*: free skating.

Kur|ort *m* health resort, spa (town); **~packung** *f für die Haare*: conditioner; **~park** *m* health-resort gardens *pl.*, spa gardens *pl.*

Kurpfuscher *m* charlatan, F quack; **Kurpfuscherei** *f* charlatanism.

Kurs *m* **1.** † price; (*Notierung*) quotation; *von Devisen*: exchange rate; ***zum ~ von*** at the rate of; ***hoch im ~ stehen*** be at a premium, *fig.* rate highly (***bei*** with); ***in ~ setzen*** circulate; **2.** ⚓, ✈ course; (*Radar2*) track; (*Strecke*) route; *fig. pol.* course, line, policy; ***~ halten*** stay on course; ***vom ~ abweichen*** go off course; ***~ nehmen auf*** head for (*a. fig.*); *fig.* ***e-n neuen ~ einschlagen*** take a new line; **3.** → ***Kursus.***

Kursaal *m* kursaal, casino.

Kurs|abschlag *m* markdown; **~abschwächung** *f* easing off of (market) prices; **~abweichung** *f* ⚓ *etc.* deviation (from the route); **~änderung** *f* change of course; *fig. a.* policy change; **~anstieg** *m* rise in (market) prices; **~aufschlag** *m* markup; **~blatt** *n* stock market report; **~buch** *n* 🚂 (railway) timetable.

Kürschner *m* furrier; **Kürschnerei** *f* **1.** furrier's trade; **2.** furrier's (work-) shop.

Kurs|einbruch *m* sudden fall in prices; **~einbuße** *f* price decline; **~entwicklung** *f* trends *pl.* in prices; **~erholung** *f* rally in prices; **~festsetzung** *f* fixing of the exchange rate (*Börse*: price); **~gewinn** *m* price gain.

kursieren *v/i.* circulate; *Gerüchte*: go round.

Kursindex *m* share prices index.

kursiv I. *adj.* italic; (*a. adv.*) in italics; **II.** **2** *n*, **2schrift** *f* italics *pl.*; ***in ~ setzen*** italicize.

Kurs|korrektur *f* correction of course; *fig.* shift in policy; **~leiter(in** *f*) *m* instructor, teacher; **~makler** *m* official (*od.* inside) broker; **~notierung** *f* (price *od.* market) quotation.

kursorisch *adj.* cursory.

Kurs|rückgang *m* decline in prices; **~schwankungen** *pl.* price fluctuations; **~steigerung** *f* price increase; **~sturz** *m* sharp fall in prices; **~stützung** *f* price pegging; **~system** *n ped.* streaming; **~teilnehmer(in** *f*) *m* course participant; **~treiberei** *f* share pushing.

Kursus *m* course; (*Klasse*) *a.* class.

Kurs|verlust *m* exchange loss; **~wagen** *m* 🚂 through coach; **~wechsel** *m* change of course (*fig. a.* policy); **~wert** *m* market value; **~zettel** *m* stock exchange list.

Kurtaxe *f* health resort tax.

Kurtisane *f* courtesan.

Kür|turnen *n* free exercises *pl.*; **~übung** *f* free exercise.

Kurve *f* (*Bogen*, *a.* 𝔄 *u. graphische ~*) curve; *e-r Straße etc.*: bend; F *hum.* **~n** *e-r Frau*: F curves; ***e-e ~ schneiden*** cut a corner; ***zu schnell in die ~ gehen*** take a (*od.* the) corner too fast; ✈ ***in die ~ gehen*** bank; F *fig.* ***die ~ kratzen*** F make a quick getaway; F ***ich hab' die ~ nicht gekriegt*** I didn't quite make it; **kurven** *v/i.* drive round; ✈ circle; ***um die Ecke ~*** F zoom around the corner; F ***durch die Gegend ~*** *schnell*: F bomb around, *ziellos*: cruise around.

kurven|förmig *adj.* curved; **2lage** *f mot.* holding on bends; ***e-e gute ~ haben*** hold well on bends; **2lineal** *n* curve; **~reich** *adj.* winding, twisting, full of bends; F *Frau*: F curvaceous; **2schar** *f* 𝔄 family of curves; **2schreiber** *m* plotter; **~sicher** *adj.*: *der Wagen* ***ist ~*** holds well on bends, corners well; **~star** *m* sex star, F blonde (*od.* brunette) bombshell; **2verhalten** *n mot.* → ***Kurvenlage***; **2vorgabe** *f Sport*: stagger.

kurvig *adj. Straße*: winding, twisting.

kurz I. *adj.* **1.** *räumlich*: short; ***~ und dick*** dumpy; ***~e Hose*** shorts (*pl.*); ***mit ~en Ärmeln*** short-sleeved; ***sie trägt ~es Haar*** she's got short hair; ***sich die Haare ~ schneiden lassen*** have one's hair cut short; ***hinten und an den Seiten ~*** *Haarschnitt*: short back and sides; ***die Hose ist ihm zu ~ geworden*** he's grown out of those trousers; ***die Röcke werden dieses Jahr ~ getragen*** hemlines are high this year; ***kürzer machen*** shorten; F ***~ und klein schlagen*** smash to pieces; ***alles ~ und klein schlagen*** F wreck the place; *fig.* ***den kürzeren ziehen*** come off worst, lose out, F get the rough end of the stick, get the thin end of the wedge; **2.** *zeitlich od. in der Abfassung*: short, brief; (*schroff*) short, curt (***gegen*** with); ***~e Darstellung*** (*od.* ***Zusammenfassung***) (brief) summary; ***~es Gedächtnis*** short memory; ***~er Blick*** quick glance; ***in ~en Worten*** in a few words; → ***Prozeß*** 2; ***seit ~em geht es ihm besser*** he's been feeling better lately; ***vor ~em*** recently, not long ago; ***die Tage werden kürzer*** the days are getting shorter; **II.** *adv.* **3.** *räumlich*: ***er sprang zu ~*** he jumped too short, he didn't jump far enough; ***~ vor Lissabon*** just before (we *etc.* got to) Lisbon; ***es liegt ~ hinter der Post*** it's a little way up (*od.* just up) from the post office; *fig.* ***zu ~ kommen*** come off worst; ***sieh zu, daß du nicht zu ~ kommst*** make sure you get your fair share of the deal; ***das Problem ist viel zu ~ gekommen*** the problem didn't get the attention it deserved; F ***er ist mit dem Verstand zu ~ gekommen*** F he was at the back of the queue when brains were being handed out; → ***kurzhalten, kurztreten***; **4.** *zeitlich od. in der Abfassung, im Ausdruck*: briefly; (*vorübergehend*) for a while; (*flüchtig*) for a moment; ***könntest du ~ herüberkommen?*** could you come over for a minute?; ***~ darauf*** shortly after (this); ***~ zuvor*** shortly before (this); ***über ~ oder lang*** sooner or later; ***~*** (***gesagt***), ***um es ~ zu sagen*** (*od.* ***zu machen***) to cut a long story short; ***~*** (***und bündig***) briefly, (*schroff*) curtly, (*schonungslos*) bluntly, point-blank, *ablehnen*: flatly; ***~ angebunden*** short, curt (***gegen*** with); ***~ ge-***

sagt very briefly, in a word, in short; ***j-m ~ schreiben*** drop s.o. a line; ~ ***nicken*** give a brief (*od.* quick) nod; ***laß mich mal ~ überlegen*** let me have a quick think; ***ich will ihn nur ~ anrufen*** I just want to give him a quick call; ***fasse dich ~!*** try to make it short; ***er wird ~ Will genannt*** he's called Will for short; → ***abfertigen*** 2.

Kurzarbeit *f* short-time work; **kurzarbeiten** *v/i.* work (*od.* be on) short time; **Kurzarbeiter** *m* short-time worker; ~ ***sein*** *a.* be on short time.

kurz|ärmelig *adj.* short-sleeved; **~atmig** *adj.* short of breath, short-winded; **2ausgabe** *f* abridged edition; **~beinig** *adj.* short-legged; **2bericht** *m* brief report; summary; **2biographie** *f* profile.

Kürze *f* shortness; *e-s Berichts etc.*: *a.* brevity; *des Stils*: conciseness; ***in ~*** shortly, soon; ***in aller ~*** very briefly; ***in der ~ liegt die Würze*** brevity is the soul of wit.

Kürzel *n* **1.** (*Abkürzung*) abbreviation (***für*** of); contraction (of); **2.** (*Stenozeichen*) shorthand symbol; *fig.* ***das ist ein ~ für ...*** that's shorthand for ...

kürzen *v/t.* shorten (***um*** by); (*Buch*) abridge; (*Film, Rolle etc.*) cut; (*Arbeitszeit, Gehälter etc.*) reduce, cut; 𝔄 (*Bruch*) reduce; ***drastisch ~*** F slash.

kurzerhand *adv.* unceremoniously, F just like that; (*plötzlich*) *a.* there and then; ~ ***leugnen*** flatly deny; ~ ***abweisen*** reject *s.th.* out of hand.

kürzertreten *v/i. finanziell*: tighten one's belt; *aus Gesundheitsgründen*: slow down, take things a bit slower; ~ ***mit*** go easy on.

Kurz|fassung *f* abridged version; **~film** *m* short; **~form** *f* short(ened) form; **~formel** *f*: ***auf e-e ~ bringen*** put *s.th.* in a nutshell; **2fristig I.** *adj.* short-term ...; (*plötzlich*) sudden; (*sofortig*) immediate; **II.** *adv.* at short notice; *absagen*: *a.* at the last minute; (*rasch*) quickly; **2gebraten** *adj.* quick-fried; **2gefaßt** *adj.* brief; **~geschichte** *f* short story; **2geschnitten** *adj.* short; **2geschoren** *adj.* very short, close-cropped; **~haardackel** *m* short-haired dachshund; **2haarig** *adj.* short-haired; **2halten** F *v/t.* keep *s.o.* on a tight rein (*od.* short leash); ***j-n mit Geld etc. ~*** keep s.o. in short supply, stint s.o. of money *etc.*; **~kommentar** *m* brief commentary (*od.* analysis); **2lebig** *adj.* short-lived (*a. fig. u. phys.*), ♣, *zo.* ephemeral; *Konsumgüter*: perishable; ***es war ziemlich ~*** *a.* it didn't last very long; **~lehrgang** *m* crash course.

kürzlich *adv.* recently, the other day; ***erst ~*** just the other day.

Kurz|meldung *f* news flash; **~en** → **~nachrichten** *pl.* news *sg.* in brief, summary *sg.* of the news, news briefing *sg.*; **~parker** *m* short-term parker; **~parkzone** *f* limited parking zone; **~paß** *m Sport*: short pass; **~referat** *n* short paper (*od.* talk); ***ein ~ halten über*** give a short talk on; **~rufnummer** *f teleph.* code number; **~schädel** *m* shorthead; **2schädelig** *adj.* shortheaded.

kurzschließen *v/t.* ⚡ short-circuit.

Kurzschluß *m* ⚡ short circuit, F short; *seelischer*: moment of madness; **~handlung** *f* panic reaction.

Kurzschrift *f* shorthand, stenography.

kurzsichtig *adj.* shortsighted (*a. fig.*), ⚕ myopic; **Kurzsichtigkeit** *f* shortsightedness (*a. fig.*), ⚕ myopia.

Kurz|ski *m* short ski; **~start** *m* ✈ short takeoff; **~starter** *m* short takeoff aircraft.

Kurzstrecke *f* short haul.

Kurzstrecken|betrieb *m* short-haul traffic; **~flug** *m* short-haul flight; **~flugzeug** *n* short-haul aircraft; commuter plane; **~läufer(in** *f*) *m* sprinter; **~rakete** *f* short-range missile; **~waffe** *f* short-range weapon.

kurztreten *v/i.* **1.** (*sparsam sein*) go easy on the sugar *etc.*; **2.** (*sich schonen*) take things easy.

kurzum *adv.* in a word, to cut a long story short.

Kürzung *f e-s Buches etc.*: abridg(e)ment; *von Gehältern etc.*: cut, cutback (*gen.* in); 𝔄 reduction; ***~en vornehmen in*** (*Film etc.*) cut, shorten, (*Personal etc.*) cut down on.

Kürzungspolitik *f* policy of retrenchment (*od.* low spending).

Kurz|urlaub *m* short trip, short-break holiday; **~wahl** *f teleph.* abbreviated dial(l)ing.

Kurzwaren *pl.* haberdashery *sg.*, *Am.* dry goods, notions; **~geschäft** *n* haberdashery, *Am.* dry goods store.

kurzweilig *adj.* entertaining.

Kurzwelle *f* short wave.

Kurzwellen|bereich *m* short-wave range; **~empfänger** *m* short-wave receiver; **~sender** *m* short-wave radio station (*od.* transmitter); **~therapie** *f* ⚕ short-wave therapy.

Kurzwort *n* contraction, abbreviation; (*Akronym*) acronym.

Kurzzeitgedächtnis *n* short-term memory.

kurzzeitig *adj.* short; (*kurzlebig*) short-lived.

Kurzzeitwecker *m* timer.

kuschelig *adj.* soft and cuddly; *Sessel etc.*: cosy, *Am.* cozy; **kuscheln I.** *v/refl.*: ***sich ~ an*** (*j-n*) snuggle (*od.* cuddle) up to, (*et.*) snuggle against; **II.** *v/t.*: ***s-n Kopf an*** (***in***) *et.* ~ nestle one's head against (bury one's head into); **III.** *v/i.* cuddle.

Kuschel|tier *n* soft (*od.* cuddly) toy; **2weich** *adj.* soft and cuddly.

kuschen *v/i. Hund*: lie down; *fig.* knuckle under (***vor*** to).

Kusine *f* cousin.

Kuskus *m gastr.* couscous.

Küßchen *n* (little) kiss; *auf die Wange*: peck on the cheek; F ***~!*** F give us a kiss.

Kuß *m* kiss; ***Gruß u. ~*** *als Briefschluß*: love and kisses; **2echt** *adj.* kiss-proof.

küssen *v/t.* kiss; ***sie küßten sich*** they kissed (each other); ***j-n zum Abschied ~*** kiss s.o. goodbye; ***j-n auf den Mund ~*** kiss s.o.'s lips, kiss s.o. on the lips.

Kußhand *f*: ***j-m e-e ~ zuwerfen*** blow s.o. a kiss; *fig.* ***mit ~*** gladly, with pleasure; ***ich würde es mit ~ nehmen*** *a.* I'd be only too glad to take it.

Küste *f* coast, shore.

Küsten|bewohner *m* coastal inhabitant; **~dampfer** *m* coaster; **~ebene** *f* coastal plain; **~fischerei** *f* inshore fishing; **~gebiet** *n* coastal area; **~gewässer** *pl.* coastal waters; **~handel** *m* coastal trade (*od.* trading); **2nah** *adj.* coastal, offshore ..., near the coast; **~schiffahrt** *f* (*getr.* ***ff-f***) coastal shipping; **~schutz** *m* coastal protection (*od.* preservation); **~staat** *m* littoral state; **~stadt** *f* coastal town; **~straße** *f* coastal road (*od.* route); road along the coast; **~streifen** *m*, **~strich** *m* coastal strip; beach; **~verschmutzung** *f* coastal pollution; **~verteidigung** *f* coastal defen|ce (*Am.* -se); **~wache** *f* coastguard (station); **~wachschiff** *n* coastal patrol vessel.

Küster *m* sexton, sacristan.

Kustode *m*, **Kustos** *m im Museum*: curator, keeper.

Kutschbock *m* coach box.

Kutsche *f* coach; F *mot.* ***alte ~*** F old banger.

Kutscher *m* coachman.

kutschieren I. *v/i.* drive (*od.* ride) in a coach; (*selbst fahren*) drive (a coach); F *mot.* drive; **II.** *v/t.* drive; F ***ich habe keine Lust, sie durch die Gegend zu ~*** why should I act as her chauffeur?

Kutte *f* (monk's) habit.

Kutteln *pl.* tripe *sg.*

Kutter *m* ⚓ cutter.

Kuvert *n* **1.** (*Brief2*) envelope; **2.** (*Gedeck*) cover.

Kuvertüre *f gastr.* (chocolate) coating.

Kuwaiter(in *f*) *m*, **kuwaitisch** *adj.* Kuwaiti.

Kybernetik *f* cybernetics *pl.* (*sg. konstr.*); **kybernetisch** *adj.* cybernetic(ally *adv.*).

Kyrie (eleison) *n eccl.* Kyrie (eleison).

kyrillisch *adj.* Cyrillic.

KZ *n* concentration camp; **KZ-Häftling** *m*, **KZler** F *m* concentration camp internee (*od.* inmate); **KZ-Methoden** *pl.* concentration camp methods.

L

L, l *n* L, l.

Lab *n biol., zo.* rennet, rennin.

labb(e)rig F *adj.* **1.** (*geschmacklos*) tasteless, insipid; (*wässerig*) *Pudding etc.*: runny, *Getränk*, *Suppe etc.*: watery; *Brot*, *Salat etc.*: soggy; ***das schmeckt total ~*** it tastes like nothing; ***dieses ~e Zeug kann ich nicht essen*** F I can't eat this mush; **2.** *Kleidung*: sloppy, shapeless, *Hose*: *a.* baggy; *Gummi etc.*: slack; **3.** *Händedruck*: limp; **4.** ***mir ist ganz ~*** I feel a bit queasy.

Label *n* label.

laben I. *v/refl.*: ***sich ~*** refresh o.s., revive o.s. (***an*** with); *fig.* ***sich ~ an*** relish, *mit Schadenfreude*: gloat over; ***sich an e-m Anblick ~*** feast one's eyes on; **II.** *v/t.* refresh, revive; **labend** *adj.* refreshing.

labern F *v/i.* F blather.

labial *adj.*, **Labial(laut)** *m ling.* labial.

labil *adj. Lage etc.*: unstable; *seelisch*: weak, (*beeinflußbar*) *a.* easily influenced, very impressionable; (*anfällig*) susceptible; *Kreislauf*: bad *circulation*; ***~e Gesundheit*** weak constitution; **Labilität** *f* instability; weakness; susceptibility; → ***labil.***

labiodental *adj.*, **Labiodental(laut)** *m ling.* labiodental.

labiovelar *adj.*, **Labiovelar(laut)** *m ling.* labiovelar.

Lab|kraut *n* ⚘ bedstraw; **~magen** *m zo.* fourth stomach; 📖 abomasum.

Labor *n* laboratory, F lab; **Laborant(in** *f***)** *m* laboratory assistant; **Laboratorium** *n* laboratory; **Laborbefunde** *pl.* test results; **laborgeprüft** *adj.* lab-tested.

laborieren F *v/i.*: ***~ an*** (*e-r Krankheit*) be suffering from, (*e-r Grippe*) be trying to shake off.

Labor|platz *m* lab place; **~techniker(in** *f***)** *m* laboratory technician; **~untersuchung** *f* laboratory test; **~versuch** *m* laboratory experiment.

Labsal *n, f* (*Erfrischung*) refreshment; *fig.* (*Genuß*) treat, feast; (*Trost*) comfort; ***es war ein ~*** it was very refreshing, *fig.* (*Trost*) it was a great comfort, (*Genuß*) it was a treat.

Labyrinth *n Antike u. anat.*: labyrinth; (*Irrgarten*) maze; *fig.* maze, warren; **labyrinthisch** *adj.* labyrinthine.

Lachanfall *m* laughing fit, fit of laughter; ***e-n ~ kriegen*** go into fits (of laughter), burst out laughing.

Lache[1] *f* laugh; ***dreckige ~*** dirty laugh.

Lache[2] *f* pool; *nach Regen*: puddle.

lächeln I. *v/i.* smile (***über*** at); *spitzbübisch*: grin (at); *höhnisch*: sneer (at); ***immer nur ~!*** keep smiling!; ***über das ganze Gesicht ~*** be all smiles, be grinning from ear to ear; *fig. lit.* ***ihm lächelte das Glück*** fortune smiled (up)on him; **II.** 2 *n* smile; grin; *höhnisches*: sneer.

lachen I. *v/i. u. v/t.* laugh (***über*** at); (*lächeln*) smile; ***laut ~*** laugh out loud; ***leise vor sich hin ~*** chuckle (to o.s.); F ***sich e-n Ast ~*** F nearly die laughing, kill o.s. (laughing), crease up (with laughter); ***du hast gut ~*** you can laugh; ***daß ich nicht lache!, da kann ich nur ~!*** don't make me laugh; ***lach (du) nur!*** just you wait and see; ***es wäre doch gelacht, wenn*** it would be ridiculous if *we couldn't do it*; ***da gibt's nichts zu ~*** it's not funny, *formell*: this is no laughing matter; ***was gibt's da zu ~?*** what's so funny about that?; ***bei ihm hat sie nichts zu ~*** he really gives her a hard time; ***er hat nicht viel zu ~*** life's no bed of roses for him; ***du wirst ~, aber*** you won't believe this, but; ***wer zuletzt lacht, lacht am besten*** he who laughs last, laughs loudest; ***lach doch mal!*** (*lächle*) come on, give us a smile; *fig. die Sonne* ***lacht*** is smiling; *lit.* ***ihm lachte das Glück*** fortune smiled (up)on him; → ***Fäustchen***; **II.** 2 *n* laugh(ing), laughter; ***j-n zum ~ bringen*** make s.o. laugh; ***ich konnte ihn nicht zum ~ bringen*** I couldn't get him to laugh; ***in lautes ~ ausbrechen*** burst out laughing; ***sich biegen*** (*od.* ***ausschütten, kugeln*** *etc.*) ***vor ~*** F kill o.s. (laughing), split one's sides (laughing); ***das ist nicht zum ~*** it's no joke; ***das ist ja zum ~*** that's ridiculous; ***ich werde dir das ~ schon abgewöhnen*** I'll wipe that smile off your face; ***ihm wird das ~ schon noch vergehen*** he'll be laughing on the other side of his face before he knows it; ***~ ist gesund*** laughter is the best medicine; → ***verbeißen, zumute***; **lachend** *adj.* laughing; *fig. Sonne*: smiling; ***die ~en Erben*** the laughing heirs; ***der ~e Dritte*** the real winner; **Lacher** *m* **1.** ***er hatte die ~ auf seiner Seite*** he had the laugh on his side; **2.** (*Lachen*) laugh; **Lacherfolg** *m*: ***es war ein großer ~*** F it was a scream; ***~e ernten*** have everybody laughing.

lächerlich I. *adj.* ridiculous; (*unsinnig*) laughable, absurd; (*unbedeutend, geringfügig*) ridiculous, F piddling; ***~ machen*** ridicule; ***sich ~ machen*** make a fool of o.s.; ***~e Kleinigkeit*** trivial matter, *pl. a.* trivia; ***das 2e daran*** the ridiculous thing about it; ***ins 2e ziehen*** make fun of, ridicule; **II.** *adv.*: ***~ wenig*** *etc.* ridiculously little *etc.*, a ridiculously small amount *etc.*; **Lächerlichkeit** *f* **1.** ridiculousness; ***der ~ preisgeben*** make *s.o. od. s.th.* look ridiculous; **2.** (*et. Lächerliches, Unbedeutendes*) trivial matter, F piddling affair, *pl. a.* trivia.

Lach|falten *pl.* laughter lines; **~gas** *n* laughing gas.

lachhaft *adj.* ridiculous, laughable.

Lach|kabinett *n* crazy house; **~krampf** *m* laughing fit; ***e-n ~ bekommen*** (F ***kriegen***) start laughing uncontrollably, have a laughing fit; ***ich bekam e-n ~ a.*** I couldn't stop laughing; F *iro.* ***ich krieg' e-n ~*** F you're kidding; **~möwe** *f* laughing gull; **~muskel** *m* laughing muscle; **~reiz** *m* (sudden) urge to laugh, *the* giggles *pl.*; ***ein ~ überfiel ihn*** he suddenly got the giggles.

Lachs *m* salmon.

Lachsalve *f* peals *pl.* of laughter.

Lachs|ersatz *m* (thinly sliced) rock salmon; **~fang** *m* salmon fishing; **2farben, 2farbig** *adj.* salmon(-colo[u]red), salmon pink; **~forelle** *f* salmon trout; **2rosa** *adj.* salmon pink, salmon-colo(u)red; **~schinken** *m smoked, rolled, lean ham.*

Lack *m* **1.** lacquer, varnish; (*Emaille2*) enamel; **2.** *mot.* paintwork, *Am.* paint job; **3.** *fig.* veneer; ***fertig ist der ~!*** F hey presto!; and Bob's your uncle!; ***der ~ ist ab*** the novelty has worn off, the initial glamo(u)r has gone; **~affe** F *m* fop; **~arbeit(en** *pl.***)** *f* lacquerwork (*sg.*).

Lackel F *m* F peasant; *ungeschickter*: F clumsy oaf.

lackieren *v/t.* varnish; *mot.* paint; F *fig.* take *s.o.* in; ***sich die Fingernägel ~*** put some nail varnish on, paint one's nails; ***der Lackierte sein → gelackmeiert***; **Lackierer** *m* varnisher; *mot.* body painter; **Lackierung** *f* (*Lackschicht*) varnish; (*Emaille*) enamel; *mot.* paintwork, *Am.* paint job.

Lack|kratzer *m* → ***Lackschaden***; **~leder** *n* patent leather; **~malerei** *f* lacquer painting; **~mantel** *m* patent leather coat.

lackmeiern F *v/t.* → ***gelackmeiert.***

Lackmus *n* ⚗ litmus; **~papier** *n* litmus paper.

Lack|schaden *m mot.* scratch (on the paintwork [*Am.* paint job]); **~schuhe** *pl.* patent leather shoes; **~stiefel** *pl.* patent leather boots.

Lade *obs. f* (*Truhe*) chest; (*Schub2*) drawer.

Lade|baum *m* derrick; **~brücke** *f* loading bridge; **~bühne** *f* loading platform; **~fähigkeit** *f* loading capacity; (*Schiff*) tonnage; ⚡ *Batterie*: storage capacity; **~fläche** *f* loading space; **~gerät** *n* ⚡ battery charger; **~gewicht** *n* maximum load; **~hemmung** *f* jam, stoppage; ***~ haben*** *Gewehr etc.*: be jamming, F *fig. Person*: have a mental block, *engS.* not to be able to get a word out; **~kapazität** *f* → ***Ladefähigkeit***; **~klappe** *f mot.* tailboard, tailgate; **~kran** *m* loading crane; **~linie** *f* ⚓ load line; **~liste** *f* cargo list; **~luke** *f* hatch(way).

laden[1] *v/t.* load; ⚡ (*Akku*) charge, (*Motor*) supercharge, boost; (*Computer*) boot (up); (*Gewehr etc.*) load; *fig.* ***auf sich ~*** saddle o.s. with, (*Haß etc.*) incur;

F *fig.* ***schwer geladen haben*** F have had one over the eight, be tight; → ***geladen.***

laden² *v/t.* (*ein*~) invite; ⚖ ***vor Gericht*** ~ summon before a court, *unter Strafandrohung*: subpoena.

Laden *m* **1.** shop, *bsd. Am.* store; **2.** F *fig.* (*Unternehmen*) business; ***den ~ hinschmeißen*** F chuck the whole thing; ***den ~ schmeißen*** a) F run the show, b) (*es schaffen*) F swing it; ***den ~ dichtmachen*** F shut up shop, *für immer*: *a.* F fold up; ***der ~ läuft*** F everything's hunky-dory; ***wie ich den ~ (so) kenne*** if you ask me; **3.** (*Fenster*♀) shutter(s *pl.*); **~besitzer** *m* shop owner, proprietor; **~detektiv** *m* store detective; **~dieb** *m* shoplifter; **~diebstahl** *m* shoplifting; **~einbruch** *m* shopbreaking; **~einrichtung** *f* shop (*Am. a.* store) fittings *pl.*; **~fenster** *n* shop window; **~front** *f* shop (*Am. a.* store) front; **~hüter** F *m* F shelf-warmer; † *pl.* soiled goods; **~inhaber** *m* → ***Ladenbesitzer***; **~kasse** *f* till; **~kette** *f* chain (of stores); **~passage** *f* shopping mall; **~preis** *m* retail price; *Bücher*: publisher's price; **~schild** *n* (shop) sign, facia, fascia.

Ladenschluß *m* closing time; ***nach ~*** after hours; **~gesetz** *n* shop closing laws *pl.*; *in GB*: *etwa* shops act.

Laden|straße *f* shopping street; **~tisch** *m* counter; *fig.* ***unter dem ~*** under the counter; **~verkauf** *m* retail (sale).

Lader *m* ⚙ (*Maschine*) loader, charger; *mot.* (*Gebläse*) supercharger, booster; ⚡ battery charger.

Lade|rampe *f* loading ramp; **~raum** *m* loading (*od.* cargo) bay; ⚓ a) (ship's) hold, b) (*Kapazität*) tonnage; ✈ stowage compartment; **~schein** *m* ⚓ bill of lading; **~strom** *m* ⚡ charging current; **~zone** *f* loading area (*od.* bay).

lädieren *v/t.* (*beschädigen*) damage; (*verletzen*) injure; **lädiert** *adj.* **1.** (*beschädigt*) damaged, battered; *Person*: injured; ***leicht ~*** the worse for wear; ***er sah ziemlich ~ aus*** he looked as if he'd taken a bit of a beating (*od.* had a rough time); **2.** *fig. Ruf, Ansehen, Image etc.*: battered; *Stolz*: injured *pride*.

Ladiner(in *f*) *m*, **ladinisch** *adj.*, **Ladinisch** *n ling.* Ladin.

Ladung¹ *f* **1.** † (*Fracht*) load, freight, ⚓, ✈ cargo, freight; (*Lieferung*) shipment; (*Wagen*♀) truckload; **2.** ⚔ (explosive) charge; ⚡, *a. phys.* (*Atomkern*♀) charge; **3.** F ***e-e ~*** *Sand etc.*: F a pile of, (*Handvoll*) a fistful of, *a. Wasser etc.*: F a load of; *fig.* ***e-e geballte ~ von Vorwürfen*** a volley of criticism.

Ladung² *f* ⚖ summons, *unter Strafandrohung*: subpoena.

Lady *f* (*Dame*) real lady.

Lafette *f* ⚔ (gun) carriage, mount.

Laffe F *m* fop.

Lage *f* **1.** (*räumliche ~, Standort, a. ~ des Körpers*) position; *e-s Gebäudes etc.*: site, location; *mot.* → ***Straßenlage***; *Haus* ***in schöner ~*** beautifully situated; ***in höheren ~n*** higher up; **2.** *fig.* (*Lebens*♀ *etc.*) situation; (*Umstände*) *a.* circumstances *pl.*, *mst unbefriedigende*: state of affairs; (*Zustand*) condition, state; ***rechtliche ~*** legal position; ***wirtschaftliche (finanzielle) ~*** economic (financial) situation; ***in allen ~n*** in any situation; ***nach ~ der Dinge*** as matters stand; ***die ~ der Dinge erfordert es, daß er zurücktritt*** the situation calls for his resignation; ***(nicht) in der ~ sein zu*** *inf.* be (un)able to *inf.*, (not to) be in a position to *inf.*; ***j-n in die ~ versetzen zu*** *inf.* enable s.o. to *inf.*, make it possible for s.o. to *inf.*; ***in der glücklichen ~ sein zu*** *inf.* be in the fortunate position *od.* be fortunate enough to (be able to) *inf.*; ***ich bin nicht in der ~ zu*** *inf.* I'm in no position to *inf.*; ***in derselben ~ sein*** *a.* be in the same boat; ***versetzen Sie sich in m-e ~*** put yourself in my place (*od.* position); ***wenn ich in d-r ~ wäre*** if I were you, (if I were) in your position *od.* place; ***in e-r unangenehmen (od. unglücklichen) ~ sein*** be in an awkward position (*od.* situation); ***Herr der ~ sein (bleiben)*** be (remain) in control of the situation (*od.* of things); → ***peilen*** I; **3.** (*Schicht*) layer, *geol. a.* stratum; *im Stapel*: tier; ⚙ *von Werkstoff*: ply; *Farbe*: coat; (*Satz*) set; *von Papier*: quire; *von Wurst etc.*: layer; **4.** ♪ (*Ton*♀, *Stimm*♀) register; *von Akkorden*: position; ***die höheren ~n*** the upper registers; **5.** (*Salve*) volley; **6.** ***e-e ~ Bier ausgeben*** buy (*od.* stand) a round of beer; **~bericht** *m* progress report; **~besprechung** *f* briefing.

Lagenstaffel *f Schwimmen*: medley relay.

Lageplan *m* layout plan.

Lager 1. † warehouse, (*Raum*) storeroom; (*Warenbestand*) stock, stores *pl.*; ⚔ depot; ***auf ~ haben*** have in stock, *fig.* have up one's sleeve; ***das haben wir nicht auf ~*** we haven't got it in stock, it's out of stock; ***ab ~*** ex warehouse; *fig.* ***et. für j-n auf ~ haben*** (*Überraschung etc.*) have s.th. in store for s.o.; **2.** ⚔ (*a. Ferien*♀, *Flüchtlings*♀ *etc.*) camp; (*geheimes ~ von Waffen etc.*) cache; **3.** *fig.* (*Partei*) camp; ***im feindlichen ~*** in the enemy camp; ***ins andere ~ überwechseln*** change sides; **4.** ⚙ (*Stütz*♀, *Unterlage*) support; (*Kugel*♀ *etc.*) bearing; **5.** *geol.* layer, deposit; **6.** *obs.* (*Bett*) bed; **~apfel** *m* winter apple; **~arbeiter** *m* warehouse employee; *im Betrieb*: storekeeper, storeman; **~bestand** *m* stock (on hand); ***den ~ aufnehmen*** take stock, do the stocktaking (*od.* inventory); **~bestandsaufnahme** *f* stocktaking, inventory; **~bier** *n* lager; **~buch** *n* stock book, stores ledger.

lagerfähig *adj.* storable; **Lagerfähigkeit** *f* shelf life; ***große (geringe) ~*** long (short) shelf life.

Lagerfeuer *n* camp fire; **~romantik** *f* campfire romanticism.

Lager|gebühren *pl.* storage charges, storage *sg.*; **~halle** *f* warehouse; **~haltung** *f* stockkeeping; **~haus** *n* warehouse.

Lagerist *m* stockkeeper, storekeeper, storeman.

Lager|koller F *m* camp psychosis; **~kosten** *pl.* storage charges, storage *sg.*; **~leben** *n* camp life; **~liste** *f* stock list.

lagern I. *v/t.* **1.** store; keep; → ***kühl*** II; **2.** (*Holz etc.*) season; **3.** *bsd.* ⚕ (*Bein etc.*) rest (up); **4.** (*betten*) put, lay; **5.** ⚙ mount; (*abstützen*) support; (*in e-e bestimmte Lage bringen*) position; → ***gelagert***; **II.** *v/i.* **6.** (*rasten*) camp; ***~ auf*** (*provisorischem Bett*) camp down on; **7.** *Waren*: be stored; **8.** (*ausreifen*) mature; **9.** ⚙ rest; **III.** *v/refl.*: ***sich ~*** settle (down).

Lager|obst *n* storing fruit; **~platz** *m* **1.** place to spend the night; **2.** † storage place; **~psychose** *f* camp psychosis; **~raum** *m* storeroom; **~schuppen** *m* storage shed; **~seuche** *f* camp epidemic; **~stätte** *f geol.* deposit.

Lagerung *f* **1.** † storage; (*Alterung, Reifung*) seasoning; **2.** ⚙ mounting; *mot.* suspension; **3.** *geol.* stratification.

Lager|verwalter *m* storekeeper, stockkeeper; **~verzeichnis** *n* stock list; **~vorrat** *m* stock, supply.

Lagune *f* lagoon.

lahm *adj.* **1.** lame; ⚕ paralyzed; (*verkrüppelt*) crippled; ***~ sein*** *a.* (have a) limp; **2.** F (*kraftlos*) limp; (*steif*) stiff; **3.** F *fig.* (*langsam, träge*) slow, sluggish; (*langweilig*) dull; *Ausrede etc.*: lame, poor; *Film, Witz, Abenteuer etc.*: tame; ***~e Ente*** sluggard, (*Wagen*) crawler; ***~er Verein*** F hopeless lot.

Lahmarsch *sl. m* F drip; ***diese Lahmärsche!*** F what a bunch of drips, what a hopeless lot; ***komm, du ~!*** *sl.* come on, get off that butt of yours!; **lahmarschig** *sl. adj.* slow; hopeless.

lahmen *v/i. Tier*: be lame (***auf*** in); *fig. Wirtschaft*: be ailing.

lähmen *v/t.* paralyze (*a. fig.*); → ***lahmlegen, gelähmt***; **lähmend** *adj.* paralyzing (*a. fig. Angst*).

lahmlegen *fig. v/t.* paralyze, cripple; bring to a standstill (*od.* halt, stop); ⚙ (*Gerät, Anlage*) knock out; **Lahmlegung** *f* paralyzing, crippling.

Lähmung *f* ⚕ paralysis; *fig.* paralyzing; ***einseitige (doppelseitige) ~*** paralysis on *od.* down one side (both sides) of one's body, 📖 hemiplegia (paraplegia); **Lähmungserscheinung** *f* symptom of paralysis.

Laib *m* loaf.

Laiberl *östr. n* (meat) rissole; (fish) cake.

Laich *m* spawn; **laichen** *v/i.* spawn.

Laich|platz *m a. pl.* spawning ground; **~zeit** *f* spawning season.

Laie *m eccl.* layman; (*Frau*) laywoman; *fig.* layman; *fig.* ***da bin ich absoluter ~*** I don't know the first thing about it; F ***da staunt der ~ (und der Fachmann wundert sich)*** that's unbelievable, *stärker*: F that's too much.

Laien|bruder *m* lay brother; **~bühne** *f* amateur theat|re (*Am. a.* -er).

laienhaft I. *adj.* amateurish, unprofessional, dilettante; **II.** *adv.*: ***~ ausgedrückt*** (to put it) in layman's terms.

Laien|investitur *f* lay investiture; **~prediger** *m*, **~priester** *m* lay preacher; **~richter** *m* lay judge; **~spiel** *n thea.* amateur play; **~sprache** *f* layman's language; **~theater** *n* amateur theat|re (*Am. a.* -er) (group); **~theologe** *m* lay theologian.

Laientum *n* **1.** *coll.* laity; **2.** (*Art, Wesen*) laymanship.

Laienverstand *m* layman's way of thinking; ***das sagt mir schon mein ~*** even I as a layman realize (*od.* know) that.

Lakai *m* **1.** *hist.* lackey, footman; **2.** *contp.* minion, flunkey; **lakaienhaft** *adj.* servile, cringing.

Lake *f* brine, pickle.

Laken *n* sheet.

lakonisch *adj.* laconic(ally *adv.*).

Lakritze *f* liquorice; **Lakritzenstange** *f* liquorice stick, stick of liquorice.

Laktation *f* lactation.

Laktose *f* lactose.
lala F *adj. u. adv.*: **so** ~ F so-so.
lallen *v/i. u. v/t. Baby*: babble; *Betrunkener*: blabber.
Lama¹ *n zo.* llama.
Lama² *m Buddhismus*: lama; **Lamaismus** *m* lamaism; **lamaistisch** *adj.* Lamaist(ic); **Lamakloster** *n* lamasery.
Lamäng F *f*: ***aus der*** ~ F off the top of one's head, just like that.
Lamawolle *f* llama (wool).
Lamé *m* lamé.
Lamelle *f* ⚙ lamella; ⚡ (commutator) segment; *mot.* (*Kühler*♀) rib; *phot. der Blende*: blade, leaf; *e-r Jalousie*: slat, blade; 🍄 *der Pilze*: gill; **lamellenförmig** *adj.* lamellar.
Lamellen|kupplung *f* multiple-disc clutch; **~verschluß** *m phot.* iris diaphragm, bladed shutter.
lamentieren *v/i.* complain, moan; **Lamento** *n* **1.** (*Gejammer*) (howl of) complaint; ***ein großes ~ anstimmen*** set up a howl of complaint (***über*** about), F kick up a big fuss (about); **2.** ♪ lament.
Lametta *n* **1.** *etwa* tinsel; **2.** F *fig.* (*Orden*) F fruit salad.
laminieren *v/t.* ⚙ laminate.
Lamm *n* lamb (*a. fig.*); ***das ~ Gottes*** the Lamb of God; **~braten** *m* roast lamb.
lammen *v/i.* lamb.
Lämmer|geier *m* lammergeyer, bearded vulture; **~wolken** *pl.* fleecy (*od.* cotton--wool) clouds.
Lammfell *n* lambskin; **~hausschuhe** *pl.* lambskin slippers; **~jacke** *f* lambskin (*od.* sheepskin) jacket; **~mantel** *m* lambskin (*od.* sheepskin) coat.
Lamm|fleisch *n* lamb; **♀fromm** *adj.* (as) meek as a lamb; **~kotelett** *n* lamb chop.
Lämmlein *n* little lamb.
Lammsgeduld *f the* patience of Job (*od.* of a saint).
Lammwolle *f* lambswool.
Lämpchen *n* (small) lamp.
Lampe *f* lamp; *weitS.* light; (*Glüh*♀) bulb.
Lampen|fassung *f* bulb socket; **~fieber** *n* stage fright; *bei der Premiere*: *a.* first--night nerves *pl.*; **~licht** *n* lamplight; **~schein** *m* lamplight, light of the lamp; **~schirm** *m* lampshade.
Lampion *m, n* Chinese lantern.
lancieren *v/t.* **1.** (*Produkt, Buch, Nachricht etc.*) launch; (*j-n*) build *s.o.* up; ***~ in*** (*Produkt, Person etc.*) launch *s.th. od. s.o.* into *the charts etc.*; **2.** ✝ (*Anleihe*) float; **Lancierung** *f* launch(ing); ✝ *von Anleihen*: flotation.
Land *n* **1.** (*Grund und Boden*) land, property; (*Ackerboden*) land, soil; (*Ggs. Wasser*) land; ***10 Hektar*** ~ 10 hectares of land; ***~ in Sicht*** land ahead; ***an*** ~ ashore; ***an ~ gehen*** go ashore, disembark; ***an ~ ziehen*** land, pull ashore, F *fig.* F land o.s., hook o.s. *a nice job etc.*; ***~ sehen*** see land; F *fig.* (***wieder***) ***~ sehen*** see the light at the end of the tunnel; ***ich sehe noch kein*** ~ there's no end in sight yet; ***kein ~ mehr sehen*** be completely at sea, be floundering; → ***unter***¹; **2.** (*Ggs. Stadt*) country; countryside; ***auf dem*** ~ in the country; ***aufs ~ fahren*** go (*od.* drive) out into the country(side); ***aufs ~ ziehen*** move to the country(side); *fig.* ***ins ~ gehen*** *Zeit*: pass, elapse, go by; **3.** (*Gegend, Landschaft*) country; ***hügeliges*** ~ hill(y) country; **4.** (*geographisches* ~) country; (*Staat*) *a.* nation, state; *lit.* land; → ***gelobt, heilig; andere Länder, andere Sitten*** *etwa* when in Rome, do as the Romans do; ***~ und Leute kennenlernen*** get to know the country (and its people); ***aus aller Herren Länder*** from all four corners of the earth; F *fig.* ***wieder im ~e sein*** be back again, (*unter den Leuten*) be back in circulation; F ***bist du wieder mal im ~e?*** F returned from your wanderings, have you?, *iro.* well hello there, stranger!; **5.** (*Territorium*) territory, land; (*Gebiet*) *a.* country; **6.** *pol. innerhalb Deutschlands*: (federal) state, Land (*pl.* Laender, Länder); *in Österreich*: province, Land (*pl.* Laender, Länder); ***das ~ Bayern*** the state of Bavaria; ***das ~ Kärnten*** the province of Carinthia; **7.** *fig.* ***~ der Träume*** *etc.* land of dreams *etc.*; **~adel** *m* (landed) gentry; **~arbeit** *f* farming; **~arbeiter** *m* farm worker; **~arzt** *m* country doctor.
Landauer *m* landau.
landauf *adv.*: ***~, landab*** up and down the country.
Landaufenthalt *m* stay in the country.
landaus *adv.*: ***~, landein*** all over the place, *ziehen etc.*: from country to country.
Land|bau *m* agriculture, farming; **~besitz** *m* landed property, ⚖ real estate; **~besitzer** *m* landowner; **~bestellung** *f* tillage; **~bevölkerung** *f* rural population; **~bewohner** *m* country dweller; *pl. a.* countryfolk *sg.*; **~bezirk** *m* rural district; **~brot** *n* farm bread; **~brücke** *f geol.* land bridge; **~butter** *f* farm butter.
Lande|anflug *m* landing approach (***auf*** to); **~bahn** *f* runway, *kleinere*: airstrip, landing strip; **~brücke** *f* landing stage, pier, jetty; **~deck** *n* ✈ landing (*od.* flight) deck; **~erlaubnis** *f* landing clearance, permission to land; ***die ~ erhalten*** be given permission to land.
Landeier *pl.* farm eggs.
landeinwärts *adv.* (further) inland.
Lande|klappe *f* ✈ landing flap; **~kopf** *m* ⚔ beachhead; **~licht** *n am Flughafen*: approach light; *am Flugzeug*: landing light; **~manöver** *n* landing approach.
landen I. *v/i.* ✈ land, touch down; *Raumkapsel*: land, splash down; *Schiff*: dock; (*sich ausschiffen*) disembark, go ashore; *fig. auf dem Boden etc.*: land; F (*ankommen*) arrive; F (*geraten*) F land (up), end up, wind up; ***auf dem dritten Platz ~*** *Sport*: come in third; F ***bei ihm kannst du*** (***damit***) ***nicht ~*** you won't get (that won't get you) anywhere with him; **II.** *v/t.* (*Truppen etc.*) disembark; (*e-n Schlag*) land *a blow*; **III.** ♀ *n* landing; ***beim*** ~ as we (*od.* the plane *etc.*) landed.
Landenge *f* isthmus.
Lande|piste *f* landing strip; **~platz** *m* ✈ airstrip; *für Boote*: pier, *für Schiffe*: wharf, quay; **~recht** *n* landing rights *pl.*
Ländereien *pl.* property *sg.*, land *sg.*
Länder|kampf *m Sport*: international competition; *Fußball etc.*: international match; **~kennzahl** *f teleph.* country code; **~kunde** *f* geography; **~name** *m* name of a country; *pl.* names of countries, geographical names; **~spiel** *n* international match.
Landesbank *f* regional bank.
Landeschleife *f* circuit; ***~n ziehen*** be in a holding pattern, circle above an airport; ***wir mußten eine Stunde lang ~n ziehen*** *a.* we were stacked for an hour.
Landes|ebene *f*: ***auf*** ~ on a regional level; **♀eigen** *adj.* state-owned; **~erzeugnis** *n* domestic product; *pl. a.* home produce *sg.*; **~farben** *pl.* national colo(u)rs; **~flagge** *f* national flag; **~fürst** *m* → ***Landesherr***; **~gebiet** *n* national territory; **~grenze** *f* frontier, border; **~hauptmann** *östr. m* head of a (*od.* the) provincial government; **~hauptstadt** *f* capital; *e-s Bundeslandes*: (state) capital; *in Österreich*: (provincial) capital; **~herr** *m* sovereign; **~hoheit** *f* sovereignty; **~innere** *n* interior; **~kirche** *f* national church; *evangelische*: regional church; **~kunde** *f* background studies *pl.*; **~liste** *f pol.* state ticket; **~politik** *f* regional politics *pl.*; **~produkt** *n* → ***Landeserzeugnis***; **~regierung** *f* (central) government; *in Deutschland*: (state) government; *in Österreich*: (provincial) government; **~sitte** *f* national (*od.* local) custom; **~sprache** *f* (national) language, language of a country; *offizielle*: official language.
Landesteg *m* landing stage.
Landes|theater *n* regional theat|re (*Am. a.* -er); **~tracht** *f* national (*od.* local) costume.
Lande|strecke *f* landing run; **~streifen** *m* landing strip.
landesüblich *adj.* customary.
Landes|vater *iro. m* patron; sovereign; **~vermessung** *f* ordnance survey; **~verrat** *m* treason; **~verräter** *m* traitor; **~verteidigung** *f* national defen|ce (*Am.* -se); **~währung** *f* national (*od.* local) currency.
landesweit *adj.* nationwide.
Lande|trupp *m* ⚔ landing party; **~verbot** *n*: ***e-r Maschine ~ erteilen*** refuse an aircraft permission to land; ***wegen starken Nebels herrschte am Flughafen ~*** the airport was closed due to heavy fog; **~zeit** *f* ✈ landing time; *Raumkapsel*: splashdown.
Landflucht *f* rural exodus, drift to the cities.
landfremd *adj.* foreign; ***ich bin hier ~*** I'm a stranger to the country (*od.* area).
Landfriede *m hist.* King's peace; **Landfriedensbruch** *m* breach of the peace.
Land|gemeinde *f* rural community; **~gericht** *n* district court.
landgestützt *adj.*: ***~e Rakete*** land-based missile.
Land|gewinnung *f* land reclamation; **~gut** *n* estate; **~haus** *n* country house, villa, *kleines*: cottage; **~karte** *f* map; **~kreis** *m* district.
landläufig I. *adj.* (*üblich*) current, common, generally accepted; (*volkstümlich*) popular; ***im ~en Sinn*** in the conventional sense (of the word); ***der ~en Meinung nach*** according to popular opinion (*od.* belief), conventional wisdom has it that; ***entgegen ~er Meinung*** contrary to popular opinion (*od.* belief); **II.** *adv.* commonly, in popular usage.
Landleben *n* country life, life in the country.
Ländler *m* ländler, country waltz.
Landleute *pl.* countryfolk (*pl.*).
ländlich *adj.* rural, country ...; (*einfach, bäuerlich*) rustic; (*verbauert*) F countrified; **Ländlichkeit** *f* rural nature (*od.* character); rural (*od.* country) atmosphere; **ländlich-sittlich** *hum. adj.* untouched by civilization.
Land|luft *f* country air; **~macht** *f* land

power; **~marke** *f* landmark; **~maschinen** *pl.* agricultural machinery *sg.*, farming equipment *sg.*; **~masse** *f* landmass; **~mine** *f* landmine; **~nahme** *f* (conquest and) settlement; **~pfarrer** *m* country parson; **~plage** *f* **1.** serious plague, scourge; **2.** F *iro.* F nuisance, pest; **~pomeranze** *hum. f* F country miss.

Landrat *m* district administrator; **Landratsamt** *n* district administration.

Land|ratte F *f* F landlubber; **~regen** *m* continuous rainfall (*od.* showers *pl.*); **~reise** *f* (overland) journey; **~rücken** *m* ridge of land.

Landschaft *f* **1.** scenery; *aus der Ferne gesehen, a. geol.*: landscape; (*das Land, anmutige ~*) countryside; *fig., politische etc.*: scene, landscape; F *fig.* ***das paßt nicht in die ~*** it doesn't fit into the picture; ***was stehst du in der ~ herum?*** what are you waiting (F hanging around) for?; **2.** (*~sbild*) landscape; **landschaftlich I.** *adj.* **1.** scenic *attractions etc.*; ***~e Unterschiede*** differences in the landscape (*od.* countryside); **2.** (*regional*) regional; **II.** *adv.* **3.** ***e-e ~ sehr schöne Gegend*** a beautiful area (*od.* part of the country), a beauty spot; ***dort ist es ~ sehr schön*** *a.* the countryside around there is beautiful; ***~ schöne Strecke*** scenic route (*od.* road); **4.** ***ein ~ gefärbter Akzent*** a slight regional accent; ***das ist ~ verschieden*** that varies from region to region.

Landschafts|architekt *m* landscape architect; **~architektur** *f* landscape architecture, landscaping; **~bild** *n* landscape (painting); **~gärtner** *m* landscape gardener; **~maler** *m* landscape painter (*od.* artist); **~malerei** *f* landscape painting; **~pflege** *f*, **~schutz** *m* conservation of the countryside; **~schutzgebiet** *n* nature reserve, conservation area.

Land|schildkröte *f* (land) tortoise; **~schulheim** *n schools field cent|re* (*Am.* *-er*) *in the country*; **~sitz** *m* country house (*od.* estate).

Landsknecht *m hist.* lansquenet; (*Söldner*) mercenary; F ***fluchen wie ein ~*** swear like a trooper.

Landsmann *m* (fellow) countryman, compatriot; ***was sind Sie für ein ~?*** where (*od.* which part of the world) do you come from?; **Landsmännin** *f* (fellow) countrywoman, compatriot; **Landsmannschaft** *f* homeland association; *association of regional compatriots stemming from Germany's former eastern territories.*

Land|spitze *f* point, promontory, headland; **~stadt** *f* country town; **~straße** *f* country road; ***wir sind über die ~ gefahren*** *a.* we took the road (*od.* route) through the country(side).

Landstreicher *m* tramp; **Landstreicherei** *f* ⚖ vagrancy.

Land|streifen *m* strip (of land); **~streitkräfte** *pl.* land forces; (*Ggs.* ✈) ground forces; **~strich** *m* region, district.

Landtag *m pol.* Landtag, state parliament; **Landtagswahlen** *pl.* state elections.

Land|tier *n* terrestrial animal; **~transport** *m* overland transport; **~truppen** *pl.* land forces; (*Ggs.* ✈) ground troops.

landumschlossen *adj.* landlocked.

Landung *f* landing; (*Ausschiffung*) disembarkation; ⚔ (*Angriffs~*) assault; (*Ankunft*) arrival; ***zur ~ ansetzen*** come in to land; ***zur ~ zwingen*** force down.

Landungs|boot *n* landing craft; **~brücke** *f*, **~steg** *m* gangway; **~trupp** *m* ⚔ landing party; **~truppen** *pl.* landing force *sg.*

Land|urlaub *m* ⚓ shore leave; **~vermesser** *m* (land) surveyor; **~vermessung** *f* ordnance survey; **~vogel** *m* land bird; **~volk** *n* rural population.

landwärts *adv.* landward(s).

Land|weg *m* **1.** country road (*od.* lane); **2.** overland route; ***auf dem ~*** by land, overland; **~wein** *m* vin ordinaire.

Landwirt *m* farmer; **Landwirtschaft** *f* agriculture, farming; (*Anwesen*) farm; **landwirtschaftlich** *adj.* agricultural; ***~er Betrieb*** farm; ***~e Maschinen*** agricultural machinery *sg.*, farm equipment *sg.*; ***~e Hochschule*** agricultural college.

Landwirtschafts... *in Zssgn* agricultural; **~hochschule** *f* agricultural college; **~minister** *m* minister of agriculture, farm minister; **~ministerium** *n* ministry (*od.* department) of agriculture.

Landzunge *f* promontory.

lang I. *adj. u. adv.* **1.** *räumlich*: long; *Mensch*: tall; ***zehn Meter ~ und vier Meter breit*** ten met|res (*Am.* -ers) by four; ***sie sind gleich ~*** they're the same length; ***das Haar ~ tragen*** have long hair; ***e-n ~en Hals machen*** crane one's neck, *Am.* rubberneck; *fig.* ***sich des ~en und breiten*** (*od.* ***~ und breit***) ***über et. auslassen*** expatiate on s.th.; → ***Bank***[1] 1, ***Gesicht*** *etc.*; **2.** *zeitlich*: long, (for) a long time; ***~e Jahre*** for years; ***seit ~em*** for a long time; ***vor nicht allzu ~er Zeit*** not so long ago; ***in nicht zu ~er Zeit*** before long; ***nicht ~e darauf*** not long after(wards); ***mir wird die Zeit ~*** the days are beginning to drag; ***er braucht immer ~e*** it always takes him a while, *contp.* he's so slow; ***~ werden*** *Tage*: get longer; ***drei Jahre ~*** for three years; ***die ganze Woche ~*** all week long, the whole week; ***~ anhaltend*** long, continuous; ***~ entbehrt*** (*od.* ***vermißt***) sorely missed; ***das ist schon ~e her*** that was a long time ago; ***es ist schon ~e her, daß*** it's been a long time since, it's ages since; ***wie ~e lernen Sie schon Englisch?*** how long have you been learning English?; ***~e nicht*** (*bei weitem nicht*) not nearly ..., F not by a long chalk, nowhere near ...; (***noch***) ***~e nicht fertig*** (***gut genug*** *etc.*) not nearly ready (good enough *etc.*); *ist er fertig?* - ***noch ~e nicht*** F not by a long chalk, *iro.* you must be joking; ***so ~e wie*** as long as; ***so ~e bis*** till, until; ***da kannst du ~e warten*** F you can wait till the cows come home; ***du brauchst nicht ~e zu fragen*** you don't need to ask; ***er fragte nicht erst ~e*** he didn't stop to ask; ***das ist noch ~e kein Grund, um zu*** *inf.* that's no reason for *ger.*; ***deswegen brauchst du dir noch ~e nichts einzubilden*** don't imagine that's anything special; → ***dauern, kurz*** 4, ***länger, längst, Leitung*** 2, ***Lulatsch*** *etc.*; **II.** *dial. prp.* (*entlang*) along; ***die Straße ~*** along (*od.* down) the street.

langärmelig *adj.* long-sleeved.

langatmig *adj.* long-winded; *Schriftliches*: *a.* wordy; **Langatmigkeit** *f* long-windedness.

langbeinig *adj.* long-legged, F leggy.

lange *adv.* → ***lang*** 2.

Länge *f* **1.** length (*a. zeitlich*); (*Größe*) height; *geogr., ast.,* ✈ longitude; *ling. u. Metrik*: long; ***20 Meter in der ~, mit e-r ~ von 20 Metern*** 20 met|res (*Am.* -ers) long (*od.* in length); ***der ~ nach*** lengthwise, ***hinfallen:*** fall flat on one's face, go sprawling; ***in s-r vollen ~ senden*** *etc.* broadcast *etc.* in full; *fig.* ***in die ~ ziehen*** draw (*od.* drag) out, (*Erzählung*) spin out; ***sich in die ~ ziehen*** drag (on); F ***auf die ~*** in the long run; **2.** *Sport*: length; ***mit einer ~ gewinnen*** win by a length; **3.** (*langweilige Stelle*) longueur.

längelang *adv.*: ***~ hinfallen*** go sprawling (*od.* flying).

langen I. *v/i.* **1.** (*ausreichen*) be enough (***für*** for); ***das langt uns für die nächsten Tage*** *a.* that'll last us for the next few days; ***langt das?*** is that enough?, will that do?; F ***mir langt's*** I've had enough; F ***jetzt langt's mir aber!*** I've had enough of this (business), F that's it; **2.** (*auskommen*) ***damit lange ich e-e Woche*** that'll last me a week; **3.** ***~ nach*** reach for, *ungestüm*: grab at; ***~ in*** reach into; **4.** ***~ bis*** *räumlich*: reach to (*od.* as far as); **II.** *v/t.*: ***j-m et. ~*** (*reichen*) hand s.o. s.th.; F *fig.* ***j-m e-e ~*** (*j-n ohrfeigen*) F land s.o. one.

längen *v/t.* **1.** ⚙ lengthen, elongate; **2.** F (*Soße etc.*) thin down, (*strecken*) stretch.

Längen|einheit *f* unit of length; **~grad** *m* degree of longitude; **~kreis** *m* meridian; **~maß** *n* measure of length.

länger *adj. u. adv.* **1.** (*comp. von* **lang**) longer; ***ich kann es nicht ~ ertragen*** I can't stand (*od.* take) it any longer; ***je ~, je lieber*** the longer, the better; ***~ machen*** make *s.th.* longer, lengthen, (*Kleid etc.*) *a.* let down; **2.** (*ziemlich lang*) fairly long; (*a.* ***~e Zeit***) (for) quite a while, (for [quite]) some time; ***über ~e Zeiträume*** for (*od.* over) prolonged periods (of time).

längerfristig I. *adj.* long(er)-term, for the long(er) term; **II.** *adv. planen etc.*: for the long(er) term, for the future; *anlegen etc.*: on a long(er)-term basis; ***~ gesehen*** seen in the long term.

Langerhans-Inseln *pl. anat.* islets of Langerhans.

lang|erhofft *adj.* long-hoped-for; **~ersehnt** *adj.* long-awaited; **~erwartet** *adj.* long-awaited.

Langeweile *f* boredom; ***aus*** (*od.* ***vor***) ***Lange(r)weile*** out of (sheer) boredom; ***~ haben*** be (*od.* feel) bored, *länger*: suffer from boredom; ***sich die ~ vertreiben*** while away the time.

Langfinger F *m* thief; (*Taschendieb*) pickpocket; **langfingrig** *adj.* long-fingered; F *fig.* (*diebisch*) light-fingered.

langfristig I. *adj.* long-term; ☤ ***~e Anleihe*** long-term bond; ***~er Wechsel*** long(-dated) bill; **II.** *adv.*: (***~ gesehen***) seen) in the long term; ***~ investieren*** *etc.* invest *etc.* long term.

langgehegt *adj. Hoffnung etc.*: long-cherished (*od.* -nourished, -nurtured).

langgehen F *fig. v/i.*: ***wissen, wo's langgeht*** know what's what; ***j-m zeigen, wo's langgeht*** show s.o. what's what, tell s.o. a few home truths.

langgestreckt *adj.* long, extended; *Gebirgszug etc.*: *a.* extensive.

Langhaardackel *m* long-haired dachshund.

langhaarig *adj.* long-haired.

Langhaarkatze *f* long-haired cat.

langhalsig *adj.* long-necked.

langjährig *adj.* longstanding; **~e Freiheitsstrafe** long prison sentence; **~e Erfahrung** (many) years of experience.

Langkornreis *m* long-grain rice.

Langlauf *m* cross-country skiing; **langlaufen** *v/i.* do (*od.* go) cross-country skiing; **Langläufer** *m* cross-country skier.

Langlauf|schuhe *pl.* cross-country skiing boots; **~ski** *m* cross-country ski; **~strecke** *f* cross-country trail (*od.* circuit).

langlebig *adj.* long-lived (*a.* ⚙ *u. fig.*); ✝ durable; *Erscheinung etc.*: lasting, long-lived; **es war e-e ~e Angelegenheit** it lasted (*od.* was around) for a long time; **Langlebigkeit** *f* longevity; ✝ durability.

langlegen F *v/refl.*: **sich ~** have a lie-down, stretch out on the bed (*od.* couch *etc.*).

länglich *adj.* long; *Kasten etc.*: oblong; **~rund** *adj.* oval.

Langmut *f* patience, forbearance; **langmütig I.** *adj.* patient, longsuffering; **II.** *adv.* patiently; **Langmütigkeit** *f* → **Langmut.**

langnasig *adj.* long-nosed.

Langobarde *m hist.* Langobard, Longobard; **langobardisch** *adj.* Langobardic, Longobardic, Lombard.

Langohr F *n* (*Hase*) *Kindersprache*: Mister Hare; (*Kaninchen*) bunny rabbit; (*Esel*) Neddy.

längs I. *prp.* along(side); **II.** *adv.* longwise.

Längsachse *f* longitudinal axis.

langsam I. *adj.* slow; (*träge*) sluggish; (*schwerfällig*) heavy, plodding; *geistig*: slow (on the uptake); **~er werden** slow down, *bei der Arbeit etc.*: *a.* slacken; **II.** *adv.* slowly *etc.*; (*allmählich*) gradually; **~, aber sicher** slowly but surely, **nähern wir uns dem Ziel:** we're getting there (slowly but surely); **immer ~!** not so fast, F easy does it; *mot.* **~ fahren!** *Schild*: slow down; **es wird ~ Zeit, daß er anruft** it's time he called up; **es wird ~ Zeit, daß du gehst** you'd better be thinking about going; **es wird mir ~ zuviel** it's getting too much for me, it's beginning to get on top of me; **Langsamkeit** *f* slowness; sluggishness; slackness.

langsamtreten *v/i.* slow down, take things easy.

Längs|aufriß *m* longitudinal view; **~balken** *m* longitudinal beam, stringer.

Langschädel *m* longhead; **langschädelig** *adj.* longheaded.

Lang|schiff *n e-r Kirche*: nave; **~schläfer** *m* late riser, F sleepyhead.

längs|gerichtet *adj.* longitudinal; **~gestreift** *adj.*: **~es Kleid** dress with vertical stripes.

Langspielplatte *f* LP, long-playing record.

Längs|richtung *f* longitudinal direction; **in der ~** lengthways, lengthwise; **~schnitt** *m* longitudinal section; (*Bauzeichnung*) sectional elevation.

längsseits *adv. u. prp.* alongside *the ship etc.*

längst *adv.* (*seit langem*) long ago, long since; **ich weiß es ~** I've known that for a long time; **das solltest du ~ wissen** you really ought to know that; **er sollte ~ dasein** he should have been here long ago; **das ist ~ vorbei** (**vergessen**) that's long past (forgotten); **als ich ankam, war er ~ weg** when I arrived he had long since left; **am ~en** longest; → **fällig**; **~ nicht** (*bei weitem nicht*) not nearly ..., F not by a long chalk, nowhere near ...; **das ist ~ nicht so gut** that's not nearly (F nowhere near) as good; **er ist ~ nicht fertig** he hasn't nearly finished yet, F he's nowhere near finished yet, he's still got a long way to go; **längstens** *adv.* (*spätestens*) at the latest; (*höchstens*) at (the) most.

langstielig *adj. Werkzeug*: long-handled; ⚘ long-stemmed (*a. Glas*).

Langstrecke *f* long distance.

Langstrecken|flug *m* long-haul flight; **~flugzeug** *n* long-haul aircraft; **~komfort** *m mot.* long-distance comfort; **~lauf** *m* (long-)distance run *od.* race; **~läufer** *m* (long-)distance runner; **~rakete** *f* long-range missile; **~waffe** *f* long-range weapon.

Languste *f* rock lobster.

langweilen I. *v/t.* bore (**zu Tode** to death, to tears, stiff); **II.** *v/refl.*: **sich ~** be (*od.* feel) bored; **sich zu Tode ~** be bored to death (*od.* to tears, stiff, F out of one's tiny little mind); **Langweiler** F *m* **1.** F bore; **2.** (*langsamer Mensch*) F slowcoach, *Am.* slowpoke; **langweilig** *adj.* boring, tedious; (*eintönig*) humdrum *life*; **e-e ~e Sache** *a.* F a drag; F **~er Betrieb** F slow show; F **~er Verein** F dull (*od.* boring) lot; **es war so was von ~** it was an absolute (F a crushing) bore; **Langweiligkeit** *f* boringness, boredom; tediousness, tedium.

Langwelle *f Radio*: long wave.

Langwellen|bereich *m* long-wave band; **~sender** *m* long-wave radio station (*od.* transmitter).

langwierig *adj.* long-drawn-out; lengthy, prolonged, protracted; (*mühselig*) tedious; **es war e-e ~e Sache** *a.* it dragged on for a long time.

Langzeit|arbeitslose(r) *m* long-term unemployed; *pl.* the long-term unemployed (*pl.*); **~-EKG** *n* long-term ECG (*Am.* EKG); **~gedächtnis** *n* long-term memory; **~prognose** *f* long-term prediction (*od.* forecast); **~programm** *n* long-term program(me); **~studie** *f*, **~untersuchung** *f* long-term study; **~versuch** *m* long-term trial; **~wirkung** *f* long-term effect(s *pl.*).

Lanolin *n* lanolin.

Lanze *f* lance; (*Wurf*2) spear; *fig.* **für j-n** (**et.**) **e-e ~ brechen** go to battle (*od.* take up the cudgels) for s.o. (s.th.).

Lanzen|spitze *f* lancehead; spearhead; **~stechen** *n hist.* joust(ing).

Lanzette *f* ⚕ lancet.

Lanzettfischchen *n* lancelet.

lanzettförmig *adj.* lance-shaped.

Laote *m*, **Laotin** *f* Laotian; **~ sein** *a.* come from Laos; **laotisch** *adj.* Laotian, from Laos.

lapidar *adj.* terse, succinct.

Lapislazuli *m* lapis lazuli.

Lappalie *f* little (*od.* minor) thing, trivial matter, trifle.

Lappe *m* Lapp.

Lappen *m* **1.** (*Putz*2) cloth; (*Wasch*2) flannel, *Am.* washcloth; F *fig.* (*Kleid etc.*) rag; *sl.* (*Geldschein*) *sl.* smacker; F *fig.* **j-m durch die ~ gehen** *Person*: give s.o. the slip, *Sache*: slip right through s.o.'s fingers; **2.** *anat.*, ⚘ lobe; **3.** ⚕ (*Hautfetzen*) flap.

läppern I. *v/t. u. v/i.* sip; **II.** F *v/refl.*: **sich ~** (*zusammen~*) add up; **es läppert sich** it all adds up.

lappig *adj.* **1.** (*schlaff*) limp; *Haut*: flabby; **2.** *anat.*, ⚘ lobed.

Lappin *f* Lapp (woman).

läppisch *adj.* silly; (*lächerlich*) ridiculous; **wegen ~er zehn Mark regt er sich auf** F he makes a fuss about a measly ten marks.

Lappländer(in *f*) *m* Laplander; **lappländisch** *adj.* Lapp, from Lapland.

Lapsus *m*: **e-n ~ begehen** make a slip.

Laptop *m Computer*: laptop.

Lärche *f* larch.

Larifari *n* nonsense, rubbish.

Lärm *m* noise; (*Radau*) racket, din; **macht nicht so e-n ~** *a.* keep the noise down; **bei dem ~ kann ich nicht schlafen** I can't sleep with that noise (going on); **~ am Arbeitsplatz** workplace noise; *fig.* **großen ~ um et. machen** make a big fuss about s.th.; **viel ~ um nichts** much ado about nothing, (it's) just a lot of noise, **machen:** make a big thing out of nothing; **~schlagen** make a noise; **~bekämpfung** *f* noise abatement (*od.* control); **~belästigung** *f* noise pollution; **2dämmend** *adj.* noise-absorbing; **2empfindlich** *adj.* sensitive to noise; **sie ist sehr ~** *a.* she's got very sensitive ears.

lärmen *v/i.* make a (lot of) noise; *Radio, Musik*: blare (away); **lärmend** *adj.* noisy.

larmoyant *adj.* maudlin, F soppy; *Stimme, Ton*: lachrymose, F whing(e)ing.

Lärm|pegel *m* noise (emission) level; **~schleppe** *f* ✈ noise footprint.

Lärmschutz *m* noise protection; **~wall** *m* noise barrier.

Lärm|taubheit *f* noise deafness; **~teppich** *m* sonic boom carpet; **~wand** *f* noise barrier; **~zone** *f* noise field.

Larve *f* **1.** *zo.* larva; **2.** (*Maske*) mask; *fig.* (*Gesicht*) face.

Laryngitis *f* ⚕ laryngitis; **Laryngologe** *m* laryngologist.

Lasagne *pl.* lasagna *sg.*, lasagne *sg.*

lasch *adj.* (*schlaff*) limp; (*lässig, disziplinlos*) slack, lax; *Essen*: tasteless, insipid; **~er Typ** F wimp.

Lasche *f* strap; *im Schuh*: tongue; (*Schlaufe*) loop; *am Umschlag*: flap.

Laser *m phys.* laser; **~abtastung** *f* laser scanning; **~chirurgie** *f* laser surgery; **~drucker** *m* laser (beam) printer; **~kopf** *m* laser head; **~strahl** *m* laser beam; **~technik** *f* laser technology.

lasieren *v/t.* glaze; **Lasierung** *f* glazing; (*Lasur*) glaze.

Läsion *f* ⚕ lesion, injury.

lassen I. *v/t.* **1.** let; **j-n gehen** (**schlafen** *etc.*) **~** let s.o. go (sleep *etc.*); **fallen ~** drop; **sehen ~** show; **laß mich mal sehen!** let me see (*od.* have a look); **laß ihn nur kommen!** just let him come; **laß mich nur machen!** (just) leave it to me; **er läßt sich nichts sagen** he won't listen (to anyone); **er ließ ihn ins Haus** he let him in(to the house); **Wasser in die Wanne ~** run ([the] water into) the bath; *sl.* **einen** (**fahren**) **~** *sl.* let off; → **bieten, schmecken** II, **sehen** II, **stören** I, **träumen** II *etc.*; **2.** (*veran~*) **j-n et. tun ~** get s.o. to do s.th., *stärker*: make s.o. do s.th.; **er ließ ihn versetzen** he had him transferred; **er ließ sich e-n Anzug**

machen he had a suit made (for himself); ***sich et. schicken*** ~ have s.th. sent; ***sich e-n Zahn ziehen*** ~ have a tooth (taken) out; ***er ließ den Arzt (die Polizei) kommen*** he sent for *od.* called the doctor (he called the police); ***er ließ mich warten*** he kept me waiting; ***ich habe mir sagen*** ~ I've heard (*od.* been told); ~ ***Sie mich wissen*** let me know; ***ich lass' mich so nicht anreden*** I won't be spoken to like that, I won't have anyone speak to me like that; F ***ich lass' mich doch nicht verarschen*** *a.* who do they *etc.* take me for (*od.* think I am)?; → *a.* ***laufen*** 1, 5, 7; **3.** *auffordernd*: ***laß(t) uns gehen!*** let's go; ***laßt*** (*od.* ***lasset***) ***uns beten*** let us pray; **4.** (*unter*~) ***laß es (sein)*** leave it, don't bother; ***laß das!*** don't!, (*hör auf*) *a.* stop it!; ~ ***wir das*** enough of that; ***laß das Weinen*** stop crying; ***laß den Lärm*** stop that noise; ***ich kann's nicht*** ~ I can't help it; ***er kann das Streiten nicht*** ~ he 'will (*od.* 'must) argue; ***er kann's einfach nicht*** ~ he 'will keep on doing it; **5.** (*in e-m Zustand belassen*) leave; ***alles so*** ~, ***wie es ist*** leave things as they are; ***die Tür offen*** ~ leave the door open; *et. od. j-n* ***hinter sich*** ~ leave behind; ***das Licht brennen*** ~ leave the light(s) on; F ***das kann man so*** ~***!*** (mm,) not bad; → ***Ruhe***; **6.** (*an e-m Ort etc.* ~) leave; ***wo soll ich mein Gepäck*** ~***?*** where shall I leave (*od.* put) my luggage?; ***wo habe ich (bloß) m-n Schirm gelassen?*** where did I put (*od.* what's happened to) my umbrella?; **7.** ***j-m et.*** ~ (*über*~) leave s.o. s.th., *fig.* leave s.th. to s.o.; ***ich lasse Ihnen das Bild für 400 Dollar*** you can have the picture for $400; ***j-m fünf Minuten*** ~ give s.o. five minutes; ***das muß man ihm*** ~ you've got to hand it to him; → ***Sorge, Vortritt, Wille, Zeit*** *etc.*; **8.** *poet.* (*ver*~) leave *one's country, wife etc.*; ***sein Leben*** ~ lose one's life, be killed, die, ***für et.***: die (*od.* lay down one's life) for s.th.; **II.** *v/refl.*: ***das läßt sich (schon) machen*** (*od.* ***einrichten***) I'm sure we could manage that; ***es läßt sich nicht beweisen*** it can't be proved; *das Wort* ***läßt sich nicht übersetzen*** is untranslatable; ***es läßt sich nicht leugnen, daß*** there's no denying that; ***es läßt sich vielfach verwenden*** it can be put to a number of uses; ***es läßt sich gut mischen (drehen)*** it mixes well (turns easily); F ***der Wein läßt sich trinken*** this wine's not bad at all; → ***einfallen*** 1, ***hören*** I, ***sehen*** II *etc.*; **III.** *v/i.*: ***von*** *j-m* ~ leave; ***von*** *et.* ~ give up; **IV.** ♀ *n* → ***tun*** IV.

lässig I. *adj.* casual (*a. Kleidung*); (*unbekümmert*) *a.* nonchalant; F ***er ist total*** ~ F he's so laid-back; **II.** *adv.* (*mühelos*) easily, F no problem; ~ ***gekleidet*** dressed very casually, in casual dress; ***wir haben's*** ~ ***geschafft*** F we did it no problem, *sl.* it was a cinch; **Lässigkeit** *f* casualness; (*Unbekümmertheit*) nonchalance, offhandedness; ***die*** ~, ***mit der er es macht*** *a.* the offhanded way (in which) he does it.

läßlich *adj.*: *eccl.* ~***e Sünde*** venial (*od.* pardonable) sin.

Lasso *m, n* lasso, *Am. a.* lariat.

Last *f* load (*a.* ⚓, ✈); (*Gewicht*) *a.* weight; (*Tragfähigkeit*) tonnage; *fig.* (*Bürde*) burden; ⚖ ***die*** ~ ***der Beweise*** the weight of evidence; ***steuerliche*** ~ tax burden; ***soziale*** ~***en*** welfare costs; ***zu*** ~***en*** *gen.* ✝ payable by, *Bank etc.*: to the debit of *s.o.'s* account, *fig.* at the expense of; ***der Betrag geht zu*** ~***en*** *gen.* the amount is payable by (*od.* will be debited to *s.o.'s* account); ***wir buchen es zu Ihren*** ~***en*** we will debit (*od.* charge) it to your account; ***j-m zur*** ~ ***fallen (werden)*** be(come) a burden to s.o., *belästigend*: bother s.o.; ***ich will Ihnen nicht zur*** ~ ***fallen*** I don't want to be a nuisance; ***sich selbst e-e*** *od.* ***zur*** ~ ***sein (werden)*** be(come) a burden to o.s.; ***j-m et. zur*** ~ ***legen*** charge s.o. with s.th.

Lastauto *n* → ***Lastkraftwagen.***

lasten *v/i.* **1.** ~ ***auf*** *Schnee, a. fig. Sorgen etc.*: weigh down; *fig.* ***die Verantwortung lastet auf ihr*** the (burden of) responsibility rests on her (shoulders), she bears the (burden of) responsibility; **2.** ***auf dem Grundstück lastet e-e Hypothek*** the property is encumbered by a mortgage.

Lasten|aufzug *m* goods lift, *Am.* freight elevator; ~**ausgleich** *m* ✝ equalization of (war) burdens.

lastend *adj. Schwüle, Stille etc.*: oppressive.

lastenfrei *adj.* unencumbered.

Lastenverteilung *fig. f* burden-sharing.

Laster[1] F *m* lorry, *bsd. Am.* truck.

Laster[2] *n* **1.** vice; **2.** F ***langes*** ~ F beanpole.

Lästerei *f* negative remarks *pl.* (***über*** about); ***hör auf mit der*** ~ stop making such negative remarks, ***über d-n Nachbarn***: *a.* stop running your neighbo(u)r down; **Lästerer** *m* **1.** (*Gottes*♀) blasphemer; **2.** → ***Lästermaul*** 2.

lasterhaft *adj.* (*ausschweifend, haltlos*) dissolute; (*unmoralisch*) profligate; (*verdorben*) corrupt; **Lasterhaftigkeit** *f* dissoluteness; profligacy; corruptness, corruption.

Laster|höhle *f* den of iniquity; ~**leben** *n* life of sin.

lästerlich *adj.* blasphemous; **Lästermaul** F *n* **1.** vicious (*od.* wagging) tongue; **2.** ***er ist ein*** ~ he's got a vicious tongue, he's always saying nasty things about people, *bsd. Am.* he's always bad-mouthing people; **lästern** F *v/i.* (*kritisieren*) criticize (***über*** *s.o., s.th.*); (*sich den Mund zerreißen*) gossip, spread gossip (about); ***über j-n*** ~ *a.* F go on about s.o., *bösartig*: talk about s.o. behind his (*od.* her) back, say nasty things about s.o., *bsd. Am.* bad-mouth s.o.; *sl.* bitch about s.o.; **Lästerung** *f* blasphemy; **Lästerzunge** *f* vicious (*od.* wagging) tongue.

Last|esel *m* (pack) mule; *fig.* workhorse; ~**fahrer** *m* → ***Lastwagenfahrer.***

lästig *adj.* annoying; troublesome; tiresome; ***(j-m)*** ~ ***sein*** be a nuisance; ***ein*** ~***er Mensch*** a pest; ***er ist einfach*** ~ *a.* he just gets in the way; ***es wird mir langsam*** ~ it's getting to be a nuisance, it's beginning to get on my nerves; ~***e Aufgabe*** tiresome (*od.* irksome) task; ***ist dir die Musik*** ~***?*** does the music bother you (*stärker*: get on your nerves)?; ***ich will euch nicht*** ~ ***fallen*** I don't want to be a nuisance.

Last|kahn *m* barge; ~**kraftwagen** *m* lorry, *bsd. Am.* truck; ~**pferd** *n* pack horse; ~**schiff** *n* freighter.

Lastschrift *f* ✝ (*Anzeige*) debit note; (*Buchung*) direct debit; ~**verfahren** *n* direct debiting.

Lasttier *n* beast of burden.

Lastwagen *m* lorry, *bsd. Am.* truck; ~**anhänger** *m* truck trailer; ~**fahrer** *m* lorry (*od.* truck) driver, F trucker.

Last|widerstand *m* ⚡ load resistance; ~**zug** *m mot.* truck trailer, *Am. a.* F rig.

Lasur *f* glaze; ~**farbe** *f* transparent colo(u)r; ~**lack** *m* clear (*od.* transparent) varnish.

lasziv *adj.* lascivious; **Laszivität** *f* lasciviousness.

Latein *n* Latin; *fig.* ***mit s-m*** ~ ***am Ende sein*** be at a loss as to what to do (next); ***ich bin mit m-m*** ~ ***am Ende*** *a.* I give up.

Lateinamerikaner(in *f*) *m*, **lateinamerikanisch** *adj.* Latin American.

lateinisch *adj.* Latin; ***auf*** ~ in Latin; ***die*** ~***e Schrift*** the Latin alphabet.

latent *adj.* latent; **Latenz** *f* latency; **Latenzzeit** *f* latency period.

Laterit *m geol.* laterite.

Laterne *f* lantern; (*Straßen*♀) streetlamp; F *fig.* ***solche Leute kannst du mit der*** ~ ***suchen*** there aren't many of that sort around.

Laternen|garage F *f* F kerbside garage; ~**parker** F *m* F kerbside parker; ~**pfahl** *m* lamppost; ~**umzug** *m* lantern procession.

Latex *m* latex.

Latinum *n*: *ped.* ***Großes*** ~ Latin proficiency certificate; ***Kleines*** ~ intermediate Latin certificate.

Latrine *f* latrine.

Latrinen|gerücht F *n*, ~**parole** F *f* latrine rumo(u)r.

Latsche[1] *f* ♣ dwarf pine.

Latsche[2] *f*, **Latschen** *m* (old) slipper; (*Schuh*) scruffy old shoe; F *fig.* ***aus den Latschen kippen*** (*ohnmächtig werden*) F keel over; ***ich bin fast aus den Latschen gekippt*** *vor Überraschung etc.*: F I nearly fell over backwards.

latschen F **I.** *v/i.* traipse (*stärker*: slouch) along; ***latsch nicht so!*** walk properly!; **II.** *v/t.*: ***j-m eine*** ~ F land s.o. one; **latschig** F *adj.* **1.** *Gang etc.*: slouching, shuffling; **2.** (*schlaff, nachlässig*) slack; (*langsam*) slow.

Latte *f* slat; *Sport*: (cross)bar; ~***!*** it's hit the bar; F *fig.* ***lange*** ~ (*Person*) F beanpole; F ***e-e (lange)*** ~ ***von Fragen*** *etc.* F a whole string of questions *etc.*; F ***nicht alle auf der*** ~ ***haben*** F have a screw loose (somewhere); F ***j-n auf der*** ~ ***haben*** F have it in for s.o.

Latten|kiste *f* crate; ~**rost** *m* duckboards *pl.*; ⚙ grid; *Bett*: slatted (bed)frame; ~**schuß** *m*, ~**treffer** *m Fußball*: shot against the bar; ~**zaun** *m* picket fence, paling.

Lattich *m* ♣ lettuce.

Latwerge *f* electuary.

Latz *m* bib; (*Schürzchen*) pinafore; (*Hosen*♀) flap, fly; F ***j-m eine vor den*** ~ ***knallen*** F give s.o. a punch (*od.* thump).

Lätzchen *n* bib.

Latzhose *f*: **(e-e** ~ a pair of) dungarees *pl.*

lau *adj.* lukewarm (*a. fig.*); *Luft, Wetter*: mild.

Laub *n* foliage; leaves *pl.*; ***in*** ~ ***stehen*** be in leaf; ~**baum** *m* deciduous tree.

Laube *f* **1.** arbo(u)r, bower; (*Gartenhäuschen*) summer house; F ***fertig ist die*** ~***!*** F and Bob's your uncle!; **2.** △ (*Vorhalle*) porch; (*Säulengang*) portico; (*Bogengang*) arcade.

Lauben|gang *m* **1.** pergola; **2.** ⚠ arcade, loggia, covered way; **~kolonie** *f* allotment area.

Laub|färbung *f* colo(u)r(s *pl.*) of the leaves (*od.* foliage); **~frosch** *m* tree frog; **~grün** *n* leaf green; **~holz** *n* hardwood; (*Baum*) deciduous tree.

Laubhüttenfest *n* Feast of Tabernacles.

Laubsäge *f* fretsaw; **~arbeit** *f* fretwork.

Laub|sänger *m zo.* wood warbler; **&tragend** *adj.* leafy, leafed; **~wald** *m* deciduous forest; *pl. a.* deciduous woodland *sg.*; **~werk** *n* foliage; *Kunst*: *a.* leafwork.

Lauch *m* ♀ leek.

Laudatio *f* eulogy.

Laudes *pl. eccl.* (*Gebetsstunde*) lauds (*a. sg. konstr.*).

Lauer *f*: ***auf der ~ sein nach*** be on the lookout for; ***auf der ~ liegen*** be lying in wait; **lauern** *v/i.* lie in wait (***auf*** for); *Gefahr*: lurk; *a.* ***auf*** *e-e Gelegenheit etc.* ~ be on the lookout for, watch out for; **lauernd** *adj. Gefahr etc.*: lurking; *Blick*: shifty.

Lauf *m* **1.** run(ning); (*Wett&*) race; (*Durchgang*) heat, run; ***100-Meter-~*** hundred-met|re (*Am.* -er) sprint; ***in vollem ~*** F (at) full tilt; **2.** (*Bewegung*) movement, motion; *des Wassers*: flow; ⚙ action, running, operation; **3.** *fig.* (*Ver&, Entwicklung*) course; ***s-n ~ nehmen*** take its course; ***freien ~ lassen*** (*e-r Sache*) let *s.th.* take its course, (*Gefühlen etc.*) allow free (*od.* full) rein to *s.th.*, *stärker*: let *one's emotions* run wild, (*der Phantasie*) let *one's imagination* run wild; ***der ~ der Ereignisse*** the course of events; ***der ~ der Geschichte*** the tide of history; ***das ist der ~ der Dinge*** that's the way things are, that's life; ***den Dingen ihren ~ lassen*** let things take their course; ***den ~ der Dinge aufhalten*** stop the course of events, *weitS.* hold up history; ***im ~e*** *des Monats, Gesprächs etc.*: in the course of; ***im ~e der nächsten Woche*** *a.* some time next week; ***im ~e der Jahre*** over the years; ***im ~e der Zeit*** in time, *Vergangenheit*: *a.* as time went on; **4.** ***am oberen*** (***unteren***) ***~ des Indus*** along the upper (lower) reaches of the Indus; **5.** ♪ run; *Koloratur*: roulade; **6.** (*Gewehr& etc.*) barrel; ***mit zwei Läufen*** double-barrel(l)ed; ***vor den ~ bekommen*** *Jagd u. fig.*: get *an animal etc.* in one's sights; **7.** *zo.* (*Bein*) leg, foot; **~achse** *f* ⚙ running axle; **~bahn** *f* career; ***gehobene ~*** *oft* profession; ***e-e ~ einschlagen*** choose (*od.* take up) a career; **~bursche** *m* errand boy (*a. fig. contp.*), *Am. a.* F gofer; *mst fig. contp.* ***für j-n den ~n machen*** (***od. spielen***) run errands for s.o., fetch and carry for s.o.; **~disziplin** *f Sport*: running event.

laufen I. *v/i.* **1.** run, *in Eile*: *a.* rush, race; ***gelaufen kommen*** come running along; ***lauf!*** run!, quick!; ***ein Pferd ~ lassen*** *im Rennen*: run a horse; ***ein Schiff auf ein Riff*** *etc.* ***~ lassen*** run a ship onto a reef *etc.*; → *a.* 7; → ***Arm, Grund*** 1, ***Strand***; **2.** (*gehen*) walk, go (on foot); ***viel ~*** do a lot of walking; ***gern ~*** like walking; **3.** ⚙, *mot. etc.* run; (*funktionieren*) *a.* go, work; **4.** ***~ um*** (*Gestirn etc.*) revolve (*od.* move) round *the sun etc.*; **5.** *Linie, Weg etc.*: run (***durch*** through); *Flüssigkeit, a. Schweiß, Blut etc.*: run, *Tränen*: *a.* stream (***über j-s Gesicht*** down s.o.'s face); ***Wasser in et. ~ lassen*** run water into s.th.; → ***Rükken***; **6.** (*sich erstrecken*) run, stretch (***von ... bis*** from ... to); **7.** *fig.* (*im Gang sein*) be under way; *Film*: run, *im Programm*: *a.* be on, be showing; *Vertrag etc.*: be valid; ***~ bis*** (***über ... Jahre***) *a.* run until (for ... years); ***der Antrag läuft*** the application is being considered; ***das Abonnement läuft noch drei Monate*** the subscription runs (*od.* is valid) for another three months; ***das Stück lief drei Monate*** the play ran for three months (*od.* had a three-month run); ***die Dinge ~ lassen*** let things ride; ***die Sache ist gelaufen*** a) it's all over (*od.* settled), b) *gut*: everything's all right (*Am.* alright), c) (*kann nicht mehr geändert werden*) there's nothing you *etc.* can do about it now; F ***wie läuft es so?*** how are things?, how are you getting on?; F ***da läuft nichts!*** F nothing doing!; F ***das ist ein Ding, das nicht läuft*** it's just not on, you can forget it; → ***Name*** *etc.*; **8.** *Nase, Augen etc.*: run; *Wunde*: weep; *Kerze*: drip; *Gefäß*: leak; *Butter, Schokolade, Eis etc.*: melt; *Käse*: be runny; **II.** *v/t.* **9.** (*Strecke*) run, do; ***das Auto läuft 160 Stundenkilometer*** the car does 100 miles an hour; **10.** ***sich ein Loch in den Socken ~*** wear a hole into one's sock; ***sich Blasen*** (***an den Füßen***) ***~*** get blisters (on one's feet) from walking; → ***Gefahr, Sturm, wund*** *etc.*; **III.** *v/refl.*: ***sich müde ~*** wear o.s. out running; ***sich warm ~*** warm up, *Sport*: *a.* do a warm-up run; ⚙ ***sich heiß ~*** overheat; **IV.** *v/impers.*: ***es läuft sich schlecht hier*** it's hard to walk (*od.* run *etc.*) along here, F it's hard going along here; ***es läuft sich gut*** (***schlecht***) ***in diesen Schuhen*** these shoes are very (un)comfortable to walk in; **V.** & *n* running; (*Gehen*) walking; **laufend I.** *adj.* **1.** *Motor etc.*: running; ***bei ~em Motor*** with the engine running (*od.* on); **2.** (*jetzig*) current; (*ständig*) continuous; (*regelmäßig*) regular; (*in Gang befindlich*) ongoing; *Wechsel*: running, (*in Umlauf befindlich*) in circulation; *Patent*: pending; ***~en Monats*** of this month; ***~e Berichterstattung*** running commentary; ***~e Kosten*** overheads; ***~e Nummer*** (serial) number; ***~e Nummern*** consecutive numbers; ***~e Rechnung*** current account; ***~e Wartung*** (***Prüfung***) routine maintenance (check); ***auf dem ~en sein*** be up to date (***über*** on), be in the picture (about); ***j-n*** (***sich***) ***auf dem ~en halten*** keep s.o. informed *od.* posted (keep up with things); ***et. aufs ~e bringen*** bring s.th. up to date, update s.th.; **II.** *adv.* (*ständig*) continuously; (*zunehmend*) increasingly; ***~ besser werden*** get better and better (all the time); ***~ zunehmen*** (***abnehmen***) *an Gewicht*: put on (lose) more and more weight; ***wir haben ~ zu tun*** there's (always) plenty of work to do, there's no shortage of work.

laufenlassen *v/t.*: ***j-n ~*** let s.o. go, *straflos*: let s.o. off; ***ein Tier ~*** let an animal go, set an animal free.

Läufer *m* **1.** *Sport*: runner; **2.** *Schach*: bishop; **3.** (*Teppich*) rug; (*Tisch&*) runner; (*Treppen&*) stair carpet; **4.** ⚡ rotor.

Lauferei *f* running around; *weitS.* ***j-m ~en bereiten*** cause s.o. a lot of bother (*od.* trouble).

Lauf|feuer *n* brush fire; *fig.* ***sich wie ein ~ verbreiten*** spread like wildfire; **~fläche** *f Reifen*: tread; *Ski*: running surface; **~geräusch** *n* running noise; **~geschirr** *n* walking harness; **~geschwindigkeit** *f* ⚙ running speed; **~gewicht** *n* sliding weight; **~gitter** *n* playpen.

läufig *adj.*: *zo.* ***~e Hündin*** bitch on heat.

Lauf|junge *m* → ***Laufbursche***; **~katze** *f* ⚙ crab; **~kran** *m* travel(l)ing crane; **~kundschaft** *f* casual customers *pl.*; passing trade.

Laufmasche *f* ladder, run; **laufmaschensicher** *adj.* ladderproof, runproof.

Lauf|nummer *f* serial (*od.* consecutive) number; **~paß** *iro. m*: ***j-m den ~ geben*** give s.o. his (*od.* her) marching orders (*Am.* the pink slip), F give s.o. the boot, (*Freund[in]*) F ditch (*od.* drop, jilt) s.o.; ***den ~ bekommen*** F get the boot, *Freund(in)*: *a.* F be ditched (*od.* dropped, jilted); **~planke** *f* gangplank; **~rad** *n* running wheel; *Motor*: impeller; *Turbine*: runner; **~richtung** *f* direction (of movement); **~riemen** *m* drive belt; **~rolle** *f* ⚙ roller; **~rost** *m* duckboards *pl.*; **~schiene** *f* guide rail, track; **~schrift** *f Werbung*: moving screen; **~schritt** *m* run, jog; ⚔ double; ***im ~ ins Büro eilen*** (***die Straße überqueren***) run to the office (across the street); **~schuhe** *pl.* **1.** walking shoes; **2.** *Sport*: trainers; **~sohle** *f* outer sole, outsole; **~sport** *m* running; **~stall** *m* playpen; **~steg** *m* catwalk (*a. Mode*); **~stil** *m Sport*: running style; **~stuhl** *m* (baby) walker; **~training** *n* running; **~vogel** *m* running bird; **~werk** *n* ⚙ drive; *Computer*: *a.* disk drive; (*Mechanismus*) mechanism; 🚗 *etc.* running gear; F (*Beine*) F pins *pl.*; **~wettbewerb** *m* race; **~zeit** *f* **1.** *e-s Vertrages*: term, life; *e-r Anleihe*: repayment period; **2.** *Film etc.*: run; (*Spieldauer*) length, *a. CD etc.*: running time; **3.** ⚙ hours *pl.* of operation; (*Lebensdauer*) (service) life; **~zettel** *m Büro*: memo; *für Akten*: control slip.

Lauge *f* lye; (*Salz&*) brine; (*Seifen&*) suds *pl.*; **laugen** *v/t.* lye; **laugenartig** *adj.* alkaline.

Laugen|bad *n* alkaline bath; **~brezel** *f* salt pretzel; **~salz** *n* alkaline salt.

Lauheit *f bsd. fig.* lukewarmness; *Wetter etc.*: mildness.

Laune *f* **1.** mood; ***guter*** (***schlechter***) ***~*** in a good (bad) mood; ***bester ~*** in a very good (F a great) mood, *stärker*: on top of the world; ***~n haben*** be moody, be subject to moods; ***er hat*** (***so***) ***s-e ~n*** he has his little moods; ***j-n bei ~ halten*** keep s.o. in a good (*od.* in the) mood, keep s.o. happy, (*j-s Launen nachgeben*) humo(u)r s.o.; ***du hast mir die ~ gründlich verdorben*** you've really spoilt my day; → ***Lust***; **2.** *plötzliche*: whim; ***aus e-r ~ heraus*** on a whim; ***aus e-r ~ heraus haben wir den Wagen gekauft*** *a.* we just decided on the spur of the moment to buy the car; ***es war nur so e-e ~ von mir*** it was just one of my (little) whims; ***~n des Schicksals*** *etc.* vagaries of fortune *etc.*; ***~ der Natur*** freak of nature.

launenhaft *adj.* moody, subject to moods; **Launenhaftigkeit** *f* moodiness.

launig *adj.* humorous; witty.

launisch *adj.* **1.** moody; **2.** (*unbeständig, sprunghaft*) fickle, capricious; **3.** *Wetter*: changeable.

Laus *f* louse (*pl.* lice); *fig.* ***dem ist wohl e-e ~ über die Leber gelaufen*** I wonder what's eating (*od.* biting) him.

Lausbub(e) *m* rascal; **lausbubenhaft** *adj. Gesicht etc.*: impish; **Lausbubenstreich** *m* schoolboy (*od.* silly) prank; **lausbübisch** *adj. Blick etc.*: mischievous.

Lausch|aktion *f*, **~angriff** *m* bugging operation, *a. pl.* electronic eavesdropping.

lauschen *v/i.* listen (*dat. od.* ***auf*** to); *angestrengt*: strain one's ears (for); *heimlich*: eavesdrop (on), listen (in on).

Lauschgerät *n* intercept set.

lauschig *adj.*: ***~es Plätzchen*** (***~er Winkel***) nice quiet spot (corner).

Lausejunge F *m* rascal, *stärker*: (little) devil.

lausekalt F *adj.* (absolutely) freezing.

Lausekerl F *m* real devil.

lausen *v/t. u. v/refl.*: ***j-n*** (***sich***) ~ pick s.o.'s (one's) lice, delouse s.o. (o.s.); → ***Affe.***

Lausepack F *n* bunch of good-for-nothings.

lausig F **I.** *adj.* dreadful, F lousy; ***wegen ~er 10 Mark!*** F for the sake of 10 measly marks; **II.** *adv.*: ~ ***viel Geld*** F pots of money, ***haben:*** *a.* F be rolling in it; ***~kalt*** (absolutely) freezing.

laut¹ I. *adj.* (*Ggs. leise*) *Musik, Stimme, Gelächter etc.*: loud; (*lärmend, Ggs. ruhig*) *Straße, Person, Auto etc.*: noisy; *fig. Farbe*: loud; ***~er Schrei*** loud scream; ***~es Geräusch*** loud noise; ***~e Nachbarn*** noisy neighbo(u)rs; ~ ***werden*** (*zornig werden*) raise one's voice, *stärker*: start shouting, *fig. Wünsche etc.*: be expressed, *Proteste*: be heard, *Geheimnis etc.*: get out; *fig.* ***es wurden Gerüchte ~, daß*** it was rumo(u)red that; ***laß das ja nicht ~ werden*** keep that to yourself; **II.** *adv.* loud(ly); (*geräuschvoll*) noisily; *reden etc.*: in a loud voice, loud; ~ ***und deutlich*** loud and clear, (*offen*) openly; ***~ lesen*** read aloud; ***~ denken*** (*od.* ***überlegen***) think aloud; ***~er, bitte!*** speak up, please; *er schrie,* ***so ~ er konnte*** at the top of his voice; *fig.* ***das kannst du ~ sagen*** you can say that again.

laut² *prp.* according to; ✝ as per; ***~ Befehl*** as ordered, *gen.*: by order of; ~ ***Vorschrift*** (*od.* ***Verordnung***) as prescribed (*gen.* by).

Laut *m* sound (*a. ling.*); ***keinen ~ von sich geben*** not to say a word (*od.* utter a sound); ***er gab keinen ~ mehr von sich*** *a.* F there wasn't another peep from him; ***~ geben*** *Jagdhund*: give tongue, F (*etwas sagen*) say something, *stärker*: speak up (*od.* out), (*reagieren*) react, (*sagen, was man will*) say what one wants.

Lautarchiv *n* sound archives *pl.*

lautbar *adj.*: ~ ***werden*** become known.

Lautbildung *f* articulation.

Laute *f* ♪ lute.

lauten *v/i. Text*: read, run, *Zeile etc.*: go; *Antwort, Bitte, Meinung etc.*: be; (*klingen*) sound; ***wie lautet der Brief*** (***die Antwort***)***?*** what does the letter say (what's the answer)?; *der Paß* ***lautet auf m-n Namen*** is in my name; ***das Urteil lautet auf ein Jahr Gefängnis*** the sentence is one year's imprisonment.

läuten I. *v/i.* ring (*a. klingeln*); (*feierlich*) toll; *Glöckchen*: tinkle; ***nach j-m ~*** ring for s.o.; *fig.* ***ich habe etwas davon ~ hören*** I heard something (*od.* noises) to that effect; **II.** *v/t.* ring; **III.** *v/impers.*: ***es läutet*** a) there's somebody at the door, b) *Schule etc.*: the bell's ringing; **IV.** Ƨ *n* ringing.

Lautenist *m*, **Lautenspieler** *m* lute player, lutenist.

lauter I. *adj.* **1.** (*rein*) pure; *Flüssigkeit*: clear; (*durchsichtig*) transparent; *Edelstein*: flawless; (*echt*) genuine; **2.** *fig.* (*aufrichtig, ehrlich*) sincere, genuine; ***die ~e Wahrheit*** the plain truth; **II.** *adv.* (*nichts als, nur*) nothing but; ***~ Unsinn*** a lot of nonsense; ***aus ~ Bosheit*** out of sheer spite; ***aus ~ Dankbarkeit*** *ließ er ihn gehen*: he was so grateful (that); ***vor ~ Aufregung habe ich s-n Namen vergessen*** in (*od.* with all) the excitement I forgot his name; ***das sind ~ Lügen*** it's all lies; **Lauterkeit** *fig. f* sincerity, integrity.

läutern *v/t.* purify; *fig.* ***die Erfahrung hat ihn geläutert*** it was a salutary experience for him; **Läuterung** *f* purification; *fig.* purging; **Läuterungsprozeß** *m* purification process; *fig.* cleansing process (*od.* experience).

Lautgesetz *n* sound (*od.* phonetic) law, law of sound (*od.* phonetics); **lautgesetzlich I.** *adj.* phonetic; **II.** *adv.* phonetically; according to the law(s) of sound (*od.* phonetics).

lauthals *adv.*: ***~ lachen*** (***schreien***) roar with laughter (scream at the top of one's voice).

Lautheit *f* loudness.

Lautlehre *f* phonetics *pl.* (*sg. konstr.*); *in e-r bestimmten Sprache*: phonology.

lautlich *adj.* phonetic(ally *adv.*).

lautlos I. *adj.* silent (*a. fig. wortlos, widerspruchslos*); (*geräuschlos*) *a.* noiseless, soundless; ***~e Stille*** complete (*od.* absolute) silence; **II.** *adv.* silently; (*geräuschlos*) *a.* noiselessly, without a sound; ***er brach ~ zusammen*** he just collapsed without a murmur; **Lautlosigkeit** *f* silence; noiselessness, soundlessness; → ***lautlos*** I.

Lautmalerei *f* onomatopoeia; **lautmalerisch** *adj.* onomatopoeic.

Lautschrift *f* **1.** phonetic transcription; **2.** phonetic alphabet; ***die internationale ~*** the international phonetic alphabet, IPA.

Lautsprecher *m* loudspeaker; **~anlage** *f*: ***öffentliche ~*** public address system, PA (system); **~box** *f* loudspeaker; (*Gehäuse*) loudspeaker cabinet; **~wagen** *m* loudspeaker van (*od.* car).

lautstark I. *adj. Protest, Forderung etc.*: loud, strident, vehement, *a. Person*: vociferous; ***~e Minderheit*** vocal minority; **II.** *adv.* loudly; *sprechen etc.*: *a.* in a loud voice; (*unüberhörbar*) so that everyone can (*od.* could) hear; ***~ schimpfen*** shout (at s.o.); ~ ***protestieren*** protest loudly (*od.* vehemently); ~ ***zustimmen*** express loud approval; ~ ***argumentieren*** argue heatedly.

Lautstärke *f* volume; **~regelung** *f* volume control; **~regler** *m* volume control.

Laut|symbol *n ling.* phonetic symbol (*od.* character); **~system** *n* phonetic (*od.* phonological) system.

Lautverschiebung *f* sound shift; **Lautverschiebungsgesetz** *n* sound (shift) law.

Laut|wandel *m* phonetic change; **~zeichen** *n* → ***Lautsymbol.***

lauwarm *adj.* → ***lau.***

Lava *f* lava; **~gestein** *n* lava rock; **~strom** *m* stream of (molten) lava.

Lavendel *m* ⚘ lavender; **Ƨblau** *adj.* lavender (blue).

lavieren¹ *v/i.* manoeuvre, *Am.* maneuver; ~ ***zwischen*** tack between.

lavieren² *v/t. Kunst*: wash (over).

Lawine *f* avalanche; *fig. von Fragen etc.*: *a.* torrent, inundation; **lawinenartig** *adj. u. adv.* avalanche-like; ~ ***anwachsen*** (*od.* ***anschwellen***) snowball.

Lawinen|gefahr *f* danger of avalanches; **Ƨgefährdet** *adj.*: ***~es Gebiet*** avalanche-prone (F avalanchy) area, area exposed to avalanches; **~hund** *m* avalanche search dog; **~opfer** *n* avalanche victim; **~unglück** *n* avalanche disaster; **~warnung** *f* avalanche warning.

lax *adj.* lax, loose; **Laxheit** *f* laxness, laxity.

Layout *n* layout; **layouten** *v/i.* **1.** do a (*od.* the) layout; **2.** do layouting; **Layouter(in** *f*) *m* layout man (*f* girl, woman).

Lazarett *n* (military) hospital; **~flugzeug** *n* air ambulance; **~schiff** *n* hospital ship; **~zug** *m* hospital train.

LCD-Anzeige *f* LCD display, liquid crystal display.

leasen *v/t.* lease; **Leasing** *n* leasing.

Lebedame *f* demi-mondaine.

Lebehoch *n* cheer(s *pl.*), three cheers *pl.*; ***ein ~ ausbringen*** give three cheers.

Lebemann *m* man about town.

Leben *n* life; (*Dasein*) *a.* existence; (*Sein*) being; (*Lebewesen pl.*) life; (*~szeit*) life (-time); (*~sweise*) (way of) life, *a. contp.* lifestyle; (*~skraft*) vitality; (*Lebhaftigkeit*) liveliness, *im Gesichtsausdruck*: animation; (*geschäftiges Treiben*) bustling activity, (hustle and) bustle; (*~sbeschreibung*) life, biography; ***das ~ in Australien*** life in Australia; ***auf dem Mond ist kein ~*** there's no life on the moon; ***so ist das ~*** (***nun einmal***) that's life, such is life, F that's the way the cooky crumbles; ***das einfache ~*** the simple life; ***am ~ sein*** be alive; ***am ~ bleiben*** stay alive, survive; ***mit dem ~ davonkommen*** survive, escape; ***am ~ erhalten*** keep alive; ***das ~ vor*** (***hinter***) ***sich haben*** have one's whole life ahead of one (have done with life); ***er hängt am ~*** he really enjoys life, *Todkranker*: he's not ready to die yet; ***~ in e-e Sache bringen*** put some life into s.th.; ***das Stück hat kein ~*** there's no life in the play; F ***~ in die Bude bringen*** liven (F hot) things up; ***et. für sein ~ gern tun*** love doing s.th., be a passionate golfer *etc.*; ***ich würde für mein ~ gern*** I'd give anything to *inf.*, I'd love to *inf.*; ***nie im ~!*** never, (*auf gar keinen Fall*) *a.* F not on your life; ***ins ~ rufen*** call into being, start (up); ***ins ~ treten*** step into the big, wide world; ***j-m das ~ schenken*** spare s.o.'s life; ***das ~ genießen*** enjoy life; ***mein ganzes ~*** (***lang***) all my life; ***das ~ ist schon schwer*** it's a hard life; ***wie das ~ so spielt*** life is full of surprises; ***sich das ~ nehmen*** commit suicide, take one's (own) life; ***ums ~ kommen*** be killed; → ***lassen*** 8; ***es geht um ~ und Tod*** it's a matter of life and death; ***nicht ums ~*** *möchte ich das*: not for anything (in the world); ***das Stück ist aus dem ~ gegriffen*** the play is a slice of life; ***ein Stück nach dem ~*** a play taken from real life, a slice of life; ***voll***(***er***) ~ full of life (F beans); **~ zeigen** show signs of life; → **abschließen** 4, **erwecken** 2, **froh, nackt, passieren** II *etc.*

leben I. *v/i.* live (*a. wohnen*); (*am Leben sein*) be alive; *Andenken etc.*: live on; **man lebt nur einmal** you only have one life to live; *die Statue* **lebt** is very (*od.* so) lifelike; **das Stück lebt nicht** there's no life in the play; **~ nach** (*e-m Grundsatz*) live by; **~ von** (*Nahrung*) live on (*od.* off), (*Tätigkeit etc.*) live from (*od.* off), make a living with (*od.* by *ger.*); **vegetarisch ~** be a vegetarian; **makrobiotisch ~** live on macrobiotic food(s); **(un)gesund ~** a) lead a healthy (an unhealthy) life, b) live in (un)healthy conditions; **sie ~ ganz gut** they don't do too badly (for themselves); **~ und ~ lassen** live and let live; **er wird nicht mehr lange ~** he hasn't got much longer to live; his days are numbered; *iro.* **wir ~ nicht mehr im 19. Jahrhundert** this isn't the 19th century(, you know); **wie lange ~ Sie schon hier?** how long have you been living here?; **so wahr ich lebe!** I swear it; *iro.* **lebst du noch?** well, hello stranger; F *wie geht's?* - **man lebt (so eben)** surviving; **es lebe ...!** three cheers for ...!; **es lebe der König (die Königin)!** long live the King (Queen)!; *obs.* **~ Sie wohl** *obs.* farewell; → **Tag** *etc.*; **II.** *v/t.*: **ein angenehmes (bequemes** *etc.*) **Leben ~** lead a pleasant (comfortable *etc.*) life, have a pleasant (an easy *etc.*) lifestyle; **sein Leben noch einmal ~** live one's life (over) again; **III.** *v/impers.*: **es lebt sich ganz angenehm (bequem** *etc.*) life's quite pleasant (comfortable *etc.*) enough; **hier lebt es sich gut** it's not a bad life here, life's not bad over (*od.* around) here; **lebend** *adj.* (*lebendig*) living (*a. Sprache*); *biol.* live; **~es Inventar** livestock; **~er Schild** human shield; **~e Ziele** live targets; **kein ~es Wesen** not a living soul; **der größte ~e Künstler** the greatest artist alive; **ein noch ~er Zeuge** a surviving witness; **Lebende(r** *m*) *f* living person; **die (noch) Lebenden** the survivors; **die Lebenden und die Toten** the living and the dead; **er nimmt's von den Lebenden** he'd rob the dead.

lebendgebärend *adj. zo.* viviparous.

Lebend|geburt *f* ⚕ live birth; **~gewicht** *n* live weight.

lebendig *adj.* (*lebend*) living, *pred.* alive; *fig.* (*lebhaft*) lively, *Schilderung*: *a.* vivid; *Geist*: alert *mind*; *Phantasie*: lively *imagination*; *Farbe*: cheerful; *Glaube etc.*: living *faith etc.*; **bei ~em Leibe** (*od.* **~en Leibes**) **verbrannt werden** be burnt alive; **wieder ~ machen (werden)** bring (come) back to life; **sehr ~ wirken** be very lifelike; *fig.* **~ werden** come to life, liven up; **~ bleiben** *Erinnerung etc.*: be kept alive, survive; **~es Museum** working museum; → *a.* **lebend**; **Lebendigkeit** *f* → **Lebhaftigkeit.**

Lebens|abend *m* old age; retirement; *lit. the* eve of (one's) life; **~abschnitt** *m* stage of (one's) life, period in one's life; **~ader** *fig. f* lifeline; **~alter** *n* age; phase; **ein hohes ~ erreichen** live to a ripe old age; **~angst** *f* angst, existential fear (*od.* anxiety); **~anschauung** *f* approach to life; philosophy (of life); **~art** *f* way of life, lifestyle; **feine ~** savoir-vivre; **er hat keine ~** he has no style; **~auffassung** *f* view (*od.* philosophy) of life; **~aufgabe** *f one's* purpose in life; **es sich zur ~ machen zu** *inf.* dedicate one's life to *ger.*; **~äußerung** *f* sign of life; **~baum** *m* tree of life; **~bedingungen** *pl.* living conditions.

lebensbedrohend *adj.* life-threatening; **Lebensbedrohung** *f* threat to (one's) life.

Lebensbedürfnisse *pl.* necessities of life.

lebensbejahend *adj.* life-affirming, positive(-minded); **Lebensbejahung** *f* positive approach to life.

lebensberechtigt *adj.*: **~ sein** have the right to live (*od.* exist); **Lebensberechtigung** *f* right to live (*od.* exist).

Lebens|bereich *m* area of life; **~beschreibung** *f* life, biography; **~bund** *m* lifelong union; **~chancen** *pl.* chances of survival; **~dauer** *f* lifespan; *fig.*, ⚙ *etc.* (*Haltbarkeit*) life; **~drang** *m* urge (*od.* will) to live, vital instinct.

lebensecht *adj.* true to life, lifelike.

Lebens|elixier *n* elixir of life; **~ende** *n* end of one's life; **bis an sein ~** till the end of one's days; **~erfahrung** *f* experience of life.

lebenserhaltend *adj. Medikamente etc.*: life-saving; **~e Maßnahmen** measures to prolong life.

Lebens|erwartung *f* life expectancy; **~faden** *m*: **j-m den ~ abschneiden** cut the thread of s.o.'s life.

lebensfähig *adj. a. fig.* capable of surviving, viable; **Lebensfähigkeit** *f* viability; *fig. a.* ability to survive.

lebensfeindlich *adj.* hostile to life.

lebensfern *adj.* → **lebensfremd.**

Lebens|form *f* **1.** way of life; **2.** *biol.* life form, form of life; **~frage** *f* vital issue.

lebensfremd *adj.* out of touch (with reality); remote from reality; unrealistic.

Lebens|freude *f* joie de vivre; animal spirits *pl.*; **~frist** *f* lease of life.

lebensfroh *adj.* full of the joys of life, full of joie de vivre.

Lebens|führung *f* life(style), *formell*: conduct of one's life; **~funke** *m* vital spark, spark of life; **~funktion** *f* vital function.

Lebensgefahr *f*: **~!** danger!; **in ~ schweben** be in a critical condition; **außer ~ sein** be out of danger, *im Krankenhaus*: be in a stable condition, be off the critical list; **sie hat ihn unter ~ gerettet** she risked her life to save him; **lebensgefährlich I.** *adj.* extremely dangerous; *Krankheit etc.*: very serious, life-threatening; **II.** *adv.*: **~ verletzt** very seriously hurt.

Lebens|gefährte *m*, **~gefährtin** *f* partner, (lifetime) companion, F lifemate; ⚖ common law husband (*f* wife); **~gefühl** *n* **1.** experience (*od.* enjoyment) of life; **es war ein völlig neues ~** it was a completely new experience for me *etc.*; **2.** attitude towards life; **~geister** *pl.*: **j-s ~ wecken** put some life (back) into s.o., F get s.o. going (again); **nach dem Kaffee erwachten m-e ~ wieder** after the coffee I felt revived (F I could feel the old adrenalin going again); **~gemeinschaft** *f* **1.** partnership; **2.** *biol.* symbiosis; **~genuß** *m* enjoyment of life; **~geschichte** *f* story of s.o.'s life; **~gewohnheiten** *pl.* **1.** way *sg.* of life, (day to day) habits; **2.** *e-s Volkes*: way *sg.* of life, customs; **~gier** *f* lust for life; **~glück** *n* happiness.

lebensgroß *adj.* life-size(d); **Lebensgröße** *f*: **in ~** in its actual size; **in doppelter ~** twice its actual size; **Gemälde in ~** full-length painting (*od.* portrait); F *fig.* **in voller ~** (*höchstpersönlich*) in the flesh.

Lebenshälfte *f*: **in der ersten (zweiten) ~** during (*od.* in) the first (second) half of one's life.

Lebenshaltung *f* standard of living.

Lebenshaltungs|index *m* cost of living index; **~kosten** *pl.* cost *sg.* of living.

Lebenshauch *lit. m* breath of life.

Lebenshunger *m* hunger (*od.* thirst) for life; **lebenshungrig** *adj.* hungry (*od.* thirsting) for life.

Lebens|inhalt *m* purpose in life; **sie hat keinen ~** *a.* she's got nothing to live for; **sich et. zum ~ machen** make s.th. the focal point of one's life, dedicate one's life to s.th.; **s-e Tiere sind sein einziger ~** his animals are the only thing he lives for (*od.* are his only purpose in life), he only lives for his animals, his whole life revolves around his animals; **~jahr** *n*: **im 50. ~** at the age of 50; → **vollendet**; **~kampf** *m* struggle (*od.* fight) for survival.

lebensklug *adj.* worldly-wise; **Lebensklugheit** *f* worldly wisdom.

Lebens|kraft *f* vitality (*a.* ⚕); **~krise** *f* (personal *od.* existential) crisis; **~kunst** *f* art of living (*od.* survival); **~künstler** *m* survivor; **~lage** *f* situation (in life).

lebenslang *adj.* lifelong ..., lifetime ...; **lebenslänglich I.** *adj.* lifelong ..., lifetime ...; **~e Freiheitsstrafe** life sentence (*od.* imprisonment); **II.** *adv.* all one's life; ⚖ *etc.* for life; **Lebenslängliche(r)** *m* prisoner serving a life sentence, F lifer.

Lebens|lauf *m* **1.** *schriftlicher*: curriculum vitae, CV; *Am.* résumé, *one's* biodata *pl.* **2.** life (story); **~linie** *f an der Hand*: life line; **~lüge** *f* grand delusion.

Lebenslust *f* joys *pl.* of living, joie de vivre, zest for life; **lebenslustig** *adj.* full of joie de vivre (*od.* the joys of living); **er ist sehr ~** *a.* he's somebody who really enjoys life.

Lebens|maxime *f* maxim (of life); principle by which *s.o.* lives; **~mitte** *f* middle (*od.* mid-point) of (one's) life, halfway stage of (one's) life.

Lebensmittel *pl.* food *sg.*, foodstuffs; **~abteilung** *f* food hall; **~bestrahlung** *f* food irradiation; **~chemie** *f* food chemistry; **~chemiker** *m* food chemist (*od.* analyst); **~geschäft** *n* food store, grocery (shop); **~gesetz** *n* (pure) food law; **~händler** *m* grocer; **~hilfe** *f* food aid; **~industrie** *f* food industry; **~karte** *f* (food) ration card; **~knappheit** *f* food shortage(s *pl.*); **~kontrolle** *f* food quality control; **~paket** *n* food parcel (*Am.* package); **~vergiftung** *f* food poisoning; **~versorgung** *f* food supplies *pl.*

Lebensmonat *m*: **in den ersten ~en** in (*od.* during) the first few months of life.

lebensmüde *adj.* tired of life; *weitS.* world-weary; **~ sein** *a.* have lost the will to live (*od.* go on living); F **du bist wohl ~!** are you trying to kill yourself?; **Lebensmüdigkeit** *f* tiredness of life; *weitS.* world-weariness.

Lebensmut *m* courage to face life; *weitS.* will to live; **er hatte keinen ~ mehr** *a.* he had lost all interest in life.

lebensnah I. *adj. Darstellung etc.*: true to life; *a. weitS.* realistic; **II.** *adv.* realistically; **Lebensnähe** *f* realism.

Lebensnerv *fig. m* nerve cent|re (*Am.* -er).
lebensnotwendig *adj.* vital, essential; **Lebensnotwendigkeit** *f* essential (for life), vital necessity.
lebenspendend *adj.* life-giving.
lebensprühend *adj.* brimming over with life.
Lebens|qualität *f* quality of life; **~raum** *m* **1.** living space; *pol.* lebensraum; **2.** *biol.* habitat; **~regel** *f* rule of life, maxim (of life).
lebensrettend *adj.* lifesaving; **Lebensretter** *m* lifesaver; ***mein(e) ~(in)*** *a.* the man (*od.* woman) who saved my life.
Lebensrettungs|maßnahmen *pl.* lifesaving measures; **~medaille** *f* lifesaving medal.
Lebens|rhythmus *m* rhythm (*od.* pace) of life; **~spanne** *f* lifespan; **~standard** *m* standard of living, living standard; **~stellung** *f* permanent post, lifetime job; **~stil** *m* lifestyle; **~traum** *m* lifetime dream, dream of one's life; ***mein ~*** *a.* my life's dream; **~trieb** *m* vital instinct; libido.
lebenstüchtig *adj.* fit for life, able to cope with life; ***sehr ~ sein*** *a.* cope very well with life; **Lebenstüchtigkeit** *f* ability to survive (*od.* cope with life).
Lebensüberdruß *m* world-weariness; (*Lebensmüdigkeit*) tiredness of life; **lebensüberdrüssig** *adj.* world-weary; (*lebensmüde*) tired of life.
Lebensumstände *pl.* circumstances of (*od.* surrounding) s.o.'s life.
lebensunfähig *adj.* non-viable; *a. fig.* unfit for life; **Lebensunfähigkeit** *f* non-viability; *a. fig.* inability to survive.
Lebensunterhalt *m* livelihood, living; ***(sich) s-n ~ verdienen*** earn (*od.* make) a living.
lebensuntüchtig *adj.* unfit for life, unable to cope with life; **Lebensuntüchtigkeit** *f* inability to cope with life.
Lebens|verhältnisse *pl.* **1.** living conditions; **2.** → ***Lebensumstände***; **~verlängerung** *f* **1.** ⚕ prolongation of life; **2.** increased longevity.
lebensverneinend *adj.* negative (towards life); ***~ sein*** *a.* negate life; **Lebensverneinung** *f* negation of life; negative attitude towards life.
Lebensversicherung *f* life insurance.
lebenswahr *adj.* true to life; realistic.
Lebens|wandel *m* life(style); **~weg** *m* (path through) life; **~weise** *f* way of life; (*Gewohnheiten*) habits *pl.*; ***sitzende ~*** sedentary life.
lebensweise *adj.* worldly-wise; **Lebensweisheit** *f* **1.** worldly wisdom; **2.** (*Spruch*) maxim, aphorism.
Lebenswerk *n* life's work.
lebenswert *adj. a life* worth living; ***das Leben ~ machen*** a) make life more worthwhile, b) increase the quality of life.
lebenswichtig *adj.* essential; ⚕, *a. Frage etc.*: vital; ***~e Güter*** essentials; ⚕ ***~e Organe*** vital organs.
Lebens|wille *m* will to live; **~zeichen** *n* sign of life; (*Nachricht*) *a.* news (*sg.*); ***kein ~ von sich geben*** *a. fig.* show no sign of life; *fig.* ***wir haben kein ~ von ihr bekommen*** *a.* F we haven't heard a peep from her; **~zeit** *f* life(time); ***auf ~*** for life; ***Mitglied auf ~*** life member; **~ziel** *n*, **~zweck** *m* aim in life.
lebenzerstörend *adj.* life-destroying.

Leber *f anat. u. gastr.* liver; *fig.* ***frei*** (*od.* ***frisch***) ***von der ~ weg reden*** speak one's mind, not to mince one's words; ***sich et. von der ~ reden*** get s.th. off one's chest; → ***Laus***; **~blümchen** *n* ♀ liverwort; **~fleck** *m* mole; **~käse** *m gastr. type of meat loaf made of ham and pork or veal, sometimes including liver.*
Leberknödelsuppe *f gastr.* liver dumpling soup.
leberkrank *adj.*: ***~ sein*** have (*od.* suffer from) a liver complaint; **Leberkrankheit** *f*, **Leberleiden** *n* liver complaint (*od.* disease).
Leber|pastete *f* liver pâté; **~punktion** *f* liver puncture; **~schaden** *m* damaged liver; **~schrumpfung** *f* → ***Leberzirrhose***; **~tran** *m* cod-liver oil; **~verfettung** *f* fatty degeneration of the liver; **~werte** *pl.* liver count *sg.*; **~wurst** *f* liver sausage, *Am.* liverwurst; → ***beleidigt***; **~zirrhose** *f* cirrhosis of the liver.
Lebewesen *n* living being; *kleines*: living organism; ***menschliches ~*** human being.
Lebewohl *lit. n lit.* farewell; ***j-m ~ sagen*** bid s.o. farewell.
lebhaft I. *adj.* lively (*a. Interesse, Phantasie etc.*); *Schilderung etc.*: vivid; *Diskussion*: *a.* animated, (*hitzig*) heated; *Beifall*: enthusiastic; *Persönlichkeit*: lively, buoyant; *Farbe*: bright, vivid; *Straße*: busy; *Stadt*: vibrant; *Verkehr*: heavy; ***~e Nachfrage*** brisk demand; ***~er Handel*** brisk (*od.* buoyant) trading; ***~e Börse*** buoyant trading on the stock market; ***es herrschte ~es Treiben*** there was a lot of activity (*od.* a lot going on); ***~en Anteil nehmen*** show a lively interest (***an*** in); **II.** *adv.* animatedly *etc.*; ***~ bedauern*** sincerely regret; ***~ begrüßen*** give a warm welcome to; ***~ darstellen*** vividly portray, paint a vivid portrait of; ***sich ~ erinnern an*** remember (quite) vividly; ***sich ~ unterhalten*** have a lively (*od.* an animated) conversation; ***das kann ich mir ~ vorstellen*** I can just imagine; **Lebhaftigkeit** *f* liveliness; vividness; animation; buoyancy; briskness *etc.*; → ***lebhaft***.
Lebkuchen *m etwa* gingerbread.
leblos *adj.* lifeless; *Materie etc.*: inanimate; (*langweilig*) dull; *Augen*: expressionless; *Gegend*: dead; ***die Gegend*** *etc.* ***ist ~*** *a.* there's no life in the place *etc.*; ***~ liegenbleiben*** lie there motionless; **Leblosigkeit** *f* lifelessness; *der Materie etc.*: inanimateness; *der Augen*: lack of expression; *e-r Gegend*: lack of life (*gen.* in).
Lebtag *m*: ***mein ~*** all (*verneint*: never in) my life.
Lebzeit *f*: ***zu s-n ~en*** a) in his time, b) when he was still alive.
lechzen *v/i.*: ***~ nach*** thirst after, F be dying for; **lechzend** *adj.* thirsty (***nach*** for), thirsting (after); ***mit ~er Zunge*** with one's (*od.* its) tongue hanging out.
leck I. *adj.* leaking, leaky; ***~e Stelle*** leak; **II.** ♀ *n* leak; ⚓ ***ein ~ bekommen*** spring a leak.
lecken¹ *v/i.* (*undicht sein*) leak, be leaking.
lecken² *v/t. u. v/i.* lick (*a.* ***~ an***); *fig.* ***sich die Finger ~ nach*** F drool after; V ***leck mich doch!*** V piss off!; → ***Arsch, Blut*** 1, ***geleckt.***
lecker *adj.* tasty, *stärker*: delicious; F *fig. Mädchen etc.*: F yummy.
Lecker|bissen *m* tasty titbit (*Am.* tidbit), delicacy; *fig.* (real) treat, something to savo(u)r; **~maul** *n*, **~mäulchen** *n*: ***ein ~ sein*** have a sweet tooth.
LED-Anzeige *f* LED display.
Leder *n* leather (*a.* F *Fußball*); (*Fenster*♀ *etc.*) chamois; ***aus ~*** (made of) leather; *fig.* ***vom ~ ziehen*** let fly, F let rip (***gegen*** against); → ***zäh*** I; **~arbeit** *f a. pl.* leatherwork; leather article (*pl. a.* goods).
lederartig *adj.* leathery.
Leder|ball *m* leather ball; **~band** *m* leatherbound book (*od.* volume); **~couch** *f* leather sofa; **~einband** *m* leather binding.
lederfarben *adj.* buff(-colo[u]red).
Leder|fett *n* dubbin; **~garnitur** *f* leather suite; **~gürtel** *m* leather belt; **~handschuh** *m* leather glove; **~haut** *f anat.* corium; *Auge*: sclera; **~hose** *f*: (***e-e ~*** a pair of) leather trousers *pl. od.* lederhosen *pl.*; **~imitation** *f* imitation leather; **~jacke** *f* leather jacket; **~koffer** *m* leather suitcase; **~kombination** *f* leather two-piece; **~look** *m* leather-look; **~mantel** *m* leather coat; **~montur** F *f*: *Motorradfahrer* ***in ~*** F in (his *od.* her) leather gear.
ledern¹ *adj.* leather ..., made of leather; *fig.* (*fest, zäh*) leathery; (*langweilig*) dull.
ledern² *v/t.* (*polieren*) go over *s.th.* with a chamois.
Leder|riemen *m* leather strap (*od.* belt); **~sessel** *m* leather armchair; **~waren** *pl.* leather goods.
ledig *adj.* **1.** (*unverheiratet*) single, *a. Mutter*: unmarried; **2.** ***e-r Sache ~ sein*** be rid of s.th.
lediglich *adv.* merely, only; ***ich habe ~ gesagt*** *a.* all I said was.
Lee *f* ⚓ lee; ***nach ~*** leeward.
leer I. *adj.* empty (*a. fig.*); *Stelle*: vacant; *Blatt*: blank *sheet of paper*; (*unmöbliert*) unfurnished; (*ausdruckslos*) empty, blank *stare*; *Augen*: expressionless; (*unbegründet*) unfounded; *Drohung, Versprechen*: empty, idle; ***~es Gerede*** hot air, empty talk; 𝔄 ***~e Menge*** null set; ***die Batterie ist ~*** the battery has run out (*mot.* is dead); ***mit ~en Händen*** empty-handed; ***sein Glas ~ trinken*** empty one's glass; ***s-n Teller ~ essen*** empty (*od.* clean) one's plate; *e-n Laden etc.* ***~ kaufen*** buy out, empty the shelves of; *den Tank* ***~ fahren*** run down; ***~ stehen*** be empty, be unoccupied; *e-e Zeile* ***~ lassen*** leave out; → ***ausgehen*** 8, ***Stroh***; **II.** *adv.*: ⚙ ***~ laufen*** idle, be idling.
Leer|cassette *f* blank tape (*od.* cassette); **~darm** *m anat.* jejunum; **~diskette** *f* blank disk(ette).
Leere¹ *n* (*leerer Raum*) empty space; ***ins ~ starren*** stare into space; ***ins ~ greifen*** clutch at thin air.
Leere² *f* (*luftleerer Raum*) vacuum; ***innere ~*** inner void; → ***gähnend***; **~gefühl** *n* feeling of emptiness.
leeren I. *v/t.* empty; (*ausschütten*) pour out; (*räumen*) clear out, *von Menschen*: clear, evacuate; **II.** *v/refl.*: ***sich ~*** empty, *Straße*: grow empty.
Leer|formel *f* empty formula; *weitS.* empty phrase; **~gang** *m* ⚙ idle motion; *mot.* neutral (gear); **♀gefegt** *adj. Straßen*: empty, deserted; *Regale*: empty; **~gewicht** *n* dead weight; *Behälter, Fahrzeug etc.*: tare (weight); **~gut** *n* ☤ empties *pl.*; ***~ bitte zurück*** please return empty container (*od.* bottles *etc.*).

Leerlauf *m* ⚙ idling, idle motion; *mot.* neutral (gear); *fig.* a) unproductive phase, running on the spot, b) slack (*od.* idle) period(s *pl.*), *Sport etc.*: boring patch(es *pl.*); ~ ***haben*** a) be running on the spot, b) be having (*od.* going through) a slack (*od.* an idle) period, *Person*: have nothing to do; **~...** *in Zssgn* idle, idling; **leerlaufen** *v/i.* run dry; ~ ***lassen*** drain.

Leer|packung *f* ✝ dummy; **Ꝯpumpen** *v/t.* pump out; **Ꝯstehend** *adj. Wohnung etc.*: empty, unoccupied; **~stelle** *f* blank (space); **~takt** *m mot.* idle stroke; **~taste** *f* space bar (*Computer*: *a.* key).

Leerung *f* emptying; *Briefkasten*: collection.

Leer|zeichen *n Computer*: blank (character), space (character); **~zeile** *f* space, empty line; ***zwei ~n lassen*** leave two lines free (*od.* two empty lines); **~zimmer** *n* unfurnished room.

Leeseite *f* lee(ward); **leewärts** *adv.* leeward.

Lefzen *pl. zo.* chaps.

legal *adj.* legal; ***auf ~em Weg erwerben*** obtain by legal means; **legalisieren** *v/t.* legalize; **Legalisierung** *f* legalization; **legalistisch** *adj.* legalistic; **Legalität** *f* legality.

Legasthenie *f* dyslexia; **Legastheniker** *m*, **legasthenisch** *adj.* dyslexic.

Legat¹ *m R. C.* legate.

Legat² *n* ⚖ legacy.

Legation *f* **1.** *R. C.* legation; **2.** *pol.* legation, mission; **Legationsrat** *m pol.* legation council(l)or.

Lege|batterie *f für Hennen*: laying battery; **~henne** *f* layer.

legen I. *v/t.* **1.** lay; (*bsd. stellen, setzen*) put; (*hinstrecken*) lay down; (*flachlegen*) lay flat; (*Teppich*) put down; (*Kabel etc.*) lay; (*Bombe*) plant, (*Mine*) lay; *Ringen*: pin to the floor; *beim Fußball etc.*: floor; ***e-e Tischdecke auf den Tisch*** ~ spread (*od.* put) a tablecloth on the table; *ein Tuch* ***um die Schultern*** ~ wrap round one's shoulders; ***Eier*** ~ lay eggs; ***sich die Haare ~ lassen*** have a set; ***den Kopf ~ an*** rest one's head against; ***Feuer ~ an*** set fire to; → ***beiseite, Hand, Handwerk*** *etc.*; **II.** *v/refl.* **2.** ***sich*** ~ lie down; ***sich schlafen*** ~ go to bed; ***sich ~ auf*** *Mensch, Tier*: lie on, *Staub, Nebel etc.*: settle on; *fig.* ***sich aufs Gemüt*** ~ get one down, be depressing; **3.** *fig.* ***sich*** ~ *Sturm, Wind, Lärm, a. Begeisterung, Aufregung etc.*: die down; *Skandal, Streit etc.*: blow over; *Spannung*: ease off; *Schmerz*: ease, *völlig*: go away; **4.** *fig.* ***sich ~ auf*** (*e-e Tätigkeit*) take up, (*ein bestimmtes Fach*) specialize in; **III.** *v/i. Huhn etc.*: lay (eggs).

legendär *adj.* legendary (*a. fig.*); *fig.* ***~e Gestalt*** (*od.* ***Sache***) legend; **Legende** *f* **1.** legend (*a. fig.*); ***wie die ~ berichtet*** as legend has it; *fig.* ***er war schon zu Lebzeiten e-e*** ~ he was a legend in his own lifetime; **2.** *Landkarte etc.*: legend; (*Schlüssel*) key; **Legendenbildung** *f* myth-making; **legendenhaft** *adj.* legendary; **legendenumwoben** *adj.* shrouded in legend; fabled.

leger *adj.* casual; *Ton, Benehmen etc.*: *a.* informal, *a. Person*: relaxed, F laid-back.

legieren *v/t.* **1.** *metall.* alloy; **2.** *gastr.* thicken; **legiert** *adj.* **1.** *metall.* alloy ..., alloyed; **2.** *gastr.* thickened; ***~e Suppe*** (***Sauce***) cream soup (sauce); **Legierung** *f* alloy.

Legion *f* legion; *fig.* ***~en von*** myriads of; ***ihre Zahl war*** ~ their number was legion; **Legionär** *m* legionnaire; **Legionärskrankheit** *f* ⚕ legionnaire's disease.

Legislative *f pol.* legislative; legislative assembly (*od.* body).

Legislatur *f* legislation; **~periode** *f* **1.** session; ***die erste*** (***zweite***) ***Hälfte der*** ~ the first (second) half of parliament; **2.** *für Minister*: term of office.

legitim *adj.* legitimate; *fig. a.* (perfectly) justified; **Legitimation** *f* legitimation; (*Identitätsnachweis*) proof of identity, credentials *pl.*; (*Berechtigung*) authority; **legitimieren I.** *v/t.* legitimize; (*berechtigen*) authorize; (*rechtfertigen*) justify; **II.** *v/refl.*: ***sich*** ~ prove one's identity; show one's credentials; **Legitimierung** *f* legitimizing; justification; **Legitimität** *f* legitimacy.

Leguan *m zo.* iguana.

Lehen *n hist.* fief; ***j-m Land zu ~ geben*** enfeoff s.o.

Lehm *m* loam ; (*Ton*) clay; (*Dreck*) mud; **~boden** *m* loamy soil.

lehmfarben *adj.* loam-colo(u)red; **lehmgelb** *adj.* loam(y).

Lehmgrube *f* loam pit.

lehmhaltig *adj.*: ***~er Boden*** soil containing loam.

Lehmhütte *f* mud hut.

lehmig *adj.* loamy.

Lehmklumpen *m* lump of clay.

Lehmziegel *m* clay brick; *luftgetrocknet*: adobe; **~hütte** *f* clay-brick (*od.* adobe) hut.

Lehn|bedeutung *f ling.* semantic loan; **~bildung** *f* loan formation.

Lehne *f* (*Rücken*Ꝯ) back; (*Arm*Ꝯ) arm (-rest); **lehnen I.** *v/i. u. v/refl.* (***sich*** ~) lean (***an*** against; ***auf*** on); ***sich aus dem Fenster*** ~ lean out of (*Am. a.* out) the window; **II.** *v/t.* lean, rest, prop (***gegen*** against).

Lehnsdienst *m* feudal service.

Lehnsessel *m* easy chair.

Lehns|gut *n* manor; **~herr** *m* feudal lord; **~mann** *m* vassal, liege man; **~recht** *n* feudal law; *subjektives*: right of investiture.

Lehnstuhl *m* easy chair.

Lehnswesen *n* feudal system.

Lehn|übersetzung *f* loan translation; **~übertragung** *f* loan transference; **~wort** *n* loanword.

Lehramt *n* teaching profession (*Stelle*: post).

Lehramts|anwärter *m*, **~kandidat** *m* trainee teacher.

Lehr|anstalt *f* educational establishment; school, college; **~auftrag** *m* teaching assignment; *univ.* part-time lectureship.

lehrbar *adj.* teachable.

Lehr|beauftragte(r *m*) *f univ.* part-time lecturer; **~beruf** *m* teaching profession; **~brief** *m* certificate (of apprenticeship); **~buch** *n* textbook.

Lehre¹ *f* **1.** (*Erfahrung*) lesson; ***das war mir e-e*** ~ that was a lesson (for me); ***laß dir das e-e ~ sein*** let that be a lesson to you; ***e-e ~ ziehen aus*** draw a lesson from, take a warning from; *weitS.* learn from; **2.** (*Ratschlag*) (piece of) advice; **3.** (*Anschauungssystem*) teaching, doctrine; tenets *pl.*; system; (*Wissenschaft*) science; (*Theorie*) theory; **4.** *e-r Geschichte*: moral; **5.** *e-s Lehrlings*: apprenticeship; ***bei j-m in die ~ gehen*** be an apprentice to s.o.; F *fig.* ***bei dem kannst du noch in die ~ gehen*** he can teach you a thing or two; ***e-e harte ~ durchmachen*** (***müssen***) (have to) pass through a tough school.

Lehre² *f* ⚙ ga(u)ge.

lehren *v/t. u. v/i.* teach; ***j-n et.*** ~ teach s.o. (how to do) s.th.; ***j-n lesen*** ~ teach s.o. to read; ***die Erfahrung lehrt, daß*** experience teaches us (*od.* shows [us], tells us) that; ***die Zeit wird es*** ~ time will tell.

Lehrer(in *f*) *m* teacher; (*Fahr*Ꝯ, *Ski*Ꝯ *etc.*) instructor; (*Privat*Ꝯ) tutor; ***ist er noch Lehrer?*** does he still teach?, is he still in teaching?

Lehrer|ausbildung *f* teacher training; **~beruf** *m* teaching profession; **~fortbildung** *f* in-service training (for teachers).

lehrerhaft *adj.* schoolmasterly; *Frau*: F schoolmarmish.

Lehrer|handreichungen *pl.* teachers' notes; **~kollegium** *n* teaching staff (*mst pl. konstr.*), *Am. a.* faculty; **~konferenz** *f* staff meeting; **~mangel** *m* shortage of teachers.

Lehrerschaft *f* teachers *pl.*; *e-r einzigen Schule*: *a.* teaching staff (*mst pl. konstr.*), *Am. a.* faculty.

Lehrer|schwemme *f* glut (*od.* surplus) of teachers; **~zimmer** *n* staff room, *Am. a.* teachers' room.

Lehr|fach *n* **1.** subject; **2.** *als Beruf*: teaching profession; **~film** *m* educational film; **~gang** *m* course; **~gebäude** *n* system of theories; **~gegenstand** *m* subject of instruction; **~geld** *fig. n*: (***teures*** *od.* ***schwer***) ***~ bezahlen*** (***müssen***) (have to) pay (dearly) for s.th., *engS.* (have to) learn the hard way.

lehrhaft *adj.* instructive; *contp.* (*belehrend*) F know-(it-)all.

Lehr|jahr *n* year of one's apprenticeship; ***die ~e*** one's (period of) apprenticeship; *fig.* ***harte ~e*** a tough school; ***~e sind keine Herrenjahre*** we've all got to start small; **~junge** *m* apprentice; **~körper** *m* teaching staff (*mst pl. konstr.*), *Am. a.* faculty; **~kraft** *f* (qualified) teacher.

Lehrling *m* apprentice, trainee.

Lehr|mädchen *n* (female) apprentice; **~material** *n* teaching material; **~meinung** *f* school of thought; **~meister** *m* **1.** master; **2.** *fig.* (*Person*) teacher, mentor; **~methode** *f* teaching method; **~mittel** *pl.* teaching aids; **~personal** *n* teaching staff (*mst pl. konstr.*).

Lehrplan *m* syllabus; *über mehrere Jahre*: curriculum; **~entrümpelung** *f* curricular streamlining.

Lehrprobe *f* demonstration lesson.

lehrreich *adj.* instructive, informative; ***das war für mich sehr*** ~ I found it very instructive (*od.* informative), I learnt a lot from it.

Lehr|saal *m* lecture hall; **~satz** *m* doctrine, tenet; *Philosophie*: *a.* dogma; Ꞩ theorem, proposition; **~schwimmbekken** *n* beginners' pool; **~stelle** *f* apprenticeship; **~stoff** *m* material.

Lehrstuhl *m* chair (***für*** of); **~inhaber(in** *f*) *m*: ***er ist Lehrstuhlinhaber an der Universität X*** he has (*od.* holds) a chair at the University of X (*od.* at X University).

Lehr|tätigkeit *f* teaching; (*Stelle*) teaching post (*od.* job); ***e-e ~ ausüben*** teach; **~veranstaltung** *f* (*Vorlesung*) lecture; (*Seminar*) seminar; ***die ~en in diesem Semester*** this semester's courses (and lectures); **~werk** *n* (school) textbook; **~werkstatt** *f* training workshop; **~zeit** *f* apprenticeship; *fig.* ***harte ~*** hard school; **~zeugnis** *n* apprentice's diploma.

Leib *m* (*Körper*) body; (*Bauch*) abdomen; (*Rumpf*) trunk; (*Mutter*2) womb; ***~ und Seele*** body and soul; ***ein ~ und eine Seele werden*** become one flesh; ***mit ~ und Seele*** heart and soul; ***der ~ des Herrn*** the body of Christ; ***e-e Gefahr für ~ und Leben*** a risk to life and limb; ***am ganzen ~e zittern*** tremble from head to toe; ***er hat kein Hemd auf dem ~e*** he hasn't got a penny to his name; ***et. am eigenen ~e erfahren*** experience s.th. oneself (*od.* first-hand); ***am eigenen ~e erfahren, was Armut heißt*** learn from experience (*od.* the hard way) what it means to be poor; ***ich hab's am eigenen ~e erfahren*** (*od.* ***gespürt***) *a.* I know only too well; ***j-m*** (***hart***) ***auf den ~ rücken*** start breathing down s.o.'s neck; *j-m od. e-r Sache* ***zu ~e rücken*** (*od.* ***gehen***) tackle; ***die Rolle ist ihm auf den ~ geschrieben*** he was made for the part; ***sich j-n vom ~e halten*** keep s.o. at arm's length; ***sich et. vom ~e halten*** steer clear of s.th.; ***halt ihn mir bloß vom ~e*** just don't let him come near me; ***bleib mir damit vom ~e*** I don't want to hear about it; → ***Ehre, lebendig, Lunge*** *etc.*; **~arzt** *m* private physician; **~binde** *f* **1.** waistband, sash; **2.** ⚕ truss.

Leibchen *n* → ***Leiberl.***

leibeigen *adj.* in bondage; **Leibeigene(r)** *m* serf; **Leibeigenschaft** *f* serfdom.

leiben *v/i.*: ***das ist Michael, wie er leibt und lebt*** (*zum Verwechseln ähnlich*) that's Michael to a T, he's the spitting image (*od.* spit and image) of Michael, (*typisch für ihn*) that's Michael all over; → *a.* ***leibhaftig*** I.

Leiberl *östr. n* a) vest, *Am.* undershirt, b) *Sport*: shirt.

Leibes|erziehung *f* physical education; **~frucht** *f* f(o)etus; *poet.* fruit of the womb; **~kräfte** *pl.*: ***aus ~n*** with all one's might, *lit.* with might and main, *schreien*: at the top of one's voice; **~übungen** *pl.* exercises *pl.*; (*Turnen*) gymnastics *pl.* (*a. sg. konstr.*); **~umfang** *m* waist(line); (*Fülle*) corpulence; **~visitation** *f* body search; ***j-n e-r ~ unterziehen*** search s.o.

Leib|garde *f* bodyguard; **~gericht** *n* favo(u)rite food; ***Spaghetti sind mein ~*** *a.* I could live off spaghetti; **~getränk** *n* favo(u)rite drink.

leibhaftig I. *adj.* (*wirklich*) real(-life), F real live; ***ein ~es Gespenst*** *a.* F a ghost, would you believe; ***der ~e Teufel*** the devil incarnate; ***sie war die ~e Faulheit*** she was laziness in person (*od.* the epitome of laziness); ***er sah aus wie mein ~er Bruder*** he was the spitting image (*od.* spit and image) of my brother; ***wie der ~e Tod aussehen*** look like death warmed up, look like a corpse; **II.** *adv.*: ***da stand er ~ vor mir*** there he was in the flesh; ***ich seh' ihn noch ~ vor mir*** (***stehen***) I can see him now, I can still see him in my mind's eye; **Leibhaftige(r)** *m*: ***der Leibhaftige*** the devil, Satan.

leiblich *adj.* bodily (*a. adv.*), physical; (*irdisch*) worldly; *Eltern, Erbe*: natural; ***~er Bruder*** blood brother; ***~e Mutter*** natural (*od.* biological) mother; ***ihr ~er Sohn*** her own son; → *a.* ***leibhaftig*** I; ***~e Genüsse*** physical comforts; ***die ~e Hülle*** *gen.* the mortal remains of; ***~es Wohl*** (***-ergehen***) physical well-being, *weitS.* (*Genüsse*) creature comforts; *iro.* ***wir werden schon für dein ~es Wohl sorgen*** we'll make sure you don't go hungry; **Leiblichkeit** *f* physical nature, corporeality.

Leib|rente *f* life annuity; **~schmerzen** *pl.* stomache-ache *sg.*

Leib-Seele-Problem *n* body-mind problem; **leibseelisch** *adj.* body-mind ...; ⚕ *etc.* psychosomatic.

Leib-und-Magen-Gericht *n* → ***Leibgericht.***

Leib|wache *f* bodyguard(s *pl.*); team of bodyguards; **~wächter** *m* bodyguard; **~wäsche** *f* underwear.

Leiche *f* corpse, (dead) body; (*Tier*2) carcass, cadaver; ***die Opfer konnten nur noch als ~n geborgen werden*** all help for the victims came too late; *fig.* ***sie sieht aus wie e-e wandelnde*** (*od.* ***lebende***) ***~*** she looks like death warmed up (*od.* like a corpse); ***er geht über ~n*** he'll stop at nothing; ***nur über m-e ~!*** over my dead body!

Leichen|befund *m* post-mortem findings *pl.*; **~begängnis** *n* funeral, burial; funeral service, *formell*: obsequies *pl.*; **~beschau** *f* inquest; **~beschauer** *m* coroner; **~bestatter** *m* undertaker, *Am.* mortician; *formell*: funeral director; **~bittermiene** *f* doleful expression.

leichenblaß *adj.* deathly pale, (as) white as a sheet (*od.* ghost); **Leichenblässe** *f* deathly pallor.

Leichen|feier *f* funeral reception; **~fledderei** *f* body-stripping; **~fledderer** *m* body-stripper; **~frau** *f* layer-out; **~geruch** *m* smell of (decaying) corpses *od.* a (decaying) corpse; **~gift** *n* ptomaine.

leichenhaft *adj.* corpse-like, cadaverous; ***~e Blässe*** deathly pallor.

Leichen|halle *f*, **~haus** *n* mortuary; **~hemd** *n* shroud; **~öffnung** *f* postmortem (examination), autopsy; **~raub** *m* **1.** body-snatching; **2.** → ***Leichenfledderei***; **~räuber** *m* **1.** body-snatcher; **2.** → ***Leichenfledderer***; **~rede** *f* funeral oration; *fig.* ***e-e ~ halten*** have a postmortem; ***es hat keinen Sinn, ~n zu halten*** it's no use crying over spilt milk; **~redner** *m* funeral orator; person holding the funeral oration; **~reste** *pl.* remains of a (*od.* the) body *od.* of (the) bodies; **~sack** *m* body bag; **~schänder** *m* necrophiliac; **~schändung** *f* necrophilia; **~schau** *f* ⚖ (coroner's) inquest, postmortem (examination); **~schauhaus** *n* morgue; **~schmaus** *m* funeral reception (*od.* party), wake; *sl.* cold-meat party; **~starre** *f* rigor mortis; **~tuch** *n* shroud (*a. fig.*), winding sheet; **~verbrennung** *f* cremation; **~wagen** *m* hearse; **~zug** *m* funeral procession.

Leichnam *m* corpse, body; ***der ~ Christi*** the body of Christ; → *a.* ***Leiche.***

leicht I. *adj.* **1.** light (*a. Essen, Kleidung, Lektüre, Musik, Wein etc.*); *Zigarre*: mild; ⚙ light(weight); ***~en Fußes*** lightfootedly, nimbly, *fig.* with a spring in one's gait; ***~en Herzens*** happily, (*erleichtert*) relieved; (*ohne weiteres*) readily; ***jetzt ist mir ~er*** (***ums Herz***)***!*** what a relief!; ***er hat e-n ~en Schlaf*** he's a light sleeper; F ***danach war ich um hundert Mark ~er*** I came away a hundred marks lighter; → ***Kost***; **2.** (*sanft*) *Brise, Berührung etc.*: gentle; **3.** (*gering*) slight (*a. Erkältung*); *Entzündung, Gehirnerschütterung*: *a.* mild; *Verletzung*: minor; *Fehler*: minor, little; *Kratzer*: *mot.* surface, *a. am Körper*: little; ***~er Regen*** (***Schnee***) light rainfall (snowfall); ***ein ~er Fall*** (*Krankheit*) nothing serious, (*Kranker*) (a) straightforward case; ***er hat e-e ~e Bronchitis*** he has a mild case of (F a touch of) bronchitis; ***ein ~es Vergehen*** a petty crime; ***e-e ~e Strafe*** a mild punishment, ⚖ a mild sentence; **4.** (*nicht schwierig*) easy; ***~er Sieg*** walkover, *Am.* walkaway; ***nichts ~er als das!*** no problem (at all); ***mit ihm hat sie's nicht ~*** she has a rough time with him; ***er nimmt es auf die ~e Schulter*** he's taking it very lightly; → ***leichtmachen***; **5.** ***ein ~es Mädchen*** F a bit of a tart; **II.** *adv.* **6.** (*geringfügig*) slightly; ***~ berühren*** touch gently (*od.* carefully), *versehentlich*: brush against; ***das ist ~ übertrieben*** that's a slight (*od.* a bit of an) exaggeration; **7.** (*mühelos, schnell*) easily; ***es geht ganz ~*** it's (very) easy; ***~er gesagt als getan, das ist ~ gesagt*** easier said than done; ***du hast ~ reden*** it's all right (*Am.* alright) for you, 'you can talk; ***sie ist ~ gekränkt*** she's easily offended; ***er erkältet sich ~*** he catches cold very easily, he's always catching cold; ***so etwas passiert ~*** that (sort of thing) can happen very easily (*od.* before you know it); ***das wird so ~ nicht wieder passieren*** it's not likely to happen again; ***das wird mir so ~ nicht wieder passieren*** I'll make sure that doesn't happen again in a hurry; ***das wird er so ~ nicht vergessen*** I bet he won't forget that in a hurry; ***es ist ~ möglich*** that could well be, that's quite possible; ***du kannst dir ~ denken ...*** you can well imagine ...; ***die hat's*** (***nicht gerade***) ***~*** she has (doesn't exactly have) an easy time of it; ***er könnte ~ sein Bruder sein*** he could easily be his brother; ***es ist ihm ein ~es zu*** *inf.* it's no problem (F no big deal) for him to *inf.*

Leichtathlet(in *f*) *m* athlete; **Leichtathletik** *f* track-and-field sports *pl.*, athletics *pl.* (*oft sg. konstr.*); **leichtathletisch** *adj.* athletic, track-and-field ...

Leichtbau *m* lightweight construction; **~stoff** *m* lightweight construction material; **~weise** *f* lightweight construction.

leicht|bedeckt *adj.*: ***~er Himmel*** slightly overcast skies, slight cloud cover; **~bekleidet** *adj.* lightly dressed; *spärlich*: scantily dressed (*iro.* clad).

Leichtbenzin *n* benzine.

leichtbeschwingt *adj. Melodie*: lilting, lighthearted.

Leichtbeton *m* lightweight concrete.

leicht|bewaffnet *adj.* lightly armed; **~beweglich** *adj.* easily transportable; *Maschinenteil etc.*: easily adjustable.

leichtblütig *adj.* lighthearted; **Leichtblütigkeit** *f* lightheartedness.

leichtentzündlich *adj.* highly inflammable (*bsd. Am. u.* ⚙ flammable).

Leichter *m* ⚓ lighter.

leichtfallen *v/i.* be easy (***j-m*** for s.o.); ***es fällt ihm nicht leicht*** it isn't easy for him (**zu** *inf.* to *inf.*), he doesn't find it easy (*ger. od.* to *inf.*); ***so etwas fällt ihm leicht*** he finds that sort of thing easy, that sort of thing comes easily (F easy) to him, he has no difficulty with that sort of thing.

leichtfertig I. *adj.* (*unbedacht*) careless, thoughtless; (*fahrlässig*) irresponsible; (*frivol*) frivolous; (*oberflächlich*) facile; ***~es Gerede*** loose talk; **II.** *adv.*: ***~ abtun*** shrug *s.th.* off; ***~ aufs Spiel setzen*** gamble with *s.th.*; **Leichtfertigkeit** *f* carelessness *etc.*; → ***leichtfertig*** I.

Leichtflugzeug *n* light aircraft.

leichtfüßig *adj.* nimble, *lit.* fleet-footed.

leichtgängig *adj.* ⚙ smooth.

leichtgeschürzt *hum. adj.* scantily clad.

Leichtgewicht *n Sport*: lightweight (*a.* F *leichte Person*); **Leichtgewichtler** *m* lightweight.

leichtgläubig *adj.* gullible, credulous; **Leichtgläubigkeit** *f* gullibility, credulity.

Leichtheit *f* lightness.

leichtherzig *adj.* lighthearted; *a. contp.* carefree; **Leichtherzigkeit** *f* lightheartedness; *contp.* carefree attitude (*od.* outlook on life *etc.*); nonchalance.

leichthin *adv.* casually, F just like that.

Leichtigkeit *f* **1.** (*Mühelosigkeit*) easiness, ease; ***mit*** (***größter***) **~** with (the greatest of) ease, effortlessly; ***es ist für ihn e-e ~*** it's no problem (F big deal, great shakes) for him, *stärker*: it's the easiest thing in the world for him; **2.** (*Leichtheit*) lightness.

Leichtindustrie *f* light industry.

leichtlebig *adj.* easygoing; (*unbekümmert*) happy-go-lucky; **Leichtlebigkeit** *f* easygoing (*od.* happy-go-lucky) attitude *od.* nature.

leichtlöslich *adj.* easily soluble.

leichtmachen *v/t.*: ***j-m et. ~*** make s.th. easy for s.o.; ***es sich ~*** take the easy way out; ***du machst es dir zu leicht*** you're taking things too lightly, *in diesem Fall*: it's not as easy as that.

Leichtmatrose *m* ordinary seaman.

Leichtmetall *n* light metal; **~bau** *m* light-metal construction; **~industrie** *f* light metals industry.

leichtnehmen *v/t.* take *s.th.* lightly; ***er nimmt es zu leicht*** he doesn't take it seriously enough; ***das Leben ~*** take life as it comes; F ***nimm's leicht!*** don't worry about it.

Leichtsinn *m* carelessness; ***sträflicher ~*** criminal negligence; ***jugendlicher ~*** youthful abandon; ***purer ~*** sheer recklessness; **leichtsinnig I.** *adj.* careless; **II.** *adv.*: ***~ umgehen mit*** be careless with; → *a.* ***leichtfertig*** II; **leichtsinnigerweise** *adv.* carelessly; (*voreilig*) rashly, unthinkingly; **Leichtsinnsfehler** *m* careless mistake.

leichttun *v/i. u. v/refl.*: ***sich ~ mit et.*** have no difficulties with s.th., have no difficulty doing s.th., *a. grundsätzlich*: find it easy to do s.th.; ***mit so etwas tut er sich leicht*** *a.* that sort of thing comes easily (F easy) to him.

leicht|verdaulich *adj.* easily digestible, *a. fig.* light; **~verderblich** *adj.* perishable; ***~e Waren*** perishables; **~verdient** *adj.*: ***~es Geld*** easy money.

leichtverletzt *adj.* slightly hurt (*od.* injured); **Leichtverletzte(r)** *m* minor casualty; slightly injured person.

leichtverständlich *adj.* easy to understand (*od.* follow); *Sprache*: *a.* (very) straightforward; ***~e Lektüre*** easy reading; ***in ~er Form*** in comprehensible (*od.* accessible) form.

leichtverwundet *adj.* slightly wounded; **Leichtverwundete(r)** *m* minor casualty.

leid *adj.* **1.** (***es***) ***tut mir ~*** (I'm) sorry; ***das tut mir aber ~*** *mitfühlend*: I'm sorry to hear that; ***es tut mir leid, aber ...*** *bei Absage etc.*: I'm afraid ..., much as I'd like to, ...; ***es tut mir ~ um ihn*** I feel sorry for him; ***es tut mir um die Kinder*** (***Möbel***) **~** it's the children I feel sorry for (it's the furniture I'm worried about); ***es wird dir ~ tun*** you'll be sorry, you'll regret it; **2.** ***ich bin es ~*** I've had enough of it, *stärker*: I'm sick and tired of it; ***ich habe es so ~*** *a.* I can't take it any more.

Leid *n* suffering; (*Trauer*) sorrow, grief; (*Schaden*) harm; ***j-m ein ~ zufügen*** harm s.o., *handgreiflich*: *a.* lay hands on s.o.; ***j-m tiefes ~ zufügen*** cause s.o. great suffering; ***es wird ihm kein ~ geschehen*** he won't come to any harm; ***j-m sein ~ klagen*** pour one's heart out to s.o.; *lit.* ***~ tragen*** mourn (***um*** for); → ***geteilt.***

Leideform *f ling.* passive (voice).

leiden I. *v/i.* suffer (***an, unter*** from); (*Schmerzen haben*) be in (considerable) pain; *fig. nach Kränkung etc.*: smart (***unter*** from); ***er leidet an e-r Leberkrankheit*** (***Herzkrankheit*** *etc.*) he's got a liver (heart *etc.*) condition; ***s-e Gesundheit litt darunter*** it took its toll on his health; ***der Motor hat stark gelitten*** the engine has been severely affected; ***die Bäume haben am meisten gelitten*** the trees have suffered most (*od.* have come off worst); **II.** *v/t.* (*Hunger, Not etc.*) suffer; *weitS.* (*ertragen*) put up with; (*aushalten*) stand, endure; ***gut ~ können*** like, (*j-n*) *a.* have a soft spot for; ***ich kann ihn*** (***es***) ***nicht ~*** I can't stand him (it); ***ich hab' ihn*** (***es***) ***nie ~ können*** I've never liked him (it); ***er war dort nur gelitten*** he was tolerated there; **III.** ♀ *n* suffering(s *pl.*); (*Krankheit*) illness, ailment; *in Zssgn* condition (*z.B.* ***Leberleiden*** liver condition); ***es ist das alte ~*** it's the same old complaint; ***das ~ Christi*** the Passion; F *fig.* ***aussehen wie das ~ Christi*** F look like death warmed up; **leidend I.** *adj.* suffering; (*kränklich*) ailing; *Blick etc.*: woeful; ***~ aussehen*** look ill; **II.** *adv.*: ***j-n ~ ansehen*** give s.o. a woeful look.

Leidenschaft *f* passion; (*heftiges Gefühl*) (powerful) emotion; (*intensive Begeisterung*) ardo(u)r; (*Hingabe*) zeal, fervo(u)r; ***mit ~*** *tun etc.*: passionately, *stärker*: with a passion; ***Angeln ist s-e ~*** he's a passionate angler; ***Musik ist s-e ~*** music is his passion, *aktiv*: *a.* he's a passionate musician; ***ein Gärtner aus ~*** a dedicated gardener; **leidenschaftlich I.** *adj.* passionate; *Mensch*. *a.* very emotional; (*aufbrausend*) hotheaded; *Rede, Appell etc.*: impassioned; *Sehnsucht, Wunsch*: ardent; (*begeistert*) enthusiastic; (*heftig*) violent; ***er ist ein ~er Skifahrer*** he loves (*stärker*: adores) skiing; **II.** *adv. lieben, hassen etc.*: passionately; ***et. ~ gern tun*** love (*stärker*: adore) doing s.th.; ***~ gern ins Kino gehen*** love (going to) the cinema (*Am.* movies); ***ich esse ~ gern Schokolade*** I love chocolate, F I'm a chocolate addict (*od.* chocoholic); **Leidenschaftlichkeit** *f* passion(-ateness); ardo(u)r; enthusiasm; → ***leidenschaftlich***; (*Heftigkeit*) vehemence; **leidenschaftslos** *adj.* unemotional, cool; (*gefühllos*) impassive; **Leidenschaftslosigkeit** *f* lack of emotion; coolness; impassiveness; → ***leidenschaftslos.***

Leidens|genosse *m* fellow sufferer; *stärker*: companion in distress; **~geschichte** *f* **1.** sad story (*od.* history); *iro.* tale of woe; **2.** *eccl. the* Passion; **~miene** *f* woeful look (*od.* expression); **~weg** *m* **1.** long ordeal; **2.** *eccl.* way of the Cross; **~werkzeuge** *pl. eccl.* instruments of the Passion; **~zeit** *f* time of suffering.

leider *adv.* unfortunately; ***~ müssen wir jetzt gehen*** *a.* I'm afraid we have to go now; ***~ ja!*** I'm afraid so; ***~ nicht!*** I'm afraid not; **~** (***Gottes***)***!*** unfortunately(, yes).

leid|erfüllt *adj.* grief-stricken; **~gebeugt** *adj.* bowed down with grief; **~geprüft** *adj.* sorely tried; ***das ist e-e ~e Familie*** that family has been through a lot.

leidig *adj.* (*ärgerlich*) annoying; (*lästig*) tiresome; (*verwünscht*) wretched; ***das ~e Geld*** filthy lucre; ***es ist e-e ~e Geschichte*** it's an unpleasant affair; ***immer diese ~en Kopfschmerzen*** these wretched headaches.

leidlich I. *adj.* bearable; (*halbwegs gut*) passable; ***sein Englisch ist ~*** his English isn't too bad; **II.** *adv.* (*halbwegs*) passably, tolerably, reasonably *clean etc.*; (*a.* ***~ gut***) not too bad(ly), reasonably good (well); ***er spielt ~ gut Violine*** *a.* he's a passable violin-player; *wie geht's?* - **~** fair to middling, F so-so.

Leidtragende(r *m*) *f*: ***der Leidtragende*** the one who suffers; ***die Leidtragenden*** the ones who suffer; ***er ist immer der Leidtragende*** *a.* he's always the one to suffer.

leidvoll *adj.* sorrowful *expression*; ***ein ~es Leben*** a life of sorrow.

Leidwesen *n*: ***zu m-m*** (***großen***) **~** much to my regret; ***zum ~*** *gen.* to the chagrin of.

Leier *f* **1.** (*Dreh*♀) barrel organ; ⚙ (*Kurbel*) crank; *fig.* ***immer die alte*** (*od.* ***dieselbe***) **~** (it's) the same old story every time, F can't he *etc.* change the record?; **2.** *ast.* Lyra.

Leierkasten *m* barrel organ; **Leier(kasten)mann** *m* organ grinder.

leiern F **I.** *v/t.* **1.** ***nach oben ~*** crank up; ***nach unten ~*** lower; **2.** (*Text*) rattle off, *eintönig*: drone out; **II.** *v/i.* **3.** *Rad etc.*: be wobbly; **4.** (*eintönig vortragen*) drone (on), rattle on.

Leih|amt *n* pawnshop; **~arbeiter** *m* loan worker, seconded employee; **~arbeitsverhältnis** *n* secondment; **~bibliothek** *f*, **~bücherei** *f* lending library.

leihen *v/t.* **1.** (*aus~*) lend (out); (*Geld*) lend, loan; (*Gemälde etc.*) loan (*e-m Museum*: to); ***j-m et. ~*** lend (*Am. a.* loan) s.o. s.th. (*od.* s.th. to s.o.), lend s.th. (out) to s.o.; ***kannst du mir dein Auto ~?*** could you lend me your car?; *fig.* ***j-m sein Ohr ~*** lend s.o. one's ear; **2.** (*sich ~*) borrow; ***sich et. von j-m ~*** borrow (*mieten*: hire, *Am.* rent) s.th. from s.o.; ***es ist*** (***nur***) ***geliehen*** it's not mine, I (only) borrowed it, *Ausstellungsstück etc.*: it's on loan.

Leih|frist *f* lending period; **~gabe** *f Ausstellung etc.*: object (*od.* painting *etc.*) on loan; **es ist e-e ~ von** it's on loan from; **~gebühr** *f* rental fee; *für Bücher*: lending fee; **~geschäft** *n* lending business; **~haus** *n* pawnshop; **~mutter** *f* surrogate mother; **~mutterschaft** *f* surrogate motherhood, surrogacy; **~schein** *m* **1.** pawn ticket; **2.** *Bücherei*: borrowing slip; **~skier** *pl.* rental skis; *geliehene*: *a.* hired skis; **~stimme** *f*: **wir haben keine ~n zu vergeben** we can't afford to sacrifice any votes; **~wagen** *m* hire (*Am.* rented) car.

leihweise *adv.* on loan; (*gegen Miete*) on hire; **j-m et. ~ überlassen** lend (*Am. a.* loan) s.o. s.th.; **könnten Sie es mir ~ geben?** *a.* could I borrow it (for a while)?

Leim *m* glue; F *fig.* **aus dem ~ gehen** *a. Beziehung etc.*: fall apart, come apart at the seams, (*dick werden*) F balloon; F **auf den ~ führen** take *s.o.* for a ride; F **j-m auf den ~ gehen** (*od.* **kriechen**) fall for s.o.'s line, be taken in by s.o.; **leimen** *v/t.* glue (together); F *fig.* **geleimt werden** be taken in (*od.* for a ride), F be had.

Leimfarbe *f* distemper.

leimig *adj.* gluey.

Leim|rute *f* lime twig; **~sieder** F *m* F slowcoach, *Am.* F slowpoke.

Lein *m* flax.

Leine *f* (thin) rope; (*Wäsche≈*) clothes line; (*Hunde≈*) lead, *a. Am.* leash; *fig.* **j-n an der (kurzen) ~ haben** *od.* **halten** keep s.o. on a short lead, keep a tight rein on s.o.; *sl.* **zieh ~!** *sl.* push off!

leinen *adj.* linen.

Leinen *n* linen; **in ~ gebunden** *Buch*: clothbound; **~band** *m* (*Buch*) clothbound book; **~bettuch** *n* (*getr.* **tt-t**) (linen) sheet; **~einband** *m* cloth binding; **~sack** *m* burlap bag; **~schuhe** *pl.* canvas shoes; **~zeug** *n* linen; **~zwang** *m für Hunde*: mandatory leashing of dogs; **dort herrscht ~** dogs have to be kept on a lead (*od.* leash) there.

Leinöl *n* linseed oil.

Leinsamen *m* linseed; **~brot** *n* bread with linseed; **~öl** *n* linseed oil.

Leintuch *n* linen; (*Bettuch*) (linen) sheet.

Leinwand *f* **1.** (*Gewebe*) canvas; **2.** (*Maler≈*) canvas; **auf ~ malen** paint on canvas; **3.** *Film*: screen; **die Helden der ~** the heroes of the silver screen; **auf die ~ bannen** preserve on celluloid; **~größe** *f* screen celebrity; **~held(in** *f*) *m* screen hero (*f* heroine).

leise I. *adj. Geräusch*: faint *noise*; *Ton, Stimme, Musik etc.*: soft; *Person*: quiet; *fig. Hoffnung*: faint; *Bewegung, Verdacht*: slight; **mit ~r Stimme** in a low voice; **seid bitte ~!** quiet, please; not so loud, please; F *iro.* can you turn the volume down, please; **~r stellen** turn down; **wir müssen ~ sein** we'll have to keep the noise (*od.* our voices) down; **ich habe nicht die ~ste Ahnung** I haven't the faintest idea; **II.** *adv. singen, klopfen etc.*: softly; *sprechen*: *a.* in a low voice; (*ruhig*) quietly; (*sanft, sacht*) gently; **sprich ~(r)** not so loud, keep your voice down (a bit); **~ vor sich hin murmeln** mumble away to oneself; **~ (auf)treten** tread softly, *fig.* sing small.

Leisetreter *m* pussyfooter; **Leisetreterei** *f* pussyfooting.

Leiste *f* **1.** (*Umrandung*) border; (*Latte*) strip of wood; (*Fußboden≈*) skirting board; *Maschine etc.*: (guide) rail; *Buch*: edge; *Weberei*: selvage; **2.** *anat.* groin.

leisten *v/t.* **1.** do; (*schaffen*) *a.* manage; (*vollbringen*) achieve, accomplish; ⚙ do; **du hast aber nicht sehr viel geleistet** you haven't come up with much; **ich habe schon einiges geleistet** I haven't been idle; **was leistet der Wagen?** what does (*od.* can) the car do?; **gute Arbeit ~** do a good job; **da mußt du schon was ~** you've got to show what you can do; **er hat Großes geleistet** he has some remarkable achievements to his name, *bei e-r Aufführung etc.*: it was a great performance; → **Dienst** 2, **Eid, Folge** *etc.*; **2. ich kann mir das nicht ~** I can't afford that (*fig.* to do that); **ich kann es mir nicht ~ zu** *inf. a. fig.* I can't afford to *inf.*; **leiste dir doch mal etwas** give yourself a treat; **heute leiste ich mir e-n Kognak** I'm going to treat myself to (*iro.* splash out on) a brandy today; *fig.* **was hast du dir da wieder geleistet?** what have you been up to this time?; **du leistest dir ja Dinge!** you certainly get up to things(, don't you)?

Leisten *m* (*Schuh≈*) shoe tree; *beim Schuster*: last; *fig.* **alles über e-n ~ schlagen** tar everything with the same brush.

Leisten|bruch *m* ⚕ hernia; **~gegend** *f* groin; **~zerrung** *f mst* groin injury; **e-e ~ haben** *a.* have pulled a groin muscle.

Leistung *f* **1.** (*Errungenschaft*) achievement; (*Großtat*) (great) feat; *einmalige, e-s Künstlers, Sportlers, Examenskandidaten etc.*: performance (*a. allg. e-s Schülers, Angestellten etc.*; *a. pl.*); (*geleistete Arbeit*) work; (*Resultat*) results *pl.*; **e-e hervorragende ~!** an excellent job; **schwache ~!** poor show; **nach ~ bezahlt werden** be paid by results; **unter (über) der üblichen ~** below (above) standard; **2.** *des Hirns etc.*: capacity; **3.** ⚙, ⚖ performance; (*Kraft*) power; (*Kapazität*) capacity; (*Produktions≈*) output; ⚡ power, *als Einheit*: wattage, *abgegebene*: output, *aufgenommene*: input; **4.** (*Dienst≈*) service(s *pl.* rendered); (*Zahlung*) payment, *e-r Krankenkasse, Versicherung*: benefit; (*Beitrag*) contribution.

Leistungs|abfall *m* **1.** *ped.* deterioration in *a pupil's* work; *e-s Sportlers*: drop in performance; ⚕ loss of energy; **2.** ⚙ drop in efficiency (*od.* output); ⚡ power drop; **3.** ⚖ drop in performance; **~angabe** *f* ⚙ power rating; **~anreiz** *m* achievement-oriented benefit; **~anspruch** *m* entitlement to benefits; **~anstieg** *m* **1.** *ped. etc.* improvement in *s.o.'s* work (*Sport*: performance); **2.** ⚙ increase in efficiency (*od.* output).

leistungsberechtigt *adj. Versicherung etc.*: entitled to benefits; **Leistungsberechtigung** *f* entitlement to (receive) benefits.

leistungsbezogen *adj.* performance-oriented.

Leistungs|bilanz *f* balance of payments; **~denken** *n* performance orientation, competitive thinking; **~druck** *m* pressure to perform; *ped.* pressure (to get higher marks *od.* grades); **~einheit** *f phys.* unit of power; **~empfänger** *m* beneficiary.

leistungsfähig *adj.* efficient (*a.* ⚙, ⚖); *körperlich*: fit; *ped. etc.* capable; (*zahlungsfähig*) solvent; **Leistungsfähigkeit** *f* efficiency; ⚙ *a.* performance, output; *körperliche*: fitness; *ped. etc.* ability.

Leistungsfaktor *m* ⚙ power factor.

leistungsgerecht *adj.*: **~e Bezahlung** adequate pay.

Leistungs|gesellschaft *f* achievement- (*od.* performance-)oriented society, achieving society; **~grenze** *f* limit(s *pl.*) (of performance *etc.*); *bei Produktion*: maximum output; *e-r Person*: limits *pl.*; **~gruppe** *f* ability group; **~knick** *m* sudden drop in performance; **~kurs** *m ped.* special subject; **ich bin im ~ Geschichte** I'm taking history as a special subject; **~kurve** *f* performance chart; **~lohn** *m* incentive pay; **~mensch** *m* (high) achiever; **~nachweis** *m* certificate; **~niveau** *n* standard (of performance); *ped. a.* achievement level.

leistungsorientiert *adj.* achievement-oriented.

Leistungspflicht *f* ⚖ liability; **leistungspflichtig** *adj.* liable to pay.

Leistungs|prämie *f* incentive bonus; **~prinzip** *n* achievement principle; **~prüfung** *f* performance (*ped.* achievement) test; **~rückgang** *m* → **Leistungsabfall.**

leistungsschwach *adj.* ⚙ low-performance ...; *ped. etc.* weak; **~er Schüler** *a.* underachiever.

Leistungs|soll *n* target; **~sport** *m* serious sport(s *pl.*); **~sportler** *m* **1.** serious runner (*od.* athlete *etc.*); **2.** → **Spitzensportler**; **~stand** *m* performance level.

leistungsstark *adj.* ⚙, *a. Wirtschaft etc.*: powerful; *ped. etc.* (more) capable; *Mannschaft*: strong; **~er Schüler** *a.* high achiever.

leistungssteigernd *adj.* performance-enhancing; **Leistungssteigerung** *f* increase in efficiency *etc.*; ⚙ *a.* increased output.

Leistungs|test *m* → **Leistungsprüfung**; **~vermögen** *n* → **Leistungsfähigkeit**; **~zentrum** *n* (exclusive) training cent|re (*Am.* -er); **~zwang** *m* → **Leistungsdruck.**

Leitartikel *m* leader, leading article (*Am.* editorial); **Leitartikler** *m* leader (*Am.* editorial) writer.

Leitbild *n* (role) model.

leiten I. *v/t.* **1.** (*führen*) lead; *steuernd*: steer; (*Verkehr*) direct; *fig.* (*lenken*) guide; **sich von s-n Gefühlen ~ lassen** be guided (*od.* governed) by one's emotions; **2.** (*anführen*) head; (*Staat*) govern; (*Betrieb, Abteilung etc.*) run, be in charge of, (*Projekt*) *a.* head; (*beaufsichtigen*) supervise; (*Versammlung, Diskussion*) chair; **wer leitet die Delegation?** who is head of (*od.* heading) the delegation?; **3.** (*Orchester*) conduct; **e-e Kapelle ~** be leader of a (*od.* the) band, be (the) bandleader; **4.** (*Fußballspiel etc.*) referee; **5.** *phys., physiol. etc.* conduct; **6.** (*Öl, Gas*) *in Röhren*: pipe; **7.** (*Brief etc.*) pass on(to **an**), direct (to); **II.** *v/i.*: *phys. etc.* **gut (schlecht) ~** be a good (bad) conductor; **leitend** *adj.* **1.** leading; **~e Stellung** managerial post; **~er Angestellter** managerial employee, *bsd. Am.* executive, *pl.* senior staff *sg.* (*mst pl. konstr.*); **~er Ingenieur** chief engineer; → **Leitgedanke**; **2.** *phys.* conductive; **nicht ~** non-conductive.

Leiter[1] *m* **1.** *e-r Firma*: manager, director; *e-r Abteilung*: head of department: *e-s Projekts etc.*: head; *e-r Versammlung*: chairman; *e-s Orchesters*: conductor; *e-r*

Kapelle, Band: leader; ***technischer ~*** technical director; ***~ sein von*** *a.* be in charge of; **2.** *phys.*, ⚡ conductor.

Leiter² *f* ladder (*a. fig.*); (*Steh*≈) (***e-e ~*** a pair of) steps *pl.*; **~wagen** *m* cart; *kleinerer*: handcart.

Leitfaden *m* **1.** main thread *od.* theme (running through s.th.); **2.** (*Buch*) guide (*gen.* to *zoology etc.*).

leitfähig *adj. phys.* conductive; **Leitfähigkeit** *f* conductivity.

Leit|feuer *n* beacon; **~figur** *f* model (to follow), F bellwether; **~fossil** *n geol.* index fossil; **~gedanke** *m* central theme; (*Prinzip*) guiding principle; **~hammel** *m* bellwether; F *fig.* leader of the pack; *fig.* ***manche Leute brauchen immer e-n ~*** some people always have to play follow-the-leader; **~idee** *f* central theme; **~kegel** *m mot.* traffic cone; **~linie** *f* **1.** (*Richtlinie*) guideline; **2.** *mot.* dotted line; **~motiv** *n* ♪ *u. fig.* leitmotif; **~planke** *f mot.* crash barrier, *Am.* guard rail; **~satz** *m* guiding principle; **~spruch** *m* motto; **~stelle** *f* central office; *der U-Bahn etc.*: control cent|re (*Am.* -er); **~stern** *m* lode star; *fig. a.* guiding star; **~studie** *f* pilot study; **~thema** *n* main (*od.* keynote) theme; leitmotif; (*Anliegen*) key issue; **~tier** *n* leader; **~ton** *m* ♪ leading note.

Leitung *f* **1.** *e-r Firma*: management; (*Verwaltung*) administration; *Arbeit, Projekt etc.*: (*Führung*) direction, (*Beaufsichtigung*) control, supervision; (*Organisation*) organization; (*Vorsitz*) chairmanship; *als Einrichtung*: management, *bei Veranstaltungen*: management committee; ***... wurde ausgeführt unter der ~ von X*** ... was carried out under the direction of X; ♪ ***das ...orchester unter der ~ von X*** the ... orchestra conducted by X; ***die ~ haben*** be in charge (***von*** of), ♪ be the conductor (of), ***von***: *a.* be conducting; ***unter der ~ stehen von*** (*od. gen.*) be directed (*od.* headed, supervised, ♪ conducted) by; **2.** (*Kabel*) lead; (*Draht*) wire; (*Stromkreis*) circuit; (*Rohr*≈) pipes *pl.*, (*Überland*≈) pipeline; (*Gas*≈, *Wasser*≈, *Elektrizitäts*≈) main(s *pl.*); (*Wasseranschluß*) tap; (*Leitkanal*) duct; *teleph.* ***in der ~ bleiben*** hold the line; ***die ~ ist besetzt*** the line is engaged (*od.* busy); ***da ist jemand in der ~*** the lines seem to be crossed; F *fig.* ***e-e lange ~ haben*** be slow on the uptake; F ***du stehst wohl auf der ~*** F not quite with it today, are we?

Leitungs|draht *m* lead wire; **~mast** *m* (electricity) pylon; **~netz** *n* supply network; *öffentliches*: mains system; **~rohr** *n Wasser*: water pipe; *Gas*: gas pipe; **~wasser** *n* tap water; **~widerstand** *m* ⚡ line resistance.

Leit|vermögen *n phys.* conductivity; **~währung** *f* key currency; **~werk** *n* ✈ tail (unit); **~wert** *m* ⚡ conductance; **~wort** *n* motto; **~zahl** *f phot.* guide number; **~zins** *m* key interest rate, central bank discount rate.

Lektion *f* chapter, unit; *fig.* lesson; *fig.* ***j-m e-e ~ erteilen*** teach s.o. a lesson.

Lektor *m* **1.** *univ.* language assistant, F lektor; **2.** (*Verlags*≈) editor; **Lektorat** *n* **1.** *univ.* language teaching (*od.* assistant's) post, F lektorship; **2.** *im Verlag*: (editorial) department.

Lektüre *f* reading (matter), something to read; (*Bücher*) books *pl.*; ***leichte*** (***schwere*** *etc.*) **~** light (heavy *etc.*) reading; ***bei der ~ des Buchs*** *fand ich*: when I read (*od.* while I was reading) the book; ***... ist keine geeignete ~ für*** ... isn't suitable (reading) for; ***das ist keine ~ für dich*** that's not the right (kind of) book for you, that's not the sort of book you want to be reading; ***was können Sie mir als ~ empfehlen?*** what can you recommend me to read?; ***sich et. als ~ mitnehmen*** take s.th. to read.

Lemming *m zo.* lemming.

Lemur(e) *m zo.* lemur.

Lende *f* **1.** *anat.* lumbar region, lower back; **2.** *gastr.* loin; **3.** *lit. pl.* loins.

Lenden|braten *m* roast loin, *vom Rind*: sirloin; **~gegend** *f* lumbar region; **~schurz** *m* loincloth; **~steak** *n* sirloin steak; **~stück** *n* (piece of) tenderloin; **~wirbel** *m* lumbar vertebra (*pl.* vertebrae).

Leninismus *m* Leninism; **Leninist** *m*, **leninistisch** *adj.* Leninist.

Lenkachse *f* steering axle.

lenkbar *adj. Person*: tractable; ⚙ manoeuvrable, *Am.* maneuverable; ***leicht ~*** *Person*: manageable; **Lenkbarkeit** *f e-r Person*: manageability; ⚙ manoeuvrability, *Am.* maneuverability.

lenken *v/t. mot.* steer (*a. Tier*); ✈ pilot, be at the controls of; (*wenden*) turn (***nach*** towards, to); (*Kutsche*) drive; *fig.* (*j-n od. et.*) guide; (*Staat*) govern; (*Wirtschaft*) control; ***die Aufmerksamkeit ~ auf*** draw attention to, ***sich***: *a.* attract attention; ***s-n Blick ~ auf*** turn one's gaze to(-wards); ***das Gespräch ~ auf*** steer the conversation round to; ***s-e Schritte ~ nach*** turn one's steps to(wards); → ***gelenkt, Verdacht.***

Lenker *m* **1.** (*Lenkrad*) steering wheel; *Motorrad, Fahrrad*: handlebars *pl.*; **2.** *lit.* (*Staats*≈) ruler, *lit.* helmsman.

Lenkflugkörper *m* guided missile.

Lenkrad *n* steering wheel; **~schaltung** *f* steering-column change (*Am.* gearshift); **~schloß** *n* steering(-column) lock.

lenksam *adj.* manageable, tractable; **Lenksamkeit** *f* manageability, tractability.

Lenk|säule *f mot.* steering column; **~stange** *f* handlebars *pl.*

Lenkung *f* **1.** *mot.* steering system; (*das Lenken*) steering; **2.** guidance (*a. e-r Person*); *e-s Staats*: government; *der Wirtschaft*: control.

Lenkungsausschuß *m* steering committee.

Lenz *poet. m* spring; *fig. des Lebens*: prime (of life); ***er zählte zwanzig ~e*** he was twenty years of age; ***er zählte gerade zwanzig ~e*** he had just turned twenty; *fig.* ***sich e-n schönen*** (*od.* ***faulen***) ***~ machen*** take things easy, have an easy time of it.

lenzen ⚓ **I.** *v/t.* (*leerpumpen*) pump out; **II.** *v/i.* (*segeln*) scud.

Leopard *m zo.* leopard.

Leoparden|fell *n* leopardskin; **~mantel** *m* leopardskin coat.

Lepra *f* ⚕ leprosy; **~kolonie** *f* lepers' colony; **≈krank** *adj.*: ***~ sein*** have (*od.* be suffering from) leprosy; **~kranke(r)** *m* leper.

leptosom *adj.*, **Leptosome** *m* leptosome.

Lerche *f* lark.

Lernbegier(de) *f* thirst for knowledge; **lernbegierig** *adj.* eager to learn; ***ein ~er Schüler*** a (very) keen pupil.

lernbehindert *adj.* learning-disabled; educationally subnormal; **Lernbehinderte(r)** *m* learning-disabled (*od.* educationally subnormal) child; **Lernbehinderung** *f* learning handicap.

Lerneifer *m* eagerness to learn; *e-s Schülers*: *a.* keenness; **lerneifrig** *adj.* eager to learn; *Schüler*: *a.* keen.

lernen **I.** *v/t.* learn; (*aufschnappen*) pick up; ***lesen ~*** learn (how) to read; ***j-n schätzen ~*** come to appreciate s.o.; ***j-n lieben ~*** grow (*od.* learn) to love s.o.; ***du wirst es nie ~*** you'll never learn; ***das will gelernt sein!*** it's not as easy as it looks; **II.** *v/i.* learn; (*studieren*) study; *für die Schule*: do (one's) homework; *für e-e Prüfung*: study, (*Stoff wiederholen*) *a.* revise, do one's revision; (*in der Ausbildung sein*) be a trainee; ***fleißig ~*** work (*od.* study) hard; ***schnell*** (***leicht***) **~** be a fast (good) learner; ***langsam*** (***schwer***) **~** be a slow (poor) learner; → ***gelernt***; **III.** *v/refl.*: ***das lernt sich leicht*** (***schwer***) that's easy (hard) to learn *od.* remember; ***das lernt sich schnell*** you'll learn that (*od.* pick that up) in no time; **IV.** ≈ *n* learning, studying; ***er tut sich mit dem ~ schwer*** he's not a good (*od.* he's a poor) learner; ***j-m beim ~ helfen*** help s.o. with his (*od.* her) homework *od.* studies.

lernfähig *adj.* educable; capable of learning; **Lernfähigkeit** *f* educability; learning ability (*od.* capacity).

Lernmittel *n* learning aid; **~freiheit** *f* free learning aids *pl.*

Lern|prozeß *m* learning process; **~psychologie** *f* psychology of learning; **~schwester** *f* trainee nurse; **~schwierigkeiten** *pl.* difficulties (with) learning; **~spiel** *n* educational game; **~stoff** *m* learning matter; **~vermögen** *n* learning ability; **~ziel** *n* (learning) objective *od.* target.

Lesart *f* reading, version; ***verschiedene ~en*** variants, variant readings.

lesbar *adj.* readable; (*leserlich*) *a.* legible; **Lesbarkeit** *f* readability; (*Leserlichkeit*) legibility.

Lesbe F *f* lesbian, *sl.* dike; **Lesbentreff** F *m* F lesbian hangout; **Lesbierin** *f*, **lesbisch** *adj.* lesbian.

Lese *f* (*Wein*≈) vintage; (*Ernte*) harvest.

Leseabend *m* (evening) reading session; (evening) play reading *od.* poetry reading.

leseblind *adj.* alexic; **Leseblindheit** *f* alexia.

Lese|brille *f*: (***e-e ~*** a pair of) reading glasses *pl.*; **~buch** *n* reading book, reader; **~drama** *n* closet drama; **~ecke** *f* reading corner; **~gerät** *n Computer*: scanner; **~gewohnheiten** *pl.* reading habits *pl.*

Lesehunger *m* appetite for books; **lesehungrig** *adj.* starved for books.

Lese|kopf *m Computer*: reading head; **~kreis** *m* reading circle; **~lampe** *f* reading lamp.

lesen¹ **I.** *v/t.* read (*a. Computer*); (*mühsam entziffern*) make out; ***falsch ~*** misread; *univ.* ***Geschichte*** *etc.* **~** teach history *etc.*; **II.** *v/i.* read; *univ.* ***~ über*** teach, *a. zeitlich begrenzt*: lecture on; ***viel ~*** read a lot, do a lot of reading; **III.** *v/refl.*: ***sich gut ~*** be very readable, be a good read, (*leserlich sein*) be very legible, *Gedrucktes*: read well; ***sich schlecht ~*** (*a. unleserlich sein*) be hard to read, F be tough going; ***es liest sich wie ein Roman*** (***Krimi***) it's like reading a novel (it makes for exciting reading); ***in diesem Licht liest es sich schlecht*** this light isn't good for reading (in); **IV.** ♀ *n* reading.

lesen² *v/t.* (*auf~*) gather; (*pflücken*) pick, (*Trauben*) *a.* harvest.

lesenswert *adj.* worth reading.

Lese|probe *f* **1.** *thea.* first rehearsal; **2.** *aus e-m Buch*: sample; **~publikum** *n* readership, readers *pl.*; **~pult** *n* lectern; *auf e-m Schreibtisch*: bookstand.

Leser *m* reader.

Leseratte *f* bookworm.

Leser|brief *m* letter (to the editor); **~e** *Zeitungsrubrik*: letters to the editor, *a.* letters page; **~echo** *n* reader(s') response; **~kreis** *m* (circle of) readers *pl.*; ***e-n weiten ~ haben*** be widely read.

leserlich I. *adj.* legible, readable; ***fein ~*** nice and neat; **II.** *adv.* legibly; **Leserlichkeit** *f* legibility.

Leserschaft *f* readership, readers *pl.*

Leser|schicht *f* type of reader; readership (range); ***breite ~*** broad readership (*od.* spectrum of readers); **~schwund** *m* declining circulation, drop in circulation; **~stamm** *m* regular readers *pl.*; **~stimme** *f* reader's opinion; *pl.* readers' opinions; **~umfrage** *f* survey among (our *etc.*) readers; **~zuschrift** *f* letter (to the editor).

Lese|saal *m* reading room; **~stoff** *m* reading (matter), something to read; **~stück** *n* **1.** *im Unterricht etc.*: reading passage; **2.** *Drama*: closet drama; **~übung** *f* reading exercise; **~wut** *f* reading mania; **~zeichen** *n* bookmark; **~zirkel** *m* magazine circle.

Lesung *f* **1.** *parl.* reading; ***in zweiter ~*** on second reading; ***zur dritten ~ kommen*** come up for the third reading; **2.** (*Autoren*♀ *etc.*) reading, *von Gedichten*: *a.* recital; ***e-e ~ halten*** give a reading; **3.** *eccl.* lesson, reading.

letal *adj.* lethal; **Letaldosis** *f* lethal dose.

Lethargie *f* ⚕ lethargy (*a. fig.*); **lethargisch** *adj.* lethargic.

letschert *dial. adj.* (*geschmacklos*) tasteless, insipid; (*lustlos*) listless; (*welk*) wilted.

Lette *m* Latvian.

Letten *m* clay.

Letter *f* letter; (*Schriftzeichen*) character.

Lettin *f* Latvian (woman); **lettisch** *adj.*, **Lettisch** *n ling.* Latvian, Lettish.

Letzt *f*: ***zu guter ~*** a) finally, (*doch noch*) in the end, b) last but not least.

letzt I. *adj.* last; (*endgültig*) final; (*neuest*) latest; ***als ~er Ausweg*** as a last resort; ***die ~en Nachrichten*** the latest news (*sg.*), ***vom Tage***: the late-night news (*sg.*); ***... vom ~en Monat*** last month's ...; (***am***) ***~en Sonntag*** last Sunday; ***im ~en Sommer*** last summer; ***in den ~en Jahren*** in recent years; ***in ~er Zeit*** lately; ***die ~en Stunden*** *e-r Tagung etc.*: the closing hours; ***im ~en Augenblick*** (*gerade rechtzeitig*) just in time, at the last minute; ***Änderungen im ~en Augenblick*** last-minute changes; ***an ~er Stelle liegen*** be last; ***bis auf den ~en Platz gefüllt*** filled to capacity; ***m-e ~en Ersparnisse*** the last of my savings; ***~en Endes*** in the end, when all is said and done, ultimately; → ***Ehre, Loch, Ölung*** *etc.*; **II.** *substantivisch*: ***der, die, das*** ♀***e*** the last (one); ***das*** ♀***e*** *a.* the last thing, (*das Äußerste*) the most (I can do *etc.*); ***der*** ♀***e des Monats*** the last day of the month; ***als ~er et. tun*** be the last to do s.th.; ***als ~er ins Ziel kommen*** come in last; ***es geht ums*** ♀***e*** it's a case of do or die, everything's at stake; ***sein*** ♀***es hergeben, das*** ♀***e aus sich herausholen*** make an all-out (*od.* a supreme) effort; F ***das ist ja wohl das*** ♀***e!*** F that really takes the biscuit; F ***er ist doch der*** ♀***e*** *sl.* he really is the pits; ***bis ins ~e*** down to the last detail; ***bis zum ~en*** (*sehr*) to the utmost, *sich bemühen etc.*: as far as is (humanly) possible; ***bis zum*** ♀***en gehen*** (*konsequent sein*) go all the way, F go the whole hog, (*vor nichts haltmachen*) stop at nothing.

letztemal *adv.*: ***das ~*** the last time.

letztendlich *adv.* in the end.

letztens *adv.* **1.** lastly, finally; **2.** (*neulich*) the other day, recently.

letztere *adj.*: ***~(r), ~s, der, die, das ~*** the latter.

letztgenannt *adj.* last-named.

letzthin *adv.* **1.** (*neulich*) recently; **2.** (*schließlich*) in the end.

letztjährig *adj.* last year's.

letztlich *adv.* **1.** (*letzten Endes*) in the end; (*nach reiflicher Überlegung*) in the final analysis; **2.** → ***letztens*** 2.

letztmalig *adj.* last; (*endgültig*) *a.* final; **letztmals** *adv.* (*zum letzten Mal*) for the last time.

letztmöglich *adj.* last possible ..., last ... possible.

letztwillig ⚖ **I.** *adj.* testamentary, by will; ***~e Verfügung*** last will and testament; **II.** *adv.*: ***~ verfügen*** state in one's last will and testament (***daß*** that).

Leucht|anzeige *f* LED display; **~boje** *f* light buoy; **~bombe** *f* ✈ flare; **~buchstaben** *pl.* neon letters.

Leuchtdiode *f* light-emitting diode, LED; **Leuchtdiodenanzeige** *f* LED display.

Leuchte *f* light, lamp; *fig.* ***e-e*** (***keine***) ***große ~*** a leading light (not exactly a shining *od.* leading light); ***er ist e-e*** (***keine***) ***~ in Physik*** *a.* he's a brilliant physicist (he's not exactly the most brilliant physicist).

leuchten *v/i.* shine; (*glühen*) glow; *Kerze, Feuer*: burn; *fig. Mensch*: beam (***vor*** with); *Augen*: glow, (*aufleuchten*) light up; ***j-m ~*** light the way for s.o.; ***mit e-r Kerze*** (***e-m Scheinwerfer*** *etc.*) ***~*** shine a candle (a spotlight *etc.*); *die Lampe* ***leuchtet nur schwach*** doesn't give off much light; ***unter das Bett ~*** shine a light (*od.* torch) under the bed; **leuchtend** *adj. Farben*: vivid, brilliant; *Rot, Orange*: *a.* glowing; *fig.* ***~e Augen*** gleaming (*od.* sparkling) eyes; ***~es Beispiel*** (*od.* ***Vorbild***) shining example; ***et. in ~en Farben schildern*** paint a glowing picture of s.th.

Leuchter *m* candlestick; (*Kron*♀) chandelier; (*Arm*♀) candelabra.

Leucht|faden *m* ⚡ filament; **~farbe** *f* luminescent paint; **~feuer** *n* flare; beacon; **~fisch** *m* lantern fish; **~käfer** *m* glow-worm; **~kompaß** *m* luminous(-dial) compass; **~körper** *m* (source of) light; **~kraft** *f* (*Helligkeit*) brightness, luminosity; *e-r Farbe, e-s Edelsteins etc.*: brilliance; **~kugel** *f* flare; **~melder** *m* indicator light; **~patrone** *f* flare cartridge; **~pistole** *f* flare pistol; **~quarz** *m* luminous quartz; **~rakete** *f* flare; **~reklame** *f* neon lights (*od.* signs) *pl.*; **~röhre** *f* fluorescent lamp (*od.* tube); **~schirm** *m* fluorescent screen (*a.* ⚕); **~schrift** *f* illuminated letters *pl.*; **~signal** *n* flare signal; **~skala** *f* luminous dial.

Leuchtspur *f* tracer path; **~geschoß** *n* tracer (bullet); **~munition** *f* tracer ammunition.

Leucht|stärke *f* candlepower; **~stift** *m* light pen.

Leuchtstoff *m* illuminant; **~röhre** *f* fluorescent lamp (*od.* tube).

Leuchtturm *m* lighthouse; **~wärter** *m* lighthouse man.

Leucht|uhr *f* luminous clock (*od.* watch); **~zeiger** *m* luminous hand; **~zifferblatt** *n* luminous dial; **~ziffern** *pl.* luminous figures.

leugnen I. *v/t.* deny; ***~, et. getan zu haben*** deny having done s.th.; ***es ist nicht zu ~(, daß)*** it can't be denied (that), it's undeniable (that), there's no denying it (there's no denying the fact that); **II.** *v/i.* deny everything; **III.** ♀ *n* denying; denial; ***da half kein ~*** all his (*od.* her *etc.*) denials were useless.

Leukämie *f* ⚕ leuk(a)emia; **leukämisch** *adj.* leuk(a)emic.

Leukom *n* ⚕ leucoma.

Leukoplast (*TM*) *n* sticking plaster.

Leukozyt *m* leucocyte; **Leukozytenzählung** *f* white cell count.

Leumund *m* reputation, name; ***ihr ~ ist gut*** (***schlecht***) she's got a good (bad) reputation *od.* name; ***ein böser ~ behauptet ...*** there's some nasty gossip going round (to the effect) that ...; **Leumundszeugnis** *n* character reference.

Leute *pl.* **1.** people, *einzelne*: *a.* persons, individuals; ***die ~*** people; ***m-e ~*** (*Familie*) my people, F my folks; ***die ~ sagen*** people (*od.* they) say; ***was werden die ~ sagen?*** what will people say?; ***es gibt manche ~, die ...*** some people ..., (*ganz bestimmte*) there are certain individuals who ...; ***unter die ~ bringen*** (*bekanntmachen*) make *s.th.* public, F tell the world about *s.th.*, F (*Geld*) spend, F get rid of; ***unter die ~ gehen*** (*od.* ***kommen***) mix with people, socialize; ***vor allen ~n*** in front of everyone (*od.* everybody); ***hört mal zu, ~!*** listen, everyone (*od.* everybody)!; ***aber, liebe ~!*** oh come on, now; → ***geschieden***; **2.** (*Personal*) staff *sg.* (*mst pl. konstr.*); (*Arbeiter*) workers; *e-r Mannschaft etc.*: men (and women); **~schinder** *m* slave-driver.

Leutnant *m* second lieutenant (*Am. a.* ✈); ✈ *Brit.* pilot officer; ***~ zur See*** *Brit.* acting sub-lieutenant, *Am.* ensign.

leutselig *adj.* affable; **Leutseligkeit** *f* affability.

Levante *obs. f* Levant; **Levantiner(in** *f*) *m* Levantine; ***~ sein*** *a.* come from the Levant; **levantinisch** *adj.* Levantine.

Leviten *pl.*: ***j-m die ~ lesen*** read s.o. the riot act.

Levkoje *f* ✿ gillyflower.

Lexem *n ling.* lexeme.

Lexik *f ling.* lexis.

lexikalisch *adj.* lexical.

Lexikograph *m* lexicographer; **Lexikographie** *adj.* lexicography; **lexikographisch** *adj.* lexicographic(al).

Lexikologe *m* lexicologist; **Lexikologie** *f* lexicology.

Lexikon *n* **1.** encyclop(a)edia; → ***wandelnd***; **2.** (*Wörterbuch*) dictionary.
Lezithin *n* lecithin.
Liaison *f* liaison (*a. ling.*); (*Affäre*) affair.
Liane *f* liana.
Libanese *m*, **Libanesin** *f*, **libanesisch** *adj.* Lebanese.
Libelle *f* **1.** dragonfly; **2.** ⚙ bubble.
liberal *adj.* open-minded, liberal; (*tolerant*) *a.* tolerant; *pol.* Liberal; **Liberale(r** *m*) *f pol.* Liberal; **liberalisieren** *v/t.* liberalize; **Liberalisierung** *f* liberalization; **Liberalismus** *m* liberalism; *pol.* Liberalism; **Liberalität** *f* liberality.
Liberianer(in *f*) *m* Liberian; **liberianisch** *adj.* Liberian; ***unter ~er Flagge*** under a Liberian flag.
Libero *m* sweeper, libero.
libidinös *adj.* libidinous; **Libido** *f* libido.
Librettist *m* librettist; **Libretto** *n* libretto.
Libyer(in *f*) *m*, **libysch** *adj.* Libyan.
Licht *n* light; (*Helle*) brightness; (*Beleuchtung*) lighting; (*Lampe*) lamp; (*Verkehrs2*) light; (*Tages2*) daylight; F (*Strom*) electricity; ***offenes ~*** *an* open flame; ***~ machen*** turn on the lights; ***gegen das ~ halten*** hold up to the light; ***j-m im ~ stehen*** stand in the (*od.* s.o.'s) light; ***j-m aus dem ~ gehen*** get out of the (*od.* s.o.'s) light; *fig.* ***ans ~ bringen*** (***kommen***) bring (come) to light; ***das ~ der Welt erblicken*** see the light of day; ***im ~e*** *dieser Tatsachen etc.*: in the light of, *bsd. Am.* in light of; ***~ bringen in, ein ~ werfen auf*** shed (*od.* throw) light on; ***ein schlechtes ~ werfen auf*** throw a bad light on, reflect badly on, (*a.* ***in e-m schlechten ~ zeigen***) show in a bad light; ***ein neues ~ werfen auf*** put a new complexion on; ***et. ins rechte ~ rücken*** *vorteilhaft*: put (*od.* show) s.th. in a favo(u)rable light, *richtig*: put (*od.* show) s.th. in its true light; ***et. in e-m (un-)günstigen ~ erscheinen lassen*** make s.th. appear in a favo(u)rable (an unfavo[u]rable) light; ***in ein schiefes*** (*od.* ***falsches***) ***~ geraten*** be put in the wrong light; ***et. in ein schiefes*** (*od.* ***falsches***) ***~ rücken, ein schiefes ~ auf et. werfen*** put a wrong complexion on s.th., show s.th. in the wrong light; ***bei ~e besehen*** (*bei näherer Betrachtung*) on closer inspection, (*nüchtern betrachtet*) (seen) in the cold light of day; ***das ~ scheuen*** have something to hide; ***j-n hinters ~ führen*** pull the wool over s.o.'s eyes, lead s.o. up the garden path; ***sich im wahren ~e zeigen*** show one's true colo(u)rs; ***in X gehen die ~er aus*** things are beginning to look pretty grim in X; ***es ging mir ein ~ auf*** the truth began to dawn on me; F ***j-m ein ~ aufsetzen*** (*od.* ***aufstecken***) put s.o. in the picture; F ***er ist kein großes ~*** he's no shining light; *bibl. u. hum.* ***es werde ~*** let there be light; → ***grün*** I.
licht *adj.* (*hell*) bright; *Haar*, *Wald*: thin, sparse; (*kahl*) *Haupt*, *Stelle etc.*: bald; ***~(er) werden*** thin (out); ***bei ~em Tage*** in broad daylight; ***~e Breite*** (***Höhe***) clear breadth (height); ***~e Weite*** inside width, *Durchfahrt*: clearance width; ***~er Augenblick*** (*od.* ***Moment***) lucid moment.
Licht|aggregat *n* lighting set; **~anlage** *f* lighting system.
lichtarm *adj.* badly lit, dingy.
Licht|bad *n* ⚕ light bath; **~behandlung** *f* ⚕ phototherapy.
lichtbeständig *adj.* light-resistant; *Stoff*: non-fading.
Lichtbild *n* **1.** (*Paßbild*) photo(graph); **2.** *obs.* (*Diapositiv*) transparency, slide; **Lichtbildervortrag** *m* slide talk (*od.* show).
lichtblau *adj.* light blue.
Lichtblick *m* something to look forward to (*od.* to brighten up one's life); bright spot on the horizon; ***der einzige ~ in m-m Leben*** the only bright spot in my life.
Lichtbogen *m* ⚡ arc; **~schweißung** *f* ⚙ arc welding.
lichtbrechend *adj. opt.* refractive; **Lichtbrechung** *f* refraction (of light).
Lichtbündel *n* light beam, pencil of rays.
lichtdicht *adj.* lightproof.
lichtdurchflutet *adj.* flooded with light, bathed in light.
lichtdurchlässig *adj.* translucent; *völlig*: transparent; **Lichtdurchlässigkeit** *f* translucency; *völlige*: transparency.
lichtecht *adj.* lightproof; *Stoff*: non-fading.
Licht|effekt *m* lighting effect; **~einfall** *m* **1.** incidence of light; **2.** (*Eindringen*) light leakage; **~einwirkung** *f* action of light.
lichtempfindlich *adj.* sensitive to light; *phys.* photosensitive; *phot.* sensitized *paper*; *Sonnenbrille*: self-adjusting; ***~ machen*** sensitize; **Lichtempfindlichkeit** *f* (light-)sensitivity; *e-s Films*: speed.
lichten¹ I. *v/t.* (*Wald*) clear; *fig.* thin out; II. *v/refl.*: ***sich ~*** thin out (*a. fig.*); (*heller werden*) clear up.
lichten² *v/t.*: ⚓ ***den Anker ~*** weigh anchor.
Lichter|baum *m* Christmas tree; **~fest** *n* Hanukkah, Festival of Lights.
lichterfüllt *adj. lit.* suffused with light.
Lichterglanz *m* bright lights *pl.*
Lichterkette *f* candle-lit rally.
lichterloh *adv.*: ***~ brennen*** be ablaze.
Lichtermeer *n* sea of lights.
Licht|filter *m*, *n* filter; **~geschwindigkeit** *f* speed of light; **~griffel** *m* light pen; **2grün** *adj.* light green; **~hof** *m* **1.** Δ atrium; **2.** *phot.* halo; **~hupe** *f mot.* flasher; ***die ~ betätigen*** flash one's lights; **~jahr** *n* light year; **~kegel** *m* beam (of light); **~kreis** *m* circle of light; **~kuppel** *f* light dome, domed roof light; **~lehre** *f phys.* optics *pl.* (*sg. konstr.*).
lichtlos *adj.* (completely) dark; devoid of sunlight.
Lichtmaschine *f mot.* dynamo, *Am.* generator; (*Drehstrom2*) alternator.
Lichtmeß *f*: *R. C.* (***Mariä***) ~ Candlemas.
Licht|messer *m* light meter; **~messung** *f* photometry; **~orgel** *f* lighting console; **~pause** *f* photocopy; (*Blaupause*) blueprint; **~punkt** *m* point of light; *fig.* bright spot; → *a.* ***Lichtblick***; **~quelle** *f* source of light; **~reflex** *m* light reflection, reflection of light; **~regie** *f thea.* lighting control; ***~ hatte ...*** F on lights we had ...; **~schacht** *m* light well; **~schalter** *m* light switch; **~schein** *m* (beam of) light; **2scheu** *adj.* **1.** *fig.* ***~er Mensch*** shady character; ***~es Gesindel*** shady characters (F bunch); **2.** (*lichtempfindlich*) sensitive to light; ***~e Tiere*** *etc.* animals *etc.* that avoid (*od.* shun) the light; **~schimmer** *m* glimmer of light; **~schirm** *m* light screen; **~schleuse** *f* light trap; **2schluckend** *adj.* light-absorbing; **~schranke** *f* light barrier; F magic eye.
Lichtschutz *m* protection against the light (*od.* sun); **~faktor** *m* sun protection factor.
lichtschwach *adj.* dim, faint.
Licht|seite *fig. f* bright side; **~signal** *n* light signal; *mot.* flashing lights *pl.*; ***ein ~ geben*** flash one's lights; **~spalt** *m* crack of light; **~spektrum** *n* light spectrum.
Lichtspielhaus *obs. n* cinema, *Am.* movie theater.
lichtstark *adj.* powerful; *Objektiv*: *a.* fast, high-speed ...; **Lichtstärke** *f* brightness; *e-s Objektivs*: F-number, speed.
Licht|strahl *m* ray (*od.* beam) of light; **~therapie** *f* ⚕ phototherapy.
lichtundurchlässig *adj.* opaque; **Lichtundurchlässigkeit** *f* opacity, opaqueness.
lichtunempfindlich *adj.* insensitive to light; **Lichtunempfindlichkeit** *f* insensitivity to light.
Lichtung *f* clearing.
Licht|verhältnisse *pl.* lighting conditions, lighting *sg.*; **~zelle** *f* photovoltaic cell.
Lid *n* eyelid; **~schatten** *m* eye shadow; **~spalt** *m anat.* palpebral fissure.
lieb I. *adj.* (*gütig*) kind, good; (*nett*, *freundlich*) nice; (*brav*) good; (*goldig*) sweet; (*teuer*, *geliebt*) dear; ***ein ~er Kerl*** a nice guy; ***ein ~es Ding*** a darling; ***~er Herr N.*** *im Brief*: Dear Mr N; ***der ~e Gott*** God; ***~er Gott*** dear God; ***du ~er Himmel!*** goodness me!; F ***mein ~er Mann*** (*od.* ***Schwan***)! F I tell you!; ***den ~en langen Tag*** the whole day long; ***~ sein zu*** be nice to; ***warst du auch ~?*** have you been a good boy (*od.* girl)?; ***es wäre mir ~, wenn*** I'd appreciate it if; ***sei ~!*** be good!; ***sei so ~ und ...*** do me a favo(u)r and ...(, will you?); ***sei so ~*** do you mind?; ***das ist ~ von dir*** that's very sweet of you; ***mehr, als ihm ~ ist*** more than he really wanted; ***alles, was ihr ~ war*** all that was dear to her; ***wenn dir dein Leben ~ ist*** if you value your life; → ***Not***; → ***lieber, liebst***; II. *adv.* (*liebevoll*) lovingly, fondly; (*freundlich*) kindly; (*nett*) nicely; (*zärtlich*) tenderly; (*sanft*) gently; ***j-n ~ behandeln*** be nice to s.o.; ***er hat es so ~ hergerichtet*** *etc.* he took such a lot of care over it; III. *substantivisch*: ***mein 2er!*** my dear man; ***meine 2e!*** my dear (girl); ***meine 2en*** my dears; ***2es*** love; ***etwas 2es*** something nice; ***j-m etwas 2es tun*** (*od.* ***erweisen***) be very kind to s.o.; ***kann ich dir irgend etwas 2es tun?*** is there anything I can do for you?; → ***Liebste(r)***.
liebäugeln *v/i.*: ***mit et. ~*** have one's eyes on s.th.; ***mit dem Gedanken*** (*od.* ***der Idee***) ***~ zu*** *inf.* toy with the idea of *ger.*
Liebchen *obs. n* sweetheart.
Liebe *f* love (***zu*** *j-m*: *mst* for, *e-r Sache*: *mst* of); (*Zuneigung*) liking (for); (*sexuelle ~*) sex; (*Liebschaft*) love affair, romance; (*Geliebte[r]*) sweetheart; (*Angebetete[r]*) idol; ***m-e große ~*** my idol, F my big crush, (*Hobby etc.*) my great passion; ***e-e alte ~*** F an old flame; ***aus ~*** for love; ***aus ~ zu*** for the love of; ***bei aller ~*** much as I'd like to, *bei Kritik*: listen, my dear, *Mann zu Mann*: listen, mate; ***tu mir die ~*** will you do it for me?; ***tu mir die ~ und ...*** be a dear and ...; do me a favo(u)r and ..., will you?; ***mit ~ gemacht*** *etc.* made (*od.* done) *etc.* with tender loving care; ***die ~ geht durch den Magen*** the way to a man's heart is through his stomach; → ***blind*** 1.

liebebedürftig *adj.*: ~ ***sein*** need (*stärker*: crave) love and affection.
liebeleer *adj.* loveless.
Liebelei *f* little affair.
lieben I. *v/t.* love; (*et. gern haben*) *a.* (really) like; *sexuell*: make love to; ***er liebt es zu*** *inf.* he loves *ger.* (*od.* to *inf.*); ***er liebt es nicht zu*** *inf.* he doesn't like *ger.* (*od.* to *inf.*); ***er liebt es nicht, wenn man zu spät kommt*** he doesn't like people to arrive late, he doesn't appreciate people arriving late, he doesn't like it when people arrive late; ***sich*** ~ love each other (*od.* one another), be in love (with each other); *sexuell*: make love; → ***lernen*** I; **II.** *v/i.* love; *sexuell*: make love; **liebend I.** *adj.* loving; **II.** *adv.*: ~ ***gern*** gladly; ***ich würde*** ~ ***gern*** I'd love to; ***er spielt*** ~ ***gern Schach*** he loves (to play) chess; ***ich esse*** ~ ***gern Kartoffeln*** I (just) love potatoes; **Liebende(r** *m***)** *f* lover.
liebenswert *adj. Mensch*: lovely; *Art, Eigenschaft*: endearing; ***ein*** ~***er Mensch*** *a.* such a nice person.
liebenswürdig *adj.* (very) kind; (*gewandt u. höflich*) charming; ***wären Sie so*** ~ ***zu*** *inf.* would you be so kind as to *inf.* (*od.* kind enough to *inf.*); **liebenswürdigerweise** *adv.* (very) kindly; ***er hat es mir*** ~ ***geliehen*** *a.* he was kind enough to lend it to me; **Liebenswürdigkeit** *f* kindness; (*Eigenschaft*) charm, charming nature; ***hätten Sie die*** ~ ***zu*** *inf.* → ***liebenswürdig.***
lieber I. *adj.* (*comp. von* → **lieb** I); **II.** *adv.* ~ ***haben,*** ~ ***mögen*** like *s.th. od. s.o.* better, prefer; ***ich möchte*** ~ ***nicht*** I'd rather not; ***ich bleibe*** ~ ***zu Hause*** I'd rather stay at home; ***du solltest*** ~ ***gehen*** you'd (= you had) better go, it would be better if you left; ***das hättest du*** ~ ***nicht machen sollen*** you shouldn't (really) have done that; ***laß es*** ~ better leave it; ***machen wir es*** ~ ***gleich*** let's do it now, I think we should do it now; ***was wäre dir*** ~***?*** what would you prefer?; ***mir wäre*** ~, ***wenn ...*** I'd prefer it if ..., I'd prefer us *etc.* to *inf.*; ***mir wäre nichts*** ~ ***als das*** there's nothing I'd rather do (*od.* have *etc.*), that for me would be perfect.
Liebes|abenteuer *n* amorous adventure (*od.* escapade); ~**affäre** *f* love affair; ~**akt** *m* sexual act; ~**bedürfnis** *n* need (*stärker*: craving) for love and affection; 2**bedürftig** *adj.* → ***liebebedürftig***; ~**beziehung** *f* love relationship; *engS.* sexual relationship; ~**brief** *m* love letter; ~**dichtung** *f* love poetry; ~**dienst** *m* favo(u)r; ***j-m e-n*** ~ ***erweisen*** do s.o. a good turn; ~**entzug** *m* withdrawal of love (and affection); ***j-n mit*** ~ ***bestrafen*** punish s.o. by withdrawing one's love (and affection) from him (*od.* her); ~**erklärung** *f* declaration of love; ***(j-m) e-e*** ~ ***machen*** declare one's love (to s.o.); ~**erlebnis** *n* love affair; ~**film** *m* (filmed) love story; ~**freuden** *pl.* pleasures of love; ~**gedicht** *n* love poem; ~**geschichte** *f* love story; ~**glück** *n* joy(s *pl.*) of love; (*glückliche Liebe*) happy love affair; ~**gott** *m* god of love; Cupid, Eros; ~**göttin** *f* goddess of love; Venus, Aphrodite; ~**heirat** *f* love match; 2**krank** *adj.* lovesick; ~**kummer** *m*: ~ ***haben*** have man (*od.* woman) problems; (*unglücklich verliebt sein*) be lovesick; ~**kunst** *f* art of love; ~**leben** *n* love life; ~**lied** *n* love song; ~**mühe** *f*: ***das ist vergebliche*** ~ that's a waste of time (and effort); ~**nacht** *f* night of love; ~**nest** *n* love nest; ~**objekt** *n* object of love; ~**paar** *n*, ~**pärchen** *n* couple; (two) lovers *pl.*; ~**roman** *m* love story; romance; ~**schwur** *m* lover's oath; ~**spiel** *n* loveplay; *zo.* mating ritual; ~**szene** *f* love scene; 2**toll** *adj.* love-crazed; *lit.* love-stricken; ~**töter** F *pl.* F bloomers; ~**tragödie** *f* tragedy of love; ~**trank** *m* love potion; 2**trunken** *adj.* besotted; ~**verhältnis** *n* relationship; ~**verlust** *m* deprivation of love; ~**vögel** *pl. zo.* lovebirds; ~**werben** *n* wooing, courtship; ~**zauber** *m* spell of love; ~**zeichen** *n* token of love.
liebevoll I. *adj.* loving; (*herzlich*) very kind; **II.** *adv.* lovingly; ~ ***zubereitet*** prepared with loving care; ***er wird*** ~ ***umsorgt*** he's well looked after; ***j-n*** ~ ***ansehen*** give s.o. a. tender look (*od.* a look of affection).
liebgewinnen *v/t.* grow fond of, come to like.
liebgeworden *adj.* cherished; ***ein mir*** ~***es Fleckchen*** a place I have come to cherish (*od.* have grown very fond of).
liebhaben *v/t.* like; *stärker*: love.
Liebhaber *m* **1.** lover; (*Verehrer*) admirer; *thea. obs.* ***erster*** ~ leading (gentle-) man; *thea.* ***jugendlicher*** ~ juvenile lead; ***er ist ein guter (schlechter)*** ~ he's (not very) good in bed; **2.** ~ ***der Kunst*** *etc.* art *etc.* lover (F fan); **3.** (*Kenner*) connoisseur; ~**ausgabe** *f* de luxe (*od.* collector's) edition.
Liebhaberei *f* hobby; ***aus*** ~ as a hobby, for pleasure.
Liebhaber|preis *m* collector's price; ~**stück** *n* collector's item; ~**wert** *m* collector's value.
liebkosen *v/t.* caress; (*bsd. Kind*) *a.* kiss and cuddle; **Liebkosung** *f* caress.
lieblich I. *adj.* lovely, *Mädchen, Gesicht*: *a.* sweet; *Landschaft etc.*: lovely, charming, delightful; *Wein*: suave, pleasant; **II.** *adv.*: ~ ***duften (klingen*** *etc.***)** have a lovely smell (sound *etc.*), smell (sound *etc.*) lovely; **Lieblichkeit** *f* loveliness; sweetness; charm; pleasantness.
Liebling *m* darling; *als Anrede*: *a.* (my) love; (*Bevorzugte[r]*) favo(u)rite; ***der*** ~ ***der Damen*** the ladies' darling; ***er war ein*** ~ ***der Götter*** he was beloved of the gods.
Lieblings... *in Zssgn mst* favo(u)rite; ~**kind** *n* favo(u)rite child; *fig.* baby; ~**schüler** *m* teacher's pet; ***er ist ihr*** ~ he's the teacher's pet; ~**thema** *n* pet (*od.* favo[u]rite) subject; ***er ist wieder bei s-m*** ~ he's on his hobby-horse again, he's onto his favo(u)rite (*od.* pet) subject again, F he's away again.
lieblos I. *adj.* unkind; (*gefühllos*) cold; *Eltern etc.*: uncaring; **II.** *adv.*: ***sie geht sehr*** ~ ***mit ihm um*** she doesn't treat him very well; **Lieblosigkeit** *f* unkindness; (*Kälte*) coldness; *von Eltern etc.*: lack of love; (*Interesselosigkeit*) couldn't-care-less attitude.
Liebreiz *m* charm, attractiveness.
Liebschaft *f* affair.
liebst I. *adj.* (*sup. von* → **lieb** I); ***m-e*** ~***e Pflanze*** *etc.* my favo(u)rite plant *etc.*; **II.** *adv.*: ***am*** ~***en schwimme ich*** I like swimming best; ***am*** ~***en würde ich bleiben (ihm eine runterhauen)*** I'd really like to stay (I'd love to just hit him).
Liebste(r *m***)** *f* (*a.* ***meine Liebste, mein Liebster***) darling, my love.
Liebstöckel *m, n* ♀ lovage.
Lied *n* song; (*Melodie*) tune; (*Kunst*2) lied; (*Gedicht*) poem; ballad; *fig.* ***es ist immer das alte*** ~ it's the same old story every time; ***er kann dir ein*** ~ ***davon singen*** he can tell you a thing or two about that; ***das Ende vom*** ~ the upshot (of the whole affair); ***und das war das Ende vom*** ~ and that was that.
Lieder|abend *m* lieder recital; ~**buch** *n* songbook.
liederlich *adj.* **1.** untidy; *Aussehen*: *a.* sloppy, slovenly (*beide a. Arbeit*); **2.** (*sittenlos*) dissolute; **Liederlichkeit** *f* **1.** untidiness; sloppiness, slovenliness; **2.** (*Sittenlosigkeit*) dissipation, dissolution.
Lieder|macher *m* singer-songwriter; ~**sänger(in** *f***)** *m* lieder singer; ~**zyklus** *m* song cycle.
Liedtext *m* lyrics *pl. od.* words *pl.* (of a *od.* the song).
Lieferant *m* supplier; **Lieferanteneingang** *m* tradesman's (*od.* goods) entrance.
Lieferauftrag *m* order.
lieferbar *adj.* available, in stock; ***nicht*** ~ not available, out of stock; ***sofort*** ~***e Waren*** spot goods.
Liefer|bedingungen *pl.* terms of delivery; 2**bereit** *adj.* ready for delivery; ~**engpaß** *m* supply shortage; ~**firma** *f* supplier(s *pl.*); ~**frist** *f* delivery deadline; ~**kosten** *pl.* delivery charges; ~**land** *n* supplier country; ~**menge** *f* quantity delivered (*od.* ordered); ~**monopol** *n*: ***das*** ~ ***haben für*** have a monopoly on the supply of.
liefern *v/t. u. v/i.* deliver (*dat. od.* **an** to); (*beschaffen*) supply (***j-m et.*** s.o. with s.th.); (*erzeugen*) produce; (*Ertrag*) yield; *fig.* (*Beweise etc.*) supply, provide, furnish, come up with; ***es lieferte uns genug Gesprächsstoff*** it gave us plenty to talk about; ***er lieferte e-n harten Kampf (ein gutes Spiel)*** he put up a good fight (he played well); → ***geliefert.***
Liefer|ort *m* place of delivery; ~**posten** *m* supply item, lot; ~**preis** *m* contract price; ~**schein** *m* delivery note; ~**sperre** *f* halt of deliveries; ~**tag** *m* delivery date; ~**termin** *m* **1.** delivery deadline; **2.** delivery date.
Lieferung *f* delivery, *Am. a.* shipment; (*Be*2) supply; (*Sendung*) consignment, shipment; (*Teil*2) instal(l)ment (*a. e-s Buchs*); **Lieferungs...** *in Zssgn* → **Liefer...**
Liefer|vertrag *m* supply contract; ~**wagen** *m* delivery van; *Am.* panel truck, *offener*: pickup (truck); ~**zeit** *f* delivery period; ***die*** ~ ***einhalten*** deliver on time.
Liege *f* couch; (*Garten*2) sunbed; (*Camping*2) campbed.
Liege|deck *n* ⚓ lounge deck; ~**kur** *f* ⚕ rest cure.
liegen I. *v/i.* lie, be lying; *Kranker*: be in bed, *weitS.* (*krank sein*) be laid up; *Stadt*: lie, be (situated); *Gebäude*: be (situated *od.* located); ⚓ lie; ~ ***müssen*** *Kranker*: have to stay in bed, *flach*: have to lie flat; ***er hat drei Wochen gelegen*** he was in bed (*od.* was laid up) for three weeks; ***der Boden lag voller Zeitungen*** the floor was strewn with newspapers; ***es lag viel Schnee*** there was a lot of snow (on the ground); ***liegt mein Haar richtig?*** is

my hair all right (*Am.* alright)?; **da liegt der Fehler** that's where the trouble lies; **wie die Sache jetzt liegt** as matters (now) stand, as things are at the moment; **das liegt mir nicht** it's not my thing; **er liegt mir überhaupt nicht** he's not my type of person, *als Mann*: he's not my type; **nichts liegt mir ferner** nothing could be further from my mind; *mit prp.*: ~ **an** be near, (*e-r Straße, e-m Fluß*) be on; (*dicht an*) be next to; *fig. Ursache*: be because of; **an der Spitze** *etc.* ~ be in front *etc.*; **es liegt an dir** it's your fault, *et. zu tun*: it's up to you; **an mir soll's nicht ~** a) I'll certainly do my best, b) I won't stand in the way; **an mir soll's nicht ~,** *wenn die Sache schiefgeht*: it won't be my fault (*od.* through any fault of mine); **es liegt daran, daß** it's because; **es liegt mir daran zu** *inf.* I'm keen to *inf.*; **es liegt mir sehr viel daran** it means a lot to me; **es liegt mir nichts daran** it doesn't mean much to me, **zu gewinnen:** it doesn't make any difference to me whether I win or not; ~ **auf** lie on, *Akzent*: be on; → **Hand, Seele;** *der Wagen* **liegt gut** (**auf der Straße**) holds (the road) well; **es liegt Nebel auf den Feldern** there's fog over the fields; *der Gewinn* **liegt bei fünf Millionen** amounts to five million; *die Temperaturen* ~ **bei 30 Grad** are around 30 degrees; **die Entscheidung liegt bei dir** it's your decision, it's up to you; *fig.* **es liegt hinter uns** it's behind us; ~ **in** *Stärke, Vorteil etc.*: lie in; **in ihrer Stimme lag leise Ironie** there was a hint of irony in her voice; **die Schwierigkeit liegt darin, daß** the problem is that; ~ **nach** *Haus*: face, *Zimmer*: *a.* look out on, overlook; → **Blut** 1, **Magen**; **II.** ♀ *n* lying; (*Stellung*) lying position; **im ~** lying down; **das ~ bekommt ihm nicht** he can't take all this lying down.

liegenbleiben *v/i.* **1.** (*nicht aufstehen*) not to get up; (just) lie there; *im Bett*: *a.* stay in bed; *Boxen*: stay down; **2.** *Sachen*: be left (**auf** on); *Schnee*: settle; (*vergessen werden*) be left (behind); *a. fig.* be forgotten; *fig. Arbeit*: be left unfinished; *fig.* **das kann ~** that can wait; **3.** † *Waren*: be left unsold, F be left on the shelf; **4.** *Fahrzeug*: break down; **wir sind unterwegs liegengeblieben** we had a breakdown on the way.

liegend *adj.* **1.** (*ruhend*) resting; *Kunst*: reclining; **auf dem Rücken ~** lying on one's back; **2.** (*gelegen*) situated.

liegengeblieben *adj. books etc.* left behind; (*vergessen*) forgotten; *Auto etc.*: stranded, (*aufgegeben*) abandoned.

liegenlassen *v/t.* **1.** (*vergessen*) leave behind, forget; **2.** (*in Ruhe lassen*) leave alone; **laß es liegen!** don't touch it!; **3.** (*Arbeit*) leave (unfinished); **die Arbeit ~** (*unterbrechen*) stop work, *plötzlich*: leave everything lying, F down tools; **4.** (*nicht aufräumen*) leave *s.th.* lying around; → **links** I.

Liegenschaften *pl.* real estate *sg.*

Liege|sitz *m* reclining seat, recliner; **~stuhl** *m* deckchair; **~stütz** *m* press-up, *a. Am.* push-up; **~terrasse** *f* sun terrace; **~wagen** *m* 🚂 couchette car; **~wiese** *f* lawn.

Lieschen *n* **1.** F ~ **Müller** the (average) woman in the street, F Mrs Average; **2.** ♀ → **fleißig** I.

Lift¹ *m* lift, *Am.* elevator; (*Ski*♀) (ski) lift.

Lift² *m, n Kosmetik*: facelift.

liften¹ *v/t.*: **sich ~ lassen** have a facelift.

liften² *v/i. Skifahren*: take the ski lift.

Liftkarte *f Skifahren*: lift ticket.

Liga *f* league (*a. Sport*); **~spiel** *n* league match (*od.* game).

Ligatur *f anat., typ.* ligature; ♪ tie.

Lignit *m* lignite.

Liguster *m* ♀ (common) privet; **~hecke** *f* privet hedge.

liieren *v/refl.*: **sich ~** get together, † *etc.* join forces (**mit** with); **liiert** *adj.*: (**fest**) ~ attached; **mit j-m ~ sein** be going out with s.o.

Likör *m* liqueur.

Lila *n*, **lilafarben** *adj.* purple; *hell*: lilac.

Lilie *f* ♀ lily; *Heraldik*: *a.* fleur-de-lis; **gelbe ~** gold lily; **weiße ~** white (*od.* Madonna) lily; **blaue ~** iris.

Liliputaner(in *f*) *m* midget.

Limette *f* lime.

Limit *n* limit; † *a.* ceiling; *Auktion*: reserve (price); **limitieren** *v/t.* limit; † *a.* put a ceiling on; **limitiert** *adj.* limited; **nicht ~** unlimited, open-ended.

Limo F *f*, **Limonade** *f* fizzy drink, *Am.* soda pop; (*Zitronen*♀) lemonade; (*Orangen*♀) orangeade.

Limone *f* lime.

Limousine *f mot.* saloon, *Am.* sedan.

lind *adj.* gentle, mild.

Linde *f* lime, linden; (*Lindenholz*) limewood; **Lindenbaum** *m* lime tree; **Lindenblütentee** *m* lime blossom tea; **Lindenholz** *n* limewood.

lindern *v/t.* alleviate; (*Schmerzen*) *a.* ease; (*Fieber*) bring down; (*Armut*) relieve; (*Strafe*) mitigate; **Linderung** *f* alleviation; easing; relief; mitigation; → **lindern**; **~ verschaffen** bring relief (*j-m* to).

Lindwurm *m* dragon.

Lineal *n* ruler.

linear *adj.* linear; (*pauschal*) across-the-board.

Linear|beschleuniger *m phys.* linear accelerator; **~schrift** *f* linear script; **~zeichnung** *f* line drawing.

Linguist *m* linguist; **Linguistik** *f* linguistics *pl.* (*sg. konstr.*); **linguistisch** *adj.* linguistic(ally *adv.*).

Linie *f* **1.** line (*a. Reihe, im Gesicht,* ⚔, *Sport etc.*); *fig.* **in erster ~** first of all, in the first place; **in vorderster ~ stehen** be in the front line; **auf der ganzen ~** (right) down the line; **2.** (*Strecke*) route; **die ~ 20** (*Bus*) bus number 20, the number 20 (bus); **auf der ~ Köln-Hamburg** on the Cologne-Hamburg line (✈ route); **3.** (*Flug*♀) airline; **4.** (*Tendenz*) trend; *pol.* course; (*Partei*♀) party line; *e-r Zeitung*: editorial policy; **e-e klare ~ haben** (*festumrissen sein*) be clear-cut, (*a.* **e-e klare ~ einhalten**) be consistent; **e-e mittlere ~ einschlagen** (*od.* **verfolgen**) follow a middle course; **5.** (*Taille*) figure, waistline; **ich muß auf m-e** (**schlanke**) **~ achten** *a.* I've got to watch what I eat; **6.** (*Stamm, Geschlecht*) line; **in direkter ~ abstammen von** be a direct descendant of.

Linien|blatt *n* (sheet of) lined paper; **~bus** *m* public service bus; **~dienst** *m* scheduled services *pl.*; ✈ *a.* regular flights *pl.*; **~flug** *m* scheduled flight; **~flugzeug** *n* → **Linienmaschine**; **~führung** *f Zeichnen etc.*: flow of the lines; **~maschine** *f* scheduled aircraft (*od.* plane); **~netz** *n* (rail *etc.*) network; **~papier** *n* ruled (*od.* lined) paper; **~richter** *m Sport*: linesman; **~schiff** *n* liner; **~system** *n* ♪ staff, stave.

linientreu *adj. pol.* loyal; **~ sein** *a.* toe the line; ♀**er** party liner; **Linientreue** *f* loyalty to the party line.

Linienverkehr *m* scheduled services *pl.*; ✈ scheduled air traffic.

lin(i)ieren *v/t.* rule, line; **lin(i)iert** *adj.* ruled, lined.

link *adj.* **1.** (*Ggs. recht*) left; **~e Seite** left-hand side, left; *fig.* **zwei ~e Hände haben** have two left hands; **das mache ich mit der ~en Hand** (F **mit ~s**) I can do that no problem (*od.* with my hands tied); **er ist wohl mit dem ~en Fuß** (*od.* **Bein**) **zuerst aufgestanden** he must have got out of the wrong side of the bed this morning; **2.** *pol.* left-wing, leftist; *Flügel*: left *wing*; **3.** F (*gemein, niederträchtig*) dirty, mean, nasty; (*hinterhältig*) underhand(ed); (*falsch*) two-faced; **~e Tour** a) underhand(ed) (*stärker*: dirty, mean) trick, b) (*a.* **~e Touren**) underhand(ed) (*od.* fishy) dealings *pl.*; **j-m auf die ~e Tour kommen** (*für dumm verkaufen*) F try and play s.o. for a sucker, (*reinlegen*) F do the dirty on s.o.; **komm mir ja nicht auf die ~e Tour!** *a.* F just don't try it on me(, mate); **~er Hund,** V **~e Sau** *sl.* two-faced swine (V bastard); **~er Vogel** V scheming bastard.

Linke *f* (*Hand*) left hand; *Boxen*: left; *pol. the* left, *e-r Partei*: left wing; **zur ~n** to (*od.* on) the left; **zu s-r ~n** to (*od.* on) his left.

Linke(r) *m pol.* leftist, left-winger; F leftie.

linken F *v/t.* (*hereinlegen*) F do the dirty on *s.o.*

linkerhand *adv.* on the left.

linkisch *adj.* clumsy, gauche; *Bewegung etc.*: awkward.

links I. *adv.* on the left(-hand side); (*nach* ~) (to the) left; (*verkehrt herum*) inside out; ~ **von** to the left of; ~ **von ihm** on (*od.* to) his left; ~ **oben** (**unten**) on the top (bottom) left; **drittes Regal ~** third shelf on the left; **~ abbiegen** turn left; **sich ~ halten, ~ fahren** (*od.* **gehen**) keep to the left; *pol.* **~ stehen** be on the left, be a left-winger; *fig.* **~ liegenlassen** completely ignore, (*j-n*) give *s.o.* the cold shoulder; **ich weiß nicht mehr, was ~ und was rechts ist** I'm totally confused, I don't know which way to turn; **II.** *prp.* (*mit gen.*) on (*od.* to) the left of; **~ der Spree** on the left bank of the Spree; *pol.* **~ der Mitte** left of cent|re (*Am.* -er); **III.** F *adj.* (**~händig**) left-handed.

Links|abbiegen *n*: **~ verboten** no left turn(s); **~abbieger** *m* car *etc.* turning left, *pl.* traffic *sg.* turning left; **~abbiegespur** *f* left-hand turn(-off) lane; **~außen** *m Fußball*: outside left, left wing; *pol.* extreme left-winger; ♀**bündig** *adj. typ.* flush left; **~drall** *m* left-hand twist; *fig. pol.* leftist tendencies *pl.*; **~drehung** *f* anticlockwise rotation.

Linksextremist *m* left-wing extremist; **linksextremistisch** *adj.* (of the) extreme left.

Linksfüßler *m* left-footed player.

linksgerichtet *adj. pol.* left-wing.

Linkshaken *m Boxen*: left hook.

Linkshänder *m* left-hander; **er ist ~** he's left-handed; **linkshändig** *adj.* left-handed; *Schlag etc.*: left hand ...

linksherum *adv.* anticlockwise; (*nach links*) (to the) left.
Links|intellektuelle(r) *m* left-wing intellectual; **~katholizismus** *m* left-wing Catholicism; **~kurs** *m* leftist policy (*schwächer*: tendencies *pl.*); **~kurve** *f* left turn (✈ bank); *in der Straße*: left-hand bend.
linkslastig *adj.*: **~ sein** lean to the left, *fig.* lean towards the left, have leftist tendencies (*od.* leanings).
Linkslenker *m mot.* left-hand drive.
linksliberal *adj.* left-wing liberal.
linksorientiert *adj.* leftist; **Linksorientierung** *f* leftist tendencies *pl.*
Linkspartei *f* left-wing party.
linksradikal *adj.*, **Linksradikale(r)** *m* left-wing extremist.
Links|ruck *m*, **~rutsch** *m*, **~schwenkung** *f pol.* swing to the left.
linksseitig I. *adj.* left; on the left(-hand) side; **II.** *adv.* → ***gelähmt.***
Links|steuerung *f mot.* left-hand drive; **~verkehr** *m*: *mot.* ***in Großbritannien ist ~*** in Britain they drive on the left(-hand side); **~wendung** *f pol.* shift to the left.
Linoleum *n* linoleum, lino.
Linol|säure *f* linoleic acid; **~schnitt** *m* linocut.
Linotype *f typ.* linotype.
Linse *f* **1.** ♣ lentil; **2.** *anat. u. opt.* lens; F ***j-n vor die ~ kriegen*** F get s.o. into one's (camera) sights.
linsen F *v/i.* peep, F peek.
linsenförmig *adj.* lenticular.
Linsen|gericht *n* lentil dish; *fig.* ***et. für ein ~ hergeben*** sell s.th. for a song; **~suppe** *f* lentil soup; **~trübung** *f* ⚕ cataract.
Lip gloss *n* lip gloss.
Lipom *n* ⚕ lipoma, skin tag.
Lippe *f* lip; ♣ labellum; ⚕ labium; ***von den ~n lesen*** lip-read; *fig.* ***sich auf die ~n beißen*** bite one's tongue; ***an j-s ~n hängen*** hang on s.o.'s every word; ***das bringe ich nicht (nur schwer) über die ~n*** I can't (I can hardly) bring myself to say it; ***das soll nicht über m-e ~n kommen*** I won't breathe a word, my lips are sealed; F ***e-e große (od. freche) ~ riskieren*** F shoot one's mouth off.
Lippenbekenntnis *n* lip service; ***ein ~ ablegen*** pay lip service.
Lippenblütler *m* ♣ labiate.
lippenförmig *adj.* ♣ *etc.* labiate.
Lippen|laut *m ling.* labial; **~stift** *m* lipstick.
lippensynchron *adj.*, **lippensynchronisieren** *v/t. u. v/i.*, **Lippensynchronisation** *f Film*: F lip-sync.
liquid(e) *adj.* † (*flüssig*) liquid *funds*; (*zahlungsfähig*) solvent; **Liquidation** *f* † *e-r Firma*: liquidation, *bsd. Brit.* winding-up; *Börse*: settlement; ***in ~ treten*** go into liquidation; **Liquidator** *m* liquidator; **liquidieren** *v/t.* † liquidate (*a. fig. j-n*), wind up; **Liquidierung** *f* liquidation (*a. fig.*); **Liquidität** *f* liquidity; (*Zahlungsfähigkeit*) solvency; **Liquiditätsengpaß** *m* liquidity crisis; F cash problem.
lispeln I *v/i.* (have a) lisp; **II.** *v/t.* lisp; (*flüstern*) whisper.
List *f* cunning; (*Trick*) ruse, trick, ploy; ***zu e-r ~ greifen*** a) use (*od.* employ, resort to) a trick, b) use a bit of cunning; ***er steckt voller ~*** he's a sly old fox; ***mit ~ und Tücke*** with a great deal of cunning.
Liste *f* list; *amtliche*: register; *von Geschworenen, Kassenärzten*: panel; → ***Wahlliste***; ***schwarze ~*** black list; ***auf die schwarze ~ setzen*** blacklist.
Listen|platz *m* place; ***~ vier haben*** be in fourth place; **~preis** *m* † list price.
listenreich *adj.* full of cunning.
listig *adj.* cunning, crafty, wily; *a. Blick*: sly.
Litanei *f eccl. u. fig.* litany; *fig.* ***die ganze ~*** *a.* F the whole spiel; ***immer dieselbe ~*** the same old story every time.
Litauer(in *f*) *m*, **litauisch** *adj.* Lithuanian.
Liter *m, n* lit|re (*Am.* -er).
literargeschichtlich *adj.* literary historical; **Literarhistoriker** *m* literary historian; **literarhistorisch** *adj.* literary historical.
literarisch I. *adj.* literary; **II.** *adv.*: ***~ gebildet*** literate, well-read; ***~ tätig sein*** be a writer, write.
Literat *m* **1.** man of letters, belletrist; (*Schriftsteller*) writer, *bekannter*: *a.* literary figure; *pl.* literati, literary establishment *sg.*; **2.** *contp.* (*Schreiber*) scribe.
Literaten|café *n* literary café; **~kreise** *pl.*: ***in ~n*** in (*od.* among) literary circles.
Literatur *f* literature; **~agent** *m* literary agent; **~angabe** *f* bibliographical reference; *pl.* bibliography *sg.*; **~beilage** *f* literary supplement; **~betrieb** *m* literary scene (*contp.* mill); **~gattung** *f* literary genre; **~geschichte** *f* history of literature, literary history; **~hinweise** *pl.* recommendations for (F tips on) further reading; *als Überschrift*: further reading *sg.*; **~historiker** *m* literary historian; **~kritik** *f* literary criticism; **~kritiker** *m* literary critic; **~lexikon** *n* dictionary (*od.* encyclop[a]edia) of literature; **~nachweis** *m* bibliography; **~papst** F *m* literary guru; **~preis** *m* literary award; **~sprache** *f* written language; **~verzeichnis** *n* bibliography; **~wissenschaft** *f* literature, literary studies *pl.*; **~wissenschaftler** *m* literary scholar; ***er ist ~ an der Universität Wien*** he teaches literature at Vienna university; **~zeitschrift** *f* literary journal.
Literflasche *f* lit|re (*Am.* -er) bottle.
literweise *adv.* by the lit|re (*Am.* -er); F *fig.* ***sie saufen das Zeug ~*** F they knock the stuff back by the bottle.
Litfaßsäule *f* advertising column.
Lithographie *f* lithography; (*Bild*) lithograph.
Lithotripter *m* ⚕ lithotripter.
Litschi *f* lychee.
Liturgie *f eccl.* liturgy; **liturgisch** *adj.* liturgical.
Litze *f* cord, braid; ⚡ flex.
live *adj. u. adv.* live.
Live|-Aufnahme *f* live recording; **~-Auftritt** *m* live performance; **~-Aufzeichnung** *f* → ***Live-Aufnahme***; **~-Bericht** *m* **1.** *Sport etc.*: live commentary; **2.** → ***Live-Reportage***; **~-Berichterstattung** *f* **1.** *Sport*: live commentary; **2.** live (*od.* on-the-spot) reporting; **~-Reportage** *f* on-the-spot report; **~-Sendung** *f* live broadcast; **~-Übertragung** *f* live transmission.
Livländer(in *f*) *m*, **livländisch** *adj.* Livonian.
Livree *f* livery; **livriert** *adj.* liveried.
Lizenz *f* licen|ce (*Am.* -se); ***j-m die ~ erteilen zu*** *inf.* give s.o. a licen|ce (*Am.* -se) to *inf.*, licen|se (*Am. a.* -ce) s.o. to *inf.*; ***in ~*** under licen|ce (*Am.* -se); **~bau** *m* licen|sed (*Am. a.* -ced) manufacture; **~gebühr** *f* licen|ce (*Am.* -se) fee, royalty; **~inhaber** *m* licensee; **~spieler** *m Sport*: professional, F pro; **~vertrag** *m* licen|ce (*Am.* -se) agreement.
Lkw *m* lorry, *bsd. Am.* truck; **~-Fahrer** *m* lorry (*bsd. Am.* truck) driver, *bsd. Am. a.* F trucker.
Lob[1] *n* praise; (*Beifall*) approval; ***j-m ein ~ aussprechen*** praise s.o. (for s.th.); ***großes ~ ernten*** earn a great deal of praise; ***des ~es voll sein*** be full of praise (***über*** for), ***über j-n***: *a.* sing s.o.'s praises; ***über alles ~ erhaben*** beyond praise; ***zu s-m ~e*** to his credit.
Lob[2] *m Tennis*: lob.
lobbegierig *adj.* eager for praise; ***~ sein*** *a.* always be looking for (*od.* seeking) praise.
lobben *v/i. u. v/t. Tennis*: lob.
Lobby *f* lobby; **Lobbyismus** *m* lobbyism, lobbying; **Lobbyist** *m* lobbyist.
loben *v/t.* praise; *gegenüber anderen*: *a.* speak very highly of; (*rühmen*) extol; ***da lobe ich mir ...*** give me ... any time; → ***Abend***; **lobend I.** *adj.*: ***~es Wort*** word of praise; ***~e Erwähnung*** positive (*od.* hono[u]rable) mention; **II.** *adv.*: ***~ erwähnen*** give *s.o. od. s.th.* a positive (*od.* an hono[u]rable) mention; ***~ sprechen über*** be full of praise for; **lobenswert** *adj.* commendable, *stärker*: laudable.
Lobeshymne *f* hymn (*od.* song) of praise; *fig.* ***in ~n ausbrechen über*** praise *s.o. od. s.th.* to the skies.
Lobgesang *m* song of praise; *fig.* → ***Loblied.***
Lobhudelei *f a. pl.* adulation, sycophancy; **lobhudeln** *v/t. u. v/i.* (*j-m ~*) heap praise on, adulate; **Lobhudler** *m* sycophant.
löblich *adj.* commendable, creditable, *stärker*: laudable; *iro.* brilliant.
Loblied *n* hymn (*od.* song) of praise; *fig.* ***ein ~ auf j-n singen*** sing s.o.'s praises, praise s.o. to the skies.
lobpreisen *v/t.* praise, extol, glorify; **Lobpreisung** *f* praise; eulogy.
Lobrede *f* eulogy.
Loch *n* hole (*a. fig. elende Behausung, Stadt etc.*); (*Öffnung*) opening; (*Lücke*) gap; *Billard*: pocket; F *fig.* (*Gefängnis*) F clink, jug, *Am.* F slammer; V (*Vagina*) V cunt, hole; *fig.* ***auf dem letzten ~ pfeifen*** be on one's last legs; F ***j-m Löcher (od. ein ~) in den Bauch fragen (reden)*** bombard s.o. with questions (go on and on at s.o.); F ***Löcher in die Luft starren (od. in die Wand stieren)*** stare into space; ***j-m ein großes ~ in den Geldbeutel reißen*** burn a big hole in s.o.'s pocket; ***ein ~ mit dem anderen zustopfen*** rob Peter to pay Paul; F ***er säuft wie ein ~*** F he drinks like a fish.
Locheisen *n* ⚙ punch.
lochen *v/t.* punch; **Locher** *m* punch.
löch(e)rig *adj.* **1.** full of holes (*a. fig.*); F holey; **2.** ⚕ perforated; pitted.
löchern F *v/t.* (*j-n*) *mit Fragen etc.*: go on at *s.o.*, pester *s.o.*; ***sie löchert mich seit Tagen, wann wir wegfahren*** she's been pestering me (*od.* going on at me) for days about when we're going away.
Loch|karte *f* punchcard; **~säge** *f* keyhole saw; **~streifen** *m* ticker tape.

Lochung *f* punching; (*Perforierung*) perforation.

Loch|verstärker *m* paper reinforcement; **~zange** *f*: (**e-e ~** a pair of) punch pliers *pl.*; *für Fahrkarten*: punch; **~ziegel** *m* air brick.

Lockartikel *m* ✝ loss leader.

Locke *f* curl, *bsd. abgeschnittene od. herunterhängende*: lock; (**blonde**) ***schwarze ~n haben*** have curly blond (black) hair; ***das Haar in ~n legen*** put curlers in (one's hair).

locken¹ *v/t. u. v/refl.* (**sich ~**) curl; → ***gelockt.***

locken² *v/t.* **1.** (*Tier*) lure; (*rufen*) call; (*Fisch*) bait; **2.** *fig.* lure; *mit et.*: tempt; **~ *in*** (***aus***) lure into (out of); ***es lockt mich*** I feel tempted; ***das lockt mich sehr*** (***gar nicht***) *a.* I really like the idea (it doesn't interest me at all, F it doesn't grab me); ***mich würde Portugal ~*** I quite fancy Portugal; ***j-m das Geld aus der Tasche ~*** entice s.o. into spending his (*od.* her) money, *betrügerisch*: cheat s.o. out of his (*od.* her) money; **lockend** *fig. adj.* attractive, *stärker*: enticing.

Locken|kopf *m* (*Haar*) curly hair; (*Kopf*) curly head; (*Person*) curlyhead; **~stab** *m* curling tongs *pl.*; **~wickler** *m* curler.

locker I. *adj.* loose (*a. Erde*); (*nicht straff*) slack; *Teig etc.*: light; *fig. Haltung, Regelung etc.*: relaxed; *Person*: (*leger*) easy-going, F cool; *Moral*: lax *morals*; *Verhältnis*: (very) casual; ***e-e ~e Hand haben*** be quick to lash out; → ***Mundwerk***; ***~ machen*** (***werden***) → (***sich***) ***lockern***; **II.** *adv.* loosely; F *fig.* (*mit Leichtigkeit*) easily, F *do s.th.* no problem; ***et. ~ handhaben*** deal with s.th. very casually; ***es geht sehr ~ zu*** it's all very relaxed; ***bei ihm sitzt das Geld ziemlich ~*** he doesn't think twice when it comes to spending money; ***bei ihm sitzt das Geld nicht ~*** he has to go easy on his money, he has to count his pennies; ***das mußt du etwas ~er sehen*** you mustn't see it so narrowly; F ***das schafft er ~*** *a. terminlich*: F he'll manage it no problem.

lockerlassen *v/i.*: ***nicht ~*** keep at it, keep going; ***nicht ~!*** don't give up!, (*nicht nachlassen*) no slacking now!; ***er ließ nicht locker, bis*** he wouldn't give up until.

lockermachen F *v/t.* (*Geld*) F fork out, cough up; ***bei j-m 20 Mark ~*** F get s.o. to fork out 20 marks.

lockern I *v/t.* loosen; (*Seil etc.*) slacken; (*Griff*) *a.* relax (*a. fig. Disziplin etc.*); (*Muskeln etc.*) loosen up; **II.** *v/refl.*: ***sich ~*** loosen, (*sich loslösen*) come loose; *Seil etc.*: slacken; *körperlich*: loosen up; *Sport*: limber up; *fig. Person, Moral etc.*: relax; *fig.* ***die Sitten haben sich gelokkert*** morals have become lax (*od.* slack); **Lockerung** *f* loosening; relaxation; slackening; *Sport*: limbering-up; → ***lokkern***; **Lockerungsübung** *f* loosening-up (*Sport etc.*: limbering-up) exercise.

lockig *adj.* curly.

Lock|mittel *n* bait; **~ruf** *m zo.* mating call; **~spitzel** *m* stool pigeon; *pol.* agent provocateur.

Lockung *f a. pl.* lure; (*Versuchung*) temptation.

Lockvogel *m a. fig.* decoy; **~angebot** *n* ✝ loss leader; **~werbung** *f* bait advertising.

Loddel F *m* (*Zuhälter*) F pimp.

Loden *m* loden; **~mantel** *m* loden coat.

lodern *v/i.* blaze; *Fackel*: burn, shine; *fig.* (*leuchten*) glow; *Augen, Leidenschaft*: burn; **lodernd** *adj.*: ***~e Flammen*** burning flames; *fig.* ***~e Begeisterung*** *etc.* burning (*od.* glowing) enthusiasm *etc.*

Löffel *m* spoon; ⚙ scoop (*a. Bagger*≈); F *fig. pl.* (*Ohren*) ears, *sl.* lugholes; F *fig.* ***den ~ weglegen*** (*sterben*) F kick the bucket, pop one's clogs; F ***er hat die Weisheit nicht mit ~n gefressen*** F he must have been at the back of the queue when they were handing brains out; ***mit e-m goldenen*** (*od.* ***silbernen***) ***~ im Mund geboren sein*** have been born with a silver spoon in one's mouth; F ***schreib dir das hinter die ~*** F and don't you forget it; F ***j-n über den ~ barbieren*** F play s.o. for a sucker, take s.o. for a ride; **~biskuit** *m, n* sponge finger.

löffeln *v/t.* spoon; *mit der Kelle*: ladle; (*mit dem Löffel essen*) spoon *s.th.* up.

Löffelstiel *m* spoon handle.

löffelweise *adv.* in spoonfuls, by the spoonful.

Logarithmentafel *f* log(arithmic) tables *pl.*; **logarithmieren I.** *v/t.* take the logarithm of; **II.** *v/i.* take the logarithm; **logarithmisch** *adj.* logarithmic; **Logarithmus** *m* logarithm.

Logbuch *n* log(book).

Loge *f* **1.** *thea.* box; **2.** (*Freimaurer*≈) lodge.

Logen|bruder *m* fellow mason; **~meister** *m* master of a (*od.* the) lodge; **~platz** *m* box seat.

Loggia *f* ⚠ loggia; (*Balkon*) recessed balcony.

logieren *v/i.* stay (**bei** with; **in** at); **Logierbesuch** *m* (overnight) guest(s *pl.*).

Logik *f* logic; **Logiker** *m* logician.

Logis *n* lodgings *pl.*; ***Kost und ~*** board and lodgings.

logisch *adj.* logical; ***es ist doch völlig ~*** it stands to reason(, doesn't it?); ***ist doch ~!*** it's logical, isn't it (*hum.* innit)?, (*selbstverständlich*) of course!, (*na klar*) F you bet!; **logischerweise** *adv.* logically; obviously; ***~ muß er ...*** *a.* it's obvious (*od.* only logical) that he has to ...

Logistik *f phls. u.* ⚔ logistics *pl.* (⚔ *mst sg. konstr.*); **logistisch** *adj.* logistic(ally *adv.*).

logo *sl. int. sl.* sure thing!, *zustimmend*: *a.* F you bet!

Logo *n* ✝ logo.

Logopäde *m* speech therapist.

Logorrhöe *f* logorrh(o)ea.

Logotherapie *f* speech therapy, logotherapy.

Lohe *f Gerberei*: tan.

lohfarben *adj.* tan.

Lohn *m* (*Arbeits*≈) wage(s *pl.*), pay; (*Bezahlung*) payment; (*Belohnung*) reward; ***zum ~*** as a reward (**für** for), *fig. a.* in return (for); ***bei j-m in ~ stehen*** be in s.o.'s pay (*od.* service); ***j-n um ~ und Brot bringen*** deprive s.o. of his (*od.* her) livelihood, take the bread out of s.o.'s mouth; *iro.* ***er hat s-n*** (***gerechten***) ***~ bekommen*** he got his just deserts; **~abbau** *m* wage cuts *pl.*

lohnabhängig *adj.* wage-earning ..., wage-dependent; **Lohnabhängige(r)** *m* wage earner.

Lohn|abkommen *n* wage agreement; **~abrechnung** *f* pay slip; (*Vorgang*) payroll accounting; **~abzug** *m* wage (*od.* salary) deduction; **~angleichung** *f* wage adjustment; **~anstieg** *m* rise in wages; **~arbeit** *f* paid labo(u)r; **~auftrag** *m* farming-out contract; ***e-n ~ vergeben*** farm out work to a subcontractor; **~ausfall** *m* loss of earnings; **~ausgleich** *m*: ***bei vollem ~*** without cuts in payment; **~auszahlung** *f* payment of wages; **~beschränkung** *f* wage restraint; **~buchhalter** *m* payroll clerk; **~buchhaltung** *f* **1.** payroll accounting; **2.** payroll department; **~differenz** *f* wages gap, wage differential; **~diktat** *n* imposed pay settlement; **~drift** *f* wage drift; **~empfänger** *m* wage earner; ***Lohn- und Gehaltsempfänger*** salaried and wage-earning employees.

lohnen I. *v/refl.* **1. *sich ~*** be worthwhile, be worth one's while, *bsd. materiell*: *a.* pay; ***es lohnt sich*** it's worth it, ***zu*** *inf.*: it's worth *ger.*, *generell*: *a.* it pays to *inf.*; ***es lohnt sich nicht*** it's not worth it, (*es bringt nichts*) it's no use; ***der Film lohnt sich*** it's a good film, the film's worth seeing, you should go and see the film; ***ein Versuch lohnt sich*** it's worth a try; ***die Mühe lohnt sich*** it's worth (making) the effort *od.* (taking) the trouble; **II.** *v/t.* **2. *j-m et. ~*** repay (*od.* reward) s.o. for s.th.; **3. *es lohnt die Mühe*** it's worth the effort.

löhnen F *v/i.* (*bezahlen*) F cough up, pick up the tab.

lohnend *adj.* worthwhile; (*dankbar*) rewarding; (*sehenswert etc.*) worth seeing *etc.*

Lohn|erhöhung *f* wage increase, pay rise (*Am.* raise); **~forderung** *f* wage claim; **~fortzahlung** *f* continued pay (in case of sickness); **~front** *f*: (***an der ~*** on the) wages front; **~gefälle** *n* wage differential, wages gap; **~gruppe** *f* wage bracket; **~index** *m* wage index; **≈intensiv** *adj.* wage-intensive; **~kampf** *m* wage dispute; **~kosten** *pl.* labo(u)r costs; **~kürzung** *f* pay cut; **~nachzahlung** *f a. pl.* back pay; **~nebenkosten** *pl.* non-wage labour costs; **~pause** *f* temporary wage freeze; **~politik** *f* wages policy; **~Preis-Spirale** *f* wages-price spiral; **~runde** *f* round of wage talks, wage round; **~senkung** *f* cut in wages, wages cut; **~skala** *f* wage scale; **~staffelung** *f* graduated salary.

Lohnsteuer *f* income tax; **~jahresausgleich** *m* annual adjustment of income tax; ***s-n ~ machen*** do one's tax return; **~karte** *f* tax card.

Lohn|stopp *m* wage freeze, pegging of wages; **~streifen** *m* pay slip; **~tüte** *f* wage packet; **~vereinbarung** *f* wage (*od.* pay) agreement; **~verhandlungen** *pl.* wage negotiations (*od.* talks), wage round *sg.*; **~vorsprung** *m* wage differential; **~zettel** *m* pay slip.

Loipe *f Ski*: (cross-country) trail *od.* circuit.

Lok *f* engine.

Lokal I. *n* (*Gaststätte*) restaurant; (*Kneipe*) pub, bar, F *hum.* watering hole; ***ich kenne ein gutes ~*** *a.* F I know a good place; **II.** ≈ *adj.* local; **~anästhesie** *f* ⚕ local an(a)esthetic; **~anzeiger** *m* free paper, local freesheet (*od.* advertiser); **~bericht** *m* local report; **~blatt** *n* local paper; **~derby** *n* local derby.

Lokale(s) *n Zeitung*: local news (*sg.*).

lokalisieren *v/t.* **1.** locate; *genau*: *a.* pinpoint; **2.** (*beschränken, eingrenzen*) localize.

Lokalität *f* place, locality.

Lokal|kolorit *n* local colo(u)r; **~matador** *m* local hero; **~nachrichten** *pl.* local news *sg.*; **~patriotismus** *m* local (*od.* regional) patriotism; **~presse** *f* local (*od.* regional) press; **~redakteur** *m* local (*od.* regional) news editor; **~redaktion** *f* local newsroom; **~runde** *f*: ***e-e ~ ausgeben*** (F ***schmeißen***) buy drinks for everyone (in the house); **~seite** *f* local news page (*od.* section); **~teil** *m* local news pages *pl.* (*od.* section); **~termin** *m* ⚖ visit to the scene of the crime; **~verbot** *n*: ***~ (erteilt) bekommen*** be barred from (entering) the place; ***er hat (hier) ~*** he's been barred from the place; **~verhältnisse** *pl.* local conditions; **~zeitung** *f* local paper.

Lokativ *m ling.* locative.

Lokführer *m* → ***Lokomotivführer.***

Loko|geschäft *n* ⚚ spot transaction; **~handel** *m* spot trading.

Lokomotive *f* engine; **Lokomotivführer** *m* engine driver, *Am.* engineer.

Lokopreis *m* ⚚ spot price.

Lokus F *m* F loo, *Am.* F john; ***er ist auf dem ~*** he's in (*od.* he's gone to) the loo (*Am.* john).

Lombard|kredit *m* ⚚ collateral loan; **~satz** *m* Lombard rate.

Looping *m* loop; ***e-n ~ drehen*** do a loop.

Lorbeer *m* **1.** ⚘ laurel; **2.** (*Gewürz*) bay leaf (*od.* leaves *pl.*); **3.** → ***Lorbeerkranz***; **4.** *fig. pl.* laurels; ***sich auf s-n ~en ausruhen*** rest on one's laurels; ***die ersten ~en ernten*** win one's first laurels; ***damit wird sie keine ~en ernten*** that won't win her any laurels; **~baum** *m* laurel (tree), bay (tree); **~blatt** *n* bay leaf; **~kranz** *m* laurel wreath (*a. fig.*); **~zweig** *m* sprig of laurel.

Lore *f* tipper lorry, *a. Am.* dump truck.

Lorgnette *f* lorgnette.

Los *n* **1.** (*Lotterie*ℒ) (lottery) ticket; ***das große ~ ziehen*** win first prize, *fig.* hit the jackpot; **2.** ***durchs ~*** *entscheiden etc.*: by drawing lots, by lot; *fig.* ***ihm fiel das ~ zu zu*** *inf.* it fell to his lot to *inf.*; ***das ~ fiel auf mich*** *iro.* I was the lucky one; **3.** (*Schicksal*) fate; ***ein schweres ~*** a hard lot; ***es war mein ~ zu*** *inf.* it was my lot (*od.* fate, destiny) to *inf.*; **4.** ⚚ lot.

los I. *pred. adj. u. adv.* **1.** → ***lose*** 1; **2.** (*ab, weg*) off; *Hund etc.*: loose, off the leash (*od.* lead); ***der Knopf ist ~*** the button is (*od.* has come) off; **3.** ***ich bin's immer noch nicht ~*** I haven't got rid of it yet, *negatives Erlebnis*: I still haven't got over it; ***den wären wir endlich ~*** thank goodness he's gone; ***den Auftrag bist du ~*** you can say goodbye to that job; **4.** ***was ist (mit ihm) ~?*** what's wrong (with him)?; ***was ist denn schon wieder ~?*** what's the matter this time (*od.* now)?; ***da ist etwas ~*** there's something going on, (*etwas stimmt nicht*) there's something wrong, (*es ist etwas passiert*) something has happened; ***da war (schwer) was ~*** *Ärger, Streit*: the sparks were flying, *Stimmung, Trubel etc.*: things were really happening; ***da ist immer was ~*** there's always something going on there; ***hier ist nichts ~*** F nothing doing around here; ***wo ist hier was ~?*** where can you go around here?; ***mit ihm ist nicht viel ~*** he isn't up to much; ***heute ist mit ihr nichts ~*** you can forget her (for) today; → ***losgehen, Teufel*** *etc.*; **5.** ***er ist schon ~*** he's gone (*od.* left) already; ***willst du schon ~?*** are you going already?; **II.** *int.*: ***~!*** go on!, *beim Wettkampf etc.*: go!, (*mach schnell*) let's go!, come on!; ***jetzt aber ~!*** okay, let's go!, F go for it!; **~arbeiten** *v/i.* (*anfangen zu arbeiten*) start working; (*darauf ~*) work away (***auf*** at); ***auf et. ~*** (*hinarbeiten*) start work(ing) on s.th.; **~ballern** F *v/i.* F start banging away.

lösbar *adj. a. fig.* soluble; ⚗ *etc. a.* solvable; **Lösbarkeit** *f* solubility.

los|beißen I. *v/t.* bite off (*od.* through); **II.** *v/refl.*: ***sich ~*** bite o.s. free; **~bekommen** *v/t.* get off (*od.* out); **~bellen** *v/i.* start barking; **~binden** *v/t.* untie; (*Gefangenen*) *a.* free; (*Hund etc.*) take *a dog* off the lead; (*wildes Tier*) set free; **~brausen** F *v/i.* F zoom off; **~brechen I.** *v/t.* break off; **II.** *fig. v/i. Sturm*: break; *Gelächter etc.*: break out; **~brüllen** *v/i.* start shouting (*stärker*: screaming).

Lösch|anlage *f* fire-fighting equipment; **~arbeiten** *pl.* fire-fighting operations (*od.* operation *sg.*); ***die ~ dauern noch an*** firemen are still fighting (*od.* trying to put out) the blaze.

löschbar *adj.* **1.** *Tonband etc.*: erasable; **2.** ***schwer ~*** *Feuer*: not easy to put out.

Lösch|blatt *n* (piece of) blotting paper; **~eimer** *m* fire bucket.

löschen *v/t.* **1.** (*Feuer*) put out; (*Kerze*) *a.* blow out; **2.** (*Kohle etc.*) douse; **3.** (*Licht*) put out, switch off; **4.** ***den Durst ~*** quench one's thirst; **5.** (*Geschriebenes*) take out, *Computer*: erase, delete; (*Eintrag etc.*) cross out, (*Namen e-r Firma etc.*) strike (*od.* cross) off (the list); (*Tonband*) erase, wipe everything off, (*Aufgenommenes*) erase, wipe off, (*überspielen*) *a.* tape over; (*Erinnerungen, Spuren etc.*) wipe out (***aus*** of), erase (from); ***aus dem Gedächtnis ~*** wipe out of (*od.* erase from) one's memory *od.* mind; **6.** (*tilgen*) cancel; (*Hypothek, Schuld etc.*) clear, pay off; (*Konto*) close; **7.** ⚚ (*ausladen*) unload; **Löscher** *m* (*Feuer*ℒ) fire extinguisher; (*Tinten*ℒ) blotter.

Lösch|gerät *n* fire-extinguisher; *coll.* fire-fighting equipment; **~kalk** *m* quicklime; **~kommando** *n* fire-fighting squad; **~kopf** *m* erasing head; **~mannschaft** *f* fire-fighting team, fire brigade; **~papier** *n* blotting paper; **~schaum** *m* extinguishing foam; **~taste** *f Tonband etc.*: erase (*od.* record) button; *Computer*: delete key; *Schreibmaschine*: erase key; *Radio, CD-Spieler etc.*: clear button; **~trupp** *m* fire-fighting team (*od.* squad).

Löschung *f e-s Eintrags*: deletion; ⚚ *e-r Forderung*: cancellation, *e-r Hypothek*: *a.* discharge; *e-r Firma*: striking off the register; *von Waren*: unloading.

Lösch|wagen *m* fire engine; **~zug** *m* fire brigade.

los|donnern *v/i.* **1.** start thundering; **2.** (*schimpfen*) explode; **3.** *Lastwagen etc.*: roar off; **~drehen** *v/t.* twist off; (*Schraube*) *a.* loosen; **~drücken** *v/i.* (*schießen*) pull the trigger.

lose I. *adj.* **1.** (*locker, unbefestigt*) loose; (*nicht straff*) *a.* slack; (*beweglich*) movable; ⚚ (*unverpackt*) loose; ***~ Blätter*** loose leaves; ***~ Teile*** separate parts; **2.** *fig.* (*locker, unverbindlich*) loose *contact etc.*; ***in ~r Folge*** sporadically, at (varying) intervals; **3.** *fig.* (*zügellos*) loose; (*boshaft*) malicious; *hum.* (*schelmisch*) naughty, mischievous; F ***~s Maul*** (*od.* ***Mundwerk***) loose (*od.* nasty, malicious) tongue; ***~ Reden führen*** indulge in loose talk; ***~ Sitten*** loose morals; **II.** *adv.* loosely; ***die Haare ~ tragen*** wear one's hair down.

Loseblattausgabe *f* loose-leaf edition.

Lösegeld *n* ransom (money); **~forderung** *f* ransom demand.

loseisen F **I.** *v/t.* (*befreien*) get *s.o. od. s.th.* away (***von*** from), (*herauskriegen*) get *s.o. od. s.th.* out (of); ***et. von j-m ~*** get s.th. from (*Geld*: out of) s.o.; **II.** *v/refl.*: ***sich ~*** get away (***von*** from), (*herauskommen*) get out (of).

Lösemittel *n* solvent; ℒ**frei** *adj.* solvent-free; ℒ**haltig** *adj.* solvent-based.

losen I. *v/i.* draw lots (***um*** for); *mit e-r Münze*: toss (for); **II.** ℒ *n*: ***beim ~ gewinnen (verlieren)*** win (lose) the toss.

lösen I. *v/t.* **1.** (*losbinden*) untie, (*aufbinden*) *a.* undo; **2.** (*lockern*) loosen; (*Bremse, Griff*) release (*a. Spannung*); (*Husten*) loosen (up); *fig.* ***j-m die Zunge ~*** loosen s.o.'s tongue; → ***gelöst***; **3.** (*entfernen*) remove; (*trennen*) separate (from s.th.); **4.** (*auf~*) dissolve; **5.** (*entwirren*) disentangle, *a. fig.* unravel; **6.** *fig.* (*Aufgabe, Rätsel, Schwierigkeit*) solve; (*Frage*) answer; (*Konflikt*) resolve, settle; **7.** *fig.* (*Verbindung, a. Verlobung*) break off; (*Ehe*) dissolve; **8.** (*Vertrag*) cancel; **9.** (*Fahrkarte etc.*) buy; **II.** *v/refl.*: ***sich ~*** **10.** *Knoten etc.*: come undone; **11.** (*sich lockern*) come loose; *Husten, fig. Zunge*: loosen up; *Spannung*: ease; **12.** (*sich loslösen*) come off (*a.* ***sich ~ von***); **13.** *fig.* ***sich ~ von*** (*verlassen*) leave; (*ausbrechen aus*) break away from; (*e-r Vorstellung etc.*) free o.s. of; **14.** (*sich auf~*) dissolve; **15.** *Problem etc.*: be solved, ***von alleine***: solve (*od.* resolve) itself; *Konflikt*: be settled.

los|fahren *v/i.* leave (*a.* 🚂), drive off; ***~ auf*** make *od.* head (straight) for, *fig.* (*j-n*) fly at; **~gehen** *v/i.* **1.** go, leave; ***ich geh' jetzt los*** *a.* I'm off now; ***~ auf*** go up to, (*angreifen*) go for (*a. fig.*); ***aufeinander ~*** go for each other('s throats); **2.** F (*beginnen*) start; ***jetzt geht's los!*** here we go!, this is it (now)!; ***jetzt geht's schon wieder los*** here we go again; ***es kann ~*** we're (*od.* I'm *etc.*) ready; ***wann geht es endlich los?*** when is it going to start?, (*wann gehen wir?*) when are we going?; **3.** *Gewehr etc.*: go off; (*explodieren*) *a.* explode; *die Pistole* ***ist nicht losgegangen*** didn't fire; *fig.* ***nach hinten ~*** backfire (on one); **~gelassen** *adj.*: ***wie ~*** like mad (F crazy); **~gelöst I.** *adj. a. fig.* detached (***von*** from); (*einzeln*) separate, isolated (from); **II.** *adv.*: *fig.* ***~ betrachten (behandeln)*** view (treat) separately *od.* in isolation; **~haben** F *v/t.*: ***er hat was los*** he's not bad at all, he's got what it takes, (*weiß etwas*) he knows a thing or two, *fachlich etc.*: *a.* F he's on the ball; ***er hat in Physik viel (nichts) los*** he knows a thing or two about physics (he's not up to much *od.* F he's not much cop when it comes to physics); **~haken** *v/t.* unhook; **~hauen** *v/i.* (*a. drauf~*) start hitting out (***auf*** at); **~hetzen** *v/i.* rush off (like mad); **~heulen** F *v/i.* start (*od.* burst out) crying, *Baby*: *a.* start screaming; **~kaufen** *v/t. u. v/refl.* → ***freikaufen***; **~ketten** *v/t.* take *a dog etc.*

off the chain; **~kommen** *v/i.* get away; *fig.* ~ ***von*** (*et. od. j-m*) tear o.s. away from, (*Drogen etc.*) get off; ***ich komme nicht los davon*** (*von e-r Angewohnheit*) I can't stop doing it, (*vom Alkohol etc.*) I can't kick the habit, (*von e-m Gedanken*) I can't get it out of my mind; **~kriegen** F *v/t.* (*wegkriegen*) get *s.th.* off; (*loswerden*) get rid of (*a. verkaufen*), shake off; **~lachen** *v/i.* burst out laughing; **~lassen** *v/t.* **1.** let go (*a. freilassen*); ***laß mich los!*** let go!; ***nicht ~!*** hold tight!, hang on!; ***der Gedanke*** etc. ***läßt mich nicht los*** I can't get it out of my mind; **2.** ~ ***auf*** (*Hund*) set *the dog* on *s.o.*, (*j-n*) let *s.o.* loose on *s.o.*; F ***j-n auf die Menschheit ~*** unleash s.o. on an unsuspecting world; **3.** (*e-n Brief etc.*) let fly with; (*e-n Witz*) crack; **4.** V ***einen ~*** V let off; **~laufen** *v/i.* start running (***auf*** towards); (*weglaufen*) run off; ~ ***auf*** (*zulaufen auf*) run towards; **~legen** F *v/i.* **1.** (*anfangen*) F get cracking; **2.** ***dann legte er los*** (*redete, schimpfte*) then it all came out, *stärker*: then he really got going; ***leg los!*** F fire away!; ~ ***gegen*** → ***losziehen.***

löslich *adj.* ⚗ soluble; ***leicht ~*** readily soluble; **Löslichkeit** *f* solubility.

los|lösen I. *v/t.* remove, detach; **II.** *v/refl.*: ***sich ~*** come off, (*sich abschälen*) *a.* peel off; *fig.* free o.s. (***von*** of), cut o.s. loose (from), break away (from); → ***losgelöst***; **~machen I.** *v/t.* (*abnehmen*) take off; (*entfernen*) take away; (*Strick etc.*) untie, (*Knoten*) *a.* undo; (*Hund etc.*) take off the chain (*od.* lead); ⚓ unmoor; **II.** *v/refl.*: ***sich ~*** get free, free o.s. (***von*** from), *fig.* get away (from), (*von j-m*) break away (from); **III.** F *v/i.*: ***mach jetzt endlich los!*** F get a move on!; **~marschieren** *v/i.* march off, *fig.* go off; ~ ***auf*** march towards, *fig.* make (*od.* head) for.

Losnummer *f* (ticket) number.

los|platzen F *v/i.* **1.** *lachend*: burst out laughing; **2.** ***mit et. ~*** blurt s.th. out; **~rasen** *v/i.* zoom (*mot. a.* roar) off; **~reißen I.** *v/t.* tear (*od.* rip) off; **II.** *v/refl.*: ***sich ~*** break loose; free o.s.; *fig.* tear o.s. away (***von*** from); **~rennen** *v/i.* → ***loslaufen.***

Löß *m geol.* loess.

lossagen *v/refl.*: ***sich ~ von*** renounce, *Familie*: *a.* disown; **Lossagung** *f* renunciation (***von*** of), break (with).

los|sausen F *v/i.* F zoom off; **~schicken** *v/t.* send; (*Brief*) send off; **~schießen** F *v/i.* shoot, start shooting (***auf*** at); (*rennen etc.*) F zoom off; F ***schieß los!*** F fire away!; **~schlagen I.** *v/t.* ✝ (*Waren*) sell off; *Auktion*: knock down; **II.** *v/i. im Krieg*: strike; ~ ***auf*** (*j-n*) start hitting, let fly at; **~schnallen I.** *v/t.* unstrap; **II.** *v/refl.*: ***sich ~*** unstrap o.s., ✈ *etc.* undo one's seatbelt; **~schrauben** *v/t.* unscrew.

lossprechen *v/t.*: ~ ***von*** release from, *eccl.* absolve from; **Lossprechung** *f eccl.* absolution.

los|springen *v/i.* jump (off); F (*losrennen*) rush (*od.* run) off; ~ ***auf*** leap at; **~steuern** *v/i.*: ~ ***auf*** make for, *fig.* (*ein Ziel*) have set one's sights on, (*ein Examen etc.*) be working towards, (*e-e Katastrophe*) be heading for *disaster*; **~stürmen, ~stürzen** *v/i.* tear off; ~ ***auf*** fly at; **~trennen** *v/t.* → ***abtrennen.***

Losung¹ *f* watchword; (*Erkennungswort*) password.

Losung² *f Jägersprache*: droppings *pl.*

Lösung *f* **1.** solution; (*Antwort*) *a.* answer (*gen.* to); ***zur ~*** *gen.* to (help) resolve *the difficulty etc.*; ***zur ~ des Problems beitragen*** help solve the problem; **2.** ⚗ solution; **3.** (*Los*~) separation.

Lösungsmittel *n* solvent; *für Lacke etc.*: thinner; **~mißbrauch** *m* solvent abuse.

Lösungs|vorschlag *m* suggested solution, suggestion; *bei Rätsel etc.*: answer; **~wort** *n* answer.

Losverfahren *n* decision by lot; ***im ~ entscheiden*** decide *s.th.* by lot (*od.* by drawing lots).

los|werden *v/t.* get rid of; (*verlieren*) lose; (*ausgeben*) spend; F ***ich bin dabei viel Geld losgeworden*** F it put me back a pretty penny; ***ich werde den Gedanken*** (***das Gefühl***) ***nicht los, daß*** I can't help thinking (feeling) that; **~ziehen** F *v/i.* set off; *fig.* ~ ***gegen*** lash out at, F have a real go at.

Lot *n* (*Senkblei*) plumbline; ⚓ sounding line; ⟂ perpendicular; (*Lötzinn*) solder; ***aus dem ~*** out of plumb; ***im ~*** perpendicular, *fig.* all right, *Am.* alright; *fig.* ***aus dem ~ geraten*** come unstuck, *Person*: *a.* be thrown (off balance); ***wieder ins ~ bringen*** straighten out; ***wieder ins ~ kommen*** straighten itself out, *Person*: get o.s. sorted out, *a. gesundheitlich*: get back on one's feet again; **loten** *v/t.* plumb; ⚓ sound.

löten *v/t.* solder.

Lothringer *m* **1.** *hist.* Lotharingian; **2.** inhabitant of Lorraine; ~ ***sein*** *a.* be (*od.* come) from Lorraine; **lothringisch** *adj.* Lotharingian (*a. hist.*); from Lorraine.

Lotion *f* lotion.

Löt|kolben *m* soldering iron; **~lampe** *f* blowlamp, blowtorch; **~metall** *n* solder.

Lotos *m*, **~blume** *f* lotus; **~säule** *f* lotus column; **~sitz** *m Joga etc.*: lotus position.

Lötpistole *f* soldering gun.

lotrecht *adj.* perpendicular.

Lotse *m* ⚓ pilot; *mot.* guide; → ***Flug-, Schülerlotse***; **lotsen** *v/t.* guide; ⚓ pilot; *fig.* (*j-n*) steer; *fig. ins Kino etc.* ~ drag *s.o.* (off) to; ~ ***durch*** (*e-e Schwierigkeit, Prüfung*) see *s.o.* through *s.th.*

Lotsen|boot *n* pilot vessel; **~dienst** *m mot.* driver-guide service.

Löt|spitze *f* (soldering) bit; **~station** *f* soldering station; **~stelle** *f* (soldered) joint.

Lotterie *f* lottery; **~gewinn** *m* win in the lottery; (*Preis*) lottery prize; **~los** *n* lottery ticket; **~spiel** *n* lottery; *fig.* gamble.

Lotterleben *n* dissolute life(style).

Lotto *n* **1.** lottery, lotto; **2.** (*Gesellschaftsspiel*) bingo; **~annahmestelle** *f* (local) lottery counter *od.* kiosk; **~gewinn** *m* **1.** win in the lottery; **2.** (*Summe*) lottery winnings *pl.*; **~schein** *m* lottery coupon; **~spieler** *m* lottery player (*od.* participant); **~zahlen** *pl.* (winning) lottery numbers.

Lotus *m* → ***Lotos.***

Lötzinn *n* solder.

Löwe *m* **1.** *zo.* lion; **2.** (*Sternzeichen*) Leo; (***ein***) ~ ***sein*** be (a) Leo.

Löwen|anteil *m* lion's share; ***sich den ~ sichern*** make sure one gets the lion's share; **~bändiger** *m* lion tamer; **~grube** *f* lion's den; **~jagd** *f* lion hunt(ing); **~junge(s)** *n* lion cub; **~käfig** *m* lion's cage; **~mähne** *f* lion's mane; *fig.* (*wallendes Haar*) sweeping mane; **~maul** *n* ⚘ snapdragon; **~mut** *m* boldness (*od.* courage) of a lion; **~mutter** *f* mother lion; **~zahn** *m* ⚘ dandelion.

Löwin *f zo.* lioness.

loyal *adj.* loyal; **Loyalität** *f* loyalty.

LP *f* LP; **~-Sammlung** *f* collection of LPs, LP collection.

LSD *n* LSD; **~-süchtig** *adj.* addicted to LSD; **~-Süchtige(r)** *m* LSD addict.

Luchs *m zo.* lynx; *fig.* ***Augen wie ein ~*** eyes like a hawk; ***aufpassen wie ein ~*** watch like a hawk; **~augen** F *pl.*: (~ ***haben*** have) eyes like a hawk.

luchsen F *v/i.* peep, F squint, *mit schweifendem Blick*: peer; *a. fig.* ~ ***auf*** have an eye on; *fig.* ***auf s-n Vorteil ~*** be out for one's own advantage; ***auf jede Gelegenheit ~*** be ready to grab every opportunity that comes along.

Lücke *f* gap (*a. Wissens*~ *etc.*); (*schwache Stelle*) *im Gesetz etc.*: loophole; (*leere Stelle*) (empty) space; *fig.* (*Bedürfnis*) need; (*Leere*) void; ***e-e ~ ausfüllen*** (*od.* ***schließen***) fill a gap, *fig. a.* supply a need, *Person*: *a.* step into the breach; ***e-e ~ reißen*** make a gap, (*a.* ***e-e ~ hinterlassen***) leave a gap (*stärker*: void).

Lückenbüßer *m* stopgap; (*Person*) fill-in.

lückenhaft *adj.* full of gaps; *fig. a.* incomplete; (*fragmentarisch*) fragmentary; *Beweiskette etc.*: full of holes; *Gesetz etc.*: full of loopholes; **~es Gebiß** F gappy teeth.

lückenlos *adj.* complete; *Reihe etc.*: *a.* unbroken; *Alibi*: watertight; **~er Lebenslauf** complete CV; ***e-e ~e Beweisführung*** (*od.* ***Beweiskette***) a watertight case, an unbroken chain of evidence.

Lücken|springer *m mot.* lane-hopper; **~text** *m* completion exercise.

Luder *n* wretched woman, *jünger*: F hussy; ***freches ~*** F cheeky cow (*jünger*: F brat); ***armes ~*** poor thing; **~leben** *n* dissipated life(style).

Lues *f* ⚕ lues, syphilis; **luetisch** *adj.* luetic, syphilitic.

Luft *f* air; (*Atmosphäre*) atmosphere; (*Atem*) breath; *im Bauch*: wind; *fig.* (*Raum*) room; (*Spielraum*) room to move *od.* manoeuvre (*Am.* maneuver), *zeitlich*: leeway; ⚙ clearance; (*Atempause*) breathing space; F ***frische ~ schnappen, an die ~ gehen*** get some fresh air; ***er kommt zu wenig an die ~*** he doesn't get out into the fresh air enough; ***den ganzen Tag an der frischen ~ sein*** be out in the open all day; ~ ***holen*** take a (*od.* draw) breath, *beim Sprechen etc.*: pause for breath; ***tief ~ holen*** take a deep breath, *fig. vor Erstaunen*: swallow hard; *fig.* ***da mußte ich erstmal tief ~ holen*** I had to swallow hard; ***keine ~ haben*** be out of breath; ***ich bekam*** (***beinahe***) ***keine ~ mehr*** I couldn't breathe properly, I felt I was going to suffocate (I could hardly breathe); F ***nach ~ schnappen*** gasp for breath; ***wieder ~ bekommen*** get one's breath back (*a. fig.*); *fig.* ***mir blieb die ~ weg*** it took my breath away, F I just stood gaping; F *fig.* ***halt mal die ~ an!*** F give us a break; put a sock in it, will you; ***die ~ herauslassen aus*** let the air out of, (*Reifen etc.*) *a.* let down, F *fig.* uncork; ***in der ~*** (*über dem Boden*) *schwebend etc.*: in mid-air; ***es liegt ein Gewitter*** (***etwas***) ***in der ~*** there's a storm (something, *a. fig.*) in the air; ***vor Freude in die ~ springen*** jump for joy; ***in die ~ fliegen*** blow up, explode; F ***in die ~ jagen*** blow up; ***an die ~ hängen*** hang *s.th.* out (in the air); F *fig.* ***j-n an die ~ setzen*** throw s.o. out; ***j-n wie ~ behandeln*** act as if s.o. wasn't there; ***sie ist für mich ~*** she doesn't exist as far as I'm concerned; F ***in die ~ gehen*** F hit the roof; ***leicht in die ~ gehen*** be quick to lose one's temper; ***von der ~*** (F ***von ~ und Liebe***) ***leben*** live on air; *s-r Wut etc.* ***~ machen*** let out; ***sich*** (*od.* ***s-n Gefühlen***) ***~ machen*** let it all out; ***sich ~ machen*** *Gefühle*: get out; ***jetzt hab' ich endlich wieder ~*** I can breathe again at last; ***ich muß mir ~ schaffen*** I've got to get some of this work *etc.* out of the way; ***sobald ich etwas ~ habe*** as soon as I've got a breathing space (*od.* a moment to spare); ***wir haben genügend ~*** there's plenty of time; F ***die ~ ist raus*** they're *etc.* finished; ***sich in ~ auflösen*** disappear into thin air, *Pläne etc.*: go up in smoke; ***das hängt*** (*od.* ***schwebt***) ***alles*** (***noch***) ***in der ~*** it's all up in the air; ***die ~ ist rein*** the coast is clear; → ***ausgehen*** 3, ***dick, greifen*** I, ***Loch*** *etc.*; **~abwehr** *f* air defen|ce (*Am.* -se); **~abwehr...** *in Zssgn* anti-aircraft; → *a.* ***Fliegerabwehr...***; **~abzug** *m* ⚙ air exhaust; **~akrobat** *m* trapeze artist; **~akrobatik** *f* high-wire act(s *pl.*); ✈ stunt flying; **~alarm** *m* air alert; **~angriff** *m* air attack (*od.* strike); **~ansicht** *f* aerial view; **~aufklärung** *f* aerial reconnaissance; **~aufnahme** *f* aerial photograph (*od.* shot, view); **~ballon** *m* balloon; **~befeuchter** *m* humidifier; **~bewegung** *f* flow of air; ***schwache ~*** light breeze(s).

Luftbild *n* aerial photograph (*od.* shot, view); **~archäologie** *f* aerial arch(a)eology; **~vermessung** *f* aerial survey.

Luft|bläschen *n*, **~blase** *f* air bubble; **~-Boden-Rakete** *f* air-to-surface missile; **~bremse** *f* ⚙ air brake; **~brücke** *f* ✈ airlift.

Lüftchen *n* breeze, breath of air (*od.* wind); ***es weht kein ~*** there's not a breath of wind (in the air).

Luftdetonation *f* airburst.

luftdicht I. *adj.* airtight; II. *adv.*: ***~ verschließen*** seal hermetically, airseal; ***~ verschlossen*** airtight, hermetically sealed; ***~ verpackt*** vacuum-packed.

Luftdichte *f phys.* atmospheric density.

Luftdruck *m meteor.* atmospheric pressure; (*Explosionsdruck*) blast; ⚙ air pressure; **~druck...** ⚙ *in Zssgn* → *a.* ***Druckluft...***; **~messer** *m* barometer.

luftdurchlässig *adj.* pervious to air; *Stoff*: cellular, breathing ...; **Luftdurchlässigkeit** *f* air permeability; *von Stoff*: breathing ability.

Luft|düse *f* air nozzle, air jet; **~embolie** *f* ⚕ air embolism.

lüften *v/t.* (*Raum etc.*) air; *mot.* (*Bremsen, Batterie*) bleed; (*heben*) lift; (*Hut*) raise; *fig.* (*Geheimnis*) reveal, F take the wraps off; ***hier muß mal gelüftet werden*** this place needs airing; *fig.* ***sein Inkognito ~*** drop one's mask; ***das Geheimnis ist gelüftet*** F the wraps are off; **Lüfter** *m* ⚙ fan, ventilator.

Luftfahrt *f* 1. aviation, flying; 2. *Wissenschaft*: aeronautics *pl.* (*sg. konstr.*); **~behörde** *f*: ***zivile ~*** civil aeronautics board; **~elektronik** *f* avionics *pl.* (*sg. konstr.*); **~gesellschaft** *f* airline (company); **~industrie** *f* aviation industry; **~ministerium** *n* ministry of aviation; **~recht** *n* aviation law(s *pl.*).

Luft|fahrzeug *n* aircraft; **~federung** *f* ⚙ air cushioning (*mot.* suspension).

Luftfeuchtigkeit *f* humidity; **Luftfeuchtigkeitsmesser** *m* hygrometer.

Luft|filter *m, n* air filter; **~flotte** *f* air fleet.

luftförmig *adj. phys.* aeriform.

Luftfracht *f* air cargo; (***per ~*** by) airfreight; ***per ~ schicken*** *a.* airfreight; **~brief** *m* air waybill.

Luft|gefecht *n* aerial battle; **~geist** *m* aerial spirit; **2gekühlt** *adj.* air-cooled; **~geschwindigkeit** *f* air speed; **2gestützt** *adj.*: ***~e Rakete*** air-launched missile; **2getrocknet** *adj.* air-dried; **~gewehr** *n* airgun; **~hauch** *m* breath of air; **~heizung** *f* hot-air heating; **~herrschaft** *f* air supremacy, control of the air; **~hoheit** *f* air sovereignty; **~hülle** *f* atmosphere.

Lufthunger *m* hunger for (fresh) air; **lufthungrig** *adj.* hungry for (fresh) air.

luftig I. *adj.* airy; *Platz etc.*: breezy; *Kleidung etc.*: light, cool; II. *adv.*: ***~ gekleidet sein*** be wearing light clothes.

Luftikus F *m* happy-go-lucky sort; ***er ist ein ~*** *a.* F he's easy come, easy go.

Luftkampf *m* air (*od.* aerial) combat; *zwischen Jägern*: dogfight.

Luftkissen *n* air cushion (*a.* ⚙); **~fahrzeug** *n* hovercraft.

Luft|klappe *f* ⚙ *etc.* air flap, *mot.* choke; **~korridor** *m* air corridor.

luftkrank *adj.* airsick; **Luftkrankheit** *f* airsickness.

Luft|krieg *m* aerial warfare (*od.* war); **~kühlung** *f* air cooling; **~kurort** *m* (climatic) health resort; **~landetruppen** *pl.* airborne troops, paratroops.

luftleer *adj.* (completely) airless; ***~ sein*** *a.* be a vacuum; ***~er Raum*** vacuum.

Luft|linie *f*: ***500 km ~*** 500 km as the crow flies; **~loch** *n* air hole, vent; ✈ air pocket; **~-Luft-Rakete** *f* air-to-air missile; **~macht** *f* air power; **~mangel** *m* lack of air; **~masche** *f Häkeln*: chain stitch; **~masse** *f* air mass; **~matratze** *f* air mattress, *Brit. a.* lilo (*TM*); **~mine** *f* aerial mine; **~not** *f*: ***Flugzeug in ~*** aircraft in distress; **~offensive** *f* air offensive; **~parade** *f* flypast; **~passagier** *m* air(line) passenger; **~perspektive** *f* 1. aerial perspective; 2. *in der Malerei*: degradation; **~pirat** *m* hijacker, *bsd. Am. a.* skyjacker; **~piraterie** *f* hijacking (of aircraft), *bsd. Am. a.* skyjacking; **~pistole** *f* air pistol; **~polster** *n* air cushion.

Luftpost *f* airmail; ***mit*** (*od.* ***per***) ***~*** (by) airmail; **~brief** *m* airmail letter; **~leichtbrief** *m* aerogram(me); **~paket** *n* airmail parcel (*Am.* package); **~papier** *n* airmail paper.

Luftpumpe *f* air (*od.* pneumatic) pump; *für Fahrrad*: bicycle pump.

Luftraum *m* airspace; **~überwachung** *f* air traffic control.

Luftreifen *m* pneumatic tyre (*Am.* tire).

Luftreinhaltung *f* air pollution control; **Luftreinhaltungsgesetz** *n* air cleanliness (*od.* clean air) law (*pl.* legislation *sg.*).

Luft|reinheit *f* purity of the air; air cleanliness; **~reiniger** *m* air filter; (*Raumspray*) deodorizer; **~reklame** *f* aerial advertisement (*od.* advertising); *mit Rauch*: skywriting; **~rettungsdienst** *m* air rescue service; **~röhre** *f anat.* windpipe.

Luftröhren|entzündung *f* tracheitis; **~schnitt** *m* tracheotomy.

Luft|sack *m* ✈ windsock; *mot.* air bag; *zo.* air sac; **~sauerstoff** *m* atmospheric oxygen; **~schacht** *m* ventilation (*od.* air) shaft; **~schadstoff** *m* air pollutant; **~schicht** *f* air layer; layer of the atmosphere, stratum.

Luftschiff *n* airship; **Luftschiffahrt** *f* (*getr.* **ff-f**) aerial navigation.

Luft|schlacht *f* air battle; **~schlange** *f* streamer; **~schlauch** *m* inner tube; **~schleuse** *f* air lock; **~schloß** *n* pie in the sky, pipe dream; ***Luftschlösser bauen*** build castles in the air; **~schneise** *f* air lane.

Luftschutz *m ziviler*: civil air defen|ce (*Am.* -se); **~bunker** *m*, **~keller** *m*, **~raum** *m* air-raid shelter.

Luft|sicherung *f* air traffic control; **~sog** *m* air suction; *nach Explosion*: vacuum; **~spediteur** *m* air carrier; **~sperrgebiet** *n* restricted airspace; **~spiegelung** *f* mirage; **~sprung** *m*: (***vor Freude***) ***e-n ~ machen*** jump in the air (jump for joy); **~stickstoff** *m* atmospheric nitrogen; **~stoß** *m* gust of wind (*od.* air).

Luftstrahl *m* air jet; **~triebwerk** *n* jet engine.

Luft|strecke *f* air route; **~streitkräfte** *pl.* air force *sg.*; air combat forces; **~strom** *m* 1. flow of air; 2. → **~strömung** *f* current of air; *meteor.* airstream; **~stützpunkt** *m* air base; **~tanken** *n* in-flight refuel(l)ing; **~taxi** *n* air taxi; **~temperatur** *f* air temperature; **~transport** *m* air transport(ation *Am.*).

lufttrocknen *v/t.* air-dry.

lufttüchtig *adj.* ✈ airworthy; **Lufttüchtigkeit** *f* airworthiness.

Luft|überlegenheit *f* air superiority; **~überwachung** *f* air surveillance.

Luft- und Raumfahrtindustrie *f* aerospace industry.

Lüftung *f* 1. airing, *künstliche*: ventilation; 2. → ***Lüftungsanlage.***

Lüftungs|anlage *f* ventilation (system); **~rohr** *n* vent pipe; **~schacht** *m* ventilation (*od.* air) shaft.

Luft|ventil *n* air valve; **~veränderung** *f* change of air; **~verdichter** *m* (air) compressor.

Luftverkehr *m* air traffic; **Luftverkehrsgesellschaft** *f* airline (company).

Luft|vermessung *f* aerial survey; **~verpestung** *f*, **~verschmutzung** *f* air pollution; ***~ durch Abgase*** exhaust pollution; **~verteidigung** *f* air defen|ce (*Am.* -se); **~verunreinigung** *f* → ***Luftverpestung***; **~waffe** *f* air force; **~warnung** *f* air(-raid) warning; **~wechsel** *m* change of air; **~weg** *m* 1. ✈ air route; *pl. a.* airways; ***auf dem ~*** by air; 2. *pl.* (*Atemwege*) respiratory tract *sg.*; **~widerstand** *m* air resistance; ✈ *a.* drag; **~wirbel** *m* air eddy; **~wurzel** *f bot.* aerial root; **~ziegel** *m* air brick; **~zufuhr** *f* air supply; **~zug** *m* draught, *Am.* draft.

Lug *m*: ***~ und Trug*** lies and deception; ***es war alles ~ und Trug*** *a.* it was all lies (F a pack of lies).

Lüge *f* lie; ***alles ~*** all lies; *j-n od. et.* ***~n strafen*** give the lie to; ***j-n bei e-r ~ ertappen*** catch s.o. out, catch s.o. lying; ***~n haben kurze Beine*** your lies will always catch up with you in the end.

lugen *v/i.* peer; ~ ***nach*** look out for, *fig.* have an eye on.
lügen I. *v/i.* lie, tell a lie (*od.* lies); ***er lügt*** he's lying, he's a liar; ***ich müßte ~, wenn*** I'd be lying (*od.* telling a lie) if; ***wer einmal lügt(, dem glaubt man nicht, und wenn er auch die Wahrheit spricht)*** once a liar always a liar; → ***Balken*** 1, ***gedruckt***; **II.** *v/t.*: ***das ist gelogen!*** that's a lie; ***alles gelogen!*** (it's) all lies, F it's a pack of lies; **III.** ♀ *n* lying.
Lügen|detektor *m* lie detector, polygraph; **~geschichte** *f* fairy story; **~gespinst** *n* web of lies.
lügenhaft *adj. Geschichte etc.*: untrue, false, fabricated.
Lügen|kampagne *f* campaign of lies; **~märchen** *n* fairy story; **~propaganda** *f* propaganda lie(s *pl.*).
Lügner *m* liar; **lügnerisch** *adj. Behauptung*: untrue.
Lukasevangelium *n*: (***das*** ~ the Gospel of) St Luke, St Luke's Gospel.
Luke *f* (*Dach*♀) skylight; (*Einstiegs*♀, *Lade*♀) hatch.
lukrativ *adj.* lucrative.
lukullisch *adj. Gericht*: exquisite; (*üppig*) sumptuous; ***~e Leckerbissen*** gastronomic delights.
Lulatsch F *m*: ***langer*** ~ F beanpole.
Lulle *sl. f* F ciggie, *sl.* fag.
lullen *v/t.*: ***in den Schlaf*** ~ lull to sleep.
Lumen *n phys. u. biol.* lumen.
Lumineszenz *f phys.* luminescence.
Lümmel *m* lout; **Lümmelei** *f* **1.** (*Verhalten*) loutishness; **2.** (*Herumlümmeln*) lounging around (all day), lolling about; **lümmelhaft** *adj.* loutish; **Lümmelhaftigkeit** *f* loutishness; **lümmeln** *v/i. u. v/refl.* (***sich*** ~) loll about; ***auf dem Sofa*** ~ lie sprawled across the sofa.
Lump *m* rogue, F louse.
Lumpen *m* **1.** *pl.* rags (*a. fig. Kleidung*); **2.** *dial.* (*Lappen*) rag.
lumpen F **I.** *v/i.* F live it up, go (*od.* be) out on the tiles; **II.** *v/t.*: ***sich nicht ~ lassen*** do things (*od.* it) in style, be generous; ***wir wollen uns nicht ~ lassen*** we don't want it to be said that we're stingy.
Lumpen|bande F *f* F bunch of no-gooders; **~hund** F *m*, **~kerl** F *m* good-for-nothing, F louse; **~pack** F *n* → ***Lumpenbande***; **~proletariat** *n* lumpenproletariat; **~sammler** *m* **1.** rag-and-bone man; **2.** F *fig.* last bus (*od.* underground *etc.*).
Lumperei *f* mean (*od.* dirty) trick.
lumpig I. *adj.* **1.** *Gesinnung*, *Tat etc.*: shabby; **2.** (*heruntergekommen*) shabby; **3.** F ***wegen ~er zehn Mark*** because of a measly ten marks; **II.** *adv.*: ***~ gekleidet*** *etc.* shabbily dressed *etc.*; ***~ verpackt*** sloppily packed.
lunar *adj.* lunar.
Lunch *m* lunch; **lunchen** *v/i.* (have) lunch; **Lunchpaket** *n* packed (*Am.* box) lunch.
Lunge *f anat. als Organ*: lungs *pl.*; (*Lungenflügel*) lung; ***auf ~ rauchen*** inhale; ⚕ ***eiserne*** ~ iron lung; ***er hat es auf der*** ~ he's got lung trouble (*od.* trouble with his lungs); F *fig.* ***sich die ~ aus dem Leib schreien*** F scream one's head off.
Lungen|abteilung *f* respiratory (*od.* pulmonary) ward *od.* section; **~bläschen** *n* (pulmonary) alveolus (*pl.* alveoli); **~embolie** *f* embolism of the lung, pulmonary embolism; **~emphysem** *n* pulmonary emphysema; **~entzündung** *f* pneumonia; **~fisch** *m* lungfish; **~flügel** *m* (lobe of the) lung; ***rechter (linker)*** ~ right (left) lung; **~gewebe** *n* lung tissue; **~heilanstalt** *f* sanatorium (*Am.* sanitarium) for lung patients; *bsd. früher*: tuberculosis sanatorium (*Am.* sanitarium).
lungenkrank *adj.*: ***~ sein*** have a lung disease; **Lungenkranke(r)** *m* lung patient; **Lungenkrankheit** *f* lung disease (*od.* complaint).
Lungen|kraut *n* ✿ lungwort; **~krebs** *m* lung cancer; **~spitze** *f* apex of the lung; **~tuberkulose** *f* tuberculosis (of the lung); **~zug** *m*: ***e-n*** ~ (*od.* ***Lungenzüge***) ***machen*** inhale.
Lüngerln *dial. pl.* hash of lung and heart.
lungern *v/i.* hang around.
Lunte *f* **1.** fuse; *fig.* F ***~ riechen*** (*Gefahr wittern*) sense danger, (*Verdacht schöpfen*) smell a rat; **2.** *e-s Fuchses*: brush.
Lupe *f* magnifying glass; *fig.* ***unter die ~ nehmen*** have a good look at, scrutinize; ***die kann*** (*od.* ***muß***) ***man mit der ~ suchen*** there aren't many of them around, they're not easy to get hold of; **lupenrein** *adj. Edelstein*: flawless; *fig.* (*perfekt*) perfect; *fig.* ***es ist*** ~ *a.* you can't fault it; ***nicht ganz*** ~ (*verdächtig*) F not quite kosher.
lüpfen *v/t.* lift; (*Hut*) raise.
Lupine *f* ✿ lupin.
Lurch *m zo.* amphibian.
Lust *f* (*Wunsch, Verlangen*) desire; (*Genuß*) pleasure; (*Appetit*) *an* appetite (***auf*** for), *stärker*: (*Verlangen*) craving (for); (*sexuelle Begierde*) sexual appetite, *contp.* lust; (*sexuelles Vergnügen*) sensual (*od.* sexual) pleasure; ***ich habe (keine) ~ zu*** *inf.* I (don't) feel like *ger.*; ***ich hätte (große) ~ zu*** *inf.* I wouldn't mind *ger.* (I'd love to *inf.*); ***ich hätte ~ auf ein Bier*** I wouldn't mind a beer; ***ich habe keine ~ mehr (zu arbeiten)*** I've had enough (I don't feel like doing any more work); ***ich habe keine*** ~ I don't feel like it, I'm not in the mood; ***ich hätte gute ~ zu*** *inf.* I've a good mind (*od.* half a mind) to *inf.*; ***alle ~ an et. verlieren*** lose all interest in s.th.; ***et. aus (purer) ~ tun*** do s.th. for the (sheer) fun of it; ***sie haben mir ~ gemacht*** they've whet my appetite, F they've got me at it; ***dabei kann einem die ~ vergehen*** it can really put you off; ***mir ist die ~ vergangen*** I don't feel like it any more, that's put me off (now); ***s-e ~ an et. haben*** F get a kick out of s.th.; ***(je) nach ~ und Laune*** as the mood takes you, just as you fancy; ***dort kannst du nach ~ und Laune schwimmen (malen)*** you can go swimming there whenever you feel like it *od.* as often as you like (you can paint [whenever and] whatever you like there); *er kann schlafen*, ***solange er ~ hat*** as long as he likes; ***es ist e-e wahre ~, ihr zuzusehen*** it's a pleasure to watch her; ***das ist für mich die höchste*** ~ that for me is the ultimate; ***mit ~ und Liebe*** heart and soul.
Lustbarkeiten *obs. pl.* festivities; merrymaking (*sg.*).
lustbetont *adj.* hedonistic(ally *adv.*); pleasure-seeking.
Lustempfindung *f* pleasurable sensation.
Lüster *m* **1.** (*Kronleuchter*) chandelier; **2.** (*Glasur*) lust|re (*Am.* -er); **~klemme** *f* strip connector.
lüstern I. *adj.* greedy (***nach*** for); *sexuell*: lewd, lecherous; **II.** *adv.*: ***~ schauen nach*** (*j-m od. et.*) F lech after; **Lüsternheit** *f* greed; *sexuelle*: lecherousness.
Lust|garten *m* pleasure grounds *pl.*; **~gefühl** *n* **1.** pleasurable sensation; ***das ist ein ~!*** what a (wonderful) sensation; **2.** (feeling of) sexual pleasure; *one's* enjoyment of sex; **~gewinn** *m* (experience of) pleasure; ***nach ~ streben*** try to gain as much pleasure as possible; **~greis** F *m* F old lecher, dirty old man; **~haus** *n* summer house (*od.* mansion).
lustig I. *adj.* (*komisch*) funny; (*unterhaltend*) amusing; (*fröhlich*) merry; (*merkwürdig*) strange; ***es war sehr*** ~ it was great fun; ***ein ~er Abend (Film*** *etc.*) a fun evening (film *etc.*); ***er ist ein ~er Typ*** he's good fun; ***das ist ja ~!*** (*merkwürdig*) that's strange; ***das kann ja ~ werden!*** *iro.* F looks like we're in for some fun and games; ***du bist ~!*** *iro.* F you're a right one, *bei naiver Bemerkung*: F don't make me laugh; ***sich ~ machen über*** laugh at, *offen*: *a.* make fun of; **II.** *adv.* funnily; amusingly; merrily; → I; (*sorglos*) blithely; ***er spielte ~ weiter*** (*unbekümmert*) he carried on playing as if nothing had happened; ***hier geht's ja ~ zu!*** they *etc.* seem to be having a good time, *iro.* we 'are having a good time, aren't we?; ***~ drauflos singen (hämmern*** *etc.*) sing (hammer *etc.*) away; **Lustigkeit** *f* fun atmosphere; *e-r Person*: funny person-ality, (*Humor*) *a.* sense of humo(u)r; (*lustige Seite*) funny side (of it).
Lüstling *m* lecher.
lustlos I. *adj.* **1.** listless; uninterested; ***er ist völlig*** ~ he's not interested in (*od.* he can't be bothered with) anything; **2.** ☤ *Börse*: inactive, *Tendenz*: dull, sluggish; **II.** *adv.* without any (*od.* much) enthusiasm; listlessly; *weitS.* half-heartedly; **Lustlosigkeit** *f* listlessness; lack of interest (*od.* enthusiasm); ☤ dullness, slackness.
Lust|molch F *m* lecher; *iro.* F sex-fiend; **~mord** *m* sex murder; **~mörder** *m* sex killer; **~objekt** *n* sex object, object of sexual desire (*od.* lust); **~prinzip** *n psych.* pleasure principle; **~schloß** *n* summer residence; **~spiel** *n* comedy.
lustvoll I. *adj.* joyful; *sigh etc.* of pleasure; (*wollüstig*) voluptuous; **II.** *adv.*: ***~ verspeisen*** *etc.* consume *etc.* with relish.
lustwandeln *v/i.* stroll; **Lustwandler** *m* stroller.
Lutheraner(in *f*) *m*, **lutheranisch** *adj.* Lutheran.
lutschen *v/i. u. v/t.* (*a.* ***an*** *et.* ~) suck; ***am Daumen*** ~ suck one's thumb; ***er ist dauernd am ♀, dauernd lutscht er etwas*** he's always got something in his mouth; **Lutscher** *m* lollipop, F lolly.
Luv *f*, **luven** *v/i.*, **Luvseite** *f* ⚓ luff.
Lux *n phys.* lux.
Luxemburger(in *f*) *m* Luxemb(o)urger; **luxemburgisch** *adj.* Luxemb(o)urgian, from Luxemb(o)urg.
luxuriös I. *adj.* luxurious; *Auto etc.*: *a.* luxury ...; ***~es Leben*** life of luxury; **II.** *adv.*: ***~ ausgestattet*** luxuriously furnished, *Auto*, *Küche etc.*: with luxury fittings.

Luxus *m* luxury; ***im ~ leben*** live in luxury, live a life of luxury; ***das ist reiner ~*** that's sheer extravagance; ***sich den ~ erlauben zu*** *inf.* allow o.s. the luxury of *ger.*; ***den ~ kann ich mir nicht erlauben*** I can't afford that kind of luxury (*weitS.* the luxury of *ger.*); **~apartment** *n* luxury flat (*Am.* *apartment*); **~artikel** *m* luxury article; *pl. a.* luxury goods; **~ausführung** *f* de luxe model; **~ausgabe** *f* de luxe edition; **~bus** *m* luxury coach; **~dampfer** *m* luxury liner; **~hotel** *n* five star (*od.* luxury) hotel; **~jacht** *f* luxury yacht; **~kabine** *f* de luxe cabin; **~klasse** *f*: ***... der ~*** luxury ...; **~limousine** *f* luxury sedan; **~restaurant** *n* top-class (*od.* three-star) restaurant; **~steuer** *f* luxury tax; **~villa** *f* luxury mansion; **~wagen** *m* luxury car; **~ware** *f* → ***Luxusartikel.***

Luzerne *f* ♣ lucerne.

Lymphdrüse *f* lymph(atic) gland; **Lymphdrüsenschwellungen** *pl.* swollen lymph glands.

Lymphe *f* lymph; (*Impfstoff*) vaccine

Lymphgefäß *n* lymph vessel.

Lymphknoten *m* lymph node; **~entzündung** *f* adenitis.

Lymphsystem *n* lymphatic system.

lynchen *v/t.* lynch; F *hum.* ***nächstes Mal werde ich dich ~!*** I'll strangle you if you do that again.

Lynch|justiz *f* mob law; **~mord** *m* lynching.

Lyra *f* ♪ lyre; *ast.* Lyra.

Lyrik *f* **1.** poetry; **2.** (*lyrische Beschaffenheit*) lyricism; **Lyriker** *m* (lyric) poet; **lyrisch** *adj.* lyrical.

M

M, m *n* M, m.
Mäander *m geol.* meander; **mäandrisch** *adj.* meandering.
Maat *m* ⚓ (ship's) mate.
Mach *n phys.* Mach.
Machart *f* make, style, design.
machbar *adj.* feasible, F doable; ***es müßte ~ sein*** it ought to be doable; **Machbarkeit** *f* feasibility.
Mache F *f* **1.** show; ***das ist alles nur ~*** it's all show, *Person*: *a.* it's just an act; **2.** ***in der ~ sein*** be in the pipeline; ***et. in der ~ haben*** have s.th. in the pipeline, (*Pläne etc.*) *a.* F be hatching s.th. out; ***et.*** (***j-n***) ***in die ~ nehmen*** take s.th. in hand (give s.o. a good going-over); **3.** F (*Machart*) mo(u)ld.
machen I. *v/t.* **1.** (*tun*) do; (*herstellen, schaffen*) make; (*Essen*) make, prepare; (*Bett*) make; ***was machst du?*** what are you doing?, *beruflich*: what do you do?; ***ein Foto ~*** take a photograph; ***das Zimmer ~*** do (*od.* tidy up) the room; ***Hausaufgaben ~*** do one's homework; ***e-e Prüfung ~*** take (*erfolgreich*: pass) an exam; ***e-n Spaziergang ~*** go for a walk; ***e-n Fehler ~*** make a mistake; ***e-n Kurs ~*** do (*od.* take) a course; ***e-e*** (***un***)***angenehme Erfahrung ~*** have a pleasant (an unpleasant) experience; ***j-n zum General ~*** make s.o. a general; ***den Schiedsrichter ~*** be (*od.* act as) umpire (*od.* referee); F ***der Wagen macht 160 km/h*** the car does 100 mph; ***4 mal 5 macht 20*** four times five is twenty, four fives are twenty; ***was macht das?*** how much is that?, F what's the damage?; ***das macht drei Mark*** that's (*od.* that'll be) three marks; ***j-n traurig*** (***glücklich*** *etc.*) ***~*** make s.o. sad (happy *etc.*); ***das macht das Wetter*** it's the weather; ***so was macht man nicht*** that isn't done, you just don't do that; ***was macht das schon?*** does it really matter?, what difference does it make?, F so what?; ***das macht nichts*** never mind, it doesn't matter; ***es macht mir nichts*** (***aus***) I don't mind; ***da kann man nichts ~*** it's (just) one of those things; ***sie macht sich nichts*** (*od.* ***nicht viel***) ***aus Geld*** she doesn't care much about money, money doesn't mean much to her, F she's not really bothered about money; ***er macht sich nicht viel aus Kuchen*** (***Alkohol*** *etc.*) he doesn't care (much) for cake (alcohol *etc.*), he's not particularly keen on cake (alcohol *etc.*); ***mach dir nichts draus!*** don't worry about it; ***das macht Durst*** it makes you thirsty; ***was macht die Familie?*** how's the family (getting on)?; ***mach's gut!*** see you, (*alles Gute*) all the best; ***das läßt sich schon ~*** that can be arranged, that's no problem; F *iro.* ***mit mir könnt ihr's ja ~!*** the things I put up with; F ***er wird's nicht mehr lange ~*** he's on his last legs; → ***Ferien, Hoffnung, Krach, Licht*** *etc.*; **II.** *v/refl.* **2.** ***sich*** (***gut***) ***~*** *Person*: be coming along (well *od.* fine), be getting on fine; ***sich gut ~*** *Sache*: (*gut aussehen*) look good (***bei j-m*** on s.o.), (*gern gesehen werden*) make a good impression; ***sich schlecht ~*** a) not to look good, b) make a bad impression; ***er macht sich gut als ...*** he makes a good ...; ***wie macht sich der Kleine?*** how's the little one coming along (*od.* getting on)?; ***die Vase macht sich sehr gut in der Ecke*** the vase looks very nice in the corner; **3.** ***sich an et. ~*** get down to (doing) s.th.; → ***Weg***; **III.** *v/i.*: ***macht, daß ihr bald zurück seid!*** make sure you get back soon!; ***mach, daß du wegkommst!*** get out of here!; ***mach schon!*** hurry up!, F get a move on!; ***laß ihn nur ~*** (*laß ihm s-n Willen*) let him if he wants to, let him have his way, (*red ihm nichts ein*) just let him do it (*od.* get on with it), (*verlaß dich auf ihn*) leave it to him; ✝ ***~ in*** deal in, sell; F ***in Politik ~*** be in politics; F ***er macht in Schriftstellerei*** he's some sort of writer; F ***auf et. ~*** (*et. spielen*) act (*od.* play) s.th., pretend to be s.th.; ***auf Künstler ~*** act (*od.* play) the artist, F do one's artist act; ***auf unschuldig*** (***doof***) ***~*** act *od.* play the innocent (the fool), pretend to be innocent (stupid); **IV.** *p.p. u. adj.*: ***er ist ein gemachter Mann*** he's got it made; ***gut gemacht!*** well done!, good show!
Machenschaften *pl.* wheelings and dealings, machinations, intrigues; ***heimliche*** (*od.* ***dunkle***) ***~*** underhand dealings, *stärker*: dark machinations.
Macher *m* man of action, doer.
Machete *f* machete.
Machiavellismus *m* Machiavellianism; **machiavellistisch** *adj.* Machiavellian.
Macho *m* macho.
Macht *f* **1.** (*Kraft*) power, strength, *bsd. lit.* might; ***mit aller ~*** with all one's might, *lit.* with might and main; **2.** (*Einfluß, Herrschaft*) power, authority; ***es steht nicht in m-r ~*** it's not within my power; ***wenn es in m-r ~ stünde***(***, es zu tun***) if I had it within my power (to do so); ***~ der Gewohnheit*** force of habit; **3.** *pol.* (*Staat*) power; (*einflußreiche Gruppe*) *a.* force; ***die ~ ergreifen*** seize power; ***an die ~ kommen, zur ~ gelangen*** come (in)to power; ***an der ~ sein*** be in power; **4.** *metaphysische*: power, force; ***die ~ des Schicksals*** the force of destiny; ***die Mächte der Finsternis*** the powers of darkness; **~ablösung** *f* transfer of power; **~anhäufung** *f* accumulation (*od.* concentration) of power; **~anspruch** *m* claim to power; **~ausübung** *f* exercise of power; **~bereich** *m* sphere of influence.
machtbesessen *adj.* power-crazed; **Machtbesessene(r)** *m* power maniac; **Machtbesessenheit** *f* power mania, obsession with power.
Macht|block *m* power bloc; **~entfaltung** *f* development (*od.* expansion) of power, growth in power; ***Ära der ~*** period of political growth (*od.* expansion); **~ergreifung** *f* **1.** seizure of power; **2.** *hist.* Hitler's seizure of power in 1933; **~frage** *f* question of who is (the) more powerful, question of superior strength; **~gefüge** *n* power structure.
Machtgier *f* lust for power; **machtgierig** *adj.* power-hungry.
Machthaber *m* ruler; *contp.* dictator; *iro.* ***die ~*** the powers that be.
Machthunger *f* lust for power; **machthungrig** *adj.* power-hungry.
mächtig I. *adj.* (*einflußreich*) powerful, *lit.* mighty; (*wichtig, gewaltig*) massive, huge, enormous, *lit.* mighty; *Stimme, Schlag etc.*: powerful; ***e-r Sprache ~ sein*** be able to speak (*od.* have a good command of) a language; ***der Sprache ~ sein*** be able to speak; *iro.* ***sind Sie der Sprache nicht ~?*** have you lost your tongue?; ***s-r selbst*** (***s-r Sinne***) ***nicht mehr ~ sein*** have lost control of oneself (one's senses); **II.** F *adv.* tremendously, F incredibly, *Am.* F mighty *proud etc.*; ***~ groß*** (really) huge, massive; ***~ schreien*** scream at the top of one's voice (F like mad); ***sich ~ anstrengen*** push (*od.* write *etc.*) for all one is worth (F like mad); **Mächtige(r)** *m* powerful figure; ***die Mächtigen dieser Erde*** the rulers of this world, the people who rule this world.
Macht|instrument *n* instrument of power; **~kampf** *m* power struggle, struggle for power.
machtlos *adj.* powerless, (*hilflos*) *a.* helpless; F ***da ist man ~*** there's nothing you can do (about it); **Machtlosigkeit** *f* powerlessness, (*Hilflosigkeit*) *a.* helplessness.
Macht|mensch *m* power-seeker; **~mißbrauch** *m* abuse of power; **~mittel** *n* instrument of power; means (*sg.*) of enforcing power; **~monopol** *n* monopoly of power; **~organ** *n* organ of power.
Machtpolitik *f* power politics *pl.*; **Machtpolitiker** *m* power politician; **machtpolitisch** *adj.* power-political.
Macht|position *f* position of power; **~probe** *f* test of strength, F showdown, face-off; **~stellung** *f* position of power; **~streben** *n* striving for power; **~struktur** *f* power structure; **~übernahme** *f* assumption of power; **~vakuum** *n* power vacuum; **~verhältnisse** *pl.* balance *sg.* of power; *zwischen Individuen*: hierarchy *sg.* of power, F pecking order *sg.*; **~verteilung** *f* distribution of power.

machtvoll *adj.* powerful (*a. fig.*).
Macht|vollkommenheit *f* absolute power; ***aus eigener*** ~ on one's own authority, at one's own discretion; **~wechsel** *m* changeover of power; **~wille** *m* will to power; **~wort** *n*: ***ein*** ~ ***sprechen*** F put one's foot down; **~zentrale** *f*, **~zentrum** *n* cent|re (*Am.* -er) of power, powerhouse.
Machwerk *n* (*a.* ***elendes*** ~) miserable effort (*od.* piece of work), F lousy (*od.* botched-up) job.
Macke F *f* **1.** fault, defect; **2.** ***e-e*** ~ ***haben*** (*Person*) F have a screw loose.
Macker *sl. m* **1.** (*Mann*) F bloke, guy; *unbekannter*: *a.* F punter; (*Freund*) *sl.* fella, bloke; **2.** ***den großen*** ~ ***spielen*** throw one's weight around, act as if one owns the place.
Madagasse *m*, **Madagassin** *f*, **madagassisch** *adj.* Madagascan.
Madam F *hum. f* **1.** (*Hausherrin*) F madam, *the* mistress; **2.** (*Ehefrau*) F *the* missus; **3.** (*ältere Frau*) F old dame.
Mädchen *n* girl; (*Dienst*2) maid; *fig.* ~ ***für alles*** (general) dogsbody; **~alter** *n*: (***schon***) ***im*** ~ as a girl.
mädchenhaft *adj.* girlish; **Mädchenhaftigkeit** *f* girlishness.
Mädchen|handel *m* white slave trade; **~händler** *m* white slave trader; **~name** *m* girl's name; *e-r Frau*: maiden name.
Made *f* maggot; ***wie die*** ~ ***im Speck leben*** be (*od.* live) in clover.
Madeira *m* Madeira.
Mädel *n* girl, lass.
madig *adj.* full of maggots, F maggoty; F *fig. j-n od. et.* ~ ***machen*** run down, F knock; (***j-m***) ***et.*** ~ ***machen*** spoil s.th. (for s.o.), take the fun out of s.th. (for s.o.); ***mach mir doch nicht alles*** ~ I wish you wouldn't keep spoiling things for me.
Madonna *f* Madonna.
Madonnenbild *n* (picture of the) Madonna; **madonnenhaft** *adj.* Madonna-like; **Madonnenkult** *m* worship of the Virgin Mary, *contp.* Mariolatry.
Madrigal *n* madrigal.
Mafia *f* Mafia; *fig.* mafia; **~boß** *m* Mafia boss; *e-r bestimmten Mafia*: *a.* head of the Mafia; **~methoden** *pl.* Mafia(-type) methods.
Mafioso *m* member of the Mafia, Mafioso.
Magazin *n* **1.** (*Lager*) warehouse; depot; (*Lagerraum*) storeroom; *in der Bibliothek*: stacks *pl.*; **2.** ⚙, *a. in Schußwaffen*: magazine; (*Fülltrichter*) hopper; (*Dia*2) magazine, tray; **3.** (*Illustrierte*) magazine; *TV*, *Radio*: magazine program(me).
Magd *lit. f lit.* maiden; (*Bauern*2) farmgirl; *obs.* (*Dienst*2) maid(servant).
Magen *m* stomach; ***mit leerem*** ~, ***auf nüchternen*** ~ on an empty stomach; ***ich habe noch nichts im*** ~ I haven't eaten a thing; ***ich habe mir den*** ~ ***verdorben*** (F ***verkorkst***) I've got an upset stomach; ***es liegt mir schwer im*** ~ I'm having trouble digesting it, *fig.* it's really bothering me (F getting to me); ***dabei drehte es ihr den*** ~ ***um*** it turned her stomach, she felt sick; ***j-m auf den*** ~ ***schlagen*** *Erkältung etc.*: settle on s.o's stomach, *fig. Sorgen etc.*: get to s.o., *stärker*: (begin to) give s.o. ulcers; → ***knurren, Liebe***; **~beschwerden** *pl.* stomach trouble *sg.*; **~bitter** *m* bitters *pl.*; **~blutung** *f* ⚕ stomach bleeding.
Magen-Darm-Katarrh *m* ⚕ gastroenteritis.
Magen|drücken *n* stomach pains *pl.*; **~erweiterung** *f* dilation of the stomach; **~geschwür** *n* ⚕ stomach (*od.* peptic) ulcer; **~grube** *f* pit of one's stomach; **~knurren** *n* rumbling stomach; ***ich habe*** ~ my stomach's rumbling; **~krämpfe** *pl.* stomach cramps; **2krank** *adj.*: ~ ***sein*** suffer from a stomach complaint; **~krankheit** *f* stomach disease (*od.* complaint); **~krebs** *m* stomach cancer; **~leiden** *n* stomach complaint (*od.* trouble); **~operation** *f* stomach operation; **~reizung** *f* gastric irritation; **~saft** *m* gastric juices *pl.*; **~säure** *f* gastric (*od.* stomach) acid.
Magenschleimhaut *f* stomach lining; **~entzündung** *f* gastritis.
Magen|schmerzen *pl.* stomach-ache *sg.*; **~sonde** *f* stomach probe; **~spiegel** *m* gastroscope; **~spiegelung** *f* gastroscopy; **~verstimmung** *f* indigestion, upset stomach; **~wand** *f* wall of the stomach; **~weh** *n* stomach-ache.
mager *adj.* **1.** *Person*: thin, F skinny; **2.** *Fleisch*: lean; *Diät*, *Joghurt etc.*: low-fat; **3.** (*dürftig*) meag|re (*Am.* -er), poor; (*Ernte*) *a.* lean; **~*e Jahre*** lean years; **~*es Lob*** scant praise; **4.** *typ.* **~*e Schrift*** light-face(d) type.
Mager|joghurt *m* low-fat yoghurt; **~käse** *m* low-fat cheese; **~milch** *f* skimmed milk; **~motor** *m* lean-burn engine; **~quark** *m* low-fat curd cheese; **~sucht** *f* ⚕ anorexia (nervosa).
Maggikraut *n* ⚘ lovage.
Magie *f*: (***schwarze, weiße*** ~ black, white) magic; **Magier** *m* magician; (*Zauberkünstler*) *a.* conjuror; **magisch I.** *adj.* magic; *Anziehungskraft*, *Atmosphäre etc.*: magical; **~*e Künste*** magic arts; **II.** *adv.* magically; by magic; ***j-n*** ~ ***anziehen*** have a magical attraction for s.o.
Magister *m etwa* Master's degree; ~ ***Artium*** *etwa* Master of Arts (*abbr.* MA); ***den*** ~ ***machen*** do a (*od.* one's) MA *od.* Master's degree; **~arbeit** *f etwa* MA (*od.* Master's) thesis; **~prüfung** *f etwa* MA (*od.* Master's) exam.
Magistrat *m* municipal authorities *pl.*, town council.
Magma *n* magma.
Magnat *m* magnate, tycoon.
Magnesia *f* magnesia.
Magnesium *n* ⚗ magnesium.
Magnet *m* magnet (*a. fig.*), *natürlicher*: lodestone; **~band** *n* magnetic tape; **~feld** *n* magnetic field.
magnetisch *adj.* magnetic(ally *adv.*) (*a. fig.*).
Magnetiseur *m* mesmerist; **magnetisieren** *v/t.* magnetize; (*j-n, heil*~) *a. fig.* mesmerize; **Magnetisierung** *f* magnetization; **Magnetismus** *m* magnetism (*a. fig.*); (*Heil*2) mesmerism.
Magnet|kamera *f.* (electro)magnetic camera; **~karte** *f Computer*: magnetic card; **~kern** *m* magnet core; **~kompaß** *m* magnetic compass; **~kopf** *m* magnetic head; **~nadel** *f* magnetic (*od.* compass) needle; **~platte** *f* magnetic disk; **~pol** *m* magnetic pole; **~schalter** *m mot.* solenoid switch; **~schwebebahn** *f* magnetic levitation train, maglev; **~streifen** *m* magnetic strip; **~tafel** *f* magnetic board; **~wirkung** *f* magnetic effect (*od.* attraction); **~zündung** *f* magneto ignition.
Magnolie *f* ⚘ magnolia.
Mahagoni *n* mahogany; **~baum** *m* mahogany (tree); **~holz** *n* mahogany.
Maharadscha *m* maharaja(h); **Maharani** *f* maharanee.
Mahd *f* **1.** mowing; hay harvest; **2.** cut grass.
Mähdrescher *m* combine (harvester).
mähen I. *v/t.* (*Rasen*) mow; (*Gras*) cut, (*Getreide*) *a.* reap; **II.** *v/i.* mow (the lawn *od.* grass); (*Getreide* ~) reap (the corn *etc.*); **Mäher** *m* **1.** mower; *Getreide*: reaper; **2.** → ***Mähmaschine***.
Mahl *n* meal; *festliches*: banquet.
mahlen I. *v/t.* **1.** mill; grind; → ***gemahlen***; **II.** *v/i.* **2.** grind; *fig.* ***wer zuerst kommt, mahlt zuerst*** first come first served; **3.** *Räder*: spin.
Mahlzeit *f* meal; **~*!*** afternoon!; F ***prost*** **~*!*** F that's (just) great!, goodnight!
Mähmaschine *f* mower; reaper.
Mahn|bescheid *m* ⚖ default summons; **~brief** *m* reminder.
Mähne *f* mane; *fig.* (*iro.* sweeping) mane.
mahnen I. *v/t.* (*auffordern*) urge, exhort, admonish; (*erinnern*) remind (**an** of) (*a. Schuldner etc.*); *schriftlich*: send *s.o.* a reminder; ***j-n zur Vorsicht*** *etc.* ~ urge s.o. to be careful *etc.*; (***j-n***) ***zum Aufbruch*** ~ remind s.o. that it's time to leave; **II.** *v/i.*: ***zur Vorsicht*** (***Geduld*** *etc.*) ~ urge caution (patience *etc.*); **mahnend I.** *adj.* admonishing, warning; **~*es Wort*** word of admonishment (*od.* warning); **II.** *adv.* in admonishment, in (*od.* as a) warning; ~ ***den Finger heben*** raise a warning finger; ~ ***die Stimme erheben*** raise one's voice in warning.
Mahn|gebühr *f* fine; **~mal** *n* memorial; **~predigt** *f* exhortatory sermon; **~ruf** *m* exhortation; **~schreiben** *n* reminder.
Mahnung *f* warning; *schriftliche*: reminder, *Bibliothek*: *a.* overdue notification.
Mahn|verfahren *n* ⚖ collection proceedings *pl.*; **~wache** *f* vigil; **~wort** *n* word of admonishment (*od.* exhortation, warning).
Mähre *f* (old) nag, jade.
mährisch *adj.* Moravian.
Mai *m* May; ***im*** ~ in May; ***der Erste*** ~ May Day; **~baum** *m* maypole.
Maid *obs. f obs.* maiden.
Mai|feier *f* May Day celebrations *pl.*; **~feiertag** *m* May Day, *Brit. a.* May Bank Holiday; **~glöckchen** *n* ⚘ lily of the valley; **~käfer** *m* cockchafer, maybug; **~kundgebung** *f* May Day rally.
Mais *m* maize, *Am.* corn; **~brot** *n* cornbread.
Maische *f Bier*: mash; **maischen** *v/t. Brauerei*: mash.
maisfarben *adj.* corn-colo(u)red.
Mais|feld *n* field of maize, *Am.* cornfield; **~flocken** *pl.* cornflakes; **2gelb** *adj.* corn-colo(u)red; **~kolben** *m* (corn)cob; *gastr.* corn on the cob; **~mehl** *n* Indian meal, *Am.* cornmeal.
Maisonettewohnung *f* maisonette, *bsd. Am.* duplex apartment.
Maisstärke *f* cornflour, *Am.* cornstarch.
Maître de plaisir F *hum. m* master of ceremonies.
Majestät *f* majesty (*a. fig.*); **Seine** (**Eure**) ~ His (Your) Majesty; **majestätisch** *adj.* majestic(ally *adv.*); **Majestätsbeleidigung** *f bsd. iro.* lèse-majesté.
Majolika *f* majolica.
Major *m* major.

Majoran *m* ⚘ marjoram.
majorisieren *v/t.* outvote.
Majorität *f* majority.
Majoritäts|beschluß *m* majority vote; **~prinzip** *n* principle of majority rule.
Majuskel *f* capital (letter).
makaber *adj.* macabre, grim; F horrible.
Makel *m* **1.** *e-r Ware etc.*: flaw, defect, imperfection, fault; **2.** (*Charakterfehler*) flaw, blemish, taint; **3.** (*Schande*) stigma; ***e-n ~ tragen*** bear a stigma.
Mäkelei *f* fault-finding (***an*** with), carping (at); **mäkelig** *adj.* fussy, finicky.
makellos *adj.* flawless, immaculate, perfect; *fig. a.* impeccable; *fig.* ***~e Vergangenheit*** blameless past; **Makellosigkeit** *f* flawlessness, immaculateness; impeccableness.
mäkeln *v/i.* find fault (***an*** with); ***~ an a.*** criticize, F pick holes in.
Make-up *n* makeup; **~-Unterlage** *f* makeup base.
Makkaroni *pl.* macaroni *sg.*
Makler *m* ✝ broker; (*Börsen*~) stockbroker; (*Grundstücks*~) estate agent, *Am.* realtor; → ***ehrlich*** I.
Mäkler *m* fault-finder, carper, *formell*: caviller.
Makler|firma *f* (firm of) brokers *pl.*, brokerage company (*od.* concern); **~gebühr** *f* broker's commission; **~geschäft** *n* broker's business.
Mako *f* maco, Egyptian cotton.
Makramee *n* macramé.
Makrele *f* mackerel.
Makro *n* **1.** *Computer*: macro; **2.** *phot.* macro (lens); **~aufnahme** *f* macro shot.
Makrobiotik *f* macrobiotics *pl.* (*sg. konstr.*); **makrobiotisch** *adj.* macrobiotic.
Makrofotografie *f* macrophotography.
Makrokosmos *m* macrocosm.
Makrone *f* macaroon.
Makro-Objektiv *n* macro lens.
Makroökonomie *f* macroeconomics *pl.* (*sg. konstr.*).
Makrostruktur *f* macrostructure.
Makulatur *f* waste paper; *weitS.* useless stuff; F *fig.* (*Unsinn*) F rubbish, *bsd. Am.* F garbage, trash; F *fig.* ***~ reden a.*** F talk (a lot of) rot.
mal *adv.* **1.** *beim Multiplizieren*: times, multiplied by; ***vier ~ zehn (ist) a.*** four tens (are); ***das Zimmer ist sechs ~ vier Meter*** the room is six met|res (*Am.* -ers) by four; ***sechs ~ vier*** six by four; **2.** ***guck ~*** look; here, have a look at this; ***komm ~ her*** come here a minute(, will you?); → *a.* ***einmal***; **3.** ***er macht es ~ so, ~ so*** he does it differently every time; *iro.* ***~ dies, ~ jenes*** it's something different every time; → *a.* ***einmal.***
Mal[1] *n* time; ***dieses eine ~*** this once; ***ein paar ~*** a few (F a couple of) times; ***ein anderes ~*** some other time; ***das nächste ~*** next time; ***beim ersten ~*** the first time, *et. schaffen etc.*: (the) first time round; ***beim letzten ~, letztes ~*** the last time; ***ein letztes ~*** one last time; ***das nächste ~*** next time (round); ***zum ersten ~*** for the first time; ***ein ums andere ~*** time after time; ***das eine oder andere ~*** now and then, now and again; ***zum wiederholten ~*** repeatedly; ***zu wiederholten ~en*** repeatedly, time and again; ***von ~ zu ~*** every time, all the time; ***ein einziges ~*** just once; ***kein einziges ~*** not once; ***für dieses ~*** for now, for the time being; ***mit einem ~(e)*** all of a sudden.
Mal[2] *n* **1.** (*Kennzeichen*) mark, sign; (*Hautfleck*) mark; (*Mutter*~) birthmark; *fig.* stigma; **2.** (*Ehren*~) monument, memorial; **3.** *Spiel*: (*Ablauf*~) start; (*Ziel*) base, home.
Malachit *m min.* malachite.
Malaie *m*, **Malaiin** *f* **1.** Malay(an); **2.** (*Bewohner Malaysias*) Malaysian; **malaiisch** *adj.*, **Malaiisch** *n ling.* Malay(an).
Malaria *f* malaria; **~anfall** *m* attack of malaria; **~erreger** *m* malaria parasite; **~gebiet** *n*, **~gegend** *f* malaria(l) (*od.* malaria-infested) territory; **~impfung** *f* malaria vaccination (*od.* inoculation); **~krank** *adj.*: ***~ sein*** be suffering from (*od.* have) malaria; **~kranke(r)** *m* malaria patient (*od.* victim); **~mücke** *f* malaria mosquito, 🕮 anopheles; **~prophylaxe** *f* malaria prophylaxis; course of malaria tablets.
Malaysier(in *f*) *m*, **malaysisch** *adj.* Malaysian.
Malbuch *n* colo(u)ring book.
Maleachi *m bibl.* Malachi.
malen I. *v/t.* paint (*a. Fingernägel etc.*); (*zeichnen*) draw; *fig.* portray, paint, depict; ***sich ~ lassen*** sit for a portrait; ***wie gemalt*** like a painting; *fig.* ***et. rosig (schwarz) ~*** paint a rosy (black) picture of s.th.; **II.** *v/i.* paint; (*zeichnen*) draw; **III.** *fig. v/refl.*: ***sich ~*** (*sich spiegeln*) be reflected, be mirrored; (*sich zeigen*) show (***auf j-s Gesicht*** in s.o.'s face).
Maler *m* painter (*a. Anstreicher*); artist; **~arbeiten** *pl.* painting *sg.* (jobs).
Malerei *f* painting.
malerisch I. *adj.* **1.** ***~e Tätigkeit*** work as a painter, artistic work; ***~es Talent*** artistic talent, gift for painting; **2.** (*pittoresk*) picturesque; **II.** *adv.*: ***~ gesehen*** from an artistic point of view, as a painting.
Maler|leinwand *f* artist's canvas; **~meister** *m* master painter.
Malgrund *m* (*Fläche*) grounding; (*Grundiermasse*) *a.* primer.
Malheur *n*: (***kleines ~*** slight) mishap, (little) accident.
maliziös *adj.* spiteful, malicious; ***~e Bemerkung*** *a.* snide remark.
Mal|kasten *m* paintbox; **~kunst** *f* art of painting.
malnehmen *v/t.* 𝔄 multiply.
Maloche *sl. f* F (hard) graft, grind; **malochen** *sl. v/i.* F slog away; **Malocher** *sl. m* workhorse.
Mal|stift *m* crayon; **~technik** *f* painting technique.
Malteser(in *f*) *m* Maltese.
Malteser|kreuz *n* Maltese cross; **~orden** *m* order of the Knights of Malta; **~ritter** *m* Knight of Malta, Hospitaller.
maltesisch *adj.* Maltese.
Maltose *f* maltose.
malträtieren *v/t.* ill-treat, mistreat, maltreat; (*a. Sache*) treat (*od.* handle) roughly.
Malve *f* ⚘ mallow; **malvenfarbig** *adj.* mauve.
Malz *n* malt; **~bier** *n* (low-alcohol) malt beer; **~bonbon** *n* malt(-flavo[u]red) sweet (*Am.* candy).
Malzeichen *n* 𝔄 multiplication sign.
mälzen *v/i.* malt; **Mälzer** *m* maltster; **Mälzerei** *f* malthouse.
Malz|extrakt *m* malt extract; **~kaffee** *m* malt coffee, ersatz coffee, coffee substitute (*made from malt*); **~zucker** *m* malt sugar, maltose.
Mama *f* mummy, mum; *Am.* mommy, mom; *in der Anrede*: Mummy, Mum; *Am.* Mommy, Mom.
Mammogramm *n* ⚕ mammogram; **Mammographie** *f* ⚕ mammography.
Mammon *m* mammon; ***schnöder ~*** filthy lucre.
Mammut *n zo.* mammoth; **~...** *in Zssgn mst* mammoth, giant; **~bau** *m* megastructure; **~baum** *m* sequoia; **~film** *m* (screen) epic, (screen, *engS.* Hollywood) spectacular; **~konzern** *m* giant (*od.* mammoth) company; **~konzert** *n* giant concert; **~prozeß** *m* marathon trial; **~sitzung** *f* marathon (F jumbo) session *od.* meeting; **~unternehmen** *n* giant (*od.* mammoth) enterprise.
mampfen F *v/i.* munch, F chomp.
man *indef. pron.* **1.** one, you, we; ***~ weiß nie, ~ kann nie wissen*** there's no telling (*od.* knowing); ***wenn ~ ihn so hört*** to hear him talk, the way he talks *you'd think* ...; ***~ trägt wieder ...*** ... are in again, ... are back in fashion; ***~ darf ja wohl noch fragen*** there's no harm in asking, is there?; **2.** (*andere Leute*) they, people; ***~ hat mir gesagt*** I've been told; ***~ sagt*** they say, people say; ***~ holte ihn*** he was fetched; **3.** ***~ nehme*** take; ***~ wende sich an*** apply to; ***~ lasse sich nicht täuschen*** don't be deceived.
Mänade *f myth. u. fig.* maenad.
Management *n* **1.** management; *fig.* executive floor; ***ins ~ aufsteigen*** *a.* reach the boardroom; **2.** (*das Managen*) running *of foreign affairs etc.*; **~beratung** *f* management consulting.
managen F *v/t.* **1.** (*schaffen*) manage, (*deichseln*) *a.* F wangle; **2.** (*Kampagne etc.*) run; **3.** (*Sportler, Musiker etc.*) be (the) manager of, be *s.o.'s* manager; **Manager** *m* manager; **Managerin** *f* manager(ess).
Manager|krankheit *f* executive stress; **~typ** *m* management (*od.* executive) type.
manch(er, -e, -es) *adj. u. indef. pron.* many a; ***~ eine(r)*** many (people), *lit.* many a one; ***in ~em hat er recht*** he's right about some things; ***so ~er*** a number of people; ***so ~es*** a fair bit; a thing or two; a few things; ***ich habe ~es zu berichten (kritisieren)*** I've got a few things to report (criticize, I've got a fair number of criticisms to make); **manche** *pl.* some (people); quite a few (people).
mancherlei *adj.* (*vielerlei*) many, a good deal of, quite a few; (*verschiedene*) various; (*verschiedenartige, allerlei*) all sorts (*od.* kinds) of; *substantivisch*: a number of (*od.* quite a few, various) things, all sorts (*od.* kinds) of things.
manchmal *adv.* sometimes, occasionally.
Mandant(in *f*) *m* ⚖ client.
Mandarine *f* tangerine, mandarin.
Mandat *n* ⚖, *pol., parl.* mandate; *des Anwaltes*: *a.* brief; *parl.* ***sein ~ niederlegen*** resign (*od.* vacate) one's seat.
Mandatar *östr. m* (*Gemeinde*~) local councillor; (*Parlaments*~) member of parliament.
Mandats|gebiet *n* mandate; **~macht** *f* mandatory power; **~träger** *m* (political) representative.
Mandel *f* **1.** ⚘ almond; **2.** *anat.* tonsil.

mandeläugig *adj.* almond-eyed.
Mandel|baum *m* almond (tree); **~entzündung** *f* tonsillitis.
mandelförmig *adj.* almond-shaped.
Mandel|kern *m* almond (kernel); **~kleie** *f* almond meal; **~öl** *n* almond oil; **~operation** *f* tonsillectomy; ***sich e-r ~ unterziehen*** have one's tonsils taken out, have a tonsillectomy; **~splitter** *pl.* chopped almonds.
Manderl *östr. n* little man, manikin; **~machen** make things difficult.
Mandoline *f* ♪ mandolin.
Mandragora *f* ⚘ mandrake.
mandschurisch *adj.* Manchurian.
Manege *f* (circus) ring.
Mangan *n* manganese; **~knollen** *pl.* manganese nodules; **2sauer** *adj.* manganic; ***mangansaures Salz*** manganate.
Mangel[1] *f* ⚙ mangle; F *fig.* ***j-n durch die ~ drehen, j-n in die ~ nehmen*** F put s.o. through the mill, *bsd. bei Prüfungen*: F give s.o. a grilling.
Mangel[2] *m* (*Fehler*) defect, fault, flaw; (*Unzulänglichkeit*) shortcoming, imperfection, weakness; (*Knappheit*) lack, shortage, *lit.* dearth (*alle* ***an*** of); *a.* ⚕ deficiency (***an*** in); ***aus ~ an*** for lack (*od.* want) of; ***~ leiden*** suffer hardship (*od.* privation); ***keinen ~ leiden*** *a.* want for nothing; ***Mängel aufweisen*** be flawed, have (its) faults (*od.* shortcomings, imperfections); ***e-n ~ beseitigen*** remedy a fault (*od.* defect); → *a.* ***Not.***
Mängelanzeige *f* notice of defect(s).
Mangelberuf *m* understaffed profession.
Mängelbeseitigung *f* correction of faults.
Mangelerscheinung *f* ⚕ deficiency symptom.
mangelfrei *adj.* faultless, free of faults (*od.* defects); **Mangelfreiheit** *f* flawlessness.
mangelhaft *adj. Waren*: faulty, defective; *Gedächtnis, Beleuchtung, Qualität*: poor; *Leistung, Note etc.*: unsatisfactory, poor; *Wissen*: imperfect, insufficient, inadequate; **Mangelhaftigkeit** *f* faultiness, defectiveness, poor quality *etc.*; → ***mangelhaft.***
Mängelhaftung *f* liability for defects.
Mangelkrankheit *f* deficiency disease.
Mängelliste *f* list of faults (*weitS.* complaints).
mangeln[1] *v/t.* (*Wäsche*) mangle.
mangeln[2] *v/impers.*: ***es mangelt an*** there's a lack (*od.* shortage) of; ***es mangelt mir an Geld*** *etc.* I'm short of (*od.* I need) money *etc.*; ***es mangelt ihm an Mut*** he lacks (*od.* is lacking in) courage; ***es mangelt ihr an nichts*** she's got everything she needs, *lit.* she wants for nothing; ***~des Selbstvertrauen*** lack of self-confidence; ***wegen ~der Nachfrage*** due to lack of demand.
Mängelrüge *f* ✝ notice of defects, complaint.
mangels *prp.* for lack (*od.* want) of; *bsd.* ⚖ in default of; ***~ Beweisen*** in the absence of evidence; ***~ Masse*** ⚖ for lack of assets, F for lack of money.
Mangelware *f* scarce commodity; ***~ sein*** *a.* F *fig.* be scarce, be in short supply, be hard to come by, *weitS.* (*selten sein*) be rare.
Mango *f* mango.
Mangold *m* (Swiss) chard.
Mangostane *f* mangosteen.
Mangrove *f* mangrove; **Mangrovensumpf** *m* mangrove swamp.
Manichäer *m* Manich(a)ean; **manichäisch** *adj.* Manich(a)ean; **Manichäismus** *m* Manich(a)eanism.
Manie *f* mania; obsession; ***zur ~ werden*** become a mania *od.* an obsession (***bei*** with).
Manier *f* **1.** manner, way (of doing s.th.); (*Kunststil*) style; ***in englischer ~*** in the English style; ***in Rembrandtscher ~*** in the style of Rembrandt; → ***altbewährt***; **2.** *mst pl.* (*Benehmen*) manner(s *pl.*); ***gute (schlechte) ~en haben*** be well-mannered (bad-mannered); ***keine ~en haben*** have no manners.
manieriert *adj.* affected, mannered; *Stil*: *a.* stilted; **Manieriertheit** *f e-s Stils*: mannerism; (*Verhaltensart*) mannered behavio(u)r, affectation.
Manierismus *m* mannerism; **Manierist** *m* mannerist; **manieristisch** *adj.* mannerist(ic).
manierlich I. *adj.* well-behaved, well-mannered; *weitS. Preise etc.*: decent, acceptable; **II.** *adv.* properly, decently; ***sich ~ benehmen*** behave o.s., behave well (*od.* properly).
Manifest I. *n* manifesto; **II.** 2 *adj.* manifest; **Manifestation** *f* manifestation; **manifestieren I.** *v/refl.*: ***sich ~*** manifest itself, become manifest; come to the fore; **II.** *v/t.* manifest, show, display.
Maniküre *f* **1.** manicure; (*Person*) manicurist; **maniküren** *v/t. u. v/i.* manicure.
Manilahanf *m* Manila hemp.
Manipulation *f* manipulation; **Manipulator** *m* manipulator, fixer; **manipulierbar** *adj.* manipulable; ***sind sie ~?*** *a.* can they be manipulated?; **Manipulierbarkeit** *f* manipulability; **manipulieren** *v/t.* manipulate (*a. pol.*), influence; (*Gerät etc.*) fiddle with; (*Markt, Wahlen etc.*) rig; (*Zahlen, Bericht etc.*) massage.
manisch *adj.* manic(ally *adv.*); ***~-depressiv*** manic-depressive; ***~-depressiv sein*** be a manic-depressive.
Manko *n* **1.** ✝ deficiency, shortage; (*Fehlbetrag*) deficit, shortfall; **2.** *fig.* (***entscheidendes ~*** major) shortcoming, drawback.
Mann *m* man (*pl.* men); (*Ehe*2) husband; ***der ~ auf der Straße*** the man in the street, the ordinary man; ***~ für ~*** one after the other; ***ein Gespräch von ~ zu ~*** a man-to-man talk; ***wie ein ~*** (*geschlossen*) as one; ***bis auf den letzten ~*** to a man; ***wie ein ~*** *ertragen etc.*: like a man; ***alle ~ hoch*** the whole lot of us (*od.* them); ***alle ~ mitmachen!*** come on, everyone!; ***wir waren drei ~ hoch*** there were three of us; ***wir brauchen drei ~*** we need three men (*od.* people); ***~s genug sein für etwas*** be man enough for (*od.* to do) s.th.; ***an den ~ bringen*** (*Ware*) place, (*Tochter*) find a husband for, F marry off, F (*Witz etc.*) find an audience for, (*Meinung*) get across; ***s-n ~ stehen*** (*sich behaupten*) hold one's own, stand one's ground, (*ganze Arbeit leisten*) do a fine job; ***s-n ~ gefunden haben*** have found one's match; ***der vierte ~*** *Kartenspiel*: the fourth player; ⚓ ***alle ~ an Deck!*** all hands on deck; ***da sind wir an den rechten ~ gekommen*** he's the (right) man for us; ***ein ~ von Welt*** a man with savoir-faire; ***ein ~, ein Wort*** a promise is a promise; ***ein ~ von Wort*** a man of his word; ***10 Mark pro ~*** 10 marks each (*od.* per head); ***~ Gottes!*** for God's sake!; F ***~!*** F wow!, *a. sich beschwerend*: F hey!; → ***selbst*** I, ***stark*** I, ***tot*** *etc.*
Manna *n, f bibl. u. fig.* manna (from heaven).
Männchen *n* little man, manikin; *zo.* male; (*Vogel*) cock; ***~ machen*** *Tier*: stand on its hind legs; *Hund*: *a.* sit up and beg; F ⚔ snap to attention; F *Person*: grovel, bow and scrape; F ***~ malen*** doodle.
Manndeckung *f* man-to-man marking.
Mannequin *n* model.
Männer (*pl. von* ***Mann***); *in Zssgn* men's; *WC*: Men, Gentlemen; **~bekanntschaft** *f* male (*od.* man) friend, boyfriend; **~beruf** *m* male(-oriented *od.* -dominated) profession; **~chor** *m* ♪ male(-voice) *od.* all-male choir; **~fang** F *m*: ***auf ~ ausgehen (aussein)*** F go (be) manhunting.
männerfeindlich *adj.* anti-male, *pred. a.* anti-men; ***sie ist ~*** *a.* she doesn't like men, she hates men, she's bias(s)ed against men (*od.* the male sex); **Männerfeindlichkeit** *f* hostility towards men, anti-male attitude.
Männer|gesellschaft *f* male(-dominated) society; **~haß** *m* hatred towards men.
männermordend *hum. adj.* man-eating.
Männer|sache *f* a man's job (*od.* business); ***das ist ~!*** *a.* leave that to the men!; **~station** *f* men's ward; **~stimme** *f* man's (♪ male) voice; **~überschuß** *m* surfeit of men; **~welt** *f* **1.** *a* man's world; **2.** (*Gesamtheit der Männer*) men *pl.*, *the* male population; **~wirtschaft** F *f* **1.** (all-)male setup; **2.** male household; ***typische ~!*** you can tell it's a man (*od.* men) running the place; **~witz** *m* male joke.
Mannes|alter *n* manhood; ***im besten ~*** in one's prime; **~jahre** *pl.* years (*od.* period *sg.*) of manhood; **~kraft** *f* masculine strength; *bsd. sexuell*: virility.
mannhaft *adj.* manly, (*tapfer*) *a.* brave, valiant; (*entschlossen*) resolute; **Mannhaftigkeit** *f* manliness.
mannigfach *adj.* various, diverse, manifold.
mannigfaltig *adj.* varied, multifarious, manifold; **Mannigfaltigkeit** *f* diversity.
Männlein *n* little man; F ***~ und Weiblein*** men and women, boys and girls; F ***na ~!*** *zum Buben*: F well (*od.* hello), sonny.
männlich *adj. biol.*, ⚘, ⚙ male; *Wesen, Auftreten etc., a. Frau u. ling.*: masculine; (*mannhaft*) manly; ***~e Entsprechung*** male equivalent; **Männlichkeit** *f* masculinity; (*Mannhaftigkeit*) manliness, (*a. Potenz*) virility; **Männlichkeitswahn** *m* machismo.
Mannsbild F *n* man; ***ein stattliches ~*** a fine figure of a man.
Mannschaft *f* **1.** *Sport*: team; side; F squad; **2.** (*Besatzung*) crew; **3.** *fig.* (*Arbeits*2 *etc.*) *a. pol.* team, F squad; (*Gruppe*) group (of people); ***vor versammelter ~*** in front of everyone (*od.* the whole department *etc.*); **4.** ⚔ ***~en*** enlisted men, other ranks.
Mannschafts|aufstellung *f Sport*: (team) line-up; **~führer** *m* (team) captain, F skipper; **~geist** *m* team spirit; **~kampf** *m* team event; **~kapitän** *m* (team) captain, F skipper; **~spiel** *n* team

game; **~sport** *m* team sport; **~wagen** *m* personnel carrier; *der Polizei*: police van; **~wertung** *f Sport*: team classification; **~wettbewerb** *m Sport*: team event.
mannshoch *adj. u. adv.* head-high.
mannstoll *adj.* oversexed, nymphomaniac; **Mannstollheit** *f* nymphomania.
Mannweib *n* **1.** *biol.* gynander; **2.** *contp.* F butch.
Manometer I. *n* ⚙ pressure ga(u)ge; **II.** F *int.* F wow!
Manöver *n* **1.** manoeuvre, *Am.* maneuver; *fig.* ***ein geschicktes ~*** a clever move; **2.** ⚔ manoeuvres *pl.*, *Am.* maneuvers *pl.*, exercise; **~gelände** *n* exercise area; **~kritik** *fig. f* postmortem(s *pl.*); ***~ halten*** have (*od.* hold) a postmortem.
manövrierbar → ***manövrierfähig***; **Manövrierbarkeit** *f* → ***Manövrierfähigkeit***; **manövrieren** *v/i.* manoeuvre, *Am.* maneuver (*a. mot. u. fig.*); **manövrierfähig** *adj.* manoeuvrable, *Am.* maneuverable; **Manövrierfähigkeit** *f* manoeuvrability, *Am.* maneuverability; **manövrierunfähig** *adj.* disabled.
Mansarde *f* attic; → ***Mansardenwohnung, -zimmer.***
Mansarden|dach *n* mansard roof; **~fenster** *n* dormer window; **~wohnung** *f* attic flat (*od.* apartment); **~zimmer** *n* attic room, room in the attic.
Mansch F *m* (*Essen*) F mush; (*Schlamm*) mud, slush; **manschen** F **I.** *v/t.* mash (up); **II.** *v/i.* mess about.
Manschette *f* cuff; ⚙ sleeve, collar; *um Blumentöpfe etc.*: frill; F *fig.* ***~n haben vor*** F be scared stiff of; F ***~n bekommen*** F get the wind up, (*es sich anders überlegen*) F get cold feet; **Manschettenknopf** *m* cufflink.
Mantel *m* **1.** coat; (*Umhang*) cloak; *fig.* cloak, mantle; ***im ~*** in a (*od.* one's) coat, wearing a coat; ***ohne ~*** without a coat (on); ***gib mir d-n ~*** a) let me take your coat, b) let me help you on with your coat; *fig.* ***~ der Nächstenliebe*** (*od.* ***Barmherzigkeit***) cloak of charity; ***den ~ nach dem Wind hängen*** swim with the tide, trim one's sails to the wind; → ***Verschwiegenheit***; **2.** ⚙ (*Rohr*2) jacket; (*Geschoß*2) *a.* casing (*a. Reifen*2).
Mäntelchen *n*: *fig.* ***e-r Sache ein ~ umhängen*** gloss over s.th., cover s.th. up; ***sich ein frommes ~ umhängen*** play the saint.
Mantel|gesetz *n* skeleton law; **~kleid** *n* coat dress; **~pavian** *m* sacred (*od.* grey, *Am.* gray) baboon; **~tarif(vertrag)** *m* collective agreement on working conditions.
Mantel-und-Degen|-Film *m* cloak-and-dagger film; **~-Stück** *n* cloak-and-dagger piece.
mantschen F *v/t.* mash (up).
Manual *n* **1.** ♪ manual, keyboard; **2.** (*Handbuch*) (reference *od.* user) manual.
manuell I. *adj.* manual; **II.** *adv.*: ***~ begabt sein*** be skilled with one's hands.
Manufaktur *f* **1.** (*Fabrik*) factory; **2.** (*Herstellung*) manufacture, manufacturing; **~waren** *pl.* piece goods; *engS.* textiles, *Am.* yard goods.
Manuskript *n* manuscript; *Film etc.*: script; ***ohne ~ sprechen*** speak without a script (*od.* notes); ***sie sprach ohne ~*** *a.* she didn't have any notes.
Mäppchen *n* case; (*Feder*2) pencil case.
Mappe *f* (*Aktentasche*) briefcase; (*Schul*2) *a.* schoolbag; (*Akten*2) folder, file; *für Zeichnungen etc.*: portfolio.
Mär *f* **1.** F *hum.* (*unwahre Erzählung*) (tall) story; **2.** *obs.* (*Märchen*) fairytale; F ***nur e-e fromme ~*** just an old fairytale.
Marabu *m zo.* marabou.
Maraschino(likör) *m* maraschino.
Marathon *m a. fig.* marathon; **~lauf** *m* marathon (race); **~läufer** *m* marathon runner; **~radrennen** *n* cycling marathon, F bikeathon; **~schwimmen** *n* swimming marathon, F swimathon; **~sitzung** *f* marathon (F jumbo) session *od.* meeting; **~strecke** *f* **1.** marathon route; **2.** marathon distance; **~tanz** *m* dance marathon, F danceathon.
Märchen *n* fairytale; *fig.* (tall) story, yarn; F ***erzähl doch keine ~!*** F pull the other leg; **~buch** *n* book of fairytales; **~dichter** *m* fairytale writer (*od.* author); **~erzähler** *m* teller of fairytales; F *fig.* storyteller; **~figur** *f*, **~gestalt** *f* fairytale character, figure from a fairytale.
märchenhaft *adj. a. fig.* magical, fairytale ...; *fig.* (*toll*) fantastic; ***~e Möglichkeiten*** (***Aussichten***) utopian possibilities (prospects).
Märchen|land *n* fairyland, land of fairytales; **~oper** *f* fairytale opera; **~prinz** *m* Prince Charming (*a. fig.*); **~sammlung** *f* **1.** collection of fairytales; **2.** → ***Märchenbuch***; **~stunde** *f* story time; **~welt** *f* **1.** → ***Märchenland***; **2.** *fig.* fairytale world.
Marder *m* marten; **~fell** *n* marten skin; **~pelz** *m* marten fur.
Margarine *f* margarine.
Marge *f* margin.
Margerite *f* ⚘ oxeye daisy.
Marginalie *f* marginal note.
Marien|bild *n* Madonna; **~käfer** *m* ladybird, *Am. a.* ladybug; **~kult** *m*, **~verehrung** *f* worship of the Virgin Mary, *contp.* Mariolatry.
Marihuana *n* marijuana, *sl.* pot.
Marille *östr. f* apricot.
Marimba *f* ♪ marimba.
Marinade *f* marinade.
Marine *f* (*Handels*2) merchant navy; (*Kriegs*2) navy.
marineblau *adj.*, **Marineblau** *n* navy (blue).
Marine|flieger *m* naval pilot; **~infanterie** *f* marines *pl.*; **~infanterist** *m* marine; **~offizier** *m* naval officer; **~soldat** *m* marine, member of the marines; **~streitkräfte** *pl.* naval forces; navy *sg.*; **~stützpunkt** *m* naval base; **~truppen** *pl.* marines.
marinieren *v/t.* marinate.
Marionette *f a. fig.* marionette, puppet; **marionettenhaft** *adj.* puppet-like, *a. adv.* like a puppet.
Marionetten|regierung *f* puppet government; **~spiel** *n* puppet show; **~spieler** *m* puppet player; **~theater** *n* puppet theat|re (*Am. a.* -er).
maritim *adj.* maritime.
Mark[1] *n* (*Knochen*2) marrow; *von Früchten etc.*: pulp; *im Stengel etc.*: pith; *fig.* (*Innerstes*) *a.* core; *fig.* ***j-m durch ~ und Bein*** (*od.* ***Knochen***) ***gehen*** set s.o.'s teeth on edge; ***j-n bis ins ~ treffen*** cut s.o. to the quick; ***faul*** (*od.* ***verderbt***) ***bis ins ~*** rotten to the core; ***j-m das ~ aus den Knochen saugen*** bleed s.o. white.
Mark[2] *f hist.* march; ***die ~ Brandenburg*** the Brandenburg Marches.
Mark[3] *f* (*Münze u. Währung*) mark; ***Deutsche ~*** German mark, deutschmark; ***zehn ~*** ten marks; F ***jede ~ umdrehen*** (***müssen*** have to) count every penny; → ***müde*** I.
markant *adj.* (*auffallend*) striking (*a. Gesichtszüge, Persönlichkeit, Beispiel etc.*); (*hervorstechend*) prominent; (*klar umrissen, ausgeprägt*) *Stil etc.*: clear-cut; (*eigenwillig*) distinctive; (*markig*) pithy; (*charaktervoll*) full of character; ***~er Wein*** wine with a distinctive flavo(u)r (*od.* character).
markdurchdringend *adj. Schrei etc.*: bloodcurdling.
Marke *f* **1.** (*Fabrikat*) make, type, (*bsd. Auto*2) *a.* marque; (*Sorte*) brand, sort; **2.** (*Meßpunkt*) mark; **3.** (*Rekord*) record; **4.** F (*Person*) odd character; ***du bist mir e-e ~!*** you're a fine one!; **5.** → ***Brief-, Dienstmarke*** etc.
Marken|album *n* stamp album; **~artikel** *m* brand-name article; **~artikler** *m* producer of brand-name articles; **~bewußtsein** *n* brand awareness; **~butter** *f* best quality butter; **~erzeugnis** *n*, **~fabrikat** *n* brand-name article (*od.* product); **~gerät** *n* brand-name model (*od.* appliance *etc.*); **~heftchen** *n* stamp book; **~name** *m* trade (*od.* brand) name; **~sammler** *m* stamp collector; **~sammlung** *f* stamp collection; **~schutz** *m* trademark protection; **~treue** *f* brand loyalty; **~ware** *f* brand-name article (*pl. a.* goods); **~zeichen** *n a. fig.* trademark.
Marker *m* **1.** *ling. u. Genetik*: marker; **2.** (*Stift*) marker pen.
markerschütternd *adj.* bloodcurdling.
Marketender(in *f*) *m hist.* sutler.
Marketing *n* ⚕ marketing.
Markgraf *m* margrave; **Markgräfin** *f* margravine; **Markgrafschaft** *f* margrav(i)ate.
markieren I. *v/t.* **1.** (*kennzeichnen*) mark; **2.** (*hervorheben*) accentuate, underline; **3.** (*vortäuschen*) act, play, pretend to be; (*Krankheit etc.*) feign; ***e-e Kolik ~*** *a.* put on (*od.* pretend to be having) a colic; ***den starken Mann ~*** (try to) act tough; ***den Dummen ~*** play the fool; **4.** *Sport*: (*decken*) mark; (*e-n Treffer*) score; **II.** *v/i.* **5.** (*vortäuschen*) pretend, act, pose; ***sie markiert nur*** she's putting it on; **Markierstein** *m* marker; **markiert** *adj.* **1.** *a. Wanderweg etc.*: marked; **2.** (*gestellt*) put-on; ***es ist ~*** *a.* it's all an act; **Markierung** *f* marking; (*Zeichen*) mark.
Markierungs|fähnchen *n Sport*: (course) marker; **~linie** *f* (marked) line; **~punkt** *m* mark.
markig *fig. adj.* powerful (*a. Wein*); *Worte*: *a.* pithy.
Markise *f* sun blind; *e-s Geschäfts*: awning.
Mark|klößchen *n* marrow dumpling; **~knochen** *m* marrowbone.
Markstein *m* boundary stone; *fig.* landmark, milestone.
Markstück *n* (one-)mark piece.
Markt *m* (*Wochen*2, *Geld*2, *Absatzgebiet, Wirtschaftslage*) market; (*Handelsplatz*) *a.* trading cent|re (*Am.* -er); (*~platz*) marketplace, market square; (*Jahr*2) fair; (*Handel, Geschäft*) trade, business; ***freier*** (***inländischer, schwarzer***) ***~*** free (home, black) market; ***auf dem ~*** at the market, in the marketplace, ⚕ in (*od.* on)

the market; ***auf den ~ bringen*** (put on the) market; ***auf den ~ kommen*** come on(to) the market; → ***gemeinsam***; **~absprache** *f* marketing agreement; **~analyse** *f* market analysis; **~anteil** *m* share of the market.

marktbeherrschend *adj.* dominant; ***~ sein*** *a.* control the market; ***~e Stellung*** dominant market role; **Marktbeherrschung** *f* control of the market, market control.

Markt|beobachter *m* market observer (*od.* analyst); **~bericht** *m* market report; **~bude** *f* market stall; **~chancen** *pl.* sales opportunities; **~entwicklung** *f* market trend; **2fähig** *adj.* marketable, sal(e)able; **~flecken** *m* (small) market town.

Marktforscher *m* market researcher; **Marktforschung** *f* market research; **Marktforschungsinstitut** *n* marketing research institute.

Markt|frau *f* market woman (*od.* vendor); **~führer** *m* market leader; **2gängig** *adj.* marketable, sal(e)able; *Preis*: current; **2gerecht** *adj.* in line with market requirements; **~halle** *f* covered market; **~lage** *f* market conditions *pl.*; **~lücke** *f* opening, gap in the market; **~neuheit** *f* novelty on the market; **~ordnung** *f* market regulations *pl.*; **~platz** *m* market place (*od.* square); **~preis** *m* market *od.* going price (*od.* rate); **2reif** *adj.* marketable.

Marktschreier *m* (fairground) barker; **marktschreierisch** *fig. adj.* ostentatious, loud.

Markt|schwankungen *pl.* market fluctuations; **~studie** *f* market analysis; **~tag** *m* market day; **~übersicht** *f* market survey; **~übersättigung** *f* market saturation; **2üblich** *adj.*: ***~er Zins*** market interest rate; **~weib** *contp. n* fishwife; **~wert** *m* (current) market value, commercial value.

Marktwirtschaft *f* market economy; ***freie ~*** *a.* free enterprise; ***soziale ~*** social market economy; **marktwirtschaftlich** *adj.* free-enterprise ...

Markusevangelium *n*: ***das ~*** (the Gospel of) St Mark, St Mark's Gospel.

Marmelade *f* jam; *von Zitrusfrüchten*: marmalade.

Marmeladen|brot *n* jam sandwich, *Brit. a.* F jam butty; **~glas** *n* jam jar.

Marmor *m* marble; **~bild** *n* marble statue.

marmorieren *v/t.* marble; **Marmorierung** *f* marbling; marbled pattern.

Marmorkuchen *m* marble cake.

marmorn *adj.* marble ... (*a. fig.*), made of marble.

Marmor|platte *f* marble slab; (*Tischplatte*) marble top; **~säule** *f* marble column; **~statue** *f* marble statue; **~tafel** *f* marble plaque; **~treppe** *f* marble staircase (*od.* steps *pl.*).

marode F *adj.* **1.** *Wirtschaft etc.*: ailing; *Gesellschaft*: degenerate, rotten to the core; ***die Wirtschaft ist ~*** *a.* F the economy is on its last legs; **2.** (*erschöpft*) F washed out, whacked.

Marokkaner(in *f*) *m*, **marokkanisch** *adj.* Moroccan; **Marokkoleder** *n* Morocco (leather).

Marone *f* ♣ **1.** (sweet) chestnut; **2.** → **Maronenröhrling** *m* cep.

Marotte *f* (*Eigenart*) (strange) quirk; *vorübergehende*: fad.

Marquis *m* marquis, marquess; **Marquise** *f* marchioness, marquise.

Mars *m ast. u. myth.* Mars; **~bewohner** *m* Martian.

marsch *int.*: ⚔ ***vorwärts, ~!*** forward march!; ***~!*** (*mach schnell!*) hurry up!, F get a move on!, chop, chop!; ***~ ins Bett!*** off to bed with you!; ***~ an die Arbeit!*** F let's get cracking(, then)!

Marsch[1] *m* ⚔ march (*a.* ♪); (*das Marschieren*) marching; *weitS.* walk; *längerer*: trek; ***sich in ~ setzen*** march (*od.* move) off, *fig. a.* set out (*od.* off); *fig.* ***in ~ setzen*** get *s.o. od. s.th.* moving; F *fig.* ***j-m den ~ blasen*** F haul s.o. over the coals.

Marsch[2] *f* (*Land*) marsh.

Marschall *m* marshal; **~stab** *m* (field) marshal's baton.

Marschbefehl *m* marching orders *pl.*

marschbereit *adj.* ready to march.

Marschboden *m* marshy ground.

Marschflugkörper *m* cruise missile.

Marschgepäck *n* field kit.

marschieren *v/i.* **1.** ⚔ march (*a.* ***~ lassen***); **2.** (*laufen*) walk, *über längere Strecke*: trek; (*entschlossen schreiten*) stride, march (***nach, zu*** off to); **3.** F *fig.* ***die Sache marschiert*** F things are moving along nicely.

Marsch|kolonne *f* route column; **~kompaß** *m* prismatic compass.

Marschland *n* marsh(es *pl.*).

Marsch|lied *n* marching song; **~musik** *f* military marches *pl.*; **~ordnung** *f* march formation; **~route** *f* ⚔ route; *fig.* line of approach, tactics *pl.*; **~verpflegung** *f* ⚔ marching (*od.* travel) rations *pl.*; *fig.* provisions *pl.* (for the road).

Marssonde *f* Mars probe.

Marstall *m* (royal) stables *pl.*

Marter *f* torture; *fig. a.* ordeal, torment; **martern** *v/t.* torture; *fig. a.* torment.

Marter|pfahl *m* stake; ***am ~ sterben*** die at the stake; **~tod** *m* death by torture; *a* martyr's death; **~werkzeug** *n* instrument(s *pl.*) of torture.

martialisch *adj.* martial.

Martins|fest *n* Martinmas; **~horn** *n* (police, ambulance *od.* fire-engine) siren; **~tag** *m* Martinmas.

Märtyrer *m* martyr; ***j-n (sich) zum ~ machen*** *a. iro.* make a martyr of s.o. (o.s.); *iro.* ***er macht sich gern zum ~*** *a.* he likes to act the martyr; **Märtyrertod** *m a* martyr's death; ***den ~ sterben*** die a martyr's death, die a martyr; **Märtyrertum** *n* martyrdom.

Martyrium *n* martyrdom; *fig.* ***ein (einziges)*** ~ torture, torment, an ordeal, hell on earth.

Marxismus *m* Marxism; **Marxist** *m*, **marxistisch** *adj.* Marxist.

März *m* March; ***im ~*** in March.

Marzipan *n* marzipan.

Masche *f* **1.** (*Strick2*) stitch; *im Netz*: mesh; (*Lauf2*) ladder, run; *fig.* ***durch die ~n des Gesetzes schlüpfen*** find a loophole in the law; ***j-m durch die ~n gehen*** slip through s.o.'s hands (*od.* fingers, net), give s.o. the slip; **2.** F (*Trick*) trick, ploy; (*Modeerscheinung*) fad, craze; ***es mit der sanften ~ versuchen*** F try a bit of soft soap (***bei j-m*** with s.o.); ***komm mir nicht mit der ~!*** don't try that one on me, don't try it on with me; ***das ist die ~!*** that's brilliant; ***auf die ~ ist er reingefallen*** F he fell for the line; ***die ~ raushaben*** have got the hang of it.

Maschendraht *m* wire netting.

Maschine *f* machine; (*Motor*) engine; (*Flugzeug*) plane; F (*Motorrad*) F bike; ***er fliegt mit der nächsten ~*** he's taking the next plane (*od.* flight); → ***Näh-, Schreibmaschine*** *etc.*

maschinegeschrieben *adj.* typewritten, typed.

maschinell I. *adj.* machine ...; **II.** *adv.* by machine, machine-...; ***~ bearbeiten*** machine; ***~ hergestellt*** machine-made.

Maschinen|anlage *f* plant, machinery; **~antrieb** *m* machine drive; ***mit ~*** machine-driven.

Maschinenbau *m* mechanical engineering; **Maschinenbauer** *m*, **Maschinenbauingenieur** *m* mechanical engineer.

Maschinen|fabrik *f* engineering works *pl.* (*a. sg. konstr.*); **~garn** *n* machine twist; **2geschrieben** *adj.* typewritten, typed; **2gestrickt** *adj.* machine-knitted; **~gewehr** *n* machine gun; **~halle** *f*, **~haus** *n* engine room; **2lesbar** *adj.* machine-readable; **~meister** *m* machine minder; *thea.* stage machinist; *typ.* pressman; **~öl** *n* machine (*od.* lubricating) oil; **~park** *m coll.* machinery; **~pistole** *f* submachine gun; **~raum** *m* engine room; **~schaden** *m* mechanical breakdown; *mot.*, ✈ engine trouble; **~schlosser** *m* engine (*od.* machine) fitter.

maschinenschreiben I. *v/i.* type; **II. 2** *n* typewriting, typing; *als Fähigkeit*: typing ability, typewriting skills *pl.*

Maschinenschrift *f* typescript; ***in ~*** typewritten; **maschinenschriftlich I.** *adj.* typewritten; **II.** *adv.* in typewritten form, in typescript.

Maschinenzeitalter *n* machine age.

Maschinerie *f* machinery (*a. fig.*).

maschineschreiben *v/i.* type; ***gut (schlecht) ~*** be a good (bad, F hopeless) typist, be good (not very good, F hopeless) at typing.

Maschinist *m* machine operator; 🚂 engine driver, *Am.* engineer.

Maser *f im Holz*: vein; ***feine ~n*** fine grain; **maserig** *adj. Holz*: veined, streaked; **masern** *v/t.* grain.

Masern *pl.* ⚕ measles *sg.*

Maserung *f im Holz*: grain; *in Marmor*: veins *pl.*

Maske *f* mask (*a.* ⚕, *phot.*, *Computer*, *Schutz2*, *Maskierter*); *thea.* makeup; *fig.* mask, guise; *thea.* ***in ~*** (fully) made up; *fig.* ***ihr Gesicht wurde zur ~*** her face turned to stone; ***in der ~*** *gen.* under the guise of; ***die ~ fallen lassen*** show one's true face, drop one's mask; ***j-m die ~ vom Gesicht reißen*** unmask s.o.; F *hum.* ***s-e ~ aufsetzen*** (*sich schminken*) F put one's face (*od.* war paint) on.

Masken|ball *m* fancy-dress ball; **~bildner(in** *f*) *m* makeup artist.

maskenhaft *adj.* mask-like; expressionless.

Masken|spiel *n thea.* masque; **~zug** *m* masked procession.

Maskerade *f* **1.** (*Verkleidung*) costume; **2.** (*Fest*) masquerade, masked ball; **3.** *fig.* masquerade; ***~ sein*** *a.* be a preten|ce (*Am.* -se).

maskieren I. *v/t.* (*verkleiden*) dress up; (*verdecken*) disguise, conceal; **II.** *v/refl.*: ***sich ~*** dress up; (*sich unkenntlich machen*) disguise o.s.; (*e-e Maske aufsetzen*) put on a mask; **Maskierung** *f* **1.** (*Vor-*

gang) dressing up; **2.** *konkret*: disguise; (*Gesichts*☊) mask.

Maskottchen *n* mascot.

maskulin *adj.*, **Maskulinum** *n ling.* masculine.

Masochismus *m* masochism; **Masochist** *m* masochist; **masochistisch** *adj.* masochistic(ally *adv.*).

Maß¹ *n* **1.** (*~einheit*) measure, unit of measurement; *fig.* ***das ~ ist voll*** enough is enough, *stärker*: I've had just about all I can take; ***um das ~ vollzumachen*** to cap it all; ***das ~ aller Dinge*** *lit.* the measure of all things; ***das ~ überschreiten*** overstep (*od.* overshoot) the mark; → ***zweierlei***; **2.** (*Aus*☊) extent, degree; ***ein gewisses ~ (an)*** a certain degree of, some; ***ein gerüttelt ~ (an)*** a fair bit of; ***ein hohes ~ (an)*** a high degree (*od.* measure) of; ***in hohem ~e*** to a great (*od.* high) degree, highly; ***in höchstem ~e*** to an extremely high degree, extremely; ***in gleichem ~e*** to the same extent; ***in zunehmendem ~e*** increasingly, to an increasing extent; ***in dem ~e, daß*** to such an extent that; ***in dem ~e, wie sich die Lage verschlechtert, steigt die Zahl der Flüchtlinge*** as the situation worsens, the number of refugees rises accordingly; ***in besonderem ~e*** especially; ***in geringem ~e*** to a minimal extent, minimally; ***in beschränktem ~e*** to a limited extent (*od.* degree); ***in reichem ~e*** in plenty; ***Obst war in reichem ~e vorhanden*** there was an abundance of fruit, there was fruit in plenty; ***auf ein vernünftiges ~ reduzieren*** bring *s.th.* down to an acceptable level; ***über alle ~en*** exceedingly, ... beyond all measure; **3.** (*Mäßigung*) moderation; ***weder ~ noch Ziel kennen, ohne ~ und Ziel sein*** know no bounds; ***in ~en trinken*** *etc.* drink *etc.* in moderation (*od.* moderately); **4.** *pl.* (*Körpermaße*) measurements; *e-s Zimmers, Kartons etc.*: *a.* dimensions; ***sich ~ nehmen lassen*** have one's measurements taken; ***j-m ~ nehmen*** take s.o.'s measurements; ***et. nach ~ anfertigen lassen*** have s.th. custom-built (*a. Kleidung*: custom-made); → ***Meßbecher, Metermaß*** *etc.*

Maß² *f* litre (*Am.* liter) of beer.

Massage *f* massage; **~praxis** *f* physiotherapy practice; **~salon** *m a. euphem.* massage parlo(u)r; **~stab** *m* vibrator.

Massaker *n* massacre, bloodbath; ***ein ~ anrichten*** carry out a massacre (*od.* bloodbath); **massakrieren** *v/t.* massacre, slaughter; F *fig.* ***den massakrier' ich, wenn ich ihn sehe*** F I'm going to tear him apart when I see him.

Maß|anfertigung *f* (*Kleidung*) made-to-measure (*od.* tailor-made, custom-made) item (*od.* shirt, shoes *etc.*); (*Möbel etc.*) specially-made (*od.* custom-made, custom-built) table (*od.* bookcase *etc.*); **~anzug** *m* tailor-made (*od.* custom-made) suit; **~arbeit** *fig. f* precision work (*od.* job).

Masse *f* **1.** (*Materie, ungeformter Stoff*) mass; **2.** (*große Menge von*) F masses (*od.* loads) *pl.* of; *von Dingen*: *a.* F heaps (*od.* piles) of; ***in ~n*** in masses; ***... in ~n*** masses of ..., *Dinge*: *a.* loads (*od.* heaps, piles) of ...; ***die ~ bringt's*** it's quantity that counts; **3.** (*Großteil*) bulk, majority; **4.** (*Menschen*☊) crowd; ***die breite ~*** the masses; **5.** ⚡ earth, *Am.* ground; ***et. an ~ legen*** earth (*Am.* ground) s.th.; **6.** (*Brei*) mixture, (*Mischung*) compound; **7.** *phys.* mass; **8.** ⚖ → ***Erb-, Konkursmasse*** *etc.*; → ***mangels.***

Maßeinheit *f* measure, unit of measurement.

Massekabel *n* earth (*Am.* ground) cable.

Massel F *m* (good) luck; ***(e-n) ~ haben*** be lucky; ***da hast du aber (e-n) ~ gehabt*** *a.* F talk about lucky.

Massen|abfertigung *f mst contp.* mass processing; **~abfütterung** *f contp.* feeding of the masses (F of the five thousand); **~absatz** *m* bulk selling; **~andrang** *m* **1.** (*Ansturm*) rush (of people *od.* visitors *etc.*); **2.** (*Menschenmenge*) huge crowd, crowds *pl.* of people; **~arbeitslosigkeit** *f* mass unemployment; **~artikel** *m* ✝ mass-produced article; **~aufgebot** *n* large (*od.* huge) force (***an*** of); ⚔ levy en masse; ***~ an Polizisten*** *a.* large police presence; **~auflage** *f e-r Zeitung*: mass circulation; *e-s Buchs*: large circulation.

Massenbedarf *m* mass demand; **Massenbedarfsgüter** *pl.* mass market commodities.

Massen|beförderung *f* mass transportation; **~bewegung** *f* mass movement; **~blatt** *n* mass-circulation paper; **~demonstration** *f* mass demonstration; **~entlassung(en** *pl.*) *f* mass dismissals (*od.* redundancies) *pl.*; **~erzeugung** *f*, **~fabrikation** *f*, **~fertigung** *f* → ***Massenproduktion***; **~flucht** *f* mass exodus; *panikartige*: stampede; **~gesellschaft** *f* mass society; **~grab** *n* mass grave.

Massengüter *pl.* bulk goods; **~transport** *m* bulk haulage.

massenhaft **I.** *adj.*: ***~es Auftreten von ...*** ... in masses, vast numbers of ...; ***es gab ~e Entlassungen*** there were an enormous number of dismissals; **II.** *adv.* ... in masses; ***et. ~ haben*** F have masses (*od.* heaps, piles) of s.th.; ***es gibt ~ ...*** there are masses of ...; ***~ töten*** kill *cows etc.* in their hundreds (*od.* thousands); ***es entstanden ~ neue Siedlungen*** vast numbers of settlements arose.

Massen|hinrichtungen *pl.* mass executions; **~hysterie** *f* mass hysteria; **~karambolage** *f mot.* pileup, multiple crash; ***~ auf der Autobahn*** motorway pileup; **~kundgebung** *f* mass demonstration, rally; **~medium** *n* mass media (*a. pl.*); **~mord** *m* mass murder; **~mörder** *m* mass murderer; **~partei** *f* party of the masses; **~produktion** *f* mass production; **~psychologie** *f* crowd psychology; **~psychose** *f* mass hysteria; **~quartier** *n a. pl.* mass accommodation; **~schlägerei** *f* big punch-up, *größere*: riot; **~sport** *m* popular (*od.* mass-participant) sport; **~sterben** *n* widespread deaths *pl.* (*von Tieren*: dying-off, *fig. von Kinos etc.*: closures *pl.*); **~szene** *f Film etc.*: crowd scene; **~tierhaltung** *f* large-scale animal husbandry; **~tourismus** *m* mass tourism; **~veranstaltung** *f* popular event; ***musikalische ~*** mammoth concert; **~verhaftungen** *pl.* mass arrests; **~verkehrsmittel** *n* means (*sg.*) of mass transportation; **~vernichtung** *f* mass extermination.

Massenvernichtungs|lager *n* extermination camp; **~mittel** *pl.* weapons of mass destruction.

Massen|versammlung *f* mass meeting; **~wahn** *m* mass hysteria; **~ware** *f* mass-produced goods (*od.* articles).

massenweise *adj. u. adv.* → ***massenhaft.***

massenwirksam *adj.*: ***~ sein*** have mass appeal.

Massen|wirkung *f* mass appeal; **~zusammenstoß** *m* → ***Massenkarambolage.***

Masseur(in *f*) *m* masseur; **Masseuse** *f euphem.* masseuse.

Maßgabe *f*: ***nach ~*** *gen.* according to, in accordance with; ***mit der ~, daß*** provided that; **maßgebend** *adj.* (*wichtig*) important; *Meinung etc.*: definitive, authoritative; *Werk*: *a.* standard ...; *Persönlichkeit*: important, influential; ***die ~en Personen auf diesem Gebiet*** the leading authorities in this field; ***das ist nicht ~*** (*kein Maßstab*) that is no criterion; **maßgeblich** **I.** *adj.* (*entscheidend*) decisive; (*zuständig*) relevant, competent; ✝ ***~e Beteiligung*** controlling interest; **II.** *adv.*: ***~ beteiligt sein*** play a decisive role (***an*** in); ***es wird ~ davon abhängen, ob*** it will largely depend on whether.

maßgerecht *adj.* **1.** true to size; **2.** true to scale; ***~es Modell*** (accurate) scale model.

maßgeschneidert *adj.* made-to-measure, tailor-made (*a. fig.*), custom-made.

maßhalten **I.** *v/i.* be moderate; ***im Essen (Trinken*** *etc.*) ***~*** be a moderate eater (drinker *etc.*), eat (drink *etc.*) in moderation; **II.** ☊ *n* moderation, *stärker*: restraint; *im Trinken*: *a.* temperance.

massieren¹ *v/t.* massage.

massieren² **I.** *v/t. u. v/refl.* (***sich ~***) mass, concentrate; **II.** ☊ *n von Truppen*: massing, *a. von Waffen*: buildup; **Massierung** *f* → ***Massieren.***

massig **I.** *adj.* massive; *Person, Gegenstand*: *a.* bulky; **II.** F *adv.* F masses (*od.* heaps) of.

mäßig **I.** *adj. Genuß, Ansprüche, Preise, Tempo etc.*: moderate; *Trinken*: *a.* temperate; *Befinden*: F (fair to) middling; (*mittel~*) mediocre, (rather) poor; **II.** *adv.*: ***~ trinken*** *etc.* drink *etc.* moderately (*od.* in moderation); **mäßigen** **I.** *v/t.* (*Meinungen, Ansprüche etc.*) moderate; (*Zorn, Haß etc.*) curb; (*Kritik, Worte*) tone down; ***das Tempo ~*** slow down, reduce (one's) speed; **II.** *v/refl.*: ***sich ~*** *Person*: restrain (*od.* control) o.s.; ***sich beim Essen*** *etc.* ***~*** cut down on food *etc.*; *iro.* ***könntest du dich etwas ~?*** could you exercise a bit of self-control (*od.* restraint)?; → ***gemäßigt.***

Massigkeit *f* massiveness; bulkiness.

Mäßigkeit *f* moderation; (*Mittel*☊) mediocrity.

Mäßigung *f* moderation, *stärker*: restraint.

massiv **I.** *adj.* **1.** *Metall, Holz etc.*: solid; **2.** (*stabil gebaut, wirkend*) solidly built; (*wuchtig*) massive, heavy; **3.** *fig. Widerstand, Angriff etc.*: heavy, massive; *Drohung, Kritik etc.*: severe, vehement; *Beleidigung, Vorwurf etc.*: grave; *Druck*: severe; *Forderungen*: excessive; F ***~ werden*** F cut up rough; ***es kam zu e-m ~en Einsatz der Polizei*** the police arrived in force; **II.** ☊ *n geol.* massif.

Massiv|bau *m* **1.** massive structure; **2.** → **~bauweise** *f* massive construction.

Massivität *f* **1.** *e-s Baus etc.*: solidity, solid nature; **2.** *fig.* massiveness; severity; vehemence; gravity; → ***massiv*** 3.

Maß|kleidung *f*, **~konfektion** *f* made-to-measure (*od.* tailor-made, custom-made) clothes *pl.*

Maßkrug *m* lit|re (*Am.* -er) beer mug; *aus Keramik*: stein.

maßlos I. *adj.* **1.** *Person, Gewohnheit*: immoderate; intemperate; *Gefühle*: boundless, unrestrained; **2.** (*übertrieben*) excessive; F ***das ist ja e-e ~e Frechheit!*** F what an absolute cheek!; **II.** *adv.* **3.** (*unmäßig*) immoderately; (*übertrieben*) excessively, to excess; (*rückhaltlos*) without restraint; **4.** (*äußerst*) extremely, terribly; ***~ empört (erregt)*** boiling *od.* seething with indignation (rage); ***~ übertrieben*** grossly exaggerated; ***~ enttäuscht*** deeply disappointed; ***sich ~ ärgern*** be (*od.* get) really annoyed; ***ich habe mich ~ geärgert*** (*über mich selbst*) *a.* F I could have kicked myself; **Maßlosigkeit** *f* (*Unmäßigkeit*) immoderateness, lack of moderation; intemperance; (*Übertriebenheit*) excessiveness; (*Haltlosigkeit*) lack of restraint; (*Grenzenlosigkeit*) boundlessness.

Maßnahme *f* measure, step; ***~n ergreifen*** *od.* ***treffen gegen*** take measures (*od.* steps, action) against; **Maßnahmenkatalog** *m* package of measures.

Maßregel *f* (*Richtlinie*) rule, guideline; ***strenge ~n treffen*** establish strict guidelines; **maßregeln** *v/t.* reprimand, take to task (***wegen*** for, about); (*strafen*) punish, discipline; *Sport*: penalize; **Maßregelung** *f* reprimand; disciplinary action; *Sport*: penalty.

Maßschneider *m* bespoke (*Am.* custom) tailor.

Maßstab *m* **1.** (*Richtlinie*) standard; (*Prüfstein*) yardstick, criterion, benchmark; ***e-n ~ setzen*** set a (*od.* the) standard; ***e-n strengen ~ anlegen*** apply a strict standard (***an*** to); ***j-n (et.) als ~ nehmen*** take s.o. (s.th.) as an example, model o.s. on s.o. (s.th.); ***das ist (für mich) kein ~*** that's no criterion (as far as I'm concerned); **2.** (*Karten*♀ *etc.*) scale; ***im ~ 1:5*** on a scale of 1:5; ***in großem (kleinem) ~*** large-(small-)scale; ***in verkleinertem (vergrößertem) ~ zeichnen*** draw to (*od.* on) a reduced (an enlarged) scale; **maßstabgerecht, maßstabgetreu I.** *adj.* (true) to scale; **II.** *adv.*: ***~ vergrößern (verkleinern)*** scale up (down).

maßvoll I. *adj. Verhalten*: moderate, restrained; *Wünsche etc.*: moderate, reasonable; **II.** *adv.* moderately, with (*od.* in) moderation.

Mast[1] *m* (*a.* **~baum** *m*) ⚓ mast; (*Stange, Flaggen*♀) pole; ⚡ pylon.

Mast[2] *f* **1.** (*das Mästen*) fattening; **2.** (*Mastfutter*) (fattening) feed.

Mastbetrieb *m* fattening farm.

Mastdarm *m anat.* rectum.

Mastektomie *f* ⚕ mastectomy.

mästen I. *v/t.* fatten; **II.** *v/refl.*: ***sich ~*** gorge o.s., F stuff o.s.

Mast|ente *f* **1.** *gemästete*: fattened duck; **2.** *zum Mästen*: fattening (*od.* feeder) duck; **~futter** *n* (fattening) feed.

Mastkorb *m* ⚓ crow's nest.

Mastochse *m* **1.** *gemästet*: fattened ox; **2.** *zum Mästen*: fattening (*od.* feeder) ox.

Mastodon *n* mastodon.

Mast|rind *n* beef cow; **~schwein** *n* **1.** *gemästetes*: fattened pig, porker; **2.** *zum Mästen*: fattening (*od.* feeder) pig.

Mastspitze *f* masthead.

Mästung *f* fattening (process).

Masturbation *f* masturbation; **masturbieren** *v/i. u. v/t.* masturbate.

Mastverstärker *m Radio, TV*: masthead amplifier.

Mastvieh *n* fat stock.

Matador *m* **1.** matador; **2.** *fig.* (*Held*) hero, star.

Match *n* match, game; **~ball** *m Tennis*: match point; **~beutel** *m*, **~sack** *m* duffle (*od.* duffel) bag.

Material *n* material; *coll.* materials *pl.*; ⚔ materiel; → *a.* ***Beweis-, Büromaterial*** *etc.*; **~aufwand** *m* cost of materials; **~ausgabe** *f* **1.** (*Raum*) stores *pl.*; **2.** (*Vorgang*) issue of stores; **~bedarf** *m* material requirements *pl.*; **~beschaffung** *f* obtaining (*od.* getting hold of) materials; *weitS.* availability of materials; **~ermüdung** *f* material fatigue; **~fehler** *m* material fault.

materialisieren *v/t.* materialize.

Materialismus *m* materialism; **Materialist** *m* materialist; **materialistisch** *adj.* materialist(ic); ***~es Weltbild*** materialistic outlook.

Material|knappheit *f* shortage (*od.* scarcity) of materials; ***es herrscht ~*** materials are in short supply; **~kosten** *pl.* cost *sg.* of materials, material costs; **~krieg** *m* war of materiel; **~lager** *n* stores *pl.*; **~prüfung** *f* material test(ing); **~sammlung** *f* gathering of material (*od.* information); **~schaden** *m* material defect; **~wert** *m* material value.

Materie *f* **1.** *phys., phls.* matter; **2.** (*Thema*) subject (matter); ***die ~ beherrschen*** F know one's stuff; **materiell I.** *adj.* material; *bsd. contp.* materialistic; **II.** *adv.*: ***~ eingestellt*** materially-minded.

Mathe F *f* maths *pl.* (*sg. konstr.*), *Am.* math; **Mathematik** *f* mathematics *pl.* (*sg. konstr.*), maths *pl.* (*sg. konstr.*), *Am.* math; **Mathematiker** *m* mathematician; **mathematisch** *adj.* mathematical.

Matinee *f thea.* morning performance, matinee (performance).

Matjeshering *m* soused herring.

Matratze *f* mattress.

Mätresse *f* mistress.

matriarchalisch *adj.* matriarchal; **Matriarchat** *n* matriarchy.

Matrikel *f* register.

Matrix *f biol., ling.,* ⅌ matrix; **~drucker** *m typ.* matrix printer.

Matrize *f* **1.** ⚙, *typ.* matrix; **2.** (*Folie*) stencil; ***et. auf ~ schreiben*** stencil s.th.

Matrone *f* matron; **matronenhaft** *adj.* matronly.

Matrose *m* sailor, seaman; (*Dienstgrad*) ordinary sailor, *Am.* seaman recruit.

Matrosen|anzug *m* sailor suit; **~lied** *n* (sea) shanty.

Matsch *m* **1.** (*Brei*) F mush; **2.** (*Schlamm*) mud; (*Schnee*♀) slush; **matschig** *adj.* **1.** *Obst etc.*: mushy; **2.** (*schlammig*) muddy; *Schnee*: slushy; **Matschwetter** *n* mucky weather.

matt I. *adj.* **1.** (*glanzlos*) dull; *Papier, Foto, Lack etc.*: matt; *Glas*: frosted; *Glühbirne*: pearl, opal; *Licht*: dim; **2.** *Person*: (*erschöpft*) exhausted, worn out; (*schwach*) feeble, weak; ***~ vor Hunger*** faint (*od.* weak) with hunger; **3.** (*geistlos*) dull; (*charakterlos, farblos*) colo(u)rless, insipid; *Ausrede, Witz etc.*: feeble, lame; **4.** *Stimme, Lächeln*: faint, weak; **5.** ✝ dull, slack; **6.** *Schachspiel*: checkmate; ***j-n ~ setzen*** checkmate s.o.; **II.** ♀ *n Schach*: checkmate.

Matte[1] *f* mat; ***j-n auf die ~ legen*** *Sport*: floor s.o.

Matte[2] *f* (alpine) meadow.

Matt|glanz *m* matt finish; **~glas** *n* ground (*od.* frosted) glass; **~gold** *n* dead gold.

Matthäi: F ***bei ihm ist ~ am letzten*** F he's done for, (*er hat kein Geld*) F he's (stony) broke.

Matthäusevangelium *n*: ***das ~*** (the Gospel of) St Matthew, St Matthew's Gospel.

Mattheit *f* **1.** dullness; *von Licht*: dimness; **2.** (*Energielosigkeit*) lack of energy, tiredness; (*Erschöpfung*) exhaustion.

mattieren *v/t.* matt; (*Glas*) frost; **Mattierung** *f* **1.** (*Vorgang*) matting; *von Glas*: frosting; **2.** *konkret*: matt finish; *von Glas*: frosting.

Mattigkeit *f* lack of energy, tiredness; (*Erschöpfung*) exhaustion.

Mattscheibe *f* **1.** F (*Fernseher*) F telly, box, *bsd. Am.* F tube; ***vor der ~ sitzen*** *a.* be glued to the telly *etc.*; **2.** *phot.* focus(s)ing screen; **3.** F *fig.* ***ich hab' ~*** F I'm not twigging, *momentan*: *a.* I've got a mental block.

mattschleifen *v/t.* dull-grind; (*Glas*) frost.

mattschwarz *adj.*, **Mattschwarz** *n* matt black.

mattvergoldet *adj.* dead-gilt.

mattweiß *adj.*, **Mattweiß** *n* matt white.

Matura *östr. f* → ***Abitur.***

Matutin *f eccl.* (*Gebetsstunde*) matins *pl.* (*a. sg. konstr.*).

Matz F *m*: ***kleiner ~*** little lad (*od.* man).

Mätzchen F *pl.* **1.** (*Unsinn*) nonsense *sg.*; ***~ machen*** fool (*od.* mess) around; ***mach bloß keine ~!*** don't do anything stupid; **2.** (*Kniffe*) tricks; ***mach keine ~!*** none of your tricks!

Matze *f*, **Matzen** *m* matzo.

mau F *adj. u. adv.* bad(ly); ***mir ist ~*** I feel funny (*od.* queasy); ***die Wirtschaft ist ~*** the economy is in a bad way.

Mauer *f* wall (*a. fig. u. Sport*); *hist.* ***die (Berliner) ~*** the (Berlin) Wall; **~bau** *m hist.* building of the Berlin Wall; **~blümchen** F *fig. n* wallflower.

mauern *v/i.* **1.** build a wall *etc.*; **2.** *Sport*: play defensively; *Kartenspiel*: hold back; **3.** *fig.* stonewall, stall.

Mauer|schwalbe *f* swift; **~schwamm** *m* dry rot; **~segler** *m* swift; **~stein** *m* brick; **~vorsprung** *m* wall projection; **~werk** *n aus Stein*: masonry; *aus Ziegeln*: brickwork; **~ziegel** *m* brick.

Maul *n* **1.** *zo.* mouth; (*Kiefer*) jaws *pl.*; (*Schnauze*) muzzle, snout; **2.** *sl. von Menschen*: *sl.* trap, gob; ***ein großes ~ haben*** have a big mouth, be a big-mouth; ***ein böses (loses) ~ haben*** have a wicked (loose) tongue; ***das ~ (zu weit) aufreißen*** F shoot one's mouth off; ***das ~ halten*** keep one's mouth shut; ***halt's ~!*** F shut up!; ***sich das ~ zerreißen*** gossip (***über*** about); ***darüber werden sie sich die Mäuler zerreißen*** that'll give them something to gossip about, that'll have plenty of tongues wagging; ***j-m das ~ stopfen*** F shut s.o. up; ***er hat sechs Mäuler zu stopfen*** he's got six hungry mouths to feed; ***j-m***

ums ~ gehen F soft-soap s.o.; ***dem Volk aufs ~ schauen*** listen to what people really say (*od.* think); → *a.* ***Mund.***

Maulaffen F *pl.*: ***~ feilhalten*** stand around gaping.

Maulbeerbaum *m* mulberry tree; **Maulbeere** *f* mulberry.

maulen F *v/i.* moan, F gripe.

Maulesel *m* mule.

maulfaul F *adj.* too lazy to talk; uncommunicative; ***~e Person*** F clam.

Maul|held F *m* F big-mouth; ***er ist ein ~*** *a.* it's all talk with him; **~korb** *m* muzzle; ***e-m Hund*** (*fig.* ***j-m***) ***e-n ~ anlegen*** muzzle a dog (s.o.); **~sperre** *f* lockjaw; **~tier** *n* mule; **~trommel** *f* ♪ Jew's harp.

Maul-und-Klauenseuche *f* foot-and-mouth disease.

Maulwurf *m* mole; **Maulwurfshügel** *m* molehill.

maunzen *v/i. Katze*: miaow.

Maure *m* Moor.

Maurer *m* bricklayer, F brickie; **~arbeit** *f* bricklaying; **~geselle** *m* journeyman bricklayer; **~handwerk** *n* bricklaying; **~kelle** *f* trowel; **~meister** *m* master bricklayer.

maurisch *adj.* Moorish.

Maus *f a. Computer*: mouse (*pl.* mice); F *fig.* ***Mäuse*** (*Geld*) F lolly, *sl.* brass, bread; *hum.* ***weiße ~*** traffic policeman; ***weiße Mäuse sehen*** see pink elephants; F ***graue ~*** nondescript person; F ***da beißt die ~ keinen Faden ab*** there's no way round it, that's the way things are; → ***Katz***; ***Katze***; → *a.* ***Mäuschen*** 2.

mauscheln *v/i.* fiddle; (*schummeln*) cheat; (*undeutlich reden*) mumble.

Mäuschen *n* **1.** *dim. von* **Maus**; F ***da möchte ich ~ sein*** I'd like to be a fly on the wall; **2.** F *als Kosewort*: love, pet, *Am.* honey, F hon; **2still** *adj. Person*: (as) quiet as a mouse; ***es war ~*** you couldn't hear a sound.

Mäusebussard *m* (common) buzzard.

Mausefalle *f* mousetrap; *fig.* death-trap.

Mäuse|fang *m* mousehunting; ***auf ~ sein*** be mousehunting, be running after mice; **~fraß** *m* damage (done) by mice; **~gift** *n* mouse poison.

Mauseloch *n* mousehole; *fig.* ***am liebsten hätte ich mich in ein ~ verkrochen*** I just wished the ground would open up and swallow me.

Mäusemelken *n*: F ***es ist ja zum ~!*** F it's enough to drive you spare.

mausen F *v/t.* (*stibitzen*) F pinch.

Mauser *f* mo(u)lt, mo(u)lting period; ***in der ~*** (***sein*** be) mo(u)lting; **mausern I.** *v/i.* mo(u)lt; **II.** *v/refl.*: ***sich ~*** mo(u)lt; *fig.* shape up nicely; *fig.* ***sich ~ zu*** turn out (*od.* into), *bsd. Mädchen*: blossom (out) into.

mausetot F *adj.* F stone dead; (as) dead as a doornail.

mausgrau *adj.* mouse-colo(u)red.

mausig F *adj.*: ***sich ~ machen*** F get cheeky (*bsd. Am.* fresh).

Mausoleum *n* mausoleum.

Maut(gebühr) *f* toll; **mautpflichtig** *adj.* toll *road etc.*

Maut|stelle *f* toll gate, *Am. a.* toll booth; **~straße** *f* toll road, *Am. a.* turnpike (road).

maximal I. *adj.* maximum; **II.** *adv.* maximally, at (the) most; *reach, amount to etc.* a maximum of.

Maximal... *in Zssgn mst* maximum; → *a.* ***Höchst...***; **~betrag** *m* maximum (amount); **~geschwindigkeit** *f* maximum (*od.* top) speed; ***zulässige ~*** maximum allowed speed; **~strafe** *f* maximum penalty (*od.* sentence).

Maxime *f* maxim.

maximieren *v/t.* maximize; **Maximierung** *f* maximization.

Maximum *n* maximum.

Maxi-Single *f* maxi single.

Mayonnaise *f* mayonnaise, *Am. a.* F mayo.

Mäzen *m* patron; **Mäzenatentum** *n* patronage.

Mechanik *f phys.* mechanics *pl.* (*als Fach sg. konstr.*); ⚙ (*Triebwerk*) mechanism; **Mechaniker** *m* mechanic; **mechanisch I.** *adj.* mechanical (*a. fig.*); *fig.* ***~es Auswendiglernen*** rote learning; **II.** *adv.* mechanically; *fig.* ***~ herunterleiern*** reel (*od.* rattle) off (like an automaton).

Mechanisierung *f* mechanization.

Mechanismus *m* mechanism (*a. fig. u. psych., phls.*); → ***Uhrwerk***; *fig.* ***Mechanismen*** *a.* workings; **mechanistisch** *adj.* mechanistic(ally *adv.*).

Meckerei *f* grumbling, F grousing, griping; **Meckerer** *m* grumbler; **Meckerkasten** *m* suggestion box; **meckern** *v/i.* **1.** *Ziege*: bleat; **2.** *Person*: grumble, grouse, F gripe, bellyache.

Mecki|frisur F *f*, **~schnitt** F *m* crew cut.

Medaille *f* medal; → ***Kehrseite***; **Medaillengewinner(in** *f*) *m Sport*: medal(l)ist; **medaillenträchtig** *adj.*: ***~ sein*** be a medal hopeful (*od.* certainty).

Medaillon *n* medallion (*a. Kunst u. gastr.*); *Schmuckstück*: locket, *für Männer*: medallion.

Mediävist *m* medi(a)evalist, medi(a)eval scholar; **Mediävistik** *f* medi(a)eval studies *pl.*

Medien *pl.* media; **~forschung** *f* media research (*od.* studies *pl.*); **~fürst** *m* media magnate; **~landschaft** *f* media landscape; **~politik** *f* media politics *pl.* (*a. sg. konstr.*); **2politisch** *adj.* media-political; **~rummel** *m*, **~spektakel** *n* media circus; **~verbund** *m* **1.** multimedia system; **2.** ***Unterricht im ~*** multimedia teaching; **2wirksam** *adj.* effective (*campaign etc.*) in the media; **~zentrum** *n* multimedia information cent|re (*Am.* -er).

Medikament *n* drug, medicine, medicament; (*Pille*) *a.* tablet, pill; *pl. a.* medication *sg.*; **Medikamentenmißbrauch** *m* drug abuse; **medikamentös I.** *adj.* medicinal; ***~e Behandlung*** medication, *a.* course of tablets (*od.* drugs); **II.** *adv.*: ***~ behandeln*** treat with drugs (*od.* tablets); **Medikation** *f* medication.

Mediothek *f* media resource cent|re (*Am.* -er).

Meditation *f* meditation; **Meditationsübung** *f* meditation exercise; **meditativ I.** *adj.* meditative; **II.** *adv.*: ***~ veranlagt sein*** be a meditative type.

mediterran *adj.* Mediterranean; ***~er Typ*** *a.* Latin (*od.* Southern) type.

meditieren *v/i.* meditate (***über*** on).

Medium *n* medium; (*Massen2*) media, *seltener*: medium; → ***Medien.***

Medizin *f* medicine; (*Arznei*) → *a.* ***Medikament***; ***Doktor der ~*** doctor of medicine (*abbr.* MD).

Medizinal|assistent *m* houseman, *Am.* intern; **~rat** *m etwa* senior medical officer.

Medizinball *m* medicine ball.

Mediziner *m* **1.** (*Student*) medical student, F medic; **2.** (*Arzt*) doctor, physician, F medic.

Medizingeschichte *f* history of medicine.

medizinisch *adj.* medical; (*arzneilich*) medicinal; **~-technische Assistentin** *f* medical laboratory assistant.

Medizin|mann *m* witchdoctor; *bsd. bei Indianern*: medicine man; **~schränkchen** *n* medicine cabinet; **~student** *m* medical student, F medic; **~studium** *n* medical studies *pl.*; degree in medicine.

Meer *n* sea (*a. fig.*), (*Welt2*) ocean; ***das offene ~*** the high seas; ***am ~*** by the sea, *Urlaub*: *a.* at the seaside; ***auf dem ~*** (out) at sea; ***auf dem offenen ~*** on the high seas; ***über dem ~*** (*Meeresspiegel*) above sea level; **~busen** *m* gulf; **~enge** *f* strait(s *pl.*).

Meeres|arm *m* arm of the sea, inlet; **~bergbau** *m* deep-sea mining; **~biologie** *f* marine biology; **~blick** *m* seaview; ***Zimmer mit ~*** room with (a) seaview; **~boden** *m* → ***Meeresgrund***; **~forschung** *f* marine research, oceanography; **~früchte** *pl.* seafood *sg.*; **~grund** *m* seafloor, bottom of the sea; **~kunde** *f* oceanography; **~luft** *f* **1.** sea air; **2.** *meteor.* Atlantic wind(s *pl.*); **~oberfläche** *f* surface of the sea; **~schildkröte** *f* turtle; **~spiegel** *m*: (***über dem ~*** above) sea level; **~streifen** *m* belt of sea; **~strömung** *f* ocean current; **~tiefe** *f* depth (of the sea); **~verschmutzung** *f* marine pollution.

Meer|gott *m* sea god; **2grün** *adj.* sea-green; **~jungfrau** *f* mermaid; **~katze** *zo. f* long-tailed monkey; **~rettich** *m* horseradish; **~salz** *n* sea salt.

Meerschaum *m* meerschaum; **~pfeife** *f* meerschaum pipe.

Meer|schweinchen *n* guinea pig; **~ungeheuer** *n* sea monster, *lit.* monster of (*od.* from) the deep; **~wasser** *n* seawater.

Meeting *n* meeting; *Sport*: *a.* meet.

Megabyte *n* megabyte.

Megahertz *n* megahertz, megacycle.

Megalith *m* megalith; **~kultur** *f* megalithic culture.

megaloman *adj.* megalomaniac; **Megalomanie** *f* megalomania.

Megaphon *n* megaphone.

Megäre *f* **1.** *myth.* Megaera; **2.** *fig.* termagant, virago.

Megatonne *f* megaton.

Megavolt *n* ⚡ megavolt.

Megawatt *n* ⚡ megawatt.

Mehl *n* flour, *gröberes*: meal; (*Staub*) dust, powder; **mehlig** *adj. Äpfel etc.*: mealy.

Mehl|kloß *m*, **~knödel** *m* dumpling; **~sack** *m* flour bag; *gefüllt*: sack of flour; F ***wie ein ~*** like a sack of potatoes; **~schwitze** *f* roux; **~speise** *f* **1.** batter pudding; **2.** *östr.* (*Nachtisch*) sweet, pudding, dessert; **~tau** *m* mildew, blight; **~wurm** *m* mealworm.

mehr I. *indef. pron.* more; ***~ als genug*** more than enough; ***~ als 20 Leute*** more than (*od.* over) 20 people; ***und dergleichen ~*** and the like; ***je ~ ..., desto besser*** the more ..., the better; **II.** *adj.* more; ***~ und ~*** (*od.* ***immer ~***) ***Tiere*** more and more animals; **III.** *adv.* more; ~

oder weniger more or less; ***der Hahn tropft immer ~*** the tap is dripping more and more; ***je ~ er sich isoliert, desto ~ leidet er*** the more he isolates himself, the more he suffers; ***um so ~*** all the more; ***nicht ~*** *zeitlich*: no longer, not any longer (*od.* more); ***nie ~*** never again; ***ich habe keins*** (*od.* ***keine*** *pl.*) ~ I haven't got any more; ***ich habe nichts ~*** I've got nothing left; ***was will er ~?*** what more does he want?; ***kein Wort ~*** not another word; ***das ist ein Grund ~, um zu*** *inf.* that's one more (*od.* another) reason to *inf.*; ***ich kann nicht ~*** *beim Essen*: I couldn't eat another thing, (*bin erschöpft*) F I've had it, (*ertrage es nicht mehr*) F I can't take it any more; ***er ist ~ ein praktischer Mensch*** he's more of a practical man; → ***schmecken*** II; **IV.** ♀ *n*: ***ein ~ an Zeit*** (***Erfahrung*** *etc.*) more *od.* extra time (experience *etc.*).

Mehrarbeit *f* extra work; (*Überstunden*) overtime.

mehratomig *adj.* polyatomic.

Mehr|aufwand *m* extra *od.* additional time (*od.* cost *etc.*); **~ausgaben** *pl.* additional *od.* extra expenditure *sg.* (*od.* expenses).

mehrbändig *adj.* multivolume ..., in several volumes.

Mehr|bedarf *m* extra (*od.* increased) demand; **~belastung** *f* additional (*od.* extra) load (*fig.* burden); **~betrag** *m* surplus; (*Zuschlag*) extra charge.

mehrdeutig *adj.* ambiguous; **Mehrdeutigkeit** *f* ambiguity.

mehrdimensional *adj.* multidimensional; **Mehrdimensionalität** *f* multidimensionality, multidimensional nature (*gen.* of).

Mehr|ehe *f* polygamous marriage; **~einnahmen** *pl.* surplus *sg.*, surplus earnings.

mehren I. *v/t.* increase, augment, add to; **II.** *v/refl.*: ***sich ~*** increase, grow; be on the increase; ***die Fälle*** (***Gründe*** *etc.*) ***~ sich*** there are an increasing number of cases (reasons *etc.*); ***die Anzeichen ~ sich, daß*** there is mounting evidence that.

mehrere I. *adj.* several; **II.** *indef. pron.* several; **~s** several (*od.* a number of) things.

mehrerlei I. *adj.* several *od.* various (kinds of); **II.** *indef. pron.* several (*od.* various) things.

Mehr|erlös *m* additional revenue; **~ertrag** *m* additional (*od.* surplus) yield.

mehrfach I. *adj.* (*wiederholt*) repeated; ***~e Verletzungen*** multiple injuries; ***in ~er Hinsicht*** in several respects; ***~er deutscher Meister*** several times German champion; ***ein ~er Millionär*** a multimillionaire, a millionaire several times over; **II.** *adv.* (*mehrmals*) several times; (*wiederholt*) repeatedly; ***~ vorbestraft sein*** have had several previous convictions; → ***ungesättigt.***

Mehrfach... *in Zssgn mst* multiple.

mehrfachbehindert *adj.* multiple-handicap ...; ***~ sein*** have more than one handicap, have several handicaps.

Mehrfach|belichtung *f phot.* multiple exposure; **~besteuerung** *f* multiple taxation.

Mehrfache(s) *n*: ***das Mehrfache*** *gen.*, ***ein Mehrfaches*** *gen.* several times the ...; ***das Mehrfache, ein Mehrfaches*** *absolut*: several times as much, several times over; ***ein Mehrfaches der Summe*** several times the amount.

Mehrfach|sprengkopf *m* multiple warhead; **~stecker** *m* multiple plug; **~talent** *n* multitalented person, man (*od.* woman) of many talents.

Mehrfamilienhaus *n house divided into flats*; *Am.* apartment house; *amtlich*: multiple dwelling (unit).

Mehrfarbendruck *m* **1.** (*Bild*) multicolo(u)r print; **2.** (*Vorgang*) multicolo(u)r printing.

mehrfarbig *adj.* multicolo(u)r ..., multicolo(u)red.

Mehr|gebot *n Versteigerung etc.*: higher bid; **~gepäck** *n* excess luggage (*od.* baggage).

mehrgeschossig *adj.* multistor(e)y ..., multistoried.

Mehr|gewicht *n* excess weight; **~gewinn** *m* additional (*od.* surplus) profits *pl.*

mehrgleisig *adj.* multitrack ..., multitracked.

mehrgliedrig *adj.* **1.** ⚙ multisectional; **2.** 𝔄 polynomial.

Mehrheit *f* majority; *in Meinungsfragen*: *a.* mainstream; *parl.* ***mit absoluter*** (***einfacher, knapper, großer***) ~ by an absolute (a simple, narrow, large) majority; ***mit zehn Stimmen ~*** by a majority of ten; ***... wurde mit ~ beschlossen*** ... was carried by a majority of votes; ***die ~ auf sich vereinigen*** be supported by the majority of votes; → ***schweigend*** I; **mehrheitlich I.** *adj.* majority *decision etc.*; **II.** *adv.* by a majority (of votes); ***~ getroffener Beschluß*** majority decision.

Mehrheits|aktionär *m* majority shareholder; **~beschluß** *m* majority decision; **~beteiligung** *f* ☤ majority holding; **~entscheidung** *f* majority decision.

mehrheitsfähig *adj.* capable of obtaining a majority.

Mehrheits|prinzip *n* principle of major-ity rule; **~verhältnis** *n* distribution of power; **~wahlrecht** *n*, **~wahlsystem** *n* majority vote system, F first past the post system.

mehrjährig *adj.* of (*od.* lasting, stretching over) several years; several years' ..., several years of ...

mehrköpfig *adj.*: ***~e Familie*** (***Delega-tion*** *etc.*) family (delegation *etc.*) consisting of several members.

Mehr|kosten *pl.* additional *od.* extra cost *sg.* (*od.* costs, expenses); (*Zuschlag*) extra charge *sg.*; **~leistung** *f* increased performance; → ***Leistung.***

mehrmalig *adj.* repeated; ***nach ~er Warnung*** (***~em Versuch*** *etc.*) after several warnings (attempts *etc.*); **mehrmals** *adv.* several times.

mehrmotorig *adj.* multi-engine ..., multi-engined.

Mehrparteiensystem *n* multiparty system.

Mehrpersonenhaushalt *m* multiperson household.

Mehrphasenstrom *m* multiphase current.

mehrphasig *adj.* multiphase ...

mehrpolig *adj.* multipole ...

Mehrpreis *m* extra charge.

mehrschichtig *adj. a. fig.* multilayered.

mehrseitig *adj.* **1.** polygonal; **2.** *pol. Abkommen etc.*: multilateral.

mehrsilbig *adj.* polysyllabic; ***ein ~es Wort*** *a.* a word consisting of several syllables.

mehrspaltig *adj.* multicolumn ...; in sev-eral columns.

mehrsprachig I. *adj.* multilingual, *Person*: *a.* polyglot; **II.** *adv.*: ***~ aufwachsen*** grow up speaking several languages.

mehrspurig *adj.* **1.** *Tonband*(*aufnahme*): multitrack ...; **2.** *mot.* multilane ...

Mehrstärkenglas *n Brille*: varifocal lens.

mehrstellig *adj. Zahl*: multidigit.

mehrstimmig I. *adj.* for several voices, polyphonic; ***~er Gesang*** part singing; ***~es Lied*** part song; **II.** *adv.*: ***~ singen*** (***spielen***) sing (play) in harmony, harmonize; ***et. ~ setzen*** set s.th. for several parts, *homophon*: *a.* harmonize s.th.; **Mehrstimmigkeit** *f* ♪ polyphony.

mehrstöckig *adj.* multistor(e)y ..., multistoried.

Mehrstufenrakete *f* multistage rocket.

mehrstündig *adj.* of (*od.* lasting) several hours; several hours' ..., several hours of ...

mehrtägig *adj.* of (*od.* lasting) several days; several days' ..., several days of ...

mehrteilig *adj.* **1.** *Gerät etc.*: consisting of several parts; **2.** *Film etc.*: in several parts.

Mehrung *f* increase, augmentation.

Mehrverbrauch *m* increased consumption.

Mehrwegflasche *f* returnable (*od.* de-posit) bottle.

Mehrwert *m* ☤ increase in value; appreciation; *nach Marx*: surplus value; **~steuer** *f* VAT, value-added tax, *bsd. Am.* sales tax.

Mehrzahl *f* **1.** (*Mehrheit*) majority; ***die ~ der Befragten*** the majority of those interviewed; **2.** *ling.* plural.

mehrzeilig *adj.* (consisting) of several lines; ***e-e ~e Notiz*** *a.* a note several lines long.

mehrzellig *adj.* multicellular, polycellular.

Mehrzweck... *in Zssgn* utility, multipurpose; **~fahrzeug** *n* utility vehicle.

meiden *v/t.* avoid, steer clear of, (*bsd. Person*) *a.* shun.

Meile *f* mile; → ***Seemeile***; **Meilenstein** *m* milestone; *fig. a.* landmark; **meilenweit I.** *adj.* miles and miles of; **II.** *adv.* for miles (and miles); ***~ entfernt von*** *a. fig.* miles (away) from; ***~ voneinander entfernt*** miles apart, *fig. a.* worlds apart.

Meiler *m* **1.** charcoal pile; **2.** (*Atom*♀) pile, nuclear reactor.

mein I. *poss. pron.* **1.** *adjektivisch*: my; ***e-r ~er Wagen*** one of my cars; ***e-r ~er Freunde*** (***Kollegen***) a friend (colleague) of mine, one of my friends (colleagues); ***~e Damen und Herren*** ladies and gentlemen; **2.** *substantivisch*: mine; ***~er, ~e, ~(e)s, der*** (***die, das***) ***~(ig)e*** mine; ***ich habe das ~(ig)e getan*** I've done my share (F bit), (*mein möglichstes*) I've done my best (*od.* all I can); **II.** *pers. pron.* (*gen. von* ***ich***) of me; ***gedenke ~(er)*** remember me.

Meineid *m* perjury; ***e-n ~ schwören*** swear a false oath; → *a.* ***meineidig*** (***werden***); **meineidig** *adj.* perjured; ***~ werden*** perjure o.s., ⚖ commit perjury.

meinen I. *v/t.* **1.** (*glauben, e-r Ansicht sein*) think, believe; ***was ~ Sie dazu?*** what do you think (*od.* say)?; ***ich meine***

überhaupt nichts it's all the same to me; **~ *Sie* (*wirklich*)?** do you (really) think so?; ***das will ich ~!*** I should (jolly well) hope so; **2.** (*sagen wollen, beabsichtigen*) mean; ***wie ~ Sie das?*** how do you mean?, *schärfer*: what do you mean by that?; **~ *Sie das ernst?*** do you really mean it (*od.* that)?; ***so war es nicht gemeint*** she *etc.* didn't mean it (like that); ***sie meint es gut*** she means well; ***es war gut gemeint*** it was well-meant; ***sie meint es gut mit dir*** she's only thinking of (*od.* doing it for) your own good; ***er hat es nicht böse gemeint*** he meant no harm; **3.** (*j-n od. et. im Sinn haben*) mean; (*sprechen von*) *a.* refer to, speak of; ***meinst du ihn?*** do you mean him?; ***er meinte mich*** he meant me, he was referring to me; **4.** (*sagen*) say; ***was ~ Sie?*** what did you say?, *höflicher*: I beg your pardon?; **II.** *v/i.* ***wenn du meinst*** if you say so; ***wie Sie ~*** as you wish; ***ich meine ja nur*** it was just a thought.

meiner → ***mein*** 2, II.

meinerseits *adv.* for my part, as far as I'm (*od.* I was) concerned; ***ich ~*** I for one; ***ganz ~*** the pleasure is (*od.* has been) mine.

meinesgleichen *pron.* people like me; *iro.* my sort, the likes of me.

meinethalben *obs. adv.* → **meinetwegen** *adv.* **1.** (*wegen mir*) because of me, on my account; (*mir zuliebe*) because of me, for my sake; **2.** (*von mir aus*) I don't mind, it's all right (*Am.* alright) by (*od.* with) me, please yourself; ***~ kann er gehen*** he can go as far as I'm concerned, I don't mind if he goes; **3.** (*zum Beispiel*) let's say, shall we say; **meinetwillen** *adv.*: **(*um*) ~** for my sake; (*in meiner Sache*) on my behalf.

meinige → ***mein*** 2.

Meinung *f* opinion (***über*** of, about, on); ***meiner ~ nach*** in my opinion; ***der ~ sein, daß*** think (believe, be of the opinion) that; ***ich bin auch der ~, daß*** I agree that, I also think (*od.* believe) that; ***e-e ~ äußern*** express (*od.* put forward) an opinion; ***derselben* (*anderer*) *~ sein*** agree (disagree); ***ganz meine(r) ~!*** I quite agree; ***s-e ~ ändern*** change one's views (*od.* opinion), (*sich et. anders überlegen*) change one's mind; ***sich e-e ~ bilden*** form an opinion (***über*** on, about); ***e-e hohe* (*schlechte*) *~ von j-m od. et. haben*** have a high (low) opinion of s.o. *od.* s.th.; ***ich habe keine ~ dazu*** I don't really have any thoughts on the matter; ***die allgemeine ~ geht dahin, daß*** opinion has it that, the conventional wisdom is that; ***j-m* (*gehörig*) *die ~ sagen*** give s.o. a piece of one's mind; → ***öffentlich*** I, ***vorgefaßt***.

Meinungs|änderung *f* change of opinion; **~äußerung** *f* expression of one's opinion; ***freie ~*** freedom of expression; **~austausch** *m* exchange of views (***über*** on); **~befragung** *f* opinion poll.

meinungsbildend I. *adj.* opinion-forming; **II.** *adv.*: ***~ wirken*** help to shape public opinion; **Meinungsbildner** *m* opinion-maker (*od.* -former); **Meinungsbildung** *f* forming of an opinion; *öffentliche*: opinion-forming, shaping of public opinion.

Meinungsforscher *m* (opinion) pollster, poll-taker; **Meinungsforschung** *f* opinion research; **Meinungsforschungsinstitut** *n* polling institute.

Meinungs|freiheit *f* freedom of speech; **~führer** *m* opinion leader.

meinungslos *adj.* devoid of (all) opinion; ***~ sein*** *a.* have no opinion(s); ***~e Masse*** unthinking masses.

Meinungs|mache *f* manipulation of public opinion; **~macher** *m* opinion-maker; **~streit** *m* controversy, dispute; conflict of views (*od.* opinions); **~umfrage** *f* (public) opinion poll; **~umschwung** *m* shift in (*stärker*: swing of) opinion; **~verschiedenheit** *f* (*a. Streit*) difference of opinion, disagreement.

Meise *f zo.* tit(mouse); F ***du hast wohl 'ne ~?*** F you must be nuts.

Meißel *m* chisel; **meißeln** *v/t. u. v/i.* chisel; (*Statue etc.*) carve.

meist I. *adj.* **1.** most of, (the) most; ***die ~en Leute*** most people; ***die ~e Zeit*** most of the time; ***er hat das ~e Geld*** he's got (the) most money; **II.** *indef. pron.* **2. *das ~e*** (the) most, most of it; ***wer das ~e schreibt*** whoever writes (the) most; ***das ~e* (*davon*) *habe ich mir gemerkt*** I can remember most of it; **3. *die ~en*** (the) most, most (of them); ***sie ist ruhiger als die ~en*** she's quieter than most; ***die ~en* (*davon*) *kenne ich*** I know most of them; ***wer die ~en hat, gewinnt*** whoever has the most, wins; **III.** *adv.* **4. *am ~en*** (*Superlativ von* ***viel***) (the) most, (*Superlativ von* ***sehr***) most (of all), the most, *weitS.* (*am besten*) best (of all); ***er hat am ~en*** he's got (the) most; ***sie spricht am ~en*** she talks (the) most; ***das hat mich am ~en geärgert*** that annoyed me (the) most (*od.* most of all); ***am ~en bekannt*** best-known; ***am ~en verkauft*** best-selling; **5.** → ***meistens, meistenteils***.

meistbebegünstigt *adj.* most-favo(u)red; ***~es Land*** most-favo(u)red nation, MFN; **Meistbegünstigung** *f* most-favo(u)red nation treatment; **Meistbegünstigungsklausel** *f* most-favo(u)red nation clause.

meistbietend I. *adj.*: ***~er Interessent*** highest bidder; **II.** *adv.*: ***~ verkaufen*** sell to the highest bidder; **Meistbietende(r)** *m* highest bidder.

meistdiskutiert *adj.*: ***~es Thema*** most popular topic of discussion, topic number one.

meistens *adv.* usually; (*die meiste Zeit*) most of the time; → **meistenteils** *adv.* mostly, for the most part.

Meister *m* **1.** (*Handwerks*♀) master (craftsman); (*Bäcker*♀ *etc.*) master baker *etc.*; ***s-n ~ machen*** take one's master craftsman's diploma; **2.** (*Künstler, Könner*) master (*a. fig., iro.*); ***alter ~*** ♪, *Kunst etc.*: past master; ***ein ~ im Lügen*** a master at (*od.* in the art of) lying; ***Übung macht den ~*** practi|ce (*Am. a.* -se) makes perfect; *fig.* ***s-n ~ finden*** find (*od.* meet) one's match; → ***Himmel***; **3.** *Sport etc.*: champion; (*Mannschaft*) champions *pl.*; **4.** *im Betrieb*: foreman; **5.** *als Anrede, vertraulich*: *sl.* guv, chief, *Am.* Mac; **~brief** *m* master craftsman's diploma; **~detektiv** *m* master detective; **~gesang** *m hist.* meistergesang.

meisterhaft I. *adj.* masterly; **II.** *adv.* in masterly fashion, brilliantly; ***es ~ verstehen zu mogeln*** be an expert at cheating, be an expert cheat; **Meisterhaftigkeit** *f* masterliness.

Meisterhand *f* master's touch; ***ein Werk von ~*** the work of a master.

Meisterin *f* qualified dressmaker (*od.* interior decorator *etc.*); (*Handwerks*♀) master crafts(wo)man.

Meister|klasse *f* master class; **~leistung** *f* superb feat (*od.* performance); ***technische ~*** engineering feat; ***musikalische* (*künstlerische*) *~*** superb feat of musicianship (artistry).

meistern *v/t.* master; (*Gefühle*) *a.* control; (*Schwierigkeit*) overcome; ***sein Leben ~*** cope with life.

Meisterprüfung *f examination for the master craftsman's diploma.*

Meisterschaft *f* **1.** (*Können*) mastery; ***es* (*bis*) *zur ~ bringen in*** become a master in, *formell*: attain mastery in; **2.** *Sport*: championship; (*Titel*) *a.* title; ***e-e ~ gewinnen*** win a championship, gain a title; **Meisterschaftsspiel** *n* championship game (*Fußball etc.*: *a.* match).

Meister|schüler *m* **1.** ♪, *Kunst etc.*: master-class pupil (*od.* student); ***ein ~ von X*** *weitS.* one of X's best pupils (*od.* students); **2.** *in der Schule*: model (*od.* prize) pupil; **~singer** *m hist.* meistersinger; **~spion** *m* master spy; **~stück** *n* **1.** (*Meisterleistung*) masterpiece; (*Handlung*) masterstroke; **2.** *work submitted for the master craftsman's diploma*; **~titel** *m* **1.** *Sport*: championship title; **2.** master craftsman's title.

Meisterung *f* mastery.

Meister|werk *n* masterpiece; **~würde** *f* → ***Meistertitel*** 2.

Meistgebot *n* highest bid.

meist|gebraucht *adj.* most widely (*od.* frequently) used; **~gefragt** *adj.* most popular, most sought-after; *nachgestellt*: most in demand; **~gekauft** *adj.* best-selling; **~gelesen** *adj.* most widely read; **~genannt** *adj.* most frequently cited; **~verkauft** *adj.* best-selling.

Mekka *fig. n* mecca (*gen.* of; ***für*** for, of).

Melancholie *f* melancholy; **Melancholiker** *m* melancholic; **melancholisch** *adj.* melancholy.

Melde|amt *n* → ***Einwohnermeldeamt***; **~frist** *f* registration period (*od.* deadline).

melden I. *v/t.* **1.** (*berichten*) report; **2.** (*ankündigen, bekanntgeben*) announce; ***würden Sie mich bei ihm ~?*** would you tell him I'm here?; ***wen darf ich ~?*** who shall I say is here?; **3.** *amtlich etc.*: notify the authorities *etc.* of, (*Geburt etc.*) *a.* register; (*Unfall, Vergehen etc.*) report (***der Polizei*** *etc.* to the police *etc.*); ***j-m et. ~*** notify s.o. of s.th.; F ***nichts zu ~ haben*** have no say (in the matter); F ***du hast hier nichts zu ~!*** *iro.* we don't need any help from you(, thank you very much); **II.** *v/refl.*: ***sich ~*** **4.** *dienstlich*: report (***bei*** to; ***zur Arbeit*** for work); **5.** *polizeilich*: register with the police; **6.** *teleph.* answer (the [tele]phone); ***es meldet sich keiner*** nobody's answering; **7.** *freiwillig*: volunteer (for s.th.); **8.** *Sache*: make itself felt; **9.** *in der Schule*: put one's hand up; **10.** *zum Examen etc.*: sign up (***zu*** for); **11. *sich auf ein Inserat ~*** answer an ad (*od.* advertisement); **12. *er wird sich schon ~*** (*von sich hören lassen*) he'll be in touch, (*sich bemerkbar machen*) he'll shout (*od.* make himself

heard); **13.** *wenn du mich brauchst, **melde dich*** let me know, just shout; → ***anmelden, krank.***
Meldepflicht *f* obligatory registration; ⚖ duty of notification; **meldepflichtig** *adj.* subject to registration; ⚖ notifiable.
Melde|schluß *m* closing date (for entries); **~stelle** *f* registration office.
Meldung *f* **1.** (*Mitteilung*) announcement; **2.** (*Presse*≈) report; (*Nachricht*) news (*sg.*); (*kurze* ~) announcement; ***letzte ~en des Tages*** final news headlines (for today); **3.** (*Anzeige*) report; ***~ machen*** report (***bei*** to); **4.** *bei e-r Behörde*: registration; **5.** *Sport*: entry.
meliert *adj.* mixed; *in der Farbe*: mottled; → ***graumeliert.***
Melisse *f* balm; **Melissengeist** *m* Carmelite spirit.
melken *v/t. u. v/i.* milk (*a. fig.*); ***~de Kuh*** → ***Melkkuh***; **Melker(in** *f*) *m* milker.
Melk|kübel *m* milk(ing) pail; **~kuh** *f* dairy cow; *fig.* milch cow; **~maschine** *f* milking machine.
Melodie *f* melody; (*Weise*) *a.* tune; **Melodik** *f* **1.** melody, melodic pattern; **2.** (*Lehre*) theory of melody; **melodiös** *adj.* melodious; **melodisch** *adj.* melodic(ally *adv.*).
Melodrama *n* melodrama (*a.* F *fig.*); **melodramatisch** *adj.* melodramatic(ally *adv.*).
Melone *f* (*Frucht*) melon; F (*Hut*) bowler (hat), *Am.* derby.
Membran(e) *f anat. u. phys.* membrane; *a.* ⚙ diaphragm.
Memento *n* warning, admonition.
Memme *f* coward, F cissy; **memmenhaft** *adj.* cowardly.
Memo F *n* memo.
Memoiren *pl.* memoirs.
Memorandum *n* memorandum, memo.
memorieren *v/t.* memorize, learn *s.th.* by heart.
Menage *f* **1.** *gastr.* cruet stand; **2.** *östr.* ⚔ rations *pl.*
Menetekel *n*: ***das ~ ist an der Wand*** the writing is on the wall.
Menge *f* **1.** quantity; amount; **2.** (*große* ~) a lot (of), F lots (of); ***e-e ~ Autos*** a lot (F lots) of cars; ***e-e ~ zu essen*** a lot (F lots) to eat; ***... in ~n*** any amount of ...; ***... in großen ~n*** large quantities of ..., *stärker*: vast amounts of ...; *Menschen etc.*: a large number of ..., crowds of ...; F ***jede ~ Geld, Geld in rauhen ~n*** F piles (*od.* stacks, heaps) of money; **3.** (*Menschen*≈) crowd; *fig.* ***mit der ~ laufen*** follow the crowd; **4.** ⩓ set; **mengen I.** *v/t.* mix; ***et. ~ in*** mix s.th. with (*od.* into) *s.th.*; **II.** *v/refl.*: ***sich ~ unter*** *Person*: mingle (*od.* mix) with *the crowd etc.*
Mengen|angabe *f* (indication of) quantity; **~lehre** *f* ⩓ set theory.
mengenmäßig I. *adj.* quantitative; **II.** *adv.* quantitatively, in terms of quantity.
Mengenrabatt *m* bulk (*od.* quantity) discount.
Meniskus *m* meniscus; ***am ~ operiert werden*** have a cartilage operation; **~operation** *f* cartilage operation.
Mennige *f* minium, red lead.
Menopause *f* menopause.
Mensa *f univ.* refectory, canteen, *Am. a.* commons *pl.* (*sg. konstr.*).
Mensch I. *m* **1.** *als Gattung*: human being; ***der ~*** man; ***ich bin auch nur ein ~*** I'm only human; ***e-e Seele von ~ sein*** have a heart of gold; ***als ~*** *ist er in Ordnung etc.*: as a person (*od.* human being), from a personal point of view; ***mit j-m von ~ zu ~ reden*** have a heart-to-heart (talk) with s.o.; F ***sich anstellen wie der erste ~*** F act like one was born yesterday; **2. *der ~*** (*die Menschheit*) man, mankind; **3.** (*Person*) person, man, *weiblich*: woman; (***die***) ***~en*** people; ***gern unter ~en sein*** enjoy (human) company; ***kein ~*** nobody, not a soul; F ***~ Meier!*** → **II.** F *int. erstaunt*: goodness!, F wow!; *vorwurfsvoll*: for goodness' (*sl.* Christ's) sake!
Mensch, ärgere dich nicht *n Spiel*: ludo.
menscheln F *v/i.*: ***es menschelt sehr*** a) there are lots of people around, b) *iro.* humans will be humans.
Menschen|affe *m* ape, anthropoid; **≈ähnlich** *adj.* manlike, anthropoid, hominoid; **~alter** *n* generation; (*Lebensspanne*) lifetime; **~ansammlung** *f* crowd (of people), *kleinere*: cluster of people; **~bild** *n* image of man (***des Mittelalters*** *etc.* in the Middle Ages *etc.*).
Menschenfeind *m* misanthropist; **menschenfeindlich** *adj.* **1.** misanthropic(ally *adv.*); **2.** *Lebensbedingungen etc.*: hostile to man; (*unmenschlich*) inhuman; **Menschenfeindlichkeit** *f* **1.** misanthropy; **2.** *von Lebensbedingungen etc.*: hostility; inhumanity.
Menschenfleisch *n* human flesh.
menschenfressend *adj.* cannibal ...; *Tier*: man-eating ...; **Menschenfresser** *m* cannibal; (*Tier*) man-eater.
Menschenfreund *m* philanthropist; **menschenfreundlich** *adj.* **1.** philanthropic(ally *adv.*); **2.** *Umwelt etc.*: humane, hospitable; **Menschenfreundlichkeit** *f* **1.** philanthrophy; **2.** *der Umwelt etc.*: hospitable (*od.* humane) nature (*gen.* of).
Menschen|führung *f* leadership; ***er versteht einiges von ~*** he's a good leader, he has good leadership qualities; **~gedenken** *n*: ***seit ~*** within living memory; from (*od.* since) time immemorial; **~geschlecht** *n*: ***das ~*** the human race, mankind; **~gestalt** *f*: ***in ~*** in human form; ***ein Teufel in ~*** a devil incarnate; **~hand** *f*: ***von ~ geschaffen*** made (*od.* created) by human beings (*lit.* by the hand of man); ***es liegt nicht in ~*** it is beyond the control of man; **~handel** *m* slave (*od.* body) trade; **~haß** *m* misanthrophy; hatred of people (*od.* mankind); **~hasser** *m* misanthropist; hater of men (*od.* of the human race); **~kenner** *m* good judge of character (*od.* human nature); **~kenntnis** *f* knowledge of (*od.* insight into) human nature; **~kette** *f* human chain; **~leben** *n* **1.** (human) life; ***~ sind nicht zu beklagen*** there were no fatalities; **2.** (*Lebenszeit*) lifetime; *weitS.* (*Leben*) life; **≈leer** *adj.* deserted; ***es war ~*** *a.* there was nobody (*od.* there wasn't a soul) in sight *od.* to be seen; **~liebe** *f* human kindness, charity; **~los** *n the* human lot; **~menge** *f* crowd (of people); **≈möglich** *adj.* humanly possible; ***das ~e*** everything humanly possible; **~opfer** *n* **1.** *pl. im Krieg*: human sacrifice *sg.*, *a. bei e-m Unfall*: deaths, fatalities, casualties; ***es gab zahlreiche ~*** *a.* many lives were lost; ***zahlreiche ~ fordern*** take a huge toll on human life; **2.** *rituelles*: human sacrifice; **~pflicht** *f one's* duty as a human being; **~rasse** *f* race (of people); **~raub** *m* kidnapping, abduction.
Menschenrechte *pl.* human rights; **Menschenrechtler** *m* human rights activist.
Menschenrechts|abkommen *n* agreement on human rights; → *a.* ***Menschenrechtskonvention***; **~katalog** *m* catalog(ue) of human rights; **~kommission** *f* human rights commission; ***Europäische ~*** European Commission for Human Rights; **~konvention** *f* Human Rights Convention; **~verletzung** *f* human rights abuse, violation of human rights.
menschenscheu I. *adj.* shy; unsociable; **II.** ≈ *f* shyness; unsociableness.
Menschenschinder *m* slavedriver; **Menschenschinderei** *f* slavedriving.
Menschen|schlag *m* breed of people; **~seele** *f* human soul; ***keine ~*** not a living soul.
Menschenskind *int. erstaunt*: goodness!, good heavens!; *vorwurfsvoll*: for goodness' sake!
Menschen|sohn *m eccl.* Son of Man; **~stimme** *f* human voice; **~strom** *m* stream (*od.* flood) of people; **~typ** *m* **1.** type (*od.* sort) of person; **2.** 📖 (*a.* **~typus** *m*) anthropological type; **≈unmöglich** *adj.* humanly impossible; **≈unwürdig** *adj. Behandlung*: degrading, inhumane; *Zustände*: unfit for human beings; **~verächter** *m* misanthropist, *lit.* despiser of men; **~verachtung** *f* contempt for human beings (*od.* humankind); **~verstand** *m* human intellect; ***gesunder ~*** common sense; ***das sagt einem schon der gesunde ~*** common sense will tell you that; **~werk** *n the* work of man.
Menschenwürde *f* (*a.* ***die*** ~) human dignity; **menschenwürdig I.** *adj. Behandlung*: humane; *Zustände*: fit for human beings; *Verhalten*: befitting a human being; **II.** *adv.*: ***j-n ~ behandeln*** treat s.o. like a human being.
Menschheit *f*: ***die ~*** mankind, humankind, humanity, the human race, man.
Menschheits|geschichte *f* history of man(kind) *od.* of the human race; **~ideal** *n* human ideal, *pl. a.* ideals of man.
menschlich I. *adj.* human; (*human*) *a.* humane; F (*erträglich*) tolerable; ***die ~e Natur*** human nature; ***nach ~em Ermessen*** as far as one can possibly judge; ***es ist nur ~, daß*** (*od.* ***wenn***) it's only human that (*od.* for s.o. *to inf.*); F ***ganz ~ aussehen*** F look halfway civilized; → ***Irren, Rühren***; **II.** *adv.*: ***~ behandeln*** treat *s.o.* like a human being, treat *s.o.* humanely; ***~ betrachten*** look at *s.th.* from a human point of view; ***rein ~ gesehen*** from a purely human point of view; ***sich ~ benehmen*** behave like a human being; **Menschlichkeit** *f* **1.** (*menschliche Schwächen*) human nature; **2.** (*Humanität*) humaneness, humanity; ***Verbrechen gegen die ~*** crime against humanity.
Menschwerdung *f* **1.** *eccl.* incarnation (***Christi*** of Christ); **2.** *biol.* anthropogenesis.
Menstruation *f* (*a.* ***die*** ~) menstruation.
Menstruations|beschwerden *pl.* **1.** (*Schmerzen*) period pains; **2.** (*Spannung*

etc.) PMT, premenstrual tension (*od.* syndrome) *sg.*; **~zyklus** *m* menstrual cycle.

menstruieren *v/i.* menstruate.

Mensur *f* **1.** (*Fechtabstand*) distance; **2.** (*studentischer Kampf*) (student's) duel; **3.** (*Schmiß*) fencing slash; **4.** ♪ scale; *Blasinstrumente*: bore; *Streichinstrumente*: stop.

mental *adj.* mental; **Mentalität** *f* mentality; way of thinking; **mentalitätsmäßig** *adj.* in (their *etc.*) mentality, in their *etc.* way of thinking.

Menthol *n* menthol; **~zigarette** *f* menthol(ated) cigarette.

Mentor *m* mentor; *univ.* adviser, tutor.

Menü *n* **1.** set meal, *mittags*: *a.* set lunch; **2.** *Computer*: menu; **2gesteuert** *adj.* menu-driven.

Menuett *n* ♪ minuet.

Mergel *m geol.* mar.

Meridian *m ast.* meridian; **~kreis** *m* meridian circle.

meridional *adj.* meridional.

Meringe *f*, **Meringue** *f* meringue.

Merino *n Gewebe*: merino; **~schaf** *n* Merino sheep; **~wolle** *f* Merino wool.

Meriten *pl.* merits; ***ein Mann mit zahlreichen ~*** a man of great merit (*od.* of many merits, with many merits to his name); ***sich große ~ erwerben um*** render great services to.

merkantil *adj.* mercantile; **Merkantilismus** *m* mercantilism; **Merkantilist** *m* mercantilist; **merkantilistisch** *adj.* mercantilist(ic).

merkbar *adj.* → ***merklich.***

Merkblatt *n* leaflet; *mit Erläuterungen*: *a.* instructions *pl.*

merken *v/t.* (*wahrnehmen*) notice; (*fühlen*) feel, sense; (*erkennen*) realize, see; (*sich e-r Sache bewußt sein*) be aware of, know; ***merkt man es?*** can you tell?, does it show?; ***man merkte es an s-r Stimme*** you could tell by his voice; ***ich habe nichts gemerkt*** I didn't notice a thing (*od.* anything), nothing struck me; ***er hat etwas gemerkt*** he smelled a rat; ***~ lassen*** show, F let on; *iro.* ***du merkst (aber) auch alles*** you don't miss a thing, do you?; ***sich et. ~*** remember s.th., make a mental note of s.th.; ***~ Sie sich das!*** (and) don't you forget it!; ***das werde ich mir ~!*** I shan't forget that (in a hurry); ***ihn wird man sich ~ müssen*** he's a man to watch.

Merk|fähigkeit *f* (powers *pl.* of) memory; **~heft** *n* notebook; *Schule*: *a.* rough book; **~hilfe** *f* mnemonic (aid).

merklich I. *adj.* noticeable; (*deutlich*) distinct, marked, (*sichtbar*) *a.* visible; (*beträchtlich*) considerable, appreciable; **II.** *adv.* noticeably; markedly; visibly; → I; ***es ist ~ kühler geworden*** it's gone really cold.

Merk|mal *n* characteristic feature; (*Symptom*) symptom; (*Zeichen*) sign; ***unterscheidendes ~*** distinctive mark (*od.* feature); ***besondere ~e*** distinguishing marks (*od.* features); **~satz** *m* **1.** mnemonic (phrase); **2.** maxim; **~spruch** *m* **1.** mnemonic (verse); **2.** maxim.

merkwürdig *adj.* strange, odd, *stärker*: curious, peculiar; **merkwürdigerweise** *adv.* strangely (*od.* oddly) enough; **Merkwürdigkeit** *f* **1.** strangeness, oddness, *stärker*: curiousness, peculiarity; **2.** (*merkwürdige Eigenschaft*) (strange) quirk.

Merkzeichen *n* mark(er).

merzerisieren *v/t.* (*Stoff*) mercerize.

meschugge F *adj.* F crazy, off one's head, nuts.

Meskalin *n pharm.* mescaline.

Mesner *m* sexton.

Mesolithikum *n* Mesolithic (period); **mesolithisch** *adj.* Mesolithic.

Mesozoikum *n* Mesozoic (period); **mesozoisch** *adj.* Mesozoic.

Meßband *n* tape measure.

meßbar *adj.* measurable; ***es ist nicht ~*** *a.* it can't be measured (*od.* ga[u]ged); **Meßbarkeit** *f* measurability.

Meß|becher *m* measuring cup (*od.* jug); **~bereich** *m* (measuring) range.

Meßbildverfahren *n* photogrammetry.

Meßdaten *pl.* measuring data.

Meßdiener *m R. C.* server.

Messe[1] *f R. C.* mass; **(*die*) *~ lesen*** say Mass.

Messe[2] *f* ⚔ mess.

Messe[3] *f* (*Ausstellung*) (trade) fair; **~amt** *n* fair office; **~ausweis** *m* fair pass; **~besucher** *m* visitor to a (*od.* the) fair; **~gelände** *n* exhibition site (*od.* cent|re, *Am.* -er); **~halle** *f* exhibition hall; **~hostess** *f* hostess (at a fair); **~leitung** *f* fair management.

messen I. *v/t.* measure; ⚙ *a.* ga(u)ge; *fig. mit Blicken*: size up; ***die Zeit ~*** do the timing, ***bei*** *e-m Wettlauf*: time; ***s-e Kräfte mit j-m ~*** pit one's strength against s.o.; → ***Fieber***; **II.** *fig. v/refl.*: ***sich mit j-m ~*** match o.s. against s.o., *geistig*: pit one's wits against s.o., *Sport*: compete against s.o.; ***sich nicht ~ können mit*** (*j-m*) be no match for, (*e-r Sache*) not to bear comparison with; **III.** *v/i.* measure, be ... long (*od.* high, wide *etc.*); *Person*: be ... (tall); → ***gemessen.***

Messeneuheit *f* newcomer to the market.

Messer *n* **1.** knife; *fig.* ***Kampf bis aufs ~*** fight to the death (*od.* finish); ***auf (des) ~s Schneide stehen*** be hanging in the balance, be on a knife edge, be on the razor's edge; ***es steht auf ~s Schneide, ob ...*** it's touch and go whether ...; *fig.* ***j-n ans ~ liefern*** F put s.o.'s head on the block, (*verraten*) F blow the whistle on s.o.; ***ins offene ~ rennen*** F take it on the chin; → ***Kehle*** 1; **2.** ⚙ knife, blade; **3.** ⚕ scalpel, knife; ***unters ~ kommen*** come under the (surgeon's) knife; **~griff** *m* knife handle; **~haarschnitt** *m* razor cut; **~held** *m* knifer; **~klinge** *f* knife blade; **~rücken** *m* back of a (*od.* the) knife; **2scharf I.** *adj.* razor-sharp; *fig.* (*scharfsinnig*) *a.* keen, acute; *fig.* ***~er Verstand*** razor-sharp mind; ***e-n ~en Verstand haben*** *a.* be razor-sharp; **II.** *adv.*: *iro.* ***das war ~ geschlossen!*** that was good thinking; **~schmied** *m* cutler; **~schnitt** *m* **1.** knife cut (*od.* wound); **2.** (*Haarschnitt*) razor cut; **~spitze** *f* knife point; ***e-e ~ Salz*** a pinch of salt.

Messerstecher *m* knifer; **Messerstecherei** *f* knife fight; stabbing; **Messerstich** *m* stab; (*Wunde*) stab wound.

Messe|schlager *m* highlight of the exhibition (*od.* trade fair); **~stadt** *f* exhibition cent|re (*Am.* -er); *town famous for its fairs and exhibitions*; **~stand** *m* exhibition stand; **~teilnehmer** *m* exhibitor; **~veranstalter** *m* fair organizer; **~zentrum** *n* exhibition cent|re (*Am.* -er).

Meß|gerät *n* measuring instrument; (*Lehre*) ga(u)ge; (*Zähler*) meter; **~glas** *n* measuring jug.

messianisch *adj.* messianic; **Messias** *m*: ***der ~*** the Messiah.

Messing *n* brass; **~blech** *n* sheet brass; **~draht** *m* brass wire; **~schild** *n* brass (name)plate.

Meßinstrument *n* → ***Meßgerät.***

Meßkelch *m R. C.* (Communion) chalice.

Meßlatte *f Landvermessung*: surveyor's pole.

Meßopfer *n R. C.* Sacrifice of the Mass.

Meß|schnur *f* measuring cord; **~stab** *m* **1.** *mot.* dipstick; **2.** → ***Meßlatte***; **~technik** *f* metrology; **~uhr** *f* meter, dial ga(u)ge.

Messung *f* measurement; (*Ablesung*) reading; ***e-e ~ vornehmen*** take a measurement (*od.* reading).

Meß|verfahren *n* measuring method; **~warte** *f* survey (control) station.

Meßwein *m R. C.* altar (*od.* sacramental) wine.

Meß|wert *m* measurement, reading; **~zahl** *f*, **~ziffer** *f* measurement; *Statistik*: index (number).

Mestize *m*, **Mestizin** *f* mestizo.

Met *m* mead.

metabolisch *adj.* metabolic; **Metabolismus** *m* metabolism.

Metall *n* metal; **~arbeiter** *m* metalworker; **~bearbeitung** *f* metalworking; **~beschläge** *pl.* metal fittings (*od.* mountings); **~börse** *f* metal exchange.

metallen *adj.* metal; metallic (*a. Stimme etc.*).

Metaller *m* metalworker.

Metall|ermüdung *f* metal fatigue; **~geld** *n* metallic currency; coins *pl.*

metallhaltig *adj.* metalliferous.

metallic *adj.* metallic; ***~-grün*** *etc.* metallic green *etc.*; **Metalliclackierung** *f* metallic finish.

Metallindustrie *f* metal (and engineering) industry.

metallisch *adj.* metallic.

Metall|kunde *f* metallurgy; **~oxyd** *n* metallic oxide; **~überzug** *m* metal coating.

Metallurgie *f* metallurgy; **metallurgisch** *adj.* metallurgic(al).

metallverarbeitend metal-processing *industry etc.*; **Metallverarbeitung** *f* metal processing.

Metallwaren *pl.* metal goods, hardware *sg.*

Metamorphose *f* metamorphosis; *fig. a.* transformation; *fig.* ***e-e ~ durchmachen*** undergo a metamorphosis (*od.* transformation, complete change).

Metapher *f* metaphor; **Metaphorik** *f* (use of) imagery; **metaphorisch** *adj.* metaphorical.

Metaphysik *f* metaphysics *pl.* (*sg. konstr.*); **Metaphysiker** *m* metaphysician; **metaphysisch** *adj.* metaphysical.

Metasprache *f* metalanguage; **metasprachlich** *adj.* metalinguistic.

Metastase *f* ⚕ secondary, 🕮 metastasis.

Meteor *m* meteor; **meteorhaft** *fig. adj.* meteoric; ***~er Aufstieg*** meteoric rise; **Meteorit** *m* meteorite; **Meteoritenkrater** *m* meteor(ite) crater.

Meteorologe *m* meteorologist; *beim Wetterbericht*: weatherman; **Meteorologie** *f* meteorology; **Meteorologin** *f* meteorologist; *beim Wetterbericht*:

weatherlady; **meteorologisch** *adj.* meteorological.
Meteorstein *m* meteorite.
Meter *n, m* met|re (*Am.* -er); *etwa* yard; **2dick** *adj.* a met|re (*Am.* -er) in diameter (*od.* thick), a yard in diameter (*od.* thick); metre- (*Am.* meter-)thick ..., yard-thick ...; **2hoch** *adj.* metre- (*Am.* meter-)high ..., yard-high ...; *Schnee*: waist-deep, three-foot deep ..., *pred.* three feet deep; **2lang** *adj.* metre- (*Am.* meter-)long ..., yard-long ...; *fig.*very long, F great long ...; **~maß** *n* (*Bandmaß*) tape measure; (*Stab*) measuring rod, rule; **~ware** *f* yard goods *pl.*
meterweise *adv.* by the met|re (*Am.* -er).
Methan(gas) *n* methane.
Methanol *n* methanol.
Methode *f* **1.** method; ***et. mit ~ machen*** do s.th. methodically; ***es hat ~*** there's method in (*od.* behind) it; ***er hat ~*** he's very methodical, he's a man of method; **2. *~n*** (*Verhalten*) ways, behavio(u)r; **Methodik** *f* **1.** (*Lehre*) methodology; **2.** (*Verfahrensweise*) method; **methodisch** *adj.* methodical.
Methodist *m*, **methodistisch** *adj.* Methodist.
Methodologie *f* methodology; **methodologisch** *adj.* methodological.
Methusalem *m bibl.* Methuselah; *fig.* ***so alt wie ~*** as old as Methuselah (*od.* as the hills).
Methylalkohol *m* methyl alcohol.
Metier *n* profession, job; (*Handwerk*) trade; *fig.* ***das ist nicht mein ~*** that's not my line.
Metrik *f* **1.** (*Lehre*) metrics *pl.* (*sg. konstr.*) (*a.* ♪), prosody; **2.** (*Metrum*) met|re (*Am.* -er); **metrisch** *adj.* *Maß etc.*: metric; ♪ *etc.* metrical.
Metronom *n* ♪ metronome.
Metropole *f* metropolis.
Metropolit *m eccl.* metropolitan.
Metrum *n* met|re (*Am.* -er).
Mette *f eccl.* → ***Früh-, Nachtmette.***
Mettwurst *f* smoked sausage spread.
Metzelei *f* slaughter, massacre; **metzeln** *v/t.* butcher, slaughter.
Metzger *m* butcher; ***zum ~ gehen*** go to the butcher's; **Metzgerei** *f* butcher's (shop); **Metzgergang** *fig. m*: (***e-n ~ tun*** go on a) wild goose chase.
Meuchel|mord *m* treacherous killing; **~mörder** *m* murderer, assassin.
meuchlerisch *adj.* treacherous.
meuchlings *adv.*: ***j-n ~ umbringen*** murder s.o. treacherously, commit a treacherous murder against s.o.
Meute *f* **1.** pack (of hounds); **2.** *fig.* mob; F (*Gruppe von Freunden etc.*) F gang.
Meuterei *f* mutiny; **Meuterer** *m* mutineer; **meutern** *v/i.* mutiny; F *fig.* rebel.
Mexikaner(in *f*) *m*, **mexikanisch** *adj.* Mexican.
Mezzosopran *m* mezzo-soprano.
MG|-Salve *f* burst of machine-gun fire; **~-Schütze** *m* (machine-)gunner.
miau *int.* miaow!; **miauen** *v/i.* miaow.
mich I. *pers. pron.* (*acc. von* **ich**) me; **II.** *refl. pron.* myself; *nach prp.* me; ***hinter ~*** behind me; *oft unübersetzt*: ***ich setzte ~*** I sat down.
Micha *m bibl.* Micah.
mick(e)rig F *adj.* *Sache*: measly, pathetic, *stärker*: F lousy; *Person*: puny, (*kränklich*) sickly.
Mickymaus-Stimme *contp. f* squeaky voice.
Midlife-crisis *f* midlife crisis, male menopause.
Mieder *n* bodice; **~höschen** *n* panty girdle; **~waren** *pl.* foundation garments.
Mief F *m* fug; (*Gestank*) F stink; *fig.* stuffy atmosphere; ***~ der Provinz*** provincial atmosphere; **miefen** F *v/i.* F pong, stink; ***das mieft aber!*** what a pong (*od.* stink); **miefig** F *adj.* stuffy, F frowsty.
Miene *f* expression; (*a. Gesicht*) face; ***überlegene*** (***unschuldsvolle***) ~ superior (innocent) expression *od.* air; ***e-e ernste ~ aufsetzen*** look serious; ***gute ~ zum bösen Spiel machen*** put on a brave face (*od.* front), F grin and bear it; ***~ machen, et. zu tun*** make as if to do s.th.; ***ohne e-e ~ zu verziehen*** without batting an eyelid, *bei Schmerz etc.*: without flinching; **Mienenspiel** *n* facial expressions *pl.* (*od.* play).
mies F *adj.* F lousy, rotten; ***~er Laune sein*** F be in a foul mood; → ***miesmachen***; **Miesepeter** F *m* F (old) grouch, sourpuss; **miesmachen** F *v/t.*: ***j-n*** (***et.***) ~ run *od.* put s.o. (s.th.) down; ***er muß alles ~*** he's always running (*od.* putting) things down; ***er muß alle Leute ~*** he's always running (*od.* putting) people down, he hasn't got a good word to say about anyone; **Miesmacher** F *m* (*Meckerer*) moaner, F whinger; (*Beckmesser*) fault-finder; (*Spielverderber*) killjoy.
Miesmuschel *f zo.* mussel.
Miet|ausfall *m* loss of rent; **~auto** *n* hire(d) (*Am.* rented, rental) car; **~beihilfe** *f* rent allowance; **~dauer** *f* (period of) tenancy.
Miete¹ *f* rent; ***in*** (*od.* ***zur***) ***~ wohnen*** live in a rented flat (*Am.* apartment) *od.* house, *als Untermieter*: live in lodgings, rent a room; F *fig.* ***das ist ja schon die halbe ~*** that's half the battle.
Miete² *f unter der Erde*: pit; *über der Erde*: stack.
Mieteinnahme(n *pl.*) *f* rental income (*sg.*).
mieten *v/t.* (*Haus*) rent; (*Sachen*) *a.* hire; **Mieter** *m* tenant; (*Unter2*) lodger, *Am.* roomer.
Mieterhöhung *f* rent increase.
Mieterschutz *m* protection of tenants' rights; **~bund** *m* tenants' rights association; **~gesetz** *n Brit. etwa* Rent Act.
Mieterverband *m* tenants' association.
mietfrei *adj. u. adv.* rent-free; ***sie wohnt dort ~*** *u.* she doesn't have to pay any rent; **Mietfreiheit** *f* rent exemption.
Miet|kaution *f* deposit; **~objekt** *n* rental property; **~partei** *f* tenant.
Mietpreis *m* rent; *für Sachen*: rental (fee, *Am.* rate), *Brit. a.* hire charge; **~bindung** *f* rent control.
Miet|recht *n* laws *pl.* governing tenancy; **~rückstände** *pl.* rent arrears.
Miets|haus *n* block of flats, *Am.* apartment house; **~kaserne** *f* tenement block.
Miet|spiegel *m* rental table; **~verhältnis** *n* tenancy; **~verlängerung** *f* extension of one's (*od.* the) lease; **~vertrag** *m* lease; *für Sachen*: hire (*Am.* rental) contract; **~vorauszahlung** *f* advance rent.
Mietwagen *m* hire(d) (*Am.* rented, rental) car; **~verleih** *m* car rental (service).
Miet|wert *m* rental value; **~wohnung** *f* (rented) flat, *Am.* apartment; **~wucher** *m* rack renting; **~zahlung** *f* payment of rent; **~zins** *m* rental (fee); **~zuschuß** *m* rent allowance.
Miez(e) F *f* **1.** F pussy(cat); **2.** *fig.* (*Mädchen*) F bird, *Am.* F chick.
Migräne *f* migraine; **~anfall** *m* migraine (attack).
Mikro F *n* F mike; → ***Mikrophon.***
Mikrobe *f* microbe.
Mikro|biologie *f* microbiology; **~chemie** *f* microchemistry; **~chip** *m* microchip; **~chirurgie** *f* ⚕ microsurgery; **~computer** *m* microcomputer; **~elektronik** *f* microelectronics *pl.* (*sg. konstr.*); **~fiche** *m, n* microfiche; **~film** *m* microfilm; **~kosmos** *m* microcosm; **~organismus** *m* microorganism.
Mikrophon *n* microphone; **~buchse** *f* microphone jack.
Mikro|physik *f* microphysics *pl.* (*sg. konstr.*); **~prozessor** *m* microprocessor.
Mikroskop *n* microscope; **mikroskopisch I.** *adj.* microscopic (*a. fig.* ~ *klein*); **II.** *adv.* microscopically; *et.* ***~ untersuchen*** examine under the microscope.
Mikro|struktur *f* microstructure; **~verfilmung** *f* microfilming; **~welle** *f* (*a.* F *Herd*) microwave.
Mikrowellen|behandlung *f* microwave treatment; **~herd** *m* microwave oven.
Milbe *f* mite.
Milch *f* **1.** milk (*a. Reinigungs2 etc.*); **2.** ♀ milk, juice; **3.** *e-s Fisches*: (soft) roe; **~bar** *f* milk bar; **~brei** *m* milk pudding; **~drüse** *f* mammary gland; **~eiweiß** *n* lactoprotein; **~fett** *n* milk fat; **~flasche** *f* *a. für Babys*: milk bottle.
milchfrei *adj.* non-milk ...
Milch|geschäft *n* dairy, creamery; **~gesicht** *contp. n* babyface; **~glas** *n* ⚙ frosted glass; **~händler** *m* dairyman.
milchig *adj.* milky.
Milch|kaffee *m* milky coffee; **~kännchen** *n* milk jug; **~kanne** *f* milk churn; *kleine*: milk can; **~kuh** *f* dairy cow; **~leistung** *f e-r Kuh*: milk yield.
Milchmädchenrechnung F *f* simple-minded reasoning.
Milch|mann *m* milkman; **~mixgetränk** *n* milkshake.
Milchner *m* (*Fisch*) milter.
Milch|produkte *pl.* milk (*od.* dairy) products; **~pulver** *n* powdered milk; **~reis** *m* rice pudding; **~säure** *f* lactic acid; **~schorf** *m* ⚕ milk crust.
Milchstraße *f ast.* Milky Way; **Milchstraßensystem** *n* galaxy.
Milch|trinker *m* milk drinker; **~vieh** *n* dairy cattle *pl.*; **~wirtschaft** *f* dairy farming; **~zahn** *m* milk tooth; **~zentrifuge** *f* (cream) separator; **~zucker** *m* milk sugar, lactose.
mild(e) I. *adj. a. Klima, Essen etc.*: mild; *Strafe, Richter etc.*: *a.* lenient; *Lächeln*: gentle, *ironisches*: wan *smile*; *Spirituosen*: smooth; *Licht, Farbe*: soft; ***e-e milde Gabe*** alms, something for charity; **II.** *adv.*: ***milde gesagt*** to put it mildly; *et.* ***~ beurteilen*** take a lenient view of; *iro.* ***da kann ich nur milde lächeln*** don't make me laugh; **Milde** *f* mildness; gentleness; (*Nachsichtigkeit*) leniency; → ***mild***(***e***); ***~ walten lassen*** be lenient, show some leniency; **mildern I.** *v/t.* (*Schmerz*) soothe, ease, alleviate; (*Urteil*) moderate; (*Strafe*) mitigate; (*Aussage etc.*) qualify; (*Wirkung etc.*) re-

duce, soften; ⚖ **~de Umstände** extenuating (*od.* mitigating) circumstances; **II.** *v/refl.*: **sich ~** *Schmerz*: ease; *Emotionen*: cool off; **Milderung** *f von Schmerz*: alleviation; *e-r Strafe*: mitigation; *e-r Aussage etc.*: qualification; *e-r Ansicht*: moderation; **Milderungsgrund** *m* ⚖ extenuating cause.

mildtätig *adj.* charitable; **Mildtätigkeit** *f* charity.

Milieu *n* environment (*a. biol.*); surroundings *pl.*; (*soziale Herkunft*) background; **⁀bedingt** *adj.* due to environmental factors (*od.* social background); **es ist ~** *a.* it goes back to the environment he *etc.* grew up in; **⁀geschädigt** *adj.* maladjusted; **~schaden** *m* environmental disturbance; **~schilderung** *f* background description; **~theorie** *f* environmentalism.

militant *adj.* militant; **Militanz** *f* militancy.

Militär *n* **1.** armed forces *pl.*, military; (*Heer*) army; **beim ~ sein** be in the army; **2.** (*Soldaten*) military personnel, soldiers *pl.*; **~abkommen** *n* military agreement (*od.* pact); **~akademie** *f* military academy; **~arzt** *m* medical officer; **~attaché** *m* military attaché; **~berater** *m* military adviser; **~bündnis** *n* military alliance; **~dienst** *m* military service; **~diktatur** *f* military dictatorship; **~flugzeug** *n* military aircraft; **~gefängnis** *n* military prison; **~gericht** *n* military court; court martial; **~hoheit** *f* military authority; **unter ~** *a.* under military command.

militärisch *adj.* military; *Gebaren etc.*: martial.

militarisieren *v/t.* militarize; **Militarisierung** *f* militarization.

Militarismus *m* militarism; **Militarist** *m* militarist; **militaristisch** *adj.* militaristic.

Militär|junta *f* military junta; **~kapelle** *f* military band; **~macht** *f* military power; **~marsch** *m* ♪ military march; **~musik** *f* military marches *pl.* (*od.* music); **~polizei** *f* military police; **~putsch** *m* military putsch; **~regierung** *f* military government; **~regime** *n* military regime; **~seelsorger** *m* military chaplain; **~sprache** *f* military (*od.* forces) slang; **~sprecher** *m*: (**~ des Weißen Hauses** White House) military spokesman; **~strafanstalt** *f* detention (*Am.* disciplinary) barracks *pl.* (*sg. konstr.*); **~stützpunkt** *m* military base; **~wissenschaft** *f* military science.

Military *f Reitsport*: three-day event; **~reiter** *m* three-day eventer.

Militärzeit *f* military service; **während m-r ~** when I was in the Army (*od.* Navy *etc.*).

Miliz *f* militia; **~soldat** *m* militiaman.

Mille F *n* F grand, K, thou, thou'; **25 ~** 25 grand, 25K, 25 thou (*od.* thou').

Millennium *n* millennium.

Milliardär *m* multimillionaire.

Milliarde *f* billion, *Brit. obs. a.* thousand million; **in die ~n gehen** run into billions (of dollars *etc.*).

Milliarden|betrag *m* billions (*Brit. obs. a.* thousands of millions) of pounds *etc.*; **es sind Milliardenbeträge** it runs into billions (*Brit. obs. a.* thousands of millions); **~höhe** *f*: **Kredit in ~** billion-dollar *etc.* loan; → *a.* **Millionenhöhe**; **~loch** *n*: **das ~ im Haushalt** the billion-dollar *etc.* deficit.

milliardst *adj.* billionth, *Brit. obs. a.* thousand millionth; **Milliardstel** *n* billionth (part), *Brit. obs. a.* thousand millionth (part).

Millibar *n meteor.* millibar.

Millimeter *n*, *m* millimet|re (*Am.* -er); **~arbeit** *f a* precision job; **~papier** *n* graph paper.

Million *f* million; **fünf ~en Dollar** five million dollars; **in die ~en gehen** run into millions (of dollars *etc.*).

Millionär(in *f*) *m* millionaire, *f a.* millionairess.

Millionen|auflage *f Zeitung*: circulation of over a million (*od.* of several millions); **das Buch hat inzwischen e-e ~ erreicht** the book has sold over a million copies; **~betrag** *m* millions of pounds *etc.*; **~ding** F *n* million-dollar *etc.* deal.

millionenfach I. *adj.* millionfold; **II.** *adv.* a million times (over).

Millionen|geschäft *n* (*Unternehmen*) multimillion-pound (*od.* -dollar *etc.*) business (*Vertrag*: deal); **~gewinne** *pl.* profits running into millions; **~höhe** *f*: **Kredit in ~** (multi)million-dollar *etc.* loan; **die Explosion verursachte e-n Schaden in ~** the explosion caused damage running into millions of marks *etc.*; **~schaden** *m* damage running into millions of marks *etc.*; **⁀schwer** F *adj.* worth millions; **~stadt** *f* city of over a million inhabitants.

millionst *adj.* millionth; **Millionstel** *n* millionth (part).

Milz *f anat.* spleen; **~brand** *m vet.* anthrax.

Mime *m thea.* actor; **mimen** *v/t.* act, play (*beide a. fig.*); **den Kranken** (**Überraschung** *etc.*) **~** pretend to be sick (surprised *etc.*), feign sickness (surprise *etc.*).

Mimik *f* facial play.

Mimikry *f biol.* mimicry.

mimisch *adj.* mimic.

Mimose *f* ⚘ mimosa; *fig.* sensitive creature; **mimosenhaft** *fig. adj.* (over)sensitive.

Minarett *n* minaret.

minder I. *adv.* less; **nicht ~** no less; **II.** *adj.* less(er); (*kleiner*) smaller; *an Ausmaß, Bedeutung*: *a.* minor; *an Güte*: inferior; **Waren ~er Güte** inferior (*od.* low-quality) goods.

Minder|ausgaben *pl.* reduced expenditure *sg.*; **~bedarf** *m* reduced demand, drop in demand; **⁀bedeutend** *adj.* less important (*od.* significant); **⁀begabt** *adj.* less gifted; **⁀bemittelt** *adj.* less well-off, needy; **geistig ~** mentally less gifted, F not very bright, a bit slow; **~betrag** *m* deficit; **~bewertung** *f* undervaluation; **~einnahme** *f* shortfall in receipts; **~ertrag** *m* reduced yield (⚚ profit); **~gewicht** *n* short weight.

Minderheit *f* minority.

Minderheiten|frage *f* minorities question; **~recht** *n* rights *pl.* of minorities; **~schutz** *m* protection of minorities.

Minderheitsregierung *f* minority(-party) government.

minderjährig *adj.* underage; **Minderjährige(r** *m*) *f* minor; **Minderjährigkeit** *f* minority.

mindern I. *v/t.* diminish, lessen, decrease; (*herabsetzen*) reduce, lower; (*Wert*) depreciate; **II.** *v/refl.*: **sich ~** diminish, decrease; (*Begeisterung etc.*) *a.* abate;

Minderung *f* decrease, reduction; *des Wertes*: depreciation.

Minderwert *m* reduced value; **minderwertig** *adj.* inferior, of inferior quality, ⚚ *a.* low-grade ...; **Minderwertigkeit** *f* inferiority; ⚚ inferior quality.

Minderwertigkeits|gefühl *n* feeling of inferiority, sense of being inferior; → *a.* **~komplex** *m* inferiority complex.

Minderzahl *f*: (**in der ~ sein** be in the) minority.

mindest *adj.* least; slightest; minimum ...; **nicht im ~en** not in the least, not at all; **nicht die ~e Chance** not the slightest chance; **ich habe nicht die ~e Ahnung** I haven't the slightest idea, **davon:** I don't know the first thing about it; **zum ~en** at least; **das ~e** the very minimum (*od.* least); **das wäre das ~e gewesen** that's the (very) least one could have expected; **das ~e wäre, daß du mich angerufen hättest** you could have at least rung me up.

Mindest|alter *n* minimum age; **~anforderungen** *pl.* minimum requirements; **~betrag** *m* minimum amount.

mindestens *adv.* at least.

Mindest|forderung *f* minimum (wage) demand; **~gehalt**[1] *n* minimum wage; **~gehalt**[2] *m* minimum content; **~ an Alkohol** minimum alcohol content.

Mindesthaltbarkeitsdatum *n* best-before (*od.* best-by) date, *Am.* pull date.

Mindest|lohn *m* minimum wage; **~maß** *n* minimum; **auf ein ~ herabsetzen** reduce to a minimum; **~preis** *m* minimum price; **~strafe** *f* minimum penalty; **~tarif** *m* minimum wage; **~umtausch** *m* minimum currency exchange; **~verbrauch** *m* minimum consumption; **~wert** *m* minimum value; **~wortschatz** *m* minimum vocabulary; **ein ~ von ...** *a.* a minimum (number) of ... words; **~zahl** *f* minimum (number).

Mine *f* ⚒, ⚔, ⚓ mine; (*Bleistift*⁀) lead; (*Kugelschreiber*⁀) cartridge, (*Ersatz*⁀) refill; **~n legen** lay mines; **auf e-e ~ laufen** hit a mine.

Minen|arbeiter *m* ⚒ mineworker, miner; **~feld** *n* minefield; **~leger** *m* mine layer; **~räumboot** *n* minesweeper; **~sperre** *f* ⚓ mine barrier; (*Straßen*⁀) mine roadblock; **~suchboot** *n* mine hunter, minesweeper; **⁀verseucht** *adj.* mine-infested.

Mineral *n* mineral; **~bad** *n* mineral bath; (*Kurort*) spa; **~brunnen** *m* mineral spring; **~dünger** *m* mineral fertilizer.

mineralisch *adj.* mineral ...

Mineralkunde *f* mineralogy.

Mineraloge *m* mineralogist; **Mineralogie** *f* mineralogy; **mineralogisch** *adj.* mineralogical.

Mineralöl *n* mineral oil; **~...** *in Zssgn* → *a.* **Erdöl...**; **~erzeugnis** *n* petroleum product; **~gesellschaft** *f* oil company; **~industrie** *f* oil industry; **~konzern** *m* oil company; **~steuer** *f* tax on oil.

Mineral|quelle *f* mineral spring; **~salz** *n* mineral salt; **~stoff** *m* mineral nutrient; **~vorkommen** *n* mineral deposit(s *pl.*); **~wasser** *n* mineral water.

Miniatur *f* miniature; *in Handschriften*: *a.* illumination; **~ausgabe** *f* miniature edition.

miniaturisieren *v/t.* miniaturize.

Miniatur|maler *m* miniaturist; **~malerei** *f* miniature painting.

Mini|bar *f* minibar; **~car** *m* minicab; **~format** *n* mini-format, tiny format; ***... in ~*** mini-format ...

Minigolf *n* crazy golf; **~platz** *m* crazy golf course.

minimal *adj.* minimal, minimum ...; *fig.* insignificant; → *a.* ***Mindest...***

Minimal|betrag *m* minimum (amount); **~forderung** *f* minimum demand.

Minimalist *m* minimalist.

Minimalkonsens *m* minimum consensus.

Minimalprogramm *n* (basic) policy plan.

Minimum *n* minimum; ***auf ein ~ beschränken*** keep *s.th.* to a minimum.

Mini|pille *f* minipill; **~rock** *m* miniskirt; **~slip** *m*: (**ein ~** a pair of) bikini briefs *pl.*

Minister(in *f***)** *m* minister (*gen.* of, for), *in GB*: Secretary of State (for), *in den USA*: Secretary (of).

Minister|amt *n* ministerial office; portfolio; **~anklage** *f* impeachment of a minister; **~bank** *f* government front bench; **~ebene** *f*: ***auf ~*** at cabinet level; ***Gespräche auf ~*** *a.* ministerial-level talks.

Ministerial|beamter *m* ministry official; **~bürokratie** *f* departmental red tape (*od.* bureaucracy); **~direktor** *m etwa* under-secretary (of state), *Am.* assistant secretary of state; **~erlaß** *m* ministerial decree; **~rat** *m etwa* principal; **~zulage** *f* ministerial salary benefits *pl.*

ministeriell *adj.* ministerial; **Ministerium** *n* ministry, (government) department; **Ministeriumssprecher(in** *f***)** *m* ministerial spokesman (*f a.* spokeswoman), spokesman (*f a.* spokeswoman) for the ministry.

Minister|konferenz *f* ministerial conference; **~posten** *m* ministerial post; **~präsident** *m* prime minister (*a. e-s Bundeslands*), premier; **~rat** *m* cabinet; *EU*: Council of Ministers.

Ministrant *m eccl.* server.

Minna F *f*: ***grüne ~*** F Black Maria, *Am.* paddy wagon; ***j-n zur ~ machen*** F give s.o. a roasting, bawl (*Am.* chew) s.o. out.

Minne *f* (*a.* ***hohe ~***) courtly love; **~sang** *m* minnesang; **~sänger** *m* minnesinger.

Minorität *f* minority; **Minoritätenfrage** *f* question of minorities.

minus I. *prp.* minus; **II.** *adv.*: ***~ 10 Grad*** 10 (degrees) below zero; **III.** ≈ *n* (*Fehlbetrag*) deficit; *auf dem Konto*: overdraft; *fig.* (*Nachteil*) disadvantage, drawback; ***~ machen*** make a loss; ***im ~ sein*** be in the red.

Minusbetrag *m* deficit.

Minuskel *f* small (*od.* lowercase) letter, minuscule.

Minus|pol *m* ⚡ negative pole (*od.* element); **~punkt** *m* **1.** penalty point; *Sport*: point against; **2.** disadvantage, drawback, minus factor; **~rekord** *m* record (*od.* all-time) low; **~seite** *f* † *u. fig.*: (***auf der ~*** on the) debit side; **~stunde** *f* minus hour; **~zeichen** *n* minus sign.

Minute *f* minute (*a. ast.*, ⅄); ***auf die ~*** on the dot; ***es klappte auf die ~*** it was perfectly timed, the timing was perfect; ***in letzter ~*** at the last minute; ***bis zur letzten ~*** right up to the last minute; ***~ auf ~ verging*** the minutes passed by; ***auf die ~ kommt es nicht an*** a) it doesn't have to be timed down to the minute, b) you *etc.* don't have to be absolutely punctual (*od.* be there on the minute); → ***ruhig*** I; **minutenlang I.** *adj.* lasting several minutes; several minutes of ...; **II.** *adv.* for (several) minutes; **Minutenzeiger** *m* minute hand.

minutiös, minuziös *adj.* minutely detailed; scrupulously precise; (*sorgfältig*) meticulous.

Minze *f* ⚘ mint.

mir *pers. pron.* (*dat. von* **ich**) (to) me; (*a.* ***~ selbst***) myself; ***er gab es ~*** he gave it to me, he gave me it; ***~ ist kalt*** I feel cold; ***ein Freund von ~*** a friend of mine; ***du bist ~ ein schöner Freund*** a fine friend you are; ***laß ~ m-e Ruhe*** leave me alone; ***von ~ aus*** → ***meinetwegen***; ***wie du ~, so ich dir*** an eye for an eye; ***ich putzte ~ die Zähne*** I brushed my teeth; → ***nichts.***

Mirabelle *f* yellow plum.

Misanthrop *m* misanthropist; **misanthropisch** *adj.* misanthropic(ally *adv.*).

mischbar *adj.* mixable; ***gut ~ sein*** mix well.

Misch|batterie *f* mixer tap; **~becher** *m* shaker; **~brot** *n* mixed-grain bread; **~ehe** *f* mixed marriage.

mischen I. *v/t.* **1.** *allg.* mix; (*Kaffee, Tabak etc.*) blend; ***et. in et. ~*** mix s.th. into s.th., add s.th. to s.th.; ***Gift ~*** concoct (*od.* mix) a poison; **2.** (*Karten*) shuffle; **3.** (*Tonaufnahmen etc.*) mix; **II.** *v/refl.* **4.** ***sich*** (***gut*** *etc.*) ***~*** mix (well *etc.*); **5.** ***sich ~ unter*** mix (*od.* mingle) with; ***sich ~ in*** interfere (*od.* meddle) in; (*dazwischenreden*) butt in on; ***sich in ein Gespräch ~*** join in the conversation; **III.** *v/i. beim Kartenspiel*: shuffle; → ***gemischt***; **Mischer** *m* mixer (*a. TV*).

Mischfarbe *f* compound colo(u)r; **mischfarbig** *adj.* of mixed (*od.* various) colo(u)rs.

Misch|form *f* **1.** *ling.* hybrid (form); **2.** mixture; ***e-e ~ zwischen ... und ...*** *a.* a fusion of ... and ...; **~futter** *n* mixed feed; **~gewebe** *n* mixed fabric, F mixture; **~haut** *f* combination skin; **~konzern** *m* conglomerate; **~kost** *f* mixed diet; **~kultur** *f* **1.** *soziologisch*: mixed(-race) culture; **2.** ⚒ mixed cultivation.

Mischling *m* hybrid (*a.* ⚘), crossbreed; (*Mensch*) half-caste, *bsd. contp.* half-breed.

Mischmasch F *m* hotchpotch; *contp. a.* jumble.

Mischmaschine *f* (cement) mixer.

Mischpoche F *contp. f* **1.** (*Sippschaft*) F clan; **2.** (*Gesindel*) F rabble, shower.

Misch|pult *n Radio, TV*: mixer, mixing console; **~rasse** *f* mixed race; *Tiere*: mixed breed, crossbreed; **~trommel** *f* ⚙ mixing drum.

Mischung *f* mixture (*a. fig.*); (*Tabak*≈, *Tee*≈ *etc.*) blend; (*Keks*≈, *Pralinen*≈ *etc.*) assortment; ***e-e ~ aus*** a mixture of; **Mischungsverhältnis** *n* mixing ratio.

Misch|wald *m* mixed forest; **~wort** *n* hybrid (word).

miserabel *adj.* terrible, dreadful, F lousy; *Wetter*: *a.* F rotten; ***miserable Leistung*** *a.* pathetic performance.

Misere *f* plight; *pol.*, † *a.* malaise.

Mispel *f* ⚘ medlar (tree).

mißachten *v/t.* (*nicht beachten*) ignore; (*Kunstwerk etc.*) neglect; (*geringschätzen*) disdain, despise; **Mißachtung** *f* disregard (*gen.* of); *e-s Kunstwerkes etc.*: neglect (of); (*Verachtung*) disdain (for); ⚖ ***~ des Gerichts*** contempt of court.

mißbehagen I. *v/t.*: ***es mißbehagt mir*** I don't feel happy about it, I don't like the idea; ***es mißbehagt mir zu*** *inf.* I don't feel happy about *ger.*, I'm not keen on (the idea of) *ger.*; **II.** ≈ *n* feeling of unease, uncomfortable feeling; (*Bedenken*) misgivings *pl.*; (*Unzufriedenheit*) displeasure, discontent.

Mißbildung *f* deformity.

mißbilligen *v/t.* disapprove (of); **Mißbilligung** *f* disapproval; **Mißbilligungsantrag** *m* motion of disapproval.

Mißbrauch *m* abuse; (*falsche Anwendung*) misuse, *vorsätzlicher*: *a.* improper use; ***der ~ von Medikamenten*** drug abuse; ***~ e-s Amtes*** abuse of office; ***unter ~ von*** by abusing (*od.* misusing); ***~ treiben mit*** abuse, (*falsch anwenden*) misuse, put *s.th.* to improper use; **mißbrauchen** *v/t.* abuse (*a. sexuell*); (*falsch anwenden*) misuse; **mißbräuchlich** *adj.*: ***~e Verwendung*** improper use, misuse.

mißdeuten *v/t.* misinterpret, misconstrue; → *a.* ***mißverstehen***; **Mißdeutung** *f* misinterpretation.

missen *v/t.* (*nicht erleben etc.*) miss (out on); (*auskommen ohne*) do without; ***das möchte ich nicht ~*** I wouldn't like to do (*od.* be) without it, (*Erlebnis etc.*) I wouldn't like to miss out on it, (*Vergangenes*) I wouldn't like to have done (*od.* been) without it, (*Erlebnis etc.*) I wouldn't like to have missed out on it.

Miß|erfolg *m* failure; *e-s Buchs etc.*: *a.* flop; **~ernte** *f* bad harvest, crop failure.

Missetat *f* misdeed; **Missetäter** *m* malefactor, miscreant; *a.* ⚖ offender.

mißfallen I. *v/i.*: ***er*** (***es***) ***mißfällt ihr*** she doesn't like him (it); **II.** ≈ *n* displeasure, disapproval; ***j-s ~ erregen*** cause s.o. displeasure, *Person*: *a.* incur s.o.'s displeasure (*od.* disapproval); **Mißfallensäußerung** *f* expression of disapproval; **mißfällig I.** *adj. Äußerung etc.*: disparaging; **II.** *adv.*: ***sich ~ äußern über*** speak (rather) disparagingly about (*od.* of).

mißgebildet *adj. Person*: deformed, *Körper(teil)*: *a.* misshapen.

Mißgeburt *f* **1.** (*Kind*) deformed child; (*Tier*) deformed animal; (*extreme ~*) freak; **2.** *fig.* (*Fehlschlag*) failure, flop; **3.** F *contp.* F obnoxious creature, *sl.* scab.

mißgelaunt *adj.* bad-tempered ...; ***~ sein*** *mst* be in a bad mood.

Mißgeschick *n* (*Pech*) bad luck, misfortune; (*Unfall*) mishap.

Mißgestalt *f* misshapen figure; **mißgestaltet** *adj* misshapen, deformed.

mißgestimmt *adj.* → ***mißgelaunt.***

mißglücken *v/i.* fail, be a failure, be unsuccessful, not to come off; ***der Plan ist ihm mißglückt*** his plan failed, the plan turned out a failure *od.* didn't work out (for him), his plan didn't come off; ***der Kuchen ist mir mißglückt*** the cake didn't turn out; **mißglückt** *adj. Versuch*: unsuccessful; ***es war ein*** (***völlig***) ***~er Plan*** the plan didn't come off (was a complete failure *od.* a disaster).

mißgönnen *v/t.*: ***j-m et. ~*** (be)grudge s.o. s.th.

Mißgriff *m* mistake; wrong move; (*schlechte Wahl*) mistake, bad choice; ***e-n ~ tun*** make a mistake (*od.* wrong move, bad choice); ***damit hat er e-n absoluten ~ getan*** that was a bad (*od.* fatal) mistake.

Mißgunst *f* (*Mißgönnen, Neid*) envy, jealousy; (*böser Wille*) ill will, malevolence;

mißgünstig *adj.* (*neidisch*) envious, jealous; (*böswillig*) malevolent.

mißhandeln *v/t.* ill-treat, maltreat; **mißhandelt** *adj.*: ***~es Kind*** (***~e Frau***) battered child (wife); **Mißhandlung** *f* ill-treatment, maltreatment; ⚖ (*Tätlichkeit*) assault and battery.

Mißhelligkeiten *pl.* **1.** (*Unstimmigkeiten*) differences (of opinion), disagreement *sg.*; **2.** (*Unannehmlichkeiten*) trouble *sg.*

Mission *f* mission; (*Abordnung*) delegation; **Missionar** *m* missionary; **missionarisch I.** *adj.* missionary; *fig.* ***mit ~em Eifer*** with a missionary zeal; **II.** *adv.*: ***~ tätig sein*** do missionary work; proselytize; **missionieren I.** *v/i.* do missionary work; proselytize; **II.** *v/t.* (*Land*) do missionary work in, take the Gospel *etc.* to; (*Volk*) proselytize; preach the Gospel *etc.* to, *weitS.* (*bekehren*) convert.

Missions|chef *m* head of a (*od.* the) mission; **~station** *f* mission; *entlegen*: *a.* missionary outpost.

Miß|klang *m* discordant note, *a. pl.* dissonance, discord; *fig. a.* note of discord; **~kredit** *m* discredit, disrepute; ***in ~ bringen*** bring discredit upon, bring dishono(u)r to; ***in ~ geraten*** fall into disrepute, get (o.s. *od.* itself) a bad name; **~laut** *m* harsh (*od.* grating) sound.

mißlich *adj.* (*unangenehm*) disagreeable, awkward; (*schwierig*) difficult, awkward; (*unerfreulich*) unfortunate; ***~e Lage*** awkward (*od.* unpleasant) situation, predicament; **Mißlichkeit** *f* disagreeable nature *of a situation etc.*; awkwardness; (*mißliche Lage*) awkward (*od.* unpleasant) situation, predicament; ***~en*** unpleasant things (*od.* aspects), F little problems.

mißliebig *adj.* unpopular; **Mißliebigkeit** *f* unpopularity.

mißlingen *v/i.* fail, be unsuccessful, turn out (to be) a failure; ***es mißlang ihm*** he was unsuccessful (with it), he didn't manage it, ***zu*** *inf.*: he failed (in his attempt) to *inf.*, he was unsuccessful in *ger*; **mißlungen** *adj. Versuch*: unsuccessful; ***~er Staatsstreich*** abortive coup.

Mißmut *m* disgruntlement; **mißmutig** *adj.* bad-tempered ..., *pred.* in a bad mood; (*unzufrieden*) disgruntled.

mißraten I. *v/i. Versuch etc.*: fail; *Kuchen etc.*: turn out a failure, go wrong; ***es ist mir ~*** I've made a mess of it; ***der Kuchen ist mir ~*** the cake hasn't turned out; **II.** *adj. Kind*: wayward.

Mißstand *m a. pl.* deplorable state of affairs; (*Mißbrauch*) abuse; ***Mißstände*** (*Mißwirtschaft*) mismanagement; ***soziale Mißstände*** social injustices; ***Mißstände abschaffen*** remedy abuses *etc.*; ***es herrschen Mißstände in ...*** *a.* things are not as they should be in ...

Mißstimmung *f* bad (*od.* ill) feeling, note of discord; (*Unstimmigkeit*) (note of) disagreement.

Mißton *m* discordant note; *kratzender*: grating note; *fig.* sour note, note of discord; **mißtönend** *adj.* discordant; (*kratzend*) grating.

mißtrauen I. *v/i.* (*j-m, e-r Sache*) distrust, mistrust; have no confidence in; ***ich mißtraue der Sache*** I have my doubts (*od.* suspicions) about it; **II.** ~ *n* distrust, mistrust (***gegen*** of); (*Verdacht*) suspicion (of); (*Zweifel*) doubt(s *pl.*) (concerning); ***voller ~ sein*** be very distrustful (*od.* suspicious, doubtful).

Mißtrauens|antrag *m* motion of no-confidence; ***e-n ~ stellen*** propose a vote of no-confidence; **~votum** *n* vote of no-confidence.

mißtrauisch *adj.* distrustful; (*argwöhnisch*) suspicious, wary; (*skeptisch*) sceptical, *Am.* skeptical.

Mißvergnügen *n* annoyance, displeasure (***über*** at); (*Unzufriedenheit*) discontent (-ment) (at, about); **mißvergnügt** *adj.* disgruntled (***über*** at, about), not (exactly) pleased (about), *stärker*: upset (at, about); (*unzufrieden*) discontented (at, about); (*schlecht gelaunt*) sullen, F grumpy; ***etwas ~ sein über*** *a.* not to be too happy about.

Mißverhältnis *n* imbalance, disproportion; (*Diskrepanz*) discrepancy, disparity; ***in e-m ~ stehen*** be out of proportion (***zu*** to).

mißverständlich *adj.* misleading, unclear; (*zweideutig*) ambiguous; **Mißverständlichkeit** *f* **1.** misleading nature *of a statement*; (*Zweideutigkeit*) ambiguity; **2.** *konkret*: misleading (*od.* ambiguous) statement; **Mißverständnis** *n* misunderstanding; (*Streit*) *a.* disagreement; **mißverstehen** *v/t.* misunderstand; (*falsch auslegen*) misinterpret, misconstrue, (*j-s Absichten*) *a.* mistake; ***du hast mich mißverstanden*** *a.* you've got me wrong.

Mißwahl *f* beauty contest.

Mißwirtschaft *f* mismanagement, bad management.

Mist *m* **1.** (*Kuh~, Pferde~*) dung; (*Tierkot*) droppings *pl.*; (*Dünger*) manure; F *fig.* ***das ist nicht auf m-m ~ gewachsen*** I had nothing to do with it; **2.** F (*Plunder*) rubbish, F junk; **3.** F (*Unsinn*) F rubbish, rot, *bsd. Am.* F trash, garbage; ***~ machen*** (***od. bauen***) a) F (make a) boob, b) make a mess of it, F botch it (up), cock it up; ***mach keinen ~!*** don't do anything stupid; ***~ verzapfen*** F talk rot; (***so ein***) ***~!*** F damn (it)!

Mistel *f* ⚘ mistletoe; **~zweig** *m* sprig of mistletoe.

misten *v/t.* **1.** (*düngen*) manure; **2.** (*ausmisten*) muck out.

Mist|fink F *m sl.* dirty slob; **~gabel** *f* pitchfork; **~haufen** *m* manure heap; **~käfer** *m zo.* dung beetle; **~kerl** F *contp. m sl.* swine, bastard; **~stück** *n*, **~vieh** *n* F *contp.* (*Mann*) *sl.* bastard, (*Frau*) *sl.* bitch; **~wetter** F *n* rotten weather, F bloody awful weather; **~zeug** F *n* → ***Mist*** 2, 3.

mit I. *prp.* **1.** with; ***ein Mann ~ Hund*** a man with a dog; ***Tee ~ Rum*** tea with rum; ***Zimmer ~ Frühstück*** bed and breakfast; ***ein Korb ~ Obst*** a basket of fruit; **2.** (*mit Hilfe von*) with; ***~ der Bahn*** (***Post*** *etc.*) by train (post *etc.*); ***~ Bleistift*** (***Kugelschreiber***) *schreiben*: in pencil (with a ballpoint, in pen); ***~ Gewalt*** by force; ***~ Bargeld*** (***Scheck, Kreditkarte***) ***bezahlen*** pay in cash (by cheque [*Am.* check], by credit card); ***~ dem nächsten Bus fahren*** (***ankommen***) take (arrive on) the next bus; **3.** *Art und Weise beschreibend*: with; ***~ Absicht*** intentionally; ***~ lauter Stimme*** in a loud voice; ***~ Verlust*** at a loss; ***~ einem Mal*** all of a sudden, suddenly; ***~ einem Wort*** in a word; ***~ 8 zu 11 Stimmen*** *beschließen*: by 8 votes to 11; ***~ e-r Mehrheit von*** by a majority of; **4.** *j-n od. et. betreffend*: ***was ist ~ ihm?*** what's the matter with him?; ***wie steht es ~ Ihrer Arbeit?*** how's your work getting on?; ***wie steht's ~ dir?*** how about you?; ***wie wär's ~ ...?*** how about ...?; ***~ mir nicht!*** don't (*od.* they *etc.* needn't) try it on with me; **5.** *zeitlich*: ***~ 20 Jahren*** at (the age of) twenty; ***~ dem 3. Mai*** as of May 3rd; → ***Zeit***; **II.** *adv.* also, too; ***~ dabeisein*** be there too; *er war* ***~ der beste*** one of the (very) best; → ***mitgehen, -kommen*** *etc.*; → ***dazugehören.***

Mitangeklagte(r *m*) *f* codefendant.

mitansehen *v/t.* witness, see; *fig.* (*dulden*) (*a.* ***es ~***) sit back and watch.

Mitarbeit *f* cooperation, collaboration; (*Hilfe*) *a.* assistance (***bei*** in); *weitS.* (*Arbeit*) work; ***ihre langjährige ~ bei ...*** her many years of work(ing) with (*od.* for) ...; **mitarbeiten** *v/i.* cooperate, collaborate; (*mithelfen*) help out; ***~ an*** work on *s.th.* (too), (*beitragen*) contribute to; *im Unterricht*: participate in, join in; **Mitarbeiter(in** *f*) *m* (*Angestellte*[*r*]) employee; *e-r Zeitung*: contributor (*gen. od.* ***bei*** to); ***freier Mitarbeiter*** freelance, *bei e-m Projekt*: collaborator; ***er war Mitarbeiter an dem Projekt*** he worked on (*od.* was involved in) the project; ***wie viele Mitarbeiter hat die Firma?*** how many people work for the company?; **Mitarbeiterstab** *m* staff (*mst pl. konstr.*), F team; ***sie gehört zu s-m engsten ~*** she's one of his closest collaborators.

Mitautor *m* co-author.

Mitbegründer *m* co-founder.

mitbekommen *v/t.* **1.** get (*od.* be given) *s.th.* (to take with one), *für unterwegs*: get (*od.* be given) *s.th.* for the road; *als Mitgift*: get *s.th.* as a dowry; **2.** F (*aufschnappen*) catch; (*hören*) hear; (*bemerken*) realize; (*verstehen*) F get.

mitbenutzen *v/t.* share (with s.o.); ***ich darf es ~*** I'm allowed to use it (too); **Mitbenutzer** *m* co-user; **Mitbenutzung** *f* joint (*od.* shared) use.

Mitbesitzer *m* co-owner, joint owner.

mitbestimmen I. *v/t. Person*: decide *s.th.* along with (the) others; *Sache*: have an influence on, influence; **II.** *v/i.*: (***bei e-r Sache***) ***~*** have a say (in the matter); **Mitbestimmung(srecht** *n*) *f* co-determination; *der Arbeitnehmer*: *a.* worker participation.

Mitbewerber *m* competitor.

Mitbewohner *m* fellow occupant.

mitbringen *v/t.* bring (*od.* take) along (with one); *fig.* (*Fähigkeiten*) have, be endowed with; ***j-m etwas ~*** take something along for s.o., take s.o. a (little) present; ***hast du mir was mitgebracht?*** have you got (*od.* brought) anything for me?; **Mitbringsel** *n* little present, F pressie; (*Andenken*) souvenir, memento.

Mitbürger *m* fellow citizen.

mitdenken *v/i.* **1.** show some initiative, think (things through); **2.** ***denk mal mit!*** help me (*od.* us) think; ***ich muß immer für andere ~*** I have to do all the thinking; ***er denkt nie mit*** he lets others do all the thinking, he leaves the thinking to others; **3.** follow s.o.'s train of thought.

mitdürfen *v/i.* be allowed to go *od.* come (with s.o.); ***darf ich mit?*** can I come *od.* go (too)?

Miteigentümer *m* joint owner, co-owner.

miteinander I. *adj.* with each other; (*zusammen*) together; ***alle*** ~ everyone; ~ ***verheiratet*** married; ~ ***verwandt*** related; ***sie sind*** ~ ***bekannt*** they know each other; ***sie sind*** ~ ***zerstritten*** they've fallen out; **II.** ≈ *n* coexistence; (*Auskommen*) getting along together.

mitempfinden I. *v/t.* share *s.o.'s troubles etc.*; **II.** *v/i.*: ***mit j-m*** ~ feel for s.o., sympathize (with s.o.).

Miterbe *m*, **Miterbin** *f* co-heir(ess *f*), joint heir(ess *f*).

miterleben *v/t.* see (with one's own eyes); ***ich hab's miterlebt*** *a.* I was there, I saw it happen, *längerfristig*: I was around at the time; ***sie hat den Krieg noch miterlebt*** she was still alive during the war; ***das wird er nicht mehr*** ~ he won't live (*od.* be around) to see that (day); ***ich mußte*** ~, ***wie er an Krebs starb*** I had to watch him die of cancer.

mitessen I. *v/i.* eat with us *etc.*; **II** *v/t.*: ***kann man die Schale*** *etc.* ~? can you eat the peel *etc.* (too)?

Mitesser *m* ✱ blackhead.

mitfahren *v/i.* drive (*od.* go, ride) with s.o.; ***j-n*** ~ ***lassen*** give s.o. a lift (*Am.* ride); ***darf ich*** ~? can you give me a lift (*Am.* ride)?

Mitfahr|gelegenheit *f* lift, *Am.* ride; ***biete*** ~ ***nach Köln*** lift (*Am.* ride) offered to Cologne; **~zentrale** *f* car pool(ing) service.

mitfliegen *v/i.* fly with s.o.; ***fliegt er mit?*** *a.* is he flying too?; ***mit derselben Maschine*** ~ be on the same flight.

mitfreuen *v/refl.*: ***sich*** ~ be (very) pleased for s.o.; ***wir haben uns alle mitgefreut*** *a.* we were all thrilled (at the news).

mitfühlen *v/t. u. v/i.* → ***mitempfinden***; **mitfühlend** *adj.* sympathetic, compassionate; understanding.

mitführen *v/t.* **1.** *Person*: have *s.th.* with (*od.* on) one; **2.** *Fluß etc.*: carry (along) with it.

mitgeben *v/t.*: ***j-m et.*** ~ give s.o. s.th. (to take with him *od.* her), *fig.* (*Ratschlag, Erziehung etc.*) give s.o. s.th. (along the way); ***j-m j-n*** ~ send s.o. along with s.o.

mitgefangen *adj.*: ~, ***mitgehangen*** in for a penny(, in for a pound); **Mitgefangene(r)** *m* fellow prisoner; ***die Mitgefangenen*** the other prisoners.

Mitgefühl *n* sympathy; ***j-m sein*** ~ ***ausdrücken*** offer one's sympathies (*formell*: condolences) to s.o.; ***du hast mein*** ~ *bsd. iro.* I sympathize, you have my (deepest) sympathy.

mitgehen *v/i.* **1.** go (*od.* come) along (***mit j-m*** with s.o.); ***ich geh' noch ein Stückchen mit*** I'll come along part of the way with you, I'll walk you part of the way; F ***et.*** ~ ***lassen*** F walk off with s.th.; **2.** *fig. Zuhörer etc.*: respond, (*mitspielen*) play along; ~ ***mit*** *a.* go along with; ***begeistert*** ~ respond wholeheartedly.

mitgenommen *adj.* the worse for wear (*a. Person*); (*ramponiert*) *a.* battered; *Person*: (*erschöpft*) exhausted, strained.

Mitgift *f* dowry; **~jäger** *m* fortune-hunter.

Mitglied *n* member; ***ordentliches (förderndes, zahlendes)*** ~ full (supporting, subscribing) member; ~ ***sein von*** be a member of, belong to; sit on *a committee*.

Mitglieder|versammlung *f* general meeting; **~zahl** *f* membership.

Mitgliedsbeitrag *m* (membership) fee (*Am.* dues *pl.*).

Mitgliedschaft *f* membership.

Mitgliedskarte *f* membership card.

Mitglied(s)|land *n* member country (*od.* nation); **~staat** *m* member state.

mithaben *v/t.*: ***et.*** ~ have (brought) s.th. with one, (*Scheckkarte etc.*) have s.th. on (*od.* with) one.

mithaften *v/i.* be jointly liable.

Mithäftling *m* fellow prisoner.

mithalten *v/i.* keep up, keep pace; ~ ***mit*** *a.* keep abreast of; ***wacker*** ~ hold one's own.

mithelfen *v/i.* → ***helfen.***

Mitherausgeber *m* co-editor.

Mithilfe *f* help, assistance, cooperation.

mithin *adv.* consequently, therefore, thus.

mithören I. *v/t.* **1.** *absichtlich*: listen in on, listen to; *heimlich*: *a.* eavesdrop on; *zufällig*: overhear; ***ich hab's zufällig mitgehört*** I happened to hear it, *ungewollt*: I couldn't help overhearing it; ***man hört von oben alles mit*** you can hear everything that goes on upstairs; **2.** (*abhören*) monitor, listen in on; (*Funkverkehr*) intercept; **3.** (*Radiosendung etc.*) listen to, hear; **II.** *v/i.* **4.** listen in; *heimlich*: *a.* eavesdrop; **5.** (*abhören*) tap the wire.

Mitinhaber *m* joint owner (*od.* proprietor); ✝ partner.

mitkämpfen *v/i.* join in the struggle; ***mit j-m*** ~ fight on s.o.'s side; **Mitkämpfer** *m* ⚔ fellow combatant, *lit.* comrade-in--arms; *fig. a.* fellow (*od.* militant) supporter (***für, in Sachen*** *gen.* of).

Mitkläger *m* co-plaintiff.

mitklingen *v/i.* → ***mitschwingen.***

mitkommen *v/i.* **1.** come (along); ***kommst du mit?*** are you coming (too)?; **2.** (*Schritt halten*) keep up; *geistig*: be able to follow; ***da komme ich (einfach) nicht mit*** *geistig*: it's above my head, I must be too stupid for that kind of thing; **3.** *in der Schule* ***gut*** ~ do (*od.* get along) well; ***nicht*** ~ do badly, lag behind.

mitkönnen *v/i.* **1.** be able to come *od.* go (too); **2.** *fig.* → ***mitkommen*** 2.

mitkriegen F *v/t.* → ***mitbekommen.***

mitlassen *v/t.* let *s.o.* go *od.* come along (too).

mitlaufen *v/i.* **1.** run (*od.* go) along too; ~ ***mit*** run (along) with; **2.** *Wettläufer*: run (in the race); **3.** F *fig.* (*nebenher erledigt werden*) get done on the side (*od.* in between); **Mitläufer** *contp. m* hanger-on; (*Kommunist*) fellow travel(l)er.

Mitlaut *m* consonant.

Mitleid *n* pity, compassion; (*Mitgefühl*) sympathy; ***aus*** ~ ***für*** out of pity for; ***mit j-m*** ~ ***haben*** have (*od.* take) pity on s.o., pity s.o., feel sorry for s.o.

Mitleidenschaft *f*: ***in*** ~ ***ziehen*** (begin to) affect; spread to; take its toll on ... (as well).

mitleiderregend *adj.* pitiful, pitiable, *lit.* piteous; **mitleidig** *adj.* compassionate, sympathetic; ***ein*** **~es** ***Lächeln*** a contemptuous smile; **mitleid(s)los** *adj.* unfeeling, pitiless; ~ ***sein*** have no pity; **mitleid(s)voll** *adj.* full of pity, compassionate.

mitlesen *v/t.* read *s.th.* too (*od.* with s.o.); ***et.*** ~ *leise*: read s.th. along with s.o.

mitmachen I. *v/i.* **1.** (*teilnehmen*) join in, take part (***bei*** in); F (*mitspielen*) play along, go along with it; ***da mach' ich nicht mit*** you can count me out on that, (*bin nicht einverstanden*) I'm not going to go along with that; **2.** (*zusammenarbeiten*) cooperate; *fig.* ***wenn das Wetter mitmacht*** weather permitting; ***m-e Beine machen nicht mehr mit*** my legs are giving up (on me); ***der Motor macht nicht mehr mit*** the engine has packed up; **II.** *v/t.* **3.** (*teilnehmen bei*) take part in, join in; (*anwesend sein bei*) be at; **4.** (*die Mode*) follow, go with; **5.** (*erleben*) live through; (*erleiden*) go through, suffer; ***sie hat einiges mitgemacht*** *a.* she's got a few tales to tell; F ***da machst du was mit!*** it's a hard life.

Mitmenschen *pl.*: ***die*** ~ one's fellow human beings; people; *iro.* ***die lieben*** ~! people!; **mitmenschlich** *adj.*: **~e** ***Beziehungen*** human relations; **~e** ***Kontakte*** social (*od.* human) contact.

mitmischen F *v/i.* F be in on it (*od.* s.th.); ***er muß immer*** ~ he's always got to be in on everything.

mitmüssen *v/i.* have to go *od.* come (too).

Mitnahmepreis *m* cash and carry price.

mitnehmen *v/t.* **1.** take along (*od.* with one); (*fortnehmen*) take away; ***darf ich eins*** ~? can I take one?; ***j-n (im Auto)*** ~ give s.o. a lift (*Am.* ride); ***zum*** ≈ *Schild*: please take one; *Essen etc.* ***zum*** ≈ takeaway ..., *Am.* carryout ..., ... to go; **2.** F *fig.* (*umstürzen, streifen*) F take *s.th.* along (as well); *iro.* ***wolltest du die Tür noch*** ~? are you going to leave the door here?; **3.** F (*stehlen*) F walk off with; **4.** (*erschöpfen*) exhaust, wear out, *a. emotional*: take it out of one; ***das hat ihn ziemlich*** (F ***schwer***) ***mitgenommen*** it hit him hard, it's really taken it out of him; → ***mitgenommen***; **5.** F (*nebenbei erledigen*) do *s.th.* on the side; (*Ort etc. besuchen*) take in (on the way), F do; (*Gelegenheit, ausnützen*) make the most of; ***jede Gelegenheit*** ~ F grab every opportunity; ***alles*** ~, ***was man kann*** make the most of life.

mitnichten *adv.* certainly not.

Mitra *f* mitre, *Am.* miter.

mitrauchen I. *v/i.* **1.** *als Passivraucher*: breathe in the (cigarette) smoke; **II.** *v/t.* **2.** (*Rauch*) breathe in; **3.** ***rauchst du eine mit?*** will you have a cigarette with me?; **III.** ≈ *n* passive smoking; **Mitraucher** *m* passive smoker; ***wir armen*** ~ we poor people who have to breathe in all the smoke.

mitrechnen *v/t.* include, count (as well), count in; ... ***nicht mitgerechnet*** not counting ...

mitreden I. *v/i.* join in (the conversation); (*mitbestimmen*) have a say; ***da kann ich nicht*** ~ I don't know anything about that; **II.** *v/t.*: ***etwas*** (*od.* ***ein Wörtchen***) ***mitzureden haben*** have a say (***bei*** in).

mitreisen *v/i.* travel (*od.* go, come) with s.o.; ***er reist mit*** *a.* he's going (*od.* coming) too; **Mitreisende(r** *m*) *f* fellow passenger (*od.* travel[l]er); *e-r Gruppenreise*: tour member (*od.* participant).

mitreißen *v/t.* drag (*od.* carry, sweep) along; *fig.* (*begeistern*) carry *od.* sweep along (*od.* away); **mitreißend** *fig. adj. Musik, Rede*: rousing; *Rhythmus, Applaus etc.*: infectious; *Spiel etc.*: exciting.

mitsamt *prp.* together (*od.* along) with.

mitschicken *v/t.* send (along); *in Briefen etc.*: enclose.

mitschleifen *v/t.* (*a.* F *fig. j-n*) drag along (with one).

mitschleppen *v/t.* (*Gepäck etc.*) F cart along (with one), (*Schweres*) *a.* F hump along; F *fig.* (*j-n*) drag along (with one); F *fig.* ***er hat die Kinder alle mitgeschleppt*** *a.* F he had all the kids in tow.

mitschneiden *v/t.* (*Sendung etc.*) record; **Mitschnitt** *m* recording.

mitschreiben **I** *v/t.* **1.** write (*od.* take) down, make notes on; **2.** (*Prüfung*) take part in, F do; **II.** *v/i.* make notes.

Mitschuld *f* share of the blame, *bsd.* ⚖ partial responsibility; ***ihn trifft e-e*** ~ he is partly to blame (***an*** for), he is partly responsible (for), he has a share in the blame (for); **mitschuldig** *adj.*: ~ ***sein*** be partly responsible (***an*** for), be partly to blame (for); **Mitschuldige(r** *m*) *f* accomplice (***an*** in).

Mitschüler(in *f*) *m* schoolmate; classmate.

mitschwingen *v/i.* resonate; *fig.* ***darin schwingt ... mit*** it has overtones of ...

mitsingen *v/i.* join in the singing, sing along; ***in*** *e-m Konzert* ~ sing in.

mitsollen *v/i.* be supposed to go *od.* come (too).

mitspielen *v/i.* **1.** join in, play with s.o.; *Sport*: play (***bei*** for), be on the team; *thea.* appear, have a part (in); **2.** (*et. unterstützen*) play along; **3.** (*mitwirken*) play a role *od.* part (***bei*** in); **4.** ***j-m übel*** (*od.* ***bös***) ~ be really hard (F tough) on s.o., *a. Sache*: give s.o. a really hard time; **Mitspieler(in** *f*) *m* player; *thea.* member of the (supporting) cast.

Mitspracherecht *n* right to a say (***bei*** in); ***wir haben kein*** ~ we have no say (whatsoever); ***er hat hier kein*** ~ he has no say in things (*Einzelfall*: in the matter); **mitsprechen** **I** *v/t.* **1.** say *s.th.* together with s.o.; ***alle sprachen den Eid mit*** they all said the oath together; **II.** *v/i.* **2.** → ***mitreden***; **3.** → ***mitspielen*** 3.

Mitstreiter *m* fellow combatant *od.* supporter (***für, in Sachen*** *gen.* of), *lit.* comrade-in-arms.

Mitachtziger(in *f*) *m* man (*f* woman) in his (her) mid-eighties; ***ein Mitachtziger sein*** *a.* be in one's mid-eighties.

Mittag *m* midday, noon(time); lunchtime; ***heute*** ♀ at noon (*od.* midday) today; ***zu*** ~ ***essen*** have lunch; ***et. zu*** ~ ***essen*** have s.th. for lunch, have some lunch; F ~ ***machen*** have one's lunchbreak; ***wir haben über*** ~ ***geschlossen*** we close for lunch, we're closed at lunchtime; **~essen** *n* lunch; ***was gibt's zum*** ~? what's for lunch?

mittäglich *adj.* midday, *Hitze etc.*: *a.* noonday; *Pause etc.*: lunchtime; **mittags** *adv.* at midday (*od.* noon); at lunchtime; ***von*** (***bis, gegen***) ~ from (until, around) noon.

Mittags|hitze *f* midday heat; **~müdigkeit** *f* afternoon low point; **~pause** *f* lunchbreak; lunchhour; **~ruhe** *f* **1.** afternoon quiet hour; **2.** → ***Mittagsschlaf***; **3.** ***von 12-14h*** ~ *Schild*: closed for lunch 12-2 p.m.; **~schlaf** *m*, **~schläfchen** *n* afternoon nap, siesta; **~sonne** *f* midday sun; **~stunde** *f* noon, midday; **~temperaturen** *pl.* midday temperatures (*im Sommer*: *a.* highs); **~tisch** *m* dinner table; ***den*** ~ ***decken*** lay the table for lunch; ***am*** ~ ***sitzen*** be having lunch; **~zeit** *f* lunchtime; ***in*** (*od.* ***während***) ***der*** ~ at lunchtime.

Mittäter *m* ⚖ accomplice; accessory (to the crime); **Mittäterschaft** *f* complicity.

Mittdreißiger(in *f*) *m* man (*f* woman) in his (her) mid-thirties; ***ein Mittdreißiger sein*** *a.* be in one's mid-thirties.

Mitte *f* middle; (*Mittelpunkt*) cent|re (*Am.* -er); *fig.* ***die goldene*** ~ the golden mean, a (*od.* the) happy medium; *pol.* ***die*** ~ the cent|re (*Am.* -er); ***e-e Politik der*** ~ a policy of moderation; ***in unserer*** ~ with us, in our midst; *lit.* ***er wurde aus unserer*** ~ ***gerissen*** *lit.* he was taken from our midst; ***in der*** ~ ***zwischen*** half-way between; ~ ***Juli*** in the middle of July, (in) mid-July; ~ ***des Jahres*** half-way through the year; ~ ***der Woche*** midweek, in the middle of the week; ~ ***nächster Woche*** in the middle of next week; ***in der*** ~ ***des 18. Jahrhunderts*** in the mid-18th century; ~ ***Dreißig*** in one's mid-thirties; ***wir nahmen ihn in die*** ~ we took him between us, *beim Sitzen*: we sat down on either side of him, F we sandwiched him; F ***ab durch die*** ~! off you go!

mitteilbar *adj.* communicable; **mitteilen** **I.** *v/t.* **1.** ***j-m et.*** ~ inform s.o. of s.th., tell s.o. s.th., *amtlich*: notify s.o. of s.th., ✝ advise s.o. of s.th.; ***hiermit teilen wir Ihnen mit, daß ...*** this is to inform you that (*od.* of) ...; **2.** (*Wissen etc.*) impart (*dat.* to), (*a. Stimmung*) convey; **3.** *phys.* (*Energie, Bewegung etc.*) impart (*dat.* to); **II.** *v/refl.* **4.** ***sich j-m*** ~ (*anvertrauen*) confide in s.o., open up to s.o.; **5.** ***sich*** ~ *dat. Stimmung etc.*: spread to, (begin to) infect; **6.** *phys.* ***sich*** ~ impart itself (*dat.* to); **mitteilenswert** *adj.* worth telling; **~e *Nachricht*** interesting piece of news; **mitteilsam** *adj.* communicative, forthcoming, open; talkative; **Mitteilsamkeit** *f* communicativeness, openness; talkativeness; **Mitteilung** *f amtliche*: communication; (*Benachrichtigung*) notification; (*Bekanntgabe*) announcement; (*Presse*♀) report; ~ ***machen*** → ***mitteilen.***

Mitteilungs|bedürfnis *n*, **~drang** *m* need *od.* urge to communicate (*od.* talk [to s.o.]).

Mittel *n* **1.** (*Hilfs*♀) means (*sg.*) ([***um***] ***zu*** *inf.* of *ger.*); (*Verfahren*) method (for *ger.*), way (of *ger.*); (*Ausweg*) expedient; *fig.* (*Werkzeug*) tool, device; (*Waffe*) weapon; ***als letztes*** ~, ***wenn alle*** ~ ***versagen*** as a last resort; ***ihm ist jedes*** ~ ***recht*** he'll stop (F stick) at nothing, he'll go to any length(s); ~ ***und Wege finden*** find ways and means ([***um***] ***zu*** *inf.* to *inf.*); ***über die*** ~ ***verfügen***(, ***um***) ***zu*** *inf.* be in a position to *inf.*; ***kein*** ~ ***unversucht lassen*** try every possible means (*od.* avenue), leave no stone unturned; ***et. mit allen*** **~n** ***tun*** go to great lengths (*od.* do one's utmost) to do s.th.; ***ich hab's mit allen*** **~n** ***versucht*** I tried everything (possible); → ***Zweck***; **2.** (*Heil*♀) cure, remedy (***gegen*** for); (*Medizin*) medicine; (*Tabletten*) tablets *pl.*; (*Einreibe*♀) ointment; (*Reinigungs*♀, *chemisches* ~ *etc.*) agent; (*Putz*♀) *a.* cleaner; ***ein*** ~ ***gegen Kopfschmerzen*** *etc.* something for a headache *etc.*; ***ein starkes*** ~ a) strong medicine (*od.* tablets), b) a powerful agent; **3.** *pl.* (*Reserven*) *a. geistige*: resources; (*Geld*♀) means, funds; ***aus öffentlichen*** **~n** from the public purse; ***m-e*** ~ ***erlauben es nicht*** it's beyond my means; **4.** (*Durchschnitt*) average; (*Mittelwert*) mean.

mittel **I.** *adj.* → ***mittler***; **II.** F *adv.* (*mäßig*) (fair to) middling, so-so.

Mittelachse *f* central axis.

Mittelalter *n* **1.** Middle Ages *pl.*; ***im*** ~ *a.* in medi(a)eval times; ***dunkles*** ~ (*the*) Dark Ages; *fig.* ***dort herrscht dunkles*** ~ they're going through a dark age; ***das sind Zustände wie im*** ~! it's like (going back to) the Dark Ages; **2.** F *e-r Person*: middle age; **mittelalterlich** *adj.* medi(a)eval (*a. fig. rückständig*); *fig.* **~e *Zustände*** *a.* conditions going back to the Middle (*od.* Dark) Ages.

Mittelamerikaner(in *f*) *m*, **mittelamerikanisch** *adj.* Central American.

Mittelarmlehne *f mot.* central arm rest.

mittelbar *adj.* indirect.

Mittel|bau *m* **1.** ⚠ central part (of a building); **2.** ✝ middle range, middle-range positions *pl.*; *univ.* non-professorial staff (*pl. konstr.*); **~betrieb** *m* medium-size(d) business.

Mittelchen F *n* cure; *weitS.* (little) trick.

mitteldeutsch *adj.* **1.** *geogr.* Central German; **2.** *ling.* Central (*od.* Middle) German.

Mittelding *n* cross, something in between; ***ein*** ~ ***zwischen ...*** a cross between ...

Mitteleuropäer(in *f*) *m* Central European; **mitteleuropäisch** *adj.* Central European; **~e *Zeit*** (***MEZ***) Central European Time.

mittelfein *adj.* ✝ medium-grade (*od.* -fine, -size).

Mittelfeld *n* centrefield, *Am.* center field; *Fußball*: midfield; **~spieler** *m* midfield player.

Mittelfinger *m* middle finger.

mittelfristig **I.** *adj. Kredit etc.*: medium-term ...; **~e *Anleihe*** medium-term bond; **~es *Ziel*** medium-range (*od.* intermediate) target; **~e *Prognose*** (***Planung***) medium-range forecast (planning); **II.** *adv.*: (~ ***gesehen*** seen) in the medium term; ~ ***planen*** plan for the medium term.

Mittelfuß *m anat.* metatarsus; **~knochen** *m* metatarsal.

Mittel|gang *m* (cent|re, *Am.* -er) aisle; **~gebirge** *n* highlands *pl.*; low mountain range; **~gewicht(ler** *m*) *n Boxen*: middleweight; **~glied** *n* middle (*od.* connecting) joint.

mittelgroß *adj.* middle-sized, medium-sized; **Mittelgröße** *f* medium size.

Mittelgrund *m Kunst*: middle ground.

Mittelhand *f anat.* metacarpus; **~knochen** *m* metacarpal.

Mittelhirn *n* midbrain, 📖 mesencephalon.

mittelhochdeutsch *adj.*, **Mittelhochdeutsch** *n ling.* Middle High German.

Mitte-Links|-Bündnis *n* centre-left (*Am.* center-left) coalition; **~-Regierung** *f* centre-left (*Am.* center-left) government.

Mittelklasse *f* **1.** ✝ medium price range; ***e-e Anlage*** *etc.* ***der*** ~ a medium-range (*od.* mid-price) hi-fi system *etc.*; → ***Mittelklassewagen*** *etc.*; **2.** (*Mittelstand*) middle classes *pl.*; **~hotel** *n* mid-price hotel; **~wagen** *m* middle-of-the-market car.

Mittellage *f* central position, mid-position; ♪ middle voice.

mittelländisch *adj.* Mediterranean.

Mittellatein *n*, **mittellateinisch** *adj. ling.* Medi(a)eval Latin.

Mittel|lauf *m e-s Flusses*: middle course; **~linie** *f* halfway line, *a. Sport*: cent|re (*Am.* -er) line; *Tennis*: cent|re (*Am.* -er) service line; Ⱥ median line.
mittellos *adj.* penniless, destitute, impoverished, *formell*: impecunious; **Mittellosigkeit** *f* impoverishment, destitution.
Mittelmaß *n* (*Durchschnitt*) average; *an* average performance; *contp.* (*Mittelmäßigkeit*) mediocrity; ***gutes ~*** above average; ***ein vernünftiges*** (*od.* ***gesundes***) **~** a (*od.* the) happy medium; **mittelmäßig** *adj. Leistung, Person*: mediocre; (*durchschnittlich*) average; F (*weder gut noch schlecht*) middling; **Mittelmäßigkeit** *f* mediocrity; mediocre standards *pl.* (*gen.* of).
Mittelmeer... *in Zssgn* Mediterranean; **~raum** *m* Mediterranean area; ***im ~*** *a.* around the Mediterranean.
Mittelohr *n* middle ear; **~entzündung** *f* inflammation of the (*od.* infection in one's) middle ear.
Mittelpfosten *m am Fenster*: mullion.
mittelprächtig F **I.** *adj.* **1.** ([*mittel*]*mäßig*) middling; **2.** (*beträchtlich*) quite a ...; **II.** F *adv.*: *wie geht's?* – **~** so-so, (fair to) middling.
Mittelpunkt *m* cent|re (*Am.* -er); *e-r Stadt etc.*: *a.* heart; *fig.* cent|re (*Am.* -er) of interest (*od.* attraction); (*Brennpunkt*) focus, *der Welt*: hub; *fig.* ***sie will immer im ~ stehen*** she always wants to be the focus of attention; ***et. in den ~ e-r Rede*** *etc.* ***stellen*** focus on s.th. in a speech *etc.*, make s.th. the focal point of a speech *etc.*; ***in den ~ rücken*** move into cent|re (*Am.* -er) stage.
mittels *prp.* by (means of), through, with (the help of).
Mittel|scheitel *m* middle (*od.* cent|re [*Am.* -er]) parting; ***e-n ~ tragen*** have a middle parting, part one's hair in the middle; **~schicht** *f* middle classes *pl.*; **~schiff** *n* △ nave; **~schule** *f* → ***Realschule.***
Mittels|mann *m*, **~person** *f* mediator, go-between, *a.* ♆ middleman.
Mittelstadt *f* middle-sized town.
Mittelstand *m* middle classes *pl.*; **mittelständisch** *adj.* **1.** bourgeois; **2.** ***~e Betriebe*** small and medium-size(d) businesses; **Mittelständler** *m* member of the middle classes.
Mittelstands... *in Zssgn* middle-class; **~bürger** *m* middle-class citizen, member of the middle classes.
Mittel|station *f am Berg*: halfway station, mid-station; **~steinzeit** *f* Mesolithic period; **~stellung** *f* intermediate position; ***e-e ~ einnehmen zwischen*** be halfway between, *fig. a.* be a cross between.
Mittelstrecken|flug *m* medium-haul flight; **~flugzeug** *n* medium-haul aircraft; **~läufer** *m* middle-distance runner; **~rakete** *f* medium-range missile.
Mittel|streifen *m Autobahn*: central reservation, *Am.* median strip; **~stück** *n* middle part; *von Fleisch etc.*: middle, F middle bit; **~stufe** *f* **1.** intermediate stage; **2.** *ped. etwa* middle school, *Am.* junior high; **~stürmer** *obs. m Sport*: cent|re (*Am.* -er) forward; **~teil** *m* → ***Mittelstück***; **~weg** *fig. m* middle course; ***der goldene ~*** the golden mean; ***e-n ~ einschlagen*** steer a middle course; **~welle** *f Radio*: medium wave.
Mittelwellen|bereich *m* medium-wave band; **~sender** *m* medium-wave radio station (*od.* transmitter).
Mittel|wert *m* average, mean (value); **~wort** *n ling.* participle; ***~ der Vergangenheit*** past participle.
mitten *adv.*: ***~ in*** (***an, auf, unter***) in the middle of, *betont*: *a.* right into (against, on, under), (*im Gewühl*) in the thick of; ***~ unter uns*** in our (very) midst; ***~ aus*** right out of; ***~ in et. hinein*** right into s.th.; ***~ entzwei*** right in two, clean through; ***~ im Winter*** in the middle (*lit.* depth) of winter; ***~ in der Nacht*** in the middle of the night; ***~ am Tag*** (*am hellichten Tag*) in broad daylight; ***er stand ~ im Leben*** a) he was living life to the full, b) he had firmly established himself in life; ***~ ins Herz*** right into the heart; ***~ im Satz*** in mid-sentence (*od.* -speech); ***~ in der Luft*** in mid-air; ***~ auf dem Meer*** in mid-ocean.
mittendrin F *adv.* right in the middle (of it).
mittendurch *adv.* right *od.* straight through (*od.* across); *brechen, schneiden etc.*: *a.* clean through.
Mitternacht *f* midnight.
mitternachtblau *adj.*, **Mitternachtblau** *n* midnight blue.
mitternächtlich *adj.* midnight ...; **mitternachts** *adv.* at (*od.* around) midnight.
Mitternachts|messe *f* midnight mass; **~sonne** *f* midnight sun.
Mittfünfziger(in *f*) *m* man (*f* woman) in his (her) mid-fifties; ***ein Mittfünfziger sein*** *a.* be in one's mid-fifties.
mittig *adj.* ⚙ concentric, *pred. a.* O. C., on cent|re (*Am.* -er).
mittler *adj.* middle, central; (*durchschnittlich*) average, medium; Ⱥ, *phys.*, ⚙ mean; (*mittelmäßig*) middling; ***von ~em Alter*** middle-aged; ***~er Beamter*** lower-grade civil servant; ***~es Einkommen*** middle income; ***von ~er Größe*** medium-sized; ***~e Leistungen*** average performance; ***~es Management*** middle management; ***~er Osten*** Middle East; ***~e Qualität*** medium quality; → ***Reife.***
Mittler *m* mediator; **~funktion** *f*, **~rolle** *f* role as (a) mediator.
mittlerweile *adv.* meanwhile, (in the) meantime; (*seitdem*) since.
Mittneunziger(in *f*) *m* man (*f* woman) in his (her) mid-nineties; ***ein Mittneunziger sein*** *a.* be in one's mid-nineties.
mittragen I *v/t.* **1.** help (to) carry; **2.** *fig.* (*Verantwortung etc.*) share, bear (*od.* carry) one's share of; **II.** *v/i.* help carrying, help with (the) carrying.
mittrinken *v/t. u. v/i.*: ***trinkst du*** (***einen***) ***mit uns mit?*** are you going to have a drink with us (*od.* join us for a drink)?
mittschiffs *adv.* ⚓ amidships.
Mittsechziger(in *f*) *m* man (*f* woman) in his (her) mid-sixties; ***ein Mittsechziger sein*** *a.* be in one's mid-sixties.
Mittsiebziger(in *f*) *m* man (*f* woman) in his (her) mid-seventies; ***ein Mittsiebziger sein*** *a.* be in one's mid-seventies.
Mittsommer *m* midsummer; **~nacht** *f* midsummer night.
Mittvierziger(in *f*) *m* man (*f* woman) in his (her) mid-forties; ***ein Mittvierziger sein*** *a.* be in one's mid-forties.
Mittwoch *m* Wednesday; (**am**) **~** on Wednesday; **mittwochs** *adv.* on Wednesdays.
Mittzwanziger(in *f*) *m* young man (*f* woman) in his (her) mid-twenties; ***ein Mittzwanziger sein*** *a.* be in one's mid-twenties.
mitunter *adv.* now and then, sometimes, occasionally.
mitunterzeichnen *v/t.* cosign; (*gegenzeichnen*) countersign; **Mitunterzeichner** *m* cosignatory.
mitverantwortlich *adj.* jointly responsible; **Mitverantwortlichkeit** *f* share of the responsibility; **Mitverantwortung** *f* joint responsibility.
mitverdienen *v/i.* be earning as well; **Mitverdiener** *m* second (*od.* extra) earner.
Mitverfasser *m* co-author.
Mitverschulden I. *n* ⚖ contributory negligence; **II.** 2 *v/t.* be partly responsible for.
Mitverschworene(r) *m* fellow conspirator.
mitversichern *v/t.* include in the insurance; **Mitversicherte(r)** *m* jointly insured party; **Mitversicherung** *f* coinsurance; *e-r Person*: joint insurance.
mitverursachen *v/t.* be partly responsible for; ***von et. mitverursacht sein*** be partly caused by s.th.
Mitwelt *f* society in which one lives; (*Zeitgenossen*) *one's* contemporaries *pl.*; F ***er präsentierte sich der staunenden ~ als ...*** to everyone's astonishment he appeared as ...
mitwirken *v/i.* **1.** (*mithelfen*) help (***bei*** in); (*teilnehmen*) take part (in); (*beteiligt sein*) play one's (*Sache*: its) part (in), ***bei:*** *a.* play (*od.* have) a part in; **2.** *thea.* take part (***bei*** in), appear (in); *Musiker*: perform, play, sing (in); **Mitwirkende(r** *m*) *f* participant; (*Ausführende*[*r*]) performer, *thea. a.* actor (*f* actress), player; ***die Mitwirkenden*** the cast; **Mitwirkung** *f* participation; cooperation, assistance; ***unter ~ von ...*** assisted by ..., *thea.* starring (*od.* featuring) ...
Mitwissen *n* knowledge; (*Einverständnis*) connivance; ***ohne mein ~*** without my knowledge, unbeknown(st) to me; **Mitwisser** *m* someone who is in on the secret; (*Vertrauter*) confidant; ⚖ accessory; ***es sind zu viele ~*** too many people know about it; **Mitwisserschaft** *f* connivance.
mitwollen *v/i.* want to go *od.* come (too).
mitzählen I. *v/i.* **1.** help (s.o.) count; count as well; ***ich hab' nicht mitgezählt*** I wasn't counting; **2.** (*von Belang sein*) count, be important; ***das zählt nicht mit*** (*gilt nicht*) that doesn't count, (*ist nicht wichtig*) that's not important; **II.** *v/t.* **3.** count (in), include; **4.** (*mitrechnen, miteinbeziehen*) include; (*berücksichtigen*) take into account.
mitziehen I. *v/i.* **1.** help (to) pull, help pulling; **2.** (*mitreisen*) travel (*od.* go) too; ***mit j-m ~*** travel (*od.* go) along with s.o.; **3.** (*sich anschließen*) follow suit; F (*mitmachen*) play along; **~ *mit*** *a.* go along with; **II.** *v/t.* **4.** help (to) pull; **5.** pull *s.th. od. s.o.* along with (*od.* behind) one.
Mixbecher *m* (cocktail) shaker; **mixen** *v/t.* mix; **Mixer** *m* **1.** (*Bar*2) bartender; **2.** *TV etc.* (*a. Person*) mixer; **3.** (*Küchen*2) blender, liquidizer.
Mix|gerät *n* mixer; **~getränk** *n* mixed drink; *alkoholisches*: cocktail.
Mixtur *f* mixture.
Mnemotechnik *f* mnemonics *pl.* (*sg.*

konstr.); **mnemotechnisch** *adj.* mnemonic(ally *adv.*); ~*e Hilfe* mnemonic (aid).

Mob *m* mob.

mobben *v/t.*: *j-n* ~ harass s.o. (at work); **Mobbing** *n* harassment (at work).

Möbel *n* piece of furniture; *pl.* furniture *sg.*; **~geschäft** *n* furniture shop (*bsd. Am.* store); **~händler** *m* furniture dealer; **~packer** *m* removal man; **~politur** *f* furniture polish; **~schreiner** *m* cabinet-maker; **~spediteur** *m* removal man; *pl.* → *a.* **~spedition** *f* removal firm; **~stoff** *m* furniture fabric; **~stück** *n* → *Möbel*; **~tischler** *m* cabinet-maker; **~wagen** *m* furniture (*od.* removal) van, *obs.* pantechnicon; *Am.* furniture truck.

mobil *adj.* mobile; *Person*: *a.* flexible; (*munter*) active; (*rüstig*) sprightly; ⚔ *u. fig.* ~*e Streitmacht* mobile force; ~ *machen* mobilize.

Mobile *n* mobile.

Mobiliar *n* furniture, furnishings *pl.*

Mobilien *pl.* movables, movable property *sg.*

mobilisieren *v/t. u. v/i.* ⚔ *u. fig.* mobilize; ⚚ realize (*v/i.* assets *od.* property); **Mobilisierung** *f* mobilization; ⚚ realization.

Mobilität *f* mobility; *geistig-seelische*: agility.

Mobilmachung *f* ⚔ *u. fig.* mobilization.

Mobiltelefon *n* mobile phone.

möblieren *v/t.* furnish; *neu* ~ refurnish; **möbliert** *adj.* furnished; ~*es Zimmer* furnished room, *Brit. a.* bedsit(ter).

möchte(n) *etc.* → *mögen.*

Möchtegern... *in Zssgn* would-be *writer etc.*

modal *adj.* modal; **Modalität** *f* modality; ~*en e-s Vertrags etc.*: details; (precise) terms; **Modalverb** *n* modal (verb).

Mode *f* fashion; *die neueste* ~ the latest fashion; *in* ~ in fashion; ~ *sein* be in fashion, F be in; *(die) große* ~ *sein* be all the rage; *in (aus der)* ~ *kommen* come into (go *od.* fall out of) fashion; *in* ~ *bleiben* continue (to be) in fashion; *mit der* ~ *gehen* follow (*od.* keep up with) the (latest) fashions; *fig. es ist (nicht)* ~ *zu inf.* it's (not) the fashion to *inf.*, it's (not) considered fashionable to *inf.*; **~artikel** *m* fashionable article; *engS.* (*Neuigkeit*) novelty; **~ausdruck** *m* vogue expression (*od.* word), F in word; *pl. a. the* latest jargon *sg.*; **~beruf** *m* fashionable (F in) career; **2bewußt** *adj.* fashion-conscious, F trendy; **~branche** *f* fashion trade (*od.* industry), F rag trade; **~droge** *f* recreational drug; F in drug; **~farbe** *f this* season's colo(u)r, F in colo(u)r; **~fotograf** *m* fashion photographer; **~geschäft** *n* fashion shop; **~haus** *n* **1.** (*Unternehmen*) fashion house; **2.** → *Modegeschäft*; **~journal** *n* fashion magazine; **~krankheit** *f* fashionable complaint, F the thing to have.

Modell *n* **1.** (*Muster*, *Modellkleid*) model; (*Nachbildung*) mock-up; **2.** *Kunst etc.*: model; ~ *stehen* work as a model; *j-m* ~ *stehen* sit (*od.* pose) for s.o.; *für ein Bild* ~ *stehen* model for a painting; **3.** (*Ausführung*) model, design; **4.** (*Entwurf*) draft; **5.** *euphem.* (*Prostituierte*) call girl; **~bau** *m* model construction; making models; **~baukasten** *m* construction kit; **~eisenbahn** *f* model railway (*Am.* railroad); **~fall** *m* **1.** model case; **2.** (*typischer Fall*) classic case (*od.* example), case in point; **~flugzeug** *n* model aeroplane (*Am.* airplane).

modellieren *v/t.* (*Figur etc.*) model; (*Ton*, *Wachs etc.*) *a.* mo(u)ld.

Modellier|masse *f*, **~ton** *m* model(l)ing clay.

Modell|kleid *n* model (dress); **~schreiner** *m*, **~tischler** *m* pattern maker; **~versuch** *m* **1.** pilot experiment (*od.* scheme); **2.** *phys. etc.* experiment on (*od.* with) a model; **~zeichnung** *f Kunst*: drawing (*od.* sketch) of a model.

modeln *v/t.* model, mo(u)ld, form; (*ändern*) change.

Modem *n*, *m Computer*: modem.

Modenschau *f* fashion show.

Mode|püppchen F *n*, **~puppe** F *f* dolly bird.

Moder *m* mo(u)ld; (*Fäulnis*) decay, *stärker*: putrefaction.

Moderation *f TV* presentation, *Am.* moderation; *die* ~ *hat ...* the presenter (*Am.* moderator) is ...; **Moderator** *m TV* presenter, host, *Am.* moderator, anchorman; **Moderatorin** *f* presenter, host, *Am.* moderator, anchorwoman.

Modergeruch *m* mo(u)ldy (*od.* musty) smell; (*Fäulnisgeruch*) smell of decay (*stärker*: putrefaction).

moderieren *v/t. TV* present, *Am.* anchor, moderate.

mod(e)rig *adj.* mo(u)ldy; *Geruch*: *a.* musty; (*faulend*) decaying, putrid.

modern[1] *v/i.* mo(u)lder, rot (away).

modern[2] *adj.* modern; (*fortschrittlich*) progressive; *contp.* newfangled; (*auf dem laufenden*) up-to-date ..., *pred.* up to date; (*modisch*) fashionable; **Moderne** *f* **1.** modern age; **2.**: *Kunst etc. der* ~ modern(ist) art *etc.*; **modernisieren** *v/t.* modernize; (*Firma etc.*) *a.* F give *a company etc.* a facelift; (*auf den neuesten Stand bringen*) update, bring *s.th.* up to date; **Modernisierung** *f* modernization; F facelift; updating; → *modernisieren*; **Modernismus** *m* modernism; **modernistisch** *adj.* modernistic(ally *adv.*); **Modernität** *f* modernity.

Mode|sache *f*: *das ist (reine)* ~ it's (just) the fashion; **~salon** *m* fashion house; **~schmuck** *m* costume jewellery (*bsd. Am.* jewelry); **~schöpfer(in** *f*) *m* creator and designer; couturier, *f* couturière; **~schriftsteller** *m* fashionable writer (*od.* author), F in author; **~tanz** *m* latest (F in) dance; dancing craze; **~torheit** *f* fad; **~welt** *f* world of fashion; **~wort** *n* vogue expression, F in word; **~zeichner** *m* fashion designer; **~zeitschrift** *f* fashion magazine.

Modifikation *f* modification; (*Einschränkung*) *a.* qualification; **modifizieren** *v/t.* modify; (*Ausdruck*) *a.* qualify; **Modifizierung** *f* modification; (*Einschränkung*) *a.* qualification.

modisch *adj.* fashionable, stylish; fashion ..., F in ...

Modul *m* module (*a.* ⚡, ⚠ *etc.*).

Modulation *f* modulation; **modulieren** *v/t.* modulate.

Modus *m* **1.** (*Art u. Weise*) way, method; approach; **2.** ♪ mode; **3.** *ling.* mood.

Mofa *n* moped.

Mogelei F *f* cheating; **mogeln** F **I.** *v/i.* cheat; **II.** *v/refl.*: *sich ins Konzert* ~ wangle one's way into the concert; **Mogelpackung** *f* **1.** cheat package; *pl. coll.* deceptive packaging *sg.*; **2.** F *fig.* cosmetic change; F *fig. das ist wieder e-e ihrer* ~*en* F they're trying to sell us short again.

mögen **I.** *v/i.* **1.** (*wollen*) want; *ich mag nicht* I don't want to, (*ich habe keine Lust*) I don't feel like it; *ich möchte schon, aber* I'd like to, but; **II.** *v/t.* **2.** (*wünschen*) want; *was möchtest du denn?* (*was ist?*) what is it you want?; **3.** (*gern* ~) like, be fond of; *nicht* ~ not to like, not to be keen on, *stärker*: dislike; *lieber* ~ like better, prefer; **III.** *v/aux.*: *ich möchte ihn sehen* I want (*höflicher*: I'd like) to see him; *möchtest du mitkommen?* do you want (*höflicher*: would you like) to come?; *ich möchte wissen* I'd like to know, (*ich frage mich*) I wonder; *ich möchte lieber ins Kino gehen* I'd rather go to the cinema; *das möchte ich doch einmal sehen!* I'd like to see that; *er mag nicht nach Hause gehen* he doesn't want to go home; *ich gehe jetzt spazieren* (*essen etc.*) - *möchtest du auch?* do you want to come too?; *mag er sagen, was er will* he can say what he wants; *das mag (wohl) sein* that may be (so); *mag sein, daß* perhaps, maybe; *was ich auch tun mag* whatever I do, no matter what I do; *wo er auch sein mag* wherever he may be; *wie dem auch sein mag* be that as it may; *was mag er dazu sagen?* I wonder what he'll say to that; *was mag das bedeuten?* what can it mean?, I wonder what it could mean?; *sie mochte 30 Jahre alt sein* she would have been (*od.* she looked) about 30; *man möchte meinen ...* you might think ...; *man möchte verrückt werden!* F it's enough to drive you up the wall.

Mogler F *m* cheat.

möglich *adj.* possible (*j-m* for s.o.); (*durchführbar*) *a.* practicable, feasible; (*eventuell*) potential *reaction etc.*; *alle* ~*en* all sorts of; *alles* ~*e* all sorts of things *etc.*; *alles 2e tun* do everything possible; *sein* ~*stes tun* do one's best (*od.* utmost), do everything in one's power; *im Bereich des 2en* within the realm (*od.* bounds) of possibility; *es (j-m)* ~ *machen zu inf.* make it possible (for s.o.) to *inf.*; → *a. ermöglichen*; *nicht* ~*!* I don't believe it!, F no kidding!; *das ist (gut)* ~ that's (quite) possible; *das ist eher* ~ that's more likely; *es ist* ~*, daß er kommt* he may come; *es ist mir nicht* ~ *zu inf.* I can't ..., *stärker*: I can't possibly ..., there's no way I can ...; *es war mir nicht* ~ I wasn't able to do it, I didn't manage (to do) it; *wenn es mir (irgendwie)* ~ *ist* if I can (possibly) manage it; *wenn irgend* ~ if at all possible; *a. iro. wäre es* ~*, daß du mir hilfst?* do you think you might possibly be able to help me?; *man sollte es nicht für* ~ *halten* would you credit it; *so bald etc. wie* ~ → *möglichst* (*bald etc.*); **möglichenfalls** *adv.* **1.** if possible; **2.** → **möglicher-weise** *adv.* possibly, it is possible that; (*vielleicht*) *a.* perhaps; ~ *ist er schon da* he may already be there; **Möglichkeit** *f* possibility; (*Gelegenheit*) opportunity; (*Aussicht*, *Chance*) chance, possibility; ~*en* (*Entwicklungsmöglichkeiten*, *Potential*) potentialities; *nach* ~ as far as possible; if possible; *es besteht die* ~ there is a (*od.* that) possibility, *daß*: there is a (*od.* the) possibility that, it's possible that; ***es besteht die ~, daß sie uns verläßt*** *a.* there's a chance (*od.* possibility) of her leaving us, it's possible that she might leave us; ***ich sehe keine ~ zu*** *inf.* I don't see any chance of *ger.*; ***ist das die ~!*** would you credit it; **möglichst** *adv.*: ***~ bald*** *etc.* as soon *etc.* as possible; ***~ klein*** as small as possible, *attr. the* smallest possible ..., *a* minimum of *losses etc.*; ***~ wenig*** as little (...) as possible; ***ein ~ billiges Zimmer*** a very cheap room, a room at the cheap end, the cheapest possible room; ***ich brauche e-n ~ schnellen Wagen*** I need the fastest car available (*od.* you've got).

Mogul *m hist.* Mogul.

Mohair *m* mohair.

Mohammedaner(in *f*) *m*, **mohammedanisch** *adj.* Moslem, Muslim.

Mohikaner *m* Mohican; *fig.* ***der letzte ~*** the last of the Mohicans.

Mohn *m* ♀ poppy; (*Mohnkörner*) poppy seed; **~blume** *f* poppy; **~brötchen** *n roll sprinkled with poppy seed*; **~kuchen** *m* poppy-seed cake; **~saft** *m* poppy juice; *weitS.* opium.

Mohr *obs. m obs.* Moor; *fig.* ***der ~ hat s-e Schuldigkeit getan, der ~ kann gehen*** now that I'm (*od.* he's *etc.*) not needed any more, I (*od.* he *etc.*) can just go.

Möhre *f* carrot.

Mohrenkopf *m gastr.* **1.** *spherical, chocolate-coated cream cake*; **2.** → ***Negerkuß.***

Möhrensaft *m* carrot juice.

Mohrenwäsche *f* whitewash attempt.

Mohrrübe *f* carrot.

Moiré *m, n* moiré.

mokant *adj.* mocking, *stärker*: sneering, sardonic(ally *adv.*).

Mokassin *m* **1.** (*bequemer Halbschuh*) slip-on; **2.** *der Indianer*: moccasin.

mokieren *v/refl.*: ***sich ~ über*** make fun of, *stärker*: sneer at.

Mokka *m* mocha (coffee); **~tasse** *f* demitasse.

Molch *m zo.* newt.

Mole *f* mole, jetty.

Molekül *n* molecule.

molekular *adj.*, **Molekular...** *in Zssgn* molecular *biology etc.*

Molke *f* whey.

Molkerei *f* dairy; **~butter** *f* standard (quality) butter; **~genossenschaft** *f* dairy cooperative; **~produkt** *n* dairy product.

Moll *n* ♪ minor (key); ***a-~*** A minor; **~akkord** *m* minor chord.

mollig F **I.** *adj.* **1.** *Person*: plump, F dumpy; **2.** (*gemütlich*) cosy, *Am.* cozy; (*warm*) *a.* snug (*a. Pullover etc.*); **II.** *adv.*: ***~ warm*** warm and cosy (*Am.* cozy).

Moll|tonart *f* minor key; **~tonleiter** *f* minor scale.

Molluske *f zo.* mollusc, *Am.* mollusk.

Moloch *fig. m* Moloch.

Molotowcocktail *m* Molotov cocktail, petrol (*Am.* gasoline) bomb.

Molybdän *n* ⚗ molybdenum.

Moment[1] *m* moment; instant; ***~!*** just a minute; ***~ mal!*** wait a minute!, F hang on (a minute)!; ***im ~*** at the moment, right now; ***im ~ nicht*** not at the moment, not just now; ***im ersten ~*** for a moment, at first; ***im letzten ~*** at the last minute, (*gerade rechtzeitig*) *a.* just in time; ***jeden ~*** any minute *od.* moment (now); → *a.* ***Augenblick.***

Moment[2] *n* (*Beweggrund*) motive; (*Faktor*) factor; ⚙ *e-r Kraft*: momentum; ***das auslösende ~ für et. sein*** trigger s.th. off.

momentan I. *adj.* **1.** (*vorübergehend*) momentary, *Übelkeit etc.*: *a.* passing; **2.** (*gegenwärtig*) present; ***die ~e Situation*** *a.* the situation at present (*od.* right now); **II.** *adv.* at the moment; for the time being.

Momentaufnahme *f phot.* snapshot (*a. fig.*); candid shot.

Monade *f* monad; **Monadenlehre** *f* theory of monads; **Monadologie** *f* monadology.

Monarch *m* monarch, sovereign; **Monarchie** *f* monarchy; **Monarchin** *f* → ***Monarch***; **monarchisch** *adj.* monarchic(al); **Monarchist** *m* monarchist; **monarchistisch** *adj.* monarchist.

monastisch *adj.* monastic; ***das ~e Leben*** *a.* the life of a monk.

Monat *m* month; ***der ~ Januar*** the month of January; ***im ~*** *verdienen etc.*: a (*od.* per) month, monthly; ***im dritten ~ sein*** be three months pregnant, be in the third month; **monatelang I.** *adj.* months (and months) of; **II.** *adv.* for months (on end); **monatlich I.** *adj.* monthly; **II.** *adv.* monthly, a month.

Monats|anfang *m* beginning of the month; **~einkommen** *n* monthly income; **~ende** *n* end of the month; **~erste** *m*: (***am ~n*** on the) first of the month; **~frist** *f* term (*od.* period) of one month; ***binnen ~*** within a month; **~gehalt** *n* monthly salary (*od.* pay); ***ein ~*** a (*od.* one) month's pay *od.* salary; **~karte** *f* monthly (season) ticket; **~lohn** *m* monthly wage(s *pl.*); **~miete** *f* monthly rent; ***eine ~*** a (*od.* one) month's rent; **~mitte** *f* middle of the month; **~name** *m* name of a (*od.* the) month; ***die ~n*** the names of the months; **~rate** *f* monthly instal(l)ment; **~schrift** *f* monthly (journal, periodical, publication); **~temperatur** *f*: ***durchschnittliche ~*** average monthly temperature.

monatsweise *adv.* monthly.

Mönch *m* monk; (*Bettel*♀) friar; **mönchisch** *adj.* monastic; ***ein ~es Leben führen*** live the life of a monk.

Mönchs|kloster *n* monastery; **~kutte** *f* monk's habit; **~orden** *m* monastic order.

Mönch(s)tum *n* monkhood; monastic life, life of a monk.

Mönchszelle *f* monk's cell.

Mond *m* moon; (*Trabant*) *a.* satellite; F *fig.* ***hinter dem ~ leben*** F be way behind the times; ***du lebst wohl hinter dem ~!*** where have you been all your life?; ***ich könnte ihn auf den ~ schießen!*** F I could wring his neck; ***d-e Uhr geht nach dem ~*** *sl.* your watch is up the creek; ***in den ~ schreiben*** write off; ***in den ~ gucken*** be left (*od.* come away) empty-handed, be left out.

mondän *adj.* fashionable, chic; ***~e Frau*** society woman.

Mond|aufgang *m* moonrise; **~bahn** *f* lunar (*od.* moon's) orbit; **♀beschienen** *poet. adj.* moonlit, *pred. a.* bathed in moonlight; **~fähre** *f* lunar module; **~finsternis** *f* eclipse of the moon, lunar eclipse; **~flug** *m* flight to the moon; **~gebirge** *n* lunar mountain range; **~gesicht** F *n* moonface; **~gestein** *n* lunar rock(s *pl.*), rocks *pl.* from the moon; **~globus** *m* lunar (*od.* moon) globe; **♀hell** *adj. Nacht*: moonlit; ***es war ~*** the moon was shining brightly; **~jahr** *n* lunar year; **~kalb** F *n* simpleton, F dumbo; **~karte** *f* map of the moon, moon chart; **~krater** *m* lunar crater, crater on the moon; **~landefähre** *f* lunar module; **~landschaft** *f* lunar landscape, moonscape; **~landung** *f* moon landing, landing on the moon; **~licht** *n* moonlight.

mondlos *adj. Nacht*: moonless.

Mondnacht *f* moonlit night.

Mondphase *f* phase of the moon; **Mondphasenuhr** *f* moon-phase watch.

Mond|rakete *f* lunar rocket; **~schatten** *m* shadow of the moon.

Mondschein *m* moonlight; F *fig.* ***du kannst mir im ~ begegnen!*** F you can take a running jump; **~tarif** *m teleph.* cheap rate.

Mond|sichel *f* crescent (of the moon); **~sonde** *f* lunar probe; **~staub** *m* lunar dust; **~stein** *m* moonstone.

mondsüchtig *adj.* somnambulist ..., somnambulistic; *weitS.* moonstruck; ***~ sein*** *mst* sleepwalk, walk in one's sleep; **Mondsüchtige(r)** *m* sleepwalker, somnambulist.

Mond|umkreisung *f* lunar orbit; **~untergang** *m* moonset; ***e-n ~ beobachten*** watch the moon go down; **~viertel** *n*: ***erstes*** (***letztes***) ***~*** first (last *od.* third) quarter (of the moon).

Monegasse *m*, **Monegassin** *f* Monacan; ***~ sein*** *a.* come from Monaco; **monegassisch** *adj.* Monacan, Monegasque.

monetär *adj.* monetary.

Moneten F *pl.* F lolly *sg.*, *sl.* brass *sg.*, bread *sg.*

Mongole *m*, **Mongolin** *f* Mongolian; **mongolisch** *adj.* Mongol, Mongolian.

Mongolismus *m* ⚕ mongolism, Down's syndrome; **mongoloid** *adj.* mongoloid.

monieren *v/t.* complain about, criticize (***daß*** the fact that); (*Rechnung*) query; (*Sendung etc.*) make a complaint about.

Monitor *m TV*, ⚕ *etc.* monitor.

mono *adj.* mono.

Monoaufnahme *f* mono recording.

monochrom *adj.* monochrome.

Monoempfänger *m* mono receiver.

monogam *adj.* monogamous; ***~er Mann*** *a.* F one-woman man; **♀ie** *f* monogamy.

Monogramm *n* monogram; ***... mit ~*** monogrammed ...

Monographie *f* monograph.

Monokel *n* monocle.

Monokultur *f* ⚘ monoculture.

Monolith *m* monolith; **monolithisch** *adj.* monolithic.

Monolog *m* monolog(ue); *thea.* soliloquy; **monologisieren** *v/i.* soliloquize, hold monolog(ue)s.

monoman *adj.* monomaniac, monomaniacal; **Monomanie** *f* monomania; **monomanisch** *adj.* → ***monoman.***

Monophthong *m ling.* monophthong.

Monopol *n* monopoly (***auf*** of); **monopolisieren** *v/t.* monopolize; **monopolistisch I.** *adj.* monopolistic; **II.** *adv.*: ***~ beherrschter Markt*** captive market.

Monopol|partei *f* dominant party; **~presse** *f* monopoly press; **~stellung** *f* monopoly; ***e-e ~ innehaben*** hold (*od.* have) a monopoly (***für*** on).

Monosendung *f* mono broadcast.

Monotheismus *m* monotheism; **Mono-**

theist *m* monotheist; **monotheistisch** *adj.* monotheistic.
monoton *adj.* monotonous; **Monotonie** *f* monotony.
Monowiedergabe *f* mono reproduction (*od.* sound).
Monoxyd *n* monoxide.
Monster *n* monster; **Monster...** *in Zssgn mst* mammoth; **~film** *m* **1.** monster film; **2.** mammoth production.
Monstranz *f* monstrance.
monströs *adj.* monstrous; **Monstrosität** *f* monstrosity.
Monstrum *n* monster.
Monsun *m* monsoon; **~regen** *m* monsoon rain(s *pl.*); **~wald** *m* monsoon forest; **~zeit** *f* monsoon (period).
Montag *m* Monday; (**am**) ~ on Monday.
Montage *f* ⚙ (*Anbringung*) mounting, fitting; (*Aufstellung*) erection; *e-r Anlage*: installation; (*Zusammenbau*) assembly; *phot.*, *Film etc.*: montage; ***auf ~ sein*** be away on a construction job; **~anleitung** *f* assembly instructions *pl.*; **~halle** *f* assembly shop; **~werk** *n* assembly plant.
montags *adv.* on Mondays.
Montags|auto *n*, **~produktion** *f* Monday model; **~stimmung** *f* Monday(-morning) blues.
Montanindustrie *f* coal, iron and steel industries *pl.*
Monteur *m* ⚙ fitter; *mot.*, ✈ mechanic; ⚡ electrician; **~anzug** *m* overalls *pl.*
montieren *v/t.* ⚙ mount, fit; (*aufstellen*) set up; (*zusammenbauen*) assemble; (*Anlage etc., einrichten*) instal(l).
Montur *f* **1.** F (*Arbeitskleidung etc.*) F gear, (*Aufmachung*) *a.* F get-up; ***in voller ~*** fully clothed; **2.** *obs.* (*Uniform*) uniform.
Monument *n* monument (***für*** to); **monumental** *adj.* monumental.
Monumental... *in Zssgn mst* monumental; mammoth; epic; **~bau** *m* monumental structure; **~film** *m*, **~schinken** F *m* (screen) epic, (Hollywood) spectacular; **~werk** *n* monumental (*od.* epic) work.
Moor *n* moor, fen; (*Sumpf*) bog; **~bad** *n* mudbath; **~boden** *m* marshy ground; **~huhn** *n* grouse.
moorig *adj.* marshy, boggy.
Moor|land *n* moorland, marshland; **~landschaft** *f* moorland(s *pl.*), marshland, marshy landscape; **~leiche** *f* bog body; **~packung** *f* mudpack.
Moos *n* **1.** ♣ moss; **2.** (*Moor*) moor; (*Sumpf*) bog; **3.** *sl.* (*Geld*) *sl.* brass; **2bedeckt** *adj.* moss-covered; **2grün** *adj.* moss-green; **~röschen** *n* moss rose.
Mop *m* mop.
Moped *n* moped, motorbike.
Mops *m* pug(dog).
mopsen F **I.** *v/t.* F pinch, snitch; **II.** *v/refl.*: ***sich ~*** be peeved.
Moral *f* **1.** morals *pl.*, moral standards *pl.*; ***doppelte ~*** double standards; ***~ predigen*** moralize; **2.** (*Sittenlehre*) morality, ethics *pl.* (*als Wissenschaft sg. konstr.*); **3.** (*Lehre*) moral; ***die ~ der Geschichte*** the moral of the tale; **4.** (*Kampf2, Arbeits2, Stimmung*) morale; ***die ~ der Mannschaft*** (***Truppen***) ***ist gut*** morale in the team (among the troops) is high; **~apostel** *m* moralizer; **~begriff** *m* concept of morality; *persönlicher*: *a.* moral (*od.* ethical) standards *pl.*
Moralin F *n* priggishness; **moralinsauer** F *adj.* priggish.
moralisch *adj.* moral; F ***e-n 2en haben*** (*deprimiert sein*) be feeling down, F have the blues, (*verkatert sein*) F have a hangover, (*Gewissensbisse haben*) have pangs of remorse (*od.* conscience); ***er hat e-n 2en*** (*Gewissensbisse*) *a.* his conscience is pricking him; **moralisieren** *v/i.* moralize, *contp. a.* preach; **Moralist** *m* moralist; **Moralität** *f* morality.
Moral|kodex *m* code of ethics; *persönlicher*: *a.* ethical standards *pl.*; **~prediger** *m* moralizer; **~predigt** *f iro.* sermon, lecture; ***j-m e-e ~ halten*** give s.o. a lecture, preach at s.o.; ***~en halten*** preach; **~theologie** *f* moral theology.
Moräne *f* moraine.
Morast *m* morass; *fig. a.* mire; *fig.* ***im ~ waten*** wallow in the mire.
Moratorium *n* moratorium.
morbid *adj.* **1.** (*dekadent*) decadent; *Geschlecht etc.*: degenerate, moribund; **2.** *Blässe etc.*: sickly, deathly *pallor etc.*; **Morbidität** *f* **1.** decadence; degeneracy; **2.** sickly nature, sickliness.
Morchel *f* ♣ morel (mushroom).
Mord *m* murder (***an*** of); ⚖ first-degree murder; ***e-n ~ begehen*** commit (a) murder; F *fig.* ***das gibt ~ und Totschlag*** F all hell will be let loose; ***es ist der reinste ~*** it's (sheer) murder; **~anklage** *f*: ***unter ~ stehen*** be charged with murder; ***j-n unter ~ stellen*** charge s.o. with murder; **~anschlag** *m* attempted murder (***auf*** of), brutal attack (on), (*Attentat*) *a.* assassination attempt (against, on); ***e-n ~ verüben*** carry out a brutal attack *od.* assassination attempt (***auf*** on), ***auf j-n:*** *a.* make an attempt on s.o.'s life; **~dezernat** *n* murder (*od.* homicide) squad; **~drohung** *f* death threat; ***~ gegen j-n*** *a.* threat on s.o.'s life.
morden I. *v/i.* commit murder, kill; **II.** *v/t.* murder; kill; **III.** 2 *n* murder(ing), killing, *stärker*: slaughter(ing).
Mörder *m* murderer, killer; (*Attentäter*) assassin; **~bande** *f* gang of murderers; **~biene** *f* killer bee; **~hand** *f*: ***durch ~ sterben*** die at the hands of a murderer.
Mörderin *f* murderer, *a.* murderess; killer; (*Attentäterin*) assassin.
mörderisch I. *adj.* murderous; *fig. a.* deadly; *fig. Geschwindigkeit*: breakneck; *Konkurrenz, Preise*: cutthroat; **II.** *fig. adv. verstärkend*: dreadfully, F incredibly; ***~ heiß*** *a. sl.* hot as hell; ***~ schreien*** *sl.* scream blue murder; ***~ fluchen*** *sl.* swear like hell.
Mordgier *f* lust for murder (*od.* to kill); **mordgierig** *adj.* bloodthirsty.
Mord|instrument *n* murder weapon; **~kommando** *n* death squad; **~kommission** *f* murder (*od.* homicide) squad; **~opfer** *n* murder victim; **~prozeß** *m* murder trial.
Mords... F *in Zssgn* (*enorm*) great, F terrific, fantastic; (*schrecklich*) dreadful, F terrific; **~angst** F *f*: ***e-e ~ haben*** F be in a flat panic (***vor*** about), be scared stiff (of); **~ding** F *n* F whopper, humdinger; **~durst** F *m*: ***e-n ~ haben*** be dying of thirst, *sl.* be thirsty as hell; **~glück** F *n* fantastic stroke of luck; **~hitze** F *f* scorching heat; ***es ist e-e ~ heute!*** F it's a real scorcher today; **~hunger** F *m*: ***e-n ~ haben*** be famished, be dying for something to eat (*od.* of hunger); **~kerl** F *m* F great guy; **~krach** F *m*, **~lärm** F *m* F dreadful row (*od.* racket).
mordsmäßig F **I.** *adj.* F terrific; **II.** *adv.* F like crazy (*sl.* hell); ***ich habe mich ~ gefreut*** I was thrilled to bits, F I was over the moon.
Mords|schreck(en) F *m sl. one* hell of a fright; ***e-n ~ bekommen*** *a.* be frightened out of one's skin; **~skandal** F *m* full-blown scandal; **~spaß** F *m*: ***e-n ~ haben*** have a great time; ***e-n ~ machen*** be great fun; **~spektakel** F *m* **1.** (*Lärm*) F hullabaloo, incredible racket, *Am.* ruckus; ***e-n ~ machen*** kick up an incredible racket; **2.** (*Zank*) F great (big) rumpus (*od.* row), *Am.* ruckus; ***e-n ~ machen*** kick up a great big row (*od.* rumpus); **3.** (*Aufsehen*) F hullabaloo, great palaver, hue and cry; **~wut** F *f*: ***e-e ~*** (***im Bauch***) ***haben*** be seething, be ready to explode.
Mord|tat *f* murder(ous deed); **~verdacht** *m* suspicion of murder; ***unter ~ stehen*** be suspected of murder; **~versuch** *m* attempted murder; **~waffe** *f* murder weapon.
Mores *pl.*: ***j-n ~ lehren*** teach s.o. what's what.
Morgen[1] *m* morning; *fig. a.* dawn(ing); ***am ~*** in the morning, (*jeden ~*) *a.* (in the) mornings; (***guten***) ***~!*** (good) morning!; ***es wird ~*** it's getting light; → *a.* ***morgen.***
Morgen[2] *obs. m unit of measurement comprising between 2,500 and 3,400 square met|res* (*Am. -ers*).
morgen *adv.* tomorrow; ***~ früh*** (***abend***) tomorrow morning (evening *od.* night); ***heute ~*** this morning; ***~ in acht Tagen*** a week (from) tomorrow, tomorrow week; ***~ vor acht Tagen*** a week ago tomorrow; ***~ um diese Zeit*** (by) this time tomorrow; ***~ ist auch noch ein Tag*** tomorrow's another day.
Morgen|andacht *f* morning service; **~ausgabe** *f* morning edition; **~dämmerung** *f* dawn, daybreak.
morgendlich *adj.* (early) morning ...
Morgen|frische *f* fresh morning air; **~grauen** *n*: ***beim*** (*od.* ***im***) ***~*** at dawn, at daybreak, *aufstehen etc.*: *a.* F at the crack of dawn; **~gymnastik** *f* morning exercises *pl.*, F *one's* daily dozen.
Morgenland *lit. n* Orient, East; **morgenländisch** *adj.* Eastern, from the East, Oriental; ***~e Märchen*** tales from the East.
Morgen|luft *f* morning air; *fig.* ***~ wittern*** see an opportunity coming up (*od.* up ahead); **~muffel** F *m*: ***er ist ein ~*** he's not a morning person; **~post** *f* morning post (*Am.* mail); **~rock** *m* dressing gown; **~rot** *n*, **~röte** *f* (red) dawn, sunrise.
morgens *adv.* in the morning; (*jeden Morgen*) *a.* (in the) mornings, every morning; ***um vier Uhr ~*** at four (o'clock) in the morning; ***~ als erstes*** first thing in the morning; ***von ~ bis abends*** from morning till night, all day long, *lit.* from dawn to dusk.
Morgen|sonne *f* (early) morning sun; **~spaziergang** *m* (early) morning walk; **~stern** *m* morning star; **~stunde** *f*: ***in den ~n*** in the morning(s); ***die frühen ~n*** the early morning hours; ***bis in die frühen ~n*** into the small *od.* wee (*od.* small wee) hours; ***Morgenstund hat Gold im Mund*** the early bird catches the worm; **~zeitung** *f* morning paper; **~zug** *m* morning train.

morgig *adj.* tomorrow's; ***der ~e Tag*** tomorrow.
Moritat *f* street ballad (*relating a usually horrific event*).
Mormone *m*, **mormonisch** *adj.* Mormon.
Morphem *n ling.* morpheme.
Morphin *n* morphine; **Morphinismus** *m* morphine addiction; **Morphinist** *m* morphine addict.
Morphium *n* morphine; **~spritze** *f* morphine injection.
Morphiumsucht *f* morphine addiction; **morphiumsüchtig** *adj.* addicted to morphine; **Morphiumsüchtige(r** *m*) *f* morphine addict.
Morphologie *f* morphology; **morphologisch** *adj.* morphological.
morsch *adj.* rotting, rotten; (*spröde*) brittle; ***~ werden*** (start to) rot; *fig.* ***alt und ~*** old and decrepit, ***sein:*** *a.* F be slowly falling apart; **Morschheit** *f* rottenness; (*Brüchigkeit*) brittleness.
Morsealphabet *n*: ***das ~*** Morse code; **morsen** *v/t. u. v/i.* morse.
Mörser *m* mortar (*a.* ⚔).
Morsezeichen *n* Morse signal.
Mortadella *f* mortadella, *Am.* baloney.
Mortalität *f* mortality (rate).
Mörtel *m* mortar; **~kelle** *f* trowel; **~trog** *m* hod.
Mosaik *n a. fig.* mosaic; **~arbeit** *f* **1.** mosaic (*regelmäßig*: tessel[l]ated) work; **2.** *konkret*: mosaic.
mosaikartig *adj.* tessel(l)ated, mosaic-like.
Mosaik|fußboden *m* mosaic (*regelmäßig*: tessel[l]ated) floor; **~stein(chen** *n*) *m* **1.** mosaic piece (*od.* stone); *regelmäßig*: tessera; **2.** piece of (*od.* from a) mosaic; **3.** *fig.* piece of a *od.* the (jigsaw) puzzle.
mosaisch *adj.* Mosaic; ***das ~e Gesetz*** Mosaic law.
Moschee *f* mosque.
Moschus *m* musk; **~geruch** *m* musky odo(u)r; **~ochse** *m* musk ox; **~ratte** *f* muskrat.
Mose(s): ***das 1.*** (***2., 3., 4., 5.***) ***Buch ~*** (the Book of) Genesis (Exodus, Leviticus, Numbers, Deuteronomy); ***die 5 Bücher Mosis*** the Pentateuch.
Möse V *f* V cunt, *sl.* fanny, pussy.
mosern F *v/i.* grumble, F gripe, grizzle.
Moskito *m* mosquito; **~netz** *n* mosquito net; **~stich** *m* mosquito bite.
Moslem *m*, **moslemisch** *adj.* Moslem, Muslim.
Most *m* **1.** (*Süß*~) fruit juice; (*Trauben*~) (freshly-pressed) grape juice, *zur Weiterverarbeitung für Wein*: must; (*Apfel- bzw. Birnensüßmost*) apple (*od.* pear) juice; **2.** *vergorener*: fruit wine; *engS.* (*Apfel*~) cider, (*Birnen*~) perry; **~apfel** *m* cider apple; **~birne** *f* perry pear.
mosten *v/i.* make fruit juice *etc.*; → ***Most.***
Motel *n* motel.
Motette *f* ♪ motet.
Motiv *n* **1.** motive (**zu** for); ***aus welchem ~ heraus hat er es getan?*** what made him (want to) do it?; **2.** *Kunst*, *Literatur*, ♪: motif ; *Film etc.*: *a.* theme; *phot.* subject; **Motivation** *f* motivation; incentive; **Motivforschung** *f* motivation research; **motivieren** *v/t.* **1.** (*anregen*) motivate; (*Tat*) *a.* be behind; ***was hat dich dazu motiviert?*** what made you (want to) do it?; ***ich konnte ihn nicht dazu ~*** I couldn't persuade (*od.* get) him to do it; **2.** (*begründen*) explain; **motiviert** *adj.* motivated; ***sehr ~*** highly motivated; ***sie sind nicht gerade ~*** *a.* they're not exactly keen (F raring to go); **Motiviertheit** *f* (degree of) motivation; **Motivierung** *f* motivation.
Motor *m* engine, *bsd.* ⚡ motor (*a. fig.*);
Motor... *in Zssgn* engine, *bsd.* ⚡ motor; → *a.* ***Maschinen...***; **~block** *m* engine block; **~boot** *n* motorboat; **~bremse** *f* engine brake.
Motoren|lärm *m* noise (*stärker*: roar) of engines; **~öl** *n* engine oil.
Motor|geräusch *n* engine noise; **~haube** *f* bonnet, *Am.* hood; ✈ (engine) cowl.
Motorik *f physiol.* motor activity; **motorisch** *adj.* motor *nerve etc.*
motorisieren I. *v/t.* motorize, *bsd.* ⚔ mechanize; **II.** *v/refl.*: ***sich ~*** become motorized, buy (o.s.) a car (*od.* motorbike); **motorisiert** *adj.* motorized, mobile; ***sind Sie ~?*** *a.* a) have you got a car?, b) did you come by car?; **Motorisierung** *f* motorization, *bsd.* ⚔ mechanization.
Motor|jacht *f* motor yacht; **~kolben** *m* engine piston; **~leistung** *f* engine performance (*od.* power); **~öl** *n* engine oil; **~pumpe** *f* power pump.
Motorrad *n* motorbike, motorcycle; ***~ fahren*** ride a motorbike (*od.* motorcycle); **~fahrer** *m* motorcyclist; **~helm** *m* motorbike helmet; **~rennen** *n* **1.** motorbike race; **2.** (*Sportart*) motorbike (*od.* motorcycle) racing.
Motor|raum *m* engine compartment; **~roller** *m* (motor) scooter; **~säge** *f* power saw; **~schaden** *m* engine trouble; **~schlitten** *m* snowmobile; **~sport** *m* motor sport; **~wechsel** *m* engine replacement.
Motte *f* moth; ***von ~n zerfressen*** moth-eaten; F ***ach, du kriegst die ~n!*** F that's all I (*od.* we) needed!; **mottenfest** *adj.* mothproof.
Motten|fraß *m* moth damage; **~kiste** *f*: ***e-e Geschichte*** *etc.* ***aus der ~*** (***holen*** dig up) an old (*od.* ancient) story *etc.*; ***das gehört in die ~*** that should be dead and buried; **~kugel** *f* mothball; **~pulver** *n* moth powder.
mottenzerfressen *adj.* moth-eaten.
Motto *n* motto; ***nach dem ~(, daß) ...*** according to the principle that ...; ***unter dem ~ ... stehen*** have as a motto ...
motzen F *v/i.* moan, F gripe, beef.
moussieren *v/i.* sparkle, fizz; be fizzy; **moussierend** *adj. Wein*: sparkling; *Limonade etc.*: fizzy.
Möwe *f* (sea)gull.
Mozartkugel *f rum truffle with marzipan.*
Mucke F *f* whim; *fig.* ***die Sache hat ihre ~n*** it's got its snags; ***er hat so s-e ~n*** he has his little moods; ***der Motor hat s-e ~n*** the engine's rather temperamental; ***j-m s-e ~n austreiben*** straighten s.o. out.
Mücke *f* mosquito, midge; *fig.* ***aus e-r ~ e-n Elefanten machen*** make a mountain out of a molehill.
Muckefuck F *m* coffee substitute, F kiddies' coffee.
mucken F *v/i.* grumble; ***ohne zu ~*** F without a peep.
Mücken|schwarm *m* swarm of mosquitoes; **~spray** *m*, *n* mosquito spray (*od.* repellant); **~stich** *m* mosquito bite.
Mucks *m*: ***keinen ~ tun*** a) be as quiet as a mouse, b) not to budge (*od.* stir); ***sie haben keinen ~ getan*** *a.* we *etc.* didn't hear a peep from them; **mucksen** *v/i. u. v/refl.* (***sich ~***) stir, move, budge; → ***Mucks.***
mucksmäuschenstill F *adj.* → ***mäuschenstill.***
müde I. *adj.* tired; ***~s Lächeln*** weary smile; ***keine ~ Mark*** not a penny (*od.* cent, F tinker's cuss); ***e-r Sache ~ werden*** grow weary (*od.* tired) of s.th., get fed up with s.th.; ***ich bin es jetzt ~*** I've had enough (of it); ***nicht ~ werden zu*** *inf.* never tire of *ger.*; **II.** *adv.* wearily, tiredly; ***~ lächeln*** smile wearily, give a weary smile; ***~ abwinken*** give a weary gesture of refusal; **Müdigkeit** *f* tiredness; (*Erschöpfung*) fatigue, exhaustion.
Muff *m* muff.
Muffe *f* ⚙ sleeve, socket; (*Kupplungs*~) coupling box.
Muffel F *m* **1.** (*Griesgram*) F sourpuss, *sl.* misery-guts; **2.** stick-in-the-mud; → ***Krawatten-, Partymuffel*** *etc.*; **muffeln** F *v/i.* **1.** (*riechen*) smell musty, *faulig*: smell mo(u)ldy; **2.** (*mürrisch sein*) F have the grumps; (*eingeschnappt sein*) F be in a huff.
Muffensausen F *n*: ***~ kriegen*** F get the wind up; ***~ haben*** F have the wind up, be in a flat panic.
muffig *adj.* **1.** *Luft*: musty, stuffy; *Keller etc.*: musty-smelling; *fig. contp.* (*spießig*) stuffy; **2.** (*mürrisch*) F grumpy; **Muffigkeit** *f* **1.** *der Luft*: mustiness; *fig. contp.* stuffiness; **2.** (*Mürrischkeit*) F grumpiness.
muh *int.* moo!; ***~ machen*** go moo.
Mühe *f* trouble; (*Anstrengung*) effort; ***mit Müh(e) und Not*** with great difficulty, (*gerade noch*) just about; (***nicht***) ***die ~ wert*** (not) worth the effort; ***sich ~ geben*** (***mit et.***) take great trouble *od.* pains (over s.th.); ***sich große ~ geben*** (*od.* ***machen***) ***zu*** *inf.* go to great trouble (*od.* pains) to *inf.*; ***sich die ~ machen zu*** *inf.* go to the trouble of *ger.*; ***er machte sich nicht einmal die ~ zu*** *inf.* he couldn't even be bothered to *inf.*; ***keine ~ scheuen*** spare no effort *od.* pains (***zu*** *inf.* in *ger.*); ***machen Sie sich keine ~!*** don't go to any trouble; ***s-e*** (***liebe***) ***~ haben zu*** *inf.* have a hard time *ger.*
mühelos I. *adj.* effortless, easy; **II.** *adv.* easily, with ease; effortlessly; ***sie hat es ~ geschafft*** *a.* it didn't take much effort on her part; **Mühelosigkeit** *f* effortlessness, lack of effort, (great) ease, facility.
muhen *v/i.* moo, low.
mühen *v/refl.*: ***sich ~*** make an effort, try hard, take pains (***zu*** *inf.* to *inf.*).
mühevoll *adj.* difficult, hard; *Aufgabe, Weg etc.*: *a.* laborious.
Mühlbach *m* mill stream.
Mühle *f* **1.** mill; → ***Kaffeemühle*** *etc.*; **2.** *fig.* (*monotone Tätigkeit*) treadmill; ***in die ~ der Justiz*** (***Bürokratie***) ***geraten*** get caught up in the machinery *od.* labyrinth of the law (in the bureaucratic machine); F ***j-n durch die ~ drehen*** F put s.o. through the mill; → ***Wasser***; **3.** (*Spiel*) nine men's morris.
Mühl|rad *n* mill wheel; **~stein** *m* millstone.
Mühsal *f* (*Schufterei*) drudgery, toil (and trouble); (*Ungemach*) hardship; (*Strapaze*) strain.

mühsam I. *adj.* (*schwierig*) difficult; (*anstrengend*) strenuous; (*ermüdend*) tiring; (*gezwungen*) labo(u)red *conversation etc.*; **II.** *adv.* with difficulty, after a lot of effort; ***sich ~ erheben*** struggle to one's feet; ***~ nährt sich das Eichhörnchen*** it's uphill all the way; **Mühsamkeit** *f* effort, strain (*gen.* of, involved in).

mühselig I. *adj.* laborious; *Leben etc.*: arduous, hard; ***~es Unterfangen*** uphill task; **II.** *adv.* laboriously; (*mit großer Sorgfalt*) painstakingly.

Mukoviszidose *f* ⚕ cystic fibrosis.

Mulatte *m*, **Mulattin** *f* mulatto.

Mulde *f* (*Vertiefung*) hollow; *geol. a.* depression; *Skifahren*: bowl.

Muli *dial. n* mule.

Mull *m* gauze, lint.

Müll *m* (*bsd. Haus*~) rubbish, *bsd. Am.* garbage, trash (*alle a.* F *fig. unnützes Zeug*); *formell*: refuse; *mit Betonung auf die Masse*: (*a. Sonder*~, *Industrie*~) waste; ***radioaktiver ~*** radioactive waste; ***et. in den ~ werfen*** throw s.th. in(to) the dustbin (*Am.* trashcan, garbage can); **~abfuhr** *f* **1.** refuse (*Am.* garbage) disposal; **2.** (*Müllmänner*) dustmen *pl.*, *Am.* garbage men (*od.* collectors *pl.*); **~abladeplatz** *m* → ***Mülldeponie***; **~aufbereitung** *f* waste disposal.

Müllawine *f* (*getr.* ***ll-l***) mountain of rubbish (*Am.* garbage).

Müll|berg *m* **1.** pile of rubbish (*Am.* garbage); *weitS.* mountain of rubbish (*Am.* garbage); **2.** (*künstlicher Berg*) artificial hill; **~beseitigung** *f* waste disposal (*od.* management); **~beutel** *m* dustbin liner, *Am.* garbage bag.

Mullbinde *f* gauze bandage.

Müll|container *m* rubbish (*od.* refuse) skip; **~deponie** *f* rubbish tip (*od.* dump), *Am.* (garbage) dump; dumping (*od.* waste disposal) site, landfill (site); **~eimer** *m* rubbish bin, *Am.* garbage can; **~entsorgung** *f* waste disposal.

Müller(in *f*) *m* miller.

Müll|fahrer *m* dustman, *Am.* garbage man (*od.* collector); **~grube** *f* refuse pit; **~halde** *f* → ***Mülldeponie***; *iro.* ***fließende ~*** (public) sewer; **~haufen** *m* rubbish (*Am.* garbage) heap; *fig.* scrapheap; *fig.* ***auf dem ~ landen*** end up on the scrapheap; **~kippe** *f* rubbish (*Am.* garbage) dump (*od.* tip); **~mann** *m* → ***Müllfahrer***; **~notstand** *m* state of emergency in waste disposal; **~platz** *m* rubbish tip (*od.* dump), *Am.* (garbage) dump; → *a.* ***Mülldeponie***; **~sack** *m* **1.** dustbin liner, *Am.* garbage bag; **2.** sack of rubbish (*Am.* garbage); **~schlucker** *m* rubbish (*Am.* garbage) chute, waste disposal unit; **~tonne** *f* dustbin, *Am.* trashcan, garbage can; **~trennung** *f* waste separation, separation of waste; **~verbrennungsanlage** *f* incinerator, (waste) incineration plant; **~verwertung** *f* recycling; **~wagen** *m* dustbin lorry, dustcart, *Am.* garbage truck; **~zerkleinerung** *f* waste maceration; (*Zusammenstampfen*) waste compaction.

mulmig F *adj.* **1.** (*bedrohlich*) threatening; ***es sieht ziemlich ~ aus*** things aren't looking too good; **2.** ***mir ist ganz ~ zumute*** I feel weak in the knees, (*übel*) I feel a bit queasy, (*unbehaglich*) I've got a funny feeling in the pit of my stomach.

Multi F *m* multinational (concern).

multikulturell *adj.* multicultural.

multilateral *adj.* multilateral.

multimedial *adj.* multimedia ...; **Multimediaveranstaltung** *f* multimedia show (*od.* event); **Multimedienzentrum** *n* multimedia cent|re (*Am.* -er).

Multimillionär(in *f*) *m* multimillionaire, *f a.* multimillionairess.

multinational *adj.* multinational.

Multiplikation *f* multiplication; **Multiplikator** *m* multiplier; **multiplizieren** *v/t.* multiply (***mit*** by).

Mumie *f* mummy; **mumienhaft** *adj.* mummy-like; **Mumifikation** *f* mummification; **mumifizieren** *v/t.* mummify; **Mumifizierung** *f* mummification.

Mumm F *m* **1.** (*Schneid*) gumption, F guts *pl.*, *sl.* bottle; **2.** (*Schwung*) drive, verve, F get-up-and-go, oomph.

Mummelgreis *m* old dodderer.

mummeln *v/t.* **1.** (*undeutlich reden*) mumble *s.th.* (into one's beard); **2.** (*einwickeln*) wrap *s.o.* up (***in*** into).

mümmeln F *v/t.* (*knabbern*) nibble (away) at; (*kauen*) chew away at, chew on.

Mummenschanz *m* masquerade.

Mumpitz F *m*, *f* F rubbish, poppycock; *Am.* F garbage.

Mumps *m* ⚕ mumps (*sg.*).

Mund *m* mouth; ***den ~ aufmachen*** open one's mouth, *fig.* speak up; ***machen Sie bitte den ~ auf*** open wide(, please); ***mit vollem ~ sprechen*** talk with one's mouth full; ***aus dem ~ riechen*** have bad breath; ***den ~ halten*** keep one's mouth shut; ***halt den ~!*** shut up!; *fig.* ***kriegst du den ~ nicht auf?*** have you lost your tongue?; ***sie hat den ~ nicht aufgekriegt*** she didn't say a word; ***den ~ voll nehmen*** talk big, F shoot one's mouth off; ***et. ständig im ~e führen*** never stop talking about s.th.; ***j-m et. in den ~ legen*** put words into s.o.'s mouth; ***j-m das Wort aus dem ~ nehmen*** take the words right out of s.o.'s mouth; ***j-m das Wort im ~ umdrehen*** twist s.o.'s words; ***j-m über den ~ fahren*** cut s.o. short; ***es ist in aller ~e*** everyone's talking about it, it's the talk of the town; ***nicht auf den ~ gefallen sein*** F have the gift of the gab; ***sich den ~ verbrennen*** put one's foot in it; ***so ein Wort würde er nie in den ~ nehmen*** he would never use such a word; ***und das aus s-m ~(e)*** fancy him saying that (*od.* such a thing); ***von ~ zu ~ gehen*** be passed on from one person to the next, F do the rounds; *in Redewendungen* → *a.* ***Maul***; → ***Blatt*** 1, ***stopfen*** 3, ***wässerig*** *etc.*

Mundart *f* dialect; **~dichtung** *f* dialect literature (*engS.* poetry); **~forscher** *m* dialectologist; **~forschung** *f* dialectology, dialect research.

mundartlich *adj.* dialect ..., dialectal.

Munddusche *f* dental water jet, mouth rinse.

Mündel *n* ward; **mündelsicher** *adj.* ☤ *etwa* gilt-edged; ***~e Papiere*** gilt-edged securities, gilts.

munden *v/i.* taste good, be delicious; ***es mundet mir*** it's delicious; ***sich et. ~ lassen*** savo(u)r s.th., relish s.th.

münden *v/i.*: ***~ in*** lead to (*a. fig.*); *Fluß*: flow (*od.* empty) into; *Straße*: lead into.

mundfaul *adj.* too lazy to open one's mouth.

Mund|fäule *f* ⚕ stomatitis; **~flora** *f* (bacterial) flora of the mouth.

mundgerecht *adj.* bite-sized; *fig.* ***j-m et. ~ machen*** make s.th. palatable for s.o.

Mund|geruch *m* (*a.* ***übler ~***) bad breath, halitosis; **~harmonika** *f* mouthorgan, harmonica; **~höhle** *f* oral cavity; **~hygiene** *f* oral hygiene.

mündig *adj.* ⚖ of age; *fig.* responsible, mature; ***~er Bürger*** responsible citizen; ***~ werden*** come of age; ***j-n (für) ~ erklären*** declare s.o. of age; **Mündige(r** *m*) *f* major; **Mündigkeit** *f* ⚖ (age of) majority; *fig.* maturity; **mündigsprechen** *v/t.* declare *s.o.* of age.

mündlich I. *adj. Aussage etc.*: verbal; *Prüfung*: oral; ***~e Überlieferung*** oral tradition; ***~er Vertrag*** verbal agreement; **II.** *adv.* orally, verbally; ***et. ~ weitergeben*** pass s.th. on by word of mouth; ***alles Weitere ~*** I'll tell you the rest when I see you.

Mund|partie *f* area around the mouth; mouth and lips *pl.*; **~pflege** *f* oral hygiene; **~propaganda** *f*: (***durch*** by) word-of-mouth recommendation; **~raub** *m* petty larceny; **~schleimhaut** *f* mucous membrane of the mouth; **~schutz** *m* ⚕ mask; *Boxen*: gumshield.

M-und-S-Reifen *m* snow tyre (*Am.* tire).

Mundstück *n* ♪ mouthpiece; *e-r Zigarette*: tip.

mundtot *adj.*: ***~ machen*** silence, F shut *s.o.* up; *pol.* gag, muzzle.

Mündung *f* **1.** (*Fluß*~) mouth, *den Gezeiten unterworfene*: estuary; **2.** *e-r Röhre*, *a. anat.*: mouth; *e-r Feuerwaffe*: muzzle.

Mund|voll *m* mouthful, gobbet; *Flüssigkeit*: mouthful, gulp; **~vorrat** *m* provisions *pl.*; **~wasser** *n* mouth wash, gargle; **~werk** F *n* mouth; ***ein loses*** (*od.* ***lockeres***) ***~ haben*** have a loose tongue; ***ein gutes ~ haben*** F have the gift of the gab; **~winkel** *m* corner of one's mouth; ***die ~ verziehen*** grimace.

Mund-zu-Mund-Beatmung *f* ⚕ mouth-to-mouth resuscitation, F kiss of life.

Mungo *m* mungo.

Munition *f* ammunition (*a. fig.*); ***s-e ~ verschießen*** use up one's ammunition, *fig.* shoot one's bolt; *fig.* ***j-m ~ liefern*** provide s.o. with (plenty of) ammunition.

Munitions|fabrik *f* munitions factory; *in GB*: *a.* Royal Ordnance factory; **~lager** *n* ammunition depot (*Stapelplatz*: dump).

Munkelei *f* talk, gossip, whisperings *pl.*; **munkeln I.** *v/i.* talk; **II.** *v/t.* say, whisper; ***man munkelt, daß*** people are saying (that).

Münster *n* (*Klosterkirche*) minster; (*Kathedrale*) cathedral.

munter I. *adj.* (*wach*) awake; (*auf*) up (and about); *fig.* (*lebhaft*) lively; (*vergnügt*) cheerful, F chirpy, *Am.* F chipper; ***~ werden*** wake up, perk up; ***j-n ~ machen*** perk s.o. up, get s.o. going; ***Kaffee macht ~*** coffee gets you going; → ***gesund***; **II.** *fig. adv.* (*unbekümmert*) blithely; **Munterkeit** *f* (*Lebhaftigkeit*) liveliness; (*Vergnügtheit*) cheerfulness, high spirits *pl.*; **Muntermacher** *m* stimulant; (*Aufputschtablette*) pep pill.

Münz|anstalt *f* mint; **~automat** *m* slot machine.

Münze *f* **1.** coin; *fig.* ***klingende ~*** hard cash; ***et. für bare ~ nehmen*** take s.th. at face value; ***j-m mit gleicher ~ heimzahlen*** pay s.o. back in his (*od.* her) own coin; **2.** (*Münzanstalt*) mint.

Münz|einheit *f* monetary unit; **~einwurf** *m* coin slot.
münzen *v/t. u. v/i.* coin, mint; *fig.* ***auf j-n gemünzt sein*** be meant for s.o.
Münz|fernrohr *n* coin(-operated) telescope; **~fernsehen** *n* pay TV; **~fernsprecher** *m* pay phone; **~gewicht** *n* (standard) weight of a coin (*od.* coins); **~sammler** *m* coin collector, *formell*: numismatist; **~sammlung** *f* coin collection; **~stätte** *f* mint; **~tank(automat)** *m* coin-operated (petrol, *Am.* gas) pump; **~telefon** *n* pay phone; **~wäscherei** *f* laund(e)rette, *bsd. Am.* laundromat; **~wechsler** *m* change machine; **~zähler** *m* slot meter.
Muräne *f* (*Fisch*) moray.
mürbe *adj.* **1.** *Obst*: mellow, very ripe; *Fleisch*: tender, *gekochtes*: well-cooked; *Kuchen*: crumbly; *Holz*: rotten; **2.** *fig.* (*erschöpft*) worn-out, *pred.* worn out; ***ich bin ~*** *a.* my resistance has gone; ***~ machen*** wear *s.o.* down; ***j-n ~ kriegen*** break s.o.'s resistance.
Mürbeteig *m* short(-crust) pastry.
Murks F *m* F botch-up; ***~ machen*** → **murksen** F *v/i.* F mess around; (*pfuschen*) make a mess of things.
Murmel *f* marble.
murmeln I. *v/i. u. v/t.* murmur, mutter; **II.** ≈ *n* murmur.
Murmeltier *n* marmot, *Am. a.* woodchuck; *fig.* ***schlafen wie ein ~*** sleep like a log (*od.* top).
murren *v/i.* grumble (***über*** about).
mürrisch *adj.* sullen, F grumpy.
Mus *n* (*Brei*) mush; *aus Früchten etc.*: puree; (*Pflaumen*≈) (plum) jam; F *fig.* ***zu ~ schlagen*** F beat to a pulp, make mincemeat out of.
Muschel *f* **1.** *zo.* mussel; (*~schale*) shell; **2.** *teleph.* (*Hör*≈) earpiece, (*Sprech*≈) mouthpiece; **~bank** *f* mussel (*od.* shell) bank; **≈förmig** *adj.* shell-shaped; **~kalk** *m* muschelkalk; **~schale** *f* shell; **~tier** *n* mollusc, *Am.* mollusk.
Muschi *sl. f sl.* pussy.
Muse *f* Muse; *fig.* ***die leichte ~*** light entertainment; ***von der ~ geküßt werden*** be inspired by the muses.
museal *adj.* museum ...; *fig.* antiquated; ***~en Wert haben*** be a museum piece.
Musensohn *hum. m* poet.
Museum *n* museum.
Museums|führer *m* **1.** museum guide; **2.** (*Buch*) guide to a (*od.* the) museum; **≈reif** *adj.*: ***~ sein*** belong in a museum; **~stück** *n* museum piece; **~wärter** *m* museum attendant; **~wert** *m*: ***~ haben*** be a museum piece, *contp.* belong in a museum.
Musical *n* musical.
Musik *f* **1.** music; ***~ machen*** play music; ***et. in ~ setzen*** set s.th. to music; ***die ~ schreiben zu et.*** write the music (*Film etc.*: *a.* score) for *od.* to s.th.; *fig.* ***~ im Blut haben*** be a born musician; ***das ist ~ in m-n Ohren*** that's music to my ears; **2.** (*Kapelle*) band; **~akademie** *f* academy of music, musical academy.
Musikalien *pl.* **1.** (printed) music *sg.*; **2.** musical instruments and accessories; **~handlung** *f* music shop.
musikalisch *adj.* musical; ***~es Talent*** musical talent, gift for music; *ling.* ***~er Akzent*** pitch accent; **Musikalität** *f* musicality.
Musikant *m* musician.
Musikantenknochen F *m* F funny bone.
musikbegeistert *adj.* very keen on music; ***~ sein*** *a.* love music; **Musikbegeisterung** *f* love of music.
Musik|begleitung *f* (musical) accompaniment; **~berieselung** *f* piped music, Muzak (*TM*); **~bibliothek** *f* music library; **~box** *f* juke box; **~cassette** *f* music cassette; **~drama** *n* music drama.
Musiker(in *f*) *m* musician.
Musik|erziehung *f* musical education (*od.* training); **~festspiele** *pl.* music festival *sg.*; festspiele; **~freund** *m* music lover; **~geschäft** *n* **1.** (*Laden*) music shop; **2.** music business; **~geschichte** *f* history of music; **~hochschule** *f* conservatory; **~instrument** *n* musical instrument; **~kapelle** *f* band; **~konserve** F *f a. pl. coll.* F canned music; **~kritiker** *m* music critic; **~lehrer(in** *f*) *m* music teacher; **~leistung** *f e-s Verstärkers*: music power.
Musikologe *m* musicologist; **Musikologie** *f* musicology.
Musik|pavillon *m* bandstand, music pavilion; **~saal** *m* music room; **~schule** *f* music school; **~stück** *n* piece of music; **~student** *m* music student, student of music; **~stunde** *f* music lesson; **~unterricht** *m* music lesson(s *pl.*).
Musikus F *m* musician, F music-man.
Musik|verlag *m* music publishers *pl.*; **~video** *n* music video; **~werk** *n* composition, musical work, piece of music; **~wissenschaft** *f* musicology.
musisch I. *adj. Person, Begabung*: artistic; ***~e Fächer*** fine arts (subjects); **II.** *adv.*: ***~ veranlagt sein*** have an artistic bent.
musizieren *v/i.* play music, play (the piano *etc.*); ***am Wochenende ~ wir gerne*** we like to get together to play music at the weekends; **Musizierweise** *f* style of playing.
Muskat *m* nutmeg; **~blüte** *f* mace.
Muskateller *m* (*Wein*) muscatel (wine); **~traube** *f* muscat (*od.* muskat) grape; **~wein** *m* muscatel wine.
Muskatnuß *f* nutmeg.
Muskel *m* muscle; ***s-e ~n spielen lassen*** flex one's muscles; **~kater** *m* sore (*od.* stiff) muscles *pl.*; **~kraft** *f* muscle power, F muscle, beef; **~krampf** *m* cramp, ⚕ muscle spasm; ***an Muskelkrämpfen leiden*** suffer from cramp, get cramp(s); **~paket** F *n*, **~protz** F *m* F muscleman, muscles (*sg.*); **~riß** *m* torn muscle; **~schwund** *m* ⚕ muscular atrophy (*od.* dystrophy); **~spiel** *n a. fig.* flexing of muscles; **~training** *n* muscle exercises *pl.*; **~zerrung** *f* pulled muscle; ***sich e-e ~ zuziehen*** pull a muscle.
Muskete *f* musket; **Musketier** *m* musketeer.
muskulär *adj.* muscular.
Muskulatur *f* muscular system, muscles *pl.*
muskulös *adj.* muscular.
Müsli *n* muesli; **~riegel** *m* cereal bar.
Muß *n*: ***es ist ein ~*** it's a (*od.* an absolute) must; **~bestimmung** *f* ⚖ mandatory provision.
Muße *f* leisure; (*Freizeit*) leisure time; ***mit ~*** at (one's) leisure; ***dazu habe ich nicht die ~*** I don't have the time (or the peace of mind) for that kind of thing.
Mußehe F *f* involuntary marriage; → *a.* ***Mußheirat.***
Musselin *m* muslin.
müssen I. *v/aux. bei äußerer Notwendigkeit, Verpflichtung*: have to, have got to; *bei innerer Überzeugung*: must; *bei* (*sicherer*) *Annahme*: must (*Vergangenheit*: must have); ***ich muß*** a) I have to, I've got to, b) I must; ***ich muß unbedingt*** I really must; ***ich mußte*** I had to; ***ich werde ~*** I'll have to; ***ich müßte*** (***eigentlich***) I ought to; ***er muß nicht hingehen*** (*von außen bestimmt*) he doesn't have to go, (*weil ich es so bestimme*) he needn't go; ***er mußte nicht gehen*** he didn't have to go; ***er hätte nicht gehen ~*** (*brauchen*) he needn't have gone; ***du mußt doch nicht gleich die Wut kriegen*** there's no need to get angry; ***du mußt dich nicht von ihm ärgern lassen*** don't let him annoy you (like that); ***er muß verrückt sein*** he must be mad; ***er muß es gewesen sein*** it must have been him; ***ich muß es vergessen haben*** I must have forgotten; ***es müßte sofort gemacht werden*** it ought to be done straightaway; ***man müßte mehr Zeit haben*** I wish we had more time, we could do with more time (for that sort of thing); ***sie ~ bald kommen*** they're bound to be here soon; ***der Zug müßte längst hier sein*** the train should have arrived long ago; → *a.* ***sollen*** 1; ***ich mußte*** (***einfach***) ***lachen*** I couldn't help laughing, I just had to laugh; ***er hätte hier sein ~*** he ought to (*od.* should) have been here; *so wie es aussieht*, ***muß es bald regnen*** it looks as if we're in for some rain; ***er muß immer alles wissen*** he's always got to know about everything; ***was sein muß, muß sein*** that's just the way it is, that's life; ***muß das sein?*** is that really necessary?, (*hör doch auf*) do you have to?; ***wenn es*** (***unbedingt***) ***sein muß*** if there's no other way, if you *etc.* (absolutely) must; ***das mußte ja passieren*** that was bound to (*od.* just had to) happen; *iro.* ***das mußte natürlich jetzt passieren*** it 'would have to happen right now, trust it to happen right now; ***das muß man gesehen haben*** a) you've got to have seen it, b) you've got to see it to believe it; **II.** *v/i.* have to, (*gezwungen werden*) *a.* be forced to; *bei innerer Überzeugung*: must; ***ich muß!*** I've got no choice; ***ich muß nach Hause*** a) I have to go home, b) I must go home; ***er muß zur Schule*** he has to go to school; F ***ich muß mal*** (*aufs Klo*) F I must go to the loo (*Am.* bathroom); *Kindersprache*: I need the toilet.
Mußestunde *f* leisure hour; ***in e-r ~*** in a moment of leisure.
Mußheirat F *f* F shotgun wedding.
müßig I. *adj.* idle; (*sinnlos*) useless, futile; *Gedanken, Gerede*: idle; ***es ist ~ zu*** *inf.* it's no use *ger.*, it's useless *ger.*; **II.** *adv.*: ***~ dabeistehen*** stand idly by (and watch).
Müßiggang *m* idleness; ***~ ist aller Laster Anfang*** the devil finds work for idle hands; **Müßiggänger** *m* idler; **müßiggängerisch** *adj.* idle; **müßiggehen** *v/i.* idle about; idle away one's life.
Mußvorschrift *f* mandatory provision.
Mustang *m* mustang.
Muster *n* **1.** (*Vorlage, Zeichnung*) pattern; ***nach e-m ~ arbeiten*** work from a pattern; **2.** (*Probe*) sample, specimen; ✉ ***~ ohne Wert*** sample; **3.** (*Verzierung*) pattern, design; **4.** (*Vorbild*) model; (*Bei-*

spiel) example; ***sie ist ein ~ von e-r Lehrerin*** *etc.* she's a model teacher *etc.*; ***ein ~ an Tugend*** a paragon of virtue; ***nach dem ~ von*** following the example of; ***j-n als ~ hinstellen*** hold s.o. up as a paragon; **~beispiel** *n* classic example (**für** of), case in point; **~betrieb** *m* model plant; **~bild** *n* → ***Muster*** 4; **~brief** *m* specimen letter; **~buch** *n* ✝ pattern book; samples folder; **~ehe** *f* perfect (*od.* ideal, model) marriage; **~exemplar** *n* **1.** sample, specimen; **2.** *typ.* specimen copy; **3.** *bsd. iro.* perfect example; **~fall** *m* model case; *weitS.* perfect (*od.* classic) example; **~gatte** *m* model (*od.* ideal) husband.

mustergültig *adj. u. adv.* → ***musterhaft***; **Mustergültigkeit** *f* → ***Musterhaftigkeit.***

musterhaft I. *adj.* exemplary, model ...; **II.** *adv.*: ***sich ~ benehmen*** behave impeccably, be on one's best behavio(u)r; **Musterhaftigkeit** *f* exemplariness, model nature (*gen.* of).

Muster|haus *n* showhouse; **~knabe** *m bsd. iro.* paragon, *contp.* prig, F goody--goody; **~koffer** *m* sample case; **~kollektion** *f* ✝ sample collection; **~leistung** *f a. iro.* brilliant achievement.

mustern *v/t.* **1.** study, scrutinize; (*j-n*) look *s.o.* up and down; (*Truppen*) inspect, review; **2.** ***j-n ~ für Wehrdienst***: give s.o. his (*od.* her) medical; **3.** (*Stoff*) pattern; → ***gemustert.***

Muster|prozeß *m* ⚖ test case; **~schüler(in** *f*) *m* model pupil (*Am.* student); (*Streber*) F swot, *Am.* grind.

Musterung *f* **1.** inspection, scrutiny; *von Truppen*: review; **2.** *Wehrdienst*: medical.

Mut *m* **1.** (*Tapferkeit*) courage, bravery; (*Schneid*) pluck, F guts *pl.*; (*Verwegenheit*) daring; ***~ fassen*** take heart, *für et.*: pluck up courage; ***j-m ~ machen*** boost s.o.'s courage, (*a.* ***j-m ~ zusprechen***) give s.o. a few words of encouragement; ***j-m den ~ nehmen*** dishearten s.o.; ***den ~ verlieren*** (*od.* ***sinken lassen***) lose heart; ***es gehört schon ~ dazu*** it takes a bit of courage; ***mir fehlt einfach der ~*** (***dazu***) I just haven't got the courage (for it); ***nur ~!*** chin up!, F keep your pecker up!; → ***antrinken***; **2.** ***guten ~es sein*** be optimistic; → ***zumute.***

Mutagen *n biol.* mutagen; **Mutant** *m biol.* mutant; **Mutation** *f biol.* mutation.

Mütchen *n*: ***sein ~ kühlen*** let off steam, ***an j-m***: take it out on s.o.

mutieren *v/i.* **1.** *biol.* mutate; **2.** ***er mutiert*** (***gerade***) (*ist im Stimmbruch*) his voice is breaking.

mutig *adj.* brave, courageous, F gutsy; (*kühn*) bold; (*verwegen*) daring.

mutlos *adj.* disheartened; (*verzagt*) despondent; **Mutlosigkeit** *f* despondency; (*Verzweiflung*) despair.

mutmaßen *v/i.* guess, conjecture; **mutmaßlich** *adj.* (*wahrscheinlich*) probable; *Täter*: suspected, *a. Vater*: presumed; ***~er Mörder*** *a.* murder suspect; ***~er Terrorist*** *a.* terrorist suspect; **Mutmaßung** *f a. pl.* speculation; (*Verdacht*) suspicion; ***~en anstellen*** speculate (***über*** about, on).

Mutprobe *f* test of courage.

Muttchen *n* **1.** *in der Anrede*: Mummy, *Am.* Mommy; *iro.* Mummy dear, *Am.* Mommy dear; **2.** (*alte Frau*) little old lady, F old biddy.

Mutter *f* **1.** mother; ***werdende ~*** expectant mother; ***sie wird ~*** she's expecting (*od.* going to have) a baby; ***~ von zwei Kindern sein*** be a (*od.* the) mother of two children, be a mother of two; F ***wie bei ~(n)*** just like home; F ***es schmeckt wie bei ~(n)*** it tastes like Mum's (*Am.* Mom's) cooking; *fig.* ***~ Erde*** mother earth; **2.** ⚙ (*Schrauben*≈) nut.

Mütterberatungsstelle *f* child welfare centre, *Am.* maternity center.

Mutter|bild *n psych.* mother image; **~bindung** *f psych.* attachment (*od.* ties *pl.*) to one's mother; **~boden** *m* ⸝ topsoil; **~brust** *f* mother's breast.

Mütterchen *n* **1.** *Anrede*: mother (dear); **2.** ***altes ~*** little old lady, F old biddy.

Mutter|erde *f* topsoil; **~ersatz** *m* substitute mother; **~freuden** *pl.*: ***~ entgegensehen*** be expecting a baby; **~gesellschaft** *f* ✝ parent company; **~gestein** *n* bedrock; **~gewinde** *n* ⚙ female thread; **~glück** *n* joy(s *pl.*) of motherhood; **~gottes** *f* (Virgin) Mary; (*Abbild*) Madonna.

Mütterheim *n* maternity home.

Mutter|herz *n* motherly feelings *pl.*; **~instinkt** *m* maternal (*od.* motherly) instinct(s *pl.*); **~kirche** *f eccl.* mother church; **~komplex** *m psych.* mother fixation; **~korn** *n* ✿ ergot; **~kuchen** *m* placenta; **~land** *n* mother country; **~leib** *m* womb.

mütterlich I. *adj.* motherly; (*der Mutter eigen*) maternal; **II.** *adv.* like a mother; ***~ umsorgen*** (*od.* ***umhegen***) *a.* mother *s.o.*; **mütterlicherseits** *adv.* on one's mother's side; maternal *uncle etc.*; **Mütterlichkeit** *f* motherliness.

Mutterliebe *f* motherly love.

mutterlos *adj.* motherless; (*a. adv.*) without a mother.

Mutter|mal *n* birthmark; **~milch** *f* mother's milk; ***mit ~ genährt*** breast-fed; *fig.* ***et. mit der ~ einsaugen*** learn s.th. from the cradle; **~mord** *m* matricide; **~mörder** *m* matricide; **~mund** *m anat.* uterine orifice, 🕮 os uteri.

Mutternschlüssel *m* ⚙ spanner, *Am.* wrench.

Mutter|pflichten *pl. one's* duties as a mother; **~recht** *n* matriarchy; **~schaf** *n* ewe.

Mutterschaft *f* motherhood.

Mutterschafts|geld *n* maternity benefit; **~urlaub** *m* maternity leave.

Mutterschutz *m legal protection for expectant mothers.*

mutterseelenallein *adj.* all alone, all on one's own, F on one's tod.

Muttersöhnchen *n* mummy's (*Am.* mommy's) boy *od.* darling; (*Weichling*) sissy, cissy.

Muttersprache *f* mother tongue, native language; **Muttersprachler** *m* native speaker.

Mutterstelle *f*: ***~ vertreten bei j-m*** be like a (*od.* a second) mother to s.o.

Müttersterblichkeit *f* maternal mortality.

Mutter|tag *m* Mother's Day; **~tier** *n zo.* dam; **~witz** *m* nous; (*Schlagfertigkeit*) natural wit.

Mutti *f* mum(my), *Am.* mom(my); *als Anrede*: Mum(my), *Am.* Mom(my).

Mutwille *m* (*absichtliche Bosheit*) wil(l)fulness; **mutwillig I.** *adj.* wil(l)ful; *Zerstörung etc.*: *a.* wanton; **II.** *adv.*: ***~ zerstören*** *a.* vandalize; **Mutwilligkeit** *f* wil(l)fulness; wantonness, wanton nature (*gen.* of).

Mütze *f* cap; (*Woll*≈) wool(l)y hat; **Mützenschirm** *m* peak.

Mykologie *f* mycology.

Myokarditis *f* ⚕ myocarditis.

Myom *n* ⚕ myoma.

Myopie *f* ⚕ myopia; **myopisch** *adj.* myopic.

Myriade *f* myriad.

Myrrhe *f* myrrh.

Myrte *f* myrtle.

mysteriös *adj.* mysterious.

Mysterium *n* mystery; (*Geheimnis*) *a. formell*: arcanum (*pl.* arcana).

Mystifikation *f* mystification; **mystifizieren** *v/t.* make a mystery of.

Mystik *f* mysticism; **Mystiker** *m* mystic; **mystisch** *adj.* **1.** *Symbol, Lehre etc.*: mystic; (*die Mystik betreffend*) mystical; **2.** (*geheimnisvoll*) mysterious; **Mystizismus** *m* mysticism.

Mythe *f* myth; **mythisch** *adj.* mythical.

Mythologe *m* mythologist; **Mythologie** *f* mythology; **mythologisch** *adj.* mythological; **mythologisieren** *v/t.* mythologize.

Mythos *m* **1.** myth; **2.** (*Legende, a. Person*) legend; ***zu Lebzeiten zum ~ werden*** become a legend in one's own lifetime, become a living legend.

N

N, n *n* N, n.

na *int.* well!; *überrascht, verärgert*: hey!; **~, ~!** come on (now), *sl.* oy!; **~ also!, ~ bitte!** see?, there you are, what did I tell you?; **~ ja** well(, what can one say?), *verlegen*: well(, you know); **~, ich weiß nicht** (well,) I'm not so sure; **~ gut!, ~ schön!** all right, *Am.* alright; **~ gut** *konzessiv*: fair enough; **~, so was!** fancy that, F what do you know; **~ und?** so (what)?; **~ warte!** just you wait!; **~ endlich!** about time too; **~, du?** *zum Kind*: well(, what have you got to say for yourself)?; **~, wie geht's?** how are things, then?; **~, denn mal los!** let's get going, then!; **~ und ob!** F you bet!; → **nanu.**

Nabe *f* hub.

Nabel *m* navel; *fig.* **~ der Welt** cent|re (*Am.* -er) of the universe; **~bruch** *m* ⚕ umbilical hernia; **~schau** F *f* F navel gazing; **~ betreiben** do some navel gazing, *längerfristig*: be all bound (*od.* wrapped) up with o.s.; **~schnur** *f*, **~strang** *m* umbilical cord.

Nabenkappe *f* hub cap.

nach I. *prp.* **1.** *räumlich*: to; (*bestimmt* **~**) for, bound for, *Richtung*: *a.* towards; **~ rechts** to the right; **~ unten** down, *im Haus*: downstairs; **~ oben** up, *im Haus*: upstairs; **~ England reisen** go to England; **~ England abreisen** leave for England; **der Zug ~ London** the train to London; *das Schiff* **fährt ~ Australien** is bound for (*od.* is going to) Australia; **~ Hause** home; **das Zimmer geht ~ hinten** (**vorn**) **hinaus** the room faces the back (front); **der Balkon geht ~ Süden** the balcony faces south; **Balkon ~ Süden** south-facing balcony; **wir fahren ~ Norden** we're travel(l)ing north (*od.* northwards); **die Blume richtet sich ~ der Sonne** the flower turns towards the sun; **~ dem Arzt schicken** send for the doctor; **2.** *zeitlich*: after; **fünf** (**Minuten**) **~ eins** five (minutes) past (*Am. a.* after) one; **~ zehn Minuten** ten minutes later; **~ einer Stunde** *von jetzt an*: in an hour('s time); **~ Ankunft** (**Erhalt**) on arrival (receipt); **3.** *Reihenfolge*: after; **einer ~ dem anderen** one by one, one after the other; **der Reihe ~** in turn; **der Reihe ~!** take it in turns!, one after the other!; *fig.* **~ ihm kommt lange keiner** he's in a class of his own, he's streets ahead of the rest; **4.** (*entsprechend*) according to; → *a.* **gemäß**; **~ dem, was er sagte** *a.* going by what he said; **~ Ansicht** *gen.* in (*od.* according to) the opinion of; **~ Gewicht verkaufen** sell by weight; **~ Bedarf** as required; **s-e Uhr stellen ~** set one's watch by *the radio etc.*; **wenn es ~ mir ginge** if I had my way; **dem Namen ~** by name; **s-m Namen** (**Akzent** *etc.*) **~** judging *od.* going by his name (accent *etc.*); **~ Musik** *tanzen*: to music; **~ Noten** from music; **es ist nicht ~ s-m Geschmack** it's not to his taste; **riechen** (**schmekken**) **~** smell (taste) of; **~ s-r Weise** in his usual way; **~ bestem Wissen** to the best of one's knowledge; **~ Stunden** (**Dollar** *etc.*) **gerechnet** in (terms of) hours (dollars *etc.*); → **Ermessen, Meinung** *etc.*; **5. ~ j-m fragen** ask for s.o.; **die Suche ~ dem Glück** *etc.* the pursuit of (*od.* search for) happiness *etc.*; **II.** *adv.* after; **mir ~!** follow me!; **~ und ~** gradually, bit by bit; **~ wie vor** still, as ever.

nachäffen *v/t.* ape, mimic, take off; *verbal*: *a.* parrot; **Nachäfferei** *f* aping, mimicking; *verbal*: *a.* parroting.

nachahmen *v/t.* imitate, copy; (*zum Vorbild nehmen*) (try to) emulate; → *a.* **nachäffen**; **nachahmenswert** *adj.* exemplary; **~es Beispiel** example worth following (*od.* trying to follow); **Nachahmer** *m* imitator; **~ finden** be imitated (*od.* copied, emulated); **Nachahmung** *f* **1.** imitation; **zur ~ empfohlen!** it's an example worth following; **2.** (*Imitation*) imitation, copy; **Nachahmungstrieb** *m* imitative instinct.

nacharbeiten I. *v/t.* **1.** (*nachholen*) make up (for); **2.** (*nachbilden*) copy; **3.** *im Herstellungsprozeß*: finish; (*ausbessern*) touch up; **II.** *v/i.* (*Arbeitszeit etc. nachholen*) make up for lost time, catch up (on one's working hours); (*länger arbeiten*) work late.

nacharten *v/i.*: **j-m ~** take after s.o.

Nachbar(in *f*) *m* neighbo(u)r (*a. fig.*); *im Nebenhaus*: *a.* next-door neighbo(u)r; *im Klassenzimmer etc.*: person (*od.* girl, boy *etc.*) sitting next to one; → **spitz** 4.

Nachbar|dorf *n* neighbo(u)ring village; **~garten** *m* neighbo(u)rs' (*od.* neighbo[u]r's, neighbo[u]ring) garden, garden next door; **~haus** *n* house next door; **im ~** next door; **~insel** *f* neighbo(u)ring island; *pl. a.* islands round about; **~land** *n* neighbo(u)ring country.

nachbarlich I. *adj.* **1.** (*gut~*) neighbo(u)rly; **2.** *Garten etc.*: next-door ..., *pred.* next door; **II.** *adv.*: **~ verkehren mit** be on (good) neighbo(u)rly terms with.

Nachbarort *m* nearby village (*od.* town, place).

Nachbarschaft *f räumlich*: neighbo(u)rhood; (*Nachbarn*) neighbo(u)rs *pl.*; (*Nähe*) vicinity; **Nachbarschaftshilfe** *f* **1.** neighbo(u)rly help; **2.** *Sozialwesen*: community aid.

Nachbars|familie *f* family next door; **~frau** *f* lady next door; **~kind** *n* boy (*od.* girl) next door, *pl.* children next door; **~leute** *pl.* neighbo(u)rs, people next door.

Nachbar|staat *m* neighbo(u)ring state; **~tisch** *m*: (**am ~** at the) next table; **~volk** *n* neighbo(u)ring people (*sg.*) *od.* nation; **~wissenschaft** *f* related discipline; **~zimmer** *n* next room, room next door.

Nachbau *m* copy, reproduction; ⚙ **~ unter Lizenz** construction under licen|ce (*Am.* -se); **nachbauen** *v/t.* copy, reproduce.

Nachbeben *n* aftershock.

nachbehandeln *v/t.* **1.** ⚕ give *s.o. od. s.th.* follow-up treatment, *nach schwerem Eingriff*: *a.* give *s.o.* aftercare; **2.** ⚙ *etc.* finish; (*ausbessern*) touch up; **Nachbehandlung** *f* **1.** ⚕ follow-up treatment; aftercare; **2.** ⚙ *etc.* finishing work; touching-up.

nachbekommen *v/t.* **1.** (*Essen*) get another helping (*od.* more helpings) of; **2.** (*Ersatzteile etc.*) get *s.th.* (later on), get hold of.

nachbereiten *v/t. ped.* go over.

nachbessern *v/t.* touch up, do some touching-up on; *weitS.* repair, do up; **Nachbesserung** *f* finishing touches *pl.*; *weitS.* repairs *pl.*

nachbestellen *v/t.* order some more of; ⚚ place a repeat order for; **Nachbestellung** *f* repeat order (*gen.* for).

nachbeten F *v/t.* parrot; **Nachbeter** *m* parrot.

nachbezahlen I. *v/t.* pay for *s.th.* afterwards (*od.* later); (*noch etwas*) pay the rest; **II.** *v/i.* pay afterwards (*od.* later).

nachbilden *v/t.* copy, reproduce; *genau*: replicate; **Nachbildung** *f* copy, reproduction; *genaue*: replica.

nachblicken *v/i.*: **j-m ~** gaze after s.o., watch s.o. go *etc.*

Nachblüte *f a. fig.* second flowering.

nachbluten *v/i.* start bleeding again; **Nachblutung** *f* ⚕ *a. pl.* secondary bleeding.

nachbohren F *fig. v/i.* probe, dig deeper; **bei j-m wegen et. ~** *a.* F pump s.o. for s.th.; **da muß ich mal ~** I'll have to do a bit of probing.

nachbringen *v/t.* bring (*od.* take) *s.th.* later.

nachchristlich *adj.*: **im ersten ~en Jahrhundert** in the first century AD.

nachdatieren *v/t.* antedate.

nachdem *cj.* **1.** *zeitlich*: after, when; **~ sie das gesagt hatte** after she had said that, (after) having said that, after saying that; **2.** *kausal*: since, as, seeing as; **~ er es nicht wollte** since (*od.* as, seeing as) he didn't want it; **3. je ~!** it all depends; **je ~, was er sagt** depending on what he says.

nachdenken I. *v/i.* think (**über** about); **ich werde darüber ~** I'll think about it, I'll think it over; **denk mal nach** think (hard); **darüber ~, wie** (**warum** *etc.*) think about *od.* consider how (why *etc.*); **II.** ♀ *n* thinking; (*Überlegung*) reflection; **Zeit zum ~ brauchen** need time to think (it over); **in ~ versunken** lost in thought; **nach einigem ~** after thinking about it, after giving it some thought; **nachdenklich** *adj.* (*gedankenvoll, a. adv.* ~ **gestimmt**) pensive, thoughtful; (*abwesend*) lost in thought; **~es Gesicht** thoughtful expression; **du machst aber ein ~es Gesicht** what are you looking so thoughtful about?; **j-n ~ machen** set s.o. thinking, (*stutzig machen*) have s.o. wondering; **er wurde ~** it had him thinking (*stutzig*: wondering); **Nachdenklichkeit** *f* pensiveness; *weitS.* (*Vorbehalt*) reservations *pl.*, doubts *pl.*

nachdichten *v/t.* (freely) adapt; **Nachdichtung** *f* (free) adaptation, free rendering.

nachdrängen *v/i. Menge etc.*: push from behind; *fig.* build up.

nachdrehen *v/t.* (*Szene*) reshoot.

Nachdruck[1] *m* (*Betonung*) stress, emphasis; **~ legen auf, ~ verleihen** *dat.* stress, emphasize; **mit ~ auf et. hinweisen** make a point of stressing s.th.; **et. mit ~ verfolgen** strenuously (*od.* vigorously) pursue s.th.; **mit ~ für et. eintreten** press for s.th.

Nachdruck[2] *m typ.* reprint; **~ verboten** all rights reserved; **nachdrucken** *v/t.* reprint.

nachdrücklich I. *adj.* emphatic; (*beharrlich*) insistent; (*streng*) firm; (*ausdrücklich*) explicit; **~e Warnung (Bitte)** urgent warning (plea); **II.** *adv.* emphatically; **et. ~ empfehlen** strongly recommend s.th.; **~ warnen** give *s.o.* an urgent warning; **~ dementieren** strenuously deny; **et. ~ verlangen** insist on s.th.; **er riet ~ davon ab** he strongly advised against it; **ich habe dir doch ~ gesagt, daß ...** didn't I make it quite clear to you that ...?; **Nachdrücklichkeit** *f* emphasis; insistence; firmness; explicitness; urgency; → **nachdrücklich.**

nachdunkeln *v/i.* darken, get darker.

Nachdurst *m* (alcohol-induced) dehydration.

nacheifern *v/i.*: **j-m ~** (strive to) emulate s.o., try to follow in s.o.'s footsteps; **Nacheiferung** *f* emulation.

nacheilen *v/i.*: **j-m ~** hurry (*od.* run) after s.o.

nacheinander *adv.* one after the other; *zeitlich*: *a.* in succession; **drei Tage ~** three days running (*od.* in a row); **kurz ~** in quick succession, at short intervals.

nachempfinden *v/t.* **1.** (*Gefühle etc.*) understand; (*Erlebnis etc.*) imagine what *s.th.* is like; **ich kann es dir ~** I can understand exactly how you feel, I can really sympathize with you; **2. et. ~** *dat. nachschaffend*: model (*od.* base) s.th. on; **e-r Sache nachempfunden sein** *a.* be an adaptation of s.th.; **nachempfunden** *adj. Gefühl etc.*: shared; *Vergnügen, Erlebnis etc.*: vicarious.

Nachen *poet. m* boat; (*Barke*) barge, *poet.* bark, barque.

nacherleben *v/t.* relive.

Nachernte *f* **1.** second harvest; **2.** (*Nachlese*) gleaning; *konkret*: gleanings *pl.*

nacherzählen *v/t.* (*wiedergeben*) retell; *ped.* give a summary of; (*Film etc.*) tell the story of; **Nacherzählung** *f* summary; retelling of a story (in one's own words); recall test.

Nachfahr(e) *m* descendant.

nachfahren *v/i.* follow on; **j-m ~** follow s.o., *im Auto etc.*: *a.* drive after s.o.

nachfärben *v/t.* re-dye.

nachfassen I. *v/i.* **1.** (*nachhaken*) go into it; **bei j-m ~** remind s.o. (**wegen** about); **da muß ich mal ~** *a.* I'll have to (ring up and) ask what's going on; **2.** *beim Essen*: have (*od.* take) another helping; **zum dritten Mal ~** have one's third helping; **II.** *v/t.* (*Essen*) have (*od.* take) another helping of, help o.s. to some more.

Nachfaßwerbung *f* follow-up publicity.

nachfeiern *v/t.* celebrate *s.th.* later; **et. ~** *a.* catch up with the celebrations later.

Nachfolge *f* succession; **die ~ antreten** succeed to the throne (*od.* title *etc.*); **j-s ~ antreten** succeed s.o.; **ein Favorit für die ~ von X** a favo(u)rite for the successor of X; **~kandidat** *m* successor candidate; **~konferenz** *f* follow-up conference.

nachfolgen *v/i.* (*nachreisen etc.*) follow on; **j-m ~** follow s.o.; **e-r Sache ~** follow (on from) s.th.; **j-m im Amt ~** succeed s.o. in office; **nachfolgend** *adj.* subsequent; (*jetzt* ~) following; (*sich ergebend*) subsequent, ensuing, resulting; **~er Verkehr** traffic coming from behind; **~er Präsident** *etc.* incoming president *etc.*; **die ~en Generationen** later (*zukünftig*: *a.* future, coming) generations; **im ~en** below.

Nachfolgeorganisation *f* successor organization.

Nachfolger(in *f*) *m* successor.

Nachfolgeregelung *f* regulations *pl.* governing the succession.

Nachfolgerstaat *m hist.* successor state.

nachfordern *v/t.* demand *s.th.* in addition; put in a claim for an extra *thousand marks etc.*; **Nachforderung** *f* additional demand (*od.* charge).

nachforschen *v/i.* investigate, inquire (*od.* look) into the matter; make inquiries (*od.* enquiries); **Nachforschung** *f* investigation, inquiry, enquiry; **~en anstellen → nachforschen.**

Nachfrage *f* **1.** (*Erkundigung*) inquiry, enquiry; **danke der ~!** kind of you to ask; **2.** ✝ demand (**nach** for); **starke (geringe) ~** great (little) demand; → **Angebot**; **nachfragen** *v/i.* ask (**bei j-m** s.o.; **bei** *e-m Amt etc.*: at; **wegen** about), inquire (at; about).

Nachfrist *f* extension.

nachfühlen *v/t.* understand; **das kann ich dir ~** I know exactly how you (must) feel.

nachfüllen *v/t.* (*et. Leeres*) refill; (*et. halb Leeres*) top up; **j-m das Glas ~** fill (*od.* top) up s.o.'s glass; **Nachfüllpack** *m* refill (pack).

nachgären *v/i.* ferment again; **Nachgärung** *f* secondary fermentation.

nachgeben I. *v/i.* **1.** *Person*: give in (*dat.* to), yield (to), relent; **zu schnell ~** give in too easily; **j-m zuviel ~** be too soft with s.o.; **2.** *Material*: give; *Gemäuer etc.*: give way, *völlig*: collapse; **3.** ✝ *Kurse, Preise*: drop; **II.** *v/i. u. v/t.*: **j-m (et.) ~** *beim Essen*: give s.o. another helping (of s.th.); **j-m Kartoffeln** *etc.* **~** *a.* give s.o. some more potatoes *etc.*; **sich (et.) ~ lassen** have another helping (of s.th.); **III.** *fig. v/t.*: **einander nichts ~** (*ebenbürtig sein*) be equals, be just as good (*od.* bad *etc.*) as each other; **j-m nichts ~** be just as good as s.o.

nachgeboren *adj.* **1.** posthumous; **2.** (*jünger*) younger; (*spätgeboren*) late-born.

Nach|gebühr *f* ✉ excess postage, (postal) surcharge; **~geburt** *f* ⚕ afterbirth, placenta.

nachgehen *v/i.* **1. j-m ~** follow (*od.* go after) s.o.; **2.** (*e-m Beruf*) pursue; (*Geschäften*) see to; (*s-n Neigungen*) indulge in; (*Vergnügen*) pursue; **3.** *fig.* **j-m ~** (*im Gedächtnis haften*) linger in s.o.'s mind, (*verfolgen*) haunt s.o.; (*j-s Gewissen belasten*) prey on s.o.'s mind, *stärker*: weigh heavily on s.o.'s conscience; **die Sache geht ihm nach** he's haunted by it; **mir geht es ziemlich nach** *a.* I can't get it out of my mind, I can't stop thinking about it; **4.** (*e-m Vorfall etc.*) look into, follow *s.th.* up, investigate; **5.** *Uhr*: be slow; **jeden Tag zwei Minuten ~** lose two minutes a day.

nach|gelassen *adj. Werk*: posthumous; **~gemacht** *adj.* (*gefälscht*) counterfeit; (*künstlich*) imitation ...; **~geordnet** *adj.* subordinate.

nachgerade *adv.* **1.** (*praktisch*) virtually; (*fast*) almost; (*nichts anderes als*) absolutely; (*wirklich*) really; **2.** (*inzwischen*) by now; **3.** (*allmählich*) slowly, gradually.

nachgeraten *v/i.*: **j-m ~** take after s.o.

Nachgeschmack *m* aftertaste (*a. fig.*); *fig.* **es hinterläßt e-n (unangenehmen) ~** *a.* it leaves a bad taste in your mouth.

nachgestellt *adj. ling.* postpositive; **~e Position** postposition.

nachgewiesenermaßen *adv.* as has been proved (*od.* shown); **er ist ~ ...** he has been proved to be ...

nachgiebig *adj.* **1.** (*weich*) soft; (*elastisch*) pliable, flexible; **2.** *Person*: compliant; (*weich*) soft; **Nachgiebigkeit** *f* **1.** *e-r Sache*: flexibility, pliability; **2.** *e-r Person*: compliance.

nach|gießen *v/t.* (*Tee etc.*) pour (out) some more; *beim Kochen etc.*: add some more; **darf ich dir noch etwas Kaffee ~?** can I pour you some more coffee?, can I top you up again?; **~glühen I.** *v/i.* continue to glow; **II.** ∼ *n* afterglow; **~grübeln** *v/i.* brood (**über** over); **~gucken** *v/i.* → **nachsehen** I; **~haken** *v/i.* broach the subject again; go into it; do a bit of probing; **bei j-m ~** press s.o. (**in** *e-r Sache*: on).

Nachhall *m* reverberation; *fig.* echo; **nachhallen** *v/i.* reverberate; *fig.* echo.

nachhaltig I. *adj.* lasting; **~er Geschmack** lingering aftertaste, *bei Wein*: long finish; **II.** *adv.* (*lange Zeit*) for a long time; (*stark, tief*) strongly, deeply; **~wirken** have a lasting (*od.* long-term) effect, *weitS. a.* make itself felt for a long time (*zukünftig*: to come); **j-n ~ beeindrucken** a) leave a lasting impression on s.o., b) deeply impress s.o.; **~ beeinflussen** have a lasting effect on.

nachhängen *v/i.* **1.** (*e-m Problem etc.*) dwell on; (*Träumen, Erinnerungen*) hang onto; **2.** (*nicht mitkommen*) lag behind.

Nachhauseweg *m*: (**auf dem ~** on the) way home.

nachhelfen *v/i.* **1.** *auf Personen bezogen*: help (out); **j-m in et. ~** help s.o. (out) with s.th., (*Nachhilfeunterricht geben*) *a.* coach s.o. in s.th., give s.o. private lessons in s.th.; F **bei j-m ~** help s.o. along, (*j-n antreiben*) push s.o. (along); F *iro.* **j-m (od. j-s Gedächtnis) ein wenig ~** jog s.o.'s memory; **2.** *auf Sachen bezogen*: help things along, *mit zweifelhaften*

Mitteln: use a trick or two; **e-r Sache ~** help s.th. along; **den Dingen etwas ~** steer things in the right direction; **dem Zufall (Glück) ~** help fate (fortune) along the way, give fate (fortune) a helping hand.

nachher *adv.* afterwards; (*später*) later (on); **bis ~!** see you later!; **paß auf, sonst passiert ~ was!** watch out, otherwise there's going to be an accident (*od.* there'll be an accident before you know it).

Nachhilfe *f* → **Nachhilfeunterricht**; **~lehrer(in** *f*) *m* coach, private tutor; **~schüler(in** *f*) *m* private pupil; **~stunde** *f* private lesson; **~unterricht** *m* private lessons *pl.*, coaching.

nachhinein *adv.*: **im ~** afterwards; (*rückblickend*) in retrospect, with hindsight; (*wenn es zu spät ist*) after the event.

nachhinken *fig. v/i.* lag behind (*dat. s.th.*).

Nachholbedarf *m* ✝ *etc.* (unsatisfied) demand (**an** for); *fig.* (unsatisfied) need (for); **großen ~ haben** have a lot of catching up to do, have to make up for lost time; **nachholen** *v/t.* **1.** fetch later; **2.** (*Versäumtes*) make up for; (*Schlaf, Lernstoff etc.*) catch up on; **Nachholspiel** *n* rescheduled match (*od.* game).

Nachhut *f* rearguard; **die ~ bilden** *a. fig.* bring up the rear.

nachimpfen *v/t.* give *s.o.* a booster; **Nachimpfung** *f* booster, reinoculation.

nach|jagen I. *v/i.* chase (after); run after; *fig.* (*dem Geld etc.*) chase after; **II.** *v/t.* (*j-m ein Telegramm etc.*) send after *s.o.*; **~jammern** *v/i.*: **e-r Sache ~** mourn the loss of s.th., mourn after s.th.

Nachklang *m* **1.** echo (in one's ear); **2.** *fig. von Vergangenem*: reminiscence; (*Wirkung*) (after)effect; **unangenehmer ~** unpleasant repercussions; **nachklingen** *v/i.* echo, *a. fig. Worte*: linger, ring in one's ears; *fig.* **lange ~** leave a deep impression (**in j-m** on s.o.), linger on (in s.o.['s mind]).

Nachkomme *m* descendant; **ohne ~n sterben** *formell*: die without issue.

nachkommen *v/i.* **1.** (*später kommen*) follow (on) later; **2.** (*folgen*) follow; **3.** (*Schritt halten*) keep up (*dat.* with); **4.** (*e-m Wunsch, Befehl*) comply with; (*e-r Pflicht, e-m Versprechen*) fulfil(l), carry out.

Nachkommenschaft *f* descendants *pl.*

Nachkömmling *m* **1.** → **Nachkomme**; **2.** (*Kind*) late arrival, *hum.* afterthought.

nachkontrollieren *v/t.* check *s.th.* again (*od.* to make sure); **et. ~** *a.* do a double check.

Nachkriegs|generation *f* postwar generation; **~geschichte** *f* postwar history; **~literatur** *f* postwar literature; **~wirren** *pl.* postwar turmoil *sg.*; **~zeit** *f* postwar era (*od.* years *pl.*).

nachladen *v/t. u. v/i.* reload; ⚡ (*Akku*) recharge.

Nachlaß *m* **1.** (*Erbschaft*) estate; **literarischer ~** unpublished works; **2.** (*Preis*2) discount (**auf** on), reduction (on).

nachlassen I. *v/t.* **1.** (*lockern*) slacken; **2. etwas ($ 10) vom Preis ~** give a discount (of $10); **II.** *v/i.* (*sich vermindern*) decrease, diminish; (*schwächer werden*) weaken; (*schlechter werden*) deteriorate; *Interesse*: flag; *Tempo*: slacken; *Wind*: drop; *Sturm, Regen*: let up; *Augen, Gesundheit etc.*: deteriorate, begin to fail; *Schmerz*: ease; *Wirkung*: wear off; *Fieber*: go down; *Person*: slack; *Leistung, Preise, Produktion etc.*: drop; **nicht ~!** no slacking!; **mein Gedächtnis (Hirn) läßt allmählich nach** my memory (brain) is (slowly) going.

Nachlaß|gericht *n* probate court; **~gläubiger** *m* creditor of the estate.

nachlässig *adj.* (*lässig*) careless, negligent; (*schlampig*) slovenly, sloppy; (*gleichgültig*) indifferent; **Nachlässigkeit** *f* negligence, carelessness; slovenliness; → **nachlässig.**

Nachlaß|steuer *f* estate tax; **~verwalter** *m* executor.

nachlaufen *v/i.* run after (*dat. s.o. od. s.th.*); (*e-m Mädchen*) chase (*od.* run, be) after; *fig.* (*dem Glück etc.*) chase after.

nachleben I. *v/i.* (*e-m Vorbild etc.*) live up to, emulate; **II.** 2 *n* afterlife.

nachlegen I. *v/t.* put some more *coal etc.* on; **II.** *v/i.* put some more coal (*od.* wood *etc.*) on (the fire).

Nachlese *f* ⚒ gleaning; *konkret*: gleanings *pl.*; *fig.* selection (of highlights), *literarische*: selection of previously unpublished works; **nachlesen** *v/t.* **1.** ⚒ glean; **2.** *im Buch*: read (through), (*sich informieren*) read up on, (*nachschlagen*) check, look up.

nachleuchten I. *v/i.* continue to glow; **II.** 2 *n* afterglow; *phys.* luminescence.

nachliefern *v/t.* send on (later), supply; **Nachlieferung** *f* later (*od.* additional) delivery.

nach|lösen *v/t.* (*u. v/i.*) buy (a ticket) on the train *etc.* (*od.* at the other end); **~machen** *v/t.* **1.** copy (**j-m et.** s.th. s.o. does); (*nachäffen*) imitate, mimic, F take off; (*fälschen*) forge; **das soll mir erst mal einer ~!** I'd like to see anyone do better; **so schnell macht ihm das keiner nach** he's hard to beat (when it comes to that); **2.** (*nachholen*) do (later); **~ müssen** still have to do; **~malen** *v/t.* copy.

nachmalig *adj.* later, subsequent; **nachmals** *adv.* later, subsequently.

nachmessen *v/t.* measure (again), check (the measurements of).

Nachmieter *m* new tenant; next tenant; **sein ~** the person who took over his flat (*Am.* apartment); **ich muß e-n ~ suchen** I've got to find someone to take over the flat (*Am.* apartment).

Nachmittag *m* afternoon; **am ~** in the afternoon; **am späten ~** (in the) late afternoon; **nachmittag** *adv.*: **heute ~** this afternoon; **nachmittäglich** *adj.* afternoon ...; **nachmittags** *adv.* in the afternoon(s), afternoons; **~ geschlossen** open mornings only.

Nachmittagsvorstellung *f* matinee.

Nachnahme *f* cash (*Am.* collect) on delivery (*abbr.* COD); **gegen** (*od.* **per**) **~** COD, to be paid for on delivery; **per ~ schicken** send COD; **~gebühr** *f* COD charge; **~sendung** *f* COD delivery (✝ *a.* consignment).

Nachname *m* surname, last name.

nach|nehmen *v/t.*: **sich** *et.* **~** have (*od.* take) another helping of, have (*od.* take) some more; **nimm dir noch etwas nach!** have some more; **~plappern I.** *v/t.* parrot, repeat; **II.** *v/i.* parrot.

Nachporto *n* excess postage.

nachprägen *v/t.* (*kopieren*) copy; *illegal*: *a.* forge, counterfeit.

nachprüfbar *adj.* verifiable; **Nachprüfbarkeit** *f* verifiability; **nachprüfen** *v/t.* **1.** check; (*untersuchen*) investigate; **2.** *ped.* (*nochmals prüfen*) re-examine; (*später prüfen*) examine at a later date; **Nachprüfung** *f* **1.** check(ing); inspection; **2.** *ped.* (*Wiederholungsprüfung*) re-examination; (*spätere Prüfung*) examination at a later date.

nachrechnen *v/t. u. v/i.* check; **ich muß erst ~** (*überlegen*) let me think (*od.* try and work it out).

Nachrede *f*: **üble ~** malicious gossip, ⚖ defamation (of character), *mündlich*: *a.* slander; **nachreden** *v/t.* repeat; *contp. gedankenlos etc.*: parrot, echo; **j-m et. ~** say s.th. about s.o.; → *a.* **nachsagen.**

Nachredner *m* follow-up (*od.* next) speaker.

nach|reichen *v/t.* **1.** (*Unterlagen etc.*) hand *s.th.* in (*od.* send *s.th.* on) later; **2.** *beim Essen*: serve some more; **j-m et. ~** *a.* give s.o. another helping of s.th.; **~reifen** *v/i.* carry on ripening; **~reisen** *v/i.* follow on (later), come on later; **j-m ~** join s.o. later; **~rennen** *v/i.* → **nachlaufen.**

Nachricht *f*: (**e-e ~** a piece of) news (*sg.*); (*Botschaft, Mitteilung*) message; **~en** *Radio, TV*: news (*sg.*); **in den ~en** in (*TV* on) the news; **~en hören (sehen)** listen to (watch) the news; **die ~ vom Erdbeben** *etc.* (the) news of the earthquake *etc.*; **e-e gute (schlechte) ~** good (bad) news; **~ bekommen von** hear from; **die ~ bekommen, daß** be informed that, receive news of *s.o. od. s.th. ger.*; **j-m ~ geben** let s.o. know (**über** about), inform s.o. (of); **e-e ~ hinterlassen** leave a message.

Nachrichten|agentur *f* news (*od.* press) agency, *Am. a.* wire service; **~austausch** *m* news exchange; **~beitrag** *m* news item; **~büro** *n* → **Nachrichtenagentur**; **~dienst** *m* **1.** (*Geheimdienst*) intelligence service; **2.** *TV etc.* news service; **~industrie** *f* communications industry; **~magazin** *n* news magazine; **~netz** *n* communications network; **~quelle** *f* news (*od.* information) source; **~redaktion** *f* newsroom; **~satellit** *m* communications satellite; **~sendung** *f* news broadcast (*od.* program[me]), *Am.* newscast; **~sperre** *f* news blackout; **e-e ~ verhängen** impose a ban on all news; **~sprecher(in** *f*) *m* newsreader, news presenter, *Am.* newscaster; **~studio** *n* news studio; **~technik** *f* communications engineering; **~übermittlung** *f* news transmission; **~wesen** *n* communications *pl.*; **~zentrale** *f* news cent|re (*Am.* -er).

nachrücken *v/i.* **1.** move up (*a. fig.*); **2.** ⚔ follow on; **3.** *parl.* **für j-n ~** take over s.o.'s seat in parliament; **Nachrücker** *m parl.* successor (to a *od.* the parliamentary seat).

Nachruf *m* obituary (**auf** on); **nachrufen I.** *v/i.*: **j-m ~** call (*lauter*: shout) after s.o.; **II.** *v/t.*: **j-m et. ~** call (*lauter*: shout) s.th. after s.o.

Nachruhm *m* posthumous fame; **nachrühmen** *v/t.*: **ihm wird nachgerühmt, daß er ein guter Vermittler sei** he's said to be (*od.* credited with being, known as) a good mediator.

nach|rüsten I. *v/i.* ⚔ stock up on arms, (try to) close the armaments gap; **II.** *v/t.* ⚙ *etc.* retrofit, *weitS.* extend, expand; (*Computer etc.*) upgrade; **~sagen** *v/t.* **1.** repeat; *contp. gedankenlos etc.*: parrot, echo; **2. *j-m et.*** ~ claim s.th. of s.o.; ***j-m Schlechtes*** ~ speak badly (*formell*: ill) of s.o., cast a slur on s.o.; ***j-m nur Gutes*** ~ not to have a bad word to say about s.o.; ***man kann ihm nichts Schlechtes (Gutes)*** ~ there's nothing bad to be said about him (there's not a good word to be said for him); ***man sagt ihm nach, daß*** he's said to *inf.*; ***ihr wird Unehrlichkeit*** *etc.* ***nachgesagt*** she's said to be dishonest *etc.*; ***das lasse ich mir nicht*** ~! I won't have that said of me; ***ich lasse mir nichts*** ~ I won't have anyone speak badly of me.

Nachsaison *f* low (*od.* off-peak) season.

nachsalzen *v/i. u. v/t.* add some more salt (to).

Nachsatz *m* **1.** additional (*od.* added) remark; *schriftlich*: *a.* postscript; ***et. in e-m*** ~ ***erwähnen*** mention s.th in addition; **2.** *ling.* final clause.

nach|schauen *v/i.* → ***nachsehen***; **~schenken** *v/t. u. v/i.* pour some more (wine *etc.*) out; ***darf ich dir (etwas Wein)*** ~? can I pour you some more wine?, can I top you up again?; **~-schikken** *v/t.* → ***nachsenden.***

Nachschlag *m beim Essen*: second helping.

nachschlagen I. *v/t.* **1.** (*e-e Stelle, ein Wort*) look up; **II.** *v/i.* **2.** look s.th. (*od.* it) up; ~ ***in*** *a.* check (it) in; **3.** ***j-m*** ~ take after s.o.; **Nachschlagewerk** *n* reference book (*od.* work).

nach|schleichen *v/i.*: ***j-m*** ~ creep after s.o.; (*beschatten*) shadow s.o.; **~schleifen** *v/t.* **1.** ⚙ regrind; **2.** (*Schal etc.*) trail (along) behind one; (*schleppen*) drag *od.* lug (behind one); (*Bein*) drag; **~schleppen** *v/t.* drag *od.* lug (behind one).

Nachschlüssel *m* duplicate key; (*Dietrich*) skeleton key.

nach|schmecken *v/i.* have (*od.* leave) an aftertaste; **~schmeißen** *v/t.* **1. *j-m et.*** ~ throw s.th. after s.o.; **2.** *fig.* ***sie werden einem nachgeschmissen*** F they're ten a penny (*od.* dirt cheap); ***das ist ja nachgeschmissen*** that's dirt cheap, that's (next to) nothing; **~schminken** *v/t.*: ***j-n*** ~ freshen up s.o.'s makeup; **~schreiben** *v/t. nach Diktat*: take down; (*abschreiben*) copy; *ped.* (*Arbeit etc.*) do later; ***e-e Arbeit zwei Wochen später*** ~ do (*od.* sit) a test two weeks later.

Nachschrift *f in Briefen*: postscript (*abbr.* PS, P.S.).

Nachschub *m* **1.** ⚔ supplies *pl.*; (*Verstärkung*) reinforcements *pl.*; **2.** *fig.* supply (**an** of), supplies *pl.* (of); ***für*** ~ ***sorgen*** keep the supplies coming (in), *an Arbeit*: make sure there's enough work to go round.

Nachschuß *m* **1.** *Sport*: follow-up shot; **2.** → **~zahlung** *f* additional payment.

nachschwatzen F *v/t.* parrot.

nachsehen I. *v/i.* **1.** (*nach et. sehen*) go and see, (go and) have a look, *zur Sicherheit*: *a.* go and check (*od.* make sure); ***da hätte ich ja als erstes nachgesehen*** that would have been the first place to look, surely; **2. *j-m*** ~ gaze after s.o., follow s.o. with one's gaze, *beim Weggehen*: watch s.o. go; ***e-m*** *Auto etc.* ~ follow *s.th.* with one's gaze, *beim Wegfahren etc.*: watch *s.th.* leave (*od.* fly off *etc.*); **3.** → ***nachschlagen*** II; **II.** *v/t.* **4.** (*prüfen*) examine, inspect; (*kontrollieren*) check; (*Schulhefte*) correct; **5. *j-m s-e Fehler*** *etc.* ~ overlook (*od.* turn a blind eye to) s.o.'s mistakes *etc.*; **III.** 𝔖 *n*: ***das*** ~ ***haben*** lose out, (*nichts bekommen*) *a.* go away empty-handed.

Nachsendeanschrift *f* forwarding address; **nachsenden** *v/t.* **1.** (*weiterleiten*) send on, forward; ***bitte*** ~! please forward; **2.** *später*: send on (later).

nachsetzen *v/i.*: ***j-m*** ~ go (*od.* run) after s.o., chase (after) s.o., be after s.o., be at s.o.'s heels.

Nachsicht *f* forbearance; (*Geduld, Toleranz*) patience, tolerance; (*Milde*) leniency; ~ ***üben*** be lenient; ***mit*** ~ ***behandeln*** show (some) leniency towards, make allowances for, not to be too hard on; ***da kenn' ich keine*** ~ I have no sympathy for that sort of thing; **nachsichtig** *adj.* indulgent (***gegenüber*** towards, with), *formell*: forbearing; (*geduldig, tolerant*) patient (with), tolerant (towards); **nachsichtsvoll** *adj.* → ***nachsichtig.***

Nachsilbe *f ling.* suffix.

nach|sinnen *v/i.* reflect (***über*** on), muse (over, on), ponder (over, on); **~sitzen** *v/i. Schule*: be kept in, have detention; ***j-n*** ~ ***lassen*** give s.o. detention.

Nach|sommer *m* late (*od.* Indian) summer; **~sorge** *f* ⚕ aftercare; **~spann** *m Film*: credits *pl.*; **~speise** *f* → ***Nachtisch***; **~spiel** *n* **1.** *thea.* epilog(ue); ♪ postlude; **2.** *fig.* sequel; ***es hatte ein*** ~ there was a sequel (to it); ***es wird noch ein*** ~ ***geben*** the matter won't rest at that, there are bound to be consequences; **3.** *sexuelles*: afterplay.

nach|spielen I. *v/t.* ♪ play; ***j-m et.*** ~ play s.th. after s.o., (*auf gleiche Weise*) play s.th. like s.o., *engS.* copy s.th. from s.o.; **II.** *v/i. Sport*: play time; ~ ***lassen*** add time on for injuries; **~spionieren** *v/i.* spy (*dat.* on).

nachsprechen I. *v/t.* repeat (***j-m et.*** what s.o. has just said); **II.** *v/i.*: ***sprechen Sie mir nach*** repeat after me; **Nachsprechübung** *f* repetition drill.

nach|spülen I. *v/t.* **1.** rinse; **II.** *v/i.* **2.** rinse; *im Abfluß*: run water down the sink *etc.*; **3.** F wash everything (*od.* it) down (***mit*** with); **~spüren** *v/i.* **1. *j-m*** ~ (*folgen*) follow (*od.* shadow) s.o.; (*nachspionieren*) spy on s.o.; **2.** (*e-m Problem, Verbrechen etc.*) look into, investigate; (*e-m Geheimnis etc.*) try to get to the bottom of.

nächst I. *adj. Reihenfolge, Zeit*: next; (*~gelegen*) nearest; ***~en Sonntag*** next Sunday, Sunday next; ***am ~en Tag*** the next (*od.* following) day; ***aus ~er Entfernung*** at close range; ***bei ~er Gelegenheit*** as soon as I get (*od.* he gets *etc.*) a chance, at the next best opportunity; ***im ~en Augenblick*** the next minute; ***in den ~en Tagen*** in the next few days; ***in ~er Zeit*** (some time) soon; ***~es Mal*** next time; ***die ~en Verwandten*** s.o.'s nearest relatives; **II.** *substantivisch*: ***der, die, das ~e*** the next one (*od.* person, thing *etc.*); ***was kommt als ~es?*** what's next (on the agenda)?; ***der ~e, bitte!*** next, please!; ***du bist als ~er dran*** it's your turn next, you're next; → ***Nächste(r)***; **III.** *adv.*: ***am ~en*** nearest; ***fürs ~e*** for the time being; ***j-m am ~en stehen*** be nearest to s.o.('s heart); ***e-r Sache am ~en kommen*** come closest to s.th.; **IV.** *prp.* next to, close to; *fig. im Rang etc.*: after; ~ ***der Musik ist ihm die Lyrik am wichtigsten*** after (*od.* apart from) music, poetry is the most important thing for him.

nachstarren *v/i.*: ***j-m (e-r Sache)*** ~ stare after s.o. (s.th.); ***er starrte ihr einfach nach*** *a.* he couldn't take his eyes off her.

nächstbest *adj.* next best; (*irgendein*) *a.* F any old; ***ins ~e Restaurant*** *etc.* ***gehen*** *a.* go into the first restaurant *etc.* one happens to find (*od.* come across); ***bei der ~en Gelegenheit*** at the next best opportunity, as soon as I *etc.* get a chance; **Nächstbeste(r** *m*) *f*, **Nächstbeste(s)** *n* (*irgendein, -er, -e*) *the* next best person (*od.* thing, hotel *etc.*), *the* first hotel *etc.* one happens to find (*od.* come across).

Nächste(r) *m* (*Mitmensch*) fellow human being; *bibl.* neighbo(u)r; ***jeder ist sich selbst der Nächste*** charity begins at home; *bibl.* ***du sollst deinen Nächsten lieben wie dich selbst*** thou shalt love thy neighbo(u)r as thyself.

nachstehen *v/i.*: ***keinem*** ~ be second to none; ***sie steht ihm in nichts nach*** she can take him on any time; **nachstehend** *adj.* following; ***siehe ~e Beschreibung*** see description below.

nachsteigen *v/i.* **1. *j-m*** ~ climb (up) after s.o.; **2.** F be (*od.* run) after *a girl*.

nachstellen I. *v/t.* **1.** ⚙ (*justieren*) (re)adjust, reset; (*Uhr*) put back; **2.** *ling.* place after (s.th.); **II.** *v/i.*: ***j-m*** ~ be after s.o., chase s.o., (*e-m Tier*) hunt; **Nachstellung** *f* **1.** ⚙ (re)adjustment; **2.** *ling.* postposition; **3.** *mst pl.* (*Verfolgung*) persecution; (*Annäherungsversuche*) advances *pl.*

nächstemal *adv.*: ***das ~, beim*** (*od.* ***zum***) ***nächstenmal*** (the) next time.

Nächstenliebe *f* charity.

nächstens *adv.* soon, before long; F ~ ***heiratet er sie noch!*** he'll be marrying her next (*od.* before we know it).

Nächster *m* → ***Nächste(r).***

nächst|folgend *adj.* following, next; **~gelegen** *adj.* nearest; **𝔖größere(r** *m*), *f*, **𝔖größere(s)** *n the* next size up; **~höher** *adj.* next *position etc.* up; **~jährig** *adj.* next year's; **~liegend** *adj.* nearest; *fig.* ***das*** 𝔖***e*** (*das Einleuchtendste*) the (most) obvious thing (to do *etc.*), *nach Priorität*: the next thing (to do *etc.*); **~möglich** *adj.* next possible, *zeitlich*: *a.* earliest possible; ***zum ~en Termin*** at the earliest possible date, as soon as possible.

nach|streben *v/i.* (*e-r Sache*) strive after, aspire to; (*j-m*) emulate; **~strömen** *v/i.* **1.** *Wasser, Gas etc.*: come gushing (out) after; **2.** *fig. Menschen etc.*: follow in their hundreds (*od.* thousands); **~stürzen** *v/i.* (*nachrennen*) rush after; **~suchen** *v/i.* **1.** have a (good) look, look and see; **2. *um et.*** ~ apply for s.th.

Nachsynchronisation *f* post-dubbing, F post-sync; **nachsynchronisieren** *v/t.* (*Film*) post-dub, F post-sync.

nacht *adv.*: ***heute*** ~ (*letzte* 𝔖) last night, (*kommende* 𝔖) tonight; ***gestern*** ~ last night; ***Freitag*** ~ Friday night.

Nacht *f* night; ***bei*** ~ at night; ***bei*** ~ ***und Nebel, im Schutze der*** ~ under cover of darkness, *weitS.* (*heimlich*) clandestinely; ***bis in die*** ~ ***arbeiten*** work till late in the night; ***bis tief in die*** ~ until (*od.* right into) the small hours (of the night); ***in finsterer*** ~ at the dead of night; ***gute*** ~!

a. iro. goodnight!; ***die ganze ~ (hindurch)*** all night (long); ***über ~*** overnight (*a. fig.*); ***die ~ zum Tage machen*** turn night into day; ***es wird ~*** it's getting dark; ***häßlich wie die ~*** ugly as sin; → ***mitten, Ohr, schwarz*** I; → *a.* ***nacht.***

nachtaktiv *adj. zo.* nocturnal.

nachtanken I. *v/i.* fill up (the tank), get some more petrol (*Am.* gas); **II.** *v/t.*: ***10 Liter ~*** put in another 10 lit|res (*Am.* -ers), put another 10 lit|res (*Am.* -ers) in the tank.

Nacht|arbeit *f* night work, night shift(s *pl.*); **~asyl** *n* night shelter; **~ausgabe** *f* late edition; **~beleuchtung** *f* dimmed lights *pl.* (*od.* lighting); **2blau** *adj.* midnight blue.

nachtblind *adj.* night blind; **Nachtblindheit** *f* night blindness.

Nachtdienst *m* night duty (*od.* shift); ***~ haben*** *Apotheke etc.*: be open all night, (*Schichtdienst haben*) be on night duty (*od.* shift).

Nachteffektaufnahme *f Film*: day for night shot.

Nachteil *m* disadvantage (**an** of); (*Mangel*) *a.* drawback, shortcoming; *Sport u. fig.*: handicap; ***die Sache hat nur einen ~*** there's just one disadvantage in it; ***im ~ sein*** be at a disadvantage (***j-m gegenüber*** compared with s.o.); ***ich bin ihr gegenüber im ~*** *a.* she's got an advantage over me; ***von ~ sein*** be disadvantageous, be a disadvantage; ***zum ~ von*** to the detriment of; ***sich zu s-m ~ verändern*** change for the worse; ***j-m zum ~ gereichen*** be to s.o.'s disadvantage (*od.* detriment); ***e-r Sache zum ~ gereichen*** be to the detriment of s.th.; ***dadurch entstehen uns nur ~e*** it will only bring us disadvantages; ***es soll nicht dein ~ sein*** it won't be to your disadvantage, you only stand to gain by it; **nachteilig I.** *adj.* disadvantageous; (*schädlich*) detrimental; ***~e Folgen*** negative consequences; **II.** *adv.*: ***~ behandeln*** → ***benachteiligen***; ***~ beeinflussen, sich ~ auswirken auf*** have a detrimental (*od.* an adverse) effect on.

Nachteinsatz *m* ⚔ night mission, night (-time) operation.

nächtelang I. *adj.*: ***~e Gespräche*** *etc.* night after night of discussion(s) *etc.*; **II.** *adv.* for nights on end, night after night.

Nachteule F *fig. f* night owl.

Nachtfahrverbot *n* ban on nighttime driving; ***Lastwagen haben ~*** *a.* lorries (*bsd. Am.* trucks) aren't allowed on the roads at night.

Nachtfalter *m* moth.

Nachtflug *m* night flight; *pl. a.* night flying *sg.*; **~verbot** *n* ban on nighttime flying.

Nachtfrost *m* night(time) frost; *meteor.* ***strenger ~*** severe overnight frost; **~gefahr** *f* possible nighttime frost.

Nacht|gebet *n* evening prayer; *bsd. für Kinder*: bedtime prayer; **~gespenst** *n* ghost; F ***aussehen wie ein ~*** look like a ghost; **~hemd** *n* nightdress, F nightie; (*Männer2*) nightshirt; **~himmel** *m* night sky, sky at night.

Nachtigall *f* nightingale; F ***~, ick hör' dir trapsen*** F I get the picture (now), *engS.* so that's what he's *etc.* after(, is it?).

nächtigen *v/i.* spend the night; → *a.* ***übernachten.***

Nachtisch *m* dessert, sweet, F afters (*sg.*), pudding.

Nacht|klub *m* night club; **~lager** *n* place to sleep, place for the night; (*Bett*) bed; **~leben** *n e-r Stadt etc.*: night life; *e-r Person*: *a.* nighttime activities *pl.*

nächtlich *adj.* nightly, nocturnal; ***~e Ausgangssperre*** dusk-to-dawn (*od.* nighttime) curfew; ***~e Ruhestörung*** nighttime disturbance(s); ***~es Treiben*** *e-r Person*: night life, nighttime (*iro.* nocturnal) activities *pl.*; *e-r Stadt etc.*: bustling night life.

Nacht|licht *n* **1.** *für Kinder*: glowlight; **2.** F (*Person*) night owl; **~lokal** *n* night club, *Am. a.* nightspot; **~luft** *f* night air; **~mahl** *östr. n* evening meal; dinner; supper; **~mensch** *m* night owl; **~mette** *f* nocturn.

nachtönen[1] *v/i.* echo, linger; → *a.* ***nachklingen.***

nachtönen[2] *v/t. farblich*: retint.

Nacht|portier *m* night porter; **~programm** *n Radio etc.*: nighttime program(me)s *pl.*; **~quartier** *n* place for the night.

Nachtrag *m* supplement, addendum; *in e-r Rede, Diskussion etc.*: additional comment; (*Postskriptum*) postscript; (*Anhang*) appendix; ***Nachträge*** *im Buch*: addenda; ***ich hätte noch e-n ~ zu dem, was X sagte*** may I add something to what X said; **nachtragen** *v/t.* **1.** ***j-m et. ~*** (*hinterhertragen*) carry s.th. behind s.o.; (*nachträglich bringen*) go after s.o. with s.th.; **2.** *fig.* ***j-m et. ~*** hold s.th. against s.o., bear s.o. a grudge for s.th.; ***j-m ~, daß*** hold against s.o. the fact that, bear s.o. a grudge for *ger.*; **3.** *schriftlich*: add (later); **nachtragend** *adj.* unforgiving, resentful; **nachträglich I.** *adj.* (*ergänzend*) additional, supplementary; (*später*) later; (*verspätet*) belated; **II.** *adv.* (*hinterher*) afterwards; (*später*) later; ***~ herzliche Glückwünsche*** belated best wishes.

Nachtrags... *in Zssgn* additional, supplementary; **~haushalt** *m* supplementary budget.

nachtrauern *v/i.* mourn (*dat. s.o. od. s.th.*); ***ihm wird keiner ~*** they *etc.* won't be sorry to see him go, F they'll *etc.* be glad to see the back of him; ***dem trauere ich nicht nach*** *a.* F good riddance to bad rubbish(, is all I can say).

Nachtruhe *f* **1.** sleep; ***j-n in s-r ~ stören*** disturb s.o.'s sleep; **2.** nighttime peace; ***die ~ einhalten*** keep the peace at night.

nachts *adv.* at night, during the night, in the night; ***um ein Uhr ~*** (at) one o'clock at night (*od.* in the morning).

Nachtschattengewächs *n* ⚘ solanum; *pl.* Solanaceae.

Nachtschicht *f* night shift; ***~ haben*** be on night shift.

nachtschlafend *adj.*: ***zu ~er Zeit*** in the middle of the night.

Nacht|schränkchen *n* bedside locker, *Am.* nightstand; **~schwärmer** F *m* night owl; **~schwester** *f* night nurse; **~seite** *f ast.* nightside, *a. fig.* dark side; **~sichtgerät** *n* infra-red binoculars *pl.* (*od.* telescope); **~speicherofen** *m* (night) storage heater; **~strom** *m* off-peak electricity.

nachtsüber *adv.* during (*od.* in) the night.

Nacht|tarif *m* off-peak (*od.* cheap) rates *pl.*; **~tisch** *m* bedside locker, *Am.* nightstand; **~topf** *m* chamber pot, F jerry; **~tresor** *m* night safe.

nachtun *v/t.* → ***nachmachen.***

Nacht|-und-Nebel-Aktion *f* (dawn) swoop *od.* raid, nighttime raid; **~vorstellung** *f* late-night show (*od.* performance); **~wache** *f* night watch; **~wächter** *m* night watchman; F *contp.* F twit, dope.

nachtwandeln *v/i.* → ***schlafwandeln***; **nachtwandlerisch** *adj.* somnambulistic; → *a.* ***schlafwandlerisch.***

Nacht|zeit *f* night(time); ***zur ~*** at night; **~zeug** *n* overnight things *pl.*, F toothbrush and pyjamas (*Am.* pajamas) *pl. od.* nightie; **~zug** *m* (over)night train; **~zuschlag** *m* nighttime bonus.

nachuntersuchen *v/t.* give *s.o.* a further checkup, do a further checkup on *s.o.*; **Nachuntersuchung** *f* follow-up check, further checkup.

nachvollziehbar *adj.* understandable; ***es ist mir nicht ~*** I can't understand it, it's beyond me; **nachvollziehen** *v/t.* re-enact (in one's mind); (*verstehen*) understand, (*Tat etc.*) *a.* fathom; ***ich kann das nicht ~*** *a.* it's beyond me.

nachwachsen *v/i.* grow again; **nachwachsend** *adj.*: ***die ~e Generation*** the up-and-coming (*od.* rising, *bsd. Am.* upcoming) generation.

Nach|wahl *f parl.* by-election; **~wehen** *pl.* afterpains; *fig.* painful consequences (*od.* aftermath *sg.*).

nachweinen *v/i.* cry over the loss of; ***keine Träne ~*** → ***nachtrauern.***

Nachweis *m* proof (**für** of), evidence (of; *Theorie etc.*: for); (*Zeugnis*) certificate; ***der wissenschaftliche ~ für et.*** scientific proof (*od.* evidence) of s.th.; ***den ~ führen*** (*od.* ***erbringen***), ***daß*** prove that, furnish proof of *s.th.*, provide evidence of *s.th.*; **nachweisbar** *adj.* verifiable; ⚒ detectable; (*offenkundig*) evident; **nachweisen** *v/t.* (*beweisen*) prove, show; ***j-m et. ~*** prove that s.o. has done s.th.; ***j-m s-e (Un)Schuld ~*** prove s.o.'s guilt (innocence), prove s.o. to be guilty (innocent); ***j-m e-n Irrtum ~*** a) show that s.o. has made a mistake, b) point out a mistake to s.o.; ***sie konnten ihm nichts ~*** they couldn't prove anything (against him) *od.* prove that he had done anything wrong; **nachweislich I.** *adj.* demonstrable; **II.** *adv.* demonstrably; ***sie war ~ da*** it has been proved (*od.* there is evidence) that she was there.

Nachwelt *f*: ***die ~*** posterity, future (*od.* later) generations; ***für die ~ festhalten*** record (*od.* preserve) for posterity.

nach|werfen *v/t.* **1.** ***j-m et. ~*** throw s.th. after s.o.; **2.** *fig.* → ***nachschmeißen***; **3.** *teleph.* ***noch e-e Münze ~*** put in another coin; **~winken** *v/i.*: ***j-m ~*** wave after s.o.

nachwirken *v/i.* **1.** ***die Tabletten*** *etc.* ***wirken lange nach*** it'll take a while before the effects of the tablets *etc.* wear off; **2.** ***lange ~*** *Erlebnis etc.*: leave a deep impression (on s.o.), have a lasting effect (on s.o.); **Nachwirkung** *f* aftereffect(s *pl.*); (*Folgen*) consequences *pl.*, *a. des Krieges*: aftermath.

Nachwort *n* epilog(ue).

Nachwuchs *m* **1.** *the* young (*od.* up-and-coming, *bsd. Am.* upcoming) generation; *beruflicher*: new blood; (*Rekruten*) recruits; ✝ junior staff (*mst pl. konstr.*), trainees *pl.*; ***ärztlicher*** (***wissenschaftlicher***) ***~*** *the* new generation

(F breed) of doctors (academics), young doctors (academics); **2.** (*Kind[er]*) offspring (*sg. od. pl. konstr.*); (*Neuankömmling*) new arrival, addition to the family; ***sie bekommen*** ~ they're going to have a baby, there's a baby on the way; **~autor** *m* up-and-coming (*bsd. Am.* upcoming) writer, promising young writer; **~bedarf** *m* need for recruits (*od.* young teachers *etc.*); **~kraft** *f* junior worker (*od.* employee); **~mangel** *m* **1.** shortage of recruits; **2.** dearth of young talent; **~schauspieler** *m* up-and-coming (*bsd. Am.* upcoming) (young) actor; **~sorgen** *pl.*: ~ ***haben*** have difficulty (in) finding recruits (*od.* young talent); **~talent** *n* promising young talent.

nach|würzen *v/i. u. v/t.* season to taste; ***ihr müßt*** (***es***) ***vielleicht*** ~ it might need some more salt and pepper *etc.*; **~zahlen** *v/t. u. v/i.* pay extra (*od.* later); **~zählen** *v/t.* check; (*Wechselgeld*) count; **2zahlung** *f* additional (*od.* extra) payment; **~zeichnen** *v/t.* copy; (*pausen*) trace; **~ziehen I.** *v/t.* **1.** drag (*od.* pull) behind one; (*Fuß*) drag; *fig.* ***nach sich ziehen*** bring with it (*od.* in its wake); **2.** (*Strich*) trace; (*Augenbrauen*) pencil; **3.** (*Schraube*) tighten up; **II.** *v/i.* **4.** (*folgen*) follow; **5.** *Schach*: make the next move; *fig.* follow suit.

Nachzügler *m* **1.** straggler; latecomer; **2.** *hum.* (*Kind*) late arrival, *hum.* afterthought.

Nachzugsaktien *pl.* ☿ deferred shares (*od.* stock *sg.*).

Nachzündung *f* ⚙, *mot.* retarded ignition.

Nackedei F *m* F nudie.

Nacken *m* nape (*od.* back) of the neck, neck; ***den Kopf in den ~ werfen*** throw back one's head; ***den Hut in den ~ schieben*** tilt one's hat back; *fig.* ***halt den ~ steif!*** chin up!, *Brit. a.* F keep your pecker up!; ***j-n im ~ haben*** have s.o. after one (*od.* hard on one's heels), *Druck ausübend*: have s.o. breathing down one's neck; ***ihm sitzt die Angst*** (***das Grauen***) ***im*** ~ he's scared (terrified) out of his wits *od.* mind; ***mir sitzt die Prüfung*** (***der Termin***) ***im*** ~ I'm under terrible exam (deadline) pressure; → ***Faust, Schalk***; **~haar** *n* neck hair, hair on the back of one's neck; **~rolle** *f* bolster; **~schlag** *fig. m* blow, knock; (*Rückschlag*) setback; ***e-n ~ erhalten*** (*od.* ***hinnehmen***) take a knock, suffer a setback; **~stütze** *f* headrest, *im Auto etc.*: *a.* head (*od.* neck) support; **~wirbel** *m* cervical vertebra (*pl.* vertebrae).

nackt *adj.* naked, *a. Kunst*: nude; *Beine, Arme etc.*: bare; *fig. Wand, Baum etc.*: bare, naked; ~ ***sein*** *a.* be in the nude, have nothing on, F be in the raw; ***mit ~en Füßen*** barefoot; ***mit ~em Oberkörper*** stripped to the waist; ***sich ~ ausziehen*** strip (naked); ~ ***baden*** swim in the nude (F the raw), *Am.* F skinnydip; ***j-n ~ malen*** paint s.o. (in the) nude; *fig.* ***die ~e Armut*** naked poverty; *fig.* ***mit dem ~en Auge*** with the (*od.* one's) naked eye; *fig.* ***auf dem ~en Boden*** on the bare ground; *fig.* ***mit dem ~en Leben davonkommen*** escape with one's bare life; *fig.* ***~e Tatsachen*** (cold,) hard facts; *fig.* ***die ~e Wahrheit*** the plain truth; → ***Gewalt.***

Nacktbaden *n* nude bathing, *Am.* F skinnydipping; **Nacktbadestrand** *m* nudist beach.

Nackt|foto *n* nude photograph; **~fotografie** *f* nude photography; **~frosch** F *m* (*Kind*) F nudie.

Nacktheit *f* nakedness, nudity.

Nackt|magazin *n* nude (F girlie) magazine; **~schnecke** *f* slug.

Nadel *f* needle (*a.* ✂, ⚙, *Tannen2 etc.*); (*Steck2, Haar2, Hut2 etc.*) pin; (*Brosche*) brooch; (*Schallplatten2*) stylus; *fig.* ***e-e ~ im Heuhaufen*** a needle in a haystack; (***wie***) ***auf ~n sitzen*** be on tenterhooks; F ***an der ~ hängen*** (*drogenabhängig sein*) F be on the needle, *sl.* be a junkie; F ***sie kommt von der ~ nicht los*** F she can't kick the (drugs) habit; **~abweichung** *f* magnetic deviation; **~baum** *m* conifer, coniferous tree; **~drucker** *m Computer*: dot matrix printer; **~hölzer** *pl.* conifers; **~kissen** *n* pin-cushion; **~kopf** *m* pinhead; **~lager** *n mot.* needle bearing.

nadeln *v/i. Baum*: lose (*od.* shed) its needles.

Nadel|öhr *n* eye of a (*od.* the) needle; *fig.* (*Engpaß*) bottleneck; → ***Kamel***; **~stich** *m* pinprick (*a. fig.*); *Nähen*: stitch.

Nadelstreifenanzug *m* pinstripe suit.

Nadelwald *m* coniferous forest (*pl. a.* woodland *sg.*).

Nadir *m ast.* nadir.

Nagel *m* **1.** ⚙ nail; (*Stift*) tack; *fig.* ***ein ~ zu j-s Sarg*** a nail in s.o.'s coffin; ***et. an den ~ hängen*** give s.th. up, F chuck s.th. in; ***den ~ auf den Kopf treffen*** hit the nail on the head; ***Nägel mit Köpfen machen*** do a proper job of it (*od.* things), not to do things by halves; **2.** (*Finger2, Zehen2*) nail; ***an den Nägeln kauen*** bite (*od.* chew) one's nails; ***schwarze Nägel*** black (finger)nails; *fig.* ***es brennt mir unter den Nägeln*** I'm itching to get it out of the way; ***mir brennt die Zeit auf den Nägeln*** I haven't got a minute to spare; F ***er hat nicht das Schwarze unter dem ~*** he hasn't got a penny to his name; ***er gönnt ihm nicht das Schwarze unter dem ~*** he begrudges him the air he breathes; F ***sich et. unter den ~ reißen*** F swipe (*od.* pinch) s.th., walk off with s.th., (*Arbeit, Stelle etc.*) make sure one gets (hold of) s.th.

Nagelbett *n* nail bed; **~entzündung** *f* 📖 onychitis.

Nagel|bohrer *m* gimlet; **~bürste** *f* nail brush; **~feile** *f* nail file; **~haut** *f* cuticle.

Nägelkauen *n* nailbiting.

Nagellack *m* nail varnish (*Am.* polish); **~entferner** *m* nail varnish (*Am.* polish) remover.

nageln I. *v/t.* nail (***an, auf*** to); (*zusammen2*) nail together; **II.** *v/i. Motor*: knock.

nagelneu *adj.* brand-new.

Nagel|pflege *f* nail care; (*Maniküre*) manicure; **~probe** *fig. f* **1.** litmus test; ***die ~ machen*** do a litmus test (***mit*** on); **2.** (*Prüfstein*) touchstone (***für*** of); **~schere** *f*: (***e-e ~*** a pair of) nail scissors *pl.*; **~schuh** *m* hobnail boot; **~zange** *f* **1.** (***e-e ~*** a pair of) nail clippers *pl.*; **2.** ⚙ (***e-e ~*** a pair of) pincers *pl.*

nagen *v/t. u. v/i.* gnaw, *knabbernd*: nibble (***an*** at); ~ ***an*** *ätzend*: *a. geol.* eat into, corrode, *fig.* gnaw at; ***an e-m Knochen ~*** gnaw at a bone; ***an der Unterlippe ~*** bite one's (lower) lip; *fig.* ***an j-s Gesundheit ~*** undermine s.o.'s health; → ***Hungertuch***; **nagend** *adj. Hunger*: gnawing; *Schmerz, Zweifel etc.*: nagging; **Nager** *m*, **Nagetier** *n zo.* rodent.

nah I. *adj.* **1.** *pred.* near, close; *attr.* nearby ...; ***von ~em*** from close up; ***von ~ und fern*** from far and near (*od.* wide); ***2er Osten*** Middle (*od.* Near) East; **2.** (*bevorstehend*) forthcoming, *unmittelbar*: imminent; **3.** *fig. Verwandter, Freund, Beziehung etc.*: close; ***sich sehr ~ sein*** be very close; **II.** *adv.* **4.** near, close; nearby; ~ ***an*** (*od.* ***bei***, *dat.*) near (to), close to; ***komm mir nicht zu ~!*** *drohend*: (just) keep your distance, *weil ich erkältet bin etc.*: don't get too close to me; **5.** *fig.* ~ ***verwandt*** closely related; ***j-m zu ~e treten*** offend s.o., tread on s.o.'s toes; ***ich war ~e daran zu kündigen*** I very nearly handed in my notice, I was about to hand in my notice, I was (very) tempted to hand in my notice; → ***näher, nächst, nahekommen, naheliegen*** *etc.*; **III.** *prp.* near, close to (*a. fig.*); ***den Tränen ~*** on the verge of tears, ready to burst into tears; ***der Verzweiflung ~*** on the verge of despair, getting desperate; ***dem Tode ~*** on the point of death, approaching death, close to death.

Nah|angriff *m* ⚔ close-range attack; **~aufnahme** *f phot.* close-up (shot); **~bereich** *m* **1.** (*unmittelbare Nachbarschaft*) neighbo(u)rhood, vicinity; (*Umgebung*) surroundings *pl*; (*Vorstädte*) suburbs *pl.*, suburban area(s *pl.*); *weitS.* (*Region*) area, region; ***der ~ von München*** the Munich area; ***im ~*** *a.* nearby *shops etc.*, local *trains etc.*; **2.** *phot.* close-up range; ***im ~*** at close range; **~brille** *f*: (***e-e ~*** a pair of) reading glasses *pl.*

nahe *adj.* → ***nah.***

Nähe *f* nearness, proximity; (*Umgebung*) vicinity, neighbo(u)rhood; ***in der ~*** nearby; ***in der ~ von*** (*od. gen.*) near (to), quite close to; ***der Park in der ~*** the nearby park, the park nearby; ***bei uns in der ~*** near (to) where we live, not far from where we live; ***in der ~ der Stadt*** near the town; ***hier in der ~*** somewhere around here; ***in der ~ bleiben*** stay around; ***in s-r ~*** near (to) where he lives, *unmittelbar*: near (to) him; ***ich möchte in s-r ~ sein*** I'd like to be with (*od.* close to) him, I'd like to have him around me; ***aus der ~*** close up, at close range; ***aus der ~ betrachten*** (***betrachtet***) take a close(r) look at (seen at close range, on closer view); ***menschliche ~*** human contact; → ***greifbar.***

nahebei *adv.* nearby, close by.

nahe|bringen *fig. v/t.* **1.** ***j-m et. ~*** make s.th. accessible to s.o., help s.o. to appreciate (*od.* understand) s.th.; **2.** ***Menschen einander ~*** bring people (close) together, create a bond between people; **3.** ***j-n der Verzweiflung*** (***dem Ruin***) ~ drive s.o. to the verge of despair (the brink of ruin); **~gehen** *fig. v/i.* (*j-m*) deeply affect, have a deep effect on; **~gelegen** *adj.* nearby; ***der ~e Wald*** the nearby woods, the woods nearby; **~kommen** *fig. v/i.* **1.** ***j-m ~*** get to know s.o.; ***einander*** (***sehr***) ~ get to know each other (grow close, develop a close relationship); **2.** (*e-r Sache*) come close to, approach; ***es kommt der Wahrheit ziemlich nahe*** it's (*od.* it comes) pretty close to the truth; **~legen** *fig. v/t.* suggest (***j-m et.*** s.th. to s.o.); ***j-m ~, et. zu***

tun urge s.o. to do s.th.; ***es legt den Verdacht nahe, daß*** it would seem to suggest that.
naheliegen *fig. v/i.* be obvious, stand to reason; ***die Vermutung liegt nahe, daß*** it would appear that; **naheliegend** *adj.* obvious.
Nahempfang *m Radio etc.*: short-distance reception.
nahen I. *v/i.* approach; *zeitlich*: *a.* draw near; *Frühling etc.*: *a.* be on its way; **II.** *v/refl.*: ***sich ~*** be approaching, (*bevorstehen*) be imminent; ***sich j-m ~*** approach s.o.
nähen I. *v/t.* sew; (*Loch, Riß*) *a.* stitch; ⚕ stitch (up); ***~ an*** (*od.* ***auf***) sew onto; ⚕ ***es muß genäht werden*** *a.* it'll have to have stitches; *fig.* ***doppelt genäht hält besser*** a) better safe than sorry, *bei nochmaliger Überprüfung*: *a.* just to make sure, b) two heads are better than one; **II.** *v/i.* sew; do needlework.
nahend *adj.* approaching; (*bevorstehend*) imminent, *Gefahr etc.*: *a.* impending.
näher I. *adj.* closer, nearer; *Weg*: shorter; (*genauer*) more detailed (*od.* precise), in greater detail; → ***Nähere(s)***; ***die ~e Umgebung*** the immediate vicinity; ***bei ~er Betrachtung*** on closer inspection, *fig.* on further consideration; **II.** *adv.* closer, nearer; ***~ treten*** come closer; ***treten Sie ~!*** a) come in!, this way, please!, b) come closer; (***immer***) ***~ rücken*** *a. zeitlich*: get closer (and closer); ***Weihnachten*** *etc.* ***rückt immer ~*** *a.* Christmas *etc.* is just around the corner; ***~ betrachten*** have a closer look at, look at *s.th.* more closely; ***sich ~ befassen mit*** go into *a matter*; ***et. ~ beschreiben*** be more precise (about s.th.); go into more detail (about s.th.); ***j-n ~ kennen*** know s.o. quite (*od.* fairly) well; ***kennen Sie ihn ~?*** how well do you know him?; **~bringen** *fig. v/t.*: ***j-m et. ~*** make s.th. (more) accessible to s.o., help s.o. to appreciate (*od.* understand) s.th. better.
Nähere(s) *n* (further) details *pl.*
Näherei *f* sewing; needlework.
Naherholungsgebiet *n* greenbelt recreation area.
Näherin *f* seamstress.
näherkommen *fig. v/i.* **1.** ***j-m ~*** get closer to s.o.; ***einander*** (*od.* ***sich***) ***~*** get closer; **2.** ***jetzt kommen wir der Sache näher!*** now we're getting there; ***das kommt der Wahrheit*** (*od.* ***den Tatsachen***) ***schon näher*** that's more like the truth.
näherliegen *fig. v/i* (*wahrscheinlicher sein*) be more likely (*od.* obvious); (*vernünftiger sein*) be better, be more reasonable (*od.* sensible); ***es liegt näher zu*** *inf.* it would be better to *inf.*, (*bietet sich eher an*) the more obvious thing would be to *inf.*; **näherliegend** *adj.* more obvious *etc.*; → **näherliegen**; ***das* ♀*e*** the (more) obvious thing (to do).
nähern I. *v/t.* bring near(er) (*dat.* to); **II.** *v/refl.*: ***sich ~*** approach (*dat. s.o. od. s.th.*) (*a. zeitlich*); go (*od.* come) up (*dat.* to); ***sich*** *e-r Frau* ***~*** try to approach; ***sich dem Ende ~*** draw to a close.
näherungs|weise *adv.* approximately; **♀wert** *m* approximate value.
nahestehen *fig. v/i.* **1.** ***j-m ~*** be close to s.o.; ***sich*** (*od.* ***einander***) ***~*** be very close; **2.** ***dem Liberalismus*** *etc.* ***~*** have liberal *etc.* sympathies; **nahestehend** *adj.* **1.** close (*dat.* to); ***einander ~*** close; **2.** ***e-e den Konservativen ~e Zeitschrift*** a conservatively orien(ta)ted magazine, a magazine with conservative leanings.
nahezu *adv.* virtually, almost; ***~ unmöglich*** virtually (*od.* well-nigh) impossible; ***~ 10 Tage*** almost (F going on for) 10 days.
Näh|faden *m*, **~garn** *n* (sewing) cotton *od.* thread.
Nahkampf *m* ⚔ close combat, hand-to-hand fight(ing); ✈ dogfight(ing); *Boxen, Fechten*: infighting; **~mittel** *pl.* close-range weapons.
Näh|kästchen *n* sewing box; *fig.* ***aus dem ~ plaudern*** tell tales out of school, give away secrets; **~korb** *m* work basket; **~maschine** *f* sewing machine; **~nadel** *f* (sewing) needle.
Nahost... *in Zssgn*, **nahöstlich** *adj.* Middle Eastern, Near Eastern.
Nähr|boden *m für Bakterien*: culture medium; *fig.* breeding ground (***für*** of, for); **~creme** *f* nutrient cream.
nähren I. *v/t.* **1.** feed; **2.** *fig.* (*Hoffnung etc.*) nurture, (*Haß, Verdacht etc.*) *a.* fuel; **II.** *v/i.* be nourishing.
Nährflüssigkeit *f* nutrient fluid.
nahrhaft *adj.* **1.** nutritious, nourishing; ***~e Mahlzeit*** *a.* substantial (F good square) meal; **2.** F *fig.* lucrative.
Nähr|lösung *f* ⚕ nutrient solution; **~mittel** *pl.* cereal products; **~präparat** *n* nutrient (preparation), patent food; **~salz** *n* nutrient salt; **~stoff** *m* nutrient.
Nahrung *f* **1.** food; ***flüssige ~*** liquids; ***~ zu sich nehmen*** eat, take food; → ***verweigern***; **2.** *fig.* ***geistige ~*** food for the mind; ***~ geben*** *dat.* fuel; (***neue***) ***~ erhalten*** be fuel(l)ed, receive fresh impetus.
Nahrungs|aufnahme *f* eating, food intake; 📖 ingestion; → ***verweigern***; **~grundlage** *f* basic food; **~kette** *f* food chain; **~mangel** *m* food shortage; *e-r Person etc.*: lack of food.
Nahrungsmittel *pl.* food *sg.*, foodstuffs; **~chemie** *f* food chemistry; **~chemiker** *m* food chemist; **~industrie** *f* food industry; **~konzentrat** *n* food concentrate; **~vergiftung** *f* food poisoning.
Nahrungs|quelle *f* source of food; **~suche** *f* search for food; ***auf ~ gehen*** go in search of food, go (out) hunting for food, search for food; **~verweigerung** *f* refusal to eat; *weitS.* hunger strike; **~zufuhr** *f* food intake; 📖 ingestion.
Nährwert *m* nutritional value; ***e-n hohen ~ haben*** be highly nutritious; F *fig.* (***praktischer***) ***~*** practical value; ***das hat keinen ~*** that's a waste of time, that's useless.
Nahschnellverkehrszug *m* fast local train.
Nähseide *f* sewing silk.
Naht *f* seam; ⚙ *a.* joint, (*Schweiß*♀) *a.* weld; *anat.*, ⚘ suture; ⚕ suture, stitches *pl.*; ***aus den*** (*od.* ***allen, sämtlichen***) ***Nähten platzen*** *a. fig.* be bursting at the seams; **nahtlos I.** *adj.* seamless; *fig.* ***~er Übergang*** smooth transition; ***~e Bräune*** all-over tan; **II.** *adv.*: ***~ ineinander übergehen*** run on smoothly from one another, merge into one another; **Nahtstelle** *f* **1.** ⚙ joint; (*Schweiß*♀) *a.* weld; ⚕ suture; **2.** *fig.* interface.
Nahum *m bibl.* Nahum.
Nahverkehr *m* local traffic; 🚂 (*Vorortsverkehr*) suburban services *pl.*; **Nahverkehrszug** *m* commuter (*od.* local) train.
nahverwandt *adj.* closely related.
Nähzeug *n* sewing kit.
Nahziel *n* immediate *od.* short-term target (*od.* objective).
naiv *adj.* naive (*a. Kunst*); ***~er Maler*** *etc.* naive painter *etc.*; **Naive** *f thea. the* Ingénue; **Naivität** *f* naivety; **Naivling** *contp. m* simpleton.
Name *m* name; (*Ruf*) name, reputation; ***mit ~n ...*** by the name of ..., called ...; ***den ~n ... tragen*** go by the name of ..., be called ..., *Sache*: *a.* be known as ...; ***~n nennen*** mention names; ***s-n ~n nennen*** give one's name; ***j-n nach s-m ~n fragen*** ask s.o. his (*od.* her) name, ask s.o.'s name; (***nur***) ***dem ~n nach*** in name only; ***dem ~n nach kennen*** know *s.o. od. s.th.* by name; ***das Kind*** (*od.* ***die Dinge***) ***beim rechten ~n nennen*** call a spade a spade; F ***damit das Kind e-n ~n hat*** just to give it a name; ***sich e-n ~n machen*** make a name for o.s.; *die Rechnung etc.* ***geht auf m-n ~n*** is on me; ***es läuft unter s-m ~n*** it's in his name; ***im ~ von*** in the name of, on behalf of; F ***in Gottes ~n!*** F for heaven's sake!; → ***Hase, Schall.***
Namen|gebung *f* naming; **~gedächtnis** *n* memory for names; **~kunde** *f* onomastics *pl.* (*sg. konstr.*); **~liste** *f* list of names.
namenlos I. *adj.* **1.** anonymous, unnamed; ***~er Artikel*** (***~e Marke***) no-name product (brand); **2.** *fig.* (*unsäglich*) indescribable; **II.** *fig. adv.* (*unsäglich*) utterly, unspeakably.
namens I. *adv.* named, by the name of, called; **II.** *prp.* (*im Namen von*) in the name of, on behalf of.
Namens|aktie *f* registered share; **~änderung** *f* change of name; **~papier** *n* registered security; **~recht** *n* right to a name; **~schild** *n* nameplate; *am Kleidungsstück*: badge, name-tag; **~tag** *m* name day; **~verzeichnis** *n* list of names; **~vetter** *m* namesake; **~zug** *m* signature.
namentlich I. *adj.* **1.** ***~e Aufführung*** naming; *parl.* ***~e Abstimmung*** roll-call vote; **II.** *adv.* **2.** (*beim Namen*) by name; → ***erwähnen***; **3.** (*besonders*) especially, particularly, above all.
Namenverzeichnis *n* list of names.
namhaft *adj.* **1.** noted; (*berühmt*) renowned, famous; **2.** (*beträchtlich*) considerable, substantial; **3.** ***~ machen*** (*nennen*) name, (*identifizieren*) identify.
nämlich I. *adv.* namely, that is (to say), *nachgestellt*: to be precise (*od.* exact); ***er war ~ krank*** *begründend*: he was ill, you see; **II.** *adj. the* (very) same; ***der ~e Busfahrer*** the (very) same bus driver.
nanu F *int.*: ***~, wo ist denn m-e Tasche?*** F wait a minute, what have I done with my bag?; ***~, was haben wir denn da?*** F (well, well,) what's this we've got here then?; ***~, da hat ja einer aufgeräumt!*** well, well, (it looks as if) somebody's been tidying up; ***~, was ist denn hier los?*** F hey, what's all this about?
Napalm *n* napalm; **~bombe** *f* napalm bomb.
Napf *m* bowl; *sehr flach*: dish; **~kuchen** *m* (tall) ring cake.
Naphthalin *n* naphthalene.
Nappa(leder) *n* nappa (leather).
Narbe *f* **1.** scar; ***es wird ohne ~ verheilen*** it won't leave a scar; *fig.* ***~n hinterlassen*** leave a scar (*od.* its scar[s]);

2. ❀ stigma; **3.** ⚒ topsoil; **narben** *v/t.* (*Leder*) grain.

Narben|bildung *f* scarring; **~gesicht** *n* scarred face; ***ein ~ haben*** *a.* have scars all over one's face.

narbenlos *adj.* unscarred, without a scar.

Narbenseite *f Leder*: grain side.

narbig *adj.* scarred.

Narde *f* ❀ nard.

Narkolepsie *f* narcolepsy.

Narkose *f* (*Mittel*) an(a)esthetic; ***in ~*** under anaesthetic (*Am.* anesthesia); ***e-e ~ bekommen*** be given an an(a)esthetic; ***aus der ~ aufwachen*** come round (*od.* to); **~facharzt** *m* anaesthetist, *Am.* anesthesiologist; **~gewehr** *n* tranquil(l)izer gun.

Narkotikum *n* an(a)esthetic, (*bsd. Rauschgift*) narcotic; **narkotisch** *adj.* an(a)esthetic, narcotic; **narkotisieren** *v/t.* an(a)esthetize.

Narr *m* fool; *hist.* jester; *fig.* ***e-n ~en gefressen haben an*** F be wild (*od.* crazy) about; ***zum ~en halten*** → **narren** *v/t.* (*verspotten*) make a fool of; (*täuschen*) fool.

Narren|freiheit *f* fool's licen|ce (*Am.* -se); ***bei ihr hat er ~*** she lets him do what he likes; **~haus** *n* madhouse; **~kappe** *f* fool's cap; **~kostüm** *n* jester's outfit; **≈sicher** *adj.* foolproof; **~streich** *m* silly prank.

Narretei *f*, **Narrheit** *f a. pl.* tomfoolery; (*Dummheit[en]*) folly.

Närrin *f* fool.

närrisch *adj.* **1.** (*verrückt*) mad, F crazy (***auf*** about); **2.** ***~es Treiben*** carnival atmosphere; ***es herrscht ~es Treiben*** the carnival mood (*od.* atmosphere) has taken over.

Narzisse *f* ❀ narcissus; ***gelbe ~*** daffodil.

Narzißmus *m* narcissism; **Narzißt** *m* narcissist; **narzißtisch** *adj.* narcissistic.

nasal *adj.* nasal; **nasalieren** *v/t.* nasalize; **Nasallaut** *m* nasal (sound).

naschen *v/i. u. v/t.* nibble (between meals); *heimlich*: eat (s.th. *od.* things) on the sly; ***gern ~*** like to nibble (things), (*Süßes*) have a sweet tooth; ***wer hat von den Pralinen genascht?*** who's been at the chocolates?; **Nascher** *m* nibbler; → *a.* ***Naschkatze***; **Nascherei** *f* **1.** nibbling; eating on the sly; **2.** sweets (and chocolates) *pl.*, *Am.* candy; **naschhaft** *adj.*: ***~ sein*** love to nibble things, (*gern Süßes essen*) have a sweet tooth; **Naschkatze** *f*: ***sie ist e-e richtige ~*** she's always nibbling things (*bei Süßem*: eating sweet things).

Nase *f* **1.** nose (*a.* ✈ *etc. u. Geruchssinn*); (*Schnauze*) *a.* snout; ***e-e gute ~ haben*** have a keen sense of smell, *fig.* have good instincts, ***für et.***: *fig.* have a nose for s.th.; ***auf die ~ fallen*** *a.* F *fig.* fall flat on one's face; F ***eins auf die ~ kriegen*** get a punch on the nose, *fig.* F get a rap over the knuckles, *stärker*: F get it in the neck; F ***j-m eins auf die ~ geben*** give s.o. a punch on the nose, *fig.* F give s.o. a rap over the knuckles; *fig.* ***pro ~ 10 Dollar*** 10 dollars each (*od.* a head); ***j-m et. auf die ~ binden*** tell s.o. all about s.th.; ***j-n an der ~ herumführen*** lead s.o. up the garden path; ***j-m auf der ~ herumtanzen*** play s.o. up; ***j-m e-e lange ~ machen*** thumb one's nose at s.o., *triumphierend*: *a.* F cock a snook at s.o.; ***auf der ~ liegen*** be laid up; ***s-e ~ in alles (hinein)stecken*** poke one's nose into everything; ***er muß immer die ~ vorn haben*** he's always got to be one step ahead; ***j-n mit der ~ auf et. stoßen*** shove s.th. under s.o.'s nose; ***es j-m unter die ~ reiben*** F rub s.o.'s nose in it, rub it in; ***es j-m dauernd unter die ~ reiben*** keep rubbing it in; ***j-m auf der ~ herumtanzen*** do what one likes with s.o.; ***die ~ voll haben*** be fed up (to the back teeth) (***von*** with); ***j-m et. aus der ~ ziehen*** worm (*od.* winkle) s.th. out of s.o.; ***immer der ~ nach!*** just follow your nose; ***es liegt direkt vor d-r ~*** it's right under (*od.* in front of) your nose; ***der Zug fuhr uns vor der ~ weg*** we missed the train by seconds; ***j-m die Tür vor der ~ zumachen*** shut the door in s.o.'s face; ***j-m et. vor der ~ wegschnappen*** snatch s.th. from right under s.o.'s nose, *fig. a.* beat s.o. to s.th.; ***er sieht nicht weiter als s-e ~ (reicht)*** he can't see beyond the end of his nose; ***man kann es ihm an der ~ ansehen*** it's written all over his face; ***faß dich an d-e eigene ~!*** you can talk!; **2.** F (*Farbtropfen*) drip.

naselang F *adv.*: ***alle ~*** *zeitlich*: every few minutes, *weitS.* (*immer wieder*) over and over again; *räumlich*: every other step; ***er ruft alle ~ an*** *a.* he's forever ringing up.

näseln *v/i.* speak through one's nose (*od.* with a twang).

Nasen|affe *m* proboscis monkey; **~bein** *n* nosebone, nasal bone; **~bluten** *n* nosebleed(s *pl.*); **~bohren** *n* poking one's nose; **~flügel** *m* nostril; ***weite ~*** flared nostrils; **~gang** *m* nasal passage; **~haar** *n* nasal hair, F hairs *pl.* in one's nose; **~höhle** *f* nasal cavity; **~korrektur** *f* rhinoplasty, F nose job.

nasenlang F *adv.* → ***naselang.***

Nasen|länge *f*: *fig.* ***um e-e ~*** by an inch; ***j-n um e-e ~ schlagen*** *a.* F beat s.o. by a whisker, pip s.o. at the post; **~loch** *n* nostril; **~plastik** *f* → ***Nasenkorrektur***; **~ring** *m* nose ring; **~rücken** *m* bridge of the nose; **~scheidewand** *f* nasal septum; **~schleimhaut** *f* mucous membrane of the nose; **~schmuck** *m* nose jewellery (*bsd. Am.* jewelry); **~sonde** *f* nasal probe; **~spitze** *f* tip of the nose; F ***man sieht's ihm an der ~ an*** you can tell (by the look on his face); **~spray** *m, n* nose (*od.* nasal) spray; **~stüber** *m* **1.** F biff on the nose; **2.** F *fig.* (*Zurechtweisung*) F rap over the knuckles, wigging; **~tropfen** *pl. pharm.* nose drops; **~wurzel** *f* base of the nose.

naserümpfend *adj. u. adv.* (*mißbilligend*) disapproving(ly *adv.*); (*unwillig*) reluctant(ly); (*verächtlich*) disdainful(ly).

naseweis I. *adj.* (*neunmalklug*) F smart-alecky, know-(it-)all; (*vorlaut, frech*) F saucy, brassy; **II.** ≈ *m* **1.** (*Kind*) F saucy (*od.* cheeky) little brat; **2.** (*Neunmalkluger*) F smart aleck, know-(it-)all, wise guy, *Am.* F smarty pants.

Nashorn *n* rhinoceros, F rhino.

naß I. *adj.* wet (*a. Wetter etc.*); ***triefend ~*** dripping wet, soaking, drenched, wet through; ***~ machen*** wet; ***sich ~ machen*** wet o.s., *bsd. Kind*: *a.* wet his (*od.* her) pants; ***~ werden*** get wet; F *fig.* ***j-n ~ machen*** *Sport*: F give s.o. a thrashing; **II.** *adv.*: ***sich ~ rasieren*** wet-shave; **III.** ≈ *lit. n* **1.** water; F ***ins kühle ~ springen*** take a plunge; **2.** ***edles ~*** precious liquid (*od.* drop).

Nassauer F *m* sponger, F scrounger; **nassauern I.** *v/i.* sponge (***bei j-m***: on), F scrounge (off); **II.** *v/t.* scrounge *s.th.* (***von j-m*** off s.o.).

Nässe *f* wet(ness); damp(ness), moisture; ⚗ humidity; ***vor ~ schützen!*** keep dry (*od.* in a dry place); **~gefahr** *f mot.* slippery roads *pl.*

nässen I. *v/t.* wet; (*anfeuchten*) moisten; **II.** *v/i. Wunde etc.*: weep.

Naß|fäule *f* wet rot; **≈forsch** F *adj.* very forward, F cocky; **≈geschwitzt** *adj.* soaked in sweat, dripping with sweat; **≈kalt** *adj.* cold and damp; ***~es Wetter*** cold, damp weather; **~rasierer** *m* wet shaver; ***er ist ~*** *a.* he likes a wet shave; **~rasur** *f* wet shave; **~zelle** *f* (prefabricated) bathroom unit.

Nation *f* nation; **national** *adj.* national; ***~e Gesinnung*** nationalism; ***~e Minderheit*** ethnic minority.

National|bewußtsein *n* (feeling of) national identity; **~charakter** *m* national character; **~elf** *f* national team (*od.* side); ***Deutschlands ~*** the German team; **~farben** *pl.* national colo(u)rs; **~feiertag** *m* national (public) holiday; **~flagge** *f* national flag; **~gefühl** *n* national consciousness; patriotism; **~gericht** *n gastr.* national dish; **~heiligtum** *n* na-tional shrine; **~held** *m* national hero; **~hymne** *f* national anthem.

nationalisieren *v/t.* **1.** (*verstaatlichen*) nationalize; **2.** (*einbürgern*) naturalize.

Nationalismus *m* nationalism; **Nationalist** *m* nationalist; **nationalistisch** *adj.* nationalist ..., nationalistic(ally *adv.*).

Nationalität *f* **1.** nationality; ***sie ist griechischer ~*** she's of Greek nationality, she's Greek; **2.** (*Minderheit*) ethnic minority.

Nationalitäten|frage *f* problem of ethnic minorities, ethnic issue (*od.* problem); **~konflikt** *m* ethnic conflict.

National|mannschaft *f Sport*: national team (*od.* side); ***die englische ~*** the English team; ***er spielt in der spanischen ~*** he plays for Spain; **~ökonomie** *f* eco-nomics *pl.* (*sg. konstr.*); **~park** *m* national park; **~rat** *östr. schweiz. m* **1.** National Assembly; **2.** member of the National Assembly.

Nationalsozialismus *m* National Socialism; **Nationalsozialist** *m* National Socialist; **nationalsozialistisch** *adj.* National Socialist.

National|spieler *m Sport*: international (player); **~sport** *m* national sport; **~sprache** *f* national language.

Nationalstaat *m* nation state; **nationalstaatlich** *adj.* nation-state ...

National|stolz *m* national pride; **~trainer** *m*: ***Deutschlands ~ X*** German manager X; ***Englands ~ X*** England('s) manager X; **~versammlung** *f* National Assembly.

Nato *f*: ***die ~*** NATO, Nato; **~länder** *pl.* NATO (*od.* Nato) countries *od.* members; **~mitglied(sstaat** *m*) *n* member of NATO (*od.* Nato), NATO (*od.* Nato) member.

Natrium *n* ⚗ sodium; **~chlorid** *n* sodium chloride.

Natron *n* ⚗ sodium; ***kohlensaures ~*** sodium carbonate; **~lauge** *f* sodium hydroxide, caustic soda.

Natter *f zo.* adder, viper; *fig.* ***e-e ~ am Busen nähren*** nurse a viper in one's bosom; **Natternbrut** *fig. f*, **Natterngezücht** *fig. n* vipers' brood.

Natur *f* **1.** *bsd. abstrakt*: (*a.* **die** ~) nature; *in e-r bestimmten Gegend*: natural surroundings *pl.*, *auf dem Land*: countryside; (*natürliche Umwelt*) natural environment; (*Mutter* ~) mother nature; ***in der freien*** ~ out in the open, *Tiere*: in their natural habitat; ***er liebt die*** ~ he's a real nature lover, *weitS.* he loves to be out in the open; **2.** ***es ist*** ~ it's natural; ***Eiche*** ~ natural oak; **3.** (*Gemütsanlage*) temperament, disposition; (*Charakter*) character; ***von*** ~ (***aus***) by nature; ***e-e gesunde*** ~ ***haben*** have a strong constitution; ***es liegt*** (***nicht***) ***in ihrer*** ~ it's (not) in her nature; ***j-m zur zweiten*** ~ ***werden*** become second nature to s.o.; ***es geht ihm wider die*** ~ it's not in (*od.* it's against) his nature (***zu*** *inf.* to *inf.*); ***die menschliche*** ~ human nature; ***gegen die*** ~ unnatural; **4.** (*Art, Beschaffenheit*) nature; ***Themen allgemeiner*** ~ topics of a general nature; ***die Sache ist ernster*** ~ it's a serious matter; ***es liegt in der*** ~ ***der Sache*** it's in the nature of it (*od.* of things).

natura: ***in*** ~ *Bezahlung*: in kind; *et. od. j-n* ***in*** ~ *sehen etc.*: in real life, (*Person*) *a.* in the flesh.

Natural|abgaben *pl.* contributions (*od.* payment *sg.*) in kind; **~bezüge** *pl.* remuneration *sg.* in kind.

Naturalien *pl.* **1.** natural produce *sg.*; ***in*** ~ ***bezahlen*** *etc.* pay *etc.* in kind; **2.** *naturwissenschaftliche*: natural history objects (*od.* specimens).

naturalisieren *v/t.* naturalize; **Naturalisierung** *f* naturalization.

Naturalismus *m* naturalism; **Naturalist** *m* naturalist; **naturalistisch** *adj.* naturalist(ic).

Natural|leistung *f* payment in kind; **~lohn** *m* wages *pl.* in kind; **~wert** *m* value in kind; **~wirtschaft** *f* barter economy.

Naturapostel F *m* F nature freak.

naturbelassen *adj.* (*im Naturzustand*) natural, in its (*od.* their) natural state; (*unbehandelt*) untreated; *Landschaft*: unspoilt, left in its natural (*od.* original) state; ***~e Nahrungsmittel*** untreated (*od.* conservation) food.

Natur|beobachtung *f* nature study; observation of one's natural surroundings; *Tiere*: wildlife observation; **~beschreibung** *f* description of nature; **~bursche** *m* nature boy; **~denkmal** *n* natural monument.

nature *adj. gastr.* plain, au naturel; *Schnitzel etc.*: unbreaded.

Naturell I. *n* temperament, disposition; **II.** ² *adj. gastr.* → ***nature.***

Natur|ereignis *n*, **~erscheinung** *f* natural phenomenon.

naturfarben *adj.* natural-colo(u)red.

Natur|faser *f* natural fib|re (*Am.* -er); **~film** *m* nature film; **~forscher** *m* naturalist; **~forschung** *f* (natural) science; **~freund** *m* nature lover.

naturgegeben *adj.* natural, decreed by nature; *Talent etc.*: a gift of nature.

naturgemäß I. *adj.* (*natürlich*) natural; (*organisch*) organic; **II.** *adv.* naturally; by definition; ***es ist*** ~ ***e-e gefährliche Sache*** *a.* it's in the nature of it that it's dangerous, it's bound to be dangerous.

Naturgeschichte *f* natural history; **naturgeschichtlich** *adj.* natural history ...

Natur|gesetz *n* law of nature; **²getreu** *adj.* true to nature; realistic(ally *adv.*); **~gewalten** *pl.* elements; **~gottheit** *f* god of nature, natural deity; **~haushalt** *m* balance of nature, ecological balance; **~heilkunde** *f* naturopathy; **~heilverfahren** *n* naturopathic treatment; *pl. a.* naturopathy *sg.*; **²identisch** *adj. Farbstoff etc.*: nature-identical; **~katastrophe** *f* natural disaster; **~kind** *n* child of nature; **~kosmetik** *f* natural makeup.

Naturkost *f* health food(s *pl.*); **~laden** *m* health food shop (*od.* store).

Naturkraft *f* natural force.

naturkraus *adj.* naturally frizzy; **Naturkrause** *f* naturally frizzy hair, F natural frizz.

Natur|kunde *f* (study of) natural history; *ped.* nature study; **~landschaft** *f* (*a.* ***e-e*** ~) unspoilt (*od.* untouched, natural) countryside; **~lehrpfad** *m* nature trail.

natürlich I. *adj.* natural (*a. echt, angeboren, ungekünstelt etc.*); (*üblich*) normal; ***~e Größe*** actual (*od.* full) size; ***die ~ste Sache der Welt*** the most natural thing in the world; ***das ist doch*** ~ it's only natural; ***e-s ~en Todes sterben*** die a natural death; ***das geht nicht mit ~en Dingen zu*** F there's something fishy about it; **II.** *adv.* naturally; *a. int.* of course; ***aber*** ~***!*** but of course!; ***sich*** ~ ***verhalten*** act natural(ly); ***ich könnte*** ~ ***...*** of course I could ..., I could always ...; **Natürlichkeit** *f* naturalness.

Natur|mensch *m* child of nature, *iro.* nature boy; **²nah I.** *adj.* close to nature; *fig.* realistic, lifelike; **II.** *adv.*: ~ ***leben*** live in close touch with nature; **~park** *m* nature reserve; **~perle** *f* natural pearl; **~produkte** *pl.* natural products (*od.* produce *sg.*); **~recht** *n* natural law; **²rein** *adj.* pure, unadulterated; **~schätze** *pl.* natural resources; **~schauspiel** *n* spectacle of nature; ***ein*** ~ *a.* one of nature's spectacles; **~schönheit** *f* beauty spot, area of natural beauty;

Naturschutz *m* nature conservation; **Naturschützer** *m* conservationist; **Naturschutzgebiet** *n* nature reserve, conservation area.

Natur|schwärmerei *f* nature worship; **~seide** *f* natural silk; **~stoff** *m* natural substance; **~talent** *n* natural; **²trüb** *adj.* naturally cloudy.

naturverbunden *adj.* (*naturnah*) close to (*od.* in touch with) nature; (*naturliebend*) nature-loving ...; ~ ***sein*** a) live in close touch with nature, b) be a nature lover; **Naturverbundenheit** *f* close relationship to nature; love of nature.

Naturvolk *n* primitive people.

Naturwissenschaft *f* (natural) science; **Naturwissenschaftler** *m* scientist; **naturwissenschaftlich** *adj.* scientific; ***~es Fach*** science subject.

Natur|wunder *n* natural wonder; (*Person*) prodigy; **~zustand** *m* natural state.

Nautik *f* navigation, nautical science; **nautisch** *adj.* nautical.

Navigation *f* navigation.

Navigations|fehler *m* navigational error; **~gerät** *n* navigation system; **~karte** *f* navigation chart; **~raum** *m* chart room.

Navigator *m* navigator; **navigatorisch** *adj.* navigational; **navigieren** *v/i.* navigate.

Nazi *m* Nazi; **~herrschaft** *f* (*a.* ***die*** ~) Nazi rule; **~regime** *n* Nazi regime.

Nazismus *m* Nazism; **nazistisch** *adj.* Nazi ...

Nazi|verbrechen *n* Nazi crime (*od.* atrocity); **~vergangenheit** *f* Nazi past; **~zeit** *f* Nazi era, (period of) Nazi rule; ***in der*** ~ *a.* at the time of the Nazis (*od.* of Nazi rule).

ne F *adv.* → ***nicht*** 1.

Neandertaler *m* (*a.* ***der*** ~) Neanderthal man.

Nebel *m* fog; *leichter*: mist; (*Dunst*) haze; *künstlicher*: smoke; *ast.* nebula; *fig.* mist, veil, cloud; ***bei*** (***dichtem***) ~ in (thick) fog; F *fig.* ***fällt aus wegen*** ~***!*** it's off(, I'm afraid); **~bank** *f* fog bank; **~bildung** *f* (formation *od.* buildup of) fog; **~decke** *f* fog cover; blanket of fog; **~feld** *n* fog bank; *kleineres*: patch of fog; **~fetzen** *pl.* fog patches, patchy fog *sg.*; **²feucht** *adj. Straße etc.*: wet with fog; *Wetter*: dank; **~fleck** *m ast.* nebula; **~glocke** *f* blanket of fog; **~granate** *f* smoke grenade.

nebelhaft *fig. adj.* hazy, dim, nebulous; fuzzy.

Nebelhorn *n* foghorn.

nebelig *adj.* → ***neblig.***

Nebel|kammer *f phys.* cloud chamber; **~lampe** *f*, **~leuchte** *f*, **~scheinwerfer** *m mot.* fog lamp; **~schleier** *m* veil of mist (*od.* fog), haze; **~schlußleuchte** *f mot.* rear fog lamp; **~schwaden** *pl.* patchy fog *sg.*, fog patches; **~wand** *f* fog bank; ⚔ smoke screen; **~wetter** *n* foggy weather.

neben *prp.* **1.** *örtlich*: next to, beside; by; **2.** (*verglichen mit*) compared with (*od.* to); **3.** (*nebst*) apart (*bsd. Am.* aside) from, besides; in addition to; ~ ***anderen Dingen*** amongst other things.

Neben|abrede *f* collateral agreement; **~absicht** *f* secondary objective; (*Hintergedanke*) ulterior motive; **~akzent** *m* secondary stress; **~altar** *m* side altar.

Nebenamt *n* subsidiary office; *teleph.* branch exchange; **nebenamtlich I.** *adj.* part-time *job etc.*; **II.** *adv. e-e Stelle ausüben etc.*: part-time, on the side.

nebenan *adv.*: (***im Haus*** ~) next door; (***im Zimmer*** ~) *a.* in the next room; ***bei uns*** ~ next-door to us.

Neben|anschluß *m teleph.* extension; **~arbeit** *f* **1.** job on the side, sideline; **2.** **~en** less important (*od.* secondary) jobs; **~arm** *m e-s Flusses*: branch; **~ausgaben** *pl.* extras; ✝ incidental expenses; **~ausgang** *m* side exit; **~bedeutung** *f ling.* connotation.

nebenbei *adv.* **1.** (*beiläufig*) in passing; ~ ***bemerkt*** incidentally, by the way, apropos of nothing; ***das nur*** ~ ***bemerkt*** that's just by the way; **2.** (*nebenher*) on the side; **3.** (*außerdem*) *nachgestellt*: as well, besides.

Nebenbemerkung *f* aside.

Nebenberuf *m* sideline, job on the side; **nebenberuflich I.** *adj.*: ***~e Arbeit*** sideline, job on the side; **II.** *adv.* as a sideline, on the side.

Neben|beschäftigung *f* → ***Nebenarbeit, Nebenberuf***; **~betrieb** *m* branch; (*Fabrik*) *a.* subsidiary plant.

Nebenbuhler *m* rival.

Neben|darsteller *m thea. etc.* support-ing actor; *pl.* supporting cast *sg.* (*a. pl. konstr.*); **~dinge** *pl.* trivialities; **~effekt** *m* side effect.

nebeneinander **I.** *adv.* next to each other; *a. fig.* side by side; *zeitlich*: at the same time, simultaneously; concurrently; ~ **bestehen** coexist; **II.** ꝝ *n*: *pol.* (**friedliches** ~ peaceful) coexistence; **~her** *adv.* side by side; **~legen** *v/t.* place *od.* lay next to each other (*od.* side by side); **~liegen** *v/i.* lie next to each other (*od.* side by side); **~sitzen** *v/i.* sit next to each other (*od.* side by side); **~stellen** *v/t.* **1.** put *od.* place next to each other (*od.* side by side); **2.** (*vergleichen*) compare.

Neben|eingang *m* side entrance; **~einkommen** *n* extra income (on the side); **~einkünfte** *pl.* additional earnings; **~einnahmen** *pl.* extra income *sg.*; **~erscheinung** *f* side effect; ⚕ secondary symptom; **~erwerb** *m* extra income; job on the side; **im** ~ as a sideline.

Nebenerwerbs|landwirt *m* part-time farmer; **~landwirtschaft** *f* part-time farming.

Neben|fach *n* **1.** *ped.* subsidiary (*od.* secondary) subject, F subsid; *Am.* minor (subject); **2.** *im Schrank etc.*: side compartment; **~figur** *f* minor character; **~flügel** *m* side wing; **~fluß** *m* tributary; **~form** *f* variant; **~frage** *f* side issue; **~frau** *f* concubine; **~gasse** *f* side street; **~gebäude** *n* building next door, next(-door) building; (*Anbau*) outbuilding, annex(e); **~gebühren** *pl.* extra charges; **~gedanke** *m* **1.** secondary consideration; **es war nur ein** ~ *a.* it was just a thought that occurred to me; **2.** (*Hintergedanke*) ulterior motive; **~geräusch** *n* **1.** *a. pl.* (background) noise; *Radio*: *a.* interference; *HiFi*: background noise; **2.** ⚕ secondary murmur; **~gericht** *n* side dish; **~gleis** *n* siding; *Am.* sidetrack; *fig.* **aufs** ~ **schieben** sideline; **~handlung** *f* subplot; **~haus** *n* house (*od.* building) next door, next house (*od.* building).

nebenher *adv.* **1.** (*an der Seite*) alongside, by my *etc.* side; **2.** (*gleichzeitig*) at the same time; **3.** *verdienen etc.*: on the side; **~fahren** *v/i.* drive *od.* ride along beside s.o. (*od.* s.th.), drive (*od.* ride) alongside; **~laufen** *v/i.* run along beside s.o. (*od.* s.th.).

nebenhin *adv. bemerken etc.*: in passing, casually.

Nebenhoden *m* epididymis (*pl.* epididymides).

Nebenhöhle *f* sinus; **Nebenhöhlenentzündung** *f* sinusitis.

Neben|klage ⚖ *f* incidental action; **~kläger** *m* co-plaintiff; **~kosten** *pl.* extra costs (*od.* expenses), extras; **~linie** *f* **1.** *Genealogie*: collateral line; **2.** 🚂 branch line; **~mann** *m* person (sitting *etc.*) next to one; **~niere** *f* adrenal gland.

Nebennieren|hormon *n* adrenaline; **~rinde** *f* adrenal cortex.

nebenordnen *v/t.* coordinate; **Nebenordnung** *f* coordination.

Neben|person *f thea.* minor character; **~produkt** *n* by-product (*gen.* of); *konkret*: *a.* spin-off (from); **~raum** *m* **1.** side room; (*Abstellraum*) storeroom; **2.** (*Raum nebenan*) room next door, next room; **~rechte** *pl.* subsidiary rights; **~rolle** *f thea. etc.* minor part (*fig.* role); **kleine** ~ bit part.

Nebensache *f* minor consideration; **das ist** ~ that's not so important; **nebensächlich** *adj.* (*unwesentlich*) unimportant, *pred. a.* not important; irrelevant; **Nebensächlichkeit** *f konkret*: irrelevant matter, irrelevancy; triviality.

Neben|saison *f* low (*od.* off-peak) season; **~satz** *m ling.* subordinate clause; **~schilddrüse** *f* parathyroid (gland); **~schluß** *m* ⚡ *etc.* parallel connection; ꝝ**stehend** *adj. u. adv. am Rande*: in the margin; ~ (**abgebildet**) opposite; **~stelle** *f* **1.** branch; **2.** *teleph.* extension; **~straße** *f* side street; *auf dem Land*: by-road; **~strecke** *f* 🚂 branch line; **~tätigkeit** *f* job on the side, sideline; **~tisch** *m*: (**am** ~ at the) next table; **~titel** *m* subtitle; **~ton** *m* **1.** *ling.* secondary stress; **2.** *pl.* ♪ secondary notes; **~tür** *f* side door; **~veranstaltung** *f* side show; *bei Festspielen etc.*: fringe event; **~verdienst** *m* extra earnings *pl.* (*od.* income); **~weg** *m* side road; **~winkel** *m* ⩕ adjacent angle; **~wirkung** *f* side effect; *fig. pl.* fallout *sg.*; **~zimmer** *n* **1.** next (*od.* adjoining) room, room next door; **2.** *im Lokal etc.*: side room, *hinten*: room at the back; **~zweck** *m* secondary aim (*od.* objective).

neblig *adj.* foggy, misty; **~-trüb** misty and dull (*od.* overcast).

nebst *obs. prp.* together (*od.* along) with; (*einschließlich*) including.

nebulos, nebulös *fig. adj.* nebulous, hazy.

Necessaire *n* **1.** (*Reise*ꝝ) toilet bag; **2.** (*Nagel*ꝝ) manicure set.

necken *v/t.* tease; **neckisch** *adj.* (*schelmisch*) playful, *Bemerkung etc.*: *a.* teasing; (*kokett*) coquettish.

nee F *adv.* no, F na, *a. Am.* F nope; → *a.* **nein.**

Neffe *m* nephew.

Negation *f* negation.

negativ **I.** *adj.* negative (*a. phys.*, ⩕, ⚕, ⚡, *phot.*); **~e Auswirkungen haben** have an adverse effect (**auf** on); **das** ꝝ**e daran** the negative side of it (*od.* thing about it); **das ist nichts** ꝝ**es** there's nothing wrong with it; **er erzählt nur** ꝝ**es über sie** he hasn't got a positive (*od.* good) word to say about her; **II.** *adv.* negatively; **et.** ~ **beurteilen** see s.th. negatively, take a negative view of s.th.; **alles nur** ~ **sehen** *a.* always look on the negative side (of things); **sich** ~ **über et. äußern** be rather negative about s.th.; **III.** ꝝ *n phot.* negative.

Negativ|beispiel *n* negative example; **~bilanz** *f* debit balance; **~druck** *m* **1.** reverse printing; **2.** *konkret*: reverse print; **~film** *m* negative film; **~held** *m* antihero; **~image** *n* negative image; **~werbung** *f* negative advertising.

Neger *m* **1.** black; *anthropologisch*: negro; **2.** F *TV* F idiot board; **Negerin** *f* black (woman); *anthropologisch*: negro woman, negress.

Negerkuß *m small, cream-filled chocolate cake.*

negieren *v/t.* (*abstreiten*) deny; (*verneinen*) negate; **Negierung** *f* denial; negation.

Negligé *n* negligee.

negroid *adj.* negroid.

Nehemia *m bibl.* Nehemiah; **das Buch** ~ (the Book of) Nehemiah.

nehmen **I.** *v/t.* take; (*in Empfang* ~) receive; ⚔ take, capture; (*Hindernis*) take, clear; *mot.* (*Kurve*) take, negotiate; (*sich bedienen*) help o.s. to; (*benützen*) use; (*Beförderungsmittel*) take; (*kaufen*) take; (*als Zahlung fordern*) charge, take; (*anstellen*) take; (*in Anspruch nehmen*) (*Anwalt etc.*) take, get (hold of); (*rauben*) deprive of *hope*, *rights etc.*; **j-m die Angst** *etc.* ~ take away s.o.'s fear *etc.*; **et. an sich** ~ take s.th.; **zu sich** ~ have *a cup of tea etc.*, (*Person*) take *s.o.* in; **man nehme** *Rezept*: take; **auf sich** ~ undertake, take upon o.s., (*Amt*, *Bürde*) assume, (*Verantwortung*) accept, take; **die Folgen auf sich** ~ bear the consequences; ~ **wir den Fall, daß** let's assume that, suppose that; **das lasse ich mir nicht** ~ I won't be done out of that, (*ich bin davon überzeugt*) nobody's going to talk me out of that; **er läßt es sich nicht** ~ **zu** *inf.* he insists on *ger.*; **woher** ~ **und nicht stehlen?** where (on earth) am I supposed to get hold of that (*od.* them *etc.*)?; **j-n zu** ~ **wissen** know how to handle s.o.; **er versteht es, die Kunden richtig zu** ~ he has a way with customers; **wie man's nimmt** it depends; **II.** ꝝ *n*: **er ist hart im** ~ he can take a lot (of punishment); → **Geben** 17.

Nehrung *f* spit.

Neid *m* envy (**auf** *j-n*: of; **auf** *et.*: at); (*Mißgunst*) jealousy; **aus** (**purem**) ~ out of (sheer) envy; **grün vor** ~ green with envy; **vor** ~ **vergehen** (*od.* **erblassen,** F **platzen**) be eaten up with envy; **das muß ihm der** ~ **lassen** you have to hand it to him; **das ist nur der** ~ **der Besitzlosen** he's *etc.* just jealous because he *etc.* hasn't got one; → **blaß**; **neiden** *v/t.*: **j-m et.** ~ envy s.o. s.th.; **Neider** *m* envious person; **viele** ~ **haben** be the envy of many; **neiderfüllt** **I.** *adj.* filled with envy, envious; **II.** *adv.* (filled) with envy, enviously; **Neidhammel** F *m* envious (*od.* jealous) person; **neidisch** *adj.* envious, jealous (**auf** of); **neidlos** *adj. u. adv.* without envy, ungrudging(ly).

Neige *f* **1.** (*Abnahme*) decline; **zur** ~ **gehen** decline, wane, *Vorrat*: run low, *a.* ✝ run short, *Tag*, *Leben etc.*: be drawing to an end; **bis zur** ~ **auskosten** savo(u)r to the last (*od.* the full); **bis zur bitteren** ~ to the bitter end; **2.** *im Faß*: dregs *pl.*; **den Kelch bis zur** ~ **leeren** drain the cup to the last drop (*od.* to the dregs).

neigen **I.** *v/t.* bend, *formell*: incline; (*niederbeugen*) bow (down); (*kippen*) tilt, tip; **II.** *v/refl.*: **sich** ~ bend, lean; *Ebene*: slant; *Boden*: slope; (*sich verbeugen*) bow; **sich** (**dem Ende zu**) ~ be drawing to a close (*od.* an end); **III.** *fig. v/i.*: ~ **zu** tend to *inf.*, have a tendency to *inf.* (*od.* towards *ger. od. s.th.*), (*anfällig sein*) be susceptible to *s.th.*, be prone to *s.th.* (*od. inf.*, *ger.*); **zu Unfällen** ~ be accident-prone; **zum Kommunismus** *etc.* ~ have communist *etc.* leanings; **er neigt zu Übertreibungen** he tends to exaggerate; **ich neige zu der Ansicht, daß** I'm inclined to think (that), I rather think (that); → **geneigt**; **Neigung** *f* **1.** inclination; (*geneigte Fläche*) slope, incline; *Straße*: gradient; ⩕ dip; **2.** *fig.* (*Hang*) inclination (**zu** to, towards), propensity (to, for); (*Vorliebe*) liking, penchant, predilection (for); ✝, *pol.* tendency, trend (towards); (*Veranlagung*) disposition (for), *bsd. zum Negativen*: proclivity (for); (*Zu*ꝝ) affection (for), love (of); **e-e** ~ **zur Kunst** (**Philosophie** *etc.*) **haben** have an artistic (a philosophical *etc.*)

bent; ***ein Mensch mit künstlerischen*** (***philosophischen*** *etc.*) **~en** *a.* an artistically (philosophically *etc.*) inclined person; ***s-n ~en nachgeben*** (*od.* ***leben***) follow one's inclinations; ***wenig ~ zeigen zu*** *inf.* (*Lust*) show little inclination to *inf.*; ***er zeigt wenig ~ dazu*** (*Talent*) he shows little talent in that direction; **Neigungswinkel** *m* angle of inclination (*od.* tilt).

nein I. *adv.* no; ***~ und abermals ~!*** for the last time, no!; ***aber ~!*** *zusichernd*: of course not, *widersprechend*: no!; ***geht er? - ~*** is he going? - no, he isn't; ***haben Sie gerufen? - ~!*** did you call? - no, I didn't; ***~, ist das schön!*** oh, how beautiful that is!; **II.** ≈ *n* no; (*Ablehnung*) refusal; ***ein klares ~*** a straight no; ***mit e-m ~ antworten*** say no, (*ablehnen*) *a.* refuse.

Nein|sager *m* obstructionist; **~stimme** *f parl.* no (*pl.* noes), *Am.* nay.

Nekrolog *m* obituary.

Nekromantie *f* necromancy.

Nekrophilie *f* necrophilia.

Nekropole *f* necropolis.

Nekrose *f* necrosis.

Nektar *m* **1.** ⚘ *u. myth.* nectar; **2.** (*Getränk*) fruit juice (*containing crushed fruit*).

Nektarine *f* nectarine.

Nelke *f* **1.** (*Blume*) carnation; **2.** (*Gewürz*≈) clove; **Nelkenpfeffer** *m* allspice, pimento.

Nenn... *in Zssgn* nominal; ⚙ *mst* rated.

nennbar *adj.* nameable; (*nennenswert*) worth mentioning; *Summe*: appreciable.

Nennbetrag *m* nominal amount (*od.* sum).

nennen I. *v/t.* name, (*benennen*) *a.* call, *formell*: designate; *spottend*: dub; (*erwähnen*) mention; (*anführen*) quote; (*preisgeben*) reveal, give away; (*Kandidaten*) nominate; ***kannst du mir den höchsten Berg der Welt ~?*** can you name (*od.* what's) the highest mountain in the world?; ***das nenne ich e-e Überraschung!*** well, that really is a surprise!; ***das nenne ich ein gelungenes Buch*** that's what I call a well-written book; ***das nennst du e-n guten Wein?*** is that what you call a good wine?; ***~ wir mal ...*** let's take ...(, for example); **II.** *v/refl.*: ***sich ~*** be called; ***wie nennt sich ...?*** what's ... called?; *iro.* ***und das nennt sich Lehrer*** and he calls himself a teacher; ***und das nennt sich Kultur*** and that's supposed to be culture, and that goes by the name of culture, and they call it culture; → ***genannt***; **nennenswert** *adj.* worth mentioning; *Betrag etc.*: appreciable; ***kein ~er Musiker*** *etc.* no musician *etc.* to speak of; ***keine ~e Leistung*** F nothing to write home about.

Nenner 𝔄 *m* denominator; ***auf e-n gemeinsamen ~ bringen*** *a. fig.* bring down to a common denominator; *fig.* ***e-n gemeinsamen ~ finden für*** *ein Vorhaben etc.*: find some common ground on which to base ...

Nennleistung ⚙ *f* rated power (*od.* output).

Nennung *f* naming; (*Erwähnung*) mention; *Sport*: entry; *von Kandidaten*: nomination; ***bei der ~ ihres Namens*** when her name was mentioned (*od.* called out).

Nennwert *m* nominal (*od.* face) value; ✝ ***zum*** (***über, unter***) ***~*** at (above, below) par.

neo..., Neo... *in Zssgn* neo(-)..., Neo(-)...

Neofaschismus *m* neo-fascism, neo-Fascism; **Neofaschist** *m*, **neofaschistisch** *adj.* neo-fascist, neo-Fascist.

Neoklassizismus *m* neoclassicism; **Neoklassizist** *m* neoclassicist; **neoklassizistisch** *adj.* neoclassical.

Neolithikum *n* Neolithic period; **neolithisch** *adj.* Neolithic.

Neologismus *m* neologism.

Neon *n* neon.

Neonazi *m* neo-Nazi; **Neonazismus** *m* neo-Nazism; **neonazistisch** *adj.* neo-Nazi.

Neon|lampe *f*, **~leuchte** *f* neon light (*od.* lamp); **~licht** *n* neon light; **~reklame** *f* neon sign; **~röhre** *f* neon tube; *pl. a.* strip lighting *sg.*

Nepalese *m*, **Nepalesin** *f* Nepalese, Nepali; **nepalesisch** *adj.* Nepali, Nepalese, Nepal ...

Nepp F *m* daylight robbery, F *a* rip-off; ***es ist der reinste ~*** it's a real rip-off; **~bude** F *f* → ***Nepplokal.***

neppen F *v/t.* F fleece, rip *s.o.* off; **Nepper** F *m* F rip-off artist.

Nepp|lokal F *n* F clip joint, rip-off place; **~preis** F *m* F rip-off price.

Nerv *m anat.* nerve; ⚘ *a.* vein; ***j-m auf die ~en fallen*** (*od.* ***gehen***), ***j-m den ~ töten*** (*od.* ***rauben***) F get on s.o.'s nerves; ***die ~en behalten*** keep calm (F one's cool); ***die ~en verlieren*** lose one's nerve (*od.* head), F snap, *im Zorn*: lose one's temper (F one's cool); ***er ist mit den ~en*** (***völlig***) ***fertig*** his nerves are (absolutely) shot, he's a(n absolute) nervous wreck, F his nerves have been worn to a frazzle; ***es kostet ~en*** it's nerve-racking, it takes it out on your nervous system; ***er hat ~en wie Drahtseile*** his nerves must be made of steel; ***den ~ haben zu*** *inf.* have the nerve to *inf.*; F ***der hat vielleicht ~en!*** F he's got a nerve (*od.* cheek); F ***d-e ~en möcht' ich haben!*** I'd like to have some of your nerves; F ***dazu braucht's ganz schöne ~en!*** it takes a fair bit of nerve (to do that); **nerven** F *v/t.*: ***j-n ~*** get on s.o.'s nerves; ***der nervt mich vielleicht!*** F he doesn't half get on my nerves (*od.* wick); → ***genervt.***

Nerven|anspannung *f* nervous tension; **~arzt** *m* neurologist; ≈**aufreibend** *adj.* nerve-racking; **~bahn** *f* nerve tract; **~belastung** *f* nervous strain; ≈**beruhigend** *adj.*: **~ *sein*** (*od.* ***wirken***) calm the nerves; **~bündel** *n* **1.** F (*Person*) F bag (*od.* bundle) of nerves; **2.** *anat.* nerve fascicle; **~entzündung** *f* neuritis; **~faser** *f* nerve fib|re (*Am.* -er); **~gas** *n* nerve gas; **~gift** *n* nerve poison, neurotoxin; **~kitzel** *m* (*contp.* cheap) thrill(s *pl.*); **~klinik** *f* psychiatric clinic; **~kostüm** F *n* nerves *pl.*; ***schwaches ~*** weak nerves; ≈**krank** *adj.* neuropathic; (*neurotisch*) neurotic; (*geisteskrank*) mentally ill; **~krankheit** *f* nervous disease; **~krieg** *m* war of nerves; **~krise** *f* mental crisis; **~lähmung** *f* neuroparalysis; **~leiden** *n* nervous disease; **~probe** *f* ordeal; **~reiz** *m* nervous impulse; **~sache** *f*: (***es ist reine ~*** it's all) a question of nerves; **~säge** F *f* F pain in the neck; ***sie ist e-e solche ~*** *a.* she really gets on your nerves, F she drives you up the wall; **~schmerz** *m a. pl.* neuralgia; **~schock** *m* nervous shock; ≈**schwach** *adj.*: **~ *sein*** have weak (*od.* bad) nerves; **~schwäche** *f* weak nerves *pl.*, ⚕ neurasthenia; ≈**stärkend** *adj.*: ***~es Mittel*** tonic; **~strang** *m* (peripheral) nerve; **~system** *n* nervous system; **~zentrum** *n* nerve cent|re (*Am.* -er) (*a. fig.*); ≈**zerrüttend** *adj.* nerve-shattering; **~zerrüttung** *f* shattered nerves *pl.*; **~zusammenbruch** *m*: (***e-n ~ erleiden*** have a) nervous breakdown.

Nerverl *östr. n* bag (*od.* bundle) of nerves.

nervig *adj.* **1.** *Arm etc.*: sinewy; **2.** F *Angelegenheit etc.*: nerve-(w)racking.

nervlich I. *adj.* nervous; ***~e Belastung*** nervous strain, strain on the nerves; ***sein ~er Zustand*** (the state of) his nerves; **II.** *adv.*: ***~ bedingt*** nervous; ***es ist ~ bedingt*** *a.* it's my *etc.* nerves; ***sie ist ~*** (***völlig***) ***am Ende*** (F ***kaputt***) her nerves are (absolutely) shot, she's a(n absolute) nervous wreck, F her nerves have been worn to a frazzle; ***er ist ~ zerrüttet*** his nerves are shattered; ***j-n ~ belasten*** *Sache*: be a strain on s.o.'s nerves; ***j-n ~ fertigmachen*** ruin s.o.'s nerves, F wear s.o's nerves to a frazzle, *weitS.* (*wahnsinnig machen*) F drive s.o. up the wall.

nervös *adj.* **1.** tense; (*unruhig*) fidgety, F twitchy; (*reizbar*) edgy, F uptight; (*aufgeregt*) on edge, *ängstlich*: nervous; ***e-n ~en Eindruck machen*** seem nervous (*od.* on edge); ***mach mich nicht ~!*** don't make me nervous, *weitS.* (*geh mir nicht auf die Nerven!*) stop getting on my nerves; **2.** ⚕, *biol.* nervous; **Nervosität** *f* tenseness; edginess; nervousness; → ***nervös.***

nervtötend *adj.* (*abstumpfend*) soul-destroying, mindless; *Lärm etc.*: nerve-racking; ***er ist einfach ~*** F he's such a pain in the neck, he drives you round the bend.

Nerz *m* **1.** *zo.* mink; **2.** mink (coat, stole *etc.*); **~mantel** *m* mink (coat); **~stola** *f* mink stole.

Nessel ⚘ *f* nettle; *fig.* ***sich in die ~n setzen*** F put one's foot in it; **~ausschlag** *m*, **~fieber** *n*, **~sucht** *f* nettle rash, hives (*sg.*).

Nest *n* nest; *fig.* (*Heim*) *a.* home; F (*Kaff*) F one-horse town, (*elendes* ~) F dump, hole; F (*Bett*) bed; F ***ins ~ gehen*** F turn in, hit the sack (*bsd. Am.* hay); ***sein eigenes ~ beschmutzen*** foul one's own nest; ***das ~ leer finden*** find the bird has flown; ***da hat er sich aber ins gemachte*** (*od.* ***warme***) ***~ gesetzt*** he's done nicely for himself there, he's got everything laid on; **~bau** *m* nest-building; **~beschmutzer** *fig. m*: ***er ist ein richtiger ~*** he's always running his own family (*od.* company *etc.*) down.

nesteln *v/i.*: ***~ an*** fumble (around) with.

Nest|häkchen *fig. n* pet of the family; **~hocker** *m* **1.** *fig.* stay-at-home; **2.** *zo.* nidiculus.

Nestor *m* doyen.

Nestwärme *fig. f* warmth and security (of the home).

nett *adj. a. iro.* nice (***von j-m*** of s.o.); (*niedlich, hübsch*) *a.* sweet, pretty, cute; (*freundlich*) kind, nice; ***~, daß du kommst*** (it's) nice of you to come; ***sei so ~ und bring mir ein Bier*** do me a favo(u)r and get me a beer, will you?; **netterweise** *adv.* very kindly; ***könnten Sie mir ~ ...?*** do you think you could possibly ... (for me)?; **Nettigkeit** *f* **1.** ***die***

~haben zu** inf.* be kind enough to *inf.*; **2.** ***j-m ein paar ~en (ins Ohr) sagen say a few nice words to s.o.

netto ☤ *adv.* net, clear.

Netto|einkommen *n* net income; **~einnahmen** *pl.*, **~ertrag** *m* net proceeds (*pl.*); **~gehalt** *n* net salary; ***mein ~ ist ...*** *a.* I net ..., I take home ...; **~gewicht** *n* net weight; **~gewinn** *m* clear profit; **~kreditbedarf** *m* net borrowing requirement; **~lohn** *m* take-home pay; **~preis** *m* net price; **~umsatz** *m* net turnover (*od.* sales *pl.*).

Netz *n* net (*a.* ⚒ *u. fig.*); (*Geflecht*) netting, mesh; (*Gepäck*~) rack; 🚂, *teleph. etc.* network; (*Strom*~) mains *pl.*; ***soziales ~*** safety net (of social benefits); ***ins ~ befördern*** *Fußball*: put *the ball* into the net; ***ins ~ schlagen*** *Tennis*: send *the ball* into the net; ***ans ~ gehen*** a) *Tennis*: go up to the net, b) *Kraftwerk etc.*: go on line (*od.* stream); *fig.* ***j-m ins ~ gehen*** walk into s.o.'s trap; ***s-e ~e auswerfen*** cast one's nets; ***sich im eigenen ~ verfangen*** get caught in one's own trap; ***sich im ~ s-r Lügen verstricken*** get caught up in a web of lies; **~anschluß** *m* ⚡ mains connection.

netzartig *adj.* net-shaped, *formell*: reticular.

Netz|aufschlag *m* let; **~augen** *pl.* compound eyes; **~ausfall** *m* power failure; **~ball** *m Tennis*: net (ball).

netzen *v/t.* wet, moisten.

Netz|fehler *m Volleyball*: net (contact); **~flügler** *m* neuropteran (*pl.* neuroptera); **~förmig** *adj.* → ***netzartig***; **~gerät** *n* mains appliance; **~gewölbe** *n* △ net vault.

Netzhaut *f des Auges*: retina; **~ablösung** *f* detached retina; **~entzündung** *f* retinitis.

Netz|hemd *n* string vest; **~karte** *f* 🚂 *etc.* runaround ticket; **~magen** *m* reticulum; **~roller** *m Tennis*: net cord; **~spannung** *f* ⚡ mains voltage; **~spiel** *n Tennis*: playing at the net; **~strümpfe** *pl.* fishnet stockings; **~teil** *n* power supply; *e-s Batteriegeräts*: mains adapter; **~werk** *n* network.

neu I. *adj.* new; (*~artig*) novel; (*kürzlich geschehen*) recent; (*~zeitlich*) modern; (*im Entstehen begriffen*) rising; (*erneut*) renewed; *Hemd etc.*: (*sauber*) clean; ***ganz ~*** brand-new; ***~er Anfang*** fresh start; ***~e Hoffnung*** renewed hope; ***~e Schwierigkeiten*** more (*od.* renewed) difficulties; ***~ere Literatur*** modern literature; ***~ere Sprachen*** modern languages; ***~eren Datums*** recent; ***in ~erer Zeit*** in recent times, of late; ***~este Nachrichten*** latest news (*sg.*); ***die ~este Mode*** the latest fashion(s); ***ein ~es Leben beginnen*** make a fresh start (in life); ***das ist mir ~!*** that's new(s) to me; ***das ist mir nicht ~*** that's nothing new to me; ***noch wie ~*** as good as new; ***seit ~estem*** of late, since very recently, ***kann man ...:*** the latest thing is you can ...; **II.** *substantivisch*: ***aufs ~e, von ~em*** afresh, anew; ***von ~em anfangen*** start anew (*od.* afresh); → *a.* ***Neue(r), Neue(s)***; **III.** *adv.*: ***~ anfangen*** start anew (*od.* afresh); ***~ beleben*** revive; ***~ schreiben*** rewrite; ***~ entdeckt*** newly(-)discovered; ***sich ~ einkleiden*** get a new set of clothes; ***sich ~ eindecken*** get in fresh supplies.

Neu|ankömmling *m* newcomer; **~anschaffung** *f* **1.** recent purchase, new acquisition; *pl. Bibliothek*: recent acquisitions; ***letzte ~*** latest acquisition; ***es ist e-e ~*** *a.* we *etc.* only recently bought it; ***schon wieder e-e ~!*** something new again!; **2.** ***die ~ von Möbeln*** *etc.* buying new furniture *etc.*

neuartig *adj.* new, *a* new type of; **Neuartigkeit** *f* newness, novelty, novel aspect (*gen.* of).

Neu|auflage *f* **1.** new edition; (*Neudruck*) reprint; **2.** *e-r Schallplatte*: reissue; **3.** F *fig.* repeat (performance); **~ausgabe** *f* → ***Neuauflage*** 1.

Neubau *m* **1.** (*Gebäude*) new building; **2.** (*Vorgang*) reconstruction; **~siedlung** *f* modern estate; **~wohnung** *f* modern flat (*Am.* apartment).

neubearbeitet *adj.* new(ly revised); **Neubearbeitung** *f* **1.** new (*od.* revised) version; (*Buch etc.*) revised edition; *thea. etc.* adaptation; **2.** (*Vorgang*) revision.

Neu|beginn *m* fresh start, new beginning; ***es ist ein ~*** *a.* it's the start of something new; **~belebung** *f* revival; **~besetzung** *f thea.* recasting; *konkret*: new cast (*a. pl. konstr.*); **~bewertung** *f* reappraisal, reassessment, revaluation; **~bildung** *f* **1.** *physiol.* regeneration; **2.** *fig.* new formation, reorganization; **3.** *ling.* neologism; **~druck** *m* reprint.

Neue(r) *m* new man *etc.*; (*Ankömmling*) newcomer.

Neue(s) *n*: ***das Neue daran*** what's new about it; ***das Neueste*** *Mode etc.*: the latest thing; ***weißt du schon das Neueste?*** have you heard the latest (news) *od.* the news?; ***nichts Neues*** nothing new; ***das ist mir nichts Neues, das ist nichts Neues für mich*** that's nothing new to me; ***was gibt es Neues?*** what's new?

Neu|einspielung *f* new recording; **~entdeckung** *f* (new) discovery; **~entwicklung** *f* (*konkret*: new) development.

Neuer *m* → ***Neue(r)***.

neuerdings *adv.* recently, as of late; ***~ gibt es ...*** a) there have (*od.* has) recently been ..., b) the latest thing is there are (*od.* is) ...; ***~ trinkt er wieder*** he's recently started drinking again, the latest (thing) is he's started drinking again.

Neuerer *m* innovator.

neuerlich I. *adj.* (*vor kurzem erfolgt*) recent; (*neu*) new, (*erneut*) *a.* repeated; (*weiter*) further; ***ein ~er Versuch*** *etc. a.* another attempt *etc.*; **II.** *adv.* recently, of late, for a while now.

Neu|eröffnung *f* opening; *nach Renovierung etc.*: reopening; **~erscheinung** *f* new *od.* recent book (*od.* publication); (*Schallplatte*) new (*od.* recent) release.

Neuerung *f* innovation; (*Änderung*) change; (*Besserung*) reform; **neuerungsfeindlich** *adj.* hostile *od.* opposed to (any form of) innovation (*od.* reform); **Neuerungsgeist** *m* spirit of innovation; **Neuerungssucht** *f* mania for innovation (*od.* reform); **neuerungssüchtig** *adj.* bent on innovation (*od.* reform); ***~ sein*** *a.* be a fanatical innovator (*od.* reformist).

Neu|erwerb(ung *f*) *m* new acquisition; *pl. Bibliothek etc.*: recent acquisitions; → *a.* ***Neuanschaffung***; **~fassung** *f* revised version.

Neues *n* → ***Neue(s)***.

Neufundländer *m* Newfoundlander; (*Hund*) Newfoundland (dog).

neu|gebacken F *adj.* → ***frischgebakken***; **~geboren** *adj.* new-born (*a. fig.*); ***sich wie ~ fühlen*** feel a different person, *nach Krankheit*: *a.* feel as good as new.

Neugestaltung *f* **1.** (*Vorgang*) redesigning, reshaping; *organisatorisch*: reorganization; restructuring; **2.** *konkret*: new design (*od.* structure).

Neugier(de) *f* curiosity, inquisitiveness; ***aus (reiner) ~*** out of (sheer) curiosity; **neugierig** *adj.* curious (***auf*** about); (*vorwitzig*) inquisitive, F nosy; ***j-n ~ machen*** arouse s.o.'s curiosity; ***bin ich aber ~ auf den neuen Wagen!*** I can't wait to see the new car; ***ich bin ~, ob*** I wonder whether (*od.* if); ***ich bin ~ darauf, was (wie*** *etc.*) *a.* I'll be interested to know what (how *etc.*); ***du bist aber ~!*** F you're a real nosy-parker.

Neugliederung *f* reorganization, restructuring.

Neugotik *f* Gothic Revival, neo-Gothic style (*od.* architecture); **neugotisch** *adj.* neo-Gothic.

neugriechisch *adj.*, **Neugriechisch** *n ling.* modern Greek.

Neu|gründung *f* **1.** new establishment; **2.** *erneute*: re-establishment; **3.** ***~ e-s Vereins*** *etc.* (recent) establishment of a new association *etc.*; **~gruppierung** *f* regrouping, *bsd. pol.* reshuffling.

neuhebräisch *adj.*, **Neuhebräisch** *n ling.* modern Hebrew.

Neuheit *f* **1.** (*Neusein*) novelty; ***der Reiz der ~*** the novelty value; ***den Reiz der ~ verlieren*** lose its novelty (***für*** for), begin to pall (on); ***es hat den Reiz der ~ verloren*** *a.* the novelty has worn (*od.* begun to wear) off; **2.** (*Neuartiges*) new development (*od.* idea *etc.*); ***~en auf dem Modemarkt (Automarkt)*** the latest fashions (car models).

neuhochdeutsch *adj.*, **Neuhochdeutsch** *n ling.* New High German.

Neuigkeit *f* **1.** (***e-e ~*** a piece of) news (*sg.*); **2.** (*Gegenstand*) novelty.

Neuinszenierung *f thea.* new production.

Neujahr *n* New Year('s Day); ***Pros(i)t ~!*** Happy New Year!

Neujahrs|abend *m* New Year's Eve; **~ansprache** *f* New Year speech; **~botschaft** *f* New Year message; **~empfang** *m* New Year reception; **~grüße** *pl.* New Year greetings, greetings for the new year; **~tag** *m* New Year's day; **~wünsche** *pl.* (best) wishes for the new year.

Neuland *n* virgin soil; *fig.* new territory (*od.* ground); ***~ erschließen*** *a. fig.* break new ground; *fig.* ***~ betreten (erobern)*** enter unknown (conquer new) territory; **~gewinnung** *f* land reclamation.

neulich *adv.* the other day, recently; not so long ago; ***~ abends*** the other evening.

Neuling *m* novice, beginner, tyro; *contp.* greenhorn.

neumodisch *adj.* fashionable; *contp.* newfangled.

Neumond *m* new moon.

neun I. *adj.* nine; ***alle ~e!*** strike!; **II.** ~ *f* nine; (*Buslinie etc.*) (number) nine.

Neunauge *n* (*Fisch*) lamprey.

neunbändig *adj.* nine-volume ..., in nine volumes.

Neuneck *n* nonagon.

neunfach *adj.* ninefold; ***die ~e Menge*** nine times the amount.

neunhundert *adj.* nine hundred.
neunjährig *adj.* **1.** nine-year-old ...; **2.** (*neun Jahre dauernd*) nine-year ...; ***ein ~es ... a.*** nine years of ...; **Neunjährige(r** *m*) *f* nine-year-old.
neunköpfig *adj. family etc.* of nine; ***~e Delegation*** *etc. a.* nine-member (*od.* nine-man) delegation *etc.*
neunmal *adv.* nine times.
neunmalklug *iro. adj.* F smart-alecky; **Neunmalkluge(r** *m*) *f* F know-(it-)all, smart aleck, *Am.* F smarty pants; ***das ist so ein Neunmalkluger*** *a.* he thinks he knows it all.
neunstellig *adj. Zahl*: nine-digit ...
neunstöckig *adj.* nine-stor(e)y ...
neunstündig *adj.* nine-hour(-long) ...
neunt I. *adj.* ninth; ***~es Kapitel*** chapter nine; ***am ~en April*** on the ninth of April, on April the ninth; **9. *April*** 9th April, April 9(th); **II.** *adv.*: ***wir waren zu ~*** there were nine of us; ***wir gingen zu ~ hin*** nine of us went there.
neuntägig *adj.* **1.** nine-day(-long) ...; **2.** (*neun Tage alt*) nine-day-old ...
neuntausend *adj.* nine thousand.
Neunte(r) *m* (the) ninth; ***er war Neunter*** he was (*od.* came) ninth; ***Papst Johannes IX.*** Pope John IX (= Pope John the Ninth); ***heute ist der Neunte*** it's the ninth today.
neunteilig *adj.* nine-part ..., in nine parts.
Neuntel *n* ninth.
neuntens *adv.* ninth(ly), nine, in ninth place.
Neunter → ***Neunte(r)***.
neunwöchig *adj.* **1.** nine-week ...; **2.** (*neun Wochen alt*) nine-week-old ...
neunzehn *adj.* nineteen; **neunzehnt** *adj.* nineteenth; **Neunzehntel** *n* nineteenth (part).
neunzig *adj.* ninety; ***in den ~er Jahren*** in the nineties; ***er ist in den 2ern*** he's in his nineties; **Neunziger(in** *f*) *m* man (*f* woman) in his (her) nineties, *formell*: nonagenarian; F ninetysomething.
neunzigjährig *adj. Person*: ninety-year-old ...; *Zeitraum*: ninety-year(-long) ...
neunzigst *adj.* ninetieth; ***sie hat heute ihren 2en*** she's ninety today, it's her ninetieth birthday today.
Neu|ordnung *f* reform; **~orientierung** *f* reorientation; **~philologe** *m* student (*od.* teacher) of modern languages; **~philologie** *f* modern languages *pl.*; **~prägung** *f* recent coinage, neologism.
Neuralgie ⚕ *f* neuralgia; **neuralgisch** *adj.* neuralgic; *fig.* ***~er Punkt*** *e-r Person*: sore spot (*od.* point), touchy subject; *in e-m System etc.*: critical spot; *pol.* trouble spot; ***das ist sein ~er Punkt*** it's his sore spot (*od.* point), it's a sore spot (*od.* sore point, touchy subject) with him.
Neurasthenie ⚕ *f* neurasthenia; **Neurastheniker** *m*, **neurasthenisch** *adj.* neurasthenic.
Neu|regelung *f* revision; *organisatorische*: reorganization; **~reiche(r** *m*) *f* nouveau riche; ***die Neureichen*** the nouveaux riches.
Neurochirurg *m* neurosurgeon; **Neurochirurgie** *f* neurosurgery.
Neurologe *m* neurologist; **Neurologie** *f* **1.** neurology; **2.** (*Abteilung*) neurological wing (*od.* section); **neurologisch** *adj.* neurological.
Neurose *f* neurosis; **Neurotiker** *m a. fig.* neurotic; *fig.* ***er ist ein ~*** he's neurotic; **neurotisch** *adj.* neurotic(ally *adv.*).
Neu|schnee *m* fresh snowfall; **~schöpfung** *f* **1.** new creation; **2.** *ling.* neologism.
Neuseeländer(in *f*) *m* New Zealander; **neuseeländisch** *adj.* New Zealand ..., from New Zealand.
Neusprachler *m* → ***Neuphilologe***; **neusprachlich** *adj.* modern language *teaching etc.*; ***~es Gymnasium*** *grammar school with special emphasis on modern languages.*
Neustrukturierung *f* restructuring.
neutestamentlich *adj.* New Testament *theology etc.*
neutral I. *adj.* **1.** neutral (*a.* ⚗, ⚡); ***geschmacklich ~ sein*** have a neutral taste; **2.** *ling.* neuter; **II** *adv.*: ***sich ~ verhalten*** remain neutral; **Neutrale(r** *m*) *f pol.* neutral.
neutralisieren *v/t.* neutralize; **Neutralisierung** *f* neutralization.
Neutralität *f* neutrality.
Neutralitäts|abkommen *n* neutrality pact; **~erklärung** *f* declaration of neutrality; **~politik** *f* policy of neutrality; **~verletzung** *f* violation of neutrality.
Neutronen|bombe *f* neutron bomb; **~waffe** *f* neutron weapon; **~zahl** *f* neutron count.
Neutrum *n* **1.** *ling.* neuter noun; **2.** *fig.* sexless person; ***er ist ein ~*** *a.* he's completely sexless.
Neu|verfilmung *f* remake; **~verhandlung** *f* renegotiation; **2vermählt** *adj.* newly married (*od.* wed), newly-wed ...; ***die 2en*** the newly-weds; **~verschuldung** *f* new indebtedness; new borrowings *pl.*; **~verteilung** *f* redistribution; **~wahl** *f* **1.** election; ***die ~ des Vorsitzenden*** the election of a new chairman (*od.* chairperson); **2.** *pol.* **~en** elections.
Neuwert *m* value as new; **neuwertig** *adj.* as (good as) new; **Neuwertversicherung** *f* new for old insurance.
Neuwort *n* new word, neologism.
Neuzeit *f* modern age; ***Geschichte*** *etc.* ***der ~*** modern history *etc.*; **neuzeitlich** *adj.* modern.
Neu|züchtung *f* (*Pflanze*) new variety; (*Tier*) new breed; **~zugang** *m* (*Sache*; *Sport*: *Person*) new acquisition; (*Klub2*) new member; (*Student*, *Patient etc.*) new admission, *pl. a.* new intake *sg.* of students *etc.*, incoming students *etc.*; **~zulassungen** *pl. mot.* new cars registered.
Newtonsch *adj.* Newtonian; ***das ~e Gravitationsgesetz*** Newton's law of gravity.
Nibelungentreue *f* undying (*od.* absolute, unquestioning) loyalty.
nicht *adv.* **1.** not; ***er trinkt ~*** *allgemein*: he doesn't drink; ***ich ging ~*** I didn't go; ***~ füttern!*** (please) do not feed; ***willst du oder ~?*** do you want to or not?; ***ich ~*** not me; *der Apparat* ***wollte ~ funktionieren*** wouldn't work; ***gar ~*** not at all; ***das wollte ich doch gar ~*** that's not what I wanted (at all), but I didn't want that; ***~ doch!*** (*laß doch!*) don't!, stop it!; ***~ einmal*** not even; ***nur das ~!*** anything but that!; ***~ daß ich wüßte*** not that I know of; ***~ daß es mich überrascht hätte*** not that I was surprised; ***ich glaube ~*** I don't think so, ***daß:*** I don't think (that); ***ich kenne ihn auch ~*** I don't know him either; *sie sah es ~*, ***und ich auch ~*** and nor (*od.* neither) did I; *du kennst ihn ~?* - ***ich auch ~*** nor do I; ***er ist krank, ~ wahr?*** he's ill, isn't he?; ***du tust es, ~ wahr?*** you 'will do it, won't you?; ***du kennst ihn, ~ wahr?*** you know him, don't you?; ***dann eben ~*** don't, then, *a. iro.* nobody's forcing you; ***was du ~ sagst!*** you don't say!; ***wie oft hab' ich ~ behauptet ...*** how many times have I said ..., haven't I said a hundred times ...; **2.** *vor comp.*: no, *z. B.* ***~ besser*** no better; ***~ mehr*** no longer, not ... any more; **3.** *oft a.* in... (*z. B.* ***~ ratsam*** inadvisable); non-... (*z. B.* ***~ abtrennbar*** non-detachable); un... (*z. B.* ***~ gefärbt*** uncolo(u)red).
Nichtachtung *f* disregard (*gen.* of); ***j-n mit ~ strafen*** send s.o. to Coventry.
nichtadelig *adj.* common; **Nichtadelige(r** *m*) *f* commoner.
nichtamtlich *adj.* unofficial, non-official.
'Nicht|anerkennung *f pol.* non-recognition; **~angriffspakt** *m* nonaggression pact; **~beachtung** *f*, **~befolgung** *f* disregard (*gen.* of), failure to comply (with), non-compliance (with).
nichtberufstätig *adj.* non-employed; **Nichtberufstätige(r** *m*) *f* non-employed person.
Nicht|bestehen *n* **1.** (*Nichtvorhandensein*) non-existence; **2.** *e-r Prüfung*: failure; ***das ~ der Prüfung*** failure of (*od.* in) the exam(ination), failing (to pass) the exam(ination); **~bezahlung** *f* non-payment.
Nichtchrist *m*, **nichtchristlich** *adj.* non-Christian.
Nichte *f* niece.
nichtehelich *adj. Kind*: illegitimate; ***~e Lebensgemeinschaft*** unmarried couple (*od.* partners).
Nicht|einhaltung *f* non-compliance (*gen.* with); **~einlösung** *f*: ***bei ~*** *e-s Schecks*: if not cashed; **~einmischung** *f* non-intervention; **~erfüllung** *f* non-fulfil(l)ment, default; **~erscheinen** *n* non-appearance, failure to attend; ⚖ *a.* default.
nichtexistent *adj.* nonexistent.
Nicht|fachmann *m* non-expert, layman; *engS.* non-professional; **~gebrauch** *m*: ***bei ~*** when not in use; **~gefallen** *n*: ***bei ~*** if not satisfied; ***bei ~ Geld zurück*** satisfaction or money back.
nichtig *adj.* **1.** (*belanglos*) trivial; *Freuden etc.*: vain; **2.** ⚖ invalid; ***null und ~*** null and void; ***für ~ erklären*** declare null and void; **Nichtigkeit** *f* **1.** triviality; **2.** (*Leere*) vanity; **3.** ⚖ nullity.
Nichtigkeits|erklärung *f* annulment, nullification; **~klage** *f* nullity action.
Nichtinanspruchnahme *f*: ***bei ~*** if not claimed.
nichtkommunistisch *adj.* non-Communist.
nichtkriegführend *adj.* non-belligerent.
nichtleitend *adj.* ⚡ non-conducting; **Nichtleiter** *m* non-conductor.
Nichtmetall *n* non-metal.
Nichtmitglied *n* non-member; **~staat** *m* non-member (*od.* nonaligned) state.
Nichtnuklearstaat *m* non-nuclear state.
nicht|öffentlich *adj.* private; ⚖ ***~e Sitzung*** session in camera; **~organisiert** *adj.* non-unionized; ***~e Arbeitnehmer*** non-union(ized) workers.
Nichtraucher *m* non-smoker; ***ich bin ~*** I don't smoke; **~abteil** *n* non-smoking compartment, F non-smoker; **~lokal** *n* non-smoking restaurant (*od.* bar *etc.*); **~zone** *f* non-smoking area.

nichtrostend *adj.* rustproof; *Stahl*: stainless.

nichts I. *indef. pron.* nothing; ~ **Neues** nothing new; **ich höre** (**sehe** *etc.*) ~ I can't hear (see *etc.*) a thing; ~ **als Ärger** *etc.* nothing but trouble *etc.*; ~ **anderes als** nothing but; ~ **ist schöner als** there's nothing nicer than (*ger. od. to inf.*); **es geht** ~ **über** there's nothing like; ~ **dergleichen** no such thing, nothing of the kind; **gar** ~ nothing at all; **fast gar** ~ hardly anything; **für** ~ **und wieder** ~ all for nothing; **mir** ~, **dir** ~ just like that, *weggehen etc.*: *a.* without so much as a word (of goodbye, of explanation *etc.*); **soviel wie** ~ next to nothing; ~ **weiter, weiter** ~ nothing else, *zu diskutieren etc.*: *a.* nothing further; **weiter** ~? is that all?; **daraus ist** ~ **geworden** nothing came of it; **daraus wird** ~ nothing will come of it, (*es geht nicht*) we'll have to forget about that(, I'm afraid); **das geht dich** ~ **an** it's none of your business; **aus** ~ **wird** ~ you can't make something out of nothing; **wie** ~ (*schnell*) F like nobody's business; **das ist** ~ **für mich** F that's not my thing; ~ **zu danken!** not at all; don't mention it; **es macht** ~**!** it doesn't matter, never mind; ~ **zu machen!** F nothing doing, (*es kann nicht geändert werden*) it can't be helped; **er wird es zu** ~ **bringen** he'll never get anywhere (in life); **sich in** ~ **auflösen** *Projekt etc.*: go up in smoke, *auf rätselhafte Weise*: vanish into thin air; **ich komme zu** ~ I never get time for anything, I never get round to doing anything; F ~ **wie weg!** run!, F let's move!; F ~ **wie raus!** let's get out of here quick!; F ~ **wie hin!** what are we waiting for?; **II.** ♀ *n* **1.** nothing(ness); (*Leere*) void; **aus dem** ~ from nowhere; **et. aus dem** ~ **schaffen** create s.th. out of nothing; **vor dem** ~ **stehen** be left with nothing, (*ganz von vorne anfangen müssen*) have to start from scratch; **2. ein** ~ (*Geringfügiges*) nothing; **sich um ein** ~ **streiten** fight over nothing (*od.* a triviality); **3.** *contp.* (*Person*) *a* nobody; **ein** ~ **sein** *a.* be totally insignificant.

nichtsahnend I. *adj.* unsuspecting; **II.** *adv.* unsuspectingly, not suspecting a thing.

Nichtschwimmer *m* non-swimmer; ~**becken** *n* beginners' pool.

nichtsdestotrotz, nichtsdestoweniger *adv.* nevertheless, nonetheless.

Nichtsein *n* non-existence.

Nichtseßhafte(r) *m* person of no fixed abode, vagrant.

Nichtskönner *m* incompetent (person), F washout, dead loss; **er ist ein** ~ *a.* he's not capable of anything, he's useless.

Nichtsnutz *m* good-for-nothing; **nichtsnutzig** *adj.* useless; **Nichtsnutzigkeit** *f* uselessness.

nichtssagend *adj. Worte etc.*: empty, meaningless; *Redensart*: *a.* trite; *Antwort*: vague; *Bemerkung, Bericht etc.*: vacuous; *Gesichtsausdruck*: vacant, blank; (*farblos*) colo(u)rless, dull; (*fad*) insipid; (*ohne besondere Note*) nondescript *face, person etc.*

nichtstaatlich *adj.* non-governmental; private.

Nichtstuer *m* idler, loafer, F layabout; **nichtstuerisch** *adj.* idle; **Nichtstun** *n* idleness; **mit** ~ **verbringen** idle away *one's time etc.*

Nichtswisser *m* ignoramus.

nichtswürdig *adj.* base; (*verächtlich*) contemptible; **Nichtswürdigkeit** *f* baseness; (*Verächtlichkeit*) contemptible nature (*gen.* of), contemptibility.

Nicht|tänzer *m* non-dancer; **er ist** ~ he doesn't dance; ~**teilnahme** *f* non-participation; ~**trinker** *m* teetotal(l)er; **ich bin** ~ I don't drink, I'm a teetotal(l)er; ~**vorhandensein** *n* absence; ~**wissen** *n* ignorance; ~**zahlung** *f* non-payment (**von** of), default (on); **bei** ~ in default of payment; ~**zutreffende(s)** *n*: **Nichtzutreffendes streichen!** delete where inapplicable.

Nickel *n* ⚗ nickel; ~**brille** *f*: (**e-e** ~ a pair of) steel-rimmed glasses *pl.*, F granny glasses *pl.*

nicken I. 1. *v/i.* (*a.* **mit dem Kopf** ~) nod (one's head); *zum Gruß*: give a nod; **zustimmend** ~ nod in agreement; **beifällig** ~ nod approvingly, nod (one's) approval; **2.** F (*leicht schlafen*) doze, F be having forty winks; **II.** ♀ *n* nod(ding).

Nickerchen F *n*: **ein** ~ **machen** take a nap, F have forty winks, get (*od.* have) a bit of shut-eye.

Nicki *m* velour top.

nie *adv.* never; **fast** ~ hardly ever; ~ **wieder** never again; **noch** ~ never (before); **man soll** ~ „~" **sagen** never say never; ~ **und nimmer!** never in a lifetime!, never in my *etc.* life!

nieder I. *adj.* low; *Wert, Rang*: inferior; *Dienststelle etc.*: lower; (*gemein*) common, *Gesinnung*: low, base, mean; *biol. etc.* lower, primitive *orders, instincts, life forms etc.*, early *stage of evolution*; **der** ~**e Adel** the gentry; **von** ~**er Geburt** of low(ly) birth, low-born; → *a.* **niedrig**; **II.** *adv.* low; (*herab*) down; **auf und** ~ up and down; ~ **mit den Verrätern!** down with the traitors!; ~**beugen** *v/t.* **1.** *a. v/refl.* (**sich** ~) bend down; **2.** *fig.* weigh down; ~**brennen I.** *v/i.* burn down (*od.* to the ground), be burnt down (*od.* to the ground); **II.** *v/t.* burn *s.th.* down (*od.* to the ground); ~**brüllen** *v/t.* shout *s.o.* down; ~**bügeln** F *v/t.* **1.** F make mincemeat of *s.o.*; **2.** *Sport*: F thrash, slaughter, clobber.

niederdeutsch *adj.*, **Niederdeutsch** *n ling.* Low German.

Niederdruck *m* low pressure.

niederdrücken *v/t.* **1.** press down; (*Taste, Hebel*) depress; **2.** *fig.* depress, weigh on *s.o.'s* mind.

Niedere *n*: **das** ~ the baser instincts.

niederfallen *v/i.* fall down; **auf die Knie** ~ fall down on one's knees, fall to one's knees.

Niederfrequenz *f* ⚡ low frequency; (*Tonfrequenz*) audio frequency; **Niederfrequenz...** *in Zssgn* low-frequency.

Niedergang *m* decline; *e-r Weltmacht etc.*: *a.* decline and fall, *weitS.* collapse.

niedergedrückt *fig. adj.* dejected; ~ **sein** be feeling (very) dejected.

niedergehen *v/i.* **1.** *Lawine, Steinschlag etc.*: come down; *Regen etc.*: fall; *Gewitter*: break; *Vorhang etc.*: come down, drop; ✈ descend, (*landen*) touch down; **2.** *fig. Vorwürfe etc.*: rain down (**auf** on).

niedergeschlagen *fig. adj.* depressed, dejected, F down in the dumps; **Niedergeschlagenheit** *f* dejection, despondency; F *the* blues *pl.*

nieder|hageln *v/i.* hail down (**auf** on); *fig. Vorwürfe etc.*: rain down (on); ~**halten** *v/t.* hold (*od.* keep) down; *fig.* (*unterdrücken*) suppress, oppress; ~**hauen** *v/t.* cut down; ~**holen** *v/t.* (*Flagge, Segel*) lower; ~**kämpfen** *v/t. a. fig.* fight down, overcome; ~**kauern** *v/refl.*: **sich** ~ crouch (down); ~**knallen** F *v/t.* F put a bullet through *s.o.*; ~**knien** *v/i.* kneel down; ~**knüppeln** *v/t.* club *s.o.* down.

niederkommen *v/i.* give birth (to a child); *formell, lit.*: ~ **mit** be delivered of; **Niederkunft** *f* delivery, birth.

Niederlage *f* ⚔ *u. fig.* defeat; *bsd. Sport*: *a.* F drubbing, thrashing; **e-e** ~ **erleiden** (*od.* **erleben**, F **einstecken**) be defeated, *formell*: suffer defeat (**gegen** at the hands of); **j-m e-e** ~ **beibringen** (*od.* **zufügen**) inflict a defeat on s.o., defeat s.o.; **e-e 0:1-**~ a 1-0 (= one-nil) defeat.

Niederländer *m* Dutchman; ~ **sein** be a Dutchman, come from Holland (*od.* the Netherlands); **Niederländerin** *f* Dutchwoman; → *a.* **Niederländer**; **niederländisch** *adj.*, **Niederländisch** *n ling.* Dutch.

niederlassen I. *v/t.* **1.** let down, lower; **II.** *v/refl.*: **sich** ~ **2.** (*sich setzen*) sit down, take a seat; *Vogel*: settle, alight; **3.** (*e-n Wohnsitz nehmen*) take up residence, *langfristig*: settle; **4. sich** ~ **als** set o.s. up as *a lawyer etc.*; **Niederlassung** *f* **1.** (*das Niederlassen*) establishment (*gen.* of); **2.** ✝ *gewerbliche*: place of business; (*Filiale*) branch office; *e-r Bank*: branch.

Niederlassungs|freiheit *f* freedom of establishment; ~**recht** *n* right of establishment.

niederlegen I. *v/t.* lay (*od.* put) down; *fig.* (*Amt*) resign from; (*Geschäft*) give up; **die Waffen** ~ lay down one's weapons; **die Arbeit** ~ (go on) strike, down tools, walk out; **et. schriftlich** ~ set down, put down in writing; **II.** *v/refl.*: **sich** ~ lie down; (*ins Bett gehen*) *a.* go to bed; **Niederlegung** *f* resignation (*gen.* from *office*); abdication (from *the throne*).

nieder|machen *v/t.* **1.** → **niedermetzeln**; **2.** F (*abkanzeln*) F give *s.o.* a roasting, bawl *s.o.* out; ~**mähen** *fig. v/t.* mow down.

niedermetzeln *v/t.* massacre, slaughter; **Niedermetzelung** *f* massacre, slaughter(ing).

nieder|prasseln *v/i.* **1.** pelt (*od.* lash) down; **2.** *fig. Beschimpfungen etc.*: rain down (**auf** on); ~**regnen** *v/i.* rain down; ~**reißen** *v/t.* tear down (*a. fig. Schranken etc.*); (*Gebäude etc.*) pull down, demolish; ~**ringen** *fig. v/t.* overpower.

niederrheinisch *adj.* from the Lower Rhine.

Niedersachse *m*, **Niedersächsin** *f* man (*f* woman) from Lower Saxony; ~ **sein** *mst* come (*od.* be) from Lower Saxony; **niedersächsisch** *adj.* from Lower Saxony.

niederschießen I. *v/t.* shoot (*od.* gun) down; **II.** *v/i. vom Himmel*: shoot (*od.* swoop) down.

Niederschlag *m* **1.** *meteor.* rain(fall), *formell*: precipitation; **radioaktiver** ~ nuclear fallout; **2.** ⚗ precipitate; (*Bodensatz*) deposit, sediment; **3.** *Boxen*: knockdown, *bis zehn*: knockout; **4.** *fig.* **s-n** ~ **finden in** (*s-n Ausdruck finden in*) find expression in, (*sich zeigen in*) show (itself) in, manifest itself in; (*sich widerspiegeln in*) be reflected in; **niederschlagen I.** *v/t.* **1.** (*j-n*) knock down;

Boxen: *a.* floor, *bis zehn*: knock out; **2.** (*die Augen*) cast down; **3.** (*unterdrücken*) suppress; (*Aufstand*) put down, crush, quell; **4.** ⚖ (*Verfahren*) quash; **II.** *v/refl.* **5.** ***sich* ~** ⚗ precipitate, deposit; **6.** *fig.* ***sich* ~ *in* → *Niederschlag*** 4; **niederschlagsarm** *adj.*: ***~es Gebiet*** *etc.* low-precipitation area *etc.*; **niederschlagsfrei** *adj.* dry; **Niederschlagsmenge** *f* rainfall, precipitation; **niederschlagsreich** *adj.*: ***~es Gebiet*** *etc.* high-precipitation area *etc.*

Niederschlagung *f* **1.** *e-s Aufstands etc.*: suppression, quelling; **2.** ⚖ quashing.

niederschmettern *v/t.* **1.** (*j-n*) floor; (*et.*) dash to the ground; **2.** *fig.* crush, shatter; **niederschmetternd** *adj.* shattering, crushing.

nieder|schreiben *v/t.* write (*od.* set) down, record; **~schreien** *v/t.* shout *s.o.* down.

Niederschrift *f* **1.** (*Vorgang*) writing (*od.* setting) down (*gen.* of), recording (of); **2.** (*Geschriebenes*) notes *pl.*; (*Protokoll*) minutes *pl.*

nieder|setzen I. *v/t.* put (*od.* set) down; **II.** *v/refl.*: ***sich* ~** sit down; **~sinken** *v/i.* sink (down); (*zusammenbrechen*) collapse.

Niederspannung *f* ⚡ low voltage.

nieder|stechen *v/t.* stab (to death); **~steigen** *v/i. u. v/t.* descend; **~stellen** *v/t.* put (*od.* set) down; **~stimmen** *v/t.* vote down; **~stoßen I.** *v/t.* knock down; **II.** *v/i.*: **~ *auf*** swoop down on; **~strekken** *v/t.* floor, knock down; **~stürzen** *v/i.* **1.** fall down, *Pferd*: *a.* stumble; *Gesteinsmassen etc.*: come (crashing) down; **2.** *a. v/refl.* (***sich* ~**) swoop down (***auf*** on).

niedertourig *adv.*: **~ *fahren*** run at low revs.

Niedertracht *f* **1.** baseness, meanness; **2.** (*Handlung*) mean (*od.* base) deed, F dirty trick; **niederträchtig** *adj.* base, mean, low; *Motiv*: base, sordid; ***das war aber ~!*** what a base (*od.* mean) thing to do; **Niederträchtigkeit** *f* → ***Niedertracht.***

nieder|trampeln *v/t.* trample down (*lit.* underfoot); (*Menschen*) trample on; ***niedergetrampelt werden*** *Menschen*: be (*od.* get) trampled on, *zu Tode*: be trampled to death; **~treten** *v/t.* tread down; (*Blumen*) tread on, crush.

Niederung *f* **1.** depression; *pl.* low-lying areas; **2.** *fig.* ***die ~en des Lebens*** the seamy side of life; ***die ~en der Gesellschaft*** the dregs of society.

Niederwald *m* copse.

niederwalzen *v/t.* **1.** flatten, mow down; **2.** *fig.* steamroller.

niederwärts *adv.* downward(s).

niederwerfen I. *v/t.* **1.** throw (*od.* fling) down *od.* to the ground; *fig. von e-r Krankheit etc.* ***niedergeworfen werden*** be laid low; **2.** *fig.* (*Aufstand*) put down, crush, quell; **II.** *v/refl.*: ***sich vor j-m ~*** throw o.s. at s.o.'s feet; **Niederwerfung** *f e-s Aufstands*: quelling.

Niederwild *n* small game.

niederzwingen *v/t.* overpower, overcome; (*j-n*) *a.* bring to his (*od.* her) knees.

niedlich *adj.* sweet, cute.

Niednagel *m* hangnail.

niedrig *adj. a. Preise, Gehälter etc.*: low (*a. adv.*); *Qualität*: inferior, low; *von Stand*: low(ly), humble; *fig.* (*gemein*) low, mean, base; **~*halten*** keep down; ***zu ~ angeben*** understate; *mot.* ***~er Gang*** low gear; *fig.* ***~e Instinkte*** base(r) instincts.

Niedrighaltung *f*: **~ *von Preisen*** *etc.* keeping down prices *etc.*

Niedrigkeit *f* lowness; *der Preise, Kurse*: low level; *von Stand*: humbleness; *charakterliche*: baseness.

Niedriglohn *m* low income; **~gruppe** *f* low-wage bracket; **~land** *n* low-wage (*od.* cheap labo[u]r) country.

Niedrigwasser *n* low tide (*od.* water).

niemals *adv.* never; **~!** *a.* F not on your life (*Brit. a.* nelly)!; → *a.* ***nie.***

niemand I. *indef. pron.* nobody, no-one; not ... anybody; **~ *anders*** nobody else; **~ *anders als*** none other than; **II.** ♀ *contp. m* (*unbedeutende Person*) *a* nobody.

Niemandsland *n* ⚔ *u. fig.* no-man's-land.

Niere *f* kidney; → ***künstlich***; F *fig.* ***j-m an die ~n gehen*** F get to s.o., (*j-n mitnehmen*) F take it out of s.o.; → *a.* ***Herz.***

Nierenbecken *n anat.* renal pelvis; **~entzündung** *f* ⚕ pyelitis.

Nierenentzündung *f* kidney infection, ⚕ nephritis.

nierenförmig *adj.* kidney-shaped.

Nieren|kolik *f* renal colic; **♀krank** *adj.*: **~ *sein*** have kidney trouble (*od.* a kidney disease); **~krankheit** *f*, **~leiden** *n* kidney disease (*od.* trouble); **~schale** *f* kidney dish; **~spender** *m* kidney donor.

Nierenstein *m* kidney stone; **~zertrümmerer** *m* lithotripter.

Nieren|tasche *f* belt bag, F bum bag; **~tisch** *m* kidney-shaped table; **~transplantation** *f*, **~verpflanzung** *f* kidney transplant; **~versagen** *n* kidney failure; **~wärmer** *m* body belt.

nieseln *v/i.*, **Nieselregen** *m* drizzle.

niesen *v/i.* sneeze.

Nies|pulver *n* sneezing powder; **~reiz** *m* urge to sneeze; ***e-n ~ haben*** keep wanting to sneeze.

Nießbrauch *m* usufruct; **Nießbraucher** *m*, **Nießnutzer** *m* usufructuary.

Nieswurz *f* ♣ hellebore.

Niet *m*, *n* ⚙ → ***Niete***[1].

Niete[1] *f* ⚙ rivet; *für Kleidung*: stud.

Niete[2] *f* (*Los*) blank; *fig.* (*Reinfall*) F flop, washout; (*Person*) F washout, dead loss; ***e-e ~ ziehen*** *a. fig.* draw a blank.

nieten *v/t.* rivet.

Nieten|gürtel *m* studded belt; **~hose** *f* jeans (with studs).

Niet|hammer *m* riveting hammer; **~kopf** *m* rivet head.

niet- und nagelfest F *adj.*: ***alles, was nicht ~ war*** everything that wasn't nailed down.

Nigerianer(in *f*) *m*, **nigerianisch** *adj.* Nigerian.

Nihilismus *m* nihilism; **Nihilist** *m* nihilist; **nihilistisch** *adj.* nihilistic.

Nikolaus(tag) *m* St Nicholas' Day.

Nikotin *n* nicotine; **nikotinarm** *adj.* low in nicotine; low-nicotine ...; **nikotinfrei** *adj.* nicotine-free; **Nikotingehalt** *m* nicotine content; **nikotinhaltig** *adj.*: **~ *sein*** contain nicotine; **Nikotinsäure** *f* niacin; **nikotinsüchtig** *adj.* addicted to nicotine; **Nikotinsüchtige(r)** *m* nicotine addict; **Nikotinvergiftung** *f* nicotine poisoning.

Nilpferd *n* hippopotamus, F hippo.

Nimbus *m* nimbus, halo; *fig.* aura; *fig.* ***der ~ des Mystischen*** *etc.* an aura of mysticism *etc.*; ***von e-m geheimnisvollen ~ umgeben*** surrounded by a (certain) mystique.

nimmer F *dial. adv.* never; → *a.* ***nie.***

nimmermüde *adj.* untiring, indefatigable.

nimmersatt I. *adj.* insatiable; **II.** ♀ *m* insatiable person; ***er ist ein ~*** *a.* he just can't get enough.

Nimmerwiedersehen *n*: ***auf ~*** for good.

Nippel *m* ⚙ fitting; *für Rohre*: nipple.

nippen *v/i. u. v/t.* sip (***an*** at).

Nippes *pl.*, **Nippsachen** *pl.* knick-knacks, *bsd. contp.* bric-a-brac *sg.*

nirgend(s), **nirgendwo(hin)** *adv.* nowhere, not ... anywhere.

Nirwana *n* nirvana, Nirvana; ***ins ~ eingehen*** enter into nirvana (*od.* Nirvana); *fig. iro.* (*sterben*) go to meet one's Maker.

Nische *f* niche (*a. fig.*); *e-s Raums*: recess.

Nisse *f* (*Lausei*) nit.

Nissenhütte *f* Nissen hut, *Am.* Quonset hut.

nisten *v/i.* (build a) nest.

Nist|kasten *m* nesting box; **~platz** *m* nesting place.

Nitrat *n* ⚗ nitrate; **~gehalt** *m* nitrate level (*im Boden*: *a.* levels *pl.*).

nitrieren *v/t.* **1.** ⚗ nitrate; **2.** → **nitrierhärten** *v/t. metall.* nitride; **Nitrierstahl** *m* nitriding steel.

Nitrit *n* ⚗ nitrite.

Nitroglyzerin *n* nitroglycerine.

Nitrolack *m* nitrocellulose paint.

Niveau *n* **1.** (*a. Preis♀ etc.*) level; **2.** (*Bildungs♀ etc.*) level, standard; ***unter dem ~*** not up to standard (F scratch); **~ *haben*** *Person*: have class (*od.* style), *Sache*: (*a.* ***ein hohes ~ haben***) be of a high standard, be on a high level; ***kein ~ haben*** *Person*: have no culture, be (totally) uncultured; ***der Film*** *etc.* ***hat kein ~*** it's a very ordinary (*od.* mediocre) film *etc.*; ***jemand von d-m ~*** someone of your calib|re (*Am.* -er); ***es ist unter s-m ~*** it's not his level, *stärker*: it's beneath him (*iro. a.* his dignity).

niveaulos *fig. adj.* mediocre; *Person*: uncultured; **Niveaulosigkeit** *f* mediocrity; *e-r Person*: lack of culture (*od.* style).

Niveau|unterschied *m* difference in level (*fig. a.* standard); **~verlust** *fig. m* drop in standard.

niveauvoll *adj.* (*anspruchsvoll*) of a high standard; (*kultiviert*) cultivated, *Person*: *a.* cultured, *weitS.* sophisticated.

nivellieren *v/t.* level.

Nivellier|gerät *n*, **~instrument** *n* (telescope) level; **~latte** *f* level(l)ing rod.

Nivellierung *f* level(l)ing.

Nixe *f* water nymph.

nobel *adj.* **1.** noble, high-minded; **2.** (*großzügig, freigebig*) generous; **3.** (*luxuriös*) F classy, posh.

Nobel|gegend *f* F posh area (*od.* part of town); **~herberge** F *f*, **~hotel** *n* high-class (F posh) hotel; **~karosse** F *f*, **~limousine** *f* F big flash(y) car.

Nobelpreis *m* Nobel Prize; **~träger(in** *f*) *m* Nobel Prize winner, Nobel laureate.

Nobelrestaurant *n* top-class (F classy, posh) restaurant.

Noblesse *obs. f e-r Person*: high-mindedness, noble-mindedness.

noch I. *adv.* **1.** still; ***immer ~, ~ immer*** still; **~ *nicht*** not yet; **~ *ist es nicht zu***

spät it's not too late yet; ~ ***nie*** never (before); ~ ***besser*** (***mehr***) even better (more); ~ ***am selben Tag*** that (very) same day; ~ ***gestern*** only yesterday; ***heute*** ~ to this day; ~ ***jetzt*** even now; ~ ***im 11. Jahrhundert*** as late as the 11th century, ***benutzte man sie:*** *a.* they were still in use in the 11th century; ***er hat nur*** ~ ***10 Dollar*** he's only got 10 dollars left; ~ ***lange nicht*** F not by a long chalk; ***wir sind*** ~ ***lange nicht fertig*** *etc.* we're not nearly (*od.* nowhere near) ready *etc.*; ***wie heißt sie*** ~***?*** what's (*od.* what was) her name again?; ***was hattest du*** ~ ***gesagt?*** what was it you said (again)?; ***auch das*** ~***!*** that's all I *etc.* needed; F ***er hat Geld*** ~ ***und*** ~ (*od.* ***nöcher***) F he's got piles (*od.* stacks) of money; ***sie redet*** ~ ***und*** ~ she never stops talking; ***da haben wir ja*** ~ ***Glück gehabt*** we were lucky there; → ***fehlen*** 3, ***gerade*** II, ***schön*** I; **2.** (*mehr*) more; ~ ***dazu*** on top of that; ***dazu kommt*** ~***, daß er trinkt*** not only that - he drinks too; and then he drinks on top of it (all); ~ ***einer*** one more, another one; ~ ***ein Stück*** another (*od.* one more) piece; ~ ***ein Bier*** *etc.* the same again; another beer *etc.*, please; ~ ***(ein)mal*** once more, one more time, again, F *bei Versprecher*: let's try that (one) again; → ***gutgehen*** 1; ~ ***einmal so viel*** as much again; ***und*** ~ ***etwas*** and another thing; ~ ***etwas?*** anything else?; ***was wollen Sie*** ~***?*** what more do you want?; ***wer kommt*** ~***?*** who else is coming?; ~ ***schlauer als du*** even smarter than you; *es klingt etc.* ***nur*** ~ ***verdächtiger*** even (*od.* all the) more suspicious; ~ ***fünf Minuten*** five minutes to go, *a. bittend*: five more minutes, another five minutes; **3.** *einräumend*: ***sei es*** ~ ***so klein*** no matter how small it is, however small it may be; **II.** *cj.* → ***weder.***

nochmalig *adj.* renewed, second; ~***e Untersuchung*** re-examination; **nochmals** *adv.* once more (*od.* again), again; (*wieder ...*) *a.* re... (*z. B.* ~ ***untersuchen*** reinvestigate).

Nocken *m* ⚙ cam; ~**welle** *f* camshaft.

nolens-volens *adv.* like it or not, *formell*: willy-nilly.

Nomade *m* nomad.

Nomaden|leben *n* nomadic life, life of a nomad (*od.* nomads); ~**stamm** *m* nomadic tribe.

Nomadentum *n* nomadism.

Nomaden|volk *n* nomadic tribe (*od.* people); ~**zelt** *n* nomad('s) tent.

nomadisch *adj.* nomadic.

Nomen *n ling.* noun.

Nomenklatur *f* nomenclature.

nominal *adj.* nominal.

Nominaleinkommen *n* nominal income.

Nominalismus *m phls.* nominalism; **Nominalist** *m phls.* nominalist.

Nominal|verzinsung *f* nominal interest rate; ~**wert** *m* nominal (*od.* face) value.

Nominativ *m ling.* nominative (case).

nominell *adj.* nominal.

nominieren *v/t.* nominate; **Nominierung** *f* nomination.

Nonchalance *f* nonchalance; **nonchalant** *adj.* nonchalant.

Non(e) *f* **1.** ♪ ninth; **2.** *eccl.* (*Gebetsstunde*) nones *pl.* (*a. sg. konstr.*).

Nonkonformismus *m* nonconformism; **Nonkonformist** *m*, **nonkonformistisch** *adj.* nonconformist.

Nonne *f* nun.

Nonnen|haube *f* coif; ~**kloster** *n* convent; *lit.* nunnery; ~**orden** *m* order of nuns.

Nonplusultra *n*: ***das*** ~ the ultimate (***was ... angeht*** in ...).

Nonsensdichtung *f* nonsense verse (*od.* poem); *pl.* nonsense poetry (*od.* verse) *sg.*

Nonstop|flug *m* nonstop flight; ~**kino** *n* continuous performance cinema.

Nord *m*: ***von*** (*od.* ***aus***) ~ from the north; ***Duisburg*** ~ the north of Duisburg; ***Eingang*** ~ the north entrance.

Nordafrikaner(in *f*) *m*, **nordafrikanisch** *adj.* North African.

Nordamerikaner(in *f*) *m*, **nordamerikanisch** *adj.* North American.

Nordatlantikpakt *m pol.* North Atlantic Treaty.

norddeutsch *adj.* North German; ***im*** ~***en Raum*** in the north of Germany, in Northern Germany; **Norddeutsche(r** *m*) *f* North German.

Norden *m* north; (*nördlicher Landesteil*) North; ***nach*** ~ north(wards), *Verkehr, Straße etc.*: northbound; ***von*** ~ from the north; ***der kalte*** ~ the cold north; ***im kalten*** ~ up in the cold north; → ***hoch.***

nordenglisch *adj.* northern (*od.* Northern) English.

Nordeuropäer(in *f*) *m*, **nordeuropäisch** *adj.* North (*od.* Northern) European.

Nord|halbkugel *f* northern hemisphere; ~**hang** *m* northern (*od.* north-facing) slope.

Nordire *m*, **Nordirin** *f* man (*f* woman) from Northern Ireland; ~ ***sein*** *mst* come (*od.* be) from Northern Ireland.

nordisch *adj.* northern; (*skandinavisch*) Nordic.

Nordistik *f* Scandinavian studies *pl.*

Nordkoreaner(in *f*) *m*, **nordkoreanisch** *adj.* North Korean.

Nordküste *f* north coast; ***an der*** ~ on the north coast.

Nordländer *m* Northerner; Nordic type; **nordländisch** *adj. Klima etc.*: northern, *Typ*: *a.* Nordic.

nördlich I. *adj.* northern, north ...; *Wind*: northerly; ***in*** ~***er Richtung*** north (-wards); *Verkehr, Straße etc.*: northbound; **II.** *adv.* (to the) north (***von*** of); **nördlichst** *adj.* northernmost.

Nordlicht *n* **1.** northern lights *pl.*, aurora borealis; **2.** F (*Person*) Northerner.

Nordost(en) *m* (***NO***) northeast (*abbr.* NE); **nordöstlich I.** *adj.* northeast(ern); *Wind*: northeasterly; **II.** *adv.* (to the) northeast.

Nordpol *m* North Pole.

Nordpolar|gebiet *n* Arctic; ~**kreis** *m* Arctic Circle.

Nordpolexpedition *f* expedition to the North Pole.

Nord|seite *f* north (*od.* northern) side; ~**staaten** *pl. der USA*: *the* northern states; ~**stern** *m* pole star, North Star.

Nord-Süd|-Dialog *m pol.* North-South Dialog(ue); ~**-Gefälle** *n* north-south divide.

Nordsüdrichtung *f*: ***in*** ~ ***verlaufen*** run from north to south.

Nordwand *f e-s Bergs*: north face.

nordwärts *adv.* north(wards).

Nordwest(en) *m* (***NW***) northwest (*abbr.* NW); **nordwestlich I.** *adj.* northwest (-ern); *Wind*: northwesterly; **II.** *adv.* (to the) northwest.

Nordwind *m* north wind.

Nörgelei *f* grumbling, moaning; *e-s Kindes*: niggling, F grizzling; **nörgeln** *v/i.* grumble, moan; *Kind*: niggle, F grizzle; **Nörgler** *m* grumbler, moaner.

Norm *f* **1.** (*Richtschnur*) norm, standard; (*Regel*) *a.* rule; ***als*** ~ ***gelten*** be (considered) the norm; ***sich an die*** ~***en halten*** stick to the norm; **2.** ⚙ *etc.* standard specification; ***technische*** ~***en*** technical standards (*od.* specifications); **3.** (*Leistungssoll*) norm, (production) quota.

normal *adj.* normal; (*konventionell*) conventional; (*gewöhnlich*) ordinary; *Abmessungen etc.*: standard ...; ***das ist doch ganz*** ~ that's perfectly normal (*od.* natural); ***das ist doch nicht mehr*** ~ that's not normal; ***es ist*** ~***, daß es heiß wird*** it's normal for it to get hot; ***jeder*** ~***e Mensch*** any normal person, anyone in his right mind; ***du bist wohl nicht mehr*** ~***!*** have you gone out of your mind?

Normal|benzin *n* regular petrol (*Am.* gas); ~**bürger** *m the* average citizen, *the* man in the street.

normalerweise *adv.* normally; under normal circumstances.

Normal|fall *m* normal case; ***im*** ~ normally; ~**gewicht** *n* standard (*Person*: average) weight; ~**größe** *f* normal (*od.* standard) size.

normalisieren I. *v/t.* normalize; (*Körperfunktionen*) regulate; **II.** *v/refl.*: ***sich*** ~ return to normal; regulate itself; **Normalisierung** *f* normalization; **Normalität** *f* normality.

Normal|maß *n* **1.** standard measurement; **2.** *fig.* standard, norm; ***auf ein*** ~ ***bringen*** (***zurückführen***) bring (back) down to normal; ~**null** *n etwa* sea level; ~**spur** *f* 🚂 standard ga(u)ge; ~**ton** *m* ♪ standard pitch; ~**verbrauch** *m* average (*od.* standard) consumption; ~**verbraucher** *m* average consumer; → ***Otto Normalverbraucher***; ~**verdiener** *m* average wage earner; ~**wert** *m* standard value; ~**zeit** *f* standard time; ~**zustand** *m* normal conditions *pl.*; F *iro.* ***das ist der*** ~ that's the way things are; ***das ist kein*** ~ things aren't usually like that.

Normanne *m*, **normannisch** *adj.* Norman.

normativ *adj.* normative.

Normblatt *n* standard specifications list.

normen *v/t.* standardize.

Normerfüllung *f* fulfil(l)ment of quotas.

normgerecht *adj.* complying with standards.

normieren *v/t.* standardize; **Normierung** *f*, **Normung** *f* standardization.

Norweger(in *f*) *m*, **norwegisch** *adj.*, **Norwegisch** *n ling.* Norwegian.

Nostalgie *f* nostalgia; ~**welle** *f* wave of nostalgia.

Nostalgiker *m* nostalgic; **nostalgisch** *adj.* nostalgic(ally *adv.*).

Not *f* (*Mangel, Armut*) want, need, poverty; (~*lage*) plight, (*Elend*) *a.* misery; (*Schwierigkeit*) difficulty, trouble; (*Bedrängnis*) distress; (*Gefahr*) danger; **Nöte** difficulties, problems; ***wirtschaftliche*** ~ economic plight; ***zur*** ~ if necessary, if need be, (*gerade noch*) at a pinch, *stärker*: if the worst comes to the worst; ***wenn*** ~ ***am Mann ist*** if need be, *stärker*:

if the worst comes to the worst; **~ *leiden*** suffer want (*od.* privation); ***in ~ sein*** be in trouble; ***in tausend Nöten sein*** be in real trouble (*od.* a real mess); ***in ~ geraten*** run into difficulties; ***in der Stunde der ~*** at the hour of need; ***für Zeiten der ~*** for a rainy day; ***s-e liebe ~ haben*** have a hard time (of it), ***mit:*** have a hard time with; ***es täte dir 2 zu*** *inf.* you would do well to *inf.*; what you really need is to *inf.*; ***aus der ~ e-e Tugend machen*** make a virtue of necessity; ***~ macht erfinderisch*** necessity is the mother of invention; ***in der ~ frißt der Teufel Fliegen*** any port in a storm, beggars can't be choosers; ***~ kennt kein Gebot*** necessity knows no law; → *a.* ***Mühe, knapp*** I *etc.*

notabene *obs. adv.* **1.** (*wohlgemerkt*) mind you; **2.** (*übrigens*) by the way.

Notanker *m a. fig.* sheet anchor.

Notar *m* notary; **Notariat** *n* notary's office; **notariell I.** *adj.* notarial, attested by (a) notary; **II.** *adv.* by (a) notary; ***~ beglaubigt*** attested by (a) notary.

Notarzt *m in der Notaufnahme etc.*: emergency doctor; *im Notdienst*: doctor on call; **~wagen** *m* emergency ambulance.

Notation *f* (system of) notation.

Notaufnahme *f* **1.** *im Krankenhaus*: emergency admission; (*Stelle*) casualty (department); **2.** *von Flüchtlingen etc.*: provisional accommodation; **~lager** *n* (refugee) transit camp, reception cent|re (*Am.* -er).

Not|ausgabe *f e-r Zeitung*: skeleton edition; **~ausgang** *m* emergency exit; fire exit (*od.* door); **~ausstieg** *m* escape hatch; **~behelf** *m* stopgap; **~beleuchtung** *f* emergency lighting; **~bremse** *f* emergency brake; 🚂 *Brit.* communication cord; ***die ~ ziehen*** apply the emergency brake(s), pull the communication cord, *fig.* call a halt before it's too late, *Sport*: commit a professional foul; **~dienst** *m* standby duty; ***~ haben*** be on standby, *Arzt*: *a.* be on call; *Apotheke*: be open all night.

Notdurft *f*: ***s-e ~ verrichten*** relieve o.s.

notdürftig I. *adj.* **1.** (*knapp*) scanty, meag|re (*Am.* -er); **2.** (*improvisiert*) makeshift; (*Not...*) emergency ...; (*provisorisch*) provisional, stopgap ...; **II.** *adv.* **3.** scantily *furnished etc.*; **4.** (*als Notbehelf*) as a makeshift (*od.* stopgap); (*irgendwie*) somehow or other; (*gerade eben*) just about; ***~ reparieren*** patch *s.th.* up (temporarily); ***sich ~ durchschlagen*** just about (manage to) scrape through.

Note *f* **1.** *ped.* mark, *bsd. Am.* grade; **2.** ♪ note; ***ganze ~*** semibreve, *Am.* whole note; ***halbe ~*** minim, *Am.* half note; ***~n*** *coll.* music; ***nach ~n singen*** sing from music; ***er kennt*** (*od.* ***kann***) ***keine ~n*** he can't read music; **3.** *pol.* memorandum; **4.** (*Prägung*) touch, note; ***e-e besondere*** (***persönliche***) ***~ verleihen*** add a special (personal) touch (*dat.* to); ***das ist s-e persönliche ~*** a) that's his particular way of doing things, b) that's his (personal) trademark.

Notebook *n Computer*: notebook.

Noten|austausch *m pol.* exchange of notes; **~bank** *f* central bank; **~blatt** *n* (sheet of) music; **~durchschnitt** *m* average mark (*bsd. Am.* grade); **~gebung** *f* → ***Benotung***; **~heft** *n* music book; **~linien** *pl.* ♪ lines; **~papier** *n* manuscript paper; **~pult** *n* music stand; **~schlüssel** *m* ♪ clef; **~schrift** *f* musical notation; **~ständer** *m* music stand; **~system 1.** *ped.* marking (*od.* grading) system; **2.** ♪ system of notation; **~wert** *m* ♪ (time) value (of a *od.* the note).

Notfall *m* emergency; ***im*** (***äußersten***) ***~*** in an emergency, if the worst comes to the worst; ***für den ~*** just in case; **~ausweis** *m* emergency ID.

notfalls *adv.* (*wenn nötig*) if need be, if necessary; (*zur Not*) at a pinch.

notgedrungen I. *adj.* (en)forced, involuntary; **II.** *adv.* of necessity; ***~ mußte er*** he had no choice but to, he was forced to.

Not|geld *n* emergency money; **~gemeinschaft** *f* **1.** emergency action group; **2.** companions *pl.* in distress; ***wir bilden sozusagen e-e ~*** *a.* we're all in the same boat; **~groschen** *m* nest egg; (***sich***) ***e-n ~ beiseite legen*** save up (*od.* put some money aside) for a rainy day; **~helfer** *m* helper in (time of) need.

notieren I. *v/t.* make a note of, take down, *flüchtig*: jot down; ✝ (*Kurse, Preise*) quote (**zu** at); *Sport*: book; ♪ notate; **II.** *v/i.* ✝ be quoted (**mit** at); ***... notierte um vier Punkte weniger*** ... was four points down; **Notierung** *f* **1.** ♪ notation; **2.** *Börse*: quotation.

nötig *adj.* necessary; ***wenn ~*** if necessary, if need be; ***et.*** (***dringend***) ***~ haben*** (badly) need s.th., need s.th. (badly), be in (dire) need of s.th.; ***es ist nicht*** (***unbedingt***) ***~, daß du kommst*** there's no (real) need for you to come, you don't (really) need to (*od.* have to) come; ***es ist wohl nicht ~, daß ich euch sage*** I don't suppose there's any need for me to tell you (*od.* there's any need for you to be told); ***das war doch wirklich nicht ~*** *vorwurfsvoll*: did you *etc.* have to (do that)?; ***das wäre aber wirklich nicht ~ gewesen*** *anerkennend*: you really shouldn't have; ***er hielt es nicht mal für ~ zu*** *inf.* he didn't even think (*od.* consider) it necessary to *inf.*; *iro.* ***das habe ich nicht ~*** I can do very well without that(, thank you), (*muß ich mir nicht bieten lassen*) I don't have to stand for that; ***hast du das ~?*** do you really have to (do that)?; *iro.* ***du hast es*** (***gerade***) ***~!*** you of all people; ***mit dem ~en Respekt*** with due respect; **Nötige** *n*: ***das ~*** (***tun*** do) whatever is necessary; ***ich werde das ~ tun*** *weitS.* I'll see to it; ***das ~ veranlassen*** make the necessary arrangements; ***das Nötigste*** the essentials, ***nehmt nur das Nötigste mit*** take only what you absolutely need (*od.* what you need most).

nötigen *v/t.* (*drängen*) urge, press; (*zwingen*) force, compel; ***lassen Sie sich nicht ~!*** help yourself!; ***er läßt sich nicht lange ~*** he doesn't need much coaxing (*od.* encouragement); ***sich genötigt sehen zu*** *inf.* feel compelled to *inf.*

nötigenfalls *adv.* if need be, if necessary.

Nötigung *f* constraint, coercion; ⚖ constraint, duress.

Notiz *f* **1.** (*Vermerk*) note; ***sich ~en machen*** make (*od.* take) notes (***über*** on); **2.** (*Zeitungs2*) item; **3.** *Börse*: quotation; **4.** ***~ nehmen von*** take note of; ***keine ~ nehmen von*** ignore, take no notice of; **~block** *m* notepad, *bsd. Am.* memo pad; **~buch** *n* notebook.

Not|jahre *pl.* lean years; **~lage** *f* predicament; (*Elend*) plight; *weitS.* (*schwierige Lage*) awkward (*od.* difficult) situation; ***wirtschaftliche ~*** economic plight; **~lager** *n* makeshift bed, F shakedown.

notlanden *v/i.* make a forced landing, force-land; **Notlandung** *f* forced (*od.* emergency) landing.

notleidend *adj.* needy; **Notleidende(r)** *m* needy person; ***die Notleidenden*** the needy (*pl.*).

Not|leine *f* emergency cord; **~lösung** *f* stopgap (solution *od.* measure); *provisorische*: provisional (*od.* temporary) solution; (*Ausweg*) expedient; **~lüge** *f* white lie; **~maßnahme** *f* emergency (*od.* stopgap) measure, expedient; **~nagel** F *m* stopgap; (*Person*) *a.* fill-in; **~operation** *f* emergency operation; *a. pl. coll.* emergency surgery; **~opfer** *n* emergency tax.

notorisch *adj.* compulsive, habitual, addictive; *Lügner, Spieler*: *a.* notorious; ***~er Optimist*** incorrigible optimist.

Notproviant *m* emergency rations *pl.*

Notruf *m* **1.** *teleph.* emergency call; **2.** → **~nummer** *f* emergency number; **~säule** *f* emergency telephone.

Not|rutsche *f* ✈ emergency chute; **~schlachtung** *f* forced slaughter; **~signal** *n* distress signal; **~situation** *f* emergency (situation); → *a.* ***Notlage***; **~sitz** *m* jump seat.

Notstand *m* **1.** → ***Notlage***; **2.** *pol.* state of emergency; ***den ~ ausrufen*** declare a state of emergency.

Notstands|gebiet *n* **1.** *wirtschaftlich*: depressed area; **2.** (*Katastrophengebiet*) disaster area; **~gesetze** *pl.* emergency legislation *sg.*, emergency powers act *sg.*

Notstromaggregat *n* emergency generator.

Nottaufe *f* baptism in extremis; **nottaufen** *v/t.* baptize *a child* in extremis.

Not|testament *n* emergency will; **~unterkunft** *f* provisional accommodation (*a. pl.*); *für Obdachlose*: emergency shelter; **~verband** *m* emergency dressing; **~verkauf** *m* distress sale; **~verordnung** *f* emergency decree; **~wasserung** *f* crash-landing (in the sea).

Notwehr *f*: (**aus** *od.* **in** ~ in) self-defen|ce (*Am.* -se); **~handlung** *f* act of self-defen|ce (*Am.* -se); ***es war e-e ~*** he *etc.* acted in self-defen|ce (*Am.* -se).

notwendig I. *adj.* necessary; (*dringlich*) urgent; (*wesentlich*) essential; (*unerläßlich*) indispensable; (*unausbleiblich, unausweichlich*) inevitable; ***unbedingt ~*** absolutely vital; → *a.* ***nötig***; **II.** *adv.* (*dringend*) urgently; ***~ brauchen*** *a.* need badly, badly need; **notwendigenfalls** *adv.* if necessary, if need be; **notwendigerweise** *adv.* necessarily, of necessity; (*als unausweichliche Folge*) *a.* inevitably; **Notwendigkeit** *f* necessity; (*Sache*) *a.* requirement; (*Dringlichkeit*) urgency; ***e-e absolute ~*** a must.

Notzeiten *pl.* times (*od.* time *sg.*) of need.

Notzucht *f* rape; ***~ begehen an*** commit rape on; **notzüchtigen** *v/t.* rape, commit rape on.

Nougat *m, n sweet paste made from cocoa, sugar and crushed nuts.*

Novelle *f* **1.** novella; **2.** *parl.* amendment.

novellieren *v/t. parl.* amend; **Novellierung** *f* amendment.

Novellist *m* novella writer.

November *m* November; ***im ~*** in November.

Novität *f* novelty, something new; ✝ new article, F newcomer to the market; ***e-e ~ auf dem Buchmarkt*** (***Plattenmarkt***) a (brand-)new publication (release); ***e-e ~ auf dem Modemarkt*** the latest fashion (F thing).

Novize *m*, **Novizin** *f eccl. u. fig.* novice.

Novum *n* novelty, something new.

NS... *in Zssgn* Nazi; **~-Diktatur** *f* Nazi dictatorship; **~-Regime** *n* Nazi regime; **~-Verbrechen** *n* Nazi crime (*od.* atrocity); **~-Verbrecher** *m* Nazi war criminal; **~-Zeit** *f* Nazi era, (period of) Nazi rule.

nu I. *int.* → ***nun***; **II.** ℒ *m*: ***im ~*** in no time, in a flash, before you knew it.

Nuance *f* nuance, shade; *fig.* (*Spur*) trace, tinge, shade; ***um e-e ~ zu süß*** *etc.* a shade too sweet *etc.*; ***die*** (***keine***) ***~n unterscheiden können*** recognize (be unable to distinguish) the subtleties *od.* subtle differences; **nuancenreich** *adj.* rich in nuance, finely nuanced, full of nuances; **Nuancenreichtum** *m* wealth of nuances; **nuancieren** *v/t.* nuance; **nuanciert** *adj.* subtle; finely (*od.* subtly) distinguished; *Farben*: subtly graded; **Nuanciertheit** *f* subtlety; subtle distinctions *pl.*; *von Farben*: subtle gradations *pl.*

nüchtern I. *adj.* **1.** (*Ggs. betrunken*) sober; ***wieder ~ werden*** sober up; ***vollkommen ~*** F stone cold sober; **2.** ***auf ~en Magen*** on an empty stomach; ***ich war ~*** I hadn't eaten anything; ⚕ ***kommen Sie bitte ~*** please don't eat or drink anything before you come; **3.** *Einrichtung, Bau etc.*: functional, austere; *Kleidung etc.*: sober; *Wand*: cold, bare; **4.** *Einstellung, Urteil etc.*: sober; *weitS.* (*sachlich*) *Person, Einschätzung etc.*: rational, down-to-earth; *Tatsachen*: plain, bare; **II.** *adv.* soberly; *weitS.* (*sachlich*) matter-of-factly; ***~ denkend*** realistic, sober(-minded); ***~ betrachtet*** seen in a sober light; **Nüchternheit** *f* sobriety; austerity; coldness *etc.*; → ***nüchtern.***

Nuckel *m* (*Sauger*) teat, *Am.* nipple; (*Schnuller*) dummy, *Am.* pacifier; **nukkeln** *v/i.*: ***~ an*** suck (at).

Nuckelpinne F *f* F phut-phut car.

Nudel *f* noodle; *pl.* (*~arten*) pasta *sg.*, pastas; F *fig.* ***ulkige ~*** F funny character; **~gericht** *n* pasta dish; **~holz** *n* rolling pin.

nudeln *v/t.* stuff, fatten; F ***wie genudelt sein*** F be (absolutely) stuffed.

Nudel|salat *m* noodle salad; **~suppe** *f* noodle soup.

Nudismus *m* nudism; **Nudist(in** *f*) *m* nudist.

nuklear *adj.*, **Nuklear...** *in Zssgn* nuclear.

Nuklear|macht *f* nuclear power; **~medizin** *f* nuclear medicine; **~park** *m* nuclear park; **~stützpunkt** *m* nuclear base; **~unfall** *m* nuclear accident; **~waffe** *f* nuclear weapon.

Nukleinsäure *f* nucleic acid.

null I. *adj.* **1.** nought, *Am. u.* 📖 zero; ⚒ *Brit.* nought; *nach Dezimalkomma*: O (*Aussprache*: əʊ); *teleph.* O (əʊ), *Am. a.* zero; *Sport*: nil, *Am.* zero; *Tennis*: love; ***~ Grad*** zero degrees; ***~ Fehler*** no (*Am.* zero) mistakes; ***zwei zu ~*** two-nil, *Am.* two-zero; ***um ~ Uhr zehn*** at ten past (*Am. a.* after) midnight, *formell*: at zero hours ten; **2.** → ***nichtig***; **II.** ℒ *f* **3.** (*Ziffer*) nought, *Am.* zero; *teleph.* O (*Aussprache*: əʊ), *Am. a.* zero; *das Thermometer etc.* ***steht auf*** (***über, unter***) ***~*** is at (above, below) zero; ***wieviel ~en hat ...?*** how many noughts (*Am.* zeros) are there in ... (*od.* has ... got)?; *fig.* ***die Stunde ~*** (the) zero hour; ***in der Stunde ~*** at (the) zero hour; F ***gleich ~*** nil; F ***in ~ Komma nix*** in next to no time; ***bei ~ anfangen*** start from scratch; **4.** *contp.* (*Person*) nobody, (*Versager*) F dead loss, complete washout.

nullachtfünfzehn F *adj.*, **Nullachtfünfzehn...** *in Zssgn* run-of-the-mill, nondescript.

Nulldiät *f* no-calorie (*od.* starvation) diet.

Nulleiter *m* (*getr.* ***ll-l***) ⚡ earth (wire), *Am.* ground (wire).

Null|menge *f* null set; **~meridian** *m* prime (*od.* zero) meridian.

Null-Null F *n* F loo, *Am.* F john; *als Aufschrift*: WC.

Nullnummer *f e-r Zeitung etc.*: pilot issue.

Nullösung *f* (*getr.* ***ll-l***) *pol.* zero option.

Null|punkt *m* zero; (*Gefrierpunkt*) *a.* freezing point; *fig.* rock bottom; ***den ~ erreichen*** drop to zero (*od.* freezing point), *fig.* (*a.* ***auf dem ~ ankommen***) reach rock bottom; **~runde** *f* no salary increase, wage stop; ***dieses Jahr gibt es eine ~*** this year the salary increase will be nil; **~tarif** *m Eintritt*: free admission; *Beförderung*: free fares; ***zum ~*** free; **~wachstum** *n* zero growth.

numerieren *v/t.* number; **Numerierung** *f* numbering.

numerisch *adj.* numerical.

Numerus clausus *m univ.* limited (*od.* restricted) admission.

Numismatik *f* numismatics *pl.* (*sg. konstr.*); **Numismatiker** *m* numismatist; **numismatisch** *adj.* numismatic.

Nummer *f* (*Zahl, Nr.*) number (*abbr.* No., *pl.* Nos.); *e-r Zeitung etc.*: number, issue; ✝ (*Größe*) size; (*Programm*ℒ, *Zirkus*ℒ *etc.*) number, routine; *fig.* (*anonymer Mensch*) cipher; ***sie erreichen ihn unter der ~ ...*** you can ring (*od.* call) him on ...; ***laufende ~*** serial number; F *fig.* ***komische ~*** (*Person*) funny character, *stärker*: F weirdo; ***er ist die ~ eins*** he's number one; ***auf ~ Sicher gehen*** play it safe.

Nummern|konto *n* numbered (bank) account; **~scheibe** *f teleph.* dial; **~schild** *n mot.* number (*Am.* license) plate; **~skala** *f* graduated scale.

nun I. *adv.* (*jetzt*) now; (*also*) *zur Einleitung od. Fortsetzung der Rede*: well; ***von ~ an*** from now on, *formell*: henceforth; (*seitdem*) from that time (onwards); ***~ denn!*** *aufmunternd*: come on, then; ***~ ja*** *zögernd*: well(, you see); ***~ gut!*** all right, *Am.* alright; ***~?*** well?, (*wie geht's?*) well, how are things?; ***was ~?*** what now (*od.* next)?; ***was sagst du ~?*** what do you say to that (then)?; F ***~ sag bloß ...*** don't say ..., you don't mean to say ...; ***~ erst sah er ...*** only then did he see ...; ***wenn er ~ ...?*** what if he ...?; ***da es ~ einmal so ist*** since (*od.* being as) that's the way it is; ***er mag ~ kommen oder nicht*** whether he comes or not; → *a.* ***jetzt***; **II.** *obs. cj.*: ***~*** (***da***) now that, since.

nunmehr *adv.* now; (*von nun an*) from now on; ***es läuft ~ zwei Jahre lang*** it's been going on for two years now.

Nuntius *m* nuncio.

nur I. *adv.* only; (*nichts als*) nothing but; (*bloß*) just; (*ausgenommen*) except; (*einfach*) simply; ***~ einmal*** just once; ***~ sie*** only she, she alone *knew etc.*; ***~ sie wußte*** *etc. a.* she was the only one to know *etc.*; ***~ weil*** just because; ***nicht ~, sondern auch*** not only, but also; ***wenn er ~ käme*** if only he would come; ***~, daß*** except (that), apart from the fact that; ***es ist ~, daß ...*** it's just that ...; ***in ~ zwei Jahren*** in just two (short) years, within two (short) years; ***~ aus Bosheit*** *etc.* out of sheer spite *etc.*; ***ohne auch ~ zu lächeln*** without so much as a smile; ***~ zu!*** go on!, F what are you waiting for?; ***na, warte ~!*** you just wait!; ***verkaufe es ~ ja nicht*** don't sell it whatever you do, just don't sell it; ***wie kam er ~ hierher?*** how on earth did he get here?; ***was will er damit ~ sagen?*** I wonder what he means (*od.* is driving at)?; ***das weißt du ~ zu gut*** you know very (*od.* perfectly) well; ***warum ist er ~ gegangen?*** what on earth made him go?, why (on earth) did he go?; ***was habe ich ~ getan?*** what (on earth) have I done?; ***wer kann es ~ gewesen sein?*** who (on earth) *od.* whoever can it have been?; ***wie hat er es ~ geschafft?*** how (on earth) did he manage that?; ***wo kann sie ~ sein?*** where (on earth) can she be?; ***was hat sie ~?*** I wonder what's up (*od.* wrong) with her; ***soviel ich ~ kann*** as much as I possibly can; ***so bald wie ~ möglich*** as soon as you *etc.* possibly can; ***es muß so schnell wie ~ möglich fertig werden*** it's got to be finished in the quickest possible time; *warum hast du ihn gehauen?* - F ***~ so*** I don't know; because I felt like it; F ***~ so*** *verstärkend*: *mst* F like mad; ***der Wind hat ~ so gepfiffen*** the wind was howling like mad; ***es hat ~ so gescheppert*** F there was an almighty crash; **II.** *cj.*: ***~ habe ich vergessen ...*** only I forgot ...

nuscheln *v/i. u. v/t.* mumble; (***et.***) ***in den Bart ~*** mumble *od.* mutter (s.th.) into one's beard.

Nuß *f* nut; *fig.* ***harte ~*** hard nut to crack, F tough one; F ***du dumme ~!*** F you twit!; F ***j-m e-e auf die ~ geben*** F bop s.o. on the head, *etwa* F give s.o. a biff on the nose; **~baum** *m* **1.** walnut (tree); **2.** (*Holz*) walnut; ℒ**braun** *adj.* hazel (-colo[u]red); **~knacker** *m* nutcracker; **~schale** *f* nutshell; **~schokolade** *f* chocolate with nuts, nut chocolate.

Nüster *f* nostril.

Nut(e) *f* ⚙ groove; ***~ und Feder*** *Holz*: tongue and groove, *metall.* slot and key.

Nutte F *f sl.* tart, *Am. sl.* hooker; **nuttenhaft, nuttig** F *adj. sl.* tarty.

nutz *adj.*: ***zu nichts ~ sein*** be (completely) useless, F be a dead loss; ***es war wenigstens zu etwas ~*** at least it served some purpose; ***zu was soll das ~ sein?*** what's that supposed to achieve?

Nutz *m*: ***zu j-s ~ und Frommen*** to s.o.'s benefit; **~anwendung** *f* practical use (*od.* benefit).

nutzbar *adj.* usable; (*nützlich*) useful; (*gewinnbringend*) productive; ***~ machen*** utilize, ✝ *a.* exploit; (*Naturkräfte etc.*) harness; (*ausnützen*) take advantage of; ***den Boden ~ machen*** cultivate the land; **Nutzbarkeit** *f* usability; usefulness; **Nutzbarmachung** *f* utilization; ✝ *a.* exploitation.

nutzbringend I. *adj.* profitable; **II.** *adv.*: ~ ***anwenden*** turn to good account.

nutze, nütze *adj.* → ***nutz.***

Nutzeffekt *m* ✝ *etc.* efficiency; *weitS.* (*Nutzen*) (practical) use *od.* value; ***der ~ ist null*** it has (*od.* is of) no practical value (*od.* use) whatsoever.

Nutzen *m* use; (*Gewinn*) profit, gain; (*Vorteil*) advantage, *a.* ⚖ benefit; ***praktischer ~*** practical use (*od.* value); ***von ~*** useful, helpful; ***zum ~ von*** for the benefit of; ***~ bringen*** yield a profit; ***~ ziehen aus*** profit (*od.* benefit) from, capitalize on; ***davon habe ich wenig ~*** it's not much use to me.

nutzen, nützen I. *v/i.* be of use, be useful (***zu et.*** for s.th.; ***j-m*** to s.o.); (*vorteilhaft sein*) be of advantage *od.* benefit (to s.o.); ***j-m ~*** *a.* benefit s.o.; ***das nützt*** (***mir***) ***nichts*** that's no use *od.* good (to me); ***nützt*** (***dir***) ***das in irgendeiner Weise?*** is that any use (to you)?; ***das nützt wenig*** that doesn't help much, that's not much help; ***was nützt es, daß ...?*** what's the use (*od.* good) of (*s.o. od. s.th.*) *ger.?*; ***Heulen nützt nichts, es nützt nichts zu heulen*** it's no use crying; **II.** *v/t.* use, make use of; (*nutzbringend anwenden*) put to good use; (*Gelegenheit*) take advantage of, seize *the opportunity.*

Nutzen-Kosten-Analyse *f* cost-benefit analysis.

Nutz|fahrzeug *n* utility (*od.* commercial) vehicle; **~fläche** *f* usable area (✝ floor space); ↗ agricultural acreage; **~garten** *m* kitchen garden; **~holz** *n* timber, *Am.* lumber; **~last** *f* payload; **~leistung** *f* effective output (*od.* power).

nützlich *adj.* useful; *Rat, Person etc.*: helpful; (*dienlich*) *a.* handy; ***sich ~ machen*** make o.s. useful; ***er*** (***es***) ***könnte dir ~ sein*** he (it) might be of some use to you; ***sich als ~ erweisen*** prove (to be) very useful; **Nützlichkeit** *f* usefulness.

Nützlichkeits... *in Zssgn mst* utilitarian; **~denken** *n* utilitarianism, utilitarian thinking; **~prinzip** *n* utility principle; **~standpunkt** *m* utilitarian point of view.

Nützling *m zo.* beneficial animal.

nutzlos *adj.* useless; (*vergeblich*) *a.* futile, *pred. a.* no use; ***es ist ~ zu*** *inf.* it's useless (*od.* pointless, no use) *ger.*; **Nutzlosigkeit** *f* uselessness; (*Vergeblichkeit*) futility.

Nutznießer *m* beneficiary; ***die ~ des neuen Gesetzes*** those who (will) reap the benefits of the new law; **Nutznießung** *f* ⚖ usufruct.

Nutz|pflanze *f* useful plant; **~tier** *n* domestic animal; (*Arbeitstier*) working animal.

Nutzung *f* use; utilization; *des Bodens etc.*: exploitation; (*Anwendung*) use, application.

Nutzungs|dauer *f* ✝ useful life; **~grad** *m* level of utilization; **~recht** *n* right of use.

Nylon *n* nylon; **~strümpfe** *pl.* nylon stockings, nylons.

Nymphe *f* nymph.

nymphoman *adj.* nymphomaniac, F nympho; **Nymphomanie** *f* nymphomania; **Nymphomanin** *f* nymphomaniac, F nympho.

O

O, o¹ *n* O, o; → ***A.***

o² *int.* oh!; ~ ***ja!*** oh yes!, yes, indeed!; ~ ***nein!*** oh no!, (*aber nein*) goodness, no!

Oase *f* oasis; *fig. a.* haven.

ob¹ *cj.* whether, if; ***als*** ~ as if, as though; ***nicht als*** ~ not that; ~ ***... oder nicht*** whether ... or not; **(*na*) *und*** ~! F you bet!; **(*ich frage mich,*)** ~ ***er wohl kommt?*** I wonder if he'll come; ***so tun, als*** ~ ***...*** pretend to *inf.* (*od.* that ...).

ob² *obs. prp.* on account of.

Obacht *dial. f* attention; ~! look (*od.* watch) out!, careful!; ~ ***geben*** **(*auf*)** *aufmerksam*: pay attention (to), *vorsichtig*: be careful (with), *achtsam*: look (*od.* watch) out (for).

Obadja *m bibl.* Obadiah.

Obdach *n* shelter.

obdachlos *adj.* homeless; ***Tausende wurden*** ~ thousands were left homeless; **Obdachlose(r** *m***)** *f* homeless person; ***die Obdachlosen*** the homeless (*pl.*); ***Asyl für Obdachlose*** → **Obdachlosenasyl** *n*, **Obdachlosenheim** *n* shelter for the homeless; **Obdachlosigkeit** *f* homelessness.

Obduktion *f* ⚕, ⚖ postmortem, autopsy.

Obduktions|befund *m* postmortem findings *pl.*, autopsy result; **~bericht** postmortem (*od.* autopsy) report.

obduzieren *v/t.* carry out a postmortem (*od.* an autopsy) on.

O-Beine F *pl.* bandy (*od.* bow) legs; **O-beinig** *adj.* bandy-legged, bow-legged.

Obelisk *m* obelisk.

oben *adv.* at the top; (~*auf*) on (the) top; *im Haus*: upstairs; ~! *als Aufschrift*: this side up!; ***siehe*** ~ see above; ~ ***links*** on the top left, *im Bild*: in the top left-hand corner; ~ ***am Tisch*** at the head of the table; ***da*** ~ up there; ***hier*** ~ up here; ***nach*** ~ up(wards), *im Haus*: upstairs; ***von*** ~ from above, *im Haus*: from upstairs; **(*mit dem*) *Gesicht*** **(*Bauch etc.*)** ***nach*** ~ face (belly *etc.*) up; *fig.* ***von*** ~ ***herab*** condescendingly; ***von*** ~ ***bis unten*** from top to bottom, *Person*: from top to toe, from head to foot; ***sich*** ~ ***halten*** stay on top; ***jetzt ist er ganz*** ~ he's made it to the top now; F ***die da*** ~ F the powers that be; ***mir steht es bis hier*** ~ F I'm fed up to the back teeth (with it); ***er kommt von da*** ~ F he's from up north; ~ ***ohne*** topless.

obenan *adv.* at the top; **~stehen** *v/i.* be at the top; be in first place.

oben|auf *adv.* on (the) top; F *fig.* **(*ganz*)** ~ ***sein*** *wirtschaftlich etc.*: be on top, *stimmungsmäßig*: be on a high, *gesundheitlich*: F be in the pink; **~drauf** *adv.* on top; **~drein** *adv.* on top of everything, to top it all; **~erwähnt, ~genannt** *adj.* above(-mentioned), *nachgestellt*: mentioned above; **~herum** *adv.* around the top (*am Körper*: chest); **~hin** *adv.* superficially, perfunctorily; ~ ***bemerken*** remark casually (*od.* in passing).

Oben-ohne|-Badeanzug *m* topless swimsuit; **~-Bedienung** *f* topless waitress; **~-Lokal** *n* topless bar.

obenstehend *adj.* above(-mentioned), *nachgestellt*: above.

ober *adj.* upper; higher; → ***oberst, zehntausend.***

Ober *m* **1.** waiter; **(*Herr*)** ~! waiter; **2.** (*Spielkarte*) queen.

Oberarm *m* upper arm; **~knochen** *m* humerus.

Ober|arzt *m* assistant medical director; **~aufsicht** *f*: ***die*** ~ ***haben*** (*od.* ***führen***) have overall control (***über*** over), be in charge (of); **~bau** *m* superstructure; **~bauch** *m* upper abdomen.

Oberbefehl *m* supreme command (***über*** of); ***den*** ~ ***haben*** (*od.* ***führen***) be commander-in-chief (***über*** of); **Oberbefehlshaber** *m* supreme commander, commander-in-chief, F supremo.

Ober|begriff *m* **1.** generic term; **2.** (*Überschrift*) heading; **~bekleidung** *f* outer garments *pl.*; **~bett** *n* quilt; **~bewußtsein** *n psych.* consciousness, conscious self; **~bonze** F *m* F big boss, big shot; ***die*** **~*n*** *a.* the top brass (*sg. u. pl.*); **~bundesanwalt** *m* chief public prosecutor; **~bürgermeister** *m* mayor, *in GB*: Lord Mayor; **~deck** *n* ⚓ upper deck.

oberdeutsch *adj.*, **Oberdeutsch** *n ling.* Upper (*od.* Southern) German.

oberfaul F *adj.* very strange (indeed).

Oberfeldwebel *m* ⚔ staff sergeant; ✈ flight (*Am.* master) sergeant.

Oberfläche *f* surface; **an** (***unter***) ***der*** ~ *a. fig.* on (below) the surface; **(*wieder*) *an die*** ~ ***steigen*** (re)surface.

Oberflächen|behandlung *f* surface treatment; **~spannung** *f phys.* surface tension; **~struktur** *f a. ling.* surface structure.

oberflächlich I. *adj.* superficial; *Mensch*: *a.* shallow; (*flüchtig*) perfunctory, cursory; **~*e Bekanntschaft*** casual (*od.* nodding) acquaintance; ***es ist bei ihm sehr*** ~ *a.* it doesn't go very deep with him; **II.** *adv.* superficially, perfunctorily, cursorily; ~ ***betrachtet*** on the surface; ***ich kenne sie nur*** ~ I don't know her very well; **Oberflächlichkeit** *f* superficiality; (*Seichtheit*) *a.* shallowness.

Oberförster *m* head forester.

obergärig *adj.* top-fermented.

Ober|gefreite(r) *m* ⚔ lance corporal, *Am.* private 1st class; ✈ leading aircraftman, *Am.* airman 3rd class; **~geschoß** *n* upper floor (*od.* stor[e]y); **~gewalt** *f*: **(*die*** ~ ***ausüben*** have) supreme power; **~grenze** *f* upper limit; ✝, *Statistik etc.*: *a.* ceiling.

oberhalb *prp.* above.

Ober|hand *f*: *fig.* ***die*** ~ ***haben*** have the upper hand; ***die*** ~ ***gewinnen*** get (*od.* gain) the upper hand (***über*** over), ***über*** *j-n*: *a.* get the better of, F get the jump on; **~haupt** *n* head; ~ ***der Familie*** *a.* pater familias; **~haus** *n parl.* Upper House, *in GB*: *a.* House of Lords; **~haut** *f* epidermis; **~hemd** *n* shirt; **~herrschaft** *f* supremacy; **~hitze** *f* top heat; **(*nur*) *mit*** ~ ***backen*** bake in the top oven; **~hoheit** *f* supremacy; (*Souveränität*) sovereignty.

Oberin *f R.C.* Mother Superior; *im Krankenhaus*: head nursing officer, *Am.* head nurse.

Oberinspektor *m* chief inspector.

oberirdisch *adj.* surface ..., *pred. u. adv.* above ground; ⚡ **~*e Leitung*** overhead line.

Ober|kante *f* upper (*od.* top) edge; **~kellner** *m* head waiter; **~kellnerin** *f* head waitress; **~kiefer** *m* upper jaw; **~klasse** *f* **1.** *ped.* top form, *Am.* senior class; **2.** *gesellschaftlich*: upper class(es *pl.*); **~kommandierende(r)** *m* → ***Oberbefehlshaber***; **~kommando** *n* → ***Oberbefehl***; **~körper** *m* upper part of the body; (*Brust*) chest; **~land** *n* uplands *pl.*; ***Berner*** ~ Bernese Oberland; **~landesgericht** *n* higher regional court.

oberlastig *adj.* top-heavy.

Ober|lauf *m e-s Flusses*: upper course; **~leder** *n* uppers *pl.*

oberlehrerhaft *adj.* schoolmasterly, *Frau*: schoolmarmish.

Oberleitung *f* **1.** (senior) management, direction, control; **2.** ⚡ overhead contact line; **Oberleitungsbus** *m* trolley bus.

Ober|leutnant *m* ⚔ (*Am.* first) lieutenant; ✈ flying officer, *Am.* first lieutenant; **~licht** *n* **1.** skylight; *über e-r Tür*: fanlight; **2.** (*Licht von oben*) light (falling in) from above; *phot.* top light(ing).

Oberlippe *f* upper lip; **Oberlippenbart** *m* moustache.

Ober|motz F *m* F top dog; **~priester** *m* hight priest; **~prima** *obs. f* top form, *in GB*: *etwa* Upper Sixth; *in den USA*: *etwa* senior grade; **~rabbiner** *m* chief rabbi.

oberrheinisch *adj.* from the Upper Rhine.

Obers *östr. n* cream.

Oberschenkel *m* thigh; **~hals** *m* head of the femur; **~knochen** *m* femur, thigh bone.

Oberschicht *f der Gesellschaft*: upper class(es *pl.*).

Oberschlesier(in *f***)** *m* Upper Silesian; ~ ***sein*** *mst* come from Upper Silesia; **oberschlesisch** *adj.* Upper Silesian, from Upper Silesia.

Ober|schule *f* secondary school, *Am.* high school; **~schwester** *f* senior nursing officer, *Am.* head nurse; **~seite** *f* top (*od.* upper) surface; **~seminar** *n* postgraduate seminar.

oberst *adj.* uppermost, topmost, highest; top ...; *fig.* chief ..., principal, highest; **~*e Aufsichtsbehörde*** supervisory authority; **2*es Gericht*** High (*Am.* Supreme) Court; *fig.* ***das 2e zuunterst kehren*** turn everything upside down.
Oberst *m* ⚔ colonel.
Ober|staatsanwalt *m etwa* senior public prosecutor; **~stabsfeldwebel** *m* ⚔ warrant officer 1st class (*abbr.* WOI, *Am.* warrant officer; ✈ warrant officer, *Am.* chief master sergeant; **~stimme** *f* treble.
Oberstleutnant *m* ⚔ lieutenant colonel; ✈ *Brit.* wing commander.
Ober|stoff *m* outer fabric; **~stübchen** F *fig. n*: ***er ist nicht ganz richtig im ~*** F he's got a screw loose somewhere; **~studiendirektor** *m* headmaster, *Am.* principal; **~studienrat** *m etwa* senior teacher; **~stufe** *f ped.* higher grade, senior class(es *pl.*); **~teil** *n* upper part, top (*a. Kleidungsstück*); **~ton** *m* ♪ harmonic, overtone; **~verwaltungsgericht** *n* higher administrative court; **~wasser** *n Schleuse*: upper water; *Mühle*: overshot water; *fig.* ***~ haben*** have the upper hand, (*erfolgreich sein*) be riding high; ***~ bekommen*** get the upper hand; **~weite** *f* bust (measurement).
obgleich *cj.* (al)though.
Obhut *f* care; (*Schutz*) protection; ⚖ custody; ***in s-e ~ nehmen*** take charge of, (*j-n*) *a.* F take under one's wing.
obig *adj.* above(-mentioned).
Objekt *n* **1.** object (*a. ling., phls.*); **2.** ✝ (*Vermögensgegenstand*) property; **3.** *phot.* subject.
objektiv I. *adj.* objective; (*unparteiisch*) *a.* impartial, *formell*: dispassionate, *Urteil etc.*: *a.* unbias(s)ed; (*tatsächlich*) actual; **II.** 2 *n Mikroskop*: objective; *phot.* lens.
Objektiv|deckel *m* lens cap; **~fassung** *f* lens mount.
objektivieren *v/t.* objectivize; **Objektivierung** *f* objectivization.
Objektivismus *m phls.* objectivism; **Objektivist** *m* objectivist; **objektivistisch** *adj.* objectivistic(ally *adv.*).
Objekt|satz *m ling.* object clause; **~schutz** *m* property protection; **~träger** *m des Mikroskops*: slide.
Oblate *f* wafer.
obliegen *v/i.*: ***j-m ~*** *als Pflicht*: be incumbent on s.o.; **Obliegenheit** *f* obligation, duty.
obligat *adj.* **1.** obligatory; *iro.* (*unvermeidbar*) *a.* inevitable; **2.** ♪ obligato; ***mit ~er Violine*** with violin obligato.
Obligation *f* ✝ bond, debenture (bond).
obligatorisch *adj.* obligatory (*a. iro.*), compulsory.
Obligo *n* ✝ liability.
Obmann *m* (*Vorsitzender*) chairman; (*Vertrauensmann*) shop steward, (*Sprecher*) spokesman.
Oboe *f* ♪ oboe; **Oboist** *m* oboist, oboe-player
Obolus *m*: ***s-n ~ entrichten*** pay one's mite.
Obrigkeit *f the* authorities *pl.*, *iro. the* powers *pl.* that be (*od.* on high); (*Regierung*) government; ***weltliche und kirchliche ~*** temporal and spiritual authorities.
Obrigkeits|denken *n* blind faith in authority; **~staat** *m* authoritarian state.
Obrist *obs. m* colonel.

obschon *cj.* (al)though.
Observanz *f* **1.** (*Befolgung*) observance; **2.** (*Ausrichtung*) leanings *pl.*; (*Form, Prägung*) kind, type; ***ein ... strengster ~*** a ... of the strictest kind, *Person*: a hardline ...
Observatorium *n ast.* observatory.
observieren *v/t.* (*heimlich beobachten*) keep *s.o.* under surveillance.
obskur *adj.* (*unklar, weithin unbekannt*) obscure; (*zweifelhaft*) dubious.
Obskurantismus *m* obscurantism; **Obskurantist** *m* obscurantist.
Obskurität *f* obscurity; (*Zweifelhaftigkeit*) dubiousness, dubious nature (*gen.* of).
Obst *n* fruit; **~bau** *m* fruit growing; **~bauer** *m* fruit grower (*od.* farmer); **~baum** *m* fruit tree; **~branntwein** *m* fruit schnapps; **~ernte** *f* (*Vorgang*) fruit harvest; (*Ergebnis*) *a.* fruit crop; (*Zeit*) fruit harvest(ing season); **~garten** *m* (fruit) orchard; **~händler** *m* fruiterer, fruit seller.
obstinat *adj.* obstinate.
Obstkuchen *m* fruit flan (*Am.* pie).
Obstler *m* fruit schnapps.
Obstmesser *n* fruit knife.
Obstruktion *f parl.* obstruction; **Obstruktionspolitik** *f* obstructionism, filibustering.
Obst|saft *m* fruit juice; **~salat** *m* fruit salad; **~tag** *m* fruit-only day; ***ich habe m-n ~*** I'm only eating fruit today; **~torte** *f* fruit flan (*Am.* pie); **~wein** *m* fruit wine.
obszön *adj.* obscene; *fig. Preise etc.*: disgusting; **Obszönität** *f a. konkret*: obscenity.
Obus *m* trolley bus.
obwohl *cj.* (al)though.
Ochse *m* ox (*pl.* oxen); bullock; F *fig.* oaf, dope; ***dastehen wie der ~ vorm Berg*** (*od.* ***Scheunentor***) be at a complete loss (as to what to do); *fig.* ***den ~en hinter den Pflug spannen*** put the cart before the horse.
ochsen F **I.** *v/i.* F cram, swot; **II.** *v/t.* F swot up (on), bone (*od.* mug) up on.
Ochsen|auge *n* **1.** (*Fenster*) bull's-eye (window); **2.** ✿ ox-eye (daisy); **3.** *dial. gastr.* fried egg (sunny side up *Am.*); **~fleisch** *n* beef; **~frosch** *m* bullfrog; **~gespann** *n* team of oxen; **~karren** *m* bullock cart.
Ochsenschwanzsuppe *f* oxtail soup.
Ochsentour F *f* **1.** (*Arbeit*) F hard graft; **2.** (*mühsamer Aufstieg*) F slow (uphill) grind; slow, hard road to the top.
Ocker *m, n* och|re (*Am.* -er); **ockerfarben, ockergelb** *adj.* (yellow) och|re (*Am.* -er).
Ode *f* ode (**an** to).
öde I. *adj.* **1.** (*verlassen, einsam*) deserted, desolate; **2.** (*fade, eintönig*) dull, tedious; **3.** (*freudlos*) bleak, dreary; **4.** *Gegend etc.*: barren; **II.** 2 *f* **1.** waste(land); **2.** *fig.* dreariness; tedium.
Ödem *n* ⚕ (o)edema.
oder *cj.* or; → ***entweder***; ***~ (aber)*** otherwise, (or) else, *drohend*: or else!; ***~ auch*** or rather; ***~ so*** or something like that, or something along those lines; ***du bleibst doch, ~?*** you're staying, aren't you?; ***gehen wir ins Bett, ~?*** let's go to bed, shall we?
ödipal *adj. psych.* oedipal.
Ödipuskomplex *m psych.* Oedipus complex.

Odium *n* odium.
Ödland *n* wasteland.
Odyssee *fig. f* odyssey.
Oeuvre *n* works *pl.*, life's work; ***das Beethovensche ~*** Beethoven's works.
Ofen *m* stove; (*Back2*) oven; (*Brenn2, Dörr2*) kiln; (*Hoch2*) furnace; *mot. sl.* ***heißer ~*** F hot rod; *fig.* ***hinterm ~ hocken*** be a stay-at-home; F ***jetzt ist der ~ aus!*** F that's it, it's curtains (for us *etc.*); → ***Hund*** 2; **~bank** *f* bench by the stove; **2fertig** *adj. gastr.* oven-ready; **2frisch** *adj.* oven-fresh, hot from the oven; **2getrocknet** *adj.* ⚙ *etc.* kiln-dried; **~heizung** *f* stove heating; **~klappe** *f* damper; **~platte** *f* hot plate; **~rohr** *n* stovepipe; **~röhre** *f* oven; **~schirm** *m* fire screen; **~setzer** *m* stove fitter; **~trocknung** *f* ⚙ *etc.* kiln-drying; **~tür** *f* oven door.
off I. *adj. TV etc.* out of vision (*abbr.* OOV), off(-screen); **II.** 2 *n*: ***im ~*** → ***off***; ***aus dem ~ sprechen*** *etc.* speak *etc.* off-screen.
offen I. *adj.* open; *Haare*: loose; *Stelle*: vacant; (*offenherzig, aufrichtig*) open, sincere, candid; (*ehrlich*) frank, open; (*aufgeschlossen*) open(-minded); ***~ für*** (*empfänglich*) open to; ***~e Abstimmung*** open vote; ***~e Anspielung*** broad allusion (**auf** to); ***~er Blick*** open (*od.* honest) face; ***~er Brief*** open letter; ***ein ~es Geheimnis*** an open (*od.* everybody's) secret; ***~es Gelände*** (wide) open country; ***~es Hemd*** open-necked shirt; ***~e Rechnung*** outstanding account; ***mit ~en Haaren*** with one's hair (hanging) loose; ***auf ~er See*** on the open sea; ***auf ~er Straße*** in the middle of the street; ***auf ~er Strecke*** on the open road, 🚂 between stations; ***bei ~em Fenster*** with the window open; ***~ und ehrlich*** *Sache*: open and above-board; ***mit ~em Mund dastehen*** stand gaping; ***es ist noch alles ~*** nothing has been decided yet, it's all still up in the air; ***ich will ganz ~ mit dir sein*** I'll be quite frank with you; **II.** *adv.* openly *etc.*; ***~ zugeben*** *a.* admit (quite) frankly; ***~ reden*** talk openly (*freiheraus*: freely); ***~ s-e Meinung sagen*** speak one's mind (quite openly), ***j-m:*** be quite (*od.* perfectly) open *od.* frank with s.o.; ***~ gestanden*** frankly speaking, quite frankly; ***~ zur Schau stellen*** make no secret of, *stärker*: make a public exhibition of; → ***offenlassen*** *etc.*
offenbar I. *adj.* obvious, evident; (*klar*) clear; *Lüge, Absicht*: blatant; (*anscheinend*) apparent; **II.** *adv.* (*anscheinend*) evidently, it seems ..., it would seem ...;
offenbaren I. *v/t.* (*Geheimnis etc.*) reveal, disclose, unveil; (*zeigen*) show, manifest (*alle dat.* to); **II.** *v/refl.*: ***sich ~*** reveal o.s., (*j-m*) open one's heart to;
Offenbarung *f* **1.** revelation, eye-opener; **2.** *bibl.* ***die ~ (Johannis)*** Revelation, the Book of Revelations; **Offenbarungseid** *m* **1.** ⚖ oath of manifestation (*od.* disclosure); ***den ~ leisten*** swear an oath of manifestation (*od.* disclosure); **2.** *fig. political etc.* bankruptcy.
offen|bleiben *v/i.* **1.** stay open; **2.** *Frage etc.*: remain (*od.* be left) open *od.* unanswered; **~halten** *v/t.* **1.** (*Tür etc.*) hold open; (*Geschäft etc., a. Augen*) keep open; **2.** *fig.* (*Termin, Auftrag etc.*) keep

open; (*Ausweg, a. Entscheidung etc.*) leave open; (*Möglichkeit*) leave (*od.* keep) open, reserve.
Offenheit *f* openness, frankness; (*Ehrlichkeit*) honesty.
offenherzig *adj.* open, frank, outspoken; (*aufrichtig*) sincere, candid; F *fig. Kleid*: F (rather) revealing; **Offenherzigkeit** *f* openness, frankness; sincerity; → ***offenherzig.***
offenkundig *adj.* obvious, evident, clear, manifest; *Lüge*: patent, blatant; ***es war ein ~er Irrtum*** *etc.* it was obviously (*od.* clearly) a mistake *etc.*
offen|lassen *v/t. a. fig.* leave open; *fig.* ***die Möglichkeit ~*** not to discount the possibility (*gen.* of *s.th.*); **~legen** *fig. v/t.* disclose.
offensichtlich I. *adj.* obvious; (*sichtbar*) visible, (*klar*) clear, plain; **II.** *adv.* obviously; **Offensichtlichkeit** *f* obviousness.
offensiv *adj.* offensive; **Offensive** *f* offensive; ***die ~ ergreifen*** take the offensive.
Offensiv|krieg *m* offensive war(fare); **~spiel** *n Sport*: offensive play (*konkret*: game); **~spieler** *m* attacker; **~waffe** *f* offensive weapon.
offenstehen *v/i.* **1.** be (*Tür*: *a.* stand) open; **2.** *Rechnung*: be outstanding, remain unsettled; **3.** *fig.* (*j-m*) be open to; ***es steht ihm offen zu*** *inf.* he's free to *inf.*; **offenstehend** *adj.* **1.** *Tür etc.*: open; ***mit ~em Mund*** open-mouthed; **2.** *Rechnung*: outstanding, unsettled.
öffentlich I. *adj.* public; ***~e Anleihen*** government securities; ***~er Aufruhr*** civil disturbance; ***~e Bekanntmachung*** public announcement; ***~e Betriebe*** public utilities; ***~er Dienst*** public sector; ***Angestellter des ~en Dienstes*** public(-sector) employee; ***~e Hand*** *the* authorities; ***die ~e Meinung*** public opinion; ***~es Recht*** public law; ***in ~er Sitzung*** in open session; ***~e Versteigerung*** sale by public auction; **II.** *adv.* publicly, in public; ⚖ in open session; ***~ bekanntmachen*** make public, publicize; ***~ machen*** (*Mißstände etc.*) bring *s.th.* to the public's attention; **Öffentlichkeit** *f* (*Bevölkerung*) (general) public; (*öffentliche Meinung*) public opinion; (*Öffentlichsein*) public nature (*gen.* of), publicity; ***die breite ~*** the public (*od.* people) at large; ***in aller ~*** in public, (*ganz offen*) quite openly; ***an die ~ treten*** appear before the public, ***mit et.:*** bring s.th. before the public, (*herausbringen*) come out with s.th.; ***zum ersten Mal an die ~ treten*** make one's first public appearance; ***an die ~ bringen*** bring before the public, (*enthüllen*) bring (out) into the open; ***der ~ übergeben*** (*einweihen*) inaugurate, (*veröffentlichen*) bring out, publish; ***an die ~ dringen*** leak out; → ***Ausschluß.***
Öffentlichkeits|arbeit *f* public relations *pl.*; *der Polizei etc.*: community relations *pl.*; **2scheu** *adj.* publicity-shy; ***er ist ~*** *a.* he doesn't like (any kind of) publicity.
öffentlich-rechtlich *adj.* under public law.
offerieren *v/t.* offer; **Offerte** *f* ✝ offer, *bsd. bei Ausschreibungen*: tender, bid.
Offizialverteidiger *m* ⚖ assigned counsel.
offiziell I. *adj.* official; (*förmlich*) *a.* formal; *Text*: accepted; ***von ~er Seite ist bekanntgegeben worden*** it has been officially announced; **II.** *adv.* officially; ***~ bekanntgeben, daß*** make an official statement (to the effect) that.
Offizier *m* (commissioned) officer; ***hoher ~*** high-ranking officer.
Offiziers|anwärter *m* officer cadet; **~kasino** *n* officers' mess; **~laufbahn** *f* career as an officer, officer's career; **~rang** *m* rank of an officer, officer's rank; **~schule** *f* officer candidate school (*abbr.* OCS).
offiziös *adj.* semi-official.
Off-Kommentar *m TV etc.* voice-over.
Off-line-Betrieb *m Computer*: off-line mode.
öffnen I. *v/t. u. v/i.* (*a. v/refl.*: ***sich ~***) open; ***niemand öffnete*** nobody answered (*od.* came to) the door; **II.** 2 *n*: ***vor dem ~ schütteln*** shake before use; **Öffner** *m* opener; **Öffnung** *f* opening (*a. fig.* ***nach*** to *the East etc.*); (*Loch*) hole; (*Lücke*) gap; (*Körper*2) orifice; *zum Rauchabzug etc.*: vent; *e-r Höhle*: mouth (*gen.* of), entrance (to); **Öffnungszeiten** *pl.* opening (✝ business, *Bank*: banking) hours.
Offsetdruck *m* offset (printing).
Off|-Sprecher *m TV etc.* voice-over; **~-Stimme** *f* voice off.
oft *adv.* often, frequently; ***schon ~*** *a.* many times, *lit.* many a time; ***ziemlich ~*** quite often, quite a lot; ***das ist mir schon so ~ passiert*** *a.* I don't know how many times that's happened to me; **öfter** *adv.* **1.** more often; ***je ~ ich ihn sehe, desto mehr ...*** the more I see of him, the more ...; **2.** (*a.* ***des ~en,*** F ***~s***) (*wiederholt*) repeatedly; (*ziemlich oft*) quite often, quite a lot.
oftmalig *adj.* (*häufig*) frequent; (*wiederholt*) repeated; **oftmals** *adv.* often, frequently, many times; (*wiederholt*) repeatedly.
oh *int.* oh!; → **o².**
Oheim *obs. m* uncle.
Ohm *n phys.* ohm; **ohmsch** *adj.* ohmic; ***das Ohmsche Gesetz*** Ohm's law; **Ohmzahl** *f* ohmage.
ohne I. *prp.* without, F minus; (*ausschließlich*) *a.* not counting, excluding; → *a.* ***...los***; ***~ Zweifel*** undoubtedly; ***~ seine Schuld*** through no fault of his (own); ***~ mein Wissen*** without my knowledge, unknown (*od.* unbeknown[st]) to me; ***~ mich!*** (you can) count me out!, not me!; ***~ weiteres*** just like that, (*mühelos*) *a.* without any (great) effort, (*ohne Probleme*) F no problem; ***das machen wir ~ weiteres*** we'll manage that easily enough (F no problem); ***das kannst du ~ weiteres akzeptieren*** (*bedenkenlos*) you needn't worry (*od.* hesitate) about accepting that; ***das geht nicht so ~ weiteres*** that's not so easy; F ***das ist gar nicht so ~*** F it's not bad, you know, (*ist schwieriger etc., als man denkt*) there's more to it than meets the eye, it's harder *etc.* than you think; → ***oben***; **II.** *cj.*: ***~ daß, ~ zu*** *inf.* without *ger.*; ***~ auch nur zu lächeln*** without so much as a smile; ***~ daß ich ihn gesehen hatte*** without (my) having seen him.
ohnedem, ohnedies *obs. adv.* → ***ohnehin.***
ohnegleichen *adj.* unequal(l)ed, unparalleled, *formell*: peerless; *contp. Sache*: unheard-of; ***e-e Frechheit ~*** the height of impudence.
ohnehin *adv.* anyhow, anyway.
Ohnmacht *f* **1.** ⚕ faint(ing fit); ***in ~ fallen*** (*od.* ***sinken***) faint, pass out; *fig.* ***ich bin fast in ~ gefallen*** I nearly fainted (*od.* keeled over); **2.** (*Machtlosigkeit*) (sheer) helplessness, powerlessness, impotence (***gegenüber*** in the face of); **ohnmächtig** *adj.* **1.** ⚕ (*bewußtlos*) unconscious; ***~ werden*** faint, pass out; ***er ist ~*** he's fainted (*od.* passed out); **2.** (*machtlos*) (utterly) helpless, powerless (***gegenüber*** in the face of); **Ohnmachtsanfall** *m* fainting fit.
Ohr *n* ear (*a. fig. Gehör*); ***ich habe es noch im ~*** (*Musik etc.*) I can still hear it, *stärker*: it's still ringing in my ears; *fig.* ***die ~en aufmachen*** listen carefully; ***die ~en spitzen, lange ~en bekommen*** prick up one's ears; ***ganz ~ sein*** be all ears; ***ein ~ haben für*** have an ear for; ***ein feines ~ haben für*** have a good ear for; ***ein offenes ~ für j-n haben*** be prepared to listen to s.o.; ***ein offenes ~ finden*** find s.o. who will listen (to one); ***j-m in den ~en liegen*** pester s.o.; F ***j-m eins hinter die ~n hauen*** F give s.o. a clip round the ears; F ***j-n übers ~ hauen*** F rip s.o. off; F ***sich die Nacht um die ~en schlagen*** not to get a wink of sleep all night; F ***sich aufs ~ legen*** F get some shuteye; F ***schreib dir das hinter die ~en!*** and don't you forget it!; F ***bis über die*** (*od.* ***beide***) ***~en in Arbeit*** (***Schulden*** *etc.*) ***stecken*** be up to one's ears (*od.* eyeballs) in work (debt *etc.*); F ***bis über die*** (*od.* ***beide***) ***~en verliebt*** head over heels in love; F ***viel um die ~en haben*** have an awful lot on one's plate; ***mir klingen die ~en*** my ears are burning; F ***halt die ~en steif!*** chin up!, *Brit. a.* F keep your pecker up!; ***mir kam zu ~en, daß*** I happened to hear that; ***was kommt mir da zu ~en?*** what's this I hear?; ***ich traute m-n ~en nicht*** I couldn't believe my ears; ***es ist nichts für fremde ~en*** it's not for public consumption; ***er hört nur mit halbem ~ hin*** he's only half listening; F ***wasch dir mal die ~en!*** when was the last time you washed your ears out?; ***zum einen ~ hinein, zum andern hinaus*** in one ear, out the other; → ***faustdick*** I, ***taub*** 1, ***trocken*** I *etc.*
Öhr *n* eye.
ohrenbetäubend *adj.* deafening, earsplitting.
Ohren|klappe *f* earflap; **~sausen** *n* buzzing (*od.* ringing) in one's ear(s); **~schmalz** *n* ear wax; **~schmaus** *m* treat for the ears; **~schmerz(en** *pl.*) *m* earache; **~schützer** *pl.* earmuffs; **~sessel** *m* wing chair; **~spezialist** *m* ear specialist; **~spiegel** *m* ⚕ auriscope; **~zeuge** *m* earwitness.
Ohrfeige *f* box (F clip) round the ears; **ohrfeigen** *v/t.*: ***j-n ~*** box s.o.'s ears; F ***ich könnte mich ~!*** I could kick myself; **Ohrfeigengesicht** F *n* dull, brutish face.
Ohr|hörer *m* earphone; **~gehänge** *n* pendant (F drop) earrings *pl.*; **~klipp** *m* (ear-)clip; **~läppchen** *n* earlobe; **~muschel** *f* (outer) ear.
Ohropax (*TM*) *n* ear plugs *pl.*
Ohr|ring *m* earring; **~speicheldrüse** *f* parotid gland; **~stecker** *m* stud; **~wurm** *m* **1.** *zo.* earwig; **2.** F *fig.* catchy tune.
okay I. *int.* OK, okay, F okey-doke(y); **II.** 2 *n* OK, okay; ***sein ~ geben*** give

one's *od.* the OK (*od.* okay), give the go-ahead.

okkult *adj.* occult; **Okkulte** *n*: ***das ~*** the occult; **Okkultismus** *m* occultism; **okkultistisch** *adj.* occult ...

Okkupation *f* occupation; **okkupieren** *v/t.* occupy.

Öko|bauer *m* organic farmer; **~bewegung** *f* ecological movement; **~laden** *m* health-food shop.

Ökologe *m* ecologist; **Ökologie** *f* ecology; **ökologisch** *adj.* ecological; → ***Gleichgewicht.***

Ökonom *m* **1.** (*Wirtschaftswissenschaftler*) economist; (*Student*) *a.* economics student; **2.** (*Landwirt*) farmer; **Ökonomie** *f* **1.** (*Wirtschaftlichkeit*) economy; **2.** (*Wirtschaftswissenschaft*) economics *pl.* (*sg. konstr.*); **ökonomieverträglich** *adj.* economically sustainable; **ökonomisch** *adj.* economic; (*sparsam*) economical.

Ökopax F *m* campaigner for peace and the environment.

ökosozial *adj.* ecologically and socially sound.

Ökosystem *n* ecosystem.

Ökotop *n* ecotope.

Oktaeder *m* octahedron.

Oktan *n* octane; **~zahl** *f mot.* octane number (*od.* rating).

Oktav *n* **1.** ♪ octave; **2.** *typ.* octavo; **Oktave** *f* ♪ octave.

Oktett *n* ♪ octet.

Oktober *m* October; ***im ~*** in October.

Okular *n opt.* eyepiece.

okulieren *v/t.* ⚒ graft.

Ökumene *f eccl.* ecumenicalism; **ökumenisch** *adj.* ecumenical.

Okzident *m* Occident, West; **okzidental(isch)** *adj.* occidental, western.

Öl *n* oil; ***auf ~ stoßen*** strike oil; ***in ~ malen*** paint in oils; *fig.* ***~ ins Feuer gießen*** add fuel to the fire (*od.* flames); ***~ auf die Wogen gießen*** pour oil on troubled waters; **~bad** *n* ⚙ oil bath; **~baum** *m* ⚘ olive (tree); **~berg** *m bibl.* Mount of Olives; **~bild** *n* oil painting; **~bohrung** *f* oil drilling.

Oldie F *m* **1.** (*Schallplatte etc.*) F oldie; **2.** (*Person*) F old-timer.

Öldruck *m* **1.** *Kunst*: oleograph; **2.** ⚙ oil pressure; **~anzeiger** *m* oil-pressure ga(u)ge.

Oldtimer *m* **1.** *mot.* vintage (*vor 1905*: veteran) car; **2.** F (*Person*) F old-timer.

Oleander *m* ⚘ oleander.

Ölembargo *n* oil embargo.

ölen *v/t.* oil, ⚙ *a.* lubricate; (*salben*) anoint; ***wie geölt*** like clockwork; → ***Blitz.***

Öl|farbe *f* oil (paint); **~feld** *n* oilfield; **~feuerung** *f* oil firing; **~förderland** *n* oil-producing country; **~förderung** *f* oil production; **~gemälde** *n* oil painting; **~gewinnung** *f* oil production; **~götze** F *m*: ***wie ein ~*** like a stuffed dummy.

ölhaltig *adj.* **1.** oily; ***~ sein*** *a.* contain oil; **2.** ⚘ oleaginous.

Öl|handel *m* oil trade; **~haut** *f* (*Gewebe*) oilskin; **~heizung** *f* oil heating.

ölig *adj.* oily (*a. fig.*); *Wein*: rich; *fig.* ***~e Stimme*** soapy voice.

Oligarch *m* oligarch; **Oligarchie** *f* oligarchy; **oligarchisch** *adj.* oligarchic.

Olim: ***seit ~s Zeiten*** from (*od.* since) the year dot.

Ölindustrie *f* oil (*od.* petroleum) industry.

oliv *adj.* olive; **Olive** *f* ⚘ olive.

Oliven|baum *m* olive (tree); **~garten** *m*, **~hain** *m* olive grove; **~öl** *n* olive oil.

olivfarben *adj.* olive(-colo[u]red); **olivgrün** *adj.* olive(-green).

Öl|jacke *f* oilskin; **~kanister** *m* oil canister; **~kännchen** *n*, **~kanne** *f* oil can; **~katastrophe** *f* (*Tankerunglück*) oil spill; **~konzern** *m* oil company; **~krise** *f* oil crisis; **~lampe** *f* oil lamp.

Olle F *m*, *f*: ***der ~*** (*Vater*, *Ehemann*) F the (*sl.* me) old man; ***die ~*** (*Mutter*) F the (*sl.* me) old woman; (*Ehefrau*) *a.* F the missus.

Öl|leitung *f* oil pipeline; **~malerei** *f* oil painting; **~meßstab** *m* dipstick; **~multi** *m* multinational oil corporation; **~ofen** *m* oil stove; **~papier** *n* oil paper; **~pest** *f* oil pollution; **~quelle** *f* oil well; **~raffinerie** *f* oil refinery; **~rückstände** *pl.* oil residues; **~sardinen** *pl.* (tinned, *Am.* canned) sardines; *weitS.* tin (*od.* can) *sg.* of sardines; **~scheich** *m* oil sheik(h); **~schwemme** *f* oil glut.

Ölstand *m mot.* oil level; **~anzeiger** *m* oil ga(u)ge.

Öl|tank *m* oil tank; **~tanker** *m* oil tanker; **~teppich** *m* oil slick.

Ölung *f* lubrication; *eccl.* anointment; ***die Letzte ~*** the last rites.

Öl|vorkommen *n* oil field(s *pl.*); (*Vorrat*) oil resources *pl.*; **~wanne** *f mot.* sump; **~wechsel** *m mot.* oil change; **~wirtschaft** *f* oil industry.

Olympiaauswahl *f* Olympic team.

Olympiade *f* **1.** (*Olympische Spiele*) Olympic Games *pl.*, Olympics *pl.*; **2.** (*Zeitraum*) olympiad.

Olympia|dorf *n* Olympic village; **~gelände** *n* Olympic complex (*od.* park); **~mannschaft** *f* Olympic team; **~sieger(in** *f*) *m* Olympic champion; **~stadion** *n* Olympic stadium; **~teilnehmer(in** *f*) *m* Olympic athlete (*od.* competitor).

Olympionike *m* Olympic athlete; (*Sieger*) Olympic champion.

olympisch *adj. Sport*: Olympic; ***⁀e Spiele*** → ***Olympiade*** 1; ***~es Gold*** (***Silber***) Olympic gold (silver), ***gewinnen***: win a gold (silver) medal at the Olympics; ***der ~e Gedanke*** the Olympic ideal.

Öl|zentralheizung *f* oil-fired central heating; **~zeug** *n* oilskin, oils *pl.*; **~zufuhr** *f* oil feed; **~zweig** *m* ⚘ olive branch.

Oma F *f* grandma, granny; *als Anrede*: Grandma, Granny.

Ombudsmann *m* **1.** *parl.* ombudsman; **2.** (*Vertrauensmann*) representative, spokesman.

Omelett *n*, **Omelette** *f* omelette.

Omen *n* omen; ***das ist ein gutes*** (***schlechtes***) ***~*** *a.* that augurs well (badly).

Omi F *f* grandma, granny; *als Anrede*: Grandma, Granny.

ominös *adj.* ominous.

Omnibus *m* bus, (*bsd. Reise⁀*) coach; ***~...*** *in Zssgn* → ***Bus...***

Onanie *f* masturbation; **onanieren** *v/i.* masturbate.

Ondit *n*: ***e-m ~ zufolge ...*** rumo(u)r has it that ...

ondulieren *v/t.* crimp.

Onkel *m* uncle; (*Mann*) *Kindersprache*: (nice) man; ***der ~ Doktor*** the (nice) doctor; F *fig.* ***der dicke*** (*od.* ***große***) ***~*** one's big toe; ***über den großen ~ gehen*** (*od.* ***latschen***) be pigeon-toed; **onkelhaft** *adj.* avuncular.

On-line-Betrieb *m Computer*: on-line mode (*od.* service).

On-Stimme *f TV etc.* voice on.

Ontologie *f* ontology; **ontologisch** *adj.* ontological.

Onyx *m* onyx.

OP *m* → ***Operationssaal.***

Opa F *m* grandpa, grandad; *als Anrede*: Grandpa, Grandad.

Opal *m min.* opal; **opalisierend** *adj.* opalescent.

Op-art *f* op art.

OPEC-Land *n* OPEC country (*od.* nation).

Open-end-Diskussion *f* open-ended discussion.

Oper *f* (*a.* ***die ~***) opera; (*Gebäude*) opera (house); ***komische ~*** comic opera; ***in die ~ gehen*** go to the opera.

operabel *adj.* ⚕ operable; **Operateur** *m* ⚕ surgeon; **Operation** *f* **1.** ⚕ operation; ***e-e ~*** *a.* surgery (*a. pl. coll.*); F *fig.* ***~ gelungen, Patient tot*** it was a perfectly organized disaster (F cock-up); **2.** ⚔ operation; **operationsfähig** *adj.* operable.

Operations|folgen *pl.* postoperative complications; ***an den ~ sterben*** die after the operation; **~kosten** *pl.* cost *sg.* of an (*od.* the) operation; **~maske** *f* surgeon's mask; **~narbe** *f* scar from an (*od.* the) operation, 🕮 postoperative scar; **~saal** *m* ⚕ operating theatre (*Am.* room); **~schwester** *f* theatre nurse, *Am.* operating room nurse; **~team** *n* surgical team; **~tisch** *m* operating table.

operativ I. *adj.* **1.** ⚕ operative, surgical; ***ein ~er Eingriff*** surgery; **2.** ⚔ operational, strategic; **II.** *adv.*: ***et. ~ entfernen*** remove s.th. surgically (*od.* by surgery).

Operator *m Computer*: operator.

Operette *f* operetta; **operettenhaft** *contp. adj.* operatic(ally *adv.*).

operieren I. *v/t.* ⚕ **1.** ***j-n ~*** operate on s.o.; ***am Magen operiert werden*** have a stomach operation; ***sich ~ lassen*** have an operation; **II.** *v/i.* **2.** ⚔ operate; **3.** *fig.* (*vorgehen*) proceed; ***vorsichtig ~*** proceed with caution, handle matters carefully.

Opern|arie *f* operatic aria; **~ball** *m* opera ball; **~fan** *m* opera buff; **~film** *m* filmed opera, film of an opera; **~freund** *m* opera fan, opera-goer; **~glas** *n*: (***ein ~*** a pair of) opera glasses *pl.*

opernhaft *adj.* operatic(ally *adv.*) (*a. fig. contp.*).

Opern|haus *n* opera (house); **~komponist** *m* operatic composer; **~musik** *f* operatic music; **~sänger(in** *f*) *m* opera singer; **~stadt** *f* cent|re (*Am.* -er) for opera; **~text** *m* libretto.

Opfer *n* **1.** sacrifice (*a. fig.*); (*a.* **~gabe**) offering; (*der, die, das Geopferte*) victim; ***ein ~ bringen*** make a sacrifice; *fig.* ***~ bringen*** make sacrifices (*dat.* for); ***viele ~ an Zeit*** (***Geld*** *etc.*) ***bringen*** invest a great deal of time (money *etc.*) (***für*** into); ***keine ~ scheuen*** spare no sacrifice; ***unter großen ~n*** at great cost; **2.** (*Unfall⁀ etc.*) victim (*a. fig. e-s Betrugs etc.*), casualty; ***zahlreiche ~ fordern*** take a heavy toll on human life, cause heavy casualties, claim many victims; **~altar** *m* sacrificial altar.

opferbereit, opferfreudig *adj.* **1.** willing to make sacrifices; **2.** (*aufopfernd*) self-sacrificing; **Opferbereitschaft** *f*,

Opferfreudigkeit *f* willingness to make sacrifices.

Opfer|gabe *f* sacrificial offering; **~gang** *fig. m* self-sacrifice; **~geist** *m* spirit of self-sacrifice; **~lamm** *n* sacrificial lamb; *fig.* innocent victim.

opfern I. *v/t.* sacrifice; (*Tier*) *a.* immolate; ***sein Leben*** ~ give (*od.* lay down) one's life; **II.** *v/i.* (make a) sacrifice; **III.** *v/refl.*: ***sich*** ~ sacrifice o.s. (*dat.*, ***für*** for).

Opfer|priester *m* sacrificial priest; **~stätte** *f* sacrificial site; **~stock** *m* offertory box; **~tier** *n* sacrificial animal; **~tod** *m* self-sacrifice; ***den*** ~ ***sterben*** a) be sacrificed (***für*** for), b) lay down one's life (for).

Opferung *f* sacrificing, sacrifice; *e-s Tieres*: *a.* immolation.

Ophthalmologie *f* ophthalmology; **ophthalmologisch** *adj.* ophthalmological.

Opi F *m* grandpa, grandad; *als Anrede*: Grandpa, Grandad.

Opiat *n* opiate.

Opium *n* opium; *fig.* ~ ***fürs Volk*** opium for the masses (*od.* people); **~anbau** *m* **1.** opium growing; **2.** *konkret*: opium plantation(s *pl.*); **~höhle** *f* opium den.

Opiumsucht *f* opium addiction; **opiumsüchtig** *adj.* addicted to opium; **Opiumsüchtige(r)** *m* opium addict.

Opponent *m* opponent; **opponieren** *v/i.* oppose; (*sich wehren*) resist (***gegen et.*** s.th.).

opportun *adj.* opportune; ***nicht*** ~ inopportune; ***das wäre im Augenblick nicht*** ~ it's an inopportune time (*od.* it's not the right moment) for it; **Opportunismus** *m* opportunism; **Opportunist** *m* opportunist, timeserver; **opportunistisch** *adj.* opportunist, opportunistic(ally *adv.*).

Opposition *f* opposition (*a. pol.*); **oppositionell** *adj.* oppositional.

Oppositions|führer *m* opposition leader, leader of the opposition; **~geist** *m* spirit of opposition; **~partei** *f* opposition (party).

Optik *f* **1.** (*Lehre*) optics *pl.* (*sg. konstr.*); **2.** *e-r Kamera etc.*: optics *pl.*; (*Objektiv*) lens; **3.** ⚕ optical industry, optical instruments *pl.*; **4.** *fig.* (*Einstellung, Standpunkt*) point of view; ***das ist e-e Frage der*** ~ that depends on how you look at it; **5.** F *fig.* (*äußerer Eindruck, optische Wirkung*) visual effect, (*Image*) image; ***das ist nur für die*** ~ that's just for show; ***das macht sich gut für die*** ~ it makes a good impression; ***die*** ~ *gen.* ***aufbessern*** improve the image of; **Optiker** *m* optician.

optimal *adj.* best (possible), optimum, *a.* optimal; *a. pred.* ideal; **optimieren** *v/t.* optimize.

Optimismus *m* optimism; ***vorsichtiger*** ~ guarded optimism; **Optimist** *m* optimist; **optimistisch** *adj.* optimistic(ally *adv.*); ***~e Stimmung*** *a.* F upbeat mood; ⚕ ***~e Börse*** bullish market.

Optimum *n* optimum.

Option *f* option; ⚕ *a.* (right of) first refusal.

Options|anleihe *f* optional bond; **~handel** *m* options trading.

optisch *adj.* optic(al); *Signal etc.*: visual; ***aus ~en Gründen*** for visual effect; ***~e Täuschung*** optical illusion.

Optoelektronik *f* optoelectronics *pl.* (*sg. konstr.*); **optoelektronisch** *adj.* optoelectronic(ally *adv.*).

Optometrie *f* optometry.

opulent *adj.* opulent, sumptuous; **Opulenz** *f* opulence, sumptuousness.

Opus *n* work; ♪ opus.

Orakel *n* oracle; **orakelhaft** *adj.* oracular; **Orakelspruch** *m* oracle.

oral *adj.* oral; **Oralverkehr** *m* oral intercourse.

Orange *f* orange; **orange(farben)** *adj.* orange.

Orangeade *f* orangeade.

Orangen|haut *f* ⚕ orange skin; **~marmelade** *f* (orange) marmalade; **~saft** *m* orange juice; **~schale** *f* orange peel; *gastr. a. the* zest of an orange; **~scheibe** *f* slice of orange, orange slice.

Orangerie *f* orangery.

Orang-Utan *m* orang-utan(g).

Oratorium *n* ♪ oratorio.

Orchester *n* **1.** orchestra; *Jazz etc.*: *a.* band; **2.** → ***Orchestergraben***; **~begleitung** *f* orchestral accompaniment; **~fassung** *f* orchestra (*od.* orchestral) version; **~graben** *m* orchestra pit; **~musiker** *m* orchestra musician; **~sitz** *m thea.* stall, *Am.* orchestra (seat); **~stück** *n* orchestra piece, piece for orchestra; **~wart** *m* orchestra attendant.

orchestral *adj.* orchestral.

orchestrieren *v/t.* orchestrate; **Orchestrierung** *f* orchestration.

Orchidee *f* orchid; **Orchideenfach** *n* remote (*od.* luxury) subject.

Orden *m* **1.** *eccl. etc.* order; **2.** (*Auszeichnung*) decoration, medal.

Ordens|bruder *m* monk; **~geistliche(r)** *m* monk in holy orders; **~geistlichkeit** *f* regular clergy; **~priester** *m* monk in holy orders; **~ritter** *m* knight of an order; **~schwester** *f eccl.* sister, nun; **~tracht** *f* habit (of a religious order); **~verleihung** *f* conferral of an order.

ordentlich I. *adj.* **1.** (*geordnet*) tidy, neat, orderly; (*ordnungsliebend*) tidy, neat; **2.** (*geregelt*) *Leben etc.*: orderly; **3.** (*anständig*) respectable; **4.** (*planmäßig*) regular *job, contract etc.*; **5.** (*zufriedenstellend*) *Essen etc.*: decent; ***e-e ~e Leistung*** a good job (*od.* piece of work); ***in ~em Zustand*** in good order; **6.** ***~er Professor*** (full) professor; **7.** (*gehörig*) proper, decent; ***e-e ~e Tracht Prügel*** a sound thrashing; → ***Gericht***[2]; **II** *adv.* **8.** tidily, neatly, ***die Flaschen waren*** ~ ***aufgereiht*** the bottles stood in a neat row; **9.** (***ganz***) ~ quite (*od.* fairly) well; ***er hat es ganz*** ~ ***gemacht*** he did quite a good job of it; **10.** F (*sehr*) really; ***es hat*** ~ ***geschneit*** F there's a fair bit of snow on the ground; F ***ich hab's ihm*** ~ ***gegeben!*** I really let him have it.

Order *f* order; ⚕ ***an eigene*** ~ to my own order; **ordern** *v/t.* order.

Ordinalzahl *f* ordinal (number).

ordinär *adj.* **1.** (*vulgär*) vulgar; *Witz, Lachen etc.*: dirty; **2.** *Person, Aussehen etc.*: common; **3.** (*billig*) cheap, F cheapo.

Ordinariat *n univ.* chair; **Ordinarius** *m* (full) professor.

Ordinate *f* ⚕ ordinate; **Ordinatenachse** *f* axis of ordinates.

Ordination *f* **1.** *eccl.* ordination; **2.** ⚕ (*Verordnung*) prescription; **ordinieren** *v/t.* **1.** *eccl.* ordain; **2.** ⚕ prescribe.

ordnen I. *v/t.* (*sortieren*) sort out, arrange; (*Gedanken*) sort out; (*Akten etc.*) file; (*Blumen*) arrange; (*regeln*) settle, (*sein Leben*) sort out, put in order; ***s-e Kleider*** ~ tidy o.s. up; ***alphabetisch*** ~ arrange alphabetically (*od.* in alphabetical order); ***nach Klassen*** ~ classify; → ***geordnet***; **II.** *v/refl.*: ***sich zu et.*** ~ form into; **Ordner** *m* **1.** (*Fest*2) steward; **2.** (*Hefter*) file; **Ordnung** *f* **1.** (*das Ordnen*) ordering, putting in order *etc.*; → ***ordnen***; **2.** (*Zustand*) order; ***die öffentliche*** ~ law and order; ***die göttliche*** ~ the divine order; ~ ***halten*** keep things in order; ***für*** ~ ***sorgen*** maintain order; ~ ***schaffen*** sort things out, *im Zimmer etc.*: tidy up; ***in*** ~ ***bringen*** (*reparieren*) fix, (*erledigen*) settle, F fix, (*Problem etc.*) sort out; ***in*** ~ ***sein*** be all right (*Am.* alright); F ***er ist in*** ~ he's all right (*Am.* alright), F he's okay; (***das ist***) ***in ~!, geht in ~!*** (that's) all right (*Am.* alright), F (that's) okay; ***es ist alles in bester*** ~ everything's just fine; ***er ist nicht in*** ~ *gesundheitlich*: he's not well; ***der Motor*** *etc.* ***ist nicht in*** ~ there's something wrong with the engine *etc.*; *parl.* ***zur*** ~ ***rufen*** call to order; ***das finde ich nicht in*** ~ I don't think that's right; **3.** (*Vorschriften*) rules *pl.*, regulations *pl.*; **4.** (*geordnete Lebensweise*) routine; **5.** (*Rang*) order; ***... erster*** ~ ... of the first order, *a.* first-class (*od.* -rate) ...; ***Stern erster*** ~ star of the first magnitude.

Ordnungs|amt *n* (municipal) public affairs office; **~fimmel** F *m* obsession with tidiness (*od.* orderliness); ***e-n*** ~ ***haben*** *a.* be obsessively tidy.

ordnungsgemäß I. *adj.* proper, according to the rules; **II.** *adv.* duly.

ordnungshalber *adv.* as a matter of form.

Ordnungshüter *m iro. the* law, representative of the law.

Ordnungsliebe *f* tidiness, (strong sense of) orderliness; **ordnungsliebend** *adj.* orderly, tidy.

Ordnungsmacht *f* law enforcement agency; *im Ausland*: peacekeeper.

ordnungsmäßig *adj. u. adv.* → ***ordnungsgemäß.***

Ordnungs|prinzip *n* system; **~ruf** *m parl.* call to order; **~sinn** *m* sense of order; **~strafe** *f* fine.

ordnungswidrig *adj.* against the regulations; **Ordnungswidrigkeit** *f* breach of the law.

Ordnungszahl *f* ordinal (number); *der Atome*: atomic number.

Ordonnanz *f* ⚔ orderly.

Oregano *m* ⚘ oregano.

Organ *n* **1.** *anat.* organ; *fig.* ***kein*** (***ein***) ~ ***haben für*** have no (a) feeling for; **2.** F (*Stimme*) voice; ***die hat aber ein lautes*** ~***!*** F she's got a voice like a foghorn; **3.** *fig.* (*Sprachrohr*) organ; **4.** (*Amt, Stelle*) authority; *pol.* ***ausführendes*** ~ executive body; **~bank** *f* organ bank; **~empfänger** *m* organ recipient; **~handel** *m* sale of (transplant) organs.

Organisation *f* organization; **Organisationstalent** *n* organizational talent; **Organisator** *m* organizer; **organisatorisch** *adj.* organizational, organizing ...

organisch *adj. a. fig.* organic(ally *adv.*).

organisieren I. *v/t.* organize, arrange; (*Ausstellung*) mount; F (*beschaffen*) F rustle up; ***das organisierte Verbrechen*** organized crime; **II.** *v/refl.*: ***sich*** ~ get together; → *a.* ***gewerkschaftlich.***

Organismus *m* organism.

Organist *m* organist.

Organ|konserve *f* stored organ; **~spende** *f* donation of an organ; **~spender** *m* organ donor; **~transplantation** *f*, **~verpflanzung** *f* organ transplant.
Orgasmus *m* orgasm, climax; **orgastisch** *adj.* orgasmic.
Orgel *f* ♪ organ; **~bauer** *m* organ builder; **~konzert** *n* **1.** organ recital; **2.** (*Werk*) organ concerto.
orgeln *v/i.* **1.** *Drehorgel*: grind a barrel organ; **2.** (*dröhnen*) roar.
Orgel|pfeife *f* organ pipe; ***wie die ~n*** in order of size; **~punkt** *m* organ point; **~register** *n* organ stop, register.
Orgie *f* orgy; ***~n feiern*** have orgies; **orgiastisch** *adj.* orgiastic(ally *adv.*).
Orient *m lit.* East; F Middle East; ***der Vordere ~*** the Middle East; **Orientale** *m*, **Orientalin** *f* person (*od.* man *bzw.* woman) from the Middle East; **orientalisch** *adj. lit.* Eastern; F Middle Eastern; **Orientalistik** *f* Middle Eastern studies *pl.*
orientieren I. *v/t.* **1.** (*informieren*) inform (***über*** about), put *s.o.* in the picture (about), fill *s.o.* in (on); **2.** (*ausrichten*) orientate, *Am. a.* orient (**nach** according to); **II.** *v/refl.*: **sich ~ 3.** *in e-r Stadt etc.*: orient(ate) o.s. (***an*** by), find one's bearings; ***sich nicht mehr ~ können*** have lost one's bearings; **4.** (*sich informieren*) inform o.s. (***über*** about, on); → ***orientiert***; **5. *sich ~ an*** (*sich ausrichten*) orient(ate) o.s. by, model o.s. on; **orientiert** *adj. in Zssgn* ...-oriented (*z. B.* ***gewinnorientiert*** profit-oriented, ***verbraucherorientiert*** consumer-oriented); *pol.* (**nach**) ***links*** (***rechts***) ~ oriented towards the left (right); ***gut ~*** (*informiert*) well-informed, in the picture; ***schlecht ~*** badly informed, uninformed; **Orientierung** *f* orientation (*a. fig.*; ***nach, auf*** towards); ***zu Ihrer ~*** for your guidance; ***die ~ verlieren*** *a. fig.* lose one's bearings.
Orientierungs|daten *pl.* ✝ guideline data; **~hilfe** *f a. pl.* guidance; *konkret*: guide; (*Orientierungspunkt*) landmark; (*Bezugspunkt*) reference point; **~lauf** *m* orienteering (race).
orientierungslos *adj.* disoriented; *fig.* ***~ sein*** *a.* be drifting; **Orientierungslosigkeit** *f* disorientation.
Orientierungs|punkt *m* landmark; (*Bezugspunkt*) reference point; **~sinn** *m* sense of direction; **~stufe** *f ped. two-year assessment stage after which pupils are allocated to appropriate secondary schools*; **~vermögen** *n* → ***Orientierungssinn.***
Orientteppich *m* oriental carpet.
Origano *m* ⚘ oregano.
Original *n* **1.** (*Bild etc.*) original; (*Schriftstück*) *a.* original copy; (*Tonband etc.*) master (copy); **2.** F (*Person*) F real character.
original I. *adj.* original; **II.** *adv.* (~ *Meißner etc.*) genuine.
Original|abfüllung *f Aufschrift*: estate-bottled; **~ausgabe** *f* first edition; **~fassung** *f* original version.
originalgetreu *adj.*: ***~e Nachbildung*** faithful copy.
Originalgröße *f* actual (*od.* original) size; ***... in ~*** full-size ...
Originalität *f* originality.
Original|packung *f* original packaging; ***in ~*** factory-packed; **~text** *m* original (text); **~ton** *m* original sound; *Film*: live sound(track); ***Aufnahmen im ~*** original sound recordings; ***~ X*** the original sound of X; **~übertragung** *f TV etc.* live broadcast.
originär *adj.* original.
originell *adj.* original; (*sonderbar, komisch*) funny; (*geistreich, witzig*) witty; F ***~er Typ*** F real character.
Orkan *m* hurricane; **orkanartig** *adj. Sturm*: violent; *Beifall*: thunderous; ***~e Winde*** gale-force winds; **Orkanstärke** *f* gale force.
Ornament *n* ornament, decoration; ***mit ~en*** decorated, ornamented; **ornamental** *adj.* ornamental; **Ornamentik** *f* **1.** ornamentation; **2.** *e-r Kunstepoche etc.*: decorative art.
Ornat *m, n* robes *pl.*, vestments *pl.*; F ***in vollem ~*** in full array.
Ornithologe *m* ornithologist; **Ornithologie** *f* ornithology; **ornithologisch** *adj.* ornithological.
Ort¹ *m* **1.** (*Platz, Stelle*) place; ***~ der Handlung*** (***des Grauens***) scene of the action (of horror); ***an ~ und Stelle*** on the spot, *fig.* (*sofort*) *a.* there and then; ***an ~ und Stelle gelangen*** get there, reach one's destination; ***es steht nicht an s-m ~*** it's not where it should be (*od.* usually is); ***vor ~*** (*an ~ u. Stelle*) on the spot, (*am Arbeitsplatz*) on the job, (*örtlich*) locally; ***Besichtigung vor ~*** on-site visit; *fig.* ***dies ist nicht der ~ für ...*** this is not the time or place for ...; ***höheren ~(e)s*** at a higher level; → ***Platz***; **2.** (*Ortschaft*) place, (*Dorf*) *a.* village, (*Stadt*) *a.* town; ***von ~ zu ~*** from place to place.
Ort² *n* ⚒ coalface; ***vor ~*** at the face.
Örtchen F *n* (*a.* ***stilles ~***) F loo, *Am.* F john.
orten *v/t.* ⚓, ✈ locate.
Orthodontie *f* orthodontics *pl.* (*sg. konstr.*).
orthodox *adj.* orthodox; **Orthodoxie** *f* orthodoxy.
Orthographie *f* orthography, spelling; **orthographisch I.** *adj.* spelling ...; 🕮 orthographic(al); **II.** *adv.*: ***~ falsch*** (***richtig***) wrongly (correctly) spelt.
Orthopäde *m* orthop(a)edist; **Orthopädie** *f* orthop(a)edics *pl.* (*mst sg. konstr.*); **orthopädisch** *adj.* orthop(a)edic(ally *adv.*).
örtlich *adj.* local; → ***Betäubung***; **Örtlichkeit** *f* locality, place; ***die ~en kennenlernen*** familiarize o.s. with the place.
Ortsangabe *f* address, name of place.
ortsansässig *adj.* local, **Ortsansässige(r)** *m* local resident.
Orts|beschaffenheit *f* topography; **~bestimmung** *f* location.
ortsbeweglich *adj.* ⚙ *etc.* mobile.
Ortschaft *f* place, locality; (*Dorf*) village; ***geschlossene ~*** built-up area.
Orts|empfang *m* local reception; **≈fest** *adj.* ⚙ *etc.* stationary; **≈fremd** *adj.* non-local, outside ...; ***er ist hier ~*** he's a stranger here; **≈gebunden** *adj.* stationary; *Industrie*: resources-bound; *Person*: tied to one's place of work (*od.* residence); **~gespräch** *n teleph.* local call; **~gruppe** *f* local branch; **~kenntnis** *f*: ***~(se) besitzen*** know one's way around; **~krankenkasse** *f*: ***Allgemeine ~*** *general health insurance scheme*; **≈kundig** *adj.*: ***~ sein*** know one's way around; **~name** *m* place name; **~netz** *n teleph.* local exchange network; **~polizei** *f* local police; **~schild** *n* town sign; **~sender** *m* local transmitter; **~sinn** *m* sense of direction; **~tarif** *m*: *teleph.* (**zum ~** at) local rates *pl.*; **≈üblich** *adj.* local; ***das ist ~*** it's a local custom; **≈ungebunden** *adj. Person*: mobile, *weitS.* flexible; **~veränderung** *f* → ***Ortswechsel***; **~verein** *m* local association; **~verkehr** *m* local traffic (*a. teleph.*); **~wechsel** *m* **1.** change of location; **2.** *fig.* change of scenery; **~zeit** *f* local time; **~zuschlag** *m* weighting (allowance).
Ortung *f* location, locating; **Ortungsgerät** *n* position-finder.
Öse *f* eye; *Schuh*: eyelet.
Oskar *m*: F ***er ist frech wie ~*** F he's a cheeky devil.
osmanisch *adj.* Ottoman; ***das ≈e Reich*** the Ottoman Empire.
Osmose *f* osmosis.
Ossi *m* citizen of the new East-German states.
Ost *m* east; ***von*** (*od.* ***aus***) ~ from the east; ***München ~*** the east of Munich; ***Eingang ~*** the east entrance; *fig.* ***aus ~ und West*** from all four corners of the earth; **~agent** *m* **1.** *hist.* East-Bloc agent (*od.* spy); **2.** *engS.* Russian (*od.* KGB) spy; **~asiatika** *pl.* East Asian art *sg.* (*ältere*: *a.* antiquities).
Ostblock *m hist.* Eastern Bloc; **~staat** *m hist.* East(ern)-Bloc state.
ostdeutsch *adj.* East German; ***im ~en Teil*** in the eastern part of Germany, in Eastern Germany; **Ostdeutsche(r** *m*) *f* **1.** Eastern German; ***~ sein*** *a.* be from Eastern Germany; **2.** *hist. DDR*: East German.
Osten *m* east; (*östlicher Landesteil*) East; ***nach ~*** east(wards); *Verkehr, Straße etc.*: eastbound; ***von ~*** from the east; ***der ~*** *e-r Stadt*: the East End (*Am.* Side); → ***fern*** I, ***mittler, nah*** 1.
ostentativ *adj.* (*unmißverständlich*) unmistakable, pointed; (*demonstrativ*) demonstrative.
Osteopathie *f* ⚕ osteopathy.
Osteoporose *f* ⚕ osteoporosis, brittle-bone disease.
Osterei *n* Easter egg; **Ostereiersuche** *f* Easter egg hunt; ***auf ~ sein*** be hunting for Easter eggs.
Oster|feiertag *m*: ***am ersten*** (***zweiten***) ~ on Easter Sunday (Monday); ***über die ~e*** over the Easter weekend; **~fest** *n* Easter; **~glocke** *f* ⚘ narcissus; **~hase** *m* Easter bunny; **~lamm** *n* paschal lamb.
österlich *adj.* Easter ...; ***es sieht sehr ~ aus*** it loooks (very much) like Easter.
Oster|marsch *m* Easter march (*od.* rally); **~montag** *m* Easter Monday.
Ostern *n*: (***an*** *od.* ***zu ~*** at) Easter; ***frohe*** (*od.* ***fröhliche***) ***~!*** Happy Easter.
Österreicher(in *f*) *m*, **österreichisch** *adj.* Austrian.
Oster|sonntag *m* Easter Sunday; **~verkehr** *m* Easter traffic.
Osteuropäer(in *f*) *m*, **osteuropäisch** *adj.* East (*od.* Eastern) European.
Ostgote *m* Ostrogoth; **ostgotisch** *adj.* Ostrogothic; ***das ~e Reich*** the Ostrogothic Empire.
Ostinato *m, n* ♪ ostinato.
Ost|kirche *f* Eastern Orthodox Church; **~küste** *f* east coast; ***an der ~*** on the east coast.
östlich I. *adj.* eastern, east ...; *Wind*: east-

erly; ***in ~er Richtung*** east(wards), *Verkehr, Straße etc.*: eastbound; **II.** *adv.* (to the) east (***von*** of); **östlichst** *adj.* easternmost.

Ost|mark *f hist.* (*Währung*) East German mark; **~politik** *f* ostpolitik; **↯preußisch** *adj.* East Prussian.

Östrogen *n* (o)estrogen; **~spiegel** *m* (o)estrogen level.

Ostseite *f* east(ern) side.

ostwärts *adj.* east(wards).

Ost-West|-Beziehungen *pl.* East-West relations; **~-Dialog** *m pol.* East-West dialog(ue).

Ostwestrichtung *f*: ***in ~ verlaufen*** run from east to west.

Ostwind *m* east wind.

Ostzone *obs. f* Eastern (*od.* Soviet-occupied) zone.

Oszillator *m* oscillator; **oszillieren** *v/i.* oscillate.

Oszillograph *m* oscillograph.

Oszilloskop *n* oscilloscope, F scope.

O-Ton F *m* original sound; → *a.* ***Originalton.***

Otter¹ *f* viper, adder.

Otter² *m* (*Fischotter*) otter.

Otto *m*: F ***den flotten ~ haben*** F have the runs.

Ottomotor *m* internal combustion engine, petrol (*Am.* gas) engine.

Otto Normalverbraucher F *m* F Mr Average, Joe Blow, *Brit. a.* Joe Bloggs, the man on the Clapham omnibus, your high-street punter.

out *adv.*: ***~ sein*** *Mode etc.*: be out; ***das ist ~ a.*** F that's died a death.

outen 1. *v/reflex.* ***sich ~*** come out; **2.** *v/t.* declare (*s.o.*) to be a (*homosexual etc.*); **Outing** *n* coming out.

Ouvertüre *f* ♪ overture (*a. fig.*).

oval *adj.*, **Oval** *n* oval.

Ovation *f* ovation; ***j-m ~en bereiten*** give s.o. an ovation.

Overall *m* jump suit; (*Arbeits↯*) boiler suit, overalls *pl.*, *Am.* overall.

Overhead|folie *f* overhead transparency; **~projektor** *m* overhead projector.

Overkill *n, m* overkill (*a. fig.*).

Ovulation *f physiol.* ovulation; **Ovulationshemmer** *m* ovulation inhibitor.

Oxyd *n* ⚗ oxide; **Oxydation** *f* oxidation; **oxydieren** *v/i.* oxidize; **Oxydierung** *f* oxidization.

Ozean *m* ocean; ***der Atlantische ~*** the Atlantic; ***der Große*** (*od.* ***Stille***) ***~*** the Pacific; **~dampfer** *m* ocean liner.

ozeanisch *adj.* oceanic.

Ozeanographie *f* oceanography.

Ozeanüberquerung *f* ocean crossing.

Ozelot *m zo.* ocelot.

Ozon *n, m* ozone; **ozonfreundlich** *adj.* ozone-friendly; **ozonhaltig** *adj.* ozoniferous; **Ozonloch** *n* ozone hole, hole in the ozone layer; ***das ~ a. etwa*** ozone depletion; **ozonreich** *adj.* high (*od.* rich) in ozone; **Ozonschicht** *f* ozone layer; **Ozonwerte** *pl.* ozone levels.

P

P, p *n* P, p.

Paar I. *n* pair (*a. Tanz2 u. iro.*); (*Ehe2, Liebes2*) couple; ***ein (zwei) ~ Socken*** a pair (two pairs) of socks; ***ein ~ Frankfurter*** two frankfurters; ***sich in ~en aufstellen*** line up in twos; ***sie treten immer als ~ auf*** you never see one without the other; → ***ungleich*** I; **II.** 2 *indef. pron.*: ***ein ~*** a few, some, F a couple of; ***ein ~ hundert*** a few hundred; ***vor ein ~ Tagen*** the other day; ***alle ~ Minuten*** every few minutes; ***die ~ Mark wirst du wohl noch ausgeben können*** surely you can spare a couple of marks; → ***Zeile***; **~bildung** *f phys.* pair production.

paaren I. *v/refl.*: ***sich ~*** **1.** *zo.* mate; **2.** *fig.* (*sich vereinigen*) combine, be combined; ***bei ihr paart sich Schnelligkeit mit Genauigkeit*** she's fast and very accurate at the same time, she combines speed with accuracy; **II.** *v/t.* **3.** *zo.* pair, mate; **4.** *fig.* (*Eigenschaften etc.*) combine, couple (***mit*** with); **5.** *Sport*: (*Mannschaften*) draw against each other.

Paarhufer *m* cloven-hoofed animal.

paarig *adj.* in pairs, paired.

Paar|lauf(en *n*) *m Sport*: pair skating; **~läufer(in** *f*) *m* pair skater.

paarmal *adv.*: ***ein ~*** a few times, F a couple of times.

Paarreim *m* rhyming couplets *pl.*; ***das ist ein ~*** it's rhyming couplets.

Paarung *f* **1.** *zo.* mating; **2.** *Sport*: match, tie; **3.** *fig.* combination.

Paarungs|trieb *m* mating urge; **~verhalten** *n* mating behavio(u)r; **~zeit** *f* mating season.

paarweise *adv.* in pairs, in twos; ***~ anordnen*** arrange in pairs.

Pacht *f* lease; (*~geld*) rent; ***et. in ~ haben*** have s.th. on lease(hold); ***et. in ~ nehmen*** take s.th. on lease; **~dauer** *f* duration of a (*od.* the) lease.

pachten *v/t.* (take on) lease; ***er tut so, als hätte er die Weisheit gepachtet*** he acts as if he was the only person in the world with any brains.

Pächter *m* leaseholder, tenant.

pachtfrei *adj.* rent-free.

Pacht|geld *n* rent; **~grundstück** *n* leasehold (property); **~gut** *n* (leasehold) estate, holding; **~hof** *m* (leasehold) farm; **~verlängerung** *f* renewal (*od.* extension) of a (*od.* the) lease; **~vertrag** *m* lease; **~zeit** *f* term of lease; **~zins** *m* rent.

Pack 1. *m* (*Haufen*) pile; (*Bündel*) bundle; ***ein ~ Spielkarten*** a pack of cards; **2.** *contp. n* (*Lumpen2*) rabble.

Päckchen *n* parcel, *Postbezeichnung*: small packet; *Am.* package; ***~ Zigaretten*** pack(et) of cigarettes; *fig.* ***wir haben alle unser ~ zu tragen*** we all have our little crosses to bear.

Packeis *n* pack ice.

Packelei *östr. f* wheeling and dealing; sleaze.

Packen *m* (*Haufen, Stapel,* F *Menge*) pile; (*Bündel*) bundle; ***großer ~*** *gen. a.* F great wodge of.

packen I. *v/t.* **1.** (*Koffer, Sachen etc.*) pack; (*Paket*) wrap up; *Computer*: pack; *fig.* ***j-n ins Bett ~*** pack s.o. off to bed; **2.** (*derb fassen*) grab (hold of); **3.** *fig.* (*fesseln*) grip; ***von Furcht etc. gepackt*** gripped (*od.* seized) with fear *etc.*; ***mich packt die Wut, wenn ich höre, daß ...*** I get so angry when I hear that ..., it makes me so mad to hear that ...; ***mich hat der Film gepackt*** I was totally gripped by the film; F ***ihn hat's gepackt*** *Krankheit*: F he's been laid low, *Liebe*: F he's smitten; **4.** F *fig.* (*schaffen*) manage; ***es ~*** (*et. erreichen, schaffen*) F make it, do it, (*zurechtkommen*) manage, cope; F ***wir haben es gerade noch gepackt*** we just made it (in time); **II.** F *v/refl.*: ***sich ~*** F clear off, beat it; **III.** *v/i.* pack; ***ich muß noch ~*** I still have to pack (my case), I've still got my packing to do; **packend** *fig.* **I.** *adj.* gripping, exciting, riveting; ***~er Bericht*** gripping account; **II.** *adv.* ***es ist ~ erzählt*** it's (*od.* it makes for) exciting reading; **Packer(in** *f*) *m* packer; **Packerei** *f* packing department (*od.* office).

Pack|esel *m* (pack) mule; *fig.* packhorse; **~leinen** *n* sacking; **~material** *n* packing material; **~papier** *n* (brown) wrapping paper; **~pferd** *n* packhorse; **~raum** *m* packing room; **~sattel** *m* pack saddle; **~schnee** *m* hard-packed snow; **~tasche** *f* pannier; **~tier** *n* pack animal.

Packung *f* **1.** (*Schachtel*) packet; ***~ Tee*** packet of tea; ***~ Zigaretten*** pack(et) of cigarettes; ***große ~*** large pack; **2.** (*Ver2*) package, (*Hülle*) wrapping; **3.** ⚕, *Kosmetik*: pack; **4.** *Sport*: beating; ***e-e ~ bekommen*** F get thrashed (*od.* slaughtered); **Packungsbeilage** *f* package insert, F blurb.

Pack|wagen *m* luggage van, *Am.* baggage car; **~zettel** *m* packing slip.

Pädagoge *m*, **Pädagogin** *f* education(al)ist, educator; **Pädagogik** *f* education(al theory), pedagogics *pl.* (*sg. konstr.*); **pädagogisch I.** *adj.* educational, pedagogical; ***2e Hochschule*** college of education, *Am.* teachers' college; ***~er Wert*** educational value; ***er hat keinerlei ~e Fähigkeiten*** he doesn't know the first thing about teaching; **II.** *adv.*: ***das ist ~ falsch*** that's not the way to teach children.

Paddel *n* paddle; **Paddelboot** *n* canoe; **paddeln** *v/i.* paddle.

Päderast *m* pederast; **Päderastie** *f* pederasty.

Pädiatrie *f* ⚕ pediatrics *pl.* (*sg. konstr.*).

paff *int.* bang!

paffen *v/i. u. v/t.* puff away (***s-e Pfeife*** *etc.* at one's pipe *etc.*).

Page *m* page; **Pagenkopf** *m* pageboy (hair)style.

paginieren *v/t.* paginate; **Paginierung** *f* pagination, page numbering.

Pagode *f* pagoda.

Paillette *f* sequin; **paillettenbesetzt** *adj.* sequined.

Paket *n* **1.** parcel, *Am.* package; (*Bündel*) bundle; **2.** (*große Packung*) large pack; **3.** *pol.* package; **4.** ✝ (*Aktien2*) parcel (of shares); **~annahme** *f* parcels counter; **~bombe** *f* parcel bomb; **~karte** *f* (parcel) mailing form; **~post** *f* parcel post; **~schalter** *m* parcels counter; **~sendung** *f* parcel, *Am.* package; **~zustellung** *f* parcel delivery.

Pakistani *m*, **pakistanisch** *adj.* Pakistani.

Pakt *m* pact; ***e-n ~ schließen*** → **paktieren** *v/i.* make a deal (***mit*** with).

Palais *n* palace.

Paläolithikum *n* paleolithic age; **paläolithisch** *adj.* paleolithic.

Paläologe *m* paleologist; **Paläologie** *f* paleology; **paläologisch** *adj.* paleological.

Paläontologe *m* paleontologist; **Paläontologie** *f* paleontology; **paläontologisch** *adj.* paleontological.

Palast *m* palace; **~anlage** *f* palace complex; **2artig** *adj.* palatial.

Palästinenser(in *f*) *m* Palestinian; **Palästinenserlager** *n* Palestinian refugee camp; **palästinensisch** *adj.* Palestinian.

Palast|revolte *fig. f* palace coup; **~wache** *f* palace guard.

palatal *adj.*, **Palatallaut** *m* palatal.

Palatschinken *dial. pl.* jam-filled pancake.

Palaver *n* palaver; (*Getue*) fuss; **palavern** *v/i.* F yak; ***~ über*** yak (on) about.

Paletot *m* overcoat.

Palette *f* **1.** *Kunst*: palette; **2.** *fig.* (***breite ~*** wide) range; ***bunte ~*** mixed bag; ***die ganze ~*** the whole panoply; **3.** (*Laderost*) pallet.

paletti: F (***es ist***) ***alles ~*** F everything's hunky dory.

Palimpsest *m, n* palimpsest.

Palindrom *n* palindrome.

Palisade *f* palisade; **Palisadenzaun** *m* stockade.

Palisander(holz *n*) *m* rosewood.

Pallawatsch *östr.* F *m* mess, muddle.

Palme *f* palm; F *fig.* ***j-n auf die ~ bringen*** F get s.o.'s goat; F ***auf die ~ gehen*** F lose (*sl.* blow) one's cool; F ***von der ~ herunterkommen*** F cool down.

Palmen|hain *m* palm grove; **~herzen** *pl. gastr.* heart *sg.* of palm; **~strand** *m* palm(-lined) beach.

Palm|kätzchen *n* catkin; **~öl** *n* palm oil; **~sonntag** *m* Palm Sunday; **~wedel** *m* palm frond.

Pampa *f* pampas *pl.*; **~gras** *n* pampas grass.
Pampe *contp. f* stodge.
Pampelmuse *f* grapefruit.
Pamphlet *n* (political) pamphlet.
pampig F *adj.* **1.** F stroppy, (*stur*) F bolshy; ***werd nicht ~!*** don't you get stroppy (*od.* bolshy) with me; **2.** *contp.* (*breiig*) stodgy.
pan..., Pan... *in Zssgn* pan(-)...
Panade *f Schnitzel etc.*: breadcrumb coating.
Panamaer(in *f*) *m* Panamanian; **Panamahut** *m* panama (hat); **panamaisch** *adj.* Panamanian.
panamerikanisch *adj.* Pan-American; **Panamerikanismus** *m* Pan-Americanism.
Panda(bär) *m* panda.
Pandora *f*: *fig.* ***die Büchse der ~*** Pandora's box.
Paneel *n* panel, wainscot.
paneuropäisch *adj.* Pan-European.
Panflöte *f* panpipes *pl.*
päng *int.* bang!, pow!
panieren *v/t.* bread; **Paniermehl** *n* breadcrumbs *pl.*
Panik *f* panic; (*Schrecken*) scare; (*panikartige Flucht*) stampede; ***in ~ geraten*** panic, start panicking; ***er hat uns in ~ versetzt*** he had us panicking; ***keine ~!*** don't panic; **≈artig I.** *adj.* panic ...; **II.** *adv.* in (a) panic; **~mache** *f* scaremongering, panicmongering; scare tactics *pl.*; ***das ist reine ~*** that's just scare tactics, he's *etc.* just trying to scare people; **~macher** *m* alarmist; **~stimmung** *f*: ***in ~ geraten*** start panicking.
panisch *adj.* panic ...; ***~e Angst*** (feeling of) sheer terror, (mortal) terror; ***~e Angst haben*** be terrified (out of one's wits), be frightened out of one's mind; ***ich habe e-e ~e Angst davor, daß mir der Computer abstürzt*** I live in terror of my computer crashing.
Pankreas *n anat.* pancreas.
Panne *f* breakdown; (*Reifen≈*) puncture (*a. Fahrrad*), blowout, flat tyre (*Am.* tire), *a. Am.* F flat; *fig.* (*Mißgeschick*) mishap; (*Organisations≈*) hitch; *fig.* ***e-e kleine ~*** a) a little accident, b) a slight hitch.
Pannen|dienst *m* breakdown service; **~koffer** *m* breakdown kit; **~kurs** *m* car maintenance course; **≈sicher** *adj.* fail-safe.
Panoptikum *n* waxworks *pl.*
Panorama *n* panorama; **~bild** *n phot.* panoramic view; **~bus** *m* sightseeing bus (*od.* coach); **~fenster** *n* panoramic (*od.* observation) window; *in der Wohnung*: picture window; **~restaurant** *n* panoramic restaurant; (*Drehrestaurant*) revolving restaurant; **~scheibe** *f mot.* panoramic windscreen (*Am.* windshield); **~schwenk** *m Film*: pan(ning) shot.
panschen I. *v/t.* (*mit Wasser verdünnen*) water down; (*verfälschen*) adulterate; → ***gepanscht***; **II.** *v/i. im Wasser*: splash about.
Pansen *m* **1.** *zo.* rumen; **2.** F *fig.* belly; ***sich den ~ vollschlagen*** F stuff o.s.
Pantheismus *m* pantheism; **Pantheist** *m* pantheist; **pantheistisch** *adj.* pantheist(ic).
Panther *m* panther.
Pantine *f* clog; *fig.* → ***Latsche²***.
Pantoffel *m* slipper; F *fig.* ***er steht unter dem ~*** he's a henpecked husband; ***sie hat ihn unter dem ~, sie schwingt den ~*** she wears the trousers (*Am.* pants); **~blume** *f* slipperwort; **~held** F *m* henpecked husband; **~kino** F *n* F box, tube.
Pantolette *f* open-back shoe.
Pantomime 1. *f* (*stummes Spiel*) mime, dumb show; **2.** *m* (*Künstler*) mime (artist); **pantomimisch** *adj.* pantomime ...
pantschen *v/t. u. v/i.* → ***panschen.***
Panzer *m* **1.** ⚔ (*Kampfwagen*) tank; (*Stahlhülle*) armo(u)r plating; **2.** *hist.* (*Rüstung*) (suit of) armo(u)r; (*Ketten≈*) coat of mail; **3.** *fig.* wall *of silence etc.*; **4.** *zo.* shell, armo(u)r.
Panzerabwehr *f* antitank defen|ce (*Am.* -se); **~hubschrauber** *m* antitank helicopter; **~kanone** *f* antitank gun; **~rakete** *f* antitank missile (*od.* rocket).
Panzer|division *f* armo(u)red division; **~faust** *f* bazooka, antitank rocket launcher; **~glas** *n* bulletproof glass; **~graben** *m* antitank ditch; **~grenadier** *m* armo(u)red infantry rifleman; **~hemd** *n* coat of mail; **~jäger** *m* antitank gunner; **~kanone** *f* tank gun; **~kette** *f* (*Raupen*) tank track; **~kreuzer** *m* ⚓ armo(u)red cruiser.
panzern I. *v/t. a.* ⚙ armo(u)r-plate; → ***gepanzert***; **II.** *fig. v/refl.*: ***sich ~*** shield o.s., *im voraus*: arm o.s.
Panzer|regiment *n* armo(u)red regiment; **~schiff** *n* armo(u)r-plated vessel; **~schrank** *m* safe; **~spähwagen** *m* armo(u)red scout car; **~truppen** *pl.* armo(u)red troops, tank corps *sg.*
Panzerung *f* **1.** (*Vorgang*) armo(u)ring; **2.** (*Schutz*) armo(u)r.
Panzerwagen *m* tank.
Papa *m* dad(dy), *Am. a.* pa; *als Anrede*: Dad(dy), *Am. a.* Pa.
Papagallo *m* beach romeo.
Papagei *m* parrot (*a. fig.*); **papageienhaft** *adj.* parrot-like.
Papageien|krankheit *f* ⚕ psittacosis; **~vogel** *m* (type of) parrot; ***es ist ein ~*** *a.* it belongs to the parrot family.
Papier *n* paper; (*Brief≈*) *a.* stationery; **~e** (*Urkunden*) papers, documents; (*Ausweispapiere*) (identity) papers; † (*Wertpapiere*) securities; ***zu ~ bringen*** write down, commit to paper; ***das steht nur auf dem ~*** it's a pure formality; ***die Ehe besteht nur auf dem ~*** it's a marriage on paper only; ***s-e ~e bekommen*** *bei Entlassung*: get one's cards (*Am.* pink slip); ***~ ist geduldig*** the rubbish that ends up on paper; ***auf dem ~ sieht es leicht aus*** it looks easy on paper; **~abfälle** *pl.* waste paper *sg.*; **~block** *m* notepad; **~blume** *f* paper flower; **~brei** *m* pulp; **~deutsch** *n* officialese, bureaucratese; **≈dünn** *adj.* wafer-thin; **~einzug** *m* paper feed.
papieren *adj.* paper ..., made of paper; *fig. Stil*: prosy.
Papier|fabrik *f* paper mill; **~feile** *f* emery board; **~fetzen** *m* scrap of paper; **~flieger** *m* paper (aero)plane; **~format** *n* size of paper, paper size; ***welches ~ brauchst du?*** what size paper do you need?; **~geld** *n* paper money; notes *pl.*, *Am.* bills *pl.*; **~geschäft** *n* stationer's (shop); **~gewicht** *n* weight of paper; **~handtuch** *n* paper towel; **~korb** *m* wastepaper basket, *Am.* waste basket; **~kram** F *m* paperwork; **~krieg** *m* red tape; ***e-n ~ führen mit*** be involved in an endless stream of correspondence with; **~rand** *m* margin; **~schere** *f*: (***e-e ~***) a pair of) paper scissors *pl.*; **~schlange** *f* streamer; **~schnitzel** *pl.* paper cuttings; **~serviette** *f* paper napkin; **~stau** *m im Fotokopierer*: jam; **~taschentuch** *n* paper tissue (F hankie); **~tiger** *m* paper tiger; **~tüte** *f* paper bag.
papierverarbeitend *adj.* paper-processing; **Papierverarbeitung** *f* paper processing.
Papiervorschub *m* paper feed.
Papierwaren *pl.* stationery *sg.*; **~handlung** *f* stationer's (shop).
papp F *int.*: ***ich kann nicht mehr ~ sagen*** I couldn't eat another thing.
Papp *m* **1.** (*Brei*) pap, *contp. a.* F goo; **2.** (*Klebstoff*) paste; **3.** → ***Pappschnee.***
Papp|band *m* hard paperback; **~becher** *m* paper cup; **~deckel** *m* (piece of) cardboard; *steifer*: (piece of) pasteboard.
Pappe *f* cardboard; F *fig.* ***das ist nicht von ~*** it's not to be sniffed at; F ***er ist nicht von ~*** he's a force to be reckoned with.
Pappel *f* poplar.
päppeln F *v/t.* feed up; *fig.* coddle, pamper; *fig.* ***j-s Eitelkeit ~*** feed (*od.* pander to) s.o.'s vanity.
pappen I. *v/t.* paste, stick; **II.** *v/i. Schnee etc.*: stick.
Pappendeckel *m* → ***Pappdeckel.***
Pappenheimer *pl.*: F ***ich kenne meine ~*** I know who I'm dealing with.
Pappenstiel F *m*: ***für e-n ~*** for a song; ***das ist kein ~*** F it's no chickenfeed; ***es ist keinen ~ wert*** F it's not worth a bean (*od.* a tinker's cuss).
papperlapapp *int.* rubbish!
pappig *adj.* sticky; *Brei*: stodgy.
Papp|kamerad *m* (cardboard) dummy, effigy; **~karton** *m* cardboard box, carton; **~maché** *n* papier mâché; *fig. in Zssgn* cardboard ...; **~nase** *f* false nose; **~schachtel** *f* cardboard box; **~schnee** *m* wet (*od.* sticky, heavy) snow; **~teller** *m* paper plate.
Paprika *m* **1.** (*Gewürz*) paprika; **2.** → **~schote** *f* pepper.
Papst *m* pope; **~krone** *f* (papal) tiara.
päpstlich *adj.* papal; *formell*: pontifical; ***≈er Stuhl*** Holy See; ***~er als der Papst sein*** be more Catholic than the Pope.
Papstmesse *f* papal mass.
Papsttum *n* papacy.
Papstwahl *f* papal elections *pl.*, election of a new pope.
Papyrus *m* papyrus; **~handschrift** *f* papyrus manuscript; → *a.* **~rolle** *f* papyrus scroll; **~staude** *f* papyrus plant.
Parabel *f* **1.** parable; **2.** $\mathbb{A}$ parabola.
Parabolantenne *f* satellite dish, dish aerial (*od.* antenna).
parabolisch *adj.* parabolic.
Parabolspiegel *m* parabolic reflector.
Parade *f* **1.** ⚔ parade, review; (*Vorbeimarsch*) march-past; ***die ~ abnehmen*** take the salute; **2.** *Fechten, Boxen*: parry; *Reitsport*: halt; *Fußball etc.*: (***glänzende ~*** brilliant) save; *fig.* ***j-m in die ~ fahren*** cut s.o. short, (*Pläne durchkreuzen*) throw a spanner (*Am.* monkey wrench) in(to) the works; **~beispiel** *n* classic example; **~marsch** *m* **1.** march-past; **2.** → ***Paradeschritt***; **3.** ♪ military march;

~pferd *n* showhorse; *fig.* showpiece; **~rolle** *f*: ***das ist s-e ~*** that's his party piece; ***das ist für sie e-e ~*** she was made (*od.* cut out) for the part; ***das war e-e ihrer ~n*** it was one of her classic (*od.* best, most famous, most successful) roles (*od.* parts); **~schritt** *m* drill step; (*Stechschritt*) goose-step; ***im ~*** in drill step; goose-stepping; **~stück** *fig. n* showpiece; **~uniform** *f* dress uniform.
Paradeiser *östr. m* tomato.
paradieren *v/i.* parade; *fig.* ***mit*** *et.* **~** show off (with).
Paradies *n* paradise; *bibl.* Garden of Eden; ***ein ~ für Urlauber*** a holidaymaker's paradise; ***das verlorene ~*** paradise lost; ***das ~ auf Erden*** heaven on earth; ***ich fühle mich wie im ~*** (I feel as if) I'm walking on air; ***das ist das wahre ~*** it's absolute paradise; **paradiesisch I.** *adj.* heavenly; *lit.* paradisiacal; **II.** *adv.*: ***hier ist es ~ schön*** it's like paradise (here); **Paradiesvogel** *m* bird of paradise.
Paradigma *n* paradigm.
paradox I. *adj.* paradoxical; ***das 2e daran*** the paradoxical side of it; **II.** *2 n, a.* **Paradoxon** *n* paradox; **paradoxerweise** *adv.* paradoxically.
Paraffin *n* paraffin, *Am.* kerosene.
Paragraph *m* ⚖ section, article; (*Absatz*) paragraph.
Paragraphen|dickicht *n* (jungle of) red tape; **~hengst** F *m* F legal eagle; **~reiter** *m* stickler for the rules.
Paraguayer(in *f*) *m*, **paraguayisch** *adj.* Paraguayan.
Parallaxe *f phys.* parallax.
parallel I. *adj.* parallel (**mit** to, with); **II.** *adv.* parallel; ***~ laufen zu*** run parallel to.
Paralleldrucker *m* parallel printer.
Parallele *f* parallel (line); *fig.* parallel; *fig.* ***e-e ~ ziehen zu*** draw a parallel to.
Parallel|fall *m* parallel case; **~klasse** *f* parallel class.
Parallelogramm *n* parallelogram.
Parallel|schaltung *f* ⚡ parallel connection; **~schwung** *m Skifahren*: parallel turn; **~straße** *f* road (*od.* street) running parallel; ***es ist e-e ~ zur X-Straße*** it runs parallel to X Street; ***die nächste ~*** the road parallel to this one.
Paralyse *f* paralysis; **paralysieren** *v/t.* paralyze; **Paralytiker** *m*, **paralytisch** *adj.* paralytic.
Parameter *m* parameter.
paramilitärisch *adj.* paramilitary.
Paranoia *f psych.* paranoia; **paranoid** *adj.* paranoid; **Paranoiker** *m*, **paranoisch** *adj.* paranoiac.
Paranuß *f* Brazil nut.
paraphieren *v/t.* initial.
Paraphrase *f*, **paraphrasieren** *v/t.* paraphrase.
Parapsychologe *m* parapsychologist; **Parapsychologie** *f* parapsychology.
Parasit *m* parasite (*a. fig.*); **parasitär** *adj.* parasitic(al); **Parasitendasein** *n* parasitic existence, parasitism; ***er führt ein ~*** he just lives off other people; **parasitisch** *adj.* parasitic(al).
parat *adj.* ready; ***immer ein Blatt Papier ~ haben*** always have a piece of paper at hand (*od.* at the ready); ***immer e-n Witz ~ haben*** always have a joke up one's sleeve; ***er hat immer e-e Antwort (Ausrede) ~*** he's never at a loss for an answer (excuse).
Parataxe *f ling.* parataxis.
Pärchen *n* **1.** couple; ***ein ideales ~*** the ideal couple; ***so ein nettes ~*** what (*od.* such) a nice couple; **2.** (*Tier2*) pair.
Parcours *m Sport*: course.
Pardon I. *m, n*: ***kein(en) ~ kennen*** be (absolutely) ruthless; **II.** *int.* (I'm) sorry, *Am.* excuse me.
Parenthese *f* parenthesis; ***in ~ setzen*** put in parenthesis (*od.* parentheses); **parenthetisch I.** *adj.* parenthetical; **II.** *adv.* (*nebenbei*) in parenthesis.
Parforce|jagd *f* coursing; *konkret*: course, hunt; ***auf ~ gehen*** go coursing; **~ritt** *m* **1.** forced ride; **2.** (*Kraftakt*) feat.
Parfüm *n* perfume; (*Wohlgeruch*) *a.* scent; **~duft** *m* smell of perfume; *bestimmter*: scent.
Parfümerie *f* perfume shop (*Am.* store); **~abteilung** *f* perfume department.
Parfümflasche *f* perfume bottle.
parfümieren I. *v/t.* perfume, scent; **II.** *v/refl.*: ***sich ~*** put (some) perfume on; **parfümiert** *adj.* scented.
Parfüm|wolke *f* cloud of perfume; **~zerstäuber** *m* atomizer.
pari *adv.*, **Pari** *n* ✝ par; ***auf*** (*od.* ***al***) ***pari*** at par; ***über (unter) pari*** above (below) par.
Paria *m* pariah.
parieren I. *v/t. Fechten etc.*: parry (*a. fig. Frage etc.*); (*Pferd*) pull up; (*Ball*) save; **II.** *v/i. Fechten*: parry; *fig.* (*gehorchen*) knuckle under.
Parikurs *m* ✝ parity price.
Pariser I. *m* **1.** Parisian; **2.** F (*Kondom*) F rubber; **II.** *adj.* Parisian, (of) Paris.
Parität *f* parity (*a.* ✝); **paritätisch** *adj.* equal, on equal terms; parity ...
Park *m* **1.** park; **2.** (*Wagen2*) fleet (of cars).
Parka *m* parka.
Parkanlage *f* park.
Park|ausweis *m* parking ID; **~bahn** *f Raumfahrt*: parking orbit.
Parkbank *f* park bench.
Park|bucht *f* parking bay; *an der Straße*: lay-by; **~deck** *n im Parkhaus*: parking level.
parken I. *v/t.* park; **II.** *v/i.* park; *Auto*: be parked; ***2 verboten!*** no parking.
Parkett *n* **1.** parquet (floor); *fig.* (*Tanz2*) dance floor; *fig.* ***ein Tänzchen aufs ~ legen*** trip the light fantastic; ***sich auf dem ~ bewegen können*** be perfectly at ease in society, have plenty of savoir-faire; **2.** *thea.* stalls *pl.*, *Am.* orchestra; **~(fuß)boden** *m* parquet floor.
Park|gebühr *f* parking fee; **~(hoch)-haus** *n* multi-storey car park.
Parkinsonsche Krankheit *f*: ***die ~*** Parkinson's disease.
Park|kralle *f* wheel clamp; **~leuchte** *f*, **~licht** *n* parking light; **~lücke** *f* parking space; **~möglichkeit** *f* place to park; **~en** room to park; parking provision; ***es gibt keine ~(en)*** there's nowhere (*od.* no place) to park; **~plakette** *f* parking sticker; **~platz** *m* **1.** → ***Parklücke***; **2.** car park, *Am.* parking lot; **~problem** *n* parking problem; **~scheibe** *f* parking disc; **~studium** *n* stopgap studies *pl.*; **~sünder** *m* parking offender; **~uhr** *f* parking meter; **~verbot** *n*: ***hier ist ~*** there's no parking here; **~verbotsschild** *n* no-parking sign; **~vergehen** *n* parking offen|ce (*Am.* -se); **~wächter** *m* car park (*Am.* parking lot) attendant.
Parlament *n* parliament; **Parlamentarier(in** *f*) *m* member of parliament; *altgediente(r)*: parliamentarian; **parlamentarisch** *adj.* parliamentary; **Parlamentarismus** *m* parliamentarianism.
Parlaments|abgeordnete(r *m*) *f* → ***Parlamentarier(in)***; **~auflösung** *f* dissolving (*od.* dissolution) of parliament; **~ausschuß** *m* parliamentary committee; **~debatte** *f* parliamentary debate; **~ferien** *pl.* (parliamentary) recess *sg.*; ***in die ~ gehen*** rise for the recess; **~gebäude** *n* parliament (building); *in London*: Houses *pl.* of Parliament; **~mehrheit** *f* parliamentary majority, majority in parliament; **~mitglied** *n* member of parliament; *in GB*: *a.* MP; **~präsident** *m* (parliamentary) president; *in GB*: Speaker; **~sitzung** *f* sitting of parliament; **~wahlen** *pl.* parliamentary elections; *in GB*: general election *sg.*
Parmesan(käse) *m* Parmesan (cheese).
Parodie *f* parody (**auf** on), F send-up (of); **parodieren** *v/t.* parody, F do a take-off (*od.* send-up) of; **Parodist** *m* parodist; **parodistisch** *adj.* parodistic.
Parodontose *f* periodontosis, F receding gums *pl.*
Parole *f* ⚔ password; *fig.* watchword, *pol. a.* slogan.
Paroli *n*: ***j-m*** (*od.* ***e-r Sache***) ***~ bieten*** stand up to s.o. (*od.* s.th.).
Part *m thea.*, ♪ part; (*Anteil*) share.
Partei *f* party (*a. pol.*, ⚖, *Vertrags2*); *Sport*: side; (*Miets2*) tenant(s *pl.*), household; ***hier wohnen vier ~en*** there are four parties occupying this house (*od.* building); ***gegnerische ~*** opponent(s *pl.*), *Sport*: *a.* opposite side, opposing team; ***~ nehmen für j-n*** side with s.o.; ***gegen j-n ~ ergreifen*** take sides against s.o.; ***über den ~en stehen*** remain impartial; ***~ sein*** be bias(s)ed, be prejudiced; **~abzeichen** *n* party badge; **~apparat** *m* party machine; **~ausschluß** *m* expulsion from a party; **~austritt** *m* party defection; **~basis** *f* rank and file, grassroots (members) *pl.*; **~bonze** *m* party bigwig; **~buch** *n* party card; **~chef** *m* party leader; **~chinesisch** F *n* F party lingo; **~disziplin** *f* party discipline; ***sich der ~ beugen*** toe the party line.
Parteien|finanzierung *f* funding of political parties; **~landschaft** *f* party scene, political constellation; **~staat** *m* party state.
Partei|freund *m* fellow member (of the party); **~führer** *m* party leader; **~funktionär** *m* party official; **~gänger** *m* party liner; **~genosse** *m*, **~genossin** *f* party member; **~ideologe** *m* party ideologist (*od.* theorist); **2intern I.** *adj.* (inner-)party ..., within the party; ***~e Querelen*** party in-fighting; **II.** *adv.* within the party.
parteiisch *adj.* bias(s)ed, prejudiced (**für** in favo[u]r of; ***gegen*** against).
Parteikasse *f* party funds *pl.*
parteilich *adj.* party ...
Parteilinie *f* party line.
parteilos *adj.* independent, non-party ...; **Parteilose(r** *m*) *f* independent.
Parteimitglied *n* party member.
Parteinahme *f* siding (**für** with); ***sich e-r ~ enthalten*** not to take sides, sit on the fence.
Partei|organ *n* party organ; **~politik** *f* party politics *pl.*; *konkret*: party policy

(*od.* policies *pl.*); **~politiker** *m* party politician; **&politisch** *adj.* party political; **~presse** *f* party press; **~programm** *n* (party) manifesto *od.* platform; **&schädigend** *adj.* detrimental to the party (interests); **~schule** *f* party cadre training institution; **~spende** *f* party (political) donation; **~spendenaffäre** *f* party funding scandal; **~spitze** *f* party leadership (*od.* leaders *pl.*); **~tag** *m* party conference (*Am.* convention); **&übergreifend** *adj.* cross-party ...; **~versammlung** *f* party meeting (*od.* rally); **~volk** *n* (party) rank and file; **~vorsitzende(r)** *m* party leader; **~vorstand** *m* party executive; **~zeitung** *f* party newspaper; **~zentrale** *f* party headquarters *pl.* (*a. sg. konstr.*); **~zugehörigkeit** *f* party affiliation; (*Mitgliedschaft*) party membership.

Parterre I. *n* ground floor, *Am.* first floor; *thea.* rear stalls *pl.*, *Am.* parquet; **II.** & *adv.* on the ground (*Am.* first) floor; *thea.* in the stalls (*Am.* parquet); **~wohnung** *f* ground-floor flat, *Am.* first-floor apartment.

Partial... *in Zssgn mst* partial.

Partie *f* **1.** (*Teil*) part; ✻ *a.* area, region; **2.** *Sport, Spiel*: game; **3.** *thea.*, ♪ part; **4.** ✝ consignment, batch; **5.** ***e-e gute ~*** a good match; ***e-e gute ~ machen*** marry well; **6.** ***mit von der ~ sein*** be in on it; ***ich bin mit von der ~!*** you can count me in.

partiell *adj.* partial.

Partikel *f* particle.

Partikularismus *m* particularism; **partikularistisch** *adj.* particularist(ic).

Partisan *m* partisan, guer(r)illa; **Partisanenkrieg** *m* partisan warfare.

Partitur *f* ♪ score.

Partizip *n ling.* participle; ***~ Präsens (Perfekt)*** present (past) participle.

Partizipial|konstruktion *f ling.* participial construction; **~satz** *m ling.* participial clause.

partizipieren *v/i.* participate (**an** in).

Partner(in *f*) *m* partner; → ***Gesprächspartner***; (*Freund[in]*) *a.* boyfriend (*f* girlfriend); ***als j-s ~ spielen*** *Sport*: play as partner of s.o., *Film etc.*: play opposite s.o.

Partner|beziehung *f* relationship (between two people); **~look** *m* matching clothes *pl.*; ***im ~*** wearing matching clothes; **~probleme** *pl.* problems with one's partner.

Partnerschaft *f* partnership; **partnerschaftlich** *adj.* fair; *Verhältnis*: based on partnership; ***~es Verhalten*** cooperation; ***auf ~er Basis*** on a joint basis, on a basis of (mutual trust and) cooperation; ***sie führen e-e ~e Ehe*** their marriage is more of a partnership.

Partner|stadt *f* twin town; ***Frankfurt hat Birmingham als ~*** Frankfurt is twinned with Birmingham; **~suche** *f* finding a (*od.* the right) partner, F finding a mate; ***auf ~ sein*** be looking for a partner (*od.* for someone, F for a mate); **~tausch** *m* wife (*od.* partner) swapping; **~vermittlung** *f* dating agency; marriage bureau; **~wahl** *f* choice of partner; ***bei der ~*** when choosing a partner (F mate); **~wechsel** *m* change of partners; changing partners; ***bei häufigem ~*** with (*od.* in the case of) frequently changing partners.

partout F *adv.*: ***sie wollte es ~ nicht machen*** she absolutely refused to do it; ***es wollte ~ nicht klappen*** it just wouldn't work.

Party *f* party; **~keller** *m* (basement) party room; **~löwe** F *m* F party lion; **~muffel** F *m* F party pooper; **~raum** *m* party room; **~service** *m* party (*od.* catering) service.

Parzelle *f* plot (of land), allotment, *bsd. Am.* lot; **parzellieren** *v/t.* divide into lots, *Am. a.* plot; **Parzellierung** *f* division of land.

Pascal *n phys.* pascal.

Pascha *m* pasha; *fig.* ***sich wie ein ~ bedienen lassen*** let o.s. be waited on hand and foot.

Paß *m* **1.** (*Reise&*) passport; **2.** (*Gebirgs&*) pass; **3.** *Sport*: pass; ***langer ~*** long ball; **4.** (*~gang*) amble.

passabel I. *adj.* passable, tolerable; ***ganz ~*** *a.* all right, *Am.* alright; not too bad; **II.** *adv.* passably, reasonably well; ***er hat es ganz ~ gemacht*** *a.* he didn't do too bad a job of it.

Passage *f* **1.** (*Durchgang*) passage(way); (*Einkaufs&*) shopping arcade; **2.** ♪, *Text*: passage; *Film*: sequence; **3.** (*Überfahrt*) crossing, passage; **4.** (*das Durchfahren*) passage.

Passagier *m* passenger; ***blinder ~*** stowaway; **~dampfer** *m* passenger steamer, liner; **~flugzeug** *n* passenger plane; **~gut** *n* luggage, *Am.* baggage; **~liste** *f* list of passengers.

Passah *n* Passover; **~fest** *n* Passover; **~mahl** *n* Passover meal.

Paßamt *n* passport office.

Passant(in *f*) *m* passerby (*pl.* passersby), *pl. a.* people passing by; (*Fußgänger*) pedestrian; ***ein paar Passanten befragen*** interview a few people in the street.

Passat(wind) *m* trade wind.

Paß|bestimmungen *pl.* passport regulations; **~bild** *n* passport photo(graph).

passé *adj.* passé(e), F out; ***das ist endgültig (längst) ~*** F that's died a death (F that went out with the ark).

passen I. *v/i.* **1.** (*die richtige Größe haben*) fit (***j-m*** s.o.; ***auf et.*** s.th.); ***es paßt genau*** it fits perfectly, it's a perfect fit; **2.** ***~ zu*** *j-m*: suit, *e-r Sache*: go with, (*farblich übereinstimmen mit*) match; ***die Hose paßt gut zu dir*** the trousers suit you; ***die Krawatte paßt nicht zur Jacke*** the tie doesn't go with the jacket; *fig.* ***das paßt zu ihm*** that's just like him, that's him all over; ***das paßt überhaupt nicht zu ihm*** that's not like him at all; **3.** (*harmonieren, für j-n od. et. geeignet sein*) fit; ***sie ~ gut zueinander*** they suit each other; ***er paßt nicht in diese Kreise*** he doesn't fit (*od.* he's out of place) in these circles; ***die Bemerkung paßt hier nicht*** that remark is out of place here; **4.** (*genehm sein*) suit (*dat. s.o. od. s.th.*), be suitable *od.* convenient (for *s.o. od. s.th.*); ***morgen paßt es ihm nicht*** tomorrow doesn't suit him (*od.* is inconvenient for him); ***das paßt mir gut*** that suits me fine; ***nur wenn es ihnen (in den Kram) paßt*** only when they feel like it; ***das paßt mir überhaupt nicht in den Kram*** it doesn't suit me at all, that's the last thing I want; ***mein neues Zimmer paßt mir (überhaupt) nicht*** I don't like (I'm not at all happy with) my new room; ***das könnte dir so ~!*** you'd like that, wouldn't you?; **5.** *Kartenspiel*: pass; ***ich passe!*** pass; *fig.* ***da muß ich ~*** F you've got me there; ***da mußte er ~*** F he couldn't answer that one, that had him stumped; **6.** *Sport*: pass; **II.** *v/t.* ⚙ fit (***in*** into); **passend** *adj.* suitable; *Zeit*: *a.* convenient (***für*** to, for); *Bemerkung*: apt, fitting; *Wort*: right; *farblich*: matching; ***~ zu*** to go with, to match *the trousers etc.*; ***der ~e Augenblick*** the right moment; ***ich halte es nicht für ~, daß er ...*** I don't think it would be right (*od.* proper) for him to *inf.*; ***hast du's ~?*** have you got the right change?

Passepartout *n* mount.

Paß|fälschung *f* passport forgery; **~form** *f Kleidung*: fit; ***e-e gute ~ haben*** be a good fit; **~foto** *n* passport photo(graph); **~gang** *m* amble; ***im ~ gehen*** amble; **~gebühr** *f* passport fee.

Passierball *m Tennis*: passing shot.

passierbar *adj.* passable; **passieren I.** *v/t.* **1.** (*Ort, Stelle*) pass (by, through *etc.*); (*Brücke, Fluß*) cross; **2.** *Sport*, ⚓: clear; **3.** (*Gemüse etc.*) strain, pass through a sieve; **II.** *v/i.* (*sich ereignen*) happen; ***j-m ~*** (*zustoßen*) happen to s.o.; ***was ist passiert?*** what's wrong?, what('s) happened?; ***das kann jedem mal ~*** that can happen to the best of us; ***das kann auch nur dir ~*** it's just like you, isn't it?; ***das passiert mir zum erstenmal (im Leben)*** that's the first time (ever) anything like that has happened to me; ***mir ist nichts passiert*** I'm all right (*Am.* alright); ***ist was passiert?*** is everything all right (*Am.* alright)?; ***mir ist gerade was Merkwürdiges passiert*** I just had a strange experience; F ***jetzt ist es passiert!*** that's done it (now); ***... sonst passiert was!*** *drohend*: ... or else!; ***was passiert mit diesem Zeug?*** what's to be done with this stuff?, where's this stuff supposed to go?; **Passierschein** *m* pass, permit.

Passion *f* **1.** passion; ***Schach ist s-e ~*** he's a passionate chess player; **2.** *eccl.*, ♪, *Kunst*: Passion; **passioniert** *adj.* (very) keen, enthusiastic, *stärker*: fanatical; ***er ist ein ~er Gärtner*** *a.* he's very keen on (*od.* he loves) gardening.

Passions|spiel *n* passion (*od.* Passion) play; **~woche** *f* Holy Week.

passiv I. *adj.* passive (*a. ling, Sport*, ✻, ⚡, ✝); ***~er Widerstand*** passive resistance; ***~es Wahlrecht*** eligibility; ***~er Teilhaber*** sleeping partner; ***~ Handelsbilanz*** adverse balance of trade; **II.** *adv.*: ***sich ~ verhalten*** remain passive, *bsd. pol.* maintain a passive stance; ***man kann nicht einfach ~ zusehen*** you can't just sit back and watch (it all happen); **III.** & *n ling.* passive (voice).

Passiva *pl.* ✝ liabilities.

passivisch *adj. ling.* passive.

Passivität *f* passiveness, passivity (*a. Sport*); inaction; (*Teilnahmslosigkeit*) apathy; (*Trägheit*) inertia.

Passiv|posten *m* ✝ debit item; **~rauchen** *n* passive smoking; **~raucher(in** *f*) *m* passive smoker; **~satz** *m ling.* passive clause.

Paß|kontrolle *f* passport control; **~lesegerät** *n* passport scanner; **~stelle** *f* passport office; **~straße** *f* mountain pass.

Passus *m* passage.

Paß|verlängerung *f* extension (*od.* renewal) of a *od.* one's passport; **~zwang** *m* passport(s) required.
Paste *f a. gastr.* paste.
Pastell *n* pastel; ***in ~ gemalt*** painted in pastel colo(u)rs; **~bild** *n* pastel drawing; **~farbe** *f* **1.** pastel; **2.** (*Farbton*) pastel colo(u)r (*od.* shade); **~malerei** *f* pastel (drawing).
Pastete *f* pie, *feine*: pâté.
pasteurisieren *v/t.* pasteurize; ***pasteurisierte Milch*** pasteurized milk.
Pastille *f* lozenge, pastille.
Pastor(in *f*) *m* pastor, minister, *anglikanisch*: vicar; **pastoral** *adj.* (*a. ländlich*) pastoral; ***in ~em Ton*** solemnly.
Pate *m* **1.** (*Tauf*~) godfather, *pl.* godparents; ***bei j-m ~ stehen*** be s.o.'s godfather ~ (*f* godmother); *fig.* ***~ stehen bei*** *Dichtung etc.*: be the inspiration for, *Idee etc.*: be behind, *Zufall*: play an important part in; ***dabei hat die Überlegung ~ gestanden, daß*** the idea behind it was that; **2.** → ***Patenkind.***
Paten|kind *n* godchild; **~onkel** *m* godfather.
Patenschaft *f* **1.** godparenthood; **2.** *finanzielle, a. e-s Kindes*: sponsorship; ***e-e ~ übernehmen für*** *ein Kind*: sponsor.
Patensohn *m* godson.
Patent I. *n* **1.** patent (***auf*** for); ***ein ~ anmelden*** (***erteilen***) apply for (issue) a patent; ***~ angemeldet*** patent pending; **2.** ⚔ commission; ***sein ~ erwerben*** get one's commission; **II.** ~ F *adj. Idee etc.*: clever, *stärker*: brilliant; ***~er Kerl*** F great guy, (*a. Frau*) F good sort; ***sie ist e-e ~e Frau*** F she's all right (*Am.* alright), she's great; **~amt** *n* patent office; **~anmeldung** *f* (patent) application.
Patentante *f* godmother.
Patent|anwalt *m* patent agent (*Am.* attorney); **~dauer** *f* life of a patent; **~erteilung** *f* issue of a patent; **~fähig** *adj.* patentable; **~gesetz** *n* patent law.
patentierbar *adj.* patentable; **patentieren** *v/t.* patent; (***sich***) ***et. ~ lassen*** take out a patent for s.th..
Patent|inhaber *m* patentee; **~lösung** *fig. f* magic formula, nostrum; ***dafür gibt es keine ~*** there's no ready-made solution for that.
Patentochter *f* goddaughter.
Patentrecht *n objektives*: patent law; *subjektives*: patent right(s *pl.*); **patentrechtlich** *adj. u. adv.* under patent law; ***~ geschützt*** patented, protected (by patent).
Patent|rezept *n* → ***Patentlösung***; **~schutz** *m* patent protection; **~verletzung** *f* patent infringement.
Pater *m eccl.* father.
Paternalismus *m* paternalism; **paternalistisch** *adj.* paternalistic.
Paternoster 1. *n eccl. the* Lord's Prayer, paternoster; **2.** *m* (*Aufzug*) paternoster.
pathetisch *adj.* lofty, emotional; *contp.* dramatic.
pathogen *adj.* pathogenic.
Pathologe *m* pathologist; **Pathologie** *f* **1.** pathology; **2.** (*Abteilung*) pathology department; **pathologisch** *adj.* pathological (*a. fig.*).
Pathos *n* emotionalism; ***falsches ~*** bathos.
Patience *f* (game of) patience, *Am.* (game of) solitaire; ***e-e ~ legen*** play (a game of) patience (*Am.* solitaire).
Patient(in *f*) *m* patient.
Patienten|kartei *f* patients' file; **~überwachung** *f* monitoring of patients.
Patin *f* godmother.
Patina *f* patina (*a. fig.*); ***~ ansetzen*** develop a patina, *fig. contp.* wear thin; **patinieren** *v/t.* patinate.
Patnareis *m* Patna rice.
Patriarch *m* patriarch (*a. fig.*); **patriarchalisch** *adj.* patriarchal; **Patriarchat** *n* patriarchy, patriarchal society.
Patriot *m* patriot; **patriotisch** *adj.* patriotic(ally *adv.*); **Patriotismus** *m* patriotism.
Patrizier *m*, **patrizisch** *adj.* patrician.
Patron(in *f*) *m* patron(ess *f*); *eccl.* patron saint; F *contp.* ***übler Patron*** nasty customer.
Patronat *n* patronage.
Patrone *f* cartridge; *phot. a.* cassette.
Patronen|füller *m*, **~füllhalter** *m* cartridge pen; **~gurt** *m*, **~gürtel** *m* cartridge belt; **~hülse** *f* cartridge case; **~tasche** *f* ammunition pouch.
Patrouille *f* patrol; **Patrouillenboot** *n* patrol boat; **patrouillieren** *v/i.* patrol; *fig.* ***auf und ab ~*** pace up and down.
patsch *int.* splat!; *Schlag*: smack!
Patsche F *f*: (***ganz schön***) ***in der ~ sitzen*** F be in a real mess; ***j-m aus der ~ helfen*** get s.o. out of a tight spot, F bale s.o. out.
patschen *v/i. Wasser*: splash; (*schlagen*) smack; (***mit den Händen***) ***ins Wasser ~*** splash (the water about); (***in die Hände***) ~ clap (one's hands).
Patsch|hand *f*, **~händchen** *n* (little) hand *od.* F mitt.
patschnaß *adj.* soaked to the skin, soaking (wet), drenched.
Patt *n*, **patt** *adj. Schach u. fig. pol.*: stalemate; *fig. a.* deadlock; **~situation** *f* deadlock, stalemate.
patzen F *v/i.* F fluff (it), make a boob; **Patzer** F *m* F (real) boob.
patzig F *adj.* F snotty; ***sei nicht so ~*** F don't you get fresh with me.
Pauke *f* kettledrum, *pl. a.* timpani; ***~ spielen*** play the kettledrums (*od.* timpani); *fig.* ***mit ~n und Trompeten durchfallen*** fail miserably, F make a real mess of it; F ***auf die ~ hauen*** (*feiern*) F have a real binge, (*prahlen*) F blow one's horn.
pauken I. *v/i.* **1.** ♪ play the timpani (*od.* [kettle]drums); **2.** F *ped.* F cram, swot; **II.** *v/t.* F (*Stoff*) F swot (*od.* bone) up on.
Pauken|höhle *f anat.* tympanum; **~schlag** *m* drumbeat; *fig.* ***mit e-m ~ beginnen*** (***enden***) get off to a dramatic start (come to a dramatic end *od.* finish); **~schläger** *m* timpanist, drummer; **~schlegel** *m* timpani (*od.* kettledrum) stick.
Pauker *m* **1.** ♪ timpanist, drummer; **2.** F *ped.* (*Lehrer*) F crammer; **Paukerei** F *f ped.* F cramming, swotting; **Paukstudio** F *n* F crammer.
Pausbacken *pl.* chubby cheeks; **pausbackig, pausbäckig** *adj.* chubby(-cheeked); ***sie hat ein ~es Gesicht*** she's got chubby cheeks.
pauschal I. *adj.* **1.** *Summe*: lump *sum*; *Preis etc.*: all-in ..., (all-)inclusive; ***~e Erhöhung*** across-the-board increase; **2.** *fig.* general; sweeping *statement*; **II.** *adv.* **3.** ***~ vergüten*** pay a lump sum (*od.* flat rate) for; ***~ festsetzen*** set a flat rate for; ***j-m et. ~ berechnen*** charge s.o. a flat rate for s.th.; ***es kostet ~ 3000 Mark*** it's 3,000 marks all in (*od.* [all-]inclusive); **4.** *fig.* ***~ verurteilen*** condemn *s.th.* wholesale; ***ich möchte es nicht ~ beurteilen*** I wouldn't like to draw any general conclusions (*od.* make any general statements on the matter).
Pauschalangebot *n* package deal.
Pauschale *f* lump sum; *im Hotel etc.*: all-inclusive price; → ***Pauschalgebühr.***
Pauschal|gebühr *f* flat rate; **~honorar** *n* flat-rate fee.
pauschalisieren I. *v/i.* generalize; F lump everything together, tar everything with the same brush; **II.** *v/t.*: ***man kann es nicht ~*** you can't generalize (*od.* make generalizations) like that.
Pauschal|reise *f* package tour; **~summe** *f* lump sum; **~urlaub** *m* package holiday; **~urteil** *fig. n* sweeping statement, (broad) generalization; **~wert** *m* overall value.
Pauschbetrag *m* lump sum.
Pause[1] *f* break; *beim Reden etc.*: pause; *Schule*: break, *Am.* recess; *thea.*, *Sport*: interval, *Am. u. Film*: intermission; ♪ rest; ***kleine ~*** short (*od.* quick, little) break; ***e-e ~ machen*** (*od.* ***einlegen***) take (*od.* have) a break, *beim Reden*: pause for a moment; ***sie gönnt sich keine ~*** she never lets up.
Pause[2] *f* **1.** (*Durchzeichnung*) tracing; **2.** copy; (*Blau*~) blueprint; **pausen** *v/t.* **1.** trace; **2.** copy.
Pausen|brot *n* breaktime snack; **~füller** *m* filler.
pausenlos *adj.* uninterrupted, incessant, nonstop ...; (*unerbittlich*) unrelenting.
Pausen|pfiff *m Sport*: half-time whistle; **~stand** *m Sport*: half-time score; **~taste** *f* pause button; **~zeichen** *n* ♪ rest; *Radio*: interval (*od.* station identification) signal.
pausieren *v/i.* take a break; ***~ müssen*** *Sport*: be out of action.
Pauspapier *n* tracing paper.
Pavian *m* baboon.
Pavillon *m* pavilion (*a.* ✝ *Messe*~).
pazifisch *adj.* Pacific; ***der ~e Ozean*** the Pacific.
Pazifismus *m* pacifism; **Pazifist** *m*, **pazifistisch** *adj.* pacifist.
PC *m* (*Computer*) PC (= personal computer); **~-Benutzer** *m* PC user.
Pech *n* **1.** (*Mißgeschick etc.*) bad luck; ***~ haben*** be unlucky (***bei, mit*** with); ***großes ~ haben*** be really unlucky; ***~ gehabt!*** bad (F tough) luck; ***so ein ~!*** F that's too bad, *auf sich selber bezogen*: just my luck; ***er wird wirklich vom ~ verfolgt*** his bad luck never lets up, he seems to have been born unlucky; ***wie kann man nur so ein ~ haben!*** how can anyone be so unlucky?; ***sie hat ~ mit den Männern*** she has no luck with men, somehow she always seems to choose the wrong man; ***er hatte das ~, beide Mitarbeiter zu verlieren*** he was unlucky enough (*od.* he had the bad luck) to lose both colleagues; **2.** (*Masse*) pitch; F *fig.* ***wie ~ und Schwefel zusammenhalten*** be (as) thick as thieves; **~schwarz** *adj. Haare*: jet-black; *Nacht*: pitch-dark; **~stein** *m* pitchstone; **~strähne** *f* run (*od.* streak) of bad luck; ***e-e ~ haben*** be down on one's luck, be going through an unlucky patch; **~vogel** *m* unlucky person; ***er ist ein richtiger ~*** some people are just born unlucky.

Pedal *n* **1.** pedal (*a.* ♪); ***in die ~e treten*** pedal hard (*od.* away), (*so schnell man kann*) pedal for all one is worth; ***tret mal aufs ~!*** step on it!; **2.** F *pl.* (*Füße*) F trotters.
Pedant *m* pedant, stickler; **Pedanterie** *f* pedantry; **pedantisch** *adj.* pedantic(ally *adv.*).
Peddigrohr *n* rattan.
Pedell *m univ.* porter; *Schule*: janitor, caretaker.
Pediküre *f* **1.** (*Fußpflege*) pedicure; **2.** (*Fußpflegerin*) pedicurist; **pediküren** *v/t.* pedicure; ***sich ~ lassen*** have a pedicure.
Peeling *n* (*a. Mittel*) facial (*od.* body) scrub.
Peep-Show *f* peep show.
Pegel *m* ⚙ *u. fig.* level; (*Wasserstandsmesser*) water ga(u)ge; **~anzeige** *f* level meter; **~regler** *m* level control; **~stand** *m* water level.
Peilanlage *f* direction finder.
peilen I. *v/t.*: ***ein Schiff*** *etc.* ~ take a ship's *etc.* bearings; F *fig.* ***die Lage*** ~ see how the land lies, *pol.* test the water; **II.** *v/i.* take one's bearings.
Peil|funk *m* radio direction finding; **~gerät** *n* direction finder; **~sender** *m* radio beacon.
Peilung *f* location; *Radio*, ✈: direction finding; (*Resultat*) bearing(s *pl.*).
Pein *f* suffering; *stärker*: torment; ***seelische ~*** mental anguish; **peinigen** *v/t.* torment, torture; (*plagen*) harass, pester; **Peiniger(in** *f*) *m* tormentor; **Peinigung** *f* torment, torture.
peinlich I. *adj.* **1.** (*unangenehm*) embarrassing, *Situation*: *a.* awkward; F painful; ***es war mir sehr ~(, daß ich es vergessen hatte)*** I was (*od.* felt) really embarrassed (at *od.* about having forgotten it); ***j-n in e-e ~e Lage bringen*** put s.o. in an awkward situation; **2.** (*sehr genau*) meticulous, painstaking; **II.** *adv.* **3.** ***j-n ~ berühren*** embarrass s.o.; **4.** ***~ sauber*** scrupulously clean; ***~ genau*** very exact (***bei*** about); ***bei e-r Sache ~ genau sein*** *a.* take s.th. very seriously; ***~st vermeiden zu*** *inf.* take great care to avoid *ger.*; **Peinlichkeit** *f* embarrassment; *konkret*: embarrassing remark (*od.* situation *etc.*).
peinsam *hum. adj.* → ***peinlich.***
Peitsche *f* whip; **peitschen** *v/t. u. v/i.* whip, *a. fig. Regen etc.*: lash (***gegen*** against); *fig.* ***~der Regen*** (***Wind***) lashing rain (winds); ***von Ehrgeiz gepeitscht*** spurred on by ambition.
Peitschen|hieb *m* lash (of the whip); **~knall** *m* crack of the whip; **~schlagverletzung** *f* whiplash (injury).
pejorativ *adj.* pejorative.
Pekinese *m* (*Hund*) Pekin(g)ese.
Pekingmensch *m*: ***der ~*** Peking man.
Pektin *n* pectin.
pektoral *adj.* pectoral.
pekuniär *adj.* financial.
Pelerine *f* cape.
Pelikan *m* pelican.
Pelle *f* peel, *a. von Wurst*: skin; F *fig.* ***j-m auf die ~ rücken*** crowd s.o.; ***j-m mit e-r Sache auf der ~ liegen*** keep pestering s.o. with s.th.; ***rück mir nicht so auf die ~*** F get off my back, will you; ***j-m mit e-m Messer auf die ~ rücken*** go for s.o. with a knife; **pellen I.** *v/t.* peel (*a. Ei*), skin; **II.** *v/refl.*: ***sich ~*** *Haut, Rücken etc.*: peel.
Pellkartoffeln *pl.* jacket potatoes, potatoes boiled in their skins.
Pelz *m* fur; *unbearbeitet*: skin, hide; (*~mantel*) fur (coat); ***j-m auf den ~ rükken*** crowd s.o.; **~besatz** *m* fur trimming; **2besetzt** *adj.* fur-trimmed; **~futter** *n* fur lining; **2gefüttert** *adj.* fur-lined; **~handel** *m* fur trade; **~händler** *m* furrier.
pelzig *adj.* furry; *Zunge*: furred; *Rettich*: stringy.
Pelz|jacke *f* fur jacket; **~kragen** *m* fur collar; **~mantel** *m* fur coat; **~mütze** *f* fur hat; **~stiefel** *m* fur boot; **~tiere** *pl.* fur-bearing animals, *coll.* furs; **~werk** *n* furs *pl.*
Pendant *n* matching piece; *fig.* (*Ergänzung*) complement; (*Gegenstück*) counterpart (*a. Person*); ***dies ist das ~ dazu*** *a.* this is the other piece (*od.* painting *etc.*) that goes with it.
Pendel *n* pendulum (*a. fig.*); *fig.* ***das ~ schlug zurück*** the pendulum swung back; **~bus** *m* shuttle bus; **~diplomatie** *f* shuttle diplomacy; **~flugzeug** *n* shuttle aircraft (*od.* plane).
pendeln *v/i.* **1.** swing, 🕮 oscillate; ***mit den Beinen ~*** dangle one's legs; (***mit dem Oberkörper***) ~ *Boxen*: weave; **2.** 🚂 *etc.*: shuttle; *Person*: commute; ***zwischen X und Y ~*** shuttle back and forth between X and Y, *Person*: commute from X to Y.
Pendel|tür *f* swing door; **~uhr** *f* pendulum clock; **~verkehr** *m* **1.** shuttle service; **2.** → ***Pendlerverkehr***; **~zug** *m* **1.** shuttle train; **2.** → ***Pendlerzug.***
Pendler(in *f*) *m* commuter.
Pendler|verkehr *m* (*Berufsverkehr*) commuter traffic; **~zug** *m* commuter train.
penetrant *adj.* **1.** *Geruch*: penetrating, pungent; **2.** F *Person*: insistent, F pushy; ***sie ist furchtbar ~*** *a.* she's a real nuisance (*od.* pest); **Penetranz** *f* **1.** *e-s Geruchs*: pungency; **2.** (*Aufdringlichkeit*) F pushiness.
Penetration *f* penetration; **penetrieren** *v/t.* penetrate.
peng *int.* bang!
penibel *adj.* meticulous; *contp.* fussy, pernickety (*alle* ***in*** about); ***e-e penible Arbeit*** pernickety (*od.* fiddly) work.
Penis *m* penis; **~neid** *m psych.* penis envy.
Penizillin *n* penicillin.
Pennäler F *m* schoolboy.
Pennbruder F *m* → ***Penner*** 1; **Penne** F *f* school; **pennen** F *v/i.* F kip, have a kip; **Penner** F *m* **1.** (*Pennbruder*) tramp, down-and-out, F dosser; *Am.* hobo, bum; *pl. a.* street people; **2.** (*verschlafener Mensch*) F sleepyhead; (*unachtsamer Mensch*) F dope; ***er ist ein richtiger ~*** he spends most of his time asleep.
Pension *f* **1.** (*Ruhegehalt*) (old-age) pension; **2.** ***in ~ gehen*** retire; ***in ~ sein*** be retired, live in retirement; **3.** (*Fremdenheim*) boarding house, pension; **Pensionär(in** *f*) *m* pensioner; **Pensionat** *n* boarding school; **pensionieren** *v/t.* pension off; ***sich ~ lassen*** retire, go into retirement, *vorzeitig*: take early retirement; **pensioniert** *adj.* retired; **Pensionierung** *f* retirement; **Pensionierungstod** *m* retirement-induced death; **Pensionist(in** *f*) *m* pensioner.
Pensions|alter *n* retirement age; ***im ~ sein*** have reached retirement age; **~anspruch** *m* pension claim; **2berechtigt** *adj.* eligible for a pension; **~kasse** *f* pension fund; **2reif** *adj.* due for retirement.
Pensum *n* (work) quota; ***sein tägliches ~ schaffen*** F do one's daily stint.
Pep F *m* F zip.
Peperoni *f* chil(l)i.
Pepsin *n* pepsin.
Peptid *n* peptide.
per *prp.* per, by; ***~ Adresse*** care of (*abbr.* c/o); ***~ Bahn*** by train, by rail; ***~ Luftpost*** airmail; ***~ pedes*** on foot, F on shanks's pony, under one's own steam; → ***du*** I.
perfekt I. *adj.* perfect; *pred. Vertrag etc.*: settled, F in the bag; *e-e Sache* ***~ machen*** settle, F clinch *a deal*; ***~ im Kochen*** an expert cook; ***e-e ~e Gastgeberin*** the perfect hostess; ***ein ~es Verbrechen*** the perfect crime; ***der ~e Wagen*** the ultimate car; ***in Spanisch ist er fast ~*** his Spanish is near-perfect, he speaks almost perfect Spanish; **II.** *adv.*: ***er spricht*** (*od.* ***kann***) ***~ Englisch*** his (spoken) English is perfect, he speaks perfect English; **III. 2** *n ling.* perfect (tense); **Perfektion** *f* perfection; ***mit ~*** to perfection; ***et. bis zur ~ treiben*** do (*od.* practi|se, *Am.* -ce *etc.*) s.th. to the point of perfection; **perfektionieren** *v/t.* perfect; **Perfektionismus** *m* perfectionism; **Perfektionist** *m*, **perfektionistisch** *adj.* perfectionist.
perfid *adj.* insidious; *lit.* perfidious.
Perforation *f* perforation; *im Schmalfilm etc.*: sprocket holes *pl.*; **Perforationslinie** *f*: ***an der ~ abreißen*** tear along the perforation; **perforieren** *v/t.* perforate; **Perforierung** *f* perforation.
Pergament *n* parchment; *vom jungen Tier*: vellum; **~handschrift** *f* parchment (manuscript); vellum manuscript; **~papier** *n* greaseproof paper.
Pergola *f* bower, arbo(u)r.
Periode *f* **1.** period; ⚡ cycle; **2.** (*Menstruation*) period; ***m-e ~ ist ausgeblieben*** I've missed my period; **Periodensystem** *n* ⚗ periodic system; **Periodikum** *n* periodical; **periodisch I.** *adj.* periodic(al); A ***~er Dezimalbruch*** recurring decimal; **II.** *adv.*: ***~ auftretend*** periodically recurring; **periodisieren** *v/t.* divide (up) into periods; **Periodisierung** *f* division into periods.
Peripatetiker *m*, **peripatetisch** peripatetic.
peripher *adj.* peripheral.
Peripherie *f* periphery; *e-r Stadt*: *a.* outskirts *pl.*; *Computer*: peripherals *pl.*; **~gerät** *n Computer*: peripheral; *pl.* peripheral equipment *sg.*
Periskop *n* periscope.
Peristaltik *f* peristalsis.
Peritoneum *n anat.* peritoneum.
Perkussion *f a.* ♪ percussion.
perkutan *adj.* percutaneous.
Perle *f* pearl; *aus Glas, Holz etc.*: bead; *fig. von Schweiß*: bead, drop; (*Sache od. Person*) gem; *fig.* ***~n vor die Säue*** (***werfen*** cast) pearls before swine; **perlen** *v/i.* **1.** *Getränk*: bubble, sparkle; **2.** ***~ von*** drip from; ***der Schweiß perlte ihr auf der Stirn*** her forehead was beaded with sweat; ***der Tau perlte auf den Blättern*** the leaves were beaded with dew.
Perlen|auster *f* pearl oyster; **~fischer** *m* pearl fisher (*od.* diver); **~kette** *f* pearl necklace; **~schnur** *f* string of pearls; **~stickerei** *f* beadwork; **~taucher** *m* pearl diver (*od.* fisher); **~zucht** *f* pearl cultivation.

perl|farben *adj.* pearl-colo(u)red; **~grau** *adj* pearl grey (*Am.* gray); **2huhn** *n* guinea fowl; **2leinwand** *f* beaded screen; **2muschel** *f* pearl oyster; **2mutt** *n*, **2mutter** *f* mother-of-pearl; **2schrift** *f* pearl; **2wein** *m* sparkling wine; **~weiß** *adj.* pearly white; **2zwiebel** *f* pearl onion.

permanent *adj.* permanent; **Permanentmagnet** *m* permanent magnet; **Permanenz** *f* permanence.

Permanganat *n* permanganate.

Permutation *f* (*Umstellung*) *a.* 𝔸 permutation.

perplex *adj.* (*überrascht*) amazed; (*verwirrt*) bewildered, nonplussed.

Persenning *f* tarpaulin.

Perser *m* **1.** Persian; **2.** *a.* **~teppich** *m* Persian carpet.

Persianer *m* Persian lamb (coat).

Persiflage *f* satire (**auf** on), pastiche (on), F send-up (of); **persiflieren** *v/t.* satirize, burlesque, F send up.

Persilschein F *m* **1.** *hist.* denazification certificate; **2.** *fig.* clean bill of health.

persisch *adj.*, 2 *n ling.* Persian.

Person *f* person; (*Einzel*2) *a.* individual; *thea.* character; **~en** people; *ling.* **erste ~** first person; *10 Mark* **pro ~** each, a head; **wir sind vier ~en** there are four of us; **e-e aus zehn ~en bestehende Gruppe** a group of ten; **für sechs ~en** *Kochrezept*: serves six; **keine einzige ~** not one person, not a single person; **ich für m-e ~** I for my part; as for me, I ...; **in (eigener) ~** in person, himself (*f* herself); **Angaben zur ~** personal data; **sich in der ~ irren** mistake s.o. for s.o. else; **man muß die ~ von der Sache trennen** you've got to keep personal factors out of it; **so e-e freche ~!** F cheeky old so-and-so; **er ist die Geduld in ~** he's the epitome of patience.

Personal *n* staff (*mst pl. konstr.*), employees *pl.*, personnel (*mst pl. konstr.*); (*Bedienstete*) staff, servants *pl.*; **~abbau** *m* cut(s *pl.*) *od.* cutback(s *pl.*) in staff, staff reduction(s *pl.*), manpower cuts *pl.*; **~abteilung** *f* personnel department; **~akte** *f* personal file; **~angaben** *pl.* particulars; **~angelegenheiten** *pl.* personnel matters; **~aufwand** *m* personnel costs *pl.*; **~ausweis** *m* identity card; **~bedarf** *m* manpower requirement(s *pl.*); **~beschaffung** *f* (personnel) recruitment; **~büro** *n* personnel department; **~chef** *m* personnel manager.

Personalcomputer *m* personal computer.

Personaldecke *f* staffing (*od.* manpower) level.

Personalien *pl.* particulars; **~ aufnehmen** take down *s.o.'s* particulars.

personalintensiv *adj.* labo(u)r-intensive.

Personal|kosten *pl.* payroll (*od.* personnel) costs; **~mangel** *m* manpower shortage, shortage of staff; **an ~ leiden** be understaffed; **~politik** *f* manpower policy; **~pronomen** *n ling.* personal pronoun; **~union** *f* **1.** *pol.* personal union; **2. zwei Ämter in ~ ausüben** hold two offices; **er ist ... und ... in ~** he is both ... and ..., he holds the office of ... and ... (concurrently); **~wechsel** *m* change in staff; (*Fluktuation*) staff turnover; **~wesen** *n* personnel.

Persönchen *n*: **ein reizendes** *etc.* **~** a charming *etc.* little creature.

personell *adj.* personnel ...

Personen|aufzug *m* lift, *Am.* elevator; **~beförderung** *f* passenger transport; **~beschreibung** *f* personal description; **~dampfer** *m* passenger steamer; **~fahndung** *f* manhunt; **~fähre** *f* passenger ferry; **2gebunden** *adj.* *Genehmigung etc.*: non-transferable; **~gedächtnis** *n* memory for (people and) faces; **~kennziffer** *f* identity number, personal code; **~kontrolle** *f* identity check; **~kraftwagen** *m* (*abbr.* **Pkw**) (motor)car, *Am. a.* auto(mobile); **~kreis** *m* circle; **~kult** *m* personality cult; **~register** *n* index of names; **~schaden** *m* personal injury; **~schutz** *m* personal protection; **~überprüfung** *f* identity check; **~verkehr** *m* passenger traffic; **~waage** *f*: (**e-e ~** a pair of) scales *pl.*; *im Badezimmer*: *a.* (a pair of) bathroom scales *pl.*; **~wagen** *m* 🚂 passenger coach (*Am.* car); *mot.* → **Personenkraftwagen**; **~zug** *m* **1.** passenger train; **2.** (*Ggs. Schnellzug*) local train.

Personifikation *f* personification; **personifizieren** *v/t.* personify.

persönlich I. *adj.* personal; *auf Briefen*: *a.* private, confidential; **darf ich Ihnen e-e ~e Frage stellen?** can (*od.* may) I ask you something personal?; **~ werden** get personal; **2es** *Zeitung*: personals; **II.** *adv.* personally, in person; himself (*f* herself); **~ haften** be personally liable; **et. ~ nehmen** take s.th. personally; **das ist nicht ~ gemeint** (please) don't take it personally; **das ist für dich ~** it's personal, *betont*: it's for you and you alone;

Persönlichkeit *f* **1.** personality; → **gespalten**; **2.** (*Person*) personality; **öffentliche ~** public figure; **der Kleine ist schon e-e ~** he's a real little personality.

Persönlichkeits|entfaltung *f* personality development; **~kult** *m* personality cult; **~spaltung** *f* split personality; **~struktur** *f* personality structure.

Perspektive *f* perspective (*a. fig.*); *fig.* (*Gesichtspunkt*) point of view, angle; (*Aussicht*) *a.* prospect(s *pl.*); **hier stimmt die ~ nicht** he's *etc.* got the perspective wrong; *fig.* **enge ~** narrow view (*od.* perspective); **et. aus der richtigen ~ sehen** see s.th. in perspective, get the right angle on s.th.; **et. aus e-r anderen ~ betrachten** look at s.th. from a different angle; **perspektivisch I.** *adj.* perspective ...; *Zeichnung etc.*: *pred.* in perspective; **II.** *adv.*: **es stimmt ~ (nicht)** the perspective is right (wrong); **Perspektivlosigkeit** *f* lack of perspectives.

Peruaner(in *f*) *m*, **peruanisch** *adj.* Peruvian.

Perücke *f* wig.

pervers *adj.* perverse (*a. fig.*), F kinky; **~es Hirn** twisted mind; **~er Mensch** pervert; **Perversion** *f* perversion; **Perversität** *f* perverseness, perversity; **pervertieren** *v/t.* pervert.

Pessar *n* pessary; *zur Empfängnisverhütung*: *a.* diaphragm, cap.

Pessimismus *m* pessimism; **Pessimist** *m* pessimist; **pessimistisch** *adj.* pessimistic(ally *adv.*).

Pest *f* plague; **ich hasse es wie die ~** I can't stand it; **er haßt ihn wie die ~** *a.* F he hates his guts; **wie die ~ meiden** avoid like the plague; F **das stinkt ja wie die ~** F it stinks something awful, what a stench; **~beule** *f* (plague) boil; **~epidemie** *f* plague epidemic; **~gestank** *m* stench; **~hauch** *fig. m* miasma.

Pestizid *n* pesticide.

pestkrank *adj*: **~ sein** have (caught) the plague.

Petersilie *f* parsley; F *fig.* **das hat ihm gründlich die ~ verhagelt** that really messed things up for him, that really threw a spanner (*Am.* monkey wrench) in(to) the works (for him); **Petersilienkartoffeln** *pl.* parsley potatoes.

Peterwagen F *m* patrol car.

Petition *f* petition.

Petitions|ausschuß *m* committee on petitions; **~recht** *n* right to petition.

Petrochemie *f* petrochemistry; **petrochemisch** *adj.* petrochemical.

Petrodollar *m* petrodollar.

Petroleum *n* paraffin, *Am.* kerosene; **~kocher** *m* paraffin (*Am.* kerosene) stove; **~lampe** *f* paraffin (*Am.* kerosene) lamp.

Petrus *m bibl.* Peter; *an der Himmelspforte*: *mst* St Peter; **1.** (**2.**) **Brief des ~** → **~brief** *m*: *bibl.* **der 1.** (**2.**) **~** the 1st (2nd) Epistle of St Peter, Peter I (II).

petto: et. in ~ haben have s.th. up one's sleeve.

Petunie *f* ⚘ petunia.

Petze F *f* → **Petzer**; **petzen** F *v/i.* tell on s.o., F sneak (on s.o.); *wiederholt*: tell tales; **petz doch nicht!** stop telling tales; **Petzer** F *m* F telltale, sneak.

peu à peu *adv.* gradually, bit by bit.

Pfad *m* path (*a. fig.*); *fig.* **auf dem ~ der Tugend wandeln** keep to the straight and narrow; **vom ~ der Tugend abweichen** come off the straight and narrow.

Pfadfinder *m* boy scout; **Pfadfinderin** *f* (girl) guide, *Am.* girl scout.

Pfaffe *contp. m* cleric, F *hum.* sky pilot, holy Joe.

Pfahl *m* stake; (*Pfosten*) post; *Bauwesen*: pile; *fig.* **j-m ein ~ im Fleisch sein** be a thorn in s.o.'s side (*od.* flesh); **~bau** *m* lake dwelling.

pfählen *v/t.* **1.** (*stützen*) prop up, support; (*Reben*) stake; **2.** *hist.* impale.

Pfahl|rost *m* pile grating; **~werk** *n* paling; ⚔ palisade.

Pfalz *f hist.* palatinate; *geogr.* **die ~** the (Rhineland) Palatinate; **Pfälzer(in** *f*) *m* Palatine; **~ sein** *mst* come from the Palatinate; **Pfalzgraf** *m hist.* Count Palatine; **pfälzisch** *adj.* Palatine, from the Palatinate.

Pfand *n* **1.** † pledge; (*Bürgschaft*) security; **als ~ für** as a pledge for; **als ~ geben** pledge, pawn; **sein Wort als ~ geben** pledge one's word; **2.** (*Flaschen*2 *etc.*) deposit; **~ für et. zahlen** pay a deposit on s.th.; **3.** *beim Pfänderspiel*: forfeit; **pfändbar** *adj.* ⚖ attachable, distrainable; **Pfandbrief** *m* † debenture bond; **pfänden** *v/t.* ⚖ (*et.*) seize, distrain upon; **Pfänderspiel** *n* (game of) forfeits *pl.*; **ein ~ machen** play forfeits.

Pfand|flasche *f* deposit (*od.* returnable) bottle; **keine ~** no deposit no return; **~geld** *n* deposit; **~leihe** *f* pawnshop; **~leiher** *m* pawnbroker; **~recht** *n* lien; **~schein** *m* pawn ticket.

Pfändung *f* ⚖ seizure (*gen.* of); distraint (upon); **Pfändungsbefehl** *m* ⚖ warrant of distress.

Pfanne *f* **1.** *gastr.* (frying) pan; F ***ich werd' mir ein paar Eier in die ~ hauen*** F I'm going to fry up a couple of eggs; F *fig.* ***j-n in die ~ hauen*** (*zurechtweisen, kritisieren*) F give s.o. a (real) roasting, haul s.o. over the coals; **2.** (*Dach*2) pantile; **3.** *anat.* socket; **4.** F *fig.* ***et. auf der ~ haben*** have s.th. up one's sleeve.

Pfannen|gericht *n* fried dish; **~stiel** *m* (frying-pan) handle.

Pfannkuchen *m* pancake, *Am. a.* flapjack; ***Berliner ~*** *etwa* doughnut.

Pfarr|amt *n* rectory, vicarage; **~bezirk** *m* parish.

Pfarrei *f* → ***Pfarramt***; **Pfarrer** *m R.C.* (parish) priest; *anglikanisch*: vicar; *nonkonformistisch od. Am.*: minister.

Pfarrgemeinde *f* parish; **~rat** *m* parish council.

Pfarr|haus *n* parsonage; *anglikanisch*: rectory, vicarage; **~kirche** *f* parish church.

Pfau *m* peacock; ***wie ein ~ einherstolzieren*** strut about like a peacock.

Pfauen|auge *n* **1.** (*Schmetterling*) peacock butterfly; **2.** *in Pfauenfeder*: eye, 📖 ocellus; **~feder** *f* peacock feather; **~henne** *f* peahen.

Pfeffer *m* pepper; ***geh hin, wo der ~ wächst!*** F get lost, jump in the lake; F ***~ im Hintern haben*** F have plenty of oomph; F ***dem muß man ~ geben*** (V ***~ in den Arsch blasen***) F he needs a real kick in the pants (*od.* up the backside); → ***Hase***; **~gurke** *f* gherkin.

pfefferig *adj.* peppery.

Pfeffer|korn *n* peppercorn; **~kuchen** *m etwa* gingerbread.

Pfefferminzbonbon *m, n* peppermint.

Pfefferminze *f* ⚘ mint.

Pfefferminz|likör *m* crème de menthe; **~tee** *m* mint tea.

Pfeffermühle *f* pepper mill.

pfeffern *v/t.* pepper; *fig.* (*Rede etc.*) spice; F (*werfen*) fling, F chuck; F ***j-m e-e ~*** F give s.o. a clout (round the ears); → ***gepfeffert.***

Pfeffer|steak *n* pepper steak, steak au poivre; **~streuer** *m* pepper caster.

Pfeife *f* **1.** (*Signal*2) whistle; ♪ pipe; ⚔ fife; (*Orgel*2) (organ) pipe; *fig.* ***nach j-s ~ tanzen*** dance to s.o.'s tune; **2.** (*Tabaks*2) pipe; **3.** F (*Versager*) F dead loss; **pfeifen** **I.** *v/i.* whistle; *Polizist, Schiedsrichter etc.*: blow the whistle; *Wind, Geschoß*: whistle; *thea.* (*aus*~) hiss, boo; (*Fußballspiel etc. leiten*) (be) referee; ***vor sich hin ~*** whistle to o.s.; ***~des Geräusch*** whistling (sound); ***~der Atem*** wheezing; F *fig.* ***ich pfeif' drauf!*** F I don't give a damn; ***ich pfeif' aufs Geld*** F I don't give a damn (*od.* two hoots) about the money; ***ich pfeif' auf die Meinung der Leute*** F I don't give a damn what people think; **II.** *v/t.* (*ein Lied*) whistle; (*ein Fußballspiel etc.*) referee; (*Freistoß etc.*) give, award *a free kick etc.*; F *fig.* ***ich werd' dir was ~!*** F you know what you can do; ***dem werd' ich was ~!*** F he can take a running jump.

Pfeifen|besteck *n* pipe knife; **~kopf** *m* pipe bowl; **~rauch** *m* pipe smoke; **~raucher** *m* pipe smoker; ***er ist ~ a.*** he smokes a pipe; **~reiniger** *m* pipe cleaner; **~ständer** *m* pipe rack; **~stiel** *m* pipe stem; **~stopfer** *m* tobacco tamper; **~tabak** *m* pipe tobacco.

Pfeifer *m* whistler; ♪ piper.

Pfeif|konzert F *n* whistling and booing; **~ton** *m* **1.** whistling sound; *bsd. von Radio etc.*: high-pitched whine; **2.** *als Signal*: whistle.

Pfeil *m* arrow (*a. Richtungsweiser*); (*Wurf*2) dart; *fig.* ***wie ein ~*** like a shot; ***alle s-e ~e verschossen haben*** have played all one's trumps.

Pfeiler *m* pillar (*a. fig.*); (*Brücken*2) pier; **~brücke** *f* pier bridge.

Pfeil|flügel *m* ✈ swept-back wing; **2gerade** **I.** *adj.* (as) straight as an arrow; **II.** *adv.* straight; *sitzen*: erect; ***er kam ~ auf uns zu*** he made a beeline for us; **~gift** *n* arrow poison; **~kraut** *n* ⚘ arrowhead; **~richtung** *f*: ***in ~*** in the direction of the arrow; **2schnell** *adj. u. adv.* (as) quick as lightning; ***~ fuhr er weg*** he was off like a shot; **~spitze** *f* arrowhead; **~taste** *f Computer*: arrow key; **~wurfspiel** *n* darts *pl.*

Pfennig *m* pfennig; *fig.* ***er hat keinen ~*** he hasn't (got) a penny to his name; ***jeden ~ umdrehen (müssen)*** (have to) count every penny; ***s-n letzten ~ für et. ausgeben*** just manage to scrape together enough to buy s.th.; ***das ist keinen ~ wert*** it's not worth a bean; ***ich würde keinen ~ für ihn geben*** I wouldn't bet a penny on his chances; ***er hat keinen ~ Mut (Anstand*** *etc.*) he hasn't got an ounce of courage (decency *etc.*); ***wer den ~ nicht ehrt, ist des Talers nicht wert*** *etwa* look after the pennies and the pounds will look after themselves; **~absatz** *m* stiletto heel; **~artikel** *m* cheap article; **~beträge** *pl.*: ***das sind doch bloß ~*** F that's chickenfeed; **~fuchser** F *m* F penny-pincher, skinflint; **~kraut** *n* ⚘ moneywort.

Pferch *m* fold, pen; **pferchen** *v/t.* pen; *fig. a.* cram.

Pferd *n* horse; *Schach*: knight; *Turnen*: (vaulting) horse; ***aufs ~ steigen*** mount a horse; ***vom ~ steigen*** dismount; ***zu ~e*** on horseback, *Truppen etc.*: mounted; *fig.* ***aufs falsche (richtige) ~ setzen*** back the wrong (right) horse; ***das ~ beim Schwanz aufzäumen*** put the cart before the horse; ***er arbeitet wie ein ~*** he works like a Trojan; ***keine zehn ~e bringen mich dahin*** wild horses couldn't drag me there; ***mit ihr kann man ~e stehlen*** she's a good sport; ***er ist unser bestes ~ im Stall*** he's our best man; ***mit ihm gehen leicht die ~e durch*** he tends to fly off the handle; F ***immer langsam mit den jungen ~en!*** F hold your horses!; F ***ich glaub', mich tritt ein ~*** F well blow me; → *a.* ***Gaul, Roß.***

Pferde|äpfel F *pl.* horse droppings; **~decke** *f* horse blanket; **~dieb** *m* horse thief; **~dünger** *m* horse manure; **~fleisch** *n* horsemeat; **~fuhrwerk** *n* horse and cart; **~fuß** *m des Teufels*: cloven hoof; *fig.* drawback, snag; *fig.* ***die Sache hat e-n ~*** there's a snag (to it); **~futter** *n* (horse's) feed; **~gebiß** F *n* F horsy teeth *pl.*; ***er lächelte mit s-m ~*** F he gave a horsy grin; **~gesicht** F *n* F horsy face; **~haar** *n* horsehair; **~handel** *m* horse trade; **~händler** *m* horse dealer (*Am.* trader); **~knecht** *m* groom; **~koppel** *f* paddock; **~kuß** F *m Sport*: thigh knock; **~kutsche** *f* horse-drawn carriage; **~länge** *f* length; ***um zwei ~n gewinnen*** win by two lengths; **~liebhaber** *m* horse lover; **~narr** *m* F horse freak; **~natur** *f*: ***e-e ~ haben (od. sein)*** have an iron constitution; **~pfleger** *m* groom; **~rennbahn** *f* racecourse, racetrack; **~rennen** *n* horseracing; (*einzelnes Rennen*) horserace; **~schlachter** *m* horse butcher; **~schlachterei** *f* horse butcher's; **~schlitten** *m* horse-drawn sleigh; **~schwanz** *m* horse's tail; (*Frisur*) ponytail; **~sport** *m* equestrian sports *pl.*; **~stall** *m* stable; **~stärke** *f* ⚙ horsepower (*abbr.* HP); **~transporter** *m* horsebox; **~wagen** *m* horse-drawn carriage; **~wette** *f* horseracing bet; **~zucht** *f* horse breeding; **~züchter** *m* horse breeder.

Pfiff *m* **1.** whistle; *pl. thea. etc.*: whistling *sg.*; **2.** F ***der Mantel hat ~*** that coat's got style; F ***es hat keinen ~*** it's boring; F ***der Sache den richtigen ~ geben*** give it that extra something; F ***das ist ein Ding mit ~*** there's a trick to it.

Pfifferling *m* ⚘ chanterelle; F *fig.* ***keinen ~ wert*** F not worth a bean (*od.* a tinker's cuss); F ***er schert sich keinen ~ drum*** F he doesn't care two hoots about it.

pfiffig *adj.* smart; **Pfiffikus** F *m* F crafty devil.

Pfingsten *n* Whitsun; *eccl. a.* Pentecost.

Pfingst|ferien *pl.* Whitsun holidays (*od.* holiday *sg.*, break *sg.*); **~montag** *m* Whit Monday; **~ochse** *m*: F ***geputzt wie ein ~*** dressed up to the nines; **~rose** *f* ⚘ peony; **~sonntag** *m* Whit Sunday; *eccl. a.* Pentecost.

Pfirsich *m* peach; **~baum** *m* peach tree; **~haut** *f* peach (*od.* peaches and cream) complexion; **~kern** *m* peach stone.

Pflanz *dial. m* nonsense; ***e-n ~ machen*** get up to nonsense; **mach keinen ~** don't be silly.

Pflanze *f* **1.** plant; **2.** F (*Person*) F character; ***komische ~*** odd character (*od.* sort); **pflanzen** **I.** *v/t.* plant (*a. fig.*); ***in Töpfe ~*** pot; → ***an-, auf-, einpflanzen***; **II.** F *v/refl.*: ***sich ~*** F plonk o.s. (down) (***auf*** on); **III.** *v/t.* ***j-n ~*** tease s.o., (*täuschen*) fool s.o.

Pflanzen|eiweiß *n* vegetable albumin (*od.* protein); **~extrakt** *m* vegetable extract; **~farbstoff** *m* vegetable dye; **~fett** *n* vegetable fat; **2fressend** *adj.* herbivorous; **~fresser** *m* herbivore; **~gift** *n* **1.** vegetable poison; **2.** (*Herbizid*) herbicide; **~kost** *f* vegetable diet; **~kunde** *f* botany; **~öl** *n* vegetable oil; **2reich** *adj.* rich in plant life; **~reich** *n* flora, vegetable kingdom; **~saft** *m* sap; **~schutzmittel** *n* pesticide; **~welt** *f* **1.** → ***Pflanzenreich***; **2.** *e-s bestimmten Gebiets*: flora, plant life.

Pflanzer *m* planter.

pflanzlich *adj.* vegetable ...

Pflänzling *m* seedling.

Pflanzung *f* **1.** (*das Pflanzen*) planting; **2.** (*Anlage*) plantation.

Pflaster *n* **1.** ⚕ plaster; **2.** (*Straßen*2) road (surface); *fig.* ***teures ~*** expensive strip (*Stadt*: place); ***heißes ~*** dangerous place; **~maler** *m* pavement (*Am.* sidewalk) artist; **~malerei** *f* **1.** pavement (*Am.* sidewalk) art; **2.** *konkret*: pavement (*Am.* sidewalk) drawing.

pflastern *v/t.* (*Straße*) surface; (*Bürgersteig*) pave.

Pflasterstein *m* paving stone.

Pflaume *f* plum; *gedörrte*: prune; F (*Mensch*) F twit.

Pflaumen|baum *m* plum tree; **2groß** *adj.* plum-sized; **~kern** *m* plum stone; **~kuchen** *m* plum flan (*Am.* pie); **~mus** *n* plum jam (*Am.* jelly); **~schnaps** *m* plum brandy; **Ձweich** *adj.* **1.** **~es Ei** soft-boiled egg; **2.** F **er ist ~** F he's a real softie.

Pflege *f* care (*a. der Haut, Zähne etc.*); *des Äußeren*: *a.* grooming; *e-s Kranken*: nursing care; *e-s Kindes*: care; *e-s Gartens*: tending; *der Künste, von Beziehungen*: cultivation; ⚙ maintenance; service; *von Datenbanken etc.*: keeping up, updating; **viel ~ brauchen** need a lot of care (*od.* attention); **ein Kind in ~ nehmen** take a child into one's care; **ein Kind (bei j-m) in ~ geben** put a child into (s.o.'s) care, farm a child out (to s.o.); **Ձbedürftig** *adj.* in need of care; **~dienst** *m* **1.** ⚙ servicing, service; **2.** *für Kranke etc.*: nursing service; **~eltern** *pl.* foster parents; **~fall** *m* invalid; **~familie** *f* foster family; **~heim** *n* nursing home; **~kind** *n* foster child; **~kosten** *pl.* nursing fees; **Ձleicht** *adj.* easy-care; *fig. Person*: easy to get along with; **~mittel** *n* shoe-care (*od.* skin-care *etc.*) product; **~mutter** *f* foster mother.

pflegen I. *v/t.* **1.** look after; (*Kind, Kranken*) *a.* nurse; (*Blumen, Garten*) tend; (*Kunst, Freundschaft*) cultivate; **sein Äußeres ~** groom o.s., take care of one's appearance; **2. zu tun ~** be in the habit of doing; **sie pflegte zu sagen** she used to say, she would say; **solche Versuche ~ fehlzuschlagen** such attempts usually fail (*od.* tend to fail); **II.** *v/refl.*: **sich ~** look after o.s.; *äußerlich*: take care of one's appearance.

Pflegepersonal *n* nursing staff.

Pfleger(in *f*) *m* **1.** → **Krankenpfleger(in)**; **2.** ⚖ curator, guardian.

Pflege|satz *m* hospital allowance; **~sohn** *m* foster son; **~tochter** *f* foster daughter; **~vater** *m* foster father; **~versicherung** *f* nursing care insurance.

pfleglich I. *adj.* careful; **II.** *adv.*: **~ behandeln** take good care of.

Pflegschaft *f für Kinder etc.*: guardianship; *für Vermögen*: trusteeship.

Pflicht *f* duty; *Sport*: compulsory exercise(s *pl.*); **die ehelichen ~en** one's marital duties, one's duties as a husband (*od.* wife); **s-e ~ tun** do one's duty; **et. aus ~ tun** do s.th. out of a sense of duty (*od.* moral obligation); **es sich zur ~ machen zu** *inf.* make it one's duty to *inf.*; **die ~ ruft** duty calls; **j-n in die ~ nehmen** take s.o. up on his (*od.* her) promise; **~beitrag** *m* compulsory contribution; **~besuch** *m* courtesy call; **Ձbewußt** *adj.* conscientious; **~bewußtsein** *n* sense of duty; **~eifer** *m* devotion to duty, zeal; **Ձeifrig** *adj.* zealous.

Pflichten|kollision *f* **1.** conflicting duties *pl.*; **2.** conflict of loyalties; **~kreis** *m* range of tasks.

Pflicht|erfüllung *f* discharge of duties; **~exemplar** *n* deposit copy; **~fach** *n ped.* compulsory subject; **~gefühl** *n* sense of duty; **Ձgemäß I.** *adj.* due, dutiful; **II.** *adv.* duly, dutifully; **~lauf** *m Eiskunstlauf etc.*: compulsory figures *pl.*; **~leistungen** *pl.* standard insurance benefits; **~lektüre** *f* required reading (*a. hum.*), set book(s *pl.*); *hum.* **es ist ~** *a.* you must read it, it's a must; **~mensch** *m* very zealous person; **er ist ein ~** *a.* he takes his duties very seriously; **~mitgliedschaft** *f* compulsory membership; **Ձschuldig** *adv.* dutifully; **~teil** *m, n* ⚖ legal portion (*od.* share), *Am.* statutory share; **~übung** *f Sport*: compulsory (*od.* set) exercise; *fig.* **et. als (reine) ~ tun** do s.th. (purely) out of a sense of duty; **~unterricht** *m* compulsory class(es *pl.*); **Ձvergessen** *adj.* neglectful, irresponsible; **~verletzung** *f* breach of duty; **~versäumnis** *n a.* ⚖ neglect *od.* dereliction (of duty); **~versicherung** *f* compulsory insurance; **~verteidiger** *m* ⚖ assigned counsel; **~vorlesung** *f* compulsory lecture; **Ձwidrig I.** *adj.* disloyal, contrary to (one's) duty; **II.** *adv.*: **sich ~ verhalten** go against one's duty; **~widrigkeit** *f* breach of duty.

Pflock *m* (*Zelt*Ձ) peg; (*Pfahl*) post, stake.

pflücken *v/t.* pick; **Pflücker(in** *f*) *m* picker; **pflückreif** *adj.* ready for picking.

Pflug *m* plough, *Am.* plow; **~bogen** *m Skisport*: plough, *Am.* plow.

pflügen *v/t. u. v/i.* plough, *Am.* plow; **Pflüger** *m* ploughman, *Am.* plowman.

Pflugschar *f* ploughshare, *Am.* plowshare.

Pfortader *f anat.* portal vein.

Pforte *f* gate, door; **s-e ~n öffnen** open its gates; *fig.* gateway; *fig.* **die ~n des Himmels (der Hölle)** the gates of heaven (of hell).

Pförtner *m* gatekeeper; (*Portier*) porter, *a. Am.* doorman; **~haus** *n* gatekeeper's lodge, gatehouse; **~loge** *f* reception; *am Toreingang*: gatekeeper's cabin, F gate; **in (***od.* **an) der ~** at the gate.

Pfosten *m* post, *schmaler*: pole; (*Tor*Ձ) (goal)post; **~schuß** *m* shot against the post; **~!** it's hit the post.

Pfote *f* **1.** paw; **2.** F *hum.* (*Hand*) F mitt, paw; **~n weg!** hands off!, F get your dirty mitts (*od.* paws) off!; **er hat s-e ~n überall drin** F he's into everything, *contp.* F he has to be in on everything; **3.** F (*Handschrift*) F scrawl.

Pfropf *m* plug (*a. Eiter*Ձ *u. Watte*Ձ); (*Blut*Ձ) (blood)clot; **Pfropfen** *m* stopper; (*Korken*) cork; **pfropfen** *v/t.* **1.** (*zustöpseln*) plug, stop(per); (*Flasche*) stopper, *mit Korken*: cork; **2.** ⚘ graft; **3.** (*hineinstopfen*) cram (**in** into); → **gepfropft.**

Pfründe *f eccl.* prebend; (*Kirchenamt*) benefice; *fig.* sinecure.

Pfuhl *m* murky pool; *fig.* slough.

pfui *int.* ugh!; *zum Hund od. Kind*: no!; *Sport etc.*: boo!; → **Teufel**; **Ձruf** *m* boo; *pl. a.* booing *sg.*

Pfund *n* **1.** (*Gewicht*) pound (*abbr.* lb, *pl.* lbs); **vier ~ Butter** four pounds of butter; **ein halbes ~ Bohnen** half a pound of beans; **2.** (*Währung u. Betrag*) pound; **~ Sterling** pound sterling (*abbr.* £).

pfundig F *adj.* F great.

Pfundnote *f* pound note.

Pfunds|idee F *f* brilliant idea; **~kerl** F *m* F great guy.

pfundweise *adv.* by the pound.

Pfundzeichen *n* pound sign.

Pfuscharbeit *f* → **Pfuscherei**; **pfuschen** *v/i. u. v/t.* bungle; **Pfuscher** *m* bungler; *im Beruf*: amateur; (*Gauner*) F cowboy; (*Kur*Ձ) F quack; **Pfuscherei** *f* bungling; (*Ergebnis*) bad job, F botch-up.

Pfütze *f* puddle.

Phalanx *f* phalanx, *fig. a.* battery.

phallisch *adj.* phallic.

Phallus *m* phallus; **~symbol** *n* phallic symbol.

Phänomen *n* phenomenon (*a. fig.*); *fig.* (*Person*) *a.* real phenomenon; (*Rätsel*) *a.* mystery; **phänomenal** *adj.* phenomenal (*a. fig.*); **Phänomenologie** *f* phenomenology.

Phänotyp *m* phenotype.

Phantasie *f* **1.** (*Vorstellungskraft*) imagination; **blühende ~** vivid imagination; **schmutzige ~** dirty (F one-track) mind; **~ haben** have imagination; **das ist reine ~** it's all in the mind, you're *etc.* imagining things; → **durchgehen** 3, **Lauf** 3, **Reich**; **2.** (*~vorstellung*) fantasy (*a. sexuell*); *e-s Kranken*: hallucination; **sich in ~n flüchten** escape into a fantasy world (*od.* world of fantasies); **Ձarm** *adj.* unimaginative, lacking in imagination; **~gebilde** *n* figment of the imagination; **~gestalt** *f* imaginary character; **~landschaft** *f* imaginary (*od.* fantastic) landscape.

phantasielos *adj.* unimaginative; boring; (*einfallslos*) unresourceful; **sei doch nicht so ~!** have some imagination; **Phantasielosigkeit** *f* lack of imagination; (*Einfallslosigkeit*) unresourcefulness.

Phantasiepreis *m* exorbitant (F wild) price.

phantasieren *v/i.* (day)dream, fantasize; ♪ improvise; ⚕ hallucinate, be delirious; F (*Unsinn reden*) rave (**von** about); **sie phantasiert davon, Astronautin zu werden** she has this fantasy about becoming an astronaut.

phantasievoll *adj.* imaginative; (*kreativ*) creative.

Phantasie|vorstellung *f* fantasy; **~welt** *f* world of fantasy, fantasy world.

Phantast *m* dreamer; **Phantasterei** *f* **1.** (pure) fantasy; **das ist ~** *a.* it's his *etc.* imagination run wild; **2. ~en** (*Unsinn*) F crazy ideas; **phantastisch** *adj.* (*unwirklich*) fantastic; (*bizarr*) bizarre; (*unglaublich*) incredible; F (*großartig*) F terrific, fantastic.

Phantom *n* phantom; **~bild** *n* identikit (*TM*) (*od.* photofit) picture; **~glied** *n* phantom limb; **~schmerzen** *pl.* phantom pain *sg.*

Pharao *m hist.* Pharaoh.

Pharaonen|grab *n* Pharaoh's (*od.* Pharaonic) tomb; **~reich** *n* **1.** Pharaonic kingdom (*Herrschaft*: reign); **2. das ~** *coll.* Ancient Egypt.

Pharisäer *m* **1.** *hist.* Pharisee; **2.** *fig. selbstgerechter*: self-righteous person; *heuchlerischer*: hypocrite; *intoleranter*: bigot; **er ist ein richtiger ~** *a.* he's so holier-than-thou; **pharisäerhaft** *adj.* (*selbstgerecht*) self-righteous, holier-than-thou; (*heuchlerisch*) hypocritical; (*intolerant*) bigoted; **Pharisäertum** *n* self-righteousness, holier-than-thou attitude; (*Heuchelei*) hypocrisy; (*Intoleranz*) bigotry.

Pharmaindustrie *f* pharmaceutical(s) industry.

Pharmakologe *m* pharmacologist; **Pharmakologie** *f* pharmacology; **pharmakologisch** *adj.* pharmacological.

Pharma|konzern *m* pharmaceutical company; **~referent(in** *f*) *m* medical rep(resentative); **~unternehmen** *n* pharmaceuticals (*od.* drug) company.

Pharmazeut *m* pharmacist; **Pharmazeutik** *f* pharmaceutics *pl.* (*sg. konstr.*); **pharmazeutisch** *adj.* pharmaceutical.

Pharmazie *f* pharmaceutics *pl.* (*sg. konstr.*).
Phase *f* phase (*a. ast.*, ⚡); *e-r Entwicklung, e-s Prozesses*: *a.* stage (*a. e-r Krankheit*); ***in dieser ~*** during this phase (*od.* stage), at this stage; ***sich in e-r kritischen ~ befinden*** be going through a critical phase (*od.* stage); ***in die entscheidende*** (F ***heiße***) ***~ treten*** enter the (*od.* its, their) critical phase *od.* stage.
Phasen|diagramm *n* phase diagram; **2gleich** *adj.* in phase; **~messer** *m* phase meter; **~verschiebung** *f* phase displacement; **2verschoben** *adj.* out of phase; **~wandler** *m* phase adapter.
Phenol *n* phenol.
Pheromon *n biol.* pheromone.
Philanthrop *m* philanthropist; **Philanthropie** *f* philanthropy; **philanthropisch** *adj.* philanthropic(al).
Philatelie *f* philately; **Philatelist** *m* philatelist.
Philemon *m bibl.* Philemon; ***Brief an ~*** → **~brief** *m*: *bibl.* ***der ~*** the (*od.* St Paul's) Epistle to Philemon, Philemon.
Philharmonie *f* philharmonic orchestra; (*Konzertsaal*) philharmonic concert hall; **Philharmoniker** *pl.*: ***die Berliner*** *etc.* ~ the Berlin *etc.* Philharmonic (Orchestra).
Philipper *m hist.* Philippian; ***Brief an die ~*** → **~brief** *m*: *bibl.* ***der ~*** the (*od.* St Paul's) Epistle to the Philippians, Philippians.
Philippika *fig. f* philippic, tirade.
Philippiner(in *f*) *m* Filipino; **philippinisch** *adj.* Philippine, *bsd. der Menschen*: *a.* Filipino.
Philister *fig. m*, **philisterhaft** *adj.* Philistine, philistine.
Philologe *m*, **Philologin** *f* language and literature teacher (*od.* expert, F man, woman), *Am.* philologist; **Philologie** *f* (study of) language and literature, *Am.* philology; **philologisch** *adj.* language and literature ..., *Am.* philological.
Philosoph *m* philosopher; **Philosophie** *f* philosophy; **philosophieren** *v/i.* philosophize (**über** on); **philosophisch** *adj.* philosophical; ***vom ~en Standpunkt*** from a philosophical point of view, looking at it philosophically; ***er ist ein ~er Mensch*** he has a philosophical mind (*od.* bent), he's a bit of a philosopher.
Phiole *f* phial, vial.
Phlegma *n* (*Gemütsart*) lethargy, apathy; **Phlegmatiker** *m* apathetic type; **phlegmatisch** *adj.* lethargic, apathetic.
Phobie *f* phobia; **Phobiker** *m*, **phobisch** *adj.* phobic.
Phon *n phys.* phon.
Phonem *n ling.* phoneme.
Phonetik *f* phonetics *pl.* (*als Fach sg. konstr.*); **Phonetiker** *m* phonetician; **phonetisch I.** *adj.* phonetic; ***~e Schrift*** phonetic transcription; **II.** *adv.* phonetically; ***~ darstellen*** transcribe.
Phönix *m*: ***wie ein ~ aus der Asche steigen*** rise (like a phoenix) from the ashes.
Phönizier(in *f*) *m*, **phönizisch** *adj.* Phoenician.
Phono|eingang *m* phono input; **~eingangsbuchse** *f* phono input jack; **~kabel** *n* phono cable (*od.* cord).
Phonologe *m* phonologist; **Phonologie** *f* phonology.
Phonometrie *f* phonometry.
Phonotypistin *f* audiotypist.
Phosphat *n* ⚗ phosphate; **2frei** *adj.* phosphate-free; **2haltig** *adj.* containing phosphates; ***~ sein*** contain phosphates.
Phosphor *m* ⚗ phosphorus; **~bombe** *f* incendiary bomb.
Phosphoreszenz *f* phosphorescence; **phosphoreszieren** *v/i.* phosphoresce; **~d** phosphorescent.
phosphor|haltig *adj.* phosphoric; **2säure** *f* phosphoric acid; **2vergiftung** *f* phosphorus poisoning.
Photo(...) → *a.* **Foto(...)**.
Photo|biologie *f* photobiology; **~chemie** *f* photochemistry; **~diode** *f* photodiode; **2elektrisch** *adj.* photoelectric, photovoltaic; **~element** *n* photovoltaic cell.
Photometrie *f* photometry.
Photon *n phys.* photon.
Photo|synthese *f* photosynthesis; **~zelle** *f* photoelectric cell, electric eye.
Phrase *f* phrase (*a.* ♪); (*abgedroschene Redensart*) *a.* cliché, platitude; *bsd. pol.* catchphrase; ***leere ~n*** empty talk, F claptrap; ***~n dreschen*** talk in platitudes, F beat the air.
Phrasen|drescher *m* phrasemonger; **~drescherei** *f* phrasemongering, F hot air.
phrasenhaft *adj.* empty, meaningless.
Phraseologie *f* phraseology; **phraseologisch** *adj.* phraseological.
phrasieren *v/t.* ♪ phrase.
pH-Wert *m phys.* pH factor.
Phylogenese *f biol.* phylogenesis; **phylogenetisch** *adj.* phylogenetic.
Physik *f* physics *pl.* (*als Fach sg. konstr.*); **physikalisch** *adj.* **1.** *Vorgang etc.*: physical; **2.** *die Physik betreffend*: physics ...; ***~es Gesetz*** law of physics; ***~es Institut*** institute (*od.* department) of physics; **3.** *Therapie etc.*: physical; ***~e Therapie*** *a.* physiotherapy; **Physiker(in** *f*) *m* physicist; **Physikum** *n* ⚕ preliminary medical examination.
Physiognomie *f* physiognomy; **physiognomisch** *adj.* physiognomical.
Physiologe *m* physiologist; **Physiologie** *f* physiology; **physiologisch** *adj.* physiological.
Physiotherapeut(in *f*) *m* physiotherapist, F physio; **Physiotherapie** *f* physiotherapy.
Physis *f* physical constitution.
physisch *adj.* physical.
Pi *n* ⩘ pi.
Pianino *n* (*Klavier*) miniature upright.
Pianist(in *f*) *m* pianist.
Piano *n* ♪ piano.
Picador *m* picador.
picheln F **I.** *v/i.* tipple, F booze; ***er hat anständig gepichelt*** F he was knocking them back; **II.** *v/t.*: ***einen ~*** F wet one's whistle; ***ein paar Flaschen ~*** F knock back a few bottles.
Pick *östr. m* glue.
Picke *f* pick(axe), *Am.* pick(ax).
Pickel[1] *m* ⚕ spot, pimple.
Pickel[2] *m* ⚙ pick(axe), *Am.* pick(ax); (*Eis2*) ice pick.
Pickelgesicht *n* **1.** spotty face; **2.** spotty person; (*Junge*) pimply youth; *pl. a.* spotty (*od.* pimply) teenagers, F *the* acne brigade *sg.*
Pickelhaube *f* spiked helmet.
pickelig *adj.* spotty, pimply.
picken *v/t. u. v/i.* peck; ***et. aus et. ~*** pick s.th. out of s.th.
Pickerl *östr. n* sticker.
Picknick *n* picnic; ***ein ~ machen*** have (*od.* go for) a picnic; **picknicken** *v/i.* (have a) picnic; **Picknickkorb** *m* picnic basket (*größer*: hamper).
picobello F **I.** *adj.* perfect, F spot on; **II.** *adv.*: ***~ sauber*** *etc.* absolutely spotless *etc.*; ***~ gekleidet*** immaculately dressed; ***er hat die Wohnung ~ aufgeräumt*** he got the flat into shipshape order; ***das Zimmer war ~ aufgeräumt*** *a.* there wasn't a thing out of place (in the room).
Picowellenherd *m* picowave oven.
Piefke *m* **1.** F pompous ass; **2.** *östr.* overbearing German.
piek|fein F **I.** *adj.* smart, F posh; *bsd. Restaurant*: *a.* F swish; *Kleidung etc.*: (very) smart; **II.** *adv.*: ***sich ~ anziehen*** F put on one's Sunday best, *sl.* put some smart gear on; **~sauber** F *adj.* spotless, F squeaky clean.
piep I. *int.*: ***er sagte nicht mal ~*** F there wasn't a peep from him; ***er konnte nicht mehr ~ sagen*** it left him speechless, he just sat (*od.* stood) there gaping; **II. 2** F *m* → ***Pieps.***
piepe, piepegal F *adj.*: ***das ist mir ~*** F I don't care two hoots, F I don't give a damn (*od.* a tinker's cuss).
piepen *v/i.* cheep, chirp; *Mäuse*: squeak; F ***bei dir piept's wohl*** F you must be off your rocker; ***es (er) war zum 2*** F it (he) was a scream.
Piepen F *pl.* (*Geld*) *sl.* brass *sg.*, bread *sg.*
Piepmatz F *m* F dickybird, birdie.
Pieps F *m* **1.** peep, cheep; ***er machte keinen ~*** F there was not a peep to be heard from him; ***ich will keinen ~ mehr hören!*** F I don't want to hear another peep out of you; **2. *du hast wohl einen ~*** F you must be off your rocker; **piepsen** *v/i.* **1.** → ***piepen***; **2.** *Gerät*: bleep; **Piepser** F *m* **1.** → ***Pieps*** 1; **2.** (*Funkrufempfänger*) F bleeper; **piepsig** *adj. Stimme*: squeaky; **Piepsstimme** *f* squeaky voice.
Pier *m*, *f* ⚓ pier.
piesacken F *v/t.* torment; *mit Fragen etc.*: pester.
pieseln F *dial. v/i.* F have a pee; ***~ gehen*** F go for a pee.
Pietät *f* reverence, piety; **pietätlos** *adj.* irreverent; **pietätvoll** *adj.* reverent.
Pietismus *m* **1.** *hist.* Pietism; **2.** pietism; **Pietist** *m* **1.** *hist.* Pietist; **2.** pietist; **pietistisch** *adj.* **1.** *hist.* Pietist; **2.** pietistic(al).
piezoelektrisch *adj.* piezoelectric; **Piezoelektrizität** *f* piezoelectricity.
Pigment *n* pigment; **~fehler** *m* pigmentation defect; **~fleck** *m* pigmentation mark, F brown spot; → ***Altersfleck.***
pigmentieren *v/t.* (*a.* ***sich ~***) pigment; **Pigmentierung** *f* pigmentation.
Pik[1] *m* (*Groll*): ***e-n ~ auf j-n haben*** F have a grudge against s.o.
Pik[2] *n* (*Kartenfarbe*) spades *pl.*; (*Einzelkarte*) spade; *in Zssgn* → ***Herz...***
pikant *adj.* **1.** *gastr.* piquant (*a. Wein*), spicy; **2.** *Witz etc.*: off-colo(u)r, risqué; ***~es Thema*** delicate subject; **3.** *Gesicht etc.*: attractive; **Pikanterie** *f* **1.** piquancy; ***darin liegt e-e gewisse ~*** it has a certain piquancy; **2.** risqué remark (*od.* story *etc.*).
pikaresk *adj. Roman*: picaresque.
Pike *f*: *fig.* ***et. von der ~ auf lernen*** learn s.th. from scratch, start at the bottom.

pikiert *adj.* put out, piqued, F miffed.
Pikkolo *m* **1.** (*Sekt*) champagne miniature; **2.** ♪ (*Flöte*) piccolo; **3.** (*Kellner*) trainee waiter; **~flöte** *f* piccolo.
Piktogramm *n* pictograph; (*Hinweisschild*) *a.* symbol.
Pilatus *m* → ***Pontius.***
Pilger(in *f*) *m* pilgrim; **Pilgerfahrt** *f* pilgrimage; **pilgern** *v/i.* go on a pilgrimage; F *weitS.* ~ ***nach*** trail off to.
Pille *f* pill (*a. Antibaby*2), tablet; ***die ~ nehmen*** take (*od.* be on, go on) the pill; ~ ***danach*** morning-after pill; *fig.* ***e-e bittere ~*** a bitter pill (to swallow); ***(j-m) die ~ versüßen*** sugar the pill (for s.o.); F ***da helfen keine ~n*** F it's hopeless; F ***bei ihm helfen keine ~n*** F he's a dead loss.
Pillen|knick *m* drop in the birthrate (*due to the introduction of the pill*), F baby bust; **2müde** F *adj.* tired of the pill, pill-weary; **~pause** *f*: ***e-e ~ einlegen*** go off (*od.* stop taking) the pill for a while; **~schlucker** F *m* F pill popper.
Pilot(in *f*) *m* pilot; **Pilotausgabe** *f* pilot edition; **Pilotenschein** *m* pilot's licen|ce (*Am.* -se).
Pilot|film *m* pilot film; **~projekt** *n* pilot project (*od.* scheme); **~sendung** *f* pilot broadcast; **~studie** *f* pilot study; **~ton** *m* pilot signal (*od.* tone).
Pils *n* Pils(e)ner (beer).
Pilz *m mst eßbarer*: mushroom, *giftiger*: toadstool; 🕮, *a.* ⚘ fungus; → ***Fußpilz, Hautpilz, Pilzkrankheit*** *etc.*; *fig.* ***wie ~e aus dem Boden schießen*** shoot up like mushrooms, mushroom; **~gericht** *n* mushroom dish; **~krankheit** *f* fungus infection, 🕮 mycosis; **~vergiftung** *f* mushroom (*od.* toadstool) poisoning.
Piment *m, n gastr.* allspice, pimento.
Pimmel *sl. m sl.* willy.
Pimpf F *m* F squirt.
pingelig F *adj.* fussy, F nitpicking ...
Pingpong *n* ping-pong.
Pinguin *m* penguin.
Pinie *f* (stone) pine; **Pinienkern** *m* pine nut.
pink *adj.*, **Pink** *n* shocking pink.
Pinke F *obs. f* F cash, *sl.* bread, brass.
Pinkel F *m*: ***feiner*** ~ F toff, poser.
pinkeln F *v/i.* F (have a) piddle *od.* pee; ~ ***gehen*** F go for a pee, *Mann*: *a. sl.* take a leak; **Pinkelpause** F *f unterwegs*: F loo stop, stop for a pee; ***machen wir mal*** ~ F time for a pee.
pinnen F *v/t.* pin, F stick (**an, auf** on[to]); **Pinnwand** *f* pinboard.
Pinscher *m* pinscher; F *contp.* (*Person*) pipsqueak.
Pinsel *m* **1.** (paint)brush; **2.** F *contp.* (*Person*) F twit; ***eingebildeter*** ~ F arrogant ponce; **~führung** *f* brushwork.
pinseln *v/i. u. v/t.* paint (*a.* ⚕).
Pinsel|stiel *m* (paint)brush handle; **~strich** *m* brushstroke.
Pinzette *f*: (**e-e** ~ a pair of) tweezers *pl.*
Pionier *m* **1.** pioneer; **2.** ⚔ engineer; **~arbeit** *f* pioneering work; **~geist** *m* pioneering spirit; **~leistung** *f* pioneering feat; **~truppe** *f* ⚔ engineers *pl.*
Pipapo F *n*: ***und das ganze*** ~ and all the rest (of it), and all that nonsense; *Auto etc.* ***mit allem*** ~ with all the extras (*od.* trimmings).
Pipeline *f* pipeline.
Pipette *f* pipette.
Pipi F *n* F wee-wee(s *pl.*); ~ ***machen*** F do a wee-wee.
Pipifax F *m* trifles *pl.*, trivialities *pl.*
Pirat *m* pirate.
Piraten|ausgabe *f* pirate edition; **~flagge** *f* Jolly Roger; **~sender** *m* pirate radio station; *pl. coll. a.* pirate radio *sg.*
Piraterie *f* piracy.
Pirouette *f*, **pirouettieren** *v/i.* pirouette.
Pirsch *f Jagd*: deerstalking, *Am.* still hunt; ***auf die ~ gehen*** → **pirschen** *v/i.* **1.** go deerstalking, stalk (the deer); **2.** (*schleichen*) (*a.* **sich** ~) creep (**an** up to); **Pirschjagd** *f* → ***Pirsch.***
Pisse V *f*, **pissen** V *v/i.* V piss.
Pissoir *n* (men's) urinal.
Pistazie *f* pistachio; **Pistazienkern** *m* (shelled) pistachio.
Piste *f* (*Rennstrecke*) (racing) track; *Skisport*: piste, ski run; ✈ runway.
Pisten|rowdy F *m*, **~sau** F *f* ski hooligan, terror of the slopes; **~wache** *f* ski patrol.
Pistole *f* pistol, gun; *fig.* ***j-m die ~ auf die Brust setzen*** hold a gun to s.o.'s head; ***wie aus der ~ geschossen*** like a shot.
Pistolen|held F *m* F gunslinger; **~schuß** *m* pistol shot; **~tasche** *f* holster.
pittoresk *adj.* picturesque.
Pizza *f* pizza; **Pizzeria** *f* pizza house (F place), pizzeria.
Placebo *n* placebo; **~effekt** *m* placebo effect.
placieren *v/t. u. v/refl. etc.* → ***plazieren etc.***
placken *v/refl.* → ***plagen*** II; **Plackerei** *f* drudgery, F grind.
plädieren *v/i.* plead (**auf, für** for) (*a.* ⚖).
Plädoyer *n* plea; ⚖ (final) speech; ***ein ~ halten für*** make a speech for.
Plafond *m* **1.** *östr.* ceiling; **2.** ✢ ceiling, upper limit.
Plage *f* (*Ärgernis*) (real) nuisance; (*Arbeit*) F (real) grind; *bibl.* plague; F ***man hat schon s-e ~ mit dir!*** you don't make life any easier; ***es macht das Leben zur ~*** it makes life unbearable (*od.* a misery); ***es ist ihr zur ~ geworden*** it's become a real problem for her; **~geist** *m* F pest.
plagen I. *v/t.* torment, F plague; *mit Bitten u. Fragen*: pester, plague; *Sorgen etc.*: worry, bother, dog; ***was plagt dich?*** what's eating at you?; → ***geplagt***; **II.** *v/refl.*: **sich** ~ slave away (**mit** *e-r Arbeit* at); (*sich abmühen*) go to great lengths; ***er plagt sich mit s-n Zähnen*** (***mit ständigem Kopfweh***) his teeth are giving him a lot of trouble (his constant headaches are getting him down); ***sie plagt sich mit ihren Schülern*** her pupils give her a hard time.
Plagiat *n* plagiarism; ***ein ~ begehen*** plagiarize; **Plagiator** *m* plagiarist; **plagiieren** *v/t. u. v/i.* plagiarize.
Plakat *n* poster; *aus Pappe*: placard; **~farbe** *f* poster colo(u)r.
plakatieren *v/t.* placard.
plakativ *adj.* (*auffällig*) striking; *contp.* (*groß aufgemacht*) ostentatious, *stärker*: sensational; (*vordergründig*) simplistic.
Plakat|kleber *m* poster sticker; **~kunst** *f* poster art; **~maler** *m* poster artist (*od.* designer); **~säule** *f* advertising pillar; **~träger** *m* sandwich man; **~wand** *f* hoarding, *bsd. Am.* billboard; **~werbung** *f* poster advertising.
Plakette *f* (*Abzeichen*) badge; (*Aufkleber*) sticker.
plan I. *adj.* level; **II.** *adv.*: ~ ***liegen*** lie flat (***auf*** on, against).
Plan[1] *m* **1.** plan; (*Absicht*) *a.* intention; ***Pläne schmieden*** make plans, *b.s.* plot, scheme; ***voller Pläne stecken*** have all sorts of plans (*od.* ideas); ***ich habe noch keine konkreten Pläne*** I haven't made any definite plans yet; **2.** (*Entwurf*) plan; (*Zeichnung*) *a.* draft, design; (*graphische Darstellung*) diagram; **3.** (*Karte*) map, (*Lage*2, *Stadt*2) *a.* plan; **4.** (*Zeit*2, *Zahlungs*2 *etc.*) schedule, plan.
Plan[2] *m*: ***auf den ~ treten*** turn up, come onto the scene; ***auf den ~ rufen*** call into action.
Plane *f* tarpaulin; *als Überdachung*: awning.
planen I. *v/t.* **1.** plan; (*entwerfen*) *a.* design; **2.** (*vorhaben*) plan; ***ich habe nichts geplant*** I've got nothing planned; **II.** *v/i.* plan; *zeitlich*: plan ahead; *mit Geld*: budget; **Planer** *m* planner; ✢ policy maker; **planerisch** *adj.* planning ...
Planet *m* planet; **planetarisch** *adj.* planetary; **Planetarium** *n* planetarium.
Planeten|bahn *f* orbit; **~system** *n* planetary system.
planieren *v/t.* level, (*Gelände*) *a.* grade; **Planierraupe** *f* bulldozer.
Planimetrie *f* plane geometry; **planimetrisch** *adj.* planimetric(al).
Planke *f* plank, board.
Plänkelei *f*, **plänkeln** *v/i.* banter.
plan|konkav *adj.* plano-concave; **~konvex** *adj.* plano-convex.
Plankosten *pl.* target cost *sg.*
Plankton *n* plankton.
planlos I. *adj.* aimless, haphazard; **II.** *adv.* aimlessly, haphazardly; **Planlosigkeit** *f* haphazardness, haphazard nature (*gen.* of).
planmäßig I. *adj.* planned; ✈ *etc.*: scheduled; (*systematisch*) systematic; **II.** *adv.* as planned; *work etc.* according to plan (*zeitlich*: schedule); *ankommen etc.*: on schedule; (*systematisch*) systematically.
Planquadrat *n* grid square.
Planschbecken *n* paddling pool; **planschen** *v/i.* splash (around); **Planscherei** *f* splashing; ***hör auf mit der ~!*** stop splashing around.
Plan|soll *n* → ***Planziel***; **~spiel** *n* experimental game(s *pl.*); **~stelle** *f* (authorized *od.* established) post.
Plantage *f* plantation.
Plantagen|arbeiter *m* plantation worker; **~besitzer** *m* planter, owner of a (*od.* the) plantation.
plantschen *v/i.* → ***planschen.***
Planung *f* **1.** planning *etc.*; → ***planen***; *zeitliche*: *a.* timing, scheduling; **2.** → ***Plan***[1] 2.
Planungs|abteilung *f* planning department; **~ausschuß** *m* planning committee; **~stadium** *n* planning stage; **~zeitraum** *m* planning period.
planvoll *adj.* systematic(ally *adv.*), methodical.
Planwagen *m* covered wagon.
Plan|wirtschaft *f* planned economy; **~ziel** *n* target; **~ziffer** *f* target (figure).
Plappermaul *n* chatterbox; ***er ist ein richtiges ~*** *a.* he never stops talking; **Plappern** *n* babble; **plappern** *v/i.* babble (on).
plärren F *v/i. u. v/t.* bawl; *Radio etc.*: blare.
Plasma *n* plasma; **~bildschirm** *m* plas-

ma display (*od.* screen); **~brenner** *m* plasma torch; **~physik** *f* plasma physics *pl.* (*sg. konstr.*); **~physiker** *m* plasma physicist; **~zelle** *f* plasma cell.

Plastik[1] *f* **1.** (*Kunst u. Kunstwerk*) sculpture; **2.** (*Eigenschaft*) plasticity; **3.** ⚕ plastic surgery.

Plastik[2] *n* (*Kunststoff*) plastic; **~besteck** *n* plastic cutlery; **~beutel** *m* plastic bag; *kleiner*: *a.* polythene bag; **~bombe** *f* plastic bomb; **~folie** *f* polythene sheet; **~geld** *n* plastic money; **~geschoß** *n* plastic bullet; **~sprengstoff** *m* plastic explosive(s *pl.*); **~tüte** *f* plastic bag.

plastisch *adj.* **1.** *Kunst*: sculptural, plastic *arts*; **2.** (*räumlich*) three-dimensional; **3.** *Beschreibung etc.*: graphic, vivid; **4. ~e Chirurgie** plastic surgery.

Platane *f* plane (tree).

Plateau *n* plateau; **~sohle** *f* platform sole.

Platin *n* platinum; **2blond** *adj.* platinum blonde.

Platine *f* ⚡ (circuit) board.

Platitüde *f* platitude; ***~n reden*** talk in platitudes.

platonisch *adj.* Platonic; *Liebe etc.*: platonic.

platsch *int.* splosh!; **platschen** *v/i.* splash.

plätschern *v/i. Regen*: patter (**gegen** against); *Wellen*: lap (against); *Brunnen*: splash; *Bach*: murmur, babble; *im Wasser*: splash about; F *fig. Gespräch*: (*a. vor sich hin* ~) meander along.

platt I. *adj.* **1.** (*flach*) flat; (*eben*) level, even; ~ ***drücken*** *etc.* flatten; F *mot.* ***e-n 2en haben*** have a flat tyre (*Am.* tire), F have a flat; **2.** *fig.* (*nichtssagend*) trite, uninspired; **3.** *Lüge etc.*: downright, F rotten; **4.** F *vor Staunen*: flabbergasted, F floored; ***ich war einfach ~*** you could have knocked me down with a feather; ***da bin ich aber ~!*** F well blow me!; **II. 2** *n ling.* → ***Plattdeutsch.***

Plättbrett *n* ironing board.

Plättchen *n* small plate; *a. anat.* lamina; ⚙, ♀ lamella; (*Blut2*) platelet.

plattdeutsch *adj.*, **2** *n ling.* Low German.

Platte *f* **1.** (*großer Teller*) dish; ***kalte ~*** cold cuts; **2.** (*Glas2, Metall2 etc.*) sheet; (*Holz2*) board; (*Stein2*) slab; (*Kachel*) tile; **3.** (*Tisch2*) tabletop, *ausziehbar*: leaf; **4.** (*Herd2*) hotplate; **5.** (*Fels2*) ledge; **6.** (*Schall2*) record; F *fig.* ***die ~ kenn' ich schon*** I've heard that one before; F ***leg mal 'ne neue ~ auf*** F can you put the other side on for a change?; F ***der hat ganz schön was auf der ~*** F he's on the ball, he's really with it; **7.** *Computer*: fixed disk; **8.** F (*Glatze*) F bald pate, (*kahle Stelle*) bald patch; ***e-e ~ haben*** be (going) bald.

Plätteisen *n* iron; **plätten** *v/t.* iron, press.

Platten|archiv *n* record library; **~aufnahme** *f* recording; **~bar** *f* record listening counter; **~cover** *n* record sleeve; **~firma** *f* record company; **~geschäft** *n* record shop; **~hülle** *f* record sleeve; **~industrie** *f* record industry; **~laufwerk** *n* *Computer*: disk drive; **~reiniger** *m* record cleaner; **~sammlung** *f* record collection; **~spieler** *m* record player, *Hi-Fi*: *a.* turntable; **~ständer** *m mst* LP rack; **~stapel** *m Computer*: disk pack; **~tektonik** *f geol.* plate tectonics *pl.* (*sg. konstr.*); **~teller** *m* turntable; **~wechsler** *m* record changer.

Plattfisch *m* flatfish.

Plattform *f* platform (*a. fig. pol.*).

Plattfuß *m* flat foot; F *mot.* flat tyre (*Am.* tire), F flat; **plattfüßig** *adj.* flat-footed.

Plattheit *f* **1.** flatness; *geistige*: triteness; **2.** (*Floskel*) trite remark, platitude.

plattnasig *adj.* flat-nosed.

Platz *m* **1.** (*Raum*) room, space; ***~ machen*** make room (**für** for), (*vorbeilassen, a. fig. den ~ räumen*) make way (for); ***~ da!*** move along, please!; ***~ sparen*** save space; ***es ist kein ~ mehr*** there's no room left; ***es ist noch viel ~*** there's plenty of room (left); ***dafür finden wir noch ~*** we'll fit (*od.* squeeze) that in somehow; ***der Wagen bietet fünf Personen ~*** the car has room for five (*od.* seats five); ***der Saal bietet 300 Personen ~*** the hall seats 300; ***das Stadion hat ~ für 30 000*** the stadium holds 30,000; ***das hat in s-m Leben keinen ~*** there's no room for that in his life; **2.** (*Sitz2, a.* ✈ *etc.*) seat, place; ***~ nehmen*** sit down; ***nehmen Sie doch ~!*** have a seat, (do) sit down; ***~!*** *zum Hund*: down!, (*Sitz!*) sit!; ***j-m s-n ~ anbieten*** offer s.o. one's seat, give up one's seat for s.o.; ***ist der ~ frei?*** is this seat taken?; ***bis auf den letzten ~ gefüllt*** filled to capacity; ***er hat s-n festen ~*** he always likes to sit in the same place; **3.** (*Stelle, Standort*) place; *für Picknick, Urlaub etc.*: *a.* spot; ***der Schlüssel hängt nicht an s-m ~*** the key isn't where it should be; ***die Ordner sind alle an ihrem ~*** the files are all in their proper place; ***auf die Plätze, fertig, los!*** on your marks, get set, go!; ***er wich nicht vom ~*** he didn't budge (*od.* move from the spot); ***dein ~ ist bei d-r Firma*** your place is with your company, your company is where you belong; ***ein ~ an der Sonne*** *a. fig.* a place in the sun; ***fehl am ~(e) sein*** be out of place, *beruflich etc.*: *a.* be a square peg in a round hole; *Bemerkung, Reaktion etc.*: be uncalled for; ***hier ist Vorsicht am ~*** we've got to be careful here, this calls for great care; **4.** (*Lücke*) space; ***hier ist noch ein ~ (frei) für den Koffer*** here's a (an empty) space for the case; **5.** (*Ort, Stadt*) place; ***das beste Restaurant am ~e*** the best restaurant around here (*od.* in [the] town); **6.** (*Lage, a. Bau2, Zelt2 etc.*) site; **7.** (*freier ~*) open space; (*öffentlicher ~*) square; *runder, in Zssgn*: Circus; **8.** (*Sportfeld*) field, pitch; (*Tennis2*) court; (*Golf2*) course; ***vom ~ stellen*** send off; ***auf eigenem*** (***gegnerischem***) ***~ spielen*** play at home (away [from home]); *fig.* ***vom ~ fegen*** play into the ground; **9.** (*Studien2*) place (to study); ***hast du schon e-n ~ gefunden?*** have you been accepted anywhere?, have you got a place?; **10.** (*Stellung, Rang*) position; *Sport*: place; ***den dritten ~ belegen*** come third; ***j-n auf den zweiten ~ verweisen*** beat s.o. into second place; ***s-e Gegner auf die Plätze verweisen*** leave one's opponents trailing; **~angst** *f* F claustrophobia; ⚕ agoraphobia; **~anweiser(in** *f***)** *m* usher(ette *f*); **~bedarf** *m* space required.

Plätzchen[1] *n* **1.** (little) place, spot; **2.** ***ist hier noch ein ~ frei?*** a) is there any room left for me?, b) is there a free seat anywhere?; **3.** *fig.* ***sich ein ~ erobern*** carve out a niche for o.s.

Plätzchen[2] *n* (*Gebäck*) biscuit, *Am.* cookie.

Platzdeckchen *n* place mat.

Platze F *f*: ***da kriegt man ja die ~*** *vor Wut etc.*: F it can drive you spare, *vor Lachen*: F what a scream.

platzen *v/i.* **1.** burst (*a. Naht, Reifen*); *Hosennaht*: split; (*reißen*) crack, split, ⚕ rupture; ***ihm ist e-e Ader geplatzt*** he burst a blood vessel; F *fig.* ***ins Zimmer ~*** burst into the room; ***vor*** *Ungeduld, Neugier etc.* ~ be bursting with; ***vor Lachen ~*** split one's sides; F ***mir platzt die Blase!*** F I'm dying to go to the loo; → ***Kragen, Naht***; **2.** F *fig. Plan etc.*: fall through; *Verlobung*: be broken off; *Drogenring etc.*: be smashed; *Wechsel*: bounce; ***~ lassen*** (*Plan etc.*) upset, thwart, put an end to, (*Theorie etc.*) explode, (*Freundschaft etc.*) break up, (*Drogenring etc.*) smash, (*Wechsel*) bounce.

Platz|ersparnis *f* space saving; ***aus Gründen der ~*** for reasons of space; **~gründe** *pl.*: ***aus ~n*** for reasons of space; ***wir sind aus ~n umgezogen*** we moved because we needed more space; **~hirsch** F *fig. m* F top dog; **~karte** *f* 🚂 reservation (ticket); **~konzert** *n* promenade concert; **~mangel** *m* lack of space; ***aus ~*** for (*od.* due to) lack of space, because there isn't (*od.* wasn't) enough room; **~miete** *f* **1.** rental charge, rent; *Tennis*: fee; **2.** *thea.* subscription; **~ordner** *m Sport*: steward; **~patrone** *f* blank cartridge; **~regen** *m* cloudburst, downpour; **~reservierung** *f* reservation; **2sparend** *adj.* space-saving; **~sperre** *f* *Sport*: *ban on playing on one's home ground*; **~verweis** *m Sport*: sending-off; ***X erhielt e-n ~*** X was sent off; ***es gab im ganzen vier ~e*** four players were sent off altogether; **~vorteil** *m Sport*: home advantage; **~wart** *m Sport*: groundsman; **~wechsel** *m* **1.** change of places (*Sport*: ends); **2.** ✝ local bill; **~wunde** *f* cut, ⚕ laceration.

Plauderei *f* chat; **Plauderer** *m* conversationalist; *contp.* gossip; ***er ist ein netter ~*** it's nice listening to him talk; **plaudern** *v/i.* (have a) chat; *fig.* ***aus der Schule ~*** F blab.

Plauder|stündchen *n*, **~stunde** *f* (pleasant) chat; **~ton** *m* chatty tone, (light) conversational tone; ***im ~ schreiben*** write in a chatty style.

Plausch *dial. m* chat, F natter; **plauschen** *v/i.* chat, F (have a) natter.

plausibel *adj.* plausible; ***j-m et. ~ machen*** make s.th. clear to s.o.; ***es klingt ~*** it sounds plausible (enough).

Play *n* play; ***auf ~ drücken*** press play (*od.* the play button).

Playback *n* **1.** *TV etc.*: miming, (*Gesang*) *a.* singing to playback; ***es ist ~*** *a.* he's *etc.* (just) miming, it's a recording; **2.** (*Verfahren*) double-tracking, multiple-tracking.

Playtaste *f* play button.

Plazenta *f anat.*, ♀ placenta.

Plazet *n* approval; ***e-r Sache sein ~ geben*** give one's approval for (*od.* blessing to) s.th.

plazieren I. *v/t.* place (*a. Sport*); **II.** *v/refl.*: ***sich ~*** position o.s.; *Sport*: be placed (***als Dritter*** third); **plaziert** *adj.* *Schuß*: well-placed; **Plazierung** *f Sport*: placing; place.

Plebejer *contp. m* plebeian, F pleb; **plebejerhaft I.** *adj.* → ***plebejisch***; **II.** *adv.*:

sich ~ benehmen F behave (*od.* act) like a pleb; **plebejisch** *adj.* plebeian, F plebby.
Plebiszit *n* plebiscite.
Plebs F *m* F plebs *pl.*
Pleistozän *n*, **pleistozän** *adj.* Pleistocene.
Pleite F **I.** *f* **1.** ✝ bankruptcy; ***~ machen*** go bankrupt, F go bust; **2.** *fig.* failure, F flop; **II.** *adj.* F broke; ***total ~*** F stone broke; **Pleitegeier** F *m*: ***über vielen Firmen schwebt der ~*** many firms are on the verge of bankruptcy (F about to go bust); ***der ~ schwebt über uns*** (*od.* ***ihnen***) *a.* the wolves are at the door; **Pleitier** F *m* bankrupt.
Plektron *n*, **Plektrum** *n* plectrum.
plemplem F *adj.* F nuts.
Plenar|debatte *f* debate of the full house; **~saal** *m* plenary assembly hall; **~sitzung** *f* plenary session; **~versammlung** *f* plenary assembly.
Plenum *n parl.* plenary assembly; ⚖ full court.
Pleonasmus *m* pleonasm; **pleonastisch** *adj.* pleonastic(ally *adv.*).
Pleuelstange *f* ⚙ connecting rod.
Pleuritis *f* ⚕ pleurisy.
Plexiglas (*TM*) *n* Perspex (*TM*).
Plexus *m anat.* plexus.
Plissee *n* pleats *pl.*; **~rock** *m* pleated skirt.
plissieren *v/t.* pleat; **plissiert** *adj.* pleated.
PLO *f* PLO (= Palestine Liberation Organization); **~-Führer** *m* PLO leader.
Plombe *f* **1.** ⚙ (lead) seal; **2.** (*Zahn*≈) filling; **plombieren** *v/t.* **1.** ⚙ seal, lead; **2.** (*Zahn*) fill.
Plotter *m Computer*: plotter.
plötzlich I. *adj.* sudden; → ***Kindstod***; **II.** *adv.* suddenly; all of a sudden; ***~ war er verschwunden*** *a.* before you knew it he had disappeared; ***~ war alles anders*** from one minute (*od.* day) to the next everything had changed; ***das kommt mir alles zu ~*** it's all happening too fast (for my liking); F ***aber ein bißchen ~!*** F and make it snappy!; **Plötzlichkeit** *f* suddenness.
Pluderhosen *pl.* harem pants, Turkish trousers; F *hum.* baggy breeches.
plump *adj.* (*unförmig*) ungainly; (*unbeholfen*) clumsy, awkward, *fig. a.* heavy-handed; (*unfein*) crude; (*taktlos*) (very) direct, blunt; *Lüge, Betrug etc.*: blatant, gross; ***das war e-e ~e Ausrede*** that was obviously just an excuse; → ***plump-vertraulich***; **Plumpheit** *f* ungainliness, clumsiness *etc.*; → ***plump.***
Plumps F **I.** *m* thud; *im Wasser*: plop; **II.** ≈ *int.* bang!; *ins Wasser*: plop!; **plumpsen** F *v/i.* (*fallen*) fall; *ins Wasser*: *a.* plop; **Plumpsklo** F *n* earth closet, F outdoor loo; *bsd.* ⚔ latrine.
plump-vertraulich I. *adj.* pally, chummy; **II.** *adv.* in a pally way, as if we *etc.* were the best of pals.
Plunder *m* rubbish, F junk.
Plünderei *f* looting (and pillaging), plundering; **Plünderer** *m* looter, plunderer; **plündern** *v/t. u. v/i.* (*Stadt*) loot, plunder, pillage; F (*Kühlschrank, Konto etc.*) raid; (*Obstbaum, Weihnachtsbaum*) strip (bare); (*Buch*) scavenge; **Plünderung** *f* looting, plundering, pillaging.
Plural *m ling.* plural (number); **~bildung** *f* formation of the plural; **~endung** *f* plural ending; **~form** *f* plural form.
Pluralismus *m* pluralism; **pluralistisch** *adj.* pluralistic(ally *adv.*).
Pluralität *f der Meinungen etc.*: plurality.
Plus I. *n* **1.** plus; (*Mehrbetrag*) profit; ***ein ~ von 10 Stunden*** 10 hours plus (*od.* in hand); **2.** (*Vorteil*) asset, advantage; **II.** ≈ *prp.* plus; ***~/minus einen Tag*** give or take a day; ***~/minus Null abschneiden*** break even.
Plüsch *m* plush; **~augen** F *pl.* dreamy eyes; **~tier** *n* soft (*od.* cuddly) toy.
Plus|pol *m* ⚡ positive (*od.* plus) pole, anode; **~punkt** *m* credit point, F *hum.* brownie point; *fig.* advantage, plus (point).
Plusquamperfekt *n ling.* pluperfect (tense), past perfect.
Plusseite *f* ✝ *u. fig.*: (***auf der ~*** on the) credit side.
plustern *v/t. u. v/refl.* → ***aufplustern.***
Pluszeichen *n* plus (sign).
Plutokrat *m* plutocrat; **Plutokratie** *f* plutocracy; **plutokratisch** *adj.* plutocratic.
Plutonium *n* ⚗ plutonium; **~bombe** *f* plutonium bomb.
Pneumatik *f phys.* pneumatics *pl.* (*als Fach sg. konstr.*); **pneumatisch** *adj.* pneumatic(ally *adv.*).
Po F *m* → ***Popo.***
Pöbel *m* (*Masse Mensch*) *the* masses *pl.*, *the* hoi polloi; (*Mob*) mob, rabble; **Pöbelei** *f* **1.** *a. pl.* vulgar behavio(u)r; **2.** (*Anmerkung*) vulgar remark; **pöbelhaft** *adj.* vulgar, uncouth; **Pöbelherrschaft** *f* mob rule.
pochen *v/i.* knock, *leise*: tap; *Puls*: throb; *Herz*: beat, *stärker*: thump; *fig.* ***~ auf*** (*bestehen auf*) insist on; (*prahlen mit*) make a big thing out of.
pochieren *v/t. gastr.* poach.
Pocke *f* ⚕ pock; **~n** smallpox *sg.*
Pocken|impfung *f* smallpox vaccination; **~narbe** *f* pockmark.
pockig *adj. Gesicht*: pockmarked.
Podest *n* **1.** platform; *fig.* ***j-n auf ein ~ erheben*** put s.o. on a pedestal; ***j-n von s-m ~ stoßen*** knock s.o. off his (*od.* her) pedestal; **2.** (*Treppenabsatz*) half-landing.
Podium *n* platform, rostrum; **Podiumsdiskussion** *f* panel (*od.* round-table) discussion.
Poesie *f* poetry (*a. fig.*); **~album** *n* autograph book.
Poet *m* poet; **Poeta laureatus** *m* poet laureate; **Poetik** *f* poetics *pl.* (*sg. konstr.*), poetic theory; **poetisch** *adj.* poetic(al), lyrical; ***~e Ader*** poetic vein.
Pogrom *n* pogrom.
Pointe *f e-r Geschichte*: point; *e-s Witzes*: punch line; **pointenreich** *adj.* very witty; **pointiert** *adj.* pointed.
Pointillismus *m Malerei*: pointillism; **Pointillist** *m* pointillist.
Pokal *m* cup, goblet; *Sport*: cup; ***~ der Landesmeister*** European (Champions') Cup; ***~ der Pokalsieger*** European Cup Winners' Cup; **~endspiel** *n* cup final; **~runde** *f* round (of the cup); **~sieger** *m* cup winner; **~spiel** *n* cup tie (*od.* match); **~verteidiger** *m* cup holder(s *pl.*).
Pökel *m* brine, pickle; **Pökelfleisch** *n* cured meat; **pökeln** *v/t.* pickle.
Poker *n, m* poker; **~gesicht** *n* poker face; ***X mit s-m ~*** *a.* po-faced X.
pokern *v/i.* play poker; *fig.* gamble (***um*** over); *fig.* ***sehr hoch ~*** gamble with high stakes.
Poker|spiel *n* **1.** poker; **2.** game of poker; **~spieler** *m* poker player.
Pol *m* pole, ⚡ *a.* terminal; *fig.* ***der ruhende ~*** the stabilizing element.
polar *adj.* polar (*a.* ⚡, ⚗); *meteor. a.* arctic; *fig.* ***in ~em Gegensatz zu*** diametrically opposed to; **≈achse** *f* polar axis; **≈eis** *n* polar (*od.* arctic) ice; **≈expedition** *f* polar (*od.* [Ant]Arctic) expedition, expedition to the Arctic (*od.* Antarctic); **≈forscher** *m* (Ant)Arctic explorer; **≈front** *f meteor.* polar front; **≈fuchs** *m* Arctic fox; **≈gebiet** *n* polar region(s *pl.*); **≈hund** *m* husky.
Polarisation *f* ⚗, *phys.* polarization (*a. fig.*); **Polarisationsfilter** *m, n* polarization filter; **polarisieren I.** *v/t.* polarize; **II.** *v/refl.*: ***sich ~*** become (more and more) polarized; **Polarität** *f* polarity (*a. fig.*).
Polar|kappe *f* polar (ice)cap; **~kreis** *m*: ***nördlicher*** (***südlicher***) ***~*** Arctic (Antarctic) Circle; **~licht** *n*: ***nördliches*** (***südliches***) ***~*** northern (southern) lights *pl.*, 🕮 aurora borealis (australis); **~luft** *f* polar current; **~meer** *n*: ***nördliches*** (***südliches***) ***~*** Arctic (Antarctic) Ocean; **~nacht** *f* polar night; **~region** *f* polar region; **~route** *f* polar route; ***über die ~ fliegen*** take the polar route, fly over the North Pole; **~station** *f* polar research station; **~stern** *m* Pole Star; **~tief** *n* polar low; **~zone** *f* frigid zone.
Pole *m* Pole.
Polemik *f* **1.** (*das Polemisieren*) polemics *pl.* (*sg. konstr.*); **2.** (*Streit*) controversy, dispute; **3.** (*Schrift*) polemic (***gegen*** against), attack (on, against); **polemisch** *adj.* polemic(al); **polemisieren** *v/i.* polemicize (***gegen*** against).
polen *v/t.* ⚡ polarize.
Polente F *obs. f* F *the* cops (*sl.* fuzz) *pl.*
Polfilter *m, n phot.* polarization filter.
Police *f* (insurance) policy.
Polier *m* foreman.
polieren *v/t.* polish (*a. fig.*).
Polier|mittel *n* polish; **~tuch** *n* soft cloth.
Poliklinik *f* outpatients' clinic.
Polin *f* Pole, Polish woman.
Polio *f* polio; **~impfung** *f* polio vaccination; **~myelitis** *f* poliomyelitis.
Politbüro *n* Politburo.
Politesse *f* (woman) traffic warden, *Am.* F meter maid.
Politik *f* politics *pl.*; (*bestimmte Linie*) policy (***in bezug auf, im Hinblick auf*** on; ***gegenüber*** towards); (*Taktik*) tactics *pl.*; (*Wissenschaft*) politics *pl.* (*sg. konstr.*); ***die internationale ~*** international politics (*od.* relations); ***~ der Härte*** hard-line policy (*od.* politics); ***in die ~ gehen*** go into politics; ***über ~ sprechen*** talk politics; → ***machen*** III; **Politiker(in** *f*) *m* politician; *führende(r)*: statesman (*f* stateswoman); **Politikum** *n* political issue.
Politik|verdrossenheit *f* disenchantment with politics; **~wissenschaft** *f* political science; **~wissenschaftler** *m* political scientist.
politisch I. *adj.* political; *fig.* (*klug*) judicious, politic; **II.** *adv.* politically; ***~ tätig*** involved in politics, politically active; ***~ interessiert*** politically aware; ***~ Verfolgte(r)*** victim of political persecution;

wie ist er ~ eingestellt? where does he stand politically?; **Politische(r** *m*) *f* political prisoner.

politisieren I. *v/i.* talk politics; **II.** *v/t.* politicize; (*j-n*) make politically aware.

Politologe *m* political scientist; **Politologie** *f* political science; **politologisch** *adj.* political; *Forschung etc.*: in (the field of) political science.

Polit|prominenz *f* political top brass, top brass politicians *pl.*; **~revue** *f* political revue; **~terror** *m* political terror; **~thriller** *m* political thriller.

Politur *f* **1.** (*Mittel*) polish; **2.** (*Glanz*) polish, finish.

Polizei *f* police (*pl. konstr.*); (*~truppe*) police force; ***bei der ~ sein*** a) be in the police force, b) be at the police station; F ***es mit der ~ zu tun kriegen*** get into trouble with the police; **~aktion** *f* police operation; **~apparat** *m* police force; **~arrest** *m* police custody; **~aufgebot** *n* police detachment; ***starkes ~*** *a.* large police presence; ***es gab ein starkes ~*** *a.* the police were out in force; **~auto** *n* police car; **~beamte(r)** *m* policeman, police officer, law enforcement officer; → *a.* ***Polizist***; **~beamtin** *f* policewoman, police officer, law enforcement officer; → *a.* ***Polizistin***; **&bekannt** *adj.* known to the police; **~boot** *n* police launch; **~chef** *m* police chief; → *a.* ***Polizeipräsident***; **~dienststelle** *f* police station; **~einsatz** *m* police action (*od.* intervention); ***unter starkem ~*** with (*od.* by) a large-scale intervention of the police; **~eskorte** *f* police motorcade; **~funk** *m* police radio; **~gewalt** *f*: ***die Menge wurde mit ~ auseinandergetrieben*** the police dispersed the crowds by force; **~griff** *m* arm-lock; **~hund** *m* police dog; **~knüppel** *m* truncheon; **~kommissar** *m* (police) inspector; **~kontrolle** *f* police check; **~labor** *n* forensic laboratory.

polizeilich I. *adj.* (of *od.* by the) police; ***unter ~er Überwachung*** under police surveillance; **II.** *adv.*: ***sich ~ anmelden*** (***abmelden***) register with the authorities (inform the authorities that one is moving); ***~ verboten*** prohibited by law; ***er wird ~ gesucht*** the police are looking for (F are after) him; ***... wird ~ bestraft*** ... is punishable by law.

Polizei|präsident *m* chief of police; *in GB*: *etwa* chief constable, *e-r Großstadt*: *mst* police commissioner; **~präsidium** *n* police headquarters *pl.* (*a. sg. konstr.*); **~revier** *n* **1.** (*Bezirk*) (police) district, *Am.* (police) precinct; **2.** (*Dienststelle*) police station; **~schutz** *m* police protection; **~spitzel** *m* (police) informer, *sl.* stool pigeon; **~staat** *m* police state; **~streife** *f* police patrol; (*Trupp*) *a.* police squad; (*einzelner Beamter*) police patrolman; **~stunde** *f* closing time; ***um Mitternacht ist ~*** all restaurants and bars have to close at midnight; **~truppen** *pl.* security forces; **~uniform** *f* police uniform; **~wache** *f* police station.

Polizist *m* policeman, (police) constable; **Polizistin** *f* policewoman, ([woman] police) constable.

Polka *f* polka.

Polkappe *f* polar cap.

Pollen *m* ⚘ pollen; **~analyse** *f* pollen analysis; **~bericht** *m* (latest) pollen count; **~korn** *n* pollen grain; **~krankheit** *f* pollinosis; **~sack** *m* pollen sac; **~vorhersage** *f* → ***Pollenbericht.***

Poller *m* ⚓ bollard.

polnisch *adj.*, **&** *n ling.* Polish.

Polo *n* polo; **~hemd** *n* polo shirt; **~schläger** *m* mallet; **~spieler** *m* polo player.

Polstärke *f* ⚡ pole strength.

Polster *n Sessel etc.*: upholstery; *Kleidung*: padding; *fig.* (*finanzielles ~*) reserves *pl.*; → ***Auftragspolster, Fettpolster***; **Polsterer** *m* upholsterer.

Polster|garnitur *f* living room (*od.* three-piece) suite; **~möbel** *pl.* **1.** upholstery *sg*; **2.** → ***Polstergarnitur.***

polstern *v/t.* upholster; (*Kleidung*) pad; → ***gepolstert.***

Polster|sessel *m* armchair, easy chair; **~stuhl** *m* upholstered chair; **~tür** *f* padded door.

Polsterung *f* upholstery.

Polter|abend *m* eve-of-the-wedding party; **~geist** *m* poltergeist.

poltern *v/i.* make a racket; (*fallen*) crash; (*sich polternd bewegen*) rumble (along); F (*schimpfen*) rant and rave.

Polwanderung *f* polar wandering.

Polyamid *n* ⚗ polyamide.

Polyandrie *f* polyandry.

Polyarthritis *f* ⚕ rheumatoid arthritis.

Polyäthylen *n* ⚗ polyethylene.

polychrom *adj.* polychrome.

Polyeder *n* A polyhedron.

Polyester *m* ⚗ polyester.

polygam *adj.* polygamous; **Polygamie** *f* polygamy.

polyglott *adj.*, **Polyglotte(r** *m*) *f* polyglot.

Polyhistor *m* polymath.

Polymer *n* ⚗ polymer.

polymorph *adj.* polymorphous, polymorphic.

Polynesier(in *f*) *m*, **polynesisch** *adj.*, **Polynesisch** *n ling.* Polynesian.

Polyp *m* **1.** *zo.* polyp; *obs.* (*Tintenfisch*) octopus; **2.** *pl.* (*Nasenpolypen*) adenoids; **3.** F (*Polizist*) F cop(per), *pl.* cops, *sl. the* fuzz (*pl.*)

polyphon *adj.* polyphonic; **Polyphonie** *f* polyphony.

Polysaccharid *n* ⚗ polysaccharide.

polysem *adj. ling.* polysemous; **Polysemie** *f* polysemy.

Polytheismus *m* polytheism; **polytheistisch** *adj.* polytheistic.

polyvalent *adj.* polyvalent.

Pomade *f* pomade; **pomadig** *adj.* **1.** *Haar*: slicked back (*od.* down); **2.** *fig.* (*schleimig*) smarmy; (*träge*) slow, sluggish.

Pomeranze *f* bitter orange.

Pommer *m* Pomeranian; ***~ sein*** be (a) Pomeranian, come from Pomerania; **pommersch** *adj.* Pomeranian.

Pommes F *pl.* chips, *Am.* fries; ***einmal ~, bitte*** bag of chips, please; *Am.* fries, please; **Pommes frites** *pl.* chips, *Am.* (French) fries; *auf der Speisekarte*: *a.* French fried potatoes.

Pomp *m* pomp; **pompös** *adj.* pretentious; *Rede*: bombastic; *Empfang etc.*: extravagant.

Pontifex *hist. m* pontiff; ***~ maximus*** Pontifex maximus.

Pontifikalamt *n* Pontifical mass; **Pontifikat** *n* papacy, pontificate.

Pontius *m*: ***von ~ zu Pilatus laufen*** run (*od.* chase) from pillar to post.

Ponton *m* pontoon; **~brücke** *f* pontoon bridge.

Pony[1] *n* pony.

Pony[2] *m Haar*: fringe, *Am.* bangs *pl.*; **~frisur** *f*: ***e-e ~ tragen*** have a fringe (*Am.* bangs).

Pop *m* **1.** pop art; **2.** pop (music).

Popanz *m* **1.** (*Schreckgespenst*) bogeyman; **2.** (*Marionette*) puppet.

Pop-art *f* pop art.

Pope *m* **1.** (Greek [unkorrekt] *od.* Russian Orthodox) priest; **2.** *contp.* cleric, F holy Joe.

Popel F *m* F bog(e)y, V bit of snot; **popelig** F *adj.* (*dürftig*) F miserable; (*knauserig*) F stingy.

Popelin(e *f*) *m* poplin.

popeln F *v/i.* pick one's nose.

Pop|festival *n* pop festival; **~gruppe** *f* pop group; **~konzert** *n* pop concert; **~musik** *f* pop music.

Popo F *m* F bottom, backside; *zum Kind*: F bot(ty); **~scheitel** F *m* middle parting.

Popper *m*, **poppig** *adj.* mod.

Pop|star *m* pop star; **~szene** *f* pop scene; ***was tut sich in der ~?*** *a.* what's going on in the world of pop?

populär *adj.* popular; **popularisieren** *v/t.* popularize; **Popularität** *f* popularity; **populärwissenschaftlich** *adj.* popular(ized), popular-science ...

Population *f* population; **Populationsdichte** *f* population density.

Populismus *m* populism; **populistisch** *adj.* populist.

Pore *f* pore; ***mir brach der Schweiß aus allen ~n*** *vor Angst*: I broke out into a cold sweat; **porig** *adj.* porous.

Porno F *m* F porn; **~film** *m* sex (*od.* porn) film, blue movie.

Pornographie *f* pornography; **pornographisch** *adj.* pornographic(ally *adv.*).

Porno|heft *n* porn magazine; **~kino** *n* blue movie theat|re (*Am.* -er); **~laden** *m* sex (*od.* porn) shop.

porös *adj.* porous; **Porosität** *f* porosity.

Porphyr *m* porphyry.

Porree *m* ⚘ leek; *gastr.* leeks *pl.*

Portal *n* main entrance, portal.

Portefeuille *n pol.* portfolio; ***Minister ohne ~*** minister without portfolio.

Portemonnaie *n* (*Am.* change) purse; F *fig.* ***ein dickes ~ haben*** F have wads of money.

Portier *m* porter, doorman.

Portion *f* **1.** *bei Tisch*: helping, serving; *Tee, Kaffee*: pot; ***e-e ~ Kaffee*** a pot of coffee; **2.** F *fig. Mut etc.*: good deal (F dose) *of courage etc.*; ***in kleinen ~en*** in small doses; **3.** F *fig.* ***halbe ~*** F shrimp, titch; **Portionierer** *m* scoop.

Porto *n* postage (**für** on, for); **&frei** *adj.* postage paid; **~kasse** *f etwa* petty cash; F *fig.* ***das zahlen die doch aus der ~*** F that's chickenfeed for them.

Porträt *n* portrait; **~aufnahme** *f* portrait (photograph); **~büste** *f* portrait bust; **~foto** *n* portrait (photograph); **~fotograf** *m* portrait photographer.

porträtieren *v/t.* paint a portrait of; *fig.* portray; **Porträtist** *m* portrait painter.

Porträt|maler *m* portrait painter; **~malerei** *f* portraiture; **~studie** *f* portrait study.

Portugiese *m*, **Portugiesin** *f*, **portugiesisch** *adj.*, **Portugiesisch** *n ling.* Portuguese.

Portwein *m* port.

Porzellan *n* porcelain, (*a. Geschirr*) china; *fig.* ***~ zerschlagen*** cause a lot of (unnecessary) trouble; **~erde** *f* china clay, kaolin; **~figur** *f* porcelain figure (*kleine*: figurine); **~geschirr** *n* china; **~laden** *m* china (*od.* porcelain) shop; → ***Elefant***; **~malerei** *f* painting on porcelain; **~ware** *f* china(ware), porcelain.

Posaune *f* trombone; *fig.* trumpet; **posaunen I.** *v/i.* play the trombone; **II.** *fig. contp. v/t.* trumpet; **Posaunenbläser** *m*, **Posaunist** *m* trombonist.

Pose *f* pose; ***e-e ~ einnehmen*** take up a pose; *fig.* pose (**als** as); ***sich in ~ werfen*** put on one's best pose; ***er gefiel sich wieder einmal in der ~ des Beleidigten*** he put on his offended act again; ***es ist alles nur ~*** it's all part of an (*od.* the, his *etc.*) act; **Poseur** *m* poser; **posieren** *v/i.* pose.

Position *f* **1.** (*Stellung*, *Rang*) position; standing, status; ***gesellschaftliche ~*** social standing, position in society; **2.** *Sport*: place, position; ***in dritter ~ liegen*** be in third place (*od.* position); **3.** (*Posten*) position, post; **4.** (*Standort*, *Lage*, *Stellung*) position; ⚔ ***in ~ gehen*** take up one's position; ***~ einnehmen!*** *Film*: places, please!; **5.** (*Lage*, *Situation*) position; **6.** (*Haltung*) position; ***~ beziehen*** take a stand; ***e-e ~ vertreten*** maintain a standpoint (*od.* point of view); **7.** ♱ item; **positionieren** *v/t.* position.

Positions|anzeiger *m* position indicator; **~leuchte** *f mot.* side lamp; **~lichter** *pl.* ✈, ⚓ navigation lights.

positiv I. *adj.* positive (*a. phys.*, ℞, ⚕, ⚡, *phot.*); (*bejahend*) *a.* affirmative; (*konkret*) concrete; ***das ist ja sehr ~*** that's excellent; ***~e Kritiken bekommen*** get a good press (*od.* good write-ups); ***das 2e daran*** the good (*od.* positive) thing about it, the positive side of it; ***er hat nur 2es über dich erzählt*** he only had positive things to say about you; **II.** *adv.* positively; ***sich ~ auf et. auswirken*** have a positive effect on s.th.; ***er hat sich ~ darüber geäußert*** he was quite positive about it, *befürwortend*: *a.* he was in favo(u)r of it; ***e-m Projekt*** *etc.* ***~ gegenüberstehen*** support (*od.* be in favo[u]r of) a project *etc.*; ***weißt du das auch ~?*** do you know that for certain (*od.* for sure)?; ***ich weiß es ganz ~*** it's a hundred per cent certain.

Positiv¹ *n phot.* positive.

Positiv² *m ling.* positive.

Positivismus *m phls.* positivism; **Positivist** *m* positivist; **positivistisch** *adj.* positivist(ic).

Positron *n phys.* positron.

Positur *f* pose; ***sich in ~ setzen*** strike a pose.

Posse *f thea.* farce (*a. fig.*), burlesque.

Possen *m* **1.** *pl.* (*Unsinn*) antics; ***~ reißen*** act the clown; **2.** ***j-m e-n ~ spielen*** play a trick on s.o.; **possenhaft** *adj.* farcical; **Possenreißer** *obs. m* clown.

possessiv *ling.* **I.** *adj.* possessive; **II.** 2 *n*, *a.* **Possessivum** *n* possessive (form); **Possessivpronomen** *n* possessive pronoun.

possierlich *adj.* droll, comical.

Post *f* post, *bsd. Am.* mail; (*~dienst*) postal service, (*a. ~amt*) post office; ***elektronische ~*** electronic mail; ***mit der ~*** by post, by mail; ***mit getrennter ~*** under separate cover; ***zur ~ geben, mit der ~ schicken*** post, mail; ***ist ~ für mich da?*** are there any letters for me?; ***ich lese gerade m-e ~*** I'm just reading (*od.* going through) my mail; ***ich warte auf die ~*** I'm waiting for the postman (*Am.* mailman), *im Betrieb*: I'm waiting for the mail (to come); ***bei der ~ arbeiten*** work for the post office; → ***ab*** 4; **~ablage** *f* correspondence file.

postalisch *adj.* postal; ***auf ~em Weg*** by post, by mail.

Postament *n* pedestal, base.

Post|amt *n* post office; **~angestellte(r** *m*) *f* post office (*Am.* postal) employee; **~anschrift** *f* postal (*Am.* mailing) address; **~anweisung** *f* money (*od.* postal) order; **~ausgang** *m* outgoing mail; **~auto** *n* mail van; **~barscheck** *m* postal cheque (*Am.* check); **~beamte(r)** *m*, **~beamtin** *f* post office (*Am.* postal) clerk; **~bezirk** *m* postal district; **~bote** *m* postman, F postie; *Am.* mailman; **~botin** *f* postwoman, F postie; **~bus** *m* post office bus; **~dienst** *m* postal service; **~eingang** *m* incoming mail.

Posten *m* **1.** (*Wache*) sentry, guard; ***~ stehen*** (*od.* ***schieben***) be on guard duty; *fig.* ***auf dem ~ sein*** be on the alert, *gesundheitlich*: be in good form (F nick); ***wieder auf dem ~ sein*** be back on one's feet (again), be fighting fit again; ***nicht recht auf dem ~ sein*** be a bit under the weather; → ***verloren***; **2.** *beruflicher*: post, position; **3.** ♱ lot, batch; (*Rechnungs2*) item; (*Eintrag*) entry; **~jäger** *m* careerist, F go-getter; **~kette** *f* cordon; **~schacher** *m* scramble for posts.

Poster *n*, *m* poster.

Post|fach *n* post office box, PO box; **2fertig** *adj.* ready for posting (*od.* mailing); **2frisch** *adj. Briefmarke*: mint, in mint condition; **~gebühr** *f a. pl.* post-age; **~en** *a.* postal rates (*od.* charges); **~geheimnis** *n* postal secrecy; **~gewerkschaft** *f* postal workers' union.

Postgiro *n* postal giro transfer; **~amt** *n* postal giro office; *in GB*: Girobank; *in den USA*: postal check office; **~konto** *n* (post office) giro account, *Am.* postal check account.

postglazial *adj. geol.* postglacial.

Posthorn *n hist.* post horn.

posthum *adj.* posthumous.

postieren I. *v/t.* position, place; ⚔ *a.* post; **II.** *v/refl.*: ***sich ~*** position o.s.

Postille *f* **1.** devotional book; **2.** *contp.* sheet.

Postillion *m hist.* stagecoach driver.

Postkarte *f* postcard; (*Ansichts2*) (picture) postcard.

Postkarten|größe *f*: ***in ~*** postcard-size(d); **~gruß** *m* postcard (greetings *pl.*).

Post|kasten *m* letterbox, postbox, *Am.* mailbox; **~kutsche** *f hist.* stagecoach.

postlagernd *adv.* poste restante, *Am.* (in care of) general delivery.

Postleitzahl *f* postcode, *Am.* zip code.

Postler F *m* post office worker.

Post|mappe *f* correspondence folder (*od.* file); **~minister** *m* postmaster general.

Postmoderne *f*: ***die ~*** Postmodernism.

postnumerando *adv.*: ***~ bezahlen*** pay on receipt, *am Monatsende*: settle at the end of the month.

postoperativ *adj.* ⚕ post-operative.

Post|sack *m* mailbag; **~schalter** *m* post office counter.

Postscheck *m* (post office) giro cheque, *Am.* postal check; **~amt** *obs. n* → ***Postgiroamt***; **~konto** *obs. n* → ***Postgirokonto.***

Post|schließfach *n* → ***Postfach***; **~sendung** *f* postal consignment; **~sparbuch** *n* post office (*Am.* postal) savings book; **~sparkasse** *f* post office (*Am.* postal) savings bank.

Postskript(um) *n* postscript.

Post|stelle *f* mail room; **~stempel** *m* postmark; ***„Datum des ~s"*** date as per postmark; **~überweisung** *f* postal (*od.* giro) transfer.

Postulat *n* **1.** (*Forderung*) imperative; **2.** *phls.* postulate, thesis; **postulieren** *v/t.* postulate.

postum *adj.* posthumous.

Post|verein *m* postal union; **~wagen** *m* 🚃 mail van, *Am.* postal car; **~weg** *m*: ***auf dem ~*** by post, by mail.

postwendend *adv.* by return (of post), by return mail; F *fig.* right away.

Post|wertzeichen *n* (postage) stamp; **~wesen** *n* postal system; **~wurfsendung** *f* bulk mail consignment; *pl. a.* bulk mail *sg.*; **~zensur** *f* postal censorship; **~zug** *m* mail train; **~zustellung** *f* postal delivery.

Pot F *n* (*Marihuana*) F pot, grass.

potent *adj.* **1.** *physiol.* virile; **2.** (*mächtig*) powerful; (*einflußreich*) *a.* influential; (*zahlungskräftig*) solvent.

Potentat *m* potentate.

Potential *n* **1.** (*Möglichkeit[en]*) potential; **2.** *e-r Anlage etc.*: capacity; **3.** (*Anzahl Personen*) pool (**an** of).

potentiell *adj.* potential.

Potentiometer *n* ⚡ potentiometer.

Potenz *f* **1.** ℞ power; ***zweite ~*** square; ***dritte ~*** cube; ***acht in die zweite*** (***dritte***) ***~ erheben*** square (cube) eight; ***acht in die vierte*** (***fünfte*** *etc.*) ***~ erheben*** raise eight to the power of four (five *etc.*); **2.** *physiol.* virility; **3.** *fig.* ability; **~angst** *f* impotence-related anxiety.

potenzieren *v/t.* **1.** ℞ raise to a higher power; **2.** *fig.* (*a. v/refl.*: ***sich ~***) multiply, intensify.

potenz|steigernd *adj.* potency *pills etc.*; **2störung** *f* virility problem, temporary impotence.

Poti F *n* ⚡ F pot.

Potpourri *n* ♪ potpourri (*a. fig.*), medley.

Pott *m* **1.** *dial.* (*Topf*) pot; *Sport*: (*Pokal*) cup; (*Nachttopf*) F jerry; (*Kinder2*) potty; F ***wir müssen mit diesem Projekt*** (***Vertrag***) ***zu ~e kommen*** we've got to get this project wound up (we've got to get this contract in the bag); F ***ich komm' damit nicht zu ~e*** I'm not getting anywhere with it; **2.** F (*Schiff*) F tub.

Pottasche *f* potash.

Pottwal *m* sperm whale.

Poularde *f* poulard.

Power F *f* power; ***~ haben*** be powerful.

PR PR, public relations *pl.*

Präambel *f* preamble (**zu** to).

PR-Abteilung *f* PR (*od.* public relations) department.

Pracht *f von Gebäuden, Gewändern etc.*: splendo(u)r; *von Farben*: richness; ***kalte ~*** cold splendo(u)r; ***die ~ bei Hofe*** courtly splendo(u)r; F ***es ist e-e ~*** F it's bril-liant; F ***es ist e-e ~, wie er Klavier spielt*** it's a treat to hear him play the piano; **~ausgabe** *f* de luxe edition; **~bau** *m* stately building; **~entfaltung** *f* display of splendo(u)r; **~exemplar** *n* (very) fine specimen, F beauty, humdinger; F (*Person*) F cracker, humdinger.

prächtig I. *adj. optisch*: splendid, magnificent; *Bau*: *a.* stately; *Wetter*: glorious; *Person*: F great; F (*großartig*) F brilliant, great; **II.** F *adv.*: ***sich ~ unterhalten*** F have a great conversation; ***sich ~ verstehen*** F get on like a house on fire; ***das hast du ~ gemacht!*** good work (F show).

Pracht|kerl F *m* F humdinger, cracker; (*Baby*) F bouncing baby; **~straße** *f* (splendid) boulevard; **~stück** *n* (very) fine specimen, F beauty; **2voll** *adj.* (*ausgezeichnet*) splendid; *Wetter*: *a.* glorious; (*sehr schön, großartig*) wonderful.

Prädestination *f* predestination; **prädestinieren** *v/t.* predestine; ***prädestiniert zu*** *od.* ***für*** (*vorherbestimmt*) predestined for, (*geeignet*) cut out for; ***zum Lehrer*** *etc.* ***prädestiniert*** (*vorherbestimmt*) predestined to become a teacher *etc.*, (*geeignet*) cut out to be a teacher *etc.* (*od.* for teaching *etc.*), a born teacher *etc.*; ***er ist für diese Rolle prädestiniert*** he's made (*od.* cut out) for the part.

Prädikat *n ling.* predicate; (*Titel*) title; (*Wertung*) rating; (*Note*) mark, grade; ***der Film erhielt das ~ „wertvoll"*** the film was highly commended; ***Qualitätswein mit ~*** → ***Prädikatswein***; **Prädikatenlogik** *f* predicate logic; **Prädikatswein** *m* quality-tested wine (with special attributes).

prädisponiert *adj.*: ***~ für*** predisposed towards.

Präfekt *m a. hist.* prefect; **Präfektur** *f* prefecture.

Präferenz *f* preference; **~liste** *f* list of preferences; *Personen*: short list.

Präfix *n ling.* prefix.

Prägedruck *m* relief print(ing); (*Hochprägung*) embossing; (*Tiefprägung*) tooling; **prägen** *v/t.* stamp; (*Geld*) mint; (*Leder, Metall etc.*) emboss; *fig.* (*Wort etc.*) coin; (*j-n, j-s Charakter*) form, mo(u)ld; (*Sache*) set the tone of, determine *s.th.*; ***geprägt sein von*** be marked by, *positiv*: *a.* be characterized by; ***~der Einfluß*** formative influence; ***den Charakter ~*** form (*od.* mo[u]ld) one's personality; ***diese Jahre haben sie geprägt*** they were formative years for her; ***Wälder und Seen ~ die Landschaft*** woods and lakes lend the landscape its character (*od.* are the main features of this landscape); ***er ist von s-r Umwelt geprägt*** he's a product of his environment; **Prägestempel** *m für Münzen*: minting die; *typ.* stamping die.

präglazial *adj. geol.* preglacial.

Pragmatik *f* pragmatism; **Pragmatiker** *m* pragmatist; **pragmatisch** *adj.* pragmatic(ally *adv.*); **pragmatisieren** *östr.* give (*s.o.*) the status of a civil servant.

prägnant *adj.* concise, to the point; *Stil*: pithy; ***~es Beispiel*** perfect (*od.* telling) example; **Prägnanz** *f* conciseness, concision; *des Stils*: pithiness.

Prägung *f* stamping, minting; embossing; *e-s Wortes etc.*: coinage; *fig.* stamp, character; → ***prägen***; ***Demokratie englischer ~*** English-style democracy.

Prähistorie *f* prehistory; **Prähistoriker** *m* prehistorian; **prähistorisch** *adj.* prehistoric.

prahlen *v/i.* boast, brag (***mit*** about); (*angeben*) show off (***mit et.*** [with] s.th.); **Prahler** *m* boaster, braggart; **Prahlerei** *f* (*Prahlen*) boasting, bragging; **prahlerisch** *adj.* boastful; (*prunkend*) showy;

Prahlhans *m* braggart; (*Protz*) F show-off.

präjudizieren *v/t.* prejudge.

präkolumbisch *adj.* pre-Columbian.

Praktik *f* practi|ce (*Am. a.* -se); *pl. a.* methods; ***unsaubere ~en*** underhand methods; **praktikabel** *adj.* practicable, feasible; ***nicht ~*** impracticable, not feasible; **Praktikant(in** *f*) *m* trainee; **Praktiker** *m* **1.** practical person; **2.** (*Ggs. Theoretiker*) practician (of the trade); ***ein alter ~*** an old hand; **3.** (*Arzt*) GP; **Praktikum** *n* practical training (period), traineeship; *in der Industrie*: *a.* (industrial) placement, *pl. a.* industrial training *sg.*; **Praktikus** F *m* practical man, handyman.

PR-Aktion *f* PR (*od.* public relations) campaign.

praktisch I. *adj.* practical (*a. ~ veranlagt*); (*bequem*) handy (*a. Gerät etc.*); (*tatsächlich*) actual; ***~er Arzt*** general practitioner, GP; ***~e Ausbildung*** practical (*od.* on-the-job, hands-on) training; ***~es Beispiel*** concrete example; ⚙ ***~er Versuch*** field test; ***im ~en Leben*** in real life; ***keinen ~en Wert haben*** be of no practical value; **II.** *adv.* practically; (*so gut wie*) *a.* virtually, more or less; (*in der Praxis*) in practi|ce (*Am. a.* -se); ***~ nie*** very rarely; ***~ nichts*** virtually (*od.* next to) nothing.

praktizieren I. *v/t.* carry out, put into practi|ce (*Am. a.* -se); (*Methode*) *a.* apply; (*Religion etc.*) practi|se (*Am.* -ce); **II.** *v/i.* practi|se (*Am.* -ce); ***als Arzt*** (***Anwalt***) ***~*** practi|se (*Am.* -ce) medicine (law), be a practi|sing (*Am.* -cing) doctor (lawyer, *Am.* attorney); ***~der Katholik*** practi|sing (*Am.* -cing) Catholic.

Prälat *m eccl.* prelate.

Praline *f*, **Praliné** *n* chocolate; *pl. a.* box *sg.* of chocolates; **Pralinenschachtel** *f* chocolate box.

prall *adj.* **1.** *Ball, Luftballon*: hard; *Segel*: full; *Früchte*: firm; *Tasche etc.*: bulging; *Muskeln*: taut; *Schenkel, Brüste*: firm; *Backen*: chubby; **2.** *Sonne*: blazing.

prallen *v/i.* **1.** ***~ auf*** (*od.* ***gegen***) (*stoßen*) bang into, *stärker*: crash into; *Person*: bump into, *stärker*: run into; *mit dem Wagen*: crash into; *Ball*: hit; *Wellen etc.*: crash against; ***mit dem Kopf gegen et. ~*** hit one's head on (*od.* against) s.th.; **2.** *Sonne*: beat down (***auf*** on).

Prallsack *m mot.* airbag.

prallvoll F *adj.* full to bursting; *Saal etc.*: *a.* F chock-a-block, jampacked.

Präludium *n* prelude.

prämenstruell *adj.* premenstrual; ***~e Beschwerden*** premenstrual tension, PMT.

Prämie *f* (*Preis*) award, prize; ✝ (*Versicherungs2 etc.*) premium; (*Dividende, Leistungs2*) bonus (*a. Sport*).

Prämien|anleihe *f* premium bond; **2begünstigt** *adj.* bonus-linked; ***~es Sparen*** → ***Prämiensparen***; **2frei** *adj.* paid-up *policy etc.*; **~sparen** *n* bonus savings scheme.

prämi(i)eren *v/t.* award a prize to; ***prämi(i)ert werden*** receive (*od.* get) an award *od.* a prize; **Prämi(i)erung** *f* **1.** awarding of a prize; ***die ~ der Gruppe mit e-m Grammy*** the awarding of a Grammy to the group; **2.** presentation (*od.* award, prize-giving) ceremony; **3.** award, prize.

Prämisse *f* premise; ***von falschen ~n ausgehen*** start out on the wrong premise.

pränatal *adj.* prenatal.

prangen *v/i.* **1.** ***~ an*** *od.* ***auf*** *Bild, Name etc.*: be emblazoned on (*od.* across); ***sein Gesicht prangte an allen Reklamewänden*** his face stared out from all the hoardings; **2.** *lit.* be resplendent (***mit*** with); (*glänzen, leuchten*) shine; *Diamanten etc.*: sparkle, glitter; ***~ mit*** *Sternen etc.*: be studded with; ***das Dorf prangte im Festschmuck*** (***in der Abendsonne***) the village was resplendent with festive decorations (was aglow in the evening sun); ***an den Bäumen prangten rote Blüten*** the trees were ablaze with red blossoms; **3.** ***~ mit*** (*zur Schau tragen*) parade.

Pranger *m* stocks *pl.*; *fig.* ***an den ~ stellen*** pillory; ***am ~ stehen*** be in the pillory.

Pranke *f* paw; F *fig.* (*Hand*) F (huge) paw.

pränumerando *adv.* in advance.

Präparat *n pharm. etc.* preparation, compound; *Mikroskop*: slide preparation, *bsd. anat.* specimen; **präparieren** *v/t.* **1.** (*a.* ***sich ~***) prepare (***auf*** for); **2.** (*sezieren*) dissect; **3.** (*konservieren*) preserve.

Präposition *f ling.* preposition; **präpositional** *adj.* prepositional.

Präraffaelit *m Kunst*: Pre-Raphaelite.

Prärie *f* prairie; **~hund** *m* prairie dog; **~wolf** *m* coyote.

Präsens *n ling.* present (tense).

Präsent *n* present, gift.

präsent *adj.* (*gegenwärtig*) present; (*geistig ~*) fully alert, F with it; ***hast du's noch ~?*** (*im Kopf*) can you remember?, is it still there?; ***das Ganze ist mir noch ~*** it's all still fresh in my mind; ***es ist mir momentan nicht ~*** it escapes me (*od.* I can't think of it) right now.

präsentabel *adj.* presentable; **Präsentation** *f* presentation; **Präsentator** *m TV* presenter; **präsentieren I.** *v/t.* present; ***stolz ~*** (*Auto, Bart etc.*) sport; *fig.* ***j-m die Rechnung ~*** make s.o. pay for (it); **II.** *v/refl.*: ***sich ~*** present o.s. (*dat.* to).

Präsentierteller *m*: F ***auf dem ~ sitzen*** F be on show (for all to see).

Präsentkorb *m* (food) hamper.

Präsenz *f* presence; **~bibliothek** *f* reference library; **~diener** *östr. m* conscript; **~dienst** *östr. m* military service; **~liste** *f* attendance list; *Schule*: (attendance) register; **~stärke** *f* ⚔ effective strength.

Präservativ *n* condom.

Präsident *m* president; (*Vorsitzender*) *a.* chairman; *des Parlaments*: speaker; ⚖ presiding judge; **Präsidentenwahl** *f* presidential election.

Präsidentschaft *f* presidency; **Präsidentschaftskandidat** *m* presidential candidate.

Präsidial|gewalt *f* presidential power(s *pl.*); **~system** *n* presidential democracy.

präsidieren *v/i.* preside (***über*** over);

Präsidium *n* **1.** presidency, chair(manship); **2.** → ***Polizeipräsidium*** *etc.*

prasseln *v/i. Regen, Hagel*: patter (***auf*** on; *Fenster*: against), *stärker*: beat down (on), *aufs Fenster*: beat (against); *Schüsse, a. fig. Fragen etc.*: rain down (on); *Feuer*: crackle; ***~der Beifall*** thunderous applause.

prassen *v/i.* F live it up; ***mit dem Geld ~*** throw one's money about; ***mit den Vorräten ~*** squander one's reserves; **Prasserei** *f* carousing; lavish lifestyle; high life.

Prätendent(in *f*) *m* claimant (**auf** to); (*Thron*2) *a.* pretender (to).
prätentiös *adj.* pretentious.
Präteritum *n ling.* preterite, past tense.
präventiv *adj.*, 2... *in Zssgn* preventive, ⚕ *a.* prophylactic; 2**krieg** *m* preventive war; 2**maßnahme** *f* preventive measure; 2**medizin** *f* preventive medicine; 2**schlag** *m* ⚔ preemptive strike.
Praxis *f* **1.** practi|ce (*Am. a.* -se) (*a. Handhabung*); (*Brauch*) *a.* usage; (*Erfahrung*) experience; ***in der*** ~ in practi|ce (*Am. a.* -se), in reality; ***in die*** ~ ***umsetzen*** put into practi|ce (*Am. a.* -se), (*Plan*) put into effect; ***nicht in die*** ~ ***umsetzbar*** impracticable; ***mir fehlt die*** ~ I haven't got the experience, I need more experience; ***ein Beispiel aus der*** ~ a concrete (*od.* real-life) example, *a.* a case I have experienced myself; **2.** *e-s Arztes etc.*: practice; (*Raum*) *a.* consulting room, *Brit.* ⚕ *a.* surgery, *Am.* doctor's office; 2**bezogen** *adj.* practically orient(at)ed; 2**fern** *adj.* theoretical, academic; 2**fremd** *adj. Studium etc.*: theoretical, academic; ~ ***sein*** *Person*: have (had) no practical experience, have no idea of the practical demands of the job; 2**gerecht** *adj.* practical; 2**nah** *adj.* practical(ly orient[at]ed); realistic; 2**orientiert** *adj.* practically orient(at)ed; ~**schock** *m* reality shock.
Präzedenzfall *m* precedent; ⚖ *a.* test case; ***e-n*** ~ ***schaffen*** establish a precedent.
präzise *adj.* precise, exact; **präzisieren** *v/t.* specify; ***können Sie es*** ~**?** can you specify what you mean?, can you be more precise?; **Präzision** *f* precision, accuracy.
Präzisions|arbeit *f* ⚙ *u. fig.* precision work; ~**instrument** *n* precision instrument; ~**uhr** *f* precision watch (*Standuhr*: clock); ~**waage** *f* precision scale(s *pl.*).
predigen *v/i. u. v/t.* preach (*dat.* to, *fig.* at); *fig.* ***j-m Toleranz*** *etc.* ~ preach at s.o. about tolerance, preach tolerance to s.o.; ***j-m Vernunft*** ~ try to make s.o. see reason (*od.* sense); **Prediger(in** *f*) *m* preacher; **Predigt** *f* sermon (*a.* F *fig.*); ***e-e*** ~ ***halten*** give (*od.* hold) a sermon (**über** on); *fig.* ***j-m e-e*** ~ ***halten*** give s.o. a lecture (**über** on).
Preis *m* **1.** price; (*Gebühr*) charge; (*Satz*) rate; ***j-m e-n guten*** ~ ***machen*** make s.o. a good offer; ***unter*** ~ ***verkaufen*** undersell; ***weit unter*** ~ ***verkaufen*** sell (at) cut-price; ***zum halben*** ~ ***verkaufen*** sell (at) half-price; ***hoch im*** ~ ***stehen*** fetch high prices; ~***e vergleichen*** *vor dem Einkauf*: shop around; ***es kommt nicht auf den*** ~ ***an*** it's not a question of money; *fig.* ***es hat alles s-n*** ~ there's a price to pay for everything; ***um keinen*** ~ not for anything in the world; ***ich muß es um jeden*** ~ ***schaffen*** I've got to make it, come what may (*od.* whatever happens); → ***drücken*** 4, ***stolz*** 2 *etc.*; **2.** *im Wettbewerb*: prize (*a. fig.*); *Film etc.*: *a.* award; ***der erste*** ~ first prize; ***den zweiten*** ~ ***bekommen*** get second prize, come second; ~ ***der Nationen*** *Reitsport*: Prix des Nations; **3.** (*Belohnung*) reward; ***e-n*** ~ ***auf j-s Kopf aussetzen*** put a price on s.o.'s head; **4.** (*Lob*) praise; ~**absprache** *f* price agreement; ~**änderung** *f* change in price; ~***en vorbehalten*** subject to change; ~**angabe** *f* quotation (of prices); ~**angebot** *n* offer; ✝ quotation; ~**anstieg** *m* rise in prices; ~**aufschlag** *m* markup; ~**ausschreiben** *n* competition; 2**bewußt** *adj.* price-conscious; *adv.* ~ ***einkaufen*** shop around; ~**bindung** *f* retail price maintenance (*abbr.* RPM); ~**brecher** *m* price cutter; ~**differenz** *f* difference in price(s); ~**disziplin** *f* price restraint; ~**druck** *m* pricing pressure; ~**einbruch** *m* → ***Preissturz.***
Preiselbeere *f* ⚘ cranberry.
Preisempfehlung *f* recommended price; ***unverbindliche*** ~ recommended retail price.
preisen *v/t.* praise (*a. Gott*), extol; ~ ***als*** *a.* hail as; → ***glücklich*** I.
Preis|entwicklung *f* price trend; ~**erhöhung** *f* price increase; ~**ermäßigung** *f* price reduction; ~**frage** *f* **1.** prize question; sixty-four-thousand-dollar question; **2. *es ist e-e*** ~ it's a question of price.
Preisgabe *f e-s Geheimnisses etc.*: revelation, unveiling; *e-s Gebiets etc.*: surrender; (*Verrat*) sellout; **preisgeben** *v/t.* (*Geheimnis, Namen etc.*) give away, reveal (*dat.* to); (*Heimat*) give up; (*Gebiet, Freiheit etc.*) surrender, give up; (*Prinzip, Ehre etc.*) sacrifice; (***sich***) *dem Gelächter etc.* ~ expose (o.s.) to; ***sich der Kritik*** (***dem Spott*** *etc.*) ~ *a.* lay o.s. open to criticism (ridicule); ***j-n dem Elend*** ~ abandon s.o. to poverty; ***et. dem Verfall*** ~ let s.th. go to rack and ruin; (***hilflos***) ***preisgegeben*** *dat.* at the mercy of.
preis|gebunden *adj.* price-controlled; ~**gefälle** *n* price differential; 2**gefüge** *n* price structure; ~**gekrönt** *adj.* prize-winning, *Film etc.*: *a.* award-winning; 2**gericht** *n* jury; 2**grenze** *f* price limit; ***obere*** ~ *a.* ceiling; ***untere*** ~ bottom price; ~**günstig I.** *adj.* → ***preiswert***; **II.** *adv.*: ***er kauft immer sehr*** ~ ***ein*** he always shops around for bargains (*od.* manages to find bargains); 2**index** *m* price index; 2**kampf** *m* price war; 2**kategorie** *f*, 2**klasse** *f* price range; ***in der oberen*** (***unteren, mittleren***) ~ in the top (bottom, medium) price range *od.* bracket; ***ein Auto der mittleren*** ~ *a.* a medium-priced car; 2**kontrolle** *f* price control; 2**krieg** *m* price war; 2**lage** *f* price range; ***in mittlerer*** ~ medium-priced; ***in der gleichen*** ~ F around the same price; 2**-Leistungs-Verhältnis** *n* price-performance ratio; F value for money.
preislich I. *adj.* price *differences etc.*; **II.** *adv.*: ***es ist*** ~ ***günstig*** it's a good price.
Preis|liste *f* price list; ~**-Lohn-Spirale** *f* prices and wages spiral; ~**nachlaß** *m* discount, markdown; ~**niveau** *n* price level; ~**notierung** *f* quotation; ~**politik** *f* prices policy; ~**rätsel** *n* competition; ~**recht** *n* pricing laws *pl.*, price legislation; ~**richter** *m* judge; ~**rückgang** *m* fall (*od.* drop) in prices; ~**schild** *n* price tag; ~**schlager** *m* bargain offer; ~**schwankungen** *pl.* price fluctuations; ~**senkung** *f* price cut; ~**skala** *f* price range; ~**spirale** *f* price spiral, spiral of rising prices; ~**steigerung** *f* rise in prices; *pl. a.* rising prices; ~**stopp** *m* price freeze; ~**sturz** *m* steep fall in prices; ~**träger(in** *f*) *m* prizewinner; ~**treiberei** *f* profiteering; ~**überwachung** *f* price control; ~**überwachungsstelle** *f* price control board; ~**unterschied** *m* difference in price(s); ~**vereinbarung** *f* price agreement; ~**verfall** *m* dramatic drop in prices; ~**vergleich** *m* **1.** comparing prices; **2.** price comparison; ~**verleihung** *f* presentation (of prizes); ~**vorteil** *m* saving; 2**wert** *adj.* very reasonable; ~ ***sein*** *a.* be good value (for money); ~**zuschlag** *m* surcharge.
prekär *adj. Frage, Situation*: awkward, tricky; *stärker*: really difficult; ~***er Friede*** uneasy peace; ~***e Lage*** *e-s Landes etc.*: *a.* parlous state.
Prellbock *m* 🚂 *u. fig.* buffer; **prellen** *v/t.* **1.** (*betrügen*) cheat swindle, F con (**um** out of); F ***die Zeche*** ~ leave without paying, F do a bunk; **2.** ⚕ bruise; **Prellschuß** *m* ricochet; **Prellung** *f* bruise; ⚕ contusion; ***er hat e-e schlimme*** ~ ***abgekriegt*** he bruised himself badly, he got a bad bruise.
Premier *m* prime minister, premier.
Premiere *f* first (*od.* opening) night, première; ***das Stück hat heute*** ~ the play is having its première today, it's the première of the play today.
Premieren|abend *m* first night, night of the première; ~**fieber** *n* first-night nerves *pl.*; ~**kino** *n* first-run cinema; ~**publikum** *n* audience on the first night.
Premierminister *m* prime minister, premier.
Presbyterianer *m*, **presbyterianisch** *adj.* Presbyterian; **Presbyterianismus** *m* Presbyterianism.
preschen F *v/i. Person, Fahrzeug*: F whiz(z), zoom; *Pferd*: gallop.
pressant *dial. adj.* urgent; ***es*** ~ ***haben*** be in a hurry.
Presse *f* **1.** ⚙, *typ.* press; (*Saft*2) squeezer; **2.** *Zeitungswesen*: press; ***die ausländische*** ~ the foreign press, foreign newspapers and magazines; ***er ist von der*** ~ he's from the press; ***es stand in der*** ~ it was in the papers; ***sie wurde von der*** ~ ***überallhin verfolgt*** the press were at her heels wherever she went; ***er hatte e-e gute*** (***schlechte***) ~ he got *od.* had a good (bad) press; ~**agentur** *f* press agency; ~**amt** *n* press office; ~**archiv** *n* press archives *pl.*; ~**attaché** *m* press attaché; ~**ausschnitt** *m* press (*od.* news) clipping; ~**ausweis** *m* press card; ~**bericht** *m* press report; ~**büro** *n* press agency; ~**chef** *m* press officer; ~**dienst** *m* news service; ~**empfang** *m* press reception; ~**erklärung** *f* press release; ~**fotograf** *m* press photographer; ~**freiheit** *f* freedom of the press; ~**gesetz** *n* press law; ~**gespräch** *n* press interview; ~**information** *f* → ***Pressemeldung***; ~**jargon** *m* journalese; ~**kabine** *f Sport*: press box; ~**kampagne** *f* press campaign; ~**kommentar** *m* press commentary; ~**konferenz** *f* press conference; ~**korrespondent** *m* newspaper correspondent; ~**mann** F *m* F newspaper man, pressman; ~**mappe** *f* press kit; ~**meldung** *f* press report; ***e-r*** ~ ***zufolge*** according to a press report.
pressen *v/t.* **1.** (*Papier, Blumen etc.*) press; (*Stroh*) bale; (*Schallplatte*) press; (*Kunststoff*) mo(u)ld; (*Wein*) make; **2.** (*Trauben, Oliven etc.*) press; (*Zitrone etc.*) squeeze; ***den Saft aus e-r Zitrone*** ~ squeeze (the juice out of) a lemon; *fig.* ***et. aus j-m*** ~ squeeze (*od.* force) s.th. out of s.o.; **3.** ~ ***in*** force (*od.* squeeze, F stuff) into; ~ ***gegen*** press against; ***an sich*** ~

hold tightly, (*j-n*) *a.* hug hard (*od.* tightly); ***sich an die Wand*** ~ press o.s. against the wall; ***sich flach an den Boden*** ~ lie absolutely flat on the ground; ***j-m die Hand auf den Mund*** ~ clasp one's hand over s.o.'s mouth; ***Luft durch et.*** ~ force air through s.th.; *fig.* ***j-n zu et.*** ~ force s.o. to do s.th.; ***et. in ein System*** ~ force s.th. into a system; → ***gepreßt.***

Presse|organ *n* (press) organ; **~recht** *n* press law; **~referent** *m* press officer; **~schau** *f* press review; **~sprecher** *m* press spokesman; **~stelle** *f* public relations department; **~stimmen** *pl.* press (*od.* newspaper) comments; ***die ~ sind sich einig*** the newspapers agree; **~tribüne** *f* press stand (*parl.* gallery); **~verlautbarung** *f* press release; **~vertreter** *m* reporter, F pressman; **~zar** *m* press baron, newspaper tycoon; **~zensur** *f* press censorship; **~zentrum** *n* press cent|re (*Am.* -er).

Preß|form *f* ⚙ compression mo(u)ld; **~glas** *n* pressed glass; **~hefe** *f* press yeast; **~holz** *n* laminated wood.

pressieren *dial. v/i.* be urgent; ***es pressiert mir*** I'm in a hurry; ***es pressiert nicht*** there's no hurry; ***es pressiert allmählich*** we're running out of time.

Pression *f* pressure; ***(e-r Fülle von) ~en ausgesetzt sein*** be under pressure (from all sides).

Preßluft *f* compressed air; **~bohrer** *m* pneumatic drill; **~hammer** *m* pneumatic hammer.

Preßsack *m gastr.* brawn, *Am.* headcheese.

Preßspan *m* pressboard.

Pressung *f Schallplatte*: pressing.

Preßwehen *pl.* bearing-down pains.

Prestige *n* prestige; *berufliches, soziales*: *a.* status; ***an ~ verlieren (gewinnen)*** lose face (gain in prestige); ***hohes ~ genießen*** enjoy considerable prestige; ***sein ~ wahren*** save one's face; **~artikel** *m* prestige item; **~denken** *n* status mentality; **~frage** *f* matter of prestige; **~gewinn** *m* gain in prestige; **2trächtig** *adj.* prestigious, prestige ...; **~verlust** *m* loss of prestige (*od.* face).

Preuße *m hist.* Prussian; F *fig.* ***so schnell schießen die ~n nicht*** F hold your horses; **preußisch** *adj. a. fig.* Prussian; **Preußischblau** *n* Prussian blue.

preziös *adj. Stil*: stilted, affected.

prickeln I. *v/i.* **1.** *Haut etc.*: tingle; **2.** *Sekt etc.*: sparkle; ***auf der Zunge ~*** tickle one's tongue; **II. 2** *n* **3.** *in den Gliedern*: tingling (sensation), pins and needles *pl.*; **4.** *von Sekt*: prickle; **5.** *fig.* thrill; **prickelnd** *adj.* (*spannend*) exciting, *stärker*: thrilling; (*sinnlich erregend*) *a.* titillating; *fig.* ***es ist ein ~es Gefühl*** it gives you goosepimples, it sends a tingle (*od.* shiver) down your spine.

Priel *m* tideway.

Priem *m* quid, plug; **priemen** *v/i.* chew tobacco.

Priester *m* priest; **Priesteramt** *n* priesthood, ministry; **Priesterin** *f* priestess; **priesterlich** *adj.* priestly; **Priesterschaft** *f* priesthood; **Priesterseminar** *n* (Roman Catholic) seminary; **Priestertum** *n* priesthood; **Priesterweihe** *f* ordination; ***die ~ empfangen*** take (holy) orders.

Prim *f* **1.** ♪ prime; ***reine ~*** perfect unison; **2.** *eccl.* (*Gebetsstunde*) prime; (*Stundengebet*) prime (song); **3.** *Fechten*: prime.

prima F **I.** *adj.* F super, great; **II.** *adv.*: ***das hast du ~ gemacht*** well done, you've done a great job; ***wir haben uns ~ amüsiert*** we had a great time.

Prima *f ped.* **1.** *obs. last two years of grammar school*; *Brit. etwa* sixth form; **2.** *östr.* first year (of grammar school).

Primaballerina *f* prima ballerina.

Primadonna *f* prima donna (*a. fig.*).

Prima-facie-Beweis *m* prima facie evidence.

Primaner(in *f*) *m* **1.** *obs. pupil in the (second to) last year of grammar school*; *Brit. etwa* sixth former; **2.** *östr.* first year (grammar school pupil).

primär I. *adj.* primary; *Frage, Problem*: *a.* main; **II.** *adv.* primarily; ***es geht uns ~ darum, daß die Firma überlebt*** what concerns us primarily (*od.* our main concern) is that the company should survive; **2energie** *f* primary energy; **2farbe** *f* primary colo(u)r; **2gestein** *n* primary rocks *pl.*; **2literatur** *f* primary literature; **2quelle** *f* primary source; **2spannung** *f* ⚡ primary voltage; **2ton** *m* simple (*od.* primary) tone.

Primas *m eccl.* primate.

Primat *m, n* primacy (**über** over).

Primaten *pl. zo.* primates.

prima vista *adv.* ♪ at sight.

Primel *f* primrose; F *fig.* ***eingehen wie e-e ~*** F wilt away, *lit.* wither on the vine, *Sport*: F get a good drubbing.

primitiv *adj.* primitive (*a. Kunst*), *Werkzeug, Methode etc.*: *a.* crude; ***die ~sten Kenntnisse*** the absolute basics; ***gegen die ~sten Regeln des Anstands verstoßen*** *Person*: have absolutely no sense of decency; **Primitivismus** *m* primitivism; **Primitivität** *f* primitiveness; (*Einfachheit*) *a.* crudeness; **Primitivling** *contp. m* F peasant.

Primzahl *f* A prime number.

Printmedien *pl.* print media.

Prinz *m* prince.

Prinzessin *f* princess.

Prinzgemahl *m* prince consort.

Prinzip *n* **1.** principle; ***aus ~*** on principle; ***im ~*** basically, in principle; ***ein Mann mit ~ien*** a man of principle; ***sein ~ ist zu*** *inf.* it's his principle to *inf.*; ***sie hat es sich zum ~ gemacht zu*** *inf.* she makes a point of *ger.*; ***mir geht's ums ~*** it's the principle of the matter (*od.* thing); → *a.* ***Grundsatz***; **2.** (*Gesetz*) principle, law; ***es funktioniert nach dem ~*** *gen.* it works on the principle of; **prinzipiell I.** *adj. Frage, Unterschied*: fundamental; ***ich habe keine ~en Einwände*** I have no real objections; **II.** *adv.* (*im Prinzip*) basically, in principle; (*aus Prinzip*) on principle.

Prinzipien|frage *f* question of principle; **~reiter** F *m* stickler for principles; **~reiterei** *f* moralizing, harping on about principles; **~streit** *m* fight (*od.* battle) over principles *od.* fundamental issues.

Prior *m* prior; **Priorin** *f* prioress.

Priorität *f* priority (**über, vor** over) (*a.* ⚚ *u. Patentrecht*); ***~en setzen*** establish priorities, take first things first, ***bei***: give priority to, prioritize; **Prioritätenliste** *f* list of priorities.

Prise *f* **1.** ***e-e ~ Salz (Tabak*** *etc.*) a pinch of salt (snuff *etc.*); **2.** ⚓ prize.

Prisma *n* prism; **prismatisch** *adj.* prismatic(ally *adv.*); **Prismensucher** *m phot.* prismatic viewfinder.

Pritsche *f* **1.** (*Liegestätte*) wooden bed; **2.** *mot.* platform; **Pritschenwagen** *m* pickup (truck).

privat I. *adj.* private; (*vertraulich*) *a.* confidential; (*persönlich*) *a.* personal; (*in Privatbesitz*) *a.* privately owned; ***das ist m-e ~e Meinung*** that's my personal opinion; **II.** *adv.* privately, in private; ***haben Sie ~ mit ihr zu tun?*** do you have any private contact with her?; **2abkommen** *n* private agreement; **2adresse** *f* private (*od.* home) address; **2angelegenheit** *f* private matter; ***das ist m-e ~*** that's my affair; **2audienz** *f* private audience; **2ausgaben** *pl.* personal expenses; **2auto** *n* private car; **2bank** *f* private bank; **2besitz** *m* private property; ***in ~*** privately owned; ***in ~ gelangen*** pass into private hands; *die Figur etc.* ***stammt aus ~*** is from a private collection; **2bett** *n* ⚕ pay bed; **2brief** *m* personal letter; **2detektiv** *m* private detective (*od.* investigator); **2dozent** *m* (unsalaried) lecturer, *Am. etwa* associate professor; **2eigentum** *n* → ***Privatbesitz***; **2fernsehen** *n* **1.** private (*od.* commercial) television *od.* TV; **2.** (*Fernsehanstalt*) private (*od.* commercial) TV station; **2gebrauch** *m* private (*od.* personal) use; ***die sind für d-n ~*** *a.* they're for your own (personal) use; **2gespräch** *n* private conversation; *teleph.* private call; **2grundstück** *n*: ***ein ~*** private property; **2hand** *f*: ***aus ~*** from a private collection; ***in ~*** privately owned.

Privatier *m* person of independent means; ***er ist ~*** he lives on a private income.

privatim *adv.* privately, in private; (*vertraulich*) confidentially.

Privat|industrie *f* private industry; **~initiative** *f* **1.** initiative; ***~ zeigen*** show some initiative; **2.** ⚚ private venture.

privatisieren I. *v/t.* ⚚ privatize; **II.** *v/i.* live on one's (*od.* a) private income; **Privatisierung** *f* privatization (*gen.* of).

Privat|klinik *f* private clinic (*od.* nursing home, hospital); **~korrespondenz** *f* private (*od.* personal) correspondence; **~krieg** *m* private feud; **~leben** *n* private life; ***sich ins ~ zurückziehen*** retire from public life; ***ich habe kaum noch ein ~*** I hardly have any time for myself; **~lehrer(in** *f*) *m* private tutor; **~mittel** *pl.* private means; **~nummer** *f* private (*od.* home) number; **~patient** *m* private patient; **~person** *f* **1.** private individual; ***als ~*** *a.* in private; **2.** ***es gehört e-r ~*** it's privately owned; **~praxis** *f* private practi|ce (*Am. a.* -se); **~quartier** *n a. pl.* private accommodation.

Privatrecht *n* private (*od.* civil) law; **privatrechtlich** *adj.* under private law, private(-law) ...

Privat|sache *f* private matter; **~sammlung** *f* private collection; **~schule** *f* private school; **~sekretär(in** *f*) *m* private secretary; **~sphäre** *f* private sphere; privacy; **~station** *f* ⚕ private (patients') ward; **~straße** *f* private road; **~stunden** *pl.* private lessons (*od.* tuition *sg.*); **~unternehmen** *n* private firm; **~unterricht** *m* → ***Privatstunden***; **~verbrauch** *m* private (*od.* personal) consumption; **~vergnügen** *n*: ***das mache ich nicht als ~*** I'm not doing it for my own pleasure; ***was Sie hier machen, ist Ihr*** ~ what you do here is your (own) business; **~vermögen** *n* personal assets *pl.*; *großes*: personal fortune; **~weg** *m* private road (*Fußweg*: footpath); **~wirtschaft** *f* private enterprise; **~wohnung** *f* private flat (*Am.* apartment) *od.* home; **~zwecke** *pl.*: ***für*** ~ for private use.

Privileg *n* privilege; ***ein*** ~ ***der Reichen*** a rich man's prerogative; **privilegieren** *v/t.* grant *s.o.* a privilege; **privilegiert** *adj.* (very) privileged.

PR-Manager *m* PR (*od.* public relations) manager.

pro I. *prp.* per; ~ ***Jahr*** per annum, a year; ~ ***Kopf*** per head; ***Einkommen*** ~ ***Kopf*** per capita income; ~ ***Stück*** each, a piece; ~ ***Stunde*** an (*od.* per) hour; ***fünf Mark*** ~ ***Person*** five marks each (*od.* a head, per person); **II.** ♀ *n*: ~ ***und Kontra*** *the* pros and cons *pl.*

Proband *m* **1.** ⚕ *etc.* test person; **2.** ⚖ probationer.

probat *adj.* tried and tested.

Probe *f* (*Erprobung*) test, trial; (*~durchlauf*) trial run, practi|ce (*Am. a.* -se) run; (*Überprüfung*) check; *thea.*, ♪ *etc.* rehearsal, *Chor*: *a.* choir practi|ce (*Am. a.* -se); (*Sprech*♀, *Gesang*♀) audition; (*Muster, Beispiel, Blut*♀ *etc.*) sample; ; *iro.* (*Kost*♀) taste; ***zur*** ~ on a trial basis, F just to try it out; ***e-e*** ~ ***machen*** do a test, *mit e-r Maschine, e-m Fahrzeug etc.*: do a trial run; ***auf die*** ~ ***stellen*** (put to the) test; ***die*** ~ ***bestehen*** stand (*od.* pass) the test; ***e-e*** ~ *s-s Könnens, Mutes etc.* ***ablegen*** give a sample (*iro.* taste) of, prove; *thea.* ***~n (ab)halten*** have rehearsals, rehearse; ***ich muß zur*** ~ I've got to go to rehearsals (*Chor*: choir practi|ce [*Am. a.* -se]); ⚙ ***~n nehmen*** take samples; ℞ ***die*** ~ ***machen*** check; ***j-n auf*** ~ ***einstellen*** employ s.o. on a trial basis (*od.* on probation); → ***Exempel***; **~abschuß** *m* test firing; **~abzug** *m typ., phot.* proof; **~alarm** *m* practi|ce (*Am. a.* -se) alarm; **~arbeit** *f* **1.** trial work; **2.** (*Beispiel*) specimen (piece); **~aufnahme** *f Film*: screen test; *Schallplatte etc.*: test recording; **~bohrung** *f* trial drill; **~ehe** *f* trial marriage; **~entnahme** *f* **1.** sampling; **2.** sample; ***e-e*** ~ ***machen*** take a sample; **~exemplar** *n* specimen copy, sample (copy).

probefahren I. *v/t.* give *a car etc.* a trial run, test-drive; **II.** *v/i.* go for a trial run; **Probefahrt** *f* test (*od.* trial) run.

Probelauf *m* test run.

proben *v/t. u. v/i.* rehearse; (*üben*) practi|se (*Am.* -ce).

Probe|nummer *f* sample copy; **~seite** *f* specimen page; **~sendung** *f* sample sent on approval; **~stück** *n* sample.

probeweise *adv.* on a trial basis, *Person*: *a.* on probation.

Probezeit *f* probationary (*od.* trial) period; ***in der*** ~ ***sein*** be on probation.

probieren I. *v/t.* **1.** try; (*aus~*) try out; ***probier es noch mal*** try again, have another go; **et.** **(*zu tun*)** ~ try (to do) s.th.; ***es*** ~ ***mit*** try *s.th., s.o. od. ger.*, have a try at *s.th. od. ger.*; F ***es bei j-m*** ~ F try it on with s.o.; **2.** (*kosten*) try, taste; ***probier mal, ob (dir) das schmeckt*** see if that tastes all right (*Am.* alright) (see if you like it); **II.** *v/i.* **3.** try; ***probier doch mal*** try, try it (out), have a go; ♀ ***geht über Studieren*** the proof of the pudding is in the eating; **4.** (*kosten*) try, taste; ***kann ich mal ~?*** can I have a taste?

Problem *n* problem (*a.* ℞, *phls. etc.*); ***kein ~!*** no problem; ***vor e-m*** ~ ***stehen*** be faced with a problem; ***es ist nicht ohne ~e*** it's not without its (little) problems; *sie ist zu ungeduldig* – ***das ist ihr*** ~ *a.* that's her trouble; ***er muß immer ein*** ~ ***draus machen*** he always has to make a problem out of it (F a thing of it); **Problematik** *f* problem(s *pl.*); ***die*** ~ ***der Arbeitslosigkeit*** the problems of (*od.* surrounding) unemployment; ***die*** ~ ***dieser Beziehung*** the problematic nature of this relationship; **problematisch** *adj.* problematic(al); (*fraglich*) questionable; **problematisieren** *v/t.* make a problem out of; ***man kann alles*** ~ you can 'make problems.

Problem|fall *m* problem (case); **~haare** *pl.* problem hair *sg.*; **~haut** *f* problem skin; **~kind** *n* problem child; **~komplex** *m* complex of problems; **~kreis** *m* range (*od.* complex) of problems.

problemlos I. *adj.* (completely) unproblematic(al), problem-free; **II.** *adv.*: ~ ***ablaufen*** go off without a hitch.

problemreich *adj.* (highly) problematic(al).

Problem|stellung *f* **1.** presentation of a problem; **2.** problem; **~stück** *n thea.* problem (*od.* issue, thesis) play.

Produkt *n* product (*a.* ℞); *pl.* (*Naturprodukte*) produce *sg.*

Produktenbörse *f* commodity exchange.

Produkthaftung *f* product liability.

Produktion *f* production; (*produzierte Menge*) *a.* output; ***die*** ~ ***aufnehmen*** go into production.

Produktions|abfall *m* drop in production; **~ablauf** *m* production run; **~anlage** *f* production plant; **~ausfall** *m* loss of production; **~breite** *f* horizontal range of production; **~genossenschaft** *f* **1.** producers' cooperative; **2.** ***landwirtschaftliche*** ~ *hist. DDR*: collective farm; **~güter** *pl.* producer goods; **~kapazität** *f* production (*od.* productive) capacity; **~kosten** *pl.* production costs; **~leistung** *f* output capacity; **~leiter** *m* production manager; **~mittel** *pl.* means of production; ♀**reif** *adj.* ready for production; **~rückgang** *m* fall in production; **~stätte** *f* production plant; **~standort** *m* production site (*od.* location); **~steigerung** *f* increase in production; increased productivity; **~technik** *f* production technology; **~tiefe** *f* vertical range of production; **~verfahren** *n* production process; **~weise** *f* production method; **~ziel** *n* production target; **~zweig** *m* line of production.

produktiv *adj.* productive; ***äußerst*** ~ *Schriftsteller etc.*: *a.* prolific; **Produktivität** *f* productivity.

Produktpalette *f* range of products.

Produzent *m* producer (*a. Film, Schallplatten etc.*), manufacturer, maker; **Produzentenhaftung** *f* product (*od.* manufacturer's) liability.

produzieren I. *v/t. allg.* produce; (*herstellen*) *a.* make; **II.** *v/refl.*: ***sich*** ~ *contp.* show off, make an exhibition of o.s.

Prof F *m* F prof.

profan *adj.* **1.** profane, secular; **2.** (*alltäglich*) ordinary, everyday ...; ♀**architektur** *f* civic architecture; ♀**bau** *m* secular building.

profanieren *v/t.* profane.

Professionalismus *m* professionalism; **professionell** *adj.* professional; **Professionelle** F *f* (*Prostituierte*) F pro.

Professor(in *f*) *m* professor; ***sie ist Professorin für Erdkunde*** she's a geography professor, she's Professor of Geography; **professoral** *adj.*, **professorenhaft** *adj.* professorial; **Professorenschaft** *f* professorate; **Professur** *f* professorship, chair (***für*** of).

Profi F *m* F pro; ***da waren ~s am Werk*** it looks like a professional job; **~boxen** *n* professional boxing; **~boxer** *m* professional boxer; **~fußball** *m* professional football (*od.* soccer); **~fußballer** *m* professional footballer (*od.* soccer player).

profihaft *adj.* (very) professional.

Profil *n* **1.** profile; ⚙ *a.* section; (*Reifen*♀) tread; ***im*** ~ in profile; **2.** *fig.* profile; *e-r Person*: personality; ***kein*** ~ ***haben*** *Person*: have no personality, *Sache*: have no identity (*od.* profile); ***die Partei*** *etc.* ***hat ein starkes*** ~ it's a high-profile party *etc.*; **~ansicht** *f* profile.

profilieren I. *v/t.* ⚙ profile, shape; *weitS.* streamline; *fig.* give *s.th.* a clear profile; **II.** *v/refl.*: ***sich*** ~ *Politiker etc.*: distinguish o.s., make one's mark; **profiliert** *fig. adj.* (*scharf umrissen*) clearly defined, clear-cut; *Persönlichkeit*: distinguished; ***er ist ein ~er Politiker*** he's made his mark as a politician.

Profil|neurose F *f* image neurosis; ***er hat e-e ~, er leidet an e-r*** ~ he's obsessed with his image, he's always got to be in the limelight; **~reifen** *m* nonskid tyre (*Am.* tire); **~sohle** *f* grip sole.

Profit *m* profit; → ***Gewinn.***

profitabel *adj.* profitable, *stärker*: lucrative.

Profit|denken *n* money-grubbing mentality; ♀**gierig** *adj.* profit-seeking, money-grubbing.

profitieren *v/i.* profit; ***er kann dabei nur*** ~ he only stands to gain.

Profit|jäger *m* profiteer; **~streben** *n* profit-mongering.

pro forma *adv.* as a matter of form.

Proformarechnung *f* ✝ pro forma invoice.

profund *adj.* profound.

Progesteron *n* progesterone.

Prognose *f* prediction; ✝ *u. Wetter*: forecast; *bsd.* ⚕ prognosis; ***ich möchte keine ~n stellen*** I wouldn't like to make any predictions (*od.* forecasts); ***alle ihre ~n trafen ein*** everything happened as she had predicted (*od.* foretold); **prognostizieren** *v/t.* forecast.

Programm *n* programme, *Am. u. Computer*: program; (*Zeitplan*) *a.* schedule; *pol.* (political) program(me), platform; ⚙ *e-r Waschmaschine etc.*: cycle; *TV* (*Kanal*) channel; ***im ersten*** ~ on (channel) one; ***volles*** ~ full schedule; ***mein*** ~ ***fürs Wochenende*** my weekend schedule; F ***was steht heute auf dem ~?*** F what's on the agenda today?; F ***das steht nicht auf unserem*** ~ that's not on our list; F ***das paßt mir überhaupt nicht ins*** ~ that doesn't suit me at all; **~ablaufplan** *m Computer*: flow chart; **~änderung** *f* change of program(me).

programmatisch *adj.* programmatic(ally *adv.*); ***~e Rede*** keynote speech (*od.* address).

Programm|fehler *m Computer*: program error; **≈gemäß** *adj. u. adv.* according to program(me), as scheduled; **~gestaltung** *f* program(me) planning; **≈gesteuert** *adj.* computer-controlled; **~heft** *n* program(me); **~hinweis** *m TV*: ***~e für heute abend*** details about tonight's program(me)s (*od.* viewing); ***hier noch ein ~*** a word about a program(me) coming up shortly.

programmierbar *adj.* program(m)able; **programmieren** *v/t.* (*Computer*) program(me); **Programmierer(in** *f*) *m* program(m)er.

Programmier|fehler *m* program(m)ing error; **~gerät** *n* program(m)er; **~sprache** *f* program(m)ing language.

programmiert *adj.* program(m)ed; *fig.* ***auf Erfolg ~ sein*** be program(m)ed for success; **Programmierung** *f* program(m)ing.

Programm|kino *n* repertory cinema; **~platz** *m TV* program(me) slot; **~punkt** *m* item; *e-r Partei*: plank; **~steuerung** *f* program(me) control; **~taste** *f TV* channel selector button; *Waschmaschine etc.*: cycle setting button.

Programmusik *f* (*getr.* **mm-m**) program(me) music.

Programm|vorschau *f* preview; *Film*: trailer; **~wahl** *f TV* channel selection; *Waschmaschine etc.*: cycle selection; **~zeitschrift** *f* program(me) guide, TV guide.

Progression *f* progression; **progressiv** *adj.*, **Progressive(r** *m*) *f* progressive.

Prohibition *f* prohibition.

Projekt *n* project; **~gruppe** *f* task force.

projektieren *v/t.* project, plan; ***projektierte Zahl*** target figure.

Projektil *n* projectile.

Projektion *f* projection (*a.* ⩓, *psych.*).

Projektleiter *m* project manager.

Projektor *m* projector.

Projektstudie *f* feasibility study.

projizieren *v/t.* project (**auf** onto, *a. psych.*).

Proklamation *f* proclamation; **proklamieren** *v/t.* proclaim.

Pro-Kopf|-Einkommen *n* per capita income; **~-Verbrauch** *m* per capita consumption.

Prokura *f* † power of attorney; **Prokurist** *m* authorized signatory.

Prolet *contp. m* F pleb, prole.

Proletariat *n* proletariat; **Proletarier(in** *f*) *m*, **proletarisch** *adj.* proletarian.

proletenhaft *contp. adj.* plebeian, F plebby.

Prolog *m* prolog(ue).

prolongieren *v/t.* † extend, renew.

Promenade *f* promenade.

Promenaden|deck *n* ⚓ promenade deck; **~mischung** F *f* mongrel.

promenieren *v/i.* promenade.

Promille *n* per thousand (*od.* mil); F **~** (***Blutalkohol***) blood alcohol; **~grenze** *f* (blood) alcohol limit; **~sünder** *m* drink driver.

prominent *adj.* prominent; ***~e Persönlichkeit*** well-known personality; **Prominente(r** *m*) *f* public figure, VIP; *bsd. Film etc.*: well-known personality, celebrity, F celeb.

Prominenten|mannschaft *f* celebrity team; **~spiel** *n* celebrity match.

Prominenz *f* **1.** VIPs *pl.*, big names *pl.*, F top nobs *pl.*, (*Funktionäre etc.*) *a.* F bigwigs *pl.*; ***die ganze ~*** *a.* all the important people; **2.** renown.

Promiskuität *f* promiscuity.

Promotion *f univ.* doctorate, PhD; **promovieren I.** *v/i.* do a *od.* one's doctorate (*od.* PhD); ***hat er promoviert?*** has he done a *od.* his doctorate (*od.* PhD)?, has he got a PhD?; **II.** *v/t.*: ***j-n ~*** award s.o. a doctorate (*od.* PhD).

prompt I. *adj.* prompt, quick; **II.** *adv.* F *iro.* of course, needless to say; ***ich bin ~ drauf reingefallen*** of course I fell for it straightaway; ***als wir in Miami landeten, fing es ~ an zu regnen*** of course it had to start raining the minute we landed in Miami.

Pronomen *n ling.* pronoun; **pronominal** *adj.*, **Pronominal...** pronominal, pronoun ...

prononciert I. *adj.* pronounced; *Weigerung, Gegner etc.*: firm; *Anhänger*: firm, staunch; (*deutlich*) clear(-cut); ***~e Aussprache*** clear enunciation; **II.** *adv.*: ***sich ~ für*** (***gegen***) ***et. aussprechen*** take a firm stand in support of (against) s.th.; ***~ für et. eintreten*** give s.th. one's wholehearted support.

Propaganda *f* propaganda; ***~ für et. machen*** make propaganda for s.th., F beat the big drum for s.th.; **~apparat** *m* propaganda machine; **~chef** *m* propaganda chief; **~feldzug** *m* propaganda campaign; † publicity (*od.* advertising) campaign; **~film** *m* propaganda film; **~flut** *f* flood of propaganda; **~instrument** *n* instrument of propaganda, propaganda medium; **~krieg** *m* propaganda war (-fare); **~lüge** *f* propagandist lie; **~manöver** *n* propaganda move; **~material** *n* propaganda material; **~rummel** *m* F ballyhoo; ***e-n ~ um et. machen*** make a great ballyhoo about s.th.; **~schrift** *f* propaganda leaflet; **~sender** *m* propaganda station; **~sendung** *f* propaganda broadcast; **~trommel** *f*: ***die ~ rühren für*** drum up some support for, F beat the big drum for.

Propagandist *m*, **propagandistisch** *adj.* propagandist.

propagieren *v/t.* (*Idee etc.*) propagate; (*Sache*) promote, F push.

Propan(gas) *n* ⚗ propane.

Propeller *m* propeller, F prop; **~antrieb** *m*: ***Maschine mit ~ → Propellermaschine***; **~blatt** *n*, **~flügel** *m* propeller blade; **~maschine** *f* propeller aircraft, F prop plane.

proper F *adj.* neat, clean and tidy.

Prophet *m* prophet; ***falscher ~*** false prophet; ***ich bin doch kein ~*** I can't read the stars; ***der ~ gilt nichts in s-m eigenen Lande*** a prophet is not without hono(u)r save in his own country; **Prophetengabe** *f* prophetic powers *pl.*, powers *pl.* (*od.* gift) of prophecy; ***man braucht keine ~, um das zu sehen*** you don't have to be a prophet to see that; **prophetisch** *adj.* prophetic(ally *adv.*); ***~e Gabe → Prophetengabe.***

prophezeien *v/t.* (*verkünden*) prophesy; (*vorhersagen*) *a.* predict, forecast; ***j-m Reichtum ~*** prophesy that s.o. will become rich; F ***das hab' ich dir doch prophezeit*** I told you so, didn't I?; **Prophezeiung** *f* prophecy; (*Vorhersage*) *a.* prediction, forecast.

prophylaktisch *adj.* prophylactic, preventive; **Prophylaxe** *f* prophylaxis; ***zur ~ gegen*** as a precaution against.

Proportion *f* proportion; ***besorgniserregende ~en annehmen*** take on alarming proportions.

proportional *adj.* proportional; ***umgekehrt ~*** inversely proportional (**zu** to); **≈schrift** *f* proportional spacing.

proportioniert *adj.*: (**gut ~** well-)proportioned.

Proporz *m* proportional representation.

proppenvoll F *adj.* F jampacked, chock-a-block.

Propst *m eccl.* provost.

Prosa *f* prose; **~dichtung** *f* **1.** prose work, work of prose; *coll.* prose writing; **2.** prose poem; *coll.* prose poetry; **~erzählung** *f* prose narrative; **~gedicht** *n* prose poem; *pl. a.* prose poetry *sg.*

Prosaiker *fig. m* matter-of-fact (sort of) person; **prosaisch** *adj.* prosaic(ally *adv.*); *fig.* (*nüchtern*) down-to-earth, matter-of-fact; (*alltäglich*) mundane; **Prosaist** *m* prose writer.

Prosa|text *m* prose text; *pl. a.* prose writings; **~übersetzung** *f* prose translation.

Proselyt *m* proselyte; **Proselytenmacher** *m* proselytizer.

Proseminar *n univ.* (introductory) seminar.

prosit I. *int.* your health!, F cheers!; ***~ Neujahr!*** happy New Year!; **II.** **≈** *n*: ***ein ~ ausbringen auf*** toast *s.o.*

Prospekt *m* **1.** brochure, (*Faltblatt*) *a.* leaflet; **2.** (*Ansicht*) prospect.

prost *int.* cheers!; → ***Mahlzeit.***

Prostata *f anat.* prostate (gland); **~krebs** *m* cancer of the prostate; **~vergrößerung** *f* enlargement of the prostate (gland); enlarged prostate.

prostituieren *v/refl.*: ***sich ~*** prostitute o.s.; **Prostituierte** *f* prostitute; **Prostitution** *f* prostitution.

Proszenium *n thea.* proscenium.

Protagonist *m* protagonist; *fig.* (*Vorkämpfer*) *a.* champion (*gen.* of).

Protegé *m* protégé(e *f*); **protegieren** *v/t.* sponsor, promote.

Protein *n* protein; **≈reich** *adj.* high (*od.* rich) in protein, high-protein ...

Protektion *f* patronage, sponsorship; **Protektionismus** *m* protectionism; **protektionistisch** *adj.* protectionist; **Protektionswirtschaft** *f* favo(u)ritism.

Protektor *m* protector; (*Gönner, Schirmherr*) patron; **Protektorat** *n* protectorate; (*Schirmherrschaft*) patronage; ***unter dem ~ von*** under the auspices of.

Protest *m* protest; ***öffentlicher ~*** *a.* public outcry; ***aus ~ gegen*** in (*od.* as a) protest against, in protest at; ***gegen et. ~ erheben*** protest against s.th., make a protest against s.th.; ***aus ~ weggehen*** leave in protest; ***aus ~ den Saal verlassen*** walk out (in protest); † ***e-n Wechsel zu ~ gehen lassen*** protest a bill; **~aktion** *f* (public) protest; protest campaign.

Protestant(in *f*) *m*, **protestantisch** *adj.* Protestant; **Protestantismus** *m* Protestantism.

Protest|bewegung *f* protest movement; **~geschrei** *n* howls *pl.* of protest; **~haltung** *f* rebellious attitude.

protestieren *v/i.* protest (**gegen** against *s.th., Am. a. s.th.*); ***er protestiert dagegen, daß*** he's protesting against the fact that.

Protest|kundgebung *f* protest rally, demonstration; **~lied** *n* protest song; **~marsch** *m* protest march; **~note** *f pol.* protest note; **~sänger** *m* protest singer; **~schreiben** *n* written protest; letter of protest; **~sturm** *m* storm of protest, public outcry; **~wähler** *m* protest voter; **~welle** *f* wave of protest.

Prothese *f* **1.** artificial limb; (*Bein*2) artificial leg; (*Arm*2) artificial arm; **2.** (*Gebiß*) dentures *pl.*; **Prothesenträger** *m* **1.** person with an artificial limb; **2.** denture-wearer.

Protokoll *n* **1.** (*Sitzungs*2) minutes *pl.*; **(das) ~ *führen*** take (down) the minutes; ***ins ~ aufnehmen*** take down (in the minutes); ⚖ ***et. zu ~ geben*** give evidence of s.th., state s.th. in evidence; ***et. zu ~ nehmen*** take s.th. down in evidence, put s.th. on record; **2.** (***diplomatisches ~***) protocol; **3.** (*Strafmandat*) ticket; **4.** *Computer*: log; **protokollarisch I.** *adj.* **1.** recorded; ⚖ ***~e Aussage*** statement given in evidence; **2.** *pol.* ***~e Bestimmungen*** rules of protocol; **II.** *adv.*: ***~ festhalten*** take down (in the minutes), ⚖ take down as evidence; **Protokollführer** *m* minute-taker; ⚖ clerk of the court; ***wer ist ~?*** who's taking the minutes?; **protokollieren I.** *v/t.* take down (in the minutes); (*Sitzung*) take the minutes of (*od.* at); ⚖ take down (on record); (*Verhör*) record; **II.** *v/i.* take the minutes; ⚖ take the record.

Proton *n phys.* proton.

Protoplasma *n* protoplasm.

Prototyp *m* **1.** prototype; **2.** ***der ~ e-s Kapitalisten*** *etc.* the (F your) archetypal capitalist *etc.*; **prototypisch** *adj.* archetypal.

Protozoon *n* protozoon.

Protz F *m* F show-off; **protzen** F *v/i.* show off (**mit** [with] *s.th.*); ***er protzt gern mit s-m Geld*** he likes to flash his money around; **Protzerei** F *f* showing off; **protzig** F **I.** *adj. Geste*: ostentatious; *Sache*: *a.* F showy, swanky; *Wagen*: F flash(y); **II.** *adv.* ostentatiously; ***er gab dem Kellner ~ e-n Fünfzigmarkschein*** *a.* he made a (big) show of giving the waiter a fifty-mark note (*Am.* bill).

Provenienz *f* origin, provenance; ***Waren italienischer ~*** goods of Italian origin; ***unbekannter ~*** of unknown origin.

Proviant *m* provisions *pl.*, food; ⚔ rations *pl.*, food supply, supplies *pl.*

Provinz *f* **1.** province (*a. fig.*); **2.** (*Ggs. Hauptstadt*) the provinces *pl.*; ***aus der ~ stammen*** come from the provinces (*od.* country); *contp.* ***das ist ja hier tiefste ~*** what a backwater this is; ***sie leben in der hintersten ~*** F they live at the back of beyond; **~blatt** *n* backwoods newspaper, F local rag.

Provinzialismus *m* provincialism.

Provinzhauptstadt *f* provincial cent|re (*Am.* -er).

provinziell *adj.* provincial.

Provinzler *m* provincial, F country yokel; **provinzlerisch** *adj.* provincial.

Provinz|nest F *n* backwater, *bsd. Am.* F hick town, one-horse town; **~stadt** *f* provincial town.

Provision *f* ⚕ commission; ***auf ~*** on commission; **Provisionsbasis** *f*: ***auf ~*** on commission, on a commission basis.

provisorisch I. *adj.* provisional, temporary; (*behelfsmäßig*) makeshift ...; ***~e Lösung*** stopgap solution; ***~e Regierung*** caretaker (*od.* provisional) government; **II.** *adv.*: ***et. ~ reparieren*** do a makeshift job on s.th., patch s.th. up for the time being.

Provisorium *n* provisional (*od.* temporary) arrangement, stopgap.

provokant *adj.* provocative; **Provokateur** *m* troublemaker, agent provocateur; **Provokation** *f* provocation; **provokativ** *adj.*, **provokatorisch** *adj.* provocative; **provozieren I.** *v/t.* provoke; (*Tier*) torment; **~d** provocative; **II.** *v/i.* provoke; ***er will nur ~*** he's just trying to provoke (*od.* be provocative).

Prozedere *n* procedure.

Prozedur *f* procedure, process; F ***das war vielleicht e-e ~!*** what an ordeal (that was).

Prozent *n* per cent, percent; **~e** percentage, (*Rabatt*) a discount; ***zu fünf ~*** at five per cent (*od.* percent); ***wieviel ~ Zinsen kriegt man? - fünf*** what's the interest rate? - five per cent (*od.* percent); ***hast du ~e bekommen?*** (*Rabatt*) did you get (*od.* did they give you) a discount?; ***ich kann Ihnen zehn ~ geben*** (*Rabatt*) I can knock off ten per cent (*od.* percent); **...prozentig** *in Zssgn* ... per cent (*od.* percent).

Prozent|punkt *m* per cent, percent; ***sie haben sich bei der Wahl um fünf ~e verbessert*** they've gained another (*od.* an extra) five per cent (*od.* percent) of the vote; **~rechnung** *f* percentages *pl.*; **~satz** *m* percentage.

prozentual *adj.* proportional; ***~er Anteil*** percentage.

Prozeß *m* **1.** (*Vorgang*, *Verfahren*) process; → ***Entwicklungs-, Lernprozeß*** *etc.*; **2.** ⚖ (*Rechtsstreit*) lawsuit; (*Strafverfahren*) trial; ***e-n ~ gewinnen (verlieren)*** win (lose) one's case; ***gegen j-n e-n ~ anstrengen*** bring an action against s.o., sue s.o.; ***in e-n ~ mit j-m verwickelt sein*** be involved in a lawsuit with s.o.; ***j-m den ~ machen*** take s.o. to court; *fig.* ***mit j-m (et.) kurzen ~ machen*** make short work of s.o. (s.th.); **2fähig** *adj.* capable of suing or being sued; **2freudig** *adj.* litigious; **~gegner** *m* opposing party.

prozessieren *v/i.* go to court; ***gegen j-n ~*** bring an action against s.o., take s.o. to court.

Prozession *f* procession.

Prozeßkosten *pl.* legal costs; **~hilfe** *f* legal aid.

Prozeßlawine *f*: ***eine ~ auslösen*** fill the courts with law-suits.

Prozessor *m Computer*: processor.

Prozeß|recht *n* adjective (*od.* procedural) law; **~steuerung** *f Computer*: process control; **2unfähig** *adj.* incapable of suing or being sued; **~vollmacht** *f* power of attorney.

prüde *adj.* prudish; ***ich bin (ja) nicht ~*** I'm no prude; ***tu doch nicht so ~*** don't be such a prude; **Prüderie** *f* prudishness, prudery.

Prüfautomat *m* (automatic) testing equipment.

prüfen I. *v/t. ped.* examine, test, give *s.o.* an exam (*od.* test); (*feststellen*) check, test; (*erproben*) try (out), (put to the) test; ⚙ (*abnehmen*) inspect; *metall.* assay; (*untersuchen, genau betrachten*) examine, study; (*Vorfall, Beschwerde etc.*) investigate, look into; (*Vorschlag*) consider, have a close look at; (*nach~, über~*) check; ⚕ (*Bücher*) audit; ⚖ (*Entscheidung*) review; (**auf Richtigkeit**) ~ verify, check; *der Antrag* ***wird geprüft*** is under consideration; ***j-s Russischkenntnisse ~*** test s.o.'s knowledge of Russian, *in e-r Prüfung*: give s.o. a Russian test; ***damit wird logisches Denken geprüft*** it's a test of logic; ***et. auf s-e Echtheit hin ~*** check to see whether s.th. is genuine (*od.* authentic); ***j-n auf sein Reaktionsvermögen hin ~*** test s.o.'s reactions; ***er ist vom Leben schwer geprüft*** he hasn't been spared much in life; **II.** *v/i.* examine; ***er prüft sehr streng*** he's a tough examiner; ***es wird schriftlich und mündlich geprüft*** there will be a written and an oral test (*od.* exam); **III.** *v/refl.*: ***sich ~*** do some soul-searching; **prüfend** *adj.*: ***~er Blick*** searching look; **Prüfer** *m ped.* examiner; ⚙ *etc.* tester; *zur Abnahme*: inspector; *metall.* assayer; ⚕ (*Wirtschafts*2) auditor.

Prüfgerät *n* testing apparatus.

Prüfling *m* **1.** *ped.* candidate; **2.** ⚙ (test) specimen.

Prüf|muster *n* specimen; **~spitze** *f* ⚡ probe; **~stand** *m* ⚙ test bench, *mot. a.* test block; *fig.* ***auf dem ~ stehen*** be under close scrutiny, be on trial; ***es steht auf dem ~*** *a.* it's being put to the test, it's being tried and tested; **~stein** *fig. m* touchstone (**für** of); **~stück** *n* specimen.

Prüfung *f* **1.** *ped.* (***mündliche*** oral, ***schriftliche*** written) examination, exam; test (*a. fig.*); → ***ablegen*** 5, ***abnehmen*** 4, ***bestehen*** 1 *etc.*; **2.** (*Untersuchung*) examination, investigation; *sehr sorgfältige*: scrutiny; (*Nach*2, *Über*2) verification, check(ing); ⚙ inspection; ⚕ audit; ⚖ review; **3.** (*Erprobung*) trial, test; (*Heimsuchung*) trial, ordeal; *Sport*: event.

Prüfungs|anforderungen *pl.* examination requirements; **~angst** *f* exam nerves *pl.*; **~arbeit** *f* exam paper; **~aufgabe** *f* exam question; **~ausschuß** *m* board of examiners, examining board; *bei Sachen*: review board; **~ergebnis** *n* examination results *pl.*; ⚙ test result; **~fach** *n* exam subject; **~fahrt** *f* **1.** *für Auto*: test drive; **2.** *für Fahrer*: driving test; **~frage** *f* (exam) question; **~kandidat** *m* (exam) candidate; **~kommission** *f* → ***Prüfungsausschuß***; **~note** *f* exam mark; ***was hast du für e-e ~ bekommen?*** what mark (*od.* grade) did you get in the exam?; **~ordnung** *f* exam(ination) regulations *pl.*; **~termin** *m* **1.** exam(ination) date; **2.** ⚖ meeting of creditors; **~verfahren** *n* **1.** *ped.* exam(ination) procedure; **2.** test(ing) method; **~zeugnis** *n* certificate, diploma.

Prügel *m* **1.** *fig. pl.* (*a.* ***Tracht ~***) (good) hiding *sg.*; **2.** (*Knüppel*) cudgel; **Prügelei** *f* brawl, F scrap, free-for-all; **Prügelknabe** *m* scapegoat, F fall guy; **prügeln** *v/t. mit Stock etc.*: beat; ***sich ~*** (have a) fight; ***sich ~ um*** fight over; **Prügelstrafe** *f* corporal punishment.

Prunk *m* splendo(u)r, magnificence; *e-s Festzugs etc.*: pageantry; (*Gepränge*) pomp; **~bett** *n* bed of state.

prunken *v/i.* be resplendent; ***~ mit*** flaunt, (*prahlen mit*) boast about.

Prunk|gemach *n* state apartment; **Ձliebend** *adj.*: ***der ~e König Ludwig XIV.*** Louis XIV with his love of pomp (and splendo[u]r); **Ձlos** *adj.* plain, unostentatious; **~stück** *n* showpiece; **Ձsüchtig** *adj.* ostentatious; **Ձvoll** *adj.* splendid, magnificent.
prusten *v/i. vor Wut etc.*: snort; *vor Erschöpfung*: pant, gasp for air; ***vor Lachen ~*** snort with laughter; ***er kam ~d angelaufen*** he came panting along.
PS¹ *n Brief*: PS.
PS² *n mot.* horsepower (*abbr.* HP).
Psalm *m* psalm; **Psalmist** *m* psalmist.
Psalter *m* psalter; *bibl.* ***der ~*** (the Book of) Psalms.
Pseudo..., pseudo... *in Zssgn* pseudo..., mock ...
Pseudokrupp *m* ⚕ mild croup.
Pseudonym *n* pseudonym; *e-s Schriftstellers*: *a.* pen name, nom de plume.
Pseudowissenschaft *f* pseudoscience; **pseudowissenschaftlich** *adj.* pseudoscientific.
PS-stark *adj.* high-horsepower, high-HP.
pst *int.* **1.** (*Ruhe!*) ssh!; **2.** (*he!*) psst!
Psyche *f* psyche; psychological makeup; mental state; state of mind; soul; (human) ego.
Psychiater *m* psychiatrist; **Psychiatrie** *f* **1.** psychiatry. **2.** psychiatric ward; **psychiatrisch** *adj.* psychiatric.
psychisch I. *adj.* psychological; *stärker*: mental; *Druck, Reaktion etc.*: emotional; ***~e Belastung*** mental strain; ***~e Krankheit*** mental disease; **II.** *adv.*: ***~ bedingt*** psychological, F all in the mind; ***~ belastet*** under mental strain; ***~ krank*** mentally disturbed.
Psychoanalyse *f* psychoanalysis; ***sich e-r ~ unterziehen*** have (*od.* go for) psychoanalysis; **Psychoanalytiker** *m* psychoanalyst, F analyst; *sl.* shrink; **psychoanalytisch I.** *adj.* psychoanalytic(al); **II.** *adv.*: ***~ behandeln*** psychoanalyze.
Psychodrama *n thea. u. psych.* psychodrama.
psychogen *adj.* psychogenic(ally *adv.*).
Psychogramm *n* (personality) profile.
Psychokrimi *m* psychological thriller.
Psychologe *m* psychologist; **Psychologie** *f* psychology; (*psychologisches Verständnis*) psychological insight; **psychologisch I.** *adj.* psychological; **II.** *adv.* psychologically, from a psychological point of view; ***~ hast du richtig gehandelt*** you did the right thing psychologically; **psychologisieren** *v/t.* psychologize.
Psychopath *m* psychopath; **psychopathisch** *adj.* psychopathic.
Psychopharmaka *pl.* psychiatric (*od.* mind) drugs.
Psychose *f* psychosis (*a. fig.*).
psychosomatisch *adj.* psychosomatic(ally *adv.*).
Psychoterror *m* psychological blackmail.
Psychotherapeut *m* psychotherapist; **psychotherapeutisch** *adj.* psychotherapeutic; ***~e Behandlung*** psychotherapy; **Psychotherapie** *f* psychotherapy.
Psychothriller *m* psychological thriller.
Psychotiker *m* psychotic; **psychotisch** *adj.* psychotic(ally *adv.*).
pubertär *adj.* adolescent; ***~e Probleme*** problems of adolescence; ***~er Junge*** boy in puberty; ***es ist nur e-e ~e Erscheinung*** it's all part of puberty; **Pubertät** *f* puberty, adolescence; ***in die ~ kommen*** reach (the age of) puberty; **Pubertätsjahre** *pl.* (time of) puberty *sg.*; **pubertieren** *v/i.* be going through puberty.
Publicity *f* publicity; exposure.
publik *adj.* public; ***~ machen*** publicize; ***die Sache ist längst ~*** everybody knows about it.
Publikation *f* publication.
Publikations|rechte *pl.* publication rights, rights of publication; **~verbot** *n* ban on publication; ***e-n Autor mit ~ belegen*** ban an author from publishing his works.
Publikum *n* **1.** (*Öffentlichkeit*) *the* public; **2.** (*Zuschauer etc.*) audience; *Radio*: *a.* listeners *pl.*; *Sport*: spectators *pl.*, crowd; (*Leser*) readers *pl.*; ***er ist beim ~ gut angekommen*** the audience loved him; **3.** (*Gäste*) clientele; ***gemischtes ~*** a mixed crowd.
Publikums|erfolg *m* great success, hit; **~geschmack** *m* popular taste; **~liebling** *m* favo(u)rite; **~magnet** *m* crowd-puller; **~verkehr** *m* **1.** ***~ haben*** be open (to the public); ***keinen ~ haben*** be closed (for business); ***~ von 9 bis 12*** opening hours 9 to 12; **2.** ***~ haben*** *Angestellter*: deal directly with the public (*od.* with customers); ***heute ist aber viel ~*** there's a lot of coming and going today; **Ձwirksam** *adj.* popular; ***~ sein*** *a.* have public appeal, appeal to the public.
publizieren *v/t.* publish; **Publizist** *m* journalist; **Publizistik** *f* journalism; **publizistisch** *adj.* journalistic.
Publizität *f* publicity.
Puck *m Eishockey*: puck.
Pudding *m etwa* blancmange; (*Mehlspeise*) pudding; F *fig.* ***das sind doch keine Muskeln, das ist nur ~*** that's not muscle, that's just flab; **~pulver** *n* pudding mixture.
Pudel *m* poodle; F ***wie ein begossener ~ dastehen*** look (quite) crestfallen; *fig.* ***das also ist des ~s Kern*** so that's what it's all about; **~mütze** *f* woolly hat; **Ձnackt** F *adj.* stark naked, F starkers; ***er war ~*** *a.* F he didn't have a stitch on; **Ձnaß** F *adj.* soaking wet, drenched, soaked to the skin; **Ձwohl** F *adj.*: ***sich ~ fühlen*** F feel great, feel on top of the world.
Puder *m* powder; **~dose** *f* powder compact.
pudern *v/t.* powder (***sich*** one's face).
Puder|quaste *f* powder puff; **~zucker** *m* icing (*Am.* confectioner's) sugar.
puff *int.* bang!
Puff¹ F *m* (*Bordell*) brothel.
Puff² *m* **1.** (*Stoß*) thump; *in die Rippen*: poke, F dig (in the ribs); *vertraulicher*: nudge; *fig.* ***er kann schon e-n ~ vertragen*** he can take a knock; **2.** (*Knall*) bang, pop.
Puff³ *m* (*WäscheՁ*) linen basket.
Puffärmel *m* puffed sleeve.
puffen I. *v/t.* (*j-n*) thump, jostle; *vertraulich*: poke *s.o.* in the ribs, nudge; **II.** *v/i.* 🚂 puff.
Puffer *m* **1.** 🚂, *Computer u. fig.*: buffer; **2.** → ***Kartoffelpuffer***; **~batterie** *f* buffer battery.
puffern *v/t.* buffer.
Puffer|staat *m* buffer state; **~vorräte** *pl.* buffer stock *sg.*; **~zone** *f* buffer zone.
Puffmais *m* popcorn.
Puffmutter F *f* madam.
Puffreis *m* puffed rice.
puh *int.* **1.** phew!; **2.** *bei Gestank*: poo!
pulen *dial.* *v/i.*: ***~ an*** pick at; ***~ in*** poke around in; ***in der Nase ~*** *a.* pick one's nose.
Pulk *m* crowd, *a. Sport*: bunch; *von Fahrzeugen*: group, convoy; ✈ group.
Pulle F *f* bottle; *fig.* ***volle ~ fahren*** F drive flat out; ***die Anlage volle ~ aufdrehen*** F turn the stereo up full blast; ***volle ~ schreien*** scream at the top of one's voice; ***volle ~ spielen*** play for what one is worth.
pullen *v/t. u. v/i.* row.
pullern *dial.* *v/i.* F piddle.
Pulli F *m*, **Pullover** *m* sweater, pullover, *Brit. a.* jumper.
Pullunder *m* tank top.
Puls *m* pulse; ***hoher*** (***niedriger***) ***~*** high (low) pulse rate; ***j-m den ~ fühlen*** feel s.o.'s pulse, *fig.* sound s.o. out; **~ader** *f* artery.
Pulsar *m astr.* pulsar.
Pulsfrequenz *f* pulse rate.
pulsieren *v/i.* pulsate (*a. Blut*); *Schmerz*: throb; *fig.* pulsate; *fig.* ***~ mit*** throb (*od.* pulsate, vibrate) with; *fig.* **~d** pulsating, vibrant.
Puls|schlag *m* pulse; *einzelner*: pulse beat; (*Pulsfrequenz*) pulse rate; *fig.* vibrancy; *fig.* ***~ der Großstadt*** *a.* pulsating city life; **~zahl** *f* pulse rate.
Pult *n* desk; (*RednerՁ*) lectern.
Pulver *n* powder; (*SchießՁ*) (gun)powder; F *fig.* (*Geld*) F cash, *sl.* brass, bread; *fig.* ***er hat das ~ nicht erfunden*** F he's not exactly an Einstein; ***sein ~ verschossen haben*** have shot one's bolt; ***es*** (***er***) ***ist keinen Schuß ~ wert*** it's not worth a bean (he's useless); **~faß** *n* powder keg (*a. fig.*); *fig.* ***auf e-m ~ sitzen*** be sitting on top of a volcano; **Ձförmig** *adj.* powdered ..., in powder form.
pulverisieren *v/t.* pulverize.
Pulver|kaffee *m* instant coffee; **~schnee** *m* powder snow.
pulvrig *adj.* powdery.
Puma *m zo.* puma.
Pummel F *m* F roly-poly; **pummelig** F *adj.* F dumpy, chubby.
Pump F *m*: ***auf ~ kaufen*** F buy on tick.
Pumpe *f* pump; F (*Herz*) F ticker; **pumpen** *v/t. u. v/i.* **1.** pump (***in*** into); **2.** F (*leihen*) lend, *bsd. Am.* loan; ***sich et. ~*** borrow s.th. (***bei j-m*** from *od.* F off s.o.); ***kannst du mir ein bißchen Geld ~?*** F can you lend me a bit of cash?; **3.** F do press-ups, *a. Am.* do push-ups.
Pumpernickel *m* pumpernickel.
Pumphose *f* baggy trousers *pl.*
Pumps *m* (*Schuh*) court shoe.
Pumpspray *m, n* pump-action spray; atomizer.
Punker *m* punk; **~haarschnitt** *m* punk hairstyle.
Punkrock *m* punk rock.
Punkt *m* (*Fleck*) dot, spot (*a. am Kleid*); *ling.* full stop, *Am.* period; (*Tüpfelchen*) dot; A point; (*Stelle*) point, place, spot; (*Einzelheit*) item, point; (*Gesprächsthema*) point, subject, topic; (*Position*) point, position; *Sport etc.*: point; ***e-n ~ machen*** (*od.* ***setzen***) put a full stop (*Am.* period); ***~e und Striche*** dots and dashes; ***ein kleiner ~ am Horizont*** a tiny dot (*od.* a speck) on the horizon; *fig.*

dunkler ~ dark chapter, skeleton in the cupboard (*Am.* closet); ***der springende ~*** the point; ***wunder ~*** sore point; ***e-n schwachen ~ treffen*** find a weak spot; ***~ für ~*** point by point; ***~ zehn Uhr*** ten o'clock sharp; ***bis zu e-m gewissen ~*** up to a point; ***in vielen ~en*** in many respects; ***in diesem ~ sind wir uns einig*** we agree on that point; ***e-n ~ hinter et. setzen*** bring s.th. to an end, settle s.th. (once and for all); ***ohne ~ und Komma reden*** talk nineteen to the dozen; ***nach ~en siegen*** (***verlieren***) *Sport*: win (lose) on points; F ***nun mach mal e-n ~!*** F give it a break; → ***neuralgisch, strittig, tot***; **punkten** *v/i. Sportler*: collect (*od.* pick up) points; *Kampfrichter*: award points.

punktgleich *adj.* level (on points); **Punktgleichheit** *f*: ***bei ~ entscheidet die Tordifferenz*** if teams are level on points, goal difference decides.

punktieren *v/t. a.* ♪ dot; ⚕ puncture; ***punktierte Linie*** dotted line; **Punktierung** *f* dotting; ⚕ (*a.* **Punktion** *f*) puncture.

Punktlandung *f* precision landing.

pünktlich I. *adj.* punctual; **II.** *adv.* punctually, on time; ***~ um 10 Uhr*** at ten o'clock sharp; **Pünktlichkeit** *f* punctuality.

Punkt|niederlage *f* defeat on points; **~richter** *m Sport*: judge; **~sieg** *m* win on points; **~sieger** *m* winner on points; **~strahler** *m* spot(light); **~system** *n* points system.

punktuell I. *adj.* selective; **II.** *adv.* selectively; (*Punkt für Punkt*) point by point; ***~ Wirkung zeigen*** have its effect in places (*od.* here and there).

punktum *int.* full stop; ***und damit ~!*** and that's that.

Punkt|wertung *f* **1.** points system; **2.** → **~zahl** *f* score.

Punsch *m* punch.

Punzarbeit *f* embossing.

Pup F *m* F guff, V fart; **pupen** F *v/i.* F let off.

Pupille *f* pupil.

Pupillen|erweiterung *f* **1.** dilation of the pupil(s); **2.** enlarged pupil(s); **~verengung** *f* **1.** contraction of the pupil(s); **2.** contracted pupil(s).

Püppchen *n dim. von* **Puppe.**

Puppe *f* doll (*a.* F *fig. Mädchen*); (*Marionette, a. fig.*) puppet, marionette; (*Kleider*~) dummy, mannequin; *zo.* pupa, chrysalis; *des Seidenspinners*: cocoon; F *fig.* ***bis in die ~n schlafen*** sleep till all hours; F ***bis in die ~n feiern*** celebrate into the small hours; F ***alle ~n tanzen lassen*** F live it up, have a fling.

Puppen|gesicht *n* doll's face; **~haus** *n* doll's house; **~klinik** *f* doll's hospital; **~spiel** *n* puppet show; **~stube** *f* doll's house; **~theater** *n* **1.** puppet theat|re (*Am. a.* -er); **2.** → ***Puppenspiel***; **~wagen** *m* doll's pram, *Am.* doll carriage.

Pups F *m* → ***Pup***; **pupsen** F *v/i.* → ***pupen***; **Pupser** F *m* → ***Pup.***

pur *adj.* pure; (*bloß*) *a.* sheer; ***~er Unsinn*** pure nonsense; ***es war ~er Zufall*** it was sheer (*od.* pure) coincidence; ***aus ~er Neugier*** (***Bosheit***) from sheer curiosity (out of sheer malice); ***Whisky ~*** neat (*Am.* straight) whisk(e)y; ***s-n Whisky ~ trinken*** drink one's whisk(e)y neat (*Am.* straight).

Püree *n* puree, mash; **pürieren** *v/t. gastr.* mash, puree.

purifizieren *v/t.* purify; **Purifizierung** *f* purification.

Purismus *m* purism; **Purist** *m* purist; **puristisch** *adj.* purist(ic).

Puritaner(in *f*) *m* **1.** Puritan; **2.** *fig.* puritan; **puritanisch** *adj.* **1.** Puritan; **2.** *fig.* puritanical; **Puritanismus** *m hist.* Puritanism.

Purpur *m*, **purpurn** *adj.*, **purpurrot** *adj. etwa* crimson.

Purzelbaum *m* forward roll, somersault; ***e-n ~ schlagen*** do a forward roll (*od.* somersault); **purzeln** *v/i. a. fig.* fall, tumble; ***aus dem Bett ~*** *a.* roll out of bed.

pushen *v/t.* (*Drogen*) push; **Pusher** *m* (drugs) pusher.

Pusselarbeit F *f* F fiddly *od.* finicky work (*od.* job); **Pusselei** F *f* **1.** F fiddling (*od.* tinkering) around; **2.** → ***Pusselarbeit***; **pusselig** F *adj. Person*: fussy; *Arbeit*: F fiddly, finicky; **pusseln** F *v/i. im Garten*: F potter around; *am Radio etc.*: F tinker (*od.* fiddle) around (**an** with).

Puste F *f* breath; ***ich hab' keine ~ mehr*** F I'm puffed; → ***ausgehen*** 3; **~blume** F *f* dandelion; **~kuchen** F *int.* F no way; (*leider nicht*) F no such luck.

Pustel *f* pimple; ⚕ pustule.

pusten F *v/i.* (*blasen*) blow; ***erst ~!*** *zum Kind beim Essen*: blow on it first; *mot.* ***er mußte ~*** he was breathalyzed (*od.* breath-tested); ***ins ~ kommen*** start puffing and panting.

Pute *f* turkey (hen); F *fig.* ***dumme ~*** F silly goose, stupid woman.

Puten|braten *m* roast turkey; **~fleisch** *n* turkey.

Puter *m* turkey (cock); **~rot** *adj.* (as) red as a lobster, scarlet.

Putsch *m pol.* putsch, coup; **putschen** *v/i.* stage a coup; **Putschist** *m* insurgent; **Putschversuch** *m* attempted coup, coup attempt.

Putte *f Kunst*: putto.

putten *v/i. u. v/t.* putt.

Putz *m* ⚠ plaster; ⚡ ***unter ~*** (***verlegt***) concealed; F *fig.* ***auf den ~ hauen*** (*viel Geld ausgeben*) F have a fling, (*Krach schlagen*) F kick up a row, (*angeben*) show off.

putzen I. *v/t.* clean (*a. Gemüse*); (*Schuhe*) *a.* polish, *Am.* shine; (*Silber*) clean; (*schmücken*) decorate; ***sich die Nase ~*** blow (*od.* wipe) one's nose; ***sich die Zähne ~*** brush one's teeth; **II.** *v/i.* clean; do the cleaning; ***~ gehen*** work as a cleaner; **III.** *v/refl.*: ***sich ~*** *Vogel*: preen itself (*od.* its feathers); *Katze etc.*: wash itself.

Putz|fimmel F *m* cleaning mania; **~frau** *f* cleaner, cleaning lady; **~hilfe** *f* (part-time) cleaner.

putzig F *adj.* comical, funny, droll.

Putz|kolonne *f* cleaning crew (*od.* squad); **~lappen** *m* cloth; **~mittel** *n* cleaning agent; (*Poliermittel*) polish.

putzmunter F *adj.* (*wach*) wide-awake; (*vergnügt*) perky, *Am.* F chipper.

Putz|teufel F *m* cleaning maniac; **~zeug** F *n* F cleaning things *pl.*

puzzeln *v/i.* do a jigsaw puzzle; ***er puzzelt gerne*** he likes doing jigsaw puzzles; **Puzzlespiel** *n* jigsaw puzzle.

Pygmäe *m* pygmy.

Pyjama *m*: **(ein ~** a pair of) pyjamas (*Am.* pajamas) *pl.*

Pylon *m Antike u.* ⚙: pylon.

Pyramide *f* pyramid (*a.* Ꭿ *u. fig.*); **pyramidenförmig** *adj.* pyramid-shaped, in the shape of a pyramid; pyramidal.

Pyromane *m* pyromaniac.

Pyrotechnik *f* pyrotechnics *pl.* (*sg. konstr.*).

Pyrrhussieg *m* Pyrrhic victory.

pythagoreisch *adj.* Pythagorean; ***~er Lehrsatz*** Pythagoras's theorem.

Python *m*, **~schlange** *f* python.

Q

Q, q *n* Q, q.
Quackelei *dial. f* **1.** (*Geschwätz*) jabber(ing); **2.** (*Nörgelei*) grumbling, whing(e)ing; **3.** *e-s Kindes*: whining, grizzling; **quackeln** *dial. v/i.* **1.** (*schwatzen*) jabber (away); **2.** (*nörgeln*) grumble, whinge; **3.** *Kind*: whine, grizzle.
Quacksalber *m* quack, charlatan; **Quacksalberei** *f* quackery; **quacksalberisch** *adj. Methoden etc.*: quack ...; **quacksalbern** *v/i.* play the quack; ***er quacksalbert nur*** he's just a quack.
Quader *m* **1.** (*~stein*) ashlar; **2.** A rectangular parallelepiped; **~stein** *m* ashlar.
Quadrant *m* quadrant.
Quadrat *n* square; ***zwei Meter im ~*** two square met|res (*Am.* -ers), two met|res (*Am.* -ers) square; ***ins ~ erheben*** square; ***fünf zum ~*** five squared; **quadratisch** *adj.* square; A quadratic.
Quadrat|kilometer *m* square kilomet|re (*Am.* -er); **~latschen** F *pl.* **1.** (*Schuhe*) F boats, clodhoppers; **2.** (*Füße*) F big trotters; **~meter** *m* square met|re (*Am.* -er); **~meterpreis** *m* price per square met|re (*Am.* -er); **~schädel** F *m* **1.** square head, F block; **2.** ***er ist ein ~*** he's so pigheaded.
Quadratur *f* A quadrature; *fig.* ***es ist die ~ des Kreises*** it's like trying to square the circle.
Quadrat|wurzel *f* square root; ***die ~ ziehen aus*** get the square root of; **~zahl** *f* square number; **~zentimeter** *m* square centimet|re (*Am.* -er).
quadrieren *v/t.* A square.
Quadrophonie *f* quadraphonics *pl.* (*sg. konstr.*); **quadrophon(isch)** *adj.* quadraphonic.
quaken *v/i. Frosch*: croak; *Ente*: quack; *Kind*: whine, grizzle; *Person*: squawk, *nörgelnd*: whinge; *Plattenspieler, Radio*: squawk.
quäken *v/i. u. v/t.* squawk.
Quäker(in *f*) *m* Quaker; ***die ~*** *coll.* the Quakers, the Society of Friends.
Qual *f* torture, agony; *seelische*: *a.* (mental) anguish (*alle a.* **~en**); ***es ist e-e ~*** it's torture, it's agony, (*äußerst unangenehm*) it's unbearable; ***unter ~en*** in great (*od.* terrible) pain, (*mit Schwierigkeiten*) with great difficulty; ***zur ~ werden*** become (*od.* get) unbearable; ***ihr Leben war e-e ~*** life was unbearable for her; ***j-m das Leben zur ~ machen*** make s.o.'s life a misery; ***sein Rheuma hat ihm große ~en bereitet*** he went through agony with his rheumatism; ***die ~ der Ungewißheit*** the agony of not knowing; ***die ~en des Gewissens machen ihm zu schaffen*** he's tormented by a (*od.* his) bad conscience; ***wir haben die ~ der Wahl*** we're spoilt for choice, we just can't decide; ***es ist e-e ~, ihn singen zu hören*** it's painful listening to him sing; ***ein Tier von s-n ~en erlösen*** put an animal out of its misery.
quälen I. *v/t.* torment (*a. fig.*); (*foltern*) *a. fig.* torture; *fig.* (*plagen*) harass, torment; *mit Bitten, Fragen etc.*: pester, plague; ***j-n zu Tode ~*** torture s.o. to death; ***Hunger quälte ihn*** he was tormented by hunger; ***von Schmerzen gequält*** racked with (*od.* tormented by) pain; ***mich quält dieser Schnupfen schon lange*** this cold has been tormenting me for a long time; ***dieser Gedanke quält mich seit einiger Zeit*** the thought has been tormenting (*od.* haunting) me for some time; ***Zweifel quälten ihn*** he was torn by doubt; ***quäl ihn nicht so!*** stop tormenting him; F ***das Klavier ~*** F torture the piano; → ***gequält***; **II.** *v/refl.*: ***sich ~*** *mit Gedanken*: torment o.s.; *mit e-r Krankheit*: suffer; (*sich abmühen*) struggle; ***sich mit et. ~*** *a.* have a hard time with s.th.; ***sich durch den Schnee (Regen) ~*** battle one's way through the snow (rain); ***sich durch ein Buch ~*** grapple with a book; ***sich ans Ziel ~*** *Sport*: struggle to the finish; ***sich aufs Dach ~*** struggle (to get) onto the roof; ***sich umsonst ~*** labo(u)r in vain; ***sich zu Tode ~*** worry o.s. to death; **quälend** *adj. Schmerz*: excruciating; *Gedanke*: agonizing; *Hitze*: unbearable; **Quälerei** *f* torment(ing), torture; *mit Bitten etc.*: pestering; (*Mühsal*) drudgery; ***Schreiben ist für mich e-e ~*** I can't stand writing; **Quälgeist** *m* F pest.
Qualifikation *f* qualification(s *pl.*); (*Eignung*) ability; **Qualifikationsrunde** *f Sport*: qualifying round.
qualifizieren I. *v/t.* **1.** qualify (***zu*** for; ***als*** as); **2.** (*einordnen*) classify, qualify; **3.** (*einschränken*) qualify; **II.** *v/refl.* **4.** ***sich ~ für*** get one's (*od.* the right) qualifications for; ***sich als Krankenschwester ~*** qualify as (*od.* to become) a nurse; **5.** ***sich ~*** *Sport*: qualify; **qualifiziert I.** *adj.* qualified; *Fachmann etc.*: *a.* highly trained; *Meinung etc.*: qualified; *Diskussion etc.*: serious; *pol.* ***~e Mehrheit*** qualified majority; **II.** *adv.*: ***sich ~ zu et. äußern*** make a qualified statement on s.th.
Qualität *f* quality; ♆ *a.* (*~sstufe*) grade; ***erster ~*** first-rate; ***schlechte ~*** poor quality (*od.* workmanship); ***er hat auch s-e ~en*** he's got his good points.
qualitativ I. *adj.* qualitative; **II.** *adv.* qualitatively, in quality, from the point of view of quality.
Qualitäts|arbeit *f* high-quality workmanship; ***das ist ~*** *a.* they've *etc.* done an excellent job on that; **ℒbewußt I.** *adj.* quality-conscious; **II.** *adv.*: ***~ einkaufen*** shop for quality; **~erzeugnis** *n* (high-)quality product; **~kontrolle** *f* quality control; **~merkmal** *n* mark of quality; **ℒmindernd** *adv.*: ***sich ~ auswirken*** have a devaluing effect (***auf*** on); **~minderung** *f* reduction in quality; **~norm** *f* quality standard; **~sicherung** *f* quality assurance; **~steigerung** *f* quality improvement; **~unterschied** *m* difference in quality; **~ware** *f* quality goods *pl.*; **~wein** *m* quality-tested wine.
Qualle *f* jellyfish.
Qualm *m* (thick) smoke; F *fig.* ***viel ~ machen*** make a big fuss; F ***bei ihnen herrscht ~ in der Bude*** they're having a row; **qualmen I.** *v/i.* smoke; F *Raucher*: *a.* F puff away (at a cigarette *etc.*); **II.** *v/t.* F puff away at; **Qualmerei** *f* smoking; **qualmig** *adj.* smoky, *Raum*: *a.* smoke-filled.
qualvoll *adj. Schmerzen*: excruciating, *seelisch*: agonizing; ***es war ~*** *a.* it was torture.
Quant *m phys.* quantum.
quanteln *v/t. phys.* quantize.
Quanten F *pl.* **1.** (*Schuhe*) F boats, clodhoppers; **2.** (*Füße*) F big trotters.
Quanten|mechanik *f phys.* quantum mechanics *pl.* (*sg. konstr.*); **~physik** *f* quantum physics *pl.* (*sg. konstr.*); **~sprung** *m phys.* quantum leap (*od.* jump); *fig.* big step forward: **~theorie** *f* quantum theory.
quantifizierbar *adj.* quantifiable; **quantifizieren** *v/t.* quantify; **Quantifizierung** *f* quantification.
Quantität *f* quantity.
quantitativ *adj.* quantitative; *adv. a.* in quantity.
Quantum *n* quantity; amount; (*Anteil*) share, quota; F ***das tägliche ~ Alkohol*** *etc.* one's daily ration of alcohol *etc.*; F ***ich hab' mein ~ schon gehabt*** F I've had my lot for today.
Quappe *f* **1.** (*Kaulℒ*) tadpole; **2.** (*Aalℒ*) burbot.
Quarantäne *f* quarantine; ***unter ~ stellen*** put in quarantine; **~bestimmungen** *pl.* quarantine regulations; **~station** *f* quarantine ward.
Quark[1] *m* **1.** skimmed milk, cream cheese, quark; **2.** F → ***Quatsch.***
Quark[2] *n phys.* quark.
Quarre *dial. f* **1.** grizzling child; **2.** (*Frau*) whinger; **quarren** *dial. v/i. Kind*: grizzle, whine, *Frau*: whinge.
Quart[1] *n* (*Hohlmaß*) quart; *typ.* quarto.
Quart[2] *f* **1.** ♪ fourth; **2.** *Fechten*: quart.
Quarta *f ped.* **1.** *obs.* third year (of grammar school); **2.** *östr.* fourth year (of grammar school).
Quartal *n* quarter (year), quarterly period.
Quartals... *in Zssgn* quarterly; **~ende** *n* end of a (*od.* the) quarter; ***sechs Wochen vor ~ kündigen*** give notice six weeks before the end of the quarter; **~säufer** F *m* F dipso.
quartal(s)weise *adj. u. adv.* quarterly.
Quartär *n geol.* Quaternary.

Quartband *m* quarto volume.
Quarte *f* ♪ fourth.
Quartett *n* ♪ quartet; (*Kartenspiel*) happy families *pl.* (*sg. konstr.*); *fig.* foursome.
Quartformat *n* quarto (format).
Quartier *n* **1.** accommodation; ***ein ~ für die Nacht*** accommodation (*od.* a room, a bed) for the night; ***j-m ~ geben*** put s.o. up; **2.** ⚔ quarters *pl.*; ***~ beziehen*** take up quarters, ***bei j-m in ~ liegen*** be billeted on so.; ***~suche*** *f*: ***auf ~ sein*** be looking for accommodation.
Quarz *m* quartz; ⚡ crystal, quartz; **2gesteuert** *adj.* quartz(-controlled); **~glas** *n* quartz glass.
Quarzit *m* quartzite.
Quarz|kristall *m* quartz crystal; **~lampe** *f* quartz lamp; **~staublunge** *f* silicosis; **~uhr** *f* quartz clock; (*Armbanduhr*) quartz (wrist)watch; **~wecker** *m* quartz (alarm) clock.
Quasar *m ast.* quasar.
quasi I. *adv.* more or less; (*gleichsam*) as it were; **II. 2...** *in Zssgn* quasi-...
Quasselbude F *f* talking shop.
Quasselei F *f* **1.** F yakking, jabbering; **2.** (*Blödsinn*) F drivel, rubbish.
Quassel|fritze F *m*, **~kopf** F *m* F gasbag.
quasseln F *v/i.* F yak (away), gas.
Quasselstrippe F *f* **1.** (*Person*) F gasbag; **2.** (*Telefon*) F blower; ***an der ~ hängen*** be on the blower.
Quast *m* **1.** (*Maler2*) (wide) brush; **2.** → **Quaste** *f* (*Troddel*) tassel; (*Puder2 etc.*) powder *etc.* puff.
Quatsch F *m* F rubbish, *sl.* rot, *bsd. Am.* F garbage, trash; ***~ machen*** a) fool around, get up to nonsense, b) do something stupid; ***so ein ~*** what a lot (*sl.* load) of rubbish; ***laß den ~!*** stop it!, *sl.* cut it out!; ***red keinen ~!*** don't talk rubbish *etc.*, stop talking rubbish *etc.*, (*das ist doch nicht wahr*) F you're kidding; **quatschen** F *v/i.* **1.** (*dumm reden*) F blether, talk rubbish; (*plaudern*) F natter, *contp.* blather; (*tratschen*) gossip; **2.** *Boden, Schuhe*: squelch; **Quatschkopf** F *m* F driveller, windbag.
Quecke *f* ♀ crouch (*od.* quack) grass.
Quecksilber *n* mercury, quicksilver; *fig.* ***er ist das reinste ~*** he's a real live wire; **~barometer** *n* mercury barometer; **~gehalt** *m* mercury level; **2haltig** *adj.*: ***~ sein*** contain mercury; ***~e Fischprodukte*** fish products containing mercury.
quecksilbern *adj.* **1.** *Farbe etc.*: mercury; **2.** → ***quecksilbrig.***
Quecksilber|säule *f* mercury (column), ***die ~ ist auf 30 Grad geklettert*** the mercury has risen to 30 degrees; **~vergiftung** *f* mercury poisoning.
quecksilbrig *adj.* very lively, live-wire *personality.*
Quell *lit. m* → **Quelle;** **~code** *m Computer*: source code.
Quelle *f* **1.** spring; **2.** *e-s Flusses*: source; **3.** (*Ursprung*) source; ***aus sicherer ~*** on good authority; ***aus erster ~*** firsthand; ***du sitzt doch an der ~*** you're in the right place (for that), *für Informationen*: *a.* you're right at the source; *lit.* ***die ~ des Lebens*** (***Wissens***) the fountain of life (the fountain[head] of knowledge); **4.** (*Schrift2*) source; ***du mußt die ~n angeben*** you've got to quote your sources; **quellen I.** *v/i.* **1.** (*hervordringen*) *a. fig.* pour, *Blut*: *a.* gush (***aus*** out of, from); ***aus dem Boden ~*** well up from under the ground; ***über den Rand ~*** well (*Dickflüssiges*: rise) over the edge; **2.** ***die Augen quollen ihr fast aus dem Kopf*** her eyes were popping out of her head; **3.** (*anschwellen*) swell; **II.** *v/t.* (*einweichen*) soak.
Quellen|angabe *f* reference; **~n** *coll.* list of sources, bibliography; **~forschung** *f* basic research; **~material** *n* source material; **~nachweis** *m* **1.** reference; **2.** list of sources, bibliography; **~steuer** *f* withholding tax; **~studium** *n* basic research; **~verzeichnis** *n* list of sources, bibliography.
Quell|fluß *m* headstream; **~gebiet** *n* headwaters *pl.*; **~programm** *n Computer*: source program; **~wasser** *n* spring water.
Quengelei F *f* whining, niggling; *Erwachsener*: whing(e)ing; **quengelig** F *adj. Kind*: whining, niggly; *Erwachsener*: whing(e)ing; **quengeln** F *v/i.* whine, niggle; *Erwachsener*: whinge.
Quentchen *n* tiny bit (of); ***ein ~ Salz*** *a.* a pinch of salt; *fig.* ***ein ~ Glück*** a little bit of luck; ***ein ~ Furcht*** (***Ehre***) a trace of fear (hono[u]r); ***ein ~ Vernunft*** a modicum of sense; ***ein ~ Mut*** (***Wahrheit***) a grain (*od.* an ounce) of courage (truth); ***da ist kein ~ Wahrheit dran*** there isn't an ounce of truth to it.
quer *adv.* crossways, crosswise; (*diagonal*) diagonally; (*rechtwinklig*) at right angles; ***~ über*** (straight) across; ***~ über die Straße gehen*** cross the road; ***~ durch*** (straight) through; ***~ gegenüber*** diagonally opposite; ***~ durch die Stadt laufen*** walk all over town; ***er lag ~ auf dem Bett*** he was lying across the bed; ***~ übereinander legen*** put crossways; ***~ durch die Parteien*** right across the parties; → ***kreuz*** II; **2achse** *f* transverse (axis); **2balken** *m* crossbeam; *Tür*: lintel.
querbeet F *adv.* **1.** all over the place; (*querfeldein*) across country; ***~ über die Felder laufen*** run across the fields in any old direction; ***j-n ~ durch die Stadt führen*** take s.o. all over town; **2.** at random, indiscriminately; ***~ auswählen*** pick *things* out at random; ***~ alle Probleme erörtern*** go through the whole gamut of problems; ***sie hat ~ gefragt*** *in e-r Prüfung*: she covered the whole range (with her questions).
Querdenker *m* unconventional thinker; ***~ sein*** *a.* have an unconventional way of thinking.
Quere *f* **1.** width; ***der ~ nach*** widthwise; ***et. der ~ nach messen*** measure s.th.'s width; **2.** *fig.* ***j-m in die ~ kommen*** get in s.o.'s (*od.* the) way; ***ihm muß et. in die ~ gekommen sein*** a) something must have cropped up, b) something must be eating him.
Querelen *pl.* quarrel(l)ing *sg.*, squabbling *sg.*, bickering *sg.*; ***mit ~ enden*** end in a quarrel.
queren *v/t.* cross.
Querfalte *f* cross pleat.
querfeldein *adv.* across country; **2lauf** *m Sport*: cross-country run(ning); **2rennen** *n Sport*: cyclo-cross.
Quer|flöte *f* ♪ (transverse) flute; **~format** *n* horizontal format; ***Foto im ~*** landscape-size photo; **2gestreift** *adj.* horizontally striped; **~haus** *n Kirche*: transept; **2kommen** F *v/i.*: ***j-m ~*** get in s.o.'s way; **~kopf** F *m* F awkward customer; ***er ist ein ~*** *a.* he likes being awkward, he likes to go against the grain; **~lage** *f* ✱ transverse presentation; **~latte** *f Fußball*: crossbar; **2legen** F *v/refl.*: ***sich ~*** be awkward; **~leiste** *f* ⚙ cross-rib; **2liegend** *adj. mot.* transverse-mounted *engine*; **~linie** *f* diagonal line; **~motor** *m* transverse-mounted engine; **~paß** *m Fußball*: cross pass; **~pfeife** *f* fife; **~ruder** *n* ✈ aileron; **2schießen** F *v/i.* F put a spanner (*Am.* monkey wrench) in(to) the works; **~schiff** *n Kirche*: transept; **~schläger** *m* **1.** ricochet; **2.** F → ***Quertreiber.***
Querschnitt *m* cross-section (*a. fig.* ***durch*** of); (*Zeichnung*) *a.* sectional view; *fig. Oper etc.*: highlights *pl.* (***durch*** of).
querschnitts|gelähmt *adj.* ✱ paraplegic; paralyzed from the waist (*od.* neck) down; **2lähmung** *f* ✱ paraplegia.
Quer|straße *f* intersecting road; ***zweite ~ rechts*** second turning on the right; **~streifen** *m* horizontal stripe; **~strich** *m* horizontal line; **~summe** *f* sum of the digits; **~tal** *n* transverse valley.
Quertreiber *m* obstructionist; **Quertreiberei** *f* obstructionism.
Querulant(in *f*) *m* troublemaker, *Am.* grouch; **Querulantentum** *n* querulousness.
Quer|verbindung *f* cross connection; *Fächer etc.*: link, connection; **~verweis** *m* cross-reference; **~wand** *f* partition.
quetschen I. *v/t.* squeeze; (*zer~*) crush, squash; ✱ bruise; ***sich den Finger ~*** get one's finger squashed, ***in der Tür***: get one's finger caught in the door; ***et. in e-n Koffer ~*** squeeze (F cram) s.th. into a suitcase; ***Saft aus e-r Zitrone ~*** squeeze a lemon; ***die Nase an die Scheibe ~*** press one's nose against the window; ***zu Tode gequetscht werden*** be crushed to death; **II.** *v/refl.*: ***sich ~*** ✱ bruise o.s.; ***sich in e-n Wagen etc. ~*** squeeze (o.s.) into; ***sich durch die Menge ~*** squeeze (*od.* force) one's way through the crowd.
Quetsch|falte *f* box pleat; **~kommode** F *f* F squeeze-box.
Quetschung *f*, **Quetschwunde** *f* bruise, ✱ contusion.
Queue *n* (billiard) cue.
Quiche *f gastr.* quiche.
quicklebendig *adj. Kind*: (very) lively; *ältere Person*: sprightly.
quiek(s)en *v/i.* squeak; *a. vor Schreck etc.*: squeal.
quietschen *v/i.* squeak; *a. Person*: squeal; *Bremse*: squeal, screech; ***sie quietschte vor Vergnügen*** she squealed with delight; **Quietscher** *m* squeak; *a. e-r Person*: squeal.
quietsch|fidel F *adj.*, **~vergnügt** F *adj.* F (very) chirpy, *Am.* F chipper.
Quint *f* **1.** ♪ fifth; **2.** *Fechten*: quinte.
Quinta *f ped.* **1.** *obs.* second year (of grammar school); **2.** *östr.* fourth year (of grammar school).
Quinte *f* ♪ fifth.
Quintessenz *f* essence; ***die ~ war*** *a.* what it boiled (*od.* came) down to was.
Quintett *n* quintet.
Quirl *m* **1.** beater; **2.** *fig.* (*Person*) live wire; **quirlen I.** *v/t.* (*Eier etc.*) whisk, beat; **II.** *v/i.* whirl; **quirlig** F *adj. Kind*: very lively; *Erwachsener*: bubbly; *Spieler, Temperament*: mercurial; ***~es Treiben*** hustle and bustle.

Quisling *m pol.* quisling, collaborator.
quitt *pred. adj.*: **~ sein (werden) mit j-m** be (get) quits (*od.* even) with s.o. (*a. fig.*); ***jetzt sind wir ~*** now we're quits; ***ich bin doch mit dir ~, oder?*** I've squared up with you, haven't I?, we're quits now, aren't we?
Quitte *f* ♀ quince; **Quittenbaum** *m* quince (tree); **quitte(n)gelb** *adj.* quince-yellow; *fig.* **~ aussehen** F look (a bit) green about the gills.
quittieren I. *v/t.* **1.** give (*od.* sign) a receipt for; ***den Empfang der Ware ~*** a) sign that one has received the goods, b) acknowledge receipt of the goods; *fig.* ***et. mit e-m Lächeln*** *etc.* **~** answer (*od.* meet) s.th. with a smile *etc.*; ***es wurde mit Beifall quittiert*** it was met with applause; **2. *den Dienst ~*** resign; **II.** *v/i.* sign.
Quittung *f* receipt; ***e-e ~ ausstellen über*** make a receipt out for; ***gegen ~*** on receipt; *fig.* ***das ist die ~ für d-n Leichtsinn*** that's what you get for (*od.* that's what comes of) being so careless; ***das ist die ~*** that's what you end up with; **Quittungsblock** *m* receipt book.
Quivive F *n*: ***auf dem ~ sein*** F be on the ball; ***bei dem mußt du auf dem ~ sein*** you've got to be on the ball (*od.* you've got to watch things) with him; ***der ist auf dem ~!*** you can't fool him!
Quiz *n* quiz; **~master** *m* quiz-show host, quizmaster, question master; *bei Sendung mit Spielen*: gameshow host; **~sendung** *f* quiz show; *mit Spielen*: gameshow.
Quorum *n* quorum.
Quote *f* (*Verhältnismenge*) proportion, ratio; (*Rate*) rate; (*Anteil*) share; (*Gewinn*≈) dividend; **Quotenregelung** *f* quota regulations *pl.*
Quotient *m* 𝔄 quotient.
quotieren *v/t.* **1.** *Börse*: quote; **2.** fix quotas for; **Quotierung** *f* **1.** *Börse*: quotation; **2.** fixing of quotas.

R

R, r *n* R, r.
Rabatt *m* ✝ discount (***auf*** on); ***mit 10%*** ~ at a discount of 10 per cent (*od.* percent).
Rabatte *f* ✂ border.
Rabattmarke *f etwa* trading stamp.
Rabatz F *m* (*Krach*) F row, racket; ~ ***machen*** (*protestieren*) F kick up a fuss, *stärker*: raise hell.
Rabauke F *m* hooligan.
Rabbi *m*, **Rabbiner** *m* rabbi; **rabbinisch** *adj.* rabbinical.
Rabe *m* raven; ***er stiehlt wie ein*** ~ he steals anything he can get his hands on.
Raben|eltern *pl.* uncaring parents; **~mutter** *f* uncaring mother; **≈schwarz** *adj. Haare*: jet-black, raven; *Nacht*: pitch-black; ***du bist ja ~!*** (*schmutzig*) you're black as coal!; *fig.* ***~er Tag*** black day.
rabiat *adj.* (*grob*) rough, brutal; (*rücksichtslos*) ruthless; (*rigoros*) drastic (*a. Maßnahmen*); *Ansichten*: radical; ***ein ~er Kerl*** a dangerous sort; ~ ***werden*** go wild; get violent.
Rache *f* revenge, *lit.* vengeance; (*Heimzahlung*) *a.* retribution, retaliation; ***Tag der*** ~ day of reckoning; ~ ***nehmen*** take revenge (***an*** on); ***aus*** ~ in (*od.* out of) revenge; ***auf ~ sinnen*** plot revenge; ***s-e ~ stillen*** (*od.* ***befriedigen***) satisfy one's desire (*od.* thirst) for revenge; ***~ ist süß*** revenge is sweet; F ***~ ist Blutwurst!*** just you wait!; ***das ist die ~ des kleinen Mannes*** it's the only way he can get his own back (*od.* get back at the system); **~akt** *m* act of revenge; **~engel** *m* avenging angel; **~feldzug** *m* retaliation campaign; **~gefühl** *n* desire for revenge; vindictive feeling.
Rachen *m* throat, 📖 pharynx; *Tier*: mouth, jaws *pl.*; *fig.* (*Abgrund*) abyss; *lit.* ***der ~ des Todes*** the jaws of death; ***j-m Geld in den ~ werfen*** throw (even more) money at s.o.; ***j-m den ~ stopfen*** give s.o. s.th. to keep him (*od.* her) quiet; ***er kann den ~ nicht voll kriegen*** he just can't get enough.
rächen I. *v/t.* avenge; (*et.*) *a.* take revenge for; **II.** *v/refl.*: ***sich*** ~ get one's revenge, F get one's own back (***an j-m*** on s.o.); ***sich wegen et. an j-m*** ~ revenge o.s. (*od.* take revenge) on s.o. for s.th.; ***es wird sich bitter ~, daß*** we'll *etc.* have to pay dearly for *ger.*; ***s-e Eßgewohnheiten rächten sich*** his eating habits took their toll; ***die Vernachlässigung der Umwelt wird sich an unseren Kindern*** ~ our children will have to pay (the penalty) for our neglect of the environment.
Rachen|abstrich *m* throat swab; **~höhle** *f* pharynx, pharyngeal cavity; **~katarrh** *m* pharyngitis; **~laut** *m* pharyngeal; **~mandel** *f* adenoids *pl.*, 📖 pharyngeal tonsil; **~putzer** F *m* F rotgut, gutrot.
Rache|pläne *pl.*: ~ ***schmieden*** plot revenge; **~schwur** *m* oath of revenge; ***e-n ~ tun*** swear vengeance.
Rächer *m* avenger.
Rach|gier *f*, **~sucht** *f* thirst for revenge; vindictiveness; **≈gierig, ≈süchtig** *adj.* revengeful, vindictive.
Rachitis *f* ⚕ rickets *pl.* (*sg. konstr.*).
Racker F *m* (*Kind*) F little rascal.
rackern F *v/i.* slave (F slog) away; ***ich mußte schwer ~ a.*** F it was a hard slog.
Rad *n* wheel (*a. fig.*); (*Fahr≈*) bicycle, F bike; ***auf Rädern*** on wheels; ***mit dem ~ fahren*** go by bicycle (*od.* bike); → *a.* ***radfahren***; (***ein***) ~ ***schlagen*** *Pfau*: spread its tail, *Turnen*: turn (*od.* do) a cartwheel; ***unter die Räder kommen*** be run over, *fig.* go to the dogs; *fig.* ***das fünfte ~ am Wagen sein*** be the odd man out, *bei Paaren*: play gooseberry; *fig. lit.* ***das ~ der Zeit*** (***der Geschichte***) ***anhalten wollen*** try to stop the march of time (the course of history); *hist.* ***aufs ~ geflochten werden*** be broken on the wheel; **~achse** *f* ⚙ axle; **~antrieb** *m* wheel drive.
Radar *m, n* radar; **~anlage** *f* radar (unit); **~antenne** *f* radar aerial (*od.* antenna); **~bildschirm** *m* radar screen; **~echo** *n* radar echo; **~falle** *f* speed trap; **≈gelenkt** *adj.* radar-guided; **~gerät** *n* radar (set); **~kontrolle** *f* radar speed check; **~pistole** *f* radar gun; **~schirm** *m* radar screen; **≈sicher** *adj.* radarproof; **~station** *f* radar station; **~überwachung** *f* radar monitoring; **~verfolgung** *f* radar tracking.
Radau F *m* F row, racket; ~ ***machen*** (*Lärm machen*) make a racket, (*Krach schlagen*) F kick up a fuss (*od.* row); **~bruder** F *m* hooligan, (F lager) lout.
Radaufhängung *f* suspension.
Radaumacher F *m* → ***Radaubruder***.
Rädchen *n* **1.** small (*od.* little) wheel; *fig.* ***ein ~ im Getriebe sein*** be a cog in the wheel (*od.* machine); **2.** F (*Kinderfahrrad*) (little) bike.
Raddampfer *m* paddle steamer.
radebrechen *v/t.*: ***Englisch*** *etc.* ~ speak broken English *etc.*
radeln *dial.* F **I.** *v/i.* cycle, F bike; **II.** ≈ *n* cycling.
Rädelsführer *m* ringleader.
Räder|fahrzeug *n* wheeled vehicle; **~getriebe** *n* gearbox.
rädern *v/t. hist.* break on the wheel; → ***gerädert.***
Räderwerk *n* mechanism; *Uhr*: *a.* clockwork; (*Getriebe*) gearing; *fig.* machinery; ***ins ~ der Justiz geraten*** get caught in the meshes of the law.
radfahren *v/i.* cycle, ride a bicycle (F bike), F bike; F *fig.* F suck up to people; **Radfahrer(in** *f*) *m* cyclist; F *fig.* F toady, bootlicker; **Radfahrweg** *m* → ***Radweg.***
Radi *dial. m* mooli; (white) radish.
radial I. *adj.* radial; **II.** *adv.*: ~ ***angelegt*** radially arranged, arranged in the shape of a star; **≈bohrmaschine** *f* radial drill; **≈geschwindigkeit** *f ast.* radial velocity; **≈reifen** *m* radial (tyre, *Am.* tire).
Radiator *m* radiator.
radieren *v/t. u. v/i.* **1.** rub out, erase; **2.** *Kunst*: etch.
Radier|gummi *m* rubber, *bsd. Am.* eraser; **~kunst** *f* etching; **~messer** *n* erasing knife; **~nadel** *f* etching needle; **~stift** *m* pencil eraser.
Radierung *f* (*Bild*) etching.
Radieschen *n* radish; F ***sich die ~ von unten ansehen*** F be pushing up the daisies.
radikal I. *adj.* radical (*a. pol.*); *Änderung*: *a.* drastic, sweeping; *Maßnahmen etc.*: drastic, extreme; ***der ~e linke*** (***rechte***) ***Flügel der Partei*** the extreme left (right) wing of the party; ***in s-r Haltung sehr ~ sein*** have very radical views; ***er ist mit s-n Schülern sehr*** ~ he's very hard on his pupils; **II.** *adv.*: ~ ***vorgehen gegen*** take drastic action (*od.* radical steps) against; ~ ***mit der Vergangenheit brechen*** make a clean (*od.* radical) break with the past; **III.** ≈ *n* ⚗ radical; *℞* root.
Radikale(r) *m pol.* radical, extremist; **Radikalenerlaß** *m ban on the employment of teachers and civil servants with radical political views.*
Radikalinski *contp. m* (political) firebrand *od.* extremist; (*Linker*) *a.* F lefty.
radikalisieren I. *v/t.* radicalize; **II.** *v/refl.*: ***sich*** ~ become more and more radical (*od.* extreme).
Radikalismus *m* radicalism; **Radikalist** *m* radical, extremist.
Radikalkur *f* ⚕ drastic cure; *fig.* drastic measures *pl.*
Radio *n* radio, *Brit. a. obs.* wireless; (*Rundfunk*) radio, broadcasting; ~ ***hören*** listen to the radio; ***im*** ~ on the radio; ***im ~ übertragen*** broadcast (on the radio); → *a.* ***Rundfunk(...).***
radioaktiv *adj.* radioactive; ***~e Abfälle, ~er Müll*** radioactive waste; ***~er Niederschlag*** (radioactive) fallout; ***~e Strahlung*** (atomic) radiation; ***~e Verseuchung*** radioactive contamination; ***~e Wolke*** radioactive cloud (*od.* plume); ***~er Zerfall*** radioactive decay; ~ ***machen*** (radio)activate; **Radioaktivität** *f* radioactivity.
Radio|antenne *f* radio aerial (*od.* antenna); **~apparat** *m* → ***Radiogerät***; **~astronomie** *f* radio astronomy; **~chemie** *f* radiochemistry; **~durchsage** *f* special announcement (on the radio); **~empfang** *m* radio reception; **~gerät** *n* radio (set); *Brit. a. obs.* wireless (set); **~hörer** *m* (radio) listener; *pl. a.* audience *sg.*; **~karbonmethode** *f* radio carbon dating.

Radiolarien *pl. zo.* radiolaria; **~schlamm** *m* radiolarian ooze.
Radiologe *m* radiologist; **Radiologie** *f* radiology; **radiologisch** *adj.* radiological.
Radiometrie *f* radiometry.
Radio|nachrichten *pl.* radio news *sg.*, news *sg.* on the radio; **~quelle** *f ast.* radio source; **~recorder** *m* radio-cassette recorder; **~sender** *m* **1.** (*Station*) radio station; **2.** (*Gerät*) radio transmitter; **~sendung** *f* (radio) program(me), (radio) broadcast; **~station** *f* radio (*od.* broadcasting) station; **~teleskop** *n* radio telescope; **~übertragung** *f* (radio) broadcast; **~wecker** *m* clock radio; **~werbung** *f* radio advertising; *konkret*: radio advertisements (F ads) *pl.*, advertisements (F ads) *pl.* on the radio.
Radium *n* radium; **~behandlung** *f*, **~therapie** *f* radium treatment.
Radius *m* ⚕ *u. fig.* radius.
Rad|kappe *f* hub cap; **~kasten** *m* wheel housing; **~kralle** *f* wheel clamp; **~kranz** *m* (wheel) rim; **~kreuz** *n* wheel wrench.
Radler(in *f***)** *m* F *m* cyclist.
Radlermaß *dial. f* large shandy.
Rad|mutter *f* wheel nut; **~nabe** *f* (wheel) hub.
Radon *n* ⚗ radon.
Rad|rennbahn *f* cycling track; **~rennen** *n* cycle race; **~rennfahrer** *m* racing cyclist; **²schlagen** *v/i. Turnen*: turn (*od.* do) a cartwheel; **~sport** *m* cycling; **~stand** *m mot.* wheel base; **~tour** *f*, **~wanderung** *f* bicycle tour; **~weg** *m* cycle track, bicycle path, cycleway.
raffen *v/t.* **1.** (*an sich ~*) snatch, grab; **2.** (*Geld*) amass; **3.** (*Kleid*) gather up; *Nähen*: gather; **4.** (*Bericht etc.*) concentrate, condense; **5.** F (*kapieren*) F get.
Raffgier *f* greed, *formell*: rapacity; **raffgierig** *adj.* greedy, grasping, *formell*: rapacious.
Raffinade *f* refined sugar.
Raffinement *n* finesse; *des Geschmacks etc.*: refinement.
Raffinerie *f* refinery.
Raffinesse *f* (*Schlauheit*) shrewdness, finesse; *des Geschmacks etc.*: refinement; ***er versuchte es mit allen ~n*** he tried all the tricks of the trade; ⚙ ***mit allen ~n*** with all the trimmings.
raffinieren *v/t.* refine; **raffiniert** *adj.* refined; *fig.* (*geschickt*) clever, ingenious; (*schlau*) shrewd, crafty; *Geschmack etc.*: sophisticated; ***~!*** very clever.
Rage *f* rage, fury; ***in ~ kommen*** get furious, F go wild; ***j-n in ~ bringen*** make s.o. furious (F wild).
ragen *v/i.* tower, loom (**über** above); *aus et.*: rise (**aus** from), *horizontal*: project (from, out of).
Raglan|ärmel *pl.* raglan sleeves; **~mantel** *m* raglan (coat); **~pullover** *m* raglan sweater.
Ragout *n* ragout.
Rah(e) *f* ⚓ yard.
Rahm *m* cream; ***den ~ abschöpfen*** skim off the cream, cream off the top of the milk, *fig.* skim (*od.* cream) off the best, F take the pick of the bunch.
Rahmen I. *m* frame (*a.* ⚙, *mot.*); (*Rand*) edge, border; (*Gefüge*) framework, structure; (*Bereich*) scope *of a law etc.*; (*Grenzen*) limits *pl.*; (*Kulisse*) setting; ***im ~ von*** within the scope of; ***im ~ des Möglichen*** within the realms of possibility; ***im ~ der geltenden Gesetze*** within the framework of existing legislation; ***im ~ e-s kurzen Artikels*** within the limitations of a short article; ***e-n zeitlichen ~ setzen*** fix a time limit; ***den ~*** *e-r Sache* ***sprengen*** go beyond the scope of; ***im ~ der Ausstellung finden ... statt*** the exhibition will include ...; ***im ~ bleiben*** a) stick to what's relevant, b) keep within bounds; ***aus dem ~ fallen*** a) (*ungewöhnlich sein*) be unusual, be out of the ordinary, b) (*sich schlecht benehmen*) step out of line, c) (*a.* ***nicht in den ~ passen***) be out of place, *Person*: *a.* be a square peg in a round hole; ***die Rede fiel ganz aus dem ~ des Üblichen*** it wasn't the sort of speech you hear every day; ***in engem*** (***größerem***) ~ on a small (large) scale; ***e-e Feier in bescheidenem ~*** a modest little celebration (*od.* affair); ***den richtigen ~ abgeben für*** provide an appropriate setting for; ***e-r Sache den richtigen ~ geben*** do s.th. in style; ***der große ~ ist festgelegt*** the general outline (*od.* framework) has been fixed; **II.** ² *v/t.* (*Bild*) frame; **~abkommen** *n* outline agreement; **~antenne** *f* frame *od.* loop aerial (*od.* antenna); **~bedingungen** *pl.* **1.** general set-up *sg.*; **2.** *e-s Vertrags*: general conditions; **~erzählung** *f* frame story; **~gesetz** *n* skeleton law; **~kampf** *m Boxkampf*: supporting bout; **~programm** *n* supporting program(me); *bei Festspielen*: *a.* fringe events *pl.*; **~richtlinien** *pl.* overall policy *sg.*, general framework *sg.* (for regulations); **~vertrag** *m* outline agreement.
Rahm|käse *m* cream cheese; **~soße** *f* cream sauce.
Rahsegel *n* ⚓ square sail.
Rain *m* ba(u)lk.
räkeln *v/refl.*: ***sich ~ → rekeln.***
Rakete *f* rocket; ⚔ *a.* missile; ***e-e ~ abfeuern*** launch a rocket (⚔ missile); ***mehrstufige ~*** multistage rocket (⚔ missile); *fig.* ***wie e-e ~*** like a shot.
Raketen|abschußbasis *f* rocket launching site; **~abschußrampe** *f* (rocket) launching pad; **~abwehr** *f* antiballistic missile defen|ce (*Am.* -se); **~antrieb** *m* rocket propulsion; ***mit ~*** rocket-propelled; **~artillerie** *f* rocket (*od.* missile) artillery; **~aufschlag** F *m Tennis*: explosive (*od.* thundering) serve; **²bestückt** *adj.* missile-carrying; **~geschoß** *n* missile; **~kopf** *m*, **~spitze** *f* rocket (⚔ missile) head; **~start** *m* lift-off, takeoff; **~startplatz** *m* rocket (⚔ missile) launching site; **~stufe** *f* (rocket) stage; **~stützpunkt** *m* missile base; **~treibstoff** *m* rocket fuel; **~triebwerk** *n* rocket engine; **~werfer** *m* rocket launcher; **~zeitalter** *n* missile age, age of the missile.
Rallye *f*, *n mot.* (motor) rally; **~fahrer** *m* rally driver; **~-Streifen** *m* go-faster stripe.
RAM *n Computer*: RAM, random access memory.
Ramasuri *dial. f* a) mess, muddle, b) (*Trubel*) hustle and bustle; frantic activity; (*Aufheben*) fuss, to-do.
Ramm|bär *m* ⚙ ram; **~bock** *m hist.* battering ram.
rammdösig F *adj.* F woozy.
Ramme *f* ⚙ ram(mer); (*Pfahl*²) pile-driver.
rammeln *v/i.* **1.** *zo.* mate; **2.** (*stoßen*) jostle, F shove; **3.** F ***an der Tür ~*** rattle at the door; **4.** V (*koitieren*) V screw.
rammen *v/t.* **1.** (*Auto, Schiff*) ram; **2.** ***~ in*** (*Pfahl etc.*) ram (*od.* drive) into, (*Messer etc.*) drive (*od.* plunge) into.
Rammklotz *m* ⚙ ram.
Rammler *m* (*männlicher Hase*) buck.
Rampe *f* ramp; *thea.* apron (stage).
Rampenlicht *n* footlights *pl.*; *fig.* ***im ~ stehen*** be in the limelight; ***im ~ der Öffentlichkeit stehen*** *a.* be in the public eye.
ramponieren F *v/t.* (*Möbel, Auto etc.*) F knock *s.th.* about; (*Frisur etc.*) spoil, F mess up; **ramponiert** F *adj.* **1.** *Sessel etc.*: battered (old) *armchair etc.*; *Haus, Lokal*: run-down; ***~ aussehen*** be (*od.* look) the worse for wear; ***der Tisch ist ziemlich ~*** *a.* the table's seen better days; **2.** *fig. Selbstbewußtsein*: dented; *Ruf, Image*: tarnished.
Ramsch *m* junk; **~laden** *m* junk shop; **~verkauf** *m* jumble sale; **~ware** *f* cheap stuff.
RAM-Speicher *m* RAM, random access memory.
ran F *int.*: ***~ an die Arbeit*** (***an den Speck***)***!*** F let's get on with it then!; *in Zssgn* **→ *heran...***; → *a.* ***rangehen, ranhalten, ranlassen, rannehmen*** *etc.*
Rand *m* edge; *e-s Tellers, e-r Brille etc.*: rim; *e-s Hutes*: brim; (*Seiten*²) margin; ***Ränder*** *unter den Augen*: (dark) rings, circles; ***bis zum ~ gefüllt*** *Glas*: filled to the top (*od.* brim); ***et. an den ~ schreiben*** write s.th. in the margin; ***am ~e des Waldes*** on the edge of the woods; ***am ~e der Stadt*** on the outskirts (of the town); *fig.* ***am ~e des Verderbens*** (***der Verzweiflung*** *etc.*) on the verge (*od.* brink) of ruin (despair *etc.*); ***am ~e der Gesellschaft*** on the fringe(s) of society; ***am ~e der Legalität*** just inside the law; ***an den ~*** (***des Geschehens*** *etc.*) ***geraten*** be marginalized; ***am ~e des Grabes stehen*** have one foot in the grave; ***am ~e erwähnen*** mention in passing; ***am ~e behandeln*** (*Problem*) deal with *a problem* in passing; ***es interessiert mich nur am ~e*** it's only of marginal interest to me; ***er hat es nur am ~e miterlebt*** he wasn't directly involved (*od.* affected by it); ***außer ~ und Band sein*** be going wild, *vor Freude etc.*: be beside o.s., ***geraten***: go wild (with joy); ***zu ~e kommen mit j-m*** get on with s.o., ***mit et.:*** cope with s.th., get to grips with s.th.; F ***halt den ~!*** shut up!
Randale F *f*: ***~ machen*** go on the rampage; **randalieren** *v/i.* riot, go on the rampage; **Randalierer** *m* rioter; (*Rowdy*) hooligan, F lager lout.
Rand|bemerkung *f* **1.** marginal note; **2.** passing remark (*od.* comment); **~bevölkerung** *f* fringe population; **~erscheinung** *f* secondary (*od.* peripheral) phenomenon; (*Nebenwirkung*) spin-off (*gen.* from); **~figur** *f* fringe figure; *im Roman etc.*: secondary (*od.* peripheral) character; **~gebiet** *n e-s Staates*: border region; *e-r Stadt*: outskirts *pl.*; *fig.* peripheral (*od.* fringe) area; (*Fach*) fringe subject; ***in den ~en*** *gen.* on the fringes of (*a. fig.*); ***~der Physik*** subsidiary area of physics; **~gruppe** *f soziale*: fringe group; ***radikale ~n*** *the* lunatic fringe; **²los** *adj. Brille*: rimless; *Foto*: without borders; **~notiz** *f* marginal note; **~problem** *n* side issue;

~schärfe *f opt.* contour sharpness; **~siedlung** *f* suburban estate; **~staat** *m* border state; **~stein** *m* kerbstone, *Am.* curbstone; **~steller** *m* margin stop; **~stellung** *f*: ***e-e ~ einnehmen*** be on the fringes (of society); **~streifen** *m* **1.** *Straße*: verge; *Autobahn*: hard shoulder, *Am.* shoulder; **2.** (*Papier*2) margin; **~tief** *n meteor.* surrounding ridge of low pressure; **2voll** *adj.* full to the brim, brimful; **~zone** *f* peripheral area; ***in den ~n*** *gen. a.* on the edges of.

Rang *m* **1.** rank; ⚔ (*Dienstgrad*) rank, *Am.* grade, rating (*a.* ⚓); *fig.* (*Stellung*) standing, status; (*Güte*) quality; *Lotto, Toto*: (dividend) class; ***ersten ~es*** first-class, first-rate; ***ein Offizier von hohem ~*** a high-ranking officer; *fig.* ***ein gesellschaftliches Ereignis von hohem ~*** a top-notch social occasion; ***e-n hohen (den ersten, den gleichen) ~ einnehmen*** rank high (first, equally); ***j-m den ~ ablaufen*** outdo s.o., outstrip s.o.; ***j-m den ~ streitig machen*** challenge s.o.; ***ein Mann von (ohne) ~ und Namen*** a distinguished personality (a nobody); ***alles, was ~ und Namen hat*** all the big names (F top nobs); **2.** *thea.* ***erster ~*** dress circle, *Am.* balcony; ***zweiter ~*** upper circle, *Am.* amphitheat|re (*od.* -er); ***dritter ~*** gallery; ***die Ränge*** *Sport*: the terraces; ***vor leeren Rängen spielen*** play to an empty stadium; **~abzeichen** *n* badge of rank; *pl.* insignia; **~älteste(r)** *m* senior; ⚔ senior officer.

rangehen F *v/i.*: ***an et. ~*** tackle s.th.; ***der geht aber ran!*** *bei (verbaler) Attacke*: F he's really laying into him *etc.*, *bei e-r Frau*: F he's a fast worker.

Rangelei F *f* wrangling (***um*** over); **rangeln** F *v/i.* (*sich balgen*) scuffle; *fig.* ***um et. ~*** wrangle about s.th., (*Position etc.*) jockey for s.th.

Rangfolge *f* order of precedence (*od.* priority); ranking.

ranghoch *adj.* top- (*od.* high-)ranking, senior; ***ranghoher Vertreter*** senior representative; **ranghöchst** *adj.* highest-ranking, most senior.

Rangierbahnhof *m* 🚂 shunting yard, *Am.* switchyard; **rangieren I.** *v/t.* 🚂 shunt, *Am.* switch; *mot. etc.* manoeuvre, *Am.* maneuver; **II.** *fig. v/i.*: ***~ vor*** rank above; ***an erster Stelle ~*** rank highest; **Rangierer** *m* 🚂 shunter, *Am.* switchman; **Rangiergleis** *n* siding, *Am.* switching track.

Rang|liste *f Sport etc.*: ranking list; ⚔ Army (⚓ Navy, ✈ Air Force) List; **~ordnung** *f* order of precedence (*od.* priority); ranking; (*Hackordnung, a. fig.*) pecking order; **~stufe** *f* rank; (*Vorrang*) priority; **~unterschied** *m* difference in rank.

ranhalten F *v/refl.*: ***sich ~*** *zeitlich*: F get a move on; *bei der Arbeit*: F get cracking, get on with it; (*nicht nachlassen*) F keep at it; (*beim Essen zugreifen*) F dig in.

rank *adj. Figur etc.*: lithe, lissom; *a. Birke*: slender; ***~ und schlank*** lithe and lissom.

Ranke *f* ❦ tendril.

Ränke *obs. pl.* intrigues; ***~ schmieden*** plot and scheme.

ranken *v/refl.*: ***sich ~ um*** curl (a)round; *fig.* ***um die Familie ~ sich viele Geschichten*** a lot of stories have grown up around the family.

Rankengewächs *n* creeper.

ran|klotzen F *v/i.* (*anfangen zu arbeiten*) F get cracking, get stuck in; *beim Arbeiten*: F go at it hammer and tongs; **~kriegen** F *v/t.*: ***j-n ~*** *zur Arbeit*: F make s.o. knuckle under, *stärker*: F put s.o. through the mill; *zur Mitarbeit*: F make s.o. pull his (*od.* her) weight; *zur Verantwortung*: F get s.o. (to answer for s.th.); (*reinlegen*) F con s.o., take s.o. for a ride; **~lassen** F *v/t.*: ***j-n an et. ~*** let s.o. get at s.th.; ***sie läßt niemanden an sich ran*** she won't let anyone (come) near her; ***laß mich mal ran!*** let me have a go; ***sie sollten die Jüngeren ~*** *beruflich*: they should give the young ones a chance; **~machen** F *v/refl.*: ***sich an j-n ~*** make a pass at s.o.; **~nehmen** F *v/t.*: ***j-n ~*** put s.o. through his (*od.* her) paces, F (*zurechtweisen*) let s.o. have it.

Ranzen *m* (*Schul*2) satchel; → ***Wanst.***

ranzig *adj.* rancid.

rapid(e) I. *adj.* rapid; ***~er Anstieg*** rapid rise, surge (*gen.* in); **II.** *adv.*: ***~ ansteigen*** surge; ***~ sinken*** plummet; ***mit der Wirtschaft geht es ~ bergab*** the economy is going downhill fast.

Rapier *n* rapier.

Rappe *m* black horse; *fig.* ***auf Schusters ~n reiten*** go on shanks's pony, F hoof it.

Rappel F *m* (*Fimmel*) craze; ***e-n ~ haben*** F be off one's nut; ***e-n ~ kriegen*** F go mad.

rappeln F **I.** *v/i.* rattle; *fig.* ***bei ihm rappelt's wohl!*** F he must be off his nut; **II.** *v/refl.*: ***sich aus dem Bett ~*** heave o.s. out of bed; ***sich in die Höhe ~*** struggle up, *fig.* struggle back onto one's feet.

rappelvoll F *adj.* F jampacked, chock-a-block.

Rappen *m Schweiz*: centime.

Rapport *m* **1.** (*Bericht*) report; ***sich zum ~ melden bei*** report to; **2.** *psych.* rapport.

Raps *m* ❦ rape; (*Samen*) rapeseed; **~öl** *n* rapeseed oil.

Rapunzel *f* ❦ *a. pl.* lamb's lettuce.

rar *adj.* rare, scarce; ***sich ~ machen*** make o.s. scarce; **Rarität** *f* rarity.

Raritäten|kabinett *n* curiosity cabinet; **~sammlung** *f* collection of curios.

rasant *adj.* **1.** *Wagen etc.*: fast; *Entwicklung*: rapid; ***in e-m ~en Tempo*** at breakneck speed; **2.** (*rassig*) F smashing; **3.** (*schnittig*) racy; **Rasanz** *f* **1.** *e-r Entwicklung*: terrific (*od.* breakneck) speed; **2.** *e-r Show, Darstellung*: verve.

rasch I. *adj.* quick; *Handlung etc.*: swift; *Tempo*: fast; **II.** *adv.* quickly *etc.*; ***~ machen*** be quick (***mit et.*** about s.th.); ***~!*** hurry up!, quick!, F make it snappy!

rascheln I. *v/i.* rustle; **II.** 2 *n* rustling, rustle.

rasen *v/i.* **1.** F (*sehr schnell fahren od. laufen*) race (along), tear (along), speed (along); ***~ gegen*** run into, *Auto*: *a.* crash into; **2.** *vor Zorn, im Fieber, Wahnsinn*: rave; *Sturm, See*: rage; ***vor Zorn ~*** *a.* be wild with rage; ***vor Schmerz ~*** be delirious with pain; ***vor Begeisterung ~*** be wild with enthusiasm.

Rasen *m* lawn.

rasend I. *adj.* **1.** *Person*: raving; ***~er Durst*** raging thirst; ***~er Hunger*** ravenous hunger; ***e-n ~en Hunger haben*** be ravenous; ***~e Schmerzen*** searing (*od.* raging) pain; ***~e Kopfschmerzen*** a splitting (*od.* raging) headache; ***~e Wut*** violent rage; ***~er Applaus*** thunderous applause; ***~ werden*** go mad; ***er macht mich noch ~*** F he's driving me spare; **2.** *Geschwindigkeit*: breakneck ..., terrific; **II.** F *adv.*: ***~ verliebt*** madly in love, besotted; ***er spielt ~ gern Backgammon*** he loves backgammon, he's mad (F wild) about backgammon.

Rasen|heizung *f* under-soil heating; **~mäher** *m* lawnmower; **~platz** *m Tennis*: grass court; **~sprenger** *m* sprinkler.

Raser F *m mot.* F speeder, speedster, speed freak, *Am. a.* hot rodder; **Raserei** *f* **1.** (*Wut*) rage, fury; (*Wahnsinn*) frenzy, madness; ***j-n zur ~ treiben*** F drive s.o. round the bend; **2.** F *mot.* (reckless) speeding.

Rasier|apparat *m* razor; ***elektrischer ~*** *a.* electric shaver; **~creme** *f* shaving cream.

rasieren *v/t.* **1.** (*a.* ***sich ~***) shave; **2.** *fig.* (*Gebäude etc.*) raze to the ground; **3.** F ***j-n ~*** (*betrügen*) F pull a fast one on s.o.

Rasier|klinge *f* razor blade; **~messer** *n* (straight) razor; **~pinsel** *m* shaving brush; **~schaum** *m* shaving foam; **~seife** *f* shaving soap; **~wasser** *n vor der Rasur*: pre-shave lotion; *nach der Rasur*: aftershave (lotion); **~zeug** F *n* shaving things *pl.* (*od.* kit).

Räson *f*: ***j-n zur ~ bringen*** talk some sense into s.o., bring s.o. round; ***zur ~ kommen*** see reason; **räsonieren** *v/i.* **1.** *dial.* (*nörgeln*) moan; **2.** (*weitschweifig reden*) hold forth (***über*** on).

Raspel *f* **1.** ⚙ rasp; (*Küchengerät*) grater; **2.** (*Kokos*2 *etc.*) flake; **raspeln** *v/t.* rasp; (*schaben*) grate; → ***Süßholz.***

raß *dial. adj. Käse etc.*: strong, sharp; *Gewürz, Gulasch etc.*: hot; *Alkohol*: strong; *Wind*: biting; *Witz*: crude.

Rasse *f* race (*a. fig.*); *Tierzucht*: *a.* breed; *fig. a.* class; F *fig.* ***seltsame ~*** strange breed; *contp.* ***sie sind e-e ~ für sich*** F they're an odd (*od.* a strange) lot; **~hund** *m* pedigree (*od.* pure-bred) dog.

Rassel *f* rattle; **~bande** F *f* F noisy lot; bunch of rascals.

rasseln *v/i.* rattle; *Wecker*: shrill; ***~ mit*** rattle, (*Schlüsseln*) *a.* jangle; ***~des Geräusch*** rattling (sound); F ***gegen e-e Mauer ~*** crash against (*Person, Auto*: into) a wall; F ***durch e-e Prüfung ~*** F flunk an exam.

Rassen|diskriminierung *f* racial discrimination; **~fanatiker** *m* racialist; **~frage** *f* racial problem; **~haß** *m* racial hatred; **~hetze** *f* racial aggression; **~ideologe** *m* racial theorist (*od.* ideologist); **~ideologie** *f* racial theory (*od.* ideology); **~integration** *f* racial integration; **~kampf** *m*, **~konflikt** *m* racial conflict; **~krawalle** *pl.* race riots; **~kreuzung** *f von Tieren*: crossbreeding; (*Tier*) crossbreed; **~kunde** *f* racial anthropology; **~mischung** *f Tiere*: crossbreeding; *Menschen*: interbreeding; **~politik** *f* racial policy; **~schranke** *f* colo(u)r bar; **~trennung** *f* (racial) segregation; **~unruhen** *pl.* race riots, racial unrest *sg.*; **~vermischung** *f* mixing of different races; **~vorurteil** *n* racial prejudice; **~wahn** *m* racial fanaticism.

Rasse|pferd *n* thoroughbred (horse); **~weib** F *n* F smasher.

rassig *adj. Pferd etc.*: thoroughbred; *Südländer*: fiery; *Frau*: hot-blooded; *Wein*: racy.

rassisch *adj.* racial.
Rassismus *m* racism; **Rassist** *m* racist; **rassistisch** *adj.* racist.
Rast *f* rest; (*Pause*) *a.* break; ~ ***machen*** (*anhalten*) make a stop; *beim Wandern*: have a rest.
Rastafari *m* Rasta(farian).
rasten *v/i.* (take a) rest.
Raster[1] *m* **1.** *phot., typ.* screen; **2.** *fig.* pattern, scheme; ***das fällt aus dem ~ heraus*** it doesn't fit into any pattern (*od.* scheme).
Raster[2] *n TV, Computer*: raster; **~einheit** *f* raster unit; **~fahndung** *f* computer search.
rastern *v/t. phot.* print in halftone; *TV* scan.
rastlos I. *adj.* (*unermüdlich*) indefatigable; (*unruhig*) restless; **II.** *adv.*: ~ ***tätig sein*** work nonstop, F be on the go all the time.
Rast|platz *m* place for a rest; *Autobahn*: lay-by, *Am.* rest stop; **~stätte** *f* **1.** motorway restaurant; **2.** (motorway) service area; *Schild*: Services *pl.*
Rasur *f* **1.** shave; **2.** (*Radieren, ausradierte Stelle*) erasure.
Rat *m* **1.** advice; (*Empfehlung*) recommendation; (*Vorschlag*) suggestion; (*Ausweg*) way out; ***ein ~*** a piece of advice, some advice; ***ein guter ~*** (some) good *od.* sound advice; ***auf s-n ~ hin*** on his advice; ***j-n um ~ fragen*** ask s.o. for advice, ask s.o.'s advice; ~ ***suchen*** seek advice (***bei*** from); ***j-s ~ befolgen*** take (*od.* follow) s.o.'s advice; ***nicht auf j-s ~ hören*** ignore s.o.'s advice; ***mit sich zu ~e gehen*** think things over; ***j-n zu ~e ziehen*** consult s.o., seek s.o.'s advice; ~ ***schaffen*** find ways and means; ~ ***wissen*** know what to do; ***keinen ~ mehr wissen*** be at a loss as to what to do; ***da ist guter ~ teuer*** it's hard to say what to do; ***j-m mit ~ und Tat beistehen*** give s.o. one's advice and support; → ***Zeit***; **2.** (*Gremium*) council, board; ~ ***der EU*** Council of Ministers; **3.** (*Ratsmitglied*) council(l)or; → ***Gemeinderat*** *etc.*
Rate *f* **1.** ✝ instal(l)ment; ***auf ~n kaufen*** buy in instal(l)ments (*Brit. a.* on hire purchase); **2.** (*Quote*) rate; → ***Wachstumsrate*** *etc.*
raten[1] *v/t. u. v/i.* (*beraten*) advise (***zu et.*** s.th.); ***zu et. ~*** *a.* recommend s.th.; ***j-m ~, et. zu tun*** advise s.o. to do s.th.; ***er riet (mir) zur Vorsicht*** he advised me to be careful, he advised caution; ***ich rate dir zu diesem Modell*** I would advise you to take (*od.* I think you should take) this model; ***das möchte ich dir geraten haben*** *drohend*: just as well (for your sake), F you'd damn well better (not); → *a.* ***geraten***[2].
raten[2] *v/t. u. v/i.* (*erraten*) guess; ~ ***Sie mal!*** (have a) guess; ***gut geraten!*** good guess!; ***falsch geraten!*** wrong!; ***dreimal darfst du ~*** I'll give you three guesses; ***du darfst noch mal ~*** have another guess; ***das rätst du nie*** you'll never guess; ***das ist alles nur geraten*** it's all guesswork.
Raten|kauf *m* hire purchase, *Am.* installment plan; **~kredit** *m* instal(l)ment credit; **2weise** *adv.* by instal(l)ments; **~zahlung** *f* payment by instal(l)ments; ***auf ~ kaufen*** buy in instal(l)ments (*Brit. a.* on hire purchase).
Ratespiel *n* guessing game.
Rat|geber *m* **1.** adviser, counsel(l)or; **2.** (*Buch*) guide (***über*** to), self-help book (on), F how-to book (on); ~ ***für Arbeitslose*** *etc. a.* tips for the unemployed *etc.*; **~haus** *n* town (*Am.* city) hall.
Ratifikation *f* ratification.
Ratifikations|klausel *f* ratification clause; **~urkunde** *f* ratification document; **~verfahren** *n* ratification proceedings *pl.*
ratifizieren *v/t.* ratify; **Ratifizierung** *f* ratification; **Ratifizierungs...** *in Zssgn* → ***Ratifikations....***
Ratio *f*: ***die ~*** reason.
Ration *f* ration; (*Anteil*) allowance, share; ***eiserne ~*** emergency (*od.* iron) rations.
rational *adj.* rational (*a.* 𝔄).
rationalisieren *v/t.* ✝ rationalize, streamline; **Rationalisierung** *f* rationalization; **Rationalisierungsmaßnahme** *f* efficiency measure.
Rationalismus *m* rationalism; **Rationalist** *m* rationalist; **rationalistisch** *adj.* rationalist(ic).
rationell *adj.* rational, reasonable; (*wirtschaftlich, produktiv*) efficient.
rationieren *v/t.* ration; **Rationierung** *f* rationing.
ratlos *adj.* helpless, at a loss; **Ratlosigkeit** *f* helplessness.
ratsam *adj.* advisable; (*klug*) wise; ***ich halte es nicht für ~*** I don't think it's (*od.* it would be) advisable *od.* a good idea; **Ratsamkeit** *f* advisability.
Ratsch F *m* F natter; ***e-n ~ machen*** → ***ratschen***; **Ratsche** *f* **1.** rattle; **2.** F (*Schwätzerin*) F gasbag; (*Klatschtante*) (old) gossip; **ratschen** F *v/i.* F have a natter; (*klatschen*) gossip.
Ratschlag *m* (piece of) advice.
Rätsel *n* riddle, puzzle (*a. fig.*); (*Geheimnis*) mystery; ***j-m ~ aufgeben*** ask s.o. riddles, *fig.* puzzle s.o., *stärker*: baffle s.o.; *fig.* ***in ~n sprechen*** speak in riddles; ***er ist mir ein ~*** I can't make him out; ***es ist mir ein ~, ich stehe vor e-m ~*** it's a complete mystery to me, F it beats me; ***vor e-m ~ stehen*** be baffled; ***das ist des ~s Lösung!*** that's the answer; **~ecke** *f* puzzle corner (*od.* section); **~frage** *f* puzzling question.
rätselhaft *adj.* puzzling; (*geheimnisvoll*) mysterious; ***es ist mir völlig ~*** it's a complete mystery to me.
Rätselheft *n* puzzle book.
rätseln *v/i.* puzzle (***über*** over), speculate.
Rätselraten *n* guessing games *pl.*; *fig.* speculation (***um*** about, over, on).
Rats|herr *m* (town) council(l)or, alderman; **~keller** *m* rat(h)skeller; *town hall cellar-restaurant*; **~sitzung** *f* council meeting.
ratsuchend *adj.*: ***~e Personen, 2e*** those (*od.* anyone) seeking advice.
Ratsversammlung *f* **1.** council, assembly; **2.** → ***Ratssitzung.***
Rattan *n* rattan; **~möbel** *pl.* rattan (*od.* cane) furniture.
Ratte *f* rat.
Ratten|fänger *m* ratcatcher; *fig. contp.* pied piper; **~gift** *n* rat poison; **~nest** *n* rat's nest; *fig.* lair, den of thieves *etc.*; **~schwanz** *m* **1.** rat's tail; **2.** F (*Frisur*) pigtail; **3.** *fig.* ***ein (ganzer) ~ von*** a whole string of; ***es zog e-n ~ von Problemen nach sich*** it brought a whole string of problems with it.
rattern *v/i.*, 2 *n* rattle, clatter; *Maschinengewehr*: crackle; *Motor etc.*: roar.
ratzekahl F *adv.*: ***alles ~ auffressen*** F polish off the lot; ***e-n Baum ~ abfressen*** strip a tree clean (*od.* bare).
Raub *m* **1.** robbery (*a.* ⚖); **2.** (*Beute*) booty, loot; ***auf ~ ausgehen*** *Tier*: hunt its prey, *Dieb*: go out on the prowl; *fig.* ***ein ~ der Flammen werden*** be destroyed by fire, be engulfed in flames; **~aufnahme** *f* pirate recording; **~ausgabe** *f* pirate edition; **~bau** *m* overexploitation (***an*** of), uncontrolled exploitation (of); ~ ***an der Landschaft*** despoliation of the countryside; ***mit s-r Gesundheit ~ treiben*** ruin one's health; **~druck** *m* pirate edition.
rauben I. *v/i.* rob, commit robbery; **II.** *v/t.* rob, steal; (*Kind*) kidnap; ***j-m den Atem ~*** take s.o.'s breath away; ***j-m den Schlaf*** *etc.* ~ rob *od.* deprive s.o. of his (*od.* her) sleep *etc.*; ***es raubt mir zuviel Zeit*** it takes away too much of my time.
Räuber *m* robber; (*Straßen2*) highwayman; ~ ***und Gendarm spielen*** play cops and robbers; **~bande** *f* band of robbers; **~geschichte** *f* story about robbers; F *fig.* F cock-and-bull story; **~höhle** *f* den of robbers (*od.* thieves); F ***hier sieht's aus wie in der ~*** F this place is an absolute mess, it's like a pigsty in here.
räuberisch *adj. Tier*: predatory; *Person*: thieving; *Stämme etc.*: marauding; ***~e Erpressung*** extortion by means of force.
räubern F *fig. v/i.*: ***im Kühlschrank*** *etc.* ~ F raid the fridge *etc.*
Räuber|pistole *fig. f* F cock-and-bull story; **~zivil** F *n* F old togs; ***komm ruhig in ~*** come as you are.
Raubfisch *m* predatory fish.
Raubgier *f* rapacity; **raubgierig** *adj.* rapacious.
Raub|katze *f* big cat; member of the cat family; **~kopie** *f* pirate copy; **~krieg** *m* **1.** marauding war(fare); **2.** war of annexation; **~mord** *m* murder and robbery; **~mörder** *m* murderer and robber; **~platte** *f*, **~pressung** *f* F bootleg (record); **~ritter** *m hist.* robber baron; **~tier** *n* predator, (predatory) wild animal; **~überfall** *m*: (***bewaffneter ~*** armed) robbery, holdup; *auf Person*: *a.* mugging; **~vogel** *m* bird of prey; **~zug** *m* predatory attack.
Rauch *m* smoke; (*Dunst, von Säuren etc.*) fumes *pl.*; ***in ~ aufgehen*** go up in smoke (*a. fig.*); *fig.* ***kein ~ ohne Flamme*** there's no smoke without fire; **~abzug** *m* flue; **~bier** *n* smoked beer; **~bombe** *f* smoke bomb.
rauchen I. *v/i. u. v/t.* smoke, *bsd. Gase, Dämpfe*: fume; ***er raucht stark*** he's a heavy smoker, he smokes a lot; ***er raucht wenig*** he doesn't smoke very much; F *fig.* ***wir arbeiteten, daß es nur so rauchte*** F we were going at it hammer and tongs; ***mir rauchte der Kopf*** my head started spinning; F ***..., sonst raucht es!*** F ... or you'll be in for it!; **II.** 2 *n* smoking; ~ ***verboten!*** no smoking.
Raucher *m* **1.** smoker; **2.** (*a.* **~abteil** *n*) smoking compartment, F smoker.
Räucheraal *m* smoked eel.
Raucherbein *n* ⚕ smoker's leg, 📖 claudication.
Räucher|gefäß *n* censer; **~hering** *m* smoked herring, kipper.
Raucherhusten *m* smoker's cough.

Räucherkerze *f* aromatic candle.
Raucherkrebs *m* smoker's (*od.* smoking-related) cancer.
Räucherlachs *m* smoked salmon.
räuchern I. *v/t.* **1.** (*Fleisch, Fisch etc.*) smoke, cure; **2.** *desinfizierend*: fumigate; **II.** *v/i.* burn incense.
Räucher|schinken *m* smoked ham; **~stäbchen** *n* joss stick.
Rauch|fahne *f* smoke trail; **~fang** *m* chimney hood; **ℒfarben** *adj.* smoke-colo(u)red; **ℒfrei** *adj.*: **~e Zone** *im Restaurant etc.*: no-smoking area (*od.* part); **~gas** *n* flue gas; **~geschmack** *m* taste of smoke; **ℒgeschwärzt** *adj.* black with smoke; **~glas** *n* smoked glass.
rauchig *adj.* smoky (*a. Stimme*).
Rauch|kringel *m* smoke ring; **~melder** *m* smoke detector; **~pilz** *m* mushroom cloud; **~quarz** *m* smoky quartz, cairngorm; **~säule** *f* pillar of smoke; **~schwaden** *pl.* billows of smoke; **~schwalbe** *f* (barn) swallow; **~signal** *n* smoke signal; **~topas** *m* smoky topaz; **~verbot** *n* ban on smoking; ***hier herrscht ~*** there's no smoking allowed here; **~vergiftung** *f* smoke poisoning.
Rauchwaren¹ *pl.* tobacco products.
Rauchwaren² *pl.* (*Pelze*) furs.
Rauch|werk *n* → ***Rauchwaren²***; **~wolke** *f* cloud of smoke; **~zeichen** *n* smoke signal.
Räude *f vet.* mange; **räudig** *adj.* mangy.
rauf F *adv.*, **rauf...** *in Zssgn* **1.** → ***herauf(...)***; **2.** → ***hinauf(...)***.
Raufbold *m* ruffian; **raufen I.** *v/t.* pull (out); → ***Haar***; **II.** *v/i. u. v/refl.*: (***sich ~***) scuffle, brawl, tussle; **Rauferei** *f* fight, brawl, scuffle; **rauflustig** *adj.* pugnacious; ***~ sein*** *a.* love to tussle.
rauh *adj.* rough (*a. Haut, See, Wetter, Ton etc.*); *Wind*: raw; *Kälte*: biting, bitter; *Winter*: severe; *Klima*: harsh, raw; *Land, Gegend*: desolate; *Fell etc.*: rough, coarse; *Hals*: sore, (*heiser*) hoarse; *Stimme*: harsh, grating, (*rauchig*) husky; *Leben*: tough, rough; (*streng*) harsh; (*grob*) coarse; ***~e Behandlung*** rough treatment; ***~e Wirklichkeit*** harsh reality; ***der ~e Norden*** the cold north; F ***in ~en Mengen*** ... galore, F heaps of ...; ***~ aber herzlich*** bluff.
Rauhbein *n* rough diamond; **rauhbeinig** *adj.* bluff.
Rauheit *f* roughness; severity; harshness; coarseness *etc.*; → ***rauh***.
rauhen *v/t.* rough(en); (*Tuch*) tease, nap.
Rauhfasertapete *f* woodchip paper.
Rauhhaardackel *m* wire-haired dachshund; **rauhhaarig** *adj.* wire-haired.
Rauhreif *m* white frost, hoarfrost.
Raum *m* (*Platz*) space, room; (*Gegend, Gebiet*) area; (*Ausdehnung*) expanse; *phys., phls.* (*a. Weltℒ*) space; (*Volumen*) volume; (*Fläche*) area; (*Zimmer*) room; (*Spielℒ*) scope, room; ***viel ~ beanspruchen*** take up a lot of space; ***auf engstem ~ leben*** live in cramped surroundings; ***freier ~*** *Sport*: open space; ***Spiel in den freien ~*** opening up the game; ***im ~ München*** in the Munich area; ***es nahm in der Diskussion e-n breiten ~ ein*** it occupied a large part of the discussion; ***die grenzenlosen Räume des Weltalls*** the limitless expanses of the universe; ***~ geben*** *od.* ***gewähren*** (*e-m Gedanken*) give way to, (*e-r Hoffnung*) entertain, (*e-r Bitte*) grant; ***das Problem steht im ~*** the problem demands an answer; ***e-e Frage im ~ stehenlassen*** leave a question unanswered; ***ich möchte die Frage einfach in den ~ stellen*** I'd just like to throw up the question for us to be thinking about it; **~akustik** *f* acoustics *pl.* (of a *od.* the room); **~anzug** *m* space suit; **~ausstatter** *m* interior decorator; **~ausstattung** *f* (*Vorgang*) interior decorating; (*Ergebnis*) *a.* interior (of a room); **~bedarf** *m* required space, space required.
Räumboot *n* minesweeper.
Raumdeckung *f Sport*: zone marking.
räumen I. *v/t.* **1.** (*fortschaffen*) clear away, remove; ***et. in den Schrank ~*** put s.th. away in the cupboard; ***aus dem Weg ~*** clear (*od.* get) *s.th.* out of the way, *fig.* (*Schwierigkeiten*) get rid of, (*Probleme*) *a.* solve; **2.** (*Wohnung*) move out of, *formell*: vacate; (*Hotelzimmer*) check out of; (*Saal etc., a. Unfallstelle etc.*) clear; (*Schublade, Schreibtisch etc.*) clear out; (*Gebiet*) evacuate, ⚔ (*aufgeben*) *a.* leave; ⚔ (*Stellung*) leave, retreat from; ⚚ (*Lager*) clear, sell off; ***j-m den Platz ~*** give s.o. one's seat, *fig.* make way for s.o.; ***den Saal ~ lassen*** *Richter*: have the court cleared; **II.** *v/i.* clear up.
Raum|fähre *f* space shuttle; **~fahrer** *m* astronaut, spaceman.
Raumfahrt *f* **1.** space travel; **2.** (*Wissenschaft*) astronautics *pl.* (*sg. konstr.*); **~behörde** *f* space agency; **~industrie** *f* space industry; **~medizin** *f* space medicine; **~programm** *n* space program(me); **~projekt** *n* space project; **~technik** *f* space technology; **~techniker** *m* space engineer; **~zentrum** *n* space cent|re (*Am.* -er).
Raum|fahrzeug *n* spacecraft, spaceship; **~flug** *m* space flight; **~forschung** *f* (aero)space research; **~gestalter** *m* interior decorator; **~gestaltung** *f* interior decorating; **ℒgreifend** *adj.*: ***~e Schritte*** long strides; **~inhalt** *m* volume, capacity; **~kapsel** *f* space capsule; **~klang** *m* stereophonic sound; **~labor** *n* → ***Raumstation***.
räumlich I. *adj.* spatial, space ...; three-dimensional; ***~e Wirkung*** *e-s Bilds*: depth, three-dimensionality; **II.** *adv.*: ***~ sehr beengt*** cramped (for space); ***~ gefällt mir die Wohnung*** I like the layout of the flat (*Am.* apartment); **Räumlichkeit** *f* **1.** (*Raum*) room; **~en** *a.* premises; **2.** *Malerei*: depth, three-dimensionality.
Raum|mangel *m* lack of space (*od.* room); restricted space; **~maß** *n* solid measure; **~not** *f* lack of space; cramped living conditions *pl.*; **~ordnungsplan** *m pol.* development plan; **~pflegerin** *f* cleaning lady; **~schiff** *n* spaceship; **~sonde** *f* space probe; **ℒsparend** *adj.* space-saving; **~station** *f* space station (*od.* platform), *Am. a.* skylab; **~teiler** *m* partition; **~temperatur** *f* room temperature; **~ton** *m* stereophonic sound; **~transporter** *m* space shuttle.
Räumung *f* **1.** (*Wegschaffen*) removal; **2.** (*Leermachen*) clearing, *bsd.* ⚚ clearance; **3.** *e-r Wohnung etc.*: vacating, *zwangsweise*: eviction; ***die ~ der Wohnung muß bis ... erfolgen*** the flat must be vacated by ...; **4.** *e-s Gebiets, a.* ⚔: evacuation.
Räumungs|arbeiten *pl.* clear-up operation(s); **~befehl** *m* eviction order; **~klage** *f* action for possession (*Am.* eviction); **~verkauf** *m* clearance sale.
raunen *v/i. u. v/t.* whisper, murmur (*beide a. fig.*).
raunzen *dial. v/i.* grumble, moan.
Raupe *f* **1.** caterpillar; *von Käferlarve*: grub; **2.** ⚙ (*Planierℒ*) caterpillar (*TM*); → ***Raupenkette***.
Raupen|fahrzeug *n* tracked vehicle; **~kette** *f* track chain.
raus F *adv.*, **raus...** *in Zssgn* **1.** → ***heraus(...)***; → *a.* ***rausschmeißen***; **2.** → ***hinaus(...)***; → *a.* ***rausfeuern, rausfliegen***; ***~!*** (get) out!, *sl.* scram!; ***~ mit euch!*** *in den Garten etc.*: (come on,) out you go, *aus dem Auto etc.*: (come on,) out you get; ***~ mit der Sprache!*** F (come on,) spit it out!
Rausch *m* intoxication, drunkenness; (*Drogenℒ*) F high; *fig.* delirious state, (*a. Raserei*) frenzy; (*Glücksℒ etc.*) rapture, exhilaration; ***sich e-n ~ antrinken*** get drunk; ***e-n ~ haben*** be drunk; ***s-n ~ ausschlafen*** sleep it off; ***im ~*** under the influence of alcohol; ***im ~ des Glücks sein*** be deliriously happy; ***im ~ der Geschwindigkeit*** intoxicated (*od.* drunk) with speed; ***im ~ der Begeisterung*** carried away by one's enthusiasm, in a fit of enthusiasm; ***im ~ des Erfolgs*** *etc.* carried away by success *etc.*; ***im ~ der Leidenschaft*** seized with (a burning) passion.
rauscharm *adj.* low-noise.
rauschen *v/i. Wasser*: rush; *Bach*: murmur; *Brandung, Sturm*: roar; *Blätter, Seide etc.*: rustle; *Beifall*: ring, thunder; *fig.* (*schwungvoll gehen*) sweep, sail; ***es rauscht im Radio*** there's (a lot of) interference (*od.* static) on the radio; **rauschend** *adj.* rustling *etc.*; → ***rauschen***; ***~er Beifall*** rapturous applause; ***~es Fest*** lavish party (*od.* celebration).
Rausch|faktor *m* noise ratio; **~filter** *n* noise suppressor.
Rauschgift *n* narcotic, drug; *coll.* narcotics *pl.*, drugs *pl.*; **~bekämpfung** *f* fight against drugs; **~dezernat** *n* narcotics (*od.* drugs) squad; **~handel** *m* drug trafficking; **~händler** *m* drug dealer; **~mafia** *f* drugs mafia; **~sucht** *f* drug addiction; **ℒsüchtig** *adj.* addicted to drugs; **~süchtige(r** *m*) *f* drug addict.
Rausch|gold *n* gold foil; **~sperre** *f Hi-Fi etc.*: noise gate; **~unterdrückungssystem** *n* noise reduction system.
rausfeuern F *v/t.* (*entlassen*) fire, F give *s.o.* the sack (*od.* boot).
rausfliegen F *v/i.* F be kicked (*od.* booted, chucked, turfed) out; *aus e-r Stellung*: *a.* F get the sack (*od.* boot).
raushalten F **I.** *v/refl.*: ***sich ~*** keep out of it, ***aus et.***: keep out of s.th.; ***halt dich da raus!*** *wohlmeinend*: don't get involved, I'd keep out of it if I were you; **II.** *v/t.* keep *s.o. od. s.th.* out of it; ***~ aus et.*** keep *s.o. od. s.th.* out of s.th.
rauskriegen F *v/t.* → ***herausbekommen*** 1.
räuspern *v/refl.*: ***sich ~*** clear one's throat.
rausreißen F *v/t.* → ***herausreißen***.
rausschmeißen F *v/t.* throw out, F chuck out, (*j-n*) *a.* F kick out (*alle* ***aus*** of); (*entlassen*) *a.* fire, F give *s.o.* the boot; **Rausschmeißer** F *m* F bouncer; **Rausschmiß** F *m* sacking, F *the* boot.
Raute *f* ⚘ rue; 𝔄 rhomb(us); *Heraldik*:

lozenge; (*Kartenfarbe*) diamond; **rautenförmig** *adj.* diamond-shaped.

Ravioli *pl.* ravioli.

Razzia *f* (police) raid, police roundup, F swoop; ***e-e ~ machen*** make a raid (***auf*** on), ***auf***: *a.* raid, F swoop on.

Reagenz|glas *n* test tube; **~papier** *n* test paper.

reagieren *v/i.* **1.** react (***auf*** to), *a. auf Behandlung etc.*: respond (to); ***nicht ~ auf*** (*nicht beachten*) ignore; ***sofort ~*** respond immediately; ***sie reagierten überhaupt nicht*** *a.* there was no reaction (from them); ***ich bin gespannt, wie er drauf ~ wird*** I wonder what he'll say (*od.* how he'll take it); **2.** ⚗ react (***auf*** on).

Reaktion *f* **1.** reaction (***auf*** to); ⚕ *a.* response (to), (*Reflex*) reflex; ***s-e erste ~ war Wut*** his initial reaction was to get angry, at first he was angry; **2.** ⚗ reaction (***auf*** on); **3.** *pol.* reactionary forces *pl.*

reaktionär *adj.*, ℒ *m* reactionary.

Reaktions|fähigkeit *f* reactions *pl.*; ***es schränkt die ~ ein*** it slows down your reactions; **ℒschnell** *adj.*: ***~ sein*** have fast reactions; **~vermögen** *n* → ***Reaktionsfähigkeit***; **~zeit** *f* reaction (*od.* response) time.

reaktivieren *v/t.* reactivate.

Reaktor *m* reactor; **~block** *m* reactor block; **~gebäude** *n* reactor housing (*od.* dome); **~gift** *n toxic substance emanating from a nuclear reactor*; **~kern** *m* reactor core; **~sicherheit** *f* reactor safety; **~unfall** *m* reactor accident; **~unglück** *n* reactor disaster.

real *adj.* (*wirklich*) real; (*konkret*) concrete; (*realistisch*) realistic; † real; **ℒeinkommen** *n* real income.

Realien *pl.* **1.** facts, realities; **2.** (*Kenntnisse*) expert knowledge *sg.*

realisierbar *adj.* realizable; ***der Plan ist nicht ~*** the plan can't be put into practi|ce (*Am. a.* -se); **realisieren I.** *v/t.* realize (*a. begreifen*); † *a.* convert into money; **II.** *v/refl.*: ***sich ~*** materialize, be realized; **Realisierung** *f* realization.

Realismus *m* realism; **Realist** *m* realist; **realistisch** *adj.* realistic(ally *adv.*).

Realität *f* reality; *pl.* (*Tatsachen*) *a.* facts; ***in der ~*** in real life, (*in Wirklichkeit*) in reality.

realitäts|bezogen *adj.* realistic; **~fern** *adj.* unrealistic; *Person*: *a.* out of touch with reality; **~fremd** *adj.* out of touch (with reality); **~nah** *adj.* close to reality; *a. Person*: realistic; **ℒsinn** *m* sense of reality.

realiter *adv.* in reality.

Reallexikon *n* (specialist) encyclop(a)edia.

Realo *m pol.* pragmatic Green.

Real|politik *f* realpolitik; **~politiker** *m* political pragmatist; **ℒpolitisch** *adj.* pragmatic; **~schule** *f secondary school leading to intermediate qualification*, *Am. etwa* junior high school; **~wert** *m* real value.

Realzeit *f Computer*: real time; **~verarbeitung** *f* real-time processing.

Reanimation *f* ⚕ reanimation.

Rebe *f* (*Weinranke*) tendril, shoot; (*Weinstock*) vine; *poet.* grape.

Rebell *m* rebel (*a. fig.*); **rebellieren** *v/i.* rebel (*a. fig.*); ***~de Studenten*** rebel students; **Rebellion** *f* rebellion; **rebellisch** *adj.* rebellious (*a. fig.*); ***~ werden*** be up in arms, *Kinder*: start to play up; ***j-n ~ machen*** have s.o. up in arms; ***die Leute etc. ~ machen*** *a.* cause an uproar.

Rebensaft *lit. m* juice of the vine.

Reb|huhn *n* partridge; **~laus** *f* phylloxera; **~stock** *m* vine.

Rechaud *m, n* warming plate; *Fondue*: burner, réchaud.

Rechen *m* rake; ℒ *v/t.* rake (up).

Rechen|anlage *f* computer; **~aufgabe** *f* sum, *schwierige*: problem; **~buch** *n* arithmetic book; **~fehler** *m* mistake, miscalculation; **~geschwindigkeit** *f Computer*: computing speed; **~heft** *n* arithmetic book; **~kapazität** *f Computer*: computing capacity; **~künstler** *m* mathematical genius; **~maschine** *f* calculator.

Rechenschaft *f*: ***(j-m) ~ ablegen über*** account (to s.o.) for; ***j-m ~ schuldig sein*** be answerable to s.o.; ***zur ~ ziehen*** call to account (***wegen*** for); **Rechenschaftsbericht** *m* report, statement.

Rechen|schieber *m* slide rule; **~stift** *fig. m*: ***den ~ ansetzen*** do one's sums; **~werk** *n Computer*: arithmetic unit; **~zentrum** *n* computer cent|re (*Am.* -er).

Recherche *f* investigation, inquiry; ***~n anstellen über*** investigate, make investigations about (*od.* into); **recherchieren I.** *v/i.* investigate; *wissenschaftlich*: (do) research; **II.** *v/t.* (*Fall etc.*) investigate; (*Thema*) research, do research into.

rechnen I. *v/i.* calculate, make a calculation; *ped.* do sums, *bei schwierigen Aufgaben*: do one's arithmetic; (*zählen*) count; (*veranschlagen*) reckon, estimate; (*berechnen*) charge; (*sparsam sein*) economize; ***gut ~ können*** be good at figures; ***grob gerechnet*** at a rough estimate (*od.* guess); ***das ist großzügig gerechnet*** that's a generous estimate; ***du kannst ja selbst ~!*** work it out for yourself; ***von Montag an gerechnet*** as from Monday; ***er kann nicht ~*** (*mit Geld umgehen*) he doesn't know how to handle money; ***wir müssen sehr ~*** we've got to watch the pennies (*od.* watch what we spend); ***~ auf*** *od.* ***mit*** (*sich verlassen auf*) reckon (*od.* count, rely) on, (*erwarten*) reckon with, expect; ***ich rechne mit d-r Hilfe (d-m Verständnis)*** I'm counting on your help (I hope you'll understand); ***mit mir brauchst du nicht zu ~!*** count me out; ***wir müssen damit ~, daß er geht (daß der Flug Verspätung hat)*** we must reckon on his *od.* him leaving (on the flight being delayed); ***mit ihm wird man ~ müssen*** he's one to look out for in the future; ***alles rechnet mit e-m Sieg von X*** everyone expects X to win, all the bets are on X winning; ***~ zu*** count (*od.* rank) among; **II.** *v/t.* calculate, work out; (*veranschlagen*) reckon (on), estimate; (*berücksichtigen*) take into account; ***ich habe zwei Tassen Kaffee für jeden gerechnet*** I've allowed for two cups of coffee each; ***wir ~ für die Fahrt vier Stunden*** we reckon it'll take us four hours, we should make it in four hours; ***die Kinder nicht gerechnet*** not counting the children; ***alles in allem gerechnet*** all in all; ***j-n ~ zu*** count (*od.* rank, rate) s.o. among; **III.** ℒ *n ped.* arithmetic.

Rechner *m* **1.** ***er ist ein guter (schlechter) ~*** he's good (not very good) at figures; **2.** calculator; (*Computer*) computer; **ℒgesteuert** *adj.* computer-controlled; **ℒgestützt** *adj.* computer-aided.

rechnerisch I. *adj.* mathematical, arithmetical; **II.** *adv.* mathematically, arithmetically; by way of calculation; ***rein ~ gesehen*** in terms of figures.

Rechnung *f* **1.** (*Be*ℒ) calculation; ***die ~ geht nicht auf*** it doesn't work out; **2.** bill; *Am., im Gasthaus*: check; (*Waren*ℒ) invoice; ***auf ~*** on account; ***j-m et. in ~ stellen*** charge s.th. to s.o.'s account; ***laut ~*** as per invoice; ***e-e ~ begleichen*** settle an account, pay a bill; ***die ~ bezahlen*** pay the bill, F pick up the tab; *fig.* ***e-e alte ~ zu begleichen haben*** have an account to settle (***mit*** with); *fig.* ***et. in ~ stellen, e-r Sache ~ tragen*** take s.th. into account (*od.* consideration), make allowances for the fact that ...; ***das geht auf m-e ~*** *im Gasthaus*: I'll see to that, F it's on me; *fig.* ***das geht auf s-e ~*** that's his doing; *fig.* ***die ~ ohne den Wirt machen*** get one's sums wrong; ***ich werde ihm die ~ präsentieren*** I'll make him pay for that; ***jetzt bekommt er die ~ für s-e Faulheit präsentiert*** now he's having to pay for his laziness; → ***Strich, ausstellen*** 2 *etc.*

Rechnungs|abgrenzung *f* deferral; **~betrag** *m* invoice total; **~buch** *n* accounts book; **~einheit** *f* accounting unit; **~hof** *m*, **~kammer** *f* audit office; **~jahr** *n* financial (*od.* fiscal) year; **~posten** *m* item, entry; **~prüfer** *m* auditor; **~prüfung** *f* audit; **~summe** *f* amount payable; **~wesen** *n* accountancy.

recht I. *adj.* (*Ggs. link*) right; (*richtig*) right; (*passend, angebracht*) right, proper, suitable; (*gesetzmäßig*) lawful, legitimate; (*wirklich*) true, real; (*gut*) good; *pol.* right-wing, rightist; ***~e Hand*** right hand, *fig. a.* right-hand man; ***am ~en Ort*** in the right place; ***ein ~er Narr*** a right fool; ***~er Winkel*** right angle; ***der ~e Augenblick*** the right (*od.* a suitable) moment; ***vom ~en Weg abkommen*** lose one's way, *fig.* go off the rails, stray from the straight and narrow; ***ich habe keinen ~en Appetit*** I don't really feel like eating anything; ***so ist's ~*** that's right, F that's the stuff; ***mir ist's ~*** I don't mind, it's all right (*Am.* alright) with me, (it) suits me; ***mir ist alles ~*** it's all the same to me, I don't mind either way; ***ihm ist jedes Mittel ~*** he'll stop (F stick) at nothing; ***das ist nur ~ und billig*** it's only fair (*od.* right); ***alles was ~ ist!*** fair's fair, (*das geht zu weit*) you can go too far; ***schon ~!*** it's all right (*Am.* alright); ***was dem einen ~ ist, ist dem andern billig*** what's sauce for the goose is sauce for the gander; ***nach dem ℒen sehen*** make sure everything's all right (*Am.* alright); ***es war nichts ℒes*** it wasn't the real thing; → ***Recht, Rechte, richtig, Ding*** 2, ***Licht, schlecht*** II; **II.** *adv.* (*richtig*) properly; (*sehr*) very; (*ziemlich*) rather; ***~ daran tun zu*** *inf.* do right to *inf.*; ***~ enttäuscht*** rather disappointed; ***~ geschickt*** rather (*od.* very) clever; ***~ gut*** quite good (*od.* well); ***es gefällt mir ~ gut*** I quite (*stärker*: rather) like it; ***erst ~*** all the more (so); ***es geschieht ihr ~*** it serves her right; ***man kann es nicht allen ~ machen*** you can't please all men (*od.* all the people all of the time); ***ich weiß nicht ~*** I'm not sure, I really don't know; ***wenn ich es mir ~ überlege*** when I think about it; ***ich werde nicht ~ klug daraus*** I don't quite know what to make of it; ***wenn ich Sie ~ verstehe*** if I understand you rightly; ***verstehen Sie mich ~!*** don't get me wrong; ***ich seh' wohl nicht ~!*** am I seeing things?; ***ich hör' wohl nicht ~!*** say that again; would you mind repeating that?; ***du kommst mir gerade ~*** just the person I want, *iro.* you're the last person I wanted (to see).

Recht *n* (*Gesetze*) law; (*Anspruch, Berechtigung*) right; (*Vollmacht, Befugnis*) authority; ***~ und Ordnung*** law and order; ***das ~ brechen*** (*od.* ***verletzen***) break the law; ***~ muß ~ bleiben*** the law's the law, *fig.* fair's fair; ***nach geltendem ~*** under existing law; ***nach deutschem ~*** under German law; ***et. mit vollem ~ tun*** have every right to do s.th.; ***von ~s wegen*** by rights, ⚖ by law; ***~ sprechen*** administer justice; ***das ~ haben zu*** *inf.* have the right (*od.* be entitled) to *inf.*, *Bevollmächtigter*: have power to *inf.*; ***Ƨ haben*** be right; ***j-m Ƨ geben*** concede (*widerwillig*: admit) that s.o. is right; ***da muß ich Ihnen Ƨ geben*** I agree with you there; ***im ~ sein, das ~ auf s-r Seite haben*** be in the right; ***das ~ auf Streik*** the right to strike; ***gleiches ~ für alle*** equal rights for all; ***sich selbst ~ verschaffen*** take the law into one's own hands; ***auf s-m ~ bestehen*** assert one's rights; ***(wieder) zu s-m ~ kommen*** come into one's own (again); ***ich nehme mir das ~ zu*** *inf.* I take it upon myself to *inf.*; ***mit welchem ~ tut er das?*** what right has he got to do that?; ***zu ~*** rightly, *alleinstehend*: rightly so.

Rechte *f* (*Hand*) right hand; *Boxen*: right; *pol. the* right, *e-r Partei*: right wing; ***zur ~n*** to (*od.* on) the right; ***zu s-r ~n*** to (*od.* on) his right.

Rechte(r) *m pol.* right-winger, rightist.

Rechteck *n* rectangle; **rechteckig** *adj.* rectangular.

Rechtens: ***~ sein*** be perfectly (*od.* quite) legal; ***es war nicht ~, daß sie ihm kündigten*** they weren't right (*od.* it wasn't right for them) to give him the sack.

rechterhand *adv.* on the right.

rechtfertigen I. *v/t.* justify, (*berechtigen*) *a.* warrant; ***nicht zu ~(d)*** unjustifiable, indefensible; ***das in einen gesetzte Vertrauen ~ wollen*** aim to live up to the confidence placed in one; **II.** *v/refl.*: ***sich ~*** vindicate (*od.* justify) o.s.; give an account of o.s.; **Rechtfertigung** *f* justification; ***zu m-r ~*** in my defen|ce (*Am.* -se); **Rechtfertigungsgrund** *m* justification; ***was läßt sich als ~ anführen?*** what can be said in justification?

rechtgläubig *adj.* orthodox.

Rechthaberei *f* bigotry; know-it-all attitude; **rechthaberisch** *adj.* self-opinionated, dogmatic(ally *adv.*); ***er ist ~*** he always insists that he's in the right, *iro.* he's always in the right.

rechtlich I. *adj.* legal; (*rechtmäßig*) *a.* lawful, legitimate; ***im ~en Sinne*** in the legal sense; **II.** *adv.* legally *etc.*; ***~ begründet*** legally founded; ***~ bindend*** legally binding; ***~ verpflichtet*** bound by law; ***er ist ~ verpflichtet zu*** *inf.* he is under a legal obligation to *inf.*

rechtlos *adj.* without rights; (*vogelfrei*) outlawed; (*gesetzlos*) lawless.

rechtmäßig *adj.* lawful, legal; *Anspruch, Besitzer, Erbe*: legitimate, rightful; **Rechtmäßigkeit** *f* legality, legitimacy, lawfulness.

rechts I. *adv.* on the right(-hand side); (*nach ~*) (to the) right; ***~ von*** to the right of; ***~ von ihm*** on (*od.* to) his right; ***~ oben*** (***unten***) on the top (bottom) right; ***erste Querstraße ~*** first turning on the right; ***~ abbiegen*** turn right; ***sich ~ halten, ~ fahren*** (***gehen***) keep to the right; ***~ überholen*** overtake on the right; *pol.* ***~ stehen*** be on the right, be a right-winger; **II.** *prp. mit gen.* on (*od.* to) the right of; ***~ des Mains*** on the right bank of the Main; *pol.* ***~ der Mitte*** right of cent|re (*Am.* -er); **Ƨabbieger** *m* car *etc.* turning right, *pl.* traffic *sg.* turning right; **Ƨabbiegespur** *f* right-hand turn(-off) lane.

Rechts|abteilung *f* legal department; **~angelegenheit** *f* legal matter; **~anschauung** *f* legal view; **~anspruch** *m* legal claim (**auf** on, to), (legal) right (to); title (to).

Rechtsanwalt *m*, **Rechtsanwältin** *f* lawyer, *Brit. a.* solicitor; *plädierender*: *Brit.* barrister, *Am.* attorney; **Rechtsanwaltschaft** *f the* bar; **Rechtsanwaltskammer** *f* law society; *in den USA*: Bar Association.

Rechtsausschuß *m* committee on legal affairs, judiciary committee.

Rechtsaußen *m* **1.** *Fußball*: right wing, outside right; **2.** *pol.* extreme right-winger.

Rechts|behelf *m* (legal) remedy; **~belehrung** *f* ⚖ **1.** → ***Rechtsmittelbelehrung***; **2.** *der Geschworenen*: directions *pl.*, *Am.* instruction (of the jury); **3.** *weitS.* legal information; **~berater** *m* legal adviser; **~beratungsstelle** *f* legal aid office; **~beschwerde** *f* appeal; **~beugung** *f* perversion of justice; **~brecher** *m* lawbreaker; **~bruch** *m* breach of law.

rechtsbündig *adj. typ.* flush right.

rechtschaffen I. *adj.* honest, upright; **II.** *adv.* honestly; F (*gehörig*) F really; ***~ leben*** live an honest life; **Rechtschaffenheit** *f* uprightness; *formell*: probity.

Rechtschreiben *n* spelling; **Rechtschreibfehler** *m* spelling mistake; **Rechtschreibkorrekturprogramm** *n* spelling checker; **Rechtschreibung** *f* spelling; orthography.

Rechtsdrall *m* right-hand twist; *fig. pol.* rightist tendencies *pl.*

Rechts|einwand *m* objection, demurrer; **Ƨerheblich** *adj.* legally relevant.

Rechtsextremismus *m* right-wing extremism; **Rechtsextremist** *m* right-wing extremist; **rechtsextremistisch** *adj.* (of the) extreme right.

rechtsfähig *adj.*: ***~ sein*** have legal capacity.

Rechts|fall *m* (law) case; **~form** *f* legal form; **~frage** *f* legal issue; point of law; **~gefühl** *n* sense of justice.

rechtsgerichtet *adj. pol.* right-wing.

Rechts|geschäft *n* legal transaction; **~geschichte** *f* history of law; **~grund** *m* legal argument; **~grundlage** *f* legal grounds *pl.*; **Ƨgültig** *adj.* valid; *Vertrag etc.*: legally effective; → ***rechtskräftig***; **~gut** *n* legally protected right; **~gutachten** *n* (legal) opinion, counsel's opinion.

Rechtshaken *m Boxen*: right hook.

Rechtshänder *m* right-hander; ***er ist ~*** he's right-handed; **rechtshändig** *adj.* right-handed; *Schlag etc.*: right-hand ...

Rechtshandlung *f* legal act.

rechtshängig *adj.* pending, sub judice.

rechtsherum *adv.* clockwise; (*nach rechts*) (to the) right.

Rechtshilfe *f* legal aid.

Rechtskraft *f* legal force, validity; **rechtskräftig** *adj.* legal(ly binding); *Urteil*: final; ***~ werden*** become effective.

rechtskundig *adj.* legally qualified.

Rechtskurs *m* rightist policy (*schwächer*: tendencies *pl.*).

Rechtskurve *f* right turn (✈ bank); *in der Straße*: right-hand bend.

Rechtslage *f* legal position (*od.* status).

rechtslastig *adj.*: ***~ sein*** lean to the right, *fig.* lean towards the right, have rightist tendencies (*od.* leanings).

Rechtslenker *m mot.* right-hand drive.

Rechtsmittel *n* legal remedy, relief; (right of) appeal; ***~ einlegen*** lodge an appeal; **~belehrung** *f* instructions *pl.* on rights of appeal.

Rechts|nachfolge *f* legal succession; **~nachfolger** *m* legal successor; **~norm** *f* legal norm; **~ordnung** *f* legal system.

rechtsorientiert *adj.* rightist; **Rechtsorientierung** *f* rightist tendencies *pl.*

Rechtspartei *f* right-wing party.

Rechts|pflege *f* administration of justice; **~pfleger** *m* judicial officer; **~philosophie** *f* philosophy of law.

Rechtsprechung *f* **1.** administration of justice; **2. *die ~*** the judiciary.

rechtsradikal *adj.* extreme right wing; **Rechtsradikale(r)** *m f* right-wing extremist.

Rechtsreform *f* legal reform.

Rechts|ruck *m*, **~rutsch** *m pol.* swing to the right.

Rechtssache *f* (legal) case.

Rechtsschutz *m* legal protection; **~versicherung** *f* legal costs insurance.

Rechtsschwenkung *f* → ***Rechtsruck***.

rechtsseitig *adj.* right; on the right (-hand) side; *adv.* → ***gelähmt.***

Rechts|sicherheit *f* legal security; **~spruch** *m in Zivilsachen*: judg(e)ment, *in Strafsachen*: sentence; *von Geschworenen*: verdict.

Rechtsstaat *m* constitutional state; **rechtsstaatlich** *adj. u. adv.* constitutional(ly); **Rechtsstaatlichkeit** *f* rule of law.

Rechtsstellung *f* legal status (*od.* position).

Rechtssteuerung *f mot.* right-hand drive.

Rechts|streit *m* lawsuit, action, litigation; **~system** *n* judicial system; **~titel** *m* legal title; **Ƨungültig** *adj.* invalid; **~unsicherheit** *f* legal uncertainty; **Ƨunwirksam** *adj.* (legally) ineffective; **Ƨverbindlich** *adj.* legally binding (**für** [up]on); **~verdreher** *m* pettifogging lawyer, F shyster; **~verfahren** *n* legal procedure; (*Prozeß*) (legal) action *od.* proceedings *pl.*; **~verhältnis** *n* legal relationship.

Rechtsverkehr *m mot.*: ***in Kanada ist ~*** they drive on the right(-hand side) in Canada.

Rechts|verletzung *f* infringement (of a law); **~vertreter** *m* legal representative; (*Bevollmächtigter*) (authorized) agent; → *a.* ***Rechtsanwalt***; **~weg** *m* course of law; ***den ~ beschreiten*** take legal action, go to court; ***der ~ ist ausgeschlossen*** *Wettbewerb*: the judge's decision is final; **~wendung** *f pol.* shift to the right;

~wesen *n* legal system; **⁀widrig** *adj.* illegal, unlawful, illicit; **⁀wirksam** *adj.* → ***rechtskräftig***; **~wissenschaft** *f* law, *formell*: jurisprudence; **~wissenschaftler** *m* jurist.

rechtwink(e)lig *adj.* right-angled.

rechtzeitig I. *adv.* in time; (*pünktlich*) on time, punctually; (*gerade* ~) just in time; (*früh genug*) in good time; **II.** *adj.* (*zur rechten Zeit*) timely; (*pünktlich*) punctual.

Reck *n Turnen*: horizontal bar.

recken I. *v/t.* stretch; *mit Geräten*: rack; ***den Hals nach et.*** ~ crane one's neck to see s.th., *Am.* rubberneck; **II.** *v/refl.*: ***sich ~ und strecken*** have a good stretch.

Recorder *m* (tape, cassette *od.* video) recorder.

recyceln *v/t.* recycle; **Recycling** *n* recycling; **recyclingfähig** *adj.* recyclable; **Recyclingpapier** *n* recycled paper.

Redakteur(in *f*) *m* editor; **Redaktion** *f* **1.** (*Tätigkeit*) editing, editorial work; **2.** (*Personal*) editorial staff (*mst pl. konstr.*), editors *pl.*; **3.** (*Büro*) editorial office (*od.* department); ***politische*** ~ politics department; **redaktionell I.** *adj.* editorial; **II.** *adv.*: ~ ***bearbeiten*** edit; **Redaktionsschluß** *m* copy deadline.

Rede *f* speech; (*Ansprache*) *a.* address; (*Redeweise*) speech, language; (*Äußerung*) remark; *ling.* **(in)direkte** ~ (in)direct speech; ***die Kunst der*** ~ the art of rhetoric; ***e-e ~ halten*** make a speech; **(*große*) *~n schwingen*** F talk big; ***die ~ bringen auf*** bring *s.th.* up; ***die ~ kam auf*** the conversation turned to; ***gerade war von dir die ~*** we were just talking about you; ***es war einmal die ~, daß*** it was said at one time that, there was talk at one time of (*s.o. ger.*); ***der langen ~ kurzer Sinn*** to cut a long story short, in short; ***davon kann keine ~ sein*** that's out of the question; ***davon ist nicht die ~*** that's not what I'm talking about; ***wovon ist die ~?*** what are you (*od.* they) talking about?; ***das ist ja m-e ~*** that's what I've been saying all along; ***j-m in die ~ fallen*** interrupt s.o. (in mid-speech); ***nichts als ~n!*** it's all just talk; ***ihm verschlug es die ~*** it left him speechless; ***es ist nicht der ~ wert*** it's hardly worth mentioning, *beim Danken*: don't mention it; ~ ***(und Antwort) stehen*** justify o.s., ***über***: account for, answer for; ***j-n zur ~ stellen*** confront s.o., (*vornehmen*) take s.o. to task (***wegen*** for); **~duell** *n* battle of words; **~figur** *f* figure of speech; **~fluß** *m* flow of words; ***j-s ~ unterbrechen*** interrupt s.o.'s flow; **~freiheit** *f* freedom of speech; **⁀gewaltig** *adj.*: ~ ***sein*** be a powerful speaker; **⁀gewandt** *adj.* articulate; *bsd. contp.* glib; ~ ***sein*** *a.* know how to talk, F have the gift of the gab; **~kunst** *f* (art of) rhetoric.

reden I. *v/i. u. v/t.* speak (***mit*** to, with); (*sich unterhalten*) talk (to, with), (*plaudern*) chat (to, with); ~ ***über*** talk about, (*erörtern*) discuss; ***über Politik ~*** talk politics; ***über Gott und die Welt ~*** talk about everything under the sun; ~ ***wir nicht mehr darüber*** let's forget it; ***man redet über sie*** people are talking about her; ***darüber läßt sich ~*** it's a possibility; ***im Schlaf ~*** talk in one's sleep; ***er hat kein Wort geredet*** he didn't say a word, he didn't open his mouth once; ***mit sich selbst ~*** talk to o.s.; ***er hört sich gern ~*** he likes the sound of his own voice; ***sie ~ nicht miteinander*** they're not speaking to each other, they're not on speaking terms; ***sie läßt nicht mit sich ~*** she won't listen (to anyone); ***unter ... lassen wir gar nicht mit uns ~*** under ..., we're not interested; ***von ... gar nicht zu ~*** not to mention ...; ***da wir gerade davon ~*** as we're on the subject; ***er redet, wie er denkt*** he says (exactly) what he thinks; ***er redet anders, als er denkt*** what he says and what he thinks are two different things; ***du hast gut ~*** you can talk; ***ich habe mit dir zu ~*** I'd like a word with you; ***wir ~ später*** we'll talk about it later; ***kannst du mal mit ihm ~?*** can you have a word with him?, (*ihn zur Vernunft bringen*) *a.* can you try and reason with him?; ***da redet man ja gegen e-e Wand*** it's like talking to a brick wall; ***er macht als Rennfahrer von sich ~*** he's made a name for himself as a racing driver; ***neulich hat er mit e-m Film von sich ~ gemacht*** he recently got into the news with a film; ***so lasse ich nicht mit mir ~*** I won't be spoken to like that; ***er redete sich in Zorn*** he went on and on until he got really angry; **II.** ⁀ *n* talking; talk; ***j-n zum ~ bringen*** get s.o. to talk; ***mit dem ~ tut er sich nicht schwer*** he has no problems (*od.* inhibitions about) talking; ***all mein ~ war umsonst*** I may as well have been talking to a brick wall; ~ ***ist Silber, Schweigen ist Gold*** silence is golden.

Redensart *f* expression; ***allgemeine ~*** common saying; ***bloße ~en*** empty phrases (*od.* talk).

Rederei *f* endless talk; → *a.* ***Gerede, Geschwätz.***

Rede|schlacht *f* battle of words; **~schwall** *m* torrent of words; **~strom** *m* flow of words; **~weise** *f* (manner of) speech, way of talking; **~wendung** *f* figure of speech; (*idiomatische* ~) idiom; ***feststehende ~*** set phrase; **~zeit** *f* time allowed (*od.* allotted); ***die ~ einhalten*** keep to the time allowed (*od.* allotted); ***die ~ nicht einhalten*** go over time.

redigieren *v/t.* edit.

redlich I. *adj.* honest; (*rechtschaffen*) *a.* upright; **II.** *adv.*: ***sich ~ bemühen*** do (*od.* give) one's best.

Redner *m* speaker; **~bühne** *f* rostrum, speaker's platform; **~gabe** *f* gift of rhetoric.

rednerisch *adj.* rhetorical.

Redner|liste *f* list of speakers; **~pult** *n* lectern.

Redoute *f* **1.** *hist.* ⚔ redoubt; **2.** fancy-dress ball; **3.** *obs.* grand hall.

redselig *adj.* talkative, *formell*: loquacious, *bsd. contp.* garrulous; **Redseligkeit** *f* talkativeness, *formell*: loquacity.

Reduktion *f* reduction.

Reduktions|mittel *n* ⚗ reducing agent; **~ofen** *m* smelting furnace.

reduzieren I. *v/t.* reduce (***auf*** to); **II.** *v/refl.*: ***sich ~*** decrease (***auf*** to); **Reduzierung** *f* reduction.

Reede *f* ⚓ roadstead, roads *pl.*; ***auf der ~ liegen*** be (lying) in the roads; **Reeder** *m* shipowner; **Reederei** *f* shipping company.

reell *adj.* **1.** *Person*: honest; *Firma*: solid, sound; *Gewinn*: solid; *Preis*: fair, realistic; ***~e Leistung*** solid accomplishment; **2.** (*echt, wirklich*) real; **3.** F (*ordentlich*) F decent.

Referat *n* **1.** report (*a. mündlich*); (*Vortrag*) *a.* lecture, talk; *ped.* (seminar) paper; ***ein ~ halten*** → ***referieren***; **2.** (*Dienststelle*) department.

Referendar(in *f*) *m* **1.** (*Studien*⁀) probationary teacher, *Am. a.* intern; **2.** (*Gerichts*⁀) junior lawyer; **Referendarzeit** *f* probationary period.

Referendum *n* referendum.

Referent *m* **1.** (*Sprecher*) speaker; (*Berichterstatter*) *a.* reporter, ⚖, *parl.* referee; **2.** (*Sachbearbeiter*) *etwa* adviser, consultant.

Referenz *f* reference; (*Person*) referee; *pl.* (*Zeugnisse*) credentials.

referieren *v/i.* report (***über*** on); *in e-m Vortrag*: (give a) lecture (on); *bsd. univ.* give a paper (on).

reflektieren I. *v/t.* **1.** *phys.* reflect; **2.** ***et. kritisch ~*** consider s.th. very carefully; **II.** *v/i.* **3.** (*nachdenken*) reflect (***über*** [up]on).

Reflektor *m* reflector (*a. mot.*).

Reflex *m phys.* reflection; *physiol., psych.* reflex; ***bedingter ~*** conditioned reflex; **~bewegung** *f* reflex (action); **~handlung** *f* reflex action.

Reflexion *f* **1.** *phys.* reflection; **2.** (*Nachdenken*) reflection (***über*** [up]on); **Reflexionswinkel** *m* angle of reflection.

reflexiv *adj. ling.* reflexive; **⁀pronomen** *n* reflexive (pronoun).

Reflexzonen-Massage *f* **1.** reflexology; **2.** *konkret*: zone massage.

Reform *f* reform.

Reformation *f hist.* Reformation.

Reformations|fest *n*, **~tag** *m eccl.* Reformation Day.

Reformator *m* **1.** *hist.* Reformer; **2.** reformer, reformist.

reform|bedürftig *adj.* in need of reform; **⁀bestrebungen** *pl.* reformatory efforts; **⁀bewegung** *f* reform movement.

Reformer *m* reformer, reformist; **reformerisch** *adj.* reformist.

reformfeindlich *adj.* hostile to reforms.

reformfreudig *adj.* reform-minded.

Reformhaus *n* health food shop.

reformieren *v/t.* reform; **Reformierte(r** *m*) *f eccl.* reformist.

Reformkommunismus *m* reform communism.

Reformkost *f* health food(s *pl.*).

Reform|kurs *m* reformist course; **~politik** *f* reformist policy (*od.* politics *pl.*); **~programm** *n* reform package; program(me) of reform; **~vorhaben** *n* proposed reforms *pl.*

Refrain *m* refrain, chorus.

Refugium *n* sanctuary.

Regal *n* shelves *pl.*; **~fach** *n* shelf; **~wand** *f* (large) wall unit; *nur Regale*: wall-to-wall shelving.

Regatta *f* regatta, boat race.

rege *adj.* (*lebhaft*) lively; (*geschäftig*) busy; *Person*: *a.* active; (*munter*) alert; *Beteiligung etc.*: active; *Briefwechsel*: active; *Diskussion*: animated; *Geist*: active, alert; *Interesse*: lively, keen, active; *Phantasie*: vivid, fertile; ~ ***Geschäfte*** brisk (*od.* buoyant) trading; ~ ***Nachfrage*** brisk demand; ~ ***werden*** stir, *Gefühle*: awaken, be stirred up; ***er ist noch geistig ~*** he's still very much with it (*od.* very much on the ball).

Regel *f* **1.** rule; (*Norm*) *a.* norm; (*Gewohnheit*) *a.* habit; ***in der ~*** as a rule; ***nach allen ~n der Kunst*** *besiegen*: in style; ***zur ~ werden*** become a rule (*od.* habit); ***es sich zur ~ machen zu*** *inf.* make it a rule (*od.* habit) to *inf.*, make a habit of *ger.*; → ***Ausnahme***; **2.** (*Monats*≥) period; *coll.* periods *pl.*; ***wann kommt d-e ~?*** when's your period due?

regelbar *adj.* controllable, adjustable.

Regel|blutung *f* monthly period; *coll.* menstruation; **~fall** *m* norm; ***im ~*** as a rule; **~kreis** *m* control circuit; **~leistung** *f Sozialversicherung*: minimum social security benefit.

regellos *adj.* disorderly; (*unregelmäßig*) irregular, erratic; ***es herrscht ein ~es Durcheinander*** it's absolutely chaotic; **Regellosigkeit** *f* disorderliness; irregularity, erratic nature (*gen.* of).

regelmäßig I. *adj.* regular; *zeitlich*: *a.* periodical; (*geordnet*) orderly, regulated; ***~er Gast*** regular (guest); **II.** *adv.* regularly; (*stets*) always, every time; **Regelmäßigkeit** *f* regularity.

regeln I. *v/t.* regulate; (*einstellen*) *a.* adjust; (*ordnen*) see to, (*erledigen*) settle; **II.** *v/refl.*: ***sich ~*** be regulated *od.* governed (**nach** by); ***das wird sich schon ~*** it'll sort itself out; → ***geregelt.***

regelrecht I. *adj.* regular, proper; F (*ausgesprochen*) real, regular; **II.** F *adv.*: ***~ unmöglich*** *etc.* absolutely impossible *etc.*; ***er ist ~ reingefallen*** he really fell for it.

Regel|studienzeit *f* **1.** average period of study; **2.** maximum period of study; **~technik** *f* control engineering.

Regelung *f* **1.** (*das Regeln*) regulation; **2.** (*Bestimmung*) arrangement, settlement; *im Gesetz, Vertrag*: provision; (*Richtlinie*) rule; **Regelungsvorschlag** *m* draft regulation.

Regel|verstoß *m Sport*: → ***Regelwidrigkeit***; **~widerstand** *m* ⚡ variable resistor.

regelwidrig *adj.* irregular; *Sport*: against the rules; ***~es Spiel*** foul play; **Regelwidrigkeit** *f* irregularity; *Sport*: infringement, offen|ce (*Am.* -se); (*Foulspiel*) foul, unfair play.

regen I. *v/refl.*: ***sich ~*** stir, move; *Gefühl*: stir; ***reg dich!*** move!, F stir those stumps!; ***er regt sich schon lange nicht mehr*** (*meldet sich nicht*) I haven't heard (F had a peep) from him for ages; *lit.* ***kein Lüftchen regte sich*** there wasn't a breath of wind in the air; → *a.* ***rühren***; **II.** *v/t.* move; stir.

Regen *m* rain; ***heute kommt noch ~*** we're in for some rain today; ***wir sind in den ~ gekommen*** we got caught in the rain; *fig.* ***ein warmer ~*** a windfall; ***j-n im ~ stehenlassen*** leave s.o. in the lurch; ***vom ~ in die Traufe kommen*** jump out of the frying pan into the fire; ***auf ~ folgt Sonnenschein*** things always brighten up again; → ***sauer*** I; ≥**arm** *adj.* dry; 🕮 low-precipitation ...

Regenbogen *m* rainbow; **~farben** *pl.* colo(u)rs of the rainbow; ≥**farben**, ≥**farbig** *adj.* rainbow-colo(u)red; **~haut** *f anat.* iris; **~presse** F *f* trashy (women's) weeklies *pl*; **~trikot** *n Radsport*: rainbow jersey.

regendicht *adj.* rainproof, waterproof.

Regeneration *f* regeneration; **regenerieren I.** *v/t.* regenerate; ***s-e Kräfte ~*** recover one's strength; **II.** *v/refl.*: ***sich ~*** regenerate; (*sich erholen*) recover; **Regenerierung** *f* regeneration; **Regenerierungsfähigkeit** *f* regenerative powers *pl.*

Regen|fälle *pl.* rainfall *sg.*, showers; **~guß** *m* heavy shower, downpour; **~haut** *f* plastic mac; **~kleidung** *f* rainwear; **~mantel** *m* raincoat, F mac; **~menge** *f* (amount of) rainfall; **~messer** *m* rain ga(u)ge; ≥**reich** *adj.* wet; **~schauer** *m* shower; **~schirm** *m* umbrella; F ***ich bin gespannt wie ein ~*** I can't wait to find out (*od.* to hear what he says *etc.*).

Regent(in *f*) *m* sovereign, ruler, monarch; *stellvertretender*: regent.

Regen|tag *m* rainy day; **~tropfen** *m* raindrop.

Regentschaft *f* regency.

Regen|wald *m* rainforest; **~wasser** *n* rainwater; **~wetter** *n* rainy weather; **~wolke** *f* (rain)cloud; **~wurm** *m* earthworm; **~zeit** *f* rainy season; *in den Tropen*: *a.* the rains *pl.*

Regie *f thea., TV* production; *Film*: direction; (*Führung*) management; (*Verwaltung*) administration; ***~ führen*** direct (**bei et.** s.th.); ***unter der ~ von*** directed by; **~: ...** *im Vorspann etc.*: Director: ...; *fig.* ***et. in eigener ~ machen*** do s.th. oneself (*od.* on one's own); ***et. in eigene ~ nehmen*** take personal charge (*od.* direct control) of s.th.; **~anweisung** *f* stage direction; **~assistent** *m Film*: assistant director; *thea.* assistant producer; **~fehler** *fig. m* mistake, slip-up; **~pult** *n TV* control desk.

regieren I. *v/t.* govern (*a. ling.*), rule; *Monarch etc.*: *a.* reign over; ***kommunistisch regiert*** communist-ruled; ***demokratisch regiert*** democratically ruled (*od.* governed); **II.** *v/i.* rule, govern; *Monarch etc.*: *a.* reign (*a. fig.*); **Regierung** *f* government; (*~szeit*) term of office, *e-s Königs etc.*: reign; ***unter der ~ von*** (*od. gen.*) under; ***an der ~*** in power; ***die ~ übernehmen*** take power, *Kanzler etc.*: *a.* take office, *Monarch*: ascend (to) the throne; ***an die ~ kommen*** come to power, *Kanzler etc.*: *a.* come into office, *Monarch*: come to (*od.* ascend [to]) the throne; ***an der ~ sein*** be in power, *Kanzler etc.*: *a.* be in office.

Regierungs|abkommen *n* agreement between governments, international agreement; **~anhänger** *m* government supporter; **~antritt** *m* coming into power, taking office, *e-s Monarchen*: accession to the throne; ***bei ~ der Partei*** when the party came to power; ***bei s-m ~*** when he came to power (*od.* took office, took over the reign), *Monarch*: when he ascended (to) the throne; **~auftrag** *m* government order; **~beamte(r)** *m* government official; **~bezirk** *m* administrative district; **~bildung** *f* formation of a government; **~bündnis** *n* coalition; **~chef** *m* head of government; **~delegation** *f* government delegation; **~ebene** *f*: ***auf ~*** on an intergovernmental level; **~erklärung** *f* government (*od.* policy) statement; ≥**fähig** *adj.* in a position to govern the country; ***~e Mehrheit*** working majority; ≥**feindlich** *adj.* oppositional, anti-government; **~form** *f* (form of) government; ≥**freundlich** *adj.* pro-government; **~gewalt** *f* governmental power; **~koalition** *f* ruling coalition; **~kreise** *pl.* government circles; **~krise** *f* government crisis; **~neubildung** *f* formation of a new government; ***es kommt zu e-r ~*** there's going to be a change in government; **~partei** *f* ruling party; **~politik** *f* government policy; **~rat** *m etwa* senior executive officer; **~sachverständige(r)** *m* government expert; **~sitz** *m* seat of government; **~sprecher** *m* government spokesman; **~umbildung** *f* cabinet reshuffle; **~verantwortung** *f*: ***die ~ übernehmen*** take over the responsibility of government, assume power; **~viertel** *n e-r Hauptstadt*: government sector; **~vorlage** *f* (government) bill; **~wechsel** *m* change of government; **~zeit** *f* → ***Regierung.***

Regime *n* regime; **~gegner** *m* opponent of the regime; **~kritiker** *m* dissident.

Regiment *n* **1.** (*Herrschaft*) government, rule; *fig.* ***das ~ führen*** be the boss, rule the roost; ***sie führt das ~ im Haus*** she wears the trousers (*Am.* pants); ***ein strenges ~ führen*** rule with a rod of iron; **2.** ⚔ regiment.

Regimentskommandeur *m* regimental commander.

Region *f* region; → ***schweben.***

regional *adj.* regional; ≥**ausgabe** *f* regional issue (*od.* edition); ≥**fernsehen** *n* regional (TV) programmes *pl.*, *Am.* local television; ≥**forschung** *f* regional studies *pl.*

Regionalismus *m* regionalism.

Regional|nachrichten *pl.* regional news *sg.*, *Am.* local news *sg.*; **~programm** *n* regional programmes *pl.*, *Am.* local broadcasting; **~sendung** *f* regional programme, *Am.* local broadcast.

Regisseur *m thea., TV* producer; *Film*: director.

Register *n* **1.** *im Buch*: index; → *a.* ***Daumenregister***; **2.** (*Verzeichnis*) register (*a. Computer*); **3.** ♪ *e-r Orgel*: stop; *fig.* ***alle ~ ziehen*** pull out all the stops; **4.** *typ.* register; **~tonne** *f* register ton.

Registratur *f* registry; *für Urkunden*: record office; (*Aktenschrank*) filing cabinet.

registrieren *v/t.* register (*a. fig.*); *a. Apparate*: record; (*eintragen*) enter; ***sich polizeilich ~ lassen*** register with the police; *fig.* ***sie registrierte alles genau*** she was taking everything in, she didn't miss a thing; ***es wurde von allen registriert*** everyone noticed (it); ***er hat es gar nicht registriert*** it didn't even register with him; ***Unbehagen*** *etc.* ***bei sich ~*** sense a certain (feeling of) discomfort *etc.*

Registrierkasse *f* cash register.

Registrierung *f* registration; entry; *an Geräten*: reading(s *pl.*).

Reglement *n* regulations *pl.*, rules *pl.*; **reglementieren** *v/t.* regulate, regiment; ***staatlich reglementierte Wirtschaft*** state-controlled economy; **Reglementierung** *f* regimentation.

Regler *m* ⚙ regulator; ⚡ control (knob).

reglos *adj.* motionless, still.

regnen *v/impers.* rain; ***es regnet stark*** it's pouring; *fig.* ***es regnete Kirschblüten*** it was raining cherry-blossom petals; ***es regnete Geschenke*** he was *etc.* showered with gifts; ***es regnete Beschwerden*** there was a flood of complaints, they were *etc.* inundated with complaints; **Regner** *m* sprinkler; **regnerisch** *adj.* rainy.

Regreß *m* ⚖, ✝ redress, recourse; ***gegen j-n ~ nehmen*** have recourse against s.o.; **~anspruch** *m* claim of recourse.
Regression *f* regression.
regreßpflichtig *adj.* liable to recourse.
regsam *adj.* active, alert.
regulär *adj.* regular; (*üblich*) usual, normal; (*gesetzlich*) legitimate.
regulativ *adj.*, 2 *n* regulative.
Regulator *m* regulator.
regulierbar *adj.* adjustable; **regulieren** *v/t.* (*einstellen*) adjust, set; (*regeln*) regulate; (*Rechnung, Schaden*) settle; **Regulierung** *f* regulation; ⚙ *a.* adjustment; ✝ settlement.
Regung *f* movement; (*Gefühls*2) stirring *of jealousy etc.*; (*Anwandlung*) impulse; ***e-r plötzlichen ~ folgend*** on a sudden impulse; ***keiner menschlichen ~ fähig*** void of all human feeling; ***den ~en des Herzens folgen*** do what one's heart tells one, follow the dictates of one's heart; **regungslos** *adj. u. adv.* motionless, still; **~ *daliegen*** lie there motionless (*od.* without stirring).
Reh *n allg.* (roe) deer; *gastr.* venison.
Rehabilitation *f* rehabilitation (*a.* ⚕ *u. sozial*); **Rehabilitationszentrum** *n* rehabilitation cent|re (*Am.* -er).
rehabilitieren *v/t.* rehabilitate; **Rehabilitierung** *f* → ***Rehabilitation.***
Reh|bock *m* roebuck; **~braten** *m* roast venison; **~geiß** *f* doe; **~kalb** *n* fawn; **~keule** *f gastr.* leg of venison; **~kitz** *n* fawn; **~rücken** *m gastr.* saddle of venison.
Reibach F *m*: ***e-n ~ machen*** F make a haul (*od.* killing); ***den ~ teilen*** divide the spoils.
Reibahle *f* reamer.
Reibe *f* ⚙ rasp; (*Küchen*2) grater.
Reibeisen *n* **1.** *obs.* grater; ***e-e Stimme wie ein ~*** a grating (*od.* gravelly) voice; F ***ich habe heute e-e Stimme wie ein ~*** my throat feels like sandpaper today; **2.** F *contp.* (*Frau*) F shrew.
Reibekuchen *m* potato pancake.
reiben I. *v/t. u. v/i.* rub; (*zerreiben*) grate; ***sich die Augen*** (***Hände***) **~** rub one's eyes (hands); ***die Schuhe ~*** my shoes are chafing; **II.** *fig. v/refl.*: ***sich an j-m ~*** not to get on with s.o.; ***sich aneinander ~*** F rub each other up the wrong way.
Reibereien *pl.* friction *sg.*; brushes (***mit*** with).
Reibfläche *f an Streichholzschachtel*: striking surface.
Reibung *f* rubbing; ⚙ friction (*a. fig.*).
Reibungs|elektrizität *f* frictional electricity; **~fläche** *f* → ***Reibungspunkt.***
reibungslos I. *adj.* smooth; **II.** *adv.*: **~ *verlaufen*** go off smoothly (*od.* without a hitch).
Reibungs|punkt *fig. m* cause of friction; **~wärme** *f* frictional heat; **~widerstand** *m* frictional resistance.
reich I. *adj.* rich (*a. Ernte, Farbe, Bodenschätze etc.*); (*wohlhabend*) *a.* wealthy, well-to-do; (*prächtig, üppig*) rich, *a. Mahl*: opulent; (*reichlich*) ample, abundant; *Leben*: full; *Phantasie*: rich, fertile; *Verzierungen*: rich, elaborate; **~ *an*** rich in; ***~e Auswahl*** wide selection; ***... in ~em Maße*** plenty of ...; ***~ an Erfahrungen sein*** have experienced a lot (in one's life); ***~er an Erfahrungen geworden sein*** have learnt something new; ***ein Sport für ~e Leute*** a rich man's sport; **II.** *adv.* richly; **~ *beschenkt*** loaded with gifts; **~ *heiraten*** marry into money; **~ *illustriert*** richly (*od.* lavishly) illustrated.
Reich *n* empire (*a. fig.*); *lit.* realm (*a. fig.*); (*König*2) kingdom; *hist.* ***das Deutsche ~*** the (German) Reich; *hist.* ***das Dritte ~*** the Third Reich; ***das ~ Gottes*** the Kingdom of Heaven; *hist.* ***das ~ der Mitte*** China; *hist.* ***das Weströmische*** (***Oströmische***) **~** the Western (Eastern) Empire; ***das ~ der Natur*** the world of nature; ***das ~ der Phantasie*** the world of fantasy; ***das entstammt dem ~ der Phantasie*** that belongs to the realm of fantasy; → ***Pflanzenreich, Tierreich.***
reich|bebildert *adj.* richly illustrated; **~begütert** *adj.* rich, wealthy.
Reiche(r) *m* rich man; ***die Reichen*** the rich (*pl.*).
reichen I. *v/i.* **1. ~ *bis*** reach (to), *hinauf*: reach (*od.* come) up to, *hinab*: reach (*od.* go) down to; → ***heranreichen, herankommen***; ***das Wasser reichte ihm bis zu den Schultern*** the water was (*od.* came) up to his shoulders; *fig.* **~ *von ... bis*** *zeitlich*: last (*od.* stretch) from ... till *od.* until; **2.** (*ausreichen, genügen*) be enough; ***die Zeit wird nicht ~*** there won't be enough time; ***das Geld muß noch e-e Woche ~*** the money has got to last another week; ***das Gehalt reicht kaum zum Leben*** you can hardly live off a salary like that; ***der Kaffee reicht nicht übers Wochenende*** there isn't enough coffee to see us through the weekend (*od.* to last us the weekend); ***der Kuchen soll für sechs Leute ~*** there's got to be enough cake for six people; ***es reicht für alle*** there's enough to go round (*od.* for everyone); ***das Licht reicht nicht zum Lesen*** you can't read in that light; ***dazu reicht m-e Geduld nicht*** I haven't got the patience for that (kind of thing); *es waren Hunderte da* - ***das reicht noch gar nicht*** it was a lot more than that; ***das reicht!*** that'll do, *rügend*: *a.* that's enough (of that)!; F ***mir reicht's!*** F I've had enough; F ***jetzt reicht's mir aber!*** F that's done it, that's it now; → *a.* ***auskommen*** 1, ***ausreichen***; **II.** *v/t.* (*anbieten*) offer; (*Essen*) serve; ***j-m et. ~*** hand (*od.* pass, give) s.o. s.th.; ***reichst du mir bitte das Salz*** could you pass (me) the salt, please; ***nach dem Essen wurden Getränke gereicht*** after the meal drinks were served; ***sich die Hände ~*** shake hands.
reichhaltig *adj.* **1.** *Essen*: rich; **2.** (*umfassend*) extensive; ***~e Informationen*** a wealth of information.
reichlich I. *adj.* ample, plentiful; plenty of *time, food etc.*; *Bezahlung*: liberal, generous; ***e-e ~e Stunde*** a good hour; **II.** *adv.* amply *etc.*; → I; F (*ziemlich*) F pretty; **~ *versehen sein mit*** have plenty of; F ***du kommst ~ spät*** *iro.* you're a bit late(, aren't you?).
Reichs|adler *m hist.* imperial eagle; **~apfel** *m hist.* orb; **~bahn** *f* **1.** *hist.* (German) national railway; **2.** *hist. DDR*: East German railway; **~gericht** *n hist.* supreme court of the (German) Reich; **~hauptstadt** *f hist.* German capital; **~kanzlei** *f hist.* Chancellery of the Reich; **~kanzler** *m hist.* Chancellor of the Reich; **~kleinodien** *pl. hist.* imperial insignia; **~mark** *f hist.* Reichsmark; **~stadt** *f hist.*: ***freie ~*** imperial free city; **~tag** *m hist.* Reichstag; *im Mittelalter*: imperial diet.
Reichtum *m* riches *pl.*, *a. fig.* wealth; *fig.* (*Fülle, Überfluß*) richness, abundance (***an*** of); (*Vielfalt*) (great) variety.
Reichweite *f* reach; ⚔, *Funk etc.*: range; (*Bereich*) radius (of action); ***in*** (***außer***) **~** within (out of) reach.
reif *adj. Obst etc.*: ripe; *Käse*: *a.* mature; *Mensch, Schönheit, Urteil, Plan*: mature; *Geschwür*: fully developed; **~ *werden*** → ***reifen***; ***in ~eren Jahren*** at a mature age; ***ein Mann von ~eren Jahren*** a man of mature age; ***im ~en Alter von*** at the ripe old age of; **~ *sein für*** be ready for; F **~ *fürs Irrenhaus*** F fit for the loony bin; F ***~e Leistung*** a) *Sport etc.*: spirited performance, b) *iro.* good show; F ***er ist ~*** F he's in for it.
Reif[1] *m lit.* (*Ring*) ring; (*Arm*2) bracelet.
Reif[2] *m* white frost, hoarfrost.
Reife *f von Obst etc.*: ripeness; *e-s Menschen, Plans etc.*: maturity; → *a.* ***Reifezeugnis***; *ped.* ***mittlere ~*** intermediate high school certificate, *in GB*: *etwa* GCSEs *pl.*
reifen *v/i. Obst etc.*: ripen; *Mensch, Plan etc.*: mature (***zu*** into); ⚕ *Geschwür*: come to a head; ***in j-m ~*** *Gedanke etc.*: start to form in s.o.'s mind; ***zur Gewißheit ~*** grow into certainty.
Reifen *m mot.* (*a. Fahrrad*2) tyre, *Am.* tire; (*Faß*2, *Kinder*2, *Zirkus*2) hoop; → ***Armreif(en)***; *mot.* ***e-n ~ wechseln*** change a tyre (*Am.* tire); **~druck** *m* tyre (*Am.* tire) pressure; **~panne** *f* flat tyre (*Am.* tire), puncture, F flat; **~profil** *n* (tyre, *Am.* tire) tread; **~wechsel** *m* tyre (*Am.* tire) change.
Reife|prüfung *f* school leaving exam(s *pl.*); → *a.* ***Abitur***; **~zeit** *f* ripening period; *des Menschen*: adolescence, *weitS.* formative years *pl.*; **~zeugnis** *n* school leaving certificate; *in GB*: *etwa* GCE A-levels *pl.*, *in den USA*: (senior high school) graduation diploma.
Reifglätte *f mot.* slippery frost.
reiflich I. *adj.* careful; ***nach ~er Überlegung*** after careful consideration; **II.** *adv.* carefully; ***das würde ich mir ~ überlegen*** I'd be very careful about making any decisions on that.
Reifrock *obs. m* crinoline.
Reifung *f* ripening, maturing; *bsd. biol. u.* ⚕ maturation.
Reigen *m* round dance; ***den ~ eröffnen*** open the ball, *a. fig.* lead off.
Reihe *f* row, line; (*Sitz*2) row; (*Anzahl, Folge*) series (*sg.*); (*Aufeinanderfolge*) row, succession; (*Zeitschriften*2) series (*sg.*); ⩘ progression, series (*sg.*); (***sich***) ***in e-r ~ aufstellen*** line up; ***in Reih und Glied aufgestellt*** standing neatly in a row; F ***e-e ganze ~ von*** a lot of, F a whole string of; ***e-e ~ von Indizien*** some evidence; ***aus den ~en*** *der Abgeordneten etc.*: from among; ***e-n Verräter in den eigenen ~n haben*** have a traitor in one's ranks; *fig.* ***die ~n lichten sich*** the ranks are thinning; ***warten, bis man an die ~ kommt*** wait one's turn; ***wer ist an der ~?*** whose turn is it?; (***immer***) ***der ~ nach*** one after the other; ***er ist an der ~*** it's his turn; ***ich kam außer der ~ dran*** *beim Arzt etc.*: they took me before (it was) my turn; ***erzähl der ~ nach!*** tell it from the beginning, start at the beginning; F ***aus der ~ kommen*** get muddled;

F *et.* (*wieder*) ***auf die ~ kriegen*** get s.th. sorted out; F ***aus der ~ tanzen*** be different, (*anstoßen*) step out of line.

reihen I. *v/t.* line up; *beim Nähen*: tack; *Perlen* ***auf e-e Schnur ~*** string; **II.** *v/refl.*: ***eins reiht sich ans andere*** one thing follows another.

Reihen|eckhaus *n* end-of-terrace house; **~fertigung** *f* serial production; **~folge** *f* order, sequence; ***alphabetische*** (***zeitliche***) **~** alphabetical (chronological) order; ***der ~ nach*** in order; ***in ununterbrochener ~*** in succession, in a row.

Reihenhaus *n* terrace(d) house, *Am.* row house; **~siedlung** *f* (terraced) housing estate, *Am.* row house development.

Reihen|schaltung *f* ⚡ series connection; **~untersuchung** *f* ⚕ mass screening.

reihenweise *adv.* in rows; *fig.* (*in großer Anzahl*) F by the dozen, (*hintereinander*) one after the other.

Reiher *m zo.* heron; *sl.* ***kotzen wie ein ~*** *sl.* spew one's guts out.

reihum *adv.* **1.** in turn; **2.** ***et. ~ gehen lassen*** pass s.th. round.

Reim *m* rhyme; *fig.* ***kannst du dir darauf e-n ~ machen?*** does it make any sense to you?, can you make any sense (*od.* make head or tail) of it?; ***ich mache mir so m-n ~ darauf*** I can put two and two together; **reimen** *v/t., v/i. u. v/refl.* (***sich ~***) rhyme (***auf, mit*** with); *fig.* ***das reimt sich nicht*** that doesn't make sense; **reimlos** *adj.* unrhymed.

Reim|paar *n* rhyming couplet; **~schema** *n* rhyme pattern (*od.* scheme).

rein¹ I. *adj.* pure (*a.* ⚗, *biol., ling., Seide, Wein, Alkohol u. fig.*); (*sauber*) clean; (*klar*) *a. Gewissen*: clear; *metall.* unalloyed; (*unverfälscht*) unadulterated (*a. fig.*); *Gewinn*: net, clear; *Haut*: clear; *Blatt Papier*: clean; (*bloß*) pure, sheer *nonsense etc.*; ***~e Baumwolle*** pure (*od.* one-hundred per cent) cotton; F ***~ste Freude*** sheer (*od.* pure) joy; ***~e Lüge*** downright (*od.* barefaced) lie; F ***~er Wahnsinn*** sheer madness; ***die ~e Wahrheit*** the plain truth, ⚖ the truth, the whole truth, and nothing but the truth; ***~er Zufall*** pure coincidence; ***e-e ~e Arbeitergegend*** a real working-class area; ***~e Mathematik*** pure mathematics; ***e-e ~e Formalität*** a mere formality; F ***der ~ste Komiker*** a real comedian; *fig.* → ***Luft, Tisch, Vergnügen, Wein, Weste***; **II.** *adv.* purely; F (*gänzlich*) absolutely; ***~ pflanzliches Fett*** pure vegetable fat; ***~ gar nichts*** absolutely nothing (F nil); ***~ unmöglich*** absolutely impossible; ***~ verrückt*** totally mad; ***~ zufällig*** by pure accident (*od.* chance), purely by accident (*od.* chance); ***aus ~ persönlichen Gründen*** for purely personal reasons; ***et. ~ Persönliches*** a purely personal matter; **III.** *substantivisch*: ***ins ~e bringen*** clear up, sort out; ***mit j-m ins ~e kommen*** get things straightened out with s.o.; ***ins ~e kommen*** straighten things out (for o.s.); ***ins ~e schreiben*** make a fair copy of.

rein² F *adv.* **1.** → ***herein***; **2.** → ***hinein***; **rein...** *in Zssgn* **1.** → *a.* ***herein...***; **2.** → *a.* ***hinein...***

Reindl *dial. n* roasting pan.

Reineisenband *n* metal tape.

Reinemachefrau *f* cleaning lady; **Reinemachen** *n* cleaning.

Rein|erlös *m*, **~ertrag** *m* net proceeds *pl.*, net (*od.* clear) profit.

Reinfall F *m* F flop, washout; (*Enttäuschung*) F letdown; **reinfallen** F *v/i.* (*a.* ***drauf ~***) F fall for it.

Rein|gewinn *m* net profit; → ***erzielen***; **~haltung** *f*: ***die ~ der Luft*** *etc.* keeping the air *etc.* clean.

reinhängen F *v/refl.*: ***sich ~*** throw o.s. into it (*od.* s.th.), F give it all one has got; ***sich zu sehr ~*** get too involved, take it (*od.* s.th.) too seriously.

reinhauen F **I.** *v/i.* **1.** *beim Arbeiten*: F get cracking, get stuck in; *beim Essen*: F dig in; **2.** ***das haut voll rein!*** F that really knocks you for a six; **II.** *v/t.* **3.** ***sich et. ~*** (*Essen*) F polish off, (*Getränk*) F knock back; **4.** ***j-m e-e ~*** F clobber s.o.

Reinheit *f* purity, pureness, cleanness *etc.*; → ***rein¹***.

Reinheits|gebot *n* purity requirement; **~grad** *m* purity standard.

reinigen *v/t.* clean; (*Gesichtshaut*) *a.* cleanse; (*waschen*) wash; (⚗, ⚙ *Blut, Luft etc.*) purify; (*Gewässer etc.*) clean up; ***sich selbst ~*** *Fluß etc.*: clean itself; ***chemisch ~*** dry-clean; ***zum ♀ bringen*** take to the cleaners; *fig.* ***die Atmosphäre ~*** clear the air; ***sich von e-m Verdacht ~*** clear o.s. of a suspicion; **Reiniger** *m* cleaning agent, cleaner; (*Haut♀*) cleanser; **Reinigung** *f* cleaning *etc.*; → ***reinigen***; (*Firma*) (dry) cleaners *pl.* (*sg. konstr.*); ***chemische ~*** dry cleaning; ***in der ~*** *Kleidung*: at the cleaners.

Reinigungs|creme *f* cleansing cream; **~kraft** *f* cleaning (*od.* cleansing) power *od.* action; **~mittel** *n* cleaning agent, household cleaner.

Reinkultur *f* pure culture; F *fig.* ***Kitsch in ~*** pure unadulterated rubbish.

reinlegen F *v/t.* → ***hereinlegen.***

reinlich *adj.* clean; *als Eigenschaft*: cleanly; (*schmuck*) neat, tidy; **Reinlichkeit** *f* cleanliness; (*Ordentlichkeit*) neatness, tidiness.

Reinmache... → ***Reinemache...***

reinrassig *adj. Hund etc.*: pedigree, pure-bred; *Pferd*: thoroughbred.

rein|reißen F *v/t.* **1.** F get *s.o.* into a real mess; **2.** *finanziell*: F set *s.o.* back a fair bit; **~riechen** F *v/i.* → ***reinschnuppern***; **~schlittern** F *v/i.*: ***in et. ~*** get o.s. involved in (*od.* with) s.th.; ***plötzlich war ich da reingeschlittert*** before I knew it I had got myself involved; **~schnuppern** F *v/i.*: ***in et. ~*** have a brief look at s.th., (*Themenbereich etc.*) get a taste of s.th.

Rein|schrift *f* fair copy; **♀seiden** *adj.* pure silk; **♀silbern** *adj.* pure silver; **~verdienst** *m* net earnings *pl.*

reinvestieren *v/t.* ✝ reinvest, plough (*Am.* plow) back.

reinwaschen *fig. v/t.* whitewash, clear.

reinweg F *adv.* absolutely, completely.

reinwürgen F *v/t.* **1.** (*schlucken*) force down; **2.** ***j-m eins ~*** F let s.o. know about it.

Reis *n* ♀ twig.

Reis *m* rice; **~anbau** *m* growing (*od.* cultivation) of rice; **~auflauf** *m* baked rice pudding; **~beutel** *m* boil-in-the-bag rice; **~brei** *m* rice pudding.

Reise *f* trip; *längere*: *a.* journey, ⚓ voyage (***alle nach*** to); (*Rund♀*) tour (***in*** of); ***wie war die Ungarn♀?*** how was your trip to Hungary?; ***gute ~!*** have a pleasant journey!, have a good trip!; ***viel auf ~n sein*** do a lot of travel(l)ing; ***er ist mal wieder auf ~n*** he's off on his trips again; ***wohin geht die ~?*** where are you off to?; *fig.* ***e-e ~ in die Vergangenheit*** a journey into the past, *persönliche*: a walk down memory lane; **~andenken** *n* souvenir; **~apotheke** *f* first-aid kit; **~bedarf** *m* travel(l)ing requisites *pl.*; **~begleiter(in** *f*) *m* **1.** travel companion; **2.** → ***Reiseleiter***; **~bekanntschaft** *f* travel(l)ing acquaintance; ***sie ist e-e ~*** I met her when I was on holiday; **~beschränkungen** *pl.* travel restrictions, restrictions on travel; **~beschreibung** *f* travelogue; (*Tagebuch*) travel diary; **~büro** *n* travel agency (*od.* agent['s]); **~bus** *m* coach; **~decke** *f* travel(l)ing rug; **~diplomat** *m* shuttle diplomat; **~diplomatie** *f* shuttle diplomacy; **~fieber** *n* holiday fever; **~führer** *m* (*Buch*) guide (-book); (*Person*) (travel) guide; courier; **~gefährte** *m* travel companion.

Reisegepäck *n* luggage, *bsd. Am.* baggage; **~versicherung** *f* baggage insurance.

Reise|geschwindigkeit *f* cruising speed; **~gesellschaft** *f* **1.** (tourist) party; **2.** (*Veranstalter*) tour operator; **~gruppe** *f* tourist party; **~koffer** *m* suitcase; **~kosten** *pl.* travel expenses; **~krankheit** *f* travel sickness; **~land** *n* tourist country (*od.* destination); **~leiter** *m* courier; (travel) guide; **~lektüre** *f* holiday reading; *für die Hinreise*: something to read on the trip; **~literatur** *f* **1.** travel writing (*od.* literature, books *pl.*); **2.** → ***Reiselektüre.***

Reiselust *f*: ***mich packt mal wieder die ~!*** F I've got itchy feet again; **reiselustig** *adj.*: ***er ist sehr ~*** he's a keen travel(l)er.

reisemüde *adj.* travel-weary.

reisen I. *v/i.* travel (***nach*** to); make a trip (to); (*ab~*) go, leave; ***~ nach*** *a.* go to; ***ins Ausland ~*** go abroad; ***wir ~ am Sonntag*** we leave on Sunday; ***er ist ein viel gereister Mann*** he's done a lot of travel(l)ing (in his time); **II.** ♀ *n* travel(l)ing; travel; → ***bilden*** 6; **Reisende(r)** *m* **1.** travel(l)er; ***die Reisenden werden gebeten zu*** *inf.* passengers are requested to *inf.*; **2.** → ***Handlungsreisende(r).***

Reise|paß *m* passport; **~prospekt** *m* travel brochure; **~route** *f* route, itinerary; **~ruf** *m* emergency call, police message; **~scheck** *m* traveller's cheque, *Am.* traveler's check; **~schreibmaschine** *f* portable typewriter; **~schriftsteller** *m* travel writer; **~spesen** *pl.* travel(l)ing (*od.* travel) expenses; **~tasche** *f* travel(l)ing bag, holdall, *Am.* carryall; **~unterlagen** *pl.* travel documents; **~veranstalter** *m* tour operator(s *pl.*); **~verkehr** *m* holiday traffic; **~vorbereitungen** *pl.* holiday preparations, preparations for the trip (*od.* holiday); ***die ~ machen mich immer fertig*** getting everything ready for the trip always exhausts me; **~wecker** *m* travel(l)ing alarm clock; **~welle** *f* wave of holidaymakers; **~wetter** *n* **1.** holiday weather; **2.** weather for travel(l)ing; **~wetterbericht** *m* holiday weather report; **~zeit** *f* holiday season; ***die beste ~*** the best time to travel; **~ziel** *n* **1.** destination; **2.** ***Spanien ist ein beliebtes ~*** a lot of people go to Spain for their holiday(s).

Reisfeld *n* paddy (*od.* rice) field.

Reisig *n* brushwood.

Reis|korn *n* grain of rice; **~mehl** *n* rice flour; **~papier** *n* rice paper.
Reißaus F *m*: ~ ***nehmen*** take to one's heels, F clear off.
Reißbrett *n* drawing board.
Reisschüssel *f* rice bowl; *fig.* ***die ~ Asiens*** the rice bowl of Asia.
reißen I. *v/t.* **1.** tear; (*heraus~, ab~*) pull, (*Papier*) tear, rip; (*weg~*) snatch; (*mit sich ~*) drag, pull, *Fluten*: sweep; ⚕ rupture; ***e-e Seite aus e-m Buch ~*** tear (*od.* rip) a page out of a book; ***j-m et. aus der Hand ~*** snatch s.th. away from s.o. (*od.* out of s.o.'s hand); ***sich die Kleider vom Leibe ~*** tear (*od.* rip) off one's clothes; ***sich e-n Splitter in den Finger ~*** get a splinter into one's finger; ***aus dem Schlaf gerissen werden*** be rudely awakened; ***aus s-n Illusionen gerissen werden*** F come down to earth with a bump; ***die Macht an sich ~*** seize power; ***die Führung an sich ~*** *Sport*: take the lead, *weitS.* take over, take command; ***sie war hin und her gerissen*** she couldn't make up her mind, F (*war begeistert*) F she was thrilled to bits; F ***das reißt mich nicht gerade vom Hocker*** F I can't say I'm thrilled, it's nothing to write home about; → ***Witz, Zote*** *etc.*; **2.** *Raubtier*: (*töten*) kill; **II.** *v/i.* **3.** tear; *Kette, Saite etc.*: break; *Lippen*: chap; *Nebel*: lift suddenly; ***~ an*** tear (*od.* tug) at; ***da riß ihm die Geduld*** his patience gave out (on him); → ***Strang, Strick***; **III.** *v/refl.* **4.** *fig.* ***sich ~ um*** fight (*od.* squabble) over; ***ich reiße mich nicht darum*** I can do without (it); ***ich reiße mich nicht darum, ihn kennenzulernen*** I'm not exactly dying to get to know him; **IV.** 2 *n* **5.** tearing *etc.*; → ***reißen***; **6.** F (*Rheuma*) F rheumatics; **reißend** *adj. Fluß*: torrential; *Schmerz*: searing; *Tier*: rapacious; → ***Absatz*** 3.
Reißer F *m* **1.** (*Buch, Film etc.*) thriller; **2.** (*Ware*) F winner, money-spinner; **reißerisch** *adj. Schlagzeilen*: sensational; *Farben, Werbung*: loud.
reißfest *adj.* tearproof; **Reißfestigkeit** *f* **1.** resistance to tearing; **2.** ⚙ tensile strength.
Reißleine *f Fallschirm*: ripcord.
Reißverschluß *m* zip, *Am.* zipper; ***mach den ~ an d-r Jacke zu*** (***auf***) zip up (unzip) your jacket; **~system** *n mot.* alternate filtering-in system.
Reißwolf *m* shredder.
Reißzwecke *f* drawing pin, *Am.* thumbtack.
Reiswein *m* rice wine, sake.
Reitanzug *m* riding habit.
reiten I. *v/i.* ride; ***gut*** (***schlecht***) ~ be a good (bad) rider; ***im Galopp ~*** (ride at a) gallop; **II.** *v/t.* ride; ***ein Rennen ~*** ride (in) a race; ***sich wund ~*** get saddle-sore; *fig.* ***ein Thema zu Tode ~*** flog a subject to death; → ***Teufel*** *etc.*; **III.** 2 *n* riding; **reitend** *adj.* on horseback; **Reiter** *m* **1.** rider, horseman; → ***blau 1***; **2.** ⚙ rider; **3.** *auf Karteikarten*: rider, tab; **Reiterei** *f* cavalry; (*das Reiten*) riding; **Reiterin** *f* rider, horsewoman; **reiterlos** *adj.* riderless; *adv. a.* without a rider.
Reiter|regiment *n hist.* cavalry regiment; **~standbild** *n* equestrian statue.
Reit|gerte *f* riding crop; **~hose** *f*: (***e-e ~*** a pair of) (riding) breeches *pl.*; **~kappe** *f* riding cap; **~kunst** *f* horsemanship; **~lehrer** *m* riding instructor; **~peitsche** *f* riding whip; **~pferd** *n* saddle (*od.* riding) horse; **~schule** *f* riding school; **~sport** *m* riding, equestrian sport(s *pl.*); **~stall** *m* riding stable; **~stiefel** *m* riding boot; **~tier** *n* riding animal, mount; **~turnier** *n* horse show; **~unterricht** *m* riding lessons *pl.*; **~weg** *m* bridle path.
Reiz *m* **1.** *physiol., psych. u. fig.* stimulus, *pl.* stimuli; **2.** (*Wirkung, Anziehungskraft*) appeal, attraction; *e-r Landschaft etc.*: *a.* charm; ***der ~ des Neuen*** the novelty (appeal); ***der ~ des Verbotenen*** the lure of forbidden fruit; ***s-n ~ verlieren*** begin to pall (***für*** on); ***der ~*** (***an der Sache***) ***liegt in*** what is so fascinating about it is; ***darin liegt gerade der ~*** that's the whole fun of it; ***ich kann dem Film keinen ~ abgewinnen*** I can't (*od.* I fail to) see anything in that film; **3.** (*Charme*) charm; ***s-e ~e spielen lassen*** display one's charms.
reizbar *adj.* irritable, touchy, F uptight; (*jähzornig*) irascible; ***er ist so ~*** (*jähzornig*) he'll fly into a temper at the slightest thing; **reizen I.** *v/t.* **1.** (*ärgern*) annoy, rile; (*provozieren*) provoke; → ***gereizt***; **2.** ⚕ irritate; **3.** (*anregen*) (*Gefühle, Neugier etc.*) (a)rouse; (*Appetit*) stimulate, whet; (*Gaumen*) tickle; (*locken*) lure, tempt; ***es reizte ihn, et. ganz Neues zu machen*** he was tempted to do s.th. completely different; ***es würde mich ~ zu*** *inf.* I wouldn't mind *ger.*, *stärker*: I'd love to *inf.*; F ***das kann mich nicht ~*** that doesn't appeal to me in the slightest, *sl.* it doesn't grab me (at all); **4.** *Kartenspiel*: bid; **II.** *v/i.* **5.** ⚕ irritate the skin (*od.* eyes *etc.*), be an irritant; **6.** *Kartenspiel*: bid; **reizend** *adj.* charming, delightful; ***~es Mädchen*** lovely (little) girl; ***das ist ja ~!*** how charming!, *iro.* charming(, I must say)!; ***das ist ja ~ von Ihnen*** how nice of you.
Reiz|husten *m* dry cough; **~klima** *n* bracing climate.
reizlos *adj.* uninteresting, boring.
Reiz|mittel *n* **1.** ⚕ stimulant; **2.** → ***Reizthema*** 2; **~schwelle** *f* stimulus threshold; **~stoff** *m* irritant; **~thema** *n* **1.** explosive topic, emotive issue; *pol. a.* gut issue; **2.** *für einzelne*: touchy subject; ***das ist für sie ein ~*** that's a touchy subject with her, that always gets her going; **~therapie** *f* ⚕ stimulation therapy; **~überflutung** *f* stimulus satiation; *durch Medien*: media saturation.
Reizung *f* irritation (*a.* ⚕); (*Auf*2) provocation; (*Anregung*) stimulation.
reizvoll *adj.* charming; (*verlockend*) tempting; ***~e Aufgabe*** interesting task.
Reiz|wäsche *f* sexy underwear; **~wort** *n* emotive (*psych.* test) word; ***Geld war bei ihr ein ~*** money was a touchy subject with her.
rekapitulieren *v/i. u. v/t.* recapitulate, sum up; ***ich rekapituliere*** to sum up (the main points again).
rekeln *v/refl.*: ***sich ~*** (*sich strecken*) stretch; (*sich lümmeln*) sprawl, lounge around, loll (about).
Reklamation *f* complaint; *bsd. Sport*: protest.
Reklame *f* (*Werbung*) advertising; (*Anzeige*) advertisement, F ad, *Brit. a.* advert; *TV, Radio*: *a.* commercial, *coll.* commercials *pl.*; ***~ machen für et.*** advertise s.th., promote s.th., *fig.* F plug s.th.; *in Zssgn* → ***Werbe...***; **~tafel** *f* billboard, *Brit. a.* hoarding.
reklamieren I. *v/t.* (*beanstanden*) complain about; (*Gekauftes*) *a.* take back to the shop; (*Rechnung*) query; (*nicht Erhaltenes*) enquire (*od.* inquire) about; **II.** *v/i.* complain, make (*od.* lodge) a complaint; *bsd. Sport*: protest.
rekonstruieren *v/t.* reconstruct; **Rekonstruktion** *f* reconstruction.
rekonvaleszent *adj.*, **Rekonvaleszent** *m* convalescent; **Rekonvaleszenz** *f* convalescence.
Rekord *m* record; *weitS. a.* record (*od.* all-time) high; ***e-n ~ aufstellen*** (***brechen***) set up (break) a record; ***e-n ~ halten*** hold a record; ***alle ~e brechen*** break all records; ***der ~ liegt bei*** the record is (*od.* stands at); **~besuch** *m* record attendance; **~ernte** *f* bumper crop; **~halter** *m* record holder; **~hoch** *n Börse etc.*: record (*od.* all-time) high; **~inhaber(in** *f*) *m* record holder; **~leistung** *f* **1.** outstanding performance; **2.** record-beating performance; **~marke** *f* record; **~tief** *n Börse etc.*: record (*od.* all-time) low; **~versuch** *m* attempt on the record; **~zeit** *f* record time.
Rekrut *m* ⚔ recruit (*a. fig.*); **~enausbildung** *f* training of recruits; **rekrutieren I.** *v/t.* ⚔ (*u. Arbeitskräfte etc.*) recruit; **II.** *fig. v/refl.*: ***sich ~ aus*** be made up of; **Rekrutierung** *f* recruitment, recruiting.
rektal *adj.* ⚕ rectal.
Rektion *f ling.* government; case governed by a verb *etc.*
Rektor *m e-r Schule*: headmaster, *Am.* principal; *univ.* vice-chancellor, principal, *Am.* president; **Rektorat** *n* **1.** headmastership; *univ.* vice-chancellorship, principalship, *Am.* presidency; **2.** headmaster's office; *univ.* vice-chancellor's (*od.* principal's, *Am.* president's) office.
Rektum *n anat.* rectum.
rekursiv *adj.* ℛ, *ling.* recursive.
Relais *n* ⚡ relay; **~station** *f* relay station.
Relation *f* relation(ship); (*Mengen*2) proportion, ratio; ***das steht in keiner ~ zu s-m Einkommen*** it's out of all proportion to his income; **relational** *adj. Computer*: relational.
relativ I. *adj.* relative; **II.** *adv.* relatively, comparatively; ***das trifft nur ~ zu*** that's only partially true; ***es verlief ~ gut*** it went reasonably (*od.* relatively) well; **relativieren** *v/t.* **1.** put into perspective, see in perspective; **2.** (*einschränken*) qualify.
Relativität *f* relativity; **Relativitätstheorie** *f* theory of relativity.
Relativ|pronomen *n* relative pronoun; **~satz** *m* relative clause.
relevant *adj.* relevant (***für*** to), pertinent (to); **Relevanz** *f* relevance (***für*** to, for).
Relief *n* relief; **~globus** *m* raised-relief globe; **~karte** *f* relief map.
Religion *f* religion (*a. fig.*); (*Glaube*) faith; *ped.* → ***Religionsunterricht.***
Religions|ausübung *f* religious practi|ce (*Am. a.* -se); ***freie ~*** freedom of worship; **~bekenntnis** *n* confession; **~ersatz** *m* substitute religion; **~freiheit** *f* freedom of worship; **~gemeinschaft** *f* confession; *kleinere*: religious community; **~krieg** *m* religious war; **~lehre** *f* religious education; **~lehrer(in** *f*) *m* RI (= religious instruction) teacher, RE (= religious education) teacher; **~stifter** *m*

founder of a (*od.* the) religion; **~streit** *m* religious controversy; **~unterricht** *m ped.* religious instruction, RI; religious education, RE; **~wissenschaft** *f* (comparative) theology.
religiös *adj.* religious; (*fromm*) *a.* pious, devout; **Religiosität** *f* religiousness, religion, piety.
Relikt *n* **1.** relic (*gen.* of; ***aus*** from, of); (*Eigenschaft etc.*) *a.* F leftover (from); ***das ist noch ein ~ aus s-r Armeezeit*** *a.* that goes back to his army days; **2.** *biol.* relict.
Reling *f* ⚓ railing.
Reliquiar *n* reliquary; **Reliquie** *f* relic.
Reliquien|schrein *m* reliquary; **~verehrung** *f* worship of relics.
Remake *n Film*: remake.
remilitarisieren *v/t.* remilitarize, rearm; **Remilitarisierung** *f* remilitarization, rearmament.
Reminiszenz *f* reminiscence (***an*** of); (*Erinnerungsstück*) memento (of).
Remis I. *n* draw; **II.** 2 *adj.*: ***die Partie endete ~*** the game ended in a draw.
Remittende *f* return.
Remmidemmi F *n* wild celebration; ***~ machen*** a) F make a racket (*sl.* a hell of a noise), b) have a wild time of it; ***hier herrscht ~!*** F this is where it's at!
Remoulade *f* remoulade; tartar sauce.
Rempelei *f* jostling; *Sport*: pushing; **rempeln** *v/t.* jostle, bump into, F barge into; *Sport*: push, give *s.o.* a push, F shove.
REM-Phase *f* REM (= rapid eye movement) phase.
Ren *n zo.* reindeer.
Renaissance *f* **1.** *hist.* Renaissance; **2.** renaissance, revival; **~mensch** *m* (*a.* ***der ~***) Renaissance man.
Rendezvous *n* **1.** date, rendezvous; ***heimliches ~*** *bsd. iro.* tryst; **2.** *Raumfahrt*: docking; **~manöver** *n Raumfahrt*: docking manoeuvre (*Am.* maneuver).
Rendite *f* ⚚ yield, profit.
Renegat *m* renegade.
Reneklode *f* ⚘ greengage.
renitent *adj.* refractory.
Renn|bahn *f* racecourse, *Am.* race track; (*Pferde*2) *a.* turf; *mot.* circuit, speedway; *Laufsport*: track; **~boot** *n* speedboat.
rennen I. *v/i.* run; (*wett~*) race; (*rasen*) *a.* rush, tear; ***~ gegen*** run into; ***er rennt bei jeder Kleinigkeit zu s-r Mutter*** he goes running to his mother for every little thing; F ***er rennt zu jedem Popkonzert*** he goes to every pop concert that comes along, he can't miss any pop concert; F ***er mußte die ganze Nacht ~*** he was up all night running to the toilet (*Am.* bathroom); *fig.* ***ins Verderben ~*** rush headlong into disaster; → ***Wette***; **II.** *v/t.* → ***Haufen***; **III.** 2 *n* run(ning); (*Wett*2) race; (*Pferde*2) *a.* race meeting, *pl.* races; (*Einzel*2) heat; ***totes ~*** dead heat; ***aus dem ~ fallen*** drop out of the running; ***aus dem ~ werfen*** put *s.o.* out of the running; ***das ~ machen*** come in first, *fig.* come out on top; *fig.* ***er liegt noch gut im ~*** he's still going strong, *bei Bewerbung etc.*: he's still in the running; ***das ~ ist gelaufen*** it's all over.
Renner *m* **1.** → ***Rennpferd***; **2.** F (*Erfolg*) hit; ⚚ winner; ***das Buch wird ein ~*** we're *etc.* onto a winner with that book.
Rennerei *f* running around; ***diese ~!*** all this running around from place to place.
Renn|fahrer *m mot.* racing driver; *Fahrrad*: racing cyclist; **~läufer** *m Skisport*: professional skier, racer; **~lenker** *m* drop(ped) handlebars *pl.*; **~maschine** *f* racer; **~pferd** *n* racehorse; **~platz** *m* racecourse, *the* turf; **~rad** *n* racing cycle, racer; **~schuhe** *pl.* spikes; **~ski** *m* racing ski; **~sport** *m* racing; **~wagen** *m* racing car.
Renommee *n* reputation; (*Ruhm*) fame, renown; ***ein gutes ~ haben*** have a good name (*od.* reputation); **renommieren** *v/i.* boast (***mit*** of); **Renommiermarke** *f* prestige label; **Renommierstück** *n* showpiece; **renommiert** *adj.* famous, noted (***wegen*** for); (highly) acclaimed; *Institut etc.*: *a.* prestigious.
renovieren *v/t.* renovate, F do up; (*Innenraum*) redecorate; **Renovierung** *f* renovation; *Innenräume*: redecoration.
rentabel *adj.* ⚚ profitable, viable; *weitS.* worthwhile; **Rentabilität** *f* profitability, viability.
Rentabilitäts|grenze *f*, **~schwelle** *f* breakeven point.
Rente *f* **1.** (*Alters*2 *etc.*) pension; ***in ~ gehen*** retire; **2.** (*Einkommen*) revenue; (*Jahres*2) annuity; (*Zins*) interest.
Renten|alter *n*: ***das ~*** retirement age; **~anpassung** *f* adjustment of pensions (to wages and prices); **~anspruch** *m* pension claim; **~basis** *f* annuity claim; **~berechnung** *f* calculation of pensions; **2berechtigt** *adj.* entitled to a pension: *Alter*: pensionable; **~erhöhung** *f* pension increase; **~markt** *m* ⚚ bond market; **~papiere** *pl.* ⚚ fixed-interest bonds; **~reform** *f* pension(s) reform; **~versicherung** *f* pension scheme; **~werte** *pl.* ⚚ fixed-interest securities.
Rentier *n zo.* reindeer; (*Karibu*) caribou.
rentieren *v/refl.*: ***sich ~*** → ***lohnen*** I.
Rentner(in *f*) *m* (old age) pensioner, senior citizen; **Rentnerstreß** *m* retirement stress.
reorganisieren *v/t.* reorganize.
reparabel *adj.* reparable.
Reparationen *pl.*, **Reparationszahlung** *f* reparations (*pl.*).
Reparatur *f* repair(s *pl.*); ***in ~*** in for repair, being repaired; ***in ~ geben*** have *s.th.* repaired; **2anfällig** *adj.*: ***~ sein*** keep breaking down; **~anfälligkeit** *f* tendency to break down; breakdown record; **~anleitung** *f* service manual; instructions *pl.* for repair; **2bedürftig** *adj.*: (***dringend ~***) in need of (urgent) repair; **~kosten** *pl.* (cost *sg.* of) repairs; **~werft** *f* repair yard; **~werkstatt** *f* workshop; *mot.* garage; **~schnelldienst** *m* fast repair service, while-you-wait repair service.
reparieren *v/t.* repair, mend, F fix; ***das ist nicht mehr zu ~*** it can't be repaired, it's beyond repair.
Repertoire *n* repertoire (*a. fig.*); **~stück** *n* repertory play; **~theater** *n* repertory theat|re (*Am. a.* -er).
repetieren I. *v/t.* (*Stoff*) revise; **II.** *v/i. ped.* repeat a year.
Repetiergewehr *n* repeating rifle, repeater.
Repetition *f* repetition; **Repetitor** *m univ.* coach; **Repetitorium** *n univ.* revision course.
Replik *f* **1.** reply (*a.* ⚖), rejoinder; **2.** *Kunst*: (*Originalkopie*) replica.
Report *m* report; **Reportage** *f* (*Bericht*) report, *a. Sport*: commentary; ***die ~n über ...*** *a.* coverage of ...; **Reporter(in** *f*) *m* reporter.
repräsentabel *adj.* presentable; (*eindrucksvoll*) impressive, *stärker*: prestigious.
Repräsentant(in *f*) *m* representative; *e-r Theorie etc.*: exponent; **Repräsentantenhaus** *n USA*: *parl.* House of Representatives.
Repräsentation *f* representation; ***der ~ dienen*** have a representational function; ***sehr auf ~ bedacht sein*** *Firma*: be very concerned with its image.
Repräsentations|aufwand *m* entertainment expenses *pl.*; **~bau** *m* prestige building; **~figur** *f* figurehead; **~pflichten** *pl.* representational duties; **~wagen** *m* prestige car.
repräsentativ *adj. a. pol.* representative (***für*** of); (*imposant*) impressive, imposing; *Auto etc.*: prestige ..., status ...; ***das Modell ist ihm nicht ~ genug*** that model isn't flashy enough for him; **2erhebung** *f* controlled sampling; **2system** *n pol.* representative government.
repräsentieren I. *v/t.* represent; (*ein Aushängeschild sein für*) be a calling card for; **II.** *v/i.* act in a representative capacity; ***gut ~ können*** be a good ambassador, *Gastgeberin*: be a good hostess.
Repressalie *f* reprisal; (*Vergeltung*) *a.* retaliation (*a. pl.*); ***~n ergreifen gegen*** take reprisals on, retaliate against.
Repression *f* **1.** *pol.* suppression; repression; **2.** *psych.* repression; **repressionsfrei** *adj.* free of suppression.
repressiv *adj.* repressive.
Reprint *m* reprint.
Reprise *f* **1.** *thea.* revival; *Film*: rerun, *TV a.* repeat; *Schallplatte*: re-release, reissue; **2.** ♪ recapitulation.
reprivatisieren *v/t.* reprivatize, denationalize; **Reprivatisierung** *f* reprivatization, denationalization.
Reproduktion *f allg.* reproduction; **reproduzieren** *v/t.* reproduce.
Reptil *n zo.* reptile.
Reptilienfonds *m pol.* secret funds *pl.*
Republik *f* republic.
Republikaner *m* **1.** republican; **2.** *USA*: *parl.* Republican; **3.** *BRD*: Republican; ***die ~*** the Republican Party; **republikanisch** *adj.* **1.** republican; **2.** *USA*: *parl.* Republican; **3.** *BRD*: Republican.
Requiem *n* requiem (mass).
Requisit *n* **1.** requisite; **2.** *thea.* **~en** (stage) props; **Requisite** *f thea.* **1.** props (department); **2.** → **Requisitenkammer** *f* props room; **Requisiteur** *m* props man.
resch *dial adj.* crisp.
Reservat *n* **1.** (*Natur*2) (nature) reserve; **2.** *der Indianer etc.*: reservation; **3.** (*Sonderrecht*) prerogative, preserve.
Reserve *f* **1.** (*Vorrat*) reserve supply; ⚚ ***stille ~n*** hidden reserves; ***in ~ halten*** keep in reserve; **2.** *Sport*: reserve team; ⚔ reserves *pl.*; **3.** (*Zurückhaltung*) reserve; ***j-n aus der ~ locken*** bring s.o. out of his (*od.* her) shell, draw s.o. out; **~bank** *f Sport*: (substitutes') bench; **~kanister** *m* jerry can; **~offizier** *m* ⚔ reserve officer; **~rad** *n* spare (wheel); **~reifen** *m* spare (tyre, *Am.* tire); **~spieler** *m Sport*: reserve, substitute; **~tank** *m* reserve tank; **~truppen** *pl.* reserves.
reservieren *v/t.* (*a.* ***~ lassen***) reserve; (*vorbestellen*) *a.* book; **reserviert** *adj.*

reserved (*a. fig. zurückhaltend*); **sich ~ verhalten** keep one's distance; **Reservierung** *f* reservation.
Reservist *m* ⚔ reservist.
Reservoir *n* reservoir (*a. fig.*).
Residenz *f* **1.** residence; **2.** → **~stadt** *f* seat of (royal) power.
residieren *v/i.* reside.
Resignation *f* resignation; **resignieren** *v/i.* give up; resign; **resigniert** *adj.* resigned(ly *adv.*); ***ein ~es Lächeln*** a smile of resignation.
resistent *adj.* ⚕ resistant (***gegen*** to); **Resistenz** *f* ⚕ resistance (***gegen*** to).
resolut *adj.* resolute, determined; *Persönlichkeit*: forceful; **Resolutheit** *f* resoluteness, determination; forcefulness.
Resolution *f* resolution.
Resonanz *f* resonance; *fig.* response; *fig.* ***der Plan fand keine ~*** the plan didn't meet with any response; **~boden** *m* sounding board; **~körper** *m* sound box; **~saite** *f* sympathetic string.
resorbierbar *adj.* absorbable; ***nicht ~*** non-absorbable; **resorbieren** *v/t.* (re-) absorb.
resozialisieren *v/t.* rehabilitate; **Resozialisierung** *f* rehabilitation.
Respekt *m* respect (***vor*** for); ***~ haben vor*** respect; ***großen ~ haben vor*** have great respect for, hold *s.o.* in great respect, *stärker*: stand in awe of; ***die haben ganz schön ~ vor ihm*** *a.* they wouldn't dare put a foot wrong when he's around; ***aus ~ gegenüber*** out of respect for, *formell*: in deference to; ***sich bei j-m ~ verschaffen*** teach s.o. to respect one; ***bei allem ~*** with all due respect; → ***einflößen***; → *a.* ***Achtung***; **respektabel** *adj.* respectable (*a. weitS. beachtlich*).
Respektfrist *f* ✝ period of grace.
respektieren *v/t.* respect.
respektive *adv.* **1.** and ... respectively; ***sie wurden nach Indonesien ~ Australien geschickt*** they were sent to Indonesia and Australia respectively; **2.** (*oder*) or (alternatively); (either ...) or (..., as the case may be); **3.** (*oder vielmehr*) or rather; **4.** (*und*) and.
respektlos *adj.* disrespectful.
Respektsperson *f* figure of authority; (*Vorgesetzter etc.*) person in authority.
respektvoll *adj.* respectful.
Ressentiment *n nachtragend*: ill feeling, hard feelings *pl.*, resentment; (*Vorurteil*) prejudice; ***persönliches ~*** personal grudge.
Ressort *n* department; *e-s Ministers*: *a.* portfolio; (*Zuständigkeit*) province, purview, preserve; ***das fällt nicht in mein ~*** that is not (within) my province; **~chef** *m*, **~leiter** *m* head of department.
Ressourcen *pl.* resources; (*Geldmittel*) *a.* funds.
Rest *m* rest; ♪ remainder; ⚗, ⚙, ⚖ residue; ***~e*** ✝ (*Restbestände*) remainders, (*Stoffreste*) remnants, (*Speisereste*) leftovers, *e-s Gebäudes, e-r Kultur etc.*: remains; ***sterbliche ~e*** (mortal) remains; ***der letzte ~*** the last bit(s *pl.*); ***der letzte ~ an Kraft*** one's last ounce of strength; ***das ist mein letzter ~ Zucker*** that's the last of my sugar; ***von den hundert Mark ist mir nur noch ein ~ übrig*** there's very little left of the hundred marks; ***die ~e sozialer Gerechtigkeit*** the last vestiges of social justice; ***wenn du e-n ~ von Anstand hättest*** if you had the least bit of decency; F *fig.* ***das gab ihm den ~*** that finished him (off); **~alkohol** *m* residual alcohol; **~auflage** *f* remaindered stock.
Restaurant *n* restaurant; ***er ißt oft im ~*** he eats out a lot.
Restauration *f pol.*, *Kunst*: restoration; **Restaurationsarbeiten** *pl.* restoration work *sg.*; **Restaurator(in** *f*) *m* restorer; **restaurieren** *v/t.* restore; **Restaurierung** *f* restoration.
Rest|bestand *m* remaining stock; **~betrag** *m* balance, outstanding sum.
Resteessen *n* leftovers *pl.*
Restforderung *f* residual claim.
restituieren *v/t.* restore; **Restitution** *f* restitution.
restlich *adj.* remaining; ***der ~e Zucker*** (***Abend***) the rest of the sugar (evening).
restlos I. *adj.* complete, total; ***zu s-r ~en Zufriedenheit*** to his complete satisfaction; **II.** *adv.* completely, totally, absolutely; ***~ zufrieden*** *a.* entirely (*od.* perfectly) satisfied; ***~ glücklich*** perfectly happy; F ***~ erledigt*** F done for, (*erschöpft*) absolutely whacked; F ***ich bin ~ bedient*** I've had enough, F I've had about as much as I can take, that's finished me off.
Restposten *m* ✝ remainders *pl.*
Restriktion *f* restriction; ***j-m*** (***e-r Sache***) ***~en auferlegen*** place restrictions on s.o. (s.th.); **restriktiv** *adj.* restrictive; ***~e Finanzpolitik*** tight monetary policy.
Rest|risiko *n* residual risk; ***es bleibt ein ~*** an element of risk remains; **~spannung** *f* ⚡ residual voltage; **~strafe** *f* remaining sentence, *the* rest of the sentence; **~strom** *m* ⚡ residual (*od.* leakage) current; **~summe** *f* balance; **~urlaub** *m* holiday carried over, unused holiday, *formell*: residual holiday entitlement; ***ich habe noch*** (***zehn Tage***) ***~*** *a.* I've still got (ten days') holiday owing to me; **~wärme** *f* residual heat; **~zahlung** *f* final payment (*od.* instal[l]ment); payment of the balance.
Resultat *n* result, outcome; *Sport*: score, (*Renn*♀) results *pl.*; **resultieren** *v/i.*: ***~ aus*** result from; ***~ in*** end up in.
Resümee *n* summary, résumé; **resümieren** *v/t. u. v/i.* sum up, summarize, recapitulate.
retardieren *v/t.* delay, retard; ***~des Moment*** *thea.* retarding element, *fig.* delaying factor; **retardiert** *adj. geistig*: retarded, backward.
Retorte *f* retort; ***aus der ~*** *Essen etc.*: synthetic; *Kind*: → ***Retortenbaby.***
Retorten|baby *n* test-tube baby; **~befruchtung** *f* in vitro fertilization; **~stadt** *f* new town, pre-planned city.
retour *dial. adv.* back; ***einmal ... und ~*** one return to ..., *Am.* a round-trip ticket to ...; **♀kutsche** F *f* tit for tat; ***mit e-r ~ antworten*** (*od.* ***reagieren***) strike back; ***das war e-e gute ~!*** touché!
retroaktiv *adj.* retroactive.
Retrospektive *f* **1.** ***in der ~*** in retrospect, looking back; **2.** (*Ausstellung*) retrospective (exhibition) (*gen.* of).
retten I. *v/t.* save (*a. fig.*), *aus dem Feuer etc.*: *a.* rescue (***aus, vor*** from); (*bergen*) recover, *bsd.* ⚓ salvage (*a. fig.*); ***j-m das Leben ~*** save s.o.'s life; ***j-n vor dem Ertrinken ~*** save s.o. from drowning; ***j-n aus e-m brennenden Wagen ~*** rescue s.o. from a burning car; F ***bist du noch zu ~?*** F have you gone completely mad?; F ***er ist nicht mehr zu ~*** he's a lost cause, he's beyond help; **II.** *v/i. Sport*: make a save; ***den ~den Einfall haben*** come up with the answer, save the day; **III.** *v/refl.*: ***sich ~*** escape (***vor*** from); ***sich vor Arbeit*** *etc.* ***nicht mehr ~ können*** be snowed under with work *etc.*, be drowning in work *etc.*; *iro.* ***rette sich, wer kann!*** it's every man for himself; **Retter** *m* rescuer, *lit.* deliverer; ***ein ~ in der Not*** a friend in need, F *iro.* a knight in shining armo(u)r.
Rettich *m* mooli; (white) radish.
Rettung *f* rescue; (*Entkommen*) escape; (*Bergung*) recovery, *bsd.* ⚓ salvaging; ***das war s-e*** (***letzte***) ***~*** that was his salvation (*od.* last hope); ***es gab keine ~*** there was no hope, ***für ihn***: *a.* he was past help (*od.* beyond salvation).
Rettungs|aktion *f* rescue operation (*a. fig.*); ✝ rescue bid; **~anker** *m* sheet anchor (*a. fig.*); **~boje** *f* lifebuoy; **~boot** *n* lifeboat; **~dienst** *m* rescue service; **~fahrzeug** *n* rescue vehicle; **~fallschirm** *m* emergency parachute; **~flugdienst** *m* air rescue service; **~hubschrauber** *m* rescue helicopter; **~insel** *f* (inflatable) life raft; **~leine** *f* lifeline.
rettungslos I. *adj.* hopeless; **II.** *adv.* hopelessly (*a. fig.*), beyond all hope; ***~ verloren*** *a.* irretrievably lost; ***~ verliebt*** hopelessly in love, F smitten.
Rettungs|mannschaft *f* rescue team; *pl. a.* relief workers; **~plan** *m* rescue plan; **~ring** *m* **1.** life belt (*Am.* preserver); **2.** F (*Bauch*) F spare tyre (*Am.* tire); **~schlitten** *m* rescue sledge, F bloodwagon; **~schwimmen** *n* life saving; **~schwimmer** *m* lifeguard; **~station** *f* first-aid post; **~versuch** *m* rescue attempt, attempt to save s.o.'s life; **~wagen** *m* ambulance; **~weste** *f* life vest.
retuschieren *v/t.* touch up.
Reue *f* remorse (***über*** for), *bsd. religiös*: repentance (for); ***keine ~ empfinden*** feel no remorse; **reuen** *v/impers. u. v/t.*: ***es reut mich, ihn beleidigt zu haben*** I regret having insulted him; ***das Geld*** (***die Zeit***) ***reut mich*** I regret the money (time) wasted; **reuevoll, reuig, reumütig** *adj.* repentant, full of remorse, contrite.
Reuse *f* creel, fish basket.
reüssieren *v/i.* be successful.
Revanche *f* revenge; ***j-m ~ geben*** give s.o. a chance to get even; ***~ fordern*** challenge s.o. to a return game (*Sport*: *a.* match); **~kampf** *m* **1.** *Boxen etc.*: return bout; **2.** → ***Revanchespiel***; **~krieg** *m* war of revenge; **~politik** *f* revanchist policy; **~spiel** *n* return match.
revanchieren *v/refl.*: ***sich ~*** take revenge (***an*** on), F get one's own back (on), *als Dank*: return the favo(u)r, pay s.o. back.
Revanchismus *m pol.* revanchism; **Revanchist** *m* revanchist; **revanchistisch** *adj.* revanchist.
Reverenz *f* reverence, respect, deference; ***j-m s-e ~ erweisen*** a) show deference to s.o., b) pay s.o. one's respects.
Revers[1] *n*, *m* (*Aufschlag*) lapel.
Revers[2] *m e-r Münze*: reverse.
Revers[3] *m* (*Schreiben*) (written) declaration.
reversibel *adj.* reversible.
revidieren *v/t.* (*korrigieren*) revise; (*über-*

prüfen) check; ***ich muß m-e Meinung ~*** I'll have to revise my opinion (on that).

Revier *n* (*bsd. Polizei*♀) district, *Am.* precinct; (*Runde*) beat, (*Wache*) police station; (*Forst*♀) district, range, beat; (*Kohlen*♀) area; (*Jagd*♀) hunting ground; (*Vogel*♀ *etc.*) territory; (*Kellner*♀) tables *pl.*; *fig.* stamping ground.

Revirement *n pol.* reshuffle.

Revision *f* **1.** (*Überprüfung*) check; ✝ audit; *beim Zoll*: examination; **2.** *typ.* final proofreading; **3.** (*Änderung*) revision, change; **4.** ⚖ appeal; ~ ***einlegen*** lodge an appeal; → *a.* ***Berufung*(s...)**; **Revisionismus** *m* revisionism; **Revisor** *m* **1.** *typ.* reviser; **2.** ✝ auditor.

Revolte *f* revolt; **revoltieren** *v/i.* revolt; *fig. Magen*: protest, *stärker*: rebel.

Revolution *f* revolution; **revolutionär** *adj.*, **Revolutionär** *m* revolutionary (*a. fig.*); **revolutionieren** *v/t. bsd. fig.* revolutionize.

Revolutions|führer *m* revolutionary leader; **~gericht** *n* revolutionary tribunal; **~rat** *m* revolutionary council; **~regierung** *f* revolutionary government.

Revoluzzer *contp. m* would-be (*od.* small-time) revolutionary, radical.

Revolver *m* revolver, gun; **~blatt** F *n* sensational newspaper; **~held** *m* gunslinger; **~lauf** *m* (revolver) barrel; **~schnauze** F *f* F motormouth; **~trommel** *f* drum magazine.

Revue *f thea.* revue; *fig.* ~ ***passieren lassen*** pass in review; **~film** *m* film musical; **~girl** *n* chorus girl.

Rezensent *m* critic; **rezensieren** *v/t.* review, write a review on; **Rezension** *f* review, write-up; ***gute*** (***schlechte***) ***~en bekommen*** *a.* get a good (bad) press.

Rezensions|exemplar *n*, **~stück** *n* review copy.

Rezept *n* ⚕ prescription; (*Koch*♀) recipe; *fig.* cure, remedy (***gegen*** for); ***nur auf ~ erhältlich*** available on prescription only, *attr.* prescription-only ...; *fig.* ***dafür gibt es kein allgemeines ~*** there's no general rule about that; **~block** *m* prescription pad; **♀frei I.** *adj.* over-the--counter ..., non-prescription ...; **II.** *adv.*: ~ ***bekommen*** get *s.th.* without a pre--scription (*od.* over the counter); **~gebühr** *f* prescription charge.

Rezeption *f* **1.** reception (desk); **2.** *in der Literatur etc.*: reception.

rezeptpflichtig *adj.* prescribable, available on prescription only; ***~e Arzneimittel*** prescription(-only) drugs.

Rezession *f* ✝ recession.

rezessiv *adj. biol.* recessive.

rezipieren *v/t.* (*Ideen etc.*) absorb; (*Buch etc.*) receive.

reziprok *adj.* reciprocal.

Rezitation *f* recitation, recital; (*öffentliche Lesung*) reading; **Rezitativ** *n* ♪ recitative; **Rezitator** *m* reciter; **rezitieren** *v/t.* recite.

R-Gespräch *n teleph.* reversed charges call, *Am. a.* collect call.

Rhabarber *m a. fig.* rhubarb.

Rhapsodie *f* rhapsody.

Rheinarmee *f*: ***die britische ~*** the British Army of the Rhine (*abbr.* BAOR).

Rheinländ|er(in *f*) *m* Rhinelander; **♀isch** *adj.* Rhineland ..., from the Rhineland.

Rheinland-Pfälzer(in *f*) *m* man (*f* woman) from the Rhineland-Palatinate; ~ ***sein*** *mst* come from the Rhineland-Palatinate; **rheinland-pfälzisch** *adj.* from the Rhineland-Palatinate; Rhenish.

Rheinwein *m* Rhine wine; *weißer*: *a.* hock.

Rhesus|affe *m* rhesus (monkey); **~faktor** *m* rhesus factor.

Rhetorik *f* rhetoric; **Rhetoriker** *m* orator; ***ein ausgezeichneter ~*** a brilliant speaker; **rhetorisch I.** *adj.* rhetorical (*a. Frage*); **II.** *adv.*: ***er ist ~ sehr begabt*** he has the gift of rhetoric.

Rheuma F *n* rheumatism; **Rheumadekke** *f* thermal blanket (*od.* quilt); **Rheumatiker** *m* rheumatic (sufferer); **rheumatisch** *adj.* rheumatic(ally *adv.*); **Rheumatismus** *m* rheumatism; **Rheumawäsche** *f* thermal underwear.

Rh-Faktor *m* Rh (*od.* rhesus) factor.

Rhinozeros *n* **1.** *zo.* rhinoceros, F rhino; **2.** F (*Dummkopf*) F dumbo, twit.

Rh-negativ *adj.* Rh (*od.* rhesus) negative.

Rhododendron *n, m* rhododendron.

rhombisch *adj.* rhombic; **Rhomboid** *n* rhomboid; **Rhombus** *m* rhombus.

Rh-positiv *adj.* Rh (*od.* rhesus) positive.

Rhythmik *f* rhythmics *pl.* (*sg. konstr.*); **rhythmisch** *adj.* rhythmic(al).

Rhythmus *m* rhythm; ***im ~ klatschen*** clap in time to the music, clap to the rhythm; **~gitarre** *f* rhythm guitar; **~gruppe** *f* rhythm section; **~instrument** *n* rhythm instrument.

Ribonukleinsäure *f* ribonucleic acid.

Richtantenne *f* directional aerial (*od.* antenna).

richten I. *v/t.* **1.** (*lenken, wenden*) direct, turn (***auf*** towards); (*Gewehr, Kamera etc.*) point (at); (*Augen*) turn (towards); (*Aufmerksamkeit*) direct, turn (to); (*Brief, Frage etc.*) address (***an*** to); (*Kritik*) direct, level (at); ***e-e Frage an j-n*** (***den Sprecher***) ~ put a question to s.o. (address a question to the speaker); ***das war gegen dich gerichtet*** that was directed at (*od.* intended for, meant for) you; ***gerichtet auf*** ⚔ *Rakete*: targeted on; **2.** *dial.* (*zurechtmachen*) (*Bett*) make; (*Zimmer*) tidy up; (*Haare*) do; (*vorbereiten, zubereiten*) get *s.th.* ready, prepare; (*Tisch*) lay, get *the table* ready; (*ausbessern*) repair, fix; (*in Ordnung bringen*) see to; **3.** (*einstellen*) adjust; (*Uhr*) set (***nach*** by); **4.** (*geradebiegen*) straighten; (*Bleche*) level; **5.** (*urteilen*) judge, ⚖ *a.* pass sentence on; **II.** *v/refl.* **6.** ***sich ~ nach*** (*Regeln, Wünschen*) comply with; (*abhängen von*) depend on; (*sich orientieren an*) take one's cue from, (*nach einem Vorbild*) follow *s.o.'s* example; *Sache*: be model(l)ed after (*od.* on); ***sich nach der Mode ~*** follow the fashion; ***sich nach den Vorschriften ~*** keep to the regulations; ***nach der Uhr kannst du dich nicht ~*** you can't go by that clock; ***ich richte mich*** (***ganz***) ***nach Ihnen*** whatever suits you best; **7.** ***sich ~ an*** (*od.* ***gegen***) be directed (*od.* aimed) at; ***mein Verdacht richtet sich gegen ihn*** I suspect him; **III.** *v/i.* judge (***über j-n*** s.o.), pass judg(e)ment (on s.o.).

Richter *m* judge; ***Oberster ~*** supreme judge; ***Herr ~!*** *Anrede*: Your Lordship, *Am.* Your Honor; ***zum ~ ernannt werden*** be called to the bench; ***j-n vor den ~ bringen*** take s.o. to court; *fig.* ***sich zum ~ machen*** (*od.* ***aufwerfen***) set o.s. up in judg(e)ment; *bibl.* (***das Buch der***) ~ (the Book of) Judges; **~amt** *n* judicial office.

richterlich *adj.* judicial.

Richterrobe *f* judge's gown *od.* robe(s *pl.*).

Richter-Skala *f* Richter scale; ***das Erdbeben erreichte Stärke acht auf der ~*** the earthquake registered eight on the Richter scale.

Richter|spruch *m* → ***Urteil*** 2; **~stuhl** *m* judge's seat; *fig.* judg(e)ment seat.

Richtfest *n* topping-out ceremony.

Richtfunk *m* directional radio.

Richtgeschwindigkeit *f* recommended speed.

richtig I. *adj.* right; (*fehlerfrei*) *a.* correct; (*echt, wirklich*) real, genuine; (*wahr*) true; (*angemessen*) appropriate; (*geeignet*) suitable; (*ordentlich*) proper, decent; (*gerecht*) fair, right; ***~e Aussprache*** correct pronunciation; ***ein ~er Engländer*** a real (*od.* true) Englishman; ***s-e ~e Mutter*** his real mother; ***das ist der ~e Mann!*** he's just the man we *etc.* need; ***es war ~ von dir, daß du*** you did right to *inf.*; ***das finde ich nicht ~*** I don't think it's right; F ***so ist's ~!*** F that's the idea; → ***Kopf*** 5; **II.** *adv.* properly, correctly; the right way; F (*völlig*) thoroughly, really; (*wirklich*) really; ***mach es ~!*** do it properly; ***geht d-e Uhr ~?*** is your watch right?; ***e-e Sache ~ anpacken*** go about s.th. the right way; ***sehe ich das ~?*** am I right?; ***du kommst gerade ~!*** you've come just at the right moment, *iro.* you're the last person I (*od.* we) need; F ***ich fand ihn ~ nett*** I thought he was really nice; **III.** *substantivisch*: ***das ♀e*** the right thing; ***er ist der ♀e*** he's the right man; F ***du bist mir der ♀e!*** you're a fine one; ***ich hatte drei ♀e im Lotto*** I got three right in the lotto; → ***einzig*** II.

richtiggehend I. *adj.* **1.** *Uhr*: accurate; **2.** F regular, real; **II.** F *adv.*: ~ ***böse*** *etc.* really angry *etc.*

Richtigkeit *f* correctness; (*Fundiertheit*) soundness; ***das hat schon s-e ~*** it's all right (*Am.* alright).

richtigliegen *v/i.* a) be on the right track, b) (*genau* ~) be absolutely right; ***mit d-r Vermutung liegst du richtig*** you guessed right, your hunch was right; ***bei mir liegen Sie richtig*** you've come to the right person; ***er liegt immer richtig*** he always backs the right horse.

richtigstellen *v/t.* put *s.th.* right, correct, rectify; ***et.*** ~ *a.* set the record straight; **Richtigstellung** *f* rectification, correction.

Richtlinie *f* guideline; **~n** *a.* (general) directions, instructions; **Richtlinienkompetenz** *f bsd. pol.* policy-making power(s *pl.*).

Richt|mikrophon *n* directional microphone; **~preis** *m* recommended price; **~satz** *m* ✝ standard rate; **~schnur** *fig. f* guiding principle; **~sender** *m* beam transmitter; **~strahler** *m* **1.** directional (*od.* beam) aerial *od.* antenna; **2.** → ***Richtsender.***

Richtung *f* direction; (*Weg*) way; (*Kurs*) ⚓, ✈ course; *fig.* (*Denk*♀) line of thought; (*Lehrmeinung*) school of thought; (*Kunst*♀) school; (*Tendenz*) trend, *pol. a.* tendency, *e-s einzelnen*: *a.* views *pl.*; *in e-r Partei*: faction; ***die falsche ~*** the wrong direction (*od.* way); ***aus allen ~en*** from all directions, from all around (*od.* all over the place); ***in allen ~en*** in all directions; ***in ~ auf*** in the direction of, towards; ***in südlicher ~*** south; ***in welche ~ gehen Sie?*** which way (*od.* direction) are you going?; ***er kommt aus dieser ~*** he'll be coming from that direction; ***die ~ verlieren*** lose (one's) direction; ***e-e andere ~ einschlagen*** go in a different direction, *fig.* take a different course, (*die ~ ändern*) change course; **2gebend** *adj.* trend-setting; ~ ***sein für*** point the way for.

Richtungs|änderung *f* change of direction (*od.* course, *a. fig.*); **~kämpfe** *pl. pol.* (fundamental) policy disputes.

richtungslos *adj. Existenz*: aimless; ***~ sein*** be drifting; ***die Partei ist ~ geworden*** the party has lost its sense of direction.

Richtungs|pfeil *m mot.* lane indication arrow; **~wechsel** *fig. m* change of course.

richtungweisend *adj.* landmark *decision etc.*; ~ ***sein*** point the way ahead (*od.* to the future).

Richtwert *m* guide number.

riechen I. *v/i.* smell (***nach*** of); ***~ an*** smell at, sniff at; ***gut*** (***übel***) ~ smell good (bad); ***es riecht nach Gas*** I can smell gas, there's a smell of gas; ***die Luft riecht nach Schnee*** I can smell snow in the air; *fig.* ~ ***nach*** smack of; → ***Mund***; **II.** *v/t.* smell; (*wittern*) scent; ***ich rieche das Parfüm gern*** I like the smell of that perfume; F *fig.* ***ich kann ihn nicht ~*** I can't stand him; F *fig.* ***er hat es gerochen*** F he got wind of it; F *fig.* ***das konnte ich doch nicht ~!*** how was I to know?; → ***Braten, Lunte*** 1.

Riecher F *m* nose; *fig.* ***e-n guten ~ haben für*** have a (good) nose for.

Riech|fläschchen *n* (bottle of) smelling salts *pl.*; **~nerv** *m* olfactory nerve; **~organ** *n* **1.** olfactory organ; **2.** F (*Nase*) F hooter.

Ried *n* **1.** reeds *pl.*; **2.** (*Moor*) marsh.

Riege *f Turnen u. fig.*: squad.

Riegel *m* bolt; *zum Einhaken*: latch; *Schokolade*: row, *Am.* strip; ***den ~ vorlegen*** bolt the door *etc.*; *fig.* ***e-r Sache e-n ~ vorschieben*** put a stop to s.th.; → ***Schloß***[1]; **riegeln** *v/t.* bolt.

Riemen[1] *m* ⚓ oar; *fig.* ***sich in die ~ legen*** put one's back into it.

Riemen[2] *m* strap; ⚙ (*Treib2*) belt; (*Gewehr2*) sling; (*Abzieh2*) strop; (*Schuh2*) (leather) shoelace; *fig.* ***den ~ enger schnallen*** tighten one's belt; ***sich am ~ reißen*** pull o.s. together; **~antrieb** *m* ⚙ belt drive; **~scheibe** *f* ⚙ pulley.

Riese *m* giant (*a. fig.*).

rieseln *v/i. Wasser, Sand etc.*: trickle; *Regen*: drizzle; *Schnee*: fall softly; ***ein Schauder rieselte ihr über den Rükken*** a shiver ran down her spine.

Riesen... *in Zssgn* giant ..., gigantic, mammoth ..., colossal; *weitS. Anstrengung etc.*: tremendous, superhuman ...; **~appetit** *m* huge (*od.* tremendous, voracious) appetite; ***ich habe e-n ~*** I could eat a horse; **~arbeit** *f* mammoth task; **~baby** *n* huge baby; **~bau** *m* gigantic structure (*od.* building); **~blamage** *f* terrible disgrace; ***das war e-e ~ für ihn*** he made an absolute fool of himself; **~dummheit** *f* F real boo-boo; ***das war e-e ~*** *a.* that was really stupid; **~enttäuschung** *f* big (*od.* terrible) disappointment; **~erfolg** *m* huge success, *thea.*, *Film*: *a.* F smash hit; **~fehler** *m* huge blunder; **~gewinn** *m* **1.** huge profits *pl.*; **2.** huge winnings *pl.*; ***e-n ~ erzielen*** win a fortune; **2groß** *adj.* → ***riesig*** I; **~hunger** *m*: ***e-n ~ haben*** be ravenous; **~kind** *n* **1.** F giant; **2.** (*Baby*) exceptionally large baby; **~konzern** *m* giant concern (*od.* company); **~krach** *m* **1.** racket; **2.** (*Streit*) huge row; ***e-n ~ machen*** F hit the roof; **~kraft** *f* tremendous strength; ***Riesenkräfte entwickeln*** summon up incredible strength; **~portion** *f* extra large portion; ***e-e ~ Fleisch*** a huge piece of meat; **~rad** *n* Ferris wheel; **~schlange** *f* boa constrictor; **~schritt** *m* giant stride (*od.* step); ***sich mit ~en nähern*** *zeitlich*: be approaching fast, be just around the corner; **~schwindel** *m* colossal fraud; **~skandal** *m* huge (*od.* full-blown) scandal; **~slalom** *m* giant slalom; **~spaß** *m*: ***e-n ~ haben*** have a great time; ***die Kinder hatten e-n ~*** *a.* the children had the time of their lives; **~stern** *m* giant star; **~weib** F *n* **1.** huge woman, F amazon; **2.** (*tolle Frau*) F smasher; **~wuchs** *m* gigantism.

riesig I. *adj.* gigantic, enormous, huge (*alle a. fig.*); F ***das ist ja ~!*** that's tremendous!; **II.** F *fig. adv.* (*sehr*) tremendously; ***sich ~ freuen*** be delighted, F be over the moon; ***das amüsierte ihn ~*** he was greatly amused.

Riesin *f* giantess.

Riesling *m* riesling.

Riff *n* reef.

Rigg *n*, **Riggung** *f* ⚓ rigging.

rigoros I. *adj.* (*streng*) severe, austere; (*unerbittlich*) adamant, unrelenting; **II.** *adv.*: ***et. ~ ablehnen*** adamantly refuse s.th.; ~ ***durchgreifen*** take drastic action; ~ ***vorgehen gegen*** take drastic measures against.

Rigorosum *n univ.* viva (voce).

Rikscha *f* ricksha(w).

Rille *f* groove.

Rind *n* (*Kuh*) cow; (*Stier*) bull; (*Fleisch*) beef; **~er** cattle (*pl.*); ***100 ~er*** 100 (head of) cattle.

Rinde *f* (*Baum2*) bark; (*Brot2*) crust; (*Käse2*) rind.

Rinder|braten *m* joint of beef; *gebraten*: roast beef; **~brust** *f* brisket of beef; **~filet** *n* fillet of beef; **~herde** *f* herd of cattle; **~herz** *n* ox heart; **~lende** *f* beef tenderloin; **~pest** *f* cattle plague, rinderpest; **~talg** *m* beef dripping; **~wahn(sinn)** *m* mad cow disease; **~zucht** *f* cattle farming.

Rindfleisch *n* beef; **~brühe** *f* beef tea.

Rind(s)leder *n* cowhide.

Rindvieh *n* **1.** cattle *pl.*; **2.** F (*Idiot*) F blockhead, stupid ass.

Ring *m* ring (*a.* ♈, ⚕, ⚙, *Boxen, Zirkus etc.*); (*Kreis*) circle; (*Dichtungs2*) washer; (*Einweck2*) rubber seal; (*Wurf2*) quoit, ring; (*Straße*) ring road; (*Spionage2, Verbrecher2*) ring; (*Lese2*) book club; **~e** ***unter den Augen*** bags (*od.* circles, [dark] rings) under one's eyes; ~ ***frei!*** *Boxen*: seconds out!; *fig.* ***der ~ ist frei für neue Verhandlungen*** the way is clear for new negotiations; ***der ~ schließt sich*** the wheel comes full circle; **~bahn** *f* circular railway; **~buch** *n* ring (*od.* loose-leaf) binder.

Ringel *m* little ring; (*Locke*) ringlet; **~blume** *f* marigold; **~locke** *f* ringlet.

ringeln I. *v/t.* (*Haare, Schwanz*) curl; *um et. herum*: coil, twine; **II.** *v/refl.*: ***sich ~*** curl, coil o.s.; *schlängelnd*: wind, meander.

Ringel|natter *f* grass snake; **~piez** F *m*: ~ (***mit Anfassen***) F hop; **~reihen** *m* ring-a-ring-o'-roses; **~spiel** *östr. n* roundabout, merry-go-round, *Am.* car(r)ousel; **~söckchen** *pl.* hooped (ankle) socks; **~socken** *pl.* hooped socks; **~taube** *f* wood pigeon.

ringen I. *v/t.* **1.** wring; ***verzweifelt die Hände ~*** wring one's hands (in despair); ***j-m et. aus der Hand ~*** wrench s.th. from s.o.'s hand; **II.** *v/i.* **2.** wrestle; **3.** *fig.* ~ ***mit*** wrestle (*od.* grapple) with; ***mit sich ~*** wrestle with o.s.; ***mit dem Tod ~*** wrestle with death; ~ ***um*** struggle (*od.* fight, vie) for; ***um j-s Anerkennung*** *etc.* ~ vie for s.o.'s recognition *etc.*; ***die Verhandlungspartner ~ seit Stunden um e-e Entscheidung*** the negotiators have been fighting over a decision for hours; ***nach Atem ~*** gasp for breath; ***nach Fassung ~*** try to regain one's composure; ***nach Worten ~*** struggle for words; **III.** 2 *n* wrestling; *fig.* struggle (***um*** for).

Ringer *m* wrestler.

Ring|fahndung *f* cordon search; **~finger** *m* ring finger; **2förmig I.** *adj.* ring-shaped; **II.** *adv.*: ~ ***umschließen*** encircle; **~graben** *m* moat; **~kampf** *m* **1.** ***der ~*** (*Sportart*) wrestling; **2.** (*einzelner Kampf*) wrestling match (*od.* bout); **~kämpfer** *m* wrestler; **~mauer** *f* ring wall; **~muskel** *m* sphincter muscle; **~richter** *m Boxen*: referee.

rings *adv.* (all) around; ***~ um*** (all) around, all the way round; ~ ***um die Kapelle sind Pappeln*** the chapel is surrounded by poplars.

Ring|scheibe *f* rifle target; **~sendung** *f Radio, TV*: linkup.

rings|herum, ~umher *adv.* **1.** all (a)round, all the way round; ***ein Teich mit e-m Zaun ~*** a pond surrounded by a fence; **2.** (*überall*) on all sides, wherever you look(ed).

Ring|straße *f* ring road; **~tausch** *m* **1.** *bei Hochzeit*: exchange of wedding rings; **2.** *Wohnungstausch*: three- (*od.* four- *etc.*) way exchange (of flats *etc.*); **~vorlesung** *f series of lectures held by various speakers.*

Rinne *f* (*Fahr2, Bewässerungs2*) channel; (*Dach2*) gutter; (*Meeres2*) trough; ***e-e ~ im Eis freihalten*** keep a passage through the ice open.

rinnen *v/i.* run, flow; *Regen*: fall; *fig.* ***die Zeit rinnt*** (***dahin***) time is slipping by (*od.* away).

Rinnsal *n* rivulet; *von Blut, Schweiß, Farbe etc.*: trickle.

Rinnstein *m* gutter; *fig.* → **Gosse.**

Rippchen *n* rib (of pork).

Rippe *f anat.*, ⚕, ⚙, ✈, ⚠, *von Stoff*: rib; (*Schokoladen2*) row, *Am.* strip; (*Kühl2, Heiz2*) fin, *mot. a.* gill; ***j-m in die ~n stoßen*** give s.o. a dig in the ribs; ***er hat nichts auf den ~n*** he's skin and bones; ***ich kann es mir nicht aus den ~n schneiden*** I can't just produce it out of thin air.

Rippenbruch *m* broken (*od.* fractured) rib(s *pl.*).

Rippenfell *n* pleura; **~entzündung** *f* ⚕ pleurisy.

Rippen|gewölbe *n* rib(bed) vault; **~speer** *m gastr.*: ***Kasseler ~*** cured pork rib; **~stoß** *m* dig in the ribs, *heimlicher*: nudge; **~stück** *n* rib cut.

Rips *m* (*Stoff*) rep.

Risiko *n* risk (*a.* ✝); ***auf eigenes ~*** at one's own risk; ***ein ~ eingehen*** take a risk (*od.* gamble).
risikobereit *adj.* prepared to take risks; **Risikobereitschaft** *f* venturesomeness; daring.
Risiko|faktor *m* risk factor; **≈freudig** *adj.* venturesome; **~gruppe** *f* high-risk group; **~kapital** *n* risk (*od.* venture) capital; **≈los** *adj.* safe, free of risk; **≈reich** *adj.* high-risk ...; **~schwangerschaft** *f* high-risk (*od.* potential risk) pregnancy; **~zuschlag** *m in Versicherung*: loading.
riskant *adj.* risky; *pred. a.* a risk.
riskieren *v/t.* risk; ***sein Geld ~ bei*** risk one's money on; ***s-e Stellung ~*** risk losing one's job.
Rispe *f* ⚘ panicle.
Riß *m in Stoff etc.*: tear; (*Spalt*) cleft, fissure; (*Sprung*) crack; *in der Haut*: chap; *fig.* rift, rupture; *fig.* ***innerhalb der Partei klafft ein ~*** there's a (deep) rift within the party; ***ihre Freundschaft hat e-n ~ bekommen*** their friendship has taken a beating.
rissig *adj.* cracked; *Haut*: chapped; ***~ werden*** *Stoff etc.*: tear; *Mauer etc.*: develop cracks (*od.* a crack), crack; *Haut*: chap.
Rißwunde *f* gash, 🕮 laceration.
Rist *m des Fußes*: instep; *der Hand*: back of one's hand.
Ritt *m* ride; ***e-n ~ machen*** go for a ride; *fig.* ***auf einen ~*** in one go.
Ritter *m* knight (*a. Ordensträger*); ***zum ~ schlagen*** knight; F *iro.* ***ein ~ ohne Furcht und Tadel*** F a knight in shining armo(u)r; **~burg** *f* knight's castle.
Rittergut *n hist.* manor; **Rittergutsbesitzer** *m hist.* lord of the manor.
Ritterkreuz *n* ⚔ Knight's Cross.
ritterlich *adj.* knightly; *fig.* chivalrous, gallant.
Ritter|orden *m* order of knights; **~roman** *m* chivalrous romance (*od.* epic); **~rüstung** *f* suit of armo(u)r.
Ritterschaft *f* **1.** *the* knights *pl.*; **2.** (*Stand*) knighthood.
Ritter|sporn *m* ⚘ larkspur; **~stand** *m* knighthood; ***in den ~ erheben*** knight; **~zeit** *f* age of chivalry.
rittlings *adv.* astride (***auf et.*** s.th.).
Rittmeister *m* ⚔ *hist.* (cavalry) captain.
Ritual *n* ritual; **~ismus** *m* ritualism; **~mord** *m* ritual murder.
rituell *adj.* ritual.
Ritus *m* rite.
Ritz *m* scratch.
Ritze *f* crack; (*Zwischenraum*) gap.
Ritzel *n* ⚙ pinion.
ritzen *v/t.* (*kratzen*) scratch; (*schneiden*) cut (*a. Glas*); (*schnitzen*) carve; → ***geritzt***; **Ritzer** F *m* scratch.
Rivale *m*, **Rivalin** *f* rival; **rivalisieren** *v/i.* compete, vie (***mit*** with); ***~de Mächte*** *etc.* rival powers *etc.*; **Rivalität** *f* rivalry.
Rizinusöl *n* castor oil.
Robbe *f zo.* seal; **robben** *v/i.* crawl (on one's stomach).
Robben|fang *m* sealing; **~fänger** *m* sealer, seal hunter.
Robe *f* (*Abendkleid*) evening dress; (*Talar*) robe(s *pl.*).
roboten F *v/i.* slave away.
Roboter *m* robot (*a. fig.*); **~arm** *m* robotic arm; **~technik** *f* robotics *pl.* (*sg. konstr.*).
robust *adj.* robust, *Person*: *a.* sturdy; *Schuhe*: stout, sturdy; *Auto etc.*: rugged;
Robustheit *f* robustness; stoutness, sturdiness.
Rochade *f Schach*: castling; *Sport*: changing of positions; **rochieren** *v/i. Schach*: castle; *Sport*: change positions.
röcheln *v/i.* breathe noisily (*formell*: stertorously); wheeze; *Sterbender*: give the death rattle.
Rochen *m zo.* ray.
Rochus F *m*: ***e-n ~ auf j-n haben*** be furious with s.o.
Rock[1] *m* **1.** (*Frauen≈*) skirt; ***die Röcke werden kürzer*** hemlines are going up; F ***hinter jedem ~ hersein*** (*od.* ***herlaufen***) F chase after anything in a skirt; **2.** *dial.* (*Jacke*) jacket; **3.** *obs.* (*Uniform*) uniform.
Rock[2] *m* (*~musik*) rock.
Rocken *m* distaff.
rocken *v/i.* **1.** play rock music; **2.** dance to rock music.
Rocker *m* rocker; **~bande** *f* gang of rockers.
Rock|gruppe *f* rock group (*od.* band); **~konzert** *n* rock concert.
Rocklänge *f* skirt length.
Rock|musik *f* rock music, rock; **~oper** *f* rock opera; **~sänger** *m* rock singer.
Rock|schoß *obs. m* coattail; *fig.* ***sich j-m an die Rockschöße hängen*** cling to s.o. (like a leech); ***er hängt an Mutters Rockschößen*** he's tied to his mother's apron strings, *bsd. Kleinkind*: he won't let his mother go anywhere without him; **~zipfel** *fig. m* → ***Rockschoß.***
Rodel *m* toboggan, sledge; *Am.* sled, toboggan; **Rodelbahn** *f* toboggan run; **rodeln** *v/i.* toboggan; go sledging (*a. Am.* tobogganing); **Rodelschlitten** *m* → ***Rodel.***
roden *v/t.* **1.** (*Land*) clear; **2.** (*Bäume etc.*) root out; **3.** (*ernten*) lift; (*Kartoffeln*) *a.* dig up, (*Rüben*) *a.* pull up.
Rodler *m* tobogganist.
Rodung *f* (*Vorgang*) clearing; (*Gebiet*) *a.* cleared woodland.
Rogen *m* roe.
Roggen *m* rye; **~brot** *n* rye bread.
roh *adj.* **1.** *Nahrungsmittel*: raw; → ***Ei*** 1; **2.** (*unbehandelt*) *Diamant*: rough, *a. Stein*: uncut; *Häute*: untreated; (*primitiv verarbeitet*) crude; *Entwurf, Daten etc.*: rough; **3.** (*derb, grob*) rough, coarse; → ***Gewalt***; **≈bau** *m* ⚠ shell; ***im ~ fertig*** structurally complete; **≈benzin** *n* petroleum; **≈bilanz** *f* ✝ trial balance; **≈diamant** *m* rough (*od.* uncut) diamond; **≈einnahme** *f* ✝ gross receipts *pl.*; **≈eisen** *n* pig iron.
Roheit *f* **1.** (*Grobheit*) roughness, coarseness; **2.** (*rohe Handlung*) brutality, brutal act; **Roheitsdelikt** *n* act of brutality (*od.* hooliganism).
Roh|entwurf *m* rough draft; **~ertrag** *m* gross yield; **~erzeugnis** *n* raw product; **~faser** *f* raw fib|re (*Am.* -er); **~fassung** *f* rough draft; **~gewicht** *n* gross weight; **~gewinn** *m* gross profit; **~kost** *f* raw vegetables and fruit *pl.*; **~leder** *n* untreated leather, rawhide.
Rohling *m* **1.** brute, ruffian; **2.** *metall.* slug; *Gießerei*: blank.
Roh|material *n* raw material; **~metall** *n* crude metal; **~milch** *f* untreated milk.
Rohöl *n* crude oil; **~preise** *pl.* price *sg.* of crude oil.
Rohprodukt *n* raw product.
Rohr *n* **1.** (*Schilf≈*) reed; (*Bambus≈ etc.*) cane; **2.** ⚙ pipe; *bsd. als Materialbezeichnung*: piping; F ***volles ~ fahren*** F drive full tilt; **3.** *dial.* oven; **~blatt** *n* ♪ reed; **~bruch** *m* burst pipe.
Röhrchen *n* ⚗ test tube; F ***ins ~ pusten*** (***müssen***) be breath-tested, be breathalyzed.
Röhre *f* tube; (*Leitungs≈*) pipe; *anat.* duct, canal, (*Luft≈, Speise≈*) pipe; ⚗ test tube; ⚡ valve, *bsd. Am.* tube; (*Leucht≈*) (neon) tube; (*Brat≈*) oven; *hunt.* (*Erd≈*) gallery; F ***in die ~ gucken*** a) *fig.* (*leer ausgehen*) be left high and dry, b) *TV* F sit in front of (*od.* stare at) the box (*Am.* tube).
röhren *v/i.* **1.** *Hirsch*: bell; **2.** F *Auto etc.*: roar.
röhrenförmig *adj.* tubular.
Röhren|hose (*n pl.*) F *f* F drainpipe trousers *pl.*; **~knochen** *m* long bone; **~leitung** *f* → ***Rohrleitung***; **~pilz** *m* boletus.
Rohr|flöte *f* reed pipe; **~geflecht** *n* canework.
Röhricht *n* reeds *pl.*
Rohr|kolben *m* ⚘ cat's tail; **~krepierer** *m* ⚔ barrel burst; *fig.* damp squib, non-starter; **~leger** *m* pipe fitter; **~leitung** *f* pipe, piping; *für Kabel etc.*: conduit; (*Fernleitung*) pipeline; (*Versorgungsnetz*) mains *pl.*
Röhrling *m* boletus.
Rohr|möbel *pl.* wicker furniture *sg.*; → ***Stahlrohrmöbel***; **~netz** *n* piping, network of pipes (*od.* tubes); **~post** *f* pneumatic dispatch, air tube; **~schilf** *n* reed; **~spatz** *m* reed bunting; *fig.* ***schimpfen wie ein ~*** rant and rave; **~stock** *m* cane; **~stuhl** *m* wicker chair; **~zange** *f* pipe wrench; **~zucker** *m* cane sugar.
Roh|seide *f* raw silk.
Rohstoff *m* raw material; **≈arm** *adj.* lacking in raw materials; **~mangel** *m* shortage of raw materials; **~preise** *pl.* price *sg.* of raw materials; **≈reich** *adj.* rich in raw materials.
Roh|übersetzung *f* rough translation; **~zucker** *m* raw (*od.* unrefined) sugar; **~zustand** *m* **1.** natural (*od.* crude) state; **2.** ***im ~*** *Pläne etc.*: in draft form; ***mein Artikel ist noch im ~*** I've only done a rough version of the article (so far).
Rokoko *n* rococo; **~zeit** *f* rococo era (*od.* period).
Rolladen *m* (*getr.* **ll-l**) shutters *pl.*
Roll|bahn *f* taxiway; (*Startbahn, Landebahn*) runway; **~band** *n am Flughafen etc.*: walkway; **~bild** *n* scroll painting; **~braten** *m* collared beef (*od.* pork *etc.*).
Rolle[1] *f* **1.** roll (*a. Geld≈, Papier≈, Tabak≈ etc.*); (*Draht≈, Tau≈*) coil; (*Papyrus≈*) roll, scroll; ***~ Garn*** reel of cotton, *Am.* spool of thread; **2.** (*Walze*) roller, cylinder; *an Möbeln*: castor; (*Flaschenzug≈*) pulley; F *fig.* ***völlig von der ~ sein*** have lost one's grip on things, *Sport*: be completely out of touch; **3.** *Turnen*: roll.
Rolle[2] *f thea. u. fig.* role, part; ***kleine ~*** bit part, small role; ***führende ~*** lead; ***s-e ~ lernen*** learn one's part (*od.* lines); ***die ~n e-s Stückes besetzen*** cast a play; ***ein Stück mit verteilten ~n lesen*** do a play-reading; ***er ist in s-r ~ völlig aufgegangen*** he was completely taken over by the role; *fig.* ***e-e ~ spielen*** play a part *od.* role (***bei, in*** in); ***e-e große ~ spielen*** play an important part (*od.* role), be a key player, *in e-r Firma etc.*: be in an influential position; ***e-e klägliche ~***

spielen cut a poor figure; ***Spiel mit vertauschten ~n*** reversal of roles; ***das spielt keine ~*** it doesn't matter, it doesn't make any difference; ***Geld spielt keine ~*** money is no object; ***aus der ~ fallen*** step out of line, *stärker*: forget oneself.

rollen I. *v/i.* roll; *mot. a.* move; ✈ taxi; *See*: roll; *Donner*: rumble; 🚂 ***~des Material*** rolling stock; ***Tränen rollten ihm über die Wangen*** tears rolled down his cheeks; F ***die Sache rollt*** F we've got the ball rolling, we're on our way, *stärker*: F it's all systems go; → ***Kopf*** 5; **II.** *v/t.* roll; *auf Rädern*: *a.* wheel; ***die Augen ~*** roll one's eyes; ***das R ~*** roll one's r's; F *fig.* ***man kann sie ~*** F she's like a barrel, she's a real roly-poly; **III.** *v/refl.*: ***sich ~*** roll; *Haar, Papier etc.*: curl; ***sich im Gras ~*** *Kinder*: roll around in the grass; **IV.** ♀ *n* rolling; ***ins ~ kommen*** *Lawine etc.*: start moving, *fig.* get going, get under way; *fig.* ***die Sache ins ~ bringen*** get the ball rolling, get things moving.

Rollen|besetzung *f thea.* **1.** casting; **2.** (*die Darsteller*) cast (*a. pl. konstr.*); **~erwartung** *f* role expectation; **~fach** *n thea.* (type of) role; ***ins ~ gehen*** become a character actor; **~konflikt** *m* role conflict, conflict of roles.

Rollenlager *n* ⚙ roller bearing.

Rollen|spiel *n* **1.** role play; **2.** → ***Rollenverhalten***; **~tausch** *m* role swapping, reversal of roles; **~verhalten** *n* role behavio(u)r; **~verteilung** *f* **1.** → ***Rollenbesetzung***; **2.** *fig. the* various (*od.* respective) roles; ***die traditionelle ~ zwischen Mann und Frau*** the traditional male-female roles.

Roller *m* **1.** (*a. Kinder*♀) scooter; **2.** (*Brandungswelle*) (rolling) breaker, roller; **3.** (*Maler*♀) roller; **4.** → ***Rollsprung.***

Roll|feld *n* → ***Rollbahn***; **~film** *m* roll film; **~gut** *n* rolling freight; **~hockey** *n* roller-skate hockey; **~kommando** *n* heavy squad, heavies *pl.*

Rollkragen *m* polo neck; **~pullover** *m* polo-neck (*Am.* turtleneck) jumper *od.* sweater; polo neck, *Am.* turtleneck.

Roll|kunstlauf *m* figure roller-skating; **~kur** *f* ⚕ *treatment for gastric disorders in which ingested medicine is distributed by slowly rotating the body*; **~mops** *m* rollmop, rolled pickled herring.

Rollo *n* (roller) blind, *Am.* shade.

Roll|schinken *m* rolled ham; **~schrank** *m* roll-front cabinet; **~schreibtisch** *m* roll-top desk.

Rollschuh *m* roller skate; ***~ laufen*** roller-skate; **~bahn** *f* roller-skating rink; **~läufer(in** *f*) *m* roller skater.

Roll|sitz *m Rudern*: sliding seat; **~splitt** *m* loose chippings *pl.*; **~sprung** *m* western roll; **~steg** *m* travelator.

Rollstuhl *m* wheelchair; **~fahrer** *m* **1.** wheelchair patient; ***er ist ~*** he's in (*od.* confined to) a wheelchair; **2.** *Sport*: wheelchair athlete; ♀**gerecht** *adj.* suitable for wheelchairs.

Rolltreppe *f* escalator.

Rom *fig.*: ***~ wurde auch nicht an einem Tage erbaut*** Rome wasn't built in a day; ***viele Wege führen nach ~*** there isn't just one way of doing it, that isn't the only way of doing it (*od.* going about it); → ***Zustand.***

ROM *n Computer*: ROM, read only memory.

Roman *m* novel; *coll.* **~e** *a.* fiction; ***das gibt es nur in ~en*** it's the stuff of fiction (*od.* fairytales); F *fig.* ***erzähl doch keine ~e!*** a) F don't give me the whole saga (*od.* spiel), keep to the point, will you, b) (*unwahre Dinge*) F tell me another.

Romancier *m* novelist.

Roman|figur *f* character (in a novel); **~held** *m* hero (of a *od.* the novel); **~heldin** *f* heroine (of a *od.* the novel).

Romanik *f* Romanesque (style); (*Epoche*) Romanesque period; **romanisch** *adj. ling. etc.* Romance *languages etc.*; *Kunst*: Romanesque; **Romanist** *m* student of (*od.* lecturer in) Romance languages and literature; **Romanistik** *f* Romance languages and literature, *a.* F French (and Italian *etc.*).

Romanschriftsteller(in *f*) *m* novel writer, novelist.

Romantik *f* **1.** *Kunst etc.*: Romanticism, *the* Romantic movement; **2.** *fig.* romanticism (*a. Veranlagung*), romance; **Romantiker** *m* Romantic; *fig.* romantic; **romantisch** *adj.* romantic(ally *adv.*); *Kunst etc.*: Romantic.

Romanze *f poet.*, ♪ *u. fig.* romance.

Romanzyklus *m* cycle of novels.

Römer *m* **1.** *a. hist.* Roman; **2.** (*Glas*) rummer; **~brief** *m*: *bibl.* ***der ~*** the (*od.* St Paul's) Epistle to the Romans, Romans *pl.* (*sg. konstr.*); **~reich** *n hist.*: Roman Empire; **~straße** *f* Roman road; **~topf** *m* chicken brick; **~zeit** *f hist.*: ***die ~*** Roman times *pl.*, Ancient Rome; ***bis in die ~ zurückreichen*** go back to Roman times.

Romfahrt *f* pilgrimage to Rome.

ROM-gesteuert *adj. Computer*: ROM-controlled, *Chip*: ROM-driven.

römisch *adj.* Roman; ***~e Ziffer*** Roman numeral; **~-katholisch** *adj.* Roman Catholic.

Rommé *n* (*Kartenspiel*) rummy.

Rondell *n* **1.** ☘ round (*od.* circular) flowerbed; **2.** *e-s Kreisverkehrs*: roundabout.

Rondo *n* ♪ rondo.

röntgen I. *v/t.* x-ray; **II.** ♀ *n* (*Einheit*) roentgen; ♀**apparat** *m* x-ray unit; ♀**äquivalent** *n* roentgen equivalent man (*abbr.* rem); ♀**arzt** *m* radiologist; ♀**aufnahme** *f* x-ray; ♀**behandlung** *f*, ♀**bestrahlung** *f* x-ray treatment, radiotherapy; ♀**bild** *n* x-ray; ♀**dosis** *f* x-ray dose; ♀**durchleuchtung** *f* radioscopy, fluoroscopy.

Röntgenologe *m* radiologist; **Röntgenologie** *f* radiology.

Röntgen|strahlen *pl.* x-rays; **~therapie** *f* → ***Röntgenbehandlung***; **~untersuchung** *f* x-ray (examination).

Rosa *n*, **rosa(farben, -rot)** *adj.* pink; ***die Dinge durch e-e rosa(rote) Brille sehen*** see the world through rose-colo(u)red (*od.* rose-tinted) spectacles *od.* glasses.

Rose *f* ☘ rose; (*Fenster*♀) rose window; *fig.* ***er ist auch nicht auf ~n gebettet*** his life is no bed of roses.

rosé *adj.* pale pink.

Rosé[1] *n* pale pink.

Rosé[2] *m* rosé (wine).

Rosen|beet *n* bed of roses; **~garten** *m* rose garden; **~holz** *n* rosewood; **~kohl** *m* Brussels sprouts *pl.*; **~kranz** *m eccl.* rosary; ***den ~ beten*** say the Rosary; **~montag** *m* Monday before Lent; **~öl** *n* attar of roses; **~quarz** *m* rose quartz; **~stock** *m* rose tree; **~strauch** *m* rosebush; **~strauß** *m* bunch of roses; **~wasser** *n* rosewater; **~zucht** *f* rose-growing; **~züchter** *m* rose-grower.

Rosette *f* rosette; (*Fenster*) rose window; ⚙ rose.

rosig *adj.* rosy (*a. fig.*); *fig.* ***et. in ~en Farben schildern*** paint s.th. in rosy (*od.* bright) colo(u)rs, paint a rosy (*od.* bright) picture of s.th.; ***~e Zeiten brechen an*** it looks as if there are rosy times ahead; ***es sieht nicht gerade ~ aus*** things are looking pretty grim.

Rosine *f* raisin; F *fig.* gem; F *fig.* ***(große) ~n im Kopf haben*** have big ideas; F ***sich die ~n herauspicken*** F take the pick of the bunch, pick out the plum jobs (*od.* sites *etc.*).

Rosinen|bomber F *m hist.* supply plane (*during the Berlin airlift*); **~brot** *n* raisin bread.

Rosmarin *m* ☘ rosemary.

Roß *n* horse, *lit.* steed; *fig.* ***sich (moralisch) aufs hohe ~ setzen*** give o.s. airs (take the moral high ground); F ***komm runter von d-m hohen ~*** come down off your high horse; **~äpfel** F *pl.* F horse droppings; **~breiten** *pl. geogr.* horse latitudes.

Rösselsprung *m* **1.** *Schach*: knight's move; **2.** *type of crossword puzzle based on the knight's move.*

Roßhaar *n* horsehair; **~matratze** *f* hair mattress.

Roß|kastanie *f* horse chestnut; **~kur** *f* drastic cure.

Roßtäuscher F *m* F con man; **~trick** F *m* confidence trick, F con.

Rost[1] *m* rust (*a. fig.*); ***~ ansetzen*** get rusty (*a. fig.*); ***von ~ zerfressen*** rust-eaten.

Rost[2] *m* (*Feuer*♀, *Kessel*♀) grate; (*Gitter*♀) grille, grating; (*Brat*♀) grill.

rostbeständig *adj.* rustproof.

Rost|braten *m* roast joint; **~bratwurst** *f* grilled sausage.

rostbraun *adj.* russet.

rosten *v/i.* rust, *a. fig.* get rusty.

rösten *v/t.* (*Fleisch*) roast, grill; (*Kaffee*) roast; (*Brot*) toast; (*Kartoffeln*) fry; **Röster** *m* toaster.

rost|farben *adj.* rust-colo(u)red, russet; ♀**fleck** *m* patch of rust; ♀**fraß** *m* corrosion; **~frei** *adj.* rustproof; *Stahl*: stainless.

Rösti *schweiz. f* fried potato cake.

rostig *adj.* rusty (*a. fig.*).

Röstkartoffeln *pl.* fried potatoes.

Rostlaube F *f* (*Auto*) F rust bucket.

Rostschutz *m* rust protection; **~farbe** *f* anti-rust paint; **~mittel** *n* anti-rust agent.

Roststelle *f* patch of rust.

rot I. *adj.* red (*a. Haar u. pol.*); ***♀e Armee*** Red Army; ***~e Gefahr*** communist threat; ***♀es Kreuz*** Red Cross; ***das ♀e Meer*** the Red Sea; ***der ♀e Platz*** (***in Moskau*** Moscow's) Red Square; ***~es Haar haben*** *a.* be a redhead; ***e-n ~en Kopf bekommen*** *vor Anstrengung, Wut*: get red in the face, *vor Verlegenheit*: blush, go red; ***auf j-n wie ein ~es Tuch wirken*** be like a red rag to a bull for s.o., *Person*: get s.o.'s blood up, F get s.o.'s goat; ***in den ~en Zahlen stehen*** be in the red; → ***rotsehen, Faden, Karte, Welle***; **II.** ♀ *n* red; *Verkehrsampel*: red (light); ***bei ~*** at red; ***bei ~ durchfahren*** (*od.* ***über die Ampel fahren***) jump (F shoot) the lights.

Rotalgen *pl.* red algae.

Rotarier *m* Rotarian.
Rotarmist *m* Red Army soldier.
Rotation *f* rotation.
Rotations|achse *f* axis of rotation; **~druck** *m* rotary press printing; **~maschine** *f typ.* rotary press.
rot|bäckig *adj.* red- (*od.* rosy-)cheeked; **2barsch** *m* rosefish, ocean perch; **~blond** *adj.* red(dish); **~ sein** *Person*: have red(dish) hair; **~braun** *adj.* reddish brown; *Pferd*: chestnut, sorrel ..., bay ...; **2buche** *f* copper beech; **2dorn** *m* pink hawthorn.
Rote(r) *m* **1.** *pol.* Red, F commie; **2.** (*Indianer*) redskin; **3.** (*Rothaariger*) redhead.
Röte *f* redness, red; *am Himmel*: *a.* red glow; *im Gesicht*: redness, *bei Fieber, Verlegenheit etc.*: flush; ***die ~ stieg ihm ins Gesicht*** he colo(u)red up, he flushed.
Rötel *m* **1.** red chalk; **2.** (*Stift*) red chalk crayon.
Röteln *pl.* ⚕ German measles (*sg. konstr.*), 🕮 rubella *sg.*
Rötelzeichnung *f* red chalk drawing.
röten I. *v/t.* redden; **II.** *v/refl.*: ***sich ~*** turn red, redden, *Gesicht*: *a.* flush.
Rot|filter *m, n phot.* red filter; **~fuchs** *m* **1.** red fox; **2.** (*Pferd*) chestnut, sorrel, bay; **3.** F (*Person*) redhead, F carrot-top; **4.** (*Pelz*) fox (fur); **2gerändert** *adj.* red-rimmed; **2glühend** *adj.* red-hot; **~glut** *f* red heat; **~gold** *n* red gold; **2haarig** *adj.* red-haired; **~haarige(r** *m*) *f* redhead; **~haut** *f* (*Indianer*) redskin; **~hirsch** *m* red deer.
rotieren *v/i.* rotate, revolve; F *fig.* ***er fing an zu ~*** F he got into a flap; F ***ich bin am 2*** F I don't know whether I'm coming or going; **rotierend** *adj.* rotating, revolving.
Rot|käppchen *n* (Little) Red Riding Hood; **~kehlchen** *n* robin (redbreast); **~kohl** *m*, **~kraut** *n* red cabbage.
Rotkreuz|flagge *f* Red Cross flag; **~schwester** *f* Red Cross nurse.
rotlackiert *adj.*: ***~e Fingernägel*** (bright) red fingernails.
rötlich *adj.* reddish; *Gesicht*: *a.* ruddy; **~blond** *adj.* reddish-blond.
Rotlicht *n* red light (*a. phot.*); *Ampel*: red (traffic) light; ***bei ~ fahren*** jump (F shoot) the lights; **~bestrahlung** *f* infrared rays *pl.* (*od.* treatment); **~lampe** *f* infrared lamp; **~sünder** *m* red light offender; **~viertel** *n* red-light district.
Rotor *m* rotor.
Rotschwanz *m zo.* redstart, redtail.
rotsehen *v/i.* see red.
Rot|stift *m* red pencil; (*Kugelschreiber etc.*) red pen; ***mit ~ korrigieren*** correct (*od.* do corrections) in red; *fig.* ***den ~ ansetzen*** make cuts (**bei** in); ***dem ~ zum Opfer fallen*** *Szene, Passage etc.*: fall victim to the censors, be cut out, *Projekt, Gelder etc.*: be axed, come in for the chop; **~tanne** *f* spruce.
Rotte *contp.* *f* horde, mob, gang; **Rottenführer** *m* foreman.
Rötung *f* reddening.
rot|unterlaufen *adj. Augen*: bloodshot, red; **~wangig** *adj.* red-cheeked, rosy-cheeked.
Rotwein *m* red wine; (*bsd. Bordeaux*) claret; **~fleck** *m* (red) wine stain.
Rot|welsch *n* thieves' Latin; **~wild** *n* red deer; **~wurst** *f* black pudding.
Rotz V *m* (*Nasenschleim*) V snot; ***~ und Wasser heulen*** F bawl one's eyes out; **~bengel** V *m sl.* snotty little brat; **~fahne** V *f* V snotrag; **2frech** F *adj.* F snotty.
rotzig V *adj.* (*a.* **rotznäsig**) F snotty; *fig. a.* F bolshy.
Rouge *n* rouge; ***~ auftragen*** put (some) rouge on.
Roulade *f gastr. etwa* beef olive.
Rouleau *n* (roller) blind, *Am.* shade.
Roulett(e) *n* roulette.
Roulettisch *m* (*getr.* **tt-t**) roulette table.
Roulettspieler *m* roulette player.
Route *f* route.
Routine *f* routine; (*Erfahrung, Übung*) practi|ce (*Am. a.* -se), experience; ***zur ~ werden*** become (a matter of) routine; **~angelegenheit** *f* routine matter; **~arbeit** *f* routine (work); **2mäßig I.** *adj.* routine; ***~e Untersuchung*** routine check-up; **II.** *adv.* routinely, as a matter of routine; **~sache** *f* **1.** routine affair (*od.* matter); **2. *es ist ~*** it's a question of routine (*od.* practi|ce, *Am. a.* -se).
Routinier *m* F old hand (*gen.* at).
routiniert *adj.* experienced, seasoned ..., veteran ...
Rowdy *m* lout, hooligan, hoodlum, F hood, lager lout; **Rowdytum** *n* hooliganism.
Royalismus *m* royalism; **Royalist** *m* royalist.
rubbeln *v/t.* rub; (*trocken~*) rub *s.o.* down.
Rübe *f* **1.** turnip; ***rote ~*** beetroot; ***gelbe ~*** carrot; **2.** F (*Kopf*) F conk, noddle, nut; ***j-m eins über die ~ geben*** F conk s.o. (one); ***eins auf die ~ kriegen*** F get bashed on the nut.
Rubel *m* rouble; ***der ~ rollt!*** the money's rolling in.
Rübenzucker *m* beet sugar.
rüber(...) F *adv.* **1.** → ***herüber(...)***; **2.** → ***hinüber(...)***; **~faxen** F *v/t.* fax *s.th.* through (***j-m*** to s.o.).
Rubikon *m*: ***den ~ überschreiten*** cross the Rubicon.
Rubin *m* ruby; **2rot** *adj.* ruby(-red).
Rubrik *f* (*Spalte*) column; (*Kategorie*) category; *in e-r Handschrift*: rubric; ***unter der ~ ...*** under the heading *od.* category (of).
ruchbar *adj.*: ***~ werden*** become known; ***als der Vorfall ~ wurde*** *a.* when news of the incident got (a)round, when people found out about the incident.
ruchlos *adj.* wicked, contemptible; **Ruchlosigkeit** *f* profligacy; (*Handlung*) wicked act.
Ruck *m* jerk; *im Zug etc.*: jolt (*a. fig.*); *pol.* ***~ nach links*** swing to the left; ***mit e-m ~*** in one go; *fig.* ***sich e-n ~ geben*** pull o.s. together.
Rückansicht *f* rear view.
Rückantwort *f* reply; ***Postkarte mit ~*** reply-paid postcard; **~schein** *m* reply coupon.
ruckartig I. *adj.* jerky; **II.** *adv.* with a jerk; *fig.* (*plötzlich*) suddenly.
Rück|besinnung *f*: ***die ~ auf*** recalling, thinking back to, turning one's mind back to; **2bezüglich** *adj. ling.* reflexive; ***~es Fürwort*** reflexive pronoun; **~bildung** *f* ⚕ regression; *biol.* degeneration; *ling.* back formation; **~blende** *f Film*: flashback.
Rückblick *m* review (**auf** of); (*Bericht*) survey (of); ***e-n ~ werfen auf*** look back at; ***im ~*** in retrospect; ***im ~ auf*** looking back at, casting our eyes back on; **rückblickend I.** *adj.* retrospective; **II.** *adv.* in retrospect, looking back.
rück|datieren *v/t.* antedate; **2einfuhr** *f* reimportation.
rücken I. *v/t.* move; (*schieben*) *a.* shift; (*weg~*) push (away); **II.** *v/i.* move; (*Platz machen, a.* ***ein Stückchen ~***) move over; ***näher ~*** move closer, move up, *zeitlich*: approach, draw near, *bedrohlich*: loom up; ***an j-s Stelle ~*** take s.o.'s place; ***er ist nicht von der Stelle gerückt*** he didn't (*od.* wouldn't) budge; → ***Blickfeld, greifbar, Leib, Pelz.***
Rücken *m* back (*a. Buch2, Hand2, Stuhl2 etc.*); (*Berg2*) ridge; ***~ an ~*** back to back; ***mit dem Wind im ~*** with a following wind; ***dabei lief es ihr*** (***heiß und***) ***kalt über den ~*** it sent shivers down her spine; ***j-m in den ~ fallen*** attack s.o. from behind, *fig.* stab s.o. in the back; ***j-n im ~ haben*** ⚔ have s.o. in the rear, *fig.* have s.o. behind one (*od.* backing one up); *fig.* ***j-m den ~ decken*** back s.o. up; ***sich den ~ freihalten*** cover o.s.; ***hinter j-s ~*** behind s.o.'s back; ***j-m*** (***e-r Sache***) ***den ~ kehren*** turn one's back on s.o. (s.th.); ***vor j-m den ~ beugen*** bow down to s.o.; ***mit dem ~ zur Wand*** with one's back to the wall; F ***auf den ~ fallen*** F be floored; **~deckung** *f* ⚔ rear cover; *fig.* backing, support; **~flosse** *f* dorsal fin; **2frei** *adj. Kleid*: low-backed; **~lage** *f*: ***in ~*** (lying) on one's back; ***in ~ schwimmen*** do the backstroke; **~lehne** *f* back (rest).
Rückenmark *n* spinal cord (*od.* marrow); **Rückenmarksnerv** *m* spinal nerve.
Rücken|muskel *m* back muscle; **~nummer** *f Sport*: number (*on the back of a player's shirt*); **~panzer** *m zo.* carapace; **~schmerzen** *pl.* backache *sg.*, back pains (*od.* pain *sg.*); **~schwimmen** *n* backstroke; **~stärkung** *fig. f* backing, support; **~stück** *n gastr.* chine; *vom Hammel, Wild*: saddle; **~stütze** *f* back support.
Rückentwicklung *f* retrogression; ⚕ regression; *biol.* degeneration.
Rückenwind *m* following wind; ***~ haben*** have the wind behind one.
Rückerinnerung *f* reminiscence.
rückerstatten *v/t.* refund, reimburse; **Rückerstattung** *f* refund.
Rückfahr|karte *f* return ticket, *Am.* round-trip ticket; **~scheinwerfer** *m* reversing (*Am.* backup) light.
Rückfahrt *f* return journey (*od.* trip); ***auf der ~*** on the way back.
Rückfall *m* ⚕ relapse (*a. fig.*); ⚖ repeat offen|ce (*Am.* -se); **rückfällig** *adj.* ⚖ *Sache*: revertible; *Verbrecher*: reoffending ..., recidivist ...; ***~ werden*** ⚖ reoffend, *fig.* have a relapse; **Rückfälligkeit** *f* ⚖ recidivism.
Rückfall|kriminalität *f* ⚖ recidivism; **~quote** *f* ⚖ reoffending rate; **~täter** *m* ⚖ reoffending person, recidivist.
Rück|fenster *n mot.* rear window; **~flug** *m* return flight; **~fluß** *m* backflow, return flow; ⚕ reflux; **~forderung** *f* reclaim (-ing).
Rückfrage *f* further inquiry (*od.* enquiry), query; ***bei j-m ~ halten*** → **rückfragen** *v/i.* inquire; ***bei j-m ~*** check with s.o.
Rück|front *f* back, rear; ***die Tür ist auf der ~*** the door's at the back; **~führung** *f* **1.** *von Truppen*: return; **2.** *von Völkern*:

repatriation, return; **3.** ⚙ feedback; **~ *von Abgasen*** *mot.* exhaust gas recirculation; **4.** (*Rückverfolgung*) tracing back (***auf*** to).

Rückgabe *f* return; *Fußball*: back pass; **~recht** *n* right of return; **~schalter** *m* return counter.

Rückgang *m* decline, drop; ***e-n ~ erleben*** experience a decline, go into decline; **rückgängig** *adj.*: ***~ machen*** (*Auftrag etc.*) cancel; (*Vertrag*) *a.* annul, rescind; (*absagen*) call off.

rückgewinnen *v/t.* recover; (*Land*) reclaim; (*Rohstoffe*) recycle, recover; **Rückgewinnung** *f* recovery; *von Land*: reclamation; *von Rohstoffen*: recycling, recovery.

Rückgliederung *f* reintegration.

Rückgrat *n anat.* spine, vertebral column; *a. fig.* backbone; *fig.* ***j-m das ~ brechen*** a) break s.o.'s resistance, b) ruin s.o.; ***er hat kein ~*** he's got no backbone, F he's gutless; ***~ zeigen*** show some guts; **rückgratlos** *adj.* spineless; **Rückgrat(ver)krümmung** *f* curvature of the spine.

Rückgriff *m* **1. *der ~ auf ...*** falling back on ..., going back to ...; ***der Stil stellt e-n ~ auf die Gotik dar*** the style goes back to (*od.* draws on) Gothic architecture *etc.*; **2.** *Computer*: retrieval.

Rückhalt *m* backing, support; ***ohne ~*** → **rückhaltlos I.** *adj.* (*bedenkenlos*) unreserved; (*offen*) open, frank; **II.** *adv.* unreservedly, without reserve; ***er sagte ~ s-e Meinung*** he didn't pull any punches.

Rückhand(schlag *m*) *f Tennis*: backhand (stroke).

Rückkampf *m* **1.** → ***Rückspiel***; **2.** *Boxen etc.*: return fight (*od.* bout).

Rückkauf *m* repurchase; **Rückkaufsrecht** *n* right of repurchase (*von Effekten*: redemption).

Rück|kehr *f* return (*a. fig.*); ***bei m-r ~*** on my return, when I got back; **~kopp(e)lung** *f* feedback; **~lage** *f* **1.** ✝ reserve(s *pl.*); (*Ersparnisse*) savings *pl.*; **2.** *Skisport*: backward lean.

Rücklauf *m* **1.** *Videogerät etc.*: (fast) rewind; *Kamera*: rewind; **2.** ⚙ return stroke; **3.** *e-s Gewässers*: reflux; **rückläufig** *adj.* declining, downward, *a. ast.*, *biol.*, ⚕ retrograde; ✝ ***~e Tendenz*** downward trend.

Rücklicht *n* rear light, tail-light.

rücklings *adv.* backwards; (*von hinten*) from behind; (*auf dem Rücken*) on one's back.

Rück|meldung *f* reporting back; *univ.* re-registration; *Funk*: reply; *electron.* feedback; **~nahme** *f* taking back; *e-r Behauptung etc.*: withdrawal; **~nahmeautomat** *m* bottle bank; **~paß** *m Sport*: back pass; **~porto** *n* return postage; **~prall** *m* rebound.

Rückreise *f* return (journey *od.* trip); **~welle** *f* homebound wave of traffic.

Rückrollbremse *f* hill-holder.

Rückruf *m*: ***auf j-s ~ warten*** wait for s.o. to ring (*od.* call) back; ***ich erwarte dann Ihren ~*** I'll be hearing from you then; **~aktion** *f* ✝ recall.

Rückrunde *f* **1.** second half of the season; **2.** (*Rückspiel*) return match (*od.* leg).

Rucksack *m* rucksack; *großer*: backpack; **~tourismus** *m* backpacking; **~tourist** *m* backpacker.

Rückschlag *m* **1.** setback; ⚕ relapse; **2.** *Sport*: return; **3.** *e-s Gewehrs*: recoil; **~ventil** *n* check valve.

Rück|schluß *m*: ***Rückschlüsse ziehen aus*** draw conclusions from; **~schreiben** *n* reply.

Rückschritt *m* step back, backward (*od.* retrograde) step; **rückschrittlich** *adj.* reactionary.

Rückseite *f* back, rear; *e-s Blattes*, *e-r Münze etc.*: reverse; ***siehe ~!*** see overleaf.

rücksetzen *v/t.* ⚡, *Computer*: reset.

Rücksicht *f* consideration (***auf*** for); ***aus*** (*od.* ***mit***) ***~ auf*** out of consideration for; ***ohne ~ auf*** regardless of; F ***ohne ~ auf Verluste*** F regardless; ***auf j-n ~ nehmen*** show consideration for s.o.; ***auf et. ~ nehmen*** make allowances for s.th., take s.th. into account; ***keine ~ nehmen auf*** *a.* pay no heed to; **Rücksichtnahme** *f* consideration (***auf*** for); ***~ im Verkehr*** courtesy on the road; **rücksichtslos I.** *adj.* inconsiderate (***gegen*** towards), thoughtless; (*unbarmherzig*) ruthless; **II.** *adv.* inconsiderately *etc.*; ***~ fahren*** drive recklessly; ***~ vorgehen*** *Regierung etc.*: take drastic action *od.* measures (***gegen*** against); **rücksichtsvoll** *adj.* considerate (***gegenüber*** towards), thoughtful; (*schonend*) gentle; ***~es Verhalten*** thoughtfulness.

Rück|sitz *m* back seat; *Motorrad*: pillion; **~spiegel** *m mot.* rear-view mirror; **~spiel** *n Sport*: return match (*od.* leg); **~sprache** *f* consultation; ***mit j-m ~ halten*** confer with s.o., talk *s.th.* over with s.o.; ***nach ~ mit*** after consulting (*od.* talking to).

Rückspulautomatik *f phot.*, *Video*: automatic (film) rewind; **rückspulen** *v/t. u. v/i. Tonband, Video etc.*: rewind; **Rückspulknopf** *m phot.* winder; **Rückspultaste** *f* rewind key.

Rückstand *m* **1.** (*Rest*) remains *pl.*; ⚗ residue, (*Bodensatz*) sediment; **2.** ✝ ***Rückstände*** outstanding debts; **3.** (*Liefer2*, *Arbeits2*) backlog; ***im ~ sein*** be behind; ***mit der Miete*** *etc.* ***im ~ sein*** be in arrears with one's rent *etc.*; ***mit zwei Toren im ~ sein*** *Fußball*: be two goals down; **rückständig** *adj.* out-of-date, antiquated, behind the times; (*unterentwickelt*) backward, underdeveloped; **Rückständigkeit** *f* backwardness.

Rückstau *m* **1.** *von Wasser*: backwater; **2.** *mot.* tailback.

Rückstelltaste *f* backspacer; **Rückstellung** *f* **1.** ✝ transfer to reserve (fund); (*Summe*) reserve; **2.** ⚡, *Computer*: reset(ting).

Rück|stoß *m Gewehr*: recoil; *Rakete*: reaction; **~strahler** *m* reflector; **~strahlung** *f* reflection; **~strom** *m* **1.** ⚡ reverse current; **2. *~ von Urlaubern*** returning masses of holidaymakers; **~stufung** *f* downgrading; **~taste** *f* backspacer.

Rücktritt *m* **1.** *vom Amt*: resignation; *vom Vertrag*: withdrawal; ***s-n ~ erklären*** hand in one's resignation; **2.** *am Fahrrad*: → **~bremse** *f* backpedal (*Am.* coaster) brake.

Rücktritts|gebühr *f* cancellation charge (*od.* fee); **~gesuch** *n* resignation; ***sein ~ einreichen*** tender one's resignation; **~klausel** *f* escape clause; **~recht** *n* right to rescind (***vom Vertrag*** the contract).

rückübersetzen *v/t.* translate back (into English *etc.*); **Rückübersetzung** *f* retranslation.

rückvergüten *v/t.* refund, reimburse; **Rückvergütung** *f* refund, reimbursement.

rückversichern I. *v/t.* reinsure; **II.** *v/refl.*: ***sich ~*** reinsure o.s.; *fig.* play safe; **Rückversicherung** *f* reinsurance.

Rück|wand *f* back; *von Gebäuden*: back wall; **~wanderer** *m* returning emigrant; **~wanderung** *f* remigration.

rückwärtig *adj.* rear, back.

rückwärts *adv.* backwards; ***von ~*** from behind, from the back (*od.* rear); ***Salto ~*** backward somersault; *mot.* ***~ fahren*** back (up), reverse; ***~ aus der Garage fahren*** back (the car) out of the garage; **2bewegung** *f* backward movement; *fig.* decline, falling off; **2gang** *m mot.*: (***im ~*** in) reverse (gear); **~gehen** *fig. v/i.* be on the decline, *Geschäft etc.*: *a.* go down, fall off.

Rückweg *m* way back (*od.* home); ***auf dem ~*** on the way back (*od.* home); ***den ~ antreten*** head for home.

ruckweise *adv.* jerkily, in jerks.

rückwirkend *adj.* retroactive; ***die Gehaltserhöhung gilt ~ ab April*** the salary increase will be backdated to April; **Rückwirkung** *f* **1.** repercussion; **2.** ⚖ ***mit ~ vom*** with retroactive effect from.

rückzahlbar *adj.* repayable; *Darlehen*: redeemable; **Rückzahlung** *f* repayment; *e-r Anleihe, von Effekten*: redemption.

Rückzieher *m* **1.** climbdown; ***e-n ~ machen*** climb down; **2.** *Fußball*: overhead kick.

ruck, zuck F *adv.* in no time, in a flash; ***jetzt aber ~!*** F make it snappy!

Rückzug *m* retreat, withdrawal; **Rückzugsgefecht** *n* ⚔ *u. fig.* rearguard action.

Rüde *m zo.* **1.** dog; **2.** male (fox *od.* wolf).

rüde I. *adj.* coarse, uncouth; ***~r Kerl*** *a.* lout, F yob; **II.** *adv.*: ***sich ~ benehmen*** behave rudely, *generell*: be uncouth.

Rudel *n von Hirschen etc.*: herd; *von Wölfen*: pack; *fig.* swarm, horde.

Ruder *n* oar, *kurzes*: scull; (*Steuer2*) helm, wheel; (*Blatt*) rudder; ***das ~ herumwerfen*** *a. fig.* change course; ***aus dem ~ laufen*** *a. fig.* go off course; *fig. pol.* ***am ~ sein*** be in power, be at the helm; ***ans ~ kommen*** come to power, take over at the helm, take over the reins; **~blatt** *n* (oar) blade; (*Schiffs2*) rudder blade; **~boot** *n* rowing boat.

Ruderer *m* rower; oarsman.

Ruder|gänger *m*, **~gast** *m* ⚓ helmsman; **~gerät** *n* rowing machine; **~haus** *n* ⚓ wheelhouse; **~klub** *m* rowing club.

rudern I. *v/t. u. v/i.* row; *fig.* ***mit den Armen ~*** thrash one's arms around; **II. 2** *n* rowing.

Ruder|pinne *f* tiller; **~regatta** *f* boat race, (rowing) regatta; **~schlag** *m* oarstroke.

Rudiment *n* **1.** remnant; **2.** *biol.* vestigial organ; **3.** *obs.* **~e** (*Grundlagen*) rudiments; **rudimentär** *adj.* rudimentary.

Rud(r)erin *f* rower, oarswoman.

Ruf *m* **1.** shout; ***anfeuernde ~e*** shouts of encouragement; **2.** *von Vögeln etc.*, *a. fig.*: call; *fig.* ***der ~ nach Freiheit*** the call for freedom; ***dem ~ s-s Herzens*** (***Gewissens***) ***folgen*** follow one's heart (conscience); **3. *e-n ~ erhalten nach*** be offered an appointment (*univ.* a chair) at; ***er erhielt den ~, das Präsidentenamt zu übernehmen*** he was called to the office of president; **4.** (*Leumund*) reputation; ***von ~*** of high repute, of (some) standing; ***von schlechtem ~*** of low repute; ***im ~*** *e-r Autorität* ***stehen*** be reputed to be; ***sich e-n guten ~ erwerben*** make a name for o.s.; ***besser als sein ~ sein*** be better than one's reputation (*od.* than what people make one out to be), not to be as black as one is painted; ***in e-n schlechten ~ kommen*** gain a bad reputation; ***j-n (et.) in e-n schlechten ~ bringen*** give s.o. (s.th.) a bad name, bring s.o. (s.th.) into disrepute; **5.** *teleph.* ***~363*** Tel. 363; **~anlage** *f* paging system.

rufen I. *v/i.* **1.** shout; ***~ nach*** call for; ***um Hilfe ~*** cry (*od.* call) for help; **2.** *Vögel, a. fig.*: call; ***die Pflicht ruft*** duty calls; ***die Arbeit ruft*** I've got to get back to work, there's work waiting for me; *iro.* ***die Ferne ruft*** wanderlust has taken hold again, F I've got itchy feet; **II.** *v/t.* (*j-n*) call (*a. thea., Arzt etc.*); ***~ lassen*** send for, (*Arzt etc.*) *a.* call; ***du kommst (mir) wie gerufen!*** you're just the person I need; → ***Gedächtnis, Leben*** *etc.*; **III.** ♀ *n* shouting, calling, shouts *pl.*, calls *pl.*; **Rufer** *m*: *fig.* ***der ~ in der Wüste*** a voice (crying) in the wilderness.

Rüffel F *m* F dressing-down, tongue-lashing, wigging; **rüffeln** F *v/t.*: ***j-n ~*** F give s.o. a dressing-down (*od.* tongue-lashing, wigging), bawl s.o. out.

Ruf|mord *m* character assassination; **~name** *m* first name; ***wie ist Ihr ~?*** what name are you called by?; **~nummer** *f* telephone number; **~säule** *f* (*Not*♀) emergency (tele)phone; (*Taxi*♀) taxi (tele)phone; **♀schädigend** *adj. Bemerkung etc.*: defamatory; **~schädigung** *f* defamation; **~weite** *f*: ***in ~*** within earshot; **~zeichen** *n* call sign (*od.* signal).

Rüge *f* rebuke, reprimand; (*Tadel*) reproach; *öffentliche*: censure; **rügen** *v/t.* reprimand, rebuke (***wegen*** for); (*kritisieren*) criticize; *öffentlich*: censure, denounce.

Ruhe *f* rest; (*Stille*) peace (and quiet); (*Friede*) peace, *innere*: *a.* peace of mind; (*Gelassenheit*) calm, composure; ⚙, *phys.* (*~lage*) rest; ***~ und Ordnung*** law and order; ***zur ~ kommen*** *Pendel etc.*: come to rest, *Person*: settle down; ***~ vor dem Sturm*** calm before the storm; ***ewige ~*** eternal rest; ***in aller ~*** very calmly; ***überlege es dir in aller ~*** take your time over it; ***~ bewahren*** (*sich nicht aufregen*) keep (one's) cool, (*still sein*) keep quiet; ***er kann keine ~ finden*** he just won't calm down, (*kann nicht schlafen*) he can't (get to) sleep; ***sich zur ~ begeben*** retire (to bed); ***angenehme ~!*** sleep well; ***zur ~ bringen*** quieten down, (*beruhigen*) calm down; ***~!*** (be) quiet!; ***~, bitte!*** quiet, please; ***gib doch endlich ~!*** can't you be quiet?, (*a. hör auf damit*) give over, will you; ***es herrschte absolute ~*** there wasn't a sound to be heard, *unter Zuhörern etc.*: there was dead silence; ***er läßt sie nicht in ~*** he keeps pestering her, *Kind*: *a.* he gives her no peace; ***laß mich in ~!*** leave me alone; ***laß mich damit in ~!*** I don't want to hear about it; ***es ließ ihm keine ~*** he couldn't stop thinking about it; ***er gönnt mir keine ~*** he doesn't give me a minute's rest, he keeps me on the go nonstop; ***sich zur ~ setzen*** retire, go into retirement; ***j-n zur letzten ~ betten*** lay s.o. to rest; F ***immer mit der ~!*** F (take it) easy!, keep your shirt on!; F ***er hat die ~ weg*** he's unflappable, (*trödelt*) F he doesn't half take his time; F ***jetzt hat die liebe Seele ~*** peace and quiet at last; **♀bedürftig** *adj.* in need of (a) rest; **~gehalt** *n*, **~geld** *n* pension; **~lage** *f* → ***Ruhestellung.***

ruhelos *adj.* restless; **Ruhelosigkeit** *f* restlessness.

ruhen *v/i.* rest (*a. Toter*); *Arbeit, Verkehr etc.*: be at a standstill; *Verhandlungen, Verfahren*: have been suspended; *Vulkan*: be dormant; ***~ auf*** *Blick, Last, Verantwortung etc.*: rest on; ***etwas ~*** (*ausruhen*) have a little rest; ***j-n nicht ~ lassen*** *Gedanke etc.*: give s.o. no peace; ***er ruhte (und rastete) nicht, bis*** he didn't rest until; ***hier ruht*** here lies; ***er ruhe in Frieden*** may he rest in peace; **ruhend** *adj. Kapital*: idle, *a. Vulkan*: dormant; *Verkehr*: stationary; ***ein in sich ~er Mensch*** an equable person; **ruhenlassen** *v/t.* (*Vergangenheit etc.*) forget (about); (*Problem, Angelegenheit*) leave aside; (*Verfahren etc.*) suspend.

Ruhe|pause *f* rest, *kurze*: F breather; **~platz** *m* resting place; **~sitz** *m* retirement home; ***sie wählte Bad Tölz als ihren ~*** she retired (*od.* decided to retire) to Bad Tölz; **~stand** *m* retirement; ***im ~ (i. R.)*** retired; ***in den ~ treten*** retire; ***in den ~ versetzen*** retire, pension off; ***vorgezogener ~*** early retirement; **~stätte** *f* place of rest; *fig.* ***letzte ~*** last (*od.* final) resting place; **~stellung** *f* **1.** ⚙ neutral position; ***in ~*** *Pendel etc.*: at rest; **2.** ⚔ ***in ~*** behind the lines; **~störer** *m* disturber of the peace; noisy person; **~störung** *f* disturbance, noise; ***(öffentliche ~)*** disturbance of the peace; **~strom** *m* ⚡ closed-circuit current; **~tag** *m* closing day; (*dienstfreier Tag*) day off; ***Montag ~*** closed (on) Mondays; **~zustand** *m* state of rest; ***im ~*** (when) at rest.

ruhig I. *adj.* (*still*) quiet (*a. Farbe, Gegend etc.*, ♆ *Markt*), *pred.* (*a. bewegungslos*) still; (*friedlich, ungestört*) quiet, peaceful; (*geruhsam*) restful; (*gelassen*) calm; (*glatt, störungsfrei*) smooth; (*gemächlich*) leisurely (*a. adv.*); *See*: calm; *Überfahrt*: smooth; *Hand*: steady; *Nerven*: calm; *Gewissen*: clear; ***~er Mensch*** quiet person; ***~er Posten*** F cushy job (*od.* number); ***in ~em Ton*** in a calm (tone of) voice; ***~ und gefaßt*** calm and collected; ***~ werden*** quieten down; ***~ bleiben*** keep calm; ***sei ganz ~*** (*unbesorgt*) there's no need to worry; ***~!*** quiet!; ***du bist ganz ~!*** I don't want to hear another sound out of you; ***~ Blut!*** just keep calm, calm down; ***ich habe keine ~e Minute*** I don't get a moment's (*od.* minute's) peace (*od.* rest); **II.** *adv.* quietly *etc.*; ***~ schlafen*** sleep soundly; ***~ wohnen*** live in a quiet area; ***~ verlaufen*** be uneventful, (*reibungslos*) go off smoothly (*od.* without a hitch); ***sie sahen ~ zu, wie er den Hund quälte*** they just stood and watched him tormenting the dog; ***du kannst ~ dableiben*** you can stay if you want; ***das können Sie ~ tun*** feel free (to do so); ***du kannst mir ~ glauben*** you can take my word for it; ***du könntest mir ~ die Tür aufmachen*** you might open the door for me; **~stellen** *v/t.* ⚕ immobilize.

Ruhm *m* fame; glory; ***~ erlangen*** win (*od.* gain) fame; F ***er hat sich nicht gerade mit ~ bekleckert*** he didn't exactly cover himself in glory.

rühmen I. *v/t.* praise, *stärker*: extol, sing the praises of; ***sich e-r Sache ~*** pride o.s. on s.th.; ***sich e-r Sache ~ können*** boast s.th.; **rühmenswert** *adj.* praiseworthy, laudable, commendable, creditable.

Ruhmes|blatt *fig. n* glorious chapter (*gen.* in); F ***das war kein ~ für ihn*** he didn't exactly distinguish himself (with that); **~tat** *f* glorious deed.

rühmlich *adj.* praiseworthy, hono(u)rable, laudable; ***~e Ausnahme*** notable exception; ***kein ~es Ende nehmen*** come to a bad end.

ruhmlos *adj.* inglorious.

ruhmreich *adj.* glorious; (*berühmt*) famous, renowned.

Ruhr *f* ⚕ dysentery.

Rühr|besen *m* whisk; **~eier** *pl.* scrambled eggs.

rühren I. *v/t.* **1.** (*um~*) stir; **2.** (*bewegen*) move; → ***Finger, Trommel***; **3.** *fig. innerlich*: touch; (*ergreifen*) move; ***das rührte ihn wenig*** it left him cold; ***ich dachte, mich rührt der Schlag*** I nearly fell over backwards; → ***Donner, gerührt***; **II.** *v/i.* **4.** (*um~*) stir; **5.** ***~ an*** touch; *fig.* (*erwähnen*) touch on; *fig.* ***an diesen Punkt darf man bei ihm nicht ~*** it's a sore point with him; ***laß uns nicht an Vergangenes ~*** let's not stir up the past; **6.** ***~ von*** come from, stem from; **III.** *v/refl.*: ***sich ~*** **7.** (*sich bewegen*) stir, *a. Körperteil*: move; ***er rührte sich nicht vom Fleck*** he didn't budge; **8.** *fig.* (*tätig werden*) do something; ***er rührt sich nicht*** (*läßt andere arbeiten*) he doesn't lift a finger; ***nebenan rührt sich gar nichts*** it's very quiet next door; ***du mußt dich schon ~*** (*etwas unternehmen*) it's up to you to make a move, (*beeilen*) you'd better get a move on; **9.** *fig.* (*sich bemerkbar machen*) *Person*: say something; *Gefühl*: stir; ***wenn du was willst, mußt du dich ~*** if you want anything, say so (*od.* let me *etc.* know); **IV.** ♀ *n*: ***ein menschliches ~ verspüren*** be touched with pity; *hum.* (*Notdurft*) have to answer the call of nature; **rührend I.** *adj.* touching, moving; (*liebevoll*) very kind; ***das ist ja ~!*** that's really nice (*od.* sweet) of you; **II.** *adv.* touchingly; ***~ besorgt*** (very) solicitous (***um*** towards).

rührig *adj.* active; (*unternehmungslustig*) *a.* enterprising; ***~es Treiben*** bustling activity.

Rühr|löffel *m* stirring spoon; **~maschine** *f* mixer.

Rührmichnichtan *n* ♣ touch-me-not.

rührselig *adj.* sentimental, maudlin; ***~es Zeug*** F sob stuff; ***~e Geschichte*** F sob story; ***~es Stück (Buch*** *etc.*) F tearjerker.

Rühr|stück *n* sentimental drama; **~teig** *m* batter, cake mixture.

Rührung *f* emotion; ***vor ~ nicht sprechen können*** be choked (with emotion).

Rührwerk *n* mixer.

Ruin *m* ruin; *e-s Menschen*: *a.* undoing; ***vor dem ~ stehen*** be on the verge (*od.* brink) of ruin; ***das ist noch sein ~*** that will be the ruin (*od.* ruination) of him yet; **Ruine** *f* ruin, ruins *pl.*; *fig.* (*Person*) wreck; **Ruinenlandschaft** *f* **1.** expanse *od.* sea of ruins (*od.* rubble); **2.** *Kunst*: landscape with ruins; **ruinieren** *v/t.* ruin (***sich*** o.s.); (*die Wirtschaft*) *a.* undermine; **ruiniert** *adj.* ruined; **ruinös** *adj.* ruinous.

rülpsen F *v/i.*, **Rülpser** F *m* belch, F burp.

rum(...) F *adv.* → ***herum(...)***.

Rum *m* rum.

Rumäne *m*, **Rumänin** *f*, **rumänisch** *adj.*, **Rumänisch** *n ling.* Rumanian, Romanian.

Rumba *f* rumba.

Rumkugel *f* (rum) truffle.

Rummel F *m* **1.** (*Geschäftigkeit*) (hustle and) bustle; (*Aufheben*) fuss, F to-do; (*Schau*) F razz(a)matazz; ***e-n großen ~ um et. machen*** make a big fuss (*od.* to-do) about s.th.; **2.** (*Jahrmarkt*) fair; → *a.* **~platz** *m* fairground.

rumoren *v/i.* make a noise, *a. emsig*: bang around; ***es rumort in m-m Bauch (Kopf)*** my stomach's rumbling (my head's spinning); *fig.* ***es rumort in der Opposition*** there are rumblings in the opposition, there's trouble brewing among the opposition; ***es rumorte im Volk*** there was growing unrest among the people.

Rumpelkammer *f* lumber room; *fig.* ***das gehört in die ~*** that belongs in the dustbin (*Am.* garbage can), *Idee etc.*: that's (a lot of) rubbish (*bsd. Am.* garbage).

rumpeln *v/i.* rumble; bang around.

Rumpf *m* trunk; *e-r Statue*: torso; *e-s Schiffes*: hull; ✈ fuselage, body.

rümpfen *v/t.*: ***die Nase ~*** turn one's nose up (***über*** at).

Rumpsteak *n gastr.* rump steak.

rums *int.* bang!; **rumsen** F *v/i.* bang; ***mit dem Kopf gegen die Tür ~*** bang one's head against (*od.* on) the door.

Run *m* run (***auf*** on).

rund I. *adj.* round (*a. fig. Summe, Vokal, Zahl*); (*kreis~*) *a.* circular; (*dicklich*) plump, *Wangen*: round; (*abgerundet*) *Arbeit etc.*: well-rounded; *Wein*: mellow; *Feier*: perfect; ***ein ~es Dutzend*** a dozen or so; ***ein ~er Geburtstag*** a big "O"; ***Gespräche am ~en Tisch*** round-table talks; **II.** *adv.* (*ungefähr*) about, around, roughly; ***~ um*** (a)round; ***~ um die Welt*** (a)round the world; ***der Motor*** (*fig.* ***alles***) ***läuft ~*** the engine's (everything's) running smoothly; ***ein Buch ~ um die Raumfahrt*** a book all about (*od.* on every aspect of) space travel; → ***rundgehen, rundheraus, rundweg***; **2bau** *m* rotunda; **2blick** *m* panorama, panoramic view; **2bogen** *m* △ round arch; **2brief** *m* circular.

Runde *f* **1.** (*Gesellschaft*) group, circle, F crowd; **2.** (*Rundgang*) walk; *dienstlich*: round; *e-s Polizisten*: *a.* beat; ***e-e ~ drehen*** *zu Fuß*: go for a walk round the block, *mit dem Auto*: go for a spin; ***die ~ machen*** *Flasche, Nachricht etc.*: go the rounds, *Arzt*: do one's round; **3.** *Sport*: lap; *Boxen, Ringen etc.*: round; ***die nächste ~ erreichen*** get through to the next round; **4.** (*~ Bier etc.*) round; ***ich spendiere die nächste ~*** I'll stand you (*od.* buy) the next round; **5.** *fig.* (***gerade***) ***über die ~n kommen*** (just about) make it, *finanziell*: *a.* make ends meet; ***et. über die ~n bringen*** get s.th. over (and done) with; ***j-n über die ~n bringen*** tide s.o. over.

runden I. *v/t.* round; **II.** *v/refl.*: ***sich ~*** grow round; *fig.* (*Gestalt annehmen*) take shape; *fig.* ***das Bild rundet sich*** things are beginning to fall into shape.

Rund|erlaß *m* circular (note); **2erneuern** *v/t. mot.* (*Reifen*) retread, *Brit. a.* remould; ***runderneuerter Reifen*** retread, *Brit. a.* remould; **~fahrt** *f* (sightseeing) tour; → *a.* ***Rundreise***; **~flug** *m* sightseeing flight; **~frage** *f* survey.

Rundfunk *m* broadcasting, radio; (*Gesellschaft*) broadcasting company; ***im ~*** on the radio (*od.* air); ***beim ~ sein*** work in broadcasting (*od.* for radio); ***im ~ übertragen*** broadcast; *in Zssgn* → *a.* ***Funk..., Radio...***; **~ansprache** *f* radio address; **~anstalt** *f* broadcasting company; **~empfänger** *m* radio (receiver); **~gebühr** *f* (radio and TV) licen|ce (*Am.* -se) fee; **~hörer** *m* **1.** (radio) listener; **2.** → ***Rundfunkteilnehmer***; **~netz** *n* radio network; **~orchester** *n* radio orchestra; **~programm** *n* radio program(me); (*Programmfolge*) radio program(me)s; (*Blatt etc.*) radio program(me) guide; **~sender** *m* radio (*od.* broadcasting) station; **~sendung** *f* broadcast, (radio) program(me); **~sprecher** *m* (radio) announcer; **~teilnehmer** *m* radio set owner; **~übertragung** *f* → ***Rundfunksendung.***

Rund|gang *m* round, (*Besichtigungs2*) tour; **2gehen** *v/i. Gerücht etc.*: go the rounds; F ***heute geht's wieder rund!*** F it's all go; **~gespräch** *n* round-table discussion.

rundheraus *adv.* in plain terms, straight out, flatly, point-blank.

rundherum *adv.* round about, all (a)round; (*völlig*) absolutely.

Rundkornreis *m* round-grain rice.

Rundkurs *m Sport*: circuit.

rundlich *adj.* plump, chubby, F dumpy.

Rund|reise *f* tour (***durch*** of); ***Asien2*** tour of Asia; **~rücken** *m* hunchback, ⚕ kyphosis; **~schlag** *m* → ***Rundumschlag***; **~schreiben** *n* circular (letter).

Rundsichtfenster *n* wrap-round window.

Rund|strecke *f* circuit; **~stricknadel** *f* circular knitting needle; **~stück** *dial. n* roll; **~tanz** *m* round dance.

rundum *adv.* all (a)round; *fig.* completely; ***~ glücklich*** *a.* perfectly happy; **2erneuerung** *f* general overhaul; **2schlag** *m* **1.** *Sport*: roundhouse (blow); **2.** *fig.* sweeping attack (***gegen*** on); ***zum ~ ausholen*** lash out on all sides.

Rundung *f* curve (*a. hum. bei Frauen*).

rundweg *adv.*: ***~ leugnen*** flatly deny; ***~ ablehnen*** refuse point-blank; ***~ falsch*** absolutely wrong.

Rune *f* rune.

Runen|alphabet *n* runic alphabet; **~schrift** *f* runic characters *pl.*, runes *pl.*

Runkelrübe *f* mangel-wurzel.

runter(...) F *adv.* **1.** → ***herunter(...)***; **2.** → ***hinunter(...)***; **~hauen** F *v/t.* **1.** ***j-m eine ~*** F give s.o. a clip round the ears; ***ich hau' dir gleich eine runter!*** you'll get a clip round the ears if you're not careful; **2.** (*schnell wegarbeiten*) F knock *s.th.* off; **~holen** *v/t.* **1.** get (*od.* fetch) *s.th.* down; **2.** V ***sich einen ~*** V jerk off; **~rutschen** *v/t.* → ***Buckel.***

Runzel *f* wrinkle; ***~n haben*** *Gesicht*: be wrinkled; **runz(e)lig** *adj.* wrinkled; **runzeln** *v/t.* wrinkle; ***die Stirn ~*** knit one's brow, frown.

Rüpel *m* lout, F yob; **Rüpelei** *f* loutish behavio(u)r; **rüpelhaft** *adj.* uncouth, rude.

rupfen *v/t.* (*aus~*) pull out; (*Huhn etc.*) pluck; F *fig.* ***j-n ~*** F fleece s.o.; → ***Hühnchen.***

Rupfen *m* burlap.

ruppig *adj.* (*grob*) gruff.

Rüsche *f* frill.

Ruß *m* soot; (*Lampen2*) lamp black.

Russe *m* Russian.

Rüssel *m* (*Elefanten2*) trunk; (*Schweins2*) snout; (*Insekten2*) proboscis; F (*Nase*) F conk, hooter; **~käfer** *m* weevil.

rußen I. *v/i. Lampe*: smoke; **II.** *v/t.* blacken; **rußig** *adj.* sooty.

Russin *f* Russian (woman); **russisch** *adj.*, **Russisch** *n ling.* Russian.

rüsten I. *v/t.* **1.** prepare (***zu*** for); **II.** *v/i.* build up arms (*od.* one's arms stockpile); ***um die Wette ~*** be competing in (*od.* be involved in, be in on) the arms race; **III.** *v/refl.*: ***sich ~*** prepare, get ready (***zu, für*** for); (*sich wappnen*) arm o.s.; ⚔ arm (o.s.), build up arms (*od.* one's arms stockpile); ***sich ~ für*** *a.* F gear up for; → ***gerüstet.***

Rüster(holz *n*) *f* ♣ elm.

rüstig *adj.* sprightly; (*tätig*) active.

rustikal *adj.* rustic, rural; ***~e Möbel*** country-style furniture.

Rüstung *f* **1.** ⚔ (*Vorgang*) arming, armament; *konkret*: armaments *pl.*; **2.** *hist.* (*Panzer*) armo(u)r.

Rüstungs|auftrag *m* armaments contract; **~ausgaben** *pl.* defen|ce (*Am.* -se) spending *sg.*; **~beschränkung** *f* arms limitation; **~betrieb** *m* armament factory; **~elektronik** *f* defen|ce (*Am.* -se) electronics *pl.* (*als Fach sg. konstr.*); **~etat** *m* defen|ce (*Am.* -se) budget; **~fabrik** *f* armaments factory; **~industrie** *f* armaments industry; **~kontrolle** *f* arms control; **~konzern** *m* armaments group; **~politik** *f* arms policy; **~stopp** *m* arms freeze; **~wettlauf** *m* arms race.

Rüstzeug *n* **1.** (*Werkzeuge*) tools *pl.*, equipment; **2.** *fig.* stock-in-trade; (*Fähigkeiten*) qualifications *pl.*; ***sie hat nicht das ~ für diesen Posten*** *a.* she isn't equipped for the job, F she hasn't got what it takes.

Rute *f* switch, (*a. Zucht2*) rod; *zo.* penis; *hunt.* (*Schwanz*) tail, *bsd. des Fuchses*: brush; ***mit eiserner ~ regieren*** rule with a rod of iron; → ***Wünschelrute.***

Ruten|bündel *n hist.* fasces; **~gänger** *m* diviner, dowser.

Ruth *f bibl.* Ruth; ***das Buch ~*** (the Book of) Ruth.

Rutsch *m* slide; (*Erd2*) landslide; *hum.* (*kurzer Ausflug*) little trip, (*Spritztour*) jaunt; F ***in einem ~*** in one go; ***guten ~ (ins neue Jahr)!*** Happy New Year!; **~bahn** *f* slide (*a. Eis2*), *Am.* chute; *fig.* (*glatte Straße*) skating rink.

rutschen *v/i.* slide; (*aus~*) slip; *mot.* skid; *Kupplung*: slip; *Hose, Rock*: be slipping; ***in die Höhe ~*** *Rock*: ride up; ***ins 2 kommen*** start slipping, *Auto etc.*: go into a skid, start skidding; F ***rutsch mal ein Stück*** F can you move up a bit?; F ***schnell mal ins nächste Dorf ~*** F scoot along to the next village; F ***das Essen will nicht ~*** I just can't get this food down; **Rutscher** *dial. m* little trip; quick trip.

rutschfest *adj. Reifen*: non-skid; *Sohle*: non-slip; **Rutschfestigkeit** *f Reifen*: traction.

rutschig *adj.* slippery.

Rutschpartie F *f* (downhill) slide.

rütteln I. *v/t.* shake; **II.** *v/i.* shake (*a. fig.*); *Wagen*: jolt; ⚙ vibrate; ***an der Tür ~*** rattle at the door; *fig.* ***~ an*** shake; ***daran ist nicht zu ~*** that's the way it is.

S

S, s *n* S, s.
SA *f hist.* SA, (Nazi) stormtroops *pl. od.* stormtroopers *pl.*
Saal *m* hall; (*Gerichts2*) courtroom; **~ordner** *m* steward; **~schlacht** *f* (pub-house) brawl; **~schutz** *m* stewards *pl*; **~tochter** *schweiz f* waitress.
Saarländer(in *f*) *m* Saarlander; **~ *sein*** *a.* come from the Saarland; **saarländisch** *adj.* Saarland ..., from the Saarland.
Saat *f* (*Säen*) sowing; (*Same*) seed (*a. fig.*); (*Getreide*) crops *pl.*; ***die ~ geht auf*** the seed is coming up, *fig.* the results are beginning to show; **~gut** *n* seed(s *pl.*); **~kartoffel** *f* seed potato; **~korn** *n* seed (corn); **~krähe** *f* rook; **~zeit** *f* sowing time.
Sabbat *m* Sabbath; ***am ~, während des ~s*** on the Sabbath.
sabbeln F *v/i.* drivel, F blether.
sabbern F *v/i. Hund etc.*: dribble, slaver.
Säbel *m* sab|re (*Am.* -er); *fig.* ***mit dem ~ rasseln*** rattle one's sab|re (*Am.* -er); **~beine** F *pl.* bandy (*od.* bow) legs; **~fechten** *n Sport*: sab|re (*Am.* -er) fencing; **~hieb** *m* sab|re (*Am.* -er) thrust.
säbeln F **I.** *v/i.* F hack away; **II.** *v/t.* F hack (away at).
säbelrasselnd *adj.* sabre-rattling, *Am.* saber-rattling.
Sabotage *f* sabotage; ***~ begehen*** carry out an act (*od.* acts) of sabotage; ***die Ursache war vermutlich ~*** it is presumed to have been an act of sabotage; **Sabotageakt** *m* act of sabotage; **Saboteur** *m* saboteur; **sabotieren** *v/t.* sabotage (*a. fig.*).
Saccharin *n* saccharin(e).
Sachanlagen *pl.* ✝ tangible assets, tangibles.
Sacharja *m bibl.* Zachariah.
Sach|bearbeiter *m*: ***~ für Export*** *etc.* person who deals with exports *etc.*; **~beschädigung** *f* ⚖ damage to property; **2bezogen** *adj.* pertinent; **~bezüge** *pl.* payment *sg.* (*od.* contributions) in kind.
Sachbuch *n* non-fiction book (*od.* work); **~autor** *m* non-fiction writer; **~verlag** *m* non-fiction publisher(s *pl.*).
sachdienlich *adj.* relevant, pertinent; (*nützlich*) helpful; ***~e Hinweise bitte an ...*** if you can help us in any way, please ring ...
Sachdiskussion *f* factual discussion.
Sache *f* (*Gegenstand*) thing; (*Angelegenheit*) affair, (*a. Vorfall*) matter, business; (*Aufgabe*) job, concern; (*Problem, Frage*) matter; ⚖ case, *weitS.* cause; F **~n** *allg.* things; (*Habseligkeiten*) *a.* belongings; ***das ist e-e ~ für sich*** a) that's a completely different matter, b) *iro.* that's another story; ⚖ ***in ~n A. gegen B.*** in the matter of A versus B; F ***in ~n Umwelt*** where the environment is concerned, in questions of environment; ***bei der ~ bleiben*** keep to the point; ***das gehört nicht zur ~*** that's got nothing to do with it; ***die ~ ist*** the thing is, it's like this; ***in eigener ~ sprechen*** speak on one's own behalf; ***wie ist die ~ mit dem Auto ausgegangen?*** how did that car business turn out?; ***die ~ steht gut*** things are looking good; ***die ~ macht sich*** things are (*od.* it's) coming along fine; ***das ist so e-e ~*** it's not so easy; ***das ist nicht jedermanns ~*** that's not everybody's cup of tea; ***er versteht s-e ~*** he knows his stuff; ***et. um der ~ willen tun*** do s.th. for its own sake; ***j-m sagen, was ~ ist*** (*worauf es ankommt*) put s.o. in the picture, (*die Meinung sagen*) tell s.o. what's what; ***er war nicht bei der ~*** he had his mind on other things, he wasn't concentrating; ***für e-e gute ~ kämpfen*** fight for a good cause; ***mit j-m gemeinsame ~ machen*** make common cause with s.o.; ***s-e ~ gut (schlecht) machen*** do a good (bad) job, make a good (bad) job of it; ***s-r ~ sicher sein*** be sure of oneself; ***zur ~ kommen*** get to the point, *weitS.* get down to business (F brass tacks); ***zur ~!*** can we get to the point?; ***das tut nichts zur ~*** that makes no difference; ***das ist s-e ~*** that's his problem (*od.* affair); ***das ist nicht m-e ~*** that's got nothing to do with me; ***es ist ~ des Gerichts zu entscheiden, ob*** it is for the court to decide whether; ***es ist Erziehungs2*** *etc.* it's a matter of upbringing *etc.*; ***die ~ ist die, daß*** the point is that; F ***mach keine ~n!*** *erstaunt*: F you're kidding, *warnend*: no funny business; F ***~n gibt's(, die gibt's gar nicht)*** would you believe it; F ***was machst du denn für ~n?*** what have you been up to then?; ***was höre ich denn für (schöne) ~n?*** what's this I've been hearing then?; *mot.* F ***mit 160 ~n*** at a hundred (miles an hour); → ***laufen*** 7.
Sachenrecht *n* ⚖ law of property.
Sach|fehler *m* factual error; **~frage** *f* factual issue; **2fremd** *adj.* irrelevant, extraneous; **~gebiet** *n* subject, field; **2gemäß I.** *adj.* appropriate; (*fachmännisch*) proper; **II.** *adv.*: ***~ behandeln*** treat with due (*od.* proper) care; **~katalog** *m* subject catalog(ue); **~kenner** *m* expert; **~kenntnis** *f* expert knowledge; **~kunde** *f* **1.** expert knowledge; **2.** *ped.* general knowledge; **2kundig** *adj. Urteil*: expert ...; *Person*: *a.* competent, well-informed; ***sich ~ machen*** inform o.s.; **~lage** *f* state of affairs, (present) situation, situation at present; ***bei dieser ~*** under these circumstances, the situation being as it is; **~leistung** *f* payment (*od.* contribution) in kind.
sachlich I. *adj.* (*objektiv*) objective; (*nüchtern*) matter-of-fact, down-to-earth; (*faktisch*) factual; (*zweckbetont*) functional; *Unterschied*: substantial, material; ***~ bleiben*** keep to the facts; **II.** *adv.*: ***~ hat er recht*** in essence he's right.
sächlich *adj. ling.* neuter.
Sachlichkeit *f* (*Objektivität*) objectivity; (*Nüchternheit*) matter-of-factness; *e-s Bauwerks etc.*: functionalism; ***die Neue ~*** the New Realism.
Sach|mangel *m* ⚖ material defect; **~register** *n* subject index; **~schaden** *m* material damage.
Sachse *m a. hist.* Saxon; ***~ sein*** be (a) Saxon, come from Saxony; **sächseln** *v/i.* **1.** speak in (*od.* the) Saxon dialect; **2.** have a Saxon accent; **Sächsin** *f* → ***Sachse***; **sächsisch I.** *adj.* Saxon; *ling.* ***~er Genitiv*** Saxon genitive; **II. 2** *n* Saxon, the Saxon dialect.
Sachspende *f* donation in kind.
sacht I. *adj.* soft, gentle; **II.** *adv.* (*a.* **sachte**) softly, gently; (*behutsam*) cautiously; (*allmählich*) gradually; (*langsam*) slowly; ***~e!*** gently does it!; F ***immer ~e!*** easy does it!
Sachverhalt *m* facts *pl.*, circumstances *pl.*
Sachverstand *m* expertise; **Sachverständige(r)** *m* expert; ⚖ expert witness.
Sachverständigen|gutachten *n* expert opinion; **~rat** *m* board of experts.
Sach|verzeichnis *n* index; **~walter** *m* (*Anwalt*) solicitor, counsel; (*Verwalter*) administrator; (*Treuhänder*) trustee; (*Vertreter*) agent, attorney; *fig.* advocate, champion (*gen.* of); **~wert** *m* real value; **~e** tangible assets; **~wissen** *n* expert knowledge; **~wörterbuch** *n* encyclop(a)edia, dictionary *of art etc.*; **~zwang** *m* force of circumstance; practical necessity.
Sack *m* sack; V (*Hoden*) V balls *pl.*; F ***fauler ~*** *sl.* lazy bastard; *fig.* ***in ~ und Asche*** in sackcloth and ashes; ***ein ~ voller Lügen*** a pack of lies; ***mit ~ und Pack*** bag and baggage; F ***et. im ~ haben*** have s.th. in the bag; F ***j-n in den ~ stecken*** F knock spots off s.o.; F ***in den ~ hauen*** F chuck it; F ***den ~ zubinden*** wrap things up; → ***Katze*** 1; **~bahnhof** *m* terminus.
Säckel *m* moneybag; *fig.* ***tief in den ~ greifen*** dig deep into one's pockets.
sacken *v/i.* sink, *Boden etc.*: *a.* subside; *Person*: slump; ***zu Boden ~*** slump to the ground; ***er sackte in die Knie*** his knees gave way; → ***absacken.***
Sack|gasse *f* cul-de-sac, dead-end street; *fig.* dead end, *bsd. pol. etc.* impasse; *fig.* ***in e-e ~ geraten*** reach a dead end, *Gespräche*: reach deadlock; **~hüpfen** *n* sack race; **~kleid** *n* sack dress; **~leinen** *n* sacking, burlap.
Sadduzäer *m bibl.* Sadducee.
Sadismus *m* sadism; **Sadist** *m* sadist; **sadistisch** *adj.* sadistic(ally *adv.*).
Sadomaso F *m* → ***Sadomasochist***; **Sa-**

domasochismus *m* sadomasochism; **Sadomasochist** *m* sadomasochist; **sadomasochistisch** *adj.* sadomasochistic(ally *adv.*).

säen *v/t. u. v/i.* sow (*a. fig.*); → **gesät.**

Safari *f* safari; **~park** *m* wildlife reserve, safari park.

Safe *m* safe; (*Banktresor*) *a.* safe-deposit box; **~knacker** F *m* safecracker, safebreaker; **~schlüssel** *m* key to the (*od.* a) safe.

Safran *m* saffron; **ℒgelb** *adj.* saffron(-colo[u]red).

Saft *m* (*Obstℒ, Fleischℒ, Körperℒ*) juice; *von Bäumen etc.*: sap; F (*Strom etc.*) *sl.* juice; *fig.* **j-n im eigenen ~ schmoren lassen** let s.o. stew in his (*od.* her) own juice; **ohne ~ und Kraft** → **saftlos** 2; **~grün I.** *n* sap green; **II.** ℒ *adj.* sap green, verdant.

saftig *adj.* juicy, succulent; *Wiese, Grün*: lush; *fig. Witz etc.*: juicy, spicy; *Preise, Rechnung*: F (a bit) steep; *Kürzungen*: swingeing *cuts*; F **das sind schon ~e Preise hier** F they really slap it on here, don't they?; F **~e Niederlage** crushing defeat; F **~e Ohrfeige** hefty clout round the ears, real box on the ears.

Saftladen F *m* F hopeless joint; **das ist ja ein ~ hier!** *a.* what a place this is.

saftlos *adj.* **1.** juiceless, dry; **2.** → **saft- und kraftlos.**

Saftpresse *f* fruit press.

Saftsack *sl. m sl.* jerk.

saft- und kraftlos *adj.* weak, insipid, lacklustre; *Rede*: *a.* wishy-washy; **~ sein** *a.* have no sparkle.

Saga *f* saga.

Sage *f* legend; *fig.* (*Gerücht*) rumo(u)r, myth.

Säge *f* saw; **~blatt** *n* saw blade; **~bock** *m* sawhorse; **~dach** *n* sawtooth roof; **~fisch** *m* sawfish; **~maschine** *f* machine saw; **~mehl** *n* sawdust; **~messer** *n* serrated knife; **~mühle** *f* sawmill.

sagen I. *v/t.* say; → **Dank, Meinung, Wahrheit** *etc.*; **j-m et. ~** say s.th. to s.o., (*mitteilen*) tell s.o. s.th.; **sag ihm, er soll kommen** tell him to come; **da sag' ich nicht nein** I won't say no; **das sagt sich so leicht** (it's) easier said than done; **das kann ich dir ~!** you can say that again, (*das kannst du mir glauben*) I can tell you; **das kann man wohl ~** you can say that again; **sag's frei heraus!** out with it!; **unter uns gesagt** between you and me; **du sagst es** you said it; **sag bloß** you don't say; **sag bloß, es regnet** don't say it's raining; **das kann jeder ~** anyone can say that; **das sagst du so einfach** it's easy for you to say; **das kann man nicht so ~** it's not as simple as that; **damit ist alles gesagt** that says it all; **was ich noch ~ wollte** what I was going to say, *betonter*: there's something else I wanted to say; **wer sagt's denn** what did I tell you; **ich hab's (dir) ja gleich gesagt!** I told you so; **etwas (nichts) zu ~ haben bei** *e-r Sache*: have a (have no) say in; **bei ihr hat er nichts zu ~** he has no say when she's around; **du hast mir nichts zu ~** I won't have you telling me what to do; **was willst du damit ~?** what are you getting at?; **sagt dir das etwas?** does that mean anything to you?, F does that ring any bells?; *das Buch, Bild etc.* **sagt mir nichts** doesn't mean a thing to me; **wie sagt man ... auf Englisch?** what's the English for ...?, what's ... in English?, how do you say ... in English?; **das hat nichts zu ~** it doesn't mean anything; **(das ist) schwer zu ~** it's hard to say; **es läßt sich nicht ~, ob (was)** there's no telling whether (what); **das sagt man nicht** you shouldn't say things like that; **ich habe mir ~ lassen** I've been told; **er läßt sich nichts ~** he won't be told, he won't listen to anyone; **laß dir das gesagt sein** let that be a warning to you; **man sagt, er sei im Ausland** they say he's abroad, he's supposed to be abroad; **was Sie nicht ~!** you don't say; **ich muß schon ~!** I mean to say, I must say; F **wem ~ Sie das?** F you're telling me; **wie man so (schön) sagt** as the saying goes; **~ wir** *zehn Stück*: (let's) say; **wer sagt das?** says who?, who says?; **(das) sagst du!** that's what you say, F says you; **sage und schreibe fünf Autos** five cars, no less, F five cars, would you believe; **ich wollte es nur gesagt haben** I just wanted to mention it; **es** (*od.* **damit**) **ist nicht gesagt, daß** that doesn't mean (to say) that; **wie gesagt** *bestätigend*: as I said, *aufgreifend*: as I was saying; **„Peter" sag' ich schon** *bei falschem Namen*: what am I talking about – "Peter"; **II.** ℒ *n*: **das ~ haben** have the (final) say (**bei, in** in), *generell*: F call the shots; **er hat das ~** *a.* what he says goes.

sägen *v/t. u. v/i.* saw; F *fig.* (*schnarchen*) F saw wood.

Sagengestalt *f* mythical (*od.* legendary) figure.

sagenhaft I. *adj.* **1.** F *fig.* F incredible, fantastic; **2.** legendary, mythical; **II.** *adv.*: **~ teuer** *etc.* incredibly expensive *etc.*

Sagentier *n* mythical beast.

sagenumwoben *adj.* legendary; shrouded in legend.

Säge|späne *pl.* wood shavings; **~werk** *n* sawmill; **~zahn** *m a. electron.* sawtooth.

Sago *m* sago; **~baum** *m* sago palm.

Sahne *f* cream; **~bonbon** *m, n* toffee, *Am.* taffy; **~eis** *n* ice cream; **~joghurt** *m* cream yoghurt; **~kännchen** *n* cream jug, *Am.* creamer; **~käse** *m* cream cheese; **~quark** *m* cream *od.* high-fat quark (*od.* curd cheese); **~torte** *f* cream gateau.

sahnig *adj.* creamy.

Saison *f allg.* season; **ℒabhängig** *adj.* seasonal; **~arbeit** *f* seasonal work; **~arbeiter** *m* seasonal worker; **~artikel** *m* seasonal article; **~aufschlag** *m* seasonal charge (*od.* supplement); **~auftakt** *m*: **zum ~** to open (F kick off) the season, *weitS.* to get the season off to a good start; **~ausverkauf** *m* end-of-season sale; **~bedarf** *m* seasonal consumption; **ℒbedingt** *adj.* seasonal; **~beginn** *m* beginning of the season; **ℒbereinigt** *adj.* seasonally adjusted; **~beschäftigung** *f* seasonal employment; **~betrieb** *m* **1.** seasonal business; **2.** peak-season activity; **~ende** *n* end of the season; **~entlassungen** *pl.* seasonal layoffs; **~geschäft** *n* seasonal business; **ℒmäßig** *adj.* seasonal; **~schwankungen** *pl.* seasonal fluctuations (*od.* fluctuation *sg.*); **~wanderung** *f* seasonal migration.

Saite *f* string; *fig.* **andere ~n aufziehen** take a tougher line.

Saiten|halter *m* tailpiece; **~instrument** *n* string(ed) instrument.

Sake *m* sake.

Sakko *m, n* (*sportlich*: sports) jacket.

sakral *adj.* **1.** *eccl.* religious, (*a. heilig*) sacred; **2.** *anat.* sacral; **ℒbau** *m eccl.* sacred building; *pl. a.* sacred architecture *sg.*

Sakrament I. *n eccl.* sacrament; **die ~e austeilen (empfangen)** administer (receive) the sacraments; **II.** *int.* damn!; **sakramental** *adj.* sacramental.

Sakrileg *n* sacrilege; **ein ~ begehen** *a. fig.* commit sacrilege.

Sakristan *m* sacristan; **Sakristei** *f* vestry.

sakrosankt *adj.* sacrosanct.

säkular *adj.* secular (*a. ast.*); **säkularisieren** *v/t.* secularize; **Säkularisierung** *f* secularization.

Säkulum *n* century.

Salamander *m* salamander.

Salami *f* salami; **~taktik** *f pol.* salami tactics *pl.*

Salär *schweiz. n.* salary; (*Honorar*) fee.

Salat *m* (*Gericht*) salad; (*Kopfℒ*) lettuce; F *fig.* **da haben wir den ~!** F now we're in a right mess; **~besteck** *n* salad servers *pl.*; **~gurke** *f* cucumber; **~kartoffeln** *pl.* potatoes (for potato salad); **~kopf** *m* (head of) lettuce; **~öl** *n* salad oil; **~platte** *f Restaurant*: salad; **~schüssel** *f* salad bowl; **~soße** *f* salad dressing.

Salbader *m* sanctimonious bore; **Salbaderei** *f* F sanctimonious blethering; **salbadern** *v/i.* prate.

Salbe *f* ointment, salve.

Salbei *m, f* ♀ sage.

salben *v/t. eccl.* anoint; **Salbung** *f* anointing, *a. fig.* unction; **salbungsvoll** *contp. adj.* unctuous.

saldieren *v/t.* ✝ balance, settle.

Saldo *m* ✝ balance; **per ~** on balance (*a. fig.*); **~übertrag** *m*, **~vortrag** *m* balance carried forward.

Saline *f* saltworks (*sg. od. pl. konstr.*).

Salm *m zo.* salmon.

Salmiak *m* ammonium chloride; **~geist** *m* ammonia solution, liquid ammonia; **~pastillen** *pl.* ammoniac pastilles.

Salmonellen *pl.* salmonellae; **~vergiftung** *f* salmonella poisoning.

Salomo(n) *m bibl.* Solomon; **das Hohelied ~s** the Song of Solomon; **die Sprüche ~s** (the Book of) Proverbs; **salomonisch** *adj.* Solomonic; *fig.* **ein ~es Urteil** a judg(e)ment of Solomon.

Salon *m* **1.** drawing room, *Am.* parlor; ⚓ saloon; (*Kosmetikℒ, Friseurℒ etc.*) salon; **2.** (*Kunstausstellung*) art exhibition; **ℒfähig** *adj.* socially acceptable; *Kleidung etc.*: presentable, *Benehmen, Witz etc.*: respectable; **nicht ~** *Witz*: risqué, (a bit) near the knuckle; **~löwe** *m* society lion, lounge lizard; **~wagen** *m* Pullman (car).

salopp *adj.* (*ungezwungen*) casual; *Benehmen*: *a.* easygoing; *contp.* sloppy; *Ausdruck*: very colloquial, *stärker*: slangy.

Salpeter *m* ⚗ saltpetre, nitre, *Am.* saltpeter, niter; **salpeterhaltig** *adj.* nitrous, nitric; **salpeterig** *adj.* → **salpetrig**; **Salpetersäure** *f* nitric acid; **salpetrig** *adj.*: **~e Säure** nitrous acid.

Salto *m* somersault; **e-n ~ machen** (*od.* **drehen**) turn (*od.* do) a somersault, **über**: *a.* somersault over; **~ mortale** *m Zirkus etc.*: death-defying leap.

Salut *m* salute; **sieben Schuß ~** seven-gun salute; **~ schießen** fire a salute; **salutieren** *v/i.* salute (**vor j-m** s.o.); **Salutschuß** *m* gun salute; **zehn Salutschüsse** a ten-gun salute.

Salve *f* ⚔ volley, salvo; *Artillerie*: round; (*Ehren*2) salute; *fig. von Applaus*: burst of applause; *von Gelächter*: peals *pl.* of laughter; ***e-e ~ abgeben*** fire a volley (*od.* round).

Salz *n a. fig.* salt; ***et. in ~ legen*** salt s.th. down; *fig.* ***nicht das ~ zur Suppe haben*** live in dire poverty; ***das ~ in der Suppe*** that extra something; ***~ auf die Wunde streuen*** rub it in; ***wie e-e Suppe ohne ~*** like ham without eggs; **2arm** *adj.*: ***~e Kost*** low-salt diet; **~bergwerk** *n* salt mine; **~brezel** *f* pretzel.

salzen *v/t.* salt; (*pökeln*) *a.* pickle; *fig.* salt, season; → ***gesalzen.***

Salz|fäßchen *n* saltcellar, *größer u. Am.*: salt shaker; **2frei** *adj.* salt-free; *Diät*: *a.* no-salt *diet*; **~gebäck** *n* savo(u)ry snacks *pl.*; **~gehalt** *m* salt content; **~glasur** *f Keramik*: salt glaze; **~gurke** *f* cucumber pickled in brine, *Am.* pickle; **2haltig** *adj.* saline; *Essen*: *a.* salty; ***~ sein*** *a.* contain salt; **~hering** *m* salted herring.

salzig *adj.* salty.

Salz|infusion *f* ⚕ saline drip; **~kartoffeln** *pl.* boiled potatoes; **~korn** *n* grain of salt; **~lake** *f*, **~lauge** *f* brine.

salzlos *adj.* salt-free, no-salt *diet.*

Salz|lösung *f* salt (*od.* saline) solution; **~mandeln** *pl.* salted almonds; **~pfanne** *f geol.* salt pan; **~pflanze** *f* halophyte; **~quelle** *f* saline spring; **~säule** *f*: *fig.* ***zur ~ erstarren*** be (*od.* stand) rooted to the spot; **~säure** *f* hydrochloric acid; **~see** *m* salt lake; **~stange** *f* salt (*Am.* pretzel) stick; **~straße** *f hist.* salt road; **~streuer** *m* saltcellar, *größer u. Am.*: salt shaker; **~wasser** *n* salt water; **~wüste** *f* salt flats *pl.*

SA-Mann *m hist.* (Nazi) stormtrooper.

Samariter *m*: (***barmherziger ~*** good) Samaritan; **~dienste** *pl.*: ***j-m ~ leisten*** be a good Samaritan to s.o.

Samba *f, m* samba.

Samen *m* seed (*a. fig.*); *physiol.* sperm, semen.

Samen|bank *f* sperm bank; **~erguß** *m* ejaculation; **~faden** *m* spermatozoon; **~flüssigkeit** *f* semen; **~händler** *m* seedsman; **~handlung** *f* seed shop; **~leiter** *m* vas deferens; **~spende** *f* sperm donation; **~spender** *m* sperm donor.

Samenstrang *m* spermatic cord; **~unterbindung** *f* vasoligature.

Samenzelle *f* sperm(atozoon).

Sämereien *pl.* seeds.

sämig *adj.* thick, creamy.

Sämling *m* seedling.

Sammel|aktion *f* fund-raising campaign (*od.* drive); *für Material*: collection; **~album** *n* scrapbook; **~anschluß** *m teleph.* private branch exchange; *privat*: party line; **~auftrag** *m* collective standing order; **~band** *m* anthology; **~becken** *n* reservoir, tank; *geogr.* catchment area; *fig.* repository (*gen.* of), rallying point (for); **~begriff** *m* generic term, collective noun; **~bestellung** *f* collective order; **~bezeichnung** *f* collective name; **~büchse** *f* collecting box; **~fahrschein** *m* 🚂 *für e-e Gruppe*: group ticket; (*Mehrfahrtenkarte*) multiple-ride ticket; **~gut** *n* collective consignment; **~konto** *n* collective account; **~lager** *n* assembly camp; **~linse** *f opt.* convex lens; **~mappe** *f* folder, file.

sammeln I. *v/t.* **1.** (*Münzen, Spenden, Altpapier etc.*) collect; (*Holz*) gather, (*Beeren, Pilze etc.*) *a.* pick; (*Stimmen*) canvass for; **2.** (*ver~*) gather; **3.** (*Erfahrungen, Material etc.*) gather; → ***gesammelt***; **II.** *v/refl.*: ***sich ~*** **4.** (*sich an~*) gather, accumulate, collect; *opt.* focus; **5.** (*sich ver~*) assemble, meet; **6.** (*sich konzentrieren*) collect one's thoughts (*a.* ***s-e Gedanken ~***); (*sich fassen*) compose o.s.; **III.** *v/i.* (*Geld ~*) collect money, *für j-n*: *a.* pass the hat (a)round; **IV.** 2 *n* collecting; gathering; ***das ~ von Nachrichten*** news-gathering.

Sammel|name *m* collective noun; **~nummer** *f teleph.* collective number; **~platz** *m*, **~punkt** *m* **1.** meeting place, *bei Feuerausbruch etc.*: assembly point; **2.** (*Lager*) collecting point; **~stecker** *m* universal adapter plug; **~stelle** *f* → ***Sammelplatz*** 2; **~surium** *n* motley collection, F hotchpotch; **~taxi** *n* communal taxi; **~transport** *m* mass transportation; ☤ collective transport; **~trieb** *m* collector's instinct; **~visum** *n* group visa; **~werk** *n* compilation; **~wut** *f* collectomania.

Sammler *m* **1.** collector; **2.** ***~ und Jäger*** hunter-gatherer; **~objekt** *n*, **~stück** *n* collector's item (*od.* piece); **~wert** *m* collector's value.

Sammlung *f* **1.** collection; *von Gedichten*: anthology; (*Museum*) museum; **2.** *fig.* (*Fassung, Ruhe*) composure.

Sampler *m* (*Schallplatte*) *a. Computermusik*: sampler.

Samstag *m* Saturday; (**am**) ~ on Saturday; ***langer ~*** Saturday-afternoon opening; ***morgen ist langer ~*** *a.* the shops are open all day tomorrow.

samstags *adv.* on Saturdays.

samt I. *adv.*: ***~ und sonders*** each and every one of them, F the whole lot; **II.** *prp.* together with, along with; ***ich geb's dir ~ allem Zubehör für ...*** you can have the lot for ...

Samt *m* velvet; (*Baumwoll*2) velveteen; ***weich wie ~*** soft as velvet; ***in ~ und Seide gekleidet*** dressed in silks and satins; **samtartig** *adj.* velvety; **samtbraun** *adj.* velvety brown; **samten** *adj.* **1.** (*aus Samt*) velvet; **2.** → ***samtartig***; **Samthandschuh** *m*: *fig.* ***j-n mit ~en anfassen*** handle s.o. with kid gloves; **Samthaut** *f* velvety skin; *Gesicht*: *a.* silken complexion; **samtig** *adj.* velvety (*a. Wein*); **Samtkleid** *n* velvet dress.

sämtlich I. *adj.* all; ***~e Anwesende(n)*** all those present; ***~e Werke*** the complete works; **II.** *adv.* all; ***sie haben ~ überlebt*** they all (*od.* all of them) survived.

Samuel *m bibl.* Samuel; ***das 1. (2.) Buch ~*** the 1st (2nd) Book of Samuel, Samuel I (II).

Sanatorium *n* sanatorium, *Am.* sanitarium.

Sand *m* sand; ⚓ ***auf ~ laufen*** run aground; *fig.* ***auf ~ bauen*** build on sand (*od.* shaky foundations); ***j-m ~ in die Augen streuen*** throw dust in s.o.'s eyes; ***~ ins Getriebe streuen*** throw a spanner (*Am.* monkey wrench) into the works; F ***et. in den ~ setzen*** F muff (*od.* bungle) s.th.; ***im ~e verlaufen*** come to nothing (*lit.* naught), *Pläne etc.*: *a.* F fizzle out; ***Antiken gab es wie ~ am Meer*** there were no end of antiques, antiques were two a penny.

Sandale *f* sandal; **Sandalette** *f* high-heeled sandal.

Sand|bahn *f* dirt track; **~bank** *f* sandbank; **~boden** *m* sandy soil; **~burg** *f* sandcastle; **~dorn** *m* sallow thorn; **~düne** *f* sand dune.

sandeln *östr. v/i.* a) not to do a stroke of work, b) (*patzen*) fluff it; bungle.

sand|farben *adj.* sandy; **~floh** *m* sand flea.

sandig *adj.* full of sand, sandy.

Sandkasten *m* sandpit, *Am.* sandbox; ⚔ sandtable; **~spiel** *n* ⚔ sandtable exercise.

Sand|korn *n* grain of sand; **~kuchen** *m* **1.** Madeira (*Am.* pound) cake; **2.** *im Sandkasten*: sand pie.

Sandler *östr.* F *m* F down-and-out, dosser.

Sandmann *m*, **~männchen** *n* sandman; **~papier** *n* sandpaper (*a.* ***mit ~ abschmirgeln***); **~sack** *m* sandbag; *Boxen*: punching bag.

Sandstein *m* sandstone; **~figur** *f* sandstone sculpture.

Sandstrahl *m* ⚙ sandblast; **~gebläse** *n* sandblast unit.

Sand|strand *m* sandy beach; **~sturm** *m* sandstorm; **~uhr** *f* hourglass.

Sandwich *m, n* sandwich; ***~ mit Käse u. Gurke*** cheese and cucumber sandwich; **~bauweise** *f* sandwich construction.

Sandwüste *f* (sandy) desert.

sanft I. *adj. Berührung etc.*: soft, gentle; *Wesen, Augen*: gentle; *Farbe, Musik, Stimme etc.*: soft; *Regen, Brise*: light; *Hügel etc.*: gentle; *Druck, Gewalt etc.*: gentle; *Tod*: easy; ***mit ~er Stimme*** softly, gently, in a soft (*od.* gentle) voice; ***mit ~er Gewalt*** using gentle force; ***~e Revolution*** velvet revolution; ***sie ist ein ~es Wesen*** she's a gentle soul; F ***es auf die ~e Tour versuchen*** F try a bit of soft soap; **II.** *adv.*: ***~ entschlafen*** pass away peacefully; ***ruhe ~*** rest in peace.

Sänfte *f* sedan (chair); **Sänftenträger** *m* sedan-chair carrier.

Sanftheit *f Berührung etc.*: softness, gentleness; *Wesen, Augen*: gentleness; *Farbe, Musik, Stimme etc.*: softness; *Regen, Brise*: lightness; *Hügel etc.*: gentleness; *Druck, Gewalt etc.*: gentleness; *Tod*: ease.

Sanftmut *f* gentleness, meekness; **sanftmütig** *adj.* gentle, meek.

Sang *m*: F ***mit ~ und Klang durchfallen*** fail miserably.

Sänger *m* **1.** singer; → ***Höflichkeit***; **2.** (*Vogel*) songbird; **~knabe** *m* choirboy.

Sanguiniker *m* sanguine person; **sanguinisch** *adj.* sanguine.

sang- und klanglos *adv.* quietly, without much ado; unceremoniously; ***~ verschwinden*** *a.* disappear without a word.

sanieren I. *v/t.* **1.** (*Stadtteil etc.*) redevelop, F clean up; (*Haus*) refurbish, F do up; **2.** (*Umwelt, Fluß etc.*) rehabilitate; **3.** ☤ revitalize; **II.** *v/refl.*: ***sich ~*** ☤ get back on one's feet again; F *fig.* line one's (own) pockets; **Sanierung** *f* **1.** *e-s Hauses*: refurbishment; *e-s Stadtteils*: redevelopment; *in Armengegenden*: slum clearance; **2.** *der Umwelt*: rehabilitation; **3.** ☤ revitalization.

Sanierungs|gebiet *n* (re)development area; **~maßnahmen** *pl.* **1.** redevelopment; ***~ einleiten*** begin redevelopment (work); ***im Stadtzentrum sind ~ erfor-***

derlich the city cent|re (*Am.* -er) is in need of redevelopment; **2.** † rescue packages (*od.* package *sg.*); **~programm** *n* † rescue package (*od.* scheme).

sanitär *adj.* sanitary; ***~e Anlagen*** sanitary facilities; **2anlagen** *pl.* sanitary facilities.

Sanitäter *m* ambulance man, first-aid man, *Am. a.* medic; ⚔ medical orderly.

Sanitäts|dienst *m* medical service; **~flugzeug** *n* air ambulance; **~korps** *n* (*in GB*: Royal) Army Medical Corps; **~raum** *m* first-aid room; **~truppe** *f* → ***Sanitätskorps***; **~wagen** *m* ambulance.

Sank(r)a F *m* ⚔ (military) ambulance.

Sankt *adj.* (***St.***) Saint (*abbr.* St., St).

Sanktion *f* sanction; ***~en verhängen gegen*** (*od.* ***über***) impose (*od.* place) sanctions on; ***mit ~en drohen*** threaten (to impose) sanctions; **sanktionieren** *v/t.* sanction.

Sanktions|maßnahmen *pl.* sanctions; ***~ einleiten*** apply sanctions; **~paket** *n* package of sanctions.

Sankt-Nimmerleins-Tag F *m*: ***bis zum ~*** *warten etc.*: F till kingdom come.

Sanskrit *n* Sanskrit.

Saphir *m* **1.** sapphire; **2.** (*~nadel*) (sapphire) stylus.

Sarde *m* Sardinian.

Sardelle *f* anchovy; **Sardellenpaste** *f* anchovy paste.

Sardin *f* Sardinian.

Sardine *f* sardine, pilchard; **Sardinenbüchse** *f* sardine tin (*Am.* can); ***wie in e-r ~*** (packed) like sardines.

sardisch *adj.* Sardinian.

Sarg *m* coffin, *Am. a.* casket; → ***Nagel***; **~deckel** *m* coffin lid; **~nagel** *m* coffin nail; F *fig.* (*Zigarette*) F cancer stick, coffin nail; **~träger** *m* pallbearer.

Sari *m* sari.

Sarkasmus *m* sarcasm; **sarkastisch** *adj.* sarcastic(ally *adv.*).

Sarkom *n* ⚕ sarcoma.

Sarkophag *m* sarcophagus.

Satan *m* Satan; *fig.* satan, devil; **satanisch** *adj.* satanic.

Satans|braten F *m* (*freches Kind*) cheeky devil (*od.* rascal); (*üble Person*) blackguard; **~weib** F *n sl.* bitch.

Satellit *m ast. u. pol.* satellite; ***über*** (*od.* ***per***) *~* by (*od.* via) satellite.

Satelliten|bahn *f* satellite('s) orbit; **~bild** *n* satellite picture; **~fernsehen** *n* satellite TV; **~foto** *n* → ***Satellitenbild***; **~funk** *m* satellite broadcasting; **~laufbahn** *f* satellite('s) orbit; **~schüssel** *f* satellite disk; **~sender** *m TV* satellite (TV) station; **~staat** *m* satellite (state); **~stadt** *f* satellite town; **~technik** *f* satellite technology; **~träger** *m* satellite launcher: **~übertragung** *f* satellite transmission; **~verbindung** *f* satellite link.

Satin *m* satin; (*Baumwoll2*) sateen.

Satire *f* satire (***auf*** on); **Satirezeitschrift** *f* satirical magazine; **Satiriker** *m* satirist; **satirisch** *adj.* satirical.

satt *adj. u. adv.* (*voll*) full; *Farbton*: deep, rich; *Klang*: full; *fig.* (*selbstzufrieden*) complacent; (*ansehnlich*) impressive; F :(*großartig*) F terrific; ***sich ~ essen*** eat one's fill; ***sich an et. ~ essen*** fill o.s. with; ***ich bin davon nicht ~ geworden*** that wasn't enough for me; ***bist du ~?*** have you had enough (to eat)?; ***es fällt ihm schwer, s-e Familie ~ zu bekommen*** he finds it hard to feed his family; ***das macht ~*** that's very filling; *fig.* ***~e Preise*** steep prices; ***~e 200 km in der Stunde*** 200 km per hour, no less; ***e-e ~e Leistung*** quite a feat, some feat; ***es gab Kuchen ~*** there was plenty of cake; *et. od. j-n* ***gründlich ~ bekommen*** (***haben***) get (be) sick and tired of; F ***ich hab' die Sache so ~*** I'm sick and tired of it, F I'm fed up to the back teeth with it; ***er konnte sich nicht ~ daran sehen*** he couldn't take his eyes off it; ***ich habe mich daran ~ gesehen*** I've seen enough (*od.* too much) of it, I've had my fill of that; ***nicht ~ werden zu*** *inf.* never tire of *ger.*

Sattel *m* **1.** (*Reit2*, *a. mot.*) saddle; ***ohne ~ reiten*** ride bareback; ***aus dem ~ geworfen werden*** be thrown off (one's horse); *fig.* ***j-n in den ~ heben*** hoist s.o. into the saddle; ***j-n aus dem ~ heben*** oust s.o.; ***fest im ~ sitzen*** be firmly in the saddle; ***sich im ~ halten*** hold (firmly) onto the reins; ***in allen Sätteln gerecht sein*** be a good all-rounder; **2.** (*Berg2*) saddle; **3.** (*Nasen2*) bridge; **4.** *Schneiderei*: yoke; **~dach** *n* saddleback (roof); **~decke** *f* saddlecloth; **2fest** *adj.*: *fig.* ***in et. ~ sein*** be well up in, know one's *economics etc.*; **~gurt** *m* girth.

satteln *v/t.* saddle.

Sattel|nase *f* saddlenose; **~pferd** *n* saddle horse; **~platz** *m* paddock; **~schlepper** *m mot.* **1.** (*Sattelzug*) articulated lorry, F artic; *Am.* tractor-trailer, rig, F semi; **2.** (*Zugfahrzeug*) tractor; **~tasche** *f* saddlebag; **~zeug** *n* saddlery; **~zug** *m* articulated lorry, F artic; *Am.* tractor--trailer, rig, F semi.

Sattheit *f* **1.** ful(l)ness; sated feeling; **2.** *e-r Farbe*: richness; ***~ der Farben*** *a.* depth of colo(u)r; **3.** *contp.* complacency, smugness.

sättigen **I.** *v/t.* (*j-n*) feed, fill; (*Hunger*) satisfy (*a. fig.*); ⚗, † (*den Markt*) saturate; → ***gesättigt***; **II.** *v/i. Nahrung*: be filling; **sättigend** *adj.* filling; **Sättigung** *f* (*Sattsein*) satiety; ⚗, † *u. fig.* saturation.

Sättigungs|grad *m* degree of saturation; **~punkt** *m* ⚗, † *u. fig.* saturation point.

Sattler *m* saddler; **Sattlerei** *f* saddlery.

sattsam *adv.* more than enough; ***es ist ~ bekannt*** it's a well-known fact; ***wir haben es ~ oft gehört*** we've heard it often enough.

saturieren *v/t.* saturate; **saturiert** *adj. Bürgertum*: sated.

Satyr *m myth.* satyr.

Satz *m* **1.** sentence; *ling. a.* clause; **2.** *phls.* (*Lehr2*, *Grund2*) principle, tenet; **3.** A theorem; ***der ~ des Euklid*** Euclid's theorem; **4.** *typ.* (*das Setzen*) (type)setting; (*gesetzter Text*) composition; **5.** (*~ Briefmarken etc.*) set *of stamps etc.*; **6.** ♪ movement; **7.** (*Boden2*) sediment, dregs *pl.*; (*Kaffee2*) grounds *pl.*; **8.** *Tennis*: set; ***mit 3:2 Sätzen gewinnen*** win 3 sets to 2; **9.** (*Preis*, *Tarif2*) rate; ***zum ~ von*** at a rate of; **10.** (*Sprung*) leap, bound; ***e-n ~ machen*** (take a) leap; ***er war in vier Sätzen oben*** he was upstairs in four bounds; **~anweisung** *f typ.* printing (*od.* setting) instructions *pl.*; **~aussage** *f ling.* predicate; **~ball** *m Tennis*: set point; **~bau** *m* sentence construction; **~ergänzung** *f ling.* object; **~fehler** *m* misprint, printing error; **2fertig** *adj. typ.* ready for setting; ***~ machen*** copy-edit; **~gefüge** *n* compound sentence; **~gegenstand** *m ling.* subject; **~melodie** *f* intonation; **~rechner** *m typ.* (typesetting) computer; **2reif** *adj. typ.* ready for setting; **~spiegel** *m typ.* type area; **~teil** *m* part of a sentence; **~tisch** *m* occasional table.

Satzung *f* statute; ***~en*** *e-s Vereins etc.*: regulations, statutes and articles; **satzungsgemäß** *adj.* statutory, (*a. adv.*) in accordance with the statutes.

Satz|zeichen *n* punctuation mark; *pl. a.* punctuation *sg.*; **~zusammenhang** *m* context.

Sau *f* **1.** sow; **2.** F *contp. sl.* swine, (*Frau*) *sl.* bitch, slut; ***unter aller ~*** F lousy; ***et.*** (***j-n***) ***zur ~ machen*** F tear s.th. to pieces, (F let s.o. have it); ***bluten wie e-e ~*** bleed like a pig; ***die ~ rauslassen*** F let one's hair down, *sl.* have a (real) binge; ***keine ~ war da*** *sl.* not a sod was there; ***hier kennt sich doch keine ~ aus*** how are you supposed to find anything in this place; ***wie e-e gesengte ~*** like a lunatic, *fahren, rennen*: *a.* F like the clappers; **~arbeit** F *f* dirty work; (*schwere Arbeit*) *a* tough job.

sauber *adj.* clean; (*sorgfältig, ordentlich*) neat, *Arbeit*: *a.* decent; *Lösung, Plan etc.*: neat; (*anständig*) clean, decent; (*fehlerfrei*) perfect; *Sport*: *Schlag etc.*: clean; F *iro.* ***~!*** F (that's really) great; **~halten** *v/t.* (*a. Umwelt, Luft etc.*) keep *s.th.* clean.

Sauberkeit *f* cleanliness, cleanness; neatness; *fig. des Charakters*: integrity; **Sauberkeitsfimmel** *m* obsession with cleanliness (*od.* hygiene); (*Putzfimmel*) cleaning mania.

säuberlich **I.** *adj.* neat; *Trennung etc.*: *a.* clear, clean; **II.** *adv.* neatly; ***alles fein ~ ordnen*** a) put everything into its right place, b) make sure everything's neat and tidy.

saubermachen *v/t. u. v/i.* clean (up).

Saubermann *iro. m* Mr Clean.

säubern *v/t.* clean; (*Wunde*) cleanse; (*freimachen*) clear (**von** of); *fig., a. pol.* purge; **Säuberung** *f* **1.** clean(s)ing; clearing; **2.** → ***Säuberungsaktion.***

Säuberungs|aktion *f pol.* purge; ⚔ mopping-up operation; **~welle** *f pol.* series *pl.* (*od.* wave) of purges.

saublöd F *adj.* → ***saudumm.***

Saubohne *f* broad bean.

Sauce *f* → ***Soße***; **Sauciere** *f* sauce boat.

Saudiaraber(in *f*) *m*, **saudiarabisch** *adj.* Saudi (Arabian).

saudumm F *adj. Person*: F as thick as they come; *Sache*: really stupid; ***er ist ~*** *a. sl.* he's a real thicko; ***das ist ja ~!*** what a (F bloody) stupid thing to happen.

sauen *v/i.* make a mess.

sauer **I.** *adj.* sour (*a. Boden, Geruch, Milch, Sahne*); ⚗ acid; *Gurke*: pickled; F (*verärgert*) annoyed (**auf** *j-n* with, at), *stärker*: F mad (at); → ***Drops***; ***saurer Regen*** acid rain; ***~ werden*** a) turn sour, *Milch*: *a.* curdle, b) F *Person*: get cross; *fig.* ***ein saures Gesicht machen*** pull a long face; ***das ist ein saures Brot*** it's a hard life; ***es sich ~ werden lassen*** put a lot into it; → ***Apfel, Saures***; **II.** *adv.*: ***~ einlegen*** (*Heringe etc.*) pickle; ***es stößt mir ~ auf*** *Essen etc.*: it's giving me a sour taste in my mouth; *fig.* ***das wird ihm noch ~ aufstoßen*** that won't be the last he hears of it, he'll regret it yet; ***~ reagie-***

ren ⚗ give an acid reaction, *fig.* be annoyed *od.* mad (***auf*** at); *fig.* ***sein Brot ~ verdienen*** have to work hard for one's money; ***~ verdientes Geld*** hard-earned money; ***das wird mir ~ ankommen*** it's going to be tough; **𝔖ampfer** *m* ✿ sorrel; **𝔖braten** *m* sauerbraten; *marinated pot-roast.*
Sauerei *f* → ***Schweinerei.***
Sauer|kirsche *f* sour cherry; **~kohl** *m*, **~kraut** *n* sauerkraut.
Sauerländer(in *f*) *m* man (*f* woman) from the Sauerland; **sauerländisch** *adj.* Sauerland ..., from the Sauerland.
säuerlich *adj.* (slightly) sour (*a. fig.*); *bsd.* ⚗ acidulous.
Sauermilch *f* sour milk.
säuern *v/t.* (make) sour; (*Teig*) leaven.
Sauerrahm *m* sour cream.
Sauerstoff *m* ⚗ oxygen; **𝔖arm** *adj.* low in oxygen; *Luft*: *a.* rarefied; **~flasche** *f* oxygen cylinder; **~gerät** *n* oxygen apparatus; **𝔖haltig** *adj.* oxygenous; **~mangel** *m* oxygen starvation, ⚕ *a.* anox(a)emia; **~maske** *f* oxygen mask; **~schuld** *f Sport*: oxygen debt; **~zelt** *n* oxygen tent; **~zufuhr** *f* oxygen supply.
Sauerteig *m* sour dough, leaven.
Sauertopf F *m* F sourpuss; **sauertöpfisch** F *adj.* F grumpy.
Säuerung *f von Teig*: leavening.
Saufbruder F *m* **1.** → ***Säufer***; **2.** F drinking mate; **saufen** *v/t. u. v/i.* drink; V *Person*: F booze; (*Nichtalkoholisches*) F guzzle; ***~ wie ein Loch*** drink like a fish; **Säufer** *sl. m* F boozer, *sl.* dipso; **Sauferei** F *f* F boozing; → *a.* ***Saufgelage.***
Säufer|leber F *f* hobnail liver; **~nase** F *f* drinker's nose; **~stimme** F *f* F boozy voice.
Sauf|gelage *sl. n* drinking bout, F booze-up, soak; **~kumpan** *sl. m* F drinking mate.
Saufraß *sl. m* F muck.
Sauftour *sl. f sl.* binge.
Saugbagger *m* suction dredge(r).
saugen I. *v/i.* **1.** suck (***an et.*** [at] s.th.); *Baby*: *a.* suckle (at); **2.** (*Staub~*) vacuum, *Person*: do the vacuuming; *der neue Staubsauger* ***saugt gut*** (***schlecht***) picks up the dirt well (doesn't pick up the dirt properly); **II.** *v/t.* **3.** suck; *Wurzeln etc.*: absorb (***aus*** from), draw (out of); → ***Finger***; **4.** (*Teppich*) vacuum; (*Dreck*) pick up; **III.** *v/refl.*: ***sich voll*** (***Wasser*** *etc.*) ~ soak up as much water *etc.* as it can.
säugen *v/t.* nurse, breastfeed.
Sauger *m* **1.** dummy, *Am.* pacifier; *an der Flasche*: teat, *Am.* nipple; **2.** ⚙ suction apparatus; **3.** → ***Staubsauger.***
Säuger *m*, **Säugetier** *n* mammal.
saugfähig *adj.* absorbent; **Saugfähigkeit** *f* absorptive capacity.
Saug|flasche *f* feeding bottle; **~glocke** *f* ⚙ suction bell; ⚕ *bei Entbindung*: vacuum extractor; **~haken** *m* suction hook; **~heber** *m* siphon.
Säugling *m* baby, *formell*: infant.
Säuglings|alter *n* infancy; ***im ~*** in infancy, at a very young age, in the first few months; **~nahrung** *f* baby food(s *pl.*); **~pflege** *f* baby care; **~schwester** *f* baby nurse; **~station** *f* neonatal care unit; **~sterblichkeit** *f* infant mortality.
Saug|napf *m zo.* sucker; **~reflex** *m* sucking instinct.
saugrob F *adj.* F bloody rude (*od.* rough).
Saug|rohr *n* suction pipe; **~rüssel** *m e-s Insekts*: proboscis; **~wirkung** *f* sucking action.
Sauhaufen *contp. m* F bunch of no-goods.
Sauigel V *m sl.* dirty swine; **sauigeln** V *v/i.* talk smut.
säuisch F *adj.* dirty, filthy; → *a.* ***saumäßig*** I.
saukalt F *adj.* F bloody cold.
Saukerl V *m sl.* swine, bastard.
Säule *f* **1.** column; *a. fig.* pillar; **2.** *mot.* (*Zapf𝔖*) pump.
Säulen|diagramm *n Statistik*: bar chart; **~gang** *m* colonnade; **~halle** *f* columned hall; (*Vorbau*) portico; **~heilige(r)** *m* stylite, pillar saint; **~kaktus** *m* ✿ candelabra cactus; **~kapitell** *n* capital (of a *od.* the pillar); **~ordnung** *f* (columnal) order; ***korinthische*** *etc.* ~ Corinthian *etc.* order; **~tempel** *m* colonnaded temple; **~vorbau** *m* portico.
Saulus *m bibl.* Saul; *fig.* ***vom ~ zum Paulus werden*** undergo a Damascus (*od.* Pauline) conversion.
Saum *m* hem; (*Naht*) seam; (*Rand*) *a. fig.* border, edge.
saumäßig F **I.** *adj. verstärkend*: F damned; (*schlecht*) *sl.* lousy; ***er hatte ~es Pech*** F he was damned (*od.* bloody) unlucky; **II.** *adv. sl.* lousily; ***er singt ~*** he's a lousy singer.
säumen[1] *v/t.* hem; *fig.* line, (*umgeben*) skirt.
säumen[2] *lit. v/i. lit.* tarry.
säumig *adj.* late, tardy; ***~er Zahler*** defaulter.
Säumnis *n* dilatoriness; (*Verzug*) delay; (*Nichterfüllung*) default; **~zuschlag** *m* extra charge (for late payment).
Saum|pfad *m* mule track; **~pferd** *n* packhorse.
saumselig *adj.* slow, sluggish; (*trödelnd*) dawdling; (*hinausschiebend*) dilatory; (*nachlässig*) negligent; (*lässig*) slack.
Saumtier *n* pack animal.
Sauna *f* sauna; ***in die ~ gehen*** have (*od.* go for) a sauna.
Säure *f* **1.** sourness, *a.* ⚕ *im Magen*: acidity; **2.** ⚗ acid; **3.** *fig.* acrimony; **~attentäter** *m* acid thrower; **~bad** *n* acid bath; **𝔖beständig, 𝔖fest** *adj.* acid-proof, acid-resistant; **𝔖frei** *adj.* non-acid; **~gehalt** *m*, **~grad** *m* acidity.
Sauregurkenzeit F *f* off season; *Presse*: silly season.
säure|haltig *adj.* acid, acidic; **𝔖mantel** *m der Haut*: acid layer.
Saures *n*: F ***gib ihm ~!*** F let him have it!, *sl.* sock it to him!
Saurier *m* saurian.
Saus *m*: ***in ~ und Braus leben*** live on (*od.* off) the fat of the land.
Sause F *f* (*Zechtour*) F pub crawl; (*Trinkgelage*) F booze-up; ***e-e ~ machen*** a) go on a pub crawl, b) have a booze-up.
säuseln I. *v/i. Blätter*: rustle, *Wind*: murmur, whisper; **II.** *v/t. Person*: murmur.
sausen *v/i.* **1.** *Wind*: whistle, *stärker*: howl; *Geschoß etc.*: whistle, F whizz, *Am.* whiz; **2.** (*sich schnell bewegen*) rush, F whizz, *Am.* whiz; **3.** F ***durch e-e Prüfung ~*** fail (F flunk) an exam; **~lassen** F *v/t.* (*Gelegenheit*) pass up; (*Vorhaben*) give *s.th.* a miss; (*Person*) drop.
Sau|stall *m* pigsty (*a.* F *fig. Zimmer*); F *fig.* (*Unordnung*) absolute mess, *a* (F bloody) shambles; F *fig.* ***das ist ja ein ~ hier!*** this place is like a pigsty (*od.* is an absolute mess, a shambles); **~wetter** F *n* filthy (F bloody awful) weather; **~wirtschaft** F *f* complete chaos, *a* shambles; **𝔖wohl** F *adv.*: ***ich fühle mich ~*** F I feel really great.
Savanne *f* savanna(h).
Saxophon *n* saxophone; **Saxophonist** *m* saxophonist, sax(ophone) player.
S-Bahn *f* **1.** suburban train, *Am.* rapid transit; **2.** (*System*) suburban railway, *Am.* rapid transit; **S-Bahnhof** *m*, **S-Bahn-Station** *f* suburban train station, *Am.* rapid transit station.
SB|-Laden *m* **1.** self-service shop (*Am.* store); **2.** → **~-Markt** *m* (small) supermarket; **~-Tankstelle** *f* self-service petrol (*Am.* gas) station.
scannen *v/t. Computer*: scan; **Scanner** *m* scanner.
sch *int.* ssh!, shush!
Schabe *f zo.* cockroach, *Am.* roach.
Schabefleisch *n* minced meat, *Am.* ground meat, hamburger.
schaben *v/t.* scrape (*a.* ⚙); *auf Reibeisen*: grate, rasp; (*kratzen*) scratch; (*Felle*) shave.
Schaber *m mot.* scraper.
Schabernack *m* practical joke, prank(s *pl.*); ***~ treiben*** play pranks, get up to nonsense.
schäbig *adj.* **1.** (*abgenutzt*) shabby, tatty; (*armselig*) wretched, miserable; (*verkommen*) sleazy; **2.** (*geizig*) mean, stingy; (*gemein*) mean, rotten, shabby; *Trinkgeld etc.*: stingy, F pathetic.
Schabkunst *f* mezzotint.
Schablone *f* (*Mal𝔖*) stencil; ⚙ template; *fig. beim Reden u. Denken*: cliché; *beim Handeln*: set pattern, *beim Arbeiten*: *a.* fixed routine; *fig.* ***j-n in e-e ~ pressen*** pigeonhole s.o.
Schablonen|denken *fig. n* stereotyped thinking; **𝔖haft, 𝔖mäßig** *adj.* stereotyped; (*mechanisch*) mechanical; *nur attr.* routine(ly *adv.*); **~zeichnung** *f* stencil drawing.
Schabmesser *n* scraping knife.
Schabracke *f* **1.** (*Decke*) saddle cloth; **2.** *über Fenster*: pelmet, *Am.* valance.
Schach *n* **1.** chess; **2.** (*~stellung*) check; ***~!*** check!; ***~ und matt!*** checkmate!; ***j-m ~ bieten*** check s.o., *fig.* make a stand against s.o.; ***in ~ halten*** hold in check (*a. fig.*), *fig. mit der Pistole etc.*: *a.* cover; **3.** → ***Schachspiel***; **~aufgabe** *f* chess problem.
Schachbrett *n* chessboard; **𝔖artig I.** *adj.* chequered, *Am.* checkered; **II.** *adv.*: ***~ angelegt*** set out (*od.* arranged) like a chessboard; **~muster** *n* chequered (*Am.* checkered) pattern; ***im ~*** chequered, *Am.* checkered.
Schachcomputer *m* chess computer.
Schacher *m*, **Schacherei** *f* haggling; *bsd. pol.* horse trading; **schachern** *v/i.* haggle (***um*** about, over); ***~ mit*** *et.* trade.
Schach|figur *f* chessman, piece; *fig.* pawn; **~großmeister** *m* chess grandmaster; **𝔖matt** *adj.* (check)mate; *fig.* (*erschöpft*) exhausted, F dead beat; ***~ setzen*** *a. fig.* checkmate; **~meister** *m* chess champion; **~meisterschaft** *f* chess tournament (*od.* championship[s *pl.*]); **~partie** *f* game of chess; **~spiel** *n* **1.** (game of) chess; **2.** (*Brett u. Figuren*) chess set.
Schacht *m* shaft, ⚒ *a.* pit; (*Mannloch*) manhole.

Schachtel *f* box (*a. Streichholz*⁀, *Konfekt*⁀ *etc.*); (*Papp*⁀) *a.* carton, cardboard box; (*Schuhkarton*) shoebox; *für Hüte etc.*: bandbox; (*Zigaretten*⁀) packet, *Am.* pack; F *fig.* **alte ~** F old crow; **~halm** *m* ⚘ horsetail; **~satz** *m* involved period.

Schach|turnier *n* chess tournament; **~uhr** *f* chess clock; **~weltmeister** *m* world chess champion; **~weltmeisterschaft** *f* world chess championships *pl.*; **~zug** *m* move; **geschickter ~** *a. fig.* clever move (*od.* gambit).

schade *pred. adj.*: (**es ist sehr**) **~** it's a (great *od.* real) pity, F (it's) too bad; **wie ~** what a pity (*od.* shame); **es ist ~ drum** it's (such) a shame *od.* waste; **~, daß du schon gehen mußt** (it's a) pity you have to go so soon, *a.* can't you stay a bit longer?; **dafür ist es** (**er**) **zu ~** it's (he's) too good for that; **es ist für ihn viel zu ~** it'd be wasted on him; **um das** (**den**) **ist's nicht ~** it's (he's) no great loss; **es ist ~ um ihn** it's a (real) shame (with him); **dafür ist er sich zu ~** he thinks he's above that kind of thing; **er ist sich für nichts zu ~** he's not too proud for anything.

Schade *m* → **Schaden.**

Schädel *m* skull (*a.* F *Hirn, Kopf*); → *a.* **Kopf**; F e-n dicken **~** haben be stubborn (as a mule); **mir brummt der ~** my head is spinning (*vor Schmerz*: throbbing); F **j-m eins über den ~ geben** hit s.o. over the head; → **einschlagen** 2; **~(basis)bruch** *m* ⚕ fracture of the (base of the) skull; **~decke** *f anat.* cranium; **~höhle** *f* cranial cavity; **~knochen** *m* cranial bone.

schaden I. *v/i.* (*j-m, e-r Sache*) damage, harm (*a. Ruf, Beziehung etc.*); be harmful to, *bsd. gesundheitlich, psychisch etc.*: have a harmful effect on; (*nachteilig sein*) *a.* be detrimental to; **das schadet der Gesundheit** it's bad for your health; **es schadet mehr, als daß es nützt** it does more harm than good; **es kann doch nicht ~** there's no harm in it, is there?, it won't do any harm, will it?; **ein Versuch kann nicht ~** there's no harm in trying; **II.** *v/t.*: **das schadet nichts** it doesn't do any harm, (*macht nichts*) it doesn't matter; **das schadet ihm nichts** it won't do him any harm; **das schadet ihm gar nichts** (*geschieht ihm recht*) it serves him right; **es würde ihr** (**gar**) **nichts ~, wenn sie ...** it wouldn't do her any harm at all to *inf.*, it would do her good to *inf.*; **was schadet es schon, wenn ...** what does it matter if ...

Schaden *m* damage (**an** to); *bsd. körperlich*: injury, harm; (*Nachteil*) disadvantage; (*Verlust*) loss; (*Mangel*) defect; **~ nehmen** be damaged, *Person, Gesundheit etc.*: suffer; **e-n ~ am Knie haben** have a damaged knee, *bsd. nach Unfall*: have a knee injury; **zu ~ kommen** be hurt (*od.* injured); **nicht zu ~ kommen** not to come to any harm; **Personen kamen nicht zu ~** nobody was injured; **j-m ~ zufügen** do s.o. harm, → *a.* **schaden; es soll dein ~ nicht sein** it won't be to your disadvantage; **wer den ~ hat, braucht für den Spott nicht zu sorgen** the laugh's always on the loser; **durch ~ wird man klug** once bitten twice shy; F **ab mit ~** F good riddance.

Schadenersatz *m* compensation, indemnification; (*festgesetzte Geldsumme*) damages *pl.*; **~ fordern** (**leisten, erhalten**) claim (pay, recover) damages; **auf ~** (**ver**)**klagen** sue for damages; **~anspruch** *m*, **~forderung** *f* claim for damages; **~klage** *f* action for damages; **~leistung** *f* compensation; ⁀**pflichtig** *adj.* liable for damages.

Schaden|feststellung *f* assessment of damage; **~freiheitsrabatt** *m* no-claim bonus; **~freude** *f* malicious glee, gloating, schadenfreude; ⁀**froh** *adj.* gloating(ly *adv.*); **~meldung** *f* claim.

Schadens|begrenzung *f* damage limitation; **~fall** *m* claim.

Schadenversicherung indemnity insurance.

schadhaft *adj.* damaged; (*fehlerhaft*) defective, faulty; *Gebäude*: out of repair; *Rohr, Leitung*: leaking; *Zähne*: decayed.

schädigen *v/t.* damage, impair (*a. Ruf*); (*j-n*) harm; → *a.* **schaden**; **Schädigung** *f* damage (*gen.* to), impairment (of), injury (to).

schädlich *adj.* harmful, injurious (*dat. od.* **für** to); (*nachteilig*) detrimental (to); (*schlecht*) bad (for); *Stoffe, Gase etc.*: harmful, noxious; **es ist ~ für die Gesundheit** it's harmful to your health, it's a health hazard.

Schädling *m* pest; (*Pflanze*) *a.* destructive weed; **Schädlingsbekämpfung** *f* pest control; **Schädlingsbekämpfungsmittel** *n* pesticide.

schadlos *adj.*: **sich ~ halten** recoup o.s. (**für** for), **an**: recoup one's losses from *s.o.*, F make up for it with *s.th.*

Schadstoff *m* harmful (*od.* noxious) substance, pollutant; ⁀**arm** *adj.* low-emission, F clean *car*; **~ausstoß** *m* → **Schadstoffemission**; **~belastung** *f* pollution level; **~emission** *f* noxious emission; *mot.* car emission; ⁀**frei** *adj.* emission-free; **~gehalt** *m* concentration of harmful substances; **~normen** *pl.*, **~richtlinien** *pl.* emission standards.

Schaf *n* sheep (*a. pl.*); *fig.* F (*dummer Mensch*) F twit; *fig.* **schwarzes ~** black sheep ([**in**] **der Familie** of the family); **~bock** *m* ram.

Schäfchen *n* lamb; F *fig.* (*Dummerchen*) F silly billy; *pl.* (*a.* **~wolken** *pl.*) fleecy (*od.* cotton-wool) clouds; *fig.* **~ zählen** count sheep; **sein ~ ins trockene bringen** feather one's nest.

Schäfer *m* shepherd; **~hund** *m* sheepdog; (*Hunderasse*) Alsatian, German shepherd (dog).

Schäferin *f* shepherdess.

Schäferstündchen *n* (lovers') tryst.

Schaffell *n* sheepskin.

schaffen I. *v/t.* **1.** (*Bedingungen, Arbeitsplätze etc.*) create; (*Ärger, Unruhe, Verdruß etc.*) cause, *j-m*: *a.* give *s.o. trouble etc.*; **Ordnung ~** sort things out, *bsd. pol.* establish (some sort of) order; **Ruhe ~** get things under control, *bsd. pol.* establish order; **Rat ~** find a way (out); **Linderung ~** bring relief; **Klarheit ~** clarify the situation, *bei falscher Anschuldigung*: set the record straight; **sich Freunde** (**Feinde**) **~** make friends (enemies); **e-n neuen Rekord ~** set up a new record; **Platz für j-n ~** make room for s.o.; **er ist zum Lehrer wie geschaffen** he's a born teacher, he's made to be a teacher; **er ist für den Posten wie geschaffen** he's perfect (*od.* cut out) for the job; **2. ich habe damit nichts zu ~** I've got nothing to do with it, I wash my hands of it; **mit ihm will ich nichts zu ~ haben** I don't want anything to do with him; **3.** (*hinbringen*) take, (*hinstellen, -legen etc.*) *a.* put; **wie ~ wir das Bett nach oben?** how will we get the bed upstairs?; → **Hals, Weg, Welt**; **4.** (*Aufgabe etc.*) manage, (*Schulaufgabe*) do; (*Prüfung*) pass; **viel ~** (manage to) get a lot done; F **es ~** F make (*od.* do) it; **das wäre geschafft!** *Arbeit*: done it!, that's that!; *rechtzeitig*: made it!; **et. zeitlich ~** get s.th. done in time; **et. geldlich ~** have the money for s.th.; **ich schaffe das Essen nicht mehr** I can't eat any more; **er schafft es einfach nicht, pünktlich zu sein** he just can't bring himself to be punctual; **das hat noch keiner geschafft** a) that was brilliant, b) (*Überraschendes*) that's a new one, c) *Unfähigkeit*: that's unbeatable, that must be a record; **ihn schaffst du spielend** he's no match for you, F you can beat him with your hands tied behind your back; **5.** F **j-n ~** (*erschöpfen*) take it out of s.o.; *nervlich*: get s.o. down; **II.** *v/i.* **6.** (*tätig sein*) be active, work (hard); **7.** *bsd. dial.* (*arbeiten*) work; **8. sich zu ~ machen** potter about, **an** *e-r Sache*: busy o.s. with, *e-m Gerät etc.*: tinker about with, *unbefugt*: *a.* tamper with; **was habt ihr dort zu ~?** what d'you think you're doing (*od.* you're up to) there?; **9. j-m** (**schwer**) **zu ~ machen** give s.o. a hard time, *gesundheitlich*: *a.* F play s.o. up; **III.** ⁀ *n* work(s *pl.*); **sein künstlerisches ~** his artistic work, his (works of) art; **frohes ~!** *etwa* good luck, *iro. etwa* don't work too hard; **schaffend** *adj.*: **der ~e Mensch** creative man; **der ~e Geist** the creative spirit (*od.* mind).

Schaffens|drang *m* creative urge; (*Arbeitslust*) (great) urge to do s.th.; **~kraft** *f* **1.** creative power; **2.** energy and drive; **~periode** *f* artistic period; **~prozeß** *m* creative process.

Schaffleisch *n* mutton; ✝ sheepmeat.

Schaffner *m* conductor, (*Zug*⁀) *Brit. mst* guard; **Schaffnerin** *f* conductress.

Schaffung *f* creation *etc.*, → **schaffen** 1; (*Gründung*) *a.* establishment.

Schaf|garbe *f* ⚘ yarrow; **~herde** *f* flock of sheep; **~hirt** *m* shepherd; **~hürde** *f* sheepfold, sheepcote; **~leder** *n* sheepskin.

Schäflein *n* **1.** → **Schäfchen**; **2.** *pl. fig. e-s Pastors*: sheep, flock *sg.*

Schafott *n* scaffold; **j-n aufs ~ bringen** bring s.o. to the scaffold.

Schaf|pferch *m* sheepfold, sheepcote; **~schur** *f* sheepshearing.

Schaf(s)käse *m* sheep's milk cheese, feta cheese.

Schafskopf F *fig. m* F blockhead, numskull.

Schaf(s)|milch *f* sheep's milk; **~pelz** *m* sheepskin; *fig.* **Wolf im ~** wolf in sheep's clothing.

Schafstall *m* sheep shed.

Schaft *m* shaft; *e-s Gewehrs*: stock; *e-s Stiefels*: leg; *e-r Blume*: stalk; **~stiefel** *pl.* high boots.

Schaf|weide *f* sheep pasture; **~wolle** *f* sheep's wool; **~zucht** *f* sheep farming.

Schah *m hist.* Shah.

Schakal *m* jackal.

Schäkel *m* ⚙, ⚓ shackle.

schäkern *v/i.* joke around; (*flirten*) flirt.

schal *adj. Getränk*: flat; *fig.* (*abgeschmackt*) stale; (*reizlos*) dull, boring.
Schal *m* scarf.
Schälchen *n* (little *od.* small) bowl; dessert bowl.
Schale[1] *f von Eiern, Nüssen*: shell; *von Früchten*: skin, (*Abgeschältes*) peel; (*Hülse*) husk; *pl.* (*Kartoffel*2*n*) peelings; F ***sich in ~ werfen*** (*od.* ***schmeißen***) dress up, put on one's finery; *fig.* ***er hat e-e rauhe ~*** he's a rough diamond.
Schale[2] *f* (*Gefäß*) bowl; *flache*: dish; (*Waag*2) (scale)pan.
schälen I. *v/t.* (*Obst, Kartoffeln etc.*) peel; (*Hülsenfrüchte*) shell; (*Tomate*) skin; (*Bäume*) bark; **II.** *v/refl.*: ***sich ~*** *Bäume*: exfoliate; *Haut, Lackierung etc.*: peel (off); ***ich schäl' mich auf dem Rücken*** my back is peeling; ***sich aus der Kleidung ~*** peel off (one's clothes).
Schalen|bau(weise *f*) *m* ⚙ monocoque (△ shell) construction; **~obst** *n* nuts *pl.*; 🕮 indehiscent fruit; **~sitz** *m mot.* bucket seat; **~tier** *n* crustacean.
Schalk *m* rogue, (*bsd. Kind*) rascal; ***er hat den ~ im Nacken*** he's always up to tricks; ***ihm schaut der ~ aus den Augen*** he's always got a (mischievous) twinkle in his eye; **schalkhaft** *adj.* mischievous.
Schall *m* sound; *von Glocken*: ringing, peal; (*Widerhall*) echo; ***Name ist ~ und Rauch*** what's in a name?; **2absorbierend** *adj.* → ***schalldämpfend***; **~aufzeichnung** *f* sound recording; **~becher** *m* ♪ bell; **~boden** *m* ♪ soundboard; **~dämmung** *f* → ***Schalldämpfung***; **2dämpfend I.** *adj.* sound-absorbing; **II.** *adv.*: ***~ wirken*** act as a sound absorber; **~dämpfer** *m* sound absorber; *mot.* silencer, *Am.* muffler; *an Schußwaffen*: silencer; ♪ → ***Dämpfer***; **~dämpfung** *f* sound damping (*od.* absorption); *Raum, Gebäude*: soundproofing, sound insulation; **2dicht** *adj.* soundproof (*a. v/t.* ***~ machen***); **~druck** *m* sound pressure.
Schalleiter *m* (*getr.* ***ll-l***) sound conductor.
schallen *v/i.* resound; (*laut klingen*) ring; (*dröhnen*) boom; **schallend I.** *adj.* resounding; ***~es Gelächter*** loud laughter, peals (*spöttisch*: hoots) of laughter; ***~e Ohrfeige*** good box on the ears, *fig.* slap in the face; **II.** *adv.*: ***~ lachen*** roar with laughter.
Schall|geschwindigkeit *f* speed of sound; **~grenze** *f* → ***Schallmauer***; **2isoliert** *adj.* soundproofed; **~mauer** *f*: (***die ~ durchbrechen*** break the) sound barrier; **~messung** *f* ⚔ sound ranging; *Akustik*: sound level measurement; **~pegel** *m* noise level.
Schallplatte *f* record.
Schallplatten... → *a.* ***Platten...***; **~archiv** *n* record archives *pl.*; **~aufnahme** *f* (gramophone) recording; **~geschäft** *n* **1.** record shop; **2.** ⚚ record business; **~industrie** *f* record industry; **~produktion** *f* **1.** recording; **2.** (*Verfahren*) record production, making records; **~ständer** *m* record rack; **~vertrag** *m* recording contract.
schall|schluckend *adj.* sound-absorbing; **2trichter** *m am Lautsprecher*: cone; ♪ bell; **2wand** *f* baffle (board); **2welle** *f* sound wave.
Schalmei *f* ♪ shawm.
Schalotte *f* ⚘ shallot.

Schalt|anlage *f* switchgear; **~bild** *n* ⚡ circuit diagram; *mot.* gear-changing (*Am.* gearshifting) diagram; **~brett** *n* ⚡ switchboard, control panel; ✈ instrument panel, *mot a.* dashboard.
schalten I. *v/i.* **1.** ⚙, ⚡ switch (***auf*** to); *mit e-m Hebel*: shift the lever(s); *mot.* change (*od.* shift) gears; ***auf Grün*** *etc.* ~ *Ampel*: turn (*od.* change to) green *etc.*; ⚡ ***in Reihe*** (***parallel***) ~ connect in series (in parallel); ***~ zu*** *TV, Radio*: switch (*od.* go) over to; **2.** F *fig.* (*begreifen*) get the picture, catch on, F click; ***ich hab' zu langsam*** (*od.* ***spät***) ***geschaltet*** I was too slow, I didn't react quick(ly) enough; ***langsam ~*** (*dumm sein*) be slow on the uptake; **3.** (*handeln*) act; ***frei ~ und walten können*** be able to do as one likes (*od.* pleases); ***j-n ~ und walten lassen*** give s.o. a free hand; **II.** *v/t.* **4.** ⚙ switch, turn; (*bedienen*) operate; (*steuern*) control; *mot.* (*Gang*) change, shift; (*anlassen*) start; (*Hebel*) shift; (*Kupplung*) engage, (*aus~*) disengage; ⚡ a) (*um~*) switch, *durch Kabelführung*: wire, b) (*Verbindung herstellen*) connect; → ***anschalten, ausschalten***; **5.** (*zusätzlich einfügen*) fit in.
Schalter[1] *m* ⚡, ⚙, *mot.* switch; ⚡ (*Aus*2) cutout.
Schalter[2] *m Post, Bank etc.*: counter; *Flughafen*: desk; 🚂 ticket window; **~beamte(r)** *m* counter clerk; man (*f* lady) at the counter; 🚂 booking clerk; **~dienst** *m* counter duty; **~halle** *f* (main) hall; **~schluß** *m* closing time; ***~ ist um drei*** banks close (*od.* the bank closes) at three; **~stunden** *pl.* business hours.
schalt|faul *adj.* slow to change gears; **~freudig** *adj.* quick to change gears; **2gespräch** *n* hook-up, link-up; **2hebel** *m mot.* gear stick, *bsd. Am.* gearshift; ⚙, ✈ control lever; ⚡ switch lever; *fig.* ***an den ~n der Macht sitzen*** hold the reins of power, be sitting at the controls; **2jahr** *n* leap year; **2kasten** *m* switchbox; **2knüppel** *m* gear lever, *bsd. Am.* gearshift, *Am.* stick shift; **2kreis** *m* ⚡ circuit; **2pause** *f* intermission; **2plan** *m* ⚡ circuit diagram; **2pult** *n* control desk; **2stelle** *f pol.* powerhouse; **2tafel** *f* → ***Schaltbrett***; **2tag** *m* intercalary day; **2uhr** *f* timer.
Schaltung *f mot. als Bauteil*: gearshift assembly, *als Vorgang*: gear change, gearshift; ⚡ (*~saufbau*) circuitry, (*Verbindung*) connection(s *pl.*), (*Verdrahtung*) wiring
Schaltzentrale *f* control cent|re (*Am.* -er); *fig.* nerve cent|re (*Am.* -er); *pol.* powerhouse.
Schaluppe *f* ⚓ sloop.
Schalwild *n* hoofed game.
Scham *f* **1.** shame; ***keine ~ haben*** have no (sense of) shame; ***voller ~ über et. sein*** be filled with shame at s.th.; ***nur keine falsche ~!*** no need to pretend you're shy, *beim Essen etc.*: no need to hold back; ***vor ~ erröten*** blush (*od.* go red) with shame; **2.** *anat.* genitals *pl.*, private parts *pl.*; ***s-e ~ bedecken*** *a. lit.* cover *od.* hide one's shame (*od.* nakedness).
Schamane *m* shaman; **Schamanismus** *m* shamanism; **schamanistisch** *adj.* shamanistic.
Scham|bein *n anat.* pubic bone; **~berg** *m* → ***Schamhügel.***

schämen *v/refl.*: ***sich ~*** be *od.* feel ashamed (of o.s.); ***sich wegen*** (*od.* ***für***) ***et. ~*** be ashamed of (having done) s.th.; ***du solltest dich*** (***was***) ***~!*** you ought to be ashamed of yourself; ***schäm dich!, schämt euch!*** shame on you!; ***er schämt sich nicht zu*** *inf.* he's not ashamed to *inf.*, he has no qualms about *ger.*, ***es zuzugeben***: he's not ashamed to admit it, he admits it quite openly.
Scham|frist *f* period of grace; **~gefühl** *n* sense of shame; *körperliches*: (sense of) modesty; ***j-s ~ verletzen*** offend s.o.'s sense of decency; **~gegend** *f* pubic region; **~haare** *pl.* pubic hair *sg.*
schamhaft I. *adj.* bashful, *Mädchen*: *a.* blushing; (*prüde*) prudish; **II.** *adv.*: ***~ erröten*** blush with shame; *iro.* ***das verschweigst du jetzt ~*** you're keeping very quiet about that (now); **Schamhaftigkeit** *f* bashfulness; (*Prüderie*) prud-ishness.
Scham|hügel *m anat. der Frau*: mons veneris; *des Mannes*: mons pubis; **~lippen** *pl. anat.* labia, lips of the vulva.
schamlos *adj.* shameless; (*unsittlich*) indecent; *Beleidigung etc.*: brazen, *Lüge*: *a.* barefaced.
Schamott F *m* F junk.
Schamotte *f* fireclay.
Schampon *n*, **schamponieren** *v/t.* shampoo.
Schampus F *m* F champers, bubbly.
schamrot *adj.* red with shame (*od.* embarrassment); ***~ werden*** blush (with shame), go (very) red (with shame), colo(u)r up; **Schamröte** *f*: ***die ~ stieg ihm ins Gesicht*** he blushed with shame (*od.* embarrassment).
Schande *f* disgrace; (*Unehre*) *a.* shame; *j-m od. e-r Sache* ***~ machen*** be a disgrace to, bring shame on; F ***mach uns keine ~!*** F try not to disgrace us (*od.* the family name); ***zu m-r ~ muß ich gestehen*** I'm ashamed to admit; ***zu ihrer ~ muß gesagt werden, daß sie ...*** I'm afraid to admit (*od.* to have to say) that she ...; ***es ist e-e ~, wie soviel Papier einfach weggeworfen wird*** it's a disgrace (*od.* it's scandalous) to see all that paper just being thrown away.
schänden *v/t.* **1.** (*Ansehen etc.*) disgrace, dishono(u)r, bring dishono(u)r upon; **2.** (*entweihen*) desecrate, defile; **3.** *obs.* (*sexuell mißbrauchen*) violate, abuse.
Schandfleck *m* stain, blot; (*scheußlicher Anblick*) eyesore; (*Gebäude*) (architectural) eyesore, carbuncle; ***ein ~ auf s-r Ehre*** *a. hum.* a blot on his escutcheon (*od.* in his copybook); ***er ist der ~ der Familie*** he's the black sheep of the family, he's a disgrace to his family; ***ein ~ in der Landschaft*** a blot on the landscape.
schändlich *adj.* shameful, disgraceful; (*schmachvoll*) ignominious; *Lüge etc.*: scandalous; F (*unerhört, sehr schlecht*) disgraceful; ***ein ~er Lohn*** a pittance (of a wage); ***es ist ~, wie*** *a.* it's a disgrace how (*od.* to see).
Schand|mal *n* → ***Schandfleck***; **~maul** *n* **1.** wicked (*od.* malicious) tongue; **2.** (*Person*) wicked (*od.* malicious) gossip, slanderer; **~tat** *f* evil deed; F ***er ist zu jeder ~ bereit*** F he's good for a lark.
Schändung *f* **1.** *der Ehre etc.*: disgrace (*gen.* to); **2.** (*Entweihung*) desecration, defilement (*gen.* of); **3.** *obs. sexuelle*: abuse, violation (*gen.* of).

Schani *östr. m* a) policeman, b) waiter, c) (*Handlanger*) dogsbody.
Schank|erlaubnis *f*, **~konzession** *f* licen|ce (*Am.* -se) (to sell alcoholic drinks); **~raum** *m*, **~stube** *f* (public) bar; **~tisch** *m* bar.
Schanze *f* **1.** (*Sprung*2) ski jump; **2.** ⚔ entrenchment; **Schanzenrekord** *m Sport*: hill record.
Schar *f* (*Menge*) (great) crowd, swarms *pl. of people*; *von Vögeln*: flock, *von Rebhühnern*: covey; *von Damen, Rehen, Lerchen*: bevy; *von Ameisen*: army; *von Engeln*: host; ***e-e ~ von Kindern*** *etc. a.* hordes of children *etc.*; ***in (hellen) ~en*** in droves; ***die Rockfans kamen in ~en an*** *a.* hundreds (*od.* thousands) of rock fans flocked there, rock fans came in their hundreds (*od.* thousands).
scharen I. *v/t.*: ***um sich ~*** rally (round one); **II.** *v/refl.*: ***sich ~*** assemble, rally; ***sich ~ um*** crowd round, (*j-n*) rally round.
scharenweise *adv.* in droves *etc.*; → ***Schar.***
scharf I. *adj. allg.* sharp (*a. fig.*); *Essen*: hot, spicy, highly seasoned; *Essig*: strong; *Geruch*: acrid, pungent; *Säure*: caustic; *Senf*: hot; *Käse*: strong; *Alkohol*: strong, (*brennend*) sharp; *Waschmittel*: aggressive; *Ton*: piercing, shrill; *Munition*: live; (*jäh, abrupt*) abrupt, sharp; (*genau*) sharp; (*deutlich*) sharp, clear; (*streng, zurechtweisend*) sharp, severe; (*heftig*) hard; F (*geil*) *sl.* randy; ***~es Auge, ~er Blick*** sharp (*od.* keen) eye(s), keen eyesight; ***ein ~es Auge haben für*** have an eye (*od.* a good eye) for; ***~es Gehör*** sharp ears, keen sense of hearing; ***~er Beobachter*** keen observer; ***~e Bestrafung*** severe punishment; ***~er Gegensatz*** stark contrast; ***~er Gegner von*** sworn enemy of; ***~e Gesichtszüge*** clear-cut features; ***~er Kampf*** hard fight; ***~e Konkurrenz*** stiff competition; ***~e Kritik*** sharp (*od.* severe) criticism; ***~e Kurve*** sharp bend; ***~e Maßnahmen*** strict (*od.* stringent) measures; ***~er Protest*** fierce (*od.* sharp, vehement) protest; ***schärfsten Protest einlegen*** protest vehemently; ***~er Prüfer*** very strict (F tough) examiner; ***~er Ritt*** fast ride; ***~es Tempo*** hard (*od.* sharp) pace; ***~e Umrisse*** clear (*od.* sharp) outlines; ***~er Verstand*** keen (*od.* incisive) mind; ***~er Widerstand*** severe (*od.* stiff) opposition; ***~er Wind*** biting (*od.* cutting) wind; ***~e Zunge*** sharp tongue; ***die Luft ist ~*** there's a nip (*od.* bite) in the air; F ***das ist vielleicht ein ~es Zeug*** it really burns your throat; F ***~e Klamotten (~es Auto)*** F snazzy clothes (car); F ***das ist ja ~*** *sl.* get a load of that; F ***~ sein auf*** *j-n od. et.* be keen on, *stärker*: F be wild about; F ***ganz ~ darauf sein zu*** *inf. sl.* be dead keen on *ger.* (*od.* to *inf.*); → *a.* ***gestochen***; **II.** *adv.* sharply *etc.*; sharp; ***~ ablehnen*** flatly reject; ***~ anbraten*** fry to seal; ***~ bremsen*** brake hard, slam on the brakes; *j-n* ***~ anfassen müssen*** have to be very strict with; ***~ bewachen*** keep a close guard (*fig.* watch, eye) on; ***~ aufpassen*** pay close attention; ***~ durchgreifen*** take tough action (***bei*** against), ***bei:*** *a.* clamp down on; *phot.* ***~ einstellen*** focus; ***~ formuliert*** sharply-worded; ***~ nachdenken*** think hard, have a good think; ***denkt mal ~ nach*** put your thinking caps on (for a minute); ***~ schießen*** shoot with live ammunition; *fig.* ***in der Diskussion wurde ~ geschossen*** there were some sharp exchanges during the discussion; ***~ sehen (hören)*** have sharp eyes (ears); ***~ verurteilen*** severely condemn; ***~ ins Auge fassen*** fix *s.o.* with one's eyes, *fig.* take a close look at *s.o. od. s.th.*; ***~ nach rechts (links) gehen*** turn sharp right (left); ***~ rechts (links) fahren*** *unkontrolliert*: swerve *od.* veer to the right (left); → ***schärfen, scharfmachen.***
Scharfblick *m* perspicacity; **scharfblikkend** *adj.* → ***scharfsichtig.***
Schärfe *f* sharpness *etc.*; → ***scharf***; *der Sinne, des Verstands*: keenness, acuity; *e-s Arguments*: stridency; *opt.* definition; ***in aller ~*** in all strictness.
Scharfeinstellung *f* focus(s)ing; (*Vorrichtung*) focus(s)ing control.
schärfen I. *v/t.* sharpen (*a. fig.*); **II.** *v/refl.*: ***sich ~*** *Blick etc.*: sharpen, become keener (*od.* more acute).
Schärfentiefe *f phot.* depth of field (*od.* focus).
scharfkantig *adj.* sharp-edged.
scharfmachen F *fig. v/t.* **1.** ***~ gegen*** set (*od.* stir up) against; **2.** *sexuell*: *sl.* turn on; **Scharfmacher** *m pol.* agitator, rabble-rouser, *pl. a.* ginger group *sg.*; **Scharfmacherei** *f* agitation.
Scharf|richter *m* executioner; **~schießen** *n* ⚔ live shooting; **~schütze** *m* marksman; ⚔ sniper; **2sichtig** *adj.* sharp-sighted; *fig.* perspicacious.
Scharfsinn *m* astuteness, shrewdness; *bsd. pol.*, ✝ acumen; **scharfsinnig** *adj.* astute, shrewd.
scharf|umrissen *adj.* sharply defined; *fig.* clear-cut; **~züngig** *adj.* sharp-tongued.
Scharlach *m* **1.** (*Farbe*) scarlet; **2.** ⚕ scarlet fever; **2rot** *adj.* scarlet.
Scharlatan *m* charlatan, F fraud; (*Arzt*) charlatan, F quack.
Scharmützel *n* ⚔ *u. fig.* skirmish, brush.
Scharnier *n* hinge; **~gelenk** *n* hinge(d) joint.
Schärpe *f* sash.
scharren *v/t. u. v/i.* scrape (***mit den Füßen*** one's feet); scratch (*a. Huhn, Hund etc.*); *Pferd*: paw; → *a.* ***verscharren.***
Scharte *f* (*Kerbe*) notch, nick; → ***Schießscharte, Hasenscharte***; *fig.* ***e-e ~ auswetzen*** make amends.
scharwenzeln *v/i.* bow and scrape; ***um j-n ~*** dance attendance on s.o.
Schaschlik *n* kebab.
schassen F *v/t.* kick (F boot) out.
Schatten *m* **1.** (*kühlender ~, Dunkel*) shade; ***30 Grad im ~*** 30 degrees in the shade; ***~ spenden*** give (plenty of) shade; ***Licht und ~*** light and shade; ***im ~ stehen*** *a. fig.* be in the shade; ***in den ~ stellen*** put in(to) the shade, *fig. a.* outshine, eclipse, (*Erwartungen*) exceed; *fig.* ***ein ~ flog über sein Gesicht*** his face darkened; **2.** (*~bild*) shadow; ***e-n ~ werfen*** cast a shadow (***auf*** on; *a. fig.*); *fig.* ***große Ereignisse werfen ihre ~ voraus*** great events cast their shadows before; ***nicht der ~ e-s Verdachts*** not the slightest (cause for) suspicion; ***in j-s ~ stehen*** live in s.o.'s shadow; ***e-m ~ nachjagen*** chase butterflies; ***sich vor s-m ~ fürchten*** be frightened of one's own shadow; ***über s-n ~ springen*** overcome o.s.; ***man kann nicht über s-n eigenen ~ springen*** the leopard can't change its spots; ***er ist nur noch ein ~ seiner selbst*** he's a (mere) shadow of his former self; ***die ~ der Vergangenheit*** the spect|res (*Am.* -ers) (*od.* ghosts, shades) of the past; ***der ~ des Todes*** the shadow of death; ***j-m wie ein ~ folgen*** follow s.o. (around) like a shadow; **3.** (*Umriß, unklare Gestalt*) silhouette, (dark) shape; **4.** ⚕ *auf der Lunge etc.*: shadow (*a. unter den Augen*); **5.** (*ständiger Bewacher, Begleiter*) shadow; **6.** (*Geist*) shade; **~bild** *n* shadowgraph; **~boxen** *n* shadow-boxing; **~dasein** *n*: ***ein ~ führen*** (*od.* ***fristen***) live in the shadows.
schattenhaft *adj.* shadowy; *fig.* ***~e Erinnerung*** vague (*od.* shadowy) recollection; ***~e Vorstellung*** vague idea.
Schattenkabinett *n pol.* shadow cabinet.
schattenlos *adj.* without shade.
Schatten|morelle *f* morello; **~reich** *n myth.* realm of the shades.
schattenreich *adj.* shady.
Schatten|riß *m* silhouette; **~seite** *f* shady side; *fig.* (*Nachteil*) drawback; ***die ~ des Lebens*** the dark side of life; **2spendend** *adj.* shady; **~spiel** *n* shadow play; **~stelle** *f Radio*: blind spot; **~wirtschaft** *f* underground (*od.* black) economy.
schattieren *v/t.* shade; **Schattierung** *f* shading; (*Farbton*) shade, hue; *fig.* (*Nuance*) shade, nuance; *fig.* ***aller ~en*** of all shades (and colo[u]rs).
schattig *adj.* shady.
Schatulle *f* casket.
Schatz *m* **1.** treasure; **2.** *fig. pl.* (*Kunstschätze, persönliche Schätze etc.*) treasures; (*Reichtümer*) riches; **3.** ***ein ~ an Erfahrungen*** *etc.* a wealth of experience *etc.*; **4.** *als Kosewort*: love, darling, F sweetie; *Am.* honey, F hon; F ***du bist ein ~!*** you're an angel (*od.* a real dear); **~amt** *n* treasury; **~anweisung** *f* treasury note.
schätzbar *adj.* assessable; ***schwer ~*** difficult to assess.
Schätzchen F *n* → ***Schatz*** 4.
schätzen *v/t.* **1.** (*in etwa berechnen*) estimate, guess; ***ein Bild ~ lassen*** have a picture valued; ***et. auf 1000 Mark ~*** estimate s.th. at 1,000 marks; ***zu hoch ~*** overestimate; ***wie alt ~ Sie ihn?*** how old would you say he is?; ***ich hätte ihn älter geschätzt*** I'd have said he's older; ***schätz mal!*** (have a) guess!; ***grob geschätzt*** at a rough guess; **2.** F (*vermuten, annehmen*) reckon, *Am.* F guess; ***ich schätze, es dauert noch drei Tage*** I reckon (*od.* I'd say) it's going to take another three days; ***ich schätze, er ist bei s-r Familie*** I imagine he's (*od.* he's probably) with his family; **3.** (*hoch~*) think highly of, hold *s.o.* in high regard (*od.* esteem); (*würdigen*) appreciate; ***ich weiß es zu ~*** I can appreciate it, (*j-s Hilfe etc.*) I really appreciate it, (*den Wert e-s Objekts etc.*) I know what it's worth; → ***glücklich*** I, ***geschätzt*** 2; **4.** ✝, ⚖ value, assess (***auf*** at); **~lernen** *v/t.*: ***j-n ~*** come (*od.* begin) to appreciate what s.o. is worth; ***et. ~*** come *od.* begin to appreciate (*od.* value) s.th.
schätzenswert *adj.* commendable.
Schätzer *m* valuer; *Versicherung, Steuer*: assessor.
Schatzgräber *m* treasure hunter (*od.* seeker).

Schatzi(lein) *n* love, F sweetie(-pie), *Am.* honey, F hon.
Schatz|insel *f* treasure island; **~kammer** *f* treasury, treasure vault; **~kanzler** *m in GB*: Chancellor of the Exchequer, *in den USA*: Treasury Secretary; **~meister** *m* treasurer; *Schule, Universität*: bursar; **~papiere** *pl.* treasury certificates.
Schätzpreis *m* estimate, estimated price.
Schatz|suche *f* treasure hunt(ing); ***auf ~ gehen*** go on a treasure hunt, go treasure hunting; **~sucher** *m* treasure hunter (*od.* seeker).
Schätzung *f* **1.** estimate, guess; **2.** (*Würdigung*) appreciation; **3.** (*Hochachtung*) estimation, esteem; **4.** ✝, ⚖ valuation; *Versicherung, Steuer*: assessment; **schätzungsweise** *adv.* roughly; (*ich schätze*) I reckon, I would guess, I think; ***~ sieben Millionen Amerikaner*** an estimated seven million Americans; ***~ habe ich 300 Platten*** at a rough guess I'd say I had 300 records, I reckon I've got about 300 records; ***es werden ~ zehn Leute kommen*** there should be about ten people coming; ***wann wirst du es ~ fertig haben?*** when d'you think (*od.* reckon) you'll have it ready?
Schätzwert *m* estimated (*Steuer*: assessed) value.
Schau *f* (*Ausstellung*) show, exhibition; (*Fernseh*≈ *etc.*) show; *fig.* (*~effekte*) big show; ***nur zur ~*** only for show; ***zur ~ stellen*** (put on) display, exhibit; *fig.* (*Gefühle etc.*) display, parade; (*Wissen*) *a.* show off; F ***e-e ~ abziehen*** put on a big show; ***mach keine ~!*** stop showing off, (*stell dich nicht an*) don't make such a fuss, (*tu nicht so*) stop putting it on; ***alles an ihm ist ~*** he's all show; F ***er macht auf ~*** F he's just out to pull off a show; ***j-m die ~ stehlen*** steal the show from s.o., upstage s.o.; F ***der Wagen ist e-e ~*** the car's super; **~bild** *n* (*Diagramm*) diagram; (*vereinfachende Darstellung*) sketch; **~bude** *f* (show) booth; **~bühne** *f* stage.
Schauder *m* shudder; *vor Kälte*: shiver; ***ein ~ lief ihm den Rücken hinunter*** a shiver ran down his spine; **schaudererregend** *adj.* horrific; **schauderhaft I.** *adj.* horrible; dreadful (*a. fig. abscheulich*); **II.** F *adv.* (*sehr*) dreadfully; **schaudern** *v/i.* shudder (**vor** at); *vor Kälte*: shiver *with cold*; ***mich schaudert bei dem Gedanken*** I shudder at the thought, *stärker*: the thought of it sends shivers down my spine.
Schaueffekt *m* visual effect.
schauen *v/i.* → *a.* ***sehen, gucken, blikken***; **1.** look (**auf** at); ***~ auf*** *Fenster etc.*: look (out) onto; *fig.* (*auf Pünktlichkeit etc.*) set great store by; **2.** *böse etc.*: look; ***was schaust du so?*** what's up?, why are you looking like that?; ***die hat vielleicht geschaut!*** you should have seen (the look on) her face; **3.** *dial.* (*nachsehen*) have a look, look and see, go and see; ***schau mal, ob*** *a.* go and have a look (to see) whether; ***~ nach*** check up on, (*Blumen etc.*) look after, (*Kindern etc.*) keep an eye on; **4.** *dial.* (*zusehen*) ***schau, daß ...*** see (to it) that; ***schau, daß du fertig wirst*** *a.* F get a move on; ***die soll ~, daß sie's selber macht*** she can get on with it herself; **5.** *dial.* ***schau (mal), ...*** look ..., (you) see ...; **6.** *dial.* ***schau, schau!*** F well, what do you know!
Schauer *m* **1.** (*Regen*≈ *etc., a. fig.*) shower; **2.** → ***Schauder***; ≈**artig** *adj.*: ***~e Regenfälle*** showers, showery spells.
Schauergeschichte *f a. fig.* horror story; *fig. abschreckende*: *a.* scare story.
schauerlich *adj.* horrible, terrible (*a.* F *fig. schlecht*); (*markerschütternd*) *a.* blood-curdling.
Schauermann *m* docker, *Am.* longshoreman.
Schauermärchen *n* horror story; *fig. a.* scare story.
schauern *v/i.* → ***schaudern.***
Schauerroman *m* gothic novel.
schauervoll *adj.* → ***schauerlich.***
Schaufel *f* shovel, (*a. Kinder*≈) spade; *für Zucker etc.*: scoop; (*Kehricht*≈) dustpan; (*Rad*≈) paddle; (*Bagger*≈) scoop; (*Turbinen*≈) vane; (*Geweih*≈) palm; **~blatt** *n* (shovel) blade.
schaufeln *v/t. u. v/i.* shovel; (*Loch etc.*) dig; ***Schnee ~*** clear the snow away.
Schaufelrad *n* paddle wheel; *e-s Baggers*: bucket wheel; *e-r Turbine*: vane wheel.
Schaufenster *n* shop window; *fig.* showcase; ***im ~*** *mst* in the window; **~auslage** *f* window display; **~bummel** *m*: ***e-n ~ machen*** go window-shopping; **~dekorateur** *m* window dresser; **~dekoration** *f* window decorations *pl.*; **~diebstahl** *m* smash-and-grab raid; **~puppe** *f* dummy, mannequin; **~reklame** *f* shop-window advertising.
Schau|flug *m* aerial display; **~geschäft** *n* show business, F show biz; **~kampf** *m Sport*: exhibition fight; **~kasten** *m* showcase.
Schaukel *f* **1.** swing; **2.** (*Wippe*) seesaw; **~bewegung** *f* rocking motion.
schaukelig *adj.* **1.** *Überfahrt*: rough, *Autofahrt etc.*: *a.* bumpy; **2.** (*wacklig*) wobbly.
schaukeln I. *v/i.* swing (*a.* ***sich ~***); *im Wind*: sway; *Wiege, Schiff*: rock; (*wippen*) seesaw; **II.** *v/t.* swing; (*wiegen*) rock; F *fig.* (*zustande bringen*) F wangle; F *fig.* ***das ~ wir schon*** we'll manage (*od.* wangle) that somehow, we'll see to that (, don't you worry).
Schaukel|pferd *n* rocking horse; **~politik** *f* seesaw politics *pl.*; **~stuhl** *m* rocking chair.
Schaulaufen *n* exhibition skating.
Schaulust *f* curiosity, *contp.* sensation-seeking; **schaulustig** *adj.* curious; **Schaulustige(r** *m*) *f* onlooker, *contp.* gaper, gawker, sensation-seeker, *Am.* rubberneck; *pl. a.* crowds of onlookers.
Schaum *m* foam (*a.* ⚙, *Kunststoff*); (*Gischt*) spray; *auf Bier etc.*: froth, head; (*Geifer*) froth; (*Seifen*≈) lather; ***zu ~ schlagen*** beat (to a froth); *fig.* ***~ schlagen*** talk big; ***ihm stand der ~ vor dem Mund*** he was foaming (*od.* frothing) at the mouth; **~bad** *n* bubble bath; **~beton** *m* aerated concrete; **~blase** *f* bubble.
schäumen *v/i.* foam, froth; *Getränke*: bubble; *Bier*: foam; *Seife etc.*: lather; *fig.* ***vor Wut ~*** F foam.
Schaum|festiger *m* mousse; **~gebäck** *n* meringue(s *pl.*); ≈**gebremst** *adj.*: ***~e Waschmittel*** low-sud detergents; **~gold** *n* Dutch metal (*od.* gold).
Schaumgummi *m* foam rubber; **~matratze** *f* foam (rubber) mattress.
schaumig *adj.* frothy (*a. Bier*); *Seife*: lathery; *See*: foaming; *gastr.* ***~ schlagen*** beat to a froth, beat until frothy.
Schaum|kelle *f* → ***Schaumlöffel***; **~krone** *f e-r Welle*: (white) crest; *auf Bier*: head, froth; **~löffel** *m* skimmer; **~löscher** *m*, **~löschgerät** *n* foam extinguisher.
Schaumschläger *m* **1.** → ***Schneebesen***; **2.** F *fig.* F big mouth, *sl.* wind-up merchant; **Schaumschlägerei** F *fig. f* hot air.
Schaumstoff *m* ⚙ foam (rubber); **~matratze** *f* foam (rubber) mattress.
Schaum|teppich *m* foam carpet; **~wein** *m* sparkling wine.
Schau|packung *f* dummy (pack); **~platz** *m* scene; (*Veranstaltungsort*) venue; ***~ der Handlungen ist*** a) the events are set (*od.* take place) in, b) the story (*od.* play, novel *etc.*) is set in; → ***Kriegsschauplatz***; **~prozeß** *m* ⚖ show trial.
schaurig *adj.* spine-chilling; (*unheimlich*) weird, F creepy; F (*gräßlich*) awful, dreadful, *stärker*: horrific.
Schauspiel *n* **1.** *thea.* play; drama; **2.** *fig.* spectacle, sight; ***ein ~ der Natur*** one of nature's spectacles.
Schauspieler *m* actor; *fig. contp.* (play-)actor; **~beruf** *m* acting career, career as an actor (*od.* actress); acting.
Schauspielerei *f* acting; *fig.* play-acting.
Schauspielerin *f* actress.
schauspielerisch *adj.* theatrical; acting *talent etc.*; ***ihre ~en Leistungen*** her theatrical achievement(s).
schauspielern *fig. v/i.* play-act, put on an act.
Schauspiel|haus *n* theat|re (*Am. a.* -er); **~kunst** *f* dramatic art; **~schule** *f* drama school; **~schüler** *m* drama student; **~unterricht** *m* drama lessons (*od.* classes) *pl.*
Schau|steller *m* (fairground) showman; **~stück** *n* showpiece; perfect example; **~tafel** *f* → ***Schaubild***; **~turnen** *n* gymnastic display.
Scheck *m* ✝ cheque, *Am.* check (**über** for); → ***ausstellen*** 2 *etc.*; **~betrug** *m* cheque (*Am.* check) fraud; ***wegen ~s*** *a.* for signing bad cheques (*Am.* checks); **~betrüger** *m* F cheque (*Am.* check) bouncer.
Scheckbuch *n* chequebook, *Am.* checkbook; **~journalismus** *m* chequebook (*Am.* checkbook) journalism.
Schecke *m* piebald.
Scheck|fälscher *m* cheque (*Am.* check) forger; **~formular** *n* cheque (*Am.* check) form; **~heft** *n* chequebook, *Am.* checkbook.
scheckig *adj. Pferd*: dappled; *Haut*: blotchy.
Scheck|karte *f* cheque (*od.* banker's, *Am.* check) card; **~verkehr** *m* cheque (*Am.* check) transactions *pl.*
scheel *adv.*: ***j-n ~ ansehen*** look askance at s.o.
Scheffel *m* bushel; *fig.* ***sein Licht unter den ~ stellen*** hide one's light under a bushel; **scheffeln** F *v/t.* (*Geld*) F rake in; ***das Geld ~*** *a.* be raking it in.
Scheibchen *n Käse etc.*: small (*od.* little) slice; ≈**weise** *fig. adv.* little by little, bit by bit.
Scheibe *f* disc (*a.* F *Schallplatte*); *Brot, Wurst etc.*: slice; (*Glas*≈) pane; → ***einschmeißen***; (*Schieß*≈) target; (*Hokkey*≈) puck; ⚙ disc, plate; (*Blättchen*) lamella; (*Schleif*≈, *Töpfer*≈) wheel;

(*Dichtungs*2) gasket; (*Unterleg*2) washer; → ***Windschutzscheibe***; F ***schwarze ~n*** (*Schallplatten*) F vinyl; F ***~!*** F sugar!; ***manche Leute glauben heute noch, die Erde sei e-e ~*** some people still think the earth is flat; *fig.* ***von ihm kannst du dir e-e ~ abschneiden*** you could learn a thing or two from him, you could take a leaf out of his book.

Scheiben|bremse *f* disc brake; **~brot** *n* sliced bread; **~gardine** *f* net curtain; **~hantel** *f Sport*: barbell; **~heizanlage** *f* demister; **~honig** *m* **1.** comb honey; **2.** F *int.* → **~kleister** F *int.* F sugar!; **~kupplung** *f* disc clutch; **~schießen** *n* target practi|ce (*Am.* -se); **~waschanlage** *f*, **~wascher** *m mot.* windscreen (*Am.* windshield) washer.

scheibenweise *adv.* in slices.

Scheibenwischer *m mot.* windscreen (*Am.* windshield) wiper; **~blatt** *n mot.* windscreen (*Am.* windshield) wiper blade.

Scheich *m* sheik(h); F (*Freund*) F bloke, *sl.* fella; **Scheichtum** *n* sheik(h)dom.

Scheide *f* **1.** *anat.* vagina; **2.** (*Futteral*) sheath (*a.* ✿); (*Schwert*2) *a.* scabbard; ***das Schwert aus der ~ ziehen*** draw one's sword.

scheiden I. *v/t.* (*trennen*) separate (*a.* ⚗), divide; ⚖ (*Eheleute*) divorce; (*Ehe*) dissolve; ***sich ~ lassen*** get a divorce, get divorced; ***sie will sich ~ lassen*** she wants a divorce; **II.** *v/i.* (*auseinandergehen*) part; (*abreisen*) depart, leave; ***aus dem Dienst ~*** retire from service, resign; ***aus dem Amt ~*** retire from office; ***aus dem Berufsleben ~*** retire from working life; ***aus dem Leben ~*** pass away; **III.** *v/refl.*: ***sich ~*** separate; *fig.* ***hier ~ sich die Geister*** (*od.* ***Meinungen***) opinions are divided on that; → ***geschieden.***

Scheidenabstrich *m* ✱ (vaginal) smear test.

scheidend *adj.* outgoing *prime minister etc.*

Scheidenentzündung *f* inflammation of the vagina, vaginitis.

Scheide|wand *f* partition; *fig.* barrier; **~wasser** *n* ⚗ aqua fortis, nitric acid; **~weg** *m*: *fig.* ***am ~ stehen*** be standing at a crossroads, be faced with a difficult decision.

Scheidung *f* **1.** separation; **2.** ⚖ *e-s Ehepaares*: divorce; *e-r Ehe*: dissolution *of a marriage*; ***die ~ einreichen*** file for divorce; ***in ~ leben*** be separated, be getting a divorce.

Scheidungs|anwalt *m* divorce lawyer; **~grund** *m* grounds *pl.* for divorce; **~klage** *f* libel for divorce; **~prozeß** *m* divorce proceedings *pl.* (*od.* suit); **~recht** *n* divorce legislation; **~richter** *m* divorce judge; **~urteil** *n* decree of divorce; **~vertrag** *m* separation (*od.* divorce) agreement.

Schein¹ *m* (*Licht*) light; *gedämpft*: glow; (*Lichtstrahl*) flash; → *a.* **Glanz.**

Schein² *m* (*Zettel*) slip; (*Bescheinigung*) certificate; → *a.* ***Seminarschein***; (*Geld*2) (bank) note, *Am. a.* bill.

Schein³ *fig. m* (*Anschein*) appearance; (*Aussehen*) air, look; ***et.*** **(*nur*)** ***zum ~ tun*** pretend to do s.th.: ***den ~ wahren*** keep up appearances; ***dem ~ nach*** **(*zu urteilen*)** to all appearances; ***der ~ trügt*** appearances are deceptive, you can't always go by appearances; → *a.* ***Anschein.***

Schein... *in Zssgn oft* apparent, mock; sham; *a.* ⚖ fictitious; *a.* ✱ pseudo; **~amateur** *m Sport*: shamateur; **~angriff** *m* feint, *a. fig.* mock attack (***auf*** on); **~argument** *n* specious argument; **~asylant** *m* non-genuine refugee; *weitS.* economic refugee (*od.* migrant).

scheinbar I. *adj.* seeming, *a. Widerspruch*: apparent; (*vorgeblich*) *Interesse etc.*: feigned, *Grund etc.*: ostensible; **II.** *adv.* it seems ..., seemingly; on the face of it; → *a.* ***anscheinend***; ***es hat ihn ~ nicht berührt*** it didn't seem to bother him.

Schein|blüte *f der Wirtschaft*: sham boom; *der Kultur*: apparent heyday; ***e-e ~ durchlaufen*** go through what seems to be a heyday (*od.* boom); **~dasein** *n* excuse for living; **~ehe** *f* sham marriage.

scheinen¹ *v/i.* shine; (*glänzen*) gleam.

scheinen² *v/i.* (*den Anschein haben*) seem, appear; ***es scheint mir*** it seems to me, I have the impression; ***er scheint nicht zu wollen, mir scheint, er will nicht*** he doesn't seem to want to; ***es scheint nur so*** it only seems (*od.* looks) like it *od.* that way; ***er scheint dazusein*** he seems to be there, it looks as if he's there; ***wie es scheint*** as it seems, *am Satzanfang*: it seems, it would seem.

Schein|firma *f* dummy (*od.* bogus) company; **~friede** *m* hollow peace; **~gefecht** *fig. n* pillow fight; **~geschäft** *n* bogus transaction.

scheinheilig *adj.* hypocritical; ***~ tun*** act the innocent; **Scheinheiligkeit** *f* hypocrisy; falseness.

scheinkrank *adj.*: ***~ sein*** pretend to be sick, malinger; **Scheinkranke(r)** *m* malingerer.

Schein|manöver *n* dummy manoeuvre (*Am.* maneuver); **~schwangerschaft** *f* false pregnancy; **~tod** *m* suspended animation, apparent death; **2tot** *adj.* in a state of suspended animation, seemingly dead; F ***er ist ja schon ~*** (*ziemlich alt*) F he's got one foot in the grave already; **~welt** *f* dream world.

Scheinwerfer *m* floodlight; *thea.* spotlight; (*Such*2) searchlight; *mot.* headlight, headlamp; **~licht** *n* spotlight; *fig.* limelight; *fig.* ***im ~ der Öffentlichkeit stehen*** be very much in the public eye (*od.* limelight).

Scheinwiderstand *m* ⚡ apparent resistance (*od.* impedance).

Scheiß... V *in Zssgn* F damn(ed), bloody, V fucking; **~dreck** V *m* → ***Scheiße*** 2.

Scheiße V *f* **1.** (*Kot*) V shit; **2.** *fig.* (*Mist*) *sl.* crap, V bullshit; (*Schlamassel*) F bloody (*Am.* goddam) mess; (*ärgerliche Situation*) F bloody (*Am.* goddam) nuisance; ***in der ~ sitzen*** F be in the soup; ***~!*** *sl.* bloody hell!, V shit!

scheißegal V *pred. adj.*: ***das ist*** **(*mir*)** ***~!*** F I don't give a damn (V shit)!

scheißen V *v/i.* V shit; ***scheiß drauf!*** F to hell with it!, V fuck it!; ***scheiß auf ...*** V sod ...; **Scheißer** V *m* → ***Scheißkerl***; ***kleiner ~*** V little bugger; **Scheißerei** V *f* (*Durchfall*) V *the* shits *pl.*

scheißfreundlich F *adj. sl.* (as) friendly as hell.

Scheiß|haus V *n* V shithouse; **~kerl** V *m sl.* (bloody) bastard, turd, *Am.* son of a bitch; **~wetter** F *n* F godawful weather; **(*so ein*) *~!*** *sl.* what bloody awful weather.

Scheit *n*: ***~ Holz*** piece of wood; *großes*: log.

Scheitel *m* (*Haar*2) parting; ***e-n ~ ziehen*** → ***scheiteln***; ***vom ~ bis zur Sohle*** from top to toe, every inch *a gentleman*; → ***Scheitelpunkt***; **~käppchen** *n* skullcap.

scheiteln *v/t.*: ***das Haar ~*** make a parting; → ***gescheitelt.***

Scheitelpunkt *m* ∡ vortex, apex; *ast.* zenith; *fig.* peak, apex; *fig.* ***auf dem ~ s-s Ruhms*** at the height (*od.* summit) of his fame.

Scheiterhaufen *m* funeral pyre; *hist.* ***auf dem ~ verbrannt werden*** be burnt at the stake.

scheitern I. *v/i.* fail (***an*** because of), come to grief; *Pläne*: *a.* come to nothing, be thwarted (***an*** by); *Verhandlungen*: fail, break down; *Sport*: *a.* be defeated (***an*** by); *Ehe*: break down, fail, *a. Unternehmen*: fall apart; ***daran ist er gescheitert*** that was his undoing; ***~ lassen*** (*Vertrag*) sink; → ***gescheitert***; **II.** 2 *n* failure, breakdown, defeat; → ***scheitern***; ***zum ~ bringen*** frustrate, thwart; ***zum ~ verurteilt*** doomed to fail(ure).

Schellack *m* shellac.

Schelle *f* **1.** (*Glöckchen*) bell; ♪ *pl.* sleighbells; **2.** ⚙ clamp, clip; **3.** *dial.* clip round the ears; **4.** ***~n*** *Kartenspiel*: diamonds; **schellen** *v/i.* ring (the bell); ***es hat geschellt*** the doorbell just rang, there's somebody at the door.

Schellen|baum *m* ♪ Turkish crescent, pavillon chinois; **~bube** *m Kartenspiel*: knave of diamonds; **~kappe** *f* fool's cap; **~könig** *m Kartenspiel*: king of diamonds; **~trommel** *f* tambourine.

Schellfisch *m* haddock.

Schelm *m* rogue, (*bsd. Kind*) rascal.

Schelmen|roman *m* picaresque novel; **~streich** *m* practical joke, prank.

schelmisch *adj.* roguish, *Kind*: impish.

Schelte *f* telling-off, scolding; *in Zssgn* bashing, *z. B.* ***Gewerkschaftsschelte*** union-bashing; ***~ bekommen*** get a telling-off (*od.* scolding); **schelten I.** *v/t. u. v/i.* scold (***wegen*** for); ***j-n e-n Taugenichts ~*** call s.o. a good-for-nothing; **II.** F *v/refl.*: ***und er schilt sich Lehrer*** and he calls himself a teacher.

Schema *n* (*System*) pattern, system; (*Entwurf*) sketch, plan; (*graphische Darstellung*) diagram; ***nach e-m bestimmten ~ arbeiten*** work according to a fixed (*od.* set) pattern; ***es läßt sich in kein ~ pressen*** it doesn't fit into any pattern (*od.* scheme); ***nach ~ F*** without putting any real thought into it; ***ein Aufsatz*** *etc.* ***nach ~ F*** a very cut and dried essay *etc.*; **~brief** *m* sample letter.

schematisch I. *adj.* **1.** *Zeichnung etc.*: schematic; ***~e Darstellung*** *a.* diagram; **2.** *Arbeit etc.*: mechanical, rote ...; **II.** *adv.* **3.** ***~ darstellen*** illustrate in (*od.* by means of) a diagram, draw a diagram of; **4.** ***~ arbeiten*** *etc.* work *etc.* by rote; **schematisieren** *v/t.* schematize; **Schematismus** *m* schematism.

Schemel *m* (foot)stool.

Schemen *m* **1.** silhouette, outline; (*Schatten*) shadow; ***man sah sie nur als ~*** you could only make out their general shape, you could only see them in outline; **2.** (*Gespenst*) spect|re (*Am.* -er); **schemenhaft I.** *adj.* shadowy; ghostly; **II.** *adv.*: ***sich ~ abzeichnen gegen*** be outlined (*od.* silhouetted) against.

Schenke *f* inn, tavern.

Schenkel *m* (*Ober*2) thigh; → ***Unterschenkel***; & *e-s Winkels*: side; *e-s Zirkels*: leg, *e-r Schere*: shank; ***sich auf die ~ schlagen*** slap one's thighs; **~bruch** *m* ⚕ fractured thigh; **~druck** *m Reitsport*: leg (*od.* knee) pressure; **~hals** *m anat.* neck of the femur; **~hilfe** *f Reitsport*: leg aid; **~knochen** *m* femur, thighbone.

schenken *v/t.* give (as a present); ⚖ donate; ***j-m et. ~*** give s.o. s.th. (as a present); ***et. geschenkt bekommen*** get s.th. (as a present); ***j-m et. zum Geburtstag*** *etc.* **~** get s.o. a birthday *etc.* present, get s.o. s.th. for his (*od.* her) birthday *etc.*; ***was soll ich ihm ~?*** what should I get (for) him?; ***sie ~ sich nichts zu Weihnachten*** they don't give each other Christmas presents; ***ich möchte nichts geschenkt haben*** I don't want any presents, *fig. a.* I don't want any special treatment; *fig.* ***sich et. ~*** (*weglassen*) F skip s.th., give s.th. a miss; F ***den Film kannst du dir ~!*** you can forget that film, you needn't bother about that film; ***ihm ist nichts geschenkt worden*** he had to fight for everything he's got; ***sie schenkten sich nichts*** *Rivalen etc.*: they went at it hammer and tongs, F they had a real go at each other; → ***Aufmerksamkeit, Gehör, geschenkt, Glaube, Leben, Vertrauen*** *etc.*; **Schenkung** *f* gift; ⚖ *mst* donation (**an** to).

Schenkungs|steuer *f* capital transfer tax, gift tax; **~urkunde** *f* deed of donation.

scheppern F *v/i.* rattle, clatter; ***da hat's gescheppert*** *Autounfall*: there's been a bit of a smash there; ***jetzt hat's gescheppert*** *Streit*: *sl.* he's (*od.* she's) copped it now.

Scherbe *f* **1.** piece (of broken glass *etc.*); *pl. a.* broken glass *sg.* (*od.* pottery *sg. etc.*); ***in ~n schlagen*** smash (to pieces); ***in ~n gehen*** get broken, *fig. Ehe etc.*: break up; *fig.* ***die ~n zusammenkehren*** pick up the pieces; ***es hat ~n gegeben*** *beim Streit*: sparks flew; **2.** (*Ton*2) potsherd.

Scherben|gericht *n* ostracism; **~haufen** *m* pile of broken glass *etc.*; *fig. e-r Politik*: sad remains *pl.*

Scherblatt *n* shaving blade.

Schere *f* **1.** (***e-e ~*** a pair of) scissors *pl.*; **2.** *zo. e-s Krebses etc.*: claw, pincer; **3.** *Ringen, Turnen*: scissors *pl.*; *Fußball*: scissors kick; **4.** (*Preis*2 *etc.*) scissors *pl.*

scheren[1] *v/t.* (*Schaf*) shear; (*stutzen*) trim; (*Haare*) *a.* cut; (*Hecke*) clip, prune; ***sich e-e Glatze ~*** shave one's head, shave all one's hair off.

scheren[2] F **I.** *v/t.* **1.** ***das schert mich nicht*** that doesn't worry me; ***was schert mich das?*** what do I care?, F so what?; **II.** *v/refl.* **2.** ***sich nicht um et. ~*** not to care (*od.* bother) about s.th., (*nicht beachten*) (completely) ignore s.th.; ***ich scher' mich e-n Dreck darum*** F I don't give a damn; **3.** ***sich ~*** F clear off, *sl.* beat it; ***scher dich!*** *a.* F get lost!; ***scher dich zum Teufel!*** *a. sl.* go to hell!

Scheren|blatt *n* scissor blade; **~gitter** *n* ⚙ worm (*od.* snake) fence; **~schlag** *m* scissors kick; **~schleifer** *m* knife grinder; **~schnitt** *m* silhouette, cut-out.

Schererei F *f a. pl.* trouble; ***j-m viel ~en machen*** give s.o. no end of trouble; ***es gab wieder ~en*** there were the usual problems.

Scherflein *n* mite; ***sein ~ beisteuern*** give one's mite, *fig.* do one's bit.

Scherge *m* henchman.

Scher|kopf *m* shaving head; **~maschine** *f* shearing machine; **~messer** *n* shearing knife (*Klinge*: blade).

Scherz *m* joke; ***schlechter*** (*od.* ***übler***) **~** bad joke; **~ *beiseite*** seriously (now), (no,) seriously, though; (***ganz***) ***ohne ~*** F I'm not kidding, I kid you not; ***im ~, zum ~*** for fun, as a joke; (***s-n***) ***~ treiben mit*** make fun of; F ***mach keine ~e!*** F you're kidding; F ***und ähnliche ~e*** and what have you; **~artikel** *m* joke article; **~bold** *m* joker.

scherzen *v/i.* joke (***über*** about), make jokes (about); ***Sie ~!*** you're joking, of course; ***mit ihm ist nicht zu ~*** he's not to be trifled with; ***damit ist nicht zu ~*** it's not to be taken lightly; ***ich scherze nicht*** F I'm not kidding, I kid you not.

Scherzfrage *f* riddle, conundrum.

scherzhaft *adj.* joking; (*humorvoll*) humorous; (*komisch*) funny; ***das war nur e-e ~e Frage*** it wasn't (meant to be) a serious question.

Scherz|keks F *m* joker; **~name** *m* nickname.

Scherzo *n* scherzo.

Scherzwort *n* witticism, witty comment.

scheu I. *adj.* shy; (*ängstlich*) timid; (*zurückhaltend*) reserved; ***~ machen*** startle, frighten; **~ *werden*** *Wild*: take fright, *Pferd*: shy (***durch*** at); F ***mach mal nicht die Pferde ~!*** F keep your shirt on!; **II.** 2 *f* shyness; timidity; reserve; (*Ehrfurcht*) awe; ***sie zeigten keine ~*** *Tiere*: they weren't at all afraid.

scheuchen *v/t.* scare (off), frighten (away); (*wegjagen*) chase away; (*antreiben*) chase (after).

scheuen I. *v/i. Pferd etc.*: shy, take fright; **II.** *v/refl.*: ***sich ~, et. zu tun*** be afraid of doing (*od.* to do) s.th., (*zurückschrecken*) shy away (*od.* shrink) from doing s.th.; ***sich nicht ~ zu*** *inf.* not to be afraid to *inf.*, *contp.* dare to *inf.*, F have the nerve to *inf.*; ***er scheut sich vor nichts*** he's not afraid of anything, *contp.* he'd do anything; **III.** *v/t.* shun, avoid; (*fürchten*) shy away from; ***keine Kosten*** (***Mühe***) **~** spare no expense (pains); ***er scheute den langen Weg nicht*** he wasn't put off by the long walk (*od.* journey).

Scheuer|bürste *f* scrubbing brush; **~lappen** *m* floor cloth; **~leiste** *f* skirting board, *Am.* base board; **~mittel** *n* scouring agent.

scheuern I. *v/t.* scour, scrub; (*auf~*) chafe; F ***j-m eine ~*** F give s.o. a clout round the ears; F ***eine gescheuert kriegen*** get a clout round the ears; **II.** *v/i. Kragen etc.*: chafe; ***am Hals ~*** chafe at the neck.

Scheuer|sand *m* scouring powder; **~tuch** *n* floor cloth.

Scheuklappen *pl.* blinkers (*a. fig.*), *Am.* blinders; *fig.* **~ *vor den Augen haben*** have blinkers on, be blinkered; ***mit ~ herumlaufen*** (*od.* ***durchs Leben gehen***) go around with blinkers on; **~mentalität** *f* blinkered vision (*od.* mentality).

Scheune *f* barn.

Scheunen|drescher *m*: F ***essen wie ein ~*** eat like a horse; **~tor** *n* barn door; → ***Ochse.***

Scheusal *n* monster (*a. fig. Person*); (*bsd. Kind*) horror, little beast.

scheußlich I. *adj.* horrible, dreadful (*beide a.* F *fig.*); *Aussehen*: *a.* hideous; (*abstoßend*) *a.* revolting; F *Wetter etc.*: F awful, rotten; F ***e-e ~e Erkältung*** *etc. a.* the most awful cold *etc.*; ***es schmeckt ~*** *a.* it tastes something awful; **II.** F *adv. unbequem etc.*: dreadfully, terribly; ***~ kalt*** *a.* F rotten cold.

Schi(...) *m* → ***Ski(...).***

Schicht *f* **1.** layer; *geol.* stratum (*pl.* strata); ⚒ bed; *Farbe*: coat(ing), layer; *Öl*: film; *phot.* emulsion; *fig.* (*Gesellschafts*2) class, *pl. a.* social strata; ***breite ~en*** *der Bevölkerung* large sections; ***die gebildete ~*** the educated classes; ***aus allen ~en*** from all walks of life; **2.** (*Arbeits*2, *Zeit u. Arbeiter*) shift; **~ *haben, auf ~ sein*** be on shift; **~ *arbeiten*** work (in) shifts; F **~ *machen*** call it a day, F knock off (work); **~arbeit** *f* shift work; **~arbeiter** *m* shift worker; **~betrieb** *m*: ***im ~ arbeiten*** work in shifts; **~dienst** *m* shift work.

schichten *v/t.* pile up; (*Holz etc.*) *a.* stack.

schichtenspezifisch *adj.* class-related, class ...

Schicht|führer *m* shift manager; **~holz** *n* stacked wood; ⚘ laminated wood.

Schichtung *f* layers *pl.*; *geol. u. fig.* stratification.

Schicht|unterricht *m* teaching in shifts; **~wechsel** *m* change of shift; ***um sechs ist ~*** we *etc.* change shifts at six.

schichtweise *adv.* **1.** in layers; **2.** *bei der Arbeit*: in shifts.

schick I. *adj.* (very) smart; (*modisch, beliebt*) trendy; **II.** 2 *m* stylishness; *von Benehmen etc.*: style; ***sie hat ~*** she's got style; **~ *in die Sache bringen*** put the final touch(es) to it; F ***er hat s-n ~ nicht*** F he's not all there; F ***e-n guten ~ haben*** F be well-padded.

schicken I. *v/t.* **1.** send (***an, nach, zu*** to); ***ins Bett ~*** send to bed; **II.** *v/i.* **2.** ***nach j-m ~*** send for s.o.; **III.** *v/refl.* **3.** ***sich ~ für*** (*geziemen*) be befitting for; ***es schickt sich nicht für e-e Dame zu*** *inf. a.* it's not the done thing for a lady to *inf.*, *formell*: it doesn't befit a lady to *inf.*; ***das schickt sich nicht*** it's not done, it's not the done thing (***zu*** *inf.* to *inf.*); **4.** ***sich in et. ~*** resign o.s. to; **5.** *dial.* ***sich ~*** hurry up; ***schick dich!*** F step on it!

Schickeria F *f* F jet set, trendies *pl.*

Schickimicki F *m* F trendy type; *pl. a.* trendies, chiceria *sg.*

schicklich *adj.* proper, fitting; (*angemessen*) acceptable.

Schicklichkeitsgefühl *n* sense of propriety; (*Anstandsgefühl*) sense of decency.

Schicksal *n* fate, *dramatischer*: destiny; (*Los*) *a.* lot; ***das ~ herausfordern*** tempt fate (*od.* providence); ***sein ~ ist besiegelt*** his fate is sealed; ***es war sein ~ zu*** *inf.* he was destined to *inf.*; ***j-n s-m ~ überlassen*** leave (*od.* abandon) s.o. to his *od.* her fate; ***das ~ wollte es, daß*** fate would have it that; ***das ~ hat es anders entschieden*** fate had s.th. else in store; ***sich in sein ~ fügen*** submit (*od.* resign o.s.) to one's fate; ***das ~ hat es gut mit ihr gemeint*** fortune has favo(u)red her; (***das ist***) **~** that's the luck of the draw, *dramatischer*: that's fate, (*das ist Pech*) *a.* that's hard luck; ***dort spielen sich manche ~e ab*** you can see some really tragic cases there; → *a.* **Geschick**[1]; **schicksalhaft** *adj.* fateful.

Schicksals|frage *f* vital (*od.* fateful) question; **~fügung** *f* act of fate (*od.* providence); stroke of luck; **~gefährte** *m* companion in distress, fellow sufferer; **~gemeinschaft** *f* companions *pl.* in distress; ***e-e ~ bilden*** share a common destiny; **~glaube** *m* fatalism; **2gläubig** *adj.* fatalistic; **~göttin** *f* goddess of fate; *myth.* ***die ~en*** the (three) Fates; **~schlag** *m* (tragic *od.* terrible) blow, stroke of fate; ***das war für ihn ein schwerer ~*** *a.* it was a real blow to him; ***Schicksalsschläge hinnehmen müssen*** be buffeted by fate; **2schwer** *adj.* fateful; **~tragödie** *f thea.* tragedy of fate; **~wende** *f* change in fortune; turn of fate.

Schickse F *f* F floozy.

Schickung *f* → ***Schicksalsfügung.***

Schiebe|bühne *f thea.* sliding stage; **~dach** *n mot.* sliding roof, sunroof; **~fenster** *n* sliding window; *nach oben verschiebbar*: sash window.

schieben I. *v/t.* **1.** push; (*Fahrrad, Karren etc.*) push, wheel; *in die Tasche, in den Mund etc.*: put; ***wir mußten das Auto ~*** we had to push the car (*od.* give the car a push); ***den Riegel vor die Tür ~*** bolt the door; *e-e Arbeit* ***von einem Tag auf den anderen ~*** put off from one day to the next; *fig.* ***ihn muß man immer erst ~*** he always needs a push (F kick in the backside); → ***Bank***[1] 1, ***Wache*** *etc.*; **2.** *fig.* ***et. auf j-n ~*** (try to) blame s.o. for s.th., (try to) push s.th. onto s.o.; → ***Schuld***; **3.** *fig.* ***et.*** (***weit***) ***von sich ~*** deny all responsibility for s.th., claim innocence in the matter; **II.** *v/i.* **4.** push; ***kannst du mal ~?*** will you have a push?, will you push the buggy *etc.* for a bit?; **5.** (*sich drängeln*) push, shove; **6.** *fig.* **~ mit** (*Waren*) traffic in, (*Drogen*) push; **III.** *v/refl.*: ***sich nach vorn ~*** push (one's way) to the front, *Sport*: move to the top; ***sich durch die Menge ~*** push one's way through the crowd; ***sich nach oben ~*** slide up, *langsam*: work one's way up; ***Wolken schoben sich vor die Sonne*** clouds moved in front of the sun.

Schieber *m* **1.** ⚙ slide; **2.** (*Eßgerät für Kinder*) pusher; **3.** F (*Geschäftemacher*) racketeer; (*Schwarzmarkthändler*) black marketeer; **4.** (*Tanz*) one-step; **5.** (*Bettpfanne*) bedpan.

Schieberegler *m Radio etc.*: slide control.

Schieber|geschäft *n* racket; *pl. a.* racketeering *sg.*; ***~e machen*** racketeer; **~mütze** *f* peaked cap.

Schiebe|sitz *m* sliding seat; **~tür** *f* sliding door; **~wind** *m* ✈ tailwind; *Sport*: following wind.

Schiebkarre(n *m*) *f* → ***Schubkarre(n).***

Schieblehre *f* cal(l)iper rule.

Schiebung *fig. f* manipulation, string-pulling; (*geheime Absprache*) F put-up job, *Sport*: *a.* F fix; ***es war ~*** *a.* it was rigged.

schiedlich I. *adj.* amicable; **II.** *adv.* amicably.

Schiedsgericht *n* court of arbitration, arbitration board; ***internationales ~*** international tribunal; *Sport etc.*: jury; ***e-e Sache dem ~ unterbreiten*** submit a dispute to arbitration; **schiedsgerichtlich I.** *adj.* arbitral; **II.** *adv.* by arbitration.

Schiedsgerichts|hof *m* court of arbitration; ***Haager ~*** Hague Tribunal; **~klausel** *f* arbitration clause.

Schiedsrichter *m* **1.** *Fußball, Boxen etc.*: referee; *Tennis*: umpire; **2.** *bei Wettbewerben*: judge, *pl.* jury; **3.** ⚓, ⚖ arbitrator; **~ball** *m* drop ball; **~beleidigung** *f* verbal abuse of a *od.* the referee (*Tennis*: umpire); ***wegen ~*** *a.* for insulting a (*od.* the) referee (*Tennis*: umpire); **~gespann** *n Fußball*: referee and linesmen.

schiedsrichterlich I. *adj.* arbitral; **II.** *adv.*: ***~ entscheiden*** settle by arbitration.

schiedsrichtern *v/i.* arbitrate; *Sport*: referee, *Tennis*: umpire.

Schieds|spruch *m* arbitral award, arbitration; ***e-n ~ fällen*** make an award; **~verfahren** *n* arbitration proceedings *pl.*

schief I. *adj.* crooked, not straight; (*nach e-r Seite hängend*) lop-sided, F skew-whiff; *fig.* (*verdreht*) distorted; *Urteil*: warped; ***~e Absätze*** worn-down heels; ***~e Schultern*** sloping shoulders; ***der 2e Turm von Pisa*** the Leaning Tower of Pisa; *fig.* ***~er Blick*** mistrustful look; ***~er Vergleich*** lame comparison; ***~es Bild*** false picture, distorted view; ***ein ~es Gesicht machen*** pull a wry face; → ***Bahn*** 1, ***Ebene, Licht***; **II.** *adv.* crookedly *etc.*; *den Hut* ***~ aufsetzen*** tilt, cock; ***das Bild hängt ~*** the picture isn't hanging straight, the picture's lop-sided (F a bit skew-whiff); *fig.* ***~ ansehen*** (*j-n*) look askance at, (*et.*) misjudge; → *a.* ***schiefgehen, schiefgewickelt.***

Schiefer *m* **1.** slate; shale, schist; **2.** *dial.* (*Splitter*) splinter; **2blau** *adj.* slate-blue; **~bruch** *m* slate quarry; **~dach** *n* slate(d) roof; **2farben** *adj.* slate-colo(u)red; **2grau** *adj.* slate-grey (*Am.* -gray); **~platte** *f* slate; **~tafel** *f* slate.

schief|gehen F *v/i.* go wrong; ***es ist total schiefgegangen*** everything went wrong, F it was a disaster; *hum.* ***es wird schon ~!*** it'll (*od.* you'll) be all right (*Am.* alright); **~gewickelt** F *adj.*: ***~ sein*** be very much mistaken; ***da bist du aber ~*** *a.* F you're completely up the pole there; **~lachen** F *v/refl.*: ***sich ~*** F kill o.s. (laughing), crease up; **~liegen** F *v/i.* be wrong; ***da liegst du total schief*** F you're way off there; **~treten** *v/t.* (*Absätze*) wear down; **~wink(e)lig** *adj.* oblique-angled.

Schielauge *n*: ***ein ~ haben*** squint, have a squint (in one eye); *fig.* ***~n machen nach*** ogle at; **schieläugig** *adj.* squinting, squint-eyed; *nach innen*: cross-eyed.

schielen *v/i.* squint, have a squint; *nach innen*: be cross-eyed; F *fig. über et., um die Ecke*: peer, *durch das Schlüsselloch*: *a.* squint; *fig.* **~ auf** (*od.* **nach**) *heimlich*: squint at, sneak a glance at, *begehrlich*: ogle (at), (*e-m Posten etc.*) hanker after, have one's eye on.

Schienbein *n* shin(bone), 🕮 tibia; **~schützer** *m* shin guard (*od.* pad); **~verletzung** *f* shin injury.

Schiene *f* **1.** ⚙ bar, (*Führungs2*) rail; *fig.* track; **2.** 🚂 **~n** rails, track; ***aus den ~n springen*** be derailed, jump the rails.

schienen *v/t.* ⚕ put in a splint (*od.* in splints).

Schienen|bus *m* railcar; **2gebunden** *adj.* railbound; **2gleich** *adj.*: 🚂 ***~er Übergang*** level (*Am.* grade) crossing; **~netz** *n* railway (*Am.* railroad) network *od.* system; **~räumer** *m* rail (*od.* obstruction) guard; **~strang** *m* stretch of track; **~verkehr** *m* rail traffic; **~weg** *m* railway (*Am.* railroad) line; ***auf dem ~*** by railway.

schier[1] *adv.* (*fast*) almost; (*geradezu*) virtually; ***~ unmöglich*** virtually (*od.* well-nigh) impossible.

schier[2] *adj.* (*rein*) pure; *fig. Wahnsinn etc.*: sheer, complete; ***~er Blödsinn*** *a.* utter nonsense.

Schierling *m* ⚘ hemlock; **Schierlingsbecher** *m* (cup of) hemlock; *fig.* ***den ~ trinken*** poison o.s., *lit.* drain the hemlock cup.

Schießbefehl *m* order to fire (*od.* shoot).

Schießbude *f* shooting gallery; **Schießbudenfigur** *f* target (doll); F *fig.* ***er sieht aus wie e-e ~*** he looks as if he's run away from a circus.

Schießeisen F *n sl.* shooting iron.

schießen I. *v/i.* **1.** (*feuern*) shoot (*a. Sport*), fire; (*das Feuer eröffnen*) open fire; ***auf*** *j-n* **~** shoot (*od.* fire) at; ***gut ~*** *Person*: be a good shot, *Sport*: have a good shot (on one), *Waffe*: shoot well; ***wild um sich ~*** shoot around wildly; ***aufs Tor ~*** *Sport*: shoot at goal; ***links ~*** *Sport*: a) be a left-footer (*od.* left-hander), b) take a left-foot (*od.* left-hand) shot; *fig.* ***gegen j-n ~*** have a go at s.o.; F ***schieß in den Wind!*** F scram!; F ***~ Sie los!*** fire away!; → ***Pistole***; **2.** *fig.* (*sausen*) shoot; ***~ durch*** *Schmerz*: shoot through; ***plötzlich schoß mir der Gedanke durch den Kopf*** the thought suddenly occurred to me (*od.* flashed into my mind); ***~ aus*** *Blut, Wasser*: shoot (*od.* gush) from *od.* out of; ***das Blut schoß ihr ins Gesicht*** the blood rushed to her face; ***er kam um die Ecke geschossen*** he shot round the corner, *mit dem Auto*: *a.* he came zooming round the corner; ***in die Höhe ~*** *Pflanze, Kind etc.*: shoot up; → ***Boden, Kraut, Pilz***; **3.** *sl.* (*Rauschgift spritzen*) *sl.* shoot, mainline; **II.** *v/t.* shoot (*a. phot.*); (*Rakete*) blast; (*Fußball etc.*) kick; ***sich e-e Kugel durch den Kopf ~*** put a bullet through one's head; ***ein Tor ~*** score a goal; ***e-n Teddybären ~*** shoot o.s. a teddy bear; ***e-n Satelliten in die Umlaufbahn ~*** launch a satellite into orbit; *fig.* ***Blicke auf j-n ~*** look daggers at s.o.; **III.** **2** *n* (*Wett2*) shooting match; F ***es*** (***er***) ***ist zum ~*** F it's (he's) a (real) scream; **~lassen** F *v/t.* (*Pläne etc.*) drop, F scupper.

Schießerei *f* gunfight, gun battle; *bsd. persönliche od. mit der Polizei*: shoot-out; *durch Amokschützen*: random shooting; (*unaufhörliches Schießen*) endless shooting.

Schieß|gewehr *n Kindersprache*: bang-bang gun; **~hund** *m*: F ***aufpassen wie ein ~*** watch like a hawk; **~platz** *m* ⚔ (shooting) range; **~pulver** *n* gunpowder; → *a.* ***Pulver***; **~scharte** *f* embrasure, loophole; (*Zinne*) crenel; **~scheibe** *f* target; **~sport** *m* shooting; **~stand** *m* shooting range; **~übung** *f* target practi|ce (*Am.* -se); **2wütig** *adj.* trigger-happy.

Schiet *dial. m* → ***Scheiße.***

Schifahren *n* → ***Skilauf(en).***

Schiff *n* **1.** ship; *kleineres*: boat; ***auf dem ~*** on board ship; **2.** ⛪ (*Mittel2*) nave; (*Seiten2*) aisle.

Schiffahrt *f* (*getr.* ***ff-f***) navigation; shipping.

Schiffahrts|gesellschaft *f* shipping company; **~kunde** *f* navigation; **~linie** *f* shipping line; **~museum** *n* maritime museum; **~weg** *m* shipping route (*od.* lane).

Schiffausflug *m* boat trip.

schiffbar *adj.* navigable; **~ *machen*** canalize.

Schiffbau *m* shipbuilding (industry); **Schiffbauer** *m* shipbuilder.

Schiffbruch *m* shipwreck (*a. fig.*); *fig.* **~ *erleiden*** founder, ***mit*:** come a cropper with; **schiffbrüchig** *adj.* shipwrecked; **Schiffbrüchige(r)** *m* shipwrecked person, *auf e-r einsamen Insel*: *a.* castaway.

Schiffchen *n* **1.** little boat; **2.** ⚙ shuttle; **3.** ⚔ (*Mütze*) forage cap.

schiffen V *v/i.* (*harnen*) V have a slash; (*regnen*) *sl.* piss down.

Schiffer *m* sailor; (*Schiffsführer*) navigator; (*Handelsschiffskapitän*) skipper; (*Fluß*2) boatman; **~klavier** *n* accordion; **~knoten** *m* sailor's knot.

Schiffs|arzt *m* ship's doctor; **~bauch** *m* ship's belly; **~besatzung** *f* (ship's) crew; **~brand** *m* fire on a ship; **~brücke** *f* bridge.

Schiffschaukel *f* swing boat.

Schiffs|eigentümer *m* shipowner; **~flagge** *f* ship's flag (*od.* colo[u]rs *pl.*); ⚔ ensign; **~journal** *n* logbook; **~junge** *m* ship's boy; **~katastrophe** *f* disaster at sea; **~koch** *m* ship's cook; **~küche** *f* galley; **~ladung** *f* shipload; (*Fracht*) cargo, freight; **~mannschaft** *f* (ship's) crew; **~modell** *n* model ship; **~offizier** *m* (ship's) officer; **~passage** *f* passage (on a ship); **~reise** *f* **1.** boat trip, cruise; *längere*: sea journey (*od.* voyage); **2.** (*Überfahrt*) (sea) crossing; **~schraube** *f* (ship's) propeller; **~tagebuch** *n* log book; **~taufe** *f* christening (*od.* naming) of a ship; **~unfall** *m* shipping accident; (*Zusammenstoß*) (ship) collision; **~verkehr** *m* shipping; **~werft** *f* shipyard; **~zwieback** *m* (ship's) biscuit.

Schiit(in *f*) *m*, **schiitisch** *adj.* Shiite.

Schikane *f* **1.** *a. pl.* harassment; ***et. aus reiner ~ machen*** do s.th. out of sheer spite; **2.** *Rennsport*: chicane; **3.** F *fig.* ***mit allen ~n (ausgestattet)*** with all the trimmings, *Küche*, *Haus*: with all the mod cons; **schikanieren** *v/t.* harass; (*Schüler*, *Angestellten etc.*) pick on.

Schild¹ *n* (*Aushänge*2) sign; (*Namens*2) nameplate; (*Firmen*2) firm's name, fascia, *kleines*: nameplate; (*Warn*2) sign; (*Wegweiser*) signpost; (*Verkehrs*2) road sign; (*Straßen*2) street sign; (*Etikett*) label, (*Anhänger*) tag.

Schild² *m* **1.** ⚔ shield; *fig.* ***etwas im ~e führen*** be up to something, be hatching something; **2.** *im Reaktor*: shield.

Schildbürger *m etwa* Gothamite; *weitS.* simpleton; **~streich** *m* piece of bungling, F cock-up.

Schilddrüse *f* thyroid gland.

Schilddrüsen|hormon *n* thyroxin(e); **~überfunktion** *f* hyperthyroidism; overactive thyroid.

schildern *v/t.* describe; (*erzählen*) *a.* relate; (*skizzieren*) outline, sketch; ***j-m et. ~*** *a.* tell s.o. (about) s.th.; ***in düsteren Farben ~*** paint a gloomy picture of; ***detailliert ~*** give a detailed account of; **Schilderung** *f* description; (*Erzählung*) account.

Schilderwahl *m* jungle of road signs.

Schildknorpel *m anat.* thyroid cartilage.

Schildkröte *f* (*Land*2) tortoise; (*See*2) turtle; **Schildkrötensuppe** *f* turtle soup.

Schild|laus *f* scale insect; **~patt** *n* tortoiseshell; **~wache** *obs.* *f* ⚔ sentry; (*Wachdienst*) sentry-go.

Schilf *n* ⚘ reed; *am Wasser*: reeds *pl.*; ***im ~*** among the reeds; **~matte** *f* rush mat; **~rohr** *n* → ***Schilf.***

Schillerlocke *f* **1.** (*Fisch*) (*rolled*) *strip of smoked dogfish*; **2.** (*Gebäck*) cream horn.

schillern *v/i.* shimmer; (*glänzen*) sparkle; ***ins Rötliche ~*** have a reddish tinge; **schillernd** *adj.* **1.** iridescent, opalescent; *Stoffe*: shot; **2.** *fig. Begriff etc.*: equivocal, ambiguous; ***~e Persönlichkeit*** *negativ*: elusive character, *positiv*: colo(u)rful personality.

Schilling *m* (*österreichische Währung*) schilling.

schilpen *v/i.* chirp.

Schimäre *f* chimera; **schimärisch** *adj.* chimeric(al).

Schimmel¹ *m* white horse.

Schimmel² *m* ⚘ mo(u)ld, *bsd. auf Leder etc.*: mildew; **schimmelig** *adj.* mo(u)ldy, mildewy; **schimmeln** *v/i.* go mo(u)ldy (*od.* mildewy); **Schimmelpilz** *m* mo(u)ld.

Schimmer *m* **1.** glimmer, gleam, shimmer (*a. von Stoff*); **2.** *fig.* ***ein ~ Hoffnung*** a glimmer (*od.* flicker) of hope; ***~ e-s Lächelns*** flicker of a smile; F ***er hat keinen (blassen) ~*** F he hasn't got the foggiest (*od.* a clue) (***von*** about), ***von*:** *a.* he doesn't know the first thing about; **schimmern** *v/i.* gleam, glimmer, shimmer; *Mondlicht etc.*: shine.

Schimpanse *m* chimpanzee, F chimp.

Schimpf *m*: ***mit ~ und Schande*** ignominiously; ***j-m e-n ~ antun*** insult s.o.

schimpfen I. *v/i.* scold, rail; ***~ über*** complain about; ***auf j-n ~*** complain about s.o.; ***mit j-m ~*** tell s.o. off; ***bitte nicht ~!*** please don't shout at me!; **II.** *v/t.*: ***er schimpfte ihn e-n Lügner*** he called him a liar; **III.** F *v/refl.*: ***und so was schimpft sich Lehrer*** and he calls himself a teacher.

Schimpfkanonade *f* volley (*od.* stream, torrent) of abuse; ***e-e ~ loslassen*** let fly with (F let rip) a stream of abuse.

schimpflich *adj.* ignominious, shameful; (*demütigend*) *a.* humiliating.

Schimpf|name *m*: ***j-m ~n geben, j-n mit ~n belegen*** call s.o. names; **~wort** *n* **1.** *pl.* abuse *sg.*; **2.** (*Fluch*) swearword; ***Schimpfwörter gebrauchen*** use bad language, swear.

Schindanger *obs. m* knacker's yard.

Schindel *f* shingle; **~dach** *n* shingle roof.

schinden I. *v/t.* **1.** (*hart herannehmen*) drive hard; (*quälen*) maltreat, abuse; **2.** *obs.*(*totes Tier*) flay, skin; **3.** F (*Essen etc.*) F scrounge; ***Zeit ~*** play for time; ***Eindruck ~*** try to impress; ***bei j-m Mitleid ~*** try to make s.o. feel sorry for one; **II.** *v/refl.*: ***sich ~ (und plagen)*** slave away; **Schinder** *m* slave driver; **Schinderei** *f* exploitation, slavery; (*schwere Arbeit*) drudgery; ***das war e-e ~!*** F that was a real grind.

Schindluder *n*: *fig.* ***mit j-m ~ treiben*** F play (merry) hell with s.o.; ***mit s-r Gesundheit ~ treiben*** play havoc with one's health.

Schindmähre F *f* F nag.

Schinken *m* **1.** ham; **2.** F (*riesiges Gemälde*) great daub; (*dickes Buch*) fat tome; **~brot** *n* ham sandwich, *offenes*: (piece of) bread with ham; **~brötchen** *n* ham roll; **~nudeln** *pl. noodles with pieces of ham*; **~speck** *m etwa* bacon; **~wurst** *f* ham sausage.

Schinto *m* Shinto; **Schintoismus** *m* Shintoism; **Schintoist** *m* Shintoist; **schintoistisch** *adj.* Shintoist, Shinto ...

Schippe *f* shovel; (*Spaten*) spade; F *fig.* ***j-n auf die ~ nehmen*** F pull s.o.'s leg, have s.o. on; F ***e-e ~ ziehen (od. machen)*** pout; **schippen** *v/t.* shovel; ***e-e Grube ~*** dig a hole; ***Schnee ~*** clear the snow away.

Schiri F *m* F ref.

Schirm *m* (*Regen*2) umbrella; (*Sonnen*2) parasol, sun shade; (*Lampen*2) shade; (*Fall*2) parachute; (*Mützen*2) peak; (*Wand*2, *Fernseh*2, *Bild*2) screen; (*Schutzvorrichtung*) shield, screen; **~bild (-aufnahme** *f*) *n* x-ray; **~herr(in** *f*) *m* patron(ess *f*); **~herrschaft** *f* patronage; ***unter der ~ von*** under the patronage (*od.* auspices) of; ***die ~ übernehmen*** (agree to) become patron; **~hülle** *f* umbrella cover; **~mütze** *f* peaked cap; **~ständer** *m* umbrella stand.

Schirokko *m* sirocco.

Schisma *n* schism; **Schismatiker** *m* schismatic, schismatist; **schismatisch** *adj.* schismatic.

Schispringen *n* → ***Skispringen.***

Schiß V *m* **1.** V shit; **2.** *fig.* ***~ haben*** F be scared stiff, V have the shits; ***~ kriegen*** F get the jitters, V get the shits.

schizoid *adj. psych.* schizoid; **Schizoide(r** *m*) *f psych.* schizoid; ***~ sein*** be schizoid.

schizophren *adj.* **1.** *psych.* schizophrenic; **2.** (*widersprüchlich*) completely contradictory; **3.** (*absurd*) absurd, F crazy; **Schizophrene(r** *m*) *f psych.* schizophrenic; **Schizophrenie** *f* schizophrenia.

Schlabber... *in Zssgn Kleidung*: sloppy; **schlabb(e)rig** F *adj.* → ***labb(e)rig***; **schlabbern** F **I.** *v/i. beim Essen*: slobber; (*schlürfen*) slurp; **II.** *v/t.* (*aufschlekken*) slurp.

Schlacht *f a. fig.* battle (***bei*** of; *fig.* ***um*** over, for); *j-m* ***e-e ~ liefern*** *a. fig.* do battle with, battle against; ***in die ~ ziehen*** go into battle; **~bank** *f* shambles *pl.* (*mst sg. konstr.*); *fig.* ***j-n (wie ein Lamm) zur ~ führen*** lead s.o. (like a lamb) to the slaughter; ***er ließ sich wie ein Lamm zur ~ führen*** he went like a lamb to the slaughter.

schlachten *v/t. u. v/i.* kill, (*bsd. größere Tiere*) slaughter; *fig.* (*metzeln*) massacre, slaughter; F (*Schokolade etc.*) attack, (*verzehren*) devour; → ***Sparschwein.***

Schlachtenbummler *m Sport*: fan, supporter.

Schlachter *m* butcher.

Schlächter *m a. fig.* butcher.

Schlachterei *f* butcher's (shop).

Schlächterei *f* **1.** butcher's shop; **2.** *fig.* (*Blutbad*) massacre, slaughter, bloodbath.

Schlacht|feld *n* battlefield; *fig.* ***hier sieht es aus wie auf e-m ~*** this place looks as if a bomb has hit it (*od.* as if it's been hit by a bomb); **~fest** *n social gathering at which meat and sausages from freshly slaughtered pigs are served*; **~getümmel** *n*, **~gewühl** *n a. fig.* melee; *fig.* ***mitten im ~*** in the thick of it; ***sich ins ~ werfen***

enter (*od.* join) the fray; **~hof** *m* slaughterhouse, abattoir; **~messer** *n* butcher's knife; **~opfer** *n* (*Ritual*) sacrifice; (*Tier*) sacrificial animal; **~ordnung** *f* battle formation; **~plan** *m* plan of action (*a. fig.*); **~platte** *f gastr. bacon and sausages served with sauerkraut*; **2reif** *adj.* ready for killing (*od.* the slaughter); **~ruf** *m a. fig.* battle (*od.* war) cry; **~schiff** *n* battleship; **~tier** *n* animal for slaughter.

Schlachtung *f* kill(ing).

Schlachtvieh *n* animals *pl.* for slaughter; (*Rinder*) beef cattle *pl.*

Schlacke *f* **1.** *metall.* slag, *a. fig.* dross; *geol.* (volcanic) slag; (*Asche*) cinders *pl.*; **2.** *pl.* (*Ballaststoffe*) roughage *sg.*, fib|re (*Am.* -er) *sg.*

Schlacken|diät *f*, **~kost** *f* high-fib|re (*Am.* -er) diet; **2frei** *adj.* non-clinkering.

schlackern *v/i.* wobble; *lose Kleidung etc.*: flap; **~de Knie** trembling knees; F *fig.* **ich habe nur noch mit den Ohren geschlackert** I couldn't believe my ears, I thought I was hearing things; **da schlackert man nur noch mit den Ohren** you just can't believe it, *stärker*: it's mind-boggling.

Schlaf *m* sleep (*a. fig.*); **im ~** *a. fig.* in one's sleep; **e-n leichten (festen) ~ haben** be a light (sound) sleeper; **er findet keinen ~** he can't sleep, he can't get to sleep at nights; **in tiefem ~ liegen** be fast asleep; **aus dem ~ gerissen werden** wake up with a start, be rudely awakened; **in den ~ singen (wiegen)** lull (rock) to sleep; **sich den ~ aus den Augen wischen** rub the sleep from one's eyes; **j-n um den ~ bringen** give s.o. sleepless nights, rob s.o. of his (*od.* her) sleep; **der ~ vor Mitternacht** the hours (of sleep) before midnight; **vom ~ übermannt** overcome by sleep; → **Gerechte(r)**; **~anzug** *m*: (**ein ~** a pair of) pyjamas (*Am.* pajamas) *pl.*; **~augen** *pl. e-r Puppe*: sleeping eyes; *e-s Autos*: visored headlights.

Schläfchen *n* nap, F snooze; (*Nickerchen*) catnap, F forty winks; **ein ~ machen** take a nap, F have forty winks (*od.* a snooze).

Schlafcouch *f* convertible sofa (*od.* settee), bed settee.

Schläfe *f* temple; **graue ~n haben** be greying (*Am.* graying) at the temples; **sich e-e Kugel in die ~ jagen** put a bullet through one's head.

Schlafebene *f* sleep stage.

schlafen *v/i.* sleep, be asleep; (*unaufmerksam sein*) *a.* not to pay attention; **fest ~** be fast (*od.* sound) asleep, (*a. e-n festen Schlaf haben*) sleep like a log (*od.* top); **gut (schlecht) ~** sleep well (badly), be a sound (poor) sleeper; **~ gehen, sich ~ legen** go to bed, F turn in; *j-n* **~ legen** put to bed; **lange ~** have a (good,) long sleep; **sonntags länger ~** have a (good) lie-in on Sundays; **bis weit in den Tag hinein ~** sleep to all hours; **sich gesund ~** sleep o.s. back to health; **~ Sie gut!** sleep well!; **~ Sie darüber!** sleep on it; **es ließ ihn nicht ~** it gave him no peace, it wouldn't let him rest; **mit offenen Augen ~** (*sehr müde sein*) be dog-tired, (*träumen*) daydream; F **schlaf nicht!** wake up!, F wakey, wakey!; **nicht ~** (*sehr rege sein*) be on one's toes; **Entschuldigung, jetzt habe ich geschlafen** sorry, I was miles away; **bei j-m ~** (*übernachten*) sleep (*od.* spend the night) at s.o.'s place), stay overnight with s.o. (*od.* at s.o.'s place); **~ mit** (*Geschlechtsverkehr haben*) sleep with; **mit jedem ~** sleep around.

Schlafengehen *n*: **vor dem ~** before one goes to bed, just before bedtime.

Schlafenszeit *f* bedtime; **es ist ~** it's time for (*od.* to go to) bed.

Schlafentzug *m* sleep deprivation.

Schläfer *m* sleeper; **er ist ein unruhiger ~** he's very restless in bed.

schlaff *adj. Haut, Muskeln*: flabby; *Körper, Glieder, a. Händedruck*: limp, weak; *Seil*: slack, *Segel*: *a.* drooping; *Moral, Disziplin*: lax; *Party etc.*: lifeless, F dead boring; (*träge*) sluggish; F **~er Typ** wimp; F **~es Glied** F drooping member.

Schlaf|forscher *m* sleep researcher; **~forschung** *f* sleep research; **~gast** *m* overnight guest; **~gelegenheit** *f* place to sleep; **wir haben genügend ~en** we've got plenty of sleeping space; **~ bieten für** sleep *three persons etc.*

Schlafittchen F *n*: **j-n beim ~ nehmen** collar s.o.; *fig.* take s.o. to task.

Schlaf|koje *f* berth (*a.* 🚂, ✈); *für Matrosen*: bunk; **~krankheit** *f* sleeping sickness; **~kur** *f* ⚕ sleep therapy; **~lernmethode** *f* hypnop(a)edia; **~lied** *n* lullaby.

schlaflos *adj.* sleepless; **Schlaflosigkeit** *f* sleeplessness, ⚕ insomnia.

Schlaf|mangel *m* lack of sleep; **~mittel** *n* barbiturate; *als Tablette*: *a.* sleeping pill (*od.* tablet); F *fig.* **das ist ja das reinste ~** it's enough to send you to sleep, F talk about soporific.

Schlafmütze F *f* sleepyhead; (*unachtsamer od. träger Mensch*) F dope, *als Anrede*: dozy; **schlafmützig** F *adj.* F dop(e)y.

Schlafquartier *n* sleeping quarters *pl.*

schläfrig *adj.* sleepy (*a. Stimme, Augen*), drowsy.

Schlaf|ritual *n* bedtime ritual; **~rock** *m* dressing gown; *gastr.* **Apfel im ~** baked apple dumpling; **~saal** *m* dormitory.

Schlafsack *m* sleeping bag; **~tourist** *m* backpacker.

Schlaf|sessel *m* ✈ *etc.* reclining seat; **~stadt** *f* dormitory town; **~stätte** *f*, **~stelle** *f* place to sleep; **~störungen** *pl.* disturbed sleep *sg.*; sleep disorders; **unter ~ leiden** *a.* have trouble sleeping; **~sucht** *f* narcolepsy; **2süchtig** *adj.* narcoleptic; **~ sein** *a.* suffer from narcolepsy; **~tablette** *f* sleeping pill (*od.* tablet); **~tier** *n* soft (*od.* cuddly) toy; **~trunk** *m* sleeping draught; F (*Schnäpschen*) F nightcap; **2trunken** *adj.* drowsy, half-asleep ..., *pred.* half asleep; (*noch nicht wach*) dop(e)y, still half asleep.

Schlafwagen *m* 🚂 sleeper, sleeping car; **~fußball** F *m* slow-motion football.

schlafwandeln *v/i.* sleepwalk; **Schlafwandler** *m* sleepwalker, somnambulist; **schlafwandlerisch** *adj.*: **mit ~er Sicherheit** as to the manner born, as if he'd *etc.* been doing it all his *etc.* life.

Schlafzentrum *n* sleep cent|re (*Am.* -er).

Schlafzimmer *n* bedroom; **~blick** F *m* **1.** (*Augen*) F bedroom (*od.* come-hither) eyes *pl.*; **2.** (*Blick*) come-hither look; **~einrichtung** *f* bedroom furniture; **~schrank** *m* bedroom wardrobe (*od.* cupboard).

Schlag *m* **1.** *mit der Faust*: blow, punch; *dumpfer*: thump; *mit der offenen Hand*: blow, F whack, *klatschender*: slap, *bsd. bei Kindern*: smack; *leichter*: tap; *mit dem Stock*: whack; *mit der Peitsche*: lash *of the whip*; ⚡ (electric) shock; (*Geräusch*) thud; (*Ruder2, Schwimm2*) stroke; *Golf, Tennis etc.*: shot, stroke; (*Glocken2*) chime, (*~ e-r Uhr*) *a.* stroke; (*~ des Herzens, Puls2, Trommel2*) beat; (*Donner2*) clap (of thunder); ⚔ (*Angriff*) strike; *fig.* (*Schicksals2, Unglück*) blow; **Schläge bekommen** *a. fig.* get a (good) hiding (*od.* drubbing); **~ ins Gesicht** *a. fig.* slap in the face; **j-m e-n ~ versetzen** deal s.o. a blow, *fig. a.* hit s.o. hard; **zum entscheidenden ~ ausholen** *a. fig.* move in for the kill; *fig.* **~ ins Wasser** F flop, washout; **~ ins Kontor** nasty shock (*od.* surprise); **~ auf ~** in quick succession; **dann ging es ~ auf ~** then things started happening (fast); **auf einen** (*od.* **mit einem**) **~** (*auf einmal*) in one go, (*plötzlich*) suddenly, from one moment to the next; **~ sechs Uhr** on the stroke of six; F **er tat keinen ~** he didn't lift a finger; F **sie hat e-n ~** F she's got a screw loose somewhere; **2.** F ⚕ stroke; **e-n ~ bekommen** have a stroke; *fig.* **sie waren wie vom ~ getroffen** they just stood gaping; **mich trifft der ~!** F don't give me a heart attack; **ich dachte, mich trifft der ~** F I nearly died (*od.* had a heart attack); **3.** → **Hühnerschlag, Taubenschlag**; **4.** *fig.* (*Art*) stock, breed (*beide a. zo.*), sort; **vom gleichen ~ sein** be made of the same stuff, *contp.* be tarred with the same brush; **Leute s-s ~es** men of his stamp; **Männer vom gleichen ~** birds of a feather; **vom alten ~** of the old school; **5.** F (*Portion*) helping; **~abtausch** *m* **1.** *fig.* (hefty) exchange; **erster ~** (bit of a) skirmish; **es kam zu e-m ~ zwischen ihnen** they clashed (*od.* crossed swords, *stärker*: came to blows) (**über** over); **2.** *Boxen*: exchange of blows; **~ader** *f* artery; **~anfall** *m* stroke; **e-n ~ bekommen** have a stroke.

schlagartig I. *adj.* sudden, abrupt; **II.** *adv.* suddenly, all of a sudden, from one minute (*od.* day) to the next.

Schlag|ball(spiel *n*) *m* rounders (*sg.*); **~baum** *m* barrier; **~bohrer** *m* hammer drill.

schlagen I. *v/t.* hit, (*wiederholt, verprügeln*) beat; *mit der Faust*: hit, punch; *mit der offenen Hand*: hit, F whack, *klatschend*: slap, (*bsd. Kinder*) smack; *mit dem Stock*: hit, beat; *mit der Peitsche*: whip; (*Eier etc.*) beat; (*Bäume*) fell, cut down; (*Tür*) bang, slam; (*übertreffen*) beat, (*besiegen*) *a.* defeat, *sl.* lick; **sich (gegenseitig) ~** (have a) fight, **um:** fight over; **sich geschlagen geben** admit defeat, give up; **ich gebe mich geschlagen** *a.* F okay, you win; **an** *die Wand etc.* **~** throw at; **den Kopf ~ an** hit (*od.* bump, knock, bang) one's head on *od.* against; **e-e Notiz ans Brett ~** put a notice up on the board, pin a notice (up) onto the board; **mit et. auf (gegen) et. ~** bang s.th. on (against) s.th.; ✝ **auf** *den Preis* **~** add on to; *j-n* **zu Boden ~** knock down, floor; **die Augen zu Boden ~** cast one's eyes down; *Erbsen etc.* **durch ein Sieb ~** pass through a sieve; *Nagel* **~ in** drive into; **ein Loch in die Wand ~** knock a hole into the wall; **ein Ei in die Pfanne ~** bang an egg into the pan; **in Papier ~** wrap up; **die Zähne ~ in** *Tier*: sink its teeth into; **j-m et. aus der Hand ~** knock s.th. out of s.o.'s hand; **sich et. aus dem**

Kopf (*od.* ***Sinn***) ~ put s.th. out of one's mind, F forget (about) s.th.; ***die Uhr schlug zehn*** the clock struck ten; → ***Alarm, Brücke, Flucht*** 1, ***geschlagen, Glocke, Kapital*** I, ***Kreuz*** I, ***Schaum, Waffe, Wurzel***; **II.** *v/i.* hit (s.o. *od.* s.th.), strike; *Herz, Puls*: beat, *heftig*: throb; *Uhr*: strike; *Tür*: bang, slam; *Segel*: flap; *Rad*: run untrue; *Pferd*: kick; *Nachtigall*: sing; ~ ***an*** (*od.* ***gegen***) hit, *Regen*: beat against; *Wellen*: beat (*od.* crash) against; ***gegen die Tür*** ~ hammer at the door; ***mit dem Kopf an*** (*od.* ***gegen***) ***et.*** ~ hit (*od.* bump, knock, bang) one's head against s.th.; ***j-m auf die Finger*** ~ rap s.o.'s knuckles; ***auf*** *den Kreislauf etc.* ~ affect; *die Erkältung* ***schlug ihm auf den Magen*** *a.* settled on his stomach; ~ ***aus*** *Flammen*: leap out of, *Rauch*: pour from (*od.* out of); *der Blitz* ***schlug in den Baum*** struck the tree; ***mit den Flügeln*** ~ *Vogel*: beat its wings; ***sein Puls schlägt regelmäßig*** his pulse is regular; ***nach*** *j-m* ~ hit out at, (*arten nach*) take after; ***um sich*** ~ lash out (in all directions), thrash about; *fig. die Arbeit etc.* ***schlägt mir auf den Magen*** is making me ill, is giving me ulcers; **III.** *v/refl.*: ***sich*** ~ (have a) fight (***mit*** with); *fig.* ***sich gut*** ~ hold one's own, give a good account of o.s.; ***sich auf j-s Seite*** ~ side with s.o., *weitS.* go over to s.o.; **schlagend** *adj.* **1.** (*treffend*) apt; (*überzeugend*) convincing, very sound; *Gründe*: cogent; (*unwiderlegbar*) irrefutable; ~***er Beweis*** *a.* conclusive evidence; **2.** *univ.* ~***e Verbindung*** duel(l)ing fraternity.

Schlager *m* ♪ pop song; (*Erfolgs*≈) hit (song *od.* tune); *thea.* box-office hit; (*Verkaufs*≈) winner, sales hit; (*Buch*) bestseller; (*tolle Sache*) hit, sensation.

Schläger *m* **1.** (~*typ*) thug; **2.** (*Baseball*≈ *etc.*) bat; (*Tennis*≈) racket, racquet; (*Golf*≈) club; (*Hockey*≈) stick; **3.** (*Schlagmann*) *Kricket*: batsman; *Baseball*: batter; **4.** *Boxen*: fighter; ~**bande** *f* gang of thugs.

Schlägerei *f* fight(ing), brawl, F punch-up; *allgemeine*: *a.* free-for-all.

Schlager|festival *n* song contest; ~**komponist** *m* pop composer; ~**melodie** *f* pop tune (*od.* melody); ~**musik** *f* pop music; ~**parade** *f* hit parade; ~**sänger(in** *f*) *m* pop singer; ~**spiel** *n Sport*: match of the day; ~**text** *m* (pop) lyrics *pl.*; words *pl.* of a (*od.* the) song.

Schlägertyp *m* thug, F bruiser, bully boy.

Schlagerwettbewerb *m* song contest.

schlagfertig *adj.* quick-witted, F quick on the return, quick off the mark; ~ ***sein*** *a.* always come up with an answer just like that, be good at repartee; ~***e Antwort*** good retort (*od.* answer); **Schlagfertigkeit** *f* quick-wittedness; talent for repartee; ***sie ist für ihre*** ~ ***bekannt*** she's known for her repartee.

Schlaginstrument *n* ♪ percussion instrument; *pl. a.* percussion *sg.*

Schlagkraft *f Boxen*: punch; ⚔ fighting strength; *fig.* clout; *e-s Arguments*: force; **schlagkräftig** *adj.* powerful; *Beweis*: → ***schlagend*** 1.

Schlag|licht *n phot., Kunst*: highlight; *fig.* ***ein*** ~ ***werfen auf*** show up, spotlight, *positives*: highlight; ≈**artig I.** *adj.*: ~***e Erhellung*** *e-s Problems*: spotlighting; **II.** *adv.*: ~ ***erhellen*** show in a cold light; ~**loch** *n* pothole; ~**mann** *m Kricket*: batsman; *Baseball*: batter; *Rudern*: stroke; ~**obers** *östr. n*, ~**rahm** *m* → ***Schlagsahne***; ~**ring** *m* knuckleduster, *Am.* brass knuckles *pl.*; ~**sahne** *f* (whipped) cream; ~**schatten** *m* shadow; ~**seite** *f* ⚓ list; ~ ***haben*** ⚓ list; F *fig.* F be a bit unsteady on one's feet, *stärker*: be reeling; ≈**stark** *adj. Boxen*: hard-hitting; ~ ***sein*** pack a powerful punch.

Schlagstock *m* baton, truncheon, *Am.* nightstick; ♪ drumstick; ~**einsatz** *m* baton charge.

Schlag|uhr *f* chiming clock; ~**wechsel** *m Boxen*: exchange of blows; ~**werk** *n e-r Uhr*: striking mechanism, strike.

Schlagwetter *n* ⚒ **1.** firedamp; **2.** → ~**explosion** firedamp explosion.

Schlagwort *n* catchword; (*Parole*) *a.* slogan; ~**katalog** *m* subject catalog(ue).

Schlagzeile *f*: (***große*** ~ banner) headline; ~***n machen*** make (*od.* hit) the headlines; ***für*** ~***n sorgen*** make headlines; ***das wird für*** ~***n sorgen*** that'll make good headline material (F stuff).

Schlagzeug *n* ♪ *in e-r Band*: drums *pl.*; *im Orchester*: percussion (instruments *pl.*); ~ ***spielen*** a) play (the) drums, b) play percussion; **Schlagzeuger** *m* ♪ *in e-r Band*: drummer; *im Orchester*: percussionist.

schlaksig *adj.* lanky, (*ungeschickt*) gangling.

Schlamassel F *m* mess; (*Unordnung*) *a.* F dog's breakfast; ***da haben wir den*** ~***!*** now we're in a real (F right) mess.

Schlamm *m* mud; *schleimiger*: sludge; *sandiger*: silt.

Schlammassen *pl.* (*getr.* **mm-m**) sea *sg.* of mud.

Schlamm|bad *n* ⚕ mudbath; ~**boden** *m* muddy soil; ~**flut** *f* river (*od.* sea) of sludge *od.* mud.

schlammig *adj.* muddy.

Schlämmkreide *f* whiting.

Schlamm|lawine *f* mudslide; ~**packung** *f* ⚕ mudpack; ~**schlacht** *f* **1.** *pol. etc.* mudslinging; **2.** *Fußball*: mudbath.

Schlampe F *f* slut, *sl.* slag; **schlampen** F *v/i.* (*unordentlich sein*) be slovenly, be sloppy; *bei der Arbeit*: a) be a slovenly worker, b) do a slovenly (*od.* sloppy) job; *bsd. bei Schulaufgaben*: *a.* be careless; ***die haben wieder einmal geschlampt*** they made a mess of things (*stärker*: F botched things up) again; **Schlamperei** F *f* slovenliness, sloppiness; (*Nachlässigkeit*) carelessness; *konkret*: mess, (*Arbeit*) careless (*od.* slovenly, sloppy) work, slovenly (*od.* sloppy) job; **schlampig** F *adj.* slovenly, sloppy; *Arbeit*: *a.* slipshod; (*äußerlich* ~) slovenly, frowzy, untidy; *Frau*: *a.* slatternly.

Schlange *f* **1.** snake; *bibl.* serpent; *fig.* (***falsche***) ~ snake in the grass; **2.** *fig.* (*Menschen*≈) queue, *bsd. Am.* line; (*Auto*≈) line (of cars); ***e-e lange*** ~ *a.* a long line of people; ~ ***stehen, sich in e-e*** ~ ***stellen*** queue (up), *bsd. Am.* stand in line, line up (*alle* ***um, nach*** for).

schlängeln *v/refl.*: ***sich*** ~ *Weg*: wind, *Fluß*: *a.* meander; *zuckend, hin u. her*: wriggle; ***sich*** ~ ***durch*** (*ein Loch etc.*) wriggle through, (*e-e Menge etc.*) weave (*od.* worm) one's way through.

Schlangen|beschwörer *m* snake charmer; ~**biß** *m* snakebite; ~**fraß** F *m* F muck; ~**gift** *n* snake venom (*od.* poison); ~**grube** *f* snake pit (*a. fig.*); ~**haut** *f* snakeskin; ~**leder** *n* snakeskin; ~**linie** *f* wavy (F wiggly) line; ***in*** ~***n fahren*** weave, zigzag (along the road); ~**mensch** *m* contortionist.

Schlangestehen *n* having to queue up (*Am.* stand in line); F ***dieses ewige*** ~***!*** this endless queuing up (*Am.* standing in line).

schlank *adj.* slim; *auf elegante Art*: slender; ~ ***werden*** a) slim, b) lose weight; ~ ***machen*** *Kleidung*: make *s.o.* look slim; ***Obst*** *etc.* ***macht*** ~ you don't (*od.* won't) put any weight on with fruit *etc.*; → ***Linie*** 5.

Schlankheits|fimmel F *m* obsession with one's figure; ~**kur** *f* (slimming) diet; ***e-e*** ~ ***machen*** go (*od.* be) on a diet.

schlankmachend *adj.*: ~***e Kleidung*** *etc.* clothes *etc.* that make one look slimmer (F that hide one's extra pounds); **Schlankmacher** *m* slimming agent.

schlankweg *adv.* point-blank.

schlapp *adj.* **1.** (*erschöpft*) F washed-out; (*ohne Schwung*) listless; (*geschwächt*) weak; *Körper, Glieder*: limp; → *a.* ***schlappmachen***; **2.** *Seil*: slack.

Schlappe *f* setback; ***e-e*** ~ ***einstecken müssen*** suffer a setback.

schlappen F **I.** *v/i. Schuhe*: flap; *Person*: (*latschen*) shuffle along; **II.** *v/t.* (*schlürfen*) lap (up); **III.** ≈ *m* (*Pantoffel*) slipper.

Schlapphut *m* slouch hat.

schlappmachen F *v/i.* slow down, (*ein Tief erreichen*) F hit a low; *körperlich*: *a.* F wilt; (*aufgeben*) give up; (*zusammenbrechen*) F flake out; ***in der Hitze*** ~ *a.* succumb to the heat; ***viele haben schlappgemacht*** *a.* a lot of them couldn't stand the pace; ***nicht*** ~***!*** *ermahnend*: no slacking!, *ermunternd*: come on, you can do it!; **Schlappmacher** F *m* slacker.

Schlapp|ohr *n* floppy ear; ~**schwanz** F *m* weakling, F wimp, drip.

Schlaraffen|land *n* (land of) Cockaigne; *fig. a.* land of milk and honey; ~**leben** *n* life of luxury, F cushy life.

schlau I. *adj.* (*klug*) clever; (*raffiniert*) *a.* crafty; F ***aus ihm werde ich nicht*** ~ I can't make him out; F ***daraus werde ich nicht*** ~ I can't make head or tail of it; F ~***es Buch*** F bible (***über*** on); *contp.* ***ein ganz*** ≈***er*** → ***Schlauberger***; **II.** *adv.*: ***das hat er sich*** ~ ***ausgedacht!*** very clever (indeed); **Schlauberger** F *m* F clever dick, smart aleck, smarty pants (*sg.*).

Schlauch *m* **1.** tube; (*Wasser*≈) hose; (*Fahrrad*≈, *Auto*≈) (inner) tube; F ***auf dem*** ~ ***stehen*** F be (completely) clueless; **2.** F (*Strapaze*) F hard slog; ***das war ein*** ~***!*** *a.* F that was tough going; **3.** *fig.* F ***das Zimmer ist ein*** ~ the room's like a tunnel; ~**boot** *n* rubber dinghy; (*Rettungsboot*) life raft, *Am.* inflatable (boat), *großes*: *a.* raft.

schlauchen F **I.** *v/t.* (*anstrengen*) take it out of *s.o.*; ⚔ *sl.* give *s.o.* hell; → ***geschlaucht***; **II.** *v/i.*: ***das schlaucht ganz schön*** F it really takes it out of you.

schlauchlos *adj. mot.* tubeless.

Schlauch|reifen *m* tyre (*Am.* tire) with an inner tube; ~**trommel** *f* hose reel.

Schläue *f* cleverness, shrewdness; (*Listigkeit*) cunning.

schlauerweise *adv.* cleverly (enough); ~ ***hat er nichts gesagt*** he was smart enough not to say anything.

Schlaufe *f* loop.
Schlaukopf F *m*, **Schlaumeier** F *m* → ***Schlauberger.***
Schlawiner F *m* rogue; (*Kind*) rascal.
schlecht I. *adj.* bad (*comp.* **~er** worse, *sup.* **~est** worst); (*boshaft*) *a.* wicked; *Augen, Gesundheit, Gedächtnis, Qualität, Leistung etc.*: bad, poor; *Luft*: stale; ***nicht ~!*** not bad; ***~er Absatz*** poor sales; ***~e Aussichten*** poor (*od.* dim) prospects, glum outlook; ***~es Essen*** awful (F rotten) food; ***~er Flug*** bumpy (*od.* uncomfortable) flight; ***~e Führung*** bad conduct; ***e-e ~e Nachricht*** bad news (*sg.*); ***~e Zeiten*** bad (*od.* hard) times; ***~ sein in et.*** be bad (*od.* poor) at s.th.; ***~ werden*** go off; *die Milch* ***ist ~*** has gone off, is off; ***~er werden*** get worse, deteriorate; ***du bist ein ~er Lügner*** you're a hopeless liar; ***e-n ~en Augenblick wählen*** pick a bad (*od.* the wrong) moment; ***mir ist ~*** I feel sick; ***es kann einem ~ dabei werden*** it's enough to make you sick; → ***Laune*** 1, ***Tag*** *etc.*; **II.** *adv.* bad(ly); ***~ reden von*** talk negatively about, (*schlechtmachen*) run down, *stärker*: say nasty things about; ***~ aussehen*** look bad, *gesundheitlich*: look ill; ***~ riechen*** smell bad; ***er hört*** (***sieht***) ***~*** he can't hear (see) very well (he's got bad eyesight); ***ich bin auf ihn ~ zu sprechen*** don't talk to me about him; ***~ daran sein*** be badly off; ***es steht ~ um ihn*** things aren't looking too good for him, *gesundheitlich*: he's in a bad way; ***damit würde ich mich nur ~er stellen*** I'd be worse off than (I was) before; ***es bekam ihm ~*** *Essen etc.*: it didn't agree with him, *fig.* it didn't do him any good; ***er kann es sich ~ leisten zu*** *inf.* he can't really afford to *inf.*; ***er hat nicht ~ gestaunt*** F he wasn't half surprised; ***das kann ich ~ sagen*** I can't really say; ***heute geht es ~*** (*paßt nicht*) it's a bit awkward (*od.* difficult) today; ***ich verstehe dich ganz ~*** I can hardly hear what you're saying; ***ich kann ~ nein sagen*** a) I can't say no, I find it hard to say no, b) I can hardly (*od.* I can't very well) say no; ***Sie wären ~ beraten zu*** *inf.* I wouldn't advise you to *inf.*, I would advise you against *ger.*; ***~ und recht*** after a fashion; ***er hat's mehr ~ als recht getan*** *a.* he made a bit of a rough job of it; **Schlechte(s)** *n*: ***sich zum Schlechten wenden*** take a turn for the worse; ***er redet nur Schlechtes von ihr*** he hasn't got a good word to say about her; ***das Schlechte daran*** the bad (*od.* negative) side of it; **schlechterdings** *adv.* absolutely, simply.
schlechtgehen *v/i.*: ***es geht ihm schlecht*** he's having a hard time, *stärker*: things aren't looking too good for him, *gesundheitlich*: he's in a bad way, *finanziell*: he's in a bad way financially, F he's pretty hard up.
schlechtgelaunt *adj.* grumpy, in a bad mood.
schlechthin *adv.* (*geradezu*) absolutely; (*an sich*) per se, as such; ***der Renaissancemensch ~*** the epitome of the Renaissance man, the classic Renaissance man.
Schlechtigkeit *f* (*Bosheit, Verworfenheit*) wickedness; (*Verderbtheit*) depravity; (*Niedrigkeit*) baseness.
schlechtmachen *v/t.* run down, F knock (***bei j-m*** in front of s.o.).
schlechtsitzend *adj. Anzug etc.*: badly-fitting.
schlechtweg *adv.* → ***schlechthin.***
Schlechtwetter|front *f* bad weather front; **~geld** *n* bad weather allowance; **~landung** *f* bad weather landing; **~periode** *f* spell of bad weather.
schlecken *v/t. u. v/i.* **1.** lick; (*auf~*) lap up; **2.** → ***naschen***; **Schleckerei** *f* **1.** titbit, *Am.* tidbit; F something to tickle one's tastebuds; (*Süßes*) something sweet, (*Bonbon*) sweet; **2.** (*Naschen*) constant eating (of sweets *etc.*); ***jetzt hört aber auf mit der ~!*** you've had far too many sweets *etc.* already; **Schleckermaul** *n*: ***der ist aber ein ~*** he's really got a sweet tooth, *contp.* F he's always stuffing sweets (and cakes) into his mouth.
Schlegel *m* **1.** *gastr.* leg; **2.** ♪ drumstick.
Schlehdorn *m*, **Schlehe** *f* ♀ sloe (tree), blackthorn; **Schlehenschnaps** *m* sloe gin.
Schlei *m* → ***Schleie.***
schleichen I. *v/i.* creep, sneak, *Dieb, Fuchs etc.*: prowl; *auf den Zehenspitzen*: tiptoe; *erschöpft, langsam*: crawl (*a. Auto*); ***ins Haus ~*** sneak (*od.* slip, steal) into the house; ***ums Haus ~*** creep (*Dieb*: prowl) around the house; **II.** *v/refl.*: ***sich ~*** creep, sneak; F ***schleich dich!*** get out of here!, F scram!; *fig.* ***sich in j-s Vertrauen ~*** worm one's way into s.o.'s confidence; **schleichend** *adj. Fieber, Krankheit*: lingering, (*tückisch*) insidious, (*chronisch*) chronic; ***~er Tod*** slow death; ***~e Inflation*** creeping inflation; **Schleicher** F *m* F slink(er).
Schleich|handel *m* illicit trade; **~weg** *m* hidden (*od.* secret) path *od.* route; *fig.* secret way (*od.* means); *fig.* ***auf ~en*** by indirect ways and means; **~werbung** *f* surreptitious advertising, F plugging; ***~ machen für*** F plug.
Schleie *f zo.* tench.
Schleier *m* veil; (*Nebel*♀, *Dunst*♀) haze; *phot.* fog(ging); *eccl.* ***den ~ nehmen*** take the veil; ***alles wie durch e-n ~ sehen*** see everything through a haze; *fig.* ***den ~*** (***des Geheimnisses***) ***lüften*** lift the veil of secrecy, unveil the secret, F reveal all; ***den ~ des Vergessens über et. breiten*** draw a veil of oblivion over s.th.; **~eule** *f* barn owl.
schleierhaft *adj.* (*rätselhaft*) mysterious; (*unbegreiflich*) incomprehensible; ***das ist mir*** (***völlig***) ***~*** it's a (complete) mystery to me.
Schleier|karpfen *m* → ***Schleie***; **~kraut** *n* ♀ baby's-breath, babies'-breath; **~tanz** *m* veil dance.
Schleife *f* (*Haar*♀) ribbon; (*a. Band*♀) bow; (*Kurve*) loop, horseshoe bend; ✈, *a. Computer, Tonband etc.*: loop; ✈ ***~n ziehen*** circle (***über*** over, above).
schleifen¹ *v/t.* (*schärfen*) sharpen; (*wetzen*) *a.* whet; ⚙ (*glätten, abschmirgeln*) grind, abrade, *feiner*: smooth, polish (*a. fig.*); (*Edelsteine, Glas*) cut; ⚔ put through the mill; → ***geschliffen.***
schleifen² I. *v/t.* **1.** drag (along) (*a. fig. j-n*); (*Koffer etc.*) *a.* lug; *fig.* ***ins Konzert ~*** drag along to a concert; **2.** (*niederreißen*) pull down, demolish; **II.** *v/i. Schleppe etc.*: trail (***am Boden*** along the ground); (*reiben*) rub (***an*** against); ***~ lassen*** drag; ***die Füße ~ lassen*** drag one's feet, shuffle (one's feet); *mot.* ***die Kupplung ~ lassen*** let the clutch slip.
Schleifer *m* **1.** ⚙ grinder; (*Glas*♀) (glass) grinder *od.* cutter; (*Edelstein*♀) (gem) cutter; **2.** ♪ slide; **3.** ⚔ slave driver; **Schleiferei** *f* ⚙ grinding shop.
Schleif|kontakt *m* ⚡ sliding contact; **~lack** *m* polishing varnish; (*~ausführung*) eggshell finish; **~maschine** *f* grinding machine, grinder; **~mittel** *n* abrasive; **~papier** *n* → ***Schmirgelpapier***; **~rad** *n* grinding (*od.* polishing) wheel; **~riemen** *m* strop; **~ring** *m* ⚡ slip ring; **~scheibe** *f* → ***Schleifrad***; **~spur** *f* trail; **~stein** *m* whetstone; *drehbarer*: grindstone.
Schleim *m* slime; *physiol.* mucus, *bsd. der Atemwege*: phlegm; → ***Schleimsuppe***; **~absonderung** *f* mucous secretion.
Schleimbeutel *m anat.* bursa; **~entzündung** *f* ⚕ bursitis; *am Knie*: *a.* F housemaid's knee.
Schleimdrüse *f anat.* mucous gland.
schleimen *v/i.* **1.** *physiol.* produce mucus; **2.** F *contp.* F suck up (to people), toady up to people; **Schleimer** F *contp. m* F toady.
Schleimhaut *f anat.* mucous membrane.
schleimig *adj.* slimy (*a. fig. contp.*), mucous; (*zähflüssig*) viscous.
schleim|lösend I. *adj.* expectorant; **II.** *adv.*: ***es wirkt ~*** F it'll loosen up your *etc.* cough; **♀scheißer** V *m* → ***Schleimer***; **♀suppe** *f* gruel.
schlemmen I. *v/i.* gormandize; (*ein Schlemmermahl essen*) have a feast (*sl.* blowout); **II.** *v/t.* feast on, regale o.s. on; **Schlemmer** *m* (*Genüßling*) bon vivant; (*Feinschmecker*) gourmet; **Schlemmerei** *f* gormandizing, gluttony.
Schlemmer|lokal *n* gourmet restaurant; **~mahl** *n* feast, *sl.* blowout.
schlendern *v/i.* saunter, stroll; *contp.* crawl (along).
Schlender|schritt *m*: ***im ~ daherkommen*** come sauntering (F moseying) along; **~spaziergang** *m* leisurely stroll.
Schlendrian *m* **1.** (*alter Trott*) humdrum routine, rut; ***gegen den alten ~ ankämpfen*** try and get some action into the place; ***in den alten ~ zurückfallen*** fall back into one's old ways (*od.* the old rut); **2.** (*Bummelei*) dawdling; (*Wurstelei*) muddling through.
Schlenker *m* **1.** *e-s Autos etc.*: swerve; ***e-n ~ machen*** swerve; **2.** F (*Abstecher*) detour; **3.** F (*Abschweifung*) digression; **schlenkern I.** *v/t.* swing; **II.** *v/i.*: ***mit den Armen*** *etc.* ***~*** swing one's arms *etc.*; ***mit den Beinen ~*** *im Sitzen*: *a.* dangle one's legs.
schlenzen *v/t. Sport*: scoop.
Schlepp *m*: ***in ~ nehmen*** → ***Schlepptau***; **~angel** *f* troll; **~anker** *m* sea anchor; **~dampfer** *m* tug.
Schleppe *f e-s Kleides*: train.
schleppen I. *v/t.* drag (*a. fig. Person*), (*Koffer etc.*) *a.* lug; ⚓, ✈, *mot.* tow; F ***Kunden ~*** tout; F *fig.* ***j-n ins Konzert ~*** drag s.o. along to a concert; **II.** *v/refl.*: ***sich ~*** *Sache*: drag on (***seit Monaten*** *etc.* for months *etc.*); *Person*: drag o.s. (along); (*mühsam gehen*) *a.* trudge, plod (along); ***sich mit e-m schweren Koffer ~*** lug a heavy case around; *fig.* ***sich ~ mit*** (*Kummer etc.*) be weighed down by, (*e-r Erkältung*) be battling with; **schleppend I.** *adj.* (*träge, langsam*) sluggish, slow (*a.* ✝); (*mühsam*) labo(u)red; *Sprache*: slow, drawling; (*ermüdend*) tedious;

mit ~en Schritten gehen shuffle along, drag one's feet; **II.** *adv.*: **nur ~ vorangehen** *Arbeit etc.*: make very slow progress, inch along, *Gespräche etc.*: be very slow to get off the ground; **~ beginnen** get off to a slow start; **Schlepper** *m* **1.** tractor; ⚓ tug; **2.** F (*Kundenwerber*) tout; **3.** refugee smuggler; **~bande** *f* (gang of) refugee smugglers.

Schlepp|fahrzeug *n* breakdown van, *Am.* tow truck; **~flugzeug** *n* towplane; **~kahn** *m* barge (in tow), lighter; **~lift** *m* T-bar (lift), drag lift, ski tow; **~netz** *n* dragnet; (*Hochsee*2) trawl (net); **~schiff** *n* tug; **~seil** *n* towrope; **~start** *m* ✈ towed takeoff; **~tau** *n* towrope; **ins ~ nehmen (im ~ haben)** *a. fig.* take (have) in tow; *fig.* **im ~ folgte ...** in its (*od.* their) wake came ...; **~zug** *m* ⚓ train of barges.

Schlesier(in *f*) *m* Silesian; **~ sein** be (a) Silesian, come from Silesia; **schlesisch I.** *adj.* Silesian; **II.** 2 *n ling.* Silesian.

Schleswig-Holsteiner(in *f*) *m* man (*f* woman) from Schleswig-Holstein; **~ sein** *a.* come from Schleswig-Holstein; **schleswig-holsteinisch** *adj.* Schleswig-Holstein ..., from Schleswig-Holstein.

Schleuder *f* **1.** catapult, *Am.* slingshot; *ohne Gestell*: sling; **2.** (*Wäsche*2) spin-drier; **3.** ⚙ centrifuge; **4.** (*Honig*2 *etc.*) extractor, separator; **~gang** *m e-r Waschmaschine*: spin; **~gefahr** *f Verkehrszeichen*: Slippery Road; **~honig** *m* strained (*od.* extracted) honey; **~maschine** *f* **1.** ⚙ centrifuge; **2.** *für Honig etc.*: extractor, separator.

schleudern I. *v/t.* **1.** fling, hurl; *mit e-r Schleuder*: sling; **2.** (*Wäsche*) spin-dry; **3.** ⚙ *mit e-r Schleudermaschine*: centrifuge; **4.** (*Honig etc.*) strain, extract; **II.** *v/i. mot.* skid, swerve; **III.** 2 *n*: **ins ~ kommen** (go into a) skid, start skidding, *fig.* start floundering; *fig.* **j-n ins ~ bringen** throw s.o. (completely).

Schleuder|preis *m* giveaway (*od.* cut-rate) price; **zu ~en verkaufen** F sell dirt cheap, throw away, *ins Ausland*: dump; **~sitz** *m* ✈ ejection (*od.* ejector) seat; *fig.* hot seat; **~trauma** *n* ⚕ whiplash; **~ware** *f* giveaway articles *pl.*; F *contp.* cheap stuff; **~wäsche** *f*: **ist das ~?** are those clothes for spinning?

schleunig I. *adj.* quick, prompt, speedy; (*hastig*) hasty; **II.** *adv.* quickly, promptly; **schleunigst** *adv.* at once, without further ado; **aber ~!** on the double!; **tu das ~ weg!** put that away quick (*od.* right now).

Schleuse *f* sluice; *a. fig.* floodgate; (*Kanal*2) lock; *fig.* **der Himmel öffnete s-e ~n** the floodgates of heaven opened; **schleusen** *v/t.* **1.** (*Kanal, Schiff*) lock; **2.** *fig.* (*et.*) channel; (*j-n*) steer, (*Menschenmasse*) herd; **über die Grenze (durch den Zoll) ~** smuggle (*od.* get) across the border (through customs).

Schleusen|tor *n* floodgate; **~treppe** *f* flight of locks; **~wärter** *m* lockkeeper; *an Staudämmen*: sluice keeper.

Schliche *pl.* tricks; **j-m auf die ~ kommen** find s.o. out, get wise to s.o.('s tricks); **die kennen alle ~** they know all the tricks (in the book).

schlicht I. *adj.* (*einfach*) plain, simple; (*anspruchslos*) modest, unassuming, unpretentious; (*ungekünstelt*) artless, ingenuous; *Tatsache, Wahrheit*: plain; **~er Bericht** straightforward account; **~e Eleganz** simple elegance; **~es Essen** a) plain food, b) simple (*od.* frugal) meal; **~es Gemüt** simple (*od.* naive) mentality, (*Person*) simple soul; **~er Glaube** simple faith; **~e Menschen** simple people; **~e Schönheit** unadorned beauty; **~es Wesen** simple nature, (*Person*) simple person; **in ~en Verhältnissen leben** be (*od.* live) in straitened circumstances; **II.** *adv.*: **~ und einfach, ~ und ergreifend** *falsch etc.*: absolutely, purely and simply, **unsinnig:** utter (*od.* pure, sheer, absolute) nonsense; **ich hab's ~ und ergreifend vergessen** F I clean forgot (it).

schlichten I. *v/t. fig.* (*Streit*) settle; *durch Schiedsspruch*: settle by arbitration; **II.** *v/i.*: **zwischen** *zwei Parteien* **zu ~ versuchen** mediate between, try to smooth out the differences between; **Schlichter** *m* mediator, troubleshooter; *durch Schiedsspruch*: arbitrator.

Schlichtheit *f* plainness, simplicity *etc.*; → **schlicht** I.

Schlichtung *f* arbitration, settlement.

Schlichtungs|ausschuß *m* arbitration (*od.* conciliation) committee; **~stelle** *f* board (*od.* court) of arbitration; **~verfahren** *n* arbitration proceedings *pl.*; **~versuch** *m* attempt at arbitration.

schlichtweg *adv.* absolutely, purely and simply.

Schlick *m* sludge.

Schliere *f* **1.** ⚙ streak, glass bubble; **2.** *auf e-r Glasscheibe*: streak.

schließbar *adj.* lockable.

Schließe *f* fastening; *am Buch, Kleid, an der Handtasche etc.*: clasp.

schließen I. *v/t.* **1.** close, shut; *mit Schlüssel*: lock; *mit Riegel*: bolt; (*Betrieb, Laden, Schule etc.*) close, *für immer od. langfristig*: *a.* shut (*od.* close) down; (*Stromkreis*) close; *fig.* (*Bündnis*) form, enter into; (*Vergleich*) reach, come to; → **Freundschaft, Frieden, Herz, Lücke, Vertrag** *etc.*; **e-n Hund an die Kette ~** put a dog on the chain; **das Geld in die Schublade ~** lock the money away (*od.* up) in the drawer; *fig.* **et. an et. ~** follow s.th. up with s.th.; **2.** (*beenden*) close, end, conclude; (*Brief, Rede*) *a.* wind up (**mit den Worten** by saying); (*Debatte, Versammlung*) close; **3.** (*folgern*) conclude (**aus** from); **kann ich daraus ~, daß** *a.* do I take it that; **II.** *v/i.* **4.** shut, close; *Betrieb etc.*: close (*od.* shut) down, F fold up; **der Schlüssel schließt nicht** the key's jamming; **das Schloß schließt etwas schwer** the lock's a bit stiff; **das Fenster schließt schlecht** the window won't close properly; **die Tür schließt von selbst** the door closes by itself; **5.** (*enden*) (come to a) close; *bei e-r Rede etc.* → 2; **~ mit** *Börse*: close at; **6. von et. auf et. ~** infer s.th. from s.th.; **von sich auf andere ~** judge others by o.s.; **auf et. ~ lassen** suggest (*od.* point to) s.th.; **es läßt darauf ~, daß** it would suggest (*od.* point to the fact) that; **III.** *v/refl.*: **sich ~** close, shut; *Wunde*: close (up); *fig.* **an den Vortrag schloß sich ein Dokumentarfilm** the lecture was followed by a documentary; → **Kreis**; **Schließer** *m* **1.** doorkeeper; *im Gefängnis*: jailer; **2.** (*Schnappschloß*) catch.

Schließfach *n Bahnhof etc.*: (left-luggage) locker; *Post*: post office box, PO box; *Bank*: safe deposit box.

schließlich *adv.* **1.** finally, eventually, in the end; (*endlich*) at last; **~ und endlich** when all is said and done; **2.** (*immerhin*) after all; **~ bist du schon 18** you 'are 18 after all, F I mean, you 'are 18.

Schließmuskel *m anat.* sphincter (muscle).

Schließung *f* closing, shutting; *e-s Betriebs etc.*: closure, shutdown, closing down; *e-r Debatte, Versammlung etc.*: closing; ⚡ *des Stromkreises*: closing; *e-s Kontakts*: closure.

Schließwinkel *m mot.* dwell angle.

Schliff *m* ⚙ (*Schleifen*) grinding; (*Schärfen*) *a.* sharpening; *Edelstein, Glas*: cutting, *konkret*: cut; *fig.* polish; **der letzte ~** the final touch; **e-r Sache den letzten ~ geben** put the finishing touch(es) to s.th.; **ihm fehlt noch der ~** he's still a bit rough and ready; **ihm fehlt jeder ~** he has no refinement.

schlimm *adj.* bad; → **schlecht**; (*böse, verworfen*) evil, wicked; (*schwerwiegend*) bad, serious; (*sehr unangenehm*) bad, *stärker*: terrible; *Erkältung, Wunde etc.*: bad, nasty; **~er Finger (Hals)** sore finger (throat); **~er Husten** bad (*od.* nasty) cough; **das ist ja e-e ~e Sache** that's awful (*od.* terrible); **es ist schon ~** isn't it awful; **das war ~** it was awful (*od.* terrible); **ist das denn so ~?** what's so bad about it?; **die letzte Zeit war ~** it's been tough going lately; **~e Zeiten** hard times; **mit ihm wird es noch ein ~es Ende nehmen** he'll come to a bad end; **es sieht ~ aus** it looks (pretty) bad; **das ist halb so ~!** it's not as bad as all that, it's nothing to get upset about, *verzeihend*: it doesn't matter, don't worry about it; **ist es ~, wenn ich nicht komme?** would it be awful of me not to come (*od.* a nuisance if I didn't come)?; **~er** worse; **~er machen, ~ werden** → **verschlimmern**; **~er kann es nicht mehr werden** things can hardly get any worse; **es wird immer ~er** things are going from bad to worse; **um so ~er** so much the worse; **das 2(st)e an der Sache ist** the awful (worst) thing about it is; **sich zum 2en wenden** take a turn for the worse; **ich sehe nichts 2es darin** I don't see anything wrong in it; **es gibt 2eres** things could be worse, worse things happen at sea; **am ~sten** worst of all; **auf das 2ste gefaßt sein** be prepared for the worst; **das 2ste haben wir hinter uns** we've got over the worst; **im ~sten Falle** → **schlimmstenfalls** *adv.* if the worst comes to the worst; **~ verlierst du die Anzahlung** *etc. a.* the worst that can happen is for you to lose your deposit *etc.*

Schlinge *f* loop; *sich zusammenziehende*: noose; (*Arm*2) sling; (*Fang*2) snare; *fig.* (*Falle*) snare, trap; **den Arm in der ~ tragen** have one's arm in a sling; **~n legen** set snares; *fig.* **sich aus der ~ ziehen** wriggle out of it; **j-m die ~ um den Hals legen** place a noose around s.o.'s neck; **bei j-m die ~ zuziehen** tighten the noose around s.o.'s neck.

Schlingel *m* rascal, F scallywag, *Am.* scalawag.

schlingen[1] **I.** *v/t.* (*binden*) tie; (*Schal etc.*) wrap (**um** around); **die Arme um j-s Hals ~** fling one's arms around s.o.'s

neck; **II.** *v/refl.*: ***sich um*** *et.* ~ wind (*od.* twine, coil) (itself) around.
schlingen² **I.** *v/t.* gulp down, F gobble; → ***hinunter-, verschlingen***; **II.** *v/i.* bolt one's food, F gobble.
Schlingerbewegung *f* rolling motion; **schlingern** *v/i. Schiff*: roll, lurch; *Person*: stagger, totter.
Schlingpflanze *f* ⚘ climbing plant, creeper.
Schlips *m* tie; F *fig.* ***j-m auf den ~ treten*** tread on s.o.'s toes; ***sich auf den ~ getreten fühlen*** F be miffed; ***j-n am ~ fassen*** take s.o. to task.
Schlitten *m* sledge, *Am.* sled; (*bsd. Pferde*≈) sleigh; (*Rodel*) toboggan, sledge, *Am.* sled; F ***toller ~*** F flash car; ***~ fahren*** go sledging (*od.* tobogganing); *fig.* ***mit j-m ~ fahren*** haul s.o. over the coals; **~fahrt** *f* sleigh-ride; **~hund** *m* husky, sledge (*Am.* sled) dog; **~partie** *f* sleigh-ride.
schlittern *v/i.* slide (***in*** into; *a. fig.*); (*ausgleiten*) *a.* slip, *Auto*: skid; ***ins ≈ kommen*** start to slip, *Auto*: (start to) skid, go into a skid.
Schlittschuh *m* ice-skate; ***~ laufen*** (*od.* ***fahren***) ice-skate, go ice-skating; **~bahn** *f* ice-rink; **~laufen** *n* ice-skating; **~läufer** *m* ice-skater.
Schlitz *m* slit (*a. im Kleid*); (*Hosen*≈) fly; (*Einwurf*≈) slot.
Schlitzauge *n* (*a. contp. Person*) slit-eye; **schlitzäugig** *adj.* slit-eyed.
schlitzen *v/t.* slit; → *a.* ***aufschlitzen.***
Schlitzohr F *n* F sly dog; (*Betrüger*) F crook; ***er ist ein richtiges ~*** he never misses a trick; **schlitzohrig** F *adj.* crafty, sly.
Schlitz|schraube *f* slotted screw; **~verschluß** *m phot.* focal-plane shutter.
schlohweiß *adj.* snow-white.
Schloß¹ *n* (*Tür*≈, *Gewehr*≈) lock; (*Vorhänge*≈) padlock; *an e-m Buch, e-r Handtasche etc.*: clasp; ***ins ~ fallen*** slam shut; *fig.* ***hinter ~ und Riegel sitzen*** be (sitting) behind bars; ***j-n hinter ~ und Riegel bringen*** put s.o. behind bars (F in clink).
Schloß² *n* castle; (*Residenz, Palast*) palace; (*Herrenhaus*) mansion, *in Frankreich*: château; **~anlage** *f* castle (*od.* palace) grounds *pl.*; **≈artig** *adj.* palatial; **~besichtigung** *f* tour of the (*od.* a) castle *od.* palace.
Schlosser *m für Schlösser*: locksmith; (*Auto*≈) (car) mechanic; (*Maschinen*≈) mechanic, fitter; **Schlosserei** *f* **1.** locksmith's *etc.* shop; **2.** (*Handwerk*) locksmith's *etc.* trade.
Schlosser|handwerk *n* → ***Schlosserei*** 2; **~meister** *m* master locksmith *etc.*; → ***Schlosser***; **~werkstatt** *f* → ***Schlosserei*** 1.
Schloß|fassade *f* castle (*od.* palace) front *od.* façade; **~führung** *f* guided tour of the (*od.* a) castle *od.* palace; **~garten** *m* castle (*od.* palace) gardens *pl. od.* grounds *pl.*; **~graben** *m* moat; **~herr(in** *f*) *m* lord (*f* lady) of the castle; **~hund** *m*: F ***heulen wie ein ~*** howl (one's head off); **~kapelle** *f* castle (*od.* palace, *oft* royal) chapel; **~konzert** *n* concert in a palace (*od.* castle); **~park** *m* castle (*od.* palace) grounds *pl.*; **~ruine** *f* ruined castle; ruins *pl.* of a (*od.* the) castle, castle ruins *pl.*; **~tor** *n* castle (*od.* palace) entrance, entrance to the (*od.* a) castle *od.* palace; **~vogt** *m* castellan; **~wache** *f* palace guard.
Schlot *m* chimney, smokestack; *e-s Vulkans*: chimney; F ***rauchen*** (*od.* ***qualmen***) ***wie ein ~*** smoke like a chimney.
schlott(e)rig *adj.* (*wacklig, zitternd*) shaky, wobbly; *vor Schwäche*: shaky; *vor Alter*: doddery, *attr. a.* doddering; *Kleidung*: baggy; **schlottern** *v/i.* (*zittern*) shake, tremble, *vor Kälte*: shake, shiver *with cold*; *Kleidung etc.*: hang loose(ly), flap; ***vor Angst ~*** tremble with fear; ***mit ~den Knien*** with shaking knees; ***mir schlotterten die Knie*** my knees were knocking (*od.* were like jelly); ***~de Hosen*** baggy trousers.
Schlucht *f* ravine, gorge; *große*: canyon; *kleine*: gully.
schluchzen **I.** *v/i.* sob; F ***schluchz!*** F sniff!; *fig.* ***~de Geigen*** *etc.* sighing violins *etc.*; **II.** ≈ *n* sobbing, sobs *pl.*; **Schluchzer** *m* sob.
Schluck *m* gulp, mouthful; *kleiner*: sip; *tüchtiger, von Schnaps etc.*: F swig; ***ein ~ Kaffee*** (***Wein***) some (*od.* a drop of) coffee (wine); ***ich möchte e-n ~ zu trinken*** I'd like something to drink.
Schluckauf *m* hiccups *pl.*; ***~ haben*** have (the) hiccups.
Schluckbeschwerden *pl.* difficulty *sg.* (in) swallowing; ***er hat ~*** *a.* he can't swallow very well.
Schlückchen *n* sip, F drop, (*Alkohol*) *a.* F wee dram; ***trinkst du noch ein ~?*** will you have another drop?; **schlückchenweise** *adv.*: ***~ trinken*** sip.
schlucken **I.** *v/t.* swallow; *fig.* (*glauben*) swallow; (*Betrieb etc.*) swallow up; (*Tadel etc.*) take, swallow; (*Schall, Licht etc.*) absorb; F (*Geld*) swallow up; F (*Benzin*) F guzzle; F ***einen ~ gehen*** F go for a tipple; **II.** *v/i.* swallow; ***da mußte ich erst einmal ~*** I had to swallow hard.
Schlucker *m*: F ***armer ~*** poor devil (*sl.* bastard).
Schluck|impfung *f* oral vaccination; **~specht** F *m* (*Trinker*) F boozer.
schluckweise *adv.* in sips, slowly.
schludern *v/i.* → ***schlampen***; **Schludrian** F *m* **1.** messy (*od.* chaotic) person; **2.** ***hier ist der ~ eingerissen*** things have got pretty chaotic in here; **schludrig** *adj.* slovenly, sloppy.
Schlummer *m* sleep, *lit.* slumber; → *a.* ***Schläfchen***; **~lied** *n* lullaby.
schlummern *v/i.* sleep, *lit.* slumber; *fig. a.* lie dormant; **schlummernd** *fig. adj.* dormant, *a. Talent, Krankheit*: latent.
Schlummer|rolle *f* bolster; **~stündchen** *n* nap.
Schlumpf *m* **1.** (*Comicfigur*) smurf; **2.** F *fig.* (*Zwerg*) dwarf, F midget.
Schlund *m* **1.** *anat.* (back of the) throat, 🕮 pharynx; *zo.* maw; **2.** *fig. e-s Vulkans etc.*: (yawning) chasm; ***der ~ der Hölle*** the jaws of hell.
Schlupf *m* ⚙ slip.
schlüpfen *v/i.* **1.** slip (***aus*** out of); **2.** ***~ in*** slip into *one's coat etc.*; ***aus et.*** ~ slip out of s.th., slip s.th. off; **3.** *Vögel etc.*: hatch (out).
Schlüpfer *m* (*Unterhose*) (***ein ~*** a pair of) underpants (*od.* pants) *pl.*
Schlupfloch *n* gap; (*Versteck*) hideout.
schlüpfrig *adj.* slippery (*a. fig.*); *fig. Witz etc.*: risqué, off-colo(u)r.
Schlupfwinkel *m* **1.** hideout; *weitS.* haunt; **2.** *von Tieren*: hiding place.
schlurfen *v/i.* shuffle, drag one's feet; *weitS.* slouch.
schlürfen *v/t. u. v/i.* slurp; *vorsichtig, a. mit Genuß*: sip.
Schluß *m* **1.** end; (*Abschluß*) conclusion; *e-s Buches, Films etc.*: ending; *parl. e-r Debatte*: closing, *auf Antrag*: closure, *Am.* cloture; (*Geschäfts*≈) closing time; (*Redaktions*≈) deadline; ***am ~ e-s Jahres*** at the end (*od.* close) of a year, (*nach Ablauf*) after a year; ***~ für heute!*** that's all for today; ***~ damit!*** stop it!, that'll do (now)!; ***und damit ~!*** and that's that, and that's the end of that; ***~ mit dem Unsinn!*** stop that nonsense, enough of that nonsense; ***am ~*** at the end, (*letztendlich*) in the end; ***irgendwann muß mal ~ sein*** you've got to call a halt somewhere; ***~ machen*** (*die Arbeit beenden*) finish work, F knock off (for the day),(*Selbstmord verüben*) put an end to it all; ***machen wir ~ für heute*** let's call it a day; ***~ machen mit*** (*et.*) stop, (*dem Rauchen etc.*) *a.* give up, (*j-m*) finish with; ***zum ~*** finally, to finish off, (*am Ende*) in the end; ***bis zum ~ bleiben*** stay to the end; ***zum ~ kommen*** come to a close; ***zum ~ möchte ich noch sagen*** in conclusion may I say; → *a.* ***Ende***; **2.** (*Folgerung*) conclusion; ***e-n ~ ziehen*** draw a conclusion, conclude (***aus*** from); ***zu dem ~ kommen*** (*od.* ***gelangen***), ***daß*** come to the conclusion that, decide that; → ***voreilig, Weisheit***; **~abrechnung** *f* final account; **~abstimmung** *f* final vote; **~akkord** *m* ♪ final chord; **~akt** *m thea.* final act (*a. fig.*), last act; *e-r Veranstaltung*: closing ceremony; **~akte** *f pol.* final act; **~bemerkung** *f* final comment, concluding remark; **~bilanz** *f* annual balance sheet; *fig.* ***wenn ich die ~ ziehe*** in the final analysis.
Schlüssel *m* key (*a. fig.*); ♪ clef; (*Chiffrier*≈) key; (*Lösungsheft*) key; *Computer*: key; (*Verteilungs*≈) ratio formula; ⚙ (*Schrauben*≈) spanner, *Am.* wrench, *verstellbarer*: (adjustable) wrench, *Am.* monkey wrench; **~bart** *m* bit, ward; **~begriff** *m* **1.** key concept; **2.** key term (*od.* word).
Schlüsselbein *n* collarbone, 🕮 clavicle; **~bruch** *m* fractured (*od.* broken) collarbone.
Schlüssel|blume f cowslip, *gelbe*: primrose; **~brett** *n* key rack; **~bund** *m, n* bunch of keys; **~dienst** *m* locksmith; **~erlebnis** *n* crucial (*od.* formative) experience; **≈fertig** *adj.* ready for occupancy, ready to move into; *bsd.* ✝ turnkey...; **~figur** *f* key figure; *pol. etc. a.* key player; **~gewalt** *f R. C.* power of the keys; ⚖ *der Ehefrau*: wife's agency (in domestic matters); **~industrie** *f* key industry; **~kind** F *n* latchkey child; **~loch** *n* keyhole; ***durchs ~ gucken*** peep through the keyhole; **~position** *f* key position; **~reiz** *m psych.* key stimulus; **~ring** *m* key ring; **~rolle** *f* key (*od.* crucial) role; **~roman** *m* roman-à-clef; **~stellung** *f* key position (*a.* ⚔); ***Mann in e-r ~*** key man; **~szene** *f* crucial scene; **~übergabe** *f* completion; **~wort** *n* key word; *für Schloß*: combination.
Schlußfeier *f* celebration; *ped.* speech day, *Am.* commencement; *Sport*: closing ceremony.
schlußfolgern *v/i. u. v/t.*: ***~ aus*** conclude (*od.* infer) from; **Schlußfolgerung** *f* conclusion, inference.

Schlußformel *f Brief*: complimentary close; *Vertrag*: final clause.

schlüssig *adj.* **1.** (*folgerichtig*) logical; *Argument*: *a.* sound; **~er Beweis** conclusive evidence; **2. sich ~ werden** make up one's mind (**über** about), decide (about, on, as to); **sich ~ sein** have decided, have made up one's mind; **Schlüssigkeit** *f* conclusiveness.

Schluß|kapitel *n* final (*od.* last) chapter; **~kommuniqué** *n* final communiqué; **~kurs** *m Börse*: closing price, final quotation (*gen.* for); *Devisen*: closing rate (for); **~läufer** *m* anchor (man); **als ~ laufen** run the last leg; **~licht** *n* tail-light; *fig. Sport*: F tailender, (*Mannschaft*) bottom-of-the-table team; F *fig.* **das ~ bilden** bring up the rear; **~mann** *m* **1.** → **Schlußläufer**; **2.** *Fußball etc.*: goalkeeper, F goalie; **~notierungen** *pl. Börse*: closing rates; **~pfiff** *m* final whistle; **~plädoyer** *n* summing up, final speech; **~punkt** *m*: *fig.* **e-n ~ unter et. setzen** forget about s.th.; **~rede** *f* final speech (*od.* address), F wind-up speech; **~resolution** *f* final resolution; **~runde** *f* final(s *pl.*); **~satz** *m* concluding (*od.* closing) sentence; ♪ final movement; *Tennis*: final set; **~sprung** *m* hop; **~strich** *m* final stroke; *fig.* **e-n ~ ziehen** consider the matter closed, **unter et.**: *a.* forget about s.th.; **~szene** *f* final scene; **~verkauf** *m* (end-of-season) sale; **~wort** *n* closing words *pl.*; (*Schlußrede*) closing speech; (*Nachwort*) epilogue; (*Zusammenfassung*) summary; **~zeremonie** *f a. Sport*: closing ceremony.

Schmach *f* (*Unehre*) disgrace, shame; (*Beleidigung*) insult, affront, *stärker*: outrage; (*Demütigung*) humiliation; **et. als ~ empfinden** find s.th. humiliating; **sich mit ~ (und Schande) bedecken** disgrace o.s., bring disgrace on o.s.

schmachten *v/i.* **1.** languish (**vor** with); **vor Durst ~** be parched with thirst; **2.** (*sich sehnen*) yearn, languish, pine (**nach** for); **j-n ~ lassen** keep s.o. on tenterhooks, F let s.o. sweat it out; **schmachtend** *adj.* languishing, yearning.

Schmachtfetzen F *m* F weepie, tear-jerker.

schmächtig *adj.* of slight build; (*schwächlich*) delicate, frail; **~er Körperbau** slight frame.

Schmachtlocke F *f* kiss-curl, *Am.* spit curl.

schmachvoll *adj.* shameful, ignominious; (*demütigend*) *a.* humiliating.

schmackhaft *adj.* tasty, *lit.* savo(u)ry *dish*; *fig.* **j-m et. ~ machen** make s.th. sound appealing to s.o., whet s.o.'s appetite for s.th.

Schmäh *östr.* F *m* **1.** (*Trick*) F con; **2.** (*Wiener ~ etc.*) patter.

Schmähbrief *m* defamatory letter.

schmähen I. *v/t.* (*beschimpfen*) revile; (*schlechtmachen*) disparage, F run down; **II.** *v/i.* (*lästern*) blaspheme.

schmählich I. *adj.* → **schmachvoll**; **II.** *adv.* (*ungeheuerlich*) badly; **~ versagen** fail miserably; **j-n ~ im Stich lassen** leave s.o. in the lurch.

Schmäh|rede *f* **1.** defamatory speech, diatribe; **2. ~n gegen j-n führen** heap abuse on s.o., run s.o. down; **~ruf** *m* shout of abuse; **~e gegen j-n ausstoßen** call s.o. names; **~schrift** *f* diatribe; (*Satire*) lampoon.

Schmähung *f a. pl.* invective, vituperation; (*Lästerung*) blasphemy; (*Verleumdung*) calumny.

schmal *adj.* narrow; (*dünn*) thin, *Mensch, Buch*: *a.* slim; *Hüften, Hände*: slim; *Lippen*: thin; *Augen*: narrow; *Gesicht*: narrow, thin; *fig.* (*gering*) meag|re (*Am.* -er); (*ungenügend*) poor; **~es Buch** (*od.* **Büchlein**) *a.* slim volume; **er ist ~er geworden** he's lost weight; **er ist ~ geworden** *a.* he's gone thin.

schmalbrüstig *adj.* **1.** narrow-chested; **2.** *fig. Ansichten*: narrow(-minded), hidebound; *Film, Buch*: lowbrow.

schmälern *v/t.* (*einschränken, verringern*) curtail, reduce, diminish; (*beeinträchtigen*) impair (*a. Rechte*), detract from; (*Verdienst etc.*) belittle, do *s.th.* down; **Schmälerung** *f* curtailment, reduction; impairment; belittlement; → **schmälern.**

Schmalfilm *m* cine-film, 8mm film; **~kamera** *f* cine-camera; **~projektor** *m* cine-projector, 8mm projector.

schmalhüftig *adj.* slim-hipped.

schmallippig *adj.* thin-lipped.

Schmalseite *f* short side, narrow end.

Schmalspur *f* narrow ga(u)ge; **~...** F *fig. in Zssgn* small-time; **Schmalspurbahn** *f* light railway; **schmalspurig** *adj.* narrow-ga(u)ge ...

schmalwüchsig *adj.* of slim build, very slim.

Schmalz[1] *n* lard; F *fig.* **~ in den Knochen haben** F have plenty of brawn; F **das hat viel ~ gekostet** F that took a bit of muscle.

Schmalz[2] F *m* (*Sentimentalität*) F schmaltz.

Schmalzbrot *n* bread and dripping.

schmalzig F *fig. adj.* sentimental, F schmaltzy.

Schmankerl *dial. n* tasty titbit (*Am.* tidbit), delicacy; *fig.* (real) treat, something to savo(u)r.

schmarotzen *v/i.* **1.** *zo.*, ⚘ be a parasite; **~ auf** live off; **... schmarotzt auf** *a.* ... is a parasite that lives off; **2.** F *fig.* F scrounge, sponge; *grundsätzlich*: be a sponger (*od.* scrounger, *bsd. beim Staat*: parasite); **~ bei** sponge off (*od.* on), scrounge off (*od.* from), *bsd. beim Staat*: live off; **schmarotzt sie wieder?** is she on the scrounge again?; **Schmarotzer** *m* **1.** *zo.*, ⚘ parasite; **2.** F *fig.* (*Person*) scrounger, sponger, *bsd. beim Staat*: parasite; **Schmarotzertum** *n* parasitism (*a. fig.*).

Schmarren *dial. m* **1.** scrambled pancake; **2.** F *fig.* F rubbish, rot, *bsd. Am.* garbage; **so ein ~!** what a load of rubbish *etc.*; **das geht dich e-n ~ an** that's none of your (F bloody) business.

Schmatz F *m* F smacker; **schmatzen** *v/i.* eat noisily; **schmatz nicht so!** close your mouth when you're eating; **er schmatzt furchtbar** he makes such a noise when he's eating; **Schmatzer** F *m* → **Schmatz.**

schmauchen I. *v/i.* puff away; **II.** *v/t.* puff away at.

Schmaus *m* feast; *fig.* treat; **schmausen I.** *v/i.* feast; **II.** *v/t.* feast on, F tuck into.

schmecken I. *v/t.* (*kosten*) taste, try; (*herauskosten*) (be able to) taste; **ich schmecke gar nichts** I can't taste a thing; **II.** *v/i.*: **~ nach** taste of, *fig.* smack of; **gut ~** taste good; **es sich ~ lassen** tuck in; **laß es dir ~!** enjoy it, F enjoy!; **ihm schmeckt es** he likes it, (*er ißt gern u. viel*) he likes his food; **schmeckt es (dir)?** do you like it?; **es schmeckt nach nichts** it's tasteless, it tastes like nothing; *hum.* **es schmeckt nach mehr** F I hope there's more where that came from; **das hat aber geschmeckt!** that was good; **Nudeln ~ mir immer** F give me noodles any time; **es schmeckt mir heute nicht so recht** I don't really feel like eating today; F *fig.* **das (die Arbeit) schmeckt ihm nicht** he doesn't like it (his job); **das schmeckt mir gar nicht** *a.* I don't like the sound (*od.* look) of that at all.

Schmeichelei *f a. pl.* flattery; **schmeichelhaft** *adj.* flattering (*a. fig.*); **schmeicheln** *v/i.* (*j-m*) flatter, *lobend*: compliment, *zärtlich*: cajole; (*lobhudeln*) adulate; (*einwickeln*) F butter up, soft-soap; **das Foto ist aber geschmeichelt** it's a very flattering photo (of you *etc.*); **das schmeichelt s-r Eitelkeit** it flatters (*od.* tickles) his vanity; **ich schmeichele mir, ein guter Redner zu sein** I flatter myself that (*od.* I like to think) I'm a good speaker; **du brauchst (mir) gar nicht so zu ~** flattery will get you nowhere; *fig.* **~de Musik** soft music; **Schmeichler** *m* flatterer; **du ~!** stop flattering me; **schmeichlerisch** *adj.* flattering; *contp.* smooth-tongued, (*anbiedernd*) ingratiating.

schmeißen F **I.** *v/t.* throw, F chuck; *heftiger*: fling, hurl; *fig.* (*aufgeben*) F chuck (in); **gerade hat's mich geschmissen** F I went flying (*od.* sprawling) just now; *fig.* **e-e Runde ~** stand a round; **den Laden ~** run the show; **die Sache ~** manage (all right, *Am.* alright), F swing it; **sie schmeißt schon den Haushalt** she knows how to run a household; **die Vorstellung ~** F muff it; **II.** *v/i.*: **mit Steinen (nach j-m) ~** throw stones (at s.o.); **mit Geld um sich ~** throw one's money around; **III.** *v/refl.*: **sich aufs Bett (in den Sessel) ~** throw o.s. onto one's bed (drop into the armchair); **sich in den Mantel ~** get (*eilig*: dive) into one's coat, throw one's coat on; → **Schale.**

Schmeißfliege *f* bluebottle.

Schmelz *m* **1.** enamel (*a. Zahn*≈); (*Glasur*) glaze; **2.** *von Klang*: melodiousness, mellowness.

schmelzbar *adj.* meltable, fusible.

Schmelze *f* **1.** (*Schnee*≈) thaw(ing period); **2.** ⚙ smelting; (*flussiges Metall*) molten metal, (*flüssiges Glas*) molten glass, (*flüssiges Gestein*) liquid rock.

schmelzen I. *v/i.* melt; *in Flüssigkeiten*: *a.* dissolve; (*flüssig werden*) *a.* liquefy; *fig.* (*weich werden*) melt; (*schwinden*) dwindle; **II.** *v/t.* melt, (*bsd. Metalle*) smelt; (*flüssig machen*) liquefy; **schmelzend** *adj.* melting; ♪, *Stimme*: mellow, *iro.* dulcet *tones, voice*; *Blick*: melting; **Schmelzer** *m* ⚙ smelter; **Schmelzerei** *f* → **Schmelzhütte.**

Schmelz|farbe *f* enamel paint; **≈flüssig** *adj.* molten; **~hütte** *f* (iron) foundry; **~käse** *m* cheese spread; *in Scheiben*: cheese slices; **~ofen** *m* (s)melting furnace; **~punkt** *m* (s)melting point; **~schweißen** *n* fusion welding; **~sicherung** *f* ⚡ fusible cut-out; **~tiegel** *m* melting pot (*a. fig.*); **~wasser** *n* melted snow and ice.

Schmerbauch *m* paunch, pot belly.
Schmerz *m* **1.** pain; *anhaltend, dumpf*: *a.* ache; ***~en haben*** be in pain; ***ich habe keine ~en*** I don't feel any pain; ***vor ~ aufschreien*** yell with pain; ***von ~en gepeinigt*** racked with pain; ***~en im Kreuz haben*** have a pain in one's back, have (a) backache; F *iro.* ***hast du sonst noch ~en?*** is that all?; **2.** *seelischer*: pain; (*Kummer*) *a. pl.* grief, sorrow, heartache; ***(j-m) ~en verursachen*** cause (s.o.) pain; ***tiefen ~ empfinden über*** be deeply grieved over (*od.* about); **2empfindlich** *adj.* sensitive to pain.
schmerzen I. *v/i.* hurt; *Magen, Kopf*: ache; *Wunde*: be sore; *brennend*: smart; ***mir ~ alle Glieder*** all my limbs are aching; **II.** *v/t.* hurt (*a. fig.*); ***es schmerzt mich*** *a. fig.* it hurts (me); *fig.* ***es schmerzt mich, das mit ansehen zu müssen*** it hurts to have to stand by and see it happening; ***es schmerzt mich, daß sie nie angerufen hat*** it upsets me to think that she never rang up.
Schmerzens|geld *n* compensation (for injuries suffered); **~mann** *m Kunst*: Man of Sorrow(s); **~mutter** *f Kunst*: mater dolorosa, Our Lady of Sorrows; **~schrei** *m* scream of pain.
schmerz|erfüllt *adj.* deeply grieved; **2forschung** *f* pain research; **~frei** *adj.* free of pain; *Behandlung*: painless; **2gefühl** *n* (sensation of) pain; **2grenze** *f* → ***Schmerzschwelle.***
schmerzhaft *adj.* painful; *fig. a.* distressing; ***~e Stelle*** sore place (*od.* area), tender spot.
schmerzlich *fig.* **I.** *adj.* painful; *Erinnerung, Verlust*: *a.* sad (*a. Lächeln*); ***~e Pflicht*** sad duty; ***~e Gewißheit*** painful knowledge (*od.* certainty); ***~es Verlangen*** (bitter) yearning; **II.** *adv.*: ***j-n ~ vermissen*** miss s.o. badly; ***~ berührt*** sad; ***es hat mich ~ berührt*** it made me very sad.
schmerzlindernd *adj.* analgesic (*a.* ***~es Mittel***); *Salbe*: *a.* soothing.
schmerzlos I. *adj.* painless; **II.** *adv.*: F ***mach es kurz und ~*** get it over and done with; F ***das war aber kurz und ~*** that was short and sweet.
Schmerz|mittel *n* painkiller, analgesic; **~schwelle** *f* pain threshold; **2stillend I.** *adj.* painkilling; analgesic; ***~es Mittel*** painkiller, analgesic; **II.** *adv.*: ***es wirkt ~*** it will ease the pain; **~tablette** *f* → ***Schmerzmittel***; **2verzerrt** *adj.* contorted with pain; **2voll** *adj.* painful (*a. fig.*); **~zentrum** *n* pain cent|re (*Am.* -er).
Schmetterball *m Tennis*: smash.
Schmetterling *m* (*a. Schwimmstil*) butterfly.
Schmetterlings|netz *n* butterfly net; **~sammlung** *f* butterfly collection; **~stil** *m* butterfly (stroke).
schmettern I. *v/t.* **1.** smash (***in Stücke*** to pieces); ***~ gegen*** hurl at, (*Schiff gegen Felsen etc.*) dash against; **2.** *Tennis*: smash; **3.** F (*ein Lied*) F belt out; **II.** *v/i.* **4.** (*krachen*) crash; *Tür*: slam; **5.** *Tennis*: smash; **6.** (*erklingen*) resound; *Stimme*: ring (out); *Vogel*: warble; *Trompete, Musik etc.*: blare (out).
Schmetterschlag *m Tennis*: smash.
Schmied *m* smith.
Schmiede *f* blacksmith's shop, smithy; *in der Industrie*: forge; **~arbeit** *f* forging; (*Produkt*) wrought-iron work.
Schmiedeeisen *n* forging steel; *geschmiedet*: wrought iron; **schmiedeeisern** *adj.* wrought-iron ...
Schmiedehammer *m im Industriebetrieb*: forge hammer; *im Handwerk*: blacksmith's hammer.
schmieden *v/t.* forge; → ***Eisen, Plan, Ränke.***
Schmiede|ofen forging furnace; **~presse** *f* forging press.
schmiegen I. *v/refl.*: ***sich an j-n ~*** cuddle up to s.o.; ***sich in et. ~*** nestle into s.th., ***in e-e Decke***: cuddle up inside a blanket; ***das Kleid schmiegt sich an ihren Körper*** the dress fits her snugly; **II.** *v/t.*: ***et. in*** (*od.* ***an***) ***et. ~*** nestle s.th. into s.th.
schmiegsam *adj.* pliant, flexible; *Leder etc.*: soft; (*geschmeidig*) supple, pliable, *Körper*: lithe; *fig.* (*anpassungsfähig*) adaptable.
Schmierdienst *m* lubrication service.
Schmiere *f* **1.** ⚙ grease, lubricant; (*Schmutz*) muck, *klebriger*: F goo; **2.** F (*schlechtes Theater*) second-rate theat|re (*Am. a.* -er); **3.** F ***~ stehen*** keep a lookout; **4.** *sl.* (*Polizei*) *sl. the* fuzz.
schmieren I. *v/t.* **1.** smear; ⚙ *mit Fett*: grease, *mit Öl*: oil, lubricate; (*Brot*) butter; (*Butter etc.*) spread; (*schlecht schreiben*) scribble, scrawl; ***sich ein Brot ~*** make o.s. a sandwich; ***schmierst du mir ein Brot mit Käse?*** can you make me a cheese sandwich (*od.* some bread with cheese on)?; *fig.* ***wie geschmiert laufen*** run (*od.* go) like clockwork; **2.** F ***j-m e-e ~*** paste s.o. one; **3.** F ***j-n ~*** (*bestechen*) F grease s.o.'s palm; **II.** *v/i. Kugelschreiber etc.*: smudge; *Person*: (*schlecht schreiben*) scribble, scrawl.
Schmierenkomödiant *m* ham (actor); *fig.* play-actor.
Schmiererei *f* smearing; (*Geschmiertes*) mess.
Schmier|fähigkeit *f* lubricity; **~fink** F *m* (*Kind*) F mucky pup; (*Kritzler*) scrawler; (*Journalist*) muckraker; **~geld** *n* bribe money (*a. pl.*), F payoff, payola.
schmierig *adj.* (*fettig*) greasy; (*schmutzig*) grubby; *Küche etc.*: grimy; *fig.* (*unanständig*) smutty; (*ölig*) *Person*: F smarmy.
Schmier|infektion *f* smear infection; **~käse** *m* cheese spread; **~mittel** *n* lubricant; **~nippel** *m* lubricating nipple; **~öl** *n* lubricating oil, lubricant; **~papier** *n* rough paper; **~pistole** *f* grease gun; **~plan** *m* lubrication chart; **~seife** *f* soft soap; *grüne*: green soap; **~stelle** *f* lubrication point.
Schmierung *f* lubrication.
Schmierzettel *m* scrap of paper, piece of rough paper.
Schminke *f* makeup (*a. thea.*); **schminken I.** *v/refl.*: ***sich ~*** **1.** put one's (*od.* some) makeup on; F *hum.* put one's face on; **2.** *generell*: wear makeup; ***sich stark ~*** wear a lot of (*od.* heavy) makeup; **II.** *v/t.* **3.** make up; ***sich die Lippen ~*** put (some) lipstick on; ***sich die Augen ~*** put one's (*od.* some) eye makeup on, *generell*: wear eye makeup; **4.** *fig.* (*Bericht*) colo(u)r.
Schmink|koffer *m* vanity case; **~täschchen** *n* makeup bag; **~tisch** *m* dressing table; **~topf** *m* makeup jar.
Schmirgel *m* emery; **schmirgeln** *v/t.* sandpaper; **Schmirgelpapier** *n* sandpaper.
Schmiß *m* **1.** (*Hiebwunde*) gash; (*Narbe*) (duelling) scar; **2.** F *fig.* (*Schwung*) verve, F zip; ***~ haben*** *Person*: have plenty of go; ***die Musik hat ~*** F that music's got it in it; → *a.* ***Schwung*** 1; **schmissig** F *adj.* F zippy, *Musik*: dashing, *Marsch*: rousing.
Schmöker F *m a* good read; s.th. good to read; ***dicker ~*** thick tome; **schmökern** F *v/i.* **1.** *im Buchladen, in Büchern*: browse; ***~ in*** (*Büchern*) browse through, dip into, (*e-m Buch*) browse (*od.* leaf) through; **2.** have one's nose in a book, be buried in a book (*od.* in books); ***ab und zu schmökert er gern*** he likes a good read now and again; ***ich setz' mich in den Garten und schmökere ein bißchen*** I'm going to sit in the garden and have a little read.
schmollen *v/i.* sulk; **Schmollmund** *m* pout (*a.* ***e-n ~ machen***); **Schmollwinkel** *m*: ***sich in den ~ zurückziehen*** go off in a huff; ***im ~ sitzen*** be in a huff, be sulking (in a corner somewhere).
Schmonzes F *m* F twaddle, tripe, *sl.* bilge.
Schmonzette *contp. f* F slush.
Schmorbraten *m* pot roast; **schmoren I.** *v/t. gastr.* braise, stew; **II.** *v/i. gastr.* stew; F *fig. in der Hitze*: roast, bake; F *fig.* ***j-n ~ lassen*** F let s.o. stew (in his *od.* her own juice), let s.o. sweat it out;
Schmortopf *m* casserole.
Schmu F *m* (*Schwindel*) swindle; ***~ machen*** cheat, fiddle.
schmuck *adj.* neat; *Person*: smart, spruce, *Mann*: *a.* dapper; (*hübsch*) pretty.
Schmuck *m* **1.** (*~sachen*) jewellery, *bsd. Am.* jewelry; **2.** (*Verzierung*) ornamentation, decoration; *konkret*: ornament.
schmücken I. *v/t.* decorate (*a. Christbaum*); (*verzieren*) *a.* adorn, deck out; (*verschönern*) embellish (*a. fig. Rede etc.*); **II.** *v/refl.*: ***sich ~*** (*kleiden*) dress up.
Schmuckkästchen *n* jewellery (*bsd. Am.* jewelry) box; *fig.* gem; *fig.* ***das Haus ist ein ~*** it's a gem of a house.
schmucklos *adj.* plain; (*schlicht*) simple; (*nüchtern*) austere.
Schmuck|nadel *f* brooch; **~sachen** *pl.* jewellery *sg.*, *bsd. Am.* jewelry *sg.*; *billige*: trinkets; **~stück** *n* piece of jewellery (*bsd. Am.* jewelry); *fig.* gem, jewel; **~waren** *pl.* jewellery *sg.*, *bsd. Am.* jewelry *sg.*
schmuddelig F *adj.* grubby; (*schlampig*) slovenly; **schmuddeln** F *v/i. Kleidung etc.*: get dirty (*od.* soiled); **Schmuddelwetter** F *n* mucky weather.
Schmuggel *m* (*a.* **Schmuggelei** *f*) smuggling; ***~ treiben*** → **schmuggeln I.** *v/t.* smuggle; *fig. a.* sneak; **II.** *v/i.* smuggle; **Schmuggelware** *f* smuggled goods *pl.*, contraband.
Schmuggler *m* smuggler; **~bande** *f* ring of smugglers.
schmunzeln *v/i.* smile (to o.s.), grin.
Schmus F *m* F rubbish, twaddle.
schmusen F *v/i.* cuddle (***mit j-m*** s.o.); *Liebespaar*: kiss and cuddle, F smooch.
Schmutz *m* dirt; *fig.* filth, smut; *fig.* ***in den ~ ziehen*** drag through the mud; ***j-n mit ~ bewerfen*** sling mud at s.o.; **2abweisend** *adj.* stain-resistant; **~arbeit** *f* dirty work; **~bürste** *f* cleaning brush.
schmutzen *v/i.* get dirty (*od.* soiled); ***leicht ~*** *a.* soil easily.
Schmutz|fänger *m* **1.** *am Auto*: mudflap;

2. *in der Wohnung*: dust trap; **~fink** F *m* F pig; (*Kind*) F mucky pup; **~fleck** *m* dirty mark.

schmutzig *adj.* dirty; *fig.* (*unanständig*) *a.* smutty; (*anrüchig*) dirty; ***sich ~ machen*** get dirty, dirty o.s.; *fig.* ***~e Phantasie*** dirty mind; ***~es Lächeln*** dirty grin; → ***Wäsche.***

Schmutz|literatur *f* pornography, smut; **~schicht** *f* layer of dirt; **~stoff** *m* pollutant; **~streifen** *m* dirty streak; **~titel** *m typ.* half-title; **~wäsche** *f* dirty washing; **~zulage** *f* dirt money.

Schnabel *m* beak, bill; *e-r Kanne*: spout; F (*Mund*) mouth, *sl.* trap; F ***halt den ~!*** shut up!; ***sie spricht, wie ihr der ~ gewachsen ist*** she doesn't mince her words; ***ihr steht der ~ nie still*** she never stops talking.

schnäbeln *v/i.* bill; *fig.* bill and coo.

Schnabel|tasse *f* feeding cup; **~tier** *n* duckbilled platypus.

schnabulieren F **I.** *v/i.* F have a good munch, munch away; *gierig*: F feed one's face; **II.** *v/t.* F munch, polish off.

Schnack *dial. m* **1.** (*Plauderei*) chat, F natter; **2.** (*Spruch*) phrase, saying; **3.** (*Unsinn*) F twaddle; **schnacken** *dial. v/i.* chat, F natter.

schnackeln *v/i.* **1.** ***mit den Fingern ~*** snap one's fingers; **2.** F ***bei ihm hat's geschnackelt*** F it finally clicked (with him); **3.** F ***bei ihr hat's geschnackelt*** (*sie ist schwanger*) she's in the family way, *negativ*: *sl.* she's up the spout.

Schnake *f* daddy-longlegs; (*Stechmücke*) mosquito, midge.

Schnalle *f* **1.** buckle, clasp; **2.** F *dial.* ***blöde ~*** stupid woman; **3.** F (*Prostituierte*) F tart, *Am. a.* hooker; **schnallen** *v/t.* **1.** buckle; *mit Riemen etc.*: strap (***auf*** onto); ***enger ~*** tighten; ***weiter ~*** loosen; → ***Gürtel***; **2.** F (*kapieren*) F get; ***sie hat's nicht geschnallt*** *a.* F it just didn't get through (to her); **Schnallenschuh** *m* buckled shoe.

schnalzen *v/i.*: ***mit den Fingern ~*** snap one's fingers; ***mit der Zunge ~*** click one's tongue; ***mit der Peitsche ~*** crack one's whip.

Schnäppchen F *n* F snip; ***da hast du aber ein ~ gemacht!*** you got a real snip there.

schnappen I. F *v/t.* **1.** (*fangen, erwischen*) catch, F nab; (*et.*) grab, (*weg~*) snatch; (***sich***) ***et.*** ~ (*an sich nehmen*) grab s.th.; ***j-n am Arm ~*** grab s.o.'s arm; ***den werde ich mir ~!*** I'm going to nab him, I'll tell him what's what; **II.** *v/i.* **2. *nach*** *et.* ~ snap (*od.* snatch, grab) at, *Hund*: snap at; → ***Luft***; **3.** *Schloß etc.*: click; *Schere*: snip; ***ins Schloß ~*** snap shut; ***nach hinten*** (***vorne***) ~ snap back (forward); ***nach oben ~*** spring up (*od.* open).

Schnapp|messer *n* flick knife, *Am.* switchblade; **~schloß** *n* spring lock; *an Ketten etc.*: spring catch; **~schuß** *m* snapshot (*a. fig.*), snap; ***e-n ~ machen von*** take a snap of; **~verschluß** *m* spring (*od.* snap) lock, spring catch.

Schnaps *m* **1.** spirits *pl.*; (*klarer ~*) schnapps; **2.** F (*Alkohol*) drink, F booze, *bsd. Am. a.* liquor; **~brenner** *m* distiller; **~brennerei** *f* distillery; **~bruder** F *m* F boozer, dipso; **~bude** F *f* F boozer.

Schnäpschen F *n* F snifter; *auf die Schnelle*: F quickie.

Schnaps|drossel F *f* F boozer, dipso; **~fahne** F *f*: ***e-e ~ haben*** F reek of alcohol (*od.* drink); **~flasche** *f* bottle of brandy (*od.* whisk[e]y *etc.*), F bottle of booze; *leere*: brandy (*od.* whisk[e]y *etc.*) bottle; **~glas** *n* shot glass; **~idee** F *f* crazy idea; **~nase** F *f* drinker's nose; **~zahl** *f* nice number.

schnarchen *v/i.* snore; **Schnarcher** *m* snorer; ***ein ~ sein*** *a.* snore.

schnarren *v/i.* rattle; *Klingel*: buzz; (*~d sprechen*) rasp; **Schnarrsaite** *f* snare.

Schnattergans F *f* F chatterbox; **schnattern** *v/i.* *Gans*: cackle; *Ente*: quack; *fig.* (*reden*) gabble (away), F yak; ***er schnatterte vor Kälte*** his teeth were chattering with cold.

schnauben *v/i. u. v/t. Tier*: snort (*a. Person, verächtlich ~*); ***sich*** (***die Nase***) ~ blow one's nose; ***vor Wut*** *etc.* ~ snort with rage *etc.*

schnaufen *v/i.* breathe hard; *pfeifend*: wheeze; (*keuchen*) (puff and) pant; F (*atmen*) breathe; F *Auto etc.*: chug (along); ***wir sind ganz schön ins ≈ gekommen*** we were puffing and panting; **Schnaufer** F *m* breath; ***den letzten ~ tun*** F snuff it, croak.

Schnauferl F *dial.* (*altes Auto*) jalopy; (*Oldtimer*) veteran car.

Schnauz *dial. m* moustache, F mo.

Schnauzbart *m* moustache.

Schnauze *f Tier*: snout; *Hund*: muzzle, nose; ⚙ nozzle; V (*Mund*) *sl.* snout, trap; ***e-e große ~ haben*** have a big mouth (*sl.* trap); ***die ~ voll haben*** F be fed up to the back teeth (***von*** with); ***halt die ~!*** F belt up!, *sl.* shut your trap!; ***auf die ~ fallen*** *a. fig.* fall flat on one's face; ***du kriegst gleich eins auf die ~*** F you'll have my fist in your jaw if you're not careful; F ***frei nach ~*** F any old how; → *a.* ***Mund.***

schnauzen F *v/i.* snap, bark.

Schnauzer *m* **1.** (*Hund*) schnauzer; **2.** F (*Schnurrbart*) moustache, F mo.

Schnecke *f* **1.** snail; (*Nackt≈*) slug; *gastr.* snail, *in Gerichtsbezeichnungen*: *a.* escargot; ***er ist langsam wie e-e ~*** he's such a slowcoach (*Am.* slowpoke); F ***j-n zur ~ machen*** F come down on s.o. like a ton of bricks, have a real go at s.o.; **2.** (*Frisur*) earphone; **3.** *Verzierung, a. an Geige etc.*: scroll; **4.** (*Gebäck*) Chelsea bun; **5.** ⚙ endless screw, worm;

Schnecken|antrieb *m* ⚙ worm drive; **~förderer** *m* ⚙ screw (*od.* worm) conveyor; **≈förmig** *adj.* spiral ..., winding ...; **~gehäuse** *n*, **~haus** *n* (snail) shell; *fig.* ***sich in sein ~ zurückziehen*** go (*od.* withdraw) into one's shell; **~rad** *n* ⚙ worm gear; **~tempo** *n*: ***im ~*** at a crawl, at a snail's pace; ***im ~ fahren*** *a.* crawl along.

Schneckerl *dial. n* curl.

Schnee *m* **1.** snow; F ***schmelzen wie ~ an der Sonne*** *Geld etc.*: trickle away, just disappear; F ***und wenn der ganze ~ verbrennt*** come hell or high water; F ***das ist doch ~ von gestern*** F that's old hat; **2.** *gastr.* whipped egg whites *pl.*, froth; **3.** *sl.* (*Kokain*) *sl.* snow; **4.** *TV* snow.

Schneeball *m* snowball (*a.* ⚘); **~schlacht** *f* snowball fight; **~system** *n* ✝ snowball (*od.* pyramid) sales system.

schneebedeckt *adj.* snow-covered, snowy; *Berge*: *a.* snowcapped.

Schnee|bericht *m* snow report; **~besen** *m gastr.* whisk.

schneeblind *adj.* snow-blind; **Schneeblindheit** *f* snow blindness.

Schnee|brett *n* windslab; **~brille** *f*: (***e-e ~*** a pair of) snow goggles *pl.*; **~decke** *f* blanket of snow, snow covering; **~eule** *f zo.* snowy owl; **~fall** *m* snowfall; **~flocke** *f* snowflake; **~fräse** *f* snow blower.

schneefrei *adj.* **1.** *Straße etc.*: free (*od.* clear) of snow; **2.** ***~ haben*** be off school because of the snow.

Schneegestöber *n* snow flurry.

schneeglatt *adj.*: ***~e Fahrbahnen*** snow-slippery roads; **Schneeglätte** *f* packed snow; snow-slippery roads *pl.*

Schnee|glöckchen *n* ⚘ snowdrop; **~grenze** *f* snow line; **~huhn** *n* ptarmigan; **~kanone** *f* snow cannon; **~ketten** *pl.* snow chains; **~könig** *m*: F ***sich freuen wie ein ~*** F be tickled pink, be (as) pleased as punch; **~kugel** *f* snowstorm globe; **~mann** *m* snowman; **~matsch** *m* slush; **~mensch** *m*: ***der ~*** the Abominable Snowman; **~mobil** *n* snowmobile; **~pflug** *m a. Skifahren*: snowplough, *Am.* snowplow; **~räumfahrzeug** *n* snowblower; **~raupe** *f* snowcat; **~regen** *m* sleet; **~schauer** *m a. pl.* snow(fall); **~schaufel** *f* snow shovel; **~schmelze** *f* thaw; **~schuh** *m* snowshoe.

schneesicher *adj.*: ***~es Gebiet*** *etc.* area *etc.* with snow guaranteed.

Schnee|sturm *m* snowstorm, blizzard; **~treiben** *n* (light) blizzard(s *pl.*); **~verhältnisse** *pl.* snow conditions; **~verwehung** *f*, **~wehe** *f* snowdrift; **≈weiß** *adj.* snow-white; *im Gesicht*: (as) white as a sheet; **~wolke** *f* snowcloud.

Schneid F *m, f* pluck, courage, gumption, F guts *pl.*, *sl.* bottle; ***j-m den ~ abkaufen*** unnerve s.o.

Schneidbrenner *m* ⚙ blowtorch.

Schneide *f* edge; ⚙ cutting edge, blade; *fig.* → ***Messer***; **~brett** *n* chopping board; **~maschine** *f* cutting machine, cutter.

schneiden I. *v/t.* cut (***aus*** out of); (*Gras*) *a.* mow; (*Braten*) carve; ⚕ cut, (*j-n*) operate on; (*Film etc.*) edit; (*Ball*) spin; (*Kurve*) cut *a corner*; (*j-n*) *beim Überholen*: cut in on; ***sich ~*** *Linien*: intersect; (***auf Tonband***) ~ tape, record; ***in Stücke ~*** cut up; F *fig.* ***j-n ~*** (*nicht grüßen*) cut s.o. dead; F ***hier ist e-e Luft zum ≈!*** F what a fug!; → ***Gesicht, Grimasse, Haar*** *etc.*; **II.** *v/refl.*: ***sich ~*** cut o.s.; → ***Finger***; *fig.* ***da schneidet er sich aber*** (***gewaltig***) he's very much mistaken there; **III.** *v/i. Wind*: cut right through one; ⚕ operate; ***in die Hand ~*** *Band*: cut into one's hand; ***gut ~*** *Friseur*: be a good hairdresser (*od.* barber); ***j-m ins Herz ~*** *Trauer etc.*: cut s.o. to the quick; **schneidend** *adj. Schmerz*: sharp; *Kälte, Wind etc.*: piercing, biting; *Hohn etc.*: caustic; *Stimme, Ton*: piercing, shrill.

Schneider *m* tailor; (*Damen≈*) dressmaker; F ***frieren wie ein ~*** be frozen to the bone; F ***aus dem ~ sein*** be out of the wood(s); **Schneiderei** *f* **1.** tailoring, tailor's trade; *für Damen*: dressmaking; **2.** tailor's (*od.* dressmaker's) shop; **Schneiderin** *f* dressmaker.

Schneider|kreide *f* tailor's chalk; **~meister** *m* master tailor.

schneidern I. *v/i.* do tailoring (*od.* dressmaking); *beruflich*: *a.* be a tailor (*od.* dressmaker); **II.** *v/t.* make, tailor, sew.

Schneider|puppe *f* tailor's dummy; **~sitz** *m*: ***im ~*** cross-legged.

Schneide|tisch *m* editing table; **~zahn** *m* incisor.
schneidig *adj.* (*zackig*) dynamic, F snappy; (*fesch*) dashing, F snappy; *fig. Musik*: spirited.
schneien *v/impers. u. v/i.*: ***es schneit*** it's snowing; F *fig.* ***ins Haus ~*** F blow in.
Schneise *f* (*Wald2*) open strip; ✈ (flying) lane.
schnell I. *adj.* quick; *Auto, Läufer etc.*: fast; *Puls, Bewegung*: quick, rapid; *Vogel, Flug*: swift; (*sofortig*) *Erwiderung, Maßnahme*: prompt, speedy; ☤ *Verkauf*: quick; (*plötzlich*) sudden, abrupt; (*hastig*) hasty; (*rasch u. flüchtig*) quick; (*geistig ~, fix*) quick, fast; ***~e Bedienung*** fast (*od.* quick, prompt) service, (*Person*) fast waiter (*od.* waitress); ***~er Blick*** quick glance; ***~er Umsatz*** quick returns, *a.* fast turnover; ***in ~er Folge*** in quick (*od.* rapid) succession; ***auf ~stem Wege*** as quickly as possible, by the quickest possible means; ***~er werden*** *Läufer*: get faster, *Zug etc.*: pick up speed; ***e-e ~e Entscheidung treffen*** make a quick decision, ***müssen***: *a.* have to make up one's mind fast; ***das erfordert ~es Handeln*** that calls for swift (*od.* immediate) action; **(*mach*) *~!*** hurry up!, F get a move on!, step on it!; ***nicht so ~!*** not so fast!, F hang on!; → ***Truppe*** 1; **II.** *adv.* quickly, fast; rapidly; promptly *etc.*; → I; ***~ denken*** do some quick thinking; ***~ handeln*** act fast (*od.* without delay); ***das geht ~*** it doesn't (*od.* won't) take long; ***das ist ~ gegangen!*** that was quick!; ***~er ging es nicht*** I *etc.* couldn't do it any faster; ***~er geht's bei mir nicht*** I'm doing my best, I can't work *etc.* any faster than that; ***das geht mir zu ~*** things are happening too fast for my liking, (*ich begreife nicht*) I can't keep up; ***ich gehe eben ~ zum Bäcker*** I'm just going to pop round to the baker's; ***komm ~!*** come quick(ly)!; ***~ reich werden*** get rich quick; ***so ~ wie möglich*** as quickly as possible; ***er begreift ~*** he's quick (on the uptake); ***er liest ~*** he's a fast reader; ***sein Atem ging ~*** he was breathing fast; ***sprich nicht so ~!*** don't talk so fast, slow down; ***wir wurden ~ bedient*** the service was fast, we got served fast; ***das werden wir ganz ~ haben*** we'll have that (done) in no time; ***sie ist ~ verärgert*** (***beleidigt***) she gets annoyed very quickly (she's quick to take offen|ce [*Am.* -se]); ***wie heißt er ~ noch?*** what's his name again?; → ***nachmachen*** 1.
Schnellaster *m* (*getr.* ***ll-l***) high-speed lorry (*bsd. Am.* truck).
Schnell|bahn *f* → ***S-Bahn***; **~boot** *n* speedboat; ⚔ high-speed launch; **~dienst** *m* express service; **~drucker** *m* high-speed printer.
Schnelle *f* **1.** → ***Schnelligkeit***; **2.** F ***et. auf die ~ machen*** do s.th. quickly, (*reparieren etc.*) *a.* do a quick job of it, *oberflächlich*: do s.th. in a hurry, rush s.th. (off); ***das geht nicht so auf die ~*** it takes time, you can't rush it off like that; ***wie krieg' ich das Buch auf die ~ her?*** how can I get hold of the book fast?; **3.** → ***Stromschnelle.***
schnellebig *adj.* (*getr.* ***ll-l***) *Insekt, Mode etc.*: short-lived; ***in unserer ~en Zeit*** in these fast-moving times.

Schnelleingreiftruppe *f* rapid response (*od.* deployment) force.
schnellen I. *v/i.* shoot (up); ***in die Höhe ~*** *Kurse etc.*: skyrocket; **II.** *v/t.* flick.
Schnellfeuer *n* ⚔ rapid fire; **~pistole** *f* automatic pistol; **~waffe** *f* automatic firearm.
schnellfüßig *adj.* nimble, light-footed, *lit.* fleet.
Schnell|gang *m mot.* overdrive; ⚙ rapid power traverse; **~gaststätte** *f* cafeteria, snack bar, fast-food restaurant (F place); **~gefrierverfahren** *n* quick-freeze (method); **~gericht**[1] *n gastr.* quick meal; (*Fertiggericht*) ready-to-serve meal; *pl. a.* instant food *sg.*; **~gericht**[2] *n* ⚖ summary court; **~hefter** *m* folder, ring binder.
Schnelligkeit *f* quickness; fastness; swiftness; rapidity; promptness; suddenness *etc.*; → ***schnell*** I; (*Tempo*) speed, pace; *phys.* velocity; ***er macht es mit e-r ~!*** he does it so fast (*od.* with such speed); → *a.* ***Geschwindigkeit.***
Schnell|imbiß *m* snack bar, F fast-food place; **~kochplatte** *f* high-speed plate; **~kochtopf** *m* pressure cooker; **~kurs** *m* crash course; **~paket** *n* express parcel (*Am.* package); **~rechner** *m* (*Gerät*) high-speed computer; **~reinigung** *f* express dry cleaning; **~restaurant** *n* → ***Schnellgaststätte***; **~rücklauf** *m Video etc.*: fast rewind; **~schuß** F *m* rush job; instant book.
schnellstens *adv.* as quickly (*od.* soon) as possible.
schnellstmöglich *adj.* fastest (*od.* quickest) possible.
Schnell|straße *f* dual carriageway, *Am.* divided highway; **~transporter** *m* express van; **~verband** *m* ⚕ first-aid dressing; **~verfahren** *n* ⚖ summary proceedings *pl.*; ⚙ high-speed process; *et.* ***im ~ lernen*** do a crash course in; **~verkehr** *m* fast(-moving) traffic; **~vorlauf** *m Video etc.*: fast forward; **2wirkend** *adj.*: ***~es Mittel*** *mst* fast-acting tablets; **~zug** *m* fast train.
Schnepfe *f* **1.** *zo.* snipe; **2.** F (*Prostituierte*) F tart, *Am. a.* hooker.
schnetzeln *dial. v/t.* shred.
schneuzen *v/refl.*: ***sich ~*** blow one's nose.
Schnickschnack F *m* **1.** useless rubbish (*od.* bits and pieces *pl.*); (*Äußerlichkeiten*) trappings *pl.*; **2.** (*Unsinn*) F twaddle.
schniefen F *v/i.* sniff(le).
schnieke *dial. adj.* (*schick*) F snazzy.
schnipp *int.* snip!
Schnippchen *n*: ***j-m ein ~ schlagen*** (manage to) outwit, get the better of; (*der Polizei etc.*) F give *s.o.* the slip.
schnippeln F *v/i. u. v/t.* cut (***an*** at).
schnippen I. *v/i.* snip; *mit den Fingern*: snap one's fingers; **II.** *v/t.* (*weg~*) flick (off *od.* away *etc.*).
schnippisch *adj.* saucy.
Schnipsel *m, n* piece, bit; *von Papier*: *a.* scrap; **schnipseln** *v/t. u. v/i.* → ***schnippeln.***
schnipsen *v/t. u. v/i.* → ***schnippen.***
Schnitt *m* **1.** (*das Schneiden*) cutting; *Film*: editing; **2.** (*Ein2*) cut; (*Wunde*) cut, *großer*: gash; ⚕ cut, incision; *typ.* cut; **3.** (*Fasson, Form*) shape, cut; *e-s Gesichts*: features *pl.*; *e-s Kleides*: style; **4.** (*~muster*) pattern; **5.** A intersection; **6.** (*Durch2*) average (*a.* ***im ~ erreichen*** *etc.*); ***im ~*** on average; **7.** ⚙ (*Zeichnung*) section(al view); → ***Längsschnitt, Querschnitt***; **8.** F (*Gewinn*) profit; ***e-n guten ~ machen*** F make a packet.
Schnittaste *f* (*getr.* ***tt-t***) *Video*: edit button.
Schnitt|blumen *pl.* cut flowers; **~bohnen** *pl.* green (*od.* string) beans, *Brit. a.* French beans.
Schnitte *f* slice; (*belegtes Brot*) (open) sandwich.
schnittfest *adj.* firm.
Schnittfläche *f* **1.** A section; **2.** *von Käse etc.*: cut end.
schnittig *adj.* sleek, F slick.
Schnitt|käse *m* cheese slices *pl.*; **~lauch** *m* ♣ chives *pl.*; **~linie** *f* A (line of) intersection; *am Kreis*: secant; **~menge** *f* A intersection; **~muster** *n* pattern; **~punkt** *m* A (point of) intersection; **~stärke** *f Allesschneider*: slice thickness; **~stelle** *f Film etc.*: cut; *Computer*: interface; **~wunde** *f* cut, *große*: gash.
Schnitz *m* slice.
Schnitz|altar *m* carved altar(piece); **~arbeit** *f* carving; **~bank** *f* carver's bench.
Schnitzel *n* **1.** *a. m* (*Papier2*) piece, bit, scrap (of paper); (*Holz2*) chip; **2.** *gastr.* veal (*od.* pork) cutlet; ***Wiener ~*** (wiener)schnitzel; **~jagd** *f* paperchase.
schnitzeln *v/t.* (*Gemüse etc.*) shred.
Schnitzelwerk *n* shredder.
schnitzen *v/t. u. v/i.* carve; → ***Holz***; **Schnitzer** *m* **1.** (wood *etc.*) carver; **2.** F *fig.* blunder, F boob; (*Bemerkung etc.*) gaffe, faux pas; ***grober ~*** real howler (F boob); terrible gaffe; **Schnitzerei** *f* (wood *etc.*) carving.
schnodd(e)rig F *adj.* F snotty; *bsd. Junge*: cocky; *bsd. Mädchen*: saucy.
schnöde I. *adj.* (*verächtlich*) contemptible, despicable; (*geringschätzig*) contemptuous; → ***Mammon***; **II.** *adv.*: ***j-n ~ behandeln*** treat s.o. with disdain (*od.* contempt).
Schnorchel *m* ⚓ *u. Tauchen*: snorkel; **schnorcheln** *v/i.* snorkel, go snorkel(l)ing.
Schnörkel *m* curlicue; *an Säulen, Möbeln etc.*: scroll; *beim Schreiben, a. stilistisch*: flourish, (*Krakel*) squiggle; **~schrift** *f* fancy writing.
schnorren F *v/i. u. v/t.* F scrounge (**bei** off, from), sponge (on, off); **Schnorrer** F *m* F scrounger, sponger.
Schnösel F *m* prig, F snot-nose.
schnuckelig F *adj.* cute; (*nett*) nice.
Schnüffelei F *f* F snooping; **schnüffeln I.** *v/i.* **1.** sniff (**an** at); F (*Klebstoff etc. ~*) sniff glue (*od.* solvents); **2.** F *fig.* (*herumspionieren*) F snoop around; **II.** F *v/t.* **3.** (*Klebstoff etc.*) sniff; **III.** 2 F *n* **4.** (*Schnüffelei*) snooping; **5.** *von Klebstoff etc.*: F glue-sniffing, *formell*: solvent abuse; **Schnüffler** F *fig. m* F snoop(er).
Schnuller *m* dummy, *Am.* pacifier.
Schnulze F *f* F tearjerker, *a. pl.* sobstuff; **Schnulzensänger** F *m* F crooner; **schnulzig** F *adj.* F soppy, schmaltzy.
Schnupfen *m* cold, F *the* sniffles.
schnupfen I. *v/i.* take snuff; **II.** *v/t.* (*Drogen*) snort.
Schnupfenmittel *n* cold remedy.
Schnupftabak *m* snuff; **Schnupftabak(s)dose** *f* snuffbox.
Schnupftuch *dial. n* handkerchief.
schnuppe F *pred. adj.*: ***das ist mir (völlig) ~*** I couldn't care less (F give a damn).

schnuppern *v/i. u. v/t.* sniff; ***frische Landluft*** ~ breathe in the fresh country air.
Schnupperpreis F *m* introductory offer.
Schnur *f* cord; (*Bindfaden*) (piece of) string; (*Angel*2) (fishing) line; ⚡ flex, lead; (*Telefon*2) cord.
Schnür|band *n* → ***Schnürsenkel***; **~boden** *m thea. the* flies *pl.*
Schnürchen *n*: *fig.* ***es klappte wie am*** ~ it went like clockwork; ***bei ihm klappt es wie am*** ~ he's got it down to a fine art.
schnüren I. *v/t.* (*Schuhe*) lace (up); **II.** *v/i. Verband etc.*: be too tight, *stärker*: stop the flow of blood.
schnurgerade I. *adj.* straight as a die, F dead straight; **II.** *adv.* F dead straight; → ***schnurstracks.***
schnurlos *adj.* cordless; **2telefon** *n* cordless phone.
Schnürlregen *dial. m* drizzle.
Schnurrbart *m* moustache; **schnurrbärtig** *adj.* moustached, F *hum.* m(o)ustachioed.
Schnurre *f* amusing story; (*Posse*) farce.
schnurren *v/i. Katze, Stimme, Motor*: purr; (*summen*) hum; *Rad, Ventilator etc.*: whirr, *Am.* whir.
Schnür|riemen *m* strap; → *a.* ***Schnürsenkel***; **~schuh** *m* lace-up (shoe); **~senkel** *m* shoelace, *für Stiefel*: bootlace, *bsd. Am. a.* shoestring; **~stiefel** *m* lace-up boot.
schnurstracks *adv.* (*direkt*) straight; (*sofort*) immediately, straightaway; ***~ zugehen auf*** go (*od.* make) straight for, make a beeline for.
schnurz F *pred. adj.* → ***schnuppe.***
Schnute *dial. f* mouth, F mush; ***e-e ~ machen*** (*od.* ***ziehen***) pull a face.
Schober *m* haystack, rick; *überdachter*: shed, barn.
Schock *m a. fig.* shock; ***e-n ~ bekommen*** get a shock; ***e-n ~ haben*** be in a state of shock; ***unter ~ stehen*** be suffering from shock; **~behandlung** *f* shock treatment (*a. fig.*), (electro)shock therapy.
schocken F *v/t.* ⚕ *u. fig.* shock; **Schocker** F *m* (*Film, Roman etc.*) shocker, F (spine-)chiller.
Schockfarbe *f* garish colo(u)r; **schockfarben** *adj.* garish.
schockgefrieren *v/t.* shock-freeze.
schockieren *v/t.* shock; ***schockiert über*** shocked at; ***ich war richtig schockiert*** *a.* I was really taken aback; **schockierend** *adj.* shocking; *stärker*: horrifying, (*beängstigend*) frightening.
Schock|therapie *f* shock treatment (*a. fig.*), (electro)shock therapy; **~wirkung** *f* **1.** shock effect; **2.** ***unter ~ stehen*** be suffering from shock.
schofel(ig) F *adj.* (*gemein*) mean, F rotten, shabby; (*geizig*) mean, stingy.
Schöffe *m* ⚖ lay assessor; **Schöffengericht** *n* court of lay assessors.
Schogun *m* shogun, Shogun.
Schokolade *f* chocolate; ***heiße ~*** hot chocolate; **schokoladen** *adj.* chocolate ...; **schokoladenbraun** *adj.* chocolate(-colo[u]red), F chocolatey.
Schokoladen|ei *n* chocolate egg; **~eis** *n* chocolate ice cream, F choc-ice; **~fabrik** *f* chocolate factory.
Schokoladenfarbe *f* chocolate; **schokoladenfarben** *adj.* chocolate(-colo[u]red), F chocolatey.
Schokoladen|glasur *f* chocolate glazing; **~pudding** *m* chocolate pudding; **~seite** F *f Profil*: best side; *des Lebens*: sunny side; ***sich von s-r ~ zeigen*** show one's best side.
Schokoriegel *m* chocolate bar.
Scholastik *f* scholasticism; **Scholastiker** *m* scholastic; **scholastisch** *adj.* scholastic(ally *adv.*).
Scholle[1] *f* (*Erd*2) clod (of earth); (*Eis*2) (ice) floe.
Scholle[2] *f zo. a. pl.* plaice.
schon *adv.* **1.** (*bereits*) already; (*~ einmal, zuvor*) before; (*bis jetzt*) so far; *in Fragen*: yet, (*jemals*) ever; (*sogar*) even; ***~ damals*** even then; ***~ früher*** before, (*vor langer Zeit*) a long time ago; ***~ immer*** always, all along; ***~ oft*** often (enough); ***~ wieder*** again; ***~ wieder!*** not again!; ***~ nach fünf Minuten*** after only five minutes, five minutes later *he'd already gone etc.*; ***~ von Anfang an*** right from the start, F from the word go; ***es ist ~12 Uhr*** it's twelve o'clock already; ***ich habe ~ eins*** I've already got one; ***wenn du ~ (mal) da bist*** since you're here; ***~ am nächsten Tag*** the very next day; ***~ um 6 Uhr waren sie auf*** they were already up at 6 o'clock; ***~ im 16. Jahrhundert*** as early (*od.* as far back) as the 16th century, ***gab es die Krankheit***: the disease was already around in the 16th century; ***das war ~ vor zwanzig Jahren*** that was twenty (whole) years ago; ***wie lange sind Sie ~ hier?*** how long have you been here?; ***hast du ~ (einmal) ...?*** have you ever ...?; ***danke, ich habe ~*** *zu trinken etc.*: no thanks, I'm fine; ***da ist er ja ~ wieder*** he's (*iro.* look who's) back again; ***das kenne ich ~*** I know that, I've seen that before, *bei Entschuldigungen*: I've heard that one before; ***das kennen wir ~*** we know all about that, that's an old one; ***ich habe ~ bessere Weine getrunken*** I've tasted better wines in my time; ***ich habe ihn ~ (einmal) gesehen*** I've seen him before somewhere; ***hast du ~ gehört?*** have you heard?; ***sind Sie ~ (einmal) in Spanien gewesen?*** have you ever been to Spain?; ***hast du (jetzt) ~ mit ihm gesprochen?*** have you talked to him yet?; ***ist er ~ da?*** has he come yet?, is he here yet?, (*früher als erwartet*) is he here already?; ***was, (du bist) ~ zurück?*** what, back already?; ***werden Sie ~ bedient?*** are you being served?; ***ich komme (ja) ~!*** (I'm) coming!; ***da sind wir (ja) ~!*** here we are; ***was gibt es denn ~ wieder?*** what is it now (*od.* this time)?; ***ich verstehe ~*** I see; ***er wollte ~ gehen*** he was about (*od.* all set) to go; ***warum willst du ~ gehen?*** why are you leaving so early?; **2.** *versichernd, verstärkend*: ***sie wird's ~ schaffen*** she'll make it all right (*Am.* alright), *beruhigend*: *a.* don't worry, she'll make it; ***die Zinsen steigen ~ noch*** the interest rates are bound to go up, the interest rates will go up, you'll see; ***ich mach's ~*** leave it to me; ***es wird ~ gehen*** it'll be all right (*Am.* alright), I'll *etc.* manage (somehow); ***das ist ~ möglich*** that could be, *betonter*: that's quite possible; ***das läßt sich ~ machen*** *mit Vorbehalt*: we *etc.* might be able to do that, it's doable, (*es ist kein Problem*) that's no problem, F no problem; ***wir können ~ mit ihm reden*** (*sind bereit*) we don't mind talking to him; ***ich kann mir ~ denken, was ...*** I can (just) imagine what ...; ***er ist ~ eingebildet*** he's certainly bigheaded; ***das war ~ Glückssache*** that really was a stroke of luck; ***das ist ~ e-e große Frechheit!*** that really is a bit much; ***~ gut!*** it's all right (*Am.* alright), never mind, (*das reicht*) that'll do; **3.** *auffordernd, ermunternd*: ***mach ~!*** F get a move on, will you?; ***komm ~!*** come on, then; ***geh ~!*** go on, then; ***nun sag ~, wie's war*** come on, tell us (*od.* me) what it was like; **4.** *einräumend od. bedingend*: ***~, aber ...*** yes, but ...; ***sie müßte sich ~ etwas mehr anstrengen*** she'd have to make more of an effort, of course; ***das ist ~ wahr, aber*** that's (certainly) true, but, that may be true, but; **5.** (*ohnehin*) ***es ist so ~ teuer genug*** it's expensive enough as it is; ***~ gar nicht*** least of all; ***morgen ~ gar nicht*** least of all tomorrow; **6.** (*allein*) ***~ s-e Stimme*** just to hear his voice, his voice alone; ***~ der Name*** the mere (mention of the *od.* his *etc.*) name, just to hear the (*od.* his *etc.*) name; ***~ der Anblick*** just to see it; ***~ der Gedanke*** the very idea, the mere thought (of it); ***~ deswegen*** if only for that (reason); ***~ ein Milligramm des Gifts kann tödlich sein*** just (*od.* even) one milligram(me) of the poison can kill you; ***~ wegen*** if only because of, *der Kinder etc.*: if only for the sake of; ***~ weil*** if only because; ***~ sie zu sehen*** (even) just to see her; ***ein Anruf hätte ~ genügt*** (just) a phone call would have been enough; **7.** *rhetorisch*: F ***na wenn ~!*** so what; so?; ***was macht das ~?*** what does it matter?; ***was heißt das ~?*** so?, that doesn't mean a thing; ***was verstehst du ~ davon?*** what do you know about it?; **8.** F ***wenn ~, denn ~*** in for a penny, in for a pound; if you're going to do something, you may as well do it properly; if a thing's worth doing, it's worth doing well.
schön I. *adj.* (very) nice (*a. angenehm, ansprechend*); (*ausgesprochen ~*) beautiful; *Frau*: *a.* pretty; *Mann*: handsome, good-looking; *Kind*: lovely; *Tier*: beautiful; (*gut*) good; (*nett*) nice; (*erlesen*) choice; (*angenehm*) nice, pleasant; ***~er heißer Tee*** nice hot (cup of) tea; ***ein ~er Erfolg*** quite a success; ***~e Schrift*** nice handwriting; ***ein paar ~e Stunden*** a few pleasant (*stärker*: happy) hours; ***die ~en Künste*** the fine arts; ***~er Tod*** easy death; ***~es Wetter*** good (*od.* nice, *bsd. meteor.* fine) weather; ***e-s ~en Tages*** one day, *zukünftig*: one of these days; ***~en Dank!*** many thanks, *abweisend*: no thank you, F thanks but no thanks; ***~es Wochenende!*** have a nice weekend!; ***war es ~ im Urlaub?*** did you have a nice holiday?; F ***ein ~es Stück*** (*od.* ***e-e ~e Strecke***) ***laufen*** walk quite a way (*od.* distance); F ***ein ~es Stück vorankommen*** make a fair bit of progress; ***er macht nur ~e Worte*** it's all talk with him; ***zu ~, um wahr zu sein*** too good to be true; ***~ wär's!*** would be nice; ***das ist ~ von ihm*** that's (very) kind *od.* nice of him; ***das ist alles ~ und gut, aber*** that's all very well, but; ***es war sehr ~*** *auf dem Fest* it was very nice; F ***das sind mir ~e Sachen*** that's a fine kettle of fish; F ***du bist mir ein ~er Freund*** a fine friend you are; F ***das wäre ja noch ~er!*** F that'd be really great; F ***~!*** *als Zustim-*

mung: all right, *Am.* alright; okay; → **Aussicht, Bescherung** *etc.*; **II.** *adv.* (very) nicely, beautifully *etc.*; → I; F (*sehr*) very, really, F pretty; → **schönmachen, schöntun**; **du hast es ~!** lucky you!; **~ warm** nice and warm; **~ kalt** F pretty cold; F *iro.* **jetzt steh' ich ~ da** F I look a right fool now; F *iro.* **da ist er aber ~ angekommen** he got more than he had bargained for; F *iro.* **da wärst du ~ dumm** you'd be a fool; **sei ~ brav!** be a good boy (*od.* girl) now; **bleib ~ ruhig** *zum Kind*: you be quiet now, (*keine Aufregung*) just keep calm now; **es ist ganz ~ schwer** that's some weight, (*schwierig*) F it's pretty (*od.* not half) difficult; **du hast mich ganz ~ erschreckt** you gave me quite a start; **ich habe mich ~ gelangweilt** F I was bored stiff; F *iro.* **es kommt noch ~er** there's more to come; F **wie man so ~ sagt** as they say; **wie es so ~ heißt** as the saying goes.

Schonbezug *m* loose cover, *Am.* slipcover; *mot.* seat cover.

Schöne *f* (*Frau*) beauty, *mst iro.* lovely lady.

Schöne(s) *n*: **das Schöne daran** the nice thing about it; → **anrichten.**

schonen I. *v/t.* (*ver~*) spare; (*pfleglich behandeln*) (*Sachen*) take care of, look after; (*j-n*) take good care of; (*Augen, Kräfte, Vorrat*) save; (*j-n nachsichtig behandeln*) be easy on; **j-s Gefühle ~** spare s.o.'s feelings; **ich wollte dich ~** I didn't want you to get upset; **um ihren kranken Mann zu ~** to make things easier on her sick husband; **II.** *v/refl.*: **sich ~** take it easy; **du mußt dich ~** you must look after yourself, *arbeitsmäßig*: *a.* you mustn't take on so much.

schönen *v/t.* **1.** (*Wein etc.*) clarify, fine; **2.** (*Farben*) brighten; **3.** (*Zahlen, Tatsachen etc.*) massage.

schonend I. *adj.* careful, gentle; (*rücksichtsvoll*) considerate; (*nachsichtig*) indulgent; *Waschmittel etc.*: mild; **II.** *adv.*: **j-m et. ~ beibringen** break s.th. to s.o. gently; **~ umgehen mit** look after, take care of, (*j-m*) handle *s.o.* with kid gloves, *nachsichtig*: go easy on.

Schoner¹ *m* cover; (*Sofa*2) antimacassar.

Schoner² *m* ⚓ schooner.

schönfärben *fig. v/t.* gloss over; **Schönfärberei** *f* glossing over the facts.

Schon|frist *f* (period of) grace; **~gang** *m* **1.** *mot.* overdrive; **2.** (*Waschgang*) gentle wash, delicate cycle.

Schöngeist *m* (a)esthete, belletrist; **schöngeistig** *adj.* (a)esthetic; **~e Literatur** belles-lettres.

Schönheit *f* beauty (*a. Frau*); **~en der Natur**: beauty spots.

Schönheits|chirurg *m* cosmetic (*od.* plastic) surgeon; **~chirurgie** *f* cosmetic (*od.* plastic) surgery; **~creme** *f* beauty cream; **~farm** *f* beauty farm; **~fehler** *m* blemish; *e-s Gegenstands*: flaw; *fig.* flaw, snag; **~fleck** *m* beauty spot; **~ideal** *n* ideal of beauty; **~königin** *f* beauty queen; Miss *America etc.*; **~konkurrenz** *f* beauty contest; **~korrektur** *f a. fig.* cosmetic change (*od.* improvement); **~operation** *f* cosmetic operation, cosmetic (*od.* plastic) surgery; **~pflästerchen** *n* beauty spot; **~pflege** *f* beauty care; **~reparatur** *f* basic repair; *mot.* touch-up job; **~salon** *m* → **Kosmetiksalon**; **~sinn** *m* sense of beauty; (a)esthetic sense (*od.* sensitivity); **~wettbewerb** *m* beauty contest.

Schon|kaffee *m* mild coffee; **~klima** *n* temperate climate; **~kost** *f* ⚕ bland diet, light foods *pl.*

Schönling *contp. m* young adonis.

schönmachen I. *v/refl.*: **sich ~** dress up, F get done up; (*sich schminken*) put one's makeup (F face) on; **II.** *v/i. Hund*: sit up (and beg).

Schönredner *contp. m* smooth-talker.

Schönschreibdrucker *m* letter-quality printer.

Schönschrift *f*: **et. in ~ schreiben** write s.th. in neat.

Schöntuer *m* flatterer; **Schöntuerei** *f* flattery, F soft soap; **schöntun** *v/i.*: **j-m ~** flatter s.o., (*sich einschmeicheln*) play (F suck) up to s.o.

Schonung *f* **1.** (*Pflege*) care, *e-r Sache*: *a.* careful treatment; (*Ruhe*) rest; (*Schutz*) protection; (*Nachsicht*) indulgence, forbearance; (*Gnade*) mercy; **er braucht ~** he needs to take things easy; **zur ~ der Leser** so as not to offend (the) readers; **2.** (*Waldgebiet*) protected forest plantation; (*Jagdgehege*) preserve; **schonungsbedürftig** *adj.* in need of rest (*od.* care); **schonungslos I.** *adj.* unsparing (**gegen** of); (*erbarmungslos*) merciless, pitiless; *weitS. a.* brutal; **II.** *adv.*: **j-m ~ et. sagen** tell s.o. s.th. straight out.

Schonwaschgang *m* → **Schongang** 2.

Schönwetter|lage *f* stable area of high pressure; **~wolke** *f* cumulus cloud.

Schonzeit *f Jagd*: close season.

Schopf *m* (*Haar*2) shock *od.* mop (of hair); *von Vögeln*: tuft, crest; **j-n beim ~ packen** grab s.o. by the scruff of the neck; *fig.* **die Gelegenheit beim ~ pakken** seize the opportunity, F jump at the chance; **man sollte die Gelegenheit beim ~ packen** make hay while the sun shines; **ein Problem beim ~ packen** deal head-on with a problem.

Schöpf|brunnen *m* draw well; **~eimer** *m* bucket; ⚙ *a.* scoop.

schöpfen *v/t.* **1.** scoop, *mit e-m Löffel*: ladle; (*Wasser*) draw, *aus dem Boot*: bale (out); **2.** *fig.* (*Kraft, Mut etc.*) draw, derive (**aus** from); **neue Kräfte ~** build up one's strength again; → **Atem, Verdacht, voll** I.

Schöpfer¹ *m* (*Schöpfkelle*) ladle.

Schöpfer² *m* creator; (*Gott*) *the* Creator; **~geist** *m* creative genius.

schöpferisch I. *adj.* creative; productive; **e-e ~e Pause einlegen** have a break to get back into a creative frame of mind, F *hum. kurze*: pause for inspiration; **II.** *adv.*: **~ veranlagt sein** be very creative, have a creative mind.

Schöpfer|kraft *f* creative power; **~tätigkeit** *f* creativity.

Schöpf|kelle *f*, **~löffel** *m* ladle; **~rad** *n* water wheel.

Schöpfung *f* (*Geschaffenes*) creation; (*Kunstwerk etc.*) *a.* work; (*Erzeugnis*) *a.* product; (*die Welt*) *the* universe, creation; *bibl. the* Creation; *iro.* **die Herren der ~** the lords of creation; → **Krone** 2.

Schöpfungs|akt *m* creative act; **~bericht** *m* story of creation; *bibl.* → **~geschichte** *f*: **die ~** Genesis.

Schoppen *m* glass of wine.

Schorf *m* ⚕ scab (*a.* ⚘), crust.

Schorle *f* spritzer.

Schornstein *m* chimney, (*Fabrik*2) *a.* smoke stack; ⚓, 🚂 funnel; *fig.* F **sein Geld zum ~ hinausjagen** throw one's money out of the window (*od.* down the drain); F **et. in den ~ schreiben** say goodbye to s.th.; F **der ~ muß rauchen** the money has got to come from somewhere; **~feger** *m* chimney sweep.

Schose *f* → **Chose.**

Schoß *m* lap; (*Mutterleib*) womb; *fig.* **der** *Familie etc.*: bosom; **auf j-s ~ sitzen** *mst* sit on s.o.'s knee; *fig.* **die Hände in den ~ legen** sit back and take things easy, (*Daumen drehen*) twiddle one's thumbs; **in den ~ der Familie** (**Kirche** *etc.*) **zurückkehren** return to the fold; **es ist ihm in den ~ gefallen** it just fell into his lap; **~hund** *m* lapdog.

Schößling *m* ⚘ shoot.

Schot *f* ⚓ sheet.

Schote *f* ⚘ husk, *a. von Erbsen*: pod.

Schott *n* ⚓ bulkhead.

Schotte *m* Scot, Scotsman; **die ~n** the Scots, the Scottish (people).

Schotten|muster *n* tartan; **~mütze** *f* tam-o'-shanter, F tammy; **~rock** *m* **1.** *echter*: kilt; **2.** tartan (*od.* plaid) skirt; **~witz** *m* Scottish joke.

Schotter *m* ⚙ gravel; (*Straßen*2) *a.* (road) metal; *geol.* detritus; **Schotterdecke** *f* road-metal surface; **schottern** *v/t.* gravel; *Straßenbau*: *a.* metal; 🚂 ballast; **Schotterstraße** *f* gravel road.

Schottin *f* Scotswoman, Scot; **schottisch** *adj.* Scots, Scottish; **2er Whisky** Scotch (whisky).

schraffieren *v/t.* hatch; *Kartographie*: hachure; **Schraffierung** *f* hatching; *Kartographie*: hachures *pl.*

schräg I. *adj.* (*~ abfallend*) sloping (*a. Dach*), slanting (*a. Augen*); (*~ verlaufend*) diagonal, *Linie*: *a.* oblique; **~er Bruch** oblique fracture; **~er Blick** sidelong glance, *fig.* disapproving look; *fig.* **~e Ansichten** strange ideas; **~e Musik** off-beat music, *weitS.* (*Jazz*) hot jazz; F **~er Vogel** F queer fish; **II.** *adv. schneiden, stellen etc.*: at an angle; **~ gestreift** diagonally striped; **~ gegenüber** diagonally opposite; **~ stehende Augen** slanting eyes; **~ parken** park at an angle; **j-n ~ ansehen** give s.o. a sidelong glance, *fig.* look askance at s.o.; **den Kopf ~ halten** have one's head tilted (*od.* cocked) to one side.

Schrägdach *n* pitched roof.

Schräge *f* slant; (*Gefälle*) slope, incline.

Schräg|fahrt *f Skifahren*: traverse; **~heck** *n mot.* fastback; **~lage** *f* slant; ✈ bank(ing); ⚓ list; ⚕ *des Kindes*: oblique presentation; **~parken** *n* angle parking; **~schrift** *f* sloping hand(writing); *typ.* italics *pl.*; **~schuß** *m Fußball*: diagonal shot.

Schrägspur *f Video*: slant track; **~aufzeichnung** *f* slanted azimuth recording.

Schrägstrich *m* slash, oblique; **umgekehrter ~** backslash.

Schramme *f* scratch (*a. an Möbel, Auto etc.*); **schrammen** *v/t.* scratch, scrape; (*ein anderes Auto*) scratch, scrape (against); (*Haut*) *a.* graze.

Schrank *m* cupboard, *bsd. Am.* closet; (*Kleider*2) *oft* wardrobe; F (*großer Kerl*) F great hulk; **~bett** *n* foldaway bed.

Schranke *f* barrier; 🚂 *a.* gate; ⚖ bar; *fig.* (*soziale ~, Handels*2 *etc.*) barrier, (*Grenze*) bounds *pl.*, limits *pl.*; **vor den ~n des Gerichts erscheinen** appear in court; *fig.* **innerhalb der ~n des Gesetzes**

within the bounds of the law; *e-r Sache* **~n setzen** put a limit on; *e-r Sache* **sind ~n gesetzt** there are limits to; (**sich**) **in ~n halten** keep within bounds, restrain (o.s.); **j-n in s-e ~n weisen** put s.o. in his (*od.* her) place, cut s.o. down to size; **j-n in die ~n fordern** challenge s.o.; **für j-n** (**et.**) **in die ~n treten** stand up for s.o. (s.th.).

Schrankelement *n* cupboard unit.

schrankenlos *adj.* 🚂 unguarded; *fig.* boundless, unlimited; *negativ*: unbounded, unbridled.

Schrankenwärter *m* 🚂 gatekeeper.

Schränker *sl. m* safebreaker, safecracker.

Schrank|fach *n* compartment; **Ձfertig** *adj. Wäsche*: washed and ironed; **~koffer** *m* wardrobe trunk; **~wand** *f* large wall unit, wall-to-wall cupboard.

Schranze *contp. f* F toady.

Schrat *dial. m* goblin.

Schraubdeckel *m* screw top.

Schraube *f* screw; *mit Mutter*: bolt; ⚓, ✈ propeller; *Sport*: twist, (*~nsprung*) twist (*od.* spiral) dive; **~ und Mutter** bolt and nut; **~ ohne Ende** endless screw, *fig.* vicious (*od.* never-ending) spiral; **e-e ~ anziehen** tighten a screw; *fig.* **die ~n anziehen** put the screws on; F **bei ihm ist e-e ~ locker** he's got a screw loose somewhere; **schrauben I.** *v/t. u. v/i.* screw (**an** onto); (*drehen*) twist, wind; **fester** (**loser**) **~** tighten (loosen) the screw(s) of; **höher** (**niedriger**) **~** (*Bürostuhl etc.*) wind up (down), raise (lower); *fig.* **niedriger ~** lower, scale down; → **geschraubt**; **II.** *v/refl.*: **sich in die Höhe ~** spiral upwards; *Auto*: wind its way up.

Schrauben|bolzen *m* bolt; **~dreher** *m* screwdriver; **~feder** *f* coil spring; **Ձförmig** *adj.* (cork)screw-shaped, spiral, helical; **~gang** *m* screw thread; **~getriebe** *n* worm gear; **~gewinde** *n* screw thread; **~kopf** *m* screwhead, bolthead; **~mutter** *f* nut; **~salto** *m Sport*: somersault with twist; **~schlüssel** *m* spanner, *Am.* wrench; *verstellbarer*: (adjustable) wrench, *Am.* monkey wrench; **~welle** *f* propeller shaft; **~winde** *f* jackscrew, screw jack; **~zieher** *m* screwdriver.

Schraub|stock *m* vice, *Am.* vise; **wie ein ~** *Griff*: like a vice (*Am.* vise); **~stollen** *m Fußballschuh*: screw-in stud; **~verschluß** *m* screw cap (*od.* top).

Schrebergarten *m* allotment (garden).

Schreck *m* **1.** fright; **er hat e-n ~ bekommen** he got a fright, it gave him a fright, (*es hat ihm Angst gemacht*) *a.* it gave him (*od.* he got) quite a scare; **er ist mit dem ~en davongekommen** he got a fright, that was all; **zu m-m ~en hörte ich ...** I was quite taken aback (*stärker*: I was shocked) to hear ...; F **ach, du ~!** goodness!, oh no!; F **~, laß nach!** F spare me!; → **einjagen**; **2. die ~en des Krieges** *etc.* the horrors of war *etc.*

schrecken I. *v/t.* frighten, scare, *stärker*: terrify; (*auf~*) startle; **II.** *v/i.* start; **aus dem Schlaf ~** wake up with a start.

Schrecken *m* → **Schreck.**

schreckens|blaß, ~bleich *adj.* pale with fright, (as) white as a sheet.

Schreckens|botschaft *f* terrible news (*sg.*); **~herrschaft** *f* reign of terror; **~nachricht** *f* → **Schreckensbotschaft**; **~nacht** *f* night of horrors; **~regime** *n* reign of terror; **~tat** *f* atrocity; **~wort** *n* scare word.

Schreckgespenst *fig. n* (*Sache*) bugbear, spect|re (*Am.* -er), nightmare; (*Buhmann*) bogeyman.

schreckhaft *adj.* nervous, jumpy.

Schrecklähmung *f* paralytic shock.

schrecklich I. *adj.* awful, terrible, dreadful, horrible; *Verbrechen, Benehmen etc.*: atrocious; **~er Lärm** terrible racket; **II.** F *fig. adv.* (*ungemein*) terribly, dreadfully, so, F incredibly *boring etc.*; **sich ~ freuen** *etc.* be terribly pleased *etc.*; **er würde ~ gern mitkommen** he'd really love to come, he'd do anything to be able to come; **es tut mir ~ leid** I'm so sorry, I really am sorry (about that).

Schreck|reaktion *f* shock reaction; **~schraube** F *f* virago; *dem Aussehen nach*: scarecrow.

Schreckschuß *m a. fig.* warning shot; **~pistole** *f* blank (cartridge) pistol.

Schrecksekunde *f mot.* reaction time; *weitS.* moment of shock (*od.* terror); **in der ersten ~** when it first hits you.

Schrei *m freudiger, warnender etc.*: shout, cry; *brüllender*: yell; *durchdringender*: scream; *spitzer*: shriek; (*BrüllՁ*) *der Menge*: roar; *von Tieren*: screech(ing), (*Ruf*) call; *fig.* **~ der Entrüstung** outcry; **der ~ nach Rache** the cry for revenge; F **das ist der letzte ~** it's all the rage.

Schreib|arbeit *f* deskwork, *bsd. unerwünschte*: paperwork; **~befehl** *m Computer*: write command; **~block** *m* writing pad; **~dienst** *m* typing pool.

Schreibe F *f* writing; (*Stil*) style.

schreiben I. *v/t. u. v/i.* write (**über** on, about); (*verfassen*) write, compose; ✝ (*Rechnung*) write out; ⚙ *Instrument*: record; **j-m ~** write to s.o., *Am. a.* write s.o.; (*Bekannten*) *a.* F drop s.o. a line; **j-m et. ~** write to s.o. about s.th.; **sich** (*od.* **einander**) **~** write (to one another), *formell*: correspond; *et.* **noch einmal ~** rewrite; **gut ~** *Handschrift*: have a nice hand, have nice handwriting, *Stil*: be a good writer; **er schreibt e-n guten Stil** his style's good, he's got a good style; (**Bücher**) **~** be a writer; (**richtig**) **~** (*Wort*) spell (right *od.* correctly); **falsch ~** misspell; **wie schreibt er sich?** how do you (*od.* does he) spell his name?; **an et. ~** be working on s.th.; **ins reine ~** make a fair copy of, write out neatly; **mit Bleistift** *etc.* **~** write in pencil *etc.*; **mit der Maschine ~** type (up); **s-n Namen unter et. ~** sign s.th., *formell*: put one's signature to s.th.; **man schreibt uns aus Hamburg, daß** we hear (*od.* are informed) from Hamburg that; **der Brief, in dem Sie uns ~, daß** the letter in which you inform us that; **wie die Zeitung schreibt** according to the paper; **was schreibt die Zeitung?** what do the papers say?; **damals schrieb man das Jahr 1840** it was in the year 1840; → **Kamin, Leib, Ohr, Zeile** *etc.*; **II.** Ձ *n* writing; (*Brief*) letter, *kurzes*: note; **Ihr ~ vom** your letter of; **Schreiber** *m* **1.** writer; **der ~ dieses Briefes** the undersigned; **2.** ⚙ recorder; (*Stift*) (recording) stylus; **Schreiberei** *f* (endless) writing; paperwork; *contp.* scribbling; **Schreiberling** *contp. m* hack writer; **schreibfaul** *adj.* lazy about writing letters; **er ist ziemlich ~** *a.* he's not the greatest of letter-writers, he hates writing letters.

Schreib|feder *f* pen; (*Gänsefeder*) quill; **~fehler** *m* spelling mistake; (*Flüchtigkeitsfehler*) slip of the pen; **~gerät** *n* writing utensil; ⚙ recording instrument, recorder; **Ձgeschützt** *adj. Computer*: write-protected; **~heft** *n* exercise book; **~kopf** *m Computer*: write head; **~kraft** *f* (shorthand) typist; *pl. a.* clerical staff *sg.*; **~krampf** *m* writer's cramp; **ich habe e-n ~** I've got writer's cramp; **~mappe** *f* writing case.

Schreibmaschine *f* typewriter; **mit der ~ schreiben** type (up); **mit der ~ geschrieben** typewritten, typed, in typescript; **Schreibmaschinenpapier** *n* typing paper.

Schreib|material(ien *pl.*) *n* writing materials (*pl.*), stationery (*sg.*); **~meßgerät** *n* registering apparatus; **~papier** *n* writing paper; **~pult** *n* (writing) desk; **~schrift** *f* handwriting; *typ.* script; **~schutz** *m Computer*: write (*od.* file) protection; **~stube** *f* ⚔ orderly room; **~tafel** *f* **1.** *hist.* tablet; **2.** (*Schiefertafel*) slate.

Schreibtisch *m* (writing) desk; **~garnitur** *f* desk set; **~lampe** *f* desk lamp; **~täter** *m* **1.** *iro.* woolly academic, pale theoretician; **2.** (*Verantwortlicher*) *the* person pulling the levers.

Schreibung *f* spelling; **falsche ~** misspelling.

Schreib|unterlage *f* desk pad; **~verbot** *n* ban on writing.

Schreibwaren *pl.* writing materials, stationery *sg.*; **~abteilung** *f* stationery department; **~geschäft** *n* stationer's, stationery shop; **~händler** *m* stationer('s).

Schreib|weise *f* spelling; (*Stil*) style; **~wut** *f* obsession with writing, manic urge to write; *vorübergehende*: writing fit; **~zentrale** *f* typing pool; **~zeug** *n* writing things *pl.*

schreien I. *v/i. u. v/t.* shout; *gellend*: yell; *kreischend*: scream, shriek; *quietschend*: squeal; (*brüllen*) roar (**vor Lachen** with laughter); *kleines Kind*: howl, *stärker*: scream; *Affe, Eule, Möwe*: screech; *Hahn*: crow; **vor Schmerz ~** scream with pain; **sich heiser ~** shout o.s. hoarse; **schrei nicht so, ich bin nicht taub** no need to shout, I'm not deaf; **~ nach** shout for; *fig.* **nach Rache ~** cry out for revenge; **diese Zustände ~ nach Reform** these conditions cry out for reform; → **Himmel**; **II.** Ձ *n* shouting, shouts *pl, etc.*; → **I**; F **es** (**er**) **ist zum ~** F it's (he's) a scream; **schreiend** *fig. adj. Farben*: garish, gaudy, loud; **~es Unrecht** glaring injustice; **~er Gegensatz** glaring contrast.

Schreier *m*, **Schreihals** F *m* loudmouth; (*Krakeeler*) brawler; (*Baby*) bawler; (*Kind*) F noisy brat.

Schreikrampf *m* screaming fit.

Schrein *m* chest; (*ReliquienՁ*) shrine; (*Sarg*) coffin, *Am. a.* casket.

Schreiner *m* joiner, carpenter; **Schreinerei** *f* joiner's (*od.* carpenter's) workshop; **Schreinermeister** *m* master joiner (*od.* carpenter); **schreinern I.** *v/i.* do carpentry; **II.** *v/t.* make.

schreiten *v/i.* step (**zu** up to); *mit langen Schritten*: stride; *feierlich*: walk; *stolz*: stalk; **im Zimmer auf und ab ~** pace up and down the room, pace the floor; *fig.* **zu et. ~** proceed to s.th.; **zur Abstimmung ~** (come to the) vote; **zum Äußer-**

sten ~ take drastic action; ***zur Tat ~*** set to work, F get cracking.

Schrieb F *m* F screed.

Schrift *f* **1.** (*Geschriebenes*) writing; (*Hand*~) *a.* handwriting, hand; (*~zeichen*) characters *pl.*, letters *pl.*, script; *typ.* script, type; → *a.* ***Schreibschrift***; ***in lateinischer ~*** in Roman characters (*od.* letters); ***kyrillische ~*** Cyrillic script; ***chinesische ~*** Chinese characters; *contp.* ***was ist denn das für e-e ~?*** what kind of scrawl is that?; **2.** (*Veröffentlichung*) publication; (*Abhandlung*) treatise, *kürzere*: paper; (*Werk*) work; (*~stück*) document; ***~en*** (*Werke*) *a.* writings; ***sämtliche ~en Kants*** Kant's complete works; → ***heilig***; **~art** *f* type(face); *Computer*: font; **~bild** *n* typeface; **~deutsch** *n* written German; (*Hochdeutsch*) standard German.

Schriftenreihe *f* series.

Schrift|fälscher *m* (handwriting) forger; **~führer** *m* secretary; clerk; **~gelehrte(r)** *m hist.* scribe; **~grad** *m* type size; **~leiter** *obs. m* editor.

schriftlich I. *adj.* written, *nachgestellt*: in writing; ***~e Prüfung*** written exam(-ination); ***darüber habe ich nichts ~es*** I have nothing in writing; **II.** *adv.* in writing; in black and white; ***~ niederlegen*** put down in writing; ***jetzt haben wir es ~*** now we have it in black and white; F ***das kann ich dir ~ geben!*** F I can guarantee you that.

Schrift|probe *f* handwriting specimen; *typ.* type specimen; **~quelle** *f* written source (*od.* document); **~rolle** *f* scroll; **~sachverständige(r)** *m* handwriting expert; **~satz** *m typ.* composition; ⚖ statement; **~setzer** *m typ.* typesetter, compositor; **~sprache** *f* written language; (*Hochsprache*) standard language.

Schriftsteller *m* author, writer; **Schriftstellerei** *f* writing; **schriftstellerisch I.** *adj.* literary; **II.** *adv.* as a writer; **schriftstellern** *v/i.* be a writer, be an author; ***nebenbei ~*** write on the side.

Schriftsteller|name *m* pen name, pseudonym, nom de plume; **~verband** *m* writers' union.

Schriftstück *n* paper, document.

Schrifttum *n* literature.

Schrift|verkehr *m*, **~wechsel** *m* correspondence; **~zeichen** *n* character, letter; **~zug** *m* (*einzelner Strich*) stroke; (*Handschrift*) (hand)writing.

schrill *adj.* shrill (*a. fig.*); **schrillen** *v/i. u. v/t.* shrill; ***~ durch*** *a.* pierce through.

Schrippe *dial. f* roll.

Schritt *m* **1.** step (*a. Tanz*~), pace (*a. als Maß*); *langer*: stride; *hörbarer*: (foot-)step; *fig.* (*Maßnahme*) step, move, *bsd. pl.* measures; ***mit schnellen ~en*** briskly; ***e-n ~ zur Seite tun*** step aside; ***~ halten mit*** keep pace with, *fig. a.* keep abreast of; ***~ für ~*** step by step, *fig. a.* little by little, gradually; ***auf ~ und Tritt*** (*überall*) at every turn; ***j-m auf ~ und Tritt folgen*** dog s.o.'s footsteps; ***es sind nur ein paar ~e*** it's not far; *fig.* ***Politik der kleinen ~e*** step-by-step policy; ***der erste ~ zur Besserung*** a first step towards improvement; ***mit großen ~en*** with giant strides (*od.* steps); ***den ersten ~ tun*** take the first step, *vor j-d anderem*: make the first move; ***den zweiten ~ vor dem ersten tun*** put the cart before the horse; ***den entscheidenden ~ tun*** take the (final) plunge; ***wir sind keinen ~ weitergekommen*** we haven't made the slightest bit of progress (*od.* any headway at all); ***e-n ~ zu weit gehen*** overstep the mark; ***ich möchte noch e-n ~ weiter gehen*** I'd like to go one step further; F ***j-m drei ~ vom Leibe bleiben*** F give s.o. a wide berth; **2.** (*Tempo*) pace; ***im ~*** at a walking pace; ***~ fahren!*** dead slow; F ***e-n schnellen ~ am Leib haben*** be a fast walker; ***der hat aber e-n schnellen ~ am Leib!*** *a.* F you've got to run to keep up with him; **3.** *Hose, a.* F *anat.*: crotch.

Schrittempo *n* (*getr.* ***tt-t***) walking speed; ***im ~ fahren*** crawl (along).

Schritt|länge *f Hose*: inside leg; **~macher** *m Sport*: pacemaker (*a.* ⚕), pacer; *fig.* pacemaker; *in der Mode*: *a.* trendsetter; **~messer** *m* pedometer; **~motor** *m* ⚙ stepper motor.

schrittweise *fig.* **I.** *adj.* gradual, step-by-step ...; **II.** *adv.* step by step, gradually, by degrees, little by little; ***~ einstellen*** phase out.

schroff *adj.* **1.** *Felsen*: jagged; (*steil, jäh*) steep, precipitous; **2.** *fig.* (*barsch*) gruff; (*kurz angebunden*) curt, *a. Verhalten*: brusque; (*unvermittelt*) abrupt; ***~e Ablehnung*** flat refusal; ***~er Gegensatz*** (***Widerspruch***) glaring contrast (contradiction); ***in ~em Gegensatz stehen zu*** contrast sharply with.

schröpfen *fig. v/t.* fleece, milk.

Schrot *m, n* **1.** wholemeal; **2.** *zum Schießen*: small shot, pellets *pl.*, buckshot; **3.** *fig.* ***von altem ~ und Korn*** of the old school; ***ein Sizilianer von echtem ~ und Korn*** a Sicilian born and bred; **~brot** *n* wholemeal bread.

schroten *v/t.* (*Getreide*) crush; bruise (*a. Malz*).

Schrot|flinte *f* shotgun; **~korn** *n*, **~kugel** *f* pellet; **~ladung** *f* round of shot.

Schrott *m* **1.** scrap metal; F ***ein Auto zu ~ fahren*** smash up a car; **2.** F (*kaputte Dinge*) junk; **3.** F (*Blödsinn, schlechter Film etc.*) rubbish; **~auto** *n* wrecked car; **~eisen** *n* scrap iron; **~händler** *m* scrap merchant; **~haufen** *m* scrap heap (*a. fig.*); **~platz** *m* scrapyard; **~reif** *adj.* ready for the scrap heap; ***~ sein*** *a.* F have had it; *Auto* ***~ fahren*** F write off, *Am. sl.* total; **~wert** *m* scrap value.

schrubben *v/t.* scrub; **Schrubber** *m* scrubbing brush.

Schrulle *f* **1.** quirk; (*Idee*) F cranky idea; **2.** F (*Frau*) old crone; **schrullig** *adj.* cranky; *alte Menschen*: *a.* crotchety.

schrumpelig *adj.* (*runzelig*) wrinkled; (*eingeschrumpft u. faltig*) shrivel(l)ed; **schrumpeln** *v/i.* → ***schrumpfen.***

schrumpfen *v/i.* shrink (*a.* ⚙, ⚕); (*schrumpeln*) shrivel; *fig.* (*abnehmen*) shrink, dwindle.

Schrumpf|kopf *m* shrunken head; **~leber** *f* cirrhosis of the liver; **~niere** *f* cirrhosis of the kidney.

Schrumpfung *f* shrinking; *a.* ⚕, ⚙ shrinkage, contraction; ⚕ atrophy; *fig.* reduction; *beabsichtigte*: *a.* scaling-down.

Schub *m* **1.** *phys.*, ⚙ (*Schiebekraft*) thrust; (*Quer*~) shear; **2.** (*Menge, Gruppe*) batch; **3.** ⚕ phase, (*Anfall*) attack; ***in Schüben verlaufend*** intermittent; **~düse** *f* thrust nozzle.

Schuber *m* slipcase.

Schub|fach *n* drawer; **~karre(n** *m*) *f* wheelbarrow, *Am. mst* push cart; **~kasten** *m* drawer; **~kraft** *f* thrust; (*Querschub*) shear(ing) force; **~lade** *f* drawer.

Schubladen|denken *n* pigeonholing, stereotyped thinking, F categoritis; **~system** *n CD-Spieler*: front drawer loading.

Schubs F *m* push, F shove.

Schubschiff *n* pusher tug, pushboat.

schubsen *v/t.* push, F shove.

schubweise *adv.* in batches; (*nach u. nach*) by degrees, F in bits and pieces; *ankommen*: *a.* F in dribs and drabs.

schüchtern *adj.* shy; (*verschämt*) bashful; (*zaghaft*) timid; ***~er Versuch*** hesitant attempt; **Schüchternheit** *f* shyness; bashfulness; timidity.

Schuft *m* F rotter, *sl.* bastard.

schuften *v/i.* slave (*od.* sweat) away; *sl.* work one's butt off; **Schufterei** *f* drudgery, F hard graft, grind, sweat.

schuftig *adj.* mean, low, F rotten.

Schuh *m* shoe (*a.* ⚙); *fig.* ***j-m et. in die ~e schieben*** pin (the blame) for s.th. on s.o.; ***wo drückt*** (***dich***) ***der ~?*** what's the trouble (*od.* problem)?; ***wissen, wo der ~ drückt*** know where the problem lies (*od.* problems lie); ***umgekehrt wird ein ~ daraus!*** it's the exact opposite; ***wem der ~ paßt*(*, der ziehe ihn sich an*) if the cap fits wear it; **~absatz** *m* heel; **~anzieher** *m* shoehorn; **~band** *n* shoelace, *Am. a.* shoestring; **~bürste** *f* shoe brush; **~creme** *f* shoe cream, shoe polish, *Am. a.* shoeshine; **~fabrik** *f* shoe factory; **~geschäft** *n* shoe shop; **~größe** *f* shoe size; *fig.* → ***Kragenweite***; **~industrie** *f* footwear industry; **~karton** *m* shoebox; **~löffel** *m* shoehorn.

Schuhmacher *m* shoemaker, cobbler; **Schuhmacherei 1.** shoemaking, shoemaker's trade; **2.** shoemaker's shop.

Schuh|putzer *m* shoeshine boy, *Am.* bootblack; **~putzzeug** *n* shoe-cleaning things *pl.*; **~riemen** *m* shoelace; **~schrank** *m* shoe cabinet; **~sohle** *f* sole (of a *od.* the shoe); **~spanner** *m* shoe tree; **~spitze** *f* toe (*od.* tip) of a *od.* the shoe; **~werk** *n* footwear; shoes *pl.*, boots and shoes *pl.*; ***festes ~*** a sturdy pair of shoes.

Schukostecker *m* safety plug.

Schul|abgänger *m* school leaver, *Am.* highschool *etc.* graduate; **~abschluß** *m* secondary school qualifications *pl.*; **~alter** *n* school age; **~amt** *n* education authority; **~anfänger** *m* school beginner, reception child (*od.* pupil); **~arbeit** *f a. pl.* homework; ***~en machen*** do one's homework; ***hast du noch ~en?*** have you still got some homework to do?; **~arzt** *m* school medical officer; **~aufgabe** *f* **1.** → ***Schularbeit***; **2.** *süddeutsch*: → ***Klassenarbeit***; **~ausflug** *m* school outing; **~bank** *f* desk; F ***die ~ drücken*** go to school; F ***wir haben zusammen die ~ gedrückt*** we were at school together; **~beginn** *m* start of school; ***~ ist am 22.*** (***um acht***) school starts on the 22nd (at eight); **~beispiel** *n* classic example (***für*** of); **~besuch** *m* school attendance; **~bildung** *f* school education; ***höhere ~*** secondary education.

Schulbuch *n* textbook; **~verlag** *m* educational publisher(s *pl.*).

Schul|bus *m* school bus; **~chor** *m* school choir.

Schuld *f* **1.** (*Verantwortung*) blame; *bibl.* sin(s *pl.*); ***moralische** ~* moral guilt; *~ **und Sühne*** sin and atonement; ***er ist daran** ≗, **ihn trifft die** ~ **dafür*** he's responsible *od.* to blame (for it), it's his fault; ***ohne m-e** ~* through no fault of mine (*od.* my own); ***die** ~ **auf sich nehmen*** take the blame, take responsibility; ***j-m** od. **e-r Sache die** ~ **geben*** blame s.o. *od.* s.th. (for it), blame it on s.o. *od.* s.th.; ***die** ~ (**an e-r Sache**) **auf j-n schieben, j-m die** ~ (**an e-r Sache**) **zuschieben*** pin the blame on s.o. (for s.th.); ***er war sich s-r** ~ **bewußt*** he was aware of his wrongdoing; ***ich bin mir keiner** ~ **bewußt*** I don't feel that I'm in any way to blame; **2.** (*Geld*≗) *a. pl.* debt (*a. fig.*); (*Verbindlichkeit*) liability; ***~en haben, in ~en stecken*** be in debt; → *a.* ***Ohr***; ***~en machen*** run into debt; ***sich in ~en stürzen*** plunge into debt; ***in ~en geraten*** run into debt; ***s-e ~en bezahlen*** pay (*od.* settle) one's debts; ***bei j-m ~en haben*** owe s.o. (some) money; ***frei von ~en*** free from (*od.* of) debt, *Haus*: unencumbered; *fig.* ***in j-s** ~ **sein*** (*od.* ***stehen***) owe s.o. a debt of gratitude, be deeply indebted to s.o.; **~bekenntnis** *n* confession, admission of guilt; **≗beladen** *adj.* guilt-ridden, weighed down by guilt; **~beweis** *m* proof *od.* evidence of (s.o.'s) guilt.

schuldbewußt *adj.* **1.** *Miene etc.*: guilty; **2.** ***er war durchaus** ~* he was well aware of what he had done wrong (*od.* of his wrongdoing); **Schuldbewußtsein** *n* sense of guilt.

schulden *v/t.*: ***j-m et.** ~* owe s.o. s.th. (*a. fig. e-e Erklärung, das Leben etc.*); ***ich schulde dir noch 10 Mark*** *a.* you still get 10 marks from me; → ***Dank.***

Schulden|abkommen *n pol.* debt agreement; **~berg** *m* (huge) debt mountain; **~erlaß** *m* waiving of debts; debt relief; **≗frei** *adj.* free from (*od.* of) debt; *Grundbesitz*: unencumbered; **~last** *f* debt burden; *auf Grundbesitz*: encumbrance; ***große** ~* *a.* heavy debts; **~macher** *m* contractor of debts; **~masse** *f* ✝ (aggregate) liabilities *pl.*; **~rückzahlung** *f* debt repayment; **~tilgung** *f* liquidation of debts.

schuldfähig *adj.* criminally liable; **Schuldfähigkeit** *f* criminal liability (*od.* responsibility).

Schuld|forderung *f* claim; **~frage** *f*: ***die** ~ **klären*** establish who is responsible (*od.* to blame); **~gefühl** *n a. pl.* sense (*od.* feeling) of guilt, guilty feeling; guilty conscience; **~geständnis** *n* → ***Schuldbekenntnis.***

schuldhaft *adj.* culpable; *Verletzung etc.*: non-accidental.

Schuldienst *m* teaching; ***in den** ~ **treten*** go into teaching; ***im** ~ **sein*** be a teacher.

schuldig *adj.* **1.** guilty (*gen.* of) (*adv.* guiltily); *Zivilrecht*: *mst* at fault, responsible (for); ⚖ ***für** ~ **befinden*** find *s.o.* guilty (***e-s Verbrechens*** of a crime; ***e-r Anklage*** on a charge); ***j-n** ~ **sprechen*** pronounce s.o. guilty; ***das Gericht erkannte auf** ~* the court brought in a verdict of guilty; ***sich** ~ **bekennen*** plead guilty (***et. getan zu haben*** to doing s.th.); ***sich** ~ **machen an*** be guilty of; ***der ~e Teil*** → ***Schuldige(r)***; ***ich fühle mich** ~* I feel I'm to blame; *~ **geschieden*** divorced as the guilty party; **2.** *j-m* ***et.** ~ **sein*** → ***schulden***; ***das bist du ihm** ~* you owe it to him; ***das ist man ihm** ~* that's only his due; ***das bist du dir** ~* you owe it to yourself; ***(j-m) die Antwort** ~ **bleiben*** give (s.o.) no answer; ***(j-m) die Antwort nicht** ~ **bleiben*** hit back (at s.o.); ***Sie sind mir noch e-e Antwort** ~* I'm still waiting for an answer; ***sie blieb ihm nichts** ~* she paid him back in his own coin; ***was bin ich (Ihnen)** ~?* how much do I owe you?; ***ich muß dir das Geld** ~ **bleiben*** I'll have to owe you the money; **Schuldige(r)** *m* culprit; ⚖ guilty party, offender; **Schuldigkeit** *f* duty, obligation; → ***Pflicht.***

Schuldirektor(in *f*) *m* headmaster (*f* headmistress), head, *Am.* principal.

Schuld|klage *f* action for debt; **~komplex** *m* guilt complex.

schuldlos *adj.* innocent (**an** of), blameless; *a. adv.* without blame.

Schuldner *m* debtor; **~land** *n* debtor nation.

Schuld|recht *n* ⚖ law of obligations; **~schein** *m* promissory note, IOU (= "I owe you"); **~spruch** *m* ⚖ verdict of guilty, conviction; **~übernahme** *f* assumption of debt.

schuldunfähig *adj.* not criminally liable; **Schuldunfähigkeit** *f* absence of criminal liability (*od.* responsibility).

Schuld|verhältnis *n* ⚖ obligation; **~zuweisung** *f* apportioning of blame.

Schule *f* (*a. weitS. wissenschaftliche, künstlerische Richtung*) school; ***höhere** ~* secondary (*Am.* senior high) school; ***Hohe** ~* *Reitsport*: manège, haute école; ***die Hohe** ~ **des Kochens*** haute cuisine; ***auf*** (*od.* ***in***) ***der** ~* at school; ***zur*** (*od.* ***in die***) *~ **gehen*** go to school; ***e-e*** (*bestimmte*) *~ **besuchen*** go to a school; ***in welche** ~ **geht sie?*** which school does she go to (*od.* is she at)?; ***zur** ~ **kommen*** start school; ***noch zur** ~ **gehen*** still be at school; ***an e-r** ~ **unterrichten*** teach at a school; ***aus der** ~ **kommen*** come back from school; ***die** ~ **fängt um neun an*** school starts at nine; *fig.* ***er ist bei s-m Onkel in die** ~ **gegangen*** (*hat bei ihm sein Handwerk gelernt*) he learnt from (*od.* was trained by) his uncle; ***er ist bei den Impressionisten in die** ~ **gegangen*** he went through the Impressionist school; ***durch e-e harte** ~ **gehen*** learn the hard way; *~ **machen*** set a precedent; → ***plaudern, schwänzen.***

schulen *v/t.* train (*a. Auge, Gedächtnis*); *pol. a.* indoctrinate.

Schulenglisch *n* school English; ***dazu reicht mein** ~ **nicht*** the English I learnt at school isn't good enough for that.

Schüler(in *f*) *m* pupil, schoolboy (*f* schoolgirl); *höherer*: student; (*Jünger*) disciple, follower (*a. phls. etc.*).

Schüler|austausch *m* school exchange; **~lotse** *m* (*pupil acting as a*) school crossing patrol; **~mitverwaltung** *f* school council.

Schülerschaft *f* pupils *pl.*

Schüler|sprecher(in *f*) *m* → ***Schulsprecher(in)***; **~zeitung** *f* school magazine.

Schul|fach *n* subject; **~feier** *f* school function; **~ferien** *pl.* (school) holidays, vacations, vacation *sg.*; **~flugzeug** *n* trainer (plane); **~französisch** *n* school French; → *a.* ***Schulenglisch.***

schulfrei *adj.*: *~ **haben*** have the (*od.* a) day off; ***morgen ist** ~* there's no school tomorrow.

Schul|freund(in *f*) *m* schoolfriend, friend from school, schoolmate; **~funk** *m* school broadcasts *pl.*; **~gebäude** *n* (school) building; **~gelände** *n* school grounds *pl.*, *Am.* campus; **~geld** *n* school fees *pl.*, tuition (fees *pl.*); **~gottesdienst** *m* church service at school; *regelmäßig*: assembly; **~heft** *n* exercise book; **~hof** *m* playground, schoolyard.

schulisch *adj.* school ..., educational; ***~e Leistungen*** performance at school.

Schul|jahr *n* school year; **~e** school days; **~junge** *m* schoolboy; **~kamerad** *m* schoolfriend, schoolmate; **~kenntnisse** *pl.*: *~ **in Französisch*** *etc.* school(-level) French *etc.*; **~kind** *n* schoolchild (*pl.* schoolchildren); F schoolkid; **~klasse** *f* class, form; *Am.* class, grade; **~landheim** *n schools field cent|re* (*Am. -er*) *in the country*; **~lehrer(in** *f*) *m* teacher; **~leiter(in** *f*) *m* → ***Schuldirektor(in)***; **~mädchen** *n* schoolgirl; **~mappe** *f* schoolbag; **~medizin** *f* orthodox (school of) medicine; **~meinung** *f*: ***die** ~* received opinion.

schulmeistern *contp. v/i. u. v/t.* lecture.

Schul|orchester *n* school orchestra; **~ordnung** *f* school regulations *pl.*

Schulpflicht *f* compulsory education; **schulpflichtig** *adj.* of school age, school-age ...

Schul|politik *f* educational policy; **~psychologe** *m* educational psychologist; **~ranzen** *m* satchel; **~rat** *m* school inspector; **~sachen** *pl.* school things, things for school; ***s-e** ~ **packen*** get one's things ready for school; **~schiff** *n* school (*od.* training) ship; **~schluß** *m* end of school; *vor den Ferien*: end of term; ***wann habt ihr heute** ~?* when does school finish today?, when do you get out of school today?; **~schwänzer** F *m* truant; **~speisung** *f* school meals (*od.* lunches) *pl.*; **~sprecher(in** *f*) *m* head boy (*f* girl); **~streß** *m* pressures *pl.* of school, school stress; **~stunde** *f* lesson, class, period; **~system** *n* school system; **~tag** *m* school day; **~tasche** *f* schoolbag; (*Schultertasche*) satchel.

Schulter *f* shoulder (*a.* ⚙); *~ **an** ~* shoulder to shoulder (*a. fig.*), *beim Rennen*: neck and neck; ***mit den ~n zucken*** shrug (one's shoulders); ***j-m bis zur** ~ **reichen*** come up to s.o.'s shoulder; ***j-n an der** ~ **packen*** grab s.o. by the shoulder; *fig.* ***auf j-s ~n ruhen*** *Verantwortung*: rest on s.o.'s shoulders; ***j-n über die** ~ **ansehen*** look down one's nose at s.o.; → ***kalt, leicht*** 4, ***klopfen*** I; **~blatt** *n* shoulder blade; **~breite** *f* width of (the) shoulders; **≗frei** *adj. Kleid*: off-the-shoulder, (*trägerlos*) strapless; **~gelenk** *n* shoulder joint; **~halfter** *f, n* shoulder holster; **~höhe** *f*: (***in** ~* at) shoulder height; **~klappe** *f* ⚔ epaulet(te); **≗lang** *adj.* shoulder-length.

schultern *v/t.* **1.** (*Gewehr*) sling over one's shoulder; **2.** *Ringen*: shoulder.

Schulter|riemen *m* shoulder strap; **~schluß** *m* closing of ranks (***zwischen*** between); close alliance (***von*** between); ***sich im** ~ **befinden mit*** be standing shoulder to shoulder with; ***es kam zu e-m** ~ **zwischen*** there was a closing of ranks between.

Schul|träger *m*: *~ **ist** ...* the school is

maintained by ...; **~tüte** *f cardboard cone filled with presents and sweets and given to children on their first day at school.*

Schulung *f* training, schooling; (*Übung*) practi|ce (*Am.* -se); (*Erziehung*) education; *pol. a.* indoctrination; (*Lehrgang*) → **Schulungskurs** *m* course (of training).

Schul|uniform *f* school uniform; **~unterricht** *m* tuition, lessons *pl.*, classes *pl.*; **~versuch** *m* educational experiment; **~weg** *m* way to school; ***er hat e-n langen ~*** he's got a long way to school; **~weisheit** *f* book learning; **~wesen** *n* school system; **~wissen** *n*: ***mein ~*** what I learnt (*od.* they taught me) at school; **~wörterbuch** *n* school dictionary; **~zeit** *f* school days *pl.*; ***während m-r ~*** back in my school days, when I was at school; **~zeugnis** *n* (school) report.

schummeln F *v/i. u. v/t.* **1.** cheat; ***das ist geschummelt*** that's cheating; ***es wird nicht geschummelt!*** no cheating!; **2.** *et.* ***~ in*** (*ein Haus etc.*) smuggle into, (*e-e Tasche etc.*) slip into.

schummerig *adj.* dim, dimly lit.

Schummerstunde *f* → ***Dämmerstunde.***

Schund *m* trash, rubbish; **~blatt** *n* rag; **~literatur** *f* pulp fiction, trashy novels *pl.*; **~roman** *m* trashy novel.

Schunkelmusik *f* jolly (*od.* singalong) music; **schunkeln** *v/i.* rock, sway; *zur Musik*: sway to the music.

Schuppe *f* scale; *pl.* (*Kopf2n*) dandruff *sg.*, scurf *sg.*; *fig.* ***es fiel mir wie ~n von den Augen*** the scales fell from my eyes; **schuppen I.** *v/t.* scale; **II.** *v/refl.*: ***sich ~*** peel.

Schuppen *m* shed, *Am. a.* shack; (*Flugzeug2*) hangar; F (*Lokal etc.*) *sl.* joint; F ***riesiger ~*** F huge place; F ***häßlicher ~*** real eyesore; F ***vornehmer ~*** *sl.* fancy joint.

Schuppen|flechte *f* ⚕ psoriasis; **2förmig** *adj.* scale-like, *formell*: squamous; **~harnisch** *m* scale armo(u)r; **~tier** *n* pangolin, scaly anteater.

schuppig *adj.* scaly; *Haar*: dandruffy; ***~es Haar haben*** *a.* have dandruff.

Schur *f* **1.** shearing; *e-r Hecke*: clipping; **2.** (*Wolle*) fleece.

schüren *v/t.* (*Feuer*) poke, rake; *fig.* stir up, *formell*: foment.

schürfen I. *v/t.* (*Haut*) scrape, graze; ***sich das Knie ~*** scrape (*od.* graze) one's knee; **II.** *v/i.* ⚒ prospect (**nach** for), dig (for); *fig.* ***tiefer ~*** dig below the surface.

Schürfwunde *f* graze, ⚕ abrasion.

Schürhaken *m* poker.

schurigeln F *v/t.* → ***piesacken.***

Schurke *m* rogue.

Schurwolle *f*: (***reine ~*** pure) virgin wool.

Schurz *m* apron; (*Lenden2*) loincloth.

Schürze *f* apron; *für Frauen u. Kinder*: *a.* pinafore, F pinny.

schürzen *v/t.* (*Kleid*) gather up.

Schürzen|band *n* apron string; **~jäger** F *m* womanizer, philanderer; ***er ist ein richtiger ~*** *a.* he's always chasing after women; **~zipfel** *m*: F *fig.* ***der Mutter am ~ hängen*** be tied to one's mother's apron strings.

Schuß *m* shot (*a. phot.*); *Fußball*: *a.* strike; (*Kugel*) bullet; (*~ Munition*) round; *Weberei*: weft, woof; *Skisport*: schuss (*a.* ***im ~ fahren***); F (*Drogeninjektion*) shot, *sl.* fix; ***e-n ~ abgeben*** fire (a shot), *Fußball*: shoot; ***~ ins Schwarze*** bull's-eye (*a. fig.*); ***ein ~*** *Wein etc.*: a dash of, *fig. Ironie etc.*: a touch of; ***Orangensaft*** *etc.* ***mit ~*** spiked orange juice *etc.*; *fig.* ***~ vor den Bug*** warning shot; F ***ein ~ in den Ofen*** a complete flop, F a dead loss; F ***er kam nicht zum ~*** he never got a chance; F ***sich e-n ~ setzen*** *Drogen*: shoot up; F ***den goldenen ~ setzen*** F OD (o.s.); F ***in ~ bringen*** (*Wohnung, Garten etc.*) F knock *s.th.* into shape, (*Auto, Uhr etc.*) get *s.th.* working, (*Geschäft etc.*) get *s.th.* going again, (*Person*) get *s.o.* into shape (*od.* trim); F ***wieder in ~ kommen*** *Garten, Person*: shape up again, *a. Auto*: get back into shape; F ***sich gut in ~ halten*** keep in good shape; F ***gut in ~ sein*** be in good shape; F ***weit(ab) vom ~*** well out of harm's way, *wohnen etc.*: right out of the way; → ***Pulver***; **~bahn** *f* **1.** line of fire; **2.** *phys.* trajectory; **2bereit** *adj.* ready to fire (*od.* shoot, *a.* F *phot.*); *Waffe*: *a.* at the ready.

Schussel F *m* F dope; *zerstreuter*: *a.* scatterbrain.

Schüssel *f* bowl; (*Servier2*) *a.* dish; ⚕ (*Bett2*) bedpan.

schusselig F *adj.* F dop(e)y; (*zerstreut*) *a.* scatterbrained, F scatty.

Schuß|faden *m* *Weberei*: weft, woof; **~fahrt** *f* *Skisport*: schuss; **~feld** *n* field of fire; *fig.* ***ins ~ (der Öffentlichkeit) geraten*** come under fire (from the public); **2fest** *adj.* bulletproof; *vor Granateinwirkung*: shellproof; **~gefecht** *n* gun battle; **~gelegenheit** *f* *Sport*: chance of a goal; **~linie** *f* line of fire; *fig.* ***in die ~ geraten*** come under fire (**von** from); ***in j-s ~ geraten*** *a.* get into s.o.'s line of fire; ***sich in die ~ begeben*** walk right into the firing line; **~möglichkeit** *f* *Fußball*: scoring opportunity; ***e-e ~ haben*** *a.* be in a striking position; **~position** *f* shooting position; **~richtung** *f* direction of fire; **~waffe** *f* firearm; *pl.* (*Handfeuerwaffen*) small arms; ***von der ~ Gebrauch machen*** use one's weapon, shoot; **~wechsel** *m* exchange of fire, *stärkerer*: gun battle; *fig.* heated exchange; ***sich e-n ~ liefern*** exchange shots (*od.* fire), *heftigen*: have a shoot-out; **~weite** *f* range (of fire); ***außer (in) ~*** out of (within) range; **~wunde** *f* gunshot wound.

Schuster *m* shoemaker, cobbler; → ***Rappe***; **schustern** *v/i.* **1.** mend shoes; **2.** F *fig.* (*pfuschen*) F bungle, botch it.

Schute *f* ⚓ barge, lighter.

Schutt *m* (*Abfall*) rubbish, *bsd. Am.* garbage; (*Stein2*) rubble, (*Trümmer*) *a.* debris, ruins *pl.*; *geol.* detritus; F *fig.* (*Untaugliches*) F (a load of) rubbish (*od.* trash, garbage); ***in ~ und Asche legen*** raze to the ground; **~abladeplatz** *m* rubbish (*Am.* garbage) dump, tip; **~ablagerung** *f* *geol.* detritus.

Schüttbeton *m* cast concrete.

Schüttel|becher *m* shaker; **~frost** *m* shivering fit, F *the* shivers *pl.*; **~lähmung** *f* Parkinson's disease.

schütteln I. *v/t.* shake; ***den Kopf ~*** shake one's head; ***j-m die Hand ~*** shake s.o.'s hand, shake hands with s.o.; → ***Ärmel, Öffnen***; **II.** *v/refl.*: ***sich ~*** shudder (***vor Angst*** *etc.* with fear *etc.*); ***sich vor Kälte ~*** shiver with cold; ***ich mußte mich ~*** it made me shudder, F it gave me the creeps; F ***er schüttelte sich vor Lachen*** he shook with laughter.

Schüttelsieb *n* vibrating screen.

schütten I. *v/t.* (*gießen*) pour (*a.* ⚙); (*ver~*) spill; ***auf e-n Haufen ~*** heap up; **II.** F *v/impers.*: ***es schüttet*** (*regnet*) it's pouring, *Brit. a.* F it's bucketing (down).

schütter *adj. Haar*: thinning.

Schüttgut *n* bulk goods *pl.*

Schutt|halde *f* tip; *geol.* talus; **~haufen** *m* rubbish heap; *aus Steinen*: heap of rubble.

Schutz *m* protection (**gegen, vor** against, from); (*Geleit*) escort; (*Obdach, Zuflucht*) shelter, refuge; (*Obhut*) custody; (*Deckung*) cover; (*Erhaltung*) preservation, conservation; (*Wärme2*) insulation; (*Sicherung*) safeguard; ***rechtlicher ~*** legal protection; ***den ~ des Gesetzes genießen*** be protected by law; ***~ suchen*** *vor dem Regen etc.*: look for (a) shelter, *fig.* seek refuge (**vor** from; **bei** with); ***in ~ nehmen*** protect, (*eintreten für*) come to *s.o.'s* defen|ce (*Am.* -se), back *s.o.* up; ***da muß ich ihn in ~ nehmen*** I have to take his side there; ***er nimmt s-e Frau immer in ~*** he won't let anything be said against his wife; ***im ~e der Nacht*** under cover of darkness; ***zum ~ gegen Erkältungen*** *etc.* to ward off colds *etc.*, to build up one's resistance against colds *etc.*; ***zum ~ gegen Strahlung*** to protect against radiation; *diese Medizin* ***bietet ~ vor ...*** protects against ...; **~anstrich** *m* protective coat(ing); ⚔ camouflage, ⚓ dazzle paint; **~anzug** *m* protective clothing; **2bedürftig** *adj.* in need of protection; **~behälter** *m* special container (for toxic waste *etc.*); **~behauptung** *f* defensive lie; **~blech** *n* guard; *mot.* mudguard, *Am.* fender; **~brief** *m* *mot.* accident and breakdown cover; **~brille** *f*: (***e-e ~*** a pair of) safety goggles *pl.*; **~bündnis** *n* defensive alliance; **~dach** *n* protective roof, shelter; ⚙ canopy; (*Markise*) awning.

Schütze *m* **1.** (***guter ~*** good) shot, marksman; *als Dienstgrad*: private; *Sport*: scorer; **2.** (*Sternzeichen*) Sagittarius; (***ein***) ***~ sein*** be (a) Sagittarius (*od.* a Sagittarian).

schützen I. *v/t.* protect, (*verteidigen*) defend (**gegen, vor** against, from); (*sichern, bewahren*) guard (against); *gegen Wetter etc.*: shelter (from); (*dekken*) cover, *weitS.* shield; (*abschirmen*) screen, shield; (*geleiten*) escort; (*erhalten*) preserve, conserve, (*Umwelt etc.*) *a.* protect; (*bewachen*) watch over; ***vor Hitze ~!*** store away from heat; ***vor Nässe ~!*** keep dry, keep (*od.* store) in a dry place; ***patentrechtlich ~*** patent; ***urheberrechtlich ~*** copyright; **~d** protective; *fig.* ***sich ~d vor j-n stellen*** stand up for s.o.; ***s-e ~de Hand über j-n halten*** take s.o. under one's wing; → ***geschützt***; **II.** *v/refl.*: ***sich ~*** protect o.s. (**gegen, vor** from); ***sich ~ vor*** *a.* guard against.

Schützen|fest *n* **1.** *fair with shooting competition*; **2.** F *Sport*: goal spree; **~feuer** *n* ⚔ rifle fire, (*selbständiges Schießen*) independent fire.

Schutzengel *m* guardian angel.

Schützengraben *m* ⚔ trench; **~krieg** *m* trench warfare.

Schützen|hilfe *fig. f* support, backing; ***j-m ~ leisten*** back s.o. up; **~könig** *m* **1.** champion marksman; **2.** F *Sport*: top scorer; **~loch** *n* foxhole; **~panzer** *m* armo(u)red personnel carrier; **~verein** *m* rifle association.

Schutz|farbe *f* protective paint; ⚔ → ***Schutzanstrich***; **~färbung** *f zo.* protective colo(u)ring, camouflage; **~film** *m* protective layer (*od.* coating); **~frist** *f* term of copyright; **~gebiet** *n* **1.** *pol.* protectorate; **2.** → ***Naturschutzgebiet***; **~gebühr** *f* token fee; **~geist** *m* tutelary spirit; **~geleit** *n* escort; *Polizei*, ⚔: *a.* convoy; **~gewahrsam** *m* protective custody; **~gitter** *n* safety barrier; ⚡ screen (grid); *mot.* radiator grille; *vor dem Kamin*: fireguard; **~haft** *f pol.* preventive detention; **~heilige(r** *m*) *f* patron saint; **~helm** *m* (safety) helmet; *für Bauarbeiter etc.*: *a.* hard hat; **~herr** *m* (*Schirmherr*) patron; *pol.* protector; **~herrin** *f* (*Schirmherrin*) patron(ess); *pol.* protector, protectress; **~herrschaft** *f* protectorate; **~hülle** *f* (protective) cover; *Ausweis*: holder; *Buch*: dust cover (*od.* jacket); **~hütte** *f* shelter; **~impfung** *f* inoculation, *a. gegen Pocken*: vaccination; **~kappe** *f* protective cap; **~karton** *m* slipcase; **~klausel** *f* protective clause; **~kleidung** *f* protective clothing; **~kontakt** *m* earthing (*Am.* grounding) contact; **~leiste** *f* protective strip.

Schützling *m* charge, protégé(e *f*).

schutzlos I. *adj.* defenceless, *Am.* defenseless; *im Regen*: without shelter; **II.** *adv.*: ***j-m ~ ausgeliefert sein*** be at s.o.'s mercy.

Schutz|macht *f pol.* protecting power; protector; **~mann** *obs. m* policeman, constable; **~mantel** *m* ⚙ protective casing; *e-s Reaktors*: radiation shield; **~marke** *f*: (***eingetragene*** ~ registered) trademark, brand name; **~maske** *f* (protective) mask; **~maßnahme** *f* protective (*od.* safety) measure; precaution(ary measure); **~mauer** *f* protective (*od.* screen) wall; ⚔ defensive wall; **~mittel** *n* protective agent; ⚕ prophylactic; **~patron(in** *f*) *m* patron saint; **~polizei** *f* police *pl.*, constabulary; **~polizist** *m* → ***Schutzmann***; **~raum** *m* (*Luft*2) air-raid shelter; **~schicht** *f* protective layer (*od.* coating); **~schild** *m* (protective) shield; ***lebendiger*** (*od.* ***menschlicher***) ~ human shield; **~schirm** *m* (protective) screen, protective umbrella; **~staat** *m* protectorate; **~stoff** *m* ⚕ antibody; (*Impfstoff*) vaccine; **~umschlag** *m* dust cover, (dust) jacket; **~verband** *m* **1.** ⚕ protective bandage; **2.** protective association; **~vorrichtung** *f* safety device, guard; **~wirkung** *f* protective action.

Schutzzoll *m* protective duty; **~politik** *f* protectionism.

Schutzzone *f pol.* exclusion zone.

schwabbelig F *adj.* wobbly; *Körperteil*: flabby; **schwabbeln** F *v/i.* wobble.

Schwabe *m* Swabian; ~ ***sein*** be (a) Swabian, come from Swabia; **schwäbeln** *v/i.* **1.** speak in (*od.* the) Swabian dialect; **2.** have a Swabian accent; **Schwabenstreich** *m* folly, foolish act; **Schwäbin** *f* → ***Schwabe***; **schwäbisch I.** *adj.* Swabian; **II.** 2 *n* Swabian (dialect).

schwach I. *adj.* weak (*a. Argument, Augen, Brille, Charakter, Konstitution, Magen, Mannschaft, Nerven*; ✝ *Markt*; ⚗ *Lösung etc.*; *Getränk*; *ling. Deklination, Zeitwort etc.*); (*nachgiebig*) soft; F (*enttäuschend*) F hopeless; *Gesundheit, Gedächtnis, Gehör*: poor; *Stimme*: weak, faint; *Hoffnung, Lächeln*: faint; *Motor*: low-powered; *Batterie*: low; *Puls*: slow; *Ton, Geruch*: faint; *Licht*: dim; ***~e Ähnlichkeit*** remote resemblance; ***~es Anzeichen*** faint sign; ***~er Beifall*** half-hearted applause; ***~e Beteiligung*** poor turnout; ***~e Erinnerung*** faint (*od.* vague, dim) recollection; ***~er Esser*** poor eater; ***das ~e Geschlecht*** the weaker sex; ***~e Leistung*** poor (*od.* weak) performance; ***~es Lob*** scant praise; ***~e Seite*** → ***Schwäche*** 2; ***~e Stelle*** weak spot; ***e-e ~e Stunde*** a moment of weakness; ***~er Trost*** small consolation; ***~er Versuch*** feeble attempt; ***~e Vorstellung*** faint idea; ***e-n ~en Willen haben*** be weak-willed; ***~er Wind*** (s)light breeze; ***in Erdkunde ist sie ~*** geography is her weak subject, she's weak in (*od.* not very good at) geography; ~ ***werden*** weaken, *fig.* (*nachgeben*) *a.* relent; (*erliegen*) succumb; *fig.* ***er wurde ~*** *a.* his resistance broke down; F ***bei dem Anblick wurde ich ~*** F I melted at the sight; ***sich ~ zeigen*** show one's weakness; ***schwächer werden*** weaken (further), grow weaker, *Nachfrage*: fall off, decrease, *Sehkraft*: fail, *Ton, Licht*: fade; → ***abflauen, nachlassen***; F ***mach mich nicht ~!*** F don't say things like that!; F ***nur nicht ~ werden!*** don't give in!; F ***mir wird ganz ~, wenn ich daran denke*** I go weak in the knees just at the thought (of it); F ***~ auf der Brust sein*** be out of pocket; **II.** *adv.*: ~ ***spielen*** play badly; ~ ***entwickelt*** underdeveloped; ~ ***dekliniertes Substantiv*** (***Adjektiv***) weak noun (adjective); **~besiedelt** *adj.* sparsely populated; **~betont** *adj.* weakly stressed; ~ ***sein*** *a.* have a weak stress; **~bevölkert** *adj.* sparsely populated.

Schwäche *f* **1.** weakness; (*~gefühl*) (feeling of) faintness; (*Erschöpfung*) exhaustion; *von Ton, Licht*: faintness; **2.** (*schwache Seite*) weak point, *des Charakters*: *a.* weakness, failing, shortcoming; ***menschliche ~n*** human frailty; **3.** (*Vorliebe*) weakness (***für*** for), (*Zuneigung zu j-m*) soft spot (for); **4.** (*Leistungs*2) weakness; bad performance; **5.** (*Nachteil, Fehler*) weakness, shortcoming; **~anfall** *m*: ***e-n ~ haben*** suddenly feel faint, (*zusammenbrechen*) faint, collapse; **~gefühl** *n* weak feeling; *dauerhaft*: *a.* lack of energy.

schwächen *v/t.* weaken (*a. fig.*); (*vermindern*) *a.* diminish, reduce; (*Gesundheit*) undermine, (*a. Sehkraft etc.*) impair; ***j-n ~*** *a.* sap s.o.'s energy.

Schwächezustand *m* weak condition, *formell*: debility.

Schwachheit *f* weakness (*a. fig.*); F *fig.* ***bilde dir nur keine ~en ein!*** F don't kid yourself.

Schwachkopf *contp. m* idiot, F blockhead, twit.

schwächlich *adj.* weakly; (*zart*) delicate, frail; (*kränklich*) vulnerable, *stärker*: sickly; *fig.* weak.

Schwächling *m* weakling (*a. fig.*).

schwachsichtig *adj.* weak-sighted.

Schwachsinn *m* **1.** F (*Blödsinn*) nonsense; ***so ein ~!*** *a.* F what a load of rot, (*Handlung*) F what a crazy thing to do; **2.** ⚕ feeble-mindedness; **schwachsinnig** *adj.* **1.** F (*blödsinnig*) idiotic, inane, F crazy; **2.** ⚕ mentally deficient, feeble-minded; **Schwachsinnige(r** *m*) *f* **1.** F moron, nut; **2.** ⚕ imbecile.

Schwach|stelle *f* weak spot; **~strom** *m* ⚡ weak (*od.* low-voltage) current.

Schwächung *f* weakening; → *a.* ***Abschwächung.***

schwachwindig *adj. meteor.* light winds.

Schwaden *m* cloud; *von Nebel*: *a.* patch; ***dicke*** ~ dense *od.* thick clouds (*od.* patches *of fog*).

Schwadron *f* squadron.

schwadronieren *v/i.* bluster, F gas (***von*** about).

Schwafelei F *f* F twaddle, blether(ing); **Schwaf(e)ler** F *m* F gasbag; waffler; **schwafeln** F **I.** *v/i.* F waffle; ~ ***von*** waffle (on) about, go on about; **II.** *v/t.*: ***was schwafelt er denn wieder?*** F what's he waffling (*od.* going) on about now?

Schwager *m* brother-in-law; **Schwägerin** *f* sister-in-law.

Schwalbe *f* swallow; *fig.* ***e-e ~ macht noch keinen Sommer*** one swallow doesn't make a summer.

Schwalbennest *n* swallow's nest; **Schwalbennestersuppe** *f* bird's nest soup.

Schwalbenschwanz *m* (*Schmetterling*) swallow-tail; F (*Frack*) swallow-tails *pl.*, swallow-tailed coat.

Schwall *m von Wasser etc.*: huge splash, *stärker*: surge (*a. von Luft, Gas*); *fig. von Worten*: flood; *von Schimpfwörtern*: volley, torrent; *von Fragen*: barrage; *von Musik etc.*: burst.

Schwamm *m zo. u. weitS.* sponge; (*Haus*2) dry rot; ***mit e-m ~ abwaschen*** sponge down; *fig.* ~ ***drüber!*** (let's) forget it.

Schwammerl *dial. n* → **Pilz.**

schwammig *adj.* **1.** spongy; *Körper*: flabby; *Gesicht*: *a.* puffy; **2.** *fig. Begriff etc.*: woolly.

Schwan *m* swan; F ***mein lieber ~!*** *überrascht*: F blimey!; *verstärkend*: F I tell you; *vorwurfsvoll, zum Kind*: and I'm not joking.

schwanen F *v/i. u. v/impers.*: ***mir schwant, es schwant mir*** something tells me, I have a feeling; ***mir schwant nichts Gutes*** I have a funny feeling something's gone wrong (*od.* something awful is going to happen *etc.*).

Schwanen|gesang *fig. m* swan song; **~hals 1.** ⚙ gooseneck; **2.** *fig. hum.* swan neck.

Schwang *m*: ***im ~ sein*** be the fashion, F be in.

schwanger *adj.* pregnant, *formell*: expectant; ~ ***sein*** *a.* be expecting; ***im dritten Monat*** ~ three months pregnant; F *fig.* ~ ***gehen mit*** F be hatching (out) *great plans etc.*; **Schwangere** *f* pregnant woman, expectant mother.

Schwangeren|beratungsstelle *f* antenatal clinic; **~fürsorge** *f* antenatal care; **~gymnastik** *f* antenatal exercises *pl.*

schwängern *v/t.* make *s.o.* pregnant; *fig.* impregnate.

Schwangerschaft *f* pregnancy; ***während der*** ~ during pregnancy, while (one is) pregnant.

Schwangerschafts|abbruch *m* abortion; **~gymnastik** *f* antenatal exercises *pl.*; **~test** *m* pregnancy test; **~unterbrechung** *f* abortion; **~verhütung** *f* → ***Empfängnisverhütung***; **~vorsorgeuntersuchung** *f* antenatal; **~zeichen** *n* sign of pregnancy.

Schwank *m* **1.** *thea.* farce; **2.** (amusing) story, anecdote; ***Schwänke aus s-r Jugend*** adventures of one's youth.

schwanken I. *v/i.* sway; *Boden, Gelände*: *a.* shake, tremble; *Boot*: rock (from side to side); (*taumeln*) sway (from side to side), totter, *bsd. Betrunkener*: *a.* stagger, reel; *fig.* (*unentschlossen sein*) vacillate, waver; (*sich ändern*) vary; *abwechselnd*: alternate; ⚚ *Kurse, Preise*: fluctuate; *Temperatur*, ⚙ *Meßwerte etc.*: fluctuate, vary; *fig.* ***ich schwanke noch*** I'm still undecided, I haven't made up my mind yet; ***ich schwanke noch zwischen Malta und Zypern*** I still can't decide whether to go to Malta or Cyprus; ***die Meinungen ~*** opinions are divided; ***er schwankte e-n Augenblick, bevor er ...*** after a moment of indecision he ...; → *a.* ***wanken***; **II.** 2 *n* swaying; variation; fluctuation *etc.*; → I; ***ins ~ geraten*** *Boot*: start to rock, *Boden*: start to sway (*od.* shake, tremble), *Person*: start to sway (*od.* totter), lose one's balance, *a. fig. Regierung etc.*: begin to teeter, *fig. Hoffnung etc.*: be shaken, begin to waver; ***bei dieser Frage geriet sie ins ~*** that question caught her off her guard (*od.* slightly flummoxed her, got her slightly flustered); **schwankend** *adj.* swaying *etc.*; → ***schwanken***; *fig.* (*unentschlossen*) undecided, irresolute, wavering; (*unbeständig*) unsteady, unstable (*a.* ⚚); *Charakter*: unstable *personality*; **Schwankung** *f* variation (*gen.* in, of); fluctuation (in, of); (*Abweichung*) deviation; → *a.* ***Konjunkturschwankungen, Temperaturschwankung*** *etc.*; ***seelische ~en*** emotional ups and downs.

Schwanz *m zo.* tail (*a.* ✈ *etc.*; *a. ast.*); *fig.* (*Schluß*) (tail) end; (*Reihe*) string *of questions etc.*; *vom Wein*: lingering aftertaste; V (*Penis*) V prick, cock, dick; F ***den ~ einziehen*** F come down a peg or two; F ***mit eingezogenem ~ abziehen*** slink off with one's tail between one's legs; F ***kein ~*** *sl.* not a sod.

schwänzeln *v/i.* wag one's tail; *Person, beim Gehen*: mince (along); *fig.* ***um j-n ~*** F toady to, suck up to.

schwänzen F *v/t. u. v/i.*: (***die Schule ~***) play truant (*Am.* hookey); (*Stunde*) skip, *Brit. a.* F skive.

Schwanz|ende *n* tip of the tail; ✈ tail; *fig.* tail end; **~feder** *f* tail feather; **~flosse** *f* tail fin; **2lastig** *adj.* ✈ tail-heavy; **~stück** *n* tail piece (*a. vom Fisch*); *Rindfleisch*: rump.

schwappen *v/i.* slosh (around); (*über~*) slop, spill (***auf*** onto).

Schwäre *f* abscess, boil; **schwären** *v/i.* fester, *formell*: suppurate.

Schwarm *m* **1.** *Insekten*: swarm; *Vögel*: flock, *auffliegender*: flush; *Fische*: shoal, school; *Personen*: crowd, swarm, F herd; **2.** F (*Person*) F heartthrob; **3.** (*sehnlicher Wunsch*) dream; **schwärmen** *v/i.* **1.** *Bienen, Menschen etc.*: swarm; **2.** enthuse (***von*** about), rave ([on] about); *träumerisch*: dream (of); ***für et. ~*** be mad (F wild, crazy) about; ***für j-n ~*** *a.* F have a crush on s.o.; ***ins 2 geraten*** go into raptures; **Schwärmer** *m* **1.** (*Träumer*) dreamer; (*Romantiker*) romantic; (*Begeisterter*) enthusiast, *stärker*: fanatic, *bsd. pol. etc.* zealot; **2.** (*Abendfalter*) hawkmoth; **3.** (*Feuerwerkskörper*) squib; **Schwärmerei** *f* enthusiasm (***für*** for), *stärker*: passion (for), (*Fanatismus*) fanaticism (for); *romantische*: romantic zeal; (*Vergötterung*) idolization, worship (of); **schwärmerisch** *adj. Person*: gushing; *Worte, Gefühle*: *a.* effusive; (*verzückt*) enraptured; *Sekten etc.*: fanatical; **Schwarmgeist** *m* zealot.

Schwarte *f* rind, *a. zo.* skin; (*Speck2*) bacon rind, *gebratene*: crackling; F ***dikke ~*** (*Buch*) F fat tome; **Schwartenmagen** *m gastr.* brawn.

schwarz I. *adj.* black (*a. Kaffee, Tee*); (*sonnenverbrannt*) brown (as a berry); F (*schmutzig*) black, filthy; *fig.* (*düster*) black, gloomy; (*ungesetzlich*) illicit, illegal, *Markt*: black *market*; F *pol.* (*konservativ*) conservative; ***2es Brett*** notice board, bulletin board; ***~er Humor*** black humo(u)r, *thea.* black comedy; ***der ~e Mann*** the chimney sweep, (*Kinderschreck*) the bogeyman; ***~e Liste*** black list; ***j-n auf die ~e Liste setzen*** blacklist; ***2e Magie*** Black Magic; ***~er Tag*** black day; ***du hast dich im Gesicht ~ gemacht*** you've dirtied your face; *fig.* ***~en Gedanken nachhängen*** (*auf Rache sinnen*) be plotting revenge, (*schwermütig sein*) be sunk in gloom (and despondency); ***j-m den 2en Peter zuspielen*** F pass the buck to s.o.; ***sich ~ ärgern*** F be really mad; ***ich hab' mich ~ geärgert*** (*über mich selbst*) F I could have kicked myself; ***~ auf weiß*** in black and white, in cold print; ***aus ~ weiß machen wollen*** try to twist things; ***~ werden*** (*schmutzig*) get dirty, *Silber*: tarnish, go black, *Kartenspiel*: not to get a single trick; ***mir wurde ~ vor Augen*** everything went black; *da kann er warten*, ***bis er ~ wird*** till he's blue in the face; ***~ von Menschen*** *Straße etc.*: swarming with people; ***~ wie die Nacht*** (as) black as night; ***wieder ~e Zahlen schreiben*** be in the black again; → ***Schaf*** *etc.*; → *a.* ***schwarzfahren, -malen*** *etc.*; **II.** *adv.*: ***~ (ver)kaufen*** buy (sell) on the black market; ***~ über die Grenze gehen*** cross the border illegally; **III.** 2 *n* black (*a. Farbe, Kleidung, a. beim Spiel*); ***in ~ gekleidet*** (dressed) in black, in mourning.

Schwarzafrika *n* black Africa; **schwarzafrikanisch** *adj.* black African.

Schwarzarbeit *f* illicit work, F moonlighting; ***et. in ~ machen*** do s.th. on the side (without declaring it); **schwarzarbeiten** *v/i.* work on the side, F moonlight; **Schwarzarbeiter** *m* illicit worker, F moonlighter.

schwarz|äugig *adj.* dark-eyed; **~blau** *adj.* bluish black, blue-black; **~braun** *adj.* brownish black.

Schwarz|brenner *m* moonshiner; **~brot** *n* brown bread; (*Roggenbrot*) rye bread.

schwarzbunt *adj. Vieh*: black and white; **Schwarzbunte** *f* Friesian, *Am.* Holstein.

Schwarze *n Zielscheibe*: bull's eye; ***ins ~ treffen*** *a. fig.* hit the bull's eye; ***du hast ins ~ getroffen!*** spot on!

Schwärze *f* **1.** blackness (*a. fig.*); (*Dunkelheit*) darkness; **2.** (*Drucker2*) newsprint, printer's ink; (*Farbe*) black dye; **schwärzen** *v/t.* blacken (*a. fig.*), black; ***geschwärzt von*** black with.

Schwarze(r *m*) *f* **1.** black (man, *f* woman); **2.** F (*Katholik*) Catholic; (*Konservativer*) conservative; **3.** *östr.* black coffee.

schwarzfahren *v/i. im Bus etc.*: dodge the fare, ride without paying; *grundsätzlich*: be a fare dodger; *mot.* drive without a licen|ce (*Am.* -se); **Schwarzfahrer** *m im Bus etc.*: fare dodger, F deadhead.

schwarz|gerändert *adj. Umschlag etc.*: black-edged; *Augen*: dark-rimmed; **~gestreift** *adj.* black-striped, with black stripes; **~grau** *adj.* greyish (*Am.* grayish) black; **~haarig** *adj.* black-haired.

Schwarzhandel *m* black market; black marketeering; ***im ~*** on the black market; ***~ treiben*** be a black market operator; **Schwarzhändler** *m* black marketeer; (*Karten2*) (ticket) tout.

schwarzhören *v/i.* be a radio-licen|ce (*Am.* -se) dodger, have no radio licen|ce (*Am.* -se); **Schwarzhörer** *m* radio-licen|ce (*Am.* -se) dodger.

Schwarzkittel F *m* **1.** wild boar; **2.** (*Geistlicher*) cleric; **3.** *Sport*: referee.

schwärzlich *adj.* blackish.

schwarzmalen I. *v/t.* paint a gloomy picture of; ***alles ~*** always see the gloomy side of things; ***mußt du immer alles ~?*** *a.* do you have to be so pessimistic?; **II.** *v/i.* see the gloomy side of it; *grundsätzlich*: always see the gloomy side of things, take a very pessimistic view of things; **Schwarzmaler** *m* pessimist, *stärker*: prophet of doom; **Schwarzmalerei** *f* pessimism; pessimistic view; (*Vorhersagen*) pessimistic (*od.* gloomy) forecasts *pl.*

Schwarz|markt *m* black market; **~rock** F *m* (*Geistlicher*) cleric.

Schwarz-Rot-Gold *n* black, red and gold; **schwarzrotgold(en)** *adj.* black, red and gold; ***die schwarzrotgoldene Fahne*** the black, red and gold (flag).

schwarzschlachten *v/i. u. v/t. in Notzeiten*: slaughter (a pig *etc.*) illegally; **Schwarzschlachtung** *f* illegal slaughtering.

schwarzsehen *v/i.* **1.** be pessimistic (***für*** about), take a dim view of things; *grundsätzlich*: always look on the dark side of things; ***da sehe ich aber schwarz*** I don't think there's much hope, things don't look too good; ***ich sehe schwarz für ihn*** *a.* I don't see (*od.* hold out) much hope for him; **2.** *TV* be a TV-licen|ce (*Am.* -se) dodger, have no TV-licen|ce (*Am.* -se); **Schwarzseher** *m* **1.** pessimist, prophet of doom; **2.** *TV* TV-licen|ce (*Am.* -se) dodger; **schwarzseherisch** *adj.* pessimistic(ally *adv.*), alarmist.

Schwarzsender *m* pirate radio station.

Schwarzwald... *in Zssgn* Black Forest ...; **Schwarzwälder** *adj.*: ***~ Kirschtorte*** Black Forest gateau.

schwarzweiß I. *adj.* black and white, black-and-white ...; **II.** *adv.*: ***~ fotografieren*** take black-and-white pictures; **2fernseher** *m* black-and-white television (set) *od.* TV; **2film** *m* black-and--white (*od.* monochrome) film; **2foto** *n* black-and-white photo (*od.* print).

schwarzweißmalen I. *v/i.* present (*od.* paint, see) things *od.* everything in (terms of) black and white; **II.** *v/t.* paint *s.th.* in black and white; **Schwarzweißmalerei** *f* seeing (*od.* painting) everything in terms of black and white; *im Einzelfall*: black-and-white depiction.

Schwarz|wild *n coll.* wild boar; **~wurzel** *f* black salsify.

Schwatz *m* chat, F natter; **schwatzen I.**

v/i. (*plaudern*) chat, F natter; (*oberflächlich reden*) drivel, blather; (*klatschen*) gossip; (*et. ausplaudern*) F blab; **II.** *v/t.*: ***dummes Zeug*** ~ talk a lot of nonsense (F drivel); ***was schwatzt er schon wieder?*** F what's he going (*od.* babbling) on about?
schwätzen *v/i. u. v/t.* → ***schwatzen***; **Schwätzer** *m* F gasbag; (*Klatschtante*) gossip; **Schwätzerei** *f* F prattle, drivel; (*Klatsch*) gossip; (*das Schwatzen*) F yakking; gossiping.
schwatzhaft *adj.* talkative; **Schwatzhaftigkeit** *f* talkativeness.
Schwebe *f*: ***in der ~ sein*** be undecided (*od.* in the balance); ⚖ *Verfahren*: be pending; ***es ist noch in der ~*** *a.* it hasn't been decided yet; **~bahn** *f* suspension (cable) railway; **~balken** *m Turnen*: (balance) beam.
schweben *v/i.* (*hängen*) be suspended, hang; *durch die Luft*: float, *Vogel*: glide; *über e-r Stelle*: hover (*a. Ton*); (*hoch dahin~*) soar; (*gleiten*) glide (**über** across); *fig.* (*unentschieden sein*) be undecided; → *a.* ***Schwebe***; ***ihm war, als ob er schwebte*** he felt as if he was walking on air; *fig.* ***über den Wolken ~***, ***in höheren Regionen*** (*od.* ***Sphären***) ~ have one's head in the clouds; ***in Illusionen ~*** live in a world of fantasy; ***j-m auf den Lippen ~*** *Lächeln*: play around s.o.'s lips; ***noch im Raum ~*** *Ton*: linger on; ***es schwebt mir auf der Zunge*** it's on the tip of my tongue; *j-m* ***vor Augen ~*** → ***vorschweben***; ***in Gefahr ~*** be in danger; ***in Ungewißheit ~*** be (kept) in suspense; ***zwischen Furcht und Hoffnung*** (***Leben und Tod***) ~ hover between fear and hope (life and death); → ***Lebensgefahr***; **schwebend** *adj.* floating, hovering *etc.*; → ***schweben***; *Frage*, ⚖ *Verfahren etc.*: pending; ***~en Schrittes daherkommen*** come gliding along.
Schwebezustand *m* state of suspense; (*Zwischenstadium*) limbo; ***im ~ sein*** a) be in (a state of) suspense, b) be in limbo.
Schwebstoffe *pl.* ⚗ suspended matter *sg.*
Schwede *m*, **Schwedin** *f* Swede; **schwedisch I.** *adj.* Swedish; F *hum.* ***hinter ~en Gardinen*** behind bars; **II.** ≈ *n ling.* Swedish.
Schwefel *m* sulphur, *Am.* sulfur; **~bad** *n* **1.** ⚗ sulphur (*Am.* sulfur) bath; **2.** ⚕ (*Kurort*) sulphur (*Am.* sulfur) springs *pl.*; **~dioxyd** *n* sulphur (*Am.* sulfur) dioxide; **~eisen** *n* iron (*od.* ferrous) sulphide (*Am.* sulfide).
schwefelhaltig *adj.* sulphur(e)ous, *Am.* sulfur(e)ous.
Schwefelkohlenstoff *m* carbon disulphide (*Am.* disulfide).
schwefeln *v/t.* ⚗ sulphurate, *Am.* sulfurate, *a.* ⚙ sulphurize, *Am.* sulfurize; (*ausräuchern*) fumigate with sulphur (*Am.* sulfur).
Schwefel|quelle *f* sulphur (*Am.* sulfur) spring; **≈sauer** *adj.* sulphuric, *Am.* sulfuric; sulphate (*Am.* sulfate) of; ***schwefelsaures Ammoniak*** ammonium sulphate (*Am.* sulfate); **~säure** *f* sulphuric (*Am.* sulfuric) acid; **~wasserstoff** *m* hydrogen sulphide (*Am.* sulfide).
schweflig *adj.* sulphurous, *Am.* sulfurous.
Schweif *m* tail (*a. ast.*); *fig.* train; *vom Wein*: lingering aftertaste.
schweifen *v/i.* wander, roam, rove; *fig.* ***den Blick*** (***s-e Gedanken***) ***~ lassen*** let one's gaze (mind) wander; ***s-e Gedanken schweiften in die Vergangenheit*** his thoughts ranged over the past.
Schweige|geld *n* hush money; **~marsch** *m* silent (protest) march; **~minute** *f*: (***e-e*** ~ a *od.* one) minute's silence, (a) one-minute silence (***zu Ehren*** *gen.* in memory of).
schweigen I. *v/i.* be (*od.* remain) silent; (*nicht antworten*) say nothing, not to say anything, not to say a word; (*et. für sich behalten*) F keep mum; (*aufhören*) *Lärm etc.*: stop, cease; ***plötzlich ~*** *a. Kanonen etc.*: fall silent; ***zu*** *et.* ~ make no comment on; ***~ über*** keep silent about; ***auf e-e Frage ~*** say nothing in reply (to a question); ***zu j-s Vorwürfen ~*** not to try and defend o.s. (against s.o.'s reproaches); ***zu e-m Unrecht ~*** not to protest against an injustice; ***schweig bloß davon!*** don't talk about that; ***darüber schweigt das Gesetz*** the law says nothing about that; ***seit heute ~ die Waffen*** arms were laid down today, *lit.* the guns fell silent today; ***ganz zu ~ von*** let alone, never mind, to say nothing of; ***kannst du ~?*** can you keep a secret?; ***~ Sie!*** be quiet!, silence!; **II.** ≈ *n* silence; ***~ bewahren*** keep silent; ***das ~ brechen*** break the silence; ***zum ~ bringen*** reduce to silence, *a.* ⚔ silence, (*Kinder etc.*) shut up; → ***hüllen***; **schweigend I.** *adj.* silent; *pol.* ***~e Mehrheit*** silent majority; **II.** *adv.*: in silence, without a word; ***~ zuhören*** listen in silence; ***er ging ~ darüber hinweg*** he passed it over in silence.
Schweigepflicht *f* professional discretion (*od.* secrecy); ***die ärztliche ~*** medical confidentiality; ***der ~ unterliegen*** be bound to professional discretion.
Schweiger *m* taciturn person, man of few words.
schweigsam *adj.* quiet; (*wortkarg*) *a.* taciturn, uncommunicative; (*verschwiegen*) discreet; ***du bist heute aber sehr ~*** *a.* you're not saying very much today; **Schweigsamkeit** *f* quietness; taciturnity, uncommunicativeness; discretion.
Schwein *n* pig, *bsd. Am. a.* hog; (*Sau*) sow; (*~efleisch*) pork; F *contp.* (*schmutziger Kerl*) (filthy) pig; F *contp.* (*Lump*) *sl.* swine, bastard; F ***kein ~*** F not a blessed soul, *sl.* not a sod; F ***kein ~ hat mir geholfen*** *a.* nobody lifted a finger to help me; F ***das glaubt dir doch kein ~*** F you don't think anyone's going to buy that, do you?; F ***armes ~*** poor wretch, *sl.* poor sod (*od.* bastard); F ***~ haben*** be lucky (*od.* in luck); F ***da hast du aber ~ gehabt!*** F talk about luck!
Schweine|arbeit F *f* dirty work; (*schwierige Arbeit*) F tough job; **~bauch** *m* pork belly; **~braten** *m* joint of pork; *gebraten*: roast pork; **~filet** *n* fillet of pork; **~fleisch** *n* pork; **~fraß** *m*, **~futter** *n* pigfeed; F *fig.* F swill, muck; **~geld** F *n*: ***ein ~*** F heaps of money, ***verdienen:*** F earn a packet (*od.* bomb), rake it in; **~hund** F *m sl.* swine, bastard; ***der innere ~*** one's baser instincts; **~kotelett** *n* pork chop; **~lende** *f* pork tenderloin; **~pest** *f* swine fever.
Schweinerei F *f* **1.** (*Unordnung*) mess; ***das ist ja e-e ~ hier!*** this place looks disgusting (*od.* like a pigsty); **2.** ***das ist e-e ~*** (*gemein*) that's disgusting (F really rotten); **3.** (*Zote*) dirty joke; obscenity, *pl.* smut *sg.*; **4.** (*Verhalten*) *a. pl.* obscenity, obscene behavio(u)r.
Schweine|schmalz *n* lard, dripping; **~schnitzel** *n* pork cutlet; **~stall** *m* pigsty (*a. fig.*), *Am. a.* pigpen, hogpen; **~zucht** *f* pig-breeding, *Am. a.* hog-raising; **~züchter** *m* pig-breeder, *Am. a.* hog-raiser.
Schweinigel F *m* **1.** F dirty pig, (*Kind*) mucky pup; **2.** (*unanständiger Kerl*) dirty old so-and-so, *sl.* dirty bugger; ***er ist ein ~*** *a.* he's got a one-track mind; **Schweinigelei** F *f* dirty joke; obscenity; **schweinigeln** F *v/i.* talk smut.
schweinisch *adj.* **1.** (*schmutzig*) filthy; **2.** *Witz etc.*: dirty, smutty; *Benehmen*: disgusting.
Schweinkram F *m* → ***Schweinerei*** 1, 3.
Schweins... → *a.* ***Schweine...***; **~augen** *pl.* piggy eyes; **~fuß** *m* → ***Schweinshaxe***; **~galopp** *m*: F ***im ~*** double-quick; **~haxe** *f* knuckle of pork; **~leder** *n* pigskin.
Schweiß *m* sweat, *formell*: perspiration; *Jagd*: blood; ***in ~ geraten*** get into a sweat; ***ihm stand der ~ auf der Stirn*** there were beads of sweat on his forehead; ***in ~ gebadet*** → ***schweißgebadet***; ***nach ~ riechen*** smell (of sweat), have b.o. (*od.* BO, body odo[u]r); *fig.* ***es hat viel ~ gekostet*** it was hard work (F a hard slog, *sl.* a real sweat); ***im ~e s-s Angesichts*** by the sweat of one's brow; **~absonderung** *f* perspiration; **~ausbruch** *m*: ***e-n ~ bekommen*** break out into a sweat; **~band** *n Sport*: sweatband; **≈bedeckt** *adj.* → ***schweißgebadet***; **~brenner** *m* welding torch; **~brille** *f*: (***e-e ~*** a pair of) welding goggles *pl.*; **~drüse** *f* sweat gland.
schweißen *v/t. u. v/i.* ⚙ weld; **Schweißer** *m* ⚙ welder.
Schweiß|fleck *m* sweat mark; **~füße** *pl.* sweaty (F smelly) feet; **≈gebadet** *adj.* soaked (*od.* bathed) in sweat, dripping with sweat; **~geruch** *m* smell of sweat, body odo(u)r; **~hände** *pl.* sweaty palms; **~hund** *m Jagd*: bloodhound.
schweißig *adj.* **1.** sweaty; **2.** *Jagd*: a) *Tier*: bleeding, b) *Fährte*: bloody.
Schweiß|naht *f* weld(ed joint), (welding) seam; **≈naß** *adj.* → ***schweißgebadet***; **~perle** *f* bead of perspiration; **~pore** *f* sweat pore; **~stelle** *f* ⚙ weld; **≈treibend** *adj.* ⚕ sudorific; ***~ sein*** *a.* make one sweat; **≈triefend** *adj.* → ***schweißgebadet***; **~tropfen** *m* bead of sweat (*od.* perspiration).
Schweißung *f* welding; (*Ergebnis*) weld.
schweißverklebt *adj.* sticky with sweat.
Schweizer I. *m* Swiss; ***die ~*** the Swiss (*pl.*); **II.** *adj.* Swiss; **~deutsch** *n*, **≈deutsch** *adj. ling.* Swiss German; **~franken** *m* Swiss franc; **~garde** *f* Swiss Guard.
Schweizerin *f* Swiss (woman).
schweizerisch *adj.* Swiss.
Schwelbrand *m* smo(u)ldering fire; **schwelen** *v/i.* smo(u)lder; *fig. a.* simmer.
schwelgen *v/i.* **1.** ***~ in*** revel in; *gröber*: wallow in; ***in Erinnerungen ~*** wallow in memories; **2.** (*essen u. trinken*) indulge o.s., F have a binge; **schwelgerisch** *adj.* overindulgent, extravagant; (*sinnlich*) voluptuous; (*ausschweifend*) debauched; *Essen*: opulent, sumptuous.

Schwelle *f* (*Tür*2) threshold (*a. psych. u. -fig.*), step; 🚆 sleeper, *bsd. Am.* tie; *fig.* **sie soll keinen Fuß mehr über m-e ~ setzen** she'd better not cross my threshold (*od.* darken my door) again; **~ des Bewußtseins** threshold of consciousness; **an der ~ e-r neuen Zeit** on the threshold of a new age; **an der ~ des Grabes** at death's door.
schwellen I. *v/i.* swell (*a. Lärm*); *Wasser*: *a.* rise; → *a.* **anschwellen, geschwollen**; **II.** *v/t.* swell; (*Segel*) fill out, billow; *fig.* **die Brust ~** puff one's chest out.
Schwellen|angst *f psych.* fear of entering unfamiliar places, *etwa* fear of the unknown; **~preis** *m* ☤ threshold price; **~reiz** *m* threshold stimulus; **~wert** *m* threshold value.
Schwellkörper *m anat.* erectile tissue.
Schwellung *f* swelling; (*Stelle*) *a.* swollen spot.
Schwellwerk *n* ♪ swell organ.
Schwemme *f* **1.** watering place; **2.** (*Bierlokal*) pub, (*Bierstube*) taproom; **3.** ☤ (*Überangebot*) glut (**an** of).
schwemmen *v/t.* wash (**an Land** ashore).
Schwemmland *n* alluvial land (*od.* plain).
Schwengel *m* (*Glocken*2) clapper, tongue; (*Pumpen*2) handle.
Schwenk(aufnahme *f*) *m Film*: pan (shot) (**auf** of), *vertikal*: tilt (shot).
Schwenkarm *m* swivel arm.
schwenkbar *adj.* swivel ..., swivel(l)ing; *Kran etc.*: slewing, sluable; **schwenken I.** *v/t.* (*schwingen*) swing; (*Hut, Tuch etc.*) wave; (*Stock etc.*) brandish, flourish; ⚙ swivel; (*Kran*) slew; (*Filmkamera*) pan; (*schütteln*) shake, *gastr.* (*Kartoffeln etc.*) toss; (*ausspülen*) rinse; **II.** *v/i.* turn, swing (round); ⚔ wheel (about); *Filmkamera*: pan; **nach links** (**rechts**) **~** *Auto*: turn left (right), *plötzlich*: swerve (to the) left (right); **Schwenker** *m* (*Kognak*2) brandy balloon.
Schwenk|flügel *m* ✈ swing wing; **~glas** *n* → **Schwenker**; **~hahn** *m* swivel tap; **~kartoffeln** *pl.* potatoes tossed in butter; **~kran** *m* swivel (*od.* slewing) crane.
Schwenkung *f* turn, swivel; *Kran*: slewing; ⚔ wheel; *taktische*: wheeling manoeuvre (*Am.* maneuver); *der Filmkamera*: pan; *fig.* change of heart, *pol.* change of front, (*völlige Umkehrung*) turnabout, about-turn, volte-face.
Schwenkvorrichtung *f* swivel mechanism.
schwer I. *adj. gewichtsmäßig*: heavy (*a. fig. Angriff, Musik, Parfüm, Schritt, Unwetter, Verluste, Wein etc.*); (*anstrengend*) hard, F tough; (*schwierig*) hard, difficult, F tough; → *a.* **schwierig**; (*schlimm*) bad; → *a.* **schlimm**; *fig.* (*gewichtig*) weighty; (*drückend*) oppressive; *Amt, Pflicht*: onerous; *Unfall, Wunde*: bad, serious; *Krankheit, Fehler, Irrtum*: serious; *Verbrechen*: serious, grave; *Speise*: rich, (*~ verdaulich*) heavy; *Zigarre, Duft*: strong; *Buch*: heavy(-going); **~er Atem** labo(u)red breathing; **~e Erkältung** bad (*od.* heavy) cold; **e-e ~e Gehirnerschütterung** severe concussion; F **~es Geld verdienen** F make big money, make a packet; F **~es Geld kosten** F cost a packet; **~es Gold** solid gold; **~en Herzens** reluctantly, (*traurig*) with a heavy heart; F **~er Junge** thug, F heavy; **ich habe e-n ~en Kopf** my head's throbbing; **~e Körperverletzung** grievous bodily harm, GBH; **~e Maschine** powerful (*od.* heavy) machine; **~es Schicksal** hard lot; **~er Schlaf** deep (*od.* heavy) sleep; **~er Schock** bad (*od.* severe, terrible) shock; **~e See** heavy (*od.* rough) seas; **~er Tag** hard (F tough) day; **heute war ein ~er Tag** *a.* it was hard (F tough) going today; ⚗ **~es Wasser** heavy water; **~e Zeit(en)** hard times; **~e Zunge** heavy tongue; **wie ~ bist du?** how much do you weigh?; **es ist zwei Pfund ~** it weighs (*od.* it's) two pounds; **ein drei Pfund ~er Braten** *etc.* a three-pound roast *etc.*; **ein mehrere Tonnen ~er Kran** a crane weighing several tons; F **etliche Millionen ~ sein** be worth a few million; → **Begriff** 1, **Blei** 1, **Geschütz** *etc.*; **II.** *adv.* heavily *etc.*; (*sehr*) really; (*schlimm*) badly; **~ arbeiten** work hard; **~ atmen** have difficulty breathing; F **~ aufpassen** watch like a hawk; **das ist ~ zu beantworten** there's no easy answer to that, that's a good question; **~ beleidigt** deeply offended, *bsd. iro.* mortally wounded; **~ bestrafen** punish severely; **~ betrunken** very drunk, F drunk out of one's mind; **das ist ~ zu beurteilen** it's hard to say (*od.* judge); **~ büßen** pay dearly; **~ enttäuscht** really (*od.* deeply) disappointed; **~ erkältet sein** have a bad (*od.* heavy) cold; **er hat es ~** he has a hard time (of it); F **das will ich ~ hoffen!** I sincerely hope so, *drohend*: you'd *etc.* better!; **~ hören** be hard of hearing; **~ leiden** suffer badly; **j-m ~ auf der Seele liegen** prey on s.o.'s mind; F **~ reich sein** F be loaded; **~ zu sagen** hard to say; **da hat er sich aber ~ getäuscht** he's very much mistaken there; **~ zu verstehen** difficult to understand, hard to grasp; **er ist ~ zu verstehen** *akustisch*: it's difficult to hear what he's saying; → **Magen, schwerfallen** *etc.*
Schwerarbeit *f* heavy labo(u)r; **Schwerarbeiter** *m* heavy labo(u)rer.
Schwerathlet *m* weight lifter, wrestler, shot putter *etc.*; **Schwerathletik** *f* strength events *pl.*
schwerbehindert *adj.* severely handicapped (*od.* disabled); **Schwerbehinderte(r)** *m* handicapped person; **Schwerbehindertenausweis** *m* disabled pass.
schwerbeladen *adj. Laster etc.*: heavily laden, with a heavy load (✈ *etc.* cargo); *Person*: weighed down (**mit** with).
schwerbeschädigt *adj.* severely (*od.* badly) damaged; ⚕ (severely) disabled; **Schwerbeschädigte(r)** *m* disabled person.
schwerbewaffnet *adj.* heavily armed.
schwerblütig *adj.* ponderous.
Schwere *f* weight; *phys.* gravity; *von Bewegungen, Wein etc.*: heaviness; *fig.* (*Ernst*) seriousness, *a. e-s Verbrechens*: gravity; *e-r Strafe, e-s Unwetters etc.*: severity; (*Gewichtigkeit*) import, significance; **~feld** *n phys.* gravitational field.
schwerelos *adj.* weightless; **Schwerelosigkeit** *f* weightlessness.
Schwerenöter *m* ladykiller.
schwererziehbar *adj.* difficult, recalcitrant; **~es Kind** *mst* problem child.
schwerfallen *v/i.* be difficult (*dat.* for), not to be easy (for); **es fällt ihm schwer** *a.* he finds it hard, *seelisch*: it's hard on him; **auch wenn's dir schwerfällt** whether you like it or not; **es fällt mir schwer, Ihnen sagen zu müssen** I'm afraid I have to tell you.
schwerfällig *adj. Person*: ponderous, slow; (*unbeholfen, a. Bewegung*) awkward, clumsy; (*langsam, träge*) sluggish; *Stil*: labo(u)red, F stodgy; *Buch*: heavy-going; **Schwerfälligkeit** *f* ponderousness *etc.*; → **schwerfällig.**
schwergeprüft *adj.* sorely tried.
Schwergewicht *n* heavyweight; *fig.* (main) emphasis; *fig.* **das ~ lag auf** the emphasis was (*od.* fell) on, the focus of attention was on; **Schwergewichtler** *m* heavyweight (*a.* F *schwere Person*).
schwerhörig *adj.* hard of hearing; **Schwerhörigkeit** *f* difficulty in hearing, partial deafness.
Schwer|industrie *f* heavy industry; **~kraft** *f phys.* (force of) gravity; **2krank** *adj.* seriously (*od.* very, extremely) ill; **~laster** *m* heavy lorry (*bsd. Am.* truck), juggernaut.
schwerlich *adv.* hardly, scarcely.
schwerlöslich *adj.* ⚗ of low solubility, not easily soluble.
schwermachen *v/t.*: **j-m et. ~** make s.th. difficult for s.o.; **j-m das Leben ~** give s.o. a hard time.
Schwermetall *n* heavy metal.
Schwermut *f* melancholy; **schwermütig** *adj.* melancholy; *fig. Gemälde etc.*: *a.* gloomy.
schwernehmen *v/t.* take *s.th.* seriously; (*zu Herzen nehmen*) take *s.th.* to heart; **nimm's nicht so schwer** don't take it to heart.
Schweröl *n* heavy oil (*od.* fuel).
Schwerpunkt *m phys.* cent|re (*Am.* -er) of gravity; *fig.* (*Hauptgebiet*) main area; **der ~ s-r Arbeit liegt in** his work cent|res (*Am.* -ers) *od.* focus(s)es on; **~programm** *n* priority program(me) *od.* plan; **~streik** *m* selective (strike) action, pinpoint strike; **~thema** *n* main (discussion) topic.
Schwert *n* sword; *Segelboot*: centreboard, *Am.* centerboard; **das ~ ziehen** draw one's sword; **die ~er kreuzen** cross swords; *fig.* **das ~ in die Scheide stecken** bury the hatchet; **~fisch** *m* swordfish; **~lilie** *f* ❀ iris.
Schwertransport *m* **1.** heavy load; **2.** → **Schwertransporter** *m* heavy lorry (*bsd. Am.* truck), juggernaut.
Schwert|schlucker *m* sword swallower; **~träger** *m zo.* swordtail.
schwertun *v/i. u. v/refl.*: **sich ~ mit et.** have a hard time with s.th., *a. grundsätzlich*: find s.th. difficult; **ich tu' mich** (*od.* **mir**) **mit Fremdsprachen schwer** *a.* I'm not very good at foreign languages; **er tut sich mit s-r Schwester schwer** he doesn't get on with his sister.
Schwerverbrecher *m* dangerous criminal, ⚖ felon.
schwer|verdaulich *adj.* indigestible, heavy; *fig.* heavy(-going); **~verdient** *adj.* hard-earned; **~verkäuflich** *adj.* hard to get rid of; ☤ non-selling ...
schwerverletzt *adj.* seriously hurt (*od.* injured; **Schwerverletzte(r)** *m* serious casualty; seriously injured person.
schwer|verständlich *adj.* difficult (*od.* hard) to understand; (*entstellt*) garbled *message etc.*; **~verträglich** *adj. Medikament*: hard on the digestive system.

schwerverwundet *adj.* seriously wounded; **Schwerverwundete(r)** *m* major casualty.
Schwerwasser *n* ⚛ heavy water; **~reaktor** *m* heavy water reactor.
schwerwiegend *adj.* serious; *Vorwürfe*: *a.* grave; (*folgenschwer*) momentous *decision etc.*
Schwester *f* sister (*a. fig.*); (*Kranken*2) (hospital) nurse, (*Ober*2) sister; (*Ordens*2) sister; (*Kloster*2) nun; **Schwesterchen** *n* little sister.
Schwester|firma *f*, **~gesellschaft** *f* affiliated company; **~herz** *hum. n* dear sister; *als Anrede*: sister dear, F sis.
schwesterlich *adj.* sisterly.
Schwestern|helferin *f* auxiliary nurse; **~liebe** *f* sisterly love; **~paar** *n* two sisters *pl.*; ***das ~ X*** the X sisters; **~schule** *f* nursing college (*od.* school); **~wohnheim** *n* nurses' home.
Schwester|partei *f* sister party; **~schiff** *n* sister ship.
Schwieger|eltern *pl.* parents-in-law; **~mutter** *f* mother-in-law, *pl.* mothers-in-law; **~sohn** *m* son-in-law, *pl.* sons-in-law; **~tochter** *f* daughter-in-law, *pl.* daughters-in-law; **~vater** *m* father-in-law, *pl.* fathers-in-law.
Schwiele *f* callus; (*Strieme*) weal; **schwielig** *adj.* callous, horny.
schwierig *adj.* difficult, *bsd. pred. a.* hard; F tough; (*verwickelt*) complicated, intricate; (*unangenehm*) awkward; *Person*: difficult; ***~er Fall*** problem, difficult case, (*Person*) *a.* problem case; ***~e Frage*** difficult (*od.* tricky) question; ***~es Kind*** *a.* problem child; ***~e Lage*** difficult (*od.* awkward) situation, predicament, F fix; ***~er Punkt, ~e Sache*** problem; ***es wurde sehr ~*** things got very difficult; ***das macht alles noch ~er*** that makes things even more difficult, that complicates matters even more; ***in e-m ~en Alter sein*** be at an awkward age; ***das 2ste haben wir hinter uns*** the worst is over, we're out of the wood(s).
Schwierigkeit *f* difficulty; (*~sgrad*) level (of difficulty); ***~en haben, et. zu tun*** have difficulty (in) doing s.th.; ***j-m ~en machen*** (*od.* ***bereiten***) *Sache*: be a problem for s.o., cause s.o. problems, *Person*: make things difficult for s.o.; ***das Gehen machte ihm ~en*** *a.* he found it difficult to walk, he had trouble walking; ***sie haben wegen des Visums ~en gemacht*** they made a fuss about the visa; ***unnötige ~en machen*** complicate matters unnecessarily; ***das bereitete ihm keinerlei ~en*** it was no trouble at all for him, he took it all in his stride; ***auf ~en stoßen*** run into difficulty (*od.* difficulties, problems); ***in ~en geraten*** run into trouble; ***~en bekommen*** get into trouble, (*Unannehmlichkeiten*) have trouble (***wegen*** because of); ***es ist nicht ohne ~en*** it's not without its difficulties. **Schwierigkeitsgrad** *m* level (of difficulty).
Schwimm|bad *n* swimming pool; (*Hallenbad*) *a.* indoor pool, swimming baths *pl.*; **~bagger** *m* sand dredge(r); **~bahn** *f* lane; **~becken** *n* swimming pool; **~blase** *f e-s Fisches*: air bladder; **~dock** *n* floating dock,
Schwimmeister *m* (*getr. mm-m*) swimming champion.
schwimmen I. *v/i.* swim (*a. v/t. e-e Strecke, e-n Rekord*); *auf der Oberfläche*: float; *Schiff*: be afloat; F (*sehr naß sein*) F be swimming, be flooded; *fig.* (*unsicher sein*) be floundering; ***~ gehen*** go swimming, go for a swim; ***auf dem Rücken ~*** do backstroke; ***Papierschiffe ~ lassen*** float paper boats (on the water); ***über den Kanal ~*** swim (across) the Channel; *fig.* ***in s-m Blut ~*** be lying in a pool of blood; ***ihre Augen schwammen (in Tränen)*** her eyes were filled with tears; ***im Geld ~*** be rolling in money; ***im Erfolg (Glück) ~*** wallow in success (good fortune); ***alles schwamm vor s-n Augen*** everything started dancing in front of his eyes; ***er schwimmt oben*** he's got everything going for him, *momentan*: he's riding on the crest of a wave; → ***Strom*** 1; **II.** 2 *n* swimming; *fig.* ***ins ~ kommen*** *Schauspieler etc.*: start floundering, *Auto*: go into a skid; **schwimmend** *adj. Hotel, Restaurant, Garten etc.*: floating; ***~es Haus*** houseboat, floating home; ***in ~em Fett braten*** deep-fry; *fig.* ***~e Konturen*** blurred edges (*od.* contours).
Schwimmer *m* **1.** swimmer; **2.** *Angel*, ⚙, ✈, *mot.* float; **~becken** *n* swimmer's pool; **~ventil** *n* float valve.
schwimmfähig *adj.* buoyant, floatable.
Schwimm|fahrzeug *n* amphibious vehicle; **~flosse** *f* fin; *Sport*: flipper; **~flügel** *pl.* water wings; **~fuß** *m zo.* webbed foot; **~gürtel** *m* **1.** swimming belt; **2.** F (*Hüftspeck*) spare tyre (*Am.* tire); **~halle** *f* indoor (swimming) pool; **~haut** *f* webbing; **~kran** *m* floating crane; **~lehrer** *m* swimming instructor; **~panzer** *m* amphibious tank; **~reifen** *m* → ***Schwimmgürtel***; **~sport** *m* swimming; **~stil** *m* (swimming) style, stroke; **~verein** *m* swimming club; **~vogel** *m* water bird; **~weste** *f* life jacket, life vest, *Am.* life preserver.
Schwindel *m* **1.** dizziness, ⚕ vertigo; (*~anfall*) dizzy spell; **2.** F (*Betrug*) swindle, *coll.* swindling; (*Lüge*) lie, fib; ***den ~ kenne ich*** I know that trick; **3.** F ***der ganze ~*** F the whole caboodle; **~anfall** *m* dizzy spell; ***e-n ~ bekommen*** have a dizzy spell, suddenly feel dizzy.
Schwindelei F *f* swindling; (*das Lügen*) (constant) lying; *konkret*: lies *pl.*
schwindelerregend I. *adj.* dizzy, giddy (*a. fig.*); *fig. Preise, Zahlen*: staggering; **II.** *adv.*: ***~ hoch*** *a. fig.* a) at a dizzying height, b) to dizzying heights; *Preise etc.*: staggering(ly high); *fig.* ***~ hoch steigen*** *Preise etc.*: go sky-high, skyrocket.
Schwindelfirma *f* bogus company.
schwindelfrei *adj.*: ***~ sein*** have a good head for heights; ***nicht ~*** afraid of heights.
Schwindelgefühl *n* dizzy feeling, dizziness.
Schwindelgeschäft *n* bogus transaction.
schwindelig *adj.* → ***schwindlig.***
Schwindelmanöver *n* deceitful trick.
schwindeln I. *v/i.* **1.** F (*lügen*) tell a fib (*od.* lie), tell fibs (*od.* lies), fib, lie; ***schwindel doch nicht!*** stop fibbing *etc.*; **2.** ***mir schwindelt*** I feel dizzy; ***ihm schwindelte (der Kopf) bei dem Gedanken*** his head reeled at the thought; **II.** *v/t.*: F ***das ist geschwindelt!*** that's a lie!; **III.** *v/refl.*: F ***sich durchs Examen ~*** bluff one's way through the exam; **schwindelnd** *adj.* → ***schwindelerregend***; ***in ~er Höhe*** at a dizzy height.
Schwindelpreis *m* exorbitant (F jacked-up) price.
schwinden I. *v/i. Einfluß, Macht*: dwindle, diminish; *Vorräte, Geld*: dwindle, run low; *Kräfte*: (begin to) fail (*od.* dwindle, seep away); *Farben, Schönheit, Radiosender*: fade; *Interesse*: dwindle, drop off; *Mißtrauen*: disappear; ***aus dem Gedächtnis ~*** fade from memory; ***mein Interesse schwand*** I lost interest; ***sein Lächeln schwand*** his face dropped; ***ihm schwand der Mut (das Vertrauen, die Hoffnung)*** he lost courage (confidence, hope); ***ihr schwanden die Sinne*** she fainted (*od.* passed out); **II.** 2 *n* dwindling *etc.*; → I; ***das ~ der Hoffnung*** *etc.* the dwindling hope *etc.*; ***im ~ begriffen*** dwindling, *Macht etc.*: on the wane; **schwindend** *adj.* dwindling, diminishing; ***~es Interesse*** *a.* loss of interest.
Schwindler F *m* swindler, F con man; (*Lügner*) liar.
schwindlig *adj. a. fig.* dizzy, giddy; ***mir wird ~*** I feel dizzy; ***mir wird immer ~, wenn*** I always get (*od.* feel) dizzy when; ***mir wurde ~*** I (suddenly) felt dizzy, I had a dizzy turn; → ***schwindelerregend.***
Schwindsucht *obs. f* ⚕ consumption, tuberculosis; **schwindsüchtig** *obs. adj.*, **Schwindsüchtige(r)** *m* consumptive.
Schwinge *f* **1.** (*Flügel*) wing, *poet. a.* pinion; **2.** ⚙ rocker arm.
schwingen I. *v/t.* swing; *bsd. drohend*: brandish, wield; (*Fahne, Tuch etc.*) wave; → ***Rede, Tanzbein***; **II.** *v/refl.*: ***sich ~*** swing o.s. (***hinauf*** up), jump (***auf*** onto); ***sich in den Sattel ~*** swing o.s. into the saddle; ***sich über et. ~*** vault over s.th.; ***sich von Ast zu Ast ~*** swing from branch to branch; ***sich in die Höhe ~*** *Adler etc.*: soar (up) into the air; **III.** *v/i.* (*pendeln*) swing (*a. Turnen, Skisport etc.*); ⚙ oscillate; *Saite, Ton etc.*: vibrate, resonate; → ***geschwungen.***
Schwinger *m Boxen*: swing; ***wilder ~*** haymaker.
Schwing|kreis *m Radio*: oscillating circuit; **~metall** *n* rubber-bonded metal; **~quarz** *m* piezoelectric crystal; **~schleifer** *m* sander; **~tor** *n* up-and-over garage door; **~tür** *f* swing door.
Schwingung *f* ⚙ *u. Akustik*: vibration; *a.* ⚡ oscillation; *fig.* reverberation; ***in ~en versetzen*** set *s.th.* vibrating (*a. fig.*).
Schwingungs|dämpfer *m* vibration damper; **~dauer** *f* period (of oscillation); **2frei** *adj.* free from vibration, non-vibrating; **~frequenz** *f* oscillation frequency; **~kreis** *m* oscillating circuit; **~weite** *f* amplitude; **~zahl** *f* oscillation frequency.
schwipp *int.* splash!; ***~, schwapp!*** splish-splosh!
Schwips F *m*: ***e-n ~ haben*** be (a bit) tipsy (F tiddly); ***sich e-n ~ antrinken*** get tipsy (F tiddly).
schwirren *v/i.* whirr, *Am.* whir; *Pfeil etc.*: *a.* F (*sausen*) whiz(z); *Insekten*: buzz; *Schneeflocken*: whirl; *fig.* ***von Gerüchten*** *etc.* ***~*** be buzzing with rumo(u)rs *etc.*; ***j-m durch den Kopf ~*** *Zahlen, Gedanken*: spin round in s.o.'s head; ***Fragen schwirrten durch den Saal*** questions came flying from all directions (of the

hall); ***überall schwirrten Touristen*** the place was swarming with tourists; ***mir schwirrte der Kopf*** my head was buzzing (*od.* spinning).
Schwitz|bad *n* steam bath; **~bläschen** *pl.* heat blisters.
schwitzen I. *v/i.* sweat, *formell*: perspire; *Wände*: be damp; *Fenster*: steam up; *Käse etc.*: sweat; F (*sich anstrengen*) sweat away; ***am ganzen Körper ~*** be sweating all over, be covered in sweat, be soaked in (*od.* with) sweat; ***vor Angst*** *etc.* **~** sweat with fear *etc.*; F **~ *über*** (*e-r Arbeit etc.*) sweat over; F ***den lasse ich noch ein wenig ~*** F I'm going to let him sweat it out for a bit; **II.** *v/t.* (*Harz etc.*) sweat (out) *resin etc.*; ***et. naß ~*** sweat s.th. through, soak s.th.; *fig.* ***Blut (und Wasser) ~*** sweat blood; **III.** *v/refl.*: ***sich naß ~*** be soaked in (*od.* with) sweat, be dripping with sweat; **IV** **2** *n* sweating; ***ins ~ kommen*** start sweating, *a. fig.* get into a sweat, *fig. a.* F get into a tizz(y).
Schwitz|kasten *m Ringen*: headlock; **~kur** *f* sweating cure; ***e-e ~ machen*** sweat it out; **~packung** *f* ⚕ hot pack.
Schwof F *m* F hop; **schwofen** F *v/i.* F shake a leg.
schwören *v/i. u. v/t.* swear; *vor Gericht*: take the oath; (*Rache, Treue etc.*) swear, vow; ***e-n Eid ~*** take an oath; ***auf die Bibel ~*** swear on the Bible; ***sich et. ~*** swear s.th. to o.s.; ***sich ~, daß man*** swear to *inf.*; ***ich schwöre es (dir)*** I swear (to God); *fig.* **~ *auf*** (*vertrauen auf*) swear by, (*et.*) *a.* F be sold on; F ***ich hätte geschworen, daß*** I could have sworn that; → ***geschworen.***
Schwuchtel *contp. f* (*Homosexueller*) *sl.* queen.
schwul F *adj.* F gay, *contp.* queer.
schwül *adj.* **1.** close, muggy, sultry, humid; **2.** (*beklemmend*) oppressive, stifling; **3.** (*sinnlich*) sensuous; **Schwüle** *f* **1.** stifling heat, muggy weather, sultriness; **2.** *Stimmung*: unease; **3.** (*Sinnlichkeit*) sensuousness.
Schwule(r) F *m* F gay, *contp.* queer; **Schwulentreff** F *m* F gay hangout.
Schwulität F *f* F fix, scrape; ***in ~en kommen*** get into a fix.
Schwulst *m Sprache*: bombast, fustian; *a. Kunst*: floridity.
schwulstig *adj. Lippen*: thick, swollen.
schwülstig *adj.* bombastic(ally *adv.*), pompous, inflated; *Kunststil*: florid.
schwumm(e)rig F *adj.* **1.** → ***schwindlig***; **2.** *fig.* ***mir wird ganz ~, wenn*** I get a strange feeling in the pit of my stomach when.
Schwund *m an Vorräten etc.*: dwindling; (*Verlust*) loss; *durch Schrumpfen, Eingehen*: shrinkage; *Radio*: fading; ⚕ atrophy; **~ausgleich** *m*, **~regelung** *f Radio*: gain (*od.* fading) control.
Schwung *m* **1.** swing (*a. Turnen, Skisport*); *nach vorne*: jump, leap; (*Armbewegung, Pendel***2***) sweep; (*geschwungene Linie*) curve, sweep; (*Geschwindigkeit*) speed, (*Kraft*) force; *fig.* (*Antrieb*) impetus; (*Energie, Elan*) energy, drive, F punch, oomph; (*Schmiß*) verve, F oomph; **~ *holen*** *zum Springen*: take a running jump, (*ausholen*) take a (big) swing; ***mit e-m solchen ~*** *die Tür zuschlagen etc.*: with such force, (*laut*) with such a bang; *fig.* ***in ~ bringen*** get *s.o. od. s.th.* going; ***das bringt dich wieder in ~*** *nach Krankheit etc.*: that'll get you back on your feet again; **~ *in den Laden bringen*** get things going; **~ *in die Sache bringen*** liven things up; ***in ~ halten*** (*Betrieb, Kreislauf etc.*) keep *s.th.* going, (*Garten, Auto etc.*) keep up (*a. Fremdsprache etc.*), look after *s.th.*, F keep *s.th.* in good nick; **(*richtig*) *in ~ kommen*** get going, *Party, Diskussion etc.*: *a.* F hot up; ***langsam in ~ kommen*** *a.* F slowly move into gear, slowly pick up steam; ***in ~ sein*** be in full swing, F be going great guns; ***wenn er erst einmal in ~ ist*** once he gets going, once he gets into it (*od.* into the swing of things); → *a.* ***Fahrt*** 2; **2.** F (*Menge, Anzahl*) batch, F clutch; *von Leuten*: F bunch; *von Platten, Heften etc.*: F pile.
Schwungfeder *f zo.* pinion.
schwunghaft *adj. Handel*: brisk, flourishing; → *a.* ***schwungvoll.***
Schwungkraft *f* **1.** *phys.* momentum; **2.** *fig.* → ***Schwung*** 1.
schwunglos *fig. adj.* lifeless; without (any) life.
Schwungrad *n* ⚙ flywheel.
schwungvoll *adj.* (*energisch*) full of drive (F go); (*lebhaft*) lively, spirited; *Rede*: F punchy; *Stil*: racy; *Entwurf*: bold; *Melodie*: lively; (*unternehmungslustig*) enterprising; **~ *sein*** F have plenty of oomph.
schwupp *int.* (*im Handumdrehen*) hey presto!; ***~!, fiel mir die Seife aus der Hand*** and whoosh! the soap went flying; ***~!, fiel die Tasse auf den Boden*** and boing! the cup landed on the floor; ***~!, war er weg*** before you knew it (*od.* before you could blink) he was gone;
schwuppdiwupp *int.* → ***schwupp.***
Schwur *m* oath; (*Gelübde*) vow; ***e-n ~ leisten*** take an oath; → *a.* ***Eid.***
Schwurgericht *n* **1.** *in Deutschland*: *court made up of three professional and two lay judges*; **2.** *in USA u. GB*: jury court; *obs.* (court of) assizes *pl.*; **Schwurgerichtsverfahren** *n* **1.** *in Deutschland*: *trial before a court made up of three professional and two lay judges*; **2.** *in USA u. GB*: trial by jury.
Science-fiction *f* science fiction, F sci-fi, SF; **~-Literatur** *f* science fiction (writing); **~-Roman** *m* science fiction novel.
Scotchterrier *m* Scotch terrier, F scottie (dog).
Séance *f* séance.
sechs I. *adj.* six; **II. 2** *f* six; (*Note*) *etwa* F; (*Buslinie etc.*) (number) six; ***e-e ~ schreiben*** get an F.
Sechsachteltakt *m*: **(*im* ~** in) six-eight time.
sechsbändig *adj.* six-volume ..., in six volumes.
Sechseck *n* hexagon; **sechseckig** *adj.* hexagonal.
Sechser F *m* **1.** → ***Sechs***; **2.** ***e-n ~ haben*** *Lotto*: have (got) six right.
sechsfach *adj.* sixfold; ***die ~e Menge*** six times the amount; ***~er Sieger*** six-time winner (*od.* champion).
sechshundert *adj.* six hundred.
sechsjährig *adj.* **1.** six-year-old ...; **2.** (*sechs Jahre dauernd*) six-year ...; ***ein ~es ...*** *a.* six years of ...; **Sechsjährige(r** *m*) *f* six-year-old.
sechsköpfig *adj. family etc.* of six; ***~e Delegation*** *etc. a.* six-member (*od.* six-man) delegation *etc.*
Sechslinge *pl.* sextuplets.
sechsmal *adv.* six times.
sechsmonatig *adj.* **1.** six-month-old *baby*; **2.** six-month ...; ***nach e-m ~en Asienaufenthalt*** after six months (*od.* a six-month stay) in Asia; **sechsmonatlich I.** *adj.* six-monthly ..., half-yearly ...; **II.** *adv.* every six months.
Sechsmonatskind *n* ⚕ six-month baby.
Sechspfünder *m* six-pound baby *etc.*; (*Fisch*) six-pounder.
sechs|seitig *adj.* hexagonal; **~spurig** *adj.* six-lane ...; **~stellig** *adj. Zahl*: six-digit ...; **~stöckig** *adj.* six-stor(e)y ...; **~stündig** *adj.* six-hour(-long) ...
sechst I. *adj.* sixth; ***~es Kapitel*** chapter six; ***am ~en April*** on the sixth of April, on April the sixth; ***6. April*** 6th April, April 6(th); **II.** *adv.*: ***wir waren zu ~*** there were six of us; ***wir gingen zu ~ hin*** six of us went there.
Sechstagerennen *n* six-day race.
sechstägig *adj.* **1.** six-day(-long) ...; **2.** (*sechs Tage alt*) six-day-old ...
sechstausend *adj.* six thousand; **Sechstausender** *m* six-thousand met|re (*Am.* -er) peak.
Sechste(r) *m* (the) sixth; ***er war Sechster*** he was (*od.* came) sixth; ***Heinrich VI.*** Henry VI (= Henry the Sixth); ***heute ist der Sechste*** it's the sixth today.
sechsteilig *adj.* six-part ..., in six parts.
Sechstel *n* sixth.
sechstens *adv.* sixth(ly), six, in sixth place.
Sechster *m* → ***Sechste(r).***
sechswöchig *adj.* **1.** six-week ...; **2.** (*sechs Wochen alt*) six-week-old ...
Sechszylinder *m* (*Auto*) six-cylinder (car); (*Motor*) six-cylinder engine.
sechzehn *adj.* sixteen; **sechzehnt** *adj.* sixteenth; **Sechzehntel** *n* sixteenth (part).
Sechzehntel|note *f* ♪ semiquaver, *Am.* sixteenth note; **~pause** *f* ♪ semiquaver (*Am.* sixteenth note) rest.
sechzig *adj.* sixty; ***in den ~er Jahren*** in the sixties; ***er ist in den 2ern*** he's in his sixties; **Sechziger(in** *f*) *m* sexagenarian, man (*f* woman) in his (her) sixties; F sixtysomething.
sechzigjährig *adj. Person*: sixty-year-old ...; *Zeitraum*: sixty-year(-long) ...
sechzigst *adj.* sixtieth; ***er hat heute s-n 2en*** he's sixty today, it's his sixtieth birthday today.
Sedativ(um) *n pharm.* sedative.
Sediment *n* sediment; **sedimentär** *adj.* sedimentary; **Sedimentgestein** *n* sedimentary rock.
See 1. *f* (*Meer*) sea, ocean; ***an der ~*** by the sea(side); ***an die ~ fahren*** go to the seaside; ***auf ~*** at sea; ***auf hoher ~*** on the high seas; ***in ~ gehen*** (*od.* ***stechen***) put to sea, *Segler*: *a.* set sail; ***zur ~ gehen*** go to sea (*a. Seemann werden*); ***zur ~ fahren*** be a sailor; → ***offen*** I; **2.** *m* (*Binnen***2***) lake; ***am ~*** by a (*od.* the) lake; ***ein Haus am ~*** *a.* a lakeside home; **~aal** *m* **1.** *zo.* sea eel; *großer*: conger; **2.** *gastr.* dogfish; **~adler** *m* sea eagle; *europäischer*: *a.* ern(e); **~anemone** *f zo.* sea anemone; **~bad** *n* seaside resort; **~bär** *m* fur seal; F *fig.* ***alter ~*** F seadog; **~beben** *n* seaquake; **~bestattung** *f* burial at sea; **~blick** *m* view of the sea (*od.* lake); ***Zimmer mit ~*** a) room with seaview, b) room

overlooking the lake; **~blockade** *f* naval blockade; **~Elefant** *m* elephant seal.
Seefahrer *obs. m* sailor, seaman; **~volk** *n* seafaring nation (*od.* people).
Seefahrt *f* seafaring, navigation; (*Seereise*) sea journey (*od.* voyage); (*Kreuzfahrt*) cruise; (*Überfahrt*) passage; **Seefahrtsschule** *f* nautical college.
seefest *adj.* **1.** *Schiff*: seaworthy; **2.** (***nicht***) **~ *sein*** *Person*: be a good (bad) sailor.
See|fisch *m* salt-water fish; **~fischerei** *f* (deep-)sea fishing; **~fracht** *f* ✝ sea (*od.* ocean) freight; **~frachtbrief** *m* ✝ bill of lading (*abbr.* B/L); **~funk** *m* marine radio; **~gang** *m* waves *pl.*; ***hoher*** **~** rough seas; **~gebiet** *n* waters *pl.*; **~gefecht** *n* sea (*od.* naval) battle; **~gemälde** *n* seascape; **2gestützt** *adj. Rakete*: sea-based *missile*; **~gras** *n* eel grass; *zum Polstern*: sea grass; **~gurke** *f zo.* sea cucumber; **~hafen** *m* seaport; **~handel** *m* maritime trade; **~hecht** *m* hake; **~herrschaft** *f* naval supremacy; **~höhe** *f* sea level.
Seehund *m zo.* seal; **Seehundbaby** *n* baby seal, seal pup; **Seehundsfell** *n* sealskin.
See|igel *m zo.* sea urchin; **~jungfrau** *f* mermaid; **~kabel** *n* submarine cable; **~kadett** *m* naval cadet; **~karte** *f* nautical (*od.* sea) chart; **2klar** *adj.* ready to sail; **~klima** *n* maritime climate; **2krank** *adj.* seasick; ***leicht* ~ *werden*** be a bad sailor; **~krankheit** *f* seasickness.
Seekrieg *m* naval war; **~führung** *f* naval warfare.
See|kuh *f zo.* sea cow; **~lachs** *m* coalfish.
Seele *f* **1.** (*Gemüt*) *a. eccl., phls.* soul; (*psychische Verfassung*) state of mind, mental (*od.* emotional) state; (*Herz*) heart; ***e-e gute*** (***treue***) **~** a good (faithful) soul; ***e-e* ~ *von e-m Menschen*** a good soul; ***keine*** **~** not a (living) soul; ***zwei* ~*n und ein Gedanke*** two minds and but a single thought; ***aus tiefster* ~** with all one's heart, *danken*: from the bottom of one's heart; ***in tiefster* ~ *ergriffen sein*** be deeply moved; ***er ist mit ganzer* ~ *dabei*** he's in it heart and soul (*od.* one hundred percent); ***er ist die* ~ *des Betriebs*** he's the life and soul of the company; ***j-m auf der* ~ *liegen*** weigh heavily on s.o.; ***sich et. von der* ~ *reden*** get s.th. off one's chest; ***sich die* ~ *aus dem Leib schreien*** shout o.s. hoarse; ***j-m die* ~ *aus dem Leib fragen*** riddle s.o. with questions; ***er*** (***es***) ***ist mir in tiefster* ~ *verhaßt*** I absolutely despise him (it); ***es tat ihm in der* ~ *weh*** it cut him to the quick; ***es tut mir in der* ~ *weh zu sehen*** it grieves me to see; ***du sprichst mir aus der* ~** that's exactly how I feel (about it), *lit.* my sentiments exactly; ***zwei* ~*n wohnen in m-r Brust*** I'm completely torn; → ***Herz, Leib*** *etc.*; **2.** *e-r Waffe*: bore; *e-s Kabels*: core.
Seelen|amt *n R.C.* requiem; **~angst** *f* deep anxiety; **~arzt** *m* psychiatrist; *weitS.* counsel(l)or; **~drama** *n* psychological drama; **~friede(n)** *m* peace of mind; **~größe** *f* magnanimity; **~heil** *n* salvation; **~leben** *n* emotional life.
seelenlos *adj.* soulless; *Mensch*: *a.* unfeeling.
Seelen|massage F *f* (*Zuspruch*) F pep talk; ***e-e* ~ *brauchen*** F need bucking up; **~messe** *f* requiem; **~not** *f*, **~qual** *f* mental anguish.
Seelenruhe *f* peace of mind; *weitS.* calmness, coolness; ***in aller*** **~** calmly, (*ungerührt*) without batting an eyelid; **seelenruhig** *adv.* calmly, (*ungerührt*) *a.* coolly, without batting an eyelid.
Seelen|stärke *f* strength of mind, fortitude; **~tröster** F *m* (*Schnaps*) F bracer; **2vergnügt I.** *adj.* happy as a lark; **II.** *adv.* quite happily; **~verkäufer** F *m* (*altes Schiff*) F old tub.
seelenverwandt *adj.* congenial: **~ *sein*** be kindred spirits, be soulmates; **Seelenverwandtschaft** *f* spiritual kinship.
seelenvoll *adj.* soulful (*a. fig. u. iro.*).
Seelen|wanderung *f* transmigration of souls, metempsychosis; **~wärmer** F *m* → ***Seelentröster***; **~zustand** *m* state of mind, emotional (*od.* mental) state.
Seeleute *pl.* sailors, seamen.
seelisch I. *adj.* mental, psychological; (*Gemüts...*) spiritual, emotional; **~*e Belastung*** mental (*od.* emotional) strain; ***es ist e-e* ~*e Belastung*** *a.* it takes it out of you emotionally; **~*es Gleichgewicht*** mental (*od.* emotional) equilibrium; ⚖ **~*e Grausamkeit*** mental cruelty; **~*er Tiefpunkt*** emotional low; **II.** *adv.*: **~ *bedingt*** emotional, psychological.
Seelöwe *m zo.* sea lion.
Seelsorge *f* pastoral care; spiritual welfare; **Seelsorger** *m* pastor, minister; **seelsorgerisch** *adj.* pastoral.
See|luft *f* sea air; **~macht** *f* naval (*od.* maritime) power.
Seemann *m* seaman, sailor; **seemännisch** *adj. Ausdruck, Ausbildung*: nautical; *Gang etc.*: sailor's *walk etc.*
Seemanns|gang *m* sailor's walk (*od.* gait); **~garn** F *n*: ***ein* ~ *spinnen*** F spin a yarn; **~heim** *n* sailors' home; **~lied** *n* (sea) shanty.
See|meile *f* nautical mile, sea mile; **~möwe** *f* seagull.
Seen|kunde *f* limnology; **~landschaft** *f* lake district.
Seenot *f* distress (at sea); ***Schiffe in*** **~** distressed ships; **~dienst** *m* sea rescue service; **~flugzeug** *n* → ***Seenotrettungsflugzeug***; **~kreuzer** *m* sea rescue boat; **~rettungsflugzeug** *n* air-sea rescue plane (*od.* aircraft); **~ruf** *m* distress call (at sea).
Seenplatte *f* lake district.
See|offizier *m* naval officer; **~otter** *m* sea otter; **~pferd(chen)** *n* seahorse; **~promenade** *f* seafront promenade; *am See*: lakeside promenade.
Seeräuber *m* pirate; **Seeräuberei** *f* piracy; **Seeräuberschiff** *n* pirate ship.
See|recht *n* maritime law; **~reise** *f* **1.** sea journey (*od.* voyage); (*Kreuzfahrt*) cruise; **2.** (*Überfahrt*) (sea) crossing; **~rose** *f* ♣ water lily; **~sack** *m* (sailor's) kitbag; **~sand** *m* sea sand; **~schiffahrt** *f* (*getr.* ***ff-f***) ocean shipping; (*Navigation*) ocean navigation; **~schlacht** *f* naval battle; **~schlange** *f zo.* sea serpent; **~schwalbe** *f* sea swallow, tern; **~seite** *f* seaward side; **~sieg** *m* naval victory; **~stadt** *f* seaside town; **~stern** *m zo.* starfish; **~straße** *f* sea route, shipping lane; **~streitkräfte** *pl.* naval forces; **~stück** *n Kunst*: seascape; **~stützpunkt** *m* naval base; **~tang** *m* seaweed; **~transport** *m* shipment by sea; **2tüchtig** *adj.* seaworthy; **~ufer** *n* lakeshore, lakeside; **am ~** *a.* on the shores of a (*od.* the) lake; **~ungeheuer** *n myth.* sea monster, monster from the seas; **2untüchtig** *adj.* unseaworthy; **~verbindung** *f* sea route; **~versicherung** *f* marine insurance; **~vogel** *m* sea bird; **~volk** *n* seafaring people (*od.* nation).
seewärts *adv.* seaward(s).
Seewasser *n* salt water; **~weg** *m* sea route; ***auf dem*** **~** by sea.
Seewetter|bericht *m* shipping forecast; **~dienst** *m* maritime weather service.
See|wind *m* sea breeze; **~zeichen** *n* navigational aid; **~zunge** *f* sole.
Segel *n* sail; ***mit vollen* ~*n*** under full sail, *fig.* full tilt; **~ *hissen*** (*od.* ***setzen***) make sail; ***unter* ~ *gehen*** set sail; ***die* ~ *streichen*** strike sail, *fig. a.* give in, throw in the towel; → ***Wind***; **~boot** *n* sailing boat, *Am.* sailboat; *Sport*: yacht; **~fahrt** *f* sail(ing trip); **~fläche** *f* sail area.
Segelfliegen *n* gliding; **Segelflieger** *m* glider (pilot); **Segelflug** *m* **1.** *einzelner*: glider flight; **2.** → ***Segelfliegen***; **Segelflugplatz** *m* gliding field; **Segelflugzeug** *n* glider.
Segel|jacht *f* (sailing) yacht; **2klar** *adj.* ready to sail; **~klub** *m* yachting club; **~macher** *m* sailmaker.
segeln *v/i. u. v/t.* sail (*a. fig. Wolken*); ✈ glide, *Vögel*: *a.* soar; F ***durchs Examen*** **~** F flunk (the exam).
Segel|ohren F *pl.* F bat ears; **~partie** *f* sailing trip; **~regatta** *f* (sailing) regatta; **~schiff** *n* sailing ship (*od.* vessel); **~schule** *f* sailing school; **~sport** *m* sailing; **~surfen** *n* windsurfing.
Segeltuch *n* canvas (*a.* ✝), sailcloth; **~schuhe** *pl.* canvas shoes.
Segel|werk *n* sails *pl.*; **~yacht** *f* → ***Segeljacht.***
Segen *m* blessing; *eccl. a.* benediction; (*Wohltat*) boon; (*Ertrag*) (rich) yield; (*Fülle*) abundance; ***den* ~ *geben*** *Priester*: give the benediction; *bei Tisch* ***den* ~ *sprechen*** say grace; F ***s-n* ~ *geben*** give one's blessing (***zu*** to); ***es ist ein* ~, *daß*** what a blessing (that), thank God (that); ***ein wahrer*** **~** a real blessing; *iro.* ***es war ein wahrer* ~, *daß sie nicht kam*** it was a mercy she didn't come; ***es ist kein reiner*** **~** it's a mixed blessing; ***das bringt keinen*** **~** no good will come of it; ***auf s-m Geschäft ruht kein*** **~** he's not having much luck with his business; F ***der ganze*** **~** F the whole caboodle.
segensreich *adj.* beneficial; *Leben*: full of blessings.
Segensspruch *m* blessing, *eccl. a.* benediction.
Segler *m* **1.** yachtsman; **2.** → a) ***Segelschiff, -boot,*** b) ***Segelflugzeug***; **3.** (*Vogel*) swift; **Seglerin** *f* yachtswoman.
Segment *n* segment; **segmentieren** *v/t.* segment.
segnen *v/t.* bless; (*das Kreuzeszeichen machen über*) cross (***sich*** o.s.), make the sign of the cross over; ***Gott segne dich*** God bless you; *fig.* ***das Zeitliche*** **~** depart this life; → ***gesegnet***; **Segnung** *f* blessing, benediction; *fig.* **~*en der Zivilisation*** blessings of civilization.
sehbehindert *adj.* partially sighted (*od.* blind), visually handicapped; **Sehbehinderte(r)** *m* partially sighted (*od.* blind) person; *pl. the* partially sighted *od.* blind (*pl.*); **Sehbehinderung** *f* eye defect; impaired vision.
Sehbeteiligung *f TV* viewing figures *pl.*, (TV) ratings *pl.*

sehen I. *v/i.* see (*a. einsehen*); (*hin~, blikken*) look; ***gut*** (***schlecht***) ~ have good (bad, weak) eyes *od.* eyesight; ***ich sehe nicht gut*** I can't see very well; ***auf s-e Uhr*** ~ look at one's watch; ***sie konnte kaum aus den Augen*** ~ she could hardly keep her eyes open; ***wenn ich recht gesehen habe*** if I saw right, if my eyes weren't deceiving me; ***das Fenster sieht auf die See*** the window looks out onto (*od.* faces) the sea; ~ ***auf*** (*Wert legen auf*) set great store by, be (very) particular about; ***daraus ist zu ~, daß*** this shows that; ~ ***nach*** (*sorgen für*) look after; ***nach dem Essen*** ~ see to the dinner; ***sieh nur!, ~ Sie mal!*** look!; ***siehe oben*** (***unten***) see above (below); F ***siehe da!*** lo and behold!; F ***sieh mal einer an!*** F well, what do you know!; F ***na, siehst du!*** there you are; what did I tell you?, see?; ***wie ich sehe, ist er nicht hier*** I see he's not here; ~ ***Sie, die Sache war so*** you see, it was like this; ***ich will ~, daß ich es dir verschaffe*** I'll see if I can (*od.* I'll try to) get it for you; ***sieh*** (***zu***), ***daß es erledigt wird*** see (to it) that it gets done; ***wir werden*** (***schon***) ~ we'll (*od.* we shall) see, let's wait and see; ***sehe ich richtig?*** am I seeing things?; ***lassen Sie mich*** ~ let me see (*a. fig.*); → ***ähnlich, klarsehen***; **II.** *v/t.* see; (*betrachten*) look at; (*bemerken*) notice; ***kann ich das mal ~?*** could I have a look at it?; ***die Dinge ~, wie sie sind*** see things for what they are; ***er hat bessere Tage gesehen*** he's seen better days; ***das werden wir ja*** ~ we'll see, *skeptisch*: *a.* we'll see about that; ***er sieht einfach alles*** he doesn't miss a thing; ***sich*** (*od.* ***einander***) ~ (*treffen*) see each other; ***wir ~ uns häufig*** we see quite a lot of each other, we see each other quite often; ***wir ~ uns zum ersten Mal*** we've never met before; ***flüchtig*** ~ catch a glimpse of; ***gern*** ~ like (to see); ***er sieht es gern, wenn man ihn bedient*** he likes being waited on; ***er sieht es nicht gern, wenn sie ausgeht*** he doesn't like her going out; ***zu ~ sein*** (*hervorlugen*) show, (*ausgestellt sein*) be on show; ***es war*** (***gab***) ***nichts zu*** ~ you couldn't see a thing (there was nothing to see); ***niemand war zu*** ~ there was nobody in sight; ***ich sah ihn fallen*** I saw him fall; ***ich habe es kommen*** ~ I could see it coming; ***ich sehe schon kommen, daß er kündigt*** I can see him handing in his notice; ***sich ~ lassen*** put in an appearance, (*ankommen, auftauchen*) turn up; ***du hast dich lange nicht ~ lassen*** you haven't shown your face for a long time; ***laß dich mal wieder ~!*** come and see me (*od.* us) again some time; ***laß dich hier nie mehr ~!*** don't you dare show your face here again; ***sie kann sich ~ lassen*** she's very attractive, F she's not half bad; ***damit kannst du dich ~ lassen*** that looks quite respectable, *weitS., bei Leistung etc.*: that's something to be proud of, that's a feather in your hat; ***sich gezwungen ~ zu*** *inf.* find o.s. compelled to *inf.*; ***ich sehe mich nicht imstande*** (*od.* ***in der Lage***) ***zu*** *inf.* I don't see how I can possibly *inf.*; ***ich sehe die Sache anders*** I see it differently; ***er sieht es schon richtig*** he's got the picture, he's got it right; ***du siehst es falsch*** you've got it wrong; ***wie ich die Sache sehe*** as I see it; ***so darf man das nicht ~*** you've got to look at it differently; ***so gesehen*** in that light, from that point of view; ***rechtlich etc. gesehen*** from a legal *etc.* standpoint (*od.* point of view), legally *etc.*; ***da sieht man es mal wieder*** it all goes to show; ***hat man so etwas schon gesehen!*** did you ever see the like(s) of it!; F ***oder wie seh' ich das?*** am I right?; ***sie kann ihn nicht mehr*** ~ (*leiden*) she can't stand (the sight of) him; ***ich sehe in ihm ein ...*** I see him as a ...; **III.** ≗ *n* seeing; (*Sehkraft*) eyesight; (***nur***) ***vom*** ~ (only) by sight; ***ich kenne ihn nur vom ~ a.*** I've never actually spoken to him.

sehenswert, sehenswürdig *adj.* worth seeing; *Ort etc.*: *a.* worth a visit; (*lohnend*) worthwhile; **Sehenswürdigkeit** *f* place of interest; attraction; ***~en*** *e-r Stadt*: *a.* sights; ***die ~en besichtigen*** go sightseeing, see the sights.

Seher(in *f*) *m* seer, prophet(ess *f*); **Seherblick** *m* prophetic vision; **Sehergabe** *f* gift of prophecy, visionary powers *pl.*; **seherisch** *adj.* prophetic(ally *adv.*), visionary.

Seh|fehler *m* eye defect; **≗gestört** *adj.*: ~ ***sein*** have an eye defect; **~gewohnheiten** *pl. TV* viewing habits; **~hilfe** *f* seeing aid; **~kraft** *f*, **~leistung** *f* vision, (eye-) sight; **~loch** *n* pupil.

Sehne *f anat.* tendon, sinew; *e-s Bogens*: string; ⩘ chord.

sehnen I. *v/refl.*: ***sich ~ nach*** long for, *stärker*: yearn for, *schmachtend*: pine for; ***er sehnte sich danach zu*** *inf.* he was longing to *inf.*, he longed to *inf.*; **II.** ≗ *n* → ***Sehnsucht.***

Sehnen|entzündung *f* tendinitis; **~riß** *m* torn tendon; **~scheidenentzündung** *f* tendovaginitis; **~zerrung** *f* pulled tendon.

Sehnerv *m* optic nerve.

sehnig *adj.* sinewy; *Person*: *a.* wiry; *Fleisch*: stringy.

sehnlich I. *adj.* ardent, fervent; ***sein ~ster Wunsch wäre ein Eigenheim*** his greatest (*od.* most fervent) wish is to have a house of his own; **II.** *adv.* ardently, fervently; ~ ***erwarten*** await eagerly; ***wir haben dich ~ erwartet*** *a.* we couldn't wait for you to come.

Sehnsucht *f* longing, yearning (***nach*** for); ~ ***nach*** *a.* ardent desire for; ~ ***haben nach*** long (*od.* yearn) for; ***mit ~ erwarten*** await eagerly; **sehnsüchtig, sehnsuchtsvoll** *adj.* longing, yearning; *Blick, Stimme*: *a.* wistful.

Seh|organ *n* organ of sight; **~probe** *f* **1.** → ***Sehprüfung***; **2.** (*~tafel*) eye test chart; **~prüfung** *f* eye test.

sehr *adv.* **1.** *vor adj. u. adv.*: very; (*höchst*) most, extremely; ~ ***gern*** with pleasure; ~ ***viel*** a lot, much *better, worse etc.*; → ***wohl*** 2; **2.** *mit Verb*: very much; ~ ***vermissen*** miss badly (*od.* a lot); ***so ~, daß*** so much that; ***wie ~ auch*** however much, much as; ***ich freue mich ~*** I'm very glad; ***schneit es ~?*** is it snowing a lot?

Seh|rinde *f* visual cortex; **~rohr** *n* ⚓ periscope; **~schärfe** *f* vision, eyesight; ⚕ visual acuity; **~schwäche** *f* bad eyesight; **~störung** *f* eye defect; **~test** *m* eye test; **~vermögen** *n* vision, eyesight; **~weise** *f* (point of) view; **~weite** *f* visual range; ***in*** (***außer***) ~ within (out of) sight *od.* eyeshot.

seicht *adj.* shallow (*a. fig.*); *fig. Unterhaltung etc.*: *a.* insipid; **Seichtheit** *f*, **Seichtigkeit** *f* shallowness (*a. fig*).

Seide *f* silk; ***reine*** ~ pure silk.

Seidel *n* (*Bier*≗) beer mug, (beer) stein.

Seidelbast *m* ⚘ daphne.

seiden *adj.* (made of) silk; → ***Faden.***

Seiden|atlas *m* silk satin; **~band** *n* silk ribbon; **~bau** *m* silkworm breeding, sericulture; **~bluse** *f* silk blouse; **~faden** *m*, **~garn** *n* silk thread; **~glanz** *m* silky sheen; **~kleid** *n* silk dress; **~krawatte** *f* silk tie; **~papier** *n* tissue paper.

Seidenraupe *f* silkworm; **Seidenraupenzucht** *f* silkworm breeding, sericulture.

Seiden|schal *m* silk scarf; **~spinner** *m zo.* silk moth; **~spinnerei** *f* silk mill; **~stickerei** *f* silk embroidery; **~stoff** *m* silk (fabric); **~straße** *f hist.* Silk Route (*od.* Road); **~strumpf** *m* silk stocking.

seidenweich *adj.* (as) soft as silk, silky.

seidig *adj.* silky.

Seife *f* soap; **seifen** *v/t.* soap.

Seifen|artikel *pl.* → ***Seifenwaren***; **~bad** *n* soap bath; **~blase** *f* soap bubble; *fig.* bubble; ***~n machen*** blow bubbles; *fig.* ***wie e-e ~ zerplatzen*** vanish into thin air; ***dann platzte die*** ~ then the bubble burst; **~flocken** *pl.* soap flakes.

Seifenkiste *f* soapbox; **Seifenkistenrennen** *n* soapbox derby.

Seifen|lauge *f* soapsuds *pl.*; **~oper** *f TV* soap opera; **~pulver** *n* soap powder; **~schale** *f* soap dish; **~schaum** *m* lather; **~spender** *m* soap dispenser; **~waren** *pl.* (household soaps and) toiletries; **~wasser** *n* soapy water.

seifig *adj.* soapy.

seihen *v/t.* strain.

Seil *n* rope; *mot.* towrope; (*Tau*) cable; (*Hoch*≗) tightrope; *fig.* ***auf dem ~ tanzen*** be walking a tightrope; **~bahn** *f* cable railway; (*Stand*≗) *a.* funicular; **~hüpfen** *n* skipping.

Seilschaft *f* **1.** rope team; **2.** *fig. pol.* team, crew; ***die alten ~en sind noch intakt*** the old network (*od.* power structure) is still functioning.

Seil|springen *n* skipping; **~tanzen** *n* tightrope walking; **~tänzer** *m* tightrope walker; **~winde** *f* cable winch; **~ziehen** *n* tug-of-war (*a. fig.*).

sein¹ I. *v/i.* be; *als v/aux.*: *a.* have; ***sind Sie es?*** is that you?; ***ich bin's*** it's me; ***sei(d) nicht so laut!*** don't be so loud, stop making such a noise; ***sei so gut und ...*** do me a favo(u)r and ..., will you?; ***ist was?*** is anything (*od.* something) wrong?, *a. provozierend* what's the problem?; ***was ist mit dir?*** what's the matter (*od.* what's wrong) with you?; ***mir ist, als kenne ich ihn schon*** I have a feeling (*od.* I'm sure) I know him; ***mir ist nicht nach Arbeiten*** I don't feel like working, I'm not in the mood for work; ***mir ist kalt*** I'm cold, I feel cold; ***so ist das nun mal*** that's the way it is; ***nun, wie ist's?*** well, what about it (then)?; ***wie ist es mit dir?*** what about you?; ***wie ist der Wein?*** what's the wine like?; ***sei er auch noch so reich*** no matter how rich he is, however rich he may be; ***sei es, wie es sei*** be that as it may; ***wenn dem so ist*** if that's the case, in that case; ***wenn du nicht gewesen wärst*** if it hadn't been for you; ***keiner will es gewesen sein*** nobody's claiming responsibility; ***ich bin ihm schon begegnet*** I've met him before; ***die Sonne ist untergegangen*** the sun has gone down; ***er ist beim Lesen*** he's reading; *die Garage* ***ist im Bau*** is being built; *die Waren* ***sind noch zu senden an*** are to be sent to; ***es ist ein Jahr (her), seit*** it's a year since, it was a year ago that; ***er ist aus Mexiko*** he comes from Mexico; ***er ist nach Berlin gegangen*** he has gone to Berlin; ***ich bin bei meinem Anwalt gewesen*** I've been to see my lawyer; ***mit dem Urlaub war nichts*** the holiday didn't work out, the holiday fell through; ***was nicht ist, kann ja noch werden*** there's plenty of time yet; ***ich bin ja nicht so*** I'm not like that; ***laß es ~*** leave it alone, (*kümmere dich nicht drum*) don't bother; ***laß das ~!*** stop it!; ***muß das ~?*** do you have to?; ***es ist nun an dir zu*** *inf.* it's up to you to ... now; ***was soll das ~?*** what's that supposed to be?; ***(das) kann ~*** it's possible, F could be; ***es sei denn(, daß)*** unless; ***sei es, daß ... oder daß ...*** whether ... or ...; ***wer ist dort*** (*od.* ***am Apparat***)***?*** who's speaking (*od.* calling)?; ***ist da jemand?*** is anybody there?; ***warst du mal in London?*** have you ever been to London?; ***wie wär's mit e-r Partie Schach?*** how (*od.* what) about a game of chess?; ***und das wäre?*** and what might that be?; ***5 und 2 ist 7*** five and two are (*od.* is, make[s]) seven; ***3 mal 7 ist 21*** three times seven is (*od.* are, make[s]) twenty-one; ***x sei*** let x be; **II.** Ձ *n* being; (*Dasein*) *a.* existence; ***~ und Schein*** appearance and reality; ***mit allen Fasern s-s ~s*** with every fib|re (*Am.* -er) of his being.

sein² I. *poss. pron.* **1.** *adjektivisch*: his; *Mädchen*: her; *Sache*: its; *Tier*: *mst* its, *Haustier*: his; *Schiff*: *oft* her; *unbestimmt*: one's; ***~ Glück machen*** make one's fortune; ***all ~ (bißchen) Geld*** what (little) money he had; ***Ձe Majestät*** His Majesty; ***es kostet (gut) ~e tausend Dollar*** it'll put you back a good thousand dollars; **2.** *substantivisch*: his; ***~er, ~e, ~(e)s, der (die, das) ~(ig)e*** his; *Mädchen*: hers; ***jedem das Ձe*** to each his own; ***das Ձ(ig)e tun*** do one's share (F bit), (*sein möglichstes tun*) do one's best; **II.** *pers. pron.* (*gen. von* ***er*** *u.* ***es***) of him; *Mädchen*: of her; ***er war ~er nicht mehr mächtig*** he had lost control of himself completely.

seinerseits *adv.* as far as he's (*od.* he was, *Mädchen*: she's, she was) concerned; *Sache*: in its turn.

seinerzeit *adv.* (*damals*) then, at that time; in those days.

seinesgleichen *pron.* his equals *pl.*, F him and his kind *pl.*, the likes *pl.* of him, his sort *pl.*; *unbestimmt*: one's equals *pl.*, one's own kind *pl.*; *bei e-r Sache*: its kind *pl.*; ***j-n wie ~ behandeln*** treat s.o. as an (*od.* one's) equal; ***er (es) hat nicht ~*** there is no-one (nothing) like him (it); ***~ suchen*** be hard to match, be unequal(l)ed.

seinetwegen *adv.* **1.** (*ihm zuliebe*) for his sake; **2.** (*in s-r Sache*) on his behalf; **3.** (*durch s-e Schuld etc.*) because of him.

seinige → **sein²** 2.

Seismik *f geol.* seismology; **seismisch** *adj.* seismic.

Seismogramm *n geol.* seismogram.

Seismograph *m geol.* seismograph.

Seismologie *f geol.* seismology; **seismologisch** *adj.* seismological.

seit I. *prp. bei Zeitpunkt*: since; *bei Zeitraum*: for; ***~ 1985*** since 1985; ***~ neun Uhr*** since nine o'clock; ***~ gestern*** since yesterday; ***~ m-m Geburtstag*** since my birthday; ***~ dem Mittelalter*** since the Middle Ages; ***~ damals, ~ der Zeit*** → ***seitdem***; ***~ einer Stunde*** for an hour; ***~ drei Wochen*** for (the last) three weeks; ***~ einigen Tagen*** for a few days (now); ***~ langem*** for a long time; ***~ Jahren*** for years; ***~ wann?*** since when?, (*wie lange?*) how long (... for)?; ***~ wann*** (*wie lange*) ***warten Sie schon?*** how long have you been waiting (for)?; ***zum ersten Mal ~ Jahren*** for the first time in years; **II.** *cj.* since; ***es ist ein Jahr her, ~*** it's (been) a year since, it was a year ago that; → *a.* ***seitdem.***

seitdem I. *adv.* since then, since that time; *nachgestellt*: *a.* ever since; **II.** *cj.* since; ***~ er die neuen Tabletten nimmt, geht's ihm viel besser*** since he's been taking the new tablets he's been feeling much better; ***~ er umgezogen ist, ruft er nicht mehr an*** since he moved he hasn't rung up at all.

Seite *f* side (*a. pol., Sport, Charakterzug, Abstammung, Aspekt, Schallplatte, Münze*); (*Buch*Ձ *etc.*) page; ***schwache (starke) ~*** weak (strong) point; ***rechte (linke) ~*** *e-s Stoffes*: right (wrong) side; ***hintere (vordere) ~*** *e-s Hauses*: back (front); ***die Arme in die ~n gestemmt*** with arms akimbo; ***die ~n wechseln*** *Sport*: change ends, *a. fig.* change sides; ***an die (od. zur) ~ gehen*** step aside; ***an j-s ~*** at (*od.* by) s.o.'s side, *sitting* next to s.o.; ***~ an ~*** side by side; ***auf der ~ landen*** land on its side; ***sich auf die ~ legen*** lie (down) on one's side; ***sie ist auf der rechten ~ gelähmt*** she's paralyzed on her right (side); ***auf der einen ~*** on the one side (*fig. mst* hand); ***auf väterlicher (mütterlicher) ~*** on one's father's (mother's) side; ***j-n auf seine ~ bringen*** (*od.* ***ziehen***) win s.o. over to one's side; ***auf welcher ~ stehst du?*** whose side are you on?; ***auf die ~ schaffen, zur ~ legen*** (*a. Geld*) put aside; F ***j-n auf die ~ schaffen*** F bump s.o. off; ***nach allen ~n*** in all directions; ***von allen ~n*** from all around, *fig.* on all sides; ***von offizieller ~*** from official quarters, ***bestätigt werden:*** be officially confirmed; *fig.* ***von der ~*** (*mißgünstig*) ***ansehen*** look askance at; ***j-m nicht von der ~ gehen*** not to leave s.o.'s side, F stick to s.o. like a leech; ***von dieser ~ betrachtet*** seen from that angle (*od.* standpoint, point of view), seen in that light; ***von der menschlichen ~ betrachtet*** from a human standpoint (*od.* point of view); ***sich von der besten ~ zeigen*** show o.s. at one's best, *bewußt*: put one's best foot forward; ***komm mir nicht von der ~*** don't try that one on me; ***von s-r ~ bestehen keine Bedenken*** there are no objections on his part (*od.* as far as he's concerned); ***j-m zur ~ stehen*** stand by s.o.; ***ganz neue ~n an j-m entdecken*** discover new sides to s.o.'s character; *e-r Sache* ***die beste ~ abgewinnen*** make the best (*od.* most) of; ***alles hat zwei ~n*** there are two sides to everything.

seiten *prp.*: ***auf ~*** *gen.* on the part of; ***von ~*** → ***seitens.***

Seiten|altar *m* side altar; **~angabe** *f* page reference; **~ansicht** *f* side view; **~arm** *m e-s Flusses*: branch; **~aufprallschutz** *m mot.* side impact protection bars *pl.*; **~ausgang** *m* side exit; **~blick** *m* sidelong glance; **~drucker** *m Computer*: page printer; **~eingang** *m* side entrance; **~fenster** *n* side window; **~fläche** *f* lateral surface (*od.* face); **~flügel** *m* **1.** wing; **2.** *Altarbild*: side panel; **~format** *n* page format; **~formatierung** *f Computer*: page formatting; **~gasse** *f* side street; *bsd. in Armenviertel*: backstreet; **~hieb** *m* side cut; *fig.* F sideswipe, dig (***gegen, auf*** at); **~lage** *f* side (*od.* lateral) position; ***in ~*** on one's (*od.* its) side.

seitenlang *adj. Bericht etc.*: lengthy; ***~e Briefe*** *etc.* ***schreiben*** write pages and pages; ***~e Beschwerden*** *etc.* pages and pages of complaints *etc.*

Seiten|länge *f* page length; **~layout** *n* page layout; **~lehne** *f* armrest; **~leitwerk** *n* ✈ rudder (assembly); **~linie** *f* **1.** 🚂 branch line; **2.** *e-r Familie*: collateral line; **3.** *Sport*: sideline; **~portal** *n* side portal (*od.* entrance); **~rand** *m* margin; **~riß** *m* ⚙ side elevation; **~ruder** *n* ✈ rudder.

seitens *prp.* on the part of, from; (*von*) by.

Seiten|scheitel *m* side parting; **~schiff** *n* (side) aisle; **~schneider** *m* wire (*od.* side) cutter; **~schritt** *m* side step; **~schutzleiste** *f mot.* side protector; **~schwimmen** *n* sidestroke; **~sprung** *fig. m* (extramarital) affair, F fling; **~stechen** *n* stitch (in one's side); **~straße** *f* side street; *bsd. im Armenviertel*: backstreet; **~streifen** *m* verge; *der Autobahn*: hard shoulder, *Am.* shoulder; ***~ nicht befahrbar*** soft verges (*Am.* shoulder); **~tal** *n* side valley; **~tasche** *f* side pocket; **~trakt** *m* side wing; **~tür** *f* side door (*od.* entrance); **~umbruch** *m* paging, page makeup.

seitenverkehrt *adj.* the wrong way round, back to front.

Seiten|vorschub *m* page feed; **~wagen** *m* sidecar; **~wahl** *f Sport*: choice of ends; **~wand** *f* side wall; **~wechsel** *m Sport*: change of ends (*od.* sides); **~weg** *m* side path; *fig.* ***~e gehen*** a) do s.th. in a very roundabout way, b) (*et. heimlich tun*) do s.th. on the side.

seitenweise *adv.* pages (and pages) of.

Seiten|wind *m* crosswind, side wind; **~zahl** *f* page number; *gesamte*: number of pages.

seither *adv.* since then (*od.* that time); *nachgestellt*: *a.* since.

seitlich I. *adj.* side ..., lateral; ***~er Zusammenstoß*** side-on collision; → *a.* ***Seiten...***; **II.** *adv.* at the side; (*zur Seite*) to the side; ***~ von*** to the side of.

Seitpferd *n Turnen*: pommel horse.

Seitrutschen *n Skisport*: side slipping.

seitwärts *adv.* (*zur Seite*) to the side; sideways; (*an der Seite*) on the side.

Sekante *f* 𝔄 secant.

sekkant *östr. adj.* annoying; troublesome; ***~ sein*** be a nuisance; **sekkieren** *östr. v/t.* annoy, F pester.

Sekret *n physiol.* secretion.

Sekretär *m* **1.** male secretary; (*Assistent*) assistant; **2.** (*Schreibtisch*) secretary, bureau; **3.** *zo.* secretary (bird); **Sekretariat** *n* (secretary's) office; **Sekretärin** *f* secretary.

Sekretion *f* ⚕ *geol.* secretion.

Sekt *m* sparkling wine, sekt, champagne.

Sekte *f* sect; **Sektenführer** *m* leader of a (*od.* the) sect.

Sekt|flasche *f* champagne bottle; **~flöte** *f* champagne flute; **~frühstück** *n* champagne breakfast; **~glas** *n* champagne glass.

Sektierer *m*, **sektiererisch** *adj.* sectarian; **Sektierertum** *n* sectarianism.

Sektion *f* **1.** (*Abteilung*) section, division, department; **2.** ⚕ *e-s Tiers*: dissection; (*Obduktion*) autopsy, postmortem; **Sektionsbefund** *m* ⚕ postmortem findings *pl*, results *pl.* of a (*od.* the) postmortem.

Sekt|kelch *m* champagne glass; **~kellerei** *f* champagne cellars *pl.*; **~korken** *m* champagne cork; **~kübel** *m*, **~kühler** *m* champagne bucket.

Sektor *m* sector; *fig. a.* area, field; **~diagramm** *n* pie chart.

Sekt|quirl *m* swizzle stick; **~schale** *f* champagne glass (*od.* saucer).

Sekund *f* → ***Sekunde*** 2.

Sekunda *f ped.* **1.** *obs. sixth and seventh year of grammar school*; **2.** *östr.* second year (of grammar school); **Sekundaner(in** *f*) *m ped.* **1.** *obs. pupil in the sixth or seventh year of grammar school*; **2.** *östr.* second year (grammar school) pupil.

Sekundant *m* second.

sekundär *adj.* secondary; ***das ist von ~er Bedeutung*** that's not so important, that's not the most important thing.

Sekundär... secondary; **~literatur** *f* secondary literature; **~spannung** *f* ⚡ induced (*od.* secondary) voltage; **~strom** *m* ⚡ induced (*od.* secondary) current.

Sekundarstufe *f ped.* secondary school (*Am.* high school) level; ***~ II*** *Brit. etwa* sixth form.

Sekundärwicklung *f* ⚡ secondary (winding).

Sekunde *f* **1.** second (*a.* ⚔ *u.* ♪); ***zehn Uhr auf die ~*** ten o'clock on the dot; ***auf die ~ genau ankommen*** arrive right on time (*od.* on the dot); F ***(eine) ~!*** just a second!; **2.** ♪ second; ***große (kleine) ~*** major (minor) second.

Sekunden|bruchteil *m* fraction of a second; **~kleber** *m* superglue, instant glue; **≈lang I.** *adj.* lasting (*od.* of) several seconds; **II.** *adv.* for (several) seconds; **~schnelle** *f*: ***in ~*** in a matter of seconds; ***es geschah alles in ~*** it was all over in a matter of seconds; **~zeiger** *m* second hand.

sekundieren *v/i.* second (***j-m*** s.o.); *fig.* support (s.o.), back (s.o.) up.

sekündlich *adv.* every (*unbestimmt*: any) second.

selbe *adj.* same; ***zur ~n Zeit*** at the same time, simultaneously.

selber *pron.* → ***selbst*** I.

selbst I. *pron.*: ***ich ~*** I myself, ***er ~*** he himself *etc.*; ***sie möchte es ~ machen*** she wants to do it herself (*od.* on her own); ***er möchte ~ kochen*** *a.* he wants to do his own cooking; ***das muß ich mir ~ ansehen*** I'll have to see that for myself; ***ich habe ihn nicht ~ gesprochen*** I didn't talk to him personally; ***der Autor war ~ anwesend*** the author was there in person (*od.* himself); ***er ist nicht mehr er ~*** he's not himself anymore, (*außer sich*) he's beside himself; ***mit sich ~ sprechen*** talk to o.s.; ***von ~*** (*eigenständig*) of one's own accord, *Sache*: (by) itself; ***~ ist der Mann*** (*od.* ***die Frau***)***!*** there's nothing like doing it yourself; ***das versteht sich (doch) von ~*** that goes without saying; ***es öffnet sich von ~*** it opens automatically (*od.* itself); *er war* ***die Höflichkeit ~*** politeness in person (*od.* itself); ***er ist die Ruhe ~*** he's unflappable; ***zu sich ~ kommen*** get back on an even keel; ***ich muß wieder zu mir ~ kommen*** *a.* I need some time to straighten out my thoughts; ***ich komme kaum mehr zu mir ~*** *vor Arbeit*: I hardly get time to think, I hardly get a minute to myself; *du bist ein Idiot* - ***~ einer!*** it takes one to recognize one; **II.** *adv.* even; ***~ er*** even he; ***~ wenn*** even if; **III.** **≈** *n* self; ***wieder sein altes ~ sein*** be one's old self again; ***das ~ aufgeben*** give up one's personality.

Selbst|abholer *m*: ***Möbel für ~*** flatpack furniture; **~achtung** *f* self-esteem, self-respect; **~analyse** *f* self-analysis.

selbständig I. *adj.* (*unabhängig*) independent; *wirtschaftlich*: self-supporting; *beruflich, Person*: independent, self-employed, *Journalist, Architekt etc.*: freelance ...; *Staat*: autonomous; ***an ~es Arbeiten gewöhnt*** used to working on one's own; ***sich ~ machen*** *im Beruf*: start up one's own business, *Journalist etc.*: go freelance; F (*verlorengehen*) F just walk off; **II.** *adv.* independently; (*ohne fremde Hilfe*) oneself, on one's own; ***~ denken*** think for o.s.; ***~ handeln*** act independently (*od.* on one's own initiative); **Selbständige(r)** *m* (*Geschäftsmann etc.*) self-employed person; (*Journalist etc.*) freelance(r); **Selbständigkeit** *f* independence (*a. im Verhalten*), *pol. a.* sovereignty, autonomy.

Selbst|anklage *f* self-accusation, self-incrimination; **~ansteckung** *f* ⚕ autoinfection; **~anzeige** *f* self-denunciation; **~aufopferung** *f* self-sacrifice; **~aufzug** *m e-r Uhr*: self-winding mechanism; **~auslöser** *m phot.* (self-)timer.

Selbstbedienung *f* self-service; ***Restaurant mit ~*** self-service restaurant, cafeteria.

Selbstbedienungs|laden *m* self-service shop (*Am.* store); (small) supermarket; **~restaurant** *n* self-service restaurant, cafeteria.

Selbst|befriedigung *f* masturbation; **~behauptung** *f* self-assertion, self-assertiveness; **~beherrschung** *f* self-control; ***die ~ verlieren*** *a.* lose one's temper; **~bekenntnis** *n* confession; **~beköstigung** *f* self-catering; **~bemitleidung** *f* self-pity; **~beobachtung** *f* introspection, self-observation; **~bescheidung** *f*, **~beschränkung** *f* self-restraint; **~besinnung** *f* self-contemplation; **~bestätigung** *f* ego-boost; ***zu s-r ~*** to prove oneself, to boost one's confidence (*od.* ego); ***das war für ihn e-e ~*** that gave his confidence (*od.* ego) a boost; **~bestäubung** *f* ✿ self-pollination.

Selbstbestimmung *f* self-determination; **Selbstbestimmungsrecht** *n* (right of) self-determination.

Selbst|beteiligung *f* percentage excess; **~betrug** *m* self-deception; ***das ist ~*** you're *etc.* deceiving yourself *etc.*; **~beweihräucherung** *f* self-adulation.

selbstbewußt *adj.* (self-)confident, self-assured; **Selbstbewußtsein** *n* self-confidence, self-assurance; *phls.* self-awareness.

selbstbezogen *adj.* self-cent|red (*Am.* -ered), egocentric; **Selbstbezogenheit** *f* self-centredness (*Am.* -centeredness), obsession with oneself.

Selbst|bild *n* self-image; *the* way one sees oneself; **~bildnis** *n* self-portrait; **~biographie** *f* autobiography; **~bräuner** *m Kosmetik*: self-tanning lotion (*od.* cream); **~darstellung** *f* self-projection; image cultivation; *contp.* showmanship; **~diagnose** *f Computer*: self-diagnosis; **~disziplin** *f* (self-)discipline; **~einschätzung** *f* self-assessment; *one's* image of oneself; *the* way one sees oneself; **~entfaltung** *f* self-development; self-fulfil(l)ment; **~entfremdung** *f phls.* alienation from self.

Selbsterfahrung *f* self-awareness; **Selbsterfahrungsgruppe** *f* consciousness-raising (*od.* self-awareness) group.

Selbsterhaltung *f* self-preservation; **Selbsterhaltungstrieb** *m* survival instinct.

Selbst|erkenntnis *f* self-knowledge; **≈ernannt** *adj.* self-styled, self-proclaimed, would-be; *formell*: soi-disant; **~erniedrigung** *f* self-abasement; **≈erworben** *adj.*: ***sein Haus ist ~*** he bought his house himself; **~fahrer** *m* **1.** self-propelling wheelchair; **2.** *mot.* ***er ist ~*** he drives himself, he doesn't have a chauffeur; ***Autovermietung für ~*** self-drive car hire; **≈gebacken** *adj.* homemade; **≈gebastelt** *adj.* homemade; ***ist das ~?*** did you make that yourself?; **≈gebraut** *adj.* home-brewed.

selbstgedreht *adj.*: ***~e Zigarette*** roll-up; **Selbstgedrehte** *f* roll-up; ***~ rauchen*** roll one's own.

selbstgefällig *adj.* complacent, self-satisfied, smug; **Selbstgefälligkeit** *f* complacency, smugness.

Selbstgefühl *n* → ***Selbstwertgefühl.***

selbstgemacht *adj.* homemade.

selbstgenügsam *adj.* contented, satisfied with one's lot; modest; ***er ist sehr ~*** *a.* he doesn't make any great demands (on life); **Selbstgenügsamkeit** *f* contentedness; modesty.

selbst|gerecht *adj.* self-righteous, F holier-than-thou *attitude etc.*; **~geschneidert** *adj.* homemade; ***ist das ~?*** did you make that yourself?; **≈gespräch** *n* monolog(ue); soliloquy; ***~e führen*** talk to o.s.; **~gesteckt** *adj.*: ***~e Grenzen*** self-imposed limits; **~gestrickt** *adj.* **1.** homemade; ***ist das ~?*** did you knit that yourself?; **2.** *fig.* homespun; **≈haß** *m* self-hate; **~herrlich** *adj.* high-handed; (*überheblich*) overbearing.

Selbsthilfe *f* self-help; ***zur ~ schreiten*** take matters into one's own hands; **~gruppe** *f* self-help group.

Selbst|induktion *f* ⚡ self-induction; **~ironie** *f* self-irony; **~justiz** *f*: ***~ üben*** take the law into one's own hands.

Selbstklebefolie *f* adhesive foil; **selbstklebend** *adj.* (self-)adhesive; *Umschlag*: self-seal ...

Selbstkontrolle *f* self-control; *engS. u.* ⚙ self-check(ing); *der Medien*: self-censorship.

Selbstkostenpreis *m* cost price; ***zum ~*** at cost (price).

Selbstkritik *f* self-criticism; **selbstkritisch** *adj.* self-critical; ***er ist sehr ~*** *a.* he's very hard on himself.

Selbstladepistole *f* self-loading pistol, automatic (pistol).

Selbst|laut *m ling.* vowel; **~lernkurs** *m* self-study course; **2leuchtend** *adj.* luminous; **~lob** *n* self-praise.
selbstlos *adj.* selfless; **Selbstlosigkeit** *f* selflessness.
Selbstmitleid *n* self-pity.
Selbstmord *m* suicide; **~ *begehen*** commit suicide; *fig.* ***das ist doch glatter ~*** that's sheer suicide; F **~ *auf Raten*** slow suicide; **Selbstmörder(in** *f*) *m* suicide (victim); **selbstmörderisch** *adj.* suicidal; *weitS. a.* breakneck *speed etc.*
Selbstmord|gedanken *pl.*: **~ *haben*** be contemplating suicide; **2gefährdet** *adj.* suicidal; **~ *sein*** have suicidal tendencies, be a potential suicide; **~kandidat** *m* potential suicide; **~klausel** *f* suicide clause; **~kommando** *n* **1.** suicide mission; **2.** (*Personen*) suicide squad; **~rate** *f* suicide rate; **~versuch** *m* attempted suicide; suicide attempt; ***e-n ~ machen*** try (*od.* attempt) to commit suicide; ***mißglückter ~*** failed suicide attempt.
Selbstporträt *n* self-portrait.
Selbstquälerei *f* self-torment, self-torture; **selbstquälerisch** *adj.* self-tormenting.
selbst|regelnd *adj.* self-regulating; **~reinigend** *adj. Grill etc.*: self-cleaning; **~schließend** *adj.* self-closing.
Selbstschuß *m* spring gun; **~anlage** *f* automatic firing device.
Selbstschutz *m* self-defen|ce (*Am.* -se).
selbstsicher *adj.* self-confident, self-assured, very sure of oneself; **Selbstsicherheit** *f* self-confidence, self-assurance.
Selbst|steuerung *f* automatic control; **~studium** *n* self-study, private study; ***im ~ aneignen etc.***: through self-study (*od.* private study).
Selbstsucht *f* selfishness, ego(t)ism; **selbstsüchtig** *adj.* selfish, self-seeking, egotistic(al), egoistic(al).
selbsttätig *adj.* automatic(ally *adv.*).
Selbst|täuschung *f* self-delusion; **~tor** *n Sport*: own goal; **~überschätzung** *f* conceitedness; exaggerated opinion of oneself; ***an ~ leiden*** have a very high opinion of oneself; **~überwindung** *f* will-power; ***es kostete ihn viel ~*** it cost him quite an effort; **~verachtung** *f* self-contempt; **~verantwortung** *f* personal responsibility; **~verbrennung** *f* self-immolation.
selbst|verdient *adj*: ***mit ~em Geld*** with one's hard-earned money; **~vergessen** *adj.* lost in thought, oblivious to the world.
Selbst|verlag *m*: ***im ~*** published by the author; **~verleugnung** *f* self-denial.
selbstverloren *adj.* → ***selbstvergessen.***
Selbstverpflegung *f* self-catering.
selbstverschuldet *adj.*: ***~e Krise*** crisis of one's own making; ***der Unfall war ~*** he *etc.* caused the accident himself *etc.*
Selbstversorger *m*: ***sie sind ~*** they're self-sufficient; ***Appartements für ~*** self-catering flats (*a. Am.* apartments).
selbstverständlich I. *adj.* (*natürlich*) (perfectly) natural; (*offensichtlich*) obvious; ***das ist*** (***doch***) ***~*** *a.* that goes without saying; ***es ist die ~ste Sache der Welt*** it's the most natural thing in the world; ***et. als ~ hinnehmen*** take s.th. for granted; **II.** *adv.* of course, naturally; (*ohne Bedenken*) *do s.th.* as a matter of course; **~!** of course!, *Am. a.* sure!; **Selbstverständlichkeit** *f*: ***es ist doch e-e ~, daß*** it goes without saying that, there's no question that, it's only natural that; ***es ist für sie e-e ~*** *a.* it's a matter of course for her, (*steht fest*) it's a foregone conclusion for her; ***mit e-r ~*** with a matter-of-factness; ***das war doch e-e ~!*** not at all!; ***er machte es mit e-r solchen ~*** he did it as if it was the most natural thing in the world; ***zwei Wagen sind für sie e-e ~*** they take it for granted that they should have two cars.
Selbst|verständnis *n one's* self-image, *the* image one has of oneself; ***nationales ~*** national identity; ***das ~ der Partei*** *a.* the way the party sees itself; **~verstümmelung** *f* self-mutilation; **~versuch** *m* self-experiment; ***e-n ~ machen*** experiment on oneself, use oneself as a guinea-pig; **~verteidigung** *f* self-defen|ce (*Am.* -se); **~vertrauen** *n* self-confidence, self-assurance; ***Mangel an ~*** *a.* diffidence.
Selbstverwaltung *f* autonomy, self-government; **Selbstverwaltungsrecht** *n* right to autonomy.
Selbst|verwirklichung *f* self-realization, *bsd. psych.* self-actualization; **~vorwurf** *m* self-reproach.
Selbstwählferndienst *m* STD, subscriber trunk dialling, *Am.* direct dialing.
Selbstwertgefühl *n* self-esteem; ***ein übertriebenes ~ besitzen*** have an exaggerated opinion of oneself.
Selbst|zensur *f* self-censorship; **~zerfleischung** *f* self-laceration; **2zerstörerisch** *adj.* self-destructive; **~zeugnis** *n* self-portrayal.
selbstzufrieden *adj.* complacent, smug, self-satisfied; **Selbstzufriedenheit** *f* complacency, smugness.
Selbst|zweck *m* end in itself; ***als ~*** *a.* for its own sake; ***zum ~ werden*** become an end in itself; **~zweifel** *m* self-doubt.
selchen *dial. v/t.* smoke; **Selchfleisch** *dial. n* smoked meat.
selektieren *v/t.* select; **Selektion** *f* selection; **selektiv** *adj.* selective; **Selektivität** *f Radio*: selectivity.
Selen *n* ⚗ selenium; **~zelle** *f* selenium cell.
selig *adj.* (*gesegnet*) blessed; (*überglücklich*) thrilled (to bits), overjoyed; (*beglückend*) blissful; *obs.* (*verstorben*) late, deceased; F (*beschwipst*) F tiddly; *obs.* ***mein ~er Vater*** my late father; ***Gott hab ihn ~*** God rest his soul; → ***glauben*** I; **Seligkeit** *f* **1.** *eccl.* everlasting life, salvation; **2.** (*Glück*) perfect happiness, (sheer) bliss.
seligpreisen *v/t.* **1.** *eccl.* bless; **2.** ***dafür ist sie seligzupreisen*** she can count herself (very) fortunate.
seligsprechen *v/t. eccl.* beatify; **Seligsprechung** *f* beatification.
Sellerie *m, f* celeriac; (*Stauden2*) celery (stalks *pl.*); **~knolle** *f* celery root; **~salz** *n* celery salt.
selten I. *adj.* rare; (*knapp, spärlich*) scarce; (*außergewöhnlich*) rare, exceptional; F ***~er Vogel*** odd character, F queer fish; F ***~e Sorte*** rare breed; **II.** *adv.* rarely, seldom; ***~ findet man ...*** *a.* you don't often find ...; ***höchst ~*** very rarely, once in a blue moon; ***ein ~ schönes Exemplar*** an exceptionally beautiful specimen, a specimen of rare beauty; ***es kommt ~ vor, daß er*** he rarely ...; ***solche Menschen trifft man ~*** *a.* people like that are few and far between, there aren't many of that sort around; ***~ habe ich so e-n schönen Teppich gesehen*** *a.* I can't remember the last time I saw such a beautiful carpet; **Seltenheit** *f* **1.** rareness, scarcity; **2.** (*Sache*) rarity; **Seltenheitswert** *m* scarcity value.
Selters *f, n,* **~wasser** *n* mineral water, *Am. a.* seltzer.
seltsam I. *adj.* strange, odd, peculiar; ***es ist schon ~*** it's very strange; ***mir ist ganz ~*** I feel really strange; **II.** *adv.* strangely; ***j-n ~ ansehen*** look at s.o. in a strange way, give s.o. a strange look; ***es hat mich ~ berührt*** it moved me in a strange way; **seltsamerweise** *adv.* strangely (*od.* oddly) enough; **Seltsamkeit** *f* **1.** strangeness, oddness, peculiarity; **2.** (*Sache*) oddity.
Semantik *f* semantics *pl.* (*als Fach sg. konstr.*); **Semantiker** *m* semanticist; **semantisch** *adj.* semantic(ally *adv.*).
Semester *n* semester; ***er ist im dritten ~*** he's in his third semester; ***wieviel ~ mußt du noch machen?*** how many semesters have you got to go?; ***während des ~s*** during term-time; **~arbeit** *f etwa* term paper; **~beginn** *m*: (***zu ~*** at the) beginning of the semester; **~ende** *n*: (***am ~*** at the) end of the semester; **~ferien** *pl.* vacation *sg.*, F vac.
Semifinale *n* → ***Halbfinale.***
Semikolon *n* semicolon.
Seminar *n* **1.** *univ.* seminar; (*Institut*) institute, department; **2.** (*Lehrer2*) teacher training college; **3.** (*Priester2*) seminary; **~arbeit** *f univ.* seminar paper; **~schein** *m* course attendance certificate; ***e-n ~ machen*** F do a seminar.
Semiotik *f* semiotics *pl.* (*als Fach sg. konstr.*); **Semiotiker** *m* semiotician.
Semit *m,* **Semitin** *f* Semite; **semitisch** *adj. a. ling.* Semitic.
Semmel *f* roll; F ***wie warme ~n weggehen*** be selling like hot cakes; **2blond** *adj.* flaxen(-haired); **~brösel** *pl.* breadcrumbs; **~knödel** *m* bread dumpling; **~mehl** *n* breadcrumbs *pl.*
sempern *östr. v/i.* moan.
Senat *m pol., univ.* senate; *in den USA*: Senate; ⚖ panel; **Senator** *m* senator; *in den USA*: Senator.
Senats|ausschuß *m* senate (*od.* Senate) committee; **~beschluß** *m* decree by the senate (*od.* Senate); **~mitglied** *n* member of the senate (*od.* Senate), senator, Senator; **~sitzung** *f* senate (*od.* Senate) meeting; **~sprecher** *m USA*: Speaker of the Senate.
Sende|anlage *f* transmitter; **~anstalt** *f* broadcasting station; (*Fernseh2*) television station; **~antenne** *f* transmitting aerial (*od.* antenna); **~beginn** *m*: ***~ ist um ...*** the program(me) begins at ...; **~bereich** *m* transmission range; service area; **~betrieb** *m* radio and television operations *pl.*; **~folge** *f* program(me)s *pl.*; **~frequenz** *f* transmitting frequency; **~gebiet** *n* transmission range; service area; **~leiter** *m* producer; **~mast** *m* transmitter mast.
senden *v/t. u. v/i.* send (***nach j-m*** for); (*übermitteln*) send, forward; *Funk*: transmit; *Radio, TV*: *a.* broadcast.

Sendepause *f* intermission, interval; *fig.* silence; *fig.* ***jetzt hast du mal ~!*** F put a sock in it, will you?; ***hoffentlich hat sie bald ~*** F I wish she'd shut up (*od.* put a sock in it).
Sender *m Funk, Radio*: transmitter; (*Rundfunk2*) radio (*od.* broadcasting) station; (*Fernseh2*) television station.
Senderaum *m* studio.
Senderdriften *n* fading.
Sende|rechte *pl.* broadcasting rights; **~reihe** *f* series (*sg.*).
Sender|netz *n* transmitter network; **~suchlauf** *m* automatic tuning.
Sende|schluß *m* closedown; **~störung** *f* break in transmission; **~studio** *n* broadcasting studio; **~turm** *m* radio (*TV* television) tower; **~zeichen** *n* call sign; **~zeit** *f* broadcasting time, time of transmission; *coll.* air time; ***die ~ überziehen*** overrun; **~zentrale** *f* broadcasting cent|re (*Am.* -er).
Sendung *f* **1.** (*Paket*) parcel, *Am.* package; ⚚ consignment; **2.** *Radio, TV*: (*das Senden*) transmission, broadcasting; (*Programm*) program(me), *Radio*: *a.* broadcast; ***auf ~ sein*** be on the air; **3.** (*Mission*) mission; **Sendungsbewußtsein** *n* sense of mission.
Senegalese *m*, **Senegalesin** *f*, **senegalesisch** *adj.*, **Senegalesisch** *n ling.* Senegalese.
Senf *m* mustard (*a.* 🍴); F ***s-n ~ dazugeben*** have one's say, F put in one's (own) two bits; F ***wenn ich m-n ~ dazugeben darf*** *a.* if I may offer my humble opinion; **2farben, 2farbig** *adj.* mustard; **~gas** *n* mustard gas; **~glas** *n* mustard jar; **~gurke** *f* gherkin (*pickled with mustard seeds*); **~korn** *n* mustard seed; **~pulver** *n* ground mustard seed; **~soße** *f* mustard sauce; **~topf** *m* mustard pot.
Senge *dial. pl.*: ***~ beziehen*** get a thrashing.
sengen I. *v/t.* singe; **II.** *v/i.* scorch: ***~de Hitze*** scorching heat.
senil *adj.* senile; **Senilität** *f* senility.
Senior I. *m* **1.** senior (*a. Sport*); **2. ~en** (*Rentner*) senior citizens; **II. 2** *adj.* (**sen.**) senior (*abbr.* sen., Sr); **~chef** *m* senior partner.
Senioren|heim *n* → ***Seniorenwohnheim***; **~paß** *m* senior citizen's (rail) pass; **~wohnheim** *n* retirement home.
Seniorität *f* seniority.
Senkblei *n* plumb line; ⚓ plummet.
Senke *f geol.* depression, hollow.
senken I. *v/t.* **1.** (*sinken lassen*) lower (*a. Stimme, Fieber, Blutdruck*); (*die Augen*) *a.* cast *one's eyes* down; (*den Kopf*) bow *one's head*; (*Preise etc.*) lower, reduce, cut; (*Steuern*) reduce, cut; **2.** ⚙ sink (*a.* ⚒, *Brunnen*); **II.** *v/refl.*: ***sich ~*** **3.** *Stimme*: drop; **4.** *Temperatur*: fall, drop; **5.** *Mauer*: sag; *Boden, Haus*: give way, subside; *Straße*: dip, fall off; *Wasserspiegel*: drop, fall.
Senkfuß *m* fallen arches *pl.*; **~einlage** *f* arch support.
Senk|grube *f* cesspit; **~kasten** *m* ⚙ caisson.
Senkkopfschraube *f* countersunk screw.
senkrecht I. *adj.* vertical; A *a.* perpendicular; ***die Mauer ist nicht ~*** *a.* the wall is out of plumb; **II.** *adv. Kreuzworträtsel*: down; **Senkrechte** *f* vertical; A perpendicular; → *a.* ***Lot.***
Senkrecht|start *m* vertical takeoff; **~starter** *m* **1.** ✈ vertical takeoff plane, F jump jet; **2.** F *fig.* F whiz(z) kid, high flier.
Senkrücken *m vet.* swayback.
Senkung *f* **1.** *Preise*: lowering (*gen.* of), cut(s *pl.*) (in); **2.** *Fundament*: setting; *Mauer, Decke*: sagging; *Boden, Haus*: subsidence; **3.** ⚕ (*Blut2*) sedimentation.
Senne¹ *m* Alpine dairyman.
Senne² *f* mountain pasture.
Sennerin *f* dairymaid.
Sensation *f* sensation; *in der Presse*: *a.* F splash; ***e-e ~ verursachen*** create a sensation, cause *od.* create (quite) a stir; ***die Zuschauer wollen ~en sehen*** the audience wants to see some action; **sensationell** *adj.* sensational.
Sensations|blatt *n* sensational newspaper; *pl. a.* sensational press *sg.*; **~darsteller** *m* stuntman; **~gier** *f* sensation-seeking; **~hascherei** *f* sensationalism; **~journalismus** *m* sensational journalism; **2lüstern** *adj.* sensation-seeking (*od.* -hungry); **~mache** *f* sensationalism; **~meldung** *f* sensational news, F scoop; **~presse** *f* sensational (*od.* yellow) press; **~prozeß** *m* sensational trial; **~stück** *n* sensation drama.
Sense *f* scythe; F ***jetzt ist aber ~ (bei mir)!*** that's enough of that! (I've had enough); **Sensenmann** *m the* Grim Reaper.
sensibel *adj.* sensitive; **sensibilisieren** *v/t.* sensitize (*a. phot.*); ***j-n ~ für*** make sensitive to; **Sensibilität** *f* (*Feinfühligkeit*) sensitivity (*a.* ⚕), sensibility; (*Überempfindlichkeit*) hypersensitivity.
Sensor *m* ⚡ sensor; **Sensorbildschirm** *m Computer*: touch(-sensitive) screen; **sensorisch** *adj.* sensory; **Sensortaste** *f* feather touch key, light action key (*pl. a.* controls).
Sensualismus *m* sensualism; **Sensualität** *f* sensuality.
Sentenz *f* aphorism, saying; **sentenziös** *adj.* sententious.
sentimental *adj.* sentimental; **Sentimentalität** *f* sentimentality; *contp.* F slush; ***aus ~*** for sentimental reasons.
separat *adj.* separate; **2frieden** *m* separate peace.
Separatismus *m pol.* separatism; **Separatist** *m*, **separatistisch** *adj.* separatist.
Séparée *n* booth.
Sephardim *pl.* Sephardi(m); **sephardisch** *adj.* Sephardic.
Sepia *f*, **sepia** *adj.* sepia.
Sepsis *f* ⚕ sepsis.
Sept(e) *f* → ***Septim*** 1.
September *m* September; ***im ~*** in September.
Septim *f* **1.** ♪ (*a.* **Septime**) seventh; ***große (kleine) ~*** major (minor) seventh; **2.** *Fechten*: septime.
septisch *adj.* ⚕ septic.
sequentiell *adj.* sequential; **Sequenz** *f* sequence; *Kartenspiel*: run, set.
Serbe *m*, **Serbin** *f*, **serbisch** *adj.* Serbian.
serbokroatisch *adj.* Serbian; *ling.* Serbo-Croat (*od.* -Croatian).
Serenade *f* ♪ serenade.
Serie *f* series (*sg.*); *Radio, TV*: *a.* serial; (*Satz*) set; ⚚ line, range; ***in ~ gehen*** go into production; ***in ~ hergestellt werden*** be mass-produced; **seriell** *adj.* serial.
Serien|ausstattung *f* standard fittings *pl.*; **~bau** *m* serial production; **~briefe** *pl.* serial letters, mass mailings; **~fahrzeug** *n* standard car; **~fertigung** *f*, **~herstellung** *f* serial production.
serienmäßig I. *adj.* production-line ...; ***~e Ausstattung*** standard fittings *pl.*; **II.** *adv.* in series; (*genormt*) as standard; ***~ herstellen*** mass-produce.
Serien|nummer *f* serial number; **2reif** *adj.* ready to go into (mass) production; **~schaltung** *f* ⚡ series connection; **~unfall** *m* pile-up; multiple crash; *Am.* chain accident; **~wagen** *m* standard car.
serienweise *adv.* in series.
seriös *adj.* (*ernsthaft*) serious; (*anständig*) respectable; ⚚ *a.* reliable, honest, *Firma*: reputable; **Seriosität** *f* seriousness; respectability; reliability; → ***seriös.***
Sermon *contp. m* lecture; ***e-n ~ halten über*** *a.* hold forth on.
seropositiv *adj.* seropositive, *bei Aids*: *a.* HIV-positive.
Serpentine *f* (*Straße*) switchback, serpentine (*od.* winding) road; (*Straßenkehre*) double bend.
Serum *n* serum.
Service¹ *n* (*Geschirr*) dinner (*od.* tea, coffee) service.
Service² *m, n* **1.** (*Bedienung*) service; **2.** ⚙ (*Kundendienst*) after-sales service; **3.** *Sport*: service, serve; **2freundlich** *adj.* serviceable.
servieren I. *v/t.* serve; ***et. zum Frühstück ~*** serve s.th. for breakfast; ***Wein zum Essen ~*** serve wine with a (*od.* the) meal; ***es ist serviert!*** dinner is served; F *fig.* ***Lügen*** *etc.* ***~*** give s.o. lies *etc.*; **II.** *v/i.* serve; (*aufwarten*) *a.* wait (at table); **Serviererin** *f* waitress.
Servier|tisch *m* serving table; **~wagen** *m* trolley.
Serviette *f* serviette, *formell*: (table) napkin; **Serviettenring** *m* serviette (*od.* napkin) ring.
servil *adj.* servile; **Servilität** *f* servility.
Servo|bremse *f* servo (*od.* power) brake; **~lenkung** *f* power steering, servo (-assisted) steering; **~motor** *m* servo motor.
Servus *int.* F see you!, *Am. a.* so long!
Sesam *m* sesame; ***~ öffne dich!*** open sesame; **~kern** *m* sesame seed; **~öl** *n* sesame oil.
Sessel *m* armchair, easy chair; F *fig.* ***an s-m ~ kleben*** cling to one's post (*od.* position); F ***nach j-s ~ trachten*** have one's eye on s.o.'s job; **~lift** *m* chair lift.
seßhaft *adj.* settled; (*ansässig*) resident; ***~ werden*** settle (down).
Set *n, m* **1.** set; **2.** (*Platzdeckchen*) place mat.
Setter *m* setter.
setzen I. *v/t.* **1.** (*hin~, hintun*) put; (*bsd. Dinge*) *a.* place; (*j-n*) *a.* sit; (*pflanzen*) plant, set; (*Mast*) put up; (*stapeln*) (*Holz, Briketts*) pile up; (*Denkmal*) erect, set up (***j-m*** to s.o.); (*Ofen*) put in, fix; (*Segel*) set *sail*; (*Satzzeichen*) put (in); *bei Wetten*: bet, place (**auf** on); *beim Brettspiel*: (*Figur*) move; *Sport*: (*j-n, e-e Mannschaft*) seed; ***j-n an e-e Arbeit ~*** set s.o. to work doing s.th.; ***an Land ~*** put ashore; ***an die Lippen ~*** raise (*od.* set) to one's lips; F ***e-n Wagen an die Mauer ~*** drive a car into a wall; ***j-n auf e-e Liste ~*** put s.o. *od.* s.o.'s name (down) on a list; ***auf j-s Rechnung ~*** charge to s.o.'s account; *Arbeit, Geld* ***~ in*** put into; ***et. in***

die Zeitung ~ put s.th. in the paper; ein Gedicht in Musik ~ set a poem to music; Fische in e-n Teich ~ stock a pond with fish; j-n über den Fluß ~ take s.o. across the river; *fig.* j-n über j-n ~ (*höher einschätzen*) think more (highly) of s.o. than of s.o., (*befördern*) promote s.o. above s.o.; unter Wasser ~ submerge, (*mit Wasser füllen*) flood; s-e Unterschrift ~ unter put one's signature to, sign; → Druck¹ 2, Erstaunen, Freiheit, Frist *etc.*; → *a.* gesetzt; **2.** *typ.* set; **II.** *v/refl.* **3.** sich ~ sit down; *fig.* (*sich senken*) sink; *Bodensatz, Schaum, Staub*: settle; sich auf e-n Ast ~ *Vogel*: land on (*od.* fly onto) a branch; sich zu j-m ~ sit down beside s.o.; darf ich mich zu Ihnen ~? may I join you?; sich ans Fenster ~ sit down at (*od.* by, next to) the window; sich an die Arbeit ~ set to work; sich vor j-n ~ *Auto, Fahrer*: cut in on (*od.* in front of) s.o.; sich aufs Pferd ~ mount a horse; ~ Sie sich! sit down!, take (*od.* have) a seat!; **III.** *v/i.* **4.** ~ über jump over, clear *a hurdle*, take *a ditch*; → ¹übersetzen II; **5.** *bei Wetten*: place one's bet; *beim Brettspiel*: move; ~ auf bet on, back; ich setze auf ihn! he's my man; **IV.** *v/impers.*: F gleich setzt es was F I can see trouble coming, *drohend*: you just watch your step.

Setzer *m typ.* compositor, typesetter; **Setzerei** *f* composing (*od.* case) room.

Setz|fehler *m* misprint, typographical error; **~kasten** *m* **1.** *typ.* letter case; **2.** ⚘ seedling box.

Setzling *m* **1.** ⚘ seedling; **2.** ~e (*Fische*) fry (*sg.*).

Setzmaschine *f* typesetting machine.

Seuche *f* epidemic (*a. fig.*); *fig. contp. a.* plague; **seuchenartig** *adj. u. adv.* epidemic; sich ~ ausbreiten spread like the plague.

Seuchen|bekämpfung *f* epidemic control; **~gebiet** *n* infested area; **~herd** *m* cent|re (*Am.* -er) of an *od.* the epidemic.

seufz F *int.* F sniff!

seufzen *v/i.* sigh (über at, over; vor with); **seufzend** *adv.* with a sigh.

Seufzer *m* sigh; e-n ~ (der Erleichterung) ausstoßen heave a sigh (of relief); **~spalte** F *f* agony column.

Sex *m* sex; **~-Appeal** *m* sex appeal; **~bombe** F *f* F sex bomb, sexpot; **~film** *m* sex film, F blue movie; **~idol** *n* sex idol (*od.* symbol).

Sexismus *m* sexism; **Sexist** *m*, **sexistisch** *adj.* sexist.

Sexologe *m* sexologist; **Sexologie** *f* sexology, sex studies *pl.*

Sexshop *m* sex shop.

Sext *f* **1.** ♪ sixth; große (kleine) ~ major (minor) sixth; **2.** *eccl.* (*Gebetsstunde*) sext; **3.** *Fechten*: sixte.

Sexta *f ped.* **1.** *obs. first year of grammar school*; **2.** *östr.* sixth year (of grammar school); **Sextaner** *m ped.* **1.** *obs. first year grammar school pupil*; **2.** *östr.* sixth-year (grammar school) pupil, *Brit. etwa* sixth-former; **Sextanerblase** F *f* weak bladder.

Sextant *m* sextant.

Sexte *f* → Sext 1.

Sextett *n* sextet(te).

Sextourismus F *m* sex tourism.

Sexual... sexual, sex ...; **~delikt** *n* sex offen|ce (*Am.* -se); **~erziehung** *f* sex education; **~ethik** *f* sexual ethics *pl.*; **~forscher** *m* sex researcher, sexologist; **~forschung** *f* sex(ual) research, sexology; **~hormon** *n* sex hormone.

Sexualität *f* sexuality.

Sexual|kunde *f ped.* sex education; **~leben** *n* sex life; **~moral** *f* sexual ethics *pl.*; **~mord** *m* sex murder; **~objekt** *n* sex object; **~partner(in** *f*) *m* sex partner; **~täter** *m* sex offender; **~trieb** *m* sexual drive; **~verbrechen** *n* sex(ual) crime; **~verbrecher** *m* sex offender; **~verkehr** *m* sexual intercourse; **~wissenschaft** *f* → Sexualforschung; **~wissenschaftler** *m* → Sexualforscher.

sexuell **I.** *adj.* sexual; **II.** *adv.*: ~ mißbrauchen abuse (sexually).

sexy F *adj.* sexy.

Sezession *f* secession; Wiener ~ Vienna Secession.

Sezessions|krieg *m* war of secession; **~stil** *m* Secessionist style.

sezieren *v/t.* dissect; *fig. a.* analyse, take apart.

Sezier|messer *n* scalpel; **~saal** *m* dissecting room.

Shakehands *n* shaking hands; ~ machen shake hands.

Shampoo *n* shampoo.

Shift-Taste *f Computer*: shift key; die ~ drücken *a.* press shift.

Shogun *m* shogun, Shogun.

Shorts *pl.* shorts.

Show *f* → Schau; **~geschäft** *n* show business; im ~ sein be in show business; **~master** *m* host, emcee, MC.

Shrimps *pl.* shrimps, *Am.* shrimp *sg.*; **~cocktail** *m* shrimp cocktail.

Siamese *m*, **Siamesin** *f*, **siamesisch** *adj. hist.* Siamese; *fig.* siamesische Zwillinge Siamese twins.

Siamkatze *f* Siamese cat.

Sibirier(in *f*) *m*, **sibirisch** *adj.* Siberian; *fig.* sibirische Kälte arctic temperatures.

sich *pron.* oneself, yourself; *3. Person sg.*: himself, herself, itself; *pl.* themselves; *nach prp.*: *mst* him, her, it, *pl.* them; (*einander*) each other, one another; das Haus an ~ the house itself; an (und für) ~ actually, (*genaugenommen*) strictly speaking, (*wenn man sich das überlegt*) when you think about it; *sie haben kein Geld* bei ~ with (*od.* on) them; er kämpfte ~ durch die Menge he fought his way through the crowd; man muß ~ im klaren darüber sein, daß you've got to be aware of the fact that; sie blickte um ~ she looked around (her); hat er die Tür hinter ~ zugemacht? did he shut the door behind him?; vor ~ sah er in front of him he saw; sie kennen ~ they know each other; von ~ aus of one's own accord, F off one's own bat; er hat es von ~ aus getan *a.* nobody prompted him; er lud sie zu ~ ein he invited them to his house; ~ die Hände waschen wash one's hands; → auf 2, für I.

Sichel *f* sickle; (*Mond*♀) crescent; **♀förmig** *adj.* crescent-shaped.

sicher **I.** *adj.* **1.** (*gesichert, geschützt, geborgen*) secure, safe (vor from); (*gefahrlos*) safe (*a.* ⚙); (*fest*) firm; *Einkommen, Existenz etc.*: secure; *Ort, Versteck etc.*: *mst* safe; vor Neid ist keiner ~ none of us is above envy; vor ihm ist keiner ~ nobody's safe when he's around; ~ ist ~! better safe than sorry; → Geleit; **2.** (*gewiß*) certain, sure; (*zuverlässig*) reliable, *Verhütungsmittel etc.*: *a.* safe; ~er Sieg certain victory; ~e Methode safe (F surefire) method; das ist der ~e Tod that's certain death; ~es Zeichen sure sign; soviel ist ~: this much is certain -; es ist nicht ~, ob we're *etc.* not absolutely sure whether, *a.* it hasn't been decided for sure whether; die Stelle ist ihm ~ he's got the job in his pocket; → Amen, Nummer, Quelle *etc.*; **3.** (*geübt, fähig*) good, practi|ced (*Am.* -sed); (*zuverlässig*) reliable; (*selbst*~) sure of o.s.; ~es Auftreten aplomb, self-assurance; ~er Fahrer safe (*od.* good) driver; ~er Geschmack reliable (*od.* sound) taste; ~e Hand sure (*nicht zitternd*: steady) hand; ~er Instinkt sure instinct; ~er Schütze sure shot; ~es Urteil unfailing judg(e)ment; **4.** (*überzeugt, wissend*) sure, certain; (*zuversichtlich*) positive, confident; e-r Sache ~ sein be sure of s.th.; s-r Sache ~ sein be absolutely sure about what one is doing; er ist s-r Sache sehr ~ *kritisch*: he's very sure of himself; sind Sie (sich dessen) ~? are you sure (about that)?; *bist du sicher?* – ganz ~ (I'm) positive; du kannst ~ sein, daß you can be sure (*od.* rest assured) that; **II.** *adv.* **5.** securely, safely *etc.*; ~ fahren be a safe driver; et. ~ aufbewahren keep s.th. in a safe place; nicht ~ auf den Beinen stehen be a bit wobbly; → *a.* sichergehen, -stellen; **6.** (*gewiß, bestimmt, wahrscheinlich*), *a. int.*: (aber) ~!, (ganz) ~! → sicherlich; **7.** s-e Vokabeln ~ können have (*od.* know) one's vocabulary off pat; **8.** ~ auftreten have a self-confident manner, be very self-confident.

sichergehen *v/i.* play safe; make sure; um sicherzugehen to be on the safe side, to make sure.

Sicherheit *f* **1.** (*Sichersein, Schutz*) safety; *a. pol.*, ⚔ security; öffentliche ~ public safety; *pol.* innere ~ internal security; in ~ bringen (*Person*) get *s.o.* out of danger (*od.* into safety), (*Sache*) *a.* get *s.th.* into a safe place, (*retten*) rescue; sich in ~ bringen get out of danger, durch e-n Sprung: jump to safety; in ~ sein be safe (and sound); (sich) in ~ wiegen lull (o.s.) into a false sense of security; → Arbeitsplatz; **2.** (*Gewißheit*) certainty; mit ~ definitely; → *a.* sicherlich; aber mit ~! no doubt about it, F you bet, you can bet your bottom dollar on that; ich weiß es mit ~ I know for sure (*od.* for a fact); mit ziemlicher ~ almost certainly; man kann wohl mit ~ sagen it would be safe to say; man kann mit ~ annehmen one may safely assume; **3.** (~ *im Auftreten, Selbst*♀) (self-)confidence, self-assurance; *in e-r Sprache*: confidence *in English etc.*; **4.** (*sicheres Können*) competence; (*Zuverlässigkeit*) reliability; **5.** (~*sleistung, Bürgschaft, Pfand*) security; ✝ *durch Deckung*: cover; ~ leisten give security, für: secure *a loan*; ⚖ ~ (*Kaution*) stellen stand bail.

Sicherheits... *in Zssgn körperlich u.* ⚙ safety ...; *pol.*, ⚔, ✝, ⚖ security ...; **~abstand** *m* safe distance; den ~ einhalten keep a safe distance; **~beamte(r)** *m* security man (*od.* officer); **~beauftragte(r)** *m* security officer; **~berater** *m pol.* (national) security adviser; **~bestimmungen** *pl.* safety regulations; *am Flug-*

hafen etc.: security (control) *sg.*, security regulations; **~bindung** *f Skisport*: safety binding; **~bügel** *m mot.* roll bar; **~debatte** *f pol.* debate on security; **~defizit** *n* security gap (*od.* breach); lapse in safety provision; **~film** *m* safety film; **~glas** *n* safety (*od.* shatterproof) glass; **~gründe** *pl.*: ***aus ~n*** for reasons of safety, for safety's sake; **~gurt** *m* safety belt, *a.* ✈ seatbelt.

sicherheitshalber *adv.* for safety('s sake), as a precaution; (*um sicherzugehen*) (just) to be on the safe side.

Sicherheits|ingenieur *m* safety expert; **~kette** *f* safety chain; **~klausel** *f* escape clause; **~kontrolle** *f* security check; **~kopie** *f Computer*: backup (copy); **~kräfte** *pl.* security forces; **~lampe** *f* ⚒ safety lamp; **~leistung** *f* security; ⚖ bail; **~mangel** *m* → ***Sicherheitsdefizit***; **~maßnahme** *f* safety measure, precaution; *pol.* security measure; **~nadel** *f* safety pin; **~organe** *pl.* organs of security; **~pakt** *m* security pact; **~polizei** *f* security police *pl.*; **~rat** *m*: (***~ der Vereinten Nationen*** United Nations) Security Council; **~risiko** *n pol.* (*a. Person*) security risk; **~schloß** *n* safety (*od.* security) lock; **~schwelle** *f* safety threshold; **~sperre** *f* security barrier; **~streitkräfte** *pl.*, **~truppen** *pl.* security forces; **~überprüfung** *f* security check; **~ventil** *n* ⚙ safety valve; **~verstoß** *m* breach of security; security lapse; **~verwahrung** *f* ⚖ preventive detention; **~vorkehrung** *f* safety precaution; *pol. etc.* security measure; ***unter strengen ~en*** amid tight security; **~vorschriften** *pl.* safety regulations; **~zelle** *f mot.* safety cell (*od.* cage); **~zone** *f* safe zone.

sicherlich *adv. u. int.*: ***er hat's ~ vergessen*** he must have forgotten (it), (*ganz bestimmt*) he's bound to have forgotten (it), F I bet he's forgotten (it) ; ***er hat ~ kein Geld*** (*wahrscheinlich*) he probably hasn't got any money; ***sie kommt ~*** I'm sure she'll come, she's bound to come; ***~!*** of course, *bsd. Am.* sure!

sichern I. *v/t.* **1.** safeguard (**vor, gegen** against); (*schützen*) *a.* protect (from); **2.** (*gewährleisten*) guarantee; ensure; **3.** *Computer*: (*Datei etc.*) save; **4.** (*verschaffen*) get, secure; (*Karten etc.*) *a.* get hold of; **5.** (*Beweise, Spuren etc.*) secure; **6.** (*Schußwaffe*) lock; → ***gesichert***; **II.** *v/refl.*: ***sich ~ vor*** (*od.* ***gegen***) protect o.s. from, guard against.

sicherstellen *v/t.* **1.** (*beschlagnahmen*) seize; (*in Gewahrsam nehmen*) put in safekeeping; **2.** (*garantieren*) guarantee; *weitS. a.* ensure; **Sicherstellung** *f* **1.** seizure; **2.** (*Gewährleistung*) guarantee(ing).

Sicherung *f* **1.** ⚡ fuse; ⚙ (*Vorrichtung*) safety device; *Schußwaffe*: safety catch; F *fig.* (***bei***) ***ihm ist die ~ durchgebrannt*** F he blew a fuse; **2.** (*das Sichern*) safeguarding, protection, securing *etc.*; → ***sichern.***

Sicherungs|kasten *m* ⚡ fuse box; **~verwahrung** *f* ⚖ preventive detention.

sicherwirkend *adj.* reliable, F surefire *method etc.*

Sicht *f* **1.** (*~weite, ~verhältnisse*) visibility; → *a.* ***Sichtweite***; (*Aus*~) view; ***gute*** (***schlechte***) ~ high (low *od.* poor) visibility; ***außer ~*** out of sight; ***in ~*** (with)in view, within eyeshot; ***in ~ kommen*** come into view; ***von hier hat man e-e weite ~*** you can see for miles from here; *fig.* ***auf lange*** (*od.* ***weite***) ~ on a long--term basis, (*auf die Dauer*) in the long run; ***auf kurze ~*** in the short term; ***aus s-r ~*** from his point of view, as he sees it; ***es ist keine Besserung in ~*** there's no prospect (*od.* hope) of improvement; ***es ist nichts in ~*** there doesn't seem to be anything coming up (*od.* in the offing); **2.** ✝ ***auf*** (*od.* ***bei***) ~ at sight; (***zahlbar***) ***sechzig Tage nach ~*** (payable) at sixty days' sight.

sichtbar I. *adj.* visible; (*freigelegt*) exposed; (*wahrnehmbar*) noticeable, perceptible; (*deutlich*) marked; (*offenbar, sichtlich*) obvious, evident, clear; ***ohne ~en Erfolg*** *a.* without appreciable success; ***~ werden*** become visible *etc.*, appear, *fig. a.* become apparent; **II.** *adv.*: ***es*** (***er***) ***hat sich ~ gebessert*** there's been (he's shown) a marked improvement.

Sicht|behinderung *f* poor visibility (***durch*** due to); **~einlage** *f Bank*: sight deposit.

sichten *v/t.* **1.** (*sehen*) sight; **2.** (*durchsehen*) look (*od.* go) through, *prüfend, sortierend*: sift through; (*ordnen*) sort out.

Sicht|fenster *n* window; **~flug** *m* ✈ contact flight; **~gerät** *n* visual display unit; **~grenze** *f* visibility limit; ***die ~ beträgt*** visibility is up (*od.* down) to; **~karte** *f* travel pass; season ticket.

sichtlich I. *adj.* visible; **II.** *adv.* visibly; (*offensichtlich*) evidently; ***er war ~ nervös*** he was clearly (*od.* visibly) nervous, you could tell he was nervous.

Sichtung *f* **1.** sighting; **2.** (*Überprüfung*) examination; (*Aussonderung*) sifting, screening.

Sicht|verbindung *f* visual contact; **~verhältnisse** *pl.*: (***gute, schlechte*** ~ high, low) visibility *sg.*; **~vermerk** *m* **1.** *im Paß*: visa; **2.** ✝ endorsement; **~wechsel** *m* ✝ bill payable on demand; **~weite** *f* range of vision; ***in ~*** (with)in sight, within eyeshot; ***außer ~*** out of sight.

Sickergrube *f* soakaway, *Am.* dry well.

sickern *v/i.* seep (***aus*** out of; ***in*** into); (*tröpfeln*) trickle (out of; into); *fig.* (*a.* ***an die Öffentlichkeit ~***) leak out; → *a.* ***durch-, einsickern.***

Sickerwasser *n* seeping water; (*Grundwasser*) ground water.

siderisch *adj. ast.* sidereal.

sie I. *pers. pron.* **1.** *3. Person f/sg.*: she, *acc.* her; *Sache*: it; **2.** *3. Person pl.*: they, *acc.* them; **3.** ♀ *Anrede*: you (*a. acc.*); ***zu j-m ♀ sagen → siezen***; **II.** ♀ *f* **4.** ***es ist e-e ~*** *a. bei Tieren*: it's a she; **5.** *auf Badetüchern etc.*: hers.

Sieb *n* sieve; *für Flüssiges*: strainer; *für Gemüse*: *a.* colander; *für Sand etc.*: riddle, screen; *Gedächtnis* ***wie ein ~*** like a sieve; **~druck** *m typ.* silk-screen print (*Verfahren*: printing).

sieben[1] *v/t.* (pass through a) sieve; (*Gemüse etc.*) *a.* strain, sift; (*Sand etc.*) riddle, screen; *fig.* sift through; *fig.* ***da wird ganz schön gesiebt*** they have a tough screening procedure, F they really pick and choose; → ***aussieben.***

sieben[2] **I.** *adj.* seven; **II.** ♀ *f* seven; (*Buslinie etc.*) number seven.

siebenbändig *adj.* seven-volume ..., in seven volumes.

Siebenbürger I. *m*, **Siebenbürgerin** *f* Transylvanian (German); *ethnic German from Transylvania*; **II.** *adj.*: ***~ Sachse*** Transylvanian German; **siebenbürgisch** *adj.* Transylvanian.

Siebeneck *n* heptagon; **siebeneckig** *adj.* heptagonal.

siebenfach *adj.* sevenfold; ***~e Menge*** seven times the amount; ***~er Sieger*** seven-time winner (*od.* champion).

siebengescheit F *adj.* F smart-alecky.

Siebengestirn *n the* Pleiades *pl.*, *the* Seven Sisters *pl.*

Siebenhügelstadt *f* (*Rom*) City of the Seven Hills.

siebenhundert *adj.* seven hundred.

siebenjährig *adj.* **1.** seven-year-old ...; **2.** (*sieben Jahre dauernd*) seven-year ...; ***ein ~es ...*** *a.* seven years of ...

siebenköpfig *adj. family etc.* of seven; ***~e Delegation*** *etc. a.* seven-member (*od.* -man) delegation *etc.*

siebenmal *adv.* seven times.

Siebenmeilenstiefel *pl.* seven-league boots.

Siebenmonatskind *n* seven-month baby.

Siebenpfünder *m* seven-pound baby *etc.*; (*Fisch*) seven-pounder.

Siebensachen *pl.* (all one's) things; ***hast du d-e ~ zusammen?*** *a.* F have you got all your bits and pieces (together)?

Siebenschläfer *m* **1.** *zo.* dormouse; **2.** 27th June (*the weather on this day being said to determine that of the next seven weeks*); *etwa* St Swithin's Day.

sieben|stellig *adj. Zahl*: seven-digit ...; **~stöckig** *adj.* seven-stor(e)y ...; **~stündig** *adj.* seven-hour(-long) ...

sieb(en)t I. *adj.* seventh; ***~es Kapitel*** chapter seven; ***am ~en März*** on the seventh of March, on March the seventh; ***7. März*** 7th March, March 7(th); **II.** *adv.*: ***wir waren zu ~*** there were seven of us; ***wir gingen zu ~ hin*** seven of us went.

siebentägig *adj.* **1.** seven-day(-long) ...; **2.** (*sieben Tage alt*) seven-day-old ...

siebentausend *adj.* seven thousand; **Siebentausender** *m* seven-thousand met|re (*Am.* -er) peak.

Sieb(en)te(r) *m* (the) seventh; ***er war Sieb(en)ter*** he was (*od.* came) seventh; ***Eduard VII.*** Edward VII (= Edward the Seventh); ***heute ist der Sieb(en)te*** it's the seventh today.

siebenteilig *adj.* seven-part ..., in seven parts.

Sieb(en)tel *n* seventh.

sieb(en)tens *adv.* seventh(ly), seven, in the seventh place.

siebt *etc.* → ***sieb(en)t*** *etc.*

siebzehn *adj.* seventeen; ***♀ und Vier*** (*Kartenspiel*) pontoon, *Am.* blackjack; **siebzehnt** *adj.* seventeenth; **Siebzehntel** *n* seventeenth (part).

siebzig *adj.* seventy; ***in den ~er Jahren*** in the seventies; ***sie ist in den ♀ern*** she's in her seventies; **Siebziger(in** *f*) *m* septuagenarian, man (*f* woman) in his (her) seventies, F seventysomething.

siebzigjährig *adj. Person*: seventy-year--old ...; *Zeitraum*: seventy-year(-long) ...

siebzigst *adj.* seventieth; ***sie hat heute ihren ♀en*** she's seventy today, it's her seventieth birthday today.

siech *obs. adj.* infirm, ailing; ***alt und ~*** old and infirm; **Siechtum** *n* infirmity.

siedeheiß *adj.* scalding (hot), boiling hot; **Siedehitze** *f* boiling heat.

siedeln *v/i.* settle.

sieden I. *v/i.* boil; (*simmern*) simmer; *fig. a.* seethe; ***es siedete in ihr*** she was seething (inside *od.* with rage, anger); **II.** *v/t.* boil, simmer; **siedend I.** *adj.* boiling; *fig. a.* seething (with); **II.** *adv.*: ***~ heiß*** scalding (hot), boiling (*Essen*: piping) hot; F ***da fiel mir ~ heiß ein*** it suddenly struck me, I suddenly remembered with a shock.

Siedepunkt *m* boiling point (*a. fig.*); *fig. pol. a.* flashpoint; *fig.* ***den ~ erreichen*** reach boiling point (*od.* a flashpoint).

Siedler *m* settler.

Siedlung *f* **1.** settlement; **2.** (*Häuser*2) housing estate, *bsd. Am.* development.

Siedlungs|dichte *f* population density; **~gebiet** *n* settlement (area); **~politik** *f* settlement policies *pl.*

Sieg *m* victory; *Sport etc.*: *a.* win; *fig. des Guten etc.*: triumph; ***leichter ~*** walkover, *Am.* walkaway; ***den ~ davontragen*** carry (*od.* win) the day; ***am Ende den ~ davontragen*** win out in the end.

Siegel *n* seal (*a. fig.*); *fig.* ***ein Buch mit sieben ~n*** a closed book (*dat.* to); ***er hat es mir unter dem ~ der Verschwiegenheit erzählt*** he told me in the strictest confidence, he swore me to secrecy; **Siegellack** *m* sealing wax; **siegeln** *v/t.* seal (*a.* ⚙); **Siegelring** *m* signet ring.

siegen *v/i.* **1.** *im Wettkampf*: win; ***~ über*** defeat, beat; **2.** ⚔ *etc.* win; be victorious (**über** over); *fig. Gerechtigkeit etc.*: triumph (over), carry the day; *fig.* ***die Wahrheit siegte*** *a.* truth prevailed (*od.* won out in the end).

Sieger *m* **1.** *Sport etc.*: winner; *lit.* victor; ***zweiter ~*** runner-up; **2.** ⚔ *etc.* victor; (*Land*) *a.* victorious nation; **~ehrung** *f Sport*: presentation ceremony; **~macht** *f* victorious power; ***die vier Siegermächte*** *des 2. Weltkriegs*: the four allied powers (*od.* allies); **~mannschaft** *f Sport*: winning team; **~podest** *n Sport*: victory rostrum; **~pokal** *m* (winner's) cup; **~pose** *f* victorious pose; **~urkunde** *f* (winner's) certificate.

siegesbewußt *adj.* confident of victory; *fig.* confident, *contp.* cocksure.

Sieges|chance *f* chance of winning; **~feier** *f* victory celebration(s *pl.*).

siegesgewiß *adj.* → ***siegessicher.***

Sieges|göttin *f* goddess of victory; ***die ~*** Victory; **~kranz** *m* laurel wreath; **~lorbeer** *lit. m* laurel wreath, victor's laurels *pl.*; **~preis** *m* prize; **~rausch** *m* flush of victory; **~säule** *f* triumphal (*od.* victory) column.

siegessicher *adj.* confident of victory; *fig.* confident, *contp.* cocksure.

Sieges|tor *n* **1.** triumphal arch(way); **2.** → **~treffer** *m* winning goal; **~trophäe** *f* **1.** (winner's) trophy; **2.** scalp, trophy.

siegestrunken *adj.* drunk (*od.* flushed) with victory, triumphant.

Sieges|wille(n) *m* will to win (*fig.* succeed); **~zug** *m* triumphal procession; *fig.* triumphant advance; *fig.* ***s-n ~ antreten*** set out to conquer the (film, literary *etc.*) world *etc.*

siegreich *adj.* **1.** *Sport etc.*: winning ...; *a. fig.* successful, *lit.* victorious; *adv. ein Turnier etc.* ***~ beenden*** win, *lit.* emerge victorious from; **2.** *Schlacht etc.*: victorious; *Heer*: *a.* triumphant; **Siegtreffer** *m Sport*: winning goal.

Siel *m, n* **1.** floodgate, sluice; **2.** (*Abwasserkanal*) sewer.

Siele *f*: *fig.* ***in den ~n sterben*** die with one's boots on.

Siesta *f* siesta, afternoon nap; ***~ halten*** have a (*od.* one's) siesta, have an (*od.* one's) afternoon nap.

siezen *v/t.* address *s.o.* as 'Sie', say 'Sie' to *s.o.*

Sigel *n* short form, abbreviation; 📖 grammalog(ue).

Sightseeing *n* sightseeing; ***~ machen*** go sightseeing; **~-Tour** *f* sightseeing tour; ***e-e ~ machen*** go on a sightseeing tour.

Signal *n* signal; (*Zeichen*) sign; ***ein ~ geben*** (give a) signal; *mot.* ***~ geben*** sound one's horn; ***das ~ für Gefahr*** the danger signal, the signal for danger; ***das ~ zum Angriff*** the signal to attack; *fig.* ***das ~ zum Aufbruch*** the sign (for us *etc.*) to leave; ***alle ~e stehen auf ...*** all the pointers are in favo(u)r of ...; ***~e setzen*** point the way to the future; **~anlage** *f* signal(l)ing system; **~ausfall** *m* dropout; **~brücke** *f* 🚂 (signal) gantry; **~farbe** *f* striking colo(u)r; **~flagge** *f* signal flag; **~gast** *m* ⚓ signalman.

signalisieren *v/t.* signal; *fig. a.* signalize; be a sign of; *fig.* ***es signalisierte mir, daß*** it signalled to me that, it told me (that), I took it as a sign that.

Signal|lampe *f*, **~leuchte** *f* signal lamp; **~mast** *m* signal mast, semaphore; **~stärke** *f Radio etc.*: signal strength; **~wirkung** *f*: ***~ haben*** point the way to the future.

Signatarmacht *f* signatory (state *od.* power).

Signatur *f* (*Unterschrift*; *a.* ♪) signature; *typ.* signature (mark), *e-r Letter*: nick; *Bücherei*: shelfmark, *Am.* call number; *Landkarte*: conventional sign.

Signet *n* (publisher's) imprint, publisher's mark.

signieren *v/t.* sign; ***sie wird hinterher ihr neuestes Buch ~*** she'll be signing copies of her latest book afterwards; **signiert** *adj.* signed; ***~es Exemplar*** signed copy.

signifikant *adj.* (highly) significant; *Merkmale etc.*: significant; **Signifikanz** *f* significance, implications *pl.*

Sikh *m* Sikh; **Sikhismus** *m* Sikhism.

Silbe *f* syllable; *fig.* ***keine ~*** not a word; ***ich verstehe keine ~*** I can't understand a word, it's all Greek to me.

Silbentrennung *f* syllabification; *am Zeilenende*: word division, hyphenation; **Silbentrennungsprogramm** *n Computer*: hyphenation program(me).

Silber *n* silver; (*Tafel*2) *a.* silverware; ***aus ~*** (made of) silver; **~besteck** *n* silver (cutlery); **~blick** F *m* (slight) cast; **~distel** *f* 🌿 carline thistle; **~draht** *m* silver wire; **~erz** *n* silver ore; **2farben, 2farbig** *adj.* silver(y); **~fischchen** *n* silverfish; **~folie** *f* silver foil; **~fuchs** *m* silver fox; **~geld** *n* silver; **~geschirr** *n* silver(ware); **2grau** *adj.* silver(y)-grey (*Am.* -gray); **2haltig** *adj.* containing silver, 📖 argentiferous; **2hell** *adj. Ton, Stimme etc.*: silvery; **~hochzeit** *f* silver wedding; **~klang** *poet. m* silvery sound.

Silberling *m bibl.* piece of silver.

Silbermedaille *f* silver medal; **Silbermedaillengewinner(in** *f*) *m* silver-medal(l)ist.

Silber|möwe *f* silvery gull; **~münze** *f* silver coin.

silbern *adj.* silver; *Stimme etc.*: silvery.

Silber|papier *n* silver (*od.* tin) foil; **~pappel** *f* 🌿 white poplar; **~reiher** *m* great white heron; **~schmied** *m* silversmith; **~streifen** *m*: *fig.* ***~ am Horizont*** ray of hope; **~währung** *f* silver standard; **~waren** *pl.* silver(ware) *sg.*

silbrig *adj.* silvery, silver.

Silhouette *f* silhouette, outline; *e-s Berges etc.*: *a.* shadow, dark shape, contours *pl.*; *e-r Stadt*: skyline; ***sich als ~ abzeichnen gegen*** be silhouetted (*od.* outlined) against.

Silikat *n* ⚗ silicate.

Silikon *n* ⚗ silicone.

Silizium *n* ⚗ silicon; **~chip** *m* silicon chip.

Silo *m* silo; **~futter** *n* silage.

Silvester *m, n* New Year's Eve; ***zu ~*** on New Year's Eve; **~abend** *m* New Year's Eve; **~ball** *m* New Year's Eve ball; **~feier** *f* New Year's Eve party; **~nacht** *f* night of New Year's Eve.

Simmerring *m* ⚙ shaft seal.

simpel I. *adj.* simple; (*schlicht*) *a.* plain; (*einfältig*) simple(-minded); ***es fehlt an den ~sten Dingen*** some of the most basic things are missing; **II.** 2 F *m* simpleton, F dimwit.

Simplifikation *f* simplification; **simplifizieren** *v/t.* simplify; **Simplifizierung** *f* simplification.

Sims *m, n* ledge; ⚠ cornice; (*Kamin*2) mantelpiece.

Simsalabim *int.* abracadabra!

Simulant *m* malingerer; **Simulator** *m* ⚙ simulator; **simulieren I.** *v/t.* **1.** sham, feign (illness); **2.** ⚙, ⚔ simulate; **II.** *v/i.* sham, F put it on; *Krankheit*: *a.* malinger.

simultan *adj.* simultaneous; **2dolmetschen** *n* simultaneous translation; **2dolmetscher(in** *f*) *m* simultaneous translator; **2schach** *n* simultaneous chess; **2übertragung** *f Radio, TV*: simultaneous broadcast, simulcast.

sine tempore *adv.* → ***s. t.***

Sinfonie *f* symphony; **Sinfonieorchester** *n* symphony orchestra; **Sinfonietta** *f* sinfonietta; **sinfonisch** *adj.* symphonic(ally *adv.*); ***~e Dichtung*** tone poem.

Singapurer(in *f*) *m*, **singapurisch** *adj.* Singaporean.

Singdrossel *f* song thrush.

singen *v/i. u. v/t.* sing; (*Liturgie etc.*) chant; (*nur v/i.*) *Telegraphendrähte etc.*: buzz, hum; F (*die Polizei informieren*) F squeal; ***richtig*** (***falsch***) ***~*** sing in (out of) tune; ***~der Tonfall*** lilting voice; ***es singt mir im Ohr*** my ears are ringing; F ***das kann ich schon ~*** I suppose I'll never hear the end of that; → ***Blatt 1, Lied, Schlaf.***

Singhalese *m*, **Singhalesin** *f*, **singhalesisch** *adj.*, **Singhalesisch** *n ling.* Sin(g)halese.

Single[1] *f* (*Schallplatte*) single.

Single[2] *n Tennis*: singles *sg.*

Single[3] *m Person*: single person; single man (*od.* woman); *pl.* singles; ***ein ~ sein*** be single, *Mann*: *a.* be a bachelor; **~dasein** *n*, **~leben** *n* life as a single, singlehood; **~lokal** *n* singles bar; **~szene** *f* singles scene.

Singsang *m* low, monotonous singing; ***man hörte s-n leisen ~*** you could hear him quietly singing away to himself.

Singstimme *f* singing voice.
Singular *m ling.*: (**im ~** in the) singular.
Singvogel *m* songbird.
sinken *v/i.* sink; *Schiff*: *a.* go down; *Aktien, Kurs, Preise, Temperatur etc.*: fall, drop, go down; *Boden, Erde, Hochwasser*: subside; *Nebel*: descend, come down; *fig. Ansehen, Einfluß*: diminish; *Hoffnung*: fade; **j-m in die Arme ~** fall into s.o.'s arms; **zu Boden ~** sink (*od.* drop) to the ground; **auf die Knie ~** drop to one's knees; **ins Bett ~** fall (*od.* collapse) into bed; **in e-n Sessel ~** sink (*od.* collapse) into an armchair; **~ lassen** lower, drop (*a. Stimme*); **den Kopf ~ lassen** hang one's head; *fig.* **s-e Stimmung sank** his spirits sank; **er ist tief gesunken** he has sunk very low; **in j-s Achtung ~** go down in s.o.'s opinion (*od.* esteem); → **Mut, Ohnmacht** 2, **Wert** *etc.*; **sinkend** *adj. Temperaturen, Preise etc.*: falling; **ein ~es Schiff** a sinking ship; **die ~e Sonne** the setting sun; *fig.* **~es Glück** flagging fortunes.
Sinn *m* (*Wahrnehmungs~*) sense; (*Denken, Gemüt*) mind; (*Verständnis, Empfänglichkeit*) sense (**für** of), feeling (for); (*Bedeutung*) sense, meaning; (*Grundgedanke, eigentlicher ~*) (basic) idea; (*Zweck*) purpose; **~e** (*sexuelle Begierde*) lust *sg.*, desires, (*Bewußtsein*) consciousness *sg.*; **sechster ~** sixth sense; **der ~ des Lebens** the meaning of life; **~ und Zweck** the (whole) object *od.* purpose; **ohne ~ und Verstand** without rhyme or reason; **aus den Augen, aus dem ~** out of sight, out of mind; **mit j-m eines ~es sein** be of one mind with s.o., see eye to eye with s.o.; **~ haben für** (be able to) appreciate; **sie hat keinen ~ dafür** she has no appreciation for that kind of thing; **dafür habe ich keinen ~** it doesn't mean anything to me (F do anything for me), F it's not really my thing (*od.* my cup of tea); **~ für Musik** *an* ear for music; **er hat keinen ~ für Musik** *a.* he's completely unmusical; **nur ~ für Geld haben** only be interested in money; **~ für das Schöne** an eye for beauty, a sense of beauty; **~ für das Ästhetische** *an* (a)esthetic sense, (a)esthetic sensitivity; **~ für Humor** sense of humo(u)r; **das ist so recht nach s-m ~** that's exactly what he likes; **mir steht der ~ nicht danach** I don't feel like it; **bist du von ~en?** are you out of your (F tiny little) mind?; **im ~ haben** have in mind, **zu** *inf.*: plan (*od.* intend) to *inf.*; **im wahrsten ~e des Wortes** in the true sense of the word, (*buchstäblich*) literally; **im engeren** (**weiteren**) **~e** in the narrower (wider) sense; **im ~e** *des Gesetzes etc.*: for the purposes of, as defined by; **et. im ~ behalten** keep (*od.* bear) s.th. in mind; **sich im gleichen ~e äußern** express o.s. along the same lines, say more or less the same (thing); **ganz in m-m ~** a) that suits me fine, b) just as I would have done; **in diesem ~e** with this in mind, in this spirit, *beim Abschied*: on this note; **es kam mir in den ~** it occurred to me; **es kam mir nie in den ~** *a.* it never entered my head; **es will mir nicht aus dem ~** I can't get it out of my mind; **das will mir nicht in den ~** I just can't understand it; **s-e fünf ~e beisammenhaben** have one's wits about one; **das gibt keinen ~** that doesn't make sense; **das hat keinen ~** (*ist zwecklos*) it's no use; **es hat keinen ~ zu** *inf.* there's no point in *ger.*; **was hat es für e-n ~ zu** *inf.* what's the point of (*od.* in) *ger.*; **ich kann keinen ~ darin sehen zu** *inf.* I don't see the point of (*od.* in) *ger.*; **das ist der ~ der Sache** that's the whole point; **das ist nicht der ~ der Sache** that's not the object of the exercise; F **das ist nicht im ~e des Erfinders** that wasn't the object of the exercise, that's not really what we intended; → **schlagen** I, **schwinden.**
Sinnbild *n* symbol (**für** of); (*Allegorie*) allegory (of); **sinnbildlich** *adj.* symbolic(ally *adv.*); (*allegorisch*) allegorical; **~e Darstellung** a) symbolic representation, b) allegory.
sinnen I. *v/i.* reflect (**über** [up]on), think (about); **~ auf** contemplate, plan, (*Böses*) plot *revenge*, plan *a murder etc.*; **was sinnst du?** what are you pondering over?; → **gesinnt, gesonnen**; **II.** ~ *n* reflection; **sein ~ und Trachten auf et. richten** concentrate one's thought and wish on s.th.; **sinnend** *adj.* pensive, thoughtful.
Sinnenfreude *f* sensual enjoyment, sensuality; **sinnenfreudig, sinnenfroh** *adj.* sensuous.
Sinnen|lust *f* sensual enjoyment, sensuality; **~mensch** *m* sensuous person; **~reiz** *m* sensual stimulus.
sinnentleert *adj.* meaningless, hollow.
sinnentstellend *adj.* misleading; **e-e ~e Übersetzung** *etc.* a translation *etc.* which distorts the meaning.
Sinnenwelt *f* material world.
Sinnes|änderung *f* change of heart; **~art** *f* disposition; way of thinking; (mental) attitude; **~eindruck** *m* sensation, sense impression; **~nerv** *m* sensory nerve; **~organ** *n* sense organ; **~reiz** *m* sensory stimulus; **~täuschung** *f* hallucination; **~wahrnehmung(en** *pl.*) *f* sensory perception; **~wandel** *m* change of heart.
sinnfällig *adj.* obvious; *Darstellung*: clear; **~er Vergleich** apt comparison, good analogy.
Sinn|gebung *f* interpretation; **~gedicht** *n* epigram.
sinngemäß I. *adj.* **1. ~e Wiedergabe** *etc.* rough summary *etc.*; **2.** (*folgerichtig*) logical; **II.** *adv.*: **~ schreibt er** the gist of what he writes is, basically what he writes is; **~ übersetzt** *etc.* roughly translated *etc.*
sinngetreu *adj.* faithful.
sinngleich *adj.* synonymous.
sinnieren *v/i.* muse, brood, ruminate (**über** on, about).
sinnig *adj. mst iro.* clever; (*passend*) appropriate.
sinnlich *adj.* sensuous; *Lippen etc.*: *a.* F sexy; (*sinnenfreudig*) sensuous; *phls.* sensuous; (*Ggs. geistig*) material; **~e Liebe** sensual love; **ein ~er Mensch** a very physical person; → **Wahrnehmung** 1; **Sinnlichkeit** *f* sensuality, *stärker*: voluptuousness; (*Sinnenfreude*) sensuousness, *contp.* voluptuousness.
sinnlos I. *adj.* (*zwecklos*) pointless, useless, futile, *pred. a.* no use; (*unsinnig*) stupid, senseless; (*bedeutungslos*) meaningless; **~e Gewalttätigkeit** mindless violence; **es ist ~ zu** *inf. a.* there's no point in *ger.*; **das ist völlig ~** (*es gibt keinen Sinn*) it doesn't make any sense at all; **es ist alles so ~** it's all so meaningless (*od.* pointless); **II.** *adv.*: **sich ~ betrinken** drink o.s. silly (*od.* into a stupor); **~ betrunken** blind drunk; **Sinnlosigkeit** *f* futility, pointlessness; senselessness; meaninglessness *etc.*; → **sinnlos.**
sinnreich *adj.* **1.** (*zweckmäßig, durchdacht*) ingenious, clever (*a. iro.*); **2.** (*tiefsinnig*) profound.
Sinnspruch *m* aphorism; maxim.
sinnverwandt *adj.* synonymous; **~es Wort** synonym; **Sinnverwandtschaft** *f* synonymity.
sinnverwirrend *adj.* bewildering.
sinnvoll *adj.* **1.** (*vernünftig*) sensible, *pred. a.* a good idea; (*klug*) wise; (*zweckdienlich*) practical, useful; **es wäre nicht sehr ~ zu** *inf.* it wouldn't be a very good idea to *inf.*, *stärker*: it would be pointless to *inf.*; **ökonomisch ~ sein** make good economic sense; **2.** (*e-n Sinn habend od. ergebend*) meaningful.
sinnwidrig *adj.* absurd; **Sinnwidrigkeit** *f* absurdity.
Sinnzusammenhang *m* context.
Sinologe *m* Sinologist; **Sinologie** *f* Chinese studies *pl.*, Sinology.
Sintflut *f* deluge, flood (*a. fig.*); *bibl.* *the* Flood; F **nach uns die ~!** après nous le déluge; **sintflutartig** *adj. Regenfälle etc.*: torrential *rain.*
Sinti *pl.* Sinti (gypsies).
Sinus *m* **1.** A sine; **2.** *anat.* sinus; **~kurve** *f* A sine curve; **~satz** *m* A sine theorem; **~schwingung** *f phys.* harmonic (*od.* sinusoidal) oscillation.
Siphon *m* **1.** soda siphon; **2.** (*Geruchsverschluß*) siphon.
Sippe *f* (*Familie*) family, F clan; (*Stamm*) tribe; → **Sippschaft.**
Sippen|forschung *f* genealogical research; **~haft** *f liability of a family for (political) crimes or actions of one of its members.*
Sippschaft *contp. f* **1.** (*Familie*) F clan; **mit der ganzen ~ ankommen** come with the whole family (*od.* clan) in tow; **2.** (*Bande*) F riffraff, rabble.
Sirene *f myth. u.* ⚙ siren.
Sirenen|geheul *n* wailing (of) sirens *pl.*; **man hörte das ~** *a.* you could hear the sirens wailing; **~gesang** *m* siren song.
sirren *v/i.* buzz.
Sirup *m* treacle, *Am.* molasses (*sg.*); (*bsd. Frucht~*) syrup.
Sisal *m* sisal; **~hanf** *m* sisal (hemp); **~teppich** *m* sisal mat.
Sisyphusarbeit *f* Sisyphean task.
Sitte *f* **1.** custom; **~n und Gebräuche** customs and way of life; **es ist ~, daß der Ehemann ...** it is the custom for the husband to *inf.*; **die ~ verlangt, daß** tradition (*od.* social etiquette) demands that; **das ist bei uns nicht ~** we don't do that around here (*od.* in these parts); F **dort herrschen rauhe ~n** F they're a rough lot; **was sind denn das für ~n?** where did you pick that up?, who taught you that?; **das sind ja ganz neue ~n!** things have changed around here; **das verstößt gegen alle ~n** that goes against all etiquette (*od.* public decency); **lockere ~n** loose morals; **hier herrschen strenge ~n** the rules are tough around here; **2.** F (*Sittenpolizei*) vice squad.
Sitten|apostel *m* moralizer; **~bild** *n* **1. ein ~ der** (**damaligen**) **Zeit** a portrayal

of the customs and morals of the time; **2.** *Kunst*: genre painting; **~dezernat** *n* vice squad, public morals department; **~gemälde** *n* → **Sittenbild**; **~kodex** *m* moral code, code of ethics, mores *pl.*; **~komödie** *f* comedy of manners; **~lehre** *f* ethics *pl.* (*sg. konstr.*), moral philosophy.
sittenlos *adj.* immoral, dissolute; **Sittenlosigkeit** *f* immorality, (complete) lack of morals.
Sitten|polizei *f* vice squad; **~prediger** *m* moralizer; **~richter** *m* moral censor; ***sich zum ~ aufwerfen*** set o.s. up as a moral censor.
sittenstreng *adj.* austere; *weitS.* puritanical; **Sittenstrenge** *f* austerity; high moral standards *pl.*; *weitS.* puritanism.
Sitten|strolch *m* (sexual) molester, sex offender; **~verfall** *m* moral decline.
sittenwidrig *adj.* immoral; ⚖ *a.* unethical.
Sittich *m zo.* parakeet.
sittlich *adj.* moral; ethical; ***ihm fehlt die ~e Reife*** he lacks maturity; **Sittlichkeit** *f* morality; (*sittliches Empfinden*) morals *pl.*
Sittlichkeits|delikt *n*, **~verbrechen** *n* sex crime, sex offen|ce (*Am.* -se); **~verbrecher** *m* sex offender.
sittsam *adj.* (*zurückhaltend*) demure; (*keusch*) chaste, modest; (*brav*) well-behaved; (*anständig*) decent; **Sittsamkeit** *f* demureness; chasteness, modesty; good manners *pl.*; decency.
Situation *f* situation; (*persönliche, finanzielle ~ etc.*) *a.* position; → *a.* **Lage**; **Situationskomik** *f* situational humo(u)r.
situiert *adj.*: ***gut ~ sein*** be well off, be well to do; ***schlecht ~ sein*** be badly off.
Sitz *m* seat (*a. fig. Amtsℒ, Bischofsℒ, Familienℒ etc.*; *a. parl.*); *e-r Organisation, e-s Unternehmens*: *a.* headquarters *pl.* (*a. sg. konstr.*); (*Wohnℒ*) (place of) residence, *formell*: domicile; ⚙, *a. Kleidung*: fit; ***e-n guten ~ haben*** *Kleidung*: fit well, sit well on *s.o.*; *Reitsport*: sit (the horse) well; ***die Zuschauer von den ~en reißen*** sweep the audience off their feet; **~bad** *n* hip bath, sitz bath; **~bank** *f* bench; *gepolstert*: seat; **~blockade** *f* sit-in, sit-down demonstration (F demo); **~ecke** *f* corner seating unit.
sitzen *v/i.* sit; (*sein*) *oft* be; *Kleidung*: (*passen*) fit, (*richtig angezogen sein*) be on properly; *Modell*: sit (**j-m** for s.o.); F *im Gefängnis*: F do time; F (*treffen*) F hit home (*a. fig.*); **~** *in Firma etc.*: have one's headquarters in; F ***im Gedächtnis ~*** have sunk in; ***~ bleiben*** remain (*od.* stay) seated, F *beim Tanz*: be left out; ***bleiben Sie ~!*** don't get up; stay in your seat(s); → ***sitzenbleiben***; ***bei j-m ~*** sit beside (*od.* next to, with) s.o.; ***~ Sie bequem?*** are you comfortable?; ***zu viel ~*** spend too much time sitting (F on one's backside); ***das viele ℒ ist nicht gut für dich*** sitting on a chair all day doesn't do you any good; ***lieber zu Hause ~*** prefer to stay at home; ***beim Essen ~*** be having one's dinner (*od.* lunch); ***im Parlament ~*** have a seat in Parliament, be an MP (*od.* a Member of Parliament); ***im Stadtrat ~*** be on the (town) council; ***im Ausschuß ~*** be on the committee; ***sie ~ immer noch*** they're still in the meeting; ***beim Arzt ~*** be at the doctor's; ***den ganzen Tag in der Kneipe ~*** sit around in the pub all day; ***stundenlang vor dem Fernseher ~*** spend hours (sitting) in front of the television, F be glued to the television for hours; ***ich habe lange daran gesessen*** I spent a lot of time on it; ***er sitzt auf s-m Geld*** he's sitting on his money; ***im Gefängnis ~*** be in jail (F clink); F ***er saß sechs Monate wegen Diebstahl(s)*** F he did six months for theft; ***über den Büchern ~*** be poring over one's books; F ***einen ~ haben*** F have had one too many; ***d-e Krawatte sitzt nicht richtig*** your tie's not straight; ***dein Hut sitzt schief*** your hat's cockeyed (F skew-whiff); ***wo sitzt der Schmerz?*** where does it hurt exactly?; ***da sitzt der Fehler!*** that's where the problem lies; ***die Angst*** (***der Haß***) ***sitzt tief*** the fear (hatred) runs *od.* goes deep; ***das hat gesessen!*** that hit home; ***die Vokabeln ~ gut*** (***schlecht***) he *etc.* knows his *etc.* vocabulary off pat (his vocabulary's shaky, he needs to work on his vocabulary); ***bei ihm sitzt jeder Handgriff*** he knows exactly what he's doing; *e-n Vorwurf etc.* ***nicht auf sich ~ lassen*** not to stand for (*od.* take); ***das lasse ich nicht auf mir ~*** *a.* I'm not just going to sit here and take that; → ***Patsche, Tinte*** *etc.*
sitzenbleiben F *v/i.* **1.** *ped.* have to repeat a year, stay back a class; **2.** ***auf et. ~*** be left with (*od.* sitting on) s.th.; **3.** (*nicht geheiratet werden*) be left on the shelf.
sitzend *adj.* **1.** ***~e Lebensweise*** (***Tätigkeit***) sedentary life (occupation); **2.** ***~e Figur*** seated figure.
sitzenlassen F *v/t.* leave, desert, walk out on; (*Freund[in]*) leave, walk out on, jilt; (*versetzen*) stand *s.o.* up; (*im Stich lassen*) let *s.o.* down, leave *s.o.* in the lurch; ***sie ließ ihn einfach sitzen*** (*versetzte ihn*) *a.* she just didn't turn up.
Sitz|fläche *f* seat (*a.* F *Gesäß*); **~fleisch** *n* (*Ausdauer*) perseverance; stamina; ***er hat*** (***aber***) ***~*** he doesn't seem to be in a hurry to leave; ***er hat kein ~*** he can't sit still; *bei der Arbeit*: he can't stick to anything; **~garnitur** *f* living-room (*dreiteilig*: *a.* three-piece) suite; **~gelegenheit** *f* seat, place to sit; *pl.* seating *sg.*, seats; **~gruppe** *f* → ***Sitzgarnitur***; **~kissen** *n* (seat) cushion; **~ordnung** *f* seating arrangement(s *pl.*) *od.* plan; **~platz** *m* seat (*a.* ***Sitzplätze bieten für***); **~polster** *n* seat; **~reihe** *f* row (of seats); **~streik** *m* sit-in, sit-down strike.
Sitzung *f* (*Konferenz*) meeting, conference; *parl. etc.* session, sitting; ⚖ sitting, hearing; *beim Psychiater etc.*: session; *beim Maler etc.*: sitting; ***auf*** (*od.* ***bei, in***) ***e-r ~*** at a meeting.
Sitzungs|bericht *m* minutes *pl.* (of the meeting); **~periode** *f parl.* session; **~saal** *m* conference hall; *parl.* chamber; **~zimmer** *n* conference room.
Sitzverteilung *f parl.* distribution of seats.
Sixtinisch *adj.*: ***~e Kapelle*** Sistine Chapel.
Sizili(an)er(in *f***)** *m*, **sizil(ian)isch** *adj.* Sicilian.
Skala *f* scale (*a.* ♪); *Thermometer*: *a.* range; *Radio, Armaturenbrett*: dial; (*Reihe*) range (*a. fig.*); *fig.* ***die ganze ~*** the whole gamut.
Skalen|beleuchtung *f* dial light (*od.* illumination); illuminated dial; **~einteilung** *f* graduation; **~reiter** *m Radio*: station marker.
Skalp *m* scalp.
Skalpell *n* ⚕ scalpel.
skalpieren *v/t.* scalp.
Skandal *m* scandal (**um** surrounding); (*Schande*) *a.* disgrace; ***es ist ein ~*** *a.* it's scandalous; **~blatt** *n* scandal sheet; **~nudel** F *f* glutton for scandal; **~ X** scandal-ridden X.
skandalös *adj.* scandalous; (*empörend*) *a.* shocking, disgraceful.
Skandal|presse *f* gutter press; **ℒsüchtig** *adj.* scandal-seeking; ***~e Person*** scandalmonger; **ℒumwittert** *adj.* scandal-ridden, surrounded by scandal.
Skandinavier(in *f***)** *m*, **skandinavisch** *adj.* Scandinavian.
Skarabäus *m* scarab.
Skat *m* skat; ***~ spielen*** (F ***kloppen, dreschen***) play skat; **~abend** *m* **1.** skat night; **2.** *an* evening of skat; **~bruder** *m* skat mate.
Skateboard *n* skateboard; ***~ fahren*** (ride a) skateboard; **~fahren** *n* skateboarding; ***~ verboten!*** no skateboards.
Skatologie *f* scatology; **skatologisch** *adj.* scatological.
Skatpartie *f* round (*od.* game) of skat.
Skelett *n* skeleton (*a.* ⚕, △); ***zum ~ abgemagert sein*** be (just) skin and bones; **Skelettbauweise** *f* skeleton construction; **skelettieren** *v/t.* skeletonize.
Skepsis *f* scepticism, *Am.* skepticism; doubt; *j-m od. e-r Sache* ***mit ~ gegenüberstehen*** be sceptical (*Am.* skeptical) about, have one's doubts about; **Skeptiker** *m* sceptic, *Am.* skeptic; **skeptisch** *adj.* sceptical, *Am.* skeptical; ***ich bin da ~*** *a.* I'm not so sure (about it); **Skeptizismus** *m* scepticism, *Am.* skepticism.
Sketch *m thea.* sketch, skit.
Ski *m* ski; ***~ laufen*** (*od.* ***fahren***) ski (*pret. u. p.p.* skied); go skiing; **~anzug** *m* ski(ing) suit; **~as** *n* skiing ace; **~ausrüstung** *f* skiing gear (F things *pl.*); **~bindung** *f* ski binding; *pl. a.* ski fittings; **~bob** *m* skibob; **~brille** *f*: (**e-e ~** a pair of) skiing goggles *pl.*; **~fahrer** *m* skier; **~gebiet** *n* skiing area; **~gymnastik** *f* skiing exercises *pl.*; **~hang** *m* ski run; **~haserl** F *dial. n* F snow (*od.* ski) bunny; **~hose** *f*: (**e-e ~** a pair of) skiing trousers *pl.*; **~hütte** *f* ski hut; **~kurs** *m* skiing course; **~lauf(en** *n***)** *m* skiing; **~läufer** *m* skier; **~lehrer** *m* skiing instructor; **~lift** *m* ski lift; **~mütze** *f* skiing hat (*od.* cap).
Skinhead *m* skinhead, F skin.
Ski|paradies *n* skier's paradise; **~piste** *f* ski run; **~spitze** *f* (ski) tip; **~sport** *m* skiing; **~springen** *n* ski jumping; **~springer** *m* ski jumper; **~spur** *f* (ski) track; **~stiefel** *m* skiing boot; **~stock** *m* ski stick, ski pole; **~träger** *pl. am Auto*: ski rack *sg.*; **~unfall** *m* skiing accident; **~unterricht** *m* skiing instruction (*od.* lessons *pl.*); **~urlaub** *m* skiing holiday (*Am.* vacation); **~wachs** *n* skiing wax; **~wandern** *n* ski-hiking; **~zirkus** *m* ski circus (*od.* circuit).
Skizze *f* sketch (*a. literarisch*); (*Rohentwurf*) *a.* (rough) outline.
Skizzen|block *m* sketchpad; **~buch** *n* sketchbook.
skizzenhaft I. *adj.* sketchy, rough; **II.** *adv.*: ***man sah ~ angedeutet*** you could see the rough outlines of.
skizzieren *v/t.* sketch; *fig.* outline; *fig.* ***könnten Sie es kurz ~?*** could you give me a brief outline (of it)?

Sklave *m* slave (*a. fig.*); *fig.* ***ein ~ s-r Gewohnheiten sein*** be a slave to one's habits; ***j-n zum ~n machen*** make s.o. one's slave; **Sklavenarbeit** *f* slave labo(u)r; *fig.* drudgery, slavery.

Sklavenhalter *m* slave holder; **~gesellschaft** *f* slave-owning society.

Sklaven|handel *m* slave trade; **~händler** *m* slave trader; **~markt** *m* slave market; **~treiber** *m a. fig.* slavedriver.

Sklaventum *n*, **Sklaverei** *f* slavery; *fig. a.* slavedriving; *fig.* ***es ist e-e*** (*od.* ***die reinste***) ***Sklaverei*** it's sheer slavery, F it's a real sweat.

Sklavin *f* slave (*a. fig.*).

sklavisch *adj.* slavish; ***~e Nachahmung*** slavish copy (*od.* imitation); ***es ist e-e ~e Nachahmung von ...*** *a.* it has been painted *etc.* in slavish adherence to ...

Sklerose *f* ⚕: (***multiple ~*** multiple) sclerosis; **sklerotisch** *adj.* sclerotic.

skontieren *v/t.* ✝ give a (cash) discount on; **Skonto** *n, m* cash discount; ***geben Sie ~?*** do you give a cash discount?

Skooter *m* dodgem, bumper car.

Skorbut *m* ⚕ scurvy; **skorbutisch** *adj.* scorbutic.

Skorpion *m* **1.** *zo.* scorpion; **2.** (*Sternzeichen*) Scorpio; (***ein***) ***~ sein*** be (a) Scorpio.

Skribent *m* hack (writer), literary hack.

Skript *n* **1.** *Film etc.*: script; **2.** *univ.* lecture notes *pl.*; **~girl** *n* continuity girl.

Skrofulose *f* ⚕ scrofula.

Skrupel *m* scruple; ***~ haben, et. zu tun*** have scruples about doing s.th.; ***keine ~ haben, et. zu tun*** have no scruples (*od.* qualms) about doing s.th.; ***keine ~ kennen*** have no scruples, be totally unscrupulous; ***ohne jeden ~*** without the slightest scruple.

skrupellos *adj.* unscrupulous; **Skrupellosigkeit** *f* unscrupulousness.

Skullboot *n Sport*: scull; **skullen** *v/i.* scull; **Skuller** *m* sculler.

skulptieren *v/t.* sculpture, sculpt; **Skulptur** *f* sculpture.

Skulpturen|galerie *f* sculpture gallery; **~sammlung** *f* collection of sculptures; (*Museum*) sculpture collection (*od.* museum).

skurril *adj.* (*seltsam*) strange, bizarre; (*absurd*) absurd; (*grotesk, lächerlich*) ludicrous.

S-Kurve *f* double bend.

Slalom *m Sport*: slalom; ***e-n ~ fahren*** do (*od.* take part in) a slalom; *fig. mot.* ***~ fahren*** weave; **~läufer** *m* slalom racer.

Slang *m* **1.** slang; **2.** *technischer etc.*: jargon; **~ausdruck** *m* slang expression.

Slawe *m*, **Slawin** *f* Slav; **slawisch** *adj.* Slav, *a.* **Slawisch** *n ling.* Slavic; **Slawist** *m* Slavonicist; **Slawistik** *f* Slavonic studies *pl.*

Slip *m* (*Unterhose*): (***ein*** ~ a pair of) briefs *pl.*, (*Damen*~) panties *pl.*

Slipper *m* slip-on (shoe).

Slogan *m* slogan, catchphrase.

Slowake *m*, **Slowakin** *f*, **slowakisch** *adj.*, **Slowakisch** *n ling.* Slovak.

Slowene *m*, **Slowenin** *f*, **slowenisch** *adj.*, **Slowenisch** *n ling.* Slovene.

Slum *m* slum(s *pl.*); *in amerikanischen Großstädten*: ghetto; **~bewohner** *m* slum-dweller.

Smaragd *m* emerald; **~grün** *adj.* emerald (green).

Smog *m* smog; **~alarm** *m* smog alert; **~warnung** *f* smog warning.

Smoking *m* dinner jacket, *Am.* tuxedo; **~hemd** *n* dress shirt.

Snack *m* snack, bite to eat.

Snob *m* snob; **Snobismus** *m* snobbishness, snobbery; **snobistisch** *adj.* snobbish.

so I. *adv.* (*in dieser Weise*) like this *od.* that; *vor adv. u. adj.*: so *cold etc.*, *vergleichend*: as *bad etc.*; (*~ sehr*) as much; (*ungefähr*) around, about; ***nicht ~ kalt*** *etc.* not so cold *etc.*, *vergleichend*: *a.* not as cold *etc.*; ***~!*** right!; *abschließend*: *a.* that's that!; ***~?*** is that right (*od.* so)?, really?; ***~, ~!*** I see, *interessierter*: well, well!; *er ist hier -* ***~!*** is he?; *er braucht Geld -* ***~!*** does he (now)?; ***~ ein*** such a; ***~ ein Idiot!*** what an idiot!; ***~ etwas*** something like that, *bei Frage*: *a.* anything like that, *bei Verneinung*: anything like that; ***~ etwas habe ich noch nie gesehen*** (***gehört***) I've never seen anything like it (I've never heard such a thing); ***danke, es geht schon ~*** I can manage, thanks; it's all right (*Am.* alright), thanks; F (***na***) ***~ was!*** really?, you don't say!, *zu sich selbst*: that's strange, *stärker*: would you believe it; *warum fragst du? -* ***nur ~*** I just wondered; *er war Regisseur* ***oder ~*** or something like that, or something along those lines; *er hieß Merkl* ***oder ~*** or something like that, or something to that effect; ***... und ~ ...*** and so on; ***~ ... wie*** (*od.* ***als***) as ... as; ***~ weit es reicht*** as far as it goes; ***noch einmal ~ viel*** as much again; ***um ~ besser*** so much the better, just as well; ***um ~ mehr*** all the more; ***ach ~!*** oh(, I see)!; ***~ ist es*** that's how it is, *bestätigend*: that's it, F you've got it; ***~ ist das Leben*** that's life, such is life; ***und ~ kam es, daß ...*** and so ..., that's how ...; ***wie du mir, ~ ich dir*** tit for tat; ***komm mir nicht ~!*** don't speak to me like that; ***~ oder ~*** one way or another, (*wie man's sieht*) whichever way you look at it, *verlierst du etc.*: *a.* whatever you do; ***~ geht das nicht*** that's just not on, *eingreifend*: oh no you don't'!; ***er meint es nicht ~*** he doesn't (really) mean it (to be taken) like that; ***~ in einer Stunde*** in an hour or so, in about an hour; ***~ alle acht Tage*** every week or so; ***~ und ~ oft*** every so often; ***~ gut wie nichts*** next to nothing; ***~ geht's, wenn du nicht hörst*** that's what comes of not listening; ***ich habe ~ das Gefühl, daß*** I have a feeling that, something tells me that; ***er hat ~ s-e Stimmungen*** he has his little moods; ***tu doch nicht ~!*** stop putting it on; ***..., ~ der Präsident*** ..., according to the president; ....., so the president maintains; ***was treibst du ~?*** what are you up to these days?; ***wie geht es ihm ~?*** how is he then?; ***was kostet es denn ~?*** what sort of price were you thinking of (*od.* are they asking *etc.*)?; ***wie findest du ihn denn ~?*** what do you think of him then?; **II.** *cj.* (*folglich*) so; (*wie sehr*) however; ***~ schnell ich rannte, ...*** however fast I ran, ...; ***~ krank er auch ist*** however ill he may be; ***~ daß*** so that, so as to *inf.*; ***~ sehr, daß*** so much (so) that, to such an extent that.

sobald *cj.*: ***~*** (***als***) as soon as, the moment *he arrived etc.*; ***~ es Ihnen möglich ist*** as soon as possible, ✝ at your earliest convenience.

Söckchen *pl.* ankle socks; (*Kinder*~) socks.

Socke *f* sock; F *fig.* ***sich auf die ~n machen*** F make tracks, *sl.* push off; F ***ich muß mich auf die ~n machen*** *a.* F I'd better get a move on (*od.* get my skates on); F ***er war von den ~n*** F he nearly fell over backwards (*od.* keeled over).

Sockel *m* **1.** base; *Säule, Statue etc.*: *a.* plinth, pedestal; **2.** ⚡ socket; **3.** ✝ → **~betrag** *m* basic allowance; **~rente** *f* basic pension.

Soda *f, n* soda; 🜍 *a.* sodium carbonate.

sodann *obs. adv.* then, *lit.* thereupon.

Sodawasser *n* soda water.

Sodbrennen *n* heartburn.

Sode *f* piece of turf, sod.

Sodomie *f* buggery, bestiality.

soeben *adv.* just (now); (*in diesem Augenblick*) just, right now.

Sofa *n* sofa, settee; **~ecke** *f* sofa corner; **~kissen** *n* (sofa) cushion.

sofern *cj.* if, provided (that), as long as; ***~ er nicht absagt*** provided (*od.* as long as) he doesn't call it off, unless(, of course,) he calls it off.

Soffitte(nlampe) *f* tubular lamp.

sofort *adv.* straightaway, immediately, at once, right away; ***er ging ~ ins Bett*** *a.* he went straight to bed; (***ich komme***) ***~!*** I'll be with you right away (F in a sec); ***er kommt ~*** *a.* he's on his way; ***er war ~ tot*** he died instantly (*od.* straightaway), it was (an) instant death; *das Kind* ***fing ~ an zu schreien, als ich das Zimmer verließ*** started screaming the moment (*od.* minute) I left the room *od.* as soon as I left the room; ***~ lieferbar*** (***zahlbar***) spot delivery (payment).

Sofortbildkamera *f* instant camera.

Soforthilfe *f* emergency relief.

sofortig *adj.* immediate; *Lieferung*: *a.* prompt; → ***Wirkung.***

Sofort|maßnahmen *pl.* immediate steps; emergency measures; **~programm** *n pol.* crash program(me).

Softeis *n* soft ice.

Softie F *m* (real) softie.

Software *f* software; **~anbieter** *m* software provider; **~paket** *n* software package; **~technologie** *f* software engineering.

Sog *m* suction; ⚓, ✈ *a.* wake; (*Wirbel*) vortex; (*Unterströmung*) undertow; *fig.* vortex, whirlpool, maelstrom; *fig.* ***in den ~ der Großstadt*** *etc.* ***geraten*** get caught up in the maelstrom of big city life *etc.*

sogar *adv.* even; ***sie hat ~ den zweiten Platz erreicht*** she made second place, no less; ***sehr gut, ~ ausgezeichnet*** very good, excellent, in fact.

sogenannt *adj.* **1.** so-called; (*angeblich*) *a.* would-be; → *a.* ***selbsternannt***; **2.** *bei Neuprägungen*: so-called; ***das ~e ...*** *a.* what is known as ...

sogleich *obs. adv.* → ***sofort.***

Sohle *f* **1.** *Fuß u. Schuh*: sole; *fig.* ***auf leisen ~n*** on tiptoe, (*heimlich*) stealthily; **2.** (*Tal*~, *Fluß*~) bottom; **3.** ⚒ floor; **sohlen** *v/t.* (re)sole.

Sohn *m* son; ***ganz der ~ s-s Vaters*** a chip off the old block.

Sohnemann *hum. m* son, sonny; ***der ~*** junior.

soigniert *adj.* elegant; *Erscheinung*: *a.* soigné.

Soiree *f* soiree, soirée.

Soja(bohne) *f* soybean, soya (bean); **Sojabohnenkeimlinge** *pl.* soybean sprouts.

Soja|mehl *n* soybean flour; **~milch** *f* soybean milk; **~öl** *n* soybean oil; **~soße** *f* soy(a) sauce; **~sprossen** *pl.* soybean sprouts.

Sokratiker *m*, **sokratisch** *adj.* Socratic.

solang(e) *cj.* as long as; (*während*) *a.* while; *einschränkend*: as (*od.* so) long as; **~ *ich lebe*** for the rest of my life, (*bisher*) all my life; **~ *er nicht anruft, können wir nichts machen*** we can't do anything until he rings up.

solar *adj.* solar.

Solar|batterie *f* solar battery; **~energie** *f* solar energy.

Solarisation *f phot.* solarization.

Solarium *n* solarium.

Solar|jahr *n* solar year; **~kollektor** *m* → ***Sonnenkollektor***; **~kraftwerk** *n* solar energy plant, solar power station.

Solarplexus *m physiol.* solar plexus.

Solar|technik *f* solar technology; **~wind** *m* solar winds (*od.* storms) *pl.*

Solarzelle *f* solar cell; **Solarzellenbatterie** *f* solar battery.

Solbad *n* **1.** brine bath; **2.** (*Ort*) saltwater spa.

solch *pron. u. adj.* such, that kind (*od.* sort) of, ... like that; **~ *einer*** someone (*od.* a person) like that; ***~e Menschen*** that kind (*od.* sort) of person, people like that; ***als ~er*** as such; ***ich hatte ~e Angst*** I was so scared; ***ich habe ~e Kopfschmerzen*** I've got such a headache; ***es gibt eben ~e und ~e*** it takes all sorts to make a world; ***es gab ~e, die ..., und ~e, die ...*** there were those who ... and those (*od.* others) who ...; **solcherart I.** *adj.* such, that kind (*od.* sort) of, ... like that, ... of that kind (*od.* sort); **II.** *adv.* (*auf solche Art*) in that (*od.* this) way; *formell*: by that manner of means; **solcherlei** *adj.* such, that kind (*od.* sort) of, ... of that kind (*od.* sort).

Sold *m* ⚔ pay; *fig.* ***in j-s ~ stehen*** be in the employ of s.o., *contp.* be one of s.o.'s mercenaries (*od.* hirelings).

Soldat *m* soldier (*a. zo. Ameise etc.*), serviceman; ***er ist ~*** *mst* he's in the army; ***gedienter ~*** ex-serviceman, *Am.* veteran; ***der Unbekannte ~*** the Unknown Warrior (*od.* Soldier); **~ *werden*** join the army, join up.

Soldaten|beruf *m* military career (*od.* profession), army career, career in the army; **~friedhof** *m* military (*od.* war) cemetery; **~grab** *n* war (*od.* soldier's) grave; **~leben** *n* army life, life in the army, *a* soldier's life; **~sprache** *f* forces' (*od.* army, soldiers') slang; **~uniform** *f* soldier's (*od.* military) uniform.

Soldateska *contp. f* rabble of soldiers, marauding troops *pl.*

soldatisch *adj.* soldierly; (*militärisch*) military.

Söldling *contp. m* mercenary, hireling.

Söldner *m* mercenary; **~heer** *n* army of mercenaries; **~truppen** *pl.* mercenary troops.

Sole *f* saltwater, brine.

Solei *n* pickled egg.

Solidar|gemeinschaft *f* unified community; **~haftung** *f* joint (and several) liability.

solidarisch I. *adj.* **1.** *Front etc.*: united; *Vorgehen etc.*: *a.* concerted *action*; ***sich ~ erklären mit*** declare one's solidarity with; **2.** ⚖ joint (and several); **II.** *adv.* **3.** **~ *handeln*** *etc.* act *etc.* in solidarity (***mit*** with); **4.** ⚖ jointly and severally; **solidarisieren** *v/refl.*: ***sich ~ mit*** declare one's solidarity with; **Solidarität** *f* solidarity.

Solidaritäts|beweis *m* show of solidarity; **~erklärung** *f* declaration of solidarity; **~gefühl** *n* feeling of solidarity; **~streik** *m* sympathy strike, *a. pl.* sympathetic action; **~schuldner** *m* joint debtor; **~zuschlag** *m* solidarity tax.

solide I. *adj. Person*: respectable; *Firma*: *a.* well-established ...; *Preise*: reasonable; *Verhältnisse*, *Kenntnisse*: sound; *Grundlage*: firm, sound; *Material etc.*: solid, robust, strong; ***e-e ~ Arbeit*** a sound piece of work, (*Möbelstück etc.*) a good, solid piece of workmanship; ***e-e ~ Mahlzeit*** a good square meal; **~ *Möbel*** (good,) solid furniture; ***er ist ~ geworden*** he's settled down; **II.** *adv.*: **~ *gebaut*** well-built, solidly built; **Solidität** *f* solidity; ✝ soundness; (*Achtbarkeit*) respectability.

Solist(in *f*) *m* soloist; *im Orchester*: principal; **solistisch** *adj.* soloistic; as a soloist.

Soll *n* ✝ debit; (*Liefer*~) (fixed) quota; (*Produktions*~) production quota; (*Liefer-, Produktionsziel*) target; **~ *und Haben*** debit and credit; **~-Bestand** *m* ✝ *an Werten etc.*: calculated assets *pl*; *an Vorräten*: authorized supplies *pl.*; **~-Bruchstelle** *f* ⚙ predetermined breaking point.

sollen *v/i.* **1.** *bei Aufgabe, Verpflichtungen etc.*: be to, be supposed to; *Mutti sagt*, ***du sollst nach Hause kommen*** you're to come home; ***er soll mich anrufen*** he's to ring me up, tell him to ring me up; ***ich soll erst abwaschen*** I have to (*od.* I'm to) do the dishes first; ***du solltest längst im Bett sein*** you're supposed to be in bed, you should have been in bed long ago; ***er sollte um zwei hier sein*** he was supposed to be here at two; ***ich soll dir ausrichten, daß*** I'm to tell you that; ***ich soll dir schöne Grüße von ihm bestellen*** he sends his regards, he asked me to give you his regards; ***soll ich mitkommen?*** shall I come?, do you want me to come?; ***du sollst ihn in Ruhe lassen!*** leave him alone!; ***wie oft soll ich dir das noch sagen?*** how many times do I have to tell you?; *bibl.* ***du sollst nicht töten*** thou shalt not kill; **2.** *bei Gedanken, Beabsichtigtem*: ***hier soll e-e Turnhalle gebaut werden*** a gymnasium is to be built here, there are plans to build a gymnasium here; ***er soll morgen ankommen*** he's due (*od.* supposed) to arrive tomorrow; ***das Buch soll Ihnen dabei helfen*** the book is designed to help you with this; **3.** *bei e-r bestimmten Vorstellung*: ***was soll das sein?*** what's that supposed to be?; ***es sollte ein Geschenk werden*** it was supposed (*od.* meant) to be a present; ***es sollte ein Witz sein*** it was meant as a joke; ***er sollte Arzt werden*** he was supposed to become a doctor, F the idea was for him to become a doctor; **4.** *bei Beschluß, Drohung, Herausforderung etc.*: ***du sollst es schon kriegen*** you'll get it, don't worry; I'll make sure you get it; ***er soll alles haben, was er will*** he's to have whatever he wants, *a.* let him have anything he wants; ***es soll nicht wieder vorkommen*** it won't happen again; ***das soll uns nicht stören*** we won't let that bother us; ***niemand soll sagen, daß*** I don't want it to be said that, never let it be said that; ***der soll nur kommen!*** just let him come!; ***das sollst du mir büßen!*** I'll make you pay for that; ***das soll mir mal einer nachmachen!*** I'd like to see anyone do better; **5.** *bei Ratschlag, Vorwurf etc.*: should, ought to; ***du solltest es mal sehen*** you should (*od.* ought to) see it; ***du hättest es sehen ~*** you should (*od.* ought to) have seen it; ***man hätte es ihm sagen ~*** he ought to (*od.* should) have been told; ***das hättest du sagen ~*** you should (*od.* ought to) have said so (*od.* said that); ***ich hätte es wissen ~*** I should have known; ***du solltest lieber nach Hause gehen*** I think you'd better (*od.* you ought to) go home; ***sie sagte, ich sollte erst zu Ende studieren*** she said I should (*od.* I ought to, I was to, I'm to) finish my degree first; ***warum sollte ich (auch)?*** why should I?, I don't see why I should; **6.** *bei Unentschlossenheit*: ***was soll ich tun?*** what shall (*od.* should) I do?, *verzweifelt*: *a.* what am I supposed to do?; ***er wußte nicht, was er machen sollte*** he didn't know what to do; ***sie wußten nicht, ob sie lachen oder weinen sollten*** they didn't know whether to laugh or cry; ***was soll ich sagen?*** what can I say?, *ratlos*: what am I supposed (*od.* meant) to say?; **7.** *bei e-r Möglichkeit*: ***falls er kommen sollte*** if he should come, in case he comes; ***falls es irgendwelche Probleme geben sollte*** if there should be (*od.* are) any problems; ***sollte er es gewesen sein?*** could it have been him?; ***man sollte annehmen*** you would think; **8.** *bei unbestätigten Gerüchten etc.*: be supposed to, be said to; ***sie soll sehr reich sein*** she's supposed (*od.* said) to be very rich, they say she's very rich; ***er soll es versteckt haben*** he's supposed (*od.* said) to have hidden it, they say he's hidden it; ***er soll e-e Autorität auf dem Gebiet sein*** *a.* apparently he's quite an expert on the subject; **9.** *bei Bestimmung, Schicksal*: be to; ***er sollte den Prozeß gewinnen*** he was to win the case; ***sie sollte e-e berühmte Sängerin werden*** she was (destined) to become a famous singer; ***es hat nicht sein ~*** (*od.* **~ *sein***) it wasn't meant to be; ***ein Jahr sollte verstreichen, bis*** it was to be another year before, a whole year was to pass before; ***es sollte alles anders kommen*** things turned out (*od.* were to turn out) quite differently; ***er wußte nicht, daß er nie wiederkommen sollte*** he didn't know that he would never return (*od.* that he was never to return); **10.** ***was soll das?*** (*was bedeutet das?*) what's all this about?, (*wozu soll es nützen?*) what's that for?, *verärgert*: what's the idea?, what are you playing at?; ***wozu soll das gut sein?*** what's that in aid of?; ***was soll ich damit?*** what am I supposed to do with it?; ***was soll ich hier?*** can somebody tell me what I'm supposed to be doing here?; ***wo soll das hin?*** where's it supposed to go?, where do you want me *etc.* to put it?; ***soll er doch!*** let him; see if I care; ***was soll's*** so what; who cares.

Soll|seite *f* debit side; **~-Stärke** *f* ⚔ required strength; **~-Wert** *m* rated (*od.* desired) value; *Regeltechnik*: set point; **~zinsen** *pl.* debtor interest *sg.*

Solo I. *n* solo; **II.** ≈ *adv.* ♪ solo; F *a.* alone; **~geiger** *m im Orchester*: principal violinist; **~gesang** *m* (voice) solo; **~gitarre** *f* solo guitar; **~karriere** *f* career as a soloist; **~part** *m* ♪ solo (part); **~sänger** *m* solo singer, soloist; **~spieler** *m* solo player, soloist; **~stimme** *f* **1.** solo voice; **2.** (*Part*) solo part; **~stück** *n* solo (*a.* ♪); **~tänzer** *m* **1.** solo dancer; **2.** (*erster Tänzer*) principal (*od.* first) dancer.

solvent *adj.* solvent; **Solvenz** *f* solvency.

Somalier(in *f***)** *m*, **somalisch** *adj.* Somali.

somit *adv.* thus, therefore, as a result; (*hiermit*) so.

Sommer *m* summer; **im ~** in (the) summer; **~abend** *m* summer evening; **~anfang** *m* beginning of summer; first day of summer; **~fahrplan** *m* summer timetable (*Am.* schedule); **~fell** *n* summer coat; **~ferien** *pl.* summer holidays (*bsd. Am.* vacation *sg.*); **~frische** *f* (*Ort*) summer resort; **~gerste** *f* spring barley; **~halbjahr** *n* summer (months *pl.*); *ped. etwa* summer term; **~haus** *n* summer house; **~hitze** *f* summer heat, heat of summer; **~kleidung** *f* summer clothing; ✝ summerwear; **~kollektion** *f* summer collection.

sommerlich I. *adj.* summery; (*für den Sommer üblich*) summer ...; **II.** *adv.*: *es wird ~* **warm** summer temperatures.

Sommer|loch F *n* silly season; **~mode** *f* summer fashions *pl.*; **~monat** *m* summer month; **~nacht** *f* summer('s) night; **~olympiade** *f* Summer Olympics *pl.*; **~pause** *f* summer break; *pol.* summer recess; **~regen** *m* summer shower(s *pl.*); **~reifen** *m* normal tyre (*Am.* tire); **~sachen** *pl.* summer clothes; **~schlußverkauf** *m* summer (*od.* June) sales *pl.*; **~schuhe** *pl.* summer shoes; **~semester** *n* summer semester (*od.* term); **~sitz** *m* summer residence; **~smog** *m* smog (during summertime); **~sonnenwende** *f* summer solstice; **~spiele** *pl.*: ***Olympische ~*** Summer Olympics.

Sommersprossen *pl.* freckles; **sommersprossig** *adj.* freckled.

Sommer|tag *m* summer('s) day; **~theater** *n* **1.** summer theat|re (*Am. a.* -er); **2.** F *bsd. pol.* silly season; **~urlaub** *m* → ***Sommerferien***; **~wetter** *n* summer weather; **~zeit** *f* **1.** summer(time); ***während der ~*** in summer(time); **2.** (*Uhrzeit*) summer time, daylight saving time; ***ab morgen gilt die ~*** we switch to summer time tomorrow, we put the clocks forward tomorrow.

somnambul *adj.* somnambulistic; **Somnambule(r)** *m* somnambulist.

Sonar(gerät) *n* sonar.

Sonate *f* ♪ sonata; **Sonatenform** *f* sonata form; **Sonatine** *f* sonatina.

Sonde *f* ⚕ probe (*a. fig.*); (*Radio*≈), *Radar, meteor.*: sonde; *Raumforschung*: probe; ✈ *Sicherheitskontrolle*: metal detector.

Sonder... special; **~abdruck** *m* → ***Sonderdruck***; **~abkommen** *n* special agreement; **~anfertigung** *f* special version (*od.* model); custom-made car *etc.*; ***es ist e-e ~*** *a.* we *etc.* had it specially made; **~angebot** *n* special offer; ***et. im ~ kaufen*** get s.th. on special offer; **~auftrag** *m* special mission; **~ausführung** *f* → ***Sonderanfertigung***; **~ausgabe** *f* **1.** *Buch*: special edition; **2.** **~n** *finanziell*: extra expenses; **~ausschuß** *m* select committee; (special) task force; **~ausstattung** *f* (optional) extras *pl.*; **~ausstellung** *f* special exhibition.

sonderbar *adj.* strange, odd; ***er ist heute ~*** he's acting very strangely today; **sonderbarerweise** *adv.* strangely (*od.* oddly) enough.

Sonder|beauftragte(r) *m* special commissioner; **~bedeutung** *f e-s Worts*: added (*od.* additional) meaning; **~befehl** *m* special order(s *pl.*); **~begabung** *f* special ability (*od.* aptitude); **~behandlung** *f* special treatment (*a. fig.*); preferential treatment; **~beilage** *f* (special) supplement; **~beitrag** *m TV etc.* special report; **~berichterstatter** *m* special correspondent; **~bestimmung** *f* special provision (*od.* rule, condition); **~bevollmächtigte(r)** *m* special agent; *pol.* plenipotentiary; **~botschafter** *m* special envoy; **~briefmarke** *f* → ***Sondermarke***; **~bus** *m* special (*od.* extra) bus; **~delegation** *f* special delegation (*od.* mission); **~deponie** *f* special waste dump; **~druck** *m* offprint; **~einheit** *f* task force; **~einsatz** *m* special action (*od.* operation); (*Auftrag*) special mission; **~erlaubnis** *f* special permission; *konkret*: special permit; **~ermäßigung** *f* special reduction; **~fahrt** *f* **1.** unscheduled (*od.* extra) run; **2.** (*Ausflug*) excursion; **~fall** *m* special case; **~flug** *m* unscheduled (*od.* special) flight; **~genehmigung** *f* special permission; *konkret*: special permit; **~gericht** *n* special court; **~gesetz** *n* special law.

sondergleichen *adv.* unheard of; ***das ist e-e Frechheit ~*** I've never heard (of) such cheek.

Sonder|gremium *n* special panel; **~heft** *n* special issue; **~interessen** *pl.* special interests; **~kindergarten** *m* kindergarten for handicapped children; **~klasse** *f*: F ***der Auftritt*** *etc.* ***war ~*** it was a brilliant performance *etc.*; **~kommando** *n* special detachment; **~kommission** *f* special commission; **~konto** *n* special account; **~korrespondent** *m* special correspondent.

sonderlich I. *adj.* particular; ***kein ~es Vergnügen*** not much fun; ***ohne ~e Mühe*** without much effort; → *a.* ***sonderbar***; **II.** *adv.* particularly; ***nicht ~*** not particularly.

Sonderling *m* strange (*od.* odd) sort.

Sonder|marke *f* special stamp; *pl.* (*Satz ~n*) special issue *sg.*; **~maschine** *f* unscheduled (*od.* special) flight; ***in e-r ~ eintreffen*** arrive on a special flight; **~meldung** *f* special announcement; **~mission** *f* special mission.

Sondermüll *m* hazardous (*od.* special, toxic) waste; **~deponie** *f* special waste dump.

sondern[1] *cj.* but; ***er fährt nicht, ~ er fliegt*** he's not driving, he's flying; he's flying, not driving; ***das ist kein Chinesisch, ~ Japanisch*** that's not Chinese, that's (*od.* it's) Japanese; ***nicht nur, ~ auch*** not only, (but) also.

sondern[2] *v/t.* separate.

Sonder|nummer *f* special issue (*od.* edition); **~parteitag** *m* special party conference; **~preis** *m* special price; ***ich mache Ihnen e-n ~*** *a.* I'll make you a special offer; ***T-Shirts zum ~ von*** T-shirts on special offer at (*od.* for); **~regelung** *f* special arrangement.

sonders *adv.* → ***samt*** I.

Sonder|schicht *f* special (*od.* extra) shift; **~schule** *f* special school; **~sendung** *f* special broadcast; **~sitzung** *f* special session; ***e-e ~ abhalten*** be in special session; **~stellung** *f* special position (*od.* status); **~stempel** *m* special postmark.

Sonderung *f* separation.

Sonder|urlaub *m* special leave; ⚔ *a.* emergency leave, *im Todesfall etc.*: compassionate leave; **~verpackung** *f* special wrapping (*od.* packaging); **~vollmacht** *f* emergency powers *pl.*; **~vorstellung** *f* special performance; **~wunsch** *m* special request; **~zeichen** *n* special character, symbol; **~zubehör** *n* (optional) extras *pl.*; **~zug** *m* special train; *für Ausflüge*: excursion train; **~zulage** *f* special bonus.

sondieren *v/t.* **1.** (*erkunden*) sound out; ***die Lage ~*** see how the land lies; **2.** ⚕ probe; **3.** ⚓ sound; **Sondierung** *f* **1.** sounding out; **2.** ⚕ probe; **3.** ⚓ sounding; **~en** → **Sondierungsgespräch** *n a. pl.* exploratory talks *pl.*

Sonett *n* sonnet.

Sonnabend *m* Saturday; **(am)** ~ on Saturday; **sonnabends** *adv.* on Saturday(s).

Sonne *f* sun; (**~***nlicht*) sun(light); (**~***nschein*) sun(shine); ***an der ~*** in the sun; ***ich gehe raus an die ~*** I'm going out into the sun(shine) (*od.* to get some sun[shine]); ***geh mir aus der ~*** get out of the sun; ***von der ~ beschienen*** sunlit; → ***Platz*** 3; **sonnen** *v/refl*: ***sich ~*** sun oneself, bask (*od.* lie) in the sun; *fig.* ***sich ~ in*** bask (*od.* revel) in.

Sonnen|aktivität *f* solar activity; **~anbeter** *m* sun worshipper; **~anbetung** *f* sun worship; **≈arm** *adj.* lacking in sunshine; ***es ist e-e ~e Gegend*** you don't get much sun (around there *od.* here); **~aufgang** *m* sunrise; ***bei ~*** at sunrise, when the sun comes up; **~bad** *n*: ***ein ~ nehmen*** sunbathe, (go and) lie in the sun; **~bank** *f* sunbed, sun bench; **~batterie** *f* solar battery; **≈beheizt** *adj.* solar-heated; **~bestrahlung** *f* (exposure to) sunlight; **~blende** *f* **1.** *phot.* lens hood; **2.** *mot.* sun visor.

Sonnenblume *f* sunflower; **Sonnenblumenkern** *m* sunflower seed; **Sonnenblumenöl** *n* sunflower oil.

Sonnen|brand *m* sunburn; ***e-n ~ haben*** have sunburn; ***sich e-n ~ holen*** get sunburnt; **~bräune** *f* (sun)tan; **~brille** *f*: (***e-e ~*** a pair of) sunglasses (F shades) *pl.*; **~creme** *f* sun cream; **~dach** *n* sunblind, awning; *mot.* sliding (*od.* sun) roof; **~deck** *n* ⚓ sun deck; **~einstrahlung** *f* solar radiation; **~energie** *f* solar energy; **~ferne** *f astr.* aphelion; **~finsternis** *f* eclipse of the sun, solar eclipse; **~fleck** *m* sunspot; **≈gebräunt** *adj.* (sun)tanned, bronzed; **~geflecht** *n anat.* solar plexus; **≈gereift** *adj.* sun-ripened; **~glut** *f* blazing heat (of the sun); **~gott** *m* sun god; **~hitze** *f* heat of the sun; **≈hungrig** *adj.* hungry for the sun; *Touristen etc.*: sun-seeking ...; **~hungrige(r)** *m* sun-seeker; **~hut** *m* sunhat; **~jahr** *n* solar year.

sonnenklar F *adj.* (as) clear as daylight; **~er Beweis** glaring evidence.

Sonnen|kollektor *m* solar (collector) panel; **~könig** *m hist.*: **der ~** the Sun King, le Roi Soleil; **~kraftwerk** *n* solar power plant; **~kult** *m* sun cult; sun worship; **~licht** *n*: (**bei ~** in) sunlight; **~liege** *f* → **Sonnenbank.**

sonnenlos *adj.* sunless.

Sonnen|nähe *f ast.* perihelion; **~ofen** *m* solar furnace; **~öl** *n* suntan lotion (*od.* oil); **~paddel** *n Raumfahrt*: solar panel; **Ƨreich** *adj.* (very) sunny; **es ist e-e ~e Gegend** you get plenty of sunshine (around there *od.* here); **~schein** *m* sunshine; **~schirm** *m* sunshade; *für Damen*: parasol.

Sonnenschutz|creme *f* sun (filter) cream; **~faktor** *m* (sun) protection factor; **~mittel** *n* sunscreen; suntan lotion, sun cream.

Sonnen|seite *f* sunny side; **die ~ des Lebens** the sunny (*od.* bright) side of life; **~spektrum** *n* solar spectrum; **~stand** *m* position of the sun; **~stich** *m* sunstroke; **e-n ~ haben** (**bekommen**) have (get) sunstroke; **~strahl** *m* ray of sunshine, sunbeam, sunray; **~strand** *m* sunny beach; **~studio** *n* solarium, *Am.* tanning salon;**~system** *n* solar system; **~tag** *m* **1.** sunny day; **2.** *ast.* solar day; **~tempel** *m* temple of the sun; **~terrasse** *f* sunroof; **~tierchen** *n* heliozoan; **Ƨüberflutet** *adj.* sun-drenched; **~uhr** *f* sundial; **~untergang** *m*: (**bei ~** at) sunset (*Am. a.* sundown); **Ƨverbrannt** *adj. Mensch*: sunburnt; *Erde etc.*: scorched; **~wärme** *f* warmth of the sun; **~wende** *f* solstice; **~wind** *m phys.* solar wind; **~zeit** *f ast.* solar time; **~zelle** *f* solar cell.

sonnig *adj.* sunny (*a. fig.*).

Sonntag *m* Sunday; (**am**) **~** on Sunday; **sonntags** *adv.* on Sunday(s); **sonntäglich I.** *adj.* Sunday ...; **II.** *adv.*: **~ gekleidet** dressed in one's Sunday best.

Sonntags|anzug *m one's* Sunday best, *one's* best suit; **~arbeit** *f* Sunday working; **~ausflug** *m* Sunday drive (*od.* trip); **~ausflügler** *m* weekend tripper; **~ausgabe** *f* Sunday edition; **~beilage** *f* Sunday supplement; **~braten** *m* Sunday roast; **~dienst** *m*: **~ haben** have to work on Sunday(s); *Apotheke*: be open on Sunday(s); **~fahrer** *contp. m* Sunday driver; **~gesicht** *n*: **von j-m nur das ~ kennen** only know s.o. from his (*od.* her) good side; **~gottesdienst** *m* Sunday service; **~kind** *n*: **er ist ein ~** he was born on a Sunday, (*Glückskind*) he was born under a lucky star; **~kleid** *n one's* Sunday best; **~maler** *m* Sunday painter; **~schule** *f* Sunday school; **~staat** F *m* F *one's* glad rags *pl.*; **~vergnügen** *n* Sunday treat; **~zeitung** *f* Sunday paper.

Sonnwendfeier *f* midsummer festival (*od.* celebrations *pl.*).

Sonnyboy F *m* sunshine boy.

sonor *adj.* sonorous.

sonst *adv.* (*andernfalls*) *a. drohend*: otherwise, or else, or; (*außerdem, im übrigen*) otherwise, apart from that (*od.* him *etc.*); other than that; (*für gewöhnlich*) usually, normally; (*zu e-r anderen Zeit*) some other time; **~ kam immer ihr Bruder** her brother always used to come; **wer ~?** who else?; **~** (**noch**) **wer?** anybody else?; **wie ~** as usual; **wie ~?** how else?; **~ einmal** some other day; **~ nirgends** nowhere else; **wenn es ~ nichts ist** if that's all (it is); (**wünschen Sie**) **~ noch etwas?** anything else?; *iro.* **~ noch was** (**gefällig**)**?** anything else while I'm at it?; **besser als ~** better than usual; **dieses ~ so ausgezeichnete Wörterbuch** this otherwise excellent dictionary; **~ komme ich** (**noch**) **zu spät!** or (else) I'll be late; **iß das auf, ~ setzt es was!** you'd better eat that up, or else!; *iro.* **was denn ~?** what do (*od.* did) 'you think?; **sonstig** *adj.* other; **~e Kenntnisse** *Lebenslauf etc.*: further skills; **s-e ~e Geduld** his usual patience; **das ~e Essen** the rest of the food; **Sonstiges** *als Überschrift*: Miscellaneous, *Tagesordnung etc.*: Other (business *od.* expenses *etc.*).

sonst|jemand F *pron.* somebody (*od.* someone) else; (*irgendeiner*) anybody, anyone; **da könnte ja ~ kommen** anyone could just come along; **er glaubt, er sei ~** F he thinks he's the bee's knees; **~was** F *pron.* something else; (*irgend etwas*) anything; **du kannst ~ machen** you can do whatever you like; **er kann mir ~ geben** I don't care what he gives me; **~wer** F *pron.* → **sonstjemand**; **~wie** F *adv.* some other way; **mach es so oder ~** do it whichever way you like; F **er hat mich ~ angeredet** you should have heard the way he spoke to me; **~wo** F *adv.* somewhere else; **er könnte ~ sein** he could be anywhere; **er könnte in China sein oder ~** he could be in China for all I know; **~wohin** F *adv.* somewhere else.

sooft *cj.* whenever, every time; **~ Sie wollen** as often as you like; **~ ich es ihm sage, er hört einfach nicht** I can tell him as often as I like, he never listens.

Soor(pilz) *m* ⚕ thrush.

Sophist *m* sophist; *contp. a.* quibbler; **Sophisterei** *f* sophistry; *contp. a.* quibbling, splitting (of) hairs.

Sopran *m* **1.** soprano (*a. Person*); **den ~ singen** sing soprano, be the soprano; **2.** (*~stimmen im Chor*) soprano section, sopranos *pl.*; **~blockflöte** *f* descant (*Am.* soprano) recorder.

Sopraninoblockflöte *f* sopranino recorder.

Sopranist(in *f*) *m* soprano.

Sopransaxophon *n* soprano saxophone.

Sorbe *m*, **Sorbin** *f* Sorb.

Sorbinsäure *f* sorbic acid.

sorbisch *adj.*, **Sorbisch** *n ling.* Sorbian.

Sorge *f* (*Besorgnis*) worry, concern (**um** over, about); (*Angst*) fear(s *pl.*) (for; about); (*Mühe, Fürsorge, a.* ⚖) care (for); **~n** worries, problems; **finanzielle ~n** financial worries, money problems; **j-m ~n machen** (*beunruhigen*) worry s.o., (*Probleme bereiten*) cause s.o. trouble; **sich ~n machen** be worried (**um** about); **du machst dir zu viele ~n** you worry too much; **vor ~n graue Haare bekommen** go grey (*Am.* gray) with worry; **er ist frei von ~n** he hasn't got any problems; **da sind wir** (**wenigstens**) **e-e ~ los** that's one problem less; **ich komm' aus den ~n nicht heraus** it's just one problem (*od.* thing) after another; **das ist m-e geringste ~** that's the least of my worries; **~ tragen für** see to, take care of; **dafür ~ tragen, daß** see to it that, make sure (that); → **sorgen** II; **laß das m-e ~ sein** leave that to me; **das ist d-e ~** that's your problem; **j-m e-e ~ abnehmen** take a problem off s.o.'s hands; **keine ~!** don't (you) worry; *iro.* **d-e ~n möchte ich haben!** if that's all you've got to worry about; *iro.* **du hast ~n!** you think 'you've got problems!

sorgen I. *v/refl.*: **sich ~** be worried, worry (**um, wegen** about); **II.** *v/i.*: **~ für** (*pflegen, betreuen*) look after; (*et. beschaffen*) provide; (*Sorge tragen für*) take care of, see to; (*sicherstellen*) ensure; **für sich selbst ~** fend for o.s.; **er kann für sich selbst ~** *a.* he can look after himself; **dafür ~, daß** see to it that, make sure (that); **dafür werde ich ~** I'll see to that, I'll make sure of that; **für ihn ist gesorgt** he's taken care of.

Sorgen|brecher F *m* problem solver, F cure of all ills; **~falten** *pl.* worry lines.

sorgenfrei *adj.* free from cares (*od.* worries); **~ sein** *a.* have no worries.

Sorgen|kind *n* problem child; *fig. one's* biggest worry, problem number one; **~telefon** *n* helpline.

sorgenvoll I. *adj.* full of worries; **~e Miene** worried look; **II.** *adv.* anxiously, worriedly; **~ in die Zukunft blicken** see the future with (great) concern.

Sorge|pflicht *f* parental responsibility; **~recht** *n* ⚖ custody (**für** of).

Sorgfalt *f* care; (*Gewissenhaftigkeit*) *a.* scrupulousness; **große ~ verwenden auf** take great pains over; **mit der größten ~** with painstaking (*od.* the utmost) care; **mehr ~ auf et. verwenden** take more care over s.th.; **sorgfältig I.** *adj.* careful; (*gewissenhaft*) conscientious; (*gründlich*) thorough; **II.** *adv.* carefully *etc.*; with care.

sorglos I. *adj.* (*sorgenfrei*) free from worries; (*gedankenlos*) thoughtless; (*unachtsam*) careless; (*unbekümmert*) nonchalant, *stärker*: happy-go-lucky, devil-may-care; (*vertrauensselig*) very trusting; **~e Einstellung** carefree attitude; **~es Dasein** carefree existence; **II.** *adv.* thoughtlessly *etc.*; **~ mit et. umgehen** handle (*od.* treat) s.th. very casually; **er geht mit s-n Platten sehr ~ um** he doesn't care how he treats his records; **~ in den Tag hineinleben** live for the day; **Sorglosigkeit** *f* carelessness, nonchalance *etc.*; → **sorglos.**

sorgsam I. *adj.* careful; (*fürsorglich*) solicitous; **II.** *adv. a.* with great care.

Sorte *f* **1.** (*Art*) sort, kind; (*Marke*) *a.* brand; ☤ (*Qualität*) quality, grade; **beste** (*od.* **erste**) **~** finest (*od.* prime) quality; *ein Schwindler* **übelster ~** of the worst kind (*od.* sort); **das ist e-e komische ~** (**Mensch**) F they're a strange lot; → **selten** I; **2.** **~n** (*Devisen*) foreign exchange.

Sortierband *n* conveyor belt; **sortieren** *v/t.* sort (**nach** according to); (*ordnen*) arrange; *nach Qualität*: grade; **alphabetisch ~** put into alphabetical order, alphabetize; **in e-n Schrank** *etc.* **~** tidy *things* away into a cupboard *etc.*; F **ich muß erst m-e Gedanken ~** I've got to straighten things out in my mind first; **Sortierer** *m a.* ⚙ sorter; **Sortiermaschine** *f* sorter, sorting machine; **sortiert** *adj.* **1. gut ~** well-stocked (**in** with); **gut ~ sein in** *a.* have a wide selection (*od.* range) of; **2.** (*ausgewählt*) select, fine.

Sortiment *n* **1.** ☤ range; **2.** (*Buchhandel*) retail book trade.

Sortimenter *m*, **Sortimentsbuchhändler** *m* retail bookseller.

SOS *n* SOS; ***ein ~ funken*** send an SOS; **~-Kinderdorf** *n home for (mainly refugee) orphans, structured around family units*; **~-Ruf** *m* SOS (call *od.* message); **~-Signal** *n* SOS signal.

sosehr *cj.*: **~** (***auch***) however much, no matter how much; ***~ er sich bemüht*** however hard he tries, he can try as hard as he likes.

soso F **I.** *adv.* F so-so; **II.** *int.* well, well!; *gleichgültig*: I see, *vorwurfsvoll*: 'I see.

Soße *f* sauce; (*Braten*2) gravy; (*Salat*2) dressing; F (*Brühe*) F goo.

Soßen|löffel *m* sauce (*od.* gravy) spoon; **~schüssel** *f* sauceboat, gravy boat.

Soubrette *f* ♪ soubrette.

Soufflé *n* soufflé.

Souffleur *m*, **Souffleuse** *f* prompter; **Souffleurkasten** *m* prompt box.

soufflieren I. *v/t.*: ***j-m et. ~*** prompt s.o. with s.th., *fig.* whisper s.th. to s.o., tell s.o. s.th.; **II.** *v/i.* prompt; be (*od.* work as) a prompter.

soundso F **I.** *adv.*: ***~ viel*** so and so much; ***~ viele*** so and so many; ***~ oft*** (*sehr oft*) time and again; **II.** *adj.*: ***nach Paragraph ~*** according to paragraph such and such (*od.* XYZ); ***Herr*** 2 Mr what's-his-name.

soundsovielt F *adj.* **1.** ***am ~en März*** on March the nth; ***am*** ***2en*** on such and such a date; **2.** (*x-te*) F umpteenth; ***zum ~en Mal*** for the umpteenth (*od.* nth) time.

Souper *n* (evening) dinner.

Soutane *f eccl.* cassock.

Souterrain *n* basement; **~wohnung** *f* basement flat.

Souvenir *n* souvenir; **~laden** *m* souvenir shop; **~stand** *m* souvenir stall.

souverän I. *adj.* **1.** unflappable; in complete control (of the situation); ***er blieb ganz ~*** *a.* he remained unfazed; ***~e Beherrschung*** *e-s Gebiets*: commanding knowledge; ***~es Lächeln*** all-knowing smile; ***~!*** that was classy; **2.** *pol.* sovereign; **II.** *adv.* with the greatest of ease; (*gelassen*) unperturbed; (*großartig*) in superior style; ***er hat alles ~ gehandhabt*** *a.* he took it all in his stride, F he handled it like a pro; **III.** 2 *m* sovereign; **Souveränität** *f* sovereignty.

soviel I. *cj.*: ***~ ich weiß*** as far as I know; ***~ ich gehört habe*** from what I've heard; **II.** *adj. u. adv.* so much; ***~ wie*** as much as; ***~ du willst*** as much as you want (*od.* like); ***doppelt ~(e)*** twice as much (many); ***~ ist gewiß*** one thing is certain; ***~ für heute*** that's it for today.

soweit I. *cj.* **1.** as far as; ***~ ich es beurteilen kann*** as far as I can judge (*od.* tell); ***~ er beteiligt ist*** insofar (*od.* in so far) as he's involved; **II.** *adv.* **2.** so far; ***~ ganz gut*** not (so) bad; ***es geht ihm ~ gut*** he's (doing) quite well on the whole; **3.** ***wir sind ~*** we're ready (and waiting); ***endlich ist es ~*** we've *etc.* finally made it; ***es ist gleich ~*** we're *etc.* nearly there, any minute now.

sowenig I. *adv.*: ***~ wie*** (*od.* ***als***) as little as; ***~ wie möglich*** as little as possible; ***ich bin ~ wie er daran interessiert*** I'm no more interested in it than he is; **II.** *cj.* however little, little as.

sowie *cj.* **1.** (*neben*) as well as, and, plus; **2.** (*sobald*) as soon as, the moment, the minute *she gets here etc.*; *vergangenheitsbezogen*: *a.* just as.

sowieso *adv.* anyway, anyhow, in any case; (***das***) ***~!*** that goes without saying, absolutely; ***Herr*** 2 Mr what's-his-name.

Sowjet *m* Soviet; ***Oberster ~*** Supreme Soviet; **~bürger** *m* Soviet citizen.

sowjetisch *adj.* Soviet.

sowjetisieren *v/t.* sovietize.

Sowjet|regierung *f* Soviet government; **2russisch** *adj.* Soviet(-Russian); **~union** *f* Soviet Union; **~zone** *f hist.* Soviet-occupied zone.

sowohl *cj.*: ***~ ... als auch*** both ... and; ... as well as.

Sozi *contp. m* Socialist.

sozial I. *adj.* social; (***~*** *eingestellt*) socially-minded; ***~e Ausgaben*** social spending; ***~e Einrichtungen*** social services; ***~e Fürsorge*** social (*od.* welfare) work; ***~e Gegensätze*** class differences; ***~e Stellung, ~er Rang*** social rank, (social) status; ***~er Wohnungsbau*** *etwa* council housing; → ***Marktwirtschaft, Netz***; **II.** *adv.*: ***~ denken*** be socially-minded.

Sozial|abbau *m* cutbacks in the social welfare system; **~abgaben** *pl.* social security contributions; **~amt** *n* social welfare office; **~arbeit** *f* social (*od.* welfare) work; **~arbeiter** *m* social (*od.* welfare) worker.

Sozialdemokrat *m* social democrat; **Sozialdemokratie** *f* social democracy; **sozialdemokratisch** *adj.* social democratic.

Sozial|einrichtungen *pl.* social services; **~fall** *m* welfare case; **~fonds** *m* social capital; **~gericht** *n* social court; **~geschichte** *f* social history.

Sozialhilfe *f* income support; **~empfänger** *m*: ***~ sein*** be on social security.

sozialisieren *v/t.* ✝ nationalize; *psych.* rehabilitate; **Sozialisierung** *f* ✝ nationalization; *psych.* rehabilitation.

Sozialismus *m* socialism; **Sozialist** *m*, **sozialistisch** *adj.* socialist.

Sozial|kosten *pl.* social expenditure *sg.*; **~kritik** *f* social criticism; **2kritisch** *adj.* sociocritical; **~kunde** *f* social studies *pl.*; **~lasten** *pl.* social expenditure *sg.*; **~leistungen** *pl.* social security contributions; *freiwillige, vom Arbeitgeber*: fringe benefits; **~ökonomie** *f* social economics *pl.* (*sg. konstr.*); **2ökonomisch** *adj.* socioeconomic; **~ordnung** *f* social order; **~pädagoge** *m* social education worker; **~pädagogik** *f* social education; **~partner** *pl.* employers and employees, *the* two sides of industry; **~plan** *m* social plan; **~politik** *f* social policy (*od.* policies *pl.*); **2politisch** *adj.* sociopolitical, social; **~prestige** *n* social prestige (*od.* standing); **~produkt** *n* gross national product; **~recht** *n* social legislation; **~revolutionär** *m* social revolutionary; **~staat** *m* welfare state; **~struktur** *f* social structure.

Sozialversicherung *f* social security; **Sozialversicherungsbeitrag** *m* social security contribution.

sozialverträglich *adj.* socially acceptable.

Sozial|wesen *n* social services *pl.*; **~wirtschaft** *f* social economics *pl.* (*sg. konstr.*); **2wirtschaftlich** *adj.* socioeconomic; **~wissenschaften** *pl.* social sciences; **~wissenschaftler** *m* sociologist; **~wohnung** *f etwa* council flat.

Soziogramm *n* sociogram.

Soziolekt *m* sociolect.

Soziolinguistik *f* sociolinguistics *pl.* (*sg. konstr.*).

Soziologe *m* sociologist; **Soziologie** *f* sociology; **soziologisch** *adj.* sociological.

Sozius *m* **1.** ✝ partner; **2.** *a.* **~fahrer** *m* pillion rider; **~sitz** *m* pillion seat; ***auf dem ~ mitfahren*** ride pillion.

sozusagen *adv.* as it were, so to speak; ***er ist ~ ...*** *a.* you might say he's ... (*od.* call him ...).

Spachtel *m* **1.** spatula; **2.** *a.* **~masse** *f* filler.

spachteln I. *v/t.* ⚙ level out; (*Lackschäden*) surface; **II.** F *v/i.* (*tüchtig essen*) F dig in, tuck in.

Spagat *m*, *n the* splits *pl.*; ***~ machen*** do the splits.

Spaghetti 1. *pl. gastr.* spaghetti *sg.*; **2.** *contp. sl. m* (*Italiener*) F wop, dago.

spähen *v/i.* peer, peep; ***~ nach*** look out for, F keep an eye out for; **Späher** *m* scout (*a. Sport*); (*Ausguckposten*) lookout; *fig.* spy.

Späh|trupp *m* reconnaissance (*od.* scouting) party *od.* patrol; **~wagen** *m* scout car.

Spalier *n* ↗ trellis, espalier; *fig.* (*Reihe*) rows *pl.*; (*Ehren*2) guard of hono(u)r; ***~ stehen*** form a guard of hono(u)r; **~obst** *n* wall fruit.

Spalt *m* crack; (*Lücke*) gap; (*Schlitz*) slit; ***die Tür e-n ~ offenlassen*** leave the door open slightly (*od.* an inch or two, just a bit); → *a.* ***Spalte.***

spaltbar *adj. phys.* fissile, fissionable.

Spaltbreit *m*: ***e-n ~ öffnen*** open slightly (*od.* just a bit).

Spalte *f* **1.** → ***Spalt***; **2.** *geol.* fissure, cleft, *große*: crevice; (*Gletscher*2) crevasse; **3.** (*Zeitungs*2 *etc.*) column.

spalten I. *v/t.* split (*a. Atom*); (*Holz*) chop; ⚗ (*zersetzen*) decompose; *fig.* split (up), divide; ***in zwei Teile ~*** split in two; → *a.* ***Haar***; **II.** *v/refl.*: ***sich ~*** split; *fig.* split (up), *passiv*: *a.* be divided (up) (***in*** into); → ***gespalten.***

spalterisch *adj.* fissile, breakaway ...

Spalt|fuß *m* ✽ cleft foot; **~pilz** *fig. m* (spirit of) discord; **~produkt** *n phys.* fission product.

Spaltung *f* splitting; ⚗ separation, *e-r Verbindung*: decomposition; (*Atom*2) splitting, fission; *fig.* split (*a. e-r Partei*); *der Meinungen, e-s Landes*: division; *bsd. eccl.* schism.

Span *m mst pl.* ***Späne*** shavings; (*Metallspäne*) filings; *fig.* ***wo gehobelt wird, fallen Späne*** you can't make an omelette without breaking eggs; **spanabhebend** *adj.*: ***~e Werkzeuge*** cutting tools; ***~e Bearbeitung*** metal cutting; **spanen** *v/t.* cut, machine.

Spanferkel *n* sucking pig.

Spange *f* clasp; (*Schnalle*) buckle; (*Haar*2) hair slide; (*Schuhriemen*) strap; (*Arm*2) bangle; (*Zahn*2) brace; **Spangenschuh** *m* strap shoe.

Spanier(in *f*) *m* Spaniard; **spanisch I.** *adj.* Spanish; ***~e Wand*** folding screen; *fig.* ***das kommt mir ~ vor*** that's (very) strange *od.* odd; **II.** 2 *n ling.* Spanish.

Spankorb *m* chip basket.

spanlos *adj.*: ***~e Bearbeitung*** metal forming.

Spann *m anat.* instep.

Spann|beton *m* pre-stressed concrete; **~bettuch** *n* (*getr.* ***tt-t***) fitted (*Am.* contour) sheet.

Spanne *f* **1.** *zeitlich*: ***e-e kurze ~*** a short space of time; ***e-e ~ von fünf Tagen*** a five-day period; **2.** (*Gewinn*♀) margin, *Am. a.* spread; **3.** (*Hand*♀) span.

spannen I. *v/t.* stretch; (*straff* ~) tighten; (*Muskeln*) flex, tense; (*Bogen*) draw; ⚙ (*Werkstück*) clamp; (*Feder*) tighten, tension; (*Wäscheleine*) put up; (*Gewehr, Kamera*) cock; *fig.* (*Nerven*) strain; ***Leinwand auf e-n Rahmen ~*** stretch a canvas over a frame; ***e-n Bogen*** **(*Papier*)** ***~ in*** put a sheet of paper in(to); ***neue Saiten auf e-e Gitarre ~*** restring a guitar; *Pferde* ***vor den Wagen ~*** harness to the carriage; *fig. Erwartungen* ***hoch ~*** pitch high; F ***er hat's gespannt*** (*gemerkt*) he's caught on, (*kapiert*) *a.* he's got it, the penny's dropped; → ***Folter, gespannt***; **II.** *v/refl.*: ***sich ~*** stretch (***über*** across, over); *Muskel*: flex; *Haut*: be taut (*od.* tight); ***sich über e-n Fluß ~*** span a river; **III.** *v/i. Rock, Schuhe*: be (too) tight; *Haut*: be taut (*od.* tight); *fig.* ***~ auf*** (*erwarten*) be anxiously waiting for, (*beobachten*) follow closely, have one's eyes fixed on.

spannend I. *adj.* exciting; *Buch, Film etc.*: *a.* suspenseful, full of suspense; (*fesselnd*) captivating, *stärker*: gripping; ***der Film war echt ~*** *a.* the film had us on (*od.* gripping) the edge of our seats; F ***mach's nicht so ~!*** (come on,) get on with it; **II.** *adv.*: ***er schreibt ~*** he writes in an exciting style, (*Sachbücher*) *a.* he knows how to hold your interest; ***das Buch ist ~ geschrieben*** it's a captivating (*stärker*: exciting) book.

Spanner[1] *m* (*Schuh*♀) shoe tree; *für Hosen, Tennisschläger etc.*: press.

Spanner[2] *m zo.* geometrid.

Spanner[3] F *m* (*Voyeur*) peeping Tom.

Spann|futter *n* ⚙ chuck; **~gardine** *f* net curtain; **~kraft** *f* elasticity; *phys.* tension; *fig.* energy, vigo(u)r; **~laken** *n* fitted (*Am.* contour) sheet; **~rahmen** *m* ⚙ tenter (frame); **~säge** *f* frame saw; **~teppich** *m* wall-to-wall carpet(ing).

Spannung *f* **1.** ⚙ *mechanische*: tension; *elastische*: stress; *verformende*: strain; (*Druck, Gas*♀) pressure; ⚠ span, *im Material*: stress; ⚡ voltage; ⚡ ***unter ~*** live; **2.** *fig.* excitement, tension; *nervliche*: tension, tenseness; (*Ungewißheit, Neugier*) suspense; (*Erwartung*) eager expectation; **~en** (*gespanntes Verhältnis, a. pol.*) tension, strained relations; (*gespannte Lage, Atmosphäre*) tension, tense atmosphere; ***es herrschen ~en in ihrer Ehe*** their marriage is under some strain at the moment, their relationship is rather strained at the moment; ***mit*** (*od.* ***voll***) ***~*** *erwarten etc.*: with bated breath; ***voll ~*** *Buch etc.*: → ***spannend***; ***in ~ halten*** keep in suspense.

Spannungs|abfall *m* ⚡ voltage drop; **~feld** *fig. n* field of tension (*od.* conflict); **~gebiet** *n* → ***Spannungsherd***; **♀geladen** *adj.* (extremely) tense; *Roman, Film etc.*: exciting, gripping, full of excitement; ***~e Situation*** *a.* cliffhanger situation; **~herd** *m pol.* trouble spot, area of tension (*od.* conflict), F hot spot; **~kopfschmerzen** *pl. a* tension headache *sg.*; **~messer** *m* ⚡ voltmeter; **~moment** *n* suspense factor; **~regler** *m* ⚡ voltage regulator; **~verhältnis** *n* strained relationship (*pol. a.* relations *pl.*); **~wähler** *m* ⚡ voltage selector; **~zustand** *m* state of tension.

Spannweite *f Flügel*: spread, span; ⚠ span; *fig.* scope, range.

Spanplatte *f* chipboard.

Spar|aktion *f* economy drive; **~auto** *n* economy car; **~brief** *m* savings certificate; **~buch** *n* savings book, bankbook, passbook; **~büchse** *f* money box; **~budget** *n* austerity budget; **~einlagen** *pl.* savings deposits.

sparen I. *v/t.* (*Geld, Kosten, Kräfte, Mühe, Platz, Zeit*) save; ***ich habe mir einiges gespart*** I've managed to save (up) a bit; ***spar dir d-e Worte!*** save your breath; ***spar dir d-e Ratschläge!*** I can do without your advice, thank you very much; ***~ Sie sich solche Bemerkungen*** you'd be better off keeping such remarks to yourself; ***das hättest du dir ~ können*** you could have saved yourself the trouble (*od.* effort); **II.** *v/i.* save; (*sich einschränken*) cut down (expenses), economize; ***für*** (*od.* ***auf***) ***et. ~*** save up for s.th.; ***am falschen Ende ~*** save at the wrong end; ***~ an*** (*od.* ***mit***) be sparing with, *knauserig*: stint on, be stingy with; ***nicht ~ mit*** be lavish (*od.* very generous) with; *fig.* ***nicht mit Lob ~*** be lavish in one's praise; ***bei j-m nicht mit Lob ~*** lavish praise on s.o.; **III.** ♀ *n* saving; economizing; **Sparer** *m* saver.

Sparflamme *f* low flame; (*Zündflamme*) pilot light; F *fig.* ***auf ~ kochen*** go easy (on the money).

Sparförderungsmaßnahmen *pl.* savings incentive scheme *sg.*; ***~ ergreifen*** encourage people to save.

Spargang *m mot.* overdrive; *fig.* ***e-n ~ einlegen*** cut down on expenses.

Spargel *m* ♣ asparagus; **~gericht** *n* asparagus dish; **~spitzen** *pl.* asparagus tips; **~suppe** *f* asparagus soup; **~zeit** *f* asparagus season.

Spar|groschen *m* nest egg; **~guthaben** *n* savings balance; **~haushalt** *m* austerity budget.

Sparkasse *f* savings bank; **Sparkassenbuch** *n* → ***Sparbuch***.

Sparkonto *n* savings account.

spärlich I. *adj.* (*wenig*) scanty, meag|re (*Am.* -er); *Lob, Kenntnisse etc.*: scant; (*dünn gesät*) *a.* sparse; (*dürftig, schlecht*) poor; ✝ *Nachfrage*: slack; *Haarwuchs*: thin; *Kleidung*: skimpy; ***~er Beifall*** a trickle of applause; ***~es Einkommen*** pittance (of a wage); ***~e Reste*** (a few) scraps; ***die Reaktionen waren ~*** the response was very thin; **II.** *adv.*: ***~ bekleidet*** scantily (*od.* skimpily) dressed, scantily clad; ***~ beleuchtet*** poorly (*od.* badly) lit; ***~ besucht*** poorly attended; ***~ bevölkert*** sparsely (*od.* thinly) populated.

Spar|maßnahmen *pl.* economy (*od.* austerity) measures; **~motor** *m* low-fuel consumption engine; **~packung** *f* economy size (*od.* pack); **~paket** *n pol.* cuts package; **~pfennig** *m* nest egg; **~politik** *f* policy of austerity; **~prämie** *f* savings premium; **~programm** *n* **1.** *pol.* cuts (*od.* austerity) program(me); **2.** *Waschmaschine*: economy cycle.

Sparren *m* rafter; F *fig.* ***e-n ~ locker haben*** have a screw loose (somewhere).

sparren *v/i. Boxen*: spar; **Sparring** *n* sparring; **Sparringspartner** *m* sparring partner.

sparsam I. *adj.* economical, *Person*: *a.* thrifty; *Einrichtung etc.*: scant *furnishings etc.*; ***~ sein*** *Putzmittel etc.*: *a.* go a long way; ***~ im Verbrauch*** economical; ***er ist sehr ~*** *mst* he's (very) careful with his money; ***~en Gebrauch von et. machen*** use s.th. sparingly, make sparing use of s.th.; **II.** *adv.*: ***~ umgehen mit*** go easy on, be sparing with, *mit s-n Kräften*: save; ***~ auftragen*** apply sparingly; ***~ leben*** live very economically; ***~ möbliert*** scantily furnished; **Sparsamkeit** *f* thrift(iness); *e-s Wagens etc.*: economy; (*Einfachheit*) frugality, *strengste*: austerity; **Sparsamkeitsgrund** *m*: ***aus Sparsamkeitsgründen*** for economic reasons, for reasons of economy.

Spar|schwein(chen) *n* piggy bank; ***das ~ schlachten*** (***müssen***) (have to) rob the piggy bank; **~strumpf** *m* money sock.

spartanisch I. *adj.* Spartan; *fig.* spartan, austere; *fig.* ***~e Erziehung*** (***Verhältnisse***) spartan upbringing (conditions); **II.** *adv.*: ***~ leben*** lead a spartan life.

Sparte *f* **1.** field, line; **2.** (*Rubrik*) section, column.

Spar|vertrag *m* savings agreement; **~zins** *m* interest on savings; **~zulage** *f* (tax-free) savings bonus.

spasmodisch *adj.* spasmodic(ally *adv.*).

spasmolytisch *adj.* anti-spasmodic.

Spaß *m* (*Scherz*) joke; (*Vergnügen*) fun; (*Streich*) prank; ***Späße*** (*Streiche*) *a.* antics; ***~ machen*** *Person*: be joking, *Sache*: be (great) fun; ***er hat nur ~ gemacht*** he was only joking; ***sie versteht keinen ~*** she can't take a joke, *weitS.* she won't stand for any nonsense; ***in Geldsachen versteht er keinen ~*** he counts every penny; ***~ beiseite!*** seriously, though (*od.* now); joking aside; ***mach keine Späße!*** F you're kidding; ***da hört der ~ auf*** that's going beyond a joke; ***aus ~ wurde Ernst*** the fun didn't last very long; ***wenn's dir ~ macht*** if you really want to; ***es macht ihm*** (***großen***) ***~, er hat s-n ~ daran*** he (really) enjoys it, F he gets a (big) kick out of it; ***es macht keinen ~*** it's no fun; ***es macht mir keinen ~ mehr*** I'm fed up with it, I don't enjoy it any more; ***sich e-n ~ daraus machen zu*** *inf.* enjoy *ger.*, F get a kick out of *ger.*; ***da ist uns der ~ vergangen*** it (really) spoilt things (for us), it put a damper on things; ***viel ~!*** have fun, enjoy yourself (*od.* yourselves); ***aus*** (*od.* ***im, zum***) ***~*** for fun; ***nur*** (***so***) ***zum ~*** just for the fun of it; ***was kostet der*** (***ganze***) ***~?*** how much is that going to set me back?; ***ein teurer ~*** an expensive business.

Späßchen *n* little joke; ***ich habe mir ein ~ erlaubt*** I was just having a little joke (*od.* a bit of fun).

spaßen *v/i.* joke; ***damit ist nicht zu ~*** it's no joke (*od.* joking matter); ***mit ihm ist nicht zu ~*** he won't stand for any nonsense (*od.* fun and games), you've got to watch what you say when he's around.

spaßeshalber *adv.* (just) for the fun of it.

spaßhaft, spaßig *adj.* funny.

Spaß|macher *m* comedian; *im Zirkus*: clown; **~verderber** *m* spoilsport; (*einer, der nicht mitmacht*) *a.* F wet blanket; **~vogel** *m* comedian.

Spastiker *m* ⚕ spastic; **spastisch I.** *adj.* spastic; **II.** *adv.*: ***~ gelähmt*** spastic.

spät I. *adj.* late; ***am ~en Nachmittag*** (in

the) late afternoon, late in the afternoon; ***bis in die ~en Nachtstunden*** till late at night; ***es ist (wird) ~*** it's getting late; ***wie ~ ist es?*** what time is it?; ***gestern abend wurde es ~*** it went on (*od.* I was *etc.* up) till fairly late last night; ***heute abend wird's wieder ~*** (*ich komme spät von der Arbeit*) I'll be home (*od.* back) late again tonight, it's going to be late again tonight; ***in den ~en dreißiger Jahren*** in the late thirties; ***ein ~er Rembrandt*** a late Rembrandt; ***der ~e Goethe*** the late(r) Goethe, Goethe in his later works; **II.** *adv.* late; *bsd. fig.* (*zu ~er Stunde*) at a late hour; (*~ im Leben*) late (on) in life; ***zu ~ kommen*** be late (**zu** for); ***er kam fünf Minuten zu ~*** he was five minutes late; ***du kommst zu ~*** (*für et.*) you're too late; ***~ in der Nacht*** late at night; ***von früh bis ~*** from morning till night; ***~ aufstehen*** get up late, (*gewöhnlich*) be a late riser; ***~ dran sein*** be (running) late.

spätabends *adv.* late at night.

Spät|antike *f*: ***die ~*** late antiquity; **~aufsteher** *m* late riser; **~aussiedler** *m* late repatriate; **~barock** *m, n*, **ℒbarock** *adj.* late Baroque; **~dienst** *m*: (***~ haben*** be on) late shift.

Spatel *m* spatula.

Spaten *m* spade; **~stich** *m* cut of the spade; *fig.* ***den ersten ~ tun*** *beim Baubeginn*: break ground.

Spätentwickler *m* late developer.

später I. *adj.* later (**als** than); (*zukünftig*) *a.* future; (*nachfolgend*) subsequent, ... to come; ***ihr ~er Mann*** her future husband, her husband-to-be; **II.** *adv.* later; (*~hin*) later on; ***früher oder ~*** sooner or later; ***erst ~ wurde mir klar ...*** it was only afterwards (*od.* much later) that I realized; ***~ wirst du vielleicht anders darüber denken*** some day (*od.* when you're older) you might see it differently; ***was willst du ~ einmal werden?*** what do you want to be when you grow up?; ***an ~ denken*** think of the future; ***jetzt, ein Jahr ~*** a year on; ***bis ~!*** see you later.

späterhin *adv.* later on.

spätestens *adv.* at the latest (*nachgestellt*); not later than; ***du kriegst sie ~ am Freitag*** you'll have them (by) Friday at the latest; ***er wird ~ in einer Stunde hier sein*** *a.* he'll be here within an (*od.* the) hour.

Spätgeburt *f* retarded (*od.* post-term) birth.

Spätgotik *f* △ late Gothic (style); *in England*: *a.* Perpendicular style; *hist.* late Gothic period; **spätgotisch** *adj.* late Gothic, *in England*: △ *a.* Perpendicular.

Spät|heimkehrer *m* late-repatriated prisoner of war, late returnee (from a prisoner-of-war camp); **~herbst** *m* late autumn (*Am.* fall).

Spätlese *f* **1.** (*Wein*) spätlese; late vintage wine; **2.** (*Ernte*) late vintage (*od.* harvest).

Spätling *m* **1.** late fruit; **2.** (*spätgeborenes Kind*) latecomer, F afterthought.

Spätmittelalter *n* late Middle Ages *pl.*

Spätnachmittag *m* late afternoon; ***am ~*** → **spätnachmittags** *adv.* in the late afternoon, late in the afternoon.

Spät|nachrichten *pl.* late(-night) news *sg.*; **~obst** *n* late fruit; **~programm** *n* *Radio, TV*: late-night program(me) (*od.* show); **~schäden** *pl.* long-term side effects, delayed effects, ⚕ late sequelae; **~schicht** *f*: (***~ haben*** be on) late shift; **~sommer** *m* late summer; **~vorstellung** *f* late-night performance; **~werk** *n* late(r) work.

Spatz *m* sparrow; *fig.* F (*Kosewort*) darling, *bsd. zum Kind*: *a.* sweetie; *fig.* ***essen wie ein ~*** pick at one's food; ***mit Kanonen auf ~en schießen*** break a butterfly on the wheel; ***das pfeifen die ~en von allen Dächern*** it's all over town, everyone knows about it, it's everybody's secret; ***lieber den ~ in der Hand als die Taube auf dem Dach*** a bird in hand is worth two in the bush; **Spatzenhirn** F *n* F peabrain; ***ein ~ haben*** be peabrained, be as thick as two short planks.

Spät|zünder F *m* **1.** ***~ sein*** be slow on the uptake, be a bit slow; **2.** → ***Spätentwickler***; **~zündung** *f mot.* retarded ignition.

spazieren *v/i.* walk (around), stroll; ***wir waren im Wald ~*** we went for a walk in (*od.* through) the woods; **~fahren I.** *v/i.* go for a ride (in the car), go for a run (F spin); **II.** *v/t.* take *s.o.* for a ride (in the car), take *s.o.* for a run (F spin); **~führen** *v/t.* take *s.o.* (out) for a walk; ***den Hund ~*** *a.* walk the dog; *fig.* ***den neuen Mantel*** *etc.* ***~*** take one's new coat *etc.* for a walk, show off one's new coat *etc.*; **~gehen I.** *v/i.* go for a walk (*od.* stroll); ***im Park ~*** *a.* take a walk (*od.* stroll) through *od.* in the park; ***er geht gern im Wald spazieren*** he likes to walk (*od.* go for walks) in *od.* through the woods; **II. ℒ** *n* walking, walks *pl.*

Spazier|fahrt *f* drive, ride, run, F spin; ***kurze ~*** *a.* run around the block; **~gang** *m* walk, stroll; *fig.* F doddle; ***e-n ~ machen*** go for a walk (*od.* stroll); ***machst du mit uns e-n ~?*** are you going to come for a walk with us?; **~gänger** *m* walker, stroller; *pl. a.* people out on a walk; **~stock** *m* (walking) stick, cane; **~weg** *m* (foot)path, walk.

Specht *m* woodpecker.

Speck *m* **1.** (*Schweineℒ*) bacon fat; (*durchwachsener ~ etc.*) bacon; F ***ran an den ~!*** F let's get stuck in(, then); ***mit ~ fängt man Mäuse*** good bait catches fine fish; → ***Made***; **2.** F (*Fettpolster*) F flab; ***~ ansetzen*** F put it on, put on the flab; **~bauch** F *m* fat belly, F pot-belly.

speckig *adj.* **1.** (*schmierig*) greasy; **2.** (*dick, fett*) fat.

Speck|nacken F *m* fat neck; **~scheibe** *f* bacon rasher; **~schwarte** *f* bacon rind; **~seite** *f* side of bacon, flitch.

Spediteur *m* forwarding (⚓ shipping) agent, haulage company; **Spedition** *f* **1.** forwarding; ⚓ shipping, haulage; **2.** (*Firma*) forwarding (⚓ shipping) agency, haulage company; **Speditionskaufmann** *m* forwarding (⚓ shipping) agent.

Speer *m* spear; *Sport*: javelin; **~spitze** *f* tip of a (*od.* the) spear; *a. fig.* spearhead; **~werfen** *n* (throwing the) javelin; **~werfer** *m* javelin thrower; **~wurf** *m* **1.** → ***Speerwerfen***; **2.** javelin throw.

Speiche *f* **1.** spoke; **2.** *anat.* radius.

Speichel *m* saliva, spittle, F spit; **~bildung** *f* salivation; **~drüse** *f* salivary gland; **~fluß** *m* flow of saliva, salivation; ***übermäßiger ~*** hypersalivation.

Speichellecker *contp. m* F toady, bootlicker; **Speichelleckerei** *contp. f* F toadying, sucking up.

speicheln *v/i.* salivate.

Speichenrad *n* spoke wheel.

Speicher *m* **1.** (*Lagerhaus*) warehouse; **2.** (*Kornℒ*) granary, silo, *bsd. Am.* (grain) elevator; **3.** (*Dachboden*) loft, attic; **4.** *Computer*: memory; **~batterie** *f* accumulator, storage battery; **~becken** *n* reservoir; **~dichte** *f Computer*: bit density; **~funktion** *f* memory function; **~kapazität** *f* storage capacity; *Computer*: memory capacity; **~kraftwerk** *n* storage power station.

speichern *v/t.* store (*a.* ⚡); *Computer*: (*ab~*) *a.* save (**auf** onto); ☿ stockpile; *fig.* (*Gefühle*) store up.

Speicher|ofen *m* storage heater; **~schutz** *m Computer*: memory protection.

Speicherung *f* storage, storing.

speien I. *v/t.* spit; *fig.* spew, belch; (*Wasser*) spout; ***Feuer ~*** spew (*od.* belch) flames, spew fire; **II.** *v/i.* (*sich erbrechen*) vomit, be sick.

Speise *f a. pl.* food; (*Gericht*) dish; ***warme und kalte ~n*** hot and cold dishes (*od.* meals); **~apfel** *m* eating apple, eater; **~eis** *n* ice cream; **~fett** *n* edible (*od.* cooking) fat; **~kammer** *f* pantry, larder; **~karte** *f* menu; ***die ~, bitte!*** could I (*od.* we) have the menu, please; **~lokal** *n* eatery, restaurant.

speisen I. *v/i.* eat, *formell*: dine, *lit. u. iro.* sup; ***zu Mittag ~*** (have) lunch; ***zu Abend ~*** have dinner, dine; ***wir haben sehr gut gespeist*** we had an excellent meal; **II.** *v/t.* (*verpflegen*) feed (*a.* ⚙, ⚡).

Speisen|aufzug *m* dumbwaiter; **~folge** *f* order of courses.

Speise|öl *n* cooking oil; *für Salate*: salad oil; **~plan** *m this week's etc.* menu; **~reste** *pl.* leftovers; *zwischen den Zähnen*: food particles; **~röhre** *f anat.* (o)esophagus, F gullet; **~saal** *m* dining hall; *im Hotel*: dining room; *univ.*, *im Kloster etc.*: *a.* refectory; **~schrank** *m* food cupboard; **~service** *n* dinner service (*od.* set); **~wagen** *m* 🚂 dining (*od.* restaurant) car, *bsd. Am.* diner.

Speisung *f* feeding; ⚡ supply.

speiübel *adj.*: ***mir ist ~*** I feel sick, I think I'm going to be sick; *fig.* ***da wird e-m ~, wenn man das hört*** it's enough to make you sick, *stärker*: it churns your stomach to hear that kind of thing.

Spektakel¹ F *m* **1.** (*Lärm*) row, F racket; ***e-n ~ machen*** kick up a (real) racket; **2.** (*Zank*) rumpus; ***e-n ~ machen*** F kick up a row (*od.* rumpus); **3.** (*Aufsehen*) F palaver, to-do, fuss; ***so ein ~!*** what a palaver (*od.* to-do)!, what a fuss they made!

Spektakel² *n* spectacle; (*Medienℒ*) media event.

spektakulär *adj.* spectacular.

Spektral|analyse *f* spectrum analysis; **~bereich** *m* spectral range; **~farbe** *f* colo(u)r of the spectrum.

Spektrogramm *n* spectrogram.

Spektrograph *m* spectrograph.

Spektroskop *n* spectroscope.

Spektrum *n* spectrum (*a. fig.*); *fig.* (*Palette*) range; *fig.* ***großes ~*** a) broad spectrum, b) wide range.

Spekulant *m* speculator.

Spekulation *f* **1.** (*Vermutung[en]*) speculation; ***~en anstellen*** speculate; ***das sind ~en*** that's (just) speculation; **2.** *phls.* speculation; **3.** ☿ speculation, venture.

Spekulations|geschäft *n* speculative transaction; *riskantes*: gamble; **~gewinne** *pl.* speculative gains; **~objekt** *n* object of speculation; **~verluste** *pl.* speculative losses.

Spekulatius *m thin, gingery biscuit* (*Am. cookie*) *usually eaten around Christmas time.*

spekulativ *adj.* speculative.

spekulieren *v/i.* speculate (**über** on); ✝ speculate (**in** in), play the stock market; ~ **auf** ✝ speculate on, operate for; F (*haben wollen*) have one's hopes on; → **Baisse, Hausse.**

Spekulum *n* ⚕ speculum.

Spelunke *contp. f* F (low) dive.

spendabel F *adj.* (very) generous.

Spende *f* donation; (*Beitrag*) contribution; **bitte e-e kleine ~!** would you like to give something to charity?; **spenden I.** *v/t.* **1.** (*Geld etc.*) give, donate (*a. Blut etc.*); **2.** (*Licht etc.*) give, provide; (*Wärme*) give out; **3.** (*Sakramente*) administer; **4.** (*Lob*) give, *lit.* bestow (*dat.* on); **Trost** ~ offer (some) consolation; → **Beifall**; **II.** *v/i.* give (*od.* donate) money, make a donation (**für** to, in aid of); **großzügig** ~ give *od.* donate freely (*od.* generously).

Spenden|aktion *f* fund-raising (*od.* charity) drive; **~aufruf** *m* appeal for funds; **~bescheinigung** *f* receipt for a donation to charity; **~konto** *n* donations account; **~sammlung** *f* → **Spendenaktion.**

Spender *m* **1.** donator; (*Stifter, Blut*♀, *Organ*♀ *etc.*) donor; **2.** (*Automat*) dispenser; **~ausweis** *m* donor card; **~blut** *n* donor blood; **~herz** *n* donor heart; **~niere** *f* donor kidney.

spendieren F *v/t.*: **j-m et.** ~ treat s.o. to s.th.; **j-m ein Bier** ~ stand (*od.* buy) s.o. a beer; **ich spendier' den Wein** *für eine Feier*: I'll buy (*od.* supply) the wine; **spendierfreudig** *adj.* generous; **Spendierhosen** F *pl.*: **die ~ anhaben** be in a generous mood.

Spengler *m* panel-beater.

Sperber *m* sparrowhawk.

Sperenzchen F *pl.*: ~ **machen** be awkward, cause trouble: (*Umstände machen*) make a fuss.

Sperling *m* sparrow.

Sperma *n* sperm.

Spermium *n* sperm cell.

sperrangelweit F *adv.*: ~ **offen** wide open; **den Mund ~ aufmachen** (*gaffen*) gape, F gawk.

Sperrbezirk *m* restricted area, *für bestimmte Personen*: *a.* no-go area.

Sperre *f* **1.** (*Schranke*) barrier; (*Straßen*♀) road block; (*Barrikade*) barricade; **2.** ⚙ lock, locking device; **3.** (*Maßnahme*) ✝, ⚓ embargo; (*Blockade*) blockade; *Sport*: suspension; **e-e ~ verhängen über** impose a ban *etc.* on; → **Ausgangssperre, Nachrichtensperre**; **4.** *fig.* **e-e ~ haben** have a mental block; **ich habe e-e ~** *a.* I can't think; **sperren I.** *v/t.* **1.** (*Straße*) block, *amtlich*: close (**für den Verkehr** to traffic), *durch Absperrmannschaften*: cordon off; (*Brücke, Hafen etc.*) close; **2.** (*schließen*) shut, close; *mit Schloß*: lock; (*verriegeln*) bolt; ⚙ lock; (*ein*~) lock up; **3.** *typ.* space (out); **4.** (*Warenverkehr*) embargo; (*Gas, Telefon, Strom etc.*) cut off; (*Löhne, Zahlungen*) stop, freeze; (*Konto*) block; (*Scheck*) stop; *fig.* (*verbieten*) ban, prohibit; → **gesperrt**; **5.** *Sport*: block, *unfair*: obstruct; *durch Spiel- od. Startverbot*: suspend, disqualify; **II.** *fig. v/refl.*: **sich ~** ba(u)lk (**gegen et.** at s.th.), resist (s.th.).

Sperr|feuer *n* ⚔ barrage; *fig.* **ins ~ der Kritik geraten** come under fire; **~frist** *f* waiting period; **~gebiet** *n* restricted area, *für bestimmte Personen*: *a.* no-go area; **~gepäck** *n* bulky luggage; **~gürtel** *m* (police) cordon; *pol.* cordon sanitaire; **~gut** *n* bulky goods *pl.*

Sperrholz *n* plywood; **~platte** *f* piece (*od.* sheet) of plywood.

sperrig *adj.* bulky; (*unhandlich*) unwieldy.

Sperr|klausel *f* restrictive clause; **~konto** *n* blocked account; **~kreis** *m Radio*: wave trap; **~minorität** *f* blocking minority.

Sperrmüll *m* bulk(y) rubbish (*od.* waste, refuse); **~abfuhr** *f* bulk(y) waste pickup.

Sperr|schrift *f* spaced writing; **~sitz** *m thea.* seat in the stalls (*od.* orchestra); **~stunde** *f* (*Ausgehverbot*) curfew; → **Polizeistunde**; **~taste** *f* locking button.

Sperrung *f* **1.** obstruction; blocking (*a. Verkehr, Konto, Radar*); *e-r Straße, amtlich*: closing (off); **2.** ⚙ locking; **3.** → **Sperre** 3.

Sperr|ventil *n* lock(ing) valve; **~vermerk** *m* ✝ non-negotiability clause; **~vorrichtung** *f* ⚙ locking device, catch; **~zone** *f* → **Sperrgebiet.**

Spesen *pl.* ✝ expenses; F **außer ~ nichts gewesen** (it was) a waste of time and energy; ♀**frei** *adj.* free of charge; **~konto** *n* expense account; **~ritter** *contp. m* expense-account rider.

Spezi *dial. m* **1.** pal, *Am.* buddy; **2.** *cola and lemonade mix.*

spezial *obs. adj.* → **speziell.**

Spezial|ausbildung *f* special(ized) training; **~ausführung** *f* special model (*od.* design); **~einheit** *f* special unit, special task force; **~fach** *n* special subject; **~fahrzeug** *n* special-purpose vehicle; **~fall** *m* special case; **~gebiet** *n* special field (*od.* area), speciality, *Am.* specialty; **~geschäft** *n* specialist dealer('s), specialist(s *pl.*).

spezialisieren *v/refl.*: **sich auf et. ~** specialize in s.th.; **spezialisiert** *adj.*: **sie sind ~ auf** they specialize in, their speciality (*Am.* specialty) is; **Spezialisierung** *f* specialization.

Spezialist *m a.* ⚕ specialist; ~ **sein in** specialize in.

Spezialität *f* speciality, *Am.* specialty.

Spezialitäten|geschäft *n* delicatessen shop; **~restaurant** *n* restaurant serving (local *od.* national) specialities (*Am.* specialties).

Spezial|kleidung *f* special clothing; **~slalom** *m* special slalom; **~training** *n* special training; **~wissen** *n* special(ized) knowledge; **~wörterbuch** *n* specialized dictionary.

speziell I. *adj.* special; (*individuell*) specific, particular; **in diesem ~en Fall** in this particular case; **II.** *adv.* specially, particularly; specifically; ~ **angefertigt** made-to-measure (*od.* -order), *bsd. Am.* custom-made; ~ **gebaut** purpose-built.

Spezies *f* species; *fig. contp.* breed; **die menschliche ~** the human species.

Spezifikation *f* specification.

spezifisch *adj.* specific(ally *adv.*) (*a.* ⚕); **~es Gewicht** specific weight (*phys.* gravity); ~ **sein für** be specific to.

spezifizieren *v/t.* specify; give details of; **könnten Sie das etwas ~?** could you be more specific?; **Spezifizierung** *f* specification.

Sphäre *f* sphere (*a. fig.*); → **schweben**; **Sphärenharmonie** *f* harmony of the spheres; **sphärisch** *adj.* spherical; **~e Musik** music of the spheres.

Sphingenallee *f* avenue of sphinxes.

Sphinx *f* sphinx (*a. fig.*); **wie e-e ~ lächeln** give an enigmatic smile.

spicken I. *v/t. gastr.* lard; *fig.* (*Rede etc.*) interlard; F **j-n ~** (*bestechen*) F grease s.o.'s palm; → **gespickt**; **II.** F *v/i.* (*abschreiben*) cheat, crib.

Spick|nadel *f* larding pin; **~zettel** F *m* crib, *Am. a.* pony.

Spiegel *m* mirror (*a. fig.*); ⚕ speculum; *opt.*, ⚙ reflector; *fig. e-r Flüssigkeit* (*a. Blutzucker*♀ *etc.*) level; → **Satzspiegel**; sich im ~ betrachten look at o.s. in the mirror; *fig.* **j-m e-n ~ vorhalten** hold a mirror up to s.o.; **die Ereignisse der Woche im ~ der Presse** the week's events as seen by the press; F **das kannst du dir hinter den ~ stecken!** and don't you forget it!

Spiegelbild *n* mirror image; *fig.* mirror, reflection; *fig.* **sie ist das ~ ihrer Mutter** she's the spitting image of her mother; **spiegelbildlich** *adj.* mirror-image ...

spiegelblank *adj.* shiny, gleaming; *weitS.* (*sauber*) F squeaky clean; ~ **putzen** polish *s.th.* until it shines.

Spiegelei *n* fried egg, *Am.* fried egg sunny-side up.

Spiegelfechterei *fig. f* shadow-boxing; (*Vortäuschung*) bluff, eyewash.

spiegelfrei *adj.* non-glare, anti-dazzle.

Spiegelglas *n* mirror glass.

spiegelglatt *adj. Meer etc.*: glassy, (as) smooth as glass; *Straße*: like glass; *Parkett etc.*: (as) slippery as ice.

spiegeln I. *v/i.* shine; (*blenden*) reflect the light; *stärker*: dazzle; **II.** *v/t.* reflect (*a. fig.*); **III.** *v/refl.*: **sich ~** be reflected; *fig. a.* be mirrored.

Spiegelreflexkamera *f*: (**einäugige ~** single-lens) reflex camera.

Spiegel|saal *m* hall of mirrors; **~schrank** *m* mirrored wardrobe; **~schrift** *f* mirror writing; *typ.* reflected face; **~teleskop** *n* reflector telescope.

Spiegelung *f* **1.** reflection; (*Luft*♀) mirage; **2.** ⚕ endoscopy.

Spiel *n* **1.** (*das Spielen*) play(ing); *für Geld*: gambling; (*Gesellschafts*♀, *Ball*♀, *Glücks*♀, *Partie*) game; (*Schau*♀) play; (**~weise**) *thea.*, ♪ playing, performance, *Sport*: play, (*bsd. Mannschafts*♀) match; (*Farben*♀ *etc.*) play *of colo(u)rs etc.*; **ein ~ Karten** a pack (*od.* deck) of cards; **ein ~ des Zufalls** one of fortune's little tricks; ~ **des Schicksals** *the* vagaries of fortune; **ein seltsames ~ der Natur** a freak of nature; **ein ~ mit Worten** a play on words; **ein ~ mit dem Feuer** playing with fire; **ein ~ mit der Liebe** trifling with love; **das ~ von Licht und Schatten** the play of light and shade; **gefährliches ~** *Fußball*: dangerous play, *fig.* (*a.* **gewagtes ~**) gamble; **dem ~ verfallen sein** be an inveterate gambler; **freies ~ haben** have the field to o.s.; **das ~ aufgeben** throw in the towel; **j-m das ~ verderben** spoil things for s.o.; **j-s ~**

durchschauen see through s.o.'s (little) game; ***freies ~ der Kräfte*** free interplay of forces; ***auf dem ~ stehen*** be at stake; ***aufs ~ setzen*** (put at) risk; ***j-n (et.) aus dem ~ lassen*** leave s.o. (s.th.) out of it; ***laß mich aus dem ~*** count me out; ***ein doppeltes ~ mit j-m treiben*** double-cross s.o.; ***sein ~ mit j-m treiben*** play games with s.o.; ***gewonnenes ~ haben*** have the game in one's hand; ***im ~ sein*** *Ball*: be in play, *fig.* be involved (***bei*** in); ***es war e-e gehörige Portion Glück im ~*** there was a fair bit of luck involved; ***ins ~ bringen*** *Sport*: bring *s.o.* on, *fig.* bring *s.th.* into play, (*j-n*) get *s.o.* involved; ***aus dem ~ nehmen*** *Sport*: take *s.o.* off; ***das ~ bestimmen*** *Sport*: dictate the match; ***wie steht das ~?*** *Sport*: what's the score?; ***leichtes ~ haben*** win hands down, *fig.* have an easy job of it; ***das ~ ist aus*** the game's up; ***genug des grausamen ~s!*** that'll do!; ***die Hand im ~ haben*** have a finger in the pie; → ***abgekartet, Miene, olympisch*** *etc.*; **2.** ⚙ play; *erwünschtes*: clearance; *zulässiges*: allowance.

Spiel|art *f biol. u. fig.* variety; **~automat** *m* gaming (*od.* amusement) machine; *mit Geldgewinn*: *a.* slot machine, F one-armed bandit; **~ball** *m* ball; *Tennis*: game point; *Billard*: cue ball; *fig.* plaything; *fig.* ***ein ~ der Wellen sein*** be at the mercy of the waves; **~bank** *f* (gambling) casino.

spielbar *adj.* playable.

Spiel|beginn *m* start of play; **~bein** *n* free leg; **~brett** *n* board; **~dauer** *f Cassette etc.*: playing time; → ***Spielzeit.***

spielen I. *v/i.* **1.** play (*a. weitS. Lächeln, Licht etc.*); *Wasser, Wellen*: *a.* lap; ***mit dem Bleistift ~*** fiddle (*od.* play) around with one's pencil; ***mit Worten ~*** play (around) with words; ***in allen Farben ~*** sparkle in all colo(u)rs, iridesce; ***ins Rötliche ~*** have a reddish tinge; **2.** *bei e-m Glücksspiel*: gamble (***um*** for); ***falsch ~*** cheat; ***aus Leidenschaft ~*** have a passion for gambling; ***hoch (niedrig) ~*** play for high (low) stakes; ***sich um sein Vermögen ~*** gamble away one's fortune; *fig.* ***mit s-m Leben ~*** gamble with one's life, put one's life at risk; **3.** *Sport*: ***gut (schlecht) ~*** play well (badly); ***unentschieden ~ gegen*** draw with; ***A spielte gegen B*** A played B; **4.** *thea.* play, act; *Programm, Film*: be on (***in*** at); ***~ in*** *Szene, Stück*: be set in; ***~ an*** *Stück*: be on at, *Schauspieler*: be (engaged) at; ***heute wird nicht gespielt*** there's no performance tonight; ***der Film spielt schon wochenlang*** the film has been running for weeks; **5.** ♪ ***falsch ~*** play a wrong note (*od.* the wrong note[s]); **6.** *fig.* ***mit j-m ~*** play (*od.* mess) around with; ***er läßt nicht mit sich ~*** he's not one to mess around (*od.* to be trifled) with; ***mit dem Gedanken ~ zu*** *inf.* toy with the idea of *ger.*; ***mit dem Feuer ~*** play with fire; **7.** *fig.* ***~ lassen*** bring into play; ***s-e Beziehungen ~ lassen*** pull a few strings; ***s-n Charme ~ lassen*** use one's charms, *Mann*: *a.* turn on the charm; **II.** *v/t.* **8.** play (*a. Schach, Karten etc.*); **9.** ♪ ***Klavier*** *etc.* ***~*** play the piano *etc.*; **10.** ***den Ball*** *zu j-m* ***~*** *Sport*: pass the ball; **11.** (*Rolle etc.*) play, act; *fig.* ***den Beleidigten ~*** act (all) offended; ***den Kranken ~*** pretend to be sick; ***bei ihr ist alles nur gespielt*** it's all play-acting (*od.* an act) with her; F ***was wird hier gespielt?*** what's going on here?; **12.** (*aufführen*) play, perform; (*Film*) show; ***was wird heute abend gespielt?*** what's on tonight; **13.** *fig.* ***j-m et. in die Hände ~*** play s.th. into s.o.'s hands; → ***Geige, gespielt, krank, Rolle², Theater, Wand*** *etc.*; **spielend** *fig. adv.*: (***~ leicht***) easily, effortlessly; ***es ist ~ leicht*** it's child's play, F it's a doddle (*sl.* cinch); ***er ist ~ damit fertiggeworden*** he took it all in his stride; ***~ gewinnen*** win hands down.

Spielende *n*: ***gegen ~*** towards the end of the game (*od.* match); ***nach ~*** after the game (*od.* match); ***zehn Minuten vor ~*** ten minutes from time (*od.* before the end).

Spieler *m* player; (*Glücks*2) gambler.

Spielerei *f* **1.** (*Herumspielen*) messing (*od.* fooling) around; ***Schluß mit der ~!*** *a.* that's enough fun and games; **2.** hobby; ***es ist für sie eher e-e ~*** it's more of a hobby for her, she just does it for the fun of it; **3.** (*Leichtigkeit*) child's play; **4.** *technische etc.*: gadget, gimmick; toy; **~en** (*Schnickschnack*) *a.* bits and pieces.

spielerisch *adj.* **1.** *Sport*: playing ...; *thea.* acting ...; *adv.* ***~ überlegen sein*** be the better player(s); **2.** (*verspielt*) playful; **3.** ***mit ~er Leichtigkeit*** with the greatest of ease.

Spielernatur *f* born gambler.

Spieler-Trainer *m Sport*: player-manager.

Spielfarbe *f Karten*: suit.

Spielfeld *n* field, pitch; *Tennis*: court; ***das ~ verlassen*** *a.* go off; **~hälfte** *f* half (of the pitch, *Tennis*: of the court).

Spiel|figur *f* piece; **~film** *m* feature (film); **~fläche** *f thea.* stage floor; *Sport*: pitch, ground, (*Rasen*) lawn.

spielfrei *adj. thea.* ***Montag ist ~*** there's no performance on Monday; ***das Wochenende ist ~*** *Sport*: there are no matches this weekend.

Spiel|führer *m* (team) captain; **~gefährte** *m* playmate; **~geld** *n* **1.** (*Einsatz*) stake; **2.** → ***Spielmarke***; **~gemeinschaft** *f* syndicate; **~hälfte** *f Sport*: half (of the match *od.* game); **~halle** *f* amusement arcade; **~hölle** *f* gambling den; **~kamerad** *m* pal, playmate; **~karte** *f* playing card; **~kasino** *n* (gambling) casino; **~klasse** *f Sport*: league, division; **~kleidung** *f Sport*: kit, *bsd. Fußball*: *a.* strip; **~leidenschaft** *f* passion for gambling; **~leiter** *m* **1.** → ***Regisseur***; **2.** *TV* gameshow host, emcee; (*Quizmaster*) quiz master; **3.** *Sport*: organizer; **~macher** *m Sport*: best player; **~marke** *f* counter, chip; **~minute** *f* minute (of play); ***in der 20. ~*** in the 20th minute; **~pause** *f Sport*: **1.** half-time; interval; **2.** (*Sommer*2 *etc.*) break; **~plan** *m thea. etc.* program(me) (of events); ***auf den ~ setzen*** take up into (*od.* include in) the program(me); ***auf dem ~ sein*** be included in the program(me); **~platz** *m* playground; **~ratte** *f* (board) games freak; ***sie ist e-e ~*** *a.* she's mad about games; **~raum** *m* elbowroom, room to move; *beim Parken etc.*: room for manoeuvre (*Am.* maneuver); ⚙ clearance; *fig.* scope, latitude, elbowroom; *zeitlich*: time; (*Flexibilität*) leeway; ✝ (*Spanne*) margin; **~regel** *f* rule; *fig.* **~n** rules (of the game); ***sich an die ~n halten*** stick to the rules, *a. fig.* play the game; **~runde** *f* round; **~sachen** *pl. a. fig.* toys; **~schuld** *f* gambling debt; **~stand** *m* score; **~straße** *f* playstreet; **~tisch** *m* card table; *bei Glücksspielen*: gaming table; **~trieb** *m* play instinct; **~uhr** *f* musical clock; **~unterbrechung** *f* stoppage; **~verbot** *n Sport*: ban (on playing), suspension; ***~ haben*** have been banned (*od.* suspended); **~verderber** *m* spoilsport; **~verlängerung** *f* extra time.

Spielwaren *pl.* toys; **~abteilung** *f* toy department; *Schild*: toys (and games); **~geschäft** *n* toy shop (*Am.* store); **~industrie** *f* toy industry.

Spiel|weise *f* style of play(ing); **~werk** *n* ⚙ mechanism; *e-r Uhr*: chime; **~wiese** *f* playing field; F *fig.* playground; **~zeit** *f* **1.** *Sport*: playing time; ***nach e-r ~ von 31 Minuten*** 31 minutes into the game; **2.** (*Spielsaison*) season; *Film*: (*Laufzeit*) run, (*Länge*) duration; ***der Film hat e-e ~ von zwei Stunden*** the film lasts two hours.

Spielzeug *n* toy(s *pl.*) (*a. fig.*); **~eisenbahn** *f* model railway, train set; **~pistole** *f* toy pistol.

Spiel|zimmer *n* **1.** games room; **2.** (*Kinder*2) playroom; **~zug** *m Sport*: move.

Spieß *m* (*Brat*2) spit; (*Fleisch*2) skewer; *hist.* spear; ⚔ *sl.* (*Hauptfeldwebel*) *etwa* sarge; *fig.* ***den ~ umdrehen*** turn the tables (***gegen*** on); ***schreien wie am ~*** scream blue murder; → ***braten*** I; **~braten** *m* spit roast.

Spießbürger *m* petty bourgeois; philistine; **spießbürgerlich** *adj.* petty bourgeois, (very) middle-class; philistine.

spießen *v/t.* spear, lance; ***~ in*** stick into, *stärker*: thrust into.

Spießer F *m* → ***Spießbürger.***

Spießgeselle *m* pal, mate; *bsd. contp.* crony.

spießig F *adj.* → ***spießbürgerlich.***

Spießruten *pl.*: ***~ laufen*** run the gauntlet.

Spikes *pl.* **1.** *Sport*: spikes; **2.** *mot.* a) studs, b) → **~reifen** *pl.* studded tyres (*Am.* tires).

spinal *adj.* spinal; ***~e Kinderlähmung*** polio(myelitis).

Spinat *m* spinach.

Spinatwachtel *contp. f* F old crone.

Spind *m, n* locker.

Spindel *f* spindle (*a. biol.*, ⚙); △ newel (post); (*Hydrometer*) hydrometer; **2dürr** *adj.* (as) thin as a rake; *Arme etc.*: spindly, skinny.

Spinett *n* spinet.

Spinne *f* **1.** *zo.* spider; **2.** → ***Wäschespinne.***

spinnefeind F *adj.*: ***er ist ihr ~*** F he can't stand (the sight of) her; ***er ist allem Geschwafel*** *etc.* ***~*** if there's one thing he can't stand it's waffle *etc.*

spinnen I. *v/t.* **1.** spin; *fig.* ***ein Netz von Intrigen ~*** weave a web of intrigue; **2.** F ***es ist alles gesponnen*** he's (*od.* she's) made it all up, F it's a load of rubbish; **II.** *v/i.* **3.** spin; **4.** F (*verrückt sein*) F be mad (*od.* nuts, crazy, off one's nut); (*Unsinn reden*) talk rubbish (F rot); ***du spinnst wohl!*** have you gone mad?, are you crazy?; ***spinn' ich?*** am I imagining things?; ***er fängt an zu ~*** F he's (slowly) going mad (*od.* round the bend, off his rocker).

Spinnennetz *n* spider's web; (*Spinnwebe*) cobweb.

Spinner *m* **1.** *a.* **Spinnerin** *f* spinner; **2.** F

(*Verrückter*) F crackpot, *bsd. Am.* F screwball; **3.** *zo.* silkworm moth; **Spinnerei** *f* **1.** spinning; (*Fabrik*) spinning mill; **2.** F *fig.* crazy (*od.* crackpot) idea; *modische*: fad, craze; (*Unsinn*) nonsense; ***das ist bloß e-e ~ von ihm*** it's just one of his crazy ideas.
spinnert *dial. adj.* F mad, crazy.
Spinn|gewebe *n* cobweb; (*Spinnennetz*) spider's web; **~rad** *n* spinning wheel; **~rocken** *m* distaff; **~stube** *f hist.* spinning room; **~webe** *f* cobweb; (*Spinnennetz*) spider's web.
spintisieren *v/i.* ruminate (**über** on).
Spion *m* **1.** spy; **2.** *an der Tür*: spyhole, peephole.
Spionage *f* spying, espionage; ***~ treiben*** (act as a) spy, **für:** *a.* be spying (*od.* a spy) for; **~abwehr** *f* counter-espionage, counter-intelligence; **~affäre** *f* espionage affair; **~dienst** *m* intelligence (*Brit. a.* secret) service; *in GB*: MI 5; **~film** *m* spy film (*od.* thriller); **~flug** *m* reconnaissance flight, spying mission; **~flugzeug** *n* spy plane, F spy in the sky; **~netz** *n* spy network; **~organisation** *f* spy(ing) organization; **~ring** *m* spy ring; **~roman** *m* spy novel (*od.* thriller); **~satellit** *m* spy satellite, F spy in the sky; **~schiff** *n* spy ship; **~tätigkeit** *f* spying activities *pl.*; **~U-Boot** *n* spy submarine; **~verdacht** *m*: ***unter ~ stehen*** be suspected of being a spy (*od.* of having spied *for* ...).
spionieren *v/i.* spy; *fig.* snoop around, ***in:*** *a.* nose around in; ***~ für*** (act as a) spy for, be spying for; → ***ausspionieren.***
Spiralbohrer *m* ⚙ twist drill.
Spirale *f* **1.** spiral; ∡ helix; **2.** (*Draht≈*) coil; **3.** (*Pessar*) coil, IUD; **4.** ⚚ (*Preis≈ etc.*) spiral.
Spiral|feder *f* coil spring; *Uhr*: mainspring; **≈förmig** *adj.* spiral(-shaped), helical; **~kabel** *n* coiled cord; **~nebel** *m ast.* spiral nebula.
Spiritismus *m* spiritualism, spiritism; **Spiritist** *m* spiritualist; **spiritistisch** *adj.* spiritualist.
spirituell *adj.* spiritual.
Spirituosen *pl.* spirits, *Am.* liquor *sg.*
Spiritus *m* spirit; **~kocher** *m* spirit stove; **~lampe** *f* spirit lamp.
Spital *n östr., Schweiz*: hospital.
spitz I. *adj.* **1.** pointed; *Bleistift etc.*: sharp; ∡ *Winkel*: acute; ***et. mit ~en Fingern anfassen*** pick s.th. up with (a look of) disgust; **2.** *fig.* (*abgezehrt*) pinched, peaky; **3.** *fig.* (*bissig*) *Rede etc.*: pointed, *Person*: sarcastic; *Zunge*: sharp; ***~e Bemerkung*** pointed (*od.* cutting) remark, F dig; **4.** F *fig.* ***~ sein auf*** have one's eye on; ***er ist ~ wie Nachbars Lumpi*** F he's a randy old goat (*sl.* git); **II.** *adv.*: ***~ zusammenlaufen*** taper off; → *a.* ***spitzkriegen.***
Spitz *m* Pomeranian, spitz.
Spitzbart *m* goatee (beard); **spitzbärtig** *adj.* with a goatee (beard).
Spitzbauch *m* paunch, F beer belly.
spitzbekommen F *v/t.* find out; F cotton on to, get wise to (***daß*** the fact that).
Spitzbogen *m* pointed arch.
Spitzbube *m* scoundrel; (*Kind*) rascal; **spitzbübisch** *adj.* impish, mischievous.
Spitzdach *n* pointed roof.
Spitze¹ *f* **1.** point; (*Berg≈*) peak, top, summit; (*Baum≈*) top; (*spitzes Ende, a. e-s Körperteils*) tip; (*Kinn≈, Haar≈*) end; (*Schuh≈*) toe; *e-r Feder*: point; (*Turm≈*) spire; (*Insel≈*) tip; (*Zigaretten≈*) (cigarette) holder; (*Pfeifen≈*) mouthpiece; (*Zigarren≈*) end; *e-s Zuges*: front; *e-r Kolonne*: head; ⚔ (*Angriffs≈*) (spear-) head; *Sport*: (*Führung*) lead; *Fußball*: (*Stürmer*) striker; (*Höchstwert*) peak, high; (*~ngeschwindigkeit*) top (*od.* maximum) speed; (*~nposition*) top position; *e-s Unternehmens etc.*: management; ***~n der Partei etc.***: F top brass; ***die ~n der Gesellschaft*** the leading figures (F lights) of society; ***die ~ des Eisbergs*** *a. fig.* the tip of the iceberg; ***an der ~ des Staates*** (***Konzerns*** *etc.*) at the head of the state (company *etc.*); ***an der ~ sein*** *beruflich etc.*: have reached the top of the ladder; ***an die ~ kommen*** take over the lead, *pol.* take over the reins of power; ***an der ~ der Entwicklung*** *etc.* ***stehen*** be in the vanguard of progress *etc.*; ***an der ~ der Tabelle*** at the top of the table; ***an der ~ liegen*** *Sport*: be in the lead, *der Tabelle*: be at the top; ***sich an die ~ setzen*** take the lead, *der Tabelle*: go to the top; ***s-e ~ erreichen*** *zahlenmäßig etc.*; peak, reach its peak; ***die höchste ~ erreichen*** *Ausgaben etc.*: reach an all-time high; F ***es ist einsame ~*** F it's brilliant; ***auf die ~ treiben*** carry *s.th.* too far; ***~ auf Knopf stehen*** be touch and go; ***j-m die ~ bieten*** stand up to s.o.; ***j-s Worten die ~ nehmen*** take the sting out of s.o.'s words; ***j-s Argumenten die ~ abbrechen*** take the wind out of s.o.'s sails; **2.** (*bissige Bemerkung*) barb, sideswipe, F dig (***gegen*** at).
Spitze² *f* (*Gewebe*) lace.
spitze F *adj. u. int.* F great, super, magic.
Spitzel *m* informer, F stool pigeon, *sl.* nark; *im Betrieb*: company spy; (*Schnüffler*) snooper; **spitzeln** *v/i.* spy; (*herumschnüffeln*) snoop around.
spitzen I. *v/t.* (*Bleistift*) sharpen; ***den Mund ~*** purse one's lips; ***die Ohren ~*** prick up one's ears (*a. weitS. hellhörig werden*); **II.** *dial. v/i. u. v/refl.*: (***sich***) ***auf et. ~*** have one's eye on s.th.
Spitzen... *in Zssgn oft* top ..., front-rank ..., *beruflich*: top-flight ...; *qualitätsmäßig*: top ..., first-rate (*od.* -class) ...; *leistungsmäßig*: peak ...; **~auto** *n* → ***Spitzenwagen;*** **~bedarf** *m* peak demand; **~belastung** *f* peak load.
Spitzen|bluse *f* lace blouse; **~deckchen** *n* lace doily.
Spitzen|einkommen *n* top income; **~erzeugnis** *n* top-quality product; **~fabrikat** *n* top-quality make (*od.* brand); **~form** *f* top form; **~gerät** *n* top(-of-the-range) model; **~geschwindigkeit** *f* top speed; **~gespräch** *n* top-level talks *pl.*; **~gruppe** *f* top bracket; *Sport*: leaders *pl.*; ***in die ~ aufrücken*** *Sport*: join the leaders.
Spitzenhöschen *n* lace panties *pl.*
Spitzen|kandidat *m* leading (*od.* number one) candidate, front runner; **~klasse** *f* top class; ***ein Cognac*** *etc.* ***der ~*** a high-quality (*od.* fine) cognac *etc.*; ***ein Läufer*** (***Auto***) *etc.* ***der ~*** a top-class runner (car) *etc.*; ***er gehört zur internationalen ~*** he's among the world's leading pianists (*od.* swimmers *etc.*).
Spitzen|klöppelei *f* lacemaking; **~klöpplerin** *f* lacemaker.
Spitzen|könner *m* top expert; *Sport*: top-class athlete; **~kraft** *f* highly qualified worker; ⚚ top-level executive; *Spitzenkräfte* top management (*od.* executives); **~last** *f* peak load; **~leistung** *f* outstanding performance; *in der Wissenschaft etc.*: outstanding achievement; *Sport*: record; ⚙ *Maschine, Fabrik*: peak output; *Auto*: peak performance; ⚡ peak power; **~lohn** *m* top wage(s *pl.*); **~manager** *m* top (*od.* leading) executive; **~mannschaft** *f* top team; **~marke** *f* brand leader; **~modell** *n* top-of-the-line (*od.* -range) model; **~politiker** *m* leading (*od.* high-ranking, front-rank, top) politician; **~position** *f* top position; **~preis** *m* top price; **~qualität** *f* top quality; **~reiter** *m Sport u. fig.*: front runner; (*Auto etc.*) best-selling (*od.* most popular, number one) car *etc.*; (*Film etc.*) most popular (*od.* top-rated) film *etc.*; *der Hitparade*: number one hit; **~spieler** *m* top player; **~sportler(in** *f*) *m* top sportsman (*f* sportswoman); **~stellung** *f* top position; **~steuersatz** *m* maximum tax rate; **~tanz** *m* toe dance.
Spitzentaschentuch *n* lace(-edged) handkerchief.
Spitzen|technologie *f* high tech(nology); **~verband** *m* central (*od.* umbrella) organization; **~verdiener** *m* top earner; **~wagen** *m* top-of-the-range car; *emotional*: super car; **~wein** *m* vintage (*od.* fine) wine; **~wert** *m* peak value; **~zeit** *f* **1.** *Sport*: best (*od.* record) time; **2.** *Verkehr etc.*: peak period.
Spitzer *m* (pencil) sharpener.
spitzfindig *adj.* oversubtle; (*kleinlich*) pedantic; (*haarspalterisch*) hair-splitting ...; ***e-e ~e Unterscheidung*** a very fine distinction; **Spitzfindigkeit** *f* subtlety; ***das ist e-e ~*** that's splitting hairs.
Spitzgiebel *m* pointed gable.
spitzhaben F *v/t.* F have cottoned on to, have got wise to (***daß*** the fact that).
Spitz|hacke *f* pickaxe, *Am.* pickax; **~kehre** *f* **1.** hairpin bend; **2.** *Skisport*: kick turn.
spitzkriegen F *v/t.* F cotton on to, get wise to (***daß*** the fact that).
Spitz|marke *f typ.* (side) head; **~maus** *f* **1.** *zo.* shrew; **2.** F (*Person*) weasel-face; **~name** *m* nickname; **~wegerich** *m* ⚘ ribwort; **≈wink(e)lig** *adj.* ∡ acute; **≈züngig** *adj.* sharp-tongued.
Spleen *m* (*Idee*) F cranky idea; (*Gewohnheit*) strange habit; ***du hast wohl e-n ~!*** F you must be off your nut!; **spleenig** *adj.* F cranky; ***~er Typ*** F crank, weirdo.
spleißen *v/t.* ⚓ splice.
splendid *adj.* generous.
Splint *m* ⚙ cotter pin.
Splitt *m* (loose) chippings *pl.*
splitten *v/t.* ⚚ (*a. Wahlstimmen*) split.
Splitter *m* splinter; (*Bruchstück, a. Granat≈*) fragment; **~bombe** *f* fragmentation bomb; **~bruch** *m* ⚕ chip fracture.
splitterfasernackt F *adj.* stark naked, *sl.* starkers; ***er war ~*** *a.* F he didn't have a stitch on.
splitterfrei *adj.* shatterproof.
Splittergruppe *f pol.* splinter (*od.* breakaway) group.
splitterig *adj.* splintery.
splittern *v/i. u. v/t.* splinter; *Glas*: shatter.
splitternackt F *adj.* stark naked.
Splitterpartei *f pol.* splinter party.
Splitting *n* ⚚ splitting; *pol.* vote-splitting.
Spoiler *m mot.* spoiler.
sponsern *v/t.*, **Sponsor** *m* sponsor.
Sponsorenvertrag *m* sponsor's contract.

spontan I. *adj.* spontaneous; *Entschluß*: *a.* off-the-cuff, spur-of-the-moment *decision*; **II.** *adv.* spontaneously; on the spur of the moment; **Spontaneität** *f* spontaneity.

Spontan|kauf *m* impulse purchase; *pl.* impulse buying *sg.*; **~käufer** *m* impulse buyer; **~urlaub** *m* impulse holiday.

sporadisch I. *adj.* sporadic; **II.** *adv.* sporadically; (*hin u. wieder*) *a.* every once in a while.

Spore *f* ⚘ spore.

Sporen *pl. von* ***Sporn.***

Sporentierchen *n zo.* **1.** *pl.* (*Stamm*) sporozoa; **2.** (*Einzeltierchen*) sporozoon.

Sporn *m* spur (*a. zo. u. fig.*); ✈ tail skid; *e-m Pferd* ***die Sporen geben*** → ***spornen***; *fig.* ***sich die Sporen verdienen*** win one's spurs; **spornen** *v/t.* spur.

spornstreichs *obs. adv.* straightaway, *formell*: post-haste.

Sport *m* sport (*a. fig.*), sports *pl.*; (*~art*) sport; (*Fach*) sport, physical education; *fig.* (*Steckenpferd*) hobby; ***die Welt des ~s*** the world of sport; ***~ treiben*** do a lot of sport(s); **~abzeichen** *n* sports (achievement) badge; **~angler** *m* angler; **~anlage** *f* sports grounds *pl.*; **~anzug** *m* (*Freizeitanzug*) casual suit; **~art** *f* sport; **~artikel** *pl.* sports articles; **~arzt** *m* sports physician; **~ausrüstung** *f* sports equipment; **2begeistert** *adj.* keen on sports, *stärker*: sports-mad; ***~ sein*** *a.* be a sports fan; **~beilage** *f* sports (*od.* sporting) page(s *pl.*); **~bekleidung** *f* sportswear; **~bericht** *m* sports report (*od.* news); **~berichterstatter** *m* sports correspondent.

sporteln F *v/i.* do a bit of sport (on the side).

Sport|ereignis *n* sports event; **~fest** *n* sports meet, *in der Schule etc.*: sports day; **~fischer** *m* angler; **~flieger** *m* amateur pilot; **~flugzeug** *n* sports plane, two-seater; **~freund** *m* **1.** sports fan; **2.** *Sporttreibender*: (keen) sportsman; **3.** (*Partner*) sports pal; **~geist** *m* sportsmanship, sense of fairness; ***keinen ~ haben*** be very unsporting; ***zeig mal d-n ~!*** where's your good sportsmanship; **~gerät** *n* piece of apparatus; *pl.* apparatus *sg.*; **~gericht** *n* sports tribunal; **~geschäft** *n* sports shop (*Am.* store); **~halle** *f* gymnasium, F gym; **~hemd** *n* sports (*Am.* sport) shirt; **~herz** *n* ⚕ athlete's heart; **~hochschule** *f* college of physical education; **~internat** *n* special sports boarding school; **~invalide** *m* sports invalid.

sportiv *adj.* sporty.

Sport|jacke *f* sports jacket; **~journalist** *m* sports journalist, sportswriter; **~kleidung** sportswear; **~klub** *m* sports club; **~korrespondent** *m* sport correspondent; **~lehrer** *m* sports instructor; *in der Schule*: PE (= physical education) teacher.

Sportler(in *f*) *m* sportsman (*f* sportswoman), athlete.

Sportlerherz *n* ⚕ athlete's heart.

sportlich I. *adj. Veranstaltung etc.*: sports *event*, sporting *event*; *bsd. Mann, a. Aussehen*: athletic; *bsd. Frau*: sporty; *Kleidung*: casual, (*flott*) sporty; *fig.* (*fair*) sporting, sportsmanlike; ***~ sein*** *mst* do a lot of sports, be keen on sports; **II.** *adv.*: ***sich ~ betätigen*** do sport(s).

Sport|medizin *f* sports medicine; **~meldung** *f* sports item; ***e-e ~*** *a.* some sports news; **~nachrichten** *pl.* sports news *sg.*; **~platz** *m* sports grounds *pl.*; sports field, athletic track; **~redakteur** *m* sports editor; **~reportage** *f* sports report; **~reporter** *m* sports reporter; **~schuh** *m* **1.** sports shoe; **2.** casual shoe; **~seite** *f* sports (*od.* sporting) page; **~sendung** *f* sports program(me), sportscast.

Sports|freund F *m* **1.** F mate; **2.** → ***Sportfreund***; **~kanone** F *f* F (sports) ace.

Sport|stadion *n* sports stadium; **~stunde** *f* sports lesson; **~tauchen** *n* skin diving; *mit Atemgerät*: scuba diving; **~taucher** *m* skin diver; *mit Atemgerät*: scuba diver; **~teil** *m e-r Zeitung*: sports (*od.* sporting) section; **~übertragung** *f* sports broadcast, sportscast; **~unfall** *m* sports accident; **~unterricht** *m* **1.** sports lesson(s *pl.*); **2.** *the* teaching of sport; sport education; **~veranstaltung** *f* sporting (*od.* sports) event, sports meet(ing); **~verband** *m* sports association; **~verein** *m* athletics club, sports club; **~verletzung** *f* sports injury; **~wagen** *m* **1.** *mot.* sports car; **2.** (*Kinderwagen*) pushchair, *Am.* stroller; **~zeitung** *f* sports magazine; **~zentrum** *n* sports cent|re (*Am.* -er).

Spot *m* **1.** (*Werbe2*) commercial; **2.** → ***Spotlight.***

Spotlight *n* spotlight, F spot.

Spotmarkt *m* ✝ spot market.

Spott *m* mockery, ridicule; *in der Schule etc., a. gutmütiger*: teasing; *verächtlicher*: scorn; ***j-n*** (***et.***) ***dem ~ preisgeben*** make s.o. (s.th.) a laughing stock, *formell*: hold s.o. (s.th.) up to ridicule; ***j-n mit Hohn und ~ überschütten*** heap scorn on s.o.; **~bild** *n* mockery; **2billig** *adj.* dirt cheap; **~drossel** *f* mockingbird.

Spöttelei *f* mockery; (*Bemerkung*) gibe, jibe; **spötteln** *v/i.* mock, gibe (**über** at).

spotten *v/i.* laugh (**über** at); (*sich lustig machen*) make fun (of); *fig.* ***jeder Beschreibung ~*** defy (*od.* beggar) description; ***es spottet jeder Beschreibung*** *a.* I can't find words to describe it.

Spötter *m* mocker; **Spötterei** *f* → ***Spott.***

Spott|figur *f* joke figure, butt of ridicule; **~gedicht** *n* satirical poem; **~geld** *n* ridiculous(ly low) sum (*od.* price); ***das ist ja ein ~*** *a.* F that's peanuts; ***für ein ~*** *a.* for next to nothing.

spöttisch *adj.* mocking; (*höhnisch*) sneering; (*verächtlich*) derisive, derisory.

Spott|lied *n* satirical song; **~name** *m* (nasty) nickname; **~preis** *m* ridiculous (-ly low) price, giveaway price; ***zum ~*** dirt cheap, for next to nothing; **~vogel** *m zo.* mockingbird; *fig.* mocker, scoffer.

Sprach|atlas *m* linguistic atlas; **~ausgabe** *f Computer*: speech (*od.* voice) output; **~barriere** *f* language barrier; **2begabt** *adj.* good at languages, linguistically talented; **~begabung** *f* gift (*od.* talent) for languages, linguistic talent; **2behindert** *adj.*: ***~ sein*** have a speech defect.

Sprache *f e-s Volkes*: language (*a. fig.*), *bsd. lit.* tongue; (*Sprechfähigkeit*) speech; (*Ausdrucksweise*) language, speech, way of speaking; (*Aussprache*) articulation, diction; ***alte ~n*** ancient languages; ***in deutscher ~*** in German; ***Publikationen*** *etc.* ***in deutscher ~*** German-language publications *etc.*; ***der ~ nach kommt er aus Berlin*** judging by his accent he comes from Berlin; ***die gleiche ~ sprechen*** *a. fig.* speak the same language; *fig.* ***e-e andere ~ sprechen*** (*Gegensätzliches bezeugen*) tell a different story; ***e-e deutliche ~ sprechen*** speak for itself (*od.* themselves); ***zur ~ bringen*** bring *s.th.* up, raise, moot; ***zur ~ kommen*** come up; ***die ~ verlieren*** *durch Schock etc.*: lose one's speech; ***hast du die ~ verloren?*** have you lost your tongue?; ***heraus mit der ~!*** (come on,) out with it!; ***endlich fand er die ~ wieder*** he finally found his tongue again; ***mir blieb die ~ weg*** I was speechless; → ***beherrschen*** 3, ***herausrücken*** II, ***verschlagen***[1] 4 *etc.*

Sprach|ebene *f* speech level, register; **~eingabe** *f Computer*: speech (*od.* voice) input; **~empfinden** *n* feeling for (the) language.

Sprachen|gewirr *n* confusion of tongues; **~schule** *f* language school.

Sprach|erkennung *f Computer*: speech (*od.* voice) recognition; **~erwerb** *m* language acquisition; **~familie** *f* family of languages; ***die germanische ~*** the Germanic (family of) languages; **~fehler** *m* ⚕ speech impediment (*od.* defect); **~forscher** *m* linguist; **~forschung** *f* linguistic studies *pl.* (*od.* research); **~führer** *m* phrasebook; **~gebiet** *n* speech area; ***deutsches ~*** (a) German-speaking area; **~gebrauch** *m* usage; ***im allgemeinen ~*** in everyday usage; **~gefühl** *n* feeling for (the) language; **~gemeinschaft** *f* speech community; **~gemisch** *n* linguistic mix, mixture of languages; **~genie** *n* linguistic genius; **~geschichte** *f* **1.** history of language, language history; *e-r bestimmten Sprache*: history of the language; **2.** (*Fachgebiet*) linguistic history; **~gesellschaft** *f a. hist.* language society; **~gesetz** *n* linguistic law; **2gestört** *adj.* ⚕ aphasic; ***~ sein*** *mst* have a speech disorder (*od.* impediment); **~gewalt** *f* eloquence; **2gewaltig** *adj.* eloquent: **2gewandt** *adj.* articulate; *in Fremdsprachen*: proficient in languages; ***~ sein*** *bsd. contp. a.* F have the gift of the gab; **~grenze** *f* language (*od.* linguistic) boundary; **~insel** *f* linguistic island; **~kenner** *m* linguist; **~kenntnisse** *pl.* knowledge *sg.* of languages; knowledge *sg.* of a (*od.* the) language; ***englische ~*** knowledge (*od.* command) of English; ***gute englische ~ erwünscht*** good command of English desirable; **~kompetenz** *f* linguistic ability (*od.* performance); **~kultur** *f* linguistic sophistication (*od.* standards *pl.*); **~kunst** *f* literary artistry; way with words; **~künstler** *m* word genius; ***ein ~ sein*** *a.* have a way with words; **~kurs** *m* language course; **~labor** *n* language laboratory (F lab); **~laut** *m* speech sound; **~lehre** *f* grammar; (*Buch*) grammar (book); **~lehrer** *m* language teacher; **~lenkung** *f* language manipulation; manipulation of a (*od.* the) language.

sprachlich I. *adj.* language ..., linguistic; (*grammatisch*) grammatical; (*stilistisch*) stylistic; ***~er Fehler*** language mistake, mistake in the language; ***~e Kommunikation*** verbal communication, communicating through language; **II.** *adv.* linguistically *etc.*; *wertend*: from a language point of view.

sprachlos *adj.* speechless; **da war er ~** it left him speechless; **ich bin ~** I don't know what to say.

Sprach|melodie *f* speech melody, intonation; **~minderheit** *f* linguistic minority; **~niveau** *n* level of language; **~norm** *f* linguistic norm(s *pl.*); prescribed usage; **~pflege** *f* maintaining linguistic standards; (*Purismus*) purism; **~philosophie** *f* philosophy of language; **~psychologie** *f* psychology of language; **~raum** *m* → **Sprachgebiet**; **~reform** *f* language (*od.* linguistic) reform(s *pl.*); reforming a (*od.* the) language; **~regelung** *f pol.* official version; **nach offizieller ~ ...** the official version is ...; **~reise** *f* language tour; **~rohr** *n* megaphone; *fig.* mouthpiece; (*Zeitschrift etc.*) organ; **~schnitzer** *m* (linguistic) howler; *stilistischer*: solecism; (*Wortverwechslung*) malapropism; **2schöpferisch** *adj.* linguistically creative; **~schranke** *f* language barrier; **~schule** *f* language school; **~schwierigkeiten** *pl.* difficulty with a (*od.* the) language; **~störung** *f* speech impediment; **~studium** *n* language studies *pl.*; *univ. konkret*: language degree, degree in languages; **~talent** *n* **1.** gift (*od.* talent) for languages; **2.** (*Person*) (good) linguist; **sie ist ein ~** *a.* she has a way with words; **~unterricht** *m* language teaching; **englischer ~** English lessons; **~verarbeitung** *f Computer*: speech (*od.* voice) processing; **~vergleichung** *f* comparative linguistics *sg.*; **~verhalten** *n* speech behavio(u)r; **~vermögen** *n* faculty of speech; **~wissenschaft** *f* linguistics *sg.*; **~wissenschaftler** *m* linguist; **2wissenschaftlich** *adj.* linguistic(ally *adv.*); **~zentrum** *n anat.* speech cent|re (*Am.* -er).

Spray *m, n* spray; **~deodorant** *n* deodorant spray; **~dose** *f* spray can.

sprayen *v/t. u. v/i.* spray; **Sprayer** *m* spray artist.

Sprech|akt *m* speech act; **~anlage** *f* intercom; *an der Haustür*: entryphone; **~blase** *f* (speech) balloon, bubble; **~chor** *m* **1.** chorus; **im ~ rufen** chant; **2.** (*Text*) chorus, chant, chanted slogan; **3.** (*Personen*) *mst* chorus of demonstrators.

sprechen I. *v/t. u. v/i.* speak (**mit** to, with; **zu** to; **über, von** *mst* about); (*reden, sich unterhalten*) talk; (*sagen*) say; (*aus~*) pronounce; (*e-e Rede halten*) speak, give a speech *od.* talk (**über** on); (*konsultieren*) see, talk to; (*e-e Sprache*) speak; (*ein Gebet, Wort*) say; (*Nachrichten*) read; **im Fernsehen ~** speak on television; **et. auf Tonband ~** record s.th. on tape; **s-e ersten Worte ~** *Baby*: say its first few words; **er spricht nicht viel** he doesn't say much; **~ für** *als Vertreter*: speak for (*od.* on behalf of), *vermittelnd*: put in a good word for, *befürwortend*: plead for, argue in favo(u)r of; **~ gegen** (*e-e Sache*) argue (*stärker*: speak out) against; **das spricht für ihn** that says something for him; **das spricht für s-e Unschuld** that would seem to indicate he's innocent; **das spricht für sich selbst** it speaks for itself; **vieles spricht dafür** there's much to be said for it, **daß:** it seems very likely that; **alles spricht dafür, daß sie es war** all the evidence points to the fact that it was her (*od.* towards her having done it); **vieles spricht dagegen** there are lots of reasons against (*od.* not to *etc.*), **daß:** it seems very unlikely that; **was spricht dafür?** give me some good reasons why (we should do it *etc.*); **was spricht dagegen?** is there any reason why we shouldn't do it *etc.*?; **man spricht davon, daß er bankrott sei** there's talk of his being bankrupt; **jeder spricht davon** everybody's talking about it, it's the talk of the town; **er spricht nicht gern darüber** he doesn't like to talk about it; **j-n zu ~ wünschen** wish to see s.o.; **ich muß erst mit m-m Anwalt ~** I'll have to see my lawyer (*Brit. a.* solicitor) first; **kann ich Sie kurz ~?** can I have a (quick) word with you?; **für ihn bin ich nicht zu ~** I'm not in for him, if he calls I'm not here; **ich bin heute für niemanden zu ~** I'm not available (*od.* in) for anybody today; I'm not here today, no matter who calls; **sie ~ nicht miteinander** they're not talking (*od.* speaking) to each other, they're not on speaking terms; **sie ist nicht gut auf ihn zu ~** he's in her bad books; **das Urteil ~** pronounce judg(e)ment; **über Politik (Geschäfte) ~** talk politics (business); **sprich mal mit ihm darüber** have a word with him about it; **mit sich selbst ~** talk to oneself; **von etwas anderem ~** change the subject; **wir kamen auf Indien zu ~** the subject of India came up; **vor e-r großen Zuhörerzahl ~** speak before (*od.* to) a large audience; **unter uns gesprochen** between you and me; **da wir gerade von ... ~** talking of ...; **aus s-n Worten spricht der Neid** you can tell he's jealous by the way he speaks, *stärker*: there's envy in every word; **die Kosten, sprich Anschaffung und Versicherung, ...** the costs, i. e. (*od.* that is to say) purchase and insurance, ...; **allgemein gesprochen** generally speaking; **sprich!** spit it out!; **wir ~ uns noch!** *drohend*: you haven't heard the last of this; → **Anzeichen, Band², Recht, schuldig** *etc.*; **II. 2** *n* speaking, talking; **j-n zum ~ bringen** get s.o. to talk, (*zwingen*) make s.o. talk; **das ~ fällt ihm schwer** he finds it hard to speak (*wegen Hemmungen etc.*: talk); **sprechend** *fig. adj. Augen, Gesten*: (very) expressive; (*überzeugend*) convincing; **~es Beispiel** graphic illustration.

Sprecher *m* (*Redner*) speaker; (*Ansager*) announcer; (*Nachrichten2*) newsreader, *bsd. Am.* newscaster; (*Erzähler*) narrator; (*Wortführer, Vertreter*) spokesman, spokesperson (*gen.* for); *parl.* Speaker.

Sprech|erziehung *f* speech training; **2faul** *adj.* **1.** (very) taciturn; *contp.* too lazy to open one's mouth; **2. ~ sein** *Kind*: be a late (*od.* lazy) talker.

Sprechfunk *m* **1.** radiotelephony (*abbr.* R/T); **über ~ in Verbindung stehen mit** be in radio contact with; **2.** → **~gerät** *n* radiotelephone; *tragbar*: walkie-talkie.

Sprech|gerät *n* → **Sprechanlage**; **~gesang** *m* sprechgesang, speech song; **~muschel** *f* mouthpiece; **~probe** *f bei Lautsprecheranlage*: sound check; **~puppe** *f* talking doll; **~platte** *f* spoken-word record; **~rhythmus** *m ling.* speech rhythm; **~rolle** *f thea.* speaking part; **~stimme** *f* (speaking) voice.

Sprechstunde *f* office hours *pl.*; *des Arztes*: consulting (*od.* surgery) hours *pl.*, *Am.* office hours *pl.*; **wann hat er ~?** when are his office (*od.* surgery) hours?, ⚕ *a.* when does he have surgery?; **ich soll zu ihr in die ~** she wants to see me (personally), ⚕ *a.* she wants me to come to the surgery; **Sprechstundenhilfe** *f* doctor's assistant; *nur beim Empfang*: (doctor's) receptionist.

Sprech|übung *f* speech (*od.* elocution) exercise; **~unterricht** *m* elocution lessons *pl.*; **~werkzeuge** *pl.* speech organs, organs of speech; **~zeit** *f* **1.** *im Gefängnis etc.*: visiting time; **2.** *am Telefon*: call time; **3.** → **Sprechstunde**; **~zimmer** *n* consulting room, surgery, *Am. a.* (doctor's *etc.*) office.

spreizen I. *v/t.* spread, (*Beine*) *a.* straddle; **II.** *v/refl.*: **sich ~** (*sich zieren*) play hard to get; (*sich aufblähen*) give o.s. airs; → **gespreizt.**

Spreiz|fuß *m* splayfoot; **~hose** *f* T-splint.

Spreng|arbeiten *pl.* blasting operations; **~bombe** *f* high-explosive (*abbr.* HE) bomb, demolition bomb.

Sprengel *m e-s Pfarrers*: parish; *e-s Bischofs*: diocese.

sprengen¹ *v/t.* **1.** (*bespritzen*) sprinkle, spray; (*Pflanzen*) water; **2.** (*auf~*) burst open; (*Tür*) *a.* force; (*Fesseln, Griff etc.*) break; *mit Dynamit etc.*: blast; (*in die Luft ~*) blow up; **3.** (*Versammlung*) break up; (*Menschenmenge*) disperse; (*Spielbank*) break; → **Rahmen** I.

sprengen² *v/i.* gallop, ride hard.

Sprenger *m* (*Rasen2*) sprinkler.

Spreng|kapsel *f* detonator; **~kommando** *n* demolition squad; *zur Bombenentschärfung*: bomb disposal unit; **~kopf** *m* warhead; **~körper** *m* explosive (device); **~kraft** *f* explosive force; **~ladung** *f* explosive charge; **~meister** *m* blaster; **~satz** *m* explosive charge.

Sprengstoff *m* explosive; *fig.* dynamite; **~anschlag** *m*, **~attentat** *n* bomb attack; **~munition** *f* explosive ammunition; **~paket** *n* parcel bomb; **~täter** *m* bomb layer, bomber.

Sprengtrupp *m* → **Sprengkommando.**

Sprengung *f* **1.** blasting; **2.** *e-r Versammlung*: breaking-up, dispersion.

Spreng|wagen *m* sprinkler truck; **~wirkung** *f* explosive effect.

Sprenkel *m* spot, speck(le); **sprenkeln** *v/t.* spot, speck(le).

Spreu *f* chaff; *a. fig.* **die ~ vom Weizen trennen** separate the grain (*od.* wheat) from the chaff.

Sprichwort *n* proverb, (proverbial) saying; **wie das ~ sagt** as the saying goes; **sprichwörtlich** *adj.* proverbial (*a. fig.*); **ihre Gastfreundschaft ist ~** they're a byword for hospitality; **sein Geiz ist schon ~** he's got a real reputation for being mean; **das war die ~e Katze im Sack** it was (a case of) your proverbial pig in a poke.

sprießen *v/i.* shoot (up), come up; (*keimen*) germinate; *fig. Liebe etc.*: awaken, burgeon.

Spring|blende *f phot.* automatic diaphragm; **~brunnen** *m* fountain.

springen I. *v/i.* jump (*a. Reitsport, Skisport etc.*); *weit*: leap; *hüpfend*: hop, skip; *Raubtier, beim Fang*: pounce; *Stabhochsprung*: vault; *Ball etc.*: bounce; *Wasser, Blut*: spurt; F (*rennen*) run, dash; (*eilfertig zu Diensten sein*) jump;

(*für j-n einspringen*) act as stand-in, *im Moment*: be standing in; *Brettspiel*: jump; (*zer~*) crack; *Saite*: break; ~ **von** *Knopf*: come off, pop off; **vom Pferd** ~ dismount, jump (*od.* leap) off one's horse; **vom fahrenden Zug** ~ jump out of a moving train; **zur Seite** ~ jump out of the way; **aus den Gleisen** ~ jump the rails (*od.* track); **j-m an den Hals** ~ go for s.o. (*od.* s.o.'s throat); **in tausend Stücke** ~ smash into smithereens; **die Tasse ist gesprungen** the cup is cracked; **von e-m Thema zum anderen** ~ jump around from one subject to another; **j-n für sich** ~ **lassen** have s.o. at one's beck and call; **sie braucht nur zu winken, dann springt er schon** he's at her beck and call; F *Geld* ~ **lassen** F fork out, cough up; **etwas** ~ **lassen** be generous; **et. für j-n** ~ **lassen** treat s.o. to s.th.; → **Auge** 1, **Klinge, Punkt, Stück**; **II.** 2 *n* jumping; (*Stabhochsprung*) pole-vaulting; *Schwimmsport*: diving.

Springer *m* **1.** *Sport*: jumper; *Schwimmsport*: diver; **2.** *Schach*: knight; **3.** *in e-r Firma*: stand-in.

Spring|flut *f* spring tide; **~form** *f* (*Kuchenform*) springform; **~insfeld** *m* harum-scarum; **~kraut** *n* ⚘ touch-me-not; **2lebendig** *adj.* full of beans; **~maus** *f* jerboa; **~messer** *n* flick knife, *Am.* switchblade; **~pferd** *n* show jumper; **~reiten** *n* show jumping; **~reiter** *m* show jumper; **~rollo** *n* roller blind; **~seil** *n* skipping rope.

Sprint *m*, **sprinten** *v/i.* sprint; **Sprinter** *m* sprinter.

Sprit *m* **1.** F (*Benzin*) F juice, *bsd. Am.* gas; ~ **tanken** fill up with petrol (*Am.* gas); **2.** (*Alkohol*) spirit; **~verbrauch** *m* petrol (*Am.* gas) consumption.

Spritz|apparat *m* spray gun; **~beton** *m* gun(ned) concrete; **~beutel** *m* piping bag; **~blech** *n mot.* splashboard; **~düse** *f* spray nozzle.

Spritze *f* (*Hand2*) syringe (*a.* ⚕); ⚕ (*Einspritzung*) injection, F jab; (*Feuer2*) hose; F (*Maschinenpistole*) sub-machine gun; F *fig.* (*Geld2*) shot in the arm, cash injection; **e-e** ~ **bekommen** get (*od.* have, be given) an injection; F *fig.* **der erste Mann an der** ~ **sein** be at the controls; *sl.* **an der** ~ **hängen** *sl.* be on the needle.

spritzen I. *v/t.* **1.** (*e-e Flüssigkeit*) squirt; (*größere Menge*) spray (*a. Parfüm, Pflanzenmittel*); **naß** ~ spray (with water), *ungewollt*: *a.* make *s.th. od. s.o.* wet; **sich et. aufs Hemd** ~ spatter (*od.* splash, spray) s.th. on one's shirt, spatter *etc.* one's shirt with s.th.; **2.** (*sprengen*) spray, sprinkle (**mit** with); (*Garten, Pflanzen*) water; **3.** ⚕ (*Mittel*) inject; (*Person*) *a.* give *s.o.* an injection; (*Rauschgift*) *sl.* shoot (up), mainline; **sich** ~ give o.s. an injection, inject o.s.; **sich** ~ **lassen** go for (*od.* have, get) an injection; **4.** (*Getränk*) mix with (soda) water; **5.** (*Auto etc.*) spray; **6.** ⚙ (*Metall*) die-cast; (*Plastik*) inject; **II.** *v/i.* **7.** *Wasser etc.*: splash, spray, *Blut*: spurt, *stärker*: gush; *heißes Fett*: spray; **8.** ⚕ give (s.o.) an injection; F (*Rauschgift* ~) *sl.* shoot up, mainline; **9.** F (*eilen*) F zoom, nip (**nach, zu** round to).

Spritzer *m* **1.** splash, drop; (*Schuß*) dash; **2.** *Parfüm etc.*: spray; **3.** *von Schmutz etc.*: splash; **voller** (**Farb**)~ **sein** be spattered (with paint).

Spritz|fahrt F *f* → **Spritztour**; **~gebäck** *n* shortbread biscuits (*Am.* cookies) *pl.*; **~guß** *m* ⚙ *Metall*: die-casting; *Kunststoff*: injection mo(u)lding.

spritzig *adj.* **1.** *Wein*: crisp, tangy; **2.** *fig. Dialog, Theaterstück etc.*: sparkling, witty; full of sparkling wit; F zippy; **3.** *Spiel*: F zippy; **4.** *Auto*: F nippy.

Spritz|lack *m* spray paint; **~mittel** *n* spray; **~pistole** *f* spray gun; **~tour** F *f* spin, jaunt (through the countryside); **e-e** ~ **machen** go for a spin (*od.* jaunt [through the countryside]).

spröde *adj.* brittle (*a. Fingernägel, Haare*); *Haut*: rough, chapped; *Stimme*: grating; *fig.* (*abweisend*) stand-offish; *bsd. Mädchen*: demure; **Sprödheit** *f*, **Sprödigkeit** *f* brittleness; *fig.* aloofness; *bsd. e-s Mädchens*: demureness.

Sproß *m* **1.** ⚘ shoot; **2.** *fig.* (*Nachkomme*) offspring, *lit.* scion; F **das ist unser jüngster** ~ he's our youngest, F he's the latest addition.

Sprosse *f e-r Leiter*: rung (*a. fig.*); (*Fenster2*) window bar; *Geweih*: tine.

sprossen *v/i.* → **sprießen.**

Sprossen|fenster *n* lattice window; **~leiter** *f* ladder; **~wand** *f Turnen*: wall bars *pl.*

Sprößling F *m* offspring, *sl.* sprog; (*Sohn*) *a.* F junior; → *a.* **Sproß** 2.

Sprotte *f* sprat.

Spruch *m* saying; (*Lehr2*) dictum; (*Weisheits2*) *a.* aphorism, maxim; (*Sinn2*) epigram; (*Bibel2*) quotation, verse; saying (from the Bible); (*Wahl2, Losung*) slogan; (*Schieds2*) ruling; ⚖ (*Urteils2*) judg(e)ment, *in Strafsachen*: sentence, *der Geschworenen*: verdict; F (**große**) **Sprüche machen** (*od.* **klopfen**) talk big, *sl.* shoot one's mouth off; F (**das sind**) **alles Sprüche!** it's all talk, it's just hot air; → **Salomo**(**n**).

Spruchband *n* banner; △ banderole.

Sprüche|klopfer F *m*, **~macher** F *m* big talker.

Sprüchlein *n*: **sein** ~ **hersagen** say one's little piece (*od.* party piece), F come out with the usual spiel.

spruchreif *adj.*: **die Sache ist noch nicht** ~ it's not official yet.

Sprudel *m* (sparkling) water, (sparkling) mineral water; *gesüßt*: lemonade.

sprudeln *v/i. Quelle etc.*: bubble; *Wasser, aus der Erde etc.*: bubble up (**aus** out of, from), *stärker*: gush (out of); (*kochen*) bubble (away); *Getränke*: fizz, be fizzy; **aus der Flasche** ~ fizz (*stärker*: spurt) out of the bottle; *fig.* ~ **vor** *Begeisterung etc.* bubble (over) with; **die Worte sprudelten ihm aus dem Mund** the words came gushing out; **sprudelnd** *fig. adj.* effervescent.

Sprühdose *f* spray can, aerosol (can).

sprühen I. *v/t.* spray; (*besprengen*) sprinkle; **II.** *v/i.* spray; *Funken*: fly; *fig. Augen*: flash (**vor** with); *fig.* **vor Ideen** ~ be bubbling over with ideas; **vor Temperament** ~ be a livewire, *bsd. Sport*: be a bundle of energy; **von Geist** ~ sparkle with wit; **sprühend** *adj.* **1. ~e Gischt** spray, foam; **2.** *Laune*: bubbling, bubbly, effervescent; *Witz etc.*: sparkling.

Sprüh|nebel *m* (Scotch) mist; **~regen** *m* drizzle.

Sprung *m* **1.** jump (*a. Sport*); (*großer* ~) *a.* leap; *Turnen*: vault; (*Wasser2*) dive; **e-n** ~ **in die Luft machen** jump into the air; *fig.* ~ **ins Ungewisse** (*od.* **Wasser**) leap in the dark; **großer** ~ **vorwärts** great leap forward; **ein großer** ~ **nach vorn sein** *Entwurf etc.*: be a great advance (**gegenüber** on); **e-n** ~ **machen** take a leap; **den** ~ **wagen** take the plunge; **auf dem** ~ **sein, et. zu tun** be about to do s.th., be on the point of doing s.th.; **auf e-n** ~ **vorbeikommen** drop in (**bei** on), F pop round (and see s.o.); **sie ist immer auf dem** ~ she's always on the go (F hop); **es ist nur ein** ~ **bis dorthin** it's only a stone's throw from here, it's just down the road (*od.* round the corner); **j-m auf die Sprünge kommen** find s.o. out, F get wise to s.o.('s tricks *od.* game); **j-m auf die Sprünge helfen** help s.o. along, *beruflich etc.*: *a.* give s.o. a leg up; **dir werd' ich auf die Sprünge helfen!** we'll soon see about that!; **j-s Gedächtnis auf die Sprünge helfen** jog s.o.'s memory; **Sprünge machen** *in e-r Rede etc.*: jump from one subject to another, jump all over the place; **damit kann er keine großen Sprünge machen** he won't be able to go far on that; **2.** (*Riß*) crack; (*Materialfehler, a. im Edelstein*) flaw; **~balken** *m Sport*: takeoff board; **~becken** *n* diving pool; **~bein** *n* ankle-bone; *Sport*: takeoff leg; **2bereit** *adj. u. adv.* ready to jump; F *zum Weggehen*: all set to go; **~brett** *n* **1.** springboard; *Schwimmen*: *a.* diving board; **2.** *fig.* springboard (**für** for), stepping stone (to); (*Ausgangspunkt*) jumping-off place; **~deckel** *m e-r Uhr*: watch cap.

Sprungfeder *f* (coil) spring; **~matratze** *f* spring mattress.

Sprung|gelenk *n* ankle joint; *Pferd etc.*: hock; **~grube** *f Sport*: pit.

sprunghaft I. *adj.* erratic, flighty; ✝ erratic, spasmodic; **~er Anstieg** sharp rise (*od.* increase), jump (*gen.* in *prices etc.*); **II.** *adv. steigen etc.*: by leaps and bounds; → *a.* **sprungweise.**

Sprung|kraft *f Sport*: takeoff power; **~lauf** *m Sport*: ski-jump(ing); **~schanze** *f* ski jump; **~seil** *n* skipping rope; **~stab** *m* pole; **~tuch** *n Feuerwehr*: safety sheet; **~turm** *m* diving platforms *pl.*

sprungweise *adv.* in jumps; *fig.* by leaps and bounds; (*unregelmäßig*) in (*od.* by) fits and starts.

Sprungweite *f* jumping distance.

Spucke F *f* spittle, F spit; *fig.* **ein bißchen** ~ F a bit of elbow grease; **da blieb mir die** ~ **weg** I just gulped, my jaw dropped; **spucken I.** *v/i.* spit; F (*sich erbrechen*) be sick, F throw up; F *Motor*: splutter; ~ **nach** spit at; **j-m ins Gesicht** ~ spit in s.o.'s face; F **ich muß** ~ I'm going to be sick; *fig.* **in die Hände** ~ roll up one's sleeves; **j-m in die Suppe** ~ put a spoke in s.o.'s wheel; F **ich spuck' drauf!** F to hell with it; **II.** *v/t.* spit (out); (*Blut etc.*) spit, cough up; *Vulkan*: spew *lava*; F *fig.* **große Töne** ~ talk big, *sl.* shoot one's mouth off.

Spuck|napf *m* spittoon, *Am. a.* cuspidor; **~tüte** *f* sick bag.

Spuk *m* **1.** (*gespenstisches Treiben*) strange happenings *pl.*; **nächtlicher** ~ things that go bump in the night; **der** ~ **beginnt um Mitternacht** the ghosts come out at midnight; **an** ~ **glauben** believe in ghosts; **2.** (*Geistererscheinung*) apparition, spect|re (*Am.* -er); **3.** *fig.* (*schreckliches Geschehen*) nightmare; **es erschien wie ein ~** it all seemed like a bad dream; **spuken** *v/i.* **1. es spukt** (**in dem Haus** *etc.*) the house *etc.* is haunted; **hier hat es mal gespukt** *a.* there used to be ghosts in this house *etc.*; **~ durch** haunt, walk *the castle etc.*; **2.** *fig.* **die Idee spukt bei ihm im Kopf** he's obsessed with the idea; **der Gedanke spukt noch immer in den Köpfen** people still believe in it, people still haven't given up the idea, the idea still hasn't been laid to rest; F **bei dir spukt's wohl!** F have you gone off your nut?

Spuk|erscheinung *f* apparition; **~geschichte** *f* ghost story; **~haus** *n* haunted house.

Spül|becken *n* sink; **~bürste** *f* washing-up brush.

Spule *f* spool, reel; (*Spinn*≈) bobbin; ⚡ coil.

Spüle *f* sink unit.

spulen *v/t.* spool, reel (**auf** onto).

spülen I. *v/t.* rinse; (*Geschirr*) wash (up); **an Land ~** wash ashore, wash up; **II.** *v/i.* (*Geschirr ~*) wash up, do the washing up, do the dishes; *Toilette*: flush, *mit Kette*: *a.* pull the chain.

Spulen(tonband)gerät *n* open-reel tape deck.

Spüler *m* (*Person*) dishwasher, washer-up (F -upper).

Spül|gang *m* rinse (cycle); **~kasten** *m* cistern; **~klosett** *n* water closet; **~lappen** *m* dishcloth, washing-up cloth.

Spülmaschine *f* dishwasher; **spülmaschinenfest** *adj.* dishwasher-safe.

Spül|mittel *n* washing-up liquid, detergent; **~tuch** *n* dishcloth.

Spülung *f* **1.** rinse (*a. Mund*≈); ⚕ *e-r Wunde, e-s Hohlorgans*: irrigation; (*Scheiden*≈) douche; ⚙, *mot.* flushing, scavenging; *Toilette*: flush; **2.** (*Toiletten*≈) cistern.

Spülwasser *n* rinsing water; *für Geschirr*: washing-up water, *schmutziges*: dishwater (*a. contp.*).

Spulwurm *m* roundworm.

Spund *m* **1.** *e-s Fasses*: spigot; **2.** *Tischlerei*: tongue; **3.** F **junger ~** (young) whippersnapper.

Spur *f im Sand, Schnee etc.*: track(s *pl.*); (*Schnecken*≈, *Blut*≈, *Leucht*≈, *Fährte*) trail, *Jagd*: *a.* scent; (*Fahr*≈) lane; (*Brems*≈) skidmarks *pl.*; 🚗 (*~weite*) ga(u)ge, (*Schienen*) track(s *pl.*); ⚙ groove; (*Tonband*≈) track; (*Rest, kleine Menge*) trace (*a. fig.*), *gastr.* dash; *fig.* (*Anzeichen*) trace; *mot.* **linke** (**rechte**) **~** left-hand (right-hand) lane; **die ~ halten** keep in lane; **die ~ wechseln** switch lanes; ⚙ **~ halten** keep track; **e-e ~ aufnehmen** pick up a trail; *fig.* **~en des Alters** signs of age; **~en des Krieges** traces left behind by the war, scars of the war; **~en e-r alten Kultur** traces (*od.* remnants) of an ancient civilization; **j-m auf die ~ kommen** get onto s.o.('s trail); **e-r Sache auf die ~ kommen** get onto s.th., (*finden*) track s.th. down; **j-m auf der ~ sein** be on s.o.'s trail, be after s.o.; **auf der falschen ~ sein** be on the wrong track, be barking up the wrong tree; **j-n von der ~ ablenken** put (*od.* throw) s.o. off the scent; **j-n auf die richtige ~ bringen** put s.o. on the right track; **keine ~ hinterlassen** leave no trace (*Verbrecher*: traces, evidence); **s-e ~en hinterlassen** *Trauma etc.*: leave its mark; **s-e ~en verwischen** cover up one's tracks; **vom Täter fehlt jede ~** there are no clues as to who did it; **die ~ führt nach ...** the trail leads (*od.* takes us) to ...; **auf j-s ~en wandeln** follow in s.o.'s tracks; **keine ~ von Anständigkeit** *etc.* not a scrap of decency *etc.*, not the least bit of decency *etc.*; F **keine ~!** not at all!, F no way!; → **heiß.**

spürbar I. *adj.* noticeable, perceptible; (*deutlich*) marked, distinct; (*beträchtlich*) considerable; (*greifbar*) tangible; **~ werden** make itself felt; **es gab e-e ~e Erleichterung** you could feel (*od.* sense) the relief; **die Auswirkungen werden auf Jahre hinaus ~ sein** the effects will be felt for years to come; **II.** *adv.* noticeably; (*beträchtlich*) considerably; **es ist ~ kälter geworden** it's noticeably colder (today), it's turned quite chilly (today).

spuren *v/i.* **1.** *Skisport*: lay a track; **2.** F (*sich fügen*) toe the line.

spüren *v/t.* feel; *intuitiv*: *a.* sense; (*merken*) notice; **ich hab' nichts gespürt** *bei e-r Spritze etc.*: I didn't feel a thing; **ich spürte Scham** I felt a sense of shame; **ich hab's am eigenen Leib gespürt** I went through it all myself, I experienced it first-hand; **jetzt spüre ich den Wein** the wine's beginning to take effect now (*od.* is slowly going to my head now); **jetzt spüre ich den langen Flug** (**die schlaflosen Nächte**) the long flight is beginning to make itself felt *od.* take its toll (those sleepless nights are beginning to take their toll); **ich spüre mein Alter** I can tell I'm getting old, F it's old age creeping up on me; **ich spüre es in den Knochen** I can feel it in my bones; **ich spüre sämtliche Knochen** I feel as if every single bone in my body is aching; F **ich spür's wieder im Rücken** F my back's playing me up again; **zu ~ bekommen** find out what *s.th.* is like, (*j-s Zorn etc.*) get a taste of; **du wirst es noch zu ~ bekommen** (*die Folgen d-s Handelns*) it'll all come back on you; **hast du nicht gespürt, wie ...?** (*gemerkt*) didn't you notice how ...?, couldn't you tell how ...?; **es war deutlich zu ~** it was obvious; **von Haß** *etc.* **war nichts zu ~** there was no sign (*od.* trace) of hatred *etc.*; **von Kooperation war nichts zu ~** nobody seemed to be interested in cooperation; **ich hab' ihn m-e Enttäuschung schon ~ lassen** I made no attempt to hide my disappointment.

Spuren|element *n* trace element; **~metall** *n* trace metal; **~sicherung** *f* **1.** securing of evidence; **2.** (*Abteilung*) forensic squad.

Spürhund *m* **1.** tracker dog, sniffer dog; **2.** *fig.* (*Schnüffler*) sleuth.

spurlos *adv.* without (leaving a) trace; **~ verschwinden** vanish into thin air, disappear without trace; **es ist nicht ~ an ihm vorübergegangen** it's left its mark (on him).

Spür|nase *f* **1.** good nose; *fig.* nose; **2.** (*Person*) snooper; **~sinn** *m* **1.** *e-s Tiers*: sense of smell; **2.** *fig.* nose, instinct; **er hat e-n ~ dafür** he's got a nose (*od.* an instinct) for that kind of thing, he can sniff that kind of thing out very quickly.

Spurt *m* sprint, spurt, (quick) burst; **e-n ~ einlegen** put on a sprint; **zum ~ ansetzen** make a dash for it; **spurten** *v/i.* **1.** sprint; **2.** F (*schnell laufen*) sprint; **~ zu** *a.* dash to; **ich bin ganz schön gespurtet** F I really had to step on it, you should have seen me run.

Spur|wechsel *m mot.* changing lanes; **~weite** *f* 🚗 ga(u)ge; *e-s Wagens*: wheel track; *Reifen*: tread.

Squash *n* squash; **~center** *n* squash cent|re (*Am.* -er), squash courts *pl.*; **~spiel** *n* game of squash; **~spieler** *m* squash player.

Srilanker(in *f*) *m*, **srilankisch** *adj.* Sri Lankan.

SS *f hist.* SS; *elite corps of the Nazi party*; **~-Mann** *m* member of the SS.

st *int.* pst!; (*Ruhe!*) ssh!

s.t. *adv.* (= **sine tempore**): **18 Uhr ~** 6 p.m. sharp; → *a.* **c.t.**

Staat¹ *m* **1.** state; (*Land, Nation*) *a.* country, nation; **~ im ~** state within a state; **von ~s wegen** by government decree; **beim ~ arbeiten** be employed by the government, be a civil servant; **2.** (*Ameisen*≈, *Bienen*≈) colony.

Staat² *m* (*Pracht*) pomp, splendo(u)r; (*beste Kleidung*) finery; **großen ~ machen** *bei Empfängen etc.*: roll out the red carpet, *bei Kleidung*: dress up (specially); **mit et. ~ machen** flaunt s.th. around; **damit kannst du keinen ~ machen** F that's nothing to write home about.

Staaten|bund *m* confederacy, confederation (of states); **~bündnis** *n* alliance (of states); **~gemeinschaft** *f* community of states.

staatenlos *adj.* stateless; **Staatenlose(r** *m*) *f* stateless person.

staatlich I. *adj.* state(-)..., government(-)..., national; *Industrie etc.*: nationalized, state-owned; **~e Mittel** government funds; **II.** *adv.*: **~ anerkannt** officially recognized; **~ gefördert** state-sponsored; **~ gelenkt** (*od.* **geleitet**) state-control(l)ed, state-run; **~ geprüft** certified.

Staats|affäre *f* **1.** affair of state; **2.** F *fig.* **e-e ~ aus et. machen** make a big affair (out) of s.th., F make a big thing out of s.th.; **~akt** *m* **1.** act of state; **2.** (*Feier*) state occasion (*od.* ceremony); **~aktion** *f* → **Staatsaffäre** 2; **~amt** *n* office of state, public office; **~angehörige(r** *m*) *f* citizen, national; **britischer Staatsangehöriger** *a.* a British subject; **sie ist deutsche Staatsangehörige** she's a German citizen (*od.* national); **~angehörigkeit** *f*: (**doppelte ~** dual) nationality, citizenship; **er hat die französische ~** he has French nationality (*od.* citizenship); **~angelegenheit** *f* affair of state; **~anleihe** *f* government loan; (*Wertpapier*) government bond (*pl. a.* securities, stocks); **~anwalt** *m* ⚖ public prosecutor, *Am. mst* district attorney (*abbr.* DA); **~anwaltschaft** *f* **1.** public prosecutor's office, *Am. mst* district attorney's office; **2.** (*Anwälte*) (body of) public prosecutors *pl.*; **~apparat** *m* state machinery; **~archiv** *n* state archives *pl.*; *in GB*: Public Record Office; **~auffassung** *f* concept of the state; **~ausgaben** *pl.* public expenditure *sg.*, government spending *sg.*; **~bahn** *f* national railway (*Am.* railroad); **~bank** *f* state (*od.* national) bank; **~bankett** *n* state (*od.* official) banquet; **~bankrott** *m* national bankruptcy; **~beamte(r)** *m* civil servant; **~begräbnis** *n* state funeral; **~besuch** *m* state visit; **~betrieb** *m* state-owned enterprise; **~bibliothek** *f* national (*od.* state) library.

Staatsbürger *m* citizen; **~kunde** *f* civics *pl.* (*sg. konstr.*); civic studies *pl.*; **~rechte** *pl.* civil rights.

Staatsbürgerschaft *f* → ***Staatsangehörigkeit.***

Staats|chef *m* head of state; **~diener** *m* civil servant; *hum.* servant of the state; **~dienst** *m* civil (*od.* public) service; ***im ~ sein*** be a civil servant; **2eigen** *adj.* state-owned; **~eigentum** *n* government (*od.* state) property; *als Recht*: public (*od.* state) ownership; **~einnahmen** *pl.* public revenue *sg.*; **~empfang** *m* official reception; **~examen** *n* state examination(s *pl.*); ***sein ~ machen*** *a.* take one's degree; **~farben** *pl.* national colo(u)rs; **~feiertag** *m* national holiday; **~feind** *m* public enemy; **2feindlich** *adj.* subversive; **~finanzen** *pl.* public finances; **~flagge** *f* national flag; **~form** *f* form of government; **~gebiet** *n* state territory; ***französisches*** *etc.* **~** French *etc.* territory; ***sich auf britischem ~ befinden*** be on British territory; **2gefährdend** *adj.* subversive; **~gefangene(r)** *m* prisoner of state, political prisoner; **~gefängnis** *n* state prison; **~geheimnis** *n* state secret; F *fig.* ***das ist ein*** (***kein***) **~** that's top secret (it's no great secret); **~gelder** *pl.* public funds; **~geschäfte** *pl.* state affairs; *the* running *sg.* of the state; ***die ~ führen*** run the (affairs of) state, govern the country; **~gewalt** *f* **1.** state authority; **2.** executive body of the state; ***gesetzgebende ~*** legislature; ***vollziehende ~*** executive; ***richterliche ~*** judiciary; **~grenze** *f* frontier, border; **~gründung** *f* founding of a (*od.* the) state; **~haushalt** *m* (national) budget; **~hilfe** *f* government (*od.* state) aid; **~hoheit** *f* sovereignty; **~interesse** *n* interests *pl.* of the state, public interest; **~intervention** *f* state (*od.* government) intervention; **~kanzlei** *f* state chancellery; **~karosse** *f* state carriage; **~kasse** *f* (public) treasury, public purse; *in GB*: *the* Exchequer; *in den USA*: *the* Federal Treasury; **~kirche** *f* established (*od.* state) church; **~kosten** *pl.*: ***auf ~*** at (the) public expense; **~kunde** *f* political science; **~ländereien** *pl.* public land *sg.*; **~macht** *f* state power.

Staatsmann *m* statesman; **staatsmännisch** *adj.* statesmanlike.

Staats|maschinerie *f* state machinery; **~minister** *m* secretary of state, *Am.* secretary; **~ministerium** *n* ministry, *Am.* department; **~mittel** *pl.* public funds; **~monopol** *n* state monopoly; **~oberhaupt** *n* head of state; (*Monarch*) sovereign; **~oper** *f* national (*od.* state) opera; **~organ** *n* instrument of state; **~papiere** *pl.* → ***Staatsanleihe***; **~partei** *f* (sole) ruling party; **2politisch** *adj.* national political ...; **~*e Angelegenheiten*** matters of state; **~polizei** *f* state police; **~präsident** *m* (state) president; **~prüfung** *f* state examination(s *pl.*); *für Regierungsbeamte*: civil service examination(s *pl.*); **~raison** *f*, **~räson** *f*: (***aus Gründen der ~*** for) reasons *pl.* of state; **~rat** *m* **1.** council of state; *in GB*: Privy Council; **2.** (*Person*) council(l)or of state; *in GB*: Privy Councillor.

Staatsrecht *n* constitutional law; (*öffentliches Recht*) public law; **staatsrechtlich** *adj. u. adv.* under (*od.* relating to) constitutional law, constitutional; (*öffentlich-rechtlich*) under (*od.* relating to) public law.

Staats|religion *f* state religion; **~ruder** *n* helm of (the) state; ***das ~ fest in der Hand haben*** have a firm hold over (*od.* grip on) the country; **~schulden** *pl.* national (*od.* public) debt *sg.*; **~sekretär** *m* minister of state, *Am.* undersecretary.

Staatssicherheit *f* national (*od.* state) security; **Staatssicherheitsdienst** *m* (*a. hist. DDR*) state security service.

Staats|sozialismus *m* state socialism; **~sprache** *f* official (state) language; **~streich** *m* coup (d'état); ***die Regierung durch e-n ~ stürzen*** overthrow the government by coup; **~subvention** *f* government subsidy (*od.* grant); **~theater** *n* state theat|re (*Am. a.* -er); **~trauer** *f* national mourning; **~trauertag** *m* national day of mourning; **~verbrechen** *n* political crime; **~verbrecher** *m* political offender; **~verdrossenheit** *f* disillusionment with the state (*od.* with politics); political apathy; **~verfassung** *f* (political) constitution; **~verschuldung** *f* national (*od.* public) debt; **~vertrag** *m* (international) treaty; **~wesen** *n* state, *formell*: body politic; **~wissenschaft(en** *pl.*) *f* political science; **~wohl** *n* public welfare (*od.* weal); **~zugehörigkeit** *f* nationality, citizenship; **~zuschuß** *m* government subsidy (*od.* grant).

Stab *m* **1.** (*Stock*) stick; (*Stange*) rod; (*Gitter2*) bar; (*Hirten2*) staff; (*Bischofs2*) crosier, crozier; (*Zauber2*) wand; (*Staffel2*, *Dirigenten2*, *Marschall2*) baton; *Stabhochsprung*: pole; *fig.* ***den ~ über j-n brechen*** condemn s.o. (outright); **2.** (*Mitarbeiter2*) staff *sg.* (*mst pl. konstr.*); (*Krisen2 etc.*) team, F squad; **3.** ⚔ (*Offiziere*) staff officers *pl.*; (*Hauptquartier*) headquarters *pl.* (*a. sg. konstr.*); **~antenne** *f* rod aerial (*od.* antenna).

Stäbchen *n* **1.** *dim. von* **Stab**; **2.** (*Eß2*) chopstick; **3.** *Mikado*: jackstraw; **4.** (*Retina2*) rod; **5.** (*Bazillus*) (rod-shaped) bacillus, rod; **6.** F (*Zigarette*) F ciggy.

Stab|hochspringer *m* pole-vaulter; **~hochsprung** *m* pole-vaulting.

stabil I. *adj.* stable (*a.* ⚗, *pol.*, ⚖ *Preise, Währung etc.*); (*gleichbleibend*) steady; (*fest, robust*) solid, sturdy; *Körperbau*: sturdy, robust; **~ *bleiben*** *Preise etc.*: *a.* hold steady; **II.** *adv.*: **~ *gebaut*** solidly built, solid.

Stabilisator *m* stabilizer; **stabilisieren** *v/t.* stabilize (*a. v/refl.*: ***sich ~***); **Stabilisierung** *f* stabilization.

Stabilisierungs|fläche *f* ✈, **~flosse** *f* ✈, ⚓ stabilizer; **~maßnahmen** *pl.* stabilization measures, moves to stabilize the economy (*od.* the political situation *etc.*); **~politik** *f* policy of stabilization.

Stabilität *f* stability; *der Bauart etc.*: *a.* sturdiness; **Stabilitätspolitik** *f* ⚖ policy of stability.

Stabreim *m* alliteration.

Stabs|arzt *m* ⚔ captain (medical corps); **~chef** *m* ⚔ chief of staff; **~feldwebel** *m* ⚔ *Brit.* warrant officer class II (*abbr.* WO II), *Am.* master sergeant; **~offizier** *m* ⚔ field (*beim Stab*: staff) officer.

Stab|übergabe *f*, **~wechsel** *m Sport*: baton change.

Stachel *m* ⚘ prickle, (*Dorn*) thorn; *zo.* spine, *e-s Stachelschweins*: *a.* quill; *e-s Insekts*: sting; (*Metallspitze*) *a. am Cello etc.*: spike; *am Sporn*: point; *am Stacheldraht*: barb; *fig.* (*Schmerzendes*) sting; (*Ansporn*) spur; *fig.* ***j-m ein ~ in der Seite sein*** be a thorn in s.o.'s side; ***der ~ des Ehrgeizes trieb sie an*** she was goaded (*od.* spurred on) by ambition; *e-r Sache* ***den ~ nehmen*** take the sting out of; ***wider den ~ löcken*** kick against the pricks; **~bart** F *m* prickly (*od.* spiky) beard; **~beere** *f* gooseberry.

Stachelbeer|marmelade *f* gooseberry jam; **~strauch** *m* gooseberry bush.

Stacheldraht *m* barbed wire; **~verhau** *m* barbed wire entanglement; **~zaun** *m* barbed wire fence.

Stachel|halsband *n* spiked collar; **~häuter** *m zo.* echinoderm.

stachelig *adj.* prickly (*a.* ⚘); *zo.* spiny; (*borstig*) *Bart, Kinn*: bristly.

stacheln *v/t.* (*antreiben*) spur on; (*aufreizen*) goad.

Stachelschwein *n* porcupine.

stachlig *adj.* → ***stachelig.***

Stadel *dial. m* barn.

Stadion *n* stadium; **~sprecher** *m* stadium announcer.

Stadium *n* stage, phase; ***in diesem ~*** in (*od.* during) this phase, at (*od.* during) this stage; ***alle Stadien durchlaufen*** go through all the stages; → ***vorgerückt.***

Stadt *f* town; (*Groß2*), *Am. amtlich*: city; (*~verwaltung*, *~gemeinde*) municipality; ***in der ~*** in town; ***in die ~ gehen*** go to town, *Am.* go downtown; ***bei der ~ arbeiten*** work for the council (*bei Groß2*: corporation); ***die ~ Köln*** a) the city of Cologne, b) Cologne City Council; ***die Ewige ~*** the Eternal City; ***die Heilige ~*** the Holy City; ***die Goldene ~*** the Golden City (of Prague); **~archiv** *n* municipal archives *pl.*; **2auswärts** *adv.* out of town; **~auto** *n* city car, F runaround; **~autobahn** *f* urban motorway (*Am.* expressway); **~bahn** *f* urban railway (*Am.* railroad); **2bekannt** *adj.* known all over town; **~bevölkerung** *f* **1.** urban population; **2.** town's (*od.* city's) inhabitants *pl.*; **~bewohner** *m* → ***Städter***; **~bezirk** *m* municipal district; *in London u. New York*: borough; **~bibliothek** *f* public (*od.* municipal) library; **~bild** *n* townscape, cityscape; ***das ~ hat sich stark geändert*** the (face of the) town *od.* city has changed a lot; **~bummel** *m*: (***e-n ~ machen*** go for a) stroll through town.

Städtchen *n* small town.

Stadtdirektor *m* town commissioner, *Am.* city manager.

Städtebau *m* urban development; **städtebaulich** *adj.* town (*od.* urban) planning ...; **~*e Planung*** town (*od.* urban) planning.

stadteinwärts *adv.* into town.

Städte|bund *m hist.* league of cities (*od.* towns); **~führer** *m* city guide; **~partnerschaft** *f a. pl.* twinning; ***zwischen München und Edinburgh besteht e-e ~*** Munich and Edinburgh are twinned (*od.* twin towns); **~planung** *f* town (*od.* urban) planning.

Städter *m* city dweller, urbanite, F townie, *contp.* city slicker.

Stadt|fahrt *f* ride into (*od.* around the) town; ***das Auto ist für ~en gut geeignet*** the car is ideal for getting about (*od.* around) town; **~flucht** *f* exodus from the cities, flight to the country; ***die ~ hat zugenommen*** more and more people are leaving the big cities (and moving to the country); **~führer** *m* city guide; **~gebiet** *n* municipal area; ***im ~*** *a.* in the city area; **~gespräch** *n* **1.** *teleph.* local call; **2.** *fig.* ***~ sein*** be the talk of the town; ***zum ~ werden*** become the talk of the town; **~grenze** *f* city limits *pl.*; **~guerilla** *m* urban guer(r)illa; **~halle** *f* municipal hall; **~haus** *n* town house; **~indianer** *m* urban hippy; **~innere(s)** *n* city (*od.* town) cent|re (*Am.* -er); *Am. a.* downtown (area); ***es führt direkt ins Stadtinnere*** it takes you straight to the city cent|re (*Am.* -er) *etc.*

städtisch I. *adj.* urban, town ..., city ...; *bsd. verwaltungsmäßig*: municipal; (***groß~***) metropolitan; **II.** *adv.*: ***~ verwaltet*** run by the town (*od.* city), municipally run (*od.* control[l]ed).

Stadt|kern *m* town (*od.* city) cent|re (*Am.* -er); heart of the town; *Am. a.* downtown area; **~kind** *n* **1.** town (*od.* city) child; **2.** → ***Städter***; **~klatsch** *m* town gossip; **~klima** *n* urban (*od.* town) climate; **~leben** *n* city life; **~luft** *f* city air; **~mauer** *f* city (*od.* town) wall; **~mensch** *m* city person, urbanite, F townie; **~mitte** *f* town *od.* city cent|re (*Am.* -er); *Am. a.* downtown area; **Ϩnah** *adj.* (*a. adv.* ***~ gelegen***) close to town (*od.* the city); **~nähe** *f*: ***in ~ (gelegen)*** close to town (*od.* the city); **~park** *m* municipal (*od.* public) park; **~plan** *m* town (*od.* city) map; **~planung** *f* → ***Städteplanung.***

Stadtrand *m* outskirts *pl.* of (the) town *od.* the city; ***am ~*** on the outskirts of town (*od.* the city), ***leben:*** *a.* live in suburbia; **~siedlung** *f* suburban estate (*Am.* development).

Stadt|rat *m* **1.** town (*od.* municipal) council; **2.** (*Person*) town (*Am.* city) council(l)or; **~region** *f* conurbation; **~rundfahrt** *f* city sightseeing tour; **~sanierung** *f* urban renewal; *in Elendsvierteln*: slum clearance; **~staat** *m* city state.

Stadtstreicher *m* city vagrant; *contp.* tramp; *pl. a.* street people; **Stadtstreicherei** *f* urban vagrancy; **Stadtstreicherin** *f* bag lady; → *a.* ***Stadtstreicher.***

Stadt|teil *m* district; *weitS.* part of town; **~tor** *n* town (*od.* city) gate, entrance to the town (*od.* city); **~väter** *hum. pl.* city fathers; **~verkehr** *m* city traffic, traffic in the city (*od.* cities); **~verwaltung** *f* municipal authorities *pl.*; **~viertel** *n* district, part of town; **~wappen** *n* city's (*od.* town's) coat of arms; **~werke** *pl.* town (*od.* city) department *sg.* of works; municipal utilities; **~wohnung** *f* flat (*bsd. Am.* apartment) in town (*od.* in the city); **~zentrum** *n* → ***Stadtmitte.***

Stafette *f* relay.

Staffage *f* **1.** *a* facade, *a* (big) sham; **2.** *Kunst*: staffage.

Staffel *f* **1.** *Sport*: relay (race); (*Mannschaft*) relay team; **2.** ⚔, ✈ squadron.

Staffelei *f Kunst*: easel.

Staffel|lauf *m* relay race; ***~ der Männer (Damen)*** men's (women's) relay; **~miete** *f* graduated rent.

staffeln *v/t.* (*Steuern, Löhne etc.*) grade, graduate; *Arbeitszeit etc.*: stagger; → ***gestaffelt.***

Staffel|preise *pl.* graduated (*od.* sliding-scale) prices; **~schwimmen** *n* relay swimming; **~stab** *m* baton.

Staffelung *f* ✈, *Sport etc.*: staggering; *von Steuern, Zinsen etc.*: *a.* graduation; progressive rates *pl.*; (*Gefälle*) differential(s *pl.*).

Staffel|wettbewerb *m* relay (race); **~zinsen** *pl.* graduated interest *sg.*

staffieren *v/t.* → ***ausstaffieren.***

Stag *n* ⚓ stay.

Stagflation *f* † stagflation.

Stagnation *f* stagnation; **stagnieren** *v/i.* stagnate; remain stagnant; **stagnierend** *adj.* stagnant.

Stagsegel *n* ⚓ staysail.

Stahl *m* steel; *fig.* ***Nerven aus ~*** nerves of steel; **~arbeiter** *m* steelworker; **~bau** *m* steel(-girder) construction; **~besen** *m* ♪ (wire) brushes *pl.*; **~beton** *m* reinforced concrete, ferro-concrete; **Ϩblau** *adj.* steel blue; **~blech** *n* sheet steel; **~brille** *f*: **(e-e ~** a pair of) steel-rimmed glasses *pl.*; **~bürste** *f* wire brush.

stählen *v/t.* (*abhärten*) steel (***sich*** o.s.).

stählern *adj.* steel ..., made of steel; *fig.* steely (*a. Blick*); *Griff, Herz, Muskeln*: of steel.

Stahl|feder *f* steel spring; **~gerüst** *n* girder construction; **Ϩgrau** *adj.* steel grey (*Am.* gray); **~gürtelreifen** *m* steel-braced radial; **Ϩhart** *adj.* (as) hard as steel; → *a.* ***stählern***; **~helm** *m* steel helmet; **~industrie** *f* steel industry; **~kammer** *f* strongroom; **~kocher** *m* steelworker; **~konstruktion** *f* → ***Stahlbau***; **~mantelgeschoß** *n* steel jacket bullet.

Stahlrohr *n* steel tube; **~möbel** *pl.* tubular steel furniture *sg.*

Stahl|roß *hum. n* (*Fahrrad*) bike; **~saite** *f* ♪ steel (*od.* wire) string; **~schrank** *m* steel cabinet; **~seil** *n* steel cable; **~stich** *m* steel engraving; **~träger** *m* steel girder; **~waren** *pl.* steel goods; **~werk** *n* steelworks *pl.* (*oft sg. konstr.*), steel mill; **~wolle** *f* steel wool.

staken *v/i. u. v/t.* punt; **Staken** *m* punt pole.

Staket(enzaun *m*) *n* picket fence.

stakkato *adj. u. adv.*, Ϩ *n* ♪ staccato.

staksen F *v/i.* stalk, strut.

Stalagmit *m geol.* stalagmite.

Stalaktit *m geol.* stalactite.

Stalinismus *m* Stalinism; **Stalinist** *m*, **stalinistisch** *adj.* Stalinist.

Stalinorgel F *f* multiple rocket launcher.

Stall *m* **1.** (*PferdeϨ*) stable; (*KuhϨ*) cowshed, *Am. a.* barn; (*SchweineϨ*) pigsty, *Am. a.* pigpen; *fig.* (*RennϨ*) stable; *Motorrennen*: team; F *fig.* (*Zimmer*) F hole; F *fig.* ***aus e-m guten ~*** (*Familie*) from a good stable; ***ein ganzer ~ voll*** a whole horde of; → ***Pferd***; **2.** F (*Hosenschlitz*) flies *pl.*, fly; **~bursche** *m* → ***Stallknecht***; **~dünger** *m* manure; **~hase** *m* rabbit; **~knecht** *m* stable boy; **~meister** *m* equerry.

Stallung *f* stabling; *pl. a.* stables.

Stallwache *f*: *fig.* ***~ halten*** hold the fort.

Stamm *m* **1.** (*BaumϨ*) trunk; **2.** *bei Naturvölkern*: tribe; (*Geschlecht*) stock, lineage, (*Familie*) family, line; **3.** *biol.* phylum; (*BakterienϨ*) strain; *Vieh*: breed; **4.** *ling.* (*WortϨ*) root, stem; **5.** (*MitarbeiterϨ etc.*) permanent staff; (*KundenϨ*) regular customers *pl.*; *Sport*: regular players *pl.*; **~aktie** *f* † ordinary share, *pl. a.* common stock *sg.*; **~baum** *m* family tree; *zo.* pedigree; *biol.* phylogenetic tree; **~buch** *n* (*FamilienϨ*) family register; **~burg** *f* ancestral castle, family seat; **~datei** *f Computer*: master file; **~einlage** *f* † original investment, *partner's* capital share.

stammeln I. *v/i.* stammer; ⚕ *a.* stutter; **II.** *v/t.* stammer (out).

Stammeltern *pl.* progenitors.

stammen *v/i.*: ***~ von*** (*od.* ***aus***) come from; *zeitlich*: date from, go back to; ***diese Gläser ~ noch von der Großmutter*** these glasses used to be my grandmother's; ***die Formulierung (Zeichnung) stammt von ihm*** that's his wording (drawing); *iro.* ***das stammt nicht von mir!*** I had nothing to do with that.

Stammes|bewußtsein *n* (feeling of) tribal identity; **~führer** *m*, **~fürst** *m* → ***Stammeshäuptling***; **~geschichte** *f biol.* phylogeny; **Ϩgeschichtlich** *adj. biol.* phylogen(et)ic; **~häuptling** *m* (tribal) chieftain; **~kunde** *f* ethnology; **~sitte** *f* tribal custom (*od.* tradition); **~zugehörigkeit** *f* tribal identity.

Stamm|form *f ling.* principal form; **~gast** *m* habitué (***in, bei*** of), F regular (at); **~gericht** *n* standard dish; **~halter** *m* son and heir; **~haus** *n* † parent firm.

stämmig *adj.* stocky, thickset; *Beine*: sturdy.

Stamm|kapital *n* † joint stock; **~kneipe** F *f* F watering hole, favo(u)rite haunt, *sl.* hangout; *Brit. a.* local; **~kunde** *m* regular customer (*od.* patron); **~kundschaft** *f* regulars *pl.*, regular customers (*od.* patrons) *pl.*; **~lokal** *n* F favo(u)rite haunt; → ***Stammkneipe***; **~personal** *n* permanent (*MindestϨ* skeleton) staff *sg.* (*mst pl. konstr.*); **~platz** *m one's* usual seat; *fig.* ***~ in e-r Mannschaft*** *etc.* firm place in a team *etc.*; **~publikum** *n* regular guests (*od.* customers *etc.*) *pl.*; *thea. etc.* regular audience; F regulars *pl.*; **~silbe** *f ling.* root syllable; **~sitz** *m* ancestral seat; † headquarters *pl.* (*a. sg. konstr.*); **~spieler** *m* regular (player); **~tafel** *f* genealogical table.

Stammtisch *m* regulars' table; (*Personen*) round of regulars; ***Montags habe ich ~*** on Mondays I meet my friends down at the pub; **~bruder** *m* drinking companion (F mate); **~politik** *contp. f* alehouse (*Am.* cracker barrel) politics *pl.*; **~politiker** *contp. m* alehouse (*Am.* cracker-barrel) politician; **~stratege** *m* armchair strategist.

Stamm|vater *m* progenitor; **~vokal** *m* root vowel; **~wähler** *m* standing voter, F party diehard.

stampfen I. *v/i.* **1.** (*schwer auftreten*) stamp; (*stampfend gehen*) *a.* stomp; ***mit dem Fuß ~*** stamp one's foot; F ***durch die Gegend ~*** stomp around (like an elephant); **2.** ⚓ pitch; **II.** *v/t.* ⚙ (***fest~***) tamp, ram (down); (*Erde, Lehm etc.*) stamp (down); (*Kartoffeln*) mash; (*Trauben*) crush; *im Mörser*: pound, crush; → ***kleinstampfen***; *fig.* ***aus dem Boden ~*** produce *s.th.* out of thin air; ***ich kann's doch nicht einfach aus dem Boden ~*** *a.* I can't just wave my magic wand;

Stampfer *m* ⚙ tamper; (*KartoffelϨ*) masher.

Stand *m* **1.** (*aufrechtes Stehen*) standing position; (*Halt*) footing, foothold; ***aus dem ~*** from a standing position, *fig.* off the cuff; ***Sprung*** (***Start***) ***aus dem ~*** standing jump (start); ***keinen*** (***festen***) ***~ haben*** be wobbly, *Person*: have no firm foothold; *fig.* ***e-n schweren ~ haben*** a) have a hard time of it (***bei j-m*** with s.o.), b) be in a difficult position; **2.** (*Zustand*) state; (*Beschaffenheit*) condition; (*Lage*) situation, position; (*Niveau*) level, standard; (*Wasser≈*) level; *ast.* position; ☤ *von Kursen, Preisen, des Marktes*: level; (*Kilometer≈*) number of kilomet|res (*Am.* -ers) clocked up, *etwa* mileage; (*Zähler≈*) reading; (*Konto≈*) balance; (*Kranken≈*) figure; *e-s Wettkampfes*: score; ***den höchsten ~ erreichen*** reach one's peak (*od.* highest level); ***auf den neuesten ~ bringen*** update, bring *s.th.* up to date; → ***außerstande, imstande, instand, zustande***; ***der ~ der Dinge*** the state of affairs; ***nach dem*** (***jetzigen***) ***~ der Dinge*** as matters stand (at the moment); ***neuester ~*** (***der Technik***) latest developments (in technology); ***auf dem neuesten ~ der Technik sein*** *Gerät etc.*: be state-of-the-art; **3.** (*soziale Stellung*) social status (*od.* position, standing), rank, *formell*: station; (*Klasse*) class; (*Rechts≈, Familien≈*) status; (*Beruf*) profession; ***geistlicher ~*** *the* clergy; ***die höheren Stände*** the upper classes; *hist.* ***der dritte ~*** the third estate; ***die drei Stände*** the three orders (*od.* estates); ***unter*** (***über***) ***s-m ~ heiraten*** marry below (above) one's station; **4.** (*Verkaufs≈*) stall, (*a. Messe≈*) stand; ***e-e Pizza am ~ essen*** have a (quick) pizza at a stand-up (buffet).

Standard *m* standard; (*Niveau*) *a.* level; ***das gehört zum ~*** (*zur Grundausrüstung*) that's standard; **~abweichung** *f* standard deviation; **~ausführung** *f* standard type (*od.* model, design); **~ausrüstung** *f* standard equipment (*Sport*: gear); **~aussprache** *f* standard pronunciation; *in GB*: *a.* received pronunciation.

standardisieren *v/t.* standardize; **Standardisierung** *f* standardization.

Standard|schrift *f Computer*: standard font; **~sprache** *f* standard language; **~tanz** *m* standard dance; **~werk** *n* standard work.

Standarte *f* standard; *kleine*: guidon; **Standartenträger** *m* standard bearer.

Stand|bein *n* standing leg; **~bild** *n* **1.** (*Foto*) still; *Film, Video*: still frame; **2.** (*Statue*) statue.

Stand-by *n* **1.** ✈ standby; **2.** ***~ haben*** *Arzt etc.*: be on standby; **~-Tarif** *m* standby fare; **~-Ticket** *n* standby ticket.

Ständchen *n* (little) song, F ditty; (*bsd. Liebes≈*) serenade; ***j-m ein ~ bringen*** sing s.o. a little song (*od.* ditty), serenade s.o.

Ständeordnung *f hist.* corporative system.

Stander *m* pennant.

Ständer *m* **1.** stand; (*Gestell*) *a.* rack; → ***Bücherständer*** *etc.*; **2.** V (*Erektion*) *sl.* hard-on.

Standesamt *n* registry office; **standesamtlich** *adj.*: ***~e Trauung*** registry office wedding; **Standesbeamte(r)** *m* registrar.

Standes|bewußtsein *n* class consciousness; **~dünkel** *m* class snobbery; F snootiness; **≈gemäß** *adj. u. adv.* in keeping with one's station; **~schranken** *pl.* class (*od.* social) barriers.

Ständestaat *m hist.* corporative state.

Standesunterschied *m* class distinction, difference in class.

standfest *adj.* steady; ⚙ stable; ***~e Abwehr*** *Sport*: safe defen|ce (*Am.* -se); F *fig.* ***nicht mehr ganz ~*** a bit tiddly; **Standfestigkeit** *f* steadiness; ⚙ stability; *fig.* → ***Standhaftigkeit.***

Stand|foto *n* still; **~fußball** *m*: ***~ spielen*** play at a walking pace; **~gas** *n mot.* idling mixture (supply); **~geld** *n* stallage; **~gerät** *n* console TV set; **~gericht** *n* ⚔ drumhead court martial.

standhaft I. *adj.* steadfast; (*unerschütterlich*) firm, unwavering, *Vertreter, Anhänger etc.*: *a.* staunch; (*entschlossen*) resolute; (*beharrlich*) persevering; **II.** *adv.*: ***~ ablehnen*** firmly refuse; **Standhaftigkeit** *f* steadfastness *etc.*; → ***standhaft.***

standhalten *v/i. Person*: hold one's ground (*od.* own), stand firm; *Deich etc.*: hold out (*dat.* against); (*e-m Angriff, Stoß etc.*) withstand; (*e-r Kritik etc.*) stand up to; ***j-m*** (***e-r Sache***) ***~*** *a.* resist s.o. (s.th.); ***j-s Blick ~*** resist (*od.* sustain) s.o.'s gaze; ***sie konnte ihren neugierigen Blicken nicht ~*** she couldn't take their inquisitive stares; → ***Vergleich*** 1.

ständig I. *adj. Adresse, Personal etc.*: permanent; (*fortwährend*) constant, continual; (*laufend*) continuous; (*regelmäßig*) steady; *Einkommen*: fixed, regular; *Regel, Praxis*: established; ***~er Ausschuß*** standing committee; ***~er Begleiter*** constant companion; ***~er Beirat*** permanent council; ***~er Korrespondent*** resident correspondent; ***unter ~em Druck sein*** be under constant pressure; ***in ~er Sorge leben*** live in a state of constant worry; ***in ~er Verbindung stehen mit*** be in regular contact with; **II.** *adv.* permanently; constantly, forever; ***et. ~ sagen*** (***tun***) keep saying (doing) s.th.; ***er meckert ~ über das Essen*** he's always (*od.* forever) complaining about the food, he keeps (*od.* never stops) complaining about the food.

Standlicht *n mot.* parking light.

Standort *m* position (*a.* ⚓ *etc.*), location; *e-r Industrie etc.*: site; (*Ort*) place; ⚔ (*Garnison*) garrison, *Am.* post; *fig.* position, (*Einstellung*) attitude, standpoint; ***den ~ bestimmen von*** locate; *fig.* ***den ~ bestimmen*** define one's position, take a clear stand; **~bestimmung** *f* location; *Radar*: fixing; *fig.* definition of one's position; *fig.* ***e-e ~ machen*** define one's position, take a clear stand; **~faktor** *m* locational factor; **~verlegung** *f* relocation; **~vorteil** *m* ☤ locational advantage; **~wahl** *f* choice of site (*od.* location).

Stand|pauke F *f* lecture, *Brit.* F wigging; ***j-m e-e ~ halten*** give s.o. a lecture (*od.* wigging); **~photo** *n* still; **~platz** *m* stand, *für Taxis*: *Brit. a.* taxi rank; **~punkt** *m* point of view, standpoint, stance; ***den ~ vertreten*** (*od.* ***auf dem ~ stehen, sich auf den ~ stellen***), ***daß*** take the view (*od.* line, stance) that; ***von s-m ~ aus*** from his point of view; ***vom medizinischen ~*** (***aus***) from a medical point of view (*od.* standpoint); ***j-m den ~ klar machen*** make one's point of view quite clear to s.o.; **~quartier** *n* base.

Standrecht *n* ⚔ martial law; **standrechtlich** *adj. u. adv.* by order of court martial.

Stand|seilbahn *f* funicular (railway); **~spur** *f* hard shoulder, *Am.* shoulder; **~uhr** *f* grandfather clock; **~vermögen** *n* → ***Stehvermögen.***

Stange *f* pole; (*kleinere Metall≈*) rod; (*Kleider≈*) rail; (*Pfosten*) post; (*Vogel≈*) perch; *Ballett etc.*: bar; *Zimt, Lakritz etc.*: stick; ***von der ~*** *Kleidung*: off-the-peg ..., *pred.* off the peg; ***e-e ~ Zigaretten*** a carton of cigarettes; F ***e-e ~ Geld*** F a tidy sum, a packet; F ***e-e ~ angeben*** F lay it on thick; F ***sie ist e-e lange ~*** she's like a beanpole; F *fig.* ***bei der ~ bleiben*** stick it out (to the end), F hang in there; ***j-n bei der ~ halten*** keep s.o. at it, keep s.o.'s nose to the grindstone; ***j-m die ~ halten*** back s.o. up, stand (F stick) up for s.o.

Stangen|bohne *f* runner (*od.* string) bean; **~brot** *n* French stick, baguette; **~sellerie** *m, f* celery (stalks *pl.*); **~spargel** *m* asparagus spears *pl.*

Stänkerer F *m* (*Streitmacher*) troublemaker, stirrer; **stänkern** F *v/i.* (*nörgeln*) grouse; (*Streit schüren*) stir up (*od.* make) trouble.

Stanniol *n* tin foil, silver paper.

Stanze *f* ⚙ punch, punching machine; **stanzen** *v/t.* ⚙ punch; stamp.

Stapel *m* pile, stack; *Computer*: batch; ⚓ stocks *pl.*; ⚓ ***auf ~ legen*** lay down; ***vom ~ laufen*** be launched; ***vom ~ lassen*** launch; *fig.* (*Witz*) crack, (*Rede*) make; **~lauf** *m* launching.

stapeln *v/t.* stack, (*a.* ***sich ~***) pile up.

Stapel|verarbeitung *f Computer*: batch processing; **~waren** *pl.* staple commodities.

stapelweise *adv.* in piles; ***bei ihm liegen die Computerhefte ~ herum*** he's got piles (F stacks) of computer magazines lying around (at home).

Stapfen *pl.* footprints.

stapfen *v/i.* trudge.

Staphylokokkeninfektion *f* staphylococcal infection; **Staphylokokkus** *m* staphylococcus.

Star[1] *m zo.* starling.

Star[2] *m Film etc.*: star, F celeb.

Star[3] *m* ⚕: ***grauer ~*** cataract(s *pl.*); ***grüner ~*** glaucoma; ***am ~ operiert werden*** have one's cataracts removed; *fig.* ***j-m den ~ stechen*** remove the scales from s.o.'s eyes, open s.o.'s eyes.

Star|allüren *pl.* airs (and graces); **~anwalt** *m* top lawyer (*Am. a.* attorney); **~autor** *m* best-selling author; **~besetzung** *f* star cast; ***mit ~*** *a.* star-studded ...; **~dirigent** *m* star conductor; **~gast** *m* star guest.

stark I. *adj.* strong (*a. Ähnlichkeit, Argument, Band, Brille, Eindruck, Gefühl, Geruch, Geschmack, Getränk, Gift, Glaube, Licht, Nerven, Parfüm, Verdacht, Vorurteil, Wille, ling. Verb etc.*); *Gegner, Kandidat, Motor, Organisation, Stellung*: *a.* powerful; (*kräftig*) *Mensch*: strong, *Sache*: *a.* robust, sturdy; (*beleibt*) stout; (*dick*) *Wand etc.*: thick; (*mächtig*) powerful; (*intensiv*) intense; (*heftig*) violent; (*schlimm*) bad; F (*großartig*) F great; *Erkältung, Frost, Raucher, Regen,*

Sturm, Trinker, Verkehr etc.: heavy; **~er Beifall** loud applause; **~er Esser** big eater; **~es Fieber** a high temperature; **das ~e Geschlecht** the stronger sex; ⚕ **~es Mittel** strong medicine (*od.* tablets *etc.*); **~e Nachfrage** great (*od.* heavy) demand; **~e Schmerzen** severe pain; **die Schmerzen sind ~** *a.* the pain is very bad; **~e Schmerzen haben** be in severe pain; *fig.* **~e Seite** strong point, strength, forte; **~e Übertreibung** gross exaggeration; **er ist stärker geworden** he's put on weight; **e-n ~en Haarwuchs haben** (*dichtes Haar*) have thick hair, (*schnell wachsend*) have a heavy growth of hair; F **sich ~ machen für** stand up for; **den ~en Mann markieren** try to act tough; **Politik der ~en Hand** heavy-handed policy; **e-e 200 Mann ~e Kompanie** a company of 200; **sie waren 200 Mann ~** they were 200 strong; **das Buch ist 600 Seiten ~** the book is 600 pages thick; → **Blutung, Polizeiaufgebot, Stück**; **II.** *adv.* (*sehr*) strongly; **~ benachteiligt** severely handicapped; **~ beschäftigt** very busy; **~ betrunken** very drunk; **~ erkältet sein** have a bad cold; **~ gewürzt** highly seasoned; **~ übertrieben** grossly exaggerated; **~ ansteigen** rise sharply; **~ bluten** bleed heavily (*od.* profusely); **~ regnen** rain heavily, pour; **~ riechen** have a strong smell, smell strong; **~ trinken** (**rauchen**) be a heavy drinker (smoker); **~ wirken** have a strong effect; → **Verdacht**; **~befahren** *adj.* busy; **~behaart** *adj.* very hairy; **~betont** *adj.* strongly stressed; **~bevölkert** *adj.* highly (*od.* densely) populated; high-population ...

Starkbier *n* strong beer; *high-alcohol-content beer.*

Stärke¹ *f* → *a.* **stark** I; **1.** strength (*a. körperliche Kraft, Brillen2 etc.*); (*Macht,* ⚙ *Leistung*) power; (*zahlenmäßige ~*) strength, size; **Politik der ~** power politics; **2.** (*Maß*) thickness, (*Durchmesser*) diameter; **3.** ⚗ strength, concentration; **4.** (*Intensität*) intensity; **5.** *fig.* (*starke Seite*) strong point, strength, forte; **es gehört nicht zu s-n ~n** it's not one of his strong points (*od.* strengths, fortes); → **Richter-Skala.**

Stärke² *f* (*Speise2, Wäsche2*) starch; **~gehalt** *m* starch content; **2haltig** *adj.* starchy; **~ sein** *a.* contain starch; **~mehl** *n* cornflour, *Am.* cornstarch.

stärken¹ **I.** *v/t.* strengthen (*a. fig.*); (*Gesundheit*) build up; (*Mut, Selbstsicherheit*) boost, build up; (*Macht*) increase; **j-m den Rücken ~** back s.o. up; **II.** *v/refl.*: **sich ~** have a bite to eat; have a drink; *lit.* fortify o.s.; **ich muß mich ~** *a.* I need s.th. to revive me, *mit e-m Getränk*: *a.* I need a drink.

stärken² *v/t.* (*Wäsche*) starch.

stärkend *adj.*: **~es Mittel** tonic, restorative.

Starkstrom *m* ↯ high-voltage (*od.* heavy) current; **~leitung** *f* power line; **~technik** *f* heavy current engineering.

Starkult *m* star cult.

Stärkung *f* strengthening; (*Erfrischung*) refreshment; F (*Schnaps etc.*) F bracer; **Stärkungsmittel** *n* ⚕ tonic, restorative.

Starlet *n* starlet.

Staroperation *f* ⚕ cataract operation.

Starparade *f* star gala.

Starprofil *n* star (*od.* celebrity) profile.

starr I. *adj.* **1.** (*steif*) stiff, (*Leiche*) *a.* rigid; (*bewegungslos*) motionless; (*~ angebracht*) fixed; **~er Blick** fixed (*od.* rigid) stare; ✝ **~es Budget** fixed budget; **~ vor Entsetzen** paralysed with horror; **~ vor Staunen** dumbfounded; **~ vor Kälte** numb with cold; **~ stehenbleiben** be transfixed, stop dead in one's tracks; **2.** *Prinzipien etc.*: rigid, firm; *Haltung*: rigid, (*unnachgiebig*) inflexible, unbending, unyielding; **~e Regel** *a.* hard and fast rule; **II.** *adv.* rigidly *etc.*; → I; **~ an et. festhalten** adhere rigidly (*od.* stubbornly) to s.th.

Starrachse *f mot.* rigid axle.

Starre *f* stiffness, rigidity.

starren¹ *v/i.* stare (**auf** at); **vor sich hin ~, ins Leere ~** stare into space.

starren² *v/i.*: **~ vor** (*od.* **von**) (*voll sein von*) bristle with; **vor Schmutz ~** be thick with dirt.

Starreporter *m* star reporter.

Starrheit *f* rigidity; stiffness; inflexibility *etc.*; → **starr** I.

Starrkopf *m* stubborn (*od.* obstinate) mule; **starrköpfig** *adj.* stubborn, obstinate.

Starrkrampf *m* ⚕ tetanus.

Starrsinn *m* stubbornness, obstinacy; **starrsinnig** *adj.* stubborn, obstinate.

Starrummel *m* celebrity hype.

Start *m* start (*a. mot. u. fig.*); ✈ take-off; (*Raketen2*) launching, lift-off; *Sport*: (*~linie*) start, starting line; **am ~** *Sport*: at the start, on the starting line; **fliegender** (**stehender**) **~** *Sport*: flying (standing) start; **e-n guten** (**schlechten**) **~ haben** *Sport u. fig.*: get off to a good (bad) start; ✈ **zum ~ freigeben** clear for takeoff; *fig.* **~ frei für ...** all clear for (the launching of) ...; **ein guter ~ ins Leben** a good start in life; **~ausrüstung** *f* basic equipment (*od.* kit); **~automatik** *f mot.* automatic choke control.

Startbahn *f* ✈ runway; **~befeuerung** *f* runway lighting (*od.* lights *pl.*).

startbereit *adj.* ready to start; ✈ ready for takeoff; F *fig.* ready to go.

Startblock *m* starting block.

starten I. *v/i.* start; *Sport*: (*teilnehmen*) take part (**bei** in), participate (in); ✈ take off; **zu früh ~** *Sport*: jump the gun; **~ für** *Italien etc.*: run (*od.* race *etc.*) for; **II.** *v/t.* start; F *fig.* (*Unternehmen etc.*) *a.* launch; **Starter** *m mot. u. Sport*: starter.

Start|erlaubnis *f* ✈ (takeoff) clearance; *Sport*: permission to take part; **~geld** *n* *Sport*: entry fee; **~geschwindigkeit** *f* ✈ takeoff speed.

Starthilfe *f* ✈ assisted takeoff (*a.* **Abflug mit ~**); ✝ initial aid, F start-up cash; **j-m ~ geben** *mot.* help s.o. get started, *mit Starthilfekabel*: give s.o. a jump start; *fig.* give s.o. a start (in life); **~kabel** *n mot.* jump leads *pl.*, *Am.* jumper (cable), booster cable.

Start|kapital *n* start-up capital; **2klar** *adj.* ✈ ready for takeoff; *Maschine*: in flying condition; **~kommando** *n* starter's order; **~läufer** *m* first runner; **~linie** *f* starting line; **~loch** *n Sport*: starting hole; **langsam aus den Startlöchern kommen** get off to a slow start; **~nummer** *f* number; **~ordnung** *f* starting order; **~pistole** *f* starting pistol; **~rampe** *f* launch(ing) pad; **~schuß** *m Sport*: starting signal; **~signal** *n* starting (✈ takeoff) signal; *fig.* F go-ahead, green light; **~strecke** *f* ✈ takeoff run; **~turm** *m* launching rail; **~verbot** *n Sport*: suspension; ✈ grounding; **e-m Flugzeug ~ erteilen** ground an aircraft; **~zeichen** *n* → **Startsignal.**

Stasi F *f hist. DDR*: Stasi, secret police *pl.*; **~-Mitarbeiter** *m*: (**ehemaliger ~**) former) member of the Stasi.

Statement *n* statement; **ein ~ abgeben** give a statement (**über** on); make a (*od.* an official) statement (on).

Statik *f phys.*, ↯, ⚠ statics *pl.* (*als Fach sg. konstr.*); *fig.* inertia; **Statiker** *m* ⚠ structural engineer, stress analyst.

Station *f* **1.** 🚂 station; (*Haltestelle, Aufenthaltsort*) stop; **~ machen in** stop over in (*od.* at); **ich mache bei m-n Eltern ~** I'll be stopping over at my parents' (place); **in Kairo zwei Tage ~ machen** stop over in Cairo for two days, make (*od.* have) a two-day stop(over) in Cairo; **2.** *Radio, meteor. etc.*: station; **3.** (*Kranken2*) ward; **auf welcher ~ liegt sie?** which ward is she in?; **der Arzt ist auf ~** the doctor is doing his rounds; **4.** *fig.* (*Stadium*) stage; **5.** *bibl. des Kreuzwegs*: station (of the Cross).

stationär I. *adj.* **1.** stationary (*a.* ⚙); (*gleichbleibend*) steady, constant; **2.** ⚕ in-patient ...; **~e Behandlung** in-patient treatment; **II.** *adv.*: **~ behandelter Patient** in-patient; **~ behandeln** treat in hospital; **er muß ~ behandelt werden** *a.* he'll have to go into hospital (for that).

stationieren *v/t.* ⚔ station; **Stationierung** *f* stationing.

Stationierungs|kosten *pl.* stationing costs; **~streitkräfte** *pl.* stationed forces (*od.* troops).

Stations|arzt *m* ward doctor; **~schwester** *f* ward sister; **~taste** *f* preset button; **~vorsteher** *m* 🚂 stationmaster.

statisch I. *adj.* **1.** *phys.* static; *Bauwesen*: *a.* structural; **~e Berechnung** structural analysis; **2.** *fig.* static, inert; **II.** *adv.* statically, structurally.

Statist *m thea., Film*: extra; *fig.* bit player; **Statistenrolle** *f* walk-on part; *fig.* bit part, minor role.

Statistik *f* statistics *pl.* (*als Fach sg. konstr.*); *aufgestellte*: statistical survey; **die ~ zeigt** (the) statistics show, according to the statistics; **e-e ~ aufstellen** a) conduct a survey (**über** on), b) compile (a set of) statistics (on); **Statistiker** *m* statistician, statistical expert; **statistisch I.** *adj.* statistical; **~e Erhebung** survey; **~es Jahrbuch** annual abstract of statistics; **II.** *adv.*: **~ gesehen** according to the statistics, statistically.

Stativ *n* tripod; **~aufnahme** *f* tripod shot; **~bein** *n* (tripod) leg; **~kamera** *f* stand camera; **~wagen** *m* tripod dolly.

statt I. *prp.* instead of; **~ dessen** instead; **aber ~ dessen** instead of which; **II.** *cj.*: **~ zu** *inf.*, **~ daß ...** instead of *ger.*

Statt *obs. f* place; stead; **an j-s ~** in s.o.'s stead; → **von-, zustatten.**

Stätte *f* place; (*Schauplatz*) scene; (*Ausgrabungs2*) site; **historische ~** historical site; **an historischer ~** *a.* on historical ground; **e-e geweihte ~** a consecrated site, consecrated ground; **~ des Friedens** haven of peace; **~n der Erinnerung** (**Jugend**) places of the past (of one's youth).

stattfinden *v/i.* take place, be; (*sich ereignen*) happen; (*abgehalten werden*) be held; ***die Sitzung findet am Freitag statt*** the meeting is (*od.* will be) on Friday, *formell*: the meeting will take place on Friday; ***das Konzert*** (***die Reise***) ***findet nicht statt*** the concert (the trip) has been cancel(l)ed.

stattgeben *v/i.* (*e-r Bitte etc.*) grant.

statthaft *adj.* admissible, permissible, (*gesetzlich* ~) legal; ***nicht*** ~ not admissible, *Rauchen etc.*: not permitted.

Statthalter *m* governor; **Statthalterschaft** *f hist.* governorship.

stattlich *adj.* (*imposant*, *würdevoll*) stately; *Gebäude, Baum etc.*: *a.* grand; (*eindrucksvoll*) imposing, impressive; (*kräftig gebaut*) well-built ..., *pred.* well built; (*beträchtlich*) considerable, *Summe*: *a.* handsome; *Familie*: large; ***e-e ~e Erscheinung*** a commanding figure; ***e-e ~e Summe*** *a.* F a tidy (little) sum.

Statue *f* statue; **statuenhaft** *adj.* statue-like, statuesque.

Statuette *f* statuette.

statuieren *v/t.*: ***ein Exempel*** ~ set an (*od.* a warning) example; ***an j-m ein Exempel*** ~ make an example of s.o.

Statur *f* build; *a. fig.* stature; ***von kräftiger ~ sein*** be well-built; ***von ~ eher klein*** (a bit) on the short side.

Status *m* **1.** *gesellschaftlicher etc.*: status; **2.** (*Rechtsstellung*) status; **3.** (*Lage*) state, status; ~ **quo** *m* status quo; ***den ~ aufrechterhalten*** maintain the status quo; **~symbol** *n* status symbol; **~wort** *n Computer*: status word.

Statut *n* **1.** statute, regulation; **2.** *pl. e-r Handelsgesellschaft*: articles of association.

Stau *m* **1.** *mot.* traffic jam; (*Rück≈*) tailback; ***in e-n ~ geraten*** get stuck (*od.* caught up) in a traffic jam; ***im ~ stehen*** be stuck (*od.* caught up) in a traffic jam; ***ein ~ von fünf Kilometer Länge*** a five-kilomet|re (*Am.* -er) tailback; **2.** (*Ansammlung*) accumulation, build-up; → *a.* ***Stauung.***

Staub *m* dust; (*Pulver*) powder; ⚘ pollen; ***~ wischen*** dust, do the dusting; ***den ~ wischen von*** dust (down); *fig.* ***sich vor j-m in den ~ werfen*** a) throw o.s. at s.o.'s feet, b) grovel before s.o. (*od.* at s.o.'s feet); F ***sich aus dem ~ machen*** F clear off, make a (quick) getaway; → ***aufwirbeln***; **≈bedeckt** *adj.* dusty, dust-covered; thick with dust; **~beutel** *m* **1.** ⚘ anther; **2.** *im Staubsauger*: dust bag; **~blatt** *n* ⚘ stamen.

Staubecken *n* reservoir.

stauben *v/i.* make a lot of dust; ***es staubt*** there's a lot of dust; F ***paß auf, sonst staubt's!*** F watch it, or there'll be trouble.

stäuben I. *v/t.* **1.** ***Mehl*** *etc.* ***über et.*** ~ dust s.th. with flour *etc.*; **II.** *v/i.* **2.** *Wasser, Schnee*: spray; **3.** *Blüten*: pollinate.

Staub|fänger *m* dust trap; ***die Porzellanfiguren sind bloß ~*** *a.* those porcelain figures just stand around collecting dust; **~filter** *m* dust filter; **~flocke** *f* piece of fluff; **≈frei** *adj.* dust-free, free of dust; **~gefäß** *n* ⚘ stamen.

staubig *adj.* dusty.

Staub|korn *n* dust particle; speck of dust; **~lappen** *m* duster; **~lunge** *f* ⚕ silicosis.

staubsaugen *v/i. u. v/t.* vacuum, *Brit. a.* hoover; **Staubsauger** *m* vacuum cleaner, *Brit. a.* hoover.

Staub|schicht *f* layer of dust; **~schutzhaube** *f Plattenspieler etc.*: dust cover; **~tuch** *n* duster; **~wedel** *m* feather duster; **~wolke** *f* cloud of dust.

stauchen *v/t.* **1.** ram; *mit dem Fuß*: kick; **2.** (*Sack Getreide etc.*) shake down; **3.** ⚙ compress, upset; (*Bolzenköpfe*) head, clinch; **4.** *fig.* → ***zusammenstauchen.***

Staudamm *m* dam.

Staude *f* ⚘ **1.** herbaceous plant; **2.** (*Strauch*) shrub.

Stauden|gewächs *n* herbaceous plant; **~sellerie** *m, f* celery (stalks *pl.*).

stauen I. *v/t.* **1.** (*Wasser, Fluß*) dam up; (*Blut*) stop (the flow of); **2.** (*Güter etc.*) stow (away); **II.** *v/refl.*: ***sich ~*** **3.** *Wasser*: collect, rise; ⚕ congest; **4.** (*sich ansammeln*) pile up, accumulate; *Menschen*: gather; *Verkehr*: be(come) congested; *fig. Wut etc.*: build up; ***die Kinder stauten sich am Eingang*** the children were crowding the entrance; ***die Autos stauten sich vor dem Tor*** there was a long line of cars in front of the gate.

Stauer *m* ⚓ stevedore.

Staumauer *f* dam.

staunen I. *v/i.* be amazed (***über*** at); *bewundernd*: marvel (at); ***ich habe gestaunt, wie gut er es gemacht hat*** I was amazed at how well he did it; ***wir haben nur noch gestaunt*** we were amazed, F we just gaped; ***da staunst du, was?*** I thought that would surprise you, (*über mich*) *a.* you didn't think I was capable, did you?; → ***Laie***; **II.** F *v/t.* → ***Bauklotz***; **III.** ≈ *n* astonishment, amazement; (*Bewunderung*) awe; ***in ~ versetzen*** amaze, F have *s.o.* gaping; ***sie sind aus dem ~ nicht mehr herausgekommen*** they couldn't believe their eyes (*od.* ears), F they just gaped; **staunenswert** *adj.* astonishing, amazing.

Staupe *f vet.* distemper.

Stausee *m* reservoir.

Stauung *f von Wasser, Hitze, a. fig.*: buildup; ⚕ *u. Verkehr*: *a. pl.* congestion.

Stauwasser *n* backwater.

Steak *n* steak.

Stearin *n* stearin.

Stechapfel *m* ⚘ thorn apple.

stechen I. *v/i.* **1.** *Nadel, Dorn etc.*: prick; *Wespe etc.*: sting; *Mücke*: bite; *mit e-m Messer*: stab; *Wolle*: prick, be prickly; *Sonne*: burn; ***mit dem Messer nach j-m ~*** stab at (*od.* attack) s.o. with a knife; *fig.* ***in die Nase ~*** *Geruch*: sting in one's nose; ***j-m in die Augen ~*** strike s.o., catch s.o.'s eye; **2.** *Kartenspiel*: trump, play a trump; **3.** *Pferdesport*: jump off; **4.** *Kontrolluhr*: clock in (*od.* out); → ***See*** 1; **II.** *v/t.* **5.** *Nadel, Dorn etc.*: prick; *Wespe etc.*: sting; *Mücke*: bite; *mit e-m Messer*: stab; **6.** (*Torf, Rasen, Spargel*) cut; **7.** (*Schwein*) stick; **8.** (*Aale*) spear; **9.** *in Kupfer*: cut, engrave (***in*** into); **10.** *Kartenspiel*: trump; ***mit dem König den Buben ~*** take (*od.* trump) the jack with the king; **11.** ***die Kontrolluhr ~*** check in (*od.* out); → ***gestochen, Hafer***; **III.** *v/refl.*: **12.** ***sich ~*** prick o.s. (***an*** on; ***mit*** with); ***sich in den Daumen ~*** prick one's thumb; **IV.** *v/impers.* **13.** ***es sticht mir*** (*od.* ***mich***) ***im Rücken*** (***in der Seite***) I've got a sharp (*od.* stabbing) pain in my back (side), (*Seiten~*) *a.* I've got a stitch in my side; **V.** ≈ *n* **14.** sharp (*od.* stabbing) pain; (*Seiten~*) *a.* stitch; **15.** *Pferdesport*: jump-off; **stechend** *adj. Blick*: piercing; *Geruch*: pungent; *Schmerz*: sharp, stabbing.

Stech|fliege *f* stable fly; (*Bremse*) horsefly; **~ginster** *m* ⚘ gorse; **~kahn** *m* punt; **~karte** *f* clocking-in card; **~mücke** *f* midge, mosquito; **~paddel** *n Kanusport*: single-bladed paddle; **~palme** *f* holly; **~schritt** *m* goosestep; **~uhr** *f* time clock; **~zirkel** *m* dividers *pl.*

Steckbrief *m* "wanted" circular; (*Beschreibung*) description, *fig. a.* profile (*gen.* of), fact file (on); **steckbrieflich** *adv.*: ***~ gesucht werden*** be wanted for arrest.

Steckdose *f* ⚡ (wall) socket, power point, outlet; **Steckdosenschutz** *m* switch cover.

stecken I. *v/t.* put, F pop, stick; *heimlich*: slip; (*Erbsen, Kartoffeln*) plant, set; (*Blumen*) arrange; *mit Nadeln*: pin; (*Saum*) tack; *Geld, Zeit* ~ ***in*** put into, invest in; ***sich die Haare zu e-m Knoten ~*** put one's hair up in a knot; ***sich e-e Blume ins Haar ~*** put (F stick) a flower in one's hair; ***den Kopf aus dem Fenster ~*** pop one's head out of (*Am. a.* out) the window; ***j-n ins Gefängnis*** (***ins Bett***) ~ put s.o. in prison (to bed); ***wir ~ dich gleich in den Keller!*** you'll be locked up in the cellar if you're not careful; F ***wer hat ihm das gesteckt?*** who told him (that)?, who passed that on to him?; F ***es j-m tüchtig ~*** tell s.o. what's what; F ***ich weiß nicht, wohin ich ihn ~ soll*** I can't place him; → ***hineinstecken, Brand*** 1, ***Nase, Tasche, Ziel***; **II.** *v/i.* be; (*festsitzen*) be stuck; *Kugel, Splitter etc.*: be lodged (*od.* embedded) in; ***der Schlüssel steckt*** the key's in the door; ***voller Fehler ~*** *Brief etc.*: be full of mistakes; ***voller Bosheit*** (***Neugier***) ~ be a spiteful character (F be a nosy old so-and-so); ***mitten in der Arbeit ~*** be in the middle of work; ***mitten in den Prüfungen ~*** be in the middle of (taking) one's exams; ***er steckt immer zu Hause*** he never goes out (*od.* leaves the house); ***in mir steckt e-e Grippe*** I think I might be coming down with flu; ***wo steckst du denn*** (***so lange***)***?*** where have you been (all this time)?, F where have you been hiding (all this time)?; ***wo steckt er bloß immer?*** F where does he keep hiding out (*od.* hiding himself)?; ***dahinter steckt etwas*** there's something behind it (all); ***da steckt er dahinter*** he's at the bottom of it, he's behind it (all); ***darin steckt viel Arbeit*** a lot of work has gone into it; ***zeigen, was in einem steckt*** show what one is made of; ***in ihm steckt etwas*** he's got what it takes, he'll go far (*od.* a long way); → ***Anfang, Decke, gesteckt, Haut*** *etc.*

Stecken *m* stick; → ***Dreck.***

stecken|bleiben *v/i.* get stuck; *fig. beim Vortragen*: *a.* dry up, F come unstuck, *thea. a.* forget one's lines; *Verhandlungen*: come to a standstill, reach deadlock; *fig.* ***mitten im Satz ~*** break off in mid-sentence; ***das Projekt ist in den Anfangsstadien steckengeblieben*** the project didn't get beyond the early stages (*lit.* was nipped in the bud); → ***Hals***; **~lassen** *v/t.* leave in; ***den Schlüssel ~*** leave the key in the door; F ***laß dein Geld nur stecken*** this is on me.

Steckenpferd *n* **1.** hobby; **2.** (*Spielzeug*) hobby horse.
Stecker *m* ⚡ plug.
Steck|karte *f Computer*: plug-in board; **~kontakt** *m* ⚡ plug.
Steckling *m* ⚘ cutting.
Stecknadel *f* pin; *fig.* ***wie e-e ~ suchen*** hunt high and low for; ***da sucht man e-e ~ im Heuhaufen*** it's like looking for a needle in a haystack; ***es war so still, daß man e-e ~ hätte fallen hören können*** it was so quiet you could have heard a pin drop.
Stecknadelkopf *m* pinhead; **2groß** *adj. nachgestellt*: the size of (*od.* no bigger than) a pinhead.
Steck|rübe *f* turnip; **~schlüssel** *m* ⚙ socket wrench; **~schuh** *m phot.* accessory shoe; **~schuß** *m* bullet lodged in the body.
Steg *m* **1.** (*Brücke*) footbridge; (*Brett*) plank; *an Maschinen*: catwalk; ⚓ landing stage; (*Lauf2*) gangplank; **2.** (*Brillen2*) bridge; **3.** ♪ bridge; **4.** ⚙ crosspiece, bar; **5.** *typ.* gutter.
Stegreif *m*: ***aus dem ~*** off the cuff; ***aus dem ~ spielen*** (*od.* ***dichten*** *etc.*) improvise; ***e-e Rede aus dem ~ halten*** give an impromptu (speech), F ad-lib; **~rede** *f* impromptu (*od.* off-the-cuff) speech.
Stehaufmännchen *n* **1.** (*Spielzeug*) roly-poly, tumbler; **2.** *fig.* resilient person; ***er ist ein richtiges ~*** he keeps bouncing back.
Steh|ausschank *m*, **~bierhalle** *f* stand-up bar; **~bündchen** *n* stand-up collar; **~café** *n* stand-up café; **~empfang** *m* standing reception.
stehen I. *v/i.* **1.** stand; (*sich befinden*) *a.* be; (*still~*) stand still, *a. Uhr etc.*: have stopped; F *Penis*: be erect; **~ *in*** (*geschrieben sein*) be (written) in; ***im Brief steht*** the letter says; ***wo steht das geschrieben?*** where does it say that?, F who says?; ***unter der Dusche ~*** be in the shower, be having a shower; ***der Kleine kann schon ~*** he can stand up (*od.* stand on his own) already; ***die Flasche soll ~*** the bottle is supposed to stand up; ***wo ~ die Gläser?*** where are the glasses?; ***hier muß ein Komma ~*** there should be a comma here; ***nach diesem Verb steht der Konjunktiv*** that verb takes the subjunctive; ***auf e-r Liste ~*** be on a list; ***ich kann vor Müdigkeit kaum noch ~*** I'm so tired I can hardly stand on my feet; ***plötzlich stand er vor mir*** suddenly there he was before me; ***der Wein steht kalt*** the wine has been chilled; ***die Pflanze steht zu dunkel*** that plant needs more light; ***der Keller steht voll Wasser*** the cellar's flooded (*od.* full of water); ***der Verkehr stand*** traffic had come to a standstill; ***die Luft steht*** *draußen*: it's very close, *drinnen*: the air is thick in here; F ***vor Dreck ~*** be stiff with dirt; ***die Mannschaft*** (***der Plan***) ***steht*** the team (the plan) has been decided; ***der Termin steht*** the date is fixed; ***~ auf*** *Skala etc.*: show, be at; *Aktien etc.*: be at; *der Zeiger* ***steht auf Null*** is at (*od.* on) zero; ***das Thermometer steht auf 10 Grad*** the thermometer shows (*od.* is pointing to) 10 degrees; ***wie steht der Dollar?*** how high is the dollar?, how does the dollar stand?, what's the dollar worth?; ***der Dollar steht bei ...*** the dollar stands at (*od.* is worth) ...; ***höher denn je ~*** have reached an all-time high; ***wie steht es?*** what's the score?; ***es steht 2:1*** the score is 2-1 (***für*** to); F ***auf j-n*** (***et.***) **~** like (*od.* fancy) s.o. (s.th.); F ***er steht auf modernen Jazz*** he's into modern jazz; ***zu ~ kommen auf*** cost, come to; ***auf Diebstahl steht e-e Freiheitsstrafe*** theft is punishable by imprisonment; **~ *für*** stand for, *stellvertretend*: represent; ***der Name steht für Qualität*** the name stands (*od.* is a byword) for quality; ***er steht dafür, daß das Geld bezahlt wird*** he's responsible for seeing that the money is paid; *fig.* ***hinter j-m ~*** be behind s.o.; ***voll hinter j-m ~*** be backing s.o. all the way (*od.* up to the hilt); ***gut*** (***schlecht***) ***mit j-m ~*** (not to) get on (very well) with s.o.; ***ihr Sinn steht nach Höherem*** she's set her sights higher (than that); *fig.* ***über*** (***unter***) ***j-m ~*** be above (below) s.o.; ***er steht über solchen Dingen*** he's above that kind of thing; ***du mußt versuchen, über solchen Dingen zu ~*** you must try not to let that kind of thing bother you; ***unter Alkohol ~*** be under the influence of alcohol, have been drinking; ***unter Drogen ~*** have been taking drugs, be on drugs; ***vor großen Schwierigkeiten ~*** face great difficulties; ***vor dem Ruin ~*** be on the brink of ruin; ***er steht vor s-r Abschlußprüfung*** he's got his final exams coming up; ***zu j-m*** (***et.***) **~** stand by s.o. (s.th.); ***ich stehe dazu*** *a.* I'm sticking by it, I haven't changed my mind (on that); ***wie stehst du dazu?*** what do you think?; ***wo steht er politisch?*** what are his political leanings?; ***er steht*** (***politisch***) ***links*** he's a leftist; ***die Sache steht gut*** things are looking good; ***die Sache muß bis Ende der Woche ~*** it's got to be ready (*od.* done) by the end of the week; ***das Hotel soll Ende Mai ~*** the hotel is supposed to be up (*od.* ready) by the end of May; ***das Ganze steht und fällt mit*** the whole thing depends on; *sl.* ***er stand ihm*** *Penis*: *sl.* he had a hard-on; → ***Aufsicht*** 1, ***Debatte, Einfluß, Sinn*** *etc.*; **2.** (*j-n kleiden*) suit; *der Hut* ***steht dir gut*** (really) suits you; ***es steht dir nicht*** *a.* it's not you; **II.** *v/t.* → ***Mann, Modell, Pate*** 1, ***Posten***; **III.** *v/refl.*: ***sich gut*** (***schlecht***) ***mit j-m ~*** (not to) get on well with s.o.; ***er steht sich gut*** he's not doing badly; **IV.** *v/impers.*: ***es steht zu befürchten, daß*** it is to be feared that; ***es steht nicht bei mir zu*** *inf.* it's not for me to *inf.*, it's not up to me to *inf.*; ***es steht*** (***ganz***) ***bei dir*** it's up to you, it's your decision; ***wie steht's mit e-m Bier?*** how about a beer?; (***und***) ***wie steht es mit dir?*** how about you?; **V. 2** *n*: ***er macht alles im ~*** he does everything standing; ***zum ~ bringen*** bring to a stop (*od.* standstill), (*Blut*) sta(u)nch; ***zum ~ kommen*** come to a halt (*od.* standstill).
stehenbleiben *v/i.* stop (*a. Uhr*); *Maschine*: *a.* come to a standstill (*a. fig.*); *Motor*: stall; *Herz*: stop beating; *Zeit*: stand still; *Person, beim Vortragen etc.*: stop (short); (*nicht verändert werden*) stay, be left; (*vergessen werden*) be left behind; ***das Kind ist in der Entwicklung stehengeblieben*** the child is (a bit) backward; ***soll das so ~?*** is it supposed to stay like that?; ***wo waren wir stehengeblieben?*** where were we?, *im Buch etc.*: *a.* where did we leave off?; ***nicht ~!*** move along, please!, keep moving!; ***mir ist das Herz fast stehengeblieben*** my heart missed (*od.* jumped) a beat; ***dort scheint die Zeit stehengeblieben zu sein*** it's as if time had stood still (*od.* the clocks had [been] stopped) there.
stehend *adj.* standing; *Wasser*: *a.* stagnant; (*aufrecht*) upright; (*still~*) stationary; (*ständig*) permanent; **~*er Ausdruck*** stock phrase; **~*en Fußes*** on the spot, straightaway; **~ *k.o.*** out on one's feet.
stehenlassen *v/t.* **1.** (*nicht bewegen*) leave; (*zurücklassen, a. vergessen*) leave behind; (*Essen*) not to touch, leave (untouched); ***er hat s-n Kaffee ~*** *a.* he hasn't drunk his coffee; ***alles stehen- und liegenlassen*** drop everything; **2.** (*nicht streichen*) leave (in); (*übersehen, Fehler*) overlook, miss; **3.** (*j-n*) (just) leave *s.o.* standing (there); **4.** ***sich e-n Bart ~*** grow a beard; ***er hat sich e-n Bart ~*** *a.* he's sporting a beard.
Steh|geiger *m* (café) violinist; **~imbiß** *m* stand-up snack bar; **~kneipe** *f* stand-up bar; **~kragen** *m* stand-up collar; **~kurven** *pl.* terraces; **~lampe** *f* standard lamp, *Am.* floor lamp; **~leiter** *f* step ladder.
stehlen I. *v/i.* steal; **II.** *v/t.* steal (***j-m et.*** s.th. from s.o.); (*plagiieren*) *a.* F lift (***aus, von*** from); ***er hat ihm sein ganzes Geld gestohlen*** he stole all his money (from him), he robbed him of all his money; *fig.* ***j-m die Zeit ~*** waste s.o.'s time; ***er hat mir e-n ganzen Tag gestohlen*** he wasted a whole day of my time; ***j-m den Schlaf*** (***die Ruhe***) **~** rob s.o. of his *od.* her sleep (peace and quiet); → ***gestohlen***; **III.** *v/refl.*: ***sich aus dem Haus ~*** steal (*od.* sneak) out of the house.
Steh|platz *m*: ***e-n ~ bekommen*** *im Bus*: have to stand, *thea. etc.*: *a.* get a standing ticket; (***nur noch***) ***Stehplätze*** standing room (only); **~pult** *n* standing desk; **~tribünen** *pl.* terraces; **~vermögen** *n* stamina; (*Durchhaltevermögen*) perseverance, staying power.
steif I. *adj.* stiff (*a. Körperteil, Eischnee etc.*); *Bewegung*: *a.* awkward; *bsd. phys.* rigid; (*fest*) *a.* firm; F *Penis*: hard; *fig.* stiff, *Bewegung*: *a.* wooden (*a. Lächeln, Persönlichkeit, Interpretation*); (*förmlich*) *a.* formal, F (stiff and) starchy; **~*er Hals*** stiff neck; **~*er Gang*** stiff gait; **~*e Haltung*** stiff (*od.* rigid) posture; ***er hat ein ~es Bein*** *a.* he can't bend his knee; **~*e Brise*** stiff breeze; **~*er Grog*** strong hot grog; **~ *vor Kälte*** numb with cold; **~ *gefroren*** *a. fig.* frozen stiff; **~ *wie ein Brett*** (as) stiff as a board; **~ *wie ein Stock*** (as) stiff as a poker; **~ *werden*** go stiff, *Person*: get stiff, *Muskeln u. fig.*: stiffen; ***ich bin*** (***vom vielen Sitzen***) ***ganz ~ geworden*** I'm all stiff (from sitting around all day); **~ *schlagen*** beat (until stiff); *sl.* ***e-n 2en haben*** *sl.* have a hard-on; **II.** *adv.* stiffly *etc.*; ***sich ~ bewegen*** *a.* have (very) stiff *od.* wooden movements; *fig.* **~ *und fest behaupten, daß*** insist that, swear that; **~ *und fest glauben, daß*** firmly believe that.
steifbeinig I. *adj.* stiff-legged; **II.** *adv.* with stiff legs.
steifhalten *v/t.*: ***halt die Ohren steif!*** chin up!
Steifheit *f* stiffness; *fig. a.* woodenness; starchiness; → ***steif.***

Steig *m* steep (foot)path.

Steigbügel *m* stirrup (*a. anat.*); **~halter** *contp. m pol.* henchman, F stooge; ***j-s ~ sein*** *a.* hoist s.o. to power.

Steige *f* (*Obst*~ *etc.*) crate.

Steigeisen *n* climbing iron; *Bergsteigen*: *a.* crampon.

steigen I. *v/i.* (*hinauf*~) go up, climb (up); *in die Luft*: rise, soar; ✈ climb (**auf** to); *Nebel*: lift; *fig.*, *a. Spannung*, *Wasserspiegel*: rise, *Fieber*, *Temperatur*, *Thermometer*: *a.* go up; *Sonne*: rise, come up; (*zunehmen*) go up, increase; grow; *bedrohlich*: escalate; † *Preise*, *Kurse etc.*: rise (**bis zu** to), go up; ***auf e-n Baum ~*** climb (up) a tree; ***auf ein Pferd ~*** mount (*od.* get on) a horse; ***vom Pferd ~*** dismount (from a horse), get off a horse; ***auf ein Fahrrad ~*** get on (*od.* mount) a bicycle; ***vom Fahrrad ~*** get off (*od.* dismount from) a bicycle; ***auf den Thron ~*** ascend the throne; ***aus dem Wasser ~*** come out of the water; ***~ aus*** → *a.* ***aussteigen***; F ***ins*** (***aus dem***) ***Bett ~*** climb into (get out of) bed; F ***ins Examen ~*** take an exam; ***das Blut stieg ihr ins Gesicht*** the blood rushed to her face; ***Tränen stiegen ihr in die Augen*** tears welled up in her eyes; ***j-m in die Nase ~*** get up (*od.* into) s.o.'s nose; ***~ in*** → *a.* ***einsteigen***; ***e-n Drachen*** (***Ballon***) ***~ lassen*** fly a kite (send a balloon up); F ***heute abend steigt eine Fete*** F there's a party on tonight, there's going to be a party tonight; ***auf die Bremse ~*** slam the brakes on, step on the brakes; ***aufs Gas ~*** step on the accelerator (F gas), *Am.* step on the gas (pedal); → ***Achtung*** 2, ***Dach***, ***Kopf*** 5, ***Wert***; **II.** *v/t.*: ***Treppen ~*** climb stairs; **steigend** *adj. fig.* rising, increasing; (*wachsend*) growing; *Interesse*, *Popularität*, *Schulden*, *Wichtigkeit etc.*: *a.* mounting; A ***~e Reihe*** ascending series; ***~e Tendenz*** *Börse*: upward tendency.

Steiger *m* ⚒ pit foreman.

steigern I. *v/t.* **1.** increase; (*Spannung*) *a.* heighten; (*Wirkung*) increase, heighten, enhance, boost; (*Wert*) increase, put up, enhance; (*verbessern*) improve, enhance; (*verschlimmern*) aggravate; (*Produktion*, *Tempo*) increase, step up; **2.** *ling.* compare; **II.** *v/refl.*: ***sich ~*** increase; (*wachsen*) *a.* grow; *Preise*: rise, go up, increase; *Spannung*: rise, *a. Erregung*: mount; (*sich verbessern*) improve (one's performance); ***er kann sich noch ~*** there's room for improvement yet; → *a.* ***hineinsteigern***; **III.** *v/i. auf e-r Auktion*: bid; (*erhöhen*) raise the amount (**auf** to); **Steigerung** *f* **1.** increase; heightening; enhancement; improvement; aggravation; → ***steigern***; **2.** *ling.* comparison; **Steigerungsrate** *f* rate of increase.

Steig|fähigkeit *f mot.* hill-climbing ability; **~flug** *m* climb(ing flight); **~geschwindigkeit** *f* climbing speed; **~höhe** *f* altitude; **~riemen** *m* stirrup leather.

Steigung *f* rise, ascent; 🚗, *Straße*: *a.* gradient; (*Hang*) slope; **Steigungswinkel** *m* angle of gradient (✈ climb).

steil I. *adj.* steep (*a. fig.*); (*abschüssig*) precipitous; ***~er Abfall*** steep (*od.* sharp, sheer) drop; ***~er Aufstieg*** steep ascent, *fig.* (*a.* ***~e Karriere***) meteoric rise; **II.** *adv.* steeply; ***~ ansteigen*** rise steeply, *fig. a.* rise sharply, soar; ***~ abfallen*** slope away steeply, *fig.* drop sharply, plummet; ***dort fällt es ~ ab*** *a.* there's a sharp (*od.* steep, sheer) drop at that point; ***~ aufsteigen*** ✈ climb steeply; ***~ aufragend*** soaring.

Steil|flug *m* ✈ vertical flight; **~hang** *m* steep slope; **~heck** *n mot.* wedge-shaped rear; **~kurve** *f* steep turn; **~küste** *f* steep coast; **~paß** *m Fußball*: through pass; **~ufer** *n* steep bank, bluff.

Steilwand *f* steep face; **~zelt** *n* frame tent.

Stein *m* **1.** stone; *Am. a.* rock; *kleiner*, *glatter*: pebble; (*Ziegel*~) brick; (*Felsen*) rock; (*Edel*~) (precious) stone, gem; (*Grab*~, *Denkmals*~) stone; *Brettspiel*: piece; *in Obst*: stone, kernel; ⚕ stone; *fig.* ***~ des Anstoßes*** stumbling block; ***der ~ der Weisen*** the philosopher's stone; ***ein Herz aus ~*** a heart of stone; ***zu ~ werden*** *Gesicht*: turn to stone; ***~ und Bein schwören*** swear by all that is holy; F ***es friert ~ und Bein*** it's absolutely freezing, F it's cold enough to freeze the balls off a brass monkey; ***den ~ ins Rollen bringen*** set the ball rolling; ***den ersten ~ werfen*** cast the first stone; ***mit ~en werfen nach*** throw stones at; ***bei j-m e-n ~ im Brett haben*** be in s.o.'s good favo(u)rs; ***j-m ~e in den Weg legen*** place obstacles in s.o.'s path; ***j-m die ~e aus dem Weg räumen*** remove all the obstacles from s.o.'s path; ***es blieb kein ~ auf dem andern*** there wasn't a stone left standing; ***mir fällt ein ~ vom Herzen*** that's (*od.* that takes) a load off my mind; → ***Krone*** 1, ***Tropfen***; **2.** *dial.* (*Bierkrug*) stein, stone tankard; **~adler** *m* golden eagle; **~alt** *adj.* ancient; **~axt** *f hist.* stone axe; **~bock** *m* **1.** *zo.* ibex; **2.** (*Sternzeichen*) Capricorn; (**ein**) ***~ sein*** be (a) Capricorn; **~boden** *m* **1.** rocky ground; **2.** *innen*: stone floor; **~bohrer** *m* rock (⚠ masonry) drill; **~brecher** *m* **1.** (*Maschine*) rock crusher; **2.** (*Person*) quarryman; **~bruch** *m* quarry; **~butt** *m* turbot; **~druck** *m* **1.** lithography; **2.** (*Bild*) lithograph; **~eiche** *f* holm oak.

steinern *adj.* stone ...; *fig.* stony; *fig.* ***~es Herz*** heart of stone.

Stein|erweichen *fig. n*: ***zum ~*** heart-rending(ly); ***sie weinte zum ~*** *a.* her crying would have melted a heart of stone; **~fliese** *f* flagstone; **~frucht** *f* stone fruit; drupe; **~fußboden** *m* stone floor; **~garten** *m* rock garden; **~gut** *n* earthenware, stoneware; **~hagel** *m* hail of stones; **~hart** *adj.* (as) hard as rock; **~haufen** *m* pile of stones.

steinig *adj.* stony.

steinigen *v/t.* stone to death; **Steinigung** *f* stoning.

Steinkauz *m zo.* little owlet.

Steinkohle *f* hard coal; **Steinkohlen...** → *a.* ***Kohlen...***; **Steinkohlenbergwerk** *n* coalmine, colliery.

Stein|krug *m* stoneware jug (*Am.* pitcher); (*Trinkgefäß*) stoneware mug, stein; **~marder** *m zo.* beech marten; **~metz** *m* stonemason; **~obst** *n* stone fruit, drupe; **~operation** *f* kidney-stone (*od.* gallstone *etc.*) operation; **~pilz** *m* cep, boletus; **~platte** *f* stone slab; (*Fliese*) flagstone; **~reich** F *adj.* F loaded, stinking rich, *pred.* rolling in it; **~salz** *n* rock salt.

Steinschlag *m* falling rocks *pl.*; **~gefahr** *f*: ***Achtung! ~!*** Danger! Falling rocks!

Stein|schleuder *f* sling; *mit Gestell*: catapult; *Am.* slingshot; **~wolle** *f* rock wool; **~wüste** *f* stone desert.

Steinzeit *f* Stone Age; **steinzeitlich** *adj.* Stone Age ...; *fig.* stone-age ...

Steinzeit|mensch *m* (*a.* ***die ~en***) Stone Age man; **~methoden** *fig. pl.* stone-age methods.

Steiß *m* buttocks *pl.*, rump; **~bein** *n* coccyx; **~geburt** *f* ⚕ breech delivery; **~lage** *f* ⚕ breech presentation.

Stele *f* stele.

Stellage *f* **1.** (*Gestell*) stand, rack; **2.** † put and call (*abbr.* pac), (*~geschäft*) straddle, *Am.* spread.

stellar *adj. ast.* stellar.

Stelldichein *n* rendezvous, *lit. u. iro.* tryst; *Sport*: meet; ***sich ein ~ geben*** meet (up), get together.

Stelle *f* **1.** place; (*Fleck*) spot; *abgenutzte*, *schmutzige etc.*: *a.* patch; (*Punkt*) point; (*Standort*) position; ***undichte ~*** leak; → *a.* ***Roststelle*** *etc.*; ***wunde ~*** sore, (*Schnitt*) cut; ***entzündete ~*** inflammation; ***empfindliche ~*** tender (*od.* sore) spot, *fig.* sensitive (*od.* sore) spot; *fig.* ***schwache*** (***verwundbare***) ***~*** weak (vulnerable) spot; ***an anderer ~*** elsewhere, *fig.* at some other point; ***an dieser ~*** here, *fig.* at this point; ***an genau dieser ~*** at this exact (*od.* very) spot; ***an erster ~*** firstly; ***an erster ~ stehen*** come first, *Sache*: *a.* be top priority; ***an erster ~ der Tagesordnung stehen*** be at the top of the agenda; ***an erster ~ der Tabelle stehen*** be head of the table; ***an erster ~ möchte ich ...*** first and foremost I'd like to ...; ***an ~ von*** (*od. gen.*) in place of, instead of, *bsd.* ⚖ in lieu of; (***ich***) ***an deiner ~*** if I were you; ***ich möchte nicht an s-r ~ sein*** I wouldn't like to be in his shoes; ***an die ~ treten von*** take the place of: *Person*: take over from, *ersatzweise*: replace, stand in for; *Gesetz etc.*: supersede; ***auf der ~*** straightaway, immediately; ***er war auf der ~ tot*** he died on the spot, he was dead straightaway; *fig.* ***auf der ~ treten*** mark time; ***nicht von der ~ kommen*** not to make any progress, *Verhandlungen*: *a.* be deadlocked; ***ich komme nicht von der ~*** *a.* I'm not getting anywhere, ***sich nicht von der ~ rühren*** not to move (*od.* budge); ***er wich nicht von der ~*** he wouldn't budge, he refused to budge; ***zur ~ sein*** be there; ***er ist immer zur ~*** he's always there when you need him; ***sich zur ~ melden*** report (***bei j-m*** to s.o.); **2.** *im Buch etc.*: place, *längere*, *a.* ♪: passage, place; **3.** A figure, digit; (*Dezimal*~) (decimal) place; ***bis zu drei ~n nach dem Komma*** up to three decimal places; **4.** (*Behörde*) authority; (*Dienst*~) department, office; **5.** (*Arbeits*~) job; *den Rang betonend*: position; ***was hat er für e-e ~?*** what kind of job (*od.* position) has he got?; ***freie ~*** (job) vacancy.

stellen I. *v/t.* **1.** ***et. wohin*** *etc.* ***~*** put (*od.* place, set, stand) s.th. somewhere *etc.*; ***kalt ~*** chill; *fig.* ***et. über et. ~*** place s.th. above s.th., value s.th. more highly than s.th.; ***j-n über j-n ~*** promote s.o. above s.o., (*einschätzen*) think more highly of s.o. (than s.o.); ***in den Mittelpunkt ~*** focus (attention) on, (*j-n*) make *s.o.* the cent|re (*Am.* -er) of attraction; ***vor e-e Entscheidung gestellt werden*** be faced with a decision; **2.** (*anordnen*) arrange; **3.** (*ein*~) set (**auf** on); (*regulieren*) regulate, adjust; **leiser** (*od.* **niedriger**) ~ turn down; **lauter** (*od.* **höher**) ~ turn up; **den Wecker auf sechs** ~ set the alarm for six; **4.** (*in die Enge treiben*) corner; (*fangen*) catch; (*Wild*) hunt down; **5.** (*bereit*~) provide (**j-m et.** s.o. with s.th.), (*a. Truppen*) supply; (*beisteuern*) contribute; ⚖ (*Zeugen*) produce, F come up with; **dieser Klub stellt die meisten Nationalspieler** most of the internationals come from this club; **II.** *v/refl.* **6. sich wohin** *etc.* ~ go and stand somewhere *etc.*; *Sport*: position o.s. somewhere *etc.*; **7. sich der Polizei** *etc.* ~ give o.s. up (*od.* surrender) to the police *etc.*; **8. sich e-m Gegner** *etc.* ~ take on an opponent *etc.*; **sich e-r Herausforderung** ~ take up (*od.* meet) a challenge; **sich Kritik** *etc.* ~ face up to criticism *etc.*; **die Probleme, die sich uns** ~ the problems we are up against (*od.* we face); **9.** (*sich verhalten*) **wie stellt er sich dazu?** what does he say?; **sich** ~ **gegen** oppose; **sich gut mit j-m** ~ a) get into s.o.'s good books, F get in with s.o., b) keep on s.o.'s right side, stay in s.o.'s good books, F keep in with s.o.; **sich hinter j-n** ~ back s.o. up; **sich** (**schützend**) **vor j-n** ~ shield s.o.; **10.** (*simulieren*) **sich krank** ~ pretend to be ill (*od.* sick), *formell*: feign illness; **stell dich nicht so dumm!** stop pretending you don't know (*od.* understand); **sich schlafend** ~ pretend to be asleep, F play possum; **sich tot** ~ pretend to be dead; → **Abrede** 2, **Aussicht** 2, **Antrag** 1, **Bedingung, Bein, Diagnose, Dienst** 1, 3, **Falle, Forderung, Frage, gestellt, Kopf** 5, **Rechnung** 2, **taub** *etc.*; → *a.* **bereitstellen, gleichstellen, richtigstellen** *etc.*

Stellen|abbau *m* reduction in staff, staff reductions *pl.*; **~angebot** *n* job offer (*od.* opening); **~e** *Überschrift*: vacancies, situations vacant, jobs column; **~anzeige** *f*, **~ausschreibung** *f* job ad, employment ad, job advertisement; **~beschreibung** *f* job description (*od.* specification); **~bewerber** *m* job applicant; applicant for a (*od.* the) job; **~gesuch** *n* job application; **~e** *Überschrift*: situations wanted; **2los** *adj.* unemployed, jobless; **~markt** *m* job market; **~nachweis** *m* **1.** employment agency; **2.** job placement; **~streichungen** *pl.* job cuts; **~suche** *f*: (**auf** ~ **sein** be) job-hunting; **~suchende(r)** *m* job seeker; **~vermittlung** *f* employment agency; **~wechsel** *m* change of job.

stellenweise *adv.* here and there, in places, in parts; ~ **Regen** rain in places; *der Teppich* **ist** ~ **abgetreten** *a.* has worn (*od.* threadbare) patches; *das Buch* **ist** ~ **interessant** has some interesting parts.

Stellenwert *m* **1.** A place value; **2.** *fig.* rating, (relative) importance; **e-n hohen** ~ **haben** *als Einstufung*: rate highly, (*allgemein wichtig sein*) play an important role.

...stellig ...-digit; *z. B.* **zweistellige Zahl** two-digit figure.

Stell|hebel *m* ⚙ adjusting lever; **~macher** *m* cartwright; **~platz** *m* parking space (*Am.* lot); **~rad** *n* regulator; **~schraube** *f* ⚙ set screw.

Stellung *f* **1.** (*Position, a. Körper*2) position; ~ **zu** position in relation to; **2.** (*Berufs*2) post, position; **e-e** ~ **als Assistent haben** work as an assistant, have the job of assistant, hold (*od.* have) an assistant's post; **3.** (*Rang*) position, status; (*Ansehen*) standing; **soziale** ~ social status (*od.* class), (*Ansehen*) position in society, social standing (*od.* status); **4.** ⚔ position; (*Frontlinie*) front line(s *pl.*); *e-s Geschützes*: emplacement; **e-e** ~ **beziehen** move into position; **die** ~ **halten** hold the position; **in** ~ **bringen** bring into position, (*Geschütz*) emplace; **5.** (*Ein*2) position, stance; ~ **beziehen** take a stand; ~ **nehmen zu** *et.* take a stand on, (*sich äußern*) *a.* give one's view on (*od.* of); ~ **nehmen für** stand up for, back (up); ~ **nehmen gegen** oppose, come out against.

Stellungnahme *f* (*Meinung, Gutachten*) opinion (**zu** on); (*Erklärung*) comment, statement (on); **e-e** ~ **abgeben** make a statement (**über** on), comment (on); **sich e-e** ~ **vorbehalten** reserve judg(e)ment, not to commit o.s., decline to comment.

Stellungs|befehl *m* ⚔ drafting orders *pl.*; **~krieg** *m* static warfare; (*Grabenkrieg*) trench warfare; **2los** *adj.* → **stellenlos**; **~suche** *f* → **Stellensuche**; **~suchende(r)** *m* job seeker; **~spiel** *n* *Sport*: positional play; **~wechsel** *m* change of position; *Arbeit*: *a.* change of job.

stellvertretend I. *adj. amtlich*: acting (**für** for), deputy ...; **~er Geschäftsführer** assistant manager; **~er Vorsitzender** vice chairman, deputy (*od.* acting) chairman; **II.** *adv.*: ~ **für** (*im Namen von*) on behalf of, (*anstelle von*) standing in for, in place of.

Stellvertreter *m* representative, delegate; *amtlich*: deputy; (*Ersatzmann*) substitute (*a. e-s Arztes*); (*Bevollmächtigter*) proxy; **~krieg** *m* proxy war.

Stellvertretung *f* representation; substitution; agency; ✝, ⚖ **in** ~ by proxy.

Stellwerk *n* 🚂 signal box, *Am.* switch tower.

Stelzbein *n* wooden leg, F peg (leg).

Stelze *f* stilt; F *fig.* matchstick leg; **auf ~n gehen** walk on stilts, *fig. Sprache etc.*: be stilted, be wooden; **wie auf ~n gehen** walk like a stork; **stelzen** *v/i.* stalk (along).

Stelz|fuß *m* wooden leg, (*a. fig. Person*) F peg leg; **~vogel** *m zo.* wader, wading bird.

Stemm|bogen *m* *Skisport*: stem turn; **~eisen** *n* crowbar; (*Meißel*) chisel.

stemmen I. *v/t.* **1.** (*drücken*) press; (*hochwuchten*) heave up; (*Gewicht heben*) lift; **die Arme in die Seiten gestemmt** arms akimbo; **2.** ⚙ (*Löcher*) chisel (out); **3.** F **einen** ~ (*Bier etc.*) F hoist one; **II.** *v/refl.*: **sich gegen et.** ~ press (*od.* brace o.s.) against s.th.; *fig.* resist s.th.; *fig.* **er stemmt sich dagegen** *a.* F he's dead set against it; **III.** *v/i. Skisport*: stem.

Stempel *m* (*Gummi*2) (rubber) stamp; (**~abdruck**) stamp, (*Siegel*) seal; (*Post*2) postmark; (*Präge*2, *Stanze*) stamp, punch; ⚘ pistil; *auf Edelmetall*: hallmark; ✝ *auf Waren*: brand (*a. Vieh*2), trademark; **den** ~ **vom 15. tragen** be postmarked the 15th; *fig.* **e-r Sache s-n** ~ **aufdrücken** leave one's mark (*od.* imprint) on s.th.; **den** ~ **tragen von** bear the imprint of; **~farbe** *f* stamping ink; **~geld** *n* F dole (money); **~kissen** *n* ink (*od.* stamp) pad; **~maschine** *f* (stamp) cancel(l)ing machine.

stempeln I. *v/t.* stamp; (*entwerten*) cancel; (*Edelmetalle*) hallmark; *fig.* **zu** *et.* ~ stamp (*od.* label) as, (*brandmarken*) brand (as); **II.** *v/i.*: **bei Arbeitsantritt** (**Arbeitsende**) ~ clock in (out *od.* off); F ~ **gehen** be on the dole.

Stempel|ständer *m* stamp rack; **~steuer** *f* stamp duty (*Am.* tax); **~uhr** *f* time clock.

Stengel *m* ⚘ stalk, stem; F **fall nicht vom ~!** take a deep breath, wait for this; F **ich bin fast vom** ~ **gefallen** I nearly fell over backwards.

Steno *n* shorthand; **~block** *m* shorthand pad.

Stenogramm *n* shorthand notes *pl.*

Stenograph *m* stenographer; **Stenographie** *f* shorthand; *formell*: stenography; **stenographieren I.** *v/i.* write (*od.* do) shorthand; **II.** *v/t.* take down in shorthand; **stenographisch I.** *adj.* shorthand; **II.** *adv.* (in) shorthand.

Stenokardie *f* ⚕ angina pectoris.

Stenokurs *m* shorthand course; **e-n** ~ **machen** take (*od.* do) a shorthand course.

Stenotypistin *f* shorthand typist.

Stentorstimme *f* stentorian voice.

Stenz F *m* **1.** fop; **2.** (*Zuhälter*) pimp.

Stepp|anorak *m* quilted anorak; **~decke** *f* quilt, duvet; *Am.* quilt, comforter.

Steppe *f* steppe.

steppen[1] *v/t.* backstitch.

steppen[2] *v/i.* (*tanzen*) tap dance.

Steppen|bewohner *pl.* inhabitants of the steppe(s); **die** ~ **Asiens** the Asian steppe peoples; **~gras** *n* steppe grass; **~landschaft** *f* steppe(-like) landscape; **~wolf** *m zo.* coyote.

Steppjacke *f* quilted jacket.

Steppke *dial. m* F young nipper.

Stepp|naht *f* backstitch seam; **~stich** *m* backstitch.

Step|tanz *m* tap dancing; **~tänzer** *m* tap dancer.

Sterbe|bett *n*: (**auf dem** ~ on one's) deathbed; **~fall** *m* death; ⚖ **im** ~ in the event of death (*od.* decease); **~geld** *n* death grant; **~hilfe** *f* **1.** (*Euthanasie*) euthanasia, mercy killing; ~ **leisten** carry out euthanasia; **2.** *pflegerische*: terminal care; **3.** (*Sterbegeld*) death grant; **~klinik** *f* hospice.

sterben I. *v/i.* die (*a. fig.*); (*dahinscheiden*) pass away (*od.* on); ⚖ decease; F *fig. Projekt etc.*: F die a death; **e-s natürlichen Todes** ~ die a natural death; ~ **an** die of *an illness*, from *a wound*; ~ **für** die for, give one's life for; ~ **über e-r** *Arbeit etc.*: die in the middle of; *fig.* **vor Scham** (**Neugier, Schock** *etc.*) ~ die of shame (curiosity, shock *etc.*); **wir sind vor Langeweile fast gestorben** *a.* we were bored to death (*od.* tears), F we were bored out of our (tiny little) minds; F **davon stirbst du nicht gleich!** F it won't kill you; F **der ist für mich gestorben** he doesn't exist as far as I'm concerned; **und wenn sie nicht gestorben sind, dann leben sie noch heute** and they all lived happily ever after; **II.** 2 *n* dying, death; **im** ~ **liegen** be dying, *lit.* be at death's door; **im** ~ **sagte er noch ...** just before he died he said ...; *fig.* **zum** ~ **langweilig** F deadly boring; **zum** ~ **müde** ready to drop, F dog-tired; **sterbend** *adj.* dying; *fig. a.* moribund; **Sterbende(r** *m*) *f* dying person (*od.* man, *f* woman); *pl. a. the* dying (*pl.*).

Sterbens|angst *f* mortal terror; ~ ***vor** a.* mortal fear of; ***e-e ~ haben vor*** *a.* be terrified of (*od.* by); ***j-m e-e ~ einjagen*** put the fear of death into s.o., *lit.* strike s.o. with mortal terror; **&elend** *adv.*: ***sich ~ fühlen*** feel dreadful, F feel like death warmed up (*od.* bloody awful); **&krank** *adj.* mortally ill; ***sich ~ fühlen*** F feel like death warmed up; **&langweilig** *adj.* deadly boring; **&müde** *adj.* ready to drop, F dog-tired; **~seele** *f*: ***keine ~*** not a (living) soul; **~wort** *n*, **~wörtchen** *n*: ***kein ~*** not a word (F peep); ***kein ~ sagen*** not to breathe a word.

Sterbe|rate *f* mortality rate; **~sakramente** *pl.* last rites; **~stunde** *f* hour of death; **~urkunde** *f* death certificate; **~ziffer** *f* mortality rate.

sterblich I. *adj.* mortal; ***die ~en Überreste, die ~e Hülle*** one's mortal remains; **II.** *fig. adv.* (*sehr*) terribly; ***~ verliebt*** F smitten; **Sterbliche(r)** *m* mortal; ***wir gewöhnlichen Sterblichen*** we lesser mortals; **Sterblichkeit** *f* mortality; **Sterblichkeitsziffer** *f* mortality rate.

Stereo I. *n* stereo; **II.** & *adj.* stereo; *phot.* stereoscopic.

Stereo... *in Zssgn → a.* ***Hi-Fi...***; **~anlage** *f* stereo (*od.* hi-fi) system, stereo, hi-fi; **~aufnahme** *f* stereo recording; **~bild** *n* stereoscopic picture; **~empfang** *m* stereo reception; **~fernsehen** *n*, **~fernseher** *m* stereo TV; **~gerät** *n* piece of stereo equipment.

Stereographie *f* stereography.

Stereometrie *f* stereometry.

stereophon *adj.* stereophonic(ally *adv.*); **Stereophonie** *f* stereophony.

Stereosendung *f* stereo broadcast.

Stereoskopie *f* stereoscopy.

Stereoton *m* stereo sound; ***in ~*** (in) stereo.

stereotyp *adj.* **1.** *typ.* stereotype ...; **2.** *fig.* stereotyped; ***~e Antwort*** stock reply, stereotyped answer; ***~e Redewendung*** hackneyed phrase; ***~es Lächeln*** stereotyped smile.

steril *adj. a. fig.* sterile; *fig.* ***~e Atmosphäre*** *a.* barren atmosphere; **Sterilisation** *f* sterilization; **Sterilisator** *m* sterilizer; **Sterilisierbox** *f für Babyflaschen*: sterilizing unit; **sterilisieren** *v/t.* sterilize; (*Katze*) *a.* spay; **Sterilität** *f* sterility (*a. fig.*).

Stern *m* star (*a. fig.*); ***mit ~en besät*** starry, star-studded; ***aufgehender ~*** *a. fig.* rising star; *fig.* ***es geht ein neuer ~ auf*** there's a new star on the horizon; *lit.* ***unter fremden ~en*** under foreign skies; ***ein*** (***mein***) ***guter ~*** a (my) lucky star; ***nach den ~en greifen*** reach for the stars; ***für j-n die ~e vom Himmel holen*** go to the milky way for s.o.; ***sie ist unter e-m*** (***un***)***glücklichen ~ geboren*** she was born under a lucky (an unlucky) star, she was born (un)lucky; ***unter e-m*** (***un***)***glücklichen ~ stehen*** have fortune on one's side (be ill-fated); ***das steht noch in den ~en*** (***geschrieben***) that's still in the stars; ***sein ~ ist im Aufgehen*** his star is in the ascendant, F he's on the up and up; ***sein ~ ist im Sinken*** his star is on the wane, he's had his day, he's a shooting star; F ***~e sehen*** see stars; **~anis** *m* star aniseed; **&bedeckt, &besät** *adj.* starry, star-studded; **~bild** *n* constellation; *des Tierkreises*: sign of the zodiac.

Sternchen *n* **1.** little star; **2.** F (*Film&*) starlet; **3.** *typ.* asterisk; **~nudeln** *pl.* star-shaped noodles.

Stern|deuter *m* astrologer; **~deutung** *f* astrology.

Sternen|banner *n der USA*: star-spangled banner, Stars and Stripes *pl.*; **~himmel** *m* **1.** night sky; **2.** *sternbedeckt*: starry sky; **&klar** *adj.* starlit, starry; **~licht** *n*, **~schein** *m* starlight, light of the stars; **~zelt** *poet. n* heavenly firmament, starry heavens *pl.*

Stern|fahrt *f mot.* car rally (*with different starting points*); **&förmig** *adj.* star-shaped, ⚘ *a.* stellate; (*strahlig, a.* ⚙) radial; **~gucker** F *m* stargazer.

sternhagelvoll F *adj.* F paralytic, *sl.* pissed as a newt.

Stern|haufen *m* cluster of stars; **&hell** *adj.* starlit; **~karte** *f* celestial chart; **&klar** *adj.* starry, starlit; ***~er Himmel*** *a.* clear night sky; **~kunde** *f* astronomy; **&los** *adj.* starless; **~marsch** *m demonstration march in which marchers converge radially on a central point*; **~motor** *m* radial engine; **~schnuppe** *f* shooting (*od.* falling) star; **~singen** *n carol singing at Epiphany*; **~singer** *m carol singer at Epiphany*; **~stunde** *f* (*Höhepunkt*) great moment; (*Wendepunkt*) decisive turning point; ***e-e ~ der Menschheit*** a great turning point in the history of mankind (*od.* civilization); **~warte** *f* observatory; **~zeichen** *n* star sign, sign of the zodiac; ***welches ~ haben Sie?*** what's your star sign?, which sign of the zodiac are you?; ***er ist im ~ des Skorpions geboren*** he was born under (the sign of) Scorpio.

Sterz *m* **1.** *zo.* tail; **2.** (*Pflug&*) tail.

stet *adj.* → ***stetig***; → ***Tropfen.***

Stethoskop *n* ⚕ stethoscope.

stetig *adj.* continual, constant; (*gleichmäßig*) steady; **Stetigkeit** *f* constancy, continuity; steadiness; stability.

stets *adv.* (*immer*) always; (*ständig*) constantly, continually.

Steuer¹ *n mot.* (steering) wheel; ⚓ helm; ✈ controls *pl.*; (*Seiten&*) rudder; *fig.* ***am ~ sein*** be at the helm (*od.* controls); ***das ~ übernehmen*** take over the controls (*od.* at the helm); ***das ~ fest in der Hand haben*** be firmly in control; ***das ~ herumwerfen*** alter course (radically).

Steuer² *f staatliche*: tax (***auf*** on); (*Kommunal&*) local tax, *in GB*: community charge, poll tax; *indirekte*: duty; *veranlagte*: assessment; → ***erheben*** 4 *etc.*; **~abkommen** *n* tax agreement; **~abzug** *m* tax deduction; **~abzugsverfahren** *n* tax deduction at source; **~änderungsgesetz** *n* tax amendment law; **~anreiz** *m* tax incentive; **~aufkommen** *n* inland (*Am.* internal) revenue; tax yield; **~aufschub** *m* tax deferral; **~ausfall** *m* tax deficit, loss in taxes; **~ausgleich** *m* tax equalization.

steuerbar *adj.* taxable.

Steuerbefehl *m Computer*: control command.

Steuer|befreiung *f* tax exemption; **&begünstigt** *adj.* tax-deductible; *Sparen*: tax-linked; **~behörde** *f* tax authorities *pl.*; **~belastung** *f* tax burden; **~berater** *m* tax adviser; **~bescheid** *m* tax assessment; **~betrug** *m* → ***Steuerhinterziehung***; **~bilanz** *f* tax balance sheet.

Steuerbord *n*, **steuerbord(s)** *adv.* ⚓ starboard.

Steuer|delikt *n* tax offen|ce (*Am.* -se); **~einnahmen** *pl.* → ***Steueraufkommen***; **~erhöhung** *f* tax increase; **~erklärung** *f* tax return; **~erlaß** *m* tax exemption; **~erleichterung** *f* tax relief; **~ermäßigung** *f* tax allowance; **~ersparnis** *f* tax saving; **~fahnder** *m* tax investigator; **~fahndung** *f* (bureau for the) investigation of tax offen|ces (*Am.* -ses); **~flucht** *f* tax evasion; **~flüchtling** *m* tax fugitive; **&frei** *adj.* tax-free, tax-exempt; *Waren*: duty-free; **~freibetrag** *m* tax-free allowance; **~gelder** *pl.* tax money *sg.*, taxes.

Steuergerät *n* ⚙ control device, controller; *Stereo*: receiver.

Steuergesetz *n* fiscal law.

Steuerhebel *m* control lever.

Steuer|hinterziehung *f* tax evasion; **~hoheit** *f* tax sovereignty; **~karte** *f*: (***Lohn&*** wage) tax card; **~klasse** *f* tax bracket.

Steuerknüppel *m* ✈ control stick (*od.* lever); F joystick.

Steuerlast *f* tax burden.

steuerlich I. *adj.* tax ...; ***aus ~en Gründen*** for tax purposes; **II.** *adv.*: ***~ günstig*** with low tax liability; ***~ veranlagen*** assess for taxation.

Steuermann *m* ⚓ helmsman; (*Titel*) mate; *Rudern*: cox(swain); ***mit*** (***ohne***) ~ coxed (coxless).

Steuermarke *f* **1.** revenue stamp; **2.** (*Hunde&*) dog licence disc, *Am.* dog tag.

steuern I. *v/i.* ⚓ steer, navigate; *als Lotse*: pilot; *mot.* drive, steer, be at the wheel; ✈ navigate, pilot; *Schiff*: stand, head (***nach Süden*** southward); ***~ nach*** be bound for; *fig.* ***heimwärts ~*** head homewards (*od.* for home); ***wohin steuert Europa?*** which direction (*od.* where) is Europe headed?; **II.** *v/t.* ⚓ steer, navigate; *als Lotse*: pilot; *mot.* drive, steer; ✈ navigate, pilot; ⚙, *Computer*: control; *fig.* (*leiten*) control, run; (*lenken*) steer, guide; *fig.* ***~d eingreifen in*** intervene in.

Steuer|nachlaß *m* tax allowance; **~oase** *f* tax haven (*od.* shelter); **~paket** *n* tax package; **~paradies** *n* → ***Steueroase.***

steuerpflichtig *adj.* taxable; *Ware*: dutiable; **Steuerpflichtige(r)** *m* taxpayer.

Steuerpolitik *f* fiscal policy.

Steuerprogramm *n Computer*: control program.

Steuer|progression *f* **1.** tax progression; **2.** progressive taxation; **~prüfer** *m* tax auditor; **~prüfung** *f* tax audit.

Steuer|pult *n* ⚡ control desk; *Computer*: control panel, console; **~rad** *n* ⚓ *u. mot.* (steering) wheel; ✈ control wheel.

Steuerrecht *n* tax law(s *pl.*); **steuerrechtlich** *adj.* tax law ...; *a. adv.* according to the tax laws.

Steuer|reform *f* tax reform(s *pl.*); **~rückzahlung** *f* tax rebate.

Steuerruder *n* ⚓ helm, *unter Wasser*: rudder; ✈ control surface.

Steuer|satz *m* tax rate; **~schraube** *f*: ***die ~ anziehen*** turn the tax screw; **~schuld** *f* tax(es *pl.*) due, tax liability; *Bilanz*: tax accrued; **~senkung** *f* tax cut (*od.* reduction); *pl. a.* tax abatement *sg.*; **~tabelle** *f* tax scale.

Steuerung *f* **1.** (*Tätigkeit*) steering, ✈ piloting; ⚙, ⚡, *allg. u. fig.* control; **2.**

(*Vorrichtung*) control system; *mot.* (*Lenkung*) steering; ✈ controls *pl.*; **Steuerungsmechanismus** *m* control mechanism.
Steuer|veranlagung *f* tax assessment; **~vergehen** *n* tax offen|ce (*Am.* -se); **~vergünstigung** *f* tax break (*od.* concession); *pl. a.* tax relief *sg.*; **~vorteil** *m* tax benefit (*od.* break); **~zahler** *m* taxpayer.
Steuerzuschlag *m* additional tax; *für hohe Einkommen*: surtax.
Steven *m* ⚓ (*Achter*≈) prow; (*Vor*≈) stern.
Steward *m* steward; **Stewardeß** *f* stewardess, air hostess.
stibitzen F *v/t.* F pinch, snitch, *sl.* nick.
Stich *m* **1.** (*Nadel*≈ *etc.*) prick; (*Wespen*≈, *Bienen*≈) sting; (*Mücken*≈) bite; (*Messer*≈) stab, (*Wunde*) stab wound, knife wound; *mit dem Spaten*: cut; **2.** (*Schmerz*) stabbing pain; ***~e haben*** *in der Seite*: have a stitch; *fig.* ***es gab mir e-n ~*** it really hurt; **3.** (*Näh*≈) stitch; **4.** (*Kupfer*≈ *etc.*) engraving; **5. *ein ~ ins Blaue*** a tinge of blue, *im Foto*: a blue cast; *fig.* ***er hat e-n ~ ins Rücksichtslose*** he's got a ruthless streak; **6.** *Kartenspiel*: trick; ***e-n ~ machen*** make a trick; *fig.* ***keinen ~ bekommen*** *Fußball etc.*: not to get a look in, *in e-r Diskussion*: make no mark; **7.** *fig.* ***im ~ lassen*** let down, fail, *stärker*: leave in the lurch, (*verlassen*) abandon, desert, (*Familie, Freundin etc.*) *a.* walk out on; ***e-n ~ haben*** *Milch etc.*: be (slightly) off, F *Person*: F be a bit touched; F ***du hast wohl e-n ~!*** have you gone mad (F off your rocker)?; ***~ halten*** *Argument etc.*: hold water.
Stichelei *f* gibe(s *pl.*), dig(s *pl.*), snide remark(s *pl.*); **sticheln** *v/t. u. v/i.* stitch; *fig.* gibe, make snide remarks (at).
stichfest *adj.* → ***hieb- und stichfest.***
Stichflamme *f* jet of flame; ⚙ (fine) jet.
stichhaltig *adj.* sound, well-founded; *seine Theorie* ***ist nicht ~*** doesn't hold water.
Stichling *m zo.* stickleback.
Stich|probe *f* **1.** spot check; *Rechnungsprüfung*: sample audit; ***e-e ~ machen*** do (*od.* carry out) a spot check; **2.** *von Waren*: random sample; ***e-e ~ machen*** take a random sample; **3.** *Statistik*: sampling; **~säge** *f* compass (*od.* keyhole) saw; **~tag** *m* cutoff date; (*letzter Termin*) deadline; **~verletzung** *f* stab wound, knife wound; **~waffe** *f* thrust weapon; **~wahl** *f* runoff.
Stichwort *n* **1.** *im Wörterbuch etc.*: headword, (*Eintrag*) entry; *im Register etc.*: word, entry; **2.** *thea. u. fig.* cue; (*Schlüsselwort*) key word; ***sich ein paar ~e aufschreiben*** jot down a few notes; ***in ~en festhalten*** make a few notes on; **≈artig** *adj. u. adv.* in note form; ***ich habe es ~ notiert*** *a.* I've jotted down a few notes; **~register** *n*, **~verzeichnis** *n* index.
Stichwunde *f* stab wound, knife wound.
sticken *v/t. u. v/i.* embroider.
Sticker *m* (*Aufkleber*) sticker.
Stickerei *f* embroidery; *konkret*: piece of embroidery; **Stickerin** *f* embroiderer.
Stickgarn *n* embroidery cotton (*od.* silk).
stickig *adj.* stuffy; *Außenluft*: close, sticky, muggy.
Stick|muster *n* embroidery pattern; **~nadel** *f* embroidery needle.
Stickoxid *n*, **Stickoxyd** *n* ⚗ nitrogen oxide.
Stickrahmen *m* tambour (frame).
Stickstoff *m* ⚗ nitrogen; ***flüssiger ~*** liquid nitrogen; **~dünger** *m* nitrogenous fertilizer; **≈frei** *adj.* nitrogen-free; **≈haltig** *adj.* nitrogenous; **~verbindung** *f* nitrogen compound.
stieben *v/i.* fly (about) (*a. Funken*); *Flüssigkeit*: spray; ***die Funken stoben nur so*** the sparks flew; ***in alle Richtungen ~*** (*laufen, fliegen*) scatter in all directions.
Stiefbruder *m* stepbrother.
Stiefel *m* boot; *fig.* ***das sind zwei Paar ~*** they're two completely different things, you can't put them in the same boat; F ***s-n alten ~ weitermachen*** carry on in the same old groove (*contp.* rut), be doing the same old thing; F ***e-n ~ zusammenreden (zusammenspielen)*** F talk (play) a load of rubbish; F ***was redest du da für e-n ~ zusammen?*** F what on earth are you going on about?; F ***das haut mich aus den ~n*** F well blow me; F ***das hat ihn aus den ~n gehauen*** F he nearly fell over backwards; F ***er kann e-n ~ vertragen*** he can take his drink, he can hold his liquor.
Stiefelette *f* ankle boot; *für Frauen*: *a.* bootee.
Stiefelknecht *m* bootjack.
stiefeln F *v/i.* F foot it, hoof it; ***wir mußten dahin ~*** we had to foot it (*od.* hoof it) all the way there; → ***gestiefelt.***
Stief|eltern *pl.* stepparents; **~geschwister** *pl.* stepbrother(s) and stepsister(s); **~kind** *n* stepchild (*a. fig.*); **~mutter** *f* stepmother (*a. fig.*).
Stiefmütterchen *n* ⚘ pansy.
stiefmütterlich *adv.*: *fig.* ***~ behandeln*** neglect; ***sie sind ~ behandelt worden*** *a.* they haven't received the attention they deserve, they've been given second-class treatment.
Stief|schwester *f* stepsister; **~sohn** *m* stepson; **~tochter** *f* stepdaughter; **~vater** *m* stepfather.
Stiege *f* narrow (*od.* steep) staircase *od.* stairs *pl.*
Stieglitz *m* goldfinch.
Stiel *m* **1.** handle; (*Besen*≈) broomstick; (*Pfeifen*≈, *Trinkglas*≈) stem; ***Eis am ~*** ice lolly; **2.** ⚘ stalk; **~augen** *pl.* stalk eyes; F *fig.* ***~ machen*** F goggle, gawk; F ***er hat aber ~ gemacht!*** he just goggled (*od.* gawked), his eyes nearly popped out of his head; **~kamm** *m* tail comb.
stier *adj.* **1.** ***~er Blick*** glassy (*od.* vacant) stare; **2.** F (*pleite*) F broke, skint.
Stier *m* **1.** *zo.* bull; ***junger ~*** bullock; *fig.* ***brüllen wie ein ~*** bellow (at the top of one's voice); ***den ~ bei den Hörnern packen*** take the bull by the horns; **2.** (*Sternzeichen*) Taurus; **(*ein*) *~ sein*** be (a) Taurus, be a Taurean.
stieren *v/i.* stare, gape (***auf*** at); ***vor sich hin ~*** stare into space.
Stierkalb *n* bull calf.
Stierkampf *m* bullfight; **~arena** *f* bullring.
Stierkämpfer *m* bullfighter.
Stiernacken *m* bull neck; **stiernackig** *adj.* bullnecked.
Stiesel F *m* boor, lout; **stieselig** F *adj.* boorish, loutish.
Stift[1] *m* **1.** ⚙ pin; (*Holz*≈) *a.* peg; **2.** (*Blei*≈) pencil; (*Bunt*≈) crayon, colo(u)red pencil; (*Filz*≈) felt pen; (*Kugelschreiber*) pen, biro (*TM*); ***hast du irgendeinen ~?*** have you got something to write with?, have you got a pen (of some sort)?; **3.** F (*Lehrling*) (young) apprentice; **4.** F (*Knirps*) F (young) nipper.
Stift[2] *n* **1.** religious foundation (*od.* institution); (*Kloster*) convent; **2.** (*Altersheim*) old people's home.
stiften *v/t.* **1.** (*Geld etc.*) donate; (*Schule etc.*) found; (*spendieren*) provide, supply; **2.** (*verursachen*) cause; ***Chaos ~*** create (*od.* cause) havoc; ***Frieden ~*** make peace; ***Unfrieden ~*** cause (*od.* make) trouble, *lit.* sow discord; ***Unheil ~*** cause disaster; → *a.* ***anstiften.***
stiftengehen F *v/i.* F clear off, make o.s. scarce.
Stiftenkopf F *m* crew cut.
Stifter *m* founder; (*Schenker*) donor, *Am. a.* sponsor.
Stiftskirche *f* **1.** collegiate church; **2.** (*Hauptkirche e-s Bistums*) cathedral.
Stiftung *f* **1.** (*Schenkung*) endowment, donation; **2.** (*Institution*) foundation; **Stiftungsurkunde** *f* deed of foundation.
Stiftzahn *m* pivot tooth.
Stigma *n* stigma; ***die ~ta Christi*** the stigmata; ***das ~ der Armut tragen, mit dem ~ der Armut behaftet sein*** bear the stigma of poverty; **stigmatisieren** *v/t.* stigmatize, brand (***als*** as); **stigmatisiert** *adj.* branded (***als*** as), *a. eccl.* stigmatized.
Stil *m* style; *e-e Kirche* ***im spätgotischen ~*** in late Gothic style; ***ein Kavalier alten ~s*** a gentleman of the old school; ***im großen ~*** in (grand) style, (*in großem Ausmaß*) on a large scale; ***Betrügereien großen ~s*** large-scale (*od.* wholesale) fraud; ***~ haben*** have style; ***das ist nicht mein ~*** that's not my style, that's not the way I like to do things; ***wenn es in dem ~ weitergeht*** if it goes on like that; ***in dem ~ ging die Diskussion weiter*** the discussion continued along those lines (*od.* in that vein); **~blüte** *f* stylistic blunder; F howler; **~bruch** *m* break in style; *fig.* ***das wäre ein ~*** that would be out of style; **~ebene** *f* stylistic register, level of style; **≈echt** *adj.* true to style; (*historisch ~*) in period; **~element** *n* stylistic element; **~empfinden** *n* sense of style, stylistic sensitivity; **~epoche** *f* stylistic era (*od.* period); ***die ~ des Rokoko*** the rococo era.
Stilett *n* stiletto.
Stil|fehler *m* stylistic lapse (*od.* fault); **~gefühl** *n* sense of style, stylistic sensitivity; **≈gerecht** *adj.* in proper style; (*geziemend*) *a.* appropriate.
stilisieren *v/t.* stylize; **stilisiert** *adj.* stylized.
Stilist *m* stylist (*a. Sport*); **Stilistik** *f* **1.** stylistics *pl.* (*sg. konstr.*); **2.** (*Handbuch*) style manual; **stilistisch I.** *adj.* stylistic; ***in ~er Hinsicht*** stylistically, from a stylistic point of view; **II.** *adv.* stylistically; ***~ gut (schlecht) geschrieben*** written in (a) good (bad) style.
Stilkunde *f* → ***Stilistik.***
still *adj.* (*ruhig*) quiet (*a. zurückhaltend*); (*lautlos, wortlos*) *a.* silent; (*friedlich*) peaceful; (*regungslos*) still, motionless; *Luft, See, Gefühle*: calm; (*heimlich*) secret; ***sei ~!*** (be) quiet!; ***sei ~ davon!*** give over, will you; ***im ~en Einverständnis*** by tacit agreement; ***~es Gebet*** silent prayer; ***~es Glück*** quiet bliss; ***~e Hoffnung*** secret hope; ✝ ***~e Jahreszeit***

dead season; F **~es Örtchen → Klo**; **der ≈e Ozean** the Pacific (Ocean); † **~e Reserven** hidden reserves; **in e-r ~en Stunde** in a quiet moment; † **~er Teilhaber** sleeping (*Am.* silent) partner; **~e Übereinkunft** tacit understanding; **~er Verehrer** secret admirer; **~er Vorwurf** silent reproach; **~e Wasser sind tief** still waters run deep; **er ist ein ~es Wasser** he's a dark horse; **die ≈en im Lande** the silent majority; **im ~en** (*innerlich*) inwardly; (*heimlich*) secretly; **im ~en fluchte ich** I was cursing to myself (*od.* inside, under my breath); **~ werden** become (*od.* go) quiet, *Wind etc.*: calm down; **plötzlich wurde es ganz ~** suddenly everything went quiet (*od.* there was silence); *fig.* **um ihn ist es ~ geworden** you don't hear anything about him these days; **→ Kämmerlein**; **~bleiben** *v/i.* keep quiet (*regungslos*: still); **bleib doch mal ~!** be quiet (*od.* keep still), will you.

Stille *f* silence; (*plötzliches Verstummen*) *a.* hush; (*Ruhe*) quiet, *a. des Meeres*: calm; **die ~ vor dem Sturm** the calm before the storm; **in aller ~** quietly, (*unbemerkt*) unnoticed, (*heimlich*) *a.* secretly, without a word to anyone, F without letting on to anyone, on the quiet; **sie heirateten in aller ~** the wedding was a very quiet affair, (*heimlich*) they got married on the quiet; **in tiefer ~ liegen** be shrouded in silence; **die ~ der Nacht** the dead silence of night; **in der ~ der Nacht** in the still(ness) of the night.

Stilleben *n* (*getr.* **ll-l**) *Kunst*: still life.

stillegen (*getr.* **ll-l**) *v/t.* (*Betrieb*) shut down; (*Fahrzeug*) lay up; (*Maschine etc.*) put out of operation; (*Schiff*) put out of commission; (*Verkehr etc.*) stop; ⚕ immobilize; (*lahmlegen*) paralyze; **Stillegung** *f* (*getr.* **ll-l**) shutdown, closure; stoppage.

Stillehre *f* **1.** stylistics *pl.* (*sg. konstr.*); **2.** (*Handbuch*) style manual.

stillen I. *v/t.* **1.** (*Säugling*) breastfeed, nurse; **2.** (*Blut*) stop, sta(u)nch, (*starke Blutung*) ⚕ arrest *a h(a)emorrhage*; **3.** (*Durst*) quench; (*Hunger*) satisfy, *vorübergehend*: take the edge off; *fig.* (*Neugier, Bedürfnisse etc.*) satisfy, (*Lust, Verlangen*) *a.* satiate; **s-e Neugier ist jetzt gestillt** his curiosity has been satisfied; **4.** (*Schmerz*) ease; **II.** *v/i.* breastfeed, nurse; **III.** ≈ *n* breastfeeding; **stillend** *adj.*: **~e Mütter** nursing mothers.

stillgelegt *adj. Bergwerk*: disused *mine*.

Stillhalteabkommen *n* standstill agreement; **stillhalten** *v/i.* keep still; *fig.* (*nicht reagieren*) keep quiet.

stilliegen (*getr.* **ll-l**) *v/i.* lie still; *fig.* lie dormant; *Verkehr, Handel etc.*: be at a standstill; *Betrieb*: be shut down, lie idle.

stillos I. *adj.* **1.** in bad style (*od.* taste), tasteless; **2.** *das Zimmer etc.* **ist ~** has no style; **II.** *adv.* in bad style; *Stilbruch*: out of style.

Stillschweigen *n* silence (*a.* ⚖); **~ bewahren** maintain strict silence (**über** on); **et. mit ~ übergehen** pass s.th. over in silence; **stillschweigend I.** *adj.* silent; *fig.* tacit, implicit *agreement*; **~e Duldung** tacit consent (*gen.* to), (silent) acquiescence (in), *a.* ⚖ connivance (in); **II.** *adv.* silently, in silence, without a word; *fig.* tacitly; **et. ~ übergehen** pass s.th. over in silence; **~ dulden** (silently) acquiesce in, tacitly consent to.

stillsitzen *v/i.* sit still, sit quietly; *fig.* **er kann nicht ~** he's always got to be on the go.

Stillstand *m* standstill, stop(page); *des Herzens*: cardiac arrest; *fig.* standstill, stagnation (*a.* †); *von Verhandlungen etc.*: deadlock; **zum ~ bringen** *a. fig.* stop (*a. Blutung, Infektion etc.*), bring to a halt (*od.* standstill), (*Kämpfe etc.*) put an end (*od.* a stop) to, end; **zum ~ kommen** stop (*a. Blutung etc.*), *a. fig.* come to a halt (*od.* standstill), *Kämpfe etc.*: come to a stop (*od.* an end), end, *Verhandlungen*: come to a standstill, reach deadlock; **stillstehen** *v/i.* **1.** *Verkehr, Wirtschaft etc.*: be at a standstill; *Maschine*: lie idle; *fig.* **die Zeit scheint stillzustehen** time seems to be standing still; **2.** (*stehenbleiben*) *Maschine*: stop (working); *Motor*: stop, *Herz*: stop (beating); *fig.* **mein Herz stand still** my heart stopped (*od.* stood still); **3.** ⚔ stand to attention; **stillgestanden!** attention!

Stillung *f* breastfeeding, nursing (**e-s Kindes** a baby).

stillvergnügt I. *adj.* inwardly content (*od.* amused); **II.** *adv.*: **~ lächeln** smile serenely.

Stillzeit *f* lactation (*od.* nursing) period.

Stil|merkmal *n* stylistic feature; **~mittel** *n* stylistic device; **~möbel** *pl.* **1.** *nachgemachte*: reproduction furniture *sg.*; **2.** *echte*: period furniture *sg.*; **~übung** *f* stylistic exercise, exercise in style; **≈voll I.** *adj.* stylish, tasteful; **II.** *adv.* stylishly, tastefully; **~ eingerichtet** *a.* furnished in style; **~wörterbuch** *n* dictionary of (correct) usage, (alphabetically arranged) usage manual.

Stimm|abgabe *f* voting, vote; **~anteil** *m* share of the vote; **~band** *n* vocal chord; **≈berechtigt** *adj.* eligible to vote; **nicht ~** non-voting ...; **~berechtigung** *f* right to vote; → *a.* **Stimmrecht**; **~bruch** *m* breaking of the voice; **er ist im ~** his voice is breaking; **nach dem ~** after one's voice has broken.

Stimme *f* **1.** voice (*a. Sing≈ u. fig.*); **mit lauter** (**bebender**) **~** in a loud (trembling) voice; **gut bei ~ sein** be in good voice; **2.** ♪ (*Stimmlage*) voice; (*Partie*) (voice) part; (*Instrumental≈*) part; **3.** (*Meinung*) voice, opinion; (*Sprecher*) speaker, voice; **die ~n der Presse** press comments; **die ~ des Volkes** the voice of the people; **die ~ der Öffentlichkeit** public opinion; **es mehren sich die ~n dagegen** there's mounting opposition (among the public *etc.*); **es mehren sich die ~n, daß** more and more people are of the opinion that; **4.** (*Wahl≈*) vote; **e-e ~ haben** have a vote; **s-e ~ abgeben** (cast one's) vote; **j-m s-e ~ geben** vote for s.o., give s.o. one's vote; **~n werben** canvass (for votes); **sich der ~ enthalten** abstain (from voting); **→ abgegeben, entscheidend** I.

stimmen I. *v/t.* **1.** (*Instrument*) tune (**nach** to); **höher** (**tiefer**) **~** tune up (down); **die Instrumente ~** *Orchester*: be tuning up; **2.** *fig.* **j-n gegen et. ~** prejudice s.o. against s.th.; **glücklich ~** make *s.o.* happy; **traurig ~** sadden, make *s.o.* sad; **j-n heiter ~** put s.o. in a cheerful (*od.* good) mood; **j-n optimistisch ~** give s.o. cause for optimism; **→ günstig** I, **nachdenklich**; **II.** *v/i.* **3.** (*richtig sein*) be right, be correct; (*wahr sein*) be true; **stimmt's?** am I right, is(n't) that right?; **das stimmt** (**ganz genau**) that's (absolutely) right; F **das stimmt ja hinten und vorne nicht!** (*ist gelogen*) F it's a pack of lies, *Rechnung etc.*: F it's all up the creek; **stimmt so!** keep the change, that's all right (*Am.* alright); **da stimmt etwas nicht** there's something wrong here, (*es ist verdächtig*) there's something fishy going on (here); **es stimmt zu dem, was er gesagt hat** it tallies with what he said; F **bei dir stimmt's wohl nicht** have you gone mad?; **4. ~ für** vote for (*od.* in favo[u]r of); **~ gegen** vote against; **mit ja ~** vote for (*od.* in favo[u]r); **mit nein ~** vote against.

Stimmen|anteil *m* percentage of votes; **~auszählung** *f* counting of votes, vote count(ing); **~einbuße** *f* → **Stimmenverlust**; **~fang** *m* vote catching; **~gewinn** *m* gain (*od.* increase) in votes; **~gewirr** *n* babble (*od.* confusion) of voices; **~gleichheit** *f* parity of votes; *parl.* tie; **~mehrheit** *f* majority of votes; **einfache ~** simple majority.

Stimmenthaltung *f* abstention.

Stimmen|verhältnis *n* proportion of votes; **~verlust** *m* loss of votes, vote loss(es *pl.*); **starker ~** heavy vote losses; **~e erleiden** lose votes; **~zuwachs** *m* gain (*od.* increase) in votes.

Stimmer *m* ♪ tuner.

Stimmgabel *f* ♪ tuning fork.

stimmgewaltig *adj.* powerful-voiced; **~ sein** have a powerful voice; **~er Baß** powerful bass.

stimmhaft *adj. ling.* voiced.

stimmig *adj. Argumentation, Schema etc.*: consistent; *Interpretation, Aufführung etc.*: *a.* well-rounded; **in sich ~ sein** be consistent within itself, form an intrinsic whole.

Stimmlage *f* pitch, register.

stimmlich I. *adj.* vocal; **II.** *adv.* vocally; **~ in Form** in good voice.

stimmlos *adj. ling.* voiceless, unvoiced.

Stimm|organ *n anat.* vocal organ; **~pfeife** *f* pitch pipe; **~recht** *n* (right to) vote; franchise; **allgemeines ~** universal suffrage; **das ~ ausüben** (exercise one's right to) vote; **~ritze** *f anat.* glottis; **~schlüssel** *m* ♪ tuning hammer (*od.* key); **~umfang** *m* vocal range.

Stimmung *f* (*Gemütsverfassung*) mood; *von Arbeitern, Truppen etc.*: morale; *der Öffentlichkeit*: public sentiment, *the* public mood; † *Börse*: tendency; (*Ausgelassenheit*) high spirits *pl.*; (*Atmosphäre, Gesamteindruck*) mood, atmosphere; **deutschfeindliche ~** anti-German sentiment (*od.* feeling); **feindselige ~** (feeling of) animosity; *das Bild* **hat ~** has atmosphere; **in guter ~** in good spirits, cheerful, (*gutgelaunt*) in a good mood; **in schlechter ~** in low spirits, depressed, (*schlechtgelaunt*) in a bad mood; **in der ~ sein zu** *inf.* feel like *ger.*, be in the mood for *ger.* (*od.* to *inf.*); **nicht in der ~ sein zu** *inf.* not to feel like *ger.*, not to be in the mood for *ger.*; **~ machen für** work up some enthusiasm for; **für ~ sorgen, ~ machen** liven things up (a bit), *auf e-r Feier*: *a.* put some life into the party; **in ~ kommen** get going, *Feier etc.*: *a.* liven up; **→ gedrückt.**

Stimmungs|barometer *n der öffent-*

lichen Meinung: barometer of public opinion; ***das ~ steht auf Null*** (*od.* ***ist auf Null gesunken***) everyone's in the doldrums; ***das ~ steigt*** F the (public) mood is on the up; **~bild** *n* **1.** (*Gemälde*) atmospheric (*od.* mood) painting; **2.** (*Beschreibung*) atmospheric description; **~kanone** F *f*: ***er ist e-e richtige ~*** he's always the life and soul of the party; **~mache** *f* propaganda; **~musik** *f* singalong music; **~umschwung** *m* change of mood; *psych.* mood swing; ✝ change in trend; *pol.* volte-face; **&voll** *adj.* atmospheric; *Gedicht*: evocative; **~wechsel** *m* → ***Stimmungsumschwung.***

Stimm|vieh *contp. n* inertia voters *pl.*, F voting fodder; **~wechsel** *m* → ***Stimmbruch***; **~zettel** *m* ballot paper.

Stimulans *n* ⚕ stimulant; *fig. a.* stimulus; ***als ~ wirken*** act as a stimulant (*fig. a.* stimulus), have a stimulating effect; **stimulieren** *v/t.* stimulate; ***j-n*** (***zu et.***) ~ spur s.o. on (to s.th.); **Stimulus** *m* stimulus.

stinkbesoffen F *adj.* F plastered, *sl.* (completely) sloshed, pissed as a newt.

Stinkbombe *f* stink bomb.

stinken *v/i.* **1.** stink (***nach*** of), smell (of); ***das stinkt aber!*** what a(n awful) smell (*stärker*: stink, F pong); **2.** F *fig.* ***et. stinkt an der Sache*** there's something fishy about it; ***vor Geld ~*** stink of money, be stinking rich; ***das*** (***er***) ***stinkt mir*** I'm sick of it (him); ***mir stinkt's!*** I'm fed up to the back teeth; ***was mir am meisten stinkt*** F what really gets to me; ***es stinkt mir, daß er so viel mehr verdient*** F the fact that he earns so much more really gets to me; **stinkend** *adj.* smelly, *stärker*: stinking; (*faulig*) putrid.

stink|faul F *adj.* bone-idle; **~fein** F *adj.* F (dead) posh.

stinkig F *adj.*: ~ ***sein*** (*mißgelaunt*) F be in a stinking mood.

stink|langweilig F *adj.* deadly boring; ~ ***sein*** *a.* F be a crushing bore; ***es war ~*** *a.* F we were bored out of our (tiny little) minds; **&laune** F *f*: ***e-e ~ haben*** be in a stinker of a mood, be in a stinking mood; **&morchel** *f* ♣ stinkhorn; **~normal** F *adj.* boringly normal; **~reich** F *adj.* F stinking rich; **~sauer** F *adj.* F fuming; ~ ***sein auf j-n*** be really mad at s.o.; **&tier** *n zo.* skunk; **~vornehm** F *adj.* F (dead) posh; **&wut** F *f*: ***e-e ~ haben*** F be (absolutely) fuming, ***auf j-n***: be really mad at s.o.

Stipendiat *m* scholarship holder; *in Zssgn* ... scholar (*z. B.* ***DAAD-~*** DAAD scholar); **Stipendium** *n* grant; (*Begabten&*) scholarship; *Am. allg.* scholarship.

Stippvisite F *f* flying visit (***nach*** to), *e-r Stadt*: *a.* quick tour (of); ***bei j-m e-e ~ machen*** pop round and see s.o., (briefly) drop in on s.o.

Stirn *f* forehead, *lit.* brow; *fig.* ***die ~ haben zu*** *inf.* F have the cheek (*od.* nerve, F brass) to *inf.*; ***j-m*** (***e-r Sache***) ***die ~ bieten*** defy s.o. (s.th.); ***es steht ihm auf der ~ geschrieben*** it's written all over his face; → ***runzeln***; **~ansicht** *f* front(al) view, front elevation; **~band** *n* headband, sweatband; **~bein** *n anat.* frontal bone; **~falte** *f* wrinkle on one's forehead; **~glatze** *f* receding hairline; **~höhle** *f* (frontal) sinus.

Stirnhöhlen|entzündung *f*, **~katarrh** *m* (frontal) sinusitis; **~vereiterung** *f* suppurative frontal sinusitis.

Stirn|locke *f* forelock, curl at the front (*od.* on one's forehead); **~rad** *n* ⚙ spur gear.

Stirnrunzeln *n* frown(ing); **stirnrunzelnd** *adv.* frowningly, with a frown.

Stirn|seite *f* front (side *od.* end); **~wand** *f* front (*od.* end) wall.

stöbern *v/i.* **1.** *in Schubladen etc.*: rummage around (***nach*** for); ***in den Akten ~*** riffle through the files; ***in Büchern nach Hinweisen ~*** hunt down references in books; **2.** *Hund*: hunt about (***nach*** for); **3.** *dial.* (*saubermachen*) get the place shipshape.

stochern *v/i.*: ~ ***in*** poke (about in), (*Feuer*) poke, stoke (up); ***in den Zähnen ~*** pick one's teeth; ***in s-m Essen ~*** pick at one's food.

Stock *m* **1.** stick (*a. Spazier&, Hockeyschläger*); (*Ski&*) *a.* pole; (*Rohr&*) cane; (*Billard&*) cue; (*Takt&*) baton; ***am ~ gehen*** walk with a stick, F *fig.* be on one's last legs, *finanziell*: *a.* be scraping the barrel; **2.** ♣ (*Wein&*) vine; (*Strunk, Wurzel&*) stock; (*Blumen&*) (flowering) pot plant; ***über ~ und Stein*** up hill and down dale; **3.** (*Gebirgs&*) massif; **4.** (*Stockwerk*) floor, stor(e)y; ***im ersten ~ wohnen*** live on the first (*Am.* second) floor; **~arbeit** *f Skisport*: pole work (*od.* action); **&besoffen, &betrunken** F *adj.* F plastered, *sl.* (completely) sloshed, pissed as a newt; **~bett** *n* bunk bed; **&blind** F *adj.* blind as a bat; **&dumm** F *adj.* F (as) thick as two short planks; **&dunkel, &duster** F *adj.* pitch dark.

Stöckel|absatz *m* stiletto heel; **~schuhe** *pl.* stilettos.

stocken I. *v/i. im Sprechen, Gehen etc.*: falter; (*zögern*) hesitate; *Gespräch*: falter; (*langsamer werden*) slacken; (*plötzlich aufhören*) stop short; ✝ *Geschäfte*: slacken off; *Verhandlungen etc.*: break down, come to a standstill; *Verkehr*: be congested; *Motor*: stall; ⚕ *Blut*: clot, coagulate; *Milch*: curdle; *Wände etc.*: go mo(u)ldy; *fig.* ***ihm stockte das Herz*** his heart missed a beat; ***ihm stockte der Atem*** he caught his breath; ***ihr stockte das Blut in den Adern*** her blood froze; **II.** & *n*: ***ins ~ geraten*** *Sprecher*: (begin to) falter; *Verhandlungen*: break down, come to a standstill; *Geschäfte etc.*: begin to fall off (*od.* slacken); *Motor*: stall; **stockend I.** *adj.*: ***~er Atem*** short, sharp breaths; ***~er Herzschlag*** faltering heartbeat; ***~er Gang*** halting gait; ***~e Schritte*** halting (*od.* faltering) steps; ***~es Gespräch*** faltering conversation; ***~e Redeweise*** halting speech; ***~er Verkehr*** halting (*od.* slow-moving, stop-go) traffic; ✝ ***~e Geschäfte*** slack (*od.* sluggish) trading; ***~e Verhandlungen*** slow-moving (*od.* faltering) talks; ***mit ~er Stimme*** in a faltering voice; **II.** *adv.* haltingly; ***wir kommen nur ~ voran*** progress is very sluggish.

Stockente *f* mallard.

Stockerl *östr. n* victory rostrum.

stockfinster F *adj.* pitch dark; **&fisch** *m* dried cod; F *fig.* F stick.

Stockfleck *m* mo(u)ldy spot, *größer*: patch of mo(u)ld; **stockfleckig** *adj.* mo(u)ldy.

stockheiser F *adj.* completely hoarse; ***ich bin ~*** *bsd. bei Erkältung*: my throat is (absolutely) raw.

stockig *adj.* mo(u)ldy.

...stöckig ...-stor(e)y, ...-storied.

stock|konservativ F *adj.* ultra--conservative; **&nagel** *m* walking-stick plaque; **~nüchtern** F *adj.* F stone-cold sober; **&rose** *f* ♣ hollyhock; **~sauer** F *adj.* mad, F fuming; **&schirm** *m* walking-stick umbrella; **&schnupfen** *m* ⚕ chronic cold; **~steif** F *adj.* (as) stiff as a poker; **~taub** F *adj.* stone-deaf.

Stockung *f* **1.** (*Verzögerung, a. im Verkehr*) holdup, delay; (*Zögern, a. im Sprechen*) hesitation; ***~en im Verkehr*** *etc.*: *a.* congestion; ***ohne ~en verlaufen*** go without a hitch; **2.** (*Stillstand*) standstill; *in Verhandlungen*: *a.* deadlock; ⚕ stasis, *des Bluts*: *a.* congestion.

Stockwerk *n* floor, stor(e)y; *geol.* stratum; ***im ersten ~*** on the first (*Am.* second) floor; ***im oberen ~*** upstairs.

Stoff *m* **1.** (*Textil&*) material, fabric; (*Tuch*) cloth; **2.** (*Substanz*) substance; F (*Alkohol, Rauschgift*) F stuff; *fig.* ***aus e-m besseren ~ gemacht*** made of better stuff; **3.** (*Thema*) subject matter; *in der Schule*: material, (*Thema*) topic; (*Gesprächs&*) topic(s *pl.*) (for discussion); *zu e-m Roman etc.*: material (***zu, für*** for); ***~ zum Nachdenken*** food for thought; **~bahn** *f* length of material; **~ballen** *m* bale of cloth.

Stoffel F *m* oaf; **stoffelig** F *adj.* boorish, oafish.

Stoff|muster *n* pattern; (*Warenprobe*) sample; **~puppe** *f* rag doll; **~rest** *m* remnant; *kleiner*: scrap of material; **~sammlung** *f zu Buch etc.*: gathering (of) material; **~tier** *n* cuddly toy (animal).

Stoffwechsel *m* metabolism; *in Zssgn* metabolic; **~krankheit** *f* metabolic disease; **~störung** *f* metabolic disorder.

stöhnen I. *v/i.* **1.** groan (***vor*** with); ***vor Lust ~*** moan with pleasure; **2.** (*sich beklagen*) moan, complain (***über*** about); **3.** *fig.* ***unter dem Gewicht*** *gen.* ~ groan under the weight of; **II.** & *n* groaning; moaning; complaining; → I; (***ein***) ***leises ~*** soft moaning.

Stoiker *m* Stoic (philosopher); *fig.* stoic; **stoisch** *adj.* Stoic; *fig.* stoic(al); *fig.* ***~e Ruhe*** stoic calm; **Stoizismus** *m* Stoicism; *fig.* stoicism.

Stola *f* **1.** *Mode*: stole, *bsd. Am. a.* wrap; **2.** *eccl.* stole.

Stollen *m* **1.** ⚒ tunnel; **2.** (*Weihnachts&*) stollen (cake); **3.** *am Schuh*: stud.

Stolperdraht *m a. fig.* trip wire.

stolpern *v/i.* trip (up), *a. fig.* stumble; ~ ***durch*** (***entlang*** *etc.*) stumble through (along *etc.*); ***~ über*** trip over, trip up on; *fig.* (*e-e schwierige Stelle etc.*) stumble over; (*zufällig entdecken*) stumble across; (*alte Bekannte etc.*) bump into; (*e-e Affäre etc.*) come to grief over; ***j-n zum & bringen*** *a. fig.* trip s.o. up; ***ins & geraten*** trip (up), lose one's footing, *fig.* F come a cropper.

Stolperstein *fig. m* stumbling block (***auf dem Weg zu*** along the path to).

stolz I. *adj.* **1.** proud (***auf*** of); ***darauf kannst du ~ sein*** that's something to be proud of; ***er war ganz ~ darauf, daß er es alleine geschafft hat*** he was really proud at having managed it himself; ***ganz ~ hat er s-n neuen Paß vorgezeigt*** he proudly presented (*od.* showed us *etc.*) his new passport; **2.** *fig.* (*imposant*) impressive; ***e-e ~e Summe*** a tidy (little) sum; ***ein ~er Preis*** *iro.* not exactly cheap; **II.** 2 *m* pride (**auf** in); ***s-n ~ daransetzen zu*** *inf.* make it a point of hono(u)r to *inf.*; ***das läßt sein ~ nicht zu*** he's too proud for that kind of thing; ***er hat keinen ~*** he has no (sense of) pride; ***er ist der ~ s-r Eltern*** he's his parents' pride and joy.

stolzgeschwellt *adj.* swollen (*od.* bloated, bursting) with pride; ***mit ~er Brust*** *a.* with one's chest puffed out, ***trat er ins Zimmer ein***: *a.* he strutted proudly into the room.

stolzieren *v/i.* strut, swagger.

Stopfei *n* darning egg.

stopfen I. *v/t.* **1.** (*Strümpfe etc.*) darn, mend; **2.** (*hinein~*) stuff (**in** into); **3.** (*füllen*) (*Kissen etc.*) stuff; (*Pfeife, Wurst*) fill; *fig.* ***j-m den Mund ~*** silence s.o., F shut s.o. up; → ***gestopft***; **4.** (*ausfüllen, zu~*) (*Lücke*) fill, (*Loch*) *a.* plug; **5.** (*mästen*) stuff, fatten; **II.** *v/i.* **6.** (*sättigen*) be filling; ***Reis stopft*** *a.* rice fills you up; **7.** (*ver~*) cause constipation; ***das stopft*** *a.* that gives you constipation.

Stopf|garn *n* darning cotton; **~nadel** *f* darning needle; **~wolle** *f* darning wool.

Stopp I. *m* **1.** stop; ☿ (*Verbot*) ban (**für** on); (*Preis2, Lohn2*) freeze; **2.** *Tennis etc.*: drop shot; **II.** *int.* stop!

Stoppel|acker *m* → ***Stoppelfeld***; **~bart** *m* stubbly beard; **~feld** *n* stubble field; **~haar** *n* bristle haircut.

stoppelig *adj.* stubbly.

Stoppeln *pl.* (*Getreide2, Bart2*) stubble *sg.*

stoppeln *v/t.* (*Ähren*) glean.

stoppen I. *v/t.* **1.** stop; ***die Produktion ~*** halt (*od.* stop) production; ***er war nicht mehr zu ~*** there was no stopping him; **2.** *mit der Stoppuhr*: time; ***ich habe 11 Sekunden gestoppt*** I timed it at 11 seconds; **II.** *v/i.* **3.** stop; **4.** *mit der Stoppuhr*: time, do the timing; ***kannst du für uns ~?*** *a.* could you time us?; **Stopper** *m* **1.** (*Zeitnehmer*) timekeeper; **2.** (*Tür2*) doorstop(per).

Stopp|licht *n mot.* brake light; **~preis** *m* ceiling (*od.* stop) price; **~schild** *n* stop sign; **~straße** *f* road with a stop sign, *Am.* stop street; **~taste** *f* stop button; **~uhr** *f* stopwatch.

Stöpsel *m* **1.** stopper; *im Waschbecken*: plug; ϟ (*Stecker*) plug; **2.** F *fig.* (*kleiner Kerl*) F shortie; **stöpseln** *v/t.* plug (*a.* ϟ).

Stör *m* sturgeon.

Stör|abstand *m* signal-to-noise ratio; **~aktion** *f* disruptive action.

störanfällig *adj. Gerät*: very sensitive, *a. Auto*: temperamental; *Radio*: interference-prone, susceptible to interference; *fig. Wirtschaft etc.*: susceptible, sensitive; ***~ sein*** *a.* keep breaking down, *Radio*: get a lot of interference; **Störanfälligkeit** *f Gerät*: sensitivity; tendency to develop faults (*od.* break down); *Radio*: susceptibility to interference; *fig.* susceptibility, sensitivity.

Storch *m* stork; **~beine** F *pl.* spindly (F matchstick) legs.

Storchen|gang *m* stalking gait, stalk; ***e-n ~ haben*** walk like a stork; **~nest** *n* stork's nest.

Störchin *f* female stork.

Storchschnabel *m* **1.** stork's bill; **2.** ⚙ pantograph; **3.** ♣ cranesbill.

Stördienst *m* fault-clearing service; *teleph. a. the* engineers *pl.*

Store *m* net curtain.

stören I. *v/t.* disturb; (*unterbrechen*) *a.* interrupt; (*ablenken*) distract; (*belästigen*) bother (*a. j-m mißfallen, j-m et. ausmachen*); (*Harmonie etc. zer~*) spoil; (*beeinträchtigen*) impair; (*behindern*) obstruct; (*Radioempfang*) interfere with, (*a. Sender*) jam; (*e-e Versammlung, den Unterricht*) disrupt; ***j-s Pläne ~*** upset s.o.'s plans; ***das (Gesamt)Bild ~*** spoil the effect; ***lassen Sie sich nicht ~!*** don't let me disturb you; ***darf ich Sie kurz ~?*** could I bother you for a minute?; ***stört es Sie, wenn ich rauche?*** do you mind if I smoke?, would it bother you if I smoked?; ***das stört mich nicht*** I don't mind (that), it doesn't bother me; ***er stört mich nicht*** he doesn't bother me, he's not in the way; ***das stört doch keinen Menschen*** that's not going to bother anyone; ***das einzige, was mich daran stört*** the only thing that bothers me (*od.* that I don't like) about it; ***was stört dich daran?*** what is it you don't like about it?; ***er läßt sich durch nichts ~*** he doesn't let anything bother him, he's completely unflappable; → ***gestört***; **II.** *v/i.* (*im Weg sein*) be in the way; (*lästig sein*) be a nuisance; (*dazwischenkommen*) get in the way, interfere; (*das Gesamtbild ~*) spoil the effect, *Gebäude etc.*: spoil the view; (*unangenehm sein*) be awkward; ***störe ich?*** am I disturbing you?; ***du störst nur*** you're (just) in the way; ***„(bitte) nicht ~!"*** (please) do not disturb; **III.** *v/refl.*: ***sich an et. ~*** take exception to s.th., be bothered by s.th.; ***ich störe mich nicht daran*** it doesn't bother me; **störend I.** *adj.* disturbing; (*ablenkend*) distracting; (*lästig*) irritating, annoying; (*dazwischentretend*) interfering; (*unterbrechend*) disruptive; **II.** *adv.*: ***~ wirken*** be (*od.* get) in the way, (*lästig*) be a nuisance, (*unterbrechend*) have a disruptive effect (**auf** on).

Störenfried *m* troublemaker.

Störer *m* troublemaker.

Stör|faktor *m* (source of) disturbance; source (*od.* element) of interference; *lästig*: nuisance element; **~geräusch** *n Radio*: *a. pl.* interference; background noise; *atmosphärisches*: static; *durch Sender*: interference, *beabsichtigtes*: jamming, harmful interference; **~manöver** *n a. pl.* disruptive action.

stornieren *v/t.* ☿ reverse *an entry*; (*Auftrag*) cancel; **Stornierung** *f* reversal; (*Auftrags2*) cancellation.

Storno *n* → ***Stornierung***; **~gebühr** *f* cancellation fee.

störrisch *adj.* (*halsstarrig*) stubborn, obstinate; (*unlenksam*) unmanageable, refractory; *Pferd*: restive.

Stör|sender *m* jamming station, jammer; **~sicherheit** *f* noise immunity; **~signal** *n* drop-in, *a. pl.* interference; **~streifen** *pl. TV* interference pattern *sg.*

Störung *f* **1.** (*Störendes*) disturbance; (*Unterbrechung*) interruption; (*Einmischung*) interference; (*Behinderung*) obstruction; ***entschuldigen Sie die ~!*** sorry to disturb (*od.* bother) you; **2.** ⚙ fault, defect; (*Betriebs2*) failure, breakdown; *Radio*: *a. pl.* interference, *atmosphärische*: static, *durch Sender*: interference, *absichtliche*: jamming, harmful interference; **3.** ⚕ disorder, *stärker*: malfunction; **4.** *meteor.* disturbance.

störungs|anfällig *adj.* → ***störanfällig***; **2dienst** *m* fault-clearing service; *teleph. a. the* engineers *pl.*; **~frei** *adj.* **1.** undisturbed, *Ablauf*: smooth; **2.** *Radio*: interference-free; ⚙ trouble-free; **2stelle** *f* → ***Stördienst***; **2sucher** *m teleph.* faultsman; ⚙ troubleshooter; **2ursache** *f* cause of the trouble (*Radio*: interference).

Stoß *m* **1.** push; (⚔ *Vor2*) *a. Fechten*: thrust; (*Dolch2*) stab; *mit der Faust*: punch; *mit dem Fuß*: kick; *mit dem Kopf, den Hörnern*: butt; *mit e-m Stock etc.*: poke; (*Rippen2*) dig (in the ribs), nudge; (*Ruck*) jolt, jerk; *Schwimmen, Rudern*: stroke; *Kugelstoßen*: put; *Billard*: stroke; (*Explosions2, Wind2, Trompeten2*) blast; (*Erd2*) shock; (*Vitamin2 etc.*) massive dose; ***j-m e-n ~ versetzen*** give s.o. a push, *fig.* shake s.o. (up); *fig.* ***sich*** (*od.* ***s-m Herzen***) ***e-n ~ geben*** make an effort, force o.s.; ***das gab ihm den letzten ~*** that was the straw that broke the camel's back; **2.** (*Stapel*) pile; *Holz*: *a.* stack; (*~ Briefe*) batch; **2artig** *adj.* intermittent (*a.* ⚙, ϟ), sporadic(ally *adv.*); **~behandlung** *f* ⚕ massive-dose treatment; **~betrieb** *m Verkehr*: rush hour; *Geschäft etc.*: peak period (*od.* hours *pl.*); **~dämpfer** *m mot.*, ✈ shock absorber.

Stößel *m im Mörser*: pestle; *mot. Nockenwelle, Pumpe, Ventil*: tappet.

stoßempfindlich *adj.* sensitive to shock.

stoßen I. *v/t.* push; (*e-e Waffe*) thrust; *mit der Faust*: punch; *mit dem Fuß*: kick; (*puffen*) nudge, jostle; *mit e-m Stock etc.*: poke; (*rammen*) ram; (*treiben*) drive; (*Stoßkugel*) put; *im Mörser*: pound; ***j-n in die Rippen ~*** nudge s.o., give s.o. a dig in the ribs; ***j-m das Messer in die Brust ~*** plunge a knife into s.o.'s chest; ***von sich ~*** push away, *fig.* disown; ***s-e Zehen ~ an*** stub one's toes on (*od.* against); *fig.* ***~ aus*** *dem Haus*: turn *s.o.* out of, *e-m Verein etc.*: expel from; F ***es j-m ~*** F tell s.o. what's what; → ***Bescheid, Kopf*** 5, ***Nase***; **II.** *v/refl.*: ***sich ~*** (*sich weh tun*) knock o.s., hurt o.s.; ***sich ~ an*** knock (*od.* run, bump) against, *fig.* take offen|ce (*Am.* -se) at, take exception to; *fig.* ***an der Unordnung darfst du dich nicht ~*** just ignore the mess, don't mind the mess; **III.** *v/i. Bock*: butt; ***~ an*** a) *a.* ***~ gegen*** bump into, knock (o.s.) against, b) *fig.* (*grenzen an*) border on, *formell*: abut on; ***mit dem Kopf gegen die Tür ~*** bump (*od.* knock) one's head against *od.* on the door; *fig.* ***~ auf*** (*Erdöl*) strike; *Straße etc.*: lead onto, F hit; (*zufällig begegnen*) (happen to) meet, come across, run (*od.* bump) into; (*entdecken*) come across, stumble on, discover; (*Ablehnung, Widerstand etc.*) meet with; ***zu*** *j-m, e-r Partei etc.* ***~*** join (up with); → ***Horn*** 2.

stoßfest *adj.* shockproof, shock-resistant; **Stoßfestigkeit** *f* shock resistance.

Stoß|gebet *n* quick prayer; ***ein ~ zum Himmel senden*** say a quick prayer; **~geschäft** *n* peak-period business; **~kante** *f e-r Hose*: bottom edge; **~kraft** *f* ⚙ impact; *weitS.* impetus, drive, force; *e-r Idee, des Intellekts etc.*: thrust; **~richtung** *f* ⚔ *u. fig.* thrust; *fig.* ***die ~ s-r Attacke ging auf ...*** his assault was aimed at; **~seufzer** *m* deep (*od.* loud) sigh; **2sicher** *adj.* shockproof; **~stange** *f mot.* bumper.

Stoßstangen|aufkleber *m* bumper

sticker; **~hörner** *pl.* (bumper) overriders, *Am.* bumper guards.
Stoß|therapie *f* ⚕ massive-dose treatment; **~trupp** *m* ⚔ assault party, combat patrol; **~verkehr** *m* rush-hour traffic; **~waffe** *f* thrust weapon.
stoßweise I. *adj.* intermittent, sporadic; **II.** *adv.* intermittently, sporadically, by fits and starts.
Stoßwelle *f a.* ⚕ shock wave; **Stoßwellentherapie** *f* ⚕ shock-wave therapy (*od.* treatment).
Stoß|zahn *m* tusk; **~zeit** *f* peak period; *Verkehr*: rush hour.
Stotterer *m* stutterer, stammerer; **stottern I.** *v/i.* stutter, stammer; *krankhaft*: *a.* have a stutter; *mot.* splutter; **II.** *v/t.* stammer, stutter; ***e-e Antwort ~*** stammer out a reply; **III.** ℒ *n* stutter(ing), stammer(ing); F *fig.* ***auf ~ kaufen*** F buy on the never-never.
Stövchen *n* (coffeepot *od.* teapot) warmer.
stracks *adv.* → ***schnurstracks.***
Stradivari(us) *f* Stradivari(us), F Strad.
Straf|akte *f* case record (*od.* file); **~aktion** *f* punitive action; **~androhung** *f* threat of punishment; ***unter ~*** under penalty; **~anstalt** *f* prison, penal institution, *Am. a.* penitentiary; **~antrag** *m* **1.** ***~ stellen*** bring an action, start legal proceedings; **2.** *des Staatsanwalts*: demand for a stated penalty; ***e-n ~ stellen*** demand a stated penalty; **~anzeige** *f* charge; ***~ erstatten gegen*** bring a charge against; **~arbeit** *f Schule*: extra (home)work; **~arbeitslager** *n* hard labo(u)r camp; **~aufschub** *m* reprieve; **~aussetzung** *f* suspension of (*od.* suspended) sentence (***zur Bewährung*** on probation); **~bank** *f Sport*: penalty bench; *Eishockey*: penalty box; ***zwei Minuten auf die ~ müssen*** be sent off for two minutes, get a two minutes penalty.
strafbar *adj.* punishable, *stärker*: criminal; ***~e Handlung*** (criminal *od.* punishable) offen|ce (*Am.* -se); ***~ sein*** be an offen|ce (*Am.* -se); ***sich ~ machen*** commit a (criminal) offen|ce (*Am.* -se), make o.s. liable to prosecution.
Straf|befehl *m* order (of summary punishment); **~befugnis** *f* penal authority; power of sentence; **~bestimmung** *f* penal provision (*od.* clause).
Strafe *f* punishment; ⚖ *a.* penalty; (*Strafurteil*) sentence; (*Geld*ℒ) fine; *Sport*: penalty; (*Vergeltung*) retribution; ***bei ~ von*** on pain (*od.* penalty) of; ***zur ~*** as a punishment; ***unter ~ stehen*** be an offen|ce (*Am.* -se); ***unter ~ stellen*** make *s.th.* a punishable offen|ce (*Am.* -se); ***~ zahlen*** pay a fine (*od.* penalty); ***das ist die ~ dafür, daß du mir nicht gehorcht hast*** that's what you get for disobeying me; ***~ muß sein*** there's nothing like a bit of discipline; *fig.* ***es ist e-e ~ (für mich) zu*** *inf.* it's a punishment (for me) to *inf.*; → ***abbüßen, antreten*** 4.
Strafecke *f Hockey*: penalty corner.
strafen *v/t.* punish; *bsd. Sport*: *a. fig.* penalize; *mit e-m Bußgeld*: fine; F ***mit dieser Familie ist er gestraft genug*** to have a family like that is punishment enough; F ***mit der Stelle bist du wirklich gestraft*** you couldn't have picked a worse (*od.* more gruelling *etc.*) job; → ***Lüge, Verachtung***; **strafend** *adj.* punitive; (*rächend*) avenging; *Blick*: reproachful, censorious; ***~e Worte*** words of reproach.
Straf|entlassene(r *m*) *f* discharged prisoner; **~erlaß** *m* remission (of sentence); ***allgemeiner ~*** amnesty; ***bedingter ~*** conditional pardon; **ℒerschwerend** *adj.* → ***strafverschärfend***; **~expedition** *f* punitive campaign.
straff I. *adj.* (*eng, gespannt*) tight; *Seil, Sehne, Muskel*: taut; *Haut*: smooth, taut; *Stil*: concise; *Inhalt e-s Buchs etc.*: taut; *Kontrolle, Planung*: tight; *Disziplin*: strict, rigid; ***~er Busen*** firm breasts; ***~e Haltung*** straight posture; ***~e Handlung*** tight (*od.* taut) plot; ***~e Unternehmensleitung*** hands-on management; **II.** *adv.* tightly; ***~ anliegen*** *Bluse etc.*: fit tightly, be close-fitting, *Haare*: be combed flat, *zusammengebunden*: be pulled back tightly; ***~ anziehen*** (*Schraube etc.*) tighten, (*Seil etc.*) *a.* pull tight; ***~ organisiert*** tightly organized; ***~ führen*** keep a tight rein on.
straffällig *adj.* guilty of a crime; ***~ werden*** offend, commit an offen|ce (*Am.* -se).
straffen I. *v/t.* tighten; (*Seil etc.*) *a.* pull tight; (*Handlung etc.*) tighten up, tauten; (*Organisation*) streamline, tighten up; ***sich die Gesichtshaut (den Busen) ~ lassen*** have a facelift (have one's breasts lifted); **II.** *v/refl.*: ***sich ~*** tighten; *Person*: straighten up, draw o.s. up.
straffrei I. *adj.* exempt from punishment; **II.** *adv. a.* with impunity; → ***ausgehen*** 8; **Straffreiheit** *f* impunity; immunity (from criminal prosecution); **Straffreiheitsgesetz** *n* impunity law.
Straffung *f* tightening; tautening *etc.*; → ***straffen.***
Straf|gebühr *f* fine; **~gefangene(r** *m*) *f* prisoner, convict; **~geld** *n* fine; **~gericht** *n* **1.** criminal court, tribunal; **2.** *fig.* punishment, chastisement; ***das göttliche ~*** Divine Judg(e)ment; **~gesetz** *n* penal law; **~gesetzbuch** *n* penal code; **~gesetzgebung** *f* penal legislation; **~justiz** *f* criminal justice; **~kammer** *f* criminal division; **~kolonie** *f* penal colony.
sträflich I. *adj.* **1.** criminal, punishable; ***~e Vernachlässigung*** criminal neglect; **2.** *fig.* (*tadelnswert*) reprehensible; (*unverzeihlich*) inexcusable, unpardonable; **II.** *adv.* (*unerhört*) terribly; ***j-n ~ vernachlässigen*** neglect s.o. badly.
Sträfling *m* prisoner, convict; **Sträflingskleidung** *f* prison clothing.
Straf|mandat *n* ticket; **~maß** *n* penalty, sentence; **~maßnahmen** *pl.* punitive measures; ***wirtschaftliche ~*** economic sanctions; ***~ ergreifen*** take punitive action, ✝ apply (*od.* impose) sanctions; **ℒmildernd I.** *adj.* mitigating, extenuating *circumstances*; **II.** *adv.*: ***~ wirken*** be considered in mitigation; **~milderung** *f* mitigation of sentence, commutation; **~minute** *f*: ***er erhielt zwei ~n*** *Eishockey etc.*: he got a two minutes penalty, he was sent off for two minutes; **ℒmündig** *adj.* criminally liable (*od.* responsible); **~nachlaß** *m* reduction of a sentence; **~porto** *n* excess postage, surcharge; **~predigt** *f* lecture; ***j-m e-e ~ halten*** give s.o. a lecture.
Strafprozeß *m* (criminal) trial, criminal case; **~ordnung** *f* code of criminal procedure.
Straf|punkt *m Sport*: penalty point; **~raum** *m Sport*: penalty area.
Strafrecht *n* criminal law; **strafrechtlich I.** *adj.* penal, criminal, under criminal law; ***~e Verfolgung*** criminal prosecution; **II.** *adv.*: ***~ verfolgen*** prosecute.
Straf|register *n* criminal records *pl.*; *e-s Täters*: criminal record; F *fig.* list of sins (*od.* transgressions); **~richter** *m* criminal judge; **~sache** *f* criminal case (*od.* matter); **~stoß** *m Fußball*: penalty kick; ***e-n ~ verhängen*** give a penalty.
Straftat *f* (criminal) offen|ce (*Am.* -se); *schwere*: crime; **Straftatbestand** *m* statutory offen|ce (*Am.* -se); **Straftäter** *m* offender.
Straf|umwandlung *f* commutation (of a sentence); **~urteil** *n* sentence; *Geschworene*: verdict; **~verfahren** *n* criminal procedure (*konkret*: proceedings *pl.*); → *a.* ***Strafprozeß***; **~verfolgung** *f* (criminal) prosecution.
strafverschärfend *adj.* aggravating; **Strafverschärfung** *f* increase of penalty.
strafversetzen *v/t.*, **Strafversetzung** *f* transfer for disciplinary reasons.
Straf|verteidiger *m* counsel for the defen|ce (*Am.* -se); **~vollstreckung** *f* imprisonment; execution of a sentence.
Strafvollzug *m* execution of (a) sentence; *weitS.* imprisonment; **Strafvollzugsanstalt** *f* penal institution, *Am. a.* penitentiary.
strafweise *adv.* for disciplinary reasons.
Straf|zettel *m* ticket; **~zinsen** *pl.* penalty interest *sg.*
Strahl *m a. phys. u. fig.* ray; (*Licht*ℒ, *gebündelter ~*) beam; (*Sonnen*ℒ) ray (of sunlight), (sun)beam; *durchdringender*: shaft of (sun)light; (*Blitz*ℒ, *Feuer*ℒ) flash; (*Wasser*ℒ) jet, *langer*: stream; ***kosmische ~en*** cosmic radiation (*od.* rays); **~antrieb** *m* ✈ jet propulsion.
Strahlemann F *m* F smiley; ***da kommt der ~*** *a.* here comes the man with the big smile.
strahlen I. *v/i.* (*glänzen*) shine; (*funkeln*) sparkle (*a. Augen*); *fig. Gesicht, Person*: beam; *Augen, Gesicht, plötzlich*: light up; *fig.* ***über das ganze Gesicht ~*** be all smiles, be beaming all over one's face; ***~d (vor Glück)*** radiant (with happiness); **II.** *v/t. a. fig.* radiate.
Strahlen|behandlung *f* radiotherapy, ray treatment; **~belastung** *f* exposure to radiation; (*Grad der ~*) radioactivity level; ***natürliche ~*** natural (background) radiation; **~brechung** *f* refraction; **~bündel** *n*, **~büschel** *n* pencil of rays, beam.
strahlend I. *adj.* **1.** *phys.* radioactive, radiating; **2.** ***~er Sonnenschein*** bright sunshine; ***~es Sonnenlicht*** bright (*od.* streaming) sunlight; *fig.* ***~es Wetter*** glorious weather; **3.** *fig.* ***~e Augen*** bright (*od.* shining) eyes; ***~es Gesicht*** beaming face (*od.* expression); ***~es Lächeln*** beaming smile; ***~e Schönheit*** radiant beauty; ***bei ~er Laune sein*** be in great spirits, be in a great mood; **II.** *adv.* **4.** ***~ vor Freude*** beaming with joy; ***j-n ~ anlächeln*** beam at s.o.; **5.** ***~ weiß*** gleaming white, *Zähne*: pearly white; ***~ blaue Augen*** piercing blue eyes; ***~ helles Licht*** brilliant light; ***~ schönes Wetter*** glorious weather.
Strahlen|dosis *f* radiation dose; **ℒförmig** *adj.* radial; **~forschung** *f* radiology; **ℒkrank** *adj.*: ***~ sein*** be suffering from

radiation sickness; **~krankheit** *f* radiation sickness; **~kranz** *m* halo, nimbus; *fig.* glory; **~meßgerät** *n* radiation meter; **~opfer** *n* radiation victim; **~schädigung** *f* radiation damage; **~schutz** *m* radiation protection; (*Vorrichtung*) (radiation) protection screen; **∽sicher** *adj.* radiation-proof; **~therapie** *f* radiotherapy; **~tierchen** *n* radiolarian; **~tod** *m* death by radiation; **~überwachung** *f* monitoring of radiation (levels); **∽verseucht** *adj.* contaminated (by radiation).

Strahler *m* **1.** (*Wärme∽*) radiator; **2.** (*Licht*) spot.

strahlig *adj.* radial.

Strahl|rohr *n* jet pipe; **~triebwerk** *n* jet engine.

Strahlung *f* radiation.

Strahlungs|belastung *f* dose of radiation; **~druck** *m* radiation pressure; **~energie** *f* radiation energy; **~messer** *m* radiation meter; **~wärme** *f* radiation heat.

Strähne *f* **1.** (*Haar∽*) strand; ***blonde (graue)*** ~ blonde (grey, *Am.* gray) streak; **2.** → ***Glückssträhne, Pechsträhne***; **strähnig** *adj. Haar*: straggly.

stramm I. *adj.* **1.** (*straff, festsitzend*) tight; *Seil*: *a.* taut; **2.** ***~e Haltung*** straight (*od.* erect) posture; ⚔ ***~e Haltung einnehmen*** stand to attention; ***~e Disziplin*** strict discipline; ***~er Katholik*** staunch Catholic; ***~er Sozialist*** staunch (*od.* dyed-in-the-wool) socialist; ***~es Tempo*** brisk pace; **3.** (*kräftig*) robust; *a. Beine*: sturdy; ***~er Junge*** strapping youth; ***~es Mädchen*** strapping young girl; **4.** F (*betrunken*) F tight; **5.** *gastr.* ***~er Max*** ham and fried egg on bread; **II.** *adv.* tight(ly); ***~ sitzen*** *Schuhe etc.*: fit tightly; ***~ arbeiten*** work hard; ***~ gehen*** walk briskly; **~stehen** *v/i.* ⚔ stand to attention; **~ziehen** *v/t.* pull *s.th.* tight; F *fig.* ***j-m die Hosen ~*** give s.o. a good hiding (*od.* spanking).

Strampel|höschen *n*, **~hose** *f* rompers *pl.*, stretchsuit.

strampeln *v/i.* **1.** kick; *wild*: thrash about; *sich wehrend*: struggle; **2.** F (*radfahren*) pedal (away); **3.** F (*sich plagen*) F slog away.

Strand *m* (*a. Bade∽*) beach; (*Meeresufer*) (sea)shore; ***am ~*** on the beach (*od.* shore); ⚓ ***auf ~ laufen*** run aground; **~anzug** *m* beach suit; **~bad** *n* swimming area; **~buggy** *m* dune buggy; **~burg** *f* sandcastle; **~café** *n* seaside café.

stranden *v/i.* run aground; *fig.* (*scheitern*) founder.

Strand|gut *n* flotsam and jetsam; **~hafer** *m* ♣ marram grass; **~haubitze** *f*: F ***voll wie e-e ~*** (as) drunk as a lord, F tight, plastered; **~hotel** *n* beach (*od.* seaside) hotel; **~kleidung** *f* beachwear; **~korb** *m* (wicker) beach chair; **~läufer** *m zo.* sandpiper; **~promenade** *f* promenade; **~recht** *n* right of salvage; **~verschmutzung** *f* beach pollution; **~wache** *f*, **~wächter** *m* lifeguard.

Strang *m* cord (*a. anat.*); (*Seil*) rope; (*Garn∽*) skein, hank; (*Schienen∽*) track; *fig.* (*Handlungs∽*) strand; *fig.* ***wir ziehen alle am selben ~*** we're all in the same boat; ***wenn wir alle an einem ~ ziehen*** if we all get together, if we join forces; ***über die Stränge schlagen*** kick over the traces; ***wenn alle Stränge reißen*** if the worst comes to the worst, if all else fails; ⚖ ***der Tod durch den ~*** death by hanging; ***zum Tod durch den ~ verurteilen*** sentence *s.o.* to be hanged.

strangulieren *v/t.* **1.** (*erwürgen*) strangle; **2.** ⚕ strangulate; **Strangulierung** *f* **1.** (*Erwürgung*) strangling, strangulation; **2.** ⚕ strangulation.

Strapaze *f a. pl.* strain; ***die ~n des Lebens*** life's difficulties, *iro. a.* the trials and tribulations of life; ***die ~n des Alltags*** the pressures (and worries) of day-to-day living; ***es ist e-e ~*** *a.* it's hard work, F it's tough going; ***sich von den ~n der Arbeit erholen*** recover from the stress and strain of work; ***er war den ~n nicht gewachsen*** he couldn't take (*od.* stand up to) the strain; **strapazieren** *v/t.* strain, be a strain on, be hard on (*a. Augen, Beziehung, Nerven*); (*j-n*) *a.* F take it out of; (*ermüden*) exhaust, wear out; (*Nerven, Hirn*) tax, (*Geduld*) *a.* test, try; (*Haut, Haare*) be hard (*od.* rough) on, *stärker*: mistreat; (*Kleidung etc.*) be hard on; (*Ausdruck etc.*) overwork, overuse, *stärker*: use (*od.* flog) to death; ***das würde dich zu sehr ~*** that would be too much of a strain on you; ***strapaziert werden*** *a.* F take a beating, have a rough time of it, *bsd. Auto, Gerät*: *a.* be put through its paces; ***der Sessel ist aber arg strapaziert worden*** that armchair has taken some battering; **strapazierfähig** *adj.* **1.** *Kleidung*: hardwearing; *Stoff, Teppich, Schuhe etc.*: *a.* tough; ***der Mantel ist sehr ~*** *a.* the coat will take a lot of wear and tear; **2.** *Nerven*: tough; **strapaziert** *adj. Kleidung, Teppich etc.*: worn; *Person, Beziehung etc.*: strained, *Nerven*: *a.* frayed; *Haut, Haar*: mistreated; *Hirn*: overtaxed *brain*; **strapaziös** *adj.* strenuous, F tough; *nervlich*: taxing, trying.

Straps *m* suspender belt, *Am.* garter belt.

Straß *m* diamanté.

Straße *f* **1.** (*Fahrbahn u. ~ als Verbindungsweg, Betonung auf den Verkehr*) road; (*~ mit Bürgersteig u. angrenzenden Gebäuden, Betonung auf das Straßenleben*) street; ***die ~ zum Bahnhof*** the road (leading) to the station; ***durch die ~n fahren*** drive through the streets; ***e-e laute ~*** *viel Verkehr*: a noisy road, *viel menschliches Treiben*: a noisy street; ***auf der ~*** in the street, (*auf der Fahrbahn*) on the road; ***auf der ~ spielen*** play in the street; ***auf die ~ laufen*** *aus e-m Haus*: run out into the street; *auf die Fahrbahn*: run onto the road; ***das Postamt ist in der nächsten ~*** the post office is in (*Am.* on) the next street; ***das Zimmer geht zur ~*** the room faces the street; ***an der ~*** at the roadside; ***Verkauf über die ~*** → ***Straßenverkauf***; *fig.* ***auf offener ~*** in broad daylight; ***auf die ~ gehen*** (*demonstrieren*) go out into the streets, *Prostituierte*: walk the streets; ***auf die ~ setzen*** throw *s.o.* out onto the street(s); ***j-n von der ~ auflesen*** pick s.o. up off the street(s); ***auf der ~ liegen*** (*od.* ***sitzen***) *Arbeitsloser*: be out on the street(s), *Obdachloser*: be on the streets; ***dort liegt das Geld auf der ~*** the streets are paved with gold there; ***der Mann auf der ~*** the (average) man in the street, *Brit. a.* F the man on the Clapham omnibus; ***Mädchen von der ~*** streetwalker, prostitute; ***Herrschaft der ~*** mob rule; ***der Druck der ~*** pressure from the masses (*od.* the population at large); **2.** (*Meeresenge*) strait(s *pl.*); ***die ~ von Dover*** the Straits of Dover; ***die ~ von Gibraltar*** *mst* the Straits of Gibraltar; ***die ~ von Hormuz*** the Strait(s) of Hormuz.

Straßen|anzug *m* lounge (*Am.* business) suit; **~arbeiten** *pl.* roadworks; **~arbeiter** *m* roadworker.

Straßenbahn *f* tram, *Am.* streetcar, trolley; **Straßenbahner** *m* → ***Straßenbahnfahrer*** 1.

Straßenbahn|fahrer *m* **1.** tram driver, *Am.* motorman; **2.** (*Fahrgast*) tram (*Am.* streetcar) passenger; **~haltestelle** *f* tram (*Am.* streetcar) stop; **~linie** *f* tram line (*od.* route), *Am.* streetcar line; **~schaffner** *m* tram (*Am.* streetcar) conductor; **~wagen** *m* tramcar, *Am.* streetcar.

Straßen|bau *m* road construction; **~belag** *m* road surface; **~beleuchtung** *f* street lighting; **~benutzungsgebühr** *f* road toll; **~café** *n* pavement (*Am.* sidewalk) café; **~decke** *f* road surface; **~ecke** *f* street corner; ***an der ~*** on (*od.* at) the street corner *od.* corner of the street; ***sie wohnt zwei ~n weiter*** she lives two blocks (further) up; **~feger** *m* **1.** → ***Straßenkehrer***; **2.** *TV* blockbuster (series *etc.*); ***die Sendung ist ein ~*** the streets are empty when that program(me) is on; **~fest** *n* street party; **~glätte** *f* slippery road(s *pl.*); **~graben** *m* (roadside) ditch; **~händler** *m* street vendor (*od.* hawker); **~junge** *m* street urchin, guttersnipe; **~kampf** *m* street fight(ing); *pl.* street fighting *sg.*, fighting *sg.* in the street(s); **~karte** *f* road map; **~kehrer** *m*, *a.* **~kehrmaschine** *f* street sweeper (*od.* cleaner); **~köter** F *m* stray dog; **~kreuzer** F *m* (big) flashy car, *sl.* cruisemobile; **~kreuzung** *f* crossroads (*sg.*), intersection; **~lage** *f e-s Autos*: road holding; **~lärm** *m* noise from the street(s); **~laterne** *f* street lamp; **~mädchen** *n* streetwalker, prostitute; **~markierung** *f* road marking; **~musikant** *m* busker; **~name** *m* street name; **~netz** *n* road network; **~rand** *m*: (***am ~*** at the) roadside, (on the) kerb (*Am.* curb); **~raub** *m* mugging, street robbery; *hist.* highway robbery; **~räuber** *m* mugger; *hist.* highwayman; **~reinigung** *f* street cleaning; **~rennen** *n* road race; **~sammlung** *f* street collection; **~sänger** *m* street singer; **~schild** *n* street sign; **~schlacht** *f* street riot; *a. pl.* rioting *sg.* in the street(s); **~schuhe** *pl.* walking shoes; **~sperre** *f* road block; **~strich** *m* **1.** streetwalking; **2.** (*Gegend*) red-light district; **~theater** *n* street theat|re (*Am. a.* -er); **~tunnel** *m* road tunnel; **~überführung** *f* flyover, overpass; **~unterführung** *f* underpass; **~verhältnisse** *pl.* road conditions; **~verkauf** *m* **1.** street trading (*od.* vending); **2.** *gastr.* takeaway (*Am.* carryout) food (*od.* snacks *pl. etc.*), *Am. a.* food *etc.* to go; (*Stelle*) takeaway, *Am.* carryout; **~verkäufer** *m* street vendor; **~verkehr** *m* (road) traffic.

Straßenverkehrs|lärm *m* traffic noise; **~ordnung** *f* traffic regulations *pl.*, *in GB*: Highway Code.

Straßen|verzeichnis *n* index of streets; **~walze** *f* road roller, (*Dampfwalze*) steamroller; **~zug** *m* street (lined with houses).

Straßenzustand *m* road condition(s *pl.*); **Straßenzustandsbericht** *m* road report.

Stratege *m* strategist; **Strategie** *f* strategy; **strategisch** *adj.* strategic(ally *adv.*).

Stratosphäre *f* stratosphere; **Stratosphärenflugzeug** *n* stratocruiser.

sträuben I. *v/refl.*: **sich ~ 1.** *Haare*: stand on end, *wie Borsten*: bristle; **2.** *fig.* refuse, F kick up a fuss; *körperlich*: kick and struggle; **sich ~ gegen** resist, fight, *körperlich*: struggle against; **sich ~, et. zu tun** refuse to do s.th.; **er sträubte sich dagegen, es zu machen** *a.* he just wouldn't do it; **alles in mir sträubt sich, es zu tun** I can't bring myself to do it; **die Feder sträubt sich, es zu beschreiben** I hardly dare put it into words; → **Haar**; **II.** *v/t.* (*Federn*) ruffle (up).

Strauch *m* shrub, bush; **~dieb** *m*: *fig.* **du siehst aus wie ein ~!** you look like a tramp.

straucheln *v/i. a. fig.* (almost) stumble (*a. Pferd*), trip, lose one's footing; *fig.* (*auf die schiefe Bahn geraten*) stray off the straight and narrow; (*scheitern*) founder; **an et. ~** come to grief over s.th., F come a cropper with s.th.

Strauß¹ *m* (*a.* **Vogel ~**) ostrich.

Strauß² *m* bunch; *kleiner, bunter*: *a.* spray; (*Blumen*2) bunch of flowers; **ein ~ Nelken** a bunch of carnations.

Strauß³ *obs. m* fight, struggle; **e-n ~ mit j-m ausfechten** (*streiten*) (have a) fight with s.o., fight it out with s.o.; (*et. ausdiskutieren*) F have it out with s.o.

Straußen|ei *n* ostrich egg; **~feder** *f* ostrich feather.

strawanzen *dial v/i.* roam about.

Strebe *f*, **~balken** *m* ⚠ brace, strut; **~bogen** *m* flying buttress.

streben I. *v/i.* **1.** strive (**nach** for); **~ nach** *a.* pursue, *formell*: aspire to, (*bsd. Geld*) *a.* F run after; **~ zu** *inf.* strive (*od.* aspire) to *inf.*; **2.** F *Schule*: F be a swot (*Am.* grind); **3. ~ nach** (*sich irgendwohin bewegen*) move towards (*od.* in the direction of); (*angezogen werden*) be drawn to (-wards); **nach dem Licht ~** *Pflanze*: turn towards the light; **in die Höhe ~** soar upwards; **II.** 2 *n* striving (**nach** for), aspiration (to *inf.*); (*Tendenz*) tendency (to, towards); **~ nach** *a.* pursuit of; **das ~ nach Glück** the pursuit of (*od.* search for) happiness; **sein ganzes ~ ging in Richtung ...** all his energies and aspirations were directed towards *s.th. od. ger.*

Strebepfeiler *m* buttress.

Streber *m Schule*: F swot, *Am.* F grind; *Beruf*: F go-getter; **er ist ein ~** *beruflich a.* he's very ambitious; **Strebernatur** *f* → **Streber**; **Strebertum** *n Schule*: ambitiousness, F swotting, *Am.* F grinding; *Beruf*: ambitiousness, F go-getting (attitude).

strebsam *adj.* hardworking, industrious, diligent; (*eifrig*) ambitious; *Schüler*: keen; **Strebsamkeit** *f* industriousness, diligence.

Streckbett *n* orthop(a)edic bed.

Strecke *f* **1.** stretch (*a. Teil*2); (*Weg, Flug*2) route; (*Entfernung*) *a. Sport*: distance; ⚡ line; *teleph.* line; 🚂 section; ⚒ roadway; **die ~ München-Köln** ✈, 🚂 the Munich-Cologne route, *mot.* the road from Munich to Cologne, (*Reise*) the journey from Munich to Cologne; **die ~ zwischen A. und B.** (*Straße*) the road between A and B, (*Autobahn*) the stretch (of motorway) between A and B; **e-e lange ~ zurücklegen** cover a long distance (*od.* stretch); **e-n Teil der ~ zu Fuß gehen** walk part of the way; **es ist e-e ganze ~ bis dorthin** it's quite a distance (*od.* way, stretch); **wir müssen noch e-e ganze ~ fahren** we've still got quite a way (*od.* stretch, distance) to go; **auf freier ~** 🚂 between stations, F in the middle of nowhere, (*auf der Straße*) on the open road; **auf e-r ~ von 5 km gesperrt** closed along a 5 km stretch; **das Auto blieb mitten auf der ~ stehen** the car broke down on the way (*od.* in the middle of the road); **über lange ~n** *a. fig.* for long stretches; *fig.* **das Buch ist über lange ~n langweilig** the book has a lot of long, boring bits (*formell*: a lot of longueurs); **auf der ~ bleiben** *im Konkurrenzkampf*: fall by the wayside, *Sport*: *a.* drop out (of the race); **2.** *Jagd*: **zur ~ bringen** (*Tier*) kill, shoot down, bag; *fig.* (*Verbrecher etc.*) hunt down, catch; *weitS.* (*Gegner*) lay low.

strecken I. *v/t.* **1.** stretch; **s-e Beine (Glieder, Arme) ~** stretch one's legs (limbs, arms); **die Beine weit von sich ~** stretch one's legs right out (*od.* as far as they will go); **die Hand** (*od.* **den Finger**) **~** put (F stick) one's hand up; **den Kopf aus dem Fenster ~** pop (F stick) one's head out of the window; → **gestreckt, vier**; **2.** (*Suppe etc.*) stretch; (*rationieren, a. Geld, Vorräte etc.*) make *s.th.* last, eke out; (*Vortrag etc.*) stretch, F drag out (a bit); **3. die Waffen ~** lay down arms, surrender, *fig. a.* give in; *j-n* **zu Boden ~** floor, lay *s.o.* low; **II.** *v/refl.*: **sich ~ 4.** stretch (o.s.), *bei Müdigkeit*: have a stretch; **sich ins Gras ~** stretch out on the grass; → **Decke, recken** II; **5. sich in die Länge ~** go on longer than expected, *contp.* drag on.

Strecken|arbeiter *m* platelayer, *Am.* tracklayer; **~führung** *f* routing; *e-r Rennstrecke*: course; **~netz** *n* 🚂 railway (*Am.* railroad) network; ✈ (flying) routes *pl.*; **~rekord** *m Sport*: course record; **~wärter** *m* linesman, *Am.* track-walker.

streckenweise *adv.* in parts; (*zeitweise*) from time to time.

Streckmuskel *m anat.* extensor (muscle).

Streckung *f* stretching; *beim Wachstum*: fast-growth period.

Streckverband *m* ⚕ traction bandage; **ein Bein** *etc.* **im ~** a leg *etc.* in high traction.

Streich *m* **1.** (*lustiger ~*) prank, trick, (practical) joke; **dummer ~** silly (*od.* childish) prank; **j-m e-n (bösen) ~ spielen** play a (nasty) trick on s.o.; *fig.* **das Wetter hat uns e-n ~ gespielt** the weather put a spanner in the works; **2.** *lit. mit der Faust, dem Schwert*: blow; *mit der flachen Hand*: slap; *mit dem Stock*: stroke; *mit der Peitsche*: lash *of the whip*; **j-m e-n (den tödlichen) ~ versetzen** deal s.o. a blow (the deathblow); **auf einen ~** at one blow, *fig.* in one go, in one fell swoop.

Streicheleinheit *f* stroke, *pl. a.* stroking *sg.*; (*Lob*) pat on the back; **jeder braucht s-e ~en** everyone needs a bit of a stroke (*od.* a pat on the back) once in a while; **er hat heute noch keine ~en bekommen** he hasn't been stroked yet today.

streicheln *v/t. u. v/i.* stroke; (*liebkosen*) *a.* caress; **j-m übers Haar ~** stroke s.o.'s hair.

streichen I. *v/t.* **1.** *mit Farbe*: paint; (*Butter etc., a. Brot*) spread; *Salbe* **~ auf** put on, rub (gently) on, *formell*: apply to; **die Farbe läßt sich gut ~** the paint spreads well; **sich ein Brot ~** make o.s. a piece of bread; **et. durch ein Sieb ~** strain s.th.; → **gestrichen, frisch** II; **2.** (*mit der Hand ~*) stroke; (*weg~*) brush *away etc.*; **sich den Bart ~** stroke one's beard; (**sich**) **das Haar aus der Stirn ~** brush one's hair out of one's face (*od.* eyes); **3.** (*aus~*) cross out, delete; (*Passage, Programmpunkt etc.*) cut (out); (*Auftrag etc.*) cancel; (*Gelder*) cut, axe; (*Stelle*) freeze, axe; (*Strafe, Schulden*) waive; **von der Liste ~** cross off the list; *fig.* **et. aus dem Gedächtnis ~** wipe s.th. out of one's memory; → **Nichtzutreffendes**; **4.** (*Flagge, Segel*) strike, haul down; **II.** *v/i.* **5. ~ über** (*gleiten über*) glide over, (*das Wasser*) skim across; *Wind*: waft across, *stärker*: sweep across; **j-m über das Haar ~** stroke s.o.'s hair; **j-m um die Beine ~** *Katze*: rub up against s.o.'s legs; → *a.* **streicheln**; **6. ~ durch** (*wandern durch*) roam, wander; **ums Haus ~** prowl around the house; → **streifen** II.

Streicher *m* ♪ string player; **die ~** the strings, the string section.

streichfähig *adj.*: **~ sein** spread easily; **Streichfähigkeit** *f* spreading property.

streichfertig *adj. Farbe*: ready for application.

Streichgarn *n* carded yarn.

Streichholz *n* match; *mst gebrauchtes*: matchstick; **~heftchen** *n* matchbook, book of matches; **~schachtel** *f* matchbox.

Streich|instrument *n* ♪ string(ed) instrument; **~käse** *m* cheese spread; **~musik** *f* music for strings; **~orchester** *n* string orchestra; **~quartett** *n* string quartet; **~quintett** *n* string quintet; **~riemen** *m* strop; **~trio** *n* string trio.

Streichung *f* cancellation; *im Text*: deletion; *von Geldern*: cut(s *pl.*), (*Vorgang*) cutting, axing; *von Stellen*: cuts *pl.*, (*Vorgang*) axing (*gen.* [of]), freezing (of), cutting down (on *jobs*); **~en an** cuts in.

Streichwurst *f etwa* meat (*od.* sausage) spread.

Streif *m* → **Streifen.**

Streifband *n* (postal) wrapper.

Streife *f* patrol (*a. Mannschaft, a.* ⚔); **~ gehen** go on patrol; *Polizist*: (**auf ~ sein**) be on one's beat.

Streifen *m* stripe (*a. Uniform*2); *dünner, unregelmäßiger*: streak; (*Linie*) line; (*kurzes, schmales Stück*) strip; (*Gelände*2) strip (of land), ⚔ sector; (*Papier*2) strip; (*Klebe*2, *Loch*2) tape; (*Film*2) strip, *weitS.* film; *mot.* **weißer ~** white line; **ein heller (schmaler) ~ am Horizont** a streak (a narrow band) of light on the horizon; **in ~ schneiden** cut into strips; **e-n ~ drehen** make a film.

streifen I. *v/t.* **1.** (*berühren*) touch, brush against; *Auto*: scrape against; *Kugel*: graze; *fig.* (*Thema*) touch (up)on; **die**

Kugel hat ihn am Kopf gestreift the bullet grazed the side (*od.* top) of his head; **2. *den Ring vom Finger*** ~ slip (*od.* take) the ring off (one's finger); ***die Kleider vom Leib*** ~ slip out of one's clothes; ***ein T-Shirt über den Kopf*** ~ slip a T-shirt on (over one's head), slip into a T-shirt; ***e-e Wollmütze über den Kopf*** ~ slip a woolly hat over one's head; ***die Krümel von der Hose*** ~ brush the crumbs off one's trousers; ***die Blätter vom Stiel*** ~ strip the leaves off the stalk; ***den Teig von den Fingern*** ~ wipe the dough off one's fingers; *fig.* ***mit dem Blick*** ~ glance at; **II.** *v/i.* (*wandern*) (*a.* ~ ***durch***) wander, roam; ***durch Wälder und Wiesen*** ~ roam the countryside (*od.* the woods and the fields).

Streifen|dienst *m* patrol duty; **~gang** *m* (patrol) round.

Streifenmuster *n* striped pattern.

Streifenwagen *m* (police) patrol car; *in GB*: *a.* panda car; *Am.* patrol (*od.* prowl) car.

streifig *adj.* streaky.

Streif|licht *n* ray of light; *phot.* glancing light; *e-s Autos*: passing headlights *pl.*; *fig.* sidelight; *fig.* ***interessante ~er werfen auf*** give some interesting sidelights on; ***et. in ~ern schildern*** give a thumbnail sketch of; **~schuß** *m* grazing shot; (*Wunde*) (bullet) graze; ***e-n ~ bekommen*** be grazed (by a bullet); **~wunde** *f* (bullet) graze; **~zug** *m* **1.** foray (***in, durch*** into); ***Streifzüge durch die Gegend machen*** make a few forays into the surrounding area; **2.** ⚔ foray, raid, incursion; **3.** *fig.* ***literarischer*** ~ literary excursion; ***ein ~ durch die Geschichte des Films*** a journey through the history of film-making; ***Streifzüge durch die Geschichte*** exploring history, excursions through time.

Streik *m* strike; (work) stoppage; walkout; ***wilder*** ~ unofficial (*od.* wildcat) strike; ***e-n ~ ausrufen*** call a strike; ***in den ~ treten*** go on strike; ***sich im ~ befinden*** be on strike; ***mit e-m ~ drohen*** threaten to go on strike; **~aktion** *f a. pl.* strike action; **2anfällig** *adj.* strike-prone; **~ankündigung** *f* strike warning; **~aufruf** *m* strike call, call for a strike, call to strike; **~ausschuß** *m* strike committee; **~beilegung** *f* settlement of a (*od.* the) strike; **~brecher** *m* strikebreaker, F blackleg, scab; **~drohung** *f* threat of a strike, strike threat.

streiken *v/i.* **1.** strike, go (*od.* be) on strike; **2.** F *fig.* (*nicht mitmachen*) refuse (to go along with s.th. *etc.*); *Auto*: refuse to start; *Gerät, Motor etc.*: F be on the blink; *Magen*: protest; ***ich streike!*** I protest; *wenn sich das nicht ändert,* ***streike ich*** I'm opting out; ***der Plattenspieler streikt mal wieder*** F the record player's on the blink (*od.* in one of its moods) again; **Streikende(r)** *m* striker.

Streik|freiheit *f* freedom to strike; **~front** *f* strike front; **~geld** *n* strike pay; **~kasse** *f* strike fund; **~komitee** *n* strike committee; **~leitung** *f* strike committee.

Streikposten *m* picket; ***mit ~ besetzen,*** *a.* ***~ stehen*** picket; **~kette** *f* picket line.

Streik|recht *n* right to strike; **~verbot** *n* ban on striking; **~welle** *f* wave (*od.* series) of strikes.

Streit *m* argument, quarrel (***über, um*** about, over); *gelehrter*: controversy, *politischer*: *a.* dispute; (*Gezänk*) squabble; (*Streiterei*) wrangling; *lärmender*: row; *handgreiflicher*: brawl, fight; ***gelehrter*** ~ scholarly dispute, controversy among scholars; ***ehelicher*** ~ *heftiger*: marriage (*od.* marital) row; ***in ~ geraten mit*** have an argument with, come to blows with; ***mit j-m im ~ liegen*** quarrel with s.o., be at loggerheads with s.o.; ***miteinander im ~ liegen*** *Gefühle*: conflict (*od.* be in conflict) with one another; F ***suchst du ~?*** are you looking for trouble?; → *a.* ***streiten***; → ***Zaun***; **~axt** *f* battleaxe; *fig.* ***die ~ begraben*** bury the hatchet.

streitbar *adj.* quarrelsome, pugnacious; (*kriegerisch*) belligerent.

streiten *v/i.* **1.** (*a.* ***miteinander*** *od.* ***sich*** ~) argue, quarrel, have an argument (***über*** about, over); *heftig*: have a row; *handgreiflich*: fight, have a fight; (*aufeinanderprallen*) clash, come to blows; ***sich darüber ~, ob*** have an argument over (*od.* as to) whether; ***sie ~ sich dauernd*** they fight like cat and dog; ***seid ihr beide wieder am 2?*** *a.* F are you two at it again?; **2.** (*diskutieren*) argue (***über*** about, over); ***darüber läßt sich*** ~ that's open to argument, that's a moot point; **Streiter** *m* fighter (***für*** for); champion (of); **Streiterei** *f* arguing, quarrel(l)ing *etc.*; → ***streiten.***

Streit|fall *m* dispute, conflict; ⚖ case; ***im ~*** in case of litigation; **~frage** *f* dispute, controversy (***über*** over; ***ob*** over whether); (controversial) issue (***ob*** over whether); **~gegenstand** *m* **1.** subject of an (*od.* the) argument, bone of contention; **2.** *Diskussion*: point at issue, subject of a (*od.* the) dispute; **3.** ⚖ matter in dispute; **~gespräch** *n* debate; **~hammel** F *m* quarrel(l)er; ***ein ~ sein*** *a.* always be looking for an argument.

streitig *adj.* ⚖ litigious; (*umstritten*) contested, *pred.* in dispute, at issue; ***j-m et. ~ machen*** dispute s.o.'s right to s.th.; → ***Rang*** 1, ***strittig.***

Streitigkeiten *pl.* quarrel(l)ing *sg.*, disputes; → *a.* ***Streit***; ***die ~ beilegen*** settle one's differences.

Streitkräfte *pl.* ⚔ armed forces; (military) troops.

Streitlust *f* belligerence, aggressive nature; **streitlustig** *adj.* pugnacious, belligerent, aggressive.

Streit|macht *f* **1.** military force; **2.** → ***Streitkräfte***; **~objekt** *n* → ***Streitgegenstand***; **~punkt** *m zur Debatte stehend*: point at issue; (*Zankapfel*) bone of contention; **~sache** *f* **1.** ⚖ (*Prozeß*) litigation, lawsuit; **2.** dispute; **~schrift** *f* pamphlet.

Streitsucht *f* quarrelsomeness; belligerence; **streitsüchtig** *adj.* quarrelsome, cantankerous; belligerent.

Streitwert *m* ⚖ value in dispute, amount involved.

streng I. *adj.* (*hart, unerbittlich*) severe (*a. Blick, Kritik, Maßnahme, Strafe, Richter, Winter etc.*); (*unnachsichtig*) stern (*a. Blick, Gesicht*); (*hart*) *a.* harsh, hard; (*unnachgiebig*) rigid; *Lebensführung, Charakter, Stil*: austere; (*scharf, bestimmt, genau,* ***~e*** *Befolgung verlangend*) *z. B. Person, Diät, Disziplin, Erziehung, Vorschrift*: strict; *Anforderungen, Prüfung*: rigorous; *Maßnahme, Regel*: strict, stringent; *Geschmack, Geruch*: acrid, pungent; *Frisur, Kleid*: severe; ***~er Aufbau*** *e-s Dramas etc.*: rigid structure; ***~ste Diskretion*** absolute discretion; ***~er Katholik*** strict Catholic; ***~e Sitten*** strict morals; ***~es Stillschweigen*** strict secrecy; ***~e Trennung*** strict division (*od.* separation); ***~e Worte*** harsh words; ***~e Untersuchung*** rigorous investigation; ***~ sein zu j-m*** be strict with (*od.* hard on) s.o.; → ***Regiment*** 1; **II.** *adv.* severely *etc.*; **~geheim** top secret; **~geschnitten** *Gesicht*: with severe features; *Kleid, Frisur*: severely styled; ***~ vertraulich*** in strict confidence, *a. amtlich*: strictly confidential; ***j-n ~ ansehen*** give s.o. a severe look; ***~ befolgen, sich ~ an et. halten*** adhere strictly to; ***~(stens) verboten*** strictly forbidden (*od.* prohibited); ***~ katholisch sein*** be a strict Catholic; ***~ bewachen*** keep *s.o.* under close watch (*od.* surveillance); ***~ durchgreifen*** take strict measures; ***~ erziehen*** bring up strictly; ***~ sachlich betrachtet*** from a strictly objective point of view; ***~ unterscheiden zwischen*** make a clear(-cut) distinction between; → ***Vorschrift.***

Strenge *f* severity, rigo(u)r; harshness; strictness; stringency *etc.*; → ***streng.***

strenggenommen *adv.* strictly speaking.

strenggläubig *adj.* very orthodox; ***~er Katholik*** *etc.* strict (*od.* orthodox) Catholic *etc.*

strengnehmen *v/t.* take *s.th.* seriously.

strengstens *adv.* → ***streng*** II.

Streptokokkeninfektion *f* streptococcal infection.

Streptokokkus *m* streptococcus; *pl.* streptococci.

Streß *m* stress; (***schwer***) ***im ~ sein*** be under (a lot of) pressure; **~bewältigung** *f* coping with stress; stress management.

stressen F *v/t.* put *s.o.* under stress; *bsd. Personen*: *a.* give *s.o.* a hard time; ***die Arbeit streßt mich zur Zeit*** *a.* F work's really getting to me at the moment; → ***gestreßt***; **stressig** F *adj.* heavy-going.

Streß|opfer *n* victim of stress; **~situation** *f* stress situation.

Stretchkabel *n* coiled cord.

Streu *f* litter.

streuen I. *v/t.* (*Sand etc.*) scatter; (*Mist*) spread; (*Blumen*) strew, scatter; (*Samen*) sow; (*Salz, Zucker etc.*) sprinkle; (*Straße*) grit, *mit Salz*: salt; *fig.* (*Gelder*) distribute, *wahllos*: scatter, hand out indiscriminately; **II.** *v/i.* ⚔ *Gewehr*: scatter (*a. Strahlen*).

Streuer *m* shaker.

Streu|fahrzeug *n* gritter lorry; **~feuer** *n* ⚔ scattered fire; (*Flächen2*) area fire; (*Seiten2*) sweeping fire; **~gut** *n* grit; **~licht** *n phys., phot.* scattered light.

streunen *v/i.* roam about, stray; ***~der Hund*** stray dog; **Streuner** *m* **1.** (*Tier*) stray; **2.** (*Person*) tramp, vagrant.

Streu|salz *n* thawing salt; **~sand** *m* dry sand, grit.

Streuselkuchen *m cake with crumble topping.*

Streuung *f* scattering *etc.*; → ***streuen***; (*Abweichung*) deviation; ⚔, *a. Statistik etc.*: dispersion, spread; *phys.* scatter(-ing), dispersion; ***~ der Bevölkerung*** population dispersal.

Streuzucker *m* granulated sugar.

Strich *m* (*Linie*) line; (*Gedanken2, Morse2*) dash; (*Skalen2*) mark; (*Kompaß2*) point; (*Pinsel2*) stroke (of the brush); ♪ (*Bogen2*) stroke; (*Bogenführung*) bowing technique; (*Land2*) region, *schmaler*:

strip (of land); F (*Bordellviertel*) red-light district; F (*Prostitution*) prostitution; ***gegen den ~ bürsten (kämmen)*** brush (comb) the wrong way; ***mit wenigen ~en*** with a few strokes, *fig.* in brief outlines; ***e-n ~ durch et. machen*** cross s.th. out; *fig.* ***j-m e-n ~ durch die Rechnung machen*** thwart s.o.'s plans; ***e-n (dicken) ~ unter et. machen*** (*od.* ***ziehen***) make a clean break with s.th., forget s.th.; F ***keinen ~ tun*** (*od.* ***machen***) not to do a stroke of work; ***ich hab' daran noch keinen ~ getan*** I haven't touched it yet; F ***ein ~ in der Landschaft sein*** be as thin as a rake; F ***das ging mir gegen den ~*** it went against the grain; F ***nach ~ und Faden*** F good and proper; ***unter dem ~*** all in all, at the end of the day; ***unter dem ~ sein*** *Leistung etc.*: not to be up to the mark (*od.* up to par); F ***auf den ~ gehen*** *Prostituierte*: walk the streets, F be (*od.* go) on the game.

Strichcode *m* bar code; **~leser** *m* bar code scanner.

stricheln *v/t.* sketch in; (*schraffieren*) hatch; → ***gestrichelt.***

Stricher F *m*, **Strichjunge** F *m* F rent boy.

Strich|kode *m* → ***Strichcode***; **~liste** *f* check list; *a. fig.* ***e-e ~ führen*** keep a careful record *od.* account (***über*** of); **~mädchen** F *n* streetwalker, *Brit.* F tart, *Am.* F hooker; **~männchen** *n* matchstick man; **~punkt** *m* semicolon.

strichweise *adv.* in parts; ***~ Regen*** scattered showers.

Strichzeichnung *f* line drawing.

Strick *m* (piece of) rope; *dünner*: *a.* cord; → ***Strang***; *fig.* ***j-m aus et. e-n ~ drehen*** (***wollen***) use s.th. against s.o.; ***wenn alle ~e reißen*** if the worst comes to the worst; F ***den ~ nehmen*** hang o.s.

Strickarbeit *f* knitting; **stricken** *v/t. u. v/i.* knit; **Stricker(in** *f*) *m* knitter; **Strickerei** *f* **1.** knitting; **2.** (*Fabrik*) knitting mill.

Strick|garn *n* knitting yarn; **~heft** *n* knitting magazine; **~jacke** *f* cardigan; **~kleid** *n* knitted dress.

Strickleiter *f* rope ladder.

Strick|maschine *f* knitting machine; **~muster** *n* knitting pattern; **~nadel** *f* knitting needle; **~waren** *pl.* knitwear *sg.*; **~weste** *f* knitted waistcoat; *mit Ärmeln*: cardigan; **~zeug** *n* knitting; (*Zubehör*) knitting things *pl.*

Striegel *m* curry comb; **striegeln** *v/t.* (*Pferd*) curry, (*bürsten*) brush; → ***gestriegelt.***

Strieme *f*, **Striemen** *m* weal, welt.

striezen F *v/t.* (*quälen*) harass.

strikt I. *adj.* strict; ***das ~e Gegenteil*** the exact opposite; **II.** *adv.* strictly; ***~ befolgen*** adhere strictly (*od.* rigidly) to; ***es ~ ablehnen zu*** *inf.* flatly refuse to *inf.*; → *a.* ***streng.***

Strip *m* **1.** → ***Striptease***; **2.** (*Streifen*) strip.

Strippe F *f* cord, string; ***j-n an der ~ haben*** F have s.o. on the blower; (***dauernd***) ***an der ~ hängen*** F be on the blower (all day long).

strippen F *v/i.* strip, perform a striptease, F do a strip; *als Beruf*: F be a stripper; **Stripperin** F *f* F stripper.

Striptease *m* striptease; **~lokal** *n* striptease club, F strip joint; **~tänzer(in** *f*) *m* striptease dancer.

strittig *adj.* → *a.* ***streitig***; contentious; ***~er Punkt*** point at issue; *weitS. a.* moot point.

Strizzi *dial. m* a) good-for-nothing, b) (*Zuhälter*) pimp.

Stroboskop *n* stroboscope; **~licht** *n* strobe light.

Stroh *n* straw; (*Dach2*) thatch; *fig.* ***wie ~ schmecken*** F taste like nothing on earth; ***~ im Kopf haben*** F be as thick as two short planks, have sawdust between one's ears; ***leeres ~ dreschen*** flog a dead horse, (*belangloses Zeug reden*) talk a lot of hot air, beat the air; **~ballen** *m* bale of straw; **2blond** *adj.* flaxen; *Mensch*: flaxen-haired; **~blume** *f* immortelle; **~dach** *n* thatched roof; **2dumm** *adj.* F as thick as two short planks; **2farben, 2farbig** *adj.* straw-colo(u)red; **~feuer** *n* straw fire; *fig.* flash in the pan; **2gedeckt** *adj.* thatched; **2gelb** *adj.* straw-colo(u)red; **~halm** *m* (*a. Trinkhalm*) straw; *fig.* ***nach e-m ~ greifen, sich an e-n ~ klammern*** clutch at straws; **~hut** *m* straw hat.

strohig *adj. Orangen*: dry; *Haar*: like straw.

Stroh|kopf F *m* F blockhead, thicko; **~mann** *m* **1.** scarecrow, *Am. a.* straw man; **2.** *fig.* front man, *Am. a.* straw man; **~matte** *f* straw mat; **~sack** *m* straw mattress, palliasse; ***ach du heiliger ~!*** good grief!, goodness gracious!; **2trocken** *adj.* (as) dry as a bone, bone-dry; **~witwe(r** *m*) *f hum.* grass widow(er).

Strolch *m* **1.** tramp, *Am.* F bum; **2.** (*Kind*) rascal, scamp; **strolchen** *v/i.* roam about; ***~ durch*** roam (through).

Strom *m* **1.** (large) river; (*reißender ~, Berg2*) torrent; (*Strömung*) current (*a. fig.*); (*Luft2, Lava2, a. fig. Blut2, Tränen2 etc.*) stream; (*Menschen2*) throng of people; (*Verkehrs2*) stream of traffic; ***mit dem (gegen den) ~ schwimmen*** swim with (against) the current, *fig.* swim *od.* go with (against) the tide; *fig.* ***endloser ~*** *von Menschen, Verkehr etc.*: endless stream; ***~ von Worten*** flood of words; ***in Strömen fließen*** *Sekt etc.*: flow like water; ***es gießt in Strömen*** it's pouring; **2.** ↯ (electric) current; *weitS.* (*Elektrizität*) electricity, (*~zufuhr*) *a.* power (supply), electricity supply; ***der ~ fiel aus*** there was a power failure; ***unter ~ stehend*** live *wire*; **~abfall** *m* ↯ drop in current; **~abnehmer** *m* ↯ **1.** (current) collector; **2.** (*Verbraucher*) electricity consumer.

stromab(wärts) *adv.* downstream, downriver, down the river.

stromauf(wärts) *adv.* upstream, upriver, up the river.

Strom|ausfall *m* power failure; **~bedarf** *m* electricity requirements *pl.* (*od.* consumption); **~einheit** *f* unit of power.

strömen *v/i.* flow; *stärker*: stream, *Fluß*: rush; *Regen*: pour; (*herausströmen*) pour, gush (*a. Blut*); *fig. Menschen*: stream, throng, pour (***aus*** out of; ***in*** into); **strömend** *adj.*: ***~er Regen*** pouring rain.

Stromer F *m* vagrant, tramp; **stromern** F *v/i.* roam about; ***~ durch*** roam (through).

Strom|erzeuger *m* (electricity) generator; **~erzeugung** *f* electricity (*od.* power) generation; **2führend** *adj.* ↯ live; **~kabel** *n* electric (*od.* power) cable; **~kreis** *m* ↯ circuit.

Stromleitung *f* circuit line; **Stromleitungsmast** *m* (electricity) pylon.

Stromlinienform *f* streamlined contours *pl.*, streamlining; *e-s Autos*: *a.* streamlined body; **stromlinienförmig** *adj.* streamlined; ***~ gestalten*** streamline.

Strom|messer *m* ↯ ammeter; **~netz** *n* power supply network; **~quelle** *f* ↯ power source; **~rechnung** *f* electricity bill; **~schiene** *f* ↯ contact rail; (*Sammel2*) bus bar; **~schnelle** *f* rapid; **~spannung** *f* ↯ voltage; **2sparend** *adj.* power-saving; ***~ sein*** save electricity; **~speicher** *m* storage battery; **~sperre** *f* ↯ power cut; **~stärke** *f* ↯ current; *in Ampere gemessen*: amperage; **~stoß** *m* ↯ impulse; *schädlicher*: electric shock.

Strömung *f* **1.** (*Fluß2*) current; *von Luft*: *a.* stream; *phys.* flow, flux; **2.** *fig.* current, trend; (*Bewegung*) movement; **Strömungsdiagramm** *n phys.* flow diagram.

Strom|unterbrecher *m* ↯ circuit breaker; **~verbrauch** *m* electricity (*od.* power) consumption; **~verbund** *m* electricity grid; **~versorgung** *f* power (*od.* electricity) supply; **~wandler** *m* current transformer; **~zähler** *m* electricity meter.

Strontium *n* strontium.

Strophe *f* verse, stanza; *Gedicht*: *a.* strophe.

strotzen *v/i.*: ***~ von*** (*od.* ***vor***) be full of, (*wimmeln von*) be teeming (F crawling) with *people, lice etc.*, *vor Fehlern*: *a.* be bristling (*od.* riddled) with *mistakes*; (*platzen vor*) be brimming (*od.* bursting) with *health, energy etc.*; ***vor Dreck ~*** be caked with dirt; ***vor Geld ~*** be rolling in money; ***von Juwelen ~*** be dripping with jewellery (*bsd. Am.* jewelry).

strubbelig *adj.* dishevel(l)ed, tousled; **Strubbelkopf** *m* tousled hair; (*Person*) tousle-head, F scarecrow.

Strudel *m* **1.** whirlpool, *großer*: maelstrom; *fig. a.* vortex; *fig.* ***im ~ der Ereignisse untergehen*** be lost in the whirlpool of events; ***vom ~ der Ereignisse mitgerissen werden*** be caught up in the whirlpool of events; ***sich in den ~ des Karnevals stürzen*** plunge into the carnival fray; **2.** *gastr.* strudel; **strudeln** *v/i.* whirl, swirl.

Struktur *f* **1.** structure; *e-r Organisation*: *a.* set-up; ***soziale ~en*** social structures (*od.* patterns); **2.** *e-s Gewebes*: texture; **~analyse** *f* structural analysis.

strukturbedingt *adj.* structural.

strukturell *adj.* structural.

strukturieren *v/t.* **1.** structure; **2.** (*Stoff etc.*) texture; **Strukturierung** *f* structuring.

Struktur|krise *f* structural crisis; **~politik** *f* structural policy; **~reform** *f* structural reform; **2schwach** *adj. Gebiet*: underdeveloped *area*; *Land*: *a.* developing *country*; **~wandel** *m* structural change, change in structure.

Strumpf *m* (*Socke*) sock; (*Damen2*) stocking; ***ein Paar Strümpfe*** a) a pair of socks, b) a pair of stockings (*od.* nylons); ***in Strümpfen herumlaufen*** run around in one's stockinged feet; *fig.* ***sein Geld im ~ haben*** keep one's money under the mattress; F ***sich auf die Strümpfe machen*** → ***Socke***; **~band** *n* garter; **~halter** *m* suspender, *Am.* garter; **~hose** *f* tights *pl.*, *bsd. Am.* panty hose; **~maske** *f* stocking mask; **~waren** *pl.* hosiery *sg.*

Strunk *m* stalk; *e-s Baums*: stump.
struppig *adj.* dishevel(l)ed, unkempt; *Hund*: shaggy; *Bart*: bristly.
Struwwelpeter *m* (*Figur*) Shock-headed Peter.
Strychnin *n* ⚗ strychnine.
Stube *f*: (**gute** ~ front) room; *fig.* ***immer in der ~ hocken*** be a stay-at-home, sit around at home all the time.
Stuben|älteste(r) *m* ⚔ room leader; **~arrest** *m* ⚔ confinement to barracks; **~ haben** ⚔ be confined to barracks, *Am.* F be grounded; *Kind*: have to stay in (one's room); **~dienst** *m* ⚔ barrack-room duty; **~fliege** *f* (common) housefly; **~hocker** *m* stay-at-home; **~mädchen** *obs. n* chambermaid; **Ⓢrein** *adj.* **1.** house-trained; **2.** F *fig.* ***nicht ganz ~*** *Witz*: risqué, F a bit near the knuckle; **~wagen** *m* bassinet.
Stubsnase *f* → ***Stupsnase.***
Stuck *m* stucco.
Stück *n* piece; (*Teil*Ⓢ) *a.* bit; *e-s Wegs*: stretch; (~ *Brot*) slice; (~ *Zucker*) lump; ♪ piece (of music); *auf e-r Schallplatte*: piece, *moderne Musik*: *mst* track; *thea.* play; (~ *Vieh od. Wild*) head; ***~ Papier*** piece of paper, *zum Schmieren*: *a.* scrap of paper; ***~ Seife*** bar (*Rest*: piece) of soap; ***drei Mark das ~*** three marks each (*od.* a piece); ***drei ~ von diesen Äpfeln*** three of these apples; ***ich nehme zwei ~*** I'll take two (of them); ***dem ~ nach verkaufen*** sell by the piece; ***in ~en zu 100 Mark*** in 100 mark notes; ***aus einem ~ geschnitten*** cut from one piece; ***Käse am*** (*od.* ***im***) ***~ kaufen*** buy cheese by the piece (*od.* unsliced); ***von diesem Buch wurden 10 000 ~ verkauft*** 10,000 copies of the book were sold; ***~e aus e-m Buch vorlesen*** read passages (*od.* extracts) from a book; ***~ Land*** piece (*od.* plot) of land, *kleines*: patch; ***ein seltenes ~*** a rare specimen; F ***ein hübsches ~ Geld*** F a tidy (little) sum; F ***freches ~*** (*Person*) F cheeky so-and-so; F ***das ist doch ein starkes ~!*** F that's pretty rich, that's a bit thick; F ***mein bestes ~*** my most prized possession, (*a. Person*) my pride and joy; ***~ für ~*** bit by bit; ***in ~e gehen*** (*od.* ***springen***) break into pieces; ***in ~e schlagen*** smash to bits; ***ein ~ deutscher Geschichte*** a chapter of German history; ***ein gutes ~ größer*** *etc.* quite a bit bigger *etc.*, a fair bit bigger *etc.*; ***ein gutes ~*** (***Weges***) quite a way (*od.* distance); ***ein gutes ~ weiterkommen*** *a. fig.* make a fair bit of headway; ***j-n ein kurzes ~ begleiten*** walk part of the way with s.o.; *fig.* ***in vielen ~en*** in many respects (*od.* ways); ***große ~e halten auf*** think highly of, (*anhimmeln*) think the world of; ***sich große ~e einbilden*** have a very high opinion of oneself; ***aus freien ~en*** of one's own free will, F off one's own bat; ***sich für j-n in ~e reißen lassen*** go through fire and water for s.o.
Stuckarbeit *f* stucco (work).
Stück|arbeit *f* piecework; **~arbeiter** *m* pieceworker.
Stückchen *n* small piece (*od.* bit); *emotionaler*: little piece (*od.* bit); ***j-n ein ~ begleiten*** walk part (*od.* a bit) of the way with s.o.; → ***rücken*** I.
Stuckdecke *f* stucco(ed) ceiling.
stückeln *v/t.* (*zusammensetzen*, *a.* **stücken**) piece together; (*Aktien*) denominate; **Stückelung** *f von Aktien*: denomination.
Stück|gut *n* ✈ **1.** piece goods *pl.*; **2.** (*Paket*) parcel(s *pl.*); **~kosten** *pl.* unit cost *sg.* (*od.* costs); **~liste** *f* parts list; **~lohn** *m* piece rate; **~preis** *m* unit price.
stückweise *adv.* little by little, bit by bit; ✈ by the piece.
Stück|werk *contp. n* patchwork; ***~ sein*** (*od.* ***bleiben***) be scrappy, be a scrappy business; **~zahl** *f* number of pieces; **~zinsen** *pl.* ✈ accrued interest *sg.* (on shares); (*zusätzliche Zinsen*) additional interest *sg.*
Student *m* student; ***~ der Biologie*** biology student, student of biology.
Studenten|austausch *m* student exchange; **~ausweis** *m* student's identity card (*od.* ID); **~bewegung** *f* student movement; **~blume** *f* ⚘ French marigold; **~bude** F *f* (student's) digs *pl.*; **~futter** *n assortment of nuts and raisins*; **~gemeinde** *f* Protestant (*od.* Catholic *etc.*) student community; **~heim** *n* students' hostel, hall of residence, *Am.* dormitory; **~kanzlei** *f* student record office; **~pfarrer** *m* university (*od.* college) chaplain.
Studentenschaft *f* student body, students *pl.*
Studenten|unruhen *pl.* student unrest *sg.* (*od.* riots); **~verbindung** *f* (students') fraternity; **~wohnheim** *n* → ***Studentenheim***; **~zeit** *f* student (*od.* university) days *pl.*, *Am. a.* college days *pl.*
Studentin *f* → ***Student.***
studentisch *adj.* student ...
Studie *f* study (*a. Malerei*, *phot.*); (*Entwurf*) sketch.
Studien|abbrecher *m* university (*od.* college) dropout; **~abschluß** *m* final examinations *pl.*, finals *pl.*; degree; ***die Universität ohne ~ verlassen*** leave university without a degree, break off one's studies, drop out of university; ***s-n ~ machen*** take one's final examinations (*od.* finals); ***welchen ~ haben Sie?*** what sort of degree have you got?; **~anfänger** *m* university entrant; **~assessor** *m* probationary secondary school teacher; **~aufenthalt** *m* study trip; **~ausgabe** *f* textbook edition; **~berater** *m* academic adviser, tutor; **~beratung** *f* student counsel(l)ing; student advisory service; **~bewerber** *m* university applicant; **~buch** *n* course attendance record; **~direktor(in** *f*) *m* deputy headmaster (*f* headmistress), deputy head, *Am.* vice principal; **~fach** *n* subject (of study); **~fahrt** *f* study trip; **~freund** *m* friend from university (*od.* college); **~gang** *m* course of studies; degree; **~gebühren** *pl.* tuition fees.
studienhalber *adv.* for study purposes.
Studien|jahr *n* academic year; *pl.* → ***Studienzeit***; **~kollege** *m* fellow student; **~plan** *m* degree course scheme; (*Lehrplan*) curriculum, syllabus; **~platz** *m* place at university; **~rat** *m*, **~rätin** *f* secondary school teacher; **~referendar** *m etwa* student teacher at a secondary school, *Am. a.* intern; **~reise** *f* study *od.* educational tour (*od.* trip); **~zeit** *f* **1.** → ***Studentenzeit***; **2.** (*Dauer des Studiums*) length of a degree (*od.* one's studies); ***die ~ für Mathematik*** the length of a mathematics course (*od.* degree), the time it takes to get a mathematics degree.
studieren I. *v/t.* **1.** study (*a. weitS. durchlesen, prüfen*); *intensiv*: *a.* scrutinize; **2.** (*ein Fach*) study; ***er studiert Jura*** he's studying law, he's a law student; **II.** *v/i.* (*e-e Hochschule besuchen*) study, go to university (*Am. a.* college); ***sie hat studiert*** she's got a degree, she's been to university (*Am. a.* college); ***wo hast du studiert?*** where did you study (*od.* go to university, *Am. a.* college)?; **Studierende(r)** *m* student; **studiert** *adj.* educated; ***~ sein*** *a.* have had a university (*od.* an academic) education; **Studierte(r)** F *m* university (*Am. a.* college) graduate, *weitS.* academic.
Studio *n* studio; (*Ton*Ⓢ) *a.* studios *pl.*; **~aufführung** *f* studio performance; **~bühne** *f* studio; *oft* experimental theat|re (*Am. a.* -er); **~musiker** *m* studio musician.
Studium *n* **1.** (*Universitäts*Ⓢ *etc.*) degree; (course of) studies *pl.*; ***während m-s ~s*** when I was at university (*Am. a.* college); ***sich sein ~ verdienen*** work one's way through university (*Am. a.* college); ***ein ~ aufnehmen*** start a degree, start at university (*Am. a.* college); ***das ~ der Geschichte*** a history degree; **2.** (*Erforschung, Beobachtung*) study; ***~ generale*** *n etwa* BA General, BA in General Studies; general degree.
Stufe *f e-r Treppe*: step; *e-r Leiter*: rung (*a. fig.*); *geol.* stage; (*Gelände*Ⓢ) terrace; (*Ton*Ⓢ) interval; (*Farb*Ⓢ) shade; (*Raketen*Ⓢ *etc.*) stage, (*Schalt*Ⓢ) *a.* step; (*Rang*Ⓢ) rank, grade; (*Niveau*) level, standard; ***auf gleicher ~ mit*** on a level (*od.* par) with; ***auf eine ~ stellen mit*** place on a level (*od.* par) with; ***sich mit j-m auf eine ~ stellen*** *a.* see oneself as s.o.'s equal; ***die höchste ~ des Erfolgs*** the pinnacle of success; ***die nächste ~ s-r Karriere*** the next step up in his career; ***verschiedene ~n der Entwicklung*** different stages in a development; → *a.* ***Oberstufe, Unterstufe***; **stufen** *v/t.* **1.** step; (*Gelände*) *a.* terrace; **2.** *fig.* (*staffeln*) graduate.
stufenartig *adj. u. adv.* → ***stufenförmig.***
Stufen|barren *m* asymmetrical (*Am.* uneven) bars *pl.*; **~dach** *n* stepped roof; **~folge** *fig. f* graduation, sequence of stages.
stufenförmig I. *adj.* stepped; *fig.* graded, graduated; **II.** *adv.* in steps; *fig.* in stages.
Stufen|haarschnitt *m* layered hairstyle (*od.* haircut); **~heck** *n mot.* notchback; **~landschaft** *f* terraced landscape; **~leiter** *f* step ladder; *fig.* ladder; *fig.* ***gesellschaftliche ~*** social ladder.
stufenlos *adj. u. adv.* ⚙ (*a.* **~verstellbar**) infinitely variable.
Stufen|plan *m* step-by-step plan; **~pyramide** *f* step(ped) pyramid; **~rakete** *f* multistage rocket; **~schnitt** *m* layered hairstyle (*od.* haircut).
stufenweise I. *adj.* gradual, progressive; **II.** *adv.* step by step, by degrees; in stages.
Stuhl *m* **1.** chair; (*Klavier*Ⓢ *etc.*) stool; ***der elektrische ~*** the electric chair; *eccl.* ***der Heilige ~*** the Holy See; ***j-m den ~ vor die Tür setzen*** turn s.o. out, (*entlassen*) F give s.o. the sack; ***sich zwischen zwei Stühle setzen*** fall between two stools; F ***mich hat es fast vom ~ gehauen*** F I nearly fell over backwards; F ***an j-s ~ sägen*** try to topple s.o.; F ***an s-m ~***

kleben cling to one's post; **2.** ⚕ a) (*Kot*) stool(s *pl.*), b) → **Stuhlgang**; **~aufsatz** *m für Kinder*: booster seat; **~bein** *n* chairleg, leg of a (*od.* the) chair; **~drang** *m* ⚕ urge to empty one's bowels; **~gang** *m* ⚕ bowel movement; **~ haben** have a bowel movement; **harten** (**weichen**) **~ haben** have hard (soft) stools; **~lehne** *f* back of a (*od.* the) chair; **~verhaltung** *f* ⚕ obstipation; **~verstopfung** *f* ⚕ constipation.

Stuka *m* → **Sturzkampfbomber.**

Stukkateur *m* plasterer; **Stukkatur** *f* stucco (work).

Stulle F *f* slice of bread (and butter); *belegte*: (open) sandwich.

Stulpe *f* (*Stiefel*2) top; (*Manschette*) cuff.

stülpen *v/t.* (*um~*) turn *s.th.* upside down; (*Ärmel etc.*) turn up; **nach außen ~** turn *s.th.* inside out; **auf** (*od.* **über**) *et.* **~** put on (*od.* over).

Stulpen|handschuh *m* gauntlet glove; **~stiefel** *m* top boot.

Stülpnase *f* turned-up nose.

stumm I. *adj.* dumb; (*still*) silent; *ling.* silent, mute; *fig.* silent; *fig.* **~ vor** *Erstaunen etc.*: speechless with, *stärker*: struck dumb with; **~e Rolle** silent (*od.* non-speaking) part; **~er Zeuge** silent witness; **~er Vorwurf** silent reproach; **~ wie ein Fisch** (as) silent as the grave; → **Diener** 3; **II.** *adv.* silently; **~ dasitzen** sit there without saying a word.

Stummel *m* (*Zahn*2 *etc.*) stump; *e-r Zigarre etc.*: butt, stub; *e-s Bleistifts*, *e-r Kerze*: stub.

Stumme(r *m*) *f* mute.

Stummfilm *m* silent film (*od.* movie); **~ära** *f*, **~zeit** *f* silent film (*od.* movie) era.

Stumpen *m* (*Zigarre*) cheroot.

Stümper *m* duffer; **Stümperei** *f* bungling, incompetence, F botching; (*e-e schlechte Arbeit*) bad job, F botch(-up); **stümperhaft I.** *adj.* bungling, incompetent, amateurish; **~e Arbeit** F botch, botched-up job; **II.** *adv.*: **~ ausgeführt sein** be an amateur piece of work, have been done in an amateurish way; **stümpern** *v/i. u. v/t.* bungle, F botch (up).

stumpf *adj.* **1.** *Bleistift, Messer etc.*: blunt; **~ werden** go blunt; **2.** △ *Winkel*: obtuse; *Kegel*: truncated; **3.** *Reim*: masculine; **4.** *fig.* (*glanzlos*) *a. Haar*: dull; **5.** *fig.* (*~sinnig*) obtuse, dull; (*teilnahmslos*) stolid, apathetic; *Sinne*: dulled; **~er Blick** dull look; **~ gegenüber** insensitive to.

Stumpf *m* stump; F **mit ~ und Stiel ausrotten** eradicate *s.th.* root and branch.

Stumpfheit *f* bluntness, dul(l)ness, obtuseness, apathy *etc.*; → **stumpf.**

Stumpfsinn *m* dul(l)ness, apathy; *e-r Tätigkeit*: mindlessness, monotony; **stumpfsinnig** *adj.* dull; (*teilnahmslos*) stolid, apathetic; *Arbeit etc.*: dull, tedious, mindless, soul-destroying.

stumpfwinkelig *adj.* obtuse(-angled).

Stunde *f* hour; (*Unterrichts*2) lesson, (*Schul*2) *a.* period; *fig.* hour, moment; **~n geben** give lessons; **~ nehmen bei** have lessons with; **was habt ihr in der ersten ~?** what's your first lesson?; *mot.* **50 Meilen in der ~** 50 miles an (*od.* per) hour; **alle zwei ~n** every two hours, every other hour; **von drei ~n** (**Dauer**) three-hour *speech etc.*; **von ~ zu ~** with every hour (that passes *od.* passed); **~ um ~ verging** the hours passed by; **bis zur ~** as yet, up till now; **zu später** (**früher**) **~** late at night (early in the day); **zu jeder ~** at any time; **zur ~** at the moment; **bis zur ~** so far; **die Gespräche dauern zur ~ noch an** the foreign ministers *etc.* are still sitting at the negotiating table; **die ~n zählen** count the hours (passing by); *fig.* **s-e ~n sind gezählt** his days are numbered; **s-e** (**große**) **~ ist gekommen** his time (*od.* hour) has come; **die ~ der Entscheidung ist gekommen** the time has come to decide (*od.* to make the big decision); **die ~ der Rache ist gekommen** the hour of reckoning has come; **die ~ des Abschieds** the time to say goodbye (*lit.* take one's leave); **die ~ der Wahrheit** the moment of truth; **in e-r schwachen ~** in a moment of weakness; **ein Mann der ersten ~** a man of the first hour, a pioneer; **in e-r stillen ~** at some quiet moment; **er wußte, was die ~ geschlagen hatte** he knew what was up (*od.* what was in store for him); → **halb.**

stunden *v/t.* ☤ grant (*od.* allow) respite *od.* a delay for *s.th.*; (**j-m**) **die Zahlung ~** extend the term of payment (to s.o.).

Stunden|ausfall *m ped.* cancel(l)ed classes *pl.*; **~geschwindigkeit** *f* (average) speed per hour; **e-e ~ von 40 Meilen** an average of 40 miles per hour (*abbr.* mph); **~hotel** *n* short-time hotel (*od.* motel); **~kilometer** *pl.* kilomet|res (*Am.* -ers) per hour (*abbr.* kph).

stundenlang I. *adj.* hours of, hour after hour of; lasting (for) hours; **II.** *adv.* for hours (and hours), for hours on end.

Stunden|lohn *m* hourly wage; **~plan** *m* timetable, *Am.* schedule; **~schlag** *m* striking of the hour; **mit dem ~ sechs** on the stroke of six; **~takt** *m*: **im ~** every hour.

stundenweise *adj. u. adv.* by the hour.

...-Stunden-Woche *f*: **30~** *etc.* 30-hour (working) week *etc.*

Stunden|zahl *f* workload; *e-s Lehrers*: *a.* teaching load; **~zeiger** *m* hour hand.

Stündlein *n*: **sein letztes ~ hat geschlagen** his last hour has come.

stündlich I. *adj.* **1.** hourly; **II.** *adv.* **2.** every hour; hourly; **3.** (*zu jeder Zeit*) any time (now); **er kann ~ ankommen** he could be here any hour (now).

Stundung *f* ☤ deferment (of payment).

Stunk F *m* row, F stink; **~ machen** kick up a row (*od.* stink); **es wird ~ geben** there'll be trouble (*od.* a real stink).

stupend *adj.* stupendous, amazing.

Stunt *m* stunt; **e-n ~ ausführen** do a stunt; **Stuntman** *m* stunt man.

stupid(e) *adj.* dull; (*geisttötend*) mindless.

Stups F *m*, **stupsen** F *v/t.* prod (*a. fig.*), nudge.

Stupsnase *f* snub nose; **stupsnasig** *adj.* snub-nosed.

stur I. *adj.* (*starrsinnig*) stubborn, obstinate; *stärker*: pigheaded; (*unnachgiebig*) *a.* unyielding, unwavering; (*verbissen*) dogged; (*stumpf*) stolid; (*geisttötend*) mindless; **ein ~es Nein** a flat no; **II.** *adv.*: **~ nach Vorschrift** strictly according to the letter (of the law); **Sturheit** *f* stubbornness, obstinacy *etc.*; → **stur** I.

Sturm *m* **1.** storm; gale; *lit.* tempest; ⚔ (*Angriff, a. fig.*) attack, assault; **das Barometer steht auf ~** the barometer is pointing to a storm, *fig.* there's trouble (*od.* a storm) brewing; **~ läuten** ring the alarm bell, *fig.* (*klingeln*) lean on the bell; *fig.* **~ der Entrüstung** (public) outcry; **~ des Protests** (**des Beifalls**) storm of protest (of applause); **ein ~ des Gelächters** peals of laughter; **ein ~ im Wasserglas** a storm in a teacup, *Am.* a tempest in a teapot; ☤ **~ auf** rush for *goods*, run on *a bank*; **~ laufen gegen** be up in arms against; **im ~ erobern** take by storm; F **bei ihnen herrscht ~** they're having a row; **~ und Drang** Sturm und Drang, Storm and Stress; **2.** *Sport*: (*Stürmerreihe*) forward line, forwards *pl.*; **~abteilung** *f hist.* SA, (Nazi) stormtroops *pl. od.* stormtroopers *pl.*; **~angriff** *m* ⚔ assault; **~bö** *f* squall; **~bock** *m hist.* battering ram; **~boot** *n* ⚔ assault boat.

stürmen I. *v/t.* **1.** ⚔ storm (*a. weitS. die Bühne etc.*); (*e-e Bank*) make a run on; **II.** *v/i.* **2.** ⚔ *u. Fußball etc.*: attack; (*als Stürmer spielen*) be a striker; **3.** *Wind*: rage; **4.** *fig. wütend, irgendwohin*: storm; (*rennen*) charge, tear; **III.** *v/impers.*: **es stürmt** there's a gale blowing, it's stormy outside.

Stürmer *m Fußball etc.*: striker; **~reihe** *f* forward line.

Sturm|flut *f* storm tide; 2**frei** *adj.*: F **~e Bude** F trouble-free digs *pl.*; **heute abend hab' ich** (**e-e**) **~e Bude** I've got the run of the place tonight, the coast is going to be clear tonight; **~gepäck** *n* ⚔ combat pack; 2**gepeitscht** *adj.* storm-tossed; *See*: *a.* storm-lashed; **~glocke** *f* alarm bell, tocsin.

stürmisch I. *adj.* **1.** *Wetter*: stormy; **~e See** stormy (*od.* rough) seas; **~e Überfahrt** rough crossing; **2.** *fig. Liebe*: tempestuous, passionate; *Affäre*: *a.* stormy; *Liebhaber*: passionate; *Debatte*: stormy; *Beifall*: tumultuous, (*frenetisch*) frenzied; *Protest, Reaktion*: vehement, violent; *Entwicklung etc.*: rapid; **~e Begrüßung** rapturous welcome; **~es Gelächter** gales of laughter; **~er Jubel** wild rejoicing; **~e Nachfrage** huge demand; **~e Umarmung** passionate embrace; **e-e ~e Zeit** turbulent times; **e-e ~e Karriere erleben** have a stormy career; **II.** *adv.*: **~ bitten um** make a violent plea for; **~ protestieren** protest vehemently (*od.* violently); **et. ~ fordern** clamo(u)r for s.th.; **man applaudierte ~** there was a storm of applause; **~ begrüßt werden** be given a rapturous welcome; **nicht so ~!** easy does it!, hold your horses!

Sturm|kegel *m* storm cone; **~laterne** *f* storm lantern, hurricane lamp; **~lauf** *m* ⚔ assault, attack; *fig. a.* run (**auf** on); **~möwe** *f* seagull; **~nacht** *f* **1.** stormy night; **2.** night of the storm; **~reihe** *f Sport*: forward line, attack; **~schaden** *m* storm damage; **~schritt** *m*: **im ~** at the double; **~segel** *n* storm sail; **~spitze** *f Sport*: spearhead (of the attack); **~tief** *n* cyclone; **~vogel** *m* (stormy) petrel; **~warnung** *f* gale warning; **~wolke** *f* storm cloud.

Sturz[1] *m* (sudden) fall; *ins Wasser*: plunge (*a. fig.*); *fig. der Temperatur etc.*: (sudden) drop *in temperature etc.*; ☤ **der** *Kurse, Preise*: slump; ☤ crash; *e-r Regierung*: (down)fall, *e-s Politikers etc.*: downfall, *durch Gewalt*: overthrow; F **e-n ~ bauen** (*od.* **drehen**) have a fall; *fig.* **es führte zu s-m ~** it led to (*od.* brought about) his downfall.

Sturz[2] *m* **1.** ⚙ (*Rad*≈) camber; **2.** ⛺ (*Fenster*≈, *Tür*≈) lintel.
Sturzbach *m* torrent (*a. fig.*).
sturzbesoffen, sturzbetrunken F *adj.* F (completely) sloshed, plastered.
Sturzbomber *m* dive bomber.
stürzen I. *v/i.* **1.** fall; *fig. u.* ✝ *Kurse, Preise*: plunge, plummet; ***schwer*** ~ have a bad (*od.* heavy) fall; ***vom Fahrrad*** ~ fall off one's bicycle; ***aus den Augen*** ~ *Tränen*: stream from s.o.'s eyes; ***aus der Wunde*** ~ *Blut*: gush from the wound; ***ins Meer*** ~ *Flugzeug*: crash into the sea; *fig.* ***der Minister stürzte über diesen Skandal*** this scandal brought about (*od.* led to) the minister's downfall; **2.** *Gelände*: drop; ***in die Tiefe*** ~ *Klippen etc.*: drop off sharply; ***die Klippen ~ dort 100 Meter in die Tiefe*** there's a sheer drop of 100 met|res (*Am.* -ers) at that point; **3.** (*rennen*) rush, dash; ***ins Zimmer*** ~ *a.* burst into the room; ***in j-s Arme*** ~ rush (*od.* fling o.s.) into s.o.'s arms; **II.** *v/t.* **4.** (*stoßen*) throw; *fig.* ***ins Elend*** *etc.* ~ plunge into misery *etc.*; → ***Verderben***; **5.** (*umkippen*) turn upside down; (*Pudding etc.*) turn out of the mo(u)ld (*od.* tin); ***Nicht*** ~! *Kistenaufschrift*: this side up; **6.** (*Regierung etc.*) bring down, bring about the downfall of, *durch Gewalt*: overthrow; **III.** *v/refl.* **7.** ***sich ins Wasser*** ~ plunge into the water; ***sich vor e-n Zug*** ~ throw o.s. in front of a train; *fig.* ***sich in Unkosten*** ~ go to great expense, spare no expense; ***sich in die Arbeit*** ~ throw o.s. into one's work; → ***Unglück, Verderben***; **8.** ***sich*** ~ ***auf*** (*j-n*) rush to(wards), *aggressiv*: rush at; (*herfallen über*) *a. Raubkatze*: pounce on, *Raubvogel*: swoop down on; *fig.* (*ein Buffet etc.*) make straight for, F attack; ***sich aufeinander*** ~ fall upon each other; *fig.* ***sich auf die Süßigkeiten*** ~ pounce on (*od.* attack) the sweets.
Sturz|flug *m* nosedive; *fig.* crash; **~flut** *f* torrent (of water); *vom Meer*: tidal wave; (*Regen*) torrential downpour; *fig.* torrent; **~geburt** *f* ⚕ precipitate labo(u)r; **~helm** *m* crash helmet; **~kampfbomber** *m* dive bomber; **~regen** *m* torrential downpour; **~see** *f* breaker.
Stuß F *m* F rubbish, *sl.* rot, *bsd. Am.* F garbage, trash; ***so ein*** ~! what a lot (*od.* load) of rubbish *etc.*
Stute *f* mare; **Stutenfohlen** *n* filly.
Stütz *m Turnen*: support.
Stützbalken *m* supporting beam, brace.
Stutzbart *m* trimmed beard.
Stütze *f* **1.** support, prop; *fig.* support, (*Rückendeckung*) *a.* backing; (*Person*) mainstay; ***~n der Gesellschaft*** pillars of society; ***sie war mir e-e große*** ~ she gave me a lot of support; **2.** F (*Arbeitslosenhilfe*) F dole (money).
stutzen[1] *v/t.* (*beschneiden*) cut; (*Bart, Haar*) trim; (*Baum*) prune, lop; (*Hecke*) clip, trim; (*Flügel*) clip; (*Ohren*) crop; (*Schwanz*) dock.
stutzen[2] *v/i.* (*innehalten, a. stehenbleiben*) stop short; (*verwundert sein*) be taken aback, *stärker*: catch one's breath; (*zögern*) hesitate; (*zweimal hingucken müssen*) F do a double take.
Stutzen *m* **1.** short rifle, carbine; **2.** ⚙ (*Rohrverbindung*) connecting piece; *mot. zum Einfüllen*: neck; **3.** (*Fußballstrumpf*) (football) sock.
stützen I. *v/t.* support; (*ab*~) *a.* prop up; ⛺ shore up; *fig.* support, back (up); ✝ (*Kurse, Währung*) support, back, bolster; ***s-e Ellenbogen*** ~ ***auf*** prop one's elbows on; *fig.* ***et.*** ~ ***auf*** base s.th. on; ***et. durch Beweise*** ~ support (*od.* corroborate) s.th. with evidence; **II.** *v/refl.*: ***sich*** ~ ***auf*** rest on, *Person*: lean on; *fig. Argument, Urteil etc.*: be based on, rest on; (*e-e Quelle*) *a.* draw upon.
Stutzflügel *m* (*Klavier*) baby grand.
Stützgewebe *n anat.* supporting tissue.
stutzig *adj.*: ~ ***werden*** be taken aback, (*verwirrt*) be puzzled; ***ich wurde ganz*** ~ *a.* I couldn't make head or tail of it; ~ ***machen*** perplex, puzzle; (*nachdenklich stimmen*) have *s.o.* wondering; (*Verdacht erregen bei*) arouse *s.o.'s* suspicion.
Stütz|korsett *n* support corset; **~mauer** *f* retaining wall; **~pfeiler** *m* supporting pillar, buttress; **~punkt** *m* **1.** ⚔ (military) base; **2.** ⚙ fulcrum; **~rad** *n* supporting wheel; **~strumpf** *m* elasticated stocking.
Stützung *f* support, backing *etc.*; → ***stützen.***
Stützungs|aktion *f* ✝ support measures *pl.*; **~käufe** *pl.* ✝ support buying *sg.*
Stützverband *m* ⚕ fixed dressing.
stylen *v/t.* design; → ***gestylt***; **Styling** *n* design, styling.
Styropor (*TM*) *n* polystyrene, styrofoam (*TM*).
Suaheli[1] *n ling.* Swahili.
Suaheli[2] *m* (*Person*) Swahili.
subaltern *adj.* **1.** *Stellung etc.*: subordinate; **2.** *contp. Verhalten etc.*: subservient; **Subalterne(r)** *m* **1.** subordinate; *bsd.* ⚔ subaltern; **2.** *contp.* underling.
Subjekt *n* **1.** *ling. u. phls.* subject; **2.** *contp.* (*Person*) individual, character; ***übles*** ~ F nasty piece of work.
subjektiv I. *adj.* subjective; ⚖ → ***Tatbestand***; **II.** *adv.*: ***zu*** ~ ***urteilen*** be too subjective in one's judg(e)ment; ***das siehst du zu*** ~ you're looking at it very subjectively (*od.* from a very subjective point of view); **Subjektivismus** *m phls.* subjectivism; **Subjektivität** *f* subjectivity.
Subkontinent *m* subcontinent.
Subkultur *f* subculture; **subkulturell** *adj.* subcultural.
subkutan *adj.* ⚕ subcutaneous.
sublim *adj.* sensitive; *Gedanken, Ironie etc.*: sublime; **sublimieren** *v/t.* sublimate; **Sublimierung** *f* sublimation.
subordinieren *v/t.* subordinate.
subpolar *adj.* subpolar.
Subskribent *m* subscriber; **subskribieren** *v/t.* (*a. v/i.*: ~ ***auf***) subscribe to; **Subskription** *f* subscription.
Subskriptions|liste *f* subscription list; **~preis** *m* subscription price.
substantiell *adj.* substantial.
Substantiv *n ling.* noun; **substantivieren** *v/t.* nominalize; **substantiviert** *adj.*: ***~es Adjektiv*** nominalized adjective; **substantivisch I.** *adj.* nominal; **II.** *adv.* nominally, as a noun.
Substanz *f* **1.** (*Stoff*) substance; **2.** ✝ capital; ***von der*** ~ ***leben*** live on one's capital; ***die*** ~ ***angreifen*** draw on one's resources; **3.** *fig.* (*Wesen*) substance; (*Kern*) core; ***es fehlt dem an*** ~ it lacks substance; F ***das geht an die*** ~ F it really takes it out of you; **≈los** *adj.* insubstantial, lacking in substance; **~verlust** *m* loss of substance; ✝ loss of capital (*od.* resources).
substituieren *v/t.* substitute (***A durch B*** B for A).
Substitut[1] *m* assistant sales manager.
Substitut[2] *n* (*Ersatz*) substitute.
Substrat *n* substrate.
subsumieren *v/t.* subsume (*dat.*, ***unter*** under).
Subsystem *n* subsystem.
subtil I. *adj.* subtle; ***~er Hinweis*** subtle hint; ***~e Unterscheidung*** subtle distinction; ***das ≈e daran*** the subtle thing about it; **II.** *adv.* subtly; **Subtilität** *f* subtlety; subtle nature; *konkret*: subtlety.
Subtrahend *m* Ⱥ subtrahend; **subtrahieren** *v/t.* subtract; **Subtraktion** *f* subtraction.
Subtropen *pl.* subtropics; **subtropisch** *adj.* subtropical.
Subunternehmer *m* subcontractor.
Subvention *f* subsidy; **subventionieren** *v/t.* subsidize; **subventioniert** *adj.* subsidized; ***staatlich*** ~ subsidized by the state, state-subsidized; **Subventionierung** *f* subsidization.
Subversion *f pol.* subversion; **subversiv** *adj.* subversive.
Such|aktion *f* search; **~algorithmus** *m Computer*: search algorithm; **~anzeige** *f* **1.** missing person bulletin; **2.** *Zeitung*: wanted ad; **~begriff** *m Computer*: search word; **~dienst** *m* tracing service.
Suche *f* search (***nach*** for); *nach e-m Verbrecher*: *a.* hunt (for); *fig. nach Glück etc.*: search (for), quest (for), pursuit (of); ***auf der*** ~ ***nach*** in search of, *fig. a.* in quest of *happiness etc.*; ***auf der*** ~ ***sein nach*** be looking (*od.* on the lookout) for, be searching for; ***nach langer*** ~ after a long search; ***sich auf die*** ~ ***machen*** start looking (***nach*** for).
suchen I. *v/t.* look for, *intensiver*: search for; *lit.* seek; (*Vermißte etc.*) try to trace; (*Verbrecher*) hunt for, try to track down; ***du wirst gesucht*** they're looking for you, F you're wanted; ***Pilze*** ~ look for (*od.* pick) mushrooms; ***Hilfe*** (***Rat***) ~ seek help (advice); ***Abenteuer*** ~ seek adventure; ***e-e neue Stelle*** ~ look for (*od.* try to find) a new job; ***Streit mit j-m*** ~ be trying to pick a fight (*od.* an argument) with s.o.; ***das Weite*** ~ take to one's heels; ~ ***Sie jemand?*** are you looking for s.o. in particular?, can I help you?; ***was*** ~ ***Sie hier?*** what are you doing here?; ***was suchst du hier?*** *a.* F what are you after?; ***Sie haben hier nichts zu*** ~ you have no business being here; ***das hat hier nichts zu*** ~ that has no place around here; ***ich hab' bei ihm nichts mehr zu*** ~ I'm through with him; ***such nicht die Schuld bei andern*** don't try and blame others; ***die beiden haben sich gesucht und gefunden*** they('ve) found each other; ***sich e-n Weg durch die Menge*** ~ pick one's way through the crowd; ***j-n zu verstehen*** ~ try to understand s.o.; → ***gesucht, polizeilich, seinesgleichen***; **II.** *v/i.* look, *intensiver*: search (***nach*** for); ***nach Worten*** ~ search (*od.* grope) for words, (*sprachlos sein*) be at a loss for words; ***da kannst du lange*** ~ you won't find that there; ***in allen Taschen*** (***Schränken***) ~ search (through) *od.* go through all one's pockets (all the cupboards); *bibl.* ***suchet, so werdet ihr finden*** search and ye shall find.

Sucher *m phot.* viewfinder; **~kamera** *f* rangefinder camera.
Such|funktion *f Computer*: search function; **~hund** *m* tracker (*od.* sniffer) dog.
Suchlauf *m Radio, Video etc.*: scanning, search mode (*od.* function); **~ vorwärts (rückwärts)** cue (review), forward (reverse) search; **~taste** *f* cue/review (*od.* scan) button.
Such|liste *f* list of missing persons; *der Polizei*: list of wanted persons, wanted list; **~mannschaft** *f* search party; **~meldung** *f* missing person bulletin; police message; **~scheinwerfer** *m* searchlight.
Sucht *f nach Rauschgift, Alkohol etc.*: addiction (**nach** to); (*übertriebenes Verlangen*) craving (for); (*Manie*) mania (for); **das ist bei ihm zur ~ geworden** *Alkohol etc.*: he's become addicted to it; (*Manie*) it's become an obsession with him; **2erzeugend** *adj.* ⚕ addictive, habit-forming; **~gefahr** *f* danger of habit formation; **~gift** *n* addictive drug.
süchtig *adj.* **1.** addicted (*z. B.* **heroin~** addicted to heroin); **~ werden** become addicted (**nach** to), *sl.* get hooked (on); **~ machen** *Droge etc.*: be addictive; **2. ~ sein nach** (*gierig*) have a craving for, lust after; **er ist ~ danach** *a.* it's like a drug for him; **Süchtige(r** *m*) *f* addict; **Süchtigkeit** *f* addiction.
Sucht|klinik *f* detoxification cent|re (*Am.* -er); **2krank** *adj.* addicted; **~kranke(r)** *m* ⚕ addict; **~mittel** *n* addictive drug (*od.* substance).
Suchtrupp *m* search party.
Sud *m* **1.** *von Gemüse*: juice; *von Fleisch u. Fisch*: stock; **2.** ⚗ extract.
Süd *m* south; **von** (*od.* **aus**) **~** from the south; **München ~** the south of Munich; **Eingang ~** the south entrance.
Südafrikaner(in *f*) *m*, **südafrikanisch** *adj.* South African.
Südamerikaner(in *f*) *m*, **südamerikanisch** *adj.* South American.
Sudanese *m*, **Sudanesin** *f*, **sudanesisch** *adj.* Sudanese.
Südasiat(in *f*) *m* South Asian; **südasiatisch** *adj.* South Asian; **im ~en Raum** in South (*od.* Southern) Asia.
süddeutsch *adj.* South German; **im ~en Raum** in the south of Germany, in Southern Germany; **Süddeutsche(r** *m*) *f* South German.
Sudelei *f* (*Gepantsche, Schmutz*) mess; **sudeln** *v/i. u. v/t.* (*manschen*) make a mess; (*kritzeln*) scribble, scrawl; **→ besudeln.**
Süden *m* south; (*südlicher Landesteil*) South; **von ~** from the south; **nach ~** south(wards); *Verkehr, Straße etc.*: southbound; **Balkon nach ~** south-facing balcony; **im sonnigen ~** in the sunny Mediterranean.
südenglisch *adj.* southern (*od.* Southern) English.
sudetendeutsch *adj.*, **Sudetendeutsche(r** *m*) *f* Sudeten German.
Südeuropäer(in *f*) *m*, **südeuropäisch** *adj.* South (*od.* Southern) European.
Süd|fenster *n* south-facing window, window facing south, window to the south; **~früchte** *pl.* tropical (*od.* southern) fruits; **~halbkugel** *f* southern hemisphere; **~hang** *m* southern (*od.* south-facing) slope.
Südkoreaner(in *f*) *m*, **südkoreanisch** *adj.* South Korean.
Süd|küste *f* south coast; **an der ~** on the south coast; **~lage** *f* southern exposure.
Südländer *m* Mediterranean type, Latin; **südländisch** *adj. Klima etc.*: Mediterranean, *Typ*: *a.* Latin (*a. Temperament*).
südlich I. *adj.* southern, south ...; *Wind*: southerly; **in ~er Richtung** south (-wards); *Verkehr, Straße etc.*: southbound; **II.** *adv.* (to the) south (**von** of); **südlichst** *adj.* southernmost.
Südlicht *n* southern lights *pl.*, aurora australis.
Südost *m* **→ Südosten.**
südostasiatisch *adj.* Southeast Asian.
Südosten *m* (**SO**) southeast (*abbr.* SE).
Südosteuropäer(in *f*) *m*, **südosteuropäisch** *adj.* Southeast European.
südöstlich I. *adj.* southeast(ern); *Wind*: southeasterly; **II.** *adv.* (to the) southeast.
Südpol *m* South Pole; **Südpolargebiet** *n* Antarctic; **Südpolarkreis** *m* Antarctic circle; **Südpolexpedition** *f* Antarctic expedition, expedition to the South Pole.
Südsee *f* (South) Pacific; **~insel** *f* Pacific (*od.* South Sea) island; **~insulaner** *m* Pacific (*od.* South Sea) islander.
Südseite *f* south (*od.* southern) side.
Südstaaten *pl.*: **die ~** *der USA*: the Southern States, the South; F *hum.* the Deep South; **Südstaatler** *m* **1.** *in den USA*: Southerner; **2.** *hist.* Confederate.
Südtiroler(in *f*) *m*, **Südtiroler ..., südtirolerisch** *adj.* South Tyrolean.
südwärts *adv.* south(wards).
Südwest(en) *m* (**SW**) southwest (*abbr.* SW); **Südwester** *m* (*Hut*) sou'wester; **südwestlich I.** *adj.* southwest(ern); *Wind*: southwesterly; **II.** *adv.* (to the) southwest.
Südwind *m* south wind.
Suff F *m* alcohol; (*Trinken*) F boozing; **sich dem ~ ergeben** F hit the bottle; **dem ~ verfallen** F on the bottle; **er hat es im ~ gesagt** he'd had a few when he said that.
süffeln *v/i. u. v/t.* F tipple, booze.
süffig *adj. Wein*: palatable; **dieser Wein ist sehr ~** *a.* this wine goes down well.
süffisant *adj.* smug, complacent.
Suffix *n ling.* suffix.
Süffler F *m* F tippler.
suggerieren *v/t.* suggest; **j-m et. ~** persuade s.o. of s.th. (*od.* that ...), talk s.o. into thinking (*od.* believing) that.
Suggestion *f* persuasion, suggestion.
suggestiv *adj.* suggestive; **2frage** *f* leading question.
suhlen *v/refl.*: **sich ~** wallow (*a. fig.*).
Sühne *f* expiation, atonement; (*Buße*) penance; **~ leisten für** do penance for; **sühnen** *v/t.* expiate, atone for.
Sühne|opfer *n* expiatory sacrifice; **~termin** *m* conciliation hearing; **~versuch** *m* attempt at reconciliation.
Suite *f* **1.** (*Zimmerflucht*) suite (of rooms); **2.** ♪ suite.
Suizid *m* suicide; **2gefährdet** *adj.* suicide-prone; **~ sein** *a.* have suicidal tendencies, be a potential suicide.
Sujet *n Kunst*: subject.
Sukzession *f* succession; **apostolische ~** apostolic succession; **Sukzessionskrieg** *m* war of succession.
sukzessiv *adj.* gradual; **~e Veränderung** *a.* step-by-step change; **sukzes-sive** *adv.* little by little, step by step.
Sulfat *n* ⚗ sulphate, *Am.* sulfate.
Sulfid *n* ⚗ sulphide, *Am.* sulfide.
Sulfit *n* ⚗ sulphite, *Am.* sulfite.
Sulfonamid *n pharm.* sulphonamide, *Am.* sulfonamide; *pl. a.* sulpha (*Am.* sulfa) drugs.
Sultan *m* sultan; **Sultanat** *n* sultanate; **Sultanin** *f* sultana.
Sultanine *f* (*Rosine*) sultana.
Sülze *f* (*Speise*) jellied meat; (*Aspik*) aspic.
sülzen F *v/i.* F prattle on; *bsd. um et. zu erreichen*: F give a long spiel.
sulzig *adj.* slushy.
Sülzkotelett *n* pork chop in aspic.
Sulzschnee *m* slush, F porridge (snow).
Sumerer *m*, **sumerisch** *adj.*, **Sumerisch** *n hist.* Sumerian.
summarisch I. *adj.* summary (*a.* ⚖); **II.** *adv.* summarily.
summa summarum *adv. kosten etc.*: in total; (*alles in allem gesehen*) all in all, all things considered; **der Umzug hat ~ DM 11 500 gekostet** the removal costs came to a (grand) total of 11,500 marks.
Sümmchen F *n*: **ein hübsches ~** F a tidy little sum.
Summe *f* sum; (*Gesamt2*) *a.* (sum) total; (*Betrag*) amount; *fig. des Wissens etc.*: sum total.
summen I. *v/i. Insekt etc.*: buzz; *weicher*: hum (*a. v/t. ein Lied*); *eintönig*: drone; **vor sich hin ~** hum away to oneself; **II. 2** *n* buzz(ing); hum(ming); buzzing (*od.* humming) noise.
Summer *m* ⚡ buzzer.
summieren I. *v/t.* add up; **II.** *v/refl.*: **sich ~** add (*od.* mount) up (**auf, zu** to); **es summiert sich** it all adds up.
Summ|ton *m*, **~zeichen** *n* buzz, buzzing signal; *teleph.* dialling (*Am.* dial) tone.
Sumpf *m* marsh; *weitläufiger, bsd.* (*sub*)*tropisch*: swamp; (*~loch*) bog; *fig.* quagmire; **~blüte** F *fig. f* excrescence; **~boden** *m* marshy ground; **~dotter-blume** *f* marsh marigold.
sumpfen F *v/i.* F live it up.
Sumpf|fieber *n* ⚕ marsh fever, malaria; **~gas** *n* marsh gas; **~gebiet** *n* marshland; swampland; **~huhn** *n* **1.** *zo.* crake; **2.** F *hum.* F boozer.
sumpfig *adj.* marshy; swampy.
Sumpf|land *n* marshland; swampland; **~pflanze** *f* marsh plant; **~schildkröte** *f* mud turtle; **~vogel** *m* wader; **~wiese** *f* marshy (*od.* swampy) meadow.
Sums F *m* fuss, F carry-on; **so ein ~** what a carry-on; **mach nicht solchen ~** don't make such a fuss.
Sund *m* sound, strait.
Sünde *f* sin; **e-e ~ begehen** sin, commit a sin; **e-e ~ gegen den guten Geschmack** a sin against good taste; **das ist doch keine ~** it's no crime.
Sünden|babel *n* den of iniquity, hotbed of vice; **~bekenntnis** *n* confession of one's sins; **~bock** *m* scapegoat, F fall guy; **j-n zum ~ machen** use s.o. as a scapegoat; **~erlaß** *m* remission of sins, absolution; **~fall** *m the* Fall (of Man); **~konto** *n* **→ Sündenregister**; **~last** *f* burden of one's sins; **~pfuhl** *m* den of iniquity; **~register** F *n* list of sins (*od.* transgressions).
Sünder *m* sinner; **armer ~** poor wretch; F **du alter ~!** F you old devil!
sündhaft I. *adj.* sinful, wicked; F *fig.* **ein**

~er Preis a shocking price; **II.** F *fig. adv.*: ~ ***teuer*** shockingly expensive.
sündig *adj.* sinful; (*schuldig*) guilty.
sündigen *v/i.* **1.** sin (***gegen*** against); ***an j-m ~*** wrong s.o.; **2.** *fig. hum.* (*zuviel essen etc.*) indulge, F sin.
super F *adj. u. int.* super, F great.
Super(benzin) *n* four-star (petrol), *Am.* premium.
Superding F *n* F (real) humdinger.
supergescheit F *adj.* F incredibly clever; *iro.* F too clever by half; **Supergescheite(r** *m*) *f* F know-(it-)all.
Superintendent *m* dean.
superklug F *adj.* F too clever by half.
Superlativ *m ling.* superlative (degree); *fig.* superlative; ***in ~en reden*** talk in superlatives.
superleicht F *adj.* F dead easy; ***~ sein*** *a.* F be a cinch.
Supermacht *f pol.* superpower.
Supermarkt *m* supermarket; *großer*: *a.* hypermarket.
supermodern F *adj.* ultramodern, hypermodern.
Supernova *f ast.* supernova.
Superphosphat *n* superphosphate.
superschick F *adj.* very smart.
superschnell F **I.** *adj.* F incredibly fast, *pred.* like greased lightning; **II.** *adv.* F quick as a flash, in no time.
Superstar *m* superstar.
Supertanker *m* supertanker.
Süppchen *n*: *fig.* ***sein eigenes ~ kochen*** do one's own thing; ***gern sein ~ am Feuer anderer kochen*** always try and cash in on other people.
Suppe *f* soup; *fig.* ***die ~ auslöffeln müssen*** F have to face the music; ***j-m*** (***sich***) ***e-e schöne ~ einbrocken*** F get s.o. (o.s.) into a nice mess; ***j-m die ~ versalzen*** spoil s.o.'s (*od.* all the) fun, (*Pläne durchkreuzen*) F throw a spanner into the works.
Suppen|fleisch *n* meat for making soup; **~gemüse** *n* vegetables for making soup; **~grün** *n bunch of herbs and vegetables for flavo(u)ring soup*; **~huhn** *n* boiling fowl; **~kelle** *f* soup ladle; **~knochen** *m* soup bone; **~küche** *f* soup kitchen; **~löffel** *m* soup spoon; **~schüssel** *f* soup tureen; **~tasse** *f* soup cup; **~teller** *m* soup plate; **~terrine** *f* (soup) tureen; **~würfel** *m* stock cube; **~würze** *f* soup seasoning.
Supplement *n* supplement; **supplementär** *adj.* supplementary.
Supplement|band *m* supplement(ary volume); **~winkel** *m* Ꭿ supplementary angle.
Supraleiter *m* ⚡ supraconductor.
supranational *adj.* supranational.
Supremat *m, n* supremacy.
Surfbrett *n* surfboard; **surfen** *v/i.* **1.** surf; **2.** windsurf; **Surfer** *m* **1.** surfer; **2.** windsurfer.
Surrealismus *m* surrealism; **Surrealist** *m* surrealist; **surrealistisch** *adj.* surrealistic(ally *adv.*), surrealist ...
surren *v/i. Kamera, Motor etc.*: whirr, *Am.* whir; *leiser*: hum; *Insekt*: buzz.
Surrogat *n* substitute, surrogate.
suspekt *adj.* suspect; (*fragwürdig*) *a.* dubious; ***er ist mir ~*** I'm not so sure about him.
suspendieren *v/t.* suspend.
suspensiv *adj.*: ***~es Veto*** power of delay.
Suspensorium *n* ⚕ suspensory; *Sport*: athletic support.
süß *adj.* sweet (*a.* F *goldig*); ***~es Lächeln*** sugary smile; F ***~es Ding*** sweet little thing; ***gern ~e Sachen essen*** have a sweet tooth; **Süße** *f* **1.** sweetness; **2.** F (*Kosewort*) F sweetie; **süßen** *v/t.* sweeten; add sugar to; **Süße(r)** F *m* F sweetie.
Süßholz *n* liquorice; F ***~ raspeln*** F turn on the old charm.
Süßigkeiten *pl.* sweets, *Am.* candy *sg.*; ***gern ~ essen*** have a sweet tooth.
Süßkartoffel *f* sweet potato, *Am. a.* yam.
süßlich *adj.* **1.** sweetish, *contp.* sickly sweet; **2.** *fig.* (*kitschig*) sickly (sweet); (*sentimental*) mawkish; *Miene, Stimme etc.*: F ever so sweet, *Lächeln*: *a.* sugary.
Süßmost *m* unfermented fruit juice.
Süßrahmbutter *f* creamery butter.
süßsauer *adj.* **1.** *gastr.* sweet and sour; **2.** *Lächeln*: forced.
Süßspeise *f* sweet, dessert.
Süßstoff *m* sweetener.
Süßwaren *pl.* sweets, *Am.* candy *sg.*; **~geschäft** *n* sweet shop, *Am.* candy store.
Süßwasser *n* fresh (*od.* sweet) water; **~fisch** *m* freshwater fish.
Süßwein *m* dessert wine.
Swimmingpool *m* (swimming) pool.
Swing *m* ♪ swing; **~ära** *f* swing era, era of swing.
Swinggeschäft *n* ☤ swing.
Sybarit *m* sybarite; **sybaritisch** *adj.* sybaritic.
syllabisch *adj.* syllabic(ally *adv.*).
Syllogismus *m* syllogism; **syllogistisch** *adj.* syllogistic(ally *adv.*).
Sylphe *f* sylph; **Sylphide** *f* sylph; **sylphidenhaft** *adj. u. adv.* sylph-like.
Symbiose *f* symbiosis; **symbiotisch** *adj.* symbiotic(ally *adv.*).
Symbol *n* symbol (*gen.*, **für** of); (*Zeichen*) *a.* sign; (*Merkmal*) badge; **~charakter** *m* symbolic character; **~figur** *f* symbolic figure (*gen.*, **für** for), symbol (of).
symbolhaft *adj.* symbolic(al) (**für** of); **Symbolik** *f* symbolism; **symbolisch** *adj.* symbolic(al) (**für** of); ***~er Beitrag*** token fee; **symbolisieren** *v/t.* symbolize; **Symbolismus** *m Kunst*: Symbolism.
Symbol|kraft *f* symbolic power; **~sprache** *f a. Computer*: symbolic language.
symbolträchtig *adj.* highly (*od.* deeply) symbolic; steeped in symbolism; **Symbolträchtigkeit** *f* highly symbolic nature; deep symbolism.
Symmetrie *f* symmetry (*a. fig.*); **~achse** *f* Ꭿ symmetric axis; **~ebene** *f* Ꭿ plane of symmetry.
symmetrisch *adj.* symmetric(al).
Sympathie *f* (*Zuneigung*) liking; (*Anteilnahme*) sympathy; (*Unterstützung*) support; ***bei aller ~*** much as I like him *etc.*; ***große ~n genießen bei*** be very popular among, be well-liked among; ***der Plan hat m-e volle ~*** the plan has my full support (*od.* backing); ***ihre ~n liegen bei*** her sympathies are (*od.* lie) with; **~kundgebung** *f* demonstration of support; **~streik** *m* sympathy (*od.* sympathetic) strike; sympathetic action; **~träger** *m* sympathetic figure.
Sympathikus *m* sympathetic nerve.
Sympathisant *m* sympathizer.
sympathisch *adj.* **1.** likeable, (very) pleasant, personable, F (very) nice; *Stimme, Lächeln etc.*: pleasant, engaging, F nice; ***er ist mir ~*** I think he's nice, I quite like him; ***er ist mir überhaupt nicht ~*** I just don't like him (F go for him); ***die Sache ist mir nicht ~*** I don't like it; **2.** *physiol.* sympathetic.
sympathisieren *v/i.*: ***~ mit*** sympathize with; ***mit den Kommunisten*** *etc.* ***~*** *a.* be a Communist *etc.* sympathizer.
Symphonie(...) → ***Sinfonie(...)***; **symphonisch** *adj.* → ***sinfonisch.***
Symposion *n*, **Symposium** *n* symposium.
Symptom *n a. fig.* symptom (**für** of); ***~e von et. zeigen*** *a.* show signs of; **Symptomatik** *f* **1.** *e-r Krankheit*: symptoms *pl.*; **2.** (*Fach*) symptomatology; **symptomatisch** *adj. a. fig.* symptomatic (**für** of).
Synagoge *f* synagogue.
Synapse *f physiol.* synapse.
Synästhesie *f* syn(a)esthesia.
synchron I. *adj.* synchronous; *ling. etc.* synchronic; **II.** *adv.*: ***~ laufen*** (*od.* ***gehen, geschaltet sein***) be synchronized; **Ձausstrahlung** *f TV, Radio*: simulcast; **Ձgetriebe** *n mot.* synchromesh (gear).
Synchronisation *f* synchronization; *Film*: *a.* dubbing; **synchronisieren** *v/t.* synchronize; (*Film*) *a.* dub, F sync; **synchronisiert** *adj.* synchronized; *Film*: *a.* dubbed; ***~e Fassung*** dubbed version; ***der Film ist ~*** the film has been dubbed.
Synchron|schaltung *f mot.* synchronized gear change; **~sprecher** *m* dubber; **~stimme** *f* **1.** dubbing voice; **2.** dubbed voice.
Syndikat *n* syndicate (*a. v/t.* ***zu e-m ~ zusammenschließen***).
Syndikus *m* company lawyer, legal adviser, *Am.* corporation counsel.
Syndrom *n* ⚕ *u. weitS.* syndrome.
synergetisch *adj.* synergetic; **Synergie** *f* synergy; **Synergieeffekt** *m* synergetic effect.
Synkope *f ling.* syncope; ♪ syncopation.
Synkretismus *m* syncretism; **synkretistisch** *adj.* syncretic.
Synode *f* synod.
Synonym I. *n ling.* synonym; **II.** Ձ *adj.* synonymous (**zu** with); **Synonymik** *f* **1.** (*Fachgebiet*) synonymics *pl.* (*sg. konstr.*); **2.** → **Synonymwörterbuch** *n* dictionary of synonyms; thesaurus.
Synopse *f*, **Synopsis** *f* synopsis; **Synoptiker** *m* Synoptist; **synoptisch** *adj.* synoptic(ally *adv.*); ***die ~en Evangelien*** the synoptic Gospels.
Syntagma *n ling.* syntagm; **syntagmatisch** *adj.* syntagmatic(ally *adv.*).
syntaktisch *adj. ling.* syntactic(al).
Syntax *f* syntax; **~fehler** *m* syntax (*od.* syntactical) error.
Synthese *f* synthesis.
Synthesizer *m* synthesizer.
Synthetik *f* synthetic (fib|re [*Am.* -er]), man-made fib|re (*Am.* -er); ***das ist alles ~*** it's all synthetic(s); **synthetisch I.** *adj.* synthetic; **II.** *adv.*: ***~ herstellen*** produce synthetically.
Syphilis *f* ⚕ syphilis; **Syphilitiker** *m* syphilitic; **syphilitisch** *adj.* syphilitic.
Syr(i)er(in *f*) *m*, **syrisch** *adj.* Syrian; **Syrisch** *n hist. ling.* (*a.* ***das ~e***) Syriac.
System *n* system; (*Methode*) *a.* method; (*Eisenbahn*Ձ *etc.*) system, network; ***mit ~ arbeiten*** work systematically (*od.* methodically); ***da ist überhaupt kein ~ drin*** there's absolutely no system to it, it's completely unsystematic; ***dahinter***

steckt** ~* there's method in (*od.* to) it; ***in ein** ~ **bringen systematize; **~absturz** *m* system crash; **~analyse** *f* systems analysis; **~analytiker** *m* systems analyst.
Systematik *f* **1.** (*Aufbau*) system, method; **2.** (*Lehre*) systematics *pl.* (*sg. konstr.*); **Systematiker** *m* systematist; *weitS.* systematic person; **systematisch** *adj.* systematic(ally *adv.*), methodical; **systematisieren** *v/t.* systematize.
system|feindlich *adj.* subversive; **~immanent** *adj.* inherent in the (*od.* a) system.
systemisch *adj. biol.* systemic.
systemkonform *adj.* (politically) conformist.
Systemkritik *f* criticism of the system; **Systemkritiker** *m* dissident; **systemkritisch** *adj.* dissident ...
systemlos *adj.* unsystematic, unmethodical.
System|veränderung *f* change in the system; **~zwang** *m* imposed conformism; ***unter** ~ **leben*** be forced to conform.
Szenario *n* scenario.
Szene *f* **1.** scene (*a. thea.*, *a. Anblick*, *Schauplatz*, *Streit*); *thea. u. fig.* ***in** ~ **setzen*** stage; *fig.* ***sich in** ~ **setzen*** draw attention to o.s., put o.s. into the limelight; ***die** ~ **betreten*** come on the scene; ***(j-m) e-e** ~ **machen*** make a scene; **2.** *politische*, *literarische etc.*: scene; F ***die** ~* alternative society; ***er kennt sich in der** ~ **aus*** he knows the scene.
Szenen|beifall *m* spontaneous applause; **~bild** *n* (stage) set, stage setting; **~wechsel** *m* scene change; *fig.* change of scene.
Szenerie *f* **1.** (*Bühnendekoration*) scenery; **2.** (*Schauplatz*) setting; **3.** (*Landschaft*) scenery.
szenisch I. *adj.* scenic; ***~e Darstellung*** a) staging, b) stage presentation; **II.** *adv.* scenically; ***~ darstellen*** stage, put on stage.
Szepter *n* scept|re (*Am.* -er).
Szylla *f*: ***zwischen** ~ **und Charybdis*** between Scylla and Charybdis, between the devil and the deep blue sea.

T

T, t *n* T, t.

Tabak *m* tobacco; **~geschäft** *n* tobacconist's, *Am.* cigar store; **~händler** *m* tobacconist; **~laden** *m* tobacconist's, *Am.* cigar store; **~mischung** *f* blend of tobacco; **~plantage** *f* tobacco plantation; **~qualm** *m*, **~rauch** *m* tobacco smoke.

Tabaks|beutel *m* tobacco pouch; **~dose** *f* tobacco tin; *für Schnupftabak*: snuffbox.

Tabak|steuer *f* tobacco duty; **~vergiftung** *f* nicotine poisoning; **~waren** *pl.* tobacco products; cigarettes and tobacco; *Geschäftsschild*: tobacconist.

tabellarisch *adj.* tabular, tabulated; **tabellarisieren** *v/t.* tabulate; **Tabelle** *f* table; *graphische*: chart; *Sport u. fig.*: league table.

Tabellen|ende *n*: (**am ~** at the) bottom of the league (*od.* table); **~erste(r)** *m* league leaders *pl.*; ***Tabellenerster sein*** *a.* be (at the) top of the table (*od.* league); **~form** *f*: ***in ~*** in tabular form, tabulated; **~führer** *m* → ***Tabellenerste(r)***; **~letzte(r)** *m* bottom team; ***Tabellenletzter sein*** *a.* be at the bottom of the table (*od.* league); **~spitze** *f*: (***an der ~*** at the) top of the league (*od.* table).

tabellieren *v/t.* tabulate; **Tabelliermaschine** *f* tabulator.

Tabernakel *m*, *n eccl.* tabernacle.

Tablett *n* tray; F *fig.* ***j-m et. auf e-m silbernen ~ servieren*** hand s.th. to s.o. on a platter; F ***soll ich es dir auf e-m silbernen ~ servieren?*** F not good enough for you, is it?; F ***das kommt nicht aufs ~*** that's out of the question.

Tablette *f* tablet, pill; **Tablettenform** *f*: ***in ~*** in tablets, in tablet form; **Tablettenmißbrauch** *m* medication misuse; **tablettensüchtig** *adj.* addicted to pills; ***~ sein*** *a.* F be a pill popper; **Tablettensüchtige(r)** *m* pill addict, F pill popper.

tabu I. *adj.* taboo; ***~ sein*** *a.* F be a no-no; ***das Thema ist für sie ~*** it's a taboo topic with her; **II.** 2 *n* taboo; ***ein ~ brechen*** break a taboo; **tabufrei** *adj.*: ***~e Gesellschaft*** permissive society; **tabuisieren** *v/t.* (put under) taboo.

tabula rasa: ***~ machen*** make a clean sweep.

Tabulator *m* tabulator.

Tabu|schranke *f* taboo (barrier); ***~n niederreißen*** break down taboos; **~thema** *n* taboo topic; **~verletzung** *f* breaking (*od.* infringement) of a taboo; **~wort** *n* taboo word.

Tacheles: F ***~ reden*** F talk turkey (**mit** with).

Tacho F *m*, **Tachometer** *m*, *n mot.* speedometer; **Tachometerstand** *m* mileometer reading; number of kilomet|res (*Am.* -ers) *od.* miles clocked up.

Tachykardie *f* ⚕ tachycardia.

Tacker *m* tacker.

Tadel *m* (*Rüge*) reprimand; (*Vorwurf*) reproach; (*Kritik*) criticism; (*Makel*) blemish, fault, flaw; ***ihn trifft kein ~*** he's not to blame; ***über jeden ~ erhaben***, *lit.* ***ohne ~*** beyond (*od.* above) reproach; **tadellos** *adj.* (*makellos*) flawless, perfect; (*ausgezeichnet*, *a.* F *fig.*) perfect; ***das ist doch ~*** *a.* there's nothing wrong with it; **tadeln** *v/t.* (*rügen*) rebuke, reprove; (*schelten*) reprimand, scold; (*kritisieren*) criticize; (*bekritteln*) find fault with, carp at; (*mißbilligen*) disapprove of; **tadelnd** *adj.* reproachful; **tadelnswert** *adj.* reproachable, reprehensible.

Tafel *f* (*Schul*2) (black)board, *Am. a.* chalkboard; (*Anschlagbrett*) notice (*Am.* bulletin) board; (*Platte*, *a. Bild*2) plate; (*Stein*2) slab; (*Schiefer*2) slate; *hist.* (*Schreib*2) tablet; (*Holz*2) panel; (*Gedenk*2) plaque; (*Blech*2) sheet; (*Schalt*2) control panel, console; (*~ Schokolade*) bar; *lit.* (*Eßtisch*) (dinner) table; ***an die ~ schreiben*** write (up) on the (black-) board; ***j-n zur ~ bitten*** ask s.o. to table; ***die ~ aufheben*** rise from table; → ***Anzeigetafel***; **~apfel** *m* eating (*od.* dessert) apple; **~berg** *m* table mountain; **~besteck** *n* best cutlery (*od.* silver); **~bild** *n* panel painting; **2fertig** *adj.* ready to serve; **~freuden** *lit. pl.* culinary delights; **~geschirr** *n* (best) china; **~glas** *n* sheet glass; (*Spiegelglas*) plate glass; **~land** *n* tableland, plateau; **~lappen** *m* (blackboard, *Am. a.* chalkboard) cloth; **~malerei** *f* panel painting; **~musik** *f* table music.

tafeln *v/i.* dine; (*schmausen*) banquet.

täfeln *v/t.* panel.

Tafel|obst *n* dessert fruit; **~öl** *n* salad oil; **~runde** *f* (company at) table; ***König Artus und die ~*** King Arthur and the Knights of the Round Table; **~salz** *n* table salt; **~silber** *n* silver(ware).

Täfelung *f* panel(l)ing, wainscoting.

Tafel|wasser *n* table water; **~wein** *m* table wine.

Taft *m* taffeta.

Tag *m* day; ***am*** (*od.* ***bei***) ***~e*** during the day, in the daytime, (*bei Tageslicht*) in daylight; ***dreimal am ~*** three times a day; ***am nächsten ~*** the next day; ***am ~ zuvor*** the day before; ***an jenem ~*** on that (particular) day; ***e-s ~es*** one day, *zukünftig*: *a.* some day; ***welcher ~ ist heute?*** what day is it today?; ***ein ~ wie jeder andere*** a perfectly ordinary day; ***es wird ~*** it's getting light; ***früh am ~e*** early in the day; ***den ganzen ~*** all day (long); ***den lieben langen ~*** the livelong day; ***~ für ~***, ***~ um ~*** day after day; ***er wird ~ für ~ besser*** he's getting better every day (*od.* from day to day, day by day); ***von ~ zu ~*** from day to day; ***von e-m ~ auf den andern*** from one day to the next, overnight; ***~ und Nacht*** day and night; ***es ist ein Unterschied wie ~ und Nacht*** there's absolutely no comparison; ***ein ~ um den anderen, jeden zweiten ~*** every other day; ***es müßte jeden ~ da sein*** it should be here any day; ***dieser ~e*** (*neulich*) the other day, (*zur Zeit*) these days; ***auf*** (*od.* ***für***) ***ein paar ~e*** for a couple of days; ***freier ~*** day off; ***~ der Arbeit*** Labo(u)r Day; ⚒ ***unter ~e*** underground; ***über ~e*** above ground; ***guten ~!*** *morgens*: (good) morning, *nachmittags*: good afternoon, F hello, *Am. a.* hi; *bei Vorstellung*: how d'you do; (***bei j-m***) ***guten ~ sagen*** pop in and say hello (to s.o.); ***an den ~ bringen*** (***kommen***) bring (come) to light; ***an den ~ legen*** display, show; ***bei ~e besehen*** on closer inspection; ***jetzt wird's ~!*** *überrascht*: I don't believe it!; ***er hat bessere ~e gesehen*** he's seen better times (*od.* days); ***s-e großen ~e sind vorüber*** he's had his heyday; ***das waren goldene ~e*** those were the days; ***auf den ~*** (***genau***) to the day; ***auf den ~ genau ankommen*** *Geschenk etc.*: arrive right on the day; ***bis auf den heutigen ~*** to this day; ***in den ~ hinein leben*** live from day to day; ***in den ~ hinein reden*** F talk off the top of one's head; ***er hat s-n guten*** (***schlechten***) ***~*** he's in a good (bad) mood today; ***heute hab' ich keinen guten ~*** it's not my day today, it's an off day for me today; ***sich e-n guten ~ machen*** have an easy day of it; ***sich ein paar schöne ~e machen*** go off and enjoy o.s. for a couple of days; F ***das dauert ewig und drei ~e*** F it's taking an age and a half; ***es ist noch nicht aller ~e Abend*** it's early days yet; F ***~e*** (*Regel*) period; F ***sie hat ihre ~e*** she's got her period, it's that time of the month (for her); F ***wann kriegst du d-e ~e?*** when's your period due?; → ***Abend, acht*** I, ***jüngst*** I, ***Tür, vierzehn, zutage*** *etc.*

tagaktiv *adj. zo.* diurnal.

tagaus *adv.* → ***tagein.***

Tagblindheit *f* day blindness.

Tage|bau *m* ⚒ opencast mining, *Am.* strip mining; **~blatt** *n* daily (paper); **~buch** *n* diary; **~dieb** *obs. m* idler; **~geld(er** *pl.*) *n* daily allowance.

tagein *adv.*: ***~, tagaus*** day in, day out.

tagelang I. *adj.* lasting for days; endless; **II.** *adv.* for days (and days), for days on end.

Tagelohn *m* daily wage; ***im ~ arbeiten*** work by the day; **Tagelöhner** *m* day labo(u)rer.

tagen *v/i.* **1.** (*e-e Tagung abhalten*) have a meeting (*od.* conference), sit (in conference); ⚖, *parl.* be in session; F *fig.* ***bis in den Morgen ~*** F have an all-night conference; **2.** *lit.* ***es tagt*** *lit.* day (*od.* dawn) is breaking, day is dawning.

Tagereise *f* day's journey.
Tages|ablauf *m* day; ***gewöhnlicher ~*** daily (*od.* day-to-day) routine; **~anbruch** *m* daybreak; ***bei ~*** at daybreak, at dawn, at the first light of day; **~ausflug** *m* day trip; **~bericht** *m* daily report (*od.* bulletin); **~creme** *f* day cream; **~decke** *f* bedspread, counterpane; **~einnahme** *f* day's takings *pl.*; **~ereignisse** *pl.* events of the day; *TV etc. the* day's *od.* today's news *sg.* (and current affairs); ***ein Blick auf die ~*** a look at what's been happening in the news today; **~fahrt** *f* day trip; **~form** *f Sport etc.*: form on the day; **~frist** *f*: ***binnen ~*** within a day; **~gericht** *n gastr.* dish of the day; **~geschehen** *n* → ***Tagesereignisse***; **~gespräch** *n the* talk of the day; ***... war das ~*** *a.* everyone was talking about ..., ... was topic number one; **~höchsttemperaturen** *pl.* maximum temperatures (of the day); **~karte** *f* **1.** day ticket; **2.** *gastr.* menu for the day; today's menu; **~kasse** *f* **1.** *thea. etc.* box office; **2.** day's takings *pl.*; **~kind** *n* day-care child; **~kopfverbrauch** *m* daily per capita consumption; **~kurs** *m Devisen*: (today's *od. the* day's) rate of exchange; *Effekten*: current price; **~leistung** *f* daily output.
Tageslicht *n* daylight; ***bei ~*** a) in (the) daylight, b) before dark; ***das ~ scheuen*** shun the daylight, *fig.* have s.th. to hide; *fig.* ***ans ~ kommen*** come to light, become known; ***ans ~ bringen*** bring to light, (*Verbrechen etc.*) expose, bring out into the open; **~aufnahme** *f* daylight shot (*od.* exposure); **~film** *m* daylight film; **~projektor** *m* overhead projector.
Tages|marsch *m* day's march; **~mutter** *f* childminder.
Tagesordnung *f* (*the* day's) agenda; (***ganz oben***) ***auf der ~ stehen*** be (high) on the agenda; ***zur ~ übergehen*** proceed to the order of the day, F (*anfangen*) F get down to business, (*wie gewohnt weitermachen*) get on with things again; ***wir gingen wieder zur ~ über*** F it was business as usual; *fig.* ***an der ~ sein*** be nothing unusual; ***das ist hier an der ~*** *a.* it happens all the time around here; **Tagesordnungspunkt** *m* item on the agenda.
Tages|pensum *n* daily quota (F stint); **~politik** *f* day-to-day politics *pl.*; **~preis** *m* current (market) price; **~presse** *f* daily press; **~ration** *f* daily ration(s *pl.*); **~raum** *m* dayroom; **~rückfahrkarte** *f* day return (ticket); **~satz** *m* daily rate; (*Verpflegungssatz*) daily ration(s *pl.*); **~stätte** *f* day-care cent|re (*Am.* -er); **~suppe** *f gastr.* soup of the day; **~temperatur** *f* temperature; **~tour** *f* day trip; **~umsatz** *m* ✝ **1.** daily turnover; **2.** *the* day's turnover; **~zeit** *f* time of day; ***zu jeder ~*** any time of the day; ***zu jeder Tages- und Nachtzeit*** any time of the day or night; ***er ruft zu jeder Tages- und Nachtzeit an*** he'll ring up in the middle of the night if he feels like it; **~zeitung** *f* daily (newspaper).
Tagetes *f* ⚘ French marigold.
tageweise *adv.* on a day-to-day basis; (*an manchen Tagen*) on certain days.
Tagewerk *lit. n* day's work; ***sein ~ verrichtet haben*** have done one's work for the day.
Tagfalter *m* butterfly.
taghell *adj.* (as) light as day.
täglich I. *adj.* daily; (*Alltags...*) everyday; ***sein ~ Brot verdienen*** earn a living; ***das ist mein ~ Brot*** (*mein Unterhalt*) that's my bread and butter, (*gehört dazu*) it's all part and parcel; ***so wichtig wie das ~e Brot*** as important as the air we breathe; **II.** *adv.* every day, daily; ✝ *a.* per day, per diem; ***zweimal ~*** twice a day; ***sie arbeitet ~ drei Stunden*** she does three hours' work a day, she goes to work for three hours a (*od.* every) day.
tags *adv.*: ***~ darauf*** the following day, the day after; ***~ zuvor*** the day before.
Tagschicht *f* day shift; ***~ haben*** be on day shift.
tagsüber *adv.* during the day.
tagtäglich I. *adv.* every day; day in, day out; **II.** *adj.* daily, day-to-day; everyday.
Tagtraum *m* daydream; **tagträumen** *v/i.* daydream; fantasize; **Tagträumer** *m* daydreamer.
Tagundnacht|betrieb *m* 24-hour (*od.* round-the-clock) service; **~gleiche** *f* equinox.
Tagung *f* conference, *Am. a.* convention.
Tagungs|bericht *m* (conference) proceedings *pl.*; **~ort** *m* conference venue.
Taifun *m* typhoon.
Taille *f* waist; ***auf ~ gearbeitet*** close-fitting at the waist; **tailliert** *adj.* waisted.
Taiwanese *m*, **Taiwanesin** *f*, **taiwanesisch** *adj.* Taiwanese.
Takelage *f* ⚓ rigging.
Takt *m* **1.** ♪(*~einheit*) bar; *e-s Walzers etc.*: time; (*Bewegungsrhythmus*) rhythm; *mot.* stroke; ⚡ cycle; ***3/4-~*** three-four time; ***ein paar ~e*** a couple of bars; ***den ~ schlagen*** beat time; ***den ~ halten, im ~ bleiben*** keep time, *beim Rudern*: keep stroke; ***aus dem ~*** out of time; ***aus dem ~ kommen*** lose the beat, *fig.* be put off one's stroke; *fig.* ***j-n aus dem ~ bringen*** put s.o. off his (*od.* her) stroke, F throw s.o.; **2.** → ***Taktgefühl***; **~art** *f* time; **~frequenz** *f Computer*: clock frequency (*od.* rate); **~geber** *m* ♪ metronome; *Computer*: clock; **~gefühl** *n* tact(fulness).
taktieren *v/i.* manoeuvre, *Am.* maneuver; ***geschickt ~*** make the right moves, *generell*: be a good (*od.* skilled) tactician.
Taktik *f* tactics *pl.* (*a. sg.*, *fig. nur pl. konstr.*); ***die ~ ändern*** change tactics; **Taktiker** *m* tactician.
Taktimpuls *m Computer*: clock pulse.
taktisch I. *adj.* tactical (*a. fig.*); **II.** *adv.*: ***~ vorgehen*** use tactics; ***das war ~ geschickt*** that was a clever move, that was good tactics; ***er ist ~ geschickt*** he's a good (*od.* skilled) tactician.
taktlos *adj.* tactless, indiscreet; ***er ist ein ~er Mensch*** *a.* he has no sense of tact; **Taktlosigkeit** *f* tactlessness, indiscretion; ***das war e-e ~*** that was a tactless thing to say (*od.* do).
Taktstock *m* baton.
taktvoll *adj.* tactful, diplomatic, discreet.
Tal *n* valley; *fig.* ***sich in e-m ~ befinden*** *Wirtschaft etc.*: be in (*od.* have reached) a trough.
talabwärts *adv.* down (in)to the valley.
Talar *m* ⚖ robe, gown; *eccl.* cassock; *univ.* gown.
Talent *n* **1.** talent, gift; ***musikalisches ~*** musical talent, a gift for music; **2.** (*Person*) talented person; *pl.* talent *sg.*; ***sie ist ein echtes ~*** she's got a gift, F she's brilliant; **talentiert, talentvoll** *adj.* talented, gifted.
Talent|suche *f* search for (new) talent; **~sucher** *m* talent scout; *Sport*: scout.
Taler *m hist.* t(h)aler.
Talfahrt *f* descent; *mot. u. Ski*: *a.* downhill run; *fig.* decline, ✝ *a.* downward trend, *e-r Währung*: *a.* (downward) slide.
Talg *m roher*: suet; *ausgelassener*: tallow; *physiol.* sebum; **~drüse** *f anat.* sebaceous gland.
Talisman *m* lucky charm.
Talk *m* talcum (powder), talc.
Talkessel *m* valley basin, hollow.
Talkmaster *m* chat-show (*Am.* talk-show) host; **Talk-Show** *f* chat (*Am.* talk) show.
Talmi *n* pinchbeck; *fig. a.* cheap imitation(s *pl.*); **~glanz** *m* false glitter; **~ware** *f* cheap imitation(s *pl.*), fake(s *pl.*).
Talmud *m* Talmud; **talmudisch** *adj.* Talmudic; ***~e Weisheiten*** Talmudic sayings, sayings from the Talmud.
Tal|mulde *f* → ***Talkessel***; **~ski** *m* lower ski; **~sohle** *f* bottom of a (*od.* the) valley; *fig.* ✝ trough ; *fig.* ***die ~ erreichen*** bottom out; ***die ~ durchschreiten*** go through a trough; **~sperre** *f* dam; **~station** *f* base terminal.
talwärts *adv.* downhill; (*flußabwärts*) downstream; → *a.* ***talabwärts.***
Tamarinde *f* ⚘ tamarind.
Tamariske *f* ⚘ tamarisk.
Tamburin *n* ♪ tambourine.
Tamile *m*, **Tamilin** *f*, **tamilisch** *adj.*, **Tamilisch** *n ling.* Tamil.
Tampon *m* tampon; *für Wunde*: swab; **tamponieren** *v/t.* plug, tampon.
Tamtam *n* fuss, F to-do; (*Reklame*) F ballyhoo; ***mit großem ~*** *feiern etc.*: with great fanfare.
Tand *m* (*Kinkerlitzchen*) trinkets *pl.*; (*wertloser Kram*) rubbish.
Tändelei *f* dilly-dallying; (*Liebelei*) flirting; **tändeln** *v/i.* play around; (*flirten*) flirt.
Tandem *n* tandem; *fig. a.* twosome.
Tandler *dial. m* trader, dealer.
Tang *m* ⚘ seaweed.
Tangahöschen *n* G-string, cache-sexe.
Tangente *f* A tangent; (*Straße*) expressway; **tangential** *adj.* tangential; **Tangential(ton)arm** *m* linear tracking (tone)arm; **tangieren** *v/t.* **1.** (*berühren, betreffen*) affect; ***das tangiert mich nicht*** that has nothing to do with me; **2.** (*am Rande betreffen, erwähnen etc.*) touch on; **3.** A be tangent to.
Tango *m* tango; ***~ tanzen*** (do the) tango.
Tank *m* tank (*a.* ⚔), container; **~deckel** *m mot.* fuel cap.
tanken I. *v/t.* fill up with; F *fig.* ***frische Luft ~*** get some (F a lungful of) fresh air; ***Kräfte ~*** build up one's strength; **II.** *v/i.* tank (up); ✈ refuel; F (*trinken*) F tank up.
Tanker *m* ⚓ oil tanker.
Tank|fahrzeug *n* tanker (lorry *Brit.*); **~flugzeug** *n* refueller; **~lastzug** *m* tanker (lorry *Brit.*); **~säule** *f* petrol (*Am.* gas) pump; **~schiff** *n* ⚓ tanker; **~stelle** *f* filling (*od.* petrol) station, *Am.* filling (*od.* gas) station; **~verschluß** *m mot.* fuel cap; **~wagen** *m* tanker (lorry *Brit.*); **~wart** *m* petrol pump (*Am.* gas station) attendant.
Tanne *f* fir (tree).
Tannen|baum *m* **1.** fir (tree); **2.** Christmas tree; **~nadel** *f* fir needle; **~wald** *m* fir wood; **~zapfen** *m* fir cone.
Tansanier(in *f*) *m*, **tansanisch** *adj.* Tanzanian.

Tantal *n* ⚗ tantalum.

Tantalusqualen *pl.*: ***wir haben ~ erlitten*** it was torture for us, F we went through hell.

Tante *f* aunt; F *fig.* (***komische ~***) F funny old bird.

Tante-Emma-Laden F *m* corner shop, *Am.* mom-and-pop store.

tantenhaft *adj.* schoolmarmish.

Tantieme *f* **1.** share in profits; **2.** *mst pl.* (*Autorentantiemen etc.*) royalties.

Tanz *m* dance; F *fig.* (*Aufheben*) song and dance; F (*Prozedur*) rigmarole; ***zum ~ gehen*** go to a dance; ***j-n zum ~ auffordern*** ask s.o. for a dance; ***darf ich um den nächsten ~ bitten?*** may I have the next dance?; F *fig.* ***e-n ~ aufführen*** make a song and dance (***wegen*** about); F ***e-n ~ mit j-m haben*** F have a set-to with s.o.; **~abend** *m* **1.** dance; **2.** (*Aufführung*) dance show, evening of dance; **~bar** *f* bar with dancing (*od.* with a dance band); **~bär** *m* dancing bear; **~bein** *n*: ***das ~ schwingen*** F shake a leg, skip the light fantastic; **~café** *n* café with dancing (*od.* dance music).

tänzeln *v/i.* skip; *Pferd*: prance.

tanzen I. *v/i.* dance (*a. fig. Blätter etc.*); ***von e-m Bein auf das andere ~*** hop (*od.* jump) from one leg to the other; ***es wurde viel getanzt*** there was plenty of dancing; *fig.* ***auf den Wellen ~*** *Schiff*: rock (*kleines Boot*: bob up and down) on the waves; ***die Wörter tanzten ihm vor den Augen*** the words were jumping in front of his eyes; → ***Pfeife*** 1; **II.** *v/t.* dance (***e-n Walzer*** a waltz).

Tänzer(in *f*) *m* dancer; (*Ballett*~) ballet dancer; **tänzerisch** *adj. Bewegung*: dance-like; *Begabung*: dancing *talent*.

Tanz|fläche *f* dance floor; **~kapelle** *f* dance band; **~kurs** *m* dancing course; **~lehrer(in** *f*) *m* dancing instructor; **~lokal** *n* (small) dance hall; **~maus** *f* waltzing mouse; **~musik** *f* dance music; **~orchester** *n* dance band; **~partner** *m* (dancing) partner; **~saal** *m* dance hall; **~schritt** *m* (dance) step; **~schuh** *m* dancing shoe; **~schule** *f* dance school; **~schüler** *m* dance student; ***~ sein*** *a.* be taking dancing lessons; **~sport** *m* competition dancing; **~stunde** *f* dancing class (*od.* lesson); ***zur ~ gehen*** a) go to dancing classes, take dancing lessons, b) go to one's dancing class (*od.* lesson); **~tee** *m* tea dance, *formell*: thé dansant; **~turnier** *n* dancing contest; **~veranstaltung** *f* dance.

Tapedeck *n* tape deck.

Tapet *n*: *fig.* ***et. aufs ~ bringen*** bring s.th. up (for discussion); ***aufs ~ kommen*** be brought up, come up.

Tapete *f* wallpaper.

Tapeten|bahn *f* strip of wallpaper; **~muster** *n* wallpaper design; **~rolle** *f* roll of wallpaper; **~tür** *f* concealed door; **~wechsel** *fig. m* change of scenery.

tapezieren *v/t.* wallpaper, decorate; ***neu ~*** redecorate; **Tapezierer** *m* decorator, paperhanger; (*Polsterer*) upholsterer.

Tapezier|nagel *m* tack; **~tisch** *m* pasteboard.

tapfer I. *adj.* brave; *Kämpfer*: *a.* valiant; **II.** *adv.*: ***sich ~ schlagen*** (***od. halten***) ⚔ fight like a hero (*od.* heroes), *fig.* put up a good fight; ***sie hat es ~ ertragen*** she put on a brave front; **Tapferkeit** *f* bravery; valo(u)r; **Tapferkeitsmedaille** *f* medal for bravery.

tappen *v/i.* (*gehen*) pad; (*tasten*) grope about (***nach*** for); ***~ durch*** grope one's way through *the room etc.*; *fig.* ***im dunkeln ~*** grope in the dark; ***in e-e Falle ~*** walk (right) into a trap.

tapsen *v/i.* → ***tappen***; **tapsig** F *adj.* clumsy.

Tara *f* ✝ tare.

Tarantel *f zo.* tarantula; *fig.* ***wie von der ~ gestochen*** *sprang er auf* as if something had bitten him.

tarieren *v/t.* **1.** ✝ tare; **2.** (*Waage*) counterbalance.

Tarif *m* **1.** scale of charges; **2.** (*Lohn*~) pay scale; ***unter*** (***über***) ***~ bezahlen*** pay below (above) the standard rate; **~abschluß** *m* pay (*od.* wage) settlement, collective wage agreement; **~auseinandersetzung** *f* pay dispute; **~autonomie** *f* free collective bargaining; **~erhöhung** *f* **1.** increase in rates; **2.** *Lohn*: increase in pay rates; **~gebiet** *n U-Bahn etc.*: zone; **~gruppe** *f* salary (*od.* wage) bracket; **~kommission** *f* union bargaining committee; **~konflikt** *m* pay (*od.* wage) dispute.

tariflich I. *adj.* tariff ...; *Lohn*: standard ...; **II.** *adv.* according to the tariff; *Löhne*: according to scale.

Tarif|lohn *m* standard wage(s *pl.*); **~ordnung** *f* wage scale; **~partner** *m* party to a wage agreement; *pl.* union(s) and management; **~politik** *f* pay (*od.* wages) policy; **~runde** *f* pay round; **~satz** *m* **1.** tariff rate; **2.** *Lohn*: (standard) wage rate; **~vereinbarung** *f* → ***Tarifabschluß***; **~verhandlungen** *pl.* wage negotiations; **~vertrag** *m* wage (*od.* collective) agreement, wage settlement.

Tarnanzug *m* camouflage suit.

tarnen *v/t. bsd.* ⚔ camouflage; (*Identität, Gefühle etc.*) disguise.

Tarnfarbe *f zo.* camouflage; ⚔ camouflage paint.

Tarnfirma *f* front; ***eine ~ für Drogenhandel*** a front for drug trafficking.

Tarnkappe *f* magic hood; **Tarnkappenbomber** *m* stealth bomber.

Tarn|manöver *n* smokescreen; **~name** *m* code name, cover name; **~netz** *n* camouflage netting; **~organisation** *f* cover organization.

Tarnung *f* camouflage (*a. fig.*).

Tarock *m, n* tarot.

Tartanbahn (*TM*) *f Sport*: tartan track (*TM*).

Tasche *f* (*Hosen*~ *etc.*) pocket; (*Einkaufs*~, *Reise*~ *etc.*) bag; (*Hand*~) (handbag, *Am.* purse; → ***Aktentasche*** *etc.*; ***in die ~ stecken*** put in one's pocket; F *fig.* ***et. in der ~ haben*** have s.th. in the bag; ***j-n in die ~ stecken*** be head and shoulders above s.o.; ***er steckt s-e Mitschüler in die ~*** *a.* his classmates are no match for him; ***er steckt die Hände in die ~n*** he doesn't lift a finger, he doesn't do a stroke of work; ***j-m auf der ~ liegen*** live off s.o.; ***in die eigene ~ arbeiten*** line one's (own) pockets; ***et. aus eigener ~ bezahlen*** pay for s.th. out of one's own pocket; ***tief in die ~ greifen müssen*** have to dig deep into one's pockets; ***die Hand auf der ~ haben*** be tightfisted; ***sich in die eigene ~ lügen*** fool o.s.; ***et. wie die eigene ~ kennen*** know s.th. like the back of one's hand.

Taschenausgabe *f* pocket edition.

Taschenbuch *n* **1.** paperback, *Am. a.* pocketbook; ***als ~ erscheinen*** come out in paperback; **2.** (*Notizbuch*) notebook; **~laden** *m* paperback bookshop, *Am. a.* pocketbook store; **~reihe** *f* paperback series; **~verlag** *m* paperback publishers *pl.*

Taschen|dieb *m* pickpocket; ***vor ~en wird gewarnt!*** beware pickpockets!; **~diebstahl** *m* pickpocketing; **~format** *n* pocket size; ***im ~*** pocket-size(d); **~geld** *n* pocket money, *Am.* allowance; **~kalender** *m* pocket diary, *Am.* datebook; **~krebs** *m zo.* (common) crab; **~lampe** *f* torch, *Am.* flashlight; **~messer** *n* penknife; **~rechner** *m* (pocket) calculator; **~schirm** *m* telescopic umbrella.

Taschenspieler *m* conjurer; **~trick** *fig. m* piece of juggling; *pl.* sleight of hand *sg.*; ***politischer ~*** piece of political sleight of hand.

Taschen|tuch *n* handkerchief, F hankie; **~uhr** *f* fob watch; **~wörterbuch** *n* pocket dictionary.

Täßchen *n dim. von* **Tasse.**

Tasse *f* cup; ***e-e ~ Tee*** a cup of tea; F *fig.* ***er hat nicht alle ~n im Schrank*** F he's got a screw loose (somewhere); → ***trüb(e).***

Tastatur *f* keyboard, keys *pl.*

tastbar *adj.* palpable.

Taste *f* key; ⚙ (*Druck*~) *a.* pushbutton; ***e-e ~ betätigen*** press (*od.* hit) a key.

tasten I. *v/i.* touch, feel; (*tappen*) grope, fumble (***nach*** for); **II.** *v/refl.*: ***sich ~*** (*s-n Weg suchen*) grope one's way; **III.** *v/t.* feel; ⚕ palpate; **tastend** *adj. u. adv.* groping(ly); *fig.* ***~er Versuch*** tentative effort; ***~e Schritte*** tentative moves (*od.* steps).

Tasten|feld *n* keypad; **~instrument** *n* keyboard instrument; **~reihe** *f* row of keys; **~telefon** *n* pushbutton telephone.

Taster *m zo.* feeler, antenna; *typ.* keyboard; ⚙ (*Taste*) key; ⚡ pushbutton; (*Fühler*) scanner, sensor, probe.

Tast|haar *n* tactile hair; **~organ** *n* tactile organ; **~sinn** *m* sense of touch.

Tat *f einzelne*: act, *lit.* deed; (*das Handeln*) action; (*Straf*~) offen|ce (*Am.* -se), *stärker*: crime; ***~ der Verzweiflung*** act of desperation; ***grausame ~*** act of cruelty, cruel thing to do; ***e-e gute ~ vollbringen*** do a good deed; ***Mann der ~*** man of action, doer; ***den Worten ~en folgen lassen*** suit the action to the words; ***auf frischer ~ ertappen*** catch red-handed; ***ich konnte mich zu keiner ~ aufraffen*** I couldn't bring myself to do a thing; ***ich nehme den guten Willen für die ~*** it's the thought that counts; ***in der ~*** indeed; ***er hat es in der ~ gemacht*** he actually did it; → ***schreiten, umsetzen.***

Tatar *n gastr.* **1.** raw minced beef; **2.** *zubereitet*: steak tartare.

tätärätä *int.* taratara!

Tat|bericht *m* ⚖ charge report; **~bestand** *m* (*Sachlage*) state of affairs; ⚖ facts *pl.* of the case; ***objektiver*** (***subjektiver***) ***~*** physical (mental) elements *pl.* of the offen|ce (*Am.* -se); **~einheit** *f*: ⚖ ***in ~ mit*** in coincidence with.

Tatendrang *m* energy; ***voller ~ sein*** F be raring to go.

tatenlos I. *adj.* inactive, idle; **II.** *adv.* inactively, idly; ***~ zusehen*** stand by (*od.* sit back) and watch; *e-r Sache* ***~ gegenüberstehen*** sit back idly in the face of.

Täter *m* culprit; ⚖ *u. hum.* offender; ***als ~ verdächtig sein*** be a suspect; **Täterschaft** *f* perpetration of an offen|ce (*Am.* -se).
tätig *adj.* active (*a. ling. u. Vulkan*); F (*geschäftig*) busy; ***~ sein als*** work as, (*fungieren*) act as; ***~ sein bei*** (*e-r Firma*) work for, work at *an institute etc.*; ***~ werden*** act.
tätigen *v/t.* ✝ (*Geschäfte*) effect, transact, do *business*, conclude *a deal*; (*Einkauf*) make *a purchase*.
Tätigkeit *f* activity; *anat.*, ⚙ *etc.* action; (*Funktion*) function; (*Beschäftigung*) occupation, job, (*Beruf*) *a.* profession.
Tätigkeits|bereich *m* field of activity; **~bericht** *m* progress report; **~merkmal** *n* occupational characteristic.
Tatkraft *f* energy, vigo(u)r; (*Unternehmungsgeist*) enterprise; **tatkräftig** *adj.* energetic(ally *adv.*), active; ***~er Mensch*** *a.* doer, F can-do type.
tätlich *adj.* violent; ⚖ ***~e Beleidigung*** assault (and battery); ***~ werden*** become violent; *miteinander*: *a.* come to blows.
Tat|mensch *m* man of action, doer; **~motiv** *n* motive for the crime; **~ort** *m* scene of the crime.
tätowieren *v/t.*, **Tätowierung** *f* tattoo.
Tatsache *f* fact; ***den ~n ins Auge sehen*** face the facts, be realistic; ***j-n vor vollendete ~n stellen*** confront s.o. with a fait accompli; ***~ ist, daß*** the fact (of the matter) is that; ***das ändert nichts an der ~, daß*** that doesn't alter the fact that; → ***Boden*** 1, ***nackt.***
Tatsachen|bericht *m* true story (*od.* account); *TV, Film etc.*: *a.* documentary; **~entscheidung** *f Sport*: referee's decision; **~roman** *m* documentary novel; *pl. coll. a.* faction *sg.*
tatsächlich I. *adj.* real, actual; **II.** *adv.* really; ***~?*** really?; ***es regnet ~*** it really 'is raining.
tätscheln *v/t.* pat; (*streicheln*) stroke.
Tattergreis F *m* F old dodderer; **Tatterich** F *m*: ***den ~ haben*** have the shakes; **tatterig** F *adj.* F doddery; (*zittrig*) shaky.
Tat|umstände *pl.* circumstances surrounding the case; **~verdacht** *m* suspicion (of a criminal act); ***unter (dringendem) ~ stehen*** be under suspicion (be a prime suspect); **~verdächtige(r** *m*) *f* suspect; **~waffe** *f* weapon involved, *bei Mord*: *a.* murder weapon.
Tatze *f* paw (*a.* F *Hand*).
Tat|zeit *f* time at which the incident took place; ***während der ~*** at the time of the incident; **~zeuge** *m* witness to the crime; eye witness.
Tau[1] *m* dew.
Tau[2] *n* (*Strick*) rope; ⚓ *a.* hawser.
taub 1. *adj.* deaf (*fig.* ***gegen, für*** to); (*schwerhörig*) hard of hearing; ***er ist auf dem linken Ohr ~*** he's deaf in his left ear; ***~ werden*** go deaf; ***sich ~ stellen*** pretend not to hear, switch off; *fig.* ***auf ~e Ohren stoßen*** fall on deaf ears; ***~en Ohren predigen*** talk to the winds; **2.** *Glieder*: numb; ***~ werden*** go numb, lose its (*od.* their) feeling; **3.** *Ähre, Nuß*: empty.
Taube *f zo.* pigeon, *rhet.*, *eccl.* dove; *pol.* (*Ggs. Falke*) dove.
Tauben|dreck *m* pigeon droppings *pl.*; **~ei** *n* pigeon's egg; **Ⓢgrau** *adj.* dove-grey (*Am.* -gray); **~schießen** *n* pigeon shooting; **~schlag** *m* dovecot(e); F *fig.* ***hier geht's zu wie in e-m ~*** it's like Piccadilly Circus around here; **~züchter** *m* pigeon breeder.
Tauber *m*, **Täuber** *m*, **Täuberich** *m* cock pigeon.
Taubheit *f* deafness; *der Glieder etc.*: numbness.
Täubling *m* ⚘ russula.
Taubnessel *f* ⚘ deadnettle.
taubstumm *adj.* deaf and dumb; **Taubstumme(r** *m*) *f* deaf-mute, deaf and dumb person; **Taubstummensprache** *f* deaf-and-dumb language.
Tauchboot *n* submarine, submersible (boat).
tauchen I. *v/i.* dive (**nach** for); *als Sport*: *a.* skin-dive; *mit Gerät*: (scuba-)dive; *U-Boot*: dive, submerge; **II.** *v/t.* dip (**in** in[to]); *länger*: immerse (in); → ***getaucht.***
Taucher *m* diver (*a. zo.*); **~anzug** *m* diving suit, wetsuit; **~brille** *f*: (***e-e ~*** a pair of) diving goggles *pl.*; **~glocke** *f* diving bell; **~helm** *m* diver's helmet; **~krankheit** *f the* bends *pl.* (*a. sg. konstr.*); **~maske** *f* diving mask.
Tauch|fahrt *f* dive; **Ⓢklar** *adj. U-Boot*: ready to submerge; **~kugel** *f* bathysphere; **~sieder** *m* immersion heater; **~sport** *m* skin diving; *mit Gerät*: scuba diving; **~station** *f U-Boot*: diving station; ***auf ~ gehen*** dive, submerge, *fig.* fade from the scene, go into hiding; **~verfahren** *n metall.* hot dipping process.
tauen *v/i. Eis, Schnee*: thaw, melt; ***es taut*** it's thawing; ***der Schnee ist von den Dächern getaut*** the snow has melted off the roofs.
Tauf|becken *n* (baptismal) font; **~buch** *n* baptismal register.
Taufe *f* baptism, *e-s Kindes*: *a.* christening (*beide a. fig. Schiffs*Ⓢ *etc.*); ***die ~ empfangen*** be baptized (*od.* christened); ***aus der ~ heben*** stand godfather (*od.* godmother) to, *fig.* call into being, launch; **taufen** *v/t.* baptize, christen (*a. fig. Schiff etc.*); (*nennen*) call; ***auf den Namen ... ~*** baptize (*od.* christen) ...; **Täufer** *m* **1.** → ***Johannes***; **2.** *pl. the* Baptists.
Taufkleid *n* christening dress.
Täufling *m* child (*od.* person) to be baptized.
Tauf|name *m* Christian (*Am. a.* given) name; **~pate** *m* godfather; *pl.* godparents; **~patin** *f* godmother; **~register** *n* baptismal register.
taufrisch *adj.* dewy; *fig.* fresh; ***sich ~ fühlen*** feel as fresh as a daisy; F ***sie ist auch nicht mehr ganz ~*** F she's no spring chicken.
Taufschein *m* baptismal certificate; **~christ** *m* nominal (*od.* non-practi|sing [*Am. a.* -cing]) Christian.
Taufstein *m* (baptismal) font.
taugen *v/i.*: ***nichts ~*** be no good; ***es taugt wenig*** it isn't much good; ***taugt es etwas?*** is it any good?; ***es taugt nicht für Kinder*** it's not meant for children; ***sie taugt nicht zu dieser*** (*od.* ***für diese***) ***Arbeit*** she's not suited to (*od.* for) this kind of work; ***er taugt nicht zum Redner*** he wasn't cut out for public speaking; ***in der Schule taugt sie nichts*** she's not doing very well at school.
Taugenichts *m* good-for-nothing.
tauglich *adj.* suitable (**für, zu** for); *Person*: (*geeignet*) *a.* qualified; ⚔ fit (for service); **Tauglichkeit** *f* suitability; ⚔ fitness.
Taumel *m* (*Schwindel*) dizziness, giddiness; *fig.* whirl; (*Rausch*) frenzy, rapture; ***im ~ der Freude*** (***Begeisterung***) in a state of rapture (swept away with enthusiasm); ***in den ~ der Ereignisse geraten*** get caught up in the whirlwind of events; **taumelig** *adj.* dizzy; **taumeln** *v/i.* reel, stagger, sway.
Tausch *m* exchange, F swap; ***im ~ gegen*** in exchange for; ***in ~ geben für*** swap (*od.* exchange) for; ***e-n guten (schlechten) ~ machen*** make a good (bad) deal; **tauschen** *v/t. u. v/i.* exchange (*a. fig. Blicke, Worte, Schläge*); F swap; ***ich möchte nicht mit ihm ~*** I wouldn't like to be in his shoes; ***ich möchte mit keinem ~*** I wouldn't like to swap with anyone.
täuschen I. *v/t.* deceive; (*irreführen*) mislead, lead astray; *Augen, Gedächtnis*: deceive; (*überlisten*) trick; (*enttäuschen*) disappoint; ***sich ~ lassen*** be deceived, be taken in (**von** by); ***wenn mich nicht alles täuscht*** if I'm not very much mistaken; ***wenn mein Gedächtnis mich nicht täuscht*** if my memory serves me well (*od.* correctly); **II.** *v/i.* be deceptive; *Sport*: feint, fake a blow *etc.*; **III.** *v/refl.*: ***sich ~*** be wrong, be mistaken; ***sich in j-m ~*** be completely wrong about s.o.; ***da habe ich mich noch nie getäuscht*** I've never been wrong on that; ***da täuscht er sich aber!*** he's very much mistaken there; **täuschend I.** *adj.* deceptive; ***~e Ähnlichkeit*** striking resemblance; **II.** *adv.*: ***j-m (e-r Sache) ~ ähnlich sein*** look exactly like s.o. (s.th.); ***er sieht s-m Bruder ~ ähnlich*** *a.* he's the spit and image (*od.* spitting image) of his brother; ***es ist e-e ~ echte Nachahmung*** it's a very (*od.* deceptively) clever imitation, it could fool anyone.
Tausch|geschäft *n* exchange deal, F swap; **~gesellschaft** *f* barter society; **~handel** *m* **1.** → ***Tauschgeschäft***; **2.** bartering; ***~ treiben*** barter; **~objekt** *n* object of exchange.
Täuschung *f* deception; (*a. Selbst*Ⓢ) delusion; (*Irrtum*) mistake; (*Trugschluß*) fallacy; ***arglistige ~*** wilful deceit; ***optische ~*** optical illusion; ***sich e-r ~ hingeben*** delude o.s.; ***sie gaben sich hinsichtlich ... keiner ~ hin*** they were under no illusions about ...
Täuschungs|manöver *n* ⚔ feint; *fig.* diversion; **~versuch** *m* attempt to deceive (⚖ *a.* defraud).
Tausch|waren *pl.* barter goods; **~wert** *m* exchange value; **~wirtschaft** *f* barter economy.
tausend I. *adj.* a (*od.* one) thousand; (*zahllose*) thousands of; ***~ Mark*** a (*od.* one) thousand marks; ***~ und aber ~*** thousands and thousands of; ***ich muß noch ~ Dinge erledigen*** I've still got a thousand things to do; ***~ Dank!*** thanks ever so much; **II.** Ⓢ *n* thousand; ***zu ~en*** by the thousands; ***in die ~e gehen*** run into thousands.
Tausender *m* (*Geldschein*) thousand mark note (*Am.* bill).
tausenderlei *adj.* a thousand different (kinds of).
tausendfach I. *adj.* thousandfold; ***in ~er Ausführung*** a thousand copies (of ...); **II.** *adv.* a thousand times.

Tausendfüß(l)er *m zo.* centipede; *seltener*: millipede.
Tausendjahrfeier *f* millennial.
tausendjährig *adj.* thousand-year-old ..., a thousand years old; of a thousand years; **~es Jubiläum** millennial; *hist.* **das ~e Reich** the thousand-year Reich; *bibl.* **das ℒe Reich** the Millennium.
tausendmal *adv.* a thousand times.
Tausendsas(s)a *m* F amazing guy.
tausendst *adj.*, **Tausendste(r** *m*) *f* thousandth; **Tausendstel** *n* thousandth (part).
Tautologie *f* tautology; **tautologisch** *adj.* tautologous, tautological.
Tautropfen *m* dewdrop.
Tauwerk *n* ⚓ rigging.
Tauwetter *n* thaw (*a. fig. pol.*).
Tauziehen *n* tug-of-war (*a. fig.*; **um** for).
Taverne *f griechische, italienische*: taverna.
Taxameter *m, n* taximeter.
Taxator *m* valuer, assessor.
Taxe *f* **1.** (*festgesetzter Preis*) rate; (*Gebühr*) fee; (*Steuer*) tax; **2.** (*Schätzung*) estimate, valuation; **3.** F → **Taxi.**
Taxi *n* taxi, cab; **~!** taxi!; **mit dem ~ fahren** go by taxi (*od.* cab), take a taxi (*od.* cab).
taxieren *v/t.* estimate; ✝, ⚖ value, assess; F (*prüfend betrachten*) F size up; **Taxierung** *f* estimate; valuation, assessment.
Taxi|fahrer *m* taxi (*od.* cab) driver, F cabby; **~stand** *m* taxi rank, *bsd. Am.* taxi stand, cabstand; **~zentrale** *f* taxi control cent|re (*Am.* -er).
Taxler *dial. m* → **Taxifahrer**.
Taxwert *m* estimated value.
Teak|baum *m* teak; **~holz** *n* teak; **Tisch aus ~** teak(wood) table.
Team *n* team; **im ~ arbeiten** work in a team; **~arbeit** *f* teamwork; **et. in ~ erledigen** do s.th. as a team; **~chef** *m* team manager; **~geist** *m* team spirit; **~work** *n* → **Teamarbeit.**
Technik *f* (*Wissenschaft*) technology; *angewandte*: *mst* engineering; (*Verfahren*) technique (*a. weitS. Kunst, Sport etc.*); (*Ausrüstung*) equipment; *e-r Maschine etc.*: mechanics *pl.*; **von ~ verstehe ich gar nichts** I don't know the first thing about technical matters, I'm hopeless when it comes to technical things; → **Stand** 2; **Techniker** *m* (technical) engineer; (*Spezialist, a. weitS. Künstler, Sportler*) technician; (*Wissenschaftler*) technologist; **Technikfeind** *m* Luddite; **Technikum** *n* college of technology.
technisch *adj.* ⚙ engineering *department, process etc.*; (*bsd. betriebs~ u. weitS. Kunst, Sport etc.*) technical; (*~-wissenschaftlich*) technological; *fig.* (*sachlich, rein formal, theoretisch*) technical; **~e Anlagen** technical facilities (*od.* installations), *im Krankenhaus etc.*: *a.* technology; **~e Hochschule** college (*od.* institute) of technology; **~e Einzelheiten** technicalities; **~er Leiter** technical director; **~e Disziplinen** field events; **~er K.o.** technical knockout; **~es Personal** technical staff; **~e Schwierigkeiten** technical difficulties; **aus (verfahrens)~en Gründen** on technical grounds; **ℒer Überwachungs-Verein → TÜV.**
technisieren *v/t.* mechanize; **Technisierung** *f* mechanization.
Technokrat *m* technocrat; **Technokratie** *f* technocracy.
Technologe *m* technologist.
Technologie *f* technology; **~park** *m* technology (*od.* science) park; **~transfer** *m* technology transfer.
technologisch *adj.* technological.
Techtelmechtel F *n* F carrying-on; **ein ~ mit j-m haben** be carrying on with s.o.
Teddy(bär) *m* teddy bear.
Tee *m* tea; **e-n ~ machen** (*od.* **kochen**) make some tea; **e-n ~ trinken** have a cup of tea; **er kommt zum ~** he's coming for tea; *fig.* **abwarten und ~ trinken!** (let's) wait and see.
TEE *m* 🚂 TEE, Trans-European Express.
Tee|beutel *m* teabag; **~blatt** *n* tea leaf; **~büchse** *f* tea caddy; **~-Ei** *n* infuser; **~gebäck** *n* biscuits *pl.*, *Am.* cookies *pl.*; **~geschäft** *n* tea seller('s), teashop; **~geschirr** *n* tea service, tea set, tea things *pl.*; **~glas** *n* tea glass; **~haus** *n japanisches*: teahouse; **~kanne** *f* teapot; **~kessel** *m* kettle; **~küche** *f* (tea) kitchen; **~licht** *n* tea warmer candle.
Teelöffel *m* teaspoon; **zwei (gestrichene) ~ voll** two (level) teaspoons(ful); **teelöffelweise** *adv.* by the teaspoon.
Teemischung *f* blend of tea.
Teenager *m* teenager; adolescent; *in Zssgn* teenage ..., adolescent ...
Teepause *f* tea break.
Teer *m* tar; **teeren** *v/t.* tar; **~ und federn** tar and feather.
Teerose *f* tea rose.
Teer|pappe *f* tar paper; **~seife** *f* coal-tar soap; **~straße** *f* tarred road.
Tee|service *n* tea service, tea set; **~sieb** *n* tea strainer; **~stube** *f* tearoom; **~tasse** *f* teacup; **~trinker** *m*: **ich bin ~** I drink tea; **~wagen** *m* tea trolley.
Teich *m* pond; *fig.* **der große ~** (*der Atlantik*) the herring pond; **über dem großen ~** on the other side of the pond.
Teig *m* dough; (*~masse, Eierℒ*) batter; **teigig** *adj.* doughy, pasty (*beide a. fig.*); **Teigwaren** *pl.* pasta *sg.*, pastas; **verschiedene ~** *mst* different types of pasta.
Teil¹ *m* **1.** part (*a. e-s Buches etc.*); **ein ~ davon** part (*od.* some) of it; **der größte ~** *gen.* most of, *bsd. Menschen*: *a.* the majority of; **der größere ~ s-s Vermögens** the greater part of his fortune; **nur ein kleiner ~ stimmte dafür** only a minority was in favo(u)r; **der arbeitende ~ der Bevölkerung** the working population; **Faust, Erster ~** Faust Part One; **im ersten ~ des Films** early on in the film, *bei Zweiteiler*: in part one of the film; **zu gleichen ~en** equally; **in zwei ~e zerbrechen** break in two; **aus allen ~en der Welt** from all over the world; **zum ~** partly; **zum großen (od. größten) ~** largely, for the most part; **ich habe die Arbeit zum größten ~ fertig** I've more or less finished the work; **der Film war zum ~ sehr spannend** the film was very exciting in parts, there were some very exciting bits in the film; **wir sind zum ~ gefahren, zum ~ gelaufen** we drove part of the way and walked the rest; **2.** (*Partei*) side; ⚖ party; **beide ~e anhören** hear both sides (of the story); **für beide ~e vorteilhaft** of advantage to both sides, of mutual advantage.
Teil² *m, n* (*Anteil*) share; **sein ~ beitragen** do one's part (F bit); **ich für mein(en) ~** I for my part, as for me; **ich habe mir so mein ~ gedacht** I didn't (want to) say anything; **er hat sein(en) ~ weg** he got his share, *fig.* he got what was coming to him; **man hat sein(en) ~ zu tragen** it's not an easy life; **dazu gehört ein gut ~ Frechheit** you've got to be pretty cheeky to do that (kind of thing).
Teil³ *n* (*Bestandteil, a.* ⚙) part, component, element; **da fehlt ein ~** there's a piece (*od.* part) missing.
Teil|ansicht *f* partial view; **~aspekt** *m* part, aspect; **das ist nur ein ~ des Problems** it's only part (*od.* one aspect) of the problem.
teilbar *adj.* divisible.
Teil|betrag *m* partial amount; (*Rate*) instal(l)ment; **~bevölkerung** *f* sub-population.
Teilchen *n* particle (*a. phys.*); **~beschleuniger** *m phys.* particle accelerator.
teilen I. *v/t.* divide (**in** into); (*auf~*) *a.* split (up); (*aus~, ver~*) share out, distribute; (*j-s Ansicht, Bett, Gefühle, Schicksal etc.*) share; **35 durch 7 ~** divide 35 by 7; **et. in gleiche Teile ~** divide s.th. (up) into equal parts; **in Grade ~** (*Meßinstrument*) calibrate, graduate; **ich teile d-e Meinung (nicht)** I (can't) agree with you (**über** on, about); (**sich**) **et. ~** share (*od.* split) s.th., *von zweien*: go halves on s.th.; → **geteilt**; **II.** *v/refl.*: **sich ~** divide, *Partei etc.*: *a.* split; *Menschen*: split up, separate; *Straße*: branch out, fork; **sich in et. ~** share (*od.* split) s.th., *von zweien*: *a.* go halves (on s.th.); **sich in die Kosten ~** share expenses; **III.** *v/i.* share; **er teilt nicht gern** he doesn't like sharing; **Teiler** *m* 𝔄 factor.
Teil|erfolg *m* partial success; **~erfüllung** *f* partial fulfil(l)ment; **~ergebnis** *n Wahlen etc.*: first results *pl.*; **~gebiet** *n* (subsidiary) branch.
teilhaben *v/i.* participate, have a share (**an** in); *an Freude etc.*: share (in); **Teilhaber(in** *f*) *m* ✝ partner, associate; **stiller ~** sleeping partner.
teilhaftig *lit. adj.*: **e-r Sache ~ werden** *lit.* be blessed with s.th.
...teilig *in Zssgn, z. B.* **zwei~** in two parts, *Anzug*: two-piece ...
Teilinvalidität *f* partial disablement.
Teilkaskoversicherung *f mot.* partial coverage insurance.
Teil|lieferung *f* part delivery; **~lösung** *f* partial solution; **~menge** *f* 𝔄 subset; **ℒmöbliert** *adj.* partly furnished.
Teilnahme *f* participation (**an** in, *a.* ⚖); *an e-r Versammlung*: attendance (at); *fig.* (*Interesse*) interest (in); (*Mitgefühl*) sympathy (with), *stärker*: compassion (for); (*Beileid*) condolences *pl.*; **~bedingungen** *pl.* conditions of entry; **ℒberechtigt** *adj.* eligible.
teilnahmslos I. *adj.* (*apathisch*) apathetic; (*gleichgültig*) indifferent; **II.** *adv.* apathetically *etc.*; **sie saß vollkommen ~ da** she sat there like part of the furniture; **Teilnahmslosigkeit** *f* apathy; indifference.
teilnahmsvoll *adj.* sympathetic(ally *adv.*).
teilnehmen *v/i.* take part (**an** in), participate (in); (*anwesend sein*) be present (at), attend (*s.th.*); *fig.* take an interest (in); *mitfühlend*: sympathize (with); **er nahm am Zweiten Weltkrieg teil** he fought (*od.* was) in the Second World War.
Teilnehmer *m* participant; **die ~** (*Anwesenden*) those present; **~ an der Schlußrunde** *Sport*: finalist; **~feld** *n Sport*:

(field of) competitors *pl.*, participants *pl.*; **~liste** *f* list of participants (*Sport*: *a.* entrants); **~staat** *m* participating nation; **~zahl** *f* number of participants (*Sport*: *a.* entrants).

teils *adv.* partly, in part; **~ ..., ~ ...** part(ly) ..., part(ly) ...; F **~, ~** (*wechselnd, leidlich*) F so-so; *hat es dir gefallen?* - **~, ~** it was okay; **~ gut, ~ schlecht** *Film etc.*: good in parts(, hopeless in others); **~ bewölkt, ~ heiter** cloudy with sunny periods; ***sie kamen ~ zu Fuß, ~ mit dem Fahrrad*** some came on foot, some by bicycle.

Teil|strecke *f* 🚂 section; *Bus etc.*: (fare) stage; (*Etappe*) stage, *a. Sport*: leg; **~strich** *m* ⚙ graduation mark; **~stück** *n* fragment; (*Abschnitt*) section; **~system** *n* subsystem.

Teilung *f* division (*a. biol.*, ♞); *pol. von Gewalten*: *a.* separation; *e-s Landes*: partition; (*Ver*♀) distribution; *in Anteilen*: sharing; *e-r Straße*: division; **Teilungsmasse** *f* ⚖ bankrupt's estate.

teilweise **I.** *adv.* partially, partly, in part(s); in some cases; **II.** *adj.* partial.

Teilzahlung *f* part payment; (*Rate*) instal(l)ment; (*Ratenzahlung*) payment by instal(l)ments; ***auf ~ kaufen*** buy on instal(l)ments (*od.* hire purchase).

Teilzahlungs|bank *f* finance house; **~kauf** *m* hire purchase; **~kredit** *m* hire purchase credit, *Am.* installment credit.

Teilzeit|arbeit *f* part-time employment; **~beschäftigte(r** *m*) *f* part-time employee, F part-timer; **~beschäftigung** *f* part-time employment.

Teint *m* complexion.

Tektonik *f* tectonics *pl.*; **tektonisch** *adj.* tectonic; ***~e Verschiebungen*** tectonic (*od.* plate) movements.

Tele F *n phot.* F telephoto.

Tele-|Arbeitnehmer *m* teleworker; **~Arbeitsplatz** teleworkstation.

Telebrief *m*: ***per ~*** by fax.

Telefax *n* telefax.

Telefon *n* telephone, phone; ***am ~*** on the phone; ***ans ~ gehen*** answer the phone; ***gehst du mal ans ~?*** *a.* can you get the phone?; ***~ haben*** have a phone, be on the phone; **~anruf** *m* (tele)phone call; **~anschluß** *m* telephone connection (*als Nebenanschluß*: extension); **~apparat** *m* (tele)phone.

Telefonat *n* telephone conversation; (*Anruf*) phone call.

Telefon|auskunft *f* directoy enquiries *pl.* (*Am.* assistance, information); **~buch** *n* telephone directory, phone book; **~dienst** *m* telephone service; **~gebühr** *f* telephone charge; **~gespräch** *n* → ***Telefonat***; **~hörer** *m* receiver.

telefonieren *v/i.* (tele)phone, ring (*od.* call) up; ***mit j-m ~*** *a.* talk to s.o. on the (tele)phone; ***er telefoniert ständig*** he's on the phone all day, he's never off the phone.

telefonisch **I.** *adj.* telephonic; ***~e Mitteilung*** telephone message; **II.** *adv.* by (tele)phone, over the (tele)phone; telephonically; ***~ (nicht) erreichbar*** (not) on the phone.

Telefonist(in *f*) *m* (telephone) operator.

Telefon|kabel *n* (tele)phone cord; **~karte** *f* phonecard; **~leitung** *f* telephone line; **~netz** *n* telephone network; **~nummer** *f* (tele)phone number; **~rechnung** *f* (tele)phone bill; **~schnur** *f* (tele)phone cord; **~seelsorge** *f etwa* help line, crisis line; *in GB*: *a. the* Samaritans *pl.*; **~terror** *m* telephone harassment; **~überwachung** *f* (tele)phone tapping; **~verbindung** *f* telephone connection; ***e-e ~ herstellen*** put a call through; **~vermittlung** *f* switchboard; **~zelle** *f* (tele)phone box, call box, *Am.* (tele)phone booth; **~zentrale** *f im Betrieb*: switchboard; ***über die ~*** through (*od.* via) the switchboard.

Telefoto *n* telephoto shot; **Telefotografie** *f* **1.** telephotography; **2.** → ***Telefoto.***

telegen *adj. TV* telegenic.

Telegraf *m* telegraph.

Telegrafen|amt *n* telegraph office; **~leitung** *f* telegraph line; **~mast** *m*, **~stange** *f* telegraph pole.

Telegrafie *f* telegraphy; ***drahtlose ~*** radiotelegraphy; **telegrafieren** *v/t. u. v/i.* telegraph, wire; (*kabeln*) cable; **telegrafisch** **I.** *adj.* telegraphic; ***~e Überweisung*** telegraphic (*od.* cable) transfer; **II.** *adv.* by telegraph, by wire; *gekabelt*: by cable; telegraphically; **Telegrafist(in** *f*) *m* telegraphist, telegrapher.

Telegramm *n* telegram; (*Auslands*♀) *a.* cable(gram); **~adresse** *f* telegraphic address; **~formular** *n* telegram form (*Am.* blank); **~stil** *m* telegraphic style, telegraphese, F shorthand.

Telegraph(...) → ***Telegraf(...)***.

Telekinese *f* telekinesis; **telekinetisch** *adj.* telekinetic.

Tele|kolleg *n in GB*: *etwa the* Open University; **~kommunikation** *f* telecommunications *pl.* (*a. sg. konstr.*); **~kopierer** *m* facsimile machine, fax (machine).

Telemark *m Skisport*: telemark.

Teleobjektiv *n* telephoto lens.

Teleologie *f* teleology; **teleologisch** *adj.* teleological.

Telepathie *f* telepathy; **telepathisch** *adj.* telepathic(ally *adv.*).

Telephon(...) → ***Telefon(...)***.

Telephoto(...) → ***Telefoto(...)***.

Teleskop *n* telescope; **~antenne** *f* telescopic aerial (*od.* antenna); **~arm** *m* telescopic arm; **~auge** *n* telescope eye.

teleskopisch *adj.* telescopic(ally *adv.*).

Telespiel *n* TV game.

Teletext *m* teletext.

Telex *n* telex; **telexen** *v/t.* telex (**an** to).

Teller *m* plate; F (*Platten*♀) turntable; *am Skistock*: basket; ***zwei ~ (voll) Suppe*** two platefuls of soup; **~fleisch** *n gastr.* boiled beef; **~mine** *f* ⚔ anti-tank mine; **~mütze** *f* flat cap; (*Baskenmütze*) beret; **~wärmer** *m* plate warmer; **~wäscher** *m* dishwasher.

Tellur *n* ⚗ tellurium.

Tempel *m* temple; F *fig.* ***j-n zum ~ hinausjagen*** F kick s.o. out; **~herr** *m hist.* (Knight) Templar; **~orden** *m hist.* Order of the Templar(s) (*od.* Knights Templar); **~ritter** *m* **1.** *hist.* (Knight) Templar; **2.** (*Freimaurer*) Knight Templar.

Tempera *f*, **~farbe** *f* tempera, distemper; **~malerei** *f* tempera (painting), (painting in) distemper.

Temperament *n* (*Wesensart*) temperament, disposition; (*Lebhaftigkeit*) vivacity, vivaciousness; (*Schwung*) verve; ***hitziges ~*** hot temper; ***ruhiges ~*** quiet disposition; ***er hat ein ruhiges ~*** *a.* he's very quiet by nature; ***er hat ~*** a) he's very lively, b) he's got a lot of get-up-and-go, c) he's got a fiery temperament; ***er hat kein ~*** there's no life in him; ***ihr ~ ist mit ihr durchgegangen*** she lost control of herself, she lost her temper; **temperamentlos** *adj.* spiritless; **Temperamentssache** *f*: ***das ist ~*** it's a matter of temperament, *a.* he *etc.* can't help it, he's *etc.* (just) like that; **temperamentvoll** *adj.* very lively, vivacious; (*feurig*) fiery; (*ungestüm*) impetuous; *Auto*: zippy.

Temperatur *f* temperature; ***bei e-r ~ von 8 Grad*** at (a temperature of) 8 degrees; ***bei ~en um*** at temperatures around; ***~en bis zu*** temperatures (of) up to; ⚕ **(*erhöhte*) *~ haben*** have (*od.* be running) a temperature; ***j-s ~ messen*** take s.o.'s temperature; **~anstieg** *m* rise in temperature(s); **~ausgleich** *m* temperature balance; **♀empfindlich** *adj.* temperature-sensitive; **~fühler** *m* ⚙ temperature sensor; **~kurve** *f* temperature curve; **~milderung** *f* rise in temperature(s); *im Wetterbericht*: *a.* becoming milder; **~regler** *m* thermostat; **~rückgang** *m* drop in temperature(s); **~schwankung** *f* variation (*od.* change) in temperature; **~sturz** *m* sudden drop (*od.* fall) in temperature; **~unterschied** *m* difference in temperature.

temperieren *v/t.* temper (*a.* ♪); ***gut temperiert sein*** have the right temperature.

Tempo *n* **1.** ♪ tempo; **2.** (*Geschwindigkeit*) speed, rate; ***in rasendem ~*** at breakneck speed; ***in langsamem ~*** at a slow pace; ***an ~ gewinnen*** gather pace, speed up; ***das ~ bestimmen*** (*od.* ***angeben***) set the pace; ***das ~ steigern, aufs ~ drücken*** speed things up; F ***der hat vielleicht ein ~ drauf!*** he's going at some speed; ***~!*** F step on it!; **~läufer** *m* front runner; **~limit** *n* speed limit.

Tempomat *m mot.* cruise control.

temporär *adj.* temporary.

Tempostat *m mot.* cruise control.

Temposünder *m* speeder.

Tempus *n ling.* tense.

Tendenz *f* tendency (**zu** towards); (*Entwicklungs*♀) *mst* trend (*a.* ✝); *contp. pol.* slant; ***die ~ haben zu*** *inf.* have a tendency to *inf.* (*od.* towards *ger.*); ✝ ***aufsteigende*** (***absteigende***) **~** upward (downward) trend; *fig.* ***~ aufsteigend*** (***absteigend***) outlook bright (dull), *bei Person*: prospects bright (dull); **tendenziell** **I.** *adj.*: ***es gibt e-e ~e Besserung*** there are signs of improvement; **II.** *adv.*: ***~ unterscheiden sich die Parteiprogramme nicht*** the broad tendency (*od.* outline) of the party manifestos is the same; **tendenziös** *adj.* tendentious.

Tendenz|literatur *f* tendentious literature; **~stück** *n* thesis play; **~wende** *f* change in trend.

tendieren *v/i.* tend (***nach, zu*** towards); ***dazu ~ zu*** *inf.* tend to *inf.* (*od.* towards *ger.*); *pol.* ***nach rechts*** (***links***) **~** have right-wing (left-wing) tendencies *od.* leanings; ✝ ***nach oben*** (***unten***) **~** show an upward (a downward) trend.

Tenne *f* threshing floor.

Tennis *n* tennis; **~arm** *m* tennis elbow; **~ball** *m* tennis ball; **~halle** *f* covered court; **~kleidung** *f* tennis kit (*od.* whites *pl.*); *im Geschäft*: tenniswear; **~klub** *m* tennis club; **~maschine** *f* ball machine; **~match** *n* tennis match; **~platz** *m* tennis court; **~schläger** *m* tennis racket (*od.* racquet); **~schuhe** *pl.* tennis shoes; **~spieler(in** *f*) *m* tennis player; **~stunde** *f* tennis lesson; **~turnier** *n* tennis tournament; **~wand** *f* practi|ce (*Am.* -se) wall.

¹**Tenor** *m* (*allgemeine Tendenz*) tenor; (*wesentlicher Inhalt*) essence, substance; ***den gleichen ~ haben*** be in the same tenor (*od.* mode).

Te'nor *m* ♪ **1.** (*a.* **~stimme** *f*, **~partie** *f*) tenor (voice, part); **2.** (*a.* **Tenorist** *m*) tenor (singer *od.* player).

Teppich *m* carpet; ***den roten ~ ausrollen*** roll out the red carpet, *fig.* give *s.o.* the red carpet treatment; ***fliegender ~*** magic carpet; *fig.* ***unter den ~ kehren*** sweep under the carpet; ***auf dem ~ bleiben*** be reasonable, be realistic; **~boden** *m* fitted carpet, wall-to-wall carpeting; **~bürste** *f* carpet brush; **~fliesen** *pl.* carpet tiles; **~händler** *m* carpet dealer; **~kehrer** *m* carpet sweeper; **~klopfer** *m* carpet beater; **~schaum** *m* carpet foam.

Termin *m* **1.** (*vereinbarte Zusammenkunft, a. Arzt*ℒ *etc.*) appointment (***bei*** with); (*vereinbarter Tag*) date; ⚖ (*Verhandlungs*ℒ) hearing; ***e-n ~ festsetzen*** fix (*od.* agree on) a date; ***ich habe mir für morgen e-n ~ geben lassen*** I've got an appointment (*od.* they've put me down) for tomorrow; ***viele ~e haben*** have a busy schedule, have a lot of appointments to keep; **2.** (*letzter ~, Fristablauf*) deadline; ***der ~ für die Abgabe des Manuskripts*** the deadline for handing in the manuscript; ***letzter*** (*od.* ***endgültiger***) ~ final deadline; ***e-n ~ einhalten*** meet a deadline.

Terminal *m, n* ✈ *u. Computer*: terminal.

Termin|arbeit *f* scheduled work; **~börse** *f* ☤ futures exchange; **~druck** *m* time (*od.* deadline) pressure; ***unter ~ stehen*** *a.* have a tight schedule; ℒ**gebunden** *adj.* tied to a deadline; ***wir sind ~*** *a.* we've got a deadline; **~geld** *n* ☤ time deposit; ℒ**gemäß**, ℒ**gerecht** *adv.* on schedule, on time; **~geschäft** *n* ☤ futures trading; **~kalender** *m* appointments book, diary; ⚖ cause list, *Am.* calendar; ***e-n vollen ~ haben*** have a busy schedule.

terminlich I. *adj.*: ***~e Schwierigkeiten haben*** have difficulty meeting the (*od.* a) deadline, (*zu viele Verpflichtungen haben*) have a very tight schedule; ***aus ~en Gründen*** due to prior commitments; **II.** *adv.*: ***~ hinkommen*** make the (*od.* a) deadline; ***ich schaffe es ~ nicht*** I can't manage (*od.* fit it in) timewise.

Terminmarkt *m* ☤ futures market.

Terminologie *f* terminology; **terminologisch** *adj.* terminological.

Termin|plan *m* (time) schedule; (*Programm*) agenda; **~planer** *m* (*Kalender*) personal organizer; **~planung** *f* scheduling; setting up a time schedule; **~schwierigkeiten** *pl.*: ***in ~ sein*** have difficulty meeting the (*od.* a) deadline; ***wegen ~*** due to prior commitments; **~verlängerung** *f* (deadline) extension.

Termite *f* termite.

Termiten|hügel *m* termites' nest; **~staat** *m* colony of termites.

Terpentin *n* turpentine.

Terrain *n* (*Gelände*) terrain; (*Grundstück*) plot of land; (*Bau*ℒ) building site; *fig.* ground; *fig.* ***sich auf bekanntem ~ befinden*** be on familiar ground (*od.* turf); ***das ~ vorbereiten*** do the groundwork; ***das ~ sondieren*** F see how the land lies.

Terrakotta *f* terracotta.

Terrarium *n* terrarium.

Terrasse *f* terrace (*a. geol.*).

terrassen|förmig I. *adj.* terraced, in terraces; **II.** *adv.*: ***~ anlegen*** terrace; ℒ**garten** *m* terraced garden; ℒ**haus** *n* stepped building.

Terrazzo *m* terrazzo.

terrestrisch *adj.* terrestrial.

Terrier *m* terrier.

Terrine *f* tureen.

territorial *adj.* territorial; ℒ**armee** *f* territorial army; ℒ**gewalt** *f* territorial sovereignty; ℒ**gewässer** *pl.* territorial waters; ℒ**hoheit** *f* territorial sovereignty.

Territorium *n* territory.

Terror *m* terror; (*~herrschaft*) reign of terror; (*Terrorismus*) terrorism; F ***das ist der reinste ~*** that's terror tactics; F ***~ machen*** F go wild; F ***mach keinen ~!*** there's no need to make such a fuss; **~akt** *m* act of terrorism; **~anschlag** *m* terrorist attack; **~bande** *f* gang of terrorists; **~bekämpfung** *f* counter-terrorism, *the* fight against terrorism; **~herrschaft** *f* reign of terror.

terrorisieren *v/t.* terrorize; **Terrorismus** *m* terrorism; **Terrorist(in** *f*) *m* terrorist.

Terroristen|fahndung *f* search for terrorists; **~kreis** *m* terrorist circle; **~szene** *f* terrorist scene; **~wohnung** *f* terrorist flat (*od.* hideout).

terroristisch *adj.* terrorist; ***~e Gewalttat*** act of terrorism.

Terror|organisation *f* terrorist organization; **~regime** *n* terrorist regime; **~welle** *f* wave of terrorism.

Tertia *f ped.* **1.** *obs.* first year (of grammar school); **2.** *östr.* third year (of grammar school).

Tertiär *n geol.* Tertiary (period).

Terz *f* **1.** ♪ third; ***große*** (***kleine***) ~ major (minor) third; **2.** *eccl.* (*Gebetsstunde*) terce; **3.** *Fechten*: tierce.

Terzett *n* ♪ trio, terzetto.

Tesafilm (*TM*) *m* sellotape (*TM*), *bsd. Am.* scotch tape (*TM*).

Test *m* test; *bsd.* ☤ trial.

Testament *n* will, ⚖ last will and testament; *bibl.* ***Altes*** (***Neues***) ~ Old (New) Testament; ***sein ~ machen*** make a will; ***j-n im ~ bedenken*** include (*od.* remember) s.o. in one's will; **testamentarisch I.** *adj.* testamentary; **II.** *adv.* by will; ***~ verfügen*** dispose by will; ***~ festgelegt sein*** be (stated) in the will.

Testaments|eröffnung *f* opening of a (*od.* the) will; **~vollstrecker(in** *f*) *m* executor (*f a.* executrix); (*Nachlaßverwalter*) administrator; **~vollstreckung** *f* execution of a (*od.* the) will.

Test|betrieb *m Computer*: test mode; **~bild** *n TV* test card; **~bohrung** *f* trial drilling.

testen *v/t.* test; ***~ auf*** test for; ***j-n auf s-e Reaktionsfähigkeit*** *etc.* ~ test s.o.'s reactions *etc.*

Test|ergebnis *n* result(s *pl.*) of a (*od.* the) test; **~fahrer** *m* test driver; **~fahrt** *f* test drive; **~flug** *m* test flight.

testieren I. *v/i.* make a will; **II.** *v/t.* (*bescheinigen*) certify, testify; **testierfähig** *adj.* ⚖ capable of making a will.

Testosteron *n* testosterone.

Test|person *f* test subject; **~phase** *f* test phase; **~pilot** *m* test pilot; **~reihe** *f* series of tests; **~sendung** *f TV, Radio*: pilot program(me); **~signal** *n* test signal.

Teststopp *m* ban on (nuclear) tests *od.* testing, test ban; **~vertrag** *m* test ban treaty.

Test|strecke *f* test track; **~streifen** *m* ⚕ test strip; **~verfahren** *n* test(ing) method(s *pl.*).

Tetanus *m* tetanus; **~schutzimpfung** *f* tetanus vaccination; **~spritze** *f* tetanus injection (F jab).

teuer I. *adj.* expensive, dear; *fig.* dear (***j-m*** to s.o.); ***et. für teures Geld kaufen*** pay good money for s.th.; ***wie ~ ist es?*** how much is it?; ***Fleisch ist teurer geworden*** meat prices have gone up; F ***es ist ganz schön ~*** it's not exactly cheap; → ***Pflaster*** 2, ***Spaß***; **II.** *adv.* dear(ly); ***et. zu ~ kaufen*** pay too much for s.th.; ***das kam ihn ~ zu stehen*** it cost him a fortune, *fig.* he had to pay dearly for it; → ***bezahlen, erkaufen.***

Teuerung *f* rise in prices; *pl.* price rises.

Teuerungs|rate *f* rate of price increases; rate of inflation; **~welle** *f* wave of price increases; **~zulage** *f*, **~zuschlag** *m* cost-of-living allowance (*od.* bonus).

Teufel *m* devil (*a. fig.*); ***der ~*** the Devil, Satan, F Old Nick; ***armer ~*** poor devil (*od.* wretch); ***kleiner ~*** little devil; F ***~ (auch)!*** F blimey!; F ***pfui ~!*** ugh!, *entrüstet*: that's disgusting!; F ***scher dich zum ~!*** F go to hell; F ***j-n zum ~ jagen*** send s.o. packing; F ***wer (wo, was) zum ~?*** who (where, what) the devil (*sl.* the hell)?; F ***weiß der ~*** F God knows; F ***kein ~*** *ist da sl.* not a sod; F ***zum ~ sein*** *Geld etc.*: F have gone down the drain, *Motor etc.*: F have had it; F ***wie der ~, auf ~ komm raus*** *arbeiten etc.*: like the devil, F like crazy, *rennen etc.*: F like crazy (*sl.* hell); F ***in ~s Küche kommen*** F get (o.s.) into a right (*sl.* hell of a) mess; F *wenn sie das sieht etc.*, ***dann ist der ~ los*** F there'll be merry hell, she'll hit (*od.* raise) the roof; F ***dort ist der ~ los*** F it's like all hell let loose there; F ***bist du des ~s?*** have you gone mad?; F ***den ~ werd' ich tun*** F I'll be damned (*od.* blowed) if I do, *sl.* the hell I will; F ***er schert sich den ~ drum*** F he doesn't give a damn; ***der ~ steckt im Detail*** it's the little things that always cause the problems; F ***den ~ an die Wand malen*** tempt fate; F ***ihn reitet der ~*** the devil's got into him; ***da hat der ~ s-e Hand im Spiel*** the whole thing's jinxed; F ***es müßte schon mit dem ~ zugehen, wenn es nicht klappen sollte*** the worst would really have to come to the worst for it not to work out; ***das hieße, den ~ mit dem Beelzebub austreiben*** a) that would be out of the frying pan into the fire, b) that would be robbing Peter to pay Paul; ***wenn man vom ~ spricht(, dann ist er nicht weit)*** speak (*od.* talk) of the devil (and he's sure to appear).

Teufels|austreibung *f* exorcism; **~kerl** F *m* F devil of a guy; **~kreis** *fig. m* vicious circle; ***den ~ durchbrechen*** get out of a (*od.* the) vicious circle; **~weib** F *n* she-devil; **~zeug** F *n* F infernal stuff.

teuflisch I. *adj.* devilish, diabolical; *Lächeln*: fiendish; **II.** *adv.* devilishly, diabolically; fiendishly; F ***~ kalt*** *etc.* F hellishly cold *etc.*, *sl.* cold *etc.* as hell.

Teutone *m*, **Teutonin** *f* Teuton; **teutonisch** *adj. a. fig.* Teutonic.

Text *m* text (*a. typ.*); (*Wortlaut*) wording; (*Auszug*) passage; (*Lied*ℒ) words *pl.*, lyrics *pl.*; *e-s Schauspielers*: lines *pl.*, part;

fig. ***j-n aus dem ~ bringen*** put s.o. off; ***aus dem ~ kommen*** lose the thread; F ***weiter im ~!*** go on!; **~aufgabe** *f* **1.** 𝔄 problem; **2.** comprehension test; **~ausgabe** *f* text edition; **~baustein** *m* text module; **~buch** *n Oper*: libretto; **~dichter** *m* songwriter; *Oper*: librettist.
texten I. *v/t.* write (the words for); **II.** *v/i.* ♪ write (the) lyrics; *Werbung*: copywrite; **Texter** *m* script writer; (*Werbe*2) copywriter; (*Schlager*2) songwriter.
Textgeschichte *f* textual history.
Textil|arbeiter(in *f*) *m* textile worker; **~fabrik** *f* textile factory; **2frei** F *hum. adj.* nude, *pred. a.* F starkers.
Textilien *pl.* textiles.
Textil|industrie *f* textile industry; **~waren** *pl.* textiles.
Text|kritik *f* textual criticism; **~stelle** *f* passage (in a *od.* the text); **~verarbeitung** *f* word processing.
Textverarbeitungs|gerät *n* word processor; **~programm** *n* word processing program; **~system** *n* **1.** word processing system; **2.** word processor.
Textvergleich *m* comparison of texts.
Tezett *n*: F ***bis ins ~*** (*vollständig*) completely, *kennen etc.*: inside out; (*bis ins Detail*) down to the last detail (*od.* T).
Thailänder(in *f*) *m*, **thailändisch** *adj.*, **Thailändisch** *n ling.* Thai.
Theater *n* theat|re (*Am. a.* -er); *fig. contp.* (*Verstellung*) play-acting; (*Aufregung*) fuss, F to-do; **am** (*od.* **im**) ~ at the theat|re (*Am. a.* -er); ***beim*** (*od.* **im**) ~ ***sein*** work for the theat|re (*Am. a.* -er), be an actor (*od.* actress); ***ins ~ gehen*** go to the theat|re (*Am. a.* -er); ***zum ~ gehen*** go on the stage; *fig.* ***~ spielen*** put on an act, *bsd. Sport*: play-act; ***mach kein ~!*** don't make such a fuss!; ***es ist immer das gleiche ~*** it's always the same old carry-on; **~abonnement** *n* theat|re (*Am. a.* -er) subscription; **~agent** *m* theatrical agent; **~agentur** *f* theatrical agency; **~besuch** *m* visit to the theat|re (*Am. a.* -er); **~besucher(in** *f*) *m* theatregoer, *Am. a.* theatergoer; **~direktor** *m* theat|re (*Am. a.* -er) director; **~donner** *m* artificial thunder; *fig.* ***alles nur ~!*** they're *etc.* just making a lot of noise; **~ensemble** *n* theat|re (*Am. a.* -er) ensemble; **~freunde** *pl.* theatregoers, *Am. a.* theatergoers; **~geschichte** *f* history of the theat|re (*Am. a.* -er); **~kasse** *f* (theat|re, *Am. a.* -er) box office; **~kritiker** *m* drama critic; **~probe** *f* rehearsal; **~publikum** *n* theat|re (*Am. a.* -er) audience; **~stück** *n* play; **~vorstellung** *f* (stage) performance; **~wissenschaft** *f* theory of drama.
Theatralik *f contp.* histrionics *pl.*; **theatralisch** *adj.* theatrical; *contp. a.* histrionic.
Theismus *m* theism; **theistisch** *adj.* theistic.
Theke *f* bar; (*Laden*2) counter.
Thema *n* subject; (*Gesprächs*2) *a.* topic; ♪ theme; ***~ Nummer eins*** the number one topic, (*Sex*) everybody's favo(u)rite topic; ***zum ~ kommen*** get to the point; ***beim ~ bleiben*** stick to the point; ***das ~ wechseln*** change the subject; ***wir wollen das ~ begraben*** let's not talk about it any more; ***das ist für mich kein ~ mehr*** I don't want to hear another word about it.
Thematik *f* subject (matter); ♪ thematic invention; **thematisch I.** *adj.* thematic; ***nach ~en Gesichtspunkten geordnet*** arranged according to subject; **II.** *adv.* thematically; ***~ ist der Aufsatz interessant*** the subject matter of the essay is interesting, the essay is on an interesting subject (*od.* topic); **thematisieren** *v/t.*: ***et. ~*** make s.th. a subject of discussion (*od.* the theme of a book *etc.*).
Thema|verfehlung *f*: ***wegen ~ durchfallen*** be failed for not answering the question (*od.* for deviating from the subject); **~wechsel** *m* change of subject (*od.* topic); **~: ...** switching (*od.* moving on) to another subject *od.* topic now ...
Themen|bereich *m*, **~kreis** *m* subject area; **~stellung** *f* formulation (of the topic).
Theokratie *f* theocracy.
Theologe *m* theologian; **Theologie** *f* theology; **theologisch** *adj.* theological.
Theorem *n* theorem.
Theoretiker *m* theorist; ***er ist reiner ~*** he has a very theoretical approach to things; **theoretisch I.** *adj.* theoretical; *contp.* academic; **II.** *adv.* theoretically, in theory; ***~ hat er recht*** *a.* he's right in theory; **Theorie** *f* theory (**über, zu** on; *gen.* of); ***in der ~*** in theory; ***das ist reine ~*** that's all theory; ***das ist graue ~*** it sounds all right (*Am.* alright) in theory; ***e-e ~ aufstellen*** put forward a theory; ***... - so die ~ ... -*** or so the theory goes.
Therapeut *m* therapist; **Therapeutik** *f* therapeutics *pl.* (*sg. konstr.*); **therapeutisch** *adj.* therapeutic(ally *adv.*).
Therapie *f* therapy; ***e-e ~ machen*** undergo therapy, undergo (a course of) treatment; **therapieren** *v/t.* treat, give *s.o.* (a course of) treatment, give *s.o.* therapy.
Thermal|bad *n* hot springs *pl.*, thermal spa; **~quelle** *f* thermal (*od.* hot) spring; **~schwimmbad** *n* thermal baths *pl.*
Therme *f* thermal (*od.* hot) spring.
Thermik *f* thermal (current); **thermisch** *adj.* thermal.
Thermodrucker *m* thermal printer.
Thermodynamik *f* thermodynamics *pl.* (*sg. konstr.*); **thermodynamisch** *adj.* thermodynamic.
thermoelektrisch *adj.* thermoelectric.
Thermo|element *n* thermocouple; **~hose** *f*: (**e-e** ~ a pair of) thermal trousers *pl.*; **~wäsche** *f* thermal underwear.
Thermometer *n* thermometer; **~stand** *m* thermometer reading.
thermonuklear *adj.* thermonuclear.
thermoplastisch *adj.* thermoplastic.
Thermos|flasche (*TM*) *f* thermos flask (*Am.* bottle) (*TM*); **~kanne** *f* thermal coffee pot.
Thermostat *m* thermostat.
Thesaurus *m* thesaurus; *e-r alten Sprache*: dictionary.
These *f* thesis; (*Theorie*) theory; ***Luthers 95 ~n*** Luther's 95 propositions (*od.* theses).
Thessalonicher *m hist.* Thessalonian; ***Brief an die ~*** → **~brief** *m*: *bibl.* **der 1. (2.)** ~ the (*od.* St Paul's) 1st (2nd) Epistle to the Thessalonians, Thessalonians I (II).
Thomas *m fig.*: ***ungläubiger ~*** doubting Thomas.
Thora *f* Torah.
Thriller *m* thriller.
Thrombose *f* ⚕ thrombosis.
Thron *m* throne (*a. fig.*); ***j-m auf den ~ folgen*** succeed s.o. to the throne; ***vom ~ stoßen*** *a. fig.* dethrone; **~anwärter** *m* heir apparent; **~besteigung** *f* accession to the throne.
thronen *v/i.* be enthroned (*a. fig.*).
Thron|erbe *m*, **~erbin** *f* heir to the throne, heir apparent; **~folge** *f* succession; **~folger(in** *f*) *m* successor to the throne; **~räuber** *m* usurper (of the throne); **~rede** *f* speech from the throne; *in GB*: Queen's (*od.* King's) speech; **~saal** *m* throne room.
Thunfisch *m* tuna (fish).
Thüringer I. *m*, **Thüringerin** *f* Thuringian; ***~ sein*** be (a) Thuringian, come from Thuringia; **II.** *adj.* Thuringian; ***~ Wald*** Thuringian Forest; **thüringisch** *adj.* Thuringian, from Thuringia.
Thymian *m* ⚘ thyme.
Thymusdrüse *f* thymus (gland).
Tiara *f* tiara.
Tibet(an)er(in *f*) *m*, **tibet(an)isch** *adj.* Tibetan.
Tic *m* ⚕ tic.
Tick *m* (*Schrulle*) (strange) quirk; F ***e-n ~ haben*** be mad; ***mit dem Frühaufstehen hat er e-n ~*** he's got a thing about getting up early; *in Zssgn*: ***e-n ...2 haben*** have a thing about ...
ticken *v/i.* tick; F ***bei ihm tickt's nicht ganz richtig*** F he's got a screw loose somewhere; **Ticker** *m* ticker.
Ticket *n* ticket.
Ticktack I. *f Kindersprache*: tick-tock; **II.** 2 *int.* tick-tock; *Kindersprache*: ***~ machen*** go tick-tock.
Tide *f* tide.
tief I. *adj.* deep (*a. fig. Farbe, Gedanke, Wald etc.*); *Erkenntnis, Wissen etc.*: *a.* profound; (*niedrig*) low (*a. Ton*); *Stimme*: deep; ***~er Fall*** big drop, *fig.* great fall; ***~er Teller*** soup plate; ***~e Schatten*** dark shadows, *unter den Augen*: *a.* dark rings; ***~er Boden*** muddy ground, *Fußball etc.*: heavy pitch; ***es liegt ~er Schnee*** there's deep snow; ***aus ~stem Herzen*** from the bottom of one's heart; ***im ~sten Innern*** in one's heart of hearts; ***im ~sten Elend leben*** live in utter squalor; ***im ~sten Winter*** in the dead of winter; ***in ~ster Nacht*** in the dead of night; ***im ~sten Afrika*** in darkest Africa; ***in ~er Trauer*** in deep mourning; ***den ~sten Stand erreicht haben*** *Sonne*: have reached its lowest point, *Kurs etc.*: have reached an all-time low; **II.** *adv.* deep; (*niedrig*) low; (*weit*) far; *fig.* deeply; ***zwei Stockwerke ~er*** two floors down; ***~ atmen*** take a deep breath; ***sich ~ bücken*** bend down low, bend right down; ***j-m ~ in die Augen sehen*** look deep into s.o.'s eyes; ***die Sonne steht ~*** the sun is low; ***~ gekränkt*** (***enttäuscht*** *etc.*) ***sein*** be deeply hurt (disappointed *etc.*); ***~ in Gedanken*** deep in thought; ***~ in Arbeit*** (***Schulden***) ***stecken*** be up to one's neck in work (debt); ***~ fallen*** fall from a great height, *fig.* sink low; ***er ist ~ gesunken*** he's really come down in the world; ***das geht bei ihr nicht sehr ~*** a) it doesn't make much of an impression on her, b) it's more show than anything with her; ***~ im Süden*** (***Norden***) far (in the) south (north); ***bis ~ in die Nacht*** till the (wee) small hours; ***bis ~ in den Herbst hinein*** till late (in the) autumn, *Am.* till late (in) fall; ***das läßt ~ blicken*** that's very revealing; **III.** 2 *n meteor.* low (*a. fig.*),

depression, low-pressure area, cyclone; *fig.* ***sich in e-m ~ befinden*** be having (*od.* going through) a low.
Tiefbau *m* civil engineering, *engS.* underground engineering.
tief|beleidigt *adj.* deeply offended; **~bewegt** *adj.* deeply moved; **~blau** *adj.* deep blue.
Tiefblick *m* great insight (*od.* perception); **tiefblickend** *adj.* (very) perceptive.
tiefbraun *adj.* deep brown.
Tiefdruck *m* **1.** *meteor.* low pressure; **2.** *typ.* rotogravure, intaglio printing; **~gebiet** *n* → ***Tief.***
Tiefe *f* depth (*a. phot. u. fig.*); (*Abgrund*) deep, abyss; (*Tiefgründigkeit*) deepness, profundity; ***die ~n des Meeres*** the depths of the sea.
Tiefebene *f* lowland(s *pl.*).
tiefempfunden *adj.* deep-felt, heartfelt.
Tiefen|analyse *f* depth analysis; **~bestrahlung** *f* ⚕ deep therapy; **~diskurs** *m* in-depth debate; **~interview** *n* (in-)depth interview; **~messung** *f* depth sounding; **~psychologe** *m* depth psychologist; **~psychologie** *f* depth psychology; **~rausch** *m* rapture of the deep; **~regler** *m* bass control; **~schärfe** *f* *phot.* depth of field (*od.* focus); **~struktur** *f ling.* deep structure; **2wirksam** *adj. pharm.* deep-acting; **~wirkung** *f* deep action; *Bild, Foto*: three-dimensionality, plasticity.
tiefernst *adj.* deadly serious.
Tief|flieger *m* low-flying plane (*a. pl.* aircraft); F *fig.* ***geistiger ~*** lowbrow; **~flug** *m* low-level flight; *pl. a.* low(-level) flying *sg.*; **~gang** *m* ⚓ draught, *Am.* draft; *fig.* depth; **~garage** *f* underground car park.
tiefgehend *adj. Wunde etc.*: deep; *fig.* (*gründlich*) thorough; (*intensiv*) intensive.
tiefgefrieren *v/t.* deep-freeze.
tiefgekühlt *adj.* (deep-)frozen; *Getränk*: chilled.
tiefgreifend *adj.* far-reaching, radical.
tiefgründig *adj.* deep, profound.
tiefkühlen *v/t.* deep-freeze.
Tiefkühl|fach *n* freezing compartment; **~kette** *f* cold chain; **~kost** *f* frozen foods *pl.*; **~truhe** *f* deep-freeze, freezer.
Tieflader *m mot.* low loader, low-loader vehicle.
Tiefland *n* lowland(s *pl.*).
tiefliegend *adj.* low(-lying); *Augen*: deep-set, *a.* ⚙ sunken; *fig.* deep(-seated).
Tief|punkt *fig. m* low; ***e-n absoluten ~ erreicht haben*** have reached an all-time low; ***e-n seelischen ~ haben*** be very depressed, be having (*od.* going through) a (real) low; → *a.* ***Tiefstpunkt***; **~schlaf** *m* deep sleep; ***sich im ~ befinden*** be in a deep sleep, be fast asleep; **~schlag** *m* *Boxen*: hit below the belt (*a. fig.*); *fig.* ***das war ein ~*** that was below the belt.
Tiefschnee *m* deep (powder) snow; **~fahren** *n Skisport*: off-piste (*od.* deep powder) skiing.
tiefschürfend *adj.* probing, penetrating; *Gespräch*: profound.
tiefschwarz *adj.* deep black, jet-black.
Tiefsee *f* deep sea; **~forschung** *f* deep-sea research; **~graben** *m* (deep-sea) trench.
Tiefsinn *m* profundity; (*Nachdenklichkeit*) thoughtfulness, reflectiveness; (*Schwermut*) melancholy, pensiveness;
tiefsinnig *adj.* profound, deep; (*nachdenklich*) meditative; (*schwermütig*) melancholy, pensive.
tiefsitzend *adj. Husten*: chesty; *fig. Probleme etc*: deep-seated.
Tiefstand *m* low; ***absoluter ~*** all-time low.
Tiefstapelei *f* understatement; *in eigener Sache*: modesty, self-effacement; **tiefstapeln** *v/i.* understate the case (*od.* things); *in eigener Sache*: be very modest (*od.* self-effacing), be overmodest; **Tiefstapler** *m*: ***ein ~ sein*** like to understate things; *in eigener Sache*: be very modest (*od.* self-effacing).
Tiefstart *m Sport*: crouch start.
tiefstehend *adj.* low.
Tiefst|kurs *m* lowest rate; **~preise** *pl.* rock-bottom prices; **~punkt** *fig. m* nadir; **~temperatur** *f* minimum (*od.* lowest) temperature; **~wert** *m* **1.** lowest value; **2.** → ***Tiefsttemperatur.***
Tieftemperaturphysik *f* low temperature physics *pl.* (*sg. konstr.*).
Tieftöner *m Lautsprecher*: woofer.
tieftraurig *adj.* desperately sad (*od.* unhappy).
Tiegel *m* saucepan; (*Schmelz2*) crucible.
Tier *n* animal; *großes, wildes*: *a.* beast; *fig.* (*Mensch*) beast, brute; F *fig.* ***hohes ~*** F bigwig, big shot; ***das ~ in j-m wecken*** bring out the animal in s.o., bring out s.o.'s animal instincts; **~art** *f* animal species.
Tierarzt *m* veterinary surgeon, *Am.* veterinarian; F vet; **tierärztlich** *adj.* veterinary.
Tier|asyl *n* → ***Tierheim***; **~bestand** *m* animal population; **~freund** *m* animal lover; **~futter** *n* animal food; **~halter** *m* **1.** pet owner; **2.** livestock breeder; **~haltung** *f* **1.** keeping of pets; **2.** livestock breeding; **~handlung** *f* pet shop; **~heim** *n* home for animals, animal shelter.
tierisch I. *adj.* animal ...; *fig. a.* brutish; F *fig.* incredible; ***~e Fette*** animal fats; ***~e Instinkte*** animal instincts; **II.** *adv.*: F *fig.* ***~ ernst*** deadly serious.
Tierklinik *f* veterinary hospital.
Tierkörperbeseitigung *f* animal waste processing.
Tierkreis *m ast.* zodiac; **~zeichen** *n* sign of the zodiac.
Tierkunde *f* zoology.
tierlieb *adj.* fond of animals; ***~ sein*** *a.* like animals.
Tier|markt *m Zeitungsrubrik*: Pets and Livestock; **~medizin** *f* veterinary medicine; **~park** *m* zoo; **~pfleger** *m* keeper; **~präparator** *m* taxidermist; **~quäler** *m* animal maltreater (*od.* abuser); **~quälerei** *f* cruelty to (*od.* mistreatment of) animals *od.* pets; **~reich** *n* animal kingdom.
Tierschutz *m* protection of animals; **Tierschützer** *m* animal welfarist.
Tierschutz|gebiet *n* wildlife (*od.* game) reserve; **~verein** *m* society for the prevention of cruelty to animals.
Tier|versuch *m* animal experiment; **~verwertung** *f* animal waste processing; **~welt** *f* animal world; **~zucht** *f* livestock breeding.
Tiger *m* tiger; **~auge** *n min.* tiger's eye; **~fell** *n* tiger skin; **~fisch** *m* tiger fish; **~hai** *m* tiger shark.
Tigerin *f* tigress.
Tigerkatze *f* tiger cat.
tigern F *v/i.*: ***durch die Straßen ~*** F traipse through the streets, *ziellos*: F mooch around town.
Tilde *f* tilde, swung dash.
tilgbar *adj.* ✝ redeemable, repayable; **tilgen** *v/t.* (*streichen*) strike out, *a. typ.* delete; (*löschen*) erase (*a. im Computer*); (*vernichten*) destroy; ✝ (*Schuld*) pay off; (*Anleihe, Staatsschuld*) redeem; *fig.* (*sühnen*) expiate, wipe out *a disgrace*; (*Erinnerung*) blot out; **Tilgung** *f* erasure; deletion; ✝ redemption, repayment; *fig.* (*Sühne*) expiation; → ***tilgen.***
Tilgungs|anleihe *f* ✝ amortization loan; **~rate** *f* ✝ redemption rate; **~zeitraum** *m* amortization period.
Timbre *n* timbre.
timen *v/t.* time; ***gut (schlecht) getimt*** well-timed (badly timed).
Timer *m* timer.
Timotheus *m bibl.* Timothy; ***Brief an ~*** → **~brief** *m*: *bibl.* ***der 1. (2.) ~*** the (*od.* St Paul's) 1st (2nd) Epistle to Timothy, Timothy I (II).
tingeln *v/i.* do small-time acting.
Tinktur *f* tincture.
Tinnef F *m* rubbish; (*Unsinn*) *a.* F rot, *Am.* F garbage.
Tinte *f* ink; F *fig.* ***in der ~ sitzen*** F be in the soup.
Tinten|faß *n* inkpot; **~fisch** *m* squid; (*Krake*) octopus; **~fleck** *m* ink blot, blot of ink; *a. auf Kleidung etc.*: ink stain; **~killer** *m* correction pen; **~klecks** *m* ink blot (*od.* stain); blot of ink; **~kuli** *m* rollerball pen; **~patrone** *f* ink cartridge; **~stift** *m* indelible pencil.
Tintenstrahldrucker *m* ink-jet printer.
Tip *m Sport u. fig.*: tip; (*Wink*) hint; (*Fingerzeig*) pointer, lead; *an die Polizei*: tip-off; ***ein sicherer ~*** a sure bet; ***j-m e-n ~ geben*** (*warnen*) F tip s.o. off, give s.o. a tip-off.
Tippelbruder *m* tramp, *Am.* hobo; **tippeln** *v/i.* tramp.
tippen I. *v/i.* **1.** ***~ an*** (*leicht berühren*) tap; **2.** F (*maschineschreiben*) type; **3.** F *Lotto*: do the lottery; *Toto*: do the pools; **4.** F (*raten*) guess; ***ich tippe auf ihn*** F I reckon it's (*od.* it'll be) him; ***man tippt darauf, daß*** the betting is (*od.* the bets are) that; **II.** F *v/t.* (*maschineschreiben*) type (up).
Tippfehler *m* typing error, F typo.
Tippgemeinschaft *f* betting (*od.* lotto) pool.
Tipse F *f* typist.
Tipptaste *f* touch button; *pl. a.* (soft-)touch controls.
tipptopp F **I.** *adj.* (*ausgezeichnet*) first class; **II.** *adv.*: ***~ sauber*** spick and span, spotless; ***~ gekleidet*** immaculately dressed.
Tippzettel *m* lottery (*Toto*: pools) coupon.
Tiroler I. *m*, **Tirolerin** *f* Tyrolean, Tyrolese; ***~ sein*** be (a) Tyrolean, come from (the) Tyrol; **II.** *adj.* → **tirolerisch** *adj.* Tyrolean, Tyrolese.
Tisch *m* table; ***bei ~*** at table; ***vom ~ aufstehen*** leave (*od.* get up from) the table; ***darf ich zu ~ bitten?*** shall we sit down at the table?, *oft iro.* lunch (*od.* dinner) is served; ***essen, was auf den ~ kommt*** eat what one is given, eat whatever is put before one; ***zu ~ gehen*** go for (*od.* to) lunch; *fig.* ***getrennt von ~ und Bett*** separated; ***mit et. reinen ~ machen*** make a clean sweep of it; ***unter den ~ fallen*** fall flat; ***unter den ~ fallen las-***

sen drop *a matter*; ***j-n unter den ~ trinken*** drink s.o. under the table; ***vom ~ wischen*** (*od.* ***fegen***) sweep aside; ***ein Thema auf den ~ bringen*** bring up a matter (for discussion); *die Sache* ***muß auf dem ~ bleiben*** (***muß vom ~***) has got to be thrashed out (settled); *Streitende* ***an einen ~ bringen*** get *the parties etc.* to agree to talks; ***Entscheidung am grünen ~*** bureaucratic decision, *Sport*: decision by the league authorities; **⁓bein** *n* table-leg; **⁓besen** *m* crumb brush; **⁓computer** *m* desktop computer; **⁓dame** *f* dinner partner; **⁓decke** *f* tablecloth; **⁓ende** *n*: ***am oberen*** (***unteren***) **~** at the head (foot) of the table; **2fertig** *adj. Speise*: ready-to-serve; **⁓feuerzeug** *n* table lighter; **⁓fußball** *m* table football; **⁓gebet** *n* grace; ***das ~ sprechen*** say grace; **⁓gespräch** *n* table talk; **⁓herr** *m* dinner partner; **⁓kante** *f* edge of the (*od.* a) table; **⁓karte** *f* place card; **⁓lampe** *f* table lamp; **⁓läufer** *m* runner.

Tischleindeckdich *n* F cushy set-up.

Tischler *m* carpenter, joiner; (*Kunst*2) cabinet-maker; **Tischlerarbeit** *f* carpentry, joinery; **Tischlerei** *f* **1.** (*Handwerk*) carpentry, joinery; **2.** (*Werkstatt*) carpenter's (*od.* joiner's) workshop; **Tischlermeister** *m* master carpenter (*od.* joiner); **tischlern I.** *v/i.* do carpentry; **II.** *v/t.* make; **Tischlerplatte** *f* block board.

Tisch|manieren *pl.* table manners; **⁓nachbar** *m* neighbo(u)r; ***mein ~*** the person (*od.* man, woman) sitting next to me (at the table); **⁓ordnung** *f* seating plan (*od.* arrangements *pl.*); **⁓platte** *f* tabletop; **⁓rechner** *m* desk(top) calculator; (*Computer*) desktop computer; **⁓rede** *f* after-dinner speech, toast; **⁓schmuck** *m* table decoration(s *pl.*).

Tischtennis *n* table tennis; **⁓ball** *m* table tennis (F ping-pong) ball; **⁓schläger** *m* table tennis bat (*Am.* paddle); **⁓tisch** *m* table tennis table.

Tisch|tuch *n* tablecloth; *fig.* ***das ~ zwischen sich und j-m zerschneiden*** break (off relations) with s.o.; **⁓wein** *m* table wine; **⁓zeit** *f* **1.** mealtime; **2.** lunch hour (*od.* break).

Titan 1. *m myth.* (*a.* **⁓e**) Titan; *fig.* titan, giant; **2.** *n* ⚗ titanium.

Titel *m* title; (*Motto*) *a.* slogan, motto; ***das Buch trägt den ~*** the title of the book is; **⁓anwärter** *m* challenger(s *pl.*) for the title; **⁓bild** *n* frontispiece; *e-r Zeitschrift*: cover picture (*od.* illustration, photo); **⁓blatt** *n* title page.

Titelei *f typ.* prelims *pl.*, front matter.

Titel|geschichte *f* cover story; **⁓halter** *m Sport*: titleholder; **⁓held** *m* (eponymous) hero; ***der ~ dieses Buchs*** *a.* the hero of the same name; **⁓kampf** *m* title match (*Boxen*: bout); **⁓kandidat** *m* challenger(s *pl.*) for the title; **⁓melodie** *f* theme tune; **⁓musik** *f* theme music; **⁓rolle** *f thea.* title role; **⁓seite** *f* title page; *e-r Zeitschrift*: *a.* front cover; **⁓song** *m* title song; **⁓träger** *m* titleholder(s *pl.*); **⁓verteidiger** *m* titleholder(s *pl.*), defending champion(s *pl.*).

Titten V *pl.* V tits, knockers.

titulieren *v/t.* address; ***j-n mit „Idiot" ~*** call s.o. an idiot.

Titus *m bibl.* Titus; ***Brief an ~*** → **⁓brief** *m bibl*: ***der ~*** the (*od.* St Paul's) Epistle to Titus, Titus.

tja *int.* well.

Toast *m* **1.** (*Röstbrot*) toast; **2.** (*Trinkspruch*) toast; ***auf j-n e-n ~ ausbringen*** propose a toast to s.o.; **toasten I.** *v/t.* (*Brot*) toast; **II.** *v/i.* drink a toast (**auf** to); **Toaster** *m* (*Brot*2) toaster.

Tobak *m*: F *fig.* ***das ist starker ~!*** that's strong stuff, F that's a bit thick.

toben *v/i. Person*: rave; *vor Begeisterung etc.*: go (*od.* be) wild (**vor** with); *Kind*: romp; *Sturm, See etc., a. Schlacht*: rage.

Tobsucht *f* uncontrolled rage; **tobsüchtig** *adj.* raving mad; **Tobsuchtsanfall** *m* tantrum.

Tochter *f* daughter; **⁓firma** *f*, **⁓gesellschaft** *f* ✝ subsidiary (company); *unter 50%*: affiliated company, affiliate.

Tod *m* death; ⚖ decease; *bsd. fig. lit.* demise; ***~ durch Ersticken*** (***Verhungern***) death by suffocation (from starvation); ***zu ⁓e kommen*** die, be killed; ***e-s natürlichen ⁓es sterben*** die a natural death; ***zu ⁓e stürzen*** fall to one's death; ***der Arzt konnte nur noch den ~ feststellen*** by the time the doctor arrived he (*od.* she) was dead; ***zum ⁓e verurteilen*** sentence to death; ***über den ~ hinaus*** beyond the grave; *fig.* ***das wäre der ~ der Demokratie*** that would be the end (*od.* death) of democracy; ***das war der ~ für die Firma*** that was the death of the company, that killed the company off; ***e-n tausendfachen ~ sterben, tausend ⁓e sterben*** die a thousand deaths; ***sich den ~ holen*** (*sich erkälten*) catch one's death of cold; ***sich zu ⁓e arbeiten*** work o.s. to death; ***j-n zu ⁓e erschrecken*** (***langweilen***) scare (bore) s.o. to death; ***ich bin zu ⁓e erschrocken*** I got the shock (*od.* fright) of my life; ***sich zu ⁓e schämen*** be ashamed (*od.* embarrassed) to death; ***ich habe mich zu ⁓e geschämt*** *a.* I wished the earth would open up and swallow me; ***aussehen wie der ~*** look like death warmed up; ***ich kann ihn auf den ~ nicht leiden*** I can't stand the sight of him; ***das kann ich auf den ~ nicht leiden*** I hate it like poison; → ***Leben***; **2bringend** *adj.* deadly, fatal, lethal; **2elend** *adj.*: ***mir ist ~*** I feel terrible (F really rotten), F *hum.* I think I'm going to die; **2ernst I.** *adj.* deadly (F dead) serious; **II.** *adv.* in dead earnest.

Todes|ahnung *f* premonition of death; **⁓angst** *f* fear of death; *fig.* mortal fear; ***Todesängste ausstehen*** be frightened out of one's mind (*od.* wits); **⁓anzeige** *f* obituary; **⁓erklärung** *f* ⚖ (official) declaration of death; **⁓fall** *m* death; ***im ~*** in the event of death; **⁓folge** *f*: ***schwere Körperverletzung mit ~*** grievous bodily harm resulting in death; **⁓gefahr** *f* mortal danger; ***sich in ~ begeben*** risk one's life, put one's life at risk; **⁓jahr** *n* year of s.o.'s death, year in which s.o. died; **⁓kampf** *m* throes *pl.* of death; **⁓kandidat** *m* **1.** doomed man (*od.* woman); ***er ist ein ~*** *a.* he hasn't got long to live; **2.** (*Verurteilter*) condemned man; **2mutig** *adj.* intrepid; **⁓nachricht** *f* news of s.o.'s death; **⁓opfer** *n* casualty; ***Zahl der ~*** death toll; ***der Unfall forderte zwei ~*** the accident claimed two lives; **⁓qualen** *pl.* final agony *sg.*; *fig.* ***~ ausstehen*** go through absolute agony; **⁓schuß** *m* fatal shot; ***e-n ~ abgeben*** *a.* shoot to kill; **⁓schwadron** *f* death squadron; **⁓sehnsucht** *f* death wish, longing for death; **⁓stoß** *m* deathblow (*a. fig.*); ***den ~ versetzen*** deliver the deathblow (*dat.* to); **⁓strafe** *f* capital punishment, death penalty; ***bei ~*** on penalty of death; **⁓tag** *m* day (*weitS.* anniversary) of s.o.'s death; **⁓ursache** *f* cause of death; **⁓urteil** *n* death sentence; *fig.* death warrant; **⁓verachtung** *f* defiance of death; ***mit ~*** fearlessly, F *fig.* in a fit of recklessness; **2würdig** *adj.* deserving of death; ***⁓es Verbrechen*** capital crime; **⁓zeit** *f* time of death; **⁓zelle** *f* death cell; *pl. a.* death row *sg.*

Todfeind *m* deadly (*od.* mortal) enemy; **Todfeindschaft** *f* deadly hatred.

todkrank *adj.* fatally ill; *durch unheilbare Krankheit*: *a.* terminally ill.

todlangweilig *adj.* deadly boring.

tödlich I. *adj.* fatal; (*potentiell* **~**) lethal, *emotional*: deadly; F (*unerträglich*) F deadly; ***⁓er Unfall*** (***Schuß***) fatal accident (shot); ***⁓e Dosis*** (***Waffe, ⁓es Gift***) lethal *od.* deadly dose (weapon, poison); ***⁓e Hilfe*** lethal aid; ***⁓e Gefahr*** danger to life, *lit.* mortal danger; ***mit ⁓er Sicherheit*** with deadly accuracy; **II.** *adv.*: ***~ verunglücken*** be killed in an accident, have a fatal accident; *fig.* F ***sich ~ langweilen*** be bored to death; F ***~ beleidigt*** mortally offended (*od.* wounded).

tod|müde *adj.* ready to drop, F dog-tired, shattered; **⁓schick** F *adj.* really (F dead) smart; **⁓sicher** F **I.** *adj.* F dead sure (*od.* certain); F sure-fire *method etc.*; *Urteil, Ziel*: unerring; ***⁓e Sache*** dead certainty, F (dead) cert; **II.** *adv.* (*zweifellos*) F for sure; ***er kommt ~*** *a.* there's no way he can't come.

Todsünde *f* deadly (*od.* mortal) sin; F ***es wäre e-e ~ zu*** *inf.* it would be unforgivable (for s.o.) to *inf.*

tod|traurig *adj.* terribly unhappy; **⁓unglücklich** *adj.* desperately unhappy.

Töfftöff *n Kindersprache*: beep-beep (car).

Tohuwabohu *n* complete chaos.

Toilette *f* **1.** (*Abort*) toilet, lavatory, *Am.* bathroom; *öffentliche*: public lavatory (*od.* conveniences *pl.*), *Am.* rest rooms *pl.*; ***auf der ~ sein*** be in the toilet *etc.*; **2.** (*Toilettenbecken*) toilet (bowl), lavatory pan; **3.** ***bei der ~ sein*** (*sich ankleiden etc.*) be getting ready; **4.** *obs.* (*Kleidung*) dress.

Toiletten|artikel *m* toilet article; *pl. a.* toiletries; **⁓deckel** *m* toilet lid; **⁓frau** *f*, **⁓mann** *m* lavatory attendant; **⁓papier** *n* toilet paper; **⁓sachen** *pl.* toiletries; *persönliche*: F toilet things; **⁓seife** *f* toilet soap; **⁓sitz** *m* toilet (*od.* lavatory) seat; **⁓tasche** *f* toilet bag; **⁓tisch** *m* dressing table; **⁓wasser** *n* toilet water.

toi-toi-toi F *int.* touch wood; (*viel Glück*) good luck!, *Brit. a.* F best of British!

Tokyoter *m* Tokyoite.

tolerabel *adj.* tolerable; F all right, *Am.* alright.

tolerant *adj.* tolerant (**gegen** towards, about, of); (*großzügig*) broadminded (about).

Toleranz *f* tolerance (*a.* ⚕, ⚙) (**gegen** towards, of); **⁓bereich** *m* range of tolerance; **⁓grenze** *f* limit of tolerance; ⚙ tolerance (limit); **⁓schwelle** *f* tolerance threshold.

tolerieren *v/t.* tolerate; **Tolerierung** *f* toleration.

toll I. *adj.* **1.** F (*großartig*) F great (*a. iro.*), F fantastic; (*unglaublich*) incredible, amazing; (*schlimm*) awful, terrible; **er (es) war nicht so ~** F he (it) wasn't so hot; **ein ~er Kerl** F a great guy; F **es war e-e ~e Sache (ein ~es Ding)** it was incredible (*od.* amazing); **2.** (*wild*) mad, wild; **ein ~es Treiben** mad goings-on; **3.** *obs.* (*tollwütig*) rabid; **4.** *obs.* (*geistesgestört*) insane, mad; **II.** *adv.* **5.** F **~ ankommen** F go down a bomb; **6. wie ~** like mad; **es kommt noch ~er** there's more to come; **er treibt es zu ~** he carries things too far; **es ging ~ zu** things were really wild, it was a wild party *etc.*, (*es war ein Durcheinander*) it was complete (*od.* absolute) chaos.

tolldreist *adj.* (as) bold as brass.

Tolle *f* quiff.

tollen *v/i.* romp (around).

Tollhaus *n*: **hier geht's zu wie im ~!** it's like a madhouse around (*od.* in) here.

Tollheit *f* **1.** madness; **2.** mad act (*od.* thing to do).

Tollkirsche *f* ♀ deadly nightshade, belladonna.

tollkühn *adj.* daredevil ..., *contp.* reckless, foolhardy; **Tollkühnheit** *f* daring; recklessness, foolhardiness.

Tollwut *f* rabies; **tollwütig** *adj.* rabid.

Tolpatsch F *m* F clumsy oaf.

Tölpel *m* **1.** dolt, oaf; **2.** *zo.* gannet; **tölpelhaft** *adj.* doltish, oafish.

Tomahawk *m* tomahawk.

Tomate *f* tomato; **rot werden wie e-e ~** go red as a beetroot; F **du hast wohl ~n auf den Augen?** open your eyes!

Tomaten|ketchup *m, n* tomato ketchup (*od.* sauce); **~mark** *n* tomato purée (*Am.* paste); **~saft** *m* tomato juice; **~staude** *f* tomato plant; **~suppe** *f* tomato soup.

Tombola *f* raffle.

Tomographie *f* tomography.

Ton¹ *m* (*Geräusch*) sound, (*heller, dunkler ~*) *a.* tone; ♪ *einzelner*: note, *Am. a.* tone; *ganzer, halber*: tone; (*Tonhöhe*) pitch, note; (*Klang*) tone, sound; *TV, Film*: sound; (*Betonung, a. fig.*) accent, stress; (*Sprechweise*) tone; (*Farb*≈) tone, (*Nuance*) *a.* shade; **~ in ~** *Kleidung*: in matching shades; **in den höchsten Tönen reden von** (*od.* **loben**) sing the praises of; F **große Töne spucken** F talk big; **er hat keinen ~ gesagt** (*od.* **von sich gegeben**) he didn't say a word (F dickybird); F **keinen ~ mehr!** not another word!; F **hast du** (*od.* **hat man**) **Töne?** F can you believe it?; **ich verbitte mir diesen ~** I won't be spoken to like that (*od.* in that tone); **der ~ macht die Musik** it's not what you say but how you say it; **den ~ angeben** give the note, *fig.* (*befehlen*) call the tune, (*die Atmosphäre bestimmen*) set the tone; → *a.* **anschlagen** 3; *fig.* **zum guten ~ gehören** be good form; **den richtigen ~ treffen** strike the right note.

Ton² *m geol.* clay.

Tonabnehmer *m* cartridge, pickup.

tonal *adj.* tonal; **Tonalität** *f* tonality.

tonangebend *adj.* leading; *Mode*: trend-setting; **~ sein** *a.* set the tone (**bei** of).

Ton|arm *m* pickup (arm), tonearm; **~art** *f* ♪ key; *fig.* tone; *fig.* **e-e andere ~ anschlagen** change one's tune; **~aufnahme** *f*, **~aufzeichnung** *f* (sound) recording; **~ausfall** *m TV* loss of sound; *kurzer*: (sound) dropout.

Tonband *n* (recording) tape; **auf ~ aufnehmen** (record on) tape, record; **~aufnahme** *f* tape recording; **~gerät** *n* tape recorder.

Tonboden *m* clay(ey) soil.

Tondichtung *f* tone poem.

tönen¹ *v/i.* (*schallen*) sound, ring; (*widerhallen*) resound; F *fig.* (*Reden schwingen*) hold forth; **~de Worte** hollow words.

tönen² *v/t.* (*färben*) tint; *dunkler*: tone.

Tonerde *f* argillaceous earth; ⚗ alumina; **essigsaure ~** (basic) alumin(i)um acetate.

tönern *adj.* (of) clay; *Klang*: hollow; *fig.* **auf ~en Füßen stehen** be on shaky foundations.

Ton|fall *m* intonation; **~film** *m* sound film; **~folge** *f* sequence of notes; *weitS.* melody; **~frequenz** *f* audio frequency.

Ton|gefäß *n* earthenware vessel (*od.* bowl *etc.*); **~geschirr** *n* pottery, earthenware.

Tongeschlecht *n* ♪ mode.

tonhaltig *adj.* clayey.

Tonhöhe *f phys.*, ♪ pitch.

Tonika *f* ♪ tonic.

Tonikum *n* ⚕ tonic.

Ton|ingenieur *m* sound engineer; **~kabine** *f Film*: sound booth; **~kamera** *f Film*: sound camera.

Tonklumpen *m* lump of clay.

Ton|konserve *f* sound recording, F *a. pl.* canned music; **~kopf** *m* recording (*od.* audio) head; *Plattenspieler*: cartridge, pickup; **~lage** *f* pitch; **~leiter** *f* ♪ scale.

tonlos *adj.* soundless; *fig. Stimme*: flat.

Ton|malerei *f* tone painting; **~meister** *m* sound mixer.

Tonnage *f* ⚓ tonnage.

Tonne *f* **1.** barrel; *für Bier etc.*: *a.* cask; (*Öl*≈) barrel, drum; (*Regen*≈) butt; (*Müll*≈) dustbin, *Am.* trashcan; **2.** (*Gewichtseinheit*) (metric) ton.

Tonnen|dach *n* ⚠ barrel roof; **~gewölbe** *n* ⚠ barrel vault.

tonnenweise *adv.* by the ton.

Tonpfeife *f* clay pipe.

Ton|qualität *f* sound quality; **~quelle** *f* sound source; **~regler** *m* tone control; **~schnitt** *m* sound editing; **~signal** *n* sound signal.

Tonsillektomie *f* ⚕ tonsillectomy; **Tonsillitis** *f* tonsillitis.

Ton|spur *f Film*: sound track; **~störung** *f a. pl.* sound interference; **~studio** *n* recording studio; **im ~** *a.* at the recording studios; **~stufe** *f* ♪ pitch.

Tonsur *f* tonsure; F *fig. a.* monk's patch.

Tontafel *f* clay tablet.

Tontaube *f* clay pigeon; **Tontaubenschießen** *n* clay pigeon shooting, trapshooting.

Ton|technik *f* sound (*od.* audio) engineering; **~techniker** *m* sound engineer; **~träger** *m* sound storage medium; **~umfang** *m* ♪ range.

Tönung *f* tone (*a. phot.*), shade (*beide a. fig.*); **Tönungsmittel** *n* (*Haar*≈) rinse.

Tonus *m* ⚕ tone, tonicity.

Ton|vase *f* earthenware vase; **~waren** *pl.* pottery *sg.*, earthenware *sg.*

Tonwiedergabe *f* sound reproduction.

Tonziegel *m* clay brick.

Topangebot *n* **1.** really good offer; **2.** highest offer (*od.* bid).

Topas *m* topaz.

Topathlet *m* top athlete.

Topf *m* pot; (*Koch*≈) *a.* saucepan; → *a.* **Töpfchen**; *fig.* **alles in einen ~ werfen** lump everything together; **~blume** *f* potted flower.

Töpfchen *n* **1.** small pot; **2.** *für Kinder*: F potty; (*Nacht*≈) pot, F jerry; **aufs ~ gehen** *Kindersprache*: go potty.

Topfen *dial. m* cream cheese, quark.

Töpfer *m* potter; **Töpferei** *f* pottery; (*Werkstatt*) potter's workshop; **töpfern I.** *v/i.* do pottery; (*e-n Töpferkurs besuchen*) go to pottery classes; **II.** *v/t.* make.

Töpfer|scheibe *f* potter's wheel; **~ware** *f* pottery, earthenware.

Topfhandschuh *m* oven glove.

topfit *adj.* in top form.

Topf|kuchen *m* → **Napfkuchen**; **~lappen** *m* oven cloth.

Topform *f*: **in ~ sein** be in top form.

Topfpflanze *f* potted plant.

Toplader *m* top loader.

Topmanagement *n* top management; chief executives *pl.*; **Topmanager** *m* top executive.

Topmodell *n* top model.

Topographie *f* topography; **topographisch** *adj.* topographical.

Topologie *f* topology; **topologisch** *adj.* topological.

Topp *m* ⚓ top(mast); **über die ~en geflaggt** dressed overall; **~segel** *n* topsail.

Topzustand *m*: **in ~** in excellent condition.

Tor¹ *n* **1.** gate (*a. Stadt*≈ *u. fig.*); (**~bogen**) archway; (*Garagen*≈ *etc.*) door; (*Einfahrt*) gateway (*a. fig.*); **2.** *Sport*: (*a. Treffer*) goal; **im ~ stehen** be in goal; **vor dem ~** in the goalmouth; (**immer**) **noch kein ~** no score yet; **ein Spiel auf ein ~** one-way traffic; **3.** *Skisport etc.*: gate.

Tor² *obs. m* (*Narr*) fool.

Tor|aus *n*: **ins ~ gehen** go behind for a goalkick; **~bereich** *m* goal area; **~bogen** *m* archway; **~chance** *f* chance (to score), scoring chance (*od.* opportunity); **~differenz** *f* goal difference.

Toreador *m* toreador.

Tor|eck *n*: **oberes ~** top corner of the net; **~einfahrt** *f* entrance; **an der ~** *a.* at the gate; **~erfolg** *m* goal.

Torero *m* torero.

Toresschluß *m*: **kurz vor ~** at the last minute.

Torf *m* peat; **~ stechen** cut peat; **~boden** *m*, **~erde** *f* peaty soil.

torfig *adj.* peaty.

Torf|moor *n* peat bog; **~mull** *m* peat dust.

Torheit *f* foolishness, folly; *konkret*: foolish act, stupid thing to do; **e-e ~ begehen** do something foolish (*od.* silly, stupid).

Torhüter *m Sport*: goalkeeper, F goalie.

töricht *adj.* foolish; *Hoffnung*: vain; **törichterweise** *adv.* foolishly, stupidly.

Torjäger *m Sport*: goal-getter.

torkeln *v/i.* stagger, reel.

Tor|latte *f* crossbar; **~lauf** *m* slalom; **~linie** *f* goal-line.

torlos *adj.* goalless.

Tor|mann *m* goalkeeper, F goalie; **~möglichkeit** *f* → **Torchance.**

Törn *m* ⚓ turn.

Tornado *m* tornado.

Tor|nähe *f*: **in ~** near the goal; **~netz** *n* net.

Tornister *m* ⚔ kit bag, (field) pack; (*Schul*≈) *etwa* satchel.

torpedieren *v/t.* ⚓ *u. fig.* torpedo.

Torpedo *m* torpedo; **~boot** *n* torpedo boat.

Tor|pfosten *m* doorpost; *Sport*: goalpost; **~raum** *m* goal area.

Torschlußpanik F *f* last-minute panic; *e-s Unverheirateten*: fear of being left on the shelf, fear of missing the boat.
Torschuß *m Sport*: shot at goal.
Torschütze *m* (goal-)scorer; **Torschützenkönig** *m* top scorer.
Torsion *f* ⚙ torsion, twist.
Torso *m* torso (*a. fig.*).
Törtchen *n* tartlet, small tart.
Torte *f* gateau, layer cake; (*Obst*♀) fruit tart.
Torten|boden *m* flan base; **~diagramm** *n Statistik*: pie chart; **~guß** *m* glaze; **~heber** *m* cake server; **~platte** *f* cake plate.
Tortur *fig. f* ordeal; ***das war e-e ~ a.*** F it was hell.
Tor|verhältnis *n* goal difference; **~wart** *m* goalkeeper, F goalie.
tosen *v/i.* roar, rage; ***~der Beifall*** thunderous applause; ***et. mit ~dem Beifall aufnehmen*** give s.th. a rapturous welcome.
tot *adj.* dead (*a. Baum,* ⚙ *Achse,* ⚡ *Leitung,* ✝ *Inventar, Kapital, Konto, Saison, Sprache*); *bsd.* ⚖ deceased; (*leblos*) lifeless, dead (*beide a. fig.*); *Vulkan*: extinct, dead; (*öde*) desolate; (*verlassen*) deserted; *Farben*: dull, *a. Augen*: lifeless; ***~es Rennen*** *a. fig.* dead heat; ***~es Wissen*** useless knowledge; ***~er Punkt*** ⚙ dead cent|re (*Am.* -er), *fig.* deadlock, (*Müdigkeit*) low point; ***den ~en Punkt erreichen*** a) reach deadlock, b) have a low point; ***den ~en Punkt überwinden*** a) break the deadlock, b) get one's second wind; ***~er Winkel*** blind spot, ⚔ dead angle; ***mehr ~ als lebendig*** more dead than alive; ***halb ~ vor Angst*** petrified (with fear); ***er ist ein ~er Mann*** he's a dead man (*sl.* a goner); F ***den ~en Mann machen*** float (on the water); ***~ umfallen*** drop dead; ***für ~ erklären*** declare dead; ***er war sofort ~*** he died instantly; ***das Kind wurde ~ geboren*** the child was stillborn; F ***ich bin einfach ~*** F I'm dead (*od.* finished); F ***~ und begraben*** all over and finished (*od.* forgotten); → ***Gleis, Hose.***
total I. *adj.* total, complete; ***~er Krieg*** all-out war; ***~er Konflikt*** full-scale conflict; **II.** *adv.* totally, completely; F ***~ verrückt*** F stark raving mad; F ***~ besoffen*** F paralytic, *sl.* pissed out of one's mind; F ***~ pleite*** F dead broke; F ***~ gut*** F brilliant; F ***du machst es ~ falsch*** you're doing it all wrong.
Total|ausfall *m* **1.** *der Stromversorgung*: complete blackout; *e-r Maschine etc.*: breakdown; **2.** F (*Person*) *bsd. Sport*: F dead loss; **~ausverkauf** *m* clearance sale, *bei Geschäftsaufgabe*: *a.* closing-down sale.
Totale *f Film*: full shot.
Totalerhebung *f* (*Volkszählung*) universal census.
totalitär *adj.* totalitarian; **Totalitarismus** *m* totalitarianism.
Totalität *f* totality.
Total|operation *f der Gebärmutter*: hysterectomy; **~schaden** *m* total loss; *mot.* write-off.
tot|arbeiten F *v/refl.*: ***sich ~*** work o.s. to death; **~ärgern** F *v/refl.*: ***sich ~*** be *od.* get really annoyed (*stärker*: F mad); ***ich hab' mich totgeärgert*** (*über mich selbst*) I could have kicked myself.
Tote(r *m*) *f* dead person, dead man (*f* woman); (*Leiche*) (dead) body, corpse; ⚔ casualty; ***die Toten*** the dead; ***bei dem Unfall gab es fünf Tote*** five people were killed in the accident.
Totem *n* totem; **Totemismus** *m* totemism; **Totempfahl** *m* totem pole.
töten I. *v/t.* kill; *fig. a.* destroy; → ***Nerv***; **II.** *v/refl.*: ***sich ~*** commit suicide.
Toten|amt *n* requiem mass; **~bahre** *f* bier; **~bett** *n* deathbed; **♀blaß, ♀bleich** *adj.* deathly pale, (as) white as a sheet; **~feier** *f* remembrance ceremony; **~glocke** *f* death knell; **~gräber** *m* gravedigger; *zo.* burying beetle; **~halle** *f* mortuary; **~hemd** *n* shroud; **~klage** *f* **1.** lamentation of the dead; **2.** (*Lied*) dirge; **3.** *Literatur*: dirge, lament, threnody; **~kopf** *m* **1.** death's head (*a. Symbol*), skull; (*Giftzeichen etc.*) skull and crossbones; **2.** *zo.* death's-head moth; **~kult** *m* cult of the dead; **~maske** *f* death mask; **~messe** *f* requiem (mass); **~reich** *n* realm of the dead, underworld; *griechische Mythologie*: *a.* Hades; **~schein** *m* death certificate; **~sonntag** *m last Sunday before Advent commemorating the dead*; **~stadt** *f* necropolis; **~starre** *f* rigor mortis; **♀still** *adj.* (as) silent as the grave; **~tanz** *m Kunst*: dance of death, danse macabre; **~tempel** *m hist.* funerary temple; **~wache** *f* wake, deathwatch.
tot|fahren *v/t.* run over and kill; ***er hat sie totgefahren*** he ran her over and killed her; **~geboren** *adj.* stillborn; *fig.* abortive *attempt etc.*; **♀geburt** *f* stillbirth; (*Kind*) stillborn child; **~geglaubt** *adj.* presumed dead; ***sein ~er Onkel*** his uncle who was presumed dead (*od.* who[m] everyone believed to be dead); **~gesagt** *adj. pred.* presumed (*od.* believed to be) dead; *fig.* written off; **~kriegen** F *v/t.*: ***er ist nicht totzukriegen*** he just goes on for ever; **~lachen** F *v/refl.*: ***sich ~*** F kill o.s. (laughing); ***es ist zum ♀*** F it's a scream; **~laufen** F *fig. v/refl.*: ***sich ~*** peter (*od.* fizzle) out, play itself out; **~machen** F **I.** *v/t.* kill; *fig.* (*Konkurrenz*) eliminate, get rid of; **II.** *v/refl.*: ***sich ~*** sacrifice o.s.
Totmannschaltung *f* dead man's handle.
Toto *n, m* **1.** (*Totalisator*) F tote; **2.** (*Fußball*♀) football pools *pl.*; ***~ spielen*** do the pools; ***im ~ gewinnen*** win the pools; **~schein** *m* pools coupon.
tot|reden F **I.** *v/t.*: ***j-n ~*** talk s.o. into the ground; ***et. ~*** thrash s.th. to death; **II.** *v/refl.*: ***sich ~*** talk till one is blue in the face; **~reiten** F *v/t.* (*Thema*) flog to death; **~schießen** *v/t.* shoot *s.o.* dead.
Totschlag *m* ⚖ manslaughter; **totschlagen** *v/t.* kill, beat (*mit Knüppel*: cudgel) to death; F *fig.* ***Zeit ~*** kill time; F ***den Tag ~*** get through the day (somehow); F ***er läßt sich lieber ~, als*** he'd rather die than; **Totschläger** *m* **1.** killer; **2.** (*Schlagstock*) life preserver, *Am.* blackjack.
tot|schweigen *v/t.* hush up; ***et. ~ a.*** pretend s.th. never happened; ***j-n ~*** pretend s.o. doesn't exist; **~stellen** *v/refl.*: ***sich ~*** play dead (F possum).
Tötung *f* killing; ⚖ homicide.
Tötungs|absicht *f* intention to kill; **~versuch** *m* murder attempt, attempted murder.
Toupet *n* (*Haarteil*) toupee.
toupieren *v/t.* back-comb.
Tour *f* tour (**durch** of, around); (*Ausflug*) excursion, trip, *zu Fuß*: hike; (*Strecke*) stretch; ⚙ (*Umdrehung*) revolution, turn; F (*Trick*) ploy; ***auf ~ gehen*** take to the road; ⚙ ***auf ~en*** on speed; ***auf ~en bringen*** *mot.* rev up, *fig.* get *s.o. od. s.th.* going; ***auf ~en kommen*** *mot.* pick up, rev up, *fig.* get into gear, get going; F ***in einer ~*** (*ununterbrochen*) incessantly; F ***komm mir bloß nicht auf diese ~!*** F don't try that one on me; ***auf vollen ~en laufen*** go full blast; F ***j-m die ~ vermasseln*** queer s.o.'s pitch; → ***krumm, link, sanft.***
Touren|rad *n* touring bicycle; **~ski** *m* touring ski; **~skifahren** *n* off-piste skiing; **~wagen** *m* touring car; **~zähler** *m* revolution counter.
Tourismus *m* tourism; **~geschäft** *n* tourist industry.
Tourist(in *f*) *m* tourist.
Touristen|attraktion *f* tourist attraction; **~hotel** *n* tourist (*od.* budget) hotel; **~klasse** *f* ✈ economy class; **~rummel** F *m etwa* hordes *pl.* of tourists; tourist invasion (**in** of); ***da ist der ~ zu groß*** the place is overrun with tourists; **~strom** *m* stream of tourists; ***abseits vom ~*** off the tourist track.
Touristik *f* tourism; **~unternehmen** *n* tour operator.
Tournee *f* tour; ***auf ~ gehen*** (**sein**) go (be) on tour, ***mit e-m Stück***: tour a play.
toxisch *adj.* toxic.
Trab *m* trot; ***im ~*** at a trot, F *fig.* (*schnell*) quickly; *fig.* ***j-n auf ~ bringen*** get s.o. moving; ***j-n in ~ halten*** keep s.o. on his *od.* her toes (*od.* on the trot, on the go); ***immer auf ~ sein*** always be on the go.
Trabant *m ast.* satellite; **Trabantenstadt** *f* satellite town.
traben *v/i.* trot.
Traber *m*, **~pferd** *n* trotter.
Trabrennbahn *f* trotting course; **Trabrennen** *n* trotting; (*Veranstaltung*) trotting race.
Tracht *f* **1.** (*Kleidung*) dress; traditional (*od.* national) costume; (*Schwestern*♀ *etc.*) uniform; **2.** → ***Prügel*** 2.
trachten I. *v/i.*: ***~ nach*** strive for (*od.* after); (**danach**) ***~ zu*** *inf.* endeavo(u)r (*od.* strive) to *inf.*; ***j-m nach dem Leben ~*** be out to kill s.o., be after s.o.'s life (F head); **II.** ♀ *n* pursuit (**nach** of), striving (after, for).
Trachten|anzug *m*: (***im ~*** in) traditional costume; **~kleid** *n* traditional costume (*od.* dress); **~look** *m* ethnic (*od.* traditional costume) look.
trächtig *adj.* pregnant (*a. fig.*, **von** with).
tradieren *v/t.* hand down.
Tradition *f* tradition; ***nach alter ~*** by tradition; ***zur ~ machen*** make *it* a tradition; ***zur ~ werden*** become a tradition, become established (*od.* traditional); **traditionell** *adj.* traditional.
traditions|bewußt *adj.* traditionally-minded; ***~ sein a.*** have a sense of tradition; **~gemäß** *adj.* in keeping with tradition; **♀pflege** *f* keeping up *od.* upholding (of) traditions; **~reich** *adj.* steeped in tradition, historic.
Trafik *östr. f* tobacconist's; **Trafikant** *östr. m* tobacconist.
Trafo *m* ⚡ transformer.
Tragbahre *f* stretcher.
tragbar *adj. Fernseher etc.*: portable;

Filmkamera etc.: hand-held; *Kleidung*: fit for wear; *fig.* (*annehmbar*) acceptable; (*zumutbar*) tolerable; (***finanziell***) ***nicht mehr ~*** beyond one's means.

träge *adj.* sluggish (*a. weitS. u.* †); *Mensch*: *a.* lethargic, listless; (*schläfrig*) drowsy; (*leblos, a. phys.*) inert.

Trage|griff *m* handle; **~korb** *m* basket; *für Babys*: Moses basket.

tragen I. *v/t.* carry; (*mitnehmen*) take; (*stützen*) support; (*am Körper ~, a. Brille*) wear, (*Kleidung*) *a.* have on; (*Früchte, fig. Folgen, Kosten, Namen, Verantwortung, Verlust etc.*) bear; *fig.* (*ertragen*) bear, endure; ***e-n Bart*** *etc.* ***~*** have (*od.* wear, *demonstrativ*: sport) a beard *etc.*; ***et. bei sich ~*** carry *od.* have s.th. on (*od.* with) one; ***e-n Brief zur Post ~*** take a letter to the post office; ***man trägt die Röcke wieder kürzer*** short skirts are in again; ***die Schuhe trägt man nicht mehr*** people don't wear those kind of shoes any more; ***das kannst du gut ~*** it really suits you; *et.* ***auf e-r Party*** (***in der Kirche*** *etc.*) ***~*** wear to a party (to church *etc.*); ***die Haare lang*** (***kurz***) ***~*** wear one's hair long (short); *fig.* ***den Schaden ~*** pay for the damage; ***wie trägt sie es?*** how's she taking it?, how's she bearing up?; → ***Herz, Rechnung*** 2, ***Trauer, Zins*** *etc.*; → ***getragen***; **II.** *v/i. Baum*: bear fruit; *zo.* be pregnant; *Stimme*: carry; *Eis etc.*: hold; ***schwer ~ an*** have a hard time carrying; ***schwer zu ~ haben*** be loaded down, *fig.* be weighed down (***an*** by); **III.** *v/refl.*: ***sich ~*** *Geschäft etc.*: pay (its way); ***sich leicht ~*** *Koffer etc.*: be light, be easy to carry; ***sich gut ~*** *Stoff*: wear well; ***sich mit der Absicht*** (*od.* ***dem Gedanken***) ***~ zu*** *inf.* be thinking of *ger.*, be considering *ger.*; **tragend** *adj. Wand*: load-bearing; *Idee*: main, *Rolle*: *a.* leading; *Stimme*: powerful; ***sich selbst ~*** self-funding.

Träger *m* **1.** carrier (*a. Krankheits*2), bearer (*a. e-s Namens, Titels*); (*Gepäck*2) porter; *fig. e-r Idee*: upholder, champion; (*Institut*) body responsible *for s.th.*; → ***Bau-, Flugzeug-, Preisträger***; **2.** *an Kleidung*: (shoulder) strap; → ***Hosenträger***; **3.** ⚙ support; △ supporting beam; (*Eisenlängs*2) girder; **4.** ***ein ~ Bier*** a crate (*Am.* case) of beer; **~frequenz** *f* ✈ carrier frequency; **~kleid** *n* pinafore dress, *Am.* jumper.

trägerlos *adj. Kleid*: strapless.

Träger|rakete *f* booster rocket; **~rock** *m* **1.** skirt with straps; **2.** → ***Trägerkleid.***

Trage|tasche *f* **1.** carrier bag; **2.** *für Babys*: carrycot; **~tuch** *n für Babys*: sling.

tragfähig *adj.* **1.** load-bearing; able to carry a load; **2.** *fig.* sound; (*stabil*) firm, stable; *Kompromiß*: acceptable; ***~e Mehrheit*** working majority; **Tragfähigkeit** *f* **1.** load(-carrying) capacity; *Brücke*: safe load; *Kran*, ✈: lifting capacity; ⚓ tonnage; **2.** *fig.* soundness; stability; acceptability; → ***tragfähig*** 2.

Tragfläche *f* ✈ wing; ⚓ hydrofoil; **Tragflächenboot** *n* hydrofoil.

Tragflügel *m* → ***Tragfläche***; **Tragflügelboot** *n* → ***Tragflächenboot.***

Trägheit *f* sluggishness; lethargy, listlessness; drowsiness; *phys.* inertia (*a. fig.*); ☂ inactivity; → ***träge.***

Trägheits|gesetz *n* law of inertia; **~moment** *n* moment of inertia.

Tragik *f* tragedy; (*tragisches Element*) tragic element (*od.* aspect); ***die ~ daran*** *a.* the tragic thing about it.

Tragikomik *f* tragicomedy; (*tragikomisches Element*) tragicomic element (*od.* aspect); **tragikomisch** *adj.* tragicomic(ally *adv.*); **Tragikomödie** *f* tragicomedy.

tragisch I. *adj.* tragic; **II.** *adv.* tragically; ***nimm's nicht so ~!*** don't take it to heart, it's not the end of the world.

Trag|kraft *f* → ***Tragfähigkeit*** 1; **~last** *f* load, burden; (*Tragkraft*) (load) capacity.

Tragödie *f* tragedy; tragic event; ***da spielen sich ~n ab*** they've had some tragic things happen to them; F ***mach nicht gleich e-e ~ draus*** F no need to make a full-scale drama out of it; F ***es ist e-e ~ mit ihr*** (***diesem Computer***) F it's absolutely hopeless with her (this computer's an absolute disaster); **Tragödiendichter** *m* tragedian.

Trag|pfeiler *m* (load-carrying) pillar; *e-r Brücke*: support; **~riemen** *m* strap; *am Gewehr*: sling; **~tasche** *f* carrier bag; **~weite** *f* range; *fig.* significance, implications *pl.*; *fig.* ***von großer ~*** significant, of great import, ***sein***: *a.* have far-reaching implications (*od.* consequences); ***sie war sich der ~ ihrer Entscheidung nicht bewußt*** *a.* she didn't realize what an effect her decision might (*od.* would) have; **~werk** *n* ✈ wing unit.

Trainer *m* trainer, coach; *Fußball*: manager; **~bank** *f* (trainer's) bench.

trainieren I. *v/i.* train, coach (***auf*** for); **II.** *v/t.* (*j-n*) coach (***auf*** for); ***Hochsprung*** *etc.* ***~*** practi|se (*Am.* -ce) the (*od.* one's) high jump *etc.*; ***das Gedächtnis*** *etc.* ***~*** train one's memory *etc.*

Training *n* training.

Trainings|anzug *m* tracksuit; **~hose** *f* tracksuit bottoms *pl.*; **~jacke** *f* tracksuit top; **~lager** *n* training camp; **~partner** *m* training partner; **~platz** *m* practi|ce (*Am.* -se) ground; **~programm** *n* training program(me) *od.* schedule; **~spiel** *n* practi|ce (*Am.* -se) match; **~zeit** *f* practi|ce (*Am.* -se) time.

Trakt *m* (*Gebäudeteil*) part, wing.

Traktat *n* (*Abhandlung*) treatise; *eccl.* tract.

traktieren *v/t.* (*belästigen*) pester; (*mißhandeln*) maltreat; ***mit Schlägen ~*** beat up; ***j-n mit Vorwürfen ~*** F keep getting on at s.o.

Traktor *m* tractor.

trällern *v/t. u. v/i.* warble, trill.

Tram(bahn) *dial. f* tram, *Am.* streetcar, trolley(bus).

Trampel F *m, n* F elephant; ***das ist ein ~!*** he's like a baby elephant; **trampeln** *v/i.* trample; (*stampfen*) stamp.

Trampel|pfad *m* beaten path; **~tier** *n* **1.** *zo.* Bactrian camel; **2.** F clumsy oaf; ***paß auf, du ~!*** look out, clumsy!

trampen *v/i.* hitchhike, F hitch (it); **Tramper** *m* hitchhiker.

Trampolin *n* trampoline.

Trampschiff *n* tramp steamer.

Tran *m* train oil; F ***im ~*** dop(e)y, (*abwesend*) in a dream; F ***das muß ich im ~ gemacht haben*** a) I must have been drunk, b) I must have been dreaming (*od.* in a dream).

Trance *f* trance; ***in ~ fallen*** go into a trance; ***in ~ versetzen*** put into a trance; **tranceartig I.** *adj.* trance-like; **II.** *adv.*: ***~ handeln*** act as if in a trance.

Tranchierbesteck *n*: (***ein ~*** a pair of) carvers *pl.*; **tranchieren** *v/t.* carve, cut; **Tranchiermesser** *n* carving knife.

Träne *f* tear; ***den ~n nahe*** on the verge of tears; ***in ~n ausbrechen*** burst into tears; ***unter ~n*** in tears; ***unter ~n erzählte er uns alles*** he was in tears (*od.* he wept) as he told us everything; ***keine ~ wert*** not worth shedding any tears over (*od.* getting upset about); ***wir haben ~n gelacht*** we laughed till we cried; F *iro.* ***mir kommen die ~n*** F don't make me weep; → ***aufgelöst*** 2, ***gerührt, nachweinen*** *etc.*; **tränen** *v/i.* water; ***mir ~ die Augen*** my eyes are watering.

tränen|blind *adj.* blinded with tears; **2drüse** *f* lachrymal gland; F *fig.* ***das Lied drückt aber auf die ~n*** that song is a real tearjerker; **~erstickt** *adj.*: ***mit ~er Stimme*** in a choked voice, choked with tears; **~feucht** *adj.* wet with tears; tear-stained.

Tränengas *n* tear gas; **~pistole** *f* tear-gas pistol (*od.* gun).

Tränen|kanal *m* tear duct; **2reich** *adj.* tearful; **~sack** *m* lachrymal sac; **2überströmt I.** *adj.* wet with tears; **II.** *adv.* in tears.

Trank *m* drink.

Tränke *f* watering place; (*Becken*) drinking trough; **tränken** *v/t.* **1.** (*Vieh, Pflanze*) water; **2.** (*durch~*) soak.

Transaktion *f* transaction.

transalpin(isch) *adj.* transalpine.

Transatlantik..., transatlantisch *adj.* transatlantic.

Transfer *m* †, ✈, *Sport, psych.* transfer.

Transferenz *f ling.* transference.

transferieren *v/t.* transfer (***an, auf*** to).

Transfer|liste *f* transfer list; ***auf die ~ setzen*** put up for transfer, put on the transfer list; **~summe** *f* transfer fee.

Transfiguration *f* transfiguration.

Transformation *f* transformation.

Transformationsgrammatik *f* trans-formational grammar.

Transformator *m* ⚡ transformer.

transformieren *v/t. a.* ⚡, ⚗, *psych.* transform.

Transfusion *f* ⚕ transfusion.

Transistor *m* transistor; **2bestückt** *adj.* transistorized, solid-state.

transistor(is)ieren *v/t.* transistorize; **transistor(is)iert** *adj.* transistorized, solid-state.

Transistor|radio *n* transistor (radio); **~zündung** *f* electronic ignition.

Transit *m* transit; **~abfertigung** *f* transit clearance; **~abkommen** *n* transit convention; **~güter** *pl.* † transit goods; **~halle** *f* transit lounge; **~handel** *m* transit trade.

transitiv *adj. ling.* transitive.

Transit|passagier *m*, **~reisende(r)** *m* transit passenger; ***Transitpassagiere nach ...*** transit passengers continuing their flight to ...; **~strecke** *f* transit road (*od.* route); **~verkehr** *m* transit traffic († *a.* trade); **~visum** *n* transit visa; **~weg** *m* transit route.

transkribieren *v/t.* transcribe; **Transkription** *f* transcription.

Transmission *f* ⚙ transmission.

transparent I. *adj.* transparent (*a. fig.*); **II.** 2 *n* transparency; *bei Demonstrationen*: banner; **2papier** *n* tracing paper.

Transparenz *f* transparency.
Transpiration *f* perspiration; **transpirieren** *v/i.* perspire.
Transplantat *n* ⚕ transplant, transplanted organ; **Transplantation** *f* transplant; *von Haut*: graft; (*das Transplantieren*) transplantation, grafting; **transplantieren** *v/t.* transplant, graft.
transponieren *v/t.* transpose (*a.* ♪).
Transport *m* **1.** transport(ation), conveyance; ***während des ~s*** in transit, en route; **2.** (*Film*≗) winding (mechanism); **transportabel** *adj.* transportable; (*tragbar*) portable.
Transport|arbeiter *m* transport worker; **~automatik** *f phot.* automatic winding, automatic (film) advance; **~band** *n* conveyor belt.
Transporter *m* → ***Transportfahrzeug, -flugzeug, -schiff.***
Transporteur *m* carrier.
transportfähig *adj.* transportable; *Kranke, Tiere*: fit for transportation; *der Verletzte* ***ist nicht ~*** *a.* is in no fit state to be moved.
Transport|fahrzeug *n* transporter; **~firma** *f* haulage company (*od.* contractors *pl.*); **~flugzeug** *n* **1.** transport plane; **2.** → ***Truppentransporter***; **~hebel** *m phot.* film advance lever; **~hubschrauber** *m* transport helicopter.
transportieren I. *v/t.* transport; move; (*tragen*) carry; (*Kranke etc.*) take, *an e-n anderen Ort*: *a.* move; (*Film*) wind on, advance; ***wie soll man das Ding denn ~?*** how are you supposed to move the thing (*od.* get the thing out of here)?; **II.** *v/i. Kamera*: wind on, advance.
Transport|kosten *pl.* transport(ation) charges; ⚓ freight (charges); (*Speditionskosten*) forwarding charges; **~mittel** *n* (means of) transport(ation); **~netz** *n* transport network; **~schaden** *m* damage in transit; **~schiff** *n* transport ship; ⚔ troopship; **~unternehmen** *n* haulage company (*od.* contractors *pl.*); **~unternehmer** *m* haulier, hauler; **~versicherung** *f* transport insurance; **~wesen** *n* transportation.
transsexuell *adj.*, **Transsexuelle(r** *m*) *f* transsexual.
Transsubstantiation *f eccl.* transubstantiation.
Transuse F *f* F slowcoach, *Am.* slowpoke.
Transvestit *m* transvestite.
transzendent(al) *adj.* transcendental; **Transzendenz** *f* transcendence.
Trapez *n* ⩓ trapezium, *Am.* trapezoid; *Turnen*: trapeze; **~akt** *m* trapeze act; **~künstler** *m* trapeze artist.
trappeln *v/i. Pferd etc.*: clatter; *Kind etc.*: patter.
Trappist *m* Trappist (monk).
Trara F *n* fuss, F to-do; ***viel ~ machen*** make a big (*od.* great) fuss *od.* to-do (**um** about); ***ohne viel ~*** without much fuss (*od.* fanfare).
Trasse *f* ⚙ location route.
Tratsch F *m* gossip; **Tratsche** F *f* F (old) gossip; **tratschen** F *v/i.* gossip; ***er tratscht viel zuviel*** he's a real (*od.* an old) gossip.
Trattoria *f* trattoria.
tratzen, trätzen *dial. v/t.* tease.
Traualtar *m* altar.
Traube *f* bunch of grapes; (*Beere*) grape; *fig.* cluster; *fig.* ***die ~n hängen (j-m) zu hoch*** it's sour grapes.
Trauben|lese *f* grape harvest; **~most** *m* grape must; **~saft** *m* grape juice; **~sorte** *f* (type of) grape; **~zucker** *m* glucose, dextrose.
trauen¹ I. *v/i.* (*j-m od. e-r Sache*) trust; ***ich traute m-n Ohren (Augen) nicht*** I couldn't believe my ears (eyes); ***ich trau' der Sache nicht*** I don't like the look of it; ***trau, schau, wem*** you can't just trust anyone; ***dem Glück ist nicht zu ~*** fortune is fickle; → ***Friede(n), Weg***; **II.** *v/t.*: ***sich et. ~*** have the courage to do s.th., dare to do s.th.; ***er traut sich was!*** he's got a nerve; **III.** *v/refl.*: ***sich ~*** dare; ***ich trau' mich nicht nach Hause*** I daren't go home, I'm scared to go home; ***er traut sich nicht ins Wasser*** he's scared of the water (*od.* to jump in); ***du traust dich nur nicht!*** you're just scared.
trauen² *v/t.* marry; ***sich ~ lassen*** get married, marry.
Trauer *f* sorrow, grief (***um, wegen*** over, at); *um e-n Toten*: mourning (for), (*das Trauern*) *a.* grieving (over, for); (*~zeit*) mourning (period); (*~kleidung*) mourning clothes *pl.*; ***in tiefer ~*** in deep mourning; ***tiefe ~ empfinden*** be deeply grieved (**über** at); ***~ tragen*** be dressed in mourning; **~beflaggung** *f*: ***es wurde ~ angeordnet*** flags were ordered to be flown at half-mast; **~fall** *m* death, bereavement; **~feier** *f* funeral service; **~flor** *m* (black) crepe; **~gäste** *pl.* mourners; **~geleit** *n* (funeral) cortege; **~gottesdienst** *m* funeral service; **~jahr** *n* year of mourning; **~kleidung** *f* mourning clothes *pl.*; *e-r Witwe*: *a.* (widow's) weeds *pl.*; ***~ tragen*** be dressed in mourning, *Witwe*: *a.* be wearing *od.* be in (widow's) weeds; **~kloß** F *m* F wet blanket; **~marsch** *m* funeral march; **~miene** F *f* long face, doleful expression; ***e-e ~ aufsetzen*** pull a long face; **~musik** *f* funeral music.
trauern *v/i.* mourn (**um** for); *weitS.* grieve (for, over); *äußerlich*: be in mourning.
Trauer|nachricht *f* sad news (*sg.*); **~rand** *m* black edge(s *pl.*), black edging (*od.* border); ***mit ~*** black-bordered; F *hum.* ***Trauerränder*** black fingernails; **~rede** *f* funeral oration; **~spiel** *n* tragedy; *fig.* sorry affair; *fig.* ***es ist schon ein ~*** *a.* it's enough to make you weep; **~weide** *f* ♣ weeping willow; **~zeit** *f* time of mourning; **~zug** *m* funeral procession, (funeral) cortege.
Traufe *f* eaves *pl.*; (*Traufrinne*) gutter; → ***Regen.***
träufeln I. *v/t.* let *s.th.* trickle (**in** in); (*Ohrentropfen etc.*) put (into); **II.** *v/i.* drip, trickle.
traulich *adj.* homely, *Am.* homey; cosy, *Am.* cozy.
Traum *m* dream (*a. fig. Ideal*, F *et. sehr Schönes*); ***böser ~*** bad dream; ***im ~*** in a (*od.* one's) dream; ***j-m im ~ erscheinen*** appear to s.o. in a dream; ***j-n aus dem ~ reißen*** jolt s.o. out of his (*od.* her) dreams; ***es war wie ein ~*** it was like a dream, (*wunderschön*) it was unbelievably beautiful; ***das fällt mir nicht im ~ ein*** I wouldn't (even) dream of (doing) it; F ***aus der ~!*** so much for that, that's the end of that(, I suppose); F ***aus der ~ vom Urlaub*** *a.* that's put paid to my holiday prospects; F ***es ist ein ~ von Auto*** F the car's a dream, it's a dream car; ***Träume sind Schäume*** what's in a dream?
Trauma *n* trauma; **traumatisch** *adj.* traumatic; **Traumatologie** *f* traumatology.
Traum|auto F *n* dream car; **~beruf** F *m* dream job; **~bild** *n* dream vision; (*Wunschbild*) dream; **~deutung** *f* dream interpretation.
träumen I. *v/i.* dream (**von** of, about; *fig.* of); *wachend*: *a.* daydream; ***schlecht ~*** have a bad dream; *fig.* ***er träumt nur noch*** he's a real daydreamer; ***du träumst wohl!*** a) wakey, wakey!, b) you must be joking; **II.** *v/t.* dream; ***hast du was geträumt?*** did you have any dreams?; ***ich habe was ganz Furchtbares geträumt*** I had a terrible dream; *fig.* ***das hätte ich mir nie ~ lassen*** I never dreamed it was possible; **Träumer** *m* dreamer; **Träumerei** *f* (day)dreaming; (*Traum*) daydream, (*a.* ♪) reverie; **träumerisch** *adj.* dreamy; (*sehnsüchtig*) wistful; ***~er Mensch*** dreamer.
Traum|fabrik *f* dream factory; **~figur** *f* perfect figure; **~frau** F *f the* woman of one's dreams.
traumhaft I. *adj.* **1.** dreamlike; **2.** (*wunderschön*) (absolutely) wonderful; *Wetter*: perfect, unbelievable; **II.** *adv.*: ***~ schön*** absolutely beautiful.
Traum|hochzeit F *f* fairytale wedding; **~insel** F *f* **1.** *the* island of one's dreams; **2.** beautiful island (in the sun); **~land** *n* dreamland; **~mann** F *m the* man of one's dreams; **~note** F *f ped. u. Sport*: perfect mark; **~paar** *n* perfect couple; **~reise** F *f* dream holiday; **~tänzer** F *m* dreamer; **≗versunken** *adj.* lost in (one's) dreams, F away with the fairies; **~villa** F *f* dream mansion; **~welt** *f* dream world, *weitS. a.* world of fantasy.
traurig *adj.* sad (**über** about, at); (*beklagenswert*) *Anblick, Zustand etc.*: *a.* sorry; *Pflicht, Rest etc.*: sad; → ***Bilanz***; ***~ stimmen*** sadden, make *s.o.* (feel) sad; ***ein ~es Ende nehmen*** come to an unhappy end; ***(das ist) ~ aber wahr*** it's the sad truth, unfortunately that's the way it is; *contp.* ***es ist ~ genug, daß*** it's bad enough that; ***mach kein so ~es Gesicht*** don't look so sad; ***e-e ~e Figur machen*** cut a poor figure; ***die Mannschaft bot e-e ~e Leistung*** the team performed miserably, it was a pathetic performance (on the part of the team); **Traurigkeit** *f* sadness.
Trau|ring *m* wedding ring; **~schein** *m* marriage certificate.
traut *adj. bsd. iro.* homely, *Am.* homey; ***~es Heim*** home sweet home.
Trauung *f* marriage ceremony; (*Hochzeit*) wedding.
Trauzeuge *m* witness to a (*od.* the) marriage.
Travellerscheck *m* traveller's cheque, *Am.* traveler's check.
Travestie *f* (*literarische Gattung*) travesty; **~künstler** *m* drag artist; **~show** *f* drag show.
Treck *m* trail.
Trecker *m* tractor.
Treff¹ F *m* **1.** ***e-n ~ vereinbaren*** arrange to meet (somewhere); **2.** → ***Treffpunkt.***
Treff² *n Karten*: club(s *pl.*).
treffen I. *v/t.* **1.** hit; *fig.* (*Stimmung etc.*) capture; ***nicht ~*** miss; ***die Kugel traf ihn an der Schulter*** the bullet hit his

shoulder; ***tödlich getroffen*** mortally wounded; *fig.* (***du hast's***) ***getroffen!*** F spot-on!, *Am.* bull's-eye!; ***es gut*** ~ be lucky (***mit*** with); ***die richtige Wahl*** ~ make the right choice; ***damit hast du s-n Geschmack genau getroffen*** that's exactly the sort of thing (*od.* the style *etc.*) he likes, (*a.* ***du hast genau das Richtige getroffen***) you couldn't have picked a better present *etc.*; ***die richtigen Worte*** ~ find (just) the right words; ***da hast du ihn gut getroffen*** *auf Foto etc.*; that's a good picture of him; → ***Blitz, getroffen***; **2.** (*betreffen*) concern, *nachteilig*: affect; *empfindlich*: hit *s.o. od. s.th.* hard; *schädlich*: get at; ***der Vorwurf trifft mich nicht*** I don't feel (I'm) responsible; ***damit kannst du mich nicht*** ~ you can't get to me with that; ***damit hast du ihn wirklich getroffen*** you hit him where it really hurts (with that); → ***Schuld***; **3.** (*Vereinbarung etc.*) reach; → ***Anstalt*** 2, ***Auswahl*** 1, ***Entscheidung, Ton², Vorkehrung*** *etc.*; **4.** (*j-m begegnen*) meet; ***sich*** ~ meet, *zur Weiterfahrt etc.*: meet up; **II.** *v/i.* **5.** hit; ***nicht*** ~ miss; **6.** ~ ***auf*** (*Widerstand etc.*) meet with; *zufällig*: come across *s.th.*, stumble on *s.o. od. s.th.*; (*Öl etc.*) strike; *im Wettkampf*: come up against; **III.** *v/refl.*: ***sich mit j-m*** ~ meet (up with) s.o.; ***das trifft sich gut*** (***schlecht***) that suits me *etc.* fine (that doesn't fit in at all); ***wie es sich so trifft*** as chance would have it; **IV.** ~ *n* (*Zusammen*~) meeting; *gesellschaftliches*: get-together; *Sport*: meet, contest, (*Aufeinander*~) encounter, (*Spiel*) match; *fig. Argumente etc.* ***ins*** ~ ***führen*** put forward; **treffend I.** *adj.* (*passend*) apt, appropriate; ~***er Vergleich*** good comparison; **II.** *adv.*: ***du hast ihn*** ~ ***beschrieben*** that's a good description (of him), F you've got him down to a T, that just about sums him up.

Treffer *m* hit (*a. Fechten, Boxen*); (*Voll*~) direct hit; *Fußball*: goal; *fig.* (*Glücks*~) lucky strike; (*Gewinnlos*) winner; ~ ***erzielen*** score (hits, *Fußball*: goals).

treffgenau *adj. Waffe*: accurate.

trefflich *lit. adj.* outstanding; (*erlesen*) exquisite.

Treffpunkt *m* meeting place; place to meet; ***wo ist unser*** ~***?*** where are we meeting?

treffsicher *adj.* accurate; *fig. Urteil*; unerring, sound; *Ausdrucksweise*: precise; ***er hat ein*** ~***es Urteil*** he's got a good (*od.* sound) sense of judg(e)ment, F his judg(e)ments are usually spot-on.

Treibeis *n* drift ice, ice floes *pl.*

treiben I. *v/t.* **1.** drive (*a. Vieh, Räder, Ball, electron., Nagel*; *fig. an*~, *aus*~); *Preise* ***in die Höhe*** ~ force up; ***zur Verzweiflung*** ~ drive *s.o.* to despair; ***ich laß' mich nicht*** ~ I won't be rushed, I refuse to be rushed; **2.** (*Blätter etc.*) sprout; (*Pflanzen*) force; (*Teig*) make *the dough* rise; (*Urin*) produce; ***es treibt einem den Schweiß auf die Stirn*** it gets you sweating; **3.** (*Metall*) chase; **4.** (*betreiben*) do (*a. Sport*); ⚖ (*Ehebruch, Unzucht etc.*) commit; ***was treibst du da?*** what are you up to?; ***was treibst du denn so?*** what are you doing with yourself (*od.* what are you up to) these days?; ***treibt es nicht zu toll!*** don't overdo it!; F ***es mit j-m*** ~ F have it off with s.o.; → ***Aufwand, Enge, Spitze¹*** 1, ***Unfug*** *etc.*; **II.** *v/i.* **5.** *im Wasser*: float, *a. Schnee, Rauch*: drift; ***sich*** ~ ***lassen*** drift (*a. fig.*); ***du kannst die Dinge nicht einfach*** ~ ***lassen*** you can't just let things drift (along); **6.** (*keimen*) sprout; ⚕ (*Urin*~) be (*od.* act as) a diuretic; (*gären*) ferment, work; → ***Kraft*** 1; **7.** (*drängen*) ***er treibt immer*** he's always breathing down your neck; **III.** ~ *n* (*Tun*) activity; (*Vorgänge*) *a.* goings-on *pl.* (*a. contp.*); (*geschäftiges* ~) bustle, bustling activity; ***buntes*** ~ *a.* hustle and bustle; ***geschäftiges*** ~ a buzz (*od.* flurry) of activity; ***es war ein wildes*** ~ F they were going at it hammer and tongs.

Treiber *m* **1.** (*Vieh*~) drover; *Jagd*: beater; **2.** F (*An*~) F slave-driver.

Treibgas *n* fuel gas; *in Spraydosen*: propellant.

Treibhaus *n* hothouse; ~**atmosphäre** *fig. f* hothouse atmosphere; ~**effekt** *m* greenhouse effect; ~**gas** *n* greenhouse gas; ~**gemüse** *n* hothouse vegetables *pl.*; ~**pflanze** *f* hothouse plant.

Treib|holz *n* driftwood; ~**jagd** *f* drive, battue; *fig.* roundup, *pol.* witch-hunt; ~**mittel** *n* **1.** ⚙, ⚗ propellant; **2.** *gastr.* raising agent; ~**netz** *n* drift net; ~**rad** *n* driving wheel; ~**riemen** *m* drive (*od.* transmission) belt; ~**sand** *m* quicksand.

Treibstoff *m mot. u.* ✈ fuel, *bsd. Rakete*: propellant; → *a.* ***Kraftstoff(...), Benzin(...)***; ~**tank** *m* fuel tank.

Trekking *n* **1.** trekking; **2.** *konkret*: trek, trekking tour.

Trema *n ling.* di(a)eresis.

Tremolo *n* ♪ tremolo.

Trenchcoat *m* trench coat.

Trend *m* trend (***zu*** towards); ~**ermittlung** *f* analysis of trends; ~**forschung** *f* trend research; ~**meldung** *f a. pl.* early indications *pl.* (*od.* returns *pl.*); predictions *pl.*; *bei Umfrage*: exit poll; ~**wende** *f* turn of the tide, change in trend.

trennbar *adj.* separable; (*ab*~) detachable; **Trennbarkeit** *f* separability.

Trenndiät *f* → ***Trennkost.***

trennen I. *v/t.* separate (*a.* ⚙, ⚗); (*getrennt halten*) keep *things* separate; (*Rassen etc.*) segregate; (*teilen*) divide; (*Wort, nach Silben*) divide (up); (*ab*~, *loslösen*) detach; (*abschneiden, a. fig.*) cut off; (*Glied etc.*) sever; (*Naht*) undo; *teleph.* cut off, disconnect; ***ihre Ehe wurde getrennt*** their marriage was annulled; ***nur noch ein paar Tage*** ~ ***uns von Weihnachten*** we've only got a few days to go till Christmas; ***uns*** ~ ***Welten*** we're worlds apart; → ***getrennt***; **II.** *v/i.*: ~ ***zwischen*** distinguish between; ***gut*** ~ *Radio*: have good selectivity; **III.** *v/refl.*: ***sich*** ~ (*auseinandergehen*) part company, go one's separate ways; (*sich verabschieden*) say goodbye; *Partner*: split up (***von*** with), *Ehepartner*: *a.* separate; ***die Mannschaften trennten sich unentschieden*** the teams had to settle for a draw; ***sich*** ~ ***von*** (*e-r Sache*) part with, (*e-r Idee etc.*) give up, get away from; ***von dem Gedanken wirst du dich*** ~ ***müssen*** *a.* you'll (just) have to rethink; ***ich konnte mich von dem Auto*** (***von ihr, von dem Anblick***) ***nicht*** ~ I couldn't bear to part with the car (I couldn't tear myself away from her, I couldn't take my eyes off it); ***er kann sich von nichts*** ~ he has to hold on to everything; ***hier*** ~ ***sich unsere Wege*** *bsd. fig.* this is where we go our separate ways.

Trenn|kost *f* compatible eating; *the* Hay diet; ~**linie** *f* dividing line; ~**programm** *n Computer*: syllabification program.

trennscharf *adj.*: ~ ***sein*** *Radio*: have good selectivity; **Trennschärfe** *f Radio*: selectivity.

Trennung *f* separation (*a.* ⚙, ⚗); (*Absonderung, Rassen*~) segregation; (*Teilung*) division; (*Silben*~) syllabification; → *a.* ***trennen***; ⚖ ***eheliche*** ~ judicial separation; ***in*** ~ ***leben*** be separated; ***seit ihrer*** ~ since they (got) separated, since they split up.

Trennungs|angst *f* fear of separation (*od.* being separated); ~**entschädigung** *f*, ~**geld** *n* separation allowance; ~**linie** *f* dividing line; ~**programm** *n Computer*: hyphenation program; ~**regeln** *pl.* hyphenation rules; ~**schmerz** *m* pain of parting; ~**schock** *m* shock of separation; ~**strich** *m* hyphen; *fig.* ***e-n*** ~ ***ziehen zwischen*** draw a clear dividing line between, make a clear distinction between; ~**zeichen** *n* hyphen.

Trennwand *f* partition.

Trense *f* snaffle (bit).

treppauf *adv.*: ~, ***treppab*** up and down the stairs.

Treppe *f* **1.** (***eine*** ~ a flight of) stairs *pl.*, staircase, *Am. a.* stairway; *vor dem Haus etc.*: (***e-e*** ~ a flight of) steps *pl.*; ***zwei*** ~***n hoch*** on the second (*Am.* third) floor; ***die*** ~ ***hinauf*** (***hinunter***) up (down) the stairs; ***er kann kaum die*** ~***n steigen*** he can hardly climb (up) the stairs; **2.** (*einzelne Stufe*) stair, (*Steinstufe*) step.

Treppen|absatz *m* landing; ~**geländer** *n* banisters *pl.*; ~**haus** *n* staircase, stairs *pl.*; *am Eingang*: hallway; ***im*** ~ a) on the stairs, b) in the hallway; ~**lift** *m für Behinderte*: stair lift; ~**steigen** *n* climbing (the) stairs; ~**stufe** *f* step; *im Haus*: stair; ~**witz** *m*: ***ein*** ~ ***der Weltgeschichte*** one of history's ironies.

Tresen *m* bar; (*Ladentisch*) counter.

Tresor *m* (*Panzerschrank*) safe; (*Stahlkammer*) strongroom, vault; ~**fach** *n* safe deposit box; ~**raum** *m* strongroom; ~**schlüssel** *m* **1.** key to a (*od.* the) safe; **2.** strongroom key.

Tresse *f* braid; ⚔ stripe.

Tret|auto *n* pedal car; ~**boot** *n* pedal boat, pedalo; ~**eimer** *m* pedal bin.

treten I. *v/i.* step; *Radfahrer*: pedal; ***j-m in den Weg*** ~ block s.o.'s path; ***zu j-m*** ~ walk up to s.o.; ***in ein Zimmer*** ~ go into (*od.* walk into, enter) a room; ***auf et.*** ~ step on s.th., *a. absichtlich*: tread on s.th.; ***aufs Gas*** ~ step on the gas, F step on it; ***auf die Bremse*** ~ step on the brakes; ***j-m auf den Fuß*** ~ step (*od.* tread) on s.o.'s toes (*od.* foot); ***man wußte nicht, wohin man*** ~ ***sollte*** you didn't know where to step; ***von e-m Fuß auf den andern*** ~ hop from one leg to the other; ***nach j-m*** ~ (take a) kick at s.o.; ~ ***gegen*** bump into, walk into, *absichtlich*: kick; ***j-m gegen*** ***das Schienbein*** ~ kick s.o. in the shin(s); *fig.* ***der Mond trat hinter die Wolken*** the moon disappeared behind the clouds; ***die Tränen traten ihm in die Augen*** tears came to (*od.* welled up in) his eyes; ***über die Ufer*** ~ *Fluß*: overflow its banks; → ***nah*** II, ***näher***; ~ ***Sie näher!*** step this way!; → ***Dienst*** 6, ***Hühner-***

auge, Kraft 2, ***Schlips, Stelle, zutage*** *etc.*; **II.** *v/t.* (*e-n Fußtritt geben*) kick; *fig.* (*j-n schikanieren*) (*a.* **mit Füßen** ~) trample on; ***sich e-n Dorn in den Fuß*** ~ get a thorn into one's foot.

Tret|lager *n am Fahrrad*: pedal(-crank) bearing; **~mine** *f* ⚔ anti-personnel mine; **~mühle** *f* treadmill (*a. fig.*); **~roller** *m* scooter.

treu I. *adj.* faithful (*dat.* to); (*~gesinnt*) loyal (to); (*ergeben*) devoted (to); *Blick*: innocent; *Augen*: (big,) faithful *eyes*; ***nicht*** ~ *Partner*: unfaithful; ***j-m*** ~ ***bleiben*** be faithful to s.o.; ***sich*** (***s-n Grundsätzen***) ~ ***bleiben*** remain true to o.s. (one's principles); ***s-m Entschluß*** ~ ***bleiben*** stick to (*od.* by) one's decision; ***zu ~en Händen übergeben*** hand over for safekeeping; **II.** *adv.* faithfully *etc.*; ***j-m*** ~ ***ergeben sein*** be devoted to s.o.; ~ ***und brav*** faithfully; ***er hat s-r Firma*** ~ ***gedient*** he served his company well.

treudoof F *adj.* naive, artless.

Treue *f* loyalty, faithfulness; *eheliche*: faithfulness, fidelity; (*Genauigkeit, Nähe zum Original*) faithfulness; (***die***) ***eheliche*** ~ faithfulness in marriage, being faithful to one's husband or wife; ***j-m die*** ~ ***halten*** keep faith with s.o.; ***in Treu und Glauben*** in good faith; **~bekenntnis** *n* pledge (*od.* oath) of loyalty; **~eid** *m* oath of allegiance; **~prämie** *f* loyalty bonus; **~rabatt** *m* loyalty discount.

treuergeben *adj.* loyal, devoted (*dat.* to).

Treuhand *f* trust; **Treuhänder** *m* trustee; **treuhänderisch I.** *adj.* fiduciary; **II.** *adv.* in trust; ~ ***verwalten*** hold in trust; **Treuhandgebiet** *n* trust territory; **Treuhandgesellschaft** *f* trust company; **Treuhandschaft** *f* trusteeship; **Treuhandverwaltung** *f pol.* trusteeship; ***unter der*** ~ ***stehen von*** be under the trusteeship of.

treuherzig *adj.* (*arglos*) guileless; (*naiv*) ingenuous, naive; (*gutgläubig*) trusting; **Treuherzigkeit** *f* guilelessness; naivety, ingenuousness; → ***treuherzig.***

treulos *adj.* disloyal (**gegen** to); F *fig.* ***~e Tomate*** F unfaithful thing; **Treulosigkeit** *f* disloyalty.

treusorgend *adj.* devoted.

Triangel *m* ♪ triangle.

Trias *n geol.* Triassic, Trias.

Triathlon *n* triathlon.

Tribun *m* tribune.

Tribunal *n* tribunal.

Tribüne *f* (*Redner*≈) rostrum; (*Zuschauer*≈) stand; *in Moskau*: reviewing stand; **Tribünenplatz** *m* seat in the stand, stand seat.

Tribut *m* tribute; *fig.* (*Opfer*) toll; *fig. j-m od. e-r Sache* **s-n** ~ ***zollen*** pay tribute to; ***e-n hohen*** ~ ***an Menschenleben fordern*** take a heavy toll on human lives; **≈pflichtig** *adj.* tributary (***j-m*** to s.o.).

Trichine *f* trichina; **Trichinose** *f* trichinosis.

Trichter *m* funnel; (*Bomben*≈, *Vulkan*≈) crater; F *fig.* ***auf den*** (***richtigen***) ~ ***kommen*** F get it; **≈förmig** *adj.* funnel-shaped; **~grammophon** *hist. n* horn gramophone.

Trick *m* trick, *weitS. a.* ploy; *Film*: special effect; ***das ist der ganze*** ~ ***dabei*** that's all there is to it; F ***den*** ~ ***heraushaben*** F have got the knack of it; **~aufnahme** *f Film, Foto*: trick shot; *phot. pl.* trick photography *sg.*; *Tonband*: trick recording; **~betrug** *m* deception, trick; **~betrüger** *m* confidence trickster.

Trickfilm *m* (*Zeichen*≈) cartoon (film); **~zeichner** *m* cartoonist, animator.

Trick|kiste *f* box (*fig.* bag) of tricks; **~linse** *f phot.* special effect filter.

trickreich *adj.* artful.

tricksen F **I.** *v/i.* **1.** *Sport*: feint, swerve; **2.** cheat; **II.** *v/t.*: ***das werden wir schon*** ~ we'll manage (*durch Mogeln*: wangle) it somehow.

Trickskilauf(en *n*) *m* freestyle skiing, F hot-dogging.

Trieb *m* **1.** ✿ young shoot; **2.** (*treibende Kraft*) driving force; (*An*≈) impulse; **3.** (*Drang*) urge; (*Verlangen*) desire; (*Geschlechts*≈) sex drive; **4.** ⚙ drive; **~feder** *f* mainspring; *fig.* driving force (*gen.* behind).

triebhaft *adj.* instinctive, impulsive, (*sexuell*) *a.* sexual(ly motivated); **Triebhaftigkeit** *f* animal instincts *pl.*; sexuality.

Trieb|kraft *f* propelling (*od.* motive) power; *fig.* driving force, (*Person*) *a.* powerhouse (*gen.* behind); **~leben** *n* instinctual (*engS.* sex) life; **~mörder** *m* sex murderer; **~täter** *m*, **~verbrecher** *m* sex offender; **~wagen** *m* 🚃 railcar; (*Straßenbahn*) tramcar, *Am.* streetcar, trolley (-bus).

Triebwerk *n* ✈ *etc.* engine; **~schaden** *m* engine fault.

Triefauge *n* watery eye; **triefäugig** *adj.* watery-eyed.

triefen *v/i.* drip (**von** with); *Auge, Nase*: run; ~ ***vor*** be dripping with, *fig.* ooze.

triezen F *v/t.* **1.** pick on; **2.** (*plagen*) torment.

triftig *adj.* sound; (*gewichtig*) weighty; (*zwingend*) cogent; (*überzeugend*) convincing; ***~er Grund*** good reason.

Trigonometrie *f* trigonometry; **trigonometrisch** *adj.* trigonometric(al).

Trikolore *f* tricolo(u)r.

Trikot[1] *n* **1.** (*Sporthemd*) shirt; **2.** *Ballett*: leotard.

Trikot[2] *m* (*Stoff*) tricot.

Trikot|wäsche *f* knit underwear; **~werbung** *f* shirt advertising.

Triller *m* ♪ trill; **trillern** *v/i. u. v/t.* trill; *Vogel*: warble; *Schiedsrichter*: whistle; **Trillerpfeife** *f* (signal[l]ing) whistle.

Trillion *f* trillion, *Am.* quintillion.

Trilobit *m zo.* trilobite.

Trilogie *f* trilogy.

Trimester *n* term.

Trimm-dich-Pfad *m* fitness trail.

trimmen I. *v/t.* (*stutzen*; ⚓, ✈) trim; F (*Auto etc.*) F soup up, hype up; (*trainieren*) train, get *s.o.* into shape, *a. für e-e Prüfung etc.*: get *s.o.* in form; ***auf Ordnung*** *etc.* ~ train *s.o.* to be tidy *etc.*; ***auf alt*** ~ do *s.th.* up to look old; → ***getrimmt***; **II.** *v/refl.*: ***sich*** ~ keep fit; ***sich auf jugendlich*** ~ try to look younger than one is; → ***getrimmt***; **Trimmtrab** *m* jogging.

trinkbar *adj.* drinkable; ***etwas ≈es*** something to drink; **trinken** *v/t. u. v/i.* drink (*a. übermäßig Alkohol*); ***ein Bier*** ~ have a beer; ***e-n Tee*** ~ have a cup of tea; ***was*** ~ ***Sie?*** what would you like to drink?, (*bsd. Alkohol*) *a.* what'll you have?, F *hum.* what's your poison?; ~ ***auf*** (*j-n od. et.*) drink to; ***darauf müssen wir*** (***einen***) ~ we'll have to drink to that, that calls for a drink; ***gern einen*** ~ be fond of (*od.* partial to) a drop; ***einen*** ~ ***gehen*** go for a drink (*Bier*: *a.* pint); ~ ***wir noch was*** let's have another drink; ***der Wein läßt sich*** ~ this wine isn't (too) bad.

Trinker(in *f*) *m* (*Alkoholiker*) alcoholic, heavy drinker.

Trinkerei *f Alkohol*: drink(ing); ***er mit s-r*** ~ F him and his drink.

Trinkerleber *f* hobnail liver.

trinkfest *adj.*: ~ ***sein*** hold one's drink (F liquor) well, be able to take a lot; **Trinkfestigkeit** *f* ability to hold one's drink (F liquor).

trinkfreudig *adj.*: ~ ***sein*** like (*od.* be fond of) one's drink.

Trink|gefäß *n* **1.** *Archäologie etc.*: drinking vessel; **2.** something to drink out of; (*Tasse*) cup; (*Glas*) glass; **~gelage** *n* drinking bout, F booze-up; **~geld** *n* tip; *fig. contp.* pittance; ***j-m ein*** ~ ***geben*** *a.* tip s.o.; ***was gibt man hier für*** (***ein***) ~? how much do you tip here?, what sort of tip do you give here?; **~halle** *f im Kurort*: pump room; *auf der Straße*: refreshment kiosk; **~halm** *m* (drinking) straw; **~kur** *f* mineral cure; **~lied** *n* drinking song; **~milch** *f* certified milk; **~spruch** *m* toast; ***e-n*** ~ ***auf j-n ausbringen*** drink (*od.* propose) a toast to s.o.

Trinkwasser *n* drinking water; ***kein*** ~ *Schild*: not for drinking; **~aufbereitungsanlage** *f* water purification plant; **~leitung** *f* water main; *weitS.* water supply; **~versorgung** *f* drinking water supply, supply of drinking water.

Trio *n* trio (*a.* F *fig.*).

Triole *f* ♪ triplet.

Trip *m* **1.** (*Reise*) trip; **2.** F (*Drogen*≈) trip; ***auf e-m*** ~ ***sein*** be on a trip; **3.** F (*Phase*) trip; ***von dem*** ~ ***kommt er auch wieder runter*** F he'll get over it, *a.* he'll grow out of it.

Triplebarre *f Sport*: triple bars *pl.*

trippeln *v/i.* mince (along); *Kind*: toddle.

Tripper *m* ⚕ gonorrh(o)ea, F *the* clap.

Triptychon *n* triptych.

trist *adj.* dreary, *a. Aussichten*: dismal, depressing; *Farbe*: drab, dull; *Gegend*: forlorn.

Tritt *m* (*Schritt*) step (*a. Stufe*); *hörbar*: footstep; (*Fuß*≈) kick; (*Leiter*) stepladder; ⚙ treadle; *Bergsteigen*: foothold; → *a.* ***Trittbrett***; ***e-n leichten*** ~ ***haben*** have a light gait; ***e-n schweren*** ~ ***haben*** have a heavy gait (*od.* tread), F stomp around; ***im*** ~ in step; ***im falschen*** ~ out of step; ***aus dem*** ~ ***geraten*** fall out of step; *fig.* ***aus dem*** ~ ***geraten sein*** be having a hard time, be going through a bad patch; ***wieder*** ~ ***fassen*** fall in(to) step, *fig.* get back on an even keel; ***j-m e-n*** ~ ***versetzen*** give s.o. a kick; F *fig.* ***j-m e-n*** ~ ***geben*** F give s.o. the push.

Trittbrett *n mot.* running board; **~fahrer** *contp. m* someone who jumps on the bandwagon.

trittfest *adj. Leiter etc.*: safe; ***ist es ~?*** *a.* will it take the weight?

Trittleiter *f* stepladder.

Triumph *m* triumph; ***im*** ~ in triumph, triumphantly; *fig.* ***~e feiern*** be very successful, *stärker*: revel in success; **triumphal** *adj.* triumphant.

Triumphbogen *m* triumphal arch.

triumphieren *v/i.* triumph; *schadenfroh*: gloat; (*siegen*) triumph; **triumphierend** *adj.* triumphant.

Triumph|säule *f* triumphal column; **~wagen** *m hist.* triumphal chariot; **~zug** *m* triumphal procession; *fig.* **e-n ~ antreten durch** set out to conquer.
trivial *adj.* trivial; *Bemerkung*: *a.* trite.
Trivialautor *m* popular (fiction) writer, pulp writer.
Trivialität *f* triviality; triteness.
Trivial|literatur *f* light fiction; **~roman** *contp. m* trashy novel.
trocken I. *adj.* dry (*a. Brot, Husten, Kuh, Wein, a. fig. Bemerkung, Humor, Person*); *Land*: *a.* arid; *Holz*: seasoned; (*langweilig*) dry, dull; **~e Kälte** crisp cold; **~ werden** dry (out); *fig.* **~en Auges** callously, without flinching; **da blieb kein Auge ~** we (*od.* they) couldn't stop laughing, F we (*od.* they) were falling about; F **~ sein** (*keinen Alkohol mehr trinken*) F be on the wagon; **auf dem ~en sitzen** a) (*ohne Geld*) be completely on the rocks, b) (*ohne Getränk*) be staring into an empty glass, c) (*ohne Information*) not to know (*od.* have no idea) what's going on; **noch nicht ~ hinter den Ohren** still wet behind the ears; → **Kehle** 1, **Schäfchen**; **II.** *adv.*: **~ nach Hause kommen** get home before the rain really starts (*od.* without getting wet); **sich ~ rasieren** dry-shave; **~ aufbewahren** keep in a dry place; *fig. et.* **~ bemerken** remark drily that ...
Trockenbatterie *f* dry cell battery.
Trockenbeerenauslese *f* Trockenbeerenauslese; *choice wine made from grapes left to dry on the vine.*
Trocken|dock *n* ⚓ dry dock; **ins ~ bringen** dry-dock *a ship*; **~ei** *n* egg powder; **~eis** *n* dry ice; **~element** *n* ⚡ dry cell; **~futter** *n* dry feed, provender; **~gebiet** *n* dry zone; **~gemüse** *n* dried vegetables *pl.*; **~gestell** *n* drying rack; *für Wäsche*: clothes horse; **~gewicht** *n* dry weight; **~gürtel** *m geogr.* dry belt (*od.* zone); **~haube** *f* (hair)drier.
Trockenheit *f* dryness (*a. fig.*); (*Dürre*) drought.
Trocken|klosett *n* chemical toilet; **~kurs** *m* dry-ski *etc.* course.
trockenlegen *v/t.* **1.** (*Land*, ⚒ *Schacht*) drain; **2.** (*Säugling*) change *a baby's* nappies (*Am.* diapers); **Trockenlegung** *f* drainage.
Trocken|masse *f* dry matter; **~milch** *f* dried (*od.* powdered) milk; **~obst** *n* dried fruit; **~periode** *f* dry spell; **~presse** *f phot.* dry press; **~rasierer** *m* **1.** (*Apparat*) (electric) shaver; **2.** (*Mann*) dry shaver; **②reiben** *v/t.* rub dry; **~reinigung** *f* dry cleaning; **~schleuder** *f* spin-drier; **②schleudern** *v/t.* spin-dry; **~schwimmen** *n* land drill; **~shampoo** *n* dry shampoo; **~ständer** *m für Wäsche*: clothes horse; *für Geschirr*: drying rack; **②stehen** *v/i. Kuh*: be dry; **~übung** *f* dry ski *etc.* exercise; (*Schwimmübung*) *a. pl.* land drill; **~wäsche** *f* dry washing; **②wischen** *v/t.* wipe *s.th.* dry; **~zeit** *f* dry season.
trocknen I. *v/t.* dry; **sich die Tränen ~** wipe one's tears away, dry one's tears; **II.** *v/i.* dry; **langsam ~** take a long time to dry; **die Teller werden schon von alleine ~** just leave the plates to dry;
Trockner *m* drier.
Troddel *f* tassel.
Trödel *m* junk; *contp. a.* rubbish.
Trödelei *f* dawdling.
Trödel|laden *m* junk shop; **~markt** *m* flea market.
trödeln *v/i.* dawdle.
Trödler *m* **1.** junk dealer; **2.** dawdler, slowcoach, *Am.* slowpoke.
Trog *m* trough; (*Bottich*) vat.
Troglodyt *m* troglodyte.
trollen F *v/refl.*: **sich ~** toddle off, *beschämt*: shuffle off; **troll dich!** *sl.* push off!
Trommel *f* drum; ⚙ *a.* cylinder, barrel; *fig.* **für et. die ~ rühren** beat the big drum for s.th., F plug s.th.; **~bremse** *f* ⚙ drum brake; **~fell** *n* **1.** *anat.* eardrum; **2.** drumskin; **~feuer** *n* ⚔ barrage (*a. fig. von Fragen etc.*).
trommeln I. *v/i.* drum; *Regen*: beat; (*schlagen*) hammer (**auf** at, on); **mit den Fingern ~** drum one's fingers; **II.** *v/t.* (*Rhythmus, Marsch etc.*) drum, beat; **j-n aus dem Bett ~** F knock s.o. up.
Trommel|revolver *m* revolver; **~schlag** *m* drumbeat, beat of the (*od.* a) drum; **~stock** *m* drumstick; **~wirbel** *m* drum roll; *gedämpfter*: ruffle.
Trommler *m* drummer.
Trompete *f* trumpet; *anat.* tube; **trompeten I.** *v/i.* play the trumpet; *Elefant*: trumpet; F (*sich schneuzen*) honk one's nose loudly; **II.** *v/t.* play *s.th.* on the trumpet; *fig.* (*verkünden*) trumpet.
Trompeten|signal *n* trumpet call; **~stoß** *m* trumpet blast.
Trompeter *m* trumpeter, trumpet player.
Tropen *pl.* tropics; **~anzug** *m* tropical suit; **②fest** *adj.* tropic(s)-proof; **~fieber** *n* tropical fever; **~helm** *m* pith helmet; **~institut** *n* institute for tropical diseases; **~klima** *n* tropical climate; **~koller** *m* tropical frenzy; **~krankheit** *f* tropical disease; **~medizin** *f* tropical medicine; **~pflanze** *f* tropical plant; **②tauglich** *adj.* fit for the tropics.
Tropf[1] *contp. m* F twit, dimwit; **armer ~** poor wretch.
Tropf[2] *m* ⚕ drip; **am ~ hängen** be on the drip.
Tröpfchen *n* droplet, small drop; **~infektion** *f* ⚕ droplet infection.
tröpfchenweise *adv.* **1.** in drops, drop by drop; *das Wasser* **kommt nur ~ durch** is just dripping (*od.* dribbling) through; **2.** *Medizin einnehmen etc.*: in drops; **3.** *fig.* in dribs and drabs.
tröpfeln I. *v/i.* trickle, dribble, *a. Wasserhahn*: drip; **es tröpfelt** (*regnet leicht*) it's spitting; **II.** *v/t.* let *s.th.* drip (**auf** onto; **in** into); (*Ohrentropfen etc.*) put (in).
tropfen *v/t. u. v/i.* → **tröpfeln**; (*nur v/i.*) *Kerze*: drip, gutter; *Wasserhahn*: drip.
Tropfen *m* drop (*a. fig.*); (*Schweiß②*) bead *of sweat*; *pl.* ⚕ drops; *fig.* **edler ~** (drop of the) good stuff; **ein ~ auf den heißen Stein** a drop in the ocean; **steter ~ höhlt den Stein** little strokes fell big oaks; **~fänger** *m* dripcatcher; **~form** *f* ⚙ drop shape; **②förmig** *adj.* drop-shaped.
tropfenweise *adv.* → **tröpfchenweise.**
Tropf|flasche *f* dropper bottle; **~infusion** *f* ⚕ intravenous drip.
tropfnaß *adj.* dripping wet.
Tropfstein *m hängender*: stalactite; *stehender*: stalagmite; **~höhle** *f* stalactite cave.
Trophäe *f* trophy.
tropisch *adj.* tropical.
Troß *m* (*Gefolge*) retinue, followers *pl.*; **sich im ~ befinden von** be a fellow travel(l)er of.
Trost *m* consolation, comfort; **schwacher ~** cold comfort; **mein einziger ~** my one (*od.* only) consolation; *iro.* **das ist ein schöner ~!** some consolation that is; **zum ~** as a (*od.* by way of) consolation; **ein ~, daß ...** at least ...; **zum ~ kann ich dir sagen ...** if it's any consolation (to you) ...; **es war ein wirklicher ~** it was a real comfort (to me); **~ suchen** *bei j-m*: look for some consolation (F a shoulder to cry on); **~ suchen in** (*od.* **bei**) *e-r Sache*: seek comfort (*od.* consolation) in; **~ zusprechen → trösten**; F **du bist wohl nicht (recht) bei ~!** have you gone mad?; → **finden** I.
trösten I. *v/t.* console, comfort; (*aufmuntern*) cheer up; **das tröstet mich** that makes me feel better; **II.** *v/refl.*: **sich ~** console o.s.; **sich mit** *e-m Glas Wein etc.* **~** *a.* comfort o.s. with; **sich mit dem Gedanken ~, daß** draw comfort from the fact that; **tröste dich,** *ihm geht's noch schlimmer* if it's any consolation ...; **sich mit j-m ~** *nach enttäuschter Liebe*: turn to s.o. on the rebound; **tröstend** *adj.* comforting, consoling; **~e Worte** *a.* words of comfort, cheering words; **Tröster(in** *f*) *m* comforter, consoler; **tröstlich** *adj.* comforting, consoling; cheering.
trostlos *adj. Situation etc.*: hopeless, depressing; (*jämmerlich*) pathetic; *Aussichten, Wetter etc.*: bleak; (*freudlos*) cheerless; *Person*: miserable, *stärker*: desperate; (*untröstlich*) unconsolable; **Trostlosigkeit** *f e-r Situation*: hopelessness; *e-r Person*: wretchedness.
Trost|pflaster *n* consolation; something to cheer s.o. up; **~preis** *m* consolation prize; **②reich** *adj.* consoling, comforting; **~spender** *m* comforter.
Tröstung *f* consolation, comfort.
Trott *m* **1.** trot; **2.** *fig.* (**täglicher ~** everyday) routine; **der alte ~** the same old rut; **in den alten ~ zurückfallen** fall back into one's old ways.
Trottel F *m* F dope; **trottelig** F *adj.* F dop(e)y; (*vergeßlich*) absent-minded; (*senil*) senile.
trotten *v/i.* trot (along).
Trotteur *m* casual (shoe).
Trottoir *dial. n* pavement, *Am.* sidewalk.
trotz *prp.* in spite of, despite; **~ allem** in spite of everything; **~ alledem** for all that; **~ s-r Vorsicht** in spite of (*od.* despite) the care he took, however careful he was; **~ all s-r Bemühungen** *a.* for all his efforts.
Trotz *m* defiance; (*Störrigkeit*) stubbornness, obstinacy, pigheadedness; **aus ~** just to be stubborn, (*aus Boshaftigkeit*) out of spite; **j-m zum ~** to spite s.o.; **j-m ~ bieten** defy s.o.; **ihrer Warnung zum ~** in defiance of (*od.* flouting) her warning; **~alter** *n*: (**in e-m ~** at a) defiant age.
trotzdem I. *adv.* (but) still, all the same, nevertheless; *am Satzanfang*: *a.* even so; **sie hat es ~ getan** she still did it, she did it all the same (*od.* nevertheless), *a.* she just went ahead and did it; **II.** *cj.* although, even though, despite the fact that.
trotzen *v/i.* (*j-m, e-r Sache*) defy, brave *a danger etc.*, (*Widerstand leisten*) resist; (*störrisch sein*) be stubborn.
trotzig *adj.* defiant; (*eigensinnig*) stubborn, pigheaded.
Trotzkist *m pol.* Trotskyist.

Trotz|kopf *m* F stubborn old so-and-so; **~phase** *f* stubborn (*od.* defiant) phase; **~reaktion** *f* act of defiance.
Trouble F *m* trouble; ***das gibt ~*** there'll be trouble.
trüb(e) *adj. Flüssigkeit*: cloudy; *Teich etc.*: murky; *Spiegel*: clouded, cloudy; (*glanzlos, unklar*) dull (*a. Farben*); *Licht*: dim; *Tag, Wetter*: dull, dreary, dismal; *Gedanken, Stimmung etc.*: dismal, gloomy; *fig.* ***in e-m trüben Licht erscheinen*** appear in a bad light; ***im trüben fischen*** fish in troubled waters; F ***trübe Tasse*** F wet blanket.
Trubel *m* bustle, *a. von Ereignissen*: tumult; (*Rummel*) hurly-burly; (*Gewirr*) chaos; F (*Zirkus*) fuss; ***sich in den ~ stürzen*** throw o.s. into the fray.
trüben I. *v/t.* (*Flüssigkeit*) cloud, *mit Sand etc.*: *a.* muddy; (*glanzlos, unklar machen*) dull; (*Silber, Spiegel etc.*) tarnish; (*Sicht, Sinn*) blur; (*Freude etc.*) spoil, mar; (*Stimmung*) spoil, dampen; (*Verstand*) dull, cloud; (*Bewußtsein*) cloud; (*Beziehungen*) cloud, cast a shadow over; → ***Wässerchen***; **II.** *v/refl.*: ***sich ~*** *Flüssigkeit*: become (*od.* go) cloudy; (*glanzlos werden*) become (*od.* go) dull; *Blick*: become blurred; *Beziehungen*: cool off (slightly), become (slightly) strained; ***der Himmel trübt sich*** the sky is getting overcast.
Trübsal *f* (*Elend*) misery; (*Not*) distress; (*Leid*) grief, sorrow; ***~ blasen*** mope; **trübselig** *adj.* gloomy; (*elend*) wretched, miserable; (*öde*) dreary, bleak.
Trübsinn *m* gloom; mood of dejection; **trübsinnig** *adj.* gloomy; dejected.
Trübung *f* **1.** clouding; blurring *etc.*; → ***trüben***; **2.** (*Zustand*) cloudiness; dullness *etc.*; → ***trüben.***
Trucker *m* long-distance lorry driver, *bsd. Am.* trucker.
trudeln I. *v/i.* **1.** ✈ spin; **2.** F ***durch die Stadt*** *etc.* ~ F mosey around town *etc.*; **II.** ♀ *n*: ***ins ~ kommen*** get into a tailspin.
Trüffel *m* ♀ *u. Konfekt*: truffle.
Trug *m* **1.** *der Sinne*: delusion; **2.** *obs.* deceit, fraud; **~bild** *n* hallucination; (*falsche Hoffnung*) delusion.
trügen I. *v/t.* deceive; ***wenn m-e Augen mich nicht ~*** unless I'm seeing things; ***wenn mich mein Gedächtnis nicht trügt*** if my memory serves me right, if I remember rightly; ***wenn mich nicht alles trügt*** unless I'm very much mistaken; **II.** *v/i.* be deceptive; (*irreführen*) be misleading; → ***Schein***[3]; **trügerisch** *adj.* deceptive; (*irreführend*) misleading; *Person*: deceitful; *Schluß*: misguided, wrong; *Argument*: fallacious; *Hoffnung*: vain, illusory; *Eis, Wetter*: treacherous; ***~es Urteil*** misjudg(e)ment.
Trugschluß *m* fallacy; (*unlogische Folgerung*) non sequitur; ***e-m ~ unterliegen*** be labo(u)ring under a misapprehension.
Truhe *f* chest.
Trumm *dial. n* piece; lump; F ***ein ~ Mannsbild*** F a hulk of a man.
Trümmer *pl.* ruins; (*Schutt*) rubble *sg.*, debris *sg.*; (*Stücke*) fragments; (*Überreste*) remnants, remains; ✈ wreck(age) *sg.*; ***in ~ gehen*** shatter; ***in ~ schlagen*** smash to pieces; ***in ~ legen*** (*Gebäude, Stadt etc.*) raze (to the ground); ***in ~n liegen*** be (lying) in ruins; ***unter den ~n*** ✈ among the wreckage; **~feld** *n* field of rubble; *fig.* ***ihr Zimmer war wie ein ~*** her room was like a battlefield (*od.* looked as if a bomb had hit it); **~frau** *f hist. woman who helped to clear away debris in Germany after World War II*; **~haufen** *m* heap of rubble.
Trumpf *m* trump (card); ***was ist ~?*** what's trumps?; ***alle Trümpfe in der Hand haben*** have (*fig.* hold) all the trumps; ***e-n ~ ausspielen*** play a trump, *fig.* play one's trump card; *fig.* ***j-m die Trümpfe aus der Hand nehmen*** steal s.o.'s thunder; ***Gesundbleiben*** *etc.* ***ist ~*** keeping healthy *etc.* is in (*od.* is the thing, is what it's all about); **Trumpfas** *n* ace of trumps; *fig.* ***das ~ der Mannschaft*** the team's trump card; **trumpfen** *v/i. u. v/t.* trump; **Trumpfkarte** *f* trump (card).
Trunk *m* **1.** (*Getränk*) drink; **2.** (*Alkoholismus*) drink(ing); ***sich dem ~ ergeben*** take to drink (F the bottle); ***dem ~ verfallen sein*** a) have taken to drink, *iro.* have succumbed to the demon drink, b) be a drinker, F be on the bottle; **trunken** *adj.* drunken ..., *a. pred.* drunk (*a. fig.* **von** with); intoxicated, inebriated (*beide a. fig.*); **Trunkenbold** *m* drunkard; **Trunkenheit** *f* drunkenness; intoxication, inebriation; ⚖ ***~ am Steuer*** drink-driving, drunken driving.
Trunkenheits|delikt *n* drinking (*od.* alcohol) offen|ce (*Am.* -se); **~fahrt** *f*: ***wegen e-r ~*** *verhaftet werden etc.* for drink-driving; **~unfall** *m* drink-driving accident.
Trunksucht *f* alcoholism, dipsomania; **trunksüchtig** *adj.*: ***~ sein*** be an alcoholic; **Trunksüchtige(r** *m*) *f* alcoholic.
Trupp *m* troop (*a. von Tieren*); ⚔ detachment, *Polizei*: *a.* squad.
Truppe *f* **1.** ⚔ troops *pl.*; (*Einheit*) unit; *pl.* ⚔ troops, forces; *fig.* ***von der schnellen ~ sein*** be a fast worker; **2.** *thea.* company, troupe; *Sport*: team.
Truppen|abbau *m* reduction in forces; **~abzug** *m* troop withdrawal, withdrawal (*od.* pull-out) of troops; **~aufmarsch** *m* deployment of troops; (*Massierung*) buildup of troops; **~bewegungen** *pl.* troop movement *sg.*; **~einheit** *f* unit; **~führer** *m* commander; **~gattung** *f* branch (of the service); **~reduzierung** *f* reduction of troops; **~rückzug** *m* troop withdrawal, withdrawal of troops; **~schau** *f* military review; **~stärke** *f* troop (*od.* military) strength, number of troops; **~transport** *m* troop transportation; **~transporter** *m* ⚓ troopship; ✈ troop carrier; **~übung** *f* field exercise, manoeuvre, *Am.* maneuver; **~übungsplatz** *m* military training area.
Trust *m* ✝ trust.
Trut|hahn *m* turkey (cock); **~henne** *f* turkey hen.
Tschader(in *f*) *m*, **tschadisch** *adj.* Chadian.
Tscheche *m*, **Tschechin** *f*, **tschechisch** *adj.*, **Tschechisch** *n ling.* Czech.
Tschechoslowake *hist. m*, **Tschechoslowakin** *f*, **tschechoslowakisch** *adj.* Czechoslovak, Czechoslovakian.
tschüs F *int.* F bye, see you.
Tsetsefliege *f* tsetse fly.
T-Shirt *n* T-shirt, tee-shirt.
T-Träger *m* ⚙ T-beam, T-girder.
Tuba *f* **1.** ♪ tuba; **2.** → ***Tube*** 2.
Tube *f* **1.** tube; ***e-e ~ Zahnpasta*** a tube of toothpaste; F *fig.* ***auf die ~ drücken*** F step on it; **2.** *anat.* Fallopian tube.
Tuberkel *m* ⚕ tubercle, tuberculum; **tuberkulös** *adj.* tubercular.
Tuberkulose *f* tuberculosis; **~kranke(r)** *m* TB *od.* tuberculosis patient (*od.* case).
Tuch *n* **1.** cloth; (*Hals*♀, *Kopf*♀) scarf; (*Laken etc.*) sheet; ***das ist ein rotes ~ für ihn*** it's like a red rag to a bull (for him); **2.** (*Stoff*) cloth; **~fabrik** *f* cloth factory; **~fühlung** *f* close contact; ***in ~*** shoulder to shoulder; *fig.* ***~ haben mit*** be in close contact with, be rubbing shoulders with; ***in ~ kommen mit*** come into contact with, get to know; **~handel** *m* cloth trade; **~händler** *m* draper; **~macher** *m* clothworker.
tüchtig I. *adj.* **1.** capable, able, competent; (*fleißig*) hard-working; (*leistungsfähig*) efficient; ***~er Arbeiter*** *a.* good worker; ***~ in*** good at (*ger.*); *iro.* ***~, ~!*** not bad (at all); **2.** (*ausgezeichnet*) excellent; **3.** F (*groß, stark*) good, (*anständig*) decent; ***e-e ~e Tracht Prügel*** a good hiding; ***ein ~er Schrecken*** a real fright; ***ein ~er Esser*** a good (*od.* big) eater; ***e-n ~en Appetit haben*** be really hungry; **II.** F *adv.*: ***~ schneien*** snow hard; ***~ arbeiten*** work hard; ***~ zulangen*** F tuck in, dig in; ***~ essen (trinken)*** F put away a fair (*od.* decent) amount; ***~ heizen*** turn the heating right up; **Tüchtigkeit** *f* ability, competence; efficiency; (*Fleiß*) diligence.
Tücke *f* **1.** (*Boshaftigkeit*) spite, maliciousness, malice; (*Hinterlist*) deceit, *stärker*: insidiousness; ***er ist voller ~*** (*Arglist*) you've got to watch him; **2.** (*heimtückische Handlung*) wile; *pl. a.* trickery *sg.*; **3.** (*verborgener Defekt*) hidden weakness; (*Gefahr*) hidden danger; ***es hat so s-e ~n*** it's not as easy as it looks, *Gerät etc.*: it's a bit tricky (to handle).
tuckern *v/i.* **1.** *Motor etc.*: put-put; **2.** (*fahren*) chug (along).
tückisch *adj.* malicious, spiteful; insidious (*a. Krankheit*); (*gefährlich*) dangerous, treacherous.
Tuerei F *f* fuss; acting; (*Angeberei*) showing-off; ***was soll denn die ~?*** don't put on like that.
Tuff *m geol.* **1.** tuff; **2.** → **~stein** *m* tufa.
Tüftelarbeit *f*, **Tüftelei** *f* fiddly work, *a* fiddly job (*od.* business); (*a. Denkarbeit*) tricky work, *a* tricky business (*od.* problem); ***das ist e-e ~*** (*Denkarbeit*) *a.* this is a real brainteaser; **tüftelig** *adj.* **1.** fiddly, *a. Denkarbeit*: tricky; **2.** *Person*: (*genau*) very exact; (*pedantisch*) fussy; **tüfteln** *v/i.*: ***an et. ~*** fiddle about with, tinker with; (*e-r Denkaufgabe*) try to work (*od.* puzzle) out, *stärker*: rack one's brains over; **Tüftler** *m* tinkerer; ***er ist ein ~*** *a.* he likes to fiddle around with things.
Tugend *f* virtue; → ***Not***; **Tugendbold** *m* paragon of virtue; **tugendhaft** *adj.* virtuous; **Tugendhaftigkeit** *f* virtuousness; integrity; **Tugendwächter** *iro. m* moral watchdog.
Tukan *m zo.* toucan.
Tüll *m* tulle; *für Gardinen*: net.
Tülle *f* ⚙ socket; (*Gießröhre*) spout.
Tüll|gardinen *pl.* net (*od.* lace) curtains; **~spitze(n** *pl.*) *f* net lace (*sg.*).
Tulpe *f* **1.** ♀ tulip; **2.** (*Glas*) tulip(-shaped) glass.
Tulpen|beet *n* bed of tulips; **~feld** *n* tulip field; **~zeit** *f* tulip season; **~zwiebel** *f* tulip bulb.
tummeln *v/refl.*: ***sich ~*** **1.** romp around; *im Wasser*: jump (*od.* splash) around *od.*

about; **2.** (*sich beeilen*) hurry up; ***tummle dich!*** *a.* F get a move on; **Tummelplatz** *m* playground; *fig.* stomping ground (*a. zo.*), *für Extremisten etc.*: *a.* hotbed *of extremism etc.*

Tümmler *m* **1.** (*Vogel*) tumbler; **2.** (*Delphin*) porpoise.

Tumor *m* ⚕ tumo(u)r.

Tümpel *m* pond; *kleiner*: puddle.

Tumult *m* tumult, *stärker*: riot; *lärmend*: commotion, uproar; ***für ~ sorgen*** cause a riot; ***es kam zu schweren ~en*** there was heavy rioting; **tumultartig** *adj.* riotous; ***~e Ausschreitungen*** near-rioting; ***~e Szenen*** scenes of uproar (*stärker*: rioting).

tun I. *v/t.* do; → *a.* ***machen***; (*hin~*) put; ***dann tu mal was!*** get on with it then; ***was ist zu ~?*** what is there to be done?, F what's on the agenda?; ***was hat er dir getan?*** what did he do (to you)?; ***ich habe ihm nichts getan*** I didn't do anything (to him), I didn't touch him; ***er wird dir schon nichts ~!*** he won't bite you; ***hast du dir was getan?*** did you hurt yourself?, are you all right (*Am.* alright)?; ***was tut man nicht alles*** the things I do for them *etc.*; F ***was ~? sprach Zeus*** F what to do?, what now?; ***damit ist es nicht getan*** that's not enough, that's not all there is to it, there's more to it than that; ***ein Messer tut's auch*** a knife will do; ***der Anzug tut's noch ein paar Jahre*** there's a few more years wear in that suit; ***das tut nichts zur Sache*** that's got nothing to do with it; ***das tut man nicht!*** you don't do things like that, that (just) isn't done; ***er kann ~ und lassen, was er will*** he can do whatever he likes; ***tu, was du nicht lassen kannst*** well, I can't stop you; well, if you (really) must; ***es zu ~ haben mit*** be dealing with, find o.s. up against; ***das hat damit nichts zu ~*** that's (got) nothing to do with it; ***damit hast du nichts zu ~*** that's (got) nothing to do with you; ***du wirst es mit ihm zu ~ bekommen*** you'll be in trouble with him, you'll have him after you; ***und was habe ich damit zu ~?*** and where do I come in(to it)?; → ***getan, leid, weh*** I *etc.*; **II.** *v/i.*: ***so ~, als ob*** pretend to *inf.* (*od.* that ...); ***er tut nur so*** he's only pretending, he's putting it on; ***tu doch nicht so!*** a) stop pretending, F who are you trying to kid, b) stop exaggerating, stop making such a fuss; ***höflich*** *etc.* ***~*** act polite *etc.*; ***ich hab' noch zu ~*** I'm still busy, I've still got a few things to do; ***er hat mit sich selbst genug zu ~*** he's got enough on his plate as it is; ***ich hab' sowieso in der Stadt zu ~*** I'm going to be in town anyway; ***du tätest gut*** (*od.* ***wohl***) ***daran, jetzt zu gehen*** it might be a good idea if you went now; → ***guttun*** *etc.*; **III.** *v/refl.*: ***es tut sich was*** things are happening, (*es rührt sich was*) F I can hear stirrings; **IV.** 2 *n*: (*a.* ***~ und Lassen***) activities *pl.*, movements *pl.*, action(s *pl.*); (*Verhalten*) behavio(u)r.

Tünche *f* whitewash; *fig.* ***es ist nur ~*** it's just a veneer, it's all on the surface, it's just for show; **tünchen** *v/t.* whitewash.

Tundra *f* tundra.

tunen *v/t. mot.* tune (up); **Tuner** *m* tuner.

Tunesier(in *f*) *m*, **tunesisch** *adj.* Tunisian.

Tunichtgut *m* good-for-nothing.

Tunke *f* sauce; (*Braten*2) gravy; **tunken** *v/t.* dip.

tunlich *adj.* (*zweckmäßig*) expedient; **tunlichst** *adv.* if at all possible; as far as possible; ***er sollte Fette ~ vermeiden*** he is urged to avoid all fats; ***machen Sie es ~ nicht*** I strongly advise you not to do it, *stärker*: you won't do it if you know what's good for you; ***das wirst du ~ bleiben lassen*** you won't do anything of the sort.

Tunnel *m* tunnel; **~bau** *m* tunnel construction; work on a (*od.* the) tunnel; **~schacht** *m* tunnel shaft.

Tunte F *f* **1.** *contp.* (*Frau*) woman; **2.** (*Homosexueller*) F fairy.

Tüpfelchen *n* spot; *fig.* ***das ~ auf dem i*** a) the last straw, b) the icing on the cake; **tüpfeln** *v/t.* dot, spot; → ***getüpfelt.***

tupfen I. *v/t.* **1.** dot; → ***getupft***; **2.** (*Wunde etc.*) dab; *Creme etc.* ***~ auf*** dab on; ***sich den Schweiß vom Gesicht ~*** mop the sweat off one's face; **II.** *v/i.*: ***j-m an die Schulter*** *etc.* ***~*** tap s.o. on the shoulder *etc.*; **III.** 2 *m* dot, spot; **Tupfer** *m* **1.** ⚕ swab; **2.** (*Tüpfel*) dot, spot.

Tür *f* door; ***in der ~*** in the door(way); ***vor der ~*** at the door; ***~ an ~ wohnen*** live next door to each other; ***von ~ zu ~ gehen*** go (knocking) from door to door; ***an die ~ gehen*** answer the door; ***kannst du mal an die ~ gehen?*** *a.* can you get the door?; F ***da ist die ~!*** you know the way out; F ***mach die ~ von außen zu!*** don't forget to shut the door behind you; ***ich muß mal vor die ~ gehen*** I must just get a breath of fresh air; ***ich komme überhaupt nicht vor die ~*** I'm stuck in the house (*od.* flat *etc.*) all day long, I never get out; ***ich bin gerade zur ~ rein*** I just got in this minute; ***Tag der offenen ~*** open day; ***er wohnt e-e ~ weiter*** he lives next door (*od.* in the next house, flat *etc.*); *fig.* ***Weihnachten steht vor der ~*** Christmas is just around the corner; *e-r Sache* ***~ und Tor öffnen*** give free reign to; ***die ~ für Verhandlungen offenhalten*** keep an open door for negotiations; F ***mit der ~ ins Haus fallen*** blurt it out; F ***j-n vor die ~ setzen*** turn (*od.* throw) s.o. out; F ***zwischen ~ und Angel*** in a hurry, (just) as he was (they were *etc.*) leaving; → ***einrennen, kehren***[1]***, verschlossen, weisen*** I *etc.*; **~angel** *f* (door) hinge.

Turban *m* turban.

Turbine *f* turbine.

Turbinen|flugzeug *n* turbojet (aircraft); **~triebwerk** *n* jet turbine engine.

Turbodiesel *m* turbo diesel.

Turbolader *m* turbocharger.

Turbo-Prop-Flugzeug *n* turboprop (aircraft).

turbulent I. *adj.* turbulent, hectic; **II.** *adv.*: ***es ging ~ zu*** things got quite hectic (*od.* heated); **Turbulenz** *f a. pl.* turbulence (*a. phys.*).

Tür|füllung *f* door panel; **~griff** *m* doorhandle.

Türke *m* **1.** Turk; **2.** F *Presse*: fake; ***e-n ~n bauen*** a) pretend, fake, b) make a blunder; **3.** F Turkish restaurant; ***zum ~n gehen*** F go to a Turkish place; ***hier in der Nähe ist ein ~*** there's a Turkish place near here; **türken** F *v/t.* (*Papiere etc.*) fake; (*Zahlen etc.*) fiddle; **Türkin** *f* Turk(ish woman).

Türkis *m min.* turquoise; **türkis(blau)** *adj.* turquoise.

türkisch I. *adj.* Turkish; ***~er Honig*** nougat; **II.** 2 *n ling.* Turkish.

Tür|klingel *f* doorbell; **~klinke** *f* doorhandle; **~klopfer** *m* knocker.

Turm *m* tower (*a. fig.*); (*Kirch*2) *a.* steeple; *Schach*: castle, rook; *bibl.* ***der ~ zu Babel*** the Tower of Babel.

Turmalin *m min.* tourmaline.

Turmbau *m*: *bibl.* ***der ~ zu Babel*** (the building of) the Tower of Babel.

Türmchen *n* turret.

türmen I. *v/t.* pile (up); **II.** *v/refl.*: ***sich ~*** pile up; **III.** *v/i.* F (*ausreißen*) bolt, F scarper, do a bunk.

Turm|falke *m* kestrel; **2hoch I.** *adj.* huge, towering; **II.** *fig. adv.*: ***j-m ~ überlegen sein*** be head and shoulders above s.o.; **~spitze** *f* spire; **~springen** *n* high diving; **~uhr** *f* church clock.

Turnanzug *m* gym outfit.

turnen I. *v/i.* do gymnastics (*a. am Gerät*); *in der Schule*: *a.* do PE (= physical education), do gym; **II.** 2 *n* gymnastics *pl.* (*sg. konstr.*); *in der Schule*: PE (= physical education), gym; **Turner(in** *f*) *m* gymnast.

Turn|halle *f* gymnasium, gym; **~hemd** *n* gym shirt (*od.* top); **~hose** *f*: (***e-e ~*** a pair of) gym shorts *pl.*

Turnier *n* **1.** tournament; **2.** *hist.* (jousting) tournament; **~pferd** *n* show horse; **~reiter** *m* show jumper; **~sieger** *m* winner of a (*od.* the) tournament; **~spiel** *n* tournament match; **~tanz** *m* ballroom dancing; **~tänzer(in** *f*) *m* ballroom dancer.

Turn|lehrer(in *f*) *m* gym instructor (*od.* teacher); PE (= physical education) teacher; **~schuh** *m* gym shoe, *Am.* sneaker; **~stunde** *f* gym lesson, PE (= physical education) lesson; **~übung** *f* (gymnastic) exercise; **~unterricht** *m* PE (= physical education) lesson(s *pl.*).

Turnus *m* rota; ***im ~*** → ***turnusmäßig*** II; ***im ~ von drei Wochen*** every three weeks; **turnusmäßig I.** *adj.* rotational; ***im ~en Wechsel*** in rotation; **II.** *adv.* in rotation, by turns; *Personal* (*a.* ***sich***) ***~ auswechseln*** rotate.

Turn|verein *m* gymnastics club; **~zeug** F *n* gym kit, F gym things *pl.*

Tür|öffner *m* door opener; **~pfosten** *m* doorpost; **~rahmen** *m* doorframe; **~schild** *n* doorplate; **~schloß** *n* lock; **~schwelle** *f* threshold; **~sprechanlage** *f* entryphone.

turteln F *v/i.* F bill and coo.

Turteltaube *f* turtledove; F *fig. pl.* F lovey-doveys.

Tusch *m* flourish.

Tusche *f* Indian ink; (*Wasserfarbe*) watercolo(u)r.

Tuschelei *f* whispering (behind s.o.'s back); **tuscheln** *v/i. u. v/t.* whisper (behind s.o.'s back).

tuschen *v/t. u. v/i.* draw in Indian ink; *mit Farben*: paint in watercolo(u)rs; (***sich***) ***die Wimpern ~*** put some (*od.* one's) mascara on.

Tusch|kasten *m* paintbox; **~zeichnung** *f* Indian ink drawing.

Tussi F *f sl.* tart.

tut *int. Kindersprache*: beep-beep!, toot-toot!

Tüte *f* **1.** (paper) bag; (*Plastik*2) plastic

bag; F ***kommt nicht in die ~!*** F no way; **2.** (*Eis*♀) (ice-cream) cone.

tuten *v/i.* toot, honk, blow one's horn; → ***Ahnung.***

TÜV *m* (*abbr. für* ***Technischer Überwachungs-Verein***) safety standards authority; ***ich muß zum ~*** *etwa* my MOT's due; ***(nicht) durch den ~ kommen*** *etwa* get through (fail) one's MOT; **TÜV-geprüft** *adj.* safety-tested.

Typ *m* **1.** type; ⚙ *a.* model; ***ein Kampfflugzeug vom ~ F117*** an F117 fighter plane; **2.** (*Art Mensch*) type; ***ein ruhiger*** *etc.* ***~*** *a.* a quiet *etc.* sort of person; ***er ist nicht der richtige ~*** he's not the right sort of person (for the job *etc.*); ***er*** (***sie***) ***ist nicht mein ~*** he's (she's) not my type; **3.** F (*Mann*) F guy, bloke; (*Freund*) F bloke; ***das ist ihr neuester ~*** he's her latest (bloke).

Type *f* **1.** *typ. u. Schreibmaschine*: type; **2.** F (*Kauz*) F character; → *a.* ***Typ*** 2.

Typen|bezeichnung *f* ⚙ type designation; **~druck** *m* type printing; **~lehre** *f biol.* typology.

Typenrad *n* daisy wheel; **~drucker** *m* daisy-wheel printer.

Typenschild *n* ⚙ identification plate.

Typhus *m* ⚕ typhoid; **~epidemie** *f* typhoid epidemic; **~erreger** *m* typhoid bacillus; **~kranke(r)** *m* typhoid patient (*od.* case).

typisch I. *adj.* typical (**für** of); ***ein ~es Beispiel*** *a.* a classic example; ***das ist wieder mal ~*** that's just typical(, isn't it); **II.** *adv.*: ***~ englisch!*** that's typically English, F that's the English for you; ***das ist ~ Bernd*** that's just like Bernd, that's Bernd all over.

typisieren *v/t.* typify; ⚙ standardize.

Typographie *f* typography; **typographisch** *adj.* typographic(al).

Typologie *f* typology; **typologisch** *adj.* typological.

Typus *m* type.

Tyrann *m* tyrant (*a. fig.*), despot; **Tyrannei** *f* tyranny, despotism; **Tyrannenherrschaft** *f* tyranny, despotic rule; **tyrannisch** *adj.* tyrannical, despotic; (*herrschsüchtig*) domineering; **tyrannisieren** *v/t.* tyrannize, oppress; *fig.* tyrannize, bully *s.o.*

Tyrannosaurus *m* tyrannosaurus.

Tyrrhenisch *adj*: ***das ~e Meer*** the Tyrrhenian Sea.

U

U, u *n* U, u.
U-Bahn *f* underground, *in London*: *a. the* tube; *Am.* subway; ***mit der ~ fahren*** go by (*od.* take) the underground *etc.*; **~-Haltestelle** *f* underground (*in London*: *a.* tube, *Am.* subway) stop; **~hof** *m* underground (*in London*: *a.* tube, *Am.* subway) station; **~-Netz** *n* underground (*Am.* subway) system; **~-Wagen** *m* underground carriage; *Am.* subway car.
übel I. *adj.* **1.** (*schlimm*) bad; (*scheußlich*) horrible, nasty; (*gemein*) nasty; (*unangenehm*) unpleasant; (*moralisch verwerflich*) unsavo(u)ry; (*stinkend*) foul (*a.* F *Wetter*); ***üble Geschäfte*** shady dealings; ***übler Ruf*** bad reputation; F ***nicht ~*** not bad; F ***kein übler Gedanke*** not a bad idea; F ***das klingt nicht ~*** that's not a bad idea; F ***~ dran sein*** be in a bad way; F ***ein übler Kerl*** a nasty customer; F ***er ist kein übler Kerl*** he's all right (*Am.* alright); ***ein übler Trick*** a nasty trick; **2. *mir ist ~*** I feel sick; ***dabei kann einem ~ werden*** it's enough to make you sick; **II.** *adv.* badly; ***~ riechen*** smell (awful), stink; ***es bekam ihr ~*** it didn't do her any good; → ***mitspielen, vermerken, wohl*** 2; **III.** ♀ *n* evil; (*Mißstand*) *the* trouble; (*Leiden*) complaint; ***ein schlimmes ~*** (*Drogenmißbrauch etc.*) a scourge; ***notwendiges ~*** necessary evil; ***das kleinere ~*** the lesser of the two evils; ***die Wurzel allen ~s*** the root of all evil; ***der Grund*** (*od.* ***die Ursache***) ***des ganzen ~s*** the root cause of all the trouble; ***von ~*** no good; ***zu allem ~*** to top it all; → ***doppelt*** I; **übelgelaunt** *adj.* bad-tempered, F grumpy; ***~ sein*** *vorübergehend*: *a.* be in a bad (*stärker*: foul) mood; **~gesinnt** *adj.* ill-disposed (*dat.* towards).
Übelkeit *f* feeling of sickness, sick feeling, nausea.
übellaunig *adj.* → ***übelgelaunt***; **Übellaunigkeit** *f* bad-temperedness, F grumpiness.
übelnehmen *v/t.* take *s.th.* amiss, take offen|ce (*Am.* -se) at; ***j-m et. ~*** *längerfristig*: hold s.th. against s.o.; ***du nimmst es mir doch nicht übel, oder?*** you're not offended, are you?
übelriechend *adj.* foul-smelling; *Atem*: foul.
Übeltat *iro. f* misdeed; **Übeltäter** *m* malefactor; *e-s Verbrechens*: *a.* perpetrator (of the crime); *iro.* miscreant.
übelwollen *v/i.*: ***j-m ~*** be ill-disposed towards s.o., (*j-m schaden wollen*) be out to harm s.o., F have it in for s.o.
üben *v/t. u. v/i.* ♪, *Sport etc.*: practi|se (*Am.* -ce); ⚔ drill; (*schulen*) train; ***Geige*** *etc.* ***~*** practi|se (*Am.* -ce) the violin *etc.*; ***fleißig ~*** practi|se (*Am.* -ce) hard; (***sich in***) ***Geduld ~*** exercise (a bit of) patience; ***du mußt dich in Geduld ~*** *a.* you'll just have to be patient; → ***Nachsicht*** *etc.*
über I. *prp.* over; above; (*höher als*) *a.* higher than; (*mehr als*) over, more than; *amtlich*: exceeding; (*~ ... hinaus*) beyond; (*quer ~*) across; (*wegen*) over, about; (*während*) during, while; *reisen, gehen etc.* ~ via *a town*; *sprechen etc.* ~ about; *Abhandlung, Werk, Vortrag* ~ on; ***~ die Straße gehen*** cross the street; ***~ Geschäfte*** (***den Beruf, Politik***) ***reden*** talk business (shop, politics); ***nachdenken ~*** think about; ***Fehler ~ Fehler*** one mistake after the other; ***Ärger ~ Ärger*** no end of trouble; ***~ m-e Kräfte*** (***hinaus***) beyond my strength; ***das geht ~ m-n Verstand*** it's beyond me, it's above my head; ***~ Nacht*** overnight; *er ist* ***~ 70 Jahre alt*** past (*od.* over) seventy, F on the shady side of seventy; ***~ das Wochenende*** over the weekend; ***~ einige Jahre verteilt*** spread over several years; ***~ kurz oder lang*** sooner or later; ***e-e Rechnung ~ 400 Mark*** a bill for 400 marks; ***~ den Büchern sitzen*** sit (*od.* pore) over one's books; ***das geht ihm ~ alles*** it means more than anything to him; ***es geht nichts ~ ...*** there's nothing like ...; ***~ der Arbeit*** (***s-r Lektüre***) ***einschlafen*** fall asleep over one's work (while reading); ***~ all dem Gerede habe ich die Kinder ganz vergessen*** with all this chatting I completely forgot about the children; *fig.* ***~ j-m stehen*** (*überlegen sein*) be above s.o.; **II.** *adv.*: ***~ und ~*** all over; ***die ganze Zeit ~*** all along; ***den ganzen Tag*** *etc.* ***~*** throughout the day *etc.*; F ***et. ~ sein*** have had enough of s.th., F be sick and tired of s.th.; → ***übrig, vorüber, überhaben***; **III. ~...** *in Zssgn mst* over..., hyper...
überaktiv *adj.* overactive; **Überaktivität** *f* overactivity.
überall *adv.* everywhere; *örtlich begrenzt*: *a.* F all over the place; ***~ in*** (*od.* ***an, auf***) all over *town, the house, the wall, the floor etc.*; ***~ wo*** wherever; **~her** *adv.*: ***von ~*** from all around, F from all over the place; *weitS.* from all four corners of the earth; *Kritik etc.*: from all sides; **~hin** *adv.* everywhere, in all directions, F all over the place; *weitS.* to the four corners of the earth.
überaltert *adj. Bevölkerung*: overaged; ***~ sein*** *Betrieb etc.*: have a high (*od.* too high a) percentage of old people; **Überalterung** *f* ag(e)ing; (*Zustand*) *e-s Betriebs etc.*: high percentage of old people.
Überangebot *n* ♆ oversupply, glut (***an*** of); (*Überschuß*) surplus (of); *weitS.* ***ein ~ an ...*** (far) too many (*od.* much) ...; ***es herrscht ein ~ an ...*** there are far too many ..., there is far too much ...; ***bei dem ~*** *weiß man nicht, was man nehmen soll*: with so many things to choose from.
überängstlich *adj.* over-concerned, overly concerned, too nervous about things; ***er ist ~*** *a.* he's always worried (that) something's going to go wrong; **Überängstlichkeit** *f* over-concern.
überanstrengen I. *v/t.* overexert, strain; **II.** *v/refl.*: ***sich ~*** overexert o.s., F overdo things; **Überanstrengung** *f* overexertion, strain.
überantworten *v/t.* hand over (*dat.* to); ***j-m ~*** *a.* commit *s.th. od. s.o.* into s.o.'s hands; **Überantwortung** *f* handing over; committal.
überarbeiten I. *v/t.* rework, go over *s.th.* (again); (*Buch etc.*) revise; **II.** *v/refl.*: ***sich ~*** overwork, F overdo things; **überarbeitet** *adj. Person*: overworked; ***sie ist ~*** *a.* she's been doing too much (F overdoing things); **Überarbeitung** *f* **1.** reworking; *e-s Buchs etc.*: revision; **2.** (*Überanstrengung*) overwork, *weitS.* exhaustion.
überaus *adv.* exceedingly, extremely.
überbacken I. *v/t.* brown; **II.** *adj. nachgestellt*: au gratin.
Überbau *m phls.*, ⚠ superstructure; **überbauen** *v/t.* build over.
überbeanspruchen *v/t.* **1.** (*Person*) overexert, put too great a strain on; (*Augen etc.*) *a.* strain; (*Phantasie etc.*) tax; **2.** ⚙ overstress; *durch Last*: overload; **Überbeanspruchung** *f* **1.** overexertion, strain; **2.** ⚙ overstressing; overloading.
Überbein *n* ⚕ exostosis; (*Knoten*) node.
überbekommen F *v/t.*: ***et. ~*** F get sick and tired of s.th.; ***er hat's ~*** *a.* he's had enough (of it).
überbelasten *v/t.* overload; **Überbelastung** *f* overload(ing).
überbelegt *adj.* overcrowded; *Kurs*: oversubscribed.
überbelichten *v/t. phot.* overexpose; **Überbelichtung** *f* overexposure.
Überbeschäftigung *f* overemployment.
überbesetzt *adj.* overstaffed; **Überbesetzung** *f* overmanning, overstaffing.
überbetonen *v/t.* overemphasize, overplay.
Überbett *n* duvet, eiderdown.
überbevölkert *adj.* overpopulated.
überbewerten *v/t.* overrate; **Überbewertung** *f* overrating.
überbezahlen *v/t.* overpay.
überbietbar *adj.*: ***nicht*** (*od.* ***kaum***) ***~*** unsurpassable, the height of ...; **überbieten** *v/t.* outbid; (*Rekord*) break (***um*** by); *fig.* outdo; *fig.* ***sich*** *gegenseitig* ***~*** vie with one another (***in*** in); ***kaum zu ~*** unsurpassed; ***e-e kaum zu ~de Frechheit*** the height of insolence.
Überbleibsel *n* remnant, *pl. a.* remains; *e-r Mahlzeit*: leftovers *pl.*; *fig.* remnant (***aus*** *e-r Zeit*: of, from), hold-over (from).
überblenden *v/t. u. v/i.* (cross-)fade, fade

over; ~ **auf** (*od.* **zu**) fade to, go (*od.* pass) over to; **Überblenden** *n*, **Überblendung** *f* fading, fade-over.

Überblick *m* view; *fig.* overall view, *bsd. Am.* overview (*alle* **auf, über** of); (*Abriß*) survey; (*Zusammenfassung*) summary, synopsis; *fig.* **e-n ~ über et. gewinnen** get the general idea of s.th.; **den ~ behalten** keep track; **den ~ verlieren** lose track of things, **über et.:** lose track of s.th.; **ich habe keinen ~ mehr** *a.* I don't know what's going on any more. **überblicken** *v/t.* **1.** overlook, have a view of; **2.** *fig.* grasp; → *a.* **überschauen**; **die Lage ~** have things under control.

überbraten F *v/t.*: **j-m eins ~** F give s.o. a wallop.

überbringen *v/t.* deliver (**j-m et.** s.th. to s.o.); **Überbringer** *m* bearer; **Überbringung** *f* delivery.

überbrückbar *adj.* bridgeable; **überbrücken** *v/t.* **1.** *fig.* bridge *a gap etc.*; (*Zeit*) fill in; **e-e Zeit der Arbeitslosigkeit** *etc.* **~** tide o.s. over during a period of unemployment *etc.*; **2.** bridge, span; **3.** ⚡ bypass, shunt; **Überbrückung** *f* **1.** *fig.* bridging; tiding o.s. over (*gen.* during ...); **2.** bridging; **3.** ⚡ bypass, shunting; (*Überbrückungsdraht*) jumper (wire).

Überbrückungs|(bei)hilfe *f* temporary assistance, F tide-over; **~kredit** *m* bridging loan; **~maßnahme** *f* stopgap measure; **~widerstand** *m* ⚡ shunt resistor.

überbuchen *v/t. u. v/i.* overbook; **Überbuchung** *f* overbooking.

überbürden *v/t.* overburden.

überdachen *v/t.* roof over, build a roof over; cover; **überdacht** *adj.* covered (over).

überdauern *v/t.* outlast; (*Krieg etc.*) survive; **die Zeit ~** stand the test of time; **s-e Werke haben ihn überdauert** his works lived on after his death; **überdauernd** *adj.* enduring.

überdecken *v/t.* **1.** cover (up); **2.** (*verbergen*) mask, conceal; (*verhüllen*) obscure; (*Geräusch*) drown out; (*Geruch*) blanket (over *od.* out); (*Geschmack*) drown.

überdehnen *v/t.* overstretch; (*Muskel*) stretch, pull; **Überdehnung** *f* overstretching; *e-s Muskels*: pulling, straining, *konkret*: strain.

überdenken *v/t.* think *s.th.* over; **neu ~** reassess.

überdeutlich *fig.* **I.** *adj.* unmistakable, all too clear; **II.** *adv.* all too clearly, F loud and clear.

überdies *adv.* besides, moreover.

überdimensional *adj.* outsize(d); *weitS.* huge; larger-than-life ..., *pred.* larger than life; **überdimensioniert** *adj.* oversized.

überdosieren *v/t.* overdose; **et. ~** *a.* go over the dose (on s.th.); **Überdosis** *f* overdose; **an e-r ~ Heroin sterben** F OD on heroin.

überdrehen *v/t.* (*Uhr*) overwind; (*Motor*) overspeed; (*Gewinde*) strip; **überdreht** *fig. adj.* **1.** wound up, overexcited; **2.** *Ideen etc.*: eccentric, F off-beat.

Überdruck *m phys.*, ⚙ overpressure; **~kabine** *f* pressurized cabin; **~ventil** *n* pressure relief (*od.* safety) valve.

Überdruß *m* weariness; (*Übersättigung*) surfeit; **bis zum ~** ad nauseam; **ich mußte es mir bis zum ~ anhören** F I had to listen to it till it was coming out of my ears; **Überdrußgesellschaft** *f*: **die ~** sated society; **überdrüssig** *adj.*: **e-r Sache ~ sein** (**werden**) be (get) tired (*od.* weary) of s.th., be(come) sated with s.th.; **e-r Sache ~ werden** *a.* weary of s.th.; **ich bin der Sache ~** *a.* I feel jaded.

überdurchschnittlich I. *adj.* above-average ..., higher-than-average ...; *pred.* above (*od.* higher than) average; *weitS.* (**~** *gut*) outstanding; **II.** *adv.* (*a.* **~** *gut*) outstandingly (well); (*mehr* [*besser*] *als der Durchschnitt*) more (better) than average; **~ verdienen** have a higher-than-average income; **~ bezahlt werden** be paid better than the average.

Überdüngung *f* over-fertilization.

übereck *adv.* diagonally, at an angle.

Übereifer *m* overkeenness, overzealousness; **übereifrig** *adj.* overkeen, overzealous.

übereignen *v/t.*: **j-m et. ~** make s.th. over to s.o.; **Übereignung** *f* ⚖ transference (**an** to).

übereilen I. *v/t.* rush; **die Dinge** (*od.* **Sache**) **~** rush things; **nichts ~** not to rush things; **e-n Entschluß ~** make a rash decision, decide too soon; **II.** *v/refl.*: **sich ~** rush things; **übereilt** *adj.* rash, (over)hasty, precipitate; **Übereilung** *f* rashness, haste; F **nur keine ~!** let's not rush things, now.

übereinander *adv.* **1.** on top of each other (*od.* one another), one on top of the other; **2.** *sprechen etc.*: about one another; **~legen** *v/t.* put (*od.* lay) on top of each other (*od.* one another); **~liegen** *v/i.* lie on top of each other (*od.* one another); **~schlagen** *v/t.*: **die Beine ~** cross one's legs.

übereinkommen I. *v/i.* agree; **wir sind** (**mit ihnen**) **übereingekommen, daß** we have agreed (with them) that; **man ist übereingekommen, daß** it has been agreed that; **II.** ≈ *n* → **Übereinkunft** *f* agreement, understanding, arrangement; (*Vergleich*) settlement; **e-e ~ treffen** reach (*od.* come to) an agreement, strike a deal.

übereinstimmen *v/i. Angaben, Zahlen etc.*: tally, correspond, agree; *Farben, Muster etc.*: match, go together; *ling.* agree; **mit j-m ~** agree with s.o. (**über, in** on); **übereinstimmend I.** *adj.* corresponding; *Meinung, Bericht etc.*: concurring; (*einstimmig*) unanimous; *Farben*: matching; **II.** *adv. declare etc.* unanimously; **~ mit** in accordance (*od.* conformity, agreement) with; **es wurde ~ berichtet, daß** reports agreed that; **es wurde ~ festgestellt, daß** everybody agreed that, there was unanimous agreement that; **Übereinstimmung** *f* (*Einigkeit, Einklang*) agreement; (*Entsprechung*) correspondence, concurrence; harmony, accord; unison; **~ erzielen** come to (*od.* reach) an agreement; **in ~ bringen** make *things* tally, get *things* to tally; **in ~ stehen** → **übereinstimmen**; **in ~ mit** in agreement (*od.* accordance, conformity) with, in keeping (*od.* line) with; **es besteht** (**keine**) **~ zwischen X und Y** X and Y (don't) agree *od.* tally, X and Y are(n't) in agreement.

überempfindlich *adj.* hypersensitive, oversensitive (**gegen** to); **Überempfindlichkeit** *f* hypersensitivity, oversensitivity.

überernährt *adj.* overnourished, overfed; **Überernährung** *f* overnourishment; overfeeding.

über'essen *v/refl.*: **sich ~** overeat; **sich übergessen haben** *a.* have had too much (to eat).

'überessen *v/t.*: **sich et. ~** eat too much (*od.* many) of s.th.; **ich hab's mir übergegessen** *a.* F I can't stand the sight of it (*od.* them) any more.

über'fahren *v/t.* **1.** (*Person, Hund etc.*) run over, knock down; (*Signal*) drive through; (*Linie etc.*) cross, pass; **die Ampel ~** shoot the lights; **2.** *fig.* (*j-n*) steamroller *s.o.* (into it).

'überfahren *v/i.* cross over; **~ über** cross.

Überfahrt *f* crossing.

Überfall *m* attack (**auf** on); *auf der Straße*: *a.* mugging; *aus dem Hinterhalt*: ambush (attack) (on); (*Raub*≈) raid (on), *mit Waffendrohung*: hold-up; *gewalttätiger*: assault (on); *auf ein Dorf etc.*: raid (on) (*a.* ✈), *auf ein Land*: invasion (of); F *fig.* (*Besuch*) F descent (on), invasion (of *s.o.'s house etc.*); F *fig.* **e-n ~ auf j-n planen** plan to descend on s.o.; **über'fallen** *v/t.* attack, *auf der Straße*: *a.* mug; *aus dem Hinterhalt*: waylay, ambush; (*Bank etc.*) raid, *mit Waffendrohung*: hold up; *gewalttätig*: assault; (*Dorf etc.*) raid; (*Land*) invade; F *fig.* (*besuchen*) F descend on; (*unterwegs* **~**) F waylay; *fig.* **von Müdigkeit** *etc.* **~ werden** be overcome by tiredness *etc.*; **plötzlich wurde ich von Müdigkeit ~** *a.* suddenly a feeling of tiredness came over me (*od.* hit me); **j-n mit e-r Frage** (**Aufgabe** *etc.*) **~** spring a question (a job *etc.*) on s.o.

überfällig *adj.* overdue; **längst ~** long overdue; **seit drei Tagen** (*od.* **drei Tage**) **~ sein** be three days overdue.

Überfallkommando *n* riot squad.

überfein *adj.* **1.** *Gehör etc.*: highly sensitive; **2.** *Geschmack*: fastidious *tastes*; **3.** *Unterschied etc.*: oversubtle; **überfeinert** *adj.* overrefined; **Überfeinerung** *f* overrefinement.

Überfischen *n* overfishing.

überfliegen *v/t.* **1.** fly over; *tief*: F buzz; **2.** *fig. mit den Augen*: glance over, skim (through); **et. mit den Augen ~** *a.* run one's eyes over (*od.* down *a list etc.*); **3.** *Lächeln etc.*: flit across *s.o.'s* face.

Überflieger F *m* F superman.

überfließen *v/i.* overflow (*a. fig.* **von** with); **aus et. ~** flow over the top of.

überflügeln *fig. v/t.* surpass, outstrip.

Überfluß *m* abundance; (*Überschuß*) surplus; (*Überangebot*) glut (*alle* **an** of); **~ haben an, et. im ~ haben** have plenty of, *Gegend, Gewässer etc.*: *a.* abound in *resources, fish etc.*; **Papier** *etc.* **ist im ~ vorhanden** there's plenty of paper *etc.* (available); **zu allem ~** as if that wasn't enough, F to top it all; **~gesellschaft** *f* affluent society.

überflüssig *adj.* superfluous; (*unnötig*) *a.* unnecessary; (*unerwünscht*) undesired, superfluous; *Bemerkung etc.*: superfluous, uncalled-for; *Arbeitskräfte*: redundant; **~ machen** render superfluous *etc.*; **~ zu sagen, daß** needless to say, ...; **überflüssigerweise** *adv.* unnecessarily; for no real reason; **Überflüssigkeit** *f* superfluousness.

überfluten *v/t. a. fig.* flood, inundate; **Überflutung** *f* flooding; *fig.* inundation.

überfordern *v/t. Person*: expect (*od.* demand) too much of *s.o.*, *Sache*: be too much for *s.o.* (to handle), be more than *s.o.* can cope with; (*Körper*) overtax, strain; **überfordert** *adj.*: ***er ist ~*** he can't cope, he's taken on too much; ***damit ist er ~*** it's too much for him, it's expecting too much of him; ***ich fühle mich ~*** I don't think I can cope (with it) *od.* manage (it); **Überforderung** *f*: ***es ist e-e ~*** it's (expecting) too much (**für** of).

überfrachten *v/t. a. fig.* overload; **überfrachtet** *fig. adj.* overloaded, weighed down (***mit*** with).

überfragt *adj.*: ***da bin ich ~*** I'm afraid I can't answer that (one) for you, F you've got me there.

Überfremdung *f* foreign infiltration (✝ control).

überfressen F *v/refl.*: ***sich ~*** overeat; ***sich ~ an*** F stuff o.s. with.

überfrieren *v/i.* freeze over.

'überführen *v/t.* → ***über'führen*** 1.

über'führen *v/t.* **1.** (*befördern*) take, (*a. Tote*) transport, ✈ *a.* fly; **2.** ⚖ (*als schuldig erweisen*) find guilty (*gen.* of), convict (of); **Überführung** *f* **1.** transportation; **2.** ⚖ conviction; **3.** *Straße*: flyover, overpass; 🚂 viaduct.

Überfülle *f* overabundance, profusion (***von*** of); **überfüllen** *v/t.* (*Raum etc.*) overcrowd; **überfüllt** *adj.* (over)crowded; *Raum, Bus etc.*: *a. pred.* crammed full, F (jam)packed; *Straßen*: congested *roads*; *Kurs etc.*: oversubscribed; ***~e Vorlesungen*** crowded lecture halls; ***~e Seminare*** crowded seminars; ***~er Luftraum*** congested airspace, crowded air lanes; **Überfüllung** *f* overcrowding; ***wegen ~ geschlossen*** full up.

Überfunktion *f* ⚕ hyperactivity; ***~ der Schilddrüse*** *etc.* hyperactive thyroid *etc.*

überfüttern *v/t.* overfeed.

Übergabe *f a. e-s Amtes etc.*: handing-over; ⚔ surrender.

Übergang *m* **1.** (*Übergangsstelle*) crossing (point); (*Brücke*) footbridge; 🚂 level (*Am.* grade) crossing; **2.** (*das Überqueren*) crossing; **3.** *fig.* (*Wechsel, Überleitung*) transition; (*vorläufiger Zustand*) interim.

Übergangs|bestimmungen *pl.* provisional regulations; **~erscheinung** *f* transitional phenomenon (*od.* aspect).

übergangslos *adv.* without transition, directly; ***sich ~ aneinanderreihen*** run on from one another (*od.* without a break).

Übergangs|lösung *f* interim solution, temporary arrangement; **~mantel** *m* in-between coat; **~phase** *f* transitional phase; **~regelung** *f* temporary arrangement; **~regierung** *f* caretaker (*od.* transitional, interim) government; **~stadium** *n* transitional stage; **~stil** *m* transitional style; **~zeit** *f* transitional period.

übergeben I. *v/t.* hand over; *feierlich*: present; ⚔ *etc.* surrender; ***j-m et. ~*** hand s.th. over to s.o., *feierlich*: present s.o. with s.th., ⚔ *etc.* surrender s.th. to s.o.; (*anvertrauen*) entrust s.o. with s.th.; ***e-e Sache dem Gericht ~*** take a matter to court; ***dem Verkehr ~*** open to traffic; **II.** *v/refl.*: ***sich ~*** (*erbrechen*) vomit, be sick.

'übergehen *v/i.* go (*od.* pass) over (***zu*** to); ***~ auf*** (*e-n Nachfolger, Stellvertreter*) devolve upon; ***~ in*** pass into, *sich wandelnd*: turn into, *Farbe, Ton, Stimmung etc.*: blend (*od.* merge) into; ***in Schnee*** *etc.* ~ turn to snow *etc.*; ***ineinander ~*** *Farben*: blend; ***in j-s Besitz ~*** pass into s.o.'s possession (*od.* hands); ***in andere Hände ~*** change hands; ***zum nächsten Punkt*** *etc.* ~ pass on (*od.* move on, *formell*: proceed) to the next item *etc.*; ***zum Feind, zu*** *e-r anderen Partei* ~ go over to, defect to; F ***die Augen gingen ihm über*** *vor Staunen*: his eyes nearly popped out of his head.

über'gehen *v/t.* (*hinweggehen über*) pass *s.th.* over (***mit Stillschweigen*** in silence); (*mißachten*) disregard; (*nicht beachten, ignorieren*) ignore; (*auslassen*) leave out, omit, F skip; (*nicht berücksichtigen*) pass *s.o.* over, leave *s.o.* out; ***sich übergangen fühlen*** feel snubbed (*od.* left out).

übergenau *adj.* overscrupulous, F *contp.* picky; **Übergenauigkeit** *f* overscrupulousness, F *contp.* pickiness.

übergenug *adj.* more than enough.

übergeordnet *adj. Amt etc.*: higher; (*vorrangig*) of overriding importance; ***e-r Sache ~ sein*** have priority over s.th.

Übergepäck *n* ✈ excess baggage.

übergeschnappt F *adj.* F cracked, crazy.

Übergewicht *n* **1.** overweight; *von Briefen etc.*: excess weight; ***~ haben*** be overweight, *Gepäck, Brief etc.*: be over the limit; ***20 Kilo ~ haben*** *Person*: be 20 kilos overweight; ***20 Gramm ~ haben*** *Brief*: be 20 gram(me)s over (the limit); **2.** *fig.* preponderance (***an*** of); *pol. etc.* supremacy; (*Vorherrschen*) predominance; ***das ~ haben*** predominate, (*vorherrschen*) be predominant; ***... haben das ~*** *a.* there is a preponderance of ...; ***das ~ gewinnen*** gain the upper hand, come out on top; **3.** ***das ~ bekommen*** lose one's balance, topple over; **übergewichtig** *adj.* overweight.

über'gießen *v/t.* pour water *etc.* over; douse (***mit*** with); (*Braten*) baste.

'übergießen *v/t.* (*verschütten*) spill.

überglücklich *adj.* overjoyed, *pred.* F over the moon.

übergreifen *v/i.* **1.** ***~ auf*** *Feuer, Epidemie, Panik etc.*: spread to; *Kämpfe*: *a.* spill over into; **2.** *Turnen, Saiteninstrument*: shift; *Tasteninstrument*: cross one's hands over; **übergreifend** *adj.* (*allgemein*) general; (*umfassend*) comprehensive; (*allumfassend*) global.

Übergriff *m* encroachment, infringement (***auf*** on), *auf Territorium*: incursion (into).

übergroß *adj.* outsize(d), oversized; **Übergröße** *f Kleidung*: outsize.

überhaben F *v/t.* **1.** (*Mantel etc.*) have on; **2.** (*übrig haben*) have left (over); **3.** *fig.* ***e-e Sache ~*** F be sick and tired of s.th., be fed up with s.th.

überhandnehmen I. *v/i.* *quantitativ*: increase uncontrollably; (*außer Kontrolle geraten*) get out of hand (*od.* control); *Unkraut, Verbrechen*: *a.* become rampant; **II.** Ձ *n* uncontrolled spread.

Überhang *m* overhang; △ *a.* projection; *fig.* (*Überschuß*) surplus, excess.

überhängen I. *v/i.* overhang; △ project; **II.** *v/t.* hang *s.th.* over; (*Mantel*) throw over one's shoulders.

überhasten *v/t.* → ***übereilen.***

überhäufen *v/t.*: ***j-n ~ mit*** inundate (*od.* swamp) s.o. with, (*Ehren, Vorwürfen etc.*) heap *hono(u)rs etc.* on s.o., (*Geschenken*) shower s.o. with *presents.*

überhaupt *adv.* (*insgesamt*) generally, on the whole, altogether; (*eigentlich*) actually, *in Fragen*: *oft* anyway; (*überdies, außerdem*) besides; ***~ nicht*** not at all, (*niemals*) never; ***~ nichts*** nothing (at all); ***~ kein ...*** no ... at all, no ... of any sort; ***sie hat ja ~ keine Stelle*** *a.* she hasn't even got a job (to speak of); ***wenn ~*** if at all; ***du hättest es ~ nicht tun sollen*** you shouldn't have done it in the first place; ***gibt es ~ e-e Möglichkeit?*** is there any chance at all?; ***und ~, ...*** and, come to that, ...; ***wer*** (***wo*** *etc.*) ***ist er ~?*** who (where *etc.*) is he anyway?; ***hast du ~ schon was gegessen?*** have you actually had anything to eat yet?; ***er ist ~ sehr begabt*** of course, he 'is very talented (altogether).

überheblich *adj.* overbearing, arrogant; **Überheblichkeit** *f* arrogance.

überheizen, überhitzen *v/t.* overheat (*a. fig.*, ✝); ⚙ superheat; **überhitzt** *adj. Motor*: overheated; *Person*: hot (and sticky); *Gesicht*: red, flushed; *fig.* ***das ist s-e ~e Phantasie*** it's just his imagination running wild.

überhöhen *v/t.* (*Straßenkurve etc.*) bank; **überhöht** *adj.* **1.** *Kurve*: banked; **2.** *Preise etc.*: excessive (*a. Geschwindigkeit*), exorbitant, F ridiculous; ***mit ~er Ge-schwindigkeit fahren*** go over (*od.* break) the speed limit; **Überhöhung** *f*: ***~ der Preise*** exorbitant price rises (*od.* prices).

über'holen *v/t.* **1.** (*vorbeigehen, -fahren an*) pass, overtake; *fig.* overtake, *stärker*: outstrip; *fig.* ***sie hat ihn längst überholt*** *a.* she's left him trailing; **2.** ⚙ overhaul, recondition.

'überholen *v/t.* ferry *s.o.* over.

Überhol|manöver *n mot.* overtaking manoeuvre (*Am.* maneuver); **~spur** *f* passing lane.

überholt *adj.* (*veraltet*) (out)dated, outmoded; *bsd. Ideen*: *a.* antiquated.

Überholung *f* ⚙ overhaul, reconditioning.

Überhol|verbot *n* "No Passing" (rule *od.* sign); **~vorgang** *m*: ***der ~*** overtaking; ***vor*** (***nach***) ***dem ~*** before (after) overtaking; ***während des ~s*** when (*od.* while) overtaking.

überhören *v/t.* not to hear; (*Worte*) miss, not to catch; *absichtlich*: ignore; ***das will ich überhört haben!*** I didn't hear that.

Über-Ich *n psych.* superego.

überindividuell *adj.* superindividual.

überinterpretieren *v/t.* overinterpret.

überirdisch *adj.* supernatural; (*himmlisch*) celestial, heavenly; *fig.* ***von ~er Schönheit*** of divine beauty.

überkandidelt F *adj.* slightly eccentric (F off-beam).

überkippen *v/i.* → ***umkippen*** II.

überkleben *v/t.* stick s.th. over *s.th.*; ***die Wand war mit Postkarten überklebt*** the wall was covered with postcards (*od.* had postcards stuck all over it).

überklug *adj.* F too clever by half.

überkochen *v/i.* boil over (*a. fig.*).

überkommen I. *v/t.*: ***Furcht*** *etc.* ***überkam ihn*** he was overcome by fear *etc.*; **II.** *v/i.*: ***diese Sitte ist uns ~*** this custom has been handed down (*od.* has come down) to us; **III.** *adj.* traditional.

Überkompensation *f* overcompensation; **überkompensieren I.** *v/t.* overcompensate for; **II.** *v/i.* overcompensate.
überkonfessionell *adj.* interdenominational.
überkreuzen *v/refl.*: **sich ~** coincide, *negativ*: clash.
überkriegen F *v/t.* F get fed up with, tire of.
überkritisch *adj.* overcritical, overly critical.
überkronen *v/t.* (*Zahn*) crown.
überkrusten *v/t.* crust over; **überkrustet** *adj.* covered (**mit** in); **die Schuhe waren mit Dreck ~** *a.* the shoes were caked with mud.
überladen I. *v/t.* overload; *mit Arbeit*: load down; *fig.* (*übermäßig verzieren etc.*) clutter; **II.** *adj.* overloaded; *fig. Stil*: overladen, florid; (*übermäßig verziert etc.*) cluttered.
überlagern *v/t.* overlay; *teilweise*: overlap (*a.* **sich ~**); *geol.* overlie; *Radio*: heterodyne; (*Sender*) jam; *fig.* **überlagert von** *neuen Problemen etc.*: superimposed by, *stärker*: displaced by; **Überlagerung** *f* overlapping; *Radio*: heterodyning.
Überland|bus *m* long-distance coach (*Am.* bus); **~fahrt** *f mot.* cross-country trip; **~leitung** *f* ⚡ power line; **~leitungsmast** *m* ⚡ grid pylon; **~verkehr** *m* long-distance traffic.
überlang *adj.* overlength; **~e Spieldauer** extended play; **Überlänge** *f*: **~ haben** be overlength; **Film mit ~** long film.
überlappen *v/t. u. v/refl.* (**sich ~**) ⚙ overlap (*a. fig.*); **Überlappung** *f* overlapping.
überlassen *v/t.*: **j-m et. ~** let s.o. have s.th., leave s.th. to s.o.; (*anheimstellen*) leave s.th. to s.o.; **et. dem Schicksal** (**Zufall** *etc.*) **~** leave s.th. to fate (chance *etc.*); **es j-m** (*od.* **dem Zufall** *etc.*) **~ zu** *inf.* leave it to s.o. (*od.* to chance *etc.*) to *inf.*; **j-n sich selbst ~** leave s.o. to fend for himself (*od.* herself); **j-n s-m Schicksal ~** leave s.o. to his (*od.* her) fate; **sich selbst ~ sein** be left to one's own devices; **~ Sie das mir** leave that to me; **das überlasse ich dir** that's up to you, I'll leave that to you; **es bleibt ihm ~, was er tun will** it's up to him what he wants to do; **sich e-m Gefühl** *etc.* **~** give o.s. over (*od.* abandon o.s.) to a feeling *etc.*
überlasten *v/t.* **1.** overload (*a.* ⚡, ⚙); **2.** *fig.* strain (*a. Herz etc.*), put too great a strain on; **überlastet** *adj.* **1.** overloaded (*a.* ⚡, ⚙); **2.** *fig.* under strain; *durch Arbeit*: overworked; **Überlastung** *f* **1.** overload (*a.* ⚡, ⚙), overcharge; **2.** *fig.* strain.
'**überlaufen** *v/i.* **1.** run over, *Kochendes*: boil over; *fig.* **das Faß zum ≈ bringen** be the last straw; **2.** ⚔ desert; *zum Feind*: go over (**zu** to).
über'laufen I. *v/t.* **1.** overrun; **2.** *fig. Gefühl*: come over *s.o.*; **es überlief mich** (**heiß und**) **kalt** it sent a shiver down my spine, I went hot and cold; → *a.* **Rücken**; **II.** *adj. Gegend etc.*: overcrowded; *Arzt etc.*: overrun with patients *etc.*
Überläufer *m* ⚔ deserter; *pol. a.* defector, turncoat, renegade.
Überlauf|rohr *n* overflow pipe; **~ventil** *n* overflow valve.
überleben I. *v/t. u. v/i.* survive (*a. weitS. überstehen*); F **das überlebe ich nicht** *a.* that'll be the death of me; F **du wirst es ~!** F it won't kill you, you'll survive; **II.** *obs. v/refl.*: **sich ~** become dated; **III.** ≈ *n* survival; **ums ~ kämpfen** fight for survival; **Überlebende(r** *m*) *f* survivor.
Überlebens|anzug *m* survival suit; **~chance** *f* chance(s *pl.*) of survival; **~dauer** *f* period of survival.
überlebensfähig *adj.* capable of surviving; **Überlebensfähigkeit** *f* survivability.
überlebensgroß *adj.* larger-than-life ..., *pred.* larger than life.
Überlebens|kampf *m* fight (*od.* struggle) for survival; **~künstler** *m* survivor; **~strategie** *f* survival strategy; **~training** *n* survival training; **~wille** *m* will to survive.
über'legen¹ I. *v/t.* (*a.* **sich ~**) think about, think *s.th.* over; **noch einmal ~** reconsider; **es sich wieder** (*od.* **anders**) **~** change one's mind; **wenn ich es mir recht überlege** when I think about it; **sich et. genau ~** think carefully about s.th.; **das würde ich mir zweimal ~** I'd think twice about that (*od.* before doing that); **II.** *v/i.* think; **ohne zu ~** without thinking, (*sofort*) F like a shot, (*a.* **ohne lange zu ~**) without thinking twice; **überleg nochmal** you should think about it again, F you should give it a rethink; **ich würde nicht lange ~** I wouldn't waste too much time thinking about it; **ich hätte nicht lange überlegt** I wouldn't have given it a second thought.
über'legen² I. *adj.* **1.** superior (*dat.* to; **an** in); **j-m weit ~ sein** be more than a match for s.o., be head and shoulders above s.o.; → **zahlenmäßig**; **2.** superior, supercilious; **~es Lächeln** (**~e Miene**) superior smile (air); **II.** *adv.* **3.** (*in ~er Manier*) in superior style; (*überzeugend*) convincingly; **~ siegen** win in style; **4.** (*überheblich*) in a superior manner, in a supercilious way.
'**überlegen** *v/t.* lay *s.th.* over *s.o. od. s.th.*, cover *s.o. od. s.th.* with *s.th.*; F (*Kind*) put *a child* over one's knee.
Überlegenheit *f* superiority; **Überlegenheitsgefühl** *n* sense of superiority.
überlegenswert *adj.* worth considering.
überlegt *adj. Entschluß etc.*: considered; (*durchdacht*) well-thought-out ..., well-planned ..., *pred.* well thought out, well planned; (*umsichtig*) circumspect; **Überlegtheit** *f* (*Umsicht*) circumspection.
Überlegung *f* (*das Überlegen*) consideration, reflection; (*Erwägung*) consideration; (*Gesichtspunkt*) point (of view); **bei näherer ~** on closer reflection; **bei nüchterner ~** looking at it in a more sober light; **ohne ~** a) (*gedankenlos*) without thinking, b) (*a.* **ohne lange ~**) without thinking twice; **nach reiflicher ~** after due consideration; **aus dieser ~ heraus** for this reason.
überleiten *v/i.* lead (**zu** to); **Überleitung** *f* transition.
überlesen *v/t.* **1.** run (*od.* skim) through; **2.** (*übersehen*) overlook.
überliefern *v/t. der Nachwelt*: hand down (*dat.* to), pass on (to); **aus dieser Zeit ist nichts überliefert** no records of this period have survived; **es ist** (**schriftlich**) **überliefert** there are (written) records testifying to it; **es ist überliefert, daß** a) records indicate that, b) tradition has it that; **überliefert** *adj.* (*herkömmlich*) traditional; **Überlieferung** *f* **1.** (*das Überliefern*) handing down (**an** to), passing on (to); *von Texten*: transmission; **2.** (*Tradition*) tradition; (*Quellen, Zeugnisse*) records *pl.*; **~en** (*Schriften*) writings, texts; **mündliche ~** oral legend.
überlisten *v/t.* outwit, outsmart.
Übermacht *f* superiority, superior strength; **in der ~ sein** be in a superior position; **übermächtig** *adj.* **1.** *Feind etc.*: superior (in strength); **2.** *Gefühl etc.*: overpowering.
übermalen *v/t.* paint over.
übermannen *v/t.* overcome; *weitS.* (*überwältigen*) overwhelm; **übermannt von** overcome by *sleep* (*od.* with *emotion*).
Übermaß *n* excess (**an** of), *contp.* overkill (of); ⚙ oversize; **im ~ tun** do *s.th.* to excess; **im ~ haben** have more than enough of *s.th.*; **... ist im ~ vorhanden** there's an overabundance of ...; **übermäßig I.** *adj.* excessive; (*unmäßig*) *a.* immoderate; (*übertrieben*) exaggerated; (*überreichlich*) overabundant; **II.** *adv.* excessively, overly ..., too much; *work, exercise etc. a.* too hard; **~ großzügig** *etc.* **sein** *a.* be generous *etc.* to a fault; **~ betonen** overemphasize, emphasize unduly.
Übermensch *m* superman; **übermenschlich** *adj.* superhuman.
übermitteln *v/t.* transmit, convey (*dat.* to); **Übermittlung** *f* transmission.
übermorgen *adv.* the day after tomorrow.
übermüdet *adj.* overtired; **Übermüdung** *f* overtiredness.
Übermut *m* (*Ausgelassenheit*) high spirits *pl.*; (*Mutwille*) wantonness; (*Dreistigkeit*) cockiness; **übermütig** *adj.* high-spirited, *pred. a.* in high spirits; (*mutwillig*) wanton; (*dreist*) cocky.
übernächst *adj. the* next but one; **~e Woche** the week after next.
übernachten *v/i.* spend the night (*a.* **im Freien**) (**bei** at *s.o.'s place*), stay overnight (at); **im Freien ~** *a.* sleep in the open.
übernächtig(t) *adj.* tired (from lack of sleep); bleary-eyed.
Übernachtung *f* overnight stay; **~ mit Frühstück** bed and breakfast; **vier ~en** (**mit Frühstück**) four nights (with breakfast); **Übernachtungsmöglichkeit** *f a. pl.* overnight accommodation, F place to stay (for the night).
Übernahme *f* taking over, *bsd. der Macht*, ✝ *e-r Firma*: takeover; *der Verantwortung, e-s Amts*: assumption; *von Methoden, Begriffen etc., a. ling.*: adoption.
übernational *adj.* supranational.
übernatürlich *adj.* supernatural.
übernehmen I. *v/t.* take over (*a. v/i.* **von j-m**: from); (*Arbeit etc.*) take on, (*Verantwortung*) *a.* undertake, take *the responsibility* upon oneself; (*Macht, Führung, Amt,* ✝ *Firma*) take over; (*Pflicht, Ware*) accept; (*Verfahrensweise, Wörter, Begriffe etc.*) adopt; **er übernahm es zu** *inf.* he undertook to *inf.*, he took it upon himself to *inf.*; *Ideen etc.* **einfach ~** *contp.* lift; → **Bürgschaft**; **II.** *v/refl.*: **sich ~** ([*es*] *übertreiben*) overdo it (*od.* things); *mit Arbeit etc.*: take on too much, F bite off more than one can

chew; (*sich überschätzen*) overestimate one's capabilities, overplay one's hand; *finanziell*: overreach o.s.; *beim Essen*: overeat; **sich bei der Arbeit** (**beim Sport** *etc.*) ~ do too much work (sport *etc.*).

überordnen *v/t.*: **j-n j-m** (**e-r Sache**) ~ set s.o. above s.o. (s.th.); **et. j-m** (**e-r Sache**) ~ *a.* give priority to s.th. over s.o. (s.th.); → **übergeordnet.**

überparteilich *adj.* all-party *decision etc.*; *Zeitung*: non-partisan.

überpinseln F *v/t.* paint over.

Überpreis *m* excessive price.

Überproduktion *f* overproduction.

überproportional *adj.* disproportionate (**zu** to).

überprüfbar *adj.* checkable; verifiable; **überprüfen** *v/t.* **1.** (*untersuchen*) check, examine; *genau*: scrutinize; (*j-n*) *politisch etc.*: screen, F vet; (*nachprüfen*) check; *auf Echtheit*: verify; *auf Brauchbarkeit*: test; **2.** (*Standpunkt etc., noch einmal überdenken*) reconsider, review; (*Urteil, a.* ⚖) revise; **Überprüfung** *f* examination, scrutiny; check; verification; test; reconsideration; revision; → **überprüfen.**

Überqualifikation *f* overqualification; **überqualifiziert** *adj.* overqualified.

überquellen *v/i. a. fig.* overflow, brim over (**von** with); **überquellend** *adj.* overflowing.

überqueren *v/t.* cross.

überragen *v/t.* **1.** tower above; (*j-n*) *a.* be taller than; **2.** *fig.* outclass, outshine (**an** in); **überragend** *fig. adj.* outstanding, brilliant; **durch s-e ~e Persönlichkeit** through sheer force of personality.

überraschen I. *v/t.* surprise; (*ertappen*) *a.* catch (**bei et.** *ger.*); *Unvorhergesehenes, Unwetter etc.*: catch *s.o.* out, catch *s.o.* by surprise; (*überrumpeln*) take *s.o.* by surprise; **vom Regen überrascht werden** be caught in the rain; **II.** *v/impers.*: **es überrascht, daß** it's surprising that; **überraschend** *adj.* surprising; (*unerwartet*) unexpected, sudden; ~ **kommen** come as a surprise (**für** to); **überraschenderweise** *adv.* surprisingly; **überrascht I.** *adj.* surprised (**von** by, at); **sich** (**nicht**) ~ **zeigen** show a certain (show no) surprise; **II.** *adv.* with (*od.* in) surprise; **Überraschung** *f* surprise; **e-e** (**kleine**) ~ (*kleines Geschenk etc.*) a little something; **j-m e-e ~ bereiten** surprise s.o., give s.o. a surprise, have a surprise in store for s.o.; **so e-e ~!** what a surprise!

Überraschungs|angriff *m* surprise attack; **~effekt** *m* surprise effect; **~erfolg** *m* unexpected success, surprise success (*od.* hit); **~moment** *n* element of surprise; **~sieg** *m* unexpected victory (*od.* win); **~sieger** *m* surprise winner.

überreagieren *v/i.* overreact; **Überreaktion** *f* overreaction (**auf** to).

überreden *v/t.* persuade (**zu** to), talk *s.o.* round; **j-n zu et.** ~ talk s.o. into (doing) s.th.; **Überredung** *f* persuasion.

Überredungs|gabe *f* persuasiveness; **~kunst** *f* **1.** art of persuasion; **2.** *a. pl.* powers *pl.* of persuasion.

überregional *adj.* supraregional; *Zeitung*: national; *Sendung, Kampagne etc.*: nationwide.

überreich I. *adj.* overabundant; (*üppig*) lavish; **ein ~es Angebot an** a profusion of; ~ **sein an** have more than enough of, *Sache*: *a.* abound in; **in ~em Maß** → **II.** *adv.* overabundantly; (*üppig*) lavishly; (*übermäßig*) overly ...; **j-n ~ beschenken** lavish presents on s.o., shower s.o. with presents.

überreichen *v/t.* hand *s.th.* (over), *feierlich*: present *s.th.* (**j-m** to s.o.).

überreichlich I. *adj.* overabundant, ample; **II.** *adv.* amply; → *a.* **überreich.**

Überreichung *f* presentation.

Überreichweite *f e-s Senders*: overshoot.

überreif *adj.* overripe; **Überreife** *f* overripeness.

überreizen I. *v/t.* **1.** (*Haut etc.*) irritate; (*Augen*) strain; **2.** (*auf- od. anregen*) overexcite; **II.** *v/i. u. v/refl.* (**sich** ~) *Kartenspiel*: overcall; **überreizt** *adj.* overwrought; (*reizbar*) irritable; (*nervös*) on edge; **Überreiztheit** *f* overwrought state; irritability; edginess; → **überreizt.**

überrennen *v/t.* knock down; *bsd.* ⚔ overrun; *fig.* bulldoze.

Überrest *m* remains *pl.*; *pl. e-r Kultur etc.*: relics; → **sterblich** I.

überrieseln *v/t.* **1.** *Flüssigkeit*: trickle down on; **2. es** (*od.* **ein Schauer**) **überrieselte mich** it sent a shiver down my spine.

Überrollbügel *m mot.* rollbar.

überrollen *v/t.* ⚔ overrun; *Zug etc.*: run over; *fig.* steamroller.

überrumpeln *v/t.* take *s.o.* unawares (*od.* by surprise), throw *s.o.* off (his *od.* her) guard; **sich ~ lassen** be caught napping.

überrunden *v/t. Sport*: lap; *fig.* outstrip.

übersät *adj.*: ~ **mit** strewn (*od.* littered, dotted) with, covered in; *Narben*: pitted with.

übersatt *adj.* **1.** more than full; ~ **sein** *a.* have eaten more than enough; **2.** *fig.* sated (**von** with).

übersättigen *v/t.* oversaturate; † (*Markt*) *a.* glut; ⚗ supersaturate; **übersättigt** *adj.* **1.** † *Markt*: glutted; ⚗ supersaturated; **2.** *fig.* sated; **Übersättigung** *f* surfeit; † glut(ting); ⚗ supersaturation.

übersäuern *v/t.* overacidify (*a.* ⚕); **Übersäuerung** *f* hyperacidity (*a.* ⚕).

Überschall *m* ultrasound; **~flugzeug** *n* supersonic aircraft; **~geschwindigkeit** *f* supersonic speed; **mit ~ fliegen** travel faster than the speed of sound; **~knall** *m* sonic boom.

überschatten *v/t.* overshadow; *fig.* cast a cloud over; *fig.* **überschattet von** clouded by.

überschätzen I. *v/t.* overestimate; (*Können etc.*) overrate; **II.** *v/refl.*: **sich ~** have too high an opinion of o.s.; **er überschätzt sich** *a.* he's not as good (*od.* clever) as he thinks; **Überschätzung** *f* overestimation; overrating.

überschaubar *adj.* clear; (*leicht verständlich*) *a.* easy to grasp; (*kontrollierbar*) manageable; *Folgen, Risiko etc.*: calculable; **in der ~en Zukunft** in the foreseeable future; ~ **bleiben** *Menge, Größe etc.*: keep within reasonable (*od.* manageable) limits, *Entwicklung, Situation etc.*: not to get out of hand; **Überschaubarkeit** *f* clarity; comprehensibility; manageability; → **überschaubar**; **überschauen** *v/t.* (*verstehen*) have a good idea of; (*im Griff haben*) have under control; (*Entwicklung etc.*) keep track of; (*Folgen, Risiko etc.*) be able to calculate.

überschäumen I. *v/i.* froth over; *fig.* bubble over (**vor** with); *vor Wut*: fume; **vor Wut ~** *a.* F be foaming at the mouth; **II.** ≈ *n* ebullience, exuberance; **überschäumend** *fig. adj.* ebullient, exuberant.

überschlafen *v/t.* sleep on *s.th.*

Überschlag *m* **1.** *Turnen*: somersault, (*Handstand*≈) handspring; ✈ loop; **2.** *beim Rechnen*: (rough) estimate; **3.** ⚡ flashover.

über'schlagen I. *v/t.* **1.** (*auslassen*) skip, miss; **2.** (*schätzen*) calculate roughly, give a rough estimate of; **II.** *v/refl.*: **sich ~ 3.** *Person*: go head over heels, do a somersault; *Auto etc.*: overturn; ✈ loop the loop, *beim Landen*: nose over; **4.** *Stimme*: crack; **5.** *fig.* **die Ereignisse überschlugen sich** things started happening very fast; **6.** *fig. vor Hilfsbereitschaft etc.*: trip over o.s. *in an attempt to help etc.*

'überschlagen I. *v/t.* **1. die Beine ~** cross one's legs; **II.** *v/i.* **2.** *Funke*: spark (*od.* jump) over; **3.** *fig.* (**plötzlich**) ~ **in** (suddenly) turn into.

überschnappen *v/i.* **1.** F (*verrückt werden*) F flip one's lid; → *a.* **übergeschnappt**; **2.** *Stimme*: crack.

überschneiden *v/refl.*: **sich ~ 1.** overlap; *zwei Linien*: intersect; **2.** *fig. zeitlich*: coincide, *teilweise*: overlap; (*sich überkreuzen, einander in die Quere geraten*) clash; **Überschneidung** *f* **1.** overlapping; intersection; **2.** *fig.* coincidence; clash(ing).

überschreiben *v/t.* **1.** (*Aufsatz etc.*) head; **2.** (*übertragen*) transfer, (*Besitz*) *a.* make *s.th.* over (*dat.* to), (*Rechte*) sign over (to); **3.** *Computer*: overwrite; **Überschreibung** *f bsd.* ⚖ transference.

überschreiten *v/t.* **1.** cross; **2.** *fig.* (*Maß, Grenze*) exceed, overstep; (*Gesetz*) violate, infringe; (*Geschwindigkeit*) exceed; (*Summe*) go over, top; **die Milliardengrenze ~** top the billion (*Brit. a.* the one thousand million) mark; **Überschreitung** *f* **1.** crossing (*gen.* of); **2.** *fig.* overstepping *the limit etc.*; exceeding (*od.* breaking) *the speed limit*; ⚖ violation, infringement.

Überschrift *f* heading, title; (*Schlagzeile*) headline.

Überschuhe *pl.* overshoes, galoshes, *Am. a.* rubbers.

überschuldet *adj.* heavily indebted; *Land*: debt-heavy; ~ **sein** *a.* have heavy debts; **Überschuldung** *f* debt overload, heavy debts *pl.*

Überschuß *m* surplus (**an** of); (*Gewinn*) profit; **ein ~ an** *a.* surplus *goods, energy etc.*; **überschüssig** *adj.* surplus, excess.

überschütten *v/t.*: **mit et. ~** throw s.th. over (*od.* at) *s.th. od. s.o.*, (*Flüssigkeit*) spill s.th. (all) over *s.th. od. s.o.*; *fig.* **mit** *Geschenken, Ehren etc.* ~ shower *s.o.* with, heap ... on *s.o.*

Überschwang *m* exuberance; **im ~ der Gefühle** carried away by one's feelings; **im ~ der Begeisterung** in a wave of enthusiasm.

überschwappen *v/i. Flüssigkeit*: slop over (the edge); *Gefäß*: slop (over).

überschwemmen *v/t.* flood; *fig. a.* inundate; † (*den Markt*) flood, glut; **überschwemmt** *adj.* flooded; *fig. Markt*: glutted; **mit** *Aufträgen, Besuchern etc.* ~ swamped with; **Überschwemmung** *f* flooding; (*Hochwasser*) flood.

Überschwemmungs|gebiet *n* flood area; **~katastrophe** *f* flood disaster.
überschwenglich *adj.* effusive, gushing; **Überschwenglichkeit** *f* effusiveness.
Übersee: in (**nach**) ~ overseas; **von** ~ from overseas; **~dampfer** *m* ocean liner; **~handel** *m* overseas trade.
überseeisch *adj.* overseas ...
Überseeverkehr *m* overseas traffic.
übersehbar *adj. Gelände etc.*: open; *fig. Folgen, Risiko*: calculable; *Schaden etc.*: assessable; *Lage etc.*: clear; → *a.* **überschaubar**; **übersehen** *v/t.* **1.** → **überblicken**; **2.** (*erfassen*) grasp; (*abschätzen*) assess; → *a.* **überschauen**; **3.** (*nicht bemerken*) overlook, miss; (*nicht beachten*) ignore, (*Mangel etc.*) *absichtlich*: turn a blind eye to; **von j-m ~ werden** escape s.o.'s notice.
übersenden *v/t.* send (**j-m et.** s.o. s.th., s.th. to s.o.); **anbei ~ wir ...** enclosed please find ...; **Übersender** *m* sender; **Übersendung** *f* sending.
übersetzbar *adj.* translatable; **Übersetzbarkeit** *f* translatability; **über'setzen** *v/t. u. v/i.* translate (**in** into; **aus** from); **falsch ~** translate wrong(ly), mistranslate.
'übersetzen I. *v/t.* ferry *s.o. od. s.th.* across (*od.* over); **II.** *v/i.* ferry across the river *etc.*
Übersetzer(in *f*) *m* translator.
Übersetzer|deutsch *n*, **~englisch** *n etc.* translat(or)ese.
Übersetzung *f* **1.** translation (**aus** from; **in** into); (*Version*) version; **2.** ⚙ gear ratio.
Übersetzungs|büro *n* translating agency; **~fehler** *m* translating error (*od.* mistake); mistranslation.
Übersicht *f* overall view, *bsd. Am.* overview; (*Zusammenfassung*) survey; (*Tabelle*) table, chart; **e-e ~ bekommen** obtain a general idea (**über** of); **sich e-e ~ verschaffen** brief o.s. (**über** on), F find out what's going on; **die ~ verlieren** lose track of things.
übersichtlich *adj.* **1.** *Gelände etc.*: open; *Kurve*: clear; **2.** *fig.* (*klar dargestellt*) clear(ly arranged); *in der Fassung*: lucid; **Übersichtlichkeit** *f* (*klare Darstellung*) clarity; clear arrangement.
Übersichts|karte *f* general map; **~plan** *m* general plan; **~tabelle** *f* (synoptic) chart.
übersiedeln *v/i.* move (**nach** to).
Übersiedler *m hist.* East German migrant (*to the Federal Republic of Germany*); **~strom** *m* flood of immigrants.
Übersiedlung *f* move (**nach** to).
übersinnlich *adj.* **1. ~e Wahrnehmung** extrasensory perception, ESP; **~e Fähigkeiten** extrasensory (*od.* psychic) powers; **2.** (*übernatürlich*) supernatural.
überspannen *v/t.* **1.** (*Fluß etc.*) span; △ vault; (*bespannen*) cover; **2.** (*zu stark spannen*) overstretch; ⚙ strain; (*Saite*) pull too tight; **3.** *fig.* (*Forderungen*) carry too far; → **Bogen** 1; **überspannt** *adj.* **1.** (*affektiert*) unnatural, affected; (*exaltiert*) highly-strung; (*hysterisch*) hysterical; (*exzentrisch*) eccentric; **2.** (*übertrieben, überspitzt*) exaggerated, F over the top, OTT; **Überspanntheit** *f* **1.** unnaturalness, affectedness, affectation; highly-strung nature; hysteria; **2.** exaggeratedness; → **überspannt.**
'Überspannung *f* ⚡ excess voltage.
überspezialisiert *adj.* overspecialized; **Überspezialisierung** *f* overspecialization.
überspielen *v/t.* **1.** (*nicht merken lassen*) cover *s.th.* up; **et. geschickt ~** do a good job of covering s.th. up; **2.** (*Aufnahme*) record (**auf** onto), (*a. Daten*) transfer (to); **3.** *Sport*: outplay; **Überspielung** *f* (*Aufnahme*) (re)recording.
überspitzen *v/t.* overdo, exaggerate; (*Argument etc.*) overstate; **die Sache ~** take it too far; **überspitzt** *adj. Formulierung etc.*: oversubtle; (*übertrieben*) exaggerated; **Überspitztheit** *f* oversubtlety; exaggeratedness; **Überspitzung** *f* exaggeration.
über'springen *v/t.* **1.** jump (over), clear; **2.** *fig.* (*übergehen*) skip.
'überspringen *v/i.* leap over (*od.* across); ⚡ flash; *fig.* **~ von ... zu** *im Gespräch etc.*: flit from ... to.
übersprudeln *v/i.* bubble over (*fig.* **vor** with); **übersprudelnd** *adj.*: **~e Laune** bubbly mood; **~er Witz** bubbling wit; **~es Temperament** frothy temperament.
über'sprühen *v/t.* spray; **et. mit et. ~** spray s.th. with s.th., spray s.th. onto s.th.
'übersprühen *v/i.*: **~ vor** bubble over with.
Übersprunghandlung *f* sparking-over (*od.* substitute) activity.
überstaatlich *adj.* supranational.
über'stehen *v/t.* (*Krankheit, Not etc.*) get over, recover from; (*Katastrophe etc., a. lebend* ~) survive, come out of *s.th.* alive; (*Strapaze*) F survive; (*Sturm, Krise*) weather, ride out; ✱ **das Schlimmste überstanden haben** be out of danger; F **et. überstanden haben** have got s.th. over (and done) with; F **das wäre überstanden!** that's that (over and done with), that's that out of the way; *euphem.* **sie hat es überstanden** (*ist tot*) she's at rest now.
'überstehen *v/i.* jut out, project.
übersteigen *v/t.* **1.** cross, climb over; **2.** *fig.* go beyond, exceed (*a. Erwartungen, Verständnis etc.*); ✝ *a.* top.
übersteigern *v/t.* (*in die Höhe treiben*) force up; (*zu weit treiben*) carry (*od.* push) too far, exaggerate; **übersteigert** *adj.* exaggerated; *psych. Geltungsbedürfnis etc.*: *a.* hypertrophied; **~e Erwartungen** high expectations.
übersteuern *v/t. mot.* oversteer; (*Verstärker etc.*) overmodulate; **Übersteuerung** *f* overmodulation.
überstimmen *v/t.* outvote; (*Veto*) override.
überstrahlen *v/t.* **1.** *Licht*: light up, flood; **2.** *fig.* outshine, eclipse.
überstrapazieren *v/t.* **1.** wear out; (*Nerven etc.*) *a.* strain; **2.** *fig.* (*Begriff etc.*) flog to death.
überstrecken *v/t.* overstretch.
überstreichen *v/t.* **1.** coat (over); *mit Farbe*: paint over; **2.** *noch einmal*: recoat, repaint.
überstreifen *v/t.* slip *s.th.* over.
über'strömen *v/t.* flood.
'überströmen *v/i.* **1.** overflow, run over; **2.** *fig.* overflow (**vor** with); *auf andere*: spread (**auf** to); **'überströmend** *adj. Gefühlsäußerung etc.*: overflowing, exuberant; *zu sehr*: effusive, gushing.
über'strömt *adj.*: **~ von** (*überflutet von*) flooded with, *a. fig.* inundated with *work, tourists etc.*; (*naß, rinnend von*) pouring with *sweat etc.*; (*überstrahlt von*) flooded with *light*; **sein Gesicht war von Tränen ~** the tears were streaming down his face.
überstülpen *v/t.*: (**sich**) **et. ~** put s.th. on, (*Hut etc.*) *a.* pop s.th. on one's head.
Überstunden *pl.* overtime *sg.*; **~ machen** work (*od.* do) overtime; **~zuschlag** *m* overtime premium.
überstürzen I. *v/t.* rush; **II.** *v/refl.*: **sich ~** *Person*: rush things; **die Ereignisse überstürzten sich** things started happening very fast; **überstürzt** *adj.* hasty; *bsd. Entschluß*: rash; **Überstürztheit** *f* rashness; **Überstürzung** *f* rush; **nur keine ~!** take it easy, now.
übertariflich *adj.*: **~e Bezahlung** salary in excess of the agreed scale.
überteuern *v/t.* charge too much for; **überteuert** *adj.* overpriced; **Überteuerung** *f* exorbitant prices *pl.*; *absolut*: *a.* inflation.
übertölpeln *v/t.* dupe, take in.
übertönen *v/t.* drown (out).
Übertopf *m* plant pot holder, cache-pot.
Übertrag *m* ✝ amount carried over.
übertragbar *adj.* **1.** transferable (**auf** to); **nicht ~** non-transferable, ✝ non-negotiable; **2.** ✱ infectious, catching, *durch Berührung*: contagious *disease*; **Übertragbarkeit** *f* **1.** transferability; **2.** ✱ infectiousness; contagiousness.
übertragen I. *v/t.* **1.** transfer (**auf** to); *ins Heft etc.*: copy out (**in** into); **2.** ⚙, *phys.*, ⚡ transmit; *Radio, TV*: *a.* broadcast; **3.** (*Besitz*) make over (**auf** *j-n*: to), transfer (to); (*Grundeigentum*) convey (to); (*Amt, Titel*) confer ([up]on); (*Vollmachten*) delegate (to); **Rechte** *etc.* **auf j-n ~** vest s.o. with rights *etc.*; **et. auf j-s Namen ~** register s.th. in s.o.'s name; **4. j-m die Ausführung** *etc.* **von et. ~** charge (*od.* entrust) s.o. with; **5.** *Radio, TV*: broadcast; **im Fernsehen ~** *a.* televise; **live ~** broadcast live; **6.** (*übersetzen*) translate; **ins Englische** *etc.* **~** translate into (*od.* render in[to]) English *etc.*; **7.** (*Stenogramm*) transcribe; *Computer*: transfer, translate; **8.** (*anwenden*) apply; **9.** (*Stimmung etc., a. Krankheit*) communicate (**auf** to); **10.** *plastische Chirurgie*: transplant, graft; **II.** *v/refl.*: **sich ~** *Stimmung, Panik etc.*: spread (**auf** to); *Krankheit*: *a.* be transmitted (to), be passed on (to); **III.** *adj. Bedeutung etc.*: figurative; **im ~en Sinn** in the figurative sense; **Übertragung** *f* **1.** (*alle* **auf** to) transfer (*a.* ✝); assignment *of rights etc.*; delegation *of powers*; conferment *of an office*; conveyance *of real estate*; **2.** ⚙, *phys.* transmission; **3.** *e-r Krankheit*: transmission; (*Ansteckung*) infection; **4.** *Radio, TV*: broadcast, transmission; **5.** (*Übersetzung*) translation (**ins** *Deutsche etc.*: into), rendering (in[to]); (*Kurzschrift*2, *a. vom Tonband*) transcription; (*Anwendung*) application.
Übertragungswagen *m Radio, TV*: outside broadcast *od.* OB van (*od.* unit, *bsd. Am.* truck); radio car.
übertreffen *v/t.* (*Person*) excel (**sich selbst** o.s.), outstrip; (*a. Sache*) surpass, beat (*alle* **an, in** in); (*Befürchtungen, Hoffnungen etc.*) go beyond, surpass, exceed; **alle Erwartungen ~** exceed all expectations; **die Realität ~** top reality; **nur noch übertroffen werden von** be second only to.

übertreiben I. *v/t.* (*Tätigkeit*) overdo; (*zu weit gehen mit*) *a.* carry *s.th.* too far; (*übertrieben darstellen*) exaggerate, overstate; ***es*** ~ take things too far (*od.* to extremes), F go over the top; → ***übertrieben***; **II.** *v/i.* exaggerate; ***stark*** ~ grossly exaggerate, F lay it on thick; ***übertreib nicht so!*** stop exaggerating; **Übertreibung** *f* exaggeration, overstatement.

ˈ**übertreten** *v/i.* **1.** pass, step over; *Sport*: overstep the board; **2.** *Fluß*: overflow (its banks); **3.** *pol. etc.* go over (***zu*** to); *eccl.* convert (to).

überˈtreten *v/t.* **1.** (*Gesetz etc.*) violate, infringe; **2.** ***sich den Fuß*** ~ sprain one's ankle; **Übertretung** *f* ⚖ violation, infringement (*gen* of); *absolut*: *a.* offen|ce (*Am.* -se).

übertrieben I. *adj.* exaggerated; *bsd. Verhalten etc.*: *a.* F over the top, OTT; (*unmäßig*) excessive *price, demands etc.*; *Ansichten*: extreme; ***leicht*** ~ slightly exaggerated; ***et. in ~em Maße tun*** overdo s.th., go to extremes with s.th.; **II.** *adv.* exaggeratedly; (*unmäßig*) excessively; *generous, liberal etc.* to a fault; ~ ***reagieren*** overreact; **Übertriebenheit** *f* exaggeration; (*Unmäßigkeit*) excessiveness; *von Ansichten*: extreme nature, *stärker*: extremism.

Übertritt *m pol.* defection (***zu*** to); *eccl.* conversion (to).

übertrumpfen *v/t.* trump; *fig. a.* outdo, go one better than.

übertünchen *v/t.* whitewash; *fig. a.* gloss over.

überversichern *v/t.* overinsure; **Überversicherung** *f* overinsurance.

übervölkern *v/t.* overpopulate; **Übervölkerung** *f* overpopulation.

übervoll *adj. Gefäß etc.*: too full; full to overflowing (***von*** with); *Raum etc.*: *a.* overcrowded (with).

übervorsichtig *adj.* overcautious.

übervorteilen *v/t.* cheat, F do; **Übervorteilung** *f* cheating.

überwachen *v/t.* (*beaufsichtigen*) supervise; *polizeilich*: keep under surveillance; ⚕, *wissenschaftlich*: observe; *Radio, TV, Funk*: monitor.

überwachsen I. *adj.* overgrown (***mit*** with); **II.** *v/t.* grow all over, cover; spread to.

Überwachung *f* supervision; surveillance; observation; monitoring; → ***überwachen***; *polizeiliche*: policing.

Überwachungs|anlage *f im Geschäft etc.*: closed-circuit television; **~system** *n* surveillance (*od.* monitoring) system; **~zentrale** *f* control cent|re (*Am.* -er).

überwältigen *v/t.* **1.** overpower; **2.** *fig. Gefühle etc.*: overcome; ***überwältigt werden von*** *e-m Anblick etc.*: be overwhelmed by; **überwältigend** *fig. adj.* overwhelming (*a. pol. Mehrheit*); *Schönheit*: *a.* breathtaking; *iro.* ***nicht*** ~ nothing to write home about, F no great shakes; **Überwältigung** *f* overpowering (*gen.* of); *stärker*: defeat.

überwechseln *v/i.* **1.** ~ ***auf*** (*ein anderes Thema, e-e andere Schule etc.*) switch to; *pol.* ***auf die andere Seite*** ~ go over to the other side; **2.** *Wild, Person etc.*: cross over (***auf, zu*** to); ***zur anderen Straßenseite*** ~ cross the road; *mot.* ***auf e-e andere Spur*** ~ change (*od.* switch) lanes.

Überweidung *f* overgrazing.

überweisen *v/t.* **1.** (*Geld*) transfer (***auf*** *ein Konto*: to; ***j-m*** to s.o.'s account), *per Post*: remit (*dat.* to); **2.** (*Patienten*) refer (*dat. od.* ***an*** to); **Überweisung** *f* **1.** *von Geld*: transfer, *per Post*: remittance; **2.** *e-s Patienten*: referral.

Überweisungs|auftrag *m* remittance order; **~formular** *n* transfer form; **~schein** *m* ⚕ letter of referral, referral slip.

überweit *adj.* too large (*od.* big); ✝ extra large; **Überweite** *f* extra large size.

ˈ**überwerfen** *v/t.* (*Kleidungsstück*) slip on; *eilig*: throw on.

überˈwerfen *v/refl.*: ***sich mit j-m*** ~ fall out with s.o.

überwiegen *v/i. zahlenmäßig*: predominate; (*vorherrschen*) *a.* be predominant; **überwiegend I.** *adj.* predominant; prevailing; ***der ~e Teil*** *von Personen, Stimmen etc.*: the majority, *von Dingen*: the greater part, the bulk; ***die ~e Mehrzahl*** the vast majority; ***zum ~en Teil*** → **II.** *adv.* predominantly; *weitS.* (*hauptsächlich*) mainly, chiefly; (*zum größten Teil*) for the most part.

überwindbar *adj.* surmountable; **überwinden I.** *v/t.* (*Ängste, Schwächen etc.*) overcome; (*Krise, Krankheit etc.*) get over; *lit.* (*besiegen*) conquer (*a. fig. Ängste etc.*); (*Standpunkt etc.*) get away from, outgrow; (*Entwicklungsstadium etc.*) get past; ***ein Hindernis*** ~ clear a hurdle; → *a.* ***überwunden***; **II.** *v/refl.*: ***sich*** (***selbst***) ~ overcome one's inhibitions; (*sich zwingen*) force o.s.; ***sich dazu*** ~ ***zu*** *inf.* bring (*od.* get) o.s. to *inf.*; ***er konnte sich nicht ~, es zu tun*** he couldn't bring himself to do it; ***ich mußte mich*** (***direkt***) ~, (***um***) ***zu*** *inf.* I had to force myself to *inf.*, I really had to make an effort to *inf.*; ***sich zu e-r Arbeit*** ~ ***müssen*** force o.s. to do a job; **Überwindung** *f* **1.** defeat; conquest; **2.** (*Anstrengung*) (conscious *od.* concerted) effort; (*Selbst*2) will-power; ***es kostete mich*** ~ I had to force myself.

überwintern I. *v/i.* **1.** (*den Winter verbringen*) spend the winter (***in*** in, at); **2.** (*den Winter überstehen*) overwinter; *engS.* (*Winterschlaf halten*) hibernate; **II.** *v/t.* (*Pflanzen etc.*) overwinter; **Überwinterung** *f* overwintering.

überwölben *v/t.* vault; *Dach etc.*: *a.* form a vault over.

überwuchern *v/t.* overgrow; **Überwucherung** *f* overgrowth.

überwunden *adj.*: ***ein ~er Standpunkt*** an opinion (which) one has outgrown; ***ein ~es Vorurteil*** *etc.* a prejudice *etc.* (which) one has overcome.

Überwurf *m* **1.** wrap, shawl; **2.** *Ringen*: sit-back.

Überzahl *f*: ***in der*** ~ ***sein*** be in the majority, *weitS.* (*überwiegen*) predominate; ***die Mädchen sind in der*** ~ *a.* the girls outnumber the boys.

überzählig *adj.* (*überschüssig*) surplus ...; (*übrig*) spare; ***drei Leute waren*** ~ there were three people too many.

überzeichnen *v/t.* **1.** ✝ oversubscribe; **2.** (*übertrieben darstellen*) overdraw; **Überzeichnung** *f* **1.** ✝ oversubscription; **2.** overdrawing; *weitS.* caricature.

überzeugen I. *v/t.* convince (***von*** of); ***j-n*** ~, ***daß*** *a.* persuade s.o. that; ***j-n zu*** ~ ***suchen*** reason with s.o.; ***er läßt sich nicht*** ~ he won't be persuaded; **II.** *v/i. durch Leistung*: be convincing; **III.** *v/refl.*: ***sich*** ~ satisfy o.s. (***von*** as to); go and see (*od.* find out) for o.s.; ~ ***Sie sich selbst!*** go and see for yourself; ***sich von der Wahrheit e-r Aussage*** ~ verify (F check out) a statement; **überzeugend I.** *adj.* convincing (*a. Leistung etc.*); *Argument, Beweis*: *a.* conclusive, *a. Sieg*: telling; ~ ***sein*** (*od.* ***wirken***) *Argument etc.*: *a.* carry conviction; ***nicht*** ~ ***sein*** (*od.* ***wirken***) *a.* lack conviction; **II.** *adv.* (*be*)*siegen etc.*: convincingly; **überzeugt** *adj.* convinced (***von*** of), positive (about); *Sozialist, Christ etc.*: convinced; ***von sich selbst*** (***sehr***) ~ ***sein*** have a (very) high opinion of o.s.; ***ich bin noch nicht*** (***ganz***) ~ *a.* I'm not (completely) persuaded yet; **Überzeugung** *f* conviction; (*fester Glaube*) firm belief; *politische etc.*: convictions *pl.*; ***gemeinsame*** ~ shared belief; ***gegen s-e*** ~ ***handeln*** go against one's convictions; ***der*** ~ ***sein, daß*** be convinced that, *weitS.* (*der Meinung sein*) be of the opinion that; ***der festen*** ~ ***sein, daß*** be firmly (*od.* absolutely) convinced that; ***zu der*** ~ ***gelangen, daß*** come to the conclusion that, come to believe that; ***wenn Sie wirklich der*** ~ ***sind*** if that's what you really believe; ***zu s-r*** ~ ***stehen*** have the courage of one's convictions.

Überzeugungs|kraft *f* powers *pl.* of persuasion; *e-s Arguments etc.*: persuasiveness, logic; **~täter** *m*: ***er ist ein*** ~ he committed the crime out of moral (*od.* religious, political) conviction; ***politischer*** ~ politically-motivated offender, political criminal.

überˈziehen I. *v/t.* **1.** (*bedecken, einhüllen*) cover; (*Kissen etc.*) put a cover on, (*Kopfkissen*) put a pillowslip (*od.* pillowcase) on; *gastr.* coat; ***das Bett*** ~ make up the bed; ***das Bett frisch*** ~ change the sheets (on the bed), put clean sheets on (the bed); ***neu*** ~ (*Polstermöbel*) re-cover; **2.** (*übertreiben*) overdo; exaggerate; **3.** *zeitlich*: go over *the time limit*, break *the deadline*; (*Sendezeit etc.*) overrun (***um*** by); ***et.*** ~ *a.* go on longer than allowed; **4.** (*Konto, Kredit*) overdraw; **II.** *v/refl. u. v/impers.* **5.** ***sich*** ~ *Himmel*: become overcast; ***es überzieht sich*** it's clouding over; **III.** *v/i.* **6.** ✝ overdraw (one's account *od.* credit); **7.** *zeitlich*: go over the time limit (***um*** by); *terminlich*: fail to meet the deadline.

ˈ**überziehen** *v/t.* put on, slip over; F ***j-m eins*** ~ F land s.o. one; **Überzieher** *m* **1.** F (*Kondom*) rubber; **2.** *obs.* (*Mantel*) overcoat.

Überziehung *f Konto, Kredit*: overdraft; **Überziehungskredit** *m* overdraft facility.

überzogen *adj.* **1.** *gastr. etc.* coated; **2.** *Konto*: overdrawn; **3.** (*übertrieben*) exaggerated; F ***total*** ~ F over the top, OTT.

überzüchtet *adj. biol.* overbred; ⚙ *etc. u. fig.* oversophisticated; **Überzüchtung** *f* overbreeding; oversophistication.

überzuckern *v/t.* sugar over.

Überzug *m* **1.** cover; (*Kissen*2) pillowcase, pillowslip; **2.** (*dünne Schicht*) coat; (*Schokoladen*2 *etc.*) coating.

üblich *adj.* usual, customary; (*herkömmlich*) conventional; (*normal*) normal, *bsd.* ⚙ standard; ***wie*** ~ as usual; ***es ist bei uns*** (***so***) ~, ***daß*** it's a custom with us that; ***es ist allgemein*** ~ (***bei j-m***) ***zu*** *inf.*

it's quite normal (for s.o.) to *inf.*; ***das ist allgemein*** ~ that's quite normal (*od.* common), that's the norm, F that's what they do around here; ***das ist bei ihr so*** ~ that's quite usual for her, *contp.* that's her usual way of doing things; **Übliche** *n*: ***das*** ~ the usual thing; **üblicherweise** *adv.* usually, normally.

U-Boot *n* submarine; **~-Kommandant** *m* submarine commander; **~-Krieg** *m* submarine war(fare); **~-Stützpunkt** *m* submarine base.

übrig *adj.*: ~ ***sein*** be left (over); ***das ~e ..., die ~en ...*** the rest of the ..., (*verbleibende[n]*) *a.* the remaining ...; ***die ~en*** the rest (of them); ***das ~e*** the rest (of it); ***alles ~e, alle ~en*** all the rest; ***im ~en*** (*ansonsten*) (as) for the rest; → ***übrigens***; ~ ***haben*** have *s.th.* left; ***keine Zeit*** ~ ***haben*** have no time to spare; ***et.*** ~ ***haben für*** have a soft spot for; ***nichts*** ~ ***haben für*** not to care much for, (*et.*) *a.* have no time for; ***hätten Sie vielleicht ein paar Minuten (Mark) für mich ~?*** I wonder if you could spare me a couple of minutes (marks)?; ***ein ~es tun*** go out of one's way *to do s.th.*; **~behalten** *v/t.* have *s.th.* left; **~bleiben** *v/i.* be left (*dat.* to); *fig.* ***es blieb mir nichts anderes übrig (als zu*** *inf.*) I had no choice (but to *inf.*); ***was blieb mir anderes übrig?*** what (else) could I do?

übrigens *adv.* (*beiläufig*) by the way, incidentally; (*außerdem*) besides; ***~, was ich noch sagen wollte, ...*** *a.* oh yes, what I was going to say was, ...; ***das schmeckt*** ~ ***sehr gut*** it actually tastes very good, it 'does taste very good.

übriglassen *v/t.* leave (***j-m et.*** s.o. s.th.); ***viel (wenig) zu wünschen*** ~ leave much (little) to be desired.

Übung *f* **1.** (*das Üben od. Geübtsein*) practi|ce (*Am. a.* -se); ***aus der*** ~ ***sein (kommen)*** be (get) out of practi|ce (*Am. a.* -se); ***in*** ~ ***sein*** be in (good) form; ***in (der)*** ~ ***bleiben*** keep one's hand in; → ***Meister***; **2.** (*Einzel2, Übungsaufgabe*) exercise (*a.* ♪, *Turnen etc.*).

Übungs|aufgabe *f* exercise; **~buch** *n* book of exercises; **~flug** *m* practi|ce (*Am. a.* -se) run; **~gelände** *n* training ground.

übungshalber *adv.* (just) for practi|ce (*Am. a.* -se); to keep a hand in.

Übungs|hang *m Skisport*: nursery slope; **~heft** *n* exercise book; **~platz** *m* ⚔ training area; *Sport*: training ground; **~sache** *f*: ***das ist reine ~!*** it's all a matter of practi|ce (*Am. a.* -se) *od.* training.

UEFA-Pokal *m* UEFA cup.

U-Eisen *n* ⚙ U-iron.

Ufer *n* (*Meeres2*) shore; (*See2*) shores *pl.*; (*Fluß2*) bank; ***ans*** ~ ashore; ***am*** ~ on the shore, *e-s Sees*: on the edge of the lake, *e-s Flusses*: on the banks of the river; ***über die*** ~ ***treten*** overflow (its banks); *fig.* ***am sicheren*** ~ on terra firma; ***das sichere*** ~ ***erreichen*** reach terra firma; F ***vom andern*** ~ (*homosexuell*) gay, *contp.* F queer; **~befestigung(en** *pl.*) *f* bank reinforcement; **~böschung** *f*, **~damm** *m* embankment.

uferlos *fig. adj.* boundless; *Debatte etc.*: endless; *Pläne*: extravagant, wild; ***das führt ins ~e*** where does it (all) end?

Ufo *n* UFO, unidentified flying object, *engS.* F flying saucer.

U-Haft *f* → ***Untersuchungshaft.***

Uhr *f* clock; (*Armband2, Taschen2*) watch; ***wieviel*** ~ ***ist es?*** what time is it?, what's the time?; ***nach m-r*** ~ ***ist es vier*** it's four o'clock by (*od.* according to) my watch; ***um vier*** ~ at four o'clock; ***um wieviel ~?*** (at) what time?; ***wieviel*** ~ ***ungefähr?*** approximately (*od.* round about) what time?; ***rund um die*** ~ around the clock, ***geöffnet:*** open 24 hours, open night and day; *fig.* ***ein Rennen gegen die*** ~ a race against the clock (*od.* against time); → ***ablaufen*** 4, ***inner*** *etc.*; **~armband** *n* watchstrap.

Uhren|geschäft *n* watchmaker's shop; **~industrie** *f* (clock and) watch industry.

Uhr|feder *f* watch spring; **~glas** *n* watch glass; **~kette** *f* watch chain; **~macher** *m* watchmaker, clockmaker; **~werk** *n* watch (*od.* clock) mechanism, works *pl.*; ***wie ein*** ~ mechanical(ly); ***mit der Regelmäßigkeit e-s ~s*** regular as clockwork.

Uhrzeiger *m* (clock *od.* watch) hand; **~sinn** *m*: ***im*** ~ clockwise; ***entgegen dem*** ~ anti-clockwise, *Am.* counter-clockwise.

Uhrzeit *f* time.

Uhu *m* eagle owl.

Ukrainer(in *f*) *m*, **ukrainisch** *adj.* Ukrainian.

UKW *etwa* VHF (= very high frequency), *bsd. Am.* FM (= frequency modulation); **~-Bereich** *m* VHF range, *bsd. Am.* FM range; **~-Sender** *m* VHF station, *bsd. Am.* FM station.

Ulk *m* joke; ***aus*** ~ F for a lark; → *a.* ***Spaß***; **ulken** *v/i.* lark around; *mit Worten*: joke; **ulkig** *adj.* funny (*a. seltsam*).

Ulme *f* ♣ elm.

ultimativ I. *adj.*: ***~e Forderung*** ultimatum; ***~en Charakter haben*** take the form of an ultimatum; **II.** *adv.* in the form of an ultimatum; **Ultimatum** *n* ultimatum; ***j-m ein*** ~ ***stellen*** give s.o. an ultimatum.

Ultimo *m* ✝ last (trading) day of the month; **~abrechnung** *f* end-of-month settlement.

Ultra *m pol.* extremist.

ultrahocherhitzt *adj. Milch*: longlife ...

Ultra|kurzwelle *f phys.* ultra-short wave; *Radio etc.*: *etwa* very high frequency (*abbr.* VHF), *bsd. Am.* frequency modulation (*abbr.* FM); **~leichtflugzeug** *n* microlight plane; **~linke** *f pol.* extreme left.

ultramarin *adj.*, **Ultramarin** *n* ultramarine.

ultrarot *adj.*, **Ultrarot** *n* ultrared, infrared.

Ultraschall *m phys.* ultrasound; **~bild** *n* ultrasound image; **~diagnostik** *f* ultrasound diagnostics *pl.* (*sg. konstr.*); **~gerät** *n* ultrasound scanner; **~therapie** *f* ultrasound treatment; **~untersuchung** *f* ultrasound scan, sonogram; **~welle** *f* ultrasonic wave.

ultraviolett *adj.*, **Ultraviolett** *n* ultraviolet.

um I. *prp. räumlich*: (a)round; *zeitlich, ungefähr*: about, around, *genau*: at; *Maß*: (~ ***...*** *steigen, kürzen etc.*: by; (*für*) for; (*in bezug auf*) about; ***Schritt*** ~ ***Schritt*** step by step; ~ ***die Hälfte*** *größer etc.*: by half; ~ ***so besser*** so much the better; ~ ***so mehr*** all the more; (so much) the more (***als*** as; ***weil*** because); ~ ***so weniger*** (all) the less; *je länger ich darüber nachdenke*, ~ ***so weniger gefällt mir die Sache*** the less I like it; ~ *e-r Sache od. j-s* ***willen*** for the sake of; → ***drehen*** III, ***handeln*** III *etc.*; **II.** *cj.*: ~ ***zu*** *inf.* (in order) to *inf.*; ~ ***ehrlich zu sein*** to be honest; **III.** *adv.* (*etwa*) about, around; ~ (*vorüber*) ***sein*** be over.

umackern *v/t.* plough (*Am.* plow) up.

umadressieren *v/t.* redirect.

umändern *v/t.* change, alter; **Umänderung** *f* change, alteration.

umarbeiten *v/t.* (*ändern*) change, modify; (*Kleid etc.*) remodel; (*Buch etc.*) revise, adapt; (*Schriftstück*) rewrite, recast; *für den Film etc.*: adapt.

umarmen *v/t.* embrace, *fest*: hug (*beide a.* ***sich*** ~); **Umarmung** *f* embrace, *feste*: hug.

Umbau *m* conversion; alteration(s *pl.*); (*umgebauter Teil*) altered section; *fig.* reorganization; ***wegen*** ~ ***geschlossen*** closed for renovation; **'umbauen I.** *v/t.* **1.** alter; *völlig*: rebuild; ~ ***in*** *a.* turn into; **2.** *fig.* reorganize; **II.** *v/i.* **3.** do (some) alterations; **4.** *thea., Film*: change the setting.

um'bauen *v/t.* build around, surround; ***umbauter Raum*** enclosed space.

umbehalten *v/t.* keep *s.th.* on.

umbenennen *v/t.* rename, rechristen (***in*** as); **Umbenennung** *f* renaming.

umbesetzen *v/t. u. v/i. thea.* recast; *pol.* reshuffle; **Umbesetzung** *f thea.* recasting, change of cast; *pol.* reshuffle.

umbetten *v/t.* **1.** (*Kranken etc.*) move to another bed; (*Leiche*) rebury; **2.** (*Fluß*) rechannel.

umbiegen I. *v/t.* bend; *nach unten od. oben*: turn down *od.* up; **II.** *v/i. mot.* turn round, turn back (again).

umbilden *v/t.* reshape, remodel; (*neu organisieren*) reorganize, (*Regierung*) reshuffle; **Umbildung** *f* reshaping, remodel(l)ing; reorganization; *pol.* reshuffle.

umbinden *v/t.* tie round; (*Schürze, Krawatte etc.*) put on.

umblättern I. *v/t.* turn over *the page*; **II.** *v/i.* turn (over) the page.

umblicken *v/refl.*: ***sich*** ~ (have a) look (a)round (***in*** *od.* ***an e-m Ort*** *etc.* a place *etc.*); → *a.* ***umsehen.***

Umbra *f* **1.** *ast.* umbra; **2.** → **Umbrabraun** *n*, **umbrabraun** *adj.* umber.

'umbrechen I. *v/t.* (*Baum etc.*) break down; ⚒ (*Boden*) break up; **II.** *v/i.* break.

um'brechen *v/t.* (*Schriftsatz*) make up.

umbringen I. *v/t.* kill, murder; **II.** *v/refl.*: ***sich*** ~ kill o.s., commit suicide; F *fig.* ***du wirst dich noch ~!*** you'll kill yourself if you're not careful; F ***das bringt mich noch um!*** F that'll be the death of me; F ***sich (fast)*** ~ bend over backwards; *iro.* F ***bring dich bloß nicht um!*** don't strain yourself!

Umbruch *m* **1.** (great) upheaval, deep-rooted change; ***sich in e-m*** ~ ***befinden*** be going through a time of upheaval; **2.** *typ.* make-up; **Umbruchszeit** *f* time of upheaval.

umbuchen I. *v/t.* **1.** ✝ transfer (***auf*** to); **2.** (*Flug, Termin etc.*) change; **II.** *v/i.* ✈ change one's booking; **Umbuchung** *f* **1.** ✝ transfer (***auf*** to); **2.** *e-s Flugs*: change in booking; **Umbuchungsgebühr** *f* alteration fee.

umdenken I. *v/i.* change one's ideas (*od.* approach); ~ ***müssen*** have to do some rethinking; **II.** 2 *n* shift in thinking, rethink.

umdeuten *v/t.* give a new interpretation to; **Umdeutung** *f* reinterpretation, new interpretation.
umdisponieren **I.** *v/t.* make new arrangements for; **II.** *v/i.* change one's plans.
umdrängen *v/t.* throng around, crowd.
umdrehen **I.** *v/t.* turn (round); (*Spion*) turn round; ***j-m den Arm*** ~ twist s.o.'s arm; → ***Hals, Magen, Mark³, Mund, Spieß***; **II.** *v/i.* turn round, turn back (again); **III.** *v/refl.*: ***sich*** ~ turn round; ***sich nach j-m*** (**et.**) ~ turn round to look at s.o. (s.th.); *fig.* ***sich auf dem Absatz*** ~ turn on one's heel, turn tail; → ***drehen*** III; **Umdrehung** *f* turn (*a.* ⚙ *der Schraube etc.*); ⚙, *phys.* revolution, rotation; ~***en pro Minute*** (***U/min***) revolutions per minute (*abbr.* rpm).
Umdrehungs|geschwindigkeit *f* speed of rotation; ~**zahl** *f* speed, number of revolutions per minute *etc.*
umeinander *adv.* *räumlich*: (a)round each other; *sich kümmern etc.*: about each other.
umerziehen *v/t.* re-educate; **Umerziehung** *f* re-education.
um'fahren *v/t.* drive (⚓ sail) (a)round; (*Kap*) *a.* round; (*vermeiden*) bypass.
'umfahren *v/t.* run down, run over, (*a. et.*) knock down.
Umfall F *contp. m* about-turn, about-face; **umfallen** *v/i.* **1.** fall (down *od.* over); (*ohnmächtig werden*) faint; (*zusammenbrechen*) collapse; ***zum*** ≈ ***müde*** ready to drop; → ***tot***; **2.** F *contp.* (*nachgeben*) give in; yield, capitulate; **Umfaller** F *contp. m* weathercock.
Umfang *m* circumference; *e-r Person, e-s Baums etc.*: girth; *e-s Geländes etc.*: area; (*Ausdehnung*) extent (*a. e-s Schadens etc.*), size (*a. wissenschaftlicher Arbeiten*); (*Reichweite, Bereich*) range; *e-s Projekts etc.*: scope; ***in vollem*** ~***e*** fully; ***in großem*** ~***e*** on a large scale, large-scale ...; **umfangen** *v/t.* (*umarmen*) embrace; *fig.* surround; **umfangreich** *adj.* **1.** *Recherchen, Wissen etc.*: extensive; ~***es Werk*** F hefty tome; **2.** (*geräumig*) spacious; **3.** F (*dick*) F voluminous.
umfassen *v/t.* **1.** (*umsäumen*) enclose, surround; ⚔ encircle; **2.** (*umarmen, umschlingen*) put one's arm(s) round; (*mit der Hand*) grip; **3.** *fig.* (*in sich schließen*) contain, comprise; *zeitlich*: cover; **umfassend** *adj.* comprehensive, extensive; (*vollständig*) complete, full; (*durchgreifend*) sweeping, drastic; ~***es Geständnis*** full confession; **Umfassung** *f* (*Einfassung, Einfriedung*) enclosure.
Umfeld *n* (*Umgebung*) environment, milieu; (*Gebiet*) sphere.
um'fliegen *v/t.* fly round *s.th.*
'umfliegen F *v/i.* fall over.
umfließen *v/t.* flow round *s.th.*
umformatieren *v/t. Computer*: reformat; **Umformatierung** *f* reformatting.
umformen *v/t.* reshape; (*Konstruktion etc.*) redesign; ⚡ transform, convert; **Umformer** *m* ⚡ converter, transformer.
umformulieren *v/t.* reword, rephrase; **Umformulierung** *f* rewording, rephrasing.
Umformung *f* reshaping; conversion; transformation.
Umfrage *f* inquiry; *öffentliche*: (public) opinion poll, survey; ***die*** ~ ***hat ergeben, daß*** the results of the survey show that.
umfrieden *v/t.* enclose, fence off, put a fence up (a)round; **Umfriedung** *f* enclosure, fence.
umfüllen *v/t.* pour (*od.* put) into another container (*od.* jug *etc.*); (*Wein*) decant; **et.** ~ *a.* pour s.th. into s.th. else.
umfunktionieren *v/t.* convert (**zu** into); **Umfunktionierung** *f* conversion (**zu** into).
Umgang *m* **1.** (*Verkehr*) contact; relations *pl.*; (*Bekanntenkreis*) company, acquaintances *pl.*, (circle of) friends *pl.*; ~ ***haben*** (*od.* ***pflegen***) ***mit*** associate with; ***guten*** (***schlechten***) ~ ***haben*** keep good (bad) company; ***sie ist kein*** ~ ***für dich*** she's not your type, *contp.* F she's not the sort of person you ought to be hanging around with; **2.** (*Beschäftigung*) ***der*** ~ ***mit Kindern*** (***Kunden*** *etc.*) dealing with children (customers *etc.*); ***der ständige*** ~ ***mit Büchern*** (***Tieren*** *etc.*) having a lot to do with books (animals *etc.*); ***im*** ~ ***mit*** (in) dealing with; ***geschickt sein im*** ~ ***mit*** have a way with *children, animals etc.*
umgänglich *adj.* affable; easy to get along with; **Umgänglichkeit** *f* affability, affableness.
Umgangs|formen *pl.* manners; behavio(u)r *sg.* in public; ***j-s*** ~ *a.* the way *sg.* s.o. treats other people; ***er hat keine*** ~ he doesn't know how to behave (towards other people); ~**sprache** *f* colloquial language; ***die englische*** ~ colloquial English; ≈**sprachlich** *adj.* colloquial; ~**ton** *m*: ***es herrscht ein guter*** ~ there's a good atmosphere, they get along well with each other; ***die haben e-n*** ~***!*** just listen to the way they talk to each other; ***er fand nicht den richtigen*** ~ he couldn't find the right level of communication.
umgarnen *fig. v/t.* ensnare.
umgeben *v/t.* surround (***sich*** o.s.; ***mit*** with); ***mit Mauern*** (***e-m Zaun***) ~ wall (fence) in; **Umgebung** *f e-r Stadt etc.*: surroundings *pl.*, environs *pl.*; *j-s*: environment (*a. Milieu*); (*Nachbarschaft*) neighbo(u)rhood, *weitS. a.* vicinity; *e-r hochgestellten Persönlichkeit etc.*: entourage; ***in der*** ~ *gen.* (*od.* ***von***) in the vicinity of, *e-r Stadt etc.*: on the outskirts of, (*um ... herum*) (a)round; ***e-e bekannte*** ~ familiar surroundings.
'umgehen *v/i.* **1.** go round; (*die Runde machen*) *Gerücht etc.*: circulate, F go the rounds; *Gespenst*: walk, ***an*** (*od.* ***in***) ***e-m Ort***: haunt a place; **2.** ~ ***mit*** (*et., j-m*) *manuell u. fig.*: handle; (*behandeln*) treat; (*fertigwerden mit*) manage, deal with; (*Maschine, Apparat etc., bedienen*) use, work; (***gut***) ~ ***können mit*** know how to handle *etc.*, (*geschickt sein im Umgang mit*) have a way with, be good with; ***ich weiß gar nicht, wie ich damit*** ~ ***soll*** I don't know what to do with it; → ***schonend*** II, ***sparsam*** II; **3.** ***mit dem Gedanken*** (*od.* ***Plan***) ~ ***zu*** *inf.* be thinking of *ger.*, be contemplating *ger.*
um'gehen *v/t.* **1.** go round; (*Stadt, Verkehr etc., a.* ⚡) bypass; **2.** *fig.* (*vermeiden*) avoid, (*a. Gesetz etc.*) evade; *geschickt*: elude, sidestep, F get round; ***es läßt sich nicht*** ~ there's no getting out of it, ***daß er ...***: there's no way he can avoid (*od.* get round) *ger.*
umgehend *adj.* (*u. adv.*) immediate(ly).
Umgehung *f* bypassing; *fig.* avoidance, *a.* ⚖ evasion; **Umgehungsstraße** *f* bypass; (*Ringstraße*) ring road, *Am.* belt.
umgekehrt **I.** *adj.* *Reihenfolge etc.*: reverse, inverted; (*entgegengesetzt*) opposite, contrary; ~***!*** (no,) it's exactly the other way round; ***in*** ~***er Reihenfolge*** in reverse order; **II.** *adv.* the other way round; (*dagegen ...*) on the other hand, conversely.
umgestalten *v/t.* reshape; ⚙ *etc. a.* redesign; (*neu ordnen*) *a.* rearrange; **Umgestaltung** *f* reshaping; redesigning; rearrangement.
umgestülpt *adj.* *von innen nach außen*: inside-out ..., *pred.* inside out; *von oben nach unten*: upside-down ..., *pred.* upside down; *Behälter*; upturned.
umgestürzt *adj.* fallen; blown-down; *Lastwagen etc.*: overturned.
umgießen *v/t.* **1.** → ***umfüllen***; **2.** *metall.* refound, recast.
umgraben *v/t.* (*Garten*) dig (*od.* turn) up; (*Boden*) break up.
umgreifen *v/t.* **1.** surround; **2.** *fig.* comprise; **3.** *mit den Händen*: grasp; *mit den Armen*: put (*od.* get) one's arm(s) round.
umgrenzen *v/t.* **1.** (*umschließen*) surround, enclose, encircle; **2.** *fig.* define; **Umgrenzung** *f* **1.** enclosure; **2.** *fig. e-s Begriffs etc.*: definition.
umgruppieren *v/t.* regroup; (*Unternehmen*) reshuffle; **Umgruppierung** *f* regrouping; reshuffling.
umhaben F *v/t.* have on.
umhacken *v/t.* (*Baum etc.*) chop (*od.* cut) down; (*Unkraut etc.*) cut down.
Umhang *m* cape.
umhängen *v/t.* **1.** (*Schal etc.*) put on; (*Gewehr*) sling over one's shoulder; **2.** (*Bild etc.*) rehang, hang somewhere else.
Umhängetasche *f* shoulder bag.
umhauen *v/t.* **1.** fell, cut down; **2.** F *fig.* bowl over, floor; *Bier etc.*: knock *s.o.* out; ***es hat mich fast umgehauen*** *Nachricht etc.*: I was floored.
umher *adv.* (a)round, about; → *a.* ***herum(...)***; ~**blicken** *v/i.* look around; ~**irren** *v/i.* wander around *od.* about (lost, like a lost soul), ***in***: wander around *a place*; ~**schleichen** *v/i.* sneak (*od.* creep) around.
umhinkönnen *v/i.*: ***ich kann nicht umhin zu*** *inf.* I can't help *ger.*, (*nicht vermeiden können*) I can't avoid *ger.*
umhören *v/refl.*: ***sich*** ~ keep one's ears open, ask around.
umhüllen *v/t.* wrap up (**mit** in), cover (in, with); **umhüllt** *adj.* *von Dunkelheit etc.*: enveloped, shrouded (**von** in); *fig.* ***von e-m Geheimnis*** ~ shrouded in mystery; **Umhüllung** *f* wrapping.
umjubeln *v/t.* cheer; **umjubelt** *adj.* **1.** celebrated; ***von der Menge*** ~ *a.* cheered by the crowd; **2.** *fig.* extremely popular (**von** with *the public etc.*); ***allgemein*** ~ ***werden*** enjoy popular acclaim, be widely acclaimed.
umkämpfen *v/t.* ⚔ fight for; (*Gebiet etc., a. fig. Privileg etc.*) dispute; *fig.* (*Sieg etc.*) contest, dispute; → ***heiß*** II.
Umkehr *f* **1.** turning back, return; **2.** *fig.* (*Änderung*) (complete) change; *pol.* about-face, about-turn, volte-face; (*Reue*) repentance; **umkehrbar** *adj.* reversible; **umkehren** **I.** *v/i.* turn back; retrace one's steps; **II.** *v/t.* turn *s.th.* round; (*das Unterste zuoberst kehren*) turn *s.th.* upside down; (*Tasche etc., umstülpen*) turn *s.th.* (inside) out; ⚙, ⚡, *fig.* (*Reihenfolge, Verfahren etc.*) reverse;

III. *v/refl.*: **sich ~** turn round; turn on its head; *fig.* reverse; *fig.* **die Situation kehrte sich um** there was a sudden reverse in the situation; **die Verhältnisse kehrten sich um** the tables turned.

Umkehrfilm *m phot.* reversal film.

Umkehrung *f* reversal; inversion.

umkippen I. *v/t.* **1.** tip over; (*umstoßen*) knock over; **II.** *v/i.* **2.** tip over; (*umfallen*) fall over; **3.** (*ohnmächtig werden*) faint, keel over; **4.** (*ins Gegenteil umschlagen*) switch (completely); **5.** *Gewässer*: die.

umklammern *v/t.* **1.** clutch onto, hold tight onto; *mit den Fingern*: clutch, grip; (*in der Hand halten*) clasp; **mit den Armen (Beinen) ~** wrap one's arms (legs) (a)round; **2.** (*einzwängen*) squeeze in, (*einschließen*) close in on, (*einkreisen*) encircle, surround on all sides; **Umklammerung** *f* **1.** (**tödliche ~** deadly) embrace; **2.** *Boxen*: clinch.

umklappbar *adj.* collapsible, folding ...; **umklappen** *v/t.* turn down, fold (back).

Umkleidekabine *f* (changing) cubicle.

'umkleiden *v/refl.*: **sich ~** change (one's clothes), put some other clothes on.

um'kleiden *v/t.* cover; ⚙ *etc. a.* sheathe (**mit** in).

Umkleideraum *m thea.* dressing room; *Sport*: *a.* changing (*od.* locker) room.

Um'kleidung *f* ⚙ *etc.* sheath, sheathing.

umknicken I. *v/t.* **1.** bend (over); **2.** (*Papier*) fold (down); **II.** *v/i.* **3.** *Baum etc.*: bend; (*brechen*) snap; **4.** (*a.* **mit dem Fuß ~**) twist one's ankle.

umkommen *v/i.* die, be killed; **et. ~ lassen** (*Lebensmittel etc.*) let s.th. go to waste; F *fig.* **wir sind vor Hitze (Hunger, Langeweile) fast umgekommen** we nearly died in the heat (of hunger, of boredom).

Umkreis *m* **1.** (*Umgebung*) vicinity; **im ~ von** within a radius of, for *three miles etc.* around; **2.** *fig. e-r Person*: circle(s *pl.*) surrounding *s.o.*; **ihr engster ~** those closest to her; **3.** 𝔸 circumcircle.

umkreisen *v/t.* circle (round); *Planet etc.*: revolve (a)round.

umkrempeln *v/t.* **1.** (*aufschlagen*) roll up; (*umstülpen*) turn *s.th.* inside out; **2.** (*Wohnung etc.*) turn *s.th.* upside down (*od.* on its head); **3.** (*Pläne etc.*) change completely; F (**j-n**) change; **j-n ~ in** turn s.o. into; **j-n völlig ~** make a new person (*od.* somebody new) out of s.o.

umladen *v/t.* reload (**auf, in** onto).

Umlage *f*: **die ~ betrug** ... each person had to pay ...

um'lagern *v/t.* throng (a)round; (*belagern, a. fig.*) beleaguer, besiege.

'umlagern *v/t.* move (**in** [in]to; **nach** to), put in another place.

Umland *n* environs *pl.*, hinterland, surrounding countryside.

Umlauf *m phys.*, ⚙ rotation, revolution; *des Geldes*: circulation; (*Rundschreiben*) circular (letter), *als Überschrift*: please circulate; **in ~ bringen** (*od.* **setzen**) put in circulation, circulate, issue, (*Kapital*) float, (*Gerücht*) start, get *a rumo(u)r* going; **im ~ sein** be in circulation, *Gerücht*: *a.* be going round; **~bahn** *f* orbit; **auf s-e ~ bringen** put into orbit.

'umlaufen *v/i.* ⚙ *etc.* revolve, rotate; *Blut, Geld, Bericht, Gerücht*: circulate.

um'laufen *v/t.* run (*od.* move) around.

Umlauf|geschwindigkeit *f* orbiting speed; **~kapital** *n* current liabilities *pl.*; **~vermögen** *n* current assets *pl.*; **~zeit** *f* period (of revolution *etc.*); *Satellit*: orbital period.

Umlaut *m ling.* umlaut, (vowel) mutation; (*Laut*) umlaut, mutated vowel.

umlegen *v/t.* **1.** *nach unten od. seitlich*: put (*od.* lay) down; *an e-e andere Stelle*: move (*a. Kranken*), shift; *teleph.* transfer; **2.** (*Kragen, Tuch etc.*) put on; **3.** (*Saum*) tuck; **4.** ⚙ (*Hebel*) throw; **5.** *fig.* (*Kosten*) divide (**auf** among); **6.** *fig.* (*Termin*) change, shift (**auf** to); **7.** F (*töten*) F bump off; **8.** V (*Mädchen*) *sl.* lay.

umleiten *v/t.* (*Verkehr*) divert, *Am. a.* detour; (*Wasserlauf etc.*) divert; (*Transport, Nachschub etc.*) reroute.

Umleitung *f* diversion; rerouting; (*Umleitungsstrecke*) diversion, detour; *auf Schildern*: diversion, *Am.* detour; **~ auf die Gegenfahrbahn** contraflow (traffic).

Umleitungs|schild *n* diversion (*Am.* detour) sign; **~strecke** *f* diversion, detour.

umlenken *v/t.* **1.** turn *a car etc.* round; **2.** *fig.* (*Kräfte etc.*) redirect, rechannel; (*Absichten, Trend etc.*) lead in another direction; → *a.* **umleiten.**

umlernen *v/i.* *beruflich*: retrain; *fig.* **~ müssen** have to change one's ideas.

umliegend *adj.* surrounding, neighbo(u)ring, *nachgestellt*: in the vicinity, round about; **die ~e Gegend** the neighbo(u)rhood, (*Umgebung*) the surrounding area, the surroundings.

Umluft *f* circulating air.

ummanteln *v/t.* ⚙ coat, sheathe (**mit** in); **Ummantelung** *f* coat, sheath.

ummauern *v/t.* wall in, build a wall (a)round.

ummelden *v/refl.*: **sich ~** register one's (*od.* a) change of address.

ummodeln *v/t.* remodel, reshape; (*Person, Methode etc.*) change.

ummünzen *fig.* *v/t.* turn (**in** into).

umnachtet *adj.* (*a.* **geistig ~**) mentally deranged; **Umnachtung** *f* (*a.* **geistige ~**) mental derangement.

umnebeln *v/t.* befog; **umnebelt** *fig. adj.* *Blick, Sinne*: befuddled; *Augen*: misty.

umnumerieren *v/t.* renumber; **Umnumerierung** *f* renumbering.

umordnen *v/t.* rearrange; *in der Reihenfolge*: change (*od.* rearrange) the order of.

umorganisieren *v/t.* reorganize.

Umorientierung *f* re-orientation.

umpacken *v/t.* repack.

'umpflanzen *v/t.* replant; (*Zimmerpflanze*) repot.

um'pflanzen *v/t.* put plants around, surround with plants; **mit Bäumen ~** plant trees around.

umpflügen *v/t.* plough (*Am.* plow) up.

umpolen *v/t.* **1.** ⚡ reverse (the polarity of); **2.** F *fig.* change.

umprogrammieren *v/t.* reprogram(me); **Umprogrammierung** *f* reprogramming.

umquartieren *v/t.* move to other accommodation (*od.* another room, other rooms *etc.*); F (*Kranken*) move.

umrahmen *v/t.* **1.** frame; **2.** *fig.* *Sache*: serve as a setting for; **musikalisch ~** *Orchester etc.*: provide the music for; **Umrahmung** *f* **1.** framing; *konkret*: frame; **2.** *fig.* setting, framework.

umranden *v/t.* border; **umrandet** *adj.* bordered, edged (**von** with); **schwarz ~** edged in black; **Umrandung** *f* border, edge.

umranken *v/t.* twine (itself) round; **umrankt** *adj.*: **~ von** entwined with, *Pflanzen etc.*: *a.* covered in; **von Efeu ~** ivy-covered; *fig.* **von Legenden ~** surrounded by legend.

umrändert *adj.*: **rot ~e Augen** red-rimmed eyes, **haben:** have red rims around one's eyes.

umräumen *v/t.* **1.** move (to another place); **2.** (*Zimmer etc.*) rearrange.

umrechnen *v/t.* convert (**in** into); **in Dollar umgerechnet** in (terms of) dollars; **Umrechnung** *f* conversion (**in** into).

Umrechnungs|kurs *m* ✝ exchange rate, rate of exchange; **~tabelle** *f* conversion table.

'umreißen *v/t.* pull down; (*umstoßen*) knock down.

um'reißen *v/t.* outline; → **umrissen.**

umrennen *v/t.* run (*od.* knock) down.

umringen *v/t.* form (*od.* make) a circle around; *Menge, begeistert*: throng round, (*umgeben*) surround (*a. fig.*).

Umriß *m* outline (*a. fig.*), contours *pl.*; **in kräftigen (groben) Umrissen** in bold (rough) outline; **in Umrissen schildern** outline; **feste Umrisse bekommen** begin to take shape.

umrissen *adj.*: **scharf ~** sharply outlined.

Umrißkarte *f* skeleton map.

umrühren *v/t.* stir.

umrunden *v/t.* walk (*od.* go, drive *etc.*) round.

umrüsten I. *v/t.* ⚙ adapt (**auf** to); ⚔ re-equip (with); **II.** *v/i.*: **~ auf** convert to; **Umrüstung** *f* ⚙ adaptation (**auf** to); ⚔ re-equipping (with); *weitS.* conversion (to).

ums (= **um das**) → **um.**

umsatteln I. *v/t.* (*Pferd*) resaddle; **II.** *fig.* *v/i.* *im Beruf*: change jobs; *im Studium*: change one's subject, change subjects; **~ auf** switch to.

Umsatz *m* ✝ turnover; (*Absatz*) *a.* sales *pl.*; (*Einnahmen*) returns *pl.*; **~beteiligung** *f* *Gewinn*: commission; *Arbeitsverhältnis*: working on a commission basis; **mit ~**, F **auf ~** *be employed etc.* on a commission basis; **~entwicklung** *f* sales trend; **~rückgang** *m* drop in sales; **~steigerung** *f* sales increase; **~steuer** *f* turnover tax.

umsäumen *v/t.* hem; *fig.* surround, (*Straßen etc.*) line.

umschalten I. *v/t.* **1.** switch (over) (**auf** to); **II.** *v/i.* **2.** switch over (**auf, nach** to); *Ampel*: change (**auf** to); **auf Grün** *etc.* **~** *Ampel*: *a.* turn green *etc.*; **3.** F *fig.* (*sich einstellen*) adjust (**auf** to); **Umschalter** *m* **1.** ⚡ commutator; **2.** → **Umschalttaste** *f* *Schreibmaschine etc.*: shift key.

Umschau *f* **1. ~ halten** (have a) look around (**nach** for); **2.** *Zeitung etc.*: review; **umschauen** *v/refl.* → **umsehen.**

umschichten *v/t.* rearrange; *fig. a.* regroup, reshuffle; **Umschichtung** *f* regrouping; **gesellschaftliche ~** shift in social structure.

um'schiffen *v/t.* sail (a)round; (*die Erde*) *a.* circumnavigate; (*Kap*) sail (a)round, round; **Umschiffung** *f* sailing (a)round; circumnavigation; rounding.

Umschlag *m* **1.** (*Brief*2) envelope; (*Hülle*) cover, *e-s Buchs*: *a.* jacket; *am Ärmel*: cuff; *an der Hose*: turn-up, *Am.* cuff; ⚕ compress; **2.** ✝ (*Waren*2) handling; *e-s Hafens*: goods *pl.* handled; **3.** *fig.* →

Umschwung; **umschlagen I.** *v/i.* **1.** (*umkippen*) overturn; *Boot etc.*: *a.* capsize; **2.** (*sich ändern*) turn, suddenly change, change (abruptly) (*alle* ***in*** into); *Wind*: veer (round); *Stimme*: crack; **II.** *v/t.* **3.** ([*um*]*wenden, Blatt etc.*) turn (over); (*Saum, Ärmel*) turn up; (*Kragen*) turn down; **4.** (*umstoßen*) knock over (*od.* down); (*Baum etc., fällen*) cut down; **5.** (*Tuch etc., umlegen*) (*a.* ***sich*** **~**) put on, wrap (a)round one's neck (*od.* shoulders); **6.** ✝ (*Waren*) handle; *engS.* (*umladen*) transfer, tran(s)ship.

Umschlagplatz *m* trading cent|re (*Am.* -er); ⚓ place of tran(s)shipment.

umschließen *v/t.* surround, enclose; *mit Händen*: clasp; *mit Armen*: embrace, wrap one's arms (a)round; *fig.* (*umfassen*) encompass, embrace.

umschlingen *v/t.* (*umarmen*) embrace; *Pflanze*: twine itself (a)round; → **umschlungen** *adj.*: ***sich fest ~ halten*** be clasped in a firm embrace; ***vom Meer*** *etc.* **~** surrounded by the sea (*od.* by water).

umschmeicheln *v/t.* sweet-talk; (*Mädchen*) *a.* woo.

umschmeißen F *v/t.* → ***umwerfen.***

umschnallen *v/t.* buckle (*od.* strap) on; (*Gürtel*) put on.

um'schreiben *v/t.* **1.** circumscribe (*a.* ⩓), paraphrase; express *s.th.* in different terms; **2.** (*definieren*) define; (*zusammenfassen*; *a.* ***kurz*** **~**) sum up.

'umschreiben *v/t.* **1.** (*nochmals schreiben*) rewrite; (*abschreiben, übertragen*) transcribe; **2.** (*Besitz*) transfer, make over (***auf*** to).

Um'schreibung *f* circumscription, paraphrase; (*Beschreibung*) definition.

'Umschreibung *f* rewriting; transcription; transfer; → ***'umschreiben.***

Umschrift *f ling.* transcription; (*phonetische* **~**) phonetic transcription.

umschulden *v/t.* ✝ (*Anleihe etc.*) convert; (*Firma etc.*) change the terms of debt of.

umschulen *v/t.* (*Kind*) move to another school; *beruflich*: retrain; **Umschulung** *f e-s Kindes*: transfer to another school; *berufliche*: retraining; **Umschulungskurs** *m* retraining course (*od.* program[me]).

umschütten *v/t.* **1.** → ***umgießen*** 1; **2.** (*umstoßen*) spill, knock over.

umschwärmen *v/t.* swarm (a)round; *fig.* (*j-n*) idolize; **umschwärmt** *fig. adj.* idolized; (*a.* ***heftig*** **~**) *bsd. Frau*: much-courted; **~ *sein von*** *vielen Leuten etc.*: be surrounded by, *Verehrern etc.*: be in great demand with.

Umschweife *pl.*: ***ohne*** (***lange***) **~** without further ado, (*ohne viel Zeit zu verlieren*) without wasting any (more) time, (*ohne viele Umstände*) without much fuss, (*geradeheraus*) *sagen*: straight out; ***keine langen ~ machen*** get (*od.* come) straight to the point; ***sie haben sich ohne lange ~ entschieden*** they didn't waste any time deciding; ***et. ohne ~ sagen*** *a.* come straight out with s.th.; ***et. ohne ~ tun*** *a.* get straight down to s.th.

umschwenken *v/i.* wheel round; *fig.* veer round; *pol.* do an about-face (*od.* about-turn), do a volte-face.

Umschwung *m* (sudden) change (*gen.* in, of); *der Meinung etc.*: *a.* reversal *of opinion etc.*; *bsd. pol.* swing (*a. Stimmungs*ℒ); (*Umwälzung*) upheaval.

umsegeln *v/t.* sail (a)round; (*Welt*) *a.* circumnavigate; (*Kap*) sail (a)round, round; **Umsegelung** *f* sailing (a)round; circumnavigation; rounding.

umsehen *v/refl.*: ***sich*** **~ 1.** (*zurückblicken*) look (*od.* glance) back *od.* round; **2.** (*herumschauen*) look (a)round; *fig. suchend*: look (a)round (***nach*** for), be on the lookout (for); ***sich an*** (*od.* ***in***) *e-m Ort etc.* **~** have a look (a)round *a place*; *fig.* ***du wirst dich noch ~!*** you're in for a surprise (or two).

umseitig I. *adv.* overleaf; *bei Foto etc.*: on the reverse (*od.* back); **II.** *adj. Text etc., nachgestellt*: overleaf.

umsetzen *v/t.* **1.** (*Schüler etc.*) move (***in, auf*** to); **2.** ⸙ transplant; ⚙ change over; (*umwandeln*) convert (***in*** into), *phys.*, ⚗ *etc. a.* transform (into); (*Pläne etc.*) implement; ✝ (*Ware*) sell; (*Geld*[*wert*]) turn over; ***sein Geld in ... ~*** spend one's money on ...; ***et. in Bargeld ~*** turn s.th. into cash; ***in die Tat ~*** put into action; ⚗ ***sich in*** *Eiweiß etc.* **~** be converted into; **Umsetzung** *f* (*Umwandlung*) conversion (***in*** into).

Umsichgreifen *n* (rapid) spread, proliferation.

Umsicht *f* circumspection; **umsichtig** *adj.* circumspect; **Umsichtigkeit** *f* circumspection.

umsiedeln I. *v/t.* resettle; **II.** *v/i.* move (to another place); **Umsiedler** *m* resettler; **Umsiedlung** *f* resettlement; (*Übersiedeln*) move (***nach*** to).

umsinken *v/i.* collapse; (*ohnmächtig werden*) faint; ***zum*** ℒ ***müde*** ready to drop.

umsonst *adv.* **1.** (*unentgeltlich*) for nothing, free (of charge); **2.** (*vergebens*) for nothing; ***es war ~*** it was a waste of time, it was all for nothing; ***nicht ~*** (*aus gutem Grund*) not without (good) reason *did he come here etc.*

umsorgen *v/t.* look after *s.o.* (solicitously).

um'spannen *v/t.* **1.** reach round; *mit der Hand*: clasp; **2.** *fig.* cover, *bsd. zeitlich*: span.

'umspannen *v/t.* ⚡ transform; **Umspanner** *m* transformer.

Umspann|station *f*, **~werk** *n* transformer (station).

umspielen *v/t.* **1.** *Fußball*: dribble round; **2.** *fig. Lächeln*: play around (*od.* about) *s.o.'s lips*; *Wellen etc.*: lap around.

umspringen *v/i. Wind*: veer; *Ampel*: change (***auf*** to); *Skisport*: jump-turn; *fig.* **~ *mit*** (*j-m*) treat, (*Sache*) *a.* handle.

umspulen *v/t.* wind onto another reel.

umspülen *v/t. Gewässer*: wash (*sanft*: lap) around.

Umstand *m* **1.** (*Tatsache*) fact; (*Einzelheit*) detail; ***Umstände*** (*Lage*) circumstances, conditions, state (of affairs); ***äußere Umstände*** external circumstances; ⚖ ***mildernde Umstände*** mitigating circumstances; ***nähere Umstände*** (further) particulars; ***unter Umständen*** (*möglicherweise*) possibly, perhaps; (*notfalls*) if need be; ***unter allen Umständen*** whatever happens, *formell*: at all events; ***unter keinen Umständen*** under no circumstances, on no account (*od.* condition); ***unter diesen Umständen*** under the circumstances, as matters stand; F ***in anderen Umständen*** F in the family way; **2.** *mst pl.* ***Umstände*** (*unnötiger Aufwand*) fuss, (*Mühe*) trouble; ***viel Umstände machen*** make a lot of fuss (***wegen*** about); (***j-m***) ***viel Umstände machen*** cause (s.o.) a lot of trouble, be a lot of trouble (for s.o.); ***machen Sie*** (***sich***) ***keine Umstände!*** don't go to any trouble; ***wenn es Ihnen keine Umstände macht*** if it's no trouble (to you); ***es macht mir überhaupt keine Umstände*** it's no trouble at all; ***ohne viel Umstände*** without much fuss; ***nicht viel Umstände machen mit*** make short work of; **umständehalber** *adv.* owing to circumstances; ***... ~ zu verkaufen*** forced sale: ...

umständlich I. *adj.* (*verwickelt*) complicated; (*langatmig*) longwinded; (*pedantisch*) pedantic(ally *adv.*); (*ungeschickt*) awkward; (*unnötig* **~**) fussy; ***das ist viel zu ~*** that's far too much trouble, that's much too complicated; ***~e Methode*** *a.* roundabout way of doing s.th. (*od.* it); *iro.* ***~er geht's wohl nicht?*** couldn't you think of a more complicated way of doing it?; **II.** *adv.* awkwardly; fussily *etc.*; → I; *et.* **~ *erzählen*** narrate at great length, give a longwinded account of; **Umständlichkeit** *f* complicated nature; longwindedness; pedantry; fussiness.

Umstands|bestimmung *f ling.* adverbial phrase; **~kleid** *n* maternity dress; **~krämer** *m* F fusspot; **~mode** *f* maternity wear; **~wort** *n ling.* adverb.

um'stehen *v/t.* stand round.

'umstehend I. *adj. Seite*: next; *Text, nachgestellt*: overleaf; ***die*** ℒ***en*** the bystanders; **II.** *adv.* overleaf.

umsteigen *v/i.* **1.** change (***in*** [on]to; ***nach*** for); change trains (*od.* buses *etc.*); **2.** F *fig.* switch (***auf*** to), change over (to).

Umsteigeschwung *m Skisport*: step turn.

um'stellen *v/t.* surround.

'umstellen I. *v/t.* **1.** *räumlich*: move (round); (*einzelnen Gegenstand*) *a.* move to (*od.* put in) a different place; (*umordnen, Zimmer, Gegenstände etc.*) *a. fig.* rearrange, change round; *fig.* (*umgruppieren*) regroup; **2.** (*Uhr, Apparat etc.*) adjust; **3.** *fig.* switch, change over, convert (***von ... auf*** from ... to); ***auf Computer*** (***Container***) **~** *a.* computerize (containerize); **II.** *v/refl.* **4.** ***sich*** **~** (*sich umgewöhnen*) adapt (o.s.), adjust (o.s.) (***auf*** to), *Person, absolut*: *a.* get used to the change (F to it); *in der Einstellung*: *a.* change one's attitude (towards); **5.** (*oft a. v/i.*) (***sich***) **~ *auf,*** (***sich***) **~ *von ... auf*** (*e-e andere Methode, Energiequelle, Lebensweise etc.*) change (*bsd.* ⚙ switch) over to, change (*bsd.* ⚙ switch) over from ... to; **Umstellung** *f* rearrangement; regrouping; adjustment; switch, changeover *etc.*; → ***'umstellen.***

umstimmen *v/t.* **1.** ♪ retune, tune to another pitch; **~ *auf*** tune to; **2.** *fig.* ***j-n*** **~** bring s.o. round (***auf*** to), change s.o.'s mind, persuade s.o. otherwise.

umstoßen *v/t.* **1.** knock down (*od.* over); **2.** *fig.* (*Urteil, Entscheidung*) overrule; (*Plan etc.*) upset; (*Testament*) change.

'umstricken *v/t.* **1.** reknit; **2.** *fig.* (*Pläne etc.*) rethink.

um'stricken *fig. v/t.* ensnare.

umstritten *adj.* disputed, *Sport etc.*: contested; (*strittig*) controversial, contentious *issue etc.*

umstrukturieren *v/t.* restructure; **Umstrukturierung** *f* restructuring.

umstülpen *v/t. von innen nach außen*: turn *s.th.* inside out; *von oben nach unten*: turn *s.th.* upside down; → **umgestülpt.**

Umsturz *m* coup; ~ **der Regierung** *etc.* overthrow of the government *etc.*; **e-n ~ planen** plan a coup, plan to overthrow (*od.* the overthrow of) the government *etc.*; **~bewegung** *f* subversive movement.

umstürzen I. *v/t.* **1.** knock over; **2.** *pol.* overthrow, topple; **II.** *v/i.* fall down (*od.* over); be knocked down; be blown over; → **umgestürzt**; **Umstürzler** *m* revolutionary, subversive; **umstürzlerisch** *adj.* subversive.

Umsturzversuch *m* attempted coup (*od.* overthrow of the government *etc.*).

umtaufen *v/t. a. fig.* rename, rechristen (**auf** as).

Umtausch *m* exchange; **reduzierte Ware ist vom ~ ausgeschlossen** reduced articles cannot be exchanged; **umtauschbar** *adj.* exchangeable; **umtauschen** *v/t.* exchange (**gegen** for); (*Ware*) *a.* take back to the shop; **sie haben es ohne weiteres umgetauscht** *a.* they gave me another one straightaway; **Umtauschrecht** *n* right to exchange goods.

umtopfen *v/t.* repot.

umtreiben *v/t.*: **j-n ~** give s.o. no rest, haunt s.o.

Umtriebe *pl.* machinations, intrigues; (**staatsfeindliche ~** subversive) activities.

Umtrunk *m* drink; **e-n ~ veranstalten** get a few people (*od.* one's colleagues *etc.*) together for a drink.

umtun F *v/refl.*: **sich ~** (*aktiv werden*) get to work on s.th., (*aktiv sein*) be working on s.th.; (*sich umsehen*) look around (**in** *a place*); **sich ~ nach** (*suchen*) look (around) for.

U-Musik *f* light (*od.* popular) music.

umverteilen *v/t.* redistribute; **Umverteilung** *f* redistribution.

umwälzen *v/t.* **1.** roll over; ⚙ circulate; **2.** *fig.* revolutionize; **umwälzend** *adj. Erfindung etc.*: revolutionary.

Umwälzpumpe *f* ⚙ circulating pump.

Umwälzung *f* **1.** ⚙ circulation; **2.** *fig. pol. etc.* revolution, upheaval.

umwandeln *v/t.* change, transform (**in, zu** into); *phys.*, ⚡ transform, convert (*a. Computer*); ⚖ (*Strafe*) commute (into); **er ist wie umgewandelt** he's a completely different person, he's a changed man; **Umwandlung** *f* change; transformation (**in, zu** into); ✝, ⚡ conversion (*a. Computer*); ⚖ commutation.

Umwandlungsprogramm *n Computer*: conversion program.

umwechseln *v/t.* (*Geld*) change (**in** into); **Dollar in D-Mark** *etc.* **~** *a.* exchange dollars for deutschmarks *etc.*; **Umwechslung** *f* exchange (**von ... in** of ... for, *Geld*: *a.* of ... into).

Umweg *m* detour; **e-n ~ machen** take the long way round, make a detour; **kleiner ~** little (*od.* slight) detour; *fig.* **auf ~en** indirectly, in a roundabout way, *negativ*: by devious means; **ohne ~e** straight, directly.

'umwehen *v/t.* blow down (*od.* over).

um'wehen *v/t. Brise etc.*: waft around.

Umwelt *f* **1.** (natural) environment; **unsere ~** *a.* the world in which we live, the world around us; **2.** (*Umgebung*) milieu, background; *konkret*: surroundings *pl.*; **~auto** *n* clean-fuel car; **~beauftragte(r)** *m* environmental health officer.

umweltbedingt *adj.* environmental, due to environmental factors; **Umweltbedingungen** *pl.* environmental factors.

umweltbelastend *adj.* polluting ..., harmful to the environment; **Umweltbelastung** *f a. pl.* (environmental) pollution.

umweltbewußt *adj.* environment-conscious; **Umweltbewußtsein** *n* environmental awareness.

Umweltbundesamt *n* federal environment office.

umweltfeindlich *adj.* harmful to the environment; *Politik etc.*: anti-environment ..., hostile to the environment.

Umweltforschung *f* ecological research.

umwelt|freundlich *adj.* environment-friendly; non-polluting; ecologically (*od.* environmentally) sound; **~gefährdend** *adj.* environmentally hazardous; **~geschädigt** *adj.*: **~ sein** have been damaged (*od.* affected) by pollution.

Umwelt|gesetzgebung *f* environmental legislation; **~gift** *n* pollutant; **~katastrophe** *f* environmental disaster; **~kriminalität** *f* environmental crime, crimes *pl.* against the environment; **~krise** *f* ecological crisis; **~lobby** *f* environment lobby; **~minister** *m* environment minister, minister of the environment; *in GB*: Environment Secretary, Secretary of State for the Environment; *in den USA*: Administrator of the Environmental Protection Agency; **~ministerium** *n* ministry of the environment, environment ministry; *in GB*: Department of the Environment; *in den USA*: Environmental Protection Agency; **~moral** *f* environmental ethics *pl.* (*als Fach sg. konstr.*); **~papier** *n* recycled paper; **~politik** *f* environmental policy.

umweltpolitisch *adj.* ecopolitical.

Umweltschäden *pl.* damage *sg.* to the environment; **umweltschädlich** *adj.* ecologically harmful.

Umweltschutz *m* conservation, environmental care, pollution control; **Umweltschützer** *m* environmentalist, conservationist.

Umweltschutz|organisation *f*, **~verband** *m* conservation group.

Umwelt|sünder *m* (environmental) polluter; **~technik** *f* environmental technology; **~terrorismus** *m* environmental terrorism; **~tourismus** *m* ecotourism; **~verschmutzung** *f* environmental pollution.

umweltverträglich *adj.* environment-friendly, environmentally compatible.

Umweltzerstörung *f* destruction of the environment; *völlige*: *a.* ecocide.

umwenden I. *v/t.* turn (over); **II.** *v/refl.*: **sich ~** turn round.

umwerben *v/t.* court, woo; → **umworben.**

umwerfen *v/t.* **1.** knock down; **2. sich et. ~** throw s.th. on (*od.* over one's shoulders); **3.** *fig.* (*Plan etc.*) upset; F (*j-n, aus der Fassung bringen*) F bowl *s.o.* over, F throw; **umwerfend I.** *adj.*: (**einfach ~** absolutely) staggering; **II.** *adv.*: **~ komisch** hilarious, **sein**: *a.* F be a scream.

umwerten *v/t.* re-evaluate; give new meaning to *an idea etc.*; **Umwertung** *f* re-evaluation.

umwickeln *v/t.* wind *some wire etc.* round *s.th.*, tie *some string, a ribbon etc.* round *s.th.*; (*einwickeln*) wrap up (**mit** in); ⚕ bandage (with).

umwittert *adj.*: **von Geheimnissen ~** shrouded in mystery.

umwölken I. *v/refl.*: **sich ~ 1.** *lit. Himmel*: cloud over, become overcast; **2.** *fig. Gesicht etc.*: cloud over, darken; **II.** *fig. v/t.* (*Gesicht etc.*) cloud, darken.

umworben *adj.* (much) sought-after.

umwühlen *v/t.* churn up.

umzäunen *v/t.* fence in, enclose; **Umzäunung** *f* enclosure, fence, fencing.

'umziehen I. *v/refl.*: **sich ~** change (one's clothes), put some other clothes on; **II.** *v/t.* (*j-n*) change *s.o.'s* clothes; **III.** *v/i.* (*die Wohnung wechseln*) move (house *od.* flats, *Am.* apartments), *Am. a.* relocate.

um'ziehen *v/t.*: **et. ~ mit** surround s.th. with *a wall, a ditch etc.*; put *a wall, a fence etc.* up around s.th., dig *a ditch, a moat etc.* around s.th.

umzingeln *v/t.* surround, encircle; **Umzingelung** *f* encirclement.

Umzug *m* **1.** parade, *feierlicher*: procession; **2.** (*Wohnungswechsel*) move; *Am. a.* relocation.

Umzugs|kosten *pl.* cost *sg.* of moving; relocation expenses; **~pauschale** *f* relocation package.

unabänderlich *adj.* unalterable, irrevocable; **sich ins ~e fügen** resign o.s. to the inevitable; **Unabänderlichkeit** *f* unalterability; irrevocable nature (*gen.* of), irrevocability.

unabdingbar *adj.* (*unverzichtbar*) indispensable; *Rechte*: inalienable; **Unabdingbarkeit** *f* indispensability; *von Rechten*: inalienable nature (*gen.* of), inalienability.

unabhängig *adj.* (*u. adv.*) independent (-ly) (**von** of); **~ von** (*ohne Rücksicht auf*) irrespective of; **~ davon, ob** regardless whether; **Unabhängige(r)** *m pol.* independent; **Unabhängigkeit** *f* independence.

Unabhängigkeits|bestreben *n*, **~bestrebungen** *pl.* drive for independence; **~bewegung** *f* independence movement; **~kampf** *m* fight for independence; **~krieg** *m* war of independence; **~tag** *m in den USA*: Independence Day, *the* Fourth of July.

unabkömmlich *adj.* indispensable; (*momentan* ~) busy; **sie ist im Moment ~** *a.* she can't get away at the moment.

unablässig *adj.* incessant, unremitting; *Anstrengungen*: unrelenting.

unabsehbar *adj.* unforeseeable; *Verlust etc.*: incalculable; (*endlos*) endless, *zeitlich*: *a.* interminable; **auf ~e Zeit** for an indefinite period of time, *im Negativsatz*: for the foreseeable future; **sich in ~er Ferne befinden** be a(n endlessly) long way off; **in ~er Zukunft** (some time) in the distant future.

unabsichtlich *adj.* (*u. adv.*) unintentional(ly).

unabwendbar *adj.* inevitable, unavoidable; **Unabwendbarkeit** *f* inevitability, unavoidable nature (*gen.* of), unavoidability.

unachtsam *adj.* inattentive; (*nachlässig*) careless, negligent; (*unbedacht*) inadvertent ...; **Unachtsamkeit** *f* inattentiveness; carelessness, negligence; inadvertence; → **unachtsam.**

unähnlich *adj.* dissimilar (*dat.* to); **~ sein** *dat. a.* be unlike *s.o. od. s.th.*; **Unähnlichkeit** *f* dissimilarity (*dat.* to).

unanfechtbar *adj.* incontestable; *Urteil*: non-appealable, final; **Unanfechtbarkeit** *f* incontestability.

unangebracht *adj.* inappropriate, *pred. a.* out of place, *Bemerkung*: *a.* out of turn.

unangefochten *adj. u. adv.* (*unbestritten*) undisputed(ly); *Meister*, *Machthaber etc.*: unchallenged; (*unbehindert*) unhindered.

unangemeldet I. *adj.* unannounced; II. *adv.* unannounced; without any warning.

unangemessen *adj.* (*unmäßig*) immoderate; (*zu hoch*) *a.* unreasonable, out of proportion (*dat.* to); (*unpassend*) unsuitable, inappropriate; (*unzulänglich*) inadequate; **Unangemessenheit** *f* immoderacy; unreasonableness; inappropriateness, inadequacy; → ***unangemessen.***

unangenehm I. *adj.* unpleasant, disagreeable; *engS.* (*böse*, *widerlich*) nasty; (*mißlich*; *peinlich*) awkward; ***~e Fragen stellen*** ask awkward questions; ***das 2e daran ist*** the unpleasant thing about it is; ***er kann recht ~ werden*** he can get quite nasty (at times); ***ihm ist es ~, mit ihr reden zu müssen*** he hates having to talk to her; ***es ist mir furchtbar ~*** I hate it; I find it rather unpleasant (*od.* embarrassing); II. *adv.* unpleasantly, disagreeably *cold etc.*; ***~ überrascht werden*** have an unpleasant (*od.* a nasty) surprise; ***~ auffallen*** (*e-n schlechten Eindruck machen*) make a bad impression, (*sich schlecht benehmen*) make a nuisance of o.s.; ***j-m ~ auffallen*** annoy s.o.; ***j-n ~ berühren*** give s.o. an awkward feeling; ***sich ~ bemerkbar machen*** *Sache*: be (quite) unpleasant.

unangepaßt *adj. Verhalten etc.*: nonconformist; **Unangepaßtheit** *f* nonconformism; nonconformist behavio(u)r.

unangetastet *adj.* untouched.

unangreifbar *adj.* unassailable; *Urteil*: non-appealable; *fig.* invulnerable, unassailable.

unannehmbar *adj.* unacceptable.

Unannehmlichkeiten *pl.* trouble *sg.*; ***j-m ~ bereiten*** cause s.o. trouble; ***~ bekommen*** run into difficulties.

unansehnlich *adj.* unsightly; *Person*: *a.* plain, *Am. a.* homely; **Unansehnlichkeit** *f* unsightliness; plainness, homeliness.

unanständig *adj.* indecent; (*obszön*) obscene; ***~es Wort*** *a.* four-letter word; ***~e Sprache*** *a.* foul language; **Unanständigkeit** *f* indecency; (*Obszönität*) obscenity.

unantastbar *adj.* unimpeachable; *Rechte*: inviolable; **Unantastbarkeit** *f* unimpeachability; *von Rechten*: inviolability.

unappetitlich *adj.* unappetizing; *a. fig.* unsavo(u)ry, off-putting.

Unart *f* bad habit; *e-s Kindes*: naughtiness; **unartig** *adj.* naughty.

unartikuliert *adj.* **1.** inarticulate; **2.** (*nicht ausgesprochen*) unarticulated; ***~ bleiben*** be left unexpressed; **Unartikuliertheit** *f* inarticulateness.

unästhetisch *adj.* un(a)esthetic(ally *adv.*); *weitS.* unpleasant, off-putting; (*häßlich*) ugly.

unaufdringlich *adj.* unobtrusive; **Unaufdringlichkeit** *f* unobtrusiveness.

unauffällig *adj.* (*u. adv.*) inconspicuous(ly), discreet(ly); (*unaufdringlich*) unobtrusive(ly); ***sich ~ verhalten*** keep one's head down, keep a low profile.

unauffindbar *adj.* not to be found; *gesuchte Person*: *a.* untraceable.

unaufgefordert I. *adj.* unasked-for, unbidden; ✝ unsolicited; II. *adv.* of one's own accord, unasked, without being asked, spontaneously.

unaufgeklärt *adj. Verbrechen etc.*: unsolved; *weitS.* unexplained.

unaufgeschlossen *adj.* (*engstirnig*) narrow-minded; ***~ sein*** *a.* have a closed mind; ***~ sein gegenüber*** be closed to, (*nichts anfangen können mit*) *a.* have no appreciation of; **Unaufgeschlossenheit** *f* narrow-mindedness; closed mind.

unaufhaltsam *adj.* unstoppable; (*unerbittlich*) inexorable.

unaufhörlich I. *adj.* incessant, continuous; endless; II. *adv.* incessantly, continuously; *regnen etc.*: *a.* without stopping; ***es regnete ~*** *a.* it just kept on raining, the rain just wouldn't let up.

unauflösbar, unauflöslich *adj.* indissoluble; *a.* ⚗, ⚘ insoluble; ***~es Ganzes*** indivisible whole.

unaufmerksam *adj.* inattentive; (*gedankenlos*) thoughtless, (*nachlässig*) careless; **Unaufmerksamkeit** *f* inattentiveness; thoughtlessness; carelessness.

unaufrichtig *adj.* insincere, dishonest; **Unaufrichtigkeit** *f* insincerity, dishonesty.

unaufschiebbar *adj.* urgent; ***es ist ~*** it has to be dealt with straightaway, *formell*: it brooks no delay.

unausbleiblich *adj.* inevitable; ***das war ~*** *a.* that was bound to happen.

unausdenkbar *adj.* unimaginable, unthinkable.

unausführbar *adj.* impracticable, not feasible, impossible.

unausgefüllt *adj.* **1.** *Formular etc.*: blank; **2.** *fig. Tag*, *Leben*: unfulfilled.

unausgeglichen *adj.* unbalanced; *Wesen*: unstable; **Unausgeglichenheit** *f* imbalance; *des Wesens*: instability.

unausgegoren *adj.* (*undurchdacht*) not thought through (to the end); (*unfertig*) unfinished; (*unreif*) immature; ***~ sein*** *a.* need time to mature.

unausgeschlafen *adj.* tired; lacking in sleep; ***du bist noch ~*** you haven't had enough sleep.

unausgesprochen *adj.* unspoken, silent.

unausgewogen *adj.* not particularly well-balanced.

unauslöschlich I. *adj. Eindruck etc.*: indelible; *Haß etc.*: inextinguishable, ineradicable; II. *adv.*: ***~ eingeprägt*** engraved on *s.o.'s* mind.

unaussprechlich I. *adj.* inexpressible, ineffable; (*unsagbar*) unspeakable; (*unbeschreiblich*) indescribable; II. *adv.* (*unsagbar*) unspeakably; (*unbeschreiblich*) indescribably, *nachgestellt*: beyond description.

unausstehlich *adj.* (*unerträglich*) unbearable, intolerable; (*widerlich*) detestable; ***es ist mir ~*** I detest it, ***zu*** *inf.*: I detest having to *inf.*

unausweichlich *adj.* inevitable, unavoidable, inescapable.

unbändig *adj.* (*ungezügelt*) unrestrained, *Haß*, *Zorn etc.*: *a.* unbridled; *Kraft etc.*: boundless, unbridled; (*enorm*) enormous, tremendous *thirst*, *joy etc.*; (*wild*) wild; (*ungestüm*) unruly *child etc.*

unbar I. *adj.* cashless *payment etc.*; non-cash *transaction*; II. *adv.*: ***~ bezahlen*** make a cashless payment.

unbarmherzig *adj.* (*erbarmungslos*) merciless, pitiless, relentless; **Unbarmherzigkeit** *f* mercilessness, (complete) lack of mercy (*od.* pity).

unbeabsichtigt *adj.* unintentional; inadvertent ...

unbeachtet *adj.* unnoticed; *Drohung etc.*: unheeded; ***~ lassen*** ignore.

unbeanstandet *adj. Ware*: unobjected; *Entscheidung etc.*: unopposed, uncontested; ***~ lassen*** let *s.th.* pass.

unbeantwortet *adj.* unanswered.

unbearbeitet *adj.* original *version etc.*; in its original state; ⚙ *etc.* unworked; (*unbehandelt*) untreated.

unbeaufsichtigt *adj.* unsupervised.

unbebaut *adj.* **1.** *Gelände*: undeveloped; ***~es Grundstück*** empty site, vacant lot; **2.** ⸙ untilled, idle.

unbedacht *adj.* thoughtless; *Handlung etc.*: unconsidered, ill-considered.

unbedarft F *adj.* naive, simple; (*uneingeweiht*) uninitiated; (*unerfahren*) inexperienced; **Unbedarftheit** *f* naivety; inexperience.

unbedenklich I. *adj.* (*sicher*, *risikolos*) safe; (*unschädlich*) harmless; *j-s Zustand* ***ist ~*** gives no cause for concern; II. *adv.* (*bedenkenlos*) safely; (*ohne zu zögern*) without hesitation; **Unbedenklichkeit** *f* safeness; harmlessness.

unbedeutend *adj.* insignificant; (*geringfügig*) *a.* negligible.

unbedingt I. *adj.* **1.** unconditional; (*völlig*) absolute; *Gehorsam*, *Vertrauen*: implicit; **2.** *physiol.* unconditional *reflex*; II. *adv.* (*absolut*, *unter allen Umständen*) absolutely; (*wirklich*) really, absolutely; (*um jeden Preis*) at all costs, whatever happens; ***den Film muß man ~ gesehen haben*** the film's an absolute must; ***du mußt ~ kommen*** *etc.* you've got to come *etc.*; ***nicht ~*** not necessarily; **Unbedingtheit** *f* absoluteness.

unbeeindruckt *adj.*: ***~ bleiben*** remain unimpressed; ***er war ~*** it made no impression on him; ***er machte ~ weiter*** he went on undeterred.

unbeeinflußt *adj.* uninfluenced; (*neutral*) unbias(s)ed.

unbeeinträchtigt *adj.* unimpaired; (*nicht tangiert*) unaffected (**durch** by).

unbefahrbar *adj.* impassable, *Gewässer*: unnavigable.

unbefangen I. *adj.* **1.** (*unparteiisch*) impartial, *a.* ⚖ unbias(s)ed; **2.** (*nicht verlegen*) uninhibited; (*natürlich*) natural, free; II. *adv.* **3.** (*unvoreingenommen*) without prejudice (*od.* bias); (*unparteiisch*) impartially; **4.** (*ohne Verlegenheit*) without any inhibitions, free from inhibition(s of any sort); (*natürlich*, *frei*) naturally, freely; **Unbefangenheit** *f* **1.** (*Unparteilichkeit*) impartiality; **2.** (*Natürlichkeit*) naturalness, lack of inhibition.

unbefestigt *adj. Straße*: unsurfaced; ***~e Straße*** *a.* dirt track (*Am.* road).

unbefleckt *fig. adj.* unsullied; *eccl.* ***die 2e Empfängnis*** the Immaculate Conception.

unbefriedigend *adj.* unsatisfactory; **unbefriedigt** *adj.* dissatisfied.
unbefristet I. *adj.* unlimited; **II.** *adv.* for an unlimited (*od.* indefinite) period, indefinitely.
unbefugt *adj.* unauthorized; **Unbefugte(r)** *m* unauthorized person; ***Zutritt für Unbefugte verboten*** no unauthorized entry.
unbegabt *adj.* untalented; **Unbegabtheit** *f* lack of talent.
unbegehbar *adj* impassable.
unbeglichen *adj. Rechnung etc.*: unpaid *bill*, unsettled *account*.
unbegreiflich *adj.* incomprehensible (*dat.* to); (*unerklärlich*) inexplicable (to); ***es ist mir völlig ~*** I just can't understand it, F it beats me, ***daß ...:*** I just can't understand why (*od.* how) ..., it's beyond me how ..., F it beats me how ...; **unbegreiflicherweise** *adv.* inexplicably.
unbegrenzt I. *adj.* unlimited; *lit.* (*grenzenlos*) boundless; **II.** *adv.* indefinitely; **Unbegrenztheit** *f* limitlessness; (*Grenzenlosigkeit*) boundlessness; ***~ der Vorräte*** *etc.* unlimited supplies *etc.*
unbegründet *adj.* unfounded; *Anklage*: *a.* baseless; ***dein Verdacht*** *etc.* ***ist ~*** *a.* there's no cause for your suspicion *etc.*
unbehaart *adj.* hairless.
Unbehagen *n* **1.** (feeling of) unease; **2.** *körperliches*: discomfort; (*Übelkeit*) queasiness; **unbehaglich** *adj.* uncomfortable; *fig. Gefühl etc.*: *a.* uneasy; *fig.* ***sich ~ fühlen*** feel uneasy, be ill at ease; **Unbehaglichkeit** *f* uncomfortableness; *fig. a.* uneasiness, feeling of unease.
unbehandelt *adj. Obst etc.*: untreated.
unbehaust *adj.* homeless.
unbehelligt *adj.* undisturbed; (*ungehindert*) unhindered; ***j-n ~ durchlassen*** let s.o. through (*od.* pass) without questioning; ***von j-m ~ bleiben*** be left alone by s.o.; ***hier bist du von den Fans ~*** the fans won't get in your way here.
unbeherrscht I. *adj. Person*: lacking in self-control; *Äußerung, Reaktion etc.*: uncontrolled; ***~ sein*** have no self-control; **II.** *adv. handeln etc.*: without self-control; *losbrüllen etc.*: without restraint; *essen etc.*: *a.* greedily; **Unbeherrschtheit** *f* lack of self-control.
unbehindert *adj.* unhindered, unimpeded.
unbeholfen *adj.* **1.** *Bewegung etc.*: clumsy, awkward; **2.** (*hilflos*) helpless, *contp.* hopeless; **Unbeholfenheit** *f* **1.** clumsiness, awkwardness; **2.** (*Hilflosigkeit*) helplessness.
unbeirrbar *adj.* unswerving, single-minded; **Unbeirrbarkeit** *f* unswervingness, single-mindedness; **unbeirrt** *adj. Kämpfer etc.*: single-minded; *handeln, kämpfen etc.*: single-mindedly; ***~ weitermachen*** carry on regardless; ***~ festhalten an*** *e-m Glauben etc.*: persist in.
unbekannt *adj.* unknown (*dat.* to); (*nicht vertraut*) unfamiliar (to); ⚐ ***die ≈e*** *a. fig.* the unknown; ***~e Größe*** *a. fig.* unknown quantity; ***das war mir ~*** I didn't know that, I wasn't aware of that; ***es ist mir nicht ~, daß*** I'm quite aware that; ***ich bin hier ~*** I'm a stranger here; ***Ort und Zeit sind noch ~*** a time and place have yet to be decided; ⚖ ***gegen ≈*** versus a person (*od.* persons) unknown; **unbekannterweise** *adv.*: ***grüßen Sie sie ~ von mir*** please give her my regards, even though we haven't met yet.
unbekleidet *adj.* undressed, with nothing on.
unbekümmert *adj.* unconcerned, nonchalant; (*sorglos*) carefree; ***~e Einstellung*** *a.* cavalier approach; **Unbekümmertheit** *f* unconcern, lack of concern, nonchalance; carefree attitude (*od.* approach, manner).
unbelastet *adj.* **1.** (*ohne Last*) unloaded, without anything on it; *Bein, Ski etc.*: unweighted; ⚙ *Maschine etc.*: running idle, *Bauteil*: unstressed; ***in ~em Zustand*** unloaded, running idle *etc.*; **2.** *finanziell, Haus, Grundstück etc.*: unencumbered; **3.** *fig.* (*frei*) free (**von** from); *engS.* (*frei von Sorgen etc.*) free from worries; ***~ von*** free from, without (any) *worries etc.*; ***~ von Vorurteilen (Skrupeln*** *etc.*) without prejudice (scruple *etc.*); **4.** (*makellos*) *Vergangenheit etc.*: clean, unblemished; ***~ sein*** *Person*: have a clean record, not to have blotted one's copybook.
unbelebt *adj.* **1.** inanimate; **2.** *Straße etc.*: unfrequented; *Gegend etc.*: deserted; *Stadt, Lokal etc.*: dead.
unbeleckt F *fig. adj.* F clueless; ***von der Kultur ~*** untouched by civilization.
unbelehrbar *adj.* (*stur*) stubborn; ***er ist ~*** he just won't learn; **Unbelehrbarkeit** *f* stubbornness.
unbelichtet *adj. phot.* unexposed.
unbeliebt *adj.* unpopular (**bei** with); ***er ist sehr ~*** *a.* not many people like him; **Unbeliebtheit** *f* unpopularity.
unbelohnt *adj.* unrewarded; ***~ bleiben*** not to be rewarded.
unbemannt *adj.* **1.** unmanned; ✈ pilotless; **2.** F *hum.* (*ohne Mann*) without a man; husbandless.
unbemerkt *adj. u. adv.* unnoticed, unseen.
unbemittelt *adj.* penniless; ***~e Bürger*** *etc.* citizens *etc.* without means; ***er ist nicht gerade ~*** he's not exactly poor.
unbenommen *adj.*: ***es bleibt Ihnen ~ zu*** *inf.* you are at liberty to *inf.*; ***dieses Privileg bleibt Ihnen ~*** this is your undisputed right (*od.* prerogative).
unbenutzbar *adj.* unusable; *contp.* useless; **unbenutzt** *adj.* **1.** (*unbewohnt*) unoccupied; **2.** (*sauber*) clean; ***es ist ~*** *a.* nobody's used it.
unbeobachtet *adj.* unobserved; ***wenn man sich ganz ~ fühlt*** when you feel you are completely alone.
unbequem *adj.* **1.** uncomfortable; **2.** (*umständlich, unpassend*) inconvenient; (*lästig*) irksome; **3.** *Frage etc.*: awkward, embarrassing; **Unbequemlichkeit** *f* **1.** uncomfortableness; **2.** *mst pl.* ***~en*** (*Unannehmlichkeiten*) inconvenience, *stärker*: trouble; **3.** *e-r Frage etc.*: awkwardness, embarrassing nature (*gen.* of).
unberechenbar *adj.* incalculable; *a. Person*: unpredictable; **Unberechenbarkeit** *f* unpredictability.
unberechtigt *adj.* unauthorized; **unberechtigterweise** *adv.* without good reason; (*unerlaubt*) without permission.
unberücksichtigt *adj.* unconsidered, not taken into account; ***~ lassen*** discount, disregard, make no allowance for; ***~ bleiben*** not to be taken into account, be disregarded.
unberufen *int.* touch wood!
unberührt *adj.* untouched; *Natur*: unspoilt; ***~er Boden*** virgin soil; ***ein Stückchen ~e Natur*** a piece of unspoilt countryside; ***~es Mädchen*** virgin; ***~ lassen*** (*Essen etc.*) leave untouched; *fig.* ***es ließ sie ~*** it left her cold.
unbeschadet *prp.* (*ungeachtet*) irrespective of, notwithstanding (*gen. s.th.*).
unbeschädigt *adj.* intact; undamaged.
unbeschäftigt *adj.* idle; (*arbeitslos*) unemployed.
unbescheiden *adj.* immodest; (*zu anspruchsvoll*) extravagant; ***ich hätte e-e ~e Frage*** may I be so bold as to ask ...; **Unbescheidenheit** *f* immodesty; extravagance.
unbescholten *adj.* **1.** respectable; **2.** ⚖ ***~ sein*** have a clean record; **Unbescholtenheit** *f* **1.** good reputation (*od.* name); **2.** ⚖ clean record.
unbeschrankt *adj.*: ***~er Bahnübergang*** open crossing; *Schild*: Crossing No Gates.
unbeschränkt I. *adj.* unrestricted, full; *a. Macht*, ⚖ *Eigentum*: absolute; **II.** *adv.* without restrictions; ***~ viel ...*** unlimited (amounts *od.* numbers of) ...
unbeschreiblich I. *adj.* indescribable; ***es ist ~*** *a.* I (just) can't describe it; **II.** *adv.* indescribably, ... beyond description.
unbeschrieben *adj. Papier*: blank; *fig.* ***~es Blatt*** unknown quantity.
unbeschwert *adj.* carefree; *Art*: *a.* lighthearted; ***~ von*** free from, unencumbered by; **Unbeschwertheit** *f* carefree nature; lightheartedness.
unbesehen *adv.* (*ohne es zu sehen*) without seeing (*od.* having seen) it; (*bedenkenlos*) safely; (*ohne zu zögern*) without hesitation; (*ohne weiteres*) just like that, without thinking twice; ***das glaube ich ~*** I can believe that, *weitS.* I don't need any proof of that.
unbesetzt *adj. Stelle*: vacant; *Platz etc.*: *a.* unoccupied, free; *Rolle*: uncast.
unbesiedelt *adj. Gebiet*: unsettled.
unbesiegbar *adj.* invincible; **unbesiegt** *adj.* undefeated.
unbesonnen *adj.* (*unüberlegt*) thoughtless; (*übereilt*) rash; *weitS. Person*: *a.* impulsive; **Unbesonnenheit** *f* thoughtlessness; rashness; impulsiveness.
unbesorgt I. *adj.* unconcerned (**wegen** about); ***seien Sie ~*** don't worry; **II.** *adv.* (*getrost*) safely; **Unbesorgtheit** *f* unconcern, lack of concern.
unbespielbar *adj. Rasen, Platz*: unplayable; **unbespielt** *adj.* Cassette etc.: blank, empty.
unbeständig *adj.* unsteady, unstable; *Wetter*: changeable; ☤ *Markt*: unsettled; **Unbeständigkeit** *f* instability; *des Wetters*: changeableness; ☤ unsettledness.
unbestätigt *adj.* unconfirmed; ***~en Meldungen zufolge*** according to unconfirmed reports.
unbestechlich *adj.* **1.** incorruptible; **2.** *fig. Urteil etc.*: unerring; ***sie ist in ihrem Urteil ~*** she has an unerring judg(e)ment; **Unbestechlichkeit** *f* incorruptibility, integrity.
unbestimmbar *adj.* indefinable; (*vage*) vague, indeterminate; **unbestimmt** *adj.* **1.** *Gefühl, Vorstellung etc.*: vague; **2.** (*ungewiß*) uncertain, *Zeitraum*: indefinite (*a. ling.*); ***auf ~e Zeit*** indefinitely; **Unbestimmtheit** *f* **1.** vagueness; **2.** (*Ungewißheit*) uncertainty.
unbestraft *adj.* unpunished; → ***straffrei.***
unbestreitbar *adj.* indisputable, unquestionable; **unbestritten I.** *adj.* undisput-

ed, uncontested; **II.** *adv.* indisputably, without doubt.

unbeteiligt *adj.* **1.** (*teilnahmslos*) indifferent, unconcerned; **2.** uninvolved; **2er** onlooker; ***an e-r Sache ~ sein*** not to be involved in s.th., ✝ have no interest in s.th.

unbetont *adj.* unstressed.

unbeträchtlich *adj.* insignificant, negligible; ***nicht ~*** quite considerable.

unbeugsam *fig. adj. Wille, Person, Haltung etc.*: unbending; *weitS.* (*nicht kompromißbereit*) uncompromising; (*dickköpfig, stur*) tough-minded; ***~er Wille*** *a.* iron will; **Unbeugsamkeit** *f* unbending (*od.* uncompromising) attitude; *des Willens, der Haltung etc.*: unbendingness.

unbewacht *adj.* unguarded (*a. fig.*).

unbewaffnet *adj.* unarmed.

unbewältigt *adj. Problem*: unsurmounted; *Erlebnis*: undigested; ***die ~e Vergangenheit*** the past with which people are still coming (*od.* trying to come) to terms; ***die Vergangenheit bleibt noch ~*** people are still trying to (*od.* we *etc.* still haven't) come to terms with the past.

unbewandert *adj.* inexperienced (***in*** in); *in e-m Wissensgebiet*: ignorant (about); ***auf dem Gebiet bin ich ~*** I'm not very well up in that area, I don't know anything (F the first thing) about that subject.

unbeweglich *adj.* immobile; (*bewegungslos*) motionless; *fig.* rigid; → ***Gut*** 1; **Unbeweglichkeit** *f* immobility; motionlessness; *fig.* rigidness, rigidity.

unbewegt *adj. Gesicht*: expressionless; **Unbewegtheit** *f des Gesichts*: expressionlessness; lack of expression.

unbeweibt F *hum. adj.* without a woman; wifeless.

unbeweisbar *adj.* unprovable; ***es ist ~*** *a.* it can't be proved; **Unbeweisbarkeit** *f* unprovability; **unbewiesen** *adj.* unproven, *pred.* not proved.

unbewohnbar *adj.* uninhabitable; **Unbewohnbarkeit** *f* uninhabitability; **unbewohnt** *adj.* uninhabited; *Gebäude*: *a.* unoccupied, vacant.

unbewußt *adj.* unconscious (*gen.* of), (*unwillkürlich, instinktiv*) involuntary, instinctive, mechanical; *psych.* ***das 2e*** the unconscious (mind).

unbezahlbar *adj.* unaffordable, far too expensive, beyond one's (*od.* anyone's) reach; *Preis etc.*: prohibitive; *fig.* invaluable, priceless; F (*unersetzlich*) worth its weight in gold; *Humor*: F priceless; **unbezahlt** *adj.* unpaid (*a. Urlaub*).

unbezähmbar *fig. adj.* uncontrollable.

unbeziffert *adj.* ✝ uncosted.

unbezweifelbar *adj.* unquestionable.

unbezwingbar, unbezwinglich *adj.* invincible; *Festung etc.*: impregnable; *Gefühl*: uncontrollable.

unbiegsam *adj.* inflexible.

Unbilden *pl.* rigo(u)rs; ***die ~ der Witterung*** the inclemency of the weather.

Unbildung *f* lack of education.

unbillig *adj.* unreasonable, unfair; ⚖ ***~e Härte*** undue hardship.

unblutig I. *adj.* bloodless; ⚕ non-operative; **II.** *adv.* without bloodshed.

unbotmäßig *adj.* insubordinate; *weitS.* rebellious, refractory; **Unbotmäßigkeit** *f* insubordination.

unbrauchbar *adj.* useless, of no use (to s.o.), (*ungeeignet*) unsuitable; ⚙ unserviceable; *Material*: *a.* waste ...; *Plan etc.*: impracticable, unworkable; ***für Hausarbeit*** *etc.* ***~ sein*** *Person*: be useless when it comes to housework *etc.*; **Unbrauchbarkeit** *f* uselessness; ⚙ unserviceability; *von Plänen etc.*: impracticability.

unbürokratisch *adj.* unbureaucratic(ally *adv.*).

unchristlich *adj.* unchristian.

und *cj.* and; ***~?*** well?; F ***na ~?*** F so (what)?; F ***~ ob!*** F you bet!; ***~ so weiter***(, ***~ so fort***) and so on (and so forth); ***~ ~ ~*** I could go on and on; *er will es nicht* - ***~ ich auch nicht*** neither (*od.* nor) do I, F me neither; *iro.* ***ich ~ Tennisspielen?*** me play tennis?; ***du ~ fleißig?*** you hardworking?; ***~ wenn*** (***auch***) even if; ***... sagte er ~ lächelte*** ... he said, smiling; ***er fragte ~ fragte*** he (just) kept on asking; ***wir überlegten ~ überlegten*** we racked our brains; ***~ wenn du mich zehnmal fragst*** however (*od.* no matter how) many times you ask me.

Undank *m* ingratitude, ungratefulness; ***~ ernten*** get no (*od.* very little) thanks *for s.th.*; **undankbar** *adj.* ungrateful; *Aufgabe etc.*: thankless; **Undankbarkeit** *f* ingratitude, ungratefulness.

undatiert *adj.* undated.

undefinierbar *adj.* indefinable; **Undefinierbarkeit** *f* indefinability.

undehnbar *adj.* inelastic.

undeklinierbar *adj.* indeclinable.

undemokratisch *adj.* undemocratic(ally *adv.*).

undenkbar *adj.* unthinkable.

undenklich *adj.*: ***seit ~en Zeiten*** from (*od.* since) time immemorial, ever since I can remember; *weitS.* for ages.

undeutlich *adj.* indistinct, not clear; (*unbestimmt*) *a. Äußerung, Eindruck*: vague; *Schrift*: illegible; **Undeutlichkeit** *f* indistinctness; vagueness; illegibility.

Undezime *f* ♪ eleventh.

undicht *adj.* leaking; *Deckel etc.*: not tight; (*wasserdurchlässig*) not waterproof, not watertight; (*luftdurchlässig*) not airtight; (*porös*) porous; ***~ sein*** *a.* be leaking; ***~e Stelle*** *a. fig. pol.* leak.

undifferenziert I. *adj.* (*grob vereinfachend od. vereinfacht*) (too) simple, simplistic; (*feinere Unterschiede nicht berücksichtigend*) undiscriminating, indiscriminate; (*pauschal*) wholesale, sweeping *judg(e)ment, statement etc.*; **II.** *adv.* simplistically; indiscriminately; wholesale; → I; ***~ urteilen*** make a sweeping judg(e)ment; **Undifferenziertheit** *f* simplistic nature (*e-r Person*: attitude, way of thinking); lack of discrimination.

Unding *n* absurdity; ***es ist*** (***wäre***) ***ein ~ zu*** *inf. a.* it's (it would be) absurd to *inf.*; ***das ist doch wirklich ein ~*** that really is absurd (*od.* ridiculous).

undiplomatisch *adj.* undiplomatic(ally *adv.*), tactless.

undiszipliniert *adj.* undisciplined; **Undiszipliniertheit** *f* lack of discipline.

unduldsam *adj.* intolerant; **Unduldsamkeit** *f* intolerance.

undurchdringlich *adj.* **1.** impenetrable; **2.** *Miene*: inscrutable; **Undurchdringlichkeit** *f* **1.** impenetrability; **2.** *der Miene*: inscrutability.

undurchführbar *adj.* impracticable, unworkable; **Undurchführbarkeit** *f* impracticability.

undurchlässig *adj.* impervious (***für*** to); impermeable (to); **Undurchlässigkeit** *f* imperviousness; impermeability.

undurchschaubar *adj. Person, Absichten, Lächeln etc.*: inscrutable; *weitS.* (*geheimnisvoll*) mysterious, arcane; (*obskur*) obscure; **Undurchschaubarkeit** *f* inscrutability; mysteriousness, mysterious nature (*gen.* of).

undurchsichtig *adj.* opaque; *fig. Person*: impenetrable; (*obskur, dubios*) *Machenschaften, Pläne etc.*: obscure; **Undurchsichtigkeit** *f* opacity; *fig.* impenetrability; obscurity.

uneben *adj.* uneven; *Weg etc.*: *a.* rough, bumpy; F *fig.* ***nicht ~*** not bad; **Unebenheit** *f* **1.** unevenness; bumpiness; **2.** (*unebene Stelle*) unevenness, uneven spot, F bump.

unecht *adj.* **1.** not genuine; (*gefälscht*) counterfeit, fake; (*nachgemacht*) imitation ..., artificial; *Farbe*: fading, not fast; ℒ improper; **2.** *fig. Gefühle*: not genuine, false, insincere; *Lächeln*: *a.* artificial; → *a.* ***falsch.***

unedel *adj. Metalle*: base ...

unehelich *adj. Kind*: illegitimate; *Mutter*: unmarried; **Unehelichkeit** *f* illegitimacy.

Unehre *f* dishono(u)r; ***j-m ~ machen*** discredit (*od.* disgrace) s.o., bring disgrace on s.o.; **unehrenhaft** *adj.* dishono(u)rable.

unehrerbietig *adj.* disrespectful, irreverent; **Unehrerbietigkeit** *f* irreverence.

unehrlich *adj.* dishonest; (*falsch*) insincere; ***auf ~e Weise*** by dishonest means, dishonestly; **Unehrlichkeit** *f* dishonesty; (*Unaufrichtigkeit*) insincerity.

uneigennützig *adj.* unselfish; **Uneigennützigkeit** *f* unselfishness.

uneigentlich F *adv.* (*tatsächlich*) actually; (*in Wahrheit*) if I'm *etc.* honest.

uneinbringlich *adj.*: ✝ ***~e Forderungen*** uncollectibles.

uneingeschränkt *adj.* unrestricted, unlimited; *Vertrauen*: absolute; *Lob etc.*: unqualified, unreserved; *Unterstützung, Maßnahme*: all-out ...

uneingestanden *adj.* unacknowledged.

uneingeweiht *adj.* uninitiated; ***für 2e*** for the uninitiated.

uneinheitlich *adj.* non-uniform, inconsistent; (*verschieden*) varied; (*unterschiedlich*) varying; ✝ *Kurse, Preise*: irregular; **Uneinheitlichkeit** *f* lack of uniformity, inconsistency; varied nature (*gen.* of); ✝ irregularity.

uneinig *adj.* divided, disunited; (***sich***) ***~ sein*** be in disagreement, be at issue (***über*** about, on), (*zerstritten*) be at variance; ***ich bin mit mir selbst noch ~*** I'm still undecided; **Uneinigkeit** *f* dividedness; disagreement; *stärker*: dissension.

uneinnehmbar *adj.* impregnable.

uneins *adj.*: ***~ sein*** → ***uneinig***; ***mit sich selbst ~ sein*** be at odds with o.s.

uneinsichtig *adj.* stubborn; ***sie ist so ~*** *a.* she just won't listen to reason, you can't reason with her; **Uneinsichtigkeit** *f* stubbornness, refusal to listen to reason.

unempfänglich *adj.* unreceptive, impervious, insensible (*alle* ***für*** to); **Unempfänglichkeit** *f* unreceptiveness, imperviousness, insensibility (*alle* ***für*** to).

unempfindlich *adj.* insensitive (***gegen, für*** to); (*abgehärtet*) inured (to); *fig.* (*gleichgültig*) indifferent (to); **Unempfindlichkeit** *f* insensitiveness (***gegen,***

für to), lack of sensitivity (towards); indifference (to[wards]).

unendlich I. *adj. phys.*, A, ♪ infinite (*a. fig. Sorgfalt, Vergnügen etc.*); A **~e Größe** (*od.* **Zahl**) infinite; **das ≈e** infinity (*a.* A); **~er Kreislauf** recurring spiral; *phot.* **auf ~ einstellen** focus at infinity; **(bis) ins ~e** ad infinitum; **das geht ins ~e** it's never-ending; **II.** *adv.* infinitely; *fig.* (*sehr*) exceedingly, F incredibly, F *pleased etc.* no end; **~ klein** infinitesimal; **~ lang** endless; **~ viel(e)** *Zahl*: an infinite number (of), *Menge*: an infinite amount (of); *mit Ergänzung*: *a.* F no end of; **~ viel Sorgen** *etc.* no end of trouble *etc.*; **er hat sich ~ bemüht** F he took no end of pains; **Unendlichkeit** *f* **1. die ~** infinity; **2.** *der Weite etc.*: endlessness, infinity; **3.** F **e-e ~ warten** wait for ages (F for an age and a half).

unentbehrlich *adj.* indispensable (*dat. od.* **für** to); **Unentbehrlichkeit** *f* indispensability.

unentdeckt *adj.* undiscovered.

unentgeltlich *adj. u. adv.* free (of charge).

unentrinnbar *adj.* inescapable, ineluctable; **das Schicksal** *etc.* **ist ~** *a.* there's no escaping fate *etc.*; **Unentrinnbarkeit** *f* inescapability.

unentschieden I. *adj.* undecided (*a. Person*); *Frage*: open, unsettled; **~es Spiel** tie; **~es Rennen** dead heat, tie; **II.** *adv.* **~ spielen** draw; **~ enden** end in a draw (*od.* tie); **die Mannschaften haben sich (1:1) ~ getrennt** the game ended in a (1-1 [= one to one]) draw; **III.** ≈ *n Sport*: draw, tie; **Unentschiedenheit** *f* undecidedness.

unentschlossen *adj.* undecided, irresolute; **~ sein** *a.* waver, hesitate, vacillate; **Unentschlossenheit** *f* vacillation, hesitation; (*Eigenschaft*) indecision.

unentschuldbar *adj.* inexcusable, unpardonable; **unentschuldigt** *adj.*: **~es Fehlen** unexcused absence; **~ fehlen** be absent without an excuse.

unentwegt I. *adv.* (*unermüdlich*) untiringly; (*zielstrebig*) unswervingly; (*ununterbrochen*) incessantly; **er redete ~** *a.* he wouldn't stop talking; **II.** *adj. Arbeit etc*: ceaseless, untiring; *Person*: untiring, indefatigable; **~er Kämpfer für** unswerving (*lit.* steadfast) champion of; **Unentwegtheit** *f* untiringness; (*Zielstrebigkeit*) unswervingness.

unentwirrbar *adj.* inextricable.

unerbittlich *adj.* relentless (*a. Schlacht*); *Haß, Opposition etc.*: unrelenting; (*erbarmungslos*) unmerciful; *Schicksal*: inexorable; **Unerbittlichkeit** *f* relentlessness; unrelenting nature (*gen.* of); mercilessness; inexorability.

unerfahren *adj.* inexperienced (**in** in), new (to); **Unerfahrenheit** *f* inexperience, lack of experience.

unerfindlich *adj.* inexplicable; **aus ~en Gründen** for some obscure reason; **es ist mir (völlig) ~** it's a (complete) mystery to me.

unerforschlich *fig. adj.* unfathomable; **unerforscht** *adj.* unexplored, *a. fig.* uncharted *territory*.

unerfreulich *adj.* unpleasant; (*ärgerlich*) annoying; **so was ≈es!** *a.* what a nuisance; **ich habe e-e ~e Mitteilung zu machen** I've got some unpleasant news for you, I'm afraid.

unerfüllbar *adj.* unrealizable; **unerfüllt** *adj.* unfulfilled.

unergiebig *adj.* (*keinen Nutzen bringend, a. fig.*) unproductive; (*unrentabel*) unprofitable; *Informationsquellen etc.*: unhelpful; (*nicht der Mühe wert*) not worth one's while; **es war ~** *a.* it didn't get us *etc.* any further; **das Thema ist ~** *a.* the subject leads nowhere; **Unergiebigkeit** *f* unproductiveness; unprofitability; F dead-end nature (*gen.* of).

unergründlich *adj.* unfathomable; *fig.* inscrutable.

unerheblich *adj.* (*unbedeutend*) insignificant, unimportant; (*gering*) slight; (*irrelevant*) irrelevant; **Unerheblichkeit** *f* insignificance; irrelevance.

unerhört *adj.* **1.** (*empörend*) outrageous, scandalous; **~!** what a cheek!; **2.** F (*sehr viel etc.*) F tremendous, incredible; **sie hatte ein ~es Glück** she was incredibly lucky; **3.** (*noch nie dagewesen*) unheard-of, unprecedented; **4.** (*nicht erhört*) *Gebet etc.*: unanswered; *Liebe, Liebhaber*: unrequited.

unerkannt I. *adj.* unrecognized, unidentified; **II.** *adv.*: **~ entfliehen** escape unrecognized (*od.* without being recognized).

unerklärlich *adj.* inexplicable; **es ist ~** *a.* it's a (real) mystery.

unerläßlich *adj.* essential, imperative.

unerlaubt *adj.* unauthorized ..., prohibited, not allowed (*od.* permitted); (*ungesetzlich*) illegal, illicit; **~e Handlung** unlawful act, ⚖ tort; → **Eingriff** 2; **unerlaubterweise** *adv.* without permission.

unerledigt *adj.* not (yet) dealt with; (*unfertig*) unfinished; *Problem etc.*: unsettled; *Rechnung*: a) unpaid, b) outstanding.

unermeßlich *adj.* immeasurable, immense, vast; **~e Weite** boundless spaces; **Unermeßlichkeit** *f* immeasurableness, *a. des Weltalls etc.*: immensity, vastness.

unermüdlich *adj. Person*: untiring, indefatigable; *Bemühen*: *a.* unflagging, unremitting.

unernst I. *adj.* not serious, frivolous; **II.** ≈ *m* lack of seriousness, frivolity.

unerprobt *adj.* untested.

unerquicklich *adj.* unpleasant, unedifying.

unerreichbar *adj.* **1.** inaccessible; *a. fig.* out of (*s.o.'s*) reach, beyond *s.o.'s* reach; *fig. a.* unattainable; **2. er war ~** we *etc.* couldn't get hold of him; **unerreicht** *fig. adj.* unequal(l)ed, unrival(l)ed, second to none; record *performance*.

unersättlich *adj.* insatiable (*a. fig.*), voracious; **Unersättlichkeit** *f* insatiability, insatiable appetite (*beide a. fig.*), voracity.

unerschlossen *adj. Gelände etc.*: undeveloped; ☤ *a.* untapped *resources, market*.

unerschöpflich *adj.* inexhaustible; **Unerschöpflichkeit** *f* inexhaustibility; inexhaustible supply *etc.* (*gen.* of).

unerschrocken *adj.* intrepid, undaunted; **Unerschrockenheit** *f* intrepidity, intrepid nature (*gen.* of).

unerschütterlich I. *adj.* unshak(e)able; *Person*: *a.* unflappable; (*unerschrocken*) intrepid; **s-e Ruhe ist ~** he's imperturbable; **II.** *adv.*: **~ konservativ** *etc.* staunchly conservative *etc.*

unerschwinglich I. *adj.* (far) too expensive, unaffordable, beyond one's (*od.* anyone's) means; *Preis, Steuer etc.*: prohibitive; **II.** *adv.*: **~ teuer** prohibitively expensive.

unersetzlich *adj.* irreplaceable; *Verlust*: *a.* irrecoverable, *a. Schaden*: irreparable.

unersprießlich *adj.* **1.** unprofitable; *Bemühen*: fruitless; **2.** (*unerfreulich*) unpleasant.

unerträglich *adj.* unbearable, intolerable, *formell*: insufferable (*alle a. fig. Person*); **Unerträglichkeit** *f* unbearableness.

unerwähnt *adj.* unmentioned; **~ lassen** *a.* fail to mention, make no mention of, pass *s.th.* over (in silence).

unerwartet I. *adj.* unexpected; (*unvorhergesehen*) unforeseen; surprise *visitors, attack etc.*; ☤ **~er Gewinn** windfall profit; **II.** *adv.* unexpectedly; **es kam völlig ~** *a.* it took us all (*od.* everyone) by surprise.

unerwidert *adj. Brief etc.*: unanswered; *Liebe*: unrequited.

unerwünscht *adj.* undesirable, unwelcome; *Kind*: unwanted; **du bist hier ~** you're not welcome around here; **Rauchen ~** thank you for not smoking; *Vertreterbesuche, Hunde etc.* **~** no ... please.

unfähig *adj.* **1.** (*außerstande*) unable (**zu** *inf.* to *inf.*), incapable (of *ger.*); **2.** (*untauglich*) incompetent; **zu** *e-m Amt etc.* **~** unqualified for; **Unfähigkeit** *f* **1.** inability (**zu** *inf.* to *inf.*); **2.** (*Untauglichkeit*) incompetence.

unfair *adj.* unfair; **das war ~** *a.* that wasn't fair.

Unfall *m* accident; **e-n ~ bauen** cause (*od.* have) an accident; **bei ~ bitte ich zu verständigen** in case of accident please inform; **bei e-m ~ ums Leben kommen** (**verletzt werden**) be killed (hurt *od.* injured) in an accident; **~arzt** *m* casualty doctor (*od.* officer); **~chirurgie** *f* casualty surgery; **~flucht** *f* → **Fahrerflucht**; **~folgen** *pl.* consequences of an (*od.* the) accident; **an den ~ sterben** die as a result of the accident.

unfallfrei I. *adj.* accident-free; **II.** *adv.* without an (*od.* a single) accident.

Unfall|gefahr *f* danger (*od.* risk) of accidents, hazard; **es besteht erhöhte ~** there is a high risk of accidents (happening); **~klinik** *f*, **~krankenhaus** *n* casualty hospital; **~medizin** *f* emergency-room medicine; **~rente** *f* accident benefit; **~station** *f* first-aid station; *im Krankenhaus*: casualty ward; **~stelle** *f* scene of the accident; **~tod** *m* accidental death, death by accident (*formell*: misadventure); **~tote(r)** *m* accident victim; **Zahl der Unfalltoten** number of road deaths (*od.* deaths on the road).

unfallträchtig *adj. Stelle*: hazardous.

Unfall|verhütung *f* accident prevention; **~verletzte(r)** *m* accident casualty; **~verletzung** *f* accident injury; **~versicherung** *f* accident insurance; **~wagen** *m* **1.** (*Rettungsfahrzeug*) ambulance; **2.** (*beschädigter Wagen*) car damaged in an (*od.* the) accident; **~zeuge** *m* witness of the (*od.* an) accident; **~ziffer** *f* number of accidents.

unfaßbar *adj.* (*unergründlich*) unfathomable; (*unbegreiflich*) incomprehensible; (*unvorstellbar*) incredible; **das ist für mich ~** I just can't believe it.

unfehlbar I. *adj.* (*nie irrend*) infallible (*a.*

R.C.); (*zuverlässig*) unerring; ***mit ~em Instinkt*** with an unerring instinct; **II.** *adv.* infallibly; (*bestimmt*) for certain; (*unweigerlich*) inevitably; **Unfehlbarkeit** *f* infallibility; **Unfehlbarkeitsdogma** *n* doctrine of papal infallibility.
unfein *adj. Verhalten, Bemerkung etc.*: indelicate; ungentlemanlike, unladylike, *pred. a.* bad form, not nice; (*grob*) crude, crass; ***et. auf ~e Art ausdrücken*** express s.th. rather crudely; ***als ~ gelten*** be considered bad form.
unfern *prp.* not far from (*gen. od.* ***von*** *s.th., a place*).
unfertig *adj.* unfinished, incomplete; ✝ unfinished, semifinished *products*; *fig.* (*unreif*) immature.
Unflat *m* dirt, filth; **unflätig** *adj.* dirty, *stärker*: obscene.
unflott F *adj.*: ***nicht ~*** F not bad at all, *Kleidung etc.*: F natty.
unfolgsam *adj.* disobedient; **Unfolgsamkeit** *f* disobedience.
unformatiert *adj. Computer*: unformatted.
unförmig *adj.* (*mißgestaltet*) misshapen; (*massig, sperrig*) bulky.
unförmlich *adj.* informal; ***es ging ganz ~ zu*** it was quite an informal (*od.* casual) affair.
unfrankiert I. *adj.* unstamped; **II.** *adv. a.* without a stamp.
unfrei *adj.* **1.** *Volk etc.*: not free, subjected; *weitS.* unliberated; **2.** (*eingeschränkt*) restricted, *a. psych. Person*: inhibited; **3.** *Paket etc.*: unfranked.
unfreiwillig I. *adj.* involuntary; (*gezwungen*) compulsory; (*unabsichtlich*) unintentional; ***~e Komik*** unintentional humo(u)r; F ***ein ~es Bad nehmen*** F take a ducking; **II.** *adv.* involuntarily; unintentionally; (*gegen s-n Willen*) against one's will; ***et. ~ tun*** *a.* be forced to do s.th.
unfreundlich *adj.* unfriendly (*a. Wetter, Klima, Atmosphäre etc.*); (*ungefällig*) unobliging; *Klima, Zimmer etc.*: cheerless; **Unfreundlichkeit** *f* unfriendliness, *weitS.* (*Unhöflichkeit*) rudeness.
Unfriede(n) *m* discord; ***Unfrieden stiften*** sow discord.
unfrisiert *adj.* **1.** *Haar, Person*: unkempt; **2.** *fig. Bericht etc.*: F undoctored.
unfruchtbar *adj.* **1.** *Erde*: infertile, barren; (*steril*) sterile; **2.** *fig. Gespräch etc.*: fruitless; *Arbeit*: unproductive; ***auf ~en Boden fallen*** fall on stony ground, ***bei j-m:*** be lost on s.o.; **Unfruchtbarkeit** *f* **1.** infertility, barrenness; sterility; **2.** *fig.* fruitlessness.
Unfug *m* mischief; (*Unsinn*) nonsense; ***~ treiben*** get (*od.* be) up to mischief (*od.* no good); ***~ treiben mit*** fool around with.
unfühlbar *adj.* imperceptible.
Ungar(in *f*) *m*, **ungarisch** *adj.*, **Ungarisch** *n ling.* Hungarian.
ungastlich *adj.* inhospitable; **Ungastlichkeit** *f* inhospitableness, inhospitable nature (*gen.* of).
ungeachtet *prp.* regardless of, irrespective of, notwithstanding (*gen. s.th.*); (*trotz*) despite.
ungeahndet I. *adj.* unpunished; **II.** *adv. a.* with impunity.
ungeahnt *adj.* undreamt-of; (*unerwartet*) unexpected.
ungebärdig *adj.* unruly.
ungebeten *adj. Gast*: uninvited; ***~ kommen*** come unasked, come without being asked (*od.* invited).
ungebildet *adj.* uneducated.
ungeboren *adj.* unborn.
ungebräuchlich *adj.* unusual; ***es ist ein ~es Wort*** *etc.* it's not a very common word *etc.*
ungebraucht *adj.* unused; (*sauber*) *Handtuch etc.*: clean.
ungebrochen *adj. Wille, Glaube etc.*: unbroken; *Kraft etc.*: unfailing.
ungebührlich I. *adj.* (*ungehörig*) improper, unseemly; (*unangemessen*) undue; **II.** *adv.* (*mehr als recht ist*) unduly; ***sich ~ benehmen*** misbehave, step out of line; **Ungebührlichkeit** *f* impropriety, unseemliness.
ungebunden *adj.* **1.** *Buch*: unbound, in sheets; **2.** *Person*: unattached, F footloose and fancy-free; **3.** ***~e Rede*** prose; **Ungebundenheit** *f* freedom.
ungedämpft *adj.* ♪, *phys.* undamped.
ungedeckt *adj. Scheck etc.*: uncovered; *Sport*: unmarked; (*ohne Schutz*) unprotected, exposed; ***der Tisch ist noch ~*** the table hasn't been laid yet.
ungedruckt *adj. Text etc.*: unprinted.
Ungeduld *f* impatience; ***mit ~*** impatiently; ***voller ~*** terribly impatiently; **ungeduldig** *adj.* impatient.
ungeeignet *adj.* unsuited (***zu*** for), unsuitable (for); *Person*: *a.* unqualified (for); ***ein ~er Moment*** an inopportune (*od.* the wrong) moment; ***sie ist denkbar ~*** she couldn't be less suited.
ungefähr I. *adj.* (*annähernd*) approximate; (*grob*) rough; **II.** *adv.* (*etwa*) about, approximately, around; (*mehr oder weniger*) more or less; ***~ um elf*** around eleven; ***~ bei der Post*** about where the post office is; F ***so ~*** something like that; ***wo ~?*** whereabouts?, roughly where?; ***wenn ich ~ wüßte, was er will*** if I had some idea of what he wants; ***~ wie ...*** more or less like ..., much like ...; ***nicht von ~*** not without reason, not for nothing; ***(wie) von ~*** (as if) by chance.
ungefährdet I. *adj.* safe; out of danger; **II.** *adv.* without danger; out of harm's way.
ungefährlich *adj.* harmless, not dangerous; *Mittel etc.*: harmless, innocuous; ***es ist nicht ganz ~*** it's a bit risky, there's a slight risk involved.
ungefällig *adj.* unobliging; **Ungefälligkeit** *f* unobligingness.
ungefärbt *adj.* **1.** undyed, not dyed; *Seide*: raw; **2.** *fig. Bericht etc.*: undistorted, unadulterated.
ungefestigt *adj. Charakter etc.*: unmo(u)lded, (still) developing *od.* maturing.
ungefragt I. *adj.* unasked; **II.** *adv. a.* without being asked.
ungefrühstückt F *adj.* on an empty stomach, without any breakfast.
ungefügig *adj.* refractory.
ungehalten *adj.* (*unwillig*) annoyed (***über*** at), *stärker*: indignant (at); **Ungehaltenheit** *f* annoyance; indignance.
ungeheißen *adj.* unbidden, of one's own accord.
ungeheizt *adj.* unheated.
ungehemmt I. *adj.* uninhibited; (*ungehindert*) unchecked; **II.** *adv.* freely, without restraint; unchecked.
ungeheuchelt *adj.* unfeigned, sincere.
ungeheuer I. *adj.* enormous, immense; F (*toll*) F tremendous, terrific; *Schmerzen, Krach etc.*: dreadful, F incredible; ***ungeheurer Fehler*** colossal mistake; **II.** *adv.* (*sehr*) enormously *etc.*; → I; ***sich ~ freuen*** be incredibly pleased, F be over the moon (***über*** about); ***es ist ~ wichtig*** it's of the utmost importance, it's tremendously important.
Ungeheuer *n* monster (*a. fig.*).
ungeheuerlich *adj.* monstrous; (*empörend*) outrageous; **Ungeheuerlichkeit** *f* **1.** monstrousness; **2.** *konkret*: atrocity.
ungehindert *adj.* unhindered; (*unkontrolliert*) unchecked.
ungehobelt *adj.* **1.** ⚙ not planed; **2.** *fig.* uncouth; (*schwerfällig*) clumsy; **Ungehobeltheit** *f* uncouthness.
ungehörig *adj.* (*unschicklich*) improper, unseemly; (*frech*) impertinent; **Ungehörigkeit** *f* (*Frechheit*) impertinence; ***es ist (einfach) e-e ~ zu*** *inf.* it's (sheer) bad manners to *inf.*
ungehorsam I. *adj.* disobedient (***gegenüber*** to); **II.** ♀ *m* disobedience.
ungehört *adj.* unheard; ***~ verhallen*** *Rufe*: remain unheard, *fig. Bitte etc.*: go unheard.
Ungeist *m* evil spirit; evil (*od.* pernicious) zeitgeist.
ungekämmt *adj.* uncombed.
ungeklärt *adj.* **1.** unsettled, (still) open; *Problem*: unsolved; **2.** ***~e Abwässer*** untreated (*od.* raw) sewage.
ungekocht *adj.* uncooked, raw; *Wasser etc.*: unboiled.
ungekündigt *adj.*: ***in ~er Stellung*** in regular employment without notice being given.
ungekünstelt *adj.* unaffected, natural.
ungekürzt *adj. Buch*: unabridged; *Film*: uncut; ***~e Fassung*** *Film*: long version.
ungeladen *adj.* **1.** *Gast*: uninvited; **2.** *Feuerwaffe*: unloaded; **3.** *Akku, Batterie*: empty.
ungelegen *adj.* inconvenient, *Zeitpunkt*: *a.* inopportune; ***das kommt mir sehr ~*** that doesn't suit me at all, *zeitlich*: *a.* that's come at an awkward time (for me); ***komme ich ~?*** am I disturbing you?; **Ungelegenheiten** *pl.*: ***j-m ~ machen*** put s.o. out, inconvenience s.o.
ungelehrig *adj.* unteachable.
ungelenk(ig) *adj.* clumsy, awkward; (*steif*) stiff.
ungelernt *adj. Arbeit(er)*: unskilled.
ungeliebt *adj.* unloved.
ungelogen *adv.*: ***ich habe ~ 20 Seiten geschafft*** I literally (*od.* honestly) managed 20 pages; I managed 20 pages, and I'm not exaggerating (F kidding).
Ungemach *obs. n* adversity, hardship.
ungemacht *adj. Bett*: unmade.
ungemein I. *adj.* enormous, great; **II.** *adv.* (*sehr*) tremendously, extremely; ***~ viel(e)*** a tremendous (*od.* an enormous) amount *od.* number (of).
ungemindert *adj.* undiminished.
ungemütlich *adj.* uncomfortable (*a. fig. Lage, Gefühl etc.*); *Zimmer etc.*: cheerless; F *fig.* ***~ werden*** *Person, Lage etc.*: get (*od.* turn) nasty; F ***es wird langsam ~*** things are turning a bit nasty; **Ungemütlichkeit** *f* uncomfortableness; *e-s Zimmers etc.*: cheerlessness; ***~ der Atmosphäre*** *etc.* uncomfortable atmosphere *etc.*
ungenannt *adj.* unnamed; *Person*: *a.* anonymous, nameless.
ungenau *adj.* (*nicht exakt*) inexact; (*unpräzise*) imprecise; (*nicht richtig*) inaccurate; (*undeutlich*) vague; **Ungenauig-**

keit *f* **1.** inexactness; imprecision; inaccuracy; vagueness; → ***ungenau***; **2.** (*Fehler*) inaccuracy; ***ihr sind einige ~en unterlaufen*** she got a few things slightly wrong.

ungeniert I. *adj.* uninhibited; **II.** *adv.* uninhibitedly; (*frei heraus*) openly; ***völlig ~*** (*selbstsicher*) with such aplomb; ***sich ~ hinwegsetzen über*** blithely ignore; **Ungeniertheit** *f* (complete) lack of inhibition.

ungenießbar *adj.* **1.** *Speisen*: inedible; *Getränke*: undrinkable; **2.** F *fig. Buch etc.*: impossible (to read *etc.*); *Person*: unbearable, hard to take; ***er ist für mich ~*** *a.* I can't stomach him.

ungenormt *adj.* non-standard.

Ungenügen *n* inadequacy; **ungenügend** *adj.* insufficient, not enough; (*nicht zufriedenstellend*) inadequate; *Leistung, Note*: unsatisfactory.

ungenutzt, ungenützt *adj.* unused; *Rohstoffe etc.*: unexploited; *Kapital*: dead; ***e-e Gelegenheit ~ lassen*** let an opportunity slip, pass up an opportunity.

ungeordnet *adj.* unsorted, not yet sorted out; (*unordentlich*) disordered, disorderly.

ungepflastert *adj.* unpaved.

ungepflegt *adj.* neglected; *Person*: untidy, *stärker*: scruffy; **Ungepflegtheit** *f* neglected state; *e-r Person*: untidiness, *stärker*: scruffiness.

ungeprüft *adj.* unchecked.

ungepuffert *adj. Computer*: unbuffered.

ungerade *adj.* uneven, not straight; *Zahl*: odd *number*.

ungeraten *adj. Kind*: wayward.

ungerechnet *adj.* not counting ...

ungerecht *adj.* unjust (***gegen*** towards), unfair (to[wards]); **ungerechterweise** *adv.* unjustly.

ungerechtfertigt *adj.* unjustified, unwarranted; ⚖ ***~e Bereicherung*** unjust enrichment.

Ungerechtigkeit *f* injustice (***gegen*** to); ***soziale ~en*** social injustice(s).

ungeregelt *adj.* unregulated; (*regellos*) irregular (*a. Leben*); (*ungeordnet*) disorderly.

ungereimt *adj.* unrhymed; *fig.* (*unstimmig*) inconsistent, *stärker*: absurd; ***~es Zeug reden*** talk (a lot of) nonsense; **Ungereimtheit** *f* inconsistency; ***~en*** *a.* contradictions; ***es ist voller ~en*** *a.* it's completely incongruous.

ungern *adv.* unwillingly, grudgingly; (*widerwillig*) reluctantly; ***er tut es (äußerst) ~*** *a.* he doesn't like to do it (at all); *machst du's also?* - *~* I'm not keen(, but I suppose I'll have to).

ungerührt *fig. adj.* unmoved (***von*** by), impassive; *Miene*: indifferent.

ungerupft *adj.*: *fig.* ***~ davonkommen*** (*od.* ***bleiben***) get off lightly (*unbestraft*: scot-free); ***nicht ganz ~ davonkommen*** (*od.* ***bleiben***) leave a few hairs behind, not to get away unscathed.

ungesagt *adj.* unsaid.

ungesalzen *adj.* unsalted.

ungesättigt *adj.* ⚗ unsaturated; ***mehrfach ~*** polyunsaturated; ***mehrfach ~e Fettsäuren*** *a.* polyunsaturates.

ungesäuert *adj. Brot*: unleavened.

ungeschält *adj. Obst*: unpeeled; *Reis*: unpolished.

ungeschehen *adj.*: ***~ machen*** undo; ***das kann man nicht ~ machen*** it can't be undone.

Ungeschick *n*, **Ungeschicklichkeit** *f* ineptitude; *körperliche(s)*: *a.* clumsiness; **ungeschickt** *adj.* clumsy (*a. Formulierung etc.*), hamfisted; *Verhalten etc.*: inept; (*undiplomatisch*) undiplomatic(ally *adv.*), tactless.

ungeschlacht *adj.* **1.** *Körper*: ungainly, hulking *figure*; *Hände etc.*: massive; **2.** (*ungeschickt*) clumsy, awkward; **3.** (*grob*) uncouth, rough.

ungeschlagen *adj.* undefeated, unbeaten.

ungeschliffen *adj.* **1.** unpolished; *Edelstein*: uncut, rough; **2.** *fig. Person, Stil etc.*: unpolished, *stärker*, *Person*: uncouth; **Ungeschliffenheit** *fig. f* lack of polish; *e-r Person*: *a.* unpolished manner, *stärker*: uncouthness.

ungeschmälert *adj.* undiminished.

ungeschminkt I. *adj.* **1.** without make-up; ***~ sein*** *a.* not to be made up; **2.** *fig.* unvarnished, unadorned, plain *truth*; ***die ~en Tatsachen*** the bare facts; **II.** *adv.*: ***~ ausgedrückt*** in crude terms, to put it crudely.

ungeschönt *adj. Darstellung etc.*: unprettified.

ungeschoren *adj.* **1.** unshorn; **2.** *fig.* ***~ davonkommen*** (*od.* ***bleiben***) get off lightly (*ungestraft*: scot-free); ***j-n ~ lassen*** leave s.o. in peace, (*verschonen*) spare s.o.

ungeschrieben *adj.*: ***~es Gesetz*** unwritten law.

ungeschult *adj.* untrained (*a. Ohr etc.*).

ungeschützt *adj.* unprotected; exposed.

ungesehen *adj.* unseen, unnoticed, without anybody noticing.

ungesellig *adj.* unsociable.

ungesetzlich *adj.* illegal, unlawful, illicit; ***für ~ erklären*** declare illegal (*od.* unlawful), outlaw.

ungesittet *adj.* uncivilized; (*unmanierlich*) bad-mannered.

ungestalt *adj.* misshapen.

ungestillt *adj.* **1.** *Neugier etc.*: unsatisfied; **2.** *Hunger*: unappeased, unsatisfied; *Durst*: unquenched.

ungestört *adj.* undisturbed; *Ablauf, Vorgang etc.*: uninterrupted; *Ort etc.*: peaceful; *adv. a.* in peace; **Ungestörtheit** *f e-s Orts etc.*: peace and quiet.

ungestraft I. *adj.* unpunished; ***~ davonkommen*** go unpunished; **II.** *adv.* unpunished, with impunity.

ungestüm I. *adj.* impetuous; (*heftig, schnell*) vehement; **II.** ♀ *n* impetuosity; (*Heftigkeit*) vehemence.

ungesühnt *adj.* unpunished, unavenged.

ungesund *adj.* unhealthy; *fig. a.* unwholesome; ***Rauchen ist ~*** *a.* smoking is bad for you (*od.* your health).

ungesüßt *adj.* unsweetened.

ungetan *adj.*: ***et. ~ lassen*** leave s.th. undone.

ungeteilt *adj.* **1.** undivided, whole; **2.** *fig. Aufmerksamkeit etc.*: undivided; *Zustimmung*: unanimous.

ungetrübt *adj.* **1.** unclouded, clear; **2.** *fig.* perfect, unspoilt; ***~e Freude*** unalloyed joy (*od.* happiness).

Ungetüm *n* monster (*a. fig.*).

ungeübt *adj.* untrained, unskilled; **Ungeübtheit** *f* lack of training.

ungewandt *adj.* clumsy; *a. Verhalten*: inept.

ungewaschen *adj.* unwashed.

ungewiß *adj.* uncertain; (*unentschieden*) undecided; ***es ist noch ~, ob*** (***wie, wann*** *etc.*) it's still uncertain (as to) whether (how, when *etc.*); ***j-n im ungewissen lassen*** not to let s.o. know, keep s.o. guessing; ***Sprung ins Ungewisse*** leap in the dark; **Ungewißheit** *f* uncertainty.

ungewöhnlich *adj.* unusual; (*bemerkenswert*) exceptional, remarkable.

ungewohnt *adj. Umgebung etc.*: strange; (*neu*) new (***für*** to); (*unüblich*) unusual; ***das ist für mich ganz ~*** *a.* I'm not used to it at all.

ungewollt *adj.* unintentional; *Wirkung etc.*: unintended; (*unwillkürlich*) involuntary; *Schwangerschaft*: unwanted.

ungewürzt *adj.* unseasoned.

ungezählt *adj.* **1.** (*zahllos*) countless, innumerable; **2.** (*nicht gezählt*) uncounted.

ungezähmt *adj.* **1.** untamed, wild; **2.** *fig. Leidenschaft*: unbridled.

Ungeziefer *n* vermin (*a. fig.*); **~bekämpfung** *f* vermin control.

ungeziemend *adj.* improper, unseemly.

ungeziert *adj.* unaffected; **Ungeziertheit** *f* unaffectedness.

ungezogen *adj.* naughty; (*frech*) cheeky; **Ungezogenheit** *f* naughtiness; (*Frechheit*) cheekiness, cheek.

ungezügelt *fig. adj. Gefühle etc.*: unbridled; ***~es Temperament*** volatile temper; ***~er Lebensstil*** freewheeling lifestyle.

ungezwungen I. *adj.* unconstrained, casual; **II.** *adv.* casually, without constraint; **Ungezwungenheit** *f* (*Zwanglosigkeit*) lack of constraint; *e-r Veranstaltung etc.*: *a.* casual atmosphere; (*Ungeniertheit, Natürlichkeit*) naturalness.

ungiftig *adj.* non-toxic.

Unglaube *m* disbelief; *eccl.* lack of faith, unbelief; **unglaubhaft** *adj.* implausible, unconvincing; *weitS.* unrealistic; **ungläubig I.** *adj.* incredulous (*a. Blick, Lächeln etc.*), *a. eccl.* unbelieving; **II.** *adv.* incredulously; *j-n ansehen etc.*: in disbelief; ***~ lächeln*** (***schauen*** *etc.*) *a.* give an incredulous smile (look *etc.*); **unglaublich** *adj.* incredible (*a. gewaltig*), unbelievable; **unglaubwürdig** *adj. Aussage, Sache*: implausible; *Person*: unreliable, untrustworthy; *Politiker etc.*: not credible; **Unglaubwürdigkeit** *f* implausibility; unreliability, untrustworthiness; lack of credibility.

ungleich I. *adj.* (*unähnlich*) dissimilar; *Chancen etc.*: unequal; *Schuhe etc.*: odd ...; ***von ~er Länge*** *etc.* of varying length *etc.*; ***~es Paar*** odd pair (*Menschen*: match); **II.** *adv. vor Komparativ*; (*weitaus*) far, much, *stärker*: incomparably *better etc.*

ungleichförmig *adj.* variable; (*unsymmetrisch*) asymmetrical.

Ungleichgewicht *n* (state of) imbalance.

Ungleichheit *f* dissimilarity; *der Chancen etc.*: inequality.

ungleichmäßig *adj.* irregular; *Entwicklung etc.*: unsteady; *Verteilung*: uneven; *Handschrift*: erratic; **Ungleichmäßigkeit** *f* irregularity; unsteadiness; unevenness; erratic nature (*gen.* of).

Unglück *n* **1.** (*Unfall*) accident; (*Zug*♀, *Flugzeug*♀ *etc.*, *Katastrophe*) disaster; (*Mißgeschick*) mishap; ***schweres ~*** serious accident, *weitS.* disaster; **2.** misfortune; (*Pech*) bad luck; ***es ist kein ~, daß*** it's no tragedy that; ***in sein ~ rennen, sich ins ~ stürzen*** rush headlong into disaster; ***j-n ins ~ stürzen*** bring disaster (up)on s.o.; ***zu allem ~, um das ~***

vollzumachen to crown it all; ***ein ~ kommt selten allein*** it never rains but it pours; → *a.* ***Unheil***; **3.** (*Elend*) distress, misery; **unglücklich I.** *adj.* **1.** unfortunate; *Wahl, Zufall, Formulierung etc.*: *a.* unhappy ...; (*ungeschickt*) *Bewegung etc.*: awkward, clumsy; (*vom Pech verfolgt*) unlucky; ***e-e ~e Art haben*** have an awkward manner, *weitS.* keep treading on people's toes; ***e-e ~e Hand haben*** be unlucky (***mit, bei*** with, when it comes to), ***mit*** *Geschäftspartnern etc.*: have an awkward way of dealing with; **2.** (*traurig*) unhappy, sad; ***e-e ~e Figur abgeben*** cut a sorry figure; **3.** ***~e Liebe*** unrequited love; **II.** *adv.* **4.** ***~ enden*** (*od.* ***ausgehen***) come to an unhappy end, *stärker*: turn out badly, end in disaster; **5.** *sich ausdrücken etc.*: in an unfortunate manner, (*ungeschickt*) awkwardly; ***~ stürzen*** fall awkwardly, have a bad fall; ***~ ausrutschen*** slip awkwardly; **6.** ***~ verliebt sein*** be crossed in love; **unglücklicherweise** *adv.* unfortunately.

Unglücks|bote *m* bringer of bad tidings; **~botschaft** *f* bad news (*sg.*).

unglückselig *adj.* unfortunate; (*beklagenswert*) lamentable; (*verhängnisvoll*) ill-fated; *Liebende*: star-crossed.

Unglücks|fall *m* misfortune; (*Unfall*) accident; **~rabe** *m* unlucky person; ***er ist ein ~*** *a.* some people are just born unlucky; **~serie** *f* spate (*od.* series) of accidents; **~tag** *m* fateful (*od.* black) day.

Ungnade *f* disfavo(u)r; ***in ~ fallen*** fall from favo(u)r, ***bei***: fall out of favo(u)r with; ***in ~ sein*** be in the doghouse (***bei*** with); **ungnädig I.** *adj.* ungracious, unkind; (*übellaunig*) F grumpy; (*verärgert*) cross; **II.** *adv.*: ***~ aufnehmen*** take *s.th.* in (*od.* with) bad grace.

ungrammatisch *adj.* ungrammatical.

ungültig *adj.* invalid; (*null und nichtig*) null and void; *Gesetz*: inoperative; *Münze etc.*: not legal tender; *Tor etc.*: disallowed; *pol. Stimme*: spoilt; ***für ~ erklären*** declare null and void, annul, (*Tor*) chalk off; **Ungültigkeit** *f* invalidity; *e-s Vertrags etc.*: *a.* nullity.

Ungunst *f* disfavo(u)r, ill will; ***zu j-s ~en*** to s.o.'s disadvantage; ***das spricht zu s-n ~en*** that tells against him.

ungünstig *adj. Bedingungen etc.*: unfavo(u)rable; *Termin etc.*: inconvenient, *Zeitpunkt*: *a.* inopportune; *Foto, Frisur etc.*: unflattering; (*unglücklich*) unfortunate; ***bei ~em Wetter*** if the weather is bad (F doesn't play along); ***du stehst hier ~*** you haven't picked a very good place to stand.

ungut *adj.* bad; ***~es Gefühl*** funny feeling; ***ich hatte ein ~es Gefühl dabei*** I had a funny feeling about it; ***nichts für ~!*** no offen|ce (*Am.* -se) meant, no hard feelings.

unhaltbar *adj.* **1.** *Argument etc.*: untenable; *Zustände*: intolerable; **2.** *Sport*: unstoppable *shot*; **Unhaltbarkeit** *f e-s Arguments etc.*: untenable nature (*gen.* of); *von Zuständen etc.*: intolerability.

unhandlich *adj.* unwieldy; **Unhandlichkeit** *f* unwieldiness.

unharmonisch *adj.* ♪ *u. fig.* discordant, unharmonious; *fig. Farben*: clashing ...

Unheil *n* disaster; (*Schaden*) harm; ***~ anrichten*** wreak havoc.

unheilbar I. *adj.* incurable; *Krebs, Patient*: terminal; *fig.* irreparable; **II.** *adv.*: ***~ krank sein*** be suffering from an incurable disease, be incurably ill; ⚖ ***~ zerrüttet*** *Ehe*: irretrievably broken down; **Unheilbarkeit** *f* incurability.

unheilbringend *adj.* fatal, baneful.

unheilvoll *adj.* disastrous, baneful; *Stimmung, Blick*: sinister.

unheimlich I. *adj.* **1.** uncanny, weird (*beide a. fig.*); **2.** F *fig.* (*ungeheuer*) F terrific, fantastic; *Schmerzen, Respekt etc.*: F incredible; ***ich hatte e-e ~e Angst*** I was incredibly scared; **II.** F *fig. adv.* F incredibly; ***~ viel(e)*** a terrific amount (of); ***sich ~ freuen*** be incredibly pleased, F be over the moon.

unhistorisch *adj.* unhistoric.

unhöflich *adj.* impolite, *stärker*: rude; **Unhöflichkeit** *f* impoliteness, *stärker*: rudeness.

Unhold *m* monster.

unhörbar *adj.* inaudible; **Unhörbarkeit** *f* inaudibility.

unhygienisch *adj.* unhygienic(ally *adv.*).

Uni F *f* university.

uni *adj.* plain; ☤ self-colo(u)red, solid-colo(u)red.

Uniform I. *f* uniform; **II.** 2 *adj.* uniform; **uniformiert** *adj.* **1.** uniformed, in uniform; **2.** (*einheitlich*) uniform; **Uniformiertheit** *f* uniformity.

Unikat *n* unique specimen.

Unikum *n* unique specimen (*a. iro.* ***an, von*** of); (*Person*) original, real character.

unilateral *adj.* unilateral.

unintelligent *adj.* unintelligent.

uninteressant *adj.* uninteresting, not interesting; (*belanglos*) of no interest (***für*** to); (*irrelevant*) irrelevant (to); (*nicht lohnend, nicht attraktiv*) unattractive (for).

uninteressiert *adj.* uninterested (***an*** in); **Uninteressiertheit** *f* lack of interest.

Union *f* union.

Unisexmode *f* unisex fashions *pl.* (*od.* look).

unisono *adv.* ♪ in unison; *fig. a.* unanimously.

universal *adj.* universal.

Universal... *in Zssgn* ⚙ multipurpose; **~erbe** *m*, **~erbin** *f* sole heir; **~genie** *n* universal genius; F (*Alleskönner*) all-rounder.

Universalität *f* universality.

Universalmittel *n* ⚕ *u. fig.* universal remedy, panacea, cure-all.

universell *adj.* universal; *Gerät etc.*: all-purpose ...

Universität *f* university; ***die ~ besuchen*** go to university; ***an der ~*** at university; ***auf welcher ~ ist er?*** which university does he go to?

Universitäts|abschluß *m* (university) degree; **~ausbildung** *f* university education; **~gelände** *n* university grounds *pl.*, campus; **~klinik** *f* university hospital; **~stadt** *f* university town; **~studium** *n* **1.** university degree; **2.** studies *pl.* at university.

Universum *n* universe.

unkameradschaftlich *adj.* unsporting; **Unkameradschaftlichkeit** *f* unsporting behavio(u)r (*od.* attitude).

Unke *f* **1.** *zo.* toad; **2.** F *fig.* (*Unheilverkünder*) Jeremiah; **unken** F **I.** *v/i.* predict the worst, prophesy doom; **II.** *v/t.* gloomily predict *that* ...

unkenntlich *adj.* unrecognizable; *Schrift*: indecipherable; ***~ machen*** (*entstellen*) disfigure, (*verzerren*) distort; (*Schrift etc.*) deface; (*verkleiden*) disguise; **Unkenntlichkeit** *f*: ***bis zur ~*** beyond recognition, ***entstellt***: *a.* completely disfigured.

Unkenntnis *f* ignorance; ***in ~*** *gen.* unaware of, not knowing (about) *s.th.*; ***j-n in ~ lassen*** keep s.o. in the dark (***über*** about); ***~ schützt nicht vor Strafe*** ignorance of the law is no excuse.

Unkenruf *m* gloomy prediction, prophecy of doom; ***allen ~en zum Trotz*** *a.* despite all predictions to the contrary.

unklar *adj.* unclear, not clear; (*undeutlich*) indistinct; *fig.* vague, obscure; (*ungewiß*) uncertain; *Gedanken, Vorstellung*: *a.* F woolly, fuzzy; ***mir ist (völlig) ~, wie (wo, was*** *etc.*) I've (absolutely) no idea how (where, what *etc.*); ***im ~en sein (lassen) über*** be (leave *s.o.*) in the dark about; ***ich bin mir noch im ~en(, ob, wie*** *etc.*) I haven't decided yet (whether, how *etc.*); ***~ zu erkennen (sehen) sein*** be hard to make out (see); **Unklarheit** *f* lack of clarity; vagueness, obscurity; uncertainty; → ***unklar***; ***es herrscht ~ darüber, ob*** it's not clear whether; ***darüber herrscht absolute ~*** it's completely unclear (as yet), *weitS.* it's a complete mystery.

unklug *adj.* unwise, imprudent; **Unklugheit** *f* **1.** imprudence; **2.** *konkret*: imprudent thing to do.

unkollegial *adj.* unsporting.

unkompliziert *adj.* uncomplicated (*a. Mensch*), simple; **Unkompliziertheit** *f* uncomplicatedness, uncomplicated nature (*gen.* of).

unkontrollierbar *adj.* **1.** (*nicht zu* [*über-*] *prüfen*) impossible to check; **2.** (*nicht zu beherrschen*) uncontrollable; **unkontrolliert I.** *adj.* uncontrolled; **II.** *adv. a.* uncontrollably.

unkonventionell *adj.* unconventional.

unkonzentriert *adj. Person, Handlungsweise etc.*: lacking in concentration; *Arbeit, Handlung etc.*: unconcentrated; ***er ist ~*** he lacks concentration, *vorübergehend*: he isn't concentrating, he hasn't got his mind on the job; **Unkonzentriertheit** *f* lack of concentration.

unkorrekt *adj.* incorrect; *Verhalten*: *a.* not proper.

Unkosten *pl.* costs, expenses, expense *sg.*; → ***stürzen*** 7; **~beitrag** *m* contribution (towards expenses).

Unkraut *n* weed(s *pl.*); *fig.* ***~ vergeht nicht*** ill weeds grow apace; **~bekämpfung** *f*, **~vertilgung** *f* weed control; **~vertilgungsmittel** *n* weedkiller, herbicide.

unkritisch *adj.* uncritical.

unkultiviert *adj.* uncultivated; *Person*: uncultured; **Unkultiviertheit** *f* (complete) lack of culture.

unkündbar *adj. Stellung*: permanent; *Vertrag*: irrevocable; ☤ *Anleihe etc.*: irredeemable; ***sie ist ~*** F she can't be sacked; **Unkündbarkeit** *f* permanence; irrevocability; irredeemability.

unkundig *adj.* (*unwissend*) ignorant (*gen.* of); (*uneingeweiht*) uninitiated; ***e-r Sache ~ sein*** have no knowledge of s.th.; ***des Lesens ~*** unable to read.

unkünstlerisch *adj.* unartistic(ally *adv.*).

unlängst *adv.* recently, not so long ago.

unlauter *adj.* dishonest, dubious, F shady; ☤ ***~er Wettbewerb*** unfair competition.

unleidlich *adj.* **1.** (*unerträglich*) unbearable, intolerable; **2.** (*übellaunig*) bad-tempered, *a. vorübergehend*: F grumpy; ***in e-r ~en Stimmung sein*** be in a foul mood.
unlesbar *adj.* unreadable; **unleserlich** *adj.* illegible; **Unleserlichkeit** *f* illegibility.
unleugbar *adj.* undeniable.
unlieb *adj.*: ***es war ihr nicht ~*** it suited her fine.
unliebenswürdig *adj.* unkind, unobliging.
unliebsam *adj.* disagreeable, unpleasant.
unlin(i)iert *adj.* unruled.
Unlogik *f* illogicality; **unlogisch** *adj.* illogical.
unlösbar I. *adj.* **1.** *Problem etc.*: insoluble; ***ein ~es Problem*** *a.* a problem that can't be solved; **2.** (*untrennbar*) inseparable; *Ehe*: indissoluble; **II.** *adv.*: ***~ verflochten*** (*od.* ***verbunden***) inextricably linked; **Unlösbarkeit** *f* **1.** insolubility; **2.** inseparability; indissolubility.
unlöslich *adj.* ⚗ insoluble.
Unlust *f* **1.** (*Apathie*) listlessness; **2.** (*Widerwille*) reluctance; **~gefühl** *n* (great) reluctance; (*Abneigung*) aversion (***gegenüber*** to).
unmanierlich *adj.* ill-mannered.
unmännlich *adj.* effeminate.
Unmasse F *f* → ***Unmenge.***
unmaßgeblich I. *adj.* irrelevant; (*unbedeutend*) insignificant; *weitS.* of no consequence; *Meinung, Person etc.*: unauthoritative; ***nach m-r ~en Meinung*** in my humble opinion; **II.** *adv.*: ***~ an et. beteiligt sein*** play an insignificant part in s.th.; **Unmaßgeblichkeit** *f* irrelevance; insignificance.
unmäßig I. *adj.* immoderate, excessive; *bsd. im Trinken*: intemperate; **II.** *adv.* excessively, to excess; ***~ stolz*** *etc.* inordinately proud *etc.*; **Unmäßigkeit** *f* immoderation, extravagance; excess(es *pl.*); *bsd. im Trinken*: intemperance.
Unmenge *f* vast amount (*Anzahl*: *a.* number) (***von, an*** of).
Unmensch *m* monster, brute; *hum.* ***sei kein ~!*** have a heart; **unmenschlich** *adj.* inhuman, cruel; F (*sehr groß*) F tremendous; **Unmenschlichkeit** *f* **1.** inhumanity, cruelty; **2.** *konkret*: act of inhumanity (*od.* cruelty), inhumane (*od.* cruel) act.
unmerklich *adj.* imperceptible; ***fast ~e Änderung*** *a.* subtle change.
unmeßbar *adj.* unmeasurable.
unmethodisch *adj.* unmethodical.
unmißverständlich I. *adj.* unmistakable; *Antwort etc.*: unequivocal; **II.** *adv.* unmistakably; (*deutlich*) plainly; ***j-m ~ sagen, daß*** make it perfectly clear (*od.* bring it home) to s.o. that, tell s.o. in no uncertain terms that; ***~ zu verstehen geben, daß*** make it perfectly clear that, make no bones about the fact that.
unmittelbar I. *adj. Nähe, Eindrücke etc.*: immediate; *Folgen etc.*: *a.* direct; *Gefahr, Aufgabe etc.*: immediate, imminent; ***in ~er Nähe*** *gen.* (*od.* ***von***) in the immediate vicinity of, right next to; **II.** *adv. örtlich*: right, directly; *zeitlich*: straight, immediately, directly; ***~ vor*** right in front of, *zeitlich*: just before; ***~ bevorstehend*** imminent; ***~ darauf*** immediately afterwards, straight after; ***~ erleben*** experience (at) first hand; ***wir haben es ~ erlebt*** *a.* we were (right) there when it happened; **Unmittelbarkeit** *f* immediacy; directness.
unmöbliert *adj.* unfurnished.
unmodern *adj.* dated; ***~ werden*** go out of fashion, become dated; ***schnell ~ werden*** *a.* date quickly.
unmöglich I. *adj.* impossible (*a.* F *fig. Mensch etc.*); F *fig. Kleid etc.*: *a.* dreadful (*a. Benehmen*); (***das ist***) ~ (that's) impossible, F no way; ***zu e-r ~en Stunde*** at an ungodly hour; ***Ses verlangen*** ask the impossible; *fig.* ***sich ~ machen*** a) compromise o.s., b) make a fool of o.s.; **II.** *adv.* not possibly; *sich benehmen etc.*: abysmally; ***er kleidet sich ~*** he wears the most dreadful clothes; ***das geht ~*** that's impossible (*od.* out of the question); **Unmöglichkeit** *f* impossibility (***zu*** *inf.* of *ger.*).
unmoralisch *adj.* immoral.
unmotiviert I. *adj.* unmotivated; *Handlung etc.*: unprompted; **II.** *adv.* for no (apparent) reason, F just like that.
unmündig *adj.* **1.** under-age ..., *pred.* under age, not of age; **2.** *fig. politisch etc.*: immature; **Unmündigkeit** *f* **1.** ⚖ minority; **2.** *fig.* (mental) immaturity.
unmusikalisch *adj.* unmusical.
unmusisch *adj.* unartistic.
Unmut *m* (*Mißfallen*) displeasure; (*Ärger*) annoyance (***über*** at); **unmutig** *adj.* annoyed (***über*** at).
unnachahmlich *adj.* inimitable; **Unnachahmlichkeit** *f* inimitability, inimitableness.
unnachgiebig *adj.* unyielding, intransigent, inflexible; uncompromising; *bsd. pol.* hardline ...; ***~e Haltung*** hardline stance (*od.* posture); **Unnachgiebigkeit** *f* unyieldingness, intransigence, inflexibility; uncompromising attitude (*od.* stance); *pol.* hardline approach (*od.* stance).
unnachsichtig *adj.* strict, severe; **Unnachsichtigkeit** *f* strictness, severity.
unnahbar *adj.* unapproachable; *contp.* aloof; **Unnahbarkeit** *f* unapproachability; aloofness.
unnatürlich *adj.* unnatural (*a. fig.*); (*geziert*) affected; **Unnatürlichkeit** *f* unnaturalness; affectation.
unnormal *adj.* not normal, *stärker*: abnormal.
unnötig *adj.* unnecessary; (*überflüssig*) superfluous; *Aufwand, Mühe etc.*: needless, unnecessary; (***es ist***) ***~ zu sagen, daß*** it goes without saying that; **unnötigerweise** *adv.* unnecessarily, needlessly.
unnütz *adj.* useless; (*sinnlos*) *a.* pointless; (*unnötig*) unnecessary; ***~es Gerede*** idle talk; ***~es Zeug*** F useless stuff.
UNO *f* UN.
unökonomisch *adj.* uneconomical.
UNO-Mitglied *n* member of the United Nations (*od.* UN).
unordentlich *adj.* disorderly; *Zimmer etc., a. Person*: untidy; **Unordentlichkeit** *f* disorderliness; untidiness; **Unordnung** *f* disorder(liness), *a* mess; ***in ~*** in a mess, in (complete) disarray; ***in ~ bringen*** mess up; ***dort herrscht e-e furchtbare ~*** the place is (in) a terrible mess.
unorganisch *adj.* inorganic.
unorganisiert *adj.* disorganized; not organized.
unorthodox *adj.* unorthodox.
UNO-Vollversammlung *f* UN (*od.* United Nations) assembly.
unpaar(ig) *adj. biol.* unpaired, 🕮 azygous.
unpädagogisch *adj.*: (***~ sein*** go) against educational principles.
unparfümiert *adj.* non-scented, fragrance-free, aroma-free.
unparteiisch *adj.* impartial, unbias(s)ed, disinterested; (*gerecht*) even-handed; **Unparteiische(r)** *m Sport*: referee.
unparteilich *adj.* impartial, unbias(s)ed; **Unparteilichkeit** *f* impartiality.
unpassend *adj.* unsuitable; (*unangebracht*) inappropriate, out of place; (*unschicklich*) improper; (*zur Unzeit*) untimely.
unpäßlich *adj.* indisposed, unwell; out of sorts; **Unpäßlichkeit** *f* indisposition.
Unperson *f* unperson, non-person; **unpersönlich** *adj.* impersonal (*a. ling.*).
unpfändbar *adj.* unseizable.
unpolitisch *adj.* apolitical.
unpopulär *adj.* unpopular.
unpraktisch *adj.* impractical.
unpraktizierbar *adj.* unworkable.
unproblematisch *adj.* unproblematic(ally *adv.*).
unproduktiv *adj.* unproductive; ⚒ non-productive.
unproportioniert *adj.* disproportionate; out of proportion.
unpünktlich *adj.* **1.** *Person*: late, *generell*: unpunctual; ***er ist ~*** *generell*: *a.* he's never on time; **2.** *Zug etc.*: late; ***der Zug*** *etc.* ***ist ~*** *a.* the train *etc.* isn't (running) on time; **Unpünktlichkeit** *f* unpunctuality, lack of punctuality; being (*od.* arriving *etc.*) late; ***diese ~!*** they *etc.* never turn up on time, they're *etc.* never on time.
unqualifiziert *adj.* unqualified.
unrasiert *adj.* unshaven.
Unrast *f* restlessness.
Unrat *m* rubbish, *Am.* garbage; *fig.* ***~ wittern*** smell a rat.
unrationell *adj.* inefficient.
unratsam *adj.* inadvisable.
unrealistisch *adj.* unrealistic(ally *adv.*).
unrecht *adj.* (*falsch, a. nicht gut*) wrong; (*ungelegen*) inopportune; ***~ haben*** → ***Unrecht***; ***etwas Ses tun*** do something wrong; ***zur ~en Zeit*** at the wrong moment (*od.* time); **Unrecht** *n* wrong; injustice; ***j-m ein ~ tun*** (***zufügen***) do s.o. an injustice, do s.o. wrong; ***im ~ sein, S haben*** be (in the) wrong, (*sich irren*) *a.* be mistaken; ***sich ins ~ setzen*** put o.s. in the wrong; ***er hat nicht so ganz S*** there's something in what he says; ***j-m S geben*** disagree with s.o., *fig. Tatsache, Folgen etc.*: prove s.o. wrong; ***ihm ist ~ geschehen*** he has been wronged; ***zu ~*** wrongfully, wrongly, unjustly.
unrechtmäßig *adj.* wrongful, unlawful; **Unrechtmäßigkeit** *f* wrongfulness, unlawfulness.
unredlich *adj.* dishonest, underhand ...; **Unredlichkeit** *f* dishonesty.
unreell *adj.* (*unseriös, dubios*) dubious; (*unlauter*) unfair; (*unredlich*) dishonest.
unregelmäßig *adj.* irregular (*a. Puls etc.*); *weitS.* (*sprunghaft, erratisch*) erratic(ally *adv.*); (*holperig, uneben*) *a. Schrift*: uneven; **Unregelmäßigkeit** *f* irregularity (*a. konkret Verstoß, Betrügerei etc.*).
unregierbar *adj.* ungovernable; **Unregierbarkeit** *f* ungovernability.
unreif *adj.* unripe, *Früchte*: *a.* green; *fig.*

immature; *fig.* **~er Bursche** callow youth; **Unreife** *f* immaturity.

unrein *adj.* impure (*a. fig. Gedanken etc.*); *Wäsche*: dirty; *Luft, Wasser*: dirty, polluted; *Haut*: bad; *Ton*: impure; ***ins ~e schreiben*** make a rough copy of; **Unreinheit** *f* impurity (*a. konkret*); dirtiness; pollution, polluted state; → ***unrein***; **unreinlich** *adj.* unclean; **Unreinlichkeit** *f* uncleanliness.

unrentabel *adj.* unprofitable; **Unrentabilität** *f* unprofitableness.

unrettbar I. *adj.* irrecoverable; past recovery; **II.** *adv.*: ***~ verloren*** irretrievably lost; *Person*: beyond help.

unrichtig *adj.* incorrect, wrong; erroneous; **Unrichtigkeit** *f* incorrectness.

Unruh *f e-r Uhr*: balance spring.

Unruhe *f* **1.** (*Unrast, Nervosität*) restlessness (*a. Zappelei*); (*Besorgnis*) uneasiness, anxiety; ***in ~ versetzen*** worry, *stärker*: alarm; **2.** (*Lärm*) noise; (*Tumult*) commotion; *pol.* **~n** unrest, disturbances; ***~ stiften*** cause a disturbance; **~herd** *m* trouble spot; **~stifter** *m* troublemaker.

unruhig *adj.* restless; (*unregelmäßig*) *Puls, Atmung etc.*: irregular, uneven; *Schlaf*: broken, fitful; *See*: rough, choppy *seas*; *Muster etc.*: restless; *fig.* uneasy (**wegen** about); (*besorgt*) anxious, worried; (*laut*) noisy; ***~e Zeiten*** troubled times.

unrühmlich *adj.* inglorious.

unrund *adv.*: ⚙ ***~ laufen*** run untrue.

uns *pers. pron.* (*dat. von* **wir**) (to) us; *refl.* (to) ourselves, *nach prp.*: us; ***ein Freund von ~*** a friend of ours; ***unter ~ gesagt*** between you and me; ***wir sehen ~*** (*einander*) ***nie*** we never see each other; ***wir blickten hinter ~*** we looked behind us, we looked back.

unsachgemäß *adj.* improper, inexpert *treatment etc.*

unsachlich *adj.* unobjective, subjective; (*nicht relevant*) irrelevant; ***wir wollen nicht ~ werden*** let's try and stick to the facts; **Unsachlichkeit** *f* lack of objectivity.

unsagbar, unsäglich I. *adj.* unspeakable, unutterable, inexpressible; **II.** *adv.* unspeakably *etc.*; *nachgestellt*: beyond words.

unsanft I. *adj.* (*grob*) rough; (*hart*) hard; (*böse, unangenehm*) bad, (*a. unvermittelt, unfreundlich*) rude; ***~es Erwachen*** rude awakening; **II.** *adv.*: ***~ aus dem Schlaf gerissen werden*** be rudely awakened.

unsauber *adj.* **1.** (*schmutzig*) dirty (*a. Arbeit*); (*unordentlich*) messy; **2.** (*unlauter*) unfair, underhand ..., *Geschäft, Methode*: *a.* dubious, F shady; *Sport*: unfair.

unschädlich *adj.* harmless; ***~ machen*** render harmless, (*j-n*) put s.o. out of action; **Unschädlichkeit** *f* harmlessness.

unscharf *adj.* blunt; *Bild*: blurred, fuzzy, unsharp, (*a. ~ eingestellt*) out of focus; *Formulierung*: hazy, fuzzy, vague.

unschätzbar *adj.* invaluable; *Wert, Bedeutung etc.*: inestimable.

unscheinbar *adj.* insignificant; (*unauffällig*) inconspicuous; *Person*: unprepossessing, nondescript; **Unscheinbarkeit** *f* insignificance; inconspicuousness; unprepossessing nature (*gen.* of).

unschicklich *adj.* improper, unseemly; (*unanständig*) indecent; **Unschicklichkeit** *f* impropriety, unseemliness; *a. konkret*: indecency.

unschlagbar *adj.* unbeatable (**in** at, when it comes to); (*unübertroffen*) unrival(l)ed; *Argument, Beweis etc.*: irrefutable.

unschlüssig *adj.* undecided; ***ich bin mir ~ (über)*** I haven't made up my mind yet (about).

unschön *adj.* unlovely, unsightly; (*unfair*) unfair, unkind, not nice; (*unerfreulich*) unpleasant; ***~er Anblick*** eyesore.

Unschuld *f* **1.** innocence; (*Reinheit*) purity (of heart *od.* mind); F ***~ vom Lande*** F country cousin; ***in aller ~*** quite innocently; ***ich wasche m-e Hände in ~*** I wash my hands of it; **2.** (*Jungfräulichkeit*) virginity; ***s-e ~ verlieren*** lose one's innocence; **unschuldig** *adj.* **1.** innocent (**an** of); *an e-m Unglück etc.*: not responsible (for); (*harmlos*) harmless; ⚖ ***sich für ~ erklären*** plead not guilty; ***er wurde ~ bestraft*** he was punished although he was innocent; **2.** *obs.* (*jungfräulich*) untouched, virgin ...

Unschulds|beteuerungen *pl.* protestations of innocence; **~beweis** *m* proof of s.o.'s innocence; **~engel** *m*, **~lamm** *n iro.* innocent little angel; **~miene** *f* air of innocence; **~vermutung** *f* ⚖ presumption of innocence; presumed innocence.

unschuldsvoll *adj.* (*u. adv.*) innocent(ly); ***~er Blick*** *a.* look of innocence.

unschwer *adv.* without difficulty.

unselbständig *adj.* dependent (on others); (*unbeholfen, hilflos*) helpless; ***er ist so ~*** *a.* he can't do anything on his own; ***Einkommen aus ~er Arbeit*** wage and salary incomes; **Unselbständigkeit** *f* lack of independence, helplessness.

unser I. *poss. pron.* **1.** *adjektivisch*: our; ***e-r ~er Freunde*** a friend of ours; **2.** *substantivisch*: ours; **~er, ~e, ~(e)s, unsrer, unsre, unsres, der (die, das) ~e** *od.* **uns(e)rige** ours; **II.** *pers. pron.* (*gen. von* **wir**) of us; **unsereiner, unsereins** *indef. pron.* (*a.* **unseresgleichen**) people like us, F the likes of us, our sort.

unser(e)twegen *adv.* for our sake, on our account; (*wegen uns*) because of us.

uns(e)rige *poss. pron.* → **unser** 2.

unseriös *adj. Geschäft etc.*: dubious; *Person*: *a.* slippery *character*; *Zeitung*: popular; *Schrift, Wissenschaftler etc.*: not to be taken seriously; ***es ist e-e ~e Schrift*** *etc.* it's not a serious piece of writing *etc.*

unsicher *adj.* (*gefährdet*) insecure; (*gefährlich*) unsafe; (*ungewiß, a. unzuverlässig*) uncertain; (*unstet*) unsteady (*a. Hand, Beine*); *Person*: (*ohne Selbstsicherheit*) insecure, unsure of o.s., *stärker*: lacking in self-confidence; (*ohne Gewißheit*) unsure, uncertain; **(sich) *~ sein, ob* (*wann, wie* *etc.*)** not to be sure (as to) whether (when, how *etc.*); ***~ im Rechnen*** *etc.* shaky on arithmetic *etc.*; ***j-n ~ machen*** make s.o. unsure of himself (*od.* herself), *stärker*: rattle s.o.; F ***die Gegend ~ machen*** terrorize the neighbo(u)rhood; ***~ auf den Beinen*** shaky, wobbly; **Unsicherheit** *f* insecurity; unsteadiness; uncertainty; → ***unsicher***; ***tiefe ~*** *e-r Person*: deep sense of insecurity; **Unsicherheitsfaktor** *m* element of uncertainty.

unsichtbar *adj.* invisible (**für** to); **Unsichtbarkeit** *f* invisibility.

unsinkbar *adj.* unsinkable.

Unsinn *m* nonsense; ***~ machen*** fool around; ***~ reden*** (F ***verzapfen***) talk a lot of nonsense (*sl.* rot); **~!** nonsense!, F rubbish!, *Am.* F garbage!; → *a.* **Quatsch**; **unsinnig I.** *adj.* (*sinnlos, dumm*) silly, *stärker*: ridiculous, absurd; *Preise, Forderungen etc.*: ridiculous; F (*übermäßig*) F incredible *fear etc.*; **II.** F *adv.* (*übermäßig*) terribly, F incredibly.

Unsitte *f* bad habit; (*Mißstand*) nuisance.

unsittlich *adj.* immoral, indecent; **Unsittlichkeit** *f* immorality; *a. konkret*: indecency.

unsolid(e) *adj.* **1.** *Bau etc.*: unstable, unsolid; **2.** *fig. Person, Lebensweise*: loose; *Firma etc.*: dubious.

unsortiert *adj.* unsorted.

unsozial *adj.* unsocial; *Verhalten*: antisocial.

unsportlich *adj.* unathletic; (*unfair*) unsporting, unsportsmanlike; ***~es Betragen*** unsporting behavio(u)r.

unstatthaft *adj.* inadmissible, not allowed; (*verboten*) illicit.

unsterblich I. *adj.* **1.** immortal (*a. Künstler etc.*); *Liebe*: undying; **II.** *adv.* **2.** immortally; **3.** F (*sehr*) F awfully, dreadfully; ***sich ~ blamieren*** make an absolute fool of o.s.; ***~ verliebt*** hopelessly in love (**in** with), F smitten; **Unsterblichkeit** *f* immortality; ***in die ~ eingehen*** be immortalized.

Unstern *m* unlucky star; ***unter e-m ~ stehen*** be ill-fated.

unstet I. *adj.* (*wechselhaft, unbeständig*) changeable, unstable; (*ruhelos*) restless, *Leben*: *a.* unsettled; *Blick*: shifty *look*; *iro.* ***e-n ~en Lebenswandel haben*** lead a varied life; **II.** *adv.* (*ruhelos*) restlessly; **Unstetigkeit** *f* changeability, instability; restlessness.

unstillbar *adj.* **1.** *Hunger*: insatiable; *Durst*: unquenchable; **2.** *fig. Sehnsucht etc.*: insatiable.

Unstimmigkeit *f* **1.** discrepancy, inconsistency; **2.** (*Meinungsverschiedenheit*) *a. pl.* disagreement, *stärker*: friction.

unstreitig *adj.* undeniable, indisputable.

unstrukturiert *adj.* unstructured.

Unsumme *f a. pl.* enormous sum.

unsymmetrisch *adj.* asymmetrical.

unsympathisch *adj.* unpleasant, unappealing; off-putting; ***er* (*es*) *ist mir ~*** I don't like him (it).

unsystematisch *adj.* unsystematic(al).

untadelig *adj.* **1.** *Benehmen etc.*: flawless, irreproachable, beyond reproach; **2.** *Material, Leistung*: flawless; *Kleidung*: immaculate.

untalentiert *adj.* untalented.

Untat *f* atrocity, atrocious deed.

untätig *adj.* inactive; *Vulkan*: *a.* dormant; (*müßig, träge*) idle; ***~ herumsitzen*** sit around doing nothing (F twiddling one's thumbs); **Untätigkeit** *f* inactivity; idleness.

untauglich *adj.* (*nicht zu gebrauchen*) unsuitable; *engS.* (*unfähig*) incompetent, incapable; ⚔ unfit (for service); ***~ für*** *a.* not suited to; **Untauglichkeit** *f* unsuitability; incompetence; ⚔ unfitness.

unteilbar *adj.* indivisible; **Unteilbarkeit** *f* indivisibility.

unten *adv.* (down) below; *im Hause*: downstairs; F (*im Süden*) down south; ***nach ~*** down(wards), *im Hause*: downstairs; **(dort) *~ am See*** down by the lake; ***da ~*** down there; ***ganz ~*** right (down) at the bottom; ***weiter ~*** further down; ***von ~*** from below; ***von oben bis ~*** from top to bottom (*Person*: *a.* toe); ***siehe ~*** see below; ***siehe S.7 ~*** see p.7

bottom; ***sich von ~ hochdienen*** rise from the ranks; ***mit dem Gesicht nach ~*** face down; ***rechts ~*** at the bottom right; F ***er ist bei mir ~ durch*** F I'm through with him; **~erwähnt, ~genannt** *adj.* undermentioned, *nachgestellt*: mentioned below; **~(he)rum** F *adv.* down below; **~stehend** *adj.* → ***untenerwähnt.***

unter I. *prp.* under, below; underneath; (*zwischen*) among; ***~ ... hervor*** from under ...; ***~ 21*** (***Jahren***) under 21 (years of age); ***einer ~ vielen*** one of many; ***nicht einer ~ hundert*** not one in a hundred; ***~ anderem*** (***u.a.***) among other things; ***~ zehn Mark*** under (*od.* less than) ten marks; (***sich***) ***mischen*** ~ mix with; ***~ Beifall*** amid applause; ***~ Tränen*** in (*od.* amid) tears, tearfully; ***~ der Woche*** during the week; ***~ diesem Gesichtspunkt*** from this point of view; ***~ großem Gelächter*** amid great laughter; ***~ s-r Regierung*** under (*od.* during) his reign; ***~ sich haben*** (*Angestellte, Abteilung etc.*) be in charge of; ***was versteht man ~ ...?*** what is meant by ...?; ***„Land ~"*** 'land under water'; → ***Kritik, Würde, uns*** *etc.*; **II.** *adj.* lower.

Unter|abschnitt *m* subsection; **~abteilung** *f* subdivision; **~arm** *m* forearm; **~ausschuß** *m* subcommittee; **~bau** *m* substructure (*a.* 🚗); foundation (*a. fig.*); *fig. a.* base, *bsd. wirtschaftlich*: infrastructure; **~bauch** *m* lower abdomen.

unterbauen *v/t.* **1.** ⚙ support (from below); (*unterlegen*) underlay; **2.** *fig.* (*Theorie etc.*) underpin, shore up.

unterbelegt *adj. Hotel etc.*: not full, not filled to capacity; *weitS.* half-empty; *Kurs etc.*: undersubscribed.

unter|belichten *v/t. phot.* underexpose; **~belichtet** *adj.* underexposed; F *fig.* ***geistig*** ~ a bit dim, *iro.* not exactly bright.

unterbeschäftigt *adj.* underworked; **Unterbeschäftigung** *f* ⚕ underemployment.

unterbesetzt *adj.* understaffed.

Unterbett *n* underblanket.

unterbevölkert *adj.* underpopulated.

unterbewerten *v/t.* undervalue; (*unterschätzen*) underrate; **Unterbewertung** *f* undervaluation; underrating.

unterbewußt *adj.* subconscious ; **Unterbewußtsein** *n* subconscious; ***im ~*** subconsciously.

unterbezahlen *v/t.* underpay; **unterbezahlt** *adj.* underpaid; **Unterbezahlung** *f* underpayment.

Unterbezirk *m* subdistrict.

unterbieten *v/t.* underbid; ⚕ (*Preis*) undercut; (*Konkurrenz*) undersell; (*Rekord*) beat; F *fig.* ***es ist kaum mehr zu ~*** it can hardly get any worse (than that).

unterbinden *v/t.* put a stop to; (*verhindern*) prevent; **Unterbindung** *f* stopping, ending; prevention.

unterbleiben *v/i.* (*nicht getan werden*) not to be done (*od.* undertaken); (*nicht geschehen*) not to take place; ***es hat zu ~*** a) it must stop, b) it mustn't be done, it mustn't happen.

Unterboden|schutz *m mot.* underseal, *Am.* undercoat; **~wäsche** *f* undercar wash.

unterbrechen *v/t.* interrupt; (*j-n beim Sprechen*) *a.* cut *s.o.* short; *teleph.* cut off; (*Spiel*) hold up; (*Schwangerschaft*) terminate; ⚖ (*Strafverhandlung*) adjourn; ⚡ interrupt; ***die Fahrt*** (*od.* ***Reise***) ~ break one's journey.

Unterbrecher *m* ⚡ interrupter, contact breaker; **~kontakt** *m* ⚡ make-and-break contact.

Unterbrechung *f* interruption; break; adjournment *etc.*; → ***unterbrechen***; ***ohne ~*** without stopping, nonstop; ***mit ~en*** (*periodisch*) intermittently; **Unterbrechungstaste** *f Computer*: break key.

unterbreiten *v/t.* (*Angebot etc.*) submit (*dat.* to); (*Vorschlag*) *a.* put forward; **Unterbreitung** *f* submission (*gen.* of).

unterbringen *v/t.* (*beherbergen*) accommodate, put *s.o.* up; *in e-r Firma etc.*: get *s.o.* a job (**in, bei** with); (*lagern*) store; (*Gepäck etc.*) put, *bei Platzmangel*: get (**in** into); (*Interessenten finden für*) have *s.th.* accepted (**bei** by); F *fig.* (*geistig einordnen*) place; ***j-n ~ in*** *e-m Krankenhaus, Heim etc.*: put s.o. into, *e-r Schule etc.*: put s.o. in, get s.o. into; ***in dem Asyl*** *etc.* ***kann man 100 Leute ~*** the home *etc.* accommodates a hundred (people); ***die Akten sind im Keller untergebracht*** the files are kept in the cellar; **Unterbringung** *f* (*Unterkunft*) accommodation; (*Vorgang*) housing; *~ von Dingen*: finding a place for, putting *s.th.* away; **Unterbringungsmöglichkeit(en** *pl.*) *f* accommodation.

unterbuttern F *v/t.*: ***laß dich nicht ~*** don't let them *etc.* get the better of you.

Unterdeck *n* ⚓ lower deck.

unterderhand *adv.* (*heimlich*) secretly, on the quiet; (*illegal*) illicitly, illegally; (*privat*) privately; (*nebenbei*) *et. verdienen etc.*: on the side; (*inoffiziell*) *et. erfahren etc.*: through unofficial channels.

unterdessen *adv.* (*inzwischen*) in the meantime, meanwhile.

Unterdominante *f* ♪ subdominant.

Unterdruck *m phys.* subpressure; ⚕ low blood pressure.

unterdrücken *v/t.* (*Gefühl etc., a. Opposition, Freiheit, Aufstand etc.*) suppress; (*Fluch, Lachen, Seufzer etc.*) *a.* stifle; (*Volk etc.*) oppress; **Unterdrücker** *m* suppressor; oppressor.

Unterdruckkammer *f* decompression chamber.

Unterdrückung *f* suppression; oppression.

unterdurchschnittlich *adj.* below-average ..., *pred.* below average.

untere(r), untere(s) *adj.* → ***unter*** II.

untereinander *adv.* **1.** one below the other; **2.** among each other (*od.* themselves, yourselves *etc.*).

Untereinheit *f* subunit.

unterentwickelt *adj.* underdeveloped; *Kind, Land, Wirtschaft*: *a.* backward; *psych.* subnormal; **Unterentwicklung** *f* underdevelopment.

unterernährt *adj.* undernourished, malnourished; **Unterernährung** *f* malnutrition.

Unterfamilie *f zo.* subfamily.

unterfangen I. *obs. v/refl.*: ***sich ~ zu*** *inf.* dare (to) *inf.*, venture to *inf.*; **II.** *v/t.* ⚠ underpin; **III.** ♀ *n* venture, undertaking.

unterfassen *v/t.*: ***j-n ~*** take s.o.'s arm.

unterfliegen *v/t.* (*Radar etc.*) fly underneath (*od.* below).

unterfordern *v/t.* be too undemanding for; ***in dieser Stufe ist er unterfordert*** this level is too easy for him; ***sich unterfordert fühlen*** feel one is not being stretched (*od.* challenged).

Unterführung *f* (*Fußgänger*♀) subway, *bsd. Am.* pedestrian underpass; *für den Verkehr*: underpass.

Unterfunktion *f* ⚕ hypofunction, insufficiency.

Untergang *m* **1.** *der Sonne etc.*: setting; **2.** ⚓ sinking; **3.** *fig. allmählicher*: decline; *totaler*: downfall; *e-s Reichs etc.*: fall; *e-r Kultur etc.*: extinction; (*Ruin*) *a. iro.* ruin; *a.* F *fig.* ***das ist noch sein ~*** that'll be the ruin of him yet; **Untergangsstimmung** *f* doomsday atmosphere.

untergärig *adj.* bottom-fermented.

untergeben *adj.*: ***j-m ~ sein*** be subordinate to s.o.; **Untergebene(r)** *m* subordinate, inferior; *contp.* underling.

untergehakt *adv.*: ***~ gehen*** go arm in arm.

untergehen *v/i.* **1.** *Sonne etc.*: set; **2.** ⚓ go down (*od.* under), sink; **3.** *fig.* decline; *Reich etc.*: fall; *Kultur, Volk*: die out; *Person*: perish; (*nicht mehr zu unterscheiden sein*) be lost (**in** in), *stärker*: be swallowed up (by), *Worte*: *a.* be drowned out (**im Lärm** by the noise); ***davon geht die Welt nicht unter!*** it's not the end of the world(,you know).

untergeordnet *adj.* subordinate (*dat.* to); *fig. a.* ancillary (to); *Bedeutung*: secondary, *a. Rolle*: minor.

Unter|geschoß *n* basement; **~gestell** *n* **1.** support; *mot.* underframe; **2.** F *fig.* (*Beine*) F pins *pl.*; (*Unterkörper*) F undercarriage; **~gewicht** *n*: (***~ haben*** be) underweight.

untergliedern *v/t.* subdivide (**in** into); **Untergliederung** *f* subdivision.

untergraben *v/t.* **1.** undermine, hollow out; **2.** *fig.* (*Gesundheit, Stellung etc.*) undermine; (*Vertrauen etc.*) *a.* erode.

Untergrenze *f* lower limit.

Untergrund *m* subsoil; (*Fundament*) foundation; *beim Streichen*: ground (-ing), undercoat; *pol., Kunst etc.*: underground; *pol.* ***in den ~ gehen*** go underground; **~...** *in Zssgn* underground *film, literature etc.*; **~bahn** *f* underground, *in London*: *a. the* tube; *Am.* subway; **~bewegung** *f* underground movement.

untergründig *fig. adj.* under the surface, hidden.

Untergrundkämpfer *m* resistance fighter, guer(r)illa.

unterhalb I. *prp.* below, under (*gen. od.* **von** *s.th.*); **II.** *adv.* underneath.

Unterhalt *m* support, maintenance; (*Lebens*♀) livelihood, living; ***für j-s*** (***s-n***) ***~ aufkommen*** support s.o. (o.s.); ***s-n ~*** (***selbst***) ***verdienen*** earn one's (own) living (***durch*** by); ⚖ ***~ zahlen*** pay alimony; **unterhalten I.** *v/t.* **1.** (*Institution etc.*) maintain; (*Geschäft etc.*) keep up, keep *s.th.* going; (*Familie etc.*) support; (*Briefwechsel, Beziehungen*) keep up; (*Feuer*) keep *the fire* burning; (*Konto*) keep, have; **2.** (*j-n*) (*j-m die Zeit vertreiben*) entertain, (*belustigen*) *a.* amuse; **II.** *v/refl.*: ***sich ~*** **3.** talk (***mit j-m über et.*** to s.o. about s.th.); ***sich ungestört ~*** have a quiet chat; **4.** (*sich vergnügen*) enjoy o.s., have a good time; **unterhaltend** *adj.* → ***unterhaltsam***; **Unterhalter** *m*: ***ein guter ~ sein*** a) be very entertaining (*od.* amusing), b) be a good conversationalist; **unterhaltsam** *adj.* entertaining, (*lustig*) *a.* amusing.

Unterhalts|anspruch *m* maintenance claim; **~beihilfe** *f* maintenance grant; **⁓berechtigt** *adj.* entitled to maintenance; **~klage** *f* maintenance action; **~kosten** *pl.* maintenance costs.

Unterhaltspflicht *f* obligation to pay maintenance; **unterhaltspflichtig** *adj.* obliged to pay maintenance.

Unterhaltung *f* **1.** (*Vergnügen*) entertainment; (*Zerstreuung*) diversion; ***zu j-s ~*** for s.o.'s entertainment (*od.* amusement); **2.** (*Gespräch*) conversation, talk, chat; **3.** (*Pflege*) upkeep, maintenance.

Unterhaltungs|beilage *f* magazine (section); **~elektronik** *f* home entertainment products *pl.*, video and audio equipment; **~industrie** *f* entertainments industry; **~kosten** *pl.* maintenance costs; **~lektüre** *f*, **~literatur** *f* light reading (*od.* fiction); **~musik** *f* light (*od.* popular) music; **~orchester** *n* dance band; palm-court orchestra; **~programm** *n*, **~sendung** *f* (light) entertainment program(me); **~wert** *m* entertainment value.

unterhandeln *v/i.* negotiate; **Unterhändler** *m* negotiator; **Unterhandlung** *f* negotiations *pl.*, talks *pl.*

Unterhaus *n pol. in GB*: House of Commons; **~debatte** *f in GB*: House of Commons debate.

Unterhemd *n* vest, *Am.* undershirt.

unterhöhlen *v/t.* **1.** hollow out; **2.** *fig.* undermine, erode; **Unterhöhlung** *f* **1.** hollowing out; **2.** *fig.* undermining, erosion.

Unterholz *n* undergrowth.

Unterhose *f*: (***e-e*** ~ a pair of) underpants *pl.*; (*Damen*⁓) pants *pl.*, *Am.* panties *pl.*; (***e-e***) ***lange*** ~ (a pair of) longjohns.

unterirdisch *adj.* subterranean, underground (*beide a. fig.*).

unterjochen *v/t.* subjugate; **Unterjochung** *f* subjugation.

unterjubeln F *v/t.*: ***j-m et.*** ~ (*zuschieben*) pin s.th. on s.o.; (*andrehen*) palm (*od.* fob) s.th. off on s.o.

unterkellern *v/t.* build a cellar under.

Unterkiefer *m* lower jaw.

Unterkleid *n* → ***Unterrock.***

unterkommen *v/i.* find a place (***in*** in); *engS.* (*Unterkunft finden*) find accommodation (in); (*Arbeit finden*) find a job (***bei*** with); ~ ***bei*** *e-r Firma*: *a.* be taken on by; F ***so etwas ist mir noch nicht untergekommen*** I've never come across anything like it (*od.* the likes of it) before.

Unterkörper *m* lower part of the body.

unterkriechen F *v/i.* find shelter; hide (away).

unterkriegen F *v/t. nervlich etc.*: get *s.o.* down; (*bezwingen*) make *s.o.* knuckle under; ***laß dich nicht ~!*** don't let it get you down.

unterkühlen I. *v/t.* undercool; ⚙ *a.* supercool; **II.** *v/refl.*: ⚕ ***sich*** ~ get hypothermia; **unterkühlt** *adj.* undercooled; *Person*: suffering from exposure (*od.* hypothermia); *fig. Beziehungen etc.*: very cool, *stärker*: frosty; (*Wesens*)*Art, Stil etc.*: cool, subdued; **Unterkühlung** *f* ⚕ exposure, *a. im Haus etc.*: hypothermia; ⚙ undercooling, supercooling.

Unterkunft *f* accommodation; ⚔ quarters *pl.*, billet; ~ ***und Verpflegung*** board and lodging.

Unterlage *f* **1.** padding; ⚙ base, support; *für Kleinkinder*: waterproof sheet; *zum Schreiben*: something to write on; (*Schreibtisch*⁓) desk pad; *fig. finanziell etc.*: basis; F ***e-e gute*** ~ *für den Alkohol*: something to soak up the alcohol, a good base, a good lining for your stomach; **2.** **~n** (*Akten*) (supporting) documents, records, material *sg.*

Unterland *n* lowland.

Unterlaß *m*: ***ohne*** ~ (*unaufhörlich*) incessantly; (*ununterbrochen*) without a letup.

unterlassen *v/t.* **1.** (*bleibenlassen*) refrain from (*ger.*); (*aufhören mit*) stop (*ger.*); (*Bemerkung*) leave unsaid, (*a. Witz*) drop; ***unterlaß diese Bemerkungen, bitte*** *iro.* we can do without your comments, thank you; **2.** ***es ~ zu*** *inf.* omit (*od.* fail) to *inf.*, *schuldhaft*: neglect to *inf.*; **Unterlassung** *f* omission; neglect.

Unterlassungs|klage *f* action for injunction; **~sünde** *f mst iro.* lapse.

Unterlauf *m* lower course.

unterlaufen I. *v/t.* (*Hindernis etc.*) avoid, F dodge; **II.** *v/i. Fehler etc.*: (*a.* ***j-m*** ~) creep in; ***mir ist ein Fehler*** ~ I've made a mistake; ***es können einem leicht Fehler*** ~ it's easy to make mistakes; **III.** *adj.*: ***mit Blut*** ~ *Auge*: bloodshot.

Unterleder *n* sole leather.

'unterlegen *v/t.* lay (*od.* put) under.

unter'legen I. *v/t.* **1.** underlay, line, back (***mit*** with); **2.** ***mit Musik*** ~ add music to; **II.** *adj.*: ***j-m ~ sein*** be inferior to s.o., not to be up to s.o.; ***die ~e Partei*** *etc.* the losing party *etc.*; **Unterlegene(r)** *m* loser, F underdog; **Unterlegenheit** *f* inferiority (***gegenüber*** to).

Unterleib *m* abdomen, belly; *bei Frauen*: *a.* womb area; **Unterleibsschmerzen** *pl.* abdominal pains; (*Menstruationsschmerzen*) period pains.

unterliegen *v/i.* **1.** be defeated *od.* beaten (*dat.* by), *Sport*: *a.* lose (to); (*e-r Versuchung, Krankheit etc.*) succumb (to); ***e-r Täuschung*** ~ be deceived, be duped; **2.** (*Gesetzen, Bestimmungen etc.*) be subject to; (*Gebühren etc.*) be liable to; (*Prinzip, Regel, Trend etc.*) depend on, be governed by; ***Schwankungen*** ~ be subject to fluctuation, fluctuate, vary; ***es unterliegt keinem Zweifel, daß*** there is no doubt that.

Unterlippe *f* lower lip.

untermalen *v/t.* **1.** (*grundieren*) prime; **2.** *fig.* (*e-n Hintergrund geben*) provide a background for, (*Farbe geben*) lend some colo(u)r to; ~ ***mit*** (*begleiten mit*) accompany with, (*beleben mit*) liven up with, (*unterstreichen mit*) underscore with; ***et. musikalisch*** ~ provide a musical accompaniment for s.th.; ***et. mit Geräuschen*** ~ provide sound effects for s.th.; ***et. mit Gesten*** ~ reinforce s.th. with gestures; **Untermalung** *f* background; accompaniment.

untermauern *v/t.* underpin, shore up; *fig.* (*Theorie etc.*) *a.* substantiate, corroborate.

Untermenge *f* 𝔄 subset.

unter|mengen, ~mischen *v/t.* mix in(to ***unter, in***), add (to).

Untermiete *f* sublease; ***in ~ wohnen*** live in lodgings; **Untermieter(in** *f*) *m* subtenant, lodger.

unterminieren *v/t. a. fig.* undermine; **Unterminierung** *f* undermining.

unternehmen *v/t.* do; (*durchführen*) undertake; ***e-n Ausflug*** ~ go on (*od.* make) a trip; ***e-n Spaziergang*** ~ go for a walk; ***e-n Versuch*** ~ make (*od.* launch) an attempt; ***er unternahm nichts*** he did nothing; ***dagegen muß man etwas*** ~ something has got to be done about it.

Unternehmen *n* **1.** (*Betrieb*) firm, (business) enterprise, business, concern, company; **2.** (*Vorhaben*) enterprise, undertaking; (*Projekt*) project; ⚔ operation.

Unternehmens|berater *m* management consultant; **~beratung** *f* management consultancy; **~forschung** *f* operations research.

Unternehmer *m* entrepreneur, (F big) businessman; F operator; (*Arbeitgeber*) employer; (*Industrieller*) industrialist; ***die*** ~ *coll.* the business community; **~geist** *m* spirit of enterprise, entrepreneurial spirit; entrepreneurialism.

unternehmerisch *adj.* entrepreneurial, enterprise ...; ***~e Leistung*** (great) business achievement; ***~es Risiko*** business risk.

Unternehmertum *n* **1.** entrepreneurship; **2.** (*die Unternehmer*) *the* business community, *the* employers *pl.*; ***freies*** ~ free enterprise.

Unternehmung *f* → ***Unternehmen.***

Unternehmungs|geist *m*, **~lust** *f* (spirit of) enterprise, initiative, F get-up-and-go.

unternehmungslustig *adj.* enterprising; *engS.* active.

Unteroffizier *m* non-commissioned officer, NCO; *Dienstgrad*: sergeant; ✈ corporal, *Am.* airman 1st class.

unterordnen I. *v/t.* subordinate (*dat.* to); **II.** *v/refl.*: ***sich*** ~ submit (*dat.* to); → ***untergeordnet***; **Unterordnung** *f* **1.** subordination; **2.** *biol.* suborder.

Unterpfand *n* pledge.

unterpflügen *v/t.* plough (*Am.* plow) *s.th.* under (*a. fig.*).

Unterprima *obs. f* eighth form (*Am.* grade), *Brit. etwa* Lower Sixth.

unterprivilegiert *adj.* underprivileged; ***die ⁓en*** the underprivileged (*pl.*).

Unterredung *f* talk; ***mit j-m e-e ~ führen*** have talks (*od.* a talk) with s.o.

unterrepräsentiert *adj.* under-represented.

Unterricht *m* instruction, teaching; (*Stunden*) lessons *pl.*; *Schule*: *a.* classes *pl.*; ***~ geben*** teach, give lessons; *Schule*: *a.* hold classes; **unterrichten I.** *v/t.* **1.** teach; ***j-n in et.*** ~ teach s.o. s.th., give s.o. lessons on s.th.; **2.** (*informieren*) inform (***von, über*** of); ***j-n laufend*** ~ keep s.o. informed (*od.* posted); ***falsch*** ~ misinform; **II.** *v/refl.*: ***sich ~ über*** inform o.s. about; acquaint o.s. with; ***unterrichtet sein*** be (well-)informed (***über*** about); ***unterrichtete Kreise*** informed circles; **III.** *v/i.* teach; be a teacher.

Unterrichts|einheit *f* teaching unit; **~erfahrung** *f* teaching (*od.* classroom) experience; **~fach** *n* (teaching) subject; **~film** *m* educational film.

unterrichtsfrei *adj.*: ***~e Stunde*** free period; ***~er Tag*** day off school; ***morgen haben wir*** ~ there are no classes (*od.* lessons) tomorrow.

Unterrichts|material *n* teaching materials *pl.*; **~methode** *f* teaching method; **~raum** *m* classroom; **~stoff** *m* → ***Lehrstoff***; **~stunde** *f* lesson; *Schule*: *a.* class, period; ***fünf ~n in Geschichte*** five class hours of history.

Unterrichtung *f* (*Unterweisung*) instruction; (*Informierung*) informing.

Unterrock *m* slip.

untersagen *v/t. amtlich*: prohibit; *gesetzlich*: outlaw; ***j-m ~, et. zu tun*** order s.o. not to do s.th., forbid s.o. to do s.th., *amtlich*: prohibit s.o. from doing s.th.; ***j-m das Autofahren*** *etc.* ~ order s.o. not to drive *etc.*; ***er hat es mir untersagt*** *a.* he won't let me (do it); ***das Betreten des Raumes ist strengstens untersagt*** it is strictly forbidden to enter the room.

Untersatz *m* mat; *für Gläser*: coaster; *für Blumentöpfe*: saucer; F ***fahrbarer ~*** F wheels.

Unterschall... *in Zssgn* subsonic.

unterschätzen *v/t.* underestimate, (*Fähigkeiten etc.*) *a.* underrate; **Unterschätzung** *f* underestimation; underrating.

unterscheidbar *adj.* distinguishable; **unterscheiden I.** *v/t. u. v/i.* distinguish (***zwischen*** between); make a distinction (between); (*erkennen*) *aus e-r Menge, aus der Ferne etc.*: distinguish, make out; ***et. ~ von ...*** *a.* tell s.th. from ...; ***sie sind kaum zu ~*** you can hardly tell the difference; ***zwischen A und B ~ können*** be able to tell the difference (*od.* to distinguish) between A and B; ***das unterscheidet ihn von ...*** that sets him apart from ...; **II.** *v/refl.*: ***sich ~*** differ (***von*** from; ***dadurch, daß*** in *ger.*); ***wie*** (*od.* ***worin***) ***unterscheidet sich A von B?*** what's the difference between A and B?, in what way(s) are A and B different (*od.* do A and B differ)?; ***A und B ~ sich nicht*** there's no difference between A and B; **unterscheidend** *adj.* distinctive, characteristic; **Unterscheidung** *f* differentiation; (*Unterschied*) difference, distinction.

Unterscheidungs|merkmal *n* distinguishing (*od.* distinctive) feature *od.* mark; **~vermögen** *n* powers *pl.* of discernment (*od.* distinction).

Unterschenkel *m* lower leg.

Unterschicht *f geol.* substratum; *der Bevölkerung*: lower class(es *pl.*).

'unterschieben *v/t.* **1.** (*a.* ***unter'schieben***): ***j-m et. ~*** (*in böser Absicht zuschieben*) foist s.th. on s.o.; (*unterstellen*) (falsely) attribute s.th. to s.o., (wrongly) accuse s.o. of (doing) s.th.; **2.** push *s.th.* under(neath) (*dat. s.th., s.o.*); **Unter'schiebung** *f* (wrongful) accusation.

Unterschied *m* difference, distinction; ***e-n ~ machen*** make a distinction, distinguish, (*a. unterschiedlich behandeln*) discriminate (***zwischen*** between); ***ein feiner ~*** a fine (*od.* subtle) distinction, a subtle difference; ***die feinen ~e*** the subtle differences; ***ich sehe keinen ~*** I can't see any (*od.* the) difference; ***zum ~ von*** unlike *s.th. od. s.o.*, as distinct from, in contrast to; ***ohne ~*** indiscriminately, (*ausnahmslos*) without exception; ***das ist ein großer ~*** that makes a big difference; → ***Tag***; **unterschiedlich I.** *adj.* different; (*voneinander abweichend*) varying, varied; ***~ sein*** (*nicht einheitlich*) vary; ***mit ~em Erfolg*** with varying degrees of success; **II.** *adv.* (*verschieden, anders*) differently; (*uneinheitlich*) varyingly *tall, bright etc.*; ***~ groß*** (***gut***) of varying size (quality); ***~ groß*** (***gut***) ***sein*** *a.* vary in size (quality); ***~ reagieren*** vary in their reactions, have varying reactions; ***es wurde ganz ~ aufgenommen*** reactions (to it) varied greatly; ***wir beurteilen das ziemlich ~*** our views on that differ considerably; ***~ behandeln*** treat differently, *engS.* (*schlechter stellen*) discriminate against; **Unterschiedlichkeit** *f* (*Unterschied*) difference (*gen.* between); (*Uneinheitlichkeit*) variableness, varying nature (*gen.* of); **unterschiedslos I.** *adj.* indiscriminate; **II.** *adv.* indiscriminately, (*ausnahmslos*) *a.* without exception.

unterschlagen *v/t.* (*Geld*) embezzle; (*Brief*) intercept; (*Beweisstück, Testament*) suppress; *fig.* (*verheimlichen*) hold back, keep quiet about, suppress; **Unterschlagung** *f* embezzlement; suppression.

Unterschleif *östr. m* underhand practices, dishonesty.

Unterschlupf *m* (*Schlupfwinkel*) hiding place, F hideout; (*Obdach*) shelter, refuge; *weitS.* somewhere to go; **unterschlüpfen** *v/i.* take shelter; (*sich verstecken*) hide (away); ***~ in*** (*unterkommen*) find a place in.

unterschreiben I. *v/t.* sign; *fig.* subscribe to; **II.** *v/i.* sign (one's name).

unterschreiten *v/t.* remain under, fall short of; *a. Temperatur*: fall below.

Unterschrift *f* signature; ***mit*** (***s***)***einer ~ versehen*** give one's signature to, sign one's name on (*od.* under).

Unterschriften|aktion *f*: (***e-e ~ durchführen*** get up a) petition; **~mappe** *f* signature blotting-book; **~sammlung** *f* → ***Unterschriftenaktion.***

unterschriftsberechtigt *adj.* authorized to sign.

Unterschrifts|fälschung *f* forging of a signature (*od.* signatures); **~probe** *f* specimen signature; **₂reif** *adj.* ready for signature; **~stempel** *m* signature stamp.

unterschwellig *adj.* underlying; *psych.* subliminal, sub-threshold.

Unterseeboot *n* submarine.

unterseeisch *adj.* submarine.

Unterseite *f* underside, bottom.

unter'setzen *v/t.* ⚙ reduce.

'untersetzen *v/t.* put (*od.* place) under(neath); **Untersetzer** *m für Gläser etc.*: coaster; *für Blumentöpfe*: saucer.

untersetzt *adj. Person*: stocky, thickset.

Untersetzung *f* ⚙ (gear) reduction.

untersinken *v/i.* sink, go down, go under.

Unterspannung *f* ⚡ undervoltage.

unterspielen *v/i. u. v/t.* underact.

unterspülen *v/t.* (*Häuser etc.*) wash away the foundations of; (*Ufer etc.*) hollow out.

unterst *adj.* lowest, bottom; ***das ₂e zuoberst kehren*** turn everything upside down.

Unterstand *m* shelter, ⚔ *a.* dugout.

unterste(r), unterste(s) *adj.* → ***unterst.***

unter'stehen I. *v/i.*: ***j-m*** (*od.* ***j-s Aufsicht***) ~ be under s.o., be answerable to s.o., ✝ *u. amtlich*: *a.* report to s.o.; ***e-m Gesetz ~*** be subject to a law; ***e-r Behörde*** *etc.* ~ come under an authority *etc.*; **II.** *v/refl.*: ***sich ~ zu*** *inf.* dare (to) *inf.*, have the audacity (*od.* nerve, cheek) to *inf.*; ***~ Sie sich!*** don't you dare!; ***was ~ Sie sich?*** how dare you?

'unterstehen *v/i.* shelter, take shelter.

'unterstellen I. *v/t.* **1.** *unter et.*: put (*od.* place) under(neath); **2.** (*unterbringen*) put (***in*** in[to]); (*dalassen*) leave (***bei*** at *s.o.'s place*); (*lagern*) store (at); **II.** *v/refl.*: ***sich ~*** *zum Schutz*: shelter, take shelter (***vor*** from).

unter'stellen *v/t.* **1.** ***j-m ~, daß ...*** allege (*od.* imply, insinuate) that s.o. ...; ***j-m e-e Lüge*** (***unlautere Motive*** *etc.*) ~ allege (*od.* imply) that s.o. has lied (has dishonest motives *etc.*); ***j-m böse Absichten ~*** impute bad intentions to s.o.; ***j-m et. ~*** allege that s.o. has done (*zeitneutral*: is capable of doing) s.th.; **2.** (*vorläufig annehmen*) suppose, assume; ***~ wir einmal*** let's assume (for the sake of argument); ***wenn man dies unterstellt*** granting that this is (*od.* was) so; **3.** ***j-m et.*** (***j-n***) ~ put s.o. in charge of s.th. (s.o.); ***j-m unterstellt werden*** be placed under s.o.('s command ⚔); **Unterstellung** *f* (*Behauptung*) allegation, insinuation.

unterstreichen *v/t.* underline, underscore; *fig.* (*betonen*) *a.* emphasize.

Unterströmung *f* undercurrent (*a. fig.*).

Unterstufe *f ped.* junior grades *pl.*

unterstützen *v/t.* support; (*Kandidaten etc.*) *a.* back up; (*helfen, a. Mittellose*) assist, aid (***bei*** in); (*fördern*) *a.* promote; (*Wirtschaft etc.*) support, bolster; (*Antrag, Plan, Projekt etc.*) support, give *s.th.* one's backing; **Unterstützung** *f* support; backing; (*Hilfe, a. finanzielle*) assistance, aid; (*finanzielle staatliche ~*) subsidy, (government) aid *od.* grant; ***zur ~*** *gen.* in support of; ***~ beziehen*** be on social security; **unterstützungsberechtigt** *adj.* entitled to relief; **Unterstützungskasse** *f* relief fund.

untersuchen *v/t.* examine (*a.* ⚕); (*inspizieren*) inspect; (*e-n Fall etc.*) inquire (*od.* look) into, investigate (*alle a.* ⚖ *u. wissenschaftlich*); ⚗ *u. weitS.* analy|se (*Am.* -ze); (*testen*) test (***auf*** for); **Untersuchung** *f* examination; ⚕ *a.* checkup; *e-s Sachverhalts*: inquiry (*gen.* into), investigation (of) (*beide a.* ⚖), (*Probe*) test; ⚗ *u. weitS.* analysis (of) ; (*Studie*) study (of); **~en** (*Forschung*) research; ***amtliche ~*** public inquiry.

Untersuchungs|ausschuß *m* investigating committee; **~befund** *m* ⚕ results *pl.* of the test, (test) findings *pl.*; **~bericht** *m* inquiry report; **~gefangene(r)** *m* prisoner on remand; **~gefängnis** *n* remand prison; **~haft** *f* custody, detention (pending trial), *Am.* pretrial detention; ***in ~ sein*** be on remand; **~kommission** *f* board (*od.* committee) of inquiry; **~richter** *m* examining magistrate.

Untertagebau *m* underground mining.

Untertan I. *m* subject; **II.** ₂ *pred. adj.* subject (*dat.* to); ***j-n ~ machen*** subject s.o. (*dat.* to); **untertänig** *adj.* subservient (*dat.* to).

Untertasse *f* saucer; → ***fliegend.***

untertauchen I. *v/i.* **1.** dive; *U-Boot*: submerge; **2.** *fig.* disappear; *Verbrecher etc.*: go underground, go into hiding; **II.** *v/t.* (*j-n*) duck.

Unterteil *n, m* lower part, bottom, base.

unterteilen *v/t.* (*aufteilen*) divide (up) (***in*** into); (*gliedern*) subdivide (into); **Unterteilung** *f* division (***in*** into); (*Gliederung*) subdivision (into).

Untertitel *m* subtitle; *Film*: *a.* caption; **untertiteln** *v/t.* subtitle, give subtitles to.

Unterton *m* undertone (*a. fig.*).

untertourig *mot.* **I.** *adj.* low-rev ...; **II.** *adv.* at low rev.

untertreiben I. *v/t.* understate, play down; **II.** *v/i.* understate; **Untertreibung** *f* understatement.

untertunneln *v/t.* tunnel through.
untervermieten *v/t.* sublet; **Untervermieter** *m* subtenant; **Untervermietung** *f* subletting.
unterversichern *v/t.* underinsure; **unterversichert** *adj.* underinsured; **Unterversicherung** *f* underinsurance.
unterversorgt *adj.* undersupplied; **Unterversorgung** *f* undersupply(ing).
unterwandern *v/t. pol.* infiltrate; **Unterwanderung** *f* infiltration.
Unterwäsche *f* **1.** underwear; **2.** F *mot.* undercar wash.
Unterwasser|archäologie *f* underwater (*od.* marine) arch(a)eology; **~forscher** *m* marine biologist, aquanaut; **~jagd** *f* subaqua (*od.* underwater) fishing; **~kamera** *f* underwater camera; **~massage** *f* underwater massage; **~station** *f* undersea habitat.
unterwegs *adv.* on the (*od.* one's) way; (*auf dem Weg, beim Transport etc.*) *a.* en route; *beruflich etc.*: away, *im Auto*: *a.* on the road; (*außer Haus*) out (and about); ***ich war gestern den ganzen Tag ~*** I was out and about (*gehetzt*: I was rushing around from one place to another) all day yesterday.
unterweisen *v/t.* instruct; **Unterweisung** *f* instruction.
Unterwelt *f* underworld (*a. fig.*).
unterwerfen I. *v/t.* (*Volk, Land etc.*) subject (***s-r Herrschaft*** to one's rule), subdue, subjugate; **II.** *v/refl.*: ***sich ~*** submit (*dat.* to); **Unterwerfung** *f* subjection, subjugation; submission; **unterworfen** *adj.*: ***e-r Sache ~ sein*** be subject to s.th.; ***Launen ~ sein*** *a.* be moody.
unterwürfig *adj.* subservient, obsequious; **Unterwürfigkeit** *f* subservience, obsequiousness.
unterzeichnen *v/t. u. v/i.* sign; **Unterzeichner** *m the* undersigned; *e-s Vertrags*: signatory; **Unterzeichnerstaat** *m* signatory state; **Unterzeichnete(r)** *m the* undersigned; **Unterzeichnung** *f* signing.
'unterziehen *v/t.* **1.** (*Kleider*) put on underneath; **2.** *gastr.* (*Eigelb, Creme etc.*) fold in; **3.** ⚠ (*Träger etc.*) put in (underneath).
unter'ziehen I. *v/refl.* **1.** ***sich*** *e-r Operation etc.* **~** undergo, have; ***sich*** *e-r Prüfung* **~** take; ***sich*** *e-m Training, e-r Arbeit etc.* **~** do; **2.** ***sich der Mühe ~ zu*** *inf.* take the trouble to *inf.*; **II.** *v/t.* (*e-r Kontrolle, e-m Verhör etc.*) put through, submit to; ***e-r Prüfung ~*** *a.* test, examine; ***e-m Verhör ~*** *a.* interrogate.
untief *adj.* shallow; **Untiefe** *f* (*seichte Stelle*) shallow, shoal; *lit.* (*große Tiefe*) abyss.
Untier *n* monster (*a. fig.*).
untragbar *adj.* intolerable; *Kosten, Preise*: prohibitive; **Untragbarkeit** *f* intolerability.
untrennbar *adj.* inseparable; **Untrennbarkeit** *f* inseparability.
untreu *adj.* unfaithful, disloyal (*dat.* to); ***~ werden*** *dat.* be unfaithful to, *fig.* break faith with, (*s-n Grundsätzen, e-r Politik etc.*) abandon, give up; **Untreue** *f* unfaithfulness, disloyalty; *bsd. eheliche*: infidelity (*alle* ***gegenüber*** to[wards]).
untrinkbar *adj.* undrinkable.
untröstlich *adj.* inconsolable, disconsolate; *weitS. a.* deeply sorry; ***ich bin ~!*** *über m-n Fehler etc.*: how can I ever forgive myself.
untrüglich *adj. Anzeichen, Symptom etc.*: unmistakable, *stärker*: sure ...; ***~es Gefühl für et.*** unerring instinct for s.th.
untüchtig *adj.* incapable, incompetent; **Untüchtigkeit** *f* incompetence.
Untugend *f* bad habit; (*Laster*) vice.
untypisch *adj.* atypical (***für*** of), out of character (for).
unübel F *adj.*: ***gar nicht so ~*** not so bad, not bad at all.
unüberbietbar *adj.* unparalleled, F hard to beat.
unüberbrückbar *fig. adj. Kluft etc.*: unbridgeable; *Gegensätze*: irreconcilable, insurmountable.
unüberhörbar *adj.* distinct, *pred. a.* loud and clear (*a. adv.*); ***es war ~*** *a.* you couldn't miss it.
unüberlegt I. *adj.* ill-considered; (*übereilt*) rash; **II.** *adv. handeln etc.*: without thinking (*od.* considering); **Unüberlegtheit** *f* rashness; *konkret*: rash act (*od.* action).
unüberschaubar *adj.* → ***unübersehbar*** 1, 2.
unübersehbar *adj.* **1.** immense, vast; **2.** *Folgen etc.*: incalculable; **3.** *Fehler etc.*: glaring ...
unübersichtlich *adj.* **1.** ***~e Kurve*** blind corner; ***die Kreuzung*** *etc.* ***ist ~*** it's difficult (*od.* impossible) to see what's going on at that crossing *etc.*; **2.** *fig.* (*unklar*) unclear; (*verworren*) confusing; **Unübersichtlichkeit** *f* (*Unklarheit*) confusingness, confusion.
unübertrefflich *adj.* unsurpassable, matchless; **unübertroffen** *adj.* unsurpassed, unmatched.
unüberwindlich *adj.* invincible; *Schwierigkeit*: insurmountable, insuperable; **Unüberwindlichkeit** *f* invincibility; insurmountability, insuperability.
unüblich *adj.* unusual, not usual; ***es ist ~ zu*** *inf. a.* you don't usually ...
unumgänglich *adj.* unavoidable; (*unausweichlich*) inevitable; (*notwendig*) indispensable, *a. zu tun etc.*: absolutely essential, imperative; **Unumgänglichkeit** *f* unavoidability, inevitability; indispensability, indispensable nature (*gen.* of).
unumschränkt *adj.* unlimited; *pol.* absolute *powers etc.*; **Unumschränktheit** *f* unlimitedness; absolute nature (*gen.* of).
unumstößlich *adj. Tatsache etc.*: irrefutable, incontrovertible; *Entscheidung etc.*: irrevocable; **Unumstößlichkeit** *f* irrefutability, irrefutable nature (*gen.* of), incontrovertibility; irrevocability, irrevocable nature (*gen.* of).
unumstritten *adj.* undisputed.
unumwunden I. *adj.* (*offen*) open *avowal, acknowledg(e)ment etc.*; (*ehrlich*) frank *manner etc.*; **II.** *adv.* point-blank, straight out.
ununterbrochen I. *adj.* uninterrupted, *Linie, Reihe etc.*: *a.* unbroken; (*ständig*) continuous; (*unaufhörlich*) incessant; **II.** *adv.* uninterruptedly; continuously; incessantly; ***er hat ~ geschrien*** *etc. a.* he wouldn't stop screaming *etc.*
unveränderlich *adj.* unchanging, *a. ling.* invariable; (*beständig*) constant, stable; **Unveränderlichkeit** *f* unchangingness; stability; **unverändert** *adj.* unchanged, *pred. a.* (just) as it was.
unverantwortlich *adj.* irresponsible; **Unverantwortlichkeit** *f* irresponsibility (*a. konkret*).
unverarbeitet *adj.* **1.** ⚙ unfinished, unprocessed; **2.** *fig.* undigested.
unveräußerlich *adj.* inalienable; **Unveräußerlichkeit** *f* inalienability.
unverbesserlich *adj.* incorrigible, inveterate ..., F hopeless; ***~er Trinker*** *etc.* hardened drinker *etc.*; **Unverbesserlichkeit** *f* incorrigibility.
unverbildet *adj.* unspoilt, uncorrupted.
unverbindlich I. *adj.* **1.** *Angebot etc.*: non-binding, without obligation; *Auskunft etc.*: without guarantee (as to correctness); *Stellungnahme etc.*: non-committal; **2.** *Person*: (very) non-committal; (*reserviert*) detached; (*kurz angebunden*) curt; **II.** *adv.* ⚕ without obligation; *sich äußern etc.*: in a non-committal way; *Auskunft geben etc.*: without guarantee; **Unverbindlichkeit** *f* **1.** ⚕ freedom from obligation; **2.** *e-r Person*: non-committal (*od.* detached) manner; curtness.
unverbleit *adj.* unleaded, lead-free.
unverblümt I. *adj. Meinung etc.*: undisguised; *Art*: outspoken, blunt, forthright; **II.** *adv.* bluntly, openly; **Unverblümtheit** *f* bluntness (***s-r Redeweise*** with which he speaks).
unverbraucht *adj.* unused; *Lebenskraft*: unspent; (*frisch*) fresh; *Mensch*: full of energy, *a. Geist etc.*: full of vigo(u)r.
unverbrüchlich I. *adj.* unswerving, steadfast; **II.** *adv.*: ***~ festhalten an, ~ stehen zu*** keep unswervingly to *one's principles etc.*; stand unswervingly by *one's promise etc.*; **Unverbrüchlichkeit** *f* unswervingness, steadfastness.
unverbürgt *adj.* unconfirmed.
unverdächtig *adj.* **1.** unsuspicious; **2.** (*nicht unter Verdacht*) unsuspected.
unverdaulich *adj.* indigestible (*a. fig.*); **Unverdaulichkeit** *f* indigestibility (*a. fig.*); **unverdaut** *adj.* undigested (*a. fig.*).
unverderblich *adj. Ware*: non-perishable.
unverdient *adj.* undeserved; **unverdientermaßen** *adv.* undeservedly.
unverdorben *adj.* unspoilt, *fig. a.* uncorrupted; **Unverdorbenheit** *f* unspoilt quality *od.* nature (*gen.* of).
unverdrossen I. *adj.* untiring, indefatigable, unflagging; **II.** *adv.* untiringly, indefatigably, unflaggingly; ***~ weitermachen*** (*unverzagt*) continue undaunted; **Unverdrossenheit** *f* indefatigability.
unverdünnt *adj.* undiluted; *Whisky etc.*: neat, *a. Am.* straight.
unvereinbar *adj.* incompatible; *Gegensätze*: irreconcilable; **Unvereinbarkeit** *f* incompatibility; irreconcilability, irreconcilable nature (*gen.* of).
unverfälscht *adj.* unadulterated, pure; *fig. a.* genuine; **Unverfälschtheit** *f* unadulterated quality (*gen.* of), pureness; genuineness.
unverfänglich *adj.* harmless, innocuous; **Unverfänglichkeit** *f* harmlessness, innocuousness.
unverfroren *adj.* unabashed, *stärker*: shameless, brazen; **Unverfrorenheit** *f* brazenness; *a. konkret*: insolence.
unvergänglich *adj.* immortal; *Erinnerung, Ruhm*: undying, everlasting, unfading; **Unvergänglichkeit** *f* immortality; everlastingness.
unvergessen *adj.* unforgotten; **unvergeßlich** *adj.* unforgettable; ***das wird mir ~ bleiben*** I shall never forget it.
unvergleichlich *adj.* incomparable; (*unübertroffen*) *a.* unrival(l)ed.

unvergoren *adj.* unfermented.

unverhältnismäßig *adv.* disproportionately; (*unmäßig*) excessively, unreasonably.

unverheiratet *adj.* unmarried, single.

unverhofft I. *adj.* (*unerwartet*) unexpected; **~ *kommt oft*** life is full of surprises; **II.** *adv.* unexpectedly; ***es kam ganz ~*** *a.* I just wasn't expecting it.

unverhohlen I. *adj.* undisguised, open; **II.** *adv.* openly; ***et. ~ zeigen*** *a.* make no secret of s.th.

unverhüllt *adj.* unveiled; (*bloß*) bare; *fig.* undisguised.

unverkäuflich *adj.* **1.** not for sale; ***~es Muster*** free sample, *Aufschrift*: sample not for sale; **2.** (*nicht absetzbar*) unsal(e)able.

unverkennbar I. *adj.* unmistakable; ***es ist ~, daß*** it's quite obvious that; **II.** *adv.* unmistakably; ***es ist ~ s-e Handschrift*** it's his handwriting all right (*Am.* alright).

unverlangt *adj.* unsolicited (*a. adv.* ***~ eingesandt***), not asked for.

unverläßlich *adj.* unreliable; **Unverläßlichkeit** *f* unreliability.

unverletzbar, unverletzlich *adj.* inviolable; **Unverletzbarkeit** *f*, **Unverletzlichkeit** *f* inviolability; **unverletzt** *adj.* unhurt; safe (and sound).

unvermeidbar *adj.* unavoidable; **Unvermeidbarkeit** *f* unavoidability; **unvermeidlich I.** *adj.* inevitable (*a.* F *fig. nicht wegzudenken, obligatorisch*); (*unvermeidbar*) unavoidable; (*zwangsläufig*) inevitable (*a. iro.*); ***sich ins 2e fügen*** bow to the inevitable; **II.** *adv. a.* without fail; **Unvermeidlichkeit** *f* inevitability; unavoidability.

unvermindert *adj. u. adv.* undiminished.

unvermischt *adj.* unmixed, unblended.

unvermittelt I. *adj.* abrupt, sudden; **II.** *adv.*: (***völlig ~*** quite) suddenly *od.* abruptly; *geschehen etc.*: *a.* without (any) warning; ***es kam so ~*** there was absolutely no warning.

Unvermögen *n* inability, incapacity.

unvermögend *adj.* (*arm*) impecunious, without means; ***nicht ~*** fairly well-off.

unvermutet *adj.* (*u. adv.*) unexpected(ly).

Unvernunft *f* unreasonableness; (*Torheit*) folly, stupidity; **unvernünftig** *adj.* unreasonable; (*töricht*) foolish.

unveröffentlicht *adj.* unpublished.

unverpackt *adj.* (*lose*) unpacked, unpackaged; (*nicht eingewickelt*) unwrapped.

unverrichteterdinge *adv.*: ***~ weggehen*** (***zurückkommen***) come away (come back) without having achieved anything.

unverrückbar *adj.* unshak(e)able.

unverschämt I. *adj.* impertinent, insolent, impudent; *Lüge*: barefaced ...; F *Preis, Forderung*: outrageous; F (***ein***) ***~es Glück haben*** F be damned lucky; **II.** *adv.*: ***~ lügen*** lie shamelessly; F ***~ teuer*** *etc.* outrageously expensive *etc.*; F ***er sieht ~ gut aus*** he's outrageously (F damned) good-looking; **Unverschämtheit** *f* impertinence, insolence, impudence; ***die ~ haben zu*** *inf.* have the nerve (*od.* cheek) to *inf.*

unverschlossen *adj.* **1.** *Brief*: unsealed; **2.** (*unabgeschlossen*) unlocked.

unverschuldet *adj.*: ***~ in Geldnot geraten*** *etc.* run into financial difficulties *etc.* through no fault of one's own; ***ein ~er Unfall*** an accident for which one is not responsible; **unverschuldetermaßen, unverschuldeterweise** *adv.* through no fault of one's own.

unversehens *adv.* unexpectedly, all of a sudden, suddenly.

unversehrt *adj.* unhurt, unscathed; *Sache*: intact.

unversöhnlich *adj.* irreconcilable (*a. Gegensätze*); **Unversöhnlichkeit** *f* irreconcilability.

unversorgt *adj. finanziell*: unprovided for; *wirtschaftlich*: *area, people etc.* lacking in supplies.

Unverstand *m* (*Unwissenheit*) ignorance; (*Dummheit*) foolishness; **unverstanden** *adj.* misunderstood, not understood; **unverständig** *adj.* (*unwissend*) ignorant; *Kind*: too young to know; (*dumm*) stupid, foolish.

unverständlich *adj.* (*undeutlich*) unintelligible; (*gedanklich ~*) incomprehensible (*a. Verhalten etc.*); *Grund*: obscure; ***das ist mir völlig ~*** (*ich kann es nicht nachvollziehen*) I just can't understand it, (*es ist mir zu hoch*) it's beyond me (completely), (*ich kann nichts damit anfangen*) I can't make head or tail of it; **Unverständlichkeit** *f* unintelligibility; incomprehensibility.

Unverständnis *n* lack of understanding; *für Kunst etc.*: lack of appreciation; ***auf ~ stoßen*** find no sympathy.

unverstellt *adj.* undisguised; (*echt*) genuine.

unversteuert *adj.* untaxed.

unversucht *adj.*: ***nichts ~ lassen*** try everything (***um zu*** *inf.* to *inf.*), leave no stone unturned (in one's attempt to *inf.*).

unverträglich *adj.* **1.** *Speise*: indigestible; **2.** (*zänkisch*) quarrelsome; **3.** (*unvereinbar*) incompatible (*a.* ⚕); **Unverträglichkeit** *f* **1.** indigestibility; **2.** quarrelsomeness; **3.** incompatibility.

unvertretbar *adj. Ansichten etc.*: unacceptable.

unverwandt I. *adj. Blick*: fixed; **II.** *adv.* fixedly; ***j-n ~ ansehen*** fix one's gaze on s.o.; ***er sah sie ~ an*** *a.* he wouldn't take his eyes off her.

unverwechselbar *adj.* unmistakable.

unverwehrt *adj.*: ***es ist*** (*od.* ***sei***) ***ihr*** (***völlig***) ***~ zu*** *inf.* she is (completely) at liberty to *inf.*

unverwertbar *adj.* unusable; **Unverwertbarkeit** *f* unusability.

unverwundbar *adj.* invulnerable; **Unverwundbarkeit** *f* invulnerability.

unverwüstlich *adj.* indestructible (*a. fig. Person etc.*); *fig. Humor etc.*: inexhaustible; *fig.* ***sie ist ~*** *a.* she keeps bouncing back, you can't get her down; **Unverwüstlichkeit** *f* indestructibility; inexhaustibility.

unverzagt *adj. u. adv.* undaunted; **Unverzagtheit** *f* undauntedness; *stärker*: intrepidity.

unverzeihlich *adj.* inexcusable; unforgivable; ***es ist ~*** *a.* there's no excuse for it.

unverzichtbar *adj.* indispensable, (absolutely) essential; *Recht*: inalienable; **Unverzichtbarkeit** *f* indispensability; inalienability.

unverzinslich *adj.* non-interest-bearing; ***~es Darlehen*** interest-free loan.

unverzollt *adj. Aufschrift*: duty unpaid; ***~e Waren*** uncleared goods.

unverzüglich I. *adj.* immediate, prompt; **II.** *adv.* immediately, straightaway, without delay.

unvollendet *adj.* unfinished.

unvollkommen *adj.* imperfect; **Unvollkommenheit** *f* imperfection (*a. konkret*).

unvollständig *adj.* incomplete; **Unvollständigkeit** *f* incompleteness.

unvorbereitet *adj.* unprepared; *Rede*: impromptu *speech*; ***~ reden*** ad-lib; ***~ in e-e Prüfung gehen*** take (*od.* do) an exam without any preparation; ***es traf ihn ~*** it came as a complete surprise (*od.* shock) to him, it took him unawares.

unvoreingenommen *adj.* unbias(s)ed, unprejudiced; objective; **Unvoreingenommenheit** *f* impartiality, lack of (*od.* freedom from) prejudice; objectivity.

unvorhergesehen I. *adj.* (*vorher nicht abzusehen*) unforeseen; (*unerwartet*) unexpected; **II.** *adv.* unexpectedly; ***~ Besuch bekommen*** have unexpected visitors (*od.* an unexpected visitor); **unvorhersehbar** *adj.* unforeseeable.

unvorschriftsmäßig *adj.* improper; *Verhalten etc.*: contrary to the regulations.

unvorsichtig *adj.* (*u. adv.*) careless(ly); (*unklug*) imprudent(ly); (*übereilt*) rash(ly); **unvorsichtigerweise** *adv.* carelessly; ***er hat es ~ liegenlassen*** *a.* he was careless enough to leave it behind; **Unvorsichtigkeit** *f* carelessness; imprudence; rashness.

unvorstellbar *adj.* unimaginable; unthinkable; (*unglaublich*) incredible.

unvorteilhaft I. *adj.* **1.** *Kleid, Frisur etc.*: unbecoming, unflattering; ***für j-n ~ sein*** not to suit s.o.; ***~ aussehen*** look unattractive; **2.** ***~er Kauf*** bad buy; ***~es Geschäft*** bad deal; **II.** *adv.*: ***sich ~ kleiden*** wear the wrong clothes (for one's figure *etc.*); ***sich ~ auswirken*** prove disadvantageous (***für*** for), ***für j-n***: *a.* prove to be to s.o.'s disadvantage.

unwägbar *adj.* imponderable; (*nicht kalkulierbar*) incalculable; **Unwägbarkeit** *f* imponderability (*a. konkret*); incalculability.

unwahr *adj.* untrue, false; **Unwahrheit** *f* untruthfulness; *konkret*: untruth, falsehood.

unwahrscheinlich I. *adj.* unlikely, improbable; F *fig. Glück etc.*: incredible; **II.** F *adv.*: ***~ gut*** *etc.* F incredibly good *etc.*; **Unwahrscheinlichkeit** *f* unlikelihood, improbability.

unwandelbar *adj.* unchanging, constant; *Liebe etc.*: steadfast; **Unwandelbarkeit** *f* unchangingness, constancy; steadfastness.

unwegsam *adj. Gelände etc.*: difficult, rough *terrain*; *Gebirge, Urwald etc.*: virtually impassable; **Unwegsamkeit** *f* roughness; impassability.

unweiblich *adj.* unfeminine.

unweigerlich I. *adj.* inevitable; **II.** *adv.* without fail, inevitably; ***es führte ~ zu e-r Zinserhöhung*** it led to an inevitable rise in interest rates.

unweit *prp.* not far from (*gen. a place etc.*).

Unwesen *n* dreadful state of affairs; ***sein ~ treiben*** be up to no good, be on the rampage, ***in***: wreak havoc in, terrorize.

unwesentlich I. *adj.* inessential (***für*** to); *weitS.* (*nebensächlich*) marginal (to); (*unwichtig*) unimportant (for, to), insignificant (to); (*irrelevant*) irrelevant, immaterial (to); (*kaum bemerkbar*) negligible; **II.** *adv.* (*wenig*) slightly, marginally; (*kaum*) negligibly.

Unwetter *n* (thunder)storm; **~schaden** *m a. pl.* storm damage.
unwichtig *adj.* not important, insignificant; (*irrelevant*) irrelevant; **Unwichtigkeit** *f* **1.** unimportance, insignificance; irrelevance; **2.** *konkret*: triviality, unimportant matter.
unwiderlegbar *adj.* irrefutable, incontrovertible; **Unwiderlegbarkeit** *f* irrefutability, incontrovertibility.
unwiderruflich I. *adj.* irrevocable (*a.* ✝); **II.** *adv.* irrevocably; (*ganz bestimmt*) definitely, positively; ***es steht ~ fest, daß*** it's absolutely definite (*od.* certain) that; **Unwiderruflichkeit** *f* irrevocability.
unwidersprochen *adj.*: ***~ bleiben*** stand uncontradicted; ***et. ~ hinnehmen*** take s.th. without contradiction (*od.* without a word of protest).
unwiderstehlich *adj.* irresistible; (*bezwingend*) compelling; ***~es Verlangen nach Schokolade*** *etc.* irresistible (*od.* overpowering) urge to eat chocolate *etc.*, overpowering desire for chocolate *etc.*; **Unwiderstehlichkeit** *f* irresistibility.
unwiederbringlich I. *adj.* irretrievable; **II.** *adv.*: ***~ dahin*** irretrievably lost, lost (*od.* gone) forever; **Unwiederbringlichkeit** *f* irretrievability.
Unwille *m* displeasure, *stärker*: anger; **unwillentlich** *adv.* unintentionally; **unwillig** *adj.* (*u. adv.*) (*ungehalten*) indignant(ly) (***über*** at); (*widerstrebend*) unwilling(ly), reluctant(ly).
unwillkommen *adj.* unwelcome.
unwillkürlich I. *adj. Bewegung, Gedanke etc.*: involuntary; (*instinktiv*) instinctive; (*mechanisch*) automatic; **II.** *adv.* involuntarily; instinctively; automatically; ***~ mußte ich an ihn denken*** *etc.* I couldn't help thinking of him *etc.*
unwirklich *adj.* unreal; **Unwirklichkeit** *f* unreality.
unwirksam *adj.* ineffective; ⚖ a) inoperative, b) (*null und nichtig*) null and void; **Unwirksamkeit** *f* ineffectiveness; ⚖ inoperativeness.
unwirsch *adj.* gruff.
unwirtlich *adj.* inhospitable; **Unwirtlichkeit** *f* inhospitableness.
unwirtschaftlich *adj.* uneconomical; (*unrentabel*) unviable; (*unrationell*) inefficient; **Unwirtschaftlichkeit** *f* uneconomicalness; inefficiency; unviability.
unwissend *adj.* ignorant; *Kind*: too young to know; **Unwissenheit** *f*: (***aus ~*** out of) ignorance.
unwissenschaftlich *adj. Methode, Zeitalter etc.*: unscientific; *Ansatz, Argumentation etc.*: unscholarly; **Unwissenschaftlichkeit** *f* unscientific (*od.* unscholarly) nature *od.* character *etc.* (*gen.* of).
unwissentlich *adv.* unknowingly, *lit.* unwittingly.
unwohl *adj.* **1.** unwell; ***mir ist ~*** I don't feel well; **2.** (*unbehaglich*) uneasy; ***dabei wird mir ganz ~*** it gives me a very uneasy feeling; **Unwohlsein** *n* indisposition; (*Übelkeit*) feeling of sickness, nausea.
unwohnlich *adj.* (*ungemütlich*) uncomfortable; (*nicht anheimelnd*) unhomely, cheerless; **Unwohnlichkeit** *f* uncomfortableness; unhomeliness, cheerlessness.
unwürdig *adj.* unworthy (*gen.* of); (*würdelos*) undignified; (*schändlich*) disgraceful; (*entwürdigend*) degrading; ***das ist seiner ~*** that is beneath him; **Unwürdigkeit** *f* unworthiness; lack of dignity, undignified manner.
Unzahl *f*: ***e-e ~ von*** a host of, an enormous number of, innumerable, F no end of; **unzählbar** *adj.*, **unzählig** *adj.* innumerable, countless, numberless; **~e** *a.* scores of.
unzart *adj.* indelicate; (*grob*) rough.
Unze *f* ounce (*abbr.* oz.).
Unzeit *f*: ***zur ~*** at an inopportune time; **unzeitgemäß** *adj.* (*altmodisch*) old-fashioned, dated, behind the times; (*unpassend*) unseasonable, inopportune.
unzerbrechlich *adj.* unbreakable; **Unzerbrechlichkeit** *f* unbreakability.
unzerreißbar *adj.* untearable, non-tear (-ing); **Unzerreißbarkeit** *f* untearable (*od.* non-tearing) quality (*gen.* of).
unzerstörbar *adj.* indestructible; **Unzerstörbarkeit** *f* indestructibility.
unzertrennlich *adj.* inseparable; **Unzertrennlichkeit** *f* inseparability.
unzivilisiert *adj.* uncivilized; **Unzivilisiertheit** *f* uncivilized nature (*od.* state) (*gen.* of); lack of civilization (among).
Unzucht *f* ⚖ sexual offen|ce (*Am.* -se), (act of) indecency; ***~ treiben*** fornicate; **unzüchtig** *adj.* lewd, lascivious; obscene *gesture, word etc.*
unzufrieden *adj.* dissatisfied, *bsd. dauernd*: discontented; **Unzufriedenheit** *f* dissatisfaction, discontentment.
unzugänglich *adj.* inaccessible (*a.* ⊛), unapproachable; *fig.* ***~ für*** impervious to, deaf to; **Unzugänglichkeit** *f* inaccessibility, unapproachability; *fig.* imperviousness (***für*** to).
unzulänglich *adj.* inadequate; (*mangelhaft, ungenügend*) deficient, insufficient; **Unzulänglichkeit** *f* inadequacy; deficiency; (*Schwäche*) shortcoming, failing.
unzulässig *adj.* inadmissible; ⚖ *Beeinflussung*: undue; **Unzulässigkeit** *f* inadmissibility.
unzumutbar *adj.* unreasonable, too much to expect (*od.* ask [for]); unacceptable; ***das ist für ihn ~*** you can't expect him to put up with (*od.* accept, do *etc.*) that; **Unzumutbarkeit** *f* unreasonableness; (*Zumutung*) unreasonable demand; ***das ist e-e ~*** *a.* that's asking (*od.* expecting) too much.
unzurechnungsfähig *adj.* ⚖ non compos mentis, of unsound mind, *Am. a.* incompetent; **Unzurechnungsfähigkeit** *f* legal (*od.* mental) incapacity, *Am.* incompetence.
unzureichend *adj.* insufficient.
unzusammenhängend *adj.* disconnected, disjointed; *Rede etc.*: incoherent.
unzuständig *adj.* not responsible (***für*** for); ⚖ ***~ sein*** have no jurisdiction (***für*** over).
unzustellbar *adj. Post*: undelivered; ***falls ~, bitte zurück an Absender*** if undelivered, please return to sender.
unzuträglich *adj.* detrimental (*dat.* to); **Unzuträglichkeit** *f* detrimental nature *od.* effect(s *pl.*) (*gen.* of).
unzutreffend *adj.* incorrect; (*unbegründet*) unfounded; (*nicht anwendbar*) inapplicable; ***2es bitte streichen!*** delete where inapplicable.
unzuverlässig *adj.* unreliable; (*nicht vertrauenswürdig*) untrustworthy; **Unzuverlässigkeit** *f* unreliability; untrustworthiness.
unzweckmäßig *adj.* (*unangebracht*) inexpedient; (*ungeeignet*) unsuitable; **Unzweckmäßigkeit** *f* inexpediency; unsuitability.
unzweideutig I. *adj.* unequivocal, unambiguous; explicit, plain, clear; **II.** *adv.*: ***~ zu verstehen geben, daß*** make it quite clear (*od.* plain) that; **Unzweideutigkeit** *f* unambiguousness; explicitness.
unzweifelhaft I. *adj.* unquestionable, indubitable; **II.** *adv.* doubtless, without (a) doubt, undoubtedly.
üppig I. *adj. Vegetation, Pflanzenwuchs etc.*: luxuriant; *Wiese, Laub, a. fig. Leben*: lush; *Mahlzeit etc.*: sumptuous, opulent; *Speise, Nahrung*: rich; F *Figur, Formen etc.*: full, (*sinnlich*) voluptuous; F (*reichlich*) *Trinkgeld, Portion etc.*: good, F big fat ...; ***~er Haarwuchs*** (***Bartwuchs***) thick hair (growth of beard); F ***e-e*** (***ziemlich***) ***~e Angelegenheit*** (*Fest etc.*) quite an affair; F ***nicht gerade ~*** F not overwhelming(ly much); **II.** *adv. wachsen etc.*: luxuriantly; ***~ speisen*** have a sumptuous meal; ***~ essen*** eat rich foods; F ***j-n ~ beschenken*** shower s.o. with presents; ***~ leben*** live a life of luxury, live off the fat of the land; **Üppigkeit** *f* luxuriance; thick growth; lushness; sumptuousness, opulence; richness; voluptuousness; → ***üppig***.
Ur... *in Zssgn* (*ursprünglich*) original; primeval; (*erst*) first; *intensivierend*: extremely.
Urabstimmung *f* strike ballot, secret ballot (on strike action).
Urahn(e) *m* (earliest) ancestor; *pl. a.* forefathers.
uralt *adj.* ancient, F (as) old as the hills; age-old *problem*; ***seit ~en Zeiten*** from (*od.* since) time immemorial; ***aus ~en Zeiten*** from long, long ago, F from way back when.
Uran *n* ⚒ uranium; **~anreicherungsanlage** *f* uranium enrichment plant; **~brenner** *m* uranium pile; **~erz** *n* uranium ore.
Uranfang *m* very first beginnings *pl.*; origins *pl.*; **uranfänglich** *adj.* primeval, primordial.
Urangst *f psych.* primordial fear.
uranhaltig *adj.* uranium-bearing.
Uran|mine *f* uranium mine; **~vorkommen** *n* uranium deposit.
uraufführen *v/t.* première; *die Oper etc.* ***wurde 1924 uraufgeführt*** was first performed in 1924; **Uraufführung** *f* first performance, *a. Film*: première.
Urausgabe *f* first (*od.* original) edition.
urban *adj.* urbane; **Urbanisation** *f* urbanization; **urbanisieren** *v/t.* urbanize; **Urbanistik** *f* town planning (and urban development); **Urbanität** *f* urbanity, urbaneness.
urbar *adj.*: ***~ machen*** cultivate; (*Urwald etc.*) clear; (*Wüste etc.*) reclaim; **Urbarmachung** *f* cultivation; clearing; reclamation.
Urbedeutung *f* original meaning.
Urbeginn *m* very first beginnings *pl.*; ***von ~ an*** from the very beginning.
Urbevölkerung *f* (ab)original population (*od.* inhabitants *pl.*).
Urbild *n* model, prototype.
Urchristentum *n*: ***das ~*** early Christianity.
urdeutsch *adj.* German to the core, F as German as you can get.
ureigen *adj.*: ***~es Interesse*** vested interest; ***in Ihrem ~sten Interesse*** in your own best interest(s); ***das ist m-e ~ste Angelegenheit*** that's my business and nobody else's.

Ureinwohner *pl.* (ab)original inhabitants (*od.* population *sg.*); ***die ~ Australiens*** the Australian aborigines.
Ureltern *pl.* ancestors.
Urenkel *m* great-grandson; **Urenkelin** *f* great-granddaughter.
Urform *f* archetype.
urgemütlich *adj.* really cosy (*Am.* cozy).
urgermanisch *adj.* Teutonic; *ling.* Proto-Germanic.
Urgeschichte *f*: ***die ~*** prehistory; **urgeschichtlich** *adj.* prehistoric.
Urgestein *n* primary rocks *pl.*
Urgewalt *f* elemental force.
Urgroß|eltern *pl.* great-grandparents; **~mutter** *f* great-grandmother; **~vater** *m* great-grandfather.
Urheber *m* author; (*Schöpfer*) creator; **Urheberrecht** *n* copyright (***für, von*** on); copyright law; **urheberrechtlich** **I.** *adj.* copyright ...; **II.** *adv.*: ***~ geschützt*** protected by copyright; **Urheberschaft** *f* authorship; **Urheberschutz** *m* copyright protection.
Urheimat *f* original home(land).
urig *adj. Person, Humor, Wesen etc.*: earthy; (*rustikal*) rustic *pub etc.*; (*ungekünstelt*) unsophisticated; *contp.* (*ungeschliffen*) unrefined; F ***ein ~er Typ*** an original; → *a.* ***urwüchsig.***
Urin *m* urine; F *fig.* ***ich spür's im ~*** F I've got a gut feeling about it; **Urinflasche** *f* urine bottle; (*Bettflasche*) urinal; **urinieren** *v/i.* urinate; **Urinprobe** *f* urine specimen.
Urinstinkt *m* primeval instinct.
Urinuntersuchung *f* urine test, urinalysis.
Urknall *m* big bang, Big Bang.
urkomisch *adj.* hilarious.
Urkraft *f* elemental force.
Urkunde *f* document; (*Eigentums*2) deed; (*Sieger*2) certificate, diploma; **urkundenecht** *adj.*: ***~e Tinte*** indelible ink; **Urkundenfälscher** *m* document forger; **Urkundenfälschung** *f* forgery of documents; ***wegen ~*** *bestraft werden etc.*: for forging documents; **urkundlich** **I.** *adj.* documentary; (*verbürgt*) authentic; **II.** *adv.* authentically; ***~ belegt*** documented; ***~ erwähnt werden*** be mentioned in a document; ***der Bau wird erstmals im 9. Jahrhundert ~ erwähnt*** the first documentary evidence of the building goes back to the 9th century.
Urlandschaft *f* primeval landscape.
Urlaub *m* (*Ferien*) holidays *pl.*, *bsd. Am.* vacation; ⚔ leave; ***auf (im) ~*** on holiday, *bsd. Am.* on vacation; ***in ~ gehen*** go on holiday (*bsd. Am.* vacation).
Urlauber *m* holidaymaker, *Am.* vacationer; **~strom** *m* stream of holidaymakers (*Am.* vacationers).
Urlaubs|anspruch *m* holiday entitlement, *Am.* vacation privilege; **~foto** *n* holiday (*bsd. Am.* vacation) snap; **~geld** *n* holiday pay, *Am.* vacation money; **~paradies** *n* holiday(makers') paradise; 2**reif** *adj.* in (desperate) need of a holiday; **~reise** *f* holiday (*bsd. Am.* vacation) trip; **~tag** *m* (a day's) holiday (*bsd. Am.* vacation); **~vertretung** *f* **1.** (*Person*) holiday (*bsd. Am.* vacation) replacement; ***X ist m-e ~*** X will be standing in for me when I'm on holiday (*bsd. Am.* vacation); **2.** (*Planung*) holiday (*bsd. Am.* vacation) stand-in scheme; ***für j-n ~ machen*** stand in for s.o. while he (*od.* she) is on holiday (*bsd. Am.* vacation); **~zeit** *f* holiday (*bsd. Am.* vacation) season *od.* period; **~ziel** *n* vacation spot; (*a. Land*) tourist destination.
Urmensch *m*: ***der ~*** primitive man.
Urne *f* urn; (*Wahl*2) *a.* ballot box; **Urnenbeisetzung** *f* urn burial.
Urnenfeld *n hist.* urnfield; **Urnenfelderkultur** *f hist.* Urnfield culture.
Urnen|gang *m* polling, polls *pl.*; ***80% beteiligten sich am ~*** there was an 80% turnout at the polls; **~grab** *n* urn grave.
Urologe *m* urologist; **Urologie** *f* urology; **urologisch** *adj.* urological.
urplötzlich **I.** *adj.* sudden, totally unexpected; **II.** *adv.* all of a sudden, completely out of the blue.
Ursache *f* cause (*gen. od.* ***für*** of); (*Grund*) reason (for); (*Anlaß*) occasion (for); ***ich habe (alle) ~ zu*** *inf.* I have (every) reason to *inf.*; ***er hat keine ~ zu*** *inf.* there's no reason why he should ...; ***keine ~!*** don't mention it, *Antwort auf Entschuldigung*: that's all right (*Am.* alright); ***kleine ~, große Wirkung*** from little acorns grow big oaks; **Ursachenforschung** *f* (a)etiology; **ursächlich** *adj.* (*u. adv.*) causal(ly); ***sie stehen in ~em Zusammenhang*** they are causally connected; **Ursächlichkeit** *f* causality.
Urschlamm *m*, **Urschleim** *m* primeval sludge.
Urschrei *m* primal scream.
Urschrift *f* original (text *od.* copy).
Ursprache *f* **1.** (*Originalsprache*) original language; ***in der ~*** in the original (language); **2.** (*Grundsprache*) protolanguage.
Ursprung *m* origin(s *pl.*); *weitS.* (*Anfang*) beginnings *pl.*; ***s-n ~ haben in*** originate in (*od.* from), stem from, have one's (*od.* its) origin(s) in; ***deutschen ~s*** of German origin (*Person*: *a.* extraction), ✝ made in Germany; *das Wort* ***ist griechischen ~s*** is of Greek origin, goes back to Greek, is originally Greek; **ursprünglich** **I.** *adj.* **1.** original; (*anfänglich*) initial; ***die ~e Begeisterung*** *etc. a.* the enthusiasm *etc.* that was there at the beginning (*od.* to start with); **2.** (*natürlich, unverfälscht*) natural, unspoilt; ***~es Gebiet*** wilderness area; **II.** *adv.* originally, at the beginning, to start (off) with; **Ursprünglichkeit** *f* naturalness; unspoilt quality (*od.* state) (*gen.* of); **Ursprungsland** *n* ✝ country of origin.
Urständ F *f*: ***fröhliche ~ feiern*** rise from the ashes, *contp.* rear its ugly head again.
Urstoff *m* primary matter; ⚗ element.
Urstromtal *n geol.* glacial valley.
Urteil *n* **1.** judg(e)ment; (*Meinung*) opinion; (*Entscheidung*) decision; ***sich ein ~ bilden*** form a judg(e)ment (*od.* an opinion) (***über*** on); ***m-m ~ nach*** in my opinion; ***darüber kann ich mir kein ~ erlauben*** I'm in no position to judge (that); **2.** ⚖ judg(e)ment, ruling, decision; (*Straf*2) sentence; (*Scheidungs*2) decree; → ***ergehen*** 1, ***fällen*** *etc.*; → *a.* **urteilen** *v/i.* judge (***über*** *s.o., s.th.*; ***nach*** by); ***über*** *et.* ***~*** *a.* give one's opinion on; ***darüber kann er nicht ~*** he's no judge; ***~ Sie selbst!*** see for yourself; ***nach s-n Worten zu ~*** judging by what he says.
Urteils|begründung *f* opinion (of the court); 2**fähig** *adj.* discerning, discriminating; **~fähigkeit** *f* ability to judge; powers *pl.* of discernment (*od.* discrimination); **~findung** *f* reaching the (*od.* a) verdict; **~kraft** *f* (powers *pl.* of) judg(e)ment *od.* discernment; **~spruch** *m* sentence, verdict; **~verkündung** *f* pronouncing of judg(e)ment; **~vollstreckung** *f* execution of the (*od.* a) sentence.
Urtext *m* original text.
Urtrieb *m* basic instinct.
urtümlich *adj.* (*unberührt*) unspoilt, original; (*primitiv*) primitive; (*archaisch*) archaic; **Urtümlichkeit** *f* unspoilt (*od.* original) state (*gen.* of); primitiveness; archaic character (of).
Urtyp(us) *m* archetype; **urtypisch** *adj.* archetypal.
Uruguayer(in *f*) *m*, **uruguayisch** *adj.* Uruguayan.
Urur... *in Zssgn* great-great-*grandfather etc.*
Urvater *m* ancestor.
Urvie(c)h F *n* real character.
Urvolk *n* primitive people (*od.* tribe); (*Ureinwohner*) (ab)original inhabitants *pl.* (*od.* population).
Urwald *m* **1.** *tropischer*: jungle; F *fig.* ***aus dem ~ stammen*** come from the jungle; **2.** (*ursprünglicher Wald*) primeval forest.
Urwelt *f* primeval world; **urweltlich** *adj.* primeval.
urwüchsig *adj.* (*ursprünglich*) original, unspoilt; (*ungekünstelt*) natural; (*derb, kernig*) earthy (*a. Humor etc.*); ***~er Bayer*** picture-book Bavarian; **Urwüchsigkeit** *f* original (*od.* unspoilt) state (*gen.* of); naturalness; earthiness.
Urzeit *f*: ***die ~*** primeval times; *fig.* ***vor ~en*** a long, long time ago; ***seit ~en*** from (*od.* since) time immemorial.
Urzeugung *f biol.* spontaneous generation.
Urzustand *m* original state.
Usambaraveilchen *n* ♀ African violet.
US|-Amerikaner(in *f*) *m* American (citizen); **~-amerikanisch** *adj.* US ..., American; **~-Dollar** *m* United States (*od.* US) dollar; **~-Streitkräfte** *pl.*, **~-Truppen** *pl.* US armed forces.
Usurpation *f* usurpation; **Usurpator** *m* usurper; **usurpatorisch** *adj.* usurpatory; **usurpieren** *v/t.* usurp; *weitS. a.* appropriate *s.th.*
Usus *m* custom, practi|ce (*Am.* -se); ***das ist hier so ~*** it's the custom around here.
Utensilien *pl.* utensils, implements.
Uterus *m anat.* uterus; **~...** *in Zssgn oft* uterine *smear etc.*
Utilitarismus *m* utilitarianism; **utilitaristisch** *adj.* utilitarian.
Utopie *f* **1.** (*phantastische Idee*) impossible dream; **2.** (*Darstellung e-r idealen Welt etc.*) utopia; **utopisch** *adj.* fanciful, unrealistic; *stärker*: utopian.
UV|-Filter *m* UV filter; **~-Licht** *n* ultraviolet light; **~-Strahlen** *pl.*, **~-Strahlung** *f* ultraviolet rays (*pl.*).
Ü-Wagen *m* → ***Übertragungswagen.***
uzen F *v/t.* (*j-n*) F kid, pull *s.o.'s* leg, have *s.o.* on; **Uzerei** F *f* F leg-pulling.

V

V, v *n* V, v.

va banque: *fig.* **~ *spielen*** take a gamble; **Vabanquespiel** *fig. n* gamble.

Vademekum *lit. n* handbook.

Vagabund *m* vagabond, tramp, *Am.* F bum, hobo; **Vagabundenleben** *n* vagabond life, life of a vagabond; **vagabundieren** *v/i.* lead the life of a vagabond, drift from place to place.

vage *adj.* vague; **Vagheit** *f* vagueness.

Vagina *f* vagina; **vaginal** *adj.* vaginal.

vakant *adj.* vacant; **Vakanz** *f* vacancy.

Vakuum *n* vacuum (*a. fig.*); **~bremse** *f* vacuum brake; **~packung** *f* vacuum pack; **~pumpe** *f* vacuum pump; **≈verpackt** *adj.* vacuum-packed; **≈versiegelt** *adj.* vacuum-sealed; **~versiegelung** *f* vacuum sealing.

Vakzine *f* ⚕ vaccine.

Valentinstag *m*: ***der*** ~ St Valentine's day.

Valenz *f* ⚗ *u. ling.* valence.

Valuta *f* (*Währung*) foreign currency; **~klausel** *f* exchange clause.

Vampir *m* vampire.

Vanadium *n* vanadium; **~stahl** *m* vanadium steel.

Vandale *m* **1.** *hist.* Vandal; ***wie die ~n*** like vandals; **2.** *fig.* vandal; **Vandalismus** *m* vandalism.

Vanille *f* vanilla; **~eis** *n* vanilla ice-cream; **~geschmack** *m* vanilla flavo(u)r; **~soße** *f* vanilla sauce; **~stange** *f* vanilla pod; **~zucker** *m* vanilla sugar.

variabel *adj.* variable; **Variabilität** *f* variability; **Variable** *f* 𝔄, *Computer*: variable; **Variablenname** *m Computer*: variable name.

Variante *f* variation (**zu** on); *ling.* variant (*gen.* of).

Variation *f* variation (*gen.* of, on; ♪ **zu, über** on).

Varieté(theater) *n* variety theatre, music hall, *Am.* vaudeville theat|re (*od.* -er); **~künstler(in** *f*) *m* music-hall entertainer, *Am.* vaudeville performer; **~vorstellung** *f* variety show, *Am.* vaudeville.

variieren *v/i. u. v/t.* vary.

Varioobjektiv *n phot.* zoom lens.

Vasall *m* vassal; **Vasallenstaat** *m* satellite state.

Vase *f* vase.

Vasektomie *f* vasectomy.

Vaseline (*TM*) *f* vaseline (*TM*).

vasomotorisch *adj. physiol.* vasomotor *reflex etc.*

Vater *m* father (*a. fig.*); *eccl.* Father; *von Tieren*: sire; *pl.* (*Vorfahren*) fathers, ancestors; **~ *von drei Kindern sein*** be a (*od.* the) father of three children, be a father of three; ***die Väter der Stadt*** the city fathers; *hum.* **~ *Staat*** the State, *in den USA*: Uncle Sam; ***wie der ~, so der Sohn*** like father, like son; **~bild** *n psych.* father image; **~bindung** *f psych.* father fixation.

Väterchen *n* old man (*od.* fellow), *sl.* old geezer; **~ *Frost*** Jack Frost.

Vater|figur *f psych.* father-figure; **~freuden** *pl.* joys of fatherhood; **~ *entgegensehen*** be an expectant father; **~komplex** *m psych.* father complex.

Vaterland *n one's* native country; (*bsd. Deutschland*) *the* Fatherland; **vaterländisch** *adj.* national; (**~** *gesinnt*) patriotic(ally *adv.*).

Vaterlands|liebe *f* patriotism, love of one's country; **~verräter** *m* traitor to one's (*od.* the) country.

väterlich I. *adj.* fatherly, paternal; **II.** *adv.* like a father; **väterlicherseits** *adv.* on one's father's side; paternal *uncle etc.*;

Väterlichkeit *f* fatherliness.

Vaterliebe *f* paternal love.

vaterlos *adj.* fatherless.

Vater|mord *m*, **~mörder(in** *f*) *m* parricide.

Vaterschaft *f* paternity, fatherhood; ⚖ ***Feststellung der ~*** affiliation (order).

Vaterschafts|klage *f* paternity suit (*od.* case); **~urlaub** *m* paternity leave.

Vater|stadt *f* hometown; **~stelle** *f*: **~ *vertreten bei*** act as father to; **~tag** *m* Father's Day; **~unser** *n*: (***das ~ beten*** say the) Lord's Prayer.

Vati *m* dad(dy), *Am. a.* pa; *als Anrede*: Dad(dy), *Am. a.* Pa.

Vatikan *m* Vatican; **vatikanisch** *adj.* Vatican ...; **≈*es Konzil*** Vatican Council; **Vatikanstadt** *f* Vatican City.

V-Ausschnitt *m* V-neck; ***Pullover mit ~*** V-neck(ed) jumper (*od.* sweater).

Vegetarier *m* vegetarian.

vegetarisch *adj.* vegetarian.

Vegetation *f* vegetation.

vegetativ *adj.* vegetative; **~*es Nervensystem*** autonomic nervous system.

vegetieren *v/i.* vegetate (*a. fig.*).

vehement *adj.* vehement; **Vehemenz** *f* vehemence.

Vehikel *n* **1.** *contp.* (*Fahrzeug*) F contraption; **2.** *fig.* (*Mittler*) vehicle.

Veilchen *n* **1.** ✿ violet; F ***blau wie ein ~*** F drunk as a lord; **2.** F *hum.* (*blaues Auge*) black eye; **≈blau** *adj.* violet.

Veitstanz *m*: ⚕ ***der ~*** St Vitus's Dance.

Vektor *m* 𝔄 vector; **~rechnung** *f* vector analysis.

Velours *m* velour; **~leder** *n* suede (leather); **~teppich** *m* velvet-pile carpet.

Vene *f* vein; **Venenentzündung** *f* phlebitis.

venerisch *adj.* ⚕ venereal.

venezianisch *adj.* Venetian.

Venezolaner(in *f*) *m*, **venezolanisch** *adj.* Venezuelan.

venös *adj. physiol.* venous.

Ventil *n* valve (*a.* ♪); *fig.* vent, outlet.

Ventilation *f* ventilation; (*Vorrichtung*) ventilating system; **Ventilator** *m* ventilator, (electric) fan; ⚙ *a.* blower.

ventilieren *fig. v/t.* (*Meinung etc.*) air; (*Problem etc.*) weigh up, consider.

Ventil|klappe *f* valve flap; **~steuerung** *f* valve timing.

Venus *f myth., ast.* Venus; **~berg** *m anat.* mons veneris; **~muschel** *f* Venus's shell.

verabreden I. *v/t.* (*et.*) agree on, arrange; (*Zeit, Termin, Ort*) *a.* fix; ***ich bin für morgen mit ihm verabredet*** I've arranged to meet him tomorrow; ***ich bin schon verabredet*** I've already arranged to meet (*od.* go out with) someone (*od.* a friend *etc.*), *Rendezvous*: *a.* I've already got a date; ***verabredete Sache*** put-up job; **II.** *v/refl.*: ***sich mit j-m ~*** *privat*: arrange to meet (*od.* go out with) s.o.; *geschäftlich*: make an appointment with s.o.; **verabredetermaßen** *adv.* as agreed (on), as arranged; **Verabredung** *f* (*Vereinbarung*) agreement; (*Rendezvous*) date; *geschäftlich*: appointment; ***e-e ~ haben*** have arranged to meet (*od.* go out with) someone.

verabreichen *v/t.* (*Medikamente*) give (***j-m et.*** s.o. s.th.), *formell*: administer (s.th. to s.o.); *hum.* ***j-m e-e Ohrfeige*** (***e-e Tracht Prügel***) **~** give s.o. a clout round the ears (a good hiding).

verabsäumen *v/t.* neglect.

verabscheuen *v/t.* detest, loathe, abhor; **verabscheuenswert** *adj.* despicable, abhorrent; **Verabscheuung** *f* loathing (*gen.* of), disgust (for).

verabschieden I. *v/t.* **1.** say goodbye to; *am Bahnhof etc.*: see off; **2.** dismiss; (*Offiziere entlassen*) retire; **3.** (*Gesetz*) pass; **II.** *v/refl.*: **sich ~** say goodbye (**von** to); ***ich muß mich jetzt leider ~*** I'm afraid I have to go (*od.* leave) now; **Verabschiedung** *f* **1.** dismissal; **2.** *e-s Gesetzes*: passing *of a bill.*

verabsolutieren *v/t.* make *s.th.* (into) an absolute.

verachten *v/t.* despise, disdain; (*verschmähen*) *a.* scorn; (*Gefahr, Tod*) defy; F ***nicht zu ~*** F not to be sneezed (*od.* sniffed) at; **verachtenswert** *adj.* contemptible, despicable; **Verächter** *m* despiser (*gen.* of); **verächtlich** *adj.* **1.** contemptuous, disdainful, scornful; **~ *machen*** run *s.o. od. s.th.* down; **2.** → ***verachtenswert***; **Verachtung** *f* contempt, disdain; (*Verschmähung*) *a.* scorn; ***mit ~ strafen*** ignore, treat *s.o.* with contempt; **verachtungsvoll** *adj.* contemptuous, disdainful; **verachtungswürdig** *adj.* despicable, contemptible.

veralbern F *v/t.* F kid, pull *s.o.'s* leg.

verallgemeinern *v/t.* generalize; **Verallgemeinerung** *f*: (***grobe ~*** gross) generalization.

veralten *v/i.* become outdated; *Mode*: go out of fashion (*od.* style); **veraltet** *adj.* out-of-date ..., *pred.* out of date; (out-) dated; *Methoden etc.*: *a.* antiquated.

Veranda *f* veranda(h), *Am.* porch.
veränderlich *adj.* changeable (*a. Wetter etc.*); 𝔄, *ling.* variable; *contp.* **~es Wesen** fickle nature; **Veränderlichkeit** *f* changeability; *des Wesens*: fickleness; 𝔄, *ling.* variability; **verändern I.** *v/t.* change; (*Aussehen*) *a.* alter; (*reformieren*) reform; **II.** *v/refl.*: **sich ~** change; *beruflich*: change one's job; ***er hat sich sehr verändert*** he's really changed; ***sie will sich ~*** *beruflich*: she's looking for a new job, she wants to move on; → *a.* ***ändern***; **Veränderung** *f* change; *leichte*: alteration, modification; (***berufliche ~***) change of job.
verängstigen *v/t.* frighten, scare; **verängstigt** *adj.* frightened, scared; (*eingeschüchtert*) timid; **Verängstigung** *f* (*Zustand*) state of fright; (*Eingeschüchtertsein*) timidity.
verankern *v/t.* ⚓, ⚙ anchor (*a. fig.*); *fig.* ***in e-m Gesetz verankert*** embodied in a law; **Verankerung** *f* anchoring; *fig. im Gesetz*: embodiment.
veranlagen *v/t. steuerlich*: assess; **veranlagt** *adj.* (naturally) inclined (**für, zu** to); ***künstlerisch ~ sein*** have artistic talent, have an artistic bent; **Veranlagung** *f* **1.** *charakterliche*: disposition; ***es ist ~*** it's in his (*od.* her) nature, he (*od.* she) was made that way; **2.** (*Neigung*) inclination; (*Talent*) gift, talent; **3.** ⚕ ***e-e ~ haben zu*** be prone to, suffer from; **4.** *steuerliche*: assessment.
veranlassen *v/t.* (*anordnen*) arrange for; ***~, daß*** see to it that, arrange for *s.th. to be done*; ***j-n zu et. ~*** *Person*: get s.o. to do s.th., *Beweggrund*: prompt s.o. to do s.th., make s.o. do s.th.; ***das Nötige ~*** make the necessary arrangements, take the necessary steps; ***sich veranlaßt fühlen zu*** *inf.* feel bound to *inf.*; **Veranlassung** *f* occasion; (*Ursache*) cause, reason; (*Beweggrund*) motive; ***auf ~ von*** (*od. gen.*) at the instigation of, at *s.o.'s* prompting (*od.* urging); ***zu et. ~ geben*** give occasion to; ***ohne jede ~*** (entirely) without provocation; ***er hat keine ~ zu*** *inf.* there's no reason for him to *inf.*
veranschaulichen *v/t.* illustrate; ***sich et. ~*** visualize s.th., picture s.th. (to o.s.); **Veranschaulichung** *f*: (***zur ~*** by way of) illustration.
veranschlagen *v/t.* estimate (**auf** at); ***zu hoch*** (***niedrig***) **~** overestimate (underestimate), pitch too high (low); **Veranschlagung** *f* estimate (**auf** of).
veranstalten *v/t.* arrange, organize; (*Ausstellung*) mount; F → ***machen***; **Veranstalter** *m* organizer; *Sport*: *a.* promoter; **Veranstaltung** *f* arrangement, organization; *konkret*: event; *öffentliche*: (public) function.
Veranstaltungs|kalender *m* calendar of events; **~ort** *m* venue.
verantworten I. *v/t.* answer for, take the responsibility for; ***du mußt es ~*** you'll have to answer for it (*od.* take [the] responsibility); **II.** *v/refl.*: ***sich für et. ~*** answer for s.th.; ***sich vor j-m ~ müssen*** have to answer to s.o.
verantwortlich *adj.* **1.** responsible, (*haftbar, schuld*) *a.* answerable (**für** for); ***dafür ~ sein, daß*** be responsible for seeing to it that, have to make sure that; ***j-n ~ machen*** hold s.o. responsible, *weitS.* blame s.o. (**für** for); ***~ zeichnen für*** be responsible for, (*der Urheber sein von*) be the author of; **2.** (*verantwortungsvoll*) (highly) responsible; **Verantwortlichkeit** *f* **1.** responsibility; **2.** (*Verantwortungssinn*) sense of responsibility.
Verantwortung *f* responsibility; ***auf eigene ~*** at one's own risk; ***~ übernehmen*** take (*od.* accept) responsibility; ***zur ~ ziehen*** call to account.
verantwortungsbewußt *adj.* responsible(-minded); **Verantwortungsbewußtsein** *n* sense of responsibility.
verantwortungsfreudig *adj.* ready to take responsibility.
Verantwortungsgefühl *n* sense of responsibility.
verantwortungslos *adj.* irresponsible; **Verantwortungslosigkeit** *f* irresponsibility.
Verantwortungsträger *m* person responsible.
verantwortungsvoll *adj. Person, Posten etc.*: responsible.
veräppeln F *v/t.* F pull *s.o.'s* leg, have *s.o.* on, kid *s.o.*; (*verspotten*) F take the mickey out of *s.o.*; ***du willst mich wohl ~!*** are you trying to pull my leg?, are you having me on?
verarbeiten *v/t.* **1.** process; make (**zu** into); (*behandeln*) treat; ***die Seide wird zu Teppichen verarbeitet*** carpets are made from the silk; **2.** (*geistig ~*) digest; (*nutzbar machen*) put to use, use, *in e-r Abhandlung etc.*: *a.* take into consideration; ***s-e Erlebnisse zu e-m Roman ~*** turn one's experiences into a novel; **3.** ⚕ *Magen*: digest; **verarbeitend** *adj.*: ***~e Industrie*** manufacturing (*od.* processing) industry; **Verarbeitung** *f* **1.** (*Vorgang*) processing; treatment; digestion; use; → ***verarbeiten***; **2.** (*Ergebnis*) workmanship, *äußere*: finish; (*Qualität*) quality.
verargen *v/t.*: ***ich kann es ihm nicht ~*** I can't blame him (for it; ***daß*** for *ger.*; ***wenn*** if).
verärgern *v/t.* annoy; upset; **verärgert** *adj.* annoyed; upset; **Verärgerung** *f* (*Ärger*) annoyance.
verarmen *v/i.* become poor (*od.* impoverished), be reduced to poverty; **verarmt** *adj.* impoverished; **Verarmung** *f* impoverishment (*a. fig.*).
verarschen *sl. v/t.* **1.** (*sich lustig machen über*) *sl.* take the piss out of; **2.** (*reinlegen*) F take *s.o.* for a ride; ***er hat mich verarscht*** *a.* F I've been had.
verarzten F *v/t.* F fix up; see to.
verästeln *v/refl.*: ***sich ~*** branch out, ramify (*beide a. fig.*); **Verästelung** *f* branching out; *fig.* ramifications *pl.*
verätzen *v/t.* burn; (*Sachen*) erode; ⚕ cauterize; **Verätzung** *f* burning; *konkret*: burn; erosion; ⚕ cauterization.
verausgaben *v/refl.*: ***sich ~*** *finanziell*: overspend; *kräftemäßig*: overexert o.s., *auf Dauer*: burn o.s. out.
veräußerlich *adj.* sal(e)able; ⚖ *etc. a.* alienable; **veräußern** *v/t.* alienate; (*übermachen*) transfer (**an** to); (*verkaufen*) dispose of, sell; **Veräußerung** *f* alienation; disposal, sale.
Verb *n* verb; **verbal** *adj.* verbal.
Verbalinjurie *f* ⚖ verbal insult.
verbalisieren *v/t.* verbalize; **Verbalisierung** *f* verbalization.
verballhornen *v/t.* (*Wort etc.*) corrupt, distort; **Verballhornung** *f* corruption.
Verband *m* **1.** ⚕ dressing, bandage; **2.** (*Vereinigung*) association; ⚔ formation (*a.* ⚓, ✈), unit; **~kasten** *m* first-aid box; **~mull** *m* lint, surgical gauze; **~päckchen** *n* set of bandages; **~stoff** *m* dressing material; **~watte** *f* surgical cotton wool, *Am.* surgical cotton; **~zeug** *n* dressing material.
verbannen *v/t.* exile; *hist. u. fig.* banish; **Verbannte(r)** *m* exile; **Verbannung** *f* exile (*a. Ort*); *hist. u. fig.* banishment; ***j-n in die ~ schicken*** send s.o. into exile.
verbarrikadieren *v/t.* barricade (**sich** o.s.).
verbauen *v/t.* **1.** (*versperren*) obstruct, block; **2.** (*Gelände etc., zubauen*) build up, (*verschandeln*) spoil; **3.** (*beim Bauen verbrauchen*) use (up) in building; **4.** (*schlecht bauen*) build badly, *stärker*: make a mess of; **5.** *fig.* ***sich*** (***j-m***) ***et. ~*** spoil one's (s.o.'s) chances of getting (*od.* having, gaining *etc.*) s.th.; ***sich die Zukunft ~*** ruin one's chances for the future; **verbaut** *adj.*: *das Haus* ***ist völlig ~*** is a real mess.
verbauern F *v/i.* become countrified; **verbauert** *adj.* countrified.
verbeamten *v/t.*: ***j-n ~*** give s.o. the status of a civil servant.
verbeißen I. *v/t.* (*Schmerz, Lächeln etc.*) suppress; ***sich das Lachen ~*** force o.s. not to laugh, stifle one's laughter; ***ich konnte mir das Lachen nicht ~*** I couldn't keep a straight face; **II.** *v/refl.*: ***sich in et. ~*** *Tier*: sink its teeth into s.th.; *fig.* become set (*od.* bent) on doing s.th.; *fig.* ***sich in et. verbissen haben*** (*Arbeit etc.*) keep at s.th. doggedly, (*Meinung etc.*) hold onto s.th. grimly; ***er hat sich in s-e Arbeit verbissen*** *a.* he's working obsessively.
verbergen I. *v/t.* hide, *formeller*: conceal (**vor** from); ***sein Gesicht ~ in*** bury one's face in; → *a.* ***verborgen***; **II.** *v/refl.*: ***sich ~*** hide (o.s. *od.* itself); (*verborgen sein*) be hidden.
verbessern I. *v/t.* improve (*a.* ⚙); (*berichtigen*) correct; (*Buchausgabe*) revise; ***die Haltbarkeit ~ von*** prolong the shelf-life of; **II.** *v/refl.*: ***sich ~*** improve (*a. Sache*); *beim Sprechen*: correct o.s.; *finanziell etc.*: better o.s.; **Verbesserung** *f* improvement; (*Berichtigung*) correction.
verbesserungs|bedürftig *adj.*: (***sehr ~*** badly) in need of improvement; **~fähig** *adj.* capable of improvement.
Verbesserungsvorschlag *m* suggestion for improvement.
verbeugen *v/refl.*: ***sich ~*** bow (**vor** to); **Verbeugung** *f* bow.
verbeulen *v/t.* dent.
verbiegen I. *v/t.* bend, buckle; **II.** *v/refl.*: ***sich ~*** bend, get bent, buckle; *Holz*: warp.
verbiestern *v/refl.*: ***sich in et. ~*** become set (*od.* bent) on doing s.th.; → *a.* ***verbeißen*** II; **verbiestert** *dial. adj.* **1.** (*mißmutig*) annoyed; **2.** (*verwirrt*) bewildered, *stärker*: distraught.
verbieten I. *v/t.* forbid (***j-m et.*** [***zu tun***] s.o. [to do] s.th.); *amtlich*: prohibit (***et.*** s.th.; ***j-m et.*** s.o. from doing s.th.); *öffentlich*: ban; ***er hat es mir verboten*** *mst* he won't let me; **II.** *v/refl. u. v/impers.*: ***es verbietet sich von selbst*** it's out of the question.
verbilden *v/t.* deform, spoil; (*falsch erziehen*) miseducate; **verbildet** *adj.* deformed; *weitS.* (*überzüchtet*) overrefined, oversophisticated.
verbildlichen *v/t.* illustrate.

verbilligen I. *v/t.* lower the cost of; (*Waren*) reduce (in price); **verbilligter Tarif** cheap rate; II. *v/refl.*: **sich ~** go down (in price); **Verbilligung** *f* reduction (in price); reduced price.

verbinden I. *v/t.* 1. tie (together); (*Getrenntes*) connect (**mit** with, to); ⚙ connect, couple, link; ⚗ combine; 2. **j-m die Augen ~** blindfold s.o.; **mit verbundenen Augen** blindfolded; 3. ⚕ (*Wunde*) dress, bandage; (*j-n*) bandage *s.o.* up; 4. *teleph.* **j-n ~** put s.o. through (**mit** to, *Am.* with); **falsch verbunden!** sorry, wrong number; **ich verbinde** hold the line, please; 5. (*vereinigen*) join, unite; (*kombinieren*) combine; (*assoziieren*) associate; **uns verbindet vieles** we have a lot in common; **sich verbunden fühlen mit** feel a rapport with; **mich verbindet einiges mit dieser Gegend** I have several ties with this area; **verbunden mit** combined (*od.* coupled) with; **die damit verbundenen Unkosten** (**Gefahren**) the cost (dangers) involved; **eng verbunden sein mit** be bound up with; 6. → **verbunden** 2; II. *v/refl.*: **sich ~** combine (*a.* ⚗), be combined.

verbindlich I. *adj.* 1. (*verpflichtend*) binding (**für** upon); 2. (*gefällig*) obliging; *Worte etc.*: friendly; **~(st)en Dank!** many thanks indeed; II. *adv.* 3. **~ zusagen** accept definitely, commit o.s., *weitS.* say definitely (that) one is coming, promise to come; 4. (*entgegenkommend*) obligingly; (*a. freundlich*) kindly; *iro.* **danke ~st!** thanks a lot (*od.* a million)!, much obliged!; **Verbindlichkeit** *f* 1. obligation, liability, commitment; *e-s Vertrags etc.*: binding force; ✝ **~en** (*Passiva*) liabilities; **s-n ~en nachkommen** meet one's liabilities; 2. (*Gefälligkeit*) obligingness; *pl.* (*höfliche Worte*) courtesies.

Verbindung *f* union (*a. Ehe*), bond; (*Zusammenschluß, Vereinigung mehrerer Eigenschaften*) combination; (*Ideen*≈) association; (*Zusammenhang*) connection; *im Text*: context; (*Beziehung, a.* ✝) relations *pl.*, contact (*beide* **zu** with); (*Verkehrs*≈) communication; ⚙ *u. teleph.* connection; (*Verbindungsstelle*) junction, ⚙ joint; ⚗ compound; (*Studenten*≈) students' fraternity, student league; **in ~ mit** combined with; in connection with, in conjunction with; **e-e ~ eingehen** join together, unite, *Dinge*: combine, unite, (*sich verbünden*) ally, form an alliance (*alle* **mit** with); **~en knüpfen** make contacts; **e-e ~ herstellen mit, sich in ~ setzen mit** contact, get in touch with; *Funk*: establish communication with; **in ~ bleiben** keep in touch; **die ~ verlieren** lose touch; *fig.* **in ~ bringen mit** associate with; **in ~ stehen mit** be in touch (*od.* contact) with, *e-r Sache*: be connected with.

Verbindungs|autobahn *f* motorway link; **~gang** *m* connecting passage; **~kabel** *n* connecting cable; **~linie** *f* connecting line; ⚔ line of communication; **~mann** *m* contact (*a. Agent*), liaison man; **~offizier** *m* liaison officer; **~punkt** *m* junction; **~stelle** *f* 1. junction; ⚙ joint; 2. (*Amt*) liaison office; **~straße** *f* connecting road; **~stück** *n* connecting piece; *e-s Rohrs*: union coupling; ⚡ connector; (*Paßstück*) adaptor; **~student** *m* member of a students' fraternity (*od.* student league); **~tür** *f* connecting door.

verbissen *adj.* 1. *Fleiß, Hartnäckigkeit etc.*: dogged, grim; 2. *Gesicht etc.*: grim; **Verbissenheit** *f* doggedness, grim determination.

verbitten *v/t.*: **sich et. ~** refuse to tolerate (*od.* accept) s.th.; **das verbitte ich mir!, das möchte ich mir verbeten haben!** I won't have (*od.* stand for) that.

verbittern I. *v/t.* embitter; II. *v/i.* grow bitter, become embittered; **verbittert** *adj.* embittered, bitter; **Verbitterung** *f* bitterness.

verblassen *v/i.* grow pale; *Farbe etc., a. fig.*: fade; *fig.* **~ gegenüber** (*od.* **vor**) pale (into insignificance) beside, be dwarfed by; **~ lassen** eclipse; **verblaßt** *adj.* faded (*a. fig. Erinnerungen etc.*).

Verbleib *m* whereabouts *pl.*; **über s-n ~ ist nichts bekannt** we (*od.* they) know nothing of his whereabouts, nobody knows where he is; **verbleiben** *v/i.* remain (*a. übrigbleiben*); **wie wollen wir ~?** what shall we do, then?; **wollen wir so ~, daß ...?** shall we say ..., then?; **~ wir so?** shall we leave it at that, then?; *obs.* **... ~ wir hochachtungsvoll** ... (we remain,) Yours faithfully.

verbleichen *v/i.* → **verblassen.**

verbleien *v/t.* lead; **verbleit** *adj.* leaded.

verblenden *v/t.* 1. *fig.* (*j-n*) blind; **verblendet von** blinded by; 2. △ face; (*kaschieren, tarnen*) screen, conceal; 3. (*Zahnkrone*) face; **Verblendstein** *m* face brick; **Verblendung** *f* 1. (*Wahn*) blindness, delusion; 2. △ facing.

verbleuen F *v/t.* give *s.o.* a real thrashing.

verblichen *adj.* 1. *Farbe etc.*: faded; 2. *lit.* (*tot*) deceased; **Verblichene(r** *m*) *f lit.* deceased.

verblöden F I. *v/i.* F go daft (*od.* goofy) (**bei** with); *alter Mensch*: F go gaga; **bei dieser Arbeit verblödet man total** this work is absolutely mind-numbing (*stärker*: moronic); II. *v/t.* dull *s.o.'s* mind, stultify, have a stultifying effect on; **verblödet** F *adj.*: **total ~** F demented, *ältere Person*: senile; **er** (**sie**) **ist total ~** *ältere Person*: *a.* F he's (she's) gone completely gaga; **Verblödung** *f* stultification; *im Alter*: (senile) dementia; **zu j-s ~ führen** have a stultifying effect on s.o., dull s.o.'s mind.

verblüffen *v/t.* amaze, astound; (*sprachlos machen*) dumbfound, stupefy; (*verwirren*) bewilder; **verblüffend** *adj.* amazing, startling, incredible; **verblüfft** *adj.* amazed, dumbfounded; F *pred.* taken aback; (*verwirrt*) bewildered; **Verblüffung** *f* amazement, astonishment; *stärker*: stupefaction; (*Verwirrung*) bewilderment.

verblühen *v/i.* wither; *fig.* fade.

verblümt I. *adj. Ausdruck etc.*: veiled (*a. Vorwurf*); euphemistic; II. *adv.* euphemistically; **sich ~ ausdrücken** express o.s. in a roundabout way.

verbluten *v/i.* bleed to death.

verbocken F *v/t.* F bungle, botch (up).

verbohren *v/refl.*: **sich ~ in** become obsessed with; (*e-e Absicht*) become bent (*od.* set) on *ger.*; **verbohrt** *adj.* (*stur*) pigheaded, stubborn, wrong-headed; **Verbohrtheit** *f* pigheadedness, stubbornness.

verborgen *adj.* hidden, concealed; (*geheim*) secret; (*latent*) latent; **im ~en** (*heimlich*) secretly, in secret, **blühen** *etc.*: flourish *etc.* in obscurity; **et. ~ halten** hide s.th., keep s.th. secret (**vor** from); **sich ~ halten** hide, be (*od.* stay) in hiding; **Verborgenheit** *f* (*Zurückgezogenheit*) seclusion.

Verbot *n* (*das Verbieten*) prohibition (*gen.* of); (*Einfuhr*≈; *e-r Partei, Zeitung etc.*) *a.* ban (**für** *od. gen.* on); **ein ~ aussprechen** impose a ban; **verboten** *adj. pred.* not allowed (*od.* permitted); *formell, offiziell*: *a. attr.* prohibited, forbidden; (*illegal*) illegal, (*für ~ erklärt*) outlawed; **Rauchen** (**Fotografieren, Skateboardfahren**) **~!** no smoking (photographs, skateboards); **streng ~** strictly prohibited (*od.* forbidden); **es ist ~ zu** *inf.* you're not allowed to *inf.*, *formell*: it is prohibited (*od.* forbidden) to *inf.*; F *fig.* **~ aussehen** F look a real sight; **~e Früchte** forbidden fruit; → **betreten** II *etc.*; **verbotenerweise** *adv.*: **et. ~ tun** do s.th. although it is forbidden (*od.* not allowed), break the rules (*od.* law) in doing s.th.

Verbotsschild *n* no parking (*od.* no smoking *etc.*) sign; **diese vielen ~er!** all these signs telling you you can't do this, that and the other.

verbrämen *v/t.* garnish, *verdeckend*: gloss over.

verbrannt *adj.* burnt; *Haus*: *a.* burnt-out ..., *pred.* burnt out, gutted; *Person, von der Sonne*: (sun)burnt; **Politik der ~en Erde** scorched earth policy.

verbraten I. *v/i. gastr.* get scorched (*od.* burnt), F shrivel; II. F *v/t.* (*Geld etc.*) F blow; (*Unsinn etc.*) F spout; **et. zu e-m Roman ~** exploit s.th. in a novel.

Verbrauch *m* consumption (**an** of); **sparsam im ~** economical; **e-n hohen** (**niedrigen**) **~ an Energie** *etc.* **haben** have a high (low) energy *etc.* consumption; **verbrauchen** I. *v/t.* use; (*Energie etc.*) *a.* consume; (*aufbrauchen*) use up; (*ausgeben*) spend; II. *v/refl.*: **sich ~** *Person*: wear o.s. out, *auf Dauer*: burn o.s. out; → **verbraucht.**

Verbraucher *m* consumer; (*Benutzer*) user; **~beratung** *f* 1. consumer advice; 2. consumer advice cent|re (*Am.* -er); **≈feindlich** *adj.* user-hostile; **≈freundlich** *adj.* user-friendly; **~freundlichkeit** *f* user-friendliness; **~genossenschaft** *f* consumer cooperative; **~nachfrage** *f* consumer demand; **~schutz** *m* consumer protection; **~verband** *m* consumer organization; **~verhalten** *n* consumer behavio(u)r; **~zeitschrift** *f* consumer magazine; **~zentrale** *f* consumer advice cent|re (*Am.* -er).

Verbrauchsgüter *pl.* consumer goods, commodities; **~industrie** *f* consumer goods industry.

Verbrauchs|lenkung *f* consumer control; **~steuer** *f* excise duty.

verbraucht *adj.* used up; (*abgenutzt*) worn(-out), *pred.* worn (out); *Energie*: spent, *Person*: *a.* worn-out ..., *pred.* worn out, *auf Dauer*: burnt-out ..., *pred.* burnt out; *Luft*: stale; *Batterie*: flat.

verbrechen *v/t.*: **etwas ~** commit a crime; *fig.* **was hat er verbrochen?** what has he done?; **ich habe nichts verbrochen** I haven't done anything (wrong); *iro.* **was hast du denn jetzt wieder verbrochen?** what have you been up to this time?; *iro.* **wer hat denn diesen Film verbrochen?** F who cooked up this film?, who's responsible for this film then?; **Verbrechen** *n* crime (*a. weitS. Kriminalität; a. fig.*); F **das ist (doch) kein ~!** that's no crime(, is it?).

Verbrechens|aufklärung *f* crime detection; (*Ermittlung*) criminal investigation; *weitS.* (number of) solved crimes *pl.*; **~bekämpfung** *f* fight against crime.

Verbrecher *m* criminal; F crook; **~album** *n* rogues' gallery; **~bande** *f* gang of criminals, F mob; **~gesicht** *n* villain's face.

verbrecherisch *adj.* criminal (*a. fig.*); ***~er Leichtsinn*** criminal negligence.

Verbrecher|jagd *f* chase after a criminal (*od.* criminals); **~kartei** *f* criminal records *pl.*; **~nest** *n* criminals' hideout.

Verbrechertum *n* **1.** crime; **2.** → **Verbrecherwelt** *f* world of crime, underworld.

verbreiten I. *v/t.* spread; *im Rundfunk etc.*: broadcast (*a.* F *Neuigkeit, Geheimnis etc.*); (*Ideen*) spread, disseminate; (*Zeitschrift etc.*) circulate; (*Licht, Geruch*) give off, (*Wärme*) *a.* emit, radiate; (*Ruhe etc. ausstrahlen*) radiate; (*verursachen*) cause, bring about; ***Entsetzen*** *etc.* ***unter den Menschen*** ~ fill everyone with horror *etc.*; **II.** *v/refl.*: ***sich*** ~ spread; *fig.* ***sich über*** *ein Thema* ~ expatiate on, hold forth on; → ***verbreitet.***

verbreitern I. *v/t.* widen; **II.** *v/refl.*: ***sich*** ~ widen (out); **Verbreiterung** *f* widening.

verbreitet *adj.* widespread, common; *Zeitschrift etc.*: widely read.

Verbreitung *f* spread(ing), dissemination; circulation; emission; radiation; → ***verbreiten***; (*Ausmaß*) extent; ***~ finden*** gain currency; **Verbreitungsgebiet** *n* area (in which s.th. is to be found); *e-r Krankheit*: dispersal area; *e-r Naturkatastrophe etc.*: area affected, affected area; *Radio, TV*: broadcasting (*od.* service) area.

verbrennen I. *v/t.* burn; (*versengen*) scorch; (*Müll*) incinerate; (*Leiche, einäschern*) cremate; ***sich die Zunge*** *etc.* ~ burn (*od.* scald) one's tongue *etc.*; → ***Finger, Mund, verbrannt***; **II.** *v/i.* burn; *Gebäude etc.*: burn down, be destroyed by fire, be burnt to the ground, be gutted; *Person, lebend*: be burnt to death; **III.** *v/refl.*: ***sich*** ~ burn o.s., get burnt; **Verbrennung** *f* **1.** burning; ⚗, ⚙ *mst* combustion; (*Leichen*~) cremation; **2.** (*Brandwunde*) burn (**an** on); → ***Grad.***

Verbrennungs|maschine *f*, **~motor** *m* internal combustion engine; **~ofen** *m* combustion furnace; *für Abfälle*: (waste) incinerator; **~vorgang** *m* process of combustion; **~wärme** *f* heat of combustion.

verbriefen *v/t.* document; *weitS.* guarantee; **verbrieft** *adj.*: ***~es Recht*** vested right.

verbringen *v/t.* (*Zeit etc.*) spend; ***das Wochenende*** *etc.* ***mit et.*** ~ spend the weekend *etc.* doing s.th.

verbrüdern *v/refl.*: ***sich*** ~ fraternize; **Verbrüderung** *f* fraternization.

verbrühen *v/t.* scald; ***sich die Hand*** *etc.* ~ scald one's hand *etc.*; **Verbrühung** *f konkret*: scald.

verbuchen *v/t.* enter (in the books); *fig.* (*Erfolg etc.*) clock up, notch up; ***e-n Erfolg ~ können*** be successful; ***e-n Gewinn*** ~ register a gain.

verbummeln F *v/t.* **1. *die Zeit*** ~ waste (one's) time, idle away one's time; **2.** (*Verabredung etc.*) miss; (*vergessen*) (completely) forget (about); (*verlieren*) lose; **verbummelt** F *adj.* **1.** (*nichtstuerisch*) idling ..., indolent; **2.** *Genie etc.*: *nachgestellt*: F gone to seed; **3.** *Zeit etc.*: wasted, *nachgestellt*: idled away.

Verbund *m* **1.** ⚙, ⚗ *etc.* compound; **2.** ⚒ *etc.* combine; (integrated) system; **3.** → ***Medienverbund***; **~bauweise** *f* composite construction.

verbunden *adj.* **1.** → ***verbinden***; **2. *j-m ~ sein*** be indebted (*stärker*: beholden) to s.o.; ***ich bin Ihnen sehr*** ~ I'm much obliged to you.

verbünden *v/refl.*: ***sich*** ~ form an alliance (***mit*** with), *a. weitS.* ally o.s. (to, with).

Verbundenheit *f* attachment (***mit*** to), bond (with); *weitS.* solidarity (with).

Verbündete(r) *m* ally (*a. fig.*).

Verbund|glas *n* laminated glass; **~netz** *n* ⚡ integrated power grid; **~(pflaster)stein** *m* interlocking paving stone; **~system** *n* compound system; **~wirtschaft** *f* ⚒ integrated economy.

verbürgen I. *v/t.* guarantee; **II.** *v/refl.*: ***sich ~ für*** vouch for, guarantee; ***sich dafür ~, daß ...*** vouch for *s.o.'s honesty etc.*

verbürgerlichen I. *v/i.* become gentrified, gentrify; **II.** *v/t.* gentrify; **verbürgerlicht** *adj.* gentrified.

verbürgt *adj.* authentic(ated); established *fact etc.*

verbüßen *v/t.*: ***s-e Strafe*** ~ serve one's sentence; **Verbüßung** *f*: ***nach*** *etc.* ***~ s-r Strafe*** after *etc.* serving one's sentence.

verbuttern *v/t.* **1.** (*Sahne etc.*) turn (*od.* make) into butter; **2.** F (*verbrauchen*) use up, (*Geld*) *a.* F blow.

verchromen *v/t.* chromium-plate.

Verdacht *m* suspicion; ***~ erregen*** arouse suspicion; ***den ~ lenken*** (*od.* ***schieben***) ***auf*** cast suspicion on; ***in ~ haben*** suspect; ***in ~ kommen*** be suspected; ***ich habe den*** (***starken***) ***~, daß*** I have a (strong) suspicion that, I (strongly) suspect that; ***mein ~ fällt auf X*** I'm inclined to suspect X; ***in den ~ kommen*** (*od.* ***geraten***) ***zu*** *inf.* be suspected of *ger.*; ***unter dem ~ zu*** *inf.* under suspicion of *ger.*; ***~ schöpfen*** become suspicious (***gegen*** of), F smell a rat; ***bei ihm besteht ~ auf Krebs*** he is suspected of having cancer; F ***et. auf ~ hin tun*** F do s.th. on spec; F ***auf ~ hingehen*** *etc.* go there *etc.* on the off-chance.

verdächtig *adj.* suspicious, suspect; (*zweifelhaft*) *a.* dubious; (*~ aussehend*) suspicious-looking; *Person*: *a.* shifty (-eyed); ***sich ~ machen*** arouse suspicion; ***er ist der Tat*** (***dringend***) ~ he is (strongly) suspected of having committed the crime; **verdächtigen** *v/t.* suspect (*gen.* of); cast suspicion on; **Verdächtigte(r)** *m* suspect; **Verdächtigung** *f* **1.** (*das Verdächtigen*) suspecting, casting suspicion (*gen.* on); **2.** (*Verdacht*) suspicion; ***~en äußern gegen j-n*** cast (*od.* throw) suspicion on s.o.

Verdachts|grund *m* grounds *pl.* (*od.* cause) for suspicion; **~moment** *n* suspicious factor.

verdammen *v/t.* condemn; (*verfluchen*) damn, curse; **verdammenswert** *adj.* damnable; **Verdammnis** *f eccl.*: (***die ewige*** ~ eternal) damnation.

verdammt I. *adj.* **1.** damned; ***dazu ~ zu*** *inf.* doomed (*od.* condemned) to *inf.*; ***zum Nichtstun*** ~ condemned to inactivity; ***zum Scheitern*** ~ doomed to fail; **2.** F *fluchend*: F blasted, damn(ed); ***~!*** F damn (it)!, blast!; ***~ noch mal!, ~ und zugenäht!*** F damnation!; V ***~e Scheiße!*** *sl.* bloody hell!, V shit!; **II.** F *adv.* (*sehr*) F damn(ed), bloody; ***~ viel*** *sl.* a (*od.* one) hell of a lot; ***~ wenig*** V bugger all; ***es tut ~ weh*** *sl.* it hurts like hell, it's helluva painful (*od.* sore); **Verdammte(r)** *m* damned soul; ***die Verdammten*** the damned (*pl.*); **Verdammung** *f* **1.** condemnation; **2.** *eccl.* (eternal) damnation; **Verdammungsurteil** *n* condemnation; damning indictment.

verdampfen *v/t. u. v/i.* evaporate; ⚗, *phys. a.* vaporize; **Verdampfung** *f* evaporation.

verdanken *v/t.*: ***j-m et.*** ~ owe s.th. to s.o.; be indebted to s.o. for s.th.; ***e-r Sache zu ~ sein*** be due to s.th.; ***er hat ihr viel zu ~*** he owes a lot to her; ***das hab' ich dir zu ~*** I owe it all to you, *a. iro.* it's all thanks to you; ***dir hab' ich zu ~, daß*** it's thanks to you that, *iro. a.* it's your fault that; ***das hast du dir selbst zu ~!*** it's your own fault.

verdattert F *adj.* F flabbergasted; (*verwirrt*) F flummoxed.

verdauen *v/t.* digest; *fig. a.* come to terms with; *fig.* ***schwer zu ~*** *a.* hard to swallow; ***er hat es immer noch nicht verdaut*** *a.* he hasn't got over it yet; ***das kann man nicht so schnell ~*** that will take a bit of digesting (*od.* getting used to).

verdaulich *adj.* **1.** digestible; ***leicht ~*** easily digestible; ***schwer ~*** hard to digest, heavy; **2.** *fig.* ***schwer ~*** *Buch etc.*: heavy-going; ***leicht ~*** light; ***ein leicht ~es Buch*** light reading; **Verdaulichkeit** *f* digestibility.

Verdauung *f* digestion.

Verdauungs|apparat *m* digestive system; **~beschwerden** *pl.* indigestion *sg.*, digestive trouble *sg.*; **&fördernd** *adj.* digestive ..., good for the digestion; **~organ** *n* digestive organ; **~spaziergang** *m* constitutional; **~störung** *f* indigestion; dyspepsia; **~trakt** *m* digestive tract.

Verdeck *n* **1.** ⚓ deck; **2.** *mot.* roof, top.

verdecken *v/t.* cover (up); (*verbergen*) hide, *a.* ⚙ conceal; → ***Karte.***

verdenken *v/t.*: ***ich kann es ihr nicht ~*** I can't blame her (for it; ***daß*** for *ger.*, ***wenn*** if).

Verderb *m* **1.** *von Lebensmitteln etc.*: spoilage; **2.** *sittlicher*: corruption; (*Untergang*) ruin; → ***Gedeih.***

verderben I. *v/t.* **1.** spoil; ***sich die Augen ~*** ruin one's eyes; ***ich habe mir den Magen verdorben*** I've got an upset stomach; ***j-m et.*** ~ (*Urlaub etc.*) spoil s.th. for s.o.; ***j-m die Freude ~*** spoil s.o.'s fun; ***j-m die Laune*** (***Stimmung***) ~ put s.o. out, put a damper on s.o.; ***es mit j-m ~*** fall out with s.o., get into s.o.'s bad books; ***er will es mit niemandem ~*** he tries to please everybody; **2.** *sittlich*: corrupt; **II.** *v/i.* **3.** *Lebensmittel*: go bad, *bsd. Fleisch, Milchprodukte*: *a.* go off; (*faulen*) rot; **4.** (*zugrunde gehen*) perish.

Verderben *n* (*Untergang*) ruin(ation), downfall; ***Drogen*** *etc.* ***waren ihr ~*** *a.* drugs *etc.* were her undoing; (***offenen Auges***) ***in sein ~ rennen*** head straight for disaster; ***j-n ins ~ stürzen*** bring disaster on s.o.; → ***blindlings***; **verderbenbringend** *adj.* fatal, ruinous.

verderblich *adj.* **1.** ***~e Waren*** perishable goods, perishables; **2.** (*schädlich*) ruinous, *moralisch*: corrupting.

Verderbnis *f* **1.** (*Verderbtheit*) depravity; **2.** (*Verderben*) ruin, disaster; **verderbt** *adj.* depraved, corrupt; **Verderbtheit** *f* depravity, corruptness, corruption.

verdeutlichen *v/t.* make clear (*dat.* to); (*erklären*) explain, elucidate; *durch Beispiele*: illustrate; **Verdeutlichung** *f* elucidation; (*Erklärung*) explanation, *durch Beispiele*: illustration; ***zur ~*** *gen.* to elucidate (*od.* explain, illustrate) *s.th.*, *weitS.* to make *s.th.* quite clear; ***zur ~*** by way of explanation (*od.* illustration).

verdeutschen *v/t.* (*verständlich machen*) put into plain words, F translate (into German).

verdichten I. *v/t.* **1.** *phys.* condense, thicken, (*Gase*) solidify; (*komprimieren*) compress; **2.** *fig.* ***~ zu*** condense into; **II.** *v/refl.*: ***sich ~*** **3.** *Nebel etc.*: thicken; *phys. a.* condense, *Gase*: solidify; **4.** *fig. Nachricht, Verdacht etc.*: be consolidated; *Gerücht*: grow, gain ground (*od.* momentum); *Eindruck*: grow (stronger); **Verdichtung** *f* **1.** *phys.* condensation; *a. mot.* compression; thickening; **2.** *fig. e-r Nachricht etc.*: consolidation; *e-s Eindrucks*: hardening.

verdicken *v/t. u. v/refl.* (***sich ~***) thicken; **Verdickung** *f* thickening.

verdienen I. *v/t.* **1.** (*Geld*) earn, make; ***et. ~ an*** (*od.* ***bei***) make money out of; ***ein Vermögen ~*** make a fortune; ***daran ist nichts zu ~*** there's no money in it; **2.** (*Lob, Strafe, Tadel etc.*) deserve, merit; ***Beachtung*** *etc.* ~ *Sache*: be worthy of note *etc.*, be worth noting *etc.*; ***das hat er*** (***nicht***) ***verdient*** he deserves it (he doesn't deserve it); ***er hat es nicht anders*** (***besser***) ***verdient*** he got what he deserved (he doesn't deserve any better); ***womit habe ich das verdient?*** what have I done to deserve that?; → ***Brot, verdient*** *etc.*; **II.** *v/i.*: ***gut ~*** earn a good (*od.* decent) salary *od.* wage; ***er verdient nicht schlecht*** he doesn't do too badly (salarywise *od.* wagewise).

Verdienst[1] *m* earnings *pl*; (*Lohn*) wages *pl.*; (*Gehalt*) salary; (*Gewinn*) gain, profit.

Verdienst[2] *n* merit; (*Leistung*) service; ***sich um et. große ~e erwerben*** render outstanding services to s.th.; ***es ist*** (***allein***) ***sein ~, daß*** it is (entirely) due to him that; ***nach ~*** *belohnen etc.*: according to merit.

Verdienst|ausfall *m* lost earnings *pl.*; **~kreuz** *n* Distinguished Service Cross; **~möglichkeit** *f* chance to earn (some) money; **~spanne** *f* ✝ profit margin.

verdienstvoll *adj. Person*: deserving, meritorious; *Tat*: commendable, laudable; ***~e Person*** *a.* man (*od.* woman) of merit.

verdient *adj.* **1.** *Person*: deserving; *Wissenschaftler etc.*: outstanding, of (great) merit; *Sieg etc.*: well-earned; *Strafe etc.*: due, deserved; **2.** ***sich um j-n*** (***et.***) ***~ machen*** do *od.* render s.o. (s.th.) a great service; **verdientermaßen** *adv.* deservedly.

Verdikt *n* ⚖ *u. fig.* verdict.

verdinglichen *v/t.* concretize; **Verdinglichung** *f* concretization.

verdolmetschen *v/t.* translate, interpret; *fig.* (*erklären*) explain, F translate.

verdonnern F *v/t.* condemn (**zu** to); ***j-n ~, et. zu tun*** make s.o. do s.th.

verdoppeln *v/t. u. v/refl.* (***sich ~***) double; (*Anstrengungen, Eifer*) redouble; **Verdopplung** *f* doubling; *der Anstrengungen etc.*: redoubling.

verdorben *adj.* spoilt; *Lebensmittel*: bad, *bsd. Fleisch, Milchprodukte*: *pred. a.* off; (*verfault*) rotten; *Luft*: foul; *Magen*: upset; *sittlich*: depraved, corrupt; ***das Essen ist ~*** *a.* the food has gone bad (*od.* off); **Verdorbenheit** *f* corruption, depravity.

verdorren *v/i.* wither, *a. Wiesen etc.*: dry up; **verdorrt** *adj.* withered, dried up.

verdösen F *v/t.* doze *the day etc.* away; doze through *a meeting etc.*

verdrahten *v/t.* wire up (*a.* ⚡); **Verdrahtung** *f* wiring.

verdrängen *v/t.* **1.** (*j-n*) *von s-m Platz etc.*: edge out (**von** of); *aus s-m Amt*: *a.* oust (**aus** from); *aus s-m Territorium*: drive out (of), *pol.* displace (from); **2.** *fig.* (*ersetzen*) replace, supersede; **3.** *psych.* suppress, repress; **Verdrängung** *f* edging out; ousting; driving out, displacement; *fig.* replacement, supersession; *psych.* suppression, repression; → ***verdrängen***; **Verdrängungswettbewerb** *m* predatory competition.

verdrecken I. *v/t.* dirty, make a mess of; **II.** *v/i.* get dirty; **verdreckt** *adj.* dirty; ***völlig ~*** filthy dirty.

verdrehen *v/t.* twist; *fig.* (*Sinn, Wort etc.*) *a.* distort; ***die Augen ~*** roll one's eyes; ***den Hals ~*** crane one's neck round; *fig.* ***j-m den Kopf ~*** turn s.o.'s head; **verdreht** *adj.* twisted; F (*leicht verrückt*) F (slightly) screwy; (*durcheinander*) *pred.* in a muddle; *Ansichten*: warped, F cranky; **Verdrehung** *f* twist(ing); *fig.* twisting, distortion *of facts etc.*

verdreifachen *v/t. u. v/refl.* (***sich ~***) treble, triple; **Verdreifachung** *f* trebling, tripling.

verdreschen F *v/t.* give *s.o.* a thrashing.

verdrießen *v/t.* annoy; ***laß dich's nicht ~*** don't let it get to you; **verdrießlich** *adj.* **1.** *Person*: annoyed; (*mißmutig*) F grumpy; **2.** *Sache*: irksome; **Verdrießlichkeit** *f* **1.** *e-r Person*: annoyance; (*Mißmut*) F grumpiness; **2.** *e-r Sache*: irksome nature (*gen.* of); ***~en*** inconveniences, annoying little things.

verdrillen *v/t.* twist.

verdrossen *adj.* (*mißmutig*) sullen; (*verärgert*) peeved; (*müde, lustlos*) weary, F fed up; **Verdrossenheit** *f* sullenness; (*Lustlosigkeit*) weariness.

verdrücken F **I.** *v/t.* (*essen*) F put (*od.* stow) away, polish off; **II.** *v/refl.*: ***sich ~*** slip away (unnoticed), disappear.

Verdruß *m* displeasure; annoyance; ***j-m ~ bereiten*** cause s.o. (a lot of) trouble.

verduften F *v/i.* F clear off.

verdummen I. *v/i.* become stultified; **II.** *v/t.* stultify, dull *s.o.'s* mind; (*bsd. das Volk*) brainwash; **Verdummung** *f* stultification.

verdunkeln I. *v/t.* darken (*a. Zimmer*); *Luftschutz*: black out; *fig.* (*verschleiern*) obscure; **II.** *v/refl.*: ***sich ~*** darken; *fig. Gesicht*: *a.* cloud over; **Verdunk(e)lung** *f* **1.** darkening; *Luftschutz*: blackout; **2.** ⚖ collusion; **Verdunk(e)lungsgefahr** *f* ⚖ danger of collusion.

verdünnen *v/t.* dilute; (*Farben, Lacke etc*) thin (down); **Verdünner** *m* thinner.

verdünnisieren F *v/refl.*: ***sich ~*** F do a vanishing trick.

Verdünnung *f* dilution; *von Farben, Lacken etc.*: thinning (down); **Verdünnungsmittel** *n* thinner.

verdunsten *v/t. u. v/i.* evaporate; **Verdunster** *m* humidifier; **Verdunstung** *f* evaporation.

verdursten *v/i.* die of thirst.

verdüstern *v/t. u. v/refl.* (***sich ~***) darken.

verdutzt *adj.* nonplussed; (*überrascht*) *pred.* taken aback.

verebben *fig. v/i.* subside, ebb away.

veredeln *v/t.* **1.** (*verfeinern*) refine; (*Rohstoffe*) process, finish; (*Stahl*) refine; ⚘ graft; **2.** *charakterlich*: ennoble; **Veredelung** *f* **1.** ⚙ refinement; processing, finishing; ⚘ grafting; **2.** *des Charakters*: ennoblement, ennobling.

verehelichen *v/refl.*: ***sich ~*** (***mit***) marry; **Verehelichung** *f* marriage.

verehren *v/t.* admire, *stärker*: revere; (*anbeten*) worship; ***j-m et. ~*** give s.o. s.th. (as a present), *iro.* (*vermachen*) bequeath s.th. to s.o.; → ***verehrt***; **Verehrer(in** *f*) *m* (*a.* F *Liebhaber*) admirer; *e-s Stars*: *a.* devotee, F fan; **Verehrerpost** *f* fan mail; **verehrt** *adj.* hono(u)red, venerable; ***~e Anwesende!*** Ladies and Gentlemen!; ***Sehr ~er Herr*** Dear Sir; *iro.* ***Verehrteste!*** my dear!; **Verehrung** *f* admiration, reverence; (*Anbetung*) worship; **verehrungswürdig** *adj.* admirable; (*altehrwürdig*) venerable.

vereidigen *v/t.* swear *s.o.* in(to office); (*j-m e-n Eid abnehmen*) make *s.o.* swear an oath (**auf** on); **vereidigt** *adj.* sworn; **Vereidigung** *f* swearing-in (ceremony).

Verein *m* **1.** society, association; *geselliger*: club; F *hum.* ***ein schöner*** (***seltsamer***) ~ F a fine (funny) bunch; **2.** ***im ~ mit*** together with, in conjunction with.

vereinbar *adj.* compatible, consistent (**mit** with); ***nicht ~*** → ***unvereinbar***; **vereinbaren** *v/t.* **1.** (*ausmachen*) agree (up)on, arrange; **2.** reconcile (***mit*** with); ***sich*** (***nicht***) ***~ lassen mit*** be (in)consistent *od.* (in)compatible with; ***ich kann es mit m-m Gewissen nicht ~*** it goes against my conscience (*od.* principles); **Vereinbarkeit** *f* compatibility (***mit*** with); **vereinbart** *adj.* agreed; *Zeitpunkt, Verabredung etc.*: *a.* arranged; ***es gilt als ~, daß*** it is understood that; **Vereinbarung** *f* agreement (*a. pol.*), arrangement; (*Klausel*) clause, provision; ***laut ~*** as agreed; ***nach ~*** by agreement (*od.* arrangement, appointment); ***e-e ~ treffen*** reach an agreement; ***Gehalt nach ~*** salary negotiable.

vereinen *v/t.* → ***vereinigen, vereint.***

vereinfachen *v/t.* simplify; **vereinfachend** *adj.* simplistic(ally *adv.*); ***grob*** (*od.* ***stark***) ~ oversimplistic(ally *adv.*); **Vereinfachung** *f* simplification.

vereinheitlichen *v/t.* standardize; **Vereinheitlichung** *f* standardization.

vereinigen *v/t.* (*a.* ***sich ~***) unite, join; (*verbinden*) combine (*a.* ***in sich ~***); (*zusammenschließen*) integrate (***in*** within); ✝ (*fusionieren*) amalgamate, consolidate, merge (***zu*** into); (*versammeln*) assemble, gather, *bsd. pol.*, ⚔ rally; ***sich ~*** *Flüsse etc.*: meet, merge; **vereinigt** *adj.* **1.** united; ***Vereinigte Staaten*** (***von Amerika***) United States (of America) (*abbr.* US[A]); **2.** † *in Firmennamen*: consolidated; **Vereinigung** *f* **1.** (*Vorgang*) uniting, unification, combining *etc.*; → ***vereinigen***; **2.** (*Zusammenschluß*) union; (*Personen*2) association, union; → *a.* ***Verein***; † (*Verschmelzung*) amalgamation, merger.

vereinnahmen *v/t.* **1.** take in, collect; F *fig.* (*einstecken*) pocket; **2.** F *fig.* (*ganz für sich in Anspruch nehmen*) monopolize.

vereinsamen *v/i.* become isolated; grow lonely; **Vereinsamung** *f* (growing) isolation.

Vereins|beitrag *m* membership dues *pl.*; **~farben** *pl.* club colo(u)rs; **~haus** *n* → ***Vereinslokal***; **~kasse** *f* club funds *pl.*; **~lokal** *n* club house.

Vereinsmeier F *m* F joiner; **Vereinsmeierei** F *f* club mania.

Vereinsmitglied *n* club member.

Vereinswesen *n* clubs(, societies and associations) *pl.*

vereint *adj.* united; ***mit ~en Kräften*** in a joint (*od.* combined) effort; ***die 2en Nationen*** the United Nations.

vereinzelt I. *adj.* (*~ auftretend*) isolated; *Schauer*: *a.* scattered; *zeitlich*: occasional, sporadic; ***~e Briefe*** the odd letter; → ***Bewölkung***; **II.** *adv. zeitlich*: sporadically, now and then; *örtlich*: here and there.

vereisen I. *v/t.* ⚕ freeze; **II.** *v/i. Straße, See etc.*: freeze over; ✈, *Fenster etc.*: ice up; **vereist** *adj.* iced up (*od.* over); (*zugefroren*) frozen (over); **Vereisung** *f* icing up; freezing (over).

vereiteln *v/t.* thwart, frustrate, foil; (*Tat*) prevent; **Vereitelung** *f* thwarting, frustration; *e-r Tat*: prevention.

vereitern *v/i.* go septic; **vereitert** *adj.* septic; **Vereiterung** *f* sepsis.

verelenden *v/i.* be reduced to poverty; **Verelendung** *f* impoverishment.

verenden *v/i.* perish, die.

verengen I. *v/t.* narrow; **II.** *v/refl.*: ***sich ~*** (become) narrow; *Kleidung*: taper; *Blutgefäß*: constrict; *Pupille*: contract; **Verengung** *f* narrowing; constriction; contraction.

vererbbar *adj.* **1.** *Besitz etc.*: inheritable; **2.** *genetisch*: hereditary; **Vererbbarkeit** *f* heritability; **vererben I.** *v/t.* **1.** leave, (*a. hum. schenken*) bequeath (*dat.* to); **2.** *biol.*, ⚕ pass on (***auf*** to), transmit (to); **3.** (*Brauch etc.*) pass *od.* hand down (***auf*** to); **II.** *v/refl.* **4.** ***sich ~*** *Eigenschaft etc.*: be hereditary, run in the family, ***auf***: be passed on (*od.* transmitted) (to); **5.** ***sich ~ auf*** *Nachlaß*: devolve (up)on, fall to; **vererblich** *adj.* **1.** *Besitz*: inheritable, hereditary; **2.** *biol.*, ⚕ hereditary; **vererbt** *adj.* **1.** inherited; **2.** *biol.*, ⚕ hereditary; **Vererbung** *f* **1.** bequeathal (***an*** to); **2.** *biol.*, ⚕ transmission (***auf*** to); **3.** *von Bräuchen etc.*: transmission (***auf*** to), passing *od.* handing down (to); **Vererbungslehre** *f* genetics *pl.* (*sg. konstr.*).

verewigen I. *v/t.* perpetuate; (*unsterblich machen*) immortalize; **II.** *v/refl.*: ***sich ~*** immortalize o.s.; *schreibend*: inscribe one's name (***in*** in; ***an*** on), *mit Messer etc.*: carve one's name (into); **verewigt** *adj.* deceased; **Verewigung** *f* perpetuation; *e-s Namens etc.*: immortalization.

verfahren[1] **I.** *v/i.* proceed, act (***nach*** on); ***~ mit*** (*j-m*) deal with, (*et.*) *a.* handle; **II.** *v/t.* (*Geld, Zeit*) spend driving (around); (*Benzin*) use up; **III.** *v/refl.*: ***sich ~*** take the wrong road; *völlig*: lose one's way, get lost.

verfahren[2] *adj.* **1.** (*ausweglos*) hopeless, inextricable; **2.** (*verpfuscht*) messed up; (*durcheinander*) tangled, muddled; ***e-e ~e Geschichte*** a (great) muddle.

Verfahren *n* **1.** (*Verfahrensweise*) procedure; (*Methode*) method; **2.** ⚖ procedure; (*Prozeß*) proceedings *pl.*, (law)suit; ***das ~ einleiten gegen*** take proceedings against; → *a.* ***Gerichtsverfahren***; **3.** ⚙ process, method; system.

Verfahrensrecht *n* procedural law; **verfahrensrechtlich I.** *adj.* procedural; **II.** *adv.* in terms of procedural law.

Verfahrens|regel *f* rule of procedure; **~technik** *f* process engineering; **~techniker** *m* process engineer; **~weise** *f* procedure; method; approach.

Verfall *m* **1.** (*Zerfallsprozeß*) decay, ruin, *a.* ⚕ decline; *e-s Gebäudes*: dilapidation; *e-r Kultur etc.*: decline, (*Zusammenbruch*) fall; (*Entartung*) degeneracy; *sittlicher*: decay, corruption; ***dem ~ preisgeben*** let *s.th.* go to (rack and) ruin; ***der ~ hat schon eingesetzt*** the rot has set in; **2.** (*Fristablauf*) expiry; *e-s Wechsels*: maturity; ***bei ~*** upon expiry, *Wechsel*: at maturity.

verfallen[1] *v/i.* **1.** go to ruin; *Haus, Wirtschaft etc.*: fall into disrepair, *stärker*: go to ruin; *Reich, Kultur etc.*: decline, (*zusammenbrechen*) fall; *Kranker*: waste away; **2.** (*ablaufen*) expire; (*ungültig werden*) *a.* become invalid; **3.** (*e-m Laster*) take to *ger.*, F get hooked on, (*a. e-r Person*) become a slave to; (*dem Zauber e-s Anblicks etc.*) be bewitched by; ***~ in*** fall into, *wieder*: lapse (*od.* slip) back into; **4.** ***~ auf*** hit (up)on *an idea etc.*; ***wie ist er nur darauf ~?*** what on earth made him do it?

verfallen[2] *adj.* **1.** decayed; *Gebäude*: dilapidated, tumbledown ..., ramshackle; *körperlich*: emaciated, F *pred.* a wreck; **2.** *Fahrschein etc.*: expired, invalid, no longer valid; **3.** *e-m Rauschgift etc.* ~ addicted to, F hooked on; *dem Zauber e-s Anblicks etc.* ~ bewitched by; ***der Liebe ~*** F smitten.

Verfalls|datum *n* **1.** expiry date; **2.** *von Lebensmitteln*: best-before (*od.* best-by) date, *Am.* pull date; *von Medikamenten*: sell-by date; **~erscheinung** *f* sign of decay; **~stadium** *n*: (***im ~*** in a) state of decay *od.* collapse; **~symptom** *n* sign of decay; **~tag** *m*, **~zeit** *f* expiry date.

verfälschen *v/t.* distort, falsify; (*Lebensmittel*) adulterate; → *a.* ***fälschen***; **Verfälschung** *f* distortion, falsification; *von Lebensmitteln*: adulteration.

verfangen I. *v/refl.* **1.** ***sich ~*** *im Netz etc.*: get caught; **2.** ***sich in Widersprüchen*** *etc.* ~ get caught up (*od.* entangled) in a web of contradictions *etc.*; **II.** *v/i.* (*wirken*) work; ***das verfängt bei mir nicht*** F that cuts no ice with me.

verfänglich *adj. Situation etc.*: awkward; (*gefährlich*) risky; *Brief etc.*: compromising; *Frage*: trick *question*; ***du mit d-n ~en Fragen!*** *a.* you're just trying to catch me out.

verfärben I. *v/t.* (*Wäsche*) dye, colo(u)r; ***die Socken haben die ganze Wäsche verfärbt*** the dye from the socks has come off onto all the washing; **II.** *v/refl.*: ***sich ~*** discolo(u)r; *a. Person*: change colo(u)r; **verfärbt** *adj.* discolo(u)red; **Verfärbung** *f* discolo(u)ration (*a. verfärbte Stelle*).

verfassen *v/t.* write; (*Gedicht*) *a.* compose; (*Resolution etc.*) draw up; **Verfasser(in** *f*) *m* author, writer.

Verfassung *f* **1.** (*Zustand, a. körperliche ~*) state, condition; *seelische*: *a.* state (*od.* frame) of mind; ***in guter*** (***schlechter***) ***~*** *körperlich*: in good (bad) shape, *seelisch*: in good (low) spirits; ***nicht in der ~ sein zu*** *inf.* be in no fit state (*seelisch*: *a.* in no frame of mind) to *inf.*; ***ich bin nicht in der ~ dazu*** *a.* I don't feel up to it; **2.** (*Staats*2) constitution; **verfassunggebend** *adj.*: ***~e Versammlung*** constituent assembly.

Verfassungs|änderung *f* constitutional amendment; **~beschwerde** *f* constitutional complaint; **~bruch** *m* breach of the constitution; **~feind** *m* enemy of the constitution; **2feindlich** *adj.* anticonstitutional; **~gericht** *n* constitutional court; **~gerichtsbarkeit** *f* constitutional jurisdiction; **~klage** *f* constitutional challenge.

verfassungsmäßig *adj.* constitutional.

Verfassungs|organ *n* constitutional body; **~recht** *n* constitutional law; **~richter** *m* judge at the constitutional court; **~schutz** *m* **1.** protection of the constitution; **2.** (*a.* ***Bundesamt für ~***) *federal agency for internal security*; **~staat** *m* constitutional state; **2treu** *adj.* loyal to the constitution; **~treue** *f* loyalty to the constitution; **2widrig** *adj.* unconstitutional; **~widrigkeit** *f* breach of the constitution.

verfaulen *v/i.* decay; *Lebensmittel, Holz etc.*: rot.

verfechten *v/t.* speak out in support of, champion *a cause*, stand up for; (*Ansicht*) maintain; (*verteidigen*) defend; **Verfechter** *m* advocate, champion, promoter (*gen.* of).

verfehlen *v/t.* (*Ziel, Zug*) miss (***um*** by); ***den Beruf verfehlt haben*** have missed one's vocation, F be in the wrong job; ***s-e Wirkung ~*** not to work, be a failure, *Plan, Witz etc.*: *a.* misfire; ***sich*** (*od.* ***einander***) ~ miss each other; → ***Zweck***; **verfehlt** *adj.* (*falsch*) wrong, misguided; ***es für ~ halten zu*** *inf.* consider it amiss to *inf.*; **Verfehlung** *f* offen|ce (*Am.* -se).

verfeinden I. *v/refl.*: ***sich ~*** (*untereinander*) become enemies; *weitS.* (*sich zerstreiten*) fall out (with each other); ***sich mit j-m ~*** a) make an enemy of s.o., b) fall out with s.o.; **II.** *v/t.* (*Menschen, Völker*) make enemies of; ***j-n mit j-m ~*** set s.o. against s.o.; **verfeindet** *adj.* hostile; *pred.* at daggers drawn; ***sie sind vollkommen ~*** they're sworn enemies; **Verfeindung** *f* (growing) hostility; (state of) enmity.

verfeinern I. *v/t.* refine, *stärker*: make *s.th.* more sophisticated; ⚙ *a.* improve; (*Soße etc.*) round off; **II.** *v/refl.*: ***sich ~*** become refined, *stärker*: become more sophisticated; ⚙ *a.* improve; **Verfeinerung** *f* refinement, (increasing) sophistication; ⚙ *a.* improvement.

verfemen *v/t.* outlaw; *fig.* ostracize; (*Künstler etc.*) condemn; **Verfemung** *f* outlawing; *fig.* ostracism, ostracizing; condemnation, condemning.

verfertigen *v/t.* make, manufacture; **Verfertigung** *f* manufacture.

verfestigen *v/t.* → ***festigen***.

verfetten *v/i.* **1.** *Person*: get (*od.* grow) fat, grow (*od.* become) obese; **2.** ⚕ *Gewebe, Organ*: become fatty (*od.* adipose); **Verfettung** *f* **1.** ⚕ fatty degeneration, adiposis; **2.** *des Körpers*: obesity.

verfeuern *v/t.* (*Brennmaterial*) burn; (*Munition*) fire; *weitS.* (*verbrauchen*) use up.

verfilmen *v/t.* make a film of; (*Roman etc.*) *a.* adapt for the screen; **Verfilmung** *f* filming; *konkret*: film version, screen adaptation.

verfilzen *v/i. u. v/refl.* (**sich ~**) *Wolle*: felt; *Haare*: get matted.

verfinstern I. *v/t.* darken; **II.** *v/refl.*: **sich ~** darken; *Sonne, Mond*: eclipse; *fig. Gesicht*: *a.* cloud over.

verflachen I. *v/t.* flatten; **II.** *v/i. u. v/refl.* (**sich ~**) flatten, level off; *fig. Gespräch, Stil etc.*: degenerate; *Person*: become shallow (*od.* superficial); **Verflachung** *fig. f* degeneration; (growing) superficiality.

verflechten *v/t. u. v/refl.* (**sich ~**) interweave, intertwine (*beide a. fig.*); ✝ integrate; ***et. zu e-r Gesamtheit*** *etc.* **~** weave s.th. into a whole *etc.*; *ein Zitat etc.* ***in et.*** **~** weave *s.th.* into; ***j-n in et.*** **~** involve s.o. (*od.* get s.o. involved) in s.th.; → ***verflochten***; **Verflechtung** *f* interweaving, intertwining; integration; weaving; involvement.

verfliegen I. *v/i.* **1.** *Duft etc.*: fade (away); *Alkohol etc.*: evaporate; **2.** *Zeit*: fly; **3.** *Erinnerung etc.*: fade; *Bedenken, Angst etc.*: vanish, *Stimmung etc.*: *a.* blow over; **II.** *v/refl.*: **sich ~** ✈ lose one's bearings, get lost.

verfließen *v/i.* **1.** *Farben*: run, *ineinander*: merge (*a. fig. Begriffe etc.*); (*undeutlich, unscharf werden*) become (*od.* get) blurred; ***ineinander*** **~** merge (into one another); **2.** *Zeit*: pass (by).

verflixt F *adj.* F blasted, damn(ed); **~!** F blast!, damn (it)!; ***das ~e siebte Jahr*** the seven-year itch.

verflochten *adj.*: **~ *in*** intertwined (with-) in, (*verfangen*) entangled in; ***eng*** **~** intricate, ***in***: intricately bound in(to).

verflossen F *adj. Freund etc.*: ex-...; one-time ...; **Verflossene(r** *m*) F *f* ex-boyfriend (*f* ex-girlfriend); *länger zurückliegend*: *a.* F *hum.* old flame.

verfluchen *v/t.* curse; **verflucht** *adj. u. int.* → ***verdammt.***

verflüchtigen I. *v/refl.*: **sich ~** evaporate; F *fig.* disappear, *Person*: *a.* make o.s. scarce; *Wut etc.*: blow over; **II.** *v/t.* volatilize.

verflüssigen *v/t. u. v/refl.* (**sich ~**) liquefy; *metall.* fuse; **Verflüssigung** *f* liquefaction.

Verfolg *m*: ***in*** **~** *gen.* in pursuance of, *weitS.* (*im Verlauf*) in the course of.

verfolgen *v/t.* **1.** (*Person*) pursue, chase (*od.* run) after; (*Wild*) track down; **2.** (*Spur*) follow; **3.** (*Laufbahn, Politik, Idee etc., a.* ⚖ *e-n Anspruch*) pursue; **4.** (*j-n*) *ungerecht, grausam*: persecute; *strafrechtlich*: prosecute; **5.** (*bedrängen*) dog, plague; *mit Haß*: persecute; (*ständig beschäftigen*) *Traum etc.*: haunt; ***vom Pech verfolgt*** dogged by misfortune; **6.** (*Gedankengang*) follow up; **7.** (*Vorgang*) follow, observe; (*Entwicklung*) trace; ***sie verfolgte jede s-r Bewegungen*** she followed his every move; **Verfolger** *m* pursuer; *grausamer*: persecutor; **Verfolgte(r)** *m*: (***politisch Verfolgter***) victim of (political) persecution; **Verfolgung** *f* pursuit; persecution; prosecution *etc.*; → ***verfolgen***; (*Fortführung*) pursuance; ***wilde*** **~** hot pursuit, wild chase; ***die ~ aufnehmen*** take up the chase (*od.* pursuit).

Verfolgungs|jagd *f*, **~szene** *f Film*: wild chase, pursuit; *in Autos*: *mst* car chase; **~wahn** *m* persecution complex, paranoia; ***an ~ leiden*** *a.* be (a) paranoiac.

verformbar *adj.* ⚙ *etc.* workable; **verformen I.** *v/refl.*: **sich ~** go out of shape; (*sich verdrehen*) twist; *metall. a.* buckle; *Holz*: warp; **II.** *v/t.* deform; ⚙ work, form, shape; **verformt** *adj. a.* ⚕ deformed; ⚙ (*verdreht*) twisted; *metall. a.* buckled; *Holz*: warped; **Verformung** *f* deformation; ⚙ working, forming, shaping.

verfrachten *v/t.* (*Ware*) freight, ⚓ *od. Am.* ship; F (*j-n*) bundle off; **Verfrachter** *m* shipper, forwarding (*od.* shipping) agent(s *pl.*).

verfranzen F *v/refl.*: **sich ~** ✈ lose one's bearings, (*a. allg. sich verirren*) get lost.

verfremden *v/t. a. Kunst etc.*: alienate; **Verfremdung** *f* alienation; **Verfremdungseffekt** *m* alienation effect.

verfressen F *adj.* greedy; **~ *sein*** be a glutton, F be a greedy pig; **Verfressenheit** F *f* greed, voraciousness, voracity.

verfroren *adj.* **1. ~ *sein*** feel the cold (very easily); **2.** (*durchgefroren*) frozen (to the bone).

verfrüht *adj.* premature, too early; *Ankunft, Sommer etc.*: early; ***es war ~*** *a.* it came too soon (*od.* early).

verfügbar *adj.* available, at one's disposal; ***frei*** **~** freely disposable; ***~es Geld*** available cash, cash in hand; **(*frei*) *~es Einkommen*** disposable (discretionary) income; ***mit allen ~en Mitteln*** with all means at one's disposal; **Verfügbarkeit** *f* availability.

verfügen I. *v/t.* order; *gesetzlich, testamentarisch*: decree; **II.** *v/i.*: **~ *über*** have (available *od.* at one's disposal); (*ausgestattet sein mit*) have, be provided (*od.* equipped) with; (*frei* **~**, *disponieren über*) dispose of *funds etc.*; **(*frei*) ~ *können über et.*:** be able (*od.* free, in a position) to do what one wants with s.th., ***s-e Zeit:*** *a.* be able to divide up one's time as one wants; **~ *Sie über mich*** at your service.

Verfügung *f* (*Erlaß*) decree, order; (*Anweisung*) instruction; (*Verfügungsrecht, -gewalt*) disposition; ***freie ~ über*** *a.* power freely to dispose of; ***et. zur ~ haben*** have s.th. at one's disposal; ***zur ~ stehen*** be available (*dat.* to), ***j-m:*** *a.* be at s.o.'s disposal; ***j-m et. zur ~ stellen*** place s.th. at s.o.'s disposal; ***s-n Posten*** *etc.* ***zur ~ stellen*** resign one's post *etc.*; ***sein Amt zur ~ stellen*** *a.* tender one's resignation; ***sich zur ~ stellen*** volunteer (***für*** for), ***j-m:*** offer one's services to s.o.; ***freundlicherweise zur ~ gestellt von*** courtesy of; ***zu Ihrer ~*** at your service; ***Vormittag zur freien ~*** morning at client's *etc.* discretion; → ***einstweilig.***

verfügungsberechtigt *adj.* authorized to dispose; **Verfügungsberechtigung** *f* right of disposal.

Verfügungs|gewalt *f*: ***freie ~*** discretionary power of disposition; control; **~recht** *n* right of disposal.

verführen I. *v/t.* **1.** *sexuell*: seduce; **2.** (*verlocken*) entice, tempt (***zu*** to; ***et. zu tun*** into doing); *weitS.* (*vom rechten Weg abbringen*) lead *s.o.* astray; **II.** *v/i.*: ***zum Diebstahl ~*** be an invitation to steal; ***es verführt zum Kauf*** it makes you tempted to buy (it); **Verführer(in** *f*) *m* seducer (*f* seductress); **verführerisch** *adj.* **1.** *Frau, Parfüm etc.*: bewitching, *stärker*: seductive; ***~e Schönheit*** ravishing beauty; **2.** (*verlockend*) enticing, tempting; **Verführung** *f* **1.** seduction; **2.** (*Verlokkung*) enticement, temptation; **Verführungskunst** *f* powers *pl.* of persuasion.

verfünffachen *v/t. u. v/refl.* (**sich ~**) quintuple, increase five times; **Verfünffachung** *f* quintupling, fivefold increase.

verfüttern *v/t.* feed.

Vergabe *f* ✝ *von Aufträgen*: placing; *von Preisen etc.*: awarding; *von öffentlichen Mitteln*: allocation.

vergackeiern F *v/t.*: ***j-n ~*** F pull s.o.'s leg, have s.o. on.

vergaffen F *v/refl.*: ***sich in j-n ~*** F fall for s.o., go soft on s.o.

vergällen *fig. v/t.* spoil, sour.

vergaloppieren F *v/refl.*: **sich ~ 1.** (*übertreiben*) overdo it, F go over the top; **2.** (*falsch kalkulieren*) miscalculate.

vergammeln F **I.** *v/i.* (*verfaulen*) rot; *Person*: go to seed; ***et. ~ lassen*** (*Haus etc.*) let s.th. go to rack and ruin; **II.** *v/t.* (*Zeit*) idle (*od.* fritter) away; **vergammelt** F *adj. Person*: scruffy; *Betrieb etc.*: run-down; ***~er Typ*** F scruff, *stärker*: F slob.

vergangen *adj.* past; ***im ~en Jahr*** last year; ***am ~en Freitag*** last Friday; ***in ~en Zeiten*** in times past, *lit.* in bygone times (*od.* days); ***e-e ~e Größe*** a has-been; **Vergangenheit** *f* past (*a. Vorleben*); *ling.* past tense; ***politische ~*** *e-r Person*: political background; ***e-e Frau mit ~*** a woman with a past; ***in der ~ liegen*** be a thing of the past; ***laßt die ~ ruhen*** let bygones be bygones; → ***angehören***; **Vergangenheitsbewältigung** *f* (*a.* ***die ~***) coming to terms with the past.

vergänglich *adj.* passing ..., transitory, transient; ***es ist alles ~*** nothing lasts (forever); **Vergänglichkeit** *f* transience, transitoriness; ***die ~ des Lebens*** the transitoriness of life, life's transitoriness.

vergären *v/i.* ferment; **Vergärung** *f* fermentation.

vergasen *v/t.* **1.** ⚗ gasify; **2.** (*durch Gas töten*) gas, *a.* send to the gas chambers.

Vergaser *m mot.* carburet(t)or; **~motor** *m* carburet(t)or engine.

Vergasung *f* **1.** ⚗ gasification; **2.** (*Tötung*) gassing; F ***bis zur*** (***kalten***) **~** ad nauseam; F ***wir haben das Zeug bis zur*** (***kalten***) **~ *angehört*** (***gegessen*** *etc.*) *a.* F we listened to (ate *etc.*) the stuff till it was coming out of our ears.

vergattern *v/t.* **1.** fence up (*od.* in); **2.** F ***j-n dazu ~, et. zu tun*** F rope s.o. into doing s.th., *als Strafe*: make s.o. do s.th.

vergeben[1] **I.** *v/t.* **1.** give away (***an*** *j-n*: to); ✝ (*Auftrag*) place (with); (*Arbeit*) farm out; (*übertragen*) confer, *formell*: bestow (on); ***ein Amt an j-n ~*** appoint s.o. to an office; ***zu ~*** available; ***Stelle zu ~*** vacancy; **2.** (*Chance*) miss, let *an opportunity* slip; *Sport*: give away (the chance *v/i.*); ***sich et. ~*** compromise o.s.; **3.** (*verzeihen*) forgive (***j-m*** s.o.); **II.** *v/refl.*: **sich ~** *beim Kartenspiel*: misdeal.

vergeben² *adj.*: **~ sein** *Stelle*: be taken, *Auftrag*: have been given out, *Plätze*: have been taken, F *Person*: be spoken for; **noch nicht ~** still available, F to be had, *Stelle*: *a.* open; **ich bin morgen leider schon ~** I'm booked up for tomorrow, I'm afraid.
vergebens I. *adv.* in vain; **II.** *pred. adj.* in vain; (*nutzlos*) *a.* of no avail.
vergeblich I. *adj.* vain, fruitless, futile, useless; *pred. a.* no use; **~e Mühe** a wasted effort, a waste of time; **II.** *adv.* in vain; **Vergeblichkeit** *f* futility.
Vergebung *f* **1.** (*Verzeihung*) forgiveness, *a.* pardon; **j-n um ~ bitten** ask s.o.'s forgiveness; **2.** → **Vergabe.**
vergegenständlichen *v/t.* concretize; **Vergegenständlichung** *f* concretization.
vergegenwärtigen *v/t.*: **sich et. ~** visualize (*od.* picture) s.th.; (*klar machen*) make s.th. clear to o.s.; **~ wir uns doch die Auswirkungen** let's call to mind (*od.* be clear about) the implications; **Vergegenwärtigung** *f* visualization.
vergehen I. *v/i. Zeit, Gefühl etc.*: pass; *Schmerz*: *a.* go away; *Zorn etc.*: blow over; (*nicht fortbestehen*) cease (to exist), (*sterben*) die, (*verschwinden*) disappear, vanish, *Schönheit, Erinnerung etc.*: *a.* fade; **wie die Zeit vergeht!** time (just) flies; **das vergeht schon wieder** it'll pass, it won't last; **es werden Jahre ~, bis** (*od.* **bevor**) it'll be years before ...; **dir wird das Lachen bald ~!** you'll soon be laughing on the other side of your face; **da wird ihm das Lachen schon ~!** that'll wipe the grin off his face; **mir ist der Appetit vergangen** I've lost my appetite; **vor Ungeduld** *etc.* **~** be dying of impatience *etc.*; → **hören** II; **II.** *v/refl.*: **sich ~ an** (*j-m*) *tätlich*: assault, *unsittlich*: commit indecent assault on; **sich ~ gegen** (*ein Gesetz etc.*) offend against, violate; **sich gegen ein Gesetz ~** *a.* commit an offen|ce (*Am.* -se).
Vergehen *n* offen|ce (*Am.* -se).
vergeistigen *v/t.* **1.** intellectualize; **2.** spiritualize; **vergeistigt** *adj.* **1.** cerebral; **völlig ~ sein** *a.* move on a very cerebral plane; **2.** spiritual; **Vergeistigung** *f* **1.** intellectualization, raising to an intellectual (*od.* a cerebral) plane; **2.** spiritualization.
vergelten *v/t.* repay; **j-m et. ~** repay s.o. for s.th., (*a. sich rächen*) pay s.o. back for s.th.; → **gleich** 1; **Vergeltung** *f* repayment; (*Rache*) retribution, retaliation.
Vergeltungs|maßnahme *f* retaliatory measure, reprisal; *pl. a.* retaliation *sg.*; **~schlag** *m* reprisal, retaliatory strike.
vergesellschaften *v/t.* nationalize; ✝ convert into a company (*Am.* corporation).
vergessen I. *v/t.* forget; (*liegenlassen*) *a.* leave behind; *s-n Schirm etc.* **im Restaurant** *etc.* **~** leave (behind) in the restaurant *etc.*; **nicht ~ zu** *inf.* be careful to *inf.*; **nicht zu ~ ...** not forgetting ...; **ich habe es ~** *a.* it slipped my mind; **ich habe ganz ~, wie** *a.* I forget how; **das kannst du ~!** forget it, (*es nützt nichts*) it's useless; **den kannst du ~!** he's hopeless; **das werde ich dir nie ~** I won't ever forget it; **das wird man ihr nie ~** *weitS.* she'll never live it down; **bevor ich's vergesse** *a.* while I remember; **II.** *v/refl.*: **sich ~** forget o.s.; **Vergessenheit** *f*: **in ~ geraten** fall into oblivion; **et. der ~ entreißen** (**anheimgeben**) rescue s.th. from (consign s.th. to) oblivion.
vergeßlich *adj.* forgetful, absent-minded; **~ sein** keep forgetting things; **Vergeßlichkeit** *f* forgetfulness, absent-mindedness.
vergeuden *v/t.* waste, squander; **Vergeudung** *f* waste; squandering.
vergewaltigen *v/t.* **1.** (*Frau*) rape; **2.** *fig.* (*Sprache etc.*) do violence to, mutilate; **Vergewaltigung** *f* **1.** ⚖ rape; **2.** *fig.* violation, mutilation.
vergewissern *v/refl.*: **sich ~** make sure (**e-r Sache** of s.th.); check (s.th.).
vergießen *v/t.* **1.** (*Blut, Tränen*) shed; **es wird viel Blut vergossen werden** there will be a great deal of bloodshed; **2.** (*verschütten*) spill; **3.** *metall.* cast.
vergiften I. *v/t.* poison (*a. fig. Atmosphäre etc.*); **II.** *v/refl.*: **sich ~** poison o.s.; **Vergiftung** *f* poisoning; **Vergiftungstod** *m* death by poisoning.
vergilben *v/i.* yellow, go yellow (at the edges); **vergilbt** *adj.* yellowed, yellowing.
vergipsen *v/t.* plaster.
Vergißmeinnicht *n* ⚘ forget-me-not(s *pl.*).
vergittern *v/t.* fix a grate onto; *mit Draht*: wire in; *mit Stangen*: bar; **Vergitterung** *f* grating.
verglasen *v/t.* glaze; (*Veranda etc.*) glass in (*od.* up); **verglast** *adj. Fenster u. fig. Blick, Augen etc.*: glazed; **Verglasung** *f* (*a. konkret Scheiben etc.*) glazing.
Vergleich *m* **1.** comparison; **im ~ zu** compared to (*od.* with), in comparison with; **dem ~ (nicht) standhalten** bear (no) comparison, **mit:** *a.* (not to) compare with; **(un)günstig abschneiden im ~ mit** compare (un)favo(u)rably with; **das ist ja überhaupt kein ~!** you can't compare, there's just no comparison; **e-n ~ anstellen** draw a comparison; → **hinken**; **2.** (*bildhafter Wort*≈) simile; (*Analogie*) analogy; **3.** ⚖ (**gütlicher ~** amicable) agreement; settlement.
vergleichbar *adj.* comparable (**mit** to, with); **das ist überhaupt nicht ~** you can't compare, there's just no comparison; **Vergleichbarkeit** *f* comparability.
vergleichen I. *v/t.* **1.** compare (**mit** to, with); **die Preise ~** compare prices; **es ist nicht zu ~ mit** you can't compare it with, it doesn't compare with; **2.** (*Uhren*) synchronize; **die Uhren ~** synchronize watches; **II.** *v/refl* **3. sich ~ mit** compare o.s. with; **4. sich ~** (*sich einigen*) come to an agreement (*od.* to terms); **vergleichend** *adj.* comparative *studies, literature etc.*
Vergleichs|maßstab *m* standard of comparison; **~miete** *f* comparable rent; **~punkt** *m* point of comparison; **~tabelle** *f* comparison chart.
vergleichsweise *adv.* **1.** (*relativ*) comparatively, relatively; **2.** (*zum Vergleich*) by way of comparison.
Vergleichs|wert *m* comparative (*od.* comparable) value; **~zahl** *f*, **~ziffer** *f* comparative figure.
verglimmen *v/i.* die down (*od.* away); → *a.* **verglühen.**
verglühen *v/i.* **1.** smo(u)lder out; *Meteor etc.*: burn out; *Rakete*: burn up; **2.** *fig. Leidenschaft*: die.
vergnügen *v/refl.*: **sich ~** enjoy o.s.
Vergnügen *n* pleasure, enjoyment; (*Spaß*) fun; **~ an** *e-r Sache* **finden** find pleasure in, enjoy; **j-m (großes) ~ machen** (*od.* **bereiten**) give s.o. (great) pleasure; **es war mir ein ~** it was a pleasure; **viel ~!** *a. iro.* have fun!, enjoy yourself (*od.* yourselves)!; **es war kein (reines) ~** F it was no picnic (*od.* fun and games), it wasn't exactly (great) fun; **mit (größtem) ~** with (the greatest) pleasure; **(nur) zum ~** (just) for fun; **aus reinem ~** just for the fun of it; **ein teures ~** an expensive business (*od.* affair).
vergnüglich *adj.* pleasant, enjoyable.
vergnügt *adj.* pleased (**über** with); (*fröhlich*) cheerful, F chirpy, *Am.* F chipper.
Vergnügung *f* **1.** pleasure; **2.** *obs.* (*Veranstaltung*) entertainment.
Vergnügungs|dampfer *m* pleasure boat; **~fahrt** *f mot.* joy ride; **~industrie** *f* entertainment industry; **~park** *m* amusement park, fun fair; *mit Schwerpunkt*: theme park; **~reise** *f* pleasure trip; **~steuer** *f* entertainment tax; **~sucht** *f* hedonism, craving for pleasure; **≈süchtig** *adj.* pleasure-seeking ..., hedonistic; **~viertel** *n* entertainments district; *mit Bordellen*: red-light district.
vergolden *v/t.* gild (*a. fig.*); (*Metall, Schmuck etc.*) gold-plate; **Vergoldung** *f* **1.** (*Vorgang*) gilding, gold-plating; **2.** *konkret*: gilt, gold-plate, gold-plating.
vergönnen *v/t.* grant; **es war mir vergönnt zu** *inf.* I had the privilege of *ger.*; **es war ihm nicht vergönnt zu** *inf.* it was not for him to *inf.*, he was not (meant) to *inf.*; **j-m et. nicht ~** begrudge s.o. s.th.
vergöttern *fig. v/t.* idolize, worship; **Vergötterung** *f* idolization, worship(ping).
vergraben *v/t. a. fig.* bury; *fig.* **sich in s-e Bücher ~** bury o.s. in one's books.
vergrämen *v/t.* **1.** (*j-n, beleidigen*) offend; (*verärgern*) upset; **j-n nicht ~** *a.* keep on s.o.'s right side; **2.** (*Wild etc. u. fig.*) frighten, startle; (*verscheuchen*) frighten away, scare off; **vergrämt** *adj.* careworn.
vergrätzen F *v/t.* disgruntle, annoy, upset; **vergrätzt** F *adj.* disgruntled, annoyed, upset.
vergraulen F *v/t.* put off; *stärker*: frighten off; **j-m et. ~** spoil s.th. for s.o.
vergreifen *v/refl.* **1. sich ~** make a mistake; ♪ play a wrong note; **2. sich ~ an** (*j-m*) lay hands on, attack, *sexuell*: (sexually) assault; (*fremdem Eigentum*) misappropriate; F *fig.* (*an et. herumpfuschen*) interfere (*od.* fiddle around) with; **sich ~ in** (*od.* **im**) **...** (*Ausdruck etc.*) choose (*od.* use) the wrong ..., not to find the right ...; F *fig.* **sich an der Kasse ~** F dip into the till.
vergreisen *v/i.* turn (*od.* get) senile; *a. Bevölkerung etc.*: age; **Vergreisung** *f* (progressive) senility; *a. der Bevölkerung etc.*: ag(e)ing.
vergriffen *adj. Buch*: out-of-print ..., *pred.* out of print.
vergröbern *v/t.* **1.** coarsen; **2.** *fig.* (*zu sehr vereinfachen*) oversimplify; **Vergröberung** *f* **1.** coarsening; **2.** oversimplification.
vergrößern I. *v/t.* enlarge; *phot. a.* blow up; *mit der Lupe*: magnify; (*ausdehnen*) expand, (*a.* ⚙ *Werkanlage*) extend; (*Auto, Flugzeug*) extend, stretch; (*verbreitern*) widen (*a. Einfluß*); (*vermehren*) increase, add to; **II.** *v/refl.*: **sich ~** grow;

(*sich ausdehnen*) *a.* expand, be extended; (*sich verbreitern*) widen; (*anwachsen*) grow, increase; *Organ etc.*: become enlarged; **vergrößernd** *adj.*: ***stark ~e Linse*** powerful lens; **Vergrößerung** *f* **1.** enlargement; growth; expansion, extension; widening; increase; → ***vergrößern***; **2.** *phot.* enlargement, blow-up; *opt.* magnification.

Vergrößerungs|apparat *m*, **~gerät** *n phot.* enlarger; **~glas** *n* magnifying glass; **~spiegel** *m* magnifying mirror.

vergucken F *v/refl.* **1. *sich ~*** see wrong; ***hast du dich auch nicht verguckt?*** *a.* are you sure you saw right?; **2.** *fig.* ***sich in j-n ~*** F fall for s.o., go soft on s.o.

Vergünstigung *f* (*Vorrecht*) privilege; *steuerliche*: allowance; *soziale*: benefit; (*Preisnachlaß*) reduction, *für Flug etc.*: *a.* special rate.

vergüten *v/t.* **1.** compensate (***j-m et.*** s.o. for s.th.); (*Auslagen*) reimburse, refund; (*Zinsen, Schaden*) indemnify (***j-m*** s.o. for); (*Verlust*) compensate for, make good; **2.** ⚙ improve, refine; (*Objektiv*) coat; **vergütet** *adj.*: ***~es Objektiv*** coated lens; **Vergütung** *f* **1.** compensation; reimbursement, refund; indemnification; → ***vergüten***; **2.** *für geleistete Dienste*: consideration; (*Honorar*) fee; **3.** ⚙ improvement, refinement; *e-s Objektivs*: coating.

verhackstücken F *v/t.* (*verreißen*) F tear to bits (*od.* pieces, shreds).

verhaften *v/t.* arrest; ***Sie sind verhaftet!*** you are under arrest!; **verhaftet** *adj.*: ***im Sozialismus*** *etc.* ~ rooted in Socialism *etc.*; ***im System*** *etc.* ***~ sein*** *a.* be a captive of the system *etc.*; **Verhaftung** *f* arrest; **Verhaftungswelle** *f* wave of arrests.

verhageln *v/i.* be damaged (*od.* destroyed) by hail; → ***Petersilie***; **verhagelt** F *adj.*: ***~ aussehen*** F look a right mess (*od.* a real sight).

verhaken I. *v/t.* hook together; ***die Hände*** (*od.* ***Finger***) ~ clasp one's hands; **II.** *v/refl.*: ***sich ~*** get caught (***an*** on).

verhallen *v/i.* die away; → ***ungehört.***

verhalten I. *v/refl.*: ***sich ~*** *Sache*: be, *Person*: behave, act, be; ***sich ruhig ~*** keep quiet, (*sich nicht bewegen*) keep still, (*Ruhe bewahren*) keep calm; ***ich weiß nicht, wie ich mich ~ soll*** I'm not sure what to do; ***sich anders*** (***umgekehrt***) ~ *Sache*: be different (be just the reverse); ***die Sache verhält sich ganz anders*** it's a completely different state of affairs; ***wenn es sich so verhält*** if that is the case; 𝔄 ***A verhält sich zu B wie C zu D*** A is to B as C is to D; **II.** *v/t.* hold back, retain (*a. Urin etc.*); (*unterdrücken*) suppress, restrain (*a. Lachen etc.*); ***den Atem ~*** hold one's breath; **III.** *adj.* (*zurückhaltend*) restrained; *Lachen etc.*: stifled; *Stimme, Farbe, Ton, Stimmung etc.*: subdued; *Begeisterung etc.*: muted; ***mit ~er Stimme*** in a subdued voice; **IV.** *adv.* with restraint; in a subdued manner; ***~ spielen*** *Sport*: play a waiting game, *thea.* underact, ♪ hold back; **V.** 2 *n* behavio(u)r (*a. zo. etc.*), conduct.

Verhaltens|forscher *m* behavio(u)rist; *Tiere*: ethologist; **~forschung** *f* behavio(u)rism; *Tiere*: ethology; **2gestört** *adj.* maladjusted; **~maßregel** *f* → ***Verhaltensregel***; **~merkmal** *n* behavio(u)ral trait (*od.* characteristic); **~muster** *n* behavio(u)ral pattern; **~norm** *f* behavio(u)ral norm; → *a.* ***Verhaltensregel***; **~psychologe** *m* behavio(u)ral psychologist; **~psychologie** *f* behavio(u)rism, behavio(u)ral psychology; **~regel** *f* rule of etiquette (*od.* conduct); **~n** *a.* code of conduct; **~störung** *f* behavio(u)ral disorder; **~therapie** *f* behavio(u)r therapy; **~weise** *f* behavio(u)r; *psych. a.* behavio(u)r pattern(s *pl.*).

Verhältnis *n* **1.** proportion; (*zahlenmäßiges ~*) ratio; ***im ~ wenig*** *etc.* comparatively little *etc.*; ***im ~ zu*** in proportion to, compared with; ***im ~ von 1:2*** in a ratio of 1:2; ***im umgekehrten ~ zu*** in inverse proportion to, inversely proportionate to; ***im entsprechenden ~*** proportionately, ***stehen zu:*** be proportional to; **2.** (*Beziehung*) relationship, relations *pl.* (***zu*** with); ***in e-m freundlichen ~ mit*** on friendly terms with; ***ich habe kein ~ dazu*** I can't relate to it, it doesn't mean anything (*stärker*: a thing) to me; → ***gestört***; **3.** (*Liebes2*) relationship, affair; **4. *~se*** (*Umstände*) conditions, circumstances; ***unter den*** (***gegebenen***) ***~sen*** under the circumstances; ***in guten*** (***schlechten***) ***~sen leben*** be well-off (badly-off); ***über s-e ~se leben*** live beyond one's means, overspend; ***das geht über m-e ~se*** I can't afford it, it's beyond my means.

verhältnismäßig I. *adv.* (*relativ*) relatively, reasonably; **II.** *adj.* proportional; ⚕ *a.* pro rata ...

Verhältnismäßigkeit *f* ⚖ appropriateness; commensurability.

Verhältnis|wahl *f parl.* proportional representation; **~wahlrecht** *n* (system of) proportional representation; **~wort** *n ling.* preposition.

Verhaltung *f* ⚕ retention.

verhandeln I. *v/i.* **1.** negotiate (***über*** about, on); ***~ über*** *a.* negotiate, discuss *conditions etc.*; **2.** ⚖ hold proceedings, *Strafrecht*: hold a trial (***gegen*** against); ***über e-e Sache*** (*od.* ***e-n Fall***) ~ hear (*strafrechtlich*: try) a case; **II.** *v/t.* **3.** negotiate; **4.** ⚖ hear, *strafrechtlich*: try *a case*; **Verhandlung** *f* **1.** negotiations *pl.*; ***in ~en eintreten*** enter into negotiations; **2.** ⚖ hearing, *Strafrecht*: trial; ***zur ~ kommen*** come up (for trial).

Verhandlungs|basis *f* basis for negotiation(s); ~ ***DM 5000*** 5,000 DM or near(est) offer (*abbr.* o.n.o.); **2bereit** *adj.* willing to negotiate (*od.* enter into negotiations); **~bereitschaft** *f* readiness to negotiate; **~ergebnis** *n* outcome (*od.* result) of the negotiations; **2fähig** *adj.* **1.** ⚖ able (*od.* fit) to stand trial; **2.** (***nicht ~*** non-)negotiable; **~fähigkeit** *f* ability to stand trial; **~führer** *m* chief negotiator; **~gegenstand** *m* issue, object of negotiation; **~grundlage** *f* basis for negotiation(s); **~partner** *m* negotiating partner; **~position** *f* bargaining position; **~runde** *f* **1.** round of negotiations; **2.** *bei Tarifverhandlungen*: bargaining round; **~tag** *m* ⚖ day of the hearing (*Strafrecht*: trial); **~termin** *m* ⚖ hearing (date), *Strafrecht*: trial date; **~tisch** *m* negotiating (⚕ *a.* bargaining) table; ***am ~*** at (*od.* around) the negotiating table; **~trick** *m* negotiating ploy; **2unfähig** *adj.* ⚖ unable to stand trial; **~unfähigkeit** *f* ⚖ inability to stand trial; **~weg** *m*: ***auf dem ~e*** (***beilegen*** settle) by negotiation.

verhangen *adj.* cloudy, overcast; ***~er Himmel*** cloudy sky, overcast skies.

verhängen *v/t.* **1.** cover, drape, (*verbergen*) *a.* veil; **2.** (*Strafe, Blockade etc.*) impose (***über*** on); *Sport*: award (to).

Verhängnis *n* fate; (*Unheil*) disaster; (*Untergang*) ruin; ***j-m zum ~ werden*** be s.o.'s undoing (*od.* ruin[ation]), lead to s.o.'s downfall; **verhängnisvoll** *adj.* fateful; *stärker*: fatal.

verharmlosen *v/t.* play down; (*bagatellisieren*) minimize; **Verharmlosung** *f* playing down; minimizing, minimization.

verhärmt *adj.* careworn.

verharren *v/i.* **1.** persevere, persist (***auf, bei, in*** in); ***bei s-r Meinung ~*** stick to one's opinion; **2.** *in e-r Haltung, Stellung etc.*: remain.

verharschen *v/i. Schnee*: crust over.

verhärten *v/t., v/i. u. v/refl.* (***sich ~***) *a. fig.* harden; *fig.* ***die Fronten haben sich verhärtet*** positions have become entrenched; **Verhärtung** *f* **1.** hardening; **2.** ⚕ (*verhärtete Stelle*) callus.

verhaspeln F *fig. v/refl.*: ***sich ~*** get in a muddle, get one's words muddled.

verhaßt *adj.* hated, detested; *Sache*: *a.* hateful, odious (*dat.* to); ***es ist mir ~*** I hate (*od.* loathe) it; ***sich ~ machen*** (***bei j-m***) arouse *od.* incur (s.o.'s) hatred.

verhätscheln *v/t.* coddle, pamper; **verhätschelt** *adj.* pampered, spoilt; **Verhätschelung** *f* coddling, pampering.

Verhau *m* **1.** (*Hindernis*) entanglement; **2.** F (*Durcheinander*) mess; ***das ist ja ein ~!*** what a mess, it's absolute chaos.

verhauen F **I.** *v/t.* **1.** beat (up); (*Kind*) give *a child* a hiding; **2.** *fig.* make a hash of; F bungle, muff; **II.** *v/refl.*: ***sich ~*** miscalculate (badly), F get one's sums wrong; ***sich ~ haben*** *a.* F be way off (*od.* out).

verheben *v/refl.*: ***sich ~*** hurt o.s. lifting s.th., *oft* twist one's back.

verheddern F *v/refl.*: ***sich ~*** **1.** get caught (up); **2.** *fig.* get in a muddle, (*steckenbleiben*) get stuck.

verheeren *v/t.* devastate, lay waste (to); **verheerend** *fig. adj.* disastrous; (*scheußlich*) dreadful, *stärker*: horrific; **Verheerung** *f* devastation; ***~en anrichten*** cause (*od.* wreak) havoc.

verhehlen *v/t.* hide, conceal (*dat.* from); **Verhehlung** *f* concealment.

verheilen *v/i.* heal up (completely).

verheimlichen *v/t.* hide, conceal (*dat.* from); keep quiet about; ***j-m et. ~*** *a.* keep s.th. (secret) from s.o.; ***er hat es*** (***uns***) ***verheimlicht*** *a.* F he never let on (about it); **Verheimlichung** *f* concealment; ***~ e-r Sache*** *a.* keeping s.th. secret.

verheiraten I. *v/t.* marry (***mit, an*** to); **II.** *v/refl.*: ***sich ~*** marry, get married; ***sich wieder ~*** marry again, remarry; **verheiratet** *adj.* married (***mit*** to; *a. fig.*); ***ich bin doch nicht mit dir ~*** we're not married, you know; I'm not your wife (*od.* husband), you know; **Verheiratung** *f* marriage.

verheißen *v/t.* promise, (*j-m*) *a.* hold out the prospect of (*dat.* to); ***nichts Gutes ~*** augur badly; **Verheißung** *f* promise; **verheißungsvoll** *adj.*: (***wenig ~*** un-)promising, (in)auspicious.

verheizen *v/t.* **1.** (*verbrauchen*) burn, use up; (*heizen mit*) use as fuel; **2.** F *fig.* (*Soldaten*) send to the slaughter, use as cannon-fodder; (*Sportler etc.*) burn out.

verhelfen *v/i.*: ***j-m zu et.*** ~ help s.o. to get s.th.; ***j-m zu e-r Stelle*** ~ *a.* F give s.o. a leg up; ***j-m zu s-m Glück*** (***zum Erfolg***) ~ help s.o. on the road to happiness (success); ***j-m zum Sieg*** ~ help s.o. win, help s.o. (on the road) to victory.

verherrlichen *v/t.* glorify, exalt; **Verherrlichung** *f* glorification.

verhetzen *v/t.* fill with hatred; indoctrinate; poison *s.o.'s* mind; **Verhetzung** *f* indoctrination.

verheult *adj. Gesicht*: tear-stained; *Augen*: red (from crying); ~ ***aussehen*** look as if one has been crying.

verhexen *v/t.* bewitch, F jinx; **verhext** F *adj.*: ***wie*** ~ F as if it were (*od.* was) jinxed.

verhimmeln *v/t.* worship, adulate; **Verhimmelung** *f* adulation.

verhindern *v/t.* prevent; (*aufhalten*) hinder; (**es**) ~, ***daß j-d et. tut*** prevent (*od.* stop) s.o. from doing s.th.; ***wir können es nicht*** ~ there's nothing we can do about it; **verhindert** *adj.* **1.** ~ ***sein*** be unable to come *etc.* (***wegen*** due to); **2.** ~***er Maler*** *etc.* painter *etc.* manqué, (*Möchtegern...*) would-be painter *etc.*; **Verhinderung** *f* prevention.

verhohlen *adj.* hidden, concealed.

verhöhnen *v/t.* deride, mock; (*bsd. Politiker*) lampoon.

verhohnepipeln F *v/t.* F take the mickey out of.

Verhöhnung *f* derision, mockery.

verhökern *v/t.* sell off.

verholzen *v/i.* ♀ lignify.

Verhör *n* interrogation; ⚖ hearing; ***ins*** ~ ***nehmen*** cross-examine, interrogate; **verhören I.** *v/t.* interrogate, F grill; **II.** *v/refl.*: ***sich*** ~ mishear, hear wrong.

verhornt *adj. Haut*: horny.

verhüllen *v/t.* **1.** cover; **2.** *fig.* (*verschleiern*) cover up, disguise; (*Wahrheit etc.*) conceal; **verhüllend I.** *adj.*: ~***er Ausdruck*** euphemism; **II.** *adv.*: ~ ***ausgedrückt*** put euphemistically; **verhüllt** *adj.* **1.** *Statue, Gesicht etc.*: veiled; (*versteckt*) hidden, concealed; ***von Wolken*** ~ covered in cloud, hidden by cloud(s); **2.** *fig.* (*versteckt*) *Drohung etc.*: veiled, hidden; (*verschleiert*) *Ziele etc.*: veiled, disguised; **Verhüllung** *f* **1.** cover(ing); **2.** *fig.* concealment, disguising; disguise.

verhundertfachen *v/t. u. v/refl.* (***sich*** ~) increase a hundredfold, *formell*: centuple.

verhungern *v/i.* die of starvation, starve (to death); F ***ich bin am*** ♀ F I'm starving.

verhunzen F *v/t.* ruin, spoil; (*verpfuschen*) mess up, F botch (up); *sl.* bugger up.

verhüten *v/t.* prevent; **verhütend** *adj.* preventive; **Verhüterli** F *n* F rubber.

verhütten *v/t.* (*Erz*) smelt; **Verhüttung** *f* smelting.

Verhütung *f* prevention (*a.* ⚕); (*Empfängnis*♀) contraception; **Verhütungsmittel** *n* contraceptive.

verhutzelt *adj.* shrivel(l)ed(-up); *Person, Gesicht*: *a.* wizened.

verifizierbar *adj.* verifiable; **verifizieren** *v/t.* verify; **Verifizierung** *f* verification.

verinnerlichen *v/t.* internalize; (*Person*) turn *s.o.* inward; *weitS.* (*vergeistigen*) spiritualize; **verinnerlicht** *adj. Person*: inward-looking; (*vergeistigt*) spiritual; **Verinnerlichung** *f* internalization; (*Vergeistigung*) spiritualization.

verirren *v/refl.*: ***sich*** ~ get lost, lose one's way; *fig. Gedanken*: stray; ***sich in das falsche Gebäude*** *etc.* ~ *a.* F wander (off) into the wrong building *etc.*; **verirrt** *adj.* lost, *Tier*: *a.* stray; *fig.* ~***e Kugel*** stray bullet; **Verirrung** *fig. f* aberration; ***geschmackliche*** ~ *a.* lapse of taste.

verjagen *v/t. a. fig.* chase away.

verjähren *v/i.* come under the statute of limitations; **verjährt** *adj.* **1.** ⚖ statute-barred; **2.** (*sehr alt*) old; **Verjährung** *f* limitation, prescription; **Verjährungsfrist** *f* statutory period of limitation.

verjubeln F *v/t.* F blow.

verjüngen I. *v/t.* **1.** rejuvenate; *äußerlich, optisch*: make *s.o.* look younger; (*Betrieb etc.*) staff with young(er) people; **II.** *v/refl.*: ***sich*** ~ **2.** become rejuvenated; *Gesicht etc.*: become younger-looking; **3.** (*spitz zulaufen*) taper; **Verjüngung** *f* **1.** rejuvenation; **2.** (*Zuspitzung*) tapering.

Verjüngungs|kur *f* rejuvenation cure; ~**mittel** *n* rejuvenator.

verkabeln *v/t.* wire (up); *TV* cable up; ***unsere Straße wird verkabelt*** our street is going to be hooked up to cable TV; **verkabelt** *adj.*: *TV* ~ ***sein*** have (*od.* get) cable TV; **Verkabelung** *f* **1.** wiring, *TV* cabling; **2.** *weitS.* (*Kabelfernsehen*) cable TV; **Verkabelungsplan** *m* wiring diagram.

verkalken *v/i.* **1.** *Kessel etc.*: fur up; **2.** *Arterien*: harden, 🕮 calcify; **3.** F *Person*: go senile; **verkalkt** *adj.* **1.** *Kessel etc.*: furred; **2.** *Arterien*: hardened, 🕮 sclerotic; **3.** F *Person*: senile, F gaga; ***völlig*** ~ ***sein*** *a.* F have gone (completely) gaga.

verkalkulieren *v/refl.*: ***sich*** ~ miscalculate (*a. fig. et. falsch einschätzen*), F get one's sums wrong.

Verkalkung *f* **1.** *e-s Kessels etc.*: furring up; **2.** *der Arterien*: hardening (of the arteries), (arterio)sclerosis; **3.** F *im Alter*: senility; ***unter*** ~ ***leiden*** *a.* be going senile; **Verkalkungserscheinung** F *f* sign of old age (*od.* senility).

verkannt *adj.*: *iro.* ~***es Genie*** undiscovered (*od.* unrecognized) genius.

verkanten I. *v/t.* **1.** (*schräg stellen*) tilt; **2.** (*Gewehr*) cant; **3.** (*Skier*) edge; **II.** *v/i.* **4.** *Skisport*: edge over; **III.** *v/refl.*: ***sich*** ~ **5.** (*sich verklemmen*) get wedged (in); **6.** *Skier*: edge over.

verkappt *adj.* (*verborgen*) hidden; ⚕ undiagnosed; *Nazi etc.*: closet ...

verkapseln *v/refl.*: ***sich*** ~ encapsulate; ⚕ encyst; *fig.* → ***abkapseln***; **Verkapselung** *f* encapsulation; ⚕ encystment.

verkatert F *adj.* F hung-over.

Verkauf *m* **1.** sale; (*das Verkaufen*) selling; ***zum*** ~ for sale; **2.** → ***Verkaufsabteilung***; **verkaufen I.** *v/t.* **1.** sell (*a. fig. Idee etc.*); *fig.* (*j-n verraten*) sell *s.o.* (down the river); ***zu*** ~ for sale; → ***dumm***; **II.** *v/refl.*: ***sich*** ~ **2.** sell (***gut*** well; ***schlecht*** badly); F *fig. Person*: sell o.s.; F *fig.* ***sich gut*** (***schlecht***) ~ (*ankommen*) go down well (badly) (***bei*** with), be a great success (a flop) (with); F ***er kann sich hervorragend*** ~ he's an excellent showman; **3.** F (*e-n schlechten Kauf machen*) make a bad buy; ***mit dem Auto habe ich mich verkauft*** that car was a bad buy (for me).

Verkäufer *m* **1.** shop assistant, *Am.* salesclerk; **2.** ⚖ seller; **3.** F *fig.* showman; **Verkäuferin** *f* shop assistant, *höflicher*: saleslady, *Am.* salesperson; **Verkäufermarkt** *m* seller's market; **verkäuflich** *adj.* for sale; (*zum Verkauf geeignet*) sal(e)able; ***leicht*** (***schwer***) ~ easy (hard) to sell.

Verkaufs|abteilung *f* sales department; ~**artikel** *m* article for sale; *pl. a.* sales articles; ~**auftrag** *m* order to sell; ~**ausstellung** *f* sales exhibition; ~**automat** *m* vending machine; ~**bedingungen** *pl.* conditions (*od.* terms) of sale; ~**berater** *m* sales consultant; ~**büro** *n* sales office; ~**erlös** *m* proceeds *pl.*; ~**fläche** *f* selling area (*od.* space); ~**förderung** *f* sales promotion; ~**gespräch** *n*: ***das*** ~ sales talk; ~**hit** F *m*, ~**knüller** F *m* → ***Verkaufsschlager***; ~**leiter** *m* sales manager; ♀**offen** *adj.*: ~***er Samstag*** Saturday afternoon opening; all-day (Saturday) shopping; ~**personal** *n* sales staff (*mst pl. konstr.*); ~**preis** *m* selling price; ~**provision** *f* sales commission; ~**psychologie** *f* sales psychology; ~**raum** *m* salesroom; ~**rückgang** *m* drop in sales; declining sales *pl.*; ~**schlager** *m* moneyspinner, F absolute hit; ~**stand** *m* stand; *draußen*: stall; ~**ständer** *m* display stand; ~**stelle** *f* retail shop (*Am.* store); ~**taktik** *f* sales pitch; ~**wert** *m* market value; ~**ziel** *n* sales target; ~**ziffer** *f* sales figure.

Verkehr *m* **1.** (*Straßen*♀) traffic; ***dem*** ~ ***übergeben*** open to traffic; ***für den*** ~ ***gesperrt*** closed to (all) traffic; ***aus dem*** ~ ***ziehen*** (*Auto*) take off the road; **2.** (*Verbindung*) contact, dealings *pl*; (*Geschäfts*♀) business; (*brieflicher* ~) correspondence; ***aus dem*** ~ ***ziehen*** (*auslaufen lassen*) phase out, (*Geld*) withdraw from circulation; ***in*** ~ ***bringen*** issue, (*Effekten*) *a.* offer for sale, market; **3.** (*Geschlechts*♀) intercourse.

verkehren I. *v/i.* **1.** *Fahrzeug*: run; ✈ fly, operate; ~ ***zwischen*** *Boot*: *a.* ply between; ~ ***in*** *e-r Gegend*: serve *an area*; **2.** ~ ***in*** *e-m Lokal etc.*: frequent; ~ ***bei j-m*** visit s.o. regularly, be a regular visitor to (*od.* at) s.o.'s house *etc.*; ~ ***mit*** (***j-m***) associate with, *gesellschaftlich*: *a.* socialize with; ***viel mit j-m*** ~ see a great deal of s.o.; **3.** ~ ***mit*** *geschlechtlich*: have (sexual) intercourse with; **II.** *v/t.* (*Sinn etc.*) twist; ***ins Gegenteil*** ~ reverse; **III.** *v/refl.*: ***sich*** ~ change, turn (***in*** into).

Verkehrs|ablauf *m* flow of traffic; ~**ader** *f* arterial road; ~**ampel** *f* traffic lights *pl.*, *Am.* traffic light, stoplight; ~**amt** *n* tourist office; ♀**arm** *adj.* quiet; ~**aufkommen** *n* traffic volume, volume of traffic; ~**behinderung** *f* traffic obstruction; ~**en** traffic holdups (***durch Nebel*** *etc.* due to fog *etc.*); ♀**beruhigt** *adj.*: ~***e Zone*** reduced-traffic area, area with reduced traffic; ~**beruhigung** *f* traffic abatement (*od.* reduction); ~**beruhigungsmaßnahmen** *pl.* traffic calming measures; ~**betriebe** *pl. public, municipal etc.* transport (services) *sg.*, *Am.* transportation (services) *sg.*; ~**chaos** *n* chaos on the roads, traffic chaos; *an e-r bestimmten Stelle*: traffic snarl-up; ~**delikt** *n* traffic offen|ce (*Am.* -se); ~**dichte** *f* traffic density; ~**durchsage** *f* traffic announcement; ~**erziehung** *f* road safety education; ~**flugzeug** *n* airliner, commercial aircraft; ~**fluß** *m* traffic flow; **Ꙭfrei** *adj.*: **~e Zone** traffic-free area, area closed to traffic, pedestrian zone; **~funk** *m* travel news (*sg.*); information for motorists; **~gefährdung** *f* **1.** endangerment of traffic; **2.** (*Gefahr*) traffic hazard, hazard on the road(s); **Ꙭgünstig** *adv.*: **~ gelegen** very convenient as far as public transport(ation *Am.*) goes; **~hindernis** *n* traffic obstruction; **~infarkt** *m* gridlock (*a.* **der ~**), complete breakdown of traffic; **~insel** *f* traffic island, central refuge; **~knotenpunkt** *m* junction; **~kontrolle** *f* vehicle spot-check; **~lage** *f* situation on the roads; **~lärm** *m* traffic noise; **~meldung** *f* traffic announcement (*od.* flash); *pl.* traffic report *sg.*, travel news *sg.*; **~minister** *m* minister of transport(ation *Am.*), *in GB*: Transport Secretary, Secretary of State for Transport; *in den USA*: Secretary of Transportation; **~ministerium** *n* ministry of transport; *in GB*: Department of Transport (*in den USA*: Transportation); **~mittel** *n* (means of) transportation; (*Fahrzeug*) vehicle; **öffentliches ~** public conveyance, *pl.* public transport(ation *Am.*) *sg.*; **~netz** *n* traffic system; road and rail networks *pl.*; **~opfer** *n* road casualty; **über 3000 ~** *a.* over 3,000 road deaths (*od.* deaths on the road, deaths caused by traffic accidents); **~ordnung** *f* traffic regulations *pl.*; **~planung** *f* traffic planning; **~polizei** *f* traffic police; **~polizist** *m* traffic policeman; **~regel** *f* traffic regulation; **~regelung** *f* traffic control; **Ꙭreich** *adj.* busy; **~schild** *n* road sign; **Ꙭschwach** *adj.*: **~e Zeit** slack period; **Ꙭsicher** *adj. Fahrzeug*: roadworthy; **~sicherheit** *f* **1.** road safety; **2.** *e-s Fahrzeugs*: roadworthiness; **~sprache** *f* lingua franca; **Ꙭstark** *adj.*: **~e Zeit** rush hour; **~stau** *m* traffic jam, (traffic) holdup, bottleneck, *a. pl.* congestion; **~stauung** *f* congestion; *pl.* congestion *sg.* (on the roads); **~steuer** *f* † transfer tax; **~stockung** *f*, **~störung** *f* traffic holdup; *pl. a.* traffic delays, delays in traffic; **~straße** *f* (public) thoroughfare; road open to traffic; **~streife** *f* traffic patrol; **~strom** *m* flow of traffic, traffic flow; **~sünder** *m* traffic offender; **~sünderkartei** *f* (central) index of traffic offenders; **Ꙭtauglich** *adj.* roadworthy; **~tauglichkeit** *f* roadworthiness; **~teilnehmer** *m* road user; **~tote(r** *m*) *f* road casualty; → ***Verkehrsopfer***; **Ꙭtüchtig** *adj.* **1.** *Auto*: roadworthy; **2.** *Person*: fit to drive; **~tüchtigkeit** *f* **1.** roadworthiness; **2.** *e-r Person*: fitness to drive; **~unfall** *m* traffic accident; **~unterricht** *m* **1.** *Schule*: road-safety classes *pl.*; **2.** road sense classes *pl.* (for convicted traffic offenders); **~verbindung** *f* (road *od.* rail) link; **es gibt keine ~ zu dem Gebiet** there are no road or rail links to the area; **~verbund** *m* (integrated) public transport system; **~verein** *m* tourist office; **~vorschrift** *f* traffic regulation; **~wacht** *f* road safety association; **~wert** *m* market value; **~wesen** *n* transportation; *öffentliches*: public transport(ation *Am.*); *mit Nachrichtensystem*: transport and communications *pl.*; **Ꙭwidrig** *adj.* contrary to (*adv.* in violation of) the traffic regulations; **~widrigkeit** *f* traffic offen|ce (*Am.* -se); **~zählung** *f* traffic census; **~zeichen** *n* road sign.

verkehrt *adj. u. adv.* (*falsch*) wrong, *adv. a.* wrongly, the wrong way; **~ herum** the wrong way round, (*auf den Kopf gestellt*) *a.* upside down, (*Vorderteil nach hinten*) back to front, (*Innenseite nach außen*) inside out; F **das ist gar nicht ~** that's not such a bad idea at all; F **an den Ꙭen kommen** pick the wrong person; **etwas Ꙭes sagen** say something wrong; **et. ~ machen** do s.th. wrong; **et. ~ anpacken** go about s.th. the wrong way; **~ fahren** take the wrong road (*od.* turning); **wir sind hier ~** we're in (*od.* we've come to) the wrong place; F **~ liegen** be wrong, be mistaken; **Verkehrtheit** *f* wrongness.

Verkehrung *f* reversal; (*falsche Darstellung*) distortion, twisting; **~ ins Gegenteil** complete reversal.

verkeilen I. *v/t.* wedge tight; **II.** *v/refl.*: **sich ~** get stuck (*od.* jammed); **sich ineinander ~** 🚗 *etc.* plough (*Am.* plow) into each other.

verkennen *v/t.* misjudge; (*unterschätzen*) underestimate; (*nicht recht würdigen*) fail to appreciate; **nicht zu ~** unmistakable; → ***verkannt***; **Verkennung** *f* misjudg(e)ment; underestimation; **in (völliger) ~ der Tatsachen** *etc.* in (complete) misapprehension of the facts *etc.*

verketten I. *v/t.* chain up; (*zusammenfügen*) link (*a. fig.*); *ling.*, *Computer*: concatenate; **II.** *v/refl.*: **sich ~** *Moleküle etc.*: form a chain (*od.* chains); *fig. Umstände*: interlock; **Verkettung** *f ling.*, *Computer*: concatenation; *fig. von Umständen*: concatenation *of events*.

verketzern *v/t.* brand, condemn; **Verketzerung** *f* branding, condemnation.

verkitschen *v/t.* **1.** kitschify; **2.** F (*verkaufen*) sell (off), turn into cash; **verkitscht** *adj.* kitschy.

verkitten *v/t.* cement (*a. fig.*), seal; (*Fenster*) putty.

verklagen *v/t.* ⚖ sue (**auf, wegen** for), take *s.o.* to court (for).

verklammern I. *v/t.* clip together; △, ⚙ *etc.* brace together; *fig.* lock together, interlock; **II.** *v/refl.*: **sich (ineinander) ~** lock together, interlock; **verklammert** *adj.*: **ineinander ~** locked together, interlocked; **Verklammerung** *f* **1.** clipping (*od.* bracing, locking) together; *bsd. fig.* interlocking. **2.** *konkret*: clips *pl.*, braces *pl.*

verklappen *v/t.* dump (into the sea); **Verklappung** *f* (ocean) dumping, dumping (of) waste into the sea.

verklaren F *v/t.* explain.

verklären *fig.* **I.** *v/t.* transfigure; **II.** *v/refl.*: **sich ~** be(come) transfigured; *Vergangenheit*: become idealized; **verklärt** *adj.* transfigured; *Ausdruck*: beatific; **Verklärung** *f* transfiguration.

verklauseln, **verklausulieren** *v/t.* hedge in by clauses; *fig.* express in a roundabout way.

verkleben I. *v/t.* cover, stick s.th. over *s.th.*; ⚕ (*Wunde*) cover; **II.** *v/i. u. v/refl.* (**sich ~**) (*sich schließen*) close (up); (*klebrig werden*) get sticky; (*verklumpen*) clot; (*zusammenkleben*) stick together; **verklebt** *adj. Augen etc.*: sticky; *Haare*: matted.

verkleckern F *v/t.* **1.** (*verschütten*) spill; *fig.* (*Zeit, Geld etc.*) fritter away, (*vergeuden*) waste; **2.** (*bekleckern*) spatter.

verkleiden I. *v/t.* **1.** dress *s.o.* up (**als** as); (*tarnen*) disguise; **2.** ⚙ *etc.* (*abdecken*) cover; *innen*: line; *außen*: (en)case; (*vertäfeln*) panel; △ face; **II.** *v/refl.*: **sich ~** dress up (**als** as); (*sich tarnen*) put on a disguise; **Verkleidung** *f* **1.** fancy dress; disguise; **2.** covering; lining; facing; panel(l)ing; → ***verkleiden*** 2.

verkleinern I. *v/t.* reduce (in size), make *s.th.* smaller; (*Zeichnung*) scale down (*a. Betrieb etc.*); *fig.* (*schmälern*) belittle; **II.** *v/refl.*: **sich ~** get (*od.* grow) smaller; **verkleinert** *adj.* reduced (in size); **im ~en Maßstab** on a smaller scale; **Verkleinerung** *f* **1.** reduction (in size); *e-r Zeichnung*, *a. e-s Betriebs etc.*: scaling down; **2.** *fig.* belittling, belittlement; **Verkleinerungsform** *f* diminutive; **Verkleinerungsmaßstab** *m* scale (of reduction).

verklemmen *v/refl.*: **sich ~** get stuck; **verklemmt** *adj. psych.* inhibited; **Verklemmung** *f* inhibition.

verklickern F *v/t.*: **j-m et. ~** put s.o. straight on s.th., put s.o. in the picture about s.th.; **j-m ~, wie** let s.o. know how.

verklingen *v/i.* die away (*a. fig.*).

verknacken F *v/t.* (*verurteilen*) sentence (**zu** to); **j-n zu e-r Geldstrafe ~** F slap a fine on s.o.; **j-n zu drei Jahren ~** F put s.o. inside (*od.* in clink) for three years; **verknackt werden wegen** F be done for.

verknacksen F *v/t.*: **sich den Fuß ~** sprain one's ankle.

verknallen F **I.** *v/refl.*: **sich in j-n ~** F fall for s.o., go a bundle on s.o., go soft on s.o.; **er hat sich** (*od.* **er ist**) **in sie verknallt** *a.* F he's head over heels in love with her; **II.** *v/t.* (*Feuerwerk*) let off.

verknappen I. *v/refl.*: **sich ~** run short, become scarce; **II.** *v/t.* cut down the supply of; **Verknappung** *f* shortage, scarcity.

verknautschen F *v/t.* crumple (up).

verkneifen F *v/t.* **1. er konnte sich das Lachen nicht ~** he couldn't help laughing, he couldn't keep a straight face; **ich konnte mir die Bemerkung nicht (kaum) ~** I couldn't resist saying it, I just had to come out with it (I was biting my lips not to say it); **2. sich et. ~** do without s.th.; **verkniffen** *adj. Mund, Gesicht*: pinched.

verknöchern *v/i.* ossify (*a. fig.*); **verknöchert** *adj.*: **~er Kerl** old fossil; **Verknöcherung** *f* ossification.

verknorpeln *v/i.* become cartilaginous; **Verknorpelung** *f* chondrification.

verknoten *v/t.* (*Taschentuch*) tie a knot in; (*Schal*) tie.

verknüpfen *v/t.* tie together; *fig.* link; (*kombinieren*) combine; **verknüpft** *fig. adj.*: **~ mit** *Kosten etc.*: tied up with; **eng ~ sein mit** be bound up with, *Person*: have close ties with; **Verknüpfung** *fig. f* **1.** linking (**mit** up with); **2.** tie(s *pl.*), link(s *pl.*); connection.

verknusen F *v/t.*: **ich kann ihn (es) nicht ~** I can't take (*od.* stomach) him (it).

verkochen *v/i.* boil away; *Kartoffeln etc.*: overboil; **zu Brei ~** *contp.* boil down into a mush.

verkohlen *v/t.* **1.** char (*a. v/i.*); ⚗ carbonize; **2.** F (*zum besten haben*) F have s.o. on.

verkoken *v/t.* coke.

verkommen I. *v/i.* **1.** *Haus, Betrieb etc.*: go to rack and ruin, F go to the dogs;

Garten: run wild; **2.** *Person*: go to seed, *moralisch*: sink (very) low; **3.** *Lebensmittel*: go bad, *weitS.* go to waste; **II.** *adj. Person*: seedy, *moralisch*: depraved; *Gebäude*: dilapidated; *Gegend, Betrieb etc.*: run-down; *Garten*: overgrown, wild; ***der Garten ist völlig ~ a.*** the garden is a wilderness; **Verkommenheit** *f* seediness; depravity; dilapidated state; run-down condition; wildness; → ***verkommen*** II.

verkomplizieren *v/t.* complicate, make *s.th.* more complicated than it is; ***warum mußt du immer alles ~?*** *a.* why do you always have to complicate matters?

verkonsumieren F *v/t.* F put away.

verkorken *v/t.* cork (up).

verkorksen F *v/t.* F make a hash of, bungle; **verkorkst** F *adj. Magen*: upset; *Mensch*: F screwed up; ***~e Angelegenheit*** mess.

verkörpern *v/t.* **1.** embody; typify; **2.** *thea.* play; **verkörpert** *adj.*: ***die ~e Tugend*** *etc.* virtue *etc.* personified (*od.* in person), the embodiment (*od.* personification) of virtue *etc.*; **Verkörperung** *f* embodiment; typification.

verköstigen *v/t.* feed; **Verköstigung** *f* **1.** food; **2.** feeding.

verkrachen F *v/refl.*: ***sich ~*** fall out (with each other); **verkracht** F *adj.* (*zerstritten*) at daggers drawn; (*gescheitert*) failed; ***~e Existenz*** (human) wreck.

verkraften *v/t.* (*ertragen*) take; (*bewältigen*) cope with, handle; (*Trauma etc.*) *a.* come to terms with; ***ich verkrafte es nicht mehr*** I can't cope (with it) *od.* take it any longer.

verkrallen *v/refl.*: ***sich ~ in et.*** *Tier*: dig its claws into s.th.; *Mensch*: dig one's fingers (*od.* nails) into s.th., *weitS.* (*sich klammern an*) clutch at s.th.

verkrampfen *v/refl.*: ***sich ~*** *Muskeln*: cramp, get cramp; *Hände*: clench (tightly); *Person*: tense up, *stärker*: seize up; **verkrampft** *adj. Muskeln*: cramped; *Person*: tensed up, tense, *fig. innerlich*: *a.* uptight; *fig. Lachen*: forced, artificial; **Verkrampfung** *f* (*Krampf*) cramp(s *pl.*); (*Verspanntheit*) tenseness, (*Spannung*) tension; (*Kontraktion*) contraction, *stärker*: spasm; *fig. innere*: inner tension, uptightness.

verkratzen *v/t.* scratch, scrape; **verkratzt** *adj.* scratched; ***völlig ~*** scratched all over.

verkriechen *v/refl.*: ***sich ~*** creep (*od.* crawl, *verängstigt*: slink) away; *fig. heimlich*: sneak away; (*sich verstecken*) go into hiding, *Sonne*: hide; *fig.* ***sich ins Bett ~*** crawl into bed; ***sich in s-e Arbeit ~*** immerse o.s. in work.

verkrümeln F *v/refl.*: ***sich ~*** (*davonschleichen*) F make o.s. scarce, sneak off.

verkrümmen **I.** *v/t.* bend, curve, twist; **II.** *v/refl.*: ***sich ~*** bend, curve, become distorted (*od.* twisted); *Holz*: warp; **verkrümmt** *adj.* bent, curved (*a. Wirbelsäule*), twisted; **Verkrümmung** *f* distortion; (*Verwerfung*) warp; (*Verdrehung*) twist; (*Biegung*) bend; ***~ der Wirbelsäule*** curvature of the spine.

verkrüppeln **I.** *v/t.* cripple; **II.** *v/i.* become crippled, *Baum*: become stunted; **Verkrüppelung** *f* (*Mißbildung*) deformation, deformity.

verkrusten *v/i. u. v/refl.* (***sich ~***) crust, become encrusted; *Schürfwunde*: scab; ***von Schmutz verkrustet*** caked with dirt (*od.* mud); **Verkrustung** *f konkret*: encrustation.

verkühlen *v/refl.*: ***sich ~*** catch (a) cold; **Verkühlung** *dial. f* cold.

verkümmern *v/i. im Wachstum*: become stunted; *Muskeln etc.*: atrophy; *Pflanze, a. Talent*: wither, wilt; *Mensch*: languish.

verkünd(ig)en *v/t.* announce; *feierlich*: proclaim; (*Gesetz etc.*) promulgate; (*Urteil*) pronounce; (*Evangelium*) preach (*od.* spread) *the gospel*; (*weissagen*) prophesy; *fig.* herald *a new epoch etc.*; **Verkünd(ig)er** *m des Evangeliums*: preacher; *fig. e-r Botschaft etc.*: herald, harbinger; **Verkünd(ig)ung** *f* announcement; proclamation; promulgation; pronouncement; preaching, spreading; prophecy; heralding.

verkünstelt *adj.* oversophisticated, over-elaborate.

verkupfern *v/t.* copper-plate; **Verkupferung** *f* copper-plating.

verkuppeln *v/t.*: ***j-n an j-n ~*** marry s.o. off to s.o.

verkürzen **I.** *v/t.* shorten; (*beschränken*) curtail, cut; (*reduzieren*) reduce; ***sich die Zeit ~*** while away the (*od.* one's) time; ***~ auf*** *Sport*: shorten to; **II.** *v/refl.*: ***sich ~*** become shorter; shorten; **verkürzt** *adj.* shortened; reduced; ***~e Form*** short form; ***~e Ausgabe*** abridged (*od.* shortened) edition; ***~e Lebenserwartung*** shortened lifespan; ***~e Arbeitszeit*** short time; ***~ erscheinen*** *optisch*: appear foreshortened; **Verkürzung** *f* shortening; curtailment; reduction; → ***verkürzen.***

verlachen *v/t.* laugh at, scoff at.

Verladebahnhof *m* loading station; **Verladekran** *m* loading crane; **verladen** *v/t.* **1.** load (***auf*** onto; ***in*** into); **2.** F (*verschaukeln*) sell *s.o.* (down the river), (*sitzenlassen*) leave *s.o.* in the lurch; **Verlader** *m* ✝ carrier, shipping agent(s *pl.*); (*Arbeiter*) loader; **Verladerampe** *f* loading platform; **Verladung** *f* loading.

Verlag *m* publishing house (*od.* company), publisher(s *pl.*), publisher's; (***erschienen***) ***im ~ von*** published by; ***in ~ nehmen*** publish; ***in*** (*od.* ***bei***) ***e-m ~ arbeiten*** work for a publisher's *etc.*, work (*od.* be) in publishing.

verlagern **I.** *v/t.* **1.** (*Gewicht, a. fig. Interesse, Schwerpunkt etc.*) shift; **2.** (*verlegen*) transfer, move (***nach*** to); **II.** *v/refl.*: ***sich ~*** *a. fig.* shift; **Verlagerung** *f* shift (-ing); transfer, removal.

Verlags|anstalt *f* publishing house (*od.* company); **~buchhandel** *m* publishing trade; **~buchhändler** *m* publisher; **~buchhandlung** *f* publishing house; **~haus** *n* → ***Verlag***; **~katalog** *m* (publisher's) catalog(ue), publications list; **~leiter** *m* (managing) director of a publishing house; **~programm** *n* publisher's list; **~redakteur** *m* publishing editor; **~verzeichnis** *n* (publisher's) backlist; **~wesen** *n* publishing.

verlangen **I.** *v/t.* (*fordern*) demand; (*Anspruch erheben auf*) claim; (*wünschen*) desire, want, (*fragen nach*) ask for; (*berechnen*) want, ask for, *im Geschäft*: charge; (*erfordern*) require, call for; ***viel ~*** *an Leistungen*: be very demanding, *Person*: *a.* be hard to please; ***die Rechnung ~*** ask for the bill (*Am. im Restaurant*: check); ***das ist zuviel verlangt*** that's asking (a bit) too much, *stärker*: that's a tall order; ***das ist doch nicht zuviel verlangt, oder?*** that's not asking too much, is it?, that's not an unreasonable demand, is it?; ***mehr kann man nicht ~*** you can't ask for more; ***Sie werden am Telefon verlangt*** you're wanted on the phone; ***Rechenschaft ~*** demand an explanation; **II.** *v/i.*: ***~ nach*** ask for; (*j-m*) *a.* ask to see; (*sich sehnen nach*) long for; **III.** ♀ *n* desire; *heftiges*: craving, (*Sehnsucht*) longing (*alle* ***nach*** for); (*Forderung*) demand; ***auf ~*** by request, ✝ on demand; ***auf ~ von*** at the request of; ***kein ~ haben zu*** *inf.* feel no desire (*od.* urge) to *inf.*; *j-n od. et.* ***voll ~ ansehen*** *etc.* look at *etc.* longingly (*od.* with great longing).

verlängern **I.** *v/t. räumlich*: lengthen; (*Straße etc.*) *a.* extend; *zeitlich*: prolong, (*a. Kredit, Patent, Spielzeit*) extend (*alle* ***um*** by); (*Wechsel, Vertrag*) renew; (*Soße etc., verdünnen*) stretch; 🎬 produce; *Sport*: ***den Ball ~*** help the ball on; **II.** *v/refl.*: ***sich ~*** be extended; **verlängert** *adj.* extended; ***~es Wochenende*** long weekend, *mit Feiertag*: *a.* bank holiday weekend; **Verlängerung** *f* lengthening; prolongation, extension; renewal; → ***verlängern***; 🎬 production; *Sport*: (*Spiel*♀) extra time; (*Ball*♀) pass.

Verlängerungs|kabel *n*, **~schnur** *f* ⚡ extension lead (*od.* cord); **~stück** *n* extension; **~woche** *f Urlaub*: extra week.

verlangsamen **I.** *v/t.* slow down; (*Geschwindigkeit*) *a.* reduce *speed*; (*verzögern*) slow down, retard; **II.** *v/refl.*: ***sich ~*** slow down, *Auto etc.*: *a.* lose speed; **Verlangsamung** *f* slowing down; reduction *in speed*; (*Verzögerung*) slowing down, retardation.

verläppern F *v/t.* (*Geld, Zeit etc.*) fritter away.

Verlaß *m*: ***es ist kein ~ auf ihn*** you can't rely on him.

verlassen[1] **I.** *v/t.* leave; (*im Stich lassen*) *a.* desert; *Mut, Selbstvertrauen etc.*: desert, fail *s.o.*; ***das Bett ~*** *nach Krankheit*: get out of bed, get up again; ***s-e Kräfte verließen ihn*** his strength failed him, *plötzlich*: *a.* his energy drained from him; F ***da verließen sie ihn*** at that point he dried up; **II.** *v/refl.*: ***sich ~ auf*** rely (*od.* depend, count) on; ***Sie können sich darauf ~*** you can count on it, ***daß:*** *a.* you can rest assured that; ***auf ihn*** (***sein Wort***) ***kann man sich ~*** he's as good as his word; F ***verlaß dich drauf!*** take my word for it.

verlassen[2] *adj.* **1.** *Person*: abandoned, *lit.* forsaken (***von*** by); ***~ aufgefunden werden*** *Auto etc.*: be found abandoned; **2.** *Gegend etc.*: deserted (*a. Haus etc.*), desolate; bleak.

Verlassen *n*: ⚖ ***böswilliges ~*** wil(l)ful abandonment.

Verlassenheit *f* **1.** (*Vereinsamung*) loneliness; forlornness; **2.** (*Öde*) bleakness.

verläßlich *adj.* reliable, dependable; **Verläßlichkeit** *f* reliability, dependability.

Verlaub *m*: ***mit ~*** a) (*a.* ***mit ~ zu sagen***) with all due respect, if you'll forgive me for saying this, b) *obs.* by your leave.

Verlauf *m der Zeit, e-s Vorgangs etc.*: course; ***der ~ e-r Sache*** *a.* the way s.th. goes (*od.* develops); ***das kommt auf den ~ ...*** (*gen.*) ***an*** that depends on how (*od.* on the way) ... goes (*od.* develops), that depends on which course ... takes; ***den***

weiteren ~ abwarten wait and see how things go (*od.* develop); ***im ~*** *gen.* (*od.* ***von***) in the course of; ***nach ~ von*** after (a lapse of); ***e-n schlimmen ~ nehmen*** take a bad course; **verlaufen I.** *v/i.* **1.** *Vorgang*: take a ... course, proceed, go; ***normal ~*** take a normal course; **2.** *Grenze, Weg etc.*: run, pass (**entlang** along); **3.** *Farben etc.*: run; *Butter etc.*: *a.* melt; **II.** *v/refl.*: ***sich ~*** **4.** (*sich verirren*) lose one's way, get lost; **5.** *Menge*: scatter; → ***Sand.***

verlaust *adj.* full of lice, louse-ridden.

verlautbaren I. *v/t.* make known, announce; **II.** *v/i.* → ***verlauten***; **Verlautbarung** *f* (*Bekanntmachung*) announcement; (*Bericht*) report; (*Presse*~) (press) release; **verlauten** *v/i.* be reported, be disclosed, be released; ***~ lassen*** give to understand, (be heard to) say, (*andeuten*) hint; ***nichts davon ~ lassen*** not to say a word about it; ***wie verlautet*** as reported.

verleben *v/t.* **1.** (*Zeit*) spend; ***schöne Tage ~*** have a good time; **2.** (*verbrauchen*) use up, (*Geld*) *a.* spend.

verlebendigen *v/t.* **1.** (*Stück Geschichte etc.*) bring to life; **2.** (*Bericht etc.*) liven up.

verlebt *adj.* dissipated, burnt-out ..., *pred.* burnt out.

verlegen¹ I. *v/t.* **1.** *räumlich*: move, transfer (*a. Truppen, Schauplatz*) (*beide* **nach** to); *phys.* (*Schwerpunkt*) shift; ***s-n Wohnsitz ~*** move (house); **2.** *zeitlich*: put off (***auf*** to, until, till), postpone (to); **3.** (*Kabel, Rohre etc.*) lay; (*Fliesen etc.*) *a.* put down; **4.** (*Buch*) publish; **5.** (*et.*) mislay; **II.** *v/refl.* **6.** ***ich muß mich ~ haben*** *im Bett*: I must have been lying funny; **7.** ***sich ~ auf*** (*e-e Tätigkeit*) take to *ger.*; (*aufs Bitten, Leugnen etc.*) resort to.

verlegen² I. *adj.* embarrassed; (***nie***) ***~ um*** (*e-e Antwort, Ausrede*) (never) at a loss for; ***er ist nie um e-e Antwort ~*** *a.* he's always got an answer (at the) ready; ***um Geld ~*** short of money; ***~ machen*** embarrass; **II.** *adv.* embarrassedly; (*voll Verlegenheit*) in embarrassment; ***~ lächeln*** give an embarrassed smile; **Verlegenheit** *f* **1.** embarrassment; ***vor ~*** *schweigen etc.*: out of embarrassment; ***in ~ bringen*** embarrass, *durch unerwartete Frage etc.*: put *s.o.* on the spot; ***in ~ kommen*** get embarrassed; **2.** (*Klemme*) difficult spot; (*mißliche Lage*) predicament; ***in ~ sein*** be in a bit of a spot, be in a difficult spot, *finanziell*: be a bit short (F hard up); ***j-m aus der ~ helfen*** help s.o. out (of a spot); ***in ~ kommen*** run into difficulties; ***in die ~ kommen, et. tun zu müssen*** find o.s. compelled to do s.th.

Verlegenheits|lösung *f* makeshift (*od.* compromise) solution; ***~pause*** *f*: ***e-e ~ machen*** be at a loss for words (*od.* as to what to say, as to how to react).

Verleger *m* publisher.

Verlegung *f* moving, transfer(ral), shifting (***nach*** to); postponement (to); → ***verlegen¹*** 1, 2.

verleiden *v/t.*: ***j-m et. ~*** spoil s.th. for s.o., (*abschrecken*) put s.o. off s.th.; ***es war ihm verleidet*** he had had enough of it.

Verleih *m* hire (*od.* rental) company; rental shop; *Film*: distribution, (*Gesellschaft*) distributors *pl.*; **verleihen** *v/t.* **1.** lend (out), *bsd. Am. a.* loan (out); *gegen Miete*: hire (*Am.* rent) out; **2.** (*Titel etc.*) confer (*dat.* on *s.o.*); (*Privileg, Recht etc.*) grant (to); (*Auszeichnung, Preis*) award (to); **3.** *fig.* ***j-m*** (***e-r Sache***) ***et. ~*** (*Eigenschaft, Reiz etc.*) give *od.* lend s.o. (s.th.) s.th.; → ***Ausdruck*** 1, ***Kraft*** 1; **Verleiher** *m* lender; *Brit.* hirer; *Film*: distributor; **Verleihung** *f* lending, hiring, *Am.* rental; conferment; awarding; → ***verleihen.***

verleimen *v/t.* glue (together).

verleiten *v/t.* lead astray; tempt (**zu** into *crime etc.*); seduce (**zu tun** into doing); ***j-n zu et. ~*** (*überreden*) *a.* talk s.o. into doing s.th.; ***sich ~ lassen*** (allow o.s. to) be tempted *etc.* (***et. zu tun*** into doing s.th.), succumb (to the temptation); ***dies verleitete mich zu der Annahme*** this led me to believe.

verlernen *v/t.* forget; ***das Lachen*** *etc.* ***~*** forget how to laugh *etc.*

verlesen¹ I. *v/t.* **1.** (*Namen etc.*) read out; **2.** (*Gemüse etc.*) clean; **II.** *v/refl.*: ***sich ~*** misread (it), read it wrong; ***sich bei et. ~*** misread s.th.

verlesen² *adj.* hand-picked.

verletzbar *adj. a. fig.* vulnerable; (*leicht gekränkt*) (over)sensitive, touchy; **Verletzbarkeit** *f a. fig.* vulnerability; (*Empfindlichkeit*) oversensitiveness.

verletzen I. *v/t.* **1.** hurt, injure; (*verwunden*) *bsd. a.* ⚔ wound; ***sich am Arm*** *etc.* ***~*** hurt (*od.* injure) one's arm *etc.*; ***Personen wurden dabei nicht verletzt*** there were no casualties; **2.** *fig.* (*j-n*) hurt; (*Gefühle*) *a.* wound; (*kränken*) *a.* offend; **3.** (*Gesetz, Eid, Recht etc.*) violate; (*Anstand, Vorschrift etc.*) offend against; ***s-e Pflicht ~*** neglect one's duty; **II.** *v/refl.* **4.** ***sich ~*** hurt (*od.* injure) o.s.; **verletzend** *adj.* hurtful; (*beleidigend*) offensive; cutting *remark*.

verletzlich *adj.* → ***verletzbar***; **Verletzlichkeit** *f* → ***Verletzbarkeit.***

Verletzte(r *m*) *f* injured person, casualty; ***die Verletzten*** the injured (*pl.*); **Verletzung** *f* **1.** (*Wunde*) injury; ***sie kam mit leichten ~en davon*** she wasn't seriously hurt; **2.** infringement, *e-s Rechts*: *a.* violation; *der Pflicht, e-s Vertrags etc.*: breach; ***~ der Privatsphäre*** invasion (*od.* intrusion) of privacy; ***~ des Luftraums*** violation of airspace; **Verletzungsgefahr** *f* risk of injury.

verleugnen *v/t.* (*ableugnen, a. Herkunft, Grundsätze etc.*) deny; (*Freund, Kind etc.*) disown; ***sich ~ lassen*** not to be at home (***vor*** *j-m*: to); ***es läßt sich nicht ~, daß*** there's no denying that; **Verleugnung** *f* denial, *formell*: disavowal; *e-r Person*: disowning, disownment.

verleumden *v/t.* slander, *formell*: calumniate; *schriftlich*: libel; **Verleumder** *m* slanderer; libel(l)er; **verleumderisch** *adj.* slanderous, *formell*: calumnious; *schriftlich*: libel(l)ous; **Verleumdung** *f* slander, *formell*: calumny; *bsd.* ⚖ defamation; *schriftliche*: libel; **Verleumdungskampagne** *f* smear campaign; **Verleumdungsklage** *f* action for slander (*od.* libel).

verlieben *v/refl.*: ***sich ~*** fall in love (***in*** with) (*a. weitS.*); **verliebt** *adj.* in love (***in*** with); *Blicke etc.*: amorous; ***hoffnungslos ~*** *a.* F smitten; → ***Ohr***; **Verliebtheit** *f* (state of) being in love (***in*** with); *übertriebene*: infatuation (with); *weitS.* love (for).

verlieren I. *v/t.* lose (***an*** to); (*Blätter, Haar*) *a.* shed; ***zu ~ haben*** stand to lose; ***kein Wort darüber ~*** not to say a word about it; ***du hast hier nichts verloren*** you've got no business being here; → ***Auge*** 1, ***Geduld, Mut, Nerv*** *etc.*; → *a.* ***verloren***; **II.** *v/refl.*: ***sich ~*** *einander*: lose each other; *fig.* (*kaum bemerkbar sein*) *Ton etc.*: be lost; *Pfad, Spur etc.*: lose itself, disappear; (*vergehen, verschwinden*) disappear; *Menge*: disperse; *Wirkung, Intensität, Emotion etc.*: wear off; ***sich in Gedanken*** (***Träumen*** *etc.*) ***~*** be lost in thought (reverie *etc.*); **III.** *v/i.* lose (***gegen*** to); *fig.* ***er*** (***es***) ***hat sehr verloren*** he (it) isn't what he (it) used to be; ***an Wirkung*** (***Reiz*** *etc.*) ***~*** lose some of its effect (its *od.* one's charm *etc.*); ***an Wert ~*** lose some of its (*od.* go down in) value; *der Roman etc.* ***verliert sehr in der Übersetzung*** loses a lot in translation.

Verlierer *m* loser; ***guter*** (***schlechter***) ***~*** good (bad) loser; ***~seite*** *f*: ***auf der ~ sein*** be on the losing side.

Verlies *n* dungeon.

verloben *v/refl.*: ***sich ~*** get engaged; **Verlöbnis** *n* engagement; **verlobt** *adj.* engaged; ***fest ~*** *a.* engaged to be married; **Verlobte(r** *m*) *f* fiancé(e *f*); ***die Verlobten*** the engaged couple; **Verlobung** *f* engagement; **Verlobungsfeier** *f* engagement party; **Verlobungsring** *m* engagement ring.

verlocken *v/t.* entice, tempt, (*verführen*) *a.* seduce (***zu tun*** into doing); ***zum Kauf ~*** tempt people into buying; ***es verlockt zum Kauf*** it's tempting (*od.* it tempts one) to buy; **verlockend** *adj.* tempting, enticing, alluring; **Verlockung** *f* (*Reiz*) lure, enticement; (*Versuchung*) temptation.

verlogen *adj.* lying ..., *formell*: mendacious; (*verfälscht*) false; *Moral etc.*: hypocritical; ***~ sein*** be a liar; ***~er Kerl*** (damned) liar; **Verlogenheit** *f* lying; falseness; hypocrisy.

verloren *adj.* lost (*a. fig.*); (*einsam, hilflos*) forlorn; ***~e Eier*** poached eggs; ***~es Spiel*** losing game; ***auf ~em Posten stehen*** be fighting a losing battle; *bibl.* ***der ~e Sohn*** the Prodigal Son; ***j-n*** (***et.***) ***~ geben*** give s.o. (s.th.) up for lost; ***sich ~ geben*** give up; ***in den Anblick e-r Sache ~*** lost in contemplation of s.th.; ***es ist noch nicht alles ~*** there's hope yet, *bsd. iro.* all is not lost; ***das ist bei ihm ~*** *Humor etc.*: it's lost on him; **verlorengehen** *v/i.* get lost; *fig.* ***~ in e-m*** *zu großen Anzug etc.*: be swamped by; ***an ihm ist ein Schauspieler verlorengegangen*** he would have made a good actor; **Verlorenheit** *f* (*Verlassenheit*) forlornness.

verlöschen *v/i.* **1.** *Brennendes*: go out; **2.** *fig.* (*vergehen*) die; (*schwinden*) fade (away).

verlosen *v/t.* draw lots for; *in e-r Tombola*: raffle (off); **Verlosung** *f* drawing of lots; (*Lotterie*) raffle.

verlöten *v/t.* solder up (*od.* together).

verlottern *v/i.* go to rack and ruin, *Person, äußerlich*: go to seed; **verlottert** *adj.* → ***verwahrlost.***

Verlust *m* loss (***an*** of); (*Todesfall*) *a.* bereavement; (***hohe***) ***~e*** (heavy) losses, ⚔ *a.* casualties; ***mit ~*** *verkaufen etc.*: at a loss; ***mit ~ arbeiten*** *Betrieb*: run at a loss; → ***erleiden, Rücksicht*** *etc.*; ***~anzeige*** *f* notice of (a) loss; ***~ausgleich*** *m* loss compensation; ***~betrieb*** *m* loss-maker, loss-making concern, losing

business; **≈bringend** *adj.* losing *business, deal etc.*, loss-making; **~geschäft** *n* **1.** losing deal, loss; **2.** → ***Verlustbetrieb.***
verlustieren *v/refl.*: **sich ~** amuse o.s.
verlustig *adv.*: ***e-r Sache ~ gehen*** forfeit s.th., lose s.th.
Verlust|konto *n* deficit account; **~liste** *f* ⚔ list of casualties; **~meldung** *f* report of loss; ⚔ casualty report; **≈reich** *adj.* involving heavy losses; **~vortrag** *m* ☤, ⚖ loss carried forward.
vermachen *v/t.*: ***j-m et. ~*** leave s.o. s.th., ⚖ bequeath s.th. to s.o.; **Vermächtnis** *n* (*Testament*) will; (*das Vermachte*) bequest; *fig.* legacy.
vermählen I. *v/refl.*: ***sich ~*** get married (***mit*** to); *fig.* unite; **II.** *v/t.* wed, marry (***mit*** to); **Vermählte(r** *m*) *f*: ***die Vermählten*** the newly-married couple; **Vermählung** *f* wedding, marriage.
vermaledeit *obs. adj.* confounded.
vermännlichen I. *v/t.* masculinize; *Kleidung*: *a.* make *s.o.* look very masculine, give *s.o.* a very masculine look; **II.** *v/i.* become masculine (*od.* masculinized); **vermännlicht** *adj.* masculinized; **Vermännlichung** *f* masculinization.
vermanschen F *v/t.* F mess up.
vermarkten *v/t.* (put on the) market; *fig.* capitalize on, exploit (commercially); **Vermarktung** *f* marketing; *fig.* (commercial) exploitation.
vermasseln F *v/t.* F make a hash of, mess up, *sl.* screw up.
vermassen I. *v/i.* lose its (*od.* one's) identity *od.* individuality; *Person*: *a.* become a (mere) cipher; *Gesellschaft*: be level(l)ed; **II.** *v/t.* depersonalize; ***Individuen ~*** *a.* take away people's identity; **vermaßt** *adj.* depersonalized; *Gesellschaft*: anonymous; ***(die) ~e Gesellschaft*** *a.* faceless society; **Vermassung** *f* loss of identity, depersonalization; *e-r Gesellschaft*: level(l)ing; (increasing) anonymity.
vermauern *v/t.* wall up (*od.* in).
vermehren I. *v/t.* **1.** increase (***um*** by); *an Zahl*: *a.* multiply; **2.** (*fortpflanzen*) breed; **II.** *v/refl.*: ***sich ~*** **3.** increase, *Zahl*: *a.* multiply, rise; ***sich ständig ~*** rise steadily; **4.** (*sich fortpflanzen*) reproduce, multiply, breed; **Vermehrung** *f* **1.** increase; **2.** (*Fortpflanzung*) reproduction, breeding.
vermeidbar *adj.* avoidable; **vermeiden** *v/t.* avoid; (*umgehen*) evade; (*e-r Sache aus dem Weg gehen*) steer clear of; *ängstlich*: shun; ***es läßt sich nicht ~*** it can't be helped; **vermeidlich** *adj.* avoidable; **Vermeidung** *f* avoidance.
vermeintlich *adj.* supposed; (*angeblich*) alleged; (*eingebildet*) imaginary.
vermelden *v/t.* (*verkünden*) announce; (*berichten von*) report; F *fig.* → ***melden*** 3.
vermengen I. *v/t.* **1.** mix; **2.** (*verwechseln*) mix up; **II.** *v/refl.*: ***sich ~*** mix.
vermenschlichen *v/t.* humanize; present in human form; (*personifizieren*) personify; **Vermenschlichung** *f* humanization; (*Personifizierung*) personification.
Vermerk *m* note; (*Anmerkung*) *a.* comment; **vermerken** *v/t.* **1.** make a note of; (*sagen*) note, mention; ***et. am Rande ~*** *schriftlich*: make a note of s.th. in the margin, *verbal*: mention s.th. in passing; ***das sei nur am Rande vermerkt*** if I could just add that; ***es sei am Rande vermerkt, daß*** it might be worth just mentioning that, could I just add that; **2.** ***übel ~*** take *s.th.* amiss (*od.* in bad part), take offen|ce (*Am.* -se) at; ***j-m et. übel ~*** be annoyed (*stärker*: angry) at s.o. for s.th.; ***j-m übel ~, daß*** be annoyed (*od.* angry) at s.o. for *ger.*; ***er hat es ihm übel vermerkt*** *a.* he's (*od.* he was) not amused; ***et. peinlich ~*** note s.th. with some embarrassment.
vermessen¹ I. *v/t.* measure; (*Land*) survey; **II.** *v/refl.*: ***sich ~ zu*** *inf.* (*sich erdreisten*) dare (to) *inf.*, presume to *inf.*, have the temerity to *inf.*
vermessen² *adj.* (*anmaßend*) presumptuous; **Vermessenheit** *f* presumption.
Vermesser *m* surveyor; **Vermessung** *f* measuring; (*Land≈*) surveying.
Vermessungs|amt *n* surveyor's office; **~ingenieur** *m* surveyor; **~kunde** *f* surveying; **~schiff** *n* surveying ship.
vermiesen F *v/t.*: ***j-m et. ~*** spoil s.th. for s.o.
vermieten *v/t.* rent (out); (*Sachen*) *Brit. a.* hire out; ***Haus zu ~*** house to let (*Am.* for rent); **Vermieter(in** *f*) *m* **1.** owner of the flat (*Am.* apartment) *od.* house *etc.*; **2.** (*Hauswirt*) landlord (*f* landlady); **Vermietung** *f* renting (out); rental; *Brit. a.* hiring (out).
vermindern I. *v/t.* decrease, reduce; (*verringern*) diminish, lessen; (*beeinträchtigen*) detract from; **II.** *v/refl.*: ***sich ~*** decrease; (*verringern*) diminish, lessen; **Verminderung** *f* decrease (*gen.* in), reduction (of, in); lessening (of).
verminen *v/t.* lay mines in (*od.* along), mine; **vermint** *adj.* full of mines.
vermischen I. *v/t.* **1.** mix; (*Farben, Tee etc.*) blend; **2.** (*Rassen*) interbreed, (*Tiere*) *a.* cross; **3.** (*Begriffe etc.*) mix (up); **II.** *v/refl.*: ***sich ~*** **4.** mix; *Farben etc.*: *a.* blend; **5.** *Rassen*: interbreed; **vermischt** *adj.* mixed; **≈es** miscellaneous items (*od.* writings *etc.*), *als Aufschrift*: miscellaneous, misc.; **Vermischung** *f* mixing; blending; interbreeding; → ***vermischen.***
vermissen *v/t.* miss; ***ich vermisse m-n Bleistift*** I can't find my pencil, I'm missing my pencil; ***et. ~ lassen*** (*nicht besitzen*) lack s.th.; **vermißt** *adj.* missing (⚔ in action); ***j-n als ~ melden*** report s.o. missing; ***als ~ gemeldet werden*** (*od.* ***sein***) be listed as missing; **Vermißte(r** *m*) *f* missing person (⚔ serviceman); ⚔ *Am. a.* MIA (= missing in action); ⚔ *pl. a.* missing personnel *sg.* (*pl. konstr.*); **Vermißtenanzeige** *f* missing person's report; ***e-e ~ aufgeben*** report s.o. missing.
vermitteln I. *v/t.* (*beschaffen*) get, find, *formell*: procure (***j-m*** for s.o.); (*arrangieren*) arrange; (*Eindruck etc.*) give, convey; (*Wissen*) impart (***j-m*** to s.o.); **II.** *v/i.* mediate, act as (a) mediator (***bei*** in); (*~d eingreifen*) intervene, mediate; **vermittelnd I.** *adj.* conciliatory, mediatory; **II.** *adv.*: ***~ eingreifen*** intervene, mediate; **vermittels(t)** *prp.* by means of.
Vermittler *m* **1.** (*Schlichter*) mediator, arbitrator; **2.** (*Mittelsmann*) intermediary, go-between; **3.** ☤ *etc.* agent; *von Aufträgen etc.*: negotiator; (*Makler*) broker; **~gebühr** *f* → ***Vermittlungsgebühr***; **~rolle** *f* negotiating role; ***e-e ~ spielen*** act as negotiator (*od.* mediator).
Vermittlung *f* **1.** *bei Streit*: mediation, arbitration; (*Eingreifen*) intervention; **2.** (*Beschaffung*) procurement, obtaining; (*Arrangieren*) arrangement; ☤ *e-s Geschäfts*: negotiation; (*Stellen≈*) placement; ***durch ~*** *gen.* (*od.* ***von***) through; ***durch s-e ~*** *a.* through his help (*od.* intervention); **3.** (*Amt, Stelle*) agency, office; *teleph.* (telephone) exchange, *Am.* central office, *in e-r Firma etc.*: switchboard; *weitS.* (*Person*) operator; ***über die ~*** via (*od.* through) the switchboard *etc.*
Vermittlungs|ausschuß *m* mediation committee; **~gebühr** *f*, **~provision** *f* commission; *e-s Maklers*: *a.* brokerage; **~stelle** *f* agency; **~verfahren** *n pol.* joint committee procedure; **~versuch** *m* mediation attempt (*gen.* by), mediation effort (on the part of), attempt at mediation (on the part of).
vermöbeln F *v/t.* F clobber.
vermodern *v/i.* mo(u)lder, decay.
vermögen *v/t.*: **~ *zu*** *inf.* be able to *inf.*; be capable of *ger.*; be in a position to *inf.*
Vermögen *n* **1.** (*Reichtum*) fortune; ***ein ~ verdienen*** (***kosten***) earn (cost) a fortune; **2.** (*Besitz*) property; (*Geld*) means *pl.*; ☤ assets *pl.*; **3.** (*Können*) ability; (*Kraft, Macht*) power(s *pl.*); ***nach bestem ~*** to the best of one's ability; ***es geht über*** (*od.* ***übersteigt***) ***mein ~*** it's beyond my power (***zu*** *inf.* to *inf.*), it goes beyond my power(s); **vermögend** *adj.* wealthy, well-to-do, (very) well-off.
Vermögens|ansammlung *f* accumulation of wealth; **~berater(in** *f*) *m* investment consultant; **~beratung** *f* *Firma, Branche*: investment consultancy; **~bildung** *f* wealth formation; **~lage** *f* financial situation; **≈rechtlich** *adj* under the law of property; **~steuer** *f* property tax; **~verhältnisse** *pl.* financial circumstances; **~verwalter** *m* property administrator; **~verwaltung** *f* property administration; **~werte** *pl.* (property) assets.
vermögenswirksam *adj.* capital-creating (*through fiscal grants and tax concessions*), *weitS.* (*gewinnbringend*) profitable; ***~e Leistung*** *employer's contribution(s) to tax-deductible (employee) savings scheme.*
vermummen I. *v/t.* (*einhüllen*) wrap up; (*verkleiden*) disguise; **II.** *v/refl.*: ***sich ~*** wrap o.s. up (***in*** in); (*sich verkleiden*) disguise o.s., *bei e-r Demonstration*: wear a mask; **Vermummung** *f* disguise; *bei Demonstrationen*: wearing of masks; **Vermummungsverbot** *n ban on wearing masks at demonstrations.*
vermurksen F *v/t.* F make a hash of, botch (up).
vermuten *v/t.* (*annehmen*) assume; (*erwarten*) expect; (*argwöhnen*) suspect; ***ich vermute*** (*nehme an*) *a.* I imagine, *stark*: I rather think; ***ich vermute ja*** I imagine (*od.* expect) so, I would think so; ***das habe ich schon vermutet*** I had an idea that would happen (*od.* be the case *etc.*); ***ich vermute sie nebenan*** I imagine (*od.* expect) she's next door, she's probably next door; **vermutlich I.** *adj.* presumed; (*wahrscheinlich*) probable, likely; **II.** *adv.* presumably; (*wahrscheinlich*) probably; **Vermutung** *f* presumption (*a.* ⚖); supposition, F guess; (*Verdacht*) suspicion; (*Erwartung*) expectation; (*Theorie, Mut-

maßung) *a. pl.* speculation; **~en anstellen** speculate (**über** on).
vernachlässigen *v/t.* neglect; (*unberücksichtigt lassen*) ignore; **Vernachlässigung** *f* neglect.
vernageln *v/t.* nail (up); (*Deckel*) nail down; ***mit Brettern*** ~ board up; **vernagelt** F *adj.* F blockheaded.
vernähen *v/t.* sew (*od.* stitch) up.
vernarben *v/i.* scar over; *fig.* heal; **vernarbt** *adj.* scarred; *durch Pocken*: *a.* pockmarked, pitted *face*; **Vernarbung** *f* scarring; *konkret*: scar(s *pl.*).
vernarrt *adj.*: ~ ***in*** besotted (*od.* infatuated) with, F wild (*od.* crazy) about; ***in ein Kind*** ~ ***sein*** dote on a child.
vernaschen *v/t.* **1.** (*Süßigkeiten etc.*) munch, F scoff; **2.** (*Geld*) spend on sweets (*Am.* candy); **3.** F (*j-n*) *sl.* lay, have it off with; **vernascht** *adj.*: ~ ***sein*** always be eating sweets (*Am.* candy).
vernebeln *v/t.* **1.** *zur Tarnung*: put a smoke-screen up in; **2.** *fig.* (*Verstand etc.*) befuddle; (*Blick*) blur; (*Tatsachen*) obscure.
vernehmbar *adj.* audible, perceptible; **vernehmen** *v/t.* **1.** hear; (*erfahren*) *a.* learn; **2.** (*verhören*) interrogate, question, ⚖ *a.* examine; ***als Zeuge vernommen werden*** be called into the witness box (*Am.* witness stand); **Vernehmen** *n*: ***dem*** ~ ***nach*** from what one hears, rumo(u)r has it that, ***ist*** (*od.* ***hat***) ***er ...***: *a.* he is said to ...; **vernehmlich** *adj.* audible, distinct; (*laut*) loud; **Vernehmung** *f* interrogation, questioning, ⚖ *a.* examination; **vernehmungsfähig** *adj.* fit to be questioned.
verneigen *v/refl.*: ***sich*** ~ bow; *Dame*: curtsey (***vor*** to); **Verneigung** *f* bow; *von Damen*: curtsey (***vor*** to).
verneinen I. *v/t.* answer no to *s.th.*; (*ableugnen*) deny; (*ablehnen*) oppose; *ling.* negate; **II.** *v/i.* say no, answer in the negative; **Verneinung** *f* negation; (*Ableugnung*) denial; (*Ablehnung*) opposition (*gen.* to); *ling.* negative.
vernetzen *v/t.* network.
vernichten *v/t.* destroy (*a. Urkunden*); *stärker*: annihilate; (*ausrotten*) exterminate; (*auslöschen*) wipe out, eradicate; (*Hoffnung*) dash, shatter; **vernichtend I.** *adj.* devastating; (*zerstörerisch*) destructive; *fig. Schlag, Niederlage*: crushing; *Antwort, Blick*: withering; *Kritik*: scathing, devastating, damning; **~es Urteil** severe condemnation; **II.** *adv.*: ~ ***schlagen*** destroy, *Sport*: play into the ground; **Vernichtung** *f* destruction, annihilation *etc.*; → ***vernichten.***
Vernichtungs|feldzug *m* campaign of destruction; **~krieg** *m* war of extermination; **~lager** *n* extermination camp; **~mittel** *n für Unkraut*: weedkiller; *für Insekten*: insecticide; **~potential** *n* destructive potential (*od.* capability); **~schlag** *m* **1.** annihilating blow; **2.** *fig.* final blow; ***zum*** ~ ***ausholen*** prepare to (*od.* be about to) deal the final blow; **~waffe** *f* weapon of mass destruction; *pl. coll.* destructive weaponry *sg.*; **~wut** *f* (sheer) vandalism.
vernickeln *v/t.* nickel-plate; **Vernickelung** *f* nickel-plating.
verniedlichen *v/t.* minimize; play *s.th.* down; **Verniedlichung** *f* minimization; playing down.
vernieten *v/t.* rivet.
Vernissage *f* private view, art opening.
Vernunft *f* reason; ~ ***annehmen*** be reasonable, listen to reason, *stärker*: come to one's senses; ***j-n zur*** ~ ***bringen*** make s.o. listen to reason, *stärker*: bring s.o. to his (*od.* her) senses; (***wieder***) ***zur*** ~ ***kommen*** (begin to) listen to reason, *stärker*: (gradually) come to one's senses; **vernunftbegabt** *adj.* rational; **Vernunftehe** *f* marriage of convenience; **Vernünftelei** *f a. pl.* sophistry; **vernunftgemäß** *adj.* rational, reasonable; **Vernunftglaube** *m* belief in (human) reason; rationalism; **Vernunftgründe** *pl.* reason *sg.*, rational arguments (*od.* considerations); ***aus*** **~n** out of plain common sense.
vernünftig I. *adj.* **1.** (*vernunftgemäß, angemessen*) reasonable; (*verständig*) sensible; (*besonnen*) level-headed; ***er ist ganz*** ~ *a.* F he's got his head screwed on the right way; ***jeder*** **~*e Mensch*** anyone with a bit of sense, *stärker*: anyone in his right mind; ***du wirst schon noch*** ~ ***werden*** you'll come to your senses; **2.** *Argumente etc.*: rational; **3.** F (*ordentlich*) decent, (*angemessen*) proper; **II.** *adv.* **4.** sensibly; ~ ***reden*** talk sense (***mit*** to); ***e-e Sache*** ~ ***angehen*** be sensible about s.th.; **5.** F (*richtig, ordentlich*) properly; ~ ***essen*** *a.* eat sensibly; **vernünftigerweise** *adv.*: ~ ***et. tun*** be sensible enough (*od.* have the good sense) to do s.th.; **Vernünftigkeit** *f* reasonableness.
vernunftlos *adj.* irrational; **Vernunftlosigkeit** *f* irrationality.
Vernunftmensch *m* rational type.
vernunftwidrig *adj.* irrational; *Handeln*: unreasonable; **Vernunftwidrigkeit** *f* irrationality; *konkret*: irrational behavio(u)r (*od.* decision *etc.*).
veröden I. *v/i.* become deserted; **II.** *v/t.* ⚕ (*Gefäße*) sclerose, obliterate; **Verödung** *f* **1.** desertion; **2.** ⚕ obliteration.
veröffentlichen *v/t.* (*Nachricht etc.*) publish; (*freigeben*) release; (*Buch etc.*) publish; (*Schallplatte*) release; ***bisher noch nicht veröffentlicht*** previously unpublished (*Schallplatte*: unreleased); **Veröffentlichung** *f* publication (*a. Vorgang*).
verordnen *v/t.* **1.** ⚕ prescribe (***j-m*** for s.o.); ***j-m Bettruhe*** (***Bewegung***) ~ order s.o. to stay in bed (advise s.o. to get some physical exercise); ***wenn vom Arzt nicht anders verordnet*** unless otherwise advised by your physician; **2.** *gesetzlich*: decree; **Verordnung** *f* **1.** (*das Verordnen*) prescribing; ***nach*** ~ ***des Arztes*** as prescribed by one's physician; **2.** *gesetzliche*: decree.
verpachten *v/t.* lease (***j-m*** to s.o.); **Verpächter** *m* lessor; **Verpachtung** *f* leasing.
verpacken *v/t.* pack (up), *bsd. maschinell*: package; (*einwickeln*) wrap up; **verpackt** *adj.* wrapped up; *bsd. maschinell*: packaged; ***festlich*** ~ nicely wrapped (up for the occasion); **Verpackung** *f* packing; (*Einzel*⁓) packaging; → ***Verpackungsmaterial.***
Verpackungs|flut *f* ever increasing quantities of packaging waste; **~gewicht** *n* tare weight; **~kosten** *pl.* packing charges; **~material** *n* packaging material; (*Papier*) wrapping.
verpäppeln F *v/t.* pamper, mollycoddle.
verpassen *v/t.* **1.** (*Gelegenheit, Zug etc.*) miss; **2.** ⚔ (*Bekleidung*) fit; **3.** F (*geben, verabfolgen*) give, F land *s.o.* with *s.th.*; ***j-m e-e*** ~ F land s.o. one.
verpatzen F *v/t.* F mess up, botch (up).
verpennen F **I.** *v/i.* sleep in, oversleep; **II.** *v/t.* (*Termin etc.*) sleep through; *fig.* forget; *fig.* ***ich hab's total verpennt*** *a.* F I clean forgot.
verpesten *v/t.* pollute; F (*Raum etc.*) F stink out; *fig.* (*Atmosphäre*) poison.
verpetzen F *v/t.* F sneak on *s.o.*
verpfänden *v/t.* pledge (*a. fig.* ***sein Wort*** one's word); *hypothekarisch*: mortgage; *in der Pfandleihe*: pawn.
verpfeifen F *v/t.* **1.** (*j-n*) F blab on, *bsd. in der Schule*: *a.* sneak on, tell on; *bei der Polizei*: F cop out on, *sl.* grass on; **2.** (*et.*) let *s.th.* out; ***et.*** ~ *a.* F blab.
verpflanzen *v/t.* transplant, (*Haut*) graft; **Verpflanzung** *f konkret*: transplant.
verpflegen I. *v/t.* feed; **II.** *v/refl.*: ***sich*** ~ feed o.s.; ***sich selbst*** ~ cook for o.s.; **Verpflegung** *f* **1.** (*Versorgung*) catering; (*Beköstigung*) feeding; **2.** (*Essen*) food (and drink), (*Erfrischungen*) refreshments *pl.*; ⚔ rations *pl.*
verpflichten I. *v/t.* oblige, *bsd. vertraglich etc.*: obligate; (*Spieler*) sign; (*Schauspieler etc.*) engage; (*Band*) hire; ***j-n*** (***zu et.***) ~ place an obligation on s.o. (to do s.th.); ***j-n zum Kauf*** *etc.* ~ put s.o. under an obligation to buy *etc.*; ***j-n zur Einhaltung der Regeln*** ~ bind s.o. to the rules; **II.** *v/refl.*: ***sich*** ~ commit o.s. (***zu et.*** to do[ing] s.th.), *a. vertraglich*: undertake (to do s.th.); *beruflich, bsd.* ⚔: sign on (***auf*** *5 Jahre etc.*: for); ***sich vertraglich*** ~ sign a contract; **III.** *v/i.*: ***es verpflichtet zum Kauf*** *gen.* you are obliged to buy, you commit yourself to buying; ***es verpflichtet zu nichts*** there's no obligation involved, there are no strings attached; → ***Adel*** 2; **verpflichtet** *adj.* obliged (***zu et.*** to do s.th.), *stärker*: under obligation (to do s.th.), *vertraglich*: bound by contract (to do s.th.); ***gesetzlich*** ~ ***sein*** be bound by law (***zu*** *inf.* to *inf.*), be under legal obligation (to *inf.*); ***sich*** ~ ***fühlen zu*** *inf.* feel obliged (*stärker*: bound) to *inf.*; ***j-m*** (***sehr***) ***zu Dank*** ~ ***sein*** be (deeply) indebted to s.o.; ***j-m gegenüber*** ~ ***sein*** be beholden to s.o.; **Verpflichtung** *f* commitment; *bsd. moralische*: obligation; *gesetzliche*: liability (*a.* ✝ *Verbindlichkeit*); pledge (***zu*** of); (*Pflicht*) duty; ~ ***zum Kauf*** *etc.* obligation to buy *etc.*; **~*en gegenüber j-m haben*** be under an obligation to s.o.; ***s-n*** **~*en nachkommen*** meet one's obligations (✝ *a.* liabilities), *pol.* discharge one's commitments.
verpfuschen F *v/t.* F bungle, botch (up), make a mess of; **verpfuscht** *adj. Leben*: ruined, wrecked.
verpissen *sl. v/refl.*: ***verpiß dich!*** *sl.* piss off!, V fuck off!
verplanen I. *v/t.* **1.** (*Gelder*) budget; (*Zeit*) plan; ***s-e Zeit verplant haben*** be fully booked; ***m-e Urlaubstage habe ich schon verplant*** my holiday is all booked up (with various activities) already; **2.** (*falsch planen*) plan wrong; (*verschätzen*) miscalculate; **II.** *v/refl.*: ***sich*** ~ plan wrong, get one's planning wrong.
verplappern F *v/refl.*: ***sich*** ~ F blab (it out), let the cat out of the bag.
verplaudern I. *v/t.* (*Zeit*) talk (*od.* chat) away; ***den ganzen Abend*** ~ spend the

whole evening chatting (away); **II.** *v/refl.*: ***sich*** ~ (completely) forget the time chatting; ***wir haben uns verplaudert*** *a.* we were so busy chatting we forgot to look at our watches.

verplempern F *v/t.* (*Zeit, Geld*) waste, fritter away.

verplomben *v/t.* seal.

verpolt *adj.* ⚡ connected the wrong way round.

verpönt *adj.* disapproved-of ..., *pred.* disapproved of; scorned; ~ ***sein*** *a.* be looked down upon; ***... ist hier*** ~ *a.* we (*od.* they) don't approve of ... around here.

verprassen *v/t.* squander (**für** on), F blow (on).

verprellen *v/t.* put off; (*beleidigen*) offend, put out; → *a.* ***vergrämen.***

verprügeln *v/t.* beat *s.o.* up, give *s.o.* a thrashing.

verpuffen *v/i.* **1.** *Eifer, Zorn etc.*: fizzle out; *Wirkung, Pointe etc.*: fall flat; **2.** *Flamme, Gas etc.*: blow up, F go pop; (*sich verflüchtigen*) evaporate (*a. fig.*).

verpulvern F *v/t.* (*Geld*) F blow.

verpuppen *v/refl.*: ***sich*** ~ pupate, change into a chrysalis; **Verpuppung** *f* pupation.

verpusten F *v/refl.*: ***sich*** ~ get one's breath back.

Verputz *m* plaster(work); (*Rauh*2) roughcast; **verputzen** *v/t.* **1.** plaster; (*rauh* ~) roughcast; **2.** F *fig.* (*aufessen*) F put away, polish off.

verqualmen F *v/t.* **1.** (*Zimmer etc.*) F smoke up; **2.** (*Geld*) spend on cigarettes; ***er verqualmt sein ganzes Geld*** F all his money goes up in smoke; **verqualmt** F *adj.* smoky, smoke-filled ..., *pred.* filled with smoke.

verquatschen F **I.** *v/t.* **1.** → ***verplaudern*** I; **II.** *v/refl.*: ***sich*** ~ **2.** → ***verplaudern*** II; **3.** (*Geheimnis verraten*) F blab.

verquer F **I.** *adj.* **1.** *Ideen etc.*: strange, F screwy; ~***er Typ*** F weirdo; ~***e Angelegenheit*** mess; **II.** *adv.* (*falsch, verkehrt*) wrong; (*schief*) awry; ***mir geht alles*** ~ everything's going wrong (for me).

verquicken *v/t.* **1.** amalgamate; **2.** *fig.* (*in Verbindung bringen*) connect, bring together; (*vermischen, a. durcheinanderbringen*) mix up; **verquickt** *adj.*: ***eng*** (***miteinander***) ~ closely connected (*od.* related); **Verquickung** *f* connection (*gen.* between); mixing-up (of).

verquirlen *v/t.* whisk (***in*** into), beat (*od.* mix) with a whisk.

verquollen *adj. Holz*: warped; *Gesicht*: bloated, *a. Augen*: swollen.

verramme(l)n F *v/t.* barricade, block (up).

verramschen F *v/t.* sell off (F dirt cheap), F flog (dirt cheap).

verrannt *fig. adj.*: ~ ***sein in*** be set (*od.* stuck) on.

Verrat *m* betrayal (***an*** of), F sellout (of); ⚖ (*a.* ~ ***am Vaterland***) treason (to); ***an j-m*** ~ ***begehen*** (*od.* ***üben***) betray s.o.; **verraten I.** *v/t.* betray; (*Geheimnis*) *a.* divulge; give *s.o. od. s.th.* away, (*j-n*) F *a.* sell; (*ausplaudern*) F blab out, let on *that ...*; *fig.* (*offenbaren*) betray, reveal; (*preisgeben*) *a.* give away; ~ ***und verkauft sein*** F have been sold down the river; F ***kannst du mir*** ~ ***warum?*** can you tell me why?; ***nicht*** ~***!*** don't tell!; **II.** *v/refl.*: ***sich*** ~ give o.s. away; **Verräter** *m* traitor (***an*** to); **verräterisch** *adj.* treacherous, traitorous, ⚖ treasonable; *fig.* revealing; *Blick, Spur etc.*: telltale ..., giveaway ...

verratzt F *adj.* lost; ~ ***sein*** *a.* be left high and dry.

verrauchen I. *v/i. Zorn*: blow over; **II.** *v/t.* smoke; (*Geld*) spend on smoking.

verräuchern *v/t.* → ***verqualmen.***

verraucht *adj.* smoky, smoke-filled ..., *pred.* filled with smoke.

verrauschen *v/i. Beifall, Begeisterung etc.*: die down, fade away; **verrauscht** *adj. Fernsehbild*: grainy.

verrechnen I. *v/t.* (*begleichen*) settle; (*verbuchen*) credit to s.o.'s account; ***et. mit et.*** ~ offset s.th. against s.th.; **II.** *v/refl.*: ***sich*** ~ miscalculate (***um*** by), *a. fig.* make a mistake; ***sich*** (***um 10 Dollar***) ***verrechnet haben*** *a.* be (10 dollars) out; F ***sich gründlich verrechnet haben*** F be miles out, *fig.* have made a big mistake; **Verrechnung** *f* (*Abrechnung*) set-tlement; *im Verrechnungsverkehr*: clearing; ***nur zur*** ~ *Scheck*: not negotiable.

Verrechnungs|konto *n* offset account; ~**scheck** *m* crossed (*od.* non-negotiable) cheque (*Am.* check); ~**stelle** *f* clearing office; ~**wesen** *n* clearing.

verrecken *v/i.* **1.** V (*zugrunde gehen*) die; *hum. sl.* snuff it; *fig. Motor etc.*: F conk out; *fig.* ***nicht ums*** 2***!*** not on your life (*Brit. a.* F nelly)!; **2.** *Tier*: die, perish; ***Hunderte sind verreckt*** *a.* they were dying (*od.* going down) like flies.

verregnet *adj.* rainy; ***unser Ausflug war*** ~ our outing was spoilt by rain, it rained throughout our outing.

verreiben *v/t.* grind; (*Salbe etc.*) spread, (***auf*** *der Haut*) rub in(to).

verreisen *v/i.* go away; ~ ***nach*** go to; ***geschäftlich*** ~ go away (*od.* off) on a business trip *od.* on business; **verreist** *adj.* away (***geschäftlich*** on business).

verreißen I. *v/t.* (*scharf kritisieren*) tear to pieces (F bits, shreds), savage, F trash, rubbish, do a hatchet job on; **II.** *v/impers.*: ***es verriß mir das Steuer*** the steering wheel suddenly jerked round hard.

verrenken I. *v/t.* **1.** (*verzerren*) sprain, twist, (*ausrenken*) dislocate; ***sich den Arm*** ~ sprain (*od.* twist, dislocate) one's arm; **2.** F *fig.* ***sich*** *neugierig* ***den Hals*** ~ crane one's neck (***nach*** to get a glimpse of), *Am.* rubberneck; **II.** *v/refl.*: ***sich*** ~ **3.** sprain (*od.* twist, dislocate) one's shoulder *etc.*; **4.** (*Verrenkungen machen*) contort o.s., *stärker*: go into contortions; **verrenkt** *adj.* twisted; ***ich habe e-n*** ~***en Hals*** I've twisted my neck, I've got a crick in my neck; **Verrenkung** *f* **1.** (*Zerrung*) sprain; (*Luxation*) dislocation; **2.** (*starke Biegung*) contortion, (*Drehung*) *a.* gyration; ~***en machen*** go into contortions; ***geistige*** ~***en*** mental acrobatics (*od.* gyrations).

verrennen *fig. v/refl.*: ***sich*** ~ ***in*** *e-e Sache*: get stuck in; → ***verrannt.***

verrichten *v/t.* do, carry out; → ***Notdurft***; **Verrichtung** *f* **1.** (*Ausführung*) execution, carrying out; **2.** ~***en*** (*Tätigkeit*) chores, work; ***tägliche*** ~***en*** daily chores (*od.* routine).

verriegeln *v/t.* bolt, bar.

verringern I. *v/t.* decrease, reduce, lower, cut (down); **II.** *v/refl.*: ***sich*** ~ decrease, diminish, go down; **Verringerung** *f* decrease (*gen.* in), reduction (of), lowering (of).

verrinnen *v/i.* trickle away; *Zeit*: pass, slip away, *Stunden*: *a.* tick away; *Jahre*: pass by, slip by.

Verriß F *m* F slating, hatchet job.

verrohen *v/i.* become brutalized; *a. Sitten*: coarsen; **Verrohung** *f* brutalization; *a. der Sitten*: coarsening.

verrosten *v/i.* rust; **verrostet** *adj.* rusty.

verrotten *v/i.* rot; *weitS. u. fig.* → ***verkommen***; **verrottet** *adj.* **1.** rotten; **2.** *fig.* depraved; decadent; **Verrottung** *f* **1.** rotting; **2.** *fig.* depravity; decadence.

verrucht *adj.* wicked; *Verbrechen*: *a.* foul, heinous; **Verruchtheit** *f* wickedness; heinousness, foul nature (*gen.* of).

verrücken *v/t.* move, shift.

verrückt *adj.* mad; F *fig. Mode etc.*: *a.* F crazy; *Plan etc.*: F wild, crazy; *fig.* ~ ***nach*** (*od.* ***auf***) wild about, F nuts on (*od.* about); ~***e Idee*** F crazy idea; ***j-n*** ~ ***machen*** drive s.o. mad (F round the bend), (*durcheinanderbringen*) get s.o. all confused; ***sich*** ~ ***machen*** get (o.s.) all worked up (F into a lather), F get into a tiz(zy); F ~ ***spielen*** F act up, *stärker*: go berserk; ***wie*** ~ like mad (F crazy); ***ich werd'*** ~***!*** F well blow me!; ***da kann man ja*** ~ ***werden, es ist zum*** 2***werden*** it's enough to drive you mad; **Verrückte(r** *m*) *f* lunatic; madman, *f* madwoman; *stärker*: maniac; **Verrücktheit** *f* **1.** (*Zustand, Eigenschaft*) madness; **2.** (*Modenarrheit*) craze; **3.** mad (F crazy) idea (*od.* thing to do *etc.*).

Verruf *m*: ***in*** ~ ***bringen*** (***kommen***) bring (fall) into disrepute; **verrufen** *adj.* disreputable; ~ ***sein*** *mst* have a bad reputation (*od.* name).

verrühren *v/t.* mix.

verrußen I. *v/i.* become (*od.* get) sooty; **II.** *v/t.* soot *s.th.* up, cover *s.th.* in soot.

verrutschen *v/i.* slip, get out of place.

Vers *m* verse (*a. Bibelvers u. Versmaß*), line; ***in*** ~***e setzen*** put *s.th.* into verse; *fig.* ***er kann sich keinen*** ~ ***darauf machen*** he can't make head or tail of it.

versachlichen *v/t.* objectivize; (*entpersönlichen*) depersonalize.

versacken F *v/i.* **1.** sink (***in*** into); **2.** *fig.* (*herunterkommen*) F go to the dogs; **3.** *fig.* (*sich betrinken*) F get involved in a (big) booze-up, end up boozing (the night away).

versagen I. *v/i.* fail (*a. Person etc.*); ⚙ *a.* break down; *Motor*: stall; ***jämmerlich*** ~ fail miserably; ***die Beine versagten ihr*** (***den Dienst***) her legs gave way; ***s-e Stimme versagte*** his voice failed him, he lost his voice; ***sein Gedächtnis versagte*** his memory failed him (*od.* let him down); **II.** *v/t.* (*verweigern*) refuse, deny; ***j-m et.*** ~ refuse (*od.* deny) s.o. s.th.; ***j-m den Dienst*** ~ refuse to obey s.o.; ***sich et.*** ~ deny o.s. s.th., forgo s.th.; ***es blieb ihm versagt*** it was denied him, he was denied it, ***zu*** *inf.*: it was denied him to *inf.*, he was not to *inf.*; **Versagen** *n* failure; ***menschliches*** ~ human error, ✈ *a.* pilot error; **Versager** *m* failure; ~ ***im Beruf*** professional failure.

Versal(**buchstabe**) *m* capital (letter), uppercase (letter); (***in***) ***Versalien!*** *Anweisung*: caps.

versalzen *v/t.* **1.** put too much salt in; **2.** F *fig.* spoil; ***j-m et.*** ~ spoil s.th. (*od.* things) for s.o.; → ***Suppe.***

versammeln I. *v/t.* assemble (*a.* ⚔), gather; ***um sich*** ~ rally *people* round one; **II.** *v/refl.*: ***sich*** ~ assemble, meet; **Versammlung** *f* meeting, (*a.* = *die Versammelten*) gathering; *parl.* ***gesetzgebende*** ~ legislative assembly.

Versammlungs|freiheit *f* freedom of assembly; **~lokal** *n*, **~raum** *m* meeting place; **~recht** *n* right of assembly; **~verbot** *n* ban on public assembly (*od.* public gatherings).

Versand *m* **1.** (*Absenden*) dispatch; (*Transport*) shipment; (*Verteilung*) distribution; **2.** → **~abteilung** *f* forwarding department; **≈bereit** *adj.* ready for dispatch (*od.* sending); **~beutel** *m* padded envelope.

versanden *v/i.* silt up; *fig.* peter out.

versandfertig *adj.* ready for dispatch (*od.* sending).

Versand|geschäft *n*, **~handel** *m* mail-order business; **~haus** *n* mail-order company; **~hauskatalog** *m* mail-order catalog(ue); **~kosten** *pl.* forwarding expenses; **~papiere** *pl.* shipping documents; **~schein** *m* shipping note.

Versandung *f* silting(-up).

versaubeuteln F *v/t.* F mess up; (*verschlampen*) go and lose.

versauen F *v/t.* **1.** (*schmutzig machen*) mess up; **2.** F *fig.* (*verderben*) F mess up; *stärker*: ruin, wreck.

versauern F *v/i. Person*: stagnate; vegetate.

versaufen V *v/t.* F guzzle (*od.* booze) away.

versäumen *v/t.* (*Gelegenheit, Zug etc.*) miss; (*Pflicht*) neglect; (*Schlaf*) miss (out on); ~ ***Sie nicht zu*** *inf.* be sure to *inf.*; ***da hast du nichts*** (***was***) ***versäumt!*** you didn't miss much (you really missed something there); ***versäumte Zeit nachholen*** make up for lost time; **Versäumnis** *n* omission, failure *to do s.th.*; (*Vernachlässigung*) neglect; **Versäumnisurteil** *n* ⚖ judg(e)ment by default.

verschachern F *v/t.* sell off, F flog.

verschachteln *v/t.* **1.** (*a.* ***ineinander*** ~) fit (*od.* slot) into each other; **2.** *fig.* complicate, make *s.th.* complicated; **verschachtelt** *adj.* **1.** interlocking; **2.** *fig.* complicated, convoluted; **~er Satz** involved period.

verschaffen *v/t.* get (***j-m et.*** s.o. s.th.); (*Arbeit, Wohnung etc.*) *a.* find; ***sich Geld*** ~ get hold of some money; ***sich e-n Vorteil*** ~ gain an advantage; ***sich Respekt*** ~ gain *od.* win (some) respect; ***j-m die Möglichkeit*** ~ ***zu*** *inf.* make it possible for s.o. to *inf.*; *iro.* ***was verschafft mir die Ehre?*** what have I done to deserve this hono(u)r?

verschalen *v/t.* board, panel; ⚠ (*Beton*) shutter; **Verschalung** *f* boarding; casing; ⚠ form(s *pl.*).

verschämt *adj.* bashful; *bewußt*: coy; ~ ***tun*** act coy.

verschandeln *v/t.* disfigure; (*Aussicht etc.*) *a.* spoil; ***es verschandelt den Platz*** (*od.* ***die Aussicht*** *etc.*) it's an eyesore; **Verschandelung** *f* disfigurement.

verschanzen *v/refl.*: ***sich*** ~ entrench o.s.; *fig.* ***sich hinter et.*** ~ entrench o.s. behind s.th., (*et. als Vorwand benutzen*) use s.th. as a pretext; **Verschanzung** *f* (*Befestigung*) fortifications *pl.*

verschärfen I. *v/t.* (*Maßnahmen etc.*) tighten (up); (*Lage, Spannungen etc.*) aggravate; (*Strafe*) stiffen; ***das Tempo*** ~ *mot. etc.* speed up, *weitS.* step up the pace; **II.** *v/refl.*: ***sich*** ~ *Lage*: become more critical, F hot up; *Spannungen*: mount, increase; *Rezession etc.*: *a.* tighten its grip; **Verschärfung** *f* tightening (up); aggravation *etc.*; → ***verschärfen.***

verscharren *v/t.* bury.

verschätzen *v/refl.*: ***sich*** ~ misjudge (***um*** by), make a mistake; ***sich um ... verschätzt haben*** be out by ...

verschaukeln F *v/t.* **1.** (*reinlegen*) F take *s.o.* for a ride; **2.** (*sitzenlassen*) leave *s.o.* in the lurch.

verscheiden *v/i.* pass away.

verscheißern *sl. v/t.* F take the mickey out of; ***willst du mich ~?*** *a. sl.* are you trying to take the mick?

verschenken *v/t.* give away.

verscherbeln F *v/t.* sell off cheap, F flog.

verscherzen *v/t.*: ***sich et.*** ~ forfeit, lose; (*Chance etc.*) throw away; ***sich j-s Gunst*** ~ fall out of favo(u)r with s.o.; ***du hast es dir mit ihm verscherzt*** you've spoilt your chances with him.

verscheuchen *v/t.* scare off, *absichtlich*: chase away (*a. fig.*).

verscheuern F *v/t.* sell off cheap, F flog.

verschicken *v/t.* dispatch, (*a. Kinder etc.*) send; ✝ dispatch, ship; **Verschickung** *f* dispatch(ing), sending; shipping.

verschiebbar *adj.* adjustable.

Verschiebebahnhof *m* shunting station; *Am.* switchyard.

verschieben I. *v/t.* **1.** (*Schrank etc.*) shift, move; **2.** *zeitlich*: put off, postpone (***auf*** to, until, till); **3.** (*Waren*) sell *s.th.* underhand; **II.** *v/refl.*: ***sich*** ~ **4.** move; (*verrutschen*) slip; **5.** *Termin etc.*: be postponed (***auf*** to, until, till); **Verschiebung** *f* **1.** *räumliche*: shift(ing), moving; displacement (*a.* ⚔); **2.** *zeitliche*: postponement (***auf*** to, until, till).

verschieden *adj.* different (***von*** from); (*deutlich* ~) distinct (from); *Meinungen*: differing; (*wechselnd*) varied; (*verschiedenerlei*) miscellaneous, various; **≈es** various things *pl.*, *bsd.* ✝ sundries *pl.*; *als Überschrift*: miscellaneous, misc.; ***~er Meinung sein*** disagree (***über*** on), differ in opinion (on), ***über et.***: *a.* see s.th. differently; ***das ist*** ~ it depends; ***das ist von Woche zu Woche*** *etc.* ~ that varies from week to week *etc.*; ***aus den ~sten Gründen*** for various (*od.* a variety of) reasons; F ***da hört sich doch ≈es auf!*** that really is going a bit too far.

verschiedenartig *adj.* different (kinds of ...); (*mannigfaltig*) various, a variety of ...; **Verschiedenartigkeit** *f* (*unterschiedliches Wesen*) different nature; (*Unterschied*) difference; (*Mannigfaltigkeit*) variety, diversity.

verschiedenerlei *adj.* of various kinds, *formell od. iro.*: divers.

verschiedenfarbig *adj.* of different colo(u)rs, *formell*: varicolo(u)red.

Verschiedenheit *f* (*Unähnlichkeit*) dissimilarity; (*Mannigfaltigkeit*) diversity, variety; (*Unterschied*) difference.

verschiedentlich I. *adv.* (*mehrmals*) repeatedly, several times; (*gelegentlich*) occasionally; **II.** *adj.* several; repeated.

verschießen I. *v/t.* **1.** shoot; ***s-e Munition*** ~ run out of ammunition; → ***Pulver, verschossen*** 2; **2.** (*Elfmeter*) miss; **II.** *v/i. Farbe*: fade; → ***verschossen*** 1.

verschiffen *v/t.* ship; **Verschiffung** *f* shipment.

verschimmeln *v/i.* go mo(u)ldy.

Verschiß *sl. m*: ***in*** ~ ***sein*** F be in the doghouse (***bei*** with), ***bei j-m***: *a.* be in s.o.'s bad books, *sl.* be on s.o.'s shit list; ***in*** ~ ***geraten*** fall out of favo(u)r, ***bei j-m***: get into s.o.'s bad books, *sl.* get onto s.o.'s shit list.

verschlafen I. *v/t.* (*den Tag etc.*) sleep away (*a. fig. Kummer etc.*); (*Konzert, Gewitter etc.*) sleep through; *fig.* (*Gelegenheit, Anschluß etc.*) miss, (*Verabredung etc.*) (completely) forget; ***ich habe es völlig*** ~ (*Termin etc.*) *a.* it slipped my mind completely; **II.** *v/i.* oversleep; **III.** *adj.* sleepy (*a. fig. Stadt etc.*), F dop(e)y; **Verschlafenheit** *f* drowsiness, sleepiness, F dopiness.

Verschlag *m* (*Bretterbude*) shed, *contp.* shack.

verschlagen[1] *v/t.* **1.** (*vernageln*) nail up; ***mit Brettern*** ~ board up; **2.** (*Ball*) mishit; ***die Buchseite*** ~ lose one's place; **3.** (*vom Kurs abbringen*) throw *s.o.* off course; ~ ***nach*** (*od.* ***in*** *etc.*) bring to; ~ ***werden nach*** (*od.* ***in*** *etc.*) end up in, F land in; **4.** ***j-m den Atem*** ~ take s.o.'s breath away; ***es verschlug ihm die Sprache*** he was (left) speechless.

verschlagen[2] **I.** *adj.* (*hinterhältig, unaufrichtig*) deceitful, dishonest; ***~er Blick*** (***Typ***) shifty look (character); **II.** *adv.*: ***j-n*** ~ ***ansehen*** give s.o. a shifty look; **Verschlagenheit** *f* deceitfulness, shiftiness.

verschlampen F **I.** *v/t.* mislay, F go and lose; ***ich hab's völlig verschlampt*** (*vergessen*) it completely slipped my mind, F I clean forgot (it); **II.** *v/i.* go to seed; **verschlampt** *adj. Person*: slovenly, scruffy, *Sache*: scruffy, F tatty; (*vernachlässigt*) messy, *pred. a.* a mess.

verschlechtern I. *v/t.* make worse; (*Lage*) *a.* aggravate; **II.** *v/refl.*: ***sich*** ~ deteriorate, get worse; *Leistung, Qualität*: fall off; **Verschlechterung** *f* deterioration (*gen.* in, of); worsening (of); change for the worse.

verschleiern I. *v/t.* **1.** veil; **2.** *fig.* (*Absicht etc.*) *a.* disguise; ✝ (*Bilanz etc.*) F doctor *the balance sheet*, cook *the books*; **II.** *v/refl.*: ***sich*** ~ **3.** *Frau*: put a veil on; **4.** *Himmel*: become hazy; **verschleiert** *adj.* **1.** veiled (*a. fig. Blick*); **2.** *Stimme*: husky; **3.** *phot.* fogged; **Verschleierung** *f* veiling; *fig. a.* disguising; **Verschleierungstaktik** *f* camouflage tactics *pl.*

verschleifen I. *v/t.* **1.** ⚙ smooth (down *od.* away); **2.** *fig.* (*Laute etc.*, ♪ *Töne*) slur; **II.** *v/refl.*: ***sich*** ~ *Gegensätze etc.*: be smoothed (down), *stärker*: disappear.

verschleimt *adj.*: ~ ***sein*** be blocked with phlegm, *Person*: have a lot of phlegm; **Verschleimung** *f* mucous catarrh.

Verschleiß *m* (*Abnutzung*) wear and tear; (*Verbrauch*) consumption (***an*** of), consumption rate; ✝ ***geplanter*** ~ built-in (*od.* planned) obsolescence; ***e-n großen*** ~ ***haben an*** *a. fig. an Männern etc.*: get through a lot of; **verschleißen I.** *v/t.* (*abnutzen*) wear out; (*verbrauchen*) use up, go through; **II.** *v/refl.*: ***sich*** ~ *Sache*: wear out; *Person*: wear (*dauerhaft*: burn) o.s. out; **III.** *v/i.* wear out.

Verschleiß|erscheinung *f* sign of wear; **≈fest** *adj.* wear-resistant; **~festigkeit** *f* wear-resistance, resistance to wear and tear; **~quote** *f* replacement rate; **~teil** *n* wearing part.

verschleppen *v/t.* **1.** (*Menschen*) deport; (*entführen*) kidnap, abduct; (*Sache*) carry off; **2.** (*in die Länge ziehen*) protract, delay; *parl.* (*Vorlage etc.*) obstruct, stonewall, *bsd. Am.* filibuster; **3.** ⚕ (*Erreger*) transmit; (*Krankheit*) protract; ***verschleppte Grippe*** protracted flu; **Verschleppung** *f* deportment; kidnap(p)ing; protraction, delay; → ***verschleppen***; **Verschleppungstaktik** *f* delaying tactics *pl.*; *pol.* obstructionism, stonewalling, *bsd. Am.* filibustering.
verschleudern *v/t.* (*Vermögen etc.*) squander; (*Ware*) sell off cheaply (F dirt cheap), F flog; *im Ausland*: dump.
verschließbar *adj.* lockable; **verschließen I.** *v/t.* shut, close; *mit e-m Schlüssel*: lock (up), (*einschließen*) *a.* put under lock and key; *mit e-m Riegel*: bolt; *fig.* ***die Augen*** (***Ohren***) ***vor et.*** ~ shut one's eyes (ears) to s.th.; ***sein Herz*** ~ shut (*od.* harden) one's heart (***vor*** to); **II.** *v/refl.*: ***sich*** *e-r Sache* ~ close one's mind to; ***sich j-m*** ~ hide one's feelings from s.o.
verschlimmbessern *v/t.* disimprove; ***et.*** ~ *a.* make an even worse job of it; **Verschlimmbesserung** *f* disimprovement.
verschlimmern I. *v/t.* make *s.th.* worse; (*Lage*) *a.* aggravate, exacerbate; **II.** *v/refl.*: ***sich*** ~ get worse, worsen; **Verschlimmerung** *f* deterioration; worsening; change for the worse.
verschlingen I. *v/t.* **1.** devour (*a. fig. mit den Augen, a. ein Buch*); *gierig*: gobble (up), bolt down; *fig.* (*Geld*) swallow (up), gobble up; *fig.* ***von der Dunkelheit*** *etc.* ***verschlungen werden*** be engulfed by darkness *etc.*; **2.** (*ineinander* ~) intertwine; (*Hände*) fold; **II.** *v/refl.*: ***sich*** ~ intertwine; (*sich verfangen*) become entangled; → ***verschlungen***; **Verschlingung** *f* entanglement; *a. dekorativ*: convolution.
verschlissen *adj.* worn, threadbare; *Kleidung*: F tatty.
verschlossen *adj.* **1.** closed, shut; locked (up); ***hinter ~en Türen*** behind closed doors; **2.** *fig. Person*: reserved, withdrawn; uncommunicative; ***er ist ziemlich*** ~ *a.* he doesn't say much; **Verschlossenheit** *f* reserve; uncommunicativeness.
verschlucken I. *v/t.* swallow (*a. fig. Silben etc.*); *fig. Nebel etc.*: engulf; **II.** *v/refl.*: ***sich*** ~ choke (***an*** on).
verschlungen *adj. Pfad*: winding; *stärker*: tortuous (*a. fig.*); *Ornamente*: intricate, *bsd. contp.* convoluted.
Verschluß *m* **1.** (*Flaschen*≈) stopper; *an Buchdeckel, Schmuck, Tasche etc.*: clasp; *mit Schloß*: lock; (*Haken*≈) fastener; *luftdichter etc.*: seal; ***unter*** ~ ***halten*** keep under lock and key (*Zoll*: in bond); **2.** *phot.* shutter; **3.** ⚕ occlusion.
verschlüsseln *v/t.* encode, encrypt; **verschlüsselt** *adj.* coded; **Verschlüsselung** *f* encoding.
Verschluß|kappe *f* (screw) cap; **~laut** *m ling.* plosive; **~sache** *f pol.* classified document; **~zeit** *f phot.* shutter speed.
verschmachten *v/i.* languish, pine away; (***vor Durst***) ~ be dying of thirst.
verschmähen *v/t.* disdain, spurn; ***verschmähte Liebe*** unrequited love.
verschmälern *v/t. u. v/refl.* (***sich*** ~) narrow; **Verschmälerung** *f* narrowing.
verschmelzen *v/t. u. v/i.* melt; fuse; ⚗ amalgamate; (*Farben*) blend; †, *pol.* merge; *fig.* fuse, amalgamate; **Verschmelzung** *f* fusion; amalgamation; blend(ing); merging; → ***verschmelzen***; † *konkret*: merger.
verschmerzen *v/t.* get over *s.th.*
verschmieren *v/t.* (*Fenster, Lippenstift etc.*) smear; (*Dreck*) spread; (*Papier*) smear up; (*verbrauchen*) use up; ***verschmiert mit*** *a.* covered in (*od.* with).
verschmitzt *adj.* arch, impish; ***~es Augenzwinkern*** twinkle in s.o.'s eye.
verschmoren *v/t. u. v/i. Braten, Sicherung*: burn.
verschmust F *adj.* cuddly; ~ ***sein*** *mst* like cuddling.
verschmutzen I. *v/t.* dirty; (*Wasser etc.*) pollute; **II.** *v/i.* get dirty; *Wasser etc.*: become polluted; **Verschmutzung** *f* **1.** soiling; *konkret*: dirt, (*Dreck*) mark; **2.** (*Luft*≈ *etc.*) pollution; **Verschmutzungsgrad** *m Umwelt*: pollution level.
verschnaufen F *v/refl.*: ***sich*** ~ get one's breath back, F have a breather; **Verschnaufpause** F *f* F breather.
verschneiden *v/t.* **1.** (*beschneiden*) cut, trim, clip; **2.** (*falsch schneiden*) cut wrong, F make a mess of; **3.** *zo.* (*kastrieren*) geld; **4.** (*mischen*) blend.
verschneit *adj.* (*schneebedeckt*) snow-covered ..., *pred.* covered in snow; *Landschaft*: *a.* snowy (*a. Tag*); (*eingeschneit*) snowed-in.
Verschnitt *m* **1.** blend; **2.** (*Reste*) scraps *pl.*
verschnörkelt *adj.* involuted; ornate; *Unterschrift*: fancy; **Verschnörkelung** *f* flourish; Δ *a.* curlicue.
verschnulzen F *v/t.* sentimentalize.
verschnupft *adj.* **1.** *Nase*: blocked; ~ ***sein*** *Person*: have a cold, *leicht*: F have the sniffles; **2.** F *fig.* (*beleidigt*) F miffed, *pred. a.* in a huff; **Verschnupfung** *f* cold.
verschnüren *v/t.* tie up.
verschollen *adj.* missing; (*vergessen*) (long-)forgotten; **Verschollene(r** *m*) *f* missing person.
verschonen *v/t.* spare (***j-n mit et.*** s.o. s.th.); ***verschont bleiben von et.*** be spared s.th.; ***verschone mich mit ...!*** spare me your ...!; ***verschone mich!*** spare me!, (*ich will es nicht hören*) *a.* I don't want to know about it.
verschönen *v/t.* enhance.
verschönern I. *v/t.* **1.** make *s.th.* look nicer, improve the appearance of; (*verzieren*) embellish; **II.** *v/refl.*: ***sich*** ~ **2.** (*schöner werden*) improve in appearance, *stärker*: grow more beautiful; **3.** (*sich schöner machen*) *bsd. iro.* prettify o.s.; **Verschönerung** *f* improvement (*gen.* in the appearance of); (*Verzierung*) embellishment.
Verschonung *f* sparing (*gen.* of).
verschossen *adj.* **1.** *Farbe*: faded; **2.** F *fig.* ~ ***sein in*** F be head over heels in love with, have fallen for, have a crush on.
verschränken *v/t.* **1.** ***die Arme*** (***Hände***) ~ fold one's arms (hands); ***die Beine*** ~ cross one's legs; **2.** ⚙ cross, join crosswise; (*Sägezähne etc.*) set.
verschrauben *v/t.* screw (on; ***miteinander*** together); **Verschraubung** *f konkret*: screws *pl.*
verschrecken *v/t.* scare, frighten; **verschreckt** *adj.* timid, *stärker*: frightened.
verschreiben I. *v/t.* **1.** ⚕ prescribe (***j-m*** for s.o.); ***sich et.*** ~ ***lassen*** get a prescription for s.th.; **2.** ⚖ make over (***j-m*** to s.o.); **3.** (*Papier etc.*) use up; **II.** *v/refl.* **4.** ***sich*** ~ make a mistake (in writing); ***da habe ich mich wohl verschrieben*** that must have been a slip of the pen; **5.** *fig.* ***sich e-r Sache*** ~ devote (*contp.* sell) o.s. to s.th., espouse s.th.; ***sich j-m*** ~ become a devotee of s.o.; **verschreibungspflichtig** *adj.* prescribable, available on prescription only; ***~e Arzneimittel*** prescription(-only) drugs.
verschreien *v/t.* **1.** denounce, F slam, trash; **2.** F ***verschrei's nicht!*** don't speak too soon, don't put the kiss of death on it; **verschrien** *adj.* notorious; ~ ***sein*** *a.* have a bad name *od.* reputation (***als*** as), ***als Lügner***: *a.* be a notorious liar, be known as a liar (*od.* for lying).
verschroben *adj.* eccentric, F (a bit) cranky; *Ideen*: *a.* weird; ***~er Mensch*** F crank; **Verschrobenheit** *f* eccentricity.
verschrotten *v/t.* scrap; **Verschrottung** *f* scrapping (*gen.* of).
verschrumpeln F *v/i.* shrivel (up).
verschüchtert *adj.* shy, intimidated.
verschulden I. *v/t.* be to blame for; be responsible for; **II.** *v/refl.*: ***sich*** ~ get (*od.* run) into debt; **III.** ≈ *n* fault; (*Schuld*) guilt; ***durch j-s*** (***eigenes***) ~ through s.o.'s (one's own) fault; ***ohne mein*** ~ through no fault of mine; **verschuldet** *adj.* in debt; *Sache*: encumbered; ~ ***sein*** *Person*: *a.* have debts; **Verschuldung** *f* indebtedness; debts *pl.*; *e-r Sache*: encumbrance.
verschusseln F *v/t.* (*vergessen*) (F clean) forget; (*verlegen*) (F go and) mislay; (*verpatzen, durcheinanderbringen*) mess up; **verschusselt** F *adj.* muddle-headed, scatterbrained, F scatty.
verschütten *v/t.* spill; (*begraben*) bury (*Person*: alive); (*zuschütten*) fill up.
verschüttgehen F *v/i.* disappear.
verschwägert *adj.* related by marriage; **Verschwägerung** *f* relationship by marriage.
verschweigen *v/t.* keep *s.th.* (a) secret, hide *s.th.* (***j-m*** from s.o.); (*Tatsachen, Wahrheit etc.*) *a.* withhold *s.th.* (from s.o.).
verschweißen *v/t.* ⚙ weld together.
verschwenden *v/t.* waste, squander (***an*** on; *beide a. fig.*); **Verschwender** *m* spendthrift, squanderer; **verschwenderisch I.** *adj.* wasteful, extravagant, *contp. a.* profligate; (*üppig*) lavish; ***~es Leben*** extravagant lifestyle; **II.** *adv.*: ~ ***mit et. umgehen*** be lavish with s.th.; **Verschwendung** *f* waste; extravagance; **Verschwendungssucht** *f* wastefulness, extravagance; **verschwendungssüchtig** *adj.* wasteful, extravagant.
verschwiegen *adj.* **1.** *Person*: discreet; **2.** *fig. Ort*: secret, (*abgeschieden*) secluded; ***~es Plätzchen*** secluded spot; **Verschwiegenheit** *f* **1.** *e-r Person*: discretion; ***unter dem Mantel der*** ~ ***liegen*** be under wraps; → ***Siegel***; **2.** *e-s Orts*: seclusion.
verschwimmen *v/i.* become blurred; *ineinander*: merge; ***vor den Augen*** ~ start blurring before one's eyes; → ***verschwommen.***
verschwinden I. *v/i.* **1.** disappear, vanish (***in*** into); ***mein Koffer*** *etc.* ***ist verschwunden*** *a.* my case *etc.* has (*od.* is) gone; ***j-n*** (***et.***) ***spurlos*** ~ ***lassen*** spirit

s.o. (s.th.) away; F *et.* ~ ***lassen*** F walk off with s.th.; F *fig.* ***ich muß mal*** ~ F I must just pay a visit; *fig.* ~ ***neben*** sink into insignificance beside, be dwarfed by; **2.** F (*abhauen*) F make o.s. scarce, (*türmen*) F do a bunk; ***verschwinde!*** F hop it!, scram!; **II.** ♀ *n* disappearance; **verschwindend** *adv.*: ~ ***klein*** microscopic, minuscule; ~ ***gering*** infinitesimal.

verschwistert *adj.* **1.** ~ ***sein*** a) be brother and sister, b) be sisters, c) be brothers; **2.** *fig.* (***eng*** ~ closely) related (*bsd.* ✝ associated); **Verschwisterung** *f fig.* (close) union *od.* association.

verschwitzen *v/t.* **1.** (*Kleidung*) get *s.th.* soaked with sweat; **2.** F ***ich habe es*** (***total***) ***verschwitzt*** F I clean forgot (it); **verschwitzt** *adj.* sweaty; *Person*: *a.* covered in sweat; ***völlig*** ~ *a.* soaked through (*od.* in sweat).

verschwollen *adj.* swollen; *Gesicht*: *a.* bloated.

verschwommen I. *adj.* **1.** hazy; *Umrisse etc.*, *a. phot.*: blurred; **2.** *fig. Begriff etc.*: vague, nebulous, woolly; *Erinnerung*: dim, hazy; ~***e Vorstellung*** hazy (*od.* fuzzy) notion; **II.** *adv.*: ***sich*** ~ ***an et.*** (***j-n***) ***erinnern können*** have a dim (*od.* hazy) recollection of s.th. (s.o.); **Verschwommenheit** *f* haziness; vagueness *etc.*; → ***verschwommen.***

verschworen *adj.* sworn.

verschwören *v/refl.* **1.** ***sich*** ~ conspire (*a. fig.*), plot (***gegen*** against; ***zu*** *inf.* to *inf.*); ***sich zu et.*** ~ conspire to do s.th., plot (to do) s.th.; **2.** *obs. lit.* ***sich e-r Sache*** (***j-m***) ~ give o.s. over to s.th. (s.o.); **Verschworene(r** *m*) *f*, **Verschwörer** *m* conspirator; **Verschwörermiene** *f* look of complicity; conspiratorial air; **Verschwörung** *f* conspiracy, plot.

versehen I. *v/t.* **1.** (*Pflichten*) perform; (*Amt*) hold *office*; (*Geschäfte*, *Haushalt*) look after; **2.** ~ ***mit*** supply with, *a.* ⚙ provide with; (*schmücken*) decorate with; ***et. mit et.*** ~ *a.* add s.th. to s.th.; ***mit Vollmacht*** ~ authorize; ***reichlich*** ~ ***sein mit*** have plenty of, have ample *food etc.*; **II.** *v/refl.* **3.** ***sich*** ~ make a mistake, slip up; **4.** ***ehe man sich's versieht*** before you know it; **5.** ***sich*** ~ ***mit*** (*ausstatten*) equip o.s. with, (*eindecken*) get in a supply (*od.* supplies) of, (*sich verschaffen*) get (hold of); **III.** ♀ *n* oversight, mistake; ***aus*** ~ → **versehentlich** *adv.* by mistake, inadvertently, mistakenly.

versehrt *adj.* disabled, handicapped; **Versehrte(r** *m*) *f* disabled (*od.* handicapped) person; *pl. coll. the* handicapped (*pl.*).

verselbständigen *v/refl.*: ***sich*** ~ *Person*: go independent; *Sache*: break free; **Verselbständigung** *f* (*Vorgang*) process of independence; (*Ergebnis*) independence.

versenden *v/t.* send, dispatch, ✝ *a.* ship; **Versendung** *f* dispatch; shipment.

versengen *v/t.* scorch; (*Haar*) singe.

versenkbar *adj. a. Bühne*: lowerable; *Teil*: *a.* fold-down ...; *Antenne etc.*: retractable; **versenken I.** *v/t.* **1.** (*Schiff etc.*, *a. Schatz etc.*) sink; **2.** *in die Erde*: lower (***in*** into); **3.** ⚙ *etc.* (*a. Bühne*) lower; (*Teil*) *a.* fold down; (*Antenne etc.*) retract; (*Schraube*) countersink; **II.** *v/refl.*: ***sich*** ~ ***in*** immerse o.s. in, *ein Buch etc.*: become engrossed in; **Versenkung** *f* **1.** sinking; **2.** *thea.* trapdoor; **3.** F *fig.* ***spurlos in der*** ~ ***verschwinden*** disappear (from the face of the earth), *Person*: disappear (*od.* fade) from the scene; (***wieder***) ***aus der*** ~ ***auftauchen*** resurface, reappear, *Person*: *a.* reappear (*od.* re-emerge) on the scene; **4.** *geistige etc.*: (inward) contemplation.

versessen *adj.*: ~ ***auf*** mad about, madly keen on; ***darauf*** ~ ***sein, et. zu tun*** be desperate to do s.th.; **Versessenheit** *f* craze (***auf*** for), (*Süßigkeiten etc.*) *a.* craving (for).

versetzen I. *v/t.* **1.** shift, (*a. Schüler*) move; *beruflich*: transfer, ⚔ post; (*versetzt anordnen*) stagger; (*Baum*) transplant; ♪ transpose; **2.** (*verpfänden*) pawn; **3.** F (*Liebhaber etc.*) stand *s.o.* up; **4.** (*vermischen*) mix; **5.** ***j-m e-n Schlag*** ~ deal s.o. a blow, hit out at s.o.; ***j-m e-n Tritt*** ~ give s.o. a kick; **6.** (*scharf antworten*) retort; **7.** ***in*** *e-e Lage, e-n Zustand* ~ put into; ***j-n in e-e andere Zeit*** ~ take (*od.* transport) s.o. back in time (*od.* back to another era); ***j-n an e-n anderen Ort*** ~ (*in der Vorstellung*) transport s.o. (*od.* carry s.o. off) to a different place; ***j-n in Erstaunen*** (***Verwirrung*** *etc.*) ~ astonish (confuse *etc.*) s.o.; → ***Angst*** I, ***Bewegung*** 1, ***eins*** 4, ***Ruhestand, Schwingung*** *etc.*; **II.** *v/refl.*: ***sich*** (***geistig***) ***nach X*** ~ imagine one is in X; ***sich in j-n*** (*od.* ***j-s Lage***) ~ put o.s. in s.o.'s place (*od.* position, shoes); ***versuch doch mal, dich in ihre Lage zu*** ~ *a.* try and see it from her standpoint (*od.* point of view, side); **Versetzung** *f* shifting; transfer, posting *etc.*; → ***versetzen***; **Versetzungszeichen** *n* ♪ accidental.

verseuchen *v/t.* **1.** *mit Giftstoffen etc.*, *bsd. ökologisch*: contaminate; **2.** *bakteriell*, *epidemisch etc.*: infect; **Verseuchung** *f* **1.** contamination; **2.** infection.

Vers|form *f* verse form; ***in*** ~ ***schreiben*** write in verse (form); ~**fuß** *m* (metrical) foot.

versicherbar *adj.* insurable; **Versicherer** *m* insurer; **versichern** *v/t.* **1.** (*Eigentum*) insure (***gegen*** against; ***bei*** with); **2.** ***j-m et.*** ~ assure s.o. (of) s.th.; ***j-m*** ~, ***daß*** assure s.o. (that); ***seien Sie versichert, daß*** you may rest assured that, I can assure you that; ***seien Sie dessen versichert*** you can depend on it; ***sich*** *e-r Sache* ~ make sure (*od.* certain) of; **versichert** *adj. Eigentum etc.*: insured, covered by insurance; ***zu hoch*** (***niedrig***) ~ overinsured (underinsured); **Versicherte(r** *m*) *f* insured (party); policy holder; **Versicherung** *f* **1.** (*Eigentums*♀) insurance (***über*** for, on); → *a.* ***Lebensversicherung, Versicherungsgesellschaft***; ***e-e*** ~ ***abschließen*** take out insurance (*od.* an insurance policy) (***bei*** with); **2.** assurance, guarantee.

Versicherungs|agent *m* insurance agent; ~**agentur** *f* insurance agency; ~**angestellte(r** *m*) *f* insurance clerk; ~**anspruch** *m* insurance claim; ~**anstalt** *f* insurance company; ~**beitrag** *m* (insurance) premium; ~**betrug** *m* insurance fraud; ~**dauer** *f* period of insurance; ~**fall** *m* insured event; ***im*** ~, ***bei Eintritt des*** ~***s*** should the event insured against occur; ~**gesellschaft** *f* insurance company; ~**mathematik** *f* actuarial theory; ~**mathematiker** *m* actuary; ~**nehmer** *m* insured (party); policy holder; ~**pflicht** *f* compulsory insurance; ~**pflichtgrenze** *f* taxable wage base; ♀**pflichtig** *adj. Sache*: subject to compulsory insurance; *Person*: liable to insurance; ~**police** *f* (insurance) policy; ~**prämie** *f* (insurance) premium; ~**risiko** *n* insured risk; ~**schein** *m* insurance policy; ~**schutz** *m* insurance cover(age); ~**schwindel** *m* insurance fraud; ~**summe** *f* sum insured; ~**träger** *m* underwriter; insurer; ~**vertrag** *m* contract of insurance; ~**vertreter** *m* insurance agent; ~**wert** *m* insurable value; ~**wesen** *n* insurance (business).

versickern *v/i.* **1.** seep (away) (***im Sand*** into the sand); **2.** *fig.* fizzle out.

versieben F *v/t.* **1.** (*vergessen*) (F clean) forget; ***ich hab's versiebt*** *a.* it slipped my mind completely; **2.** (*verpfuschen*) F botch (up).

versiegeln *v/t. a.* ⚙ seal.

versiegen *v/i.* dry up (*a. fig. Gelder*, *Gespräch*); *fig. Kräfte*: ebb, dwindle.

versiert *adj.* experienced; *fachmännisch*: skilled; *in e-m Wissensgebiet*: well-versed.

versilbern *v/t.* **1.** ⚙ silver-plate; **2.** F *fig.* (*zu Geld machen*) turn into cash; **Versilberung** *f* silver-plate, silver-plating.

versinken *v/i.* sink (*a. fig.*; ***in*** into); *fig.* ***in*** *Erinnerungen*: lose o.s. in, *a.* ***in*** *Gedanken etc.*: become immersed (*od.* absorbed) in; → ***Boden*** 1, ***versunken.***

versinnbildlichen *v/t.* symbolize, represent; **Versinnbildlichung** *f* symbol.

Version *f* version.

versippt *adj.* (inter)related, related with one another (*od.* to each other).

versklaven *v/t.* enslave; **Versklavung** *f* enslavement.

verslumen *v/i.* turn into a slum (*od.* slums); **Verslumung** *f* urban decay.

Versmaß *n* metre, *Am.* meter.

versnobt *adj.* snobbish, F snobby.

versoffen V *adj. Stimme etc.*: F boozy; *Person*: drunk(en ...); ~***er Typ*** F dipso.

versohlen F *fig. v/t.* (*a. j-m* ***den Hintern*** ~) give *s.o.* a good thrashing.

versöhnen I. *v/t.* reconcile (***mit*** *j-m*: with; *e-m Schicksal etc.*: to); **II.** *v/refl.*: ***sich*** ~ be reconciled, *mit j-m*: *a.* make it up (***mit*** with); **versöhnlich** *adj.* conciliatory; ~ ***stimmen*** placate; **Versöhnlichkeit** *f* conciliatoriness; **Versöhnung** *f* reconciliation; **Versöhnungsangebot** *n* offer of conciliation.

versonnen *adj.* pensive; *vorübergehend*: *a.* lost in thought; (*träumerisch*) dreamy; **Versonnenheit** *f* pensiveness; dreaminess.

versorgen *v/t.* provide, supply (***mit*** with); (*Familie*, *Kind*) provide for, (*unterhalten*) *a.* support; (*betreuen*) take care of, look after; (*Vieh*) tend; (*Wunde*) tend, see to; ***gut versorgt*** well looked after, *mit Mitteln*: well provided for; **Versorger** *m* **1.** (*Ernährer*) breadwinner; *bsd. iro.* provider; **2.** (*Belieferer*) supplier; **Versorgung** *f* providing (*gen.* of), supplying (*s.th.*, *s.o.*); supply, provision; care; tending; → ***versorgen***; ***ärztliche*** ~ medical care.

Versorgungs|anspruch *m* claim to maintenance; ♀**berechtigt** *adj.* entitled to maintenance; ~**berechtigung** *f* right to maintenance; ~**betrieb** *m* (public) utility company; ~**engpaß** *m* supply bottleneck (*od.* shortage); ~**flugzeug** *n* supply plane; **~gebiet** *n* service area; **~güter** *pl.* supplies; **~insel** *f e-r Ölplattform*: accommodation rig; **~lage** *f* supply situation; **~netz** *n* supply network; **~schiff** *n* supply vessel; **~schwierigkeiten** *pl.* supply problems, problems in getting supplies through; (*Engpaß*) supply bottleneck *sg.*; **~weg** *m* supply line (*od.* channel); **~wirtschaft** *f* (public) utilities *pl.*

verspachteln *v/t.* (*Löcher etc.*) fill; (*Wand*) fill in the cracks in *the wall.*

verspannen I. *v/t.* **1.** (*Mast, Zelt etc.*) stay, guy; (*Kabel, Tau etc.*) put up; **2.** ⚕, *psych.* tense (up); **II.** *v/refl.*: **sich ~** ⚕, *psych.* get tensed up, tense up; **verspannt** *adj.* ⚕, *psych.* tense, tensed up; **Verspannung** *f* **1.** ⚕ tenseness, *psych. a.* tension; **2.** (*Verspannungsteile*) stays *pl.*, guys *pl.*

verspäten *v/refl.*: **sich ~** be late; **verspätet** *adj.* late; (*Gratulation*) belated; **Verspätung** *f* (*Verzögerung*) delay; (**zwei Minuten**) **~ haben** be (two minutes) late; **mit ~ abfahren** (**ankommen** *etc.*) leave (arrive *etc.*) late; **mit zwei Stunden ~** two hours late (✈ *etc. a.* behind schedule); **entschuldigen Sie die ~** sorry I'm late, *formell*: I do apologize for being late.

verspeisen *v/t.* eat, consume.

verspekulieren I. *v/t.* **1.** lose on the stock market; **II.** *v/refl.*: **sich ~ 2.** (*sich irren*) miscalculate; **3.** ✝ lose (*sich ruinieren*: all one's money) on the stock market.

versperren I. *v/t.* **1.** bar, obstruct; barricade; **j-m die Aussicht ~** obstruct s.o.'s view; **2.** (*zusperren*) lock up; **II.** *fig.* *v/refl.*: **sich ~** close one's mind (*dat.* to).

verspiegeln *v/t.* line (*Außenwand*: face) with mirrors; **verspiegelt** *adj.* mirrored.

verspielen I. *v/t.* (*Geld etc., a. fig. Glück etc.*) gamble away; *zeitlich*: spend *the day etc.* gambling; **II.** *v/i.* lose; **er hat bei mir verspielt** F I'm through with him, he's had his chips with me; **III.** *v/refl.*: **sich ~** play wrong, hit a (*od.* the) wrong note; **verspielt** *adj.* playful; **Verspieltheit** *f* playfulness.

verspießern *contp. v/i.* become gentrified, gentrify; **Verspießerung** *contp. f* gentrification.

versponnen *adj.* (*verträumt*) airy-fairy; (*a.* **in sich ~**) wrapped up in a world of one's own; *Idee*: strange, fanciful; **~ in** wrapped up in, totally absorbed in; **~ sein** *a.* have one's head in the clouds.

verspotten *v/t.* mock; (*verhöhnen*) jeer at, scoff at; **Verspottung** *f* mocking, mockery, derision.

versprechen I. *v/t.* **1.** promise; **du hast es mir versprochen** you promised (to do it), (*Gegenstand*) you promised me it (*od.* to give it to me); **er hat mir versprochen, daß er kommen würde** he promised to come (*od.* that he would come); **2. sich et. ~** (*erwarten*) expect s.th., hope for s.th.; **sich viel ~ von** have great hopes of; **ich verspreche mir wenig** (**nichts**) **davon** I don't expect much (anything) to come of it, I don't think much (anything) will come of it; **er verspricht ein guter Schauspieler zu werden** he promises to be a good actor; **II.** *v/refl.*: **sich ~** make a mistake, get it wrong; **ich habe mich** (**er hat sich** *etc.*) **versprochen** *a.* it was a slip of the tongue; **sich dauernd ~** keep getting one's words muddled; **Versprechen** *n* promise; **j-m ein ~ abnehmen** make s.o. promise s.th.; **Versprecher** F *m* slip of the tongue; **Freudscher ~** Freudian slip; **Versprechung** *f* promise; **große ~en machen** make great promises, promise the earth; **alles** (**nur**) **~en!** promises, promises!

versprengen *v/t.* **1.** scatter, disperse; (*verjagen*) chase away; **2.** (*verspritzen*) spray, sprinkle; **versprengt** *adj.* scattered.

verspritzen *v/t. in e-m Strahl*: squirt; (*versprühen*) spray.

versprochenermaßen *adv.* as promised.

versprühen *v/t.* spray.

verspüren *v/t.* feel; (*erkennen*) *a.* sense; **keine Lust ~ zu** *inf.* not to feel like *ger.*

Versschmied F *m* versifier.

verstaatlichen *v/t.* nationalize; **Verstaatlichung** *f* nationalization.

verstädtern I. *v/t.* urbanize; **II.** *v/i.* become urbanized; **Verstädterung** *f* urbanization.

Verstand *m* (*Denkkraft*) intellect, mind; (*Vernunft*) (common) sense; (*Ratio*) (powers *pl.* of) reason; (*Intelligenz*) intelligence; (*Urteilsfähigkeit*) powers *pl.* of judg(e)ment; (*Auffassungskraft*) understanding; **gesunder ~** common sense; **mein ~ sagt mir** common sense tells me; **klarer** (**kühler**) **~** *a* clear (cool) head; **scharfer ~** keen mind (*od.* intellect); **mit ~** intelligently, with a bit of common sense; **den ~ verlieren** go mad; **j-n um den ~ bringen** drive s.o. mad (*od.* insane); **wieder zu ~ kommen** come to one's senses; **das geht über m-n ~** that's beyond me; **hat er denn keinen ~?** has he got no sense in him (*od.* wits about him)?; **er ist nicht recht bei ~** F he's not in his right mind, F he's not all there; **et. mit ~ genießen** savo(u)r s.th.

Verstandeskraft *f* mental powers (*od.* faculties) *pl.*, intelligence.

verstandesmäßig *adj.* rational.

Verstandes|mensch *m* rational type (of person), rationalist; **~schärfe** *f* acumen.

verständig *adj.* reasonable, sensible; (*verständnisvoll, einsichtig*) understanding; **verständigen I.** *v/t.* inform, let *s.o.* know; **II.** *v/refl.*: **sich ~** communicate (with one another); **sich mit j-m ~** *sprachlich*: make o.s. understood to s.o., communicate with s.o., get across to s.o.; (*übereinkommen*) come to (*od.* reach) an agreement with s.o.; **wir konnten uns nicht ~** *sprachlich*: we couldn't communicate, (*verstehen*) we couldn't get through to each other (*od.* understand what we were saying to each other); (*übereinkommen*) we couldn't agree (on anything), we couldn't come to (*od.* reach) an agreement; **Verständigkeit** *f* reasonableness; **Verständigung** *f* **1.** *a.* *teleph. etc.* communication; **2.** (*Übereinkunft*) understanding, agreement; **3.** (*Benachrichtigung*) notification; **verständigungsbereit** *adj.* open to discussion.

Verständigungs|schwierigkeiten *pl.* communication problems (*stärker*: breakdown *sg.*); **~ haben** have difficulty communicating (*od.* getting through to one another); **~versuch** *m* attempt at communication (*od.* to communicate).

verständlich *adj.* intelligible, understandable; (*deutlich*) clear, distinct; (*hörbar*) audible; (*begreiflich*) understandable (*dat.* to, for); (*verstandesmäßig erfaßbar*) comprehensible (to); **es ist mir schwer** (**nicht**) **~** I find it hard (impossible) to understand (*begreifen*: grasp); **es ist mir ~** I can understand it; **schwer ~** *Text etc.*: difficult, complicated; **j-m et. ~ machen** make s.th. clear to s.o; **sich ~ machen** make o.s. understood (**j-m** to s.o.), *im Lärm*: make o.s. heard; **verständlicherweise** *adv.* understandably; **Verständlichkeit** *f* intelligibility; audibility; comprehensibility; → **verständlich.**

Verständnis *n* understanding (**für** for); *für Kunst etc.*: appreciation (of); **nach m-m ~** as I see it; **dafür habe ich** (**volles**) **~** I can (fully) understand that; **für solche Leute habe ich kein ~** I have no time for people like that; **dafür fehlt mir jedes ~** I just can't understand that; **j-m ~ entgegenbringen** show some understanding for s.o.; **um ~ werben** ask for some understanding, **bei j-m**: ask s.o. to (try and) understand; **wir bitten um ~** we hope you'll understand, *entschuldigend*: we do apologize, we apologize for any inconvenience caused; **verständnislos** *adj.* **1.** (*nicht begreifend*) uncomprehending; **~er Ausdruck** blank look, look of incomprehension; **2.** (*ohne Mitgefühl*) lacking in understanding, *bei Problemen*: *a.* unsympathetic (**gegenüber** towards); *e-m Problem etc.* **~ gegenüberstehen** *a.* have no understanding for; **3.** *bei Kunst etc.*: lacking in appreciation (**gegenüber** for); **~ gegenüberstehen** have no appreciation for; **Verständnislosigkeit** *f* **1.** (*Nichtbegreifen*) incomprehension; **2.** (*mangelndes Verständnis*) lack of understanding (**gegenüber** towards, for); **3.** *bei Kunst etc.*: lack of appreciation (**gegenüber** for); **verständnisvoll** *adj.* understanding; (*mitfühlend*) sympathetic(ally *adv.*); *Blick*: knowing.

verstänkern F *v/t.* F stink up.

verstärken I. *v/t.* strengthen; ⚙, ⚔ reinforce; ⚡ boost; *Funk, Hi-Fi,* ♪ (*Instrument*): amplify; (*steigern*) increase, boost; (*Eindruck*) add to; **II.** *v/refl.*: **sich ~** increase; *Verdacht etc.*: grow; **Verstärker** *m Hi-Fi,* ♪: amplifier; ⚡, *mot.* booster; *opt., phot.* intensifier; **Verstärkeranlage** *f* amplifying system (*od.* equipment); **verstärkt I.** *adj.* ⚙ reinforced; (*gesteigert*) increased; **in ~em Maße** → **II.** *adv.* increasingly; even more; **Verstärkung** *f* strengthening; ⚙ reinforcement; *Hi-Fi,* ♪: amplification; ⚡ boosting; (*Steigerung*) increase; **~en** ⚔ *etc.* reinforcements.

verstauben *v/i.* get dusty, *über längere Zeit*: gather dust; **verstaubt** *adj.* **1.** dusty; **völlig ~** covered in dust; **2.** *fig. Ideen etc.*: antiquated, F ancient ...

verstauchen *v/t.* sprain; **sich den Fuß ~** sprain one's ankle; **Verstauchung** *f* sprain.

verstauen *v/t.* stow away.

Versteck *n* hiding place; *von Verbrechern*: *a.* hideout; **~ spielen** play hide-and-seek; **verstecken I.** *v/t.* hide (**vor** from), *formell*: conceal (from); **II.** *v/refl.*: **sich ~** hide (**vor** from); *die Schlüssel etc.* **hatten sich unter den Zeitungen versteckt** were hidden among the newspapers; F *fig.* **sich ~ müssen vor** (*od.* **neben**) be no match for, *Sache*: not to come up to (*od.* come anywhere near); **Verstecken** *n*, **Versteckspiel** *n* hide-and-seek; *fig.* game of hide-and-seek; **versteckt** *adj.* hidden; *fig. Drohung etc.*: *a.* veiled; **sich ~ halten** hide (**vor** from), be (*od.* remain) in hiding; **~ in** hidden (away) in.

verstehen I. *v/t. u. v/i.* understand; (*erkennen, einsehen*) see; (*Sprache*) know; (*auslegen*) interpret, (*auffassen*) take; (*hören*) hear; **falsch ~** misunderstand, get *s.th. od. s.o.* wrong, *fig. a.* take *s.th.* in bad part; **es ~ zu** *inf.* know how to *inf.*; **~ Sie mich recht!** don't get me wrong; **wenn ich** (**Sie**) **recht verstehe** if I've understood (you) correctly (if I get you right); **verstehe ich recht?** *erstaunt*: did I hear right?; **ich verstehe kein einziges Wort** I can't understand a word *od.* thing (you're *etc.* saying); **j-m zu ~ geben, daß** give s.o. to understand that; **wollen Sie mir damit zu ~ geben, daß ...?** am I to understand (from this) that ...?; **~ Sie?** do you see (what I mean)?; **ich verstehe!** I see, I understand; **ich verstehe vollkommen** I fully understand, I understand perfectly; **verstanden?** (do you) understand?; **haben Sie mich verstanden?** *bsd. drohend*: do you read me?; **hab' schon verstanden!** F okay, I get it, *bei Kritik*: point taken; **was ~ Sie unter ...?** what do you understand (*meinen*: *a.* mean) by ...?; **das ist nicht wörtlich zu ~** that's not meant (*od.* not to be taken) literally; **wie soll ich das ~?** how am I supposed to take that?, what are you getting at?; **das ist als Spaß** (**Drohung** *etc.*) **zu ~** that's meant to be (*od.* meant as) a joke (threat *etc.*); **er versteht etwas davon** he knows a thing or two about it; **er versteht gar nichts davon** he doesn't know the first thing about it; **was verstehst du schon davon?** what do you know about it?; **er versteht es, mit Kindern umzugehen** he has a way with children; **~ Sie mich?** *Funkverkehr*: do you read me?; **II.** *v/refl.*: **sich ~** understand each other; **sich gut ~** get on well (with each other), **mit:** get on (well) with; **sich ~ auf** (*et.*) know (how to do), (*a.* **sich gut ~ auf**) be good at, *stärker*: be a dab hand at, (*Menschen, Tiere etc.*) have a way with; **sich ~ als** see o.s. as; **als was versteht er sich?** what does he see himself as?; **das versteht sich** (**doch**) **von selbst** that goes without saying.

versteifen *v/refl.*: **sich ~ 1.** *Gelenk etc.*: stiffen; **2.** *fig. Haltung etc.*: harden, *Fronten*: *a.* become entrenched; ✝ *Markt*: tighten; **sich auf et. ~** become set on (doing) s.th.; **er hat sich darauf versteift** he's sticking to it(, no matter what anyone says); **Versteifung** *f* **1.** ⚒ stiffening; **2.** *fig.* hardening; *der Fronten*: *a.* entrenchment.

versteigen *v/refl.*: **sich zu der Behauptung ~, daß** go so far as to claim that.

Versteigerer *m* auctioneer; **versteigern** *v/t.* auction (off); **Versteigerung** *f* **1.** *konkret*: auction; **2.** (*Vorgang*) auctioning.

versteinern *v/i.* **1.** fossilize; *Holz*: petrify; **2.** *fig.* freeze, turn to stone (*a.* **sich ~**); **versteinert** *adj.* **1.** fossilized; *Holz*: petrified; **2.** *fig. vor Angst*: petrified; *Gesicht etc.*: stony; **wie ~ dastehen** be thunderstruck, stand rooted to the spot; **mit ~em Gesicht** stony-faced; **Versteinerung** *f* fossilization; *von Holz*: petrifaction; (*Versteinertes*) fossil.

verstellbar *adj.* adjustable; **Sitz mit ~er Rückenlehne** reclining seat; **verstellen I.** *v/t.* **1.** (*Hebel etc.*) shift; (*einstellen, a. falsch*) adjust; (*Schrank etc.*) move; **2.** (*versperren*) block, obstruct; **3.** (*Handschrift, Stimme*) disguise; **II.** *fig. v/refl.*: **sich ~** pretend, put on an act; (*heucheln*) dissemble; **er kann sich gut ~** he's a good actor; **Verstellung** *f* shifting; adjustment; obstruction *etc.*; *fig.* preten|ce (*Am.* -se); (play-)acting, dissimulation; → **verstellen**; *fig.* **das ist reine ~** *a.* it's just one big act; **Verstellungskunst** *f* (play-)acting; **Verstellungskünstler** *m* (play-)actor.

Versteppung *f* steppe formation.

versterben *v/i.* pass away.

versteuerbar *adj.* taxable; **versteuern** *v/t.* pay tax on; **zu versteuernde Einkünfte** taxable income; **versteuert** *adj.* tax-paid; *profits etc.* after tax; **Versteuerung** *f* payment of tax (*gen.* on).

verstiegen *fig. adj.* eccentric; *Sache*: *a.* high-flown.

verstimmen *v/t.* **1.** ♪ put *s.th.* out of tune; **2.** *fig.* put *s.o.* in a bad mood; (*verärgern*) annoy; **verstimmt** *adj.* **1.** ♪ out-of-tune ..., *pred.* out of tune; **2.** *Person*: *pred.* in a bad mood; (*verärgert*) annoyed, disgruntled; **3.** *Magen*: upset; **Verstimmung** *f* **1.** disgruntlement; **2.** *des Magens*: upset; **e-e ~** *a.* slight indigestion.

verstockt *adj.* stubborn, obdurate; *Sünder*: impenitent; **Verstocktheit** *f* stubbornness, obduracy; impenitence.

verstohlen I. *adj.* furtive (*a. Blick*), surreptitious; **II.** *adv.* furtively, surreptitiously; **~ anblicken** steal (*od.* sneak) a glance at, throw a furtive glance at.

verstopfen *v/t.* block (up); (*Rohr, Abfluß*) *a.* clog up; (*Straße*) congest; **verstopft** *adj.* blocked (up), *Nase*: *a.* F bunged up; *Rohr, Abfluß*: *a.* clogged up; *Straße*: congested, clogged; *Darm*: constipated; **Verstopfung** *f* **1.** blockage, obstruction; **2.** (*Darm*♀) constipation; **~ haben** be constipated.

verstorben *adj.* late, deceased; **Verstorbene(r** *m*) *f the* deceased; **die Verstorbenen** the dead (*pl.*).

verstört *adj.* distraught; *Blick, Benehmen etc.*: *a.* wild; **e-n ~en Eindruck machen** look (rather) distraught; **Verstörtheit** *f* distraught state.

Verstoß *m* offen|ce (*Am.* -se) (**gegen** against); (*Zuwiderhandlung*) *a.* violation (of); **verstoßen I.** *v/t.* (*ausstoßen*) expel (**aus** from), cast out (of); (*Kind, Ehegatten etc.*) disown, repudiate; **II.** *v/i.*: **~ gegen** offend against; (*ein Gesetz etc.*) violate, infringe; **gegen die Regeln** (**das Gesetz** *etc.*) **~** *a.* be against (*od.* in breach of) the rules (the law *etc.*); **Verstoßene(r** *m*) *f* outcast; **Verstoßung** *f* expulsion; *e-s Kindes, Ehegatten*: repudiation.

verstrahlen *v/t.* **1.** *radioaktiv*: contaminate (with radioactivity); **2.** (*Eigenschaft*) radiate; **verstrahlt** *adj.* (radioactively) contaminated; **Verstrahlung** *f* **1.** (radioactive) contamination; **2.** *e-r Eigenschaft etc.*: radiation.

verstreben *v/t.* strut, brace; **Verstrebung** *f* strut(s *pl.*), brace(s *pl.*).

verstreichen I. *v/i.* **1.** *Zeit*: pass (by); *Frist*: expire; **II.** *v/t.* **2.** (*Butter, Salbe etc.*) spread; **3.** (*Fugen*) stop up.

verstreuen *v/t.* scatter; *aus Versehen*: spill; **verstreut** *adj.* scattered, dotted about here and there.

verstricken I. *v/t.* ensnare, involve (**in** in); **verstrickt werden in** *a.* become enmeshed in; **II.** *v/refl.*: **sich ~ in** get entangled (*od.* involved, caught up) in; **sich in Lügen** *etc.* **~** get caught up in a web of lies *etc.*; **Verstrickung** *f* entanglement, involvement (**in** in).

verstromen *v/t.* convert (*coal*) into electricity.

verströmen I. *v/t.* give off, exude; (*Blut*) shed; **et. über et. ~** spread s.th. over s.th.; **II.** *v/refl.*: **sich ~** spend itself (*Person*: o.s.).

Verstromung *f* electricity generation.

verstümmeln *v/t.* mutilate; *fig.* (*Bericht etc.*) garble; **Verstümmelung** *f* mutilation; *fig.* garbling.

verstummen *v/i.* fall silent; *Person*: *a.* stop talking; *Geräusch*: stop, *langsam*: die away; *Gerüchte*: stop, *langsam*: peter out; **plötzlich verstummte alles** there was a sudden hush (*od.* silence).

Versuch *m* attempt (*a.* ⚖), try; *phys.*, ⚗ *etc.* experiment; (*Probe, a.* ⚙) test; **e-n ~ machen** make an attempt, (*es versuchen*) have a try (F go), *experimentell*: carry out an experiment (**an** on); **e-n ~ machen mit** give *s.o. od. s.th.* a try (F go), F give *s.th.* a whirl; **den ~ machen zu** *inf.* make an attempt (F have a go) at *ger.*; **es auf e-n ~ ankommen lassen** give it a try (F go), *unter Risiko*: take a chance (**mit** on); **das käme auf e-n ~ an** we could give it a try (F go); **e-n** (**keinen**) **~ wert sein** (not to) be worth trying (*od.* a try); **versuchen** *v/t.* **1.** try; attempt (*a.* ⚖); **es mit et. ~** try s.th. (*od. ger.*); **sich ~ an** try one's hand at; **sein Glück ~** try one's luck; **versuch's doch mal!** F have a go; **laß mich mal ~!** let me try (it), F let me have a go; → **versucht** 1; **2.** (*kosten*) taste, try; **3.** *obs., bibl.* tempt; *lit.* **versucht sein zu** *inf.* feel tempted to *inf.*; **Versucher(in** *f*) *m* tempter, *f a.* temptress.

Versuchs|abteilung *f* experimental department; **~anlage** *f* testing (*für Modelle*: pilot) plant; **~anstalt** *f* research institute; **~ballon** *m* trial balloon; *fig.* kite; **~gelände** *n* testing site; **~gruppe** *f* test group; **~kaninchen** *fig. n* guinea pig; **~modell** *n* test model; **~objekt** *n* test object; **~person** *f* test person; **~projekt** *n* pilot project (*od.* scheme); **~puppe** *f bei Autotests*: dummy; **~reihe** *f* series of experiments; **~stadium** *n*: (**noch im ~** still at the) experimental stage; **~strecke** *f* test track; **~tier** *n* experimental (*od.* laboratory) animal.

versuchsweise *adv.* by way of trial, (*auf Probe*) on a trial basis.

Versuchszweck *m*: **zu ~en** for experimental purposes.

versucht *adj.* **1.** *Mord etc.*: attempted; **2.** → **versuchen** 3; **Versuchung** *f* temptation; **in ~ führen** lead into temptation; **in ~ kommen** be tempted.

versumpfen *v/i.* **1.** become marshy; **2.** F *fig.* F get involved in a (big) booze-up, end up boozing (the night away).

versündigen *v/refl.*: **sich** ~ sin (**an** against).
versunken *adj.* sunken, submerged; *fig. Zeit*: ... long past; *Reich etc.*: lost; ~ **in** absorbed (*od.* engrossed) in; → **Gedanke**; **Versunkenheit** *f* contemplation.
versüßen *v/t.* sweeten (*a. fig.*); *fig.* (*Angebot etc.*) make *s.th.* more attractive; → **Pille.**
vertäfeln *v/t.* panel; **Vertäfelung** *f* panel(l)ing, wainscoting.
vertagen *v/t. u. v/refl.* (**sich** ~) adjourn (**auf** until); **Vertagung** *f* adjournment.
vertauschbar *adj.* interchangeable; ⚙ replaceable, exchangeable; **vertauschen** *v/t.* exchange, F swap, *Am.* trade (**gegen, mit** for); *aus Versehen*: mix up; ⚡ substitute; (*Rolle*) reverse; **die Plätze** *etc.* ~ change (F swap, *Am.* trade) seats *etc.*; **Vertauschung** *f* exchange; (*Verwechslung*) mix-up.
verteidigen I. *v/t.* defend (*a.* ⚖ *v/i.*, *a. Sport*); (*eintreten für*) *a.* stand up for; **II.** *v/refl.*: **sich** ~ defend o.s., (*rechtfertigen*) *a.* justify o.s.; **Verteidiger** *m* **1.** defender (*a. Sport*), *Fußball*: *a.* full-back; **2.** *fig.* advocate, upholder; ⚖ ~ **des Angeklagten** counsel for the defen|ce (*Am.* -se); **Verteidigung** *f* defen|ce (*Am.* -se) (*a.* ⚖, *Sport u. fig.*); **zur** ~ *gen.* in defen|ce (*Am.* -se) of, in *s.o.'s* defen|ce (*Am.* -se); **zu s-r** (**eigenen**) ~ in one's (own) defen|ce (*Am.* -se); **zu ihrer** ~ **muß ich sagen** I have to say (*od.* it has to be said) in her defen|ce (*Am.* -se).
Verteidigungs|abkommen *n* defen|ce (*Am.* -se) agreement; **~ausgaben** *pl.* defen|ce (*Am.* -se) spending *sg.*; **~ausschuß** *m* committee for national defen|ce (*Am.* -se); **~beitrag** *m* defen|ce (*Am.* -se) contribution; **~bündnis** *n* defen|ce (*Am.* -se) *od.* defensive alliance; **~etat** *m*, **~haushalt** *m* defen|ce (*Am.* -se) budget; **~krieg** *m* defensive war(fare); **~minister** *m* defen|ce (*Am.* -se) minister, minister for defen|ce (*Am.* -se); *in GB*: Secretary of State for Defence, Defence Secretary; *in den USA*: Secretary of Defense; **~ministerium** *n* ministry of defen|ce (*Am.* -se), defen|ce (*Am.* -se) ministry; *in GB*: Ministry of Defence, Defence Ministry; *in den USA*: Department of Defense; **~politik** *f* defen|ce (*Am.* -se) policy; **~potential** *n* defen|ce (*Am.* -se) capabilities *pl.*; **~rede** *f* speech for the defen|ce (*Am.* -se), plea; *weitS.* apology; **~schrift** *f* apology; **~system** *n* defensive system; **~waffe** *f* defensive weapon.
verteilbar *adj.* ✝ distributable; **verteilen I.** *v/t.* distribute (**auf, unter** among; *a.* ✝); (*unter sich teilen*) share; (*aufteilen*) divide; (*Rollen*) cast; (*Farbe*) spread; ~ **über** *e-n Zeitraum*: spread (out) over; **II.** *v/refl.*: **sich** ~ (*ver-, ausbreiten*) spread (**über** over, across; **unter** among); (*sich trennen*) *Gruppe etc.*: split up; (*sich auflösen*) *Menge etc.*: scatter, disperse, *Substanz, Nebel etc.*: dissipate; **sich** ~ **auf** be distributed among *the population etc.* (*od.* **in** *a place etc.*); **sich in der** (*od.* **unter die**) **Menge** ~ mingle (*od.* mix) with the crowd; **sie verteilten sich auf ihre Plätze** they all sat down at their places (*od.* in their seats).
Verteiler *m* **1.** distributor (*a.* ✝; *u.* ⚡, ⚙, *mot.*); (*Einzelhändler*) retailer; **2.** (*Liste*) distribution list; **~dose** *f* ⚡ junction box; **~finger** *m mot.* distributor arm; **~kasten** *m* ⚡ distribution box; **~netz** *n* distribution system (✝ network); **~ring** *m e-r Ware*: dealers' ring.
verteilt *adj.* spread out (**über** over, across), (*aufgeteilt*) distributed, shared (**unter** among); → **Rolle²**; **Verteilung** *f* distribution (*a.* ✝); sharing; spread(ing) *etc.*; → **verteilen.**
vertelefonieren F *v/t.* (*Zeit*) spend *hours etc.* on the phone, spend *hours etc.* phoning; (*Geld*) spend on phone calls, use up *a fortune etc.* on the phone.
verteuern I. *v/t.* raise the price of; **II.** *v/refl.*: **sich** ~ go up (in price); **Verteuerung** *f* rise in price(s) *od.* costs.
verteufeln *v/t.* demonize; **verteufelt** F **I.** *adj.* devilish; **II.** *adv.*: ~ **schwer** (**gutaussehend** *etc.*) F damn(ed) difficult (good-looking *etc.*); **Verteufelung** *f des Feinds*: demonization; **Verteufelungskampagne** *f* smear campaign.
vertiefen I. *v/t.* **1.** deepen; **2.** *fig.* (*Eindruck etc.*) deepen, heighten; **3.** (*Kenntnisse*) extend; (*Studien etc.*) go into *s.th.* further; → **Gedanke**; **II.** *v/refl.*: **4. sich** ~ *Eindruck etc.*: deepen; **5. sich** ~ **in** (*Lektüre etc.*) become engrossed (*od.* absorbed, immersed) in, (*Arbeit*) *a.* become wrapped up in; (*Wissensgebiet etc.*) go into *s.th.* further (*od.* in greater detail), devote o.s. (*od.* one's attention) to, steep o.s. in; **vertieft** *adj.* **1.** *Wissen etc.*: (more) detailed; **~es Wissen** *a.* background knowledge; **2.** (*versunken*) absorbed, F dead to the world; ~ **in** *Lektüre etc.*: absorbed (*od.* engrossed) by, immersed in, *Arbeit*: *a.* wrapped up in; **Vertiefung** *f* **1.** deepening; (*Mulde*) depression; **2.** *fig. des Eindrucks etc.*: deepening, heightening; **3.** *fig.* (*Versunkenheit*) absorption; *in ein Buch etc.*: engrossment; **4.** *fig. des Wissens etc.*: deepening.
vertikal *adj.* vertical; **Vertikale** *f* vertical (line).
vertilgen *v/t.* **1.** destroy; (*Unkraut, Insekten*) *a.* kill; **2.** F *fig.* (*Essen*) F demolish, polish off; **Vertilgung** *f* destruction; killing.
vertippen *v/refl.*: **sich** ~ make a (typing) mistake, *a. beim Taschenrechner, Computer etc.*: hit the wrong key; *beim Tastentelefon*: get the number wrong, hit the wrong key.
vertonen *v/t.* ♪ set to music; (*Film*) sound-track, add the sound to; **Vertonung** *f* ♪ *konkret*: setting.
vertrackt F *adj.* tricky; (*kompliziert*) involved, complicated; **Vertracktheit** F *f* tricky (*od.* involved, complicated) nature (*gen.* of).
Vertrag *m* contract; *pol. a.* pact, *zwischenstaatlicher*: treaty, (*Abkommen*) convention, agreement; **mündlicher** ~ verbal agreement (*od.* contract); **e-n** ~ **schließen** make a contract, *pol.* sign a treaty (*od.* an agreement); **j-n unter** ~ **nehmen** sign s.o. on; **unter** ~ **stehen** be on a contract, have signed a contract.
vertragen I. *v/t.* (*aushalten*) endure; *mst verneint u. in Fragen*: stand, F take; **dieses Essen kann ich nicht** ~ this food doesn't agree with me, I can't take this food; F **etwas** ~ **können** (*Alkohol*) hold one's liquor well; **er kann einiges** ~ *an Ärger etc.*: he can take quite a bit, (*Alkohol*) F he can put away a fair bit (of alcohol); **II.** *v/refl.*: **sich** (**gut**) ~ *Sachen*: be (very) compatible; *Farben etc.*: go (well) together; *Personen*: get along (well), get on (well [together]); **sich nicht** ~ *Sachen*: be incompatible; *Farben*: clash; *Personen*: not to get on (with each other); **sich wieder** ~ a) make (it) up, b) have made (it) up.
vertraglich I. *adj.* contractual; **II.** *adv.* by contract; *festlegen etc.*: in a contract; ~ **gebunden sein** have signed a contract; ~ **zu et. verpflichtet sein** be under contract to do s.th.
verträglich *adj.* **1.** *Essen*: easily digestible, easy to digest; *Medikament*: well-tolerated, *weitS.* kind to the stomach; **diese Tabletten sind schwer** ~ these tablets can cause (nausea and) stomach upset; **2.** *Klima*: agreeable; **3.** *Person*: agreeable, *weitS. a.* F livable-with; ~ **sein** *a.* be easy to get on with, be an agreeable sort of person; **Verträglichkeit** *f* **1.** *von Essen*: digestibility; *von Medikamenten*: tolerability; **2.** *des Klimas*: agreeableness; **3.** *e-r Person*: agreeableness; agreeable nature.
Vertrags|abschluß *m* conclusion of an agreement *etc.*; → **Vertrag**; **~bedingung** *f* condition (*pl. a.* terms) of a (*od.* the) contract; **~beginn** *m* commencement of a (*od.* the) contract; **~bestimmungen** *pl.* provisions of a (*od.* the) contract; **~bruch** *m* breach of contract; **2brüchig** *adj.* defaulting ...; ~ **werden** go back on a (*od.* the) contract, commit a breach of contract; **~dauer** *f* term of a (*od.* the) contract; **~entwurf** *m* draft agreement; **~gegenstand** *m* object of a(n) (*od.* the) agreement *od.* contract; **2gemäß** *adv.* according to agreement (*od.* contract, the treaty); **~händler** *m* appointed dealer; **~partei** *f*, **~partner** *m* party to a(n) *od.* the contract (*od.* agreement, treaty); **~punkt** *m* article of a(n) *od.* the contract (*od.* agreement, treaty); **~recht** *n* **1.** *objektives*: law of contract; **2.** *aus e-m Vertrag*: contractual right; **~strafe** *f* (contractual) penalty; **~treue** *f* loyalty to (the terms of) a(n) *od.* the contract (*od.* agreement, treaty); **~unterzeichnung** *f* signing of a(n) *od.* the contract (*od.* agreement, treaty); **~urkunde** *f* deed, indenture; **~verhältnis** *n* contractual relationship; **~verletzung** *f* breach of contract; **~werk** *n* (set of) agreements *pl.*; **~werkstatt** *f* authorized repairers *pl.* (*a. sg. konstr.*); **2widrig** *adj.* contrary to (the terms of) a(n) *od.* the contract (*od.* agreement, treaty); **~widrigkeit** *f* breach of contract.
vertrauen *v/i.* trust (**j-m** s.o.); ~ **auf** trust in; **bedingungslos** ~ trust implicitly; **auf die Zukunft** ~ have faith in (*od.* believe in) the future; **Vertrauen** *n* confidence, trust (**auf** in); *in die Technik, Zukunft etc.*: faith, belief (**in** in); **im** ~ confidentially; **ganz im** ~ between you and me; **j-m** (**ganz**) **im** ~ **sagen** tell s.o. in (strict) confidence; **im** ~ **auf** trusting in; (**volles**) ~ **haben zu** have (every) confidence in; **j-m sein** ~ **schenken** place confidence in s.o.; **j-n ins** ~ **ziehen** take s.o. into one's confidence; **das** ~ **verlieren zu** lose faith in; ✝ **danke für Ihr** ~ thank you for choosing (*od.* flying) ...; → **aussprechen** 3, **genießen, schleichen**; **vertrauenerweckend** *adj.*: ~ **sein** (*od.* **aussehen**) inspire

confidence; ***wenig ~ sein*** (*od.* ***aussehen***) not to inspire much confidence, inspire little confidence.

Vertrauens|arzt *m* medical examiner; **~basis** *f* foundation of trust; **~beweis** *m* mark of confidence; **≈bildend** *adj.*: ***~e Maßnahmen*** confidence-building measures; **~bruch** *m* breach of trust, betrayal of s.o.'s trust; indiscretion; **~frage** *f*: ***die ~ stellen*** propose a vote of confidence; **~krise** *f* crisis of confidence; **~mann** *m* representative; **~mißbrauch** *m* abuse of (s.o.'s) confidence; **~person** *f* reliable person; **~sache** *f* confidential matter, something confidential; *weitS.* ***das ist ~*** that's a matter (*od.* question) of confidence; **≈selig** *adj.* (too) confiding; (*leichtgläubig*) gullible; **~stellung** *f* position of trust; **~verhältnis** *n* bond of trust; **≈voll** *adj.* trusting; **~votum** *n* vote of confidence; **≈würdig** *adj.* trustworthy.

vertraulich I. *adj.* **1.** confidential; ***streng ~!*** strictly confidential!; **2.** (*auf-, zudringlich*) familiar, F pally, chummy; **II.** *adv.* **3.** confidentially, in confidence; (***streng***) ***~ behandeln*** treat confidentially (with the strictest confidence), keep *s.th.* (absolutely) secret; **4.** (*auf-, zudringlich*) in a very familiar (F pally) way; **Vertraulichkeit** *f* **1.** confidentiality; **2.** *e-r Person*: familiarity, F palliness, chumminess.

verträumen *v/t.* (*Zeit, Tag etc.*) (day-) dream away, spend *one's time etc.* (day)dreaming; **verträumt** *adj.* dreamy; *Dörfchen*: *a.* sleepy.

vertraut *adj.* **1.** (*eng verbunden*) close (***mit*** *od. dat.* to); **2.** (*bekannt*) familiar (***j-m*** to s.o.); ***~ mit*** (*et.*) familiar with; ***sich mit et. ~ machen*** acquaint (*od.* familiarize) o.s. with; ***sich mit dem Gedanken ~ machen*** get used to the idea (***daß das Geld verloren ist*** *etc.* of the money being lost *etc.*); **Vertraute(r** *m*) *f* confidant(e *f*); **Vertrautheit** *f* **1.** closeness; **2.** familiarity; → ***vertraut.***

vertreiben *v/t.* **1.** drive away; (*ausstoßen*) expel (**aus** from), drive out (of); *aus dem Haus*: turn out; **2.** ***sich die Zeit ~*** while away the time; **3.** ☤ (*Ware*) sell, market, distribute; **Vertreibung** *f* expulsion (**aus** from).

vertretbar *adj.* (*zu rechtfertigen*) justifiable, justified; (*haltbar*) tenable, defensible; *weitS.* (*akzeptabel*) acceptable, reasonable; **vertreten** *v/t.* **1.** (*j-n, Firma, sein Land etc., a. Kunstrichtung etc.*) represent; (*Kollegen*) stand in for; ⚖ appear for, plead for; (*j-s Interessen*) look after; (*verfechten*) defend, advocate; (*unterstützen*) support, back; (*rechtfertigen*) justify; (*einstehen für*) answer for; ***den Standpunkt ~, daß*** be of (*od.* hold) the opinion that; **2.** ***sich die Beine*** (*od.* ***Füße***) ***~*** stretch one's legs; **3.** ***sich den Fuß ~*** strain one's ankle; **Vertreter** *m* representative (*a. fig. e-r Richtung etc.*), ☤ *a.* agent; (*Handels≈*) sales representative, F (sales) rep; travel(l)ing salesman; *e-s Kollegen*: deputy, stand-in; *e-s Arztes*: locum; (*Bevollmächtigter*) proxy; (*Verfechter*) advocate, supporter; (*typischer ~*) exponent; **Vertreterprovision** *f* agent's commission; **Vertretung** *f* representation; ☤ agency; *im Amt*: substitution; ***in ~*** *gen.* in place of, standing in for, *im Brief*: (signed) for; ***j-s ~ übernehmen*** stand in for s.o.; **vertretungsweise** *adv.* as a stand-in; ***~ dasein*** *a.* be standing in (***für*** for).

Vertrieb *m* **1.** sale, marketing; (*Verteilung*) distribution; **2.** (*Abteilung*) sales (and marketing) department.

Vertriebene(r) *m* displaced person; exile.

Vertriebs|abteilung *f* sales (and marketing) department; **~gesellschaft** *f* marketing company; **~kosten** *pl.* distribution cost(s); **~leiter** *m* sales (*od.* marketing) manager; **~netz** *n* distribution (*od.* sales) network; **~recht** *n* right of sale; **~weg** *m* distribution channel.

vertrimmen F *v/t.* F give *s.o.* a thrashing.

vertrinken *v/t.* spend on drink.

vertrocknen *v/i.* dry up.

vertrödeln *v/t.* dawdle away, waste.

vertrösten *v/t.* feed with hopes (**auf** of); console; (*hinhalten*) put off (**auf** *zeitlich*: till, until); **Vertröstungen** *pl.* (empty) promises.

vertrotteln F *v/i.* F lose one's marbles; *älterer Mensch*: *a.* F go gaga; **vertrottelt** F *adj.* F goofy; *älterer Mensch*: *a.* senile; ***~ sein*** *a.* F have gone gaga.

vertun I. *v/t.* waste; (*Chance*) give away, pass up, (*versäumen*) miss; ***Zeit ~ mit et.*** waste time on s.th.; **II.** F *v/refl.*: ***sich*** (***schwer***) ***~*** make a (big) mistake (***bei, mit*** with).

vertuschen *v/t.* cover up; (*Affäre etc.*) *a.* hush up; **Vertuschung** *f* cover-up.

verübeln *v/t.* take offen|ce (*Am.* -se) at; ***j-m et. ~*** *a.* be annoyed at s.o. for s.th.; ***j-m ~, daß er ...*** be annoyed at s.o. for *ger.*, take offen|ce (*Am.* -se) at s.o.('s) *ger.*; ***ich hoffe, du wirst es mir nicht ~, daß*** (*od.* ***wenn***) ***ich ...*** *a.* I hope you won't mind my *ger.*; ***ich kann es ihm nicht ~*** I can't blame him.

verüben *v/t.* (*Verbrechen*) commit; (*Anschlag, Attentat*) carry out.

verulken *v/t.* make fun of.

verunglimpfen *v/t.* denigrate, disparage; ***j-n ~*** *a.* blacken s.o.'s name; **Verunglimpfung** *f* denigration, disparagement.

verunglücken *v/i.* **1.** have an accident; (*a.* ***tödlich ~***) be killed in an accident; **2.** *Sache*: fail, go wrong; **verunglückt** *adj.* **1.** ***~e Person → Verunglückte***(***r***); **2.** *Sache*: unsuccessful; ***~e Sache*** (*od.* ***Angelegenheit,*** F ***Geschichte***) *a.* failure, F flop, *stärker*: F hash; **Verunglückte(r** *m*) *f* casualty, *a. Tote*(*r*): (accident *od.* crash) victim.

verunreinigen *v/t.* dirty; (*Wasser etc.*) pollute; (*verseuchen*) contaminate; **Verunreinigung** *f* **1.** dirtying; pollution, contamination; **2.** (*Fremdstoff*[*e*]) impurity, impurities *pl.*

verunsichern *v/t* make *s.o.* (feel) unsure of himself (*od.* herself), *stärker*: unnerve; (*verwirren*) throw, F rattle; **verunsichert** *adj.* unsure (of o.s.), *stärker*: unnerved; **Verunsicherung** *f* (feeling of) uncertainty; ***zur ~ der Bevölkerung*** *etc.* ***führen*** cause (a feeling of) unease among the population *etc.*, make the population *etc.* nervous (*od.* uneasy).

verunstalten *v/t.* deface; (*Gesicht etc.*) mar, *stärker*: disfigure; **Verunstaltung** *f* defacing; marring, disfigurement.

veruntreuen *v/t.* misappropriate, (*bsd. Geld*) embezzle; **Veruntreuung** *f* misappropriation, embezzlement.

verunzieren *v/t.* spoil, mar.

verursachen *v/t.* cause, bring about, give rise to; ***j-m Schwierigkeiten*** *etc.* ***~*** cause s.o. difficulties *etc.*, create difficulties *etc.* for s.o.; ***j-m Kosten ~*** put s.o. to expense; **Verursacher** *m* responsible party; **Verursacherprinzip** *n* causation principle; *Umwelt*: polluter pays principle; **Verursachung** *f* causing (*gen.* of).

verurteilen *v/t.* condemn (*a. fig.*), sentence (**zu** to); **verurteilt** *adj.* convicted; *a. fig.* condemned; *fig.* ***zum Scheitern ~*** doomed to fail(ure); ***zum Nichtstun ~*** condemned to a life of idleness; **Verurteilte(r** *m*) *f* convicted man (*f* woman), ⚖ convict; ***zum Tode ~*** condemned man (*f* woman); **Verurteilung** *f* condemnation (*a. fig.*), conviction; (*Urteil*) sentence.

vervielfältigen *v/t.* (*kopieren*) duplicate, copy; **Vervielfältigung** *f* duplication, copying; *konkret*: copy; **Vervielfältigungsapparat** *m* duplicator.

vervierfachen *v/t. u. v/refl.* (***sich ~***) quadruple.

vervollkommnen *v/t.* perfect; (*verbessern*) improve (on); **Vervollkommnung** *f* perfection; improvement.

vervollständigen I. *v/t.* complete; **II.** *v/refl.*: ***sich ~*** be completed, become complete; **Vervollständigung** *f* completion.

verwachsen[1] *v/i.* **1.** grow together; ⚕ *Knochen*: unite; *Wunde*: heal up; **2.** *fig.* grow close (***mit*** to), *lit.* become one (with); ***~ zu et.*** grow into s.th.

verwachsen[2] *adj.* **1.** deformed, crippled; (*bucklig*) hunchbacked; **2.** (*überwuchert*) overgrown; **3.** *Baum etc.*: stunted; **4.** *fig.* ***~ mit*** deeply rooted in; ***~ sein mit*** *a.* be one with; **Verwachsung** *f* **1.** deformity; **2.** ⚕ (*Zusammenwachsen*) fusion.

verwackeln *v/t.*: ***ein Foto ~*** shake the camera (while taking a photo); **verwackelt** *adj.* blurred.

verwählen *v/refl.*: ***sich ~*** dial the wrong number; ***ich glaube, Sie haben sich verwählt*** I think you must have (got) the wrong number.

verwahren I. *v/t.*: (***sicher ~***) keep (in a safe place); ***et. für j-n ~*** look after s.th. for s.o.; **II.** *fig. v/refl.*: ***sich ~*** protest (***gegen*** against).

verwahrlosen *v/i.* **1.** *Haus etc.*: be (*od.* get) neglected, *stärker*: go to rack and ruin; *Garten*: be (*od.* get) neglected, run wild; **2.** *Person*: go to seed, *moralisch*: go off the rails; **verwahrlost** *adj.* **1.** *Haus etc.*: (sadly) neglected, *stärker*: dilapidated; *Garten*: neglected, *stärker*: overgrown, *nachgestellt*: run wild; **2.** *Person*: scruffy, *stärker*: seedy; *moralisch*: dissolute; **Verwahrlosung** *f* **1.** (total) neglect, state of neglect; *e-s Hauses etc*: *a.* dilapidation; **2.** *e-r Person*: (moral) decline; ***die ~ der heutigen Jugend*** the decline of today's youth.

Verwahrung *f* **1.** safekeeping; *e-r Person*: custody; ***j-m et. in ~ geben*** deposit s.th. with s.o., leave s.th. with s.o. for safekeeping; ***in ~ nehmen*** take charge of; **2.** (*Einspruch*) protest; ***~ einlegen*** protest, enter a protest (***gegen*** against).

verwaisen *v/i.* be orphaned, become (*od.* be made) an orphan; **verwaist** *adj.* orphan (*a. fig.*); *fig.* (*verlassen*) abandoned; (*menschenleer*) deserted; (*unbesetzt*) *Stelle etc.*: vacant.

verwalten *v/t.* administer (*a. Konkursmasse, Nachlaß*); (*Firma etc.*) manage;

(*Angelegenheit*) conduct; **Verwalter** *m* administrator; manager; (*Guts*2) estate manager; **Verwaltung** *f* **1.** administration (*a. Staats*2, *Konkurs*2, *Nachlaß*2); management; **2.** (*Verwaltungsbehörde*) administrative authority; ***zentrale*** ~ administrative headquarters *pl.* (*a. sg. konstr.*), central administration (offices).
Verwaltungs|akt *m* administrative act; **~angestellte(r** *m*) *f* administrative assistant; **~apparat** *m* administrative (*od.* bureaucratic) machinery; **~aufgaben** *pl.* administrative tasks (*od.* duties); **~beamte(r)** *m* civil servant; **~behörde** *f* → ***Verwaltung*** 2; **~bezirk** *m* administrative district; **~dienst** *m* civil service; **~gebäude** *n* administrative (F admin) building; **~gebühr** *f* administration charge; **~gericht** *n* administrative court; **~gerichtshof** *m* higher administrative court; **~kosten** *pl.* administrative overheads (*od.* expenses, costs); **~kram** F *m* paperwork; red tape; **~personal** *n* administrative staff (*mst pl. konstr.*); **~rat** *m* governing board; **~recht** *n* administrative law; **~sitz** *m* (administrative) headquarters *pl.* (*a. sg. konstr.*); **2technisch** *adj.*: ***aus ~en Gründen*** for administrative reasons; **~weg** *m*: ***auf dem ~e*** through (the) administrative channels.
verwandelbar *adj.* convertible; **verwandeln I.** *v/t.* **1.** change; (*umwandeln*) *a.* convert; (*umformen*) transform; (*Strafe*) commute (*alle* ***in*** into); ~ ***in*** *a.* turn into; **2.** *Fußball*: convert; ***den Strafstoß*** *etc.* ~ score; **II.** *v/refl.*: ***sich*** ~ change (***in*** into); metamorphose (into); ***sich*** ~ ***in*** *a.* turn into; **III.** *v/i. Fußball*: score; ***er hätte*** ~ ***müssen*** he should have scored; **Verwandlung** *f* change; conversion; transformation; metamorphosis; **Verwandlungskünstler(in** *f*) *m* quick-change artist.
verwandt *adj.* **1.** related (***mit*** to) (*a. fig. ähnlich, analog*); *fig.* ~ ***sein*** *geistig, vom Wesen etc.*: be akin (*dat.* to); ***~e Seelen*** (*od.* ***Geister***) kindred spirits, soulmates; ***geistig*** (*od.* ***seelisch, innerlich***) ~ ***sein*** be kindred spirits; **2.** *Wörter*: cognate (***mit*** with), related (to); ***die Wörter sind*** ~ *a.* the words go back to (*od.* have) the same root; **Verwandte(r** *m*) *f* relative, relation; ***der nächste Verwandte*** the next of kin; **Verwandtenkreis** *m* (circle of) relatives *pl.*; **Verwandtschaft** *f* **1.** relationship; *geistige etc.*: affinity; ***geistige*** (*od.* ***seelische, innere***) ~ *a.* meeting of minds; **2.** (*die Verwandten*) relations *pl.*; ***die ganze*** ~ F the whole clan; **verwandtschaftlich** *adj.* family ...; ***~e Beziehung(en)*** family connections, (*Verwandtschaft*) relationship; **Verwandtschaftsgrad** *m* degree of relationship.
verwanzt *adj.* **1.** bug-infested, bug-ridden; **2.** *mit Abhörgeräten*: bugged.
verwarnen *v/t.* warn, give *s.o.* a warning; *Sport*: caution, book; *polizeilich*: caution; **Verwarnung** *f* warning; *polizeiliche*: caution; *Sport*: caution, yellow card.
verwaschen *adj.* faded, *Wäsche*: *a.* washed out; *fig.* watery, F wishy-washy.
verwässern *v/t.* dilute, *a. fig.* water down; **verwässert** *adj.* diluted; *a. fig.* watered down, watery.
verwechseln *v/t.* confuse, mix up (***mit*** with), mistake (for); ***j-n mit e-m andern*** ~ mistake s.o. for s.o. else; ***et. mit et. anderem*** ~ mix s.th. up (*od.* confuse s.th.) with s.th. else, mistake s.th. for s.th. else; ***ich habe ihn verwechselt*** I mistook him for s.o. else, I thought he was s.o. else; ***den Hut*** *etc.* ~ take the wrong hat *etc.*, mix up the hats *etc.*; ***Sie können es gar nicht*** ~ you can't mistake it; ***sie sehen sich zum*** 2 ***ähnlich*** they're as (a)like as two peas (in a pod); **Verwechslung** *f* mistake; *von Personen*: case of mistaken identity, F mix-up.
verwegen *adj.* daring, bold; (*waghalsig*) reckless; *Kleidung, Art etc.*: rakish; **Verwegenheit** *f* daring; recklessness; rakishness.
verwehen I. *v/t.* blow away; (*zerstreuen*) scatter; (*zuwehen*) cover with snow *etc.*; **II.** *v/i.* be blown over; *fig.* fade (away); **Verwehung** *f* (*Schnee*2) (snow)drift; (*Sand*2) (sand)drift.
verwehren *v/t.* (*versperren*) bar; ***j-m et.*** ~ (*verweigern*) refuse (*od.* deny) s.o. s.th.; ***j-m*** ~, ***et. zu tun*** keep (*od.* stop, prevent) s.o. from doing s.th.; ***j-m den Zutritt*** ~ refuse s.o. admittance (***zu*** to).
verweiblichen I. *v/i.* become effeminate; **II.** *v/t.* feminize; **verweiblicht** *adj.* effeminate; **Verweiblichung** *f* **1.** increasing effeminacy; **2.** feminization.
verweichlichen I. *v/t.* make *s.o.* soft, F turn *s.o.* into a softie; **II.** *v/i.* go (*od.* turn) soft; **verweichlicht** *adj.* soft; ***~er Kerl*** F softie, wimp; **Verweichlichung** *f* turning soft; *weitS.* F increasing wimpishness; ***es führt zur ~ der Jugend*** *etc.* F it's turning our youth *etc.* into a bunch of softies.
verweigern I. *v/t.* refuse; ***e-n Befehl*** ~ disobey an order; ***j-m s-e Hilfe*** ~ refuse to help s.o.; ***den Kriegsdienst*** ~ refuse to do one's military service, ignore one's conscription orders; ***die Nahrung(saufnahme)*** ~ refuse all food, refuse to eat; **II.** *v/refl.*: ***sich*** ~ refuse to cooperate (*od.* go along with s.th.); ***sich der Gesellschaft*** ~ opt out (of society); **Verweigerung** *f* refusal; **Verweigerungsfall** *m*: ***im*** ~ in case of refusal.
verweilen *v/i.* stay; *zögernd*: linger; *Blick*: rest (***auf*** on); *Gedanken*: linger (***bei*** on), *länger*: dwell (on); ***bei e-m Thema*** ~ dwell on a topic.
verweint *adj.* tear-stained *face*; *eyes* red with tears.
Verweis *m* **1.** (*Rüge*) reprimand, reproof, rebuke; ***j-m e-n*** ~ ***erteilen*** reprimand s.o. (***wegen*** for); **2.** (*Hinweis*) reference (***auf*** to); **verweisen I.** *v/t.* **1.** (*Schüler*, *a. des Landes* ~) expel; ***j-n des Landes*** ~ *a.* serve s.o. with a deportation; → ***Platz***; **2.** ⚖ remit; **3.** ***j-n*** ~ ***auf*** (*od.* ***an***) refer s.o. to; **II.** *v/i.*: ~ ***auf*** (*hinweisen*) refer to; point *s.th.* out; ***darf ich auf ...*** ~ may I refer you to ...; **Verweisung** *f* **1.** (*Ausweisung*) expulsion; **2.** reference (***auf*** to).
verwelken *v/i. Blumen*: wilt; *Blätter etc.*: wither; *fig. Ruhm etc.*: fade; **verwelkt** *adj. Blumen*: wilted, limp; *Blätter etc.*: withered, dried up; *fig. Ruhm etc.*: faded *glory etc.*
verweltlichen *v/t.* secularize; **Verweltlichung** *f* secularization.
verwendbar *adj.* usable; (*anwendbar*) applicable; **verwenden I.** *v/t.* use; (*anwenden*) apply; (*nützlich* ~) utilize; (*aufwenden*) spend; *Mühe, Sorgfalt, Zeit* ~ ***auf*** devote to; **II.** *v/refl.*: ***sich bei j-m für j-n*** ~ approach s.o. on s.o.'s behalf; **Verwendung** *f* use; application; utilization; expenditure; → ***verwenden***; ***keine ~ haben für*** have no use for; ***das wird schon irgendwo ~ finden*** we'll *etc.* find some use for it.
Verwendungs|bereich *m* range (*od.* field) of application; **2fähig** *adj.* usable; **~möglichkeit** *f* (possible) use *od.* application; ***e-e*** ~ *gen.* one way (in which) *s.th.* can be used; **~weise** *f* (manner of) use; ***die*** ~ *gen.* the way (in which) *s.th.* is used; **~zweck** *m* use, intended purpose.
verwerfen I. *v/t.* **1.** (*Gedanken etc.*) reject, dismiss; (*Plan etc.*) *a.* turn down; ⚖ (*Klage*) dismiss; (*Urteil*) quash; (*Antrag etc.*) overrule; **II.** *v/refl.*: ***sich*** ~ **2.** *Holz*: warp; **3.** *geol.* fault; **verwerflich** *adj.* reprehensible; (*abscheulich*) abominable; **Verwerflichkeit** *f* reprehensibility; **Verwerfung** *f* **1.** (*Zurückweisung*) rejection; ⚖ a) dismissal, b) quashing, c) overruling; → ***verwerfen*** 1; **2.** *von Holz*: warp(ing); **3.** *geol.* fault.
verwertbar *adj.* usable; ✝ realizable; **Verwertbarkeit** *f* usability; ✝ realizability; **verwerten** *v/t.* make use of, utilize, use; (*Erfahrungen etc.*) turn to (good) account; (*Erfindung*) exploit; *geschäftlich*: commercialize; (*zu Geld machen*) realize; ***kannst du das irgendwie ~?*** can you make any use of this?; **Verwertung** *f* utilization, use; exploitation; commercialization; realization.
verwesen *v/i.* rot; (*sich zersetzen*) decay; **verwest** *adj.* rotted, putrefied; (*zersetzt*) decayed; ***halb*** ~ rotting, putrefying; decaying.
Verweser *m hist.* administrator.
Verwesung *f* (state of) decay; ***in ~ übergehen*** (begin to) decay; **Verwesungsgeruch** *m* putrid smell, (strong) smell of putrefaction; **Verwesungsprozeß** *m* process of decay.
verwetten *v/t.* bet away, spend on betting; throw away on bets.
verwickeln I. *v/t.* **1.** (*Wolle etc.*) tangle (up), get *s.th.* tangled; **2.** *fig.* ***j-n in et.*** ~ involve s.o. in s.th., get s.o. involved (*od.* embroiled, caught up) in s.th., drag s.o. into s.th.; ***in et. verwickelt werden*** be(come) *od.* get involved (*od.* caught up, embroiled) in s.th., F get mixed up in s.th.; **II.** *v/refl.*: ***sich*** ~ ***in*** get (o.s.) involved in, (*Widersprüche*) get tangled up in *a web of contradictions*; **verwickelt** *adj.* **1.** complicated, involved; ***~e Lage*** *a.* imbroglio; **2.** ~ ***in*** involved in, caught up in; **Verwicklung** *f* entanglement, involvement; (*Kompliziertheit*) *a.* complexity, *konkret*: complication; (*Durcheinander*) confusion, tangle, imbroglio; ***diplomatische*** *etc.* ***~en*** diplomatic *etc.* embroilment.
verwildern *v/i. Garten, a. Kinder u. Tiere*: run wild; *Person*: go to seed; **verwildert** *adj. Garten*: overgrown, wild, *nachgestellt*: run wild; *Tiere*: wild, *Kinder*: *a.* unruly; *Person*, *moralisch*: dissipated, *stärker*: dissolute; **Verwilderung** *f e-s Gartens*: (state of) neglect; *von Kindern*: (increasing) unruliness.
verwinden *v/t.* get over.
verwirken *v/t.* forfeit.
verwirklichen I. *v/t.* (*Pläne, Träume etc.*) realize, (*Ziel*) *a.* achieve, attain; **II.** *v/refl.*: ***sich*** ~ be realized, materialize;

Ziel: be achieved (*od.* attained, realized); (*sich erfüllen*) come true; ***sich selbst ~*** find one's fulfil(l)ment, ***in et.***: find fulfil(l)ment in s.th.; **Verwirklichung** *f* realization; *e-s Ziels*: *a.* achievement, attainment; *e-s Traums etc.*: fulfil(l)ment, realization.

verwirren I. *v/t.* **1.** (*j-n*) confuse, *stärker*: bewilder, perplex; **2.** (*Garn etc.*) tangle (up); (*Haare*) dishevel; **II.** *v/refl.*: ***sich ~*** get tangled (up); **verwirrend** *adj.* confusing, *stärker*: bewildering; ***~e Vielfalt*** bewildering variety (*od.* choice); **Verwirrspiel** *n* deliberate confusion; ***ein ~ treiben mit j-m*** keep s.o. guessing; **verwirrt** *adj.* confused, *stärker*: bewildered, perplexed; **Verwirrtheit** *f* → ***Verwirrung*** 1; **Verwirrung** *f* **1.** (*Verwirrtheit*) confusion, *stärker*: bewilderment, perplexity; ***in ~ bringen*** confuse, *stärker*: bewilder, throw into confusion; ***in ~ geraten*** get (*od.* become) confused; ***er war in e-m Zustand geistiger ~*** he was clearly disturbed; **2.** (*Durcheinander*) confusion, muddle; ***~ stiften*** cause confusion; **Verwirrungszustand** *m* state of confusion (*stärker*: bewilderment).

verwirtschaften *v/t.* squander away.

verwischen I. *v/t.* (*undeutlich machen*) blur; (*verschmieren*) smear; (*Spuren*) cover up; **II.** *v/refl.*: ***sich ~*** become blurred, blur; *Erinnerungen*: become hazy.

verwittern *v/i.* weather; (*zerfallen*) disintegrate; **verwittert** *adj.* weather-beaten (*a. Gesicht*); **Verwitterung** *f* weathering; (*Zerfall*) disintegration.

verwitwet *adj.* widowed.

verwoben *adj.* intertwined.

verwöhnen *v/t.* spoil (*a. im positiven Sinne*); ***jeder läßt sich hin und wieder gern ~*** everyone likes to be spoilt (a bit) now and again; ***das Schicksal hat sie nicht verwöhnt*** she hasn't had an easy time of it; **verwöhnt** *adj.* spoilt; ***total ~*** thoroughly spoilt, F spoilt as hell; ***das Kind ist total ~*** *a.* F he's (*od.* she's) a spoilt brat; ***er hat e-n ~en Geschmack*** he has very fine taste (*contp.* very fussy tastes); **Verwöhnung** *f* spoiling.

verworfen *adj.* depraved; **Verworfenheit** *f* depravity.

verworren *adj.* **1.** confused, muddled; **2.** (*kompliziert*) involved, intricate; **Verworrenheit** *f* **1.** confusion, confused state (of mind); **2.** (*Kompliziertheit*) intricacy, involved nature (*gen.* of).

verwundbar *adj.* vulnerable (*a. fig.*); **Verwundbarkeit** *f* vulnerability (*a. fig.*); **verwunden** *v/t.* wound (*a. fig.*); ***sie war am Bein*** *etc.* ***verwundet*** she had a wounded leg *etc.*

verwunderlich *adj.* surprising, *stärker*: astonishing; ***es ist nicht ~, daß*** it's no wonder that; **verwundern I.** *v/t.* surprise, *stärker*: astonish; **II.** *v/refl.*: ***sich ~*** be surprised, *stärker*: be astonished, be (quite) taken aback; **verwundert** *adj.* surprised, *stärker*: astonished, taken aback; **Verwunderung** *f*: (***zu m-r ~*** to my) surprise, *stärker*: astonishment, *stärker*: amazement; ***ich habe zu m-r ~ erfahren*** *a.* I was quite surprised (*od.* amazed) to find out; ***es hat für ~ gesorgt*** it raised a few eyebrows.

verwundet *adj.* wounded; ***~er Soldat*** *etc.* *a.* casualty; **Verwundete(r)** *m* casualty, wounded (service)man *etc.*; *pl. coll. a. the* wounded (*pl.*); **Verwundung** *f* wound, injury.

verwunschen *adj.* enchanted.

verwünschen *v/t.* **1.** (*verfluchen*) curse; **2.** (*verzaubern*) enchant, cast a spell on; **verwünscht** *adj.* cursed, confounded; **Verwünschung** *f* **1.** (*Fluch*) curse; **2.** (*Zauber*) spell.

verwurschteln, verwursteln F *v/t.* mess up; (*Haare*) *a.* muss up; **verwurschtelt, verwurstelt** F *adj.* messed up; *Haare*: *a.* mussed up, dishevel(l)ed; ***ganz ~*** *pred. a.* F a (right) mess.

verwurzelt *adj.* (deeply) rooted (***in*** in); ***fest ~*** firmly rooted *od.* entrenched (in); ***tief ~*** deeply rooted (*od.* ingrained), ***sein***: *a.* run deep.

verwüsten *v/t.* lay waste, devastate; **verwüstet** *adj.* devastated, ravaged, *pred. a.* laid waste; **Verwüstung** *f* devastation, *formell*: depredation(s *pl.*); *konkret*: *a.* ravages *pl. of the storm etc.*

verzagen *v/i.* despair (***an*** of), lose heart; ***nur nicht ~!*** don't give up, don't despair; **verzagt** *adj.* despondent; (*verzweifelt*) desperate; (*kleinmütig*) fainthearted; **Verzagtheit** *f* despondency; *stärker*: despair, desperation.

verzählen *v/refl.*: ***sich ~*** miscount.

verzahnen *v/t.* interlock (*a. fig.*); ⚙ (*Holzteile*) dovetail; **verzahnt** *adj.* (*a.* ***ineinander*** *od.* ***miteinander ~***) interlocked (*a. fig.*); **Verzahnung** *f* interlocking (*a. fig.*); ⚙ *Holzteile*: dovetail connection.

verzanken *v/refl.*: ***sich ~*** have an argument (***wegen*** over, about); ***sie haben sich verzankt*** *a.* they've fallen out (with each other).

verzapfen *v/t.* **1.** F (*Unsinn etc.*) come up with, *verbal*: *a.* F spout; **2.** (*Bier etc.*) have on draught (*Am.* draft); **3.** ⚙ mortise; **Verzapfung** *f* ⚙ mortise joint.

verzärteln *v/t.* (molly)coddle, pamper; **verzärtelt** *adj.* (molly)coddled; ***~er Typ*** F wimp; **Verzärtelung** *f* (molly)coddling, pampering.

verzaubern *v/t.* cast a spell on; *fig.* enchant, *stärker*: bewitch; ***~ in*** turn into; **verzaubert** *adj.* enchanted.

verzehnfachen *v/t. u. v/refl.* (***sich ~***) increase tenfold.

Verzehr *m* consumption; (***nicht***) ***zum ~ geeignet*** (not) fit to eat, (in)edible; **verzehren I.** *v/t.* consume (*a. fig.*), eat; **II.** *fig. v/refl.*: ***sich ~*** eat one's heart out; ***sich ~ nach*** yearn for; ***sich ~ vor*** *Gram etc.*: pine away with, be consumed (*od.* eaten up) with; **verzehrend** *adj.* consuming, devouring; **Verzehrzwang** *m* obligation to order.

verzeichnen *v/t.* **1.** note (*od.* write) down; *in e-r Liste*: *a.* list; *Gerät*: record, register; *amtlich*: register; (*Daten*) record; ✝ (*Kurse*) quote; *fig.* (*Fortschritte*) record; (*Erfolg, Siege, Gewinne*) notch up; ***~ können, zu ~ haben*** have notched up; ***... waren*** (***nicht***) ***zu ~*** there were (no) ...; ***es konnten keine Fortschritte verzeichnet werden*** there was no progress to be seen; **2.** (*falsch zeichnen*) draw *s.th.* wrong; *fig.* (*falsch darstellen*) misrepresent; (*verzerren*) distort; **Verzeichnis** *n* list; *amtliches*: register; (*Katalog*) catalog(ue); (*Inhalts*⁓) index; **Verzeichnung** *f* (*Verzerrung*) *a. fig.* distortion.

verzeihen *v/t. u. v/i.* forgive; (*entschuldigen*) excuse, pardon (***j-m et.*** s.o. [for] s.th.); ***~ Sie!*** sorry!, *Am.* excuse me!, *formell*: I ('do) beg your pardon; ***~ Sie bitte, ...*** excuse me, ...; ***~ Sie bitte die Störung*** sorry to disturb you; ***~ Sie die Frage, aber ...*** if you'll forgive my asking, ...; ***das ist nicht zu ~*** there's no excuse for that; **verzeihlich** *adj.* forgivable; **Verzeihung** *f* forgiveness; (*Entschuldigung*) pardon; ***~!*** sorry!, *Am.* excuse me!, *formell*: I ('do) beg your pardon; ***~?*** sorry(, could you repeat that)?; ***j-n um ~ bitten*** ask s.o.'s forgiveness; (*sich entschuldigen*) apologize to s.o.

verzerren I. *v/t.* **1.** (*Gesicht etc.*) distort, *stärker*: contort, *krampfartig*: convulse; **2.** *fig.* (*Ton, Bericht etc.*) distort; **3.** (*Muskel, Sehne*) pull; (*Knöchel*) sprain; **II.** *v/refl.*: ***sich ~*** become distorted, *Gesicht*: *a.* contort; **verzerrt** *adj.* **1.** *Gesicht*: distorted, *stärker*: contorted; **2.** *fig. Ton*: distorted; *Bericht etc.*: *a.* warped *account*; ***~e Darstellung*** *a.* distortion of the facts; **Verzerrung** *f* distortion (*a. fig.*), *des Gesichts*: *a.* contortion.

verzetteln I. *v/t.* **1.** (*vertun*) waste, fritter away; **II.** *v/refl.*: ***sich ~*** **2.** have too many irons in the fire, be doing too many things at the same time; **3.** waste one's time on (*od.* get sidetracked by) little things.

Verzicht *m* renunciation, renouncement (***auf*** of); (*Enthaltung*) abstention (from); (*Abtretung*) abandonment (of); ⚖ *auf Ansprüche, Rechte*: waiver, disclaimer; ***~ leisten auf*** → **verzichten** *v/i.* forego, do without, *formell*: renounce, forswear (*alle* ***auf*** *s.th.*); (*sich enthalten*) abstain, refrain (from), ⚖ waive, disclaim (*s.th.*); ***~ auf*** (*ein Angebot etc.*) turn down, (*e-n Posten etc.*) *a.* refuse; (*aufgeben*) give up, abandon; ***auf e-n Gegenschlag ~*** refrain from retaliatory action; ***auf Gewalt ~*** renounce violence, abandon the use of force; ***danke, ich verzichte*** thanks, but no thanks; ***ich kann nicht mehr darauf ~*** I can't do (*od.* live) without it any more; **Verzichterklärung** *f* waiver, disclaimer.

verziehen I. *v/t.* **1.** ***das Gesicht ~*** pull (*od.* make) a face, *stärker*: screw up one's face; ***den Mund ~*** grimace, twist one's mouth; → ***Miene***; **2.** (*Kind*) spoil; **3.** (*junge Pflanzen*) thin out; **II.** *v/i.* **4.** (*umziehen*) move (house); **III.** *v/refl.*: ***sich ~*** **5.** go out of shape; *Holz*: warp; **6.** *Gesicht*: screw up (***zu*** into), contort (into); *Mund*: twist (into), contort (into); **7.** (*verschwinden*) disappear; *Wolken*: *a.* disperse; *Sturm*: blow over; **8.** F (*sich davonschleichen*) decamp (***nach*** to), F make o.s. scarce; ***sich in sein Zimmer ~*** disappear (*beleidigt etc.*: *a.* slink off) into one's (bed)room; ***verzieh dich!*** F get lost!, push off!, scram!

verzieren *v/t.* decorate; △, ♪, *handwerklich etc.*: ornament; **Verzierung** *f* decoration; △ *etc.* ornament, (*a.* ***~en***) ornamentation; ♪ ornament(s *pl.*).

verzinken *v/t.* galvanize; **Verzinkung** *f* galvanization.

verzinnen *v/t.* tin-plate; **Verzinnung** *f* tin-plating.

verzinsen I. *v/t.* pay interest on; ***e-n Betrag zu 3% ~*** pay 3 per cent (*od.* percent) interest on a sum; ***mit 5% verzinst*** bearing 5 per cent (*od.* percent) interest; **II.** *v/refl.*: ***sich ~*** yield (*od.* bear) interest; ***sich mit 5% ~*** bear 5 per cent (*od.*

percent) interest; **verzinslich** *adj.* bearing interest; *Papiere, Darlehen*: interest-bearing; **Verzinsung** *f* payment of interest; (*Zinssatz*) interest rate; (*Zinsertrag*) return.
verzogen *adj.* **1.** *Kind*: spoilt, spoiled; **2.** ⚙ *etc.*: out of shape; *Holz etc.*: *a.* warped; **3.** ***Empfänger unbekannt*** ~ address unkown; ***falls*** ~, ***bitte zurück an*** if undelivered, please return to.
verzögern I. *v/t.* delay; (*verlangsamen*) slow down; (*in die Länge ziehen*) protract; ***das Spiel*** ~ *Sport*: hold up the game; **II.** *v/refl.*: ***sich*** ~ be delayed; (*sich lange nicht einstellen etc.*) be a long time coming; (*sich verlangsamen*) slow down; **Verzögerung** *f* delay; **Verzögerungstaktik** *f* delaying (*od.* stalling) tactics *pl.*
verzollen *v/t.* pay duty on; ***haben Sie etwas zu*** ~? have you anything to declare?; **verzollt** *adj.* duty-paid; **Verzollung** *f* payment of duty (*gen.* on).
verzücken I. *v/t.* enrapture; **II.** ♀ *n* → ***Verzückung.***
verzuckern *v/t.* **1.** sugar (over); (*kandieren*) candy; **2.** put too much sugar in.
verzückt *adj.* enraptured, *stärker*: in raptures, ecstatic; *Blick*: rapt; **Verzückung** *f* rapture, *stärker*: ecstasy; ***in*** ~ ***geraten*** go into raptures (***wegen*** over).
Verzug *m* delay; ***ohne*** ~ without delay, forthwith; ***in*** ~ ***geraten*** (***sein***) get (be) behind, *mit Zahlungen*: fall into (be in) arrears; ***es ist Gefahr im*** ~ danger is looming; **Verzugszinsen** *pl.* interest *sg.* on arrears, default interest *sg.*
verzweifeln *v/i.* despair (***an*** of); ***an der Menschheit*** *etc.* ~ lose all faith in mankind *etc.*; ***am*** ♀ ***sein*** be desperate; ***es ist zum*** ♀ it's enough to drive you to despair (*od.* distraction); ***nur nicht*** ~! don't give up, don't despair; **verzweifelt I.** *adj.* despairing; (*aussichtslos*; *a. rücksichtslos*) desperate; ~***e Lage*** hopeless (*od.* desperate) situation; ~***er Versuch*** desperate attempt, *letzter*: last-ditch effort; **II.** F *adv.*: ~ ***ähnlich*** (***komisch*** *etc.*) desperately alike (funny *etc.*); **Verzweiflung** *f* despair; desperation; ***aus*** (***lauter***) ~ in *od.* out of (sheer) desperation; ***zur*** ~ ***bringen*** (*od.* ***treiben***) exasperate, drive to despair (*od.* distraction); **Verzweiflungstat** *f* act of desperation.
verzweigen *v/refl.*: ***sich*** ~ branch out, *bsd. fig.* ramify; **Verzweigung** *f* branching out; *fig.* ramifications *pl.*
verzwickt F *adj.* tricky, *Problem*: *a.* F knotty ...; (*kompliziert*) complicated; **Verzwicktheit** F *f* trickiness; complicated nature (*gen.* of).
Vesper *f eccl.* (*Gebetsstunde*) vespers *pl.* (*a. sg. konstr.*).
Veteran *m* **1.** *Brit.* ex-serviceman, *Am.* veteran; **2.** (*Oldtimer*) vintage car; **3.** *fig.* veteran.
Veterinär *m* veterinary surgeon, *Am.* veterinarian; F vet; ~**medizin** *f* veterinary medicine.
Veto *n* veto; (***s***)***ein*** ~ ***einlegen*** exercise one's power of veto, ***gegen***: put a veto on, veto; ~**recht** *n* power of veto.
Vetter *m* cousin; **Vetternwirtschaft** *f* nepotism, F cronyism.
Vexier|bild *n* picture puzzle; ~**spiegel** *m* distorting mirror.
V-Gespräch *n* person-to-person call.
VHS *f* → ***Volkshochschule***; ~**-Kurs** *m* evening class; ***e-n*** ~ ***in ... machen*** do a course (*od.* do evening classes) in ...
Viadukt *m* viaduct.
Vibraphon *n* ♪ vibraphone, F vibes *pl.*
Vibration *f* vibration; **Vibrator** *m* vibrator; **vibrieren** *v/i.* vibrate.
Video *n* video (*a. Musik*♀); ~**aufnahme** *f*, ~**aufzeichnung** *f* video recording; ~**band** *n* video tape; ~**clip** *m* video clip; ~**film** *m* video film; ~**gerät** *n* video (recorder), *bsd. Am. a.* VCR; ~**kamera** *f* video camera; camcorder; ~**kassette** *f* video cassette; ~**konferenz** *f* video conference; ~**recorder** *m* video (recorder), VCR; ~**-Schocker** *m* video nasty; ~**spiel** *n* video game; ~**text** *m* teletext.
Videothek *f* video shop.
Videoüberwachung *f* closed-circuit TV.
Viech F *n* **1.** (*Tier*) (***verdammtes*** ~ F blasted) animal; (*bsd. Hund*) F critter; (*Insekt*) (F blasted) insect, *Am.* bug; **2.** (*Rohling*) brute; **Viecherei** F *f* (*Schufterei*) F hard graft, (real) grind.
Vieh *n* cattle *pl.*, livestock (*a. pl. konstr.*); F (*allg. Tier*) beast; *fig.* (*Rohling*) brute; ***j-n wie ein Stück*** ~ ***behandeln*** treat s.o. like dirt (*od.* muck); ~**bestand** *m* livestock; ~**futter** *n* fodder, feed; ~**händler** *m* cattle dealer; ~**herde** *f* cattle herd.
viehisch I. *adj.* **1.** brutal; **2.** F (*sehr groß*) F dreadful; **II.** *adv.* **3.** ***sich*** ~ ***benehmen*** behave like a brute (*od.* brutes); **4.** F ~ ***betrunken*** *etc. sl.* drunk *etc.* as hell.
Vieh|markt *m* cattle market; ~**seuche** *f* rinderpest; ~**treiber** *m* drover; ~**wagen** *m* cattle wag(g)on; ~**weide** *f* (cattle) pasture; ~**zeug** F *n* **1.** animals *pl.*; (*Haustiere*) F menagerie; **2.** *contp.* (***verdammtes*** ~ F blasted) animals *pl*; (*Insekten*) (F blasted) insects *pl.*, *Am.* bugs *pl.*; ~**zucht** *f* stock farming, cattle breeding.
viel *adj. u. adv.* a lot of; ~***e*** many; ***nicht*** ~ not much; ***nicht*** ~***e*** not many; ***sehr*** ~ a great deal (of); ***sehr*** ~***e*** very many, a lot (of), a great many; ***noch einmal so*** ~ as much again; ~ ***besser*** much better; ***ziemlich*** ~(***e***) quite a lot (of); ***einer zu***~ one too many; ***ein bißchen*** ~ a bit too much; → *a.* ***bißchen*** II; ~ ***zu***~ far too much; ***das*** ~***e Geld*** all that money; ***in*** ~***em*** in many ways; ***um*** ~***es besser*** far (*od.* much) better; ***das will*** (***nicht***) ~ ***heißen*** that's saying a lot (that's not saying much); ***was gibt es da noch*** ~ ***zu bereden?*** what is there to discuss?, I thought we'd settled things; ***was soll ich dir noch*** ~ ***erzählen?*** there's no point in my going into (any great) detail about it.
viel|bändig *adj.* multivolume ...; ~**befahren** *adj.* very busy; ~***e Straße*** *a.* road with heavy traffic; ~**beschäftigt** *adj.* very busy; ~**bewundert** *adj.* much-admired; ~**deutig** *adj.* ambiguous; ♀**deutigkeit** *f* ambiguity; ~**diskutiert** *adj.* much-discussed, widely discussed.
Vieleck *n* polygon.
Vielehe *f* (*a.* ***die*** ~) polygamy.
vielenorts *adv.* in many places.
vielerlei *adj.* various, all sorts of, multifarious.
vielerorts *adv.* in many places.
vielfach I. *adj.* multiple; ***die*** ~***e Menge*** many times the amount; ***auf*** ~***en Wunsch*** by popular request; **II.** *adv.* in many cases; (*a. oft*) frequently; **Vielfache(s)** *n* **1.** Ꭿ ***das Vielfache*** the multiple; **2.** ***um ein Vielfaches*** many times over, ***besser*** *etc.*: many times better *etc.*
Vielfalt *f* (great) variety; **vielfältig** *adj.* varied, manifold; **Vielfältigkeit** *f* variety, diversity.
vielfarbig *adj.* multicolo(u)red.
Vielflieger *m* frequent flyer (*od.* travel[l]er).
Vielfraß *m* **1.** *zo.* wolverine; **2.** F (*Mensch*) glutton.
viel|gebraucht *adj.* much-used; ~**gefragt** *adj.* very popular; ~ ***sein*** *a.* be in great demand; ~**gehaßt** *adj.* much-hated; ~**gekauft** *adj.* frequently bought; ~**geliebt** *adj.* much-loved; ~**genannt** *adj.* often-mentioned, *lit.* oft-mentioned; *Buch*: much-cited; (*berühmt*) noted, distinguished; ~**gepriesen** *adj.* much-praised; ~**geprüft** *adj.* sorely tried; ~**gereist** *adj.* widely- (*od.* much-)travel(l)ed; ~**gerühmt** *adj.* much-praised; ~**geschmäht** *adj.* much-maligned, much-reviled; ~**gestaltig** *adj.* variform; *fig.* multifarious.
Vielgötterei *f* polytheism.
vielköpfig *adj.* **1.** *Familie etc.*: large; **2.** *Bestie etc.*: many-headed.
vielleicht *adv.* perhaps, maybe; possibly; *in Fragen*: *oft* by any chance; (*etwa*) (round) about; ~ ***ist er krank*** he might (*od.* may) be sick; ***Sie haben*** ~ ***recht*** you may be right; ~ ***kommt er*** perhaps he'll come, he may come; ***es ist*** ~ ***besser, wenn*** it might be better if; ***hast du ihn*** ~ ***gesehen?*** have you seen him by any chance?, do you happen to have seen him?; ***es waren*** ~ ***20 Leute da*** I'd say there were (round) about 20 people there, there would have been - what - 20 people there; F ***das war*** ~ ***ein Durcheinander!*** what a mess (that was), you should have seen the mess; ***der hat*** ~ ***geschimpft!*** you should have heard him shout; ***ich war*** ~ ***aufgeregt!*** what a state I was in, (*nervös*) *a.* F talk about (being) nervous; ***kannst du*** ~ ***mal aufhören!*** d'you think you could stop (*od.* shut up) for a minute?; ***hast du's*** ~ (***etwa***) ***verloren?*** don't tell me you've lost it; ***glaubt er*** ~, ***daß ich es war?*** surely he doesn't think I did it?
vielmals *adv.* many times, often, frequently; ***danke*** ~ many thanks; ***sie läßt*** (***dich***) ~ ***grüßen*** she sends (you) her best regards; ***entschuldige*** ~, ***ich bitte*** ~ ***um Entschuldigung*** I'm terribly sorry.
vielmehr *adv.* (*eher*) rather; (*im Gegenteil*) on the contrary; ***es waren tausende, oder*** ~ ***zehntausende von Leuten*** there were thousands, or rather tens of thousands of people (*od.* I should say tens of thousands of people); ***es geht*** ~ ***darum, ob*** it's rather a question of whether.
Vielredner F *m* F gasbag.
vielsagend *adj. Blick*: meaningful.
vielschichtig *adj.* **1.** multi-layered; **2.** *fig. Problem etc.*: complex; **Vielschichtigkeit** *f e-s Problems etc.*: complexity.
Vielschreiber *contp. m* F hack (writer).
vielseitig I. *adj.* many-sided; *Person*: versatile; (*abwechslungsreich*) (very) varied; *Möglichkeiten*: various, a (whole) variety of; *Beruf, Tätigkeit etc.*: interesting; **II.** *adv.*: ~ ***verwendbar*** multi-purpose ...; ~ ***begabt*** multitalented; ***er ist*** ~ ***begabt*** *a.* he's very versatile, he has many talents, he's a man of many talents; ~

interessiert sein have a lot of interests; ***et. ~ verwenden*** put s.th. to various (*od.* a number of) uses; **Vielseitigkeit** *f* many-sidedness; versatility; *the* many aspects *pl.* (*gen.* of).
vielsprachig *adj.* polyglot (*a.* ***~er Mensch***), multilingual.
Vielstaaterei *f* particularism.
viel|stimmig *adj.* polyphonic; **~umstritten** *adj.* highly controversial; **~umworben** *adj.* much sought-after; **~verheißend, ~versprechend** *adj.* (very) promising.
Vielvölkerstaat *m* multinational (*od.* multiracial) state.
Vielweiberei *f* (*a.* ***die ~***) polygamy.
Vielwisser *contp. m* F know-(it-)all.
Vielzahl *f* huge (*od.* vast) number; *formell*: multitude.
vielzitiert *adj.* much-cited.
vier I. *adj.* four; ***auf allen ~en (kriechen*** be) on all fours; ***unter ~ Augen*** in private; ***alle ~e von sich strecken*** flop into an armchair (*od.* onto the bed *etc.*); → ***Buchstabe*** *etc.*; **II.** ♀ *f* four; (*Note*) *etwa* D; (*Buslinie etc.*) (number) four; ***e-e ~ schreiben*** get a D.
Vieraugengespräch F *n* tête-à-tête, one-to-one conversation.
vierbändig *adj.* four-volume ..., in four volumes.
Vierbeiner F *m* quadruped, four-legged animal; *hum.* (*Hund*) F *our* four-legged friend; **vierbeinig** *adj.* four-legged.
vierblätt(e)rig *adj.* four-leafed, four-leaved, four-leaf ...; ***~es Kleeblatt*** four-leaf (*od.* -leaved) clover.
Viereck *n* square; **viereckig** *adj.* square.
Vierer *m* **1.** *Rudern*: four; **2.** → ***Vier***; **~bob** *m* four-seater bob; **~gespräch** *n* four-sided (*od.* four-party) talks *pl.*; *hist. der vier Mächte*: four-power talks *pl.*
viererlei *adj.* four (different) kinds of; *su.* four things.
Vierertakt *m* ♪ four-four time, quadruple time.
vierfach *adj.* fourfold; ***die ~e Menge*** four times the amount; ***~er Sieger*** four-time winner (*od.* champion); **Vierfache(s)** *n*: ***das Vierfache*** four times as much; *Menge, Betrag*: *a.* four times the amount; ***um ein Vierfaches steigen*** quadruple, rise (*od.* go up) fourfold.
Vierfarbendruck *m* four-colo(u)r printing (*konkret*: print).
vierfüßig *adj.* four-footed; *zo.* quadruped; **Vierfüß(l)er** *m* quadruped.
Vierganggetriebe *n mot.* four-speed transmission.
Viergespann *n* four-in-hand; *hist.* quadriga.
vierhändig I. *adj. zo. u.* ♪ four-handed; **II.** *adv.*: ***~ spielen*** *a.* play a duet.
vierhundert *adj.* four hundred.
vierjährig *adj.* **1.** four-year-old ...; **2.** (*vier Jahre dauernd*) four-year ...; ***ein ~es ... a.*** four years of ...; **Vierjährige(r** *m*) *f* four-year-old.
Vierkant *m* ⚙ square; **Vierkant...** *in Zssgn* square *timber etc.*; **vierkantig** *adj.* square; **Vierkantschlüssel** *m* square box spanner (*Am.* wrench).
vierköpfig *adj. family etc.* of four; ***~e Delegation*** *etc. a.* four-member (*od.* -man) delegation *etc.*
Vierlinge *pl.* quadruplets, F quads.
Viermächte|abkommen *n hist.* four-power agreement; **~gespräche** *pl. hist.* four-power talks.
viermal *adv.* four times.
viermotorig *adj.* four-engine ..., four-engined.
Vierrad|antrieb *m mot.* four-wheel drive; **~bremse** *f mot.* four-wheel brake.
vier|räd(e)rig *adj.* four-wheeled, four-wheel ...; **~saitig** *adj.* ♪ four-string ..., four-stringed.
Vierschanzentournee *f* Four Hills Tournament.
vierschrötig *adj.* burly.
vier|seitig *adj.* four-sided; ⩓ quadrilateral; **~silbig** *adj.* four-syllable ...
Viersitzer *m* four-seater; **viersitzig** *adj.* four-seater ...
Vierspänner *m* four-in-hand.
vier|spurig *adj.* *Straße*: four-lane ...; *Tonband*: four-track ...; **~stellig** *adj.* *Zahl*: four-digit ...
Viersterne|general *m* four-star general; **~hotel** *n* four-star hotel.
vier|stimmig *adj.* ♪ four-part ..., *pred.* for four voices; **~stöckig** *adj.* four-stor(e)y ...
viert I. *adj.* fourth; ***~es Kapitel*** chapter four; ***am ~en Juni*** on the fourth of June; ***4. Juni*** 4th June, June 4(th); **II.** *adv.*: ***wir waren zu ~*** there were four of us; ***wir gingen zu ~ hin*** four of us went there.
viertägig *adj.* **1.** four-day(-long) ...; **2.** (*vier Tage alt*) four-day-old ...
Viertaktmotor *m* four-stroke engine.
viertausend *adj.* four thousand; **Viertausender** *m* four-thousand met|re (*Am.* -er) peak.
Vierte(r) *m* (the) fourth; ***er war Vierter*** he was (*od.* came) fourth; ***Heinrich IV.*** Henry IV (= Henry the Fourth); ***heute ist der Vierte*** it's the fourth today.
vierteilen *v/t. hist.* (draw and) quarter; F *fig.* ***er würde sich lieber ~ lassen(, als ...)*** he'd rather die (than ...).
vierteilig *adj.* four-part ..., in four parts.
Viertel *n* quarter (*a. Maß, Stadt*♀, *Mond*♀); ⩓ *Am.* fourth; ***~ nach vier*** (a) quarter past four, *Am. a.* a quarter after (*od.* of) four; ***~ vor vier*** (a) quarter to four; **~drehung** *f* quarter turn; **~finale** *n* quarter final; **~jahr** *n* three months *pl.*, quarter; **~jahresschrift** *f* quarterly (journal).
vierteljährig *adj.* **1.** three-month ...; **2.** (*drei Monate alt*) three-month-old ..., three months old; **vierteljährlich I.** *adj.* quarterly; ***~e Kündigung*** three months' notice; **II.** *adv.* quarterly, every three months.
Viertelliter *m*: (***ein ~*** [a]) quarter of a lit|re (*Am.* -er).
vierteln *v/t.* quarter.
Viertel|note *f* ♪ crotchet, *Am.* quarter note; **~pause** *f* ♪ crotchet (*Am.* quarter note) rest; **~pfund** *n*: *etwa* (***ein ~*** [a]) quarter of a pound, (a) quarter; **~stunde** *f* quarter of an hour.
viertelstündig *adj.* fifteen-minute ..., of (*od.* lasting) a quarter of an hour; ***e-e ~e Pause*** *etc.* a fifteen-minute break *etc.*, fifteen minutes' (*od.* quarter of an hour's) rest *etc.*; **viertelstündlich I.** *adj.* quarter-hourly, occurring every fifteen minutes; ***in ~en Abständen*** every fifteen minutes; **II.** *adv.* every fifteen minutes (*od.* quarter of an hour), quarter-hourly.
Viertelton *m* quarter tone.
viertens *adv.* fourth(ly), four, in fourth place.
Vierter → ***Vierte(r)***.
Vierundsechzigstel|-Note *f* ♪ hemidemisemiquaver, *Am.* sixty-fourth note; **~-Pause** *f* ♪ hemidemisemiquaver (*Am.* sixty-fourth note) rest.
Vierung *f* ⛫ crossing, intersection.
Viervierteltakt *m* ♪ four-four time.
vierwöchig *adj.* **1.** four-week ...; **2.** (*vier Wochen alt*) four-week-old ...
vierzehn *adj.* fourteen; ***in ~ Tagen*** in a fortnight, in two weeks(' time); **vierzehnt** *adj.* fourteenth; **vierzehntägig** *adj.* two-week(-long) ..., fortnight's ...; ***ein ~er Urlaub*** *a.* two weeks' holiday;
Vierzehntel *n* fourteenth (part).
Vierzeiler *m* quatrain; **vierzeilig** *adj.* four-line ...; ***~ sein*** have four lines.
vierzig *adj.* forty; ***in den ~er Jahren*** in the forties; ***er ist in den ♀ern*** he's in his forties; **Vierziger(in** *f*) *m* man (*f* woman) in his (her) forties, F fortysomething;
vierzigjährig *adj.* *Person*: forty-year-old ...; *Zeitraum*: forty-year(-long) ...;
vierzigst *adj.* fortieth; ***sie hat heute ihren ♀en*** she's forty today, it's her fortieth birthday today; **Vierzigstundenwoche** *f* 40-hour week.
Vierzimmerwohnung *f* three-bedroom(ed) flat (*Am.* apartment).
Vierzylinder F *m* (*Auto*) four-cylinder (car); (*Motor*) four-cylinder engine.
Vietnamese *m* **1.** *a.* **Vietnamesin** *f* Vietnamese; **2.** F Vietnamese restaurant; ***wir gehen zum ~n*** we're going to a Vietnamese (place); **vietnamesisch** *adj.* Vietnamese.
Vignette *f* **1.** vignette; **2.** *Schweiz*: *mot.* sticker.
Vikar *m* curate, assistant.
Villa *f* villa; (*Landhaus*) mansion.
Villen|gegend *f*, **~viertel** *n* residential area, F posh part of town; **~vorort** *m* residential suburb.
Viola *f* viola.
violett *adj.*, **Violett** *n* violet.
Violine *f* violin; **Violinist(in** *f*) *m* violinist; **Violinkonzert** *n* violin concerto; **Violinschlüssel** *m* treble clef; **Violinsonate** *f* violin sonata.
Violoncello *n* cello.
VIP *f* VIP, F top nob; *pl. coll. a.* F *the* top brass (*pl.*).
Viper *f* viper.
VIP-Lounge *f* executive (*od.* VIP) lounge.
Virensuchprogramm *n Computer*: debugging program.
Virilität *f* virility.
Virologe *m* virologist; **Virologie** *f* virology; **virologisch** *adj.* virological.
virtuos *adj.* virtuoso ..., brilliant; ***ein ~er Klavierspieler*** a virtuoso on the piano; ***e-e ~e Leistung*** a masterly accomplishment (♪ performance), a brilliant feat;
Virtuose *m*, **Virtuosin** *f* virtuoso; **Virtuosität** *f* virtuosity, brilliance *of a performance etc.*
virulent *adj.* virulent.
Virus *n, m* virus (*a. im Computer*); **~erkrankung** *f* virus (*od.* viral) disease; → *a.* **~infektion** *f* virus (*od.* viral) infection; **~krankheit** *f* virus (*od.* viral) disease, F virus; **~träger** *m* virus carrier.
Visafreiheit *f* visa exemption.
Visage F *f* F mug.
Visapflicht *f* visa requirement.

vis-à-vis *adv.* opposite (*dat. s.th., a place etc.*).
Visier *n am Helm*: visor; *am Gewehr*: sight; *fig.* ***et. ins ~ nehmen*** get s.th. (lined up) in one's sights; ***das ~ herunterlassen*** clam up; ***er ließ das ~ herunter*** *a.* the shutters came down; **visieren** *v/t.* ⚙ adjust.
Vision *f* vision; **visionär** *adj.*, **Visionär** *m* visionary.
Visitation *f* (*Durchsuchung*) search; → *a.* ***Leibesvisitation.***
Visite *f* ⚕ (doctor's) round; ***auf ~ sein*** be on (*od.* doing) one's rounds; **Visitenkarte** *f* visiting (*Am.* calling) card; F *iro.* ***er hat s-e ~ hinterlassen*** he's left his usual trail; **visitieren** *v/t.* **1.** search; *am Körper*: *a.* frisk; **2.** (*inspizieren*) inspect.
viskos *adj.* viscous; **Viskose** *f* viscose; **Viskosität** *f* viscosity.
visuell *adj.* visual.
Visum *n* visa; **~antrag** *m* visa application; **⁀frei** *adj.* visa-exempt; **~zwang** *m* visa requirement.
vital *adj.* **1.** energetic; (*rüstig*) spry; **2.** (*wichtig*) vital, essential; **Vitalität** *f* vitality.
Vitamin *n* vitamin; F *fig.* ***~ B*** contacts, *in GB*: *a.* the old boy network; **⁀arm** *adj.* low in vitamins; **~bedarf** *m* vitamin requirement; **~gehalt** *m* vitamin content.
vitaminhaltig *adj.*: (***sehr***) ***~ sein*** contain (plenty of) vitamins.
Vitamin|haushalt *m* vitamin balance; **~kapsel** *f* vitamin pill (*od.* capsule); **~mangel** *m* vitamin deficiency; **~mangelerkrankung** *f* vitamin-deficiency disease; **~präparat** *n* vitamin preparation (*od.* compound); **⁀reich** *adj.* rich in vitamins; **~spritze** *f* vitamin shot; **~stoß** *m* massive dose of vitamins.
Vitrine *f* showcase, display case (*od.* cabinet); *in der Wohnung*: glass(-fronted) cabinet.
Vitriol *n* vitriol.
Vivisektion *f* vivisection; **vivisezieren** *v/t.* vivisect.
Vize F *m* **1.** deputy, F number two; **2.** *Sport*: runner-up; **~admiral** *m* vice admiral; **~kanzler** *m* vice(-)chancellor; **~könig** *m* viceroy; **~konsul** *m* vice(-) consul; **~meister** *m* runner-up; **~präsident** *m* vice(-)president; **~präsidentschaftsbewerber** *m in den USA*: running mate; **~weltmeister** *m* runner-up in the World Cup.
V-Leute *pl.* → ***V-Mann.***
Vlies *n* fleece (*a. Textil*).
V-Mann *m* contact; (*Spitzel*) *a.* informer.
Vogel *m* bird (*a.* F *Flugzeug*); F ***komischer ~*** odd character, F strange customer; ***er ist ein lustiger ~*** he's good for a laugh; *fig.* ***e-n ~ haben*** F have a screw loose (somewhere); ***j-m den ~ zeigen*** tap one's forehead at s.o.; ***den ~ abschießen*** F take the cake; ***friß ~, oder stirb!*** it's (a case of) sink or swim; F ***der ~ ist ausgeflogen*** the bird has flown; **~bauer** *n* birdcage; **~beerbaum** *m* rowan (tree); **~beere** *f* rowanberry; **~dreck** *m* bird droppings *pl.*; **~ei** *n* bird's egg; **⁀frei** *adj.* **1.** outlawed; ***für ~ erklären*** outlaw; **2.** *fig.* ***für ~ gehalten werden*** be considered fair game; **~futter** *n* birdseed; **~gezwitscher** *n* twittering of birds; ***am Morgen hört man ~*** *a.* in the mornings you can hear the birds twittering; **~haus** *n* aviary; **~käfig** *m* birdcage; **~kirsche** *f* rowanberry; **~kunde** *f* ornithology; **~leim** *m* birdlime.
vögeln V *v/t. u. v/i.* V screw.
Vogel|nest *n* bird's nest; **~perspektive** *f* bird's-eye view; ***... aus*** (*od.* ***in***) ***der ~*** a bird's-eye view of ...; ***Aufnahme aus der ~*** high-angle shot; ***et. aus der ~ sehen*** have a bird's-eye view of s.th.; **~ruf** *m* birdcall; **~schar** *f* flock of birds; **~scheuche** *f* scarecrow (*a. fig.*); *fig.* (*Frau*) *a.* F frump; **~schutz** *m* protection of birds; **~schutzgebiet** *n* bird sanctuary; **~stange** *f* perch; **~steller** *m* bird-catcher; **~stimme** *f* birdcall; **~-Strauß-Politik** *f* ostrich policy; ***~ treiben*** hide one's head in the sand; **~warte** *f* ornithological station; **~züchter** *m* bird breeder; **~zug** *m* migration of birds.
Vöglein *n* little bird; F *hum. od. Kindersprache*: birdie.
Vogt *m hist.* **1.** (*Aufseher*) overseer; **2.** *e-r Provinz*: sheriff; **3.** (*Amtmann*) bailiff; **4.** (*Verwalter*) administrator.
Vokabel *f* word; **Vokabelheft** *n* vocabulary book; **Vokabular** *n* vocabulary.
Vokal I. *m* vowel; **II.** **⁀** *adj.* ♪ vocal; **vokalisch** *adj.* vowel ..., vocalic.
Vokal|musik *f* vocal music; **~partie** *f* vocal part; **~solist** *m* solo singer; solo voice.
Volant *m Schneiderei*: flounce.
Voliere *f* aviary.
Volk *n* (*Einwohner*) people *pl.*; (*Nation*) *a.* nation; (*Masse*) *the* masses *pl.*, *contp. a. the* plebs *pl.*; (*Pöbel*) mob, rabble; F (*lustiges, blödes etc.* ~) crowd, F lot, bunch, *contp. a.* F shower; ***das deutsche ~*** the Germans, the German people (*od.* nation); ***das arbeitende ~*** the working classes; F ***das junge ~*** the young set, F the young 'uns; ***viel ~(s)*** crowds of people; ***ein Mann aus dem ~*** a man of the people; F ***unters ~ bringen*** spread *a rumo(u)r etc.*, (*verkaufen*) sell, get rid of; ***sich unters ~ mischen*** mingle with the crowd; → ***auserwählt*** *etc.*
Völkchen F *fig. n* crowd, F lot, bunch; *contp. a.* F shower.
Völker|bund *m hist.* League of Nations; **~freundschaft** *f* friendship between nations; **~gemeinschaft** *f* community of nations.
Völkerkunde *f* ethnology; **Völkerkundler** *m* ethnologist; **völkerkundlich** *adj.* ethnological.
Völkermord *m* genocide.
Völkerrecht *n* international law; **Völkerrechtler** *m* specialist in international law; **völkerrechtlich I.** *adj.* international; *Frage, Problem etc.*: of (*od.* relating to) international law; *Entscheidung, Maßnahme etc.*: bound by international law; **II.** *adv.* under (*od.* according to) international law; **Völkerrechtsverletzung** *f* breach of international law.
Völkerschaft *f* people (*sg.*); (*Stamm*) tribe.
Völker|verständigung *f* understanding among nations; **~wanderung** *f* migration (of peoples); *fig.* mass exodus, mass migration (***nach*** to); ***die*** (***germanische***) ***~*** the Germanic migrations.
Volks|abstimmung *f* referendum; **~auflauf** *m* throng of people, crowd (of people) (*a. pl. konstr.*); crowd of onlookers (*a. pl. konstr.*); **~aufstand** *m* national uprising; **~befragung** *f* public opinion poll; **~begehren** *n* petition for a referendum; **~belustigung** *f* (form of) popular entertainment; *fig.* ***et. zu e-r ~ machen*** turn s.th. into a fairground spectacle; **~demokratie** *f* people's democracy; **~deutsche(r** *m*) *f* ethnic German; **~dichter** *m* popular poet; **⁀eigen** *adj. hist. DDR*: state-owned; ***~er Betrieb*** (***VEB***) state-owned company; **~eigentum** *n* public property; **~einkommen** *n* national income; **~empfinden** *n*: ***das ~*** popular feeling, public opinion; **~entscheid** *m* referendum; **~etymologie** *f* popular etymology; **~feind** *m* public enemy; **⁀feindlich** *adj.* subversive; **~fest** *n* festival; (*Rummel*) funfair; **~feststimmung** *f* carnival atmosphere; **~front** *f pol.* popular (*od.* people's) front; **~gemurmel** *n* **1.** *thea.* crowd noises *pl.*; **2.** F *fig.* rumblings *pl.* (among the party *etc.*); **~gruppe** *f* ethnic group; **~held** *m* mass (*od.* folk) hero; **~hochschule** *f* **1.** (*Institution*) adult education program(me); **2.** (*Kurse*) adult evening classes *pl.*; **~justiz** *f* mob law; **~kammer** *f hist. DDR*: People's Parliament; former East German parliament; **~krankheit** *f* endemic (*a. iro.* national) disease.
Volkskunde *f* ethnic studies *pl.*; **volkskundlich** *adj.* ethnic.
Volks|kunst *f* folk (*od.* ethnic) art; **~lied** *n* folk song; **~märchen** *n* folk tale; **~medizin** *f* folk medicine; **~meinung** *f*: ***die ~*** public opinion; **~menge** *f* crowd; (*die Masse*) *the* masses *pl.*; **~mund** *m*: (***im ~*** in) common parlance; ***im ~ heißt es, daß*** it's a popular saying that; **~musik** *f* folk music; **⁀nah** *adj.* close to the people; popular; *pol.* grass-roots ...; **~nahrung(smittel** *n*) *f* staple (food); **~polizei** *f hist. DDR*: People's Police; **~polizist** *m hist. DDR*: member of the People's Police; **~rede** F *f*: ***~n halten*** F speechify; ***halte keine ~n!*** keep it short!; **~republik** *f* people's republic; ***die ~ China*** (***Polen***) the People's Republic of China (Poland); **~schicht** *f* social class; **~schule** *f hist.* elementary school (*for pupils aged 6 to 14*); **~seele** *f* **1.** ***die ~*** public feeling; ***die ~ kocht*** (*od.* ***ist empört***) public feeling is running high; **2.** national spirit; ***die deutsche ~*** the German soul (*od.* national spirit); **~sprache** *f* vernacular; **~stimme** *f* voice of the people; **~stück** *n* folk play; **~tanz** *m* folk dance; **~tracht** *f* national costume (*a. Einzelstück*), national dress; **~trauertag** *m* national day of mourning.
volkstümlich *adj.* **1.** (*beliebt; einfach*) popular (*a. Buch, Person etc.*); (*gewöhnlich*) for ordinary people; *Preise*: within everybody's reach; (*simpel*) folksy; **2.** (*traditionell*) traditional; (*dem Volkstum entwachsen*) folk *art, medicine etc.*; *Gegenstände, Kunst*: *contp.* folksy.
volksverbunden *adj.* close to the people; **Volksverbundenheit** *f* closeness to the people.
Volks|verdummung *f* brainwashing (of the public); pulling the wool over the people's eyes; **~verführer** *m* demagogue; **~verhetzung** *f* incitement of the masses; **~versammlung** *f* **1.** public gathering; *größer*: mass rally; **2.** (*Volksvertretung*) people's assembly; **~vertreter** *m* people's representative; **~vertretung** *f* representation of the people;

~weise *f* folk melody (*od.* tune); **~weisheit** *f* piece of popular (*od.* folk) wisdom; **~wirt(schaftler)** *m* economist; **~wirtschaft** *f* **1.** (national) economy; **2.** (*Volkswirtschaftslehre*) economics *pl.* (*sg. konstr.*); **2wirtschaftlich** *adj.* (politico-)economic(ally *adv.*); **~wirtschaftslehre** *f* economics *pl.* (*sg. konstr.*); **~zählung** *f* census; **~zorn** *m* wrath of the people; **~zugehörigkeit** *f* nationality; national identity.

voll I. *adj.* full; (*~ besetzt*) full up; (*gefüllt*) full (up), filled; *Straßen*: full of traffic; F (*betrunken*) F plastered, *sl.* tight; F (*satt*) full; (*füllig, prall*) full (*a. Figur*); *Betrag*: full, whole *amount, sum*; **~(er), ~ von** full of, *Negativem*: rife with; ***ein Koffer*** (***e-e Kiste*** *etc.*) ***~ Bücher*** a caseful (boxful *etc.*) of books; ***e-e ~e Stunde*** a full (*od.* whole, solid) hour; ***zu jeder ~en Stunde*** every hour on the hour; ***~ schlagen*** *Uhr*: strike the full hour; ***sechs ~e Tage*** six whole days; ***ein ~es Dutzend*** a full (*od.* whole) dozen; ***~e Beschäftigung*** full (*ganztägige*: full-time) employment; ***bei ~er Besinnung*** fully conscious; ***er hat es bei ~er Besinnung gesagt*** he was fully aware of what he was saying; ***aus ~er Brust*** (*od.* ***~em Halse***) at the top of one's voice; ***~e Einzelheiten*** full details; ***ein ~er Erfolg*** a complete success; ***die ~e Wahrheit*** the whole truth, *weitS.* the full story; ***aus dem ~en schöpfen*** draw on plentiful resources; ***~ und ganz*** completely, *unterstützen*: wholeheartedly; F ***in die ~en gehen*** F go the whole hog; ***j-n nicht für ~ nehmen*** not to take s.o. seriously; → ***Fahrt, Hand, Mund, Recht*** *etc.*; **II.** *adv.* fully; ***~ und ganz*** fully, completely; ***et. ~ ausnützen*** use to (one's) full advantage.

volladen *v/t.* (*getr.* ***ll-l***) load up (to the top).

Vollakademiker *m* university graduate.

vollauf *adv.* fully, completely; ***~ zufrieden*** quite (*od.* fully) satisfied; ***~ beschäftigt mit et.*** fully occupied with s.th.; ***ich bin mit den Kindern ~ beschäftigt*** I've got enough on my hands with the children, the children are a full-time job; ***~ zu tun haben*** have plenty (*od.* enough) to do.

vollaufen *v/i.* (*getr.* ***ll-l***) fill up; ***et. ~ lassen*** fill s.th. up; F ***sich ~ lassen*** F get tanked up.

Vollautomatik *f* fully automatic system; ***mit ~*** → **vollautomatisch** *adj.* fully automatic, all-automatic; **vollautomatisiert** *adj.* fully automated; **Vollautomatisierung** *f* full automation.

Voll|bad *n* bath; ***ein ~ nehmen*** *a.* F sink into the bath(tub); **~bart** *m* beard; **2bepackt** *adj.* loaded down with luggage, F (absolutely) loaded; **2beschäftigt** *adj.* fully employed; full-time *employee*; **~beschäftigung** *f* full employment; **2besetzt** *adj.* (completely) full; *Hotel*: *a.* fully-booked; **~besitz** *m*: ***im ~ von*** in full possession of; ***im ~ s-r Sinne sein*** be completely lucid, F be all there; ***im ~ s-r geistigen Kräfte sein*** be in full possession (*od.* command) of one's mental faculties; **~bier** *n beer with a high original wort*; **~bild** *n typ.* full-page illustration (*od.* picture).

Vollblut... *fig. in Zssgn* full-blooded; **Vollblut(pferd)** *n*, **Vollblüter** *m* thoroughbred; **vollblütig** *adj.* thoroughbred, *a. fig.* full-blooded.

Vollbremsung *f* full braking; ***e-e ~ machen*** slam on the brakes.

vollbringen *v/t.* accomplish, achieve; (*Tat, Wunder*) perform.

vollbusig *adj.* chesty, busty, F bosomy.

Volldampf *m*: ***mit ~*** at full steam; *fig.* F flat out, *fahren*: *a.* F full tilt; ***mit ~ voraus*** full steam ahead.

Völlegefühl *n* full (*stärker*: bloated) feeling.

vollelektronisch *adj.* fully electronic (*od.* automatic).

vollenden *v/t.* complete (*a. Studien, Lebensjahr*); (*beenden*) *a.* finish; **vollendet** *adj.* **1.** perfect; *künstlerisch etc.*: accomplished; *Leistung etc.*: masterly; F *Unsinn etc.*: utter, absolute; ***~e Schönheit*** perfect beauty; **2.** ***Kinder ab dem*** (***bis zum***) ***~en 8. Lebensjahr*** children aged 8 years and over (children up to and including the age of 8); **vollends** *adv.* (*völlig*) completely; **Vollendung** *f* completion; (*Vollkommenheit*) perfection; ***der ~ entgegengehen*** be nearing completion; ***nach ~ des 18. Lebensjahres*** on reaching the age of 18.

vollentwickelt *adj.* fully developed; *Persönlichkeit etc.*: *a.* full-blown.

voller *adj.* **1.** *comp. von* ***voll***: fuller; **2.** → ***voll*** I.

Völlerei *f* gluttony.

Volleyball(spiel *n*) *m* volleyball.

vollfett *adj.* full-fat; **Vollfettkäse** *m* full-fat cheese.

vollfressen F *v/refl.*: ***sich ~*** F stuff o.s.; ***ich habe mich so vollgefressen*** F I think I'm going to burst.

vollführen *v/t.* do; (*Kunststück etc.*) perform.

Vollgas *n*: ***mit ~*** full speed, F *fig.* F full tilt; ***~ geben*** F put one's foot down (hard).

voll|gefressen F *adj.* F stuffed (full); (*dick*) overfed, fat; ***~er Typ*** F fat slob, tub of lard; **~geladen** *adj.* loaded (to the top); *Auto etc.*: loaded down; **~gepackt, ~gepfropft, ~gestopft** *adj.* crammed (full), (F jam)packed, F chock-a-block.

vollgießen *v/t.* fill (up).

Vollglatze *f*: ***e-e ~ haben*** be completely bald.

Vollgummireifen *m* solid tyre (*Am.* tire).

vollhauen F *v/t. u. v/refl.* → ***vollschlagen.***

Vollidiot F *m* complete idiot, F absolute twit (*od.* nincompoop), *sl.* headbanger.

völlig I. *adj.* (*ganz*) full, entire; (*vollständig*) complete, total; *Unsinn, Wahnsinn etc.*: absolute, complete, sheer; ***das ist mein ~er Ernst*** I'm quite (F dead) serious about it; **II.** *adv.* completely; ***~ richtig*** perfectly (*od.* quite) right; ***~ unmöglich*** (***verrückt, betrunken*** *etc.*) absolutely impossible (mad, drunk *etc.*); ***ich bin ~ einverstanden*** that's perfectly all right (*Am.* alright) by me; ***ich bin ~ Ihrer Meinung*** I agree with you entirely; ***das genügt ~*** that's (more than) enough, that's fine, that'll do nicely.

vollinhaltlich I. *adj.* full, complete; **II.** *adv. zustimmen etc.*: fully, on all points.

Vollinvalide *m* total invalid; **Vollinvalidität** *f* total disability.

volljährig *adj. pred.* of age; ***~ werden*** come of age, reach the age of majority; **Volljährige(r** *m*) *f* major; **Volljährigkeit** *f* majority.

vollkaskoversichert *adj.* with comprehensive insurance; ***~ sein*** have comprehensive insurance; **Vollkaskoversicherung** *f* comprehensive insurance.

vollklimatisiert *adj.* fully air-conditioned.

vollkommen I. *adj.* **1.** (*vollendet, makellos*) perfect; **2.** (*völlig, vollständig*) perfect, complete, total, absolute; → *a.* ***völlig*** I; **II.** *adv.* → ***völlig*** II; **Vollkommenheit** *f* (sheer) perfection.

Vollkorn|brot *n* wholemeal bread; **~mehl** *n* wholemeal flour; **~nudeln** *pl.* whole wheat pasta *sg.* (*coll.* pastas).

vollkotzen *sl. v/t. sl.* spew all over.

Vollkraft *f*: ***in der ~ s-r Jahre*** in his prime.

voll|kriegen F *v/t.* manage to fill *s.th.* (up); ***er kriegt den Hals nicht voll*** he (just) can't get enough; **~kritzeln** F *v/t.* scribble all over *s.th.*; **~machen I.** *v/t.* **1.** fill (up); **2.** F (*beschmutzen*) (*a.* ***sich*** *et.* ~) dirty, mess up; (*Tisch, Boden etc.*) *a.* make a mess on; F ***die Hosen ~*** fill one's pants; ***sich die Finger mit Marmelade ~*** get jam all over one's fingers; **II.** F *v/refl.*: ***sich ~*** fill one's pants.

Vollmacht *f* full power(s *pl.*), authority; ⚖ power of attorney; ***j-m ~ erteilen*** authorize s.o. (**zu** *inf.* to *inf.*); **~geber** *m* principal.

Vollmatrose *m* able-bodied seaman.

vollmechanisiert *adj.* fully mechanized.

Vollmilch *f* full-cream milk; **~schokolade** *f* milk chocolate

Vollmond *m* full moon; ***es ist ~*** there's a full moon tonight; F ***strahlen wie ein ~*** be beaming all over one's face; **~gesicht** F *n* moon face.

vollmundig *adj. Wein*: full(-bodied).

Vollnarkose *f* ⚕ general an(a)esthetic.

vollpacken *v/t.* pack *s.th.* full (***mit*** of).

Vollpension *f* (full) board and lodging, full board, *Am.* American plan (*abbr.* AP).

voll|pumpen I. *v/t.* (*Reifen etc.*) pump *s.th.* up (completely), pump *s.th.* full; ***sich die Lungen ~*** fill one's lungs (with fresh air); **II.** *v/refl.*: ***sich mit et. ~*** load o.s. up with s.th.; F ***sich ~*** (*sich betrinken*) F tank up, *sl.* get tight; **~qualmen** F *v/t.* (*Zimmer etc.*) F smoke up.

Vollrausch *m* drunken stupor; ***e-n ~ haben*** be blind drunk; ***sich e-n ~ antrinken*** F drink o.s. silly.

voll|saufen F *v/refl.*: ***sich ~*** *sl.* get tight; **~saugen** *v/refl.*: ***sich ~*** *Insekt etc.*: suck itself full (***mit*** of); *Schwamm*: soak itself full (of); *Stoff etc.*: become saturated (with); **~schenken** *v/t.* fill (up); **~schlagen** F *v/t. u. v/refl.*: ***sich*** (***den Bauch***) ~ F make a (real) pig of o.s.

vollschlank *adj.*: ***~ sein*** have a full figure, F be a bit on the plump side; ***für die ~e Frau*** for the fuller figure.

voll|schmieren F **I.** *v/t.* smear all over *s.th.*; (*Kleid*) mess up; ***et. mit et. ~*** smear s.th. all over s.th.; **II.** *v/refl.*: ***sich ~*** get o.s. dirty, get food *etc.* all over o.s.; **~schreiben** *v/t.* fill (with writing); ***drei Seiten ~*** write three full pages; **~schütten** *v/t.* fill (up); **~spritzen I.** *v/t.* spatter; *mit Wasser*: spray, get *s.o. od. s.th.* all wet; ***et. mit et. ~*** spatter s.th. all over s.th.; **II.** *v/refl.*: ***sich ~*** spatter o.s.; get o.s. wet.

vollständig I. *adj.* complete; (*ganz*) whole, entire; **II.** *adv.* completely; (*voll*)

fully; (*voll und ganz*) absolutely; **Vollständigkeit** *f* completeness; ***der ~ halber*** for the sake of completeness.
voll|stellen F *v/t.* cram (**mit** with), put things all over *a room etc.*; ***das Schlafzimmer mit alten Möbeln*** *etc.* ~ *a.* F stuff the bedroom with old furniture *etc.*; **~stopfen** *v/t.* **1.** stuff, cram; **2.** *a. v/refl.*: **sich** (**den Bauch**) ~ F stuff o.s.
vollstreckbar *adj.* executable; **vollstrecken I.** *v/t.* **1.** ⚖ (*Urteil, Testament*) execute; (*Gesetz*) enforce; **2.** *Sport*: convert; **II.** *v/i. Sport*: score; **Vollstrecker** *m* **1.** ⚖ executor; **2.** *Sport*: scorer; **Vollstreckung** *f* execution; **Vollstreckungsbefehl** *m* writ of execution.
volltanken I. *v/i.* fill up; F *fig.* (*sich betrinken*) F get tanked up; *mot.* ***bitte ~*** fill her up (*Am.* fill up), please; **II.** *v/t.* fill up.
volltönend *adj.* sonorous, rich.
volltransistorisiert *adj.* fully transistorized.
Volltreffer *m* direct hit; *Scheibenschießen*: bull's-eye; *fig.* (*Erfolg*) (absolute) hit; ***e-n ~ landen*** hit the bull's-eye, *bei Beschuß etc.*: score a direct hit, *fig.* score a hit (*od.* success); *fig.* ***absoluter ~*** (*Schallplatte*) smash hit.
volltrunken *adj.* completely drunk (*od.* intoxicated); **Volltrunkenheit** *f* (state of) complete drunkenness (*od.* intoxication).
Voll|verb *n* full verb; **~versammlung** *f* plenary assembly; **~verstärker** *m* integrated amplifier; **~waise** *f* orphan; **~waschmittel** *n* all-purpose washing powder; **2wertig** *adj.* full, *a. Mahlzeit*: adequate; *Nahrung*: wholesome; **~wertkost** *f* whole foods *pl.*
vollzählig I. *adj.* complete; **II.** *adv.*: ***sie waren ~ versammelt*** all were present; **Vollzähligkeit** *f* completeness.
vollziehen I. *v/t.* execute; (*ausführen*) carry out; (*rituelle Handlung etc.*) *a.* perform; (*Ehe*) consummate; ***~de Gewalt*** executive (power); **II.** *v/refl.*: ***sich ~*** take place, (come to) pass; **Vollzieher** *m* executor; **Vollziehung** *f*, **Vollzug** *m* execution.
Vollzugs|anstalt *f* ⚖ penal institution; **~beamte(r)** *m* (prison) warder; **~personal** *n* (prison) warders *pl. od.* staff (*mst pl. konstr.*).
Volontär *m* unpaid trainee; **Volontariat** *n* unpaid traineeship (*od.* period of training).
Volt *n* ⚡ volt; **Voltameter** *n* voltameter; **Voltampere** *n* volt-ampere; **Voltmeter** *n* voltmeter.
Volumen *n* volume; (*Inhalt*) *a.* capacity; **~gewicht** *n* volume weight; **~prozent** *n* per cent (*od.* percent) by volume.
voluminös *adj.* voluminous; substantial; *Band etc.*: weighty, hefty.
Volute *f* △ scroll.
vom (= ***von dem***) → ***von.***
von *prp.* **1.** *räumlich*: from; *von et. weg*: off *s.th.*; ***~ wo(her)?*** where from?; ***et. vom Tisch nehmen*** take s.th. off the table; **2.** *zeitlich*: from; ***~ morgen an*** from tomorrow (onwards), as of tomorrow; → ***an*** II; **3.** *für den* (*partitiven*) *Genitiv, Teil*: of; ***die Einfuhr ~ Weizen*** the import of wheat; ***zwei ~ uns*** two of us; ***neun ~ zehn Leuten*** nine out of (*Statistik*: in) ten people; ***ein Freund ~ mir*** a friend of mine; ***~ dem Apfel essen*** have some of the apple; **4.** *Anfang, Ausgang(spunkt)*: from; ***~ 20 DM an*** (*od.* ***aufwärts***) from 20 marks up(wards), 20 marks and up(wards); → ***klein*** I; **5.** *Ursache, Urheber*: of; *beim Passiv*: by; ***ein Gedicht ~ Schiller*** a poem by Schiller; ***Kinder haben ~*** have children by; ***das ist nett ~ ihm*** that's nice of him; ***~ mir aus*** I don't mind, it's all the same to me, ***kann er gehen:*** I don't mind if he goes, I don't mind him going, he can go as far as I'm concerned; → ***selbst*** I; **6.** *Maß, Qualität*: ***ein Honorar ~ DM 500*** a fee of 500 marks; ***ein Aufenthalt ~ drei Wochen*** a three-week stay; ***ein Kind ~ drei Jahren*** a child of three; ***ein Mann ~ Charakter*** (***Format***) a man of character (substance); **7.** *Thema*: (*über*) of, about; ***ich habe ~ ihm gehört*** I've heard of him; ***er weiß ~ der Sache*** he knows about it; **8.** *bei Titel vor Eigennamen*: of; ***der Herzog ~ Edinburgh*** the Duke of Edinburgh.
voneinander *adv.* from each other; ***weit ~ entfernt*** far apart.
vonnöten *adj.*: ***~ sein*** be necessary, be called for.
vonstatten *adv.*: ***~ gehen*** take place; *zügig etc.*: go, proceed.
Vopo F *m* → ***Volkspolizist.***
vor I. *prp.* **1.** *räumlich*: in front of; (*in Gegenwart von*) in the presence of *witnesses etc.*; ***~ der Tür*** at the door; ***~ e-m Hintergrund*** against a background; *das Subjekt* ***steht ~ dem Verb*** comes before (*od.* precedes) the verb; **2.** *zeitlich*: before; *Zeitpunkt in der Vergangenheit*: ago; ***am Tage ~ …*** (on) the day before …; ***~ einigen Tagen*** a few days ago, the other day; (***heute***) ***~ acht Tagen*** a week ago (today); ***fünf*** (***Minuten***) ***~ zehn*** five (minutes) to (*Am. a.* of) ten; ***et. ~ sich haben*** have s.th. ahead (*od.* coming up); **3.** ***~ Tatsachen*** (***e-m Problem, e-r Aufgabe*** *etc.*) ***stehen*** be faced (*od.* confronted) with facts (a problem, a task *etc.*); ***~ dem Ruin stehen*** be faced with ruin, be on the verge (*od.* brink) of ruin; ***sich verbeugen ~*** bow (*Frau*: curtsey) to *od.* before; ***~ allem, ~ allen Dingen*** above all; ***~ sich hin murmeln*** mutter (*od.* mumble) to o.s.; ***~ sich gehen*** go; **4.** (*wegen*) with, for, on account of, because of; ***~ Freude springen*** (***schreien***) jump (shout) for *od.* with joy; ***~*** (***lauter***) ***Lachen konnte ich nichts sagen*** I couldn't speak for laughing; ***~*** (***lauter***) ***Arbeit*** with all that work, for work; ***zittern ~*** *Angst etc.*: shake (*od.* tremble) with; ***~ Hunger sterben*** die of hunger; ***sich fürchten ~*** be afraid of; **5.** *schützen, verstecken, retten etc.*: from; *warnen*: against; **II.** *adv.* (*nach vorn, vorwärts*) forward(s); ***er konnte weder ~ noch zurück*** he couldn't go forward(s) or backward(s), he couldn't move either way.
vorab *adv.* **1.** (*zunächst*) to begin with; **2.** (*im voraus*) in advance; **Vorab...** *in Zssgn* advance *copy, fee etc.*; **Vorabdruck** *m* preprint.
Vorabend *m* eve; ***am ~*** on the eve (*gen.* of).
Vorahnung *f* premonition.
voran *adv.* at the head (*dat.* of), in front, F up front; (***nur***) ***~!*** let's go!; *fig.* ***allem ~*** first and foremost; **voranbringen** *v/t.* get *s.th.* going (*od.* moving), get on (*od.* make headway) with *one's work etc.*; **vorangehen** *v/i. räumlich*: lead the way, walk at the head (*dat.* of); *zeitlich*: precede (***e-r Sache*** s.th.); ***gut ~*** *Arbeit*: go ahead well; ***es geht schlecht*** (*od.* ***nicht recht***) ***voran*** it's not going very well; **vorankommen** *v/i.* (*a.* ***gut ~***) make headway (*od.* progress); ***gut ~*** *a.* stride ahead, *Person*: *a.* forge ahead; ***wir kommen schlecht voran*** we're not making much *od.* any headway (*od.* progress); ***im Leben*** (***im Beruf***) ***~*** get on in life (in one's job, careerwise); ***wie kommst du voran?*** how are you getting on?, F how's it going?
Vorankündigung *f* announcement.
Voranmeldung *f* booking; ***Gespräch mit ~*** person-to-person call.
Voranschlag *m* estimate.
vorantreiben *v/t.* speed up, F push.
Voranzeige *f* announcement (***für*** of); (*Vorbesprechung*) preview; *Film*: trailer.
Vorarbeit *f* groundwork, preparatory work, preparations *pl.* (***alle zu*** for); (***gute***) ***~ leisten*** *bsd. fig.* prepare the ground (well); ***nach guter ~ von*** *Sport*: after good work by; **vorarbeiten I.** *v/t.* do *s.th.* in advance; (*vorbereiten*) prepare; **II.** *v/i. zeitlich*: work ahead; *inhaltlich*: do the groundwork, prepare the ground; **III.** *v/refl.*: ***sich ~*** work one's way forward, *energisch*: forge ahead; *in e-r Hierarchie etc.*: work one's way up; **Vorarbeiter** *m* foreman; **Vorarbeiterin** *f* forewoman.
voraus *adv.* in front; *a. fig.* ahead (*dat.* of); → *a.* ***voran***; ***im ~*** in advance; ***Kopf ~*** head first; ***s-r Zeit ~ sein*** be ahead of one's time; ***j-m weit ~ sein*** be streets ahead of s.o.; **~ahnen** *v/t.* see *s.th.* coming; ***ich hab's vorausgeahnt*** I could see it coming, I had a feeling it would happen; **~berechnen** *v/t.* calculate in advance; **~bestimmen** *v/t.* determine in advance; **~bezahlen** *v/t.* pay in advance; **2bezahlung** *f* advance payment, deposit; **~blicken** *v/i.* → ***vorausschauen***; **~denken** *v/i.* think (*od.* look) ahead; **~eilen** *v/i.* hurry on ahead (*dat.* of); *e-r Sache*: be ahead (of).
Vorausexemplar *n* advance copy.
voraus|fahren *v/i.* drive (on) ahead (*dat.* of); **~gehen** *v/i.* → ***vorangehen***; ***im ~den, im vorausgegangenen*** above; *fig.* ***ihr geht der Ruf voraus zu*** *inf.* she's reputed to *inf.*
vorausgesetzt *conj.*: ***~, daß*** provided (that), on condition that.
voraushaben *v/t.*: ***j-m et. ~*** be in a better position than s.o. (*od.* have the edge on s.o.) as far as s.th. is concerned; ***j-m e-e Menge Erfahrung*** *etc.* ***~*** have a lot more experience *etc.* than s.o.
Vorauskasse *f* ⚚ cash in advance.
voraus|laufen *v/i.* run (on) ahead (*dat.* of); **~planen I.** *v/i.* plan ahead; **II.** *v/t.* plan *s.th.* in advance, plan for *s.th.*; **2planung** *f* advance planning.
Voraussage *f* prediction; (*Wetter2*) forecast (*a.* ⚚ *etc.*); ***~n machen*** make predictions, try and predict the future; **voraussagen** *v/t.* predict; forecast.
Vorausschau *f* forecast; **vorausschauen** *v/i.* look ahead; **vorausschauend I.** *adj.* farsighted; **II.** *adv. handeln etc.*: with foresight; ***~ können wir sagen*** looking ahead to the future (*od.* as far as the future is concerned) we can say.
voraus|schicken *v/t.* **1.** send on ahead;

2. *fig.* begin by mentioning *s.th.*; ***ich muß ~, daß*** I should begin by mentioning that, I should mention at the outset that; ***dies vorausgeschickt*** having said that; **~sehen** *v/t.* foresee.

voraussetzen *v/t.* (*annehmen*) assume (*that* ...), take *s.th.* for granted; (*erfordern*) require; ***zuviel ~*** *a.* expect too much; ***et. als bekannt ~*** take it for granted that everyone knows s.th.; **Voraussetzung** *f* condition, prerequisite (***für,*** for, of); ***die ~en erfüllen*** meet the requirements; ***unter der ~, daß*** on condition that.

Voraussicht *f* foresight; ***aller ~ nach*** in all probability; ***nach menschlicher ~*** as far as one (*od.* we) can tell *od.* foresee; ***in weiser ~*** with great foresight; ***in weiser ~ habe ich mein ganzes Geld mitgenommen*** I had the good sense to take all my money with me; **voraussichtlich I.** *adv.* probably, in all probability; ***er trifft ~ morgen ein*** *a.* he is expected to arrive tomorrow; ***es dauert ~ e-e Woche*** *a.* they *etc.* estimate it will take a week; **II.** *adj.* prospective; (*wahrscheinlich*) expected, anticipated; estimated.

Vorauswahl *f* preliminary selection (*od.* round of selections); ***e-e ~ treffen*** narrow down the choice.

voraus|werfen *v/t.* → ***Schatten*** 2; **~wissen** *v/t.* know (in advance); ***die Zukunft ~*** know what the future holds; **~zahlen** *v/t.* pay in advance; **2zahlung** *f* advance payment.

Vorbau *m* porch; (*vorspringender Bau*) projection; F *hum.* ***e-n ganz schönen ~ haben*** F be well-endowed (*od.* -stacked); **vorbauen I.** *v/t.* build on at the front (*dat.* of); **II.** *v/i.* (*Vorsorge treffen*) take precautions; ***e-r Sache ~*** take precautions against s.th., (try to) prevent s.th.

Vorbedacht *m*: ***mit ~*** (*mit Absicht*) intentionally, deliberately, (*bewußt*) (quite) consciously, (*mit Vorsatz*) with intent; ***ohne ~*** (*ohne Absicht*) unintentionally, without meaning to, (*unbewußt*) unconsciously, without realizing, (*ohne Vorsatz*) without intent.

Vorbedeutung *f* omen.

Vorbedingung *f* condition.

Vorbehalt *m* reservation; (*Einschränkung*) proviso; ***innerer*** (*od.* ***stiller***) ***~*** mental reservation; ***unter dem ~, daß*** provided (that), with the proviso that; **vorbehalten I.** *v/t.*: ***sich et. ~*** reserve s.th. (for o.s.); ***sich*** (***das Recht***) ***~ zu*** *inf.* reserve the right to *inf.*; **II.** *adj.*: ***j-m ~ sein*** (*od.* ***bleiben***) be left to s.o. (***zu*** *inf.* to *inf.*); ***es bleibt der Zukunft ~, ob*** it remains to be seen whether, only time can tell whether; ***Änderungen ~*** subject to change (without notice); ***Irrtümer ~*** errors excepted; ***alle Rechte ~*** all rights reserved; **vorbehaltlich** *prp. mit gen.* subject to; **vorbehaltlos I.** *adj.* unreserved, unconditional; **II.** *adv.* without reservation; **Vorbehaltsklausel** *f* ⚖ proviso clause.

vorbehandeln *v/t.* pretreat; pre-process; **Vorbehandlung** *f* pretreatment.

vorbei *adv. örtlich*: past (*a.* ~ ***an***); *zeitlich*: over, (*der Vergangenheit zugehörig*) past; ***~!*** (*gefehlt*) missed!; ***es ist ~*** it's all over, *iro.* so much for that; ***~ ist ~*** what's past is past; ***das ist jetzt ~, damit ist es jetzt ~*** that's all over and done with now; ***drei Uhr ~*** past (*od.* after) three (o'clock); **~benehmen** F *v/refl.*: ***sich ~*** step out of line; **~bringen** *v/t.* drop *s.th.* by (*od.* in); **~dürfen** F *v/i.* be allowed to pass; ***darf ich mal vorbei?*** excuse me(, please); **~eilen** *v/i.* hurry past; ***an j-m ~*** *a.* pass s.o. in a hurry; **~fahren** *v/i.* drive past (***an*** *s.th., s.o.*), pass (*s.o., s.th.*); **~führen I.** *v/t.*: ***j-n an et. ~*** lead s.o. past s.th.; ***et. an et. ~*** (*Bahnlinie etc.*) run s.th. along s.th.; **II.** *v/i.*: ~ ***an*** *Weg etc.*: go (*od.* run) past; *fig.* ***daran führt kein Weg vorbei*** there's no getting round it; **~gehen** *v/i.* **1.** pass, go past (***an*** *s.o., s.th.*); ***im*** 2 in passing; *fig.* ~ ***an*** (*nicht beachten*) pass *s.th.* by, *unabsichtlich*: miss; **2.** *Schuß etc.*: miss (the mark); **3.** (*aufhören*) pass; *Schmerz*: *a.* go away; **~kommen** *v/i.* **1.** pass (by), come past; ***an*** *e-m Hindernis* ~ get past (*od.* round), pass; **2.** F (*besuchen*) drop by (***bei*** at), drop in (on), come by; **~können** F *v/i.* be able to get past; ***ich kann nicht vorbei*** I can't get past; **~lassen** *v/t.* let *s.o. od. s.th.* pass; ***läßt du mich bitte vorbei?*** can I get past, please?; **~laufen** *v/i.* run past (***an*** *s.o., s.th.*); **~leben** *v/i.*: ***aneinander ~*** live separate lives within a marriage; **~marschieren** *v/i.* march past (***an*** *s.o., s.th.*); file past; **~müssen** F *v/i.* have to pass (*od.* get past); **~planen** *v/i.*: ~ ***an*** ignore, leave out of account (when planning s.th.); **~reden** *v/i.*: ***aneinander ~*** talk at cross-purposes; ***an e-m Thema ~*** talk round the subject; **~schießen** *v/i.* **1.** miss (the mark); *Fußball*: shoot wide; ~ ***an*** miss *s.o., s.th.*; **2.** (*vorbeiflitzen*) shoot past; **~schlängeln** *v/refl.*: ***sich ~*** squeeze past (***an*** *s.o., s.th.*); **~ziehen** *v/i.* pass (***an*** *s.o., s.th.*); *Soldaten*: march past; *Wolken etc.*: drift past; *Erinnerungen* ***zogen*** (***im Geiste***) ***an ihm vorbei*** went through his mind.

vorbelastet *adj. Person*: with a past; *Wort etc.*: negatively loaded, tainted; ***~ sein*** *Person*: have a past to contend with; *Wort*: have negative connotations; ***kriminell*** *etc.* ~ with a criminal *etc.* past (*od.* background); ***psychisch ~ sein*** be a psychological case; ***nicht ~*** *a.* innocent (***in e-r Sache*** of s.th.; ***in dieser Beziehung*** in this respect); ***da ist er erblich ~*** it runs in the family; **Vorbelastung** *f* (dubious) past *od.* background; *e-s Worts etc.*: negative connotations *pl.*

Vorbemerkung *f* preliminary remark.

vorbereiten I. *v/t.* **1.** *a. seelisch*: prepare (***für, auf*** for); **II.** *v/refl.* ***sich ~*** **2.** prepare o.s., get ready; ***sich ~ auf*** prepare (o.s.) for, get ready for, F gear up for; ***sich für den Unterricht ~*** prepare one's lessons (*od.* for class); ***sich auf e-e Prüfung ~*** revise for an exam; ***auf et. vorbereitet sein*** be prepared (*od.* ready) for s.th.; **3.** (*im Kommen sein*) be in the offing, be under way; **vorbereitend** *adj.* preparatory; **Vorbereitung** *f* preparation (***für, auf, zu*** for); **~en treffen** make preparations, ***zu*** *et.*: *a.* prepare (for); ***in ~*** being prepared, in preparation; *fig.* in the pipeline.

Vorbereitungs|dienst *m* graduate professional training; **~kurs** *m* preparatory course; **~zeit** *f* preparatory phase.

Vorberge *pl.* foothills.

Vorbericht *m* preliminary report.

Vorbescheid *m* preliminary notice.

Vorbesitzer *m* previous owner.

Vorbesprechung *f* **1.** preliminary discussion (*od.* talks *pl.*); **2.** *e-s Buchs etc.*: preview.

vorbestellen *v/t.* (*Karten etc.*) book in advance, make an advance booking for; (*Platz, Zimmer etc.*) book (ahead), reserve; **Vorbestellung** *f* advance booking; *Zimmer etc.*: booking, reservation.

vorbestraft *adj.* previously convicted; ***~ sein*** *a.* have a criminal record; ***einmal*** (***zweimal, mehrmals***) ***~ sein*** have a (two, several) previous conviction(s) (***wegen*** for); **Vorbestrafte(r)** *m* previously convicted person.

vorbeten *v/t.* recite *a prayer etc.* (***j-m*** to s.o.); F *fig.* ***j-m et. ~*** explain s.th. to s.o. (in detail), *überdeutlich*: spell s.th. out to s.o.; ***ich hab's ihm doch schon x-mal vorgebetet*** I've spelt it out to him often enough.

Vorbeugehaft *f* preventive detention; **vorbeugen I.** *v/i.* prevent (*dat. s.th.*); guard against, take precautions against; ***~ ist besser als heilen*** prevention is better than cure; **II.** *v/t. u. v/refl.* (***sich ~***) bend forward; **vorbeugend** *adj.* preventive, *bsd.* ⚕ *a.* prophylactic; **Vorbeugung** *f* prevention, *bsd.* ⚕ *a.* prophylaxis.

Vorbeugungs|maßnahme *f* precaution, preventive measure; **~medizin** *f* preventive medicine; **~mittel** *n* ⚕ prophylactic; *fig.* preventive.

Vorbild *n* model; (*Beispiel*) example; ***leuchtendes ~*** shining example; (***sich***) ***j-n zum ~ nehmen*** *moralisch etc.*: take s.o. as an example, take a leaf from s.o.'s book, (*sich nach j-m bilden*) model o.s. on s.o.; ***als ~ hinstellen*** hold up as an example; **vorbildlich I.** *adj.* exemplary; model *husband etc.*; (*vollkommen*) ideal; **II.** *adv.* exemplarily, in an exemplary manner (*od.* fashion); ***sie benimmt sich ~*** her behavio(u)r is exemplary; ***das hast du ~ gemacht*** F you did a brilliant job (of it); **Vorbildlichkeit** *f* exemplariness, exemplary nature (*gen.* of).

Vorbildung *f beruflich etc.*: (previous) training; *allgemein*: educational background.

vorbinden *v/t.* tie (*od.* put) *s.th.* on.

Vorbogen *m im Buch*: front matter.

Vorbote *m* forerunner; *fig.* harbinger, herald (*gen.* of).

vorbringen *v/t. zur Diskussion, Anhörung etc.*: bring forward; ⚖ (*Beweis*) produce; (*Gründe, Meinung, Entschuldigung etc.*) offer; (*Einwand*) make *an objection*; (*Plan*) propose, put forward; (*Protest*) lodge; (*Wunsch*) express; ⚖ (*Klage*) prefer *a charge against s.o.*; *als Einwand*: plead; *weitS.* (*sagen*) tell (***j-m et.*** s.o. s.th.).

vorbuchstabieren *v/t.* spell *a word* (out); ***könnten Sie es mir ~?*** could you spell it for me (*od.* spell it out to me)?

Vorbühne *f thea.* proscenium.

vorchristlich *adj.* pre-Christian; ***... aus ~er Zeit*** dating back to before the time of Christ (*od.* to the pre-Christian era).

Vordach *n* canopy.

vordatieren *v/t.* (*zurückdatieren*) antedate; (*vorausdatieren*) postdate.

vordem *adv.* (*vorher*) before; (*früher*) formerly.

vorder *adj.* front.

Vorder|achse *f* front axle; **~ansicht** *f* front view; △ front elevation; **~antrieb**

m mot. front-wheel drive; **ℒasiatisch** *adj.* Middle (*od.* Near) Eastern; Levantine; **~ausgang** *m* front exit; **~bein** *n* foreleg; **~deck** *n* foredeck; **~eingang** *m* front entrance; **~fuß** *m* forefoot; *von Hund, Katze*: front paw; **~gebäude** *n* front building.

Vordergrund *m* foreground; *fig.* **et. in den ~ stellen** (*od.* **rücken**) give s.th. special emphasis; **in den ~ treten** (*od.* **rücken**) become the focus of attention, *Person*: be thrust into public prominence; **im ~ stehen** (*dringlich sein*) be of immediate importance, be urgent, be top priority, (*im Blickpunkt stehen*) be in the limelight, be in the foreground *of discussions*; **sich in den ~ stellen** take cent|re (*Am.* -er) stage; **vordergründig** *adj.* (*oberflächlich*) superficial; (*leicht durchschaubar*) transparent; (*zu einfach*) simplistic(ally *adv.*); (*naiv*) naive *sense of humo(u)r etc.*; **Vordergründigkeit** *f* superficiality; transparency; simplistic nature (*gen.* of); naivety; → **vordergründig.**

vorderhand *adv.* for the time being, for the moment.

Vorder|hand *f zo.* forehand; **~haus** *n* front building; **~hirn** *n anat.* frontal lobes *pl.* of the brain; **~lader** *m* muzzle-loader; **~lauf** *m zo.* foreleg; **~mann** *m* person in front (of me, him *etc.*); F *fig.* **et. auf ~ bringen** bring s.th. up to scratch, spruce s.th. up; **j-n auf ~ bringen** get s.o. into (proper) shape; **~pfote** *f* front paw.

Vorderrad *n* front wheel; **~achse** *f* front axle; **~antrieb** *m* front-wheel drive.

Vorder|reifen *m* front tyre (*Am.* tire); **~reihe** *f* front row; **~schinken** *m* shoulder of ham; **~seite** *f* front; *Münze*: obverse, face; **~sitz** *m* front seat.

vorderst *adj.* (very) first, *nachgestellt*: at the front; **~e Reihe** front (*od.* first) row; **die ℒen** the ones (right) at the front.

Vorder|teil *m, n* front (part); **~tür** *f* front door; **~zahn** *m* front tooth; **~zimmer** *n* front room.

vordrängeln F, **vordrängen** *v/refl.*: **sich ~** push forward; *in e-r Schlange*: push in, *Brit. a.* jump the queue; *fig. in den Mittelpunkt*: (*a.* **sich ~ wollen**) try to be the cent|re (*Am.* -er) of attraction.

vordringen *v/i.* push (*od.* forge) ahead; **~ in** (*ein Gebiet etc., a. fig. e-e Ideologie etc.*) penetrate; **~ zu** reach (*a. fig.*).

vordringlich I. *adj.* urgent, pressing; top priority; **~e Aufgabe** priority assignment; **II.** *adv.*: **~ behandeln** give *s.th.* priority; **~ behandelt werden** be given priority (treatment); **Vordringlichkeit** *f* urgency.

Vordruck *m* **1.** form, *Am.* blank; **2.** *typ.* first impression.

vorehelich *adj.* premarital.

voreilig *adj.* rash; **~e Schlüsse ziehen** jump to conclusions; **Voreiligkeit** *f* rashness.

voreinander *adv.* **1.** *konkret*: one in front of the other; **2. Achtung ~** respect for each other (*od.* one another); **sie fürchten sich ~** they're afraid of each other (*od.* one another).

voreingenommen *adj.* prejudiced, bias(s)ed (**für** in favo[u]r of; **gegen** against); **Voreingenommenheit** *f* prejudice(s *pl.*), bias.

vorenthalten *v/t.*: **j-m et. ~** (*a. verschweigen*) keep (*od.* withhold) s.th. from s.o.;

Vorenthaltung *f* withholding *of information etc.*

Vorentscheidung *f* preliminary decision; ⚖ precedent.

vorerst *adv.* for the time being; (*im Augenblick*) *a.* at the moment.

vorexerzieren *v/t.* demonstrate (**j-m** to s.o.).

vorfabriziert *adj.* prefabricated (*a. fig.*).

Vorfahr *m* ancestor.

vorfahren I. *v/i.* **1.** *vor den Eingang etc.*: drive up (to the entrance *etc.*); **~ bis** drive up to, drive as far as; *bleib da* - **ich fahre vor** I'll drive (*od.* bring) the car up (to the entrance); **2.** F (*vorausfahren*) drive (on) ahead; **3. j-m ~** pass s.o., overtake s.o.; *j-n, ein Fahrzeug* **~ lassen** (*die Vorfahrt geben*) give (right of) way to, *Am.* yield to; **II.** *v/t.* (*Fahrzeug*) drive *a car* up (to the entrance *etc.*); **Vorfahrt** *f* right of way, priority; **~ beachten!** give way, *Am.* yield; **~ geändert** changed priorities ahead; **vorfahrtberechtigt** *adj.*: **~ sein** have (the) right of way.

Vorfahrts|schild *n* **1.** give way sign, *Am.* yield sign; **2.** right of way sign; **~straße** *f* priority road; *in der Stadt*: *a.* through street.

Vorfall *m* **1.** incident; **2.** ⚕ prolapse; **vorfallen** *v/i.* **1.** happen, occur; **2.** ⚕ prolapse, drop.

Vorfeld *n* **1.** approach(es *pl.*); ✈ apron; **2.** *fig.* run-up (*gen.* to); **im ~ der Konferenz** *a.* as the conference approaches (*od.* was approaching).

vorfertigen *v/t.* prefabricate; **Vorfertigung** *f* prefabrication.

Vorfilm *m* supporting film.

vorfinanzieren *v/t.* finance in advance; **Vorfinanzierung** *f* advance financing.

vorfinden *v/t.* find.

vorflunkern F *v/t.*: **j-m etwas ~** F tell s.o. a lot of rubbish.

Vorfreude *f* (joyful) anticipation; **die ~ auf das Fest** the excitement at the prospect of the party.

Vorfrühling *m*: (**im ~** in) early spring.

vorfühlen *fig. v/i.* put one's feelers out; **bei j-m ~** sound s.o. out (**wegen** on).

vorführen *v/t.* bring forward; *dem Richter*: bring before, (*Zeugen*) produce; *zur Schau*: show; (*Gerät etc.*) demonstrate; (*Film*) show; (*Kunststück, Trick etc.*) perform; *fig.* **j-n ~** make a fool of s.o., *Sport*: teach s.o. a lesson; **Vorführer** *m Kino*: projectionist; **Vorführraum** *m* projection room; **Vorführung** *f* presentation; *Film*: showing; ✝, ⚙ demonstration; *e-s Kunststücks etc.*: performance; **Vorführwagen** *m* demonstration car, *Am.* demonstrator.

Vorgabe *f* **1.** *Sport*: handicap, start; **2.** (*Richtlinie*) guideline, *pl. a.* instructions; **~zeit** *f* time allowed (*od.* allotted).

Vorgang *m* **1.** (*Hergang*) proceedings *pl.*; (*Prozeß*) process; (*Ereignis*) event, occurrence; **j-n über den ~ unterrichten** tell s.o. (*od.* inform s.o. about) what is happening *od.* what happened; **2.** (*Akte*) file, dossier.

Vorgänger(in *f*) *m* predecessor.

Vorgängermodell *n* previous model.

Vorgarten *m* front garden.

vorgaukeln *v/t.*: **j-m et. ~** (try to) get s.o. to believe s.th.; **j-m ~, daß** (try to) delude s.o. into thinking (that), (try to) get s.o. to believe (that); **j-m e-e rosige Zukunft** *etc.* **~** build up hopes of a rosy future *etc.* in s.o.

vorgeben *v/t.* **1.** *Sport*: give; **2.** (*nach vorn geben*) pass *s.th.* to the front; **j-m et. ~** pass s.th. (on) to s.o.; **3.** (*behaupten*) allege, claim; (*vortäuschen*) pretend *to be rich etc.*

vorgebildet *adj.*: **~ sein** have some knowledge (**auf, in** of), have had previous training (in); **juristisch** *etc.* **~ sein** have had legal *etc.* training.

Vorgebirge *n* foothills *pl.*; (*Kap*) cape.

vorgeblich *adj.* ostensible.

vorgeburtlich *adj.* prenatal.

vorgefaßt *adj.*: **~e Meinung** prejudice, preconceived idea (*od.* notion); **e-e ~e Meinung haben** be prejudiced, be bias(s)ed (**von, gegen** against).

Vorgefecht *n* preliminary skirmish.

Vorgefühl *n* anticipation; *negatives*: *a.* presentiment; **banges ~** uneasy feeling, foreboding.

vorgehalten *adj.*: **mit ~er Pistole** at gunpoint; *fig.* **et. hinter der ~en Hand erzählen** say s.th. in a whisper.

vorgehen I. *v/i.* **1.** go forward; **~ zu** go up to; **2.** F (*vorangehen*) go first, lead the way; **3.** *Uhr*: be fast; *täglich etc.*: gain *five minutes a day etc.*; **4.** (*Vorrang haben*) have priority (*dat.* over), be more important (than); **5.** (*handeln*) act; take action (**gegen** against); (*verfahren*) proceed; **6.** (*geschehen*) happen; **was geht hier vor?** what's going on here?; **was ging wohl in ihm vor?** I wonder what came over him; **II.** ℒ *n* (*Handlungsweise, a. Einschreiten*) action; (*Verfahren*) procedure; **sein ~** the way he is handling (*od.* he handled) things.

vorgelagert *adj. Insel etc.*: offshore ...; **e-e der Küste ~e Insel** an island (just) off the coast.

vorgenannt *adj.* aforementioned.

vorgerückt *adj.*: **in ~em Alter** at an advanced age, in advanced years; **in ~em Stadium** at an advanced stage; **zu ~er Stunde** at a late hour.

vorgeschädigt *adj.*: **~ sein** have been damaged (*psychisch*: hurt) before.

Vorgeschichte *f* **1. die ~** prehistory, early history; **2.** *e-r Sache*: (past) history, *the* story so far; *e-r Person*: past life, background; ⚕ case history, 🕮 anamnesis; **vorgeschichtlich** *adj.* prehistoric.

Vorgeschmack *m* foretaste (**auf** of).

vorgeschritten *adj.* → **vorgerückt.**

vorgesehen *adj.* → **vorsehen** I.

Vorgesetzte(r) *m* superior.

Vorgespräche *pl.* preliminary talks (*od.* discussions).

vorgestern *adv.* the day before yesterday; F *fig. Ansichten etc.* **von ~** of yesteryear, antiquated *views etc.*; **vorgestrig** *adj.* **1.** of (*od.* from) the day before yesterday; **2.** *fig.* antiquated *views etc.*

vorgezogen *adj. Ruhestand, Wahlen etc.*: early.

vorgreifen *v/i.* (*vorzeitig handeln*) act prematurely, F jump the gun; *in e-r Erzählung*: jump ahead; **e-r Sache ~** (*vorwegnehmen*) anticipate s.th.; **j-m in s-r Entscheidung** *etc.* **~** anticipate s.o.'s decision *etc.*; **j-m ~** anticipate s.o.'s answer (*od.* objections, question *etc.*); **Vorgriff** *m* anticipation; **im ~ auf** in anticipation of.

vorhaben I. *v/t.* **1.** plan, have in mind; ***was haben Sie heute vor?*** what are your plans for today?; ***haben Sie heute abend etwas vor?*** have you got anything planned for tonight?; ***morgen haben wir einiges vor*** a) we've got a lot to do tomorrow, b) we've got a lot on the agenda for tomorrow; ***was hat er jetzt wieder vor?*** F what's he up to now?; ***was hast du mit ihm*** (***damit***) ***vor?*** what are you going to do with him (it)?; ***fest ~ zu*** *inf.* have firmly decided to *inf.*, be intent on *ger.*; **2.** F (*Schürze etc.*) have *s.th.* on; **II.** 2 *n* (*Absicht*) intention, purpose; (*Plan*) plan; (*Projekt, a. Bau*2) project.

Vorhalle *f* entrance hall, vestibule; *thea., Hotel*: foyer, *bsd. Am.* lobby.

Vorhalt *m* **1.** ♪ suspension; **2.** *Ballistik*: lead; **vorhalten I.** *v/t.* **1.** ***j-m et.*** ~ hold s.th. (up) in front of s.o.; ***beim Gähnen*** *etc.* ***die Hand*** ~ put one's hand in front of one's mouth when one yawns *etc.*; → ***vorgehalten***; **2.** *fig.* ***j-m et.*** ~ reproach s.o. with s.th., accuse s.o. of s.th.; **II.** *v/i.* *Vorrat etc.*: last, hold out; **Vorhaltung** *f* reproach; ***j-m ~en machen*** reproach s.o., *formell*: remonstrate with s.o. (**über** about).

Vorhand *f* **1.** *Kartenspiel*: lead (*a. fig.*); **2.** *Tennis*: forehand.

vorhanden *adj.* (*verfügbar*) available; (*bestehend*) extant, in existence; ***~ sein*** (*bestehen*) exist; ***es sind*** (***od. ist***) ***... ~*** *a.* there are (*od.* is) ...; ***davon ist nichts mehr*** ~ there's nothing of it left; **Vorhandensein** *n* existence.

Vorhandschlag *m* forehand (shot *od.* stroke).

Vorhang *m* curtain; *pol. hist.* ***der Eiserne*** ~ the Iron Curtain; *thea.* ***zehn Vorhänge haben*** have ten curtain calls.

Vorhängeschloß *n* padlock.

Vorhang|stange *f* curtain rod; **~stoff** *m* curtain material, curtaining.

Vorhaut *f* foreskin, 🕮 prepuce.

vorheizen *v/t.* preheat, heat up.

vorher *adv.* before, first; (*unmittelbar* ~) beforehand; ***am Abend*** ~ the evening before, the previous evening; ***drei Tage*** ~ three days before (*od.* earlier); ***das hättest du dir ~ überlegen sollen*** you should have thought about that first (*od.* before); ***hättest du das nicht ~ sagen können?*** couldn't you have said so before (*od.* earlier)?

vorherbestimmen *v/t.* **1.** determine in advance; **2.** (*Schicksal etc.*) predestine; ***es war ihr vorherbestimmt, Musikerin zu werden*** she was (pre)destined to become a musician; **Vorherbestimmung** *f* **1.** predetermination; **2.** (*Schicksal*) *a. theologisch*: predestination.

vorhergehen *v/i.* precede (*dat. s.th.*); **vorhergehend** *adj.* previous; preceding; ***die ~en Ereignisse*** the preceding events, (the) events leading up to it.

vorherig *adj.* previous, *Bemerkung etc.*: *a.* preceding; (*früher, ehemalig*) former; ***ohne ~e Ankündigung*** without prior (*od.* any) notice; ***nach ~er Vereinbarung*** after prior arrangement (**mit** with).

Vorherrschaft *f* (pre)dominance; *pol. a.* supremacy; ***~ über*** *a.* ascendancy over; ***die ~ in Asien*** *etc.* dominance over Asia *etc.*; **vorherrschen** *v/i.* predominate, be (pre)dominant; *Situation etc.*: prevail; **vorherrschend** *adj.* predominant; *Geschmack etc., a. Situation, Klima*: prevailing; ***die ~e Meinung*** prevailing opinion, opinion at large.

Vorhersage *f* prediction; (*Wetter*2 *u.* ✝ *etc.*) forecast.

vorhersehen *v/t.* foresee; ***ich hab's vorhergesehen*** *a.* I could see it coming, I knew it would happen; ***keiner konnte das*** ~ nobody could have foreseen (*od.* predicted) that; ***wie vorherzusehen war*** predictably, as was to be expected.

vorheucheln *v/t.* pretend (*dat.* to); ***j-m et.*** ~ try to get s.o. to believe s.th.; ***j-m etwas*** ~ put on an act in front of s.o.

vorheulen F *v/t.*: ***j-m etwas*** ~ F give s.o. a sob story; (*sich ausweinen*) cry on s.o.'s shoulder; ***heul mir nichts vor!*** F I don't want (to hear) any sob stories.

vorhin *adv.* earlier on, a (short) while ago (F back); (*gerade*) just now.

vorhinein *adv.*: ***im*** ~ (*im voraus*) in advance; (*von vornherein*) from the start, (right) at the outset.

Vorhof *m* **1.** forecourt; **2.** *des Herzens*: atrium, auricle; *des Ohrs*: vestibule; **~flimmern** *n* ⚕ auricular fibrillation.

Vorhölle *f*: ***die*** ~ limbo, Limbo.

Vorhut *f* ⚔ vanguard (*a. fig.*), advance guard.

vorig *adj.* previous; *Minister etc.*: *a.* former; (*vergangen*) last; ***~e Woche*** last week.

Vorjahr *n* previous year; ***im*** ~ the previous year, (*letztes Jahr*) last year; ***die Rechnungen vom*** ~ a) the previous year's bills, b) last year's bills; **vorjährig** *adj.* **1.** of (*od.* from) the previous year; **2.** last year's ...

vorjammern *v/t.*: ***j-m etwas*** ~ moan to s.o. (**über** about); → *a.* ***vorheulen.***

Vorkämpfer(in *f*) *m* champion, pioneer.

vorkauen *fig. v/t.*: ***j-m et.*** ~ spoon-feed s.o. with s.th.

Vorkaufsrecht *n* (right of) first refusal (**an, bei** on); ***j-m das ~ einräumen*** give s.o. first refusal (**an** on).

Vorkehrung *f* (*Maßnahme*) measure; (*Vorsichtsmaßregel*) precaution; ***~en treffen*** take measures *od.* precautions (**gegen** against), **für:** arrange (*od.* provide) for.

Vorkenntnisse *pl.* previous knowledge *sg.* (**von** of), (*Erfahrung*) previous experience *sg.*

vorklinisch *adj.* preclinical.

vorknöpfen F *v/t.*: ***sich j-n*** ~ take s.o. to task, F have s.o. on the carpet, (*unsanft behandeln*) F take care of s.o.

vorkommen I. *v/i.* **1.** (*zum Vorschein kommen*) appear; (*sich finden, vorhanden sein*) be found; (*auftauchen*) crop up; (*sich ereignen*) happen, occur; ***sie kommen im Mittelalter*** (***in Asien*** *etc.*) ***vor*** you find them in the Middle Ages (in Asia *etc.*); ***das kommt schon mal vor*** it happens, it can happen; → ***Familie***; ***so etwas ist mir noch nie vorgekommen*** nothing like that has ever happened to me before; ***das Wort kommt zweimal vor*** the word appears (*od.* occurs) twice, there are two instances of the word; **2.** ***es kommt mir vor*** it seems to me; ***es kommt mir merkwürdig vor*** it strikes me as strange, it seems (a bit) strange to me; ***es kam mir so vor, als ob*** I had the impression that; ***sich dumm*** *etc.* ~ feel silly *etc.*; ***sich klug*** (***wichtig*** *etc.*) ~ think one is clever (important *etc.*); ***das kommt dir nur so vor*** you're (just) imagining it; F ***wie kommst du mir vor?*** who do you think you are?; **3.** (*nach vorn kommen*) come forward; *in der Schule*: *a.* come to the front of the class; **II.** 2 *n* occurrence; (*Auftreten*) incidence; (*Vorhandensein*) existence; *min.* deposit;

Vorkommnis *n* incident, occurrence; ***keine besonderen ~se*** no unusual occurrences, F nothing unusual happening.

Vorkriegs... *in Zssgn* pre-war.

vorladen *v/t.* summon; *unter Strafandrohung*: subpoena; **Vorladung** *f* (writ of) summons *sg.*; *unter Strafandrohung*: subpoena.

Vorlage *f* **1.** model; (*Muster*) pattern; ***et. als ~ benutzen*** copy from s.th.; **2.** (*Unterbreitung*) presentation, submission; ***gegen ~*** *gen.* on presentation of; **3.** *parl.* (*Gesetzes*2) bill; **4.** *Fußball etc.*: pass; **5.** *Skisport*: forward lean.

vorlassen *v/t.* **1.** let *s.o.* go first (*od.* in front); (*überholen lassen*) let *s.o.* pass; **2.** (*empfangen*) admit; ***vorgelassen werden*** *a.* be shown in.

Vorlauf *m* **1.** *Videogerät etc.*: fast forward; **2.** *Sport*: preliminary heat; **3.** ⚙ caster, *e-s Kolbens*: forward stroke; *für Wasser*: flow pipe; **Vorläufer** *m* (*Person und Sache*) forerunner, precursor.

vorläufig I. *adj.* provisional, temporary; **II.** *adv.* provisionally, temporarily; (*fürs erste*) for the time being; **Vorläufigkeit** *f* provisional nature (*gen.* of).

vorlaut *adj.* pert, cheeky.

vorleben *v/t.*: (***j-m***) ***et.*** ~ be a living example of s.th. (for s.o.).

Vorleben *n* past, past life (*od.* history).

Vorlegebesteck *n*: (***ein*** ~ a set of) carvers *pl.*, *zum Servieren*: servers *pl.*

vorlegen *v/t.* present (*dat.* to); (*unterbreiten, a. zur Prüfung*) submit (to); (*Schloß*) put on; (*Speise*) serve; *fig.* (*Tempo etc.*) set *the pace etc.*; F ***ein scharfes Tempo*** ~ set a brisk pace; ***j-m den Ball*** ~ play the ball to s.o.

Vorleger *m* rug; (*Matte*) mat.

Vorlegeschloß *n* padlock.

vorlehnen *v/refl.*: ***sich*** ~ lean forward.

Vorleistung *f* **1.** ✝ (*Vorauszahlung*) advance (payment); *a. pl.* (*Auslagen*) outlay; ***e-e*** ~ (*od.* ***~en***) ***erbringen*** make an advance payment; **2.** *mst* ***~en*** (*Vorarbeiten*) preliminary work; *weitS.* previous achievements; **3.** *fig. mst* ***~en*** (*Zugeständnisse*) concessions; ***~en erbringen*** make concessions.

vorlesen I. *v/t.* read (aloud); ***j-m et.*** ~ read s.th. (out) to s.o. (**aus** from); **II.** *v/i.* read (**aus** from); **Vorlesung** *f* lecture (**über** on); ***e-e ~ halten*** give a lecture; ***~en halten über*** lecture on; ***e-e ~ besuchen*** go to (*formell*: attend) a lecture.

Vorlesungs|beginn *m etwa* start (*od.* beginning) of term; ***~ ist am ...*** term starts (*od.* begins) on ...; **2frei** *adj.*: ***~e Zeit*** vacation (period); **~verzeichnis** *n* program(me) of lectures, *Am.* catalog.

vorletzt *adj.* last but one, next to last, *formell*: penultimate; ***~e Nacht*** the night before last; ***am ~en Freitag*** (on the) Friday before last.

Vorliebe *f* liking, fondness (**für** of); ***e-e*** (***besondere***) ***~ haben für*** *a.* be (particularly) fond of; ***et. mit ~ tun*** (*gern*) be very fond of (doing) s.th., (*e-n Hang zu et.*

haben) have a penchant for (doing) s.th., *weitS.* (*sehr oft et. tun*) do s.th. fairly often (*od.* quite a lot).

vorliebnehmen *v/i.*: ~ **mit** settle for, make do with, be content with.

vorliegen *v/i.* **1.** (*vorhanden sein*) be there; (*angekommen sein*) *a.* have arrived; *engS.* **j-m** ~ lie (*od.* be) in front of s.o., lie (*od.* be) on s.o.'s desk; *Ergebnisse, Daten etc.*: have been given to s.o.; *Antrag etc.*: have been submitted (to s.o.); **die Ergebnisse liegen noch nicht vor** the results haven't come in yet, we haven't received (*od.* had) any results so far; **es liegen keine Gründe vor zu** *inf.* there are no reasons why *we should do it etc.*; **da muß ein Irrtum** ~ there must be some mistake; **was liegt hier vor?** (*was ist los?*) what's going on here?; ⚖ **was liegt gegen ihn vor?** what is the charge against him?; **gegen ihn liegt nichts vor** there's no charge against him; **2.** (*zu erledigen sein*) have to be done (*od.* dealt with); (*auf der Tagesordnung stehen*) be on the agenda; **was liegt uns vor?** what's to be done?; **es liegt ... vor** (*es ist ...*) there is ..., (*es handelt sich um ...*) here we have ...; **vorliegend** *adj. nachgestellt*: in hand; *Frage etc.*: at issue.

vorlügen *v/t.*: **j-m etwas** ~ lie to s.o., F tell s.o. a pack of lies; **er lügt ihnen vor, er sei ...** he's lying to them about being ...

vorm F (= **vor dem**) → **vor** 1.

vormachen *v/t.* **1. j-m et.** ~ (*zeigen*) show s.o. how to do s.th., demonstrate s.th. to s.o.; **2. j-m etwas** ~ *zur Täuschung*: fool s.o.; **sich (selbst) etwas** ~ deceive (*od.* fool) o.s.; **machen wir uns nichts vor** let's be honest about this; **ihm kannst du nichts** ~ he's no (*od.* nobody's) fool; **ich lasse mir nichts** ~ I'm not going to let them *etc.* make a fool of me.

Vormacht(stellung) *f* supremacy; hegemony (*beide* **in** over); ~ **in** *a.* ascendancy over.

vormalig *adj.* former; **vormals** *adv.* formerly (known as).

Vormarsch *m* advance (*a. fig.*); **auf dem** (*od.* **im**) ~ **sein** be on the advance, be advancing (**auf** on), *fig.* be gaining ground, be spreading.

vormerken *v/t.* (*Termin, Bestellung etc.*) make a note of; (*reservieren*) reserve (*a.* ~ **lassen**); (*Person*) put *s.o.'s* name down, F pencil in; (*Geld*) earmark, ✝ target; **sich** ~ **lassen** put one's name down (**für** for), have one's name put down (for); **sich bei j-m** ~ **lassen** (*e-n Termin vereinbaren*) make an appointment with s.o.; **Vormerkkalender** *m* diary; **Vormerkliste** *f* waiting list; **Vormerkung** *f* (*Reservierung*) booking, reservation; (*Termin*) appointment.

Vormieter *m* previous tenant.

Vormittag *m* morning; **vormittäglich** *adj.* morning ...; **vormittags** *adv.* in the morning(s).

Vormonat *m*: (**im** ~ the) previous month.

Vormund *m* guardian; **Vormundschaft** *f* guardianship; **unter** ~ **stehen** (**stellen**) be placed (place) under the care of a guardian; **Vormundschaftsgericht** *n* guardianship court; *in GB*: Family Division of the High Court; *in den USA*: Surrogate's Court.

vorn *adv.* in front (*a. fig.*), at the front; *im Rennen etc.*: in front, ahead; **ganz** ~ right in front, (*am Anfang*) at the beginning; **weiter** ~ further up, *im Buch etc.*: nearer the beginning; **nach** ~ forward; **von** ~ from the front; **von** ~ **anfangen** start (*od.* begin) at the beginning, (*a.* **wieder von** ~ **anfangen**) start (all over) again; **von** ~ **bis hinten** a) from front to back, b) from beginning to end; **noch einmal von** ~ all over again, *auffordernd*: let's do that again, let's go back to the beginning again; → **vornan** *etc.*

Vorname *m* first (*od.* Christian) name, *Am. a.* given name; *Amtssprache*: *a.* prename.

vornan *adv.* in (*od.* at) the front.

vorne → **vorn.**

vornehm *adj. bsd. Person*: distinguished; (*edel*) noble; *Sache*: classy; (*elegant*) elegant, fashionable, smart, F posh; (*erstklassig*) high-class; (*exklusiv*) exclusive; ~**e Gesinnung** high-mindedness; **es ist sehr** ~ *a.* it's got class; ~**ste** *Aufgabe, Pflicht etc.*: chief; ~ **tun,** F **auf** ~ **machen** put on airs.

vornehmen *v/t.* (*durchführen*) carry out, (*Änderung, Verbesserung etc.*) *a.* make; (*a.* **sich** *et.* ~) (*in Angriff nehmen*) tackle; (*anfangen*) get down to; **sich** *et.* ~ (*planen*) plan, have (*od.* make) plans for, (*sich kümmern um*) take care of, see to; **sich** ~ **zu** *inf.* (*beschließen*) decide to *inf.*, *stärker*: resolve to *inf.*, (*planen*) plan to *inf.*, (*beabsichtigen*) intend to *inf.*; **sich ein Buch (e-e Arbeit)** ~ *a.* set out to read a book (do a job); F **sich j-n** ~ *verbal*: take s.o. to task, F have s.o. on the carpet, *tätlich*: F take care of s.o.; **sich zuviel** ~ take on too much, F bite off more than one can chew; F **sich einiges vorgenommen haben** have taken on quite a job.

Vornehmheit *f* distinguished manner; nobility; class(iness); elegance; exclusivity; exclusive atmosphere *etc.*; → **vornehm.**

vornehmlich *adv.* mainly; (*in erster Linie*) first and foremost.

Vornehmtuerei *f* airs (and graces) *pl.*; **vornehmtuerisch** *adj.* affected, F snobby, la-di-da; ~**e Art** affected behavio(u)r, airs (and graces).

vorneigen *v/refl.*: **sich** ~ bend (*od.* lean) forward.

Vorneverteidigung *f* forward defen|ce (*Am.* -se).

vornherein *adv.*: **von** ~ (right) from the beginning (*od.* start).

vornüber *adv.* forward; (*Kopf voraus*) head first.

vorordnen *v/t.* presort, put in some sort of order.

Vorort *m* suburb; **Vorort(s)...** *in Zssgn* suburban; **Vorortverkehr** *m* suburban traffic; **Vorortzug** *m* local (*od.* commuter) train.

Vorplatz *m* forecourt; *vor e-m Bahnhof etc.*: square.

Vorposten *m* ⚔ *u. fig.* outpost.

vorpreschen *v/i.* rush forward; *fig.* rush ahead; ~ **in** (*e-e Position etc.*) rush into, *fig. a.* venture into; *mst fig.* **zu weit** ~ venture too far.

Vorprogramm *n* supporting program(me); **vorprogrammieren** *v/t.* (pre)program(me); **vorprogrammiert** *adj.* **1.** (pre)program(m)ed; **2.** *fig.* (*unvermeidlich*) inevitable, (*sicher*) sure, certain; **es war** ~ *a.* it was bound to happen, it was on the cards; **die Katastrophe ist** ~ it's program(m)ed for disaster.

Vorprüfung *f* preliminary examination; *Sport*: trial.

Vorrang *m, a.* **Vorrangstellung** *f* (position of) pre-eminence; (*Vordringlichkeit*) priority; **den Vorrang haben vor** take precedence (*Sache*: *a.* priority) over; **vorrangig I.** *adj.* priority ...; → *a.* **vordringlich; II.** *adv.* **et.** ~ **behandeln** give s.th. (top) priority; **Vorrangigkeit** *f* priority (**vor** over).

Vorrat *m* supply, supplies *pl.*, stocks *pl.*; store; reserves *pl.* (*a. an Bodenschätzen, Geld*); *an Atombomben etc.*: stockpile; *heimlicher*: (secret) hoard (*alle* **an** of); *fig.* stock *of anecdotes etc.*; **et. auf** ~ **haben** have s.th. in reserve (✝ in stock), F have a stockpile of s.th.; **et. auf** ~ **kaufen** stock up on s.th.; **solange der** ~ **reicht** while stocks last; **vorrätig** *adj.* available; ✝ in stock; **nicht (mehr)** ~ out of stock; **et. nicht mehr** ~ **haben** be (*od.* have run) out of s.th.

Vorrats|kammer *f* pantry, larder; ~**lager** *n*, ~**raum** *m* storeroom; ~**schrank** *m* store cupboard; *für Lebensmittel*: larder.

Vorraum *m* anteroom; *thea. etc.*: foyer, *bsd. Am.* lobby.

vorrechnen *v/t.* reckon up (**j-m** for s.o.); (*aufzählen*) enumerate; *fig.* (*vorhalten*) *a.* list, go through.

Vorrecht *n* privilege, prerogative.

Vorrede *f* **1.** opening words *pl.*; **2.** (*Vorwort*) preface; **Vorredner** *m* previous speaker.

Vorreiter *fig. m* pioneer, trailblazer; **den** ~ **machen bei** blaze the trail for, be the trailblazer for, pioneer *an idea etc.*

vorrennen *v/i.* run forward; (*vorausrennen*) run (on) ahead.

Vorrichtung *f* device; (*Gerät*) appliance.

vorrücken I. *v/t.* move forward (*a. Schach etc.*); **II.** *v/i.* advance (⚔ **in Richtung auf** on; **nach** to); **auf den 3. Platz** ~ *Sport*: move up to third place; → **vorgerückt.**

Vorruhestand *m* early retirement; **in den** ~ **treten** take early retirement.

Vorruhestands|gelder *pl.* early retirement benefits; ~**regelung** *f* early retirement law(s *pl.*) *od.* policy.

Vorrunde *f* qualifying round.

vors F (= **vor das**) → **vor** 1.

vorsagen I. *v/t.*: **j-m et.** ~ *in der Schule*: tell s.o. s.th., whisper s.th. to s.o.; *zum Nachsagen*: say s.th. first (for s.o. to repeat); **sich et.** ~ (*einreden*) talk o.s. into believing s.th.; **II.** *v/i.*: **j-m** ~ tell s.o. the answer, whisper the answer to s.o.

Vorsaison *f* pre-season, off-season, low season; start of the season; ~**preis** *m* off-peak price.

Vorsatz *m* **1.** intention; *fester*: resolution; ⚖ (criminal) intent; **mit** ~ on purpose, ⚖ wil(l)fully, with malice aforethought; ⚖ **mit dem** ~ **zu** *inf.* with the intent of *ger.*; **den** ~ **fassen zu** *inf.* resolve to *inf.*, make up one's mind to *inf.*; **2.** → **Vorsatzgerät; 3.** *typ.* → **Vorsatzblatt** *n typ.* end paper; **Vorsatzgerät** *n* attachment; **vorsätzlich I.** *adj.* intentional, deliberate; ⚖ wil(l)ful; ~**er Mord** premeditated murder; **II.** *adv.* deliberately, intentionally; ⚖ wil(l)fully, with criminal intent, with malice aforethought;

Vorsatzlinse *f phot.* front lens attachment.
vorschalten *v/t.* **1.** ⚙ *etc.* add (*dat.* to), insert; ⚡ connect in series; **2.** *fig.* slot *s.th.* in ahead, bring *s.th.* forward, move *s.th.* up; **Vorschaltwiderstand** *m* ⚡ series resistor.
Vorschau *f* preview (**auf** of); *Film*: trailer(s *pl.*); ***e-e ~ auf das heutige Programm*** a look at today's program(me).
Vorschein *m*: ***zum ~ bringen*** bring to light; ***zum ~ kommen*** come to light, surface, come to the surface, (*entdeckt werden*) *a.* be discovered, (*erscheinen*) appear.
vorschicken *v/t.* send forward; (*vorausschicken*) send (on) ahead.
vorschieben I. *v/t.* push (*od.* slide, move) forward; (*Lippe etc*) stick out; *fig.* (*als Vorwand benutzen*) use *s.th.* as an excuse; (*j-n*) use *s.o.* as a dummy; *fig.* → ***Riegel***; **II.** *v/refl.*: ***sich ~*** move forward; *Person*: push (one's way) forward, *in der Schlange*: *Brit.* jump the queue.
Vorschlag *m* **1.** suggestion, *a.* † proposal; (*Empfehlung*) (piece of) advice; ***auf j-s ~*** on s.o.'s suggestion (*od.* advice); **2.** ♪ (***langer, kurzer ~*** long, short) appoggiatura; **3.** *typ.* blank space; **vorschlagen** *v/t.* suggest, propose; (*empfehlen*) recommend; ***~ zu*** *inf.* suggest *etc. ger.*; ***j-m ~, et. zu tun*** suggest (that) s.o. (should) do s.th., suggest to s.o. that he (*od.* she) (should) do s.th.; ***ich schlage vor, daß wir zuerst etwas essen*** I suggest we eat something first; ***er schlug vor, daß wir noch warten*** he suggested waiting a bit; ***j-n ~ für*** recommend (*öffentlich*: propose) s.o. for *a job etc.*
Vorschlaghammer *m* sledgehammer.
Vorschlußrunde *f* semifinal.
vorschnell *adj.* → ***voreilig.***
vorschreiben *v/t.* **1.** (*anordnen*) prescribe; *Gesetz*: stipulate; ***ich lasse mir nichts ~*** I won't be dictated to; **2.** (*Brief etc.*) write *s.th.* out (*dat.* for).
vorschreiten *v/i.* advance; ***in vorgeschrittenem Alter*** *etc.* → ***vorgerückt.***
Vorschrift *f* rule(s *pl.*), regulation(s *pl.*); (*Anweisung*) instruction, direction; ***nach ärztlicher ~*** according to doctor's orders; (***streng***) ***nach ~*** *arbeiten etc.*: (strictly) to rule; ***Dienst nach ~*** (*Bummelstreik*) work-to-rule; **vorschriftsmäßig I.** *adj.* correct; *Kleidung etc.*: regulation ...; *nachgestellt*: as ordered, as prescribed; **II.** *adv.* correctly, according to regulations; (*nach Angaben*) according to the instructions; **vorschriftswidrig I.** *adj.* incorrect; **II.** *adv.* incorrectly, contrary to (the) regulations (*od.* instructions).
Vorschub *m* **1.** *e-r Sache* ***~ leisten*** encourage, foster; **2.** ⚙ feed.
Vorschulalter *n* pre-school age; ***Kinder im ~*** pre-school-age children; **Vorschule** *f* nursery school, *Am.* pre-school; **vorschulisch** *adj.* pre-school ...; **Vorschulkind** *n* **1.** pre-school-age child; **2.** playschool child.
Vorschuß *m* advance (payment) (**auf** on); **Vorschußlorbeeren** *pl.* premature praise *sg.*; unearned laurels; **vorschußweise** *adv.* as an advance; **Vorschußzahlung** *f* advance (payment).
vorschützen *v/t.* give (*od.* use) as a pretext; ***Krankheit*** (***Arbeit*** *etc.*) ***~*** *a.* pretend to be ill (to have work to do *etc.*); ***~, man sei*** (***habe*** *etc.*) pretend to be (have *etc.*), make out one is (has *etc.*).
vorschwärmen *v/t. u. v/i.*: ***j-m von et. ~*** rave to s.o. about s.th., rave on about s.th. to s.o.; ***j-m ~, daß*** (***wie***) rave on about the fact that (about how).
vorschweben *v/i.*: ***mir schwebt etwas ... vor*** I'm thinking of (*od.* I could imagine) something ...
vorschwindeln *v/t.*: ***j-m etwas ~*** tell s.o. a lot of lies (*od.* fibs); ***j-m ~, man sei*** (***würde*** *etc.*) lie to s.o. about being (doing *etc.*).
vorsehen I. *v/t.* **1.** (*bestimmen*) intend (**für** for), (*Mittel, Zeit etc.*) *a.* earmark, set aside (for); **2.** ***j-n ~ für*** (*e-n Posten etc.*) have s.o. in mind for, (*ausgewählt haben*) have chosen (*amtlich*: designated) s.o. for; ***j-n ~ als*** intend s.o. to be, plan to make s.o. *departmental head etc.*; ***vorgesehen sein für*** *et.* be a candidate for; have been chosen (*od.* designated) for, be slated for; **3.** (*planen*) plan, *zeitlich, terminmäßig*: *a.* schedule; (*entwerfen*) plan, design (*alle* **für** for); ***es ist vorgesehen zu*** *inf.* there are plans to *inf.*, they're planning to *inf.*; ***vorgesehen sein zu*** *inf. a.* be supposed to *inf.*; *der Fahrstuhl* ***ist für acht Personen vorgesehen*** is designed to take eight people; *das Spiel* ***ist für Sonntag vorgesehen*** is scheduled for (*od.* to take place) on Sunday; *die Sitzung* ***ist für nächste Woche vorgesehen*** is planned (*od.* scheduled) for next week, has been slated for next week; ***was ist für heute vorgesehen?*** what are the plans for today?, what's on the agenda today?; ***ist für heute*** (***irgend***) ***etwas vorgesehen?*** are there any plans for today?; **4.** *Gesetz, Abmachung etc.*: provide for; ***wie vorgesehen in*** *§ 1029* as provided for in; *das Gesetz* ***sieht vor, daß*** provides that; **5.** (*einschließen, einplanen*) include; ***im Programm sind mehrere Pausen vorgesehen*** the program(me) will include several breaks; **II.** *v/refl.*: ***sich ~*** be careful, watch out (***bei j-m*** with s.o.); ***sich ~, nicht zu*** *inf.* be careful (*od.* take care) not to *inf.*; **Vorsehung** *f*: (***die göttliche ~*** divine) providence, Providence.
vorsetzen I. *v/t.* move (*Bein*: put) forward; (*Schüler etc.*) move (up) to the front; (*davorsetzen*) put in front (*dat.* of); ***j-m et. ~*** place (*od.* put) s.th. in front of (*od.* before) s.o., (*Speise etc.*) serve s.o. s.th. (*od.* s.th. to s.o.), (*anbieten*) offer s.o. s.th., *contp.*, *a. fig.* dish s.th. up to s.o.; *fig.* ***was haben die uns diesmal wieder vorgesetzt?*** what have they dished us up this time?, what have they come up with (for us) this time?; **II.** *v/refl.*: ***sich ~*** move (up) to the front, go and sit at the front.
Vorsicht *f* caution; (*Behutsamkeit*) care; (*Umsicht*) circumspection; ***~!*** careful!, look out!, watch out!; *als Aufschrift*: caution!, danger!; *auf Kisten*: (handle) with care; ***~, bissiger Hund!*** beware of the dog; ***~, Glas!*** glass - with care; ***~ Stufe!*** mind the step; ***mit ~*** cautiously; ***mit äußerster ~*** with the utmost caution; ***mit gebotener ~*** with due care (and attention); ***es ist*** (***äußerste***) ***~ geboten*** one has to be (extremely) careful; ***zur ~ raten*** advise (*od.* recommend) caution; ***j-m zur ~ raten*** advise (*stärker*: urge) s.o. to be careful; F ***~ ist die Mutter der Porzellankiste*** better safe than sorry; F ***er ist mit ~ zu genießen*** F you've got to watch him; ***es ist mit*** (***äußerster***) ***~ zu genießen*** you've got to be (extremely) cautious about it, *mit Vorbehalt*: you've go to take it with a (big) pinch of salt; ***was er sagt, ist mit ~ zu genießen*** you've got to take everything he says with a pinch of salt; **vorsichtig I.** *adj.* careful; cautious; *Schätzung etc.*: conservative; ***~ sein mit s-m Urteil*** *etc.* be cautious about judging *etc.*; ***sei ~, daß du nichts fallen läßt*** be careful not to drop anything, mind you don't drop anything; ***da bin ich immer ein bißchen ~*** I'm always a bit wary of that; **II.** *adv.* carefully; cautiously; **vorsichtshalber** *adv.* as a precaution; **Vorsichtsmaßnahme** *f* precaution(ary measure); ***~n treffen*** take precautions.
Vorsilbe *f ling.* prefix.
vorsingen I. *v/t.*: ***j-m et. ~*** sing s.th. to s.o.; **II.** *v/i. zur Probe*: (have an) audition (*dat.* with); ***j-n ~ lassen*** audition s.o., give s.o. an audition.
vorsintflutlich *adj.* pre-Flood ..., *a. fig.* antediluvian.
Vorsitz *m* chair(manship); † presidency; ***den ~ haben*** (*od.* ***führen***) be in the chair, *a.* † preside (**bei** over); ***den ~ haben bei*** *a.* chair *a meeting etc.*; ***unter dem ~ von*** (*od. gen.*) under the chairmanship of, with ... in the chair, with ... chairing; **Vorsitzende(r** *m*) *f* chairman (*f* chairwoman), chairperson; † president.
Vorsorge *f* provision(s *pl.*); (*Vorsicht*) precaution; ***~ treffen*** → **vorsorgen** *v/i.* provide, make provisions (**für** for); ***~, daß*** see to it that; ***für die Zukunft*** *etc.* ***~*** *a.* plan ahead for the future *etc.*
Vorsorgeuntersuchung *f* screening (test); *pl. coll.* screening *sg.*
vorsorglich I. *adj.* precautionary; *Person*: (*vorsichtig*) cautious, (*besorgt*) solicitous; **II.** *adv.* (*a.* **vorsorglicherweise**) as a precaution(ary measure), to be on the safe side, F just in case.
Vorspann *m* (*Einleitung*) introduction; *zu e-m Zeitungsartikel*: lead-in; *Film*: credits *pl.*; (*Eingangsszene*) pre-titles sequence; *vom Tonband etc.*: leader; **~musik** *f Film*: theme music (*od.* tune); *Sendereihe*: signature tune.
vorspannen *v/t.* (*Pferd etc.*) harness (*dat.* to); F *fig.* ***j-n ~*** use s.o. (**für** for), **für et.:** *a.* F get (*od.* rope) s.o. in on s.th.
Vorspeise *f* starter, *formell*: hors d'oeuvre; ***was nimmst du als ~?*** *a.* what are you having to start (off) with?
vorspiegeln *v/t.*: ***j-m et. ~*** delude s.o. into thinking s.th.; **Vorspiegelung** *f* preten|ce (*Am.* -se); (***unter***) ***~ falscher Tatsachen*** (under) false preten|ces (*Am.* -ses).
Vorspiel *n* ♪ prelude (**zu** to); *thea.* prolog(ue); *Sport*: curtain-raiser; *sexuelles*: foreplay; *fig.* prelude, overture, (*Auftakt*) curtain-raiser (to); **vorspielen I.** *v/t.* play (***j-m et.*** s.th. to s.o.); *fig.* ***et. ~*** put s.th. on; (***j-m***) ***etwas ~*** put on an act (for s.o.); **II.** *v/i. thea.*, ♪ (have an) audition (*dat.* with); ***j-n ~ lassen*** audition s.o., give s.o. an audition.
vorsprechen I. *v/t.* **1.** (***j-m***) ***et. ~*** say s.th. (for s.o. to repeat); **2.** (*vortragen*) recite (*a. zur Probe*); **II.** *v/i.* **3.** ***bei j-m ~*** (go to) see s.o.; ***könnten Sie bei uns ~?*** could

you come by (and see us)?; **4.** *zur Probe*: (have an) audition (*dat.* with); ***j-n ~ lassen*** audition s.o., give s.o. an audition.

vorspringen *v/i.* jump forward; (*hervortreten*) *a.* ⚠ project, jut (out); **vorspringend** *adj.* projecting; *Nase, Kinn etc.*: prominent; ***er hat ein ~es Kinn*** *a.* his chin juts out quite a bit.

Vorsprung *m* **1.** ⚠ projection; (*Sims*) ledge; **2.** (*Abstand*) lead (*a. fig.*) (**gegenüber, vor** over); (*Vorgabe*) start; ***ein Tor ~*** a one-goal lead; ***mit e-m ~ von 2 Sekunden*** by a margin of 2 seconds; ***er hat e-n ~ von 3 Runden*** he leads by 3 laps; ***e-n ~ von 6 Wochen haben*** be ahead by 6 weeks, be 6 weeks ahead; ***j-m ~ geben*** give s.o. a (head) start; ***j-m 10 Meter ~ geben*** give s.o. a 10-met|re (*Am.* -er) start; ***s-n ~ ausbauen*** consolidate one's lead.

vorspulen I. *v/t.* run *a od. the tape* forward *od.* on (to the end); **II.** *v/i.* run a (*od.* the) tape forward *od.* on (to the end).

Vorstadt *f* suburb; *contp.* suburbia; ***in der ~*** in the suburbs, in a suburb; **Vorstädter** *m* suburbanite; **vorstädtisch** *adj.* suburban.

Vorstand *m* **1.** ✝ (board of) management; *e-s Vereins etc.*: managing committee; *e-s Instituts etc.*: board of governors (*od.* trustees); ***im ~ sitzen*** be on the board; **2.** (*Person*) director; *e-r Gesellschaft*: chairman (of the board), *Am.* chief executive.

Vorstands|etage *f etwa* executive suite; *fig.* boardroom(s *pl.*); **~mitglied** *n* board member (**bei** of), member of the (executive) board *etc.*; → ***Vorstand*** 1; director; **~sitzung** *f* board meeting; **~vorsitzende(r)** *m* chairman of the board (of directors), *Am.* chief executive; *pl. a.* top managers, chief executives; **~wahl** *f* board (*pol.* executive) elections *pl.*

vorstecken *v/t.* (*a.* ***sich et. ~***) put on, *mit e-r Nadel etc.*: *a.* pin on.

vorstehen *v/i.* **1.** (*herausragen*) protrude, jut out; **2.** (*e-r Sache*) *als Leiter*: direct, be in charge of; *als Vorstand etc.*: preside over, chair *s.th.*; **vorstehend** *adj.* **1.** (*vorhergehend*) preceding, above; **2.** ***~e Zähne*** protruding teeth, buckteeth; **Vorsteher(in** *f*) *m* director; *e-s Gefängnisses*: governor, *Am.* warden; *e-s Klosters*: abbot (*f* mother superior, prioress); *e-s Bahnhofs*: stationmaster; **Vorsteherdrüse** *f* prostate gland.

Vorstehhund *m* pointer.

vorstellbar *adj.* conceivable, imaginable; **vorstellen I.** *v/t.* **1.** (*vorrücken*) move forward; **2.** (*Uhr*) put forward (**um** by); **3.** ***j-n j-m ~*** introduce s.o. to s.o.; ***darf ich Ihnen Herrn Braun ~?*** may I introduce you to Mr Braun?, I'd like you to meet Mr Braun; **4.** (*neues Produkt etc.*) present; **5.** (*darstellen*) represent; ***was soll das ~?*** what's that supposed to be?; F ***er stellt etwas vor*** he's not just anybody; ***es stellt etwas vor*** it's quite something; **6.** ***sich*** *et.* **~** imagine, envisage; (*sich ein Bild machen von*) visualize, picture *s.th.*; F ***stell dir vor!*** just imagine!; ***stell dir das einmal vor!*** *a.* can you imagine that (*od.* believe it)?; ***stell dir das nicht so leicht vor*** don't think it's so easy, it's not as easy as you think; ***so stelle ich mir e-n Urlaub*** *etc.* ***vor*** that's my idea of (*od.* that's what I call) a holiday *etc.*; ***sich unter e-r Sache et. ~*** imagine s.th. to be s.th.; ***sich unter e-m Begriff et. ~*** take an expression to mean s.th.; ***ich stelle mir darunter ... vor*** a) I imagine it to be ..., b) *Begriff etc.*: I understand it as (*od.* to mean) ...; ***was stellst du dir darunter vor?*** what does it mean to you?; ***ich kann mir darunter nichts ~*** it doesn't mean a thing to me; **II.** *v/refl.*: ***sich ~*** introduce o.s.; *als Antrittsbesuch*: present o.s.; *bei Bewerbung*: go for an interview; ***darf ich mich ~, ...*** my name's ...; hello, I'm ...; **vorstellig** *adj.*: ***~ werden bei*** apply to; **Vorstellung** *f* **1.** (*Bekanntmachen*) introduction; *e-r Sache*: presentation; *bei Bewerbung*: interview (**bei** with); **2.** *thea.* performance, show; *Film*: show(ing); **3.** (*Begriff*) idea; (*Bild*) *a.* image; ***falsche ~*** wrong idea, misconception; ***sich e-e (klare) ~ machen von*** form a (clear) picture of, get an (*od.* a proper) idea of; ***in m-r ~*** the way I imagine (*od.* see) it; ***du hast manchmal komische ~en*** you ('do) have some strange ideas; ***du machst dir keine ~!*** you've no idea; ***das geht über alle ~*** the mind boggles; **4.** ***j-m ~en machen*** remonstrate with s.o. (***wegen*** about).

Vorstellungs|gabe *f* (*the* gift of) imagination; ***e-e gute ~ haben*** *a.* have a lot of imagination; → *a.* ***Vorstellungskraft***; **~gespräch** *n* (job) interview, interview for a (*od.* the) job; ***zu e-m ~ gehen*** go for an interview; **~kraft** *f* (powers *pl.* of) imagination; ***das übersteigt m-e ~*** the mind boggles, *bei Zahlen etc.*: *a.* I can't cope with those kind of figures *etc.*; **~vermögen** *n* → ***Vorstellungskraft.***

Vorstopper *m Fußball*: cent|re (*Am.* -er) back.

Vorstoß *m* ⚔ thrust, advance; *Sport*: attack (*a. fig.*); (*Versuch*) attempt; *unter Risiko*: venture (*a. fig.*); (*Anstrengung*) effort; ***e-n ~ unternehmen*** make a thrust *etc.*, F *fig.* (*sein Glück versuchen*) try one's luck (***bei j-m*** with s.o.); **vorstoßen I.** *v/t.* push forward; **II.** *v/i.* ⚔ *etc.* push ahead (*a. fig.*), advance; *Sport*: attack; ***~ in*** penetrate (into), (*Neuland etc.*) *a.* venture into; ***~ nach*** (*od.* **zu**) press on as far as, *mit Gewalt*: fight one's way through to; ***~ bis*** advance as far as, reach.

Vorstrafe *f* previous conviction; **Vorstrafen(register** *n*) *pl.* (criminal) record *sg.*

vorstrecken *v/t.* **1.** stretch out; (*Kopf, Hals etc.*) stick out; **2.** (*Geld*) advance (***j-m*** s.o.).

Vorstudie *f* preliminary study; (*Skizze*) (preliminary) sketch.

Vorstufe *f* preliminary stage; (*frühes Entwicklungsstadium*) early stage; *des Menschen etc.*: early ancestor.

Vortag *m*: (**am ~** the) previous day, (the) day before; ***am ~ der Hochzeit*** *etc.* the day before the wedding *etc.*, *formell*: on the eve of the wedding *etc.*

vortasten *v/refl.*: ***sich ~*** grope one's way (forward) (**bis, zu** to; **in** into).

vortäuschen *v/t.* feign, fake; (*Krankheit*) *a.* simulate; ***Angst*** *etc.* **~** pretend to be scared *etc.*; ***etwas ~*** be (just) pretending; ***j-m et. ~*** pretend to s.o.; ***sich selbst etwas ~*** pretend to o.s., delude o.s.; ***es war vorgetäuscht*** he was (*od.* they were *etc.*) faking, it was all a fake; **Vortäuschung** *f* preten|ce (*Am.* -se); *e-r Krankheit*: feigning *sickness*, simulation; ⚖ ***unter ~ falscher Tatsachen*** under false preten|ces (*Am.* -ses).

Vorteil *m* advantage (*a. Sport*); (*Gewinn*) profit, benefit; ***die Vor- und Nachteile*** *e-r Sache* ***erwägen*** consider the pros and cons; ***zu j-s ~ sein, j-m von ~ sein*** be to s.o.'s advantage; ***~e bieten*** have (*od.* offer) advantages; ***~ bringen*** be profitable, pay; ***~ haben von*** benefit from; ***e-n ~ haben von*** *Person*: derive an advantage from; ***den (zusätzlichen) ~ haben zu*** *inf. Sache*: have the (added) advantage of *ger.*; ***es hat den großen ~, billig zu sein*** it has the one big advantage of being cheap; ***~ ziehen aus et.*** profit from s.th.; ***auf s-n ~ bedacht sein*** be out for one's own interests; ***e-n ~ haben*** (*od.* ***im ~ sein***) ***gegenüber j-m*** have an (*od.* the) advantage over s.o., have a head start on s.o.; ***im ~ sein*** have the advantage, hold the high ground; ***zu d-m eigenen ~*** in your own interest; ***er hat sich zu s-m ~ verändert*** he's changed for the better, he's improved.

vorteilhaft I. *adj.* advantageous (**für** to); (*positiv*) positive; ✝ (*gewinnbringend*) profitable (**für** to); (*günstig*) favo(u)rable; *Kleid, Farbe*: becoming; ***~ aussehen*** (*od.* ***wirken***) look good; **II.** *adv.* advantageously *etc.*; → I; ✝ (*mit Gewinn*) *verkaufen etc.*: at a profit; *sich kleiden etc.*: to one's (best) advantage; ***sich ~ auswirken*** a) have a positive effect (**auf** on), b) (prove to) be of advantage (**auf, für** for), **auf** (*od.* **für**) ***j-n***: *a.* be to s.o.'s advantage; ***sich ~ kleiden*** *a.* make the most of one's figure; ***sich ~ entwickeln*** develop positively, *Person*: make a lot of progress.

Vortrag *m* **1.** (*Rede*) talk; (*Vorlesung*) lecture (*beide* **über** on); ***e-n ~ halten*** give a talk (*od.* lecture); **2.** (*Aufführung*) performance; ♪ (*Solo*~) recital (*a. e-s Gedichts*); (*Vortragsweise*) rendering, performance; **3.** ✝ (*Übertrag*) balance carried forward; **vortragen** *v/t.* **1.** ♪ *etc.* perform; (*Gedicht*) recite; **2.** (*e-n Vortrag halten über*) lecture on; (*reden über*) talk about; **3.** (*berichten*) report; **4.** (*äußern*) state; (*vorbringen*) put forward, present; (*sagen, erzählen*) tell; **5.** (*Gegenstand*) carry (up) *od.* take to the front; **6.** *Buchhaltung*: carry forward; **Vortragende(r** *m*) *f* **1.** ♪ *etc.* performer; **2.** (*Redner*) speaker; *Vorlesung*: *a.* lecturer.

Vortrags|abend *m* **1.** evening lecture; **2.** ♪ *etc.* recital; **~bezeichnung** *f* ♪ expression mark; **~kunst** *f* art of performance (*od.* recital); ***j-s ~*** *a.* s.o.'s skill as a performer (*od.* reciter); **~reihe** *f* series of lectures (*od.* talks), lecture series; **~reise** *f* lecture tour; **~saal** *m* lecture hall.

vortrefflich *adj.* excellent, superb; **Vortrefflichkeit** *f* excellence.

vortreiben *v/t.* (*Tunnel, Stollen etc.*) drive.

vortreten *v/i.* **1.** step (*od.* come) forward; **2.** (*herausragen*) protrude, stick out; *Felsen*: project.

Vortritt *m* precedence; ***j-m den ~ lassen*** let s.o. go first, (*den Vorrang lassen*) give precedence to s.o.; ***den ~ haben vor et.*** take precedence over s.th.

vorüber *adv.* → **vorbei**; **~gehen** *v/i.* → ***vorbeigehen*** 1, 3; *die schlimme Zeit* ***ist nicht spurlos an ihr vorübergegangen*** has left its mark on her; **~gehend I.** *adj.* temporary; (*flüchtig*)

passing; **II.** *adv.* temporarily; (*kurz*) for a short time; (*zur Zeit, im Moment*) for the time being.
Vorüberlegung *f* initial (*od.* preliminary) consideration.
vorüberziehen *v/i.* → ***vorbeiziehen.***
Vorübung *f* preliminary exercise.
Voruntersuchung *f* preliminary examination (*a.* ⚕); ⚖ *a.* pre-trial hearings *pl.*
Vorurteil *n* prejudice; ***voller ~e*** full of prejudice, very prejudiced; **vorurteilsfrei, vorurteilslos** *adj.* unprejudiced, unbias(s)ed; **Vorurteilslosigkeit** *f* lack of prejudice; unprejudiced attitude.
Vorväter *pl.* forefathers.
Vorvergangenheit *f ling.* pluperfect, past perfect.
Vorverhandlung *f* **1.** ***~en*** preliminary negotiations; **2.** ⚖ preliminary proceedings *pl.*
Vorverkauf *m* advance sales *pl.*; *thea. etc.*: *a.* advance booking; ***im ~*** in advance; ***Karten im ~ besorgen*** buy tickets in advance, book in advance; **Vorverkaufskasse** *f* advance booking office.
vorverlegen *v/t.* bring forward; move up; **Vorverlegung** *f* earlier scheduling.
Vorverstärker *m* pre-amplifier.
Vorversuch *m* pilot test.
Vorvertrag *m* provisional agreement.
vorvorgestern *adv.* three days ago.
vorvorig *adj. nachgestellt*: before last; ***das ~e Mal*** the time before last, the last time but one.
vorwagen *v/refl.*: ***sich ~*** venture forward.
Vorwahl *f* **1.** *teleph.* dial(l)ing (*od.* area) code (***von*** for); *bsd. Am. a.* prefix (for); **2.** *pol.* preliminary election; *Am.* primary; ***bei den ~en*** in the preliminary elections (*od.* primaries); **~nummer** *f* → ***Vorwahl*** 1.
Vorwand *m* pretext, excuse; ***unter dem ~ zu*** *inf.* (*od.* ***daß***) on the pretext of *ger.* (*od.* that); ***et. zum ~ nehmen*** use s.th. as an excuse (*od.* a pretext) (***um zu*** *inf.* for *ger.*).
vorwärmen *v/t.* warm up.
vorwarnen *v/t.*: ***j-n ~*** tell (*od.* warn) s.o. in advance, give s.o. advance notice (*od.* warning); **Vorwarnung** *f* advance warning.
vorwärts *adv.* forward; ***~!*** let's go!; ***ein großer Schritt ~*** a big step forward.
Vorwärtsbewegung *f* forward movement.
vorwärtsbringen *fig. v/t.* further, promote; (*a. Person*) help *s.o. od. s.th.* on (***bei*** in); (*Projekt etc.*) advance.
Vorwärtsgang *m mot.* forward gear; **vorwärtsgehen** *fig. v/i.* advance, progress; (*sich bessern*) improve; ***mit s-r Gesundheit*** *etc.* ***geht es vorwärts*** his health *etc.* is looking up.
vorwärtskommen I. *v/i.* make headway (*a. fig.*); *fig. a. im Leben*: get ahead, get on, get somewhere; *fig.* ***ich komme nicht vorwärts*** I'm not getting anywhere, I'm treading water; **II.** ♀ *n* (*Fortschritt*) progress; (*Erfolg*) success.
vorwärtsschreiten *v/i.* move forward, stride ahead.
Vorwäsche *f* prewash; **vorwaschen** *v/t.* prewash; **Vorwaschgang** *m* prewash cycle.
vorweg *adv.* **1.** beforehand, in advance; at the outset; (*von vornherein*) from the start; ***e-e Frage ~*** I have one question before we get going; **2.** (*an der Spitze*) at the front, F up front, leading the way; **Vorwegnahme** *f* anticipation; **vorwegnehmen** *v/t.* anticipate; ***um es gleich vorwegzunehmen*** to come to the point.
vorweihnachtlich *adj.* pre-Christmas; **Vorweihnachtszeit** *f* Christmas period, F run-up to Christmas.
vorweisen *v/t.* produce, show; *fig.* ***~ können*** possess; ***et.*** (***nichts***) ***vorzuweisen haben*** have s.th. to show for o.s. (have nothing to show).
vorweltlich *adj.* prehistoric; *fig.* antediluvian.
vorwerfen *v/t.* **1.** ***j-m et. ~*** accuse s.o. of s.th., reproach s.o. with s.th.; ***j-m ~ zu*** *inf.* (*od.* ***daß***) accuse s.o. of *ger.*, reproach s.o. for *ger.*; ***j-m Geiz*** *etc.* ***~*** accuse s.o. of stinginess (*od.* being stingy) *etc.*; ***ich habe mir nichts vorzuwerfen*** I don't feel in any way responsible; ***ich lasse mir nicht ~, daß*** I'm not going to be accused of *ger.* (*od.* take the blame for *ger.*); **2.** ***e-m Tier*** *etc.* ***et. ~*** throw s.th. to an animal *etc.*
Vorwiderstand *m* ⚡ series resistor.
vorwiegen *v/i.* predominate; **vorwiegend** *adv.* predominantly, mainly, chiefly, largely; for the most part, in the main; ***~ sonnig*** mainly sunny.
Vorwissen *n* previous knowledge; *obs.* ***ohne mein ~*** without my knowledge (*od.* my knowing).
vorwitzig *adj.* cheeky, pert.
Vorwoche *f*: (***in der ~*** the) week before last.
vorwölben *v/refl.*: ***sich ~*** bulge out; **Vorwölbung** *f* (outward) bulge.
Vorwort *n* foreword, *bsd. des Autors*: preface; (*Einleitung*) introduction.
Vorwurf *m* **1.** reproach; (*Beschuldigung*) accusation; ***j-m Vorwürfe machen*** reproach s.o. (***wegen*** for); ***j-m den ~ machen zu*** *inf.* (*od.* ***daß***) accuse s.o. of *ger.*; ***sich Vorwürfe machen*** reproach o.s., blame o.s.; **2.** (*Thema*) theme; **vorwurfsvoll** *adj.* reproachful.
vorzählen *v/t.* count out (*j-m* to).
vorzaubern *fig. v/t.*: ***j-m et. ~*** conjure s.th. up before s.o.('s eyes).
Vorzeichen *n* **1.** portent; (***gutes, schlechtes ~*** good, bad) omen; **2.** ♪ accidental; ♮ sign; ♯ first sign; *fig.* ***mit umgekehrtem ~*** the other way round.
vorzeichnen *v/t.* **1.** (*Linie, Lebensweg etc.*) trace (out), mark; ***j-m et. ~*** draw s.th. for s.o.; show s.o. how to draw s.th.; **2.** ♪ ***ein Kreuz*** (***ein B***) ***~*** *dat.* put a sharp (a flat) before.
vorzeigbar *adj.* (quite) presentable; **Vorzeige...** *in Zssgn mst* showpiece ...; **Vorzeigefrau** *f* woman to show off with; F ***die ist nur so e-e ~*** she's just for show; **vorzeigen** *v/t.* show; (*Paß etc.*) *a.* produce.
Vorzeit *f* prehistoric era; ***die ~*** prehistoric times; → ***grau*** I; **vorzeitig I.** *adj.* premature; early; **II.** *adv.* prematurely; early; ***~ sterben*** die before one's time; **vorzeitlich** *adj.* prehistoric; **Vorzeitmensch** *m*: ***der ~*** prehistoric man.
vorziehen *v/t.* **1.** pull forward; (*hervorziehen*) pull out; (*Vorhänge*) draw; **2.** *zeitlich*: bring forward, move up; (*Arbeit etc.*) deal with first, give priority to; (*vorwegnehmen*) anticipate; → ***vorgezogen***; **3.** *fig.* prefer (*dat.* to); (*Schüler etc.*) give *s.o.* special treatment; ***es ~ zu*** *inf.* prefer to *inf.*; ***vorzuziehen sein*** be preferable.
Vorzimmer *n* anteroom; *Büro*: outer office; **~dame** *f* receptionist.
Vorzug *m* (*Vorrang*) priority (***gegenüber, vor*** over); (*Vorteil*) advantage; (*gute Eigenschaft*) merit; (*Privileg*) privilege; ***j-m*** (***e-r Sache***) ***den ~ geben*** give preference to s.o. (s.th.); ***den ~ haben, daß*** (*od.* ***zu*** *inf.*) have the advantage of *ger.*
vorzüglich *adj.* excellent; (*meisterhaft*) *a.* masterly; (*erlesen*) exquisite; (*erstklassig*) first-rate; **Vorzüglichkeit** *f* excellence; excellent quality; exquisiteness.
Vorzugs|aktien *pl.* preference shares, *Am.* preferred stock *sg.*; **~behandlung** *f* preferential (F special) treatment; **~milch** *f* full-cream milk, *in GB*: *a.* gold-top milk; **~preis** *m* special price; ***zum ~ von ...*** on special offer at ...
vorzugsweise *adv.* **1.** preferably; **2.** (*hauptsächlich*) chiefly, mainly.
Vorzündung *f mot.* pre-ignition.
votieren *v/i.* vote (***für*** for).
Votiv|bild *n* votive picture; **~gabe** *f* votive gift; **~tafel** *f* votive tablet.
Votum *n* vote; ***sein ~ abgeben*** vote.
Voyeur *m* voyeur, peeping Tom; **Voyeurismus** *m* voyeurism.
vulgär *adj.* vulgar; (*gewöhnlich*) common; **Vulgärausdruck** *m*, **Vulgarismus** *m* vulgarism, vulgar expression; **Vulgarität** *f* vulgarity; **Vulgärlatein** *n* Vulgar Latin; **Vulgärsprache** *f* **1.** vernacular, common language, language of the people; **2.** vulgar language; vulgarisms *pl.*
Vulkan *m* volcano (*a. fig.*); **~ausbruch** *m* (volcanic) eruption; **~gestein** *n* volcanic rock; **~insel** *f* volcanic island.
vulkanisch *adj.* volcanic(ally *adv.*).
vulkanisieren *v/t.* vulcanize, *mot. a.* recap.
Vulkanit *m* vulcanite.

W

W, w *n* W, w.

Waage *f* **1.** (**e-e ~** a pair of) scales *pl.*; (a) scale; (*Wasser2*) spirit level; *fig.* **die ~ halten** (*e-r Sache*) counterbalance, (*j-m*) be a match for; **sich die ~ halten** be more or less equal; **2.** (*Sternzeichen*) Libra; **~ sein** be (a) Libra, be a Libran; **3.** *Turnen*: lever; **waagerecht I.** *adj.* horizontal; (*eben*) level; **II.** *adv.* horizontally; *Kreuzworträtsel*: across; **Waagerechte** *f* horizontal; **Waagschale** *f* scale; *fig.* **in die ~ werfen** bring *s.th.* to bear; **s-e Worte auf die ~ legen** weigh one's words; **schwer in die ~ fallen** *Argument*: carry weight; **du darfst s-e Worte nicht auf die ~ legen** you mustn't take everything he says at face value.

wabb(e)lig *adj.* wobbly; *Wangen etc.*: flabby; **wabbeln** *v/i.* wobble.

Wabe *f* honeycomb; **Wabenhonig** *m* comb honey; **Wabenmuster** *n* honeycomb pattern.

wabern *lit. v/i.* waver.

wach *adj.* **1.** *pred.* awake; *weitS.* (*aufgestanden*) stirring (*a. Stadt etc.*); **~ sein** *a.* have woken up; **~ werden** wake up, awake; **er ist (morgens) nicht wach zu kriegen** he (just) won't wake up (you can't get him awake in the mornings); **j-n ~rütteln** shake s.o. awake (*od.* out of his *od.* her sleep); **sich mühsam ~ halten** struggle to stay awake; **die ganze Nacht ~ liegen** lie awake all night, not to get a wink of sleep all night; **2.** *fig.* **~er Geist** lively (*od.* keen) mind *od.* intellect; **~es Auge** alert (*od.* watchful) eye; **~e Erinnerungen** vivid memories; **~ werden** (*aufmerksam*) prick up one's ears; *Empfindungen etc.*: be aroused.

Wach|ablösung *f* changing of the guard; *pol. fig.* changeover of governments, change in leadership; **~buch** *n* incident book; **~dienst** *m* guard duty, ⚓ watch; **~ haben** be on guard (duty), ⚓ have the watch.

Wache *f* guard, ⚓ watch; (*Wachlokal*) guard room; (*Polizei2*) police station; (*Posten*) sentry, guard; **auf ~** on guard, ⚓ on watch; **~ halten** keep guard, ⚓ be on watch; *bei e-m Kranken*: keep watch; F **~ schieben** be on guard (*od.* sentry) duty, ⚓ be on watch; *bei Diebstahl etc.*: keep a lookout, be the lookout; **wachen** *v/i.* (*achtgeben*) (keep) watch (**über** over), guard *s.th. od. s.o.*; **~ über** *a.* keep an eye on; **bei j-m ~** sit up with s.o.; **wachhabend** *adj.*: **~er Offizier** officer on guard (⚓ on watch); **wachhalten** *fig. v/t.* (*Andenken etc.*) keep alive.

Wach|hund *m* watchdog (*a. fig.*); **~mann** *m* **1.** watchman; **2.** *östr.* policeman; **~mannschaft** *f* guard, ⚓ watch.

Wacholder *m* **1.** juniper; **2.** → **~beere** *f* juniper berry; **~schnaps** *m spirit made from juniper berries.*

Wachposten *m* guard.

wach|rufen *fig. v/t.* rouse; (*Erinnerungen*) bring back; **~rütteln** *fig. v/t.* rouse (**aus** from), shake up (out of); *weitS.* shake *s.o.* into action.

Wachs *n* wax; **bleich wie ~** (as) white as a sheet (*od.* ghost); *fig.* **~ in j-s Händen sein** be putty in s.o.'s hands; **weich wie ~ werden** *Person*: go all soft, *Knie*: turn to jelly; **weich wie ~ sein** *Person*: be like putty; **~abdruck** *m* wax impression.

wachsam I. *adj.* watchful, vigilant; alert; **~ sein** be on one's guard; **ein ~es Auge haben auf** keep a sharp (*od.* watchful) eye on; **II.** *adv.*: **~ verfolgen** *a.* watch closely; **Wachsamkeit** *f* watchfulness; vigilance.

wachsbleich *adj.* (as) white as a sheet (*od.* ghost); **Wachsbohne** *f* waxbean.

wachsen[1] *v/i.* grow (*a. fig.*; **an** in); (*sich ausdehnen*) expand; **sein Haar ~ lassen** let one's hair grow (long); **hier wächst viel Weizen** a lot of wheat is grown in these parts; **mit s-r Aufgabe ~** grow with the task; **sie ist mir ans Herz gewachsen** I've become very attached to her; → **gewachsen, Kopf** 5.

wachsen[2] *v/t.* wax (*a. Skier*).

wächsern *adj.* wax; *fig.* waxen.

Wachs|farbstift *m* wax crayon; **~figur** *f* wax figure; *pl. a.* waxwork *sg.*; **~figurenkabinett** *n* waxworks *pl.* (*mst sg. konstr.*); **~kerze** *f* wax candle; **~papier** *n* wax paper; **~pflaume** *f* → **Mirabelle**; **~tafel** *f hist.* wax tablet.

Wachstuch *n* oilcloth; **~tischdecke** *f* wax tablecloth.

Wachstum *n* growth (*a.* ☤); (*Zunahme*) *a.* increase; (*Ausdehnung*) expansion; **im ~ zurückgeblieben** stunted (in growth); **geistiges ~** mental development.

Wachstums|bereich *m* growth area; **2fördernd** *adj.* **1.** ☤ growth-stimulating; **2.** *Hormone*: growth-inducing; **2hemmend** *adj.* growth-retarding, **~industrie** *f* growth industry; **~kurve** *f* growth curve; **~land** *n* growth country; **2orientiert** *adj.* growth-oriented; **~phase** *f* growth period; **~politik** *f* growth policy; **~rate** *f* ☤ growth rate; **~theorie** *f* theory of economic growth.

wachsweich *adj.* (as) soft as wax; *fig.* **~ sein** be a real softie.

Wächte *f* (snow) cornice.

Wachtel *f* quail; F *fig.* **alte ~** (*Frau*) F old crow; **~eier** *pl.* quail's eggs; **~hund** *m* spaniel.

Wächter *m* guard; (*Nacht2*) (night) watchman; (*Parkplatz2 etc.*) attendant.

Wachtmeister *m* constable, *Am.* patrolman; *als Anrede*: Officer.

Wachtraum *m* daydream.

Wach(t)turm *m* watchtower.

Wach- und Schließgesellschaft *f* security corps.

Wackelgreis F *m* F old dodderer.

wackelig *adj.* wobbly; *alte Möbel etc.*: *a.* rickety; *Zahn, Schraube*: loose; **~ stehen** *Unternehmen, Stelle etc.*: be very shaky, *Regierung*: *a.* be teetering, *Schüler*: be doing badly, *Sportmannschaft*: be in danger of being relegated; **~ auf den Beinen sein** *wegen Krankheit*: be a bit shaky (F wobbly round the knees), *wegen Alter*: F be (getting) doddery, *wegen Alkohol*: be a bit unsteady (on one's legs).

Wackelkontakt *m* loose contact.

wackeln *v/i. Stuhl etc.*: be wobbly; *Zahn, Schraube*: be loose; *beim Gehen*: totter; F *fig. Regierung etc.*: be very shaky, *stärker*: be teetering (on the brink); **mit dem Schwanz ~** wag its tail; **mit dem Kopf (den Ohren) ~** waggle one's head (ears).

Wackelpudding *m* jelly.

wacker I. *adj.* (*bieder*) honest, upright; (*tapfer*) brave; **II.** *adv.* (*tapfer*) bravely; **sich ~ schlagen** put up a good show, do well; **~ standhalten** hold one's own; **sie kann ~ essen** F she puts away a fair amount.

Wade *f* calf; **Wadenbein** *n* calfbone, fibula; **Wadenkrampf** *m* cramp in one's calf (*od.* leg); **wadenlang** *adj. Rock etc.*: mid-calf ...

Waffe *f* weapon (*a. fig.*); *pl. a.* arms, (*Arsenal*) weaponry *sg.*; **unter ~n stehen** be under arms; **keine ~n tragen** carry no arms; **zu den ~n rufen** call to arms; *fig.* **j-n mit s-n eigenen ~n schlagen** beat s.o. at his (*od.* her) own game; **er wurde mit s-n eigenen ~n geschlagen** *a.* he was hoist with his own petard; → **greifen** II, **strecken** *etc.*

Waffel *f* waffle; (*bsd. Eis2*) wafer; **~eisen** *n* waffle iron.

Waffen|abkommen *n* arms agreement; **~arsenal** *n* (*Lager*) arsenal; (*Gesamtbestand*) weaponry, (weapons) stockpile, armo(u)ry; **~besitz** *m* possession of (fire)arms; **~besitzkarte** *f* gun licen|ce (*Am.* -se); **~bruder** *m* brother in arms; **~depot** *n* arms depot; **~embargo** *n* arms embargo; **2fähig** *adj.* weapons-grade (*plutonium*); **~gattung** *f* branch; **~gebrauch** *m* use of firearms; **~gesetze** *pl.* gun-control laws; **~gewalt** *f*: (**mit ~** by) force of arms; **~handel** *m* arms trade; **~händler** *m* arms dealer; **~kammer** *f* armo(u)ry; **~lager** *n* arms cache; **~lieferungen** *pl.* supply *sg.* of arms (**an** to).

waffenlos *adj.* weaponless, unarmed.

Waffen|ruhe *f* truce; *kurze*: ceasefire; **~sammlung** *f* weapons collection; **~schein** *m* gun licen|ce (*Am.* -se); **~schieber** *m* arms broker; **~schmiede** *f* arms manufacturer; **~schmuggel** *m* gun-running; **~schmuggler** *m* gun-runner; **~stillstand** *m* armistice, *a. fig.* truce.

Waffenstillstands|abkommen *n* ceasefire agreement; **⁓linie** *f* ceasefire line.

Waffen|system *n* weapons system, *pl. a.* weaponry *sg.*; **⁓technik** *f* weapons technology; **⁓träger** *m* ⚔ (*Fahrzeug*) weapons carrier; **⁓übung** *f* military exercise.

Wagemut *m* daring; spirit of adventure; venturesomeness; **wagemutig** *adj.* daring, bold, plucky, venturesome.

wagen I. *v/t.* venture; (*et. Gefährliches*) *a.* risk; (*sich getrauen*) dare (**zu** *inf.* to *inf.*); **es** ~ take a chance; **es** ~ **zu** *inf.* dare to *inf.*; **es mit et.** ~ give s.th. a try, F have a shot (*od.* crack) at s.th.; ***wie kannst du es** ⁓**(, mir zu widersprechen)?*** how dare you (contradict me)?; ***wie konnte er es** ~**?*** where does he get the nerve?; **II.** *v/i.*: ***wer nicht wagt, der nicht gewinnt*** nothing ventured, nothing gained; ***frisch gewagt ist halb gewonnen*** well begun is half ended; **III.** *v/refl.*: **sich** ~**, et. zu tun** venture to do s.th.; ***er hat sich nicht gewagt*** he didn't have the courage (*od.* nerve); ***er wagte sich nicht aus dem Hause*** he didn't venture out of the house; ***sie wagte sich nicht auf die Straße*** she was (too) scared to go out into the street; → ***gewagt.***

Wagen *m* (*Pferde*2 *etc.*) carriage; 🚆 carriage, *Am.* car; (*Karren*) cart; (*Fahrzeug*) vehicle; (*Auto*) car; (*Kinder*2) pram, *Am.* baby carriage; (*Einkaufs*2) trolley, *Am.* shopping cart; (*Servier*2) trolley, *Am.* tea wagon; (*Straßenbahn*2) car; *hist.* (*Kampf*2) chariot; *der Schreibmaschine*: carriage; *ast.* ***der Große*** ~ the Great Bear, the Plough, the Big Dipper, Ursa Major; ***der Kleine*** ~ the Little Bear, the Little Dipper, Ursa Minor; F *fig.* ***j-m an den*** ~ ***fahren*** F sling mud at s.o.

wägen *v/t.* (*ab*⁓) weigh; ***erst*** ⁓**, *dann wagen*** look before you leap, think before you act.

Wagen|abteil *n* 🚆 compartment; **⁓besitzer** *m* car owner; **⁓führer** *m* driver; **⁓heber** *m* jack; **⁓kolonne** *f* column of vehicles; **⁓ladung** *f LKW*: lorryload, *bsd. Am.* truckload; *Auto*: carload; **⁓papiere** *pl.* car documents; **⁓park** *m* fleet of cars; car pool; **⁓pflege** *f* (car) maintenance; **⁓rennen** *n hist.* chariot race; **⁓schmiere** *f* cart grease; **⁓spur** *f* wheel-track; **⁓standanzeiger** *m* 🚆 carriage (*Am.* car) position indicator; **⁓typ** *m* make (of car); **⁓wäsche** *f* car wash.

Waggon *m* 🚆 (railway) carriage, *Am.* (railroad) car; (*Güter*2) goods waggon, *Am.* freight car; **waggonweise** *adv.* by the waggonload, *Am.* by the carload.

waghalsig *adj.* daredevil ...; (*riskant*) risky; **Waghalsigkeit** *f* daredevil attitude.

Wagnis *n* venture, risk; hazardous enterprise; ***sich auf kein*** ~ ***einlassen*** take no risks.

Wahl *f* **1.** choice; (*Alternative*) alternative, option; (*Auslese*) selection; ***erste*** ~ top quality; ***zweite*** ~ second-rate quality, (*Waren*) seconds; ***aus freier*** ~ of one's own free will (*od.* choice); ***s-e*** ~ ***treffen*** make one's choice; ***die freie*** ~ ***haben*** be free to choose; ***keine*** (***andere***) ~ ***haben*** have no alternative *od.* choice (**als** but); ***in die engere*** ~ ***kommen*** be short-listed, *Sache*: be a possibility; ***der Wagen Ihrer*** ~ the car of your choice; ***vor der*** ~ ***stehen, zu*** *inf.* be faced with the choice of *ger.*; ***wenn ich die*** ~ ***hätte*** if I could choose, if I had the choice; ***die*** ~ ***fällt mir schwer*** I find it hard to choose, I can't decide; ***drei Themen stehen zur*** ~ there's a choice of three topics, three topics are on offer; ***wer die*** ~ ***hat, hat die Qual*** decisions, decisions!; **2.** *pol. etc.* election; (*Wahlakt*) poll(ing); ***freie*** ⁓***en*** free elections; ***geheime*** ⁓***en*** a secret ballot; ~ ***durch Handaufheben*** vote by (a) show of hands; ~ ***durch Zurufen*** oral vote; ***sich zur*** ~ ***stellen*** stand (*od.* run) as a candidate; stand, run; ⁓***en abhalten*** hold elections; ***zur*** ~ ***schreiten*** go to the polls.

Wahl|absprache *f* pre-election agreement; **⁓alter** *n* voting age; **⁓analytiker** *m* psephologist; **⁓anfechtung** *f* contesting an election result; **⁓ausgang** *m* election results *pl.*; **⁓ausschuß** *m* election committee; **⁓aussichten** *pl.* chances in an (*od.* the) election.

wählbar *adj.* eligible (for election).

Wahl|benachrichtigung *f* polling card; **2berechtigt** *adj.* eligible (*od.* entitled) to vote; **⁓berechtigte(r)** *m* person entitled (*od.* eligible) to vote; *pl. a.* those entitled (*od.* eligible) to vote; **⁓beteiligung** *f* (voter) turnout; ***starke*** (***schwache***) ~ heavy (light) polling; **⁓betrug** *m* electoral fraud; **⁓bezirk** *m* ward, *Am.* precinct; **⁓einbußen** *pl. an* electoral setback *sg.*

wählen I. *v/i.* **1.** choose; ***du kannst*** ~ it's up to you (to choose), the choice is yours; ***du hast klug gewählt*** you've made a wise choice; **2.** *pol.* (~ *gehen*) go to the polls; **3.** *teleph.* dial (the *od.* a number); **II.** *v/t.* **4.** choose; (*auslesen*) *a.* pick (out), select; **5.** *pol.* elect; (*stimmen für*) vote for; ***zum Präsidenten*** (***ins Parlament***) ***gewählt werden*** be elected president (be voted into parliament); ***für fünf Jahre gewählt werden*** be elected for a period of five years; → ***gewählt.***

Wähler *m* voter; **⁓fang** *m* vote-catching.

Wahl|erfolg *m* election victory; **⁓ergebnis** *n* election results *pl.*, returns *pl.*

Wählerinitiative *f* voters' initiative.

wählerisch *adj.* choosy, F picky (**in** about, when it comes to).

Wähler|liste *f* → ***Wählerverzeichnis***; **⁓potential** *n* potential vote(s *pl.*) *od.* voters *pl.*

Wählerschaft *f* electorate; *in e-m Bezirk etc.*: constituency, voters *pl.*

Wähler|schicht *f* group of voters; **⁓stimme** *f* vote; **⁓vereinigung** *f* voters' association; **⁓verhalten** *n* voter (*od.* voting) patterns *pl.*; **⁓verzeichnis** *n* electoral list; **⁓wille** *m* will of the electorate, mandate.

Wahl|fach *n ped.* optional subject, *Am.* elective; **⁓fälschung** *f* vote-rigging, electoral fraud; **⁓feldzug** *m* election campaign; **2frei** *adj.* optional; ⁓***er Zugriff*** *Computer*: random access; **⁓gang** *m*: (***im ersten*** ~ at the first) ballot; **⁓geheimnis** *n* secrecy of the ballot; **⁓geschenk** *n* F campaign goodie; **⁓heimat** *f* adoptive country; **⁓helfer** *m* campaign assistant; **⁓jahr** *n* election year; **⁓kabine** *f* polling (*od.* voting) booth.

Wahlkampf *m* election campaign; ***e-n*** ~ ***führen*** run an election campaign; **⁓gelder** *pl.* campaign funds; **⁓leiter** *m* campaign manager; **⁓thema** *n* campaign issue; **⁓versprechen** *n* → ***Wahlversprechen.***

Wahl|kreis *m* constituency; **⁓leiter** *m* returning officer; **⁓liste** *f* list of candidates, party ticket; **⁓lokal** *n* polling station; **⁓lokomotive** F *f* F vote-getter.

wahllos I. *adj.* indiscriminate; **II.** *adv.* indiscriminately, at random.

Wahl|manipulation *f* vote-rigging, electoral fraud; **⁓modus** *m* → ***Wahlverfahren***; **⁓niederlage** *f* election defeat; **⁓parole** *f* campaign (*od.* election) slogan; **⁓plakat** *n* election poster; **⁓plattform** *f* election platform; **⁓programm** *n* election platform (*od.* manifesto); **⁓propaganda** *f* election propaganda; **⁓recht** *n objektives*: electoral law; *aktives*: right to vote, franchise; *passives*: eligibility; ***allgemeines*** ~ universal suffrage; **⁓rede** *f* electoral address.

Wählscheibe *f teleph.* dial.

Wahl|schwindel *m* vote-rigging; **⁓sieg** *m* election victory; **⁓sieger** *m* election winner, winner of the election(s); **⁓spruch** *m* motto; *pol.* election slogan; **⁓system** *n* electoral system; **⁓tag** *m* election day.

Wählton *m* dialling tone, *Am.* dial tone.

Wahl|urne *f* ballot box; ***zur*** ~ ***schreiten*** go to the polls; **⁓veranstaltung** *f* election rally; **⁓verfahren** *n* electoral procedure; **⁓verhalten** *n* voting (*od.* voter) patterns *pl.*; **⁓versammlung** *f* election meeting; **⁓versprechen** *n* campaign (*od.* election) pledge; **⁓verwandtschaft** *f* ⚗ *u. fig.* elective affinity; **⁓vorstand** *m* election committee.

wahlweise *adv.*: ***es gab*** ~ ***Fisch oder Fleisch*** there was a choice of fish or meat.

Wahlwiederholung *f teleph.* last number recall, *automatische*: automatic re-dial.

Wahn *m* delusion; (*Wahnsinn*) madness; (*Besessenheit*) mania; ***in e-m*** ~ ***befangen sein*** be labo(u)ring under a delusion; **⁓bild** *n* delusion; ⚕ hallucination.

wähnen *lit. v/t.* fancy, imagine; (*annehmen*) assume, think; ***ich wähnte ihn nebenan*** I took him to be next door.

Wahnidee *f* delusion; F crazy idea.

Wahnsinn *m* madness, insanity (*a. fig.*); ***dem*** ~ ***verfallen*** go insane (*od.* mad); ***es ist zwar*** ⁓***, aber es hat Methode*** there's method in my *etc.* madness; F ***ja*** ⁓***!*** amazing!, F blimey!, *sl.* get a load of that!; → ***hell*** I; **wahnsinnig I.** *adj.* mad, insane (*a. fig.*; **vor** with); *Angst, Schmerzen etc.*: terrible, F incredible; F (*unglaublich*) F incredible, *stärker*: F mind-boggling; ~ ***werden*** go mad (*od.* insane); *fig.* ***er macht mich*** ~ F he's driving me spare (*od.* potty, up the wall); **II.** F *fig. adv.* F incredibly; (*schrecklich*) *a.* dreadfully; ~ ***verliebt*** madly in love; **Wahnsinnige(r** *m*) *f* madman (*f* madwoman); lunatic; ***wie ein Wahnsinniger*** like a maniac (*od.* lunatic).

Wahnsinns... F *in Zssgn oft* F incredible, *stärker*: *sl.* mind-blowing; ***das sind ja Wahnsinnspreise*** *etc. a.* F the prices *etc.* are out of this world; **⁓idee** F *f* F crazy idea; **⁓tat** *f* act of madness.

Wahnvorstellung *f* delusion; idée fixe; ⚕ hallucination.

wahnwitzig *adj.* mad, insane.

wahr *adj.* true; (*wirklich*) *a.* real; (*ausgesprochen*) real, *formell*: veritable; ***et.*** ~ ***machen*** make s.th. come true, (*Drohung, Versprechen etc.*) carry out; ~ ***werden*** come true; ***der*** ⁓***e Grund*** the real reason; ***ein ~es Wunder*** a real (*od.* true) miracle; ***das ist e-e ~e Wohltat*** what a relief; ***ein ~es Glück, daß sie hier waren*** thank goodness they were here; ***davon ist kein Wort ~*** there's not a word of truth in it, *stärker*: F it's a pack of lies; ***das ist ein ~es Wort*** that's very true, never a truer word was spoken; ⚖ ***so ~ mir Gott helfe*** so help me God; ***so ~ ich hier stehe!*** I swear it, F I kid you not; ***was ~ ist, ist ~*** truth must out; ***das ist schon gar nicht mehr ~*** that was a long time ago; ***er kommt doch, nicht ~?*** he 'is coming, isn't he?; F ***das darf doch nicht ~ sein!*** I don't believe it; ***das ist nicht das* 2*e*** it's not the real thing (F real McCoy); ***es ist etwas* 2*es dran*** there's something in it, there's an element of truth in (*od.* to) it; → ***einzig*** II, ***Sinn***.

wahren *v/t.* (*aufrechterhalten*) preserve, maintain, (*a. Geheimnis*) keep; (*Interessen etc.*) look after, protect, safeguard; ***den Schein ~*** keep up appearances; ***die Frist ~*** meet the deadline; ***j-m die Treue ~*** keep faith with s.o.; → ***Form*** 10.

währen *v/i.* last; ***es währte nicht lange, da*** it wasn't long before.

während I. *prp.* during; in the course of; ***~ der Sitzung*** during the meeting; ***~ des Abendessens*** while we *etc.* were having dinner; **II.** *cj.* while; *Gegensatz*: *a.* whereas; ***~ er schlief, räumte ich auf*** while he slept (*od.* was asleep), I tidied up; ***noch ~ er sprach*** even as he was speaking; **~dessen** *adv.* in the meantime, meanwhile.

wahrhaben *v/t.*: ***er wollte es nicht ~*** he wouldn't believe it, he refused to accept it.

wahrhaft I. *adj.* true, real; **II.** *adv.* really.

wahrhaftig I. *adv.* really; (*allen Ernstes*) actually, honestly; ***er hat es ~ versucht*** he actually (*od.* honestly) tried to do it; **II.** *adj.* (*wahrheitsliebend*) truthful.

Wahrheit *f* truth; ***in ~*** in fact, in reality; ***um die ~ zu sagen*** to tell (you) the truth; ***er nimmt es mit der ~ nicht so genau*** he's not the most honest of people; F ***j-m die ~ sagen*** F give s.o. a piece of one's mind; → ***bleiben*** 2, ***Ehre, nackt, rein***[1] I.

Wahrheits|findung *f*: ***der ~ dienen*** help to establish the truth; **~gehalt** *m* truth (-fulness); **2gemäß I.** *adj.* true, truthful; **II.** *adv.* truthfully, in accordance with the facts; **2getreu I.** *adj.* true; *Nachbildung etc.*: *a.* faithful; **II.** *adv.* truthfully; *nachbilden etc.*: faithfully; **~liebe** *f* love of truth; **2liebend** *adj.* truth-loving; **~suche** *f* quest for the truth.

wahrlich *lit. adv.* really, indeed; (*sicher*) certainly, definitely; *bibl.* verily; ***es ist ~ kein Vergnügen*** *a.* it's no picnic(, I can tell you).

wahrnehmbar *adj.* discernible, perceptible, noticeable; **wahrnehmen** *v/t.* **1.** perceive; *optisch*: see, discern; *akustisch*: hear, register; *weitS.* (*merken*) notice; **2.** (*Gelegenheit*) sëize, *formell*: avail o.s. of; (*Interessen*) look after, protect, safeguard; (*Termin*) observe, keep *an appointment*; (*Frist*) observe, keep to, F stick to *a deadline*; **Wahrnehmung** *f* **1.** (***sinnliche ~*** sense) perception; **2.** (*Sorge für et.*) care (*gen.* of); *der Interessen*: safeguarding *of interests*; **Wahrnehmungsvermögen** *n* perceptive faculty.

Wahrsagekunst *f*: ***die ~*** fortune-telling; **wahrsagen I.** *v/t.* prophesy; **II.** *v/i.* tell fortunes; ***j-m ~*** tell s.o.'s fortune; ***aus den Karten*** *etc.* ~ read the cards *etc.*; ***sich ~ lassen*** have one's fortune told; **Wahrsager(in** *f*) *m* fortune-teller.

wahrscheinlich I. *adv.* probably; ***~ hat sie's verloren*** she's probably lost it; ***~ wird er verlieren*** *a.* (the) chances are he'll lose; **II.** *adj.* probable, likely; (*glaubhaft*) plausible; **Wahrscheinlichkeit** *f* probability, likelihood; ***aller ~ nach*** in all probability, ***wird er siegen***: the odds are (*od.* it's odds on) that he will win; **Wahrscheinlichkeitsrechnung** *f* theory of probabilities, probability calculus.

Wahrung *f* maintenance; *von Interessen*: safeguarding, protection.

Währung *f* currency; → ***hart*** 1, ***weich***.

Währungs|abkommen *n* monetary agreement; **~ausgleichsfonds** *m* equalization fund; **~ausschuß** *m* monetary committee; **~block** *m* monetary bloc; **~einheit** *f* unit of currency; **~fonds** *m* monetary fund; ***Internationaler ~*** International Monetary Fund, IMF; **~gebiet** *n* currency area; **~krise** *f* monetary crisis; **~politik** *f* monetary policy; **~reform** *f* currency reform; **~reserven** *pl.* currency reserves; **~schlange** *f the* snake; **~schwankungen** *pl.* currency fluctuations; **~system** *n* monetary system; **~union** *f* monetary union.

Wahrzeichen *n* symbol; *e-r Stadt*: *a.* famous landmark; (*Emblem*) emblem.

Waise *f* orphan; **Waisenhaus** *n* orphanage; **Waisenkind** *n* orphan.

Wal *m* whale.

Walache *m*, **walachisch** *adj.* Wallachian.

Wald *m* wood(s *pl.*); (*großer ~*) forest (*a. fig.*); (*~fläche*) woodland; *fig.* ***er sieht den ~ vor lauter Bäumen nicht*** he can't see the wood for the trees; F ***ich glaub', ich steh' im ~*** F well, blow me; ***wie man in den ~ hineinruft, so schallt's heraus*** you get what you give; **~ameise** *f* red ant; **~arbeiter** *m* woodsman; **~bestand** *m* forest stand; **~brand** *m* forest fire; **~erdbeere** *f* wild strawberry; **~fläche** *f* wooded area, woodland; **~frevel** *m* offen|ce (*Am.* -se) against the forest laws; **~gebiet** *n* tract of forest; ***weite ~e*** huge tracts of forest; **~gegend** *f* wooded area, woodland; **~horn** *n* ♪ French horn.

waldig *adj.* wooded.

Wald|kauz *m* tawny owl; **~land** *n* woodland; **~lauf** *m* cross-country run; **~lehrpfad** *m* (forest) nature trail; **~meister** *m* ⚘ woodruff.

Waldorf|salat *m* Waldorf salad; **~schule** *f* Rudolf Steiner school.

Wald|rand *m*: (***am ~*** at *od.* on the) edge of the forest; **~schäden** *pl.* forest damage *sg.*; **~sterben** *n* dying of forests, forest deaths *pl.* (*od.* dieback); **~-und-Wiesen-...** → ***Feld-Wald-und-Wiesen-...***

Waldung *f* wooded area, woodland, forest.

Waldwiese *f* forest glade.

Walfang *m* whaling; **Walfänger** *m* (*Schiff u. Mensch*) whaler; **Walfangflotte** *f* whaling fleet; **Walfisch** F *m* whale.

Walhall(a) *f myth.* Valhalla.

Waliser(in *f*) *m* Welshman (*f* Welsh woman); ***er ist Waliser*** *mst* he's Welsh; **walisisch** *adj.*, **Walisisch** *n ling.* Welsh.

walken *v/t.* (*Stoff*) full; (*Hüte*) felt; (*Leder*) mill.

Walkman (*TM*) *m* personal stereo; Walkman (*TM*) (*pl.* Walkmans).

Walküre *f* Valkyrie.

Wall *m* (*Damm*) dam, embankment; (*Befestigung*) rampart; *fig.* bulwark.

Wallach *m* gelding.

wallen *v/i.* **1.** *Haar, Gewand*: flow; **2.** *Flüssigkeit*: simmer, bubble; *Meer*: surge; *Nebel*: sweep; *fig. Blut*: boil.

Waller *m* catfish.

wallfahren *v/i.* go on a pilgrimage; **Wallfahrer** *m* pilgrim; **Wallfahrt** *f* pilgrimage; **Wallfahrtskirche** *f* pilgrimage church; **Wallfahrtsort** *m* place of pilgrimage.

Wallgraben *m* moat.

Wallone *m*, **wallonisch** *adj.* Walloon.

Wallung *f* **1.** surge of emotion; ***j-n in ~ bringen*** make s.o.'s blood boil; **2.** ⚕ hot flush.

Walmdach *n* ⚠ hip roof.

Walnuß *f* **1.** walnut; **2.** → **~baum** *m* walnut (tree); **2groß** *adj.* walnut-sized, *nachgestellt*: the size of a walnut.

Walpurgisnacht *f*: ***die ~*** Walpurgis night, Walpurgisnacht.

Walroß *n* walrus.

walten *v/i.* (*herrschen*) rule; (*vorherrschen*) prevail; (*wirken*) be at work; ***Gnade*** (***Milde***) ***~ lassen*** show mercy (some leniency); ***Sorgfalt ~ lassen*** exercise proper care; ***Vernunft ~ lassen*** allow reason to prevail; → ***Gerechtigkeit*** 1, ***schalten*** 3.

Walzblech *n* sheet metal.

Walze *f* roller (*a. typ.*); ⚙ cylinder; ⚙ *a.* roll; *der Schreibmaschine*: platen; *der Drehorgel etc.*: barrel; **walzen I.** *v/t.* ⚙ roll (*a. Boden*); **II.** *v/i.* (*Walzer tanzen*) waltz (*a.* F *gehen*).

wälzen I. *v/t.* **1.** roll; ***in Mehl ~*** roll in flour, flour; ***in Ei und Mehl ~*** flour and egg; **2.** (*Bücher*) pore over; ***Probleme ~*** turn problems over in one's mind; ***die Schuld auf j-n ~*** shift the blame onto s.o.; **II.** *v/refl.*: ***sich ~*** roll; *im Dreck etc.*: *a.* wallow; *vor Schmerz*: writhe; *im Bett*: toss and turn, F thrash about; ***sich ~ durch*** (***entlang*** *etc.*) *Masse, Lawine etc.*: churn its way through (along *etc.*).

walzenförmig *adj.* cylindrical.

Walzer *m* waltz; ***~ tanzen*** (dance a) waltz.

Wälzer F *m* thick (*od.* heavy, huge) tome.

Walzer|musik *f* waltz music; **~schritt** *m* waltz step; **~takt** *m* waltz time.

Walz|stahl *m* rolled steel; **~werk** *n* rolling mill.

Wampe F *f* F paunch.

Wams *n* jacket; *hist.* doublet.

Wand *f* wall (*a. fig.*); (*Fels*2) *a.* face; (*Wolken*2) bank; (*Regen*2) blanket; (*Schranke*) barrier; (*Seitenfläche*) side; ***~ an ~*** wall to wall; *fig.* ***in s-n eigenen vier Wänden*** within one's own four walls; ***j-n an die ~ drücken*** put s.o. in the shade; ***j-n an die ~ spielen*** steal the show (from s.o.), *Sport*: play s.o. into the ground; ***an die ~ stellen*** (*erschießen*) shoot (dead), execute; ***gegen e-e ~ von Vorurteilen anrennen*** come up against a wall of prejudice(s); ***Wände haben Ohren*** walls have ears; ***wenn Wände reden könnten*** if walls could speak; ***bei ihm redet man gegen e-e ~*** it's like talking to a brick wall (with him); F ***da wackelt die ~*** it sounds as if they're having a good time; ***sie haben gespielt, daß die Wände wackeln*** they nearly brought the roof down (with their playing); ***es***

ist, um an den Wänden hochzugehen F it's enough to drive you up the wall; → ***Kopf, Teufel*** *etc.*
Wandale *m* → ***Vandale***.
Wand|behang *m* wall hanging; **~bild** *n* wall painting, mural.
Wandel *m* change; ***der ~ der Zeiten*** changing times; ***im ~ der Zeiten*** in the course of time, through the ages; ***dem ~ unterliegen*** be subject to change; ***hier muß ~ geschaffen werden*** things can't go on like this any longer; **~anleihe** *f* ♆ convertible loan.
wandelbar *adj.* changeable, variable.
Wandel|gang *m*, **~halle** *f* covered walk; *Kurbad*: pump room.
wandeln I. *v/refl.*: ***sich ~*** change; ***sich ~ in*** turn (in)to, *Person*: turn into; **II.** *v/t.* change (*a. Person*), alter; **III.** *v/i.* (*gehen*) walk, stroll; promenade; **wandelnd** *adj.*: ***~es Lexikon*** walking encyclop(a)edia.
Wandelobligation *f* ♆ convertible bond.
Wander|arbeiter *m* migrant worker; **~ausstellung** *f* travel(l)ing exhibition; **~bücherei** *f* travel(l)ing library; **~bühne** *f* touring (F fit-up) company; **~bursche** *m* travel(l)ing journeyman; **~düne** *f* shifting sand dune.
Wanderer *m* wanderer, travel(l)er; *bsd. sportlich*: hiker, rambler.
Wander|falke *m* peregrine falcon; **~in** *f* → ***Wanderer***; **~jahre** *pl.* (journeyman's) years of travel; **~kleidung** *f* hiking gear (*od.* outfit); **~leben** *n* vagrant (F gypsy) life.
wandern *v/i.* **1.** *in den Bergen etc.*: walk, hike; go on a walk (*od.* hike); **2.** (*umherstreifen*) rove; **3.** *fig. Vögel, Völker*: migrate; *Düne*: shift; *Wolken*: drift; *Niere*: float; *Blick, Gedanken*: roam, wander; ***in den Papierkorb*** (***ins Gefängnis*** *etc.*) ~ end up (*od.* land) in the waste-paper bin (in prison *etc.*).
Wander|niere *f* floating kidney; **~pfad** *m* hiking trail; **~pokal** *m* challenge cup; **~prediger** *m* itinerant preacher; **~preis** *m* challenge trophy.
Wanderschaft *f* travels *pl*; ***auf ~ gehen*** (***sein***) take to the road (be on one's travels).
Wandersmann *m* wanderer.
Wander|stiefel *pl.* hiking boots; **~tag** *m* school (*od.* class) hike; **~trieb** *m* **1.** roving spirit; (*Fernweh*) wanderlust; **2.** *zo.* migratory instinct.
Wanderung *f* **1.** hike; ***e-e ~ machen*** go on a hike; **2.** (*Völker*2) migration; **3.** *zo.* migration; *von Lachsen etc.*: ascent; **4.** ***~en*** travels, wanderings.
Wanderungsbewegungen *pl.* migration movements.
Wander|verein *m* rambling club; **~vogel** *m* **1.** bird of passage; **2.** *hist.* a) *German Youth Movement*, b) *member of the "Wandervogel"*; **3.** *fig.* rambler; **~weg** *m* hiking trail; **~wetter** *n* ideal weather for hiking (*od.* rambling); **~zirkus** *m* travel(l)ing circus.
Wand|fries *m* mural (*od.* wall) frieze; **~gemälde** *n* mural; **~haken** *m* wall hook; **~kalender** *m* wall calendar; **~karte** *f* wall map; **~lampe** *f* wall lamp.
Wandler *m* ⚡ converter.
Wandleuchte *f* wall lamp.
Wandlung *f* change, *a.* ⚡ transformation; *eccl.* transubstantiation; ⚖ nullification of a (*od.* the) sale, *Am. a.* redhibition; **wandlungsfähig** *adj.* capable of change; flexible, versatile; **Wandlungsfähigkeit** *f* flexibility, versatility.
Wand|malerei *f* mural painting; *konkret*: mural; **~pfeiler** *m* pilaster; **~schirm** *m* (folding) screen; **~schmiererei** *f a. pl.* graffiti; **~schrank** *m* built-in cupboard (*Am.* closet); *für Kleidung*: *Brit.* built-in wardrobe; **~tafel** *f* (black-) board, *Am. a.* chalkboard; *weiße*: white board; **~teppich** *m* tapestry; **~uhr** *f* wall clock; **~verkleidung** *f* wall covering; *aus Holz*: panel(l)ing, wainscoting; **~zeitung** *f* wall newspaper.
Wange *f* **1.** cheek; **2.** ⚙ cheek; *e-r Treppe*: stringboard.
Wankelmotor *m* Wankel engine.
Wankelmut *m* fickleness, inconstancy; **wankelmütig** *adj.* fickle.
wanken *v/i.* **1.** stagger, *stärker*: reel; *im Stehen*: sway; *Boot*: rock; *Boden, Haus etc.*: sway; *fig. Thron etc.*: rock, totter; (*unentschlossen sein*) waver, falter, vacillate; ***ihm wankten die Knie*** his knees gave (way); ***ins* 2 *geraten*** begin to sway (*od.* rock), *fig. Position etc.*: become shaky, *Person*: become unsure of o.s.; *fig.* ***ins* 2 *bringen*** shake, rock; ***nicht ~ und nicht weichen*** not to budge (*od.* give) an inch.
wann *adv.* when; (*~ auch immer*) whenever; ***seit ~?*** how long?, since when?; ***bis ~?*** till when?, (for) how long?, *bei Termin etc.*: by when?; ***von ~ bis ~ war der Dreißigjährige Krieg?*** what are the dates of the Thirty Years' War?; ***von ~ bis ~ arbeitet ihr?*** what are your working hours?
Wanne *f* tub; (*Bade*2) bath(tub); *mot.* (*Öl*2) oil sump; **Wannenbad** *n* bath.
Wanst F *m* F paunch.
Wanze *f* **1.** bug, *Am.* bedbug; **2.** F (*Abhörgerät*) F bug.
Wappen *n* (coat of) arms *pl*; ***et. im ~ führen*** have (*od.* bear) s.th. on one's coat of arms; **~kunde** *f* heraldry; **~schild** *m* shield, escutcheon; **~spruch** *m* heraldic motto; **~tier** *n* heraldic animal.
wappnen *v/refl.*: ***sich ~*** steel o.s. (***gegen*** against); ***sich mit Mut*** *etc.* ~ muster up courage *etc.*; → ***gewappnet***.
Ware *f* product; *pl. a.* goods, commodities; ***beste ~*** best quality.
Waren|abkommen trade agreement; **~absatz** *m* sale of goods; **~angebot** *n* range of items (for sale); **~ausfuhr** *f* export of goods; **~automat** *m* vending machine; **~bestand** *m* stock on hand; **~börse** *f* commodity exchange; **~einfuhr** *f* import of goods.
Warenhaus *n* department store; **~diebstahl** *m* shoplifting; **~konzern** *m* department store chain.
Waren|lager *n* **1.** (*Raum*) warehouse; **2.** → ***Warenbestand***; **~probe** *f* sample; **~sendung** *f* consignment of goods; *Post*: trade sample; **~sortiment** *n* line of goods; **~test** *m* product test; **~umsatz** *m* goods turnover; **~umschlag** *m* movement of goods; **~verzeichnis** *n* inventory, list of goods; **~zeichen** *n* trademark.
warm I. *adj.* warm (*a. fig. Worte, Empfang etc.*); *stärker, a. Speisen, Farben etc., a.* ⚙: hot; F (*homosexuell*) F gay, *contp.* F queer (*a.* ***~er Bruder***); *Miete*: *rent* including heating; ***mir ist ~*** I feel (*od.* I'm) warm, I'm getting hot; ***schön ~*** nice and warm; ***sich ~ halten*** keep warm; ***~ machen*** warm (up); ***~ werden*** warm up; ***das Essen ~ machen*** heat up the meal (*od.* food); ***sich ~ laufen*** do a warm-up run, warm up; *fig.* ***ihm wurde ~ ums Herz*** it made him feel all warm inside, F *hum.* it warmed the cockles of his heart; ***er wird nur langsam ~*** it takes him a while to warm up (*od.* to come out of his shell); ***ich kann nicht mit ihm ~ werden*** I can't warm to him; ***weder ~ noch kalt*** neither fish nor fowl; **II.** *adv. fig.* warmly; ***sich ~ anziehen*** dress warmly, *fig.* be prepared for the worst; *fig.* ***j-m et. wärmstens empfehlen*** warmly recommend s.th. to s.o.; **Warmblüter** *m zo.* warm-blooded animal.
Wärme *f* warmth (*a. fig.*); *phys.* heat; **~abgabe** *f* loss of heat; **~ausdehnung** *f* thermal expansion; **~austausch** *m* heat exchange; **~austauscher** *m* heat exchanger; **~behandlung** *f* heat treatment; **~belastung** *f Umwelt*: thermal pollution; **2beständig** *adj.* heat-resistant; **~dämmung** *f* heat (*od.* thermal) insulation; **~einheit** *f* thermal (*od.* caloric) unit; **~gewitter** *n* heat thunderstorm; **~grad** *m* degree of heat; **~isolierung** *f* heat (*od.* thermal) insulation; **~lehre** *f* thermodynamics *pl.* (*sg. konstr.*); **~leiter** *m* heat conductor.
wärmen I. *v/t.* warm (up), heat (up); ***sich die Füße ~*** warm one's feet; **II.** *v/i.*: ***gut ~*** *Heizkörper*: give off plenty of heat; ***Wolle wärmt*** wool keeps you warm; ***Alkohol wärmt*** alcohol warms you up; **III.** *v/refl.*: ***sich ~*** warm up (***am Feuer*** in front of the fire).
Wärme|pumpe *f* heat pump; **~regler** *m* thermostat; **~speicher** *m* heat accumulator; **~stau** *m* buildup of heat; ⚕ hyperthermia; **~strahlung** *f* heat radiation; **~technik** *f* heat technology; **~verlust** *m* heat loss; **~wirkungsgrad** *m* thermal efficiency.
Wärmflasche *f* hot-water bottle.
warmhalten *fig. v/t.*: ***sich j-n ~*** keep in with s.o.; **Warmhalteplatte** *f* plate warmer, hot server.
warmherzig *adj.* warmhearted.
warmlaufen *v/i.* run hot; *mot.* ***~ lassen*** warm up.
Warmluft|front *f* warm front; **~heizung** *f* hot-air heating.
Warmmiete *f* rent including heating.
Warmwasser|bereiter *m* water heater; **~hahn** *m* hot-water tap; **~heizung** *f* hot-water heating (system); **~speicher** *m* hot-water tank; **~versorgung** *f* hot-water supply.
Warn|anlage *f* warning device; **~blinkanlage** *f mot.* warning flasher; **~dienst** *m* warning service; **~dreieck** *n mot.* warning triangle.
warnen I. *v/t.* warn (***vor*** about, of); ***j-n davor ~ zu*** *inf.* warn s.o. against *ger.*, warn s.o. not to *inf.*; ***ich warne dich*** I warn you, *drohend*: I'm warning you; ***du bist gewarnt*** you've been warned; F ***j-n rechtzeitig ~*** (*Bescheid geben*) let s.o. know in advance (*od.* in good time), give s.o. plenty of warning; F ***keiner hat mich gewarnt*** *a.* I had no idea; **II.** *v/i.* warn (***vor*** against); ***davor ~ zu*** *inf.* warn against *ger.*; ***vor Taschendieben wird gewarnt*** beware pickpockets; **warnend I.** *adj.* warning; **II.** *adv.*: ***s-e Stimme ~ erheben*** raise one's voice in warning.
Warn|leuchte *f*, **~licht** *n* warning light; **~ruf** *m* warning cry; **~schild** *n* danger

sign; **~schuß** *m* warning shot (*a. fig.*); ***e-n ~ abgeben*** fire a warning shot; **~signal** *n* warning signal; **~streik** *m* token (*od.* warning) strike.

Warnung *f* warning; ***ohne ~ schießen*** shoot without warning; ***laß dir das e-e ~ sein*** let that be a warning to you.

Warnzeichen *n* warning sign.

Warte *f* vantage point (*a. fig.*); *fig.* ***von hoher ~ aus*** from a lofty standpoint; ***von m-r ~ aus gesehen*** from my point of view.

Warte|halle *f* waiting room; ✈ departure lounge; **~liste** *f* waiting list; ***auf der ~ stehen*** be on the waiting list.

warten¹ *v/i.* wait (**auf** for); ***j-n ~ lassen*** keep s.o. waiting; ***worauf*** (F ***auf was***) ***~ wir noch?*** what are we waiting for?; ***kann es noch ein bißchen ~?*** can it wait a bit?; ***mit dem Essen auf j-n ~*** keep dinner waiting for s.o.; ***nicht mit dem Essen auf j-n ~*** start eating without s.o.; ***lange auf sich ~ lassen*** be a long time (in) coming; ***nicht lange auf sich ~ lassen*** not to be long (in) coming; ***warte mal!*** just (*od.* wait) a minute!, F hang on!; ***na, warte!*** just you wait!; ***da kannst du lange ~*** you've got a long wait coming, you could be in for a long wait; *iro.* ***auf dich*** (***darauf***) ***haben wir gerade noch gewartet*** you're (that's) all we needed; ***darauf habe ich gewartet*** I was just waiting for it (to happen), I could see it coming.

warten² *v/t.* ⚙ service.

Wärter *m* attendant; (*Wächter*) guard; (*Gefängnis2*) warder, *Am.* guard; (*Tier2, Leuchtturm2*) keeper; → ***Bahnwärter*** *etc.*

Warte|raum *m*, **~saal** *m* waiting room; **~schleife** *f*: ***~n ziehen*** circle (the airport), be in a holding pattern; *fig.* ***sich in der ~ befinden, e-e ~ durchlaufen*** be on the waiting list, have been put on hold; **~zeit** *f* waiting period; ***e-e lange ~*** a long wait; **~zimmer** *n* waiting room.

Wartung *f* ⚙ maintenance, servicing.

Wartungs|anleitung *f* service manual; **~arbeit** *f* maintenance work; **2frei** *adj.* ⚙ maintenance-free; **~personal** *n* maintenance staff (*mst pl. konstr.*); **~techniker** *m* service engineer.

warum *adv.* why; ***ich weiß nicht ~*** I don't know why; ***~ bloß?*** but why?; ***~ wohl?*** I wonder why; ***nach dem 2 fragen*** ask (the question) why.

Warze *f* wart; (*Brust2*) nipple; *zo.* teat; **Warzenschwein** *n* warthog.

was I. *interrog. pron. u. int.* what (*a.* F *für* ***wie bitte?***); ***~ für*** (***ein***) ***...?*** what sort of ...?; ***~ für*** (***ein***) ***...!*** what *nonsense etc.*, what a *noise etc.*; ***~ kostet das?*** how much is it?; F ~ (*warum*) ***muß er lügen?*** why does he have to lie?; ***~ weiß ich*** how should I know, F search me; ***~ haben wir gelacht!*** what a laugh we had; ***~ ist das doch schwierig*** this is so hard; **II.** *rel. pron.* (*das was*) what; ***alles, ~ er weiß*** everything he knows; *den Inhalt des vorhergehenden Satzes aufnehmend*: which, *z.B.* ***~ ihn völlig kalt ließ*** which left him cold; ***~ auch immer*** whatever (*a. am Satzende*), no matter what; ***~ ihn betrifft*** as for him; **III.** F *indef. pron.* (*etwas*) something *bad, good, else etc.*; ***~ Neues?*** any news?, anything new?; ***das ist ~ anderes*** that's different; ***na, so ~*** *bsd. iro.* well I never; ***~ du nicht sagst!*** you don't say!; ***hat man so ~ schon gesehen?*** did you ever see the likes of it?; ***ich will dir ~ sagen*** I'll tell you something, *bsd. drohend*: I'll tell you what; ***schäm dich ~!*** you ought to be ashamed of yourself.

Wasch|anlage *f mot.* **1.** car wash; **2.** (*Scheiben2*) windscreen (*Am.* windshield) washer; **~anleitung** *f* washing instructions *pl.*; **~automat** *m* washing machine, *Am.* washer.

waschbar *adj.* washable, *Farbe*: fast.

Wasch|bär *m* rac(c)oon, *Am. a.* F coon; **~becken** *n* washbasin; **~beutel** *m* sponge (*od.* toilet) bag; **~brett** *n* washboard.

Wäsche *f* washing, laundry; (*Tisch2, Bett2*) (table and bed) linen; (*Unter2*) underwear; (*das Waschen*) wash; ***große ~*** washday; ***in der ~*** in the wash, being washed, *in der Wäscherei*: at the laundry; ***die ~ wechseln*** put on fresh underwear, change one's (under)pants; *fig.* ***schmutzige ~ waschen*** wash one's dirty linen in public; F ***da hat er aber dumm aus der ~ geguckt*** you should have seen his face; F ***j-m an die ~ gehen*** F lay into s.o.; **~beutel** *m* laundry bag.

waschecht *adj.* colo(u)rfast, *Farbe*: fast; F *fig.* genuine, true-blue, *nachgestellt*: to the bone.

Wäsche|klammer *f* clothes peg, *Am.* clothespin; **~korb** *m* laundry (*od.* linen) basket; **~leine** *f*: (***an der ~*** on the) clothesline.

waschen I. *v/t.* wash (*a.* ⚒, *metall.*); *in der Wäscherei*: *a.* launder; (*Gold etc.*) pan; F *fig.* (*illegal erworbenes Geld*) launder; **II.** *v/refl.*: ***sich ~*** wash o.s., (have a) wash; ***es wäscht sich leicht*** it washes easily; F *fig.* ***e-e Ohrfeige*** (***e-e Kritik*** *etc.*), ***die sich gewaschen hat*** F a nasty blow (piece of criticism *etc.*).

Wäscher *m metall.* washer; (*Gold2*) panner; **Wäscherei** *f* **1.** laundry; **2.** (*Waschsalon*) laund(e)rette, *bsd. Am.* laundromat; **Wäscherin** *f* washerwoman, laundress.

Wäsche|sack *m* laundry bag; **~schleuder** *f* spin drier; **~schrank** *m* linen cupboard (*Am.* closet); **~spinne** *f* telescopic clothesline; **~sprenger** *m* spray bottle; **~ständer** *m* clothes horse; **~trockner** *m* tumble drier.

Wasch|frau *f* washerwoman; **~gang** *m* cycle, wash; **~gelegenheit** *f* washing facilities *pl.*; **~küche** *f* **1.** washhouse; **2.** F (*dichter Nebel*) F peasouper; **~lappen** *m* **1.** flannel, *Am.* washcloth; **2.** F *fig.* (*Schwächling*) F drip, wimp; **~leder** *n* chamois (leather); **~maschine** *f* washing machine, *Am.* washer; **2maschinenfest** *adj.* machine-washable; **~mittel** *n*, **~pulver** *n* washing powder; **~programm** *n* washing program(me); **~raum** *m* washroom; **~salon** *m* laund(e)rette, *bsd. Am.* laundromat; **~straße** *f mot.* car wash; **~tag** *m* washday.

Waschung *f* washing; *bsd.* ⚕, *eccl.* ablution.

Wasch|vollautomat *m* fully automatic washing machine (*Am.* washer); **~wasser** *n* washing water; **~weib** *fig. n* (old) gossip; **~zettel** *m im Buch etc.*: blurb; **~zeug** *n* washing things *pl.*; **~zwang** *m* obsessional washing, 🕮 ablutomania.

Wasser *n* water (*a.* ⚕); ***fließendes*** (***stehendes***) ***~*** running (stagnant) water; ***~ lassen*** pass water, urinate; ***zu ~ und zu Land*** by land and by water; ***unter ~ setzen*** flood; ***unter ~ stehen*** be under water, be flooded; ***ins ~ gehen*** go into the water, *fig.* drown o.s.; *fig.* ***ein Berliner reinsten ~s*** a Berliner born and bred; ***ein Edelstein reinsten ~s*** a stone of the first water; ***das ist ~ auf s-e Mühle*** that's grist to his mill; ***ins ~ fallen*** *Pläne etc.*: fall through (*od.* flat); ***sich über ~ halten*** keep one's head above water; ***j-n über ~ halten*** *über e-e schwierige Zeit*: tide s.o. over; ***das läuft an ihm ab wie ~*** *Vorwurf etc.*: it's like water off a duck's back; ***das ist ja ~ in ein Sieb schöpfen*** it's a complete waste of time; ***sie hat nahe am ~ gebaut*** tears come easily to her; ***bis dahin fließt noch viel ~ den Berg hinunter*** that's a long way off yet; ***die kochen auch nur mit ~*** they're no different from anybody else; ***da läuft einem das ~ im Munde zusammen*** it makes your mouth water; ***er kann ihr nicht das ~ reichen*** he's not a patch on her, he can't hold a candle to her; ***er ist mit allen ~n gewaschen*** he knows every trick in the book; → ***still, Schlag*** 1 *etc.*

wasser|abstoßend, ~abweisend *adj.* water-repellent.

Wasser|ader *f* water vein; **2arm** *adj.* (*dürr*) arid; **~aufbereitung** *f* (waste) water treatment; **~aufbereitungsanlage** *f* (waste) water treatment plant; **~bad** *n gastr.* bain-marie; *phot.* water bath; **~ball** *m* **1.** beach ball; **2.** (water polo) ball; **3.** → **~ballspiel** *n* water polo; **~bau** *m* hydraulic engineering; **~bett** *n* water bed; **~blase** *f* ⚕ blister; 🕮 vesicle; **2blau** *adj.* clear blue; **~bombe** *f* depth charge; **~burg** *f* moated castle.

Wässerchen *n*: *fig.* ***er sah so aus, als könne er kein ~ trüben*** he looked as if butter wouldn't melt in his mouth.

Wasser|dampf *m* steam; **2dicht** *adj.* waterproof; ⚙, ⚓ *a.* watertight; ***~ machen*** waterproof; **~druck** *m* hydraulic pressure; **~eimer** *m* bucket, pail; **~enthärter** *m* water softener; **~fahrzeug** *n* watercraft (*a. pl.*), waterborne vehicle, vessel; **~fall** *m* waterfall; *großer*: falls *pl.*; (*Kaskade*) cascade; *fig.* ***er redete wie ein ~*** he wouldn't stop talking, he just went on and on; **~farbe** *f* water colo(u)r; **2fest** *adj.* waterproof; **~flasche** *f* water bottle; **~fleck** *m* water stain; **~floh** *m* water flea; **~flugzeug** *n* seaplane; **~gehalt** *m* water content; **~geist** *m* water spirit; **2gekühlt** *adj.* water-cooled; **~geld** *n* water rate; **~glas** *n* ⚗ water glass; (*Trinkglas*) tumbler; → ***Sturm***; **~graben** *m* ditch; *Sport*: water jump; **~hahn** *m* tap, *Am.* faucet.

wasserhaltig *adj.* ⚗ aqueous, hydrous; ***~ sein*** contain water.

Wasser|härte *f* water hardness; **~haushalt** *m* **1.** water resources *pl.*; **2.** *physiol.* water balance; **~heilkunde** *f* hydrotherapy; **~huhn** *n* coot.

wässerig *adj.* watery; *fig.* ***j-m den Mund ~ machen*** make s.o.'s mouth water (***nach*** for), *weitS.* (*für et. interessieren*) F get s.o. all keen (on) *od.* excited (about).

Wasser|kessel *m* kettle; ⚙ boiler; **~klosett** *n* water closet; **~kopf** *m* **1.** hydrocephalus; ***e-n ~ haben*** have water on the brain; **2.** *fig.* (*Verwaltung*) bloated bureaucracy; **~kraft** *f* water power; **~kraftwerk** *n* hydroelectric power plant; **~kreislauf** *m* water (*od.* hydrological) cycle; **~kühlung** *f* water cooling (system); ***mit*** ~ water-cooled; **~kur** *f* water cure; **~lache** *f* pool of water; **~lauf** *m* watercourse; **~leiche** *f* drowned corpse; **~leitung** *f* water pipe(s *pl.*); **~lilie** *f* water lily; **~linie** *f* ⚓ water line; **~loch** *n* water hole; **2löslich** *adj.* (water-)soluble; **~mangel** *m* water shortage; **~mann** *m* **1.** (*Sternzeichen*) Aquarius, *the* Water Bearer (*od.* Carrier); (***ein***) ~ ***sein*** be (an) Aquarius, be an Aquarian; **2.** *myth.* water sprite; **~melone** *f* water melon; **~mühle** *f* water mill.

wassern *v/i.* ✈ touch down on water; *Raumkapsel*: splash down.

wässern *v/t.* water; (*Felder etc.*) irrigate; (*einweichen, a. gastr. Heringe etc.*) soak; *phot.* rinse.

Wasser|nixe *f myth.* water nymph; mermaid; **~nymphe** *f myth.* water nymph; **~oberfläche** *f* surface of the water (*od.* lake, sea *etc.*); **~pfeife** *f* water pipe; **~pflanze** *f* aquatic plant; **~pistole** *f* water pistol; **~polizei** *f* → ***Wasserschutzpolizei***; **~rad** *n* water wheel; **~ratte** *f* water rat; *fig.* keen swimmer; ***e-e*** ~ ***sein*** love the water, swim like a fish; **2reich** *adj. Gegend etc.*: with plenty of water (resources); **~rinne** *f* gutter; **~rohr** *n* water pipe; **~rutschbahn** *f* water chute; **~schaden** *m* water damage; **~scheide** *f* watershed, *Am.* divide; **2scheu** *adj.* scared (*od.* frightened, afraid) of water, 🕮 hydrophobic; **~schildkröte** *f* turtle; **~schlange** *f* water snake; **~schlauch** *m* hose; **~schloß** *n* moated castle; castle in a lake; **~schutzgebiet** *n* water reserve; **~schutzpolizei** *f* river police; *im Hafen*: harbo(u)r police; **~ski¹** *m* water ski; **~ski²** *n* (*Sport*) water skiing; ~ ***fahren*** water-ski, go water-skiing; **~speier** *m* gargoyle; **~spiegel** *m* surface of the water; (*Stand*) water level; **~sport** *m* water sports *pl.*; **~spülung** *f* flush; (*Anlage*) cistern; **~stand** *m* water level; **~standsanzeiger** *m* water ga(u)ge; **~stelle** *f* watering place.

Wasserstoff *m* ⚗ hydrogen; **2blond** F *adj.* peroxide (blonde); **~bombe** *f* hydrogen bomb, H-bomb; **~peroxyd** *n* hydrogen peroxide.

Wasser|strahl *m* jet of water; **~straße** *f* waterway, canal; ***die ~n Frankreichs*** *etc.* the canals and waterways of France *etc.*; **~sucht** *f* ⚕ dropsy; **~tier** *n* aquatic animal; **~träger** *m* water carrier; F *fig.* dogsbody; **2treibend I.** *adj.* diuretic; **II.** *adv.*: ~ ***wirken*** have a diuretic effect; **~tropfen** *m* drop of water; **~turm** *m* water tower; **~uhr** *f* **1.** *hist.* water clock; **2.** → ***Wasserzähler.***

Wasserung *f* ✈ touchdown on water; *e-r Raumkapsel*: splashdown.

Wässerung *f* watering; *von Feldern etc.*: irrigation; (*Einweichen, a. gastr. von Heringen etc.*) soaking; *phot.* rinsing, rinse.

Wasser|verbrauch *m* water consumption; **~verdrängung** *f* (water) displacement; **~verschmutzung** *f* water pollution; **~versorgung** *f* water supply; **~vogel** *m* waterbird, *pl. a.* water fowl (*pl.*); **~vorrat** *m* water supply; **~waage** *f* spirit level, *Am.* level; **~weg** *m* waterway; ***auf dem*** ~ by water; **~welle** *f* (*Frisur*) water wave; **~werfer** *m a. pl.* water cannon; **~werk(e** *pl.*) *n* waterworks *pl.* (*oft sg. konstr.*); **~wirtschaft** *f* water supply and distribution; **~zähler** *m* water meter; **~zeichen** *n* watermark.

wäßrig *adj.* → ***wässerig.***

waten *v/i.* wade.

Waterkant *f* coast.

Waterloo *n*: *fig.* ***sein*** ~ ***erleben*** meet one's Waterloo.

Watsche(n) *dial. f* F clip round the ears.

watscheln *v/i.* waddle.

watschen *dial. v/t.* F give (*s.o.*) a clip round the ears.

Watschenmann F *fig. m* scapegoat, F fall guy.

Watt¹ *n* ⚡ watt.

Watt² *n geol.* mud flats *pl.*

Watte *f* cotton wool, *Am.* cotton; F *fig.* ***j-n in ~ packen*** handle s.o. with kid gloves, (*verwöhnen*) mollycoddle s.o.; **~bausch** *m* cotton-wool (*Am.* cotton) swab.

Wattenmeer *n* mud flats *pl.*

Wattestäbchen *n* cotton bud.

wattieren *v/t.* pad, line with wadding; (*Futter*) quilt; **Wattierung** *f* padding.

Watt|stunde *f* watt hour; **~zahl** *f* wattage.

Watvogel *m* wader.

Wauwau *m* bow-wow, doggie.

wau wau *int.* bow-wow, woof-woof.

WC *n* toilet, *Am. a.* bathroom, restroom; **~-Becken** *n* toilet bowl; **~-Bürste** *f* toilet brush; **~-Ente** *f zur Reinigung*: toilet duck; **~-Reiniger** *m* toilet cleaner; **~-Sitz** *m für Kleinkinder*: (toddler) trainer seat.

weben I. *v/t. u. v/i.* weave; **II.** *fig. v/refl.*: ***sich ~ um*** *Legenden etc.*: grow up around; **Weber** *m* weaver; **Weberei** *f* weaving; (*Fabrik*) weaving mill; **Weberin** *f* weaver; **Weberknecht** *n zo.* daddy longlegs; **Weberschiffchen** *n* shuttle.

Web|fehler *m* flaw; F *fig.* ***e-n ~ haben*** F have a screw loose (somewhere), be slightly cracked; **~kante** *f* selvage; **~stuhl** *m* loom.

Wechsel *m* **1.** change; (*Tausch*) exchange; (*Aufeinanderfolge*) *mehrerer Dinge*: succession, *zweier Dinge*: alternation; ⚘ (*Saat2*) rotation; (*Schwankung*) fluctuation; *in der Regierung etc.*: changeover; *Sport*: (*Stab2*) (baton) change, (*Seiten2*) change of ends, (*Spieler2*) substitution, *Eislauf*: crossing; (*Wild2*) runway, trail, game pass; ~ ***der Jahreszeiten*** changing (*od.* rotating) seasons; ~ ***von Tag und Nacht*** alternation of day and night; ***in buntem*** ~ in motley succession; **2.** ⚕ bill (of exchange); (*Am. im Inland zahlbarer* ~; *Brit. Bank2*) draft; (*monatliche Geldzuwendung*) allowance; ***e-n ~ ausstellen*** draw (*od.* issue) a bill.

Wechsel|automat *m* change machine (*od.* dispenser); **~bad** *n* hot and cold baths *pl.*; *fig.* ***durch ein ~ der Gefühle gehen*** be up one minute, down the next; ***j-n e-m ~ aussetzen*** blow hot and cold towards s.o.; **~bank** *f* discount house; **~beziehung** *f* interrelation; ***in ~ stehen mit*** be correlated with; **~bürge** *m* bill surety; **~bürgschaft** *f* bill guaranty; **~dusche** *f* hot and cold shower; **~fälle** *pl.* vicissitudes, F ups and downs; ***die ~ des Lebens*** life's vicissitudes, the vicissitudes (F ups and downs) of life; **~fälschung** *f* forgery of bills; **~geld** *n* change; ~ ***bekommen*** *a.* get (some) money back; **~gesang** *m* responsory; **~gespräch** *n* dialog(ue); **~getriebe** *n* ⚙ change(-speed) gearbox, *Am.* transmission.

wechselhaft *adj.* changeable.

Wechsel|jahre *pl.* menopause *sg.*, climacteric *sg.*, change of life *sg.*; ***in den ~n sein*** be going through the menopause (*od.* change of life, one's climacteric); **~kredit** *m* acceptance credit; (*Diskontkredit*) discount credit; **~kurs** *m* exchange rate, rate of exchange; **~kursparität** *f* exchange rate parity; **~kursschwankungen** *pl.* exchange rate fluctuations.

wechseln I. *v/t.* change (*a. Öl, Reifen etc.*); (*austauschen, a. Schläge, Worte etc.*) exchange; (*Geld*) change, (*Währung*) (ex)change; (*ab~* [*lassen*]) alternate; ***Geld*** ~ (*in Kleingeld*) get (some) change; ***Dollar in D-Mark*** ~ change dollars into deutschmarks; ***die Fahrbahn*** ~ change (*od.* switch) lanes; ***die Kleider*** ~ change (one's clothes); ***das Hemd*** *etc.* ~ put on a clean shirt *etc.*; ***die Schuhe*** ~ put on another pair of shoes; ***Unterwäsche zum 2*** a change of underwear; ***den Arbeitsplatz*** (***Arzt***) ~ change jobs (doctors), find another job (go to another doctor); ***die Schule*** ~ change (*od.* switch) schools; ***die Partei*** ~ go over to another party, join the other side; ***Briefe mit j-m*** ~ correspond with s.o.; ***ein paar Worte mit j-m*** ~ have (*od.* exchange) a few words with s.o.; ***die Wohnung*** ~ move (house), move to another house; ***das Zimmer*** ~ change rooms, move to another room; ***sie wechselten Blicke*** they exchanged glances; → ***Besitzer, Thema*** *etc.*; **II.** *v/i.* change; (*verschieden sein, ab~*) vary; *Wild*: pass; ~ ***in*** (*od.* ***nach*** *etc.*) switch (over) to, move to; ***kannst du ~?*** (*hast du Kleingeld?*) can you change this?, have you got change for this?; **wechselnd** *adj.* varying; changeable; ***mit ~em Erfolg*** with varying degrees of success; → ***Bewölkung.***

Wechsel|nehmer *m* payee (of a bill); **~rahmen** *m* interchangeable picture frame; **~reiterei** *f* bill jobbing, F kite flying; **~schalter** *m* ⚡ changeover switch; **~schuld** *f* bill debt; **~schuldner** *m* bill debtor.

wechselseitig *adj.* (*beiderseitig*) mutual; (*gegenseitig*) *a.* reciprocal; **Wechselseitigkeit** *f* reciprocity.

Wechselspiel *n* interplay.

Wechselsprechanlage *f* intercom system.

Wechselstrom *m* alternating current (*abbr.* AC); **~erzeuger** *m* alternator.

Wechsel|stube *f* exchange booth, bureau de change; **~tierchen** *n* am(o)eba; **~verhältnis** *n* interrelation(ship).

wechselvoll *adj.* varied, eventful; ***~e Laufbahn*** chequered (*Am.* checkered) career.

Wechselwähler *m* floating voter.

wechselweise *adv.* alternately, in turn.

Wechselwirkung *f* interaction.

Wechsler *m* **1.** → ***Wechselautomat***; **2.** (*Person*) moneychanger; **3.** (*Platten2*) record changer.

Weckdienst *m* alarm call service;

wecken I. *v/t.* wake (up), F give *s.o.* a call; (*aufstören*) rouse (*a. fig.*); *fig.* (*Erinnerungen*) awaken, (*a. Gefühle*) stir up;

II. Ձ *n* **1.** ⚔ reveille; **2.** ***nach dem*** ~ after you've *etc.* been woken up; **Wecker** *m* alarm clock; F *fig.* ***j-m auf den*** ~ ***gehen*** get on s.o.'s nerves (F wick); **Weckruf** *m* early morning call; alarm call.

Wedel *m* (*Staub*Ձ) feather duster; ⚘ frond; *zo.* (*Schwanz*) tail, brush; **wedeln** *v/i. Hund etc.*: wag (***mit dem Schwanz*** its tail); *Skisport*: wedel; ***mit et.*** ~ wave s.th.

weder *cj.*: ~ ***... noch*** neither ... nor; ***er rief*** ~ ***an, noch schrieb er*** he neither phoned nor wrote; he didn't phone, (and) nor did he write; ***er zeigt*** ~ ***Talent noch Begeisterung*** he hasn't got (either) talent or enthusiasm, he has neither talent nor enthusiasm; *haben Sie die Aufnahme mit Bernstein oder Solti?* - ~ ***noch*** neither, I'm afraid.

Weg *m* way (*a. Richtung, fig. Art und Weise*); (*Pfad*) path (*a. fig.*); (*Reise*Ձ) route; (*Gang*) walk; (*Besorgung*) errand; (~ *zum Ziel*) course; ***am*** ~***e*** by the wayside; ***auf dem*** ~***e*** on the way; ***das liegt auf m-m*** ~ that's on my way, I'll be passing (by) there on my way (home *etc.*); ***j-m über den*** ~ ***laufen*** run (*od.* bump) into s.o.; ***sich auf den*** ~ ***machen*** set off; ***j-n nach dem*** ~ ***fragen*** ask s.o.the way; ***j-m e-n*** ~ ***abnehmen*** spare s.o. the trip; ***j-m et. mit auf den*** ~ ***geben*** give s.o. s.th. to take along; ***aus dem*** ~***e gehen*** get out of the way, step aside, *fig.* steer clear (*gen.* of); ***et. aus dem*** ~***e schaffen*** *a. fig.* get rid of s.th.; ***j-m im*** ~***e stehen*** *a. fig.* be in s.o.'s way; ***j-m in den*** ~ ***treten*** bar s.o.'s way, *fig.* get in s.o.'s way; *fig.* ***auf schriftlichem*** ~***e*** in writing; ***auf gesetzlichem*** ~***e*** legally, by legal means; ***auf diplomatischem*** ~***e*** through diplomatic channels; ***der*** (***auf dem***) ~ ***zum Erfolg*** (on) the road to success; ***auf dem*** ~***e der Besserung*** on the road to recovery; ***auf dem besten*** ~(***e***) ***sein zu*** *inf.* be well on the way to *ger.*, ***sich zu ruinieren***: be heading for disaster; ***auf diesem*** ~***e*** this way; ***auf dem richtigen*** ~(***e***) ***sein*** be on the right track; ***j-n auf den richtigen*** ~ ***bringen*** put s.o. back on the straight and narrow; ***s-e eigenen*** ~***e gehen*** go one's own way(s), F do one's own thing; ***e-r Frage*** (***Entscheidung***) ***aus dem*** ~***e gehen*** evade a question, avoid the issue (avoid making a decision); *j-m od. e-r Sache* ***den*** ~ ***bereiten*** (***od. ebnen***) pave the way for, (*e-r Sache*) *a.* prepare the ground for; *et.* ***in die*** ~***e leiten*** initiate, start *s.th.* off, (*vorbereiten*) pave the way for; ***neue*** ~***e in der Kindererziehung*** new approaches in child education; ***neue*** ~***e gehen*** try out new avenues, pursue a different path; ***unsere*** ~***e haben sich getrennt*** we went our different ways; ***hier scheiden sich unsere*** ~***e*** this is where we say goodbye, *fig.* this is where our ways part; ***er wird s-n*** ~ ***machen*** he'll go far (*od.* go places); ***ich traue ihm nicht über den*** ~ I don't trust him an inch, F I wouldn't trust him as far as I can throw him; ***es bleibt kein anderer*** ~ ***offen*** there's no choice (*od.* alternative); F ***da führt kein*** ~ ***dran vorbei*** there's no way round it; ***dem steht nichts im*** ~***e*** there's nothing to stop it; → ***abbringen, bahnen, Mittel*** 1 *etc.*

weg *adv.* away; (*weggegangen sein, verloren*) gone; (*nicht zu Hause*) not in; ***m-e Uhr ist*** ~ my watch is (*od.* has) gone; *der Zug, die Maschine etc.* ***ist schon*** ~ has (already) left; ~ ***da!*** get away!; ~ ***damit!*** take it away!; ***Finger*** (*od.* ***Hände***) ~***!*** hands off!; F ***ich muß*** ~ I must be off; F ***nichts wie*** ~***!*** F let's get out of here, *sl.* scram!; F ~ ***sein*** (*bewußtlos*) be out (for the count), *nach Alkohol*: F be gone, (*geistesabwesend*) F be miles away, be away with the fairies; F ***ganz*** ~ ***sein*** (*begeistert*) F be thrilled to bits, be over the moon; ***ich bin darüber*** ~ I've got over it, I'm over it; → ***Fenster.***

weg|arbeiten *v/t.*: ***alles*** ~ get through all one's work; ***nicht viel*** ~ not to get much work done; ~**bekommen** *v/t.* **1.** *von e-r Stelle*: move; (*Fleck, Erkältung etc.*) get rid of; **2.** F (*sich zuziehen*) get, F land o.s.

Wegbereiter *m* pioneer, F trailblazer; ***der*** ~ ***sein für*** pave the way for, blaze the trail for.

weg|blasen *v/t.* blow off (*od.* away); ***wie weggeblasen sein*** have completely disappeared; ~**bleiben** *v/i.* stay away; (*ausgelassen werden*) *Sache*: be omitted; → ***Spucke;*** ~**blicken** *v/i.* look away; ~**bringen** *v/t.* take away; (*beseitigen*) get rid of; ~**denken** *v/t.*: ***sich et.*** ~ imagine s.th. isn't there; ***es ist aus dem Leben nicht mehr wegzudenken*** it's hard to imagine life without it; ~**diskutieren** *v/t.* explain away; ~**drängen** *v/t.* push *s.o.* aside; ~**drehen** *v/t.* **1.** (*Gesicht*) turn away; **2.** (*Ton*) turn down; ~**dürfen** *v/i.* be allowed to go (*ausgehen*: go out).

Wegegeld *n* **1.** *hist.* road toll; **2.** travel allowance.

Wegelagerer *m hist.* highwayman.

wegen *prp.* because of, on account of; (*infolge*) *a.* due to, as a result of, owing to; (*um ... willen*) for the sake of, for; ~ ***Mord***(***es***) for murder; F ***von*** ~***!*** you must be joking!; F ***von*** ~ ***faul!*** F lazy, my foot!; → ***Amt, Recht.***

Wegerich *m* ⚘ plantain.

weg|essen *v/t.* eat up; ***er hat mir alles weggegessen*** he ate all my sandwiches *etc.*, (*Vorräte etc.*) F he's eaten me out of house and home; ~**fahren I.** *v/t.* take away, (*a. Auto*) drive away; **II.** *v/i.* leave; Ձ**fahrsperre** *f mot.* anti-theft device; ~**fallen** *v/i.* (*ausgelassen werden*) be left out; (*unnötig werden*) become unnecessary; (*ausfallen*) be cancel(l)ed; (*aufhören*) cease; (*ungültig werden*) *Regel etc.*: be dropped; ***die Klausel*** *etc.* ***ist weggefallen*** the clause *etc.* no longer applies (*od.* is no longer valid); ~**fegen I.** *v/t.* sweep away (*fig.* aside); **II.** *v/i.*: ~ ***über*** *Wind*: sweep across; ~**fischen** *v/t.* → ***wegschnappen***; ~**führen** *v/t.* lead (*od.* take) away, lead off; ~**geben** *v/t.* give away (*a. Kind*); ***die Wäsche*** ~ take (*od.* send) the *od.* one's washing to the laundry; ~**gehen** *v/i.* **1.** go away, leave; (*ausgehen*) go out; *fig.* ***geh mir weg damit!*** I don't want to know about it; **2.** *Flecken*: come off (*od.* out), go away; **3.** *Ware*: sell; **4.** *fig.* ~ ***über*** pass over; ~**getreten** F *adj.*: ***geistig*** ~ F away with the fairies; ~**gießen** *v/t.* pour away; ~**gucken** *v/i.* → ***wegsehen***; ~**haben** *v/t.* **1.** ***et.*** ~ ***wollen*** want to get rid of s.th.; **2.** F ***et.*** ~ (*beherrschen*) be good at s.th., (*begreifen*) F have got s.th.; F ***er hat es noch nicht weg*** F he hasn't got the hang of it yet; F ***einen*** ~ a) (*betrunken sein*) F have had one over the eight, b) (*a.* F ***e-n Knacks*** ~) F have a screw loose (somewhere); → ***Fett, Ruhe***; ~**hängen** *v/t.* hang *s.th.* away; ~**holen** *v/t.* take away, (come to) fetch; F ***sich e-e Grippe*** *etc.* ~ catch (the) flu *etc.*; ~**hören** *v/i.* try not to listen; shut one's ears; ***könnt ihr mal*** ~***?*** could you shut your ears for a minute?; ~**jagen** *v/t.* chase away, (*j-n*) *a.* F send *s.o.* packing; ~**kommen** *v/i.* get away; *Sport*: get off; (*verlorengehen*) get (*od.* be) lost; *fig.* ***gut*** (***schlecht***) ~ come off well (badly); ~ ***über*** get over *s.th.*

Wegkreuz *n* roadside calvary.

weg|kriegen F *v/t.* → ***wegbekommen***; ~**lassen** *v/t.* let *s.o.* go; (*Sache*) leave out; ~**laufen** *v/i.* run away; ***von zu Hause*** ~ run away from home; F ***das läuft mir nicht weg*** F it won't run away; ~**legen** *v/t.* put aside (*od.* away); ~**leugnen** *v/t.* deny; ~**machen I.** *v/t.* (*Fleck etc., a.* F *ein Kind*) get rid of; **II.** F *v/refl.*: ***sich*** ~ F clear off, do a bunk; ~**müssen** *v/i.* have to go; ***ich muß weg*** I must be off (*od.* going); ~**nehmen** *v/t.* take (*a. Spielfigur*), (*sich aneignen*) take away (***j-m*** from s.o.); (*entfernen*) remove; (*Licht, Aussicht*) block, (*Sonne*) block out; (*Licht, Lärm*) shut out; (*Platz, Zeit etc.*) take up; *mot.* ***Gas*** ~ ease off the gas; ~**operieren** *v/t.* remove, F cut out; ~**packen** *v/t.* pack away; ~**putzen** *v/t.* wipe off; F (*essen*) F polish off, put (*od.* stow) away; ~**radieren** *v/t.* rub out.

Wegrand *m*: (***am*** ~ by the) wayside.

weg|rationalisieren *v/t.* rationalize out of existence; ~**räumen** *v/t.* clear away; *fig.* remove; ~**reißen** *v/t.* tear away (*od.* off); (*Haus*) tear (*od.* pull) down; ***die Brücke*** ~ *Fluß*: tear down (*od.* sweep away) the bridge; ***j-m et.*** ~ snatch s.th. (away) from s.o.; ~**rennen** *v/i.* run away; *mit Ziel*: *a.* run off; ~**rücken** *v/t. u. v/i.* move away; ~**schaffen** *v/t.* take away; (*Arbeit*) get through, get *s.th.* out of the way; ~**schauen** *v/i.* → ***wegsehen;*** ~**scheren** F *v/refl.*: ***sich*** ~ F clear off; ~**schicken** *v/t.* send away; ~**schieben** *v/t.* push away; (*Teller etc.*) *a.* push aside; ~**schleichen** *v/refl.*: ***sich*** ~ sneak away (*od.* off); ~**schleppen** *v/t.* drag off; ~**schließen** *v/t.* lock away; ~**schmeißen** F *v/t.* throw away; ~**schnappen** *v/t.* snatch *s.th.* away (***j-m*** from s.o.); (*Freundin*) steal, *Brit. a.* F pinch; (*Job, Kleid*) snatch *s.th.* away from under s.o.'s eyes; ~**schütten** *v/t.* (*Abfall etc.*) dump, (*Flüssigkeit*) pour away; ~**sehen** *v/i.* look away; *bsd. verlegen*: look the other way; ~ ***über*** turn a blind eye to; ~**setzen I.** *v/t.* put away; **II.** *v/refl.*: ***sich*** ~ move (away); *fig.* ***sich*** ~ ***über*** → ***hinwegsetzen;*** ~**spülen** *v/t.* wash away (*a. geol.*); ~**stecken** *v/t.* **1.** put away; (*verbergen*) hide; **2.** (*Beleidigung etc.*) swallow; (*Schlag*) take; ***er kann viel*** ~ he can take a fair bit (of punishment); ~**stehlen** *v/refl.*: ***sich*** ~ steal away, sneak away (*od.* off); ~**sterben** *v/i.* **1.** die off; ***zu Tausenden*** *etc.* ~ die (off) in their thousands *etc.*, go down like flies; **2.** ***j-m*** ~ die before s.o.'s eyes, just die; ~**stoßen** *v/t.* push away.

Wegstrecke *f* stretch; *zurückgelegte*: distance covered.

weg|streichen *v/t.* cross out; ~**tauchen** *v/i.* **1.** *U-Boot etc.*: submerge; *Person*: disappear under the water; F *fig.* disappear from the scene; **2.** F *fig.* (*abschalten*) switch off; (*einnicken*) nod off; **~treiben** I. *v/t.* drive away; II. *v/i.* drift away; **~treten** *v/i.* step aside; ⚔ break (the) ranks; ~ ***lassen*** dismiss; → ***weggetreten***; **~tun** *v/t.* put away; **~weisen** *v/t.* turn away.

wegweisend *fig. adj. Urteil etc.*: landmark *decision etc.*; ~ ***sein*** point the way to the future; **Wegweiser** *m* **1.** signpost; sign; **2.** (*Buch*) guide (**durch** to).

weg|wenden *v/t.* (*a.* ***sich*** ~) turn away; ***den Blick*** ~ avert one's gaze (*od.* eyes); **~werfen** I. *v/t.* throw away, F bin; II. *v/refl.*: ***sich*** ~ waste o.s. (**an** on); (*sich erniedrigen*) degrade o.s.; **~werfend** *adj. Geste etc.*: dismissive, disdainful.

Wegwerf|flasche *f* non-returnable bottle; **~geschirr** *n* disposable tableware; **~gesellschaft** *f* throwaway society; **~windel** *f* disposable nappy (*Am.* diaper).

weg|wischen *v/t.* wipe off; *fig.* (*Einwand etc.*) dismiss; **~zaubern** *v/t.* spirit away; **~ziehen** I. *v/t.* pull away; II. *v/i.* (*umziehen*) move (to another place); ***wir sind 1989 weggezogen*** we left (*od.* moved [away]) in 1989.

weh I. *adj.* sore; ~ ***tun*** hurt; ***j-m*** ~ ***tun*** *a. fig.* hurt s.o.; ***mir tut der Finger*** ~ my finger hurts; ***mir tut der Magen (Kopf, Rücken)*** ~ I've got a stomach-ache (a headache, [a] backache); ***sich*** ~ ***tun*** hurt o.s.; *lit.* ***mir tut das Herz*** ~ my heart is aching; II. ♀ *n* pain; *seelisches*: *a.* grief.

wehe *int.*: ~ ***dir, wenn ...!*** you'll be sorry if ...!

Wehe *f* (*Schnee*♀, *Sand*♀) drift.

Wehen *pl.* labo(u)r pains, labo(u)r *sg.*; *fig.* travail *sg.*; ***in den*** ~ ***liegen*** be in labo(u)r; ***die*** ~ ***setzten ein*** labo(u)r (*od.* the contractions) started.

wehen I. *v/i.* blow; *Fahne*: wave, flutter; *Duft, Töne etc.*: drift, waft; ***der Wind weht eisig (scharf)*** there's an icy (a sharp) wind (blowing); ***~de Gewänder*** flowing robes; → ***Wind***; II. *v/t.* blow.

Wehgeschrei *n* wailing (*a. fig.*).

Wehklage *f* lament; **wehklagen** *v/i.* wail, lament.

wehleidig *adj.* self-pitying, F snivel(l)ing ...; *Ton, Stil*: maudlin; *Stimme*: plaintive; ***sei nicht so ~!*** stop feeling so sorry for yourself, F stop snivel(l)ing.

Wehmut *f* melancholy; **wehmütig** *adj.* melancholy; wistful.

Wehr[1] *f*: ***sich zur*** ~ ***setzen*** defend o.s., stand up for o.s.

Wehr[2] *n* (*Stau*♀) weir; dam, barrage.

Wehr|beauftragte(r) *m* defen|ce (*Am.* -se) commissioner (of the German Bundestag); **~bereich** *m* military district.

Wehrdienst *m* military service; **♀tauglich** *adj.* fit for military service; **♀untauglich** *adj.* not fit for military service; **~verweigerer** *m* conscientious objector.

wehren *v/refl.*: ***sich*** ~ defend o.s., stand up for o.s.; ***sich gegen et.*** ~ resist s.th.; ***sich*** ~ ***zu*** *inf.* refuse to *inf.*; ***er weiß sich zu*** ~ he can handle it; ***ich wehre mich dagegen, daß*** I refuse to accept that; ***sich mit Händen und Füßen*** ~ put up a fierce struggle.

Wehr|ersatzdienst *m* → ***Zivildienst***; **~etat** *m* defen|ce (*Am.* -se) budget.

wehrfähig *adj.* fit for military service.

wehrlos *adj.* defenceless, *Am.* defenseless; (*hilflos*) helpless; ***e-r Sache*** ~ ***gegenüberstehen*** be helpless in the face of s.th.; **Wehrlosigkeit** *f* defencelessness, *Am.* defenselessness; helplessness.

Wehrmacht *f hist.* (German) Armed Forces *pl.*, Wehrmacht.

Wehrpaß *m* service record (book).

Wehrpflicht *f* conscription, compulsory military service; **wehrpflichtig** *adj.* liable for military service; **Wehrpflichtige(r)** *m* person liable for military service; (*Eingezogener*) conscript.

Wehr|technik *f* defen|ce (*Am.* -se) technology; **~übung** *f* reserve duty training.

Wehwehchen *n* little complaint; ***er rennt wegen jedem*** ~ ***zum Arzt*** he runs to the doctor with every little thing.

Weib *n* woman (*a. contp.*); (*Gattin*) wife; ***typisch ~!*** typical woman!; **Weibchen** *n* **1.** *zo.* female; **2.** F *obs.* (*Ehefrau*) F wifey, missus.

Weiber|feind *m* woman-hater, misogynist; **~geschichten** *pl.* amorous affairs (*od.* conquests); ***er mit s-n ~!*** *a.* him and his womanizing; **~geschwätz** *n* (women's) gossip; **~held** *m* lady-killer; **~herrschaft** *f* petticoat government; **~volk** F *n* women(folk) *pl.*

weibisch *adj.* effeminate.

weiblich *adj.* **1.** female; *Wesensart*: feminine; **2.** *ling. u. Reim*: feminine; **Weiblichkeit** *f* **1.** femininity; **2. *die*** ~ womanhood; ***die holde*** ~ the fair sex.

Weibsbild *contp. n* woman, female, *Am. a.* F broad.

weich *adj.* soft (*a. phot.*); (*glatt*) *a.* smooth; *Fleisch*: tender; *Ei*: soft-boiled; *Gemüse*: cooked; *fig. Mensch, Herz etc.*: soft; ~ ***machen*** soften; ~ ***werden*** soften (*a. fig.*), *fig.* (*nachgeben*) give in; ***sich*** ~ ***anfühlen*** feel soft, be soft to the touch; ~ ***landen*** have a soft landing; ***mir wurden die Knie*** ~ I went weak in the knees, my knees turned to jelly; *fig.* ***~e Droge (Währung)*** soft drug (currency).

Weiche[1] *f anat.* flank, side.

Weiche[2] *f* 🚂 points *pl.*, *Am.* switch; ***die ~n stellen*** set the points, *Am.* throw the switch, *fig.* point the way ahead, ***für:*** point the way for.

weichen[1] *v/t. u. v/i.* soak (*a.* ~ ***lassen***).

weichen[2] *v/i.* (*weggehen*) move; ⚔ retreat; *fig.* give way (*dat.* to), yield (to), (*Platz machen*) make way (for); ***zur Seite*** ~ step aside; ***j-m nicht von der Seite*** ~ not to leave s.o.'s side, *contp.* cling to s.o. like a leech; ***nicht von der Stelle*** ~ not to move (an inch); *fig.* ***die Angst wich von ihr*** her fear left her; ***das Blut wich aus ihren Wangen*** the blood left (*stärker*: drained from) her cheeks.

Weichen|steller *m*, **~wärter** *m* pointsman, *Am.* switchman.

weichgekocht *adj.* soft-boiled *egg*.

Weichheit *f* softness; (*Glattheit*) *a.* smoothness.

weichherzig *adj.* soft(-hearted).

Weich|holz *n* softwood; **~käse** *m* soft cheese; (*Streichkäse*) cheese spread.

weichlich *adj.* soft; *fig. Person*: weak; (*weibisch*) effeminate; *Charakter*: soft; ***~er Typ*** → **Weichling** *m* weakling.

weichmachen F *fig. v/t.* (*Gegner etc.*) soften up; **Weichmacher** *m* ⚙ softener, softening agent; (*Fleisch*♀) tenderizer.

Weich|spüler *m* fabric softener; **~teile** *pl. anat.* soft parts; abdomen *sg.*; **~tier** *n* mollusc, *Am.* mollusk; **~zeichner** *m phot.* soft-focus lens.

Weide[1] *f* (*Baum*) willow.

Weide[2] *f* pasture, meadow; ***auf der*** ~ ***sein*** be grazing; **Weideland** *n* pasture; **weiden** I. *v/i.* graze; II. *v/t.* put out to pasture; III. *fig. v/refl.*: ***sich*** ~ ***an*** revel in, *schadenfroh*: gloat over; *e-m Anblick*: feast one's eyes on.

Weiden|baum *m* willow (tree); **~gerte** *f* willow rod (*od.* switch); *zum Korbflechten*: osier, wicker; **~kätzchen** *n* catkin, pussy willow; **~korb** *m* wicker basket.

Weideplatz *m* pasture.

weidgerecht *adj. u. adv.* in accordance with good huntsmanship.

weidlich *adv.* thoroughly, properly.

Weid|mann *m* huntsman; **~mannsheil** *n*: ~! good sport!; **~messer** *n* hunting knife; **~werk** *n* (art of) hunting.

weigern *v/refl.*: ***sich*** ~ refuse; **Weigerung** *f* refusal.

Weihbischof *m* suffragan (bishop).

Weihe *f* **1.** *eccl.* consecration; *e-s Priesters*: ordination; ***j-m die*** ~ ***erteilen*** consecrate (*Priester*: ordain) s.o. in holy orders; ***die heiligen ~n empfangen*** take (holy) orders; *fig. hum.* ***die höheren ~n haben*** have been officially ordained (**zu** as); **2.** (*Feierlichkeit*) solemnity; **weihen** *v/t.* consecrate; *zum Priester*: ordain; ***j-n zum Bischof*** ~ consecrate s.o. bishop; ***j-n zum Priester*** ~ ordain s.o. priest; ***j-m e-e Kirche*** ~ consecrate a church to s.o.; ***j-m ein Buch*** ~ dedicate a book to s.o.; ***sein Leben (sich) e-r Idee*** ~ dedicate *od.* devote one's life (o.s.) to an idea; → ***geweiht.***

Weiher *m* pond.

Weihestätte *f* shrine; **weihevoll** *adj.* solemn.

Weihnachten I. *n* Christmas, *verkürzt*: F Xmas; ***fröhliche*** (*od.* ***frohe***) ***~!*** merry Christmas!, *auf Karten*: *a.* Season's Greetings; (**zu**) ~ at (*od.* over) Christmas; II. ♀ *v/impers.*: ***es weihnachtet sehr*** Christmas is on its way; **weihnachtlich** *adj.* Christmas ..., Christmassy.

Weihnachts|abend *m* Christmas Eve; **~baum** *m* Christmas tree; **~einkäufe** *pl.* Chistmas shopping *sg.*; **~feier** *f* Christmas party; **~ferien** *pl.* Christmas holiday(s) (*Am.* vacation); **~fest** *n* Christmas; **~freibetrag** *m* tax-free Christmas allowance; **~gebäck** *n* Christmas biscuits (*Am.* cookies) *pl.*; **~geld** *n* Christmas bonus; **~geschäft** *n* (pre-)Christmas sales *pl.*; **~geschenk** *n* Christmas present; **~gratifikation** *f* Christmas bonus; **~karte** *f* Christmas card; **~krippe** *f* Christmas crib; **~lied** *n* Christmas carol; **~mann** *m* **1. *der*** ~ Father Christmas, Santa Claus; **2.** F *contp.* F dope, dummy; **~markt** *m* Christmas fair; **~papier** *n* Christmas wrapping paper; **~stern** *m* **1.** Christmas star; **2.** ✿ poinsettia; **~stimmung** *f* festive atmosphere *od.* mood (of Christmas); **~tag** *m*: ***der erste*** ~ Christmas Day; ***der zweite*** ~ Boxing Day, *Am.* the day after Christmas; **~teller** *m* plate of Christmas goodies; **~trubel** *m* Christmas rush; **~verkehr** *m* Christmas traffic; **~zeit** *f* Christmas (season).

Weihrauch *m* incense.

Weihwasser *n* holy water; **~becken** *n* font.

weil *cj.* because; (*da*) since, as.

weiland *hum. adv.* **1.** formerly; ***Herr X,*** ~ ***Lehrer an unserer Schule*** Mr X, quondam teacher at our school; ~ ***sein***

Mentor his quondam mentor; **2.** once; in days of yore.

Weilchen *n*: ***ein ~*** (for) a little while.

Weile *f a* while, *a* time; ***das kann e-e ziemliche ~ dauern*** that could take a (fair) while *od.* a bit of time; **weilen** *v/i.* stay; (*ver~*) linger (*a. fig. Gedanken*); ***ein Jahr in Spanien ~*** spend a year in Spain; *euphem.* ***er weilt nicht mehr unter uns*** he is no longer with us.

Weiler *m* hamlet.

Wein *m* wine; (*~stock*) vine; (*Jahrgang*) vintage; ***ein Glas*** (***e-e Flasche***) ***~*** a glass (a bottle) of wine; ***bei e-m Glas ~*** over a glass of wine; ***im ~ ist Wahrheit*** in vino veritas; ***der Gott des ~es*** the god of wine, Bacchus, Dionysus; ***~, Weib und Gesang*** wine, women and song; *fig.* ***j-m reinen ~ einschenken*** be completely open with s.o.; ***junger ~ in alten Schläuchen*** new wine in old bottles; **~(an)bau** *m* wine growing, *formell*: viniculture; **~bauer** *m* wine grower; **~baugebiet** *n* wine-growing area; **~beere** *dial. f* raisin; **~berg** *m* vineyard; **~bergschnecke** *f* snail; *gastr.* escargot; **~brand** *m* brandy.

weinen *v/i. u. v/t.* cry, *leise*: weep (**um** over); ***~ nach j-m*** *Baby*: cry for s.o.; ***bittere Tränen ~*** shed bitter tears; ***j-n zum ♀ bringen*** make s.o. cry; ***es ist zum ♀*** it's enough to make you weep.

weinerlich *adj.* weepy; *Kind, Stimme, Ton*: whining ...

Wein|ernte *f* grape harvest; *weitS.* vintage; **~essig** *m* wine vinegar; **~faß** *n* wine cask; **~flasche** *f* wine bottle; **~garten** *m* vineyard; **~gegend** *f* wine-growing area; **~geist** *m* ethyl alcohol; **~glas** *n* wine glass; **~gott** *m* god of wine; ***der ~*** the god of wine, Bacchus, Dionysus; **~gummi** *n* wine gum; **~gut** *n* wine-growing estate, *bsd. Am.* winery; **~händler** *m* wine merchant; **~handlung** *f* wine shop (*Am.* store); **~haus** *n* wine tavern.

weinig *adj.* vinous.

Wein|jahr *n*: ***ein gutes*** (***schlechtes***) ***~*** a good (bad) year for wine; **~karte** *f* wine list; **~keller** *m* wine cellar; vaults *pl.*; **~kellerei** *f* winery; **~kellner** *m* wine waiter; **~kelter** *f* wine press; **~kenner** *m* wine connoisseur; **~korb** *m* wine cradle.

Weinkrampf *m* crying fit; ***e-n ~ bekommen*** start sobbing (*od.* weeping) uncontrollably, have a crying fit.

Wein|laune *f*: ***in ~*** after a few glasses of wine; ***sie sind in ~*** they've been at the wine; **~lese** *f* grape harvest; **~lokal** *n* wine bar (*od.* tavern); **~presse** *f* wine press; **~probe** *f* wine tasting (session); **~ranke** *f* vine tendril; **~rebe** *f* (grape-) vine; **♀rot** *adj.* wine-red; **~schorle** *f* spritzer; **♀selig** *adj.* merry (with wine), *iro.* vinous; **~stein** *m* tartar; **~stock** *m* vine; **~stube** *f* wine tavern; **~traube** *f* bunch of grapes; **~trinker** *m* wine drinker; **~zwang** *m* obligation to order wine; *auf Karte*: wine obligatory; ***es herrscht ~*** you have to order wine with your meal.

weise *adj.* wise; ***ein ~s Wort*** a wise saying.

Weise *f* **1.** (*Verfahren*) way; ***auf diese ~*** (in) this way; ***auf die e-e oder andere ~*** one way or another; ***in der ~, daß*** in such a way that; ***in keiner ~*** in no way; F ***in keinster ~!*** not at all!; ***in gewisser ~*** in a way; ***jeder nach s-r ~*** everyone after his own fashion; → *a.* ***Art***; **2.** ♪ tune.

weisen I. *v/t.* **1.** ***j-m den Weg*** (*od.* ***die Richtung***) ***~*** show s.o. the way; ***j-m die Tür ~*** show s.o. the (way to the) door; **2.** ***aus dem Lande ~*** banish, exile, send into exile; **3.** *fig.* ***von sich ~*** reject; (*Verdacht etc.*) repudiate; → ***Hand***; **II.** *v/i.* **4.** ***~ auf*** point at, (*aufmerksam machen auf*) *a.* point to; ***nach Süden*** *etc.* ***~*** point south *etc.*; **5.** *fig.* ***~ auf*** point to(wards); (***mit dem Finger***) ***~ auf*** point to.

Weise(r) *m* wise man, sage; ***die Weisen aus dem Morgenland*** the three Wise Men from the East, the Magi.

Weisheit *f* wisdom; (*Spruch*) wise saying, piece of wisdom; ***mit s-r ~ am Ende sein*** be at one's wits' end; ***das war nicht der ~ letzter Schluß*** that wasn't the cleverest solution (*od.* thing to do); ***er hat die ~ nicht mit Löffeln gegessen*** he's not exactly an Einstein; → ***pachten***; **Weisheitszahn** *m* wisdom tooth.

weismachen *v/t.*: ***j-m ~, daß*** persuade s.o. that; ***willst du mir ~, daß ...?*** are you trying to tell me (that) ...?; ***mir kannst du nichts ~*** you needn't (*od.* no need to) try and fool me.

weiß *adj.* white; ***~es Blatt*** (***Papier***) blank sheet of paper; ***~ machen*** whiten; ***~ werden*** turn white; ***~er Fleck auf der Landkarte*** white spot on the map; ***~ wie die Wand*** (as) white as a sheet; ***das ♀e vom Ei*** the white of an egg; ***das ♀e im Auge*** the whites of one's eyes; ***draußen ist es ~ geworden*** it's been snowing outside; ***du hast dich am Ärmel ~ gemacht*** you've got some white stuff on your sleeve; → ***Magie.***

weissagen *v/t.* prophesy, foretell; **Weissager(in** *f*) *m* prophet(ess *f*); **Weissagung** *f* prophecy.

Weißbier *n* wheat beer, weissbier.

weißblond *adj.* ash-blonde.

weißbluten *v/refl.*: ***sich ~*** bleed o.s. white; ***j-n bis zum ♀ ausnehmen*** bleed s.o. white; ***bis zum ♀ zahlen müssen*** be bled white.

Weiß|brot *n* white bread; **~buch** *n pol.* (government) white paper; **~buche** *f* white beech; **~dorn** *m* ♀ whitethorn.

Weiße *f* **1.** whiteness; **2.** → ***Weißbier.***

Weiße(r *m*) *f* white; white man (*f* woman); ***die Weißen*** the whites.

weißen *v/t.* whiten; (*tünchen*) whitewash.

Weißfisch *m* whitefish.

weißgekleidet *adj.* dressed in white.

weißglühend *adj.* white-hot; **Weißglut** *f* white heat (*a. fig.*); *fig.* ***j-n zur ~ bringen*** incense s.o., make s.o. livid (*od.* wild with rage), F have s.o. fuming.

Weißgold *n* white gold.

weißhaarig *adj.* white-haired.

Weiß|herbst *m* rosé (wine); **~kohl** *m*, **~kraut** *n* (white) cabbage.

weißlich *adj.* whitish.

Weiß|macher *m* whitener; **~näherin** *f* plain seamstress; **~tanne** *f* silver fir; **~wal** *m* white whale, beluga; **~wandreifen** *m mot.* whitewall tyre (*Am.* tire); **~waren** *pl.* linen *sg.*; **~wäsche** *f* whites *pl.*; **♀waschen** *fig. v/t.* whitewash (***sich*** o.s.); **~wein** *m* white wine; **~wurst** *f* veal sausage.

Weisung *f* directive, instructions *pl.*, orders *pl.*; ***ich habe ~ zu*** *inf.* I have been instructed to *inf.*

Weisungs|befugnis *f* authority to issue directives; **♀gebunden** *adj.* subject to directives; **♀gemäß** *adv.* as directed, according to instructions.

weit I. *adj.* wide; (*ausgedehnt*) extensive; *stärker*: vast, immense; (*lose*) loose (*a.* ⚙); *Kleid etc.*: wide, loose; *Entfernung, Weg*: long; *fig. Begriff etc.*: broad concept *etc.*; ***von ~em*** from a distance; ***ich sah sie von ~em kommen*** I could see her coming in the distance; F ***man konnte s-e Fahne von ~em riechen*** F you could smell his breath a mile away; ***in ~en Abständen*** *räumlich*: widely spaced, *zeitlich*: at long intervals; ***~er Blick über das Land*** commanding view of the countryside (*od.* landscape); *fig.* ***~es Gewissen*** elastic conscience; ***ein ~es Herz haben*** have a big heart; ***~er Horizont*** broad outlook; ***im ~esten Sinne*** in the widest sense (of the word); ***~e Teile der Bevölkerung*** large parts of the population; → ***Feld, Kreis*** *etc.*; **II.** *adv.* far, wide(ly); *fig. vor comp.* far *better etc.*; ***~ offen*** wide open; ***~ oben*** high up, *Sport*: well-placed (*od.* high up) in the table; ***e-e Meile ~ entfernt*** a mile away; ***~ entfernt*** far away; ***~ entfernt von*** a long way from, *fig.* a far cry from; *fig.* ***~ davon entfernt zu*** *inf.* far from *ger.*, F not about to *inf.*; ***ich bin ~ davon entfernt, das zu tun!*** I've (absolutely) no intention of doing that; ***kein Mensch*** *etc.* ***~ und breit*** not a soul *etc.* to be seen (*od.* as far as the eye could see); *fig.* ***~ und breit der beste*** *etc.* far and away the best *etc.*, the best *etc.* by far; ***~ über sechzig*** well over sixty; ***bei ~em*** far *better etc.*, by far (*od.* far and away) *the best etc.*; ***bei ~em nicht*** not nearly *as good etc.*; ***~ gefehlt!*** far from it; ***~ gereist*** widely travel(l)ed, ***sein***: *a.* F have been around; ***es ist nicht ~ her mit ...*** ... isn't (aren't) up to much; ***~ vom Thema abkommen*** get right off the subject; ***~ nach Mitternacht*** long after midnight; ***das liegt ~ zurück*** that's a long way back, that was a long time ago; ***das Geld reicht nicht ~*** the money won't go far; ***es ~ bringen*** (***im Leben***) go far, 'go places; ***zu ~ gehen, es zu ~ treiben*** go too far, overshoot the mark; ***das geht zu ~*** that's going too far, F that's a bit much; ***ich bin so ~*** I'm ready; ***wie ~ bist du?*** how far have you got?; ***wenn es so ~ ist*** when the time comes; ***so ~ ist es nun gekommen?*** has it come to that?; ***es ist noch nicht so ~, daß*** things haven't yet come to the point where; ***er ist so ~ genesen, daß er ... kann*** he's recovered to the extent of being able to *inf.*; → ***Weite, weiter.***

weitab *adv.* far away (**von** from).

weitärmelig *adj.* wide-sleeved.

weitaus *adv.* far, much *better etc.*; ***die ~ schlimmsten*** *etc.* the worst *etc.* by far.

weitbekannt *adj.* widely-known ..., *pred.* widely known.

Weitblick *m* farsightedness; **weitblikkend** *adj.* farsighted.

Weite[1] *f* width; ⚙ (*Durchmesser*) diameter; (*Entfernung*) distance; (*Größe*) expanse; *fig.* range, scope; → ***licht.***

Weite[2] *n*: ***das ~ suchen*** take to one's heels, flee.

weiten *v/t. u. v/refl.* (***sich ~***) widen; (*Augen*) open wide; (*Schuhe*) stretch; *fig.* widen, broaden.

weiter *comp. adj. u. adv.* wider; (*entfernter*) further; (*zusätzlich*) additional(ly *adv.*), further; (*voran*) on, forward; (*ferner*) further(more), moreover; *ein Kleid* ~ **machen** let out; **~?** and then?; **~!** go on!, carry on!; **immer** ~ on and on; **nichts** ~ nothing else, that's all; ~ **nichts?** is that all?; **wenn es** ~ **nichts ist** if that's all (it is); **was geschah ~?** what happened then (*od.* next)?; ~ **niemand** no-one else; **und so** ~ and so on; **bis auf ~es** for the time being, *auf Schildern*: until further notice; **ohne ~es** without further ado, F just like that, (*mühelos*) easily; **das hat ~ nichts zu sagen** it's not significant, *weitS.* it's irrelevant; **alles ≈e** the rest, everything else; **~arbeiten** *v/i.* go (*od.* carry) on working.

weiterbefördern *v/t.* forward, send on; (*umadressieren*) redirect; **Weiterbeförderung** *f* forwarding; redirecting.

Weiterbehandlung *f*: (**zur** ~ for) further *od.* continuation treatment.

weiterbestehen I. *v/i.* continue (to exist); survive; **II.** ≈ *n* continued existence; (continuing) survival.

weiterbilden I. *v/t. im Betrieb etc.*: give *s.o.* further training; **es bildet einen weiter** it's all part of one's educational (*od.* further) development; **II.** *v/refl.*: **sich** ~ continue (*od.* further) one's studies; *beruflich*: *mst* do further training; **sich in Geschichte** *etc.* ~ further one's knowledge of history *etc.*; **Weiterbildung** *f* continuing education; *berufliche*: *mst* further training; *persönliche*: continuing process of education (*od.* learning); **berufliche** ~ *a.* extended vocational training.

weiter|bringen *v/t.* help; **das bringt mich nicht weiter** that's not much help to me; **~denken** *v/i.* think (*od.* look) ahead; **e-n Schritt** ~ take it one step further.

Weitere(s) *n* → **weiter.**

weiterempfehlen *v/t.* recommend; **kannst du's ~?** can you pass the word on?

weiterentwickeln I. *v/t.* develop *s.th.* (further); ⚙ *a.* refine; **II.** *v/refl.*: **sich** ~ develop; **er hat sich überhaupt nicht weiterentwickelt** *a.* he hasn't made any progress at all; **Weiterentwicklung** *f* **1.** further development; (*Stufe*) further stage; **2.** (*verbessertes Modell*) derivative.

weitererzählen *v/t.* pass *s.th.* on; **nicht ~!** don't tell anyone.

weiterfahren *v/i.* go on, drive on; **Weiterfahrt** *f*: (**während der** ~ on the) second leg of the journey; → *a.* **Weiterreise.**

weiterfliegen *v/i.* go on, fly on (**nach** to); (*starten*) take off (for); **Weiterflug** *m* → **Weiterfahrt.**

weiterführen *v/t. u. v/i.* continue; **das führt** (**uns**) **nicht weiter** that doesn't get us any further.

Weitergabe *f* passing on; *von Erbfaktor etc.*: transmission; **weitergeben** *v/t.* pass on; (*vererben*) transmit; → **weiterleiten.**

weiter|gehen *v/i.* go (*od.* walk, carry) on; *fig.* (*fortfahren*) continue, go on; *mit e-r Beschwerde etc.*: take *s.th.* further; **~!** move along(, please)!; **das kann so nicht** ~ things can't go on like this; **~gehend** *adj.* further; greater, more far-reaching, broader *implications etc.*; larger *issue*; wider *cooperation, question etc.*; **~helfen** *v/i.* help *s.o.* (along); **sich** ~ manage (somehow); **das hat mir sehr weitergeholfen** that was a great help; **sich weiterzuhelfen wissen** a) be able to look after o.s., b) know what one is doing.

weiterhin *adv.* in (*od.* for the) future; (*ferner*) further(more); **et.** ~ **tun** continue doing (*od.* to do) s.th., carry on with (*od.* doing) s.th.

weiter|kämpfen *v/i.* continue fighting; **~kommen** *v/i.* (*vorankommen*) get on, get somewhere, make headway; *Sport*: get through (to the next round); **nicht** ~ F be stuck; **wir kommen überhaupt nicht weiter** we're not getting anywhere; **~laufen** *v/i.* run on, carry on running; *Produktion, Geschäft etc.*: continue; *Vertrag*: remain valid; *Gehalt*: continue to be paid; ~ **bis** *Vertrag etc.*: run on until; **~leben** *v/i.* live on, survive (*beide a. fig.*); **~leiten** *v/t.* pass *s.th.* on; (*Brief etc.*) forward; **j-n an j-n** ~ put s.o. onto s.o.; **~lesen** *v/i. u. v/t.* go on (reading), carry on reading, continue to read (*od.* reading); **~machen** *v/t. u. v/i.* carry (*od.* go) on, continue; **genauso** ~ carry on as before; **mach nur so weiter!** keep it up!, *iro.* see where that gets you.

Weiterreise *f* continuation (*od.* second leg) of the journey; **auf der** ~ as we *etc.* continued our *etc.* journey.

weiter|sagen *v/t.* pass *s.th.* on; **nicht ~!** don't tell anyone, F keep that under your hat; **~schicken** *v/t.* forward, (*a. Person*) send on; (*umadressieren*) redirect; **~schlafen** *v/i.* sleep on, not to wake up; (*wieder einschlafen*) go back to sleep; **er schlief bis 9 Uhr weiter** he slept on till 9 o'clock; **~sehen** *v/i.*: *warten wir, bis er da ist,* **dann werden wir** ~ then we'll see what happens, and we'll take it from there; **~streiken** *v/i.* stay on strike.

weiterverarbeiten *v/t.* process; **Weiterverarbeitung** *f* processing.

weiter|veräußern *v/t.* resell; **~verbinden** *v/t. teleph.* put s.o. through (**an** to); **~verbreiten** *v/t.* spread; **~verfolgen** *v/t.* follow up.

Weiterverkauf *m* resale; **weiterverkaufen** *v/t.* resell.

weiter|vermieten *v/t.* sublet; **~wissen** *v/i.*: **nicht** ~ *bei Prüfungen*: be stuck; (*mutlos sein*) be at one's wits' end; **ich wußte nicht mehr weiter** *a.* I didn't know what to do; **~wollen** *v/i.* want to go on; **~wursteln** F *v/i.* muddle on.

weitestgehend *adv.* as far as possible.

weit|gedehnt *adj.* extensive; **~gehend I.** *adj.* extensive, far-reaching; *Unterstützung*: wide; **II.** *adv.* to a great extent; largely; **~gereist** *adj.* widely-travel(l)ed; **~gespannt** *fig. adj.* broad *expectations etc.*; **~er Bogen** broad spectrum; **~gesteckt** *adj. Ziel*: long-range, long-term; **~greifend** *adj.* far-reaching.

weither *adv.* from afar; **weithergeholt** *adj.*: (**ziemlich** ~ a bit) far-fetched.

weitherzig *adj.* broadminded.

weithin *adv.* far; *fig.* to a large extent.

weitläufig I. *adj.* **1.** (*ausgedehnt*) extensive, *stärker*: vast; *Garten, Haus etc.*: *a.* rambling; (*geräumig*) spacious; **2.** *Verwandter etc.*: distant; **3.** (*ausführlich*) detailed, *contp.* longwinded; **II.** *adv.* **4.** at great length; **5.** ~ **verwandt** distantly related.

weit|maschig *adj.* wide-meshed; **~räumig** *adj.* spacious; **~reichend** *adj.* far-reaching; wide-ranging; ⚔ long-range ...

Weitschuß *m Sport*: long-range shot.

weitschweifig *adj.* longwinded.

Weitsicht *f* farsightedness; vision; **weitsichtig** *adj.* longsighted, *bsd. Am. u. fig.* farsighted.

Weitspringen *n* long (*Am.* broad) jump; **Weitspringer** *m* longjumper, *Am.* broadjumper; **Weitsprung** *m* → **Weitspringen.**

weittragend *adj. Rakete etc.*: long-range; *fig. Konsequenzen*: far-reaching; wide-ranging.

Weitung *f* widening.

weit|verbreitet *adj.* widespread; *Ansicht*: *a.* widely held; *Zeitung*: widely read; **~er Irrtum** *a.* popular fallacy; **~verzweigt** *adj.* intricate, complex.

Weitwinkelobjektiv *n* wide-angle lens.

Weizen *m* wheat; → **Spreu**; **~bier** *n* wheat beer, weissbier; **~brot** *n* wheat bread; **~keim** *m a. pl.* wheatgerm; **~keimöl** *n* wheatgerm oil; **~kleie** *f* wheat bran; **~mehl** *n* wheat flour.

welch I. *interr. pron.* what?; *auswählend*: which?; **~er?** which one?; **~er von den beiden?** which of the two?; **II.** *rel. pron. bei Personen*: who; *bei Dingen*: which, that; **III.** *indef. pron.* some, any; *haben Sie Geld?* - **ja, ich habe ~es** yes, I have (*od.* I've got) some; **brauchen Sie ~es?** do you need any?; **es gibt ~e, die sagen** there are some who say, some people say; **~er** (**auch**) **immer** whoever; **~es** (**auch**) **immer** whichever; **welcherlei** *adj.* whatever; **es ist egal, ~ ...** it doesn't matter what (sort of) ...

welk *adj. Blume*: wilted, *a. Blatt*: withered; *Haut*: wrinkled; (*schrumpelig*) shrivel(l)ed; **welken** *v/i. Blume*: wilt, *a. Blatt*: wither; *Haut*: shrivel.

Wellblech *n* corrugated iron; **~baracke** *f* corrugated-iron hut; *halbrunde*: Nissen hut, *Am.* Quonset hut.

Welle *f* wave (*a. phys., Radio,* ⚡ *etc., a. im Haar*); *von Einwanderern etc., a. der Begeisterung etc.*: wave, *stärker*: surge; *kleine*: ripple: ⚙ shaft; *Turnen*: circle; *fig.* (*Mode*≈ *etc.*) craze; *mot.* **grüne** (*od.* **rote**) ~ phased (*od.* linked) traffic lights; **wir haben grüne** (**rote**) ~ we've caught the green (red) phase; *fig.* **~n schlagen** have reverberations, cause quite a stir; **die Stimmung schlug hohe ~n** spirits were high; **wellen I.** *v/t.* (*Haar*) wave; **II.** *v/refl.*: **sich** ~ *Haar*: be wavy, (*wellig werden*) go wavy; *Gelände*: undulate.

Wellen|bad *n* wave pool; **~band** *n*, **~bereich** *m Radio*: wave band; **~brecher** *m* breakwater.

wellenförmig *adj.* wavy.

Wellen|gang *m* waves *pl.*; **starker** ~ heavy seas; **~kamm** *m* crest (of a *od.* the wave); **~länge** *f Radio etc.*: wavelength; *fig.* **die gleiche** ~ **haben** be on the same wavelength; **~linie** *f* wavy line; **~reiten** *n* surfing; **~reiter** *m* surfer; **~salat** F *m* jumbled reception, (strong) interference; **~schlag** *m* breaking (*leichter*: lapping) of (the) waves; **~schliff** *m*: **Messer mit** ~ serrated knife; **~sittich** *m* budgerigar, F budgie; **~tal** *n* trough.

wellig *adj.* wavy; *Gelände*: undulating.

Wellpappe *f* corrugated cardboard.

Welpe *m* pup(py); *Wolf, Fuchs*: cub.

Welt *f* world (*a. fig.*); **alle** ~ everybody; **aus der ganzen** ~ from all over (*od.* all four corners of) the world; ***die ~ kennenlernen*** see the world; ***in der ~ herumkommen*** get around; ***die Dritte ~*** the Third World; ***auf der ~*** in the world; ***am Ende der ~*** *wohnen*: F at the back of beyond, out in the sticks, *Am. a.* F in the boondocks; → ***Arsch***; ***was*** (***wo*** *etc.*) ***in aller ~ ...?*** what (where *etc.*) on earth ...?; ***nicht um alles in der ~!*** not on your life!; ***allein auf der ~ sein*** be all alone in the world; ***von aller ~ verlassen*** completely forlorn; ***vor aller ~*** for all the world to see; ***aus der ~ schaffen*** get rid of, (*Problem, Streit*) settle; ***das ist nicht aus der ~*** it isn't 'that far away; ***mit sich und der ~ zufrieden sein*** be at one with the world; ***auf die ~ kommen*** be born; *Kinder* ***in die ~ setzen*** bring into the world, *iro. Mann*: sire; ***zur ~ bringen*** give birth to; ***er war damals noch gar nicht auf der ~*** he wasn't even born at that time; ***~en trennen sie*** they're worlds apart; ***e-e ~ für sich*** a world apart (*od.* of its own); ***er lebt in e-r anderen ~*** he lives in a dream world; ***ihre Familie ist ihre ganze ~*** her family is all the world to her; ***für sie brach e-e ~ zusammen*** the bottom fell out of her world; ***das ist der Lauf der ~*** that's the way of the world; ***die ~ erobern*** take the world by storm; ***es kostet doch nicht die ~*** it won't cost the earth; F ***das hat die ~ noch nicht gesehen*** you've never seen the likes of it; **weltabgewandt** *adj.* withdrawn, secluSive.

Welt|all *n* universe; **~anschauung** *f* philosophy (of life), outlook on life; (*Ideologie*) ideology; **~ausstellung** *f* world fair, world exposition; **2bekannt, 2berühmt** *adj.* world-famous (*od.* -renowned), famous the world over; **~bestleistung** *f* world best (performance); **2bewegend** *adj.* earth-shattering, seismic *events etc.*; *iro.* ***nichts 2es*** F nothing to write home about, no great shakes; **~bild** *n* world view; **~bühne** *f* world stage; **~bürger** *m* cosmopolitan; **~bürgertum** *n* cosmopolitanism; **~elite** *f* world class; **~empfänger** *m* short-wave receiver.

Weltenbummler *m* globetrotter.

Welt|ende *n* end of the world; **~ereignis** *n* event of worldwide importance; earth-shaking event; **2erfahren** *adj.* worldly-wise; **~erfolg** *m* worldwide success (F hit).

Weltergewicht(ler *m*) *n Boxen*: welterweight.

welterschütternd *adj.* earth-shaking, seismic *events etc.*

Welt|flucht *f* escapism; **2fremd** *adj.* out-of-touch ..., *pred.* out of touch; inexperienced, naive; (*unrealistisch*) unrealistic; (*träumerisch*) starry-eyed; *Gelehrter etc.*: ivory-tower ...; **~friede(n)** *m* world peace; **~geltung** *f* international standing; *an* international reputation; **~gericht** *n the* Last Judg(e)ment; **~geschehen** *n*: ***das ~*** world affairs; **~geschichte** *f* **1.** ***die ~*** world history; the history of the world; F ***in der ~ herumreisen*** F travel all over the place; **2.** (*Werk*) history of the world, world history; **~gesundheitstag** *m* World Health Day; **2gewandt** *adj.* urbane; **~handel** *m* international trade; **~handelsabkommen** *n* international trade agreement; **~herrschaft** *f* world domination; **~jahresbestleistung** *f* best performance in the world this year; **~karte** *f* map of the world; **~kenntnis** *f* knowledge of the world; **~klasse** *f Sport*: world class; **~klassespieler(in** *f*) *m* world class player; **~krieg** *m* world war; ***der erste*** (***zweite***) ~ World War I (II), the First (Second) World War; **~lage** *f* worldwide political situation.

weltlich I. *adj.* worldly, mundane; (*Ggs. geistlich*) secular; ***~e Freuden*** worldly (*od.* earthly) pleasures; **II.** *adv.*: ***~ gesinnt*** worldly(-minded).

Welt|literatur *f* world literature; **~macht** *f* superpower, world power.

weltmännisch *adj.* man-of-the-world *air etc.*

Welt|marke *f* ✝ world-famous brand; **~markt** *m* world market; **~meister(in** *f*) *m* world champion; **~meisterschaft** *f* world championship(s *pl.*); *Fußball*: World Cup; **~meisterschafts...** *in Zssgn* → ***WM-...***; **~niveau** *n* international standing; **2offen** *adj.* open-minded; outward-looking; **~offenheit** *f* cosmopolitanism, cosmopolitan outlook; **~öffentlichkeit** *f*: ***die ~*** the world public, the world at large; *weitS.* world opinion; **~politik** *f* international politics *pl.* (*sg. konstr.*); **~premiere** *f* world première; **~presse** *f* international press; **~rangliste** *f* world rankings *pl.*; **~ranglistenerste(r** *m*) *f the* world's number one tennis player *etc.*

Weltraum *m* (outer) space; **Weltraum...** *in Zssgn mst* space; *Satellit etc.*: *a.* spaceborn; → *a.* ***Raum...***; **~labor** *n* spacelab; **~spaziergang** *m* spacewalk; **~staub** *m* space dust; **~teleskop** *n* space telescope; **~waffen** *pl.* space weapons; **~wettrennen** *n* space race; **~zentrum** *n* space cent|re (*Am.* -er).

Welt|reich *n* (world) empire; **~reise** *f* world trip, trip around the world; **~reisende(r** *m*) *f* globetrotter; **~rekord** *m* world record; **~rekordinhaber(in** *f*) *m*, **~rekordler(in** *f*) *m* world-record holder; **~religion** *f* world religion; **~ruhm** *m* worldwide fame; **~schmerz** *m* world-weariness, weltschmerz; **~sensation** *f* world sensation; **~sicherheitsrat** *m* Security Council; **~sprache** *f* universal language; **~stadt** *f* metropolis; **~stadt...** *in Zssgn*, **2städtisch** *adj.* cosmopolitan; **~star** *m* world star, international star; **~umseglung** *f* circumnavigation of the globe; **~untergang** *m* end of the world; **~untergangsstimmung** *f* atmosphere of gloom and doom, black mood (of despair); **~uraufführung** *f* world première; **~verbesserer** *m* do-gooder; **~währungsfonds** *m* International Monetary Fund, IMF; **2weit** *adj.* worldwide; global; → ***Echo***; **~wirtschaft** *f* world economy; **~wirtschaftsgipfel** *m* world economic summit; **~wirtschaftskrise** *f* worldwide economic crisis; **~wunder** *n*: ***die sieben ~*** the Seven Wonders of the World; **~zeit** *f* Greenwich Mean Time, GMT.

wem *rel. pron.* (*dat. von* **wer**) (to) whom; ***von ~*** of whom, by whom.

wen *rel. pron.* (*acc. von* **wer**) who(m); F (*jemand*) somebody.

Wende *f* **1.** (*~punkt*) turning point; *e-s Jahrhunderts*: turn; (*Änderung*) change (***zum Schlechten*** *etc.* for the worse *etc.*); *pol. hist.* ***die ~*** the fall of Communism (in Eastern Europe), *engS.* the breaching (*od.* opening) of the Wall; ***vor der ~*** *a.* before the Wall came down; **2.** *Sport*: turn; *Turnen*: front vault; **~hals** *m* **1.** *pol.* (political) turncoat; *hum.* F quick-change artist; **2.** *zo.* wryneck; **~jacke** *f* reversible jacket; **~kreis** *m* **1.** *geogr.* tropic; **2.** *mot.* (***enger ~*** tight) turning circle.

Wendel *f* ⚙ spiral; **~treppe** *f* winding (*od.* spiral) staircase.

Wende|manöver *n* turning manoeuvre (*Am.* maneuver); *auf engem Raum*: *a.* three-point turn; *fig.* U-turn; ***schwieriges ~*** tricky manoeuvring (*Am.* maneuvering); **~marke** *f Sport*: turning mark.

wenden I. *v/t.* turn; (*Buchseite, Braten etc.*) turn over; (*Auto*) turn (round); ***~ an*** (*Zeit, Geld*) spend on; (*Mühe*) devote to; ***keinen Blick ~ von*** not to take one's eyes off; → ***drehen*** 1; **II.** *v/i.* turn (round); *mot. a.* make a U-turn; ***bitte ~!*** PTO, pto (= please turn over); **III.** *v/refl.*: ***sich ~*** turn (round); *fig.* ***sich ~ an*** (*j-n*) *um Auskunft, Erlaubnis*: ask (***um*** for), *um Rat, Hilfe*: turn to (for); *Buch etc.*: be directed at; ***sich ~ gegen*** (*j-n*) turn against (*od.* on), (*et.*) oppose, object to; ***sich zum Gehen ~*** turn to leave; ***sich zum Guten*** (***Schlechten***) ***~*** take a turn for the better (worse).

Wende|platz *m* turning space; **~punkt** *m* **1.** turning point, watershed; **2.** *ast.* solstice.

wendig *adj. Person*: nimble, agile, (*geistig ~*) *a.* nimble-minded; *Fahrzeug*: manoeuvrable, *Am.* maneuverable; **Wendigkeit** *f* nimbleness, agility; nimble-mindedness; manoeuvrability, *Am.* maneuverability; → ***wendig.***

Wendung *f* **1.** turn; (*Änderung*) change; ***e-e unerwartete ~ nehmen*** take an unexpected turn; *e-r Sache* ***e-e neue ~ geben*** give a new turn to; ***günstige*** (***unerwartete***) ***~*** favo(u)rable (unexpected) turn of events; **2.** (*Rede2*) expression, figure of speech.

wenig *adj. u. adv.* little, not much; ***~e*** few, not many, *su.* few (people); ***~er*** less, ⅌ minus; *pl.* fewer; ***das ~ste*** the least; ***am ~sten*** (the) least (of all); ***ein ~*** a little; ***ein ~ übertrieben*** slightly exaggerated; ***ein ~ schneller*** a bit quicker; ***immer ~er*** less and less; ***das ~e Geld, das er hat*** what little money he has; ***~ beliebt*** not very popular; ***nicht ~*** quite a lot; ***nicht ~ erstaunt*** rather surprised; ***nicht ~e*** quite a few (people); ***einige ~e*** a few; ***nicht ~er als*** no less than, *pl.* no fewer than; ***~er werden*** decrease; ***~ bekannt*** little known; ***in ~en Tagen*** in a few days' time; ***mit ~en Worten*** in a few words; ***das ist ~*** that's not much; ***dazu gehört ~*** it doesn't take much; ***das hilft mir ~*** that's not much help to me; ***das stört mich ~*** it doesn't really bother me; ***e-e ~ glückliche Wahl*** a rather unfortunate choice; ***danach fragt er ~*** it doesn't seem to interest him much; ***ein ~ gelesener Autor*** a little read author; ***das kostet, ~ gerechnet, tausend Mark*** at a low estimate it will cost a thousand marks; ***wir haben uns in letzter Zeit ~ gesehen*** we haven't seen much of each other lately; ***das macht ~ Freude*** it isn't much fun; ***das hat ~ Sinn*** there's not much point in it; ***mit mehr oder ~er Erfolg*** more or less successfully; ***mit ~em auskommen*** get by on very little; ***das wissen die ~sten*** people just don't realize that; ***~er wäre mehr gewesen*** you can overdo things; ***das ist das ~ste*** that's the least of my worries; ***je ~er davon wissen, desto besser*** we don't want everybody to know about it; F ***sie wird immer ~er*** she'll disappear completely one of these days.

Wenigkeit *f* small quantity; (*Kleinigkeit*) trifle; F ***meine ~*** F yours truly.

wenigstens *adv.* at least; ***wenn … ~*** if only …

wenn I. *cj. zeitlich*: when; *bedingend*: if; ⚖ *oft* if and when; (*so oft*) whenever; (*sobald*) as soon as; (*vorausgesetzt*) provided (that); ***~ auch, selbst ~*** even if; ***~ auch noch so*** however *small etc.*; ***~ doch*** (*od.* ***nur***) if only; ***außer ~*** unless, except if; ***immer ~*** whenever; ***~ er nicht gewesen wäre*** if it hadn't been for him; ***~ ich das gewußt hätte*** if I had known (that), had I known (that); ***~ das so ist*** if that's the case; ***~ man ihn so reden hört*** to hear him talk; ***und ~ du noch so sehr bittest*** you can plead as much as you like; ***~ nicht heute, so doch morgen*** if not today then tomorrow; ***~ ich das wüßte*** I wish I knew; ***~ ich einmal groß bin*** when I grow up; ***~ man bedenkt, daß*** when you think that; ***~ du das sagst, wird's wohl stimmen*** if you say so; ***~ es schon sein muß, dann gleich*** if it's got to be done let's get it over and done with; ***~ nichts dazwischenkommt*** unless something crops up; ***~ nicht, dann eben nicht*** well, we may as well forget about that; ***~ das Wörtchen ~ nicht wär …*** if!; ***~ du erst einmal dort bist*** once you're there; ***~ man nach … urteilt*** judging by …; ***~ schon!*** so what; ***es war ein neuer, ~ auch langsamer Versuch*** it was a new, albeit (*od.* if) slow, attempt; → ***schon*** 1, 7, 8; **II.** 2 *n*: ***ohne ~ und Aber*** a) unconditionally, b) no ifs or buts!; **wenngleich** *cj.* although, even though.

wer I. *rel. pron.* who; **II.** *interr. pron.* who?; *auswählend*: which (one)?; ***~ von euch?*** which of you?; ⚔ ***~ da?*** who goes there?; **III.** *indef. pron.* F (*jemand*) someone, somebody; *in Fragen*: *mst* anyone, anybody; ***~ auch*** (***immer***) whoever; ***~ mitkommen möchte,*** *soll sich eintragen*: whoever wants to come, anyone who wants (*od.* wishes) to come.

Werbe|abteilung *f* publicity department; **~agentur** *f* advertising agency; **~aktion** *f* → ***Werbekampagne***; **~angebot** *n* special (*od.* introductory) offer; **~antwort** *f* business reply; **~artikel** *m* promotional article; **~berater** *m* advertising consultant; **~einnahmen** *pl.* advertising revenue *sg.*; **~fachmann** *m* advertising expert; **~fernsehen** *n* commercial television; (*Werbespots*) television (*od.* TV) commercials *pl.*; **~film** *m* publicity film; **~fläche** *f* advertising space; **~fotograf** *m* commercial photographer; **~funk** *m* commercial radio (*od.* broadcasting); (*Werbespots*) radio ads *pl.* (*od.* commercials *pl.*); **~gag** *m* sales gimmick; **~geschenk** *n* promotional (*od.* free) gift; **~graphik** *f* commercial art; **~graphiker(in** *f*) *m* commercial artist; **~idee** *f* publicity idea; **~kampagne** *f* publicity campaign; *für Waren*: advertising campaign; **~kosten** *pl.* advertising expenditure *sg.*; **2kräftig** *adj.* → ***werbewirksam***; **~leiter** *m* publicity manager; **~material** *n* promotional material; **~mittel** *pl.* **1.** advertising media; **2.** (*Geld*) promotion allowance *sg.*

werben I. *v/t.* (*Mitglieder etc.*) enlist; (*Kunden, Stimmen*) attract; ***j-n für et. ~*** win s.o. over to s.th.; **II.** *v/i. pol.* campaign; ☤ advertise; ***~ für*** *a.* promote, F plug; ***~ um*** (*e-e Frau*) court.

Werbe|plakat *n* advertisement, advertising poster; **~prospekt** *m* advertising (*od.* publicity) brochure.

Werber *m* ☤ canvasser; ⚔ recruiting officer.

Werbe|rummel F *m* hype; **~sendung** *f* **1.** commercial program(me); **2.** *a. pl.* advertising mail; **~slogan** *m* advertising slogan; **~spot** *m* commercial; **~text** *m* advertising slogan; *längerer*: copy; **~texter** *m* copywriter; **~träger** *m* advertising media; **~trick** *m* sales gimmick; publicity stunt; **~trommel** *f*: *fig.* ***die ~ für et. rühren*** promote (F plug) s.th., beat the drum for s.th.; **~veranstaltung** *f* publicity event.

werbewirksam *adj.*: ***~ sein*** have commercial (*od.* advertising) appeal.

Werbezettel *m* (advertising) leaflet.

Werbung *f* advertising; publicity; *fig.* ***e-e*** (***gute***) ***~ für*** good publicity for.

Werbungskosten *pl. steuerlich*: professional outlay *sg.*

Werdegang *m* development; history (*a. fig. u.* ⚙); *Person*: personal background.

werden I. *v/i.* get, become; *Betonung auf dem Endzustand*: *oft* go (*z.B.* go bald, go mad, go sour *etc.*); ***alt ~*** get (*od.* grow) old; ***besser ~*** get better, improve; ***blaß ~*** go (*od.* turn) pale; ***blind ~*** go blind; ***böse ~*** get angry; ***dick ~*** get fat, put on weight; ***dunkel ~*** get (*lit.* grow) dark; ***gesund ~*** get well; ***grau ~*** go (*od.* turn) grey (*Am.* gray); ***kahl ~*** go bald; ***kalt ~*** get cold, *Essen*: cool off; ***krank ~*** fall *od.* get ill (*od.* sick); ***müde ~*** get tired; ***naß ~*** get wet; ***reich ~*** get rich; ***rot ~*** go red, blush; ***sauer ~*** go (*od.* turn) sour; ***schlecht ~*** go bad (*od.* off); ***schlimmer ~*** get worse; ***schwach ~*** get (*od.* grow) weak; ***taub ~*** go deaf; ***verrückt ~*** go mad; ***warm ~*** get warm, warm up; ***wütend ~*** get angry (*od.* mad); ***katholisch ~*** become a Catholic, turn Catholic; ***es wird Winter*** winter is on its way; ***mir wird kalt*** I'm beginning to feel (*od.* get) chilly; ***mir wird schlecht*** I feel sick; ***er ist Erster geworden*** he was (*od.* came) first; ***die Vorräte ~ immer weniger*** supplies are getting lower and lower; ***was soll nun ~?*** what are we going to do now?; ***ich weiß nicht, was ~ soll*** I don't know what to do; ***wie wird die Ernte ~?*** what kind of harvest are we going to have?; ***aus dem Geschäft ist nichts geworden*** nothing came of the deal; ***was ist aus ihm geworden?*** what's become of him?; ***was will er ~?*** what does he want to be?; ***daraus wird nichts*** you can forget about that; ***es wird schon ~*** it'll be all right (*Am.* alright); ***wie sind die Fotos geworden?*** how have the photos turned out?; ***morgen wird es ein Jahr, daß*** tomorrow it'll be a year ago that; ***die Sache wird allmählich*** things are coming along (*od.* are beginning to take shape); → ***spät*** I; **II.** *v/aux.*: ***ich werde fahren*** I will (*od.* I'll) drive; ***sie wird gleich weinen*** she's going to cry (any minute); ***es wurde getanzt*** they (*od.* we) danced, there was dancing; ***ich würde kommen, wenn …*** I would (*od.* I'd) come if …; ***es wird ihm doch nichts passiert sein?*** I hope nothing has happened to him; ***es wird schon so sein*** (***wie du sagst***) I'm sure you're right; ***ich werde es verloren haben*** I must have lost it; ***jetzt wird aber geschlafen*** (***gearbeitet***)***!*** it's time to sleep (to get down to work), it's time you *od.* we went to sleep (got down to work); ***es ist uns gesagt worden*** we've been told; *passivisch*: ***geliebt ~*** be loved; ***gebaut ~*** be built, *gegenwärtig*: be being built; ***es wird viel gebaut*** there's a lot of building going on; **III.** 2 *n* (*Entwicklung*) development, growth; (*Entstehung*) birth; (*Fortschreiten*) progress; ***im ~ sein*** be in the making; **werdend** *adj.* growing; ***~e Mutter*** expectant mother.

werfen I. *v/t.* throw (**nach** at; **zu** to); ✈ (*Bomben*) drop; ***e-e Sechs ~*** throw a six; ***nicht ~!*** *auf Paketen etc.*: handle with care; ***ein sehr helles Licht ~*** *Lampe*: cast a very bright light; ***Bilder an die Wand ~*** project pictures on (*od.* against) the wall; ***Truppen an die Front ~*** dispatch troops to the front; ***Waren auf den Markt ~*** throw goods on the market; ***e-e Skizze aufs Papier ~*** do a quick sketch; ***einige Zeilen aufs Papier ~*** jot down a few lines; ***den Feind aus e-r Stellung ~*** dislodge the enemy; ***et. in die Diskussion ~*** throw s.th. up for discussion; ***von sich ~*** (*Kleider*) throw off; → ***Blick*** 1, ***Handtuch, Haufen, Jung***(***e***), ***Schatten*** *etc.*; **II.** *v/i.* throw; ***mit et.*** (***nach j-m***) ***~*** throw s.th. (at s.o.); ***um sich ~ mit*** (*Geld*) throw about, (*Worten*) bandy about; **III.** *v/refl.*: ***sich ~*** ⚙ buckle, *Holz*: warp; ***sich in den Sessel ~*** throw o.s. onto (*od.* flop down into) the armchair; ***sich aufs Pferd ~*** leap (*od.* jump) into the saddle; ***sich auf j-n ~*** throw o.s. at s.o., dive for s.o.; ***sich in s-e Kleider ~*** throw on (*od.* jump into) one's clothes; ***sich auf*** *e-e Tätigkeit* ***~*** throw o.s. into; → ***Brust*** 1, ***Hals.***

Werft *f* shipyard; ✈ hangar; **~arbeiter** *m* docker.

Werg *n* tow; (*gezupftes Tauwerk*) oakum.

Werk *n* **1.** (*Arbeit, Schöpfung, Kunst2, Buch*) work; (*Gesamt2*) works *pl.*; (*Tat*) deed, act; ***gute ~e*** good deeds; ***ans ~!*** let's get going!; ***am ~ sein*** *a. iro.* be at work; ***ans ~ gehen*** set to work; ***ein gutes ~ tun*** do a good deed; ***es war sein ~*** it was his work (*od.* doing); ***behutsam*** (***geschickt***) ***zu ~e gehen*** go about it carefully (skil[l]fully); **2.** (*Fabrik*) works *pl.* (*a. sg. konstr.*), (*a. Gas2 etc.*) plant; (*Gesellschaft, Unternehmen*) company; ***ab ~*** ex works; **3.** (*Getriebe, Uhr2 etc.*) works *pl.*, mechanism.

Werkbank *f* workbench.

werkeln *v/i.* potter about (**an** with).

werken I. *v/i.* work; (*geschäftig sein*) be busy; (*basteln*) tinker; *in der Schule*: do handicrafts; **II.** 2 *n* arts and crafts *pl.* (*sg. konstr.*).

Werkeverzeichnis *n* catalog(ue) of works.

werkgetreu *adj. Kunst*: faithful.

Werk|meister *m* foreman; **~nummer** *f* factory serial number; **~raumtheater** *n* theat|re (*Am. a.* -er) workshop.

Werks|angehörige(r *m*) *f* (works) employee; **~arzt** *m* works (*od.* company) doctor.

Werkschutz *m* factory security officers *pl.*
werkseigen *adj.* company(-owned), works ...
Werks|garantie *f* factory warranty; **~gelände** *n* works premises; **~kantine** *f* works canteen; cafeteria; **~leiter** *m* works (*od.* plant) manager.
Werkspionage *f* industrial espionage.
Werkstatt *f* workshop; (*Auto*2) garage; (*Künstler*2) studio; **Werkstätte** *f* → ***Werkstatt***; **Werkstattmontage** *f* shop assembly.
Werkstoff *m* material; (*Rohstoff*) raw material; **~prüfer** *m* materials tester.
Werk|stück *n* ⚙ workpiece; **~student** *m* working student; **~ sein** work one's way through university (*od.* college); **~tag** *m* working day; **2tags** *adv.* during the week, on weekdays; **2tätig** *adj.* working ..., employed; **~ sein** *a.* have a job; ***die Werktätigen*** the working population (*sg.*); **~treue** *f Kunst*: faithful rendition; **~unterricht** *m ped.* arts and crafts *pl.* (*sg. konstr.*); **~vertrag** *m* contract for work; **~wohnung** *f* company flat (*Am.* apartment).
Werkzeug *n* tool (*a. fig.*); *feines*: instrument; (*Gerät*) implement; **~kasten** *m* tool box; **~macher** *m* toolmaker; **~maschine** *f* machine tool; **~tasche** *f* tool bag; **~schlosser** *m* toolmaker.
Wermut *m* (*Wein*) vermouth; ♣ wormwood; **~bruder, ~penner** F *m* F wino.
Wermutstropfen *fig. m* drop of bitterness.
wert *adj.* worth; *obs.* (*lieb*) dear; (*~geschätzt*) esteemed, valued; ***et. ~ sein*** be worth s.th., (*e-r Sache würdig sein*) be worthy of s.th.; ***viel ~*** worth a lot; ***nichts ~*** worthless; ***das ist schon viel ~*** that takes us a great step forward; ***das ist e-n Versuch ~*** it's worth a try; ***es ist viel ~ zu wissen, daß*** it's good to know that; ***er hat es nicht für ~ gefunden, mich zu informieren*** he didn't consider it necessary to inform me; *das Buch* ***ist ~, daß man es liest*** is worth reading; ***er ist es nicht ~, daß man ihm hilft*** he doesn't deserve to be helped; F ***ich bin heut' nicht viel ~*** I'm not up to much today; → ***Mühe, Rede*** *etc.*
Wert *m* value (*a. phys.*, 𝔸, ⚙); (*Wichtigkeit*) importance; (*Qualität*) quality; (*Vorzug*) merit; (*Nutzen, Zweck*) use; (*Gegen*2) equivalent; ⚚ (*Vermögens*2) asset; **~e** (*Aktiva*) assets, (*Wertpapiere*) securities, stocks; ♣ *liver etc.* count; ***im ~e von*** to the value of, worth; ***Waren im ~e von 300 Dollar*** 300 dollars worth of goods; ***geistige ~e*** spiritual values; ***sie hat innere ~e*** she has personal qualities; ***von unschätzbarem ~*** invaluable; (***großen***) ***~ legen auf*** attach (great) importance to; ***ich lege ~ darauf festzustellen, daß*** I would greatly stress that; ***im ~ sinken*** (***steigen***) lose (go up) in value; ***et. über*** (***unter***) ***~ verkaufen*** sell s.th. over (under) value; ***das hat keinen praktischen ~*** that's of no practical use (*od.* value); F ***das hat keinen ~*** it's pointless.
Wert|angabe *f* **1.** declaration of value; **2.** declared value; **~arbeit** *f* quality workmanship; **2beständig** *adj.* of stable value; *Währung*: stable; *fig.* of lasting value; **~brief** *m* insured letter.
werten *v/t.* evaluate, assess; (*beurteilen*) judge; *nach Kategorien*: classify; *bsd. Sport, Schule*: rate; ***ein Tor nicht ~*** *Fußball*: disallow a goal.
Werte|skala *f* scale of values; **~system** *n* system of values; **~verfall** *m* drop in standards.
wert|frei *pred. adj. u. adv.* free of any value judg(e)ment; **2gegenstand** *m* article of value; *pl.* valuables; **~gemindert** *pred. adj.* diminished in value.
Wertigkeit *f* ⚗ valency; (*Bedeutung*) significance.
Wertkartentelefon *n* cardphone.
wertlos *adj.* worthless; (*nutzlos*) useless; **Wertlosigkeit** *f* worthlessness; uselessness.
Wert|maßstab *m* standard (of value); **~minderung** *f* depreciation; **2neutral** *adj.* → ***wertfrei***; **~paket** *n* insured parcel (*Am.* package); **~papier** *n* ⚚ security; **~sachen** *pl.* valuables; **2schätzen** *v/t.* hold *s.o.* in high esteem; **~schätzung** *f* esteem (*gen.* for); **~schöpfung** *f* ⚚ value added; **~sendung** *f* consignment with value declared; 📯 insured matter; **~steigerung** *f* increase in value, appreciation; **~stoff** *m* recyclable material; **~system** *n* system of values.
Wertung *f* evaluation, assessment; (*Beurteilung*) judg(e)ment; *Sport*: score.
Wert|urteil *n* value judg(e)ment; **~verlust** *m* depreciation; **2voll** *adj.* valuable; **~vorstellung** *f* value; **~en** value system; **~zeichen** *n* 📯 (postage) stamp; **~zuwachs** *m* appreciation.
Werwolf *m* werewolf.
Wesen *n* (*Lebe*2) being, creature (*a.* F *Person*); *phls.* entity; (*Wesenskern*) essence; (*Wesensart*) nature, character, *e-r Person*: *a.* personality; ***heiteres*** *etc.* **~** cheerful *etc.* disposition; ***gekünsteltes ~*** affected manner; ***furchtsames ~*** (*Person*) timid creature; ***lebhaftes ~*** (*Person*) lively soul; F ***armes ~*** poor creature (*od.* soul); ***viel ~s von et. machen*** make a great fuss about s.th.; ***es liegt im ~*** *gen.* it's in the nature of; ***das entspricht nicht s-m ~*** that's not at all like him, it's completely out of character for him; ***der Mensch als soziales ~*** man as a social being; ***das gehört zum ~ der Demokratie*** that's an intrinsic feature (*od.* that's part and parcel) of democracy; ***das ändert nichts am ~ der Sache*** that doesn't alter the situation; **wesenlos** *adj.* **1.** insubstantial, incorporeal; **2.** (*inhaltslos*) empty, meaningless.
Wesens|art *f* nature; **2fremd** *adj.* alien (to one's nature); ***j-m ~ sein*** *a.* be completely foreign to s.o.; **~merkmal** *n* (basic *od.* essential) trait; **~unterschied** *m* difference in nature (*od.* character); **~zug** *m* characteristic, trait.
wesentlich I. *adj.* essential (***für*** to), (*a. beträchtlich*) substantial, important; (*grundlegend*) fundamental; ***das 2e*** the essential part, the most important aspect(s); ***nichts 2es*** nothing important, *formell*: nothing of import; ***~er Inhalt*** substance *of a book etc.*; ***keine ~en Änderungen*** no major changes; ***ein ~er Unterschied*** a big (*od.* an important) difference; ***kein ~er Unterschied*** no marked change (*od.* difference); ***im ~en*** essentially, in the main, (*im großen und ganzen*) on the whole; **II.** *adv.* (*grundlegend*) fundamentally; (*erheblich*) considerably; ***~ besser*** *etc.* far better *etc.*; ***sich ~ in*** (***von***) ***et. unterscheiden*** differ considerably in (from) s.th.; ***wir müssen noch ~ mehr tun*** we must do a great deal more.
weshalb I. *interr. adv.* why?; **II.** *cj.* which is why, and so.
Wespe *f* wasp.
Wespen|nest *n* wasps' nest; *fig.* ***in ein ~ stechen*** stir up a hornet's nest; **~stich** *m* wasp sting; **~taille** *f* wasp waist.
wessen I. *interr. pron.* **1.** (*gen. von* ***wer***) whose?; **2.** (*gen. von* ***was***): ***~ wird er beschuldigt?*** what is he accused of?; **II.** *rel. pron.* (*gen. von* ***was***) (of) which; ***das, ~ er beschuldigt wird*** what he is (being) accused of.
Wessi F *m* citizen of the old West-German states.
West *adv.* west; (***in***) ***München ~*** west Munich (in the west of Munich); ***West...*** *in Zssgn hist.* West German; **Westauto** *n* West German car; **westdeutsch** *adj.*, **Westdeutsche(r** *m*) *f* West German.
Weste *f* waistcoat, *Am.* vest; *fig.* ***e-e reine ~ haben*** have a clean record; ***er hat e-e reine ~*** *a.* his slate is clean.
Westen *m* west; (*westlicher Landesteil*) West; *geogr. u. pol. the* West; ***nach ~*** west(wards); *Verkehr, Straße etc.*: westbound.
Westentasche *f* waistcoat (*Am.* vest) pocket; *fig.* ***et. wie s-e ~ kennen*** know s.th. like the back of one's hand; **Westentaschenformat** *n*: ***im ~*** pocket *camera etc.*; *iro.* would-be (*od.* small-time) *politician etc.*
Western *m* western, cowboy film, F horse opera.
Westeuropäer(in *f*) *m*, **westeuropäisch** *adj.* West European.
Westfale *m*, **Westfälin** *f* Westphalian; **westfälisch** *adj.* Westphalian; ***der 2e Friede*** the Peace of Westphalia.
Westgeld *n hist.* West German money (*od.* currency).
Westgote *m* Visigoth; **westgotisch** *adj.* Visigothic.
Westküste *f* west coast; ***an der ~*** on the west coast.
westlich I. *adj.* western, west; *Wind*: westerly; ***in ~er Richtung*** west(wards); *Verkehr, Straße etc.*: westbound; **II.** *adv.* (to the) west (***von*** of); **westlichst** *adj.* westernmost.
West|mächte *pl. pol.* Western Powers; **~mark** *f hist.* West German mark; **2östlich** *adj.*: *pol.* ***~e Beziehungen*** East-West relations; **~wall** *m hist.* ⚔ Siegfried Line.
westwärts *adv.* west(wards).
Westwind *m* west wind.
weswegen → ***weshalb.***
Wettannahme(stelle) *f* betting office.
Wettbewerb *m* competition (*a.* ⚚); contest; ⚚ ***freier*** (***unlauterer***) ***~*** free (unfair) competition; ***in ~ treten*** (***stehen***) ***mit*** enter into (be in) competition with.
Wettbewerbs|beschränkung *f* restraint of trade; **~druck** *m* competitive pressure; **2fähig** *adj.* competitive; **~fähigkeit** *f* competitiveness; **~klausel** *f* non-competition clause; **~regeln** *pl.* rules of competition; **~teilnehmer** *m* competitor, contestant; **~verbot** *n* prohibition of competition; **~verzerrung** *f* unfair competition.
Wettbüro *n* betting office.
Wette *f* bet; wager; ***e-e ~ eingehen*** (*od.* ***abschließen***) make a bet; ***ich gehe***

jede ~ ein, daß I'll bet you any money (that); ***was gilt die ~?*** what do you (want to) bet?; ***die ~ gilt!*** you're on!; ***um die ~ rennen*** (***schwimmen*** *etc.*) have a race, race each other; F ***um die ~*** *arbeiten etc.*: all out, *essen etc.*: F like it's going out of style.

Wetteifer *m* competitive drive; (*Rivalität*) rivalry, competition; **wetteifern** *v/i.* vie, compete (***mit*** with; ***um*** for).

wetten *v/t. u. v/i.* bet (***mit j-m*** s.o.; ***um et.*** s.th.), F have a flutter; ***~ auf*** bet (*od.* put one's money) on, *Rennsport*: *a.* back; ***ich wette zehn zu eins, daß*** I bet you ten to one (that); F ***~, daß ...?*** F wanna bet?; *fig.* ***so haben wir nicht gewettet*** that wasn't part of the deal.

Wetter¹ *n* **1.** weather; (*Un2*) storm; ***bei diesem ~*** in this (sort of) weather; *fig.* ***gut ~ bei j-m machen*** get s.o. into the right mood; → ***Wind***; **2.** ⚒ ***schlagende ~*** firedamp.

Wetter² *m* better.

Wetter|amt *n* meteorological office, F met office; **~aussichten** *pl.* weather outlook (*od.* forecast) *sg.* (***bis Dienstag*** till Tuesday [*od.* for tomorrow and Tuesday]); **~bedingungen** *pl.* weather conditions; **~beobachtung** *f* meteorological observation; **~bericht** *m* weather report (*od.* forecast); *Radio, TV*: *Am. a.* weathercast; **2beständig** *adj.* weatherproof; **2bestimmend** *adj.*: ***~ sein*** determine the weather; **~dienst** *m* weather service; **~ecke** F *f* bad-weather area; **2empfindlich** *adj.* → ***wetterfühlig***; **~fahne** *f* weather vane; **2fest** *adj.* weatherproof; **~frosch** F *m* F weatherman.

wetterfühlig *adj.* weather-sensitive, susceptible to the weather; **Wetterfühligkeit** *f* sensitivity (*od.* susceptibility) to the weather.

Wetter|hahn *m* weathercock; **~häuschen** *n* weather house; **~karte** *f* weather map; **~kunde** *f* meteorology; **~lage** *f* weather situation; **~leuchten** *n* sheet (*od.* heat) lightning; *fig.* ***~ am politischen Horizont*** storm clouds on the political horizon; **~loch** F *n* bad-weather area; **~macher** F *m* F weatherman.

wettermäßig *adj.*: ***wie sieht es ~ aus?*** what's the weather like?

Wettermilderung *f* onset of milder weather.

wettern F *v/i.* F rant and rave; ***~ gegen*** rail (*formell*: fulminate) against.

Wetter|prophet *m* weather prophet (*od.* sage); **~satellit** *m* weather (*od.* meteorological) satellite, F metsat; **~schacht** *m* ⚒ ventilation shaft; **~scheide** *f* weather divide; **~seite** *f* exposed side; **~station** *f* weather station; **~sturz** *m* sudden drop in temperature; **~umschwung** *m* (sudden) change in (the) weather; **~verhältnisse** *pl.* weather conditions; **~vorhersage** *f* weather forecast; *Radio, TV*: *Am. a.* weathercast; **~warnung** *f* storm warning; **~warte** *f* weather station; **~wechsel** *m* change in (the) weather.

wetterwendisch *contp. adj.* moody.

Wetter|wolke *f* storm cloud; **~zeichen** *n* weather indicator, sign of good (*od.* bad) weather; *fig.* ***~ am politischen Horizont*** political indicator.

Wett|fahrt *f* race; **~kampf** *m* contest, competition; *Sport*: (*a. Einzel2*) event; **~kämpfer(in** *f*) *m* competitor, contestant; **~lauf** *m* race; *fig.* ***~ mit der Zeit*** race against time (*od.* the clock); **~läufer(in** *f*) *m* runner.

wettmachen *v/t.* make up for, compensate for (***durch*** with, by); (*Geld*) recoup.

Wett|rennen *n* race (*a. fig.*); **~rüsten** *n* arms race; **~schwimmen** *n* swimming competition; **~streit** *m* contest; (*Wettbewerb*) competition.

wetzen I. *v/t.* sharpen; (*schleifen*) grind; (*Schnabel*) scratch, rub; **II.** F *v/i.* (*rennen*) F race; ***nach Hause ~*** race home, F zoom off home.

Wetzstein *m* whetstone.

Whirlpool (*TM*) *m* whirlpool.

Whisky *m* whisky; *schottischer*: *a.* Scotch; *irischer, amerikanischer*: whiskey; ***~ (mit) Soda*** whisk(e)y (*od.* Scotch) and soda; → ***pur.***

Wichse F *f* **1.** (shoe) polish; **2.** (*Prügel*) thrashing, hiding; **wichsen** *v/t.* **1.** F polish; **2.** V (*onanieren*) V (have a) wank, *a. Am.* jerk off; **Wichser** *m* **1.** V (*e-r, der wichst*) V wanker; **2.** F *als Schimpfwort*: *sl.* jerk.

Wicht *m* (*kleiner Kerl*) F midget, (*Kind*) *a.* F nipper; *contp.* F blighter.

Wichtelmännchen *n* elf, goblin.

wichtig *adj.* important; ***et.*** (***sehr***) ***~ nehmen*** take s.th. (very) seriously, attach (great) importance to s.th.; ***sich*** (***sehr***) ***~ nehmen*** take o.s. very seriously; ***er macht sich gern ~*** he likes to think he's important; ***es ist mir sehr ~*** it's very important to me, it means a lot to me; ***das ist nur halb so ~*** that's not so important; ***nichts 2eres zu tun haben als*** have nothing better to do than; **Wichtigkeit** *f* importance (***für*** for, to); ***von höchster ~*** of the greatest importance.

Wichtigtuer *m* pompous ass; **Wichtigtuerei** *f* pompousness, pompous behavio(u)r; **wichtigtuerisch** *adj.* pompous.

Wicke *f* ⚘ vetch; (*Garten2*) sweet pea.

Wickel *m* ⚕ (*Umschlag*) compress; F *fig.* ***j-n beim ~ packen*** F grab s.o. by the scruff of his (*od.* her) neck, (*zur Verantwortung ziehen*) take s.o. to task; **~gestell** *m* changing stand; **~hemdchen** *n* wrapover vest; **~kind** *n* baby; **~kommode** *f* changing unit; **~mulde** *f* changing mat.

wickeln I. *v/t.* wind (*a.* ⚡); (*Tuch, Binde*) tie; (*Schal, Decke*) wrap; (*Haar*) curl; (*ein~*) wrap up; (*Säugling*) change *a baby's* nappies (*Am.* diapers); → ***Finger***; **II.** *v/refl.*: ***sich ~ um*** wind (*od.* coil) itself around *s.th., Leine etc.*: get twisted round *s.th.*, ***sich in e-e Decke ~*** wrap o.s. up in a blanket.

Wickel|raum *m* baby-care room; **~rock** *m* wraparound skirt.

Wickler *m* (*Locken2*) curler.

Wicklung *f* ⚡ winding.

Widder *m* **1.** *zo.* ram; **2.** (*Sternzeichen*) Aries; (***ein***) ***~ sein*** be (an) Aries.

wider *prp.* against, contrary to; → ***Für, Willen.***

widerborstig *adj.* → ***widerspenstig.***

widerfahren *v/i.* (*j-m*) happen to, *lit.* befall; ***ihm ist Unrecht ~*** he has been done wrong; ***j-m Gerechtigkeit ~ lassen*** do justice to s.o., *weitS.* give s.o. his (*od.* her) due.

Widerhaken *m* barbed hook; *an Pfeil etc.*: barb.

Widerhall *m* echo, reverberation(s *pl.*); *fig. a.* response, resonance; *fig.* ***großen ~ finden*** meet with an enthusiastic response; ***es fand keinen ~*** there was no reaction (to it); **widerhallen** *v/i.* echo, resound (***von*** with *laughter etc.*).

widerlegbar *adj.* refutable; **widerlegen** *v/t.* refute, disprove; (*Theorie*) *a.* explode; *diese Erkenntnis* ***widerlegte die ganze Theorie*** defeated the whole theory; **Widerlegung** *f* refutation.

widerlich *adj.* revolting, *stärker*: repulsive; → *a.* ***widerwärtig.***

Widerling F *m* F creep; *unappetitlicher*: *a.* F slob.

widernatürlich *adj.* unnatural, perverse.

Widerpart *m* opponent, adversary.

widerrechtlich I. *adj.* illegal, unlawful; **II.** *adv.*: ⚖ ***~ betreten*** trespass (up)on; ***sich ~ aneignen*** misappropriate.

Widerrede *f* contradiction(s *pl.*); *freche*: F backchat, *Am.* backtalk; ***ohne ~*** unquestioningly; ***keine ~!*** no arguments!, no buts!

Widerruf *m* revocation; *e-r Erklärung*: retraction; ✝ countermand, *a. e-s Befehls etc.*: withdrawal; ***bis auf ~*** until further notice; **widerrufen** *v/t.* revoke; (*Äußerung*) retract, (*a. v/i.*) recant; (*Gesetz*) repeal; (*Auftrag, Vertrag, Befehl*) cancel.

Widersacher *m* adversary.

Widerschein *m* reflection.

widersetzen *v/refl.*: ***sich ~*** oppose, resist (*dat. s.o. od. s.th.*); ***sich*** *e-m Befehl, Gesetz* ***~*** disobey; **widersetzlich** *adj.* refractory; *im Dienst*: insubordinate.

Widersinn *m* absurdity; **widersinnig** *adj.* absurd, nonsensical.

widerspenstig *adj.* (*halsstarrig*) stubborn; (*aufsässig*) rebellious; *Haar*: unruly; **Widerspenstigkeit** *f* stubbornness; rebelliousness.

widerspiegeln I. *v/t.* reflect (*a. fig.*); **II.** *v/refl.*: ***sich ~*** *a. fig.* be reflected.

widersprechen *v/i.* contradict (***j-m*** s.o.; ***sich*** o.s.); (*e-m Vorschlag*) oppose; ***sich*** (***od. einander***) ***~*** *Meinungen etc.*: be contradictory, be at variance; **widersprechend** *adj.*: ***sich ~*** *Nachrichten etc.*: contradictory; *Gesetze*: conflicting.

Widerspruch *m* contradiction; (*Protest*) protest; (*Abweichung*) discrepancy; ***im ~ stehen zu*** be inconsistent with, contradict *s.th.*; ***et. ohne ~ hinnehmen*** accept s.th. without a word of protest; ***heftigen ~ bei j-m hervorrufen*** provoke vehement protest from s.o.; ***sich in Widersprüche verwickeln*** keep contradicting o.s., get caught up in a web of contradictions; ***es ist ein ~ in sich*** it's a contradiction in terms, it's self-contradictory; ***er duldet keinen ~*** what he says goes; ***kein ~!*** no arguments!; **widersprüchlich** *adj.* contradictory, inconsistent; *Gefühle, Gesetze etc.*: conflicting; **Widerspruchsgeist** *m* argumentative spirit (*Person*: person, type); **widerspruchslos** *adv.* unquestioningly; without a murmur.

Widerstand *m* resistance, opposition; ⚡ resistance, (*Bauteil*) resistor; ✈ (*Luft2*) drag; ***~ gegen die Staatsgewalt*** obstructing the police; ***~ leisten*** offer resistance, fight back; ***auf*** (***heftigen***) ***~ stoßen*** meet with (stiff) opposition; ***den ~ aufgeben*** give in; ***den Weg des geringsten ~es gehen*** take the line of least resistance; ***gegen den ~ s-r Eltern*** against his parents' wishes; ***et. gegen alle Widerstände durchsetzen*** go through with s.th. despite all opposition.

Widerstands|bewegung *f* resistance movement; **2fähig** *adj.* resistant (**gegen** to); robust (*a.* ⚙); **~fähigkeit** *f* resistance; robustness; **~kämpfer(in** *f*) *m* resistance fighter; **~kraft** *f* (powers *pl.* of) resistance.
widerstandslos *adv.* without resistance.
Widerstands|messer *m*, **~meßgerät** *n* ohmmeter; **~nest** *n* pocket of resistance; **~organisation** *f* resistance movement.
widerstehen *v/i.* resist (*dat. s.th. od. ger.*); (*aushalten*) *a.* put up with; **er konnte der Versuchung nicht ~** *a.* he succumbed to the temptation.
widerstreben I. *v/i.* oppose *s.o. od. s.th.*; **es widerstrebt mir** it goes against the grain, I hate to have to do it; **II. 2** *n* resistance; (*Unwilligkeit*) reluctance; **widerstrebend** *adv.* reluctantly.
Widerstreit *m* conflict; **widerstreitend** *adj.* conflicting.
widerwärtig *adj.* repulsive, nasty, F horrible; *Benehmen*: disgusting; **Widerwärtigkeit** *f* repulsiveness; nastiness.
Widerwille *m* aversion (**gegen** to); loathing (for); (*Ekel*) disgust (at); (*Unwilligkeit*) reluctance; **widerwillig I.** *adj.* unwilling, reluctant; **II.** *adv.* reluctantly; (*ungern gewährend*) grudgingly; (*mit Abscheu*) with disgust.
Widerworte *pl.*: **keine ~!** F no backchat!, *Am.* no backtalk!
widmen I. *v/t.* dedicate; (*Zeit, sein Leben etc.*) *a.* devote (*dat.* to); (*Aufmerksamkeit*) give; **II.** *v/refl.*: **sich j-m (e-r Sache) ~** devote o.s. to s.o. (s.th.); **sich e-m Problem ~** *a.* address a problem; **Widmung** *f* dedication; **j-m e-e ~ (ins Buch) schreiben** write s.o. a dedication.
widrig *adj.* (*ungünstig*) adverse; **Widrigkeit** *f* adversity.
wie I. *adv.* **1.** *in Fragen*: how?, *nach der Art etc.*: what ... like?; **~ alt sind Sie?** how old are you?; **~ sagten Sie?** (sorry,) what did you say?; **~ lange ist das her?** how long ago is (*od.* was) that?; **~ war's im Kino?** how was the film?; **~ ist er (so)?** what's he like?; **~ ist der neue Wagen?** what's the new car like?; **~ war das mit dem Unfall?** what exactly happened in the accident?; **das war doch sehr witzig, ~?** that was a good joke, wasn't it?; **~, hat er das wirklich gesagt?** what, did he really say that?; F **~ das?** F how come?; **~ wäre es mit?** how about?; **2.** *im Ausruf*: **~ schön!** how beautiful!; **~ froh war ich!** how glad I was; **~ gut, daß** lucky for me (*od.* you *etc.*) that; **und ~!** and how!, F you bet!; **II.** *cj.* **3.** *in Vergleichen*: as, *mst* as ... as; (**~** *zum Beispiel*) such as; (*gleich e-m ...*) like; **~ ein Freund** as (*gleich*: like) a friend; **ein Mann ~ er** a man like him; **(nicht) so alt ~** (not) as old as; **er sieht nicht ~ 50 aus** he doesn't look fifty; **~ gesagt** as I said (*od.* was saying); **~ man mir gesagt hat** as I've been told; **~ so oft** as is often the case; **in e-m Fall ~ diesem** in a case like this; **auf dem Land ~ in den kleinen Städten** both in the country and in the small towns; **~ er nun mal ist** being the type of person he is; → **gehabt, sagen** I; **4.** *zeitlich*: as, when; **~ er dies hörte** when he heard this; **~ ich so vorbeiging** just as I was passing; **ich sah, ~ er weglief** I saw him running away; **ich hörte, ~ er es sagte** I heard him say so (*od.* it); *mit adv.*: **~ sehr er es auch versuchte** much as he tried; **~ sehr ich mich auch bemühte** however hard I tried, try as I would; *eingeschoben*: **~ es scheint** it seems; **5.** *verallgemeinernd*: **~ (auch) immer** however, no matter how; **~ dem auch sei** be that as it may; **~ sie auch heißen mögen** whatever they're called.
Wiedehopf *m zo.* hoopoe.
wieder *adv.* again; (**~** *zurück*) back; (*als Vergeltung*) in return; **~ einmal** once again; **schon ~** yet again; **schon ~!** not again!; **~ und ~** again and again, over and over again; **(schon) ~ e-e Seite geschrieben** that's another page written; **dafür ist er ~ teuer** but then he's expensive; **wo willst du ~ hin?** where are you off to this time?; **was hat er ~ angestellt?** what's he been up to this time?
wiederanlegen *v/t.* (*Geld*) reinvest, plough (*Am.* plow) back.
Wiederaufbau *m* reconstruction; *wirtschaftlicher*: recovery; **wiederaufbauen** *v/t.* rebuild.
wiederaufbereiten *v/t.* reprocess; **Wiederaufbereitung** *f* reprocessing; **Wiederaufbereitungsanlage** *f*: (**atomare ~** nuclear waste) reprocessing plant.
wiederaufführen *v/t. thea.* show again; (*Film*) rerun; (*Konzert*) give again, do a repeat of.
wieder|aufladbar *adj. Akku*: rechargeable; **~aufleben I.** *v/i.* revive; **II. 2** *n* revival; *von Ideen etc.*: resurgence; **~auflebend** *adj.* resurgent.
Wiederaufnahme *f von Gesprächen etc.*: resumption; *thea.* revival; ⚖ reopening (of a trial); **~verfahren** *n* ⚖ new hearing; *Strafrecht*: retrial.
wieder|aufnehmen *v/t.* resume; *thea.* revive; ⚖ reopen; **Kontakte ~** renew ties; **~aufrichten** *v/t.* set *s.o.* up again; **~aufrüsten** *v/t. u. v/i.* rearm; **2aufrüstung** *f* rearmament, rearming; **~auftauchen** *v/i.* re-emerge, ⚓ *a.* (re)surface; *fig.* come to light again, reappear; *Person*: reappear on the scene, resurface, turn up again; **~auftreten** *v/i.* reappear; **~ausführen** *v/t.* re-export.
Wiederbeginn *m* recommencement; *der Schule etc.*: reopening; **~ des Unterrichts** *etc.* **ist am ...** classes *etc.* start again on ...
wiederbekommen *v/t.* get *s.th.* back.
wiederbeleben *v/t.* resuscitate, *a. fig.* revive; **Wiederbelebung** *f* resuscitation; *fig.* revival; **Wiederbelebungsversuch** *m* resuscitation attempt; *fig.* attempt to revive s.th.
wiederbeschaffen *v/t.* replace; **Wiederbeschaffung** *f* replacement; **Wiederbeschaffungskosten** *pl.* replacement cost *sg.*; **Wiederbeschaffungswert** *m* replacement (*od.* as new) value.
wieder|besetzen *v/t.* **1. e-e Stelle ~** fill a vacancy; **2.** ⚔ reoccupy; **~bringen** *v/t.* bring back; (*zurückgeben*) return (*dat.* to); **~einführen** *v/t.* reintroduce; (*Brauch etc.*) revive; (*Ware*) reimport; **2einführung** *f* reintroduction; revival; reimportation; **2eingliederung** *f* reintegration (**in** into); *e-s Straftäters*: rehabilitation; **~einsetzen** *v/t.* reinstate (**in** in); (*Monarchen*) restore to the throne; (*j-n*) *in Rechte*: restore *rights to s.o.*; **2einsetzung** *f* reinstatement; restoration; **~einstellen** *v/t.* re-employ, take back; **j-n ~** *a.* give s.o. his (*od.* her) job back; **2eintritt** *m* re-entry (**in** into) (*a. in die Erdatmosphäre*); **~entdecken** *v/t.* rediscover; **2ergreifung** *f* recapture; **~erinnern** *v/refl.*: **sich ~** recall, remember (**an** *s.o., s.th.*); **~erkennen** *v/t.* recognize; **nicht wiederzuerkennen** unrecognizable; (*verstümmelt etc.*) maimed *etc.* beyond recognition; **es ist nicht wiederzuerkennen** you won't recognize it; **~erlangen** *v/t.* recover, (*a. Gewicht*) regain; **~erleben** *v/t.* relive, go through *s.th.* again; **~erobern** *v/t.* recapture; **~eröffnen** *v/t.* reopen; **das Feuer ~** reopen fire, start firing again; **2eröffnung** *f* reopening; **~erscheinen** *v/i.* reappear; *Zeitung*: resume publication, reappear on the newsstands; **~ lassen** republish; **~erstatten** *v/t.* (*Kosten*) refund, reimburse (*dat.* to); **2erstattung** *f* refund(ing), reimbursement; **~erstehen** *v/i.* rise again; *fig.* be revived, (*a.* **~** *lassen*) revive; **~erwecken** *v/t.* **1.** (*Interesse, Gefühle*) revive; **2.** (*j-n*) bring *s.o.* back to life; **~erzählen** *v/t.* **1.** retell; **2.** → **weitererzählen.**
wiederfinden I. *v/t.* find again; *fig.* (*Selbstvertrauen etc.*) regain; **s-e Sprache ~** be able to speak again; **sich (od. einander) ~** find (one's way back to) each other again; **II.** *v/refl.*: **sich ~** *irgendwo*: find o.s. (**in** in), end up (in); *Sache*: turn up again, reappear, resurface; (*sich seelisch erholen*) recover, get back on an even keel.
Wiedergabe *f* reproduction; (*Ton2*) *a.* sound; (*Bild2*) picture; *e-s Textes, Musikstücks*: rendering; *Tonband*: playback; **~kopf** *m* play head; **~qualität** *f Ton*: sound quality; *Bild*: picture quality.
wiedergeben *v/t.* give back, return (*dat.* to); (*nachbilden*; *a. Ton etc.*) reproduce; (*Musikstück, Rolle*) interpret; (*zitieren*) quote; (*schildern*) describe; (*erzählen*) relate.
Wiedergeburt *f* **1.** rebirth; **2.** *fig.* revival; *in der Kunst*: *a.* renaissance.
wieder|gewinnen *v/t.* regain, (*a. Geld*) win (*od.* get) back; **2gewinnung** *f* recovery; ⚙ reclamation; **~grüßen** *v/t. u. v/i.* return s.o.'s greetings; **grüßen Sie ihn wieder!** give him mine(, would you?).
wiedergutmachen *v/t.* make up for; (*Verlust*) *a.* recover; (*Schaden etc.*) compensate for; **das Unrecht ~** right the wrongs; **nicht wiedergutzumachen** irreparable *damage*; **wie kann ich es dir ~?** how can I make it up to you?; **Wiedergutmachung** *f* **1.** amends *pl.*; compensation; **2.** → **Wiedergutmachungsleistung** *f* indemnification, restitution payments *pl.*
wiederhaben *v/t.* have *s.th. od. s.o.* back again.
wiederherstellen *v/t.* restore (*a. ein Recht*); (*Verbindung*) re-establish; ⚕ **wiederhergestellt** cured, recovered; **Wiederherstellung** *f* restoration; *e-s Rechts*: *a.* restitution; *e-s Kranken*: recovery; *e-r Verbindung*: renewal, re-establishment *of contacts.*
wiederholbar *adj.* repeatable; **es ist nicht ~** it can't be repeated; **wieder'holen I.** *v/t.* repeat, say *s.th.* again; (*Sache*) repeat (*a. Klasse, Prüfung*), do *s.th.* again; (*Sendung*) rerun; (*kurz zusammenfassen*) sum up; **II.** *v/refl.*: **sich ~** *Person*: repeat o.s.; *Sache*: *a.* happen again, *periodisch*: recur; **das darf sich**

nicht ~** a.* that mustn't be allowed to happen again; **'wiederholen** *v/t.* fetch back; **wiederholt I.** *adj.* repeated; ***trotz ~er Warnung despite repeated (*od.* several) warnings; **II.** *adv.* repeatedly; time and again; **Wiederholung** *f* repetition; *e-r Sendung*: repeat, rerun; *TV Sport*: replay; *von Prüfungsstoff*: revision.

Wiederholungs|fall *m*: ***im ~*** should it happen again; ⚖ in case of a repeat offen|ce (*Am.* -se); **~impfung** *f* ⚕ booster; **~kurs** *m* refresher course; **~prüfung** *f* repeat examination; **~sendung** *f* repeat (broadcast); **~spiel** *n Sport*: replay; **~taste** *f* repeat key; **~tat** *f* repeat offen|ce (*Am.* -se); **~täter(in** *f*) *m* repeat offender, recidivist; **~traum** *m* recurrent dream; **~zeichen** *n* ♪ repeat (sign).

Wiederhören *n*: ***auf ~*** goodbye.

wiederinstandsetzen *v/t.* repair; (*renovieren*) renovate, F do up; **Wiederinstandsetzung** *f* repair(s *pl.*).

wiederkäuen I. *v/i.* chew the cud; **II.** *fig. v/t.* go on about; (*wiederholen*) keep regurgitating; **Wiederkäuer** *m* ruminant.

Wiederkehr *f* return; *periodische*: recurrence; *e-s Gedenktages*: anniversary; **wiederkehren** *v/i.* return, come back; (*sich wiederholen*) recur.

wiederkommen *v/i.* come again; (*zurückkommen*) come back, return.

wiederlieben *v/t.* return *s.o.'s* love.

wiedersehen *v/t.* see again, (*j-n*) *a.* meet again (*a.* ***sich ~***); **Wiedersehen** *n* reunion; ***auf ~!*** goodbye!, F bye!; **Wiedersehensfeier** *f* reunion party (*od.* celebration); **Wiedersehensfreude** *f* joy at seeing each other again, joy of being reunited (once more).

Wiedertäufer *m* Anabaptist.

wiedertun *v/t.* do again, repeat.

wiederum *adv.* again; (*andererseits*) on the other hand.

wiedervereinigen *v/t. u. v/refl.* (***sich ~***) reunite; **Wiedervereinigung** *f* reunion; *pol. a.* reunification.

Wiederverfilmung *f* remake.

wiederverheiraten *v/refl.*: ***sich ~*** remarry, marry again (*od.* a second *etc.* time).

wiederverkaufen *v/t.* resell; **Wiederverkäufer** *m* (*Einzelhändler*) retailer; **Wiederverkaufspreis** *m* retail price; **Wiederverkaufswert** *m* resale value.

wiederverwendbar *adj.* reusable; **wiederverwenden** *v/t.* reuse, reutilize; **Wiederverwendung** *f* reuse.

wiederverwerten *v/t.* (*Abfallstoffe etc.*) recycle; **Wiederverwertung** *f* recycling.

Wiederwahl *f* re-election (***zum Präsidenten*** *etc.* to the presidency *etc.*, as president *etc.*); ***sich zur ~ stellen*** stand for re-election; ***nach ihrer ~*** after being returned to office (*od.* parliament); **wiederwählen** *v/t.* re-elect.

Wiederzulassung *f e-r Partei etc.*: unbanning.

Wiege *f* cradle (*a. fig. der Zivilisation*); ***von der ~ bis zur Bahre*** from the cradle to the grave; ***s-e ~ stand in Berlin*** he first saw the light of day in Berlin; ***es ist ihm nicht an der ~ gesungen worden, daß*** who would have thought (that); ***das Schicksal hat ihm ... in die ~ gelegt*** he was endowed with ... from birth.

Wiegemesser *n* cradle knife.

wiegen[1] I. *v/t.* weigh; ***das ist reichlich (knapp) gewogen*** it's a bit over (under); *fig.* ***gewogen und zu leicht befunden*** weighed and found wanting; **II.** *v/i.* weigh; ***schwerer ~ als*** be heavier than, weigh more than, outweigh; ***was ~ Sie?*** how much do you weigh?; *fig.* ***schwer ~*** carry weight; **III.** *v/refl.*: ***sich ~*** weigh o.s.

wiegen[2] I. *v/t.* **1.** (*schaukeln*) rock (***in den Schlaf*** to sleep); **2.** (*zerkleinern*) chop; **II.** *v/refl.*: ***sich ~*** sway; *Boot*: *a.* rock; *fig.* ***sich in falschen Hoffnungen ~*** delude o.s. with false hopes; → ***Sicherheit*** 1.

Wiegen|druck *m typ.* incunabulum (*pl.* incunabula), cradle book; **~fest** *n* birthday; **~lied** *n* lullaby.

wiehern *v/i.* neigh, whinny; ***vor Lachen ~*** bray with laughter; ***~des Gelächter*** braying (laughter).

Wiener[1] *n, f* (*Würstchen*) vienna, wiener.

Wiener[2] *m*, **Wienerin** *f* Viennese; ***~ sein*** *mst* be (*od.* come) from Vienna; **wienerisch** *adj.* Viennese.

wienern F *v/t.* polish.

Wiese *f* meadow.

Wiesel *n* weasel; → ***flink***; **wieselflink** *adj.* fast as lightning, *a.* quick as a flash; **wieseln** *v/i.* scurry.

Wiesen|blume *f* wild flower; **~schaumkraut** *n* ♣ lady's smock.

wieso *adv.* → ***warum.***

wieviel *interr. adv.* how much?; (*wie viele?*) how many?; ***~ Uhr ist es?*** what's the time?, what time is it?; **wievielmal** *adv.* how many times, how often; **wievielt I.** *interr. adv.*: ***zu ~ wart ihr?*** how many of you were there?; **II.** *adj.*: ***der (die, das) ~e ...?*** which ...?; ***das ~e Stück ißt du jetzt?*** how many pieces have you eaten already?; ***den 2en haben wir heute?*** what's the date today?; ***zum ~en Male?*** how many times?; ***als ~er ist er ins Ziel gekommen?*** what place did he come?; ***am ~en August hat er Geburtstag?*** when in August is his birthday?

wieweit *cj.* → ***inwieweit.***

wild I. *adj.* wild (*a. Honig, Tier, Gegend, Geschichte, Blick, Drohungen, Beschimpfungen, Kampf, Orgie, Schlag, Vermutung etc.*); (*unzivilisiert*) *a.* savage; *fig.* (*wütend*) furious, F raving, wild; (*stürmisch*) tempestuous, impetuous; *Kind*: unruly, wild; (*ungepflegt*) wild, unkempt; ⚕ ***~es Fleisch*** proud flesh; ***~es Parken (Zelten)*** unauthorized parking (camping); ***~e Schießerei*** mad shootout, *e-s Einzelnen*: shooting spree; ***~er Streik*** wildcat strike; ***~e Vermutungen*** wild speculation (*sg.*); ***~ machen*** (*j-n*) make *s.o.* mad, *Musik etc.*: F drive *s.o.* wild, (*Tier*) frighten; F ***den ~en Mann spielen*** F go berserk; ***~ sein auf*** F be wild (*od.* crazy) about; F ***wie ~*** F like mad; ***~ wachsen*** grow wild; ***~ werden*** turn wild, (*wütend*) get mad, F go wild; F ***das ist halb so ~!*** not to worry; → ***Affe***; **II.** *adv.* wildly; ***~ um sich blicken*** look around wildly; ***~ schreien*** F shout like mad; ***~ lachen*** laugh hysterically; ***~ durcheinanderliegen*** lie in a wild heap; ***~ entschlossen zu*** *inf.* absolutely determined to *inf.*

Wild *n* game; *einzelnes*: head of game; (*Reh*) *a. pl. coll.* deer; (*Wildfleisch*) game, *von Hochwild*: venison; **~bach** *m* torrent; **~bahn** *f*: ***in freier ~*** in the wild; **~braten** *m* roast venison; (*Bratenstück*) roast of venison.

Wildbret *n* game; *von Hochwild*: venison.

Wild|dieb *m* poacher; **~ente** *f* wild duck.

Wilde(r *m*) *f* savage; *fig.* ***wie ein Wilder (e-e Wilde)*** like a madman (madwoman) *od.* maniac.

Wilderer *m* poacher; **wildern** *v/i.* poach; *Hund*: kill game.

Wildfang *m* little devil.

wildfremd *adj.* completely strange (*dat.* to); ***~er Mensch*** complete stranger.

Wild|fütterung *f* feeding of game; **~gans** *f* wild goose; **~geflügel** *n* wildfowl; **~gehege** *n* game enclosure; **~geschmack** *m* gam(e)y taste.

Wildheit *f* wildness; savagery; fury *etc.*; → ***wild.***

Wild|hüter *m* gamekeeper; **~katze** *f* wild cat; **2lebend** *adj.* wild, *nachgestellt*: roaming free; **~leder** *n*, **2ledern** *adj.* suede (leather).

Wildnis *f* wilderness (*a. fig.*), *the* wild; *a. fig.* jungle.

Wild|park *m* game (*od.* deer) park; **~pastete** *f* game pie; *von Hochwild*: venison pie; **~ragout** *n* game stew; **~reservat** *n* game reserve.

wildromantisch *adj.* wildly romantic; ***~e Landschaft*** wild, romantic landscape; ***~e Liebesgeschichte*** wild romance.

Wild|sau *f* wild sow; *fig.* pig; **~schütz** *obs. m* **1.** poacher; **2.** hunter; **~schwein** *n* wild boar (*weibliches*: sow).

wildwachsend *adj.* wild.

Wildwasser *n* torrent; **~...** *in Zssgn* white-water *canoeing etc.*; **~bahn** *f* flume; **~rennen** *n* white-water race; **~(renn)sport** *m* white-water canoeing.

Wildwechsel *m* game path, runway.

Wildwest *the* Wild West; **~film** *m* western, cowboy film; **~manier** *f*: ***in ~*** western style.

Wildwuchs *m* rank growth; *fig.* proliferation; **wildwuchsartig** *adv.*: ***sich ~ ausbreiten*** proliferate, *Stadt*: sprawl.

Wildziege *f* wild goat.

Wille *m* will; (*Entschlossenheit*) *a.* determination; (*Absicht*) intention; *phls.* will, volition; ***böser ~*** ill will; ***es war kein böser ~*** it wasn't intentional, he *etc.* didn't do it out of spite; ***guter ~*** good will (*od.* intention); ***letzter ~*** will, ⚖ last will and testament, *weitS.* last (*od.* dying) wish; ***aus freiem ~n*** of one's own free will; ***wider ~n, gegen s-n ~n*** against one's will; ***j-m s-n ~n lassen*** let s.o. have his *od.* her (own) way; ***s-n (keinen) eigenen ~n haben*** have a (no) mind of one's own; ***s-n guten ~n zeigen*** show one's (*od.* some) goodwill; ***den ~n für die Tat nehmen*** take the will for the deed; ***gegen j-s ~n handeln*** act against s.o.'s wishes; ***es fehlt ihm nur der gute ~*** he just has to want to; ***es ist mein fester ~*** I'm absolutely determined, it's my firm intention; ***wo ein ~ ist, ist auch ein Weg*** where there's a will, there's a way; ***beim besten ~n nicht*** much as I'd like to; ***ich kann mich beim besten ~n nicht erinnern*** I can't for the life of me remember; ***wenn es nach s-m ~n ginge*** if he had his way; ***ganz nach d-m ~n*** as you wish; ***j-m zu ~n sein*** obey s.o.'s wishes, *stärker*: submit to s.o., *Frau*: give o.s. to s.o.; → ***willens, 'durchsetzen*** I.

Willen *m* → ***Wille.***

willen *prp.*: ***um ... ~*** for the sake of ..., for *s.o.'s* sake; → ***Gott*** 1.

willenlos I. *adj.* weak-willed; ***~ sein*** *a.* have no willpower; ***j-s ~es Werkzeug sein*** be a tool in s.o.'s hands; **II.** *adv.*

(*gefügig*) meekly; ***j-m ~ ausgeliefert sein*** be at s.o.'s mercy; **Willenlosigkeit** *f* lack of willpower.

willens *adj.*: ***~ sein zu*** *inf.* be willing (*od.* prepared) to *inf.*; ***ich bin nicht ~ zu*** *inf. a.* I don't see why I should *inf.*

Willens|akt *m* act of volition; **~anstrengung** *f* effort of will; **~äußerung** *f* **1.** expression of one's will; **2.** ⚖ (*a.* **~erklärung** *f*) declaration of intention; **~freiheit** *f* freedom of will; **~kraft** *f* willpower; *weitS.* strong will; ***durch ~ allein*** through sheer willpower; **2schwach** *adj.* weak-willed; **~schwäche** *f* weak will; **2stark** *adj.* strong-willed; **~stärke** *f* willpower.

willentlich *adj.* (*u. adv.*) deliberate(ly).

willfährig *adj.* compliant; *contp.* obsequious.

willig *adj.* (*bereit*) willing, prepared (**zu** *inf.* to *inf.*); (*diensteifrig*) willing, eager, keen; ***ein ~es Ohr leihen*** *dat.* lend a willing ear to.

willigen *v/i.*: ***~ in*** agree to, consent to; approve of.

Willkommen *n, m* welcome, reception; ***j-m ein herzliches ~ bereiten*** give s.o. a warm welcome, receive s.o. warmly; **willkommen** *adj.* welcome (*dat.* to; *a. fig.*); ***j-n ~ heißen*** welcome s.o.; ***seid ~!*** welcome!; ***du bist hier immer ~*** you'll always be welcome here (*od.* find an open door here).

Willkür *f* (*Willkürlichkeit*) arbitrariness; (*Gewaltherrschaft*) despotism, despotic rule; ***j-s ~ ausgeliefert sein*** be at s.o.'s mercy; **~akt** *m* arbitrary act; **~herrschaft** *f* arbitrary rule, despotism.

willkürlich *adj.* arbitrary (*a.* 𝔄); (*vom Willen gelenkt*) voluntary; *Auswahl*, ⚙: random ...

wimmeln *v/i.*: ***~ von*** *Lebewesen*: be swarming (*od.* teeming, F crawling) with; *Fehlern etc.*: be teeming (*od.* bristling) with; ***es wimmelte nur so von*** the place was teeming with.

Wimmerl *dial. n* spot, pimple.

wimmern I. *v/i.* whimper; **II.** 2 *n* whimpering.

Wimpel *m* pennant.

Wimper *f* eyelash; *fig.* ***ohne mit der ~ zu zucken*** without batting an eyelid, without flinching; **Wimperntusche** *f* mascara; **Wimpertierchen** *n* ciliate.

Wind *m* wind; ***guter ~, günstiger ~*** fair wind; ***sanfter ~*** (gentle) breeze; → *a.* ***Windstoß***; ***schwacher bis mäßiger ~ aus Nordost*** light to moderate northeasterly wind; ***~ und Wetter ausgesetzt sein*** be exposed to the weather (*od.* elements); ***bei ~ und Wetter*** in all weathers, no matter what the weather; ***dicht am ~ segeln*** sail close to the wind; ***gegen den ~*** into the wind; ***mit dem ~*** down wind; *fig.* ***~ bekommen von*** get wind of; F ***viel ~ machen*** (*Umstände machen*) F make a great big fuss, (*angeben*) F talk big; ***j-m den ~ aus den Segeln nehmen*** take the wind out of s.o.'s sails; ***in alle ~e zerstreut*** scattered to the four winds; ***in den ~ reden*** waste one's breath; ***in den ~ schlagen*** cast to the winds; ***frischen ~ in die Firma bringen*** shake the company up; ***das ist ~ in s-e Segel*** that's grist to his mill; ***wissen, woher der ~ weht*** know how the wind blows; ***sich den ~ um die Nase*** (*od.* ***Ohren***) ***wehen lassen*** go out into the big wide world; → ***Fähnchen, Mantel.***

Windbeutel *m* cream puff.

Winde[1] *f* ⚙ winch, windlass, hoist; (*Anker*2) capstan.

Winde[2] *f* ⚘ bindweed.

Windei *n* wind-egg; F *fig.* F washout.

Windel *f* nappy, *Am.* diaper; ***damals lagst du noch in den ~n*** you were still in your nappies (*Am.* diapers) at the time; F *fig.* (***noch***) ***in den ~n stecken*** still be in its infancy (*od.* at a very early stage); **~ausschlag** *m* nappy (*Am.* diaper) rash; **~einlagen** *pl.* nappy (*Am.* diaper) liners.

windelweich F *adj.*: ***j-n ~ schlagen*** (*od.* ***dreschen***) F beat the living daylights out of s.o., make mincemeat out of s.o.

winden I. *v/t.* wind (**um** round); (*Kranz*) make, bind; ***in die Höhe ~*** hoist; **II.** *v/refl.*: ***sich ~*** *Schlange etc.*: writhe; *Wurm*: wriggle; *Person*: writhe (**vor** *Schmerz etc.*: with), *vor Scham etc.*: squirm (with); *Weg*: wind (its way along), *Fluß*: *a.* meander; ***sich ~ um*** wind (*od.* coil) itself round; ***sich ~ durch*** weave one's way through *a crowd etc.*; *fig.* ***sich ~ wie ein Aal*** wriggle like an eel; → ***gewunden.***

Windenergie *f* wind power; **~park** *m* wind farm.

Windeseile *f*: ***in ~*** at lightning speed, in no time; *das Gerücht* ***verbreitete sich in ~*** spread like wildfire.

Wind|fahne *f* weathervane; **~fang** *m* vestibule; **2geschützt** *adj.* sheltered (from the wind); **~hauch** *m* breath of wind; **~hose** *f* whirlwind; **~hund** *m* greyhound; F *fig.* F freewheeler.

windig *adj.* windy; F *fig. Person*: unreliable; *Sache*: F dodgy; *Ausrede*: lame.

Wind|jacke *f* windcheater; **~jammer** *m* ⚓ windjammer; **~kanal** *m* wind tunnel; **~kraftwerk** *n* wind power plant; **~licht** *n* storm lantern; **~macher** F *m* → ***Wichtigtuer***; **~maschine** *f* blower, fan; **~mühle** *f* windmill; *fig.* ***gegen ~n kämpfen*** tilt at windmills; **~mühlenflügel** *m* windmill sail; **~pocken** *pl.* ⚕ chickenpox *sg.*; **~rad** *n* wind turbine, windmill; **~rädchen** *n* pinwheel; **~richtung** *f* direction of the wind; **~röschen** *n* ⚘ anemone; **~rose** *f* compass card (*od.* rose); **~sack** *m* windsock, wind sleeve; **~schatten** *m* ⚓ lee; ✈ sheltered zone; ***im ~ fahren***, *laufen*: in the slipstream (**von** of); **2schief** *adj.* crooked, F skew-whiff; *Baum*: crooked, bowed.

wind|schlüpfig, ~schnittig *adj.* streamlined.

Windschutz *m* protection from the wind; (*Vorrichtung*) windbreak; **~klappe** *f am Zelt*: storm flap; **~scheibe** *f* windscreen, *Am.* windshield.

Wind|seite *f* weather side; **~stärke** *f* wind force; **~ 1** Beaufort 1; **2still** *adj.* calm; **~stille** *f* calm, *vorübergehende*: *a.* lull; **~stoß** *m* gust (of wind); **2surfen** *v/i.* windsurf; **~surfen** *n* windsurfing; **~turbine** *f* wind turbine.

Windung *f e-s Weges, Stroms*: bend; *e-r Spirale, Muschel*: whorl; *e-r Schraube*: worm, thread; **~en** *e-s Weges*: winding; *des Darms, Hirns*: convolutions.

Wink *m* sign; *mit der Hand*: wave; *fig.* hint, tip, *warnender*: tip-off; ***ein ~ des Schicksals*** a sign from above; → ***Zaunpfahl.***

Winkel *m* **1.** 𝔄 angle; ***im rechten ~ zu*** at right angles to; → ***spitz, tot*** *etc.*; **2.** (*Ecke*) corner; (*Plätzchen*) place, spot; *fig.* recess *of the heart*; **3.** ⚔ chevron; **~advokat** *m* pettifogger, *Am.* F shyster; **~eisen** *n* ⚙ angle iron.

winkelförmig *adj.* angled; *weitS.* L-shaped.

Winkel|funktion *f* 𝔄 trigonometric function; **~halbierende** *f* 𝔄 bisector of an angle.

winkelig *adj.* **1.** angular; *in Zssgn bsd.* 𝔄 ...-angled; **2.** *Raum, Wohnung*: full of nooks and crannies; *Straße, Gasse*: winding ...

Winkel|maß *n* square; **~messer** *m* protractor; *surv.* goniometer; **~träger** *m* angle bracket; **~zug** *m* dodge; ***Winkelzüge machen*** do a bit of skil(l)ful dodging.

winken *v/i.* **1.** wave, (*her~*) beckon; (*Zeichen geben*) make a sign, signal (*dat.* to); ***dem Kellner ~*** signal to the waiter; ***e-m Taxi ~*** hail (*od.* wave down) a taxi; ***mit dem Taschentuch*** *etc.* **~** wave one's hankie (*od.* handkerchief) *etc.*; **2.** *fig. Überraschung etc.*: be in store (*dat.* for); ***dem Finder winkt e-e hohe Belohnung*** the finder can expect a large reward; ***dem Gewinner winkt ein hoher Geldpreis*** the winner can look forward to a large cash prize.

winklig *adj.* → ***winkelig.***

winseln *v/i.* whine.

Winter *m*: (***im ~*** in) winter; ***über den ~ kommen*** get through the winter; **~abend** *m* winter evening; **~anfang** *m* beginning of winter; first day of winter; **~ausrüstung** *f mot.* winter equipment; **~fahrplan** *m* winter timetable (*Am.* schedule); **~fell** *n* winter coat; **~ferien** *pl.* winter holidays (*bsd. Am.* vacation *sg.*); **2fest** *adj.* winterproof; ⚘ hardy; ***~ machen*** winterize; **~garten** *m* winter garden, conservatory; **~getreide** *n* winter crop; **~halbjahr** *n* winter (months *pl.*); *ped. etwa* winter term, winter and spring terms *pl.*; **~kleid** *n* winter dress; *des Wiesels etc.*: winter coat; *der Vögel*: winter plumage; ***Landschaft im ~*** winter (*od.* snowclad) landscape; **~kleidung** *f* winter clothes *pl.* (*od.* clothing).

winterlich *adj.* wint(e)ry.

Winter|luft *f* wint(e)ry air; **~mantel** *m* winter coat; **~mode** *f* winter fashions *pl.*; **~monat** *m* winter month; **~morgen** *m* winter('s) morning; **~nacht** *f* winter('s) night; ***in e-r kalten ~*** on a cold winter's night; **~olympiade** *f* Winter Olympics *pl.*; **~pause** *f* winter break; **~quartier** *n* winter quarters *pl.*; **~reifen** *m mot.* winter (*od.* snow) tyre (*Am.* tire); **~sachen** *pl.* winter clothes (*od.* things); **~schlaf** *m* hibernation; ***~ halten*** hibernate; **~schlußverkauf** *m* winter (*od.* January) sales *pl.*; **~schuhe** *pl.* winter shoes *pl.*; **~semester** *n* winter semester (*od.* term); **~sitz** *m* winter residence; **~sonnenwende** *f* winter solstice; **~speck** F *m extra pounds put on in the winter*; **~spiele** *pl.*: ***Olympische ~*** Winter Olympics; **~sport** *m* winter sport(s *pl. coll.*); **~sportkleidung** *f* winter sportswear; **~sportort** *m* ski resort; **~tag** *m* winter('s) day; **~urlaub** *m* → ***Winterferien***; **~zeit** *f* **1.** winter(time); ***während der ~*** in winter(time); **2.** (*Uhrzeit*) winter time; ***ab morgen gilt die ~*** we switch to winter time tomorrow.

Winzer *m* winegrower, vintner; **~genossenschaft** *f* winegrowers' cooperative.

winzig *adj.* (*a.* ~ ***klein***) tiny, minute, F teeny(-weeny).

Winzling *m* **1.** tiny man (*od.* woman), F midget, *contp.* F half-pint; **2.** (*Kleinkind*) tiny tot.

Wipfel *m* (tree)top.

Wippe *f* seesaw; **wippen** *v/i.* (*schaukeln*) seesaw, rock; ~ ***mit*** *dem Schwanz etc.*: wag; ***auf den Zehenspitzen*** ~ rock up and down; ***mit den Fußspitzen*** ~ jiggle one's feet; ***in den Knien*** ~ bob up and down; ***~der Gang*** bouncing gait.

Wippschalter *m* ⚡ rocker switch.

wir *pers. pron.* we; ~ ***beide*** both of us, we both ..., *alleinstehend*: the two of us, *betont*: both of us, F us two; ~ ***drei*** the three of us; ~ ***alle*** all of us, we all ...

Wirbel *m* **1.** (*Drehung*) whirl, swirl; (*Wasser*♀) eddy, *größerer*: whirlpool, *a. phys.* vortex; (*Wind*♀) whirlwind; ⚙ (*Luft*♀) turbulence; *von Rauch etc.*: eddy; *von Schnee, Staub*: flurry; *fig. von Ereignissen etc.*: whirl; (*Trubel*) hurly-burly (of events); (*Aufhebens*) F to-do; ***mach nicht solchen*** ~ don't make such a fuss; ***es gab damals wegen dieser Affäre e-n großen*** ~ the affair caused quite a stir at the time; **2.** *anat.* (*Rücken*♀) vertebra (*pl.* vertebrae); **3.** (*Trommel*♀) (drum) roll; **4.** (*Haar*♀) crown; **5.** (*Violin*♀ *etc.*) peg; **~bruch** *m* fractured vertebra; **~fortsatz** *m* spinous process; **~gelenk** *n* **1.** *anat.* vertebral joint; **2.** ⚙ swivel joint.

wirbelig *adj.* **1.** (*schwindelig*) dizzy; **2.** *Kind*: wild.

Wirbelknochen *m* vertebra (*pl.* vertebrae).

wirbellos *adj.* (*a.* ***~es Tier***) invertebrate.

wirbeln *v/i. Schnee, Staub etc.*: whirl, swirl; *Tänzer etc.*: whirl; *Trommeln*: roll; *fig.* ***mir wirbelt der Kopf*** my head's spinning.

Wirbel|säule *f* spine, spinal column; → *a.* ***Rückgrat(...)***; **~säulenerkrankung** *f* spinal disease; **~sturm** *m* whirlwind; (*Zyklon*) cyclone; (*Tornado*) tornado; **~tier** *n* vertebrate; **~wind** *m* whirlwind (*a. fig.*).

Wirkbereich *m Medikament*: effective range.

wirken I. *v/i.* **1.** (*Wirkung ausüben*) have an effect (**auf** on), be effective, work; (*anfangen zu* ~) take effect; ~ ***auf*** have a *depressing etc.* effect on *s.o.*, affect *s.o. od. s.th.*; (*j-m zusagen*) appeal to; ***berauschend*** ~ *Alkohol*: have an intoxicating effect; ***anregend*** ~ *Kaffee*: act as a stimulant; ***die Tabletten*** ~ ***schnell*** the tablets act fast; ***die Arznei beginnt zu*** ~ the medicine is beginning to take effect; ***et. auf sich*** ~ ***lassen*** take s.th. in, *genießerisch*: soak s.th. up; ***das hat gewirkt!*** that did the trick, (*hat gesessen*) that hit home; ***das Bild wirkt aus der Nähe überhaupt nicht*** that picture looks like nothing from close up; **2.** (*tätig sein, arbeiten*) work (**an** at; **bei** with, for), be active; ***als Lehrer*** ~ be a teacher, teach; ***als Missionar*** *etc.* ~ *a.* be active as a missionary *etc.* (*od.* in missionary work *etc.*); **3.** (*aussehen*) look *younger, sad etc.*; ***er wirkt schüchtern*** he gives the impression of being rather shy; **4.** (*zur Geltung kommen*) look good; **II.** *v/t.* **5.** → ***bewirken, Wunder***; **6.** (*Strümpfe etc.*) knit; (*Stoff*) weave; **III.** ♀ *n* work; (*Tätigkeit*) activity, activities *pl.*; ***sein*** ~ ***im Bereich*** *gen. a.* his contributions to; **wirkend** *adj.* active; ***langsam*** ~ slow-acting; ***schnell*** ~ fast-acting; ***stark*** ~ strong, potent; **Wirker(in** *f*) *m* knitter; weaver.

wirklich I. *adj.* real, (*tatsächlich*) *a.* actual; (*echt*) real, true; ***das ~e Leben*** real life; **II.** *adv.* really, actually; *bestätigend*: really, honestly; *verstärkend*: really; ***~?*** really?, *a. iro.* you don't say; ***es war*** ~ ***gut*** it was really good, it really was good; ***es tut mir*** ~ ***leid*** I really am sorry; **Wirklichkeit** *f* reality; ***die rauhe*** ~ harsh reality, the hard facts (of life); ***in*** ~ in reality, (*eigentlich*) in fact.

wirklichkeits|fremd *adj.* unrealistic(ally *adv.*); (*idealistisch*) starry-eyed; → *a.* ***weltfremd***; **~getreu** *adj.* realistic(ally *adv.*); *Nachbildung*: faithful; **♀mensch** *m* realist; **~nah** *adj.* realistic(ally *adv.*), down-to-earth.

wirksam *adj.* effective; ***sehr*** ~ *Medikament*: *a.* very strong; ~ ***gegen*** good for; ~ ***werden*** *Gesetz etc.*: take effect (***am ...*** from ...), *Medikament etc.*: (begin to) take effect *od.* have an effect; **Wirksamkeit** *f* effectiveness; *e-s Mittels, e-r Methode etc.*: *a.* efficacy.

Wirkstoff *m* agent, active substance.

Wirkung *f* effect; *stärker*: impact; ***mit*** ~ ***vom*** with effect from, as from (*od.* of); ***mit sofortiger*** ~ as of now; ~ ***erzielen*** have an effect, work; ***s-e*** ~ ***tun*** work, have the desired effect; ***s-e*** ~ ***verfehlen, ohne*** ~ ***bleiben*** have no effect, prove ineffective; ***Ursache und*** ~ cause and effect; ***er ist sehr auf*** ~ ***bedacht*** he's out for effect; → ***Ursache.***

Wirkungs|bereich *m* sphere of activity; ⚔ radius of action; *Gesetz*: operation; **~dauer** *f* effective period; ⚗ persistency; **~grad** *m* efficiency; **~kraft** *f* efficacy; **~kreis** *m* sphere of activity.

wirkungslos *adj.* ineffective; ~ ***bleiben*** have no effect; **Wirkungslosigkeit** *f* ineffectiveness, ineffectuality.

wirkungsreich *adj.* highly effective.

wirkungsvoll *adj.* → ***wirksam.***

Wirkungsweise *f* mode of operation; mechanism; *e-s Mittels*: effect.

wirr *adj.* confused; *geistig*: *a.* bewildered, *contp.* muddle-headed; (*wüst*) disorderly, *stärker*: chaotic; *Rede*: incoherent; *Haar*: dishevel(l)ed, F all over the place; ***mir ist ganz*** ~ ***im Kopf*** my head's spinning; ***~es Zeug reden*** ramble, rave; **Wirren** *pl.* turmoil *sg.*; **Wirrkopf** *m* scatterbrain; **Wirrwarr** *m* confusion, chaos, F jumble, mess; (*Lärm*) hubbub; ~ ***von Meinungen*** confusion of opinions; ~ ***von Stimmen*** babble of voices; ~ ***von Vorschriften und Verordnungen*** labyrinth (*od.* maze) of rules and regulations; ***ein*** ~ ***von Gedanken*** jumbled ideas.

Wirsing(kohl) *m* savoy (cabbage).

Wirt *m* host (*a. biol.*); (*Haus*♀, *Gast*♀) landlord, (*Gast*♀) *a.* proprietor; **Wirtin** *f* hostess; (*Haus*♀, *Gast*♀) landlady; (*Gast*♀) *a.* proprietor, proprietress; (*Gastwirtsfrau*) landlord's wife.

Wirtschaft *f* **1.** economy; (*gewerbliche* ~) trade and industry; **2.** (*Wirtshaus*) pub, *formell*: public house; *Am.* saloon; **3.** (*Haus*♀) housekeeping; **4.** (*Land*♀) farmstead; **5.** (*das Wirtschaften*) management; **6.** F *contp.* (*Durcheinander*) F mess; ***das ist ja e-e schöne*** ~ that's a fine state of affairs; **wirtschaften I.** *v/i.* **1.** keep house; *weitS.* economize; ***gut*** ~ be a good housekeeper, *weitS.* be economical, know how to do one's sums; ***mit Gewinn*** (***Verlust***) ~ come out on the plus (minus) side; ***in die eigene Tasche*** ~ line one's own pockets; **2.** (*beschäftigt sein*) be busy; (*hantieren*) potter around (*od.* about); **II.** *v/t.*: ***e-e Firma zugrunde*** ~ run a firm into the ground; **Wirtschafterin** *f* housekeeper; **Wirtschaftler** *m* economist; **wirtschaftlich** *adj.* **1.** economic(ally *adv.*); (*finanziell*) financial; **2.** (*rentabel*) profitable; (*leistungsfähig*) efficient; **3.** (*sparsam*) economical; **Wirtschaftlichkeit** *f* **1.** good management; (economic) efficiency; **2.** (*Rentabilität*) profitability; (*Leistungsfähigkeit*) efficiency; **3.** (*Sparsamkeit*) economy, thrift.

Wirtschafts|abkommen *n* economic (*od.* trade) agreement; **~asylant** *m* economic migrant; **~aufschwung** *m* economic upturn (*stärker*: boom); **~barometer** *n* business barometer; **~berater** *m* economic adviser; **~beziehungen** *pl.* economic (*od.* trade) relations; **~boykott** *m* economic sanctions *pl.* (*od.* boycott, embargo); **~einheit** *f* economic entity; **~flüchtling** *m* economic migrant (*od.* refugee); **~form** *f* economic system; **~führer** *m* leading industrialist, captain of industry; **~gefälle** *n* economic divide; **~geld** *n* housekeeping money; **~gemeinschaft** *f* trading partnership, economic union; *hist.* ***Europäische*** ~ European Economic Community (*abbr.* EEC); **~geschichte** *f* history of economics; **~gipfel** *m* economic summit; **~güter** *pl.* economic goods; **~gymnasium** *n grammar school emphasizing the study of economics*; **~hilfe** *f* economic aid; **~jahr** *n* financial year; **~journalist** *m* economic journalist; **~kapitän** F *m* captain of industry; tycoon; **~kraft** *f* economic power; **~krieg** *m* economic war(fare); **~kriminalität** *f* white-collar crime; **~krise** *f* economic crisis; **~lage** *f* economic situation; **~leben** *n* economic activity; **~macht** *f* economic power; **~minister** *m* minister for economic affairs; *in GB*: Secretary of State for Trade and Industry, Trade and Industry Secretary; *in den USA*: Secretary of Commerce; **~ministerium** *n* economics ministry; *in GB*: Department of Trade and Industry; *in den USA*: Department of Commerce; **~misere** *f* economic plight; **~ordnung** *f* economic system; **~partner** *m* **1.** (*Land*) trading partner; **2.** (*Firma*) business partner; **~politik** *f* economic policy; **♀politisch** *adj.* economic(ally *adv.*); **~prognose** *f* economic forecast; **~prüfer** *m* auditor; **~psychologie** *f* industrial psychology; **~raum** *m* economic area (*od.* zone); **~recht** *n* commercial law; **~spionage** *f* industrial espionage; **~-system** *n* economy, economic system; **~teil** *m e-r Zeitung*: financial pages *pl.*, business section; **~union** *f* economic union; **~verband** *m* trade association; **~verbrechen** *n coll.* white-collar crime; **~wachstum** *n* economic growth; **~wissenschaft** *f* economics *pl.* (*sg. konstr.*); **~wissenschaftler** *m* economist; **~wunder** *n* economic miracle; **~zeitung** *f* business paper; **~zweig** *m* branch of industry; sector of the economy.

Wirts|haus *n* pub, *formell*: public house; *Am.* saloon; *mst ländliches*: inn; **~leute** *pl.* landlord and landlady; **~pflanze** *f* host.
Wisch F *contp. m sl.* bumf, bumph.
wischen *v/t.* wipe; (*auf~*) mop (up); *fig.* ***j-m e-e ~*** F give s.o. a clip round the ears.
Wischer *m mot.* wiper; **~blatt** *n* wiper blade.
wischiwaschi F **I.** *adj.* vague; **II.** 2 *n* F blah(-blah).
Wisch|lappen *m*, **~tuch** *n* cloth.
Wisent *n* bison.
Wismut *n* bismuth.
wispern **I.** *v/t.* whisper; **II.** *v/i.* whisper, speak (*od.* talk) in a whisper.
Wißbegier(de) *f* thirst for knowledge, (intellectual) curiosity; **wißbegierig** *adj.* eager to learn (*od.* for knowledge); *weitS.* curious.
wissen **I.** *v/t. u. v/i.* know (**von** about); ***~ lassen, daß*** let on that; ***j-n et. ~ lassen*** let s.o. know s.th.; ***ich weiß genau, daß*** I know for a fact that; ***das hätte ich ~ sollen*** I wish I'd known; ***ich weiß s-n Namen nicht mehr*** I can't remember his name; ***weißt du schon das Neueste?*** have you heard the latest?; ***er weiß immer alles besser*** he always knows better; ***das mußt du selber ~*** that's up to you; ***woher weißt du das?*** how do you know?; ***sie ist sehr hübsch, aber sie weiß es auch*** she's very pretty and she knows it; ***ich möchte* (*doch*) *gern ~*** I'd (really) like to know; ***ich möchte nicht ~, was*** I wouldn't like to know what; ***sie weiß nicht, was sie will*** she doesn't know what she wants; ***er weiß nicht, was er sagt*** he doesn't know what he's talking about; ***man kann nie ~*** you never know (**bei** with); ***ich weiß nicht recht*** I'm not (so) sure, F I dunno; ***nicht, daß ich wüßte*** not that I know of; ***soviel ich weiß*** as far as I know; ***was weiß ich!*** how should I know?, how am I supposed to know?; ***und was weiß ich noch alles*** and what not; ***als ob es wer weiß was gekostet hätte*** as if it had cost goodness knows how much; ***er hält sich für wer weiß wie klug*** he thinks he's goodness knows how clever; ***ich will von ihm* (*davon*) *nichts ~*** I don't want anything to do with him (it); ***ich will von ihr nichts mehr ~*** F I'm through with her; ***von Geld wollte er nichts ~*** he refused to (*od.* he wouldn't) accept any money; ***ich werde ihn schon zu finden ~*** I'll find him all right (*Am.* alright), I'll find him, don't you worry; ***weißt du noch?*** (do you) remember?; → ***Bescheid, heiß*** I, ***helfen, Rat*** 1 *etc.*; **II.** 2 *n* knowledge; ***ohne mein ~*** without my knowing; ***meines ~s*** as far as I know; ***nach bestem ~ und Gewissen*** to the best of one's knowledge and belief; **wissend** *adj. Blick etc.*: knowing.
Wissens|bereich *m* field of knowledge; **~bereicherung** *f* gain in knowledge.
Wissenschaft *f* (*exakte ~, Natur*2) science; (*Forschung*) research; (*akademische Welt*) (world of) scholarship, academia; → ***Geisteswissenschaft*** *etc.*; ***in der ~ tätig sein*** work in research; ***die ~ sagt*** researchers claim, *bei den Naturwissenschaften*: *a.* scientists claim; ***die ~ hat bewiesen ...*** *a.* research has proved ...; ***der ~ hinterlassen*** bequeath to scholarship, (*Organe etc.*) leave to medical science; F ***das ist e-e ~ für sich*** that's a book with seven seals; **Wissenschaftler(in** *f*) *m* academic; (*Natur*2) scientist; (*Geistes*2) scholar; (*Forscher*) researcher; **wissenschaftlich** *adj.* academic; *Arbeitsweise*: methodical; (*natur~*) scientific (*a. ~genau*); (*gelehrt-~*) scholarly; ***~e Laufbahn* (*Diskussion*)** academic career (discussion); ***~er Beweis*** scientific proof (*od.* evidence); **Wissenschaftlichkeit** *f* scholarliness; (*wissenschaftliches Niveau*) *a.* scholarly standard.
Wissenschafts|gläubigkeit *f* blind faith in science; **~zweig** *m* branch of learning, discipline.
Wissens|drang *m*, **~durst** *m* thirst for knowledge; **~gebiet** *n* field of knowledge; **~gut** *n* fund of knowledge; **~lücke** *f* gap in one's knowledge; **~stand** *m* level (*od.* state) of knowledge; ***auf dem neuesten ~*** up to date; **~stoff** *m* (body of) knowledge; **~vermittlung** *f* transfer of knowledge; **~vorsprung** *m* advance in knowledge.
wissenswert *adj.* worth knowing; **2es** interesting facts.
wissentlich **I.** *adj.* conscious; (*absichtlich*) wil(l)ful, deliberate; **II.** *adv.* knowingly; (*absichtlich*) deliberately.
wittern **I.** *v/t.* scent, smell; *fig.* (*ahnen*) sense, (*e-e Chance*) see *one's chance*; **II.** *v/i.* sniff the air; **Witterung** *f* **1.** (***bei dieser ~*** in this) weather; → *a.* ***Witterungsverhältnisse***; ***bei günstiger ~*** weather permitting; ***bei jeder ~*** in all weathers; **2.** (*Geruch u. Geruchssinn*) scent; ***die ~ aufnehmen* (*verlieren*)** pick up (lose) the scent; *a. fig.* ***e-e feine ~ haben*** have a good nose.
witterungs|bedingt *adj.* weather-induced; ***~ sein*** *a.* be due to (*od.* because of) the weather; **~beständig** *adj.* weatherproof; *Stahl*: stainless; **2einflüsse** *pl.* influence *sg.* of the weather; weather factors; **2schutz** *m* cold weather protection; **2umschlag** *m* sudden change in the weather; **2verhältnisse** *pl.* weather (*od.* atmospheric) conditions.
Witwe *f* widow; **Witwenrente** *f* widow's pension; **Witwenverbrennung** *f* sati, ritual burning of widows; **Witwer** *m* widower.
Witz *m* **1.** joke; ***alter ~*** stale joke, F old chestnut; ***das ist ein* (*ur*)*alter ~*** *a.* that's an old one, that's as old as the hills; ***~e machen* (*od.* *reißen*)** tell (F crack) jokes; ***das ist der ~ an der Sache*** that's the funny thing about it, *weitS.* that's the whole point; F ***das ist der ganze ~*** that's all there is to it; F ***mach keine ~e!*** you're joking (F kidding); ***das soll wohl ein ~ sein*** you're joking, of course; is this supposed to be some kind of joke?; ***das ist ja ein ~!*** *iro.* what a laugh; ***diese Bestimmung ist ja wohl ein ~*** this regulation is ridiculous; **2.** (*Geist*) wit(tiness); ***~ haben*** be very witty; **Witzblatt** *n* funny magazine; *satirisches*: satirical magazine; **Witzblattfigur** F *f* caricature; **Witzbold** *m* joker; *iro.* ***du ~!*** very funny!; **Witzelei** *f* witticism; (*das Witzeln*) joking; (*das Hänseln*) teasing; **witzeln** *v/i.* joke (**über** about); ***~ über*** *a.* poke fun at; **witzig** *adj.* witty; (*komisch*) funny; *a. iro.* ***sehr ~!*** very funny!; **witzlos** *adj.* **1.** unwitty, lacking in wit (*od.* humo[u]r), unfunny; **2.** F (*sinnlos*) F useless (**zu** *inf. ger.*); **Witzseite** *f* humorous page, F *the funnies pl.*
WM *f* world championship(s *pl.*); **~Runde** *f* world championship round (*od.* leg); *Fußball*: round of the World Cup; **~Spiel** *n* world championship game (*od.* match); *Fußball*: World Cup match; **~Turnier** *n* world championship (*Fußball*: World Cup) tournament.
wo **I.** *interr. adv. u. rel. adv.* where; F ***~ gibt's denn so was!*** F have you ever seen the likes of it?; **II.** *cj. zeitlich*: when; ***jetzt ~ ...*** now that ...; ***~ nicht*** if not; ***~ auch* (*nur*)** wherever; **III.** F *indef. adv.* (*irgendwo*) somewhere; **IV.** F *int.*: ***i ~!, ach ~!*** no, no; oh, no.
woanders *adv.* somewhere else; anywhere else.
wobei **I.** *rel. adv.*: ***ich las den Brief noch mal, ~ mir klar wurde ...*** I re-read the letter and realized ...; ***..., ~ du beachten* (*aufpassen*) *mußt, daß*** but you have to remember (watch) that; ***~ mir einfällt*** which reminds me; **II.** *interr. adv.*: ***~ bist du gerade?*** what are you doing right now?; ***~ haben sie ihn ertappt?*** what was he caught doing?, what did they catch him at (*od.* doing)?
Woche *f* week; ***in einer ~*** in a week('s time); ***jede zweite ~*** every other week; ***dreimal die ~*** three times a week; ***~ um ~*** week after week; ***unter der ~, die ~ über*** during the week.
Wochen|arbeitszeit *f* weekly working hours *pl.*; **~bett** *n* lying-in (period); ***im ~ sterben*** die after giving birth (to a *od.* one's child); **~bett...** ⚕ *in Zssgn* puerperal *fever etc.*; **~blatt** *n* weekly (paper).
Wochenend|arrest *m* weekend detention; **~ausflug** *m* weekend trip; **~ausflügler** *m* weekender; **~ausgabe** *f* weekend edition; **~beilage** *f* weekend supplement.
Wochenende *n* weekend; ***am ~*** at (*bsd. Am.* on) the weekend; ***übers ~*** over the weekend, ***wegfahren***: go away for the weekend.
Wochenend|ehe *f* weekend marriage; **~haus** *n mst* weekend cottage; **~heimfahrer** *m* weekly commuter; **~urlaub** *m* weekend break (*od.* trip); **~verkehr** *m* weekend traffic.
Wochen|karte *f* weekly season ticket; **2lang** **I.** *adj.* lasting several weeks; ***nach ~em Warten*** after weeks of waiting; **II.** *adv.* for weeks (and weeks), for weeks on end; ***es dauerte ~, bis*** it took weeks before; **~lohn** *m* weekly wages *pl.*; **~markt** *m* weekly market; **~pflegerin** *f* visiting nurse; **~schau** *f hist. Film*: newsreel; **~tag** *m* weekday; **2tags** *adv.* on weekdays.
wöchentlich **I.** *adj.* weekly; (*wochenweise*) week-by-week ...; **II.** *adv.* every week, weekly; ***einmal ~*** once a week.
wochenweise *adv.* week by week; (*jeweils e-e Woche lang*) on a weekly basis.
Wöchnerin *f* woman in childbed; **Wöchnerinnenstation** *f* maternity ward.
Wodka *m* vodka.
wodurch **I.** *interr. adv.* how?; **II.** *rel. adv.* by (*od.* through) which; *formell*: whereby; (*mittels*) by means of which; *auf e-n ganzen Satz bezogen*: which; ***~ bewiesen wird, daß*** which proves that.
wofür **I.** *interr. adv.* what (...) for?; ***~ halten Sie mich?*** who do you think I am?, who do you take me for?; **II.** *rel.*

adv. for which, which ... for; ~ ***ich mich interessiere*** what I'm interested in.
Woge *f* wave, billow; *fig.* wave, surge; *fig.* ***die ~n glätten*** pour oil on troubled waters.
wogegen I. *interr. adv.* against what?, what ... against?; **II.** *rel. adv.* against which, which ... against; *austauschend*: in return for which; **III.** *cj.* → ***wohingegen.***
wogen *v/i.* surge (*a. fig. Menge etc.*); *schwellend*: heave (*a. Busen*); *Getreide*: sway.
woher I. *interr. adv. u. rel. adv.* where (...) from; ~ ***wissen Sie das?*** how do you know that?; **II.** F *int.*: ~ ***denn!*** nonsense.
wohin *interr. adv. u. rel. adv.* where (... to); ~ ***geht's?*** were are you off to?
wohingegen *cj.* whereas, while.
wohl I. *adj.* **1.** well; ***sich ~ fühlen*** feel fine, *seelisch*: be happy, (*wie zu Hause*) feel at home; ***sich bei j-m ~ fühlen*** feel comfortable (*od.* comfy) with s.o.; ***ich fühle mich in s-r Gegenwart nicht ~*** I don't feel at ease (*od.* I feel uncomfortable) when he's around; ***ich fühle mich nicht ~*** I don't feel well; ***mir ist nicht ~ dabei*** I don't feel happy about it; ***sie fühlt sich ~ in München*** she's quite happy in Munich; ***sie ließen sich's ~ sein*** they had a good time; → ***bekommen*** II, ***leben*** I; **II.** *adv.* **2.** well; ~ ***oder übel*** willy nilly, whether you *etc.* like it or not; ***wir müssen es ~ oder übel machen*** there's no getting around it; ***er weiß das sehr ~*** he knows very well; ***ich bin mir dessen ~ bewußt*** I'm well aware of that; ***das kann man ~ sagen!*** you can say that again; ***das war ~ überlegt*** that was well thought out; ***ich erinnere mich sehr ~ daran*** I remember it well; ***ich verstehe dich sehr ~*** I understand you perfectly well; ***er hätte sehr ~ kommen können*** he could easily have come, there was nothing to stop him (from) coming; **3.** (*möglicherweise, vielleicht*) possibly; perhaps, maybe; (*wahrscheinlich*) probably; *vermutend, einräumend*: I suppose; ***das ist ~ möglich*** I suppose that's possible, that's quite possible; ***das wird ~ das beste sein*** that's probably the best solution; ***das wird ~ so sein*** very likely; ~ ***kaum*** hardly, I doubt it; ***sie wird ~ kaum anrufen*** I doubt whether she'll ring up, I don't suppose she'll ring up; *gehst du mit?* - ~ ***kaum*** I doubt it very much; ***ich habe ~ nicht richtig gehört*** did I hear you right?; **4.** *sich fragend*: I wonder; ***ob er ~ weiß, daß*** I wonder if he knows (that); **5.** ***er könnte ~ noch kommen*** he might come yet; **6.** (*ungefähr*) about; ***ich habe es ihm ~ schon zehnmal gesagt*** I must have told him at least ten times; **7.** *Ärger ausdrückend*: *was machst du da?* - ***was ~?*** what does it look like?, what do you think?; **III.** ℒ *n* welfare, good; (*Wohlergehen*) well-being, *weitS.* prosperity; ***auf j-s ~ trinken*** drink to s.o.'s health; ***zum ~!*** to your health!, F cheers!
wohlauf *pred. adj.* well, in good health.
wohlbedacht *adj.* well-considered.
Wohl|befinden *n* well-being; ***sich nach j-s ~ erkundigen*** ask after s.o., ask how s.o. is; **~behagen** *n* comfort; pleasure; ***mit ~*** with relish.
wohl|behalten *adj.* safe (and sound); *Sache*: undamaged; **~behütet I.** *adj. Person*: well looked-after; *Kindheit, Erziehung*: very sheltered; **II.** *adv.*: ***er ist ~ aufgewachsen*** he had a very sheltered upbringing; **~bekannt** *adj.* well-known, *negativ*: notorious; **~dosiert I.** *adj.* carefully measured; ***~e Menge*** *a.* well-measured dose; **II.** *fig. adv.*: ***j-m et. ~ beibringen*** break s.th. to s.o. gently; **~durchdacht** *adj.* well thought-out.
Wohlergehen *n* welfare, well-being; ***das leibliche ~*** creature comforts.
wohlerzogen *adj.* well-behaved; ~ ***sein*** *a.* have been brought up well.
Wohlfahrt *f* **1.** F (*Wohlfahrtsamt*) welfare (services *pl.*); ***von der ~ leben*** live on welfare; **2.** *obs.* (*Wohlergehen*) welfare, well-being; **3.** ***für die ~*** for charity.
Wohlfahrts... *in Zssgn* → *a.* ***Fürsorge...***; **~amt** *n* → ***Sozialamt***; **~marke** *f* charity stamp; **~organisation** *f* charity, charitable institution; **~pflege** *f* welfare work; **~staat** *m* welfare state.
Wohlgefallen *n* pleasure, satisfaction (**über** at); ***sein ~ haben an*** take great pleasure in; *hum.* ***sich in ~ auflösen*** *Mißverständnisse*: be settled amicably, *Pläne etc.*: go up in smoke, *Buch, Hemd, Verein*: disintegrate, come apart at the seams, (*verschwinden*) vanish (into thin air); **wohlgefällig I.** *adj.* pleasant, agreeable; (*selbstzufrieden*) complacent; **II.** *adv.* with pleasure.
wohlgeformt *adj.* well-shaped, shapely.
Wohlgefühl *n* pleasant (*od.* pleasurable) sensation *od.* feeling; *allgemeines*: feeling (*od.* sense) of well-being.
wohl|gelaunt *adj.* cheerful(ly *adv.*); **~gelitten** *adj. Gast etc.*: (always) welcome; **~gelungen** *adj.* successful; *pred. a.* a (great) success; **~gemeint** *adj.* well-meant; **~gemerkt** *adv. am Satzanfang od. -ende*: mind you; **~gemut** *adj.* cheerful(ly *adv.*); **~genährt** *adj.* well-fed; **~geordnet** *adj.* (neat and) tidy; well-organized; ~ ***auf dem Schreibtisch liegen*** be (placed) in neat piles on the desk; **~geraten** *adj. Kind*: well-behaved; *Sache*: good; ~ ***sein*** *a.* have turned out well.
Wohlgeruch *m* fragrance; (*Aroma*) pleasant smell (*od.* aroma).
Wohlgeschmack *m* pleasant taste.
wohl|gesetzt *adj.* **1.** *Worte*: well-chosen; *Rede*: well-rounded; **2.** *Schuß, Hieb*: well-aimed; **~gesinnt** *adj.* well-meaning; ***j-m ~ sein*** be well-disposed towards s.o.; **~gestaltet** *adj.* well-shaped, shapely.
wohlhabend *adj.* well-to-do, wealthy; well-off.
wohlig *adj.* pleasant; (*gemütlich*) cosy, *Am.* cozy.
Wohlklang *m* melodiousness; **wohlklingend** *adj.* melodious; *Name*: nice-sounding ...; ***der Name ist ~*** it's a nice-sounding name, the name has a nice ring to it.
Wohlleben *n* good living, life of luxury.
wohl|meinend *adj.* well-meaning; **~proportioniert** *adj.* well-proportioned; well-balanced; symmetrical; **~riechend** *adj.* fragrant; (*aromatisch*) pleasant-smelling, aromatic; **~schmeckend** *adj.* tasty.
Wohlsein *n* well-being; (**zum**) **~!** to your health!
Wohlstand *m* prosperity, affluence; ***zu ~ kommen*** gain prosperity, F strike it rich; ***im ~ leben*** live in prosperity (*od.* affluence); F ***ist bei dir der ~ ausgebrochen?*** have you won the pools or something?
Wohlstands|bürger *m* member of the affluent society, affluent citizen; **~denken** *n* materialistic thinking; **~gefälle** *n* unequal distribution of wealth; **~gesellschaft** *f* affluent society; **~krankheit** *f* civilization disease; **~kriminalität** *f* affluent delinquency.
Wohltat *f* **1.** (*Erleichterung*) relief; ***das ist e-e ~!*** what a relief; that does you good; ***das ist e-e wahre ~*** that really does you good; **2.** (*gute Tat*) good deed; **wohltätig** *adj.* charitable; ***~e Stiftung*** charitable trust; ***für e-n ~en Zweck*** for a good cause, for charity; **Wohltätigkeit** *f* charity.
Wohltätigkeits|konzert *n* charity concert; **~spiel** *n Sport*: charity match; **~veranstaltung** *f* charity event (*Sport*: *a.* fixture); (*Konzert*) charity (*od.* benefit) concert.
wohl|temperiert *adj.* **1.** *pred.* just the right temperature; **2.** ♪ ***das ℒe Klavier*** the Well-Tempered Clavier; **~tuend** *adj.* pleasant; (*lindernd*) soothing; ***~e Wärme*** pleasant feeling of warmth; ***~e Ruhe*** a good rest; **~tun** *v/i.*: ***j-m ~*** do s.o. good; ***das tut wohl*** that does you good; **~überlegt** *adj.* well-considered; **~unterrichtet** *adj.* (well-)informed; **~verdient** *adj.* well-deserved, well-earned.
Wohlverhalten *n* good behavio(u)r; ***bei ~*** in case of good conduct.
wohl|verstanden *adv.* → ***wohlgemerkt***; **~vertraut** *adj.* very familiar; **~verwahrt** *adj.* under lock and key.
wohlweislich *adv.* wisely, for good reason; ***er hat es ~ verschwiegen*** he was careful not to say anything about it.
Wohlwollen *n* goodwill; (*Gunst*) favo(u)r; **wohlwollend** *adj.* kind, benevolent; ***e-r Sache ~ gegenüberstehen*** take a favo(u)rable view of s.th.
Wohn|anhänger *m* caravan, *Am.* trailer, mobile home; **~anlage** *f* housing area; **~bauprojekt** *n* housing project; **~bereich** *m* living area; **~bevölkerung** *f* resident population; **~bezirk** *m* residential area; **~block** *m* block of flats, *Am.* apartment house; **~dichte** *f* population density; **~einheit** *f* living unit.
wohnen *v/i.* live (**bei** *j-m*: with), *amtlich*: reside; *vorübergehend*: stay (**bei** with; **in** at); *fig.* live, *lit.* dwell.
Wohn|fläche *f* living space; **~gebäude** *n* residential building; **~gebiet** *n*, **~gegend** *f* residential area; **~geld** *n* housing subsidy; **~gemeinschaft** *f* flat-sharing (*Am.* apartment-sharing) community; flat-share; ***in e-r ~ leben*** share a flat (*Am.* an apartment) (with other people); **~gifte** *pl.* toxic substances (*od.* materials) in the home.
wohnhaft *adj.* resident.
Wohn|haus *n* residential building; **~heim** *n* residential home, *Am.* rooming house; (*Studenten*ℒ) students' hostel, *bsd. auf dem Universitätsgelände*: hall of residence, *Am.* dormitory; (*Asylanten*ℒ) asylum-seekers' hostel; **~hochhaus** *n* tower block; **~klo** F *n* F broom cupboard, (cubby-)hole, rabbit hutch, *bsd. Am.* shoebox apartment; **~küche** *f* kitchen-(cum-)living room; **~kultur** *f* style of living; home décor; **~lage** *f* (residential) area; ***in schöner ~*** pleasantly

situated; **~landschaft** *f* landscaped interior.
wohnlich *adj.* homely, *Am.* homey; cosy, *Am.* cozy.
Wohnmaschine *f* → ***Wohnsilo.***
Wohnmobil *n* camper (van), *größeres*: mobile home; *Am.* motorhome.
Wohn|ort *m* (place of) residence; **~raum** *m* **1.** living space; **2.** housing; **3.** *pl.* living quarters; **4.** → ***Wohnzimmer***; **~raumbeschaffung** *f* housing supply; **~raumvermittlung** *f*: (***studentische*** ~ students') accommodation service; **~Schlafzimmer** *n* bedsitting room, F bedsit(ter); **~siedlung** *f* housing estate (*od.* development); **~silo** *contp. m* concrete block, *größerer*: tower block; **~sitz** *m* (place of) residence; ***s-n ~ aufschlagen in*** make one's home in; ***s-n ~ auf dem Land haben*** live in the country; **~stadt** *f* residential town; (*Schlafstadt*) dormitory town; **~trakt** *m* accommodation wing; **~turm** *m* **1.** lived-in tower; **2.** (*Hochhaus*) tower block.
Wohnung *f* flat, *bsd. Am.* apartment.
Wohnungs|amt *n* housing office; **~auflösung** *f* giving up of a household; **~bau** *m* house building; **~bauminister** *m* housing minister, minister of housing; *in den USA*: Secretary of Housing and Urban Development; **~bauprogramm** *n* housing scheme; **~besetzer** *m* squatter; **~einbruch** *m* burglary; **~inhaber** *m* tenant; **~knappheit** *f* housing shortage.
wohnungslos *adj.* homeless; *Amtssprache:* without fixed abode.
Wohnungs|mangel *m* housing shortage; **~markt** *m* housing market; ***die Lage auf dem ~*** the housing situation; **~not** *f* housing shortage; **~politik** *f* housing policy; **~schlüssel** *m* key (to the flat, *Am.* apartment); **~suche** *f* search for accommodation, F flat-hunting, *Am.* apartment-hunting; ***das Problem der ~*** the problem of finding somewhere to live; **&suchend** *adj.* accommodation-seeking, F flat-hunting, *Am.* apartment-hunting; **~suchende(r)** *m* accommodation seeker, F flat-hunter, *Am.* apartment-hunter; **~tausch** *m* flat-swap(-ping), *Am.* apartment-swap(ping); **~tür** *f* front door; **~wechsel** *m* moving house (*od.* flats, *Am.* apartments), F move.
Wohn|verhältnisse *pl.* housing conditions; **~viertel** *n* residential area; **~wagen** *m* caravan, *Am.* trailer, mobile home; **~wand** *f* wall-to-wall cupboard; **~zimmer** *n* sitting (*od.* living) room.
wölben I. *v/t. a.* ⚙ curve; ⛫ vault; **II.** *v/refl.*: ***sich ~*** arch; *Bauch, Stirn*: bulge; (*sich verbiegen*) bend; → ***gewölbt***; **Wölbung** *f* arch; (*Gewölbe*) vault; (*Kuppel*) dome; (*gewölbte Form*) curvature.
Wolf *m* **1.** wolf; *fig.* ***mit den Wölfen heulen*** howl with the pack; ***unter die Wölfe geraten*** fall among thieves; **2.** (*Fleisch&*) mincer; F *fig.* ***j-n durch den ~ drehen*** put s.o. through the mill; F ***ich bin wie durch den ~ gedreht*** F I'm knackered; → ***Reißwolf***; **3.** ⚕ chafing; ***e-n ~ haben*** be sore; **Wölfin** *f* she-wolf.
Wolfram *n* ⚗ tungsten.
Wolfs|hund *m* Alsatian, *Am.* German shepherd; ***Irischer ~*** Irish wolfhound; **~hunger** *m*: ***e-n ~ haben*** be ravenous; ***ich habe e-n ~*** *a.* I could eat a horse; **~milch** *f* ♣ spurge; **~rachen** *m* ⚕ cleft palate; **~rudel** *n* pack of wolves.
Wolke *f* cloud (*a. fig.*); *fig.* ***ich bin aus allen ~n gefallen*** it left me speechless, I was flabbergasted; → ***schweben.***
Wolken|auflösung *f* dispersal of clouds; **~band** *n* band of cloud; **~bank** *f* cloud bank; **&bedeckt** *adj.* cloudy, overcast; **~bildung** *f* **1.** buildup of cloud; **2.** *konkret*: cloud formation; **~bruch** *m* cloudburst; **~decke** *f* cloud cover; ***geschlossene ~*** overcast skies; **~felder** *pl.* broken cloud cover *sg.*; **~fetzen** *pl.* scud *sg.*, wispy clouds; **~himmel** *m* cloudy sky; **~kratzer** *m* skyscraper; **~kuckucksheim** *n* Cloud-Cuckoo-Land.
wolkenlos *adj.* cloudless, clear.
Wolken|schicht *f* layer of cloud; **~wand** *f* bank of clouds.
wolkig *adj.* cloudy; *fig.* nebulous, hazy, fuzzy.
Wolldecke *f* (wool[l]en) blanket.
Wolle *f* wool; F *fig.* ***sich in die ~ kriegen*** fight, squabble.
wollen[1] I. *v/aux.* (*beabsichtigen, wünschen*) want; (*im Begriff sein zu*) be about to; (*behaupten*) claim; ***ich will es mir überlegen*** I'll think about it; ***ich will es*** (***nicht***) ***tun*** I'll (I won't) do it; ***er will alles besser wissen*** he thinks he knows it all; ***willst du bitte damit aufhören*** will you stop that please; ***was ich sagen wollte*** a) what I meant to say, b) what I was going to say; ***ich will wissen, was los ist*** I'd like to know what's going on; ***das will ich meinen*** 'I'll say so; ***das wollte ich gerade sagen*** I was just going to say that; ***was ~ Sie damit sagen?*** what do you mean (by that)?, *schärfer*: what are you getting at?; ***er will dich gesehen haben*** he says he saw you, he claims to have seen you; ***keiner will es gewesen sein*** nobody's admitting to (having done) it; *iro.* ***ich will ja nicht so sein*** out of the goodness of my heart; ***wir ~ sehen, wer hier bestimmt*** we'll see who's boss around here; →***heißen[1]*** I *etc.*; **II.** *v/t. u. v/i.* (*wünschen*) want; (*verlangen*) *a.* demand; (*bereit sein*) want to, be willing (*od.* prepared) to; (*beabsichtigen*) want to; ***lieber ~*** prefer; ***ich will lieber*** I'd rather; *et.* ***unbedingt ~*** insist on; ***nicht ~*** refuse (*a. Sache*: to work *etc.*), (*keine Lust haben*) not to want to; ***ich will nach Hause*** *auf dem Heimweg*: I'm on my way home, (*wäre gern zu Hause*) I want to go home; ***er will, daß ich mitkomme*** he wants me to come with him; ***du kannst es, wenn du willst*** you've just got to put your mind to it; ***sie will zum Theater*** she wants to go on the stage; ***was willst du, alles ging gut*** what are you complaining about, it all went well; ***wohin willst du?*** where are you off to?; ***~ Sie bitte e-n Augenblick warten*** would you mind waiting for a minute?; ***was ~ Sie von mir?*** what do you want?; ***was ~ Sie mit e-m Regenschirm?*** what do you want an umbrella for?; ***Verzeihung, das wollte ich nicht!*** sorry, that was unintentional; ***ob er will oder nicht*** whether he likes it or not; ***er weiß nicht, was er will*** he doesn't know what he wants (*od.* his own mind); ***er weiß, was er will*** he knows exactly what he wants; ***was willst du noch?*** what more do you want; ***so gern ich es auch will*** much as I'd like to; ***so Gott will*** God willing; ***mach, was du willst!*** do what you like; ***du hast es ja so gewollt*** you asked for it; ***wie du willst*** as you wish; F ***dann ~ wir mal*** let's get going (F cracking) then; ***m-e Beine ~ nicht mehr*** my legs are giving up on me; F ***er will dir was*** F he's got it in for you; F ***dir will ich!*** F you'd better watch it; F ***die Uhr will nicht mehr*** F that clock has given up the ghost; F ***hier ist nichts zu ~*** F nothing doing; → ***gewollt*** *etc.*
wollen[2] *adj.* wool(l)en.
Woll|faden *m* wool(l)en thread; **~garn** *n* wool; **~gras** *n* cotton grass; **~handkrabbe** *f* Chinese crab; **~handschuh** *m* wool(l)en glove.
wollig *adj.* wool(l)y; *Haar*: fuzzy.
Woll|jacke *f* cardigan; **~knäuel** *m, n* ball of wool; **~mütze** *f* wool(l)en hat, F wool(l)y hat; **~sachen** *pl.* wool(l)ens, wool(l)y clothes; **~schaf** *n* wool sheep; **~socken** *pl.* wool(l)en socks, F wool(l)y socks; **~spinnerei** *f* wool mill; **~stoff** *m* wool, wool(l)en fabric.
Wollust *f* voluptuousness; sensuality; (*Lüsternheit*) lust; ***et. mit wahrer ~ tun*** relish s.th., revel in s.th.; **wollüstig** *adj.* voluptuous; (*geil*) lecherous; **Wollüstling** *contp. m* lecher.
Wollwaren *pl.* wool(l)ens.
womit I. *interr. adv.* what (...) with?; ***~ kann ich dienen?*** what can I do for you?; ***~ hab' ich das verdient?*** what did I do to deserve that?; **II.** *rel. adv.* with which; ***~ ich nicht sagen will*** by which I don't mean to say; ***~ die Sache erledigt war*** which settled the matter.
womöglich *adv.* **1.** if possible; **2.** (*möglicherweise*) possibly.
wonach I. *interr. adv.* after what?; ***~ fragt er?*** what is he asking about?; F ***~ ist dir denn?*** what do you feel like then?; **II.** *rel. adv.* after which, whereupon; (*gemäß*) according to which.
Wonne *f* delight, bliss; ***e-e wahre ~*** sheer delight, a real treat; F ***mit ~*** with relish; **~gefühl** *n* blissful sensation; **~monat** *lit. m*: ***im ~ Mai*** in the merry month of May; **~proppen** F *hum. m* bundle of joy.
wonnig *adj.* (*herzig*) lovely, sweet.
woran I. *interr. adv.*: ***~ denkst du*** (***gerade***)***?*** what are you thinking about?, F (a) penny for your thoughts; ***~ arbeitet er?*** what is he working on (*od.* at)?; ***~ liegt es, daß ...?*** how is it that ...?; ***~ hast du ihn erkannt?*** how did you recognize him?; **II.** *rel. adv.* on (*od.* at *etc.*) which; ***das, ~ ich dachte*** what I had in mind; ***~ man merkte, daß*** which showed that; ***ich weiß nicht, ~ ich bin*** I don't know where I stand, ***mit ihm:*** I don't know where I stand (*od.* where I'm at) with him, *weitS.* I don't know what to make of him.
worauf I. *interr. adv.* on what?, what ... on?; ***~ wartest du*** (***noch***)***?*** what are you waiting for?; **II.** *rel. adv.* on which; (*wonach*) whereupon, upon which; ***~ er antwortete*** to which he replied; ***~ du dich verlassen kannst*** just wait and see; → ***ankommen*** 5.
woraus I. *interr. adv.* where (...) from?, out of what?, from what?; ***~ ist es gemacht?*** what is it made of?; **II.** *rel. adv.* out of which, from which; ***der Stoff, ~ es gemacht ist*** the material it is made of.
worin I. *interr. adv.* in what?, what (...) in?; ***~ liegt der Unterschied?*** what (*od.* where) is the difference?; **II.** *rel. adv.* in which.

Wort *n ling.* (*pl.* **Wörter**) word; (*Ausdruck*) term, expression; (*Ausspruch, pl.* **Worte**) saying; (*Ehren*2) word (of hono[u]r); ***sein ~ geben*** give (*od.* pledge) one's word; ***j-s ~ darauf haben*** have s.o.'s word on it; ***~ halten*** keep one's word; ***das ~ (Gottes)*** the Word (of God); F ***dein ~ in Gottes Ohr*** let's hope it works out like that; ***j-m (e-r Sache) das ~ reden*** support s.o. (s.th.), back s.o. (s.th.) up; ***viele ~e machen*** talk a lot; ***ein paar ~e mit j-m wechseln*** have a few words with s.o.; ***ein gutes ~ einlegen für j-n*** put in a good word for s.o.; ***das ~ ergreifen*** (begin to) speak; ***das ~ führen*** do the talking; ***das große ~ haben*** (*od.* ***führen***) do all the talking, (*angeben*) F talk big; ***Sie haben das ~*** over to you; ***das ~ hat Herr X*** Mr X will now speak to you (*od.* address you); ***das letzte ~ in*** *e-r Sache*: the last word on; ***das letzte ~ haben*** have the final say, (*rechthaberisch*) have the last word; ***das letzte ~ ist noch nicht gesprochen*** we haven't heard the last of it; ***das ist mein letztes ~*** that's final; ***ohne viel ~e zu machen*** without further ado; ***kein ~ mehr!*** I don't want to hear another word!; ***kein ~ darüber!*** don't breathe a word; ***genug der ~e!*** enough said; ***ich glaube ihm kein ~*** I don't believe a word he says; F ***hast du ~e!*** would you credit it; ***das ist ein ~!*** you're on!; ***man kann sein eigenes ~ nicht verstehen*** you can't hear yourself speak; ***er macht nicht viele ~e*** he doesn't waste his words; ***ich will nicht viele ~ machen*** I'll be brief; ***ein ~ gab das andere*** one thing led to another; ***mir fehlen die ~e*** words fail me, I don't know what to say; ***aufs ~ gehorchen (glauben)*** obey (believe) implicitly; ***auf ein ~!*** can I have a word with you?; ***nicht viel auf j-s ~e geben*** not to set great store by what s.o. says; ***hör auf m-e ~e*** mark my words; ***j-n beim ~ nehmen*** take s.o. at his (*od.* her) word, *bei Einladung etc.*: take s.o. up on s.th.; ***~ für ~*** word for word; ***in ~en*** *bei Zahlenangaben*: in letters; ***in ~ und Bild berichten*** give an illustrated report; ***in ~e fassen*** formulate, express (in words); ***j-m ins ~ fallen*** interrupt s.o., F butt in on s.o.; ***e-e Sprache in ~ und Schrift beherrschen*** have a good spoken and written knowledge (*od.* command) of a language; ***mit anderen ~en*** in other words, put another way; ***mit 'einem ~*** in a word; ***mit den ~en schließen: ...*** wind up by saying (that) ...; ***er erwähnte es mit keinem ~*** he didn't even give it a mention; ***nach ~en suchen*** search (*od.* be at a loss) for words; ***kein ~ herausbringen*** be tongue-tied; ***ums ~ bitten*** ask to speak; ***zu ~ kommen*** have one's say; ***nicht zu ~ kommen*** not to get a word in edgeways; ***zu s-m ~ stehen*** stick by one's word; → ***abschneiden*** 4, ***entziehen*** 1, ***Mund, ringen*** II, ***sparen*** I, ***Tat*** *etc.*

wort|arm *adj.* **1.** *Sprache*: lacking in vocabulary; **2.** → ***wortkarg***; **2armut** *f* poor vocabulary; **2art** *f ling.* part of speech; **2bildung** *f* word formation; **2bruch** *m* breach of promise; ***e-n ~ begehen*** break one's word; **~brüchig** *adj.* not true to one's word; ***~ werden*** break one's word.

Wörtchen *n*: ***ich möchte ein ~ mit dir reden*** I'd like a word with you; → ***mitreden*** II, ***wenn*** I.

Wörter|buch *n* dictionary; **~verzeichnis** *n* list of words, vocabulary.

Wort|familie *f* word family; **~feld** *n* word field; **~fetzen** *pl.* scraps of conversation; **~folge** *f* word order; **~führer** *m* spokesman; **~gefecht** *n* battle of words; **~geklingel** *contp. n* nice-sounding words; **2getreu** *adj.* word-for-word ...; literal; **2gewaltig** *adj. Redner, Schriftstück etc.*: powerful; **2gewandt** *adj.* articulate, *stärker*: eloquent; **~gut** *n* vocabulary; **~held** *contp. m* loudmouth; **~hülse** *f* (empty) cliché, meaningless word; **2karg** *adj.* taciturn; ***er ist ziemlich ~*** *a.* he doesn't say much; **~kargheit** *f* taciturnity; **~klauberei** *f* hairsplitting; **~laut** *m* wording; (*Inhalt*) text; ***der Brief hat folgenden ~*** runs as follows.

wörtlich I. *adj.* literal, word-for-word ...; **II.** *adv.* literally (*a. fig.*); *wiederholen, übersetzen etc.*: word for word; ***so hat er ~ gesagt*** those were his exact words.

wortlos I. *adj.*: ***~es Einverständnis*** tacit agreement; **II.** *adv.* without a word.

Wort|meldung *f* request to speak; **~prägung** *f* coinage; ***neue ~*** recent coinage, newly coined expression (*od.* word); neologism; **2reich** *adj.* **1.** *Sprache*: rich in vocabulary; **2.** *contp. Stil etc.*: verbose, wordy; **~reichtum** *m* rich vocabulary; **~salat** *m psych.* word salad; **~schatz** *m* vocabulary; ***großer ~*** large (*od.* wide) vocabulary; ***kleiner ~*** limited vocabulary; **~schöpfung** *f* coinage; neologism; **~schwall** *m* torrent of words; **~spiel** *n* play on words; (*Wortwitz*) pun; *pl. coll.* wordplay *sg.*; **~stamm** *m* root, stem (of a *od.* the word); **~stellung** *f* word order; **~streit** *m* → ***Wortgefecht***; **~verdreher** *contp. m*: ***er ist ein ~*** he twists (*od.* distorts) everything you say; **~wahl** *f* choice of words; **~wechsel** *m* (verbal) exchange, argument; **2wörtlich** *adj. u. adv.* → ***wörtlich.***

worüber I. *interr. adv. konkret*: over (*od.* on) what?, what ... over (*od.* on)?; *fig.* what (...) about (*od.* on)?; ***~ lachst du?*** what are you laughing about (*od.* at)?; **II.** *rel. adv. konkret*: over (*od.* on) which; *fig.* about (*od.* on) which; ***~ er ärgerlich war*** which annoyed him.

worum I. *interr. adv.* about what?, what ... about?; ***~ handelt es sich?*** a) what's it about?, b) what's the problem?; **II.** *rel. adv.* about which; for which.

worunter I. *interr. adv.* under (*fig.* among) what?, what ... under (*fig.* among)?; **II.** *rel. adv.* under (*fig.* among) which; ***~ ich mir nichts vorstellen kann*** which doesn't mean anything to me; ***~ ich leide*** what (*im Nachsatz*: which) I suffer from.

wovon I. *interr. adv.* of (*od.* from) what?, what (...) from (*od.* of)?, about what?, what (...) about?; **II.** *rel. adv.* of (*od.* from, about) which.

wovor I. *interr. adv.* in front of what?; *fig.* of what?, what (...) of?; ***~ hast du Angst?*** what are you afraid of?; **II.** *rel. adv.* in front of which; *fig.* of which.

wozu I. *interr. adv.* for what?, what (...) for?; (*warum*) why?; **II.** *rel. adv.* for which; (*warum*) why; ***~ ich bereit bin*** what (*im Nachsatz*: which) I'm prepared to do.

Wrack *n* wreck (*a. fig.*); *fig.* ***menschliches ~*** physical wreck; **~teile** *pl.* wreckage *sg.*

wringen *v/t.* wring (out).

Wucher *m* profiteering; *bei Geldverleih*: usury; ***~ treiben*** practi|se (*Am.* -ce) usury; **Wucherer** *m* profiteer; usurer; **Wuchermiete** *f* rack rent, extortionate rent; *pl. coll.* rack renting *sg.*; **wuchern** *v/i.* **1.** ⚘ grow rampant; ⚕ proliferate (*a. fig.*); *fig. a.* be rampant; **2.** *geldlich*: practi|se (*Am.* -ce) usury; **Wucherpreis** *m* extortionate price; **Wucherung** *f* ⚘ rank growth; ⚕ excrescence, growth; (*Zell*2) proliferation; **Wucherzins(en** *pl.*) *m* usurious interest (*sg.*).

Wuchs *m* growth; (*Form*) shape; (*körperliche Gestalt*) build, physique; ***von kleinem ~*** of small (*od.* slight) build; ***von kräftigem ~*** big-built.

Wucht *f* **1.** force; *e-s Schlags etc.*: impact; ***mit voller ~ auf den Rücken fallen*** fall flat on one's back; ***mit voller ~ gegen die Mauer rennen*** run straight into the wall; ***der ~ e-s Angriffs widerstehen*** resist the onslaught; **2.** F (*Prügel*) good hiding; **3.** F ***das ist 'ne ~*** F it's great, it's fantastic; **wuchten** *v/t.* **1.** heave; (*schleppen*) drag; **2.** *Fußball etc.*: slam; **wuchtig** *adj.* **1.** heavy; *optisch*: bulky; *Gestalt*: massive, big; **2.** *Schlag*: hard, powerful.

Wühlarbeit *fig. f* (underground) agitation; **wühlen I.** *v/i.* dig; *Tier*: burrow (*a.* ***sich ~***) (***in*** into); *Schwein*: root, ***in***: grub up; *Person, suchend*: rummage (***in*** around in); (*Unordnung schaffen*) make a mess; *im Bett*: thrash around; *fig.* (*schwer arbeiten*) beaver away; *pol.* (*Wühlarbeit leisten*) agitate; ***(sich) in den Haaren ~*** rumple one's hair; ***im Schmutz ~*** mess about in the mud (*od.* dirt), wallow in the mud (*fig.* mire); *fig. Haß etc.* ***wühlte in ihm*** gnawed at him; → ***Wunde***; **II.** *v/t.* (*Loch etc.*) burrow; ***s-n Kopf in das Kissen ~*** burrow one's head into the pillow; **III.** *v/refl.*: ***sich ~ durch*** *Panzer*: churn through; *Person*: burrow one's way through, *fig. durch Akten etc.*: rummage through; **Wühler** *m* **1.** *zo.* burrower; **2.** *pol.* agitator; **3.** F *fig.* (*Arbeitstier*) slaver; ***er ist ein ~*** *a.* he works like a maniac; **Wühlmaus** *f* vole; **Wühltisch** F *m* bargain counter.

Wulst *m, f* (*Verdickung*) bulge; (*Reifen*2) bead; △ torus; **wulstig** *adj.* bulging; (*aufgedunsen*) puffed up; *Lippen*: thick, protruding; **Wulstnarbe** *f* thickened scar.

wund *adj.* sore, chafed; (*offen*) raw; ***~e Stelle*** sore, *fig.* (*a.* ***~er Punkt***) sore point; ***~ reiben*** chafe; ***sich die Füße ~ laufen*** get sore feet, *fig.* walk one's feet off; *fig.* ***sich die Finger ~ schreiben*** wear one's fingers to the bone writing; ***sich den Mund ~ reden*** talk till one is blue in the face; ***den Finger auf e-e ~e Stelle legen*** touch a sore point.

Wund|brand *m* gangrene; **~behandlung** *f*: ***(zur ~*** for the) treatment of wounds.

Wunde *f* wound; (*Schnitt*2) cut, *klaffende*: gash; *fig.* ***alte ~n wieder aufreißen*** open old sores; ***in e-r ~ wühlen*** turn a knife in a wound; ***die Zeit heilt alle ~n*** time is the great healer.

Wunder *n* miracle; (*Wundertat, wunderbare Sache od. Person etc.*) *a.* wonder; ***~ der Technik*** engineering marvel; ***(es ist) kein ~(, daß)*** (it's) no wonder (that);

ist es ein ~, daß ...? is it any wonder that ...?; ***auf ein ~ hoffen*** be hoping for a miracle; ***er ist ein ~ an Ausdauer*** he's got amazing stamina; ***~ wirken*** perform miracles, *fig.* work wonders; ***es grenzt an ein ~*** it's a near-miracle; ***wenn nicht ein ~ geschieht*** barring miracles; ***er wird sein blaues ~ erleben*** he's got a surprise coming, he's in for a (big) surprise; ***wie durch ein ~*** miraculously; ***er glaubt, er sei ≈ wer*** F he thinks he's the bee's knees; ***er glaubt ≈ was er getan hat*** he thinks he's done goodness knows what; **wunderbar** *adj.* wonderful, marvel(l)ous; (*übernatürlich, a. fig.*) miraculous; **wunderbarerweise** *adv.* miraculously.

Wunder|ding *n* wonder, marvel; **~doktor** *m* miracle doctor; **~droge** *f* miracle drug; **~glaube** *m*, **~gläubigkeit** *f* belief in miracles; **≈hübsch** *adj.* (absolutely) lovely; **~kerze** *f* sparkler; **~kind** *n* child prodigy, wunderkind; **~knabe** *m* boy wonder; **~kraft** *f* miraculous powers *pl.*, ability to perform miracles; **~lampe** *f* magic lamp; **~land** *n* wonderland.

wunderlich *adj.* strange, peculiar.

Wundermittel *n* wonder cure (*od.* drug).

wundern I. *v/t.* surprise; ***es wundert mich*** I'm surprised; ***es würde mich nicht ~, wenn*** I wouldn't be at all surprised if; ***wen wundert es?*** is it any wonder?; ***mich wundert gar nichts mehr*** nothing surprises me any more; **II.** *v/refl.*: ***sich ~*** be surprised (***über*** at); ***ich habe mich gewundert, wer das war*** I wondered who that was; ***du wirst dich ~*** you won't believe it; F ***ich muß mich doch sehr ~!*** I'm surprised at you, you disappoint me; ***er konnte sich nicht genug darüber ~*** he couldn't get over it.

wundernehmen *v/t.* astonish, surprise; ***es nimmt mich wunder, daß*** I'm surprised that.

wundersam *adj.* strange, *lit.* wondrous.

wunderschön *adj.* wonderful, beautiful.

Wundertat *f* miracle; **Wundertäter** *m* miracle-worker; **wundertätig** *adj.* miracle-working.

Wunder|tier *n*: ***er wurde wie ein ~ angestarrt*** they stared at him as if he had come from another planet; **~tüte** *f* lucky bag; **≈voll** *adj.* wonderful, marvel(l)ous; **~waffe** *f* wonder weapon; **~werk** *n* miracle; *fig. a.* wonder, marvel.

Wundfieber *n* wound fever.

wundliegen *v/refl.*: ***sich ~*** get bedsores.

Wund|mal *n* scar; *eccl.* stigma (*pl.* stigmata); **~pflaster** *n* adhesive plaster; **~puder** *m* antiseptic powder; **~salbe** *f* antiseptic ointment; **~schmerz** *m* traumatic pain; **~starrkrampf** *m* tetanus.

Wunsch *m* wish, desire; ***auf (allgemeinen) ~*** by (popular) request; ***auf eigenen ~*** at one's own request; ***auf ~ schicken wir ...*** if requested, we will send you ...; ***(je) nach ~*** as desired; ***der ~ nach Freiheit*** the desire for freedom; ***es ging alles nach ~*** everything went as planned; ***mit den besten Wünschen*** with best wishes; ***j-m e-n ~ erfüllen (versagen)*** fulfil(l) a wish for s.o. (deny s.o. a wish); ***ein eigenes Haus war schon immer mein ~*** I('ve) always wanted to have a house of my own; ***mein einziger ~ ist ...*** all I want (*od.* wish for) is ...; ***haben Sie noch e-n ~?*** is there anything else I can do for you?; *iro.* ***dein ~ ist mir Befehl*** your wish is my command; ***der ~ war Vater des Gedankens*** the wish was father to the thought; ***am Ziel s-r Wünsche sein*** have fulfil(l)ed one's every wish (*od.* ambition); → ***ablesen*** 3, ***erfüllen*** 2, ***fromm.***

Wunsch|bild *n* ideal; **~denken** *n* wishful thinking.

Wünschelrute *f* divining rod; **Wünschelrutengänger** *m* (water) diviner, dowser.

wünschen *v/t.* wish; (*wollen*) want; ***sich et. ~*** wish for s.th., *sehnend*: long for s.th.; ***viel zu ~ übriglassen*** leave much to be desired; ***was ~ Sie?*** what can I do for you?; ***~ Sie noch etwas?*** would you like anything else?; ***wie Sie ~*** as you wish (*od.* like), *iro.* suit yourself; ***ich wünsche Ihnen alles Gute*** (I wish you) all the best(, then); ***ich wünsche dir Erfolg (e-e gute Reise)*** I wish you success (a good journey); ***sie wünscht sich zu Weihnachten e-e Puppe*** she wants a doll for Christmas; ***alles, was man sich ~ kann*** everything one could wish for; ***es ist zu ~, daß e-e Lösung gefunden wird*** it is to be hoped that a solution can be found; ***ich wünsche, nicht gestört zu werden*** I don't want (*od.* wish) to be disturbed; ***ich wünsche, daß hier nicht geraucht wird*** I don't want any smoking here; ***das wünsche ich m-m schlimmsten Feind nicht*** I wouldn't wish that on my worst enemy; → ***gewünscht.***

wünschenswert *adj.* desirable; ***das wäre sehr ~*** *a.* that would be very (*od.* most) welcome.

wunschgemäß *adv.* as requested.

Wunsch|kandidat *m* candidate preference; **~kind** *n* planned child; ***sie war ihr ~*** she was their long-awaited baby; **~konzert** *n* request program(me); **~liste** *f* list of presents; *fig.* shopping list.

wunschlos *adv.*: ***~ glücklich*** perfectly happy.

Wunsch|partner *m* ideal partner; (*Mann*) *a.* F Mr Right; **~traum** *m* dream, great wish; *contp.* pipe dream, pie in the sky; **~vorstellung** *f* ideal; **~zettel** *m* Christmas list.

Würde *f* dignity (*a. weitS.*); (*Ehre*) hono(u)r, (*Rang*) rank; ***akademische ~*** academic degree; ***priesterliche ~*** priestly office; ***die ~ e-s Kardinals erlangen*** be made cardinal; ***die ~ bewahren*** preserve (*od.* retain) one's dignity; ***unter aller ~*** beneath contempt; ***unter m-r ~*** beneath my dignity; F ***sie war ganz ~*** she was out to impress; ***mit ~ alt werden*** grow old gracefully; *hum.* ***ich werd's mit ~ tragen*** I'll try and keep a stiff upper lip.

würdelos *adj.* undignified.

Würdenträger *m* dignitary; ***geistlicher ~*** church dignitary; ***geistliche und weltliche ~*** dignitaries from church and state.

würdevoll I. *adj.* dignified; **II.** *adv.* with dignity.

würdig I. *adj.* worthy (*gen.* of); (*verdient*) deserving (of); (*würdevoll*) dignified; ***e-r Sache ~ sein*** *a.* merit (*od.* deserve) s.th.; ***er ist dessen nicht ~*** he doesn't deserve it; ***ein ~er alter Herr*** a dignified old gentleman; ***ein ~er Nachfolger*** a worthy successor; ***sich j-s Vertrauens ~ erweisen*** prove worthy of s.o.'s confidence; **II.** *adv.*: ***j-n ~ vertreten*** be a worthy representative of s.o.; **würdigen** *v/t.* (*lobend erwähnen*) acknowledge, (*preisen*) pay tribute to; (*schätzen*) appreciate; ***j-n keines Blickes (keiner Antwort) ~*** not to deign to look at s.o. (reply to s.o.); **Würdigung** *f* (*Anerkennung*) acknowledg(e)ment, recognition; (*Ehrenerweisung*) hono(u)ring; (*Schätzung*) appreciation; ***in ~ s-r Verdienste*** in recognition of his services *etc.*

Wurf *m* **1.** throw (*a. Sport*); *Handball etc.*: *a.* shot; *fig.* (*glücklicher ~*) lucky strike; *fig.* ***großer ~*** great success; **2.** *zo.* (*~ Junge*) litter; **3.** (*Falten≈*) folds *pl.*; **~bahn** *f* trajectory; **~disziplin** *f Sport*: throwing event.

Würfel *m* cube (*a. Eis≈ etc.*); (*Spiel≈*) dice; *fig.* ***die ~ sind gefallen*** the die is cast; **Würfelbecher** *m* (dice) shaker; **würfelförmig, würfelig** *adj.* cubic, cube-shaped; *Muster*: chequered, *Am.* checkered; **würfeln I.** *v/i.* **1.** throw dice (***um*** for); (*spielen*) play dice; **II.** *v/t.* **2.** throw; **3.** *gastr.* dice, chop up; **Würfelspiel** *n* **1.** dice game, (*Partie*) game of dice; **2.** (board) game involving dice; **Würfelzucker** *m* sugar cubes *pl.*; *coll.* lump sugar, ✝ cube sugar.

Wurf|geschoß *n* projectile; **~griff** *m Judo*: throwing grip; **~körper** *m* projectile; **~maschine** *f* **1.** *hist.* catapult; **2.** *Schießsport*: trap; **~pfeil** *m* dart; **~pfeilspiel** *n* darts (*sg.*); **~scheibe** *f* discus; **~sendung** *f* circular; *pl. formell*: *a.* unaddressed advertising matter *sg.*, F junk mail *sg.*; → ***Postwurfsendung***; **~speer** *m*, **~spieß** *m* spear; **~taube** *f* clay pigeon; **~taubenschießen** *n* clay-pigeon shooting, trapshooting.

Würgeengel *m* angel of death; **Würgegriff** *m* stranglehold (*a. fig.*); **Würgemale** *pl.* strangulation marks; **würgen I.** *v/t.* strangle; *Essen*: make *s.o.* choke; *Kragen etc.*: choke; **II.** *v/i.* choke; *beim Erbrechen*: retch; ***an et. ~*** choke on s.th.; *fig. an Kritik*: find s.th. hard to swallow, *an Arbeit*: sweat over s.th.; **Würger** *m* **1.** strangler; **2.** (*Vogel*) shrike.

Wurm¹ *m* **1.** worm (*a.* ✂, ⚙); (*Made*) maggot; ***sich krümmen wie ein getretener ~*** squirm like an eel; **2.** F *fig.* ***j-m die Würmer aus der Nase ziehen*** winkle everything (F drag it) out of s.o.; F ***da ist der ~ drin*** there's something very wrong with it, *weitS.* there's something fishy about it.

Wurm² *m, n* (*Kind*) mite; ***armer ~!*** poor little mite; **Würmchen** *n* → ***Wurm².***

wurmen F *v/t.* rile, rankle with, F get (to).

Wurmfortsatz *m anat.* vermiform appendix.

wurmig *adj.* → ***wurmstichig.***

Wurm|kur *f* deworming; **~leiden** *n* worms *pl.*; **~mittel** *n* dewormer.

wurmstichig *adj.* worm-eaten; (*madig*) maggoty.

Wurscht F *f* → ***Wurst.***

Wurst *f* sausage; F (*Hundekot*) *a. pl.* dog's muck; ***mit der ~ nach der Speckseite werfen*** throw a sprat to catch a mackerel; F ***es ist mir (völlig) ~*** I couldn't care less, I don't care, F I don't give a damn; F ***jetzt geht's um die ~!*** this is it (now)!; → *a.* ***Würstchen***; **~brot** *n* sausage-meat sandwich; **~bude** *f etwa* hot-dog stand.

Würstchen *n* small sausage; *Kindersprache*: (*Exkrement*) job; ***Wiener ~***

vienna, wiener; ***Frankfurter*** ~ frankfurter, F *a.* frank; ***ein Paar*** ~ two frankfurters *etc.*; ***warmes*** ~ hot dog; ***ein*** ~ ***machen*** *Kindersprache*: do a poo; F *fig.* (**kleines**) ~ small fry, *a* nobody.

Wurstelei F *f* muddling (through); **wursteln** F *v/i.* muddle (one's way) through.

Wurst|finger *pl.* fat (*od.* pudgy) fingers; **~haut** *f* sausage skin.

wurstig F *adj.* F couldn't-care-less ...; ***er ist ziemlich*** ~ F he doesn't really give a damn; **Wurstigkeit** F *f* F couldn't-care-less (*sl.* to-hell-with-it) attitude.

Wurst|platte *f* platter of cold cuts; **~waren** *pl.* sausages; **~zipfel** *m* sausage-end.

Würze *f* spice(s *pl.*); flavo(u)r; (*Aroma*) aroma; (*Duft*) fragrance; *fig.* spice; *fig.* ***ohne*** ~ insipid.

Wurzel *f* root (*a.* Ꜹ, *ling.*, *Haar≈ etc. und fig.*); (*Möhre*) carrot; Ꜹ ***zweite*** (***dritte***) ~ square (cubic) root; Ꜹ ***die*** ~ ***e-r Zahl ziehen*** extract the (square) root of a number; ***~n schlagen*** *a. fig.* take root, *fig.* (*sich einleben*) put down roots; F *fig.* ***willst du hier ~n schlagen?*** are you going to stand around here all day?; ***das Übel an der*** ~ ***packen*** strike at the root (of this evil); ***et. mit der*** ~ ***ausrotten*** eradicate s.th. root and branch; **~behandlung** *f* ⚕ root treatment; **~fäule** *f* ♣ soft rot; **~gemüse** *n* root vegetables *pl.*; **~kanal** *m e-s Zahns*: root canal.

wurzellos *adj.* rootless (*a. fig.*).

wurzeln *v/i.* take root; *fig.* ~ ***in*** be rooted in, (*stammen von*) stem from, have its roots in.

Wurzel|werk *n* **1.** roots *pl.*; **2.** → ***Suppengrün***; **~zeichen** *n* Ꜹ radical sign.

würzen *v/t.* spice, season; *fig.* spice *s.th.* up, add a bit of spice to; **würzig** *adj.* spicy (*a. fig.*), well-seasoned; *Wein*: fruity.

Würz|kräuter *pl.* herbs; **~mischung** *f* mixed spices *pl.*; **~soße** *f* liquid seasoning; **~stoff** *m* seasoning.

wuschelig *adj.* curly; (*kraus*) fuzzy, *stärker*: frizzy; (*zerzaust*) tousled; **Wuschelkopf** *m* mop of curly (*od.* fuzzy, frizzy) hair; (*Person*) curly-head.

Wust *m* (*Durcheinander*) mess, jumble; (*Kram*) rubbish; (*große Menge*) mass, pile.

wüst *adj.* **1.** (*öde*) deserted, desolate; **2.** (*wirr*) chaotic; (*liederlich*) wild; ***ein ~es Durcheinander*** complete chaos; ***er*** (***es***) ***sieht ja*** ~ ***aus*** he looks a real fright (what a mess *od.* shambles); **3.** (*roh*) wild; (*blindwütig*) rabid; ***e-e ~e Schlägerei*** F a real set-to; **4.** (*ausschweifend*) wild, dissolute; **5. *~e Beschimpfungen*** wild abuse, *weitS.* cursing and swearing.

Wüste *f* desert; (*öde Landschaft*) wilderness; *fig.* ***j-n in die*** ~ ***schicken*** F give s.o. the boot.

Wüsten|bildung *f* desertification; **~landschaft** *f* desert landscape; (*Öde*) barren landscape; **~sand** *m* desert sands *pl.*; **~schiff** *n* (*Kamel*) ship of the desert; **~volk** *n* desert tribe (*od.* people).

Wüstling *m* rake, debauchee.

Wut *f* rage, fury; (*Lese≈ etc.*) mania; ***in*** ~ ***geraten*** fly into a rage; ***j-n in*** ~ ***bringen*** infuriate s.o., F get s.o. going; ***e-e fürchterliche*** ~ ***haben*** be livid, be absolutely furious; ***leicht in*** ~ ***geraten*** have a quick temper; F ***vor*** ~ ***platzen*** F be hitting the roof; F ***vor*** ~ ***kochen*** (*od.* ***schäumen***) seethe with rage, fume; F ***e-e*** ~ ***auf j-n haben*** F be mad at s.o.; F ***ich habe e-e*** ~ ***auf ihn!*** *a.* I could strangle (*od.* kill) him; F ***ich krieg' die ~, wenn ich so was sehe*** F it makes me mad to see it; ***mich packt die ~, wenn ich daran denke, daß*** *a.* it makes my blood boil to think that; → ***auslassen*** 6 *etc.*; **~anfall** *m* fit of rage; **~ausbruch** *m* angry outburst, outburst of rage; *launischer*: tantrum; **≈bebend** *adj.* trembling with rage.

wüten *v/i.* rage (*a. Feuer, Seuche, Sturm etc.*; ***gegen*** at, against); *Menschenmenge*: riot; *weitS.* create havoc; **wütend** *adj.* **1.** furious, F mad (***auf, über*** at); ~ ***machen*** infuriate, enrage, F get *s.o.* going; **2.** *fig. Sturm, Schmerzen etc.*: raging; **wutentbrannt** *adj.* infuriated, furious; **Wüterich** *obs. m* **1.** hothead; **2.** ruthless tyrant; **wutschnaubend** *adj.* foaming with rage, F foaming at the mouth; **Wutschrei** *m* cry (*lauter*: yell) of rage; **wutverzerrt** *adj. Gesicht*: distorted with rage.

Wuzerl *dial. n* **1.** (piece of) fluff; **2.** (*Kind*) little dumpling.

X

X, x *n* X, x; ***Herr X*** Mr X; ***x Leute habe ich gefragt*** F I've asked umpteen (*od.* dozens of) people; ***j-m ein X für ein U vormachen*** (try to) pull the wool over s.o.'s eyes.

x-Achse *f* Ꜹ x-axis.

Xanthippe F *f* F battleaxe; virago, termagant.

X-Beine *pl.* knock-knees; ~ ***haben*** be knock-kneed; **x-beinig** *adj.* knock--kneed.

x-beliebig I. *adj.* any ... you like, F any old ...; **II.** *adv.* any (*od.* whichever) way you like, F any old way.

X-Chromosom *n* X-chromosome.

Xenon *n* xenon; **~lampe** *f* xenon lamp; **~oxyde** *pl.* xenon oxides.

xenophob *adj.* xenophobic; **Xenophobie** *f* xenophobia.

x-fach I. *adj.* F umpteen times; ***die ~e Zahl*** n times that number; **II.** *adv.* as often (*od.* as many times) as you like;

X-fache *n*: ***das*** ~ F umpteen times as much, umpteen times the amount.

x-förmig *adj.* x-shaped.

x-mal F *adv.* F umpteen times, dozens (*od.* hundreds) of times; ***hab' ich's dir nicht schon*** ~ ***gesagt?*** *a.* haven't I told you a thousand times?, I don't know how many times I've told you.

x-te F *adj.*: ***zum ~n Mal*** F for the umpteenth (*od.* nth, hundredth) time.

Xylophon *n* ♪ xylophone.

Y

YY, y *n* Y, y.

y-Achse *f* Ꜹ y-axis.

Yak *m zo.* yak.

Yang *n phls.* yang.

Y-Chromosom *n* Y-chromosome.

Yen *m* yen.

Yeti *m* yeti, *the* Abominable Snowman.

Yin *n phls.* yin.

Yoga *n, m* yoga; **~übung** *f* yoga exercise.

Yogi *m* yogi.

Ypsilon *n* (the letter) Y.

Yucca(palme) *f* ♣ yucca.

Yuppie *m* yuppie; **Yuppifizierung** *f* yuppification.

Z

Z, z *n* Z, z.

zack I. F *int.* just like that; before you knew it; before you can (*od.* could) say Jack Robinson; **~, *war er weg*** he was gone just like that *etc.*; **~!, ~!** F chop! chop!; **II.** ♀ F *m*: ***auf ~ sein*** F be on the ball; ***et. auf ~ bringen*** bring s.th. up to scratch (*od.* the mark); ***j-n auf ~ bringen*** shake s.o. up.

Zacke *f* (sharp) point; (*Zinke*) prong, *e-r Gabel*: *a.* tine; *e-r Säge, e-s Kamms*: tooth; *e-s Berges*: jagged peak.

Zacken F *m* **1.** → ***Krone*** 2; **2.** (*Nase*) F conk; **3.** ***e-n ~ haben*** F be plastered; ***e-n ~ drauf haben*** F be going like a bomb (*od.* the clappers), be belting along.

zacken *v/t.* indent, notch; (*zähnen*) serrate; (*Stoff*) pink; **zackenförmig** *adj.* serrated; *unregelmäßig*: jagged; **Zackenlinie** *f* zigzag (line).

zackig *adj.* **1.** indented; *Felsen*: jagged; **2.** ***~e Bewegung*** short, sharp movement; **3.** F *fig.* (*schneidig*) F snappy.

zaghaft I. *adj.* (*ängstlich*) timid; (*vorsichtig*) cautious; **II.** *adv.* timidly, gingerly; (*zögernd*) hesitatingly.

zäh I. *adj. Fleisch*: tough; *Flüssigkeit*: viscous; *fig.* (*widerstandsfähig*) tough; (*ausdauernd*) dogged; (*hartnäckig*) stubborn; ***~ wie Leder*** *Fleisch*: tough as leather, F *fig.* tough as old boots; *fig.* ***~er Bursche*** F tough sort; **II.** *adv.* doggedly; stubbornly; *fig.* ***~ vorankommen*** make sluggish progress; **zähfließend** *adj.*: ***~er Verkehr*** slow-moving traffic; **zähflüssig** *adj.* **1.** viscous; **2.** *Verkehr*: slow-moving *traffic*; **Zähflüssigkeit** *f* viscosity; **Zähigkeit** *f* **1.** *von Fleisch*: toughness; *von Flüssigkeit*: viscosity; **2.** *fig.* toughness; (*Ausdauer*) tenacity, doggedness.

Zahl *f* number; (*Ziffer*) figure (*a. Betrag, Wert*); ***vierstellige ~*** four-digit number; ***in großer ~*** in large numbers; ***~ oder Adler, Kopf oder ~*** heads or tails; *lit.* ***ohne ~*** countless, innumerable; ***er wollte keine ~en nennen*** he didn't want to give (*od.* quote) any figures; ***in ~en ausdrücken*** quantify; → ***gerade*** I, ***rot, rund*** I *etc.*; → *a.* ***Ziffer*** 1.

zahlbar *adj.* payable (***an*** to; ***bis*** to); ***~ bei Lieferung*** cash on delivery (*abbr.* COD).

zählbar *adj.* countable.

zählebig *adj.* **1.** tough; **2.** *Ansichten etc.*: tenacious.

zahlen *v/t. u. v/i.* pay (*a. fig.*); ***~! im Gasthaus***: (could I *od.* we have) the bill (*Am.* check), please; ***was habe ich Ihnen zu ~?*** what do I owe you?; ***ich zahle das schon*** I'll pay for that, leave that to me; ***gut*** (***schlecht***) ***~*** pay well (badly); ***was hast du dafür gezahlt?*** what (*od.* how much) did you pay for that?

zählen *v/t. u. v/i.* count (*a. fig.*); *Sport, Kartenspiel etc.*: keep (the) score; *fig.* (*haben*) have; ***~ auf*** count on; ***j-n zu s-n Freunden*** *etc.* ***~*** count s.o. as a friend *etc.* (*od.* among one's friends *etc.*); ***zu den Besten*** *etc.* ***~*** rank with (*od.* among), be among, belong to; ***zu den größten Malern ~*** rank among (*od.* with) the greatest painters; ***der Ort zählt 20 000 Einwohner*** the town has 20,000 inhabitants; ***sein Vermögen zählt nach Millionen*** his fortune runs into millions; ***sie zählte 12 Jahre*** she was 12 (years old); ***er*** (***es***) ***zählt nicht*** he (it) doesn't count; ***s-e Tage sind gezählt*** his days are numbered; ***... nicht gezählt*** not counting ...; ***hier zählt nur Quantität*** only quantity counts (*od.* matters) here; → ***drei*** I.

Zahlen|akrobatik *f* juggling with figures; **~angaben** *pl.* figures; **~beispiel** *n* numerical example; **~code** *m Computer*: numeric code; **~folge** *f* numerical order; **~gedächtnis** *n*: ***ein gutes*** (***schlechtes***) ***~ haben*** be good (bad) at remembering figures; **~kolonne** *f* column of figures; **~kombination** *f* combination (of numbers *od.* figures); **~lotto** *n* → ***Lotto.***

zahlenmäßig I. *adj.* numerical; ***~e Überlegenheit*** superiority in numbers, numerical superiority; **II.** *adv.* numerically, in terms of figures; ***~ überlegen sein*** be superior in numbers, be numerically superior; ***dem Gegner*** *etc.* ***~ überlegen sein*** outnumber the enemy *etc.*

Zahlen|material *n* figures *pl.*; **~mystik** *f* numerology; **~reihe** *f* series of numbers, number sequence; **~schloß** *n* combination lock; **~symbolik** *f* number symbolism; **~system** *n* numerical system; **~wert** *m* numerical value.

Zahler *m*: ***pünktlicher*** (***säumiger***) ***~*** prompt (dilatory) payer.

Zähler *m* **1.** counter; ⚙ *a.* meter; **2.** A numerator; **3.** *Sport*: (*Punkt*) point; **4.** (*Stimmen*♀) teller; **~ablesungen** *pl.* meter readings; **~stand** *m* meter reading.

Zahl|grenze *f* fare stage; *U-Bahn*: *a.* zone boundary; **~karte** *f* postal money order; **~kellner** *m etwa* head waiter.

zahllos *adj.* innumerable, countless, endless, an endless number of.

Zahl|meister *m* paymaster; ⚓ purser (*beide a. fig.*); **♀reich I.** *adj.* numerous, a large number of, a great many; large *family etc.*; **II.** *adv.*: ***~ kommen*** (***vertreten sein***) come (be represented) in large numbers *od.* in force; ***~ besucht werden*** be well attended; **~stelle** *f* paying office; *e-r Bank*: sub-branch; **~tag** *m* pay day; **~teller** *m* money tray.

Zahlung *f* payment; *e-r Schuld*: *a.* settlement; ***gegen*** (***mangels***) ***~*** against (in default of) payment; ***e-e ~ leisten*** make a payment; ***in ~ geben*** (***nehmen***) offer (take) in part exchange, (*Auto etc.*) *a.* trade in.

Zählung *f* **1.** count; **2.** (*Volks*♀ *etc.*) census; **3.** ⚙ reading.

Zahlungs|abkommen *n* payments agreement; **~anweisung** *f* order to pay; (*Überweisung*) money order; **~aufforderung** *f* request for payment; **~aufschub** *m* respite; **~auftrag** *m* payment order; **~bedingungen** *pl.* terms of payment; **~befehl** *m* default summons; **~befreiung** *f* exemption from payment; **~bilanz** *f* balance of payments; **~defizit** *n* payments deficit; **~empfänger** *m* payee; **♀fähig** *adj.* able to pay; ✝ solvent; **~fähigkeit** *f* ability to pay; ✝ solvency; **~frist** *f* term of payment, period allowed for payment; **♀kräftig** *adj.* solvent, financially sound; **~mittel** *n* means (*sg.*) of payment; ***gesetzliches ~*** legal tender; **~modus** *m* method of payment; **~moral** *f* paying habits *pl.*, payment pattern (*od.* behavio[u]r); ***e-e gute ~ haben*** settle one's bills promptly, pay (up) promptly; ***e-e schlechte ~ haben*** be slow to settle one's bills (*od.* to pay up); **~ort** *m* place of payment; *Wechsel*: domicile; **♀pflichtig** *adj.* liable to pay; **~rückstand** *m* arrears *pl.*, backlog of payments; **~schwierigkeiten** *pl.* financial difficulties, F liquidity problem *sg.*; **~termin** *m* payment (deadline); **♀unfähig** *adj.* unable to pay; ✝ insolvent; **~unfähigkeit** *f* inability to pay; ✝ insolvency; **~verkehr** *m* payments *pl.*; **~verpflichtung** *f* financial obligation; liability (to pay); **~versprechen** *n* promise to pay; **~verzug** *m* default (of payment); ***in ~ geraten*** default on one's payments, get (*od.* fall) into arrears; **~weise** *f* method of payment.

Zählwerk *n* counter.

Zahl|wort *n ling.* numeral; **~zeichen** *n* figure, numeral.

Zählzwang *m* obsessive counting.

zahm *adj.* tame (*a. fig.*); **zähmbar** *adj.* tameable; **zähmen** *v/t.* **1.** tame; (*Pferd*) break in; **2.** *fig.* (*Gefühle etc.*) control, curb; (*die Natur, die Elemente etc.*) tame, subdue, (*bewältigen*) subjugate, conquer; **Zahmheit** *f* tameness (*a. fig.*); **Zähmung** *f* taming; *fig. a.* subduing, subjugation; → ***zähmen*** 2.

Zahn *m* **1.** tooth; ⚙ *a.* cog; ***Zähne bekommen*** cut one's teeth; *fig.* ***bis an die Zähne bewaffnet*** armed to the teeth; ***der ~ der Zeit*** the ravages of time; ***j-m auf den ~ fühlen*** sound s.o. out; F ***et. für den hohlen ~*** F chickenfeed; F ***den ~ hab' ich ihm gezogen*** F I knocked that idea out of his head, I've disabused him of that; → ***ausbeißen, dritte, fletschen, knirschen, putzen*** I, ***zusammenbeißen***; **2.** F ***mit e-m tollen ~*** F at a terrific lick; ***e-n ~ zulegen*** F step on it.

Zahn|arzt *m* dentist, *formell*: dental surgeon; **~arzthelferin** *f* dental assistant; **2ärztlich** *adj.* dental ...; **~arztpraxis** *f* dental practice (*od.* surgery); **~arztstuhl** *m* dentist's chair; **~behandlung** *f* dental treatment; **~belag** *m* plaque; **~bürste** *f* toothbrush; **~chirurgie** *f* dental surgery; **~creme** *f* toothpaste.

zähne|fletschend I. *adj.* snarling; **II.** *adv. a.* with its teeth bared, showing its teeth; **2klappern** *n* chattering (of) teeth; **~klappernd** *adv.* with chattering teeth; **2knirschen** *n* teeth-grinding; **~knirschend** *fig. adv. nachgeben etc.*: grudgingly, F muttering under one's breath.

zahnen *v/i.* cut one's teeth, be teething.

Zahn|ersatz *m* dentures *pl.*, *formell*: dental prosthesis; **~fäule** *f* dental decay, (dental) caries.

Zahnfleisch *n* gums *pl.*; F *fig.* ***auf dem ~ gehen*** be on one's last legs; **~bluten** *n* bleeding (of the) gums; (*Parodontose*) pyorrh(o)ea; **~schwund** *m* shrinking (of the) gums; (*Parodontose*) pyorrh(o)ea.

Zahn|füllung *f* filling; **~hals** *m* neck of a (*od.* the) tooth; **~heilkunde** *f* → ***Zahnmedizin***; **~klammer** *f* brace; **~klinik** *f* dental clinic; **~kranz** *m* ⚙ gear rim; **~laut** *m ling.* dental.

zahnlos *adj.* toothless.

Zahn|lücke *f* gap (in one's teeth); **~medizin** *f* dentistry; **~pasta** *f* toothpaste; **~pflege** *f* dental hygiene, care of one's teeth; **~prothese** *f* dentures *pl.*, *formell*: dental prosthesis; **~pulver** *n* tooth powder.

Zahnrad *n* gear(wheel), cog(wheel); **~antrieb** *m* gear drive; **~bahn** *f* rack (*od.* cog) railway; **~getriebe** *n* gear transmission; (*Ritzelgetriebe*) pinion gear.

Zahn|regulierung *f* orthodontic treatment; F teeth-straightening job; **~reinigung** *f* teeth-cleaning; **~schmelz** *m* (dental) enamel; **~schmerzen** *pl.* toothache *sg.*; **~schutz** *m Boxen*: gumshield; **~seide** *f* dental floss; **~spange** *f* brace; **~stein** *m* tartar; **~stocher** *m* toothpick; **~technik** *f* dentistry; **~techniker** *m* dental technician; **~transplantation** *f* tooth transplant; **~wal** *m* toothed whale; **~wechsel** *m* second dentition; **~weh** *n* toothache; **~wurzel** *f* root (of a *od.* the tooth); **~wurzelbehandlung** *f* root canal work.

Zampano *m*: ***sich wie der große ~ aufspielen*** F act the big shot; ***da kommt der große ~*** F here comes Mr Great Guy.

Zander *m* pike-perch.

Zange *f*: (***e-e ~*** a pair of) pliers *pl.*; *für Zucker etc.*: (a pair of) tongs *pl.*; ⚕ forceps; *fig.* ⚔ pincer; *fig.* ***j-n in die ~ nehmen*** F put the screws on s.o., *Fußball*: sandwich s.o.; ⚔ ***in die ~ nehmen*** encircle, surround; ***das würde ich nicht mit der ~ anfassen*** I wouldn't touch it with a bargepole; **Zangenentbindung** *f*, **Zangengeburt** *f* forceps delivery.

Zank *m* quarrel; → *a.* ***Streit***; **Zankapfel** *m* bone of contention; **zanken** *v/i.* **1.** (*a.* ***sich ~***) quarrel, argue (***um*** about, over); **2.** *dial.* (*schimpfen*) scold; ***mit j-m ~*** tell s.o. off; **Zankerei** *f* squabbling, quarrel(l)ing, arguing; **zänkisch** *adj.* quarrelsome; (*streitsüchtig*) *a.* cantankerous; (*nörgelnd*) nagging ...

Zäpfchen *n* **1.** *anat.*, *ling.* uvula; **2.** ⚕ suppository.

Zapfen *m* **1.** (*Pfropfen*) plug; (*Pflock*) peg, pin; (*Balken2*) tenon; (*Faß2*) spigot; (*Dreh2*) pivot; (*Wellen2*) journal; (*Stift*) stud; **2.** (*Eis2*) icicle; **3.** ⚘ cone; **4.** *anat.* retinal cone; **zapfen** *v/t.* **1.** tap, draw *beer etc.*; **2.** △ (*Balken*) join with (mortise and) tenon; **Zapfenstreich** *m* ⚔ curfew; (*Signal*) tattoo, *Brit. a. the* last post, *Am.* taps *pl.*; **Zapfer** *m* barman.

Zapf|hahn *m* tap, *Am.* faucet; *mot.* hose nozzle; **~pistole** *f* nozzle; **~säule** *f mot.* petrol (*Am.* gasoline) pump.

zappelig *adj.* fidgety, restless; (*aufgeregt*) excited, nervous, F in a flap; **zappeln** *v/i.* thrash about, *sich wehrend*: *a.* struggle; *sich windend*: wriggle; *vor Unruhe*: jiggle around; ***hör auf zu ~!*** sit still, will you; *fig.* ***j-n ~ lassen*** keep s.o. on tenterhooks; **Zappelphilipp** F *m* fidget.

zappen *v/i.* TV zap.

zappenduster F *adj.* pitch-dark, pitch-black; *fig.* ***dann wird's ~*** things will look pretty grim.

Zar *m* tsar, czar; **Zarenherrschaft** *f* tsarist (*od.* czarist) rule; **Zarenreich** *n*: ***im ~*** under the tsars (*od.* czars); **Zarentum** *n*: (*a.* ***das ~***) tsardom, czardom; **Zarewitsch** *m* tsarevitch, czarevitch.

Zarge *f* **1.** frame; **2.** *e-r Geige etc.*: side.

Zarin *f* tsarina, czarina; **zaristisch** *adj.* tsarist, czarist; ***das ~e Rußland*** tsarist (*od.* czarist) Russia, Russia under the tsars (*od.* czars).

zart I. *adj. Fleisch, fig. Herz etc.*: tender (*a. zärtlich*); *Haut, Ton etc.*: soft, *Farbe*: *a.* delicate; (*sanft*) gentle; (*empfindsam*) sensitive; *Blume, Gesundheit, Kind, Haut, Glieder*: delicate; ***das ~e Geschlecht*** the gentle sex; ***ein ~es Geschöpf*** a delicate creature; ***~e Andeutung*** gentle hint; ***im ~en Alter von*** at the tender age of; ***nichts für ~e Ohren*** not for sensitive ears; **II.** *adv.* tenderly; (*sanft*) gently; ***~ umgehen mit*** handle with care, (*j-m*) *a.* handle with kid gloves.

zart|besaitet *fig. adj.* delicately strung, highly sensitive; **~bitter** *adj. Schokolade*: plain; **~fühlend** *adj.* discreet, tactful; **2gefühl** *n* delicacy (of feeling), tact; **~gliedrig** *adj.* delicately-built ..., *pred.* delicately built; *Mädchen*: *a.* petite.

Zartheit *f* tenderness; softness; delicacy, delicateness; gentleness; → ***zart.***

zärtlich *adj.* affectionate; (*liebevoll*) loving; *Berührung, Blick*: tender; ***~ werden*** start caressing (one another); **Zärtlichkeit** *f* affection; (*Sanftheit*) tenderness; (*Liebkosung*) caress; ***~en austauschen*** caress (one another); ***j-m ~en ins Ohr flüstern*** whisper sweet nothings into s.o.'s ear.

zartrosa *adj.*, **Zartrosa** *n* delicate pink.

Zäsium *n* c(a)esium.

Zaster F *m* (*Geld*) *sl.* dosh, brass, bread.

Zäsur *f* **1.** *Metrik*, ♪: caesura, break; **2.** *fig.* break; (*Wende*) turning point.

Zauber *m* magic; *contp.* mumbo jumbo; *fig.* magic(al quality); (*Bann*, *a. fig.*) (magic) spell; F *fig.* (*Zirkus*) fuss, song and dance; ***den ~ lösen*** break the spell; ***wie durch ~*** as if by magic; *fig.* ***fauler ~*** humbug, mumbo jumbo, a swindle; F ***den ganzen ~*** the whole bag of tricks; ***was kostet der ganze ~?*** F how much is this lot then?; **Zauberei** *f* **1.** magic; **2.** (*Hexerei*) sorcery, witchcraft; **3.** (*Zaubertricks*) conjuring, sleight-of-hand; **Zauberer** *m* **1.** magician, sorcerer, wizard; **2.** (*Zauberkünstler*) magician, conjurer; **3.** *fig.* wizard.

Zauber|flöte *f* magic flute; **~formel** *f* spell, charm; *fig.* magic formula; **~glaube** *m* belief in magic.

zauberhaft *adj.* charming, enchanting.

Zauberhand *f*: ***wie von ~*** as if by magic.

Zauberin *f* sorceress; *fig. a.* enchantress.

Zauber|kasten *m* conjuring set; **~kraft** *f* magic power; *fig. von Worten etc.*: magic (power); **~kreis** *m* magic circle; **~kunst** *f* (black) magic; (*Hexerei*) witchcraft; **~künstler** *m* conjurer, magician; **~kunststück** *n* conjuring trick; **~land** *n* magic realm, wonderland; fairyland; **~lehrling** *m* sorcerer's apprentice; **~mittel** *n* magic cure; (*Trank*) magic potion.

zaubern I. *v/i.* do (*od.* perform) magic; *als Zauberkünstler*: do (*od.* perform) magic *od.* conjuring tricks; F *fig.* ***ich kann doch nicht ~*** I can't perform miracles, I can't just wave my magic wand; **II.** *v/t.* conjure (up), *fig.* conjure up.

Zauber|spruch *m* charm, spell; **~stab** *m* magic wand; **~trank** *m* magic potion; **~wort** *n* magic word (*od.* formula); **~würfel** *m* magic cube.

Zauderer *m* vacillator, F ditherer; (*j-d, der hinausschiebt*) procrastinator; **zaudern** *v/i.* hesitate (***mit*** about), waver, vacillate; *hinhaltend*: temporize, procrastinate.

Zaum *m* bridle; *fig.* ***im ~ halten*** (*Sache*) contain, (*Leidenschaft*) bridle, (*j-n*) keep a tight rein on; ***sich im ~ halten*** restrain o.s.; **zäumen** *v/t.* bridle; **Zaumzeug** *n* bridle.

Zaun *m* fence; (*Bau2*) hoarding; *fig.* ***e-n Streit*** (***Krieg***) ***vom ~ brechen*** pick *od.* start a fight (start a war); **~gast** *m* onlooker; **~könig** *m zo.* wren; **~latte** *f* picket; **~pfahl** *m* fence post; *fig.* ***Wink mit dem ~*** broad hint; **~pfosten** *m* fence post.

zausen *v/t.* (*Haar*) tousle; (*Bäume*) buffet; *fig.* ***vom Leben arg gezaust*** buffeted by fate.

Zebra *n* zebra; **~streifen** *m auf der Straße*: zebra crossing.

Zechbruder F *m* **1.** F boozer; **2.** → ***Zechkumpan.***

Zeche[1] *f* bill, *Am.* check; ***die ~ bezahlen*** F pick up the tab, foot the bill; → ***prellen*** 1.

Zeche[2] *f* ⚒ mine.

zechen *v/i.* F booze.

Zechenstillegung *f* (*getr.* ***ll-l***) pit closure.

Zecher *m* F boozer; **Zechgelage** *n* carousal, drinking bout; **Zechkumpan** *m* F boozing mate.

Zechpreller *m* bilk; **Zechprellerei** *f* bilking.

Zechtour *f* F pub crawl.

Zecke *f* tick.

Zeder *f* ⚘ cedar; **Zedernholz** *n* cedar (-wood).

Zeh *m*, **Zehe**[1] *f* toe; ***auf Zehen gehen*** (walk on) tiptoe; *a.* F *fig.* ***j-m auf die Zehen treten*** tread on s.o.'s toes.

Zehe[2] *f* (*Knoblauch2*) clove *of garlic.*

Zehen|nagel *m* toenail; **~sandale** *f* strap sandal; **~spitze** *f* tip of one's toe; ***auf ~n*** on tiptoe, ***gehen***: (walk on) tiptoe.

zehn I. *adj.* ten; **II. 2** *f* ten; (*Buslinie etc.*) (number) ten; **zehnbändig** *adj.* ten-volume ..., in ten volumes; **Zehner** *m* **1.** ten-pfennig piece; **2.** ten-mark note (*Am.* bill).

Zehner|club *m*, **~gruppe** *f* ✝ club of ten; **~stelle** *f* decimal place.

zehnfach *adj.* tenfold; ***die ~e Menge*** ten times the amount; ***~er Sieger*** ten-time winner (*od.* champion).

Zehnfingersystem *n*: ***das ~*** touch-typing.

zehnjährig *adj.* **1.** ten-year-old ...; **2.** (*zehn Jahre dauernd*) ten-year ...; ***ein ~es ...*** *a.* ten years of ... **Zehnjährige(r** *m*) *f* ten-year-old.

Zehn|kampf *m* decathlon; **~kämpfer** *m* decathlete.

zehnköpfig *adj. family etc.* of ten; ***~e Delegation*** *etc. a.* ten-member (*od.* -man) delegation *etc.*

zehnmal *adv.* ten times.

Zehnmarkschein *m* ten-mark note (*Am.* bill).

zehnt I. *adj.* tenth; ***~es Kapitel*** chapter ten; ***am ~en Mai*** on the tenth of May, on May the tenth; ***10. Mai*** 10th May, May 10(th); **II.** *adv.*: ***wir waren zu ~*** there were ten of us; ***wir gingen zu ~ hin*** ten of us went there.

zehntägig *adj.* **1.** ten-day(-long) ...; **2.** (*zehn Tage alt*) ten-day-old ...

zehntausend *adj.* ten thousand; ***die oberen Ƨ*** the upper crust.

Zehnte(r) *m* (the) tenth; ***er war Zehnter*** he was (*od.* came) tenth; ***Papst Johannes X.*** Pope John X (= Pope John the Tenth); ***heute ist der Zehnte*** it's the tenth today.

zehnteilig *adj.* ten-part ..., in ten parts.

Zehntel *n* tenth; **~sekunde** *f* tenth of a second; ***um zwei ~n*** by two tenths of a second, by point two of a second.

zehntens *adv.* tenth(ly), ten, in tenth place.

Zehnter → ***Zehnte(r)***.

zehren *v/i.* (*schwächen*) sap one's energy; ***~ an*** *der Gesundheit etc.*: take it out of, undermine; ***~ von*** live on, *fig.* live off *the capital*, draw on *supplies*, *fig. e-r Erinnerung etc.*: thrive on.

Zeichen *n* sign (*a. ast.*, ♪, A, *WunderƧ*, *VerkehrsƧ*); (*SchriftƧ*, *a. Computer*) character; (*Symbol*, *a. engS.*) symbol; (*MerkƧ*, *SatzƧ*) mark; (*AnƧ*) indication, sign, *bsd.* ⚕ symptom (**für** of); (*Signal*, *FunkƧ*) signal; (*ZeitƧ*) time signal, pips *pl.*; ✝ ***unser*** (***Ihr***) ***~*** our (your) reference; ***als ~*** *gen.* as a mark of; ***als ~ der Freundschaft*** as a token (*od.* mark) of friendship; ***zum ~*** *gen.* as a sign of; ***es geschehen*** (***noch***) ***~ und Wunder*** wonders will never cease; ***ein ~ der Zeit*** a sign of the times; ***die ~ der Zeit erkennen*** read the signs of the times; ***die ~ stehen auf Sturm*** *pol.* everything is pointing towards a conflict; ***ich sehe das als ein gutes ~*** I see it as a good omen (*od.* positive sign); ***im ~*** *gen.* ***stehen*** be marked by; ***die Stadt steht im ~ der kommenden WM*** the town is gearing up for the World Cup; ***unser Jahrhundert steht im ~ der Naturwissenschaften*** our century is the age of science; ***auf ein ~ von*** at a sign from; *mot.* ***~ geben*** (*od.* ***machen***) signal, give a sign; ***ein ~ geben*** make a sign (*dat.* to), signal (to); ***das ~ zum Aufbruch geben*** give the signal (for everybody) to leave; *ast.* ***im ~ von*** under the sign of; ***ein ~ setzen*** point the way to the future; ***wenn nicht alle ~ trügen*** if I'm not very much mistaken.

Zeichen|auflösung *f am Bildschirm*: character resolution; **~block** *m* sketch pad; **~brett** *n* drawing board; **~dichte** *f Computer*: character density; **~dreieck** *n* A set square; **~erklärung** *f* key; *auf Landkarten*: legend; *in Lehrbüchern etc.*: signs and symbols *pl.*; **~feder** *f* drawing pen; **~fehler** *m* punctuation error (*od.* mistake); **~gerät** *n Computer*: plotter; **~kunst** *f* (art of) drawing; **~lehrer** *m* art teacher; **~papier** *n* drawing paper; **~saal** *m ped.* art room; **~satz** *m typ.* font; **~setzung** *f* punctuation; **~sprache** *f* sign language; **~stift** *m* pencil; *bunter*: crayon; **~tisch** *m* drawing board; **~trickfilm** *m* (animated) cartoon; **~unterricht** *m* drawing lessons *pl.*; *Schule*: art (class[es *pl.*]).

zeichnen I. *v/t. u. v/i.* **1.** draw (**nach** from *life etc.*); *flüchtig, a. fig.*: sketch, outline; (*be~*, *kenn~*) mark; (*ein~*) plot; *fig.* (*schildern*) portray, depict; *fig.* ***ein optimistisches Bild ~ von*** paint an optimistic picture of; **II.** *v/i.* **2.** (*unter~*) sign; *fig.* ***für et. verantwortlich ~*** take (the) responsibility for s.th.; **3.** ✝ subscribe (**für** *e-n Fonds*: to); → ***gezeichnet***; **III.** Ƨ *n* drawing; *ped.* art; **Zeichner** *m* **1.** draughtsman, *Am.* draftsman; **2.** ✝ subscriber; **zeichnerisch** *adj.*: ***~e Begabung*** talent for drawing; **Zeichnung** *f* **1.** drawing (*a.* ⚙); (*Skizze*) sketch; (*Entwurf*) draft; (*Illustration*) illustration; *fig.* (*Schilderung*) portrayal, depiction; **2.** (*KennƧ*) marking; *des Holzes*: grain; (*Muster*) pattern; **3.** ✝ subscription (*gen.* to).

zeichnungs|berechtigt *adj.* authorized to sign; **Ƨvollmacht** *f* authority to sign.

Zeigefinger *m* forefinger, index finger; ***mit dem ~ auf et. deuten*** point one's finger at s.th.; ***mit erhobenem ~*** *sagte er mir*: wagging his finger at me; *fig.* ***mit erhobenem ~*** with a (strong) moralizing undertone.

zeigen I. *v/t.* show (*a. im Fernsehen etc.*, *a. fig.*); (*an~*) indicate; (*vorführen*) present, show, (*darlegen*) demonstrate; ***j-m die Stadt ~*** show s.o. round the town (*od.* city), show s.o. the sights; ***er kann s-e Gefühle nicht ~*** he finds it hard to express his feelings; ***zeig mal, was du kannst!*** come on, show us what you can do; ***zeig mir j-n, der es besser kann*** I'd like to see anyone do better; ***was zeigt die Waage?*** what do the scales say?; ***die Blumen ~ schon Knospen*** the flowers are beginning to show their buds; ***Ihm werd' ich's ~!*** I'll show him; **II.** *v/i.*: ***~ auf*** (*deuten auf*) point at, point *s.th.* out; *Thermometer*: be at; *Uhr*: say; *Kompaß*: point (to); ***zeig mal*** (***her***) let's see, let's have a look; ***die Erfahrung zeigt, daß*** experience shows (*od.* proves) that; **III.** *v/refl.*: ***sich ~*** show; *Person*: show o.s., (*erscheinen*) appear, *plötzlich*: turn up; ***es zeigte sich, daß*** it turned out that; ***es wird sich ja ~*** we shall see, time will tell; ***sich freundlich ~*** be friendly; ***sich ~ als*** prove (o.s.) to be; ***sich in der Öffentlichkeit ~*** appear in public, make a public appearance; ***so kann ich mich nicht ~*** I can't go out (*od.* let myself be seen) in this state; ***die ersten Sterne zeigten sich*** the first stars appeared; ***früh zeigte sich sein Talent zum Schriftsteller*** he showed an early talent for writing; ***da zeigt sich wieder einmal, daß*** it just goes to show that; → ***erkenntlich*** 2, ***Seite***.

Zeiger *m e-r Waage, von Meßinstrumenten*: needle; (*UhrƧ*) hand; *Computer*: pointer; A index, exponent; ***großer*** (***kleiner***) ***~*** *Uhr*: big (little) hand.

Zeigestock *m* pointer.

Zeile *f* line (*a. TV*); (*Reihe*) row; ***j-m ein paar ~n schreiben*** drop s.o. a line; ***danke für die netten ~n*** thank you for your (lovely) letter; ***ich habe jede ~ gelesen*** I read every word; ***~ für ~*** *durchgehen etc.*: line by line; *fig.* ***zwischen den ~n lesen*** read between the lines.

Zeilen|abstand *m* line spacing; **~bauweise** *f* ribbon development; **~drucker** *m Computer*: line printer; **~editor** *m Computer*: line editor; **Ƨfrei** *adj. TV* line-free; **~honorar** *n* payment per line; ***~ bekommen*** be paid by the line; **~länge** *f* line length; **~norm** *f TV* line standard; **~nummer** *f* line number; **~schalter** *m Schreibmaschine*: spacer; **~schaltung** *f Computer*: line feed.

zeilenweise *adv.* by the line.

Zeisig *m zo.* siskin.

Zeit *f* time (*a. Sport*); *ling.* tense; (*~alter*) era, age; (*~raum*) period of time; ***schwere*** (*od.* ***schlechte***) ***~en*** hard times; ***für schlechte ~en sparen*** save up for a rainy day; ***auf ~ spielen*** play for time, temporize; *Sport*: ***die ~ nehmen*** time (**von** *a run etc.*); ***der beste Spieler*** *etc.* ***aller ~en*** the best player *etc.* of all times; ***die gute alte ~*** the good old days; ***das waren noch ~en!*** those were the days; ***das war die schönste ~ m-s Lebens*** those were the best years of my life; ***die ~ des Barock*** the baroque age (*od.* era, period); ***die ~ vor dem zweiten Weltkrieg*** the period before the Second World War; ***unsere ~, die heutige ~*** this (*od.* the present) day and age; ***ein Märchen aus alten ~en*** a tale from days of yore; ***einige ~ lang*** for a time; ***für alle ~en*** for good; ***die ganze ~ hindurch*** the whole time; ***seit ewigen ~en*** for ages; ***seit der ~*** since then (*od.* that time), ever since (then); ***morgen um diese ~*** this time tomorrow; ***in der ~ vom ... bis ...*** in the time between ... and ...; ***ich habe mich in der ~ geirrt*** I got the time wrong; ***in der ~ richte ich mich nach dir*** you suggest the time; ***j-n nach der ~ fragen*** ask s.o. for the time; ***zu jeder ~*** (at) any time; ***in kurzer ~*** (*schnell*) very quickly, (*bald*) very soon, shortly; ***in kürzester ~*** in no time; ***in letzter ~*** lately, recently; ***lange ~*** a long time; ***mit der ~, im Laufe der ~*** in time; ***mit der ~ gehen*** move (*od.* keep up) with the times; ***von ~ zu ~*** from time to time, now and then; ***vor der ~*** prematurely, *sterben*: *a.* before one's time; ***vor langer ~*** long ago, a long time ago; ***das war vor m-r ~*** that was before my time; ***zur ~*** (*jetzt*) at the moment; ***zur ~*** *gen.* at the time of; ***zu m-r ~*** in my time, *an der Uni etc.*: when I was at university *etc.*; ***in Goethes ~*** in Goethe's day (and age), at the time of Goethe; ***alles zu s-r ~*** there's a time for everything, *beruhigend*: one thing after another; ***es ist nicht die ~, um zu*** *inf.* it's not the right time to *inf.* (*od.* to be *ger.*); ***zur gleichen ~*** at the same time; ***Herr über s-e ~ sein*** be able to do what one likes with one's time; ***j-m ~ lassen*** give s.o. time; ***sich ~ lassen*** take one's time (***dazu*** over it); ***laß dir ~!***

take your time, *a.* ***das hat ~*** there's no hurry (*od.* rush); ***das hat ~ (bis morgen)*** that can wait (till *od.* until tomorrow); ***sich die ~ nehmen zu*** *inf.* take time to *inf.*; ***ich gebe dir ~ bis morgen (5 Minuten ~)*** I'll give you till tomorrow (five minutes); ***das dauert s-e ~*** it takes time; ***es wird noch einige ~ dauern, bis*** it'll be some time before; ***mir fehlt die ~*** I (just) haven't got the time; ***hast du ein paar Stunden ~?*** can you spare a couple of hours?; ***sie hat nie ~ für mich*** she never has any time for me; ***es ist (höchste) ~, es ist an der ~*** it's (high) time; ***es ist (höchste) ~, daß er nach Hause kommt*** it's (high) time he came home; ***sie hat es die ganze ~ gewußt*** she knew all along (*od.* all the time); ***nur e-e Frage der ~*** just a matter of time; ***s-e beste ~ hinter sich haben*** have had one's day; ***sie hat bessere ~en gesehen*** she's seen better days; ***er nimmt sich kaum ~ zum Essen*** he hardly takes any time off to eat; ***wenn Sie ~ haben*** whenever you like; ***die ~en sind vorbei, wo*** time was when; ***einige ~ verstreichen lassen, bevor*** wait a while before (*ger.*); ***mir wird die ~ nie lang*** I've plenty to keep me occupied; ***auf die ~ achten*** keep an eye on the time (*od.* clock); ***die ~ arbeitet für uns*** time is on our side; ***für kommende ~en ist gesorgt*** we're well prepared for times to come; ***~ gewinnen*** gain time; ***sich die ~ vertreiben*** while away the time; ***s-r ~ voraus sein*** be ahead of one's time; ***kommt ~, kommt Rat*** don't worry, it'll sort itself out; ***andere ~en, andere Sitten*** things really have changed, *auf vergangenen Zeitraum bezogen*: things were very different in those days; ***ach du liebe ~!*** goodness (me)!; → ***schinden, totschlagen, Wunde*** *etc.*

zeit *prp.*: ***~ s-s Lebens*** a) his whole life long, b) for the rest of his life; → ***zeitlebens.***

Zeit|ablauf *m* lapse of time (*a.* §); **~abschnitt** *m* period (of time); **~abstand** *m* interval; ***in regelmäßigen Zeitabständen*** at regular intervals, periodically; **~alter** *n* **1.** age, era, epoch; ***in unserem ~*** in our day and age; ***das ~ des Computers*** the age of the computer; ***goldenes ~*** *a. fig.* golden age; **2.** *geol.* period; **~angabe** *f* exact date and time; (*Datum*) date; ***ohne ~*** undated; **~ansage** *f* time check; *teleph.* (*Einrichtung*) speaking clock; **~arbeit** *f* temporary work; **~aufwand** *m* time involved (*od.* needed *for s.th.*); ***e-n ~ von drei Wochen erfordern*** require three weeks to complete (*od.* do *etc.*), take three weeks; ***der ~ ist groß*** it involves a lot of time; **≈aufwendig** *adj.* time-consuming; **~automatik** *f phot.* shutter priority; **≈bedingt** *adj.* arising from (*od.* rooted in, embedded in, conditioned by) the times; **~begriff** *m* concept of time; → *a.* ***Zeitgefühl***; **~bombe** *f* time bomb (*a. fig.*); *fig.* ***die ~ tickt*** the time bomb is ticking away (quietly); **~dauer** *f* length of time; duration; **~dokument** *n* contemporary document, document of the times; **~druck** *m* (time) pressure; ***unter ~ stehen*** be pressed for time, *bei Abgabetermin*: be under deadline pressure; **~einheit** *f* unit of time; **~einteilung** *f* division of time; (*Zeitplan*) time plan.

Zeiten|folge *f* sequence of tenses; **~wende** *f* turn of an era.

Zeit|erscheinung *f* emanation of the times; **~ersparnis** *f* time saving; **~faktor** *m* time factor; **~folge** *f* sequence, chronological order (*od.* sequence); **~frage** *f* **1.** question of time; **2.** current issue; **~gefühl** *n* sense of time; **~geist** *m* zeitgeist, spirit of the times.

zeitgemäß *adj.* in keeping with the times; (*modern*) *a.* modern; (*aktuell*) current.

Zeitgenosse *m* contemporary; F ***ein unangenehmer ~*** F an awkward customer; **zeitgenössisch** *adj.* contemporary; ♪ ***~e Instrumente*** period (*od.* historical) instruments.

Zeit|geschehen *n* current events *pl.*; **~geschichte** *f* contemporary history; **~geschmack** *m* contemporary fashion(s and tastes *pl.*), fashion of the times; **~gewinn** *m* time saving, gain in time; **≈gleich I.** *adj.* simultaneous; ***~ sein*** *Läufer*: record the same time; **II.** *adv.* simultaneously, at the same time; **~gründe** *pl.*: ***aus ~n*** for lack of time, *formell*: due to prior commitments (*od.* engagements); **~guthaben** *n gleitende Arbeitszeit*: time credit, hours *pl.* in hand.

zeitig I. *adj.* early; **II.** *adv.* early; (*recht~*) in good time.

zeitigen *v/t.* (*hervorrufen*) produce, bring forth.

zeitintensiv *adj.* time-consuming.

Zeit|karte *f* season ticket, *Am.* commuter's ticket; **~kritik** *f* social criticism; **≈kritisch** *adj.* topical; critical of the times; sociocritical.

Zeitlang *f*: ***e-e ~*** for a while.

zeitlebens *adv.* all one's life, one's whole life long.

zeitlich I. *adj.* time *factor etc.*; *a. eccl.* temporal; (*chronologisch*) chronological; ***in großen (kleinen) ~en Abständen*** at long (short) intervals; ***~e Berechnung*** timing; ***aus ~en Gründen*** → ***Zeitgründe***; ***~e Probleme*** problems of time; ***~e Reihenfolge*** sequence; ***das ≈e segnen*** depart this life, F *Sache*: F give up the ghost; **II.** *adv.* timewise; (*chronologisch*) chronologically; ***~ zusammenfallen*** coincide; ***~ befristet*** limited, limited-period ...; ***es ist ~ befristet*** *a.* there's a time limit (on it); ***ich schaffe es ~ nicht*** a) I'm not going to make it in time, b) *a.* ***das paßt mir ~ nicht*** I can't fit it in (timewise).

zeitlos *adj.* timeless.

Zeit|lupe *f*: ***(in ~)*** in) slow motion; **~lupenaufnahme** *f* slow-motion shot; **~lupentempo** *n* slow motion; ***im ~*** in slow motion, *fig.* at a snail's pace; **~mangel** *m* lack of time; ***wegen ~s*** due to lack of time; **~messung** *f* **1.** chronometry; **2.** → ***Zeitnahme***; **≈nah** *adj.* topical; ***~e Probleme*** *a.* current issues.

Zeitnahme *f Sport*: timekeeping; **Zeitnehmer** *m Sport*: timekeeper, ✝ time-study man.

Zeit|not *f*: ***in ~ sein*** be pressed for time, be under time pressure, be running out of time; ***in ~ geraten*** start running out of time; ***wir wollen nicht in ~ geraten*** we don't want to have to start rushing things; **~plan** *m* timetable, schedule; **~planung** *f* scheduling; **~punkt** *m* time; (*Augenblick*) moment; ***zu dem ~*** at that (point in) time; ***zum ~*** *gen.* at the time of; ***von diesem ~ an*** from that point (*od.* moment) on; ***bis zu diesem ~*** up until that point (in time); ***e-n geeigneten (od. den richtigen) ~ abwarten*** wait for the right moment; ***du bist zum richtigen ~ gekommen*** you've come just at the right time; ***jetzt ist nicht der richtige ~*** it's not the right moment; ***wo waren Sie zu dem ~?*** where were you at that time?; ***e-n ~ festlegen*** fix a time; **~raffer** *m* time-lapse photography; (*Kamera*) time-lapse motion camera; *Video*: quick picture search; ***im ~*** in quick motion; **≈raubend** *adj.* time-consuming; **~raum** *m* period (of time); ***ein ~ von*** a period of; **~rechnung** *f* calendar; (*Zeitalter*) era; ***nach christlicher ~*** according to the Christian calendar; ***die christliche ~*** (*Zeitalter*) the Christian Era; ***vor (nach) unserer ~*** before the Christian Era (after the birth of Christ); **~schalter** *m* time switch.

Zeitschrift *f* magazine; (*Fach≈*) periodical.

Zeitschriften|katalog *m* periodicals catalog(ue); **~lesesaal** *m* periodicals room; **~verleger** *m* magazine publisher.

Zeit|soldat *m* short-service volunteer; **~spanne** *f* period (of time); ***innerhalb e-r ~ von*** within a space (*od.* period) of; **≈sparend** *adj.* time-saving; **~strafe** *f Sport*: time penalty; **~strömung** *f* prevailing trend; **~stück** *n thea.* period play; **~studien** *pl.* time (and motion) studies; **~tafel** *f* chronological table; **~takt** *m teleph.* time unit; **~überschreitung** *f Sport*: exceeding the time limit; **~umstände** *pl.* prevailing circumstances.

Zeitung *f* (news)paper; *amtliche*: gazette; ***(die) ~ lesen*** read the paper(s); ***in der ~ steht*** the paper says; ***es steht in der ~*** it's in the paper(s); ***ich hab's in der ~ gelesen*** I read it in the papers; ***bei e-r ~ arbeiten*** work for a newspaper; ***e-e Anzeige in die ~ setzen*** place (*od.* put) an ad in the papers.

Zeitungs|abonnement *n* newspaper subscription; **~anzeige** *f* advertisement, ad, *Brit. a.* advert; **~artikel** *m* newspaper article; news story; **~ausschnitt** *m* newspaper cutting (*od.* clipping); **~austräger(in** *f*) *m* paper man *od.* boy (*f* lady *od.* girl); newspaper deliverer; **~beilage** *f* newspaper supplement; **~bericht** *m* newspaper report; **~ente** *f* hoax, canard; **~frau** *f* **1.** newspaper lady; **2.** → **~händler** *m* newsagent, *Am.* news dealer; **~inserat** *n* advertisement, ad, *Brit. a.* advert; **~junge** *m* paper boy; **~kiosk** *m* newspaper kiosk; **~korrespondent** *m* newspaper (*od.* press) correspondent; **~leser** *m* newspaper reader; **~magnat** *m* press baron, newspaper tycoon; **~notiz** *f* press item; **~nummer** *f* copy; ***alte ~*** back number (*od.* copy); **~papier** *n* newspaper; (*Papierqualität*) newsprint; **~redakteur** *m* newspaper editor; **~stand** *m* newsstand; **~ständer** *m* magazine rack; **~stil** *m* journalese; **~verkäufer** *m* news vendor; **~verleger** *m* newspaper publisher; **~wesen** *n the* press; **~wissenschaft** *f* journalism.

Zeit|unterschied *m* time difference; **~vergeudung** *f* waste of time; **~verlust** *m* loss of time, delay; ***~e einholen*** make up for lost time, *Zug etc.*: catch up; **~verschiebung** *f* time shift; ✈ *etc.* time lag; **~verschwendung** *f* waste of time; **≈versetzt I.** *adj.*: ***~e Übertragung*** recorded broadcast; **II.** *adv.*: ***das Spiel wird ~ übertragen*** the game was recorded earlier (today); **~vertrag** *m* fixed-term contract; **~vertreib** *m* pastime; ***zum ~*** to pass the time.

zeitweilig I. *adj.* (*vorübergehend*) temporary; (*gelegentlich*) intermittent; **II.** *adv.* → **zeitweise** *adv.* occasionally, from time to time, now and then.

Zeit|wert *m* † current value; **~wort** *n* verb; **~zeichen** *n Radio*: time signal; **~zeuge** *m* contemporary witness (of events), witness of the times; **~zone** *f* time zone; **~zünder** *m* time fuse; **~zünderbombe** *f* time bomb.

Zelebrant *m* celebrant; **zelebrieren** *v/t.* celebrate; F ***et. ~*** make a big affair out of s.th.

Zell|atmung *f* vesicular breathing; **~bau** *m* cell structure; **~bildung** *f* cell formation.

Zelle *f* cell (*a. pol.*, ⚖, ⚡); *teleph.* phone box (*Am.* booth).

zellenförmig *adj* cellular.

Zellengenosse *m* cell mate.

Zell|fusion *f* cell fusion; **~gewebe** *n* cellular tissue.

zellig *adj.* cellular.

Zell|kern *m* cell nucleus; **~membran** *f* cell membrane.

Zellophan (*TM*) *n* cellophane (*TM*); **~beutel** *m* cellophane bag; **~folie** *f* cellophane; **~packung** *f* cellophane packaging; **~papier** *n* cellophane.

Zellstoff *m* cellulose; *Papier*: pulp.

Zell|teilung *f* cell division, binary fission; **~therapie** *f* → ***Zellulartherapie.***

Zellulartherapie *f* cell(ular) therapy.

Zellulase *f* cellulase.

Zellulitis *f* ⚕ cellulitis.

Zelluloid *n* celluloid.

Zellulose *f* cellulose, wood pulp.

Zell|wachstum *n* cell growth; **~wand** *f* cell wall; **~wolle** *f* rayon staple; **~wucherung** *f* cell proliferation.

Zelot *m* **1.** *hist.* Zealot; **2.** *fig.* zealot, fanatic; **Zelotismus** *m* zealotry.

Zelt *n* tent; (*Fest2 etc.*) *a.* marquee; *poet.* (*~ des Himmels etc.*) canopy; → ***abbrechen*** I, ***aufschlagen*** 7 *etc.*; **~bahn** *f* tent square; (*Plane*) tarpaulin; **~boden** *m* ground sheet; **~dach** *n* tent roof; △ tetrahedron roof.

zelten I. *v/i.* camp; ***im Garten ~*** camp out in the garden; **II. 2** *n* camping.

Zelt|lager *n* camp; **~mast** *m* tent post; **~plane** *f* tarpaulin; **~platz** *m* campsite, camping site; **~stadt** *f* tent city; **~stange** *f* tent pole.

Zement *m, n* cement; **~boden** *m* concrete floor.

zementieren *v/t.* cement (*a. fig.*); (*einsatzhärten*) carburize; *fig.* † solidify.

Zement|platz *m Tennis*: hard (*od.* concrete) court; **~werk** *n* cement factory.

Zen *n* Zen; **~-Buddhismus** *m* Zen Buddhism.

Zenit *m* zenith; *fig. a.* apex *of one's career etc.*; ***im ~ stehen*** be at (*od.* have reached) its (*fig. a.* one's) zenith.

zensieren *v/t.* censor; *ped.* grade; **Zensor** *m* censor; **Zensur** *f* **1.** censorship; ***~ der Presse*** press censorship, censorship of the press; ***der ~ unterliegen*** be subject to censorship; ***die ~ abschaffen*** abolish censorship; ***der ~ zum Opfer fallen*** fall victim to the censors; **2.** *ped.* mark, *bsd. Am.* grade; ***bald gibt es ~en*** (school) reports will be out soon; **Zensurvermerk** *m* censor's comment.

Zentaur *m myth.* centaur.

Zentiliter *m, n* centilit|re (*Am.* -er).

Zentimeter *n, m* centimet|re (*Am.* -er); **~maß** *n* tape measure.

Zentner *m* (metric) hundredweight; **~last** *fig. f* heavy burden; ***e-e ~ fiel mir vom Herzen*** that was a load off my mind.

zentnerschwer I. *adj.*: ***~e Säcke*** *etc.* sacks *etc.* weighing a hundredweight and more; F *fig.* ***das ist ja ~!*** F this thing weighs a ton; **II.** *adv.*: *fig.* ***j-m ~ auf der Seele liegen*** weigh heavily on s.o.('s mind).

zentnerweise *adv. etwa* by the hundredweight.

zentral I. *adj.* central; *fig. Problem*: *a.* pivotal; *fig.* ***~er Charakter*** central (*od.* main) figure; ***~es Thema*** central (*od.* main) issue; **II.** *adv.* centrally; ***~ gelegen*** very central; ***sehr ~ wohnen*** live very central, live right in the cent|re (*Am.* -er) (of town); **~afrikanisch** *adj.* Central African; **~amerikanisch** *adj.* Central American; **~asiatisch** *adj.* Central Asian; **2ausschuß** *m* central committee; **2bank** *f* central bank.

Zentrale *f* head office; *Polizei etc.*: headquarters *pl.* (*a. sg. konstr.*); ⚙ control room; *teleph.* (telephone) exchange, *in e-r Firma*: switchboard.

Zentral|einheit *f Computer*: central processing unit, CPU; **~europäer** *m*, **2europäisch** *adj.* Central European; **~gewalt** *f* central(ized) power; **~heizung** *f* central heating.

zentralisieren *v/t.* centralize; **Zentralisierung** *f* centralization; **Zentralismus** *m pol.* centralism.

Zentral|komitee *n* central committee; **~nervensystem** *n* central nervous system; **~stelle** *f* → ***Zentrale***; **~verband** *m* central association; **~verriegelung** *f mot.* central locking; **~verwaltung** *f* central administration.

zentrieren *v/t.* centre, *Am.* center; **zentriert** *adj.* centred, *Am.* centered.

zentrifugal *adj.* centrifugal; **Zentrifugalkraft** centrifugal force; **Zentrifuge** *f* centrifuge.

zentripetal *adj.* centripetal.

zentrisch *adj.* (con)centric(ally *adv.*).

Zentrum *n* cent|re (*Am.* -er); *e-s Hurrikans*: *a.* eye; ***das ~*** *e-r Stadt*: *Am. a.* downtown; ***im ~ des Interesses stehen*** be the cent|re (*Am.* -er) *od.* focus of attention.

Zenturio *m hist.* centurion.

Zephanja *m bibl.* Zephaniah.

Zeppelin *m* zeppelin.

Zepter *n* scept|re (*Am.* -er); *fig.* ***das ~ schwingen*** wield power, F rule the roost.

zerbeißen *v/t.* bite to pieces; (*durchbeißen*) bite through.

zerbersten *v/i.* burst; *Glas*: shatter.

zerbeult *adj.* battered, *Metall*: *a.* dented.

zerbomben *v/t.* bomb (to pieces); ***zerbombt werden*** be destroyed by bombs, be blitzed; **zerbombt** *adj.* bombed, bomb-shattered.

zerbrechen *v/t. u. v/i.* break; *fig.* (*nur v/i.*) *Person*: be crushed *od.* broken (**an** by); *Freundschaft*: break up; *fig.* ***sich den Kopf ~*** rack one's brains (***über*** over); **zerbrechlich** *adj.* **1.** breakable, *a. Porzellan etc.*: fragile; ***„Vorsicht, ~!"*** fragile, handle with care; **2.** *fig. Person, Gesundheit*: delicate, *stärker*: fragile; (*~ gebaut*) delicately built; *Frau*: *a.* dainty.

zerbröckeln *v/t. u. v/i.* crumble (*a. fig.*).

zerbröseln *v/t. u. v/i.* crumble.

zerdeppern *dial. v/t.* smash.

zerdrücken *v/t.* squash, *stärker*: crush; (*Kartoffeln*) mash; (*Kleider*) crumple, crease.

zerebral *adj.*, **Zerebral...** *in Zssgn* cerebral.

Zeremonie *f* ceremony; *fig. a.* ritual; **zeremoniell I.** *adj.* ceremonial, formal; **II. 2** *n* ceremonial; *fig. a.* ritual; **Zeremonienmeister** *m* master of ceremonies.

zerfahren *adj.* **1.** *Weg*: rutted; **2.** *fig. Person*: (*zerstreut*) absent-minded, scatter-brained, F scatty.

Zerfall *m* **1.** *von Gebäuden etc.*: ruin, decay; **2.** *fig. der Kultur etc.*: decline; *e-s Reichs etc.*: *a.* collapse; ***moralischer ~*** moral decline (*od.* decay); **3.** *phys.* disintegration; ⚗ decomposition; → ***Atomzerfall***; **zerfallen I.** *v/i.* **1.** fall apart (*od.* to pieces); *in s-e Bestandteile*: disintegrate; *Gebäude*: collapse, crumble; **2.** *fig. Reich etc.*: decline, decay, collapse; **3.** *phys.* disintegrate; ⚗ decompose; **4.** *fig.* ***mit*** *j-m* ***~*** fall out with; **5.** *fig.* ***~ in*** be divided into, fall into; **II.** *adj. Schloß*: ruined; *Haus*: tumbledown ...; ***~ sein*** *a.* be in ruins, be in a state of decay.

Zerfalls|erscheinung *f* sign of decay; **~produkt** *n* decomposition product; *Kernphysik*: daughter product; **~prozeß** *m* process of disintegration (*od.* decay, *a. fig.*); **~stoff** *m* ⚕ by-product, waste product.

zerfetzen *v/t.* tear in(to) pieces; *in kleine Stücke*: shred; **zerfetzt** *adj. Kleidung*: tattered; *Bein etc.*: mangled, F torn to shreds.

zerfled(d)ern I. *v/t.* tatter; **II.** *v/i.* get tattered; **zerfled(d)ert** *adj.* tattered.

zerfleischen I. *v/t.* tear to pieces; **II.** *v/refl.*: ***sich ~*** torment o.s.; *gegenseitig*: tear each other apart.

zerfließen *v/i.* melt, dissolve; *Farbe, Tinte*: run; *fig. Geld*: melt in one's hand; *Traum*: come to nothing; ***~de Konturen*** blurred contours; *fig.* ***in Tränen ~*** dissolve into tears; ***vor Mitleid*** *etc.* ***~*** melt with pity *etc.*

zerfressen I. *v/t.* eat away (at); ⚗ corrode; **II.** *adj. von Motten*: moth-eaten; *von Würmern*: worm-eaten; ⚗ corroded.

zerfurcht *adj.* furrowed; *fig.* ***~e Stirn*** furrowed brow.

zergehen *v/i.* dissolve, *a. fig.* melt; *fig.* ***auf der Zunge ~*** melt in one's mouth.

zergliedern *v/t.* **1.** (*analysieren*, *a. ling.*) analy|se (*Am.* -ze); **2.** (*Pflanze, Tier, Leichnam*) dissect; **3.** (*Staat*) dismember.

zerhacken *v/t.* chop (up *a.* ⚡); (*Fleisch*) *ganz fein*: mince.

zerhauen *v/t.* **1.** chop to pieces; **2.** F (*kaputtmachen*) break, F smash.

zerkauen *v/t.* chew (well).

zerkleinern *v/t.* chop (up); (*Stein etc.*) crush; (*zermahlen*) grind.

zerklüftet *adj.* cleft; *Berge, Landschaft*: rugged.

zerknallen I. *v/i.* burst; (*explodieren*) explode; **II.** *v/t.* burst.

zerknautschen F *v/t.* crumple, squash (up).

zerknicken *v/i. Zweig etc.*: get bent; snap; **zerknickt** *adj. Zweig etc.*: broken; snapped.

zerknirscht *adj.* smitten with remorse; **~es Gesicht** hangdog look; **Zerknirschung** *f* remorse(fulness); contrition.
zerknittern *v/t. u. v/i.* crumple, crease; **zerknittert** *fig. adj.* crushed, crestfallen.
zerknüllen *v/t.* crumple up, screw up, F scrunch up.
zerkochen *v/t.* overcook, F cook to pieces.
zerkratzen I. *v/t.* scratch (to pieces); **II.** *v/i.* scratch; **leicht ~** scratch (very) easily, be scratch-prone.
zerkrümeln *v/t. u. v/i.* crumble.
zerlassen I. *v/t. gastr.* melt (in the pan); **II.** *adj. Butter etc.*: melted.
zerlegbar *adj.* ⚙ easily dismantled; *Möbel etc.*: *a.* knock-down ...; ⩚ divisible; ⚗ decomposable; **zerlegen** *v/t.* take apart (*od.* to pieces); ⚙ *a.* dismantle, disassemble; (*zerschneiden*) cut up; (*Braten*) carve; *anat.* dissect; ⚗ decompose; *fig.* analy|se (*Am.* -ze) (*a. ling.*), dissect, (*Theorie etc.*) *a.* break down.
zerlesen *adj.* well-thumbed; dog-eared.
zerlöchert *adj.* full of holes, riddled with holes.
zerlumpt I. *adj.* ragged; *Kleidung*: *a.* tattered; **~es Kind** ragamuffin; **II.** *adv.*: **~ herumlaufen** go around in rags (and tatters).
zermahlen *v/t.* grind.
zermalmen *v/t.* crush (*a. fig.*).
zermanschen F *v/t.* mash up; **zermanscht** F *contp. adj.* squashed, mashed up.
zermartern *v/t.*: **sich den Kopf ~** rack one's brains.
zermürben *v/t.* wear down; **zermürbend** *adj.* wearing, *stärker*: nerve-racking; **Zermürbung** *f* ⚔ attrition; **Zermürbungskrieg** *m* war of attrition.
zernagen *v/t.* gnaw to pieces; *allmählich*: *a.* gnaw away at.
zernarbt *adj.* scarred, covered in scars; *Gesicht*: *a.* pitted with scars, *durch Pocken*: *a.* pockmarked.
zerpflücken *v/t.* **1.** (*Blume*) pull the petals off; (*Stück Papier, Stoff*) pull to pieces; (*Salat*) take apart; **2.** *fig.* (*kritisieren*) pull to pieces, F tear to pieces (*od.* shreds).
zerplatzen *v/i.* burst; *stärker*: explode; *fig.* **vor Wut** *etc.* **~** burst (*od.* explode) with anger *etc.*; **ich bin bald zerplatzt** I nearly exploded (F hit the roof).
zerquetschen *v/t.* crush (*a. Hand etc. u.* ⚙); squash; (*Kartoffeln*) mash; **zerquetscht** *adj. Obst etc.*: squashed (up); F *fig.* **50 Mark und ein paar ~e** 50 marks and a bit, just over 50 marks.
zerraufen *v/t.* (*Haar*) ruffle, tousle.
Zerrbild *n* **1.** distorted image; **2.** *fig.* distortion, distorted view (*od.* picture); (*Karikatur*) caricature; travesty.
zerreiben I. *v/t.* **1.** grind; **mit den Fingern ~** crush with one's fingers; **2.** *fig.* (*vernichten*) wipe out; **II.** *v/refl.*: **sich ~** *vor Arbeit, Kummer*: wear o.s. down, F wear o.s. to a frazzle (**vor** with).
zerreißen I. *v/t.* tear up; (*Tier etc.*) tear to pieces; (*j-n*) *Bombe*: blow to pieces; F *fig.* **et. ~** (*kritisieren*) F tear s.th. to pieces (*od.* shreds), trash s.th.; F **j-n (in der Luft) ~** (*kritisieren*) tear s.o. to shreds; F **da hätt's mich fast zerrissen** *vor Lachen etc.*: F I nearly ruptured myself; → **Maul**; **II.** *v/i.* tear; *Faden, Nebel, Wolken*: break; **III.** *v/refl.*: **sich ~** F nearly kill o.s.; **sich für et. ~** put everything one has (got) into s.th.; **ich kann mich doch nicht ~!** I can't be in two places at once; **Zerreißprobe** *f* **1.** ⚙ tensile test; **2.** *fig.* test of endurance, ordeal, real test.
zerren I. *v/t.* pull (*a. Muskel etc.*); (*schleppen*) drag; **sich e-n Muskel** *etc.* **~** pull a muscle *etc.*; *fig.* **vor Gericht ~** haul before a court; *et.* **an die Öffentlichkeit ~** bring to the public's attention, put the public spotlight on; **II.** *v/i.*: **~ an** tug (*od.* pull) at; **an der Leine ~** strain at the leash, pull at the lead (*od.* leash).
zerrinnen *v/i.* melt away; *fig.* vanish, fade; *Geld*: disappear; *Pläne*: come to nothing, F go up in smoke; *Zeit, Jahre*: slip away (*od.* by).
zerrissen *adj.* torn (*a. fig. Person, Land etc.*); **Zerrissenheit** *f* (*innere ~*) inner conflict.
Zerrspiegel *m* distorting mirror.
Zerrung *f* ⚕ pulled muscle (*od.* tendon *etc.*).
zerrupfen *v/t.* → **zerpflücken**; **zerrupft** *adj.*: **du siehst ja wie ein ~es Huhn aus** you look as if you've been dragged through a hedge backwards.
zerrütten *v/t.* (*Verhältnisse, Ordnung etc.*) disrupt; (*Ehe*) *a.* wreck; (*Gesundheit, Nerven etc.*) ruin, wreck; **j-n körperlich (seelisch) ~** make s.o. a physical (nervous) wreck; **zerrüttet** *adj.*: **~e Ehe** broken marriage; **~es Zuhause** broken home; **~e Nerven** shattered nerves; **Zerrüttungsprinzip** *n* ⚖ *principle of (irretrievable) matrimonial breakdown.*
zersägen *v/t.* saw up (into pieces).
zerschellen *v/i.* be smashed (to pieces); ✈ crash; ⚓ be wrecked; **am Boden ~** crash to the floor, smash to pieces on the floor; **an e-m Berg ~** ✈ crash into a mountainside; **an den Klippen ~** ⚓ be smashed (to pieces) against the rocks.
zerschlagen I. *v/t.* smash (to pieces); *fig.* (*Drogenring etc.*) smash; **II.** *v/refl.*: **sich ~** come to nothing, F go up in smoke; *Hoffnungen*: *a.* be shattered; **III.** *fig. adj.* shattered.
zerschlissen *adj.* **1.** worn-out ..., *pred.* worn out; threadbare; **2.** *fig. Nerven*: shattered, frayed, F shot.
zerschmelzen *v/i.* melt away; *Butter*: melt; *fig.* **vor Mitleid** *etc.* **~** melt with pity *etc.*
zerschmettern *v/t.* smash (to pieces), shatter; (*zermalmen*) crush, flatten; F *fig.* **am Boden zerschmettert** absolutely crushed.
zerschneiden *v/t.* cut up; *in Scheiben*: slice; *in Schnitzel*: shred; (*Braten*) carve.
zerschnippeln F *v/t.* cut up into little pieces.
zerschrammen *v/t.* (*Beine etc.*) scrape; (*Möbel etc.*) scratch; **zerschrammt** *adj. Beine etc.*: covered in cuts and scrapes; *Möbel etc.*: scratched, full of scratches.
zersetzen *v/t.* decompose, disintegrate (*beide a.* **sich ~**); *fig. moralisch etc.*: corrupt, undermine; **Zersetzung** *f* decomposition, disintegration; *fig.* corruption; *pol.* subversion.
Zersied(e)lung *f* urban sprawl.
zerspalten *v/t.* cleave, split.
zerspanen *v/t.* cut; **~de Bearbeitung** metal cutting.
zersplittern *v/t. u. v/i.* split; (*Knochen*) splinter (*a. fig. Gruppe etc.*); (*Glas*) shatter; **s-e Kräfte ~** fritter away one's energies; **zersplittert** *adj. Holz, Knochen etc.*: splintered; *Glas*: shattered; *fig. Gruppe etc.*: fragmented.
zersprengen *v/t.* **1.** blow up; **2.** ⚔ rout.
zerspringen *v/i.* **1.** crack; *völlig*: shatter; *Saite*: break; **2.** *fig.* **mir zerspringt der Kopf (vor Schmerzen)** I've got a splitting headache; **ihr zersprang fast das Herz vor Freude** her heart was bursting with joy.
zerstampfen *v/t.* trample on; crush; *im Mörser*: pound; (*Kartoffeln*) mash.
zerstäuben *v/t.* spray; **Zerstäuber** *m* spray, *a. für Parfüm*: atomizer.
zerstechen *v/t. Nessel, Wespe etc.*: sting (all over); *Mücke*: bite (all over); *Dornen, Nadeln*: prick (all over); (*durchstechen*) pierce.
zerstieben *v/i.* **1.** *Wasser etc.*: spray (in all directions); **2.** *Gruppe*: disperse, scatter.
zerstochen *adj.* covered in (mosquito) bites (*od.* wasp stings *etc.*), F bitten (*od.* stung) to pieces.
zerstörbar *adj.* destructible; **zerstören** *v/t.* **1.** destroy; (*Haus*) *a.* demolish; **durch Feuer** *etc.* **zerstört werden** be destroyed by fire *etc.*; → **Boden** 1; **2.** (*Landschaft etc.*) spoil, ruin; (*vernichten*) destroy; **die Natur ~** spoil (*od.* destroy) the (*od.* one's) natural environment; **3.** (*Hoffnungen, Existenz etc.*) destroy; (*Gesundheit, Ehe etc.*) ruin, wreck; **Zerstörer** *m* ⚓ destroyer; **zerstörerisch** *adj.* destructive; **Zerstörung** *f* destruction; ruin; *des Krieges*: devastation, ravages *pl.*
Zerstörungs|trieb *m* destructive urge, destructiveness; **~werk** *n* work of destruction; **~wut** *f* vandalism.
zerstoßen *v/t.* crush; *im Mörser*: pound.
Zerstrahlung *f Kernphysik*: annihilation (of matter).
zerstreiten *v/t. u. v/refl.*: **sich ~** fall out (with each other); **sich mit j-m ~** fall out with s.o.
zerstreuen I. *v/t.* **1.** scatter; (*Menschen*) disperse; (*Licht*) *a.* diffuse; **2.** *fig.* (*Bedenken, Argwohn etc.*) dispel, dissipate; **3.** *fig.* (*ablenken*) divert, amuse; **j-n ~** *a.* take s.o.'s mind off things; **II.** *v/refl.*: **sich ~ 4.** *Menge*: disperse, scatter, break up; **5.** (*sich ablenken*) take one's mind off things, **sich mit et. ~** *a.* occupy o.s. with s.th.; **zerstreut** *fig. adj.* distracted; *ständig*: absent-minded, scatterbrained, F scatty; **Zerstreutheit** *f* absent-mindedness; **Zerstreuung** *f* **1.** dispersion, scattering; *von Licht*: *a.* diffusion; (*Auflösung*) dissipation; **2.** (*Unterhaltung*) diversion; **Zerstreuungslinse** *f opt.* diverging lens.
zerstückeln *v/t.* **1.** cut up, cut into pieces; (*Körper*) dismember, chop up; **2.** (*Land*) parcel out; **Zerstückelung** *f* **1.** cutting up; *e-r Leiche*: dismemberment; **2.** *von Land*: parcel(l)ing out.
zerteilen I. *v/t.* divide, split (up) (*beide* **in** into); (*trennen*) separate (into); **II.** *v/refl.*: **sich ~** divide up, split up (*beide* **in** into); *Wolken, Nebel etc.*: disperse; **Zerteilung** *f* division (**in** into); separation; dispersal; → **zerteilen.**
Zertifikat *n* **1.** (*Zeugnis*) certificate, diploma; **2.** ✝ certificate.
zertrampeln *v/t.* trample all over; crush (underfoot), trample underfoot; (*Rasen*) ruin.

zertrennen *v/t.* (*Kleid*) open the seams of.
zertreten *v/t.* crush (underfoot), tread on; (*Rasen*) ruin.
zertrümmern *v/t.* **1.** smash (up); (*Fenster, Glas*) smash; (*demolieren*) wreck, smash up; (*Gebäude*) demolish; ***j-m den Schädel ~*** smash s.o.'s skull (in F); **2.** (*Atom*) split; **3.** ⚕ (*Nierenstein etc.*) break up.
Zervelatwurst *f* saveloy, cervelat.
zerwühlen *v/t.* (*Erdboden*) churn up; (*Haar*) dishevel; (*Bett*) rumple; **zerwühlt** *adj. Erde*: churned up; *Haar*: dishevel(l)ed; ***~es Bett*** rumpled bedclothes; ***dein Haar ist ganz ~*** *a.* F your hair's a mess (*od.* all over the place).
Zerwürfnis *n* (*Streit*) quarrel, argument; (*Uneinigkeit*) discord; (*Bruch*) rift; ***eheliche ~se*** marital strife.
zerzausen *v/t.* ruffle; **zerzaust** *adj. Haar*: tousled, dishevel(l)ed; → *a.* ***zerwühlt.***
Zeter *n*: ***~ und Mordio schreien*** F scream blue murder; *fig.* (*protestieren*) raise a (big) hue and cry; **zetern** *v/i.* **1.** (*schimpfen*) nag, *laut*: rant and rave; **2.** (*jammern, schreien*) wail.
Zettel *m* slip of paper; (*Notiz*℘) note; (*Hand*℘) leaflet; ***„~ ankleben verboten"*** stick no bills; ***ein ~, auf dem stand ...*** a note saying ...; **~kartei** *f* card index; **~kasten** *m* card index (box); **~wirtschaft** *f*: ***e-e ~ haben*** have everything on scraps of paper, have notes jotted down all over the place.
Zeug *n* stuff; (*Sachen*) *a.* things *pl.*; ***dummes ~*** nonsense, F rubbish, *bsd. Am.* F garbage; *fig.* ***das ~ haben zu*** have the makings of *a doctor etc.*, be cut out to be; ***er hat das ~ dazu*** F he's got what it takes; F ***was das ~ hält*** F like mad; ***sich ins ~ legen*** put one's back into it; ***sich für j-n ins ~ legen*** back s.o. up to the hilt; ***sich für et. ins ~ legen*** go all out for s.th., give s.th. one's all-out support.
Zeuge *m* witness (*a. fig.*); ***~ der Anklage*** witness for the prosecution; ***vor ~n*** in the presence of witnesses; ***~ e-s Unfalls sein*** witness (*od.* be witness to) an accident.
zeugen[1] *v/i.* ⚖ give evidence; ***für*** (***gegen***) ***et. ~*** testify for (against) s.th.; *fig.* ***~ von*** testify to; ***das zeugt nicht gerade von Takt*** that isn't exactly a sign of (great) tact.
zeugen[2] *v/t.* **1.** (*Kind*) father; F *hum.* sire; *obs., bibl.* beget; **2.** *fig.* generate, create, engender.
Zeugen|aussage *f* testimony, evidence; **~bank** *f* witness box (*Am.* stand); **~beeinflussung** *f* interference (*od.* tampering) with witnesses; **~beweis** *m* evidence (of a witness); **~stand** *m* witness box (*bsd. Am.* stand); ***in den ~ treten*** go into the witness box, take the (witness) stand; **~verhör** *n*, **~vernehmung** *f* examination of a witness (*od.* of witnesses).
Zeughaus *n* ⚔ arsenal.
Zeugnis *n* **1.** (*Schul*℘) report, *Am.* report card; (*Arbeits*℘) reference; (*Prüfungs*℘) certificate, diploma; (*Bescheinigung*) certificate; **2.** ⚖ evidence; *fig.* (*Beweis*) *a.* testimony (*gen.* to); *bsd. fig.* ***~ ablegen*** bear witness (***für*** to), ***für*** *e-e Sache*: testify to; *fig.* ***ein ~ der Vergangenheit*** a record of the past; **~verweigerung** *f* refusal to give evidence.
Zeugung *f* **1.** *e-s Kinds*: fathering; **2.** *biol.* procreation.
Zeugungs|akt *m* procreative act; **℘fähig** *adj.* fertile, able to reproduce; **~fähigkeit** *f* fertility, reproductive capacity; **℘unfähig** *adj.* impotent, sterile; **~unfähigkeit** *f* impotence, sterility.
Zichorie *f* chicory.
Zicke F *f* **1.** → ***Ziege***; **2.** *contp.* (*Frau*) F cow; **3. ~n** (*Dummheiten*) nonsense; ***mach keine ~n!*** (*tu nichts Unüberlegtes*) don't do anything stupid, (*stell dich nicht so an*) don't make such a fuss; **zickig** F *adj.* **1.** (*albern*) silly; **2.** (*prüde*) prudish, F uptight; **Zicklein** *n* kid.
Zickzack I. *m* zigzag; ***im ~ fahren*** *etc.* weave, zigzag across the road, veer all over the road; **II.** *adv.*: ***℘ übers Feld laufen*** *etc.* zigzag (*od.* weave) across the field; **~kurs** *m* **1.** zigzag path; ***im ~ fahren*** weave, zigzag; **2.** *fig. pol.* tacking; **~linie** *f* zigzag (line); **~schere** *f*: (***e-e ~*** a pair of) pinking shears *pl.*
Ziege *f* **1.** goat; *weibliche*: *a.* nanny goat; **2.** F *contp.* (*Frau*) F cow; ***blöde ~*** silly old cow.
Ziegel *m* brick; (*Dach*℘) tile; **~bau** *m* brick building; **~dach** *n* tiled roof.
Ziegelei *f* brickyard.
Ziegel|ofen *m* brick kiln; **℘rot** *adj.* brick-red; **~stein** *m* brick.
Ziegen|bart *m* **1.** goat's beard; **2.** *vom Mann*: goatee (beard); **~bock** *m* billy goat; **~fell** *n* goatskin; **~hirt** *m* goatherd; **~käse** *m* goat's cheese; **~leder** *n* kid (leather); **~milch** *f* goat's milk.
Ziegenpeter *m* ⚕ mumps (*sg.*).
Zieh|brücke *f* drawbridge; **~brunnen** *m* draw well.
ziehen I. *v/t.* **1.** pull; (*schleppen*) drag; (*zerren*) tug; (*Zahn*) pull out, extract; (*den Hut*) take off; (*dehnen*) stretch (*a.* ***sich ~ lassen***); (*Karte*) take; (*Messer, Revolver*) draw, pull out; (*Möhren*) pull up; (*Wäscheleine*) put up; (*Leitungen*) put *the wiring* in; (*Kerzen*) draw; *Sport*: (*Läufer*) pace; (*Mauer*) build, erect; (*Graben*) dig; (*Los, Gewinn*) draw; ⚲ a) (*Linie*) draw, (*Kreis*) *a.* describe, b) (*Wurzel*) work out; ***ein Boot ans Ufer ~*** pull a boat ashore; ***j-n am Ärmel ~*** tug at s.o.'s sleeve; ***j-n an den Haaren*** (***Ohren***) ~ pull s.o.'s hair (ears); ***Perlen auf e-e Schnur ~*** thread beads; ***Saiten auf e-e Geige*** *etc.* ~ string a violin *etc.*; ***Wein auf Flaschen ~*** bottle wine; *Aufmerksamkeit etc.* ***auf sich ~*** attract; ***j-s Haß auf sich ~*** incur s.o.'s hatred; ***j-n auf die Seite ~*** take s.o. aside; ***j-n auf s-e Seite ~*** win s.o. over to one's side; ***Zigaretten*** (***aus dem Automaten***) ~ get some cigarettes out of the machine; ***kurz durchs Wasser ~*** give *s.th.* a quick rinse; ***j-n ins Gespräch ~*** draw s.o. into (*od.* include s.o. in) the conversation; ***j-n mit sich ~*** pull s.o. along (with one); ***nach sich ~*** *fig.* have as a consequence, bring about, cause, result in, involve; ***den Wagen nach links ~*** pull out to the left; ***die Gardinen vors Fenster ~*** draw the curtains (across the window); ***e-n Pullover über die Bluse ~*** put a jumper on over the blouse; ***e-n Ring vom Finger ~*** take a ring off, slip a ring from one's finger; ***es zieht mich dorthin*** (***zu ihr***) I feel drawn there (to her); ***es zieht mich nichts in diese Gesellschaft*** I don't feel drawn to these people in any way; → ***Bilanz, Faden, Ferne, Länge, Rat*** 1, ***Schluß*** 2 *etc.*; **2.** (*züchten*) ⚘ grow; *zo.* breed, rear; **II.** *v/i.* **3.** pull (***an*** at); ***der Wagen zieht schlecht*** the car's not pulling properly; ***er zieht schnell*** he's quick on the draw; ***an der Glocke ~*** pull (*od.* ring) the bell; ***an der Leine ~*** *Hund*: pull at the lead (*od.* leash), strain at the leash; **4.** (*wandern, reisen*) wander, rove; *Tiere, Vögel*: migrate; (*weggehen*) go (away), leave; ***~ nach*** (***in***) (*um~*) move to (into); ***zu j-m ~*** go to live with s.o., move in with s.o.; ***die Wolken ~*** the clouds are moving; ***durch die Welt ~*** see (*lit.* roam) the world; ***in den Krieg ~*** go to war; ***nach Süden ~*** *Vögel*: move (*od.* migrate) south; **5.** *Schach*: (make a) move; ***mit dem König ~*** move the (*od.* one's) king; ***wer zieht?*** whose move is it?; **6.** *Ofen, Pfeife etc.*: draw (*a. Tee, Kaffee*); ***der Ofen zieht nicht*** the stove isn't drawing; ***den Tee*** *etc.* ***~ lassen*** let the tea *etc.* stand; ***~ an*** *e-r Pfeife etc.*: (take a) puff at; **7.** F ***e-n ~ lassen*** F let (one) off; **8.** (*schmerzen*) twinge, ache; → *a.* 13; **9.** (*Anklang finden*) go down (well); ***dieses Stück zieht nicht*** the play isn't going down very well; ***diese Ausrede zieht bei mir nicht*** that excuse won't wash with me, F try another one; ***Schmeichelei zieht bei mir nicht*** flattery will get you nowhere, flattery doesn't work with me; **III.** *v/refl.*: ***sich ~*** **10.** (*sich dehnen*), *a.* ***sich ~ lassen*** stretch, give; **11.** (*sich ver~*) *Holz*: warp; *Stahl*: buckle; **12.** ***sich ~ durch*** (***über***) (*hin~, erstrecken*) stretch through (over, across); ***sich ~ über*** *Narbe*: go right across; ***sich ~ um*** *Mauer, Wall*: go right (a)round, enclose; *fig.* ***sich ~ durch*** *Motiv, Thema etc.*: run through; → ***Affäre, Länge***; **IV.** *v/impers.* ***hier zieht's*** there's a draught (*Am.* draft); ***es zieht mir im Rücken*** *Schmerzen*: I can feel a twinge in my back, *Luftzug*: I can feel a draught (*Am.* draft) on my back.
Ziehharmonika *f* concertina; (*Akkordeon*) accordion.
Ziehung *f* drawing (*a.* ✝); *Lotto*: draw; *Statistik*: sampling; **Ziehungsliste** *f* drawing list.
Ziel *n* (*Reise*℘) destination; *Sport*: finish(ing line); (*~scheibe*) target; ⚔ *taktisches*: objective; (*~punkt*) mark; *fig.* goal, objective, aim, *a.* ✝ target; *Sport*: ***durchs ~ gehen*** cross the finishing line; ***als Sieger*** (***Zweiter***) ***durchs ~ gehen*** finish first (second); *fig.* ***sein ~ erreichen, zum ~ gelangen*** reach one's goal (*od.* objective), F get there; ***unser ~ ist es zu*** *inf.* our goal (*od.* aim, objective) is to *inf.*; ***sich ein ~ setzen*** (***od. stecken***) set o.s. a goal *od.* target; ***sich das ~ setzen zu*** *inf.* aim at *ger.*, aim to *inf.*; ***sich ein hohes ~ setzen*** aim high; ***mit dem ~ zu*** *inf.* with the aim (*od.* objective) of *ger.*; ***über das ~ hinausschießen*** overshoot the mark, go over the top; ***zum ~e führen*** succeed, be successful; ***nicht zum ~e führen*** fail; ***so wirst du nie zum ~ kommen*** it'll never work out that way; ***sie läßt sich von ihrem ~ nicht abbringen*** she won't be deterred; ***er ist weit vom ~*** he has a long way to go yet; **~anflug** *m* ✈ approach run (*od.* flight); **~bahnhof** *m* destination; ***was ist Ihr ~?*** which station are you going to?; **~band** *n Sport*: tape; ***das ~ durchreißen*** break the tape; **℘bewußt** *adj.* purposeful, single-minded; ***er ist sehr ~*** he

knows what he wants (*od.* what he's aiming for); **~einlauf** *m Sport*: finish; finishing order.

zielen *v/i.* (take) aim (**auf** at); *fig.* **~ auf** aim at, have set one's sights on; *Bemerkung etc.*: be aimed at; ***darauf ~ zu*** *inf.* be aimed at *ger.*; → ***gezielt.***

Ziel|fernrohr *n* telescopic sight; **~flagge** *f Motorsport*: chequered (*Am.* checkered) flag; **~flug** *m* homing; **~flughafen** *m* destination airport; **~gerade** *f Sport*: home stretch (*od.* straight); **~gruppe** *f* target group; *TV etc.* target audience; **~kamera** *f Sport*: photo-finish camera; **~kurve** *f Sport*: home bend; **~landung** *f* ✈ precision (*od.* spot) landing; **~linie** *f Sport*: finishing line.

ziellos *adj.* (*u. adv.*) aimless(ly).

Ziel|ort *m* (place of) destination; **~programm** *n Computer*: object (*od.* target) program(me); **~punkt** *m* bull's eye; *Sport u. fig.*: goal; **~richter** *m Sport*: judge (at the finish); **~scheibe** *f* target; *fig. a.* butt; ***zur ~ des Spotts werden*** become the target (*od.* an object) of ridicule, become a laughing stock.

Zielsetzung *f* objective, target; ***man muß e-e klare ~ haben*** you've got to know what you're aiming for (*od.* what you want).

zielsicher *adj.* accurate, unerring; *fig.* → ***zielstrebig.***

Zielsprache *f* target language.

zielstrebig I. *adj.* single-minded, purposeful, determined; **II.** *adv.* single-mindedly *etc.*; with single-mindedness (*od.* determination); **Zielstrebigkeit** *f* single-mindedness, determination.

Ziel|sucher *m* homing device; **~vorstellung** *fig. f* objective.

ziemen *v/i. u. v/refl.* → ***geziemen.***

ziemlich I. *adj.* (*beträchtlich*) considerable; quite a ...; ***ein ~es Durcheinander*** quite a mess; ***es war ein ~er Aufwand*** it was quite an effort, it took a fair bit of effort; ***ich weiß es mit ~er Sicherheit*** I'm fairly (F pretty) sure about it; **II.** *adv.* quite, F pretty; ***~ gut*** F pretty good; ***~ ausführlich*** *beschreiben etc.*: in some detail, at some length; ***~ viel*** quite a lot (of); ***~ viele*** *a.* quite a few; ***so ~*** (*fast, mehr oder weniger*) more or less, just about, F pretty much; ***so ~ dasselbe*** more or less (F pretty much) the same thing; ***er ist so ~ in m-m Alter*** he's round about my age; ***ich bin so ~ kaputt*** *a.* F I'm what you might call shattered.

ziepen I. *v/i.* **1.** *Küken*: cheep; **2.** *beim Kämmen*: ***es ziept*** it's pulling; **II.** *v/t.*: ***j-n an den Haaren ~*** pull (*od.* tug at) s.o.'s hair.

Zierat *m* decoration, embellishment.

Zier|baum *m* ornamental tree; **~buchstabe** *m* ornamental letter.

Zierde *f* **1.** ornament, decoration; ***nur zur ~*** just for decoration; **2.** *fig.* (*Gebäude etc.*) showpiece; (*Person*) pride and joy; ***er ist e-e ~ des Orchesters*** he does the orchestra credit.

zieren I. *v/t.* adorn; (*schmücken*) decorate; *fig.* grace, adorn; **II.** *v/refl.*: ***sich ~*** *Frau*: be coy, act coy; (*Umstände machen*) fuss; ***~ Sie sich nicht!*** no need to be shy (*od.* polite); ***er zierte sich nicht lange*** he didn't need much persuading; ***sie ziert sich nicht*** (*drückt sich direkt aus*) she doesn't beat about (*od.* around) the bush; ***zier dich nicht!*** (*heraus damit*) get to the point; come on, out with it.

Zier|fisch *m* ornamental fish; **~garten** *m* ornamental garden; **~gräser** *pl.* ornamental grasses; **~leiste** *f* ornamental mo(u)lding (*an Möbeln*: border); *mot.* trim; *im Buch*: vignette.

zierlich *adj.* (*zart*) delicate; *Frau*: dainty, petite; (*anmutig*) *a.* graceful; **Zierlichkeit** *f* delicateness; daintiness; gracefulness.

Zier|pflanze *f* ornamental plant; **~schrift** *f* ornate lettering; **~strauch** *m* ornamental shrub.

Ziffer *f* **1.** figure, number; *in e-r Zahl*: digit; (*Schriftzeichen*) cipher; ***arabische*** (***römische***) **~n** Arabic (Roman) numerals; **2.** (*Unterabsatz*) clause; (*Punkt*) item; **~blatt** *n* dial; (clock)face; *e-r Armbanduhr*: (watch)face.

zig F *adj.* (*sehr viele*) dozens of, hundreds of, F umpteen.

Zigarette *f* cigarette.

Zigaretten|anzünder *m* cigarette lighter; **~automat** *m* cigarette machine; **~etui** *n* cigarette case; **~fabrik** *f* cigarette factory; **~hülse** *f* (cigarette) filter tube; **~marke** *f* brand of cigarettes; **~pause** *f* (break for a) smoke; **~qualm** *m*, **~rauch** *m* cigarette smoke; **~raucher** *m* cigarette smoker; **~schachtel** *f* cigarette packet (*Am.* pack); **~sorte** *f* brand of cigarettes; **~spitze** *f* cigarette holder; **~stummel** *m* cigarette end, stub.

Zigarillo *m* cigarillo.

Zigarre *f* cigar; F *fig.* ***j-m e-e ~ verpassen*** F give s.o. a rocket.

Zigarren|abschneider *m* cigar cutter; **~kiste** *f* cigar box; **~rauch** *m* cigar smoke; **~raucher** *m* cigar smoker; **~sorte** *f* brand of cigar; **~spitze** *f* **1.** cigar holder; **2.** (*Ende*) cigar tip; **~stummel** *m* cigar end, stub.

Zigeuner *m* gypsy; *fig.* vagabond; **Zigeunerin** *f* gypsy (girl *od.* woman).

Zigeuner|kapelle *f* gypsy band; **~lager** *n* gypsy camp; **~leben** *n* gypsy life; *fig. a. the* life of a vagabond; *fig.* ***ein ~ führen*** *a.* lead a gypsy life, roam around like a gypsy (*od.* gypsies); **~musik** *f* gypsy music.

zigeunern *v/i.*: ***durch die Welt ~*** roam the world.

Zigeuner|schnitzel *n cutlet in spicy red and green pepper sauce*; **~sprache** *f*: ***die ~*** Romany; **~wagen** *m* gypsy caravan.

zigfach F *adj.*: ***die ~e Menge*** F umpteen times the amount; **Zigfache** F *n*: ***das ~*** F umpteen times the amount.

zigmal F *adv.* F umpteen (*od.* dozens of) times; a hundred times.

zigmillionen F *adj.* tens of millions of; ≈ tens of millions.

zigtausend F *adj.* tens of thousands of; ≈ tens of thousands.

Zikade *f* cicada; **Zikadengesang** *m* sound of cicadas.

Zikkurat *f* ziggurat.

Zimmer *n* room, *in Untermiete*: *a.* lodgings *pl.*, *Brit. a.* F digs *pl.*; ***auf sein ~ gehen*** go (up) to one's room; **~antenne** *f* indoor aerial (*od.* antenna); **~ausweis** *m im Hotel*: key card; **~bar** *f* minibar; **~blume** *f* indoor (flowering) plant; **~einrichtung** *f* (*Möbel*) furniture; (*Innenausstattung*) interior; ☤ **~en** interior furnishings; **~flucht** *f* suite (of rooms); **~gesell(e)** *m* journeyman carpenter; **~handwerk** *n* carpentry; **~kellner** *m* room waiter; **~lautstärke** *f* household noise level; **~mädchen** *n* (chamber)maid; **~mann** *m* carpenter.

zimmern *v/t.* timber; *beruflich*: carpenter (*a. v/i.*); (*bauen, machen*) make; *fig.* shape.

Zimmer|nachweis *m* accommodation office; **~nummer** *f* room number; **~palme** *f* indoor palm (tree); **~pflanze** *f* indoor plant; **~service** *m* room service; **~suche** *f*: (***auf ~ sein*** be) room-hunting; **~temperatur** *f* room temperature; **~theater** *n* small theat|re (*Am. a.* -er); **~trakt** *m* suite of rooms; **~vermittlung** *f* accommodation service (*Stelle*: office).

zimperlich I. *adj.* oversensitive; (*leicht Ekel empfindend*) squeamish; (*geziert*) affected; (*prüde*) F prissy; ***sei nicht so ~*** don't make such a fuss; **II.** *adv.*: ***wenig ~*** (*unsanft*) none too gently, (*bedenkenlos*) unscrupulously.

Zimt *m* cinnamon; F (*Kram, Unsinn*) F rubbish, *bsd. Am.* F garbage; **~apfel** *m* custard apple; **~baum** *m* cinnamon tree; **~rinde** *f* cinnamon bark; **~stange** *f* cinnamon stick; **~stern** *m star-shaped cinnamon biscuit*.

Zink[1] *n* ⚒ zinc.

Zink[2] *m* ♪ cornett, zink.

Zinkblech *n* sheet zinc; *grobes*: zinc plate.

Zinke *f* prong, *e-r Gabel*: *a.* tine; *e-s Kamms*: tooth; **Zinken** *m* **1.** (*Zeichen*) secret sign; **2.** F (*Nase*) F beak, conk; **zinken** *v/t.* (*Karten*) mark.

Zinksalbe *f* zinc ointment.

Zinn *n* tin; *legiertes*: pewter; **~becher** *m* pewter mug.

Zinne *f* merlon; *pl.* battlements.

Zinn|figur *f* pewter figure; **~folie** *f* tinfoil; **~geschirr** *n* pewter(ware); **~krug** *m* pewter mug.

Zinnober *m* **1.** *min.* cinnabar; **2.** (*Farbe*) vermilion; **3.** F *fig.* (*Kram*) F stuff; (*Umstände*) fuss; **≈rot** *adj.* vermilion.

Zinnsoldat *m* tin soldier.

Zins *m a. pl.* interest; ***zu 4% ~en*** at 4% interest; ***hohe ~en*** high interest (rates); ***~en tragen*** bear interest; ***zuzüglich ~en*** plus interest; *fig.* ***mit ~en heimzahlen*** return *s.th.* with interest; **~ausfall** *m* loss of interest; **~belastung** *f* interest load; **≈bringend** *adj.* interest-bearing; **~erhöhung** *f* increase in interest rates; **~erträge** *pl.* interest earnings; ***~ aus ...*** *a.* interest yield on ...

Zinseszins *m* compound interest.

zinsfrei *adj.* interest-free.

Zins|fuß *m* interest rate; **~gefälle** *n* interest rate differential; **≈günstig** *adj.* low-interest ...

zinslos *adj.* interest-free; non-interest-bearing *loan etc.*

Zins|niveau *n* level of interest rates; **≈pflichtig** *adj.* subject to payment of interest; **~politik** *f* interest rate policy; **~rechnung** *f* calculation of interest; *konkret*: interest account; **~satz** *m* interest rate; **~schwankungen** *pl.* fluctuations in the interest rate (*od.* in interest rates); **~senkung** *f* lowering of interest rates; **≈tragend** *adj.* interest-bearing; **~vereinbarungen** *pl.* terms of interest; **~verlust** *m* loss on interest; **~wettbewerb** *m* interest rate competition; **~wucher** *m* usury.

Zionismus *m* Zionism; **Zionist** *m* Zionist; **zionistisch** *adj.* Zionist(ic).

Zipfel *m* **1.** *e-r Decke etc.*: corner; *e-r Mütze*: point; *e-r Wurst*: end; (*Spitze*) tip; **2.** *geol.* promontory, tongue; **3.** F (*Penis*) F ding-dong; **Zipfelmütze** *f* pointed cap; **zipfeln** *v/i. Rock, Saum*: be uneven.

Zirbel|drüse *f anat.* pineal gland; **~kiefer** *f* Swiss pine.

zirka *adv.* about, approximately.

Zirkel *m* **1.** (*Kreis*) *a. fig.* circle; **2.** ⚒ (***ein*** ~ a pair of) compasses *pl. od.* dividers *pl.*; **~schluß** *m*: ***ein*** ~ circular reasoning; **~training** *n Sport*: circuit training.

Zirkon *m* zircon; **Zirkonium** *n* zirconium.

Zirkulation *f des Geldes, Blutes etc.*: circulation; **zirkulieren** *v/i.* circulate; ***~ lassen*** circulate.

Zirkus *m* **1.** circus; **2.** F *fig.* (*Aufhebens*) fuss, F carry-on; ***mach keinen ~!*** don't make such a fuss; **~direktor** *m* circus director (*od.* manager); **~künstler** *m* circus artist; **~manege** *f* circus ring; **~nummer** *f* circus act; **~reiter** *m* circus rider; **~zelt** *n* circus tent, big top.

zirpen *v/i. u. v/t.* chirp, cheep.

Zirrhose *f* ⚕ cirrhosis.

Zirrokumulus *m* cirrocumulus; **Zirrostratus** *m* cirrostratus; **Zirruswolke** *f* cirrus cloud.

zisalpin(isch) *adj.* cisalpine.

zischeln *v/i. u. v/t.* whisper; *zornig*: hiss.

zischen I. *v/i.* **1.** hiss; *Fett*: sizzle; *Sprudel*: fizz; **2.** *durch die Luft*: whiz(z) (*a.* F *flitzen*); **II.** *v/t.* **3.** (*Worte*) hiss; **4.** F ***ein Bier ~*** F down (*od.* guzzle) a beer; ***e-n ~*** F down one, knock one back; **Zischlaut** *m* sibilant.

Ziselierarbeit *f* chased work; **ziselieren** *v/t.* chase.

Zisterne *f* cistern, tank.

Zisterzienser *m* Cistercian (monk); **Zisterzienserin** *f* Cistercian (nun).

Zisterzienser|kloster *n* Cistercian monastery; **~orden** *m* Cistercian order.

Zitadelle *f* citadel.

Zitat *n* quotation, F quote (***aus*** from); ***Ende des ~s*** end of quote.

Zitaten|lexikon *n* dictionary of quotations; **~sammlung** *f* collection (*od.* anthology) of quotations.

Zither *f* zither.

zitieren I. *v/t.* **1.** quote, cite; ***~ aus*** quote from; ***darf ich Sie ~?*** may I quote you?; **2.** (*vorladen*) summon, *formell*: cite; ***vor Gericht zitiert werden*** be summoned to court; ***zu j-m zitiert werden*** be called into s.o.'s office, *formell*: be summoned before s.o.; **II.** *v/i.* quote; ***ich zitiere: ...*** (and) I quote - ..., open quote - ...

Zitronat *n* candied lemon peel; **Zitrone** *f* lemon; *fig.* ***j-n ausquetschen wie e-e ~*** squeeze everything out of s.o.

Zitronen|baum *m* lemon tree; **~creme** *f* lemon mousse; **~falter** *m* brimstone butterfly; **≈gelb** *adj.* lemon(-colo[u]red); **~limonade** *f* lemonade; **~presse** *f* lemon squeezer; **~saft** *m* lemon juice; **~säure** *f* citric acid; **~schale** *f* lemon peel; *gastr. a. the* zest of a lemon; **~scheibe** *f* slice of lemon, lemon slice.

Zitrusfrüchte *pl.* citrus fruits.

Zitter|aal *m* electric eel; **~gras** *n* trembling grass.

zitterig *adj.* → **zittrig**; **zittern I.** *v/i. a. Mauern etc.*: tremble, shake (***vor*** with); *vor Kälte*: *a.* shiver; ***am ganzen Körper ~*** tremble from head to foot, tremble all over; *fig.* ***um j-n ~*** fear for s.o.; ***vor j-m (et.) ~*** be terrified of s.o. (s.th.); ***ich hab' ganz schön gezittert*** F I was scared as anything; **II.** ≈ *n* trembling, shaking; *vor Kälte*: *a.* shivering, *the* shivers *pl.*; F ***das große ~ kriegen*** F get cold feet; **zitternd** *adj.* trembling, shaking; ***mit ~er Stimme*** *a.* in a tremulous voice.

Zitter|pappel *f* aspen; **~partie** F *f* F cliffhanger; F nailbiter; nailbiting game (*od.* election *etc.*); ***e-e zweiwöchige ~*** two weeks of nailbiting; **~sieg** F *m* F nailbiting victory; **~spiel** F *n* F cliffhanger, nailbiting game (*od.* match).

zittrig *adj.* shaky; *Stimme*: *a.* tremulous, faltering; (*senil*) doddery; ***e-e ~e Schrift*** shaky handwriting.

Zitze *f* teat.

zivil I. *adj.* **1.** (*Ggs. militärisch*) civilian; ***die ~e Luftfahrt*** civil aviation; **2.** *Preise*: reasonable; **II.** ≈ *n* (*Ggs. Uniform*) civilian clothes *pl.* (*od.* dress), ⚔ F civvies *pl.*; *beim Polizisten*: plain clothes *pl.*; ***in ~*** *a.* ⚔ F in mufti; ***Polizist in ~*** plainclothes policeman.

Zivil|beschäftigte(r) *m* civilian employee (*working for the armed forces*); **~bevölkerung** *f* civilian population; ***Verluste unter der ~*** civilian casualties; **~courage** *f the* courage of one's convictions; ***er hat ~*** he's not afraid to say what he thinks; **~dienst** *m* alternative (*od.* community) service (*in lieu of military service*); **~dienstleistende(r)** *m conscientious objector conscripted to do community work*; **~ehe** *f* civil marriage; **~fahnder** *m* plainclothes detective; **~fahndung** *f* plainclothes search (*od.* dragnet); **~fahrzeug** *n* unmarked vehicle (*od.* police car); **~flughafen** *m* civil airport; **~flugzeug** *n* civil aircraft; **~gefangene(r)** *m* civilian prisoner (of war), in-ternee; **~gericht** *n* civil court; ***Oberstes ~*** High Court of Justice.

Zivilisation *f* civilization; **Zivilisationskrankheit** *f* civilization disease; **zivilisationsmüde** *adj.* tired of modern-day society; world-weary; **zivilisieren** *v/t.* civilize; **zivilisiert** *adj.* civilized; **Zivilisierung** *f* civilization; **Zivilisierungsprozeß** *m* process of civilization.

Zivilist *m* civilian.

Zivil|kammer *f* ⚖ civil division; **~kleidung** *f* → **Zivil**; **~leben** *n* civilian life; ***ins ~ zurückkehren*** return to civilian life, F go back to civvy street; **~luftfahrt** *f*: ***die ~*** civil aviation; **~person** *f* civilian; **~prozeß** *m* ⚖ civil action; **~recht** *n* civil law; ***gegen das ~ verstoßen*** commit a civil offen|ce (*Am.* -se); **≈rechtlich I.** *adj.* civil law ..., under civil law; **II.** *adv.* under civil law; ***~ verfolgen*** bring a civil action against, sue; **~regierung** *f* civilian government; **~schutz** *m* civil defen|ce (*Am.* -se); **~schutzkorps** *n* civil defen|ce (*Am.* -se) organization; militia; **~streife** *f* plainclothes policemen *pl.* (on the beat); **~verteidigung** *f* civil defen|ce (*Am.* -se).

Zobel *m* **1.** *zo.* sable; **2.** → **Zobelpelz** *m* **1.** sable (fur); **2.** (*Mantel*) sable.

Zofe *f* lady's maid; *am Hof*: lady-in-waiting.

Zoff F *m* trouble, F strife; ***~ mit j-m haben*** be having a bit of strife with s.o.

Zögerer *m* procrastinator, F ditherer; **zögerlich** *adj.* hesitant; halting; ***sich ~ geben*** hold back; **zögern I.** *v/i.* hesitate; (*schwanken*) waver; ***er zögerte nicht zu*** *inf.* he lost no time in *ger.*; ***du darfst nicht zu lange ~*** don't spend too much time thinking about it; ***was zögerst du noch?*** why the hesitation?, what's the problem?; **II.** ≈ *n* hesitation; ***ohne ~*** unhesitatingly, without (a moment's) hesitation; ***nach anfänglichem ~*** after some hesitation; **zögernd I.** *adj.* hesitating; *Worte, Schritte, Fortschritt, Geständnis etc.*: halting; **II.** *adv.* hesitatingly; haltingly; ***nur ~ über et. reden*** be reluctant to talk about s.th.

Zögling *m* pupil; *fig.* protégé.

Zölibat *n, m* celibacy; ***im ~ leben*** be celibate, practi|se (*Am.* -ce) celibacy.

Zoll[1] *m* **1.** (*Abgabe*) (customs) duty; **2.** (*~behörde*) customs *pl.* (*sg. konstr.*); ***beim ~ liegen*** be at the customs (office); ***beim ~ arbeiten*** work for (the) customs; ***et. durch den ~ bringen*** get s.th. through customs.

Zoll[2] *m* (*Maß*) inch; ***jeder ~ ein Ehrenmann*** every inch a gentleman.

Zoll|abfertigung *f* **1.** customs clearance; **2.** (*Stelle*) customs; ***es muß durch die ~*** it has to go through customs; **~abfertigungshafen** *m* port of clearance (*od.* entry); **~abkommen** *n* customs (*od.* tariff) agreement.

Zollager *n* (*getr.* ***ll-l***) bonded (*od.* customs) warehouse.

Zoll|amt *n* customs office; **≈amtlich I.** *adj.*: ***~e Abfertigung*** customs clearance; ***~e Untersuchung*** customs inspection; **II.** *adv.*: ***~ abfertigen*** clear through customs; ***~ deklarieren*** declare; **~beamte(r)** *m* customs official (*od.* officer); **~behörde** *f* customs authorities *pl.*

Zollbreit *m*: *fig.* ***keinen ~ weichen*** not to budge (*od.* give) an inch.

Zolleinnahmen *pl.* customs revenue *sg.*

zollen *v/t.*: ***j-m Anerkennung ~*** pay tribute to s.o.; ***j-m Dank*** (***Beifall***) ~ thank (applaud) s.o.; ***j-m Bewunderung ~*** express one's admiration for s.o.

Zoll|erklärung *f* customs declaration; **~fahnder** *m* customs investigator; **~fahndung** *f* **1.** customs investigation; **2.** → **~fahndungsstelle** *f* customs investigation office; **~formalitäten** *pl.* customs formalities; **≈frei** *adj.* duty-free; ***~e Ware*** duty-free goods; **~freiheit** *f* exemption from duty; **~gebiet** *n* customs territory; **~gebühren** *pl.* customs duties; **~gesetz** *n* customs law; **~grenzbezirk** *m* customs district; **~grenze** *f* customs frontier; **~hafen** *m* port of entry; **~hoheit** *f* customs sovereignty; **~inhaltserklärung** *f* customs declaration; **~inspektion** *f* customs inspection; **~kontrolle** *f* customs examination (*od.* check).

Zöllner *m* **1.** customs officer; **2.** *bibl.* publican.

Zoll|papiere *pl.* customs documents; **≈pflichtig** *adj.* dutiable, liable to duty; **~politik** *f* customs policy; **~recht** *n* customs legislation; **~schranke** *f* customs barrier; **~stelle** *f* customs office; **~stock** *m* folding rule; yardstick; **~tarif** *m* (customs) tariff; **~union** *f* customs union; **~vertrag** *m* customs (*od.* tariff) agreement; **~vorschriften** *pl.* customs regulations.

Zone *f* zone; *geogr. a.* region; (*Bezirk*) *a.* area; *hist.* ***die ~*** East Germany.

Zonen|grenze *f*: *hist.* ***die ~*** the East German border; **~randgebiet** *n hist. border area between East and West Germany.*

Zönobit *m* c(o)enobite.

Zoo *m* zoo; **~direktor** *m* zoo director.
Zoologe *m* zoologist; **Zoologie** *f* zoology; **zoologisch** *adj.* zoological; **~er Garten** zoological gardens.
Zoom *n* **1.** (*Objektiv*) zoom; **2.** (*Vorgang*) zoom; **Zoomaufnahme** *f* zoom shot; **zoomen** *v/t. u. v/i.* zoom; **Zoomobjektiv** *n* zoom lens.
Zootier *n* zoo animal.
Zopf *m* plait; *von kleinen Mädchen*: *a.* pigtail; *fig.* **ein (alter) ~** an antiquated custom, (*längst bekannt*) F old hat; **das ist doch ein alter ~!** (*ist veraltet*) F that went out with the ark; **die alten Zöpfe abschneiden** get rid of the old practi|ces (*Am. a.* -ses); **~muster** *n* cable stitch; **~stil** *m* late rococo (style).
Zorn *m* rage, anger, fury; *rhet.* wrath; (*alle* **auf** at); **in ~ geraten** fly into a rage; **ihn packte der ~** he got really angry (*od.* furious).
Zornes|ausbruch *m* fit of anger (*od.* rage); **~röte** *f* flush of anger.
zornig *adj.* angry (**auf** at, about *s.th.*, with *s.o.*).
Zote *f* dirty joke; **~n reißen** tell dirty jokes; **zotig** *adj.* dirty, obscene.
Zotte *f* tuft (of hair); **Zottel** *f* tuft; *pl.* straggly hair *sg.*; **zottelig** *adj.* straggly; (*verfilzt*) matted.
zu I. *prp.* **1.** (*wohin?*) to; (*wo?*) at, in; (*wozu?*) for; (*wann?*) at; **~ Beginn** at the beginning; **~ Berlin** in (*amtlich*: at) Berlin; **3 ~ 1** three to one, *Sport*: *a.* three-one; **~ deutsch** in German; **~ Weihnachten** *etc.* at Christmas *etc.*; **wir ziehen ~m 15. ein** we're moving in on the 15th; **das Gesetz tritt ~m 1. September in Kraft** the law will be in force as of September 1st; **~r Stunde** at the moment; **bis ~r Stunde** up until now, as yet; **~ m-r Zeit** in my day; **~ ebener Erde** at ground level; **~ Wasser und ~ Lande** on land and at sea; **der Dom ~ Köln** Cologne Cathedral; **~m Preis von** at a price of; **~m Scherz** for (*od.* in) fun; **~r Stadt** to town; **~r Tür hereinkommen** come in, come through the door; **j-n ~r Bahn bringen** see s.o. off at (*od.* take s.o. to) the station; **~ Tal** downhill; **Liebe (Zuneigung) ~ j-m** love (affection) for s.o.; **~ j-m gehen** go and (*od.* to) see s.o.; **j-n ~m Freund (Vater) haben** have s.o. as a friend (father); **j-n ~m Präsidenten wählen** elect s.o. president; **sich ~ j-m setzen** sit with s.o., join s.o., sit (down) next to s.o.; **~ et. werden** turn into s.th., *Person*: *a.* become s.th.; **Brot ~m Ei essen** have bread with one's egg; **Zucker ~m Kaffee nehmen** take sugar in one's coffee; **Stoff ~ e-m Kleid** material for a dress; **Platz ~m Spielen** room to play (in); **sie kamen ~ sechst** six of them came; → **Beispiel, Erstaunen, Fuß, Haus** 1 *etc.*; **II.** *adv.* **2.** *vor adj. u. adv.*: (*übermäßig*) too; **~ sehr** too much; **~ viel** too much; **~ sehr betonen** overemphasize; **3.** (*Ggs. offen*) closed, shut; **Tür ~!** shut the door!; **4. immer** (*od.* **nur**) **~!** go on!; **III.** *cj.*: **~ sein** to be; **ich habe ~ arbeiten** I've got work to do; **ich erinnere mich, ihn gesehen ~ haben** I remember seeing him; **ein sorgfältig ~ erwägender Plan** a plan requiring careful consideration; **die auszuwechselnden Fahrzeugteile** the parts to be exchanged.
zualler|erst *adv.* first of all; **~letzt** *adv.* last of all; **~oberst** *adv.* **1.** right at the top (**in** of); **2.** *fig.* first and foremost; **~unterst** *adv.* **1.** right at the bottom (**in** of); **2.** *fig.* last of all.
zubauen *v/t.* (*Gelände etc.*) build up; (*versperren, a. Aussicht*) block, obstruct.
Zubehör *n, m* accessories *pl.* (*a. phot.*); ⚙ (*Zusatzgerät*) attachment(s *pl.*); (*Ausstattungsteile*) fittings *pl.*; **das ganze ~** *a.* F all the bits and pieces; **~industrie** *f* accessories industry; **~teil** *n* accessory (part); *pl.* accessories.
zubeißen *v/i.* bite; *Hund*: snap.
zubekommen *v/t.* get *the door etc.* shut; (*Kleidung*) get *s.th.* done up.
Zuber *m* tub.
zubereiten *v/t.* prepare; **das Essen ~** *a.* make (the) dinner *od.* lunch; **Zubereitung** *f* preparation; *im Kochbuch*: method; **die ~ dauert …** (the) preparation time is …; **Zubereitungszeit** *f* time needed.
zubewegen I. *v/t.*: **et. ~ auf** move (*od.* bring) s.th. towards; **II.** *v/refl.*: **sich ~ auf** move (slowly) towards, (slowly) approach.
zubilligen *v/t.* grant (**j-m et.** s.o. s.th.); allow (*a.* ⚖ *mildernde Umstände*); ⚖ (*zusprechen*) award.
zubinden *v/t.* tie up; **j-m die Augen ~** blindfold s.o.
zubleiben *v/i.* stay closed (*od.* shut).
zublinzeln *v/i.* (*j-m*) wink at.
zubringen *v/t.* **1.** (*Zeit*) spend; **2.** → **zubekommen.**
Zubringer *m* feeder; **~bus** *m* feeder bus; *zum Flughafen*: airport bus; *am Flughafen*: transfer bus; **~dienst** *m* feeder service; **~linie** *f* ✈ feeder line; **~straße** *f* feeder road.
zubuttern F *v/t.* **1.** (*zuschießen*) F chip in, come up with an extra *million dollars etc.*; **2. zu s-m Einkommen** *etc.* **et. ~** boost one's income *etc.* (a bit).
Zucchini *pl.* courgettes, *Am.* zucchini.
Zucht *f* **1.** (*Züchten*) breeding; *von Bienen etc.*: culture; *von Pflanzen*: cultivation, growing; **2.** (*Rasse*) breed, stock; (*Bakterien*~, *Bienen*~ *etc.*) culture; **3.** (*Disziplin*) discipline; **~ und Ordnung** strict discipline, law and order; **Zuchtbulle** *m* breeding bull; **züchten** *v/t.* (*Tiere*) breed; (*Pflanzen*) grow; (*Bakterien, Perlen*) culture; *fig.* breed, cultivate; **Züchter** *m von Vieh*: breeder; *von Bienen*: keeper; *von Pflanzen*: grower.
Zuchthaus *obs. n* prison, *Am.* penitentiary; **zwei Jahre ~** two years' imprisonment; **ins ~ kommen** go (*od.* be sent) to prison; **im ~ sein** be in prison; **das wird mit 10 Jahren ~ bestraft** that carries a prison sentence of ten years (*od.* a ten-year prison sentence); **Zuchthäusler** *m* convict, F con.
Zuchthengst *m* stud horse, breeding stallion.
züchtig *adj.* virtuous; (*keusch*) chaste.
züchtigen *v/t.* punish; **Züchtigung** *f*: (**körperliche ~** corporal) punishment.
zuchtlos *adj.* undisciplined; (*liederlich*) disorderly; **Zuchtlosigkeit** *f* lack of discipline.
Zucht|mittel *n* disciplinary measure; **~perle** *f* cultured pearl; **~stier** *m* breeding bull; **~stute** *f* breeding mare; **~tier** *n* stock animal, *pl. a.* breeding stock *sg.*
Züchtung *f* → **Zucht** 1, 2.
Zuchtvieh *n* breeding cattle.
zuckeln F *v/i. Auto*: F chug along; *Person*: F trundle along.
zucken *v/i.* twitch; *vor Schmerz*: wince; *Flamme, Licht*: flicker; *Blitz*: flash; **ihm zuckte es in den Beinen** he was itching for a dance (*od.* to dance); **ein Gedanke zuckte ihr durch den Kopf** a thought flashed across her mind (*od.* suddenly struck her); → **Achsel, Wimper.**
zücken *v/t.* (*Messer*) pull out; *hum.* (*Geldbeutel, Kugelschreiber, Kamera etc.*) whip out.
Zucker *m* **1.** sugar; **ein Stück ~** a lump of sugar; **ohne ~** *Fruchtsaft etc.*: sugar-free; F (**es ist**) **~!** F (it's) magic; **2.** F ⚕ diabetes; **3.** *fig.* sweetener; **~bäckerstil** *m* gingerbread style; **~brot** *n*: *fig.* **mit ~ und Peitsche** with a carrot and a stick; **~dose** *f* sugar bowl; **~erbse** *f* ♀ sugar pea; **~glasur** *f*, **~guß** *m* icing, frosting; **mit ~ überziehen** ice, frost.
zuckerhaltig *adj.* containing sugar; **~ sein** contain sugar.
Zuckerhut *m* sugar loaf.
zuckerig *adj.* sugary.
Zucker|kandis *m* sugar candy; **~krank** *adj.* diabetic; **~ sein** have diabetes, be a diabetic; **~kranke(r** *m*) *f* diabetic; **~krankheit** *f* diabetes.
Zuckerl *dial. n* sweet, *Am. a. pl.* candy; *fig.* bon-bon.
Zuckerlecken *n*: **das ist kein ~** it's no fun and games; **~mais** *m* sweetcorn; **~melone** *f* sugar melon.
zuckern *v/t.* sugar; (*mit Zucker bestreuen*) *a.* sprinkle sugar on, sprinkle with sugar; (*süßen*) *a.* sweeten.
Zucker|raffinerie *f* sugar refinery; **~rohr** *n* sugarcane; **~rohrplantage** *f* sugarcane plantation; **~rübe** *f* sugar beet; **~spiegel** *m* ⚕ blood sugar level; **~stange** *f* stick of rock (*Am.* candy); **~streuer** *m* sugar caster; **~süß** *adj.* as sweet as sugar; *fig.* sugary; **~wasser** *n* sugared water; **~watte** *f* candy floss; *Am.* cotton candy; **~zange** *f*: (**e-e ~** a pair of) sugar tongs *pl.*; **~zusatz** *m*: **ohne ~** no (*od.* without) added sugar.
Zuckung *f* jerk, twitch; *krampfhafte*: convulsion; *e-s Muskels*: twitch, *stärker*: contraction; **nervöse ~en** *a.* nervous twitching.
zudecken *v/t.* cover (up); *fig.* (*vertuschen*) conceal, cover up; *mit Arbeit*: inundate with, load down with; **mit Vorwürfen ~** heap reproaches on; **mit Fragen ~** bombard with questions.
zudem *adv.* besides, moreover.
zudenken *v/t.*: **j-m et. ~** intend s.th. for s.o., want s.o. to have s.th.
zudrehen *v/t.* **1.** (*Hahn, Wasser*) turn off; (*Schraube*) tighten; **2. j-m den Rücken ~** turn one's back to(wards) (*abweisend*: on) s.o.; **j-m das Gesicht ~** turn (round) to face (*od.* look at) s.o.; **j-m den Kopf ~** turn one's head towards s.o.; *fig.* → **Hahn** 2.
zudringlich *adj.* obtrusive, F pushy; **e-r Frau gegenüber ~ werden** make advances (*od.* passes) at a woman; **Zudringlichkeit** *f* obtrusiveness, F pushiness; (*Annäherungsversuche*) advances *pl.*
zudrücken *v/t.* (press) shut; → **Auge** 1.
zueignen *v/t.*: **j-m et. ~** dedicate s.th. to s.o.; *bsd.* ⚖ **sich et. ~** convert s.th. to one's own use.
zueilen *v/i.*: **~ auf** (*od. dat.*) rush towards (*od.* up to).

zueinander *adv.* to each other, to one another; **~finden** *v/i.* reach an understanding; **~halten, ~stehen** *v/i.* stand (F stick) by each other (*od.* one another).
zuerkennen *v/t.* award (*a. Preis u.* ⚖) (*dat.* to); confer (on); (*Recht*) grant (**j-m** s.o.).
zuerst *adv.* **1.** (*als erster od. erstes*) first; **er kam ~** *a.* he was the first to arrive; **wer ~ kommt, mahlt ~** first come first served; **2.** (*zunächst*) first (of all); (*zunächst einmal*) *a.* to begin (*od.* start) with; **3.** (*anfangs*) (at) first; **4.** (*erstmals*) first, (for) the first time; **das wurde ~ in China eingeführt** that was first introduced in China.
Zuerwerb *m* → **Nebenerwerb.**
zufahren *v/i.* **1. auf** *et.* **~** drive to(wards); head (*od.* make) for; **2. fahr zu!** go on!, *iro.* what are you waiting for?; **Zufahrt(sstraße)** *f* access road; *am Haus*: drive(way); **die ~ zum Haus** the drive (-way) leading up to the house.
Zufall *m* chance; (*Zusammentreffen*) coincidence; **reiner ~** pure chance; **glücklicher ~** lucky coincidence; **unglücklicher ~** bit of bad luck; **das ist ~** that's chance (*od.* luck); **durch ~** by chance, by accident; → *a.* **zufällig** I; **es dem ~ überlassen** leave it to chance; **nichts blieb dem ~ überlassen** nothing was left to chance; **wie es der ~ wollte** as luck would have it; **es hängt vom ~ ab, ob** it's a matter of luck as to whether; **es ist kein ~, wenn** it's no accident that; **das ist aber ein ~!** what a coincidence!, *beim Treffen*: *a.* well, fancy meeting you here (*od.* you of all people)!
zufallen *v/i.* **1.** *Augen*: close; **mir fallen die Augen zu** I can't keep my eyes open; **2.** *Tür*: slam shut; **3. j-m ~** fall to s.o.; *Erbe etc., formell*: *a.* devolve upon s.o.; **j-m ~ zu** *inf.* fall to s.o.('s lot) to *inf.*; **ihm ist immer alles zugefallen** everything has always just fallen into his lap.
zufällig I. *adv.* (*a.* **zufälligerweise**) by chance; as luck would have it; **rein ~** purely (*od.* quite) by chance; **er war ~ zu Hause** he happened to be at home; **ich traf ihn ~** I happened to bump into him, I just bumped into him; **weißt du ~, ob ...?** do you happen to know whether ...?; **wenn du ~ mit ihm sprechen solltest** if you should happen to be talking to him, if by any chance you might (*od.* happen to) be talking to him; **II.** *adj.* accidental; chance ...; (*nebenbei*) incidental; **es war rein ~** it was pure (*od.* sheer) coincidence.
Zufalls|auswahl *f* random selection (*od.* sampling); **2bedingt** *adj.* accidental; chance ...; **~bekanntschaft** *f* chance acquaintance; **~fund** *m* lucky find; **~generator** *m Computer*: random (number) generator; **~krieg** *m* accidental war; **~treffer** *m* lucky shot, F fluke; *fig.* (*Erfolg*) lucky strike.
zufliegen *v/i.* **1. j-m ~** *Vogel*: fly to s.o.; *fig. die Herzen*: go out to s.o.; *Gedanken etc.*: come easily to s.o.; **2.** F *Tür*: slam shut.
zufließen *v/i.* **1.** flow to(wards); **2.** *fig.* (*j-m*) go to; (*e-m Fonds etc.*) flow into; **j-m et. ~ lassen** let s.o. have s.th.
Zuflucht *f* **1.** *vor Unwetter*: shelter (**vor** from); **~ suchen (finden) in** seek (find) shelter in; **2.** *in der Not*: shelter, refuge (**vor** from); **bei Freunden ~ suchen** seek refuge (*od.* shelter) among friends; **3. ~ nehmen zu** resort to, (*Drogen etc.*) *a.* turn to; **m-e letzte ~** my last resort; **4. ~ in der Literatur** *etc.* **finden** find solace (*od.* an escape) in literature *etc.*
Zufluchts|ort *m*, **~stätte** *f* place of refuge, retreat, sanctuary.
Zufluß *m* **1.** influx (*a. fig.*); **2.** (*Nebenfluß*) tributary.
zuflüstern *v/t.*: **j-m et. ~** whisper s.th. to s.o. (*od.* into s.o.'s ear).
zufolge *prp.* **1.** as a result (*od.* consequence) of; **2.** (*gemäß*) according to; **Berichte, denen ~ ...** *a.* reports claiming (that) ...
zufrieden *adj.* content(ed), satisfied (**mit** with); *mit e-r Leistung*: pleased, satisfied; (*selbst~*) complacent; **ich bin damit ~** *a.* I'm quite happy with it, I have no complaints; **bist du jetzt endlich ~?** are you quite satisfied (*od.* happy) now?; **du machst ein sehr ~es Gesicht** you look very satisfied with yourself; **du kannst ~ sein, daß** you can be happy (*od.* thankful) that; **sie ist mit nichts ~** she's never satisfied, there's no pleasing her; **sie ist mit allem ~** she's not fussy, she doesn't make any demands; **glücklich und ~** perfectly content (*od.* happy).
zufriedengeben *v/refl.*: **sich ~** be content (**mit** with), **mit:** *a.* settle for, (be prepared to) accept; **damit mußt du dich ~** *a.* you'll have to learn to put up with it, that's the best we *etc.* can do; **damit wollte er sich nicht ~** he wasn't prepared to accept (*od.* put up with) that.
Zufriedenheit *f* contentment, *a. mit e-r Leistung*: satisfaction; (*Selbst2*) complacency; **zur allgemeinen ~** to everyone's satisfaction; **zur vollsten ~** to our *etc.* full satisfaction.
zufrieden|lassen *v/t.* leave *s.o.* alone (*od.* in peace); **~stellen** *v/t.* satisfy; **schwer zufriedenzustellen** hard to please; **~stellend** *adj.* satisfactory.
zufrieren *v/i.* freeze over (*od.* up).
zufügen *v/t.* **1.** add (*dat.* to); **2. j-m et. ~** (*antun*) cause s.o. s.th.; **j-m Leid ~** cause s.o. pain (*od.* suffering), hurt s.o.; **j-m Verluste** *etc.* **~** inflict losses *etc.* on s.o.; → **Schaden.**
Zufuhr *f* **1.** supply; **2.** *meteor. kühler Meeresluft etc.*: influx; **zuführen I.** *v/t.* **1.** (*Strom etc.*) supply (*dat.* to), feed (to); **e-r Sache et. ~** *a.* supply s.th.with s.th.; **2.** (*Kunden, Mitglieder etc.*) bring (*dat.* to), introduce (to); **e-r Firma Arbeitskräfte ~** supply a company with labo(u)r; **j-n j-m ~** bring s.o. into contact with s.o., introduce s.o. to s.o.; **3. j-n s-r verdienten Bestrafung ~** give s.o. his (*od.* her) due punishment; **et. s-r Bestimmung ~** put s.th. to its proper use; **II.** *v/i.*: **~ auf** lead to (*a. fig.*); **Zuführung** *f* supply.
zufüllen *v/t.* (*Loch etc.*) fill (up).
Zug *m* **1.** 🚂 train; **im ~** on the train; **mit dem ~** by train; **j-n zum ~ bringen** see s.o. off at the station; *fig.* **im falschen ~ sitzen** be barking up the wrong tree; **der ~ ist abgefahren** you've (*od.* we've, he's *etc.*) missed the boat; **2.** (*Luft2*) draught, *Am.* draft; **ich habe ~ bekommen** I must have been sitting in a draught (*Am.* draft); **3.** (*Atem2*) breath; *an der Zigarette*: drag, puff (*beide* **an** of, at); (*Schluck*) gulp, F swig, *formell*: draught, *Am.* draft (*alle* **aus** from); **der Ofen hat keinen ~** the stove isn't drawing; **e-n ~ aus der Pfeife nehmen** (take a) puff at one's pipe; **e-n tüchtigen ~ aus der Flasche nehmen** F take a good swig from the bottle; **sein Glas auf einen ~ leeren** empty one's glass in one go; **er hat e-n guten ~** F he can really down the stuff; *fig.* **in den letzten Zügen liegen** be breathing one's last, *Sache*: be on its last legs; **in vollen Zügen genießen** enjoy to the full, make the most of; **4.** (*das Ziehen*) pull, *ruckartig*: tug; **5.** *phys.* tension, pull; **auf ~ belasten** subject to tension; **6.** ⚙ (*Hebezeug*) hoist; (*Flaschen2*) pulley; **7.** (*Gummi2*) elastic band; (*Riemen*) strap; *am Beutel etc.*: drawstring; **8.** (*Fest2*) procession; (*Marsch*) march; (*Kolonne*) column; *von Vögeln*: flight, (*Wanderung*) migration; *von Fischen*: shoal; **Hannibals ~ über die Alpen** Hannibal's crossing of the Alps; F *fig.* **e-n ~ durch die Gemeinde machen** F go on a pub crawl; *fig.* **im ~e** (*im Gang*) in progress; **im ~e des Fortschritts** *etc.* on the tide of progress *etc.*; **im ~e der Neuordnung** in the course of reorganization; **im besten ~e sein** *Sache*: be well under way, be in full swing, *Person*: be going strong; **in einem ~e** *et. tun*: in one go; **dem ~ s-s Herzens folgen** follow (the dictates of) one's heart; **9.** ⚔ (*Kompanie2*) platoon; **10.** *ped.* stream; **11.** (*Gespann*) team *of oxen etc.*; **12.** (*Schach2 etc., a. fig.*) move; **wer ist am ~?** whose move is it?; *fig.* **ein geschickter ~** a clever move; **jetzt ist er am ~** the ball is in his court; **er kam nicht zum ~e** he never got a chance (*od.* a word in edgeways); **~ um ~** a) step by step, b) without delay; **13.** *beim Schwimmen*: stroke; *beim Rudern*: pull; **14.** (*Schrift2*) stroke (of the pen); *fig.* **in kurzen Zügen** in brief outline, briefly, **schildern:** give a brief outline of, give a thumbnail sketch of; **in groben Zügen** in broad outline, roughly; **15.** (*Gesichts2*) feature; *um den Mund etc.*: line(s *pl.*); **16.** (*Wesens2*) trait, characteristic, feature, *bsd. contp.* streak; **e-n leichtsinnigen ~ haben** have a careless streak; **das war ein (kein) schöner ~ von ihm** that says something for him (that reflects badly on him); **das Bild hat impressionistische Züge** that picture has impressionist features.
Zugabe *f* **1.** ♪, *thea. etc.* encore; **~!** encore!, **2.** extra; (*Prämie*) bonus; **3.** (*das Zugeben*) addition; **unter ~ von** (by) adding; **~stück** *n* encore (piece).
Zugabteil *n* railway (*od.* train) compartment.
Zugang *m* **1.** entrance; *weitS.* access; (*Weg*) approach, access road; *fig.* access, *a* doorway; **kein ~!** no admittance; *fig.* **zu et. keinen ~ haben** (*od.* **finden**) have no appreciation (♪ *a.* ear) for s.th.; **2.** *von Studenten etc.*: intake; *von Patienten*: admissions *pl.*; *von Büchern*: acquisitions *pl.*; **3.** (*Zuwachs*) increase; **zugänglich** *adj.* accessible (**für** to; *a. fig. verständlich*); *fig.* (*verfügbar*) *Buch etc.*: available; (*umgänglich*) approachable; **~ machen für** open up to; **allgemein ~** open to the (general) public; **schwer ~** *Ort etc.*: difficult to get to, *Dokumente etc.*: difficult to get at (*od.* get hold of); **leicht ~** easily accessible, *Dokumente etc.*: openly accessible, available to the pub-

lic; *fig.* ~ ***für*** open to, amenable to *arguments etc.*, willing to listen to *reason.*

Zugangsstraße *f* access road.

Zug|auskunft *f* **1.** (information on) train times; **2.** (*Stelle*) enquiries *pl.*, inquiry office (*od.* desk), *a. Am.* information office (*od.* desk); **~begleiter** *m* guard, *Am.* conductor; **~brücke** *f* drawbridge.

zugeben *v/t.* **1.** (*hin~*) add; *als Extra*: throw in; **2.** (*eingestehen*) admit, confess, own up to; (*einräumen*) concede, admit, grant; ***gib's doch zu!*** go on, admit it!; ***man muß ~, daß er*** you have to hand it to him that he; → ***zugegeben.***

zugefroren *adj. See etc.*: frozen over; *Hafen*: icebound; *Autotür*: frozen shut.

zugegeben *cj.* granted, F okay; ***~, es war nicht sehr geschickt*** granted (*od.* okay), it wasn't very clever; **zugegebenermaßen** *adv.* admittedly.

zugegen *pred. adj.* present (***bei*** at); ***~ sein bei*** *a.* attend.

zugehen I. *v/i.* **1.** ***~ auf*** *j-n od. et.*: go up to, (*entschlossen*) make for, head for; *fig.* ***auf j-n ~*** *Hilfe anbietend*: reach out to s.o.; *nach Streit*: break the ice again with s.o.; ***einer muß auf den anderen ~*** somebody's got to break the ice again (*od.* make the first move); ***dem Ende ~*** be drawing to a close; ***auf die Achtzig ~*** be approaching (*od.* getting on for) eighty; ***es geht auf den Herbst zu*** autumn is on its way; **2.** ***j-m ~*** *Brief etc.*: reach s.o.; ***j-m et. ~ lassen*** have s.th. sent to s.o.; ***die Formulare gehen Ihnen in den nächsten Tagen zu*** you will be receiving the forms in the next few days; **3.** F (*schließen*) shut; ***der Reißverschluß geht nicht zu*** I can't do the zip (*Am.* zipper) up; **4. *spitz ~*** taper to a point; **5.** *dial.* ***geh zu!*** F get a move on!, step on it!; **II.** *v/impers.* **6.** (*geschehen*) be; ***es geht dort manchmal etwas wild zu*** things can sometimes get a bit wild there; ***auf der Party ging's zu!*** it was some party!; ***so geht es im Leben manchmal zu*** that's life; ***es müßte seltsam ~, wenn*** it would be very strange if; → ***Ding*** 2.

zugehörig *adj.* **1.** (*dazugehörend*) accompanying; ***~e Teile*** accessory parts; ***die ~en Gebäude*** the buildings belonging (*od.* that belong) to it; **2.** *in Farbe, Form etc.*: matching, *nachgestellt*: to match; **3.** ***sich e-r Gruppe*** *etc.* ***~ fühlen*** feel part of a group *etc.*, feel one belongs to a group *etc.*; **Zugehörigkeit** *f* affiliation (***zu*** to, with); *zu e-r Partei etc.*: membership (of); **Zugehörigkeitsgefühl** *n* sense of belonging (*od.* being part of s.th.); feeling of identity (***zu*** with).

zugeklebt *adj.* **1.** stuck; **2.** ***mit Plakaten*** *etc.* ~ covered in (F plastered with) posters *etc.*

zugeknöpft *fig. adj.* reserved, uncommunicative.

Zügel *m* rein; ***ein Pferd am ~ führen*** lead a horse by the rein; ***e-m Pferd in die ~ fallen*** rein a horse in (*od.* back); *fig.* ***die ~ anziehen*** tighten the reins; ***die ~ lockern*** loosen the reins; ***bei j-m die ~ kurz halten*** keep a tight rein on s.o.; ***die ~ an sich reißen*** take over control, take over at the helm; ***die ~ (fest) in der Hand haben*** have things (firmly) under control; *j-m od. e-r Sache* ***die ~ schießen lassen*** give free rein to.

zugelassen *adj.* admitted; (*offiziell ~*) authorized, recognized; *Medikament*: approved, licen|sed (*Am.* -ced); *Auto etc.*: registered; *Arzt, Anwalt etc.*: qualified; ✝ ***~e Gesellschaft*** chartered company; ***für Jugendliche nicht ~*** for adults only.

zugelaufen *adj. Hund etc.*: stray.

zügellos *fig. adj.* unrestrained; *Eifersucht, Gier etc.*: *a.* unbridled; (*ausschweifend*) licentious, dissolute; **Zügellosigkeit** *f* (complete) lack of restraint; (*Ausschweifung*) licentiousness.

zügeln *v/t.* rein (up); *fig.* control, bridle, curb.

zugeparkt *adj.* blocked (with parked cars); *Straße*: full of (F choc-a-block with) parked cars; ***die Straße ist ~*** *a.* there's not a single parking space in the street.

Zugereiste(r *m*) *f* incomer.

zugerichtet *adj.*: ***übel ~*** in pretty bad shape; ***er (es) war übel ~*** *a.* he (it) had taken some beating.

zugeschneit *adj.* snowed up.

zugeschnitten *fig. adj.*: ***~ auf*** tailored to, designed for.

zugesellen *v/refl.*: ***sich j-m ~*** (go over and) join s.o.

zugespitzt I. *adj.* **1.** *Stock etc.*: pointed, sharp; *Turm etc.*: pointed; **2.** *fig.* ***~e Bemerkung*** exaggeration, overstatement; ***~e Formulierung*** overstatement; **II.** *adv.*: ***~ gesagt*** to put it in slightly exaggerated (*od.* drastic) terms; ***er hat es ~ formuliert*** he overstated the case.

zugestandenermaßen *adv.* admittedly; **Zugeständnis** *n* concession; (*Anerkennung*) *a.* acknowledg(e)ment; ***~se machen*** make concessions (*dat.* to); *fig.* make allowances (***an*** *et.*: for); **zugestehen** *v/t.* **1.** concede, grant (***j-m et.*** s.o. s.th.); **2.** (*zugeben*) admit, concede.

zugetan *pred. adj.*: *j-m od. e-r Sache* ***~ sein*** be fond of; (*Schokolade, Wein etc.*) *a.* be (quite) partial to.

zugewachsen *adj. Eingang etc.*: completely overgrown (***mit*** with), covered (by, in).

zugewiesen *adj.* assigned; allocated.

Zugewinn *m* increase; ✝ surplus; **~gemeinschaft** *f* community of accrued gain.

Zug|feder *f* ⚙ tension spring; *Uhr*: mainspring; **~festigkeit** *f* ⚙ tensile strength; **2frei** *adj.* draught-free, *Am.* draft-free; **~führer** *m* **1.** 🚂 chief guard, *Am.* conductor; **2.** ⚔ platoon-leader.

zugießen *v/t.* **1.** (*Flüssigkeit*) add; ***darf ich Ihnen noch etwas ~?*** may I fill up your glass (*od.* cup *etc.*)?, F may I top you up?; **2.** (*Öffnung*) fill up (***mit*** with).

zugig *adj.* draughty, *Am.* drafty.

zügig I. *adj.* (*rasch*) quick, speedy; (*ohne Unterbrechung*) uninterrupted; **II.** *adv.*: ***~ vorankommen*** make rapid (*od.* fast) progress; ***am Zoll*** *etc.* ***~ abgefertigt werden*** be whisked through customs *etc.*

Zugklappe *f* damper.

Zugkraft *f* **1.** *phys.* tractive force; **2.** *fig.* appeal; *e-r Anzeige*: draw, attention value; *e-r Person*: magnetism; **zugkräftig** *fig. adj.* popular-appeal ...; *Werbeplakat etc.*: F attention-grabbing; ***~ sein*** have (mass *od.* popular) appeal, *Film etc.*: be a crowd-puller.

zugleich *adv.* at the same time; (*miteinander*) together; ***sie ist schön und intelligent ~*** she's both beautiful and intelligent; she's not only beautiful, she's intelligent (*od.* she's got intelligence) as well.

Zug|luft *f* draught, *Am.* draft; **~maschine** *f* traction engine, tractor; **~mittel** *fig. n* draw, attraction; **~nummer** *f thea. etc.* crowd-puller, big attraction, (*Sache*) *a.* draw; **~personal** *n* train staff (*mst pl. konstr.*); **~pferd** *n* **1.** draught (*Am.* draft) horse; **2.** *fig.* crowd-puller, big attraction, (*Sache*) *a.* draw; **~pflaster** *n* ⚕ blistering plaster.

zugreifen *v/i.* **1.** make a grab; grab (at) it; *bei Tisch etc.*: help o.s.; *fig.* (*die Gelegenheit ergreifen*) jump at (*od.* grab) the opportunity; ***~ auf*** *Computer*: access; ***sofort ~*** *bei Angebot etc.*: accept (*od.* say yes) straightaway; ***da hätte ich sofort zugegriffen*** *a.* I wouldn't have thought twice about it; **2.** (*aushelfen*) lend a hand, F chip in.

Zug|restaurant *n* restaurant (*od.* dining, buffet) car, *Am.* diner; **~richtung** *f* direction of travel.

Zugriff *m* **1.** (*das Eingreifen*) (swift) action (***der Polizei*** *etc.* on the part of the police *etc.*); ***sich j-s ~ entziehen*** escape s.o.'s clutches, slip through s.o.'s fingers; **2.** (*Zugang*) *a. Computer, CD-Player etc.*: access (***zu, auf*** to); **Zugriffsberechtigung** *f Computer*: user authorization; **Zugriffszeit** *f Computer, CD-Player etc.*: access time.

zugrunde *adv.* **1.** ***~ legen*** take as a basis (*dat.* for), (*Theorie etc.*) apply; ***er legte s-n Behauptungen ... ~*** he based his allegations on ...; ***~ liegen*** underlie (*dat. s.th.*), be at the root of (*s.th.*); **2.** ***~ gehen*** *Geschäft etc.*: go to pieces, go to rack and ruin; *Weltreich*: collapse, *allmählich*: decline; *Person*: go to rack and ruin, (*sterben*) die, *lit.* perish; ***~ an*** *Person*: come to grief with, (*sterben*) die of; ***er ist daran ~ gegangen*** it was his undoing (*od.* ruination), (*gestorben*) it was the death of him; → ***elend*** II; **3.** ***~ richten*** ruin, destroy, F wreck; ***sich (selber) ~ richten*** ruin one's health (*od.* nerves), F kill o.s; **~liegend** *adj.* underlying.

Zug|schaffner *m* guard, *bsd. Am.* conductor; **~seil** *n* tow line; **~stück** *n thea.* box-office draw; **~telefon** *n* train telephone; **~tier** *n* draught (*Am.* draft) animal.

zugucken F *v/i.* → ***zusehen.***

Zugunglück *n* train accident (*od.* disaster); (*Zusammenstoß*) train crash.

zugunsten *prp.* in favo(u)r of; (*zum Nutzen von*) for the benefit of; *Spendenaktion etc.*: in aid of.

zugute *adv.*: ***j-m et. ~ halten*** give s.o. credit for s.th.; ***j-m s-e Jugend*** *etc.* ***~ halten*** make allowances for s.o.'s age *etc.*; ***~ kommen*** be of benefit to *s.o. od. s.th.*, (*zustatten kommen*) stand *s.o.* in good stead; ***das wird d-r Gesundheit ~ kommen*** it'll be good for your health, *stärker*: it'll do your health the world of good; ***das Geld wird e-m Krankenhaus ~ kommen*** the money will be donated to a hospital; ***j-m et. ~ kommen lassen*** give s.o. s.th.; ***sich etwas ~ tun auf*** pride o.s. on.

Zug|verbindung *f* rail connection (*od.* link); **~verkehr** *m* train services *pl.*; **~verspätung** *f* (train) delay; **~vogel** *m* bird of passage; *fig.* drifter; **~zeit** *f Vö-*

gel: migrating season; **~zwang** *m*: ***in ~ geraten*** be forced to make a move; ***unter ~ stehen*** be under pressure to act (*od.* make a move); ***unter ~ bringen*** (*od.* ***setzen***) force *s.o.* into action (*od.* to make a move).

zuhaben I. *v/i.* be closed; **II.** *v/t.* have *the door etc.* closed.

zuhalten I. *v/t.* keep *s.th.* closed (*od.* shut); ***sich die Ohren ~*** put (*länger*: hold) one's hands over one's ears; ***sich die Nase ~*** hold one's nose; **II.** *v/i.*: ***auf et. ~*** make (*od.* head) for s.th.

Zuhälter *m* pimp; **Zuhälterei** *f* pimping.

zuhängen *v/t.* hang s.th. over (*od.* across) *s.th.*

zuhauen F *v/i. u. v/t.* → ***zuschlagen.***

Zuhause *n* home; ***sie hat kein ~*** she hasn't got a home; → *a.* ***Haus.***

zuheilen *v/i.* heal up.

Zuhilfenahme *f*: ***unter*** (***ohne***) ***~ von*** (*od. gen.*) with(out) the aid of.

zuhinterst *adv.* right at the back.

zuhören *v/i.* listen (*dat.* to); ***hör mal zu!*** listen, *drohend*: *a.* now you just listen to me; ***genau ~*** listen carefully; ***du hast nicht richtig zugehört*** you haven't been listening; **Zuhörer(in** *f*) *m* listener.

Zuhörer|bank *f* listeners' bench; **~kreis** *m* circle of listeners.

Zuhörerschaft *f* audience; *Radio*: *a.* listeners *pl.*

zujubeln *v/i.*: ***j-m ~*** cheer s.o.

zukehren *v/t.* turn *s.th.* towards *s.o. od. s.th.*; ***j-m das Gesicht ~*** turn (round) to face (*od.* look at) s.o.; ***j-m den Rücken ~*** turn one's back to(wards) (*abweisend*: on) s.o.

zukitten *v/t.* cement (up).

zuklappen I. *v/t.* snap *s.th.* shut; *heftig*: slam *s.th.* shut; (*Buch*) shut, *laut*: clap *a book* shut; (*Messer*) fold up; **II.** *v/i.* snap shut; *heftig*: slam shut.

zukleben *v/t.* **1.** (*Umschlag etc.*) seal; **2.** (*Loch etc.*) stick *s.th.* over; (*Riß*) paste over *a crack*; **3.** (*Wände mit Plakaten etc.*) cover with, F plaster with; → ***zugeklebt.***

zuknallen I. *v/t.* (*Tür etc.*) slam *a door etc.* (shut); **II.** *v/i.* slam shut.

zukneifen *v/t.*: ***den Mund ~*** close one's mouth tight(ly), press one's lips together (tightly); ***die Augen ~*** close one's eyes tightly, screw one's eyes up.

zuknöpfen *v/t.* button (up).

zukommen *v/i.* **1.** ***auf j-n ~*** come up to s.o., *a. fig.* (*an j-n herantreten*) approach s.o.; *a. fig.* (*j-m bevorstehen*) be in store for s.o.; ***wir werden auf Sie ~*** we'll contact you, we'll get in touch with you; ***wir lassen die Dinge auf uns ~*** we'll wait and see what happens, we'll take things as they come; ***er hatte keine Ahnung, was auf ihn zukam*** he had no idea what he was in for (*od.* what was in store for him); **2.** (*j-m*) (*zuteil werden*) fall to; (*gebühren*) be due to; (*geziemen*) befit; ***das kommt ihm nicht zu*** it's not for him to do *etc.* that; ***dieser Entwicklung*** *etc.* ***kommt große Bedeutung zu*** this is a development *etc.* of great significance; **3.** ***j-m et. ~ lassen*** give s.o. s.th.; (*schicken*) *a.* send s.o. s.th.; see to it that s.o. gets s.th.

zukorken *v/t.* cork up.

zukriegen F *v/t.* → ***zubekommen.***

Zukunft *f* future; *ling.* future (tense); ***in ~*** in future, for the future, from now on, *lit.* henceforth; ***in naher*** (***nächster***) ***~*** in the near (immediate) future; ***in ferner*** (*od.* ***weiter***) ***~*** in the distant future; ***das liegt noch in weiter ~*** that's a long way off yet; ***ein Blick in die ~*** a glimpse ahead, a look at the crystal ball; ***e-e große ~*** (***vor sich***) ***haben*** have a great future ahead (*od.* in store for one); ***die ~ wird es lehren*** time will tell; ***abwarten, was die ~ bringt*** wait and see what the future has in store; ***j-m die ~ aus der Hand lesen*** read (the future from) s.o.'s palm; ***das bleibt der ~ überlassen*** that remains to be seen; ***ein Beruf mit ~*** a job with a future (*od.* with excellent prospects for the future); ***diese Arbeit hat keine ~*** there's no future in this kind of work; ***dem Computer gehört die ~*** the future lies with the computer; ***diesem jungen Spieler gehört die ~*** this young player has the future in his hands; **zukünftig I.** *adj.* future; *Person*: *a.* prospective, *nachgestellt*: ...-to-be; ⚖ expectant; ***~er Vater*** father-to-be; ***m-e ℒe, mein ℒer*** F my intended; ***die ~e Entwicklung*** future developments; ***die ~en Ereignisse*** future events; **II.** *adv.* in future.

Zukunfts|angst *f* fear of the future; **~aussichten** *pl.* future prospects; **ℒbezogen I.** *adj.* forward-looking; **II.** *adv.* with a view to the future; **~erwartungen** *pl.* future expectations, hopes for the future; **~forscher** *m* futurologist; **~forschung** *f* futurology; **ℒgerichtet** *adj.* forward-looking; **~glaube** *m* faith in the future; **~musik** *fig. f*: ***das ist alles noch ~*** that's all still up in the air (*od.* a long way off); **ℒorientiert** *adj.* forward-looking; **~perspektive** *f* future outlook, outlook for the future; **~pessimismus** *m* lack of faith in (*od.* pessimism with regard to) the future; **~pläne** *pl.* plans for the future; **ℒreich** *adj.* promising; ***ein ~er Beruf*** *a.* a career with a (great) future; **~roman** *m* science fiction novel; **~traum** *m* **1.** dream of the future; **2.** utopian dream; **~vision** *f* future vision, vision of the future.

zukunftweisend *adj.* pioneer ...; ***~e Ideen*** *etc. a.* ideas *etc.* that point the way ahead (*od.* point to the future).

zulächeln *v/i.*: ***j-m ~*** smile at s.o, give s.o. a smile.

Zulage *f* **1.** allowance; (*Prämie*) bonus; **2.** (*Gehalts*ℒ) increase.

zulande *adv.*: ***bei mir ~*** where I come from.

zulangen *v/i.* **1.** *bei Tisch*: help o.s.; ***langt zu!*** *a.* F go for it; **2.** *bei der Arbeit*: knuckle down; ***wir brauchen jemanden, der ~ kann*** we need someone who's not afraid of some hard physical work; **3.** (*mithelfen*) lend a hand, F chip in.

zulassen *v/t.* **1.** (*j-n*) admit; *behördlich*: licen|se (*Am. a.* -ce), (*Kraftfahrzeug, Flugzeug etc.*) *a.* register; (*Arzt*) qualify; (*Medikament*) approve, licen|se (*Am. a.* -ce); ***als Rechtsanwalt ~*** call (*Am.* admit) to the Bar; ***et. zum Verkauf ~*** approve s.th. (for sale); ***et. als Beweis ~*** admit s.th. as evidence; ***zum Studium zugelassen werden*** get a place at university; → ***zugelassen***; **2.** (*geschehen lassen*) allow; ⚖ (*gestatten*) approve, authorize; ***ich kann das nicht ~*** I can't allow that; *die Tatsachen* ***lassen keinen Zweifel zu*** leave no room for doubt; ***sein Stolz ließ es nicht zu, daß ...*** his pride wouldn't allow him to *inf.* (*od.* prevented him from *ger.*); ***verschiedene Deutungen ~*** be open to different interpretations; **3.** (*Tür etc.*) leave shut; not to open; **zulässig** *adj.* permissible; *amtlich*: authorized; ***~e Belastung*** safe load; ***~e Höchstgeschwindigkeit*** maximum (permissible) speed; ***das ist nicht ~*** that is not allowed (*od.* permitted, permissible); **Zulassung** *f* permission; *zu e-m Beruf, für ein Fahrzeug etc.*: a) licensing, b) (*Dokument*) licen|ce (*Am.* -se), registration; *zu e-r Universität etc.*: admission.

Zulassungs|beschränkung *f a. pl.* restricted admission; **~nummer** *f mot.* registration number; **~papiere** *pl.* registration papers; **~prüfung** *f* entrance exam(ination); **~schein** *m* licen|ce (*Am.* -se).

Zulauf *m* **1.** ***großen ~ haben*** be (very) much in demand, be much sought-after, *a. Film etc.*: be very popular; **2.** ⚙ inflow, feed; **zulaufen** *v/i.* **1.** ***~ auf*** *Person*: run up to, *Straße*: lead (up) to; **2.** ***j-m ~*** *Tier*: stray to s.o., *Menschen*: flock to s.o.; → ***zugelaufen***; **3.** *dial.* ***lauf zu!*** run!, F get a move on!, step on it!; **4.** *Wasser etc.*: flow in; ***~ lassen*** add, run *more water* in; **5.** ***spitz ~*** taper to a point.

zulegen I. *v/t.* **1.** ***sich et. ~*** get (*od.* buy) o.s. s.th.; F ***sich e-e Freundin*** *etc.* ***~*** get (*od.* find) o.s. a girlfriend *etc.*; F ***sich e-e Erkältung*** *etc.* ***~*** F land o.s. (with) a cold *etc.*; **2.** (*hinzutun*) add (*dat.* to); **3.** → ***Zahn*** 2; **II.** *v/i.* F *an Tempo*: F step on it; *an Gewicht*: F put it on.

zuleide *adv.*: ***j-m et. ~ tun*** harm (*od.* hurt) s.o.; → ***Fliege.***

zuleiten *v/t.* **1.** (*Wasser etc.*) let in; ⚙ supply, feed; **2.** (*j-m, e-r Stelle weitergeben*) pass on to; ***j-m Informationen*** *etc.* ***~*** *a.* supply s.o. (*od.* keep s.o. supplied) with information *etc.*; **Zuleitung** *f* supply (*gen.* of); **Zuleitungsrohr** *n* supply (*od.* feed) pipe.

zuletzt *adv.* **1.** (*als letztes, an letzter Stelle*) last; ***mach das ~*** do that last (*od.* at the end); ***er kommt immer ~*** he's always the last to arrive; ***bis ~*** till (*od.* to) the (very) end; ***wir blieben bis ~*** *a.* we sat it out (to the end); ***wir hofften bis ~, daß*** we hoped to the last that; ***nicht ~, weil*** not least because; **2.** (*das letzte Mal*) last, the last time; ***als ich ihn ~ sah*** when I last saw him; ***wann warst du ~ beim Zahnarzt?*** when was the last time you were at (*od.* you went to) the dentist('s)?; **3.** (*schließlich*) in the end; ***~ wollte er doch mitkommen*** in the end he decided to come after all.

zuliebe *adv.*: ***j-m ~*** for s.o.'s sake; ***s-r Ehe ~*** for the sake of his marriage; ***tu's mir ~*** do it for me.

Zulieferant *m* (outside) supplier; **Zulieferarbeit** *f a. pl.* ancillary work; **Zulieferbetrieb** *m*, **Zulieferer** *m* (outside) supplier; **Zulieferindustrie** *f* ancillary industry; **zuliefern** *v/t.* supply; **Zulieferteile** *pl.* supplied parts; **Zulieferung** *f* supply.

Zulu[1] *m* Zulu.

Zulu[2] *n ling.* Zulu, the Zulu language.

Zulustamm *m* Zulu tribe.

zum (= ***zu dem***) → ***zu*** I.

zumachen I. *v/t.* **1.** shut, close; (*Loch*) stop up; (*Umschlag*) seal; (*Mantel etc.*) button (up), do up; (*Schirm*) put down;

ich habe kein Auge zugemacht I didn't sleep a wink; **2.** (*Geschäft, auflösen*) close down; ***das Geschäft ~*** *a.* F shut up shop; **II.** *v/i.* **3.** *Geschäft*: close; **4.** *Geschäft*: (*aufgelöst werden*) close down; **5.** F ***mach zu!*** (*beeil dich*) F get a move on!, step on it!

zumal I. *cj.*: ~ (***da*** *od.* ***weil***) particularly as (*od.* since), F seeing as; **II.** *adv.* (*vor allem*) particularly, above all, in particular.

zumarschieren *v/i.*: ~ ***auf*** march towards (*od.* up to).

zumauern *v/t.* wall (*od.* brick, block) up.

zumeist *adv.* mostly, for the most part.

zumessen *v/t.* portion out (*dat.* to); (*j-m s-n Teil*) allot (to); ***e-r Sache Bedeutung ~*** attach importance to s.th.

zumindest *adv.* at least; ***du hättest mir ~ Bescheid geben können*** *a.* the least you could have done is let me know; ***sie sind in Urlaub - glaube ich ~*** they're on holiday - at least I think they are.

zumischen *v/t.* add (*dat.* to).

zumutbar *adj. Arbeit etc.*: not unreasonable, reasonable; ***das ist durchaus ~ für ihn*** it's not expecting too much of him; ***das ist doch nicht ~*** that's expecting a bit much (***für*** of), ***für ihn:*** *a.* you can't expect him to do that; **Zumutbarkeit** *f* reasonableness.

zumute *adv.*: ***mir ist*** (***nicht***) ***wohl ~*** I (don't) feel good; ***mir ist nicht danach ~*** I don't feel like it, I'm not in the mood; ***mir ist nicht zum Lachen ~*** I'm in no mood for laughter; ***mir war zum Heulen ~*** I felt like crying.

zumuten *v/t.*: ***j-m et. ~*** expect s.th. of s.o.; ***das kannst du ihr nicht ~*** you can't expect her to do that; ***sich zuviel ~*** take on too much, F bite off more than one can chew; **Zumutung** *f* imposition; (*Unverschämtheit*) cheek; ***das ist e-e ~*** that's asking a bit much, *stärker*: F what a nerve, who does he think I am (*od.* we are *etc.*)?

zunächst *adv.* **1.** (*am Anfang*) at first, initially; (*e-e Zeitlang*) for a while; **2.** (*erstens*) first of all, to start with; **3.** (*vorläufig*) for the time being.

zunageln *v/t.* nail up; (*Deckel*) nail down.

zunähen *v/t.* sew (up).

Zunahme *f* increase (***an*** *od. gen.* in); *an Truppen*: buildup (of).

Zuname *m* surname, last (*od.* second) name.

Zünd|anlage *f mot.* ignition system; **~einstellung** *f* ignition (*Diesel*: injection) timing.

zünden I. *v/i.* **1.** (*Feuer fangen*) catch fire; *Holz*: kindle; *Streichholz*: light; *Motor*: fire; *Gasgemisch*: ignite; *Sprengladung*: detonate, go off; *Blitz*: strike; *Rakete*: fire; ***das Streichholz zündet nicht*** the match won't light (*od.* strike); **2.** *fig. Gedanke etc.*: arouse enthusiasm; *Idee*: catch on; **II.** *v/t.* (*Streichholz*) light, strike; (*Motor, Rakete*) fire; (*Sprengladung*) detonate, set off; **III.** F *v/impers.*: ***bei ihm hat's gezündet*** F the penny has (finally) dropped; **zündend** *fig. adj. Worte etc.*: stirring, rousing.

Zunder *m* **1.** ***brennen wie ~*** burn like tinder; **2.** F ***j-m ~ geben*** F give s.o. (merry) hell; ***es gibt ~*** F he's *etc.* in for it.

Zünder *m* fuse; (*Minen*2) detonator.

Zünd|flamme *f* pilot light; **~funke** *m mot.* (ignition) spark; **~holz** *n*, **~hölzchen** *n* match; **~holzschachtel** *f* matchbox; **~kabel** *n mot.* ignition cable; **~kerze** *f mot.* spark plug; **~plättchen** *n für Spielzeugpistole*: cap; **~satz** *m* igniting charge; **~schalter** *m*, **~schloß** *n mot.* ignition switch; **~schlüssel** *m mot.* ignition key; **~schnur** *f* fuse; **~spule** *f mot.* ignition coil; **~stein** *m* flint; **~stoff** *m* **1.** inflammable matter; **2.** *fig.* dynamite; *zu e-r Diskussion*: fuel (***zu*** for).

Zündung *f* ignition.

Zündvorrichtung *f* ignition device.

zunehmen *v/i.* **1.** increase (***an*** in); *Zahl*: *a.* go up; (*anwachsen*) grow; *Tage*: get longer; *Mond*: wax; *Wind*: get stronger, *formell*: increase; *Regen*: get heavier, *formell*: increase; *Schmerzen*: get worse, *formell*: increase; *Beifall*: grow (louder); ***die Kälte nimmt zu*** it's getting colder; **2.** *an Gewicht*: put on weight; **zunehmend I.** *adj.* increasing, growing; ***~er Mond*** waxing moon; ***mit ~em Alter*** as one gets older, with increasing age, with advancing years; ***~e Erkenntnis*** growing realization; ***in ~em Maße*** → II; → ***Bewölkung***; **II.** *adv.* increasingly, more and more; ***sich ~ verschlechtern*** get increasingly worse, get worse and worse.

zuneigen I. *v/refl.* **1.** ***sich*** *j-m od. e-r Sache* ~ lean towards; **2.** ***sich dem Ende ~*** draw to a close; **II.** *v/i.*: ***der Ansicht ~, daß*** be inclined to think that; **Zuneigung** *f* affection (***für, zu*** for).

Zunft *f* **1.** guild; **2.** F *contp.* F bunch, shower.

zünftig I. *adj.* (*echt*) real; proper (*a.* F *tüchtig*); **II.** *adv.*: ***es ging ~ zu*** they *etc.* were having a good time of it.

Zunftwesen *n* guilds *pl.*, system of guilds.

Zunge *f* **1.** tongue (*a. gastr., im Schuh und fig. Sprache*); ***böse*** (***spitze***) ~ malicious (sharp) tongue; ***e-e feine ~ haben*** have a fine palate; ***e-e schwere ~ haben*** slur one's speech (*od.* words); ***die ~ herausstrecken*** stick (*od.* poke) one's tongue out (*dat.* at), *beim Arzt*: put one's tongue out; ***mit der ~ anstoßen*** lisp, have a lisp; ***sich auf die ~ beißen*** bite one's tongue, *fig.* bite one's lips; ***er beißt sich eher die ~ ab, als etwas zu sagen*** he'd rather swallow his tongue than say anything; *fig.* ***sich die ~ abbrechen*** get one's tongue (all) in a twist; ***da bricht man sich ja die ~ ab!*** how are you supposed to get your tongue round that?; ***sich die ~ verbrennen*** open one's mouth too wide; ***mit zwei ~n sprechen*** speak with a forked tongue; ***mir klebt die ~ am Gaumen*** I'm parched; ***s-e ~ an j-m wetzen*** say nasty things about s.o.; ***böse ~n behaupten, daß*** there's some nasty gossip going round that; ***es lag mir auf der ~*** it was on the tip of my tongue; ***es brannte ihm auf der ~, es weiterzusagen*** he was bursting (*od.* dying) to tell someone; ***hüte d-e ~!*** mind your tongue!; ***wir werden ihm noch die ~ lockern*** we'll loosen his tongue (*od.* get him to talk) yet; → ***Herz, lösen*** 2, ***zergehen*** *etc.*; **2.** *an der Waage*: pointer; **3.** (*See*2) sole.

züngeln *v/i.* **1.** *Schlange*: flicker its tongue (in and out); **2.** *Flamme*: flicker, *stärker*: shoot up; ~ ***an*** lick.

Zungen|akrobatik F *f* contortions *pl.* of the tongue; ***das ist ja die reinste ~!*** F you have to be careful not to strain your tongue (*od.* tie your tongue up in knots) trying to pronounce that; **~belag** *m* ⚕ coating of the tongue; coated (*od.* furred) tongue.

Zungenbrecher *m* tongue-twister; **zungenbrecherisch** *adj.* tongue-twisting ...

zungenfertig *adj.* articulate, *contp.* glib; ***sie ist sehr ~*** *a.* she's never at a loss for words; **Zungenfertigkeit** *f* articulacy, *contp.* glibness.

Zungen|kuß *m* French kiss; **~laut** *m ling.* lingual (sound); **~schlag** *m* **1.** ***falscher ~*** slip of the tongue; **2.** ⚕ stammer; **3.** ♪ tonguing; **~spitze** *f* tip of the tongue; **~wurzel** *f* base of the tongue.

Zünglein *n*: *fig.* ***das ~ an der Waage bilden*** tip the scales.

zunichte *adv.*: ~ ***machen*** destroy, ruin; (*Hoffnung*) *a.* shatter, (*Pläne*) put paid to, F scupper; ~ ***werden*** come to nothing (*od.* naught).

zunicken *v/i.*: ***j-m ~*** nod at s.o., give s.o. a nod; ***j-m freundlich ~*** give s.o. a friendly nod; ***j-m grüßend ~*** nod (at s.o.) in greeting, greet s.o. with a nod.

zunutze *adv.*: ***sich et. ~ machen*** make (good) use of; (*ausnützen*) take advantage of.

zuoberst *adv.* (right) at the top; *am Tisch*: at the head (of the table).

zuordnen *v/t.*: ***e-r Sache ~*** assign to s.th., class with s.th.; ***den Reptilien*** *etc.* ***zugeordnet werden*** be classified as a reptile *etc.*, belong to the reptile *etc.* family; ***e-m Künstler*** (***e-r Zeit*** *etc.*) ~ ascribe to an artist (a period *etc.*); ***er läßt sich schwer ~*** he's hard to place (*od.* categorize).

zupacken I. *v/i.* **1.** make a grab; grab (at) it; **2.** (*hart arbeiten*) knuckle down, get down to it; ***jemand, der ~ kann*** someone who's willing to roll up his sleeves, someone who's not afraid of some hard physical work; **II.** *v/t.*: ***j-n ~*** swaddle s.o. in blankets *etc.*; **zupackend** *adj. Manager, Politiker etc.*: hands-on ...; ***er hat e-e ~e Art*** he doesn't waste any time (getting things done).

zuparken *v/t.* block, obstruct; → ***zugeparkt.***

zupfen I. *v/i.* pull (***an*** at), tug (at); ***j-n am Ärmel*** *etc.* ~ tug at s.o.'s sleeve *etc.*; **II.** *v/t.* (*Saite, a. Augenbrauen etc.*) pluck; **Zupfinstrument** *n* plucked instrument.

zupflastern *v/t.*: ~ ***mit*** cover with, F plaster with; ***sie haben die Stadt mit Betonklötzen zugepflastert*** they've covered every square inch of the town with concrete blocks.

zuprosten *v/i.*: ***j-m ~*** raise one's glass to s.o.

zur (= ***zu der***) → ***zu*** I.

zuraten I. *v/i.*: ***j-m zu et. ~*** advise s.o. to do s.th.; **II.** 2 *n*: ***auf sein ~*** on his advice.

zuraunen *v/t.*: ***j-m et. ~*** whisper s.th. into s.o.'s ear.

zurechnen *v/t.* **1.** add (***zu*** to); **2.** (*zuschreiben*) ascribe to; **3.** → ***zuordnen.***

zurechnungsfähig *adj.* accountable, of sound mind; ⚖ *a.* compos mentis; ***ist er ~?*** *a.* can he be held accountable (*od.* responsible)?; **Zurechnungsfähigkeit** *f* accountability; ⚖ ***verminderte ~*** diminished responsibility.

zurecht|basteln *v/t.* rig up (*a.* F *fig.*); **~biegen** *v/t.* **1.** bend *s.th.* into the right shape; **2.** F *fig.* (*Sachverhalt*) twist to one's own advantage; (*j-n*) straighten *s.o.* out; ***die Sache ~*** straighten things out; **~finden** *v/refl.*: ***sich ~*** **1.** find one's way (around); **2.** *fig. mit et.*: manage, cope; (*et. verstehen*) F get the hang of it; *an e-m Arbeitsplatz*: settle in; ***findest du dich zurecht?*** will you be all right (*Am.* alright)?; ***ich find' mich überhaupt nicht mehr zurecht*** I don't know what's going on any more (*od.* where to start looking), I'm lost; ***ich find' mich mit diesem System überhaupt nicht zurecht*** I can't make head or tail of this system; **~kommen** *v/i.* **1.** manage, cope (***mit*** with); ***mit j-m ~*** (*auskommen*) get on with s.o.; ***kommst du zurecht?*** are you (managing) all right (*Am.* alright)?; ***kommen Sie zurecht?*** *im Geschäft*: can I help you?; ***ich komme mit diesem Computer nicht zurecht*** I can't work this computer out; **2.** (*rechtzeitig kommen*) get there (*od.* make it) in time; **~legen** *v/t.* **1.** put out; (*ordnen*) arrange; **2.** *fig.* ***sich e-e Ausrede*** *etc.* **~** have an excuse *etc.* ready; **~machen I.** *v/t.* get *s.th.* ready, prepare; (*Bett*) make; (*Salat*) dress; **II.** *v/refl.*: ***sich ~*** get (o.s.) ready; (*sich herausputzen*) do o.s. up; **~rücken** *v/t.* **1.** straighten *s.th.* (out); **2.** *fig.* put *s.th.* straight; ***die Sache ~*** put things (*od.* matters) straight; **~schneiden** *v/t.* cut into shape, cut up; **~setzen** *v/t.* set right, put straight; put in the right place; **~stauchen** F *v/t.* haul *s.o.* over the coals; **~stutzen** *v/t.* **1.** (*Hecke*) trim, clip; **2.** F *fig.* ***et. ~*** get s.th. into shape; ***j-n ~*** F cut s.o. down to size.

zurechtweisen *v/t.* reprimand, *stärker*: F give *s.o.* a wigging (*od.* dressing-down); **Zurechtweisung** *f* reprimand, rebuke.

zurechtzimmern *v/t.* F cobble together.

zureden I. *v/i.*: ***j-m*** (***gut***) **~** (*zu überreden versuchen*) try to persuade s.o.; (*beschwatzen*) coax s.o. into doing it; (*ermutigen*) encourage s.o. (to do it); ***ich mußte ihm lange ~*** I really had to work on him; **II. 2** *n* coaxing, urging; encouragement; ***gütliches ~*** moral suasion; ***erst nach langem ~*** only after a great deal of coaxing *etc.*

zureichen *v/t.*: ***j-m et. ~*** pass s.o. s.th.

zureiten I. *v/t.* (*Pferd*) break in; **II.** *v/i.*: **~ *auf*** ride up to.

zurichten *v/t.* prepare; ⚙ dress (*a. Leder, Werkzeug*); (*Holz, Steine*) cut, trim; (*Stoff*) finish; *typ.* get *s.th.* ready; ***übel ~*** (*j-n*) injure badly, (*schlagen*) *a.* beat up badly, (*et.*) make a mess of; → ***zugerichtet.***

zuriegeln *v/t.* bolt.

zürnen *lit. v/i.* be angry ([***mit***] ***j-m*** with s.o.; ***über*** at, about).

zurren *v/t.* lash, tie.

Zurschaustellung *f* exhibition; *contp.* parading, flaunting.

zurück I. *adv.* back; (*rückwärts*) backwards; (*hinten*) behind; **~!** (*nicht weitergehen*) hold it!, (*Platz machen*) stand back!; ***e-n Schritt ~ tun*** go back a step, take a step back(wards); ***11 Punkte ~*** *Sport*: 11 points down; ***~ an den Absender*** return to sender; ***mit bestem Dank ~*** returned with thanks; ***~ sein*** *in der Schule*: be (lagging) behind; *körperlich*: be a late developer; *geistig*: be a bit backward; *Pflanze*: be late; (*nicht auf der Höhe der Zeit*) be behind the times; *kulturell*: be backward; **II. 2** *n*: ***es gibt kein ~*** (***mehr***) there's no turning back (now).

zurück|begeben *v/refl.*: ***sich ~*** return, go back; ***sich nach Hause ~*** return home, go back home, go home again; **~begleiten** *v/t.* see (*od.* walk) *s.o.* back, *nach Hause*: *a.* see (*od.* walk) *s.o.* home; **~behalten** *v/t.* **1.** hold onto, keep (back); (*einbehalten*) withhold; **2.** (*Behinderung, Narbe etc.*) be left with; **~bekommen** *v/t.* get back; **~beordern** *v/t.* order back; **~berufen** *v/t.* recall; **~bezahlen** *v/t.* → ***zurückzahlen***; **~bilden** *v/refl.*: ***sich ~*** recede; *biol.* regress; **~binden** *v/t.* tie back; **~bleiben** *v/i.* **1.** stay behind; **2.** (*nicht mithalten, a. in der Schule*) fall behind, be (lagging) behind; *in der Entwicklung, geistig*: be backward; → ***zurückgeblieben***; ***hinter*** *Erwartungen etc.* **~** fall short of; **3.** (*übrigbleiben*) be left; *als Unfallfolge etc.*: remain; **~blenden** *v/i. Film*: go back (***auf*** to), *a. fig.* flash back (to); **~blicken** *v/i.* look back (*a. fig.*) (***auf*** at, *fig.* on); **~bringen** *v/t.* bring back (***ins Leben*** to life); **~datieren I.** *v/t.* backdate; **II.** *fig. v/i.*: **~ *auf*** date back to; **~denken** *v/i.* think back (***an*** to); **~ *an*** *a.* recall (to memory); **~drängen I.** *v/t.* drive back; *fig.* restrain; (*unterdrücken*) suppress; **II.** *v/i. Menge*: fall back; **~drehen** *v/t.* turn (*od.* put) back; (*Lautstärke etc.*) turn down; **~dürfen** *v/i.* be allowed back; **~entwickeln** *v/refl.*: ***sich ~*** **1.** → ***zurückbilden***; **2.** *geschäftlich*: be falling off; **~erinnern** *v/refl.*: ***sich ~*** (***an***) remember, recall; **~erobern** *v/t.* recapture; *fig.* win back; **~erstatten** *v/t.* refund, reimburse; **2erstattung** *f* refunding, reimbursement; **~erwarten** *v/t.* expect *s.o.* back; **~fahren I.** *v/i.* **1.** go back, return; *mit dem Auto*: *a.* drive back; **2.** *fig. vor Schreck etc.*: recoil, shrink back (***vor*** in *terror etc.*); **II.** *v/t.* **3.** drive *s.o. od. s.th.* back; **4.** (*Maschine, Produktion*) throttle down; **~fallen** *v/i.* **1.** fall back; **2.** *Läufer etc.*: fall behind, drop back; **3.** **~ *in*** (*alte Fehler etc.*) lapse back into, revert to; → ***Schlendrian*** 1; **4.** ***an j-n ~*** *Besitz etc.*: revert to; **5.** ***auf j-n ~*** *Schande etc.*: reflect on s.o.; **~finden** *v/i. u. v/refl.* (***sich ~***) find one's way back (***zu*** to, *a. fig.*); *fig.* ***zu sich selbst ~*** get back on an even keel; **~fliegen** *v/i.* fly back; **~fließen** *v/i.* flow back (*a. Geld*); **~ *lassen an*** feed back to; **~fordern** *v/t.* ask for *s.th.* back, *stärker*: demand *s.th.* back; **~fragen** *v/i.* **1.** ask in reply; **2.** → ***rückfragen***; **~führen I.** *v/t.* **1.** lead back; **2.** ***j-n in sein Land ~*** send s.o. back to his (*od.* her) home country, repatriate s.o.; **3.** *fig.* **~ *auf*** reduce to; ***auf*** *e-e Ursache etc.* **~** put down to, attribute to, explain by; ***das führt mich auf ein Problem zurück*** that brings me back to (*od.* reminds me of) a problem; ***der Unfall ist auf Leichtsinn zurückzuführen*** the accident has been put down to (*od.* was due to) carelessness; **II.** *v/i. Weg*: lead (*od.* go) back (***nach*** to); **~geben** *v/t.* **1.** give back, return, (*Kompliment etc.*) return; ***es gab ihm sein Selbstwertgefühl zurück*** it gave him back his self-esteem; **2.** *Fußball*: pass back; **3.** (*entgegnen*) retort; **~geblieben** *adj.* backward, retarded; **~gehen** *v/i.* **1.** go back, return; *Truppen*: retreat, fall back; ***zwei Schritte ~*** step two paces back, take two steps back; *e-e Sendung* ***~ lassen*** return, send back; **2.** *fig.* **~ *auf*** go back to; ***auf*** *e-e Zeit* **~** *a.* date (*od.* hark) back to; ***die Kirche geht auf ein romanisches Kloster zurück*** the church goes back to (*od.* can be traced back to, was originally) a Romanesque monastery; **3.** (*sich vermindern*) decrease, diminish; *Zahlen*: *a.* drop; *Temperatur, Fieber*: go down, drop; *Schwellung*: go down, recede; *Schmerzen*: ease; ☤ *Geschäft*: fall off; *Preise*: slip, fall, go down; **~gelegt** *adj.* **1.** ***~es Geld*** savings; **2.** ***~e Strecke*** distance covered, *mot. etc. a.* mileage; **~gewiesen** *adj.* rejected; ***~e Flüchtlinge*** refugees turned back at the border *etc.*; **~gewinnen** *v/t.* win back; ⚔ (*Land etc.*) *a.* reconquer, regain; *fig.* (*Selbstvertrauen etc.*) regain.

zurückgezogen I. *adj. Leben*: secluded; *Person*: withdrawn; **II.** *adv.*: ***er lebt sehr ~*** he leads a very secluded life, he's cut himself off from society; **Zurückgezogenheit** *f* (life of) seclusion.

zurückgreifen *v/i.* **1.** **~ *auf*** fall back on; **2.** ***weiter ~*** *in der Erzählung etc.*: go further back; ***ein wenig ~*** go back a bit.

zurückhalten I. *v/t.* **1.** hold back, keep back; (*Laster, Schiff*) detain; ***ich will Sie nicht ~*** I don't want to keep you; *fig.* ***j-n von e-r Dummheit ~*** keep s.o. from doing something stupid; **2.** (*vorenthalten*) keep back, withhold; **3.** (*unterdrücken*) suppress; (*Gefühle*) restrain; (*Tränen*) hold back; **II.** *v/refl.*: ***sich ~*** **4.** be reserved; (*sich zurückziehen*) keep (o.s.) to o.s.; **5.** (*sich beherrschen*) restrain o.s.; *am Tisch etc.*: hold back; ***sich ~ mit*** *Essen, Trinken*: go easy on; **III.** *v/i.*: **~ *mit*** (*Gefühlen*) hide; (*e-r Meinung*) withhold; **zurückhaltend I.** *adj.* reserved (*a.* ☤ *Börse*); (*unaufdringlich*) unobtrusive; *Ton, Behandlung, Art etc.*: low-key; ***nicht ~ sein mit*** be unsparing with; **II.** *adv. reagieren*: coolly; *antworten*: cautiously; **Zurückhaltung** *fig. f* reserve, restraint; (*Bescheidenheit*) modesty; **~ *üben*** keep a low profile, keep one's head down, *pol.* act with restraint; ***s-e ~ ablegen*** shed all (*od.* one's) restraint.

zurück|holen *v/t.* fetch back; (*wieder einstellen*) ask *s.o.* to come back; **~kaufen** *v/t.* buy back; **~kehren** *v/i.* return, go (*od.* come) back; ***aus der Gefangenschaft ~*** return from captivity (*od.* from the prisoner-of-war camp); *fig.* ***sein Bewußtsein kehrte allmählich zurück*** he gradually regained (*od.* recovered) his consciousness; ***zum Ausgangsthema ~*** get (*od.* come) back to the original topic; → ***Schoß***; **~klappen** *v/t.* fold back; **~kommen** *v/i.* come back (*fig.* ***auf*** to), return; *fig.* ***auf j-s Angebot ~*** take s.o. up on an offer, take up s.o.'s offer; ☤ ***wir kommen zurück auf Ihr Schreiben vom …*** we refer to your letter of …; **~können** *v/i.* be able to go back (*od.* return); *fig.* ***jetzt kann ich nicht zurück*** I can't go back on my word (*od.* decision *etc.*) now; **~kreuzen** *v/t. biol.* backcross; **~lassen** *v/t.* **1.** leave behind (*a. Spuren*); **2.** (*Rückkehr erlauben*) allow *s.o.* to return; **~laufen** *v/i.* run back; **~legen I.** *v/t.* **1.** put back; (*reservieren*) put aside, keep (***j-m*** for s.o.); *fig.* (*Geld*) put aside, save; **2.** (*Kopf*) lay (*od.* lean) back; **3.** *fig.* (*Weg, Strecke*) cover (*a. Sport*), *zu Fuß*: *a.* walk; → ***zurückgelegt*** 2; **II.** *v/refl.*: ***sich ~*** lie back; **~lehnen I.** *v/t.* lean back; **II.** *v/refl.*: ***sich ~*** lean back, ***in*** *e-n Sessel etc.*: settle back into; **~leiten**

v/t. lead back; (*Verkehr*) turn back; (*Sendung*) return; **~liegen** *v/i.* **1. das liegt drei Jahre zurück** that was three years ago; **liegt es schon so weit zurück?** was it that long ago?; **2. 3:0 ~** be 3-0 (= three-nil) down; **um fünf Punkte ~** be five points down (*od.* behind); **~locken** *v/t.* lure back; **~melden** *v/refl.*: **sich ~** report back (**bei** to); **~müssen** *v/i.* have to go back; *das Buch* **muß zurück** has to be returned; *der Schreibtisch* **muß zurück** (*an s-n Platz*) has to be moved back; **~nehmen** *v/t.* **1.** (*Ware etc.*) take back; (*Gesagtes*) *a.* withdraw, *formell*: recant; (*Verordnung*) revoke, (*Entscheidung*) *a.* go back on; (*Auftrag, Bestellung*) cancel, withdraw; (*Angebot, Versprechen*) go back on; ⚖ (*Anklage*) withdraw, drop; **nimmst du das zurück?** are you going to take that back?; **2.** (*Truppen, Front*) withdraw; **3.** (*Schachzug etc.*) take back; **4.** *mot.* **Gas ~** throttle back; **~pfeifen** *v/t.* (*Hund*) whistle back; *fig.* **j-n ~** pull s.o. up short; **~prallen** *v/i.* rebound; bounce (**von** off); *Person, vor Schreck*: recoil, jump back (**vor** from); **~rechnen** *v/t.* count back; **~reichen I.** *v/t.* hand back, return (*a. Schriftstücke*); **II.** *fig. v/i.*: **(bis) in** *e-e Zeit* **~** go (*od.* date) back to; **~reisen** *v/i.* travel back, return; **~rollen** *v/t. u. v/i.* roll back; **~rufen** *v/t.* call back; *teleph.* (*a. v/i.*) *a.* ring (*od.* phone) back; *fig.* (*Auto etc.*; *j-n aus dem Urlaub*) recall; *fig.* **ins Gedächtnis ~** recall (to memory); **ins Leben ~** bring *s.o.* back to life, (*Sache*) revive, resuscitate; **~schallen** *v/i.* echo (back), resound; **~schalten I.** *v/t.* switch back; **II.** *v/i. mot.* change (*Am.* shift) down; **~schauen** *v/i.* look back (**auf** at, *fig.* on); **~scheuen** *v/i.* shrink (back) (**vor** from), ba(u)lk (at); **er scheut vor nichts zurück** he'll stop at nothing, he'll go to any length(s); **~schicken** *v/t.* send back; (*Sache*) *a.* return; **~schieben** *v/t.* push back; **~schlagen I.** *v/t.* **1.** hit *s.o.* back; (*Feind, Angriff*) beat off; **2.** (*Decke*) fold back; (*Mantel*) throw open; (*Kragen*) turn down; **3.** (*Tennisball*) return; **II.** *v/i.* **4.** *a. fig.* hit (*od.* strike) back; ⚔ *a.* retaliate; **5.** *Flamme*: flare back; **6.** *fig.* **~ auf** affect, have a backlash effect on; **~schleppen I.** *v/t.* drag *s.o. od. s.th.* back; **II.** *v/refl.*: **sich ~** drag o.s. back; **~schnellen** *v/i.* spring (*od.* snap) back; **~schrauben** *fig. v/t.* (*Erwartungen, Forderungen*) lower; **s-e Ansprüche ~** lower one's sights; **~schrecken** *v/i.*: **~ vor** shrink back from; **er schreckt vor nichts zurück** he'll stop at nothing, he'll go to any length(s); **~schreiben** *v/i.* write back, reply; **~sehnen** *v/refl.*: **sich ~ nach** (*e-m Ort*) long to be back in, (*j-m*) long to be back with, (*e-r Zeit*) long for *one's youth etc.* again; **~senden** *v/t.* → **zurückschicken.**

zurücksetzen *v/t.* **1.** put *s.th.* back; (*nach hinten versetzen*) move *s.th.* back; (*Auto*) back; **2.** *fig.* (*j-n*) slight; **Zurücksetzung** *f* slight; **et. als ~ empfinden** take s.th. as a slight.

zurück|sinken *v/i.* sink back (**in** *e-n Sessel etc.*: into); **~spielen** *v/t. u. v/i. Sport*: pass (the ball) back; **~springen** *v/i.* **1.** jump back; *Ball*: bounce back; **2.** △ recede; **~spulen I.** *v/t.* (*Video-, Tonkassette etc.*) wind (*od.* run) back (to the beginning), *a. phot.* rewind; **II.** *v/i.* wind (*od.* run) the tape back (to the beginning), rewind (the tape); *phot.* rewind the film; **~stecken I.** *v/t.* put *s.th.* back; **II.** *fig. v/i.* come down a peg or two; *in den Ansprüchen, Erwartungen etc.*: lower one's sights; **~stehen** *v/i.* **1.** *Haus etc.*: be set back; **2.** *fig.* **hinter j-m ~** *in den Leistungen*: be (trailing *od.* lagging) behind s.o., (*benachteiligt sein*) have to take second place to s.o.; **sie steht an Begabung nicht hinter ihrer Schwester zurück** she's every bit as talented as her sister; **sie mußte immer ~** she always came off worst; **keiner wollte ~** nobody wanted to be left out (*od.* be the odd man out); **hinter keinem ~** be second to none; **~stellen** *v/t.* **1.** put back; (*Uhr*) *a.* turn back; **2.** (*Ware*) put aside; **~ für** *a.* keep for; **3.** (*Projekt etc.*) put on the back burner; **4. die eigenen Interessen ~** put one's own interests last; **5.** ⚔ *zeitweilig*: defer; *als unentbehrlich*: exempt from service; **~stoßen I.** *v/t.* **1.** push back; **2.** *fig.* (*abstoßen*) disgust; **II.** *v/i.* (*a.* **mit dem Auto ~**) reverse, back; **~strahlen I.** *v/t.* reflect; **II.** *v/i.* be reflected; **~strömen** *v/i.* **1.** *Wasser etc.*: flow back; **2.** *fig. Menschen*: pour back (**in die Stadt** into town); **~stufen** *v/t.* downgrade; (*Schüler*) move *s.o.* down a class; **~taumeln** *v/i.* reel (*od.* stagger) back; **~telefonieren** *v/i.* call (*od.* ring, phone) back; **~treiben** *v/t.* drive back; **~treten** *v/i.* **1.** step (*od.* stand) back; **2.** *von e-m Amt*: step down, stand down, resign; **3.** *von e-m Vertrag etc.*: withdraw (**von** from), back out (of); **4.** *Fluß*: subside; **5.** *räumlich*: recede (**von** from); **6. ~ gegenüber** (*zweitrangig sein*) be less important than; **7.** (*hintanstehen*) take second place (**hinter** to); **8.** (*weniger werden*) diminish, decline; **~tun** F *v/t.* → **zurücklegen** 1, 2; **~verfolgen** *fig. v/t.* trace back (**zu** to); **es läßt sich bis ins 13. Jahrhundert ~** it can be traced back to the 13th century; **~verlangen** *v/t.* → **zurückfordern**; **~versetzen I.** *v/t.* **1.** move back; **2.** (*Angestellten etc.*) transfer back; (*Schüler*) move *s.o.* down (a class); **3.** *fig.* take (*od.* carry, *lit.* transport) back; **es versetzt mich sofort in m-e Kindheit zurück** it takes me straight back to my childhood; **II.** *v/refl.*: **sich ins Mittelalter** *etc.* **~** imagine one is living in the Middle Ages *etc.*; **~verwandeln** *v/t.* change back (**in** into); (*a.* **sich**) **~ in** revert to; **~weichen** *v/i.* **1.** step back; *Menge*: *a.* move back; *erschreckt*: shrink back (**vor** from); **2.** ⚔ fall back; **3.** *Hochwasser, Wald etc.*: recede; **4.** *fig.* recoil (**von** from), back away (from).

zurückweisen *v/t.* (*Argument, Beschuldigung etc.*) reject, repudiate; (*Angebot*) turn down, reject; ⚖ (*Klage*) dismiss; ⚚ (*Wechsel*) dishono(u)r; (*j-n, an der Grenze etc.*) turn back; **Zurückweisung** *f* rejection; repudiation; dismissal; turning back; → **zurückweisen.**

zurück|wenden *v/t.* (*a.* **sich ~**) turn back; **~werfen** *v/t.* **1.** throw back (*a. den Kopf*); **2.** (*Lichtstrahlen etc.*) reflect; (*Schall*) reverberate; **3.** *fig.* (*den Feind etc.*) repulse; **4.** *fig. in der Entwicklung*: set (*od.* throw) back; **~wirken** *v/i.*: **~ auf** have an effect on, react on; **~wollen** *v/i.* want to go back; **~wünschen** *v/t.* wish back; **~zahlen** *v/t.* pay back, repay (*a. fig.*); (*Auslagen*) refund, reimburse; (*Hypothek*) redeem; (*Schuld*) pay off; **das kannst du mir nächste Woche ~** you can pay me back next week; **~ziehen I.** *v/t.* **1.** pull back; (*Hand, Vorhang*) *a.* draw back; **2.** (*Bestellung, Antrag etc.*) withdraw; (*Zusage, Versprechen*) go back on; **3.** (*Truppen*) withdraw, pull out; (*Diplomaten*) call back; **II.** *v/refl.*: **sich ~ 4.** withdraw; **sich auf sein Zimmer ~** go (up) to one's room, *beleidigt etc.*: slink off to one's room, *weitS.* lock o.s. up in one's room; **5.** ⚔ withdraw, pull out; **6. sich vom Geschäftsleben** *etc.* **~** retire from business *etc.*; **sich von der Politik ~** *a.* bow out of politics; **sich von der Bühne ~** leave (*od.* quit) the stage; **sich von der Öffentlichkeit ~** retire from public life; **7. sich von j-m ~** break off contact with s.o., *demonstrativ*: dissociate o.s. from s.o.; **8. sich in sich selbst ~** withdraw into one's shell; **9. sich auf s-n alten Standpunkt ~** revert (*od.* go back) to one's old standpoint; **III.** *v/i.* move back.

Zuruf *m* shout; *pl.* (*Beifallsrufe*) cheers, cheering *sg.*; **durch ~** by acclamation (*a. parl.*); **zurufen I.** *v/i.*: **j-m ~** call (to) s.o.; **II.** *v/t.*: **j-m et. ~** call s.th. (out) to s.o., shout s.th. to s.o.

Zusage *f* promise; (*Annahme*) acceptance; (*Einwilligung*) assent; **s-e ~ geben** promise, give one's word; **zusagen I.** *v/t.* **1.** promise; **et. ~** *a.* undertake to do s.th.; **s-e Hilfe ~** promise to help; **Hilfe ~** *Regierung etc.*: pledge one's aid, promise to send aid; **2. j-m et. auf den Kopf ~** tell s.o. s.th. to his (*od.* her) face; **II.** *v/i.* **3.** *bei e-r Einladung*: accept the invitation; **sie haben alle (fest) zugesagt** they've all said they're coming (they've all promised to come); **4. j-m ~** appeal to s.o., *formell*: be to s.o.'s liking (*od.* taste); **ich weiß nicht, ob ihm das Buch (Klima) ~ wird** I don't know whether he'll like the book (whether it's the right kind of climate for him); **das sagt mir eher zu** I prefer that, F that's more up my street.

zusammen *adv.* together; (*gemeinschaftlich*) *a.* jointly; (*insgesamt*) (all) together; (*gleichzeitig*) at the same time; **gehen wir ~** let's go together; **et. ~ besitzen** own s.th. jointly, be joint owners of s.th.; **~ betragen** make a total of, come to ... all together; **das macht ... ~** that'll be ... all together; **wir haben ~ 6 Dollar** we have 6 dollars between us; **bestellen wir e-n großen Salat ~** let's order a large salad between us (*zu zweit*: *a.* for the two of us); **guten Abend ~!** evening all!; **er verdient mehr als alle anderen ~** he earns more than the rest of them put together.

Zusammenarbeit *f* cooperation, *bsd. mit dem Feind*: collaboration; *e-r Gemeinschaft*: teamwork; **zusammenarbeiten** *v/i.* work together, cooperate.

zusammenbacken *v/i. Dreck etc.*: cake.

zusammenballen I. *v/t.* make into a ball; (*Papier*) screw up; **die Hände ~** clench one's fists; **II.** *v/refl.*: **sich ~** *Wolken etc.*: build up; *Truppen*: mass together; *fig. Unheil etc.*: loom (**über** over); **Zusammenballung** *f* accumulation; *von Truppen etc.*: massing together; *von Macht, Kapital*: concentration.

Zusammenbau *m* assembly; **zusammenbauen** *v/t.* assemble; put together.

zusammen|beißen *v/t.*: ***die Zähne ~*** clench (*fig.* grit) one's teeth; **~bekommen** *v/t.* get together; (*Geld*) scrape together; **~betteln** *v/t.*: ***das Geld ~*** go around begging for the money; **~binden** *v/t.* tie together; **~bleiben** *v/i.* stay (F stick) together; **~brauen I.** F *fig. v/t.* brew, concoct, F cook up; **II.** *v/refl.*: ***sich ~*** *Unwetter, Streit etc.*: be brewing; **~brechen** *v/i.* **1.** *Gebäude, Brücke*: cave in, collapse; **2.** *Person*: collapse; *seelisch*: break down; *Kreislauf*: break down; ***sein Kreislauf ist zusammengebrochen*** *a.* he had a circulatory breakdown; **3.** ***~ über*** *Wellen*: crash down on; **4.** *Wirtschaft, Firma*: collapse; *Angriff, Pläne*: fail; *Ordnung, Telefonverbindung, Verhandlungen, Widerstand, Theorie*: break down; *Verkehr*: come to a standstill; *fig.* ***m-e Welt ist zusammengebrochen*** my world just caved in; **~bringen** *v/t.* **1.** (*Leute*) bring (*od.* get, gather) together; (*Kräfte, Mittel etc.*) muster; (*sammeln*) collect, gather; (*Geld*) raise, get (*od.* scrape) together; **2.** ***et. mit et. ~*** bring s.th. into contact with s.th.; **3.** *fig.* (*vereinen*) unite; ***j-n mit j-m ~*** (*bekanntmachen*) introduce s.o. to s.o., *a. intimer*: get s.o. together with s.o.; ***j-n mit j-m wieder ~*** (*versöhnen*) reconcile s.o. with s.o.; **4.** F (*fertigbringen*) manage; *im Gedächtnis*: remember; ***er bringt keinen Satz zusammen*** F he can't string a sentence together; ***ich bringe es nicht zusammen zu*** *inf.* I can't bring (*od.* get) myself to *inf.*

Zusammenbruch *m* breakdown (*a.* ⚕, *pol. etc.*); *völliger*: collapse.

zusammen|drängen I. *v/t.* **1.** crowd together; **2.** *fig.* (*Beschreibung etc.*) condense (***auf*** to); → ***zusammengedrängt***; **II.** *v/refl.*: ***sich ~*** **3.** huddle together; **4.** *fig. Ereignisse etc.*: be concentrated, come thick and fast; **~drücken** *v/t.* press together; (*eindrücken*) crush, squash; **~fahren I.** F *v/t.* **1.** (*ein Auto etc.*) smash into, *völlig*: smash up, wreck; **II.** *v/i.* **2.** crash (into each other); **3.** *vor Schreck etc.*: jump, start (***vor*** with); *vor Schmerz*: wince (with); **~fallen** *v/i.* **1.** *Gebäude etc.*: collapse, cave in; *Kuchen etc.*: go down in the middle; *fig. Person*: waste away; *Gesicht*: collapse, cave in; *fig.* ***in sich ~*** *Pläne etc.*: collapse (like a house of cards); ***ganz zusammengefallen aussehen*** *Person*: *a.* F look all scrunched up; **2.** *zeitlich*: coincide, fall on the same day (*od.* in the same week *etc.*); **~falten** *v/t.* **1.** (*Papier, Decke etc.*) fold (up); (*Zeitung*) fold up; **2.** ***die Hände ~*** fold one's hands.

zusammenfassen I. *v/t.* **1.** (*Rede etc.*) sum up, summarize; (*kürzen*) condense; **2.** (*vereinigen*) unite, integrate (***in*** into); **II.** *v/i.* sum up, summarize; **zusammenfassend I.** *adj.*: ***~er Bericht*** *etc.* summary (of events *etc.*), résumé; ***~e Wiederholung*** recapitulation; **II.** *adv.* in summary, by way of summarizing; ***~ läßt sich sagen*** in summary it may be said, to sum up one may say; **Zusammenfassung** *f* summary; *wissenschaftliche*: *a.* abstract; (*Kürzung*) condensation, *ped.* précis; ***~ der Nachrichten*** news summary, summary of the news, *the* news in short.

zusammen|fegen *v/t.* sweep up (*od.* together); **~finden** *v/refl.*: ***sich ~*** get together; **~flicken** *v/t.* **1.** patch up (*a.* F *fig. j-n*); **2.** F *fig.* (*Werk*) F cobble together.

zusammenfließen *v/i. Flüsse*: flow together, meet, join; *Farben*: run (together); *fig.* merge; **Zusammenfluß** *m* confluence, junction.

zusammen|fügen I. *v/t.* join (together); fit together; **II.** *v/refl.*: ***sich ~*** fit together; **~führen** *v/t.* bring together; ***wieder ~*** (*Familie etc.*) reunite; **~gedrängt** *adj.* crowded (F squeezed) together; *kauernd*: huddled together; ***auf engstem Raum ~*** crowded into a minimum of space; **~gehen** *v/i.* **1.** *Parteien, Firmen*: cooperate; (*sich vereinigen*) merge; **2.** *Farben*: match, go together (well); **3.** *Linien*: converge, meet; **4.** *dial.* (*eingehen*) shrink.

zusammengehören *v/i.* belong together; *als Paar*: form a pair; *als Satz*: form a set; **zusammengehörig** *adj.* **1.** *Socken etc.*: matching ...; **2.** ***sich ~ fühlen*** feel one belongs together; **Zusammengehörigkeit** *f* solidarity; shared identity; **Zusammengehörigkeitsgefühl** *n* (feeling of) solidarity; (sense of) togetherness; common (*od.* shared) identity; (*Mannschaftsgeist*) team spirit.

zusammen|genommen *adj.*: ***alles ~*** all in all, all things considered; **~gepfercht** *adj.*: ***~ in*** herded into, cooped up in; **~geraten** *fig. v/i.* clash, come to blows; **~gerechnet** *fig. adj.*: ***alles ~*** all in all, all things considered, taking everything into account; **~geschustert** F *adj.* F cobbled (*od.* thrown) together; piecemeal ...; **~gesetzt** *adj.* **1.** ***~ sein aus*** be made up of; **2.** Ꭿ, ♪, *ling.*, *Arznei*: compound; *Bild, Stil etc.*: composite; ***~es Wort*** compound (word); **~gesunken** *adj. Person*: slumped together, F scrunched up; ***~ dasitzen*** *a.* F sit there in a heap; **~gewürfelt** *adj.*: (***bunt***) ~ motley ..., thrown together; *bsd. Mannschaft etc.*: scratch *team etc.*; **~haben** *v/t.* have got *a team etc.* together, (*Geld*) *a.* have scraped *the money* together.

Zusammenhalt *m* cohesion (*gen.* of); *fig.* bond (between, within), unity (of); (*Mannschaftsgeist*) team spirit; **zusammenhalten I.** *v/i.* **1.** hold together (*a. fig.*); *Freunde*: F stick together; **II.** *v/t.* **2.** hold *s.th.* together (*a. fig.*); (*Geld*) hold onto; **3.** (*nebeneinanderhalten*) hold next to each other, hold side by side.

Zusammenhang *m* connection; (*Fortlaufendes*) continuity; *e-r Textstelle*: context; *von Ideen*: association; ***es besteht ein ~ zwischen den Ereignissen*** the events are connected; ***miteinander in ~ bringen*** establish a connection (*od.* link) between; ***im ~ stehen mit*** be connected with; ***nicht im ~ stehen mit*** have no connection with, have nothing to do with; ***in diesem ~*** in this connection; ***Worte aus ihrem ~ reißen*** take words out of their context; ***die Dinge im ~ sehen*** see things in context; ***die größeren Zusammenhänge*** the general perspective, *weitS.* the overall scheme (of events *od.* things); ***der Brief*** *etc.* ***hat keinen ~*** the letter *etc.* is incoherent (*od.* doesn't hang together); **zusammenhängen I.** *v/i.* **1.** *im Schrank etc.*: hang together, hang next to each other; **2.** *fig.* be connected, be linked; (*miteinander ~*) link up; ***es hängt damit zusammen, daß*** *a.* it has to do (*od.* it ties up) with the fact that; **II.** *v/t.* (*Kleidung etc.*) hang *clothes etc.* (up) together, hang *clothes etc.* (up) next to each other; **zusammenhängend I.** *adj.* **1.** coherent (*a. Gedanken, Rede*); **2.** (*in Beziehung stehend*) related, connected; ***die damit ~en Fragen*** the related issues; **II.** *adv.*: ***et. ~ erzählen*** give a coherent account of s.th.; **zusammenhang(s)los** *adj.* incoherent, disjointed (*a. Rede*), disconnected; *Sätze*: *a.* jumbled *sentences*.

zusammen|hauen *v/t.* **1.** smash to pieces; F (*j-n*) beat up; **2.** F *fig.* (*hinschludern*) F knock (*od.* throw) together; **~heften** *v/t.* **1.** *in e-m Ordner*: file; **2.** (*Buch*) stitch together; (*Stoff*) tack; **~heilen** *v/i. Wunde*: heal (up); *Knochen*: knit (together); **~holen** *v/t.* gather (together); **~kauern** *v/refl.*: ***sich ~*** **1.** squat; *ängstlich*: cower; **2.** *mehrere*: huddle together; **~kaufen** *v/t.* buy up; **~kehren** *v/t.* sweep up (*od.* together); **~kitten** *v/t.* **1.** stick *s.th.* together; **2.** *fig.* (*Freundschaft etc.*) patch up.

Zusammenklang *m* harmony (*a. fig.*).

zusammenklappbar *adj.* folding ..., collapsible; **zusammenklappen I.** *v/t.* **1.** fold up; (*Buch*) shut, *laut*: clap *a book* shut; **2.** ***die Hacken ~*** click one's heels; **II.** *v/i.* **3.** *Messer, Stuhl*: fold up (*a.* ***sich ~ lassen***); *Buch*: shut; **4.** F *Person*: collapse (***vor*** from); *seelisch*: break down.

zusammen|kleben *v/t. u. v/i.* stick together; **~klingen** *v/i.* **1.** ♪ sound together; **2.** *fig. Empfindungen etc.*: be in tune with each other; **~kneifen** *v/t.* → ***zukneifen***; **~knüllen** *v/t.* crumple up, screw up, F scrunch up; **~kommen** *v/i.* **1.** (*sich versammeln*) gather, (*a. sich treffen*) meet; *zwanglos*: get together; ***~ mit*** *Geschäftsleuten etc.*: be in contact with, meet (quite a lot of *business people etc.*); **2.** *Geld*: be raised; ***es kommt einiges zusammen*** there's quite a bit of money coming in; **3.** *Umstände*: combine; ***es ist alles zusammengekommen*** everything came together (*od.* happened at the same time); **~koppeln** *v/t.* couple (together); link up, (*Raumschiff*) *a.* dock; **~krachen** F *v/i.* **1.** collapse; *Gebäude*: *a.* cave in; **2.** *Autos*: crash; **3.** *Börse etc.*: crash; **~krampfen** *v/refl.*: ***sich ~*** *Muskeln*: tense up, *stärker*: seize up; *Hände, Finger*: clench tightly; *Herz*: seize up; **~kratzen** *v/t.* scrape together.

Zusammenkunft *f* (*Treffen*) meeting, *zwanglos*: get-together; (*Versammlung*) gathering, conference.

zusammen|läppern F *v/refl.*: ***sich ~*** add up, mount up; **~laufen** *v/i.* **1.** *Menschen*: gather; **2.** Ꭿ, *Straßen etc.*: converge, meet; **3.** *Farben*: run (together); → ***spitz, Wasser***; **~leben I.** *v/i.* live together; ***mit j-m ~*** live with s.o.; ***sie haben viele Jahre glücklich zusammengelebt*** they spent many happy years together; **II.** ≈ *n* living together, *formell*: cohabitation; ***das ~ mit ihm*** living with him, life with him.

zusammenlegbar *adj.* folding ..., collapsible; **zusammenlegen I.** *v/t.* **1.** *an e-n Platz*: put together (*a. Personen*); **2.** (*falten*) fold up; **3.** (*Geld*) pool; ***Geld ~*** *a.* club together, F pass the hat round; **4.** (*vereinigen*) combine; (*Verwaltungen etc.*) centralize; (*Unternehmen*) merge; **II.** *v/i.* (*Geld sammeln*) club together, F pass the hat round; ***wenn wir alle ~*** F if everybody chips in; **Zusammenlegung** *f* ✝ merger, fusion; *von Grundstücken etc.*: consolidation.

zusammen|lügen F *v/t.* make up, F cook up; ***was er da zusammenlügt!*** the lies he tells; **~nageln** *v/t.* nail together; **~nehmen I.** *v/t.* **1.** (*zusammen betrachten*) take together; → ***zusammengenommen***; **2.** *fig.* ***s-e Gedanken ~*** collect one's thoughts; ***s-e Kräfte (s-n Mut) ~*** muster *od.* summon all one's strength (courage); **II.** *v/refl.*: ***sich ~*** pull o.s. together; **~packen** *v/t. u. v/i.* pack up; ***ich war gerade am ≈*** I was just getting ready to leave (*od.* go); *fig.* ***er kann ~*** he may as well pack his bags and leave; **~passen** *v/i. Kleider, Möbel etc.*: go well together; *farblich*: match; *Personen*: suit one another; *fig., bsd. iro.* ***es paßt alles zusammen*** it all adds up; **~pferchen** *v/t.* herd together (*a. fig.*); *fig.* ***~ in*** *a.* crowd into, coop up in; → ***zusammengepfercht***; **~prallen** *v/i.* **1.** crash, smash into each other; *Personen*: run into each other; ***~ mit*** crash (*od.* smash) into, *Person*: run into; **2.** *fig.* clash, come to blows, cross swords; **~pressen** *v/t.* press together; ***die Lippen~*** press one's lips together (tightly); **~quetschen** *v/t.* squeeze together; (*zerquetschen*) squash (up); **~raffen I.** *v/t.* **1.** (*s-e Habseligkeiten etc.*) snatch up; **2.** (*Geld etc.*) pile up; hoard; **3.** *fig.* (*s-n Mut etc.*) muster (up), summon (up), *lit.* gather together; **4.** (*Stoff*) gather; **5.** (*Kleid*) pick up, gather up; **II.** F *v/refl.*: ***sich ~*** pull o.s. together; **~raufen** F *v/refl.*: ***sich ~*** work things out with each other, F get it together; **~rechnen** *v/t.* add up, F tot up; → ***zusammengerechnet***; **~reimen** *fig.* **I.** *v/t.*: ***sich et. ~*** make sense of s.th.; **II.** *v/refl.*: ***sich ~*** make sense; ***wie reimt sich das zusammen?*** how does that fit?; ***wie reimt sich das mit s-n Plänen zusammen?*** how does that fit (*od.* tie) in with his plans?; **~reißen** F *v/refl.*: ***sich ~*** pull o.s. together, F get a grip on o.s.; **~rollen I.** *v/t.* roll up; **II.** *v/refl.*: ***sich ~*** coil up; *Katze etc.*: curl up; **~rotten** *v/refl.*: ***sich ~*** gang up; *Aufrührer*: form a mob; **~rücken I.** *v/t.* move together (*od.* closer); **II.** *v/i.* move up, sit closer; make room; **~rufen** *v/t.* call together; (*einberufen*) con-vene; *parl.* summon; **~sacken** *v/i.* collapse; **~scharen** *v/refl.*: ***sich ~*** gather; **~scheißen** V *v/t. sl.* give *s.o.* a bollocking; **~schieben** *v/t.* push (*od.* move) together; ⚙ (*a.* ***sich ~***) telescope; **~schießen** F *v/t.*: ***j-n ~*** F shoot s.o. up, put a bullet through s.o.('s head); **~schlagen I.** *v/t.* **1.** (*aneinander schlagen*) bang together; ***die Hände über dem Kopf ~*** throw one's hands up *in surprise etc.*; ***die Hacken ~*** click one's heels; **2.** (*zerschlagen*) smash (to pieces); F (*j-n*) beat *s.o.* up, F clobber; **II.** *v/i.*: ***~ über*** *Wellen*: crash onto.

zusammenschließen I. *v/t.* **1.** lock (*mit e-r Kette*: chain) together; **2.** *fig.* (*vereinigen*) unite; ✝ merge; **3.** ⚡ connect; **II.** *v/refl.*: ***sich ~*** unite; (*gemeinsame Sache machen*) join forces, band together; *zu e-r Gruppe*: team up; *zu e-m Bündnis*: form an alliance; **Zusammenschluß** *m* union (*a. pol.*); ✝ merger.

zusammen|schmelzen I. *v/t.* melt down; **II.** *v/i.* melt away (*a. fig.*); **~schneiden** *v/t.* (*Tonband, Film etc.*) splice; **~schnüren** *v/t.* (*Paket etc.*) tie up; (*Korsett etc.*) lace up; *fig.* ***es schnürte ihm die Kehle zusammen*** he was choked; ***es schnürte mir das Herz zusammen*** my heart bled; **~schrauben** *v/t.* screw (*mit Bolzen*: bolt) together; **~schrecken** *v/i.* jump, start (***bei*** at); **~schreiben** *v/t.* **1.** write *s.th.* as one word; ***wird das zusammengeschrieben?*** is that one word (or two)?; **2.** (*zusammenschmieren*) scribble down; ***(e-n) Unsinn ~*** write a lot of nonsense; **3.** ***sich ein Vermögen ~*** make a fortune writing (books); **4.** *contp.* ***das hat er aus anderen Büchern zusammengeschrieben*** he's got it out of (*od.* pinched it from) other books; **~schrumpfen** *v/i.* shrivel (up); *fig.* dwindle, dry up; **~schustern** F *v/t.* F cobble (*od.* throw, knock) together; **~schweißen** *v/t.* weld together; *fig.* weld, knit together; **~sein I.** *v/i.* **1.** be together; ***das ganze Wochenende ~*** be together for the whole weekend, spend the whole weekend together; **2.** *Freund u. Freundin*: be going out with each other; ***wie lange sind sie schon zusammen?*** how long have they been together (*od.* been going out with each other)?; **II.** ≈ *n* **3.** gathering; (***a. geselliges ~***) get-together; ***gemütliches ~*** cosy (*Am.* cozy) get-together; **4.** → ***Zusammenleben.***

zusammensetzen I. *v/t.* **1.** (*zusammenbauen*) put together; ⚙ *a.* assemble; *zu e-m Ganzen*: compose; (*Arznei, Wort*) compound; **2.** (*Schüler etc.*) sit (*od.* put) *pupils etc.* next to each other; **II.** *v/refl.*: **3.** ***sich ~*** sit (down) together; (*zusammenkommen*) get together; **4.** ***sich ~ aus*** be made up of, consist of; **Zusammensetzung** *f* **1.** composition; (*Bestandteile*) ingredients *pl.*; **2.** *ling. u.* ⚗ compound; **3.** (*Aufbau*) structure.

zusammen|sinken *v/i.* **1.** *Gebäude etc.*: collapse, cave in; **2.** *Person*: collapse, slump into a heap (*od.* onto the floor), F fold up; **~sitzen** *v/i.* sit next to each other; (*a. zusammensein*) sit together.

Zusammenspiel *n* **1.** teamwork; **2.** *fig.* interplay (***der Kräfte*** of forces); **3.** (*Zusammenarbeit*) cooperation; **zusammenspielen** *v/i.* **1.** play together; **2.** *fig.* (*zusammenwirken*) act together.

zusammen|stauchen F *v/t.* (*zurechtweisen*) F give *s.o.* a dressing-down (*od.* roasting), bawl s.o. out; **~stecken I.** *v/t.* put together; (*Stoff*) pin together; *fig.* ***die Köpfe ~*** put one's heads together; **II.** F *v/i.*: ***immer ~*** be inseparable, F be as thick as thieves; **~stehen** *v/i.* **1.** stand together (*od.* next to each other, side by side); **2.** F *fig.* stick together.

zusammenstellen *v/t.* **1.** put (*od.* move) together; **2.** *fig.* arrange (*a. Reise etc.*); (*Liste etc.*) make (out *od.* up), draw up; (*Bericht, Wörterbuch etc.*) compile, F put together; (*Radioprogramm etc.*) make, F put together; (*Team*) pick, come up with; ***nach Gruppen ~*** group; ***nach Klassen ~*** classify; ***nach Farben (od. Ausführung) ~*** match; **Zusammenstellung** *f* **1.** arrangement; drawing up; compilation *etc.*; → ***zusammenstellen***; **2.** (*Tabelle*) table; (*Übersicht*) survey; (*Liste*) list.

zusammen|stimmen *v/i. Aussagen etc.*: tally; ***nicht ~*** *a.* contradict each other, *stärker*: clash; **~stoppeln** *v/t.* piece together; (*Rede etc.*) throw together.

Zusammenstoß *m* **1.** collision; *mot. a.* crash; **2.** *fig.* (*Auseinandersetzung, a. gewalttätige*) clash; ***es kam zu schweren Zusammenstößen zwischen den Studenten und der Polizei*** there were heavy clashes between the students and the police; **zusammenstoßen** *v/i.* **1.** collide, crash (into each other); ***~ mit*** collide with, run into, crash into; **2.** *fig.* clash, come to blows; **3.** *Grundstücke etc.*: meet, adjoin.

zusammen|streichen *v/t.* **1.** (*Text etc.*) cut (to length); **2.** (*Gelder*) slash *funds*; **~strömen** *v/i.* flock together; **~stürzen** *v/i.* collapse, cave in; **~suchen** *v/t.* get (*od.* gather) together, find; **~tragen** *v/t.* gather (*a. fig. Informationen etc.*); (*Notizen etc.*) compile; **~treffen I.** *v/i.* **1.** meet (***mit j-m*** s.o.); **2.** *Ereignisse*: coincide (*a. Umstände*), take place simultaneously (*od.* at the same time); **II.** ≈ *n* **3.** meeting; *feindliches*: encounter; **4.** *von Ereignissen*: concurrence *of events*; **~treiben** *v/t.* round up; **~treten I.** *v/t.* crush *s.th.* underfoot; **II.** *v/i.* meet; *parl. a.* convene; **~trommeln** F *v/t.* round up; **~tun I.** *v/t.* put together; **II.** *v/refl.*: ***sich ~*** join forces, team up; **~wachsen** *v/i.* grow together; *Knochen*: knit (together); *Wunde*: heal (up); *Städte*: merge; *fig.* grow close; ***er hat zusammengewachsene Augenbrauen*** his eyebrows meet; **~werfen** *v/t.* **1.** throw together; **2.** (*durcheinanderbringen*) mix up; *unterschiedslos*: F lump together; **~wirken I.** *v/i.* cooperate, collaborate; *a. Sachen*: interact; **II.** ≈ *n* cooperation; *von Umständen*: interplay *of circumstances*; **~würfeln** *v/t.* throw together; → ***zusammengewürfelt***; **~zählen** *v/t.* add up; **~ziehen I.** *v/t.* **1.** pull together; (*verengen*) *a. phys.* contract; **2.** (*Truppen*) mass; **3.** → ***zusammenzählen***; **II.** *v/i.* **4.** move together, move in with each other; **III.** *v/refl.*: ***sich ~*** **5.** contract (*a. Muskel*); *Gefäß*: constrict; (*sich verengen*) narrow; (*schrumpfen*) shrink; **6.** *Unwetter, a. fig. Unheil*: be brewing; **~zucken** *v/i.* start, jump; *vor Schmerz*: wince.

Zusatz *m* **1.** (*das Zusetzen*) addition; ***unter ~ von*** by adding; ***unter ~ von ... mischen*** stir while adding ...; **2.** (*Ergänzung*) supplement; (*Beimischung*) admixture; (*~stoff*) additive; **3.** *schriftlicher*: addendum; (*Nachschrift*) postscript; *zu e-m Gesetz*: amendment; *zu e-m Testament*: codicil; **~abkommen** *n* supplementary agreement; **~antrag** *m parl.* supplementary motion; **~batterie** *f* booster battery; **~erklärung** *f pol.* supplementary declaration; **~frage** *f* follow-up question; **~gerät** *n* attachment; (*Adapter*) adapter, add-on; **~klausel** *f* rider; **~kosten** *pl.* additional (*od.* added) costs; **~last** *f* ⚡ additional load.

zusätzlich I. *adj.* additional, extra; supplementary; (*Hilfs...*) auxiliary; ***~e Arbeit*** extra work; ***~e Belastung*** added burden; **II.** *adv.* (*außerdem*) in addition; ***~ zu*** in addition to, over and above; ***~ noch etwas verdienen*** earn a bit extra; ***ich will nicht noch ~ auf s-n Hund aufpassen*** I don't want to have to look after his dog on top of it (*od.* of everything else).

Zusatz|speicher *m Computer*: extended memory; **~steuer** *f* surtax; **~stoff** *m* additive; **~versicherung** *f* complementary insurance; added protection; **~werbung** *f* follow-up advertising; **~zahl** *f* supplementary number.

zuschanden *adv.*: **~ machen** ruin, wreck, destroy, (*Hoffnungen*) destroy, dash; **~ werden** *Pläne etc.*: come to naught.

zuschanzen F *v/t.*: **j-m et. ~** put s.th. s.o.'s way, (*Arbeit, Stelle*) *a.* line s.o. up with s.th.

zuscharren *v/t.* (*Loch etc.*) cover up.

zuschauen *v/i.* → **zusehen.**

Zuschauer *m* **1.** *Sport*: spectator, *pl. a.* crowd (*sg. u. pl. konstr.*); **2.** *TV* viewer; *pl. a.* audience (*sg. u. pl. konstr.*); **3.** *thea., Kino etc.*: member of the audience, *pl.* audience (*sg. u. pl. konstr.*); **e-r der ~** somebody in the audience, a member of the audience; **4.** (*Beobachter*) onlooker, bystander, looker-on; **unfreiwilliger ~** unwilling witness (*gen.* to, of); **~kulisse** *f*, **~menge** *f* crowd (of spectators); **~raum** *m* auditorium; **~reaktion** *f* audience (*TV a.* viewer) response; *Sport*: reaction of the crowd; **~rekord** *m* record attendance; **~sport** *m* spectator sport; **~tribüne** *f* (grand)stand; *pl. a.* terraces; **~überwachung** *f Fußball*: crowd control; **~umfrage** *f* audience survey; **~zahl** *f a. pl.* **1.** *Sport*: number of spectators, crowd; **2.** *TV* number of viewers, viewing figures (*pl.*), (TV) rating; **geringe ~en** low ratings, poor audience performance.

zuschaufeln *v/t.* fill up.

zuschicken *v/t.* send (*dat.* to); *mit der Post*: *a.* mail, post (to).

zuschieben *v/t.* **1.** close, (*a. Schubfach*) shut; **2. j-m et. ~** push s.th. over to s.o.; **3.** *fig.* **j-m et. ~** pass s.th. on to s.o.; **j-m die Schuld ~** pass (*od.* push) the blame onto s.o., lay the blame at s.o.'s door; **j-m die Verantwortung ~** pass (*od.* push) the responsibility onto s.o.

zuschießen I. *v/t.* **1.** (*Geld*) contribute; **sie hat mir 1000 Mark für den Wagen zugeschossen** *a.* she gave me 1,000 marks towards the car; **2. j-m e-n Blick ~** dart a glance at s.o.; **3. j-m den Ball ~** kick (*od.* pass) the ball to s.o.; **II.** *v/i.*: **~ auf** rush up to.

Zuschlag *m* **1.** surcharge, extra charge; *zum Fahrpreis*: supplementary fare; (*Steuer2*) surtax; **2.** *Auktion*: award; **er erhielt den ~** *bei Auktion*: the object went to him, *bei Ausschreibung*: he was awarded (*od.* he won, he got) the contract; **zuschlagen I.** *v/t.* **1.** (*Tür etc.*) slam (shut), bang (shut), (*Buch*) clap *a book* shut, shut *a book* with a thud; **2.** *fig.* (*hinzufügen, -rechnen*) add (*dat.* to), F slap on(to); **3. j-m et. ~** *Auktion*: knock s.th. down to s.o.; *Ausschreibung*: award s.th. to s.o.; **II.** *v/i.* **4.** *Tür etc.*: slam (shut), bang (shut); **5.** (*schlagen*) lash out, F let fly; **6.** *fig.* (*angreifen*) strike; **7.** F *fig. beim Ausverkauf etc.*: F make a killing, grab what one can; **ich habe sofort zugeschlagen** F I grabbed it *etc.* straightaway; **Zuschlag(s)karte** *f* supplementary ticket; **zuschlag(s)pflichtig** *adj.* subject to extra charge.

zuschließen I. *v/t.* lock *s.th.* (up); **II.** *v/i.* lock up.

zuschmeißen F *v/t.* slam *a door* (shut).

zuschnallen *v/t.* buckle (up).

zuschnappen *v/i.* **1.** *Schloß etc.*: snap shut; **2.** *Hund*: snap (**nach** at).

zuschneiden *v/t.* cut up; (*Anzug*) cut (to size), *weitS. a.* style; → **zugeschnitten; Zuschneider(in** *f*) *m* cutter.

zuschneien *v/t.* snow up.

Zuschnitt *m* **1.** cut; *weitS.* style; **2.** *fig.* (*Art*) sort; (*Ausmaß*) scale; **3.** *fig.* (*Format*) calib|re (*Am.* -er); **ein Mann s-s ~s** a man of his calib|re (*Am.* -er) *od.* standing.

zuschnüren *v/t.* (*Paket etc.*) tie up; *fig.* → **zusammenschnüren.**

zuschrauben *v/t.* **1.** screw *s.th.* down; **2.** (*Glas etc.*) screw shut, put the lid (back) on.

zuschreiben *v/t.* **1. j-m et. ~** ascribe (*od.* attribute) s.th. to s.o., (*Vergehen etc.*) impute s.th. to s.o.; **j-m zuzuschreiben sein** be attributable to s.o.; **das haben wir ihm zuzuschreiben** *a. iro.* we have him to thank for it; **j-m die Schuld ~** put (*od.* place) the blame on s.o. (**an** for); **das hast du dir selbst zuzuschreiben** you've only yourself to blame; **e-r Sache große Bedeutung ~** attach great importance to s.th.; **2. j-m e-e Summe ~** place a sum to s.o.'s credit.

zuschreiten *v/i.*: **~ auf** walk (*od.* stride) up to; **tüchtig ~** put one's best foot forward.

Zuschrift *f* letter, (*Antwort*) *a.* reply (*a. auf e-e Anzeige*); *amtliche*: *a.* communication; **zahlreiche ~en bekommen** *a.* receive (*od.* get) an overwhelming response.

zuschulden *adv.*: **sich etwas ~ kommen lassen** do (something) wrong; **habe ich mir etwas ~ kommen lassen?** *a.* am I guilty of some offen|ce (*Am.* -se)?

Zuschuß *m* allowance; (*Beitrag*) contribution (**zu** towards); *staatlicher*: subsidy, grant; **~betrieb** *m* subsidized firm.

zuschustern F *v/t.* **1.** → **zuschanzen; 2. Geld ~** help out with the money.

zuschütten *v/t.* **1.** (*Graben etc.*) fill up (*od.* in); (*Grab*) fill in, close; **2.** F (*hinzuschütten*) add.

zusehen *v/i.* **1.** watch (**wie** how); **j-m ~** watch s.o. (**bei der Arbeit** *etc.* working, at work *etc.*); **~, wie j-d et. macht** watch s.o. do s.th., watch how s.o. does s.th.; **ich kann nicht mehr ~** I can't look (*a. weitS.* take it) any more; **wir mußten ~, wie sie den Wagen auseinandernahmen** we had to just stand and watch them taking the car apart; **allein vom 2 wird mir schlecht** I feel sick just watching (*od.* just to look); **2.** (*et. dulden*) sit back (*od.* stand by) and watch; **3.** *fig.* **~, daß** (*dafür sorgen*) see (to it) that, make sure that; **zusehends** *adv.* visibly, noticeably; (*schnell*) rapidly, day by day, *übertreibend*: by the minute; **die Lage verschlechtert sich ~** the situation is getting rapidly worse (*od.* is deteriorating rapidly, is deteriorating day by day); **Zuseher(in** *f*) *m östr.* → **Zuschauer(in).**

zusein F *v/i.* **1.** be closed, be shut; **2.** (*betrunken*) F be plastered, *sl.* be pissed.

zusenden *v/t.* → **zuschicken.**

zusetzen I. *v/t.* **1.** (*hinzufügen*) add (*dat.* to); **2.** (*Geld, Zeit etc.*) lose; F **nichts mehr zuzusetzen haben** have used up all one's reserves, F have run out of steam; **II.** *v/i.*: **j-m ~** press s.o. (hard); *mit Fragen, Bitten*: pester s.o. (with); *drängend, mahnend*: urge s.o. (**zu** *inf.* to *inf.*); *weitS. Hitze, Strapazen, Leid*: take it out of s.o., F get to s.o.; **sich gegenseitig ~** F get at each other's throats.

zusichern *v/t.*: **j-m et. ~** assure s.o. of s.th., guarantee s.o. s.th.; (*versprechen*) promise s.o. s.th.; **Zusicherung** *f* assurance; (*Versprechen*) promise, pledge.

Zuspätkommende(r *m*) *f* latecomer.

zusperren I. *v/t.* shut, lock; **II.** *v/i.* lock up.

Zuspiel *n Sport*: pass(es *pl.*); **zuspielen** *v/t.* **1. j-m et. ~** (*Informationen etc.*) pass s.th. on to s.o.; **2.** (*a. v/i.*) *Sport*: **j-m (den Ball) ~** pass (the ball) to s.o.; *fig.* **j-m den Ball ~** give s.o. his (*od.* her) cue; **sich gegenseitig die Bälle ~** feed each other lines, (*einander in die Hände spielen*) work a nice double act.

zuspitzen I. *v/t.* **1.** (*Stock*) sharpen; **2.** *fig.* (*Lage*) bring to a head; → **zugespitzt; II.** *v/refl.*: **sich ~ 3.** taper to a point; **4.** *fig. Lage*: come to a head.

zusprechen I. *v/t.* **1.** ⚖ **j-m et. ~** award s.o. s.th. (*a. weitS. e-n Preis*); **j-m ein Kind ~** grant s.o. custody of a child; **2. j-m Mut ~** encourage s.o.; **j-m Trost ~** console s.o., comfort s.o.; **II.** *v/i.* **3. j-m gut ~** try and reason with s.o.; **j-m besänftigend ~** try and appease s.o. (*od.* calm s.o. down); **4.** (*Essen, Getränken*) have (*od.* eat, drink) one's fill of, *lit.* partake freely of; *e-r Speise* **tüchtig ~** F tuck into.

zuspringen *v/i.* **1.** *Schloß*: spring (*od.* snap) shut; **2. auf j-n ~** jump towards s.o., (*j-n anspringen*) jump at s.o.

Zuspruch *m* **1.** words *pl.* of encouragement (*od.* consolation *etc.*), soothing (*od.* friendly *etc.*) words *pl.*; **2.** (*Anklang*) reception; **großen ~ finden** go down (very) well; **3. großen ~ haben** (*Zulauf*) be very popular, be much sought after.

Zustand *m* state (*a. phys.*), condition; (*Lage*) situation, *bsd. negativ*: state of affairs; (*Verhältnisse*) conditions *pl.*; **in gutem ~** in good condition, *Auto, Geräte, Haus etc.*: *a.* in good repair (*sl.* nick); **in schlechtem ~** in bad condition (*od.* repair); **in betrunkenem ~** (while) under the influence of alcohol; **in was für e-m ~ befindet er sich?** what's his condition like?, F what sort of shape is he in?; **es herrschen chaotische Zustände** the situation is completely chaotic, it's absolute chaos; **das ist doch kein ~** it's impossible, something has got to change (*od.* be done); **hier herrschen Zustände!** what a state of affairs; **das sind ja Zustände wie im alten Rom!** it's like Sodom and Gomorrha; F **Zustände kriegen** F have a fit; F **da kann man ja Zustände kriegen!** F it's enough to drive you spare.

zustande *adv.* **1. ~ bringen** bring about; (*schaffen*) manage, succeed in doing *s.th.*, F engineer; **wie hast du das (bloß) ~ gebracht?** how (on earth) did you manage that?; **Unmögliches ~ bringen** achieve the impossible; **2. ~ kommen** come about; (*gelingen*) be achieved; *Vereinbarung etc.*: be reached; *Plan*: materialize; *Gesetz*: be passed; (*stattfinden*) take place, come off; **e-e Einigung kam nicht ~** no agreement was reached.

zuständig *adj. Behörde etc.*: relevant, appropriate; (*befugt*) competent; (*verantwortlich*) responsible; **~es Gericht** court of competent jurisdiction; **~e Stelle** appropriate authority (*od.* department); **wenden Sie sich an die ~e Stelle** *a.*

apply to the department (*od.* authority) that deals with such matters; **dafür bin ich nicht** ~ that's not my responsibility (*od.* job), *formell*: that's not within my province; **keiner will** ~ **sein** F everyone just passes the buck; **Zuständigkeit** *f* competence; responsibility; (*Befugnisse*) powers *pl.*; ⚖ *sachliche*: jurisdiction (**für** over); **Zuständigkeitsbereich** *m* (sphere of) responsibility; ⚖ jurisdiction; **es fällt nicht in m-n** ~ *formell*: it doesn't fall within my purview.

Zustands|gleichung *f phys.* equation of state; **~größe** *f* variable of state; **~verb** *n ling.* stative verb.

zustatten *adv.*: **j-m (gut, sehr)** ~ **kommen** stand s.o. in good stead; (*gelegen kommen*) come in handy.

zustechen *v/i.* attack, plunge the knife *etc.* in.

zustecken *v/t.*: **j-m et.** ~ slip s.o. s.th.

zustehen *v/i.* **1. es** (*das Besitztum etc.*) **steht ihm** (**rechtlich**) **zu** he is (legally) entitled to it; **2. es steht ihm nicht zu zu** *inf.* he has no right to *inf.*, it's not for him to *inf.*; **es steht mir überhaupt nicht zu zu urteilen** *a.* who am I to judge?

zusteigen *v/i.* get on, board the train (*od.* bus); **noch jemand zugestiegen?** 🚌 tickets, please!; **wo sind Sie zugestiegen?** where did you get on?, which station (*Bus, U-Bahn*: stop) did you get on at?

Zustellamt *n* delivery office; **Zustellbezirk** *m* postal zone (*od.* district); **zustellen** *v/t.* **1.** (*Eingang etc.*) block; **2.** (*Sendung*) deliver; **3.** ⚖ serve (**j-m et.** s.th. on s.o.); **Zusteller** *m* postman, *Am.* mailman; **Zustellgebühr** *f* delivery charge; **Zustellung** *f* **1.** delivery; **2.** ⚖ service.

zusteuern I. F *v/t.* contribute (**zu** to); **II.** *v/i.*: ~ **auf** head for, make for; *unkontrolliert*: veer towards; (*zielstrebig zugehen auf*) make a beeline for; *fig.* be aiming at; *im Gespräch*: be driving at; (*e-e Krise etc.*) be heading for, be veering towards.

zustimmen *v/i.* agree (*dat.* to *s.th.*, with *s.o.*); (*einwilligen*) *a.* consent (to *s.th.*); (*billigen*) approve (of *s.th.*); **~d nicken** nod in approval, nod assent; **Zustimmung** *f* agreement; (*Einwilligung*) *a.* consent; (*Billigung*) approval; **allgemeine** ~ **finden** meet with unanimous approval.

zustopfen *v/t.* **1.** (*Loch, Ohren etc.*) plug up; **2.** (*Loch im Strumpf etc.*) mend, darn.

zustöpseln *v/t.* stopper; put the stopper (*od.* cork) in.

zustoßen I. *v/t.* **1.** push *s.th.* shut; *laut*: slam *s.th.* (shut); **II.** *v/i.* **2.** attack; *mit e-m Messer*: stab, *a. mit e-m Schwert*: thrust, lunge; **3. j-m** ~ (*widerfahren*) happen to s.o.; **ihm ist etwas** (*ein Unfall*) **zugestoßen** he's had an accident; *euphem.* **wenn mir etwas** ~ **sollte** if anything should happen to me.

zustreben *v/i.* **1.** (*dem Ausgang etc.*) head for, make for; **2.** *fig.* (*e-m Ziel etc.*) aim at, have set one's sights on.

Zustrom *m* **1.** *von Besuchern, Käufern*: stream; (*Andrang*) rush; *von Emigranten, Touristen, Waren, Kapital*: influx; **2.** *von Luft etc.*: influx, inflow; **zuströmen** *v/i.* **1.** (*dem Meer etc.*) flow towards; **2.** *Personen*: (*e-m Ort*) stream (*od.* throng) towards; **3. die Ideen strömten ihm nur so zu** the ideas came flooding to him (*od.* into his head).

zustürmen *v/i.*: ~ **auf** storm (towards), make a rush for.

zustürzen *v/i.*: ~ **auf** rush towards, descend (up)on.

zutage *adv.* **1.** ~ **bringen** (*od.* **fördern**) bring to the surface (*a. vom Meeresboden*), *aus dem Boden*: *a.* unearth; F *aus e-r Schublade etc.*: dig out; *fig.* (*Tatsachen etc.*) bring to light, uncover, (*Geheimnis*) *a.* unearth; **2.** *fig.* ~ **treten** come to light (*od.* to the surface), be revealed, *Geheimnis*: *a.* be unearthed; **3.** *geol.* ~ **treten** outcrop; **4.** ~ **liegen** be evident, be manifest, be there for all to see.

Zutat *f* **1. ~en** *gastr.* ingredients; **2. ~en** *beim Nähen*: accessories; **3.** (*Ergänzung*) addition.

zuteil *pred. adj.*: **j-m** ~ **werden** be given (*od.* granted) to s.o., *lit.* be bestowed on s.o.; **j-m et.** ~ **werden lassen** grant s.o. s.th.; *iro.* **mir wurde ein solcher Empfang nie** ~ I never had the hono(u)r of a reception like that; **mir ist diese Gelegenheit bisher nicht** ~ **geworden** that opportunity has as yet passed me by.

zuteilen *v/t.* (*Aufgabe, Arbeit, Rolle*) give (*dat.* to), *formell*: assign (to), allot (to); (*Geld, Wohnung*) allocate (to), appropriate (to); (*Darlehen*) pay out; **der Bevölkerung Nahrungsmittel** ~ ration food out among the population; **er ist e-r anderen Abteilung zugeteilt worden** he's been moved to a different department; **Zuteilung** *f* assignment; allotment; allocation; paying out; → **zuteilen**; (*Kontingent*) quota; **zuteilungsreif** *adj.* mature; ~ **sein** have matured, be payable.

zutiefst *adv.* most, deeply; ~ **beleidigt** deeply offended, *lit. u. iro.* mortally wounded, cut to the quick; **et.** ~ **bedauern** a) deeply regret s.th., b) express one's deep regret at (*od.* over) s.th.

zutragen I. *v/t.*: **j-m et.** ~ carry (*od.* bring) s.th. to s.o., bring s.o. s.th.; (*Nachricht etc.*) *a.* pass s.th. on to s.o.; **II.** *v/refl.*: **sich** ~ happen, take place, occur, transpire; **es trug sich zu, daß** *lit.* it came to pass that; **Zuträger** *m* informant, informer.

zuträglich *adj.* good (*dat.* for), beneficial (to); (*förderlich*) conducive (to); (*gesundheitsfördernd*) healthy, good for one's health, *Klima*: *a.* salubrious; **j-m nicht** ~ **sein** disagree with s.o.; **Zuträglichkeit** *f* beneficial nature (*gen.* of).

zutrauen I. *v/t.*: **j-m et.** ~ believe s.o. (to be) capable of (doing) s.th., credit s.o. with s.th.; **sich zuviel** ~ overrate o.s., (*zuviel übernehmen*) take too much on; **ich traue es mir** (**nicht**) **zu** I (don't) think I can do it; **er traut sich überhaupt nichts zu** he has no confidence in himself; **man muß es sich nur** ~ you just have to believe in yourself; **ich traue ihm nicht viel zu** I don't think he's up to much; **ich traue es ihm glatt zu, zuzutrauen wäre es ihm schon** I wouldn't put it past him; **das hätte ich ihm nicht zugetraut** *negativ*: I didn't think he was the sort, *anerkennend*: I never knew he had it in him; **II.** ♀ *n* confidence (**zu** in); **zutraulich** *adj.* confiding, trusting; *weitS.* friendly (*a. Tier*); **Zutraulichkeit** *f* **1.** confiding nature; **2.** (*Äußerung*) confidence.

zutreffen *v/i.* be true (**bei, auf, für** of), be right, be correct, be the case; ~ **auf** (*od.* **für**) *a.* hold true of, (*gelten für*) apply to; **dasselbe trifft auch für dich zu** the same applies to (*od.* goes for) you; **das dürfte nicht ganz** ~ that's not quite correct; **es trifft nicht immer zu** it doesn't always follow; **die Beschreibung trifft genau auf ihn zu** the description fits him perfectly; **zutreffend** *adj.* correct; *pred. a.* F spot on; (*passend*) appropriate, fitting, *Bemerkung*: *a.* apt.

zutreiben I. *v/i.*: ~ **auf** *Schiff etc.*: drift towards; *fig.* **e-r Krise** *etc.* ~ be drifting towards a crisis *etc.*; **II.** *v/t.*: ~ **auf** (*Wild etc.*) drive *the game etc.* towards.

zutrinken *v/i.* (*j-m*) drink to, raise one's glass to.

Zutritt *m* access; (*Einlaß*) admission; ~ **verboten!** no entry; ~ **bekommen** (*od.* **erhalten**), **sich** ~ **verschaffen** gain admission (*od.* admittance) (**zu** to); **sich gewaltsam** ~ **verschaffen** force one's way in, **zu e-m Haus:** force one's way into a house, break down the door of a house.

zutun I. *v/t.* **1.** (*schließen*) close, shut; → **Auge** 1; **2.** F (*hinzufügen*) add; **II.** ♀ *n*: **ohne mein** ~ without any help (*od.* encouragement) from me; (*ohne m-e Schuld*) through no fault of my own (*od.* mine); **es geschah ohne mein** ~ I had nothing to do with it.

zuungunsten *prp.* (*mit gen. od. von*) to the disadvantage of; *Entscheidung*: *a.* against.

zuunterst *adv.* right at the bottom.

zuverdienen *v/t.* make *money* on the side; **ein bißchen** ~ *a.* make a bit of extra money.

zuverlässig *adj.* reliable (*a. Sache*, ⚙), dependable; (*treu*) loyal; (*vertrauenswürdig*) trustworthy; (*sicher*) safe (*a.* ✝, ⚙); **aus ~er Quelle** from a reliable source, **wissen**: have *s.th.* on good authority; **die ~ste Quelle für** the authority on; **er ist absolut** ~ *a.* you can rely (*od.* depend) on him totally; **Zuverlässigkeit** *f* reliability; dependability; loyalty; trustworthiness; safety; **Zuverlässigkeitsprüfung** *f* reliability test.

Zuversicht *f* confidence; (*Optimismus*) optimism; **voller** (*od.* **der festen**) ~ **sein, daß** be (quite) confident that, have every confidence that; **voller** ~ **in die Zukunft blicken** look confidently ahead to the future, look to the future with optimism, have faith in the future; **s-e** ~ **setzen auf** place one's trust in; **zuversichtlich** *adj.* confident, optimistic(ally *adv.*); **Zuversichtlichkeit** *f* confidence; optimism; optimistic outlook.

zuviel *adv.* too much; **einer** *etc.* ~ one *etc.* too many; **viel** ~ far (*od.* much) too much; **des Guten** ~ too much of a good thing; **es wurde ihm** ~ it got too much for him, it started getting on top of him; **ein gutes Gehalt wäre** ~ **gesagt** a good salary would be a bit of an overstatement; **was** ~ **ist, ist** ~**!** there's a limit to everything, you can only go so far; F **ich krieg'** ~**!** F well blow me!; **ein** ♀ **an** too much (of), an excess (*od.* overkill) of.

zuvor *adv.* before, previously; (*vorher noch, zunächst*) first, beforehand; **kurz** ~ shortly before; **am Tage** ~ the day before, the previous day; **ich hatte sie nie**

~ ***gesehen*** I had never seen (*od.* set eyes on) her before; ***wie nie*** ~ as never before.
zuvorderst *adv.* right at the front.
zuvorkommen *v/i.* (*e-r Sache, j-m*) preempt; (*e-r Frage etc.*) *a.* anticipate; (*hindern*) forestall, (*Angriff*) head off, ward off; *weitS.* (*j-m*) beat *s.o.* to it, F get in first, *gerade noch*: F pip *s.o.* at the post; **zuvorkommend** *adj.* (very) obliging; accommodating; helpful; (*höflich*) courteous; **Zuvorkommenheit** *f* obligingness; (*Höflichkeit*) courtesy.
Zuwachs *m* **1.** increase (***an*** in; ***von*** of); *bsd.* ✝ growth (in); **2.** F ***die Familie hat*** ~ ***bekommen*** there's been an addition to the family; **3.** F ***et. auf*** ~ ***kaufen*** buy s.th. on the big side; **zuwachsen** *v/i.* **1.** become overgrown; → ***zugewachsen***; **2.** ⚕ heal up, close; **3.** *fig.* (*j-m*) *Geld*: accrue to; *Aufgabe, Verantwortung*: fall to (*od.* upon), *formell*: devolve upon; **Zuwachsrate** *f* growth rate.
Zuwanderer *m* immigrant; *im gleichen Land*: incomer; **zuwandern** *v/i.* immigrate; *a. im gleichen Land*: settle in an area *etc.*
zuwege *adv.* **1.** ~ ***bringen*** bring about; (*schaffen*) manage (*to do*) *s.th.*; ***es*** ~ ***bringen zu*** *inf. a.* succeed in *ger.*; → *a.* ***zustande*** 1; **2.** ***gut*** ~ ***sein*** be in good health (*od.* shape); ***noch gut*** ~ ***sein*** be doing well for one's age.
zuwehen I. *v/t. mit Schnee, Sand*: block; **II.** *v/i.*: ***j-m*** ~ blow towards s.o.; *Duft etc.*: waft towards (*od.* over to) s.o.
zuweilen *adv.* at times, occasionally, now and then.
zuweisen *v/t.* assign (*dat.* to); → ***zuteilen.***
zuwenden I. *v/t.* **1.** turn *s.th.* towards *s.o. od. s.th.*; ***j-m das Gesicht*** ~ turn (round) to face (*od.* look at) s.o.; ***j-m den Rücken*** ~ turn one's back to(wards) (*abweisend*: on) s.o.; **2.** ***j-m Geld*** *etc.* ~ give s.o. money *etc.*; ***j-m Liebe*** ~ devote some love (*od.* affection) to s.o., show s.o. some love (*od.* affection); ***e-r Sache s-e Aufmerksamkeit*** ~ turn (*od.* devote) one's attention to s.th.; **II.** *v/refl.* **3.** ***sich*** *j-m od. e-r Sache* ~ turn to(wards), turn (round) to face; **4.** ***sich*** *e-r Tätigkeit* ~ turn to; (*sich widmen*) devote o.s. to; ***sich ganz*** *e-r Sache* ~ devote o.s. fully to; **Zuwendung** *f* **1.** (*Geld*) allocation (of funds); (*Summe*) sum; (*Schenkung*) donation; (*Vermächtnis*) bequest; **2.** (*Aufmerksamkeit*) attention; (*Liebe*) (love and) affection.
zuwenig *indef. pron.* not enough, too little; *vor pl.*: not enough, too few; ***viel*** ~ not nearly enough, far too little (*pl.* few); ***einer*** *etc.* ~ one *etc.* short, one *etc.* too few; ***du ißt*** ~ you don't eat enough, you need to eat more.
zuwerfen *v/t.* **1.** ***j-m et.*** ~ throw s.o. s.th., throw s.th. (over) to s.o.; **2.** *fig.* ***j-m e-n Blick*** ~ glance at s.o., cast (*od.* dart) a glance at s.o.; ***j-m e-n bösen*** (***verächtlichen***) ***Blick*** ~ give s.o. a dirty look (flash a look of contempt at s.o.); **3.** (*Tür*) slam *od.* bang *a door* (shut); **4.** (*Grube*) fill up.
zuwider I. *adv.*: ***j-m*** ~ ***sein*** repulse s.o., revolt s.o., F turn s.o. off; ***es ist mir*** ~ *a.* I find it repugnant; ***das Schwimmen*** *etc.* ***ist mir*** ~ I detest (*od.* loathe, can't stand) swimming *etc.*; **II.** *prp.* against, contrary to; ***den Vorschriften*** ~ *a.* in defiance of the regulations.
zuwiderhandeln *v/i.* (*e-m Befehl etc.*) act against (*od.* contrary to); (*e-m Gesetz*) violate, contravene; **Zuwiderhandelnde(r)** *m* offender; **Zuwiderhandlung** *f* ⚖ violation, offen|ce (*Am.* -se) (***gegen*** against); non-compliance (with).
zuwiderlaufen *v/i.* (*s-n Interessen etc.*) go against, run counter to; ***dem Verstand*** ~ go against all reason.
zuwinken *v/i.*: ***j-m*** ~ wave to (*od.* at) s.o.; (*herwinken*) beckon to s.o. (to come).
zuzahlen *v/t.* **1.** pay *s.th.* extra; ***50 Mark*** ~ *a.* pay an extra 50 marks; **2.** (*beitragen*) contribute; ***j-m et. zum neuen Fernseher*** *etc.* ~ give s.o. s.th. towards the new TV set *etc.*
zuzählen *v/t.* **1.** add; (*mit einbeziehen*) count; **2.** ~ ***zu*** (*zuordnen*) count among.
zuziehen I. *v/t.* **1.** (*Knoten*) pull (tight); (*Schlinge, Schleife*) tighten (*a.* ***sich*** ~); (*Vorhänge*) draw, close; (*Tür etc.*) close, pull *a door etc.* to; **2.** *fig.* (*Arzt, Sachverständigen*) call in, consult; **3.** ***sich*** *et.* ~ (*Krankheit*) get, *formell*: contract; *ansteckende*: *a.* catch, pick up; (*Verletzung*) suffer, *formell*: sustain; *allg.* F land o.s. (with), come away with; **4.** ***sich j-s Haß*** (***Zorn*** *etc.*) ~ incur s.o.'s hatred (anger *etc.*); ***sich Unannehmlichkeiten*** ~ get (o.s.) into trouble; **II.** *v/refl.*: ***sich*** ~ *Himmel*: cloud over, become overcast; **III.** *v/i. als Bewohner*: move to a town *etc.*, move there (*od.* here).
Zuzug *m* **1.** move; **2.** (*Zuwanderung*) influx.
zuzüglich *prp.* plus, not including, exclusive of; ~ ***Mehrwertsteuer*** plus VAT (*bsd. Am.* sales tax).
Zuzugs|rate *f* rate of immigration; **~stopp** *m* immigration ban.
zuzwinkern *v/i.*: ***j-m*** ~ wink at s.o, give s.o. a wink.
zwacken F **I.** *v/t.* pinch; **II.** *v/impers.*: ***es zwackt mich im Rücken*** I can feel a twinge in my back; ***es*** (***zwickt und***) ***zwackt mich überall*** I'm aching all over.
Zwang *m* compulsion; *moralischer*: constraint; (*Verpflichtung*) (moral) obligation; (*Druck*) pressure (*a.* ⚕); *psych.* compulsion, (*Besessenheit*) obsession; ***gesellschaftliche*** (***politische, wirtschaftliche***) ***Zwänge*** social (political, economic) constraints; ***der*** ~ ***der Verhältnisse*** the force of circumstances; ***der*** ~ ***der Mode*** the dictates of fashion; ***der*** ~ ***der Konvention*** the straitjacket of convention; ***e-m inneren*** ~ ***folgen*** follow an inner compulsion; ***allen*** ~ ***ablegen*** abandon all restraint; ***sich*** ~ ***antun*** a) restrain o.s. (from doing s.th.), b) force o.s. (to do s.th.); ***tun Sie sich nur keinen*** ~ ***an!*** don't stand on ceremony, make yourself at home, *hum.* no need to be shy(, now); *iro.* ***tu dir nur keinen*** ~ ***an!*** don't mind me; ***unter*** ~ ***stehen*** (***handeln***) be (act) under duress; **zwängen I.** *v/t.* force, (*quetschen*) squeeze (***in*** into); **II.** *v/refl.*: ***sich*** ~ ***in*** squeeze (o.s.) into; **zwanghaft** *adj.* compulsive, obsessive; **zwanglos** *adj.* informal, casual; (*ungehemmt*) unconstrained, uninhibited; (*entspannt*) relaxed; ***~es Treffen*** informal get-together; ***in ~er Anordnung*** in loose order; ***in ~er Folge*** in no particular (*od.* set) order, *erscheinen etc.*: at irregular intervals; **Zwanglosigkeit** *f* casualness, informality.
Zwangs|abgabe *f* compulsory charge (*od.* levy); **~anleihe** *f* mandatory loan; **~arbeit** *f* forced labo(u)r; **~arbeiter** *m* forced labo(u)rer; **~arbeitslager** *n* labo(u)r camp; **~aufenthalt** *m* detention; enforced stay; **~bewirtschaftung** *f* (economic) control; **~einweisung** *f* committal (***in*** *e-e Anstalt*: to).
zwangsernähren *v/t.* force-feed; **Zwangsernährung** *f* force-feeding.
Zwangs|handlung *f* compulsive act; **~heimkehr** *f* forced repatriation; **~herrschaft** *f* despotism, tyranny; **~idee** *f* obsession; **~jacke** *f* straitjacket (*a. fig.*); **~lage** *f* predicament, plight.
zwangsläufig *adj.* inevitable.
Zwangs|liquidation *f* enforced liquidation; **~maßnahmen** *pl.* coercive measures; *pol.* sanctions; **~mitgliedschaft** *f* compulsory membership; **~mittel** *n* means of enforcement; **~neurose** *f* obsessional neurosis; **~räumung** *f* eviction.
zwangssterilisieren *v/t.* forcibly sterilize; **Zwangssterilisierung** *f* forced sterilization.
zwangsumsiedeln *v/t.* displace (***nach*** to), (forcibly) remove (to); **Zwangsumsiedler** *m* displaced person; **Zwangsumsiedlung** *f* displacement.
Zwangs|umtausch *m* obligatory exchange; **~verfahren** *n* enforcement procedure; **~vergleich** *m* compulsory settlement (in bankruptcy); **~verkauf** *m* forced sale.
zwangsverschicken *v/t.* deport; **Zwangsverschickung** *f* deportation.
zwangsversteigern *v/t.* put *s.th.* up for public auction; **Zwangsversteigerung** *f* forced sale.
Zwangsverwaltung *f* sequestration.
zwangsvollstrecken *v/i.* issue execution (***gegen*** against); **Zwangsvollstrekkung** *f* compulsory execution.
Zwangsvorstellung *f* obsession.
zwangsweise I. *adj.* forcible; ~ ***Evakuierung*** (***Pensionierung***) forced evacuation (retirement); ~ ***Einquartierung*** imposed billeting; **II.** *adv.* by force, forcibly; ***sich*** ~ ***Zugang verschaffen zu*** enter *a building etc.* by force.
Zwangswirtschaft *f* **1.** government control; **2.** command economy.
zwanzig I. *adj.* twenty; ***in den ~er Jahren*** in the twenties; ***die goldenen*** **Ꝛer** the golden twenties; ***sie ist in den Ꝛern*** she's in her twenties; **II.** Ꝛ *f* twenty; (*Buslinie etc.*) (number) twenty.
zwanzigjährig *adj. Person*: twenty-year-old ...; *Zeitraum*: twenty-year(-long) ...
Zwanzigmarkschein *m* twenty-mark note (*Am.* bill).
zwanzigst *adj.* twentieth; ***sie hat heute ihren Ꝛen*** she's twenty today, it's her twentieth birthday today.
Zwanzigstel *n* twentieth (part).
zwar *adv.* **1.** ~ ***..., aber ...*** (it's true) ..., but ...; certainly ..., but ...; ***es ist*** ~ ***spät, aber ...*** it 'is late, but ...; ***er hat*** ~ ***angerufen, aber ...*** he 'did ring up, but ...; he rang up all right (*Am.* alright), but ...; ***sie ist*** ~ ***hübsch, aber ...*** *a.* she may be pretty, but ...; **2. *und*** ~ namely, *nachgestellt*: in fact; *verstärkend, vorangestellt*: in fact; ***er will das Geld haben, und*** ~ ***sofort*** he wants the money, and he wants it right now; ***wir haben uns in Rom getroffen, und*** ~ ***letztes Jahr*** we met in

Rome - last year (it was); ***er ist Sänger, und ~ Bariton*** he's a singer - a baritone; he's a singer, that's to say a baritone.

Zweck *m* purpose; (*Ziel*) object, aim; (*Sinn*) point, use; ***s-n ~ erfüllen*** serve its purpose, *Gerät etc.*: *a.* F do its job; ***s-n ~ verfehlen*** defeat its purpose; ***e-n ~ verfolgen*** pursue an object; ***für friedliche ~e*** for peaceful purposes; ***Räume für gewerbliche ~e*** rooms for commercial use; ***dem ~ entsprechende Kleidung*** *etc.* suitable clothing *etc.*; ***Geld für wohltätige ~e spenden*** donate money to charity; ***für e-n guten ~ spenden*** give to a good cause; ***zum ~e*** *gen.* (*od.* ***zu*** *inf.*) with a view to *s.th. od. ger.*, with the object of *ger.*; ***zu diesem ~e*** to this end; ***zu welchem ~e?*** what (...) for?; ***was für e-n ~ soll es haben zu*** *inf.?* what's the point (*od.* use) of *ger.?*; F ***das ist (gerade) der ~ der Übung*** that's the whole point, that's the whole object (*od.* point) of the exercise; ***es hat keinen ~*** there's no point (***zu*** *inf.* in *ger.*), it's no use (*ger.*); ***das wird wenig ~ haben*** that won't do (*od.* be) much good, that won't be any use; ***was hat das alles für e-n ~?*** what's the point (of it all)?; ***Mittel zum ~*** a means to an end; ***der ~ heiligt die Mittel*** the end justifies the means; **~bau** *m* △ functional building.

zweckbestimmt *adj.* **1.** *Gebäude etc.*: functional; **2.** *Gelder*: earmarked; **~bestimmung** *f von Geldern*: appropriation *of funds.*

zweckbetont *adj.* **1.** functional; **2.** (*nützlich*) utilitarian.

Zweck|bindung *f* project tying; *im Budget*: earmarking; **~bündnis** *n pol. etc.* marriage of convenience; **~denken** *n* pragmatism.

zweckdienlich *adj.* **1.** useful, expedient; **2.** (*relevant*) relevant; ***~e Hinweise*** *im Kriminalfall*: any information that might help the police with their enquiries (*od.* inquiries); **Zweckdienlichkeit** *f* **1.** expediency; **2.** (*Relevanz*) relevance, pertinence.

zweckentfremden *v/t.* use for a purpose not intended; (*a. Gelder*) misappropriate; **zweckentfremdet** *adj.* misappropriated.

zweckentsprechend *adj.* appropriate, suitable (to its *od.* their purpose).

Zweckforschung *f* applied research.

zweckfrei *adj.*: ***~e Forschung*** pure research.

zweckgebunden *adj. Gelder*: earmarked.

zwecklos *adj.* useless, pointless, *pred. a.* no use; ***es ist ~ zu*** *inf.* it's pointless *etc. ger.*, there's no point in *ger.*; ***geschieden*** *etc.* ~ *Anzeige*: no divorcees *etc.* need apply.

zweckmäßig *adj.* suitable; (*praktisch*) practical; ⚙ functional; (*wirksam*) effective; (*ratsam*) advisable; (*klug*) expedient; **Zweckmäßigkeit** *f* suitability; practicality; functional nature (*gen.* of); effectivity, effectiveness; advisability.

Zweck|optimismus *m* calculated optimism; **~pessimismus** *m* calculated pessimism.

zwecks *prp.* for the purpose of (*ger.*), with a view to (*ger.*).

Zweck|sparen *n* target (*od.* special-purpose) saving; **~vermögen** *n* special-purpose fund.

zweckvoll *adj.* → ***zweckmäßig.***

zweckwidrig *adj.* inappropriate; ***~e Verwendung von Geldern*** misappropriation of funds.

zwei I. *adj.* two; ***wir ~*** the two of us, you and I (*od.* me); ***dazu gehören ~*** it takes two, you need two people (for that); ***zu ~en hintereinander*** two by two, in twos; ***für ~ essen (trinken)*** eat (drink) for two; ***für ~ arbeiten*** do the work of two; **II.** 2 *f* two; (*Note*) *etwa* B; (*Buslinie etc.*) (number) two; ***e-e ~ schreiben*** get a B.

Zweiachser *m mot.* two-axle(d) car (*od.* vehicle *etc.*).

zweiarmig *adj.* two-armed.

zweiatomig *adj.* diatomic.

zweiäugig *adj.* **1.** two-eyed; **2.** *phot.* ***~e Spiegelreflexkamera*** twin-lens reflex camera.

zweibändig *adj.* two-volume ..., in two volumes.

Zweibeiner *m hum.* biped; **zweibeinig** *adj.* two-legged.

Zweibettzimmer *n* twin-bedded room, F twin.

zweiblätt(e)rig *adj.* ⚘ two-leafed, two-leaved, two-leaf ...

zweideutig *adj.* ambiguous, equivocal; (*anzüglich*) suggestive, *Witz*: off-colo(u)r; **Zweideutigkeit** *f* **1.** ambiguity, equivocal nature (*gen.* of); suggestiveness; → ***zweideutig***; **2.** (*Bemerkung*) suggestive remark, double entendre.

zweidimensional *adj.* two-dimensional.

Zweidrittelmehrheit *f* two-thirds majority.

zweieiig *adj.* binovular; ***~e Zwillinge*** nonidentical (*od.* fraternal) twins; ***sie sind ~e Zwillinge*** *mst* they're not identical twins.

Zweier *m* **1.** *Rudern*: pair, two(-seater); **2.** → ***Zwei***; **~beziehung** *f* partnership; relationship (between two people); **~bob** *m* two-man bob.

zweierlei *adj.* two (different) kinds of; *substantivisch*: two things; ***das ist ~*** they're two completely different things; ***mit ~ Maß messen*** apply double standards.

Zweiertakt *m* duple time.

zweifach *adj.* double; ***die ~e Menge*** double the amount; ***~er Sieger*** two-time winner (*od.* champion); ***in ~er Ausfertigung*** in duplicate.

Zweifamilienhaus *n* two-family (*Am.* duplex) house.

Zweifarbendruck *m* two-colo(u)r printing (*konkret*: print).

zweifarbig *adj.* two-tone.

Zweifel *m* doubt; (*Ungewißheit*) uncertainty; ***berechtigter ~*** reasonable doubt; ***große ~*** grave doubts; ***außer ~*** beyond doubt; ***ohne ~*** without (a) doubt, undoubtedly; ***im ~ sein*** be doubtful, have one's doubts (***über*** about); ***ich bin im ~, ob ich gehen soll*** I'm in two minds as to whether I should go or not; ***es besteht kein ~ darüber, daß*** there's absolutely no doubt (*od.* question) that; ***ich habe nicht den geringsten ~, daß*** I have no doubt whatsoever that; ***ich habe da m-e ~*** I have my doubts, I'm not so sure; ***keinen ~ daran lassen, daß*** make it quite plain that, leave no room for doubt that; ***in ~ ziehen*** (call into) question, throw (*od.* call) into doubt; ***~ äußern an*** voice one's doubts about; ***et. außer ~ stellen*** remove all trace of doubt from; ***j-n über et. im ~ lassen*** leave s.o. in doubt as to s.th. (*od.* wondering about s.th.); ***~ an sich selbst haben*** have lost faith in oneself; ***mir kommen ~*** I'm beginning to have my doubts; → ***geplagt.***

Zweifelderwirtschaft *f* ⚒ two-crop rotation.

zweifelhaft *adj.* doubtful, *stärker*: dubious; (*fraglich, fragwürdig, verdächtig*) *a.* questionable; ***es ist ~, ob*** it's doubtful (*od.* uncertain) whether; ***~e Geschäfte*** dubious (*od.* shady) transactions; ***ein ~es Vergnügen*** a doubtful (*od.* dubious) pleasure; ***von ~em Wert*** of debatable merit; ***es erscheint kaum ~, daß*** there seems little doubt that.

zweifellos *adv.* undoubtedly, without (a) doubt; ***das ist ~ richtig*** I'm sure that's right, *stärker*: there's no doubt about that.

zweifeln *v/i.*: ~ ***an*** doubt *s.o. od. s.th.*, have one's doubts about *s.o. od. s.th.*, (*in Zweifel ziehen*) question *s.th.*; ***~, ob*** be uncertain *od.* unsure (as to) whether, doubt whether, have one's doubts as to whether; ***daran ist nicht zu ~*** there's no doubt about that (*od.* doubting that); ***an sich selbst ~*** have lost faith in oneself; ***du darfst nicht an dir selbst ~*** you mustn't lose faith in yourself, you've got to believe in yourself.

Zweifelsfall *m*: ***im ~*** if there's any doubt, if you're *etc.* not sure, *formell*: in case of doubt, F (*falls notwendig*) if necessary; ***im ~ sollte man lieber vorsichtig sein*** it's better to err on the side of caution.

zweifelsfrei I. *adj.* free of doubt, absolutely certain; ***ein ~er Beweis*** unequivocal (*od.* unimpeachable) evidence; ***die ~e Ursache*** the undoubted cause; **II.** *adv.*: ***~ feststellen (beweisen)*** ascertain (prove) beyond doubt.

zweifelsohne *adv.* → ***zweifellos.***

zweiflammig *adj.* two-flame ...

Zweifler *m* doubter, sceptic, *Am.* skeptic; **zweiflerisch** *adj.* sceptical, *Am.* skeptical, doubting ...

zweiflügelig *adj.* **1.** *Insekt*: two-winged; *formell*: dipterous; **2.** ***~e Tür*** double door; **Zweiflügler** *m zo.* dipteron.

Zweifrontenkrieg *m* war on two fronts.

Zweig *m* branch; *kleiner*: twig; *fig.* branch; *Schule etc.*: section, department; → ***grün*** I.

zweigeschlechtig *adj.* bisexual.

Zweigespann *n* **1.** carriage and pair; **2.** F *von Personen*: twosome, duo.

zweigeteilt *adj.* **1.** bipartite; **2.** (*gespalten*) divided, split.

Zweiggeschäft *n* branch.

zweigleisig I. *adj.* **1.** double-track ..., *pred.* double-tracked; **2.** *fig.* two-track ..., twin-track ...; **II.** *adv.*: *fig.* ***~ fahren*** leave both one's options open, F hedge one's bets.

Zweig|linie *f* 🚂 branch line; **~niederlassung** *f* subsidiary, branch.

Zweigstelle *f* branch (office); **Zweigstellenleiter** *m* branch manager.

zweihändig I. *adj.* two-handed; *Musikstück*: for two hands; **II.** *adv.* with both hands.

Zweiheit *f* duality.

zweihöckerig *adj.* two-humped *camel.*

zweihundert *adj.* two hundred.

Zweihundertjahrfeier *f* bicentenary, *bsd. Am.* bicentennial.

zweijährig *adj.* **1.** two-year-old ...; **2.** (*zwei Jahre dauernd*) two-year ...; ***ein ~es ... a.*** two years of ...; **Zweijährige(r** *m*) *f* two-year-old.
zweijährlich I. *adj.* two-yearly, occurring every two years, biennial; **II.** *adv.* every two years, biennially.
Zweikammersystem *n parl.* bicameral system.
Zweikampf *m* duel; ***e-n ~ gewinnen*** *Fußball*: win a tackle.
Zweikanalton *m TV* stereo sound; ***mit ~ a.*** with bilingual facility, with two language channels.
zweikarätig *adj.* two-carat ...
Zweiklassengesellschaft *f* two-tier society.
zweiköpfig *adj.* **1.** two-headed; **2.** *family etc.* of two.
Zweikreisbremse *f mot.* dual-circuit brake.
zweilagig *adj.* two-ply.
Zweiliterflasche *f* two-lit|re (*Am.* -er) bottle.
Zweimächteabkommen *n* bilateral agreement.
zweimal *adv.* twice; ***~ am Tag*** twice a day, twice daily; ***~ die Woche*** twice a week; ***~ so groß wie*** twice as big as, twice the size of; ***es sich ~ überlegen*** think twice (before doing it); ***ich hab's mir nicht ~ sagen lassen*** I didn't wait to be told (*od.* asked) twice; **zweimalig** *adj.*: ***nach ~er Wiederholung*** after repeating it twice, after two repetitions (*Sendung etc.*: repeats); ***nach ~em Klingeln*** after I *etc.* had rung twice; ***nach ~em Versuch*** after two attempts, after the second attempt; ***erst nach ~er Aufforderung machte er es*** he had to be asked twice before he did it.
Zweimarkstück *n* two-mark piece.
Zweimaster *m* ⚓ two-master.
zweimonatig *adj.* **1.** two-month ...; ***nach e-m ~en Auslandsaufenthalt*** after two months (*od.* a two-month stay) abroad; **2.** two-month-old *baby etc.*; **zweimonatlich I.** *adj.* bimonthly ...; **II.** *adv.* bimonthly, every two months, every other month.
zweimotorig *adj.* twin-engined.
Zweiparteien... *in Zssgn* bipartisan, two-party; **~system** *n pol.* two-party system.
Zweiphasen... *in Zssgn*, **zweiphasig** *adj.* two-phase.
zweipolig *adj.* two-pole ...; *Stecker*: two-pin ...
Zweipunktgurt *m mot.* two-point belt.
Zweirad *n* two-wheeled vehicle; **zweiräd(e)rig** *adj.* two-wheeled.
Zweireiher *m* double-breasted jacket *etc.*; **zweireihig** *adj.* two-rowed; *Anzug etc.*: double-breasted.
Zweisamkeit *lit. f* togetherness.
zweischläfrig *adj.*: ***~es Bett*** double bed.
zweischneidig *adj.* double-edged, two-edged (*beide a. fig. Schwert*); *fig.* ***das ist so e-e ~e Sache*** it cuts both ways, it's a tricky business.
zweiseitig I. *adj.* **1.** two-sided, *a. Fotokopie*: double-sided; **2.** *Brief, Artikel etc.*: two-page ..., two pages long; ***~e Anzeige*** double(-page) spread; **3.** *pol. Vertrag, Gespräche etc.*: bilateral; **4.** *Stoff*: reversible; **II.** *adv.*: ***~ beschriftet*** (***bedruckt*** *etc.*) written (printed *etc.*) on both sides *od.* on either side.
zweisilbig *adj.* two-syllable ..., disyllabic; ***~es Wort*** *a.* disyllable.
Zweisitzer *m mot.* two-seater (*a.* ✈); *offener*: roadster; *geschlossener*: coupé.
zweispaltig I. *adj.* two-column ..., two-columned; **II.** *adv.*: ***~ gedruckt*** (printed) in two columns.
zweisprachig I. *adj.* bilingual; *Schriftstück*: in two languages; **II.** *adv.*: ***~ aufwachsen*** grow up bilingually (*od.* speaking two languages); **Zweisprachigkeit** *f* bilingualism.
zweispurig *adj.* **1.** *Fahrbahn*: two-lane ...; **2.** 🚂 double-track ..., *pred.* double-tracked; **3.** *Tonband*: two-track ...; ***es ist ~*** it's a two-track.
Zweistärkenbrille *f*: (***e-e ~*** a pair of) bifocals *pl.*
zweistellig *adj. Zahl*: two-digit ...; ***~e Inflation*** *a.* double-digit inflation.
Zweisterne|hotel *n* two-star hotel; **~restaurant** *n etwa* three-star restaurant.
zweistimmig *adj.* for (*od.* in) two voices, two-part ...
zweistöckig *adj.* two-stor(e)y ...; ***~es Bett*** bunk bed.
zweistrahlig *adj.* ✈ twin-jet ...
Zweistufen|plan *m* two-stage plan; **~rakete** *f* two-stage rocket (*od.* missile).
zweistufig *adj.* two-stage ...
zweistündig *adj.* two-hour(-long) ...
zweit I. *adj.* second; ***~es Kapitel*** chapter two; ***am ~en Juli*** on the second of July, on July the second; ***2. Juli*** 2nd July, July 2(nd); ***2es Deutsches Fernsehen*** Second Channel of German Television (*abbr.* ***ZDF***); ***jeder ~e*** every other person; ***ein ~er Napoleon*** another Napoleon; → ***Geige, Hand*** *etc.*; **II.** *adv.*: ***zu ~*** (*paarweise*) in twos, in pairs; ***wir waren zu ~*** there were two of us; ***wir gingen zu ~ hin*** a) two of us went there, b) both of us went there, we both went there (together).
zweitägig *adj.* **1.** two-day(-long) ...; **2.** (*zwei Tage alt*) two-day-old ...
Zweitakter *m*, **Zweitaktmotor** *m* two-stroke engine.
zweitältest *adj.* second oldest; *in der Familie*: *a.* second eldest.
zweitausend *adj.* two thousand; **Zweitausender** *m* two-thousand met|re (*Am.* -er) peak.
Zweit|ausfertigung *f* duplicate; **~beruf** *m* second career.
zweitbest *adj.* second-best; **Zweitbeste(r)** *m* → ***Zweite(r)***.
Zweite(r) *m* (the) second; ***er war Zweiter*** he was (*od.* came) second; ***Richard II.*** Richard II (= Richard the Second); ***heute ist der Zweite*** it's the second today; ***wie kein zweiter*** like nobody else.
Zweitehe *f* second marriage.
Zweiteiler *m* two-piece; (*Film*) two-part film, film in two parts; **zweiteilig** *adj.* two-part ..., in two parts; *Anzug etc.*: two-piece *suit etc.*; **Zweiteilung** *f* division.
Zweite(r)-Klasse|-Abteil *n* second-class compartment; **~-Wagen** *m* second-class carriage (*od.* car).
zweitens *adv.* secondly, two, in second place.
zweitgrößt *adj.* second largest.
zweithöchst *adj.* second highest (*od.* tallest).
zweitklassig *adj.* second-class; *contp.* second-rate; *Sport*: second-division ...
zweitlängst *adj.* second longest.
Zweitlautsprecher *m* external (loud-)speaker.
zweitletzt *adj.* last but one, second to last, *formell*: penultimate.
zweitrangig *adj.* of secondary importance, secondary; *contp.* (*zweitklassig*) second-rate.
Zweit|schlüssel *m* spare key; **~schrift** *f* copy, duplicate; **~stimme** *f pol.* second vote; **~studium** *n* second degree; ***ein ~ machen*** *a.* take another degree; **~wagen** *m* second car; **~wohnung** *f* second home; *kleine, mst in der Stadt*: pied-à-terre; *auf dem Land*: *mst* weekend flat (*Am.* apartment).
Zweiunddreißigstel|-Note *f* ♪ demisemiquaver, *Am.* thirty-second note; **~-Pause** *f* demisemiquaver (*Am.* thirty-second-note) rest.
Zweivierteltakt *m*: ♪ (***im ~*** in) two-four time.
Zweiweg|box F *f* (*Lautsprecher*) two-way speaker; **~lautsprecher** *m* two-way (loud)speaker.
zweiwertig *adj.* ⚗ bivalent; ***~es Element*** dyad.
zweiwöchentlich I. *adj.* two-weekly, *bsd. Brit.* fortnightly; **II.** *adv.* every two weeks, *bsd. Brit.* fortnightly; **zweiwöchig** *adj.* **1.** two-week ...; **2.** (*zwei Wochen alt*) two-week-old ...
Zweizeiler *m* distich; *gereimt*: couplet; **zweizeilig I.** *adj.* two-line ...; **II.** *adv.*: ***~ geschrieben*** double-spaced.
Zweizimmerwohnung *f* one-bedroom flat (*Am.* apartment).
Zweizylinder F *m* (*Auto*) two-cylinder (car); (*Motor*) two-cylinder engine.
Zwerchfell *n* diaphragm; **~atmung** *f* abdominal (*od.* diaphragmatic) breathing; **2erschütternd** *adj.* sidesplitting.
Zwerg *m* **1.** dwarf; gnome; **2.** (*kleiner Mensch*) dwarf, midget; **zwergenhaft** *adj.* dwarfish, dwarf-like; diminutive; **Zwerggalerie** *f* △ dwarf gallery; **Zwerghuhn** *n* bantam; **Zwerghund** *m* miniature dog.
Zwergin *f* → ***Zwerg*** 2.
Zwerg|kaninchen *n* pygmy rabbit; **~kiefer** *f* dwarf pine; **~maus** *f* harvest mouse; **~palme** *f* dwarf palm; **~schule** *f* one-classroom school; **~staat** *m* miniature (F tiny) state; **~tanne** *f* dwarf conifer; **~volk** *n* pygmy tribe; **~wuchs** *m* dwarfism, 🕮 nanism.
Zwetsch(g)e *f* plum.
Zwetsch(g)en|baum *m* plum tree; **~schnaps** *m*, **~wasser** *n* plum brandy.
Zwickel *m* **1.** *Schneiderei*: gusset; **2.** △ spandrel; **3.** F (*Zweimarkstück*) two-mark piece.
zwicken *v/t. u. v/i.* pinch; (*weh tun*) hurt; ***das Hemd zwickt mich*** my shirt is pinching me; ***mein Bauch zwickt*** (***mich***) I've got a griping pain in my stomach; ***die Gicht zwickt ihn*** he's feeling twinges of gout; ***sein Gewissen zwickt ihn*** his conscience is pricking him; **Zwicker** *m opt.* pince-nez; **Zwickmühle** *f* **1.** *fig.* F catch-22 situation; ***in e-r ~ sein*** *a.* be in a quandary (F fix); **2.** *Mühlespiel*: double row.
Zwieback *m* rusk, *bsd. Am.* zwieback.
Zwiebel *f* onion; (*Blumen2*) bulb; **~kuppel** *f* onion dome; **~muster** *n* blue onion pattern; **~ring** *m* onion ring; **~schale** *f*

onion skin; **~suppe** *f* onion soup; **~turm** *m* onion tower.

Zwiegespräch *n* dialog(ue).

Zwielicht *n* twilight; *fig.* ***ins ~ geraten*** lay o.s. open to suspicion; **zwielichtig** *fig. adj.* dubious, shady; *Unternehmen*: *a.* backstreet *affair*; ***~e Gestalt*** shady character.

Zwiespalt *m* conflict; (*Polarität*) dichotomy; *zwischen Menschen, innerhalb e-r Partei etc.*: rift; ***im ~*** (*Dilemma*) ***sein*** be in a cleft stick; ***in e-n ~ geraten*** F get o.s. into a fix; ***im ~ mit sich selbst sein*** be in conflict (*od.* at odds) with o.s.; **zwiespältig** *adj.* mixed, *stärker*: conflicting; ***mein Eindruck war ~*** I had (*od.* I came away with) mixed impressions; ***er ist ein ~er Mensch*** he has a conflicting personality.

Zwiesprache *f* dialog(ue); *fig.* ***~ halten mit*** commune with.

Zwietracht *f* discord; divisiveness; ***~ säen*** sow the seeds of discord; ***in ~ leben mit*** be at variance (*od.* odds) with; ***es herrscht ~ zwischen ihnen*** they're at loggerheads, *iro.* they're not on the best of terms.

Zwille *f* catapult, *Am.* slingshot.

Zwillich *m* drill.

Zwilling *m* **1.** twin; **2.** *pl.* (*Sternzeichen*) Gemini; **(*ein*) *~ sein*** be (a) Gemini; **3.** (*Gewehr*) double-barrel(l)ed gun.

Zwillings|bruder *m* twin brother; **~geschwister** *pl.* twins; twin brothers (*od.* sisters); ***die ~ X*** the X twins; *a.* the X brothers (*od.* sisters); **~paar** *n* pair of twins; **~reifen** *pl. mot.* double tyres (*Am.* tires); **~schwester** *f* twin sister.

Zwingburg *f hist.* stronghold, citadel.

Zwinge *f* (*Stock≈*) ferrule; ⚙ clamp.

zwingen I. *v/t.* **1.** force (***zu*** *inf.* to *inf.*, into *ger.*); ***j-n ~, et. zu tun*** *a.* make s.o. do s.th., *durch psychischen Druck*: coerce s.o. into doing s.th.; ***j-n gegen die Wand*** (***auf den Boden***) ***~*** force s.o. against the wall (force s.o. to lie down on the floor *od.* ground); ***j-n zum Reden ~*** force s.o. to speak, F loosen s.o.'s tongue; ***manche Leute muß man zu ihrem Glück ~*** some people don't know what's good for them; ***das Glück läßt sich nicht ~*** you can't force happiness; ***das läßt sich nicht ~*** you can't force it; ***ich lass' mich nicht ~*** I won't be forced (*od.* coerced); ***das zwingt mich zu der Annahme, daß*** I'm forced to conclude that; → ***gezwungen***; **2.** F (*Arbeit, Essen*) manage; **II.** *v/i.*: ***~ zu*** demand, necessitate; ***die Lage zwingt zu drastischen Maßnahmen*** the situation demands (*od.* necessitates) drastic measures; **III.** *v/refl.*: ***sich ~*** force o.s.; ***sich zur Höflichkeit*** *etc.* ***~*** force o.s. to be polite *etc.*; ***sich zur Ruhe ~*** force o.s. to relax; ***sich zu lächeln ~*** force a smile; **zwingend** *adj. Grund*: compelling; *Logik*: *a.* inescapable; *Notwendigkeit*: absolute, urgent; *Argument, Beweis*: cogent, compelling, conclusive; ***ein ~er Beweis*** compelling (*od.* conclusive, unimpeachable) evidence; ***mit e-r ~en Logik*** with compelling logic.

Zwinger *m* **1.** *e-r Burg*: ward; **2.** (*Hunde≈*) kennel.

zwinkern *v/i.* (*a.* ***mit den Augen ~***) blink; *zum Zeichen*: wink.

zwirbeln *v/t.* twist, F twiddle.

Zwirn *m* twine, twist; **Zwirnsfaden** *m* thread; → *a.* ***Faden.***

zwischen *prp. a. zeitlich u. fig.*: between; (*mitten unter*) among; ***~ ihnen herrscht Streit*** they've fallen out; ***~ ihnen wird es nie zur Einigung kommen*** they'll never come to an agreement.

Zwischenabrechnung *f* † preliminary billing.

Zwischenakt *m thea.* intermission; **~musik** *f* interlude.

Zwischen|applaus *m* spontaneous applause; **~aufenthalt** *m* stop(over); **~ausweis** *m* † interim return; **~bemerkung** *f* interjection; (*Unterbrechung*) interruption; **~bericht** *m* interim report; **~bescheid** *m* provisional reply; **~bilanz** *f* interim balance (sheet); *fig. pol.* mid-term review; *fig.* ***e-e ~ ziehen*** take stock in between; **~blatt** *n* interleaf; **~blutung** *f a. pl.* irregular bleeding, *leichte*: spotting; **~deck** *n*: ***im ~*** between decks; **~decke** *f* false ceiling; **~ding** *n* something in between; ***es ist ein ~*** *a.* it's a bit of both.

zwischendrin *adv.* **1.** in between; (*mittendrin*) (right) in the middle; **2.** *zeitlich*: in between; (*gelegentlich*) now and then.

zwischendurch *adv.* in between; (*inzwischen*) in the meantime; (*gelegentlich*) now and then; (*hier und dort*) here and there.

Zwischen|eiszeit *f* interglacial period; **~ergebnis** *n* provisional result; *Sport*: latest results *pl.* (*bei Mannschaftsspiel*: score); **~fall** *m* incident; ***ohne Zwischenfälle*** (*reibungslos*) without a hitch; ***ohne Zwischenfälle verlaufen*** *Demonstration*: pass off peacefully (*od.* without incident); → ***blutig*** 2; **~finanzierung** *f* bridging; interim financing; **~frage** *f* (interpolated) question; *parl. a.* interruption, interpolation; ***darf ich e-e ~ stellen?*** may I throw in a quick question?; **~futter** *n* interlining; **~gas** *n*: *mot.* ***~ geben*** double-clutch; **~gericht** *n gastr.* entrée; **~geschoß** *n* mezzanine (floor); **~glied** *n* link; **~größe** *f* intermediate size; **~handel** *m* intermediate trade; (*Großhandel*) wholesale trade; **~händler** *m* middleman, intermediary; **~hirn** *n* diencephalon; **~hoch** *n meteor.* ridge of high pressure; **~kieferknochen** *m* intermaxillary (bone); **~kredit** *m* interim loan; **~lager** *n* intermediate store; *für Giftstoffe etc.*: intermediate storage site; **~lagerung** *f* intermediate storage.

zwischenlanden *v/i.* stop over, make a stopover; (*notlanden*) make an emergency landing (*od.* stopover); **Zwischenlandung** *f* stopover; ***~ zum Auftanken*** refuel(l)ing stop; ***ohne ~*** nonstop.

Zwischen|lauf *m Sport*: intermediate heat; **~lösung** *f* interim solution; **~mahlzeit** *f* snack (between meals); ***ich muß aufhören mit diesen ~en*** I must stop eating (things) between meals; **≈menschlich** *adj.* interpersonal, interhuman; ***~e Beziehungen*** *a.* human relations; ***im ~en Bereich*** where human relations are concerned; **~pause** *f* break; *thea. etc.* interval, *Am.* intermission; **~produkt** *n* intermediate product; **~prüfung** *f* intermediate exam(ination); **~raum** *m* **1.** space (in between); (*Lücke*) gap, *formell*: interstice; (*Zeilenabstand*) spacing; (*Spielraum*) clearance; **2.** *zeitlich*: interval; **~rechnung** *f* interim bill; **~regelung** *f* interim ruling; **~ring** *m* **1.** *phot.* adapter; *für Nahaufnahmen*: extension tube; **2.** ⚙ rubber insert; **~ruf** *m* (loud) interruption; *pl.* heckling *sg.*; ***durch ~e unterbrechen*** heckle; **~rufer** *m* heckler; **~runde** *f* intermediate round; **~saison** *f* in-between season.

zwischenschalten *v/t.* ⚡, ⚙ interpose; interconnect; **Zwischenschaltung** *f* ⚡, ⚙ interposition.

Zwischen|sohle *f* midsole; **~speicherung** *f Computer*: intermediate storage; **~spiel** *n thea.*, ♪ interlude; **~spurt** *m Sport*: (sudden) spurt; ***e-n ~ einschalten*** put in a burst of speed; **≈staatlich** *adj.* international; intergovernmental; (*zwischen Bundesstaaten*) interstate ...; **~stadium** *n* intermediate stage; **~station** *f* stop (*a. Ort*), stopover; ***~ machen in*** stop over in, make a stop in; **~stecker** *m* ⚡ adapter (plug); **~stock** *m* mezzanine (floor); **~stück** *n* connecting piece; ⚡ adapter; **~stufe** *f e-r Entwicklung etc.*: intermediate stage; **~summe** *f* subtotal; **~teil** *n* connecting piece; **~text** *m Film*: inserted caption(s *pl.*); **~tief** *n meteor.* ridge of low pressure; **~ton** *m* **1.** (*Farbe*) (intermediate) shade; **2.** *fig.* overtone; nuance.

Zwischenträger *m* informant, F telltale; **Zwischenträgerei** *f* informing, F taletelling.

Zwischen|tür *f* interconnecting door; **~urteil** *n* interlocutory judg(e)ment; **~vertrag** *m* provisional agreement; **~wand** *f* dividing wall; *bewegliche*: partition; **~wert** *m* intermediate value; **~wirt** *m biol.* intermediate host.

Zwischenzeit *f* **1.** interim, intervening (*od.* interim) period; ***in der ~*** in the meantime, meanwhile, in the interim; **2.** *Sport*: intermediate time; **zwischenzeitlich** *adv.* in the meantime, meanwhile.

Zwischenzeugnis *n ped.* intermediate report; *vom Arbeitgeber*: intermediate reference.

Zwist *m* quarrel, dispute; *zwischen Familien etc.*: *a.* feud; **Zwistigkeiten** *pl.* **1.** discord *sg.*; **2.** → ***Zwist.***

zwitschern *v/i. u. v/t.* twitter, chirp; F ***e-n ~*** (*trinken*) F knock one back, *schnell*: F have a quick one.

Zwitter *m* **1.** hermaphrodite (*a.* ❀); **2.** *fig.* (*~ding*) hybrid, cross between a(n) ... and a(n) ...; **zwitterhaft** *adj.* hermaphroditic; **Zwitterhaftigkeit** *f* hermaphroditism; **Zwitterwesen** *n* **1.** hermaphrodite; **2.** hermaphroditism.

zwo *adj.* → ***zwei.***

zwölf I. *adj.* twelve; ***um ~*** (***Uhr***) at twelve (o'clock), *mittags*: *a.* at noon, *nachts*: *a.* at midnight; *fig.* ***fünf Minuten vor ~*** at the eleventh hour; ***es ist fünf Minuten vor ~*** it's the eleventh hour; **II. ≈** *f* twelve; (*Buslinie etc.*) (number) twelve.

Zwölffingerdarm *m* duodenum; **Zwölffingerdarmgeschwür** *n* duodenal ulcer.

Zwölfkampf *m* twelve events *pl.* (competition); **Zwölfkämpfer** *m* dodecathlon athlete.

Zwölfmeilenzone *f* twelve-mile zone.

zwölft *adj.* twelfth; **Zwölftel** *n* twelfth (part).

Zwölfton|musik *f* twelve-tone music; **~technik** *f* twelve-tone technique, dodecaphony.

Zwölfzylinder *m* (*Auto*) twelve-cylinder (car); (*Motor*) twelve-cylinder engine.
Zyanid *n* cyanide.
Zyankali *n* potassium cyanide.
zyklisch *adj.* cyclic(ally *adv.*).
Zyklon *m*, **Zyklone** *f meteor.* cyclone.
Zyklop *m* Cyclops; **Zyklopenmauer** *f* ⚠ cyclopean masonry (*od.* wall).
Zyklotron *n* cyclotron.
Zyklus *m* cycle (*a.* ♪, *Literatur u. Menstruations*♀); *von Vorträgen etc.*: series; ***der ~ der Jahreszeiten*** the revolving seasons, the seasonal cycle.
Zylinder *m* **1.** ⚒, ⚙, *a. mot.* cylinder; (*Lampen*♀) chimney; **2.** (*Hut*) top hat; **~block** *m* cylinder block; **~kolben** *m* cylinder piston.
Zylinderkopf *m* cylinder head; **~dichtung** *f* cylinder-head gasket.
Zylinderschloß *n* cylinder lock.
zylindrisch *adj.* cylindrical.
Zyniker *m* cynic; ***alter ~*** arch-cynic; **zynisch** *adj.* cynical; **Zynismus** *m* cynicism.
Zypresse *f* cypress.
Zypriot(in *f*) *m*, **zypriotisch** *adj.* Cypriot.
Zyste *f* cyst.
Zytologe *m* cytologist; **Zytologie** *f* cytology; **zytologisch** *adj.* cytological.

Anhänge

Deutsche Abkürzungen
German Abbreviations

A

A ***Ampere*** ampere(s *pl.*) (A)
a ***Ar*** are (a)
AA *das* ***Auswärtige Amt*** foreign ministry
a. a. O. ***am angegebenen*** *od.* ***angeführten Ort*** in the place cited (loc. cit.)
Abb. ***Abbildung*** illustration (fig.)
abds. ***abends*** in the evening
Abf. ***Abfahrt*** departure (dep.)
Abg. ***Abgeordnete(r)*** member of parliament
Abk. ***Abkürzung*** abbreviation (abbr.)
ABM ***Arbeitsbeschaffungsmaßnahme(n)*** job creation scheme
ABS ***Antiblockiersystem*** anti-lock (*od.* anti-skid) braking system
Abs. ***Absatz*** paragraph (para., par.), *typ.* break; ***Absender*** sender; return address
Abschn. ***Abschnitt*** section, paragraph (para., par.)
Abt. ***Abteilung*** department (dept, dpt)
abzgl. ***abzüglich*** less, minus
a. Chr. (n.) ***ante Christum (natum), vor Christus (vor Christi Geburt)*** before Christ (BC)
ACS ***Automobilclub der Schweiz*** Automobile Association of Switzerland
A. D. ***anno Domini, im Jahre des Herrn*** in the year of our Lord (AD)
a. D. ***außer Dienst*** retired (retd); ***an der Donau*** on the Danube
ADAC ***Allgemeiner Deutscher Automobil-Club*** General German Automobile Association
Add. ***Addenda, Ergänzungen*** addenda, supplements, additions
ADFC ***Allgemeiner Deutscher Fahrrad-Club*** General German Cyclists' Association
ad inf. ***ad infinitum, bis ins unendliche, unaufhörlich*** ad infinitum
ad l., ad lib(it). ***ad libitum, nach Belieben*** ad lib(itum)
Adr. ***Adresse*** address
AEG ***Allgemeine Elektrizitäts-Gesellschaft*** General Electric Company
AG ***Aktiengesellschaft*** public limited company (PLC, Plc, plc; Ltd), *Am.* (stock) corporation; ***Arbeitsgruppe*** study group
Agt. ***Agent*** agent; ***Agentur*** agency; agents *pl.*
Ah ***Amperestunde(n)*** ampere-hour(s *pl.*)
ahd. ***althochdeutsch*** Old High German (OHG)
Akad. ***Akademie*** academy, (*Fachschule*) *a.* college
akad. ***akademisch*** academic(al), university ...
Akk. ***Akkusativ*** accusative (case) (acc.)
Akt.-Nr. ***Aktennummer*** file number (file no.)
AKW ***Atomkraftwerk*** nuclear power station *od.* plant
akz. ***akzeptiert*** accepted; ✝ *a.* hono(u)red
al. ***alias, auch ... genannt*** alias, otherwise *od.* also known as (aka)
Alk. ***Alkohol*** alcohol (alc.)
allg. ***allgemein*** general(ly *adv.*)
allj. ***alljährlich*** annual(ly *adv.*), yearly
alph. ***alphabetisch*** alphabetical(ly *adv.*)
Alu ***Aluminium*** alumin(i)um
AM ***Amplitudenmodulation*** (*Frequenzbereich der Kurz-, Mittel- u. Langwellen*) amplitude modulation (AM)
a. M. ***am Main*** on the Main
am., amer(ik). ***amerikanisch*** American (Am.)
amtl. ***amtlich*** official(ly *adv.*)
Anal. ***Analogie*** analogy (anal.); ***Analyse*** analysis (anal.)
Änd. ***Änderung*** change; alteration
Angest. ***Angestellte(r)*** employee
angew. ***angewandt*** applied (appl.)
Anh. ***Anhang*** appendix
Ank. ***Ankunft*** arrival (arr.)
Anl. ***Anlage*** *im Brief*: enclosure (encl.)
anl. ***anläßlich*** on the occasion of
Anm. d. Red. ***Anmerkung der Redaktion*** editor's comment (Ed., ed.)
anschl. ***anschließend*** following (foll.), subsequent(ly *adv.*)
AOK ***Allgemeine Ortskrankenkasse*** compulsory health insurance scheme
ao. Prof., a. o. Prof. ***außerordentlicher Professor*** reader, senior lecturer, *Am.* associate professor
Apart. ***Apartment*** flatlet, one-room apartment, *Am.* efficiency apartment (apt.)
APO ***Außerparlamentarische Opposition*** extraparliamentary opposition
App. ***Apparat*** *teleph.* (*Nebenstelle*) extension (ext.)
appr. ***approbiert*** qualified, licenced, *Am.* licensed
Apr. ***April*** April (Apr., Apr)
Arb. ***Arbeit*** work; labo(u)r; ***Arbeiter*** worker, workman, labo(u)rer
Arbg. ***Arbeitgeber*** employer
Arbn. ***Arbeitnehmer*** employee
ARD ***Arbeitsgemeinschaft der öffentlich-rechtlichen Rundfunkanstalten der Bundesrepublik Deutschland*** working pool of the broadcasting corporations of the Federal Republic of Germany
Arge ***Arbeitsgemeinschaft*** work(ing) group; syndicate
a. Rh. ***am Rhein*** on the Rhine
Art. ***Artikel*** article, ✝ *a.* item, commodity
ärztl. ***ärztlich*** medical (med.); doctor's *certificate etc.*
Assist. ***Assistent(in)*** assistant (assnt); ***Assistenz*** assistence
Asta ***Allgemeiner Studentenausschuß*** general students' committee
ASU ***Abgassonderuntersuchung*** exhaust-emission test
A.T. ***Altes Testament*** Old Testament (OT)
atü ***Atmosphärenüberdruck*** atmospheric excess pressure (psi = pounds per square inch)
Aufl. ***Auflage*** edition (ed.)
Auftr.-Nr. ***Auftragsnummer*** order number
Aug. ***August*** August (Aug., Aug)
Ausg. ***Ausgabe*** (*Buch*) edition (ed.); (*Buchexemplar*) copy; ***Ausgang*** exit
ausgen. ***ausgenommen*** except (for); (*wenn nicht*) unless
ausgeschl. ***ausgeschlossen*** excluded, excluding ... (excl.)
ausschl. ***ausschließlich*** exclusive(ly *adv.*) (excl.), sole(ly *adv.*)
austr(al). ***australisch*** Australian (Aus.)
ausw. ***auswärtig*** (from) outside; in (from) another town; *a. pol.* foreign
auth. ***authentisch*** authentic(ally *adv.*), genuine
auton. ***autonom*** autonomous
Az. ***Aktenzeichen*** file number (file no.); *auf Brief*: reference (ref.)

B

B ***Bundesstraße*** major road, federal highway
b. ***bei*** at; *räumlich*: near (nr); *Adresse*: care of (c/o)
BAB ***Bundesautobahn*** autobahn; motorway, *Am.* highway
BAföG ***Bundesausbildungsförderungsgesetz*** student financial assistance scheme
Barz(ahl). ***Barzahlung*** cash payment
BAT ***Bundesangestelltentarif*** salary scale for public employees
Bauj. ***Baujahr*** construction year; (*Jahreszahl*) ... model
b. a. W. ***bis auf Widerruf*** until recalled *od.* revoked; until further notice

b. a. w. ***bis auf weiteres*** for the present, until further notice
BB ***Bundesbahn*** federal railway(s)
Bd. ***Band*** (*Buch*) volume (vol.); ***Bund*** (*Vereinigung*) union; association (assoc.)
Bde. ***Bände*** volumes (vols)
Bd.-Reg. ***Bundesregierung*** Federal Government (Fed. Govt)
bds. ***beiderseits*** on both sides
bef. ***befugt*** entitled, authorized (auth.)
Beg. ***Beginn*** start, commencement
Begl. ***Beglaubigung*** certification (cert.); ***Begleichung*** settlement, payment; ***Begleitung*** company (→ *Wörterverzeichnis*)
begl. ***beglaubigt*** certified (cert.); ***beglichen*** paid (pd)
beil. ***beiliegend*** enclosed (encl.)
Beisp. ***Beispiel*** example, instance
bek. ***bekannt*** known
belg. ***belgisch*** Belgian (Belg.)
Bem. ***Bemerkung*** remark, note, comment
Ber. ***Bericht*** report (rep.), account, commentary; ***Berichtigung*** correction (corr.)
bes. ***besonder*** special, particular (part.); ***besonders*** (e)specially (esp.), particularly (part.); above all
Besch. ***Bescheinigung*** certificate (cert.), (written) confirmation
Best. ***Bestellung*** order
Best.-Nr. ***Bestellnummer*** order number (ord. no.)
Betr. ***Betreff, betrifft*** *auf Briefkopf*: with reference to (Re, re, Re., re.)
betr. ***betreffend, betrifft, betreffs*** concerning, regarding, as to; ✝ *a.* re
beurl. ***beurlaubt*** on leave
Bev. ***Bevölkerung*** population (pop.)
bev(ollm). ***bevollmächtigt*** authorized (auth.)
Bez. ***Bezahlung*** pay(ment); ***Bezeichnung*** mark; (*Name*) name, term, designation (des.); ***Beziehung*** → *Wörterverzeichnis*; ***Bezirk*** district (dist.)
bez. ***bezahlt*** paid (pd); ***bezüglich*** regarding, concerning, with reference to; ✝ *a.* re
BF, bfr ***belgische(r) Franc(s)*** Belgian franc(s *pl.*) (BF, Bfr)
BGB ***Bürgerliches Gesetzbuch*** (German) Civil Code
Bge. ***Berge*** mountains (mtns)
BGH ***Bundesgerichtshof*** Federal High Court
BGS ***Bundesgrenzschutz*** Federal Border Guard
Bhf. ***Bahnhof*** station (sta., Sta.)
BI ***Bürgerinitiative*** citizens' (action) group, civic action group, civic action
Bib. ***Bibel*** Bible
bildl. ***bildlich*** pictorial, visual(ly *adv.*), graphic(ally *adv.*); *Ausdruck etc.*: figurative(ly *adv.*) (fig.)
biogr. ***biographisch*** biographical(ly *adv.*) (biog.)
biol. ***biologisch*** biological(ly *adv.*) (biol.); *Anbau*: organic(ally *adv.*) (org.)
Bj. ***Baujahr*** construction year; (*Jahreszahl*) ... model
BKB ***Benzinkostenbeteiligung*** *in Annonce*: share petrol (*Am.* gas) costs
BLZ ***Bankleitzahl*** bank code
BND ***Bundesnachrichtendienst*** Federal Intelligence Service
bot. ***botanisch*** botanic(al) (bot.)
BPA ***Bahnpostamt*** station post office
BP a. ***Bundespatent angemeldet*** Federal Patent pending
Bq ***Becquerel*** becquerel (Bq.)
BR ***Bayerischer Rundfunk*** Bavarian Broadcasting Corporation
Br. ***Breite*** width (W., w.)
bras. ***brasilianisch*** Brazilian (Braz.)
BRD ***Bundesrepublik Deutschland*** Federal Republic of Germany (FRG)
brit. ***britisch*** British (Brit.)
BRK ***Bayerisches Rotes Kreuz*** Bavarian Red Cross
BRT ***Bruttoregistertonne(n)*** gross register ton(s *pl.*) (GRT)
BRZ ***Bruttoraumzahl*** *etwa* gross register tonnage *od.* tons *pl.*
bsd. ***besonders*** (e)specially (esp.), particularly (part.); above all
BSE BSE, Rinderwahn(sinn) (*abbr. für* bovine spongiform encephalopathy)
BSP ***Bruttosozialprodukt*** gross national product (GNP)
bspw. ***beispielsweise*** for instance, for example (e.g.)
btto. ***brutto*** gross (gr.)
Btx, btx ***Bildschirmtext*** viewdata
bürg. ***bürgerlich*** civil (civ.); civic; middle-class; bourgeois
Bw. ***Bundeswehr*** (German federal) armed forces, Bundeswehr
b. w. ***bitte wenden*** please turn over (PTO, pto)
bwgl. ***beweglich*** movable, mobile; flexible; moving *parts*
BWL ***Betriebswirtschaftslehre*** business administration, business economics
BWV ***Bachwerkeverzeichnis*** (*der Werke von Johann Sebastian Bach*) *etwa* Bach Catalog(ue) (BWV)
bzgl. ***bezüglich*** regarding, concerning, with reference to; ✝ *a.* re
bzw. ***beziehungsweise*** respectively (resp.); or rather ...

C

C ***Celsius*** Celsius, centigrade (C)
c ***Cent(s)*** cent(s *pl.*) (c); ***Centime(s)*** centime(s *pl.*) (c)
ca. ***circa, ungefähr, etwa*** about, approximately (approx.), circa (c.)
calv. ***calvin(ist)isch*** Calvinist(ic)
cand. ***candidatus, Kandidat*** candidate (cand.)
ccm (*veraltet für* cm^3) ***Kubikzentimeter*** cubic centimet|re(s *pl.*), *Am.* -er(s *pl.*) (cc)
CD ***compact disc, CD*** compact disc (CD)
CDU ***Christlich-Demokratische Union*** Christian Democratic Union
cf. ***confer, vergleiche*** compare (cf., cp., comp.)
chem. ***chemisch*** chemical (chem.)
chir. ***chirurgisch*** surgical (surg.)
christl. ***christlich*** Christian (Chr.)
chron. ***chronisch*** chronic; ***chronologisch*** chronological (chron., chronol.)
cl ***Zentiliter*** centilit|re(s *pl.*), *Am.* -er(s *pl.*)
cm ***Zentimeter*** centimet|re(s *pl.*), *Am.* -er(s *pl.*)
cm^2 ***Quadratzentimeter*** square centimet|re(s *pl.*), *Am.* -er(s *pl.*) (sq.cm., cm^2)
cm^3 ***Kubikzentimeter*** cubic centimet|re(s *pl.*), *Am.* -er(s *pl.*) (cc, cm^3)
Co. ✝ *veraltet*: ***Compagnie, Kompanie*** company (Co., co.)
c/o ***care of, bei, per Adresse*** (c/o)
ços ***Kosinus*** cosine (cos)
CSFR *hist.* ***Tschechische und Slowakische Föderative Republik*** Czech and Slovak Federal Republic
ČSSR *hist.* ***Tschechoslowakische Sozialistische Republik*** Czechoslovak Socialist Republic
CSU ***Christlich-Soziale Union*** Christian Social Union (*of Bavaria*)
ct ***Cent(s)*** cent(s *pl.*) (ct, *pl.* cts); ***Centime(s)*** centime(s *pl.*) (ct, *pl.* cts)
c. t. ***cum tempore, mit akademischem Viertel*** quarter past the hour
CTA ***chemisch-technische Assistentin*** (chemical) laboratory assistant
CVJM ***Christlicher Verein Junger Menschen*** Young Men's Christian Association (YMCA); Young Women's Christian Association (YWCA)

D

D ***Durchgangszug, Schnellzug*** express (train), fast train
D. ***Deutschverzeichnis*** (*der Werke von Franz Schubert*) *etwa* Deutsch Catalog(ue) (D); ***Doktor der (protestantischen) Theologie*** Doctor of Divinity (DD)
d. Ä. ***der Ältere*** the Elder
DAAD ***Deutscher Akademischer Austauschdienst*** German Academic Exchange Service
DAG ***Deutsche Angestellten-Gewerkschaft*** Trade Union of German Employees
dän. ***dänisch*** Danish (Dan.)
dank. ***dankend*** with thanks; gratefully
Darst. ***Darsteller*** actor(s *pl.*), performer(s *pl.*); ***Darstellung*** description; account; presentation; representation; interpretation.
dass. ***dasselbe*** the same (thing)
DAT ***digital audio tape*** (*Tonbandcassette für Digitalaufnahmen mit DAT-Recordern*)
Dat. ***Dativ*** dative (case) (dat.); ***Datum*** date (d.)
DB ***Deutsche Bahn AG*** German Railways, Plc; ***Deutsche Bundesbank*** German Federal Bank
DBP(a) ***Deutsches Bundespatent (angemeldet)*** German Federal Patent (pending)
dch. ***durch*** through; by; via
ddp ***Deutscher Depeschendienst*** (*German press agency*)
DDR *hist.* ***Deutsche Demokratische Republik*** German Democratic Republic (GDR)
DDT ***Dichlordiphenyltrichloräthan*** dichlorodiphenyltrichloroethane (DDT)
d. E. ***durch Eilboten*** express, *Am.* (by) special delivery
demn. ***demnach*** (*deshalb*) thus, so, consequently, therefore; (*demgemäß*) according to that, accordingly; ***demnächst*** soon, before long
ders. ***derselbe*** the same
desgl. ***desgleichen*** likewise, the same; similarly
Det. ***Detail*** detail
Dez. ***Dezember*** December (Dec., Dec)
dez. ***dezimal*** decimal
DFB ***Deutscher Fußball-Bund*** German Football Association

DGB ***Deutscher Gewerkschaftsbund*** Federation of German Trade Unions
dgl. ***dergleichen*** such, like that; the like, such a thing; ***desgleichen*** → ***desgl.***
d. Gr. ***der*** *od.* ***die Große*** the Great
d. h. ***das heißt*** that is (i.e.)
Di. ***Dienstag*** Tuesday (Tue., Tue, Tues., Tues)
d. i. ***das ist*** that is (i.e.)
diag. ***diagonal*** diagonal(ly *adv.*)
Dial. ***Dialekt*** dialect (dial.); ***Dialektik*** dialectics (*sg. u. pl.*)
dienstl. ***dienstlich*** official, business ...; on business
diesj. ***diesjährig*** this year's ...
DIN ***Deutsches Institut für Normung*** German Institute for Standardization; *veraltet für* ***DIN-Norm*** (***Deutsche Industrie-Norm***) German Industrial Standard
Din ***Dinar*** dinar(s *pl.*) (Din.)
Dipl. ***Diplom*** diploma (Dip., Dipl.); ***Diplom...*** qualified ...
dipl. ***diplomatisch*** diplomatic; ***diplomiert*** qualified
Dipl.-Ing. ***Diplomingenieur*** qualified engineer
Dipl.-K(au)fm. ***Diplomkaufmann*** business graduate
Dir. ***Direktion*** management; board of directors; manager's office; head office (HO); ***Direktor*** manager; director (dir.); *Schule*: headmaster, *Am.* principal; ***Dirigent*** conductor
Diss. ***Dissertation*** (doctoral) thesis
Distr. ***Distrikt*** district (dist.)
d. J. ***der Jüngere*** the Younger; ***dieses Jahres*** of this year
dkg ***Dekagramm*** decagram(s *pl.*), decagrammes(s *pl*)
DKP ***Deutsche Kommunistische Partei*** German Communist Party
dkr ***dänische Krone(n)*** Danish crown(s *pl.*)
DM ***Deutsche Mark*** (German) mark(s *pl.*)
d. M(ts). ***d(ies)es Monats*** of the present month, instant (inst.)
DNA ***Deutscher Normenausschuß*** German Committee of Standards
DNS ***Desoxyribonukleinsäure*** deoxyribonucleic acid (DNA)
Do. ***Donnerstag*** Thursday (Th., Th, Thur., Thur, Thurs., Thurs)
d. O. ***der*** *od.* ***die*** *od.* ***das Obige*** the above-mentioned
do. ***dito*** ditto (do.)
Dolm. ***Dolmetscher(in)*** interpreter
dopp. ***doppelt*** double (dbl., dble); in duplicate
Doz. ***Dozent*** (university) lecturer, *Am.* assistant professor
Do.-Z(i). ***Doppelzimmer*** double (room)
DP ***Deutsche Post*** German Postal Services
dpa ***Deutsche Presse-Agentur*** German Press Agency
dpp. → ***dopp.***
Dr, dr ***Drachme(n)*** drachma(s *pl.*), *pl. a.* drachmae (dr.)
Dr. ***Doktor*** doctor (Dr.)
d. R. ***der Reserve*** ⚔ reserve ...
d. Red. ***die Redaktion*** the editor(s *pl.*) (Ed., ed., *pl.* eds)
Dr. jur. ***doctor juris, Doktor der Rechte*** Doctor of Laws (LLD)
DRK ***Deutsches Rotes Kreuz*** German Red Cross
Dr. med. ***doctor medicinae, Doktor der Medizin*** Doctor of Medicine (MD)
Dr. phil. ***doctor philosophiae, Doktor der Philosophie*** Doctor of Philosophy (PhD, DPhil)
Dr. rer. nat. ***doctor rerum naturalium, Doktor der Naturwissenschaften*** Doctor of Science (DSc, ScD)
Dr. theol. ***doctor theologiae, Doktor der Theologie*** Doctor of Divinity (DD)
DSB ***Deutscher Sportbund*** German Sports Association
dstl. → ***dienstl.***
dt(sch.) ***deutsch*** German (Ger.)
Dtzd. ***Dutzend*** dozen (doz.)
d. U. ***der Unterzeichnete*** the undersigned
Dupl. ***Duplikat*** duplicate (dupl.); (*Abschrift*, *Kopie*) copy
durchschn. ***durchschnittlich*** average (av.); *adv.* on (an) average
Durchw.(-Nr.) ***Durchwahl(nummer)*** direct dial(l)ing (number)
d. V(er)f. ***der Verfasser, die Verfasserin*** the author
d. v. J. ***des vorigen Jahres*** last year's, of the previous year
DVO ***Durchführungsverordnung*** implementing ordinance
dyn. ***dynamisch*** dynamic(ally *adv.*)
DZ ***Doppelzimmer*** double (room)
dz ***Doppelzentner*** 100 kilogram(me)s

E

E *hist.* ***Eilzug*** fast train; ***Elektrizität(s...)*** electricity (...); power *station*; ***Erdgeschoß*** ground floor (grd. fl., G), *Am.* first floor (1st fl.); ***Europastraße*** European Highway (*passing through several countries*)
ea. ***ehrenamtlich*** honorary (hon.)
ebd. ***ebenda*** ibidem (ibid., ib.)
EC ***EuroCity*** Eurocity (train)
ECU, Ecu ***European currency unit(s), europäische Währungseinheit(en*** *pl.*) (*ECU*)
Ed. ***Edition, Ausgabe*** edition (ed.)
ed. ***edidit, hat herausgegeben*** edited by (ed.)
EDV ***Elektronische Datenverarbeitung*** electronic data processing (EDP, edp)
EEG ***Elektroenzephalogramm*** electroencephalogram (EEG)
EG ***Europäische Gemeinschaft*** European Community (EC)
e. G. ***eingetragene Gesellschaft*** registered (*Am.* incorporated) company
eGmbH ***eingetragene Genossenschaft mit beschränkter Haftpflicht*** registered cooperative society with limited liability
e. h. ***ehrenhalber*** honoris causa (h.c.)
ehel. ***ehelich*** marital, conjugal, matrimonial; legitimate *child*
ehem. ***ehemalig*** former, ex-...; ***ehemals*** formerly
Ehrw. ***Ehrwürden*** Reverend (Rev.)
eidg(en.) ***eidgenössisch*** confederate; Swiss
eig(en)h. ***eigenhändig*** personal(ly *adv.*); oneself, with one's own hands
eig(tl). ***eigentlich*** actual(ly *adv.*), real(ly *adv.*); strictly speaking
Einbd. ***Einband*** binding; cover
eingetr. ***eingetragen*** ✝ registered (regd), *Am. a.* incorporated (Inc., inc.); ***eingetreten*** entered
Eing.-Dat. ***Eingangsdatum*** date of receipt
Einh. ***Einheit*** unit (*a. teleph.*, ⚔)
einschl. ***einschlägig*** relevant, appropriate; ***einschließlich*** including (incl.), inclusive of (incl.)
Einschr. ***Einschreiben*** registered letter; *Vermerk*: registered (regd)
einwdfr. ***einwandfrei*** perfect; flawless; impeccable *reputation etc.*
Einz.-Z(i). ***Einzelzimmer*** single (room)
EKD ***Evangelische Kirche in Deutschland*** Protestant Church in Germany
EKG, Ekg ***Elektrokardiogramm*** electrocardiogram (ECG, *Am.* EKG)
el(ektr). ***elektrisch*** electric(al) (elec., elect.); *adv.* electrically
Empf. ***Empfänger*** recipient; addressee
empf. ***empfohlen*** recommended (rec.)
engl. ***englisch*** English (Eng.)
Entf. ***Entfernung*** distance
entggs. ***entgegengesetzt*** opposite (opp.); contradictory, opposing
entspr. ***entsprechen(d)*** → ***Wörterverzeichnis***
entw. ***entweder*** either
erb. ***erbaut*** built, erected
Erdg. ***Erdgeschoß*** ground floor (grd. fl.), *Am.* first floor (1st fl.)
erf. ***erfolgt*** effected; ***erforderlich*** required (req.), necessary (nec.)
erg. ***ergänze*** complement, supplement, add
erh. ***erhalten*** received (recd, rec'd); *in e-m Zustand*: preserved, in ... condition
Erl. ***Erläuterung*** explanation; (explanatory) note
erl. ***erlaubt*** permitted, allowed; ***erledigt*** finished, done; settled
erm. ***ermäßigt*** reduced (red.)
Ers. ***Ersatz*** substitute (subst.); *permanenter*: replacement; (*Vergütung*) compensation; (*Entschädigung*) indemnification; ***Ersuchen*** request (req.)
Erw. ***Erwachsene(r)*** adult(s *pl.*)
Erz. ***Erzeugnis(se)*** product(s *pl.*) (prod.); produce (prod.)
Erz.-Ber. ***Erziehungsberechtigte(r)*** parent; legal guardian
Esc. ***Escudo*** escudo (Esc.)
Et. ***Etage*** floor (fl.), stor(e)y
et. al. ***et alii, und andere*** and others (et al.)
Etg. ***Etage*** floor (fl.), stor(e)y
etw. ***etwaig*** any; possible (poss.); ***etwas*** something (s.th.), anything
EU ***Europäische Union*** European Union (EU)
Euratom ***Europäische Atomgemeinschaft*** European Atomic Energy Community (Euratom)
eur(op). ***europäisch*** European (Eur.)
e. V. ***eingetragener Verein*** registered association *od.* society, incorporated (inc.)
ev. ***evangelisch*** Protestant (Prot.)
ev.-luth. ***evangelisch-lutherisch*** Lutheran (Luth.)
ev.-ref. ***evangelisch-reformiert*** Reformed (Church) (Ref. [Ch.])
evtl. ***eventuell*** possible (poss.), any; *adv.* possibly (poss.); if necessary (if nec.)
ew. ***einstweilig*** temporary, provisional; ***ewig*** eternal
EWG *obs.* ***Europäische Wirtschaftsgemeinschaft*** European Economic Community (EEC)
EWS ***Europäisches Währungssystem*** European Monetary System (EMS)
Ex. ***Exemplar(e)*** copy, *pl.* copies; sample(s *pl.*)

exkl. ***exklusiv*** exclusive (excl.); select; *adv.* exclusively (excl.); ***exklusive*** exclusive of (excl.), excluding (excl.), not counting, not including (not incl.)
Expl. ***Exemplar(e)*** copy, *pl.* copies; sample(s *pl.*)
Expr. ***Expreß*** express (train)
Exz. ***Exzellenz*** Excellency (Exc.)
EZ ***Einzelzimmer*** single (room)

F

F ***Fahrenheit*** Fahrenheit (F, f)
f., f ***und folgende*** *Seite* and following *page* (f., f)
Fa. ***Firma*** firm; *auf Briefadressen*: Messrs.
Fabr. ***Fabrik*** factory, works (*sg. u. pl.*); ***Fabrikat*** make; brand; product (prod.)
Fahrg(est).-Nr. ***Fahrgestellnummer*** chassis number
F(ahr)z. ***Fahrzeug*** vehicle
Fak. ***Fakultät*** faculty (Fac.)
Fam. ***Familie*** family; *auf Briefadressen*: Mr & Mrs ... (and family)
FC ***Fußballclub*** football club
FCKW ***Fluorchlorkohlenwasserstoff*** chlorofluorocarbon (CFC)
FD *hist.* ***Ferndurchgangszug, Fernschnellzug*** long-distance express (train)
FDGB *hist. DDR*: ***Freier Deutscher Gewerkschaftsbund*** Free Federation of German Trade Unions
FDJ *hist. DDR*: ***Freie Deutsche Jugend*** Free German Youth
F.D.P., FDP ***Freie Demokratische Partei*** Liberal Democratic Party; *Schweiz*: ***Freisinnig-Demokratische Partei*** Liberal Democratic Party
Feb(r). ***Februar*** February (Feb., Feb)
Fewo. ***Ferienwohnung*** holiday flat *od.* apartment (apt.)
FF ***französischer Franc*** French franc (FF)
ff., ff ***und folgende*** *Seiten* and following *pages* (ff., ff)
Ffm. ***Frankfurt am Main*** Frankfurt on the Main
FH ***Fachhochschule*** advanced technical college
Fig. ***Figur*** figure (fig.); diagram (diag.)
fig. ***figürlich, figurativ*** figurative(ly *adv.*) (fig.)
Fin. ***Finanz(en)*** finance(s)
fin. ***finanziell*** financial(ly *adv.*) (fin.)
finn. ***finnisch*** Finnish (Fin.)
FKK ***Freikörperkultur*** nudism
Fla ***Fliegerabwehr*** anti-aircraft defen|ce, *Am.* -se
fl. k. u. w. W. ***fließend kaltes und warmes Wasser*** hot and cold running water
FM ***Frequenzmodulation*** (*Frequenzbereich der Ultrakurzwellen*) frequency modulation (FM)
fm ***Festmeter*** cubic met|re(s *pl.*), *Am.* -er(s *pl.*)
fmdl. ***fernmündlich*** by telephone; telephone ...
Fmk ***Finnmark*** *Währung*: fin(n)mark
Föd. ***Föderation*** (con)federation, confederacy (confed.)
folg. ***folgend(e)*** following (foll.); next; subsequent
fortl. ***fortlaufend*** continuous(ly *adv.*), running; consecutively
Forts. ***Fortsetzung*** continuation
Forts. f. ***Fortsetzung folgt*** to be continued (to be contd)
fotogr. ***fotografisch*** photographic(ally *adv.*) (phot.)
FPÖ ***Freiheitliche Partei Österreichs*** *Austrian liberal-conservative party*
Fr. ***Frau*** *verheiratet*: Mrs; *Familienstand nicht erkennbar*: Ms; ***Franken*** *Währung*: (Swiss) franc(s *pl.*) (fr.); ***Freitag*** Friday (Fri., Fri)
frank. ***frankiert*** stamped; prepaid, post paid
frdl. Grüße ***freundliche Grüße*** kind regards (rgds)
freiw. ***freiwillig*** voluntary
Frh., Frhr ***Freiherr*** baron
Frl. ***Fräulein*** Miss
frz. ***französisch*** French (Fr.)
Ft ***Forint*** forint (Ft)
FU ***Freie Universität*** (*Berlin*) Free University
Fut. ***Futur*** future (tense) (fut.)

G

g ***Gramm*** gram(s *pl.*), gramme(s *pl.*) (g)
GAL ***Grüne alternative Liste*** *association of ecology-oriented parties*
Gar. ***Garantie*** guarantee
gar. ***garantiert*** guaranteed (gtd, guar.)
garn. ***garniert*** trimmed, decorated; *Essen*: garnished
gastr. ***gastronomisch*** gastronomic(al); *Personal*: catering
GAU ***größter anzunehmender Unfall*** maximum credible accident (MCA)
Gde. ***Gemeinde*** municipality; parish
Geb. ***Gebäude*** building (bldg); ***Gebiet*** district (dist.); area; ***Gebirge*** mountains *pl.* (mtns); ***Gebühr(en)*** charge(s *pl.*), fee(s *pl.*), rate(s *pl.*); ***Geburt*** birth
geb. ***gebaut*** built; erected; ***geboren*** born (b.); ***geborene*** *Schmidt etc.* née; ***gebunden*** bound (bd)
Gebr. ***Gebrüder*** Brothers (Bros.)
gebr. ***gebräuchlich*** common, normal; ***gebraucht*** used, second-hand
Gebr.-A. ***Gebrauchsanleitung*** (*a.* **Gebr.-Anl.**), ***Gebrauchsanweisung*** (*a.* **Gebr.-Anw.**) directions (*od.* instructions) *pl.* for use
gef. ***gefallen*** ⚔ killed in action (KIA)
gegr. ***gegründet*** founded; established (estab., est.)
geh. ***geheftet*** *Buch*: stitched; ***geheim*** secret
gek. ***gekürzt*** abridged (abr.)
gelt. ***geltend*** valid, in effect; current *prices etc.*
gem. ***gemacht*** made; ***gemäß*** according to; in compliance with; ***gemischt*** mixed
gen. ***genannt*** called, named; *erwähnt*: (*the*) said, (*the*) above-mentioned; ***genehmigt*** approved; authorized
Gen. ***Genitiv*** genitive (gen.); ***Genossenschaft*** cooperative
Gen.-Dir. ***Generaldirektor*** general manager, chairman, *Am.* president
Gen.-Sekr. ***Generalsekretär*** secretary general
geogr. ***geographisch*** geographic(al) (geog.)
geol. ***geologisch*** geologic(al) (geol.)
geom. ***geometrisch*** geometric(al) (geom.)
gepr. ***geprüft*** tested; checked; certified *document etc.*
ger. ***gerichtlich*** judicial(ly *adv.*); legal(ly *adv.*)
Ges. ***Gesellschaft*** ✝ company, *Am. a.* corporation (corp.); (*Vereinigung*) society (soc.), association (assoc.); ***Gesetz*** law, act
gesch. ***geschäftlich*** business ...; on business; ***geschieden*** divorced (div.)
geschl. ***geschlossen*** closed; private *performance etc.*
geschr. ***geschrieben*** written; *adv.* in writing
Geschw. ***Geschwindigkeit*** speed; rate *of increase etc.*
ges. gesch. ***gesetzlich geschützt*** patented; registered (regd)
gesp. ***gesperrt*** *Straße*: closed; *Scheck*: stopped
gest. ***gestorben*** died (d.)
Gestapo ***Geheime Staatspolizei*** *hist.* (*in Nazi-Deutschland*) secret state police
getr. ***getrennt*** separate(ly *adv.*)
Gew. ***Gewicht*** weight (wt)
gew. ***gewöhnlich*** usually (usu.)
gez. ***gezeichnet*** *vor der Unterschrift*: signed (sgd)
GG ***Grundgesetz*** *pol.* constitution
ggf(s). ***gegebenenfalls*** should the occasion arise; if necessary (if nec.); if applicable
Ggs. ***Gegensatz*** contrast; opposite (opp.)
ggs. ***gegensätzlich*** opposite (opp.), contrary; ***gegenseitig*** mutual
Ggw. ***Gegenwart*** present; (*Anwesenheit*) presence
ggz. ***gegengezeichnet*** countersigned
gltd. ***geltend*** valid, in effect; current *prices etc.*
gltg. ***gültig*** valid, good; effective, in force
GmbH ***Gesellschaft mit beschränkter Haftung*** private limited (liability) company (*etwa* plc)
gram(m). ***grammatisch*** grammatical
graph. ***graphisch*** graphic(ally *adv.*)
Grdfl. ***Grundfläche*** (surface) area
griech. ***griechisch*** Greek (Gk)
gr.-orth. ***griechisch-orthodox*** Greek Orthodox
GStA ***Generalstaatsanwalt*** prosecutor general
Gült. ***Gültigkeit*** validity
GUS ***Gemeinschaft unabhängiger Staaten*** Commonwealth of Independent States (CIS)
gzj. ***ganzjährig*** all-year ...; all year round

H

H ***Haltestelle*** *bus etc.* stop; *meteor.* ***Hoch(-druckgebiet)*** high(-pressure area)
H. ***Heft*** number (No., no.); ***Höhe*** height (H., h., hgt)
h ***Hekto...*** hecto...; ***Uhr*** hours (hrs); *morgens*: *mst* a.m., *nachmittags*, *abends*: *mst* p.m.; ***hora, Stunde*** hour (hr)
ha ***Hektar*** hectare(s *pl.*) (ha)
habil. ***habilitatus, habilitiert*** habilitated
haftb. ***haftbar*** responsible, ⚖ liable
Halbj. ***Halbjahr*** half-year, six months *pl.*
halbj(hl). ***halbjährlich*** half-yearly, semi-annual(ly *adv.*); *adv.* every six months
haupts. ***hauptsächlich*** *adv.* mainly, chiefly, essentially; *adj.* main, most important, essential
Hbf. ***Hauptbahnhof*** main (*od.* central) station (main sta., cen. *od.* cent. sta.)

HC ***Hockeyclub*** hockey club
h. c. ***honoris causa, ehrenhalber*** honoris causa (h.c.), honorary (hon.)
hdgm. ***handgemacht*** handmade
Hdlg. ✝ ***Handlung*** business, shop, store
HD-Öl ***Öl für schwere Betriebsbelastung*** heavy-duty oil
hdschr. ***handschriftlich*** handwritten; *adv.* in writing
...hdt. ***...hundert*** ... hundred (hund.)
helv. ***helvetisch*** Helvetian; Helvetic
herg(est). ***hergestellt*** produced (prod.), made, built
Herst. ***Hersteller*** manufacturer; ***Herstellung*** production (prod.), manufacture (manuf., manufac.)
HF ***Hochfrequenz*** high frequency (HF, h.f.)
hfl (***holländischer***) ***Gulden*** Dutch guilder(s *pl.*) *od.* florin(s *pl.*) (*Gld, gld.*)
Hfn ***Hafen*** harbo(u)r
Hft(g). ***Haftung*** liability; guarantee
Hg. ***Herausgeber(in)*** publisher (pub., publ.); editor (Ed., ed.)
hg. ***herausgegeben (von)*** published (by) (pub., publ.); edited (by) (ed.)
HGB ***Handelsgesetzbuch*** Commercial Code
Hi-Fi ***höchste Klangtreue*** high fidelity (hi-fi)
hins. ***hinsichtlich*** concerning, regarding, as to
hist. ***historisch*** historic(al), *adv.* historically
HIV ***human immune deficiency virus*** (*ein Virus, das Aids auslöst*)
Hiwi ***Hilfswissenschaftler(in)*** *univ.* assistant
Hj. ***Halbjahr*** half-year, six months *pl.*
HK ***Handelskammer*** Chamber of Commerce
hl ***Hektoliter*** hectolit|re(s *pl.*), *Am.* -er(s *pl.*) (hl)
hl. ***heilig*** holy; ***heilige(r)*** Saint (St, St.) *Peter etc.*
HO *hist. DDR*: ***Handelsorganisation*** *state-owned store, hotel, and restaurant cooperative*
Hob. ***Hoboken-Verzeichnis*** (*der Werke von Joseph Haydn*) *etwa* Hoboken Catalog(ue) (Hob.)
hochd. ***hochdeutsch*** standard *od.* High German
Hochw. *R.C.* ***Hochwürden*** Reverend (Rev.)
höfl. ***höflich(st)*** kindly, politely
holl(änd). ***holländisch*** Dutch
HP ***Halbpension*** half-board
hPa ***Hektopascal*** hectopascal (hPa)
Hpt. ***Haupt...*** main, chief, principal, head ...
hpts. ***hauptsächlich*** *adv.* mainly, chiefly, essentially; *adj.* main, most important, essential
HR ***Hessischer Rundfunk*** Hessian Broadcasting Corporation
Hr(eg). ***Handelsregister*** Commercial Register
Hr(n). ***Herr(n)*** Mr
Hrsg. ***Herausgeber(in)*** publisher (pub., publ.); editor (Ed., ed.)
hrsg. ***herausgegeben (von)*** published (by) (pub., publ.); edited (by) (ed.)
Hs.-Nr. ***Hausnummer*** house number (hse no.)
HTL ***Höhere Technische Lehranstalt*** polytechnical school
Hubr. ***Hubraum*** cubic capacity
HVertr., H.-Vertr. ***Handelsvertrag*** trade agreement; ***Handelsvertretung*** commercial agency *od.* agents *pl.*
HVerw., H.-Verw. ***Hauptverwaltung*** head office (H.O., HO), headquarters *sg. u. pl.* (HQ)
hydr. ***hydraulisch*** hydraulic(ally *adv.*)
Hyp. ***Hypothek*** mortgage
hypoth. ***hypothetisch*** hypothetical(ly *adv.*)
Hz ***Hertz*** hertz *sg. u. pl.* (Hz), cycle(s *pl.*) per second (cps, c/s)
hzb. ***heizbar*** heatable; with heating
Hzg. ***Heizung*** heating

I

i *auf Schildern*: ***Information, Auskunft*** information
i. ***im, in*** in (the); ***innen*** inside
i. A., i. A. ***im Auftrag*** per procurationem, by proxy (pp, p.p.)
i. allg. ***im allgemeinen*** generally (gen.), in general; (*im ganzen*) on the whole
i. a. W. ***in anderen Worten*** in other words
ib. → ***ibd.***
i. b. ***im besonderen*** in particular
ibd. ***ibidem, ebenda, -dort*** in the same place (ib., ibid.)
IC ***InterCity*** intercity (train)
ICE ***InterCityExpress*** intercity express (train)
i. D. ***im Dienst*** on duty; ***im Durchschnitt*** on (an) average
i. d. M(in). ***in der Minute*** per minute
i. d. R. ***in der Regel*** as a rule
i. d. Sek. ***in der Sekunde*** per second (p.s.)
i. d. St(d). ***in der Stunde*** per hour (p.h.)
i. e. ***im einzelnen*** in detail *od.* particular; ***id est, das heißt, das ist*** that is (i.e.)
i. e. S. ***im eigentlichen Sinne*** in the true sense (of the word); in the proper sense; ***im engeren Sinne*** in the narrow(er) sense
i. Fa. ***in Firma*** care of (c/o)
IFO ***Institut für Wirtschaftsforschung*** Institute for Economic Research
IG ***Industriegewerkschaft*** industrial union
i. g. ***im ganzen*** on the whole; altogether
i. H. ***im Hause*** on the premises
IHK ***Industrie- und Handelskammer*** Chamber of Industry and Commerce
i. H. v. ***in Höhe von*** (to the amount) of; at the rate of
i. J. ***im Jahre*** in (the year)
i. K. ***in Kürze*** (*bald*) shortly, soon; (*kurz*) briefly
ill. ***illustriert*** illustrated (illust., illus.); pictorial
i. M. ***im Monat*** in (the month of) *July etc.*; (*monatlich*) monthly, per month
Imm. ***Immobilien*** real estate *sg.*, property *sg.*
Imp. ***Imperativ*** imperative (mood) (imp., imper.); ***Import*** import(ing); import(s *pl.*) (imp.)
Imperf. ***Imperfekt*** imperfect (tense) (imp.)
inbegr. ***inbegriffen*** included; including, inclusive of (incl.)
Ind. ***Index*** index (ind.); ***Indikativ*** indicative (mood) (ind.); ***Industrie*** industry (ind.)
i. N. d. ***im Namen des*** *od.* ***der*** in the name of; on behalf of
indir. ***indirekt*** indirect (ind.)
indiv. ***individuell*** individual(ly *adv.*) (indiv., individ.); personal (pers.); original (orig.)
inf. ***infolge*** owing to; as a result of
Ing. ***Ingenieur*** engineer (eng.)
Inh. ***Inhaber*** owner, proprietor (prop., propr.); holder; ***Inhalt*** contents *pl.* (cont.)
inkl. ***inklusive*** including, inclusive of (incl.)
innerl. ***innerlich*** internal(ly *adv.*) (int.); inner
inoff. ***inoffiziell*** unofficial(ly *adv.*)
insb(es). ***insbesondere*** particularly, (e)specially ([e]sp.), in particular
insges. ***insgesamt*** altogether, in all
int. ***intern*** internal(ly *adv.*) (int.); ***international*** international (int., intl)
intern. ***international*** international (int., intl)
Interpol ***Internationale Kriminalpolizeiliche Organisation*** International Criminal Police Organization (Interpol)
inwf. ***inwiefern*** in what way, how; to what extent
inww. ***inwieweit*** to what extent
IOK ***Internationales Olympisches Komitee*** International Olympic Committee (IOC)
IQ ***Intelligenzquotient*** intelligence quotient (IQ)
IR ***InterRegio*** *fast train serving longer distances*
i. R. ***im Ruhestand*** retired (ret., retd)
IRK ***Internationales Rotes Kreuz*** International Red Cross (IRC)
ISBN ***internationale Standardbuchnummer*** international standard book number (ISBN)
ital. ***italienisch*** Italian (It., Ital.)
i. Tr. ***in der Trockenmasse*** *percentage of fat etc.* in dry matter
i. ü. ***im übrigen*** incidentally; (as) for the rest; (*außerdem*) besides
IV ***Industrieverband*** federation of industries
I. v. ***Irrtum vorbehalten*** errors excepted (e.e.)
I. V. ***in Vertretung*** in place of; on behalf of; *in Brief*: (signed) for; ***in Vorbereitung*** being prepared, in preparation (in prep.)
i. v. ***intravenös*** intravenous(ly *adv.*)
IVF ***In-vitro-Fertilisation*** in vitro fertilization (IVF)
IWF ***Internationaler Währungsfonds*** International Monetary Fund (IMF)

J

J ***Joule*** joule(s *pl.*) (J.)
Jan. ***Januar*** January (Jan., Jan)
jap. ***japanisch*** Japanese (Jap.)
Jb. ***Jahrbuch*** yearbook (YB, Y.B.)
Jg. ***Jahrgang*** → *Wörterverzeichnis*
Jgd. ***Jugend*** youth
Jgg. ***Jahrgänge*** *pl. von* ***Jg.*** → *Wörterverzeichnis*
JH ***Jugendherberge*** youth hostel (Y.H.)
Jh. ***Jahrhundert*** century (c., cent.)
jhrl. ***jährlich*** annual(ly *adv.*)
Jr., jr., jun. ***junior, der Jüngere*** junior (Jun., jun., Jur, Jr)
Jul. ***Juli*** July (Jul., Jul)
Jun. ***Juni*** June (Jun., Jun)
jur. ***juristisch*** legal (leg.); juridical (jurid.)

K

Kal. ***Kalender*** calendar; ***Kaliber*** calib|re, *Am.* -er (cal.)
Kan. ***Kanada*** Canada (Can.); ***Kanadier*** Canadian (Can.); ***Kanal*** canal
Kap. ***Kapitel*** chapter (ch.)
Kapt. ***Kapitän*** captain (Capt.)
Kard. ***Kardinal*** cardinal (Card.)
kart. ***kartoniert*** hardcover
Kat ***Katalysator*** catalytic converter, catalyst (cat.)
Kat. ***Katalog*** catalog(ue) (cat.); ***Kategorie*** category
kath. ***katholisch*** Catholic (Cath.)
kaufm. ***kaufmännisch*** commercial (comm., com.), business ...
KB ***Kilobyte(s)*** kilobyte(s *pl.*) (KB)
kcal ***Kilo(gramm)kalorie(n)*** kilocalorie(s *pl.*), kilogram(me) calorie(s *pl.*) (kcal, Cal.)
Kennz. ***Kennzeichen*** *mot.* registration (*Am.* license) number; ***Kennziffer*** code number; index (number); *Inserat*: box number
Kfm. ***Kaufmann*** businessman; trader, dealer; agent
kfm. ***kaufmännisch*** commercial (comm., com.), business ...
Kfz ***Kraftfahrzeug*** motor vehicle
Kfz.-Vers. ***Kraftfahrzeugversicherung*** motor (*Am.* automobile) insurance
KG ***Kommanditgesellschaft*** limited partnership
kg ***Kilogramm*** kilogramme(s *pl.*), *Am.* kilogram(s *pl.*) (kg)
kgl. ***königlich*** royal
kHz ***Kilohertz*** kilohertz (kHz), kilocycle(s *pl.*) (per second)
KJ ***Kilojoule*** kilojoule(s *pl.*) (kJ)
k. k. ***kaiserlich-königlich*** imperial and royal
KKW ***Kernkraftwerk*** nuclear power station *od.* plant
Kl. ***Klasse*** class (cl.); *Schule*: *Brit. a.* form, *Am. a.* grade; ☤ grade, quality
km ***Kilometer*** kilomet|re(s *pl.*), *Am.* -er(s *pl.*) (km)
km/h, km/st. ***Kilometer pro Stunde*** kilomet|res (*Am.* -ers) per hour (kph)
Koeff. ***Koeffizient*** coefficient
Komf. ***Komfort*** conveniences *pl.*
komf. ***komfortabel*** comfortable; *Wohnung*: well-appointed, luxury ...
Komp. ⚔ ***Kompanie*** company; ***Komponist*** composer
Konf. ***Konferenz*** conference (conf.); ***Konfession*** (religious) denomination (denom.); ***Konföderation*** confederation, confederacy
Konj. ***Konjugation*** conjugation; ***Konjunktion*** conjunction (conj.); ***Konjunktiv*** subjunctive (subj.)
Konstr. ***Konstruktion*** construction (constr.); design
Kontr. ***Kontrakt*** contract
Konz. ***Konzert*** concert; concerto (conc.); ***Konzern*** group
KP ***Kommunistische Partei*** Communist Party (CP)
KPdSU *hist.* ***Kommunistische Partei der Sowjetunion*** Communist Party of the Soviet Union (CPSU)
kpl. ***komplett*** complete
kr ***Krone*** *Währungseinheit*: crown
Kr. ***Kreis*** (administrative) district (dist.)
Krhs. ***Krankenhaus*** hospital (hosp.)
Kripo ***Kriminalpolizei*** criminal investigation department (CID)
krit. ***kritisch*** critical
Krs. ***Kreis*** (administrative) district (dist.)
Kr.-Vers. ***Krankenversicherung*** health insurance
KSZE ***Konferenz über Sicherheit und Zusammenarbeit in Europa*** Conference on Security and Cooperation in Europe (CSCE)
Kt. ***Kanton*** canton
Kto. ***Konto*** (bank) account (a/c)
Kto.-Nr. ***Kontonummer*** account number (a/c no.)
Ktr.-Nr. ***Kontrollnummer*** code number
k. u. k. ***kaiserlich und königlich*** imperial and royal
künstl. ***künstlerisch*** artistic; ***künstlich*** artificial; synthetic
KV ***Köchelverzeichnis*** Köchel (catalog[ue]) (K); ***Kraftverkehr*** motor traffic (*mst Bestandteil des Firmennamens von Busunternehmen*)
KV ***Kilovolt*** kilovolt(s *pl.*)
KW ***Kurzwelle*** short wave (SW)
kW ***Kilowatt*** kilowatt(s *pl.*) (kW)
kWh ***Kilowattstunde(n)*** kilowatt-hour(s *pl.*)
KZ ***Konzentrationslager*** concentration camp
kzfr. ***kurzfristig*** short-term ...; *adv.* at short notice

L

L. ***(italienische) Lira*** *od. pl.* ***Lire*** lira, *pl.* lire *od.* liras; ***Länge*** length (L., l.)
l ***Liter*** lit|re(s *pl.*), *Am.* -er(s *pl.*) (l)
l. ***links*** left (l.); on *od.* to the left
Lab. ***Laboratorium*** lab(oratory)
Landkr. ***Landkreis*** district
landw. ***landwirtschaftlich*** agricultural (agric.); farm ...
lat. ***lateinisch*** Latin (Lat.)
lbd. ***lebend*** living; alive
l. c. ***loco citato, am angegebenen Ort*** in the place cited (l.c.)
Ldg. ***Ladung*** load, freight; cargo; shipment
led. ***ledig*** unmarried, single (sgl.)
Leg. ***Legierung*** alloy
leg. ***legal*** legal(ly *adv.*)
Lekt. ***Lektion*** chapter (ch.), unit; lesson
lfd. ***laufend*** current, running, ongoing; *adv.* continuously, regularly
lfdm., lfd. m. ***laufende Meter*** running met|res, *Am.* -ers
lfd. M. ***laufenden Monats*** of this month
lfd. Nr. ***laufende Nummer*** (serial) number
Lf(r)g. ***Lieferung*** delivery; consignment, shipment
Lf.-Zt., Lfzt. ***Lieferzeit*** delivery period
LG ***Landgericht,*** *östr.* ***Landesgericht*** district court
lgfr. ***langfristig*** long-term ...
Lit. ***italienische Lira*** *od. pl.* ***Lire*** lira, *pl.* lire *od.* liras; ***Literatur*** literature (lit.)
lit(er). ***literarisch*** literary (lit.)
liz. ***lizensiert*** licen|sed, *Am.* -ced
LKW, Lkw ***Lastkraftwagen*** lorry, *bsd. Am.* truck
loc. cit. ***loco citato, am angegebenen Ort*** in the place cited (loc. cit.)
log ***Logarithmus*** logarithm (log.)
log. ***logisch*** logical(ly *adv.*)
lok. ***lokal*** local
lösl. ***löslich*** soluble (sol.)
LP ***Langspielplatte*** long-playing record (LP)
LPG *hist. DDR*: ***landwirtschaftliche Produktionsgenossenschaft*** collective farm
LSD ***Lysergsäurediäthylamid*** lysergic acid diethylamide (LSD)
Lsg. ***Lösung*** solution (sol.) (*a.* ⚗)
lt. ***laut*** according to; as per
ltd. ***leitend*** managerial; chief ...
Ltg. ***Leitung*** direction; management; supervision
luftd. ***luftdicht*** airtight
luth. ***lutherisch*** Lutheran (Luth.)
lux. ***luxemburgisch*** Luxemb(o)urg ...
LW ***Langwelle*** long wave (LW)
lx ***Lux*** lux (lx)

M

M *hist. DDR*: ***Mark*** mark(s *pl.*)
M. ***Magister*** Master (M)
m ***Meter*** met|re(s *pl.*), *Am.* -er(s *pl.*) (m); ***Milli...*** milli... (m)
m. ***männlich*** male (m., m); masculine (m., m, masc.); ***mit*** with (w.)
m² ***Quadratmeter*** square met|re(s *pl.*), *Am.* -er(s *pl.*) (sq.m, m^2)
m³ ***Kubikmeter*** cubic met|re(s *pl.*), *Am.* -er(s *pl.*) (cu.m, m^3)
MA ***Mittelalter*** *the* Middle Ages *pl.*
M. A. ***Magister Artium*** Master of Arts (MA)
mA ***Milliampere*** milliampere(s *pl.*) (mA)
MAD ***Militärischer Abschirmdienst*** Military Counter-Intelligence Service
Mag. ***Magazin*** → *Wörterverzeichnis*
magn. ***magnetisch*** magnetic
m. A. n. ***meiner Ansicht nach*** in my opinion
männl. ***männlich*** male (m., m); masculine (m., m, masc.); for men, men's ...
Mar. ***Marine*** ⚔ Navy
masch. ***maschinell*** machine ..., machine-...; mechanical(ly *adv.*); *adv. a.* by machine
maschr. ***maschinenschriftlich*** typewritten, typed; in typescript
math. ***mathematisch*** mathematical (math.)
m. a. W. ***mit anderen Worten*** in other words
Max. ***Maximum*** maximum (max.)
max. ***maximal*** maximum, top ...; *adv.* maximally (max.)
MAZ ***magnetische Bildaufzeichnung*** video tape recording (VTR)
MdB, M. d. B. ***Mitglied des Bundestages*** Member of the Bundestag
MdL, M. d. L. ***Mitglied des Landtages*** Member of the Landtag
mdl. ***mündlich*** oral(ly *adv.*); verbal(ly *adv.*)
MDR ***Mitteldeutscher Rundfunk*** Central German Broadcasting Corporation
m. E. ***meines Erachtens*** in my opinion; as I see it; ***mit Einschränkungen*** with reservations
mech. ***mechanisch*** mechanical(ly *adv.*) (mech.)
med. ***medizinisch*** medical (med.); medicinal
MESZ ***mitteleuropäische Sommerzeit*** Central European Summer Time (CEST)
mex. ***mexikanisch*** Mexican (Mex.)
MEZ ***mitteleuropäische Zeit*** Central European Time (CET)
MG ***Maschinengewehr*** machine gun (MG)
mg ***Milligramm*** milligramme(s *pl.*), *Am.* milligram(s *pl.*) (mg)

mhd. ***mittelhochdeutsch*** Middle High German (MHG)
MHz ***Megahertz*** megahertz (MHz), megacycles per second (Mc/s)
Mi. ***Mittwoch*** Wednesday (Wed., Wed)
Mia. ***Milliarde(n)*** billion, *pl.* billion(s) (bn); *Brit. obs.* thousand million
mil(it). ***militärisch*** military (mil., milit.)
Mill. ***Million(en)*** million, *pl.* million(s) (m)
Min. ***Minimum*** minimum (min.)
Min., min. ***Minute(n)*** minute(s *pl.*) (min.)
min. ***minimal*** minimal; minimum (min.)
minderj. ***minderjährig*** underage
Mio. ***Million(en)*** million, *pl.* million(s) (m)
Mitbest. ***Mitbestimmung*** co-determination; worker participation
Mitgl. ***Mitglied*** member (mem.)
Mitw. ***Mitwirkung*** participation; assistance, cooperation; contribution
mm ***Millimeter*** millimet|re(s *pl.*), *Am.* -er(s *pl.*) (mm)
Mo. ***Montag*** Monday (Mon., Mon)
m(ö)bl. ***möbliert*** furnished (furn.)
mod. ***modern*** modern (mod.); ***modisch*** fashiona|ble, *adv.* -bly, stylish(ly *adv.*)
mögl. ***möglich*** possible (poss.); practicable, feasible; (*eventuell*) potential (pot.); ***möglichst ...*** as ... as possible
moh(am)., mohammed. ***mohammedanisch*** Muslim, Moslem (Moham.)
mosl. ***moslemisch*** → ***moh(am).***
mot. ***motorisiert*** motorized
MP ***Maschinenpistole*** submachine gun; ***Militärpolizei*** military police (MPs, *Aufschrift*: MP)
Mrd. ***Milliarde(n)*** billion, *pl.* billion(s) (bn); *Brit. obs.* thousand million
Mrz. ***März*** March (Mar., Mar)
MS, Ms. ***Manuskript*** manuscript (MS, ms.)
Mss. ***Manuskripte*** *pl.* manuscripts (MSS, mss.)
mst. ***meist(ens)*** mostly, usually (usu.)
Mt. ***Monat*** month (mth)
MTA ***medizinisch-technische Assistentin*** medical laboratory assistant
mtl. ***monatlich*** monthly
multilat. ***multilateral*** multilateral
m. ü. M. ***Meter über (dem) Meer(esspiegel)*** met|res (*Am.* -ers) above sea level
mus. ***musikalisch*** musical (mus.); ***musisch*** *Fach*: fine arts ...
MW ***Mittelwelle*** medium wave (MW)
m. W. ***meines Wissens*** as far as I know
MwSt. ***Mehrwertsteuer*** value-added tax (VAT), *bsd. Am.* sales tax

N

N ***Nord(en)*** north (N); ***Nahverkehrszug*** local *od.* commuter train
n. ***nach*** after; to
N(a)chf. ***Nachfolger*** successor
Nachfr. ***Nachfrage*** inquiry (inq.), enquiry; ☤ demand
Nachm. ***Nachmittag*** afternoon
nachm. ***nachmittags*** in the afternoon (p.m., pm)
Nachtr. ***Nachtrag*** addendum (add.); supplement (supp., suppl.); postscript (PS)
näml. ***nämlich*** namely, that is (to say) (viz., i.e.); to be precise
NATO, Nato ***Nordatlantikpakt-Organisation*** North Atlantic Treaty Organization (NATO, Nato)
NB ***notabene*** note well (NB)
Nbk. ***Nebenkosten*** extra costs (*od.* expenses), extras
n. Br. ***nördlicher Breite*** northern latitude (N lat.); ... degrees north (°N)
n. Chr. ***nach Christus*** anno Domini (AD)
NDR ***Norddeutscher Rundfunk*** Northern German Broadcasting Corporation
neb. ***neben*** next to, beside; by; compared to; (*außer*) in addition to
neg. ***negativ*** negative(ly *adv.*) (neg.)
neutr. ***neutral*** neutral
neuw. ***neuwertig*** (as good as) new, as new, not used
n. Gr. ***nach Größe*** according to size
nhd. ***neuhochdeutsch*** New High German (NHG)
n. J. ***nächsten Jahres*** of next year, next year's ...
nkr ***norwegische Krone(n)*** Norwegian crown(s *pl.*) (Nkr)
n. M. ***nächsten Monats*** of next month, next month's ...
nmtl. ***namentlich*** by name; (*besonders*) especially (esp.), particularly (part.)
N. N. ***nomen nominandum*** *etwa* to be appointed; (*a.* **NN**) ***Normalnull*** *etwa* sea level
NO ***Nordost(en)*** northeast (NE)
nordd(t). ***norddeutsch*** North German (N Ger.)
nördl. ***nördlich*** northern, north; *Wind*: northerly; *adv.* north (N)
norm. ***normal*** normal(ly *adv.*)
norw. ***norwegisch*** Norwegian (Norw.)
notf. ***notfalls*** if need be, if necessary (if nec.)
notw. ***notwendig*** necessary (nec.)
Nov. ***November*** November (Nov., Nov)
NPD ***Nationaldemokratische Partei Deutschlands*** National-Democratic Party of Germany
Nr. ***Nummer*** number (No., no.)
Nrn. ***Nummern*** *pl.* numbers (Nos., nos.)
NRW ***Nordrhein-Westfalen*** North-Rhine/Westphalia
NS ***Nachschrift*** postscript (PS); ***Nationalsozialismus*** National Socialism; ***nationalsozialistisch*** National Socialist (Nazi)
NSt ***Nebenstelle*** branch; *teleph.* extension (extn)
N. T. ***Neues Testament*** New Testament (NT)
nto. ***netto*** net (nt., nt)
n. u. Z. ***nach unserer Zeitrechnung*** anno Domini (AD)
NW ***Nordwest(en)*** northwest (NW)

O

O ***Ost(en)*** east (E)
o. ***oben*** above; ***oder*** or; ***ohne*** without (w/o)
o. a. ***oben angeführt*** above(-mentioned)
o. ä. ***oder ähnlich(es)*** or the like
ÖAMTC ***Österreichischer Automobil-, Motorrad- und Touring-Club*** Austrian Automobile, Motorcycling and Touring Association
OB ***Oberbürgermeister*** mayor; *in GB*: Lord Mayor
o. B. ***ohne Befund*** negative (neg.)
ÖBB ***Österreichische Bundesbahnen*** Austrian Federal Railways
Obb. ***Oberbayern*** Upper Bavaria
Oberfl. ***Oberfläche*** surface
obh. ***oberhalb*** above
oblig. ***obligatorisch*** obligatory, compulsory
od. ***oder*** or
OEZ ***osteuropäische Zeit*** Eastern European Time (EET)
offiz. ***offiziell*** official(ly *adv.*); formal
öff(tl). ***öffentlich*** public(ly *adv.*); in public
Offz. ***Offizier*** (commissioned) officer (Off.)
OHG ***Offene Handelsgesellschaft*** (general) partnership
ökon. ***ökonomisch*** economic; (*sparsam*) economical(ly *adv.*) (econ.)
Okt. ***Oktober*** October (Oct., Oct)
ö. L. ***östlicher Länge*** eastern longitude (E long.)
OLG ***Oberlandesgericht*** Higher Regional Court
OP ***Operationssaal*** operating theatre (*Am.* room)
Op. ***Operation*** operation (op.); ♪ ***Opus, Werk*** opus (op.)
op. cit. ***opere citato, im angegebenen Werk*** in the work quoted *od.* cited (from)
Opf. ***Oberpfalz*** *the* Upper Palatinate
o. Prof. ***ordentlicher Professor*** (full) professor (Prof., prof.)
ORB ***Ostdeutscher Rundfunk Brandenburg*** Eastern German Broadcasting Corporation of Brandenburg
Orch. ***Orchester*** orchestra (Orch., orch.)
ORF ***Österreichischer Rundfunk*** Austrian Broadcasting Corporation
Orig. ***Original*** original (orig.)
orig. ***original*** original (orig.); genuine; ***originell*** original(ly *adv.*) (orig.)
orth. ***orthodox*** *eccl.* Orthodox (Orth.)
örtl. ***örtlich*** local(ly *adv.*)
ostd(t). ***ostdeutsch*** East German (E Ger.)
österr. ***österreichisch*** Austrian (Aus.)
östl. ***östlich*** eastern, east; *Wind*: easterly; *adv.* east (E)
o. U. ***ohne Unterschied*** indiscriminately; irrespective of *nationality etc.*
ÖVP ***Österreichische Volkspartei*** Austrian People's Party
Oz. ***Ozean*** ocean (Oc., oc.)
o. Zw. ***ohne Zweifel*** undoubtedly; doubtless

P

P, p ***Peso(s)*** peso(s *pl.*) (P, p)
P. ***Pater*** Father (Fr., Fr)
PA ***Patentanmeldung*** patent application; ***Postamt*** post office (PO)
p. A. ***per Adresse, bei*** care of (c/o)
päd. ***pädagogisch*** pedagogical, educational.
p. Adr. → ***p. A.***
Par(agr). ***Paragraph*** ⚖ section (sect.), article (art.); (*Absatz*) paragraph (para., par.)
Parl. ***Parlament*** parliament (Parl.)
Part. ***Partei*** party; ***Parterre*** ground floor (grd. fl.), *Am.* first floor (1st fl.); ***Partizip*** participle (part.)
Pat. ***Patent*** patent (pat.)
PC ***Personalcomputer*** personal computer (PC, pc)
p. Chr. (n.) ***post Christum (natum), nach Christus (nach Christi Geburt)*** anno Domini (AD)

PDS *Partei des Demokratischen Sozialismus* Party of Democratic Socialism

perf. *perfekt* perfect(ly *adv.*) (perf.)

pers. *persönlich* personal(ly *adv.*) (pers.); *adv. a.* in person

Pf *Pfennig* pfennig(s *pl.*) (Pf., pf.)

Pfd. *Pfund* German pound(s *pl.*)

PH *Pädagogische Hochschule* college of education, *Am.* teachers' college

pharm. *pharmazeutisch* pharmaceutical (pharm.)

philol. *philologisch* philological(ly *adv.*) (philol.)

philos. *philosophisch* philosophical(ly *adv.*) (philos.)

photogr. → fotogr.

phys. *physikalisch* physical(ly *adv.*) (phys.); ***physisch*** physical(ly *adv.*), somatic(ally *adv.*)

PIN *persönliche Identifikationsnummer* personal identification number, PIN number (PIN)

Pkt. *Paket* parcel, *Am.* package; ***Punkt*** point (pt)

PKW, Pkw *Personenkraftwagen* (motor)car, *Am. a.* auto(mobile)

Pl. *Platz* square (Sq.); ***Plural*** plural (pl.)

PLO *Palästinensische Befreiungsorganisation* Palestine Liberation Organization (PLO)

plötzl. *plötzlich* sudden(ly *adv.*)

PLZ *Postleitzahl* postcode, *Am.* zip code

pol. *politisch* political(ly *adv.*) (pol.); ***polizeilich*** police ...; *adv.* of (*od.* by) the police

poln. *polnisch* Polish (Pol.)

port(ug). *portugiesisch* Portuguese (Port.)

Pos. *Position* position (pos.)

pos. *positiv* positive (pos.)

Postf. *Postfach* post office box (PO box, POB)

postw. *postwendend* by return (of post), by return mail

pp., p. p., ppa, p. pa. *per procura(tionem), in Vollmacht* per pro, per proxy (p.p., pp)

PR *Public Relations, Öffentlichkeitsarbeit* public relations (PR)

prakt. *praktisch* practical(ly *adv.*)

Präs. *Präsidium* (*Vorsitz*) presidency, chair(manship); (*Vorstand*) executive committee (exec. comm.); (*Dienststelle*) headquarters *sg. u. pl.* (HQ)

priv. *privat* private(ly *adv.*); *adv. a.* in private

Priv.-Doz. *Privatdozent(in)* unsalaried lecturer, *Am. etwa* associate professor

Prof. *Professor* professor (Prof.)

prot. *protestantisch* Protestant (Prot.)

Prov. *Provinz* province (Prov., prov.); ***Provision*** commission

prov. *provisorisch* provisional (prov.), temporary (temp.)

PS *Pferdestärke(n)* horsepower (HP, h.p.); ***Postscript(um), Nachschrift*** postscript (PS, ps.)

Pseud. *Pseudonym* pseudonym (pseud.)

psych. *psychisch* psychological(ly *adv.*) (psych.); mental(ly *adv.*)

psychol. *psychologisch* psychological(ly *adv.*) (psych.)

PTA *pharmazeutisch-technische Assistentin* pharmaceutical laboratory assistant

Pta, *pl.* **Ptas *Peseta(s pl.), Pesete(n pl.)*** peseta(s *pl.*) (pta, *pl.* ptas)

PTT *Schweiz*: ***Post, Telefon, Telegraf; Schweizerische Post-, Telefon- und Telegrafenbetriebe*** Swiss Postal, Telephone and Telegraph Services

PVC *Polyvinylchlorid* polyvinyl chloride (PVC)

Q

qcm (*veraltet für* cm²) ***Quadratzentimeter*** square centimet|re(s *pl.*), *Am.* -er(s *pl.*) (sq. cm)

q. e. d. *quod erat demonstrandum* (= ***was zu beweisen war***) (QED)

qkm (*veraltet für* km²) ***Quadratkilometer*** square kilomet|re(s *pl.*), *Am.* -er(s *pl.*) (sq. km)

qm (*veraltet für* m²) ***Quadratmeter*** square met|re(s *pl.*), *Am.* -er(s *pl.*) (sq. m)

Qual. *Qualität* quality (qual.)

Quant. *Quantität* quantity (quant.)

R

R *Réaumur* Réaumur; ***Rand*** (*südafrikan. Währung*) rand (R)

r. *rechts* right (r.); on (*od.* to) the right

RA *Rechtsanwalt* lawyer, *Brit. a.* solicitor (Sol., Solr); *plädierender*: *Brit.* barrister (Bar., Barr.), *Am.* attorney (att., atty)

RAF *BRD*: ***Rote-Armee-Fraktion*** Red Army Faction

RB *RegionalBahn* local train; ***Radio Bremen*** Broadcasting Corporation of Bremen, Radio Bremen

Rbl *Rubel* rouble(s *pl.*), ruble(s *pl.*) (Rbl, rbl., R., r.)

rd. *rund* about, around, roughly, approximately (approx.)

Rdf. *Rundfunk* broadcasting corporation (*od.* company); radio

RE *RegionalExpress* regional fast train

rechtl. *rechtlich* legal(ly *adv.*) (leg.)

rechtsw. *rechtswidrig* illegal(ly *adv.*), unlawful(ly *adv.*), contrary to the law

Ref. *Referat* (*Abteilung*) department (Dept., dept), section (sect.)

reform. *eccl.* ***reformiert*** Reformed (Ref.)

Reg. *Regierung* government (Gov., gov., Govt, govt); ***Regiment*** ⚔ regiment (Regt, Rgt)

Reg.-Bez. *Regierungsbezirk* administrative district

regelm. *regelmäßig* regular(ly *adv.*) (reg.)

Regt. *Regiment* ⚔ regiment (Regt, Rgt)

Rel. *Relation* relation(ship); proportion; ***Religion*** religion (rel.)

rel. *relativ* relative(ly *adv.*) (rel.); *adv.* comparatively (comp., compar.); ***religiös*** religious(ly *adv.*) (rel.)

Rep. *Reparatur* repair(s *pl.*); ***Republik*** Republic (Rep.)

Reps(e) *BRD*: ***Republikaner*** *pl.* (members of the) Republican Party

res. ✝ ***reserviert*** reserved (res.)

resp. *respektive* → *Wörterverzeichnis*

Rest. *Restaurant* restaurant

restl. *restlich* remaining

RGW *hist.* ***Rat für gegenseitige Wirtschaftshilfe*** Council for Mutual Economic Assistance (Comecon)

Rh *Rhesusfaktor positiv, Rh-positiv* rhesus positive (Rh pos.)

rh *Rhesusfaktor negativ, Rh-negativ* rhesus negative (Rh neg.)

Richtl. *Richtlinie(n)* guideline(s *pl.*); *pl. a.* (general) directions, instructions

R. I. P. *requiescat in pace, er* (*od.* ***sie***) ***ruhe in Frieden*** may he (*od.* she) rest in peace (RIP)

rk, r.-k. *römisch-katholisch* Roman Catholic (RC)

RNS *Ribonukleinsäure* ribonucleic acid (RNA)

röm. *römisch* Roman (Rom.)

Rp. *Schweiz*: ***Rappen*** (Swiss) centime(s *pl.*)

RT *Registertonne(n)* register ton(s *pl.*) (reg. t.)

Rückf. *Rückfahrt* return journey (*od.* trip); journey (*od.* way) back

Rücks. *Rückseite* back, rear; reverse (rev.); overleaf

rückw. *rückwärtig* back ..., rear ...; ***rückwärts*** backwards; ***rückwirkend*** retroactive; retrospective(ly *adv.*); backdated

russ. *russisch* Russian (Russ.)

S

S *Süd(en)* south (S); ***Schilling*** schilling (S); → ***S-Bahn***

S. *Seite* page (p.)

s *Sekunde(n)* second(s *pl.*) (s, sec.)

SA *Sturmabteilung* *hist.* (Nazi) stormtroops *pl. od.* stormtroopers *pl.*

Sa. *Samstag, Sonnabend* Saturday (Sat., Sat)

s. a. *siehe auch* see also

Sakr. *Sakrament(e)* sacrament(s *pl.*)

Samml. *Sammlung* collection

san. *sanitär* sanitary

Sanat. *Sanatorium* sanatorium, *Am.* sanitarium

Sa.-Nr. *Sammelnummer* collective number

SB- *Selbstbedienungs...* self-service ...

S-Bahn *Schnellbahn, Stadtbahn* *Zug*: suburban train; *System*: suburban railway

SBB *Schweizerische Bundesbahnen* Swiss Federal Railways

s. Br. *südlicher Breite* southern latitude (S lat.); ... degrees south (°S)

SC *Sportclub* sports club

schott. *schottisch* Scots, Scottish; Scotch *whisky*

schriftl. *schriftlich* written; in writing

Schw. *Schwester* sister

schwed. *schwedisch* Swedish

schweiz. *schweizerisch* Swiss

scil. *scilicet, nämlich* namely, that is (to say)

SDR *Süddeutscher Rundfunk* Southern German Broadcasting Corporation

s. d. *siehe dort* see there; ***sine dato, ohne Erscheinungsjahr*** no date (n.d.)

Sdg. ✝ ***Sendung*** consignment, shipment

SDS *hist.* ***Sozialistischer Deutscher Studentenbund*** Association of German Socialist Students

SE *StadtExpress* (local) city express train

sec. *Sekunde(n)* second(s *pl.*) (s, sec.)

SED *hist. DDR*: ***Sozialistische Einheitspartei Deutschlands*** Socialist Unity Party of Germany

Sek., sek. *Sekunde(n)* second(s *pl.*) (s, sec.)

selbst. *selbständig* independent; self-employed

selbst(verst). *selbstverständlich* natural; obvious; *adv.* of course

Sem. *Semester* semester (sem.)

sen. *senior, der Ältere* senior (sen., Sen., Sr, Snr)

Sept. ***September*** September (Sept., Sept, Sep., Sep)
sex. **sexuell** sexual(ly *adv.*)
SFB ***Sender Freies Berlin*** Broadcasting Corporation of Free Berlin
sFr., sfr ***Schweizer Franken*** Swiss franc(s *pl.*) (SF, Sfr)
Sg. ***Singular*** singular (sing.)
SGB ***Schweizerischer Gewerkschaftsbund*** Federation of Swiss Trade Unions
sign. ***signiert*** signed
sin ⩘ ***Sinus*** sine (sin)
Sing. ***Singular*** singular (sing.)
SJ ***Societatis Jesu, von der Gesellschaft Jesu, Jesuit*** Jesuit
skand. ***skandinavisch*** Scandinavian (Scan., Scand.)
S. Kgl. H. ***Seine Königliche Hoheit*** His Royal Majesty
skr ***schwedische Krone(n)*** Swedish crown(s *pl.*) (Kr, Skr)
sm ***Seemeile(n)*** nautical mile(s *pl.*) (n.m.)
SMV ***Schülermitverwaltung*** *etwa* school council
SO ***Südost(en)*** southeast (SE)
So. ***Sonntag*** Sunday (Sun., Sun)
s. o. ***siehe oben*** see above
sof. ***sofern*** if, provided (that), as long as; ***sofort*** at once, immediately; ***sofortig*** immediate; prompt
sog(en). ***sogenannt*** so-called
SOS ***save our ship*** (*od.* ***souls***) *internationales Notsignal*
sowj(et). ***sowjetisch*** soviet
soz. ***sozial*** social
span. ***spanisch*** Spanish (Span.)
SPD ***Sozialdemokratische Partei Deutschlands*** Social Democratic Party of Germany
spez. ***speziell*** special, particular; *adv. a.* (e)specially ([e]sp.)
SPÖ ***Sozialistische Partei Österreichs*** Austrian Socialist Party
SPS ***Sozialdemokratische Partei der Schweiz*** Social Democratic Party of Switzerland
SR ***Saarländischer Rundfunk*** Broadcasting Corporation of the Saarland
Sr. ***Senior, der Ältere*** senior (Sr, Snr, Sen., sen.)
s. R. ***siehe Rückseite*** see overleaf
SRG ***Schweizerische Radio- und Fernsehgesellschaft*** Swiss Broadcasting Corporation
SS ***Sommersemester*** summer semester; ***Schutzstaffel*** *hist.* SS (*elite corps of the Nazi Party*)
SS. ***Sanctae*** *od.* ***Sancti, die Heiligen*** saints (SS.)
SSV ***Sommerschlußverkauf*** summer sales *pl.*
St. ***Sankt, der Heilige*** saint (St, St.); ***Stock(werk)*** floor (fl.), stor(e)y; ***Stück*** piece(s *pl.*) (pc., *pl.* pcs)
s. t. ***sine tempore, ohne (akademisches) Viertel, pünktlich*** sharp
staatl. ***staatlich*** state ..., government ...; state-owned; *adv.* officially
Stasi ***Staatssicherheitsdienst*** *hist. DDR*: state security service, Stasi
stat. ***statistisch*** statistical
Std. ***Stunde(n)*** hour(s *pl.*) (h., *pl. a.* hrs, *sg. a.* hr)
stdl. ***stündlich*** hourly; every hour
Stdn. ***Stunden*** hours (h., hrs)
Stellg. ***Stellung*** position, (*Arbeitsplatz a.*) post
stellv. ***stellvertretend*** deputy (dep.), assistant (asst); vice-...; *adv.* on behalf of ...; in place of ...
StGB ***Strafgesetzbuch*** Penal Code
St(.-)Kl. ***Steuerklasse*** tax bracket
StPO ***Strafprozeßordnung*** Code of Criminal Procedure
StR ***Studienrat*** *etwa* secondary school teacher
Str. ***Straße*** street (St.); road (Rd)
StRin ***Studienrätin*** *etwa* secondary school teacher
stud. ***studiosus, Student*** student
StVO ***Straßenverkehrsordnung*** (road) traffic regulations *pl.*; *in GB*: Highway Code
s. u. ***siehe unten*** see below
Subj. ***Subjekt*** subject (subj.)
subj. ***subjektiv*** subjective(ly *adv.*) (subj.)
südd(t). ***süddeutsch*** South German (S Ger.)
südl. ***südlich*** southern, south, *Wind*: southerly; *adv.* south (S)
SV ***Spielvereinigung*** *in Vereinsnamen*: *etwa* sports association
SVP ***Schweizerische Volkspartei*** Swiss People's Party; ***Südtiroler Volkspartei*** South Tyrolean People's Party
SW ***Südwest(en)*** southwest (SW)
SWF ***Südwestfunk*** Southwestern German Broadcasting Corporation
sym. ***symmetrisch*** symmetric(al); *adv.* symmetrically
synth. ***synthetisch*** synthetic(ally *adv.*)
syst. ***systematisch*** systematic(ally *adv.*)
s. Z(t). ***seinerzeit*** at that time; in those days

T

T *meteor.* ***Tief(druckgebiet)*** low(-pressure area)
T. ***Teil*** part (pt, p.); ***Tiefe*** depth (D., d.)
t ***Tonne(n pl.)*** ton(s *pl.*) (t., t); tonne(s *pl.*) (t)
Tab. ***Tabelle*** table (tab.); chart; ***Tabulator*** tabulator (tab.)
Tabl. ***Tablette(n)*** tablet(s *pl.*)
t(äg)l. ***täglich*** daily, a (*od.* per) day
Tar.-Gr. ***Tarifgruppe*** salary (*od.* wage) bracket
tats. ***tatsächlich*** real(ly), actual(ly)
Tb(c) ***Tuberkulose*** tuberculosis (TB)
techn. ***technisch*** technical(ly *adv.*) (tech.); technological(ly *adv.*) (technol.)
TEE *hist.* ***Trans-Europ-Expreß*** Trans-European Express (TEE)
Teiln.-Geb. ***Teilnahmegebühr*** (*bei e-m Kurs etc.*) fee; ***Teilnehmergebühr*** (*für Telefon, Telefax etc.*) charge, rate
t(ei)lw. ***teilweise*** partial(ly *adv.*); partly
Tel. ***Telefon*** (tele)phone (tel.)
tel(ef). ***telefonisch*** telephone ...; by (tele)phone
Telegr. ***Telegramm*** telegram (teleg.)
telegr. ***telegrafisch*** telegraphic(ally *adv.*); by telegraph
Tel.-Nr. ***Telefonnummer*** (tele)phone number (tel. no.)
Temp. ***Temperatur*** temperature (temp.)
TH ***Technische Hochschule*** college (*od.* institute) of technology
theor. ***theoretisch*** theoretical(ly *adv.*)
TL ***türkische Lira*** (*pl.* ***Lire***), ***türkisches*** (*pl.* ***türkische***) ***Pfund*** Turkish lira (*pl.* lire *od.* liras) (TL); Turkish pound(s *pl.*) (£T)
-tlg. ***-teilig*** ...-part ..., in (*od.* consisting of) ... parts; ...-piece *suit etc.*
tödl. ***tödlich*** fatal, mortal(ly *adv.*); lethal *dose etc.*; deadly; *danger etc.* to life
...tsd. ***...tausend*** ... thousand (thou.)
TU ***Technische Universität*** technical university; college (*od.* institute) of technology
türk. ***türkisch*** Turkish (Turk.)
TÜV ***Technischer Überwachungs-Verein*** *etwa* safety standards authority; technical control board; *in GB*: MOT (= Ministry of Transport) → ***TÜV*** *im Wörterverzeichnis*
TV ***Television*** television (TV)
typ. ***typisch*** typical(ly *adv.*)

U

U ***Umleitung*** diversion; ***U-Bahn*** underground (U), *Am.* subway
u. ***und*** and
u. a. ***und andere(s)*** and others (other things); ***unter anderem*** (*od.* ***anderen***) among other things, inter alia; among others
u. ä. ***und ähnliche(s)*** and the like
U. (*od.* **u.**) **A. w. g.** ***um Antwort wird gebeten*** (R.S.V.P., RSVP)
U-Bahn ***Untergrundbahn*** underground (U), *Am.* subway
Überschr. ***Überschrift*** title; (*Schlagzeile*) headline
übl. ***üblich*** usual, customary, normal (norm.)
U-Boot ***Unterseeboot*** submarine (sub.)
u. d(er)gl. (m.) ***und dergleichen (mehr)*** and the like, and so forth
u. d. M. ***unter dem Meeresspiegel*** below sea level
ü. d. M. ***über dem Meeresspiegel*** above sea level
UdSSR *hist.* ***Union der Sozialistischen Sowjetrepubliken*** Union of Soviet Socialist Republics (USSR)
u. E. ***unseres Erachtens*** in our opinion, as we see it; ***unter Einschränkung*** with reservations
u. f(f). ***und folgende*** *sg.* (*pl.*) and following
UFO, Ufo ***unbekanntes Flugobjekt*** unidentified flying object (UFO)
ugs. ***umgangssprachlich*** colloquial(ly *adv.*) (colloq.)
U-Haft ***Untersuchungshaft*** custody, detention (pending trial)
UKW ***Ultrakurzwelle*** ultrashort wave (USW), *etwa* very high frequency (VHF), *Am.* frequency modulation (FM)
ult. ***ultimo*** at the end (*od.* on the last day) of the month
Umf. ***Umfang*** circumference (cir., circ.); extent, size; range; dimension
U/min ***Umdrehungen in der*** (*od.* ***pro***) ***Minute*** revolutions per minute (r.p.m., rpm)
U-Musik ***Unterhaltungsmusik*** easy listening, light music
unbek. ***unbekannt*** unknown; (*nicht vertraut*) unfamiliar
unbez. ***unbezahlt*** unpaid
unehel. ***unehelich*** illegitimate (illegit.)
unentsch. ***unentschieden*** undecided; *Frage*: open; *Sport*: *end* in a draw
unerw. ***unerwünscht*** undesirable, unwelcome
unfrw. ***unfreiwillig*** involuntary; compulsory
ung(ar). ***ungarisch*** Hungarian (Hung.)

ungebr. ***ungebräuchlich*** unusual, uncommon
ungew. ***ungewiß*** uncertain; (*unentschieden*) undecided; ***ungewöhnlich*** unusual(ly *adv.*); (*bemerkenswert*) exceptional(ly *adv.*), remarka|ble, *adv.* -bly
Uni F, **Univ.** ***Universität*** university (Univ., univ.)
unreg(elm). ***unregelmäßig*** irregular(ly *adv.*) (irreg.)
unt(erh). ***unterhalb*** below
Unterz. ***Unterzeichnete(r)*** *the* undersigned
unverb. ***unverbindlich*** not binding; without obligation; *Stellungnahme*: non--committal
unverh. ***unverheiratet*** unmarried (unm.), single (sgl.)
unvollst. ***unvollständig*** incomplete
unz. ***unzählig*** innumerable, countless
Url. ***Urlaub*** (*Ferien*) holiday(s), *bsd. Am.* vacation; ⚔ leave
urspr. ***ursprünglich*** original(ly *adv.*) (orig.)
US(A) ***Vereinigte Staaten (von Amerika)*** United States (of America) (USA, US)
usf. ***und so fort*** and so forth
USt. ***Umsatzsteuer*** turnover tax
u. U. ***unter Umständen*** (*möglicherweise*) possibly (poss.), perhaps (perh.); (*notfalls*) if need be
u. ü. V. ***unter üblichem*** (*od.* ***dem üblichen***) ***Vorbehalt*** within the usual reservations
UV ***Ultraviolett*** ultraviolet (UV)
u. v. a. (m.) ***und viele(s) andere (mehr)*** and many more (*od.* others); and many other things
u. W. ***unseres Wissens*** as far as we know
Ü-Wagen ***Übertragungswagen*** outside broadcast van *od.* unit (OB van *od.* unit)
u. zw. ***und zwar*** namely; that is (to say); → ***zwar*** *im Wörterverzeichnis*

V

V ***Volt*** volt(s *pl.*) (V)
V. ***Vers*** verse (v.), line (l.)
v. ***versus, gegen*** versus (v., vs.); ***von, vom*** of; from; by
VAE ***Vereinigte Arabische Emirate*** United Arab Emirates (UAE)
VB ***Verhandlungsbasis*** or near(est) offer (o.n.o.)
vbdl. ***verbindlich*** binding; obliging
v. Chr. ***vor Christus*** before Christ (BC)
v. D. ***vom Dienst*** on duty; in charge
VDE ***Verein Deutscher Elektrotechniker*** Association of German Electricians
VdK ***Verband der Kriegs- und Wehrdienstopfer, Behinderten und Sozialrentner*** *etwa* Association of the Victims of War and Military Service, Disabled Persons and Social Insurance Pensioners
VDS ***Vereinigte Deutsche Studentenschaften*** Association of German Student Bodies
VEB *hist. DDR*: ***volkseigener Betrieb*** state-owned enterprise (*od.* company)
ver. ***vereinigt*** united
verantw. ***verantwortlich*** responsible; *official etc.* in charge
verb. ***verbessert*** improved; corrected (corr.), revised (rev.); ***verboten*** prohibited, not allowed (*od.* permitted), forbidden
Verb(dg). ***Verbindung*** connection; combination; union
V(er)f. ***Verfasser*** author
v(er)gl. ***vergleiche*** confer (cf.); compare (cp., comp.)
vergr. ***vergriffen*** *Buch*: out of print (o.o.p.)
verh. ***verheiratet*** married (m., mar.)
Verk. ***Verkauf*** sale
Verl. ***Verlag*** publishing house (*od.* company), publishers *pl.*; ***Verleger*** publisher (publ.)
verm. ***vermählt*** married (m., mar.), wed(ded); ***vermißt*** missing; ⚔ missing in action (MIA)
veröff. ***veröffentlicht*** published (publ.)
verp. ***verpackt*** packaged
verpfl. ***verpflichtet*** obliged; bound
Vers.-Anst. ***Versicherungsanstalt*** insurance company
vertr. ***vertraglich*** contractual(ly *adv.*), *adv. a.* by contract; ***vertraulich*** confidential (confid.), *adv.* confidentially, in confidence
Verw. ***Verwaltung*** administration (admin), management (mngmt)
verw. ***verwandt*** related *to*; ***verwitwet*** widowed
verz. ***verzeichnet*** listed; registered (regd); recorded
Vet. ***Veteran(en)*** *Brit.* ex-service|man, *pl.* -men, *Am.* veteran(s *pl.*) (vet, *pl.* vets); ***Veterinär*** veterinary surgeon, *Am.* veterinarian (vet, *pl.* vets)
V-Gespräch ***Voranmeldungsgespräch*** person-to-person call
v. g. u. ***vorgelesen, genehmigt, unterschrieben*** read, confirmed, signed
v. H. ***vom Hundert*** per cent, percent (p.c., pc, %)
VHS ***Volkshochschule*** *Institution*: adult education program(me); *Kurse*: adult evening classes *pl.*
v. J. ***vorigen Jahres*** of last year, last year's
VL ***vermögenswirksame Leistung(en)*** *employer's contribution(s pl.) to tax-deductible employee savings scheme*
v. l. n. r. ***von links nach rechts*** from left to right
v. M. ***vorigen Monats*** of last month
V-Mann ***Verbindungsmann, Vertrauensmann*** contact; (*Spitzel*) *a.* informer
v. o. ***von oben*** from above
Vollm. ***Vollmacht*** full power(s *pl.*), authority (auth.); ⚖ power of attorney
vollst. ***vollständig*** complete(ly *adv.*), entire(ly *adv.*); full(y *adv.*)
Vopo *hist. DDR*: ***Volkspolizei*** People's Police; ***Volkspolizist*** member of the People's Police
Vorbeh. ***Vorbehalt*** reservation(s *pl.*)
Vorbest. ***Vorbestellung*** advance booking (adv. bkg); *Zimmer*: booking (bkg), reservation (res.); ✈ advance order
vorl. ***vorläufig*** temporar|y, *adv.* -ily (temp.), provisional(ly *adv.*) (prov.); *adv. a.* for the present
Vorm. ***Vormittag*** morning
vorm. ***vormalig*** former; ***vormals*** formerly (known as); ***vormittags*** in the morning (a.m., am)
Vors. ***Vorsitzende(r)*** chairperson, chairman (chm., chmn), chairwoman; chair; ✈ president (Pres., pres.); *Partei, Gewerkschaft*: leader
vorw. ***vorwärts*** forward (fwd); ***vorwiegend*** predominantly, mainly, chiefly
VP ***Vollpension*** (full) board and lodging, full board, *Am.* American plan (AP); ***Volkspolizei*** *hist. DDR*: People's Police
VPS ***Video-Programmierungssystem*** video preprogram(m)ing system
VR ***Volksrepublik*** People's Republic
v. T. ***vom Tausend*** per thousand
v. u. ***von unten*** from below
VW ***Volkswagen*** Volkswagen (VW, F vee-dub)
VWL ***Volkswirtschaftslehre*** economics *pl.*

W

W ***Watt*** watt(s *pl.*) (W); ***West(en)*** west (W)
WAA ***Wiederaufbereitungsanlage*** reprocessing plant
wahrsch. ***wahrscheinlich*** probable (prob.), likely; *adv.* probably
wbl. ***weiblich*** female (fem.), feminine (fem.); women's ...
WC ***Wasserklosett*** toilet (WC)
Wdh(lg). ***Wiederholung*** repetition; *TV, thea.* repeat, rerun; *Sport*: replay
WDR ***Westdeutscher Rundfunk*** Western German Broadcasting Corporation
WE ***Wärmeeinheit(en)*** thermal *od.* caloric unit(s *pl.*)
werkt. ***werktags*** (on) weekdays
westd(t). ***westdeutsch*** West German (W Ger.)
westl. ***westlich*** western, west; *Wind*: westerly; *adv.* west (W)
WEU ***Westeuropäische Union*** Western European Union (WEU)
WEZ ***westeuropäische Zeit*** Greenwich Mean Time (GMT)
WG ***Wohngemeinschaft*** flat share, flat sharing (community)
WGB ***Weltgewerkschaftsbund*** World Federation of Trade Unions (WFTU)
Whg. ***Wohnung*** apartment (apt.), *Brit. a.* flat
wirtsch. ***wirtschaftlich*** economic (econ.); *adv.* economically; financial(ly *adv.*) (fin.)
wiss. ***wissenschaftlich*** academic(ally *adv.*); (*naturwissenschaftlich*) scientific(ally *adv.*) (sci.)
w. L. ***westlicher Länge*** Western longitude (W long.); ... degrees West (°W)
WM ***Weltmeisterschaft*** world championship; *Fußball*: World Cup
wö. ***wöchentlich*** weekly, every week
WS ***Wintersemester*** winter semester
WSV ***Winterschlußverkauf*** winter sales *pl.*
Wwe. ***Witwe*** widow
Wz. ***Warenzeichen*** trademark (TM)

Z

Z. ***Zahl*** number; ***Zeile*** line (l.); ***Zeit*** time
z. ***zu, zum, zur*** at; to
zahlr. ***zahlreich*** numerous(ly *adv.*); in large numbers
z. B. ***zum Beispiel*** for instance, for example (e.g.)
z. b. V. ***zur besonderen Verwendung*** for special duty
ZDF ***Zweites Deutsches Fernsehen*** Second Channel of German Television
ZDL ***Zivildienstleistende(r)*** *conscien-*

tious objector conscripted to do community work
zeitgen. *zeitgenössisch* contemporary (contemp.)
zeitl. *zeitlich* temporal, time ...
zeitw. *zeitweilig, -weise* occasionally, from time to time, now and then
Zentr. *Zentrale* head office (H.O., HO); headquarters *sg. u. pl.* (HQ); control room; ***Zentrum*** cent|re, *Am.* -er
zentr. *zentral* central(ly *adv.*); *adv. a.* in the centre (*Am.* center)
ZH *Zentralheizung* central heating (centr. heat., cen. heat.)
z. H(d). *zu Händen* attention (attn); care of (c/o)
Zi. *Ziffer* figure (fig.); number (No., no.); (*Unterabsatz*) clause; (*Punkt*) item; ***Zimmer*** room (number) (rm, rm no.)
zit. n. *zitiert nach ...* quoted after ...
ziv. *zivil* civilian (civ.); civil *aviation* (civ.)
ZK *pol.* ***Zentralkomitee*** central committee
Zl *Zloty* zloty, *pl.* zloty(s) (Zl)
Zlg. *Zahlung* payment
ZOB *zentraler Omnibusbahnhof* bus (*od.* coach) station
zool. *zoologisch* zoological (zool.)
ZPO *Zivilprozeßordnung* code of civil procedure
Zs., *pl.* **Zss. *Zeitschrift(en)*** journal (jour.), *pl.* journals; periodical(s *pl.*)
Zstzg. *Zusammensetzung* composition (comp.); compound (comp., compd)
z. T. *zum Teil* partly, partially (part.)
Ztg. *Zeitung* newspaper
Ztr. *Zentner* (*metric*) hundredweight(s *pl.*) (cwt)
Ztschr. *Zeitschrift* magazine (mag., mag); periodical
Zub. *Zubehör* accessories *pl.*; attachments *pl.*; fittings *pl.*
zuf. *zufällig* accidental(ly *adv.*), chance ...; *adv. a.* by chance; ***zufolge*** as a result (*od.* consequence) of; according to (acc. to)
zugel. *zugelassen* allowed; *behördlich*: licen|sed, *Am. a.* -ced, *Kraftfahrzeug*: *a.* registered (regd), *Arzt*: qualified
z(u)gl. *zugleich* at the same time
zul. *zulässig* permissible; ⚙ safe *load*; *Höchstgeschwindigkeit*: (maximum) permissible *speed*
zur. *zurück* back; **~ *an*** return to
zus. *zusammen* together (tog.)
Zuschr. *Zuschrift* letter; reply
zust. *zuständig* *Behörde*: relevant, appropriate; (*befugt*) competent; (*verantwortlich*) responsible
z(u)zgl. *zuzüglich* plus
zw. *zwecks* for the purpose of; with a view to; ***zwischen*** between; among
ZwSt. *Zweigstelle* branch (office)
z. Z(t). *zur Zeit* at the moment, at present

Geographische Namen
Geographical Names

Folgende Liste bietet eine Auswahl an geographischen sowie touristisch und historisch interessanten Orten, Gebieten und Stätten. Es wurden im allgemeinen nur solche Namen aufgenommen, die im Englischen anders lauten oder geschrieben werden als im Deutschen. Es werden also z. B. Namen wie *Berlin*, *Portugal* oder *Uruguay* nicht aufgeführt. Offizielle Ländernamen blieben, mit wenigen Ausnahmen, ebenfalls unberücksichtigt. Eine Liste der deutschen und österreichischen Bundesländer sowie der schweizerischen Kantone finden Sie auf S. 1489.

A

Aachen Aachen, Aix-la-Chapelle
Abessinien *hist.* Abyssinia
Abruzzen, *die* *the* Abruzzi
Addis Abeba Addis Ababa
Admiralitätsinseln, *die* *the* Admiralty Islands, *the* Admiralties
Adria, *die* *the* Adriatic (Sea)
Adrianopel *hist.* Adrianople
Afrika Africa
Ägäis, *die* *the* Aegean (Sea)
Ägäischen Inseln, *die* *the* Aegean Islands
Agrigent Agrigento
Ägypten Egypt
Akaba Aqaba, Akaba
Akkra Accra
Akropolis, *die* *the* Acropolis
Aktium *hist.* Actium
Albanien Albania
Aleuten, *die* *the* Aleutian Islands
Alexandrien Alexandria
Algerien Algeria
Algier Algiers
Alpen, *die* *the* Alps
Alpenvorland, *das* *the* foothills of the Alps
Altaigebirge, *das* *the* Altai Mountains
Amazonas, *der* *the* Amazon
Amerika America
Anatolien Anatolia
Andalusien Andalusia
Anden, *die* *the* Andes
Antarktis, *die* *the* Antarctic, Antarctica
Antillen, *die* *the* Antilles
Antiochia Antioch
Antwerpen Antwerp
Äolischen Inseln, *die* *the* Aeolian Islands; → *a.* ***Liparischen Inseln***
Apennin, *der*, Apenninen, *die* *the* Apennines, *the* Apennine Mountains
Apenninenhalbinsel, *die* *the* Apennine Peninsula
Appalachen, *die* *the* Appalachians, *the* Appalachian Mountains
Apulien Apulia
Äquatorialguinea Equatorial Guinea
Aquitanien *hist.* Aquitaine
Arabien Arabia
Arabische Wüste, *die* *the* Arabian Desert
Aralsee, *der* Lake Aral
Ardennen, *die* *the* Ardennes
Arena-Kapelle, *die* (*in Padua*) *the* Scrovegni (*od.* Arena) Chapel
Argentinien Argentina, *the* Argentine
Arktis, *die* *the* Arctic
Ärmelkanal, *der* *the* English Channel, *the* Channel
Armenien Armenia
Aserbeidschan Azerbaijan
Asien Asia
Asowsche Meer, *das* *the* Sea of Azov
Assuan Aswan
Assyrien *hist.* Assyria
Asturien *hist.* Asturias
Athen Athens
Äthiopien Ethiopia
Atlantik, *der* *the* Atlantic (Ocean)
Atlasgebirge, *das* *the* Atlas Mountains
Ätna, *der* Mount Etna
Attika *hist.* Attica
Austerlitz Slavkov ŭ Brna; *hist.* Austerlitz
Australasien Australasia
Australien Australia
Azoren, *die* *the* Azores

B

Babel → ***Turm von Babel***
Babylonien *hist.* Babylonia
Bagdad Baghdad
Baikalsee, *der* Lake Baikal
Balearen, *die* *the* Balearic Islands
Balkan, *der* → **1. *Balkanhalbinsel*; 2. *Balkanstaaten*; 3. *Balkangebirge***
Balkangebirge, *das* *the* Balkan Mountains
Balkanhalbinsel, *die* *the* Balkan Peninsula
Balkanstaaten, *die* *the* Balkan States, *the* Balkans
Baltikum, *das* *the* Baltic (States), *the* Baltics
Bangladesch Bangladesh
Barentssee, *die* *the* Barents Sea
Basel Basel, Basle
Basiliuskathedrale, *die* (*in Moskau*) St Basil's Cathedral
Baskenland, *das* *the* Basque Provinces
Bayerischen Alpen, *die* *the* Bavarian Alps
Bayerische Wald, *der* *the* Bavarian Forest
Bayern Bavaria
Belgien Belgium
Belgrad Belgrade
Benelux-Länder, *die* *the* Benelux Countries
Bengalen (*Landschaft u. hist.*) Bengal
Beringmeer, *das* *the* Bering Sea
Beringstraße, *die* *the* Bering Strait
Bern Bern(e)
Berner Alpen, *die* *the* Bernese Alps
Berner Oberland, *das* *the* Bernese Oberland
Bessarabien Bessarabia
Bikini, Bikiniatoll, *das* Bikini
Birma Burma
Biskaya, *die* → ***Golf von Biskaya***
Blaue Grotte, *die* (*auf Capri*) *the* Blue Grotto
Bodensee, *der* Lake Constance
Böhmen Čechy; *hist.* Bohemia
Böhmen und Mähren *hist.* Bohemia-Moravia
Böhmerwald, *der* *the* Bohemian Forest
Bolivien Bolivia
Bosnien Bosnia
Bosnien und Herzegowina Bosnia and Herzegovina
Bosporus, *der* *the* Bosp(h)orus
Botsuana Botswana
Bottnische Meerbusen, *der* *the* Gulf of Bothnia
Bozen Bolzano
Brandenburger Tor, *das* *the* Brandenburg Gate
Brasilien Brazil
Braunschweig Braunschweig, Brunswick
Brenner(paß), *der* *the* Brenner Pass
Breslau Wroclaw; *hist.* Breslau
Bretagne, *die* Brittany
Britischen Überseegebiete, *die* *the* United Kingdom Overseas Territories
Brügge Bruges
Brüssel Brussels
Buchara Bukhara
Bukarest Bucharest
Bukowina, *die* Bukovina, Bucovina
Bulgarien Bulgaria
Bundeshaus, *das* (*in Bonn*) *the* Federal Parliament Building
Bundesrepublik Deutschland, *die* *the* Federal Republic of Germany
Burgund Burgundy
Burgundische Pforte, *die* *the* Belfort Gap
Byzanz *hist.* Byzantium

C

Cevennen, die *the* Cévennes
Chaldäa *hist.* Chald(a)ea
Chania Canea
Charkow Kharkov
Chiemsee, der Lake Chiem, *the* Chiemsee
Chinesische Mauer, die *the* Great Wall of China
Chinesische Meer, das *the* China Sea
Comer See, der Lake Como
Cyrenaika, die *hist.* Cyrenaica

D

Dakien *hist.* Dacia
Dalmatien Dalmatia
Damaskus Damascus
Dänemark Denmark
Danzig Gdansk; *hist.* Danzig
Danziger Bucht, die *the* Bay (*od.* Gulf) of Gdansk (*hist.* Danzig)
Dardanellen, die *the* Dardanelles
Daressalam Dar es Salaam
Den Haag The Hague
Deutsche Bucht, die *the* German Bay
Deutsche Demokratische Republik, die *hist. the* German Democratic Republic
Deutschland Germany
Deutsch-Südwest-Afrika *hist.* German Southwest Africa
Dithmarschen Ditmarsh
Dnjepr, der *the* Dnieper
Dnjestr, der *the* Dniester
Dodekanes, der *the* Dodecanese
Dogenpalast, der (*in Venedig*) *the* Doge's Palace
Dolomiten, die *the* Dolomites
Dominikanische Republik, die *the* Dominican Republic
Donau, die *the* Danube
Donez, der *the* Donets
Donezbecken, das *the* Donets (Basin)
Dover → ***Straße von Dover***
Drau, die *the* Drava
Dschibuti Djibouti
Dschidda Jedda
Dünkirchen Dunkirk

E

Eiffelturm, der *the* Eiffel Tower
Eismeer, Nördliche, das → ***Nordpolarmeer***
Eismeer, Südliche, das → ***Südpolarmeer***
Elat Eilat
Elfenbeinküste, die *the* Ivory Coast
Elsaß, das Alsace
Elsaß-Lothringen *hist.* Alsace-Lorraine
Engadin, das *the* Engadine
Engelsburg, die (*in Rom*) *the* Castel Sant'Angelo
Eremitage, die (*in Leningrad*) *the* Hermitage Museum
Eriwan Yerevan, Erivan
Erzgebirge, das *the* Erzgebirge, *the* Ore Mountains
Estland Estonia
Etsch, die *the* Adige
Euphrat, der *the* Euphrates
Eurasien Eurasia
Europa Europe
Everest, der (Mount) Everest

F

Falklandinseln, die *the* Falkland Islands, *the* Falklands
Färöer, die *the* Faroes, *the* Faroe Islands
Felsendom, der (*in Jerusalem*) *the* Dome of the Rock
Ferne Osten, der, Fernost *the* Far East
Feuerland Tierra del Fuego
Fidschi Fiji
Fidschiinseln, die *the* Fiji Islands
Finnische Meerbusen, der *the* Gulf of Finland
Finnland Finland
Flandern Flanders
Florenz Florence
Franken Franconia
Frankfurt (am Main) Frankfurt (on the Main)
Frankfurt (an der Oder) Frankfurt (on the Oder)
Frankreich France
Französisch-Guayana French Guiana
Freiheitsstatue, die *the* Statue of Liberty
Freundschaftsinseln, die *the* Tonga (*od.* Friendly) Islands
Friaul Friuli
Friesischen Inseln, die *the* Frisian Islands
Fudschijama, der (Mount) Fuji, *a.* Fujiyama
Fünen Fyn

G

Gabun Gabon
Galapagosinseln, die *the* Galapagos Islands
Galatien *hist.* Galatia
Galicien (*in Spanien*) *a. hist.* Galicia
Galiläa Galilee
Galizien (*in Mitteleuropa*) Galicia
Gallien *hist.* Gaul
Gambia (*the*) Gambia
Gardasee, der Lake Garda
Gazastreifen, der *the* Gaza Strip
Genezareth → ***See Genezareth***
Genf Geneva
Genfer See, der Lake Geneva, Lac Léman
Gent Ghent
Genua Genoa
Georgien Georgia
Germanien *hist.* Germania
Gesellschaftsinseln, die *the* Society Islands
Gewürzinseln, die *the* Spice Islands; → *a.* ***Molukken***
Gizeh (El) Giza; → ***Pyramiden von Gizeh***
Glarner Alpen, die *the* Glarus Alps
Golanhöhen, die *the* Golan Heights
Goldene Horn, das *the* Golden Horn
Golf von Akaba, der *the* Gulf of Aqaba (*od.* Akaba)
Golf von Bengalen, der *the* Bay of Bengal
Golf von Biskaya, der *the* Bay of Biscay
Golf von Genua, der *the* Gulf of Genoa
Golf von Korinth, der *the* Gulf of Corinth
Golf von Neapel, der *the* Bay of Naples
Golf von Triest, der *the* Gulf of Trieste
Gomorrha *bibl.* Gomorrah, Gomorrha
Göteborg Gothenburg, Göteborg
Grabeskirche, die (*in Jerusalem*) *the* Church of the Holy Sepulchre
Graubünden Graubünden, *the* Grisons
Griechenland Greece
Grönland Greenland
Großbritannien Great Britain, Britain
Große Belt, der *the* Great Belt
Großen Antillen, die *the* Greater Antilles
Großen Seen, die *the* Great Lakes
Große Syrte, die *the* Gulf of Sidra
Guayana (*Region*) Guiana
Guyana (*Staat*) Guyana

H

Haiderabad Hyderabad
Halikarnassos *hist.* Halicarnassus
Hameln Hameln, Hamelin
Hannover Hanover
Harz, der *the* Harz (Mountains)
Havanna Havana
Hawaii-Inseln, die *the* Hawaiian Islands
Hebriden, die *the* Hebrides
Helgoland Hel(i)goland
Helgoländer Bucht, die *the* Hel(i)goland Bight
Hellas *hist.* Hellas, (Ancient) Greece
Helvetien *hist.* Helvetia, Switzerland
Hennegau, der Hainau(l)t
Heraklion Herakleion
Herzegowina *hist.* Herzegovina
Herzogenbusch 's Hertogenbosch
Hessen Hesse(n)
Himalaja, der *the* Himalayas
Himmelfahrtsinsel, die Ascension Island
Hindukusch, der *the* Hindu Kush
Hinterindien Indochina
Hinterpommern *hist.* Eastern Pomerania
Hiroschima Hiroshima
Hoek van Holland Hook of Holland
Holland Holland, *the* Netherlands
Hongkong Hong Kong
Hradschin, der (*in Prag*) *the* Hradčany

I

Iberien *hist.* Iberia
Iberische Halbinsel, die *the* Iberian Peninsula
Ijsselmeer, das Lake Ijssel, Ijsselmeer
Illyrien *hist.* Illyria
Indien India
Indische Ozean, der *the* Indian Ocean
Indonesien Indonesia
Innerasien Central Asia
Innere Mongolei, die Inner Mongolia
Insel Man, die *the* Isle of Man
Inseln über dem Winde, die *the* Leeward Islands
Inseln unter dem Winde, die *the* Windward Islands
Insel Wight, die *the* Isle of Wight
Invalidendom, der (*in Paris*) *the* Invalides
Ionien *hist.* Ionia
Ionische Meer, das *the* Ionian Sea
Ionischen Inseln, die *the* Ionian Islands
Irak, der Iraq
Irische See, die *the* Irish Sea
Irland Ireland
Island Iceland
Istrien Istria
Italien Italy

J

Jadebusen, *der* *the* Jade Bay
Jakutsk Yakutsk
Jalta Yalta
Jamaika Jamaica
Jangtse(kiang), *der* *the Yangtze(-Kiang)*
Japanische Meer, *das* *the Sea* of Japan
Jemen, *der* *the* Jemen
Jordanien Jordan
Judäa *hist.* Jud(a)ea
Jugoslawien Yugoslavia
Jungferninseln, *die* *the* Virgin Islands
Jütland Jutland

K

Kaimaninseln, *die* *the* Cayman Islands
Kairo Cairo
Kalabrien Calabria
Kalifornien California
Kalkutta Calcutta
Kambodscha Cambodia
Kamerun Cameroon
Kamputschea *obs.* Kampuchea
Kana(a) *bibl.* Cana
Kanaan *hist.* Canaan
Kanada Canada
Kanal, *der* (= *Ärmelkanal*) *the* (English) Channel
Kanalinseln, *die* *the* Channel Islands
Kanaren, *die*, Kanarischen Inseln, *die* *the* Canaries, *the* Canary Islands
Kantabrische Gebirge, *das* *the* Cantabrian Mountains
Kap der Guten Hoffnung, *das* *the* Cape of Good Hope, *a. the* Cape
Kap Hoorn Cape Horn, *a. the* Horn
Kappadokien Cappadocia
Kapprovinz, *die* Cape Province
Kap Skagen *the* Skaw, *a.* (Cape) Skagen
Kapstadt Cape Town
Kapverdischen Inseln, *die* *the* Cape Verde Islands
Karatschi Karachi
Karelien Karelia
Karibik, *die* *the* Caribbean
Kärnten Carinthia
Karolinen, *die* *the* Caroline Islands
Karpaten, *die* *the* Carpathians, *the* Carpathian Mountains
Karthago *hist.* Carthage
Kasachstan Kazakhstan
Kaschmir Kashmir
Kaspische Meer, *das* *the* Caspian Sea
Kastilien Castile
Katalaunischen Felder, *die* *hist. the* Catalaunian Plains (*od.* Fields)
Katalonien Catalonia
Katar Qatar
Katharinenkloster, *das* (*auf der Sinaihalbinsel*) *the* Monastery of St Catherine
Kattowitz Katowice; *hist.* Kattowitz
Kaukasus, *der* *the* Caucasus, *a. the* Caucasus Mountains
Kenia Kenya
Khaiberpaß, *der* *the* Khyber Pass
Kieler Bucht, *die* Kiel Bay
Kiew Kiev
Kilikien *hist.* Cilicia
Kilimandscharo, *der* (Mount) Kilimanjaro
Kirgisien Kirghizia
Klagemauer, *die* (*in Jerusalem*) *the* Wailing Wall
Kleinasien Asia Minor
Kleinen Antillen, *die* *the* Lesser Antilles
Köln Cologne
Kölner Dom, *der* Cologne Cathedral
Kolumbien Colombia
Komoren, *die* *the* Comoro Archipelago
Kongo, *der* *the* Congo
Königsberg Kaliningrad; *hist.* Königsberg
Konstantinopel Constantinople
Konstanz Constance
Kopenhagen Copenhagen
Kordilleren, *die* *the* Cordilleras
Korfu Corfu
Korinth Corinth
Korsika Corsica
Kotschinchina Cochin China
Krakatau Krakatoa
Krakau Cracow, Kraków
Kreml, *der* *the* Kremlin
Kreta Crete
Krim, *die* *the* Crimea
Kroatien Croatia
Kuba Cuba
Kurdistan Kurdistan, Kurdestan, Kordestan
Kurilen, *die* *the* Kuril(e) Islands
Kykladen, *die* *the* Cyclades

L

Ladogasee, *der* Lake Ladoga
Laibach Ljubljana
Lappland Lapland
Lateinamerika Latin America
Lausitz, *die* Lusatia
Lemberg Lvov
Lettland Latvia
Levante, *die* *the* Levant
Libanon, *der* (*the*) Lebanon (*meist ohne bestimmten Artikel*)
Libyen Libya
Ligurien Liguria
Ligurische Meer, *das* *the* Ligurian Sea
Liparischen Inseln, *die* *the* Lipari Islands
Lissabon Lisbon
Litauen Lithuania
Livland *hist.* Livonia
Loire-Schlösser, *die* *the* Châteaux of the Loire
Lombardei, *die* Lombardy
Lothringen Lorraine
Löwen (*in Belgien*) Louvain, Leuven
Lübecker Bucht, *die* *the* Lübeck Bay
Luganer See, *der* Lake Lugano
Lüneburger Heide, *die* *the* Lüneburg Heath
Lusitanien *hist.* Lusitania
Lüttich Liège
Luxemburg Luxemb(o)urg
Luzern Lucerne
Lydien *hist.* Lydia

M

Maas, *die* *the* Meuse, *the* Maas
Madagaskar Madagascar
Magellanstraße, *die* *the* Strait(s) of Magellan
Mähren Moravia
Mährische Pforte, *die* *the* Moravian Gate (*od.* Gap)
Mailand Milan
Mainfranken → ***Unterfranken***
Makedonien Macedonia
Malaiische Halbinsel, *die* *the* Malay Peninsula, Malaya
Malakka Malacca
Malediven, *die* *the* Maldives
Mallorca Majorca
Mandschurei, *die* Manchuria
Marianen, *die* *the* Marianas
Mark Brandenburg, *die* *the* Brandenburg Marches
Markuskirche, *die* (*in Venedig*) St Mark's (Basilica)
Markusplatz, *der* (*in Venedig*) St Mark's Square
Marmarameer, *das* *the* Sea of Marmara
Marokko Morocco
Marsfeld, *das* (*in Paris*) *the* Champ-de-Mars; (*in Rom*) *the* Field of Mars
Maskat und Oman Muscat and Oman
Masuren Masuria
Masurischen Seen, *die* *the* Masurian Lakes
Mauretanien Mauritania
Mazedonien Macedonia
Mecklenburg-Vorpommern Mecklenburg-Western Pomerania
Mekka Mecca
Melanesien Melanesia
Menorca Minorca
Meran Merano
Mesopotamien Mesopotamia
Mexiko Mexico
Mikronesien Micronesia
Milet *hist.* Miletus
Millstätter See, *der* Lake Millstatt
Mittelamerika Central America
Mittelasien Central Asia
Mitteldeutschland Central Germany
Mitteleuropa Central Europe
Mittelmeer, *das* *the* Mediterranean (Sea)
Mittlere Osten, *der* *the* Middle East
Moçambique Mozambique
Moldau[1], *die* (*Fluß*) *the* Vltava; *hist. the* Moldau
Moldau[2], *die* (*Region*) Moldavia
Moldavien Moldavia
Molukken, *die* *the* Moluccas
Mongolei, *die* Mongolia
Mosel, *die* *the* Moselle
Moskau Moscow
Moskwa, *die* *the* Moskva
Mülhausen Mulhouse
München Munich
Mykene Mycenae

N

Nahe Osten, *der* *the* Middle (*od.* Near) East
Navarra Navarre
Neapel Naples
Neu-Delhi New Delhi
Neufundland Newfoundland
Neuguinea New Guinea
Neuseeland New Zealand
Newa, *die* *the* Neva
Niagarafälle, *die* *the* Niagara Falls
Niederbayern Lower Bavaria
Niederlande, *die* *the* Netherlands, Holland
Niederösterreich Lower Austria
Niederrhein, *der* *the* Lower Rhine
Niedersachsen Lower Saxony
Niederschlesien *hist.* Lower Silesia
Nikosia Nicosia
Nil, *der* *the* Nile
Nimwegen Nijmegen
Ninive *hist.* Niniveh
Nizza Nice
Nordafrika North Africa
Nordamerika North America

Norddeutsche Tiefebene, *die* *the* North(ern) German Plain
Norddeutschland North(ern) Germany
Nordeuropa North(ern) Europe
Nordfriesischen Inseln, *die* *the* North Frisians
Nordirland Northern Ireland
Nordkap, *das* *the* North Cape
Nordkorea North Korea
Nord-Ostsee-Kanal, *der* *the* Kiel Canal
Nordpol, *der* *the* North Pole
Nordpolarmeer, *das* *the* Arctic Ocean
Nordrhein-Westfalen North-Rhine/Westphalia
Nordsee, *die* *the* North Sea
Normandie, *die* Normandy
Norwegen Norway
Nowgorod Novgorod
Nowosibirsk Novosibirsk
Nubien (*Region u. hist.*) Nubia
Nürnberg Nuremberg

O

Oberbayern Upper Bavaria
Oberengadin, *das* *the* Upper Engadine
Obere See, *der* Lake Superior
Oberfranken Upper Franconia
Oberitalien Northern Italy
Oberösterreich Upper Austria
Oberpfalz, *die* *the* Upper Palatinate
Oberrhein, *der* *the* Upper Rhine
Oberrheinische Tiefebene, *die* *the* Upper Rhine Valley
Oberschlesien *hist.* Upper Silesia
Ochotskische Meer, *das* *the* Sea of Okhotsk
Ölberg, *der* *bibl. the* Mount of Olives
Olymp, *der* (Mount) Olympus
Onegasee, *der* Lake Onega
Oranjefreistaat, *der* *the* Orange Free State
Orinoko, *der* *the* Orinoco
Ostafrika East Africa
Ostasien East Asia
Ostdeutschland 1. Eastern Germany; **2.** *hist. the* German Democratic Republic, East Germany
Ostende Ostend
Osterinsel, *die* Easter Island
Österreich Austria
Österreich-Ungarn *hist.* Austria-Hungary
Osteuropa Eastern Europe
Ostfriesischen Inseln, *die* *the* East Frisians
Ostpreußen *hist.* East Prussia
Ostsee, *die* *the* Baltic (Sea)
Ozeanien Oceania

P

Palästina *bibl., hist.* Palestine
Palatin, *der* (*in Rom*) *the* Palatine
Panamakanal, *der* *the* Panama Canal
Pandschab, *das* *the* Punjab
Pannonien *hist.* Pannonia
Papua-Neuguinea Papua-New Guinea
Parnaß, *der* Mount Parnassus
Parthien *hist.* Parthia
Patagonien Patagonia
Pazifik, *der* *the* Pacific (Ocean)
Pelagischen Inseln, *die* *the* Pelagian Islands
Peloponnes, *der* *od.* *die* *the* Peloponnese, *the* Peloponnesus
Persien *hist.* Persia
Persische Golf, *der* *the* Persian Gulf
Petersburg, (*St.*) St Petersburg
Petersdom, *der* (*in Rom*) St Peter's (Cathedral)
Peterskirche, *die* (*in Rom*) St Peter's
Petersplatz, *der* (*in Rom*) St Peter's Square
Pfalz, *die* *the* Palatinate
Philippinen, *die* *the* Philippines
Phönizien *hist.* Phoenicia
Phrygien *hist.* Phrygia
Picardie, *die* Picardy
Piemont Piedmont
Pilsen Plzeň; *hist.* Pilsen
Piräus Piraeus
Platäa *hist.* Plataea
Plattensee, *der* Lake Balaton
Po-Ebene, *die* *the* Po Valley
Polarkreis, *der* 1. *the* Arctic Circle; **2.** *the* Antarctic Circle
Polen Poland
Polynesien Polynesia
Pommern Pomorze; *hist.* Pomerania
Pompeji Pompeii
Pontinischen Sümpfe, *die* *the* Pontine Marshes
Pontische Gebirge, *das* *the* Pontic Mountains
Pontos *hist.* Pontus
Posen Poznán
Prag Prague
Preßburg Bratislava; *hist.* Pressburg
Preußen *hist.* Prussia
Provence, *die* Provence
Pyramiden von Gizeh, *die* *the* Pyramids of Giza
Pyrenäen, *die* *the* Pyrenees
Pyrenäenhalbinsel, *die* *the* Iberian Peninsula

R

Rangun Rangoon
Rätien *hist.* Rhaetia
Rätischen Alpen, *die* *the* Rhaetian Alps
Republik Irland, *die* *the* Republic of Ireland
Reval Tallin(n); *hist.* Reval
Rhein, *der* *the* Rhine
Rheinfall, *der* *the* Rhine Falls
Rheingau, *der* *the* Rhinegau
Rheinhessen Rhinehessen
Rheinische Schiefergebirge, *das* *the* Rhenish Slate Mountains
Rheinland, *das* *the* Rhineland
Rheinland-Pfalz Rhineland-Palatinate
Rhodesien *hist.* Rhodesia
Rhodos Rhodes
Rom Rome
Rote Meer, *das* *the* Red Sea
Rote Platz, *der* (*in Moskau*) Red Square
Rubikon, *der* *the* Rubicon
Ruhrgebiet, *das* *the* Ruhr(gebiet)
Rumänien Romania, *a.* Rumania
Rußland Russia

S

Saargebiet, *das* *hist. the* Saar(land)
Saarland, *das* *the* Saar(land)
Saba *hist.* Sheba
Sabiner Berge, *die* *the* Sabine Hills
Sachalin Sakhalin
Sachsen Saxony
Sachsen-Anhalt Saxony-Anhalt
Sächsische Schweiz, *die* Saxon Switzerland
Salomonen, *die*, Salomonischen Inseln, *die* *the* Solomon Islands
Saloniki Salonika, Saloniki
Sambesi, *der* *the* Zambezi
Sambia Zambia
Samothrake Samothrace
Sankt Gallen St Gallen, *obs.* St Gall
Sankt-Lorenz-Strom, *der* *the* St Lawrence (River)
Sansibar Zanzibar
Sarajewo Sarajevo
Sardinien Sardinia
Saudi-Arabien Saudi Arabia
Savoyen Savoy
Schanghai Shanghai
Schatt el Arab, *der* *the* Shatt-al-Arab
Schiefe Turm von Pisa, *der* *the* Leaning Tower of Pisa
Schlesien 1. (*in Polen*) Slask; *hist.* Silesia; **2.** (*in der Tschechoslowakei*) Slezsko; *hist.* Silesia
Schottland Scotland
Schwaben Swabia
Schwäbische Alb, *die* *the* Swabian Jura
Schwarze Meer, *das* *the* Black Sea
Schwarzwald, *der* *the* Black Forest
Schweden Sweden
Schweiz, *die* Switzerland
Schweizer Mittelland, *das* *the* Swiss Midlands
Seealpen, *die* *the* Maritime Alps
See Genezareth, *der* *the* Sea of Galilee
Seeland (*dänische Insel*) Zealand
Seidenstraße, *die* *hist. the* Silk Road (*od.* Route)
Serbien Serbia
Seufzerbrücke, *die* (*in Venedig*) *the* Bridge of Sighs
Sevilla Seville
Seychellen, *die* *the* Seychelles
Sibirien Siberia
Siebenbürgen Transylvania
Simbabwe Zimbabwe
Sinaigebirge, *das* Mount Sinai
Sinaihalbinsel, *die* *the* Sinai Peninsula
Singapur Singapore
Sixtinische Kapelle, *die* (*in Rom*) *the* Sistine Chapel
Sizilien Sicily
Skandinavien Scandinavia
Slowakei, *die* Slovakia
Slowenien Slovenia
Sorrent Sorrento
Sowjetunion, *die* *hist. the* Soviet Union
Spanien Spain
Spanische Treppe, *die* (*in Rom*) *the* Spanish Steps
Sporaden, *die* *the* Sporades
Steiermark, *die* Styria
Stephansdom, *der* (*in Wien*) St Stephen's (Cathedral)
Stettin Szczecin; *hist.* Stettin
Stille Ozean, *der* → *Pazifik*
Straßburg Strasbourg
Straßburger Münster, *das* Strasbourg Minster
Straße von Dover, *die* *the* Strait(s) of Dover
Straße von Gibraltar, *die* *the* Strait(s) of Gibraltar
Stubaier Alpen, *die* *the* Stubai Alps
Südafrika South Africa
Südamerika South America
Sudan, *der* (*the*) Sudan
Südchinesische Meer, *das* *the* South China Sea

Süddeutschland South(ern) Germany
Sudetenland, *das* *hist.* Sudetenland, *a. the* Sudeten
Südeuropa South(ern) Europe
Südkorea South Korea
Südpolarmeer, *das* *the* Antarctic Ocean
Südsee, *die* *the* South Pacific, *the* South Seas
Südseeinseln, *die* *the* Pacific (*od.* South Sea) Islands
Südtirol South Tyrol
Südwestafrika South-West Africa
Suezkanal, *der* *the* Suez Canal
Sund, *der* *the* Sound
Swasiland Swaziland
Syrakus Syracuse
Syrien Syria
Szegedin Szeged
Szetschuan Szechuan

T

Tadschikistan Tadzhikistan
Tafelberg, *der* Table Mountain
Taipeh Taipei
Tajo, *der* *the* Tagus
Tanganjika Tanganyika
Tanganjikasee, *der* Lake Tanganyika
Tanger Tangier
Tansania Tanzania
Tarent Taranto
Tasmanien Tasmania
Tatarei, *die* *hist.* Tartary
Tatra, *die* *the* Tatra Mountains, *a. the* High Tatra
Taurus, *der* *the* Taurus (Mountains)
Teheran Teh(e)ran
Tempelberg, *der* (*in Jerusalem*) *the* Temple Mount
Teneriffa Tenerife
Tessin, *das* Ticino
Teutoburger Wald, *der* *the* Teutoburg Forest, *the* Teutoburger Wald
Theben *hist.* Thebes
Themse, *die* *the* Thames
Thermopylen, *die* Thermopylae
Thessalien Thessaly
Thrakien *hist.* Thrace, Thracia
Thuner See, *der* *the* Lake of Thun
Thüringen Thuringia
Thüringer Wald, *der* *the* Thuringian Forest
Tirol (*the*) Tyrol
Tokio Tokyo
Tongainseln, *die* *the* Tonga (*od.* Friendly) Islands
Toskana, *die* Tuscany
Tote Meer, *das* *the* Dead Sea
Transkaukasien Transcaucasia
Trasimenische See, *der* Lake Trasimeno
Trient Trento
Triest Trieste
Tripolis Tripoli
Troja Troy
Tschad, *der* Chad
Tschechien Czechia, *the* Czech Republic
Tschechoslowakei, *die* *hist.* Czechoslovakia
Tschetschenien Chechnya
Tunesien Tunisia
Türkei, *die* Turkey
Turkestan Turkestan, Turkistan
Turm von Babel, *der* *bibl. the* Tower of Babel
Tyrrhenische Meer, *das* *the* Tyrrhenian Sea
Tyrus *hist.* Tyre

U

Uffizien, *die* (*in Florenz*) *the* Uffizi
Ulmer Münster, *das* Ulm Minster
Umbrien Umbria
Ungarn Hungary
Union der Sozialistischen Sowjetrepubliken, *die* *hist. the* Union of Soviet Socialist Republics
Unterfranken Lower Franconia
Unteritalien Southern Italy
Uppsala Up(p)sala
Ural, *der* *the* Urals
Usbekistan Uzbekistan

V

Vansee, *der* Lake Van
Vatikan, *der* *the* Vatican
Veitsdom, *der* (*in Prag*) St Vitus's Cathedral
Venedig Venice
Venetien Veneto
Verbotene Stadt, *die* (*in Peking*) *the* Forbidden City
Vereinigte Königreich (von Großbritannien und Nordirland), *das* *the* United Kingdom (of Great Britain and Northern Ireland)
Vereinigten Arabischen Emirate, *die* *the* United Arab Emirates
Vereinigten Staaten (von Amerika), *die* *the* United States (of America)
Vesuv, *der* Vesuvius
Via Appia, *die* *hist. the* Appian Way
Vierwaldstätter See, *der* Lake Lucerne
Vietnam Vietnam, Viet Nam
Vlissingen Flushing
Vogesen, *die* *the* Vosges (Mountains)
Volksrepublik China, *die* *the* People's Republic of China
Vorderasien *the* Middle (*od.* Near) East; *hist. the* Levant
Vorderindien *the* Indian Peninsula (and Ceylon)
Vorpommern Western Pomerania

W

Walachei, *die* *hist.* Wal(l)achia
Walfischbai, *die* Walvis (*od.* Walfish) Bay
Wallis, *das* Valais
Wallonien Wallonie
Warschau Warsaw
Wattenmeer, *das* (*vor der Nordseeküste*) *the* mud flats
Weichsel, *die* *the* Vistula
Weiße Haus, *das* (*in Washington DC*) *the* White House
Weißrußland B(y)elorussia, Belarus
Wenzelsplatz, *der* (*in Prag*) Wenceslas Square
Westdeutschland 1. Western Germany; **2.** *hist.* → ***Bundesrepublik Deutschland***
Westeuropa West(ern) Europe
Westfalen Westphalia
Westfälische Pforte, *die* *the* Porta Westfalica, *the* Westphalian Gate
Westfriesischen Inseln, *die* *the* West Frisians
Westindien *the* West Indies
Westpreußen *hist.* West Prussia
Wien Vienna
Wilna Vilnius
Windhuk Windhoek
Wladiwostok Vladivostok
Wolga, *die* *the* Volga

Y

Ypern Ypres

Z

Zentralafrikanische Republik, *die* *the* Central African Republic
Zisalpinische Republik, *die* *hist. the* Cisalpine Republic
Zuckerhut, *der* (*in Rio de Janeiro*) Sugar Loaf Mountain
Zürich Zurich
Zürichsee, *der*, Züricher See, *der* Lake Zurich
Zypern Cyprus

Die Länder der Bundesrepublik Deutschland

The Länder of the Federal Republic of Germany

Baden-Württemberg Baden-Württemberg
Bayern Bavaria
Berlin Berlin
Brandenburg Brandenburg
Bremen Bremen
Hamburg Hamburg
Hessen Hesse
Mecklenburg-Vorpommern Mecklenburg-Western Pomerania, Mecklenburg and Western Pomerania
Niedersachsen Lower Saxony
Nordrhein-Westfalen North-Rhine/Westphalia
Rheinland-Pfalz Rhineland-Palatinate
Saarland Saarland
Sachsen Saxony
Sachsen-Anhalt Saxony-Anhalt
Schleswig-Holstein Schleswig-Holstein
Thüringen Thuringia

Die Länder der Republik Österreich

The Länder of the Republic of Austria

Burgenland Burgenland
Kärnten Carinthia
Niederösterreich Lower Austria
Oberösterreich Upper Austria
Salzburg Salzburg
Steiermark Styria
Tirol Tyrol
Vorarlberg Vorarlberg
Wien Vienna

Die Kantone der Schweizerischen Eidgenossenschaft

(in Klammern die Halbkantone)

The Cantons of the Swiss Confederation

(Half cantons in brackets)

Aargau Aargau
Appenzell (Inner-Rhoden; Außer-Rhoden) Appenzell (Inner Rhodes; Outer Rhodes)
Basel Basel, Basle
Bern Bern, Berne
Freiburg, *frz.* **Fribourg** Fribourg
Genf, *frz.* **Genève** Geneva
Glarus Glarus
Graubünden Graubünden, Grisons
Jura Jura
Luzern Lucerne
Neuenburg, *frz.* **Neuchâtel** Neuchâtel
St. Gallen St Gallen, St Gall
Schaffhausen Schaffhausen
Schwyz Schwyz
Solothurn Solothurn
Tessin, *ital.* **Ticino** Ticino
Thurgau Thurgau
Unterwalden (Obwalden; Nidwalden) Unterwalden (Obwalden; Nidwalden)
Uri Uri
Waadt, *frz.* **Vaud** Vaud
Wallis, *frz.* **Valais** Valais, Wallis
Zug Zug
Zürich Zurich

Historische, biblische und mythologische Namen
Historical, Biblical and Mythological Names

Folgende Liste enthält eine Auswahl an historischen Namen sowie solchen aus der Mythologie und Weltliteratur. Es wurden im allgemeinen nur Namen aufgenommen, die im Englischen eine andere Schreibung als im Deutschen aufweisen. Bei Varianten wurde manchmal nur die geläufigste angegeben. Das bei manchen Namen angegebene Betonungszeichen (') soll als Aussprachehilfe dienen. Die vollständige phonetische Umschreibung der englischen Namen können Sie in einem der Standardausspracheworterbücher nachschlagen.

Abälard Abelard
Achill(es) *myth.* Achilles
Ahasver *myth.* Ahasu'erus
Aktäon *myth.* Actaeon
Alarich Alaric
Alba, *Herzog von* Duke of Alva (*od.* Alba)
Albrecht der Bär Albert the Bear
Alexander der Große Alexander the Great
Alkibiades Alcibiades
Alkmene *myth.* Alcmene
Alkuin 'Alcuin
Ambrosius, *der heilige* St 'Ambrose
Amenophis Amen'hotep
Anakreon A'nacreon
Äneas *myth.* Ae'neas
Antäus *myth.* An'taeus
Antonius, *der heilige* St 'Anthony
Äolus *myth.* Ae'olus
Aristoteles 'Aristotle
Artus, *König* *myth.* King Arthur
Äschylus Aeschylus
Äskulap *myth.* Aescu'lapius
Äsop 'Aesop
Athene *myth.* Athena
Augias *myth.* Au'geas
August der Starke Au'gustus the Strong
Augustin(us), *der heilige* St Au'gustine

Baldur *myth.* Balder, Baldur
Barbarossa → ***Friedrich Barbarossa***
Bartholomäus, *der heilige* St. Bar'tholomew
Basilius 'Basil
Bathseba *bibl.* 'Bathsheba
Beda (Venerabilis) (the Venerable) Bede
Belisar Beli'sarius
Belsazar Bel'shazzar
Benedikt, *der heilige* St Benedict
Bonifatius 'Boniface
Bukephalos *myth.* Bucephalus

Cäsar Caesar
Cato der Ältere Cato the Elder
Cato der Jüngere Cato the Younger
Chlodwig Clovis
Christophorus, *der heilige* St 'Christopher
Christus, *Jesus* Jesus Christ
Chrysostomus, *Johannes* St John Chry'sostom
Cupido *myth.* 'Cupid

Dädalus *myth.* Daedalus
Damokles Damocles
Danae *myth.* Danaë
Danaiden, *die* *myth. the* Da'naides
Demokrit De'mocritus
Diokletian Dio'cletian
Dionysios Dio'nysius
Dionysius, *der heilige* St De'nis
Dionysos Dio'nysus, Dio'nysos
Dioskuren, *die* *myth. the* Di'oscuri
Donar *myth.* Donar, Thor
Don Quichotte Don Quijote
Drakon Draco
Dschingis-Khan Genghis Khan

Echnaton Akhe'naton, Amen'hotep IV
Eduard Edward
Eduard der Bekenner Edward the Confessor
Elektra *myth.* Electra
Elias *bibl.* E'lijah
Elisabeth Elizabeth
Empedokles Empedocles
Epiktet Epic'tetus
Epikur Epi'curus
Erich der Rote Eric the Red
Erinnyen, *die* *myth. the* E'rin(n)yes
Ermanerich Ermaneric
Esra *bibl.* Ezra
Etzel Attila (the Hun)
Eugen, *Prinz* Prince 'Eugene
Euklid 'Euclid
Eumeniden, *die* *myth. the* Eu'menides
Euridike *myth.* Eu'rydice
Ezechiel *bibl.* E'zekiel

Franz Ferdinand Francis Ferdinand
Franz Joseph Francis Joseph
Franz von Assisi, *der heilige* St Francis of Assisi
Friedrich Barbarossa Frederick Barbarossa
Friedrich der Große Frederick the Great
Friedrich der Weise Frederick the Wise
Friedrich Wilhelm der Große Kurfürst Frederick William the Great Elector
Fritz: *der Alte ~* → ***Friedrich der Große***
Furien, *die* *myth. the* Furies

Galilei, *Galileo* Galileo (Galilei)
Ganymed *myth.* Ganymede
Geiserich Geiseric
Georg George
Ghibellinen, *die* *the* 'Ghibellines
Gracchen, *die* *the* Gracchi
Grazien, *die* *myth. the* Graces
Guelfen, *die* *the* Guelfs
Gustav Adolph Gu'stavus A'dolphus

Habakuk *bibl.* 'Habakkuk
Habsburger, *die* *the* Hapsburgs
Hadrian Hadrian, Adrian
Heinrich der Löwe Henry the Lion
Heinrich der Seefahrer Henry the Navigator
Hekate *myth.* 'Hecate, 'Hekate
Hektor *myth.* Hector
Hekuba *myth.* 'Hecuba
Helena *myth.* Helen
Hephäst *myth.* Hephaestus, Hephaistos
Herakles *myth.* Heracles, Herakles
Herakliden, *die* *myth. the* Hera'clidae
Heraklit Hera'clitus
Herkules *myth.* Hercules
Hermann der Cherusker Arminius
Herodes 'Herod
Herodot He'rodotus
Hesekiel E'zekiel
Hesperiden, *die* *the* He'sperides
Hieronymus, *der heilige* St Je'rome
Hiob *bibl.* Job
Hippokrates Hip'pocrates
Hippolytos *myth.* Hip'polytus
Horaz 'Horace
Horen, *die* *myth. the* Horae, *a. the* Hours

Ignatius von Loyola Ignatius (of) Lo'yola
Ignaz, *der heilige* St Ignatius
Ikarus *myth.* 'Icarus
Innozenz Innocent
Iokaste *myth.* Jocasta
Iphigenie *myth.* Iphige'nia
Isaak *bibl.* Isaac
Iwan der Große Ivan the Great
Iwan der Schreckliche Ivan the Terrible

Jahwe Jahweh, Jahveh
Jakob *bibl.* Jacob; (*Könige*) James
Jakobus *bibl.* (St) James
Japhet *bibl.* Japheth
Jehova Jehovah
Jeremia(s) *bibl.* Jeremiah
Jerobeam *bibl.* Jero'boam
Jesaja *bibl.* Isaiah
Johann ohne Land, Johann Ohneland John Lackland
Johanna von Orléans, *die heilige* St Joan of Arc

Johannes der Evangelist *bibl.* John the E'vangelist
Johannes der Täufer *bibl.* John the 'Baptist
Jona(s) *bibl.* Jonah
Josia(s) *bibl.* Jo'siah
Josua *bibl.* Joshua
Juda *bibl.* Judah
Judas Ischariot *bibl.* Judas Iscariot
Judas Makkabäus Judas Maccabeus
Jungfrau von Orléans, *die* St Joan of Arc

Kadmos *myth.* Cadmus
Kain *bibl.* Cain
Kaiphas *bibl.* Caiaphas
Kallimachos Cal'limachus
Kalliope *bibl.* Cal'liope
Karl der Dicke Charles the Fat
Karl der Große 'Charlemagne, Charles the Great
Karl der Kahle Charles the Bald
Karl der Kühne Charles the Bold
Karl Martell Charles Martel
Kassiodor Cassio'dorus
Katharina die Große Catherine the Great
Katharina von Aragonien Catherine of 'Aragon
Katull Catullus
Klemens Clement
Kleopatra Cleo'patra
Klytämnestra *myth.* Clyt(a)emnestra
Knut der Große Ca'nute the Great, King Ca'nute
Kolumbus, *Christoph* Christopher Columbus
Konstantin der Große Constantine the Great
Kopernikus, *Nikolaus* Nicolaus Copernicus
Kronos *myth.* Cronus, Cronos
Krösus Croesus
Kyrill, *der heilige* St 'Cyril
Kyros der Große Cyrus the Great

Laokoon *myth.* Laocoon
Laren, *die* *myth. the* Lares
Leukippos Leucippus
Livius Livy
Lothar Lo'thair
Ludwig der Bayer Louis the Bavarian
Ludwig der Deutsche Louis the German
Ludwig der Fromme Louis the Pious
Ludwig der Sonnenkönig Louis the Sun King
Lukas *bibl.* (St) Luke
Lukrez Lucretius
Lukullus Lucullus
Luzifer *myth.* Lucifer
Lykurg Lycurgus
Lysipp Lysippus

Makkabäer, *die* *bibl. the* 'Maccabees
Malachias *bibl.* 'Malachi
Maria Magdalena Mary 'Magdalen
Maria Stuart Mary Queen of Scots, Mary Stuart
Maria Theresia Maria Theresa
Mark Anton Mark 'Antony
Mark Aurel Marcus Aurelius (Anto'ninus)
Markus *bibl.* (St) Mark
Matthäus *bibl.* (St) 'Matthew
Megäre *myth.* Megaera
Menelaos *myth.* Mene'laus
Merkur *myth.* 'Mercury
Methusalem *bibl.* Me'thuselah
Micha *bibl.* Micah
Minotaurus, *der* *myth. the* 'Minotaur

Najaden, *die* *myth. the* 'naiads, *the* 'naiades
Narziß *myth.* Narcissus
Nausikaa *myth.* Nausicaä
Nebukadnezar *bibl.* Nebuchadnezzar
Nehemia *bibl.* Nehe'miah
Neptun *myth.* Neptune
Nereiden, *die* *myth. the* Ne'reides
Nikodemus *bibl.* Nicodemus
Nikolaus, *der heilige* St Nicholas
Nofretete Nefer'titi
Nornen, *die* *myth. the* Norns

Ödipus *myth.* Oedipus
Odoaker Odo'acer, Odo'vacar
Oktavian Octavian
Orest *myth.* Orestes
Origenes 'Origen
Otto der Große Otto the Great

Parzen, *die* *myth. the* Parcae
Parzival *myth.* Percival
Patroklos *myth.* Patroclus
Paulus *bibl.* (St) Paul
Peisistratos Pisistratus
Penaten, *die* *myth. the* penates
Penthesilea *myth.* Penthesile(i)a
Perikles Pericles
Peter der Große Peter the Great
Petrus *bibl.* (St) Peter
Phäaken, *die* *myth. the* Phaeacians
Phaeton Phaethon
Philipp der Gute Philip the Good
Philipp der Kühne Philip the Bold
Philipp der Lange Philip the Tall
Philipp der Schöne Philip the Fair
Philippus der Evangelist *bibl.* Philip the E'vangelist
Phöbe *myth.* Phoebe, Phebe
Phöbus *myth.* Phoebus (Apollo)
Phönix *myth.* Phoenix
Pilatus, *Pontius* Pontius 'Pilate
Pippin der Kleine Pepin the Short
Plejaden, *die* *myth. the* 'Pleiades
Plinius Pliny
Polykrates Polycrates
Polyphem *myth.* Poly'phemus
Pompejus 'Pompey (the Great)
Priamos *myth.* 'Priam
Prokop Procopius
Prokrustes *myth.* Procrustes
Properz Propertius
Ptolemäus 'Ptolemy

Rahel *bibl.* Rachel
Rebekka *bibl.* Rebecca
Richard Löwenherz Richard (the) Lion-Heart

Sacharja *bibl.* Zecha'riah
Salomo(n) *bibl.* Solomon
Sara *bibl.* Sarah
Saulus *bibl.* Saul
Seleukiden, *die* *the* Se'leucids
Sokrates Socrates
Sophokles Sophocles
Spartakus Spartacus
Stephan Stephen
Sueton Suetonius

Telemach(os) *myth.* Te'lemachus
Terenz 'Terence
Thaddäus *bibl.* (St) Jude, 'Thad(d)eus
Themistokles Themistocles
Theoderich der Große Theodoric (*od.* Theoderic) the Great
Theokrit The'ocritus
Theophrast Theophrastus
Thomas von Aquin(o), *der heilige* St Thomas Aquinas
Thukydides Thucydides
Timotheus *bibl.* 'Timothy
Titanen, *die* *myth. the* 'Titans
Tutanchamun, Tutenchamun Tut-an'khamen, Thutankha'mun

Uranos *myth.* 'Uranus

Vergil 'Virgil
Vinzenz Vincent
Vitruv Vitruvius
Vulkan 'Vulcan

Walküre *myth.* 'Valkyrie
Wenzel Wencesla(u)s
Widukind Wittekind, *a.* Widukind
Wilhelm William
Wilhelm der Eroberer William the Conqueror
Wilhelm von Oranien William of 'Orange
Wotan *myth.* Wodan, Woden

Xanthippe Xant(h)ippe
Xenokrates Xe'nocrates

Zebaoth *bibl.* Sabaoth
Zebedäus *bibl.* 'Zebedee
Zephanja *bibl.* Zepha'niah
Zerberus *myth.* Cerberus

Musikalische Werkbezeichnungen
Names of Musical Works

Abschiedssymphonie (*Haydn*) Farewell Symphony
Akademische Festouvertüre (*Brahms*) Academic Festival Overture
Eine Alpensymphonie (*R. Strauss*) An Alpine Symphony
Also sprach Zarathustra (*R. Strauss*) Thus Spake Zarathustra
An der schönen blauen Donau (*Joh. Strauß, engl. J. Strauss*) The Blue Danube
An die ferne Geliebte (*Beethoven*) To the Distant Beloved
Auferstehungssymphonie (*Mahler*) Resurrection Symphony
Aus der neuen Welt (*Dvořák*) From the New World, The New World Symphony
Aus meinem Leben (*Smetana*) From my Life

Der Bajazzo (*Leoncavallo*) I Pagliacci
Der Barbier von Sevilla (*Rossini*) The Barber of Seville
Der Bettelstudent (*Millöcker*) The Beggar Student
Bilder einer Ausstellung (*Mussorgsky*) Pictures at an Exhibition

Coriolan(-Ouvertüre) (*Beethoven*) Coriolanus (Overture)
Die Czardasfürstin (*Kálmán*) The Gipsy Princess

Ein deutsches Requiem (*Brahms*) A German Requiem, Brahms' Requiem
Dichterliebe (*Schumann*) Poet's Love
Die Diebische Elster (*Rossini*) The Thieving Magpie
Dissonanzenquartett (*Mozart*) Dissonance Quartet
Dornröschen (*Tschaikowsky, engl. Tchaikovsky*) Sleeping Beauty
Die Dreigroschenoper (*Weill / Brecht*) The Threepenny Opera

Elias (*Mendelssohn-Bartholdy*) Elijah
Die Entführung aus dem Serail (*Mozart*) The Seraglio, The Abduction from the Seraglio

Fantasiestücke (*Schumann*) Fantasy Pieces
Fausts Verdammnis (*Berlioz*) The Damnation of Faust
Der Feuervogel (*Strawinsky, engl. Stravinsky*) The Firebird
Feuerwerksmusik (*Händel, engl. Handel*) Fireworks Music, Music for the Royal Fireworks
Figaros Hochzeit (*Mozart*) The Marriage of Figaro
Die Fingalshöhle (*Mendelssohn-Bartholdy*) Fingal's Cave
Die Fledermaus (*Joh. Strauß, engl. J. Strauss*) Die Fledermaus (The Bat)
Der Fliegende Holländer (*Wagner*) The Flying Dutchman
Forellenquintett (*Schubert*) Trout Quintet
Frauenliebe und -leben (*Schumann*) Woman's Love and Life
Die Frau ohne Schatten (*R. Strauss*) Die Frau ohne Schatten (The Woman without a Shadow)
Der Freischütz (*Weber*) Der Freischütz
Frühlingssonate (*Beethoven*) Spring Sonata
Frühlingssymphonie (*Schumann*) Spring Symphony
Fürst Igor (*Borodin*) Prince Igor

Geistertrio (*Beethoven*) Ghost Trio, The Ghost
Geschichten aus dem Wienerwald (*Joh. Strauß, engl. J. Strauss*) Tales from the Vienna Woods
Die Geschöpfe des Prometheus (*Beethoven*) The Creatures of Prometheus
Der Goldene Hahn (*Rimsky-Korsakow, engl. Rimsky-Korsakov*) The Golden Cockerel
Götterdämmerung (*Wagner*) Götterdämmerung, The Twilight of the Gods
Gräfin Maritza (*Kálmán*) Countess Maritza
Der Graf von Luxemburg (*Lehár*) The Count of Luxembourg
Gurrelieder (*Schönberg*) Gurrelieder (Songs of Gurra)

Hänsel und Gretel (*Humperdinck*) Hansel and Gretel
Harold in Italien (*Berlioz*) Harold in Italy
Hebridenouvertüre (*Mendelssohn-Bartholdy*) Fingal's Cave, Hebrides Overture
Ein Heldenleben (*R. Strauss*) A Hero's Life
Die Hochzeit des Figaro (*Mozart*) The Marriage of Figaro
Hoffmanns Erzählungen (*Offenbach*) Tales of Hoffmann
Die Hugenotten (*Meyerbeer*) The Huguenots

Im Weißen Rößl (*Benatzky*) The White Horse Inn
Iphigenie auf Tauris (*Gluck*) Iphigenia on Tauris
Die Italienerin in Algier (*Rossini*) L'Italiana in Algeri, The Italian Girl in Algiers
Italienische Symphonie (*Mendelssohn-Bartholdy*) Italian Symphony

Jagdquartett (*Mozart*) The Hunt, Hunting Quartet
Jagdsymphonie (*Haydn*) La Chasse, The Hunt
Die Jahreszeiten (*Haydn*) The Seasons
Johannespassion (*J.S. Bach*) St John Passion

Kaiserquartett (*Haydn*) Emperor Quartet
Kaiserwalzer (*Joh. Strauß, engl. J. Strauss*) Kaiser Waltz
Kegelstatt-Trio (*Mozart*) Kegelstatt Trio (Skittleground Trio)
Kindersymphonie (*Leopold Mozart*) Toy Symphony
Kinderszenen (*Schumann*) Scenes from Childhood
Kindertotenlieder (*Mahler*) Kindertotenlieder, Songs on the Death of Children
Eine kleine Nachtmusik (*Mozart*) Eine kleine Nachtmusik, A Little Serenade
Die Kluge (*Orff*) The Wise Woman
Des Knaben Wunderhorn (*Mahler*) Des Knaben Wunderhorn (The Youth's Magic Horn)
Krieg und Frieden (*Prokofjew, engl. Prokofiev*) War and Peace
Die Krönung der Poppea (*Monteverdi*) The Coronation of Poppea
Krönungskonzert (*Mozart*) Coronation Concerto
Krönungsmesse (*Mozart*) Coronation Mass
Die Kunst der Fuge (*J.S. Bach*) The Art of Fugue

Land des Lächelns (*Lehár*) The Land of Smiles
Das Leben eines Wüstlings (*Strawinsky, engl. Stravinsky*) The Rake's Progress
Leonoren-Ouvertüre(n) (*Beethoven*) Leonora-Overture(s)
Lerchenquartett (*Haydn*) The Lark
Liebesträume (*Liszt*) Liebesträume

Die Liebe zu den drei Orangen (*Prokofjew, engl. Prokofiev*) Love for Three Oranges
Lied an die himmlische Freude (*Mahler*) Ode to Heavenly Joy
Lieder eines fahrenden Gesellen (*Mahler*) Songs of a Wayfarer
Das Lied von der Erde (*Mahler*) Song of the Earth
Die Lustigen Weiber von Windsor (*Nicolai*) The Merry Wives of Windsor
Die Lustige Witwe (*Lehár*) The Merry Widow

Die Macht des Schicksals (*Verdi*) The Force of Destiny
Marienvesper (*Monteverdi*) Vespers of the Blessed Virgin
Ein Maskenball (*Verdi*) A Masked Ball
Mathis der Maler (*Hindemith*) Mathias the Painter
Matthäuspassion (*J.S. Bach*) St Matthew Passion
Maurerische Trauermusik (*Mozart*) Masonic Funeral Music
Mein Vaterland (*Smetana*) Ma Vlast (My Fatherland)
Die Meistersinger von Nürnberg (*Wagner*) The Mastersingers of Nuremberg
Der Messias (*Händel, engl.Handel*) The Messiah
Militärsymphonie (*Haydn*) Military Symphony
Minutenwalzer (*Chopin*) Minute Waltz
Die Moldau (*Smetana*) The Moldau
Mondscheinsonate (*Beethoven*) Moonlight Sonata
Das musikalische Opfer (*J.S. Bach*) The Musical Offering

Eine Nacht auf dem kahlen Berge (*Mussorgsky*) A Night on the Bare Mountain, *Am.* Night on Bald Mountain
Nachtstücke (*Schumann*) Nocturnes
Die Nachtwandlerin (*Bellini*) La Sonnambula (The Sleepwalker)
Nelson-Messe (*Haydn*) Nelson Mass
Die Neugierigen Frauen (*Wolf-Ferrari*) The Inquisitive Women
Nußknackersuite (*Tschaikowsky, engl. Tchaikovsky*) Nutcracker Suite

Odysseus' Heimkehr (*Monteverdi*) The Return of Ulysses
O Haupt voll Blut und Wunden [*Kirchenlied*] O sacred Head surrounded
Der Opernball (*Heuberger*) The Opera Ball
Orfeo (*Monteverdi*) L'Orfeo, Orpheus
Orpheus in der Unterwelt (*Offenbach*) Orpheus in the Underworld
Othello (*Verdi*) Othello, Otello

Pastorale (*Beethoven*) Pastoral (Symphony)
Pathétique (*Tschaikowsky, engl. Tchaikovsky*) Pathétique
Die Perlenfischer (*Bizet*) The Pearl Fishers
Peter und der Wolf (*Prokofjew, engl. Prokofiev*) Peter and the Wolf
Petruschka (*Strawinsky, engl. Stravinsky*) Petrushka
Die Planeten (*Holst*) The Planets, The Planets Suite
Polowetzer Tänze (*Borodin*) Polovtsian Dances
Preußische Quartette (*Haydn, Mozart*) Prussian Quartets
Psalmensymphonie (*Strawinsky, engl. Stravinsky*) Symphony of Psalms

Quintenquartett (*Haydn*) Fifths Quartet

Der Raub der Lukretia (*Britten*) The Rape of Lucretia
Reformationssymphonie (*Mendelssohn-Bartholdy*) Reformation Symphony
Die Regimentstochter (*Donizetti*) The Daughter of the Regiment
Registerarie (*Mozart, aus dem Don Giovanni*) Catalogue Aria
Reiterquartett (*Haydn*) The Rider, Rider Quartet
Das Rheingold (*Wagner*) Rhinegold
Rheinische Symphonie (*Schumann*) Rhenish Symphony
Der Ring des Nibelungen (*Wagner*) The Ring (of the Nibelung)
Romantische Symphonie (*Bruckner*) Romantic Symphony
Romeo und Julia (*Tschaikowsky, engl. Tchaikovsky*) Romeo and Juliet
Der Rosenkavalier (*R. Strauss*) Der Rosenkavalier, The Cavalier of the Rose
Russische Quartette (*Haydn*) Russian Quartets

Le Sacre du Printemps (*Strawinsky, engl. Stravinsky*) The Rite of Spring
Der Schauspieldirektor (*Mozart*) The Impresario
Der Schmuck der Madonna (*Wolf-Ferrari*) The Jewels of the Madonna
Schneeflöckchen (*Rimsky-Korsakow, engl. Rimsky-Korsakov*) The Snow Maiden
Die schöne Helena (*Offenbach*) La Belle Hélène
Die schöne Müllerin (*Schubert*) The Fair Maid of the Mill
Die Schöpfung (*Haydn*) The Creation
Schöpfungsmesse (*Haydn*) Creation Mass
Schottische Symphonie (*Mendelssohn-Bartholdy*) Scottish Symphony
Schwanda, der Dudelsackpfeifer (*Weinberger*) Schwanda the Bagpiper
Schwanengesang (*Schubert*) Swan Song
Schwanensee (*Tschaikowsky, engl. Tchaikovsky*) Swan Lake
Die schweigsame Frau (*R. Strauss*) The Silent Woman
Die sieben letzten Worte unseres Erlösers am Kreuze (*Haydn*) The Seven Last Words (of our Saviour on the Cross)
Slawische Tänze (*Dvořák*) Slavonic Dances
Ein Sommernachtstraum (*Mendelssohn-Bartholdy*) A Midsummer Night's Dream
Sonnenquartette (*Haydn*) Sun Quartets
Spanisches Liederbuch (*Wolf*) Spanish Songbook
Spatzenmesse (*Mozart*) Sparrow Mass
Der Sturm (*Beethoven-Klaviersonate*) The Tempest
Susannens Geheimnis (*Wolf-Ferrari*) Susanna's Secret
Symphonie der Tausend (*Mahler*) Symphony of a Thousand
Symphonie mit dem Paukenschlag (*Haydn*) Surprise Symphony
Symphonie mit dem Paukenwirbel (*Haydn*) Drum-roll Symphony
Symphonische Etüden (*Schumann*) Symphonic Studies

Tiefland (*d'Albert*) Tiefland (Lowlands)
Till Eulenspiegels lustige Streiche (*R. Strauss*) Till Eulenspiegel('s Merry Pranks)
Der Tod und das Mädchen (*Schubert*) Death and the Maiden
Tod und Verklärung (*R. Strauss*) Death and Transfiguration
Die Toteninsel (*Rachmaninow, engl. Rachmaninov*) The Isle of the Dead
Totentanz (*Saint-Saëns, Liszt*) Danse Macabre (Dance of Death)
Tragische Ouvertüre (*Brahms*) Tragic Overture
Die Trojaner (*Berlioz*) The Trojans
Der Troubadour (*Verdi*) Il Trovatore

Ein Überlebender aus Warschau (*Schönberg*) A Survivor from Warsaw
Die Uhr (*Haydn*) The Clock (Symphony)
Ungarische Rhapsodien (*Liszt*) Hungarian Rhapsodies
Die Unvollendete (*Schubert*) Unfinished Symphony

Der Vampyr (*Marschner*) The Vampire
Die verkaufte Braut (*Smetana*) The Bartered Bride
Verklärte Nacht (*Schönberg*) Transfigured Night
Die Vier Jahreszeiten (*Vivaldi*) The Four Seasons

Die Walküre (*Wagner*) The Valkyrie
Wanderer-Fantasie (*Schubert*) Wanderer Fantasy
Wassermusik (*Händel, engl. Handel*) Water Music
Weihnachtsoratorium (*J.S. Bach, Schütz*) Christmas Oratorio
Wein, Weib und Gesang (*Joh. Strauß, engl. J. Strauss*) Wine, Women and Song
Wellingtons Sieg (oder die Schlacht) bei Vittoria (*Beethoven*) Battle Symphony
Wiener Blut (*Joh. Strauß, engl. J. Strauss*) Vienna Blood
Der Wildschütz (*Lortzing*) The Poacher
Winterreise (*Schubert*) Winter Journey
Das Wohltemperierte Klavier (*J.S. Bach*) The Well-tempered Clavier
Der wunderbare Mandarin (*Bartók*) The Miraculous Mandarin

Zar und Zimmermann (*Lortzing*) Tsar and Carpenter
Die Zauberflöte (*Mozart*) The Magic Flute
Der Zigeunerbaron (*Joh. Strauß, engl. J. Strauss*) The Gypsy Baron
Zigeunerliebe (*Lehár*) Gipsy Love

Zahlwörter

Numerals

Grundzahlen

0 null *nought, zero*
1 eins *one*
2 zwei *two*
3 drei *three*
4 vier *four*
5 fünf *five*
6 sechs *six*
7 sieben *seven*
8 acht *eight*
9 neun *nine*
10 zehn *ten*
11 elf *eleven*
12 zwölf *twelve*
13 dreizehn *thirteen*
14 vierzehn *fourteen*
15 fünfzehn *fifteen*
16 sechzehn *sixteen*
17 siebzehn *seventeen*
18 achtzehn *eighteen*
19 neunzehn *nineteen*
20 zwanzig *twenty*
21 einundzwanzig *twenty-one*
22 zweiundzwanzig *twenty-two*
23 dreiundzwanzig *twenty-three*
30 dreißig *thirty*
31 einunddreißig *thirty-one*
40 vierzig *forty*
41 einundvierzig *forty-one*
50 fünfzig *fifty*
51 einundfünfzig *fifty-one*
60 sechzig *sixty*
61 einundsechzig *sixty-one*
70 siebzig *seventy*
71 einundsiebzig *seventy-one*
80 achtzig *eighty*
81 einundachtzig *eighty-one*
90 neunzig *ninety*
91 einundneunzig *ninety-one*
100 hundert *a* (od. *one*) *hundred*
101 hundert(und)eins *a hundred and one*
200 zweihundert *two hundred*
300 dreihundert *three hundred*
572 fünfhundert(und)zweiundsiebzig *five hundred and seventy-two*
1000 tausend *a* (od. *one*) *thousand*
2000 zweitausend *two thousand*
1 000 000 eine Million *a* (od. *one*) *million*
2 000 000 zwei Millionen *two million*
1 000 000 000 eine Milliarde *a* (od. *one*) *billion*

NB: Das *and* in Zahlen über hundert kann im amerikanischen Englisch entfallen: *five hundred (and) twenty.*

Ordnungszahlen

1. erste *first*
2. zweite *second*
3. dritte *third*
4. vierte *fourth*
5. fünfte *fifth*
6. sechste *sixth*
7. sieb(en)te *seventh*
8. achte *eighth*
9. neunte *ninth*
10. zehnte *tenth*
11. elfte *eleventh*
12. zwölfte *twelfth*
13. dreizehnte *thirteenth*
14. vierzehnte *fourteenth*
15. fünfzehnte *fifteenth*
16. sechzehnte *sixteenth*
17. siebzehnte *seventeenth*
18. achtzehnte *eighteenth*
19. neunzehnte *nineteenth*
20. zwanzigste *twentieth*
21. einundzwanzigste *twenty-first*
22. zweiundzwanzigste *twenty-second*
23. dreiundzwanzigste *twenty-third*
30. dreißigste *thirtieth*
31. einunddreißigste *thirty-first*
40. vierzigste *fortieth*
41. einundvierzigste *forty-first*
50. fünfzigste *fiftieth*
51. einundfünfzigste *fifty-first*
60. sechzigste *sixtieth*
61. einundsechzigste *sixty-first*
70. siebzigste *seventieth*
71. einundsiebzigste *seventy-first*
80. achtzigste *eightieth*
81. einundachtzigste *eighty-first*
90. neunzigste *ninetieth*
100. hundertste (*one*) *hundredth*
101. hundert(und)erste *hundred and first*
200. zweihundertste *two hundredth*
300. dreihundertste *three hundredth*
572. fünfhundert(und)zweiundsiebzigste *five hundred and seventy-second*
1000. tausendste (*one*) *thousandth*
2000. zweitausendste *two thousandth*
1 000 000. millionste *millionth*
2 000 000. zweimillionste *two millionth*

Bruchzahlen und andere Zahlenwerte

$\frac{1}{2}$ ein halb *a* (od. *one*) *half*
$1\frac{1}{2}$ eineinhalb, anderthalb *one and a half*
$2\frac{1}{2}$ zweieinhalb *two and a half*
$\frac{1}{2}$ Meile *half a mile*
$\frac{1}{3}$ ein Drittel *a* (od. *one*) *third*
$\frac{2}{3}$ zwei Drittel *two thirds*
$\frac{1}{4}$ ein Viertel *a* (od. *one*) *quarter, a* (od. *one*) *fourth*
$\frac{3}{4}$ drei Viertel *three quarters, three fourths*
$1\frac{1}{4}$ Stunden eineinviertel Stunden *one* (od. *an*) *hour and a quarter*
$\frac{1}{5}$ ein Fünftel *a* (od. *one*) *fifth*
$3\frac{4}{5}$ drei vier Fünftel *three and four fifths*
0,4 null Komma vier (*nought*) *point four* (*0.4*)
2,5 zwei Komma fünf *two point five* (*2.5*)

einfach *single*
zweifach *double*
dreifach *treble, triple, threefold*
vierfach *fourfold, quadruple*
fünffach *fivefold* usw.

einmal *once*
zweimal *twice*
drei-, vier-, fünfmal usw. *three, four, five times*
zweimal soviel(e) *twice as much* (*many*)
noch einmal *once more, once again*

erstens, zweitens, drittens usw. *firstly, secondly, thirdly, in the first* (*second, third*) *place*

$6 + 9 = 15$ sechs und (*od.* plus) neun ist fünfzehn *six plus nine is fifteen, six and nine are* (od. *is*) *fifteen*

$12 - 4 = 8$ zwölf weniger (*od.* minus) vier ist acht *twelve minus four is eight*

$2 \cdot 3 = 6$ zweimal drei ist sechs *two threes are six, two times three is six* (*$2 \times 3 = 6$*)

$20 : 5 = 4$ zwanzig (geteilt *od.* dividiert) durch fünf ist vier *twenty divided by five is four, five into twenty is four* (*$20 \div 5 = 4$*)

Nullvarianten: nought; nil; zero; "0" [əʊ]

Temperatur:
it's ten below zero
it's zero degrees

Rechnen:
twelve minus twelve is nought (Am. *zero*)

Nullen als Ziffern:
There are three noughts (Am. *zeros*) *in 1,000.*

Telefonnummern, Kontonummern etc.:
The number is 308 399 (three 0 [əʊ] / *Am. a.* zero eight three double nine).

Sportergebnisse:
Our team won three–nil (Am. *three–zero*) (*3–0*).

NB: Beim Tennis wird *null* als *love* bezeichnet, im Tie-Break auch als *zero*.

Deutsche Maße und Gewichte
German Weights and Measures

I. Längenmaße

1 mm ***Millimeter*** millimetre
= $^1/_{1000}$ metre
= 0.001 yards
= 0.003 feet
= 0.039 inches

1 cm ***Zentimeter*** centimetre
= $^1/_{100}$ metre
= 0.39 inches

1 dm ***Dezimeter*** decimetre
= $^1/_{10}$ metre
= 3.94 inches

1 m ***Meter*** metre
= 1.094 yards
= 3.28 feet
= 39.37 inches

1 km ***Kilometer*** kilometre
= 1,000 metres
= 1,093.637 yards
= 0.621 British or Statute Miles

1 sm ***Seemeile*** (*internationales Standardmaß*) nautical mile
= 1,852 metres

II. Flächenmaße

1 mm^2 ***Quadratmillimeter*** square millimetre
= $^1/_{1\,000\,000}$ square metre
= 0.0015 square inches

1 cm^2 ***Quadratzentimeter*** square centimetre
= $^1/_{10\,000}$ square metre
= 0.155 square inches

1 m^2 ***Quadratmeter*** square metre
= 1.195 square yards
= 10.76 square feet

1 a ***Ar*** are
= 100 square metres
= 119.59 square yards
= 1,076.41 square feet

1 ha ***Hektar*** hectare
= 100 ares
= 10,000 square metres
= 11,959.90 square yards
= 2.47 acres

1 km^2 ***Quadratkilometer*** square kilometre
= 100 hectares
= 1,000,000 square metres
= 247.11 acres
= 0.386 square miles

III. Raummaße

1 cm^3 ***Kubikzentimeter*** cubic centimetre
= 1,000 cubic millimetres
= 0.061 cubic inches

1 dm^3 ***Kubikdezimeter*** cubic decimetre
= 1,000 cubic centimetres
= 61.025 cubic inches

1 m^3 ***Kubikmeter***
1 rm ***Raummeter*** } cubic metre
1 fm ***Festmeter***
= 1,000 cubic decimetres
= 1.307 cubic yards
= 35.31 cubic feet

1 RT ***Registertonne*** register ton
= 2.832 m^3
= 100 cubic feet

IV. Hohlmaße

1 l ***Liter*** litre
= 10 decilitres
= 1.76 pints (*Brit.*)
= 7.04 gills (*Brit.*)
= 0.88 quarts (*Brit.*)
= 0.22 gallons (*Brit.*)
= 2.11 pints (*Am.*)
= 8.45 gills (*Am.*)
= 1.06 quarts (*Am.*)
= 0.26 gallons (*Am.*)

1 hl ***Hektoliter*** hectolitre
= 100 litres
= 22.009 gallons (*Brit.*)
= 2.75 bushels (*Brit.*)
= 26.42 gallons (*Am.*)
= 2.84 bushels (*Am.*)

V. Gewichte

1 mg ***Milligramm*** milligram(me)
= $^1/_{1000}$ gram(me)
= 0.015 grains

1 g ***Gramm*** gram(me)
= $^1/_{1000}$ kilogram(me)
= 15.43 grains

1 Pfd ***Pfund*** pound (German)
= $^1/_2$ kilogram(me)
= 500 gram(me)s
= 1.102 pounds (avdp.)
= 1.34 pounds (troy)

1 kg ***Kilogramm, Kilo*** kilogram(me)
= 1,000 gram(me)s
= 2.204 pounds (avdp.)
= 2.68 pounds (troy)

1 Ztr. ***Zentner*** centner
= 100 pounds (German)
= 50 kilogram(me)s
= 110.23 pounds (avdp.)
= 0.98 British hundredweights
= 1.102 U.S. hundredweights

1 t ***Tonne*** ton
= 1,000 kilogram(me)s
= 0.984 British tons
= 1.102 U.S. tons

Fieberthermometer

°C (Celsius)	°F (Fahrenheit)
42.0	107.6
41.8	107.2
41.6	106.9
41.4	106.5
41.2	106.2
41.0	105.8
40.8	105.4
40.6	105.1
40.4	104.7
40.2	104.4
40.0	104.0
39.8	103.6
39.6	103.3
39.4	102.9
39.2	102.6
39.0	102.2
38.8	101.8
38.6	101.5
38.4	101.1
38.2	100.8
38.0	100.4
37.8	100.0
37.6	99.7
37.4	99.3
37.2	99.0
37.0	98.6
36.8	98.2
36.6	97.9

Temperatur-Umrechnungstabellen

°C (Celsius)	°F (Fahrenheit)
100	212
95	203
90	194
85	185
80	176
75	167
70	158
65	149
60	140
55	131
50	122
45	113
40	104
35	95
30	86
25	77
20	68
15	59
10	50
5	41
0	32
−5	23
−10	14
−15	5
−17.8	0
−20	−4
−25	−13
−30	−22
−35	−31
−40	−40
−45	−49
−50	−58

Umrechnungsregeln

$$°F = \frac{9}{5}\,°C + 32$$

$$°C = (°F - 32)\,\frac{5}{9}$$

Zur Reform der deutschen Rechtschreibung

Wir bedanken uns beim Bibliographischen Institut, F. A. Brockhaus, Mannheim, für die freundliche Unterstützung bei der Erstellung des Anhangs „Zur Reform der deutschen Rechtschreibung".

Zur Neuregelung der deutschen Rechtschreibung

Zur deutschen Rechtschreibung gibt es seit dem 1. 8. 1998 nach einem Beschluss der Kultusminister eine Reihe von neuen Regeln. Der folgende Text informiert über die Rechtschreibreform und stellt die wichtigsten Neuerungen anhand einer Wörterliste exemplarisch vor.

Die Schreibung des Deutschen hat sich über einen langen Zeitraum hinweg entwickelt, in dem es keine verbindlichen Rechtschreibregeln gab. Zwar geschah dies nicht willkürlich, es haben sich jedoch viele Schreibweisen herausgebildet, die sich nicht in ein einfaches Regelsystem einordnen lassen und die heute selbst routinierte Schreibende verunsichern und typische Fehlerquellen sind. Warum zum Beispiel schrieb man *radfahren* in einem Wort, *Auto fahren* aber in zwei Wörtern? Wieso trennte man einerseits zwar *Dra-ma-turg*, andererseits aber *Chir-urg*? Warum wurde zwischen *alles übrige* (Kleinschreibung) und *alles Weitere* (Großschreibung) unterschieden?

Die Neuregelung der deutschen Rechtschreibung verringert die Zahl dieser Problemfälle. Sie zielt grundsätzlich darauf ab, die Regeln zur Laut-Buchstaben-Zuordnung, zur Getrennt- und Zusammenschreibung, zur Groß- und Kleinschreibung, zur Zeichensetzung und zur Worttrennung am Zeilenende zu systematisieren und damit das Schreiben und Schreibenlernen zu erleichtern. Dadurch, dass der Geltungsbereich der Grundregeln ausgeweitet wird, entfallen viele Ausnahmen. Die Neuregelung bricht aber nicht mit der historisch gewachsenen Schreibtradition. Deshalb bleibt das vertraute Schriftbild im Großen und Ganzen unverändert.

Die neuen Regeln ersetzen das amtliche Regelwerk aus den Jahren 1901/02. Damals wurde erstmals überhaupt eine einheitliche Rechtschreibung für den ganzen deutschen Sprachraum herbeigeführt. Obwohl es seitdem immer wieder Verbesserungsvorschläge gab, konnte erst jetzt – nahezu ein Jahrhundert später und nach jahrelangen wissenschaftlichen Vorarbeiten von Experten aus allen deutschsprachigen Ländern – ein neues Regelwerk verabschiedet werden. Die zwischenstaatliche Absichtserklärung zur Neuregelung der deutschen Rechtschreibung ist im Sommer 1996 von Deutschland, Österreich, der Schweiz und einigen weiteren Ländern in Wien unterzeichnet worden.

Am 1. 8. 1998 trat die neue deutsche Rechtschreibung offiziell in Kraft und wird seither an den Schulen gelehrt und von den staatlichen Institutionen verwendet. Da die neue Rechtschreibung freilich nicht von einem Tag auf den anderen eingeführt werden kann, ist eine siebenjährige Übergangsfrist vorgesehen, während der die alte Orthographie zwar als überholt, nicht aber als falsch gelten soll. Bis zum 31. 7. 2005 haben alle Schreibenden Zeit, sich mit der Neuregelung vertraut zu machen. Übrigens können sie gerade bei Fremdwörtern in einigen Fällen auch nach 2005 selbst entscheiden, wie sie schreiben wollen: *Delphin* oder *Delfin*, *Portemonnaie* oder *Portmonee* u. A.

Auf eine genauere Darstellung der zahlreichen inhaltlichen Bestimmungen des neuen Regelwerks wird an dieser Stelle verzichtet. Alle neuen Regeln sind leicht und übersichtlich zugänglich im *DUDEN – Die deutsche Rechtschreibung*, *21. Auflage 1996*. Sie sind dort – wie übrigens auch alle neuen Schreibungen – rot hervorgehoben und können damit ganz gezielt nachgeschlagen und gelernt werden.

Die folgende Liste bietet eine Auswahl von häufig gebrauchten Wörtern aus dem deutschen Allgemeinwortschatz, deren Schreibung sich durch die Neuregelung geändert hat. Nicht ersichtlich werden daraus die neuen Möglichkeiten der Worttrennung (Silbentrennung) sowie die der Zeichensetzung. Die mit * markierten Formen gelten in Zukunft als die Vorzugsschreibungen.

alt	neu
A	
[gestern, heute, morgen] abend	[gestern, heute, morgen] **A**bend
Abfluß	Abflu**ss**
Abguß	Abgu**ss**
Ablaß	Abla**ss**
Abriß	Abri**ss**
Abschluß	Abschlu**ss**
Abschuß	Abschu**ss**
absein	ab sein [*getrennt*]
abwärtsgehen	abwärts gehen [*getrennt*]
in acht nehmen	in **A**cht nehmen
außer acht lassen	außer **A**cht lassen
der/die achte, den/die ich sehe	der/die **A**chte, den /die ich sehe
jeder/jede achte kommt mit	jeder/jede **A**chte kommt mit
8fach	*weiterhin*: 8fach
achtgeben	**A**cht geben [*getrennt*]
achthaben	**A**cht haben [*getrennt*]
8jährig	8**-**jährig
der/die 8jährige	der/die 8**-J**ährige
8mal	8**-**mal
achtmillionenmal	acht **M**illionen **M**al
8tonner	8**-T**onner
achtunggebietend	**A**chtung gebietend [*getrennt*]
über Achtzig	über **a**chtzig
Mitte [der] Achtzig	Mitte [der] **a**chtzig
in die Achtzig kommen	in die **a**chtzig kommen
die achtziger Jahre	die **A**chtziger**j**ahre*, *auch*: die achtziger Jahre
die Achtzigerjahre	die Achtzigerjahre, *auch*: die **a**chtziger **J**ahre
Adreßbuch	Adre**ss**buch
After-shave	Aftershave [*zusammen*]
ich habe ähnliches erlebt	ich habe **Ä**hnliches erlebt
und/oder ähnliches (u.ä./o.ä.)	und/oder **Ä**hnliches (u.**Ä**./o.**Ä**.)
Alkoholmißbrauch	Alkoholmi**ss**brauch
alleinerziehend	allein erziehend [*getrennt*]
alleinseligmachend	allein selig machend [*getrennt*]
alleinstehend	allein stehend [*getrennt*]
es ist das allerbeste, daß ...	es ist das **A**llerbeste, da**ss** ...
im allgemeinen	im **A**llgemeinen
allgemeingültig	allgemein gültig [*getrennt*]
allgemeinverständlich	allgemein verständlich [*getrennt*]
allzulange	allzu lange [*getrennt*]
allzumal	*weiterhin*: allzumal
allzuoft	allzu oft [*getrennt*]
allzusehr	allzu sehr [*getrennt*]
allzuweit	allzu weit [*getrennt*]
Alptraum	Alptraum, *auch*: Al**b**traum
als daß	als da**ss**
aus alt mach neu	aus **A**lt mach **N**eu
für alt und jung	für **A**lt und **J**ung
er ist immer der alte geblieben	er ist immer der **A**lte geblieben
alles beim alten lassen	alles beim **A**lten lassen
Alter ego	Alter **E**go

alt	neu
Amboß	Ambo**ss**
andersdenkend	anders denkend [*getrennt*]
andersgeartet	anders geartet [*getrennt*]
anderslautend	anders lautend [*getrennt*]
aneinandergeraten	aneinander geraten [*getrennt*]
aneinandergrenzen	aneinander grenzen [*getrennt*]
aneinanderreihen	aneinander reihen [*getrennt*]
angepaßt	angepa**ss**t
jmdm. angst machen	jmdm. **A**ngst machen
anheimfallen	anheim fallen [*getrennt*]
anheimstellen	anheim stellen [*getrennt*]
Anlaß	Anla**ss**
anläßlich	anlä**ss**lich
Anschiß	Anschi**ss**
Anschluß	Anschlu**ss**
ansein	an sein [*getrennt*]
im argen liegen	im **A**rgen liegen
bei arm und reich	bei **A**rm und **R**eich
As	A**ss**
aufeinanderbeißen	aufeinander beißen [*getrennt*]
aufeinanderfolgen	aufeinander folgen [*getrennt*]
aufeinandertreffen	aufeinander treffen [*getrennt*]
aufgepaßt!	aufgepa**ss**t!
Aufguß	Aufgu**ss**
aufrauhen	aufrauen [*ohne h*]
Aufriß	Aufri**ss**
aufschlußreich	aufschlu**ss**reich
ein aufsehenerregendes Ereignis	ein **A**ufsehen erregendes Ereignis [*getrennt*]
aufsein	auf sein [*getrennt*]
auf seiten	aufseiten [*zusammen*], *auch*: auf **S**eiten
aufwärtsgehen	aufwärts gehen [*getrennt*]
aufwendig	aufwendig, *auch*: aufw**ä**ndig
Au-pair-Mädchen	Au-pair-Mädchen, *auch*: Aupair**m**ädchen [*zusammen*]
auseinandergehen	auseinander gehen [*getrennt*]
auseinanderhalten	auseinander halten [*getrennt*]
auseinandersetzen	auseinander setzen [*getrennt*]
Ausfluß	Ausflu**ss**
Ausguß	Ausgu**ss**
Ausschluß	Ausschlu**ss**
Ausschuß	Ausschu**ss**
aussein	aus sein [*getrennt*]
aufs äußerste gespannt	aufs äußerste gespannt, *auch*: aufs **Ä**ußerste gespannt
außerstande	außerstande, *auch*: außer **S**tande

B

alt	neu
Ballettänzerin	Balle**ttt**änzerin, *auch*: Ballett-**T**änzerin
Bänderriß	Bänderri**ss**
jmdm. [angst und] bange machen	jmdm. [**A**ngst und] **B**ange machen
mir ist angst und bange	*weiterhin*: mir ist angst und bange
bankrott gehen	**B**ankrott gehen
bankrott sein	*weiterhin*: bankrott sein
Baß	Ba**ss**

alt	neu
Baßsänger	Ba**sss**änger, *auch*: Ba**ss**-**S**änger
beeinflußbar	beeinflu**ss**bar
beeinflußt	beeinflu**ss**t
befaßt	befa**ss**t
behende	beh**ä**nde
Behendigkeit	Beh**ä**ndigkeit
beieinanderhaben	beieinander haben [*getrennt*]
beieinandersein	beieinander sein [*getrennt*]
beieinanderstehen	beieinander stehen [*getrennt*]
beisammensein	beisammen sein [*getrennt*]
bekanntgeben	bekannt geben [*getrennt*]
belemmert	bel**ä**mmert
jeder beliebige	jeder **B**eliebige
Bendel	B**ä**ndel
Beschiß	Beschi**ss**
Beschluß	Beschlu**ss**
Beschuß	Beschu**ss**
ich will im besonderen erwähnen ...	ich will im **B**esonderen erwähnen ...
bessergehen	besser gehen [*getrennt*]
es ist das beste, wenn ...	es ist das **B**este, wenn ...
aufs beste geregelt sein	aufs beste geregelt sein, *auch*: aufs **B**este geregelt sein
zum besten geben/halten	zum **B**esten geben/halten
das erste beste	das erste **B**este
bestehenbleiben	bestehen bleiben [*getrennt*]
Bestelliste	Beste**lll**iste, *auch*: Bestell-**L**iste
um ein beträchtliches höher	um ein **B**eträchtliches höher
in betreff	in **B**etreff
Bettuch [*zu*: *Bett*]	Be**ttt**uch, *auch*: Bett-**T**uch
bewußt	bewu**ss**t
Bewußtlosigkeit	Bewu**ss**tlosigkeit
Bewußtsein	Bewu**ss**tsein
in bezug auf	in **B**ezug auf
Bibliographie	Bibliographie, *auch*: Bibliogra**f**ie
Bierfaß	Bierfa**ss**
Biß	Bi**ss**
bißchen	bi**ss**chen
du sollst bitte sagen	du sollst **B**itte sagen*, *auch*: du sollst bitte sagen
es ist bitter kalt	es ist bitterkalt [*zusammen*]
Blackout	Black**-**out*, *auch*: Blackout
blankpoliert	blank poliert [*getrennt*]
blaß	bla**ss**
bläßlich	blä**ss**lich
der blaue Planet [*die Erde*]	der **B**laue Planet
bleibenlassen	bleiben lassen [*getrennt*]
Bluterguß	Blutergu**ss**
Bonbonniere	Bonbonniere, *auch*: Bonboniere [*kein doppeltes n*]
Börsentip	Börsenti**pp**
im bösen wie im guten	im **B**ösen wie im **G**uten
Boß	Bo**ss**
breitgefächert	breit gefächert [*getrennt*]
Brennessel	Bre**nnn**essel, *auch*: Brenn-**N**essel

alt	neu
brütendheiß	brütend heiß [*getrennt*]
buntschillernd	bunt schillernd [*getrennt*]
Büroschluß	**Büroschluss**
Busineß	**Business**
C	
Centre Court	Centrecourt [*zusammen*], *auch*: Centre-Court
Chansonnier	Chansonnier, *auch*: Chansonier [*kein doppeltes n*]
Choreographie	Choreographie, *auch*: Choreogra**f**ie
Cleverneß	**Cleverness**
Comeback	Come-back*, *auch*: Comeback
Corpus delicti	Corpus **D**elicti
Countdown	Count-down*, *auch*: Countdown
D	
dabeisein	dabei sein [*getrennt*]
Dachgeschoß	Dachgeschoss [*in Österreich weiterhin mit ß*]
dahinterklemmen	dahinter klemmen [*getrennt*]
dahinterkommen	dahinter kommen [*getrennt*]
darauffolgend	darauf folgend [*getrennt*]
darüberstehen	darüber stehen [*getrennt*]
darunterliegen	darunter liegen [*getrennt*]
dasein	da sein [*getrennt*]
daß	**dass**
daß-Satz	dass-Satz, *auch*: **D**asssatz
datenverarbeitend	**D**aten verarbeitend [*getrennt*]
Dein [*in Briefen*]	**d**ein
mein und dein verwechseln	**M**ein und **D**ein verwechseln
die Deinen	die Deinen, *auch*: die **d**einen
Dekolleté	Dekolleté, *auch*: Dekollet**ee**
Delphin	Delphin, *auch*: Del**f**in
deplaciert, *auch*: deplaziert	deplaciert, *auch*: depla**tz**iert
wir haben derartiges nicht bemerkt	wir haben **D**erartiges nicht bemerkt
dessenungeachtet	dessen ungeachtet [*getrennt*]
auf deutsch	auf **D**eutsch
der deutsche Schäferhund	der **D**eutsche Schäferhund
deutschsprechend	**D**eutsch sprechend [*getrennt*]
diät leben	**D**iät leben
Dich [*in Briefen*]	**d**ich
dichtbevölkert	dicht bevölkert [*getrennt*]
dichtgedrängt	dicht gedrängt [*getrennt*]
Differential	Differen**z**ial*, *auch*: Differential
Dir [*in Briefen*]	**d**ir
dortbleiben	dort bleiben [*getrennt*]
draufsein	drauf sein [*getrennt*]
Dreß	**Dress**
etwas aufs dringendste fordern	etwas aufs dringendste fordern, *auch*: etwas aufs **D**ringendste fordern
drinsein	drin sein [*getrennt*]
jeder dritte, der mitwollte	jeder **D**ritte, der mitwollte
die dritte Welt	die **D**ritte Welt
Du [*in Briefen*]	**d**u

alt	neu
auf du und du stehen	auf **D**u und **D**u stehen
im dunkeln tappen	im **D**unkeln tappen
im dunkeln bleiben	im **D**unkeln bleiben
dünnbesiedelt	dünn besiedelt [*getrennt*]
Dünnschiß	Dünnschi**ss**
durcheinanderbringen	durcheinander bringen [*getrennt*]
durcheinandergeraten	durcheinander geraten [*getrennt*]
durcheinanderlaufen	durcheinander laufen [*getrennt*]
Durchfluß	Durchflu**ss**
Durchlaß	Durchla**ss**
durchnumerieren	durchnum**m**erieren
durchsein	durch sein [*getrennt*]
dußlig	du**ss**lig
Dutzende (von) Reklamationen	Dutzende (von) Reklamationen, *auch*: **d**utzende (von) Reklamationen

E

alt	neu
ebensosehr	ebenso sehr [*getrennt*]
ebensoviel	ebenso viel [*getrennt*]
ebensowenig	ebenso wenig [*getrennt*]
an Eides Statt	an Eides **s**tatt
sein eigen nennen	sein **E**igen nennen
sich zu eigen machen	sich zu **E**igen machen
einbleuen	einbl**ä**uen
aufs eindringlichste warnen	aufs eindringlichste warnen, *auch*: aufs **E**indringlichste warnen
das einfachste ist, wenn ...	das **E**infachste ist, wenn ...
Einfluß	Einflu**ss**
einflußreich	einflu**ss**reich
Einlaß	Einla**ss**
Einriß	Einri**ss**
Einschluß	Einschlu**ss**
Einschuß	Einschu**ss**
Einschußstelle	Einschu**ss**stelle, *auch*: Einschu**ss**-**S**telle
Einsendeschluß	Einsendeschlu**ss**
der/die/das einzelne	der/die/das **E**inzelne
jeder einzelne von uns	jeder **E**inzelne von uns
bis ins einzelne geregelt	bis ins **E**inzelne geregelt
der/die/das einzige wäre ...	der/die/das **E**inzige wäre ...
kein einziger war gekommen	kein **E**inziger war gekommen
er als einziger hatte ...	er als **E**inziger hatte ...
das einzigartige ist, daß ...	das **E**inzigartige ist, da**ss** ...
die eisenverarbeitende Industrie	die **E**isen verarbeitende Industrie [*getrennt*]
eisigkalt	eisig kalt [*getrennt*]
eislaufen	**E**is laufen [*getrennt*]
Eisschnellauf	Eisschne**lll**auf
energiebewußt	energiebewu**ss**t
aufs engste verflochten	aufs engste verflochten, *auch*: aufs **E**ngste verflochten
engbefreundet	eng befreundet [*getrennt*]
engbedruckt	eng bedruckt [*getrennt*]
Engpaß	Engpa**ss**
nicht im entferntesten beabsichtigen	nicht im entferntesten beabsichtigen, *auch*: nicht im **E**ntferntesten beabsichtigen

alt	neu
auf das entschiedenste	auf das entschiedenste, *auch*: auf das **E**ntschiedenste
Entschluß	Entschlu**ss**
ein Entweder-Oder gibt es hier nicht	ein Entweder-**o**der gibt es hier nicht
Erdgeschoß	Erdgescho**ss** [*in Österreich weiterhin mit ß*]
Erdnuß	Erdnu**ss**
erfaßbar	erfa**ss**bar
erfaßt	erfa**ss**t
Erguß	Ergu**ss**
erholungsuchende Großstädter	**E**rholung suchende [*getrennt*] Großstädter
Erlaß	Erla**ss**
ermeßbar	erme**ss**bar
ernstgemeint	ernst gemeint [*getrennt*]
ernstzunehmend	ernst zu nehmend [*getrennt*]
erpreßbar	erpre**ss**bar
nicht den erstbesten nehmen	nicht den **E**rstbesten nehmen
der erste, der gekommen ist	der **E**rste, der gekommen ist
das reicht fürs erste	das reicht fürs **E**rste
zum ersten, zum zweiten, zum dritten	zum **E**rsten, zum **Z**weiten, zum **D**ritten
die Erste Hilfe	die **e**rste Hilfe
das erstemal	das erste **M**al [*getrennt*]
zum erstenmal	zum ersten **M**al [*getrennt*]
Erstkläßler	Erstklä**ss**ler
die Erstplazierten	die Erstpla**tz**ierten
eßbar	e**ss**bar
Eßbesteck	E**ss**besteck
essentiell	essen**z**iell*, *auch*: essentiell
Eßtisch	E**ss**tisch
etlichemal	etliche **M**al [*getrennt*]
Euch [*in Briefen*]	**e**uch
Euer [*in Briefen*]	**e**uer
die Euren	die Euren, *auch*: die **e**uren
Existentialismus	Existen**z**ialismus*, *auch*: Existentialismus
existentialistisch	existen**z**ialistisch*, *auch*: existentialistisch
existentiell	existen**z**iell*, *auch*: existentiell
Exposé	Exposé, *auch*: Expos**ee**
expreß	expre**ss**
Exzeß	Exze**ss**
F	
Facette	Facette, *auch*: Fa**ss**ette
fahrenlassen	fahren lassen [*getrennt*]
Fairneß	Fairne**ss**
Fair play	Fairplay [*zusammen*], *auch*: Fair **P**lay
fallenlassen	fallen lassen [*getrennt*]
Faß	Fa**ss**
faßbar	fa**ss**bar
Fäßchen	Fä**ss**chen
du faßt	du fa**ss**t
Fast food	Fastfood [*zusammen*], *auch*: Fast **F**ood
Feedback	Feed-back*, *auch*: Feedback
jmdm. feind sein	jmdm. **F**eind sein
feingemahlen	fein gemahlen [*getrennt*]
fernliegen	fern liegen [*getrennt*]

alt	neu
fertigbringen	fertig bringen [*getrennt*]
fertigstellen	fertig stellen [*getrennt*]
Fertigungsprozeß	Fertigungsproze**ss**
festangestellt	fest angestellt [*getrennt*]
festumrissen	fest umrissen [*getrennt*]
fettgedruckt	fett gedruckt [*getrennt*]
Fitneß	Fitne**ss**
fleischfressende Pflanzen	**F**leisch fressende [*getrennt*] Pflanzen
flötengehen	flöten gehen [*getrennt*]
Fluß	Flu**ss**
flußaufwärts	flu**ss**aufwärts
Flüßchen	Flü**ss**chen
flüssigmachen	flüssig machen [*getrennt*]
Flußschiffahrt	Flu**sss**chi**fff**ahrt, *auch*: **Fluss-Schifffahrt**
Fön (*zum Haaretrocknen*)	Fö**h**n, *als Gerät des eingetragenen Warenzeichens weiterhin*: Fön
die Haare fönen	die Haare fö**h**nen
folgendes ist zu beachten	**F**olgendes ist zu beachten
wie im folgenden erläutert	wie im **F**olgenden erläutert
Freßsack	Fre**sss**ack, *auch*: **Fress-Sack**
Friedensschluß	Friedensschlu**ss**
frischgebacken	frisch gebacken [*getrennt*]
fritieren	fri**tt**ieren
frohgelaunt	froh gelaunt [*getrennt*]
frühverstorben	früh verstorben [*getrennt*]
Full-time-Job	Fulltime**j**ob [*zusammen*], *auch*: Full-**T**ime-Job
funkensprühend	**F**unken sprühend [*getrennt*]
furchterregend	furchterregend, *auch*: **F**urcht erregend [*getrennt*]
Fußballänderspiel	Fußba**lll**änderspiel, *auch*: Fußball-**L**änder-spiel
G	
Gangsterboß	Gangsterbo**ss**
im ganzen gesehen	im **G**anzen gesehen
Gäßchen	Gä**ss**chen
gefangenhalten	gefangen halten [*getrennt*]
gefangennehmen	gefangen nehmen [*getrennt*]
gegeneinanderprallen	gegeneinander prallen [*getrennt*]
gegeneinanderstoßen	gegeneinander stoßen [*getrennt*]
geheimhalten	geheim halten [*getrennt*]
gehenlassen	gehen lassen [*getrennt*]
gutgelaunt	gut gelaunt [*getrennt*]
gelblichgrün	gelblich grün [*getrennt*]
Gemse	G**ä**mse
genaugenommen	genau genommen [*getrennt*]
genausogut	genauso gut [*getrennt*]
genausowenig	genauso wenig [*getrennt*]
Genuß	Genu**ss**
genüßlich	genü**ss**lich
genußsüchtig	genu**sss**üchtig
Geographie	Geographie, *auch*: Geogra**f**ie
geradesitzen	gerade sitzen [*getrennt*]

alt	neu
geradestellen	gerade stellen [*getrennt*]
Gerichtsbeschluß	Gerichtsbeschluss
um ein geringes weniger	um ein **G**eringes weniger
es geht ihn nicht das geringste an	es geht ihn nicht das **G**eringste an
nicht im geringsten stören	nicht im **G**eringsten stören
geringachten	gering achten [*getrennt*]
geringschätzen	gering schätzen [*getrennt*]
Geschäftsschluß	Geschäftsschluss
Geschoß	Gescho**ss** [*in Österreich weiterhin mit ß*]
gestern abend/morgen/nacht	gestern **A**bend/**M**orgen/**N**acht
getrenntlebend	getrennt lebend [*getrennt*]
gewiß	gewi**ss**
Gewissensbiß	Gewissensbi**ss**
Gewißheit	Gewi**ss**heit
glänzendschwarz	glänzend schwarz [*getrennt*]
glattgehen	glatt gehen [*getrennt*]
glatthobeln	glatt hobeln [*getrennt*]
das gleiche tun	das **G**leiche tun
aufs gleiche hinauskommen	aufs **G**leiche hinauskommen
gleich und gleich gesellt sich gern	**G**leich und **G**leich gesellt sich gern
gleichlautend	gleich lautend [*getrennt*]
Glimmstengel	Glimmst**ä**ngel
glühendheiß	glühend heiß [*getrennt*]
die Goetheschen Dramen	die **g**oetheschen Dramen, *auch*: die Goethe**'**schen Dramen
Graphit	Graphit, *auch*: Gra**f**it
Graphologie	Graphologie, *auch*: Gra**f**ologie
gräßlich	grä**ss**lich
Greuel	Gr**ä**uel
greulich	gr**ä**ulich
griffest	gri**fff**est
grobgemahlen	grob gemahlen [*getrennt*]
ein Programm für groß und klein	ein Programm für **G**roß und **K**lein
im großen und ganzen	im **G**roßen und **G**anzen
das größte wäre, wenn ...	das **G**rößte wäre, wenn ...
groß schreiben [*mit großem Anfangsbuchstaben*]	großschreiben [*zusammen*]
Guß	Gu**ss**
gußeisern	gu**ss**eisern
guten Tag sagen	**G**uten Tag sagen*, *auch*: guten Tag sagen
es im guten versuchen	es im **G**uten versuchen
gutaussehend	gut aussehend [*getrennt*]
gutbezahlt	gut bezahlt [*getrennt*]
gutgehen	gut gehen [*getrennt*]
gutgelaunt	gut gelaunt [*getrennt*]
gutgemeint	gut gemeint [*getrennt*]
guttun	gut tun [*getrennt*]

H

alt	neu
haftenbleiben	haften bleiben [*getrennt*]
haltmachen	**H**alt machen [*getrennt*]
Hämorrhoide	Hämorrhoide, *auch*: Hämorride [*-ho- entfällt*]
händchenhaltend	**H**ändchen haltend [*getrennt*]

alt	neu
handeltreibend	**H**andel treibend [*getrennt*]
Handkuß	Handku**ss**
Handout	Hand**-**out*, *auch*: Handout
hängenbleiben	hängen bleiben [*getrennt*]
hängenlassen	hängen lassen [*getrennt*]
Happy-End	Happy**e**nd [*zusammen*], *auch*: Happy End [*ohne Bindestrich*]
Hard cover	Hardcover [*zusammen*], *auch*: Hard **C**over
hartgekocht	hart gekocht [*getrennt*]
Haselnuß	Haselnu**ss**
Haselnußstrauch	Haselnu**sss**trauch, *auch*: Haselnu**ss-S**trauch
Haß	Ha**ss**
häßlich	hä**ss**lich
du haßt	du ha**ss**t
nach Hause	nach Hause, *in Österreich und der Schweiz auch*: nach**h**ause [*zusammen*]
zu Hause	zu Hause, *in Österreich und der Schweiz auch*: zu**h**ause [*zusammen*]
haushalten	haushalten, *auch*: **H**aus halten [*getrennt*]
heiligsprechen	heilig sprechen [*getrennt*]
heimlichtun	heimlich tun [*getrennt*]
heißgeliebt	heiß geliebt [*getrennt*]
heißumkämpft	heiß umkämpft [*getrennt*]
helleuchtend	hell leuchtend [*getrennt*]
hellicht	hel**ll**icht
hellodernd	hell lodernd [*getrennt*]
heransein	heran sein [*getrennt*]
heraussein	heraus sein [*getrennt*]
hersein	her sein [*getrennt*]
herumsein	herum sein [*getrennt*]
heruntersein	herunter sein [*getrennt*]
jmdn. auf das herzlichste begrüßen	jmdn. auf das herzlichste begrüßen, *auch*: jmdn. auf das **H**erzlichste begrüßen
heute abend/mittag/nacht	heute **A**bend/**M**ittag/**N**acht
Hexenschuß	Hexenschu**ss**
hierbleiben	hier bleiben [*getrennt*]
hierlassen	hier lassen [*getrennt*]
hiersein	hier sein [*getrennt*]
hierzulande	hierzulande, *auch*: hier zu **L**ande [*getrennt*]
High-Society	High**s**ociety [*zusammen*], *auch*: High Society [*ohne Bindestrich*]
hilfesuchend	**H**ilfe suchend [*getrennt*]
hinaussein	hinaus sein [*getrennt*]
hinsein	hin sein [*getrennt*]
hintereinandergehen	hintereinander gehen [*getrennt*]
hintereinanderschalten	hintereinander schalten [*getrennt*]
hinterhersein	hinterher sein [*getrennt*]
hinübersein	hinüber sein [*getrennt*]
Hochgenuß	Hochgenu**ss**
Hochschulabschluß	Hochschulabschlu**ss**
aufs höchste erfreut sein	aufs höchste erfreut sein, *auch*: aufs **H**öchste erfreut sein
hofhalten	**H**of halten [*getrennt*]
die Hohe Schule	die **h**ohe Schule

alt	**neu**
Hoheit	*weiterhin*: Hoheit
Hosteß	Hoste**ss**
Hot dog	Hotdog [*zusammen*], *auch*: Hot **D**og
ein paar hundert	ein paar hundert, *auch*: ein paar **H**undert
viele Hunderte	viele Hunderte, *auch*: viele **h**underte
Hunderte von Zuschauern	Hunderte von Zuschauern, *auch*: **h**underte von Zuschauern
hurra schreien	**H**urra schreien*, *auch*: hurra schreien
I	
Ich-Erzähler	Ich**e**rzähler [*zusammen*], *auch*: Ich-Erzähler
im allgemeinen	im **A**llgemeinen
im besonderen	im **B**esonderen
Imbiß	Imbi**ss**
Imbißstand	Imbi**ss**stand, *auch*: Imbi**ss-S**tand
im einzelnen	im **E**inzelnen
im nachhinein	im **N**achhinein
imstande	imstande, *auch*: im **S**tande [*getrennt*]
im übrigen	im **Ü**brigen
im voraus	im **V**oraus
in betreff	in **B**etreff
in bezug auf	in **B**ezug auf
ineinanderfließen	ineinander fließen [*getrennt*]
ineinandergreifen	ineinander greifen [*getrennt*]
Informationsfluß	Informationsflu**ss**
in Frage stellen	in Frage stellen, *auch*: in**f**rage [*zusammen*] stellen
in Frage kommen	in Frage kommen, *auch*: in**f**rage [*zusammen*] kommen
innesein	inne sein [*getrennt*]
instand halten/setzen	instand halten/setzen, *auch*: in **S**tand halten/setzen
I-Punkt	**i**-Punkt
irgend etwas	irgendetwas [*zusammen*]
irgend jemand	irgendjemand [*zusammen*]
I-Tüpfelchen	**i**-Tüpfelchen
J	
ja sagen	**J**a sagen*, *auch*: ja sagen
Jäheit	Jäh**h**eit
2jährig, 3jährig, 4jährig ...	2**-**jährig, 3**-**jährig, 4**-**jährig ...
ein 2jähriger, 3jähriger, 4jähriger	ein 2**-J**ähriger, 3**-J**ähriger, 4**-J**ähriger
jedesmal	jedes **M**al [*getrennt*]
Job-sharing	Jobsharing [*zusammen*]
Joghurt	Joghurt, *auch*: Jogurt [*ohne h*]
Jumbo-Jet	Jumbo**j**et [*zusammen*]
für jung und alt	für **J**ung und **A**lt
K	
Kabelanschluß	Kabelanschlu**ss**
Kaffee-Ernte	Kaffee-Ernte, *auch*: Kaff**eee**rnte
Kalligraphie	Kalligraphie, *auch*: Kalligra**f**ie
kalorienbewußt	kalorienbewu**ss**t
kaltlächelnd	kalt lächelnd [*getrennt*]

alt	neu
Känguruh	Känguru [*ohne h*]
Karamel	Karame**ll**
karamelisieren	karame**ll**isieren
2karäter, 3karäter, 4karäter ...	2-**K**aräter, 3-**K**aräter, 4-**K**aräter ...
2karätig, 3karätig, 4karätig ...	2-**k**arätig, 3-**k**arätig, 4-**k**arätig ...
Kartographie	Kartographie, *auch*: Kartogra**f**ie
Kaßler	Ka**ss**ler
Katarrh	Katarrh, *auch*: Katarr [*ohne h*]
kegelschieben	**K**egel schieben [*getrennt*]
kennenlernen	kennen lernen [*getrennt*]
Kennummer	Ke**nnn**ummer, *auch*: Kenn-**N**ummer
keß	ke**ss**
Ketchup	Ketschup*, *auch*: Ketchup
Kindesmißhandlung	Kindesmi**ss**handlung
sich über etwas im klaren sein	sich über etwas im **K**laren sein
klardenkend	klar denkend [*getrennt*]
klarsehen	klar sehen [*getrennt*]
klarwerden	klar werden [*getrennt*]
klatschnaß	klatschna**ss**
klebenbleiben	kleben bleiben [*getrennt*]
bis ins kleinste geregelt	bis ins **K**leinste geregelt
kleingedruckt	klein gedruckt [*getrennt*]
kleinschneiden	klein schneiden [*getrennt*]
klein schreiben [*mit kleinem Anfangsbuchstaben*]	kleinschreiben [*zusammen*]
Klettverschluß	Klettverschlu**ss**
es wäre das klügste, wenn ...	es wäre das **K**lügste, wenn ...
knapphalten	knapp halten [*getrennt*]
Knockout	Knock-out*, *auch*: Knockout
kochendheiß	kochend heiß [*getrennt*]
Koloß	Kolo**ss**
Kommißbrot	Kommi**ss**brot
Kommuniqué	Kommuniqué, *auch*: Kommuni**kee**
Kompaß	Kompa**ss**
Kompromiß	Kompromi**ss**
kompromißbereit	kompromi**ss**bereit
Kongreß	Kongre**ss**
Kongreßsaal	Kongre**sss**aal, *auch*: Kongre**ss**-**S**aal
Kongreßstadt	Kongre**sss**tadt, *auch*: Kongre**ss**-**S**tadt
Königsschloß	Königsschlo**ss**
Kontrabaß	Kontraba**ss**
Kontrollampe	Kontro**lll**ampe, *auch*: Kontroll-**L**ampe
Kopfschuß	Kopfschu**ss**
kopfstehen	**K**opf stehen [*getrennt*]
krank schreiben	krankschreiben [*zusammen*]
kraß	kra**ss**
Kreppapier	Kre**ppp**apier, *auch*: Krepp-**P**apier
die kriegführenden Parteien	die **K**rieg führenden Parteien [*getrennt*]
kroß	kro**ss**
krummnehmen	krumm nehmen [*getrennt*]
den kürzeren ziehen	den **K**ürzeren ziehen
kürzertreten	kürzer treten [*getrennt*]
kurzgebraten	kurz gebraten [*getrennt*]
kurzhalten	kurz halten [*getrennt*]

alt	neu
Kurzschluß	Kurzschluss
kurztreten	kurz treten [*getrennt*]
Kuß	Kuss
Küßchen	Küsschen
kußecht	kussecht
du/er/sie küßt	du/er/sie küsst
L	
Ladenschluß	Ladenschluss
langgestreckt	lang gestreckt [*getrennt*]
länglichrund	länglich rund [*getrennt*]
langstengelig	langstängelig
langziehen	lang ziehen [*getrennt*]
du läßt	du lässt
zu Lasten	zu Lasten, *auch*: zulasten [*zusammen*]
auf dem laufenden sein	auf dem Laufenden sein
laufenlassen	laufen lassen [*getrennt*]
Laufpaß	Laufpass
Layout	Lay-out*, *auch*: Layout
leerstehend	leer stehend [*getrennt*]
leichenblaß	leichenblass
es ist mir ein leichtes, das zu tun	es ist mir ein Leichtes, das zu tun
leichtentzündlich	leicht entzündlich [*getrennt*]
leichtfallen	leicht fallen [*getrennt*]
leichtmachen	leicht machen [*getrennt*]
leichtnehmen	leicht nehmen [*getrennt*]
leichtverderblich	leicht verderblich [*getrennt*]
leichtverständlich	leicht verständlich [*getrennt*]
jmdm. leid tun	jmdm. Leid tun
der letzte, der gekommen ist	der Letzte, der gekommen ist
als letzter fertig sein	als Letzter fertig sein
bis ins letzte geklärt	bis ins Letzte geklärt
letzteres trifft zu	Letzteres trifft zu
zum letztenmal	zum letzten Mal [*getrennt*]
leuchtendblau	leuchtend blau [*getrennt*]
es wäre uns das liebste, wenn ...	es wäre uns das Liebste, wenn ...
liebenlernen	lieben lernen [*getrennt*]
liebgewinnen	lieb gewinnen [*getrennt*]
liebhaben	lieb haben [*getrennt*]
liegenbleiben	liegen bleiben [*getrennt*]
liegenlassen	liegen lassen [*getrennt*]
Litfaßsäule	*weiterhin*: Litfaßsäule
Live-Mitschnitt	Live-Mitschnitt, *auch*: Livemitschnitt [*zusammen*]
Love-Story	Love-Story, *auch*: Lovestory [*zusammen*]
Luftschloß	Luftschloss
M	
2mal, 3mal, 4mal ...	2-mal, 3-mal, 4-mal ...
maschineschreiben	Maschine schreiben [*getrennt*]
maßhalten	Maß halten [*getrennt*]
Megaphon	Megaphon, *auch*: Megafon
Mehrheitsbeschluß	Mehrheitsbeschluss
wir haben das menschenmögliche getan	wir haben das Menschenmögliche getan

alt	neu
Mesner	Mesner, *auch*: Me**ss**ner
meßbar	me**ss**bar
Meßbecher	Me**ss**becher
Meßdiener	Me**ss**diener
Meßinstrument	Me**ss**instrument
Meßopfer	Me**ss**opfer
Midlife-crisis	Midlifecrisis [*zusammen*], *auch*: Midlife-**C**risis
millionenmal	**M**illionen **M**al [*getrennt*]
nicht im mindesten	nicht im **M**indesten
mißachten	mi**ss**achten
Mißbildung	Mi**ss**bildung
mißbilligen	mi**ss**billigen
Mißbrauch	Mi**ss**brauch
Mißerfolg	Mi**ss**erfolg
mißfallen	mi**ss**fallen
Mißgeburt	Mi**ss**geburt
Mißgeschick	Mi**ss**geschick
mißglücken	mi**ss**glücken
Mißgunst	Mi**ss**gunst
Mißklang	Mi**ss**klang
Mißkredit	Mi**ss**kredit
mißlich	mi**ss**lich
mißlingen	mi**ss**lingen
mißmutig	mi**ss**mutig
Mißstand	Mi**ss**stand
mißtrauisch	mi**ss**trauisch
Mißverständnis	Mi**ss**verständnis
mit Hilfe	mit Hilfe, *auch*: mit**h**ilfe [*zusammen*]
[gestern, heute, morgen] mittag	[gestern, heute, morgen] **M**ittag
wir sprachen über alles mögliche	wir sprachen über alles **M**ögliche
sein möglichstes tun	sein **M**öglichstes tun
3monatig, 4monatig, 5monatig ...	3**-**monatig, 4**-**monatig, 5**-**monatig ...
3monatlich, 4monatlich, 5monatlich ...	3**-**monatlich, 4**-**monatlich, 5**-**monatlich ...
Monographie	Monographie, *auch*: Monogra**f**ie
Mop	Mo**pp**
Mordprozeß	Mordproze**ss**
morgen abend, mittag, nacht	morgen **A**bend, **M**ittag, **N**acht
[gestern, heute] morgen	[gestern, heute] **M**orgen
Multiple-choice-Verfahren	Multiplechoice**v**erfahren [*zusammen*], *auch*: Multiple-**C**hoice-Verfahren
Muskelriß	Muskelri**ss**
ich muß, du mußt, er muß	ich mu**ss**, du mu**ss**t, er mu**ss**
ich müßte, du müßtest, er müßte	ich mü**ss**te, du mü**ss**test, er mü**ss**te
müßiggehen	müßig gehen [*getrennt*]
Myrrhe	Myrrhe, *auch*: Myrre [*ohne h*]
N	
nach Hause	nach Hause, *in Österreich und der Schweiz auch*: nach**h**ause [*zusammen*]
im nachhinein	im **N**achhinein
Nachlaß	Nachla**ss**
[gestern, heute, morgen] nachmittag	[gestern, heute, morgen] **N**achmittag
Nachschuß	Nachschu**ss**

alt	neu
der nächste, bitte!	der **N**ächste, bitte!
als nächstes wollen wir ...	als **N**ächstes wollen wir ...
im nachstehenden heißt es ...	im **N**achstehenden heißt es ...
[gestern, heute, morgen] nacht	[gestern, heute, morgen] **N**acht
nahebringen	nahe bringen [*getrennt*]
nahelegen	nahe legen [*getrennt*]
naheliegen	nahe liegen [*getrennt*]
naheliegend	nahe liegend [*getrennt*]
etwas des näheren erläutern	etwas des **N**äheren erläutern
näherliegen	näher liegen [*getrennt*]
nahestehen	nahe stehen [*getrennt*]
Narziß	Narzi**ss**
narzißtisch	narzi**ss**tisch
naß	na**ss**
naßgeschwitzt	na**ss** geschwitzt [*getrennt*]
naßkalt	na**ss**kalt
Naßrasur	Na**ss**rasur
nebeneinandersitzen	nebeneinander sitzen [*getrennt*]
nebeneinanderstehen	nebeneinander stehen [*getrennt*]
nebeneinanderstellen	nebeneinander stellen [*getrennt*]
Nebenfluß	Nebenflu**ss**
im nebenstehenden wird gezeigt ...	im **N**ebenstehenden wird gezeigt ...
Negligé	Negligé, *auch*: Neglig**ee**
nein sagen	**N**ein sagen*, *auch*: nein sagen
es aufs neue versuchen	es aufs **N**eue versuchen
auf ein neues!	auf ein **N**eues!
neueröffnet	neu eröffnet [*getrennt*]
New Yorker	New Yorker, *auch*: New-Yorker
nichtrostend	nichtrostend, *auch*: nicht rostend [*getrennt*]
Nichtseßhafte	Nichtse**ss**hafte
nichtssagend	nichts sagend [*getrennt*]
No-future-Generation	No-**F**uture-Generation
die notleidende Bevölkerung	die **N**ot leidende [*getrennt*] Bevölkerung
in Null Komma nichts	in **n**ull Komma nichts
das Thermometer steht auf Null	das Thermometer steht auf **n**ull
Nullösung	Nu**lll**ösung, *auch*: Null-**L**ösung
numerieren	nu**mm**erieren
Numerierung	Nu**mm**erierung
Nuß	Nu**ss**
Nußschale	Nu**ss**schale, *auch*: Nu**ss**-Schale

O

alt	neu
O-beinig	O-beinig, *auch*: **o**-beinig
obenerwähnt	oben erwähnt [*getrennt*]
obengenannt	oben genannt [*getrennt*]
obenstehend	oben stehend [*getrennt*]
offenbleiben	offen bleiben [*getrennt*]
offenlassen	offen lassen [*getrennt*]
offenstehen	offen stehen [*getrennt*]
des öfteren	des **Ö**fteren
Orthographie	Orthographie, *auch*: Orthogra**f**ie
Oxyd	Oxyd, *auch*: Ox**i**d

alt	**neu**
P	
Panther	Panther, *auch*: Panter [*ohne h*]
Pappmaché	Pappmaché, *auch*: Pappma**schee**
parallellaufend	parallel laufend [*getrennt*]
parallelschalten	parallel schalten [*getrennt*]
Parlamentsbeschluß	Parlamentsbeschlu**ss**
Parteikongreß	Parteikongre**ss**
Parteitagsbeschluß	Parteitagsbeschlu**ss**
Partys, Parties [*Plural von* Party]	Partys
Paß	Pa**ss**
passé	passé, *auch*: pass**ee**
paßgerecht	pa**ss**gerecht
Paßkontrolle	Pa**ss**kontrolle
Paßstelle	Pa**sss**telle, *auch*: Pa**ss**-**S**telle
Paßstraße	Pa**sss**traße, *auch*: Pa**ss**-**S**traße
Paßwort	Pa**ss**wort
pflichtbewußt	pflichtbewu**ss**t
er pißt	er pi**ss**t
Platitüde	Pla**tt**itüde, *auch*: Platit**u**de
Playback	**Play-back***, *auch*: Playback
plazieren	pla**tz**ieren
pleite gehen	**P**leite gehen
pleite sein	*weiterhin*: pleite sein
polyphon	polyphon, *auch*: poly**f**on
Pornographie	Pornographie, *auch*: Pornogra**f**ie
Portemonnaie	Portemonnaie, *auch*: Por**tmonee**
potentiell	poten**z**iell*, *auch*: potentiell
potthäßlich	potthä**ss**lich
Preisnachlaß	Preisnachla**ss**
Preßlufthammer	Pre**ss**lufthammer
du preßt	du pre**ss**t
Preßwehe	Pre**ss**wehe
privatversichert	privat versichert [*getrennt*]
probefahren	**P**robe fahren [*getrennt*]
Problembewußtsein	Problembewu**ss**tsein
Programmusik	Progra**mmm**usik, *auch*: Programm-**M**usik
Progreß	Progre**ss**
Prozeß	Proze**ss**
Prozeßkosten	Proze**ss**kosten
Prozeßrechner	Proze**ss**rechner
pudelnaß	pudelna**ss**
Pulverfaß	Pulverfa**ss**
Q	
Quentchen	Qu**ä**ntchen
Quickstep	Quickste**pp**
R	
radfahren	**R**ad fahren [*getrennt*]
radschlagen	**R**ad schlagen [*getrennt*]
zu Rande kommen	zu Rande kommen, *auch*: zu**r**ande [*zusammen*] kommen
Rassenhaß	Rassenha**ss**

alt	neu
zu Rate ziehen	zu Rate ziehen, *auch*: zurate [*zusammen*] ziehen
rauh	rau [*ohne h*]
rauhbeinig	raubeinig [*ohne h*]
Rauhfasertapete	Raufasertapete [*ohne h*]
Rauhhaardackel	Rauhaardackel [*kein doppeltes h*]
Rauhputz	Rauputz [*ohne h*]
Rauhreif	Raureif [*ohne h*]
Rausschmiß	Rausschmiss
recht haben	**R**echt haben
recht behalten	**R**echt behalten
recht bekommen	**R**echt bekommen
jmdm. recht geben	jmdm. **R**echt geben
recht sein	*weiterhin*: recht sein
Rechtens sein	**r**echtens sein
Rechtsbewußtsein	Rechtsbewusstsein
Redaktionsschluß	Redaktionsschluss
Regenguß	Regenguss
regennaß	regennass
Regreß	Regress
Regreßpflicht	Regresspflicht
reichgeschmückt	reich geschmückt [*getrennt*]
reichverziert	reich verziert [*getrennt*]
Reifungsprozeß	Reifungsprozess
Reisepaß	Reisepass
Reißverschluß	Reißverschluss
Reißverschlußsystem	Reißverschlusssystem, *auch*: Reißverschluss-System
das ist genau das richtige für mich	das ist genau das **R**ichtige für mich
mit etwas richtigliegen	mit etwas richtig liegen [*getrennt*]
richtigstellen	richtig stellen [*getrennt*]
Riß	Riss
rißfest	rissfest
Roheit	Roh**h**eit
Rolladen	Ro**lll**aden, *auch*: Roll-**L**aden
Rommé	Rommé, *auch*: Romm**ee**
Roß	Ross
Roßkastanie	Rosskastanie
Rößl	Rössl
der rote Planet [*Mars*]	der **R**ote Planet
rotglühend	rot glühend [*getrennt*]
Rückfluß	Rückfluss
Rückschluß	Rückschluss
rückwärtsgewandt	rückwärts gewandt [*getrennt*]
ruhenlassen	ruhen lassen [*getrennt*]
ruhigstellen	ruhig stellen [*getrennt*]
Rußland	Russland
S	
Saisonschluß	Saisonschluss
Salzfaß	Salzfass
Samenerguß	Samenerguss
sauberhalten	sauber halten [*getrennt*]

alt	neu
saubermachen	sauber machen [*getrennt*]
sausenlassen	sausen lassen [*getrennt*]
Saxophon	Saxophon, *auch*: Saxo**f**on
Schalloch	Scha**lll**och, *auch*: Schall-**L**och
Schalterschluß	Schalterschlu**ss**
etwas auf das schärfste verurteilen	etwas auf das schärfste verurteilen, *auch*: etwas auf das **S**chärfste verurteilen
ein schattenspendender Baum	ein **S**chatten spendender [*getrennt*] Baum
schätzenlernen	schätzen lernen [*getrennt*]
Schauprozeß	Schauproze**ss**
schießenlassen	schießen lassen [*getrennt*]
Schiffahrt	Schi**fff**ahrt, *auch*: Schiff-**F**ahrt
Schiß	Schi**ss**
Schlammasse	Schla**mmm**asse, *auch*: Schlamm-**M**asse
schlechtgehen	schlecht gehen [*getrennt*]
schlechtgelaunt	schlecht gelaunt [*getrennt*]
das schlimmste ist, daß ...	das **S**chlimmste ist, da**ss** ...
sie haben ihn auf das schlimmste getäuscht	sie haben ihn auf das schlimmste getäuscht, *auch*: sie haben ihn auf das **S**chlimmste getäuscht
Schloß	Schlo**ss**
Schlößchen	Schlö**ss**chen
Schloßherr	Schlo**ss**herr
Schloßpark	Schlo**ss**park
Schluß	Schlu**ss**
schlußendlich	schlu**ss**endlich
Schlußfolgerung	Schlu**ss**folgerung
Schlußstrich	Schlu**sss**trich, *auch*: Schluss-**S**trich
Schlußwort	Schlu**ss**wort
sie schmiß mit Steinen	sie schmi**ss** mit Steinen
Schnappschuß	Schnappschu**ss**
Schnellimbiß	Schnellimbi**ss**
Schnelläufer	Schne**lll**äufer, *auch*: Schnell-**L**äufer
schnellebig	schne**lll**ebig
Schnellschuß	Schnellschu**ss**
Schnepper	Schnepper, *auch*: Schn**ä**pper
schneuzen	schn**ä**uzen
Schokoladenguß	Schokoladengu**ss**
aufs schönste übereinstimmen	aufs schönste übereinstimmen, *auch*: aufs **S**chönste übereinstimmen
er schoß	er scho**ss**
Schraubverschluß	Schraubverschlu**ss**
Schreckschußpistole	Schreckschu**ss**pistole
Schrittempo	Schri**ttt**empo, *auch*: Schritt-**T**empo
Schulabschluß	Schulabschlu**ss**
an etwas schuld haben	an etwas **S**chuld haben
sich etwas zuschulden kommen lassen	sich etwas zuschulden kommen lassen, *auch*: sich etwas zu **S**chulden [*getrennt*] kommen lassen
schuldbewußt	schuldbewu**ss**t
Schulschluß	Schulschlu**ss**
Schulstreß	Schulstre**ss**
Schulterschluß	Schulterschlu**ss**
Schuß	Schu**ss**

alt	neu
schußlig	schusslig
Schußlinie	Schusslinie
Schußwaffe	Schusswaffe
Schußwechsel	Schusswechsel
schwachbetont	schwach betont [*getrennt*]
schwachbevölkert	schwach bevölkert [*getrennt*]
aus schwarz weiß machen	aus Schwarz Weiß machen
das Schwarze Brett	das schwarze Brett
Schwarze Magie	schwarze Magie
der Schwarze Peter	der schwarze Peter
schwarzgefärbt	schwarz gefärbt [*getrennt*]
schwarzrotgolden	schwarzrotgolden, *auch*: schwarz-rot-golden
schwerfallen	schwer fallen [*getrennt*]
schwernehmen	schwer nehmen [*getrennt*]
schwertun	schwer tun [*getrennt*]
schwerverständlich	schwer verständlich [*getrennt*]
Science-fiction	Sciencefiction [*zusammen*], *auch*: Science-Fiction
See-Elefant	See-Elefant, *auch*: Seeelefant
jedem das Seine	jedem das Seine, *auch*: jedem das seine
das Seine beitragen	das Seine beitragen, *auch*: das seine beitragen
die Seinen	die Seinen, *auch*: die seinen
seinlassen	sein lassen [*getrennt*]
auf seiten	aufseiten [*zusammen*], *auch*: auf Seiten
von seiten	vonseiten [*zusammen*], *auch*: von Seiten
selbständig	selbständig, *auch*: selbstständig
Selbständigkeit	Selbständigkeit, *auch*: Selbstständigkeit
selbstbewußt	selbstbewusst
selbsternannt	selbst ernannt [*getrennt*]
selbstgebacken	selbst gebacken [*getrennt*]
selbstgemacht	selbst gemacht [*getrennt*]
selbstverdient	selbst verdient [*getrennt*]
seligpreisen	selig preisen [*getrennt*]
seligsprechen	selig sprechen [*getrennt*]
Sendeschluß	Sendeschluss
Sendungsbewußtsein	Sendungsbewusstsein
sequentiell	sequenziell*, *auch*: sequentiell
seßhaft	sesshaft
S-förmig	S-förmig, *auch*: s-förmig
die Shakespeareschen Sonette	die shakespeareschenSonette, *auch*: die Shakespeare'schen Sonette
Short story	Shortstory [*zusammen*], *auch*: Short Story
Showbusineß	Showbusiness
auf Nummer Sicher gehen	auf Nummer Sicher gehen, *auch*: auf Nummer sicher gehen
Sicherheitsverschluß	Sicherheitsverschluss
siedendheiß	siedend heiß [*getrennt*]
siegesgewiß	siegesgewiss
sitzenbleiben	sitzen bleiben [*getrennt*]
sitzenlassen	sitzen lassen [*getrennt*]
Small talk	Smalltalk [*zusammen*], *auch*: Small Talk
so daß	sodass [*zusammen*], *auch*: so dass

alt	neu
Sommerschlußverkauf	Sommerschlu**ss**verkauf
Soufflé	Soufflé, *auch*: Souffl**ee**
soviel	so viel [*getrennt*]
soweit	so weit [*getrennt*]
sowenig	so wenig [*getrennt*]
Spaghetti	Spaghetti, *auch*: Spagetti [*ohne h*]
spazierenfahren	spazieren fahren [*getrennt*]
spazieren gehen	spazieren gehen [*getrennt*]
Spliß	Spli**ss**
Sportdreß	Sportdre**ss**
Sproß	Spro**ss**
Sprößchen	Sprö**ss**chen
Sprößling	Sprö**ss**ling
standesbewußt	standesbewu**ss**t
Startschuß	Startschu**ss**
steckenbleiben	stecken bleiben [*getrennt*]
steckenlassen	stecken lassen [*getrennt*]
stehenbleiben	stehen bleiben [*getrennt*]
stehenlassen	stehen lassen [*getrennt*]
Stengel	St**ä**ngel
Steptanz	Ste**pp**tanz
Steuererlaß	Steuererla**ss**
Stewardeß	Stewarde**ss**
stiftengehen	stiften gehen [*getrennt*]
etwas im stillen vorbereiten	etwas im **S**tillen vorbereiten
Stilleben	Sti**lll**eben, *auch*: Still-**L**eben
stillegen	sti**lll**egen
Stoffetzen	Sto**fff**etzen, *auch*: Stoff-**F**etzen
Stop	Sto**pp**
Straferlaß	Straferla**ss**
strenggenommen	streng genommen [*getrennt*]
strengnehmen	streng nehmen [*getrennt*]
aufs strengste unterschieden	aufs strengste unterschieden, *auch*: aufs **S**trengste unterschieden
Streß	Stre**ss**
der Lärm streßt	der Lärm stre**ss**t
Streßsituation	Stre**sss**ituation, *auch*: Stre**ss-S**ituation
Stukkateur	Stu**ck**ateur
2stündig, 3stündig, 4stündig ...	2**-**stündig, 3**-**stündig, 4**-**stündig ...
2stündlich, 3stündlich, 4stündlich ...	2**-**stündlich, 3**-**stündlich, 4**-**stündlich ...
Stuß	Stu**ss**
substantiell	substan**z**iell*, *auch*: substantiell
T	
tabula rasa machen	**T**abula rasa machen
zutage treten	zutage treten, *auch*: zu **T**age [*getrennt*] treten
2tägig, 3tägig, 4tägig ...	2**-**tägig, 3**-**tägig, 4**-**tägig ...
Tankschloß	Tankschlo**ss**
Tarifabschluß	Tarifabschlu**ss**
Täßchen	Tä**ss**chen
ein paar tausend	ein paar tausend, *auch*: ein paar **T**ausend
Tee-Ei	Tee-Ei, *auch*: T**eee**i

alt	**neu**
Tee-Ernte	Tee-Ernte, *auch*: T**ee**ernte
Telephon	Telefon
Telephonanschluß	Telefonanschluss
Thunfisch	Thunfisch, *auch*: Tunfisch [*ohne h*]
Tie-Break	Tie-Break, *auch*: Tie**b**reak [*zusammen*]
aufs tiefste gekränkt	aufs tiefste gekränkt, *auch*: aufs **T**iefste gekränkt
tiefbewegt	tief bewegt [*getrennt*]
tiefempfunden	tief empfunden [*getrennt*]
tiefverschneit	tief verschneit [*getrennt*]
Tintenfaß	Tintenfass
Tip	Ti**pp**
Tolpatsch	To**ll**patsch
tolpatschig	to**ll**patschig
Topographie	Topographie, *auch*: Topogra**f**ie
Torschlußpanik	Torschlusspanik
Torschuß	Torschuss
totenblaß	totenblass
totgeboren	tot geboren [*getrennt*]
Tränenfluß	Tränenfluss
Trekking	Trekking, *auch*: Tre**ck**ing
treuergeben	treu ergeben [*getrennt*]
triefnaß	triefnass
auf dem trockenen sitzen	auf dem **T**rockenen sitzen
seine Schäfchen ins trockene bringen	seine Schäfchen ins **T**rockene bringen
im trüben fischen	im **T**rüben fischen
Trugschluß	Trugschluss
Türschloß	Türschloss
U	
übelgelaunt	übel gelaunt [*getrennt*]
übelnehmen	übel nehmen [*getrennt*]
übelriechend	übel riechend [*getrennt*]
Überbiß	Überbiss
Überdruß	Überdruss
übereinanderlegen	übereinander legen [*getrennt*]
übereinanderliegen	übereinander liegen [*getrennt*]
übereinanderwerfen	übereinander werfen [*getrennt*]
Überfluß	Überfluss
überhandnehmen	überhand nehmen [*getrennt*]
übermorgen abend, nachmittag	übermorgen **A**bend, **N**achmittag
Überschuß	Überschuss
überschwenglich	überschw**ä**nglich
ein übriges tun	ein **Ü**briges tun
im übrigen wissen wir doch alle ...	im **Ü**brigen wissen wir doch alle ...
alles übrige später	alles **Ü**brige später
die übrigen kommen nach	die **Ü**brigen kommen nach
übrigbehalten	übrig behalten [*getrennt*]
übrigbleiben	übrig bleiben [*getrennt*]
übriglassen	übrig lassen [*getrennt*]
Umriß	Umriss
umsein	um sein [*getrennt*]
um so [mehr, größer, weniger ...]	umso [*zusammen*] [mehr, größer, weniger ...]

alt	**neu**
Umwelteinfluß	Umwelteinflu**ss**
sich ins unabsehbare ausweiten	sich ins **U**nabsehbare ausweiten
unangepaßt	unangepa**ss**t
unbeeinflußt	unbeeinflu**ss**t
Anzeige gegen Unbekannt	Anzeige gegen **u**nbekannt
unbewußt	unbewu**ss**t
und ähnliches (u.ä.)	und **Ä**hnliches (u.**Ä**.)
unendlichemal	unendliche **M**al [*getrennt*]
unerläßlich	unerlä**ss**lich
unermeßlich	unerme**ss**lich
unfaßbar	unfa**ss**bar
ungewiß	ungewi**ss**
im unklaren bleiben	im **U**nklaren bleiben
im unklaren lassen	im **U**nklaren lassen
unmißverständlich	unmi**ss**verständlich
unrecht haben	**U**nrecht haben
unrecht behalten	**U**nrecht behalten
unrecht bekommen	**U**nrecht bekommen
unrecht sein	*weiterhin*: unrecht sein
unselbständig	unselbständig, *auch*: unselbs**t**ständig
Unselbständigkeit	Unselbständigkeit, *auch*: Unselbs**t**ständigkeit
die Unseren	die Unseren, *auch*: die **u**nseren
untenerwähnt	unten erwähnt [*getrennt*]
untenstehend	unten stehend [*getrennt*]
unterbewußt	unterbewu**ss**t
unterderhand	unter der **H**and [*getrennt*]
untereinanderstehen	untereinander stehen [*getrennt*]
ohne Unterlaß	ohne Unterla**ss**
Untersuchungsausschuß	Untersuchungsausschu**ss**
unvergeßlich	unverge**ss**lich
unverläßlich	unverlä**ss**lich

V

Varieté	Varieté, *auch*: Variet**ee**
veranlaßt	veranla**ss**t
verantwortungsbewußt	verantwortungsbewu**ss**t
verblaßt	verbla**ss**t
im verborgenen blühen	im **V**erborgenen blühen
Verdruß	Verdru**ss**
vergeßlich	verge**ss**lich
Vergißmeinnicht	Vergi**ss**meinnicht
du vergißt	du vergi**ss**t
verhaßt	verha**ss**t
auf jmdn. ist Verlaß	auf jmdn. ist Verla**ss**
verläßlich	verlä**ss**lich
verlorengehen	verloren gehen [*getrennt*]
vermißt	vermi**ss**t
Vermißtenanzeige	Vermi**ss**tenanzeige
er hat den Zug verpaßt	er hat den Zug verpa**ss**t
Verriß	Verri**ss**
verschiedenes war noch unklar	**V**erschiedenes war noch unklar
verschiedenemal	verschiedene **M**al [*getrennt*]

alt	neu
Verschluß	Verschlu**ss**
Verschlußsache	Verschlu**sss**ache, *auch*: Verschlu**ss**-Sache
verselbständigen	verselbständigen, *auch*: verselbst**st**ändigen
Vertragsabschluß	Vertragsabschlu**ss**
viel zuviel	viel zu viel [*getrennt*]
viel zuwenig	viel zu wenig [*getrennt*]
vielbefahren	viel befahren [*getrennt*]
vielgelesen	viel gelesen [*getrennt*]
aus dem vollen schöpfen	aus dem **V**ollen schöpfen
voneinandergehen	voneinander gehen [*getrennt*]
von seiten	vonseiten [*zusammen*], *auch*: von **S**eiten
vorangehendes gilt auch ...	**V**orangehendes gilt auch ...
im vorangehenden heißt es ...	im **V**orangehenden heißt es ...
im voraus	im **V**oraus
vorgefaßt	vorgefa**ss**t
vorgestern abend, mittag, morgen	vorgestern **A**bend, **M**ittag, **M**orgen
Vorhängeschloß	Vorhängeschlo**ss**
im vorhinein	im **V**orhinein
das vorige gilt auch ...	das **V**orige gilt auch ...
im vorigen heißt es ...	im **V**origen heißt es ...
vorliebnehmen	vorlieb nehmen [*getrennt*]
[gestern, heute, morgen] vormittag	[gestern, heute, morgen] **V**ormittag
Vorschuß	Vorschu**ss**
Vorschußlorbeeren	Vorschu**ss**lorbeeren
vorwärtsgehen	vorwärts gehen [*getrennt*]
vorwärtskommen	vorwärts kommen [*getrennt*]
W	
Waggon	Waggon, *auch*: Wagon [*kein doppeltes g*]
Walkie-talkie	Walkie-**T**alkie
Walroß	Walro**ss**
Warnschuß	Warnschu**ss**
Wasserschloß	Wasserschlo**ss**
wäßrig	wä**ss**rig
weichgekocht	weich gekocht [*getrennt*]
Weinfaß	Weinfa**ss**
aus schwarz weiß machen	aus **S**chwarz **W**eiß machen
des weiteren	des **W**eiteren
bis auf weiteres	*weiterhin*: bis auf weiteres
weitgereist	weit gereist [*getrennt*]
weitreichend	weit reichend [*getrennt*]
weitverbreitet	weit verbreitet [*getrennt*]
es besteht im wesentlichen aus ...	es besteht im **W**esentlichen aus ...
Wetturnen	We**ttt**urnen, *auch*: Wett-**T**urnen
wieviel	wie viel [*getrennt*]
wie viele	*weiterhin*: wie viele
Winterschlußverkauf	Winterschlu**ss**verkauf
wißbegierig	wi**ss**begierig
ihr wißt	ihr wi**ss**t
du wußtest	du wu**ss**test
wir wüßten gern ...	wir wü**ss**ten gern ...
Witterungseinfluß	Witterungseinflu**ss**
als ob er wunder was getan hätte	als ob er **W**under was getan hätte
sich wundliegen	sich wund liegen [*getrennt*]

alt	neu
X	
X-beinig	X-beinig, *auch*: **x**-beinig
X-förmig	X-förmig, *auch*: **x**-förmig
zum x-tenmal	zum x-ten **M**al [*getrennt*]
Z	
Zäheit	Zäh**h**eit
Zahlenschloß	Zahlenschlo**ss**
2zeilig, 3zeilig, 4zeilig ...	2**-**zeilig, 3**-**zeilig, 4**-**zeilig ...
eine Zeitlang	eine Zeit lang [*getrennt*]
zur Zeit [*derzeit*]	zur**z**eit [*zusammen*]
zielbewußt	zielbewu**ss**t
Zierat	Zier**r**at
zigtausend	zigtausend, *auch*: **Z**igtausend
Zigtausende	Zigtausende, *auch*: **z**igtausende
Zivilprozeß	Zivilproze**ss**
zueinanderfinden	zueinander finden [*getrennt*]
Zufluß	Zuflu**ss**
sich zufriedengeben	sich zufrieden geben [*getrennt*]
zufriedenlassen	zufrieden lassen [*getrennt*]
zufriedenstellen	zufrieden stellen [*getrennt*]
zugrunde gehen	zugrunde gehen, *auch*: zu **G**runde gehen
zugrunde liegen	zugrunde liegen, *auch*: zu **G**runde liegen
zugrundeliegend	zugrundeliegend, *auch*: zu **G**runde liegend
zugrunde richten	zugrunde richten, *auch*: zu **G**runde richten
zugunsten	zugunsten, *auch*: zu **G**unsten
zu Hause	zu Hause, *in Österreich und der Schweiz auch*: zu**h**ause [*zusammen*]
bei uns zulande	bei uns zu **L**ande
zulasten	zulasten, *auch*: zu **L**asten
jmdm. etwas zuleide tun	jmdm. etwas zuleide tun, *auch*: jmdm. etwas zu **L**eide tun
zumute sein	zumute sein, *auch*: zu **M**ute sein
Zungenkuß	Zungenku**ss**
sich etwas zunutze machen	sich etwas zunutze machen, *auch*: sich etwas zu **N**utze machen
jmdm. zupaß kommen	jmdm. zupa**ss** kommen
zu Rande kommen	zu Rande kommen, *auch*: zu**r**ande [*zusammen*] kommen
jmdn. zu Rate ziehen	jmdn. zu Rate ziehen, *auch*: jmdn. zu**r**ate [*zusammen*] ziehen
zur Zeit [*derzeit*]	zur**z**eit [*zusammen*]
Zusammenfluß	Zusammenflu**ss**
zusammengefaßt	zusammengefa**ss**t
zusammengepaßt	zusammengepa**ss**t
zusammengepreßt	zusammengepre**ss**t
Zusammenschluß	Zusammenschlu**ss**
zusammensein	zusammen sein [*getrennt*]
sich etwas zuschulden kommen lassen	sich etwas zuschulden kommen lassen, *auch*: sich etwas zu **S**chulden kommen lassen
Zuschuß	Zuschu**ss**
zusein	zu sein [*getrennt*]

alt	neu
zustande kommen	zustande kommen, *auch*: zu **S**tande kommen
zutage treten	zutage treten, *auch*: zu **T**age treten
zuviel	zu viel [*getrennt*]
zu viele	*weiterhin*: zu viele
zuwege bringen	zuwege bringen, *auch*: zu **W**ege bringen
zuwenig	zu wenig [*getrennt*]
jeder zweite war krank	jeder **Z**weite war krank

Notizen

Notizen

Notizen

Notizen

Benutzerhinweise für den Deutsch-Englischen Teil
Das Wichtigste

Deutsches Stichwort in halbfetter Schrift.	**Atommüll** *m* nuclear waste
Betonungszeichen sind dann gegeben, wenn ein wechselnder Akzent einen Bedeutungswandel mit sich bringt.	**um'fahren** *v/t.* drive (⚓ sail) (a)round **'umfahren** *v/t.* run down
Hochzahlen (Exponenten) bei Stichwörtern mit gleicher Schreibung.	**Schloß**[1] *n* ... lock **Schloß**[2] *n* castle
Angabe der Wortart beim Stichwort. Verschiedene Wortarten sind durch römische Ziffern gekennzeichnet, ebenso transitives und intransitives Verb.	**Dreistufenplan** *m* three-stage plan **ausfallsicher** *adj.* failsafe **ziehen I.** *v/t.* pull ...; **II.** *v/i.* pull (***an*** at) ...; **III.** *v/refl.* ***sich ~*** ... stretch, give ...; **IV.** *v/impers.* ... ***hier zieht's***
Kennzeichnung der Bedeutungsunterschiede durch Semikolon und arabische Ziffern.	**gläubig** *adj.* **1.** religious; (*fromm*) *a.* devout; **2.** (*vertrauend*) trusting; *Anhänger*: faithful, loyal; (*leicht~*) gullible
Die Tilde ersetzt das ganze Stichwort,	**arbeitssüchtig** *adj.*: ***~ sein*** F be a workaholic
einen Teil des Stichworts,	**Lach|kabinett** *n* crazy house; **~krampf** *m* laughing fit
ein Stichwort, das selbst schon mit Hilfe der Tilde gebildet worden sein kann.	**Kopf|verletzung** *f* ...; **~zerbrechen** *n*: ***es hat uns viel ~ bereitet***
Wechselt die Schreibung von klein zu groß oder umgekehrt, steht die Kreistilde.	**real** *adj.* ...; **~einkommen** *n* real income **Konflikt** *m* ...; **~trächtig** *adj.* ... (potentially) explosive **Rad** *n* wheel ...; (*Fahr~*) bicycle
Verweiszeichen (→) für den direkten Verweis,	**abbummeln** F *v/t.* → ***abfeiern***
für weitere Information(en) bei dem Wort, auf das verwiesen wird,	**nachreden** *v/t.* ...; → *a.* ***nachsagen*** **Pfeffer** *m* ...; → ***Hase***
für den Hinweis auf das Grundwort.	**Rauhheit** *f* roughness ...; → ***rauh***